VOX

DICCIONARIO

Lengua Española
Secundaria

DICCIONARIO

Lengua Española
Secundaria

Esta obra ha sido realizada bajo la iniciativa y coordinación general del Editor.

Coordinación editorial:
Pilar Fornells Reyes, Javier Lahuerta Galán,
José Martínez de Sousa

Colaboradores:
María José Blanco Rodríguez, Isabel Brosa, María Bueno Mateos,
Inmaculada Caro Gallarín, Elena Estremera, Salut Llonch, Juan Manuel López Guzmán,
Isabel Palop Peña, Fernando Pérez Lagos, Juan Pérez Robles, Francesc Reyes,
María Villalba Gómez

Ilustración: Marcel Socias Campuzano

Informatización: Germán Rigau Claramunt

Diseño de cubierta: MIQUEL ROIG DISSENY I COMUNICACIÓ

Reservados todos los derechos. El contenido de esta obra está protegido por la Ley, que establece penas de prisión y/o multas, además de las correspondientes indemnizaciones por daños y perjuicios, para quienes reprodujeren, plagiaren, distribuyeren o comunicaren públicamente, en todo o en parte, una obra literaria, artística o científica, o su transformación, interpretación o ejecución artística fijada en cualquier tipo de soporte o comunicada a través de cualquier medio, sin la preceptiva autorización.

© BIBLOGRAF, S.A.
Calabria, 108
08015 Barcelona
e-mail: vox@vox.es

Primera edición
Reimpresión: mayo de 1998

Impreso en España - Printed in Spain

ISBN: 84-7153-966-7
Depósito Legal: B. 17.186-1998

Impreso por LITOGRAFÍA ROSÉS, S.A.
Progrés, 54-60, Políg. Ind. La Post
08850 Gavà (Barcelona)

Presentación

Quien toma entre sus manos un diccionario para abrirlo no lo hace por capricho o por placer, sino por necesidad. No suelen ser los diccionarios obras especialmente bellas, ni profusamente ilustradas, capaces de atraer el interés y la atención de los ociosos. Estos menesteres quedan cubiertos por libros de índole diferente cuando quien va a ellos es alguien convencido de que el libro es un buen compañero, aunque cada vez resultan menos los que procuran la amistad libresca, tantos son los atractivos que nos presentan otros instrumentos que sirven de distracción sin que nos veamos obligados a realizar el gran esfuerzo de pasar las páginas, de leer sus líneas. No, no son los diccionarios obras entretenidas, y, sin embargo, pueden sorprendernos agradablemente y convertirse en ese amigo inseparable que acude en nuestro auxilio cada vez que se lo solicitamos.

Las consultas que efectúa el usuario del diccionario son de dos tipos, las de los saberes del mundo que nos rodea, de carácter enciclopédico, y las relacionadas con las palabras y con la lengua, de carácter lingüístico. Es una idea muy extendida la de que en el diccionario se halla todo, y como en él se encuentra todo nos resuelve cualquier duda o necesidad. ¡Pero eso es imposible! ¿Cómo se podría poner en un libro todo aquello que alguien pueda precisar en cualquier momento? El espacio de que se dispone es limitado y hay que seleccionar el contenido, por lo que no hay ningún diccionario igual a otro; cada uno de ellos intenta cubrir unas necesidades diferentes, o las mismas necesidades de una manera distinta. Y al igual que nuestros amigos crecen, y cambian, los diccionarios han de crecer o cambiar, pues de otra forma se quedarían pequeños para nosotros alguna vez, y las respuestas a nuestras preguntas terminarían por ser inservibles o inadecuadas. En cada momento poseeremos un diccionario apropiado para aquello para lo que lo necesitemos, para nuestra edad y saberes.

Las necesidades vienen condicionadas no sólo por la edad, sino también, por lo que respecta a los usuarios más jóvenes, por las condiciones impuestas por el sistema educativo. Ya no podemos conformarnos con los diccionarios que eran comunes hasta hace bien pocos años, pues la reforma de los planes de estudios los obliga a adecuarse a los nuevos tiempos. Sus contenidos no son como los de antes, pues han debido avanzar a la par que progresaban los conocimientos científicos y técnicos con el fin de no quedarse obsoletos, y para adecuarse a los contenidos de la reforma educativa que ha llegado, a la nueva imagen social. Los diccionarios destinados al público escolar no pueden ser aquellas listas de palabras de hace bien poco, con sus definiciones y explicaciones más o menos extensas, más o menos precisas o acertadas por tratarse de reducciones de diccionarios amplios efectuadas sin el menor rigor, sin considerar el tipo de usuario, sin fijarse en lo que precisaba el destinatario de la obra. Ahora los diccionarios han de responder a los nuevos criterios pedagógicos y educativos.

Los diccionarios siguen siendo, eso les es inherente, los depositarios de los conocimientos del momento actual, pero han de dar cuenta igualmente de lo que se ha venido en llamar los conocimientos transversales. Hay que formar al individuo en libertad, respeto e igualdad, y el diccionario no puede mantenerse ajeno a lo que demanda la sociedad. Por ello no puede ser un lugar donde se muestren, y se interprete que se justifican, las diferencias y las desigualdades, pero tampoco debe ser una obra donde la realidad lingüística y social quede camuflada o desvirtuada. ¿Qué educación estaríamos proporcionando entonces? Debe ser, pues, un instrumento que muestre la sociedad a la que aspiramos, que se manifieste como reflejo de nuestros ideales, pero que a la vez sepa describirnos el mundo en que nos encontramos. Sólo así cumplirá con su cometido pedagógico, y sólo así el individuo se formará como persona.

El diccionario ha debido adecuarse a las nuevas necesidades. No es el maestro que instruye dictando órdenes que se deben acatar desde la autoridad que representa la letra escrita, el libro de referencia. Debe enseñar mostrando. En él se da cuenta de la lengua, como en la gramática, pero el diccionario y el libro de gramática son dos obras diferentes, pues cada una de ellas se fija en una parcela distinta, el léxico y las estructuras gramaticales, respectivamente. Bien es cierto que en la gramática a veces se tratan cuestiones léxicas y en el diccionario se hace referencia a cuestiones gramaticales —cuando no incluyen cuadros y apéndices con resúmenes de gramática—, lo cual sucede porque ambas están concebidas para mejorar el conocimiento de la lengua, y para su enseñanza. Y bien sabemos que la enseñanza del vocabulario no es igual a la de la gramática, por más que los tratados de gramática y los diccionarios sean los pilares en la enseñanza de las lenguas, tanto la materna como las otras. El aprendizaje de la gramática, de la pronunciación y de la correcta escritura se hace mediante la prescripción; a quien se equivoque le diremos que no se dice *andé* sino *anduve*, ni *detrás mía*, sino *detrás de mí*, etc., o que no se pronuncia /konvidár/ sino /kombidár/, o /káye/ sino /káʎe/, etc., o que no se escribe *desenrredar* o *acer*, sino *desenredar* y *hacer*, etc., y hasta se puede remitir, si la persona está lo suficientemente formada, a los tratados gramaticales, de pronunciación o de ortografía. Sin embargo, enseñar la corrección léxica no resulta tan fácil, ni es tan prescriptiva, por más que las palabras tengan sus significados propios, o que cada cosa, cada concepto, tenga su denominación. Y ahí es donde el diccionario interviene en el proceso de enseñanza, sin que ello sea obstáculo para que acudamos a él para hacer una consulta rápida sobre un determinado tipo de construcción, cómo se escribe una palabra o cuál es su pronunciación. Pero también debemos tener bien claro cuál es el contenido del diccionario y cuáles sus limitaciones, para no pedirle más de lo que nos pueda dar y no vernos defraudados en nuestras consultas.

Las concepciones lingüísticas y pedagógicas que corren son nuevas y el diccionario, como instrumento de enseñanza, como obra pedagógica, no puede sustraerse a los cambios que se han producido. Por eso es por lo que ya resultan insuficientes los diccionarios que se limitaban a poner únicamente las palabras y sus definiciones, y son necesarios los ejemplos para mostrar el uso, para enseñar al usuario no sólo qué significa la palabra, sino también para mostrarla en su contexto, pues las palabras no existen aisladas como en las columnas del diccionario, sino que se relacionan unas con otras en la cadena hablada. De ahí la importancia de que junto a las definiciones haya ejemplos.

El diccionario no puede encerrarse en sí mismo sin atender otras cuestiones que no sean su propia forma, y caer en el empeño de ofrecer un ejemplo con cada definición, pues en muchas de ellas pueden resultar innecesarios, no porque estén bien hechas —es dificilísimo que con pocas palabras puedan mostrarse todos los matices que pueda tener una misma voz, que sean los que debe conocer el usuario o con los que puede encontrarse, y que satisfaga todas las necesidades—, sino porque al tratarse de acepciones técnicas el ejemplo únicamente reproduciría lo ya dicho sin aportar nuevas informaciones.

Desde este punto de vista, el diccionario no es la obra de carácter sintagmático en que se relacionan las acepciones de las palabras, sino un instrumento didáctico en el que se muestran las voces en sus empleos paradigmáticos no sólo para que el usuario aprenda a construir adecuadamente la voz, sino también para informarle de cuáles son las estructuras más frecuentes en que puede presentarse, para ayudarle a comprender el significado de la palabra en cuestión, e, incluso, para informarle sobre la cosa designada, cómo es, para qué sirve, qué partes tiene, etc. Esto es, hemos pasado de emplearlo como instrumento de carácter descodificador —nos vale para comprender lo que no sabemos— a usarlo como obra también codificadora —nos sirve para construir mensajes lingüísticos.

Llegados a este punto vemos uno de los lugares en los que el diccionario puede ceder a las tentaciones. Ya que el espacio de que se dispone no es mucho, y que la definición ha de ser clara y concisa sin darse a grandes explicaciones más propias de las enciclopedias o de los tratados de diversas materias, puede tenderse a ofrecer en el campo destinado a la ejemplificación todo aquello que no se ha podido decir sobre la palabra, sobre su uso o sobre lo designado por ella. Sin embargo, el ejemplo no ha de ser el cajón de sastre al que va a parar todo, o donde se quiere proporcionar toda la información, pues así pierde también su carácter de modelo de uso, su interés para construir oraciones.

El valor modélico del ejemplo se pone más de manifiesto cuando lo que refleja son hechos reales, no construcciones estereotipadas creadas para la ocasión por el redactor, con todos los vicios y virtudes que pueden manifestarse por la tradición lexicográfica. Un diccionario que responda a las necesidades de uso actuales ha de reflejar precisamente los usos actuales, y no sólo en los ejemplos, sino en cualquier parte del contenido. La lista de palabras que se ofrecen en un diccionario de orientación escolar ha de responder al léxico que debe manejar la persona escolarizada, los significados de esas palabras serán los que pueda encontrar en los libros que maneje, de texto o los que libremente decida leer, y los ejemplos han de ser los usuales en los escritos que lee o en las conversaciones que oye, no construcciones alambicadas. Esto es, por un lado ha de reflejar el lenguaje culto, literario y técnico, propio de su edad, y por otro también el habla coloquial. De ahí la importancia de las fuentes que sirvan de punto de partida para el diccionario. Estamos pasando de la época en que se hacían los diccionarios basados en la competencia lingüística de la persona o grupo de personas que los redactaban a otra en que se realizan tomando como base hechos lingüísticos reales, aquello que se escribe o que se dice, sin perder de vista, claro está, la norma lingüística, pues, si no, llegaría un momento en que la comunicación sería imposible.

El lugar de las informaciones complementarias sobre la palabra o lo designado por ella ha de estar separado del núcleo principal constituido por la definición y los ejemplos. En este otro espacio es donde habrán de aparecer las demás informaciones sobre cuestiones paradigmáticas de la voz, así como cuantas aclaraciones sean necesarias sobre ella. El diccionario sigue enseñándonos más allá de lo que son las acepciones y ejemplos.

En más de una ocasión el usuario necesita saber no sólo el abanico semasiológico de la palabra, representado por las acepciones, sino también el onomasiológico, esto es, otras voces que respondan a los mismos conceptos o estén relacionadas de alguna manera con la primera, siendo el diccionario el primer lugar a donde acude en la convicción de que no le defraudará. La separación entre la función descodificadora y la codificadora con que estaban concebidos los diccionarios antiguos no permitía esas búsquedas, pero los repertorios actuales destinados a un público escolar han de atender estas necesidades, cada vez más frecuentes, y es por lo que al final de muchas definiciones se ofrecen los sinónimos y antónimos de la palabra de la entrada, enriqueciendo el contenido de la obra y las posibilidades de búsqueda y consulta que se le ofrecen a quien lo maneja.

Por otra parte, el paradigma de la palabra se completa con las posibilidades de composición y derivación. Ahora la cuestión es la de si deben aparecer en el diccionario o no, pues responden a unas reglas que son gramaticales. Para unos, es suficiente con dar cuenta en el diccionario de los valores de los elementos que entran en la formación de compuestos y derivados, y, a partir de ellos, que el usuario deduzca el significado de los que encuentre en el discurso o construya los suyos. Para otros, deben aparecer en el diccionario pese al espacio que ocupan y a lo repetitivas que pueden llegar a ser las informaciones con que se acompañan, ocupando un lugar que resulta precioso para otras entradas y explicaciones. A ello cabe añadir que los usuarios que todavía no tienen un gran dominio de su lengua, o unos conocimientos gramaticales y lingüísticos profundos, podrían verse defraudados en sus intereses, por lo que no está de más que cada palabra vaya acompañada de su familia léxica, de modo que no quede desperdigada por las columnas del diccionario y sea de fácil consulta para quien se halle interesado en ella.

Como vamos viendo, el diccionario es un instrumento de aprendizaje y enseñanza en el que las cosas no están por casualidad, sino que son fruto de una meditada concepción de la obra en la que se tienen en consideración por un lado las innovaciones que se producen en la enseñanza y, por otro, los cambios que se operan en la lingüística, especialmente en la lexicografía teórica. Si hoy los repertorios léxicos son como son es porque sus autores y editores se han puesto a reflexionar seriamente sobre lo que debe ser un diccionario, cómo debe ser, qué ha de contener, a quién ha de servir; en definitiva, cómo puede cumplir de la mejor manera los cometidos que se le tienen encomendados, cómo puede ser ese medio necesario para aprender la lengua y perfeccionar su dominio y cómo puede ser el complemento necesario en su enseñanza.

El *Diccionario de secundaria de la lengua española Anaya-Vox* que hoy tenemos entre las manos nace con el afán de alcanzar grandes propósitos, y surge del interés por ofrecer al público escolar una obra que se adecue, por un lado, a los fines de la renovación pedagógica que se ha producido en la enseñanza, y, por otro, a las tendencias más recientes en la lexicografía para los diccionarios destinados a la educación secundaria.

Para lograr este diccionario han aunado sus esfuerzos dos conocidas editoriales con gran implantación en el mundo de la enseñanza, Anaya y Biblograf a través de su marca VOX. Gracias a ello, el *Diccionario de secundaria* es una obra moderna en todos los sentidos. El lector hallará entre sus columnas el léxico que aparece en sus libros de texto, tanto el general de la lengua como el específico de las distintas materias que se cursan, aunque sin las explicaciones técnicas, que deberán ser buscadas, precisamente, en esos manuales. Y también se recoge el vocabulario de uso cotidiano, incluso palabras que no constan en el *Diccionario de la lengua española* de la Real Academia Española, o que constando en él, aparecen con grafías diversas —por tratarse de términos foráneos recientemente incorporados a la lengua—, lo cual se indica en el apartado de observaciones de los artículos que lo necesitan. Resulta, también, especialmente rico este diccionario en construcciones con varias palabras, tanto porque se hayan fijado en la lengua como porque se quiera dar cuenta de las clases y tipos de un mismo elemento (véanse, por ejemplo, los tipos de *bóveda*).

El diccionario pretende ser un diccionario descriptivo de la lengua utilizada hoy. Sin embargo, incluye etimologías cuando entendemos que pueden favorecer el conocimiento de la propia lengua. Se ha concebido como una ayuda para despertar el interés del usuario y mostrarle la relación entre palabras con un mismo origen pero formas actuales distintas, normalmente una patrimonial y otra culta, o descubrir alguna curiosidad sobre los orígenes de las palabras. Pero al ser un diccionario sincrónico, la etimología se ha incluido al final del artículo, para que lo consulte el usuario curioso y que muestra interés por ese tipo de información, y no a continuación de la palabra de entrada como es tradicional, lugar prominente y sin embargo poco o nada consultado.

Las palabras del *Diccionario de secundaria* van marcadas, cuando así lo necesitan, con la identificación del nivel de lengua en que se emplean o el dominio lingüístico en que aparecen, de modo que el usuario siempre sabrá los terrenos por los que se mueve cuando necesite consultar el significado de una voz, o cuando tenga que emplearla.

Son ricos, también, los apartados dedicados a la información gramatical —ocupan un lugar destacado los modelos de la conjugación verbal— y a los paradigmas de la palabra de la entrada, sean los semánticos con la aparición frecuente al final de las acepciones de sinónimos y antónimos, sean los formales con las familias léxicas.

Estoy convencido de que el *Diccionario de secundaria* representa un paso adelante en la modernización de los diccionarios para adecuarse a las nuevas realidades sociales. Si cumple con sus pretensiones será enormemente útil siempre que sea utilizado adecuadamente, esto es, con aquellos fines para los que fue concebido. Será el compañero que nos siga a todas partes y que nos enseñe lo que debemos saber sobre nuestra lengua. Con él nos resultará fácil entendernos, porque conoceremos cuál es su contenido, qué es lo que podemos preguntarle. Si las consultas son adecuadas y frecuentes, nos proporcionará enormes satisfacciones —¿quién no se ha alegrado al abrir un diccionario justamente por la página en que está lo que busca?, casualidad tanto más posible cuanto más asiduo sea el trato con nuestro diccionario—, porque nos enseñará y nos aconsejará hasta que llegue el momento en que debamos cambiar a uno mayor. Entonces el compromiso que había adquirido este *Diccionario de secundaria* el día que lo abrimos por vez primera se habrá culminado, y seguirá mirándonos desde cualquier anaquel con la tranquilidad de haber cumplido con su obligación.

Manuel Alvar Ezquerra

Catedrático de Lengua Española
de la Universidad Complutense
Miembro correspondiente de la
Real Academia Española

Para conocer y emplear este diccionario

Para encontrar una voz

1. Todas las voces de entrada contenidas en este diccionario se ordenan según el **orden alfabético universal** o **internacional**; es decir, que los grupos *ch* y *ll* se incluyen, respectivamente, en las letras *c* y *l*. Así pues, *chupete* aparece antes que *cine* en la letra *c*, y *llenar* antes que *lugar* en la letra *l*.

2. En el orden alfabético general, los lemas considerados más simples (no llevan acentos ni guiones) preceden a los de grafía más compleja cuando ambos tienen las mismas letras. Así, *cola* precede a *-cola*, *con* a *con-*, *cuando* a *cuándo*, *cubito* a *cúbito*.

3. En las entradas con **lema doble**, formadas por voces biacentuales o alternancias gráficas, la ordenación se hace situando en primer lugar la forma considerada más adecuada o más usual, separada de la siguiente mediante la conjunción *o*: *período* o *periodo*, *compartimiento* o *compartimento*, *croché* o *crochet*. Si la forma que aparece en primer lugar no es la preferida por la Real Academia Española, se hace notar esta eventualidad en OBS.

4. Los **nombres femeninos** tienen entrada propia cuando no son una variación genérica del nombre masculino. En caso contrario, aparecen en la entrada del nombre masculino, que tendrá indicación de la forma femenina. Por ejemplo: *física*, ciencia, tiene su propia entrada, separada de la entrada *físico*, *-ca*, pero *física*, mujer que se dedica a la ciencia de la física, aparece en el artículo *físico*, *-ca*.

5. La **forma femenina** de la palabra de entrada no aparece completa, pero se indica claramente cómo se forma. Tras la forma masculina, coma y guión, aparece la sílaba final de la forma femenina (en ocasiones dos sílabas) según la siguiente regla: debe formar sílaba completa de la forma femenina y debe tener en común con el masculino correspondiente al menos un carácter consonántico. En los casos de palabras con tilde que pierden ésta en el femenino, se incluye también la sílaba que pierde el acento gráfico, para mostrar este fenómeno. Véanse unos ejemplos:

alcalde, -desa	frigio, -gia
calabrés, -bresa	frío, fría
comedor, -ra	frisón, -sona
coplero, -ra	mediterráneo, -nea
diestro, -tra	poeta, -tisa
emperador, -ratriz	

6. Las locuciones y frases pueden aparecer de dos modos diferentes:

   a) se asocian a una acepción concreta cuando se hallan directamente relacionadas con ella; se entiende que el significado que tiene la palabra de entrada en la locución es el mismo que tiene en la acepción con la que se asocia. Por ejemplo, **correo certificado** y **correo urgente** aparecen a continuación de la segunda acepción del lema **correo**, que dice: «Conjunto de cartas y paquetes que se transportan, entregan o reciben». En este caso la locución o frase aparece a continuación y la locución va en negrita;

   b) aparecen en párrafo aparte cuando su contenido semántico no está directamente relacionado con ninguna de las acepciones de la palabra de entrada. Por ejemplo, **apartado de Correos** aparece en párrafo aparte, ya que se entiende que en este caso la palabra *correos* de la locución no se corresponde directamente con una de las acepciones de la entrada **correo**. Todas las locuciones y frases no asociadas a una acepción concreta aparecen al final del artículo, se sitúan en párrafo aparte y se ordenan alfabéticamente.

Para entender el artículo

1. Los **artículos** constan de tres bloques: el primero contiene una o más acepciones (con sus locuciones y frases, si los llevan) que forman un solo párrafo; el segundo lo componen, de haberlas, las locuciones y frases no relacionadas con una acepción, ordenadas alfabéticamente y cada locución en párrafo aparte; el tercero lo forman los *derivados* (introducidos por la abreviación DER), la *etimología* (ETIM) y las *observaciones gramaticales* (OBS), cada uno en párrafo aparte; pueden aparecer los tres, dos, uno o ninguno.

2. El **lema** o **entrada** se escribe con letra negrita. Puede estar constituido por una sola palabra (*amor*) o por más de una (*jienense* o *jiennense*, *zodiaco* o *zodíaco*), en este caso separadas por la conjunción *o*.

En este diccionario no se separan en artículos distintos acepciones por su categoría (*cantar* verbo y nombre) ni por su origen etimológico (*polo* tiene cuatro orígenes). Bajo el mismo lema pueden encontrarse categorías distintas o palabras de distinta etimología.

3. La **categoría gramatical** se expresa con la abreviatura correspondiente escrita con letra cursiva. En los casos de acepciones afectadas por más de una categoría o un tipo de categoría, se separan éstas entre sí mediante una barra: *adj./n. m. y f.* o *v. tr./intr.*

El cambio de categoría que se produce en una acepción (y siguientes) en relación con la anterior (o anteriores) se indica mediante un rombo que precede a la nueva categoría: ◇.

4. Las **acepciones** (esto es, cada significado distinto de una palabra) se separan entre sí por medio de cifras arábigas en negrita.

Se ha optado por ordenar las distintas acepciones por frecuencia de uso: en primer lugar la más usual. El final del bloque de acepciones se ha reservado para palabras con marca de tecnicismo, porque son palabras que no forman parte del léxico común.

Aunque el orden es de uso, se ha evitado separar acepciones que tienen la misma categoría. Es decir, si la primera acepción es un adjetivo, a continuación aparecen otras acepciones con valor adjetivo, antes que las nominales, por ejemplo, para que no haya problemas de reconocimiento de categoría gramatical.

En el caso de que locuciones o frases tengan más de una acepción, se han diferenciado por medio de letras minúsculas.

5. El **nivel de uso** de una acepción expresa en qué situaciones distintas de la estándar se utilizan ciertas palabras. Se ha preferido trabajar únicamente con tres niveles para no dificultar su comprensión:

culto

coloquial

malsonante

Las acepciones de nivel *culto* se utilizan preferentemente en situaciones formales, mayormente textos escritos, y en literatura. Las *coloquiales*, en situaciones informales, preferentemente entre amigos y familiares; también son muy habituales en usos expresivos de la lengua, ya sea con finalidad humorística o en situaciones de malestar o enfado. Se han marcado como *malsonantes* las acepciones que incluso en situaciones de familiaridad o confianza pueden parecer maleducadas, rudas, molestas al oído o, incluso, vulgares.

6. Una acepción lleva marca de **tecnicismo** cuando su uso se circunscribe a un ámbito de especialidad, a la materia concreta o a hablantes con conocimientos específicos. No se han marcado acepciones que, aunque están relacionadas con una materia o disciplina, son conocidas y empleadas en situaciones de uso normal de la lengua. Por ejemplo: se ha marcado como tecnicismo de botánica la palabra *albumen*, porque es usada por especialistas y no es común en el lenguaje; no se ha marcado *pétalo*, aunque está relacionada con la materia de botánica, porque es una palabra común usada por hablantes sin conocimientos específicos de botánica.

7. La práctica totalidad de las definiciones o acepciones van seguidas de **ejemplos**, para mostrar el uso de las palabras en su contexto y en su relación con otras palabras. Aparecen escritos con inicial minúscula y en cursiva.

8. La acepción puede aparecer seguida de **sinónimos** (SIN) y **antónimos** (ANT). Se ha evitado ofrecer como sinónimo una palabra de significado parecido o que incluye la palabra definida. En este diccionario los sinónimos lo son realmente cuando menos en el sistema de lengua, es decir, establecen los mismos límites y relaciones semánticas con respecto a otras palabras y pueden, por ello, definirse igual (p. ej.: *aceituna* y *oliva*). A veces no son sinónimos en el habla, pues al hablar o al escribir una acepción no siempre es sustituible por el sinónimo ofrecido (p. ej.: decimos *aceite de oliva* pero no *aceite de aceituna*).

9. Cuando la forma singular del lema tiene una forma plural, pronominal o exclamativa con significado propio, la grafía con su número de acepción correspondiente y su significado se sitúan al final del artículo; por ejemplo, **celos** aparece en **celo**; **echarse**, en **echar**; **¡cuidado!**, en **cuidado**.

10. Cuando existe información pertinente, los artículos pueden terminar con los **derivados** (DER), **etimología** (ETIM) y **observaciones** (OBS), todos o alguno, por este mismo orden, cada uno de ellos situado en párrafo aparte.

Los derivados ofrecen palabras que se originan a partir de la entrada en que aparecen.

La etimología hace constar la de la voz correspondiente o remite a otra que tiene el mismo origen.

Las abundantes observaciones ofrecen informaciones varias: la forma del plural o del femenino cuando se apartan de lo regular, las irregularidades o particularidades morfológicas, los modelos de conjugación de verbos irregulares, la pronunciación aproximada de los extranjerismos que han entrado en nuestra lengua o las recomendaciones o preferencias de la Real Academia Española con respecto a palabras 'problemáticas'.

Para entender la definición

1. Se ha procurado que las **definiciones** de cada voz contengan la información suficiente para que respondan a los interrogantes del usuario de manera inmediata y sin plantear nuevas dudas. También se ha procurado que la definición sea clara para que la interpretación correcta de la voz se consiga en la primera lectura y sin que el usuario se vea obligado a acudir a otra palabra del diccionario para entender la definición que consulta. Por ello, las definiciones tienen estas características:

a) los términos empleados en la definición son precisos;

b) las palabras utilizadas son actuales, conocidas y no ambiguas;

c) la sintaxis es natural para favorecer una lectura sencilla y correcta;

d) se define de forma parafrástica y se evitan las definiciones por sinónimos.

2. En la definición de adjetivos o adjetivos/nombres, se ha marcado el tipo de nombre con que se construye. Este elemento, conocido como **contorno**, se ha separado del resto de la definición: aparece al principio de la acepción correspondiente encerrado entre corchetes y comienza en letra minúscula. El contorno debe interpretarse como un paradigma, no como la única combinación posible. Es decir, cuando encontramos delante de la definición de un adjetivo el contorno [persona], no debe interpretarse que ese adjetivo se combina únicamente con la palabra *persona*; el contorno [persona] indica que se aplica a un paradigma que tiene en común el significado de persona: *hombre, mujer, niño, niña, taxista, profesor, extranjero, nativo, familiar...*

El término entre corchetes tiene una función meramente aclaradora; la definición, que siempre se expresa en masculino y singular, comienza con la primera palabra que se encuentra fuera de este signo.

3. En ocasiones se hacen necesarias **definiciones** más **extensas** de lo habitual para que el significado ofrecido sea preciso. En estos casos, se ha procurado introducir un mecanismo de ruptura para evitar la conjunción de demasiados datos sin solución de continuidad (por ejemplo, separando sus miembros por medio de punto y coma, como se hace en *diente*), de tal manera que el usuario pueda entender el significado sin demasiado esfuerzo.

Ejemplos de uso

Lema
  simple
  doble
  forma femenina

sublema

Categoría gramatical

  cambio de categoría

Nivel de uso

Tecnicismo

Acepción
  con cifras

  con letras

Definición
  sin contorno
  con contorno

Ejemplos

ajete *n. m.* Ajo tierno que aún no ha crecido lo suficiente para tener cabeza.

cantiga o **cántiga** *n. f.* Composición poética medieval compuesta para ser cantada.

magno, -na *adj.* culto Que es grande o importante: *todos alabaron el magno esfuerzo de los voluntarios; el Gobierno emprendió una magna obra de reformas.*

celo *n. m.* **1** Cuidado, diligencia e interés con que alguien hace las cosas que tiene a su cargo: *tienes que poner un poco más de celo en tu trabajo.* [...] ◇ *n. m. pl.* **4 celos** Sentimiento que se tiene al sospechar que la persona amada siente preferencia por otra: *dice que los celos de su mujer son infundados.*

lamentar *v. tr.* **1** Sentir pena, disgusto o arrepentimiento por una cosa: *lamento que tuvieran que marcharse tan pronto; todos lamentaron la pérdida del gobernador.* **SIN** sentir, deplorar. ◇ *v. prnl.* **2 lamentarse** Expresar con palabras la pena, el dolor o la contrariedad que se siente: *pasaba el día lamentándose por la desaparición de su hijo.* **SIN** quejarse.

racanear *v. intr.* **1** coloquial Comportarse como un avaro y no ser generoso con los demás: *deja de racanear y pon tu parte como todos.* **2** coloquial Comportarse como un vago evitando el trabajo: *no estudia nada, racanea todo el día.*

metacarpo *n. m.* ANAT. Conjunto de los cinco huesos situados entre la muñeca y los dedos en el esqueleto de los miembros anteriores de los vertebrados.

enterar *v. tr./prnl.* **1** Informar a una persona acerca de algo: *me entero de lo que pasa en el mundo viendo la tele y leyendo el periódico.* **2** Darse cuenta de algo: *cuando le robaron la cartera, ni se enteró.*

-aco, -aca Sufijo que entra en la formación de palabras para: *a)* Denotar valor despectivo: *libraco, pajarraco. b)* Indicar relación: *maníaco, policíaco. c)* Formar gentilicios: *austríaco.*

marfil *n. m.* **1** Material duro y blanco del que están formados los dientes de los mamíferos. ◇ *adj./n. m.* **2** [color] Que es blanco amarillento.

incomodar *v. tr./prnl.* Provocar o sentir enfado o disgusto: *sus constantes elogios me incomodan; ¿te has incomodado por lo que te dije?*

Sinónimos y antónimos	**ameno, -na** *adj.* Que es agradable, entretenido o divertido: *las novelas de Agatha Christie me parecen muy amenas.* **SIN** distraído, divertido, entretenido. **ANT** aburrido, árido, tedioso.
Locuciones 　en su acepción 　en párrafo aparte	**ala** *n. f.* **1** Miembro o apéndice que en número par tienen las aves y ciertos insectos para volar: *los pájaros tienen plumas fuertes en las alas.* **2** Parte plana que se extiende a cada lado de un avión y sirve para sostenerlo en el aire: *fallaron los motores del ala derecha.* ☞ avión. **ala delta** Aparato sin motor, muy ligero, compuesto de una tela con forma de triángulo y una estructura a la que se sujeta la persona que lo maneja y que sirve para volar: *el ala delta vuela aprovechando las corrientes de aire.* **cortar las alas** Poner dificultades a una persona para que no desarrolle lo que pretendía: *deja que se atreva y no le cortes las alas.*
Derivados	**propicio, -cia** *adj.* Que es oportuno o favorable: *tienes que esperar el momento propicio para invertir tus ahorros; el clima tropical es propicio para el cultivo de plátanos.* **SIN** adecuado. **DER** propiciar, propiciatorio.
Etimología	**amonestar** *v. tr.* **1** Reprender severamente a una persona por un error o falta: *el sacristán amonestó al monaguillo por no haber tocado la campana a tiempo.* **2** Hacer públicas en la iglesia las amonestaciones. Suele usarse con los verbos *correr, leer* o *publicar.* **ETIM** *Amonestar* procede del latín *admonere,* que tenía el mismo significado, voz con la que también está relacionada *admonición.*
Observaciones gramaticales 　morfológicas 　ortográficas 　origen y pronunciación 　de uso 　conjugación 　plurales 　gramaticales	**mescolanza** *n. f.* Mezcla que resulta extraña y, en algunas ocasiones, ridícula: *en la tienda había una mescolanza de ropa, comida y productos de limpieza.* **SIN** mezcolanza. **OBS** La Real Academia Española admite *mescolanza,* pero prefiere la forma *mezcolanza.* **desharrapado, -da** *adj./n. m. y f.* Que lleva la ropa sucia y rota o se viste con harapos: *pareces un desharrapado con esos pantalones rotos.* **OBS** También se escribe *desarrapado.* **jockey** *n. com.* Persona que se dedica profesionalmente a montar caballos de carreras: *un jockey debe pesar muy poco.* **SIN** yóquey, yoqui. **OBS** Es de origen inglés y se pronuncia aproximadamente 'yoquei'. ◇ La Real Academia Española sólo admite las formas *yóquey* y *yoqui.* **pardiez** *int.* Expresión que indica enfado, contrariedad o sorpresa: *¡pardiez!, estamos rodeados de cocodrilos.* **OBS** Es una expresión pasada de moda. **penalizar** *v. tr.* Imponer una pena, sanción o castigo a alguien, especialmente en un juego o un deporte. **OBS** En su conjugación, la *z* se convierte en *c* delante de *e.* **borceguí** *n. m.* Calzado antiguo que llegaba hasta más arriba del tobillo, abierto por delante y que se ajustaba por medio de cordones. **OBS** El plural es *borceguíes,* culto, o *borceguís,* popular. **usted** *pron. pers.* Forma de tratamiento de segunda persona que indica respeto y cortesía: *usted es muy amable; ustedes dirán.* **OBS** Se usa con el verbo en tercera persona. ◇ No tiene diferenciación de género.
Remisión a ilustración	**cutícula** *n. f.* **1** ANAT. Piel muy fina y delgada que rodea la base de la uña. ☞ mano.

Abreviaturas

a) Categorías

adj.	adjetivo
adj. f.	adjetivo femenino
adj./n. amb.	adjetivo/nombre ambiguo
adj./n. com.	adjetivo/nombre común
adj./n. f.	adjetivo/nombre femenino
adj./n. f. pl.	adjetivo/nombre femenino plural
adj./n. m.	adjetivo/nombre masculino
adj./n. m. y f.	adjetivo/nombre masculino y femenino
adj./n. m. pl.	adjetivo/nombre masculino plural
adv.	adverbio
conj.	conjunción
det. dem.	determinante demostrativo
det. indef.	determinante indefinido
det. pos.	determinante posesivo
det./pron. indef.	determinante/pronombre indefinido
int.	interjección
n. amb.	nombre ambiguo
n. com.	nombre común
n. com. pl.	nombre común plural
n. com./adj.	nombre común/adjetivo
n. f.	nombre femenino
n. f./adj.	nombre femenino/adjetivo
n. f. pl.	nombre femenino plural
n. m.	nombre masculino
n. m./adj.	nombre masculino/adjetivo
n. m. y f.	nombre masculino y femenino
n. m. y f./adj.	nombre masculino y femenino
n. m. pl.	nombre masculino plural
n. p.	nombre propio
num.	numeral
num. card.	numeral cardinal
num. ord.	numeral ordinal
part.	participio
prep.	preposición
pron. dem.	pronombre demostrativo
pron. indef.	pronombre indefinido
pron. inter.	pronombre interrogativo
pron. pers.	pronombre personal
pron. pos.	pronombre posesivo
v. auxiliar	verbo auxiliar
v. copulativo	verbo copulativo
v. impersonal	verbo impersonal
v. intr.	verbo intransitivo
v. intr./tr.	verbo intransitivo/transitivo
v. intr./prnl.	verbo intransitivo/pronominal
v. prnl.	verbo pronominal
v. tr.	verbo transitivo
v. tr./intr.	verbo transitivo/intransitivo
v. tr./intr./prnl.	verbo transitivo/intransitivo/pronominal
v. tr./prnl.	verbo transitivo/pronominal

b) Tecnicismos

ANAT.	anatomía
ARQ.	arquitectura
ASTR.	astronomía
BIOL.	biología
BOT.	botánica
DER.	derecho
ECON.	economía
FILOS.	filosofía
FÍS.	física
GEOL.	geología
GRAM.	gramática
INFORM.	informática
MAR.	marina
MAT.	matemáticas
MED.	medicina
MÚS.	música
PINT.	pintura
QUÍM.	química
ZOOL.	zoología

c) Otras

ANT	antónimos
DER	derivados
ETIM	etimología
OBS	observaciones gramaticales
SIN	sinónimos

d) Signos

◇   indica: a) cambio de categoría gramatical dentro de un artículo; b) distintas informaciones dentro de observaciones (**OBS**)

☞   ilustración

Índices

Índice de cuadros

abreviaturas y símbolos	7
el acento	14-15
categorías gramaticales	227
determinantes	411
género gramatical en los nombres	595
gentilicio	597
morfemas	856
tipos de nombre	887
numerales	896
la oración	919
formación de palabras	936-937
formación del plural de los nombres	1019
prefijos	1043
el pronombre personal	1063
signos de puntuación	1080-1081
sufijos	1237
el verbo	1340-1345

Índice de ilustraciones

alfabetos	52
anfibios	74
ángulos	75
aperos	88
arácnidos	96
árbol	97
arco	99
arreos	105
automóvil	126
aves	128
avión	131
boca	164
calzado	197
cama	198
campana	201
casa	221
cereales	237
cerebro	237
ciclo del agua	252
circulatorio, aparato	257
círculo	258
cocina	268
comunicación	287
corazón	317
costurero	328
cráneo	330
crustáceos	346
cuerpo humano	346
diente	417
digestivo, aparato	419
equipaje	490
esqueleto	514
flor	563
gimnasio	600
herramientas	631
hoja	642
insectos	693
instrumentos musicales	698
línea	758
mano	793
meteorología	829
moluscos	847
motocicleta	860
nariz	873
notación musical	890
oído	909
ojo	911
ordenador	921
pan	941
pez	994
pie	998
piel	999
proceso de fabricación	1056
puerta	1074
raíz	1097
reciclaje, proceso de	1111
reloj	1131
reproductor, aparato	1141
reptiles	1141
respiratorio	1146
sabores	1169
signos y señales	1206
sombrero	1224
transmisión, sistemas de	1296
velero	1333
ventana	1337

A | a

a *n. f.* **1** Primera letra del alfabeto español: *la palabra abecedario empieza con a*. El plural es *aes* o *as*. **2** MAT. Abreviatura de área, unidad de superficie que equivale a cien metros cuadrados: *mil metros cuadrados son 10 a*. ◇ *prep.* **3** Introduce el objeto indirecto y el objeto directo cuando éste es de persona determinada o está de algún modo personificado: *he enviado una carta a tus padres; busca a su hermano*. **4** Indica dirección o destino: *nuestro hijo vuelve a casa*. SIN hacia. **5** Indica posición, lugar o estado de personas o cosas: *el libro está a mi derecha; la farmacia está al final de la calle; sigo a la espera de nuevas noticias*. SIN en. **6** Indica el momento en que ocurre algo: *llegaron a las tres*. **7** Indica distancia en el espacio o en el tiempo entre dos cosas: *vive a diez minutos de aquí, es decir, a cuatrocientos metros*. **8** Indica un fin o una intención: *hoy te quedas a comer*. SIN para. No se deben usar expresiones como *objetivo a cumplir* o *criterio a seguir*. **9** Indica modo o manera en que se hace una cosa: *hecho a mano; escrito a máquina; una cita a ciegas*. **10** Indica el instrumento con el que se hace una cosa: *quien a hierro mata a hierro muere*. SIN con. **11** Indica el precio de una cosa: *a 400 pesetas el kilo*. **12** Seguido de un infinitivo indica una orden: *¡a callar!* **13** Indica el límite de una cosa: *durante las inundaciones el agua nos llegó a la rodilla*. SIN hasta. **14** Indica la parte que corresponde en un reparto: *tocamos a dos libros cada uno, ¿a cuánto dinero vamos a tocar?, vamos tres a dos y tú sacas*.
OBS Cuando va seguida del artículo *el* se forma la contracción *al*. ◇ Se usa como régimen preposicional de muchos adjetivos, sustantivos y verbos: *fiel a los amigos, sabor a miel, huele a quemado*.

a. C. o **a. de C.** Abreviatura de *antes de Cristo*.

a- o **an-** Prefijo que entra en la formación de palabras con el significado de 'negación' o 'falta de algo': *anormal, asimétrico*. Se usa la forma *a–* ante consonante (*a–céfalo*) y la forma *an–* ante vocal (*an–alfabeto*).

ábaco *n. m.* Marco de madera con diez cuerdas o alambres horizontales y paralelos en cada uno de los cuales se hacen correr diez bolas; sirve para hacer cálculos aritméticos: *cada jugador de billar va anotando sus carambolas en el ábaco*.

abad *n. m.* Superior de ciertas comunidades religiosas de hombres: *el padre abad reunió a los monjes de la abadía*.
DER abadengo, abadesa, abadía.

abadejo *n. m.* Pez marino comestible parecido al bacalao; tiene cuerpo alargado y cabeza muy grande.
OBS Para indicar el sexo se usa *el abadejo macho* y *el abadejo hembra*.

abadengo *n. m.* Conjunto de bienes y terrenos que pertenecen a un monasterio gobernado por un abad o una abadesa. SIN abadía.

abadesa *n. f.* Superiora de ciertas comunidades religiosas de mujeres: *la madre abadesa reunió a las monjas de la abadía*.

abadía *n. f.* **1** Iglesia o monasterio gobernado por un abad o una abadesa. **2** Conjunto de bienes y terrenos que pertenecen a este monasterio. SIN abadengo.

abajo *adv.* **1** Hacia lugar o parte inferior o más bajo: *voy abajo, al sótano*. ANT arriba. **2** En lugar o parte inferior o más bajo: *estoy abajo, en el sótano*. ANT arriba. **3** En dirección a lo que está en situación inferior respecto de lo que está en situación superior: *pendiente abajo*. **4** En frases exclamativas expresa una protesta o que se está en contra de algo: *¡abajo la opresión!* ANT arriba.

abalanzarse *v. prnl.* Lanzarse o arrojarse con rapidez en dirección a alguien o algo: *todos se abalanzaron hacia la salida; el tigre se abalanzó sobre su presa*.
OBS En su conjugación, la *z* se convierte en *c* delante de *e*.

abalorio *n. m.* **1** Cuenta o bolita de vidrio perforada que sirve para hacer collares y adornos parecidos. **2** Adorno llamativo de poco valor, especialmente el hecho con estas cuentas o bolitas ensartándolas en un hilo, alambre u otro material semejante: *me gusta la ropa sencilla y no con tantos abalorios pegados*.

abanderado, -da *adj./n. m. y f.* **1** [persona] Que lleva una bandera, especialmente en un desfile, una procesión u otro acto público. **2** [persona] Que actúa de representante, portavoz o defensor de un grupo de personas, una causa o un principio: *con su lucha contra la miseria, se ha convertido en el abanderado de los pobres*.

abanderar *v. tr.* **1** Ponerse al frente de una causa, un movimiento o una organización para representarlo o defenderlo: *no te pido que abanderes la protesta, pero tampoco te muestres indiferente*. **2** Registrar o matricular un barco bajo la bandera de un estado.
DER abanderado.

abandonado, -da *adj./n. m. y f.* [persona] Que es despreocupado en sus actos o descuidado en sus obligaciones o en su aspecto exterior: *si tienes que escribirle, hazlo y no seas tan abandonado*.

abandonar *v. tr.* **1** Dejar sola o sin atención ni cuidado a una persona o cosa: *sería incapaz de abandonar a sus hijos*. **2** Apartarse o retirarse de un lugar: *hasta que no terminen las investigaciones no puede abandonar la ciudad*. **3** Dejar cierta actividad: *abandonó el entrenamiento antes de tiempo*. **4** Desistir o renunciar, especialmente a seguir haciendo algo que se había iniciado: *cuando vio las dificultades no tardó en abandonar la idea*. ◇ *v. prnl.* **5 abandonarse** Declararse vencido o sin fuerzas para continuar en un empeño: *no te abandones y sigue luchando por tus hijos*. **6** Descuidar las obli-

A
a

abandono gaciones o el aspecto exterior: *tengo que ir a la peluquería, no puedo abandonarme de esta manera*.
DER abandonado, abandono.

abandono *n. m.* **1** Desamparo, falta de atención o cuidado: *todos se han unido para evitar el abandono de los jardines*. **2** Alejamiento de un lugar: *el abandono del pueblo dependía de la solución de ciertos problemas*. **3** Renuncia a una idea o a una pretensión o propósito: *nunca se arrepintió de su abandono de la política*. **4** Descuido y dejadez en las obligaciones o en el aspecto exterior.

abanicar *v. tr./prnl.* Dar aire con un abanico o con un objeto semejante moviéndolo de un lado a otro.
OBS En su conjugación, la *c* se convierte en *qu* delante de *e*.

abanico *n. m.* **1** Instrumento en forma de semicírculo y plegable que sirve para dar o darse aire moviéndolo manualmente de un lado a otro: *el abanico está formado por una serie de varillas unidas por un extremo*. **2** Objeto o cosa que tiene forma parecida a la de ese instrumento: *algunas aves abren la cola en abanico*. **3** Conjunto de cosas o posibilidades entre las que se puede elegir: *en la agencia de viajes nos presentaron un amplio abanico de lugares turísticos*.
DER abanicar, abaniqueo.

abaniqueo *n. m.* Acción de dar o darse aire con un abanico.

abaratamiento *n. m.* Disminución del precio de un producto o un servicio: *el abaratamiento de los libros contribuiría a su difusión*. **ANT** encarecimiento.

abaratar *v. tr./prnl.* Disminuir el precio de un producto o servicio: *si abaratamos los costes de producción, se podrá vender a mejor precio*. **ANT** encarecer.
DER abaratamiento.

abarca *n. f.* Calzado rústico consistente en una suela de esparto, cuero duro o goma que cubre la planta y los dedos del pie y se ata con cuerdas o correas al tobillo: *las suelas de algunas abarcas están hechas con cubiertas de ruedas de automóvil desechadas*. ☞ calzado.
OBS También se dice *albarca*.

abarcar *v. tr.* **1** Ceñir o rodear con los brazos o con las manos alguna cosa. **2** Contener, comprender u ocupar: *el examen abarcará desde el tema cinco hasta el tema diez*. **SIN** englobar. **3** Tomar alguien a su cargo muchas cosas o negocios a un tiempo: *si abarcas tantos asuntos, no los atenderás bien*. ◇ *v. tr./prnl.* **4** Alcanzar con la vista: *desde aquel cerro se abarca toda la provincia*.
quien mucho abarca, poco aprieta Indica que no es posible hacer bien muchas cosas a la vez.
DER inabarcable.
OBS En su conjugación, la *c* se convierte en *qu* delante de *e*.

abarquillar *v. tr./prnl.* Combar o enrollar un cuerpo ancho y delgado, como una plancha metálica, una lámina o un papel, como si fuera un barquillo: *la humedad puede abarquillar la madera*.

abarrotado, -da *adj.* [espacio, lugar] Que está completamente lleno: *el salón de actos estaba abarrotado una hora antes de que comenzase la conferencia*.

abarrotar *v. tr.* Llenar por completo, especialmente un espacio o un lugar amplio: *miles de personas abarrotaban el estadio*.
DER abarrotado.
ETIM *Abarrotar* procede de la palabra *barrote*, porque en su origen era un término marinero que hacía referencia a la operación de asegurar la carga de un buque llenando los huecos sobrantes entre los bultos y fardos con barrotes.

abastecedor, -ra *adj./n. m. y f.* [persona, empresa] Que proporciona o pone al alcance de uno la cantidad que se necesita de una cosa: *no se pudo hacer el reparto debido a la huelga de la empresa abastecedora de carburante*.

abastecer *v. tr./prnl.* Proporcionar o poner al alcance de uno la cantidad que se necesita de una cosa: *se buscan nuevas vías para abastecer de agua a la ciudad*. **SIN** proveer, suministrar, surtir. **ANT** desabastecer.
DER abastecedor, abastecimiento; desabastecer.
OBS Se construye con las preposiciones *de* y *con*. ◇ En su conjugación, la *c* se convierte en *zc* delante de *a* y *o*, como en *agradecer*.

abastecimiento *n. m.* Suministro o entrega de la cantidad que se necesita de una cosa: *la empresa ha montado un nuevo plan de abastecimiento*. **SIN** aprovisionamiento.

abasto *n. m.* Conjunto de cosas necesarias, especialmente de víveres y otros artículos de primera necesidad: *mercado de abastos*.
no dar abasto No ser suficiente, no bastar para terminar lo que se está haciendo: *tiene tanto trabajo que no da abasto*.
OBS Se usa mucho en plural.

abatanar *v. tr.* Batir o golpear los paños en el batán para desengrasarlos o darles el cuerpo correspondiente.

abatible *adj.* [mueble o parte de él] Que puede pasar de la posición vertical a la horizontal y de la horizontal a la vertical haciéndolo girar en torno a un eje o bisagra: *ahora casi todos los coches traen los asientos con respaldo abatible*.

abatido, -da *adj.* [persona] Que ha perdido la energía, la fuerza o el ánimo, generalmente a causa de una desgracia u otro suceso negativo: *lo han suspendido injustamente y se encuentra muy abatido*.

abatimiento *n. m.* Falta de energía, de fuerza o de ánimo: *no sabemos qué hacer para animarlo y sacarlo de este abatimiento*. **SIN** desaliento, desánimo.

abatir *v. tr.* **1** Derribar o tirar al suelo: *los cañones abatieron tres bombarderos enemigos*. **2** Inclinar o colocar en posición horizontal: *no sé abatir el respaldo*. ◇ *v. tr./prnl.* **3** Perder o hacer perder la energía, la fuerza o el ánimo.
DER abatible, abatido, abatimiento.

abdicación *n. f.* **1** Renuncia a una dignidad, un cargo o un derecho. **2** Documento en el que consta la renuncia a una dignidad, un cargo o un derecho: *el rey ha firmado la abdicación en favor de su hijo*.

abdicar *v. tr./intr.* **1** Renunciar a una dignidad, un cargo o un derecho: *la reina abdicó la corona en su hijo*. ◇ *v. intr.* **2** Renunciar a algo, generalmente un derecho, una opinión o una creencia: *nunca quiso abdicar de sus creencias religiosas*.
DER abdicación.
ETIM Véase *dedicar*.
OBS En su conjugación, la *c* se convierte en *qu* delante de *e*.

abdomen *n. m.* **1** Cavidad del cuerpo del hombre y los animales vertebrados en la que se contienen los órganos principales del aparato digestivo, genital y urinario. **SIN** barriga, tripa, vientre. ☞ cuerpo humano. **2** Región del cuerpo que corresponde a esta cavidad, comprendida entre el pecho y las extremidades inferiores: *el abdomen se extiende desde el tórax hasta la pelvis*. **SIN** barriga, tripa, vientre. **3** Parte posterior al tórax en los insectos y otros animales invertebrados: *el abdomen de los insectos consta de un número variable de segmentos y suele estar separado del tórax por un estrechamiento*.
DER abdominal.

abdominal *adj.* **1** Del abdomen o relacionado con esta cavidad: *sufre un fuerte dolor abdominal*. ◇ *n. m.* **2** Ejercicio gimnástico en el que se trabajan y fortalecen los músculos del abdomen: *si quieres perder barriga, tendrás que hacer abdominales*. Se usa más en plural.

abducción *n. f.* Movimiento por el cual un miembro o un órgano se aleja del eje central del cuerpo: *casi toda la rehabilitación consiste en ejercicios de abducción*. **ANT** aducción.

abductor *adj./n. m.* [músculo] Que sirve para hacer los movimientos que se requieren para separar un miembro u órgano del eje central del cuerpo: *sufrió un fuerte golpe en los abductores y no pudo continuar jugando*. **ANT** aductor.

abecé *n. m.* **1** Abecedario, serie de las letras y libro para enseñar a leer. **SIN** alfabeto. **2** Conjunto de conocimientos básicos de cualquier ciencia o técnica: *este libro recoge los principios fundamentales y se ha convertido en el abecé de la informática*.

abecedario *n. m.* **1** Serie ordenada de las letras de un idioma: *la z es la última letra de nuestro abecedario*. **SIN** abecé, alfabeto. **2** Cartel o libro pequeño que sirve para enseñar y aprender a leer.

abedul *n. m.* **1** Árbol de corteza fina, lisa y clara, de ramas flexibles y con las hojas pequeñas, ovaladas y con el borde en forma de sierra: *el abedul puede medir hasta 25 metros*. **2** Madera de este árbol: *el abedul es blanco y ligero*.

abeja *n. f.* **1** Insecto de color pardo negruzco que vive en colonias y produce la cera y la miel: *las abejas aprovechan el polen y el néctar de las flores*. **abeja obrera** Hembra de las abejas que es estéril y se dedica a producir la miel. **abeja reina** Hembra de las abejas que es fecunda y pone los huevos: *sólo hay una abeja reina en cada colmena*. **2** Persona muy trabajadora: *es una abeja: siempre está haciendo algo*. **DER** abejaruco, abejorro.
ETIM *Abeja* procede del latín *apicula*, que tenía el mismo significado, voz con la que también está relacionada *apicultura*.

abejaruco *n. m.* Pájaro de color marrón y amarillo en su parte superior y verde o azul en la inferior, de pico largo y curvado, que se alimenta especialmente de abejas y otros insectos: *las alas de los abejarucos son estrechas y puntiagudas*.
OBS Para indicar el sexo se usa *el abejaruco macho* y *el abejaruco hembra*.

abejorro *n. m.* Insecto parecido a la abeja pero de mayor tamaño y cubierto de vello oscuro, que emite un zumbido intenso al volar.

aberración *n. f.* **1** Acción o comportamiento depravado o que se aparta mucho de lo que se considera normal, natural o lícito: *es una aberración discriminar a las personas por el color de su piel*. **2** Error grave del entendimiento o de la razón. **3** BIOL. Desviación del tipo normal que en algunos casos experimenta un carácter morfológico o fisiológico: *la aberración cromosómica consiste en una irregularidad en la estructura o número de cromosomas*. **4** ZOOL. Individuo que por sus caracteres morfológicos o fisiológicos difiere de las características propias de la especie a que pertenece: *los casos de albinismo, anomalía frecuente en las aves y los mamíferos, se deben a esta aberración*.

aberrante *adj.* Que se desvía o aparta de lo que se considera normal o natural: *conducta aberrante*.

abertura *n. f.* **1** Agujero, hendidura o grieta en una superficie: *la luz entraba por una pequeña abertura practicada en el techo*. **2** Acción de abrir o destapar lo que está cerrado o tapado: *sólo yo conozco la clave para la abertura de esta caja fuerte*. **3** Amplitud o anchura que dejan los órganos articulatorios para que pase el aire durante la emisión de un sonido: *cada sonido se emite con diferente grado de abertura*.

aberzale *adj./n. m. y f.* **1** Del movimiento político y social partidario del nacionalismo vasco o relacionado con él. ◇ *adj./n. com.* **2** [persona] Que es partidario de este movimiento.

abeto *n. m.* Árbol de tronco alto y recto, con la copa en forma de cono, ramas horizontales, hojas estrechas y perennes y fruto en forma de piña: *el abeto es uno de los símbolos de la Navidad*. ☞ árbol.
ETIM *Abeto* procede del latín *abies, -etis*, que tenía el mismo significado, voz con la que también están relacionadas *abietáceo, abietíneo*.

abiertamente *adv.* De modo claro o sincero: *le dijo abiertamente que le molestaba su presencia*.

abierto, -ta *part.* **1** Participio irregular de *abrir*. También se usa como adjetivo: *ya han abierto, vamos; no te dejes abierta la puerta del coche*. ◇ *adj.* **2** [persona] Que se relaciona con facilidad con los demás: *es un chico muy abierto que rápidamente hace amigos*. **ANT** cerrado. **3** Que es sincero y espontáneo. **4** Que tolera y acepta ideas nuevas: *tiene unos padres muy abiertos y comprensivos*. **5** [terreno] Que es llano o raso, sin accidentes que impidan el paso o ver a lo lejos: *pronto saldremos del bosque y llegaremos a campo abierto*. ◇ *adj./n. m.* **6** [prueba, torneo deportivo] Que permite la participación de jugadores profesionales y no profesionales: *el abierto de tenis de París fue muy disputado*.
estar abierto a Aceptar, ser tolerante con lo que se expresa: *estoy abierto a cualquier sugerencia*.
DER abiertamente.

abigarrado, -da *adj.* **1** Que consta de varios colores mal combinados: *compró un cuadro abigarrado*. **2** Que está compuesto de elementos distintos reunidos sin orden ni concierto: *pronunció un discurso abigarrado e incomprensible*.

abigarrar *v. tr.* Amontonar o mezclar sin orden ni concierto, especialmente colores.
DER abigarrado.

abisal *adj.* **1** [zona marina] Que está a una profundidad de más de dos mil metros: *a la zona abisal del fondo marino no llega la luz del sol*. **2** De esa zona o relacionado con ella: *pez abisal*.
ETIM Véase *abismo*.

abisinio, -nia *adj.* **1** De la antigua Abisinia, actual Etiopía, o que tiene relación con este país del noreste de África. **SIN** etíope. ◇ *adj./n. m. y f.* **2** [persona] Que es de Abisinia. **SIN** etíope.

abismal *adj.* **1** Del abismo o relacionado con él: *el barranco tenía una profundidad abismal*. **2** Que es muy profundo y difícil de comprender: *nunca entenderé sus abismales pensamientos*. **3** Que no se puede superar, vencer o salvar: *entre estos dos políticos hay diferencias abismales*.

abismo *n. m.* **1** Profundidad muy grande y peligrosa, como la del mar, un barranco o un despeñadero. **2** Diferencia u oposición muy grande entre cosas, personas o ideas: *entre tus ideas y las mías hay un abismo*. **3** Cosa profunda y compleja que no se puede comprender: *sus pensamientos son un abismo para la mayoría de la gente*. **4** *culto* Según algunas religiones, lugar al que van las almas de las personas que mueren en pecado para sufrir toda clase de penalidades a lo largo de la eternidad: *las almas pecadoras serán arrojadas al abismo*.
DER abismal.
ETIM *Abismo* procede del griego *abyssos*, 'sin fondo', voz con la que también está relacionada *abisal*.

abjurar *v. tr./intr.* Renunciar a una creencia, opinión o estado: *el prisionero abjuró del cristianismo para no ser ejecutado*.

ablación *n. f.* **1** Extirpación de un órgano o de una parte

ablandamiento

del cuerpo. **2** GEOL. Fusión parcial de un glaciar a causa del calor: *la ablación del extremo del glaciar ha provocado un corrimiento de tierras.* **3** GEOL. Arrastre de tierra y rocas provocado por los ríos, vientos u olas: *la orografía de ese valle es producto de la ablación del río.*

ablandamiento *n. m.* **1** Pérdida de la dureza de un material: *el ablandamiento del cuero facilita su manejo.* **2** Disminución de la intensidad de un sentimiento de ira, enfado o disgusto: *sus gritos desgarradores provocaron el ablandamiento del agresor.*

ablandar *v. tr./prnl.* **1** Poner blanda una cosa: *los garbanzos se ablandan en el agua.* **SIN** enternecer. **ANT** endurecer. **2** Moderar o suavizar el rigor y severidad de una persona. **3** Conmover a alguien: *se ablandó ante el llanto de su hijo.* **DER** ablandamiento.

ablativo *n. m.* GRAM. Caso de la declinación de algunas lenguas, como el latín, en que se pone la palabra que expresa relaciones similares a las de los complementos circunstanciales.
ablativo absoluto Expresión subordinada sin nexo gramatical de unión con el resto de la frase; generalmente se compone de dos nombres con preposición, o de un nombre o pronombre acompañados de adjetivo, participio o gerundio: *en la oración* en silencio la casa, pudimos acostarnos, *«en silencio la casa» es un ejemplo de ablativo absoluto.*

ablución *n. f.* **1** Acción de lavar o lavarse. **2** Purificación ritual por medio del agua que se hace en ciertas religiones: *las abluciones son características de la religión mahometana y de la judía.*

ablusado, -da *adj.* [prenda de vestir] Que no se ajusta al cuerpo ni queda apretada, sino holgada como una blusa.

abnegación *n. f.* Sacrificio o renuncia voluntaria a los deseos e intereses propios en beneficio de los demás o por una causa justa: *las privaciones que sufre son un acto de abnegación en favor de los pobres.*

abnegado, -da *adj.* Que tiene o muestra abnegación: *todos elogiaron la labor abnegada de los voluntarios de la Cruz Roja.*

abobado, -da *adj.* Que parece bobo o tonto: *¡despierta, que estás abobado y no te enteras de nada!*

abocado, -da *adj.* **1** Que está expuesto a un resultado determinado, generalmente negativo: *es un proyecto abocado al fracaso.* ◇ *adj./n. m.* **2** [vino] Que contiene una mezcla de vino seco y dulce: *con el aperitivo pondremos un abocado.*

abocar *v. tr.* **1** Acercar la boca de un recipiente a la de otro al mismo tiempo que se inclina el primero para verter el líquido que contiene: *abocó la jarra al vaso para servir el vino.* ◇ *v. tr./prnl.* **2** Hacer que una persona se aproxime o se acerque a algo, especialmente cuando es peligroso: *las olas abocaron a los marineros hacia el remolino.* ◇ *v. intr.* **3** Comenzar un barco a entrar en un canal, un puerto o un lugar parecido: *el barco abocó en el estrecho.*
DER abocado.

abochornar *v. tr./prnl.* **1** Provocar una sensación de calor que ahoga e impide la respiración: *el excesivo calor del ambiente nos abochorna.* **2** Sonrojar, avergonzar a alguien: *se abochornó al oír las cosas que decía su amigo.* ◇ *v. prnl.* **3** abochornarse Enfermar las plantas a causa del calor.

abocinar *v. tr.* Ensanchar un tubo o cañón por uno de los extremos a modo de bocina.

abofetear *v. tr.* Dar una o más bofetadas a alguien.

abogacía *n. f.* **1** Profesión del abogado: *ejerce la abogacía desde hace muchos años.* **2** Conjunto de abogados en ejercicio: *la abogacía aún no se ha pronunciado.*

abogado, -da *n. m. y f.* **1** Persona legalmente autorizada para defender a sus clientes en juicio, representarlos o aconsejarlos: *dada la situación, es mejor que te busques un buen abogado.* **SIN** letrado. **abogado de oficio** Abogado que asigna la ley para defender o representar a la parte que no tiene dinero para pagar a uno particular. **2** Persona que intercede o media para que dos partes lleguen a un acuerdo: *me propusieron como abogado en su discusión.*
abogado del diablo Persona que por sistema contradice u objeta los criterios ajenos: *ese individuo siempre tiene que hacer de abogado del diablo.*
DER abogacía, abogar.
ETIM Abogado procede del latín *advocatus*, 'llamado en calidad de abogado', voz con la que también está relacionada *advocación*.

abogar *v. intr.* **1** Defender en juicio. **2** Hablar en favor de una persona o cosa: *los jóvenes tenemos que abogar por una enseñanza de mayor calidad.* **SIN** defender.
OBS En su conjugación, la g se convierte en gu delante de e.

abolengo *n. m.* **1** Serie de antecesores de una persona o familia, especialmente si son ilustres: *es una familia de rancio abolengo.* **SIN** alcurnia, estirpe, linaje. **2** Distinción de una persona o familia por descender de antepasados nobles y antiguos.

abolición *n. f.* Anulación de una ley o de una costumbre mediante una disposición legal: *la abolición de la esclavitud.* **SIN** derogación.

abolicionismo *n. m.* Doctrina que defiende la abolición de una ley o de una costumbre, especialmente la de la esclavitud: *el abolicionismo nació en Inglaterra en el siglo XVIII para acabar con la esclavitud.*
DER abolicionista.

abolicionista *adj./n. com.* [persona] Que es partidario del abolicionismo.

abolir *v. tr.* Anular o suspender una ley o una costumbre mediante una disposición legal: *abolir la pena de muerte.*
SIN derogar.
DER abolición.
OBS Es defectivo. Se usa sólo en los tiempos y personas cuya desinencia empieza por la vocal *i*: *abolía, aboliré, aboliendo.*

abolladura *n. f.* Depresión o bollo en una superficie producido por una presión o un golpe: *la piedra dio contra el coche y le produjo una abolladura.*

abollar *v. tr./prnl.* Hacer una o más depresiones o bollos en una superficie, generalmente con un golpe o por presión: *se han sentado encima y me han abollado el capó del coche.*
DER abollado, abolladura.

abombar *v. tr./prnl.* **1** Dar o tomar una superficie forma redondeada o curvada hacia afuera: *la caja se ha abombado al mojarse.* ◇ *v. intr.* **2** Hacer funcionar una bomba para sacar un líquido de un lugar o recipiente.

abominable *adj.* [persona, cosa] Que merece condena, odio y aborrecimiento por su maldad: *durante la guerra se cometieron crímenes abominables.* **SIN** aborrecible, terrible.

abominación *n. f.* **1** Rechazo y condena enérgica de algo que causa repulsión: *le exigieron la abominación de la brujería.* **2** Cosa que causa este rechazo y condena.

abominar *v. tr.* **1** Sentir odio y horror hacia una persona o cosa que no se puede soportar: *abomina la violencia y la intolerancia.* **SIN** aborrecer, detestar, odiar. ◇ *v. intr.* **2** Rechazar y condenar de manera enérgica algo que causa repulsión: *el detenido abominó de su pasado criminal.*
DER abominable, abominación.

abonado, -da *adj./n. m. y f.* **1** [persona] Que posee un abono: *a los abonados a todos los partidos del torneo se les hace un descuento importante.* ◇ *n. m.* **2** Acción de echar a la tierra el abono.

abonanzar *v. intr.* Calmarse la tormenta o mejorar el tiempo: *salimos a navegar después de abonanzar el día.*
OBS En su conjugación, la *z* se convierte en *c* delante de *e*.

abonar *v. tr.* **1** Echar a la tierra sustancias nutrientes para mejorar su calidad y facilitar el crecimiento de las plantas: *hay que abonar y regar la parcela si quieres que el césped crezca.* **2** Ser una cosa garantía de la bondad de alguien o algo: *le abona su comportamiento a lo largo del curso.* **3** Pagar una cantidad de dinero que se debe: *no podrá retirar el coche hasta que no abone la reparación.* ◇ *v. tr./prnl.* **4** Inscribir a una persona, generalmente mediante pago, para recibir un servicio durante cierto tiempo o determinado número de veces: *este año me he abonado a la feria taurina.*
DER abonado, abono.

abono *n. m.* **1** Fertilizante que se echa a la tierra para que dé más y mejores frutos. **2** Pago de una cuenta o un dinero que se debe: *muchos socios se han negado a hacer el abono de la cuota.* **3** Conjunto de entradas o billetes que se compran juntos y que permiten el uso de un servicio o una instalación o la asistencia a una serie de espectáculos: *tengo un abono para todas las corridas de la feria.* **4** Documento que da derecho a usar un servicio o asistir a un espectáculo durante cierto tiempo o un determinado número de veces: *para viajar en metro compro un abono mensual.* **SIN** bono.

abordaje *n. m.* Aproximación de un barco a otro hasta tocarlo, voluntariamente o por accidente: *el hundimiento se produjo por el abordaje de una nave mayor.*
al abordaje Pasando al barco que se ataca para pelear. Se usa generalmente con *entrar, saltar, tomar*.

abordar *v. tr./intr.* **1** Acercarse un barco a otro hasta tocarlo, voluntariamente o por accidente: *la patrullera abordó al pesquero y le confiscó las redes.* **2** Acercar una embarcación a la costa o a otra embarcación. ◇ *v. tr.* **3** Acercarse a una persona para hablar con ella de un asunto o pedirle algo: *me abordó en la calle para proponerme un negocio.* **4** Emprender, empezar a ocuparse de un asunto o un negocio, especialmente si ello ofrece alguna dificultad: *no sabía cómo abordar el tema.*
DER abordaje.

aborigen *adj./n. com.* Que tiene su origen en la zona en que vive: *hay que respetar y defender la cultura y costumbres aborígenes.* **SIN** indígena.

aborrecer *v. tr.* **1** Sentir odio y horror hacia una persona o cosa. **SIN** abominar, detestar, odiar. **2** Abandonar las aves el nido, los huevos o las crías.
DER aborrecible, aborrecimiento.
ETIM Véase *aburrir*.

aborrecible *adj.* Que merece ser rechazado o maldecido.
SIN abominable.

aborrecimiento *n. m.* Repugnancia y rechazo hacia una persona o cosa: *el aborrecimiento de una persona o cosa impulsa a despreciarla y alejarse de ella.*

aborregar *v. tr./prnl.* **1** Convertir en vulgar a una persona, dejarla sin ideas, opiniones o iniciativas propias: *ver mucha televisión aborrega y anula la personalidad.* ◇ *v. prnl.* **2 aborregarse** Cubrirse el cielo de pequeñas nubes blancas como si fueran vellones de lana.
OBS En su conjugación, la *g* se convierte en *gu* delante de *e*.

abortar *v. intr.* **1** Interrumpir voluntaria o involuntariamente el embarazo y expulsar el feto antes de que pueda vivir fuera de la madre: *la mujer embarazada que sufrió el accidente ha abortado.* ◇ *v. tr./intr.* **2** Interrumpir una acción o proceso antes de que se complete: *la policía abortó el plan de fuga gracias a un soplo.*
DER abortista, abortivo, aborto.

abortista *adj./n. com.* Que es partidario de la despenalización del aborto voluntario. **ANT** antiabortista.

abortivo, -va *adj./n. m.* [sustancia, producto] Que tiene capacidad para hacer abortar: *fue condenado por recetar un abortivo.*

aborto *n. m.* **1** Interrupción voluntaria o involuntaria del embarazo y expulsión del feto antes de que esté en condiciones de vivir fuera de la madre: *si no te cuidas durante el embarazo, puedes tener un aborto.* **2** *coloquial* Ser o cosa deforme, feo y repugnante: *aquel animal era un aborto de la naturaleza.* **3** Interrupción de una acción o un proceso antes de que se complete: *la dirección ha ordenado el aborto del proyecto.*

abotagarse o **abotargarse** *v. prnl.* Hincharse o inflamarse el cuerpo o una parte de él, generalmente a causa de una enfermedad.

abotonadura *n. f.* **1** Conjunto de botones de una prenda de vestir. **SIN** botonadura. **2** Parte de una prenda de vestir donde van colocados los botones y los ojales. **SIN** botonadura.

abotonar *v. tr./prnl.* Cerrar o ajustar una prenda de vestir metiendo los botones en los ojales: *nunca se abotona el cuello de la camisa.* **SIN** abrochar. **ANT** desabotonar.
DER abotonadura; desabotonar.

abovedado, -da *adj.* **1** Que tiene forma curva y arqueada: *el hangar está protegido por un amplio techo abovedado.* **2** [recinto] Que está cubierto con un techo curvo y arqueado: *la habitación principal del palacio era una gran sala abovedada.*

abovedar *v. tr.* Conferir forma curva o arqueada. **2** Cubrir un recinto con un techo curvo y arqueado: *han comenzado las obras para abovedar los sótanos del ayuntamiento.*
DER abovedado.

abracadabra *n. m.* **1** Palabra cabalística a la que se atribuían propiedades mágicas; se escribía en once líneas, con una letra menos en cada una, de manera que el conjunto formara un triángulo. **2** Palabra mágica a la que familiarmente se atribuye la propiedad de conceder lo que desea a quien la pronuncia: *es tan pequeño que cree que todos sus deseos se cumplirán con decir abracadabra.*

abrasador, -ra *adj.* **1** Que abrasa o quema: *hacía un sol abrasador.* **2** [pasión, sentimiento] Que se siente con mucha fuerza: *una pasión abrasadora.*

abrasar *v. tr./intr.* **1** Calentar en exceso o estar muy caliente: *tenía la espalda abrasada por el sol; el sol abrasa en agosto.* ◇ *v. tr./prnl.* **2** Quemar, reducir a brasas o destruir algo con fuego o con alguna materia muy caliente o corrosiva: *en el último incendio se abrasó el bosque; la sopa estaba hirviendo y me abrasé la lengua.* **SIN** escaldar. **3** Secar una planta el excesivo calor o frío: *la helada ha abrasado los frutales.* **4** Agitar o consumir a alguien una pasión, sentirla con mucha fuerza: *se abrasa de amor.*
DER abrasador.

abrasión *n. f.* **1** Desgaste de una superficie provocado por rozamiento o fricción. **2** Lesión superficial o irritación en la piel provocada por quemadura o por rozamiento: *el sol le ha producido abrasiones en la cara.*

abrasivo, -va *adj./n. m.* **1** Que desgasta o pule por fricción, especialmente una superficie: *los líquidos abrasivos no se pueden tener al alcance de los niños.* **ANT** antiabrasivo.

abrazadera

◇ *n. m.* **2** Material duro que sirve para pulir, cortar o afilar otro material más blando: *la piedra de amolar es un abrasivo.*

abrazadera *n. f.* Pieza de metal u otra materia que rodea una cosa y sirve para apretarla o asegurarla a otra: *la goma del butano se asegura a la botella mediante una abrazadera.*

abrazar *v. tr./prnl.* **1** Estrechar entre los brazos para mostrar amor o afecto: *el niño se abrazó a su madre.* **2** Rodear con los brazos: *se tuvo que abrazar a un tronco para no ser arrastrado por la corriente.* ◇ *v. tr.* **3** Adherirse a una creencia o unas ideas: *en los últimos años de su vida abrazó el judaísmo.* **4** Contener o incluir una cosa a otra o ser aplicable a toda ella: *este capítulo final abraza los principales temas anteriormente tratados.* **SIN** abarcar.
DER abrazadera, abrazo.
OBS En su conjugación, la *z* se convierte en *c* delante de *e*.

abrazo *n. m.* Muestra de afecto o saludo que consiste en rodear y estrechar entre los brazos.
un abrazo Expresión de cortesía que se usa para terminar una carta o una conversación por teléfono, entre personas conocidas: *nos veremos muy pronto, un abrazo.*

abreboca *n. m.* Bebida o alimento que se toma antes del almuerzo o la cena. **SIN** aperitivo.

abrebotellas *n. m.* Utensilio que sirve para quitar las chapas metálicas de las botellas. **SIN** abridor.
OBS El plural también es *abrebotellas*.

abrecartas *n. m.* Utensilio con forma de cuchillo que sirve para abrir los sobres de las cartas: *con el abrecartas puedes separar las hojas que vienen pegadas en algunos libros.*
OBS El plural también es *abrecartas*.

ábrego *n. m.* Viento del sudoeste especialmente caliente: *el ábrego viene de la zona austral del horizonte.* **SIN** sur.

abrelatas *n. m.* Utensilio que sirve para abrir las latas o botes de conservas: *en la cocina tengo instalado un abrelatas eléctrico.* **SIN** abridor. ☞ cocina.
OBS El plural también es *abrelatas*.

abrevadero *n. m.* Fuente o lugar donde beben los animales.

abrevar *v. tr.* **1** Dar de beber al ganado. ◇ *v. intr.* **2** Beber, especialmente los animales: *se ha secado el riachuelo en el que las reses abrevaban.*
DER abrevadero.

abreviación *n. f.* **1** Reducción de la extensión de algo: *la opinión pública exige la abreviación del juicio al violador.* **SIN** abreviamiento. **2** Reducción de la extensión de una palabra, generalmente por pérdida de alguna de sus sílabas: *cine* por *cinematógrafo; bici* por *bicicleta*. **SIN** abreviamiento.

abreviamiento *n. m.* Abreviación.

abreviar *v. tr.* **1** Hacer una cosa más corta o más breve: *abreviaron la reunión para ver el partido.* ◇ *v. intr.* **2** Aumentar la velocidad en una acción: *tenemos que abreviar, que es muy tarde.*
DER abreviación, abreviamiento, abreviatura.
OBS En su conjugación, la *i* no se acentúa, como en *cambiar*.

abreviatura *n. f.* Letra o conjunto de letras seguidas de un punto que reducen en la escritura la extensión de una o más palabras: *avda.* es *abreviatura* de *avenida; v. o.* es *abreviatura* de *versión original.*

abridor *n. m.* **1** Utensilio que sirve para abrir latas o botes de conservas. **SIN** abrelatas. **2** Utensilio que sirve para quitar las chapas metálicas de las botellas: *el camarero lleva siempre un abridor en el bolsillo.* **SIN** abrebotellas.

abrigar *v. tr./prnl.* **1** Resguardar, proteger a alguien o algo del frío generalmente cubriéndolo o envolviéndolo: *abriga con la manta al niño; se abriga la cabeza con un gorro de lana.* **ANT** desabrigar. ◇ *v. tr.* **2** Guardar o tener ideas o sentimientos: *aún abrigo la esperanza de conseguir un trabajo.*
DER abrigo; desabrigar.
ETIM *Abrigar* procede del latín *apricare*, 'calentar con el calor del sol'.
OBS En su conjugación, la *g* se convierte en *gu* delante de *e*.

abrigo *n. m.* **1** Prenda de vestir, larga y con mangas, que se pone sobre otras prendas y sirve para proteger del frío: *lleva el abrigo de pieles que le regaló su marido.* **2** Objeto o cosa que abriga: *hay que guardar la ropa de verano y sacar la de abrigo.* **3** Protección contra el frío u otro fenómeno atmosférico: *tendremos que buscar abrigo contra el temporal que se avecina.* **4** Lugar protegido del viento: *afortunadamente encontraron un abrigo donde esperar a que pasase la tempestad.* **5** Ayuda o amparo: *cuando lo despidieron encontró el abrigo de sus familiares.*
al abrigo de Seguro o protegido de una cosa o peligro: *pasaron la noche al abrigo de unos árboles.*
ser de abrigo Ser persona de cuidado, que inspira preocupación: *tienes unos amigos de abrigo.*

abril *n. m.* **1** Cuarto mes del año: *abril tiene treinta días.* ◇ *n. m. pl.* **2** abriles Años de edad, especialmente de la primera juventud: *la chica sólo tiene quince abriles.*
ETIM *Abril* procede del latín *aprilis* > *aperire*, 'florecer las plantas'.

abrillantador, -ra *adj./n. m.* [instrumento, producto] Que se usa para dar brillo a una cosa y hacer que ésta refleje la luz: *he comprado un abrillantador de muebles y una cera abrillantadora para el suelo.*

abrillantar *v. tr.* Dar brillo a una cosa hasta conseguir que refleje la luz: *he comprado cera para abrillantar el coche.*
DER abrillantador.

abrir *v. tr.* **1** Hacer que el interior de un espacio o lugar tenga comunicación directa con el exterior: *he abierto mi casa a todo el mundo.* ◇ *v. tr./intr./prnl.* **2** Separar de su marco las hojas de una puerta, ventana o un balcón de forma que se pueda pasar o asomarse a través del hueco: *esta puerta abre bien; la puerta de mi casa sólo abre con llave; esa puerta se abre automáticamente.* ◇ *v. tr.* **3** Separar partes movibles del cuerpo o de cosas articuladas: *abrir los ojos; abrir las alas; abrir una navaja.* **4** Rasgar, cortar algo que está entero: *al abrir la sandía comprobamos que aún estaba verde.* **5** Descorrer el pestillo o cerrojo o levantar la aldaba con que se asegura una puerta, ventana o balcón. **6** Mover la llave en una cerradura de forma inversa de como se cerró. **7** Separar o levantar la tapa que cubre una caja, olla u otro objeto semejante. **8** Extender o estirar lo que estaba plegado o encogido: *abre la mano y enséñame lo que tienes en ella; abrir el abanico.* **9** Permitir la entrada a un lugar: *han abierto la frontera.* **10** Mover un mecanismo para dar paso a un fluido: *abre el grifo.* **11** Despegar, destapar o desenvolver una cosa de modo que sea posible ver lo que contiene: *abrir una carta; abrir un regalo.* **12** Hacer un paso, practicar una abertura: *abrir un agujero; abrir un ojal.* **13** Comenzar, dar principio a la actividad de una corporación o de un establecimiento: *abrir la sesión; abrir un negocio.* **14** Ir a la cabeza o delante: *dos motoristas abrían el desfile.* ◇ *v. intr.* **15** Aclarar o mejorar el tiempo: *menos mal que ha abierto el día.* ◇ *v. prnl.* **16 abrirse** Comunicar una persona a otra sus pensamientos y preocupaciones: *se abrió a su madre y terminó llorando.* **17** Tomar una curva por el lado exterior. **18** *coloquial* Irse, separarse de otras personas: *bueno, chicos, yo me abro.*
DER abertura, abierto, abridor; entreabrir, reabrir.
ETIM *Abrir* procede del latín *aperire*, que tenía el mismo sig-

ABREVIATURAS Y SÍMBOLOS

Esta es una lista de abreviaturas corrientes. También aparecen algunos símbolos, como los de unidades de medidas (km, l, Hz, W).
Recuerda que la mayoría de las abreviaturas llevan un punto, pero los símbolos no.

(a)	alias	N	norte
a/c.	a cuenta	n.	nombre
a. C., a. de C.	antes de Cristo	n.°	número
ac.	acepción	N. B.	*nota bene*, obsérvese
adj.	adjetivo	N. del E.	nota del editor
adv.	adverbio	N. del T.	nota del traductor
a. m.	*ante meridiem*, antes del mediodía	núm./ núms.	número/números
ap.	aparte	O	oeste
art.	artículo	op. cit.	*opere citato*, obra citada anteriormente
Av., Avda.	avenida	p.	página
C/	calle	P.°	paseo
cap.	capítulo	P. D.	post data
c/c	cuenta corriente	p. ej.	por ejemplo
C. F.	club de fútbol	p. m.	*post meridiem*, después del mediodía
Cf., cfr.	*confer*, compárese	pág./págs., pp.	página/páginas
Cía., cía., C.ª	compañía	pl.	plural
cm	centímetros	Pl.	plaza
cód.	código	pp.	páginas
col.	colección	Prof./Prof.ª	profesor/profesora
conj.	conjunción	pról.	prólogo
C. P.	código postal	P. V. P.	precio de venta al público
cta.	cuenta	R. I. P.	*requiescat in pace*, descanse en paz
d. C., d. de C.	después de Cristo	Reg.	registro
D./D.ª	don/doña	Rte.	remitente
dcha.	derecha	Rvdo.	reverendo
dep.	deporte	pta./ptas.	peseta/pesetas
D. N. I.	documento nacional de identidad	S	sur
doc.	documento	S.	san
D. P.	distrito postal	s.	siglo, siguiente
Dr./Dra.	doctor/doctora	S. A.	sociedad anónima
dto.	descuento	S. L.	sociedad limitada
E	este	S. M.	su majestad
ed.	edición, editor, editorial	sig.	siguiente
ej.	ejemplo	sing.	singular
entlo.	entresuelo	s/n.	sin número
etc.	etcétera	Sr./Sra./Sres.	señor/señora/señores
Excmo./Excma.	excelentísimo/excelentísima	ss.	siguientes
fasc.	fascículo	Sto./Sta.	santo/santa
Fdo.	firmado	sust.	sustantivo
fem.	femenino	T.A.E.	tasa anual equivalente
g	gramos	tel., teléf.	teléfono
g. p.	giro postal	tít.	título
h	horas	trad.	traducción
Hz	hercio	trav.	travesía
ib.	*ibídem*, en la obra citada anteriormente	TV	televisión
Ilmo./Ilma.	ilustrísimo/ilustrísima	Ud./Uds.	usted/ustedes
impr.	imprenta	V	voltio
interj.	interjección	V.	usted; véase
izq., izqda.	izquierda	v.	verbo
kg	kilogramo	V.° B.°	visto bueno
km	kilómetro	v. gr.	verligracia
l, L	litro	vda.	viuda
lat.	latitud	vol.	volumen
long.	longitud	W	oeste; vatios
masc.	masculino	W. C.	water closet (retrete)

abrochar

A a

nificado, voz con la que también están relacionadas *aperitivo, apertura*.
OBS El participio es *abierto*.

abrochar *v. tr./prnl.* Cerrar o ajustar una cosa, especialmente una prenda de vestir, con botones, broches, corchetes u otros cierres: *para la ceremonia debes abrocharte la chaqueta*. **SIN** abotonar. **ANT** desabrochar.

abrojo *n. m.* Planta de fruto redondo y espinoso, de tallos largos y flores amarillas: *el abrojo es perjudicial para los sembrados*.
ETIM *Abrojo* procede de la locución latina *aperi oculus*, '¡abre los ojos!'; originariamente era una advertencia al que segaba un terreno cultivado para que quitara los *abrojos*, porque esta planta es perjudicial para los sembrados.

abroncar *v. tr.* **1** Regañar o corregir duramente a una persona por haber cometido un error o por su mal comportamiento: *el profesor nos abroncó porque intentamos copiar*. **2** Protestar o mostrar enfado mediante gritos y ruidos, especialmente un grupo de personas: *el público abroncó al jugador por la dura falta que había cometido*. **SIN** abuchear.
OBS En su conjugación, la *c* se convierte en *qu* delante de *e*.

abrumador, -ra *adj.* **1** Que agobia con penosas cargas físicas o morales: *aquel cargo exigía una responsabilidad abrumadora*. **2** Que confunde o desconcierta con un exceso de amabilidad, atenciones, burlas o reconvenciones: *llega a molestarme con sus abrumadoras alabanzas*. **3** Que es rotundo, total o completo. El partido finalizó con la abrumadora victoria del equipo visitante.

abrumar *v. tr.* **1** Agobiar o atosigar con penosas cargas físicas o morales: *me abruma tanto trabajo*. **2** Confundir o desconcertar, especialmente con un exceso de atenciones, burlas o reconvenciones: *me abruma tanto interés por mi persona*.
DER abrumador.
ETIM Procede del nombre de un molusco llamado *broma*, que se alimenta de madera y carcome los buques; así, el agua se introducía en las galerías abiertas por estos animalitos y hacía al buque más pesado y lento en la navegación.

abrupto, -ta *adj.* **1** [terreno] Que es difícil de atravesar por estar lleno de rocas, cortes y pendientes muy pronunciadas: *es un terreno tan abrupto que no pueden pasar ni los animales de carga*. **SIN** escarpado. **2** Que es áspero y brusco: *es muy educado y nos sorprendió con su abrupta respuesta*.

absceso *n. m.* Acumulación de pus en un tejido orgánico que suele formar un grano o elevación exterior.

abscisa *n. f.* MAT. Distancia que hay, en un plano, entre un punto y un eje vertical medida en la dirección de un eje horizontal: *la abscisa es la coordenada horizontal en un plano cartesiano rectangular*. **ANT** ordenada.
eje de abscisas Eje de coordenadas horizontal o de *x* paralelamente al cual se trazan las abscisas.

absenta *n. f.* Bebida alcohólica preparada con ajenjo y otras hierbas aromáticas. **SIN** ajenjo.

absentismo *n. m.* **1** Costumbre de faltar al trabajo: *el absentismo laboral causa graves pérdidas a las empresas*. **2** Costumbre de abandonar el desempeño de las funciones y deberes anejos a un cargo: *el absentismo parlamentario afecta gravemente a las votaciones*.
DER absentista.
ETIM Véase *ausente*.

absentista *adj.* **1** Del absentismo o relacionado con esta práctica o costumbre. ◇ *n. com.* **2** Persona que falta frecuentemente al trabajo.

ábside *n. m.* Parte de una iglesia, generalmente en forma semicircular, que sobresale en la fachada posterior.
DER absidiola, absidiolo.

absidiolo *n. m.* Ábside de pequeño tamaño construido junto al principal.

absolución *n. f.* Declaración de un acusado como libre de cargo u obligación: *en el juicio pidió la libre absolución de su defendido*. **absolución sacramental** Acto de perdonar los pecados en nombre de Dios en el sacramento de la penitencia.

absolutamente *adv.* Completamente, del todo: *estoy absolutamente de acuerdo con todo lo que dijo*.

absolutismo *n. m.* Sistema político que se distingue por la reunión de todos los poderes en un sola persona o cuerpo: *el sistema de gobierno del siglo XVIII en Europa era el absolutismo*.
DER absolutista.

absolutista *adj.* **1** Del absolutismo o relacionado con este sistema de gobierno: *la política absolutista excluye toda consulta al pueblo gobernado*. ◇ *adj./n. com.* **2** [persona] Que es partidario del absolutismo: *los absolutistas defienden la reunión de todos los poderes en una persona*.

absoluto, -ta *adj.* **1** Que es ilimitado, sin restricciones: *poder absoluto*. **2** Que expresa la máxima cualidad: *superlativo absoluto*. **ANT** relativo.
en absoluto Expresión que indica negación; equivale a *de ningún modo*: *ese asunto no me interesa en absoluto*. Se usa en frases negativas.
DER absolutamente, absolutismo.

absolver *v. tr.* **1** Declarar un juez o tribunal que una persona que estaba acusada de algo queda libre de la acusación o es inocente: *el tribunal decidió absolver al acusado*. **2** Perdonar en nombre de Dios los pecados de una persona, especialmente en la religión cristiana: *el confesor lo absolvió de sus pecados*.
OBS El participio es *absuelto*. ◇ En su conjugación, la *o* se convierte en *ue* en sílaba acentuada, como en *mover*.

absorbencia *n. f.* Capacidad de una materia o cuerpo sólido para atraer y retener líquidos: *han sacado unos nuevos pañales de gran absorbencia*.

absorbente *adj.* **1** Que retiene los líquidos fácilmente: *es una bayeta muy absorbente*. **2** Que ocupa por completo la atención o el tiempo de una persona: *desempeña un cargo muy absorbente y no tiene tiempo para nada*. ◇ *adj./n. com.* **3** [persona] Que tiene un carácter dominante y siempre trata de imponer su voluntad.

absorber *v. tr.* **1** Atraer y retener un cuerpo sólido a otro en estado líquido o gaseoso: *la esponja absorbe el agua*. **2** Atraer u ocupar por completo la atención o el tiempo de una persona: *con su encanto absorbe la atención de todos; los negocios lo absorben*. **SIN** acaparar, copar. **3** Aspirar o atraer un cuerpo hacia el interior: *esta aspiradora no absorbe bien el polvo*. **4** Consumir totalmente: *el juego absorbió toda su fortuna*. **5** Incorporar una entidad política o comercial a otra: *mi empresa fue absorbida por una multinacional*.
DER absorbencia, absorbente, absorción, absorto.

absorción *n. f.* **1** Atracción de un líquido o un gas hacia el interior de un cuerpo sólido u objeto. **SIN** succión. **2** Incorporación de una entidad política o comercial a otra más importante: *es normal la absorción de los pequeños partidos por los partidos mayoritarios*.

absorto, -ta *adj.* [persona] Que tiene la atención concentrada en un pensamiento o en una acción: *absorto en sus meditaciones*. **SIN** inmerso.

abstemio, -mia *adj./n. m. y f.* [persona] Que nunca toma bebidas alcohólicas.
abstención *n. f.* Renuncia a hacer algo, especialmente el derecho de dar un voto: *en las últimas elecciones la abstención fue mínima.*
DER abstencionismo.
abstencionismo *n. m.* Actitud de quienes renuncian a dar el voto en unas elecciones: *durante la campaña electoral cada partido lucha contra los demás y contra el abstencionismo.*
DER abstencionista.
abstencionista *adj.* **1** Del abstencionismo o relacionado con esta actitud. ◇ *adj./n. com.* **2** [persona] Que es partidario del abstencionismo: *los candidatos pedían a los abstencionistas que cambiaran su postura.*
abstenerse *v. prnl.* **1** Privarse de una cosa: *debes abstenerte de fumar.* **2** No participar en algo a que se tiene derecho, especialmente en una votación.
DER abstención, abstinencia.
OBS Se conjuga como *tener*.
abstinencia *n. f.* **1** Renuncia voluntaria a algo por razones religiosas o morales. **2** Renuncia voluntaria a tomar determinados alimentos o bebidas: *es precepto católico la abstinencia de carne durante la Cuaresma.* **3** Período durante el cual no puede satisfacerse una necesidad creada por un hábito: *abstinencia de drogas, de café, de tabaco, de sexo.* **síndrome de abstinencia** Conjunto de trastornos físicos y mentales que padece una persona cuando deja de tomar una sustancia a la que está acostumbrada, especialmente una droga.
SIN mono.
abstracción *n. f.* **1** Separación mental de las cualidades de una cosa y de su realidad física para considerarlas aisladamente: *tiene una gran capacidad de abstracción.* **2** Idea o cosa abstracta, poco definida o alejada de la realidad: *sus ideas son puras abstracciones que no tienen en cuenta la situación actual.* **3** Atención fija en lo que se hace o en lo que se piensa hasta llegar a aislarse de los demás: *dio un golpe en la mesa para sacarlo de su abstracción.* **SIN** concentración, ensimismamiento.
abstracto, -ta *adj.* **1** [cualidad] Que se considera con exclusión del objeto en que se halla realizada o por el que tiene existencia: *la verdad y el bien son ideas abstractas.* **2** [arte] Que no representa objetos, sino sus características o cualidades: *museo de arte abstracto.* **ANT** figurativo.
en abstracto Sin aplicación concreta o particular.
abstraer *v. tr.* **1** Separar en la mente las cualidades esenciales de una cosa y de su realidad física para considerarlas aisladamente: *elimina todo lo superficial y conseguirás abstraer las ideas centrales.* ◇ *v. prnl.* **2 abstraerse** Poner toda la atención en lo que se hace o en lo que se piensa hasta llegar a aislarse de todo lo demás: *para sentir esta música tienes que abstraerte de todo.* **SIN** concentrarse, ensimismarse.
OBS Se conjuga como *traer*.
abstraído, -da *adj.* [persona] Que permanece aislado de todo cuanto le rodea y está únicamente atento a lo que hace o lo que piensa: *iba tan abstraído en sus problemas, que estuvo a punto de ser atropellado.*
DER abstracción, abstracto.
abstruso, -sa *adj.* Que es difícil de comprender: *razonamiento abstruso.*
absuelto, -ta *part.* Participio irregular de *absolver: han absuelto al acusado.*
absurdo, -da *adj.* **1** Contrario a la lógica o a la razón: *es absurdo que llevemos el paraguas con el sol que hace.* ◇ *n. m.* **2** Obra o dicho contrario a la razón: *sus teorías sólo conducen al absurdo.* **SIN** sinsentido.
abubilla *n. f.* Pájaro de pico largo, con el cuerpo de color marrón y las alas blancas y negras, que se alimenta de insectos; en la cabeza tiene un penacho de plumas que puede levantar y abrir en forma de abanico: *la abubilla mide unos treinta centímetros de longitud.*
OBS Para indicar el sexo se usa *la abubilla macho* y *la abubilla hembra.*
abuchear *v. tr.* Protestar o mostrar enfado contra alguien mediante gritos, silbidos y otros ruidos, especialmente un grupo de personas: *siempre temía ser abucheada por el público.* **SIN** abroncar.
DER abucheo.
abucheo *n. m.* Manifestación colectiva y ruidosa de desagrado en un espectáculo o concentración pública: *la obra recibió el abucheo del público.* **SIN** bronca.
abuelo, -la *n. m. y f.* **1** Padre o madre del padre o de la madre de una persona. **SIN** yayo. **2** Persona vieja: *he ayudado a cruzar la calle a un abuelo.* ◇ *n. m. pl.* **3 abuelos** Padres del padre o la madre de una persona: *voy a casa de mis abuelos.*
no tener abuela Indica que la persona de la que se habla se alaba demasiado a sí misma.
DER abolengo; bisabuelo, tataraabuelo.
abuhardillado, -da *adj.* **1** Que tiene buhardilla: *mi habitación es abuhardillada.* **2** En forma de buhardilla: *una casa abuhardillada.*
abulense *adj.* **1** De Ávila o relacionado con esta ciudad y provincia española. **SIN** avilés. ◇ *adj./n. com.* **2** [persona] Que es de Ávila. **SIN** avilés.
abulia *n. f.* Falta de voluntad o energía para hacer algo o para moverse: *con su habitual abulia es incapaz de tomar una decisión.* **SIN** indolencia.
DER abúlico.
ETIM *Abulia* procede del griego *abulia,* 'sin voluntad'.
abúlico, -ca *adj./n. m. y f.* [persona] Que no tiene voluntad o energía para hacer algo o para moverse: *tienes que vencer tu temperamento abúlico y tomar una actitud emprendedora.* **SIN** indolente.
abullonar *v. tr.* Adornar una tela o un vestido con pliegues anchos de forma esférica: *el diseñador italiano suele abullonar las faldas de sus modelos.*
abultamiento *n. m.* Bulto, prominencia o parte hinchada de una cosa.
abultar *v. tr.* **1** Aumentar el tamaño, la cantidad o el grado de algo: *tanto dinero abulta peligrosamente tu cartera.* **2** Aumentar la importancia de algo: *los periódicos suelen abultar los problemas privados de los políticos.* **SIN** exagerar. ◇ *v. intr.* **3** Ocupar determinado espacio: *este pequeño teléfono portátil apenas abulta.*
DER abultado, abultamiento.
abundancia *n. f.* **1** Gran cantidad de una cosa: *en esta biblioteca encontrarás abundancia de material.* **ANT** escasez. **2** Prosperidad, riqueza, buena situación económica: *aprovecha la época de abundancia que atravesamos.* **ANT** pobreza.
nadar en la abundancia Tener mucho dinero: *ahora no podemos comprar otro coche como si nadáramos en la abundancia.*
DER superabundancia.
abundante *adj.* **1** Que abunda en algo: *esta tierra es abundante en buenos prados.* **2** Que es numeroso o se da en gran cantidad: *dispones de una abundante bibliografía para realizar el trabajo.* **SIN** copioso. **ANT** escaso.

A
a

abundar *v. intr.* **1** Haber en gran cantidad: *en Castilla abunda el trigo*. **2** Tener abundancia de la cosa que se expresa: *el Mediterráneo abunda en sardinas*. Se construye con la preposición *en*. **3** Apoyar una idea, mostrarse de acuerdo con una opinión: *mi compañero ha hecho una propuesta, y yo abundo en ella*. Se construye con la preposición *en*.
DER abundancia, abundante.

¡abur! *int.* Expresión que se usa para despedirse. **SIN** ¡adiós!

aburguesarse *v. prnl.* Acostumbrarse a la forma de vida tranquila y cómoda que se considera propia de los burgueses: *se aburguesó en cuanto probó las comodidades*.

aburrido, -da *adj.* **1** Que produce aburrimiento: *tengo un trabajo monótono y aburrido*. **SIN** tedioso. **2** Que está cansado o molesto por la falta de diversión o de interés: *te daré nuevos estímulos y distracciones para que no estés aburrido*. Se usa con el verbo *estar*.

aburrimiento *n. m.* Fastidio provocado por la falta de diversión o de interés: *trata de vencer el aburrimiento practicando algún deporte*. **SIN** tedio.

aburrir *v. tr./prnl.* Fastidiar una cosa a alguien porque no le divierte o no le interesa: *me aburro con este trabajo*; *este trabajo aburre*.
DER aburrido, aburrimiento.
ETIM *Aburrir* procede del latín *abhorrere*, 'tener aversión a algo', voz con la que también está relacionada *aborrecer*.

abusar *v. intr.* **1** Hacer uso excesivo o inadecuado de una cosa en perjuicio propio o ajeno: *abusar de la bebida*; *abusó de su autoridad*. **2** Aprovecharse de forma excesiva del trabajo, las atenciones o la benevolencia de alguien: *no debes abusar de los amigos*. **3** Obligar a otra persona a tener relaciones sexuales en contra de su voluntad.
OBS Las tres acepciones se construyen con la preposición *de*.

abusivo, -va *adj.* Que excede de lo justo, normal o adecuado: *precios abusivos*.

abuso *n. m.* Uso injusto, indebido o excesivo de una persona o cosa con resultados negativos: *si me despide sin motivo, cometerá un abuso de autoridad*.
abuso deshonesto Acción contraria a la ley que consiste en obligar a una persona a mantener relaciones sexuales que no lleguen al acto de yacer.
DER abusar, abusivo, abusón.

abusón, -sona *adj./n. m. y f.* [persona] Que se aprovecha de su situación de superioridad en perjuicio de otros.

abyección *n. f. culto* Vileza, acción despreciable: *no sé cómo pudo caer en la abyección de abandonar a sus hijos*.

abyecto, -ta *adj. culto* Vil, bajo y despreciable en extremo: *tal bajeza sólo podía haber sido cometida por un ser tan abyecto como tú*.
DER abyección.

acá *adv.* **1** Indica el lugar en que se encuentra el hablante o cercano a él; con verbos de movimiento indica acercamiento al lugar de la persona que habla: *ven acá*. Su determinación de lugar es menos precisa que la de *aquí*. Por eso *acá* admite grados y puede ir precedido de los adverbios *más* o *muy*: *trae esa caja más acá*; *has dejado la maleta muy acá*. **SIN** aquí. **ANT** allá. **2** Indica el momento presente: *desde entonces acá no se ha sabido nada de él*. Se construye precedido de ciertas preposiciones y de otros adverbios significativos de tiempo anterior. **SIN** aquí. **ANT** allá.
de acá para allá De un lugar para otro.

acabado, -da *adj.* **1** Que es perfecto o está completo: *éste es uno de sus más acabados trabajos*. **ANT** inacabado. **2** Destruido, agotado o consumido: *no estás acabado porque hayas suspendido*. ◇ *n. m.* **3** Conjunto de retoques que contribuyen a la mejor presentación de un producto u objeto: *el buen acabado del coche se nota en todos sus detalles*.
DER inacabado.

acabar *v. tr./prnl.* **1** Dar fin o terminar algo: *acabo la carta y nos vamos*. **2** Consumir completamente: *acaba la sopa, que te traigo el segundo plato*. ◇ *v. intr.* **3** Llegar al fin o al último momento, terminar: *si trabajamos juntos acabaremos pronto*. **SIN** cesar. **4** Terminar una relación: *Marta y yo hemos acabado*. **5** Destruir, estropear, matar: *a pesar de los disparos no pudo acabar con él*. Se construye con la preposición *con*. **6** Manera en que termina una acción o un objeto: *la cena acabó en pelea*; *la espada acaba en punta*. Se construye con la preposición *en*.
acabar de + infinitivo Indica que una acción se ha producido poco antes: *no me he enterado bien porque acabo de llegar*.
no acabar de + infinitivo Indica que una acción no se llega a realizar completamente: *no acabo de entender cómo pudo ocurrir*.
DER acabado, acabáramos, acabose.

¡acabáramos! *int.* Expresión con que se indica que al fin se ha entendido algo: *¿os habéis peleado por coger el mismo sitio? ¡Acabáramos!*

acabose Palabra que se utiliza en la frase *ser el acabose*, que significa 'ser el colmo, una ruina, un desastre': *cuando comenzó a insultar al público aquello fue el acabose*.

acacia *n. f.* **1** Árbol o arbusto que vive en zonas tropicales y templadas; tiene hojas alternas, ovaladas y lisas y flores olorosas en racimos. **2** Madera de este árbol, bastante dura.

academia *n. f.* **1** Institución pública formada por personas destacadas en las letras, las artes o las ciencias y que se dedica al estudio y a otros fines: *la Real Academia Española se fundó a principios del siglo XVIII*. **2** Local o edificio donde se reúnen los miembros de esta institución. **3** Centro de enseñanza privado: *ha suspendido las matemáticas y durante el verano va a una academia*.
DER académico.
ETIM *Academia* procede del griego *akademeia*, que era el jardín de Academos, donde Platón enseñaba a sus discípulos.

academicismo *n. m.* Cualidad de lo que se ajusta o sigue las normas clásicas: *el academicismo de su estilo se muestra en la corrección de sus expresiones*.
DER academicista.

academicista *adj.* [autor, obra] Que se ajusta o sigue las normas clásicas. **SIN** académico.

académico, -ca *adj.* **1** De una academia o relacionado con estas instituciones. **2** Que pertenece al estudio o la enseñanza oficial o que tiene relación con ellos: *actividades académicas*; *curso académico*. **3** [autor u obra] Que se ajusta a las normas clásicas o las sigue: *su trabajo es excesivamente académico y nada innovador*. **SIN** academicista. ◇ *n. m. y f.* **4** Persona que forma parte de una academia o institución pública dedicada al estudio y a otros fines: *ha sido nombrado recientemente académico de la Real Academia Española*.
DER academicismo; antiacadémico.

acaecer *v. intr.* Ocurrir o producirse un hecho: *es un lugar aburrido en el que nunca acaece nada*. **SIN** acontecer, suceder.
ETIM Véase *caer*.
OBS Se usa sólo en tercera persona y en infinitivo, gerundio y participio. ◇ En su conjugación, la *c* se convierte en *zc* delante de *a* y *o*, como en *agradecer*.

acalambrarse *v. prnl.* Contraerse los músculos produciendo dolor: *se me ha acalambrado la pierna*.

acallar *v. tr./prnl.* **1** Hacer que cesen las quejas, gritos, voces, risas o llantos: *acalló al bebé cantándole una nana*. **2** Calmar o apaciguar, especialmente los ánimos: *con promesas no podrás acallar los encendidos ánimos de los trabajadores*.

acaloramiento *n. m.* **1** Sofoco, sensación de calor: *tengo un acaloramiento tan grande, que casi no puedo respirar*. **2** Excitación, vehemencia y fuerte pasión con que se discute de algo o se defienden las ideas y opiniones. **SIN** apasionamiento.

acalorar *v. tr./prnl.* **1** Dar o causar calor a alguien: *este jersey de lana gorda me acalora*. **2** Excitar, avivar, producir pasión o entusiasmo: *sus palabras fueron las que acaloraron la discusión*. ◇ *v. prnl.* **3 acalorarse** Enardecerse en una discusión, hablar de algo con mucha pasión. **4** Perder la calma o mostrar con vehemencia enfado por alguna cosa: *cuando no le dan la razón se acalora*.
DER acaloramiento.

acampada *n. f.* Instalación en un lugar al aire libre para vivir temporalmente en él; se suele hacer en tiendas de campaña o en caravanas: *en la mayoría de las playas está prohibida la acampada*.
ir de acampada Salir de viaje a un lugar para instalarse en él con la tienda de campaña o con la caravana: *estuvimos de acampada en este pinar*.

acampanado, -da *adj.* Que tiene forma de campana, más ancho o abierto por la parte inferior que por la superior: *pantalones acampanados*.

acampar *v. intr.* **1** Instalarse en un lugar al aire libre para vivir temporalmente en él, generalmente alojándose en una tienda de campaña o en una caravana: *en estas vacaciones hemos acampado cerca del lago*. **2** Detenerse a descansar o a pasar la noche al aire libre: *acamparemos aquí esta noche y mañana continuaremos la búsqueda*.
DER acampada.

acanalado, -da *adj.* **1** Que pasa por un canal o lugar estrecho: *a través de las rendijas de la puerta nos llegaba un viento acanalado muy frío*. **2** Que tiene forma larga y abarquillada como la de las canales. **3** Que tiene canales o estrías marcadas en hueco: *columnas acanaladas*.

acanalar *v. tr.* **1** Hacer uno o varios canales o estrías en algún lugar u objeto: *acanalaron la huerta para conducir el agua por ella*. ◇ *v. tr./prnl.* **2** Dar forma de canal o de teja larga y abarquillada.
DER acanalado.

acantilado *n. m.* Costa marina formada por rocas de gran altura cortadas casi verticalmente: *en el Cantábrico hay muchos acantilados*.

acanto *n. m.* **1** Planta herbácea con hojas largas, rizadas, espinosas y dispuestas en pares opuestos y flores blancas. **2** ARQ. Adorno de las columnas que imita las hojas de esa planta: *el acanto es característico de los capiteles corintios*.
DER acantocéfalo, acantopterigios.

acantonamiento *n. m.* Lugar donde permanecen los soldados que están en guerra o en operaciones militares: *los soldados se hallaban en acantonamientos cercanos a la frontera*.

acantonar *v. tr./prnl.* Alojar a los soldados en un lugar próximo a aquel en que pueden intervenir: *las tropas fueron acantonadas en pueblos de toda la comarca*.
DER acantonamiento.

acaparador, -ra *adj./n. m. y f.* [persona] Que acumula cosas que también los demás desean o necesitan: *no seas acaparador y deja que los demás también nos encarguemos de algo; al llegar acaparó las miradas de las jovencitas*.

acaparamiento *n. m.* Acumulación de una cosa en mayor cantidad que la precisa para cubrir las necesidades ordinarias, en perjuicio de los demás: *el acaparamiento de aceite ha provocado una subida de precios*.

acaparar *v. tr.* **1** Acumular cosas que también los demás desean o necesitan: *las amas de casa han acaparado todo el azúcar temiendo su próxima escasez*. **2** Ocupar por completo la atención o el tiempo de una persona: *aquel suceso acaparó el tiempo de los noticiarios*. **SIN** absorber, copar.
DER acaparador, acaparamiento.

acaramelar *v. tr.* **1** Dar un baño con caramelo u otra sustancia dulce: *voy a sacar los pastelillos del horno para acaramelarlos*. ◇ *v. prnl.* **2 acaramelarse** Darse los enamorados muestras de amor.

acariciar *v. tr.* **1** Mostrar cariño rozando suavemente con los dedos o la mano una parte del cuerpo de una persona o animal: *le estaba acariciando el pelo*. **2** Tocar suavemente o rozar una cosa a otra: *la brisa le acariciaba el rostro*. **3** Desear una cosa con la esperanza de conseguirla o realizarla: *siempre acariciaba la idea de ganar*.
OBS En su conjugación, la *i* no se acentúa, como en *cambiar*.

acaricida *adj./n. m.* [sustancia] Que sirve para matar ácaros: *el bonsái necesita un abono acaricida*.

ácaro *adj./n. m.* **1** Arácnido del orden de los ácaros. ☞ arácnidos. ◇ *n. m. pl.* **2 ácaros** Orden de pequeños arácnidos de respiración traqueal o cutánea, muchos de los cuales son parásitos de otros animales y plantas: *la garrapata pertenece a los ácaros*.
DER acaricida.

acarrear *v. tr.* **1** Llevar una carga de un lugar a otro: *me he cambiado de cuarto y he tenido que acarrear todas mis cosas*. **2** Provocar, traer consigo una cosa o ser la causa de ella: *aún no hemos calculado las pérdidas que ha acarreado*.
DER acarreo.

acarreo *n. m.* Traslado de una carga de un lugar a otro: *usaremos una carretilla para el acarreo del material necesario*.

acartonarse *v. prnl.* **1** Ponerse rígido como el cartón: *la ropa tendida se ha acartonado con el frío*. **2** Quedarse delgado y seco, especialmente una persona vieja. **SIN** apergaminarse.

acaso *adv.* Indica la posibilidad de que ocurra lo que se expresa: *acaso necesitemos tu ayuda*. **SIN** quizá, tal vez.
por si acaso Por si ocurre aquello de que se habla: *no suele enfadarse, pero, por si acaso, ven pronto*.
si acaso *a*) Si: *Si acaso llega antes, llámame*. *b*) En todo caso: *no es mala persona: si acaso, un poco brusco*.
OBS En frases interrogativas introduce la pregunta y sirve para la expresión de una duda: *¿acaso lo has visto salir?*

acatamiento *n. m.* Aceptación y cumplimiento de una orden, disposición, ley o sentencia: *para vivir en sociedad es imprescindible el acatamiento de unas normas fundamentales*. **SIN** obediencia, sumisión.

acatar *v. tr.* Aceptar y cumplir una orden, disposición, ley o sentencia: *si quieres vivir con nosotros, debes acatar las normas que tenemos establecidas*. **ANT** desacatar.
DER acatamiento; desacatar.

acatarrarse *v. prnl.* Contraer una enfermedad leve del aparato respiratorio consistente en una inflamación de la garganta y del tejido interior de la nariz que a menudo va acompañada de fiebre y dolores musculares. **SIN** constiparse, enfriarse, resfriarse.

acaudalado, -da *adj.* Que tiene mucho dinero o muchos bienes: *la finca ha sido adquirida por un acaudalado empresario*. **SIN** caudaloso, rico.

acaudalar v. tr. Reunir una gran cantidad de una cosa, especialmente de dinero o de bienes: *gastaba cuanto ganaba, pues nunca quiso acaudalar riquezas.*
DER acaudalado.

acaudillar v. tr. Dirigir o guiar como jefe o caudillo a un grupo de gente, especialmente armada.

acceder v. intr. **1** Mostrarse conforme con hacer o que se haga lo que otro solicita o quiere: *su padre accede a todos sus caprichos; el director accedió a que se realizara la excursión.* **2** Tener paso o entrada a un lugar: *por esta puerta se accede al salón de actos.* **3** Alcanzar una condición o grado superior o tener acceso a ellos: *si no tiene estudios nunca podrá acceder a un puesto de responsabilidad.*
DER accesible, accésit, acceso.

accesible adj. **1** [lugar] Que tiene acceso o entrada, que se puede llegar hasta él: *tenemos que atravesar por un lugar que sea accesible para los niños.* **ANT** inaccesible. **2** De trato fácil, amable y cordial: *aunque es muy importante, es una persona muy accesible.* **ANT** inaccesible. **3** Que se puede entender: *es un libro accesible sólo para los entendidos.* **ANT** inaccesible.
DER inaccesible.

accésit n. m. Recompensa inmediatamente inferior al premio en un concurso científico, literario o artístico: *he conseguido un accésit en el certamen de poesía.*
OBS El plural también es *accésit*.

acceso n. m. **1** Entrada o paso, lugar por donde se entra o se llega a un sitio: *busco la puerta de acceso al recinto.* **2** Posibilidad de comunicar o tratar con alguien o de alcanzar una cosa: *sólo el jefe tenía acceso a esa información.* **3** Aparición repentina de cierto estado físico o moral: *acceso de tos; acceso de celos.*
DER accesorio.

accesorio, -ria adj. **1** Que depende de una cosa principal o está agregado a ella: *atiende a lo esencial del problema, que ya veremos los aspectos accesorios.* **SIN** secundario, marginal. ◇ n. m. **2** Herramienta u objeto auxiliar o de adorno en una cosa, actividad o disciplina: *las alfombrillas las he comprado en una tienda de accesorios del automóvil.* Se usa mucho en plural.

accidentado, -da adj. **1** Que es agitado, movido o difícil: *hemos tenido un viaje accidentado y lleno de incidencias.* **2** [terreno] Que es difícil de atravesar por sus desniveles o desigualdades. ◇ adj./n. m. y f. **3** Que ha sufrido un accidente: *la ambulancia acudió rápidamente para atender a los accidentados.*

accidental adj. **1** Que es secundario o no es esencial o sustancial. **2** Que se produce por azar o accidente, fuera de lo acostumbrado o previsto: *un encuentro accidental.* **3** [cargo] Que se ocupa de manera provisional, sin fijeza ni estabilidad: *durante mi enfermedad ha sido el director accidental.*

accidentarse v. prnl. Sufrir un accidente.
DER accidentado.

accidente n. m. **1** Suceso imprevisto que altera la marcha normal o prevista de las cosas, especialmente una desgracia: *ha bajado el número de accidentes automovilísticos.* **2** Elemento que no forma parte de la naturaleza o la esencia de una cosa: *Aristóteles distingue entre sustancia y accidente.* **3** Elemento geográfico que con otro u otros configura el relieve de un terreno, como ríos, montañas, valles, cabos, bahías y otros. **4** GRAM. Cambio que experimentan en su forma las palabras para expresar distintas categorías gramaticales: *en español, los accidentes gramaticales del nombre son el género y el número.* **SIN** variación.

DER accidental, accidentarse.

acción n. f. **1** Hecho o acto voluntario: *todos esperan las primeras acciones del nuevo gobierno.* **2** Actividad o movimiento: *finalmente dejaron de discutir y entraron en acción.* **ANT** inacción. **3** Sucesión de hechos o actos que constituyen el argumento de una obra o película: *la acción de esta película se desarrolla en Panamá.* **4** Sucesión rápida y viva de hechos o actos movidos, intensos y con frecuencia violentos: *las películas de acción suelen estar llenas de violencia.* **acción directa** Empleo de la violencia con fines políticos por parte de un grupo social: *la policía se ha enfrentado con un grupo de acción directa.* **5** Efecto o influencia producido por la actividad de una cosa en otra. **6** ECON. Cada una de las partes en que se divide el capital de una sociedad o empresa: *sigue la marcha de la bolsa y ha comprado un paquete de acciones.* **7** ECON. Documento que representa el valor de una de esas partes.

acción de gracias Expresión de agradecimiento, generalmente a Dios: *fueron a la ermita en acción de gracias.*
DER accionar, accionariado, accionista; coacción, inacción, interacción, reacción.

accionar v. tr. **1** Poner en funcionamiento o movimiento un mecanismo: *para comenzar, acciona la palanca.* ◇ v. intr. **2** Hacer movimientos y gestos para dar a entender una cosa o para acompañar a la palabra. **SIN** gesticular.

accionariado n. m. Conjunto de personas que tienen acciones de una empresa: *el presidente de la sociedad mantiene informado al accionariado.*

accionista n. com. Persona que posee una o más acciones en una sociedad o compañía comercial, industrial o de otra índole: *se ha celebrado una junta de accionistas.*

ace n. m. Tanto que obtiene el jugador de tenis que efectúa el saque cuando el que debe devolver la pelota no consigue tocarla.
OBS Es de origen inglés y se pronuncia aproximadamente 'eis'.

acebo n. m. **1** Árbol silvestre de hojas perennes, grandes, duras y espinosas, flores pequeñas y blancas y fruto en forma de bolitas rojas. **2** Madera de este árbol que se emplea en ebanistería y tornería.

acebuche n. m. Olivo silvestre, con menos ramas y de hojas más pequeñas que el cultivado.

acechanza n. f. Vigilancia, espera o persecución cautelosa: *los contrabandistas descubrieron la acechanza del servicio de espionaje.* **SIN** acecho.

acechar v. tr. Vigilar, esperar o perseguir con cautela para no ser notado.
DER acechanza, acecho.

acecho n. m. Vigilancia, espera o persecución cautelosa. **SIN** acechanza.
al acecho Observando o vigilando a escondidas: *la policía estaba al acecho y atrapó al ladrón con las manos en la masa.*

acedar v. tr./prnl. Poner agrio o ácido. **SIN** agriar.

acedera n. f. Planta herbácea de hojas perennes y sabor ácido que se emplea como condimento.

acéfalo, -la adj. **1** Que no tiene cabeza: *el mejillón es considerado acéfalo por tener una región cefálica muy rudimentaria.* **2** Comunidad que carece de jefe o autoridad: *la asociación está acéfala por dimisión del presidente.*

aceitar v. tr. Untar algo con aceite: *debes aceitar las bisagras de esta puerta para que no suenen.*

aceite n. m. Líquido graso de origen mineral, vegetal o animal que sirve como alimento y para usos industriales; es menos denso que el agua: *el aceite de oliva es un ingredien-*

te fundamental en la dieta mediterránea; le he cambiado el aceite al coche.
DER aceitar, aceitera, aceitero, aceitoso, aceituna.

aceitera *n. f.* Recipiente destinado a contener una pequeña cantidad de aceite; se usa en la mesa, en la cocina o para poner aceite en alguna maquinaria. **SIN** alcuza.

aceitero, -ra *adj.* **1** Del aceite o relacionado con este producto: *industria aceitera.* ◇ *n. m. y f.* **2** Persona que se dedica a fabricar o vender aceite.

aceitoso, -sa *adj.* Que tiene mucho aceite, es graso o está grasiento: *el guiso ha quedado aceitoso.*

aceituna *n. f.* Fruto del olivo, pequeño, de forma ovalada y de color verde o negro; es comestible y de él se extrae aceite. **SIN** oliva.
DER aceitunado, aceitunero.

aceitunado, -da *adj.* De color verde oscuro, parecido al de las aceitunas: *rostro aceitunado.*

aceitunero, -ra *adj.* **1** De la aceituna o relacionado con este fruto. ◇ *n. m. y f.* **2** Persona que se dedica a recoger o vender aceitunas: *varias cuadrillas de aceituneros están dispuestas para iniciar la recolección de la aceituna.*

aceleración *n. f.* Aumento gradual de la velocidad de un movimiento o de una acción cualquiera: *el piloto conoce bien la capacidad de aceleración de su vehículo.*

acelerador *n. m.* Mecanismo que sirve para regular la entrada del combustible en el motor y que permite acelerar más o menos la marcha de un vehículo: *deja de pisar el acelerador y no corras tanto.* ☞ motocicleta.

acelerar *v. tr.* **1** Hacer más rápido o más vivo: *acelerar el paso; acelerar los trámites.* ◇ *v. tr./intr.* **2** Aumentar la velocidad de un vehículo o de su motor accionando su acelerador: *no debes acelerar cuando otro automóvil te está adelantando.* **SIN** embalar. ◇ *v. prnl.* **3 acelerarse** *coloquial* Ponerse nervioso o apurarse.
DER aceleración, acelerador, acelerón; desacelerar.

acelerón *n. m.* Aceleración brusca e intensa a la que se somete un motor: *todos los coches daban fuertes acelerones antes de tomar la salida.*

acelga *n. f.* Hortaliza de hojas grandes y comestibles, con el nervio central muy desarrollado: *las acelgas cocidas tienen muchas vitaminas y no engordan.*

acémila *n. f.* **1** Mula o macho que se usa para llevar carga: *las acémilas son imprescindibles para transportar cosas en terrenos muy montañosos.* **SIN** mulo. **2** *coloquial* Persona ruda y sin educación.

acendrado, -da *adj.* [cualidad, conducta] Que es puro y sin mancha ni defecto: *su vida en el barrio muestra su acendrada generosidad.*

acendrar *v. tr.* **1** Purificar los metales en la cendra. **2** Eliminar cualquier defecto o falta del carácter de una persona: *con privaciones y sacrificios pretendía acendrar la personalidad del joven príncipe.*
DER acendrado.

acento *n. m.* **1** Particularidad de la pronunciación que destaca en la palabra una sílaba más intensa, más larga o de tono más alto: *camino tiene acento en la sílaba mi.* También se llama *acento prosódico, acento de intensidad* o *acento tónico.* **2** Signo que se pone sobre la vocal de una sílaba portadora de acento prosódico cuando le corresponda según las reglas de acentuación: *camión lleva acento en la o.* También se llama *acento ortográfico, acento gráfico, acento gramatical* o *tilde.* **acento agudo** Tilde que tiene forma de raya pequeña que baja de derecha a izquierda (´): *la palabra cámara lleva acento agudo en la sílaba ca.* En la ortografía del español actual sólo se usa el acento agudo. **acento circunflejo** Tilde que tiene forma de ángulo con el vértice hacia arriba (^): *la palabra francesa* âne *lleva acento circunflejo.* En la ortografía del español actual el acento circunflejo no tiene uso. **acento grave** Tilde que tiene forma de raya pequeña que baja de izquierda a derecha (`): *la palabra francesa* père *lleva acento grave.* En la ortografía del español actual el acento grave no tiene uso. **3** Pronunciación particular con que se distingue el modo de hablar de las personas que proceden de un lugar determinado: *aunque lleva varios años en Madrid, no ha perdido su acento andaluz.*

poner el acento Poner de relieve, recalcar, hacer hincapié: *el alcalde puso el acento en la necesidad de resolver el problema de la basura.*
DER acentual, acentuar.

acentuación *n. f.* **1** Pronunciación de una sílaba que destaca en la palabra por ser más intensa, más larga o de tono más alto. **2** Colocación del acento ortográfico: *las reglas de acentuación españolas son sencillas.* **3** Conjunto de acentos ortográficos de un escrito: *la acentuación de este texto es desastrosa.* **4** Aumento o intensificación del interés o importancia concedido a una cosa.

acentual *adj.* GRAM. Del acento o relacionado con él: *las normas acentuales son tan importantes como cualquier regla ortográfica.*

acentuar *v. tr./prnl.* **1** Pronunciar una sílaba distinguiéndola de las demás de la misma palabra por ser más intensa, más larga o de tono más alto. **2** Poner acento ortográfico al escribir: *las mayúsculas también se acentúan.* ◇ *v. tr.* **3** Dar importancia especial a una idea o asunto: *las últimas disposiciones acentúan el valor de nuestras tradiciones.* **SIN** recalcar, remarcar, subrayar. ◇ *v. prnl.* **4 acentuarse** Crecer o hacerse cada vez más claro: *los rasgos de la vejez se acentúan en su rostro.*
DER acentuación.
OBS En su conjugación, la *u* se acentúa en algunos tiempos y personas, como en *actuar.*

acepción *n. f.* Significado o sentido que toma una palabra o frase según el contexto en que se use: *en este diccionario van numeradas las acepciones de cada palabra.*

aceptabilidad *n. f.* Conjunto de características o condiciones que hacen que una cosa sea aceptable: *debemos analizar detenidamente la aceptabilidad del proyecto.*

aceptable *adj.* Que se puede aceptar o dar por bueno: *ha hecho un trabajo aceptable, aunque se podría mejorar.* **ANT** inaceptable.
DER aceptabilidad; inaceptable.

aceptación *n. f.* **1** Recibimiento voluntario por una persona de algo que se le ofrece. **2** Consideración de que algo es bueno o válido: *el último modelo ha tenido una gran aceptación.* **3** Admisión o conformidad con una cosa propuesta o presentada por otro. **4** Recocimiento o admisión de una obligación o responsabilidad: *es precisa la aceptación del compromiso por ambas partes.*

aceptar *v. tr.* **1** Recibir una persona voluntariamente lo que se le ofrece: *no aceptó mi regalo.* **2** Aprobar o dar por bueno: *aceptaron mi artículo para publicarlo en el diario.* **SIN** asentir. **ANT** excluir. **3** Mostrarse conforme con una idea o asunto de otro: *acepto tu opinión relativa a la enseñanza secundaria.* **4** Considerar satisfactorias las excusas o explicaciones de una persona: *le ruego que acepte mis disculpas.* **5** Reconocer que se tiene cierta obligación o responsabilidad sobre algo: *el vendedor del vehículo no quiso aceptar ninguna responsabilidad.* **SIN** asumir. **6** Obligarse a pagar una letra por escrito en ella misma.

ACENTO

En las palabras polisémicas, una sílaba se distingue de las demás: se pronuncia con mayor volumen, en un tono diferente y es un poco más larga que las otras. El acento es el conjunto de características de la pronunciación (intensidad, frecuencia y duración) que distingue una sílaba de las restantes de la palabra.

En ocasiones, dos o más palabras sólo se distinguen por la sílaba tónica: *término, termino, terminó; caso, casó.*

La tilde (o acento gráfico o, simplemente, acento) es una marca que escribimos encima de la vocal de la sílaba tónica de una palabra según unas reglas, que vemos a continuación, y que nos permite leerla correctamente.

REGLAS GENERALES DE ACENTUACIÓN

• **palabras de más de una sílaba:**

Posición del acento	Tipo de palabra	Se escribe tilde	Ejemplos
última sílaba	aguda	si acaba en vocal[1], 'vocal+n', o 'vocal+s'	so*fá*, com*pás*, ac*ción*, ven*drás*, com*pré*
penúltima sílaba	llana o grave	si acaba en consonante, excepto 'vocal+n' o 'vocal+s'	*cár*cel, *lá*piz, *már*tir, *bí*ceps
antepenúltima sílaba	esdrújula	siempre	*mé*dico, A*mé*rica, na*ú*frago, *mí*rame
antes de la antepenúltima sílaba	sobreesdrújula	siempre	ase*gú*raselo, re*cuér*damelo

[1] Las palabras agudas que acaban en 'vocal+y' no llevan tilde, aunque la y tenga un sonido vocálico: *convoy, paipay, virrey, Paraguay.*

• **palabras de una sola sílaba:** Los monosílabos no llevan tilde: *es, di, ven, dio, fui, pan, sol.* Solamente hay ocho excepciones que pueden verse más abajo en el apartado «Tilde diacrítica».

REGLAS ESPECIALES:

1. **Tilde diacrítica**

Hay sólo ocho palabras monosílabas que se acentúan para distinguirlas de otras palabras que sin tilde se escriben igual pero tienen significado distinto. Este acento gráfico que permite distinguir entre significados recibe el nombre de *tilde diacrítica.*

Sin tilde	Con tilde
de (preposición): Me alegro de verte.	**dé** (verbo *dar*): Dé esto a su madre.
el (determinante): No vi el bache.	**él** (pronombre): Él lo ha visto todo.
mas (= pero): Lo esperaba, mas no ha llegado.	**más** (cantidad, menos): Dame más, por favor.
mi (posesivo; nota musical): Es mi coche. Do, re, mi.	**mí** (pronombre): Es para mí.
se (pronombre): Se hace así.	**sé** (verbo *ser* o *saber*): Lo sé. Sé amable.
si (condicional; nota musical): Si te decides, llámame. Sol, la, si.	**sí** (afirmación; pronombre): Sí quiero. Lo guarda para sí.
te (pronombre): ¿Te gusta?	**té** (= planta, bebida): Me gusta beber té.
tu (posesivo): ¿Es tu hermana?	**tú** (pronombre): Seguro que tú lo sabes.

2. **Aun/aún y solo/sólo**

La Real Academia Española en su *Ortografía* (1974) dice: «La partícula *aun* llevará tilde (*aún*) y se pronunciará como bisílaba cuando pueda sustituirse por *todavía* sin alterar el sentido de la frase: *aún está enfermo.* En los demás casos, es decir, con el significado de *hasta, también, inclusive* (o *siquiera,* con negación), se escribirá sin tilde: *aun los sordos han de oírme; no hizo nada por él ni aun lo intentó».*

Con respecto a la palabra *solo* señala: «La palabra *solo*, en función adverbial, podrá llevar acento ortográfico si con ello se ha de evitar una anfibología: *le encontrarás solo en casa* (en soledad, sin compañía); *le encontrarás sólo en casa* (solamente, únicamente)». Aunque la Academia dice que puede llevar acento para deshacer una anfibología (posibilidad de interpretar una palabra o frase de dos formas distintas), es bastante habitual encontrar *sólo* (con tilde) siempre que tiene función adverbial.

3. Los demostrativos

Cuando funcionan como determinantes (es decir, seguidos de un nombre), los demostrativos no se acentúan nunca (*este rotulador, esta libreta, esa casa, ese lápiz, aquel libro, aquella goma, aquellos tiempos y estos árboles*). Cuando funcionan como pronombres (es decir, en lugar de un nombre), la norma recomienda que se escriban con tilde aunque no obliga a ello (*quiero éste, éstos, ésta, éstas, ésa, ésas, ése, ésos, aquél, aquéllos, aquélla y áquellas*).

Eso, esto y *aquello* nunca llevan tilde.

4. Vocal *i* o *u* tónica junto a otra vocal

Cuando aparece una *i* tónica o una *u* tónica al lado de una vocal abierta (*o, e, a*) siempre se le pone tilde: *podía, ataúd, oí, país.* Cuando está al lado de otra vocal cerrada (*i, u*) forma diptongo con ella y la tilde se escribe en la segunda vocal si le corresponde llevarla según las reglas de acentuación: *construí, casuística, jesuítico.* (No se acentúa en el caso de palabras llanas: *disminuido, jesuita.*)

5. Adverbios en -mente

Todos los adverbios que se forman al añadir -mente a un adjetivo conservan el acento presente en éste. Si el adjetivo llevaba tilde, el adverbio también: *cortés/cortésmente, fácil/fácilmente, ávido/ávidamente.* Si el adjetivo no lleva tilde, el adverbio tampoco: *fugaz/fugazmente, completo/completamente.*

6. Verbo + pronombre

Un verbo seguido de un pronombre de complemento directo o indirecto forma una sola palabra, que tiene el acento de intensidad en la misma sílaba que la forma simple. La forma compleja se escribe con tilde o sin ella según las reglas que hemos visto: *pega, pégale, pégaselo.*

Pero, además, cuando un verbo lleva tilde (*dé*), no pierde ésta cuando se le añade un pronombre: *déle* (aunque ahora sea una palabra llana acabada en vocal).

7. Palabras con valor interrogativo o exclamativo

Hay varias palabras que llevan tilde cuando tienen valor interrogativo o exclamativo y no la llevan cuando carecen de dicho valor.

Sin tilde	Con tilde
como (= si; relativo; comparativo): Como te portes mal, no verás la tele. Es la manera como lo hizo lo que me molestó. Es tan alta como yo.	**cómo** (= de qué manera): No sé cómo hacerlo. ¡Cómo come! ¿Cómo lo quiere?
cual (relativo): Son las personas a las cuales vimos ayer.	**cuál** (= qué cosa, qué persona): Ignoro cuál han visto. ¿Cuál dices?
cuando (relativo): Llamará cuando quiera. ¿Fue el martes cuando te llamó?	**cuándo** (= en qué momento): ¿Cuándo llega el avión? Me pregunto cuándo habrá llegado.
cuanto (= todo lo que, relativo): Hablaré cuanto quiera.	**cuánto** (= qué cantidad): ¡Cuánto gastas! ¿Cuánto quieres? Sé cuánto han comprado.
donde (relativo): Quedamos donde siempre. Éste es el piso donde vivo.	**dónde** (= en qué lugar): ¿Dónde estás? Me dijo dónde estaba.
que (relativo; conjunción): Creo que éste es el coche que compraste.	**qué** (= qué cosa): ¿Qué buscas? ¡Qué bonito! Dime qué ha pasado.
quien (= la persona que): Lo he traído para quien lo quiera	**quién** (= qué persona): ¿Quién lo dice? No sé quién eres. ¡Quién te ha visto y quién te ve!

A
a

DER aceptable, aceptación.
acequia *n. f.* Zanja o canal pequeño que conduce agua para regar.
acera *n. f.* **1** Parte de la calle situada a cada lado de la calzada, pavimentada y ligeramente más elevada que ésta, destinada al paso de peatones: *habría que controlar más a los perros que ensucian las aceras.* **2** Hilera de casas a cada lado de la calle.
ser de la acera de enfrente o **ser de la otra acera** Sentirse atraído por personas del mismo sexo en las relaciones sexuales y amorosas.
acerado, -da *adj.* **1** Que es de acero o tiene alguna característica que se considera propia del acero. **2** Incisivo, intencionalmente agresivo, pero sin violencia en la forma: *le hizo callar con su acerada mirada.*
acerar *v. tr.* **1** Dar al hierro las propiedades del acero; especialmente, convertir en acero el filo o la punta de un arma o una herramienta. **2** Poner aceras en una calle: *el nuevo alcalde ha decidido acerar las calles del barrio.* ◇ *v. tr./prnl.* **3** Fortalecer o hacerse fuerte moralmente: *las penalidades aceraron su carácter.*
DER acerado.
acerbo, -ba *adj.* **1** Que es áspero en el sabor y en el olor: *los olores fuertes y los sabores picantes son acerbos.* **2** Que es cruel o duro: *sus acerbas críticas le causaron un gran dolor.*
DER exacerbar.
acerca Palabra que se utiliza en la frase prepositiva *acerca de*, que significa 'sobre' o 'en relación con lo que se expresa': *ha dado una conferencia acerca de los diccionarios.*
acercamiento *n. m.* Situación en una posición próxima: *todos los políticos hablan de la necesidad de un mayor acercamiento al pueblo.* **SIN** aproximación.
acercar *v. tr./prnl.* **1** Poner cerca o más cerca: *acerca la silla a la mesa; ya se acerca el verano.* **SIN** aproximar. **ANT** apartar, retirar, separar. **2** Ir a un lugar o llevar a alguien a un lugar: *me acercaré al supermercado y lo compraré; os acercaré en mi coche.*
DER acercamiento.
OBS En su conjugación, la *c* se convierte en *qu* delante de *e*.
acerería *n. f.* Fábrica de acero. **SIN** acería.
acería *n. f.* Acerería.
acerico *n. m.* Almohadilla pequeña que se usa para clavar en ella alfileres y agujas: *guardaré el acerico en la caja de la costura.* **SIN** alfiletero. ☞ costurero.
acero *n. m.* **1** Aleación de hierro y pequeñas cantidades de carbono que posee gran dureza y elasticidad: *el acero se usa para la fabricación de estructuras metálicas.* **acero inoxidable** Acero que resiste la acción del oxígeno: *estos cubiertos son de acero inoxidable.* **2** Arma blanca, especialmente la espada: *guarda tu acero y no luches conmigo.*
de acero Duro y fuerte, de gran resistencia: *músculos de acero; nervios de acero.*
DER acerar, acerería, acería.
acérrimo, -ma *adj.* Que es decidido, convencido, tenaz o extremado en relación con algo: *es un defensor acérrimo de la naturaleza.*
OBS Es el superlativo de *acre*, pero con este oficio carece de uso actualmente. Véase *acre.*
acertante *adj./n. com.* [persona] Que acierta, especialmente en un juego o en un concurso: *todo el premio ha recaído sobre un único acertante.*
acertar *v. tr./intr.* **1** Dar en el lugar previsto o propuesto: *acertó en el centro de la diana.* **2** Dar con lo cierto o lo adecuado, especialmente en una cosa dudosa, ignorada u oculta: *ha acertado todas las respuestas.* **ANT** desacertar. **3** Dar un resultado correcto por azar: *ha acertado cuatro números en la lotería primitiva.* **4** Encontrar, hallar: *acertó la casa a la primera.* Acertó con la casa.
acertar a Ocurrir por azar lo que se expresa en el infinitivo que sigue: *ante tantas preguntas seguidas, no acertaba a responder.*
DER acertante, acertijo, acierto; desacertar.
ETIM Véase *cierto.*
OBS En su conjugación, la *e* se convierte en *ie* en sílaba acentuada.

acertar	
INDICATIVO	**SUBJUNTIVO**
presente	presente
acierto	acierte
aciertas	aciertes
acierta	acierte
acertamos	acertemos
acertáis	acertéis
aciertan	acierten
pretérito imperfecto	pretérito imperfecto
acertaba	acertara o acertase
acertabas	acertaras o acertases
acertaba	acertara o acertase
acertábamos	acertáramos o acertásemos
acertabais	acertarais o acertaseis
acertaban	acertaran o acertasen
pretérito indefinido	futuro
acerté	acertare
acertaste	acertares
acertó	acertare
acertamos	acertáremos
acertasteis	acertareis
acertaron	acertaren
futuro	**IMPERATIVO**
acertaré	
acertarás	acierta (tú)
acertará	acierte (usted)
acertaremos	acertad (vosotros)
acertaréis	acierten (ustedes)
acertarán	
condicional	**FORMAS NO PERSONALES**
acertaría	
acertarías	infinitivo gerundio
acertaría	acertar acertando
acertaríamos	participio
acertaríais	acertado
acertarían	

acertijo *n. m.* **1** Pasatiempo o juego en el que se propone un enigma que hay que resolver o una frase a la que hay que hallar el sentido oculto: *adivina este acertijo: soy pequeño como un ratón y guardo la casa como un león.* **SIN** adivinanza, enigma, rompecabezas. **2** Idea difícil de entender o mal explicada.
acervo *n. m.* Conjunto de bienes o valores morales o culturales que pertenecen a un grupo, región o país: *debes conocer toda la riqueza de nuestro acervo cultural.*
acetato *n. m.* QUÍM. Sal formada por combinación del ácido acético y una base.

acético, -ca *adj.* QUÍM. Del vinagre o sus derivados o relacionado con ellos: *el ácido acético da al vinagre olor y sabor característicos.*
DER acetato, acetileno, acetona.

acetileno *n. m.* Gas combustible y tóxico que se desprende al ponerse en contacto el agua con el carburo de calcio; se usa para iluminar y en la industria: *para soldar metales se usan el oxígeno y el acetileno.*

acetona *n. f.* Compuesto orgánico, líquido, transparente, de olor especial, que se usa como disolvente de grasas y otros compuestos; también se genera en el organismo humano por la combustión incompleta de las grasas: *el esmalte de uñas se quita con acetona.*

achabacanar *v. tr./prnl.* Hacer vulgar y de mal gusto: *es increíble que una persona tan fina y educada se haya achabacanado tanto.*

achacar *v. tr.* Atribuir algo, especialmente una falta o culpa, a una persona o cosa: *se convirtió en un fugitivo desde que le achacaron un crimen que no había cometido.*
DER achaque.
OBS En su conjugación, la *c* se convierte en *qu* delante de *e*.

achacoso, -sa *adj.* Que sufre pequeñas pero frecuentes molestias provocadas por una enfermedad o por la edad.

achaflanar *v. tr.* Hacer un chaflán en una cosa cortando un ángulo o esquina: *en ese edificio se han achaflanado las esquinas.*

achampañado, -da *adj.* [bebida] Que se parece al champán o lo imita: *sidra achampañada.*

achantar *v. tr.* **1** Intimidar o achicar a una persona. ◇ *v. prnl.* **2** achantarse Callarse por resignación o cobardía: *se achantará en cuanto le levantes un poco la voz.*

achaparrado, -da *adj.* Que es bajo y grueso: *un árbol achaparrado; un hombre achaparrado.*

achaque *n. m.* **1** Molestia pequeña pero frecuente provocada por una enfermedad o por la edad: *sólo tiene los achaques de la vejez.* **2** Excusa o pretexto para no hacer algo: *haz lo que te digo y no me vengas con achaques.*
DER achacoso.

achatar *v. tr.* Poner chato, hacer que una cosa sea más aplastada o que sobresalga menos entre otras de la misma especie o género: *la montaña se acható con las excavaciones realizadas en su cima.*

achicar *v. tr./prnl.* **1** Disminuir el tamaño, las dimensiones o la duración de una cosa: *he achicado el salón para poder agrandar el dormitorio.* **2** Acobardar, hacer que alguien se sienta inferior: *no te achiques ante nadie y ten más confianza en ti mismo.* ◇ *v. tr.* **3** Sacar el agua de un lugar, especialmente de una mina o una embarcación: *la barca tenía un agujero y tuvimos que achicar agua para llegar hasta la orilla.*
OBS En su conjugación, la *c* se convierte en *qu* delante de *e*.

achicharrar *v. tr./prnl.* **1** Quemar algo, especialmente un alimento, sin consumirlo por completo: *olvidó apagar el fuego y se le achicharró la comida.* ◇ *v. tr./intr./prnl.* **2** Calentar demasiado: *el fuerte sol achicharró las plantas; hace un sol que achicharra.*

achicoria *n. f.* Planta herbácea de flores azules y hojas y raíces amargas: *la raíz de la achicoria se usa para hacer una bebida parecida al café.*

achinado, -da *adj.* Que tiene rasgos o facciones parecidos a los de los chinos: *ojos achinados.*

achispar *v. tr./prnl.* Poner alegre por efecto del alcohol: *el vino me achispa enseguida.*

achuchado, -da *adj.* **1** Complicado, que tiene solución o salida difícil: *la renovación de contrato de trabajo está muy achuchada.* **2** Escaso de dinero: *préstame mil pesetas, que este mes voy un poco achuchado.*

achuchar *v. tr./prnl.* **1** Empujar o estrujar a una persona: *si quieren entrar todos en el coche tendrán que achucharse.* **2** Abrazar o acariciar a alguien para mostrarle afecto: *no dejaba de achuchar a su novia.* **3** Apremiar, presionar para que se haga una cosa: *tuvimos que achucharle bastante para que firmara el contrato.*
DER achuchado, achuchón.

achuchón *n. m.* **1** Golpe o empujón: *logró salir del local dando achuchones.* **2** Caricia o abrazo que se da en muestra de afecto: *daba a su hijo muchos besos y achuchones.*

aciago, -ga *adj.* Desgraciado, nefasto o que presagia desgracias y mala suerte: *es preferible olvidar aquel aciago día.*
ETIM Aciago procede del latín *aegyptiacus [dies]*, '[día] egipcio', que en la Edad Media se aplicaba a ciertos días del año considerados peligrosos.

acíbar *n. m.* **1** Jugo resinoso y muy amargo usado en medicina, especialmente como purgante: *el acíbar se extrae de una planta llamada áloe.* **2** Amargura, disgusto y sinsabor que se sufre.
DER acibarar.

acicalar *v. tr./prnl.* Adornar o arreglar a una persona: *no te acicales tanto que llegamos tarde.*

acicate *n. m.* Estímulo, cosa que mueve a actuar o a realizar algo: *el premio le sirvió de acicate para seguir escribiendo.*
SIN aguijón, aliciente.

acicular *adj. culto* Que tiene forma de aguja: *hojas aciculares.* ☞ hoja.
ETIM Véase *aguja.*

acidez *n. f.* **1** Cualidad de ácido: *pon azúcar al zumo de limón para quitarle acidez.* ☞ sabores. **2** Sensación desagradable de calor en el estómago o en la garganta provocada por una mala digestión.

ácido, -da *adj.* **1** Que tiene sabor agrio o amargo, parecido al del vinagre o el limón. ☞ sabores. **2** [persona] Que es áspero en el trato, tiene carácter desagradable o es poco sociable. **3** Que tiene las propiedades de un compuesto químico que forma sales: *lluvia ácida.* ◇ *n. m.* **4** Sustancia química capaz de atacar o dañar los metales formando sales: *al añadir agua a los óxidos, se forman los ácidos.* **5** Droga de fuertes efectos alucinógenos.
DER acidez; antiácido.

acierto *n. m.* **1** Elección de la solución correcta entre varias posibilidades: *tengo doce aciertos en la quiniela.* **2** Acción que tiene éxito u obtiene el resultado adecuado: *ha sido un acierto salir a cenar esta noche.* **3** Habilidad al hacer una cosa: *tiró al blanco con gran acierto; habló con mucho acierto.*

ácimo *adj.* [pan] Que se elabora sin levadura: *comulgó con una fina oblea de pan ácimo.*
OBS También se escribe *ázimo.*

acimut *n. m.* ASTR. Ángulo que forma el plano vertical de un astro con el meridiano del punto de observación.
OBS También se escribe *azimut.*

aclamación *n. f.* Muestra de entusiasmo y aprobación que da una multitud a una o más personas, generalmente mediante voces y aplausos: *la aclamación ensordecedora del público dio muestras del éxito de su nuevo disco.*
por aclamación Por decisión o acuerdo de todos los componentes de un grupo mostrado ostensiblemente, sin necesidad de votación: *el cabecilla fue elegido por aclamación.*

aclamar *v. tr.* **1** Mostrar una multitud su aprobación y entusiasmo hacia una o más personas, generalmente mediante voces y aplausos. **2** Designar a una o más personas para un

aclaración

A
a

cargo u honor por acuerdo unánime de los miembros de un grupo: *la multitud le aclamó rey*.
DER aclamación.

aclaración *n. f.* Explicación o comentario oral o escrito que hace más claro un asunto: *antes de continuar quiero hacer una aclaración*.

aclarado *n. m.* Limpieza con agua de algo que está impregnado de otra sustancia, especialmente jabón.

aclarar *v. tr./prnl.* **1** Hacer más claro; quitar lo que dificulta la claridad o transparencia de una cosa: *este tinte sirve para aclarar el pelo*. **2** Explicar o poner en claro una cosa, hacerla inteligible: *necesitarás aclarar este malentendido*. **SIN** clarificar. **3** Hacer menos denso o espeso: *aclarar la sopa con agua*. **4** Aumentar los espacios o intervalos que hay en una cosa: *a partir de aquí el bosque se aclara*. ◇ *v. tr.* **5** Volver a lavar con agua sola para quitar el jabón: *esta lavadora no aclara bien la ropa*. **SIN** enjuagar. **6** Mejorar, especialmente una capacidad o una habilidad: *las zanahorias aclaran la vista*; *tomaré unas pastillas para aclarar la voz.* ◇ *v. impersonal.* **7** Mejorar el tiempo atmosférico, despejarse el cielo: *está lloviendo y no podremos salir hasta que no aclare.* ◇ *v. prnl.* **8 aclararse** Poner uno en claro sus propias ideas: *quiero pensar esto con calma, porque no me aclaro*.
DER aclaración, aclarado, aclaratorio.

aclaratorio, -ria *adj.* Que aclara o explica: *nota aclaratoria*.

aclimatación *n. f.* Adaptación a un clima, situación o ambiente distinto de aquel de que se procede: *es nuevo en el colegio y debe superar un período de aclimatación*.

aclimatar *v. tr./prnl.* Adaptar a un clima, situación o ambiente distinto de aquel de que se procede: *la zona mediterránea es buena para aclimatar frutos tropicales*.
DER aclimatación.

acné *n. amb.* Enfermedad de la piel que consiste en la inflamación de las glándulas sebáceas y la aparición de espinillas y granos; aparece generalmente en los jóvenes: *el acné afecta especialmente a la cara y la espalda*.

-aco, -aca Sufijo que entra en la formación de palabras para: *a)* Denotar valor despectivo: *libraco, pajarraco*. *b)* Indicar relación: *maníaco, policíaco*. *c)* Formar gentilicios: *austríaco*.

acobardamiento *n. m.* Falta de valor ante un peligro.
SIN cobardía.

acobardar *v. tr./prnl.* Asustar, intimidar o atemorizar a alguien; causar o sentir miedo: *no te acobardes ante ese individuo*. **SIN** acojonar, acoquinar, atemorizar.
DER acobardamiento.

acodar *v. tr.* **1** Dar a una cosa forma de codo doblándola en ángulo recto. ◇ *v. prnl.* **2 acodarse** Apoyarse con los codos: *se acodó sobre el pupitre y puso su cabeza entre ambas manos*.

acogedor, -ra *adj.* **1** [persona] Que es hospitalario, que acoge o recibe amablemente y de buena voluntad: *los habitantes del lugar son muy simpáticos y acogedores*. **2** [lugar] Que es agradable y cómodo: *tienes una habitación pequeña, pero muy acogedora*.

acoger *v. tr.* **1** Recibir o admitir una persona a otra en su casa o en su compañía: *me acogió en su propia casa*. **2** Proteger, servir de refugio o amparo: *este centro de caridad acoge a los necesitados*. **3** Admitir o aprobar: *todos los participantes acogieron con entusiasmo el nuevo proyecto*. **4** Recibir algo o a alguien de cierta manera que se especifica: *me acogieron con aplausos*; *acogió la noticia con gran sorpresa*. ◇ *v. prnl.* **5 acogerse** Protegerse, refugiarse en un lugar: *nos acogeremos en este portal hasta que pase la tormenta*. **SIN** resguardar. **6** Ampararse en una ley, derecho, costumbre o norma: *los empresarios se acogieron al nuevo convenio para cerrar*. **7** Usar como disculpa o pretexto: *suele acogerse a su sordera y decir que él no había oído nada*.
DER acogedor, acogida.
OBS En su conjugación, la *g* se convierte en *j* delante de *a* y *o*.

acogida *n. f.* **1** Recibimiento que se ofrece a una persona cuando llega a un lugar: *el pueblo dispensó una calurosa acogida al campeón*. **2** Protección y cuidado que se da a una persona que necesita ayuda o refugio: *la ciudad tiene varios centros de acogida para indigentes*. **3** Aceptación o aprobación pública que recibe una persona o cosa: *el nuevo utilitario ha tenido una fría acogida inicial por parte de los automovilistas*.

acogotar *v. tr./prnl.* Intimidar, oprimir o dominar de forma tiránica: *ha acogotado a todos sus compañeros y no se atreven ni a replicarle*.

acojonante *adj. malsonante* Que impresiona mucho, positiva o negativamente: *el salto en caída libre es una experiencia acojonante*.

acojonar *v. tr./prnl. malsonante* Asustar, intimidar o atemorizar a alguien; causar o sentir miedo. **SIN** acobardar, acoquinar, atemorizar.
DER acojonante.

acolchar *v. tr.* Poner lana, algodón, gomaespuma u otro material blando entre dos telas y coserlas para que no se mueva.

acólito *n. m.* **1** Seglar de la Iglesia católica facultado para ayudar en la celebración de la misa y para administrar la eucaristía. **2** Monaguillo, niño que ayuda a misa: *un acólito tocaba la campanilla durante la consagración*. **3** Persona que acompaña y sigue a otra como dependiente de ella: *es el jefe de la banda y siempre está rodeado de sus acólitos*. **SIN** satélite.

acometer *v. tr./intr.* **1** Atacar rápidamente y con brío y fuerza: *el enemigo no tardó en acometer el castillo*. **2** Embestir o lanzarse violentamente contra algo: *el toro acometió contra el burladero*. ◇ *v. tr.* **3** Comenzar una empresa o trabajo: *el trabajo que hemos acometido es difícil, pero no imposible*. **SIN** emprender.
DER acometida, acometividad.

acometida *n. f.* **1** Ataque o agresión de forma rápida y violenta: *no pudieron soportar la segunda acometida del enemigo y se rindieron*. **2** Punto de una línea o conducto de un fluido en el que se ha instalado una derivación o ramal secundario: *en la acometida de agua para mi casa hay un contador*.

acometividad *n. f.* **1** Capacidad de atacar de manera rápida y violenta: *el público aplaudió la acometividad de ambos púgiles*. **2** Capacidad de emprender acciones difíciles y arriesgadas: *las empresas europeas no logran vencer la acometividad de los fabricantes de coches japoneses*.

acomodación *n. f.* **1** Situación de una persona o cosa en el lugar adecuado: *no ha sido fácil la acomodación de los nuevos libros en la biblioteca*. **SIN** acomodamiento. **2** Adaptación del ojo para mantener sin alteración el enfoque del objeto que se mira al variar la distancia o la luz.

acomodadizo, -za *adj.* Que se acomoda o se aviene a todo con facilidad. **SIN** acomodaticio.

acomodado, -da *adj.* [persona] Que goza de buena posición económica: *hicimos una colecta entre las familias acomodadas del lugar*.

acomodador, -ra *n. m. y f.* Persona que en un espectáculo público indica a los asistentes dónde deben sentarse: *las entradas eran numeradas y el acomodador nos llevó a nuestras butacas.*

acomodamiento *n. m.* Situación de una persona o cosa en el lugar adecuado: *las azafatas se encargan del acomodamiento de los viajeros.* **SIN** acomodación.

acomodar *v. tr./prnl.* **1** Colocar a una persona o cosa en un lugar apropiado o cómodo: *rápidamente acomodó a sus invitados; se acomodó en el sillón y se quedó dormido.* **2** Disponer u ordenar de forma conveniente: *tengo que acomodar todo el equipaje en el armario.* **3** Amoldar o adaptar cosas armónicamente: *no consigo acomodar el ejemplo con la teoría que has explicado.* **4** Conciliar o concertar cosas de manera que sean compatibles y no estén en oposición: *es inútil intentar acomodar a las partes en disputa.* **5** Procurar un empleo: *un amigo influyente intentó acomodarlo de chófer.* ◇ *v. prnl.* **6 acomodarse** Conformarse o avenirse a algo, aceptarlo: *no tuvo más remedio que acomodarse a lo que había.* **DER** acomodación, acomodadizo, acomodado, acomodador, acomodamiento, acomodaticio, acomodo; desacomodar.

acomodaticio, -cia *adj.* Que se acomoda o se aviene a todo con facilidad. **SIN** acomodadizo.

acomodo *n. m.* Alojamiento o lugar donde instalarse: *te proporcionaré acomodo para estos días.*

acompañamiento *n. m.* **1** Persona o grupo de personas que acompaña a alguien, especialmente cuando es con solemnidad. **2** Alimento o conjunto de alimentos presentados como complemento de un plato principal: *tomaré un filete con su acompañamiento de patatas fritas y pimientos.* **3** Conjunto de personas que representan papeles de poca importancia en una obra de teatro y aparecen en escena sin apenas hablar. **SIN** comparsa. **4** Conjunto de notas musicales que acompañan a la música principal y le sirven de soporte o complemento armónico: *el violinista y el pianista tocaron el acompañamiento.* **5** Ejecución con algún instrumento de este fondo musical: *tú cantarás y yo haré el acompañamiento con la guitarra.*

acompañante *adj./n. com.* Que acompaña a otra persona: *nadie conocía al nuevo acompañante de la famosa actriz.*

acompañar *v. tr./prnl.* **1** Estar con otra persona o ir junto a ella: *te acompañaré al colegio.* ◇ *v. tr./intr.* **2** Hacer compañía una o más personas, animales o cosas a otra u otras: *los amigos me acompañaron mucho durante la enfermedad; la radio acompaña mucho cuando te sientes solo.* ◇ *v. tr.* **3** Compartir un afecto o un estado de ánimo: *le acompaño en el sentimiento.* **4** Existir algo en una persona, especialmente una cualidad o circunstancia: *parece que te acompaña la buena suerte.* **5** Coincidir o existir a la vez: *las lluvias nos acompañaron durante toda la Semana Santa.* **6** Juntar o añadir una cosa a otra: *un informe acompañaba la carta.* **7** Tocar una música secundaria o de fondo mientras otro canta o toca. **DER** acompañamiento, acompañante.

acompasado, -da *adj.* **1** Que sigue un ritmo o compás. **2** Que acostumbra hablar pausadamente en un mismo tono o andar y moverse con mucho reposo y compás.

acompasar *v. tr.* Adaptar o acomodar una cosa a otra: *debes acompasar los movimientos del baile con los sonidos de la música; es preciso acompasar los gastos con los ingresos.* **DER** acompasado.

acomplejar *v. tr./prnl.* **1** Sentir una persona ansiedad o infelicidad debido a tener sentimientos desfavorables sobre sí misma: *su gran estatura acababa por acomplejar a todos sus novios.* **2** Hacer que una persona se sienta inferior al mostrarle sus defectos o considerar ella que los tiene: *la gente inteligente me acompleja.*

acondicionador *n. m.* **1** Aparato que sirve para regular la temperatura y la humedad del aire en un local: *en la oficina tenemos un acondicionador portátil.* **2** Sustancia que se echa en el pelo después de lavarlo y que sirve para hacer más fácil el peinado: *después del champú, siempre me pongo acondicionador.*

acondicionamiento *n. m.* Conjunto de preparativos que deben realizarse para proporcionar las condiciones que satisfagan determinadas necesidades: *las obras de acondicionamiento del terreno para la construcción de las viviendas comenzaron con la tala de cientos de árboles.*

acondicionar *v. tr.* **1** Poner una cosa en las condiciones adecuadas para un fin: *he acondicionado una parte del garaje como despacho.* **2** Climatizar un espacio cerrado, darle las condiciones de temperatura y humedad apropiadas para la salud o la comodidad.
DER acondicionado, acondicionador, acondicionamiento.

acongojar *v. tr./prnl.* **1** Causar o sentir sufrimiento o preocupación intensa debido a un peligro o a una amenaza. **SIN** angustiar. **2** Entristecer, angustiar, apenar alguna desgracia.

aconsejable *adj.* Que se puede aconsejar o es conveniente: *es muy aconsejable revisar el coche antes de salir de viaje.* **SIN** recomendable.

aconsejar *v. tr.* **1** Recomendar a alguien lo que debe hacer o indicarle el modo de hacerlo: *te aconsejo que estudies si no quieres suspender.* **SIN** asesorar. **ANT** desaconsejar. ◇ *v. prnl.* **2 aconsejarse** Tomar o pedir un consejo: *siempre se aconseja de su mujer antes de tomar una decisión.* Se construye con la preposición *con* y *de*.
DER aconsejable; desaconsejar, malaconsejado.

aconsonantar *v. tr.* Rimar en consonante un poema.

acontecer *v. intr.* Ocurrir o producirse un hecho: *en el periódico se recogen los principales sucesos que han acontecido.* **SIN** acaecer, suceder.
DER acontecimiento.
OBS Se usa sólo en tercera persona y en infinitivo, gerundio y participio. ◇ En su conjugación, la *c* se convierte en *zc* delante de *a* y *o*, como en *agradecer*.

acontecimiento *n. m.* Hecho o suceso que ocurre, especialmente si es de cierta importancia: *la firma del convenio ha sido un acontecimiento histórico.* **SIN** evento.

acopiar *v. tr.* Juntar, reunir en gran cantidad cosas que son o pueden ser necesarias. Se usa generalmente hablando del grano y las provisiones: *es preciso acopiar provisiones para una travesía tan larga.*
DER acopio.
OBS En su conjugación, la *i* no se acentúa, como en *cambiar*.

acopio *n. m.* Reunión o acumulación de gran cantidad de una cosa: *las hormigas hacen acopio de grano para el invierno.*

acoplamiento *n. m.* Unión de dos piezas o elementos que han sido diseñados para que ajusten entre sí perfectamente: *para que el mecanismo funcione se necesita el acoplamiento de cada elemento en el lugar que le corresponde.* **SIN** ajuste, ensamblaje.

acoplar *v. tr.* **1** Unir dos piezas o elementos que han sido diseñados para que ajusten entre sí perfectamente: *no consigo acoplar la rueda en su eje.* **SIN** ensamblar. **ANT** desacoplar, desensamblar. ◇ *v. tr./prnl.* **2** Adaptar a una situación o ambiente distinto del que se procede: *todavía no se ha acoplado al nuevo trabajo.* **3** Unirse sexualmente los animales.
DER acoplamiento; desacoplar.
ETIM Véase *cópula.*

acoquinar *v. tr./prnl.* Inspirar temor y hacer perder el ánimo y el valor. **SIN** acobardar, acojonar, atemorizar.

acorazado *n. m.* Buque de guerra de grandes dimensiones, blindado y con potente artillería: *un submarino enemigo ha hundido dos acorazados.*

acorazar *v. tr.* **1** Revestir con planchas de hierro o de acero, especialmente un buque de guerra o un lugar de defensa, para protegerlos. ◇ *v. prnl.* **2 acorazarse** Hacerse fuerte, prepararse para soportar un ataque: *se ha acorazado con buenos argumentos y no podemos replicarle.*
DER acorazado.
OBS En su conjugación, la *z* se convierte en *c* delante de *e*.

acorazonado, -da *adj.* Que tiene forma de corazón: *hoja acorazonada.* ☞ hoja.

acorchar *v. tr.* **1** Revestir con corcho: *he acorchado el suelo de la salita.* ◇ *v. prnl.* **2 acorcharse** Ponerse reseca, fofa y correosa una cosa, especialmente un alimento, con características semejantes a las que se consideran propias del corcho: *las patatas fritas de ayer se han acorchado.* **3** Perder sensibilidad en una parte del cuerpo: *debido a la anestesia se me han acorchado las piernas.* **SIN** dormir.
DER acorchado.

acordar *v. tr.* **1** Decidir o resolver dos o más personas de común acuerdo o por mayoría sobre lo que se va a hacer o cómo se va a hacer: *después de un largo debate hemos acordado no aceptar el proyecto.* **2** Determinar o decidir una persona una cosa: *después de aquel susto acordé no volver a intentarlo.* **3** Poner de acuerdo o acercar: *no pudieron acordar las posturas enfrentadas.* ◇ *v. prnl.* **4 acordarse** Recordar; traer a la propia memoria: *¿te acuerdas de mí? Se construye con la preposición de.*
DER acorde, acuerdo; discordar.
OBS En su conjugación, la *o* se convierte en *ue* en sílaba acentuada, como en *contar*.

acorde *adj.* **1** Que está conforme o de acuerdo: *en lo esencial nuestras opiniones están acordes.* **2** Adecuado, apropiado o en consonancia: *la corbata debe ir acorde con la camisa; debemos tomar unas medidas acordes con nuestras necesidades.* ◇ *n. m.* **3** Conjunto de tres o más sonidos musicales combinados armónicamente y tocados simultáneamente o en forma de arpegio: *todos identificaron la pieza musical al oír los primeros acordes.*
DER desacorde.

acordeón *n. m.* Instrumento musical de viento que recoge el aire con un fuelle que se abre y cierra con la mano izquierda y se toca mediante las teclas y botones que lleva en las cajas o tapas de los extremos; para tocarlo se cuelga de los hombros: *en el acordeón la melodía se toca con la mano derecha y el acompañamiento con la izquierda.* ☞ *instrumentos musicales.*
DER acordeonista.

acordeonista *n. com.* Persona que toca el acordeón por afición o como músico profesional.

acordonar *v. tr.* Formar un cerco en torno a un lugar con un cordón de personas, generalmente policías o soldados, para incomunicarlo o impedir el acceso a él.

acorralar *v. tr.* **1** Meter el ganado en el corral. **2** Encerrar a una persona o un animal dentro de unos límites e impedirle la salida: *los agentes consiguieron acorralar al ladrón en un callejón sin salida.* **SIN** arrinconar. **3** Confundir a una persona y dejarla sin saber qué responder durante una discusión o una entrevista.

acortamiento *n. m.* Disminución de la longitud, la duración o la cantidad de algo: *el invierno se caracteriza por un significativo acortamiento del tiempo de luz solar.*

acortar *v. tr./prnl.* **1** Disminuir la longitud, la duración o la cantidad de algo: *has puesto un cable demasiado largo, debes acortarlo.* ◇ *v. intr./prnl.* **2** Hacer más corto, especialmente un camino: *tomando el atajo acortaremos y llegaremos pronto; tomando el atajo se acorta.*
DER acortamiento.

acosar *v. tr.* **1** Perseguir a una persona o animal sin darle tregua ni descanso para detenerlo o cazarlo: *tu perro dejó de acosar al jabalí cuando éste lo atacó.* **2** Perseguir o molestar con peticiones, preguntas o quejas continuas e insistentes: *allí nos acosaron a preguntas.*
DER acoso.

acoso *n. m.* **1** Persecución sin tregua ni descanso: *estuve en una exhibición de acoso y derribo de reses.* **2** Molestia causada por la insistencia de alguien con sus peticiones y preguntas: *al salir de casa sufrió el acoso de los periodistas.* **acoso sexual** Asedio a que se somete a una persona para obtener de ella favores sexuales: *el acoso sexual en el puesto de trabajo está penado por la ley.*

acostar *v. tr./prnl.* **1** Echar o tender a una persona para que duerma o descanse, especialmente en la cama: *acostaré a los niños; está enfermo y debe acostarse.* ◇ *v. prnl.* **2 acostarse** Tener relaciones sexuales: *el que hayan pasado la noche juntos no quiere decir que se haya acostado con él.* Se construye con la preposición *con*.
DER recostar.
OBS En su conjugación, la *o* se convierte en *ue* en sílaba acentuada, como en *contar*.

acostumbrar *v. tr./prnl.* **1** Hacer tomar una costumbre o hábito: *acostumbra a los niños a que coman de todo; debes acostumbrarte al nuevo modo de trabajar.* Se construye con la preposición *a*. **ANT** desacostumbrar. ◇ *v. intr.* **2** Tener costumbre de alguna cosa: *acostumbro ir todos los días a pasear.* Puede construirse con la preposición *a* o sin ella. **SIN** soler.
DER desacostumbrar, malacostumbrar.

acotación *n. f.* **1** Limitación del uso de una cosa: *la alcaldía ha ampliado la acotación del uso del agua.* **2** Reserva del uso y aprovechamiento de un terreno marcándolo con mojones u otras marcas: *la acotación de esta parcela evitará muchos problemas.* **SIN** acotamiento. **3** Nota, advertencia o comentario puesto al margen de un escrito o impreso: *algunas acotaciones de antiguos textos latinos fueron escritas en castellano.* **4** Nota que aparece en los textos teatrales con indicaciones relativas al escenario, la acción o el movimiento de los actores: *las acotaciones teatrales son esenciales para la representación de la obra.*

acotamiento *n. m.* Conjunto de señales que indican los límites de determinada superficie: *técnicos especialistas se encargan del acotamiento del campo de minas.*

acotar *v. tr.* **1** Limitar el uso de una cosa: *van a acotar el número de medicamentos que se dispensan con receta oficial.* **2** Marcar los límites de un terreno para reservar su uso y aprovechamiento: *quieren acotar esta zona para caza y pesca.* **3** Hacer más corto o limitado: *debes acotar el tema, o será demasiado general.* **4** Poner notas, advertencias o comentarios al margen de un escrito o impreso.
DER acotación, acotamiento.

acracia *n. f.* Tendencia política que defiende la libertad del individuo por encima de cualquier autoridad; pretende la desaparición del estado y de sus organismos e instituciones representativas. **SIN** anarquía, anarquismo.
DER ácrata.

ácrata *adj./n. com.* [persona] Que es partidario de la acracia: *los ácratas no creen en la necesidad de un poder político.*

SIN anarquista, libertario.

acre *adj.* **1** Que es ácido, áspero y picante en el sabor y en el olor: *este alimento se ha estropeado y tiene un sabor acre*. **SIN** agrio. **2** Que es rudo o poco agradable: *por su carácter acre no es fácil ser su amigo*. **SIN** agrio. ◇ *n. m.* **3** Medida de superficie que equivale a 40,46 áreas: *el acre es una medida del sistema anglosajón*.
DER acritud.
ETIM Véase *agrio*.
OBS En las acepciones 1 y 2, el superlativo es *acérrimo*, palabra que actualmente apenas guarda relación semántica con *acre*. Véase *acérrimo*. ◇ Etimología y derivado corresponden a las acepciones 1 y 2.

acrecentar *v. tr./prnl.* Hacer más grande, fuerte o intenso: *la visión de un avión acrecienta sus deseos de viajar a países lejanos*. **SIN** aumentar, crecer. **ANT** decrecer, disminuir.

acreditación *n. f.* Documento en el que se certifica la identidad y el cargo de una persona: *el primer día del congreso se entregaron las acreditaciones a los participantes*.

acreditar *v. tr./prnl.* **1** Demostrar con un documento que una persona es quien dice ser o está autorizada para hacer algo: *el solicitante debe acreditar que tiene el título; los periodistas deben acreditarse*. **2** Dar fama por una cualidad: *Salomón se acreditó por su gran juicio*. ◇ *v. tr.* **3** Asegurar por medio de un documento que una cosa es auténtica: *acreditamos documentalmente que es una obra original firmada por el artista*. **4** Comprobar o asegurar que algo es auténtico examinándolo o comparándolo con otra cosa que se sabe que es auténtica: *el banco acreditó la firma del cheque con la que ellos tienen*. **5** Demostrar un trabajo realizado que una persona es muy buena realizándolo: *nos acreditan cinco años de experiencia; su labor de cirujano lo acredita como un gran médico*. **6** Autorizar a una persona para representar a otras o hacer algo en su nombre: *el Rey acredita a los embajadores y a otros representantes diplomáticos*.

acreditativo, -va *adj.* [documento] Que demuestra que algo es verdad: *al final del curso, los alumnos que aprueben el examen recibirán un documento acreditativo*.
DER acreditación, acreditativo; desacreditar.

acreedor, -ra *adj./n. m. y f.* **1** [persona] Que tiene derecho a pedir que se cumpla una obligación, especialmente que se le pague una deuda: *huyó del país perseguido por sus acreedores*. **ANT** deudor. ◇ *adj.* **2** [persona] Que merece aquello que se expresa o es digno de ello: *en poco tiempo se ha hecho acreedor a la confianza de todos*.

acribillar *v. tr.* **1** Llenar de agujeros, de heridas o de picotazos: *acribillar a balazos; no salgo al jardín porque me acribillan los mosquitos*. **2** Importunar o molestar mucho a alguien, generalmente con preguntas.

acrílico, -ca *adj./n. m. y f.* **1** QUÍM. [ácido] Que se presenta en forma líquida, sin color, con olor muy fuerte y que se usa para hacer pinturas y en la industria: *el ácido acrílico se puede mezclar con el agua*. **2** [fibra textil, material plástico] Que se obtiene por una reacción química del ácido acrílico o de sus derivados: *esta blusa lleva un 25 % de acrílico*.

acrisolado, -da *adj.* **1** [virtud, cualidad] Que mejora y sale depurado al ser puesto a prueba o practicado de forma frecuente: *es un médico de acrisolado prestigio*. **2** [persona] Que es honrado, íntegro, intachable.

acrisolar *v. tr.* **1** Purificar los metales en un horno: *para acrisolar el metal hay que fundirlo en un crisol*. **2** Aquilatar, confirmar la solidez de una virtud o cualidad humana al ponerla a prueba o al ser practicado con frecuencia: *el sufrimiento acrisola la paciencia*.

DER acrisolado.

acristalar *v. tr.* Poner cristales en una puerta, ventana, terraza o lugar semejante: *he acristalado la puerta para que entre más luz*.

acritud *n. f.* **1** Sabor u olor desagradable que produce sensación de aspereza o picor. **2** Falta de amabilidad y de trato agradable.

acro- Elemento prefijal que entra en la formación de palabras con el significado de: *a)* 'Que está en lo alto, en los extremos' o 'con forma de punta': *acrónimo, acrópolis. b)* 'Altura': *acrofobia. c)* 'Extremidad del cuerpo'.

acrobacia *n. f.* **1** Ejercicio gimnástico o deportivo de gran dificultad que se realiza como espectáculo público y que suele exigir una habilidad extraordinaria para mantener el equilibrio: *es artista de circo y hace acrobacias en la cuerda floja*. **2** Ejercicio espectacular que realiza un avión en el aire: *una cuadrilla de aviones realizó espectaculares acrobacias*.

acróbata *n. com.* Persona que realiza acrobacias en un espectáculo público: *en la pista del circo están actuando los acróbatas del alambre*.
DER acrobacia, acrobático.
ETIM *Acróbata* procede del griego *akrobatos*, 'el que anda de puntillas'.

acrobático, -ca *adj.* De la acrobacia o relacionado con este tipo de ejercicios: *el artista finalizó su número realizando un salto acrobático*.

acrofobia *n. f.* Miedo a estar en un lugar alto, aunque no exista peligro de caída: *vive en un primer piso porque tiene acrofobia*.

acromático, -ca *adj.* **1** Que no tiene color. **2** [cristal, sistema óptico] Que transmite la luz blanca sin descomponerla en los colores que la constituyen.

acronimia *n. f.* GRAM. Procedimiento para la formación de palabras mediante la unión de iniciales y otras letras del principio y el fin de dos o más palabras que forman un concepto o expresión: *autobús se ha formado por acronimia de automóvil ómnibus*.

acrónimo *n. m.* GRAM. Palabra formada por el procedimiento de la acronimia: *la palabra transistor es un acrónimo creado a partir del inglés transfer resistor*.
DER acronimia.

acrópolis *n. f.* Lugar más alto y mejor fortificado de la población en las ciudades griegas de la Antigüedad.

acróstico, -ca *adj./n. m.* [poema] Que permite formar una palabra o una frase con las letras iniciales, medias o finales de sus versos.

acta *n. f.* **1** Documento en el que están escritos los asuntos tratados o acordados en una junta o reunión: *antes de comenzar la reunión se procedió a la lectura del acta de la sesión anterior*. **2** Certificación oficial de un hecho: *no tendremos la nota de la asignatura mientras el profesor no firme y entregue las actas*. **acta notarial** Relación o certificación que hace un notario de un hecho que presencia y autoriza. **3** Documento en que figura la elección de una persona para un cargo: *recibió el acta de diputado*. ◇ *n. f. pl.* **4 actas** Documento en el que se exponen los trabajos presentados en ciertas reuniones o encuentros de carácter técnico o científico: *se han publicado las actas del Congreso Internacional*.

levantar acta Escribir los hechos ocurridos en un lugar y afirmar que son ciertos: *el notario levantó acta*.

OBS En singular se le anteponen los determinantes *el, un*, salvo que entre el determinante y el nombre haya otra palabra: *el acta, la presente acta*.

A a

actinia *n. f.* Animal invertebrado marino con forma de tubo abierto por un extremo del que salen multitud de tentáculos que recuerdan la forma de una flor: *la actinia vive aislada y fija en el fondo del mar, donde se alimenta de pequeños peces*. **SIN** anémona de mar.

actinio *n. m.* QUÍM. Elemento químico, metal muy escaso de número atómico 89, de color plateado y con propiedades radiactivas, que se forma por la transformación del uranio y del radio: *el símbolo del actinio es Ac*.
DER actinia; protactinio.

actino- Elemento prefijal que entra en la formación de palabras con el significado de 'radiación' o expresando relación con el actinismo y sus efectos: *actinología*.

actinología *n. f.* QUÍM. Disciplina que estudia los efectos químicos de la luz.

actitud *n. f.* **1** Manera de estar alguien dispuesto a comportarse u obrar: *no puedes continuar con esa actitud de abandono y desinterés*. **2** Postura del cuerpo que revela una intención o un estado de ánimo: *nos miró en actitud provocativa*.

activación *n. f.* **1** Comienzo del funcionamiento de una cosa: *activación de una alarma*. **2** Aumento o aceleración del movimiento o del funcionamiento de una cosa: *activación de las medidas de ahorro*.

activador, -ra *adj./n. m.* [mecanismo] Que hace funcionar un aparato o un sistema: *al parecer, la bomba no estalló por un fallo en su mecanismo activador*.

activar *v. tr./prnl.* **1** Poner en funcionamiento un mecanismo: *el artefacto había sido activado por un especialista en explosivos*. **ANT** desactivar. **2** Aumentar la intensidad o la rapidez de una cosa: *activar las negociaciones*.
DER activación, activador; desactivar, reactivar.

actividad *n. f.* **1** Estado de lo que se mueve, funciona o ejerce una acción: *un volcán en actividad*. **ANT** inactividad. **2** Capacidad de obrar o de tener un efecto: *la actividad de un ácido*. **3** Rapidez de acción: *tenemos ganancias debido a la asombrosa actividad que mantenemos*. **4** Conjunto de trabajos o acciones que se hacen con un fin determinado o son propias de una persona, una profesión o una entidad: *actividad política; actividad empresarial*. **5** Trabajo, deber o conjunto de cosas que hay que hacer: *a lo largo del día realiza numerosas actividades*. ◇ *n. f. pl.* **6 actividades** Conjunto de trabajos complementarios o prácticas, especialmente en una materia escolar: *por las tardes no hay clases, pero va al colegio porque tiene actividades*.

activista *adj./n. com.* [persona] Que interviene activamente en la propaganda del partido o sociedad a que pertenece o practica la acción directa en la lucha por los cambios sociales o políticos que pretende.

activo, -va *adj.* **1** Que produce el efecto que le es propio: *este jarabe es tan activo, que se me ha curado la tos en muy poco tiempo*. **ANT** pasivo. **2** Que trabaja con energía y rapidez: *necesitamos un personal activo, que no ahorre esfuerzos para realizar su trabajo con prontitud*. **ANT** inactivo, pasivo. **3** Que realiza su función o trabajo en el momento en que se habla: *no se ha retirado, aún es miembro activo*. ◇ *adj./n. f.* **4** GRAM. [oración] Que lleva un sujeto formado por la palabra o por el sintagma que designa la persona o cosa que realiza la acción expresada por el verbo: *la oración los albañiles han construido una hermosa mansión es activa*. **ANT** pasivo. ◇ *n. m.* **5** ECON. Valor total de lo que posee una sociedad de comercio: *esa empresa ha aumentado sus activos en 100 millones de pesetas*.
en activo Que está trabajando o prestando un servicio: *ya no es militar en activo, se retiró del servicio hace dos años*.
por activa y por pasiva De todas las maneras posibles: *se lo he dicho por activa y por pasiva, pero no me hace caso*.
DER activamente, activar, actividad, activista; inactivo, reactivo, retroactivo.

acto *n. m.* **1** Hecho o acción: *ha sido un gran acto humanitario*. **acto de contrición** Arrepentimiento de haber ofendido a Dios por ser Él quien es: *para obtener el perdón de los pecados es indispensable hacer acto de contrición*. **acto reflejo** Acción inconsciente o sin control: *cerrar los ojos cuando te tiran arena es un acto reflejo*. **acto sexual** Coito, introducción del pene en la vagina: *el acto sexual es característico de los animales superiores*. **2** Cada una de las partes en que se divide una obra de teatro: *escribió un drama en tres actos*. **3** Hecho público: *grandes personalidades asistirán al acto de clausura de este congreso*.

acto seguido Inmediatamente después: *finalizó la reunión y, acto seguido, nos fuimos a comer*.
en el acto En ese mismo momento, de forma inmediata: *se hacen copias de llaves en el acto*.
hacer acto de presencia Estar presente en una reunión o ceremonia brevemente y por cumplir una formalidad: *el alcalde hizo acto de presencia al final de la fiesta*.
DER acta, activo, actor, actual, actuar; entreacto.
ETIM Acto procede del latín *actus* › *agere*, 'obrar', voz con la que también están relacionadas *agenda*, *agente*, *ágil*.

actor, actriz *n. m. y f.* Persona que interpreta un papel en el teatro, la televisión, la radio o el cine: *todos los actores fueron felicitados al finalizar el rodaje de la película*.

actuación *n. f.* **1** Hecho o conjunto de hechos realizados por una persona o una cosa: *están siendo investigadas sus últimas actuaciones como magistrado*. **2** Efecto, trabajo o función realizada: *el médico espera que con la actuación del calmante pueda dormir un poco*. **3** Representación o muestra del trabajo de un cantante, un actor o un grupo de ellos: *no he podido conseguir entradas para ninguna de sus actuaciones*. **SIN** interpretación.

actual *adj.* **1** Que existe, ocurre o se usa en el momento en que se habla: *los jóvenes siguen siendo la esperanza de la sociedad actual*. **SIN** presente. **2** Propio del tiempo presente: *tiene un vestuario de diseño muy actual*.
DER actualidad, actualizar, actualmente.

actualidad *n. f.* **1** Momento o tiempo presente: *en la actualidad no hay trabajos pendientes*. **2** Cosa o suceso que atrae la atención de la gente en un determinado momento: *la corrupción política se ha convertido en un tema de gran actualidad*.

actualización *n. f.* Adaptación al presente de una cosa vieja o pasada de moda: *tus publicaciones precisan una actualización de la bibliografía*.

actualizar *v. tr./prnl.* Poner al día, adaptar al momento presente aquello que se ha quedado viejo o atrasado: *para la nueva edición vamos a actualizar gran parte de la obra*.
DER actualización.
OBS En su conjugación, la *z* se convierte en *c* delante de *e*.

actualmente *adv.* Ahora; en el tiempo presente.

actuar *v. intr./prnl.* **1** Realizar actos: *en aquella situación no sabía cómo actuar*. **2** Ejercer las funciones propias de un oficio o un cargo: *actuará como abogado defensor*. **3** Representar un papel o desarrollar una función, especialmente en una película u obra de teatro: *uno de los cantantes no pudo actuar a causa de la gripe*. **4** Producir una sustancia el efecto que le es propio: *este medicamento actúa con rapidez*.
DER actuación.
OBS En su conjugación, la *u* se acentúa en algunos tiempos y personas.

actuar	
INDICATIVO	**SUBJUNTIVO**
presente	presente
actúo	actúe
actúas	actúes
actúa	actúe
actuamos	actuemos
actuáis	actuéis
actúan	actúen
pretérito imperfecto	pretérito imperfecto
actuaba	actuara o actuase
actuabas	actuaras o actuases
actuaba	actuara o actuase
actuábamos	actuáramos o actuásemos
actuabais	actuarais o actuaseis
actuaban	actuaran o actuasen
pretérito indefinido	futuro
actué	actuare
actuaste	actuares
actuó	actuare
actuamos	actuáremos
actuasteis	actuareis
actuaron	actuaren
futuro	**IMPERATIVO**
actuaré	
actuarás	actúa (tú)
actuará	actúe (usted)
actuaremos	actuad (vosotros)
actuaréis	actúen (ustedes)
actuarán	
condicional	**FORMAS NO PERSONALES**
actuaría	
actuarías	infinitivo gerundio
actuaría	actuar actuando
actuaríamos	participio
actuaríais	actuado
actuarían	

acuarela *n. f.* **1** Técnica de pintura sobre papel o cartón con colores disueltos en agua: *la acuarela no utiliza el color blanco, reservando para éste la superficie donde se pinta*. **2** Pintura hecha con esta técnica: *he comprado una colección de acuarelas de tema marinero*. **3** Color que, disuelto en agua, permite pintar con esta técnica: *una caja de acuarelas*.
DER acuarelista.
acuarelista *n. com.* Persona que pinta acuarelas por afición o como artista profesional.
acuario *n. m.* **1** Recipiente transparente con agua acondicionado para mantener vivos animales y plantas acuáticos: *en el restaurante había un acuario lleno de langostas*. **SIN** pecera. **2** Edificio destinado a mostrar al público animales acuáticos: *en una de las salas del acuario vieron un gran tiburón blanco*. ◇ *adj./n. com.* **3** [persona] Que ha nacido entre el 21 de enero y el 18 de febrero, tiempo en que el Sol recorre aparentemente Acuario, undécimo signo del Zodiaco.
acuartelamiento *n. m.* **1** Edificio o instalación donde viven los soldados cuando están de servicio: *desde el balcón veía a los militares camino de su acuartelamiento*. **SIN** cuartel. **2** Reunión o estancia de los soldados en el cuartel en previ-sión de una intervención inmediata: *el anuncio del atentado provocó el acuartelamiento de las tropas*.
acuartelar *v. tr.* Reunir a los soldados en un cuartel: *se recibió la orden de acuartelar las tropas*.
DER acuartelamiento.
acuático, -ca *adj.* **1** Del agua o relacionado con ella: *parque acuático*; *deportes acuáticos*. **2** Que vive en el agua: *planta acuática*.
DER subacuático.
ETIM Véase *agua*.
acuchillar *v. tr.* **1** Herir o matar con un cuchillo u otra arma blanca. **2** Raspar con cuchilla u otro utensilio una superficie de madera para pulirla o volver a encerarla: *he contratado a un señor para acuchillar el parqué de la salita*.
acuciante *adj.* Que necesita una acción o solución rápida: *es preciso tomar medidas ante los problemas más acuciantes*. **SIN** apremiante, urgente.
acuciar *v. tr.* Apremiar, estimular o dar prisa a una persona para que realice algo: *las preocupaciones acuciaban al ministro*. **SIN** atosigar.
DER acuciante.
OBS En su conjugación, la *i* no se acentúa, como en *cambiar*.
acucioso, -sa *adj.* Que requiere una acción o realización rápida: *tengo una necesidad acuciosa de verte*.
acuclillarse *v. prnl.* Ponerse en cuclillas, doblar las piernas de modo que el trasero se acerque al suelo o descanse en la parte posterior de las piernas.
acudir *v. intr.* **1** Ir a un lugar por propia iniciativa o por haber sido llamado: *recibió el aviso y, sin embargo, no acudió a la cita*. **2** Presentarse, sobrevenir, especialmente recuerdos o imágenes mentales: *todos los recuerdos de su niñez acudieron a su mente*. **3** Recurrir a alguien o algo, valerse de su ayuda para conseguir un provecho: *cuando lo despidieron acudió a un abogado*; *si desconoces el significado de una palabra, acude al diccionario*.
acueducto *n. m.* Canal o conducto que sirve para llevar agua de un lugar a otro, especialmente el que se construye para abastecer de agua a una población.
ETIM Véase *agua*.
acuerdo *n. m.* **1** Decisión tomada en común por varias personas sobre alguna cosa: *con esas condiciones que pones no vamos a llegar a un acuerdo*. **SIN** pacto. **2** Relación pacífica mantenida entre personas o países: *vivimos en perfecto acuerdo*. **SIN** concordia. **ANT** desacuerdo. **3** Documento en el que se exponen las obligaciones y derechos que aceptan las partes que lo firman: *ambos países han roto el acuerdo comercial que habían firmado*. **SIN** convenio. **acuerdo marco** Documento en el que se recogen las obligaciones y derechos generales que han de tenerse en cuenta al establecer otros de carácter más concreto.
de acuerdo *a)* Conforme, con unión y conformidad. Se usa generalmente con verbos como *estar, ponerse, quedar*. *b)* Expresión con la que se afirma o se acepta algo: —*¿Damos una vuelta?* —*De acuerdo*.
de acuerdo con Según; teniendo en cuenta: *yo actué de acuerdo con lo que me habías indicado*.
DER desacuerdo, preacuerdo.
acuicultivo *n. m.* Cría y explotación de peces, moluscos y algas con fines científicos o comerciales.
ETIM Véase *agua*.
acuífero, -ra *adj.* **1** De agua o relacionado con ella: *es preciso un control de las reservas acuíferas*. ◇ *n. m.* **2** Zona o capa del interior de la tierra que contiene agua: *debido a la sequía se están buscando nuevos acuíferos*.

A a

ETIM Véase *agua*.
acullá *adv. culto* En un lugar lejos del que habla.
OBS Se usa en la lengua escrita, generalmente en contraposición a otro adverbio demostrativo de lugar.

aculturación *n. f.* Proceso de recepción de otra cultura y de adaptación a ella.

acumulación *n. f.* Reunión y amontonamiento progresivo de un gran número de cosas: *la acumulación de tareas es fruto de una mala organización*. **SIN** cúmulo.

acumulador, -ra *adj./n. m. y f.* **2** Que acumula o sirve para acumular: *le va bien y se ha convertido en un acumulador de riquezas*. ◇ *n. m.* **3** FÍS. Aparato o dispositivo que sirve para acumular energía, especialmente la eléctrica: *la batería del coche es un acumulador*.

acumular *v. tr./prnl.* Juntar y amontonar progresivamente personas, animales o cosas en gran cantidad: *hace tiempo que no limpio y el polvo se acumula*.
DER acumulación, acumulador, acumulativo.

acumulativo, -va *adj.* Que se debe a la acumulación o se forma por ese procedimiento: *los intereses acumulativos se suman al capital que los produce*.

acunar *v. tr.* Mecer o balancear suavemente, en especial a un niño que está en una cuna o que se tiene en brazos.

acuñación *n. f.* **1** Grabación mediante la cual se imprime o da relieve a un objeto de metal, especialmente monedas y medallas: *próximamente se llevará a cabo la acuñación de una serie limitada de monedas de oro*. **2** Creación de una idea o una expresión que logra cierta popularidad o pasa a formar parte de la lengua común: *el auge de la informática ha propiciado la acuñación de muchas palabras nuevas*.

acuñar *v. tr.* **1** Sujetar o ajustar con cuñas: *antes de sentarnos hay que acuñar la mesa*. **2** Imprimir un objeto de metal, especialmente una moneda o una medalla: *en la Fábrica Nacional de Moneda y Timbre se acuñan las monedas españolas*. **3** Crear una expresión, especialmente cuando logra cierta popularidad o pasa a formar parte de la lengua común: *los anuncios de publicidad suelen acuñar frases que se hacen famosas*.
DER acuñación.

acuoso, -sa *adj.* **1** Que tiene mucha agua: *los terrenos acuosos son cada vez menos extensos*. **SIN** aguoso. **2** Parecido al agua o que posee alguna de sus características: *en el fondo del vaso había una especie de sustancia acuosa*. **SIN** aguoso. **3** [fruta] Que tiene mucho jugo: *el melón es una fruta muy acuosa*. **SIN** aguoso.
ETIM Véase *agua*.

acupuntura *n. f.* Procedimiento médico de origen oriental que consiste en clavar agujas en puntos especiales del cuerpo humano para aliviar dolores, anestesiar determinadas zonas y curar ciertas enfermedades.
ETIM Véase *aguja*.

acurrucarse *v. prnl.* Doblarse y encogerse para ocupar el menor espacio posible, generalmente por miedo o frío.
OBS En su conjugación, la *c* se convierte en *qu* delante de *e*.

acusación *n. f.* **1** Atribución a una persona de un delito, una culpa o una falta: *en clase sufre continuas acusaciones*. **2** Cargo del que se culpa a una persona: *esas acusaciones son injustas y falsas*. **3** DER. Parte que acusa en un juicio: *la acusación está encargada de demostrar la culpabilidad del acusado*. **ANT** defensa.

acusado, -da *n. m. y f.* **1** Persona a quien se acusa: *el acusado resultó ser inocente*. ◇ *adj.* **2** Que destaca y se percibe con claridad: *con su comportamiento está mostrando un acusado complejo de inferioridad*. **SIN** marcado.

acusar *v. tr.* **1** Atribuir a una persona la responsabilidad de un hecho que va en contra de la ley o la moral o que perjudica injustamente a otra: *fue acusado del robo cometido en la joyería*. **SIN** culpar. **2** Hacer ver o mostrar cierta cosa, especialmente refiriéndose a un dispositivo o aparato: *el sismógrafo acusó un movimiento de escasa magnitud*. **3** Notificar o avisar de que se ha recibido una carta o un mensaje. **4** Manifestar, mostrar algo a causa de una cosa o como consecuencia de ella: *aún acusa los efectos de su reciente enfermedad; sus manos acusan el nerviosismo*. ◇ *v. prnl.* **5 acusarse** Expresar o admitir haber cometido una falta o delito.
DER acusación, acusado, acusativo, acuse, acusica; excusar.

acusativo *n. m.* GRAM. Caso de la declinación de algunas lenguas, como el latín, en que se pone la palabra que expresa el objeto directo de la acción del verbo.

acuse *n. m.* Nota en que se da cuenta de la recepción de cartas, oficios u otros documentos.
acuse de recibo Documento postal con el que se certifica haber recibido determinada notificación o comunicación.

acusica *adj./n. com. coloquial* Que tiene costumbre de acusar o decir las faltas de los demás: *la acusica de tu hermana me dijo quién había roto el cristal*. **SIN** chivato.
OBS Se usa generalmente entre los niños.

acústica *n. f.* **1** Parte de la física que se ocupa de la producción, transmisión, recepción y control del sonido. **2** Condiciones en que se oye el sonido en un local: *el concierto fue bueno, pero fallaba la acústica del recinto*.

acústico, -ca *adj.* **1** Del órgano del oído o que tiene relación con él: *nervio acústico*. **2** De la acústica o relacionado con esta parte de la física: *hay que mejorar las condiciones acústicas del local*. **3** Que permite reproducir o aumentar el sonido: *antes del recital se instaló un complicado equipo acústico*.
DER acústica.

acutángulo *adj.* [triángulo] Que tiene tres ángulos de menos de 90 grados.

ad hoc Expresión latina con la que se indica que algo es especialmente adecuado o propicio para un determinado fin: *tras el accidente aéreo se creó un comité de expertos ad hoc*.

adagio *n. m.* **1** Sentencia o frase corta de origen popular que expresa un contenido moral o doctrinal: *la sabiduría popular se expresa en adagios*. **SIN** aforismo, proverbio, refrán. **2** MÚS. Composición o parte de ella caracterizada por tener un movimiento muy lento y majestuoso. ◇ *adv.* **3** MÚS. Con movimiento o tiempo musical lento y majestuoso.

adalid *n. m.* **1** Jefe o caudillo de un grupo de soldados o guerreros. **2** Guía o líder de un movimiento, escuela o tendencia, especialmente el que destaca por su defensa y sostenimiento: *se ha convertido en el principal adalid de las corrientes feministas*.

adán *n. m.* Hombre mal vestido, sucio y descuidado en su aspecto externo: *dice que no le gusta arreglarse y va siempre hecho un adán*.

adaptabilidad *n. f.* **1** Capacidad de una cosa para adaptarse a otra: *es notable la adaptabilidad de ciertos aparatos modernos*. **2** Capacidad de una persona para adaptarse a un nuevo medio o situación: *es una persona abierta con una gran adaptabilidad a cualquier ambiente*.

adaptable *adj.* Que se adapta o se puede adaptar: *tiene un vídeo antiguo que no es adaptable a cualquier televisor*.
DER adaptabilidad.

adaptación *n. f.* **1** Ajuste o acomodación de una cosa con otra. **SIN** adecuación. **2** Transformación de una cosa para que desempeñe funciones distintas de aquellas para las que fue construida: *la adaptación del local como restaurante ha sido un éxito.* **3** Modificación de una obra intelectual para presentarla de forma distinta de la original u ofrecerla a otro destinatario: *debes encargarte de la adaptación de la novela para una película.* **4** Proceso por el que un ser vivo se acomoda al medio en que vive y a sus cambios: *su investigación trata de la adaptación de los elefantes a la vida en el zoo.* **ANT** inadaptación.

adaptador, -ra *adj./n. m. y f.* **1** [persona] Que adapta una obra intelectual para que pueda presentarse de forma distinta de la original u ofrecerla a otro destinatario. ◇ *n. m.* **2** Instrumento o mecanismo que sirve para acoplar elementos de distinto tamaño, uso, diseño o finalidad y conseguir que el aparato al que se le pone pueda ser útil: *con este adaptador de enchufes puedo conectar aparatos con clavija gruesa.*

adaptar *v. tr./prnl.* **1** Ajustar o acomodar una cosa a otra: *compraremos un vehículo que se adapte a nuestras necesidades.* **SIN** ajustar, amoldar, conformar. **2** Preparar una cosa para que desempeñe una función distinta de la original: *ha adaptado el motor de una lavadora y se ha fabricado un compresor.* **3** Dar a una obra intelectual forma distinta de la original para que pueda ser difundida por un medio y entre un público distintos de aquellos para los que fue concebida. ◇ *v. prnl.* **4 adaptarse** Acomodarse o ajustarse a una situación o un lugar distinto del habitual: *debes adaptarte a tu nuevo colegio y hacerte nuevos amigos.* **SIN** amoldarse.
DER adaptable, adaptación, adaptador; readaptar.

adarga *n. f.* Escudo de cuero con forma ovalada o de corazón que sirve para defenderse: *don Quijote era un hidalgo caballero de los de adarga antigua, rocín flaco y galgo corredor.*

adarve *n. m.* Camino situado en la parte alta del muro que defiende un castillo u otra fortificación: *el adarve está situado detrás del parapeto de la fortificación.*

addenda *n. f.* Complementos añadidos a una obra escrita ya terminada.
OBS La Real Academia Española sólo registra la forma *adenda*.

adecentar *v. tr./prnl.* Poner limpio y en orden: *para poder estudiar en tu habitación es imprescindible que la adecentes un poco.* **SIN** asear.

adecuación *n. f.* Ajuste o acomodación de una cosa con otra: *en esta obra no existe una adecuación entre el contenido y la forma de exponerlo.* **SIN** adaptación.

adecuado, -da *adj.* Que se ajusta o acomoda a ciertas condiciones o circunstancias: *en la ceremonia debes llevar un traje adecuado.* **ANT** inadecuado.
DER adecuadamente; inadecuado.

adecuar *v. tr./prnl.* Ajustar o acomodar una cosa a otra: *hemos adecuado el producto a las necesidades del público.* **SIN** adaptar.
DER adecuación, adecuado.

adefesio *n. m.* Persona o cosa muy fea, ridícula o extravagante: *vas hecho un adefesio con ese traje tan antiguo.* **SIN** engendro.
ETIM *Adefesio* procede del latín *ad Ephesios*, 'a los habitantes de Éfeso', título de una epístola de san Pablo, aludiendo a la inutilidad de la predicación del santo en esa ciudad.

adelantado, -da *adj.* **1** [persona] Que muestra cualidades físicas o intelectuales más desarrolladas de las que le corresponde por su edad: *es muy adelantado para su edad.* **SIN** precoz. **2** Que tiene ideas o actitudes propias de un tiempo futuro: *es una obra muy adelantada para su época.*
por adelantado Antes de que ocurra o se haga otra cosa: *pagar por adelantado.*

adelantamiento *n. m.* **1** Movimiento hacia adelante en

adecuar

INDICATIVO	SUBJUNTIVO
presente	**presente**
adecuo	adecue
adecuas	adecues
adecua	adecue
adecuamos	adecuemos
adecuáis	adecuéis
adecuan	adecuen
pretérito imperfecto	**pretérito imperfecto**
adecuaba	adecuara o adecuase
adecuabas	adecuaras o adecuases
adecuaba	adecuara o adecuase
adecuábamos	adecuáramos o adecuásemos
adecuabais	adecuarais o adecuaseis
adecuaban	adecuaran o adecuasen
pretérito indefinido	
adecué	**futuro**
adecuaste	adecuare
adecuó	adecuares
adecuamos	adecuare
adecuasteis	adecuáremos
adecuaron	adecuareis
	adecuaren
futuro	
adecuaré	
adecuarás	
adecuará	
adecuaremos	
adecuaréis	
adecuarán	

IMPERATIVO	
adecua	(tú)
adecue	(usted)
adecuad	(vosotros)
adecuen	(ustedes)

condicional	FORMAS NO PERSONALES
adecuaría	
adecuarías	**infinitivo** **gerundio**
adecuaría	adecuar adecuando
adecuaríamos	**participio**
adecuaríais	adecuado
adecuarían	

el espacio o en el tiempo: *el adelantamiento del partido no es aconsejable.* **2** Maniobra con la que un vehículo se pone delante de otro que va más lento: *el adelantamiento es una de las maniobras de circulación más peligrosas.*

adelantar *v. tr./prnl.* **1** Mover o llevar a alguien o algo hacia adelante: *los voluntarios se adelantaron unos pasos.* ◇ *v. tr.* **2** Hacer u ocurrir antes del tiempo previsto o normal: *adelantar el viaje.* **SIN** anticipar. **3** Pagar una cantidad de dinero antes de que el trabajo correspondiente esté terminado: *en este trabajo sólo me han adelantado el dinero para el material.* **SIN** anticipar. **4** Comunicar la voluntad o intención de hacer una cosa: *me adelantó su intención de convocar a la prensa para anunciar su dimisión.* **SIN** anticipar. **5** Ser indicio o señal de una cosa que ocurrirá a continuación: *el cruce de declaraciones de los entrenadores permite adelantar que el partido será bronco.* **SIN** anticipar. **6** Conseguir o llegar a tener: *¿qué adelantas con eso?* **7** Hacer que un reloj señale un tiempo que todavía no ha llegado: *esta noche hay que adelantar el reloj una hora.* **ANT** atrasar, retrasar. **8** Superar a otra persona o hacerse mejor que ella: *a veces el alumno adelanta al maestro.* **9** Pasar o ponerse delante: *aunque salimos más tar-*

A a

de, los adelantamos en el camino. ◇ *v. tr./intr.* **10** Progresar o avanzar; hacer progresar o avanzar: *si no pone interés, no adelantará en sus estudios.* **ANT** atrasar, retrasar. ◇ *v. intr./prnl.* **11** Marcar un reloj un tiempo posterior al real: *he de llevar mi reloj al relojero porque adelanta mucho.* **ANT** atrasar. ◇ *v. prnl.* **12 adelantarse** Actuar una persona con mayor rapidez de movimientos o ideas que otra: *se me adelantó un cliente en el súper y se llevó el último detergente de oferta.* **SIN** anticiparse. **13** Ocurrir antes del tiempo previsto o normal: *con este frío parece que el invierno se ha adelantado.* **SIN** anticiparse. **ANT** atrasarse, retrasarse.
DER adelantado, adelantamiento, adelanto.

adelante *adv.* **1** Hacia el frente: *dio un paso adelante.* **ANT** atrás. **2** Más allá en el tiempo o en el espacio: *seguiremos adelante con el proyecto.* ◇ *int.* **3 ¡adelante!** *a)* Expresión que indica que se puede pasar: *—¿Se puede? —¡Adelante!* *b)* Expresión que se usa para dar ánimo: *¡adelante, Manolo, que lo estás haciendo muy bien!*
en adelante o **de aquí en adelante** En el futuro; después de un momento dado.
más adelante Después en el tiempo o en el espacio: *hablaré contigo más adelante; pon la silla más adelante.*
sacar adelante Hacer que algo tenga un buen desarrollo o un buen fin: *hemos conseguido sacar adelante el proyecto.*
salir adelante Abrirse camino, hallar los medios para vencer las dificultades: *aunque seamos jóvenes sabremos salir adelante.*
DER adelantar.

adelanto *n. m.* **1** Anticipación en el tiempo o en el espacio en relación con lo previsto o lo regular: *el adelanto en la fecha del examen provocó muchas protestas.* **ANT** retraso. **2** Avance o mejora: *los adelantos científicos.* **3** Cantidad de dinero que se paga o se recibe antes de que se cumplan determinadas condiciones: *pedir un adelanto.* **SIN** anticipo.

adelfa *n. f.* **1** Arbusto de flores blancas, rojas, rosáceas o amarillas y hojas largas que crece en lugares húmedos: *la savia de la adelfa es venenosa.* **2** Flor de esta planta.

adelgazamiento *n. m.* Pérdida de peso o de grosor: *el gimnasio es un buen lugar de adelgazamiento.*

adelgazar *v. intr./prnl.* **1** Perder peso o grosor: *no debes obsesionarte con la idea de adelgazar.* **ANT** engordar. ◇ *v. tr./intr.* **2** Dejar con menor peso o tamaño: *usa una faja para adelgazar la barriga.* **ANT** engordar. **3** Hacer parecer más delgado: *dicen que la ropa de color negro adelgaza mucho la figura.*
DER adelgazamiento.
OBS En su conjugación, la *z* se convierte en *c* delante de *e*.

ademán *n. m.* **1** Movimiento o actitud del cuerpo o de una de sus partes con que se manifiesta un estado de ánimo o una intención: *todos salieron corriendo cuando el león hizo ademán de atacarnos.* ◇ *n. m. pl.* **2 ademanes** Conjunto de acciones de una persona con las que muestra su buena o mala educación: *tiene los ademanes típicos de un caballero.* **SIN** modales.

además *adv.* Indica que la acción del verbo al que acompaña ocurre añadida a otra ya expresada; añade idea de 'también', 'a la vez', 'por añadidura': *es inteligente y además guapa.*
además de Aparte de: *además de su belleza, tiene una inteligencia notable.*

adenda *n. f.* Conjunto de textos que se añaden a un libro o a una de sus partes para completarlos o actualizarlos: *el libro está formado por la novela original y una adenda.*
OBS También se escribe *addenda.*

adensar *v. tr./prnl.* Hacer más densa o espesa una cosa: *una sustancia se adensa poniendo más materia en el mismo volumen o espacio.*

adentrarse *v. prnl.* **1** Penetrar hacia la parte interior. **2** Profundizar en un asunto o un problema: *la próxima semana nos adentraremos en el estudio de su obra.*

adentro *adv.* **1** A la parte interior, en el interior: *ven adentro.* **SIN** dentro. **ANT** afuera. ◇ *n. m. pl.* **2 adentros** Interior de una persona, sus pensamientos y sus sentimientos: *me dije para mis adentros que no había que tener miedo.* **SIN** coleto.
DER adentrarse.

adepto, -ta *adj./n. m. y f.* **1** [persona] Que es partidario de una persona o una idea. **2** Afiliado a una secta o una asociación: *el líder de la secta llegó acompañado de sus principales adeptos.* **SIN** incondicional.

aderezar *v. tr.* **1** Echar especias u otras sustancias a las comidas para que tengan más sabor o el sabor deseado: *adereza la ensalada con sal, aceite y vinagre.* **SIN** condimentar, aliñar, sazonar. ◇ *v. tr./prnl.* **2** Arreglar algo o a alguien para embellecerlo: *aderezaron la carreta para llevarla a la romería.* **SIN** aliñar.
DER aderezo.
OBS En su conjugación, la *z* se convierte en *c* delante de *e*.

aderezo *n. m.* **1** Preparación de un alimento con las especias y sustancias necesarias para que tome el sabor deseado: *yo hago la ensalada pero tú te encargas de su aderezo.* **SIN** aliño, condimentación. **2** Condimento o conjunto de especias y sustancias con las que se sazona una comida: *¿qué aderezo lleva este guiso?* **SIN** aliño. **3** Conjunto de adornos con los que se hermosea una persona o cosa: *los escaparates están llenos de aderezos navideños.* **SIN** aliño.

adeudar *v. tr./prnl.* **1** Deber dinero: *aún me adeuda el alquiler de los tres últimos meses.* **2** Cargar, anotar una partida en el debe de una cuenta.
DER adeudo.

adeudo *n. m.* **1** Cantidad de dinero que se debe: *todavía no se ha calculado el adeudo de la empresa en el último año.* **2** Cantidad de dinero que se debe pagar en las aduanas por una mercancía: *para pasar esas botellas de licor debes pagar los adeudos.*

adherencia *n. f.* **1** Unión de una cosa a otra mediante una sustancia que las aglutina. **2** Capacidad de una cosa para mantener esta unión con otra: *se han hecho muchos estudios sobre la adherencia de los neumáticos.*

adherente *adj.* Que es capaz de adherir o pegar una cosa a otra, o de quedar adherido o pegado a alguna cosa: *las pegatinas llevan en una de sus caras una sustancia adherente.*
DER adherencia; antiadherente.

adherir *v. tr./prnl.* **1** Unir o quedar unido mediante una sustancia aglutinante: *has puesto poco pegamento y no se adhiere bien.* ◇ *v. prnl.* **2 adherirse** Estar de acuerdo con una idea u opinión: *me adhiero al parecer de la mayoría.* **3** Unirse a una persona o afiliarse a un grupo o a una doctrina: *durante la campaña se han adherido grandes personalidades al nuevo partido.*
DER adherente, adhesión, adhesivo.
OBS En su conjugación, la *e* se convierte en *ie* en sílaba acentuada o en *i* en algunos tiempos y personas, como en *hervir*.

adhesión *n. f.* **1** Unión y acuerdo con una idea u opinión. **2** Declaración pública de apoyo a alguien o algo o de solidaridad con alguien o algo: *al final de la manifestación se leyó un escrito de adhesión con el secuestrado.*

adhesivo, -va *adj./n. m. y f.* **1** Que puede unir o pegar: *cinta adhesiva.* ◇ *n. m.* **2** Sustancia que, interpuesta entre

dos superficies, sirve para unirlas o pegarlas: *busco un adhesivo específico para pegar metales*. **3** Objeto de papel o plástico que se puede pegar a una superficie por ir provisto de una sustancia pegajosa: *colocó en su puerta un adhesivo que decía: Prohibido fumar*. **SIN** autoadhesivo, pegatina.
DER autoadhesivo.
adicción *n. f.* Dependencia física y psíquica de alguna droga provocada por el consumo habitual de ésta: *es fácil empezar a fumar y muy difícil librarse de la adicción que provoca*.
adición *n. f.* **1** Ampliación de una cosa principal a la que se añade otra: *el edificio de la maternidad de la residencia sanitaria es una adición posterior*. **2** Operación que consiste en unir varias cantidades en una sola: *este ejercicio se resuelve con una simple adición*. **SIN** suma. **ANT** sustracción. **3** Cantidad que resulta de esa operación: *12 es la adición de 6 más 6*. **SIN** suma. **4** Parte añadida en una obra o escrito: *el libro se ha enriquecido con las adiciones de los traductores*.
DER adicional, adicionar, aditamento, aditivo.
adicional *adj.* Que se añade a una cosa principal: *recibe una paga adicional por un trabajo que hace por las tardes*.
adicionar *v. tr.* Hacer o poner adiciones o añadidos.
adicto, -ta *adj./n. m. y f.* **1** [persona] Que tiene dependencia física o psíquica de una droga ocasionada por el consumo habitual de ésta. **2** [persona] Que está de acuerdo con una idea o una tendencia y la defiende: *sus empleados no se mostraron muy adictos a las reformas propuestas*. **SIN** partidario.
DER adicción.
adiestramiento *n. m.* Enseñanza o entrenamiento de una habilidad manual o un ejercicio físico: *trabaja en un centro de adiestramiento de perros*.
adiestrar *v. tr.* **1** Enseñar a desarrollar una habilidad manual o un ejercicio físico: *adiestró a los alumnos en el manejo del arco*. ◇ *v. prnl.* **2 adiestrarse** Practicar una habilidad manual o un ejercicio físico: *adiestrarse en el manejo de la pelota*.
DER adiestramiento.
adinerado, -da *adj.* [persona] Que tiene mucho dinero: *su familia no es adinerada, pero pudo pagarle los estudios*. **SIN** rico.
adintelado, -da *adj.* ARQ. [arco] Que está formado por una parte recta horizontal que descansa sobre dos piezas verticales laterales. ☞ arco.
adiposidad *n. f.* Acumulación de grasa en general o en una parte del organismo.
adiposo, -sa *adj.* Graso o gordo; que tiene la naturaleza de la grasa: *tejido adiposo*.
DER adiposidad.
aditamento *n. m.* **1** Cosa añadida para completar algo: *esta parte del capítulo es un aditamento de la tercera edición*. **2** Complemento o cosa accesoria que se añade a algo: *al comprar el coche le regalaron las alfombrillas y otros aditamentos*.
aditivo *n. m.* Sustancia que se añade a otra para aumentar o mejorar sus cualidades o para darle propiedades nuevas: *toma alimentos naturales sin aditivos ni conservantes*.
adivinación *n. f.* **1** Supuesta facultad que tienen algunas personas para conocer hechos del futuro mediante el uso de la magia o de procedimientos que nada tienen que ver con la ciencia o la razón: *compró un libro sobre adivinación y magia*. **2** Hecho del futuro que supuestamente se conoce mediante esta facultad: *no se ha cumplido ni una sola de las adivinaciones que me hicieron*.
adivinanza *n. f.* Frase o pregunta que como pasatiempo o juego propone una persona a otra para que le encuentre el sentido oculto o le dé una solución: *adivina adivinanza: blanca por dentro, verde por fuera. Si quieres que te lo diga, espera*. **SIN** acertijo, enigma, rompecabezas.
adivinar *v. tr.* **1** Conocer un hecho del futuro mediante el uso de la magia o de procedimientos que nada tienen que ver con la ciencia o la razón: *hay quien dice que puede adivinar el futuro mediante la observación de los astros*. **2** Descubrir o acertar más con la intuición o la imaginación que con la razón y los conocimientos: *adivina quién viene a cenar esta noche*. ◇ *v. prnl.* **3 adivinarse** Empezar a distinguirse con la vista sin llegar a verse con claridad: *desde Tarifa se adivina la costa de África*.
DER adivinación, adivinanza, adivinatorio, adivino.
adivinatorio, -ria *adj.* [hecho del futuro] Que supuestamente se conoce mediante el uso de la magia o de procedimientos que nada tienen que ver con la ciencia o la razón.
adivino, -na *n. m. y f.* Persona que predice el futuro a partir de agüeros o conjeturas o que descubre cosas ocultas o misteriosas usando la magia: *un adivino me echó las cartas*. **SIN** clarividente, mago.
adjetivación *n. f.* **1** Aplicación de uno o más adjetivos a un sustantivo: *no encuentro la adjetivación apropiada para aquella acción*. **2** Conjunto de adjetivos o modo de adjetivar de una obra, autor, período o estilo: *es un escrito repleto de adjetivación colorista*. **3** GRAM. Conversión en adjetivo de una palabra o frase que tiene otro valor: *en coche bomba se ha producido la adjetivación del sustantivo bomba*.
adjetival *adj.* Del adjetivo o relacionado con esta clase de palabras.
adjetivar *v. tr.* **1** Aplicar un adjetivo a un sustantivo: *el ejercicio consistía en adjetivar la palabra cielo*. **2** GRAM. Dar función de adjetivo a palabras o frases que tienen otro valor. **3** Calificar, juzgar o dar una opinión sobre algo: *su conducta fue adjetivada de caciquil*.
DER adjetivación.
adjetivo, -va *adj.* **1** Que es secundario, accesorio o accidental: *olvida las cuestiones adjetivas y ocúpate de lo esencial*. **2** GRAM. Que funciona como adjetivo: *en la frase la casa que estaba junto al río ha sido derribada, que estaba junto al río funciona como adjetivo de casa*. **3** Del adjetivo o relacionado con esta clase de palabras: *locución adjetiva*. ◇ *n. m.* **4** Palabra que acompaña al sustantivo para calificarlo o determinarlo: *el adjetivo concuerda en género y número con el nombre al que acompaña*. **adjetivo calificativo** GRAM. Adjetivo que expresa una cualidad: *los adjetivos que indican color son calificativos*. **adjetivo comparativo** GRAM. Adjetivo que expresa comparación: *el adjetivo mejor es comparativo*. **adjetivo gentilicio** GRAM. Adjetivo que expresa el lugar de origen: *el adjetivo gentilicio de España es español*. **adjetivo positivo** GRAM. Adjetivo que tiene significación absoluta: *peor es el adjetivo comparativo correspondiente al adjetivo positivo malo*. **adjetivo superlativo** GRAM. Adjetivo que indica el grado más alto de la cualidad que expresa: *la palabra ilustrísimo es un adjetivo superlativo*.
DER adjetival, adjetivar.
adjudicación *n. f.* Declaración de que una cosa a la que aspiran varias personas o entidades corresponde a una de ellas: *varias empresas han competido por la adjudicación de las obras proyectadas*.
adjudicar *v. tr.* **1** Declarar que una cosa a la que aspiran varias personas o entidades corresponde a una de ellas: *espera que le adjudiquen una vivienda de protección oficial*. ◇ *v. prnl.* **2 adjudicarse** Apropiarse alguien una cosa, generalmente de forma indebida: *pretende adjudicarse todos los*

méritos. **3** Conquistar, ganar, obtener un premio o el triunfo en una competición: *si este equipo sigue jugando así, no le será difícil adjudicarse la Liga.*
DER adjudicación, adjudicatario.
ETIM Véase *juzgar*.
OBS En su conjugación, la *c* se convierte en *qu* delante de *e*.

adjudicatario, -ria *adj./n. m. y f.* [persona, entidad] Que recibe una cosa, especialmente una obra o el derecho a comerciar con un producto: *el adjudicatario de las obras no cumple los plazos previstos.*

adjuntar *v. tr.* Añadir o agregar a lo que se envía: *adjunta la factura con los libros y envía el pedido.*
DER adjunto.

adjunto, -ta *adj.* **1** Que está junto a otra cosa o va con ella: *para su instalación léase el folleto adjunto.* En el lenguaje comercial o administrativo suele tomar valor adverbial: *adjunto le remito el libro que me pidió.* ◇ *adj./n. m. y f.* **2** [persona] Que acompaña o ayuda a otro en un cargo o trabajo: *director adjunto*; *es el adjunto a la cátedra de derecho.*

adlátere *n. com.* Persona que no se separa de otra de la que depende: *no tiene personalidad y sólo es el adlátere de su maestro.* Tiene matiz despectivo.

adminículo *n. m.* Cosa pequeña y simple que se emplea como ayuda para algo: *tiene una cajita con chinchetas, imperdibles y otros adminículos.*

administración *n. f.* **1** Conjunto de funciones cuyo fin es administrar: *quiero dedicarme a la administración de empresas.* **2** Cargo de administrador. **3** Oficina o lugar donde se administra un negocio o un organismo. **administración de Correos** Oficina o lugar donde se hacen las operaciones necesarias para el envío y reparto de las cartas: *tengo que ir a la administración de Correos para recoger un paquete.* **administración de lotería** Local donde se vende lotería y donde se cobran los premios. **4** Conjunto de medios y personas que se dedican a administrar una empresa o un organismo o una parte de ellos. **Administración Pública** Conjunto de organismos y personas que se dedican a administrar los asuntos de un estado: *los funcionarios son trabajadores de la Administración Pública.* **5** Acción de aplicar o hacer tomar una medicina: *este medicamento es de administración oral.*

administrador, -ra *adj./n. m. y f.* **1** [persona] Que administra: *mi mujer es muy ahorrativa y buena admninistradora del dinero.* ◇ *n. m. y f.* **2** Persona que se dedica a administrar los bienes de otros: *trabaja de administrador en un colegio.*
SIN gestor.

administrar *v. tr./prnl.* **1** Organizar una economía o cuidar unos bienes o unos intereses: *su hijo administra la empresa.* **2** Medir o graduar el uso de una cosa para obtener un resultado mejor: *el atleta no supo administrar sus fuerzas*; *con un sueldo tan escaso no hay más remedio que administrarse.* ◇ *v. tr.* **3** Aplicar o hacer tomar una medicina: *el médico no es partidario de administrarle calmantes.* **4** Repartir, dar o conferir un sacramento: *administrar la comunión.*
DER administración, administrador, administrativo.

administrativo, -va *adj.* **1** De la administración o que tiene relación con ella: *la sentada se llevó a cabo en protesta por las nuevas medidas administrativas.* ◇ *adj./n. m. y f.* **2** [persona] Que trabaja en las tareas de administración de una empresa o institución pública: *necesito un administrativo con conocimientos de contabilidad e informática.*

admirable *adj.* Que causa o produce admiración o sorpresa: *es una persona admirable por su bondad.* **SIN** asombroso, sorprendente.

admiración *n. f.* **1** Valoración muy positiva de una persona o de una cosa por sus cualidades: *siente gran admiración hacia su maestro.* **2** Sorpresa o extrañeza que alguien causa o siente: *sus inesperadas respuestas causaron la admiración del público.* **SIN** sorpresa. **3** GRAM. Signo de ortografía que se coloca al principio (¡) y al final (!) de palabras o frases para expresar sorpresa, exclamación o alguna emoción del ánimo: *con los signos de admiración se pone mayor énfasis en la lectura de la palabra que los lleva.* **SIN** exclamación.

admirador, -ra *adj./n. m. y f.* [persona] Que admira a una persona o cosa: *un grupo de admiradores recibió al cantante en el aeropuerto.*

admirar *v. tr.* **1** Tener en gran estima a una persona o cosa por lo extraordinario de sus cualidades: *sus compañeros de clase le admiran.* **2** Provocar sorpresa o admiración: *con su descubrimiento admiró al mundo.* **3** Contemplar con interés o placer a una persona o cosa que llama la atención por cualidades juzgadas como extraordinarias: *admirar la puesta de sol.* ◇ *v. prnl.* **4 admirarse** Sorprenderse; considerar muy extraño: *me admiro de que todavía no te lo haya contado todo.*
DER admirable, admiración, admirador, admirativo.

admirativo, -va *adj.* Que siente o expresa admiración: *no había captado el sentido admirativo de la expresión.*

admisible *adj.* Que puede admitirse o aceptarse: *algunas de sus propuestas son admisibles.* **ANT** inadmisible.
DER inadmisible.

admisión *n. f.* Acción de admitir: *ha ido a pedir su admisión en el club*; *mañana se cierra el plazo de admisión de solicitudes.* **SIN** aceptación.
reservado el derecho de admisión Expresión que indica que los dueños de un local tienen derecho a elegir las personas que pueden entrar en él.

admitir *v. tr.* **1** Recibir o aceptar: *no lo han admitido en ese colegio.* **ANT** excluir. **2** Reconocer como cierta una cosa: *no quiso admitir que estaba equivocado.* **3** Permitir o soportar: *esta prenda no admite más lavados.* **4** Tener capacidad: *la báscula admite solamente 200 kilogramos.*
DER admisible, admisión; readmitir.

admonición *n. f.* Aviso o llamada de atención sobre un error o una falta con la que se advierte a una persona de una próxima sanción en caso de reincidencia: *el director hizo una severa admonición a sus empleados.* **SIN** amonestación, reconvención, represión.
DER admonitorio.
ETIM Véase *amonestar*.

admonitorio, -ria *adj.* Que avisa o llama la atención sobre un error o una conducta equivocada e invita a enmendarla: *el jefe de personal envió una carta admonitoria sobre el incumplimiento de horarios.*

-ado Sufijo que entra en la formación de sustantivos masculinos con el significado de: *a)* 'Empleo o dignidad': *doctorado, arzobispado. b)* 'Tiempo': *reinado. c)* 'Lugar': *noviciado, rectorado. d)* 'Acción': *afeitado. e)* 'Conjunto': *arbolado, alcantarillado. f)* 'Colectividad': *alumnado.*

-ado, -ada Sufijo que entra en la formación de adjetivos con el significado de: *a)* 'Posesión': *barbado. b)* 'Abundancia': *salado. c)* 'Semejanza', 'aspecto': *azafranado.*

adobar *v. tr.* **1** Poner la carne u otro alimento en adobo para conservarlo o darle sabor. **2** Curtir las pieles y componerlas para varios usos: *no tengo las sustancias necesarias para adobar estas pieles.*
DER adobe, adobo.

adobe *n. m.* Ladrillo que se hace con una masa de barro y paja secada al sol: *en algunos pueblos quedan construcciones con adobes.*

adobo *n. m.* Composición o mezcla hecha con sal, vinagre y distintas especias que se usa para conservar y dar sabor a las carnes y otros alimentos: *pondré en adobo tanto la carne como el pescado.*

adocenado, -da *adj.* Mediocre o vulgar, que no destaca.

adocenar *v. tr./prnl.* Confundir o mezclar entre personas o cosas de menos valor o de calidad inferior.
DER adocenado.

adoctrinamiento *n. m.* Enseñanza de los principios de una determinada ideología con la intención de ganar partidarios.

adoctrinar *v. tr.* Enseñar los principios de una determinada ideología con la intención de ganar partidarios.
DER adoctrinamiento.

adolecer *v. intr.* **1** Tener algún defecto: *su trabajo adolece de los errores de siempre.* **2** Padecer una enfermedad: *adolece de los nervios.*
OBS No se debe confundir con *carecer*. ◇ En su conjugación, la *c* se convierte en *zc* delante de *a* y *o*, como en *agradecer*.

adolescencia *n. f.* Período de la vida que sucede a la niñez y transcurre desde la pubertad hasta el completo desarrollo del organismo: *durante la adolescencia los jóvenes experimentan numerosos cambios.*

adolescente *adj./n. com.* [persona] Que está en la adolescencia: *algunas veces se siente incomprendido por todo el mundo.*
DER adolescencia.

adonde *adv.* Al lugar en que ocurre una acción o al que se dirige una cosa: *conozco el bar adonde suele ir.*

adónde *adv.* A qué lugar: *¿adónde vas?*

adondequiera *adv.* A cualquier lugar: *nos seguía adondequiera que íbamos.*
OBS No se debe escribir *a dondequiera*. ◇ Siempre va seguido de *que*.

adonis *n. m.* Hombre joven de aspecto físico bello.
ETIM *Adonis* toma su significado de *Adonis*, que era un dios griego de gran belleza.
OBS El plural también es *adonis*.

adopción *n. f.* **1** Toma de una decisión o de un acuerdo tras discusión o deliberación: *adopción de medidas.* **2** Consideración como propias de ideas o costumbres ajenas. **3** Acción legal por la que una persona toma como hijo propio a uno que ha nacido de otros padres: *los trámites legales para una adopción son muy complicados.*

adoptar *v. tr.* **1** Elegir o tomar como propio, especialmente ideas o costumbres ajenas: *en esta industria se adoptó la nueva tecnología alemana.* **2** Decidir o acordar algo después de examen o deliberación: *el Gobierno adoptará medidas urgentes.* **3** Tomar o recibir un carácter o una forma determinada: *la arcilla puede adoptar formas diversas.* **4** Tomar o considerar como propia una decisión: *adoptó una postura intransigente.* **5** Tomar legalmente como hijo propio a uno que ha nacido de otros padres. SIN ahijar.
DER adopción, adoptivo.

adoptivo, -va *adj.* **1** [persona, cosa] Que se toma o elige como propia aunque no lo sea: *patria adoptiva.* **2** [persona] Que adopta o es adoptado: *hija adoptiva; padre adoptivo.*

adoquín *n. m.* **1** Piedra labrada en forma de bloque rectangular que se usa para pavimentar las calles o las carreteras: *ya casi no quedan carreteras hechas con adoquines.* **2** *coloquial* Persona torpe y ruda: *no seas adoquín y hazlo como te he explicado.*
DER adoquinar.

adoquinado *n. m.* Suelo hecho con adoquines, especialmente en las calles y carreteras: *el asfalto ha sustituido al adoquinado casi por completo.*

adoquinar *v. tr.* Revestir con adoquines el suelo de una calle o carretera.
DER adoquinado.

adorable *adj.* Que resulta muy agradable e inspira cariño, simpatía y admiración: *tiene un bebé adorable.*

adoración *n. f.* **1** Ceremonia o culto que se da a lo que es o se considera divino: *la adoración de los Reyes Magos.* **2** Amor muy profundo: *siente adoración por sus padres.*

adorador, -ra *adj./n. m. y f.* [persona] Que adora.

adorar *v. tr.* **1** Rendir culto a lo que es o se considera divino; expresare amor u obediencia con oraciones o ceremonias religiosas: *los romanos adoraban a diferentes dioses.* **2** Amar mucho: *el abuelo adora a su nieto.* **3** Considerar muy bueno o agradable: *desde pequeño adora los deportes.*
DER adorable, adoración, adorador.

adormecer *v. tr.* **1** Hacer caer a alguien en estado de somnolencia: *este profesor adormece a sus alumnos.* **2** Calmar un dolor o una pena o hacer disminuir su fuerza: *el opio adormece los dolores.* ◇ *v. prnl.* **3 adormecerse** Quedarse alguien dormido o adormecido: *prepararé un café, pues estamos empezando a adormecernos.* SIN adormilarse, amodorrarse. **4** Perder la capacidad de sentir o de mover una parte del cuerpo durante un tiempo corto: *se me ha adormecido la pierna.*
DER adormecimiento, adormidera, adormilarse.
OBS En su conjugación, la *c* se convierte en *zc* delante de *a* y *o*, como en *agradecer*.

adormecimiento *n. m.* **1** Torpeza de los sentidos provocada por el sueño: *estas pastillas provocan adormecimiento.* SIN somnolencia, sopor. **2** Disminución de la intensidad o del efecto de algo: *tomaremos medidas contra el adormecimiento en la actividad.*

adormidera *n. f.* Planta herbácea de hojas anchas, flores blancas y fruto en cápsula, del que se extrae el opio: *la adormidera es originaria de Oriente.*

adormilarse *v. prnl.* Estar en un estado próximo al sueño sin llegar a dormirse: *lleva al niño a la cama que ya comienza a adormilarse.* SIN adormecer, amodorrarse.

adornar *v. tr./prnl.* **1** Poner adornos para hacer que algo resulte más bonito y agradable: *adorna la habitación con flores; se adornó el cabello con flores.* SIN ornamentar, ornar. **2** Servir una cosa para dar un aspecto más bello o agradable a otra: *las flores adornan mucho en una casa.* **3** Dotar de cualidades positivas a una persona: *la naturaleza le adornó con muchas virtudes.* **4** Tener una cualidad positiva: *son muchas las virtudes que le adornan.*
DER adorno.

adorno *n. m.* Cosa que sirve para hacer más bello, agradable o atractivo un objeto o un lugar: *adornos de Navidad; adornos para el pelo.*
de adorno Que sólo sirve para adornar, que no es útil ni tiene una función real: *sólo es una lámpara de adorno, no enciende; ¿vas a ponerte a estudiar o tienes los libros de adorno?*

adosado, -da *adj./n. m.* [chalé] Que está construido pegado a otro u otros de similares características por alguno de sus lados.

adosar *v. tr.* Poner una cosa contigua a otra en la que se apoya por la espalda o por los lados: *ayúdame a adosar esta estantería a la pared.*
DER adosado.

adquirir v. tr. **1** Llegar a tener o conseguir algo: *pronto adquirió la costumbre de madrugar*. **2** Comprar cosas: *la empresa ha adquirido un nuevo local en pleno centro*.
DER adquisición.
OBS En su conjugación, la *i* se convierte en *ie* en sílaba acentuada.

adquirir	
INDICATIVO	**SUBJUNTIVO**
presente	presente
adquiero	adquiera
adquieres	adquieras
adquiere	adquiera
adquirimos	adquiramos
adquirís	adquiráis
adquieren	adquieran
pretérito imperfecto	pretérito imperfecto
adquiría	adquiriera o adquiriese
adquirías	adquirieras o adquirieses
adquiría	adquiriera o adquiriese
adquiríamos	adquiriéramos o adquiriésemos
adquiríais	adquirierais o adquirieseis
adquirían	adquirieran o adquiriesen
pretérito indefinido	futuro
adquirí	adquiriere
adquiriste	adquirieres
adquirió	adquiriere
adquirimos	adquiriéremos
adquiristeis	adquiriereis
adquirieron	adquirieren
futuro	
adquiriré	**IMPERATIVO**
adquirirás	
adquirirá	adquiere (tú)
adquiriremos	adquiera (usted)
adquiriréis	adquirid (vosotros)
adquirirán	adquieran (ustedes)
condicional	
adquiriría	**FORMAS**
adquirirías	**NO PERSONALES**
adquiriría	infinitivo gerundio
adquiriríamos	adquirir adquiriendo
adquiriríais	participio
adquirirían	adquirido

adquisición n. f. **1** Compra de una cosa: *yo me encargo de la adquisición del material necesario*. **2** Cosa que se compra: *esta motocicleta ha sido mi última adquisición*.
DER adquisitivo.
adquisitivo, -va adj. Que sirve para adquirir o comprar: *ha prometido mantener el poder adquisitivo de las pensiones*.
adrede adv. De propósito, con intención, deliberadamente: *es cierto que lo he roto yo, pero no ha sido adrede*. **SIN** aposta, a cosa hecha.
adrenalina n. f. Hormona segregada por las glándulas suprarrenales que aumenta la presión sanguínea y estimula el sistema nervioso central: *las situaciones de tensión provocan un aumento de adrenalina en el organismo*.
adriático, -ca adj. Del mar Adriático y de sus territorios o que tiene relación con ellos: *Venecia está situada en la costa adriática*.
adscribir v. tr./prnl. **1** Destinar o poner a alguien en determinado departamento o trabajo: *debes adscribir un empleado más al departamento de ventas*. **2** Considerar a una persona como perteneciente a determinado grupo o ideología. ◇ v. tr. **3** Atribuir o contar entre lo que corresponde a una persona o cosa: *han adscrito el caso a otro juzgado*.
DER adscripción, adscrito.
OBS El participio es *adscrito*.
adscripción n. f. **1** Agregación de una persona a un cuerpo o destino: *la adscripción de dos empleados a este departamento es un acierto*. **2** Consideración de una persona como perteneciente a un grupo o doctrina: *fue muy criticada su adscripción al partido*.
adscrito, -ta Participio irregular de *adscribir*. También se usa como adjetivo: *Se han adscrito muchas personas; las personas adscritas son muchas*.
adsorción n. f. Fís. Fenómeno por el cual un sólido o un líquido atrae y retiene en su superficie gases, vapores, líquidos o cuerpos disueltos, materiales dispersos o coloides: *las caretas antigás funcionan mediante un filtro que realiza el fenómeno de adsorción*.
aduana n. f. Oficina pública, situada generalmente en las fronteras o pasos entre dos países, donde se registran las mercancías que entran o salen y donde se cobran los derechos o tasas correspondientes: *hay aduanas en las fronteras terrestres, puertos y aeropuertos*.
DER aduanero.
aduanero, -ra adj. **1** De la aduana o relacionado con ella. ◇ n. m. y f. **2** Persona que trabaja en una aduana: *el aduanero me preguntó si tenía algo que declarar*.
aducción n. f. Movimiento por el cual un miembro u órgano se acerca al eje central del cuerpo: *un músculo se encarga de la aducción del ojo*. **ANT** abducción.
aducir v. tr. Exponer pruebas y argumentos para demostrar o justificar algo.
DER aducción, aductor.
OBS En su conjugación, la c se convierte en zc delante de a y o y el pretérito indefinido es irregular, como en *conducir*.
aductor adj./n. m. [músculo] Que sirve para hacer los movimientos que acercan un miembro al eje central del cuerpo: *los aductores tienen una función complementaria de la de los abductores*. **ANT** abductor.
adueñarse v. prnl. **1** Hacerse dueño de una cosa, apoderarse de ella: *se adueñó de la casa como si fuera suya*. **2** Apoderarse, hacerse dominante algo en una persona o grupo, especialmente un sentimiento o una sensación: *la envidia se adueñó de ella; la cólera se adueñó de los asistentes*.
adulación n. f. Muestra exagerada de admiración que se hace para conseguir el favor de una persona: *pensaba que sus adulaciones serían bien recibidas por el jefe*. **SIN** coba, halago.
adulador, -ra adj./n. m. y f. [persona] Que muestra admiración exagerada por una persona para agradarle y conseguir su favor. **SIN** cobista.
adular v. tr. Mostrar admiración exagerada a una persona o decirle cosas agradables para ganar su voluntad o conseguir su favor: *no soporto su descarada forma de adular al jefe*.
DER adulación, adulador.
adulteración n. f. **1** Alteración o pérdida de la calidad de una cosa, generalmente por agregación de una sustancia extraña: *ha sido condenado por la adulteración de alimentos*. **2** Falsificación, cambio o alteración de la verdad o autenticidad de una cosa.

adulterar *v. tr./prnl.* **1** Alterar o hacer perder la calidad y pureza de algo, generalmente añadiendo una sustancia extraña. **2** Cambiar la naturaleza o el sentido de una cosa: *no adulteres mis palabras*.
DER adulteración, adulterio.

adulterio *n. m.* Relación sexual de una persona casada con otra que no es su cónyuge: *cometer adulterio*.
DER adúltero.

adúltero, -ra *adj./n. m. y f.* [persona] Que engaña a su cónyuge manteniendo relaciones sexuales con otra persona: *se separó de su marido por adúltero*.

adulto, -ta *adj./n. m. y f.* **1** [ser vivo] Que ha llegado a su pleno desarrollo tanto físico como psicológico: *los niños no pueden pasar si no van acompañados de un adulto*. ◊ *adj.* **2** Que se considera propio de esa edad en que se alcanza pleno desarrollo. **3** Que ha llegado a cierto grado de perfección, de madurez o de experiencia: *ya tenemos una democracia adulta*.

adusto, -ta *adj.* **1** [persona] Que es seco y serio en el trato. **2** [terreno, paisaje] Que está seco o quemado.

advenedizo, -za *adj./n. m. y f.* **1** [persona] Que acaba de llegar. Tiene sentido despectivo: *en las fiestas del pueblo no son bien vistos los advenedizos*. **2** [persona] Que se introduce en un grupo social o profesional para el que, en opinión de los que ya están en él, no reúne las condiciones adecuadas. Tiene sentido despectivo: *está en el club gracias a su dinero, pero siempre será considerado un advenedizo*.

advenimiento *n. m.* Llegada, venida o aparición, especialmente de un acontecimiento importante o de una época: *el advenimiento de la república*.
DER advenedizo, adventicio, adventista, adviento.

adventicio, -cia *adj.* **1** Que sucede de manera accidental o poco natural. **2** [órgano animal o vegetal] Que se desarrolla de forma accidental o fuera de su lugar habitual: *raíces adventicias*. ☞ raíz.

adverbial *adj.* **1** Del adverbio o relacionado con esta clase de palabras. **2** GRAM. Que hace las funciones propias de un adverbio: *locución adverbial; subordinada adverbial*.

adverbio *n. m.* GRAM. Palabra que no varía su forma y que modifica a un verbo, a un adjetivo, a otro adverbio o a toda la oración: *los adverbios pueden indicar lugar, tiempo, modo, cantidad, afirmación, negación, duda y otras cosas*.
DER adverbial.

adversario, -ria *n. m. y f.* Persona o grupo que es enemigo, competidor o contrario: *ha vencido a todos sus adversarios*.

adversativo, -va *adj./n. f.* **1** GRAM. [oración] Que indica oposición o restricción al significado de otra oración: *en la oración íbamos a salir de compras, pero empezó a llover, la oración adversativa es pero empezó a llover*. **2** GRAM. [conjunción] Que introduce una oración de esa clase: *pero* y *sin embargo son conjunciones adversativas*.

adversidad *n. f.* **1** Carácter opuesto y desfavorable que presenta una cosa: *su salud se resiente con la adversidad del clima*. **2** Situación contraria o poco favorable: *hay que hacer frente a la adversidad*. **3** Desgracia o accidente: *en los últimos días ha sufrido algunas adversidades*.

adverso, -sa *adj.* Que es contrario o negativo: *es preciso superar el resultado adverso obtenido en el partido de ida*.
DER adversario, adversativo, adversidad.

advertencia *n. f.* Noticia o información que se da a alguien, especialmente para avisarle o aconsejarle sobre alguna cosa: *todo esto te ocurre por no atender las advertencias de tus padres*.

advertido, -da *adj.* [persona] Que tiene suficiente experiencia y capacidad para hacer o entender algo: *su última novela estaba dirigida a un público advertido y conocedor de su obra*. SIN iniciado.

advertir *v. tr.* **1** Llamar la atención o avisar de alguna cosa: *ya me advirtieron que no sería fácil hablar contigo*. **2** Darse cuenta, notar: *nada más llegar advirtieron que no eran bien recibidos*. SIN apercibir, observar, reparar.
DER advertencia, advertido.
ETIM Véase verter.
OBS En su conjugación, la e se convierte en ie en sílaba acentuada o en i en algunos tiempos y personas, como en hervir.

adviento *n. m.* Período que celebran las Iglesias cristianas y que comprende los cuatro semanas anteriores a la fiesta del nacimiento de Jesucristo: *los niños de la catequesis preparan durante el adviento el belén que colocarán en la parroquia*.

advocación *n. f.* **1** Denominación del santo bajo cuya protección se encuentra un lugar religioso: *el santuario está bajo la advocación de san Isidro*. **2** Nombre con que se venera a la Virgen: *esta cofradía rinde culto a la Virgen en su advocación de Nuestra Señora de la Paz*.

adyacencia *n. f.* Proximidad entre dos cosas que están una al lado de la otra o unidas entre sí: *es necesario evitar la adyacencia entre industrias químicas y zonas urbanas*.

adyacente *adj.* Que está muy próximo o unido a otra cosa: *la explosión provocó la rotura de cristales de los edificios adyacentes al lugar del atentado*.
DER adyacencia.

aéreo, -a *adj.* **1** Que está o se hace en el aire: *fotografía aérea*. ☞ raíz. **2** Del aire o relacionado con él. **3** De la aviación o relacionado con ella: *puente aéreo; espacio aéreo*. **4** Ligero, sutil, vaporoso.
DER antiaéreo.
ETIM Véase aire.

aero-, aeri- Elemento prefijal que entra en la formación de palabras con el significado de: *a)* 'Aire', referido a la atmósfera: *aerología*. *b)* 'Aire', considerado como gas: *aerofagia*. *c)* 'Aeronáutica o relativo a esta ciencia': *aeromodelismo, aeroespacial*.

aeróbic o **aerobic** *n. m.* Técnica gimnástica que se practica con música y se basa en el control del ritmo respiratorio: *practico aeróbic para conseguir una mejor forma física*.
OBS Es de origen inglés.

aerobio, -bia *adj.* [ser vivo] Que necesita respirar el oxígeno del aire para vivir.

aeroclub *n. m.* Centro donde se reúnen las personas que practican un deporte aéreo o tienen interés por él: *recibe clases de vuelo sin motor en el aeroclub*.

aerodinámica *n. f.* Parte de la mecánica que estudia el movimiento de los gases.

aerodinámico, -ca *adj.* **1** De la aerodinámica o que tiene relación con ella. **2** Que tiene la forma adecuada para reducir la resistencia del aire: *un coche con diseño aerodinámico*.

aeródromo *n. m.* Lugar provisto de las pistas e instalaciones necesarias para el despegue y aterrizaje de aviones: *el aeródromo es un aeropuerto pequeño y normalmente deportivo o militar*. SIN aeropuerto.

aeroespacial *adj.* Relacionado con la aviación y la astronáutica conjuntamente: *las investigaciones aeroespaciales son muy costosas*.

aerofagia *n. f.* MED. Ingestión o toma de aire de manera espasmódica o por contracciones musculares involuntarias que provoca dolorosas molestias intestinales: *la aerofagia suele ser síntoma de trastornos nerviosos*.

aerofaro *n. m.* Aparato situado en tierra que emite señales luminosas para dirigir el vuelo y el aterrizaje de helicópteros y aviones.

aerofotografía *n. f.* Fotografía de una parte de la Tierra tomada desde un avión u otro vehículo aéreo.

aerógrafo *n. m.* Aparato en forma de lápiz o pistola que sirve para pulverizar pintura mediante aire a presión sobre la superficie que se quiere pintar o dibujar.

aerolínea *n. f.* Organización o compañía dedicada al transporte aéreo: *infórmate de cuál de las aerolíneas es tu vuelo.*

aerolito *n. m.* Fragmento de un cuerpo procedente del espacio exterior que entra en la atmósfera a gran velocidad y cae sobre la Tierra: *los aerolitos están formados por material rocoso.*

aerología *n. f.* Ciencia que estudia el estado del aire y de las capas altas de la atmósfera en un lugar determinado.

aeromodelismo *n. m.* **1** Construcción de aviones a escala reducida. **2** Deporte que consiste en hacer volar aviones de escala reducida que se dirigen desde el suelo: *si hace bueno, el domingo podemos hacer aeromodelismo.*

aeronáutica *n. f.* **1** Disciplina técnica y científica que se ocupa de la construcción de vehículos capaces de volar y del estudio de los factores que favorecen el vuelo: *la aeronáutica y la informática son ciencias del siglo XX.* **2** Conjunto de medios destinados a la construcción y mantenimiento técnico de vehículos capaces de volar: *la aeronáutica civil y la industria del automóvil son sectores económicos de gran importancia.* **SIN** aeronavegación.
DER aeronáutico.

aeronáutico, -ca *adj.* Perteneciente o relativo a la construcción y mantenimiento técnico de vehículos capaces de volar y a los factores que favorecen el vuelo: *la industria aeronáutica debe gran parte de su desarrollo a la aviación militar.*

aeronaval *adj.* [organización militar] Que combina las acciones del Ejército del Aire y la Marina: *en las maniobras aeronavales intervinieron tres portaaviones.*

aeronave *n. f.* Vehículo capaz de navegar por el aire o por el espacio: *el avión, el globo dirigido y la nave espacial son aeronaves.* **SIN** aeroplano, aparato, avión, nave.
DER aeronaval, aeronavegación.

aeroplano *n. m.* Vehículo con alas, más pesado que el aire, que vuela generalmente propulsado por uno o varios motores y sirve para viajar por el aire. **SIN** avión, aeronave, aparato, nave.

aeropuerto *n. m.* Lugar provisto de un conjunto de pistas, instalaciones y servicios destinados al tráfico regular de aviones: *el vuelo tenía retraso y tomamos algo en la cafetería del aeropuerto.* **SIN** aeródromo.

aerosol *n. m.* **1** Líquido que, acumulado a presión en un recipiente, puede lanzarse al exterior esparciéndolo en forma de gotas muy pequeñas: *me han recetado un aerosol para la garganta.* **2** Recipiente o envase con un sistema para contener y hacer salir este líquido: *los aerosoles llevan un pulverizador para esparcir su contenido en gotitas.* **SIN** spray. **3** Suspensión de moléculas de un elemento sólido o líquido en el aire o en cualquier otro gas: *el humo, las nubes y la niebla son aerosoles naturales.*

aerostática *n. f.* Parte de la mecánica que estudia el equilibrio de los gases y de los sólidos sumergidos en ellos, cuando están sometidos a la acción de la gravedad exclusivamente.
DER aerostático, aerostato.

aerostático, -ca *adj.* De la aerostática o relacionado con ella: *globo aerostático.*

aeróstato o **aerostato** *n. m.* Aeronave provista de uno o más recipientes llenos de un gas más ligero que el aire, lo que le permite elevarse y flotar en él: *los globos y dirigibles son aeróstatos.*

aeroterrestre *adj.* [sistema de transporte, organización militar] Que combina los medios de desplazamiento por aire y por tierra: *la invasión comenzó con el asalto de las fuerzas aeroterrestres.*

aerovía *n. f.* Vía o ruta establecida para el vuelo de los aviones comerciales: *mediante las distintas aerovías se distribuye el tráfico aéreo.*

afabilidad *n. f.* Amabilidad y atención en el trato de una persona con otra u otras.

afable *adj.* [persona] Que se comporta con amabilidad y simpatía: *con mis vecinos mantengo un trato afable.* **SIN** amable, amigable.
DER afabilidad; inefable.

afamado, -da *adj.* [persona, cosa] Que es muy conocido y admirado por tener características que lo distinguen de los demás: *es propietaria de una afamada escuela de danza.* **SIN** acreditado, insigne, renombrado.

afán *n. m.* **1** Deseo intenso y ferviente que mueve a hacer una cosa: *no es bueno tanto afán de riquezas.* **2** Empeño o esfuerzo e interés que se pone en una cosa: *nunca te recompensaron el afán que ponía en su trabajo.* ◇ *n. m. pl.* **3** afanes Fatigas y penalidades excesivas.

afanar *v. tr.* **1** *coloquial* Robar con habilidad y sin violencia: *me han afanado la cartera y no me he enterado de nada.* ◇ *v. prnl.* **2** afanarse Dedicarse a una cosa con mucho empeño e interés: *todos se afanan en el trabajo para acabarlo a tiempo.*
DER afán, afanoso.

afanoso, -sa *adj.* **1** Que trabaja mucho y de manera constante y aplicada. **SIN** laborioso. **2** [actividad, trabajo] Que exige mucho esfuerzo y dedicación. **SIN** laborioso.

afasia *n. f.* MED. Pérdida del habla o dificultad al hablar que se produce por un daño en el cerebro: *la afasia supone dificultad o imposibilidad de comprender el lenguaje.*

afear *v. tr./prnl.* **1** Hacer o poner feo: *ese peinado te afea la cara.* **ANT** embellecer. **2** Censurar: *su padre le afeó su conducta.*

afección *n. f.* Enfermedad de determinada parte del organismo: *afección cardíaca; afección pulmonar.*
DER desafección.

afectación *n. f.* Falta de naturalidad o sencillez en la manera de hablar o de comportarse.

afectado, -da *adj.* Que carece de naturalidad y sencillez en la manera de hablar o comportarse: *no soporto su afectada forma de expresarse.*

afectar *v. tr.* **1** Influir, producir cierto efecto en una cosa determinada: *la huelga afectó a cinco empresas; se han tomado nuevas medidas para paliar la sequía que afecta a los campos.* Se usa muy frecuentemente con el complemento de persona o cosa introducido por *a*. **2** Ser aplicable una cosa a la persona o grupo de personas que se indica: *a todos nos afecta el deterioro del medio ambiente; las nuevas leyes afectan a todos los contribuyentes.* **3** Producir daño o enfermedad en algún órgano o a un grupo de seres vivos, o poderlo producir: *el alcohol afecta al hígado; la plaga afectó a gran parte de la población.* **4** Poner cuidado excesivo y poco natural en la forma de hablar, moverse o actuar. **5** Dar a entender, aparentar o fingir algo que no es cierto: *está muy preparado, pero le gusta afectar ignorancia.* **6** Impresionar a una persona, causar una cosa en ella cierta sensación o emoción,

especialmente de dolor o de tristeza: *nunca pensé que tus críticas me iban a afectar tanto*.
DER afección, afectación, afectado.

afectividad *n. f.* **1** Conjunto de sentimientos y emociones de una persona. **2** Inclinación a sentir cariño y afecto.

afectivo, -va *adj.* **1** Del afecto o relacionado con este sentimiento: *siempre ha recibido un trato muy afectivo por parte de sus compañeros*. **2** De la sensibilidad o relacionado con ella.
DER afectividad.

afecto, -ta *adj.* **1** Que es amigo o partidario de una persona o de una cosa. ◇ *n. m.* **2** Sentimiento favorable hacia una persona: *te tengo un gran afecto pero no estoy enamorado de ti*; *se ha ganado el afecto de los maestros y de los compañeros*.
DER afectar, afectivo, afectuoso; desafecto.

afectuoso, -sa *adj.* Que muestra afecto y cordialidad: *nos recibió con un afectuoso abrazo*; *es muy afectuoso con todo el mundo*.

afeitado *n. m.* **1** Corte del pelo a ras de la piel, especialmente el de la cara: *loción para después del afeitado*. **2** Corte de la punta de los cuernos de los toros: *el afeitado de los toros hace que sean menos peligrosos*.

afeitar *v. tr./prnl.* **1** Cortar el pelo de la cara o de otra parte del cuerpo a ras de la piel: *esta cuchilla está muy usada y no me ha afeitado bien*. **SIN** rapar, rasurar. **2** Cortar las puntas de los cuernos de los toros para que resulten menos peligrosos al torearlos.
DER afeitado, afeite.

afeite *n. m.* Sustancia o producto que se usa para cuidar o embellecer el pelo o la piel, especialmente la de la cara: *en aquella época las artistas llevaban la cara llena de afeites*. **SIN** cosmético.

afelio *n. m.* Punto más alejado del Sol en la órbita de un planeta del sistema solar. **ANT** perihelio.

afelpado, -da *adj.* Semejante a la felpa o con alguna de las características que se consideran propias de ella.

afeminado, -da *adj.* **1** Propio de la manera de hablar, gesticular o moverse que se considera característica de las mujeres: *tiene voz y ademanes afeminados*. **SIN** amanerado. ◇ *n. m.* **2** Hombre que tiene movimientos y actitudes que se consideran propios de las mujeres y que siente atracción sexual hacia otros hombres: *el afeminado tiene características físicas y psicológicas femeninas*. **SIN** marica, mariquita.

afeminamiento *n. m.* Actitud, gesto o comportamiento que se considera propio de las mujeres: *el hecho de que un hombre llore no es necesariamente señal de afeminamiento*. **SIN** amaneramiento.

afeminar *v. tr./prnl.* Tomar características que se consideran propias de las mujeres.
DER afeminado, afeminamiento.

afer *n. m.* **1** Negocio, asunto o caso ilegal o escandaloso: *el afer de los sobornos fue descubierto por la prensa*. **SIN** affaire. **2** Relación amorosa o sexual entre dos personas que dura poco tiempo: *varios aferes le dieron fama de mujeriego*. **SIN** aventura, enredo, lío.

aferente *adj.* Que lleva o conduce de fuera hacia adentro: *los vasos o nervios aferentes son los que entran en un órgano*.

aféresis *n. f.* GRAM. Desaparición de algún sonido al principio de una palabra: *noramala es aféresis de enhoramala*.
OBS El plural también es *aféresis*.

aferrar *v. tr./prnl.* **1** Agarrar con mucha fuerza: *el escalador se aferró a las rocas*. **ANT** desaferrar. ◇ *v. prnl.* **2** **aferrarse** Obstinarse, mantener con fuerza y convicción una idea, opinión o posición: *se aferraron a un proyecto que era imposible llevar a cabo*. **3** Unirse a una persona o cosa de la que se espera un bien: *fue una mala época que superó porque se aferró a su familia*.
DER desaferrar.
ETIM Véase *hierro*.
OBS En su conjugación, la *e* se convierte en *ie* en sílaba acentuada, como en *acertar*.

affaire *n. m.* **1** Afer, negocio, asunto. **2** Afer, relación amorosa.

afgano, -na *adj.* **1** De Afganistán o que tiene relación con este país asiático. ◇ *adj./n. m. y f.* **2** [persona] Que es de Afganistán.

afianzamiento *n. m.* Consolidación de una opinión, idea o circunstancia: *colabora en el afianzamiento de la democracia*.

afianzar *v. tr./prnl.* **1** Poner firme una cosa, sujetarla bien, reforzarla: *afianzaremos la puerta con un travesaño*. **SIN** afirmar. **2** Dar o tener una base sólida y estable: *tienes que afianzarte en tu puesto antes de pretender ascender*.
DER afianzamiento.
OBS En su conjugación, la *z* se convierte en *c* delante de *e*.

afición *n. f.* **1** Gusto o interés por una cosa: *siente gran afición por la música*. **2** Actividad aparte del trabajo habitual: *durante el fin de semana se dedica a sus aficiones deportivas*. **3** Conjunto de personas que van regularmente a ver un espectáculo o una competición deportiva: *la afición ha salido decepcionada de la corrida de toros de hoy*.
DER aficionar.

aficionado, -da *adj./n. m. y f.* **1** [persona] Que gusta de una cosa o tiene interés por ella: *aficionado a la lectura*. **SIN** amigo. **2** [persona] Que practica por placer una actividad, generalmente deportiva o artística, sin recibir habitualmente dinero a cambio: *es un torneo para aficionados y no para jugadores profesionales*. **SIN** amateur. **ANT** profesional. **3** [persona] Que va regularmente a ver un espectáculo o una competición deportiva por la que siente gran afición: *la policía controlaba a los aficionados más exaltados*.
DER radioaficionado.

aficionar *v. tr.* **1** Hacer que una persona adquiera afición o interés por algo: *aficionó a sus hijos al deporte*. ◇ *v. prnl.* **2 aficionarse** Adquirir gusto o interés por una cosa: *aficionarse a la lectura*; *aficionarse al juego o a la bebida*.
DER aficionado.

afijación *n. f.* GRAM. Formación de palabras nuevas añadiendo un prefijo o un sufijo a una palabra ya existente o a su raíz: *mediante la afijación se modifica el sentido y la forma de las palabras*.

afijo, -ja *adj./n. m.* GRAM. [elemento de la lengua] Que se une a una palabra o a una raíz para formar palabras nuevas a partir de ella: *tanto pre–* en *prenatal* como *–ción* en *realización* son *afijos*. **SIN** morfema derivativo.
DER afijación.

afilador, -ra *n. m. y f.* Persona que se dedica a afilar cuchillos y otros instrumentos cortantes.

afilalápices *n. m.* Utensilio que sirve para sacar o afilar la punta a los lápices. **SIN** sacapuntas.
OBS El plural también es *afilalápices*.

afilar *v. tr.* **1** Dejar cortante el borde de un objeto o puntiagudo el extremo de una cosa: *afilar un cuchillo*, *afilar un lápiz*. **2** Dejar más delgada de lo normal una parte del cuerpo: *una larga huelga de hambre afiló su rostro y debilitó sus fuerzas*.
DER afilador.

afiliación *n. f.* Inscripción de una persona como miembro de un partido, un sindicato u otra asociación: *en la última campaña se ha conseguido la afiliación de mil nuevos socios.*

afiliar *v. tr./prnl.* Formar parte o incluir a una persona como miembro de un partido político, un sindicato u otra asociación: *María afilió a su marido al sindicato; tenía veinte años cuando se afilió al partido.*
DER afiliación.

afiligranar *v. tr.* **1** Adornar con hilos de oro y plata, especialmente un objeto de metal. **2** Hacer bonito o adornar esmeradamente: *no afiligranes mucho el vestido, lo quiero simple y sencillo.*

afín *adj.* Que tiene una o más cosas en común con otro: *tienen gustos e ideas afines.*
DER afinidad.

afinación *n. f.* MÚS. Adecuación de un instrumento musical al tono justo: *mediante la afinación se consigue que diferentes instrumentos suenen acordes.*

afinador, -ra *n. m. y f.* **1** Persona que se dedica a afinar instrumentos musicales: *cuando compramos el piano llamamos a un afinador para que lo pusiera a punto.* ◇ *n. m.* **2** Instrumento que produce un sonido determinado y constante que sirve como referencia para afinar o entonar otros instrumentos: *dio la nota con el afinador y todos los músicos afinaron sus instrumentos.* **SIN** diapasón.

afinar *v. tr./intr.* **1** Hacer que una cosa sea lo más perfecta, precisa o exacta posible: *afinar la puntería; nos queda afinar algunos detalles.* ◇ *v. tr.* **2** Preparar un instrumento para que suene en el tono adecuado. **SIN** templar. ◇ *v. tr./prnl.* **3** Hacer fino o delgado: *afinar un tablero.* **4** Hacer elegante y educado en el trato: *es preciso afinar los modales de este niño.* ◇ *v. intr.* **5** Cantar o tocar en el tono adecuado.
DER afinación, afinador; desafinar.

afincarse *v. prnl.* Fijar la residencia en un lugar: *ha conseguido un trabajo y se ha afincado en Madrid.*
OBS En su conjugación, la *c* se convierte en *qu* delante de *e*.

afinidad *n. f.* **1** Parecido, relación o analogía de una cosa con otra: *hay bastante afinidad entre los dos sistemas informáticos.* **2** Coincidencia de gustos, caracteres u opiniones en dos o más personas: *son muy amigos por la afinidad de sus aficiones.* **3** Relación de parentesco entre una persona y la familia de su cónyuge: *el suegro y la nuera son parientes por afinidad.* **4** QUÍM. Tendencia de los átomos, moléculas y grupos moleculares a combinarse con otros: *los metales tienen gran afinidad con el azufre para formar compuestos.*

afirmación *n. f.* **1** Expresión en la que se declara una cosa como cierta o verdadera: *dudo que esas afirmaciones sean ciertas.* **2** Expresión o gesto para decir que sí: *aunque todos piensan que te negarás, yo espero tu afirmación.*

afirmar *v. intr.* **1** Decir que sí: *Elena afirmó con la cabeza.* ◇ *v. tr.* **2** Decir que una cosa es verdad: *el testigo afirmó que conocía al acusado.* **SIN** asegurar, aseverar. ◇ *v. tr./prnl.* **3** Sujetar bien, poner firme: *afirma la lámpara, no se nos vaya a caer encima.* **SIN** afianzar. ◇ *v. prnl.* **4 afirmarse** Ratificarse en lo que se ha dicho.
DER afirmación, afirmativo; reafirmar.

afirmativo, -va *adj.* Que indica o expresa afirmación o da algo por cierto: *obtuve una respuesta afirmativa.* **SIN** positivo.
ANT negativo.

aflautar *v. tr.* Hacer más aguda la voz: *cuando cantes, no aflautes tanto la voz.*
DER aflautado.

aflicción *n. f.* Tristeza, pena: *aquella desgracia provocó gran aflicción en todo el pueblo.*
DER aflictivo.

aflictivo, -va *adj.* Que aflige o causa tristeza.

afligir *v. tr./prnl.* Provocar pena y tristeza: *tantas molestias y padecimientos afligen a cualquiera.*
DER aflicción.

aflojar *v. tr./prnl.* **1** Disminuir la presión o la fuerza de una cosa: *para desmontar el mueble empieza por aflojar los tornillos.* ◇ *v. intr.* **2** Perder una cosa fuerza o intensidad: *saldremos más tarde, cuando afloje el calor.* **3** Perder interés por una cosa: *ha aflojado en el trabajo cuando más lo necesitábamos.* ◇ *v. tr.* **4** *coloquial* Dar o soltar, especialmente el dinero: *afloja la pasta que me debes.*

aflorar *v. intr.* **1** Aparecer en la superficie de un terreno algo que estaba oculto bajo ella, especialmente un mineral o un líquido: *después de varios días perforando, el petróleo afloró con fuerza.* **2** Aparecer o mostrarse algo oculto o interno, especialmente una cualidad o un estado de ánimo: *al cabo de un rato afloró su mal genio.*

afluencia *n. f.* Llegada de personas o cosas en gran cantidad: *este año se ha dado una gran afluencia de turistas.*

afluente *n. m.* Arroyo o río secundario que lleva sus aguas a otro mayor o principal: *tienes que aprenderte los ríos de España y sus principales afluentes.*
DER afluencia.

afluir *v. intr.* **1** Llegar en gran cantidad o número a algún lugar: *las lágrimas afluyen a sus ojos.* **2** Moverse un líquido hacia un lugar; especialmente, verter un río sus aguas en las de otro, en un lago o en el mar.
DER afluente.
OBS En su conjugación, la *i* se convierte en *y* delante de *a, e* y *o,* como en *huir.*

afmo., afma. Abreviatura de *afectísimo, afectísima,* superlativo de *afecto,* 'inclinado a una persona o cosa'.

afonía *n. f.* Pérdida total o parcial de la voz como consecuencia de la incapacidad o dificultad en el uso de las cuerdas vocales: *grité tanto durante el partido que ahora tengo afonía.*
DER afónico.

afónico, -ca *adj.* Que ha perdido total o parcialmente la voz por incapacidad o dificultad en el uso de las cuerdas vocales: *cogió frío en la garganta y ha estado afónico varios días.*

aforismo *n. m.* Sentencia o frase corta que expresa un contenido moral o resume algún conocimiento esencial: *los aforismos de Confucio.* **SIN** adagio, proverbio, refrán.
DER aforístico.

aforístico, -ca *adj.* Del aforismo o relacionado con esta sentencia doctrinal: *Sancho Panza es un personaje que usa expresiones aforísticas.*

aforo *n. m.* Capacidad total de un recinto destinado a espectáculos públicos: *la sala tiene un aforo de 450 personas.*

afortunadamente *adv.* Indica que es una suerte y hay que alegrarse de que suceda lo que a continuación se expresa: *afortunadamente nadie salió herido en el accidente.*

afortunado, -da *adj./n. m. y f.* **1** [persona] Que tiene buena suerte: *los afortunados podían elegir entre el coche y el viaje.* **SIN** agraciado. **ANT** desafortunado. ◇ *adj.* **2** Que se consigue con buena suerte: *afortunado suceso; afortunada coincidencia.* **ANT** desafortunado. **3** Que es acertado o a propósito para un fin determinado: *no ha sido una idea afortunada.* **ANT** desafortunado.
DER afortunadamente; desafortunado.

afrancesado, -da *adj./n. m. y f.* **1** Que tiene características propias de la cultura francesa: *habla español con acento* *afrancesado*. **2** [persona] Que durante la guerra de la Independencia defendía la invasión francesa y el gobierno de Napoleón en España.

afrancesamiento *n. m.* Tendencia a adoptar y difundir ideas o costumbres propias de la cultura francesa: *muchos restaurantes se caracterizan por el afrancesamiento de sus platos*.

afrancesar *v. tr./prnl.* Adoptar y difundir ideas o costumbres propias de la cultura francesa: *durante la invasión francesa del siglo XVIII muchos españoles se afrancesaron*.
DER afrancesado, afrancesamiento.

afrenta *n. f.* **1** Obra o dicho en que se muestra poca estimación hacia una persona y se pone en duda su honradez u honor: *no podemos hacerle la afrenta de pedirle las facturas*. **SIN** ofensa. **2** Vergüenza y deshonor: *la familia sufrió la afrenta con resignación*.
DER afrentar.

afrentar *v. tr.* **1** Causar afrenta o deshonra a alguien. ◇ *v. prnl.* **2 afrentarse** Sentirse ofendido.

africado, -da *adj./n. f.* GRAM. [consonante] Que se pronuncia cerrando el paso del aire durante un momento muy breve para dejarlo salir con fuerza a continuación, pero sin cambiar el lugar de articulación: *la* ch *es una consonante africada*.

africanista *n. com.* Persona que se dedica al estudio de asuntos que tienen relación con África.

africano, -na *adj.* **1** De África o relacionado con este continente: *países africanos; danza africana*. ◇ *adj./n. m. y f.* **2** [persona] Que es de África.
DER africanista.

afrikáans *n. m.* Variedad del neerlandés que se habla en la República de Suráfrica, donde es lengua oficial junto con el inglés.
OBS La Real Academia Española registra la grafía neerlandesa, *afrikaans*, pero es palabra llana y, según las reglas de acentuación, en español debe escribirse con tilde, *afrikáans*.

afrikáner *adj./n. com.* Que desciende de los colonos neerlandeses de la República de Suráfrica.

afro *adj.* **1** Relacionado con las costumbres o usos africanos o con alguna de sus características: *moda afro; música afro*. **2** Dicho especialmente de un peinado, con el pelo lleno de pequeños rizos.
OBS Es un adjetivo invariable en género.

afrodisíaco, -ca o **afrodisiaco, -ca** *adj./n. m.* [sustancia] Que excita y aumenta el deseo sexual: *algunos alimentos son afrodisíacos*.

afrontar *v. tr.* Hacer frente a una situación: *prefiero afrontar el problema cuanto antes*.
ETIM Véase *frente*.

afrutado, -da *adj.* Que tiene sabor parecido al de la fruta: *es un vino joven y afrutado*.

after shave *n. m.* Líquido o crema que se aplica sobre la cara para proteger la piel después del afeitado.
OBS Es de origen inglés y se pronuncia aproximadamente 'áfter cheiv'.

afuera *adv.* **1** Fuera del lugar en que uno se halla: *viene de afuera*. **2** En la parte exterior: *afuera hay alguien que pregunta por ti*. **SIN** fuera. **ANT** adentro. ◇ *n. f. pl.* **3 afueras** Alrededores de un pueblo o una ciudad: *tiene una casa en las afueras*. **SIN** extrarradio.

agachar *v. tr./prnl.* Bajar o inclinar hacia abajo la cabeza u otra parte del cuerpo: *el joven agachó la cabeza avergonzado; tuvo que agacharse para atarse el cordón de los zapatos*.
agachar las orejas Ceder de modo humilde o aceptar sin protestar: *aunque no le agradaba la solución, agachó las orejas para no complicar más las cosas*.

agalla *n. f.* **1** Órgano respiratorio de los peces y otros animales acuáticos formado por finas capas de tejido blando y esponjoso: *las agallas se encuentran en unas aberturas naturales a ambos lados de la cabeza*. **SIN** branquia. ☞ pez. **2** Prominencia redondeada que crece de forma anormal en algunos árboles y plantas a causa de las picaduras de ciertos insectos: *las agallas del roble son aprovechadas por el abundante tanino que contienen*. ◇ *n. f. pl.* **3 agallas** Valor, determinación y coraje para enfrentarse a situaciones difíciles o adversas: *nunca creí que tuviera agallas para decir que no*.

ágape *n. m.* Comida con que se celebra un acontecimiento. **SIN** banquete.

agarrada *n. f.* Pelea o discusión violenta que se inicia de manera imprevista: *tuve una agarrada con el camarero por la mala calidad de la comida*.

agarradera *n. f.* **1** Parte de un objeto que sirve para cogerlo. **SIN** agarradero, asidero. **2** Parte de un objeto o de una construcción que sirve para cogerse o sujetarse a él. **SIN** agarradero, asidero. ◇ *n. f. pl.* **3 agarraderas** Relaciones de amistad con otras personas que sirven para obtener favores personales: *me darán el empleo porque tengo buenas agarraderas en la empresa*.

agarradero *n. m.* **1** Agarradera, parte de un objeto que sirve para cogerlo. **SIN** asidero. **2** Agarradera, parte de un objeto o de una construcción que sirve para cogerse o sujetarse a él: *el agarradero de una piscina*. **SIN** asidero. **3** Algo o alguien que sirve de apoyo, ayuda o pretexto: *el abuelo es su único agarradero*. **SIN** asidero.

agarrado, -da *adj.* **1** *coloquial* Que no gusta de gastar dinero: *no puedo creer que te haya invitado con lo agarrado que es*. **SIN** avaro, tacaño. ◇ *adj./n. m.* **2** [baile] Que se baila cogido a la pareja, rodeándola con los brazos.

agarrar *v. tr./prnl.* **1** Tomar o coger con fuerza, especialmente con las manos: *agarró al niño por las orejas; en el autobús hay que agarrarse a la barra para no caer*. **SIN** asir. ◇ *v. tr.* **2** Conseguir algo que se pretendía: *por fin agarró un buen empleo*. **3** *coloquial* Contraer una enfermedad: *has agarrado un buen resfriado*. ◇ *v. intr./prnl.* **4** Echar raíces las plantas o adaptarse al lugar en que se plantan: *el rosal que me diste no ha agarrado*. **SIN** arraigar. ◇ *v. prnl.* **5 agarrarse** Tener una discusión violenta con agresión física: *tuvieron una fuerte discusión, pero no llegaron a agarrarse*. **6** Pegarse o quemarse una comida mientras se cocina. ◇ *int.* **7 ¡agárrate!** Expresión que indica al oyente que se prepare para una gran sorpresa: *¡agárrate, que te traigo una noticia bomba!*
agarrarla Emborracharse.
agarrarse a un clavo ardiendo Aprovechar una cosa u ocasión, aunque sea peligrosa o comprometida, para salvar una situación difícil o conseguir alguna cosa.
agarrar y + verbo Expresión que indica que la acción del verbo ocurre de pronto o no se espera: *entonces agarró y se fue sin decir adiós*. **SIN** coger, ir.
DER agarrada, agarradera, agarradero, agarrado, agarrón.

agarrón *n. m.* Acción de asir o coger con la mano y tirar con fuerza: *el delantero sufrió un agarrón que el árbitro sancionó con penalti*.

agarrotamiento *n. m.* **1** Rigidez, falta de flexibilidad o movimiento, especialmente en una parte del cuerpo: *le preocupaba el agarrotamiento de sus dedos provocado por el reuma*. **SIN** anquilosamiento, entumecimiento. **2** Falta de ejercicio de una actividad o de la facilidad con que se llevaba a

agarrotar

cabo: *los nervios del examen le provocaron el agarrotamiento de la memoria.* **SIN** anquilosamiento, atrofia.

agarrotar *v. tr./prnl.* **1** Dejar sin flexibilidad o movimiento, especialmente una parte del cuerpo: *tenía las piernas agarrotadas después de estar tanto tiempo sentado.* **SIN** anquilosar, entumecer. **2** Disminuir el desarrollo de una actividad o la facilidad con ésta se llevaba a cabo: *debo practicar mis juegos de manos antes de que el tiempo me agarrote.* **SIN** anquilosar, atrofiar.
DER agarrotamiento.

agasajar *v. tr.* **1** Tratar con afecto, atención y amabilidad a una o más personas: *agasajar a los invitados.* **2** Dar u ofrecer una cosa como muestra de afecto o de consideración: *agasajaron a los visitantes con vino del pueblo.* **SIN** obsequiar, regalar.
DER agasajo.

agasajo *n. m.* **1** Trato cariñoso, amable y atento: *tantos agasajos son fruto de la consideración y afecto que nos tiene.* **2** Regalo o muestra de cariño o consideración con que se agasaja.

ágata *n. f.* Variedad de cuarzo duro, translúcido y con franjas o capas de varios colores: *el ágata se usa en joyería.*
OBS En singular se le anteponen los determinantes *el, un,* salvo que entre el determinante y el nombre haya otra palabra: *el ágata, la hermosa ágata.*

agazaparse *v. prnl.* Encogerse, doblarse o pegarse al suelo o colocarse detrás de algo, generalmente para esconderse.

agencia *n. f.* **1** Empresa que se dedica a resolver asuntos o a prestar servicios: *alquiló el piso a través de una agencia inmobiliaria.* **2** Sucursal que representa a la empresa de la que depende en el lugar en que se encuentra situada: *esta empresa tiene una agencia en cada aeropuerto.*
DER agenciar.

agenciar *v. tr./prnl.* Conseguir alguna cosa con habilidad y rapidez: *yo te agenciaré lo que necesites.*
agenciárselas Hacer una cosa con habilidad para conseguir lo que se pretende.
OBS En su conjugación, la *i* no se acentúa, como en *cambiar.*

agenda *n. f.* **1** Libro pequeño o cuaderno en que se apuntan, para no olvidarlas, las cosas que se han de hacer en determinadas fechas: *he apuntado en mi agenda el día de la próxima reunión.* **2** Programa de actividades o de trabajo que pretende realizar una persona en determinado período de tiempo: *el ministro tiene una agenda muy apretada esta semana.* **3** Conjunto de temas que han de tratarse en una reunión.
ETIM Véase *acto.*

agente *adj./n. m.* **1** GRAM. Palabra o sintagma que designa la persona o la cosa que realiza la acción expresada por el verbo: *sujeto agente; complemento agente.* ◇ *n. com.* **2** Persona que trabaja en una agencia prestando determinados servicios: *soy agente de viajes.* **3** Persona que vende o gestiona alguna cosa en nombre de otra a la que representa. **agente de negocios** Persona que se dedica a cuidar los negocios de otras. **4** Persona que realiza una determinada actividad o misión por cuenta de un gobierno o de una organización: *agente diplomático; agente secreto.* **agente fiscal** Persona que trabaja en la Hacienda pública. **5** Persona que se dedica a velar por la seguridad pública y por el cumplimiento de las leyes: *se presentaron dos agentes a las cinco de la madrugada.* **agente de policía** Agente, persona que se dedica a velar por la seguridad pública. ◇ *n. m.* **6** Persona o cosa que tiene poder para producir un efecto: *la lluvia y otros agentes naturales erosionan el paisaje.*

ETIM Véase *acto.*

agigantar *v. tr./prnl.* **1** Dar o tomar proporciones gigantescas o excesivamente grandes. ◇ *v. prnl.* **2** agigantarse Tomar mayor fuerza o importancia: *mi compañero se agiganta ante las dificultades.*

ágil *adj.* **1** Que se mueve de manera cómoda y rápida: *el ágil guardameta salvó a su equipo de una derrota segura.* **ANT** torpe. **2** Que tiene soltura y facilidad para actuar: *un ágil sistema de información permitió al periódico anticipar la noticia de la dimisión del ministro.*
DER agilidad, agilizar.
ETIM Véase *acto.*

agilidad *n. f.* Capacidad para moverse y hacer las cosas con facilidad y rapidez: *debes hacer ejercicio, se te ve torpe y falto de agilidad.* **SIN** soltura.

agilipollado, -da *adj. malsonante* Que está distraído y no se entera; que parece gilipollas.

agilipollar *v. tr./prnl.* Volver o volverse torpe o tonto.
DER agilipollado.

agilización *n. f.* Aumento de la rapidez y efectividad de un proceso: *los medios informáticos han permitido la agilización de las transacciones bancarias.*

agilizar *v. tr.* **1** Hacer rápido y efectivo un proceso: *la supresión de las aduanas agiliza el comercio.* **2** Hacer que los movimientos sean más rápidos y se realicen con mayor facilidad: *los magos practican continuamente para agilizar sus manos.*
DER agilización.

agitación *n. f.* **1** Movimiento fuerte y repetido, especialmente el realizado para disolver o mezclar algo: *aquí se aconseja la agitación del frasco antes de abrirlo.* **2** Preocupación; estado de nervios o excitación: *cuando Antonio oyó que Celia se había casado, no pudo ocultar cierta agitación.* **3** Provocación de inquietud y descontento político y social.

agitador, -ra *adj./n. m. y f.* **1** Que agita: *es un niño muy agitador.* **2** [persona] Que causa intencionadamente desórdenes y conflictos. **SIN** alborotador. ◇ *n. m.* **3** Dispositivo o aparato para revolver o agitar líquidos.

agitanar *v. tr./prnl.* **1** Tener rasgos físicos propios de los gitanos. **2** Conferir características propias de la cultura gitana: *en estos años ha agitanado su manera de tocar la guitarra.*

agitar *v. tr./prnl.* **1** Mover una cosa rápidamente a un lado y otro y con fuerza. **2** Revolver el contenido de un recipiente para disolver o mezclar sus componentes: *agítese antes de usarlo.* **3** Intranquilizarse, sentir nervios o excitación: *no te agites, que el médico te aconsejó tranquilidad.* **4** Provocar inquietud y descontento político y social: *unos cuantos revolucionarios agitan la mayoría.*
DER agitación, agitador.

aglomeración *n. f.* Reunión o amontonamiento grande y desordenado de algo, especialmente de gente reunida en un lugar: *había tal aglomeración de gente a la entrada, que no pude pasar.*

aglomerado *n. m.* Material compacto parecido a la madera formado por pequeños trozos de una o varias sustancias pegados entre sí de forma artificial. **SIN** conglomerado.

aglomerar *v. tr./prnl.* **1** Reunir o amontonar sin orden, generalmente personas o cosas de la misma especie: *no se aglomeren en la entrada.* **2** Unir fragmentos o partículas de una o varias sustancias con un aglomerante y dar tal cohesión al conjunto que resulte una masa compacta. **SIN** conglomerar.
DER aglomeración, aglomerado; conglomerar.

aglutinación *n. f.* Unión o adhesión fuerte de una cosa con otra: *para conseguir que nos oigan es precisa la aglutinación de todas las tendencias.*

aglutinante *adj./n. m.* Que sirve para aglutinar. **ANT** disyuntivo.

aglutinar *v. tr./prnl.* Unir, juntar varias cosas para formar otra mayor: *la nueva coalición aglutina varios partidos de izquierda*.
DER aglutinación, aglutinante.

agnosticismo *n. m.* Doctrina filosófica que afirma que el entendimiento humano no puede comprender lo absoluto, especialmente la naturaleza y existencia de Dios, sino sólo lo que puede ser alcanzado por la experiencia: *el agnosticismo no afirma ni niega la existencia de Dios*.
DER agnóstico.

agnóstico, -ca *adj.* **1** Del agnosticismo o relacionado con esta doctrina filosófica. ◇ *adj./n. m. y f.* **2** [persona] Que sigue la doctrina filosófica del agnosticismo.

agobiante *adj.* Que provoca sensación de agobio: *hace un calor agobiante*. **SIN** asfixiante, sofocante.

agobiar *v. tr./prnl.* **1** Causar una persona o una cosa cansancio, preocupación o abatimiento a otra persona: *no te agobies pensando en el examen.* **SIN** abrumar, atosigar. **2** Provocar o tener la sensación de no poder respirar, especialmente por el excesivo calor o el enrarecimiento del aire: *este abrigo tan gordo me agobia.* **SIN** ahogar, asfixiar, sofocar.
DER agobiante, agobio.
OBS En su conjugación, la *i* no se acentúa, como en *cambiar*.

agobio *n. m.* **1** Preocupación o problema grande: *es preciso salir de estos agobios económicos.* **2** Necesidad de hacer una cosa rápidamente: *comienza ya a trabajar, si no quieres terminar con agobios.* **SIN** atosigamiento. **3** Sensación de ahogo: *tengo un agobio tan grande que apenas puedo respirar*.

-agogia, -agogía Elemento sufijal que entra en la formación de palabras con el significado de 'conducción', 'guía', 'dirección': *demagogia, pedagogía*.

-agogo, -agoga Elemento sufijal que entra en la formación de palabras con el significado de 'que conduce', 'que guía', 'que dirige': *demagogo, pedagogo*.

agolpamiento *n. m.* Reunión o amontonamiento de personas o cosas en un corto intervalo de tiempo: *hay que evitar el agolpamiento de personas en las salidas*.

agolparse *v. prnl.* **1** Reunirse o acumularse de pronto muchas personas o cosas en un lugar: *los corredores se agolpan esperando la señal de salida.* **2** Venir juntas y de pronto las lágrimas o las penas: *las lágrimas se agolpaban en sus ojos.*
DER agolpamiento.

agonía *n. f.* **1** Estado de angustia y congoja que precede a la muerte. **2** Angustia o dolor muy intensos: *para aprobar aquel curso, pasó unos días de auténtica agonía.* **3** Agotamiento que presagia el final de una civilización, sociedad o movimiento. ◇ *n. com.* **4 agonías** Persona que tiene por costumbre quejarse mucho y por todo: *piensa por una vez en un resultado feliz, que eres un agonías.*
DER agónico, agonioso, agonizar.

agónico, -ca *adj.* De la agonía o relacionado con ella: *estado agónico*.

agonizante *adj./n. com.* [ser vivo] Que está muriéndose: *un enfermo agonizante pidió que viniera un sacerdote*.

agonizar *v. intr.* **1** Estar muriéndose alguna persona o animal. **2** Estar acabándose o a punto de extinguirse una cosa: *la luz de la vela agonizaba.* **3** Sufrir mucho dolor físico o moral.
DER agonizante.
OBS En su conjugación, la *z* se convierte en *c* delante de *e*.

ágono, -na *adj.* [figura geométrica] Que no tiene ángulos.

ágora *n. f.* Plaza pública en las ciudades de la antigua Grecia: *en el ágora se celebraban asambleas políticas*.
OBS En singular se le anteponen los determinantes *el, un,* salvo que entre el determinante y el nombre haya otra palabra: *el ágora, la amplia ágora*.

agorafobia *n. f.* Miedo o pánico a permanecer en espacios vacíos y descubiertos: *desde que estuvo una semana perdido en el desierto sufre agorafobia*.

agorero, -ra *adj./n. m. y f.* Que anuncia males o desgracias que van a ocurrir en el futuro: *eres tan agorero que siempre imaginas lo peor*.

agostar *v. tr./prnl.* **1** Secar el exceso de calor, especialmente las plantas: *se han agostado las plantas del jardín.* **2** Debilitar o consumir las cualidades de una persona: *las penurias agostaron su juventud.* ◇ *v. intr.* **3** Pastar el ganado en verano o en época de sequía: *el rebaño agostaba en la dehesa durante la sequía*.

agosto *n. m.* Octavo mes del año: *en agosto cierran por vacaciones*.
hacer su agosto Aprovechar una ocasión para hacer un buen negocio: *los vendedores de helados hicieron su agosto aquel día de calor*.
DER agostar.
ETIM *Agosto* procede del nombre del emperador romano Octavio Augusto.

agotador, -ra *adj.* Que cansa mucho: *he tenido un día agotador*.

agotamiento *n. m.* **1** Pérdida de las fuerzas físicas o mentales: *para poder acabar a tiempo será preciso trabajar hasta el agotamiento.* **2** Gasto o consumo total: *se rindieron a causa del agotamiento de las provisiones*.

agotar *v. tr./prnl.* **1** Cansar mucho, extenuar: *las tareas de la casa me agotan.* **2** Gastar del todo: *vas a agotar mi paciencia; la tercera edición se ha agotado.* **SIN** apurar.
DER agotador, agotamiento; inagotable.

agraciado, -da *adj.* **1** [persona] Que es físicamente atractivo: *sus hijas son todas muy agraciadas.* **ANT** desgraciado. ◇ *adj./n. m. y f.* **2** [persona] Que ha obtenido un premio en un juego de azar: *los agraciados en el sorteo son de Sevilla.*
SIN afortunado.
DER desagraciado.

agraciar *v. tr.* **1** Dar o aumentar la belleza o la gracia: *ese nuevo peinado te agracia mucho.* **2** Premiar a alguien con mercedes o condecoraciones. **3** Obtener un premio en un juego de azar.
DER agraciado.
OBS En su conjugación, la *c* se convierte en *qu* delante de *e*.

agradable *adj.* **1** Que causa placer o satisfacción: *ha sido una tarde muy agradable.* **ANT** desagradable. **2** [persona] Que es amable y considerado en el trato: *me parece un chico muy agradable.* **ANT** desagradable.

agradar *v. intr.* Gustar o producir placer: *no me agrada tu compañía.* **SIN** complacer. **ANT** desagradar.
DER agradable, agrado; desagradar.

agradecer *v. tr.* **1** Dar las gracias por un beneficio recibido: *te agradezco la invitación, pero no puedo ir.* **2** Corresponder a un cuidado o una atención recibidos: *las plantas agradecen mis cuidados.*
DER agradecido, agradecimiento.
OBS En su conjugación, la *c* se convierte en *zc* delante de *a* y *o*.

agradecido, -da *adj.* **1** Que da las gracias por un beneficio recibido: *es de bien nacidos ser agradecidos.* **ANT** desagradecido. **2** Que corresponde positivamente a un cuidado o a una atención recibidos.
¡muy agradecido! Muchas gracias.

A DER desagradecido.
agradecimiento *n. m.* Sentimiento del que reconoce y corresponde a los beneficios y cuidados recibidos. **SIN** gratitud.

agrado *n. m.* **1** Sentimiento de felicidad producido en el ánimo por lo que agrada: *recibió con agrado la noticia de que había aprobado*. **ANT** desagrado. **2** Modo de comportarse amable y considerado: *tiene un agrado especial para tratar con personas ancianas*.
ser del agrado Gustar o satisfacer: *la decisión fue del agrado de todos*.

agramatical *adj.* Que no se ajusta a las reglas de la gramática.
DER agramaticalidad.

agramaticalidad *n. f.* Cualidad de lo que no se ajusta a las reglas de la gramática: *la agramaticalidad de una oración*.

agrandamiento *n. m.* Aumento del tamaño de algo: *estamos estudiando un posible agrandamiento del negocio*.

agradecer	
INDICATIVO	**SUBJUNTIVO**
presente	presente
agradezco	agradezca
agradeces	agradezcas
agradece	agradezca
agradecemos	agradezcamos
agradecéis	agradezcáis
agradecen	agradezcan
pretérito imperfecto	pretérito imperfecto
agradecía	agradeciera o agradeciese
agradecías	agradecieras o agradecieses
agradecía	agradeciera o agradeciese
agradecíamos	agradeciéramos o agradeciésemos
agradecíais	agradecierais o agradecieseis
agradecían	agradecieran o agradeciesen
pretérito indefinido	futuro
agradecí	agradeciere
agradeciste	agradecieres
agradeció	agradeciere
agradecimos	agradeciéremos
agradecisteis	agradeciereis
agradecieron	agradecieren
futuro	
agradeceré	
agradecerás	
agradecerá	
agradeceremos	
agradeceréis	
agradecerán	
condicional	**IMPERATIVO**
agradecería	agradece (tú)
agradecerías	agradezca (usted)
agradecería	agradeced (vosotros)
agradeceríamos	agradezcan (ustedes)
agradeceríais	
agradecerían	
	FORMAS NO PERSONALES
	infinitivo gerundio
	agradecer agradeciendo
	participio
	agradecido

agrandar *v. tr.* Hacer grande o más grande una cosa: *mi abuela ha comprado lana para agrandar el jersey que me queda pequeño*. **SIN** engrandecer, ensanchar. **ANT** empequeñecer.
DER agrandamiento.

agrario, -ria *adj.* De la tierra laborable o relacionado con ella: *reforma agraria*.

agravamiento *n. m.* Aumento de la gravedad o intensidad de una cosa: *con su fuga sólo ha conseguido un agravamiento del problema*.

agravante *adj./n. amb.* Que agrava o aumenta la gravedad o intensidad de una cosa: *circunstancia agravante*.

agravar *v. tr./prnl.* Hacer más grave o intensa una cosa: *creo que la nueva ley viene a agravar el problema de la enseñanza*.
DER agravamiento, agravante.

agraviar *v. tr.* **1** Insultar o hacer una ofensa, especialmente contra la dignidad y el honor de una persona: *no quisiera agraviar a nadie con mis palabras*. **ANT** desagraviar. ◊ *v. prnl.* **2 agraviarse** Considerarse objeto de un agravio: *no te agravies por lo que he dicho, que es una broma*. **SIN** ofender.
DER agravio; desagraviar.
OBS En su conjugación, la *i* no se acentúa, como en *cambiar*.

agravio *n. m.* **1** Insulto u ofensa, especialmente contra la dignidad o el honor de una persona: *no soportaré más humillaciones y agravios*. **SIN** injuria. **2** Perjuicio que se hace a una persona en sus derechos o intereses: *esta nueva ley es un agravio para los pequeños comerciantes*. **agravio comparativo** Daño u ofensa que se hace a una persona o cosa al tratarla peor o de modo diferente que a otra de su misma condición.

agraz *n. m.* **1** Uva u otro fruto que no está maduro. **2** Sentimiento de amargura o disgusto.
en agraz Inmaduro, que está todavía en preparación: *ha presentado un proyecto en agraz, aunque ha prometido que continuará trabajándolo*.

agredir *v. tr.* Atacar a alguien, hacerle un daño físico o moral: *fue expulsado por agredir al contrario*.
DER agresión, agresivo, agresor.
OBS Es defectivo. Se usa sólo en los tiempos y personas cuya terminación contiene la vocal *i*: *agredía, agrediendo*. También se conjuga como regular: *agrede, agreden*.

agregado, -da *adj./n. m. y f.* **1** [profesor] Que tiene una categoría inmediatamente inferior a la de catedrático: *los agregados son profesores de enseñanza secundaria*. ◊ *n. m. y f.* **2** Diplomático que se ocupa de un asunto determinado en las relaciones exteriores de su país: *agregado comercial*. ◊ *n. m.* **3** Cosa que se añade y que no es muy importante: *ese adorno del vestido es un simple agregado que no queda muy bien*.

agregaduría *n. f.* **1** Cargo de agregado. **2** Oficina donde trabaja un agregado diplomático.

agregar *v. tr.* **1** Sumar o unir una parte a un conjunto de elementos o a un todo: *ha agregado a su colección dos nuevos objetos antiguos*. **SIN** añadir, incorporar. **2** Completar por medio de palabras habladas o escritas el contenido de lo que ya se ha dicho o escrito: *ordenó que lo limpiaran todo, y agregó que lo hicieran bien*. **SIN** añadir.
DER agregado, agregaduría.
ETIM Véase grey.
OBS En su conjugación, la *g* se convierte en *gu* delante de *e*.

agremiar *v. tr./prnl.* Reunir en grupo o gremio: *los agricultores se agremiaron para defender sus intereses*.
OBS En su conjugación, la *i* no se acentúa, como en *cambiar*.

agresión *n. f.* **1** Ataque, acto violento que causa un daño físico: *ha ido a denunciar la agresión que sufrió al salir de su casa*. **2** Acción contraria a un derecho o un interés determinado: *los periodistas protestaban ante aquella agresión a la libertad de expresión*.

agresividad *n. f.* **1** Tendencia a atacar o a actuar de modo violento: *muchos programas de televisión propician la agresividad de nuestra sociedad*. **2** Brío, empuje y decisión al emprender una tarea o enfrentarse a una dificultad.

agresivo, -va *adj.* **1** Que es propenso a atacar o actuar de modo violento; que ataca o actúa de ese modo: *no te asustes, que no es un animal agresivo*. **2** [persona] Que está dotado de iniciativa, brío y empuje para emprender una tarea o enfrentarse a una dificultad: *ejecutivo agresivo*. Se usa en esta acepción por influencia del inglés.
DER agresividad.

agresor, -ra *adj./n. m. y f.* Que comete una agresión o realiza un acto violento: *la policía busca al agresor*.

agreste *adj.* **1** [terreno, campo] Que es abrupto o está lleno de maleza por falta de cultivo: *paisaje agreste*. **2** Que es natural o salvaje. **3** [persona] Que es rudo o poco educado en el trato: *es una persona de modales agrestes, pero sinceros*.

agri-, agro- Elemento prefijal que entra en la formación de palabras con el significado de 'campo': *agricultura, agronomía*.

agriar *v. tr./prnl.* **1** Poner agrio o ácido: *el calor ha agriado la leche*. **SIN** acedar. **2** Volver áspero o malhumorado: *agriar el carácter*. **3** Poner tensa, hacer desagradable, amarga o violenta una situación: *agriar unas relaciones*.
OBS En su conjugación, la *i* no se acentúa, como en *cambiar*.

agrícola *adj.* De la agricultura o relacionado con ella: *maquinaria agrícola*.
DER agricultura.

agricultor, -ra *n. m. y f.* Persona que se dedica a trabajar y cultivar la tierra: *los agricultores piden medidas de protección para sus cosechas*.

agricultura *n. f.* **1** Técnica para cultivar la tierra: *la agricultura está cada día más mecanizada*. **2** Conjunto de actividades destinadas a cultivar la tierra y obtener productos de ella: *gracias a la agricultura disponemos de los productos de consumo humano*.
DER agricultor.

agridulce *adj.* **1** Que tiene un sabor entre agrio y dulce: *la naranja es agridulce*. **2** Que es a la vez agradable y doloroso: *ha sido un año agridulce: ha tenido buenos y malos momentos*.

agrietamiento *n. m.* Aparición o formación de grietas en una superficie: *el terremoto provocó el agrietamiento de las viviendas*.

agrietar *v. tr./prnl.* Producir o producirse una abertura o hueco estrecho, largo e irregular, en la tierra o en otra superficie: *el exceso de sol agrieta la piel*.
DER agrietamiento.

agrimensor, -ra *n. m. y f.* Persona que se dedica a medir las dimensiones de un terreno.

agrio, agria *adj.* **1** Que es ácido como el limón o áspero como el vinagre en el sabor y en el olor: *esta fruta no está aún madura y tiene un sabor agrio; la leche está cumplida y se ha puesto agria*. **SIN** acre. **2** Que es rudo o poco agradable: *dijo unas agrias palabras que molestaron mucho a los presentes*. **SIN** acre. ◇ *n. m. pl.* **3** *agrios* Conjunto de frutas de sabor ácido o agridulce, especialmente naranjas y limones: *este año habrá una gran cosecha de agrios*. **SIN** cítricos.
DER agriar.
ETIM *Agrio* procede del latín *acer, acris, acre*, 'agudo', 'penetrante', voz con la que también está relacionada *acre*.

agro *n. m.* Terreno destinado a la agricultura: *los problemas del agro andaluz exigen una solución inmediata*.

agro- Elemento prefijal que entra en la formación de palabras con el significado de 'campo': *agropecuario*.

agronomía *n. f.* Conjunto de conocimientos relacionados con el cultivo de la tierra: *aunque hayas estudiado agronomía debes oír a los viejos del pueblo*.
DER agrónomo.

agrónomo, -ma *adj./n. m. y f.* [persona] Que se dedica al estudio y la aplicación de la agronomía: *mi hermano quiere ser ingeniero agrónomo*.

agropecuario, -ria *adj.* De la agricultura y la ganadería o relacionado con esas actividades.

agrupación *n. f.* **1** Unión de elementos que tienen alguna característica común: *la agrupación de los alumnos se hará según sus calificaciones*. **SIN** agrupamiento. **2** Conjunto de personas o de organismos que se agrupan o asocian con un fin: *hemos creado una gran asociación deportiva*.

agrupamiento *n. m.* Unión de elementos que tienen alguna característica común. **SIN** agrupación.

agrupar *v. tr./prnl.* **1** Unir elementos con alguna característica común. **2** Separar o dividir en grupos, generalmente siguiendo algún criterio y con un fin: *agrupamos a los asistentes según la edad*. **3** Formar un grupo o un conjunto de personas con un fin: *si nos agrupamos, formaremos un gran equipo*.
DER agrupación, agrupamiento; reagrupar.

agua *n. f.* **1** Líquido sin olor, color ni sabor que se encuentra en la naturaleza en estado más o menos puro formando ríos, lagos y mares: *el agua pura está formada por dos volúmenes de hidrógeno y uno de oxígeno*. **agua dulce** Agua que no tiene sal, como la de la lluvia y la de los ríos y lagos, en contraposición a la del mar. **agua mineral** Agua que procede de un manantial y lleva disueltas sustancias minerales: *compraré una botella de agua mineral*. **agua salada** Agua que tiene sal, como la del mar. **agua termal** Agua que brota de la tierra con una temperatura superior a la normal. **aguas residuales** Aguas que proceden de viviendas, ciudades o zonas industriales y arrastran sus residuos: *el ayuntamiento ha instalado una nueva planta de tratamiento de las aguas residuales*. **2** Líquido que se consigue mezclando o disolviendo en agua sustancias obtenidas de frutos, plantas o flores. **agua de azahar** Líquido que se obtiene destilando las flores del naranjo. **agua de colonia** Líquido de olor agradable elaborado con agua, alcohol y esencias de flores o frutas: *después del baño se perfuma con agua de colonia*. **agua de limón** Bebida refrescante hecha con agua, limón y azúcar. **agua de Seltz** Bebida transparente y sin alcohol, hecha con agua y ácido carbónico. **SIN** soda. **agua fuerte** Ácido nítrico que se usa para hacer grabados y para otros menesteres: *el agua fuerte disuelve la mayor parte de los metales*. **agua oxigenada** Líquido que está compuesto por partes iguales de oxígeno e hidrógeno y se usa para evitar infecciones. **3** Lado inclinado de la cubierta de un edificio: *un tejado a dos aguas*. **4** Lluvia: *este invierno sí ha caído agua*. **agua nieve** Lluvia débil mezclada con nieve. ◇ *n. f. pl.* **5** *aguas* Zona del mar cercana a una costa o que corresponde a un país. **aguas jurisdiccionales** Aguas que bañan las costas de un Estado y pertenecen a su jurisdicción hasta un límite determinado: *el pesquero apresado faenaba en aguas jurisdiccionales españolas*. **6** Sustancia que se expulsa del cuerpo. **aguas mayores** Excrementos sólidos. Es de uso eufemístico. **aguas menores** Orina humana. Es de uso eufemístico. **7** Reflejos o brillos de ciertas telas y piedras o de otros objetos: *la tela de su falda va haciendo aguas*.

agua de borrajas Cosa o asunto que tiene poca o ninguna importancia.
aguas abajo Siguiendo la dirección de la corriente en un río.
aguas arriba En dirección contraria a la de la corriente en un río.
como agua de mayo Expresión con que se indica lo bien recibida que es una persona o cosa: *tu ayuda nos ha llegado como agua de mayo.*
entre dos aguas *a*) Con duda o cautela: *aún está entre dos aguas y no sabe qué decidir.* Se usa generalmente con *estar.* *b*) Mantener una actitud equívoca tratando de satisfacer al mismo tiempo a dos partes opuestas. Se usa con *nadar.*
estar con el agua al cuello Estar en una dificultad o tener un problema de muy difícil solución: *está con el agua al cuello porque debe mucho dinero.*
hacerse la boca agua *a*) Desear o imaginar con placer alguna comida muy buena: *se me hace la boca agua cuando miro el escaparate de una pastelería.* *b*) Disfrutar con la esperanza de conseguir una cosa buena o con un recuerdo: *cuando pienso en mis próximas vacaciones se me hace la boca agua.*
romper aguas Romperse la bolsa de líquido que rodea al feto antes del parto: *ya ha roto aguas, así que el niño está a punto de nacer.*
ser agua pasada Haber ocurrido ya, haber perdido la importancia en el presente: *tu antiguo trabajo es agua pasada y tienes que olvidarlo.*
tan claro como el agua o **más claro que el agua** Muy claro; fácil de comprender o de observar.
DER aguacero, aguada, aguadilla, aguador, aguanoso, aguar, aguaza, aguoso.
ETIM *Agua* procede del latín *aqua,* que tenía el mismo significado, voz con la que también están relacionadas *acuático, acuátil, acueducto, ácueo, acuicultivo, acuicultura, acuífero, acuoso.*
OBS En singular se le anteponen los determinantes *el, un,* salvo que entre el determinante y el nombre haya otra palabra: *el agua, la límpida agua.*

aguacate *n. m.* **1** Fruto comestible de forma parecida a la pera, con la corteza de color verde, la carne suave y un hueso grande en el centro: *ensalada de aguacate.* **2** Árbol de origen americano con grandes hojas siempre verdes y flores en espiga que da ese fruto: *el aguacate es un árbol tropical que puede llegar a medir diez metros.*

aguacero *n. m.* Lluvia muy intensa y de corta duración: *los fuertes aguaceros provocan inundaciones.* **SIN** chaparrón.

aguachirle *n. f.* Bebida o alimento líquido con poca fuerza, sabor o sustancia, especialmente cuando es por tener demasiada agua.

aguada *n. f.* **1** Paraje natural donde hay agua potable y es posible surtirse de ella: *desembarcaron en la isla en busca de una aguada.* **2** Pintura que se hace con colores disueltos en agua.

aguadilla *n. f.* Broma que se hace a otra persona estando en el agua y que consiste en sumergirle la cabeza durante un momento. **SIN** ahogadilla.

aguador, -ra *n. m. y f.* Persona que se dedica a llevar o vender agua: *durante las fiestas los aguadores recorrían las calles con su mercancía.*

aguafiestas *n. com.* Persona que estropea o interrumpe una diversión: *cuando más animada estaba la reunión, el aguafiestas de tu hermano se puso a hablar de las clases.*
OBS El plural también es *aguafiestas.*

aguafuerte *n. amb.* **1** Plancha de metal en la que hay un grabado hecho con ácido nítrico: *con el aguafuerte se realizan las estampaciones.* **2** Dibujo o estampa que se hace con esa plancha: *en esta galería puedes encontrar una de las mejores colecciones de aguafuertes.*
OBS Se usa más en masculino.

aguamanil *n. m.* Jarro con un asa y la boca terminada en pico que sirve para echar agua y lavarse las manos: *la habitación sólo incluía un aguamanil y una toalla.* **SIN** aguamanos.

aguamanos *n. m.* **1** Agua que sirve para lavar las manos. **2** Aguamanil, jarro para echar agua. **3** Palangana o pila con agua para lavarse las manos: *en la habitación había un aguamanos de porcelana.*
OBS El plural también es *aguamanos.*

aguamarina *n. f.* Piedra preciosa transparente, variedad del berilo, de color parecido al del mar y muy apreciada en joyería.

aguanieve *n. f.* Lluvia débil mezclada con nieve: *temporal de aguanieve.*
OBS La Real Academia Española admite *aguanieve,* pero prefiere la forma *agua nieve.*

aguanoso, -sa *adj.* Que tiene demasiada agua o mucha humedad.

aguantable *adj.* Que se puede aguantar: *este calor sólo es aguantable a la sombra.* **SIN** soportable. **ANT** inaguantable.
DER inaguantable.

aguantaderas *n. f. pl.* Capacidad para sufrir o soportar con paciencia una cosa poco agradable: *se enfadó con la primera broma; tiene muy pocas aguantaderas.* **SIN** aguante.

aguantar *v. tr.* **1** Sostener o sujetar para no dejar caer: *estas columnas aguantan todo el edificio.* **2** Sufrir con paciencia; admitir o sobrellevar una cosa poco agradable: *cambia de canal, que este programa no hay quien lo aguante.* **SIN** padecer, soportar, tolerar. **3** Detener o contener: *aguantar la respiración.* **4** Durar o resistir más tiempo: *el coche tendrá que aguantar otro año.* ◇ *v. prnl.* **5 aguantarse** Conformarse con lo que pasa o con lo que se tiene, aunque no responda a nuestros deseos: *si te duele el dedo, te aguantas.* **6** Callarse, no protestar ante un insulto o mal trato: *contesta cuando te ataquen y no te aguantes tanto.*
DER aguantable, aguante.

aguante *n. m.* **1** Capacidad para sufrir o soportar con paciencia una cosa poco agradable. **SIN** aguantaderas. **2** Fuerza o resistencia para sostener o sujetar algo: *esta bolsa no tiene aguante para esos libros.*

aguar *v. tr.* **1** Añadir agua a una bebida o un alimento líquido, especialmente si es de manera indebida: *aguar el vino.* **2** Estropear o impedir una diversión: *tendrás que venir si no quieres aguarme la fiesta.* ◇ *v. prnl.* **3 aguarse** Llenarse de agua un lugar.
DER desaguar.
OBS En su conjugación, la *u* no se acentúa y la *gu* se convierte en *gü* delante de *e,* como en *averiguar.*

aguardar *v. tr./intr.* **1** Esperar, dejar pasar el tiempo para que ocurra una cosa: *aguardo con impaciencia tu llegada; aguarda unos minutos, que ya bajo.* **2** Estarle reservada una cosa a alguien para el futuro: *con esa mujer te aguardan días de felicidad.*

aguardentoso, -sa *adj.* **1** Que tiene aguardiente o alguna característica que se considera propia del aguardiente. **2** [voz] Que es grave o áspero: *aquel señor tiene una desagradable voz aguardentosa.*

aguardiente *n. m.* Bebida con mucho alcohol que se consigue por destilación del vino, de las frutas o de otras sustancias: *aguardiente de caña.*
DER aguardentoso.

aguarrás *n. m.* Líquido que se saca de la resina de algunos árboles y que se usa como disolvente: *el aguarrás se evapora con facilidad*.
OBS El plural es *aguarrases*.

aguaza *n. f.* Jugo de ciertas plantas y frutos: *estas frutas cuando maduran destilan mucha aguaza*.
DER aguazal.

aguazal *n. m.* Terreno bajo donde se queda acumulada el agua, generalmente de la lluvia.

agudeza *n. f.* **1** Rapidez mental, perspicacia: *expone sus respuestas con gran agudeza*. **2** Habilidad o desarrollo de la vista, el oído o el olfato para percibir las sensaciones con detalle o perfección: *es asombrosa la agudeza visual de algunas aves*. **3** Dicho que muestra inteligencia, ingenio y gracia.

agudizar *v. tr.* **1** Hacer puntiaguda, punzante o afilada una cosa. **SIN** aguzar. ◇ *v. prnl.* **2** **agudizarse** Hacerse más grave, especialmente una situación negativa o una enfermedad: *la crisis económica se agudizó con la subida del petróleo*.

agudo, -da *adj.* **1** [filo, punta] Que está afilado, que corta o pincha: *este cuchillo tiene la punta muy aguda*. **2** [persona] Que es capaz de comprender y elaborar ideas con claridad y rapidez: *el detective fue más agudo que el asesino y lo descubrió*. **SIN** perspicaz, sutil, vivaz. **3** [sentido] Que está muy desarrollado, que percibe las cosas con detalle: *tiene la vista más aguda que un lince*. **SIN** aguzado. **4** [dolor] Que es fuerte o intenso: *sintió un agudo dolor en el estómago*. **SIN** lacerante. **5** [enfermedad] Que es grave, pero de corta duración: *sufre una bronquitis aguda*. **6** [ángulo] Que tiene menos de 90 grados: *en el triángulo equilátero, todos los ángulos son agudos*. ☞ ángulos. ◇ *adj./n. f.* **7** GRAM. [palabra] Que lleva el acento en la última sílaba: *mamá y papel son palabras agudas*. **SIN** oxítono. ◇ *adj.* **8** MÚS. [sonido, voz] Que tiene una frecuencia de vibraciones grande. **ANT** grave.
DER agudeza, agudizar.
ETIM *Agudo* procede del latín *acutus*, que tenía el mismo significado, voz con la que también están relacionadas *acuidad*, *aguzar*.

agüero *n. m.* Señal que presagia un acontecimiento en el futuro: *el canto y vuelo de las aves eran uno de los principales agüeros*.
de mal agüero Que da mala suerte: *es de mal agüero romper un espejo*.
ETIM *Agüero* procede del latín *augurium*, 'presagio', voz con la que también están relacionadas *agorar*, *augurio*.

aguerrido, -da *adj.* Que tiene experiencia o habilidad en la lucha o en el trabajo: *el capitán se rodeó de aguerridos soldados*.

aguerrir *v. tr./prnl.* Ejercitar y acostumbrar a los peligros y ejercicios de la guerra a soldados inexpertos.
DER aguerrido.
OBS Es efectivo. Se usa sólo en los tiempos y personas cuya terminación contiene la vocal *i*, especialmente en el infinitivo y el participio.

aguijada *n. f.* Vara larga con una punta de hierro en el extremo con la que se obliga a andar a los bueyes: *el boyero picaba a los bueyes con la aguijada*.

aguijar *v. tr.* **1** Estimular o apremiar mediante la aguijada o de cualquier otro modo, especialmente a los animales de carga. **2** Incitar, estimular o mover a hacer una cosa. **SIN** aguijonear.

aguijón *n. m.* **1** Órgano con forma de pincho que tienen ciertos insectos y el escorpión en el extremo inferior de su cuerpo y que pueden utilizar para picar y echar veneno: *las abejas tienen aguijón y producen picaduras muy dolorosas*. **2** Cosa que mueve a actuar o realizar una acción: *sus hijos son el mejor aguijón para que se esfuerce*. **SIN** acicate, aliciente, estímulo.
DER aguijada, aguijar, aguijonazo, aguijonear.

aguijonazo *n. m.* **1** Pinchazo producido por el aguijón de una abeja u otro insecto: *sintió un aguijonazo en el cogote y echó a correr*. **2** Expresión que se usa para molestar o herir a una persona: *los repetidos aguijonazos de su amigo lo ponían de malhumor*. **SIN** pulla, puyazo.

aguijonear *v. tr.* **1** Estimular, mover a hacer una cosa: *le aguijoneaba el deseo de llegar*. **SIN** aguijar. **2** Picar con el aguijón: *la abeja aguijoneó al niño*. **3** Estimular o mover a un animal picándole con la aguijada o la espuela.

águila *n. f.* **1** Ave rapaz de pico fuerte y curvado en la punta, vista muy aguda y vuelo muy rápido que se alimenta de otros animales: *el águila es una rapaz diurna*. **águila imperial** Águila de color casi negro y cola cuadrada. **águila real** Águila de mayor tamaño que la común, de color pardo oscuro y cola cuadrada. ☞ aves. **2** Persona de mente muy despierta, que se da cuenta rápidamente de las cosas: *un águila para los negocios*.
DER aguileño, aguilón, aguilucho.
OBS En singular se le anteponen los determinantes *el, un*, salvo que entre el determinante y el nombre haya otra palabra: *el águila, la majestuosa águila*.

aguileño, -ña *adj.* **1** [cara] Que es alargada y delgada: *rostro aguileño*. **2** [nariz] Que es alargada y curvada hacia abajo: *nariz aguileña*. **3** Del águila o relacionado con esta ave rapaz.

aguilón *n. m.* ARQ. Ángulo superior de la pared de un edificio cubierto por un tejado de dos aguas.

aguilucho *n. m.* **1** Cría del águila. **2** Ave de cabeza pequeña, cuerpo delgado, alas y cola largas y plumas de color gris en el macho y marrón claro en la hembra, que se alimenta de pequeños animales: *el aguilucho es un ave rapaz que se parece al águila, pero es más pequeña*.

aguinaldo *n. m.* Regalo que se da en Navidad, especialmente una cantidad pequeña de dinero: *el barrendero pide el aguinaldo*.
ETIM *Aguinaldo* procede de la frase latina *hoc in anno*, 'en este año', que se empleaba como estribillo en las canciones populares de Año Nuevo.

aguja *n. f.* **1** Barrita pequeña de metal muy fino que tiene un extremo terminado en punta y el otro con un agujero por donde se pasa un hilo para coser: *coge aguja e hilo y pega el botón que se te ha caído*. ☞ costurero. **2** Tubito metálico de diámetro muy pequeño, que tiene un extremo cortado en diagonal y el otro provisto de un casquillo para adaptarlo a una jeringuilla; se emplea para inyectar medicamentos y extraer sangre: *cuando me ponen una inyección o me extraen sangre, nunca miro cuando me clavan la aguja*. **3** Objeto pequeño y muy fino, generalmente de metal, de tamaño y formas variadas, con un extremo terminado en punta, que se usa para distintos fines: *la aguja del tocadiscos; las agujas del reloj*. **4** Raíl movible que sirve para cambiar de vía los trenes: *casi todo los cambios de aguja en los trenes son automáticos*. **5** Construcción en forma de cono estrecho de gran altura que se coloca encima de las torres: *la aguja del campanario*. **6** Pastel largo y delgado hecho de carne picada o pescado. **7** Conjunto de costillas y carne de la parte de delante del animal: *póngame un kilo de aguja de ternera*.
aguja de marear MAR. Instrumento que indica la dirección de una nave y sirve para comprobar el rumbo.
aguja náutica Instrumento que consiste en una pequeña barra hecha de imán que indica el norte.

buscar una aguja en un pajar Expresión que indica que algo es muy difícil de encontrar porque se confunde con muchas otras cosas iguales o muy parecidas: *buscar a Carlos entre tanta gente será como buscar una aguja en un pajar*.
DER agujero, agujetas.
ETIM *Aguja* procede del latín *acucula*, que tenía el mismo significado, voz con la que también están relacionadas *acicular*, *acupuntura*.

agujerear *v. tr.* Hacer uno o más agujeros: *tendrás que agujerear la pared para colgar tantos cuadros*. **SIN** perforar.

agujero *n. m.* **1** Abertura más o menos redonda en una superficie: *había un agujero en la puerta por el que entraba y salía el gato*. **2** Falta o pérdida de dinero en un negocio, especialmente cuando no se conoce bien su causa: *no saben cómo justificar el agujero descubierto en la empresa*.
agujero negro ASTR. Cuerpo del espacio de masa grande y poco volumen que absorbe cualquier materia o energía situada en su campo de acción, incluida la luz.
DER agujerear.

agujetas *n. f. pl.* Dolores musculares que se sienten un tiempo después de haber realizado un esfuerzo físico no habitual: *si corres con esa intensidad, te van a salir agujetas*.

aguoso, -sa *adj.* **1** Que tiene mucha agua: *rechazó la sopa porque estaba aguosa*. **SIN** acuoso. **2** Parecido al agua o que tiene alguna de sus características. **SIN** acuoso. **3** [fruta] Que tiene mucho jugo: *la pera es una fruta muy aguosa*. **SIN** acuoso.

¡agur! *int.* Expresión que se usa para despedirse. **SIN** ¡adiós!

agusanarse *v. prnl.* Llenarse de gusanos una cosa.

agustino, -na *adj./n. m. y f.* **1** [religioso] Que pertenece a alguna de las órdenes que siguen las reglas llamadas, por tradición, de san Agustín: *la orden agustina fue aprobada en 1256 por Alejandro IV*. ◇ *adj.* **2** De la orden agustina o relacionado con ella: *un convento agustino*. **3** De san Agustín o que tiene relación con él: *se ha convertido en un especialista sobre el pensamiento agustino*.

aguzanieves *n. f.* Pájaro de vientre blanco y cuello, pecho, alas y cola negros que mueve continuamente la cola: *las aguzanieves se alimentan de insectos y suelen verse en invierno*. **SIN** pajarita.
OBS Para indicar el sexo se usa *la aguzanieves macho* y *la aguzanieves hembra*. ◇ El plural también es *aguzanieves*.

aguzar *v. tr.* **1** Sacar punta o filo a un objeto. **SIN** agudizar. **2** Poner atención y cuidado para percibir mejor con los sentidos: *aguzar el oído, aguzar la vista*. **3** Poner interés y atención para comprender algo con claridad y rapidez: *tendrás que aguzar el ingenio si quieres resolver el jeroglífico*.
ETIM Véase *agudo*.

¡ah! *int.* **1** Expresión que indica que la persona que habla se ha dado cuenta de algo o lo ha comprendido: *¡ah!, entonces tú eres el hijo de Juan; iah, ya veo!* **2** Expresión que indica admiración, sorpresa o pena: *iah, qué alivio!; iah, qué susto me has dado!* **3** Expresión que indica satisfacción o alegría: *iah, qué bien lo pasábamos entonces!*

aherrojar *v. tr.* **1** Atar o sujetar con cadenas o instrumentos de hierro. **2** Someter o dominar a alguien.

aherrumbrar *v. tr.* **1** Dar a una cosa color o sabor de hierro. ◇ *v. prnl.* **2 aherrumbrarse** Cubrirse de óxido o herrumbre alguna cosa de hierro o de otro metal a causa de la humedad o del agua: *para que no se aherrumbre la reja tienes que pintarla todos los años*.

ahí *adv.* **1** En este o ese lugar; a este o ese lugar: *quédate ahí y no te muevas*. **2** En este o ese asunto o hecho; a este o ese asunto o hecho: *ahí quería yo llegar*.

ahí mismo Muy cerca; al lado: *vamos andando porque está ahí mismo*.
de ahí Desde este o ese momento: *aprueba el examen y de ahí en adelante hablaremos de tus salidas*.
de ahí que Por eso: *de ahí que no quiera ir a tu casa*.
o por ahí Más o menos, aproximadamente: *ése costará dos millones o por ahí*.
por ahí En un lugar no lejano; en un lugar que no está determinado: *las llaves deben estar por ahí*.

ahijado, -da *n. m. y f.* **1** Persona que ha recibido el bautismo, en relación con la que la apadrinó en este acto: *soy tu ahijada porque tú eres mi padrino*. **2** Persona que es apoyada o protegida, en relación con la que la apoya o protege: *tiene suerte de ser ahijado de tan famoso novelista*.

ahijar *v. tr.* Adoptar o admitir como hijo propio.
DER ahijado.
OBS En su conjugación, la *i* se acentúa en algunos tiempos y personas, como en *aislar*.

ahínco *n. m.* Empeño o interés que se pone al hacer o solicitar una cosa: *tienes que poner más ahínco en tus estudios*.

ahíto, -ta *adj.* **1** Que está lleno o saciado, especialmente de comida: *he comido hasta no poder más y estoy ahíto*. **SIN** harto. **2** Que está cansado o molesto: *estoy ahíto de tantas protestas*. **SIN** harto.
OBS Se usa con el verbo *estar*.

ahogadero *n. m.* Correa de la cabezada que ciñe el pescuezo de la caballería. ☞ arreos.

ahogadilla *n. f.* Broma que se hace a otra persona estando en el agua y que consiste en sumergirle la cabeza durante un momento: *no me hagas ahogadillas que me da miedo y trago agua*. **SIN** aguadilla.

ahogado, -da *n. m. y f.* Persona que ha muerto por no poder respirar, especialmente dentro del agua: *ya son cuatro los ahogados en este naufragio*.

ahogar *v. tr./prnl.* **1** Matar o morir al impedir respirar o al no poder hacerlo, especialmente dentro del agua: *parece ser que se ahogó al sufrir un mareo cuando nadaba en el pantano*. **SIN** asfixiar. **2** Estropear o funcionar mal, especialmente por exceso de líquido: *el motor se ahoga porque el carburador recibe más combustible del que puede quemar*. **3** Provocar a tener la sensación de no poder respirar, especialmente por el excesivo calor o el enrarecimiento del aire. **SIN** agobiar, asfixiar, sofocar. **4** Hacer sentir gran preocupación o tristeza: *esta pena que me ahoga*. **ANT** desahogar. ◇ *v. tr.* **5** Apagar, especialmente el fuego: *si cortas la entrada de aire, ahogarás el fuego*. **6** Interrumpir o impedir: *consiguió ahogar la rebelión*.
ahogarse en un vaso de agua Preocuparse demasiado por problemas que no son importantes o que tienen fácil solución.
DER ahogadero, ahogadilla, ahogado, ahogo; desahogar, rehogar.
OBS En su conjugación, la *g* se convierte en *gu* delante de *e*.

ahogo *n. m.* **1** Sensación de falta de aire: *en estos días de agosto se nota más el ahogo*. **SIN** sofoco. **2** Tristeza o pérdida del ánimo: *tengo que quitarme esta pena y ahogo del alma*.

ahondar *v. tr.* **1** Hacer más hondo o más profundo: *¿se podría ahondar un poco más la piscina?* **SIN** profundizar. ◇ *v. tr./intr./prnl.* **2** Meter o poner a mayor profundidad: *vamos a ahondar el pozo con esta máquina*. ◇ *v. intr.* **3** Profundizar, investigar mejor o aprender más sobre algo: *la próxima semana ahondaremos en este tema*.

ahora *adv.* **1** En este momento: *cuéntamelo mañana, que ahora no tengo tiempo*. **2** Hace poco tiempo: *yo me he ente-*

rado ahora, hace un momento. **3** Luego, dentro de poco tiempo: *ahora vamos, en cuanto terminemos esto.* ◇ *conj.* **4** Pero; sin embargo.
ahora bien o **ahora que** Pero; sin embargo: *puedes ir; ahora bien, aténte a las consecuencias.*
ahora mismo En un momento muy próximo al presente, inmediatamente antes o después: *ahora mismo salgo; se acaba de ir ahora mismo.*
por ahora Por lo pronto; hasta este momento: *por ahora hay suficiente.*
ahorcamiento *n. m.* Acción de colgar a una persona por el cuello hasta que muera.
ahorcar *v. tr./prnl.* Colgar a una persona por el cuello hasta que muera.
a la fuerza ahorcan Expresión con la que se indica que no hay otra solución, que no hay otra posibilidad: *si por mí fuera, no iría a trabajar, pero a la fuerza ahorcan.*
DER ahorcamiento.
OBS En su conjugación, la *c* se convierte en *qu* delante de *e*.
ahormar *v. tr.* Ajustar una cosa a su horma; darle la forma adecuada.
ahorquillado, -da *adj.* Que tiene dos extremos separados en forma de ángulo como los de una horquilla: *la sardina tiene la cola ahorquillada.*
ahorquillar *v. tr.* **1** Sujetar o afianzar con horquillas las ramas de un árbol para que no se rompan por el peso. **2** Dar forma de horquilla.
DER ahorquillado.
ahorrar *v. tr.* **1** Guardar una cantidad de dinero, especialmente en un banco o en una caja de ahorros: *este mes he ahorrado cien mil pesetas.* **SIN** economizar. **ANT** gastar. ◇ *v. tr./prnl.* **2** Evitar el gasto de cierta cantidad de dinero o de otro producto: *me ahorré cinco mil pesetas comprando el pantalón en las rebajas; instaló una cisterna especial para ahorrar agua.*
SIN economizar. **ANT** gastar. **3** Evitar tener que desarrollar un trabajo o cumplir con un deber: *si resuelves el problema en Cáceres, te ahorras pasar por Sevilla.*
DER ahorrador, ahorrativo, ahorro.
ahorrativo, -va *adj.* **1** Del ahorro o relacionado con él. **2** Que ahorra o gasta poco: *es muy ahorrativa y siempre dispone de un dinero de reserva.*
ahorro *n. m.* **1** Gasto o consumo menor de lo que sería normal en condiciones distintas: *todos debemos colaborar en el ahorro de energía.* ◇ *n. m. pl.* **2 ahorros** Cantidad de dinero o de bienes que se guarda y no se gasta: *se compró un nuevo coche con unos ahorros que tenía.* **SIN** economía.
ahuecar *v. tr.* **1** Poner hueca o cóncava una cosa quitándole la materia de dentro: *ahuecaron el tronco para hacer una barca.* **2** Dar a la voz un tono más grave del habitual: *ahueca la voz cuando hay invitados para darse importancia.* **3** Hacer más blando y menos denso o compacto: *ahuecó la almohada y continuó durmiendo.* **ANT** apelmazar. ◇ *v. prnl.* **4 ahuecarse** Sentirse muy importante: *sólo se ahueca cuando le hablan de sus hijos.*
ahuecar el ala *coloquial* Irse, marcharse: *¡venga, ahueca el ala que no queremos verte más!*
OBS En su conjugación, la *c* se convierte en *qu* delante de *e*.
ahumado, -da *adj.* **1** [cuerpo transparente] Que es de color oscuro; que no deja pasar toda la luz: *se ha comprado unas gafas con cristales ahumados.* ◇ *n. m.* **2 ahumado** Alimento conservado mediante humo o que ha sido tratado con humo para que tome un sabor especial: *cenaremos algo frío: una ensalada y unos ahumados.*
ahumar *v. tr.* **1** Tratar con humo o poner al humo una cosa para conservarla o darle un sabor especial: *ahumar pescado*. **2** Llenar de humo: *la chimenea no tira bien y ha ahumado la habitación.* ◇ *v. prnl.* **3 ahumarse** Tomar el color y el olor del humo: *con el incendio se han ahumado todas las paredes.*
DER ahumado.
OBS En su conjugación, la *u* se acentúa en algunos tiempos y personas, como en *aunar*.
ahuyentar *v. tr.* **1** Hacer huir o marcharse a una persona, animal o cosa: *el sonido de la alarma ahuyentó a los ladrones; con sus oraciones ahuyenta a los malos espíritus.* **2** Hacer desaparecer, apartar de sí una cosa desagradable: *iba cantando para ahuyentar el miedo.*
ETIM Véase *huir*.
-aico, -aica Sufijo que entra en la formación de adjetivos con el significado de 'cualidad', 'condición': *judaico, algebraico, pirenaico.*
aimara *adj.* **1** [pueblo indígena] Que habita la región del lago Titicaca, entre el Perú y Bolivia. **2** De ese pueblo indígena o que tiene relación con él. ◇ *n. com.* **3** Persona que pertenece a ese pueblo. ◇ *n. m.* **4** Lengua de los indígenas que habitan la región del lago Titicaca, entre el Perú y Bolivia.
airado, -da *adj.* Que está enfadado o irritado: *nos contestó en tono airado.*
airar *v. tr./prnl.* Enfadar o irritar: *con tus palabras sólo has conseguido airar a papá y ahora no nos dejará salir.*
DER airado; desairar.
OBS En su conjugación, la *i* se acentúa en algunos tiempos y personas, como en *aislar*.
airbag *n. m.* Dispositivo de seguridad colocado en el volante y en el salpicadero de un automóvil, consistente en una bolsa que se infla en caso de colisión violenta.
ETIM Es palabra inglesa que significa 'bolsa de aire' y se pronuncia aproximadamente 'érbag'.
aire *n. m.* **1** Sustancia gaseosa que envuelve la Tierra: *el aire está formado principalmente por oxígeno y nitrógeno.* **2** Atmósfera de la Tierra, capa constituida por esta sustancia gaseosa. **3** Viento, corriente formada por esta sustancia gaseosa: *cierra bien, que hace mucho aire esta tarde.* **4** Gracia o elegancia para hacer una cosa: *camina con mucho aire.* **5** Imagen o aspecto general formado por los rasgos que se perciben en una primera impresión: *vino con aire pensativo; se da un aire con los niños de tu hermana.* **6** Actitud del que se cree importante o quiere parecer lo que no es: *siempre va dándose aires.* Se usa sobre todo con *darse* o *tener*. **7** Modo personal de hacer una cosa: *hazlo a tu aire y luego ya veremos.* **8** Ambiente o conjunto de circunstancias: *había mucho nerviosismo en el aire.* **9** MÚS. Velocidad con que se ejecuta una obra musical. **10** MÚS. Canción popular: *el coro interpretó un aire popular.*
aire acondicionado Sistema de enfriamiento o calentamiento del aire mediante el cual se consigue mantener a la temperatura deseada un recinto cerrado: *tiene un coche con aire acondicionado.*
al aire A la vista, al descubierto.
al aire libre Fuera de un lugar cerrado: *acampar al aire libre.*
cambiar de aires Irse a vivir a otro lugar.
en el aire *coloquial a)* Sin solución o respuesta: *su futuro aún está en el aire. b)* En emisión, especialmente un programa de radio: *dentro de medio minuto estaremos en el aire.*
tomar el aire Salir al exterior, especialmente después de haber estado dentro de un local cerrado: *necesito tomar el aire.* **SIN** airearse.
vivir del aire Mantenerse sin dinero ni comida: *necesito trabajar porque nadie vive del aire.*

aireación *n. f.* Movimiento del aire en un lugar: *este local tiene una buena aireación y no quedan los malos olores.*

airear *v. tr.* **1** Poner al aire, ventilar: *es conveniente airear la habitación todos los días.* **2** Contar o dar a conocer una cosa: *airear un secreto.* ◇ *v. prnl.* **3 airearse** Salir al exterior, especialmente después de haber estado dentro de un local cerrado: *debes salir a airearte un poco.* **SIN** tomar el aire.
DER aireación.
ETIM Aire procede del latín *aer, aeris*, que tenía el mismo significado, voz con la que también están relacionadas *aeración, aéreo, aerícola, aerífero, aeriforme.*

airón *n. m.* **1** Conjunto de plumas levantadas que tienen en la cabeza ciertas aves: *las garzas tienen airón.* **SIN** penacho. **2** Adorno de plumas que se pone en cascos, sombreros o tocados femeninos: *este soldado lleva un casco con un airón de color rojo.* **SIN** penacho.

airoso, -sa *adj.* **1** Que tiene aire o garbo en sus movimientos. **2** Que hace una cosa con éxito y lucimiento: *a pesar de las dificultades salió airoso del negocio.* Es muy frecuente la construcción *salir airoso*.

aislacionismo *n. m.* Tendencia política que defiende el aislamiento y la falta de relaciones con otros países.
DER aislacionista.

aislacionista *adj.* **1** Del aislacionismo o relacionado con esta tendencia política: *política aislacionista.* ◇ *adj./n. com.* **2** [persona] Que es partidario del aislacionismo.

aislado, -da *adj.* Excepcional, único: *sólo se ha producido un caso aislado de cólera.*

aislamiento *n. m.* **1** Separación de algo, dejándolo solo o apartado de otras cosas: *lucharemos contra el aislamiento de los pequeños pueblos de montaña.* **2** Soledad o falta de comunicación: *no todos los monjes viven en pleno aislamiento.*

aislante *adj./n. m. y f.* **1** [cuerpo] Que no permite el paso del calor y la electricidad: *no tengo cinta aislante para envolver los cables empalmados.* **2** [material] Que protege del ambiente, especialmente del frío, el calor o el ruido: *aislante acústico; aislante térmico.*
DER termoaislante.

aislar *v. tr./prnl.* **1** Poner o dejar algo solo o separado de otras cosas: *es preciso aislar la zona para evitar la extensión de la enfermedad.* **2** Separar a una persona o animal del trato o la compañía de los demás: *el juez ordenó aislar a los acusados.* ◇ *v. tr.* **3** Impedir el paso de la electricidad, el calor, el frío o los sonidos a través de un cuerpo: *enrolló los cables del enchufe con cinta para aislarlos.* **4** QUÍM. Separar un elemento químico de otros con los que estaba mezclado: *consiguió aislar el oxígeno a partir del agua.*
DER ajedrecista, aislado, aislador, aislamiento, aislante.
OBS En su conjugación, la *i* se acentúa en algunos tiempos y personas.

¡ajá! *int.* **1** Exclamación con que se indica aprobación o satisfacción: *¡ajá!, así es como deben hacerse las cosas.* **2** Expresión que indica sorpresa: *¡ajá!, conque estabas ahí.*

ajar *v. tr./prnl.* Estropear, hacer perder a una cosa su aspecto de nueva o tersa: *los claveles se ajaron con tanta calor.*

ajardinar *v. tr.* **1** Hacer jardines, dotar de zonas verdes un lugar: *el ayuntamiento ha decidido ajardinar la barriada.* **2** Convertir un terreno en jardín.

-aje Sufijo que entra en la formación de sustantivos con el significado de: a) 'Acción': *abordaje*. b) 'Acción y efecto': *embalaje*. c) 'Lugar': *paraje*. d) 'Derechos que se pagan': *almacenaje, pupilaje*. e) 'Conjunto': *ramaje, correaje*. f) 'Tiempo': *aprendizaje*.

ajedrecista *n. com.* Persona que juega al ajedrez.

aislar

INDICATIVO	SUBJUNTIVO
presente	**presente**
aíslo	aísle
aíslas	aísles
aísla	aísle
aislamos	aislemos
aisláis	aisléis
aíslan	aíslen
pretérito imperfecto	**pretérito imperfecto**
aislaba	aislara o aislase
aislabas	aislaras o aislases
aislaba	aislara o aislase
aislábamos	aisláramos o aislásemos
aislabais	aislarais o aislaseis
aislaban	aislaran o aislasen
pretérito indefinido	**futuro**
aislé	aislare
aislaste	aislares
aisló	aislare
aislamos	aisláremos
aislasteis	aislareis
aislaron	aislaren
futuro	
aislaré	
aislarás	
aislará	
aislaremos	
aislaréis	
aislarán	

IMPERATIVO	
aísla	(tú)
aísle	(usted)
aislad	(vosotros)
aíslen	(ustedes)

condicional
aislaría
aislarías
aislaría
aislaríamos
aislaríais
aislarían

FORMAS NO PERSONALES	
infinitivo	gerundio
aislar	aislando
participio	
aislado	

ajedrecístico, -ca *adj.* Del ajedrez o relacionado con este juego.

ajedrez *n. m.* **1** Juego en el que participan dos personas, cada una de las cuales tiene 16 piezas que puede mover, según ciertas reglas, sobre un tablero dividido en 64 cuadros alternativamente blancos y negros: *una partida de ajedrez se empieza moviendo un peón o un caballo.* **2** Conjunto de piezas y tablero que se usan para ese juego: *me han regalado un ajedrez con las piezas en marfil tallado.*
DER ajedrecista, ajedrecístico, ajedrezado.

ajedrezado, -da *adj.* Que forma cuadros claros y oscuros, como un tablero de ajedrez: *tela ajedrezada.*

ajenjo *n. m.* **1** Planta con pequeñas flores amarillas que crecen en grupo y hojas de color verde claro cubiertas de vello. **2** Bebida alcohólica preparada con esta planta y otras hierbas aromáticas. **SIN** absenta.

ajeno, -na *adj.* **1** Que pertenece o corresponde a otra persona: *no me importan las opiniones ajenas.* **2** Que no es propio: *es un tema ajeno a su especialidad.* **3** Que no pertenece a un grupo o no tiene relación con una actividad: *prohibido el paso a toda persona ajena a la obra.* **4** Que ignora o

no sospecha cierta cosa: *los empleados trabajaban ajenos a las intrigas de sus jefes.* **5** Que no está prevenido o advertido: *no puedes estar ajeno a lo que pasa a tu alrededor.* Se usa generalmente con los verbos *estar, permanecer,* o *vivir.*
DER enajenar.

ajete *n. m.* Ajo tierno que aún no ha crecido lo suficiente para tener cabeza.

ajetreado, -da *adj.* Que tiene mucha actividad a causa del trabajo o las obligaciones.

ajetrear *v. tr.* **1** Molestar, mover mucho, cansar con excesivo trabajo y con órdenes diversas: *el capataz ajetreaba a los obreros para acabar pronto la zanja.* ◇ *v. prnl.* **2 ajetrearse** Cansarse yendo y viniendo de una parte a otra por alguna ocupación o trabajo: *la madre de la novia se ajetreaba para tener el banquete a punto.*
DER ajetreado, ajetreo.

ajetreo *n. m.* Actividad o movimiento intensos por causa del trabajo o de las obligaciones: *con el ajetreo de la mudanza olvidé llamarte por teléfono.*

ajimez *n. m.* ARQ. Ventana en forma de arco dividida en el centro por una columna o parteluz: *las salas del castillo tenían grandes ajimeces.*

ajo *n. m.* **1** Planta de hojas largas y flores blancas con un bulbo comestible de olor fuerte. **2** Parte del bulbo de esa planta, que tiene un sabor muy fuerte y se usa como especia o condimento: *he echado dos dientes de ajo en el arroz.*

ajo y agua Expresión con la que se indica que hay que aguantarse o que soportar una cosa: *si no te gusta, ajo y agua.*

en el ajo En el asunto, en el negocio, especialmente cuando es secreto o deshonroso.
DER ajete.
ETIM Ajo procede del latín *alium,* que tenía el mismo significado, voz con la que también está relacionada *aliáceo.*
OBS Se usa con *estar, andar* o *meterse.*

ajoarriero *n. m.* Comida que se hace con bacalao, aceite, huevos y ajo.

ajonjolí *n. m.* **1** Planta herbácea de tallo recto, con las flores blancas o rosas en forma de campana y numerosas semillas amarillas que se usan como alimento. **SIN** sésamo. **2** Semilla de esta planta: *con la harina de ajonjolí se hacen polvorones y mantecados.* **SIN** sésamo.
OBS El plural es *ajonjolíes,* culto, o *ajonjolís,* popular.

ajorca *n. f.* Aro grueso de oro, plata u otro metal que llevaban las mujeres en las muñecas, los brazos o los tobillos.

ajuar *n. m.* **1** Conjunto de ropa, muebles y joyas que lleva la mujer cuando se casa: *antiguamente las mujeres preparaban el ajuar a lo largo de su noviazgo.* **2** Conjunto de muebles y ropas de uso común en las casas.

ajustado, -da *adj.* Que es justo, adecuado o recto: *no puede rebajarle nada porque ya tiene un precio muy ajustado.*

ajustar *v. tr./prnl.* **1** Juntar o unir dos o más cosas adaptándolas y sin dejar espacio entre ellas: *esta puerta no se ajusta bien al marco.* **2** Poner una cosa de acuerdo o en relación con otra: *hay que encontrar un local que se ajuste a nuestras necesidades.* **SIN** adaptar, amoldar, conformar. ◇ *v. tr.* **3** Tratar una cosa y llegar a un acuerdo: *aquí tiene el cheque según el precio que ajustamos.* **SIN** fijar. **4** Comprobar una deuda o cuenta y pagarla: *ajustar las cuentas.*
DER ajustado, ajuste; desajustar, desbarajustar, reajustar.

ajuste *n. m.* **1** Unión de varias piezas que se adaptan perfectamente: *con un buen ajuste de todas las piezas se eliminarán los ruidos extraños.* **SIN** acoplamiento. **2** Acuerdo, relación o adaptación que elimina las diferencias o discrepancias: *se han reunido para establecer un nuevo ajuste de precios.*

ajuste de cuentas Daño o mal que se hace a alguien en respuesta a un daño recibido: *la policía cree que todo ha sido un ajuste de cuentas entre bandas.*

ajusticiamiento *n. m.* Ejecución de una persona en cumplimiento de una sentencia.

ajusticiar *v. tr.* Ejecutar a una persona condenada a la pena de muerte en cumplimiento de sentencia.
DER ajusticiamiento.
OBS En su conjugación, la *i* no se acentúa, como en *cambiar.*

al 1 Contracción de la preposición *a* y el artículo *el*: *voy al colegio.* Si el artículo forma parte de un nombre propio, no se produce esa unión: *voy a El Escorial.* **2** Seguido de un infinitivo, indica que la acción expresada por éste se produce al mismo tiempo que otra o en el momento en que ocurre una cosa: *cierra la puerta al salir.*

ala *n. f.* **1** Miembro o apéndice que en número par tienen las aves y ciertos insectos para volar: *los pájaros tienen plumas fuertes en las alas.* **2** Parte plana que se extiende a cada lado de un avión y sirve para sostenerlo en el aire: *fallaron los motores del ala derecha.* ☞ avión. **ala delta** Aparato sin motor, muy ligero, compuesto de una tela con forma de triángulo y una estructura a la que se sujeta la persona que lo maneja y que sirve para volar: *el ala delta vuela aprovechando las corrientes de aire.* **3** Parte inferior del sombrero que rodea la copa y sobresale de ella: *lleva un sombrero de ala ancha.* ☞ sombrero. **4** Parte de un edificio que está a los lados del cuerpo principal: *la princesa estaba encerrada en las habitaciones del ala derecha del palacio.* **5** Parte de un partido o grupo, especialmente de posiciones extremas o radicales: *el ala conservadora del partido.* **6** Grupo de personas que se colocan en los extremos de un conjunto, especialmente en un ejército desplegado: *ordenó atacar por el ala izquierda.*

cortar las alas Poner dificultades a una persona para que no desarrolle lo que pretendía: *deja que se atreva y no le cortes las alas.*

dar alas Dar ánimo o estimular a una persona para que realice lo que pretendía.
DER alado, alear, alero, aleta, alón; aletear.
OBS En singular se le anteponen los determinantes *el, un,* salvo que entre el determinante y el nombre haya otra palabra: *el ala, la larga ala.*

alabanza *n. f.* Expresión o discurso con que se alaba o se muestra admiración y reconocimiento. **SIN** apología, elogio. **ANT** crítica.

alabar *v. tr.* Elogiar, resaltar las cualidades de alguien o de algo: *todos alabaron el esfuerzo realizado.* **ANT** criticar.
DER alabanza.

alabarda *n. f.* Arma antigua formada por un mango largo de madera y una punta de lanza atravesada por una cuchilla aguda por un lado y con forma de media luna por el otro: *en los cuadros antiguos, los soldados llevan alabardas.*
DER alabardero.

alabardero *n. m.* Soldado que lleva alabarda: *los alabarderos formaban la guardia de honor de los reyes de España.*

alabastro *n. m.* Piedra blanca y translúcida, parecida al mármol, que se trabaja fácilmente y se usa en escultura y decoración: *en las excavaciones ha aparecido otra estatuilla de alabastro.*

alabear *v. tr./prnl.* Curvar o curvarse una superficie plana, generalmente la madera: *las tablas de la estantería se han alabeado por el peso de los libros.* **SIN** combar.

alacena *n. f.* Armario con puertas y estantes, hecho generalmente en un hueco de la pared, que se usa para guardar alimentos o poner el menaje de cocina: *necesitas hacerte una buena alacena en la cocina.*

alacrán *n. m.* Arácnido con el abdomen alargado y la cola terminada en un aguijón venenoso con forma de gancho: *la picadura del alacrán puede ser muy peligrosa.* SIN escorpión.
OBS Para indicar el sexo se usa *el alacrán macho* y *el alacrán hembra.*

alado, -da *adj.* Que tiene alas: *siempre sueño con un blanco caballo alado.*

alamar *n. m.* **1** Ojal o anilla de hilo que, con su respectivo botón, se cose en el borde de una prenda de vestir y sirve como cierre o como adorno: *las chaquetillas de los toreros suelen tener alamares en las mangas.* **2** Adorno en forma de fleco formado por hilos o cordones que quedan colgando en el borde de algunas telas o vestidos: *el manto de la Virgen acaba en alamares de oro.* SIN cairel.

alambicado, -da *adj.* Que es rebuscado; que quiere ser elegante, exquisito o sutil en la expresión, el lenguaje o las palabras: *muchas veces no entiendo sus expresiones tan alambicadas.*

alambicar *v. tr.* **1** Calentar y enfriar un líquido con el alambique, de modo que se convierta en vapor y después otra vez en líquido. SIN destilar. **2** Complicar, hacer demasiado rebuscado y difícil.
DER alambicado.
OBS En su conjugación, la *c* se convierte en *qu* delante de *e*.

alambique *n. m.* Aparato para destilar; está formado por un recipiente donde se calienta un líquido hasta convertirlo en vapor que circula por un tubo largo o serpentín, donde recibe frío y vuelve a convertirse en líquido.
DER alambicar.

alambrada *n. f.* **1** Red hecha con hilo de alambre grueso que rodea un lugar o cierra un paso: *la piscina está rodeada de una alambrada para impedir que se caigan los niños.* **2** Hilo de alambre grueso con púas o pinchos que se tiende enrollado en el suelo para dificultar el paso por un lugar: *los soldados tendieron alambradas y colocaron minas en torno al campamento.*

alambrar *v. tr.* **1** Cerrar un lugar con una red hecha con hilo de alambre grueso: *el ganadero tuvo que alambrar su terreno para evitar que las vacas escaparan.* **2** Tender hilo de alambre grueso con púas o pinchos y enrollado para dificultar el acceso a un lugar.
DER alambrada.

alambre *n. m.* Hilo de metal: *el alambre es flexible y resistente.*
DER alambrar, alambrera, alambrista.

alambrera *n. f.* Tela metálica hecha con alambres que sirve para cerrar un hueco o para proteger: *he puesto una alambrera en la ventana; el brasero lleva una alambrera para que no se queme nada.*

alambrista *n. com.* Persona que se dedica a hacer ejercicios de equilibrio en un alambre suspendido en alto horizontalmente. SIN funambulista, funámbulo.

alameda *n. f.* **1** Lugar donde crecen muchos álamos. **2** Paseo con álamos o árboles de cualquier tipo: *por las tardes me gusta dar un paseo por la alameda.*

álamo *n. m.* **1** Árbol de tronco alto con muchas ramas, hojas con forma de corazón y madera blanca y ligera: *el álamo crece en zonas templadas del hemisferio norte.* **álamo blanco** Álamo que tiene la corteza blanca plateada y hojas verdes por una cara y blancas por la otra. **álamo negro** Álamo que tiene la corteza rugosa y más oscura, hojas ver-

des por ambos lados y ramas muy separadas del eje del tronco. SIN chopo. **2** Madera de este árbol: *el álamo se utiliza para fabricar papel.*
DER alameda.

alancear *v. tr.* Herir con una lanza. SIN lancear.

alano, -na *adj./n. m. y f.* **1** De un pueblo nómada que, procedente del Cáucaso, invadió la Galia a principios del siglo V y posteriormente España, en unión de vándalos y suevos; fueron vencidos por los visigodos. ◇ *n. m. y f.* **2** Persona que pertenecía a este pueblo.

alarde *n. m.* Muestra ostentosa o presentación llamativa de una cosa que se posee, especialmente cuando se quiere presumir o llamar la atención de los demás: *durante la conferencia hizo alarde de una erudición increíble.*
DER alardear.

alardear *v. intr.* Presumir o mostrar con ostentación una cosa que se posee llamando la atención de los demás: *en todas las reuniones tiene que alardear de alguna cosa.*
OBS Se construye seguido de la preposición *de*.

alargadera *n. f.* Pieza, dispositivo o instrumento que se acopla a otro para alargarlo; especialmente, cable que se acopla al de conexión que trae un aparato eléctrico para llegar así hasta la toma de corriente cuando ésta queda a cierta distancia: *el enchufe está lejos y necesitamos una alargadera para poder enchufar la televisión.* SIN alargador.

alargador, -ra *adj.* **1** Que sirve para alargar. ◇ *n. m.* **2** Alargadera: *necesito un alargador del cable de la antena.*

alargamiento *n. m.* **1** Aumento de la longitud o de la duración de algo: *el alargamiento de los actos se debe a los dos nuevos conferenciantes invitados.* **2** Parte alargada que sale de una cosa: *el vestido lleva un alargamiento en la parte posterior.*

alargar *v. tr./prnl.* **1** Hacer más largo en el espacio; extender en longitud: *he alargado la falda y parece otra.* SIN prolongar. **2** Durar o hacer durar más tiempo: *pretendo alargar las vacaciones unos días más.* SIN prolongar. ◇ *v. tr.* **3** Extender o estirar, especialmente un miembro del cuerpo: *alcanzas: sólo tienes que alargar el brazo.* **4** Dar o acercar: *alárgame un plato, por favor.* ◇ *v. prnl.* **5 alargarse** Seguir hablando o escribiendo sobre un asunto: *no quiero alargarme en mi conferencia, así que daré los ejemplos en fotocopias.*
DER alargadera, alargador, alargamiento.
OBS En su conjugación, la *g* se convierte en *gu* delante de *e*.

alarido *n. m.* Grito fuerte que expresa generalmente dolor o miedo: *en medio de la noche se oyó un escalofriante alarido de terror.*

alarma *n. f.* **1** Voz o señal que avisa de un peligro: *algunos vecinos dieron la voz de alarma.* SIN alerta. **2** Preocupación o falta de tranquilidad producida por la posibilidad de un peligro: *sus palabras, lejos de tranquilizar, sirvieron para hacer cundir la alarma.* **3** Mecanismo o dispositivo que avisa, especialmente cuando se trata de un posible mal o peligro: *la alarma del reloj; alarma contra incendios.* **4** Señal o aviso para que los soldados tomen las armas y se dispongan rápidamente para la defensa o para la lucha.
DER alarmar, alarmismo.
ETIM *Alarma* procede de la frase *ial arma!* dada para poner una fuerza en posición de combate.

alarmante *adj.* Que produce preocupación o intranquilidad: *se ha llegado a una situación de abandono alarmante.*

alarmar *v. tr./prnl.* **1** Producir o tener preocupación o miedo: *comunicaré a mis padres que llegaré tarde para que no se alarmen.* SIN alertar. ◇ *v. tr.* **2** Avisar de un peligro, dar la alarma. SIN alertar.

DER alarmante.

alarmismo *n. m.* Tendencia a ver un riesgo en cualquier cosa y a preocupar a otros exagerando los peligros.
DER alarmista.

alarmista *adj./n. com.* [persona] Que tiende a ver un riesgo en cualquier cosa y a dar la alarma por la proximidad de peligros: *no te preocupes por lo que dice, es muy alarmista y piensa que todo va a salir mal.*

alauí *adj.* De una dinastía marroquí fundada en 1659, a la que pertenece el actual rey de Marruecos.

alavés, -vesa *adj.* **1** De Álava o relacionado con esta provincia vasca. ◇ *adj./n. m. y f.* **2** [persona] Que es de Álava.

alazán, -zana *adj./n. m. y f.* [caballo] Que tiene el pelo del color de la canela, entre rojo y amarillo: *el protagonista monta una bonita yegua alazana.*

alba *n. f.* **1** Momento inicial del día, desde que empieza a aparecer la luz del día hasta que sale el Sol: *se levanta al alba.* **SIN** alborada, amanecer. **2** Primera luz del día, antes de salir el Sol: *le encanta contemplar las luces del alba.* **SIN** albor, lubricán. **3** Prenda de vestir blanca, que llega hasta los pies y que usan los sacerdotes católicos para decir misa y en otras ceremonias: *el sacerdote se puso la casulla y la estola sobre el alba.*
OBS En singular se le anteponen los determinantes *el, un,* salvo que entre el determinante y el nombre haya otra palabra: *el alba, la hermosa alba.*

albacea *n. com.* **DER.** Persona encargada de hacer cumplir la última voluntad de un difunto y de custodiar sus bienes hasta que se repartan entre los herederos.

albacetense *adj./n. com.* Albaceteño.
OBS La Real Academia Española admite *albacetense,* pero prefiere la forma *albaceteño.*

albaceteño, -ña *adj.* **1** De Albacete o relacionado con esta provincia española o con su capital. **SIN** albacetense. ◇ *adj./n. m. y f.* **2** [persona] Que es de Albacete. **SIN** albacetense.

albahaca *n. f.* Planta herbácea muy olorosa, de hojas pequeñas muy verdes y flores blancas: *la albahaca se cultiva en los jardines y también se usa como condimento.*

albanés, -nesa *adj.* **1** De Albania o relacionado con este país de la península de los Balcanes. ◇ *adj./n. m. y f.* **2** [persona] Que es de Albania.

albañal *n. m.* **1** Conducto por el que salen las aguas sucias o residuales. **SIN** desagüe. **2** Cosa fea y sucia o que da asco: *ese barrio se está convirtiendo en un albañal lleno de inmundicia.*

albañil *n. m.* Persona que se dedica a la construcción de edificios y a otras obras en las que se emplean ladrillos, arena, yeso, cemento y materiales semejantes.
DER albañilería.

albañilería *n. f.* **1** Técnica para construir edificios y hacer otras obras en las que se usen piedras, ladrillos, arena y materiales semejantes. **2** Obra o trabajo hechos según esta técnica: *he puesto una estantería de albañilería en el salón.*

albar *adj.* **1** Que es de color blanco: *pino albar.* ◇ *n. m.* **2** Terreno de secano en un alto, especialmente cuando tiene tierra blanquecina.

albarán *n. m.* Nota de entrega que firma la persona que recibe las mercancías que en ella se relacionan: *el albarán firmado asegura que el repartidor hizo entrega del pedido.*

albarca *n. f.* Calzado rústico consistente en una suela de esparto, cuero duro o goma que cubre la planta y los dedos del pie y se ata con cuerdas o correas al tobillo.
OBS La Real Academia Española admite *albarca,* pero prefiere la forma *abarca.*

albarda *n. f.* Pieza del aparejo que se pone sobre el lomo de las caballerías para que no les lastime la carga: *la albarda está formada por dos almohadones rellenos de paja.*

albaricoque *n. m.* **1** Fruto comestible, carnoso, casi redondo, de color entre amarillo y rojo, sabor agradable y con un hueso liso en el centro: *el albaricoque tiene la piel aterciopelada.* **2** Árbol de hojas acorazonadas y brillantes, flores grandes blancas con la base roja, que da este fruto.
DER albaricoquero.
OBS La Real Academia Española admite *albaricoque* para las dos acepciones, pero en la segunda prefiere la forma *albaricoquero.*

albaricoquero *n. m.* Albaricoque, árbol de hojas acorazonadas y brillantes: *los albaricoqueros son originarios de China.*
OBS Se usa más *albaricoque,* pero la Real Academia Española prefiere la forma *albaricoquero.*

albariño *n. m.* Vino blanco gallego de poca graduación y de sabor ácido y muy ligero.

albatros *n. m.* Ave marina de gran tamaño con el plumaje blanco, el pico más grande que la cabeza y las alas largas y estrechas; tiene las patas adaptadas para nadar: *se pueden ver muchos albatros en el océano Pacífico.*
OBS Para indicar el sexo se usa *el albatros macho* y *el albatros hembra.* ◇ El plural también es *albatros.*

albedrío *n. m.* **1** Facultad que tiene el hombre de obrar por propia determinación: *el libre albedrío es propio del ser humano.* **2** Capricho o antojo en el obrar que no se apoya en el razonamiento: *no debes comprarte tu ropa al albedrío de los demás.*
ETIM Véase *arbitrio.*

alberca *n. f.* Depósito de gran tamaño construido para guardar agua de regadío: *todos nos bañamos en la alberca que hay en el campo del abuelo.* **SIN** balsa.

albergar *v. tr.* **1** Dar albergue u hospedaje: *albergaré a tres refugiados.* **SIN** alojar, hospedar. ◇ *v. tr./prnl.* **2** Contener o llevar dentro: *no sé cuántos poemas alberga esta colección.* **3** Tener en la mente o en el interior, especialmente una idea o un sentimiento: *no puedes albergar tanto odio en tu corazón.* ◇ *v. prnl.* **4 albergarse** Vivir durante un tiempo en un albergue. **SIN** alojar, hospedar.
DER albergue.
OBS En su conjugación, la g se convierte en *gu* delante de e.

albergue *n. m.* **1** Acogida o instalación en una casa o establecimiento: *esperamos que alguien nos dé albergue.* **SIN** alojamiento, hospedaje. **2** Alojamiento, lugar donde se vive de forma temporal: *debemos llegar antes del anochecer al albergue de la montaña.* **SIN** aposento, hospedaje. **3** Establecimiento público que sirve para pasar unos días de vacaciones: *albergue juvenil.* **4** Establecimiento benéfico que sirve para acoger provisionalmente a personas necesitadas.

albero *n. m.* **1** Tierra suelta de color amarillento o rojizo con la que se cubre el ruedo de las plazas de toros o las zonas de paso y de juegos de los jardines. **2** Zona central de la plaza de toros en la que se torea; está cubierta de este tipo de tierra y rodeada de burladeros o vallas. **SIN** ruedo.

albinismo *n. m.* **MED.** Ausencia congénita de pigmentación en un ser vivo, por lo que su piel, pelo, plumaje o flores son más o menos blancos a diferencia de los colores propios de su especie, variedad o raza.

albino, -na *adj./n. m. y f.* [ser vivo] Que carece de pigmentación en la piel y el pelo, por lo que es de color más o menos blanco y no tiene el color que es natural en su especie, variedad o raza: *el niño es albino: tiene el pelo blanco.*
DER albinismo.

albo, -ba *adj.* culto De color blanco: *la doncella apoyó la mejilla sobre su alba mano.*
DER alba, albar, albariño, albino, albor.
ETIM *Albo* procede del latín *albus*, 'blanco', voz con la que también están relacionadas *álbum, albumen, albura.*

albóndiga *n. f.* Bola pequeña hecha de carne o pescado picado menudamente y mezclado con pan, huevos y especias que se come frita o cocinada de otro modo: *de segundo plato he pedido albóndigas con patatas.*

albor *n. m.* **1** Primera luz del día, antes de salir el Sol: *las siluetas de las casas destacaban sobre el albor.* **SIN** alba, lubricán. **2** Principio u origen; momento en que una cosa comienza a tener existencia o ser: *los albores del romanticismo.* **SIN** amanecer, nacimiento. Se usa generalmente en plural.
DER alborada, alborear.

alborada *n. f.* **1** Período que transcurre desde que empieza a aparecer la luz del día hasta que sale el Sol. **SIN** alba, amanecer. **2** Poema o canción que se dedica a la mañana: *en aquel lugar pudo componer bellas alboradas.* **3** Música militar que se toca al amanecer.

alborear *v. impersonal* **1** Aparecer en el horizonte la primera luz de la mañana. **SIN** amanecer. ◇ *v. intr.* **2** Aparecer las primeras señales de una cosa: *en aquellos días alboreaba el nuevo siglo.*

albornoz *n. m.* Prenda de vestir larga y abierta por delante, con mangas y cinturón, que se usa para secarse después del baño: *el albornoz está hecho con tela de toalla.*

alborotador, -ra *adj./n. m. y f.* **1** Que altera el orden y el sosiego: *el canto alborotador del gallo despertó a los campistas.* **2** [persona] Que causa intencionadamente conflictos en los que se altera el orden y el sosiego: *grupos de alborotadores lanzaron piedras contra la policía y colocaron barricadas en algunas calles.* **SIN** agitador.

alborotar *v. tr./prnl.* **1** Alterar el orden y el sosiego: *el viento alborotaba su larga melena; procura que los niños no alboroten cerca de la habitación del enfermo.* **2** Agitarse las olas del mar con el viento. **SIN** encrespar.
DER alborotado, alborotador, alboroto.

alboroto *n. m.* **1** Alteración o pérdida de la tranquilidad, el silencio o el orden: *el ascenso del equipo provocó un gran alboroto en el pueblo.* **SIN** jaleo. **2** Conflicto provocado por un grupo de personas en el que se pierde la paz social y el respeto a la ley: *los hinchas de los dos equipos provocaron grandes alborotos en la ciudad.* **SIN** desorden, disturbio.

alborozar *v. tr./prnl.* Producir gran placer o regocijo: *la presencia del nieto alboroza a los abuelos.*
OBS En su conjugación, la *z* se convierte en *c* delante de *e.*

alborozo *n. m.* Placer o regocijo grandes, generalmente acompañados de manifestaciones externas: *cuando salieron los payasos los niños gritaban y saltaban con gran alborozo.*
DER alborozar.

¡albricias! *int.* Expresión con la que se indica que se siente una gran alegría: *¡albricias! ¡Has aprobado el examen!*

albufera *n. f.* Laguna situada en tierras bajas contiguas a la costa, formada por la entrada del agua del mar en la tierra y su posterior separación por un banco o masa de arena: *algunas albuferas se han convertido en terrenos cultivables.*

álbum *n. m.* **1** Libro o cuaderno en cuyas hojas se colocan sellos, autógrafos, fotografías y cosas semejantes que se guardan o coleccionan: *¿has completado ya el álbum de cromos?* **2** Funda, carpeta o estuche para guardar uno o más discos sonoros de larga duración. **3** Disco sonoro o conjunto de discos sonoros de larga duración que generalmente tienen grabada música: *esta canción aparece en el último álbum del cantante.*
ETIM Véase *albo.*
OBS El plural es *álbumes.*

albumen *n. m.* BOT. Tejido vegetal que rodea a ciertas semillas y las alimenta en el período inicial del crecimiento: *el albumen es la reserva alimenticia del embrión de la semilla.*
DER albúmina, albuminoide, albuminoso, albuminuria.
ETIM Véase *albo.*
OBS El plural es *albúmenes.*

albúmina *n. f.* Sustancia blanca rica en azufre y soluble en agua que constituye el componente principal de la clara del huevo y que se encuentra también en la sangre y en la leche: *la albúmina es una proteína natural vegetal o animal.*

albur *n. m.* Suerte o azar de que depende el resultado de un proyecto o un asunto.

alcachofa *n. f.* **1** Hortaliza formada por un tallo de hojas algo espinosas y una cabezuela comestible antes de que se desarrolle la flor. **2** Cabezuela en forma de piña de esta hortaliza: *me gustan las alcachofas naturales y no las de conserva.* **3** Pieza con agujeros pequeños que sirve para esparcir el agua que sale por ella: *la alcachofa de la ducha o de la regadera.*

alcahuete, -ta *n. m. y f.* Persona que facilita o encubre las relaciones amorosas o sexuales de dos personas.

alcaide *n. m.* Director de una cárcel: *el alcaide de la película abusaba de su poder con los presos.*

alcaldada *n. f.* Abuso de poder por parte de una autoridad, especialmente un alcalde: *su última alcaldada fue la de retirar el proyecto en contra de los deseos de la población.*

alcalde, -desa *n. m. y f.* Persona que preside un ayuntamiento y es la máxima autoridad gubernativa en el municipio: *el alcalde dicta bandos que tienen la validez de leyes locales.*
DER alcaldada, alcaldía.

alcaldía *n. f.* **1** Cargo de alcalde: *abandona su cargo de diputado y se presenta a la alcaldía de la capital.* **2** Oficina o lugar donde trabaja el alcalde.

alcalinidad *n. f.* QUÍM. Calidad de alcalino: *es importante conocer el nivel de alcalinidad de ese líquido.*

alcalino, -na *adj.* QUÍM. [sustancia] Que tiene efecto contrario al de los ácidos: *pilas alcalinas.*
DER alcalinidad.

alcaloide *n. m.* QUÍM. Sustancia alcalina de origen vegetal que constituye el excitante de ciertos productos, como la nicotina en el tabaco o la cafeína en el café: *muchos alcaloides son drogas.*

alcance *n. m.* **1** Distancia a la que llega una persona con el brazo extendido: *manténgase fuera del alcance de los niños.* **2** Distancia a la que llega el tiro de un arma: *es inútil que sigan disparando: estamos fuera del alcance de sus armas.* **3** Distancia o extensión que tiene la acción o la influencia de una persona o cosa: *la emisora tiene un alcance de 15 kilómetros.* **4** Importancia que tiene un acontecimiento o lo que se dice o hace: *la próxima vez debes medir el alcance que pueden tener tus palabras.* **5** Inteligencia, talento o capacidad: *sus cortos alcances impidieron que nos descubriese.* Se usa generalmente en plural.

al alcance En situación o con posibilidad de ser conseguido o alcanzado: *lo siento, pero no está a nuestro alcance.*

alcancía *n. f.* Recipiente cerrado con una ranura estrecha y alargada por donde se echa dinero para guardarlo: *estoy ahorrando en una alcancía para el próximo viaje.* **SIN** hucha.

alcanfor *n. m.* Sustancia sólida, blanca, de olor característico y de fácil evaporación que se usa en medicina y en la industria: *las bolitas de alcanfor se ponen con la ropa para protegerla de las polillas.*

alcantarilla *n. f.* **1** Conducto subterráneo construido para recoger el agua de lluvia y las aguas residuales de una población. **SIN** cloaca. **2** Abertura en el suelo de las calles que sirve para recoger el agua de lluvia y llevarla hasta este conducto; se cubre con una rejilla de hierro: *se me han caído varias monedas en la alcantarilla.*
DER alcantarillar.

alcantarillado *n. m.* Conjunto de alcantarillas de un lugar o una población: *el alcantarillado de algunos núcleos urbanos data de la era romana.*

alcantarillar *v. tr.* Construir alcantarillas en un lugar o una población: *el alcalde ha prometido alcantarillar el barrio.*
DER alcantarillado.

alcanzar *v. tr.* **1** Llegar hasta donde está una persona o cosa que va delante en el tiempo o en el espacio: *comenzaste una hora antes y ya te hemos alcanzado.* **2** Llegar a igualar a alguien en algún rasgo, característica o situación: *es un poco más bajo, pero pronto alcanzará a su hermano mayor.* **3** Llegar a tocar o coger una cosa con la mano: *el pequeño ya alcanza a las cosas que hay encima de la mesa.* **4** Llegar a un lugar determinado: *fue detenido antes de alcanzar la frontera.* **5** Llegar a poseer o disfrutar algo que se desea: *al fin alcanzó el puesto que merece.* **SIN** conseguir, lograr, obtener. **6** Entender o comprender: *no alcanzo las razones que puede haber tenido.* ◇ *v. intr.* **7** Ser bastante o suficiente para un fin: *hay que comprar más harina porque la que hay no alcanza para el pastel.*
DER alcance; inalcanzable.
OBS En su conjugación, la *z* se convierte en *c* delante de *e*.

alcaparra *n. f.* **1** Arbusto con espinas en el tallo, fruto parecido a un higo pequeño y flores grandes y blancas: *la alcaparra se cultiva en América y en algunas partes de Europa.* **2** Botón o yema de la flor de este arbusto que se usa como especia.
DER alcaparrón.

alcaparrón *n. m.* Fruto de la alcaparra que tiene forma de higo pequeño.

alcaraván *n. m.* Ave de color pardo rayado de blanco y con las patas largas y amarillas; vive de insectos y pequeños vertebrados que caza de noche.

alcarria *n. f.* Terreno alto, generalmente plano, sin árboles y con poca hierba.

alcaudón *n. m.* Pájaro carnívoro de unos quince centímetros de altura, de pico fuerte y ganchudo, plumaje ceniciento y alas y cola negras con manchas blancas, que suele clavar sus presas en espinos: *el alcaudón se usaba antiguamente en cetrería.*
OBS Para indicar el sexo se usa *el alcaudón macho* y *el alcaudón hembra*.

alcayata *n. f.* Clavo con la cabeza doblada en ángulo recto que sirve para colgar cosas: *pon una alcayata para que no pueda salirse lo que cuelgues.* **SIN** escarpia.

alcazaba *n. f.* Fortaleza situada dentro de una población amurallada y utilizada como refugio de la guarnición.

alcázar *n. m.* **1** Fortaleza situada en un lugar estratégico y amurallado como un castillo. **2** Casa real o habitación del príncipe.

alce *n. m.* Mamífero rumiante parecido al ciervo, pero más corpulento, de cuello corto, cabeza grande y cuernos planos en forma de pala con grandes recortes en los bordes. **SIN** ante.
OBS Para indicar el sexo se usa *el alce macho* y *el alce hembra*.

alcista *adj.* Dicho del precio de un producto o del valor de una determinada cantidad, que tiende al alza, subida o aumento: *el precio de la gasolina continúa con una clara tendencia alcista.* **ANT** bajista.

alcoba *n. f.* Habitación de una vivienda que se usa para dormir: *es muy descarado y entró en su alcoba sin llamar.* **SIN** cuarto, dormitorio.

alcohol *n. m.* **1** Líquido transparente, incoloro e inflamable que se obtiene mediante la destilación del vino y otras sustancias fermentadas: *el alcohol se usa en medicina y se encuentra en ciertas bebidas.* **alcohol etílico** Estimulante que se forma con la fermentación de la glucosa mediante bacterias: *el coñac y la ginebra son bebidas con alcohol etílico.* **SIN** etanol. **2** Bebida que contiene este líquido: *no puedo beber alcohol porque tengo que conducir.*
DER alcoholemia, alcoholera, alcoholero, alcoholismo.

alcoholemia *n. f.* Cantidad de alcohol en la sangre, especialmente cuando excede de lo normal.

alcoholero, -ra *adj.* De la producción y comercio del alcohol o que tiene relación con ello: *industria alcoholera.*

alcohólico, -ca *adj.* **1** Que contiene alcohol: *bebida alcohólica.* **2** Del alcohol o que tiene relación con este líquido. **SIN** etílico. ◇ *adj./n. m. y f.* **3** [persona] Que se emborracha habitualmente y es incapaz de renunciar a este hábito: *si bebes con cierta asiduidad puedes convertirte en un alcohólico.* **SIN** beodo, borracho.

alcoholímetro *n. m.* Aparato que sirve para medir la cantidad de alcohol presente en el aire espirado por una persona.

alcoholismo *n. m.* **1** Dependencia física y psíquica de las bebidas alcohólicas: *su familia le ayudó a salir del alcoholismo.* **2** Enfermedad causada por el abuso del alcohol.
DER alcohólico.

alcoholizado, -da *adj.* [persona] Que está enfermo por haber abusado de las bebidas alcohólicas.

alcoholizar *v. tr.* **1** Añadir alcohol a un líquido. ◇ *v. prnl.* **2 alcoholizarse** Adquirir la enfermedad del alcoholismo por el frecuente abuso de bebidas alcohólicas: *si llevas una vida sana y sólo tomas bebidas naturales, nunca podrás alcoholizarte.*
DER alcoholizado.
OBS En su conjugación, la *z* se convierte en *c* delante de *e*.

alcor *n. m. culto* Elevación del terreno de poca altura y de bordes suaves. **SIN** cerro, colina, collado, loma.

alcornoque *n. m.* **1** Árbol de unos diez metros de altura, de copa muy extensa y madera muy dura, con corteza gruesa de la que se saca el corcho y cuyo fruto es la bellota: *el alcornoque es un árbol de hoja perenne.* ☞ árbol. ◇ *n. com.* **2** Persona torpe y poco inteligente. Se usa como apelativo despectivo.

alcorque *n. m.* Hoyo que se hace al pie de una planta para retener el agua en los riegos.

alcotán *n. m.* Ave parecida al halcón, de unos treinta centímetros de longitud, de plumaje oscuro, pero con el vientre claro, y con el pico y las uñas fuertes: *el alcotán es una rapaz y se alimenta de pequeños animales.*
OBS Para indicar el sexo se usa *el alcotán macho* y *el alcotán hembra*.

alcurnia *n. f.* Serie de antecesores de una persona o familia, especialmente si son ilustres: *pertenecía a una familia de alta alcurnia.* **SIN** abolengo, estirpe, linaje.

alcuza *n. f.* Recipiente con forma de cono que sirve para contener una pequeña cantidad de aceite. **SIN** aceitera.

alcuzcuz *n. m.* Comida típica árabe que se compone de una pasta de harina y miel o de sémola de trigo con la que

A a

se hacen pequeñas bolitas que se comen con verduras y carne de pollo y ternera guisada. **SIN** cuscús.

aldaba *n. f.* **1** Pieza de metal, especialmente de hierro o de bronce, que se pone en las puertas para llamar golpeando: *algunas casas antiguas aún se ven con aldabas en sus puertas*. **SIN** aldabón, llamador. **2** Barra de metal o travesaño de madera que sirve para asegurar una puerta después de cerrarla.
DER aldabilla, aldabón.

aldabilla *n. f.* Gancho de metal que se mete en una anilla o en un hueco y que sirve generalmente para cerrar puertas y ventanas: *si quieres que se mantengan cerradas las hojas de la ventana, tendrás que ponerle la aldabilla*.

aldabón *n. m.* Pieza de metal, especialmente de hierro o de bronce, que se pone en las puertas para llamar golpeando. **SIN** aldaba.
DER aldabonazo.

aldabonazo *n. m.* **1** Golpe que se da con la aldaba para llamar a la puerta. **2** Aviso o llamada de atención: *aquella cantidad de suspensos constituyó el aldabonazo que necesitaba para ponerse a estudiar con ahínco*.

aldea *n. f.* Población pequeña en la que viven unas pocas familias y que suele depender administrativamente de otra mayor: *los habitantes de las aldeas buscan las diversiones en las poblaciones cercanas*.
DER aldeano.

aldeano, -na *adj./n. m. y f.* **1** [persona] Que procede de una aldea o que vive en ella: *mis padres son aldeanos y se encuentran incómodos en la ciudad.* ◊ *adj.* **2** De la aldea o relacionado con ella: *modales aldeanos*.

aleación *n. f.* Producto de propiedades metálicas formado por dos o más elementos, de los cuales al menos uno es un metal: *el bronce y el latón son aleaciones*.

alear *v. tr.* Mezclar o fundir dos o más elementos, uno de los cuales al menos es un metal, para conseguir un producto de propiedades metálicas con características físicas que no poseen sus componentes por separado: *el hombre comenzó a alear cobre y estaño varios miles de años antes de Jesucristo*.
DER aleación.

aleatorio, -ria *adj.* Que depende del azar o de la suerte: *se hizo una selección aleatoria*.

aleccionador, -ra *adj.* Que alecciona o sirve de experiencia o escarmiento: *tuvo un fracaso muy aleccionador que lo ha convertido en un especialista*.

aleccionamiento *n. m.* Instrucción que recibe una persona sobre lo que debe hacer o decir en una ocasión determinada: *dedicó toda la mañana al aleccionamiento del servicio en la preparación de la cena*.

aleccionar *v. tr.* Instruir a una persona sobre lo que deber hacer o decir en una ocasión determinada: *aleccionó a los niños acerca de cómo debían tratar a la nueva canguro*.
DER aleccionador, aleccionamiento.

aledaño, -ña *adj.* **1** Que está al lado o contiguo: *los territorios aledaños.* ◊ *n. m. pl.* **2 aledaños** Terreno o conjunto de terrenos que linda con una población, con otro terreno o con un lugar cualquiera, y que se considera parte de ellos: *los aledaños del lugar tienen buenos partos*.

alegación *n. f.* **1** Presentación de un argumento, un mérito o una razón como defensa, prueba o justificación de algo. **2** Argumento, discurso o razonamiento en favor o en contra de algo: *esperamos oír las alegaciones de la defensa*.
SIN alegato.

alegar *v. tr.* Exponer méritos, hechos y razonamientos como defensa o prueba en favor de una persona o una acción: *sólo alegó que necesitaba el dinero*.

DER alegación, alegato.
OBS En su conjugación, la g se convierte en *gu* delante de *e*.

alegato *n. m.* **1** Discurso en el que se exponen razones en favor o en contra de una persona o cosa. **SIN** alegación. **2** Escrito en que un abogado expone razones y pruebas a favor de su cliente: *el fiscal y el defensor entregaron al juez sus alegatos*.

alegoría *n. f.* **1** Representación en la que las cosas tienen un significado simbólico: *la mujer con una venda en los ojos y una balanza con que se representa a la Justicia es una alegoría*. **2** En pintura y escultura, representación de seres o cosas que encierran significado simbólico: *el Guernica de Picasso es una alegoría de los horrores de la guerra*.
DER alegórico.

alegórico, -ca *adj.* **1** [representación de seres o cosas] Que tiene significado simbólico: *el comienzo del Génesis describe el origen del hombre de manera alegórica*. **2** [estilo artístico] Que emplea frecuentemente alegorías: *muchos cuadros de Dalí son alegóricos*.

alegrar *v. tr./prnl.* **1** Causar o sentir alegría: *me alegra mucho que te encuentres mejor*. **ANT** amargar. **2** Hacer más vivo algo inanimado: *las nuevas cortinas y el cambio de color de las paredes han alegrado la habitación*.

alegre *adj.* **1** Que siente alegría: *está muy alegre porque por fin vuelve a casa*. **ANT** triste. **2** Que tiende a sentir y mostrar alegría: *hasta ahora siempre ha sido un niño muy alegre y simpático*. **ANT** triste. Se usa con el verbo *ser*. **3** Que expresa alegría: *la cama del niño lleva unas sábanas con alegres dibujos*. **ANT** triste. **4** Que produce alegría: *el cartero nos trajo alegres noticias*. **SIN** divertido. **ANT** triste. **5** Que se ha desarrollado con alegría o ha terminado bien: *aún recuerdo aquellos alegres días*. **ANT** triste. **6** [color] Que es vivo: *el payaso lleva alegres colores*. **7** *coloquial* Que está excitado por haber bebido alcohol: *no estoy borracho, sólo un poco alegre*. **8** Que no se preocupa; que hace las cosas sin pensar: *no debes ser tan alegre en tus actos y adquirir un poco de sensatez*.
DER alegrar, alegremente, alegreto, alegría, alegro, alegrón.

alegremente *adv.* **1** Con alegría. **2** Sin pensar ni preocuparse por lo que se dice o se hace: *no puedes hacer esos comentarios tan alegremente y luego no querer saber nada del asunto*.

alegreto *adv.* **1** MÚS. Con movimiento algo menos rápido que el alegro. ◊ *n. m.* **2** MÚS. Composición o parte de ella interpretada con ese movimiento.

alegría *n. f.* **1** Sentimiento agradable de placer que produce en una persona un suceso favorable o la obtención de lo deseado, y que suele expresarse externamente, por lo general con la risa: *me dio una gran alegría el saber que volveríamos a vernos; era una persona llena de alegría y buen humor*.
SIN felicidad. **ANT** amargura, tristeza. **2** Falta de responsabilidad o de preocupación: *no sé cómo has podido tratar un asunto tan serio con esa alegría y ligereza*.

alegro *adv.* **1** MÚS. Con movimiento moderadamente vivo: *ese pasaje debes tocarlo alegro.* ◊ *n. m.* **2** MÚS. Composición o parte de ella interpretada con ese movimiento.

alegrón *n. m.* Alegría intensa, especialmente la que se recibe inesperadamente: *¡vaya alegrón que me has dado con la noticia de tu boda!*

alejamiento *n. m.* Distanciamiento o colocación de una persona o cosa lejos o más lejos de lo que estaba: *marchó al extranjero y no pudo soportar el alejamiento de los suyos; las últimas discusiones aumentaron el alejamiento entre ellos*.
SIN distanciamiento.

alejandrino, -na *adj.* **1** De Alejandría o relacionado con esta ciudad de Egipto. **2** De Alejandro Magno o que tiene relación con él. ◇ *adj./n. m.* **3 alejandrino** culto [verso] Que tiene catorce sílabas y está dividido en dos hemistiquios: *Gonzalo de Berceo escribía en verso alejandrino.* ◇ *adj./n. m. y f.* **4** [persona] Que es de Alejandría, ciudad de Egipto.

alejar *v. tr./prnl.* **1** Distanciar o colocar lejos o más lejos una persona o cosa: *niños, no os alejéis demasiado.* **SIN** distanciar. **ANT** juntar. **2** Quitar del pensamiento propio o del de otros alguna cosa: *aleja de ti esos pensamientos.*
DER alejamiento.

alelado, -da *adj.* Que es torpe o tiene escasa viveza de entendimiento: *dale tiempo para que lo asimile, que es un poco alelado.* **SIN** lelo.

alelar *v. tr./prnl.* Poner o ponerse lelo o tonto.
DER alelado.

alelí *n. m.* **1** Flor de jardín, sencilla o doble, de varios colores y olor agradable: *llevaba un ramo de alelíes.* **2** Planta de hojas largas y estrechas que da esa flor.
OBS La Real Academia Española admite *alelí*, pero prefiere la forma *alhelí.* ◇ El plural es *alelíes,* culto o *alelís,* popular.

¡aleluya! *int.* **1** Se usa para expresar alegría: *¡aleluya! Te has decidido a estudiar.* ◇ *n. f.* **2** Poema formado por dos versos de ocho sílabas, generalmente de carácter popular y de mala calidad.

alemán, -mana *adj.* **1** De Alemania o relacionado con este país del centro de Europa. **SIN** germano. ◇ *adj./n. m. y f.* **2** [persona] Que es de Alemania. **SIN** germano. ◇ *n. m.* **3** Lengua hablada en Alemania y en otros lugares: *el alemán es una lengua germánica.*

alentador, -ra *adj.* Que alienta o da ánimo: *resulta muy alentador que reconozcan tu esfuerzo.*

alentar *v. tr./prnl.* **1** Infundir aliento, dar ánimo. **ANT** desalentar. **2** Provocar o hacer más intenso, especialmente un sentimiento o una idea: *la sociedad en que vivimos alienta la competitividad.*
DER alentador, aliento; desalentar.
OBS En su conjugación, la *e* se convierte en *ie* en sílaba acentuada, como en *acertar.*

alerce *n. m.* Árbol alto y de tronco derecho, parecido al pino, de ramas abiertas y hojas blandas y de color verde claro.

alergia *n. f.* **1** Conjunto de alteraciones de carácter respiratorio, nervioso o eruptivo que se producen en el organismo como rechazo de ciertas sustancias: *es alérgico al polen y en primavera lo pasa muy mal.* **2** Rechazo o repugnancia que se siente hacia ciertos asuntos, personas o cosas: *tengo alergia a los concursos televisivos.*
DER alérgico, alergista, alergólogo; hipoalergénico.

alérgico, -ca *adj.* **1** De la alergia o relacionado con las alteraciones que produce: *ha sufrido una reacción alérgica que desaparecerá en unos días.* ◇ *adj./n. m. y f.* **2** [persona] Que padece alergia.

alergólogo, -ga *n. m. y f.* Médico especializado en el estudio y tratamiento de las alergias.

alero *n. m.* **1** Parte inferior del tejado que sale fuera de la pared y sirve para desviar de ella el agua de lluvia. **2** Jugador de baloncesto que ocupa el lado derecho o izquierdo de la cancha: *los aleros actúan como enlace entre el base y los pívots.*

alerón *n. m.* **1** Pieza saliente y móvil que se coloca en la parte de atrás de las alas de los aviones y que sirve para cambiar la inclinación del aparato. ☞ avión. **2** Pieza saliente de la chapa de ciertos automóviles que está situada en la parte de atrás y sirve para hacerlo más aerodinámico: *mi coche lleva un alerón sobre la puerta del maletero.*

alerta *adv.* **1** Con atención, vigilando: *estar alerta.* ◇ *n. f.* **2** Voz o señal que avisa de un peligro: *dar la alerta.* **SIN** alarma. **3** Situación en la que se debe vigilar o poner atención: *tras su visita nos pusimos en alerta.*   **alerta roja** Situación de gran peligro: *el riesgo de tormentas que amenaza hace que estemos en alerta roja.*
DER alertar.

alertar *v. tr./prnl.* **1** Poner alerta. **SIN** alarmar. ◇ *v. tr.* **2** Dar la alerta, avisar de un peligro: *las autoridades alertaron a la población sobre las playas contaminadas.* **SIN** alarmar.

aleta *n. f.* **1** Miembro del cuerpo de los peces y de otros animales que usan para darse impulso en el agua: *con las aletas, los peces avanzan, mantienen el equilibrio o fijan la dirección en el agua.* ☞ pez. **2** Calzado de goma, con la parte delantera alargada en forma de pala, que sirve para darse impulso en el agua: *ponte las aletas si piensas bucear.* **3** Parte de la chapa de los automóviles que está situada encima de la rueda y que sirve para evitar que salte el barro. **4** Reborde de la parte inferior de la nariz, a ambos lados del tabique nasal. ☞ nariz.

aletargamiento *n. m.* **1** Estado de adormecimiento e inactividad en que se quedan algunos animales en determinadas épocas del año: *los osos pasan parte del invierno en estado de aletargamiento.* **SIN** letargo. **2** Estado de cansancio y adormecimiento en que se encuentra una persona por causa del sueño o de una enfermedad. **SIN** letargo.

aletargar *v. tr.* **1** Producir aletargamiento: *la anemia aletarga a los enfermos.* ◇ *v. prnl.* **2 aletargarse** Encontrarse una persona cansada o adormecida a causa del sueño o de la enfermedad: *el paciente se ha aletargado.* **3** Quedarse algunos animales adormecidos y en reposo en determinadas épocas del año: *en invierno los reptiles se aletargan.*
DER aletargamiento.
OBS En su conjugación, la *g* se convierte en *gu* delante de *e.*

aletear *v. intr.* **1** Mover las alas repetidamente sin echar a volar: *los polluelos aleteaban en su nido.* **2** Agitar un pez las aletas fuera del agua.
DER aleteo.

aleteo *n. m.* Movimiento repetido de las alas o las aletas.

alevín *n. m.* **1** Pez de tamaño pequeño y de corta edad, generalmente utilizado para repoblar estanques y ríos: *no se deben pescar alevines.* ◇ *adj./n. com.* **2** [joven] Que se inicia en una profesión o actividad: *mi hijo está en un equipo de fútbol de alevines.*

alevosía *n. f.* Circunstancia de haber puesto cuidado y atención la persona que comete un delito para asegurarse de que no corre ningún peligro al hacerlo: *la alevosía es una circunstancia agravante de la responsabilidad por una falta o delito.*

alevoso, -sa *adj.* [acto, delito] Que se realiza con alevosía.
DER alevosía.

alfa *n. f.* Primera letra del alfabeto griego: *la alfa equivale a la a.*
alfa y omega Principio y fin, causa y finalidad: *para los creyentes, Dios es alfa y omega de la creación.*

alfabético, -ca *adj.* Del alfabeto o que tiene relación con él: *el libro ofrece un índice de autores en orden alfabético.* Suele hacer referencia a la ordenación y a lo ordenado siguiendo la posición de las letras en el alfabeto.

alfabetización *n. f.* **1** Enseñanza de la lectura y de la escritura a quien no sabe: *en las zonas más pobres y marginadas es necesaria una campaña de alfabetización.* **2** Ordenación de letras o palabras siguiendo el orden de las letras en el alfabeto.

alfabetizar *v. tr.* **1** Enseñar a leer y escribir a alguien: *es*

alfabeto

preciso alfabetizar a toda la población. **2** Ordenar siguiendo el orden de las letras en el alfabeto.
DER alfabetización.
OBS En su conjugación, la z se convierte en c delante de e.

alfabeto n. m. **1** Serie ordenada de las letras de un idioma: *comienza por pronunciar y escribir las letras del alfabeto.* **SIN** abecé, abecedario. **2** Sistema de signos que sirve para la comunicación: *el alfabeto de los sordomudos se representa con las manos.* **alfabeto Braille** Alfabeto que está formado por signos grabados en relieve sobre papel y usan los ciegos para leer y escribir. **alfabeto Morse** Alfabeto que está formado por combinaciones de puntos y rayas y se usa en telegrafía.
DER alfabético, alfabetizar; analfabeto.

alfajor n. m. Dulce hecho con almendras, nueces, a veces piñones, pan rallado y tostado, especias y miel: *en Navidad se comen polvorones y alfajores.*

alfalfa n. f. Planta leguminosa de hojas compuestas que se cultiva para forraje o alimento del ganado.

alfanje n. m. Arma blanca parecida al sable, pero más ancha y de forma curvada: *los alfanjes tienen doble filo en la punta.*

alfanumérico, -ca adj. Compuesto formado por letras y números, como *R-21, 23-F.*

alfaque n. m. Elevación del fondo de un mar, río o lago, generalmente por acumulación de arena; dificulta o impide la navegación. **SIN** bajío, bajo, banco de arena.

alfar n. m. Taller donde se hacen recipientes y otros objetos de barro. **SIN** alfarería.
DER alfarero.

alfarería n. f. **1** Arte de fabricar recipientes y otros objetos de barro: *en clase de manualidades estamos aprendiendo alfarería.* **2** Alfar o taller del alfarero. **3** Establecimiento o tienda donde se venden recipientes y otros objetos de barro: *he comprado unas cazuelas en la alfarería.*

alfarero, -ra n. m. y f. Persona que se dedica a hacer recipientes y otros objetos de barro.
DER alfarería.

alféizar n. m. Parte inferior y generalmente saliente del muro que rodea una ventana: *todas las mañanas coloca la jaula de su canario en el alféizar de la ventana.*

alfeñique n. m. Persona de aspecto delicado y constitución física débil: *tuve que ayudarle con la maleta porque siempre ha sido un alfeñique.* Se usa como apelativo despectivo.

alférez n. m. Miembro del ejército cuyo empleo es superior al de subteniente e inferior al de teniente: *en la Armada existe la graduación del alférez de fragata y alférez de navío.*
DER alferecía.

alfil n. m. Pieza del ajedrez que se mueve en diagonal y puede recorrer en un solo movimiento todos los cuadros que estén libres en una dirección: *cada jugador tiene un alfil que se mueve por las casillas blancas y otro que se mueve por las negras.*

alfiler n. m. **1** Clavo de metal pequeño y muy delgado, con punta en uno de sus extremos y una bolita o cabecilla en el otro, que sirve para sujetar unas cosas a otras, especialmente telas: *antes de cortar el bajo del pantalón lo cogeré con alfileres.* ☞ costurero. **2** Joya que se usa para sujetar una prenda de vestir o como adorno: *llevaba un alfiler de corbata a juego con los gemelos de la camisa.*
no caber un alfiler *coloquial* Estar un lugar completamente lleno de gente: *en la clausura del congreso no cabía un alfiler.*
prendido con alfileres *coloquial* Mal terminado y poco seguro: *no has estudiado bastante y has dejado las lecciones prendidas con alfileres.*
DER alfilerazo, alfiletero.

alfilerazo n. m. Pinchazo producido con la punta de un alfiler.

alfiletero n. m. **1** Tubo pequeño con tapa que sirve para guardar alfileres y agujas. **2** Almohadilla pequeña que se usa para clavar en ella alfileres y agujas: *su abuela le regaló un precioso alfiletero.* **SIN** acerico. ☞ costurero.

alfombra n. f. **1** Pieza de tela muy gruesa con que se cubre el suelo de una habitación o una escalera como adorno o para dar calor: *en la salita tienen una alfombra con dibujos geométricos.* **2** Conjunto de cosas extendidas que cubren el suelo: *tendieron una alfombra de romero en las calles por donde pasaría la Virgen.*
DER alfombrar, alfombrilla.

alfombrar v. tr. Cubrir el suelo con una alfombra o con alguna cosa a manera de alfombra: *han alfombrado los pasillos del hotel; alfombraron las calles de flores para el paso de la procesión.*

alfombrilla n. f. **1** Pieza pequeña de material resistente que se coloca en el suelo de un automóvil. **SIN** esterilla. **2** Pieza pequeña de tejido suave o de goma que se pone en

---

alfabetos

español

A B C D E F G H I J K L M N Ñ O P Q R S T U V W X Y Z

braille

⠁ ⠃ ⠉ ⠙ ⠑ ⠋ ⠛ ⠓ ⠊ ⠚ ⠅ ⠇ ⠍ ⠝ ⠻ ⠕ ⠏ ⠟ ⠗ ⠎ ⠞ ⠥ ⠧ ⠺ ⠭ ⠽ ⠵

griego

Α Β Γ Δ Ε Ζ Η Θ Ι Κ Λ Μ Ν Ξ Ο Π Ρ Σ Τ Υ Φ Χ Ψ Ω

cirílico

А Б В Г Д Е Ж З И Й К Л М Н О П Р С Т У Ф Х Ψ Ω

hebreo

ת ש ר ק צ פ ע ס נ מ ל כ י ט ח ז ו ה ד ג ב א

árabe

ي ن م ل ك ق ف غ ع ظ ط ض ص ش س ز ر ذ د خ ح ج ث ت ب

el cuarto de baño para pisar con los pies descalzos. **SIN** esterilla. **3** Pieza pequeña de material áspero y resistente que se coloca en la entrada de un lugar para que en ella se limpie los pies la persona que quiere pasar. **SIN** esterilla, felpudo, ruedo.

alfonsí *adj.* Alfonsino.
OBS El plural es *alfonsíes*.

alfonsino, -na *adj.* De cualquiera de los reyes españoles llamados Alfonso o que tiene relación con ellos: *estudia el desarrollo cultural ocasionado por la corte alfonsina*. **SIN** alfonsí.

alforja *n. f.* Tira de tela fuerte o de otro material que forma dos grandes bolsas en sus extremos, se echa al hombro o a lomos de caballería y sirve para llevar cosas.
OBS Se suele usar en plural.

alga *n. f.* Planta que carece de tejidos diferenciados, está provista de clorofila y vive y crece en el agua: *algunas algas marinas se usan en medicina y cosmética*.
OBS En singular se le anteponen los determinantes *el, un*, salvo que entre el determinante y el nombre haya otra palabra: *el alga, la larga alga*.

algarabía *n. f.* Griterío confuso y estridente formado por personas que hablan o gritan al mismo tiempo: *los vecinos hicieron una fiesta y no pude dormir con su algarabía*. **SIN** algazara.

algarada *n. f.* Vocerío o alboroto formado por un grupo de personas que protesta o discute: *comenzaron charlando tranquilamente y terminaron en una gran algarada*.

algarroba *n. f.* **1** Fruto del algarrobo, que consiste en una vaina coriácea con pulpa azucarada que cubre las semillas: *las algarrobas se utilizan como forraje para el ganado*. **2** Planta leguminosa del mismo género que el haba y que se utiliza como forraje: *la semilla de esta planta se utiliza como pienso*.
DER algarrobo.

algarrobo *n. m.* Árbol siempre verde, de hasta 15 m de altura, cuyo fruto es la algarroba: *el algarrobo vive en las zonas templadas cercanas al mar*.

algazara *n. f.* Griterío que se forma al hablar o gritar varias personas a la vez, generalmente por causa de alegría. **SIN** algarabía.

álgebra *n. f.* MAT. Parte de las matemáticas que trata de la cantidad en general, representándola por medio de letras o de otros signos: *en el álgebra se generalizan las operaciones aritméticas*.
DER algebraico.
OBS En singular se le anteponen los determinantes *el, un*, salvo que entre el determinante y el nombre haya otra palabra: *el álgebra, la sencilla álgebra*.

algebraico, -ca *adj.* Del álgebra o relacionado con esta parte de las matemáticas: *cálculo algebraico*.

álgido, -da *adj.* **1** [momento, circunstancia] Que es el más importante y de máximo interés: *falló la megafonía en el momento álgido de la ceremonia*. **2** Que está muy frío.

algo *pron. indef.* **1** Indica que la cosa a la que se refiere no está determinada o no se quiere determinar: *¿desea algo más, señora?* **2** Indica cantidad indeterminada: *necesitaré algo de dinero*. ◊ *adv.* **3** Un poco, no del todo, en pequeña cantidad: *dice el médico que ya está algo mejor*.
algo así Expresión que indica aproximación o parecido: *serían las seis o algo así cuando llegó*.
algo es algo Expresión que indica conformidad o acuerdo con una cosa, aunque sea pequeña o poco importante.

algodón *n. m.* **1** Planta de flores amarillas con manchas rojas, cuyo fruto en cápsula contiene muchas semillas envueltas en una borra o pelusa blanca y suave: *su padre tenía una importante plantación de algodón*. **2** Materia blanca y suave que cubre la semilla de esta planta: *antes se recogía el algodón a mano*. **3** Borra de esta planta que limpia y esterilizada se emplea para usos médicos e higiénicos: *se quita el maquillaje con unas bolitas de algodón; limpió la herida con un algodón mojado en agua oxigenada*. **4** Tejido hecho con hilos de esta materia: *me gustan las prendas de algodón porque no dan calor*.
entre algodones Con muchas atenciones y cuidados: *como era hijo único, fue criado entre algodones*.
DER algodonero, algodonoso.

algodonero, -ra *adj.* **1** Del algodón o que tiene relación con esta materia: *industria algodonera*. ◊ *n. m. y f.* **2** Persona que se dedica a cultivar y trabajar el algodón: *cuadrilla de algodoneros*.

algodonoso, -sa *adj.* Que tiene alguna de las características que se consideran propias del algodón: *nubes algodonosas*.

algoritmo *n. m.* MAT. Conjunto ordenado de operaciones sistemáticas que permite hacer un cálculo y hallar la solución de un tipo de problemas: *debes conocer el algoritmo que se emplea para hallar las raíces cuadradas*.

alguacil *n. m.* Empleado subalterno que ejecuta las órdenes de una autoridad administrativa: *el alguacil del juzgado ejecuta las órdenes del juez; los alguaciles del ayuntamiento están a las órdenes del alcalde*.
DER alguacilillo.

alguacilillo *n. m.* Persona que ejecuta las órdenes del presidente en las corridas de toros y lleva los trofeos al torero: *los alguacilillos abren el pasello montados a caballo*.

alguien *pron. indef.* **1** Una persona cualquiera; una o varias personas sin determinar: *pregunta si alguien ha visto al niño*. ◊ *n. m.* **2** Persona importante: *tendrás que esforzarte más si quieres ser alguien en la empresa*.
OBS No se usa en plural. ◊ Si va acompañado de un adjetivo, éste debe ir en masculino singular: *contratarán a alguien culto y bien educado*. ◊ No se debe usar *alguien de* en lugar de *alguno de*.

algún *det. indef.* Apócope de *alguno*: *¿conoces algún escritor de esa década?*
OBS Se usa delante de sustantivos masculinos en singular.

alguno, -na *det. indef.* **1** Indica que la persona o cosa a la que hace referencia el sustantivo al que acompaña no está determinada o no se quiere determinar: *algunos escritores firmaban con un seudónimo*. Delante de sustantivos masculinos en singular se usa *algún*. **2** Indica una cantidad que no está determinada o no se quiere determinar: *algunos años después volvió a casa*. **3** Ninguno; ni una persona o cosa: *se marchó sin decir cosa alguna*. Se usa detrás del sustantivo en frases negativas y delante en frases interrogativas. ◊ *pron. indef.* **4** Indica que la persona o cosa a la que se refiere no está determinada o no se quiere determinar: *hubo algunos que no estaban de acuerdo*.
alguno que otro Unos cuantos de un conjunto; pocos: *sólo alguno que otro logra terminar esa larga carrera*.

alhaja *n. f.* **1** Joya o adorno de valor, generalmente hecho con piedras y metales preciosos: *siempre va luciendo sus alhajas*. **2** Persona o cosa de mucho valor y de excelentes cualidades o a la que se quiere mucho: *el nuevo científico del proyecto es una alhaja*. **3** *coloquial* Persona mala, que molesta y hace daño a los demás o que no trabaja bien: *menuda alhaja está hecho tu amigo*.

alharaca *n. f.* Demostración exagerada de un sentimiento, generalmente acompañada de voces y gestos: *a mí no me vengas con alharacas, que no me vas a engañar*.

alhelí *n. m.* **1** Flor de jardín, sencilla o doble, de varios colo-

aliado

res y olor agradable: *llevaba un ramo de alhelíes.* **2** Planta de hojas largas y estrechas que da esa flor: *el alhelí es originario de Europa.*
OBS La Real Academia Española también registra *alelí*, pero prefiere la forma *alhelí*. ◇ El plural es *alhelíes*, culto, o *alhelís*, popular.

aliado, -da *adj./n. m. y f.* [persona, país] Que es miembro de una alianza, que está unido o de acuerdo con otro para un fin determinado: *siempre contaba cómo durante la segunda guerra mundial un aliado francés le salvó la vida.*

alianza *n. f.* **1** Unión o pacto entre personas, grupos sociales o estados para lograr un fin común: *las alianzas con el país vecino favorecen el tráfico comercial.* **SIN** confederación, federación. **2** Documento o tratado donde está escrito que se han unido unas personas o países: *algunos países lamentan ahora no haber firmado la alianza.* **3** Anillo que se ponen en las bodas los que se casan y que indica que la persona que lo lleva está casada.

aliar *v. tr./prnl.* Unir o poner de acuerdo a dos o más personas o países para lograr un fin determinado: *muchos países europeos se aliaron para luchar contra la invasión germana.*
DER aliado, alianza.
OBS En su conjugación, la *i* se acentúa en algunos tiempos y personas, como en *desviar*.

alias *adv.* **1** De otro modo; por otro nombre: *Jose María Hinojosa, alias* el Templanillo, *fue un famoso bandolero.* ◇ *n. m.* **2** Nombre con el que los demás llaman a una persona en lugar del suyo propio, generalmente para ocultar su verdadera identidad: *el alias de Eleuterio Sánchez era* el Lute. **SIN** apodo, mote.

alicaído, -da *adj.* Que está abatido o débil: *no sale con sus amigos y siempre está triste y alicaído.*

alicantino, -na *adj.* **1** De Alicante o relacionado con esta ciudad y provincia española. ◇ *adj./n. m. y f.* **2** [persona] Que es de Alicante.

alicatado *n. m.* **1** Revestimiento de azulejos que se pone en una pared o en otra superficie: *el alicatado de la cocina es blanco con una cenefa a media altura.* **2** Acción de alicatar o revestir una superficie con azulejos.

alicatar *v. tr.* Revestir con azulejos una pared u otra superficie: *debido a los arreglos de fontanería, tendré que alicatar de nuevo la cocina.*
DER alicatado.

alicate *n. m.* Herramienta formada por dos brazos movibles que sirve para apretar o sujetar: *el alicate es parecido a la tenaza.* ☞ herramientas.
OBS Se usa también en plural para hacer referencia a una sola de esas herramientas: *los alicates están en la caja de las herramientas.*

aliciente *n. m.* Cosa que mueve a actuar o realizar una acción: *el nuevo parque ofrece un aliciente más para veranear en el lugar.* **SIN** acicate, aguijón, estímulo.

alicorto, -ta *adj.* **1** Que tiene las alas cortas o cortadas. **2** Que tiene poca imaginación o escasas aspiraciones: *su proyecto no interesó porque resultaba algo alicorto.*

alícuota *adj.* Que es proporcional: *cada uno pusimos una parte alícuota para comprarte el regalo.*

alienación *n. f.* **1** Proceso individual o colectivo de transformación de la conciencia hasta hacerla contradictoria con lo que debía esperarse de su condición. **2** Pérdida de la propia personalidad o identidad: *hay que luchar contra la alienación que provoca la publicidad consumista.* **3** Alteración de la razón y de los sentidos temporal o permanente: *el abuelo sufre una alienación preocupante.*

alienante *adj.* **1** Que altera la razón y los sentidos. **2** Que produce la pérdida de la propia personalidad o identidad.

alienar *v. tr.* **1** Alterar la razón y los sentidos. **2** Quitar o causar la pérdida de la propia personalidad o identidad: *las civilizaciones europeas alienaron la cultura de las tribus indígenas.* **3** Alterar la razón y los sentidos temporal o permanentemente.
DER alienación, alienante; inalienable.

alienígena *adj./n. com.* [ser vivo] Que procede de otro planeta: *la nave espacial había sido tomada por alienígenas procedentes de Marte.* **SIN** extraterrestre.

aliento *n. m.* **1** Aire que sale por la boca al respirar: *una mala digestión provoca mal aliento.* **SIN** hálito. **2** Aire que se toma cada vez que se respira: *tomó aliento antes de subir la escalera.* **SIN** respiración. **3** Ánimo o ayuda moral. **ANT** desaliento.

sin aliento *a)* Con la respiración entrecortada por haber hecho un esfuerzo físico muy grande. *b)* Muy sorprendido o admirado: *me quedé sin aliento cuando supe la noticia.*

aligator *n. m.* Reptil grande de color marrón oscuro, piel muy dura y con escamas, patas con una membrana entre los dedos para nadar; su cola es larga y aplanada lateralmente, los dientes fuertes y afilados y el hocico corto. **SIN** caimán.

aligerar *v. tr.* **1** Hacer más ligero o menos pesado: *el carro no subirá la cuesta si no le aligeramos la carga.* **SIN** aliviar. **2** Hacer menos grave o doloroso. **SIN** aliviar. ◇ *v. tr./intr.* **3** Acelerar, apresurar, aumentar la velocidad: *aligerar la marcha; diles que aligeren o no llegamos a tiempo.* **SIN** aviar.

aligustre *n. m.* Arbusto de flores blancas y olorosas y frutos de color negro y forma redondeada: *en el parque hay setos de aligustres.*

alijar *v. tr.* **1** Hacer más ligera la carga de una embarcación para que soporte mejor las olas o para que vuelva a flotar. **2** Pasar de un barco a otro o a tierra mercancías ilegales.
DER alijo.

alijo *n. m.* Conjunto de géneros o cosas que se han fabricado o introducido en un país de modo ilegal: *en la lucha contra el contrabando se ha destruido un importante alijo de cocaína.*

alimaña *n. f.* Animal que ataca o hace daño a la caza menor o a la ganadería: *el lobo es una alimaña cuando ataca a los rebaños.*

alimentación *n. f.* **1** Suministro de las sustancias nutritivas que necesita el organismo para funcionar: *la alimentación es indispensable para todos los seres vivos.* **SIN** nutrición. **2** Conjunto de cosas que se toman o sirven como alimento: *trabajo en el ramo de la alimentación.* **3** Suministro de lo necesario para un mecanismo, sistema o proceso funcione.

alimentar *v. tr./prnl.* **1** Dar alimento a un ser vivo: *las aves alimentan a sus crías en el nido.* ◇ *v. intr.* **2** Servir de alimento: *las verduras alimentan mucho.* ◇ *v. tr.* **3** Mantener o conseguir lo necesario para vivir: *aunque no me guste, lo haré porque tengo que alimentar a mi familia.* **4** Dar la materia o energía necesarias para funcionar: *alimentar las calderas.* **5** Provocar o fomentar un sentimiento o estado de ánimo: *los últimos hallazgos alimentan mis esperanzas de que los encuentren con vida.*
DER alimentación; sobrealimentar.

alimentario, -a *adj.* De los alimentos o la alimentación o relacionado con ellos: *industria alimentaria.*

alimenticio, -cia *adj.* Que alimenta o sirve para alimentar: *esta parte del supermercado es sólo de productos alimenticios.*

alimento *n. m.* **1** Conjunto de productos que toman los

seres vivos y proporciona a sus organismos las sustancias que necesitan para funcionar: *el pescado, la carne y la verdura son alimentos fundamentales*; *las plantas toman su alimento por las raíces*. **SIN** comida. **2** Cosa que sostiene o mantiene vivo un sentimiento o una idea: *los recuerdos eran el alimento de su ilusión*.
DER alimentar, alimentario, alimenticio.

alimoche *n. m.* Ave rapaz más pequeña que el buitre, de plumaje blanco con la punta de las alas de color negro. **SIN** abanto.

alimón Palabra que se utiliza en la locución *al alimón*, que significa 'a la vez', 'en colaboración', 'conjuntamente': *no puedo trabajar al alimón contigo, es algo que debo hacer yo solo*.

alineación *n. f.* **1** Colocación en línea recta: *todos los presos formaban en el patio en perfecta alineación*. **SIN** alineamiento. **2** Inclusión de un jugador en un equipo para que participe en un partido o en una competición: *el entrenador anunció la alineación del último fichaje en el partido del domingo*. **SIN** alineamiento. **3** Conjunto de jugadores que forman parte de un equipo y que participan en un partido o en una competición: *el comentarista leyó las alineaciones de ambos equipos*. **SIN** alineamiento. **4** Asociación con una tendencia ideológica o política: *reprocharon a los líderes sindicales su alineación con las tesis del gobierno*. **SIN** alineamiento.

alineamiento *n. m.* Alineación.

alinear *v. tr.* **1** Incluir a un jugador en el equipo que ha de participar en un partido o en una competición: *el entrenador ha alineado a dos hermanos*. ◇ *v. tr./prnl.* **2** Colocar o colocarse en línea recta: *alineaba con cuidado las fichas del dominó*. **3** Vincular o vincularse a una tendencia ideológica, política o de otro tipo: *los países árabes se alinearon contra la propuesta israelí*.
DER alineación, alineamiento; desalinear.
OBS En su conjugación, la *i* no lleva acento de intensidad.

aliñar *v. tr.* **1** Echar especias u otras sustancias a una comida para que tenga más sabor o el sabor deseado: *aliñar la ensalada*. **SIN** aderezar, condimentar, sazonar. ◇ *v. tr./prnl.* **2** Arreglar el aspecto físico; poner bello. **SIN** aderezar.
DER aliño; desaliñar.

aliño *n. m.* **1** Preparación de un alimento con las especias y sustancias necesarias para que tome el sabor deseado. **SIN** aderezo, condimentación. **2** Condimento o conjunto de especias que se echan a la comida para que tenga más sabor o el sabor deseado: *no sé qué aliño lleva esta comida*. **SIN** aderezo. **3** Conjunto de adornos que se usan para mejorar el aspecto físico de una persona o cosa: *con unas nuevas cortinas y algunos aliños tu habitación parece otra*. **SIN** aderezo.

alioli *n. m.* Salsa de sabor fuerte hecha con ajo, aceite y otras sustancias: *patatas al alioli*.

alirón *n. m.* **1** Canción popular con que se celebra la victoria en una competición deportiva: *el equipo cantó el alirón tras el último partido*. **SIN** *int.* **2** ¡**alirón**! Exclamación que se usa para expresar alegría por el triunfo del vencedor en una competición deportiva: *¡alirón, alirón, nuestro equipo es campeón!*

alisador, -ra *adj./n. m. y f.* [instrumento] Que sirve para alisar o quitar asperezas.

alisar *v. tr./prnl.* **1** Poner liso: *para dejarlo plano e igual debes alisarlo un poco más*. **SIN** estirar. **2** Arreglar o poner en orden, especialmente el pelo: *no se ha peinado, sólo se ha alisado el pelo con la mano*. ◇ *v. tr.* **3** Planchar ligeramente para quitar las principales arrugas: *no voy a planchar la camisa con detenimiento, sólo la alisaré un poco*.
DER alisador.

alisios *adj./n. m. pl.* [clase de vientos] Que soplan todo el año en las capas bajas de la atmósfera desde los trópicos hacia el ecuador, en dirección noreste en el hemisferio norte y en dirección sureste en el hemisferio sur.

aliso *n. m.* **1** Árbol de tronco grueso, copa redonda y madera muy dura, que suele crecer cerca de los ríos o de lugares húmedos: *las hojas del aliso son algo viscosas*. **2** Madera de este árbol que se emplea en la construcción de instrumentos musicales y de otros objetos.

alistamiento *n. m.* **1** Inscripción en una lista, especialmente en la de los jóvenes que van a hacer el servicio militar: *el alistamiento en el ejército es obligatorio en casi todos los países*. **2** Conjunto de jóvenes alistados anualmente para hacer el servicio militar.

alistar *v. tr./prnl.* **1** Apuntar o inscribir en una lista. ◇ *v. prnl.* **2** alistarse Unirse voluntariamente a un ejército o a un grupo organizado: *al no encontrar trabajo se alistó como paracaidista*.
DER alistamiento.

aliteración *n. f. culto* Figura del lenguaje que consiste en repetir uno o varios sonidos en una palabra o en una frase: *con el ala aleve del leve abanico es* una aliteración que recuerda el sonido del aire al moverse.

aliviadero *n. m.* Conducto que sirve para dar salida a las aguas sobrantes de un embalse o canalización: *el aliviadero evitó el desbordamiento del pantano*.

aliviar *v. tr./prnl.* **1** Hacer menos grave o doloroso: *los paños fríos te aliviarán el calor*. **SIN** aligerar, dulcificar, endulzar. ◇ *v. tr.* **2** Hacer más ligero o menos pesado; disminuir el peso o la carga de algo. **SIN** aligerar.
DER aliviadero, alivio.
ETIM Véase *leve*.
OBS En su conjugación, la *i* no se acentúa, como en *cambiar*.

alivio *n. m.* **1** Disminución de una carga o de un peso. **2** Ayuda o motivo que contribuye a disminuir la intensidad de una pena o de un dolor: *tu compañía supuso para mí un gran alivio*. **SIN** consolación, consuelo.

aljaba *n. f.* Bolsa en forma de tubo ancho por arriba y estrecho por abajo para llevar flechas; se colgaba del hombro izquierdo y se inclinaba hacia la cadera derecha. **SIN** carcaj.

aljama *n. f.* **1** Edificio donde una comunidad judía se reúne para rezar o realizar ceremonias religiosas. **SIN** sinagoga. **2** Edificio donde una comunidad musulmana se reúne para rezar o realizar ceremonias religiosas. **SIN** mezquita.

aljibe *n. m.* Depósito grande, generalmente bajo tierra, donde se recoge y conserva el agua: *el agua llega a cada vivienda desde el aljibe que tiene el edificio*.

allá *adv.* **1** En aquel lugar; hacia aquel lugar. Indica un lugar lejano: *compré estos vestidos allá en América*. **SIN** allí. **ANT** acá. **2** Indica tiempo lejano, en el pasado o en el futuro: *los romanos dominaban la península ibérica allá por el siglo I*. **SIN** allí. **ANT** acá. **3** Indica falta de interés o despreocupación: *si te quieres quedar, allá tú*.

de acá para allá De un lugar para otro: *se pasa el día de acá para allá*.

el más allá El otro mundo; lo que hay después de la muerte.

no muy allá De regular calidad; no muy bueno: *se ha quedado en cama porque no se encuentra muy allá*.

OBS Su determinación de lugar es menos precisa que la de *allí*. Por eso *allá* admite grados y puede ir precedido de los adverbios *más* o *muy*: *vete más allá*.

allanamiento *n. m.* **1** Conversión de algo, especialmente de un terreno, en llano o plano eliminando sus desigualdades.

allanar

2 Vencimiento de las dificultades o inconvenientes. **3** Entrada a la fuerza en la casa de otra persona: *el allanamiento de morada es un delito grave*.

allanar *v. tr./intr./prnl.* **1** Poner llano o plano: *vamos a allanar el camino para que puedan pasar los coches*. **SIN** aplanar. ◇ *v. tr.* **2** Superar o hacer fácil un problema o una situación difícil: *el padre allanó el camino a sus hijos*. **3** Entrar a la fuerza en la casa de otra persona. ◇ *v. prnl.* **4 allanarse** Conformarse o aceptar una cosa aunque no se esté completamente de acuerdo con ella: *tuvo que allanarse para no perder el trabajo*.
DER allanamiento.

allegado, -da *adj./n. m. y f.* [persona] Que pertenece a una familia determinada o que tiene una relación estrecha con ella: *al acto sólo asistieron los más allegados*.

allegar *v. tr.* Recoger o juntar, especialmente medios o recursos para algo: *es preciso allegar fondos para la reparación del campanario*.
DER allegado.
OBS En su conjugación, la g se convierte en gu delante de e.

allende *adv. culto* Más allá de, en la parte de allá de: *triunfó allende los mares*.
OBS Se usa en la lengua escrita.

allí *adv.* **1** A aquel lugar, en aquel lugar: *voy allí, vivo allí*. **SIN** allá. **ANT** aquí. **2** Indica tiempo lejano en el pasado o en el futuro: *hasta allí todo había marchado muy bien*. **SIN** allá. **ANT** aquí.

alma *n. f.* **1** Parte inmaterial del ser humano que es capaz de entender, querer y sentir y que, con el cuerpo o parte material, constituye la esencia humana: *siempre se entrega en cuerpo y alma*. **ANT** cuerpo. **alma en pena** *a*) Espíritu que está sufriendo en el purgatorio y haciéndose puro para subir al cielo o que anda errante entre los vivos sin hallar reposo. *b*) Persona que está siempre sola, triste y melancólica: *desde que perdió el empleo es un alma en pena*. **2** Parte del ser humano que se mueve por la moral, los sentimientos y los afectos, oponiéndose a la parte mental o al cerebro: *tiene un alma caritativa*. **3** Persona que da vida, ánimo, fuerza o alegría en un lugar o una situación: *la nueva profesora fue el alma de la fiesta*. **4** Persona, ser humano: *no se veía un alma en la calle*. **alma de cántaro** Persona ingenua, tonta o insensible. **alma de Dios** Persona muy bondadosa y sencilla: *mi vecina es un alma de Dios, siempre ayudando a los demás*. **5** Interés, esfuerzo o voluntad que se pone en hacer las cosas: *suele poner el alma en todo lo que hace*. **6** Hueco interior del cañón de un arma de fuego: *el alma del fusil es estriada*. **SIN** ánima.
agradecer en el alma Estar muy agradecido: *te agradezco en el alma la ayuda que me prestaste*.
¡alma mía! Exclamación con la que se expresa cariño: *¡ven aquí, alma mía, y dame un abrazo!*
caerse el alma a los pies Sufrir una decepción por no corresponderse la realidad con lo que se esperaba.
clavarse en el alma Producir mucha pena o dolor: *sus palabras de reproche se me clavaron en el alma*.
como alma que lleva el diablo Con precipitación, rapidez y nerviosismo: *al verme llegar salió como alma que lleva el diablo*. Se usa con verbos de movimiento como *irse, marcharse* o *salir*.
estar con el alma en vilo o **tener el alma en vilo** Estar preocupado por algún peligro; temer que suceda alguna desgracia: *cuando torea su hijo está con el alma en vilo*.
no poder con su alma Estar muy cansado: *después de tanto trabajo estoy que no puedo con mi alma*.
partir el alma Dar mucha pena: *me parte el alma verla llorar así*.
DER desalmado.
OBS En singular se le antepone los determinantes *el, un*, salvo que entre el determinante y el nombre haya otra palabra: *el alma, la sencilla alma*.

almacén *n. m.* **1** Local o edificio que sirve para depositar o guardar mercancías u otras cosas en gran cantidad: *el zapatero fue a buscar un par de zapatos al almacén*. **2** Establecimiento donde se venden productos en grandes cantidades: *en los almacenes compran al por mayor los comerciantes*. **grandes almacenes** Establecimiento grande y dividido en secciones donde se vende todo tipo de productos.
DER almacenar, almacenista.

almacenaje *n. m.* Almacenamiento.

almacenamiento *n. m.* **1** Depósito de algo en un almacén. **SIN** almacenaje. **2** Reunión y conservación de cosas en gran cantidad: *el anuncio de la subida del aceite provocó el almacenamiento por parte de los consumidores*. **SIN** almacenaje.

almacenar *v. tr./prnl.* **1** Reunir o depositar en un lugar: *el local de al lado les sirve para almacenar las mercancías que van llegando*. **2** Reunir o depositar en gran cantidad: *no es preciso que almacenes tanta información*.
DER almacenaje, almacenamiento.

almacenista *n. com.* **1** Dueño de un almacén. **2** Persona que se dedica a vender en un almacén: *el almacenista vende al por mayor a los comerciantes*.

almáciga *n. f.* Recipiente o lugar donde se siembran las semillas de las plantas para, una vez nacidas, trasplantarlas a otro lugar: *he traído una almáciga de tomates para ponerlos en esta parte del huerto*.

almadraba *n. f.* **1** MAR. Pesca del atún: *toda la población se dedica a la almadraba*. **2** MAR. Lugar donde se pesca y donde después se prepara el atún. **3** MAR. Red o grupo de redes con que se pesca el atún. ◇ *n. f. pl.* **4 almadrabas** MAR. Tiempo en que se pesca el atún: *estuvimos de vacaciones cuando las almadrabas*.

almanaque *n. m.* Registro de los días del año, ordenados por meses y por semanas, que generalmente incluye información sobre las fases de la luna y las festividades religiosas y civiles. **SIN** calendario.

almazara *n. f.* Molino o fábrica donde se extrae el aceite de las aceitunas: *fuimos a la almazara a comprar el aceite para todo el año*.

almeja *n. f.* Molusco marino comestible, pequeño y con dos conchas ovaladas: *las almejas viven en aguas poco profundas*. ☞ moluscos.

almena *n. f.* Cada uno de los bloques o prismas de piedra que, separados entre sí por un espacio, rematan las murallas de un castillo o fortaleza.

almendra *n. f.* **1** Fruto del almendro, de forma alargada y de cáscara dura que recubre la semilla. **2** Semilla comestible que hay dentro de este fruto: *para freír las almendras conviene quitarles la película marrón que las envuelve*.
DER almendrado, almendro, almendruco.

almendrado, -da *adj.* **1** Que tiene forma ovalada o semejante a la de una almendra: *ojos almendrados*. ◇ *n. m.* **2** Dulce hecho con pasta de almendras, harina y miel o azúcar.

almendro *n. m.* Árbol de hojas alargadas, pequeñas flores blancas o rosas y cuyo fruto es la almendra: *la corteza del almendro destila una goma parecida a la arábiga*. ☞ árbol.

almendruco *n. m.* Almendra sin madurar, con la cubierta exterior aún verde y la semilla tierna: *las flores del almendro han dado paso a gran cantidad de almendrucos.*

almeriense *adj.* **1** De Almería o relacionado con esta ciudad y provincia andaluza. ◇ *adj./n. com.* **2** [persona] Que es de Almería.

almiar *n. m.* Montón de hierba seca, paja o heno colocado alrededor de un palo vertical en el campo: *el almiar es un pajar a la intemperie.*

almíbar *n. m.* Líquido dulce hecho con azúcar disuelta en agua y espesada a fuego lento: *fruta en almíbar.*
DER almibarar.

almibarado, -da *adj.* [persona] Que es demasiado dulce o amable en su trato o modo de hablar: *me molesta que para pedir una cosa adopte ese tono almibarado.*

almibarar *v. tr.* **1** Bañar o cubrir con almíbar. **2** Hacer excesivamente dulces y suaves las palabras o el trato con otra persona para conseguir algo: *la mujer almibaró la voz y suplicó que la dejaran marcharse.*
DER almibarado.

almidón *n. m.* Sustancia blanca que no tiene olor ni sabor y que se encuentra en la semilla de ciertas plantas, especialmente en la de los cereales.
DER almidonar.

almidonado, -da *adj.* **1** Planchado con almidón. **2** Que va vestido y arreglado con excesiva pulcritud y cuidado.

almidonar *v. tr.* Mojar un tejido con almidón disuelto en agua para que quede tieso y con más consistencia: *ya no se suelen almidonar los cuellos de las camisas.*
DER almidonado.

alminar *n. m.* Torre de una mezquita desde la que el almuecín convoca a los musulmanes a la oración. **SIN** minarete.

almirantazgo *n. m.* **1** Tribunal o consejo superior de la Marina: *el almirantazgo ha decidido posponer el ataque.* **2** Cargo de almirante: *recibió el almirantazgo siendo muy joven.* **3** Territorio que tiene a su cargo un almirante. **4** Conjunto de los almirantes de la Marina: *todo el almirantazgo se manifestó a favor de la celebración de una fiesta.*

almirante *n. m.* Miembro de la Armada de categoría inmediatamente inferior a la de capitán general: *el almirante equivale al teniente general en el ejército de tierra.*
DER almirantazgo; contralmirante, vicealmirante.

almirez *n. m.* Recipiente de metal u otro material duro con forma de vaso ancho que sirve para moler o machacar en él algunas sustancias, especialmente condimentos. **SIN** mortero.

almizcle *n. m.* Sustancia grasa de olor muy fuerte, sabor amargo y color entre rojo y marrón que se emplea en cosmética y perfumería: *el almizcle se saca del estómago de un animal rumiante que se llama almizclero.*

almogávar *n. m.* Soldado de infantería que durante la Edad Media servía a la corona de Aragón y estaba especializado en atacar por sorpresa territorio enemigo y adentrarse en él.

almohada *n. f.* Saco de tela generalmente alargado lleno de un material blando que sirve para apoyar una parte del cuerpo, en especial la cabeza, y que se pone en la cama o en otros lugares: *no puedo dormir con esta almohada tan dura.*
DER almohadilla, almohadón. ☞ cama.

almohade *adj./n. m. y f.* De una antigua dinastía musulmana que reinó en el norte de África y en España durante la segunda mitad del siglo XII y la primera del XIII.

almohadilla *n. f.* Cojín pequeño que se coloca sobre un asiento duro para estar más cómodo sentado sobre él, generalmente en un espectáculo público: *el público llenó la plaza de almohadillas ante la pésima actuación del torero.*
DER almohadillar, almohadillero.

almohadillado, -da *adj./n. m. y f.* **1** [superficie] Que está relleno de lana, algodón, gomaespuma u otro material blando: *el respaldo de la silla está almohadillado.* ◇ *n. m.* **2** ARQ. Decoración del muro de un edificio consistente en hacer sobresalir los sillares o piedras que lo forman, dejando sus bordes más hundidos, a semejanza de unos almohadones: *el almohadillado fue un sistema decorativo muy extendido en el Renacimiento.*

almohadillar *v. tr.* **1** Poner lana, algodón, gomaespuma u otro material blando entre dos superficies y unirlas para que no se muevan: *vamos a almohadillar las sillas para que sean más cómodas.* **2** ARQ. Hacer sobresalir los sillares o piedras que forman el muro de un edificio como forma de decoración, dejando sus bordes más hundidos, a semejanza de almohadones.
DER almohadillado.

almohadón *n. m.* **1** Saco de tela lleno de un material blando, generalmente de forma cuadrada, que sirve para apoyar la espalda, sentarse encima o recostarse en él: *te pondré otro almohadón para que estés más incorporado.* **2** Funda de tela en la que se mete la almohada: *he quitado los almohadones para lavarlos.*

almoneda *n. f.* **1** Subasta de muebles y objetos usados, generalmente a bajo precio. **2** Establecimiento donde se realiza este tipo de venta.

almorávide *adj./n. m. y f.* De una antigua dinastía musulmana que reinó en el norte de África y en España durante la segunda mitad del siglo XI y la primera del XII.

almorrana *n. f.* Pequeño tumor sanguíneo que se forma en las inmediaciones del ano o en la parte final del intestino por una excesiva dilatación de las venas en esta zona. **SIN** hemorroide.
OBS Se usa también en plural con el mismo significado.

almorta *n. f.* **1** Planta leguminosa de tallo ramoso y flores blancas o azules: *la almorta es indígena de la península ibérica.* **2** Semilla de esta planta, redondeada y con depresiones que le dan semejanza con una muela: *la almorta se utiliza como pienso y para hacer una harina que sirve para cocinar diversos platos.*

almorzar *v. tr./intr.* Tomar alimento a mediodía: *después de tomar el aperitivo me iré a almorzar a casa.* **SIN** comer.

almuecín *n. m.* Almuédano.

almuédano *n. m.* Musulmán que desde la torre de la mezquita llama en voz alta a los fieles para que acudan a rezar. **SIN** almuecín.

almuerzo *n. m.* **1** Alimento que se toma a mediodía; generalmente es el principal del día. **SIN** comida. **2** Acción de tomar este alimento: *sólo bebió agua en el almuerzo.* **SIN** comida. **3** Comida ligera que se toma a media mañana: *vamos a tomar un bocadillo, que es la hora del almuerzo.*
DER almorzar.

alo- Elemento prefijal que entra en la formación de palabras con el significado de 'otro', 'diverso', 'diferente': *alófono.*

alocado, -da *adj.* **1** Movido, inquieto: *la vida en la ciudad tiene un ritmo muy alocado.* ◇ *adj./n. m. y f.* **2** [persona] Que se comporta de forma irreflexiva y precipitada: *no puedes pedir que ponga atención y cuidado a una persona tan alocada.*

alocución *n. f.* Discurso, generalmente breve, que un jefe o superior dirige a sus subordinados: *el jefe de la región militar dio las gracias a todos en una breve alocución de despedida.*

alófono *n. m.* Característica del sonido de una vocal o una consonante según su posición en la palabra o en la sílaba y en relación con los sonidos vecinos.

alojamiento *n. m.* **1** Instalación temporal de una o más personas en una vivienda que no es la suya o en lugar análogo. **2** Lugar en el que se alojan temporalmente una o más personas: *hemos de encontrar alojamiento antes de que anochezca.* SIN albergue, aposento, hospedaje. **3** Acogida o instalación en una casa o en un establecimiento: *un pueblo tan pequeño no puede dar alojamiento a tantos visitantes.* SIN albergue, hospedaje. **4** Cantidad de dinero que se cobra por esa acogida: *en esta residencia todos los años me suben el alojamiento.* SIN hospedaje.

alojar *v. tr.* **1** Dar alojamiento u hospedaje: *podríamos alojar a un huésped en la habitación libre; este campamento alojará a los primeros refugiados.* SIN albergar, hospedar. ◊ *v. tr./prnl.* **2** Introducir o meter una cosa dentro de otra: *el trozo de metralla se alojó cerca del corazón.* ◊ *v. prnl.* **3 alojarse** Vivir una o más personas durante un tiempo en una casa que no es la suya o en lugar análogo: *cuando llegamos a la ciudad no sabíamos dónde alojarnos.* SIN albergar, hospedar.
DER alojamiento; desalojar.

alón *n. m.* Ala entera de cualquier ave cuando se le han quitado las plumas: *compré en la carnicería unos alones de pavo ya aliñados.*

alondra *n. f.* Pájaro de color marrón con bandas oscuras en la parte superior y claras en la inferior, con la cola en forma de horquilla y una cresta corta y redonda: *la alondra tiene un canto muy bonito.*
OBS Para indicar el sexo se usa *la alondra macho* y *la alondra hembra*.

alopecia *n. f.* Caída o pérdida del pelo debida a una enfermedad de la piel.

alpaca *n. f.* Metal blanco, de brillo y dureza muy parecidos a los de la plata, que se consigue mezclando cobre, cinc y níquel: *la alpaca es una aleación.*

alpargata *n. f.* Calzado de lona, con suela de esparto, cáñamo o goma, que se ajusta al pie sin cordones o con unas cintas que se atan al tobillo. ☞ calzado.

alpinismo *n. m.* Deporte que consiste en escalar altas montañas. SIN montañismo.
DER alpinista.

alpinista *n. com.* Persona que escala altas montañas por afición. SIN escalador, montañero.

alpino, -na *adj.* **1** De las montañas muy altas o que tiene relación con ellas: *la vegetación alpina es escasa.* **2** De los Alpes o que se relaciona con esta cordillera europea.
DER alpinismo; transalpino.

alpiste *n. m.* **1** Semilla muy pequeña que se usa como alimento para los pájaros: *voy a echar alpiste al canario.* **2** Planta de unos cincuenta centímetros de altura terminada en espigas que dan esta semilla: *el alpiste se utiliza como forraje.*

alquería *n. f.* Casa de labranza o granja, o conjunto de ellas, generalmente alejada de una población.

alquilar *v. tr.* **1** Dar una cosa para usarla por un tiempo a cambio de una cantidad de dinero y con ciertas condiciones: *quiero alquilar el piso para sacar algún dinero.* SIN arrendar. ANT desalquilar. **2** Tomar una cosa para usarla por un tiempo pagando a cambio una cantidad de dinero: *alquilaremos un coche para movernos por la isla.* SIN arrendar. ANT desalquilar.
DER alquiler; desalquilar, realquilar.

alquiler *n. m.* **1** Acción de alquilar: *yo me encargaré del alquiler del local apropiado para la oficina.* SIN arrendamiento. **2** Cantidad de dinero que se paga cada cierto período de tiempo al propietario de una casa u otro bien cuando se alquila: *quiero cambiar de piso, porque me han subido mucho el alquiler.* SIN arrendamiento, renta.

alquimia *n. f.* Conjunto de especulaciones y experimentos, generalmente de carácter oculto y secreto, sobre las características y los cambios de la materia que influyó en el origen de la ciencia química: *la alquimia pretendía encontrar la piedra filosofal que convirtiese en oro los metales.*
DER alquimista.

alquimista *n. com.* Persona que practicaba la alquimia o se dedicaba a experimentar sobre las propiedades y transformaciones de la materia.

alquitrán *n. m.* Sustancia densa y pegajosa, de color oscuro y olor fuerte, que se obtiene por destilación del petróleo, de la madera, del carbón vegetal o de otra materia orgánica: *el alquitrán mezclado con arena y grava forma una de las capas de asfalto de las carreteras.*
DER alquitranar.

alquitranar *v. tr.* Cubrir una superficie con alquitrán: *tendremos que alquitranar la terraza para que no cale el agua de lluvia.*

alrededor *adv.* **1** Indica lo que está o se mueve en torno a una persona o cosa: *ha puesto una cerca alrededor de la casa.* ◊ *n. m. pl.* **2 alrededores** Zona que rodea un lugar o una población: *daremos una vuelta por los alrededores del edificio.* SIN afueras, extrarradio.

alrededor de Dicho de una cantidad, más o menos, aproximadamente: *volveré de vacaciones alrededor del día quince.*

alta *n. f.* **1** Ingreso en un cuerpo, grupo o empresa: *el número de altas es menor que el de bajas en esta empresa.* ANT baja. **2** Documento en que se comunica que un enfermo puede volver a su actividad normal: *para incorporarte a tu trabajo debes presentar el alta del médico.* ANT baja.

dar (o darse) de alta Entrar a formar parte de un cuerpo, grupo o empresa: *el empresario dio de alta en la Seguridad Social a los empleados.*

dar el alta Comunicar a un enfermo la autoridad médica competente que puede volver a su actividad normal.
OBS En singular se le anteponen los determinantes *el, un*, salvo que entre el determinante y el nombre haya otra palabra: *el alta, la sospechosa alta.*

altamente *adv.* **1** En extremo, en gran manera: *resulta altamente difícil resolver el problema del paro.* **2** Perfectamente, excelentemente, muy bien: *si me ayudas, te verás altamente recompensado.*

altanería *n. f.* Orgullo o sentimiento de superioridad frente a los demás que provoca un trato despectivo y desconsiderado hacia ellos: *su mejor posición económica y social no le da derecho a hablarnos con esa altanería.* SIN altivez, arrogancia, soberbia.

altanero, -ra *adj.* Que muestra orgullo o se cree muy importante: *es muy altanero y nos trata como seres inferiores.* SIN altivo, soberbio.
DER altanería.

altar *n. m.* **1** En el culto cristiano, mesa consagrada donde el sacerdote celebra la misa: *el altar estaba adornado con dos hermosos candelabros de plata.* SIN ara. **2** Piedra, montículo o lugar elevado donde se celebran ritos religiosos, como ofrendas y sacrificios a los dioses. SIN ara.

llevar al altar a una persona Casarse con esa persona.

poner (o tener) en un altar Alabar mucho a una persona.

altavoz *n. m.* Instrumento que transforma en sonidos las ondas eléctricas y sirve para hacerlos más intensos: *uno de los altavoces de mi radio recoge los sonidos agudos y el otro los graves.*

alterable *adj.* Que puede alterarse; que se altera o trastorna con facilidad: *es de un carácter muy alterable y nunca se sabe cómo va a reaccionar.* ANT inalterable.

DER inalterable.

alteración *n. f.* **1** Cambio en las características, la esencia o la forma de una cosa: *el frío evita la alteración de muchos productos.* **2** Perturbación del orden público: *la presencia de la policía evitó las alteraciones en las calles.* **3** Excitación o pérdida de la calma y tranquilidad.

alterar *v. tr./prnl.* **1** Cambiar las características, la esencia o la forma de una cosa: *el excesivo calor altera muchos alimentos.* **2** Perturbar o trastornar la marcha normal de una cosa: *la vida de la empresa se alteró bastante con tantos despidos.* **3** Perder la calma y la tranquilidad: *es muy nervioso y se altera muy pronto.*

DER alterable, alteración; inalterable.

altercado *n. m.* Enfrentamiento entre dos o más personas que se desarrolla de manera apasionada o violenta: *el jugador tuvo un altercado con el árbitro y fue expulsado.*

alternador *n. m.* Máquina eléctrica que transforma en corriente alterna la corriente continua producida por un generador: *los coches tienen un alternador.*

alternancia *n. f.* Cambio sucesivo en el estado o en la situación de dos pesonas o cosas, de modo que mientras una ocupa un puesto o desempeña una función, la otra no lo hace, y viceversa: *la alternancia en el poder político es característica de algunos países.*

alternar *v. tr./intr.* **1** Cambiar sucesivamente el estado o la situación de dos personas o cosas, de modo que mientras una ocupa un puesto o desempeña una función, la otra no lo hace, y viceversa: *alterna el trabajo por la mañana y los estudios por la tarde.* ◇ *v. intr.* **2** Tener trato social o relación personal y amistosa: *durante el verano alterna con los otros chicos de la urbanización.* **3** Relacionarse una persona con los clientes de un bar o un local de diversión para hacer que gasten más dinero en consumiciones: *las camareras de esa sala de fiestas alternan con los hombres que acuden a ella.*

DER alternador, alternancia, alternativa, alternativo, alterne.

alternativa *n. f.* **1** Posibilidad de elegir entre opciones o soluciones diferentes: *mis padres no me dieron alternativa y tuve que ir a la boda de sus amigos.* **2** Opción o solución que es posible elegir entre varias: *si no apruebo en junio, tengo la alternativa de presentarme en septiembre.* **3** Acto por el cual un torero concede a un novillero el derecho a matar toros y a convertirse, por tanto, también en torero: *el maestro dio la alternativa al matador principiante.*

alternativo, -va *adj.* **1** Que se dice, hace u ocurre alternándose sucesivamente: *los miembros de la pareja concursante deben dar las respuestas de manera alternativa.* **SIN** alterno. **2** [opción, solución] Que puede sustituir a otra similar o distinta: *parte de los militantes votaron una propuesta alternativa a la presentada por el secretario general.* **3** [manifestación cultural o artística] Que se opone a lo convencional o establecido y se presenta como una opción distinta y nueva: *teatro alternativo; cine alternativo.*

alterne *n. m.* **1** Trato social o relación personal y amistosa con la intención de pasar el rato o divertirse: *le gustaba el alterne con los amigos y bailar en la discoteca.* **2** Relación o trato con los clientes de un bar o un local de diversión para hacer que gasten más dinero en consumiciones: *la policía hizo una redada en varios locales de alterne.*

alterno, -na *adj.* **1** Que se dice, hace u ocurre alternándose sucesivamente: *en el partido hubo dominio alterno de los dos equipos y acabaron empatados.* **SIN** alternativo. **2** [hoja, órgano vegetal] Que se encuentra a diferente nivel en el tallo, de manera que cada uno ocupa en su lado la parte que corresponde a la que queda libre en el lado opuesto: *el abedul tiene hojas alternas.* **3** Que se produce o se hace de manera repetida cada dos períodos de tiempo iguales, pero de manera discontinua, en uno sí y en el siguiente no: *trabaja en días alternos.*

DER alternar; subalterno.

alteza *n. f.* Tratamiento que se aplica a los príncipes e infantes de España: *su alteza real el príncipe de Asturias.*

alti- Elemento prefijal que entra en la formación de palabras con el significado de 'alto': *altímetro.*

altibajos *n. m. pl.* **1** Sucesión alterna de circunstancias o acontecimientos positivos y negativos: *los altibajos en el juego del equipo han provocado su mala clasificación.* **2** Conjunto de subidas y bajadas que experimenta el precio o el valor de una cosa: *el precio del petróleo suele sufrir frecuentes altibajos.*

altillo *n. m.* **1** Armario pequeño que se hace en la parte alta de la pared o en un saliente del techo. **2** Compartimiento superior de un armario que tiene puertas independientes.

altímetro *n. m.* Instrumento que sirve para medir la altura de un punto con respecto a un lugar de referencia, generalmente el nivel del mar: *el altímetro de un avión.*

DER altimetría.

altiplanicie *n. f.* Meseta muy extensa y a gran altitud: *el lago Titicaca está situado en la altiplanicie andina a 3812 m sobre el nivel del mar.* **SIN** altiplano.

altiplano *n. m.* Altiplanicie.

OBS La Real Academia Española registra *altiplano*, pero prefiere la forma *altiplanicie*.

altisonancia *n. f.* Manera de escribir o hablar caracterizada por el uso de palabras y construcciones demasiado cultas y rebuscadas, dando un énfasis excesivo a aspectos del discurso que no lo merecen. **SIN** grandilocuencia.

altisonante *adj.* [estilo, modo de expresión] Que se caracteriza por emplear palabras y construcciones demasiado cultas y rebuscadas, dando un énfasis excesivo a aspectos del discurso que no lo merecen. **SIN** ampuloso, grandilocuente, pomposo.

DER altisonancia.

altitud *n. f.* Distancia vertical que separa un punto respecto de otro que le sirve de referencia, generalmente el nivel del mar: *la altitud media del vuelo será de 9000 pies; el pico Mulhacén tiene una altitud de 3481 m.* **SIN** altura.

altivez *n. f.* Orgullo o sentimiento de superioridad frente a los demás que provoca un trato despectivo y desconsiderado hacia ellos: *la altivez del nuevo jugador hace que sus compañeros se sientan despreciados.* **SIN** altanería, arrogancia, soberbia.

altivo, -va *adj.* [persona] Que actúa o se comporta con altivez: *algunos artistas se comportan de modo altivo con la prensa.* **SIN** altanero, soberbio.

DER altivez.

alto, -ta *adj.* **1** Que tiene una altura mayor de lo normal: *un niño alto; un edificio alto.* **ANT** bajo. **2** Que está situado en un lugar con mucha altura con respecto a la tierra o al nivel del mar: *un piso alto; una cima alta.* **ANT** bajo. **3** Que tiene mucho valor o es de mucha cuantía o intensidad: *las viviendas tienen unos precios cada vez más altos; el Tercer Mundo padece un alto índice de analfabetismo.* **ANT** bajo. **4** Que es rico y ocupa el lugar superior en la escala social: *la clase alta; la alta sociedad.* **SIN** bajo. **5** Que está levantado o mira hacia arriba: *entró en el despacho del director con la cabeza alta y la mirada altiva.* **6** [palabra, expresión] Que se dice en un tono de voz normal y puede ser oído por las personas que están próximas a quien habla: *no cuchichees y dime lo que*

altozano

tengas que decirme en voz alta. **7** [sonido, voz] Que es fuerte o intenso: *subí a quejarme al vecino porque tenía la música muy alta.* **8** [sonido, voz] Que es muy agudo: *me cuesta mucho hacer la voz alta de esta canción.* **9** Que es noble y bueno: *una persona de altos ideales.* **ANT** bajo. ◇ *n. m.* **10** En un cuerpo o figura, dimensión perpendicular a su base y considerada por encima de ésta, desde la parte inferior a la superior: *uno de los aleros del equipo contrario mide más de dos metros de alto.* **SIN** altura. **11** Parada o detención que se efectúa en la marcha o en el movimiento con la intención de reanudarlo a continuación: *los obreros hacen un alto a media mañana para comer algo.* **12** Lugar elevado sobre el terreno que lo rodea: *nos subimos a un alto para ver el paisaje.* **SIN** altura. **13** MÚS. Voz más aguda del registro de las voces humanas: *los altos de un coro.* ◇ *adv.* **14** Con mucha altura con respecto a la tierra o al nivel del mar: *el avión vuela muy alto.* **ANT** bajo. **15** Con un sonido o tono de voz fuerte e intenso: *no hables alto, que me vas a despertar al niño.* **ANT** bajo. ◇ *int.* **16** ¡alto! Expresión que se emplea para ordenar parar: *¡alto!, queda detenido.*
alta mar Zona del mar o del océano que está muy distante de la costa: *en alta mar las aguas son internacionales y no están bajo la jurisdicción de ningún país.*
alta traición Delito que comete una persona cuando atenta contra la soberanía, la seguridad o la independencia del estado al que pertenece.
altas horas Parte de la noche más cercana al amanecer: *la fiesta se prolongó hasta altas horas.*
alto el fuego Tregua, cese momentáneo de las acciones bélicas entre dos ejércitos o grupos armados: *durante la Navidad se ha declarado un alto el fuego.*
dar el alto Ordenar a una persona o grupo que se paren: *la policía nos dio el alto cuando íbamos por la carretera.*
lo alto Parte superior de una cosa: *tengo la ropa de invierno en todo lo alto del armario.*
pasar por alto Ignorar una cosa, no darle importancia ni prestarle atención: *el profesor no pasó por alto mis faltas de ortografía y me suspendió el examen.*
por todo lo alto Con mucho lujo y gasto: *pienso celebrar el fin de curso por todo lo alto.*
DER alta, altanero, altar, alteza, altillo, altitud, altivo, altura; contralto, enaltecer, exaltar.

altozano *n. m.* Monte de poca altura rodeado de terreno llano.

altramuz *n. m.* **1** Planta herbácea de poca altura, con las hojas en forma de palma y la flores blancas en espigas. **2** Semilla comestible de esta planta, de forma redonda, parecida a un botón, y color amarillo. **SIN** chocho.

altruismo *n. m.* Tendencia a procurar el bien de las personas de manera desinteresada. **SIN** filantropía. **ANT** egoísmo. **DER** altruista.

altruista *adj./n. com.* [persona, acción] Que busca el bien de otro de manera desinteresada: *el cantante se ofreció a participar en el festival benéfico de manera altruista.* **ANT** egoísta.

altura *n. f.* **1** Distancia vertical que separa un punto respecto de otro que le sirve de referencia, generalmente el suelo o el nivel del mar: *se asomó a la terraza del rascacielos y la altura lo mareó; los aviones suelen volar a una altura constante después de despegar y antes de aterrizar.* **SIN** altitud. **2** En un cuerpo o figura, dimensión perpendicular a su base y considerada por encima de ésta, desde la parte inferior a la superior: *mido 1,80 m de altura.* **SIN** alto. **3** En una figura plana o en un cuerpo, extensión de la línea perpendicular trazada desde un vértice al lado o cara opuestos: *el área de un triángulo se calcula multiplicando la base por la altura y dividiendo el resultado por dos.* **4** Lugar elevado sobre el terreno que lo rodea: *colocaron varias piezas de artillería en una altura próxima a la ciudad.* **SIN** alto. **5** Mérito, valor o importancia: *en la carrera se enfrentó a atletas de altura internacional; es un científico de gran altura.* **6** Bondad y generosidad en el carácter y en los actos: *el obispo pidió a los nuevos sacerdotes altura de miras y tolerancia para servir a los demás.* **7** Navegación o pesca que se hace en alta mar, en aguas alejadas de la costa: *el bacalao o la merluza se capturan en la pesca de altura.* ◇ *n. f. pl.* **8 alturas** Para los cristianos, lugar en el que los santos, los ángeles y los bienaventurados gozan de la compañía de Dios para siempre. **SIN** cielo, gloria. **9** Parte alta o superior de una cosa, especialmente de una vivienda o de un edificio: *prefiero los pisos bajos, no me gustan las alturas.*
a estas alturas En este momento, llegadas las cosas a este punto: *a estas alturas del siglo, aún existen países civilizados que aplican la pena de muerte.*
a la altura de En un lugar cercano a otro que se menciona: *debes girar a la derecha a la altura de la catedral.*
estar a la altura de las circunstancias Actuar o comportarse en una situación difícil o comprometida de la mejor manera posible: *el corredor español no obtuvo medalla, pero estuvo a la altura de las circunstancias.*

alubia *n. f.* **1** Planta leguminosa de tallo delgado y en espiral, hojas grandes y flores blancas o amarillas. **SIN** habichuela, judía. **2** Fruto comestible de esa planta en forma de vaina alargada, estrecha y aplastada: *las alubias se pueden comer en ensalada.* **SIN** habichuela, judía. **3** Semilla comestible contenida en esta vaina, de pequeño tamaño y forma arriñonada: *la fabada se hace con alubias.* **SIN** habichuela, judía.

alucinación *n. f.* Ofuscación o sensación que no es real, sino producto de un trastorno o una enfermedad de la mente: *don Quijote tuvo una alucinación cuando confundió los molinos de viento con gigantes.*

alucinante *adj.* Que causa sorpresa y asombro: *me pareció alucinante el viaje por la montaña rusa.*

alucinar *v. tr./intr.* **1** Tener ofuscaciones o sensaciones que no son reales, sino producto de un trastorno o una enfermedad de la mente: *la fiebre me hacía alucinar y sentía cómo se movía la cama de un lado a otro de la habitación.* **2** Causar gran sorpresa y asombro: *alucino cuando me monto en el deportivo de mi primo.* **3** Decir o hacer algo que va en contra del sentido común: *alucinas si piensas que voy a viajar en avión, con el miedo que me produce.* **SIN** delirar.
DER alucinación, alucinante, alucine, alucinógeno.

alucine *n. m. coloquial* Sensación de sorpresa y asombro causada por algo inesperado o desconocido: *la primera vez que monté en helicóptero me pareció un alucine.*

alucinógeno, -na *adj./n. m.* [droga, sustancia] Que causa visiones o sensaciones que no son reales, sino producto de un trastorno de la mente: *algunos hechiceros indios tomaban alucinógenos que los hacían ver a los dioses.*

alud *n. m.* **1** Masa grande de nieve que se desliza por la ladera de una montaña de manera violenta y ruidosa, arrasando todo lo que encuentra a su paso. **SIN** avalancha. **2** Cantidad grande de una cosa que aparece con mucha intensidad al mismo tiempo: *el mal funcionamiento del centro comercial está provocando un alud de reclamaciones; la convocatoria de la plaza ha dado lugar a un alud de candidatos.* **SIN** aluvión.

aludido, -da Participio pasado regular del verbo *aludir*.
darse por aludido Sentirse una persona afectada por lo que otra dice de ella sin mencionarla de manera expresa: *no*

se dio por aludido cuando sus amigos le advirtieron que sabían quién era el ladrón.

aludir *v. tr.* **1** Referirse a una persona o cosa sin nombrarla de manera expresa: *el presidente aludió al entrenador al referirse al responsable de los malos resultados del equipo.* **2** Mencionar o hacer referencia a una persona o cosa, generalmente de manera breve y sin considerarla el asunto principal de lo que se dice: *antes de comenzar su disertación, el conferenciante aludió a la belleza de la sala en la que se encontraba.* **DER** aludido, alusión.

alumbrado *n. m.* Conjunto de luces eléctricas que alumbran un lugar, especialmente en una vía pública o recinto exterior: *los vecinos se manifestaron para reclamar el alumbrado de la calle.* **SIN** iluminación.

alumbramiento *n. m.* **1** Salida al exterior del feto que una hembra tiene en su vientre: *la comadrona había asistido en una mañana a casi una docena de alumbramientos.* **SIN** nacimiento, parto. **2** Proceso de inspiración y creación que da como resultado una obra artística o científica: *el músico confesó que el alumbramiento de la sinfonía se produjo durante su estancia en España.*

alumbrar *v. tr./intr./prnl.* **1** Dar luz: *el Sol alumbra la Tierra; el acomodador alumbra con una linterna las butacas del cine; los faros del coche alumbran poco; el desván estaba tan oscuro que tuvo que alumbrarse con una vela.* **SIN** iluminar. ◇ *v. tr.* **2** Poner luces eléctricas en un lugar para darle luz, especialmente en una vía pública o recinto exterior: *alumbrar una calle, un campo de fútbol, un jardín.* **SIN** iluminar. ◇ *v. tr./intr.* **3** Expulsar una hembra el feto que tiene en su vientre: *alumbró a su primer hijo en su propia cama.* **SIN** dar a luz, parir. ◇ *v. tr.* **4** Formar en el pensamiento una idea, un proyecto o una obra del entendimiento: *el alto el fuego alumbra una posibilidad de paz en el conflicto; alumbró su novela durante unas vacaciones en la costa.* **SIN** concebir.
DER alumbrado, alumbramiento; deslumbrar.

alumbre *n. m.* QUÍM. Sulfato de alúmina y potasa que en forma de sal blanca se halla en rocas y tierras; se usa en medicina y tintorería.
ETIM *Alumbre* procede del latín *alumen*, que tenía el mismo significado, voz con la que también está relacionada *alúmina*.

alúmina *n. f.* QUÍM. Óxido de aluminio que se encuentra en la naturaleza en estado puro y cristalizado y forma feldespatos y arcillas.
DER aluminio.
ETIM Véase *alumbre*.

aluminio *n. m.* QUÍM. Elemento químico; es un metal de color claro, ligero, buen conductor y resistente a la oxidación: *una batería de cocina de aluminio; el símbolo del aluminio es Al.*

alumnado *n. m.* Conjunto de los alumnos que asisten a un centro de enseñanza o que realizan estudios al mismo tiempo: *el director se dirigió al alumnado el primer día de curso; el alumnado de todo el país ha participado en la huelga.*

alumno, -na *n. m. y f.* **1** Persona que recibe enseñanza y estudia en un centro académico: *los alumnos de un instituto.* **2** Persona que recibe educación o conocimientos de otra: *el monitor de tenis ensayó el saque con sus alumnos.*
DER alumnado.

alunizaje *n. m.* Descenso sobre la superficie de la Luna de una nave espacial hasta detenerse en ella: *la nave espacial realizó un alunizaje perfecto.*

alunizar *v. intr.* Descender un vehículo aéreo sobre la superficie de la Luna hasta detenerse en ella: *el Apolo XI alunizó en el Mar de la Tranquilidad el 20 de julio de 1969.*

ANT despegar.
DER alunizaje.
OBS En su conjugación, la *z* se convierte en *c* delante de *e*.

alusión *n. f.* Referencia a una cosa de manera breve y poco precisa cuando se trata otro tema: *en su conferencia sobre la obra literaria de Hemingway hizo una alusión a los sanfermines.*
DER alusivo.

alusivo, -va *adj.* Que hace alusión a un asunto o tema distinto del principal que se trata: *debió suprimir de la película las escenas alusivas al maltrato de animales.*

aluvial *adj.* [terreno] Que se ha creado por aluvión de materiales arrastrados por las corrientes de agua: *el delta del Ebro es una gran llanura aluvial.*

aluvión *n. m.* **1** Corriente de agua que ha sufrido una crecida brusca y se desplaza de manera rápida y violenta: *el desbordamiento del río ha provocado un aluvión que ha arrasado numerosas zonas de cultivo.* **2** Conjunto de materiales y sedimentos terrestres arrastrados por esta corriente de agua: *los terrenos de aluvión suelen ser muy fértiles.* **3** Cantidad grande de una cosa que aparece con mucha intensidad al mismo tiempo: *tras ganar la medalla de oro recibió un aluvión de felicitaciones.* **SIN** alud.
DER aluvial.

alveolar *adj.* **1** De los alveolos o que tiene relación con ellos: *cada diente ocupa una cavidad alveolar.* ◇ *adj./n. f.* **2** GRAM. [sonido consonántico] Que se pronuncia haciendo que la punta de la lengua toque en los alveolos de los dientes superiores: *la n y la l son consonantes alveolares.*

alveolo o **alvéolo** *n. m.* **1** Cavidad de la mandíbula de los animales vertebrados en la que está insertado el diente. **2** Concavidad semiesférica que hay al final de los bronquios en la que se realiza el intercambio de oxígeno con la sangre: *los alveolos se agrupan como racimos en el extremo de cada bronquio.* **3** Compartimiento pequeño de forma hexagonal que, junto con otros, compone el panal de las abejas, avispas e insectos similares. **SIN** celda, celdilla.

alza *n. f.* **1** Subida o elevación, especialmente de la importancia o valor de una cosa: *el alza de los precios; el alza de la actividad económica de un país.* **ANT** baja. **2** Trozo de material que se pone en el zapato para hacerlo más alto: *tiene una pierna más larga que otra y por eso lleva un alza en un zapato; se pone alzas en los zapatos para parecer más alto.*
DER alcista.
OBS En singular se le anteponen los determinantes *el, un*, salvo que entre el determinante y el nombre haya otra palabra: *el alza, la pequeña alza.*

alzacuello *n. m.* Tira de tela rígida blanca que se colocan los sacerdotes en el interior del cuello de la camisa, de la que queda visible una franja.

alzada *n. f.* Altura de los animales cuadrúpedos medida desde el talón de las patas delanteras hasta la parte alta del lomo, donde se unen los huesos de aquéllas con la columna: *la alzada de caballos y perros es importante para determinar las características de su raza.*

alzado *n. m.* Dibujo de un objeto o de un edificio representado frontalmente en proyección vertical y sin tener en cuenta la perspectiva: *el arquitecto nos enseñó la planta y el alzado de nuestra nueva casa.*

alzamiento *n. m.* **1** Movimiento de abajo hacia arriba: *la halterofilia es el deporte del alzamiento de pesos.* **SIN** levantamiento. **2** Sublevación de una parte del ejército o de un grupo numeroso de personas armadas en contra del Gobierno de un estado: *en 1936 se produjo en España un alzamiento militar que provocó la guerra civil.* **SIN** levantamiento. **3** DER.

alzar

Ocultación o desaparición de bienes que lleva a cabo una persona que tiene deudas para eludir el pago a sus acreedores.

alzar *v. tr.* **1** Mover de abajo arriba: *el capitán del equipo alzó la copa ante la afición; alzó la cabeza para poder ver mejor*. **SIN** levantar, subir. **2** Poner en posición vertical lo que está caído: *alzó una moto que tiró mientras aparcaba*. **SIN** levantar. **3** Construir un edificio o un monumento que se levanta por encima del suelo: *los primeros rascacielos se alzaron a finales del siglo XIX; el rey mandó alzar un monolito para conmemorar la batalla*. **SIN** levantar. **4** Fundar y desarrollar una obra hasta conseguir hacerla sólida y estable: *empezó con una pequeña tienda y ha conseguido alzar una gran cadena comercial*. **SIN** levantar. **5** Hacer más fuerte o intensa la voz: *si quieres que te oigan los del fondo, tendrás que alzar más la voz*. **SIN** levantar. **6** Subir o elevar el precio o el valor de una cosa: *la guerra del Golfo obligó a los gobiernos occidentales a alzar el precio de la gasolina*. **7** Poner fin a una pena o castigo antes de que transcurra el tiempo inicialmente marcado para su cumplimiento: *el comité de competición alzó las sanciones que pesaban sobre algunos jugadores con motivo del inicio del campeonato*. **SIN** levantar. ◊ *v. prnl.* **8 alzarse** Ponerse de pie: *todos los diputados se alzaron de sus asientos cuando entró el rey*. **SIN** levantarse. **9** Destacar en altura sobre las demás cosas que hay alrededor: *las pirámides se alzan majestuosas en mitad del desierto*. **SIN** levantarse. **10** Sublevarse una parte del ejército o un grupo numeroso de personas armadas en contra del gobierno de un estado: *los campesinos se alzaron en armas reclamando las tierras que trabajaban*. **SIN** levantarse.

alzarse con Conseguir una cosa por la que se ha luchado o competido: *la tenista española se alzó con la victoria en el torneo*.

DER alzada, alzado, alzamiento; realzar.

OBS En su conjugación, la *z* se convierte en *c* delante de *e*.

ama *n. f.* Criada principal a cuyo cargo está el cuidado de una casa y la dirección de los otros miembros del servicio: *la señora llamó al ama y le pidió que despidiera a la doncella*.

ama de casa Mujer que se dedica al cuidado, administración y buen funcionamiento de todos los aspectos domésticos y familiares de su casa: *cuando tuvo su primer hijo, prefirió dejar su trabajo y dedicarse a ser ama de casa*.

ama de cría o **ama de leche** Mujer encargada de dar de mamar a un niño que no es su hijo. **SIN** nodriza.

ama de llaves Criada que se encarga del cuidado, administración y buen funcionamiento de todos los aspectos domésticos de la casa.

OBS En singular se le anteponen los determinantes *el*, *un*, salvo que entre el determinante y el nombre haya otra palabra: *el ama, la fiel ama*.

amabilidad *n. f.* Agrado, educación y buenas maneras en el trato de una persona con otra u otras: *la amabilidad del dependiente hizo que acabara comprando en su tienda*. **SIN** afabilidad.

amable *adj.* **1** [persona] Que se comporta con simpatía y de modo agradable: *el novio de mi hija es un chico muy amable*. **SIN** afable, amigable. **2** [persona] Que se comporta con agrado, educación y buenas maneras hacia los demás: *el empleado del banco fue muy amable, pero no me concedió el crédito*. **SIN** considerado.

DER amabilidad.

amado, -da *n. m. y f.* Persona a la que se ama.

amadrinar *v. tr.* **1** Acompañar como madrina a una persona cuando ésta se bautiza, se casa o recibe un honor: *amadrinar a un recién nacido*. **2** Presidir como madrina un acto o ceremonia pública: *Miss España amadrinó la inauguración del polideportivo del pueblo*.

amaestramiento *n. m.* Operación por la que se enseña a un animal a realizar determinados movimientos siguiendo las órdenes de una persona: *en cinco semanas se completó el amaestramiento del perro policía*.

amaestrar *v. tr.* Enseñar a un animal a realizar determinados movimientos siguiendo las órdenes de una persona: *amaestró a un periquito para que tocara una campanilla cuando él entraba en la casa*.

DER amaestramiento.

amagar *v. intr./tr.* **1** Hacer un gesto que indica el inicio de un movimiento y no llegar a consumarlo: *amagó un saludo, pero se dio cuenta de que se equivocaba de persona; el portero amagó a la izquierda y se lanzó a la derecha*. ◊ *v. intr.* **2** Darse todos los indicios para pensar que una cosa está próxima a ocurrir: *a medianoche amagó un apagón de luz; le dijo que se fuera con un amago de odio en sus palabras*. ◊ *v. prnl.* **3 amagarse** Esconderse u ocultarse agachándose: *cuando oyó que llegábamos, se amagó detrás de unas rocas*.

DER amago.

OBS En su conjugación, la *g* se convierte en *gu* delante de *e*.

amago *n. m.* **1** Gesto que indica el inicio de un movimiento que no llega a consumarse: *cuando hicimos el amago de ocupar la mesa, el camarero me dijo que estaba reservada*. **2** Indicio o señal que hace pensar que una cosa está próxima a ocurrir: *en las palabras del médico se traslucía un amago de esperanza para la vida del paciente; durante el partido tuvo un amago de infarto y lo llevaron al hospital*.

amainar *v. intr.* **1** Perder fuerza o intensidad un fenómeno atmosférico: *amainar el temporal, la lluvia, la nevada*. ◊ *v. tr./intr.* **2** Perder fuerza o intensidad, especialmente un deseo, un sentimiento o una pasión violenta: *la fiebre amainó cuando le hizo efecto el calmante; sólo las palabras de su madre lograron amainar su ira*. ◊ *v. tr.* **3** MAR. Recoger total o parcialmente las velas de una embarcación: *la goleta amainó el paño al llegar a puerto*.

OBS En su conjugación, la *i* no lleva acento de intensidad.

amalgama *n. f.* Mezcla de personas o cosas de distinto origen y naturaleza: *durante el verano las costas españolas se convierten en una amalgama de turistas de muy diversas procedencias*. **SIN** conglomerado, mosaico.

DER amalgamar.

amalgamar *v. tr./prnl.* **1** Mezclar personas o cosas de distinto origen y naturaleza: *en la película se amalgaman elementos del cine negro, de la ciencia ficción y de la comedia*. **SIN** conglomerar. **2** QUÍM. Producir una aleación mezclando mercurio con otro metal.

amamantar *v. tr.* Dar de mamar a un bebé o a la cría de un animal: *durante los primeros días de vida la madre debe amamantar a su hijo cada dos horas; amamantar a un osezno*. **SIN** lactar.

amancebarse *v. prnl.* Vivir juntas y mantener relaciones sexuales dos personas que no forman matrimonio entre sí. **SIN** juntarse.

amanecer *n. m.* **1** Período que transcurre desde que empieza a aparecer la luz del día hasta que sale el Sol: *me gusta levantarme al amanecer y ver salir el sol*. **SIN** alba, alborada. **2** Momento en que una cosa comienza a tener existencia o ser: *la generalización del uso de los ordenadores supone el amanecer de una nueva era en las comunicaciones*. **SIN** albor, nacimiento. ◊ *v. impersonal* **3** Aparecer la claridad de un nuevo día: *los cazadores ya están en el campo cuando amanece*. **SIN** alborear. ◊ *v. intr.* **4** Estar en un lugar, en una situación o en un estado determinados al empezar el día: *cogimos el tren por la noche y amanecimos en Francia; las calles de la ciudad amanecieron llenas de carteles electorales*. **OBS** En su conjugación, la c se convierte en zc delante de *a* y *o*, como en *agradecer*.

amanerado, -da *adj.* **1** Que se caracteriza por la falta de naturalidad, espontaneidad o variedad: *un escritor amanerado; una película narrada con un estilo aburrido y amanerado*. **2** Propio de la manera de hablar, gesticular o moverse que se considera característica de las mujeres: *era un chico un poco amanerado que tenía que soportar las injustas bromas de sus compañeros*.

amaneramiento *n. m.* **1** Falta de naturalidad, espontaneidad o variedad en el estilo artístico, el lenguaje, los gestos o los modales: *tras el amaneramiento de su estilo se oculta una obra de teatro vacía de sentimientos e ideas*. **2** Actitud, gesto, comportamiento o manera de hablar que se consideran propios de las mujeres: *con el amaneramiento de sus movimientos al andar provocaba la risa del público*.

amanerar *v. tr.* **1** Privar de naturalidad, espontaneidad o variedad el estilo artístico de un autor, el lenguaje, los gestos o los modales: *la falta de ideas y de ilusión creativa amaneraron su pintura*. ◊ *v. prnl.* **2 amanerarse** Adoptar un hombre características que se consideran propias de las mujeres. **DER** amanerado, amaneramiento.

amansar *v. tr./prnl.* **1** Domesticar a un animal salvaje, acostumbrarlo a vivir en contacto con las personas: *consiguió amansar a un lobo y llegó a darle de comer con la mano*. **2** Contener y calmar el ánimo violento o excitado de una persona. **SIN** apaciguar, aplacar.

amante *n. com.* Persona que mantiene relaciones amorosas y sexuales con otra sin estar casada ni convivir con ella: *pidió el divorcio al saber que su marido tenía una amante*. **SIN** amigo, querido.

amanuense *n. com.* Persona que se dedica a copiar textos o a escribir al dictado: *durante la Edad Medida, en los monasterios, los amanuenses hacían copias de los manuscritos más valiosos*. **SIN** escriba, escribano.

amañar *v. tr.* **1** Preparar o alterar el resultado de algo para engañar a los demás y obtener un beneficio: *acusaron al promotor de amañar el combate de boxeo para ganar en las apuestas*. ◊ *v. prnl.* **2 amañarse** Hacer algo con habilidad y facilidad: *se amaña para coser redes*. **SIN** darse maña. **DER** amaño.

amaño *n. m.* Cambio que se hace en el resultado de algo para engañar a los demás y obtener un beneficio: *el amaño de la votación hizo que fuera elegido director*.

amapola *n. f.* **1** Planta silvestre de flores rojas y semilla negruzca que crece en primavera en las tierras cultivadas. **2** Flor de esta planta. ☞ flores.

amar *v. tr.* Sentir amor por una persona o cosa: *amar a una persona; amar el deporte*. **ANT** odiar.
DER amable, amado, amante, amatorio.

amaraje *n. m.* Descenso de un vehículo aéreo o espacial sobre la superficie del agua hasta quedar flotando sobre ella: *el amaraje de un hidroavión en un lago*. **SIN** amerizaje.

amarar *v. intr.* Descender un vehículo aéreo o espacial sobre la superficie del agua hasta quedar flotando sobre ella: *amarar un hidroavión en un pantano*. **SIN** amerizar.
DER amaraje.

amargar *v. intr./prnl.* **1** Tener o adquirir algo un sabor áspero, fuerte y desagradable: *este chocolate amarga un poco; se ha amargado la fruta*. ◊ *v. tr./prnl.* **2** Causar disgusto o tristeza: *el perro del vecino acabará por amargarme*. **ANT** alegrar.

OBS En su conjugación, la g se convierte en gu delante de e.

amargo, -ga *adj.* **1** Que tiene sabor áspero, fuerte y desagradable: *el café sin azúcar está amargo*. **ANT** dulce. ☞ sabores. **2** Desapacible y triste: *tras perder el partido, volvieron a casa con el amargo sabor de la derrota*. **ANT** dulce. **ETIM** Amargo procede del latín *amarus*, que tenía el mismo significado, voz con la que también está relacionada *amarillo*. **DER** amargar, amargor, amargura.

amargor *n. m.* Amargura.

amargura *n. f.* **1** Gusto o sabor áspero, fuerte y desagradable: *la amargura de estas endibias me resulta agradable*. **SIN** amargor. **2** Disgusto o tristeza, especialmente por no haber podido satisfacer una necesidad o un deseo: *el pintor dio las gracias por el premio, y recordó con amargura los años que pasó sin vender un cuadro*. **SIN** amargor.

amariconado, -da *adj.* malsonante [hombre] Que tiene movimientos y actitudes que se consideran propios de las mujeres y que siente atracción sexual hacia los hombres. **SIN** afeminado.

amarillear *v. intr.* Empezar a tener una cosa color amarillo: *las hojas de los árboles amarillean en otoño*. **SIN** amarillecer.

amarillento, -ta *adj.* De color parecido al amarillo: *la carne amarillenta del melocotón*.

amarillismo *n. m.* Tendencia de algunos medios informativos a presentar las noticias de modo que provoquen asombro, escándalo o intranquilidad. **SIN** sensacionalismo.

amarillo, -lla *adj.* **1** Del color del oro o el limón maduro. ◊ *adj./n. m.* **2** [color] Que es parecido al del oro: *la piel del limón maduro es de color amarillo*. ◊ *adj.* **3** [piel] Que ha perdido el color rosado y ha quedado más claro de lo normal: *el bebé se ha puesto amarillo y lo hemos llevado a urgencias*. ◊ *adj./n. m. y f.* **4** [persona, raza] Que se caracteriza por tener la piel de color amarillento y los ojos rasgados, y que está integrado por individuos originarios de los principales pueblos de Asia: *los japoneses y los chinos son de raza amarilla*.

prensa amarilla Periódico o revista que acostumbra dar las noticias con el único objetivo de provocar el asombro, el escándalo o la intranquilidad del público: *la prensa amarilla suele describir con detalle los crímenes más sangrientos*.
DER amarillear, amarillento, amarillismo.
ETIM Véase *amargo*.

amarra *n. f.* Cuerda, cable o cadena que sirve para asegurar una embarcación por medio del ancla o bien amarrada a un muelle: *al amanecer soltaron las amarras y zarparon con rumbo desconocido*.

amarrar *v. tr.* **1** Atar o asegurar mediante cuerdas, cables o cadenas: *abandonaron al secuestrado en el monte después de amarrarlo a un árbol*. **2** Asegurar una embarcación por medio de anclas o mantenerla unida al muelle por medio de cuerdas, cables o cadenas: *amarraron el yate en un pequeño puerto hasta que pasara la tormenta*. **3** Asegurar el resultado de un proceso o situación y procurar que sea el deseado: *se reunió con los compradores para amarrar la venta de la casa*.
DER amarra, amarre; desamarrar.

amarre *n. m.* Operación de asegurar una embarcación en un puerto por medio de anclas o mantenerla unida al muelle por medio de cuerdas, cables o cadenas: *la amenaza de temporal ha provocado el amarre de toda la flota gallega*.

amartelado, -da *adj.* [persona] Que da muestras de amar con gran pasión a otra por medio de actitudes muy cariñosas: *se enfadó mucho cuando vio a su novia muy amartelada con otro*.

amartillar *v. tr.* **1** Golpear con un martillo: *amartilló los cla-*

amasar

vos salientes de una silla. **SIN** martillear. **2** Preparar un arma para dispararla levantando el percutor: *amartilló el revólver con sigilo.*

amasar *v. tr.* **1** Mezclar una materia, generalmente en polvo, con un líquido hasta formar una masa compacta y blanda: *amasar harina y agua para hacer pan; amasar arcilla y agua para hacer barro.* **2** Formar una masa compacta y blanda mezclando una materia, generalmente en polvo, con un líquido: *amasar pan; amasar barro.* **3** Reunir una gran cantidad de dinero u otro tipo de bienes, generalmente poco a poco y durante un período largo de tiempo: *amasó una fortuna jugando al tenis.*
DER amasijo.

amasijo *n. m.* Mezcla desordenada de cosas diferentes: *rescataron a las víctimas del terremoto de entre un amasijo de cascotes y hierros retorcidos.*

amateur *adj./n. com.* [persona] Que practica una actividad, generalmente deportiva o artística, por placer y sin recibir dinero a cambio: *como cantante amateur había ganado algunos festivales.* **SIN** aficionado. **ANT** profesional.
OBS No se usa en forma plural. ◇ Es de origen francés y se pronuncia aproximadamente 'amater'.

amatista *n. f.* Cuarzo transparente de color violeta que se usa como piedra preciosa fina: *la amatista es muy apreciada en joyería.*

amatorio, -ria *adj.* Del amor o que tiene relación con él: *un libro de poesía amatoria; publicó en una revista del corazón sus aventuras amatorias.*

amazacotado, -da *adj.* **1** [cuerpo, materia] Que ha quedado denso, duro y pesado y con una estructura interior sin espacios vacíos o con muy pocos huecos: *hizo un bizcocho, pero le salió amazacotado.* **2** [obra literaria o artística] Que es de mala calidad, aburrido y difícil de entender por tener un contenido muy complicado y con excesivos datos: *una novela demasiado amazacotada.*

amazona *n. f.* Mujer que monta a caballo.

amazónico, -ca *adj.* Del Amazonas o que tiene relación con este río de América del Sur o con sus territorios ribereños: *la selva amazónica es uno de los mayores reductos verdes del planeta.*

ambages *n. m. pl.* Rodeos de palabras o circunloquios para no expresar con claridad lo que se quiere decir. Se usa casi exclusivamente en la locución adverbial *sin ambages,* que significa 'de manera clara y directa, sin insinuaciones o rodeos': *me citó en su despacho y me pidió sin ambages que abandonara la empresa.*

ámbar *n. m.* **1** Resina fósil de las coníferas, de color entre amarillo y naranja, translúcida, muy ligera y dura; arde con facilidad y desprende buen olor: *el ámbar se emplea para tallar objetos de adorno y de joyería; se encontró un mosquito fósil, perfectamente conservado, en un trozo de ámbar.* ◇ *adj.* **2** Del color de esta resina fósil: *una bandeja ámbar.* ◇ *adj./n. m.* **3** [color] Que tiene una tonalidad entre amarillo y naranja, como el de esta resina fósil: *una vajilla de color ámbar.*
OBS No varía en número.

ambición *n. f.* Deseo intenso y vehemente de conseguir una cosa difícil de lograr, especialmente poder, riqueza o fama: *escribía novelas animado por la ambición de llegar a ser un autor conocido.*

ambicionar *v. tr.* Desear de manera intensa y vehemente una cosa difícil de lograr, especialmente poder, riqueza o fama: *ambicionaba que sus hijos pudieran estudiar y tener más oportunidades en la vida de las que él tuvo; ambicionaba ser el director de la empresa en la que trabajaba.*

ambicioso, -sa *adj./n. m. y f.* **1** [persona] Que ambiciona una cosa difícil de lograr, especialmente poder, riqueza o fama: *era un joven ambicioso que con trabajo y tesón logró amasar una gran fortuna.* **2** [plan, proyecto, obra] Que es muy importante y difícil de lograr o desarrollar: *celebrar las Olimpíadas en Sevilla es un proyecto muy ambicioso.*

ambidextro, -tra o **ambidiestro, -tra** *adj./n. m. y f.* [persona] Que tiene la misma habilidad en la mano izquierda que en la derecha.

ambientación *n. f.* **1** En una obra literaria, teatral o cinematográfica, reproducción de las características particulares de un período histórico, un medio social o un lugar determinado: *la ambientación de la película lleva al espectador a la Roma de Julio César.* **2** Colocación y distribución en un lugar de todos los elementos necesarios para lograr la decoración y el ambiente deseado: *le encargó a un decorador profesional la ambientación del bar.* **3** Adaptación de un ser vivo a un lugar y a unas condiciones de vida distintos de los que había tenido anteriormente: *la ambientación de un alumno a un nuevo instituto; la ambientación de una especie vegetal a un nuevo territorio.* **4** Ambiente alegre y ruidoso producido por mucha gente reunida: *por la noche fuimos a una discoteca de mucha ambientación.* **SIN** animación, bullicio, jaleo.

ambientador *adj./n. m.* [sustancia, producto] Que sirve para dar buen olor a una habitación o a un lugar cerrado.

ambiental *adj.* **1** Del ambiente que rodea a una persona o que tiene relación con él: *es necesario evitar los factores ambientales negativos que perjudican la educación de los niños.* **2** Del medio ambiente o que tiene relación con él: *las organizaciones ecologistas han pedido un cambio de la actual política ambiental.* **SIN** medioambiental.

ambientar *v. tr.* **1** En una obra literaria, teatral o cinematográfica, reproducir las características particulares de un período histórico, un medio social o un lugar determinado: *el director ambientó en nuestros días la adaptación de La vida es sueño.* **2** Colocar y distribuir en un lugar todos los elementos necesarios para lograr la decoración y el ambiente deseado: *ambientó el salón de su casa con un estilo oriental.* ◇ *v. tr./prnl.* **3** Adaptar un ser vivo a un lugar y a unas condiciones de vida distintos de los que había tenido anteriormente: *biólogos de la universidad intentan ambientar nuevas especies de algas a las costas españolas; le costó mucho ambientarse los primeros días del servicio militar.* **4** Dar a un lugar un ambiente alegre y ruidoso producido por mucha gente reunida: *las discotecas de la costa comienzan a ambientarse a partir de medianoche.*
DER ambientación, ambientador.

ambiente *n. m.* **1** Conjunto de condiciones o características particulares de un período histórico, un medio social o un lugar determinado: *escribió un libro sobre el ambiente en España previo a la guerra civil.* **2** Conjunto de personas, objetos o circunstancias que rodean a una persona o cosa: *nació en un barrio obrero a principios de siglo y en ese ambiente vivió hasta los veinte años.* **SIN** entorno. **3** Atmósfera o aire de un lugar: *todos sus amigos fumaban y tuvo que abrir el balcón para despejar el ambiente.* **4** Conjunto de circunstancias que hacen agradable la estancia en un lugar o acto: *vengo a este bar porque me gusta su ambiente.* **5** Grupo social o profesional integrado por personas con características comunes: *es muy conocido en los ambientes literarios de Madrid.*

medio ambiente Conjunto de circunstancias o condiciones naturales en las que se desarrolla un ser vivo: *el deterioro del medio ambiente pone en peligro la vida de muchas especies vegetales y animales.*

DER ambiental, ambientar.

ambigüedad *n. f.* **1** Posibilidad de que algo, en especial el lenguaje, pueda ser motivo de duda, incertidumbre o confusión por prestarse a interpretaciones diferentes: *por ambigüedad de sus gestos no supe si quería que entrara o me fuera; ante la ambigüedad de sus declaraciones, los periodistas insistieron en preguntarle si dimitiría o no.* **2** Falta de claridad y seguridad en las ideas o intenciones: *lo despidieron por su ambigüedad a la hora de tomar decisiones.* **3** Comportamiento de una persona, mensaje o comunicación ambiguos: *es necesario utilizar con cuidado las palabras para evitar ambigüedades.*

ambiguo, -gua *adj.* **1** Que puede entenderse de varias maneras o admitir explicaciones distintas: *voy al colegio por mis hijos es una frase ambigua.* **2** [persona] Que no actúa con seguridad o firmeza; que no se decide claramente: *el profesor se mostró ambiguo cuando los alumnos le preguntaron por las fechas de los exámenes.*
DER ambigüedad.

ámbito *n. m.* **1** Espacio comprendido dentro de unos límites determinados: *mañana es fiesta en todo el ámbito nacional.* **2** Conjunto de circunstancias, relaciones y conocimientos que están vinculados entre sí por algún punto en común: *las nuevas medidas económicas han tenido una buena acogida en el ámbito empresarial.* **SIN** esfera.

ambivalencia *n. f.* **1** Posibilidad de que algo pueda entenderse de dos maneras distintas: *el político contestó con una estudiada ambivalencia a la pregunta sobre la pena de muerte.* **2** Estado de ánimo en el que coexisten dos emociones o sentimientos opuestos: *sufría una ambivalencia afectiva que le llevaba a mantener con su marido una relación de amor-odio.*
DER ambivalente.

ambivalente *adj.* **1** Que puede entenderse o interpretarse de dos maneras distintas: *le dio a su película un final ambivalente que no gustó al público.* **2** Que está influido por la existencia de dos emociones o sentimientos opuestos: *mantiene hacia su novia un sentimiento ambivalente, porque no quiere verla más, pero tampoco soporta la idea de que salga con otro.*

ambos, -bas *adj. pl.* **1** Uno y otro; los dos: *ambos amigos son buenos estudiantes.* ◊ *pron. pl.* **2** Uno y otro; los dos: *me gusta la bufanda roja y la blanca; me llevaré ambas.*

-ambre Sufijo que entra en la formación de sustantivos y aporta valor colectivo o de abundancia: *enjambre, pelambre.*

ambrosía o **ambrosia** *n. f.* Comida o bebida de gran calidad y excelente sabor.
OBS La Real Academia Española admite las dos formas de acentuación, pero *ambrosía* es muy poco usada.

ambulancia *n. f.* Vehículo acondicionado para el transporte de personas enfermas o heridas: *tras el ruido de la explosión se oyó el sonido de las sirenas de las ambulancias.*

ambulante *adj.* **1** [persona] Que va de un lugar a otro sin permanecer demasiado tiempo en un sitio: *un vendedor ambulante.* **2** Que puede ser trasladado de un lugar a otro con facilidad y rapidez: *un circo ambulante.*
DER ambulancia, ambulatorio; deambular, funámbulo, noctámbulo, preámbulo, sonámbulo.

ambulatorio, -ria *adj.* **1** MED. [tratamiento médico] Que no exige que el enfermo permanezca ingresado en un hospital: *la medicina ambulatoria permite al paciente volver a su casa una vez finalizada la operación o la consulta médica.* ◊ *n. m.* **2** Establecimiento en el que se encuentran las consultas de diversos médicos para atender a los pacientes de un determinado territorio, distrito o compañía: *trabaja como médico en uno de los ambulatorios de la ciudad.* **SIN** centro de salud, consultorio, dispensario.

ameba *n. f.* BIOL. Organismo microscópico constituido por una sola célula capaz de moverse y alimentarse por sí mismo.

amedrentar *v. tr./prnl.* Causar o tener miedo: *activó la alarma y encendió las luces de la casa para amedrentar a los ladrones.* **SIN** asustar, atemorizar, intimidar.

amén *n. m.* **1** Voz con que se indica asentimiento; se pronuncia al finalizar una oración: *al acabar el sacerdote su rezo, los feligreses respondieron con un sonoro amén.* ◊ *adv.* **2** Se usa para indicar asentimiento y obediencia a lo que otra persona hace o dice: *siempre ha dicho amén a todo lo que dice y hace su mujer.*

amén de Además de; aparte de: *amén de un hombre de negocios, es un apasionado de la náutica.*

amenaza *n. f.* **1** Advertencia que hace una persona para indicar su intención de causar un daño o mal: *lo expulsaron de la sala entre amenazas al tribunal que lo juzgaba.* **2** Persona o cosa que puede provocar un daño o un mal: *la falta de control sanitario sobre los alimentos puede suponer una grave amenaza para la salud pública.* **SIN** peligro.
DER amenazar.

amenazar *v. tr.* **1** Advertir una persona de su intención de causar un daño o mal: *el atracador amenazó con una pistola a los empleados del banco.* ◊ *v. tr./intr.* **2** Existir indicios de que va a ocurrir un hecho adverso, una desgracia o un desastre: *el mar amenaza temporal; la casa que amenaza ruina.*
OBS En su conjugación, la *z* se convierte en *c* delante de *e*.

amenizar *v. tr.* Hacer ameno: *dos orquestas amenizaban el baile en la plaza.*
OBS En su conjugación, la *z* se convierte en *c* delante de *e*.

ameno, -na *adj.* Que es agradable, entretenido o divertido: *las novelas de Agatha Christie me parecen muy amenas.* **SIN** distraído, divertido, entretenido. **ANT** aburrido, árido, tedioso.
DER amenizar.

americana *n. f.* Prenda exterior de vestir hecha de tejido fuerte, con solapas y mangas largas, abierta por delante y con botones, que llega más abajo de la cintura. **SIN** chaqueta.

americanismo *n. m.* **1** Amor o admiración por la cultura y las tradiciones del continente americano: *la crítica ha valorado mucho el americanismo de algunas de sus novelas.* **2** GRAM. Palabra o modo de expresión propios del español hablado en América: *la palabra carro es un americanismo que designa al automóvil.* **3** GRAM. Palabra procedente del español hablado en América o de una lengua indígena de este continente que se usa en español o en otro idioma: *las palabras tomate y aguacate son americanismos.*
DER americanista.

americanista *n. com.* Persona que se dedica al estudio de la cultura americana, especialmente de los aspectos relativos a los pueblos indígenas del continente americano.

americano, -na *adj.* **1** De América o que tiene relación con este continente. **2** De los Estados Unidos de América del Norte o que tiene relación con este país. **SIN** estadounidense, norteamericano. ◊ *n. m. y f.* **3** Persona nacida en el continente americano. **4** Persona nacida en los Estados Unidos de América del Norte. **SIN** estadounidense, norteamericano.
DER americana, americanismo, americanizar.

americio *n. m.* Elemento químico, metal radiactivo que se obtiene bombardeando el uranio con partículas radiactivas: *el símbolo del americio es Am.*

amerindio, -dia *adj.* De una de las tribus indias originarias del continente americano o que tiene relación con ellas.

amerizaje *n. m.* Descenso de un vehículo aéreo o espacial sobre la superficie del agua hasta quedar flotando sobre ella: *amerizaje de una nave espacial o de un hidroavión*. **SIN** amaraje.

amerizar *v. intr.* Descender un vehículo aéreo o espacial sobre la superficie del agua hasta quedar flotando sobre ella: *amerizar un hidroavión en un lago*. **SIN** amarar.
DER amerizaje.
OBS En su conjugación, la *z* se convierte en *c* delante de *e*.

ametralladora *n. f.* Arma de fuego automática parecida a un fusil, pero de mayor tamaño, que dispara gran número de balas de forma muy rápida, generalmente apoyada sobre un trípode.

ametrallamiento *n. m.* Conjunto de disparos efectuados con un arma ametralladora.

ametrallar *v. tr.* Disparar un arma ametralladora contra un objetivo.
DER ametralladora, ametrallamiento.

amianto *n. m.* Mineral que se presenta en fibras flexibles, brillantes y suaves con el que se hacen tejidos resistentes al fuego y al calor.

amigable *adj.* **1** [persona] Que se comporta con amistad: *durante la entrevista el famoso cantante se mostró relajado y amigable*. **SIN** afable, amable. **2** Que se distingue por la amistad o tiene alguna de sus características: *le agradaba el trato de amigable camaradería que mantenía con sus compañeros de equipo*.

amígdala *n. f.* Órgano de color rojo y de pequeño tamaño formado por acumulación de tejido linfático, que, junto con otro, está situado a ambos lados de la garganta del hombre y de algunos animales: *las amígdalas forman parte del sistema de defensa contra las infecciones por vía bucal o nasal*. ☞ boca. **SIN** angina.
DER amigdalitis.
OBS Se usa sobre todo en plural.

amigdalitis *n. f.* Inflamación de las amígdalas. **SIN** anginas.
OBS El plural también es *amigdalitis*.

amigo, -ga *adj./n. m. y f.* **1** [persona] Que mantiene una relación de amistad con otra u otras personas: *para hacerme un chequeo iré a ver a un médico amigo de la familia*. **ANT** enemigo. **2** [persona] Que gusta de una cosa o tiene interés por ella: *era muy amigo de salir los domingos a comer al campo*. **SIN** aficionado. ◇ *n. m. y f.* **3** Persona que mantiene relaciones amorosas y sexuales con otra sin estar casada ni convivir con ella: *se fue de casa al saber que su mujer tenía un amigo*. **SIN** amante, querido.
DER amigable, amiguete, amiguismo, amistad; enemigo.

amiguete *n. m. coloquial* Persona conocida con la que se mantiene trato de amistad poco profundo: *habló con un amiguete suyo del taller para que le arreglaran pronto el coche*.

amiguismo *n. m.* Tendencia a favorecer a los amigos en perjuicio de otras personas: *acusaron al ministro de amiguismo por haber adjudicado obras sin concurso público a empresas dirigidas por amigos suyos*.

amilanar *v. tr./prnl.* Intimidar, causar miedo, desanimar: *no se dejó amilanar por sus competidores y acabó ganando la competición*.

aminoácido *n. m.* QUÍM. Sustancia química orgánica que constituye el componente básico de las proteínas: *hay veinte aminoácidos distintos en el organismo humano*.

aminorar *v. tr./prnl.* Disminuir la cantidad, el tamaño, el valor o la intensidad de una cosa: *aminorar el precio; aminorar la velocidad*.

amistad *n. f.* **1** Relación de simpatía y afecto que une a dos personas a partir del conocimiento y el trato recíproco: *durante el servicio militar surgió entre ellos una gran amistad*. **ANT** enemistad. ◇ *n. f. pl.* **2 amistades** Conjunto de personas con las que se tiene esta relación: *a la boda asistieron todas sus amistades*.
DER amistoso.

amistoso, -sa *adj.* **1** Que se distingue por la amistad o tiene alguna de sus características: *tenía un trato amistoso con sus otros compañeros de curso*. **SIN** amigable. **2** [encuentro, partido] Que está fuera de competición oficial: *celebraron un partido de fútbol amistoso para recaudar fondos contra la droga*.

amnesia *n. f.* Pérdida total o parcial de la memoria: *las personas sometidas a hipnosis sufren una amnesia parcial que les impide recordar la experiencia*.
DER amnésico.

amnésico, -ca *adj./n. m. y f.* [persona] Que ha perdido la memoria total o parcialmente.

amnios *n. m.* ZOOL. Membrana más interna de las que envuelven el embrión de los mamíferos, aves y reptiles y que permite su desarrollo en un medio líquido.
OBS El plural también es *amnios*.

amniótico, -ca *adj.* ZOOL. Del amnios o que tiene relación con esta membrana. **líquido amniótico** Medio líquido que envuelve al embrión para protegerlo.

amnistía *n. f.* Perdón total que concede el Gobierno de un país a los presos condenados por un tipo de delito, generalmente por razones políticas: *en marzo de 1977 el Gobierno español proclamó una amnistía para todos los presos políticos*.
DER amnistiar.

amnistiar *v. tr.* Conceder amnistía: *el gobierno se opone a amnistiar a presos con delitos de sangre*.
OBS En su conjugación, la *i* se acentúa en algunos tiempos y personas, como en *desviar*.

amo, ama *n. m. y f.* **1** Persona que tiene la propiedad de una cosa: *el perro acude a la llamada de su amo*. **SIN** dueño. **2** Persona que tiene a otras que trabajan a su servicio: *el amo mandó pintar el cortijo*. **3** Persona que tiene predominio o autoridad sobre los demás: *el ciclista español ha sido durante algunos años el amo del pelotón internacional*.

amodorrar *v. intr./prnl.* Causar modorra o provocar ganas de dormir: *este calor amodorra*; *había pasado mala noche y se amodorró toda la mañana en el sofá*. **SIN** adormecer, adormilarse.

amojonar *v. tr.* Señalar con mojones los límites de una propiedad o de un terreno: *amojonar un coto de caza*.

amolar *v. tr.* **1** Afilar un objeto cortante con una muela, piedra de grano fino y uniforme en forma de disco que gira alrededor de un eje central: *lleva estos cuchillos al afilador para que los amuele*. ◇ *v. tr./prnl.* **2** *coloquial* Molestar o fastidiar con insistencia: *el hijo de los vecinos nos amoló la tarde con la música a todo volumen*.
OBS En su conjugación, la *o* se convierte en *ue* en sílaba acentuada, como en *contar*.

amoldar *v. tr./prnl.* **1** Poner una cosa de acuerdo con otra: *debes amoldar tu relato a la extensión que marca la convocatoria del concurso*. **SIN** adaptar, ajustar, conformar. ◇ *v. prnl.* **2 amoldarse** Adaptarse a un lugar o a una situación distintos de los habituales: *se amoldó perfectamente al esquema de juego de su nuevo equipo*.

amonestación *n. f.* **1** Advertencia severa a una persona por un error o falta: *recibió una amonestación del profesor por intentar copiar*. **SIN** admonición, reconvención, reprensión. ◇ *n. f. pl.* **2 amonestaciones** Comunicación escrita y pública que se hace en una iglesia de los nombres de las personas que se van a casar, para que, si alguien conoce algún impedimento, lo haga saber.

amonestar *v. tr.* **1** Reprender severamente a una persona por un error o falta: *el sacristán amonestó al monaguillo por no haber tocado la campana a tiempo.* **2** Hacer públicas en la iglesia las amonestaciones. Suele usarse con los verbos *correr, leer* o *publicar*.
DER amonestación.
ETIM *Amonestar* procede del latín *admonere*, que tenía el mismo significado, voz con la que también está relacionada *admonición*.

amoniacal *adj.* QUÍM. Del amoníaco o que tiene relación con este gas: *compró un detergente amoniacal para limpiar el baño.*

amoníaco o **amoniaco** *n. m.* **1** QUÍM. Gas incoloro de olor desagradable, compuesto de hidrógeno y nitrógeno y muy soluble en agua: *el amoníaco se utiliza en el frío industrial y en los abonos.* **2** QUÍM. Producto químico en forma líquida, elaborado a partir de este gas, que se usa para la limpieza: *el amoníaco es un líquido corrosivo.*

amontonamiento *n. m.* **1** Acumulación de numerosas personas o cosas en un lugar de manera desordenada: *la policía intentaba evitar el amontonamiento de hinchas en las puertas del estadio.* **2** Conjunto numeroso de personas o cosas que se encuentran reunidas en un lugar de manera desordenada: *el todoterreno quedó atascado sobre un amontonamiento de piedras.*

amontonar *v. tr./prnl.* **1** Poner unas cosas sobre otras de manera desordenada o descuidada, formando un montón: *los empleados de la mudanza fueron amontonando las cajas en el salón de la casa.* ◇ *v. prnl.* **2 amontonarse** Reunirse en un lugar un conjunto numeroso de personas o animales de manera desordenada: *el primer día de rebajas los clientes se amontonan a las puertas del centro comercial.* **SIN** apelotonarse. **3** Juntarse en un período de tiempo breve muchos hechos, circunstancias o situaciones: *durante la semana de lluvias a los bomberos se les amontonó el trabajo.*
DER amontonamiento.

amor *n. m.* **1** Afecto intenso que se tiene hacia una persona, animal o cosa: *los hijos sienten amor hacia sus padres; el amor de la gloria lo llevó hasta el heroísmo.* **ANT** odio. **2** Sentimiento intenso de atracción sexual y emocional que se tiene hacia una persona con la que se desea compartir una vida en común: *el amor que sentía por ella le llevó a pedirle el matrimonio.* **3** Afición apasionada que se tiene hacia una cosa: *su vida estuvo marcada por el amor a los automóviles de carreras.* **4** Persona, animal o cosa que es objeto de uno de estos sentimientos: *su hijo fue el amor de sus últimos años de vida.* **5** Cuidado, atención y gusto que se pone al hacer una cosa: *preparó la cena de fin de año con mucho amor.* ◇ *n. m. pl.* **6 amores** Relación sentimental y sexual que mantienen dos personas durante un período de tiempo: *mucho se ha escrito de los amores del torero y la cantante.*

al amor de Cerca de: *el abuelo nos contaba cuentos al amor del fuego.*

amor platónico Sentimiento intenso de atracción emocional que se tiene hacia una persona, sin que se desee mantener con ella relaciones sexuales: *los poetas del Siglo de Oro escogían a una dama noble a la que le declaraban su amor platónico a través de los versos.* **amor propio** Consideración y estima que se siente por uno mismo: *acabó aprobando la carrera gracias a su amor propio.*

con (o **de**) **mil amores** Con mucho gusto o placer: *me iré contigo a cenar de mil amores si tú pagas.*

hacer el amor Mantener relaciones sexuales dos personas.
por amor al arte De manera desinteresada o gratuita: *no estaba dispuesto a trabajar por amor al arte.*
por amor de Dios Expresión que indica petición, protesta o sorpresa: *¡por amor de Dios, cómo se os ocurren esas cosas!*
DER amorío, amoroso; desamor, enamorar.

amoral *adj.* Que carece de sentido o valoración moral: *una persona amoral va en contra de la moral establecida sin ser consciente de ello.*
DER amoralidad.

amoratado, -da *adj.* De color parecido al morado: *le dieron un puñetazo y quedó con el ojo amoratado.*

amoratarse *v. prnl.* Ponerse de color amoratado: *se le amorataban las piernas si pasaba mucho tiempo en pie.*
DER amoratado.

amordazar *v. tr.* Tapar la boca a una persona con un trozo de tela, de cinta adhesiva o de otro material semejante para impedir que hable o grite: *los atracadores amordazaron a los empleados de la joyería.*
OBS En su conjugación, la *z* se convierte en *c* delante de *e*.

amorfo, -fa *adj.* **1** Que no tiene forma determinada o propia: *los líquidos y los gases son sustancias amorfas.* **SIN** informe. **2** [persona] Que tiene carácter o personalidad débil e inestable: *era un chico malcriado, caprichoso y amorfo.*

amorío *n. m.* Relación amorosa superficial y que dura poco tiempo: *durante el servicio militar tuvo algunos amoríos.* **SIN** devaneo.

amoroso, -sa *adj.* **1** Del amor o que tiene relación con este sentimiento: *una relación amorosa; un soneto amoroso.* **2** Que demuestra o siente amor: *felicitó a su mujer con unos versos amorosos.*

amortajar *v. tr.* Vestir el cuerpo de una persona muerta para enterrarlo.

amortiguación *n. f.* **1** Conjunto de piezas y mecanismos destinados a hacer más suave y elástico el apoyo de la carrocería de un automóvil sobre los ejes de las ruedas; disminuye los efectos del movimiento del vehículo y de las irregularidades del pavimento. **SIN** suspensión. **2** Disminución de la violencia o intensidad de una cosa: *me he comprado una impresora con un buen sistema de amortiguación acústica.*

amortiguador *n. m.* Mecanismo cilíndrico que une dos partes de un vehículo o de una máquina y que sirve para igualar y disminuir la intensidad de los movimientos verticales y horizontales que puede sufrir una de estas partes: *el amortiguador de un automóvil; el amortiguador de la puerta de un garaje.* ☞ motocicleta.

amortiguar *v. tr./prnl.* Disminuir la violencia o intensidad de una cosa: *el cinturón de seguridad amortiguó la fuerza del choque.*
DER amortiguación, amortiguador.
OBS En su conjugación, la *u* no se acentúa y la *gu* se convierte en *gü* delante de *e*, como en *averiguar*.

amortización *n. f.* **1** Recuperación del dinero invertido en la compra de un bien cuando el beneficio obtenido con éste supera a la inversión inicial: *con un par de veces que vayas a un camping en vez de a un hotel, habrás logrado la amortización de la tienda de campaña.* **2** Pago del total o de parte de una deuda: *dispongo de diez años para la amortización de la hipoteca del piso.*

amortizar *v. tr.* **1** Recuperar el dinero que se ha invertido en un bien cuando el beneficio obtenido con éste supera a la inversión inicial: *es viajante de comercio y amortizará en poco tiempo el coche nuevo que se ha comprado.* **2** Pagar el total o parte de una deuda: *debe amortizar el préstamo en cinco años.*

DER amortización; desamortizar.
OBS En su conjugación, la z se convierte en c delante de e.

amoscarse *v. prnl. coloquial* Sentir enfado o disgusto: *se amoscó con las bromas que le hicieron sobre su forma de vestir.* **SIN** mosquear.
OBS En su conjugación, la c se convierte en *qu* delante de e.

amotinar *v. tr./prnl.* Hacer que un grupo de personas adopten una actitud de oposición a la autoridad, especialmente si va acompañada de violencia: *la crueldad del capitán hizo que la tripulación del buque se amotinase.*

amparar *v. tr.* **1** Dar amparo a una persona o animal para evitarle un sufrimiento, peligro o daño: *fundó una orden religiosa para amparar a los más necesitados.* ◇ *v. prnl.* **2 ampararse** Servirse de una persona o cosa para protegerse o defenderse: *el abogado defensor se amparó en los errores del procedimiento policial para pedir la libertad de su cliente; el ladrón se amparó en la noche para perpetrar el robo.*
DER amparo; desamparar.

amparo *n. m.* **1** Ayuda o protección dada a una persona o animal para evitarle un sufrimiento, peligro o daño: *cuando murieron sus padres, buscó el amparo de sus abuelos.* **2** Ayuda o defensa que se le presta a una persona o cosa para favorecerla: *el teatro medieval surgió al amparo de las celebraciones religiosas.*

ampere *n. m.* Unidad de intensidad de la corriente eléctrica en el sistema internacional de unidades. **SIN** amperio.
DER amperímetro, amperio.
OBS La Real Academia Española admite *ampere*, pero prefiere la forma *amperio*.

amperímetro *n. m.* Aparato que sirve para medir la intensidad de una corriente eléctrica.

amperio *n. m.* Ampere, unidad de intensidad de la corriente eléctrica. **SIN** ampere.
DER microamperio, miliamperio.

ampliación *n. f.* **1** Aumento del tamaño, la intensidad o la duración de una cosa: *la ampliación de una vivienda.* **ANT** reducción. **2** Copia de una cosa a mayor tamaño que el original: *una ampliación de una foto, de un plano.*

ampliar *v. tr.* **1** Aumentar el tamaño, la intensidad o la duración de una cosa. Ampliar un parque. **ANT** reducir. **2** Hacer una copia de una cosa a mayor tamaño que el original: *ampliar una foto.* **ANT** reducir.
DER ampliación.
OBS En su conjugación, la *i* se acentúa en algunos tiempos y personas, como en *desviar*.

amplificación *n. f.* Aumento de la intensidad o la amplitud de una cosa, especialmente de un fenómeno físico: *en el reportaje interior se hace una amplificación de la noticia de la portada; la amplificación de una señal de radio.*

amplificador *n. m.* Aparato o sistema eléctrico que sirve para aumentar la extensión o la intensidad de un fenómeno físico, especialmente de una corriente eléctrica: *el amplificador de un equipo de música.*

amplificar *v. tr.* Aumentar la intensidad o la amplitud de una cosa, especialmente de un fenómeno físico: *amplificar un sonido.*
DER amplificación, amplificador.
OBS En su conjugación, la c se convierte en *qu* delante de e.

amplio, -plia *adj.* **1** Que tiene una extensión o un espacio mayor de lo normal: *el salón del piso es bastante amplio.* **SIN** ancho, grande. **ANT** pequeño. **2** [valor, cantidad] Que excede o es superior a lo normal: *ganaron el campeonato con una amplia diferencia de puntos.* **3** [prenda de vestir] Que es ancha y permite moverse con facilidad por no ajustarse al cuerpo: *una blusa amplia.* **SIN** holgado, suelto. **ANT** ceñido.
DER amplificar, amplitud.
ETIM Véase *ancho*.

amplitud *n. f.* **1** Extensión o espacio mayor que el normal: *Canadá es un país con una gran amplitud geográfica.* **ANT** pequeñez. **2** Número, cantidad o valor superior a lo normal: *la temperatura en verano rebasa los 40 grados con amplitud.* **3** Anchura de una prenda de vestir: *la amplitud de las perneras de un pantalón.*

ampolla *n. f.* **1** Bolsa pequeña llena de líquido que se forma en la piel por una quemadura, un roce o una enfermedad. **2** Tubo de cristal, cerrado por ambos extremos, que contiene un líquido o un gas, generalmente una medicina.
ETIM Ampolla procede del latín *ampolla*, 'botellita', voz con la que también está relacionada *ampuloso*.

ampuloso, -sa *adj.* [estilo, modo de expresión] Que se caracteriza por emplear palabras y construcciones demasiado cultas y rebuscadas, dando un énfasis excesivo a aspectos del discurso que no lo merecen: *siempre habla de su influencia con un aire ampuloso y prepotente.* **SIN** altisonante, grandilocuente, pomposo.
ETIM Véase *ampolla*.

amputación *n. f.* Separación de un miembro del cuerpo, de una parte de él o de un apéndice anatómico exterior, generalmente por medio de una operación quirúrgica: *amputar un brazo, un dedo, una oreja.*

amputar *v. tr.* Separar un miembro del cuerpo, una parte de él o un apéndice anatómico exterior, generalmente por medio de una operación quirúrgica: *amputar una pierna; amputar una mano.*
DER amputación.

amueblar *v. tr.* Colocar muebles en un espacio o recinto para hacerlo más habitable y cómodo: *amueblar un dormitorio.* **ANT** desamueblar.
DER desamueblar.

amuermar *v. intr./prnl. coloquial* Causar aburrimiento y somnolencia.

amuleto *n. m.* Objeto al que se le atribuye un poder mágico capaz de dar salud o suerte o de beneficiar a la persona que lo tiene en su poder y lo lleva encima: *llevaba un amuleto colgado del cuello.* **SIN** talismán.

amurallar *v. tr.* Rodear un lugar con muros o murallas: *Ávila fue amurallada en el siglo XI; amurallaron la piscina para evitar que se colaran extraños.*

ana- Prefijo que entra en la formación de palabras con el significado de: *a)* 'Hacia arriba', 'en alto': *anatema.* *b)* 'Contra': *anacrónico.* c) 'De nuevo': *anabaptista.* d) 'Conforme': *analogía.* e) 'Distinción, separación': *análisis.*

anabaptismo *n. m.* Doctrina religiosa protestante que tuvo su origen en Alemania en el siglo XVI; no reconoce el bautismo ralizado antes de que los niños adquieran el uso de razón.

anabolizante *adj./n. m. y f.* [sustancia química] Que sirve para facilitar la síntesis y asimilación de materia energética por las células: *algunos deportistas emplean sustancias anabolizantes para ganar tono muscular de manera artificial.*

anacoluto *n. m.* GRAM. Falta de correlación o concordancia entre los elementos de una oración o período: *en la frase se dedicó y destacó en el deporte hay un anacoluto.*

anaconda *n. f.* Serpiente de gran tamaño y color verde oscuro con manchas negras que vive en los ríos de América del Sur; no es venenosa y mata a sus presas por constricción

o estrangulamiento: *una anaconda puede llegar a medir más de nueve metros y engullir a un caimán*.
OBS Para indicar el sexo se usa *la anaconda macho y la anaconda hembra*.

anacoreta *n. com.* Persona que vive sola en lugar apartado, dedicada por entero a la contemplación, a la oración y a la penitencia: *san Simeón el Estilita, anacoreta del siglo IV, pasó más de cuarenta años en lo alto de una columna en el desierto de Siria*.

anacrónico, -ca *adj.* **1** Que sitúa a una persona o cosa en un período de tiempo que no se corresponde con el que le es propio: *es anacrónico pintar a un guerrero medieval con reloj de pulsera*. **2** Propio y característico de un período de tiempo pasado: *pronto las máquinas de escribir serán instrumentos anacrónicos, como ahora lo son los ábacos*.

anacronismo *n. m.* **1** Error que resulta de situar a una persona o cosa en un período de tiempo que no se corresponde con el que le es propio: *es un anacronismo describir un encuentro entre Aristóteles y Arquímedes*. **2** Cosa que no es actual, sino propia o característica de las costumbres de un período de tiempo pasado: *cazar con lanza hoy en día es un anacronismo*.
DER anacrónico.

ánade *n. amb.* Ave palmípeda de pico ancho y plano, cuello corto y patas cortas adaptadas a la natación. **SIN** pato.

anaerobio, -bia *adj./n. m. y f.* [organismo, ser vivo] Que es capaz de subsistir en un medio sin oxígeno: *un microorganismo anaerobio es el causante de la fermentación del vino*.

anáfora *n. f.* **1** GRAM. Figura del lenguaje que consiste en la repetición de una o varias palabras al principio de una serie de frases o de versos: *al decir cuando estudiamos, cuando trabajamos, cuando somos constantes, etc., estamos utilizando la anáfora porque repetimos la forma cuando*. **2** GRAM. Proceso sintáctico que consiste en que una palabra se refiere a una parte del discurso ya enunciada: *en la frase* Luis miró a su hermana y ella le sonrió, *se da la anáfora en los pronombres* ella *y* le.
DER anafórico.

anafórico, -ca *adj.* De la anáfora o que tiene relación con ella: *en el período el verano es bueno para descansar, para leer y para divertirse* se *produce la repetición anafórica de la preposición* para; *algunos pronombres tienen la función anafórica de hacer referencia a un antecedente*.

anagrama *n. m.* **1** Palabra o expresión que tiene las mismas letras o sonidos que otra, aunque cambiados de orden parcial o totalmente: Lesbia *es anagrama de* Isabel. **2** Dibujo o símbolo que distingue a una empresa, institución o sociedad, especialmente si está formado por letras. **SIN** logotipo, logo.

anal *adj.* Del ano o que tiene relación con esta parte del organismo.

anales *n. m. pl.* **1** Libro en el que se da cuenta año por año de los más importantes acontecimientos ocurridos: *he comprado unos anales sobre la historia de España de 1492 a 1992*. **2** Publicación periódica en la que se recogen noticias y artículos de carácter cultural, científico o técnico: *publicó un artículo en unos anales de filología española*.
quedar en los anales o **pasar a los anales** *a)* Quedar un acontecimiento registrado como un dato histórico significativo por su importancia o por su singularidad: *la ceremonia inaugural de las Olimpíadas de Barcelona pasó a los anales*. *b)* Ser un acontecimiento especialmente importante o singular: *la despedida de soltero de mi amigo quedará en los anales*.

analfabetismo *n. m.* **1** Desconocimiento de la lectura y la escritura: *empezó a acudir a un centro de educación de adultos para remediar su analfabetismo*. **2** Conjunto de personas analfabetas: *la tasa de analfabetismo de un país está en estrecha relación con su desarrollo económico*. **3** Falta de cultura o conocimientos elementales: *el analfabetismo de los alumnos es a menudo consecuencia de un sistema educativo deficiente*. **SIN** incultura. **ANT** cultura.

analfabeto, -ta *adj./n. m. y f.* **1** [persona] Que no sabe leer ni escribir: *a pesar de ser un analfabeto, tenía un gran conocimiento de la naturaleza*. **SIN** iletrado. **2** [persona] Que no tiene cultura: *los analfabetos no pueden acceder a ciertos puestos de trabajo*. **SIN** iletrado, inculto. **ANT** culto.
DER analfabetismo.

analgésico, -ca *adj./n. m.* [sustancia, medicina] Que hace que un dolor o molestia sea menos intenso o desaparezca: *ve a la farmacia y tráeme unas pastillas analgésicas para el dolor de cabeza*. **SIN** calmante, sedante.

análisis *n. m.* **1** Separación de las partes de un todo hasta llegar a conocer sus principios y elementos: *un análisis del problema del paro pasa por conocer todas sus causas*. **2** Separación de las partes de un texto, de una idea o de una obra del entendimiento para facilitar su comprensión y perfeccionar su estudio: *un análisis de* El sí de las niñas *de Moratín*. **3** GRAM. Estudio de las oraciones que componen un texto, de las clases de palabras, de sus variaciones formales y de sus características morfológicas o sintácticas: *un análisis morfosintáctico de oraciones de relativo*. **4** MED. Determinación de los elementos y sustancias que componen una muestra de células, de tejido o de fluido orgánico extraído de un ser vivo: *un análisis de sangre, de orina*. **SIN** analítica.
DER analista, analítico, analizar; psicoanálisis.
OBS El plural también es *análisis*.

analista *n. com.* **1** Persona que se dedica a hacer análisis médicos: *los analistas trabajan en laboratorios*. **2** Persona que se dedica a estudiar un asunto social, político, técnico o económico para determinar cuáles son los problemas principales que le afectan y cuáles las mejores soluciones: *un analista informático, militar, de inversiones*.

analítico, -ca *adj.* Del análisis o que tiene relación con la separación de las partes de un todo hasta llegar a conocer sus principios y elementos: *es un gran jugador de ajedrez porque tiene una mente fría y analítica*.

analizar *v. tr.* Examinar una cosa separando cada una de sus partes: *el profesor analizó algunas oraciones subordinadas*.
OBS En su conjugación, la *z* se convierte en *c* delante de *e*.

analogía *n. f.* Relación de semejanza entre cosas distintas: *existe cierta analogía entre el traje de un astronauta y el de un buzo*. **SIN** parecido, semejanza, similitud.
DER analógico, análogo.

analógico, -ca *adj.* **1** De la analogía o que tiene relación con ella: *existe una relación analógica entre las alas de algunas aves y las de los aviones*. **2** [aparato] Que mide una magnitud y la representa mediante el desplazamiento de una aguja: *un reloj analógico tiene manecillas para indicar la hora*. **ANT** digital. ☞ reloj. **3** [aparato] Que representa o transforma una magnitud física en otra de la cual está relacionada: *la televisión analógica transforma los impulsos eléctricos en puntos luminosos a lo largo de las líneas de la pantalla*. **ANT** digital.

análogo, -ga *adj.* Que tiene semejanza con una cosa: *la implantación de la informática ha tenido efectos análogos a los de una revolución industrial*. **SIN** parecido, semejante, similar.

ananá o **ananás** *n. m.* **1** Planta originaria de América con hojas rígidas acabadas en punta, flores moradas y fruto co-

anaquel mestible. **2** Fruto de esta planta, de forma cónica y tamaño grande, con corteza rugosa y áspera, terminado en un penacho de hojas; su carne es amarilla y jugosa. **SIN** piña.

anaquel *n. m.* Tabla o lámina horizontal que se coloca en una pared, dentro de un armario o en una estantería y sirve para colocar objetos sobre ella: *se sintió orgulloso al ver su libro en los anaqueles de las librerías.* **SIN** balda, estante.

anaranjado, -da *adj.* De color parecido al de la naranja: *las gaviotas tienen el pico anaranjado.*

anarco- Elemento prefijal que entra en la formación de palabras con el significado de 'anarquista', 'anárquico': *anarcosindicalismo.*

anarquía *n. f.* **1** Desorganización, desorden o confusión por falta de una autoridad: *la anarquía urbanística ha destrozado muchos kilómetros de costas españolas.* **2** Anarquismo.
DER anárquico, anarquismo.

anárquico, -ca *adj.* **1** De la anarquía o que tiene relación con ella: *el partido se perdió porque el juego de la selección fue anárquico.* ◇ *adj./n. com.* **2** Anarquista, que cree en el anarquismo.

anarquismo *n. m.* Doctrina política que pretende la desaparición del estado y de sus organismos e instituciones representativas y defiende la libertad del individuo por encima de cualquier autoridad: *el anarquismo surgió en la segunda mitad del siglo XIX.* **SIN** acracia, anarquía.
DER anarquista.

anarquista *adj.* **1** Del anarquismo o que tiene relación con él: *los partidos o agrupaciones políticas anarquistas se suelen reunir en torno a partidos de izquierda de mayor implantación social.* ◇ *adj./n. com.* **2** [persona] Que cree en el anarquismo o es partidario de él: *Buenaventura Durruti fue un importante anarquista español.* **SIN** ácrata, libertario.

anatema *n. amb.* **1** Exclusión a que la Iglesia católica somete a uno de sus fieles apartándolo de su comunidad e impidiéndole recibir los sacramentos: *en las cruzadas había amenaza de anatema para aquellos cruzados que desertaran en la lucha contra los infieles.* **SIN** excomunión. **2** Prohibición o persecución de una cosa que se considera perjudicial: *el tabaco ha recibido el anatema conjunto de médicos y sociedad.* **3** Expresión o insulto violento con el que se desea el mal a una persona: *expulsaron al manifestante del salón de plenos mientras lanzaba anatemas contra todos los presentes.* **SIN** maldición. **ANT** bendición.
DER anatematizar.

anatematizar *v. tr.* **1** Promulgar un anatema la autoridad eclesiástica de la Iglesia católica contra uno de sus fieles: *el papa anatematizó al obispo Marcel Lefebvre por enfrentarse a la jerarquía de la Iglesia.* **2** Prohibir o perseguir una cosa que se considera perjudicial: *varias asociaciones anatematizaron la película al considerarla pornográfica.* **3** Proferir anatemas o insultos violentos contra una persona. **SIN** maldecir. **ANT** bendecir.
OBS En su conjugación, la *z* se convierte en *c* delante de *e*.

anatomía *n. f.* **1** Disciplina que estudia la estructura, forma y relaciones de las diferentes partes del cuerpo de los seres vivos: *la primera vez que vio un cadáver en clase de anatomía se desmayó.* **2** Forma o aspecto exterior del cuerpo de un ser vivo: *por la anatomía de la yegua se podían adivinar sus excepcionales cualidades para la carrera.* **3** Análisis y estudio de las diversas partes que conforman un asunto o problema: *el abogado intentó explicar al jurado la anatomía del asesinato que debían juzgar.*
DER anatómico, anatomista.

anatómico, -ca *adj.* **1** De la anatomía o que tiene rela-ción con esta disciplina: *el forense empezó por hacer una descripción anatómica del cadáver.* **2** [objeto] Que se adapta o ajusta perfectamente a la forma del cuerpo humano o a alguna de sus partes para proporcionar mayor seguridad o comodidad: *un sillón anatómico; una empuñadura anatómica.*

anatomista *n. com.* Médico especializado en el estudio de la anatomía humana.

anca *n. f.* **1** Mitad lateral de la parte posterior de algunos animales: *las ancas de la rana.* ◇ *n. f. pl.* **2 ancas** Parte posterior del lomo de algunos animales cuadrúpedos, especialmente del caballo: *las ancas de una yegua.* **SIN** grupa.
OBS En singular se le anteponen los determinantes *el, un,* salvo que entre el determinante y el nombre haya otra palabra: *el anca, la abultada anca.*

ancestral *adj.* **1** De los ancestros o que tiene relación con ellos: *muchas fiestas populares se basan en costumbres ancestrales.* **2** Que es muy antiguo: *el sur de España suele padecer el ancestral problema del agua.*

ancestro *n. m.* Persona de la que desciende otra u otras, especialmente si pertenece a una época pasada muy remota: *los ancestros del hombre vivieron en las cavernas.* **SIN** antecesor, antepasado, ascendiente, predecesor.
DER ancestral.

ancho, -cha *adj.* **1** Que tiene una anchura mayor de lo normal: *el sombrero cordobés se caracteriza por tener el ala ancha.* **ANT** angosto, estrecho. **2** Que abarca una extensión o un espacio mayor de lo normal: *el sofá es demasiado ancho e impide el paso.* **SIN** amplio, grande. **3** *coloquial* [persona] Que está orgulloso o siente una gran satisfacción: *se puso muy ancho cuando le concedieron el premio.* ◇ *n. m.* **4** En una superficie, dimensión frontal y horizontal considerada de izquierda a derecha o viceversa: *el profesor trazó una línea en la pizarra a lo ancho y comenzó a escribir en la mitad inferior.* **SIN** anchura. **5** En un cuerpo o figura, dimensión menor respecto al largo: *el ancho de una cinta es siempre menor que su largo.* **SIN** achura. **6** Diámetro de un orificio: *el ancho de la boca de una vasija.* **SIN** anchura.
a sus anchas Con completa comodidad y libertad: *cuando sus padres salen, disfruta de la televisión a sus anchas.*
DER anchura; ensanchar.
ETIM *Ancho* procede del latín *amplus,* que tenía el mismo significado, voz con la que también está relacionada *amplio.*

anchoa *n. f.* Boquerón curado en sal.

anchura *n. f.* **1** En una superficie, dimensión frontal y horizontal considerada de izquierda a derecha o viceversa: *la anchura de la página de un libro determina la extensión de los renglones del texto.* **SIN** ancho. **2** En un cuerpo o figura, dimensión menor respecto al largo: *la anchura de un campo de fútbol debe estar comprendida entre 64 y 75 m.* **SIN** ancho. **3** Diámetro de un orificio: *la anchura del sumidero puede permitir la salida de cucarachas.* **SIN** ancho.

-ancia Sufijo que entra en la formación de sustantivos y denota la acción y el efecto del verbo al que se unen: *discrepancia, vigilancia.*

ancianidad *n. f.* **1** Último período de la vida natural de una persona: *en la ancianidad aumenta el riesgo de contraer o padecer enfermedades.* **2** Estado o condición de la persona que tiene una edad muy avanzada: *la ancianidad del actual presidente hace previsible un próximo relevo en la dirección del partido.*

anciano, -na *adj./n. m. y f.* [persona] Que tiene una edad avanzada: *cuando vuelve a su pueblo siempre va a visitar a su anciana abuela.*
DER ancianidad.

ancla *n. f.* Instrumento de hierro generalmente en forma de arpón o de anzuelo con las puntas rematadas en ganchos que, sujeto a una cadena o un cable, se echa desde una embarcación al fondo del mar, de un río o de un lago para que se fije en él e impida que ésta se mueva. **SIN** áncora.
DER anclar.
OBS En singular se le antepone los determinantes *el, un*, salvo que entre el determinante y el nombre haya otra palabra: *el ancla, la pesada ancla*.

anclar *v. intr.* **1** Quedar sujeta una embarcación al fondo del mar, de un río o un lago mediante una o más anclas: *antes de empezar a pescar anclaron la barca*. ◇ *v. tr.* **2** Quedar una cosa firmemente sujeta al suelo o a otro lugar: *anclar la antena de televisión*. ◇ *v. prnl.* **3 anclarse** Mantener con fuerza y convicción una idea, opinión o posición, especialmente si está desfasada o es minoritaria: *tras la muerte de su marido, se ancló en sus recuerdos y dejó de tener contacto con los demás*.

áncora *n. f. culto* Ancla, instrumento de hierro.
OBS En singular se le antepone los determinantes *el, un*, salvo que entre el determinante y el nombre haya otra palabra: *el áncora, la pesada áncora*.

andadas Palabra que se utiliza en la expresión *volver a las andadas*, que significa 'volver a cometer el mismo error o la misma falta': *apenas salió de la cárcel volvió a las andadas*. **SIN** reincidir.

andaderas *n. f. pl.* Andador, aparato para ayudar a andar.
OBS El plural también es *andaderas*.

andador *n. m.* Aparato formado por una estructura de barras con ruedas o soportes que sirve para ayudar a andar a un niño o a una persona que tiene problemas para andar por sí misma. **SIN** andaderas, tacatá.

andadura *n. f.* **1** Movimiento para trasladarse de un lugar a otro: *iniciaron su andadura a primera hora de la mañana para intentar llegar a la cima por la tarde*. **SIN** desplazamiento, marcha. **2** Desarrollo de un trabajo, actividad o proceso a lo largo del tiempo: *Antonio Muñoz Molina inició su andadura como escritor en 1987 con la publicación de su novela* El invierno en Lisboa.

andalucismo *n. m.* **1** Amor o admiración por la cultura y las tradiciones de Andalucía: *algunos poemas de Lorca se caracterizan por su andalucismo*. **2** Palabra o modo de expresión propios del español hablado en Andalucía, especialmente cuando se usa en otra variedad lingüística: *las palabras* angurria *y* cañaduz *son andalucismos*. **3** Movimiento que pretende el reconocimiento político de Andalucía y defiende sus valores históricos y culturales: *Blas Infante fue uno de los padres del andalucismo*.
DER andalucista.

andalucista *adj.* **1** Del andalucismo o que tiene relación con él: *el grupo andalucista del Parlamento*. ◇ *adj./n. com.* **2** [persona] Que es partidario del andalucismo político: *el líder andalucista se abstuvo en la votación*.

andalusí *adj.* De al-Ándalus o que tiene relación con la cultura musulmana que ocupó la península Ibérica hasta 1492.
OBS El plural es *andalusíes*.

andaluz, -za *adj.* **1** De Andalucía o que tiene relación con esta comunidad autónoma del sur de España. ◇ *adj./n. m. y f.* **2** [persona] Que es de Andalucía. ◇ *n. m.* **3** Variedad del español que se habla en Andalucía.
DER andalucismo, andalusí.

andamiaje *n. m.* Conjunto de andamios: *el andamiaje de la fachada de un edificio*.

andamio *n. m.* Armazón desmontable formado por tubos, planchas metálicas o tablas que se levanta provisionalmente bajo un techo o pegado a una superficie vertical para acceder a las partes altas y trabajar en ellas.
DER andamiaje.

andanada *n. f.* **1** Conjunto de disparos que realizan los cañones o piezas de artillería de un barco al mismo tiempo. **2** Conjunto de ataques o críticas negativas que se hace contra otra u otras personas: *el escritor soportaba las andanadas de los críticos con gran tranquilidad*. **3** Asiento situado en la grada cubierta que hay en la parte superior de una plaza de toros.

andando *adv.* **1** Palabra que se usa para indicar que el desplazamiento de un lugar a otro se hace a pie, dando pasos: *prefiero ir andando que en coche*. ◇ *int.* **2 ¡andando!** *coloquial* Expresión con la que se indica que algo ha de realizarse inmediatamente: *tenemos mucho trabajo, así que ¡andando!* **3** *coloquial* Expresión con la que una persona invita a otra u otras a que se vayan de un lugar: *¡andando!, que aquí no van a encontrar lo que buscan*. Se usa de manera despectiva.

andante *n. m.* **1** MÚS. Composición o parte de ella caracterizada por tener un movimiento lento y reposado: *el andante del* Concierto para piano número 21 *de Mozart*. ◇ *adv.* **2** MÚS. Con movimiento lento y reposado: *andante es más lento que alegro y más rápido que adagio*.

andanza *n. f.* Aventura o peripecia que experimenta una persona, especialmente durante un viaje: *la película trata sobre las andanzas de un arqueólogo que busca el arca de la alianza*.
OBS Se usa frecuentemente en plural.

andar *v. intr.* **1** Moverse o trasladarse de un lugar a otro dando pasos: *andar por la calle, por el campo, por la nieve*. **SIN** caminar. **2** Moverse o trasladarse de un lugar a otro: *anduvo durante el verano por el sur de Italia; las motos de nieve están preparadas para andar por terrenos helados*. **3** Funcionar un mecanismo o un aparato: *dime la hora, que no me anda el reloj*. **4** Funcionar bien o correr un vehículo: *mi moto nueva anda un montón*. **5** Desarrollarse un trabajo, actividad o proceso a lo largo del tiempo: *mis relaciones con el jefe andan peor cada día*. **6** Tener una persona un determinado estado de ánimo o salud: *andaba fastidiado desde que se rompió el brazo*. **7** Acercarse o aproximarse a una cantidad: *el coche que le gusta debe andar por los tres millones de pesetas*. **8** Tocar o hurgar una cosa con insistencia: *no andes con el destornillador en el enchufe; no andes en los cajones de tu hermano*. **9** Estar realizándose una acción: *tu madre debe andar arreglándose en el dormitorio*. ◇ *v. intr./prnl.* **10** Actuar o comportarse de determinada manera: *andan diciendo por ahí que quieres vender la casa; no se anduvo con miramientos y lo despidió sin explicaciones*. ◇ *n. m. pl.* **11 andares** Manera de andar peculiar de una persona: *me hacen gracia los andares inestables de algunos niños pequeños*. ◇ *int.* **¡anda!** Expresión que indica sorpresa o intención de dar ánimo o hacer una petición: *¡anda, si ya son las cuatro!; ¡anda, acompáñame hasta la plaza!*

andarse por las ramas Detenerse en los aspectos menos importantes o significativos de un asunto: *no se anduvo por las ramas con sus empleados y les anunció el próximo cierre de la fábrica*.

todo se andará Expresión con la que se indica que ya llegará el momento oportuno para que una cosa ocurra: *aún no tienes edad para conducir, pero todo se andará*. Son derivados de *andar*, verbo.
DER andadas, andaderas, andador, andadura, andamio, andante, andanza, andariego, andarín, andurrial; desandar.

A/a

andar

INDICATIVO	SUBJUNTIVO
presente	**presente**
ando	ande
andas	andes
anda	ande
andamos	andemos
andáis	andéis
andan	anden
pretérito imperfecto	**pretérito imperfecto**
andaba	anduviera o anduviese
andabas	anduvieras o anduvieses
andaba	anduviera o anduviese
andábamos	anduviéramos o anduviésemos
andabais	
andaban	anduvierais o anduvieseis
	anduvieran o anduviesen
pretérito indefinido	
anduve	**futuro**
anduviste	anduviere
anduvo	anduvieres
anduvimos	anduviere
anduvisteis	anduviéremos
anduvieron	anduviereis
	anduvieren
futuro	
andaré	
andarás	**IMPERATIVO**
andará	anda (tú)
andaremos	ande (usted)
andaréis	andad (vosotros)
andarán	anden (ustedes)
condicional	
andaría	**FORMAS NO PERSONALES**
andarías	
andaría	infinitivo gerundio
andaríamos	andar andando
andaríais	**participio**
andarían	andado

andariego, -ga o **andarín, -rina** *adj./n. m. y f.* [persona] Que anda mucho, especialmente si lo hace por gusto.

andas *n. f. pl.* Tablero o plataforma sostenida por dos barras o listones horizontales y paralelos que sirve para transportar a hombros a una persona o cosa, especialmente una imagen religiosa.
■ **en andas** A hombros o sostenido en alto por varias personas: *algunos invitados pasearon en andas a los novios.*
OBS El plural también es *andas*.

andén *n. m.* Acera generalmente elevada situada a los lados de la vía o de la calzada en las estaciones de tren o de autobús, respectivamente, para que los pasajeros entren y salgan de ellos con facilidad.

andino, -na *adj.* De los Andes o que tiene relación con esta cordillera del sudoeste de América o con sus territorios próximos: *Bolivia, Chile y Perú son países andinos.*
DER transandino.

andorrano, -na *adj.* **1** De Andorra o que tiene relación con este país del sur de Europa. ◇ *adj./n. m. y f.* **2** [persona] Que es de Andorra.

andrajo *n. m.* **1** Prenda de vestir vieja, rota y sucia: *el mendigo no llevaba zapatos y vestía andrajos.* **2** Jirón o pedazo de tela vieja, rota o sucia: *dormía en un lecho de cartones y andrajos.* **SIN** harapo.
DER andrajoso.

andrajoso, -sa *adj./n. m. y f.* **1** [persona] Que viste con andrajos: *un mendigo andrajoso.* **SIN** harapiento. **2** [prenda de vestir] Que está vieja, rota y sucia: *un abrigo andrajoso.*

andro- Elemento prefijal que entra en la formación de palabras con el significado de: *a)* 'Hombre, varón': *andropausia. b)* 'Hombre, ser humano': *androide.*

androceo *n. m.* Conjunto de estambres de una flor que constituye su aparato sexual masculino. ☞ *flor.*

andrógeno *n. m.* Hormona sexual que provoca la aparición de los caracteres secundarios masculinos, tales como la barba o el tono de la voz.

andrógino, -na *adj.* **1** [ser vivo] Que es macho y hembra a la vez, por tener los órganos sexuales de las dos clases: *el percebe es un crustáceo andrógino.* **SIN** bisexual, hermafrodita. **2** [persona] Que tiene rasgos corporales que no se corresponden con los propios de su verdadero sexo: *la corredora, dado su aspecto andrógino, tuvo que someterse a pruebas médicas para acreditar su sexo.*

androide *n. m.* Robot con aspecto, movimientos y algunas funciones propias de los seres humanos: *al principio de la película, el capitán de la nave descubre que un miembro de la tripulación es en realidad un androide.*

andropausia *n. f.* **1** BIOL. Desaparición progresiva de la actividad de las glándulas sexuales del hombre: *la andropausia se manifiesta entre los 50 y los 70 años.* **2** Período de tiempo en que se produce esta desaparición: *algunos hombres pueden sufrir desequilibrios psíquicos durante la andropausia.*

andurrial *n. m.* Lugar poco frecuentado, generalmente por estar apartado o ser poco transitable: *el leñador preguntó al joven qué hacía solo por aquellos andurriales.*

anea *n. f.* **1** Planta de tallos altos y cilíndricos, con las hojas largas y estrechas dispuestas en dos filas a lo largo del tallo y las flores en forma de espiga: *la anea crece en lugares pantanosos.* **SIN** enea, espadaña. **2** Hoja seca de esta planta que se usa para tejer asientos y otros objetos: *una silla de anea.* **SIN** enea, espadaña.

anécdota *n. f.* **1** Relato breve de un acontecimiento extraño, raro o divertido, generalmente ocurrido a la persona que lo cuenta. **2** Detalle accidental y sin importancia: *dejaré a un lado las anécdotas para explicar el suceso principal.*
DER anecdotario, anecdótico.

anecdotario *n. m.* Conjunto de anécdotas sucedidas a una persona u ocurridas durante el desarrollo de una actividad o proceso: *el anecdotario de Valle–Inclán es extenso y divertido; un reportaje sobre el anecdotario de los Juegos Olímpicos.*

anecdótico, -ca *adj.* De la anécdota o que tiene relación con ella: *el astronauta mencionó algunos detalles anecdóticos de la vida a bordo de una nave espacial; el entrenador calificó de anecdótica la derrota que había sufrido su equipo en el partido amistoso.*

anegar *v. tr./prnl.* **1** Cubrir el agua un lugar: *el desbordamiento del río anegó varias hectáreas frutales; cuando comenzó a anegarse la cubierta inferior del barco, el capitán ordenó abandonar la nave.* **SIN** inundar. ◇ *v. prnl.* **2 anegarse** Llenarse por completo: *cada mañana las plazas de Venecia se anegan de turistas.* **3** Dominar el estado de ánimo de una persona un sentimiento o pasión: *solo en su habitación, le anegaba el hastío.*

anfitrión

OBS En su conjugación, la g se convierte en gu delante de e.
anejo, -ja *adj./n. m.* Que está unido o próximo a otra cosa de la que deriva, depende o con la que está muy relacionado: *la vesícula biliar está aneja al hígado*; *el problema de la droga se presenta frecuentemente anejo al de la delincuencia*. **SIN** anexo.
anélido *adj./n. m.* **1** ZOOL. [gusano] Que pertenece a la división de los anélidos: *la sanguijuela es un gusano anélido*. ◇ *n. m. pl.* **2 anélidos** ZOOL. División de gusanos de cuerpo casi cilíndrico, segmentado en anillos, con la piel fina y la sangre roja: *la mayoría de los anélidos viven en el mar, pero algunos viven en agua dulce, como la sanguijuela, y otros en tierra húmeda, como la lombriz*.
anemia *n. f.* Disminución anormal del número o tamaño de los glóbulos rojos que contiene la sangre o de su nivel de hemoglobina: *la anemia es a menudo consecuencia de una alimentación deficiente*.
DER anémico.
anémico, -ca *adj.* **1** De la anemia o que tiene relación con ella: *las patologías anémicas infantiles son comunes en los países del Tercer Mundo*. ◇ *adj./n. m. y f.* **2** [persona] Que padece anemia: *una persona anémica siente cansancio con facilidad y tiene palidez en el rostro*.
anemómetro *n. m.* Instrumento que sirve para medir la velocidad de los gases, especialmente del aire. ☞ meteorología.
anémona o **anemona** *n. f.* **1** Planta herbácea con tallo horizontal subterráneo, pocas hojas y flores de color vivo: *plantó en el jardín anémonas, dalias y margaritas*. **2** Flor de esta planta. **3** Animal invertebrado marino con forma de tubo abierto por un extremo del que salen multitud de tentáculos que recuerdan la forma de una flor: *la anémona de mar vive aislada y fija en el fondo del mar, donde se alimenta de pequeños peces*. **SIN** actinia.
anestesia *n. f.* **1** Pérdida temporal del conocimiento o de la sensibilidad de una parte del cuerpo provocada por la administración de una sustancia química: *la anestesia es necesaria en muchas operaciones quirúrgicas*. **2** Sustancia química que produce esta pérdida temporal de la sensibilidad o del conocimiento: *generalmente la anestesia se administra mediante inyección*. **SIN** anestésico.
DER anestesiar, anestésico, anestesista.
anestesiar *v. tr.* Producir la pérdida temporal del conocimiento o de la sensibilidad de una parte del cuerpo mediante la administración de una sustancia química: *anestesiaron al enfermo antes de comenzar la operación*. **SIN** dormir.
OBS En su conjugación, la *i* no se acentúa, como en *cambiar*.
anestésico, -ca *adj.* **1** De la anestesia o que tiene relación con ella: *el veterinario disparó un dardo anestésico al tigre para poder examinarlo*. ◇ *adj./n. m.* **2** [sustancia química] Que produce la pérdida temporal del conocimiento o de la sensibilidad de una parte del cuerpo: *el cloroformo y el éter han sido usados tradicionalmente como anestésicos*. **SIN** anestesia.
anestesista *n. com.* Médico especializado en el estudio y aplicación de anestesia.
aneurisma *n. amb.* Dilatación anormal de las paredes de una arteria o vena: *el aneurisma puede derivar en la rotura del vaso afectado*.
anexar *v. tr./prnl.* Unir o aproximar una cosa a otra para que derive, dependa o esté muy relacionada con ella: *un largo corredor anexa todas las habitaciones de la casa*; *varios acuerdos particulares se anexan al documento final*.
anexión *n. f.* Unión de una cosa a otra, de la que deriva o depende, especialmente de un estado o de una parte de su territorio a otro: *Hitler llevó a cabo la anexión de Austria a Alemania en 1938*.
DER anexionar, anexionismo.
anexionar *v. tr./prnl.* Unir una cosa a otra para hacerla derivar o depender de ella, especialmente de un estado o de una parte de su territorio a otro: *el 2 de agosto de 1990 Sadam Hussein anexionó por la fuerza Kuwait a Irak*.
anexionismo *n. m.* Tendencia política que defiende la anexión de territorios extranjeros: *el anexionismo del Tercer Reich fue el detonante de la segunda guerra mundial*.
DER anexionista.
anexionista *adj.* **1** Del anexionismo o que tiene relación con él: *la política anexionista suele ser practicada por dictaduras y estados militarizados*. ◇ *adj./n. com.* **2** [persona] Que es partidaria del anexionismo: *Sadam Hussein fue acusado por los países occidentales de dictador y anexionista*.
anexo, -xa *adj./n. m.* Que está unido o próximo a otra cosa de la que deriva, depende o con la que está muy relacionado: *el baptisterio está anexo a la catedral*; *junto con el tratado de desarme, los líderes políticos firmaron un protocolo anexo de colaboración económica*. **SIN** anejo.
DER anexar, anexión.
OBS La Real Academia Española registra *anexo*, pero prefiere la forma *anejo*.
anfetamina *n. f.* Sustancia química que excita el sistema nervioso, aumenta la resistencia física y disminuye el apetito: *tomar anfetaminas sin control médico provoca adicción y graves consecuencias cerebrales*. **SIN** anfeta.
anfi- Prefijo que entra en la formación de palabras con el valor de: *a*) 'Alrededor de': *anfiteatro*. *b*) 'Doble': *anfibio*.
anfibio, -bia *adj.* **1** [ser vivo] Que acostumbra vivir dentro y fuera del agua: *los cocodrilos y los hipopótamos son anfibios*. **2** [vehículo, avión] Que puede moverse por tierra o por agua: *los vehículos anfibios militares suelen ser usados en los desembarcos*. ◇ *adj./n. m.* **3** [animal] Que pertenece a la clase de los anfibios: *la salamandra es un animal anfibio*. **SIN** batracio. ◇ *n. m. pl.* **4 anfibios** Clase de animales vertebrados que pasan parte de su vida en el agua y que cuando alcanzan la edad adulta respiran a través de pulmones; tienen la sangre fría y la piel lisa sin pelo: *la rana y el sapo son anfibios*. **SIN** batracios.
anfibología *n. f.* **1** Doble significado o sentido de una palabra o frase que puede provocar dudas e interpretaciones erróneas: *en la frase entró en la sala con el rostro lívido, si no se precisa más, no es posible saber si el personaje en cuestión tenía la cara morada por un golpe o pálida por un susto*. **2** culto Figura del lenguaje que consiste en emplear una o varias palabras que pueden ser entendidas con un doble significado o sentido: *en la frase ducados ganan ducados se juega con los significados de título nobiliario y de moneda española*.
anfiteatro *n. m.* **1** Construcción circular o semicircular, con gradas escalonadas alrededor de un escenario o espacio llano central, en la que antiguamente se celebraban representaciones teatrales y combates de gladiadores: *actualmente, en el anfiteatro de Mérida aún se representan obras de teatro*. **2** Conjunto de gradas escalonadas, generalmente en forma de semicírculo, situadas en la parte superior de un teatro, un cine o un aula: *sacó una entrada de anfiteatro, que era más barata que la del patio de butacas*.
anfitrión, -triona *adj./n. m. y f.* **1** [persona] Que invita y recibe en su casa a otras personas: *cuando el niño anfitrión iba a apagar las velas, se adelantaron sus amigos*. **2** [empresa, asociación, Estado] Que invita y recibe en su sede o terri-

ánfora

torio a otras personas: *en las reuniones internacionales, el país anfitrión tiene la obligación de salvaguardar la seguridad de los representantes invitados.*

ánfora *n. f.* Recipiente de barro alto, estrecho y de forma cilíndrica con dos asas, el cuello largo y la base cónica, acabada en punta: *el ánfora fue usada habitualmente por los antiguos mercaderes griegos y romanos para el transporte de alimentos.*
OBS En singular se le antepone los determinantes *el, un,* salvo que entre el determinante y el nombre haya otra palabra: *el ánfora, la bella ánfora.*

angarillas *n. f. pl.* Tablero o plataforma sostenida por dos barras o listones horizontales y paralelos que sirve para transportar una carga entre varias personas.
OBS El plural también es *angarillas.*

ángel *n. m.* **1** En algunas religiones, espíritu puro, servidor y mensajero de Dios, que en ocasiones se aparece a los hombres: *un ángel anunció a los pastores el nacimiento de Jesús.* **ángel custodio** o **ángel de la guarda** Ángel destinado por Dios a cada persona para que vele por ella: *cada noche le rezaba al ángel de la guarda.* **2** Cualidad del carácter de una persona que la hace atractiva o simpática para los demás: *el director buscaba una actriz con ángel para el papel de heroína.* **SIN** encanto. **3** Persona muy buena, simpática y servicial: *mi asistenta es un ángel que me tiene la casa siempre limpia y ordenada.*
como los ángeles Muy bien, de manera excelente: *hizo el examen como los ángeles.*
DER ángelus; arcángel, evangelio.

angelical *adj.* **1** De los ángeles o que tiene relación con ellos: *en el cuadro se representa a Dios rodeado de coros angelicales.* **SIN** angélico. **2** Que se caracteriza por una bondad, pureza o belleza considerada propia de los ángeles: *no dejó que la sonrisa angelical del vendedor lo embaucara.* **SIN** angélico.

ángelus *n. m.* Oración católica que recuerda el anuncio de la concepción de Cristo que el arcángel Gabriel hizo a la Virgen María: *el ángelus se reza tres veces al día: por la mañana, a mediodía y por la noche.*

angina *n. f.* **1** Órgano de color rojo y de pequeño tamaño formado por acumulación de tejido linfático, que, junto con otro, está situado a ambos lados de la garganta del hombre y de algunos animales: *las anginas sirven de defensa ante las infecciones del aparato respiratorio.* **SIN** amígdala. ◇ *n. f. pl.* **2 anginas** Inflamación de estos órganos: *las anginas son comunes en los niños y producen mucha fiebre.* **SIN** amigdalitis.
angina de pecho Obstrucción de las arterias del corazón que provoca inicialmente dolor en el brazo izquierdo y, posteriormente, un dolor muy agudo en el pecho: *de no tratarse con rapidez, la angina de pecho puede producir la muerte.*

angiospermo, -ma *adj./n. f.* **1** BOT. [planta] Que pertenece al grupo de las angiospermas: *el trigo, el geranio o la calabaza son plantas angiospermas.* ◇ *n. f. pl.* **2 angiospermas** Grupo de plantas fanerógamas cuyos óvulos se hallan dentro de un ovario cerrado y cuyas semillas se desarrollan protegidas en el interior del fruto: *las angiospermas se dividen en monocotiledóneas y dicotiledóneas.*

anglicanismo *n. m.* Doctrina religiosa cristiana que tuvo su origen en las ideas del rey inglés Enrique VIII en el siglo XVI.

anglicano, -na *adj.* **1** Perteneciente o relativo a una doctrina religiosa cristiana que tuvo su origen en las ideas del rey inglés Enrique VIII en el siglo XVI. ◇ *adj./n. m. y f.* **2** [persona] Que cree en esta doctrina religiosa.
DER anglicanismo, anglicismo.

anglicismo *n. m.* Palabra o modo de expresión propios de la lengua inglesa que se usa en otro idioma: *la palabra* software *es un anglicismo.*
DER anglicista.

anglicista *adj.* Del anglicismo o que tiene relación con él: *la televisión y el cine causan los hábitos anglicistas de muchos hablantes de español.*

anglo, -gla *adj.* **1** De un antiguo pueblo de origen germánico que se estableció en Inglaterra en los siglos V y VI o que tiene relación con él. ◇ *adj./n. m. y f.* **2** [persona] Que pertenece a este pueblo.

anglo-, angli- Elemento prefijal que entra en la formación de palabras con el valor de 'inglés' o 'relativo a Inglaterra': *anglófilo, angloamericano, anglicano.*

anglófilo, -la *adj./n. m. y f.* [persona] Que tiene simpatía o admiración por la cultura y tradiciones de Inglaterra o por los ingleses.

anglófono, -na *adj./n. m. y f.* **1** [persona] Que tiene el inglés como lengua nativa: *Canadá es un país donde una parte de la población es anglófona y la otra francófona.* ◇ *adj.* **2** [país, territorio] Que está habitado por población de habla inglesa: *Gibraltar es un territorio anglófono.*

anglosajón, -jona *adj.* **1** De los pueblos anglos y sajones de origen germánico que se establecieron en Inglaterra en los siglos V y VI o que tiene relación con ellos: *en 1066 la dinastía anglosajona fue sometida por la normanda.* **2** De origen y cultura inglesa: *el rock y el pop anglosajón dominan casi por completo el mundo musical.* ◇ *n. m.* **3** Lengua antigua de Inglaterra hablada por los pueblos anglos y sajones: *el anglo-*

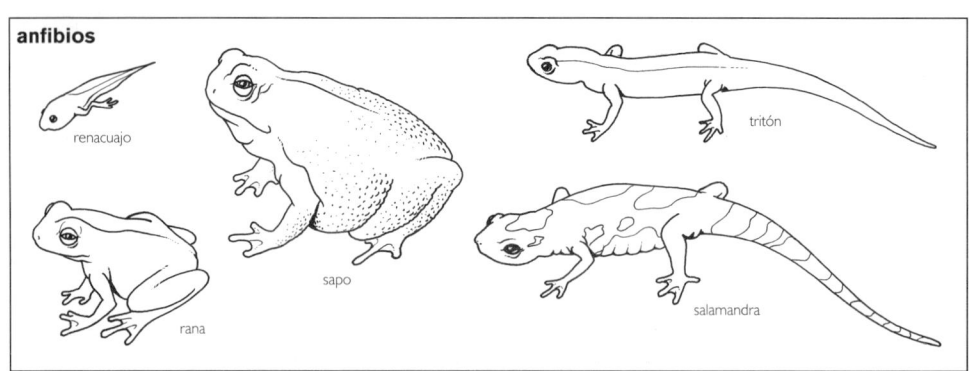

anfibios
renacuajo
sapo
rana
tritón
salamandra

angoleño, -ña *adj.* **1** De Angola o que tiene relación con este país del sudoeste de África. ◇ *adj./n. m. y f.* **2** [persona] Que es de Angola.

sajón también se conoce como inglés antiguo y se habló hasta el año 1100 aproximadamente.

angora *n. f.* **1** Raza de gatos, conejos y cabras originaria de Turquía, caracterizada por tener el pelaje abundante, sedoso y largo. **2** Lana obtenida de estos conejos y cabras: *un jersey de angora*.
DER angorina.

angorina *n. f.* Fibra textil sintética que imita el pelo de angora: *un chaleco de angorina*.

angosto, -ta *adj.* Que es estrecho y reducido, especialmente para permitir el paso: *un pasadizo angosto*. **SIN** estrecho. **ANT** ancho.
DER angostura.

angostura *n. f.* **1** Falta de anchura y espacio, especialmente en un lugar de paso: *las angosturas de un camino*. **2** Paso estrecho y difícil de atravesar: *lograron entrar en la cueva por una angostura entre las piedras*. **3** Bebida de sabor amargo que se extrae de la corteza de una planta americana que se usa para hacer combinados.

ángstrom o **angstromio** *n. m.* Medida de longitud equivalente a la diezmillonésima parte de un milímetro: *el ángstrom se emplea para mediciones de átomos*.
OBS La grafía *ángstrom* es la internacional; *angstromio* es la forma españolizada; ambas están admitidas por la Real Academia Española.

anguila *n. f.* Pez comestible de cuerpo alargado parecido al de una serpiente, sin aletas abdominales: *la anguila europea se reproduce en el mar de los Sargazos; desde allí sus crías viajan hasta los ríos de Europa en una migración que dura dos o tres años a través del Atlántico*. ☞ pez.
OBS Para indicar el sexo se usa *la anguila macho y la anguila hembra*.

angula *n. f.* Cría de la anguila: *las angulas son un manjar muy apreciado y caro*.
OBS Para indicar el sexo se usa *la angula macho y la angula hembra*.

angular *adj.* **1** [objeto o parte de él] Que tiene forma de ángulo: *puso unos protectores angulares a la mesa para que el niño no se golpeara con los picos*. **2** Del ángulo o que tiene relación con él: *la latitud es una distancia angular que se mide en grados*.
gran angular Lente del objetivo de una cámara de fotografía, vídeo o cine que abarca un ángulo visual de 70 a 180 grados.
piedra angular Base o fundamento a partir del cual se establece o desarrolla una cosa: *la Constitución de 1978 es la piedra angular de la democracia española*.

ángulo *n. m.* **1** Parte de un plano o espacio limitada por dos líneas que parten de un mismo punto. **ángulo agudo** Ángulo que tiene menos de 90 grados. **ángulo complementario** Ángulo que le falta a otro para sumar 90 grados. **ángulo obtuso** Ángulo que tiene más de 90 grados. **ángulo recto** Ángulo que tiene 90 grados. **ángulo suplementario** Ángulo que le falta a otro para sumar 180 grados. **2** Lugar en el que se unen dos superficies: *los ángulos de la habitación necesitan puntos de luz*. **3** Manera particular de valorar o considerar una cosa: *antes de emitir un juicio, debes enfocar el problema desde todos los ángulos*. **SIN** enfoque, perspectiva, punto de vista.
ángulo muerto Pequeña porción de un campo visual que queda fuera de la vista: *si no se colocan adecuadamente los espejos retrovisores de un coche, se pueden dejar peligrosos ángulos muertos*.
DER angular, anguloso; acutángulo, triángulo.

anguloso, -sa *adj.* **1** [figura, objeto] Que tiene ángulos o esquinas: *las piedras angulosas de una cantera*. **2** [rostro de una persona] Que tiene formas salientes y pronunciadas marcadas por los huesos de la cara: *se sobresaltó cuando apareció el rostro anguloso de Drácula en la pantalla*.

angustia *n. f.* Sufrimiento y preocupación intensa provocado por un peligro o por una amenaza: *los bomberos oyeron los gritos de angustia de una de las víctimas del derrumbe del edificio*. **SIN** ansia, ansiedad, congoja.
DER angustiar, angustioso.

angustiar *v. tr./prnl.* Causar o padecer angustia: *la falta de noticias angustiaba a los familiares del secuestrado*. **SIN** acongojar.
OBS En su conjugación, la *i* no se acentúa, como en *cambiar*.

angustioso, -sa *adj.* **1** Que causa angustia: *la operación de salvamento fue larga y angustiosa*. **2** Que muestra una gran angustia: *los padres de la niña desaparecida hicieron un angustioso llamamiento a sus captores*.

ángulos

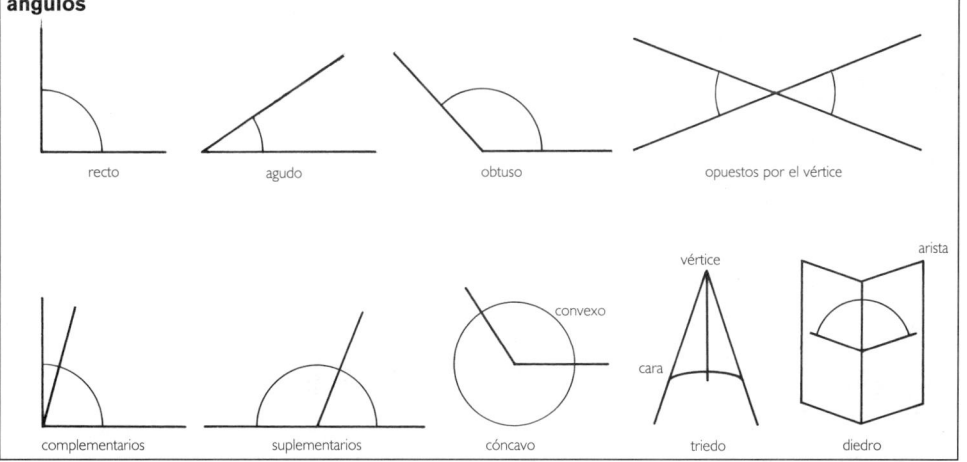

recto · agudo · obtuso · opuestos por el vértice

complementarios · suplementarios · cóncavo · convexo · vértice · cara · triedro · arista · diedro

anhelante

anhelante *adj.* Que tiene o siente anhelo: *estaba anhelante de saber si había aprobado*.

anhelar *v. tr.* Desear de manera intensa y ansiosa: *anhelaba casarse y formar una familia*. **SIN** ansiar.
DER anhelante, anhelo.

anhelo *n. m.* Deseo intenso de hacer o conseguir una cosa: *en su anhelo de superación, entrenaba varias horas diarias*. **SIN** ansia.

anhídrido *n. m.* QUÍM. Compuesto químico formado por la combinación del oxígeno con un elemento no metálico: *los coches expulsan anhídrido sulfuroso, que es muy contaminante*. **anhídrido carbónico** Gas inodoro e incoloro formado por carbono y oxígeno, que se desprende en la respiración, en las combustiones y en algunas fermentaciones: *el anhídrido carbónico se usa en la preparación de bebidas espumosas, extintores de incendios y en medicina*. **SIN** dióxido de carbono.

anidar *v. intr.* **1** Hacer un nido un ave y vivir en él: *los flamencos anidan en zonas húmedas*. ◊ *v. intr./prnl.* **2** Formarse un pensamiento o un sentimiento en el interior de una persona: *tras ser despedido, el rencor anidó en su corazón*.

anilla *n. f.* **1** Pieza en forma de circunferencia que sirve para colgar o sujetar objetos o para introducir el dedo en su interior y tirar de ella: *las anillas de una cortina*. **2** Pieza plana en forma de circunferencia en la que se imprimen algunos datos y que se coloca a los animales para controlarlos y estudiarlos. ◊ *n. f. pl.* **3 anillas** Aparato de gimnasia masculina que consiste en una estructura elevada de la que cuelgan dos cintas con dos aros, de los que debe suspenderse el gimnasta para hacer ejercicios de fuerza y equilibrio. ☞ gimnasio.
DER anillado, anillar, anillo.

anillado, -da *adj.* **1** [objeto] Que tiene uno o más anillos: *una columna con el fuste anillado*. **2** [animal] Que tiene el cuerpo formado por anillos: *el cuerpo anillado de una boa*. **3** [animal] Que tiene una anilla con datos para su control y estudio: *un pato anillado*.

anillar *v. tr.* **1** Sujetar con anillas: *anillar una cortina*. **2** Poner anillas a los animales, especialmente en las patas, para controlarlos y estudiarlos: *el zoólogo anilló varias cigüeñas para estudiar sus movimientos migratorios*. ◊ *v. prnl.* **3 anillarse** Colocarse una persona en una parte de su cuerpo un anillo como adorno: *anillarse la oreja, la nariz*.

anillo *n. m.* **1** Pieza en forma de circunferencia que se lleva en un dedo como adorno o símbolo de un estado o cargo: *el anillo de un hombre casado*. **SIN** sortija. **2** Objeto o construcción con una forma parecida a esta pieza: *los anillos de metal de una malla; el anillo que forma una carretera de circunvalación*. **3** ARQ. Saliente, moldura o adorno circular que rodea cuerpos o espacios cilíndricos: *los anillos de una columna*. **4** ASTR. Capa circular, fina y ancha, formada por diversos materiales y gases que rodea a algunos planetas: *los anillos de Saturno*. **5** BOT. Capa leñosa circular, concéntrica a otras, que se forma cada año en el tronco de los árboles: *si se cuenta el número de anillos de la sección de un tronco, es posible determinar su edad*. **6** ZOOL. Segmento en que se divide el cuerpo de los gusanos, serpientes y otros animales invertebrados: *el ciempiés tiene un par de patas en cada anillo*.
caérsele los anillos Rebajarse una persona y perder la categoría o el prestigio: *ayúdame a hacer fotocopias, que no se te van a caer los anillos*. Se usa sobre todo en frases negativas.
como anillo al dedo En un momento muy oportuno o de manera muy adecuada: *tu llamada me viene como anillo al dedo para pedirte un favor*.

ánima *n. f.* **1** Alma de una persona, especialmente la que aún no descansa en paz: *cuentan que de noche en el bosque se puede ver la procesión de las ánimas en pena*. **2** Hueco interior del cañón de un arma de fuego: *el ánima de pistolas y fusiles está estriada para que el proyectil salga con mayor control y velocidad*. **SIN** alma. ◊ *n. f. pl.* **3 ánimas** Toque de las campanas de una iglesia que llama a la oración por las almas del purgatorio.
DER animar, anímico, animismo, ánimo; ecuánime, exánime, inánime, pusilánime, unánime.
OBS En singular se le anteponen los determinantes *el, un*, salvo que entre el determinante y el nombre haya otra palabra: *el ánima, la pura ánima*.

animación *n. f.* **1** Comunicación a algo de mayor actividad e intensidad: *los corros de la bolsa experimentaron una gran animación al conocerse los últimos datos económicos*. **2** Ambiente alegre y ruidoso producido por mucha gente reunida: *los bares del puerto deportivo registran una gran animación todas las noches del verano*. **SIN** ambientación, bullicio, jaleo. **3** Técnica cinematográfica que consiste en fotografiar una serie de figuras, generalmente dibujadas o modeladas, con mínimos cambios de posición para dar una impresión de movimiento cuando se proyecten de manera continuada a cierta velocidad: *la Disney es una importante productora de películas de animación*.
animación cultural Conjunto de técnicas destinadas a procurar la integración y participación de personas en actividades lúdicas y culturales: *los encargados de la animación cultural del campamento han organizado una representación teatral*.

animado, -da *adj.* **1** [ser] Que tiene vida: *las plantas o los animales son seres animados*. **2** [persona] Que tiene un comportamiento activo y alegre: *después de haber estado unos días deprimido, ahora se encuentra mucho más animado*. **3** Que es muy interesante y divertido: *una conversación muy animada; un partido de fútbol muy animado*. **4** [lugar, local] Que tiene un ambiente alegre y ruidoso producido por mucha gente reunida: *una discoteca animada, un bar muy animado*.
dibujos animados Película en la que los personajes son figuras dibujadas que se mueven gracias a técnicas de animación.

animador, -ra *n. m. y f.* **1** Persona que promueve la animación de un grupo o de una actividad: *Pedro Almodóvar fue uno de los grandes animadores de la movida cultural de los ochenta*. **2** Persona encargada de presentar y dirigir un espectáculo o diversión pública: *contrataron a un pinchadiscos como animador de la verbena*. **3** Persona que se dedica a organizar y dirigir actividades de animación cultural: *en todos los grandes hoteles de la costa hay un grupo de animadores*.

animadversión *n. f.* Sentimiento de oposición, repugnancia o antipatía que se tiene contra una persona. **SIN** animosidad, odio.

animal *n. m.* **1** Ser vivo pluricelular, generalmente dotado de capacidad de movimiento y sensibilidad, que se alimenta de otros seres vivos: *aunque el hombre es también un animal, este término suele hacer referencia a los seres que no tienen capacidad de pensar ni razón; y entre ellos, especialmente a los que son de tamaño mayor que el de los insectos*. ◊ *adj.* **2** Que es propio de esta clase de seres o que tiene relación con ellos: *biólogos y zoólogos se encargan del estudio de la vida animal*. ◊ *adj./n. com.* **3** [persona] Que hace un uso excesivo de la fuerza, es violento o tiene malos modos: *es un animal por pegarle a otra persona de esa manera*. **SIN** bestia, bruto, burro. **4** [persona] Que es torpe o poco inteligente: *no*

seas animal y vuelve a sumar, que te has equivocado. **SIN** bestia, bruto, burro.
DER animalada.

animalada *n. f.* Dicho o hecho que causa sorpresa o rechazo por ser especialmente torpe, equivocado o exagerado. **SIN** barbaridad, bestialidad, burrada.

animar *v. tr./prnl.* **1** Dar fuerza moral a una persona: *tras la muerte de su padre, sus amigos pasaban mucho tiempo con él para animarlo*. **ANT** deprimir. **2** Estimular a una persona para que se decida a hacer una cosa: *animó a su marido para que continuara estudiando*. **3** Hacer ameno, entretenido o divertido: *animar una conversación; animar una fiesta.* ◇ *v. prnl.* **4 animarse** Reunir el valor y la energía necesarios para hacer o decir una cosa: *ante la insistencia de sus amigos, se animó a subirse a la montaña rusa*. **SIN** atreverse.
DER animación, animado, animador; desanimar, reanimar.

anímico, -ca *adj.* De los sentimientos y del estado de ánimo o que tiene relación con ellos: *el médico le aseguró que pronto se recuperaría anímica y físicamente de las consecuencias del accidente.*

animismo *n. m.* Creencia que atribuye a todos los seres, objetos y fenómenos de la naturaleza un alma o principio vital: *el animismo es una creencia muy arraigada en culturas y pueblos primitivos.*
DER animista.

animista *adj.* **1** Del animismo o que tiene relación con esta creencia. **2** [persona] Que tiene esta creencia.

ánimo *n. m.* **1** Estado emocional de una persona: *cuando supo que lo habían suspendido, quedó con el ánimo muy alterado*. **2** Fuerza moral y energía que impulsan a la actividad: *empezó el trabajo con mucho ánimo, pero lo perdió cuando le advirtieron que no le renovarían el contrato*. **3** Intención o voluntad: *al decir que no me gusta tu cuento, no está en mi ánimo menospreciar tu trabajo.* ◇ *int.* **4 ¡ánimo!** Exclamación que se usa para intentar dar fuerza moral o energía: *¡ánimo, que sólo queda un minuto para acabar el partido!*
DER animoso.

animosidad *n. f.* Sentimiento de oposición, repugnancia o antipatía que se tiene contra una persona. **SIN** animadversión, odio.

animoso, -sa *adj.* **1** [persona] Que actúa con fuerza moral y energía: *a pesar del cansancio, se mostraba en el trabajo animoso y servicial*. **2** Que infunde ánimo y energía: *en el partido le ayudaron mucho los animosos gritos de sus amigos.*
DER animosidad.

aniñado, -da *adj.* [persona] Que tiene características, rasgos o actos que se consideran propios de un niño: *su voz aniñada le había perjudicado mucho en su carrera de actor.*

aniquilación o **aniquilamiento** *n. f.* Destrucción completa y total de la vida: *las pruebas atómicas provocan la aniquilación de la flora y fauna del lugar de la explosión.*

aniquilar *v. tr.* Acabar con la vida completamente: *el ejército invasor aniquiló a la población civil mediante el uso de armas químicas.*
DER aniquilación, aniquilamiento.

anís *n. m.* **1** Planta herbácea de flores blancas y semillas olorosas: *el anís es originario de las zonas mediterráneas*. **2** Semilla pequeña y aromática de esta planta: *el anís se utiliza para la elaboración de licores y en repostería*. **SIN** matalahúva. **3** Licor hecho con aguardiente aromatizado con esta semilla: *sacó un botella de anís y unos buñuelos para la visita*. **4** Golosina hecha con un grano de anís cubierto con un baño de azúcar: *un paquete de anises.*
DER anisar, anisete.

anisado, -da *adj.* Aromatizado o elaborado con anís: *un aguardiente anisado.*

anisar *v. tr.* Echar anís a una cosa: *anisar un pastel.*
DER anisado.

anisete *n. m.* Licor hecho con aguardiente y azúcar y aromatizado con anís: *el anisete tiene un sabor más dulce y menos fuerte que el anís.*

aniversario *n. m.* **1** Día en que se cumple un número exacto de años desde que se produjo un acontecimiento: *el 6 de diciembre se celebra el aniversario de la Constitución de 1978*. **2** Celebración con que se conmemora ese día.

ano *n. m.* Orificio en el que termina la última parte del intestino grueso, por el que se expulsan al exterior los excrementos. **SIN** culo, ojete. ☞ digestivo, aparato; reproductor, aparato.
DER anal.

-ano, -ana **1** Sufijo que entra en la formación de adjetivos con el significado de: *a)* 'Cualidad de': *urbano, liviano, lejano*. *b)* 'Origen', 'pertenencia': *alcoyano, aldeano*. *c)* 'De una secta o escuela': *luterano, copernicano*. **2** Sufijo que entra en la formación de algunos sustantivos con el significado de 'profesión': *escribano, cirujano, hortelano*. En algunos casos se apocopa: *capellán*. **3** Sufijo que, en química orgánica, constituye la terminación convencional de todo hidrocarburo saturado de la serie acíclica: *metano, etano, propano.*

anoche *adv.* En la noche de ayer: *anteanoche y anoche hubo luna llena.*
DER anteanoche.

anochecer *n. m.* **1** Período durante el cual desaparece la luz solar y se hace de noche: *las luces de la ciudad se encienden a última hora del atardecer y a primera del anochecer.* ◇ *v. impersonal* **2** Desaparecer la luz solar y hacerse de noche: *al anochecer los animales nocturnos salen de sus nidos y madrigueras.* ◇ *v. intr.* **3** Estar en un lugar, en una situación o en un estado determinados al acabar el día: *salimos de casa por la tarde y anochecimos a medio camino de nuestro destino.*
OBS En su conjugación, la *c* se convierte en *zc* delante de *a* y *o*, como en *agradecer*.

anodino, -na *adj.* Insustancial, insignificante o que carece de interés o importancia: *decidió poner fin a su anodina existencia y viajar alrededor del mundo en bicicleta.*

ánodo *n. m.* Extremo de un circuito o conductor eléctrico que tiene mayor potencial y por el que entra la energía eléctrica: *el ánodo y el cátodo son los polos de una pila eléctrica*. **SIN** polo positivo. **ANT** cátodo.

anofeles *adj./n. m.* [mosquito] Que pertenece a un género caracterizado por tener una larga probóscide y palpos tan largos como ella, cuyas hembras inoculan el germen del paludismo.
OBS El plural también es *anofeles.*

anomalía *n. f.* Cambio o desviación respecto de lo que es normal, regular, natural o previsible: *anomalías en la construcción provocaron el derrumbe; una anomalía cromosómica puede provocar defectos físicos*. **SIN** irregularidad.

anómalo, -la *adj.* Que se desvía de lo que se considera normal, regular, natural o previsible: *el funcionamiento anómalo de uno de los reactores provocó el cierre de la central nuclear*. **SIN** anormal, irregular.
DER anomalía.

anonadar *v. tr.* Quedar una persona sin capacidad de reacción o respuesta ante una sorpresa o una maravilla: *las imágenes de un hombre sobre la superficie de la Luna anonadaron al mundo.*

anonimato *n. m.* **1** Carácter o condición del autor de una

anónimo

obra o acto cuyo nombre se desconoce o no se da a conocer: *los nombres de los donantes de órganos suelen permanecer en el anonimato*. **SIN** anónimo. **2** Carácter o condición de la obra o acto cuyo autor se desconoce o no se da a conocer: *el anonimato de numerosas obras históricas realizadas en la Edad Media; el anonimato de una llamada de teléfono*. **3** Carácter o condición de una persona que no es famosa ni conocida por muchos: *el anonimato de las personas que entrenan y cuidan a los grandes héroes del deporte*.

anónimo, -ma *adj.* **1** [autor de una obra o acto] De nombre desconocido o que no se da a conocer: *un comunicante anónimo anunció la colocación de la bomba; el Poema de Mio Cid es de autor anónimo*. **2** [obra, acto] De autor desconocido o que no se da a conocer: *el Lazarillo de Tormes es una obra anónima de 1555; una carta anónima*. **3** [persona] Que no es famosa ni conocida por muchos: *miles de héroes anónimos trabajan en el Tercer Mundo ayudando a los más necesitados*. ◊ *n. m.* **4** Carta o papel dirigido a una persona en el que no figura el nombre de su autor: *el juez había recibido varios anónimos amenazadores*. **5** Carácter o condición del autor de una obra o acto cuyo nombre se desconoce o no se da a conocer: *el delincuente entrevistado prefirió permanecer en el anónimo*. **SIN** anonimato.
sociedad anónima Empresa que tiene su capital dividido en acciones, propiedad de socios o accionistas.
DER anonimato.

anorak *n. m.* Prenda exterior de vestir hecha de tejido impermeable y de abrigo, con mangas largas, abierta por delante y con botones o cremallera; llega más abajo de la cintura y generalmente lleva capucha: *el anorak es una prenda imprescindible para esquiadores y montañeros*.
OBS El plural es *anoraks*.

anorexia *n. f.* MED. Enfermedad nerviosa que se manifiesta por la pérdida del apetito: *la anorexia es consecuencia de un afán desmedido de adelgazar*.
DER anoréxico.

anoréxico, -ca *adj.* **1** De la anorexia o que tiene relación con esta enfermedad: *los trastornos anoréxicos pueden provocar la muerte*. **2** [persona] Que padece anorexia: *las personas anoréxicas deben ser tratadas por psicólogos*.

anormal *adj.* **1** Que sufre una o más anormalidades: *un funcionamiento anormal de los motores abortó el despegue del avión*. **SIN** anómalo, irregular. ◊ *adj./n. com.* **2** [persona] Que tiene una capacidad mental inferior a la normal. **SIN** deficiente, retrasado, subnormal.
DER anormalidad.

anormalidad *n. f.* Cambio o desviación respecto de lo que es normal, regular, natural o previsible: *Plutón fue descubierto a partir de la detección de una anormalidad en la trayectoria de Urano*. **SIN** anomalía, irregularidad.

anotación *n. f.* **1** Dato o información, generalmente breve, que se escribe en un papel: *tenía un cuadernillo en el que hacía anotaciones diarias*. **2** Dato, aclaración o comentario, generalmente breve, que se escribe en los márgenes de un texto escrito: *tenía el libro de física lleno de anotaciones*. **3** Conjunto de notas explicativas colocadas a pie de página o al final de un texto: *en la anotación de una obra clásica se aclara el significado de palabras y expresiones anticuadas*. **4** En el juego del baloncesto, conjunto de puntos obtenidos por un jugador o por un equipo en un partido: *la anotación del equipo norteamericano sobrepasó ampliamente la centena*.

anotar *v. tr.* **1** Escribir en un papel un dato o información, generalmente breve: *el vigilante debía anotar la matrícula de los coches que entraran en el recinto*. **SIN** apuntar. **2** Poner notas explicativas a un texto: *anotó a pie de página los libros de donde había tomado las citas de su trabajo*. **3** En algunos deportes, conseguir uno o varios puntos o goles, especialmente en el juego del baloncesto: *el base del equipo anotó ocho puntos en el primer tiempo*. ◊ *v. prnl.* **4 anotarse** Conseguir un éxito o tener un fracaso, especialmente en una competición deportiva: *el tenista español se anotó una importante victoria al imponerse en la final del torneo*. **SIN** apuntar.
DER anotación.

anovulatorio, -ria *adj./n. m.* MED. [sustancia, medicamento] Que impide la ovulación durante el ciclo menstrual: *las píldoras anovulatorias se emplean como método anticonceptivo y deben usarse siempre bajo prescripción y control médico*.

anquilosamiento *n. m.* **1** Rigidez, falta de flexibilidad o movimiento, especialmente en una parte del cuerpo: *el progresivo anquilosamiento de las piernas lo llevó a la silla de ruedas*. **SIN** agarrotamiento, entumecimiento. **2** Pérdida del desarrollo de una actividad o de la facilidad con que ésta se llevaba a cabo: *los largos años de aislamiento internacional habían provocado el anquilosamiento de la estructura comercial del país*. **SIN** agarrotamiento, atrofia.

anquilosar **1** Dejar sin flexibilidad o movimiento, especialmente una parte del cuerpo: *la artrosis anquilosa los huesos*. **SIN** agarrotar. **2** Disminuir el desarrollo de una actividad o la facilidad con que ésta se llevaba a cabo. **SIN** agarrotar, atrofiar.
DER anquilosamiento.

ánsar *n. m.* **1** Ave palmípeda de patas rojas y pico cónico y fuerte, con las plumas de color blanco en el vientre, rosa en el pecho y casi gris en el resto del cuerpo. **2** Ave doméstica con el pico de color naranja y casi negro en la punta, el pecho y el vientre amarillos, la cabeza y el cuello gris oscuro y el resto del cuerpo gris con rayas marrones. **SIN** ganso, oca.
OBS Para indicar el sexo se usa *el ánsar macho* y *el ánsar hembra*.

ansia *n. f.* **1** Anhelo, deseo intenso de conseguir algo: *los jugadores lucharon con entrega y ansia de triunfo*. **2** Sufrimiento y preocupación intensa provocados por un peligro o por una amenaza: *siente ansia cuando se aproximan las fechas de los exámenes*. **SIN** angustia, ansiedad, congoja. ◊ *n. f. pl.* **3 ansias** Sensación de malestar que se tiene en el estómago cuando se quiere vomitar: *el niño sintió ansias mientras su madre lo obligaba a comer*. **SIN** basca, náusea.
DER ansiar, ansiedad, ansiolítico, ansioso.
OBS En singular se le anteponen los determinantes *el, un*, salvo que entre el determinante y el nombre haya otra palabra: *el ansia, la angustiosa ansia*.

ansiar *v. tr.* Anhelar, desear de manera intensa: *ansiaba poder reencontrarse con su hermano*.
OBS En su conjugación, la *i* se acentúa en algunos tiempos y personas, como en *desviar*.

ansiedad *n. f.* **1** Sufrimiento y preocupación intensa provocada por un peligro o por una amenaza: *buscó con ansiedad el nombre de su amigo en la lista de fallecidos*. **SIN** angustia, ansia, congoja. **2** Estado de intensa excitación y nerviosismo: *los seguidores esperaban con ansiedad poder ver a su ídolo en la puerta del hotel*.

ansiolítico, -ca *adj./n. m.* MED. [sustancia, medicamento] Que sirve para reducir y calmar los estados de ansiedad: *el psiquiatra le puso un tratamiento a base de medicamentos ansiolíticos y antidepresivos*.

ansioso, -sa *adj./n. m. y f.* Que siente un deseo intenso:

tras la intervención quirúrgica, el torero se mostró ansioso por volver a los ruedos.

antagónico, -ca *adj.* Que se caracteriza por su antagonismo con otra persona, opinión o idea: *sindicatos y empresarios defienden posiciones antagónicas en el pacto laboral.* **SIN** antagonista.

antagonismo *n. m.* Incompatibilidad u oposición entre personas, opiniones o ideas: *el tradicional antagonismo entre Gran Bretaña y Argentina por la soberanía de la Malvinas desembocó en una guerra.*
DER antagónico, antagonista.

antagonista *adj./n. com.* **1** Antagónico: *dejaron de ser amigos cuando manifestaron ideas antagonistas hacia la pena de muerte.* **2** [persona] Que actúa de manera contraria y opuesta a otra; especialmente, personaje que se opone al protagonista de una obra literaria, una película u otra creación artística: *el antagonista más conocido de Sherlock Holmes es el doctor Moriarty.*

antaño *adv.* En un tiempo pasado: *antaño se viajaba en diligencia.*

antártico, -ca *adj.* Del polo Sur o que tiene relación con este lugar de la Tierra o con sus territorios limítrofes: *la Antártida es un territorio antártico.* **ANT** ártico.

ante *prep.* **1** En presencia de, delante de: *se declaró culpable ante sus compañeros.* **2** En comparación con, respecto de: *ante la perspectiva del despido, la rebaja de sueldos le pareció bien.* ◇ *n. m.* **3** Piel curtida de tacto muy delicado y sin brillo que procede de algunos animales, especialmente del alce: *estas botas de ante son bonitas, pero se estropean en cuanto se mojan.* **4** Animal mamífero rumiante parecido al ciervo, pero más corpulento, de cuello corto, cabeza grande y cuernos planos en forma de pala con grandes recortes en los bordes. **SIN** alce. Para indicar el sexo se usa *el ante macho* y *el ante hembra*.

ante- Prefijo que entra en la formación de palabras con el significado de: *a)* 'Anterioridad, precedencia en el tiempo': *anteayer. b)* 'Precedencia en el espacio': *antojos.*

anteanoche *adv.* En la noche anterior a la de ayer: *anteanoche jugamos el partido de todos los lunes, y hoy miércoles jugaremos la revancha.*

anteayer *adv.* En el día anterior al de ayer: *anteayer martes me mandaron el cheque, y hoy jueves ya me ha llegado.* **SIN** anteanoche.

antebrazo *n. m.* Parte del brazo que va desde el codo hasta la muñeca. ☞ cuerpo humano.

antecedente *n. m.* **1** Obra, dicho o circunstancia del pasado que influye en hechos posteriores y sirve para juzgarlos, entenderlos o preverlos: *estoy leyendo un libro sobre los antecedentes de la guerra en la antigua Yugoslavia.* **2** GRAM. Primer término de una relación gramatical: *en la frase hacía tanto frío que no pudimos salir de casa, el antecedente de la comparación es tanto frío.* **3** GRAM. Nombre, pronombre u oración a que hace referencia un pronombre relativo: *en la frase llegó a España el jugador que ha fichado el Real Madrid, el antecedente del pronombre relativo que es el jugador.*

antecedentes penales Conjunto de actos ilegales y delictivos cometidos por una persona que han quedado registrados ante la justicia: *si un acusado tiene antecedentes penales y es condenado, puede ver aumentada la pena que se le impone.*

poner en antecedentes Informar de las circunstancias que preceden a un asunto: *puso en antecedentes al psicólogo que iba a tratar a su hijo.*

anteceder *v. tr.* Estar o ir delante en el tiempo o en el espacio: *el mes de agosto antecede al de septiembre; un pequeño resumen explicativo antecede a cada capítulo del libro.* **SIN** preceder. **ANT** suceder.
DER antecedente, antecesor.

antecesor, -ra *n. m. y f.* **1** Persona que ocupó un puesto o un cargo antes que la persona que lo ocupa en la actualidad: *el antecesor de José María Aznar en la presidencia del Gobierno fue Felipe González.* **SIN** predecesor. **ANT** sucesor. ◇ *n. m.* **2** Persona de la que desciende otra u otras: *heredó de sus antecesores una importante colección de obras de arte.* **SIN** ancestro, antepasado, ascendiente, predecesor.

antedicho, -cha *adj.* Que ha sido dicho o escrito antes: *el ejemplo antedicho hacía referencia a la palabra* antecesor. **SIN** susodicho.

antediluviano, -na *adj.* Que es muy antiguo; que está pasado de moda: *una televisión antediluviana.*

antelación *n. f.* Adelanto en el tiempo de un hecho o circunstancia que estaba previsto que sucediera con posterioridad: *el avión traía viento de cola y aterrizó con antelación.* **SIN** anticipación.

antemano Palabra que se utiliza en la locución *de antemano*, que significa 'con adelanto en el tiempo respecto de un hecho o circunstancia': *había leído la novela y sabía de antemano el final de la película.*

antena *n. f.* **1** Parte de un aparato de radio o televisión que tiene contacto directo con el exterior, a través de la cual se pueden recibir o emitir ondas electromagnéticas: *la antena de un automóvil suele ser una varilla metálica flexible; las antenas de televisión suelen colocarse en los tejados y azoteas de los edificios.* ☞ automóvil; avión. **antena parabólica** Antena que tiene forma cóncava, concentra el haz que procede de un satélite y se usa para recibir las ondas de emisoras muy lejanas. ☞ casa. **2** Apéndice articulado, fino y alargado, que insectos y crustáceos tienen a ambos lados de la cabeza y que funciona como órgano de la visión, del tacto o del olfato: *las antenas de las hormigas, de los caracoles, de las langostas.* **SIN** cuerno.

en antena En emisión: *Informe semanal es uno de los programas de televisión que más tiempo llevan en antena.*

anteojeras *n. f. pl.* Piezas opacas que se colocan junto a los ojos de las caballerías e impiden la visión lateral: *los caballos que tiran de carruajes por las ciudades llevan anteojeras para que no se asusten de los coches.* ☞ arreos.

anteojo *n. m.* **1** Aparato óptico para ver a distancia; está formado por un tubo que tiene en su interior un sistema de lentes. ◇ *n. m. pl.* **2 anteojos** Aparato óptico para ver a distancia; está formado por dos tubos, uno para la visión de cada ojo, que tienen en su interior una combinación de prismas y lentes. **SIN** binoculares, gemelos, prismáticos. **3** Gafas; especialmente, las que no tienen patillas y se sujetan únicamente a la nariz. **SIN** antiparras.

antepasado, -da *n. m. y f.* Persona de la que desciende otra u otras, especialmente si pertenece a una época pasada remota: *visitó durante unas vacaciones el pueblo de donde eran originarios sus antepasados.* **SIN** ancestro, antecesor, ascendiente, predecesor.

antepecho *n. m.* **1** ARQ. Pretil o baranda que cierra un lugar alto para impedir que las personas se caigan y permitir que se apoyen. **SIN** balaustrada, pretil. **2** Reborde inferior de una ventana para impedir que las personas se caigan y permitir que se apoyen.

antepenúltimo, -ma *adj./n. m. y f.* Que ocupa el lugar anterior al penúltimo: *la x es la antepenúltima letra del abecedario.*

anteponer *v. tr./prnl.* **1** Poner una cosa delante de otra: *el*

anteposición

locutor solía anteponer al apellido de los jugadores el apodo por el que cada uno era más conocido. **2** Preferir o considerar más importante a una persona o cosa que a otra: *anteponía su partido de los domingos a cualquier otra obligación; antepuso los estudios a la diversión.*
DER anteposición, antepuesto.
OBS El participio es *antepuesto.* ◊ Se conjuga como *poner.*

anteposición *n. f.* **1** Situación de lo que está delante de otra cosa: *la anteposición* (pobre hombre) *o posposición* (hombre pobre) *al sustantivo provoca el cambio de significado de algunos adjetivos.* **2** Preferencia o mayor importancia que se concede a una persona o cosa sobre otras: *considera básico la anteposición de la felicidad de su familia a la suya propia.*

anteproyecto *n. m.* **1** Texto provisional aprobado por un gobierno que se envía al Parlamento para su debate como proyecto de ley: *el anteproyecto de ley de los Presupuestos Generales del Estado ha recibido numerosas enmiendas.* **2** Conjunto de trabajos anteriores al proyecto definitivo de una obra de arquitectura o ingeniería: *el equipo de arquitectos presentó un anteproyecto al ayuntamiento para la remodelación de la plaza.*

antepuesto, -ta *part.* Participio irregular de *anteponer: ha antepuesto su honor a su conveniencia.*

antera *n. f.* BOT. Extremo superior del estambre de una flor que contiene el polen. ☞ *flor.*

anterior *adj.* Que está antes en el tiempo o el espacio: *los Juegos Olímpicos anteriores a los celebrados en Atlanta fueron los de Barcelona.* **SIN** previo. **ANT** posterior, siguiente.
DER anterioridad, anteriormente.

anterioridad *n. f.* Existencia de una cosa antes que otra: *con anterioridad a Sevilla 92 se celebró en España la Exposición Universal de Barcelona en 1929.*

antes *adv.* **1** En tiempo anterior: *antes de hacer la primera comunión es necesario haber sido bautizado.* **ANT** después. **2** Menos alejado en el espacio con referencia a un punto concreto: *antes de la entrada a la sala de cine hay un puesto de palomitas.* **ANT** después. **3** Indica preferencia o mayor importancia concedida a una persona o cosa sobre otras: *antes que montarme contigo en el coche, me voy andando.* ◊ *conj.* **4** Por el contrario: *no sólo no renuncia a comer carne, antes la prefiere al pescado.*

antes bien Locución conjuntiva que indica oposición en relación con lo que se ha expresado anteriormente: *no le gusta ir al fútbol los domingos, antes bien prefiere salir al campo con su familia.*

antesala *n. f.* **1** Pieza situada antes de una sala, despacho o lugar más importante donde se espera para ser recibido: *en la antesala del despacho del abogado esperaban varios clientes.* **2** Conjunto de hechos o circunstancias que preceden a un acontecimiento de mayor importancia con el que tienen relación: *el rumor es, a veces, la antesala de la noticia.*

anti- Prefijo que entra en la formación de palabras con el significado de: *a)* 'Opuesto', 'contrario': *anticlerical, antidemocrático. b)* 'Que protege, previene o lucha contra lo indicado por el elemento al que se une': *antiaéreo, antigripal.*

antiaéreo, -rea *adj.* De la defensa contra el ataque desde el aire o que tiene relación con ella: *un misil antiaéreo destruyó al avión enemigo; las baterías antiaéreas abrieron fuego contra los helicópteros invasores.*

antibiótico, -ca *adj./n. com.* MED. [sustancia, medicamento] Que sirve para destruir las bacterias que producen enfermedades o infecciones: *la penicilina fue la primera sustancia antibiótica descubierta.*

anticiclón *n. m.* Zona de la atmósfera en la que la presión atmosférica es más alta, lo que produce, generalmente, un tiempo despejado en el territorio que se halla bajo su influencia: *se considera anticiclón la región atmosférica con una presión central superior a 1013 milibares.* ☞ meteorología.
DER anticiclónico.

anticiclónico, -ca *adj.* Del anticiclón o que tiene relación con él: *una situación anticiclónica de la atmósfera suele ser sinónimo de tiempo bueno y estable.*

anticipación *n. f.* **1** Adelanto en el tiempo de un hecho o circunstancia que estaba previsto que sucediera con posterioridad: *la anticipación de la llegada de los invitados provocó algunas colas en las puertas del salón del banquete.* **SIN** antelación. **2** Rapidez de movimientos e ideas que permite a una persona llegar a un lugar o desarrollar una actividad antes que lo hagan los demás: *el equipo visitante empezó jugando con mucha anticipación y robando muchos balones en el centro del campo.*

anticipado, -da *adj.* Que sucede o se hace antes del tiempo previsto o normal: *pidió la jubilación anticipada.*
por anticipado Con antelación, antes del tiempo previsto o normal: *el albañil pidió una parte del precio de la obra por anticipado para comprar los materiales; para poder comprar el coche, el concesionario me exige una cantidad por anticipado.*

anticipar *v. tr./prnl.* **1** Hacer u ocurrir antes del tiempo previsto o normal: *los organizadores han anticipado la final a la mañana del sábado.* **SIN** adelantar. **ANT** atrasar, retrasar. **2** Pagar una cantidad de dinero antes de que se termine el trabajo o se entregue el objeto correspondiente: *el ayuntamiento anticipó a los inquilinos parte del costo de la rehabilitación del edificio.* **SIN** adelantar. **3** Comunicar la voluntad o intención de hacer una cosa: *el presidente anticipó a sus amigos que pronto presentaría la dimisión.* **SIN** adelantar. **4** Ser indicio o señal de un cosa que ocurrirá a continuación: *la llegada de las golondrinas anticipa la primavera.* **SIN** adelantar. ◊ *v. prnl.* **5 anticiparse** Actuar una persona con mayor rapidez de movimientos o ideas que otra: *el delantero se anticipó a los defensas y logró marcar.* **SIN** adelantarse. **6** Ocurrir antes del tiempo previsto o normal: *algunos años se anticipa la llegada del calor a la costa.* **SIN** adelantarse. **ANT** atrasarse, retrasarse.
DER anticipación, anticipado, anticipo.

anticipo *n. m.* Cantidad de dinero que se paga o se recibe antes de que se termine el trabajo o se entregue el objeto correspondiente: *el encuadernador me pidió un anticipo cuando le llevé los fascículos; le di un anticipo al anticuario para que me consiguiera la cómoda.* **SIN** adelanto.

anticlerical *adj.* **1** Del anticlericalismo o que tiene relación con él: *ya en el Renacimiento se produjeron en la cultura algunos síntomas anticlericales.* ◊ *adj./n. com.* **2** [persona] Que es partidario del anticlericalismo: *Luis Buñuel se declaró antifascista y anticlerical.*
DER anticlericalismo.

anticlericalismo *n. m.* **1** Actitud contraria a la intervención de la Iglesia en los asuntos del estado: *el movimiento liberal y obrero del siglo XIX apoya un anticlericalismo ya suscitado por la Ilustración.* **2** Hostilidad contra todo lo que se relaciona con el clero: *la ideología comunista se ha caracterizado tradicionalmente por un marcado anticlericalismo.*

anticoagulante *adj./n. com.* MED. [sustancia, medicamento] Que sirve para retrasar o impedir la coagulación de la sangre: *en las operaciones a corazón abierto es necesario administrar al paciente sustancias anticoagulantes.*

anticonceptivo, -va *adj./n. m.* [método, sustancia, medio] Que impide el embarazo de una mujer o un animal

antílope

hembra: *el condón es un medio anticonceptivo.* **SIN** contraconceptivo.

anticongelante *n. m.* Líquido que impide la congelación del agua que refrigera un motor, especialmente el de un automóvil.

anticonstitucional *adj.* Que no está conforme con el contenido de la Constitución de un estado: *el Tribunal Constitucional declaró anticonstitucionales varios apartados de la nueva ley.* **SIN** inconstitucional. **ANT** constitucional.

anticorrosivo, -va *adj./n. m.* [sustancia] Que cubre una superficie y la protege de la corrosión química. **ANT** corrosivo.

anticristo *n. m.* En la religión cristiana, ser maligno, enemigo de Jesucristo y de su Iglesia, enviado por Satanás para dominar a los hombres, que será destruido por Jesucristo en su segunda venida: *la figura del Anticristo aparece en el Apocalipsis.* Se escribe con letra mayúscula.

anticuado, -da *adj.* Que está pasado de moda; que no se usa desde hace tiempo: *vestía unos pantalones de campana algo anticuados; anunciar el bautizo de un hijo en el periódico está anticuado.* **SIN** antiguo, caduco, decadente. **ANT** moderno.

anticuario, -ria *n. m. y f.* **1** Persona que se dedica a comerciar con muebles y objetos antiguos de valor. ◇ *n. m.* **2** Establecimiento donde se venden estos muebles y objetos: *entró en un anticuario para curiosear.*

anticuarse *v. prnl.* Hacerse anticuado, pasarse de moda: *con el paso del tiempo la maquinaria de la fábrica se anticuó y fue necesaria una modernización general.*
DER anticuado, anticuario.
OBS En su conjugación, la *u* no se acentúa, como en *adecuar.*

anticuerpo *n. m.* Sustancia segregada por los linfocitos de la sangre para combatir una infección de virus o bacterias que afecta al organismo: *las vacunas introducen en el organismo antígenos que provocan la creación de los anticuerpos necesarios para inmunizarlo contra una infección determinada.*

antideportivo, -va *adj.* Que no se ajusta a las normas de corrección y juego limpio que deben respetarse en la práctica de un deporte: *tuvo un comportamiento muy antideportivo al intentar agredir al árbitro.* **ANT** deportivo.

antideslizante *adj./n. m.* [tejido, material, sustancia] Que impide o reduce el deslizamiento de una superficie sobre otra: *la goma de los neumáticos es antideslizante.*

antidoping *adj./n. m.* [análisis, control] Que sirve para descubrir la presencia en el organismo de sustancias de uso prohibido para una persona; especialmente, para un deportista: *el jugador fue sancionado por dar positivo en un control antidoping.*
OBS Se deriva de un verbo inglés, *to dope*, 'drogar', y se pronuncia aproximadamente 'antidopin'.

antídoto *n. m.* **1** Sustancia que sirve para detener o paliar los efectos de un veneno: *sin un antídoto, la picadura de una cobra puede causar la muerte.* **2** Medio para evitar o prevenir un mal: *la risa es un buen antídoto contra la depresión.*

antidroga *adj.* Que se opone al consumo o al tráfico de drogas: *el fiscal especial antidroga se encargará de la causa contra el narcotraficante.*

antiestético, -ca *adj.* Que es feo o de mal gusto: *el director del museo cerró la exposición por considerar antiestéticas algunas fotos de desnudos.* **ANT** estético.

antifaz *n. m.* **1** Pieza alargada de tela u otra materia semejante con agujeros para los ojos con que se cubre la parte superior de la cara: *el Guerrero del Antifaz.* **2** Pieza alargada de tela con la que se cubren los ojos para impedir la visión o para evitar la luz: *dormía con la luz encendida y con un antifaz.*

antífona *n. f.* Texto breve, generalmente de la Biblia, que se canta o reza antes y después de los salmos y de los cánticos en las horas canónicas.

antigás *adj.* [máscara, equipo] Que sirve para prevenir los efectos de un gas tóxico: *tras lanzar gases lacrimógenos, policías con caretas antigás entraron en la casa del sospechoso.*

antígeno *n. m.* MED. Sustancia elaborada químicamente que se introduce en el organismo para que provoque la formación de anticuerpos: *las vacunas introducen en el organismo antígenos que provocan la creación de los anticuerpos necesarios para inmunizarlo contra una infección determinada.*

antigualla *n. f.* Objeto muy antiguo o anticuado: *por las calles de La Habana se ven verdaderas antiguallas de épocas anteriores.*

antiguamente *adv.* Hace mucho tiempo; en el pasado.

antigüedad *n. f.* **1** Existencia desde hace mucho tiempo: *a la Biblia Políglota Complutense se le atribuye una antigüedad de casi cinco siglos.* **ANT** modernidad. **2** Período histórico pasado muy alejado de la actualidad: *en la Antigüedad se pensaba que la Tierra era una superficie plana.* Se escribe con letra mayúscula. **Antigüedad clásica** Período histórico pasado correspondiente al momento de mayor esplendor de las civilizaciones de Grecia y Roma: *la cultura de la Antigüedad clásica se conservó en las bibliotecas de los monasterios medievales.* **3** Mueble u objeto antiguo de valor: *visitaron varias tiendas de antigüedades buscando mesillas de noche.* **4** Período continuado durante el cual una persona ha realizado un trabajo o actividad: *me despidieron, pero me pagaron una indemnización por la antigüedad en la empresa.*

antiguo, -gua *adj.* **1** Que existe desde hace mucho tiempo: *es dueño de una colección de porcelanas antiguas muy valiosa.* **SIN** añejo, viejo. **ANT** nuevo. **2** Que existió o sucedió hace mucho tiempo: *en el pueblo me contaron una antigua historia sobre niños desaparecidos.* **3** Que ha dejado de existir o de tener las características que poseía en el pasado: *vi un reportaje sobre la antigua Unión Soviética; han restaurado la antigua facultad de Medicina.* **4** Que está pasado de moda; que no se usa desde hace tiempo: *tenía un concepto muy antiguo de las relaciones entre padres e hijos.* **SIN** anticuado, caduco, decadente. **ANT** moderno. **5** [persona] Que lleva mucho tiempo en un trabajo o actividad: *el patrón mandó llamar al capataz más antiguo.* ◇ *n. m. pl.* **6 antiguos** Personas que han vivido en la Antigüedad: *los antiguos atribuían a las fuerzas de la naturaleza poderes divinos.*
DER antigualla, antiguamente, antigüedad.

antihéroe *n. m.* Personaje de una obra de ficción que desempeña el mismo papel de importancia y protagonismo que el héroe tradicional, pero que carece de sus características de perfección por tener las virtudes y defectos de una persona normal: *personajes como el Lazarillo o Sancho Panza son antihéroes.*

antihistamínico, -ca *adj./n. m.* MED. [sustancia, medicamento] Que sirve para evitar o combatir los efectos de las alergias.

antillano, -na *adj.* **1** De las Antillas o que tiene relación con este archipiélago de América Central: *Cuba, Jamaica, Puerto Rico o Haití son países antillanos.* ◇ *adj./n. m. y f.* **2** [persona] Que es de las Antillas.

antílope *n. m.* Mamífero rumiante salvaje de cuerpo esbelto, con patas largas y delgadas y cuernos finos y sin ramificaciones: *los antílopes habitan las sabanas de Asia y África.*

antimonio

OBS Para indicar el sexo se usa *el antílope macho* y *el antílope hembra*.

antimonio *n. m.* Elemento químico, metal de color blanco azulado, brillante y quebradizo: *el símbolo del antimonio es Sb*.

antinatural *adj.* **1** Que es contrario a las leyes de la naturaleza: *la Iglesia católica se opone al control de la natalidad con medios antinaturales*. **2** Que no es sencillo o espontáneo: *la presencia de periodistas y fotógrafos hacía que se comportara de manera altiva y antinatural*.

antiniebla *adj.* [faro, sistema de iluminación] Que ayuda a ver en la niebla.
OBS El plural también es *antiniebla*.

antiparras *n. f. pl.* Gafas; especialmente, las que no tienen patillas y se sujetan únicamente a la nariz. **SIN** anteojos.

antipatía *n. f.* Sentimiento de rechazo o disgusto hacia una persona o cosa: *la antipatía con la que el camarero les atendió provocó una queja al dueño; le tengo antipatía a los aviones*. **SIN** manía, ojeriza, tirria. **ANT** simpatía.
DER antipático.

antipático, -ca *adj.* [persona, cosa] Que causa un sentimiento de antipatía en otra u otras personas: *los personajes famosos se muestran a veces antipáticos con los medios de comunicación*. **ANT** simpático.

antipirético, -ca *adj./n. m.* MED. [sustancia, medicamento] Que sirve para reducir la fiebre. **SIN** febrífugo.

antípoda *adj./n. amb.* **1** [lugar de la Tierra] Que está situado diametralmente opuesto a otro: *Nueva Zelanda es el país antípoda de España; con los antípodas hay siempre una diferencia de doce horas*. ◇ *adj./n. m.* **2** [persona] Que habita en un lugar de la superficie de la Tierra diametralmente opuesto a otro: *los españoles son los antípodas de los neozelandeses*.
en las antípodas En una posición totalmente contraria u opuesta: *la forma de pensar del líder derechista está en las antípodas de la de su adversario de izquierdas*.

antirrobo *adj./n. m.* [aparato, mecanismo] Que sirve para avisar de un robo o impedir que se cometa, generalmente en un establecimiento, una casa o un vehículo: *la alarma antirrobo de la joyería se disparó y despertó a todo el vecindario*.
OBS El plural como adjetivo es *antirrobo*.

antisemita *adj.* **1** Del antisemitismo o que tiene relación con esta tendencia: *grupos neonazis antisemitas intentaron quemar una sinagoga*. ◇ *adj./n. com.* **2** [persona] Que es partidario del antisemitismo: *el líder palestino Yasir Arafat ha sido tradicionalmente acusado de antisemita*.
DER antisemitismo.

antisemitismo *n. m.* Tendencia o actitud de rechazo hacia las personas de nacionalidad, ascendencia o religión judía: *el antisemitismo del Partido Nacionalsocialista de Adolf Hitler*.

antiséptico, -ca *adj./n. m.* [sustancia, método] Que destruye las bacterias y virus que infectan un organismo vivo: *el uso del láser en cirugía aporta grandes ventajas antisépticas*.

antisubmarino, -na *adj.* Que sirve para combatir y destruir submarinos: *las cargas de profundidad son un sistema de lucha antisubmarina*.

antiterrorista *adj.* Del antiterrorismo o que tiene relación con él. **SIN** contraterrorista.

antítesis *n. f.* **1** Oposición completa y absoluta: *la música bacalao es la antítesis de la música clásica*. **2** Unión de dos palabras o frases de significado aparentemente contrario para construir una imagen o idea de especial fuerza expresiva: *en la expresión el frío desierto de la soledad hay una antítesis*.
DER antitético.

antitético, -ca *adj.* Que denota o implica antítesis u oposición: *la frase el clamor silencioso de los muertos es una construcción antitética; guerra y paz son conceptos antitéticos*.

antivirus *adj./n. m.* **1** MED. [sustancia, medicamento] Que sirve para evitar o combatir los efectos de una infección provocada por un virus. **2** INFORM. Programa que detecta la presencia de un virus informático en un disquete o en un ordenador.

antojadizo, -za *adj./n. m. y f.* [persona] Que frecuentemente tiene antojos o caprichos no basados en una razón lógica: *desde que está embarazada se ha vuelto muy antojadiza con las comidas más extrañas*. **SIN** caprichoso.

antojarse *v. prnl.* **1** Desear de manera intensa e inesperada una cosa sin causa razonable justificada: *era un niño muy caprichoso y malcriado al que se le antojaban todos los juguetes que salían anunciados en la tele*. **SIN** encapricharse. **2** Considerar una cosa como posible o probable: *se me antoja complicado resolver el problema del almacenamiento de residuos nucleares*.
DER antojadizo, antojo.

antojo *n. m.* **1** Deseo intenso, imprevisto y pasajero de una cosa: *estando a punto de dar a luz, tuvo una noche el antojo de comer fresas con chocolate*. **SIN** capricho. **2** Mancha de color oscuro en la piel de una persona.

antología *n. f.* Selección de fragmentos de obras literarias, musicales, científicas o de otra actividad: *una antología de textos filosóficos; una antología de la zarzuela*.
de antología Extraordinario, de excelente calidad, digno de ser resaltado: *un gol de antología; una faena de antología*.
DER antológico.

antológico, -ca *adj.* **1** De una antología o que está relacionado con ella: *el violinista dio un repaso antológico a la obra de Paganini*. **2** [exposición, muestra artística] Que recoge obras representativas de las diversas etapas de creación de un pintor o un escultor: *una exposición antológica de la obra de Dalí*. **3** Que tiene una calidad excepcional y merece ser destacado: *el tenista español tuvo una actuación antológica*.

antonimia *n. f.* GRAM. Oposición entre los significados de dos palabras: *las palabras útil e inútil tienen una relación de antonimia*. **ANT** sinonimia.
DER antónimo.

antónimo, -ma *adj./n. m.* GRAM. [palabra] Que tiene un significado opuesto al de otra palabra: *bueno es la palabra antónima de malo*. **ANT** sinónimo.

antonomasia *n. f.* Uso de un nombre común o un apelativo para hacer referencia a una persona o cosa que tiene un nombre propio; o de un nombre propio para hacer referencia a las características particulares de una persona o cosa: *la antonomasia aparece al decir la Voz por Frank Sinatra, o al referirse a un hombre celoso como un Otelo*.
por antonomasia Expresión con la que se indica que un nombre apelativo conviene a una persona o cosa por ser, entre las de su clase, la más característica: *el caballero andante por antonomasia es don Quijote*.

antorcha *n. f.* **1** Palo de madera con material inflamable en un extremo, al que se prende fuego para dar luz: *encendieron una antorcha y se adentraron en el pasadizo del castillo*. **SIN** tea. **2** Instrumento de forma alargada que puede mantener una llama encendida en uno de sus extremos y que se utiliza para transportar el fuego de un lugar a otro en algunas ceremonias deportivas o conmemorativas: *una antorcha olímpica*.
tomar (o **recoger**) **la antorcha** Continuar con un trabajo o actividad comenzada por otra u otras personas: *recogió la antorcha de su padre en el negocio familiar*.

antracita n. f. Carbón mineral de color negro que arde con dificultad y tiene gran poder calorífico.

antro n. m. **1** Local público de mal aspecto frecuentado por delincuentes y personas de mala reputación: *el asesino fue detenido en un antro del barrio chino*. **2** Lugar sucio y de mala reputación en el que vive una persona: *descubrieron el cadáver tendido en la cama de un antro maloliente*.

-antropía Elemento sufijal que entra en la formación de sustantivos femeninos con el significado de 'hombre, ser humano': *filantropía*.
OBS La persona que padece la enfermedad o sigue la doctrina que suelen designar estas formaciones se crea mediante el sufijal *-ántropo*.

antropo-, -ántropo, -ántropa Elemento prefijal y sufijal que entra en la formación de palabras con el significado de 'hombre, ser humano': *antropología, pitecántropo*. Véase *-antropía*.

antropocéntrico, -ca adj. Del antropocentrismo o que tiene relación con él: *el pensamiento antropocéntrico del Renacimiento*.

antropocentrismo n. m. Concepción filosófica que considera al hombre como centro de todas las cosas y el fin absoluto de la creación.
DER antropocéntrico.

antropofagia n. f. Acción de comer una persona carne humana, generalmente por costumbre religiosa o por necesidad extrema. **SIN** canibalismo.
DER antropófago.

antropófago, -ga adj./n. m. y f. [persona] Que practica la antropofagia. **SIN** caníbal.

antropoide adj./n. com. [animal] Que tiene un aspecto físico parecido al del hombre: *los simios son animales antropoides*. **SIN** antropomorfo.

antropología n. f. Ciencia que estudia la especie humana en cuanto a su evolución biológica y su comportamiento social y cultural.
DER antropológico, antropólogo.

antropológico, -ca adj. De la antropología o que tiene relación con ella.

antropólogo, -ga n. m. y f. Persona que se dedica al estudio de la antropología.

antropomórfico, -ca adj. **1** Del antropomorfismo o que está relacionado con él: *las representaciones antropomórficas de los dioses egipcios*. **2** [cosa, vegetal] Que tiene un aspecto físico parecido al del hombre: *un cacto con apariencia antropomórfica*.

antropomorfismo n. m. **1** Atribución a personajes divinos de aspecto y personalidad humana: *el antropomorfismo es una constante en la mitología griega y romana*. **2** Atribución de aspecto o personalidad humana a animales y cosas: *el antropomorfismo de algunos dibujos animados*.
DER antropomórfico, antropomorfo.

antropomorfo, -fa adj. Que tiene aspecto físico parecido al del hombre: *el sarcófago antropomorfo de un faraón egipcio*. **SIN** antropoide.

antropónimo n. m. Nombre propio de persona: *Francisco es un antropónimo*.

antropopiteco n. m. Simio que vivió en el pleistoceno, al que algunas teorías científicas consideran el eslabón perdido entre el mono y el hombre: *los huesos fósiles del antropopiteco se encontraron en la isla de Java*. **SIN** pitecántropo.

antropozoico, -ca adj./n. m. GEOL. [período de la historia de la Tierra] Que se extiende a lo largo de los últimos dos millones de años: *el antropozoico está compuesto por el pleistoceno o época de las glaciaciones y el holoceno o época actual*. **SIN** cuaternario.

anual adj. **1** [fenómeno, acontecimiento, situación] Que se repite cada año: *el festival de Eurovisión es anual*. **2** Que dura un año: *los seguros de automóviles suelen tener una vigencia anual*.
DER anualidad, anuario; bianual.
ETIM Véase *año*.

anualidad n. f. Cantidad de dinero que se cobra o se paga una vez al año: *paga una anualidad en concepto de arriendo de las tierras que trabaja*.

anuario n. m. Libro o publicación que se edita anualmente con todos los datos de lo ocurrido durante un año, dedicado a la información general o a una materia o actividad específica: *cada fin de año muchos periódicos sacan anuarios especiales resumiendo la actualidad del año que acaba; el Anuario estadístico de la UNESCO ofrece información sobre la población del mundo*.

anudar v. tr./prnl. **1** Hacer uno o más nudos en una cuerda, cinta, pieza de tela u otro material: *anudar una corbata*. **2** Unir con uno o más nudos los extremos de una o varias cuerdas, cintas, piezas de tela u otro material: *anudarse los cordones de los zapatos*.
DER desanudar, reanudar.

anuencia n. f. Actitud de aprobación y acuerdo con una situación o con la decisión de otra persona. **SIN** conformidad, consentimiento.

anulación n. f. Procedimiento mediante el cual una persona suspende o deja sin valor una decisión, procedimiento o actuación: *la anulación de una reserva en un hotel; la anulación de una sentencia por parte de un juez*.

anular v. tr. **1** Dejar sin efecto o valor una cosa, especialmente una obligación legal y el documento donde consta: *anular un artículo de una ley; anular un gol*. **2** Suspender, decidir no hacer lo que se tenía previsto o programado: *anular una boda; anular un viaje*. **SIN** cancelar. **3** Impedir que una persona lleve a cabo con normalidad un trabajo o actividad: *el defensa anuló al delantero con su marcaje*. ◊ adj./n. m. **4** [dedo] Que es el cuarto de la mano o el pie: *el dedo anular está entre el dedo corazón y el meñique*. ◊ adj. **5** Que tiene forma circular o de anillo: *un atolón es una isla anular formada por corales*. Es derivado de *anular*, 'verbo'.
DER anulación.

anunciación n. f. **1** Comunicación mediante la cual se da a conocer una noticia o información a una o más personas: *la anunciación de la llegada del emperador conmocionó a toda la comarca*. **SIN** anuncio. **2** Anuncio que el arcángel san Gabriel hizo a la Virgen María de que iba a ser madre de Jesucristo sin dejar de ser virgen.

anunciante adj. [empresa, sociedad] Que paga por anunciar un producto o servicio: *empresas anunciantes y televisiones privadas han acordado nuevas tarifas de publicidad*.

anunciar v. tr. **1** Comunicar a una o más personas una noticia o información: *anunciar la fecha de una boda; anunciar la subida del precio de la gasolina*. **2** Hacer publicidad de un producto o servicio para convencer al público de que lo compre o lo use: *anunciar un modelo de automóvil, una colonia, un crédito hipotecario*. **3** Adelantar lo que va a suceder en el futuro a partir de algunos indicios, datos o informaciones: *el hombre del tiempo anunció que iba a llover este fin de semana*. **SIN** predecir, pronosticar.
DER anunciación, anunciante, anuncio.
ETIM Véase *nuncio*.
OBS En su conjugación, la *i* no se acentúa, como en *cambiar*.

anuncio *n. m.* **1** Comunicación mediante la cual se da a conocer una noticia o información a una o más personas: *el anuncio de la bajada de impuestos ha hecho subir la bolsa.* **SIN** anunciación. **2** Mensaje con el que se hace publicidad de un producto o servicio para convencer al público de que lo compre o lo use: *anuncios en los intermedios de los programas de televisión; el anuncio de un coche en una valla.*

anverso *n. m.* Cara o lado anterior y principal de una superficie, especialmente de una moneda, de una medalla o de una hoja de papel: *en el anverso de la moneda está grabada la cara del rey.* **SIN** cara, haz. **ANT** cruz, envés, reverso.

-anza Sufijo que entra en la formación de sustantivos y denota la acción y el efecto del verbo al que se une: *confianza, alabanza, enseñanza.*

anzuelo *n. m.* Objeto curvo de metal y con punta muy afilada, sujeto al extremo de un hilo, en el que se coloca el cebo para pescar.
picar (o tragar) el anzuelo Caer en un engaño o trampa: *el ladrón picó en el anzuelo y entró a robar en el banco tomado por la policía.*

añadido *n. m.* Parte que se añade a un conjunto de elementos o a un todo: *la novela tiene un añadido final en el que se cuenta su proceso de creación.* **SIN** añadidura.

añadidura *n. f.* Añadido.
por añadidura Con la unión o suma de otra cosa: *perdieron el partido y, por añadidura, dos jugadores resultaron lesionados.* **SIN** además.

añadir *v. tr.* **1** Sumar o unir una parte a un conjunto de elementos o a un todo: *añade sal a un guiso; al precio final has de añadirle los impuestos.* **SIN** agregar, incorporar. **2** Completar por medio de palabras habladas o escritas el contenido de lo que ya se ha dicho o escrito: *se despidió de todos y antes de salir añadió:* mucha suerte a todos. **SIN** agregar.
DER añadido, añadidura.

añagaza *n. f.* Medio que se emplea con habilidad y astucia para engañar o conseguir algo: *no hagas caso de sus añagazas y sigue haciendo tu trabajo.* **SIN** ardid, artimaña, astucia.

añejo, -ja *adj.* **1** Que tiene uno o más años: *vino añejo; tocino añejo.* **2** Que existe desde hace mucho tiempo: *el escritorio estaba salpicado de añejas manchas de tinta.* **SIN** antiguo, viejo. **ANT** nuevo.

añicos *n. m. pl.* Trozos muy pequeños en que se divide un objeto al romperse: *el jarrón se cayó al suelo y se hizo añicos; hizo añicos la carta de su novio.*

añil *adj.* **1** De color azul oscuro: *el cielo añil de la tarde.* ◊ *adj./n. m.* **2** [color] Que es azul oscuro: *un vestido de color añil.*

año *n. m.* **1** Tiempo que emplea la Tierra en dar una vuelta alrededor del Sol: *la posición de la Tierra con respecto al Sol a lo largo de un año determina las cuatro estaciones.* **2** Período compuesto por 365 días; especialmente, el que comienza el día 1 de enero y finaliza el 31 de diciembre: *en el año 1992 se conmemoró el quinto centenario del descubrimiento de América; en junio empezó a estudiar y estuvo un año entero preparando oposiciones.* **3** Período que dura poco menos de 365 días, a lo largo del cual se desarrolla un trabajo o actividad determinada, que comienza en la fecha fijada por los organismos responsables y finaliza con la llegada de las vacaciones: *año académico o escolar; año judicial.*
a años luz Con un conjunto de diferencias tan grandes que no es posible ni siquiera la comparación: *el nivel del deporte español está a años luz del que tenía hace sólo algunas décadas.*
año bisiesto Período compuesto por 366 días que comienza el día 1 de enero y finaliza el 31 de diciembre: *un año bisiesto se alterna cada cuatro años de 365 días.*
año lunar *a)* Tiempo que emplea la Luna en dar una vuelta alrededor del Sol: *la cultura islámica usa el año lunar para contar el tiempo. b)* Período compuesto por 12 meses lunares o 354 días.
año luz Medida de longitud empleada en astronomía que equivale aproximadamente a nueve billones de kilómetros: *los años luz se emplean para expresar las distancias entre galaxias.*
año sabático Año a lo largo del cual una persona deja de asistir a su lugar de trabajo, especialmente para dedicarse a la formación o la investigación: *el año sabático se concede especialmente a los profesores universitarios para que lo dediquen a la investigación.*
año viejo Día 31 de diciembre: *en año viejo se celebran gran cantidad de banquetes y fiestas.*
entrado en años Que tiene edad avanzada: *la mayoría de los premios Nobel son personas ya entradas en años.*
estar de buen año Presentar una persona un aspecto gordo y saludable.
DER antaño, añejo, añojo.
ETIM Año procede del latín *annum*, que tenía el mismo significado, voz con la que también están relacionadas *anual, bienio.*

añojo, -ja *n. m. y f.* **1** Becerro o cordero de un año cumplido. ◊ *n. m.* **2** Carne de este animal.

añoranza *n. f.* Nostalgia que se siente por una persona o cosa que está lejos o se ha perdido: *el emigrante recordaba con añoranza las fiestas de su pueblo; la añoranza de los días de la infancia.* **SIN** nostalgia.

añorar *v. tr.* Sentir añoranza: *en los años de universidad en la ciudad a menudo añoraba su pueblo.*
DER añoranza.

aorta *n. f.* ANAT. Arteria principal del sistema circulatorio de aves y mamíferos que parte del ventrículo izquierdo del corazón. ☞ circulatorio, aparato; corazón.

apabullar *v. tr.* Confundir o intimidar a una persona con una exhibición de fuerza o superioridad: *el abogado apabulló al testigo con preguntas comprometidas.* **SIN** aplastar, arrollar, desarmar.

apacentar *v. tr.* Conducir el ganado a terrenos con pasto y cuidarlo mientras pace.
OBS En su conjugación, la e se convierte en *ie* en sílaba acentuada, como en *acertar.*

apache *adj.* **1** De una tribu india que habitó en un territorio americano que actualmente comprende zonas de Tejas, Nuevo Méjico y Arizona, o que tiene relación con ella. ◊ *n. com.* **2** Persona que pertenece a esta tribu.

apacible *adj.* **1** [lugar] Que no presenta agitación, movimiento o ruido: *cenamos en un apacible restaurante del barrio antiguo.* **SIN** sereno, tranquilo. **ANT** bullicioso. **2** [condiciones atmosféricas] Que son tranquilas y agradables: *salimos a navegar por primera vez en una apacible mañana de junio.* **SIN** sereno, tranquilo. **3** [persona] Que es amable y considerado en el trato: *su carácter apacible y dialogante hace de él un amigo insustituible.* **SIN** agradable.
DER desapacible.
OBS El superlativo es *apacibilísimo.*

apaciguamiento *n. m.* **1** Establecimiento de la paz o de una tregua donde había un enfrentamiento o una guerra: *el apaciguamiento del conflicto étnico.* **SIN** pacificación. **2** Restablecimiento de la calma y la tranquilidad en el ánimo violento o excitado de una o más personas: *un psicólogo contribuyó al apaciguamiento del secuestrador.*

apaciguar *v. tr.* **1** Establecer la paz o la tranquilidad donde había un enfrentamiento: *el profesor apaciguó a los dos grupos de estudiantes enzarzados en una riña.* **SIN** pacificar. ◇ *v. tr./prnl.* **2** Contener y calmar el ánimo violento o excitado de una o más personas: *el alcalde intentó apaciguar la furia de los manifestantes.* **SIN** amansar, aplacar.
DER apaciguamiento.
ETIM Véase *pacificar*.
OBS En su conjugación, la *u* no se acentúa y la *gu* se convierte en *gü* delante de *e*, como en *averiguar*.

apadrinar *v. tr.* **1** Acompañar como padrino a una persona cuando ésta se bautiza, se casa o recibe un honor: *apadrinó a su sobrina en su bautizo.* **2** Ayudar y proteger a una persona que comienza a trabajar o a desarrollar una actividad: *el veterano director apadrinó al joven realizador en sus primeras películas.*

apagado, -da *adj.* **1** [color, luz, sonido] Que es de poca intensidad: *vestía una camisa de color rojo apagado.* **2** [persona] Que ha perdido energía y vitalidad: *tras conocer el suspenso se le nota más apagado.*

apagar *v. tr./prnl.* **1** Hacer que deje de arder un fuego o un cuerpo en combustión: *apagar un incendio; apagar un cigarrillo.* **SIN** extinguir, sofocar. **2** Hacer que un sistema eléctrico deje de tener contacto con una fuente de energía e interrumpa su funcionamiento: *apagar la luz; apagar una radio.* **SIN** desconectar. **ANT** conectar. **3** Hacer más suave o más débil un sentimiento, restarle importancia o extinguirlo: *los años apagaron los últimos vestigios de amor que mantenían su matrimonio.* **4** Hacer que un color, una luz o un sonido pierda intensidad: *el fotógrafo usó un filtro para apagar el brillo del sol; le colocó una sordina a la trompeta para apagar su tono.*
apaga y vámonos *coloquial* Frase con la que se indica la imposibilidad de continuar una actividad o proceso ante lo que se considera absurdo, disparatado o escandaloso: *si vas a esperar a que te toque la bonoloto para venir con nosotros de viaje, apaga y vámonos.*
DER apagado, apagón.
OBS En su conjugación, la *g* se convierte en *gu* delante de *e*.

apagón *n. m.* Interrupción brusca e inesperada del suministro de energía eléctrica en una casa, un edificio o una población: *una gran tormenta provocó un apagón en toda la zona.*

apaisado, -da *adj.* Que es más ancho que alto colocado en su posición normal de uso: *las tarjetas de visita suelen estar impresas en cartulinas apaisadas.*

apalabrar *v. tr.* Llegar a un acuerdo o compromiso mediante palabra hasta el momento de hacerlo por escrito: *el presidente viajó a Madrid para el fichaje de un jugador que había apalabrado por teléfono con su representante.*

apalancar *v. tr.* **1** Apoyar una barra o palanca sobre un punto y aplicar una fuerza en ella para levantar o mover un cuerpo situado en el extremo opuesto: *los ladrones apalancaron la puerta de la casa y robaron su interior.* ◇ *v. prnl.* **2 apalancarse** *coloquial* Acomodarse en un lugar o situación y quedarse en él sin realizar mayores esfuerzos: *cuando ganó las oposiciones, se apalancó en su despacho y se dedicó a la buena vida.*
OBS En su conjugación, la *c* se convierte en *qu* delante de *e*.

apaleamiento *n. m.* Conjunto de golpes que se dan con un palo o con otro objeto contundente, generalmente propinados por un grupo de personas. **SIN** paliza.

apalear *v. tr.* Dar golpes con un palo o con otro objeto contundente.
DER apaleamiento.

apañado, -da *adj.* **1** [persona] Que es hábil y se da maña para hacer algo: *cuando tengo chapuzas en casa, suelo llamar a mi sobrino, que es muy apañado.* **2** Que es adecuado para el destino que se le quiere dar: *estuvo de rebajas y encontró un chaquetón muy apañado para la época.*
estar (o ir) apañado *coloquial* a) Tener un problema o estar en una situación difícil de resolver: *si con tan poco dinero tenemos que ir de viaje, estamos apañados.* b) Estar equivocado o mantener falsa confianza en algo: *estás apañado si crees que llegará a tiempo.*

apañar *v. tr.* **1** Limpiar y poner en orden o en las condiciones adecuadas: *tengo que apañar la casa antes de que lleguen las visitas.* **SIN** arreglar. ◇ *v. tr./prnl.* **2** Resolver una situación difícil o problemática con habilidad y eficacia: *perdió el avión, pero en la agencia le apañaron otro vuelo en un momento; si te descubren, te las apañas como puedas, yo no quiero saber nada.* **SIN** arreglar. **3** Hacer que una cosa estropeada deje de estarlo y vuelva a funcionar o a ser útil, especialmente si es de manera improvisada y para salir del paso: *un vecino me apañó la tele y ahora se ve estupendamente.* **SIN** arreglar, reparar. ◇ *v. prnl.* **4 apañarse** Tener habilidad o maña para hacer una cosa: *mi marido se apaña muy bien con los niños cuando estoy trabajando.* **apañárselas** Componérselas, hallar el modo de salir de un atasco o resolver una situación con las propias fuerzas: *el joven se las apañó para compaginar trabajo y estudio.*
DER apañado, apaño.

apaño *n. m.* **1** Arreglo que se hace para que una cosa vuelva a funcionar o a parecer nueva, especialmente si es de manera improvisada y para salir del paso: *menos mal que le pude hacer un apaño al radiador del coche hasta llegar a una gasolinera.* **SIN** reparación. **2** *coloquial* Relación amorosa o sexual entre dos personas que dura poco tiempo. **SIN** aventura. **3** Treta, engaño o artificio para realizar o conseguir algo: *hizo un apaño con el entrenador del boxeador para manipular el combate.* **SIN** amaño.

aparador *n. m.* Mueble ancho de mediana altura y con cajones que se coloca en el comedor y en el que se guardan los cubiertos, la cristalería y todo lo necesario para el servicio de la mesa.

aparato *n. m.* **1** Conjunto de piezas y elementos que, montados adecuadamente, desarrollan un trabajo o función práctica y que generalmente funcionan mediante energía eléctrica: *un secador de pelo, un ventilador o un teléfono son aparatos.* **SIN** dispositivo, mecanismo. **2** Instrumento necesario para desarrollar una actividad específica: *el aprendiz está limpiando los aparatos del laboratorio.* **3** Conjunto de órganos de los animales y de las plantas que desempeñan una misma función: *el aparato respiratorio; el aparato digestivo.* **4** Conjunto de personas que deciden la política de un partido o del gobierno: *el aparato del partido respalda a su actual secretario general.* **5** Vehículo aéreo; especialmente, avión: *tras el aterrizaje forzoso, el pasaje salió del aparato con tranquilidad.* **SIN** aeronave, aeroplano, nave. **6** Teléfono: *si pregunta alguien por mí, di que no me puedo poner al aparato.*
aparato eléctrico Conjunto de relámpagos y truenos que acompañan a una tormenta: *en verano son comunes las tormentas con gran aparato eléctrico.*
DER aparatoso.

aparatosidad *n. f.* Conjunto de circunstancias que hacen aparatoso un hecho, especialmente un accidente: *a pesar de la aparatosidad del choque, no hubo heridos de consideración.*
SIN espectacularidad.

aparatoso, -sa *adj.* **1** Hecho que resulta espectacular y

aparcamiento desmedido, en especial un accidente: *un aparatoso choque de trenes.* **2** Objeto exagerado, ostentoso o estrafalario: *se presentó en la fiesta con un coche aparatoso.* **3** Que muestra un gran lujo y riqueza: *la princesa asiática asistió a la fiesta llevando una aparatosa diadema de oro y brillantes.* **SIN** ostentoso.
DER aparatosidad.

aparcamiento *n. m.* **1** Colocación de un vehículo en un lugar temporalmente: *durante el aparcamiento pasó por encima de unos hierros y pinchó un neumático.* **SIN** estacionamiento. **2** Lugar en la vía pública o zona señalizada del interior de un edificio donde se puede dejar el vehículo: *llegó tarde porque no encontraba un aparcamiento.* **SIN** estacionamiento, parking. **3** Edificio o parte de un edificio donde hay zonas señalizadas para que los conductores dejen los vehículos: *el aparcamiento del supermercado.* **SIN** parking.

aparcar *v. tr.* **1** Colocar un vehículo en un lugar de la vía pública o en una zona señalizada del interior de un edificio: *aparcó en la zona azul porque tenía mucha prisa.* **SIN** estacionar. **2** Detener la actividad o el trabajo sobre un asunto con la intención de retomarlo más adelante: *la llegada de las vacaciones ha obligado a aparcar la discusión parlamentaria de algunas leyes.*
DER aparcamiento.
OBS En su conjugación, la c se convierte en *qu* delante de *e*.

aparcería *n. f.* Contrato mediante el cual el propietario de un terreno agrícola o de una instalación ganadera cede su explotación a una o más personas a cambio del pago de una cantidad de dinero, de una parte de los beneficios o frutos o de otra forma de compensación.

aparcero, -ra *n. m. y f.* Persona que, sola o con otras, explota un terreno agrícola o una instalación ganadera mediante un contrato de aparcería.
DER aparcería.

apareamiento *n. m.* Unión sexual del animal macho con la hembra con vistas a su reproducción.

aparear *v. tr./prnl.* Unir sexualmente el animal macho con la hembra con vistas a su reproducción. **SIN** copular, cubrir, montar.
DER apareamiento.

aparecer *v. intr./prnl.* **1** Mostrarse o dejarse ver, generalmente de manera inesperada: *el político solía aparecer en numerosos programas de televisión; mi madre gritó cuando apareció un ratón en la cocina.* **ANT** desaparecer. ◇ *v. intr.* **2** Encontrarse lo que estaba perdido o extraviado: *ayúdame a buscar las llaves del coche a ver si aparecen.*
DER aparecido, aparición; desaparecer, reaparecer.
OBS En su conjugación, la c se convierte en *zc* delante de *a* y *o*, como en *agradecer*.

aparecido, -da *n. m. y f.* Fantasma, imagen de una persona muerta que, según dicen algunos, se muestra visible a los ojos de una o más personas. **SIN** aparición, fantasma.

aparejado, -da *adj.* Que es una consecuecia o efecto inherente a una cosa: *ser policía lleva aparejado poner en peligro la vida en ocasiones.*

aparejador, -ra *n. m. y f.* Persona que se dedica a dibujar planos y a realizar diversos trabajos técnicos relacionados con la construcción de edificios, generalmente bajo la supervisión de un arquitecto. **SIN** arquitecto técnico.

aparejar *v. tr./prnl.* **1** Hacer los preparativos oportunos y disponer los elementos necesarios para desarrollar un trabajo o una actividad: *pasó las horas anteriores al viaje aparejando todos los bultos y paquetes que debía llevar.* ◇ *v. tr.* **2** Poner la silla o la albarda y el resto de arreos a un animal, especialmente a una caballería, para montarlo, cargarlo o trabajar con él: *aparejar un caballo, un burro, un buey.* **ANT** desaparejar. **3** MAR. Dotar a un barco del aparejo necesario para la navegación: *Colón aparejó las naves del descubrimiento de América en el puerto de Palos.*
DER aparejado, aparejador.

aparejo *n. m.* **1** Conjunto de instrumentos, herramientas y objetos necesarios para realizar un trabajo o una acción: *preparó el aparejo de pesca y se marchó al embarcadero; los aparejos de un albañil.* Se usa también en plural con el mismo significado. **SIN** instrumental. **2** Disposición de los elementos necesarios para desarrollar un trabajo o una actividad: *por la mañana los pintores acabaron el aparejo de los materiales y por la tarde comenzaron el trabajo.* **3** Conjunto de arreos y elementos que se sujetan al cuerpo de un animal, especialmente a una caballería, para montarlo, cargarlo o trabajar con él: *aparejar a un caballo para un concurso de saltos; aparejar a un buey para que tire de una carreta.* **4** MAR. Conjunto de palos, velas, cabos y otros elementos necesarios para que un barco navegue: *el temporal destrozó el aparejo del velero.* **5** ARQ. Forma o modo en que quedan colocados los materiales en una construcción, especialmente los ladrillos y sillares: *el aparejo a soga presenta al exterior hiladas formadas por las caras mayores y longitudinales de los ladrillos o sillares.*
DER aparejar.

aparentar *v. tr.* **1** Dar a entender que se posee lo que realmente no se tiene: *sentir ira y aparentar indiferencia; estar en la ruina y aparentar un nivel económico alto.* **2** Tener una persona el aspecto de una edad que generalmente no se corresponde con la real: *no llega a los treinta años, pero con la mala vida que lleva aparenta cincuenta.*
DER apariencia.

aparente *adj.* **1** Que parece algo que no es: *aunque estaba muy nervioso, contestó a la policía con aparente calma.* **2** Que parece cierto a juzgar por lo que se muestra a la vista: *el funambulista andaba por el cable con aparente seguridad; el cantante abandonó bruscamente el escenario sin motivo aparente.* **3** Que tiene buen aspecto: *es un reloj muy aparente y debes cuidarte de los ladrones.*
DER aparentar.

aparición *n. f.* **1** Presencia de una persona o cosa en un lugar donde puede ser vista: *el malogrado actor hizo su última aparición en una serie televisiva recientemente emitida.* **2** Descubrimiento de lo que estaba oculto o en un lugar desconocido: *la aparición del cuerpo sin vida de la niña desaparecida ha conmocionado a todo el pueblo.* **3** Visión de un ser sobrenatural por parte de una o más personas: *la aparición de la Virgen en Fátima.* **4** Fantasma, imagen de una persona muerta que, según dicen algunos, se muestra visible a los ojos de una o más personas: *un parapsicólogo pasó la noche en la casa donde sucedían las supuestas apariciones.* **SIN** aparecido.

apariencia *n. f.* **1** Manera de aparecer o presentarse a la vista o al entendimiento una persona o cosa: *sale con un chico de buena apariencia; solía guiarse por las apariencias para contratar a nuevos empleados.* **SIN** aspecto. **2** Característica o conjunto de características que parece poseer una persona o cosa y que realmente no tiene: *algunos juguetes de apariencia inofensiva pueden ser peligrosos.*

apartado, -da *adj.* **1** Que está lejos en el espacio con referencia a un punto determinado: *vive en un pueblecito muy apartado de las Alpujarras.* **SIN** distante, lejano. ◇ *n. m.* **2** Parte de un texto escrito que trata sobre un tema: *leyó con angustia el apartado de la información en el que figuraba el* nombre de las víctimas. **SIN** párrafo. **3** Parte de un documento legal u oficial que forma con otras iguales una serie numerada y ordenada: *el artículo 26 del Estatuto de Autonomía de Andalucía, en el apartado segundo, dice: «El Parlamento es elegido por cuatro años».*

apartado de Correos *a*) Caja o sección de una oficina de Correos con un número donde se depositan las cartas y paquetes enviados a un destinatario en espera de que sean recogidos por él: *han desvalijado mi apartado de Correos.* *b*) Número asignado a esta caja o sección: *no nos ha dado ni su nombre ni su dirección, tan sólo un apartado de Correos donde enviárselo.*

apartamento *n. m.* Vivienda más pequeña que el piso, generalmente con una o dos habitaciones, cocina y servicio, situada en un edificio en el que suele haber más viviendas del mismo tipo: *veranea en un edificio de apartamentos en Torremolinos.*

apartamiento *n. m.* Separación de una persona o cosa del lugar, estado o cargo que ocupa: *la adicción a las drogas del jugador ha provocado su apartamiento del equipo.*

apartar *v. tr./prnl.* **1** Separar o poner a una persona o cosa en un lugar distinto y alejado del que ocupa: *la tempestad apartó al yate de su rumbo.* **SIN** retirar. **ANT** acercar, aproximar. **2** Quitar de un lugar para dejarlo libre: *aparta un poco el pan y los vasos que voy a poner la paella en la mesa.* **3** Llevar a un lugar para no ser visto u oído por otras personas: *apartó a su padre de la fiesta por un instante y le anunció su intención de casarse.* **4** Partir o separar en partes o grupos; establecer separaciones: *la policía apartó a niños y mujeres del grupo de inmigrantes detenidos.* **SIN** dividir. **5** Hacer abandonar a una persona una actividad, estado o cargo: *una grave lesión de rodilla apartó al torero de las plazas durante varios meses.*
DER apartado, apartamento, apartamiento.

aparte *adv.* **1** En un lugar distinto: *cuando vino del mercado, puso el pescado aparte.* **2** En un lugar apropiado para no ser visto u oído por otras personas: *poco antes de la rueda de prensa, el banquero estuvo hablando aparte con su abogado.* ◇ *adj.* **3** Que es distinto de otro; que no es igual: *la calidad del jugador brasileño es un caso aparte.* **SIN** diferente. ◇ *n. m.* **4** Fragmento de una obra de teatro que un personaje dice hablando para sí o con otro u otros y suponiendo que no lo oyen los demás: *en los apartes el espectador es informado de lo que el personaje piensa o siente.* **5** Interrupción de una reunión que se aprovecha para otra cosa: *en un aparte de la reunión telefoneó a su esposa para preguntarle por la salud de su hijo enfermo.*
aparte de Además de, prescindiendo de: *aparte de mis padres, somos ocho a comer; aparte del susto, la tromba de agua no tuvo consecuencias en su casa.*
DER apartar.

apartheid *n. m.* Conjunto de leyes y disposiciones oficiales que discriminaban a las personas de una raza distinta de la blanca en la República de Sudáfrica.
OBS Es de origen afrikáans y se pronuncia aproximadamente 'aparjeid'.

apasionado, -da *adj.* **1** [persona] Que suele dejarse guiar por las pasiones en su manera de pensar o de actuar: *es un conversador muy apasionado y se exalta con facilidad.* **2** [persona] Que siente una pasión especialmente intensa por algo o alguien: *es un apasionado de los deportes de invierno; es un apasionado de Elvis Presley.*

apasionamiento *n. m.* **1** Excitación, vehemencia y pasión con que se defienden ideas y opiniones: *su apasionamiento por el fútbol le provocó un infarto.* **SIN** acaloramiento. **2** Pasión intensa por algo o alguien: *sentía un especial apasionamiento por todo lo relacionado con la segunda guerra mundial.*

apasionante *adj.* Que presenta un interés muy elevado: *la apasionante final del mundial de Argentina.*

apasionar *v. tr./prnl.* **1** Provocar sentimientos de pasión: *la ópera suele apasionar o aburrir, pero no provoca indiferencia.* ◇ *v. prnl.* **2 apasionarse** Sentir una gran pasión por una persona o cosa: *apasionarse por la informática; apasionarse por las películas de Steven Spielberg.*

apatía *n. f.* Manifestación de desinterés, indiferencia o falta de entusiasmo por lo que se hace: *cada mañana de verano abría con apatía los libros para comenzar a estudiar.*
DER apático.

apático, -ca *adj./n. m. y f.* [persona] Que actúa con apatía: *le desesperaba el comportamiento apático de algunos funcionarios de la administración.*

apátrida *adj./n. com.* [persona] Que carece de nacionalidad legal por habérsela retirado su país de origen o por haber renunciado a ella, generalmente por razones políticas.

apeadero *n. m.* Estación de tren de poca importancia o parada de autobús destinada únicamente a recoger y dejar viajeros.

apear *v. tr./prnl.* **1** Bajar de un vehículo o del animal en el que se va montado: *el revisor me apeó del metro cuando descubrió que no tenía billete; apearse de un autobús, de un caballo.* **2** Conseguir que una persona cambie su manera de actuar, pensar o sentir: *varios amigos lo apearon de la idea de marcharse de casa.* **SIN** disuadir. ◇ *v. tr.* **3** Eliminar a una persona o equipo de una competición deportiva: *Inglaterra apeó a España de la Eurocopa del 96.*
DER apeadero.

apechugar *v. intr.* Cargar con una responsabilidad o con las consecuencias desagradables de una acción: *si has decidido trabajar en verano, debes apechugar y levantarte temprano.* **SIN** apencar.
OBS En su conjugación, la g se convierte en gu delante de e.

apedrear *v. tr.* Lanzar o tirar piedras: *apedrear a una rata; apedrear una ventana.*

apego *n. m.* Sentimiento de afecto, cariño o estimación que se tiene hacia una persona o cosa: *siente un gran apego por sus compañeros de trabajo; sentía un especial apego por el restaurante donde cenaban siendo novios.*

apelación *n. f.* **1** DER. Procedimiento judicial mediante el cual se solicita a un juez o tribunal que anule o enmiende la sentencia dictada por otro de inferior rango por considerarla injusta: *a pesar de las varias apelaciones interpuestas, finalmente el reo fue ejecutado en la silla eléctrica.* **2** Petición o llamada que hace una persona a otra u otras para que la ayuden en su propósito: *el alcalde hizo una apelación a la solidaridad del pueblo para que ayudara a las víctimas de la riada.*
no haber (o no tener) apelación Carecer de un posible remedio o excusa: *la derrota española por 5-0 no tuvo apelación.*

apelar *v. tr.* **1** DER. Solicitar a un juez o tribunal que anule o enmiende la sentencia dictada por otro de inferior rango por considerarla injusta: *el fiscal y el abogado defensor apelarán al Tribunal Supremo contra la sentencia.* ◇ *v. intr.* **2** Dirigirse a una o varias personas para conseguir ayuda y solucionar un asunto: *las autoridades apelan a la responsabilidad de los conductores para evitar accidentes.*
DER apelación, apelativo; inapelable, interpelar.

apelativo, -va *adj./n. m.* **1** [nombre] Que se aplica a todos los seres que tienen las mismas características: *la palabra bicicleta es un nombre apelativo.* **SIN** nombre común. **2** GRAM.

[palabra, acto de comunicación] Que sirve para llamar la atención del oyente o para dirigirse a él: *los nombres propios cumplen una función apelativa*. **SIN** vocativo. ◇ *n. m.* **3** GRAM. Palabra o acto de comunicación que sirve para calificar a una persona o cosa: *la palabra burro aplicada a una persona es un apelativo despectivo*. **4** Nombre que los demás suelen añadir al nombre propio de una persona para expresar una de sus características particulares: *Alfonso X el Sabio, Juana la Loca y Felipe el Hermoso*. **SIN** sobrenombre.

apellidar *v. tr./prnl.* **1** Dar un apelativo calificativo a una persona o cosa: *el rey de Castilla Pedro I fue apellidado el Cruel.* ◇ *v. prnl.* **2 apellidarse** Tener un apellido determinado: *se llama Juan y se apellida Sánchez Gómez.*

apellido *n. m.* Nombre que sigue al propio de una persona y que se transmite de padres a hijos, siendo el mismo para los miembros de una misma familia: *en España, el primer apellido de una persona corresponde al primer apellido del padre, y el segundo, al primero de la madre.*

apelmazar *v. tr./prnl.* Ponerse compacta y dura una cosa que debiera ser más esponjosa y blanda: *apelmazarse la tierra por la sequía.* **ANT** ahuecar.
OBS En su conjugación, la *z* se convierte en *c* delante de *e*.

apelotonar *v. tr./prnl.* **1** Poner unas cosas sobre otras de manera desordenada o descuidada: *los albañiles apelotonaron los muebles en el garaje.* **SIN** amontonar. ◇ *v. prnl.* **2 apelotonarse** Reunirse en un lugar un conjunto numeroso de personas o animales de manera desordenada: *una nube de fotógrafos se apelotonaba en la puerta del cine donde se estrenaba la película.* **SIN** amontonarse, apiñarse.

apenar *v. tr./prnl.* Causar pena o tristeza: *el fallecimiento del sacerdote apenó a toda la comarca; me apena que mi hermano no encuentre trabajo.* **SIN** ensombrecer, entristecer.

apenas *adv.* **1** Con dificultad y casi sin llegar a conseguirlo: *mi viejo coche apenas pasa de sesenta por hora.* **2** Escasamente, sólo: *el robo fue perpetrado por profesionales que desvalijaron la casa en apenas unos minutos.* ◇ *conj.* **3** Indica un tiempo o un momento cercano a un hecho: *apenas se dio la salida, se adelantó el piloto alemán.* **SIN** recién.

apencar *v. intr.* Cargar con una responsabilidad o con las consecuencias desagradables de una acción. **SIN** apechar, apechugar.
OBS En su conjugación, la *c* se convierte en *qu* delante de *e*.

apéndice *n. m.* **1** Parte que se añade a un conjunto de elementos o a un todo y del que depende: *el apéndice gramatical de un diccionario; acusaron al partido político de ser un mero apéndice de la organización terrorista.* **2** ZOOL. Parte del cuerpo de un animal que sobresale de su tronco, excepción hecha de las extremidades: *son apéndices anatómicos del hombre la nariz y las orejas.* **3** ANAT. Prolongación delgada y hueca del ciego situada al principio del intestino grueso.
DER apendicitis.

apendicitis *n. f.* Inflamación del apéndice intestinal: *si no se extirpa el apéndice, la apendicitis puede provocar la muerte.*
OBS El plural también es *apendicitis*.

apercibimiento *n. m.* Advertencia de una próxima sanción en caso de cometer un error o una falta: *recibió un apercibimiento de desalojo en caso de no pagar el alquiler del apartamento.*

apercibir *v. tr./prnl.* **1** Percibir, conocer, advertir, percatarse, caer en la cuenta: *el sonido de las ambulancias lo apercibió del accidente; varios vecinos se apercibieron del comportamiento extraño de los presuntos terroristas y los denunciaron a la policía.* **SIN** observar, reparar. **2** Advertir de una próxima sanción en caso de cometer un error o una falta: *el comité apercibió de cierre al estadio si volvía a producirse una invasión del terreno de juego por parte del público.*
DER apercibimiento; desapercibido.

aperitivo *n. m.* Bebida o alimento que se toma antes del almuerzo o la cena: *a mediodía bajamos al bar de la esquina para tomarnos unas tapas y unos vinos como aperitivo.* **SIN** abreboca.
ETIM Véase *abrir*.

apero *n. m.* Instrumento que sirve para trabajar la tierra o para desarrollar las tareas agrícolas: *la azada, el azadón, la horca, el bieldo o la guadaña son aperos.*

apertura *n. f.* **1** Operación de abrir lo que está cerrado o no tiene comunicación con el exterior: *la apertura de una botella de vino; la polémica apertura de las grandes superficies comerciales en días festivos.* **2** Momento en que da comienzo el desarrollo de un acto o de la actividad en una corporación o en un lugar: *la apertura del curso académico marca el inicio de las clases; la apertura de una cartilla de ahorros en un banco.* **3** Ceremonia formal en la que se celebra este hecho: *en la apertura de los Juegos Olímpicos estuvieron presentes diversos mandatarios internacionales; la apertura de la autovía estuvo presidida por el Consejero de Transportes.*

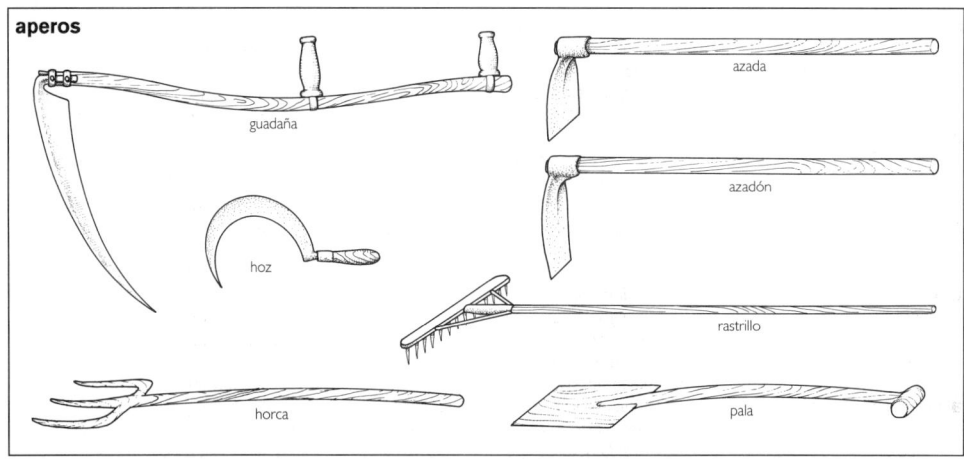

SIN inauguración. **4** Conjunto de los primeros movimientos predeterminados con los que un jugador de ajedrez comienza a poner en juego sus piezas. **5** Aperturismo, actitud tolerante: *el régimen cubano de Fidel Castro inició una tímida apertura económica tras la caída del Muro de Berlín*. **DER** aperturismo; reapertura.
ETIM Véase *abrir*.

aperturismo *n. m.* Actitud tolerante y receptiva hacia ideas o actitudes económicas, sociales o políticas distintas de las propias: *el aperturismo del régimen chino se vio frenado con la matanza de la plaza de Tiannamen*. **SIN** apertura.
DER aperturista.

aperturista *adj.* Del aperturismo o que tiene relación con él: *el régimen aperturista instaurado en la antigua Unión Soviética por Mijaíl Gorbachov*.

apesadumbrar *v. tr./prnl.* Causar tristeza y pesimismo: *todo el pueblo quedó perplejo y apesadumbrado al conocer la noticia de la desaparición de las jóvenes*.
DER apesadumbrado.

apestar *v. intr.* **1** Despedir mal olor: *los servicios de la gasolinera apestaban*. **2** *coloquial* Ser una cosa ilegal o inmoral: *tu negocio de préstamo de dinero apesta*. ◇ *v. tr./prnl.* **3** Causar o contagiar la enfermedad de la peste: *las ratas transportan pulgas que apestan a las personas que tienen contacto con ellas*.
DER apestoso.

apestoso, -sa *adj.* Que despide mal olor: *compró en la feria unas bombitas apestosas*.

apétalo, -la *adj.* [flor] Que no tiene pétalos: *algunas variedades de cardos tienen flores apétalas*.

apetecer *v. tr.* **1** Sentir el deseo de poseer o hacer una cosa que satisface los sentidos: *esta noche me apetece cenar comida italiana*. ◇ *v. intr.* **2** Gustar o sentir agrado por una cosa: *muchos días le apetecía pasear por la playa sola*.
DER apetecible, apetencia, apetito.
OBS En su conjugación, la *c* se convierte en *zc* delante de *a* y *o*, como en *agradecer*.

apetecible *adj.* **1** [cosa] Que apetece: *en el carrito de los postres hay pasteles muy apetecibles*. **2** *coloquial* [persona] Que provoca el deseo sexual. **SIN** deseable.

apetencia *n. f.* Tendencia natural a desear una cosa: *vivía aislado del mundo, a salvo de las apetencias de la sociedad moderna*. **SIN** apetito.
DER inapetencia.

apetito *n. m.* **1** Ganas de comer: *tras la enfermedad, poco a poco, fue recuperando el apetito*. **SIN** hambre. **ANT** desgana, inapetencia. **2** Apetencia, tendencia a desear una cosa: *su desmedido apetito de poder lo condujo a la ruina*. **SIN** deseo.
DER apetitoso.

apetitoso, -sa *adj.* **1** Que produce ganas de comer: *contemplaba con gula el apetitoso plato de fabada que le acababan de servir*. **2** Que tiene un sabor intenso y agradable: *me resulta más apetitosa la carne de ternera que la de cerdo*. **SIN** sabroso.

apiadarse *v. prnl.* Sentir pena y dolor por la desgracia o sufrimiento que padece una persona: *el guerrillero se apiadó del huérfano y lo tomó bajo su tutela*. **SIN** compadecer.

apical *adj.* **1** Del ápice o que tiene relación con él: *tenía insensible la zona apical de la lengua*. ◇ *adj./n. f.* **2** GRAM. [sonido consonántico] Que se pronuncia haciendo que el ápice de la lengua toque los dientes, los alveolos o el paladar: *la* t *de la palabra* tambor *es un sonido apical*.

ápice *n. m.* **1** Punta o extremo de una cosa; especialmente, de la lengua: *probó la comida con el ápice de la lengua; observó que el ápice del tallo de la planta había sido devorado por un gusano*. ☞ hoja. **2** Parte muy pequeña e insignificante de una cosa: *no tiene ni un ápice de sentido común*.
DER apical.

apícola *adj.* De la apicultura o relacionado con ella: *hizo prácticas de entomología en una granja apícola*.

apicultor, -ra *n. m. y f.* Persona que se dedica a la cría de abejas. **SIN** colmenero.

apicultura *n. f.* Técnica de criar abejas para aprovechar su miel y su cera.
DER apícola, apicultor.
ETIM Véase *abeja*.

apilar *v. tr.* Poner unas cosas sobre otras de manera que formen una pila: *en la trastienda de la mercería se apilaban cajas y restos de maniquíes*. **SIN** amontonar.
DER apilamiento.

apiñar *v. tr./prnl.* Juntar o reunir apretadamente a personas o cosas: *el público se apiñaba a la puerta del estadio*.

apio *n. m.* Hortaliza de tallo grueso, hojas largas y flores muy pequeñas: *las hojas y el tallo del apio se usan como condimento y se comen en ensalada*.

apisonadora *n. f.* **1** Vehículo de gran tamaño que se desplaza sobre cilindros muy pesados y sirve para apretar y allanar la tierra o la superficie por donde circula: *pasaron la apisonadora por encima del pavimento de la carretera*. **2** *coloquial* Persona o grupo que vence arrolladoramente cualquier oposición: *el tesón y la fuerza de la apisonadora alemana se impuso en la final a las ilusiones del equipo inglés*.

apisonar *v. tr.* Apretar y allanar la tierra u otra superficie por medio de una apisonadora o de una máquina parecida.
DER apisonadora.

aplacar *v. tr./prnl.* Contener y calmar la violencia o excitación de una persona o cosa: *algunos representantes del claustro intentaron aplacar las iras de los estudiantes que participaban en la manifestación*. **SIN** amansar, apaciguar.
DER inaplacable.
OBS En su conjugación, la *c* se convierte en *qu* delante de *e*.

aplanar *v. tr.* **1** Allanar, quitar las desigualdades de un terreno y dejarlo todo al mismo nivel: *aplanar el suelo para hacer una pista de tenis*. ◇ *v. prnl.* **2 aplanarse** Perder una persona el ánimo o la energía y volverse indolente y apática: *con el bochorno de las tardes de verano se aplanaba en la cama sin ganas de hacer nada*. **SIN** aplatanarse.

aplastamiento *n. m.* **1** Reducción violenta del grosor de un cuerpo por medio de la fuerza, hasta provocar la pérdida de su forma original: *le pasó por encima del pie un coche y sufrió el aplastamiento de algunos dedos*. **2** Victoria completa y absoluta ante el adversario en un enfrentamiento o en una competición: *tropas de élite lograron el aplastamiento de los focos guerrilleros*.

aplastante *adj.* Que es rotundo, total o completo y no deja lugar a dudas: *solía ganar al ajedrez a todos sus amigos con aplastante superioridad*. **SIN** abrumador.

aplastar *v. tr./prnl.* **1** Reducir el grosor de un cuerpo por medio de la fuerza hasta provocar la pérdida de su forma original: *se sentó en el sofá sin mirar y aplastó el sombrero de su abuelo*. ◇ *v. tr.* **2** Apabullar a una persona hasta dejarla sin respuesta: *el fiscal aplastó al testigo con su interrogatorio*. **SIN** arrollar, desarmar. **3** Vencer de manera completa y absoluta al adversario: *el ejército israelí aplastó a las tropas árabes en la guerra de los Seis Días*. **SIN** arrollar.
DER aplastamiento, aplastante.

aplaudir *v. tr./intr.* **1** Golpear repetidamente una con otra las palmas de las manos, generalmente en señal de alegría o

A a

aprobación: *el auditorio aplaudió con entusiasmo al final del concierto.* ◇ *v. tr.* **2** Demostrar aprobación mediante palabras o gestos: *los representantes políticos aplaudieron la decisión de la alcaldesa de celebrar un pleno extraordinario.*
DER aplauso.

aplauso *n. m.* **1** Muestra de alegría o aprobación que consiste en golpear repetidamente una con otra las palmas de las manos: *al salir al campo, el jugador recibió emocionado el aplauso de la afición.* **2** Sonido que produce este palmoteo: *los aplausos acallaron los gritos de protesta.* **3** Demostración de aprobación mediante palabras o gestos: *las medidas de control sobre la publicidad han merecido el aplauso de las organizaciones de consumidores.*

aplazamiento *n. m.* Retraso o suspensión de la ejecución de una cosa: *el mal tiempo ha provocado el aplazamiento del despegue de la nave Columbia.*

aplazar *v. tr.* Retrasar o suspender la ejecución de una cosa: *la niebla ha obligado a aplazar el partido de fútbol.* **SIN** diferir, retardar, retrasar. **ANT** anticipar, adelantar.
DER aplazamiento; inaplazable.
OBS En su conjugación, la *z* se convierte en *c* delante de *e*.

aplicable *adj.* **1** Que se puede aplicar o o poner en práctica: *este método no es aplicable en ese caso.* **2** Que sirve para una o varias personas o cosas y las afecta del mismo modo: *lo que acabo de decir de ella es aplicable a todos los demás; el artículo citado es aplicable también en este caso.* **ANT** inaplicable.

aplicación *n. f.* **1** Colocación de una cosa sobre otra o en contacto con otra: *el médico le aconsejó la aplicación de paños fríos en la frente para calmar la fiebre.* **2** Empleo o uso de una cosa para conseguir el efecto deseado: *el rayo láser tiene múltiples aplicaciones en el campo de la medicina, la ciencia y la técnica.* **3** Empleo de un concepto general en un caso particular: *a los jueces les corresponde la aplicación de la ley.* **4** Esfuerzo y atención al desarrollar una actividad o trabajo: *el muchacho estudiaba con aplicación.* **5** Adorno aplicado a un objeto hecho con un material distinto: *una mesa con aplicaciones de nácar y marfil.* **SIN** aplique. **6** INFORM. Programa informático que realiza una función determinada. **7** MAT. Operación por la que se hace corresponder a todo elemento de un conjunto un solo elemento de otro conjunto.

aplicado, -da *adj.* **1** [persona] Que desarrolla una actividad o trabajo con esfuerzo y atención: *por ser un trabajador aplicado, pronto ascendió en la empresa.* **2** [ciencia, rama del conocimiento, disciplina] Que se ocupa de la aplicación práctica de ideas y planteamientos teóricos: *la cerámica o la ebanistería son artes aplicadas; la industria de los tintes se fundamenta en la química aplicada.*
DER desaplicado.

aplicar *v. tr.* **1** Poner una cosa sobre otra o en contacto con otra: *aplicó la pomada sobre la picadura y notó rápidamente alivio.* **2** Hacer uso de una cosa o ponerla en práctica para conseguir un fin determinado: *aplicó toda la fuerza que pudo para intentar aflojar los tornillos del mecanismo.* **3** Emplear un concepto general en un caso particular: *aplicó todo su poder de convicción para disuadir al suicida de que saltara al vacío.* ◇ *v. tr./prnl.* **4** Dedicar esfuerzo y atención en el desarrollo de una actividad o trabajo: *aplicó toda su dedicación al estudio de las lenguas clásicas.*
DER aplicable, aplicación, aplicado, aplique.
ETIM Véase *plegar*.
OBS En su conjugación, la *c* se convierte en *qu* delante de *e*.

aplique *n. m.* **1** Lámpara que se fija a una pared: *la escalera estaba iluminada con apliques en forma de concha.* **2** Adorno de un objeto hecho con un material distinto: *algunos libros antiguos tienen apliques de hierro en las cantoneras.* **SIN** aplicación.

aplomo *n. m.* Actitud serena y segura ante una situación comprometida, una dificultad o un problema: *con gran aplomo, el empleado advirtió a los atracadores que la caja del banco estaba cerrada.*

apocado, -da *adj./n. m. y f.* [persona] Que tiene mucha timidez. **SIN** blandengue, débil.

apocalipsis *n. m.* **1** Fin catastrófico o violento: *aquella guerra supuso el apocalipsis de una cultura.* **2** Último de los libros que componen la Biblia y que cuenta cómo acabará el mundo: *el Apocalipsis es el último libro del Nuevo Testamento.* Se escribe con mayúscula.
DER apocalíptico.
OBS El plural también es *apocalipsis*.

apocalíptico, -ca *adj.* Del Apocalipsis o que tiene relación con este libro de la Biblia en el que se describe el fin del mundo: *el jefe de la oposición describió en términos apocalípticos la situación económica del país.*

apocar *v. tr./prnl.* Hacer que una persona se sienta humillada y se valore en menos de lo debido: *tenía por costumbre apocar a todos sus empleados para evitar que le dieran problemas.*
DER apocado.
OBS En su conjugación, la *c* se convierte en *qu* delante de *e*.

apocopar *v. tr.* GRAM. Suprimir uno o más sonidos finales de una palabra para crear una nueva: *la palabra gran es resultado de apocopar grande.*
DER apócope.

apócope *n. f.* **1** GRAM. Supresión de uno o más sonidos finales de una palabra para crear una nueva: *la palabra buen está formada por apócope de bueno.* **2** Palabra que resulta de esta supresión: *algún, ningún, primer son apócopes.*

apócrifo, -fa *adj.* [texto, escrito] Que no es obra de la persona a la que se le atribuye: *en el Siglo de Oro son abundantes los poemas apócrifos de Góngora o Quevedo.*

apodar *v. tr./prnl.* Poner o recibir un apodo, sobrenombre o mote: *en la mili, dado su lugar de nacimiento, lo apodaron el Alemán; el equipo de baloncesto norteamericano que jugó en los Juegos Olímpicos de Barcelona se apodó el dream team.*
DER apodo.

apoderado, -da *adj./n. m. y f.* [persona] Que tiene poder de otra para representarla donde sea preciso: *el empleado apoderado de un banco actúa en operaciones financieras en nombre de la entidad para la que trabaja.* **SIN** delegado, representante.

apoderar *v. tr.* **1** Dar poder una persona a otra para que la represente donde sea preciso: *muchos toreros jóvenes apoderan a toreros retirados para que los representen.* **SIN** representar. ◇ *v. prnl.* **2 apoderarse** Hacerse dueño de una cosa, generalmente por la fuerza o de manera ilegal: *los ladrones se apoderaron de todas la piezas valiosas que guardaba la iglesia.* **3** Hacerse alguien o algo dueño de una situación: *el pánico se apoderó del público tras la explosión.*
DER apoderó.

apodo *n. m.* Nombre con el que se sustituye el propio de una persona, generalmente tomado de alguna característica particular o familiar: *el apodo de Bruce Springsteen es el Jefe.* **SIN** alias, mote.

ápodo *adj.* [animal] Que no tiene patas: *la sanguijuela es un animal ápodo.*

apódosis *n. f.* GRAM. Oración que expresa una acción, un proceso o un estado condicionado por una suposición: *en la frase si te levantas temprano, iremos a pescar, la oración iremos a pescar es la apódosis.*

OBS El plural también es *apódosis*.

apófisis *n. f.* ANAT. Parte saliente de un hueso por la que se articula a otro hueso o en la que se inserta un músculo: *la apófisis del fémur tiene forma de esfera y encaja en el isquio, formando la articulación de la cadera.*

apogeo *n. m.* **1** Momento o situación de mayor intensidad, grandeza o calidad en un proceso: *hacia el año 1400 a. de C. llegó a su apogeo la cultura micénica.* **SIN** clímax, cúspide. **2** ASTR. Punto de la órbita de un cuerpo celeste, de un satélite o de una nave espacial en el que es mayor su distancia con respecto al centro de la órbita, especialmente si el centro es la Tierra.

apolillado, -da *adj.* **1** Comido o deteriorado por la polilla: *una sábana apolillada.* **2** Anticuado y pasado de moda: *en un programa de televisión vi un reportaje sobre apolillados anuncios de los años sesenta.*

apolillarse *v. prnl.* **1** Deteriorarse a causa de la polilla: *apolillarse los libros de un desván.* **2** Quedarse anticuado y pasado de moda: *la desidia de su dueño hizo que el cine del barrio se fuera apolillando hasta el día de su cierre definitivo.* **3** Perder una habilidad o una capacidad por falta de práctica y renovación: *si no estás bien informado de los avances en tu profesión, te puedes apolillar.*
DER apolillado; desapolillar.

apolíneo, -nea *adj.* [persona joven] Que tiene un cuerpo muy bello y bien formado: *varios modelos apolíneos pasaron la colección de bañadores.*

apolítico, -ca *adj./n. m. y f.* [persona] Que carece de ideología política definida y no muestra ningún interés por los asuntos relacionados con la política: *era apolítico y nunca iba a votar.*

apologético, -ca *adj.* De la apología o que está relacionado con ella: *la crónica deportiva era todo un canto apologético de las virtudes del equipo español.*

apología *n. f.* Discurso o texto en el que se alaba, apoya o defiende a una persona o cosa: *la película Asesinos natos fue acusada de hacer apología de la violencia.* **SIN** panegírico.
DER apologético.

apoltronarse *v. prnl.* **1** Volverse flojo, perezoso, haragán: *después de aprobar los primeros cursos se apoltronó y cada vez saca peores notas.* **2** Sentarse con comodidad, extendiendo y recostando el cuerpo: *se apoltronó en el sillón para ver el fútbol.* **SIN** arrellanarse, repanchigarse, repantigarse.

apoplejía *n. f.* Interrupción del riego sanguíneo de una parte del cerebro producida por un derrame, embolia o trombosis: *una apoplejía acarrea la pérdida de funciones cerebrales, pudiendo ocasionar la pérdida del conocimiento y la muerte.*

apoquinar *v. tr. coloquial* Pagar, generalmente a disgusto: *cuando a un cajero le falta dinero, debe apoquinarlo de su bolsillo.*

aporrear *v. tr.* Golpear de manera repetida y violenta, especialmente si es con una porra: *la policía aporreó la puerta de la casa del sospechoso; varios hinchas aporrearon a un seguidor del equipo contrario.* **SIN** pegar.
DER aporreo.

aporreo *n. m.* Serie de golpes continuados y violentos: *se despertó sobresaltada al oír el aporreo de la puerta.*

aportación *n. f.* **1** Ayuda, colaboración o participación en el logro de un fin: *la aportación de Claudio Sánchez Albornoz al conocimiento de la historia de España ha sido muy importante.* **2** Entrega o suministro de lo necesario para el logro de un fin: *el hígado es el órgano encargado de la aportación de bilis al aparato digestivo.* **SIN** aporte. **3** Cosa o conjunto de cosas que se entregan o suministran para contribuir al logro de un fin: *el centro de rehabilitación de toxicómanos se financia exclusivamente con aportaciones privadas.* **SIN** aporte.

aportar *v. tr.* **1** Ayudar, colaborar o participar en el logro de un fin: *la música aporta en las películas de terror un componente de misterio imprescindible.* **SIN** contribuir. **2** Dar una cosa necesaria para el logro de un fin: *el estado aportará el dinero necesario para reanimar la actividad empresarial.* **SIN** proporcionar.
DER aportación, aporte.

aporte *n. m.* **1** Entrega o suministro de lo necesario para el logro de un fin: *el ciclismo es un deporte que exige del corredor un gran aporte de energía.* **SIN** aportación. **2** Cosa o conjunto de cosas que se entregan o suministran para contribuir al logro de un fin: *con su aporte, el banco francés se convierte en el mayor accionista de la compañía.* **SIN** aportación.

aposentar *v. tr.* **1** Proporcionar habitación a una o más personas durante un tiempo: *aposentó a sus huéspedes en una habitación junto a la suya.* **SIN** alojar. ◇ *v. prnl.* **2** aposentarse Hospedarse durante un tiempo en una casa o establecimiento que no es propio: *se aposentaron en la suite principal del hotel.* **SIN** alojarse.
DER aposento.

aposento *n. m.* **1** Habitación o cuarto de una casa: *el presidente se retiró a descansar a sus aposentos.* **2** Alojamiento, lugar donde se vive de forma temporal: *buscaban aposento donde pasar la noche.* **SIN** albergue, hospedaje.

aposición *n. f.* Palabra o conjunto de palabras que siguen inmediatamente a un nombre o a un pronombre y sirven para explicar algo relativo a ellos o para especificar la parte de su significación que debe tenerse en cuenta: *en el río Duero, Duero funciona como aposición a río; en la oración ella, enfermera de profesión, le hizo la primera cura, el sintagma enfermera de profesión es una aposición respecto de ella.*
DER apositivo.

apositivo, -va *adj.* De la aposición o que tiene relación con ella.

apósito *n. m.* Venda, gasa, algodón o cualquier trozo de tela esterilizada que se aplica sobre una herida para protegerla de las infecciones: *los apósitos se pueden impregnar con pomadas o líquidos que curan la herida.*

aposta *adv.* De forma voluntaria, con intención: *he roto el libro, pero no lo he hecho aposta.* **SIN** adrede, a cosa hecha.

apostar *v. tr./prnl.* **1** Pactar dos o más personas que el que acierte alguna cosa o gane en algún juego se llevará el dinero u otra cosa que se haya dicho: *te apuesto una cena a que no viene.* **2** Exponer una cantidad de dinero para tomar parte en un juego que consiste en acertar el resultado de algo, de forma que si se acierta, se recibe una cantidad de dinero mucho mayor: *apostó mucho dinero a los caballos.* **SIN** jugar. **3** Poner a una persona en un determinado lugar: *apostaron unos guardias en la puerta; el cazador se apostó detrás de una mata.*
DER aposta.
OBS En su conjugación, la *o* se convierte en *ue* en sílaba acentuada, como en *contar*.

apostasía *n. f.* Renuncia que hace una persona de sus creencias religiosas o políticas y abandono de su religión o del partido político al que pertenecía: *en aquellos días, la apostasía era castigada con la muerte.*

apóstata *n. com.* Persona que comete apostasía.
DER apostasía, apostatar.

apostatar *v. intr.* Cometer apostasía.

apostilla *n. f.* Nota o conjunto de notas que sirven para comentar, aclarar o completar un texto: *un año después escribió unas apostillas a su libro para que el público lo comprendiese mejor.*

apostillar

DER apostillar.

apostillar *v. tr.* Poner notas para comentar, aclarar o completar un texto: *el entrevistador hizo su pregunta y apostilló: «sea breve, por favor».*

apóstol *n. m.* **1** Cada uno de los doce discípulos de Jesucristo que, según los evangelios, tenían la misión de predicar la fe cristiana. **2** Persona que divulga una doctrina o una idea: *los apóstoles del pacifismo; los apóstoles del ecologismo.*
DER apostolado, apostólico.

apostolado *n. m.* **1** Enseñanza de la doctrina cristiana: *este sacerdote se encarga del apostolado juvenil.* **2** Campaña de propaganda a favor de una causa o doctrina: *el concejal hace apostolado de la política de su partido.*

apostólico, -ca *adj.* **1** De los apóstoles o que tiene relación con ellos: *desde la época apostólica, los cristianos han creído en algunos dogmas.* **2** Del papa o que procede de su autoridad: *fueron a la plaza de San Pedro para recibir la bendición apostólica.*

apostrofar *v. tr.* Dirigir apóstrofes a alguien: *los apostrofó con un «recordad la muerte».*

apóstrofe *n. amb.* **1** *culto* Figura que consiste en interrumpir el discurso para dirigir la palabra a una persona, ya sea real o imaginaria. **2** Palabra que se dice a alguien de manera un poco brusca.
DER apostrofar.
OBS Generalmente se usa como masculino.

apóstrofo *n. m.* Signo ortográfico que se usa para indicar que se ha suprimido una vocal: *el apóstrofo se representa como '; el apóstrofo se usa mucho en inglés; por ejemplo, en las contracciones del tipo* they're *por* they are.
OBS En español no se usa.

apostura *n. f.* Elegancia y compostura de una persona: *a este actor lo eligen mucho para papeles de aristócrata a causa de su apostura.*
DER apuesto.

apotegma *n. m.* Frase breve y sentenciosa que es muy conocida por haber sido pronunciada por un personaje célebre.

apotema *n. f.* Perpendicular trazada desde el centro de un polígono regular a cualquiera de sus lados.

apoteósico, -ca *adj.* **1** Que recibe la admiración y alabanza de mucha gente: *la ciudad le dio al presidente un recibimiento apoteósico.* **2** Que es deslumbrante por ser el momento culminante de algo que tiene éxito: *un final apoteósico.*

apoteosis *n. f.* Parte final, brillante y muy impresionante, de un acto, espectáculo o competición deportiva: *algunas fiestas acaban con una apoteosis de fuegos artificiales.*
DER apoteósico.
OBS El plural también es *apoteosis*.

apoyar *v. tr./prnl.* **1** Colocar una persona o cosa sobre otra de modo que descanse en ella: *apoyó el codo en la mesa; apóyate en mi brazo.* **2** Basar una opinión en el criterio de otra persona: *al decir aquello se apoyaba en Aristóteles.* **3** Tener su base una cosa sobre otra: *su teoría se apoya en la investigación.* **SIN** basar, fundar. ◇ *v. tr.* **4** Aprobar o dar por bueno: *el profesor apoyó esa teoría.* **5** Dar ayuda o confianza: *la mayoría del partido apoya al candidato.* **SIN** favorecer.
DER apoyo, apoyatura.

apoyatura *n. f.* **1** MÚS. Nota que va delante de otra como adorno y que se escribe con un signo muy pequeño. **2** Apoyo, persona o cosa sobre la que se apoya otra. **3** Apoyo, ayuda o confianza. **4** Apoyo, base o fundamento.

apoyo *n. m.* **1** Persona, cosa o parte de ella sobre la que se apoya otra: *utilizaba un bastón como apoyo; su amigo le sirvió de apoyo.* **SIN** apoyatura. **2** Ayuda o confianza: *agradecemos el apoyo de esta institución porque sin él este proyecto no hubiera sido posible.* **SIN** apoyatura. **3** Argumento que sirve de base o fundamento a una teoría, idea o doctrina: *utilizaré los datos que he obtenido en mi investigación como apoyo de mi teoría.* **SIN** apoyatura.

apreciable *adj.* **1** Que puede ser notado o apreciado por los sentidos: *una diferencia apreciable.* **ANT** inapreciable. **2** Considerable, de bastante importancia: *una cantidad apreciable.* **3** Que merece ser apreciado: *es una persona muy apreciable por su simpatía y educación.* **ANT** despreciable.
DER inapreciable.

apreciación *n. f.* Cálculo o determinación aproximada de un valor: *su apreciación fue errónea y creyó que la pista de aterrizaje era mucho más larga.*

apreciar *v. tr.* **1** Sentir cariño o afecto por alguien: *las personas apreciamos mucho a nuestros familiares y amigos.* **SIN** estimar. **2** Valorar a una persona o cosa, reconocer el mérito que tiene: *aprecio lo que has hecho por mí; para apreciar la música hay que tener sensibilidad.* **3** Determinar el valor aproximado de una cosa: *si aprecias la distancia que hay entre dos cosas, la mides; no puedo apreciar la diferencia.* **SIN** estimar.
DER apreciable, apreciación, apreciativo, aprecio.
OBS En su conjugación, la *i* no se acentúa, como en *cambiar*.

apreciativo, -va *adj.* De la apreciación o que tiene relación con ella: *le dirigió una mirada apreciativa que la puso muy nerviosa: era como si estuviera calculando cuánto podía valer.*

aprecio *n. m.* Cariño o afecto: *siento mucho aprecio por ellos.* **SIN** estima. **ANT** animadversión, enemistad.

aprehender *v. tr.* **1** Detener a una persona que ha cometido un delito: *la policía ha aprehendido al asesino.* **SIN** apresar, capturar, prender. **2** Capturar un botín o una mercancía de contrabando: *la policía ha aprehendido un alijo de droga.* **3** Asimilar una idea o un conocimiento por completo: *es difícil aprehender la diferencia que existe entre ambas teorías lingüísticas.*
DER aprehensión.

aprehensión *n. f.* **1** Captura y detención de una persona: *la aprehensión de los traficantes de droga ayuda a luchar contra esta lacra.* **SIN** apresamiento. **2** Captura de un botín o de una mercancía de contrabando: *tras la aprehensión del cargamento de tabaco de contrabando, se ha desarticulado toda la red de contrabandistas.* **3** Asimilación de una idea o un conocimiento.

apremiante *adj.* Que necesita una solución rápida: *lo primero, hay que cubrir las necesidades sociales más apremiantes; la pregunta más apremiante es qué hacer a continuación.* **SIN** acuciante, urgente.

apremiar *v. tr.* **1** Meter prisa a una persona: *algunas veces, los municipales apremian a los coches para que circulen más rápido; el tiempo nos apremia: tenemos que terminar dentro del plazo.* **2** Correr prisa, ser urgente: *cuando el trabajo apremia, hay que hacer horas extraordinarias.* **SIN** urgir. **3** Obligar a uno mediante la fuerza o la autoridad a que haga algo con rapidez: *el estado apremia a los que no pagan los impuestos.* **SIN** instar, urgir.
DER apremiante, apremio.
OBS En su conjugación, la *i* no se acentúa, como en *cambiar*.

apremio *n. m.* **1** Prisa, presión que se ejerce sobre alguien para que haga algo con rapidez: *por apremio de trabajo.* **2** Mandamiento judicial o administrativo por el que se obliga a alguien al cumplimiento de una cosa: *Hacienda utiliza el* *procedimiento de apremio para el cobro forzoso de impuestos.* **3** Recargo que se establece sobre los impuestos cuando hay un retraso en el pago.

aprender *v. tr.* **1** Llegar a saber una cosa por medio del estudio o la práctica: *las personas aprendemos a hablar cuando tenemos dos años o dos años y medio; cuando se estudia jardinería, se aprende a hacer jardines y a cuidarlos.* **2** Grabar una cosa en la memoria: *tómame la lección, que ya me la he aprendido.* **SIN** memorizar.
DER aprendiz.

aprendiz, -za *n. m. y f.* Persona, generalmente joven, que aprende algún oficio practicándolo con alguien que ya lo sabe: *aprendiz de fontanero, de mecánico.*
DER aprendizaje.

aprendizaje *n. m.* **1** Adquisición de los conocimientos necesarios para ejercer una función, en especial un arte o un oficio: *el aprendizaje de una segunda lengua se debe iniciar, como muy tarde, a los ocho años; para ser un buen matemático se necesitan muchos años de aprendizaje.* **2** Tiempo que se tarda en aprender a hacer una cosa: *durante el aprendizaje habrá clases prácticas y teóricas.*

aprensión *n. f.* Sensación de desagrado o temor que se siente contra una persona o cosa: *algunas personas tienen aprensión a los animales porque piensan que les pueden transmitir alguna enfermedad.*

aprensivo, -va *adj.* [persona] Que tiene miedo exagerado a contagiarse de alguna enfermedad o imagina que son graves sus más mínimas dolencias: *es muy aprensivo: no va al cine porque dice que es una sala cerrada con muchas personas juntas.*
DER aprensión; desaprensivo.

apresamiento *n. m.* Captura y detención de una persona: *cuatro policías se encargaron del apresamiento del delincuente.* **SIN** aprehensión.

apresar *v. tr.* **1** Tomar por la fuerza una embarcación: *han apresado dos barcos que faenaban en aguas prohibidas.* **SIN** aprehender, capturar, prender. **2** Detener a una persona y encerrarla en prisión: *la policía ha apresado al delincuente.* **3** Coger fuertemente con las garras o con los dientes: *el león apresó a la gacela por el cuello.* **SIN** agarrar. **4** Sujetar con fuerza, privando de la libertad de movimientos: *no hubo forma de apresar al elefante.* **SIN** aprisionar.
DER apresamiento.

aprestar *v. tr./prnl.* Preparar o disponer lo necesario para una cosa: *se aprestaron para el viaje.*
DER apresto.

apresto *n. m.* Preparación a que se someten los tejidos para que tengan mayor consistencia: *si lavas tanto el vestido, perderá pronto el apresto.*

apresuramiento *n. m.* Aumento de la velocidad con que se hace una cosa: *no hables con tanto apresuramiento, que no te entiendo.*

apresurar *v. tr./prnl.* Aumentar la velocidad con que se hace una cosa: *cuando notó que lo seguían, apresuró el paso; si no te apresuras a comprar las entradas, te quedarás sin ellas.*
DER apresurado, apresuramiento.

apretado, -da *adj.* **1** Que es demasiado ajustado o apiñado: *íbamos todos apretados en el coche.* **2** Estrecho o con poco margen: *el resultado de la votación fue muy apretado.* **3** Lleno de obligaciones, actividades o trabajos: *una jornada muy apretada.* **4** Difícil, peligroso o muy arriesgado: *una situación apretada.*

apretar *v. tr.* **1** Coger una persona o cosa con las manos o los brazos y sujetarla con fuerza: *la apretó contra sí; le apre-* *tó la mano.* **SIN** estrechar. **2** Quedar demasiado ajustada una prenda de vestir: *he engordado un poco: este pantalón me aprieta.* **3** Hacer fuerza o presión sobre una cosa para que penetre o se ajuste a un espacio: *apretar un tornillo; apretar un tapón.* **4** Aumentar la tirantez de algo para que haga mayor presión: *aprieta más la cuerda para que sujete bien la carga.* **5** Reducir algo a menor volumen, generalmente por medio de una presión: *aprieta la ropa para poder cerrar la maleta.* **SIN** comprimir. **6** Tratar con mucho rigor: *este profesor nos aprieta mucho.* ◊ *v. intr.* **7** Acosar, obligar a uno con amenazas, ruegos o razones: *habrá que apretarle un poco, a ver si nos baja el precio.* **8** Poner mayor cuidado o interés: *tienes que apretar más si quieres aprobar.* **9** Aumentar la intensidad de algo: *el calor está apretando.* ◊ *v. tr./prnl.* **10** Juntar mucho: *nos apretamos un poco para que él también pudiera sentarse.* **SIN** apretujar, estrechar.
DER apretado, apretón, apretujar, apretura, aprieto.
OBS En su conjugación, la e se convierte en ie en sílaba acentuada, como en *acertar.*

apretón *n. m.* **1** Presión fuerte y rápida que se ejerce sobre una persona o cosa: *al despedirse, se dieron un apretón de manos.* **2** Falta de espacio causada por la excesiva cantidad de gente que se halla en un lugar: *los apretones del metro.* **SIN** apretujón, apretura.

apretujar *v. tr.* **1** Apretar con fuerza o repetidamente: *la niña apretujaba contra sí un oso de peluche.* ◊ *v. prnl.* **2** **apretujarse** Juntarse mucho varias personas en un lugar demasiado estrecho: *nos apretujamos todo lo que pudimos para que pudiese entrar más gente en el metro.* **SIN** apretar.
DER apretujón.

apretujón *n. m.* **1** Presión fuerte y repetida: *¿querría hacer el favor de dejar de darme apretujones?* **2** Falta de espacio causada por la excesiva cantidad de gente que se halla en un lugar. **SIN** apretón, apretura.

apretura *n. f.* **1** Falta de espacio causada por la excesiva cantidad de gente que se halla en un lugar: *en esta despensa hay tanta apretura, que no nos cabe nada más.* **SIN** apretón, apretujón. **2** Falta o escasez de algo, especialmente de alimentos: *después del verano siempre pasamos apreturas porque nos gastamos demasiado dinero durante las vacaciones.* **3** Asunto o problema de difícil solución. **SIN** aprieto.

aprieto *n. m.* Asunto o problema de difícil solución: *no sé cómo vamos a salir de este aprieto.* **SIN** apretura, apuro, conflicto.

aprisa *adv.* Con rapidez: *¡tenemos que salir aprisa de aquí!* **SIN** deprisa. **ANT** despacio.

aprisco *n. m.* Lugar donde los pastores recogen el ganado para resguardarlo de la intemperie.

aprisionar *v. tr.* Sujetar con fuerza, privando de la libertad de movimientos: *hay todavía muchos heridos que han quedado aprisionados bajo los escombros.* **SIN** apresar.

aprobación *n. f.* Aceptación de algo que se da por bueno o suficiente: *mis padres han dado su aprobación a que me vaya a estudiar al extranjero.*

aprobado *n. m.* Calificación o nota que indica que un alumno ha alcanzado el nivel de conocimientos exigido como mínimo: *me han puesto un aprobado, así que no tendré que repetir el examen.* **ANT** suspenso.

aprobar *v. tr.* **1** Considerar que algo está bien, darlo por bueno o suficiente: *los jugadores aprueban la decisión del árbitro; el Parlamento aprobó el proyecto de ley.* **2** Dar la calificación de aprobado a un alumno: *los profesores están contentos de poder aprobar a sus alumnos.* **ANT** catear, suspender. **3** Obtener la calificación de aprobado: *cuando*

apruebas un examen con una buena nota, tienes una gran satisfacción. **ANT** catear, suspender.
DER aprobación, aprobado; desaprobar.
OBS En su conjugación, la *o* se convierte en *ue* en sílaba acentuada, como en *contar*.

apropiación *n. f.* Acción de adueñarse de algo que pertenece a otro, especialmente si es de forma indebida: *sustrajo dinero de la empresa donde trabajaba y se le acusó de apropiación indebida*.

apropiado, -da *adj.* Adecuado para el fin al que se destina: *la ropa de manga corta es apropiada para el verano*.

apropiar *v. tr.* **1** Adecuar una cosa a otra: *el profesor de arte dramático nos enseña a apropiar la voz al gesto.* ◇ *v. prnl.* **2 apropiarse** Adueñarse de algo que pertenece a otra persona, especialmente si es de forma indebida: *se le acusa de haberse apropiado de dinero que pertenecía a la empresa; siempre se apropia de las ideas e iniciativas que se me ocurren a mí*. **SIN** apoderarse.
DER apropiación, apropiado.
OBS En su conjugación, la *i* no se acentúa, como en *cambiar*.

aprovechable *adj.* [cosa] Que aún puede ser útil: *no tires toda la ropa vieja, algunos vestidos pueden ser aprovechables*.

aprovechado, -da *adj.* **1** [cosa] Que está muy bien empleada o usada: *la casa es pequeña, pero está muy bien aprovechada*. **2** [persona] Que es muy diligente, estudiosa o pone mucho interés en lo que hace: *los niños aprovechados estudian todos los días.* ◇ *adj./n. m. y f.* **3** [persona] Que saca beneficio de las situaciones favorables, generalmente sin escrúpulos o utilizando a los demás: *eres un aprovechado: sólo vas con él al cine para que te pague la entrada; opina que todos los que reciben ayuda del estado son unos aprovechados*.

aprovechamiento *n. m.* Obtención de un beneficio o un provecho de alguien o algo: *cuando hay sequía, el aprovechamiento del agua es muy importante*.

aprovechar *v. tr.* **1** Hacer buen uso de una cosa, sacarle el máximo rendimiento, beneficio o utilidad: *si aprovechas la tarde para estudiar, tendrás tiempo por la noche para ver una película, leer o descansar; aprovéchate de la ocasión.* ◇ *v. intr.* **2** Ser útil o a propósito una cosa a alguien, irle bien: *dormir las horas necesarias aprovecha a todo el mundo.* **3** Adelantar en el aprendizaje de una materia: *aprovecha bien en clase: aprende mucho.* ◇ *v. prnl.* **4 aprovecharse** Servirse de una persona o cosa o para sacarle un beneficio, especialmente cuando se hace con astucia, engaño o abuso: *se aprovechó de la ocasión y le pidió que le hiciera un favor; se ha aprovechado de su trabajo, copiándolo y haciéndolo pasar como suyo*. **SIN** beneficiarse.
¡que aproveche! Expresión que indica deseo de que siente bien una comida: *ahí tienes tu plato: ¡que aproveche!* **SIN** buen provecho.
DER aprovechable, aprovechado, aprovechamiento; desaprovechar.

aprovisionamiento *n. m.* Suministro o entrega de lo que se necesita, especialmente de los víveres o provisiones necesarios.

aprovisionar *v. tr./prnl.* Abastecer de víveres o provisiones: *cuando un pueblo queda bloqueado por la nieve, hay que aprovisionarlo con avionetas o helicópteros; los alpinistas que van a hacer una expedición se aprovisionan de todo lo necesario*. **SIN** proveer, suministrar. **ANT** desabastecer.
DER aprovisionamiento.

aproximación *n. f.* **1** Colocación en una posición más cercana: *cuando un avión inicia la maniobra de aproximación, reduce la velocidad.* **2** Cantidad o cifra cercana al número correcto, pero que no es exacta: *14,75 es una aproximación de 15.* **3** Acercamiento a un asunto o problema: *en este tratado se intentará hacer una aproximación a las técnicas de estudio*.

aproximado, -da *adj.* Que se acerca más o menos a lo exacto: *trató de calcular el precio aproximado; ¿puede darme una idea aproximada de lo que pasó?* **SIN** aproximativo.
DER aproximadamente.

aproximar *v. tr./prnl.* Acercar, poner a menor distancia: *aproximo la silla a la mesa para que estés más cómoda; aproxímate, que no te oigo bien.* **ANT** apartar, retirar, separar.
DER aproximación, aproximado, aproximativo.

aproximativo, -va *adj.* Aproximado: *voy a hacerle un cálculo aproximativo, no exacto*.

áptero, -ra *adj.* ZOOL. [animal] Que no tiene alas: *la mayoría de las hormigas son ápteras*.

aptitud *n. f.* Capacidad para realizar satisfactoriamente una tarea o desempeñar un cargo: *creo que no tiene aptitud para el puesto; tiene aptitudes para la música.* **SIN** capacidad. **ANT** incapacidad, ineptitud.

apto, -ta *adj.* Que es adecuado o apropiado para un fin: *es una persona muy apta para trabajar en nuestra empresa; esta sala no es apta para hacer una fiesta.* **SIN** capaz.
DER aptitud; adaptar, inepto.

apuesta *n. f.* **1** Pacto o acuerdo entre dos o más personas según el cual quien acierte una cosa o gane en un juego se llevará el premio que se haya establecido: *hicieron una apuesta y perdió ella.* **2** Cosa que se apuesta: *la apuesta consistía en que quien perdiera pagaría una cena al otro*.

apuesto, -ta *adj.* Que tiene aspecto o figura agradable: *¡qué joven más apuesto!* **SIN** guapo.

apuntador, -ra *n. m. y f.* En el teatro, persona que, oculta a los espectadores, recuerda su papel a los actores que olvidan lo que tienen que decir: *el actor se quedó en blanco y el apuntador tuvo que leerle casi toda la intervención*.

apuntalar *v. tr.* **1** Sujetar alguna cosa con puntales para reforzarla o para que no se derrumbe: *apuntalaron la casa en ruinas.* **2** Dar a una opinión, idea o razonamiento las bases o fundamentos necesarios para que pueda ser sostenida o afirmada: *el conferenciante apuntaló sus teorías con unos pocos datos*.

apuntar *v. tr.* **1** Dirigir un arma hacia el objetivo: *apuntó la escopeta al blanco.* **2** Señalar hacia un sitio o un objeto: *no apuntes con el dedo, que es de mala educación.* **3** Escribir en un papel un dato o información, generalmente breve: *para no olvidar un teléfono, es mejor apuntarlo en la agenda.* **SIN** anotar. **4** Señalar la conveniencia de una cosa: *me apuntó que hablara más pausadamente.* **5** Decir a alguien en voz baja algo que no recuerda o que no sabe: *en el teatro hay una persona encargada de apuntar a los actores su papel; si veo a algún alumno apuntando a su compañero, le pondré una mala nota.* ◇ *v. tr./prnl.* **6** Escribir en una lista el nombre de una persona que quiere entrar en una asociación o participar en una actividad: *me he apuntado en el curso de verano.* **SIN** inscribir. ◇ *v. intr.* **7** Empezar a mostrarse o a salir alguna cosa: *se marcharon antes de que apuntara el día; cuando a un bebé le apuntan los dientes, le duele la boca.* ◇ *v. prnl.* **8 apuntarse** Conseguir o atribuirse un éxito o un punto en una competición deportiva: *el equipo lleva cuatro partidos sin apuntarse una victoria.* **SIN** anotar.
DER apuntador, apunte.

apunte *n. m.* **1** Nota que se toma por escrito: *hizo un apunte en la servilleta de papel para recordar lo que tenía que hacer después de cenar.* **2** Dibujo del natural que se hace rápidamente y con pocas líneas y sirve para recordar la forma y la disposición: *estuvo haciendo unos apuntes junto al puente para el cuadro que quiere pintar*. ◊ *n. m. pl.* **3 apuntes** Notas que se toman cuando se escucha la explicación de un profesor: *ha pedido los apuntes de la clase de ayer a su compañero*.

apuntillar *v. tr.* **1** Rematar al toro con la puntilla. **2** Rematar, acabar de estropear o dar el golpe definitivo a algo.

apuñalamiento *n. m.* Acción de herir a alguien con un objeto punzante, como un cuchillo o puñal: *ha sido detenido el autor del apuñalamiento del taxista*.

apuñalar *v. tr.* Herir a alguien con un objeto punzante, como un cuchillo o puñal: *lo apuñalaron por la espalda*. **SIN** acuchillar.
DER apuñalamiento.

apurado, -da *adj.* **1** [persona] Que carece de dinero: *¿me podrías prestar algo de dinero?; ando un poco apurado*. **2** [situación] Que es difícil, angustioso o peligroso. **3** [persona] Que tiene prisa: *ahora no puedo hablar contigo, voy un poco apurado de tiempo*.

apurar *v. tr.* **1** Acabar, agotar una cosa: *apuró la copa de vino y se marchó del bar; ¡estás apurando mi paciencia!* **2** Llevar hasta el límite: *apuró al máximo sus fuerzas para llegar el primero*. **3** Cortar mucho el pelo de la barba: *le pidió al barbero que apurase todo lo que pudiese*. ◊ *v. tr./prnl.* **4** Meter o darse prisa: *¡apúrate, que llegamos tarde!* **SIN** apremiar, apresurar. ◊ *v. prnl.* **5 apurarse** Preocuparse o afligirse: *no te apures, no tiene importancia*.
DER apurado, apuro.

apuro *n. m.* **1** Asunto o problema de difícil solución: *está en un verdadero apuro y tenemos que prestarle toda nuestra ayuda*. **SIN** aprieto, conflicto. **2** Escasez de dinero: *últimamente pasan muchos apuros económicos*. **3** Prisa, urgencia: *Apresúrate, que estoy con mucho apuro*. **4** Vergüenza: *me da apuro pedirle el dinero que me debe*.

aquaplaning *n. m.* Deslizamiento de un automóvil que se produce cuando los neumáticos no se adhieren al asfalto a causa del agua que cubre el suelo de la carretera.

aquejar *v. tr.* Afectar una enfermedad o un mal a una persona o cosa; causarle daño: *la droga aqueja a nuestra sociedad; le aqueja una grave enfermedad*.
DER aquejado.

aquel, aquella *pron. dem.* **1** Indica o señala lo que está más lejos de las personas que hablan: *este árbol es más pequeño que aquel; esta pluma no me gusta: prefiero aquélla*. Se puede escribir con acento gráfico o sin él. ◊ *det. dem.* **2** Indica o señala lo que está más lejos de las personas que hablan: *la oficina está en aquel edificio que se ve al final de la calle*.

aquelarre *n. m.* Reunión nocturna de brujas y brujos: *los aquelarres eran frecuentes en el País Vasco durante los siglos XVII y XVIII*. **SIN** misa negra.

aquello *pron. dem.* Indica o señala lo que está más lejos de las personas que hablan o una cosa conocida o nombrada: *¿te acuerdas de aquello que me dijiste?*
OBS Nunca lleva acento gráfico.

aquí *adv.* **1** En este lugar, al lado de la persona que habla o en dirección al lugar donde se encuentra la persona que habla: *estoy aquí; ven aquí; estoy en París: mañana salgo de aquí y voy a Londres*. **SIN** acá. **ANT** allí. **2** En este momento, en el momento en que se está hablando: *hasta aquí nos ha ayudado; a partir de hoy, no sabemos; de aquí en adelante no sé lo que pasará*. **SIN** acá.

aquiescencia *n. f.* Consentimiento o aceptación de una decisión tomada por otra persona: *antes de vender la casa tengo que conseguir la aquiescencia de mi familia*.

aquietar *v. tr./prnl.* Calmar, tranquilizar: *los ánimos fueron aquietándose poco a poco*.

aquilatar *v. tr.* Determinar o juzgar con cuidado el valor, importancia o trascendencia de una cosa: *es demasiado pronto para aquilatar la importancia que tendrá en el futuro el colapso de la Unión Soviética*. **SIN** calibrar, evaluar.

¡ar! *int.* Expresión que utiliza un mando militar para indicar el momento en que se debe comenzar a cumplir la orden dada: *¡en marcha!, ¡ar!; ¡irompan filas!, ¡ar!*

ara *n. f.* **1** Piedra, montículo o lugar elevado donde se celebran ritos religiosos, como ofrendas y sacrificios a los dioses. **SIN** altar. **2** En el culto cristiano, mesa consagrada donde el sacerdote celebra la misa. **SIN** altar. **3** Piedra consagrada que forma parte del altar de una iglesia.
en aras de En honor o en interés de: *en aras de la paz*.

árabe *adj.* **1** De Arabia o relacionado con esta península del sudoeste de Asia: *nuestro país tiene buenas relaciones con los estados árabes*. **2** De los países donde se habla la lengua árabe o relacionado con ellos: *el petróleo árabe se distribuye por todo el mundo*. ◊ *adj./n. com.* **3** [persona] Que es de Arabia. **4** [persona] Que es de uno de los países donde se habla la lengua árabe. ◊ *n. m.* **5** Lengua semítica que se habla en esos países: *el árabe tiene un alfabeto diferente del latino*. **SIN** arábigo. ☞ alfabetos.
DER arabesco, arábigo, arabismo.

arabesco *n. m.* Adorno pintado o labrado compuesto por figuras geométricas y motivos florales que se entrelazan de forma complicada y diversa; es característico de la arquitectura árabe.

arábigo, -ga *adj.* Árabe.

arabismo *n. m.* Palabra o modo de expresión propio de la lengua árabe que se usa en otro idioma: *la palabra almohada es un arabismo en español*.
DER arabista.

arácnido *adj./n. m.* **1** ZOOL. [animal] Que pertenece a la clase de los arácnidos. ◊ *n. m. pl.* **2 arácnidos** ZOOL. Clase de animales invertebrados, pertenecientes al tipo de los artrópodos, que se caracterizan por tener cuatro pares de patas, carecer de antenas y alas y tener el cuerpo dividido en cefalotórax y abdomen: *las arañas y los escorpiones son arácnidos*.
ETIM Véase araña.

arado *n. m.* **1** Instrumento de agricultura que se emplea para labrar la tierra: *hay que clavar bien el arado para arrancar la hierba de raíz*. **2** Labor que se hace en la tierra con el arado: *hay que dar un arado a la tierra antes de sembrar*. **SIN** reja.

aragonés, -nesa *adj.* **1** De Aragón o relacionado con esta comunidad autónoma española. ◊ *adj./n. m. y f.* **2** [persona] Que es de Aragón. ◊ *n. m.* **3** Variedad lingüística medieval derivada del latín y que se hablaba en el antiguo reino de Aragón: *hoy quedan restos del aragonés en la zona norte de Huesca*. **4** Dialecto del castellano que se habla en Aragón.

arameo, -mea *adj.* **1** De un pueblo bíblico que habitó en el antiguo país de Aram, en el norte de la actual Siria, o relacionado con él. ◊ *adj./n. m. y f.* **2** [persona] Que es de Aram, antiguo país y ciudad en el norte de la actual Siria. ◊ *n. m.* **3** Conjunto de lenguas semíticas, parientes del hebreo y del fenicio, que se habló en este y otros territorios.
jurar en arameo *coloquial* Maldecir o decir frases malsonantes.

arancel *n. m.* Impuesto que grava las mercancías que

arancelario

entran en un país: *los productos que circulan dentro de la Unión Europea no pagan aranceles.*
DER arancelario.

arancelario, -ria *adj.* Del arancel o relacionado con él: *la Unión Europea ha suprimido los impuestos arancelarios entre países comunitarios.*

arándano *n. m.* **1** Planta con ramas angulosas, hojas ovaladas, flores blancas o rosadas y fruto redondeado, de color negro o azulado: *el arándano crece sólo en el hemisferio norte.* **2** Fruto comestible de esta planta: *he comprado tarta de arándanos.*

arandela *n. f.* Pieza delgada, generalmente circular y con un orificio en el centro, que sirve para mantener apretados una tuerca o tornillo, asegurar el cierre hermético de una junta o evitar el roce entre dos piezas: *el grifo lleva una arandela de goma para ajustar el cierre.*

araña *n. f.* **1** Arácnido que tiene unos órganos en la parte posterior del cuerpo con los que produce un hilo de seda que le sirve para trasladarse y para cazar animales: *la araña teje su tela para alimentarse de los insectos que quedan atrapados en ella.* Para indicar el sexo se usa *la araña macho y la araña hembra.* ☞ arácnidos. **2** Lámpara de techo con muchos brazos adornados con piezas de cristal de diferentes formas y tamaños: *las habitaciones del hotel están adornadas con lujosas arañas de cristal.*
ETIM *Araña* procede del latín *aranea,* que tenía el mismo significado, voz con la que también está relacionada *arácnido.*

arañar *v. tr.* **1** Herir superficialmente la piel con las uñas o con un objeto punzante: *el gato le arañó la cara.* **2** Rayar ligeramente una superficie lisa y dura: *arañó la pintura del coche al rozarse con una esquina.* ◊ *v. tr./intr.* **3** Recoger con mucho interés, poco a poco y de varias partes lo que se necesita para un fin: *arañando de aquí y de allá consiguió dinero suficiente para el viaje.*
DER arañazo.

arañazo *n. m.* **1** Herida superficial hecha en la piel con las uñas o con un objeto punzante: *tienes un arañazo en la cara.* **2** Raya alargada y superficial en una superficie dura y lisa: *ya le ha hecho un arañazo al coche nuevo.*

arar *v. tr.* Remover la tierra haciendo surcos con el arado: *llevo todo el día arando porque quiero sembrar ahora que hace buen tiempo.* **SIN** labrar.
DER arado.

araucano, -na *adj.* **1** De un pueblo indio que en la época de la conquista española habitaba la región de Arauco, en el centro de Chile, y que después se extendió por la pampa argentina, o relacionado con este pueblo. ◊ *adj./n. m. y f.* **2** [indio] Que pertenecía a este pueblo. ◊ *n. m.* **3** Lengua precolombina hablada en Chile y Argentina.

arbitraje *n. m.* **1** Ejercicio de la labor de árbitro, especialmente en una competición deportiva: *el arbitraje fue parcial.* **2** Procedimiento para resolver pacíficamente conflictos internacionales mediante el cual los países afectados acuerdan someterse a la decisión de un tercer país o entidad que actúa como mediador: *aquellos dos países tenían problemas con su frontera hasta que recurrieron al arbitraje del papa.*

arbitral *adj.* Del árbitro o relacionado con él: *la decisión arbitral fue protestada por el público y los jugadores.*

arbitrar *v. tr.* **1** Actuar de árbitro en una competición deportiva: *la persona que arbitra un partido de fútbol tiene que estar pendiente de lo que sucede en el campo.* **2** Juzgar en un conflicto entre varias partes una persona ajena a dicho conflicto: *se me ha pedido que arbitre en el conflicto entre la empresa y los trabajadores.* **3** Obtener o reunir recursos o medios: *el gobierno ha arbitrado fondos para socorrer las zonas damnificadas por el temporal.*
DER arbitraje.

arbitrariedad *n. f.* **1** Forma de actuar que se basa sólo en la voluntad y en el capricho y no en la razón, la lógica o la justicia: *los gobernantes deben evitar que la arbitrariedad afecte a sus decisiones.* **2** Hecho o dicho que no es lógico, justo o legal, especialmente si lo realiza una persona que tiene autoridad: *en la concesión de las obras de la autopista se pueden haber cometido algunas arbitrariedades.*

arbitrario, -ria *adj.* Que depende sólo de la voluntad o el capricho de una persona y no de la razón, la lógica o la justicia: *sus castigos son completamente arbitrarios.*
DER arbitrariedad.

arbitrio *n. m.* **1** Capacidad para resolver o decidir: *la decisión la dejo a tu arbitrio.* **2** Voluntad o deseo que obedece al capricho y no a la razón: *todo lo haces sin pensar, según tu arbitrio.*
ETIM *Arbitrio* procede del latín *arbitrium,* que tenía el mismo significado, voz con la que también está relacionada *albedrío.*

árbitro *n. m. y f.* **1** Persona que en una competición deportiva es la encargada de hacer cumplir el reglamento: *el árbitro señaló una falta que el jugador no había cometido.* **SIN** colegiado, juez. **2** Persona que es elegida como juez por dos partes que están en conflicto: *ambos países han acordado nombrar un árbitro independiente.* **3** Persona que influye sobre los demás en ciertas materias porque es considerada una autoridad en ellas: *los árbitros de la moda.*
DER arbitral, arbitrar.
ETIM Véase *arbitrio.*

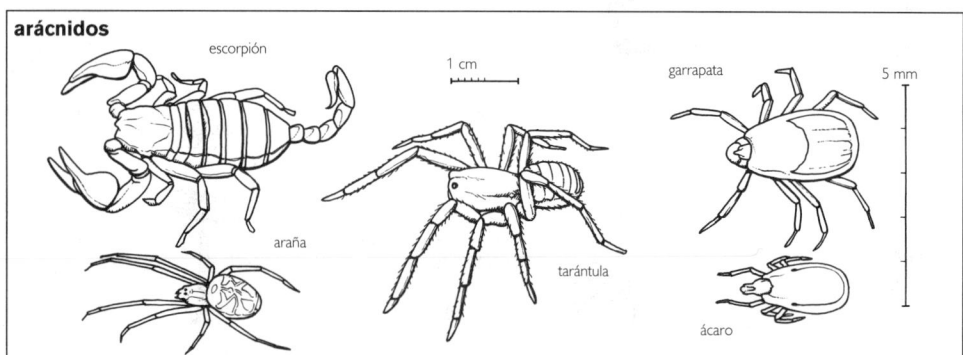

arácnidos

escorpión — 1 cm — garrapata — 5 mm — araña — tarántula — ácaro

árbol *n. m.* **1** Planta perenne, de tronco grueso, leñoso y alto, cuyas ramas empiezan a crecer a cierta altura del suelo: *de los árboles se saca leña para el fuego y madera para hacer muebles y otras cosas.* **2** Figura con forma de esa planta: *dibujó un árbol en la pizarra para explicar la estructura de la oración.* **árbol genealógico** Cuadro descriptivo que muestra las relaciones, orígenes y descendencia de una familia. **3** Madero vertical, largo y redondo, que sirve para sostener las velas de una embarcación. **SIN** mástil, palo.
DER arbolar, arboleda, arborecer, arbóreo, arbusto.

arbolado, -da *adj./n. m.* [terreno] Que está poblado de árboles: *aquel terreno arbolado es un vivero; detrás de aquel arbolado tiene su casa.* **SIN** arboleda.

arboladura *n. f.* MAR. Conjunto de palos, vergas y otras piezas que sostienen las velas de un barco: *el barco perdió toda la arboladura durante la tormenta.*

arboleda *n. f.* Terreno poblado de árboles: *en el valle había una arboleda inmensa.* **SIN** arbolado.

arbóreo, -rea *adj.* **1** Del árbol o relacionado con él: *los cultivos arbóreos, como el olivo, ocupan grandes extensiones en Andalucía.* **2** Que se parece al árbol o tiene características comunes con él: *para representar una oración sintácticamente usa un esquema arbóreo.*

arborescente *adj.* Que por su forma o aspecto recuerda a un árbol.

arbori- Elemento prefijal que entra en la formación de palabras con el significado de 'árbol': *arboricida.*

arborícola *adj./n. com.* Que vive en los árboles: *monos arborícolas.*

arboricultura *n. f.* Arte y técnica de cultivar árboles.
DER arborícola.

arbotante *n. m.* ARQ. Arco de un edificio que lleva el peso de una bóveda sobre un contrafuerte exterior: *los arbotantes fueron muy usados en la arquitectura gótica.*

arbusto *n. m.* Planta perenne de menor altura que el árbol, con tronco leñoso y ramas que crecen desde su base: *algunos arbustos tienen espinas; otros dan frutos comestibles.*

arca *n. f.* **1** Caja resistente de gran tamaño, generalmente de madera, con tapa plana y cerradura, que se usa para guardar ropa u otros objetos: *en el arca guardo la ropa que no uso.* **SIN** arcón. **2** Caja pequeña y resistente, de metal o madera, con tapa y cerradura, que sirve para guardar objetos de valor: *mi hija ha guardado los pendientes de oro en el arca.* **SIN** cofre. ◇ *n. f. pl.* **3 arcas** Lugar donde se guarda el dinero de una colectividad: *las arcas públicas se engrosan con el dinero de los impuestos; estamos en crisis y las arcas del estado están vacías.*

arca de Noé Embarcación que construyó Noé para salvar del diluvio universal a su familia y a una pareja de animales de cada especie.
DER arcón, arquear, arquero, arqueta.
OBS En singular se le anteponen los determinantes *el, un*, salvo que entre el determinante y el nombre haya otra palabra: *el arca, la amplia arca.*

-arca Elemento sufijal que entra en la formación de palabras con el significado de 'gobernante, que manda a quien se indica en las condiciones que se expresan en el elemento inicial': *monarca, patriarca.* Sus derivados nominales se crean con *-arquía*.

arcabuz *n. m.* Arma de fuego antigua, alargada y parecida a un fusil, que se disparaba prendiendo la pólvora mediante una mecha móvil colocada en la misma arma.

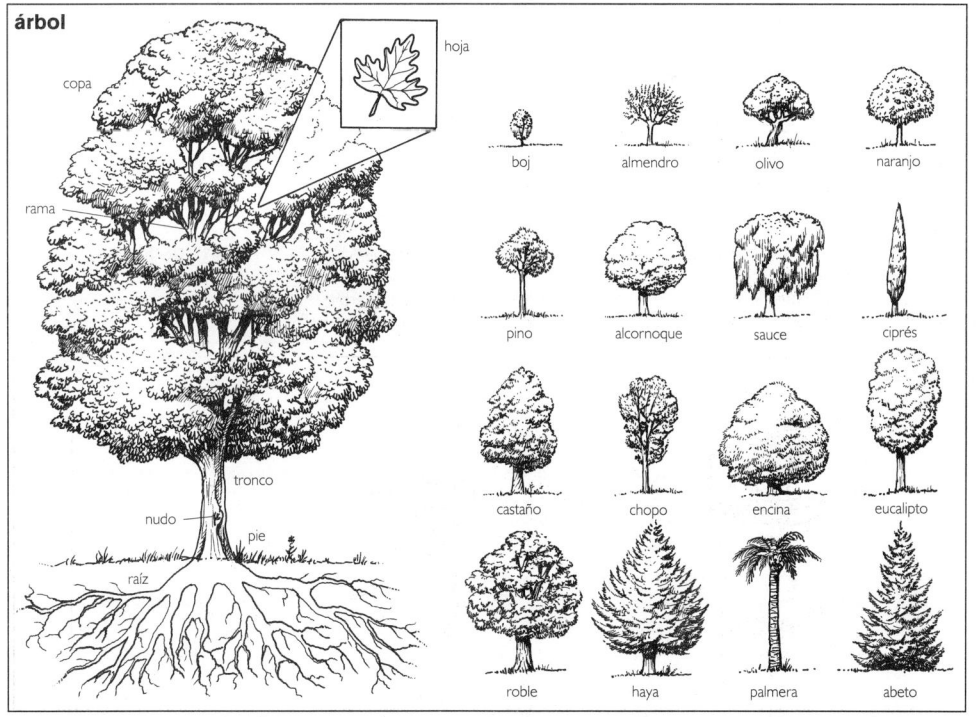

arcada *n. f.* **1** Movimiento violento del estómago que se produce antes de vomitar: *me ha dado una arcada, pero no he podido vomitar nada*. **2** ARQ. Conjunto de arcos de una construcción: *la plaza está rodeada por una arcada*; *el agua del río corría bajo la arcada del puente*.

arcaico, -ca *adj.* Que pertenece a un pasado lejano o proviene de un período histórico antiguo: *andar en carro es una manera arcaica de viajar*; *esa danza era un modo arcaico de invocar la lluvia*.
DER arcaísmo, arcaizante.

arcaísmo *n. m.* Palabra o modo de expresión que no se usa en la lengua actual: *la palabra agora, que significa ahora, es hoy un arcaísmo*.

arcaizante *adj.* Que tiene o usa arcaísmos: *su forma de escribir es algo arcaizante*.

arcángel *n. m.* En el cristianismo, ser o espíritu celestial de categoría superior a la de los ángeles: *el arcángel san Gabriel vino a anunciar a la Virgen María que sería la madre de Jesús*.

arcano *n. m.* Secreto o misterio que es muy difícil de entender: *está investigando uno de los arcanos de la vida*.

arce *n. m.* Árbol de madera muy dura y generalmente salpicada de manchas, ramas opuestas, hojas sencillas, lobuladas y angulosas, y fruto ligero rodeado de una especie de alas: *la bandera de Canadá tiene una hoja de arce*.

arcén *n. m.* Margen o borde lateral situado a cada lado de la carretera, reservado para que circulen las personas a pie o en vehículos sin motor: *el arcén está separado de la calzada por una línea continua*.

archi- Prefijo que entra en la formación de palabras con el significado de: *a*) 'Preeminencia', 'superioridad': *archiduque, archidiócesis*. En su adaptación romance también toma las formas arce-, arci-, arque-, arqui-, arz-: *arcediano, arcipreste, arquetipo, arquitectura, arzobispo*. *b*) 'Muy', intensivo, superlativo o simplemente reforzativo cuando se une a adjetivos: *archimillonario*.

archidiócesis *n. f.* Diócesis principal de un arzobispado que está dirigida por un arzobispo.
OBS El plural también es *archidiócesis*.

archiduque, -quesa *n. m. y f.* **1** Príncipe de la casa de Austria: *el asesinato del archiduque Fernando originó la primera guerra mundial*. ◇ *n. f.* **2** Esposa o hija de un archiduque.

archifonema *n. m.* Conjunto de las características distintivas que son comunes a dos fonemas cuya oposición es neutralizable.

archimillonario, -ria *adj./n. m. y f.* **1** [persona] Que tiene muchos millones de una unidad monetaria: *el célebre archimillonario ha llegado a bordo de su yate*. SIN multimillonario. ◇ *adj.* **2** [cantidad] Que asciende a muchos millones de pesetas: *se dice que el club pagará una cifra archimillonaria por el jugador*. SIN multimillonario.

archipiélago *n. m.* Conjunto de islas agrupadas en una superficie más o menos extensa de mar: *las islas Canarias forman un archipiélago*.

archivador *n. m.* **1** Carpeta con varios apartados que sirven para guardar papeles de un modo ordenado y por separado: *tenía los apuntes dentro del archivador distribuidos según las asignaturas*. **2** Mueble o caja que sirve para guardar papeles, fichas o documentos de modo ordenado y por separado: *la secretaria buscó el informe en el archivador*. SIN archivo.

archivar *v. tr.* **1** Guardar papeles o documentos en un archivo en un determinado orden: *archivaron el expediente en un cajón de la mesa*. **2** Dar por terminado un asunto: *la policía ha archivado el caso*.
DER archivador, archivero.

archivero, -ra *n. m. y f.* Persona que tiene a su cargo un archivo o trabaja como técnico en él: *el archivero sabe dónde se guardan esos documentos*.

archivística *n. f.* Técnica de conservación y catalogación de archivos.

archivístico, -ca *adj.* De los archivos o relacionado con ellos: *he estado realizando cierta investigación archivística de la historia de mi familia*.

archivo *n. m.* **1** Lugar en el que se guardan de forma ordenada los documentos históricos de una ciudad, organización o familia: *he estado estudiando la historia del pueblo en el archivo local*. **2** Conjunto de esos documentos: *su libro está basado por completo en material de archivo*. **3** Mueble o caja que sirve para guardar papeles, fichas o documentos de modo ordenado y por separado: *sacó una carpeta del archivo*. SIN archivador. **4** INFORM. Conjunto de datos relacionados con un tema o una materia guardados como una sola unidad dotada de un nombre: *en este archivo está el informe*. SIN fichero.
DER archivar, archivístico.

arcilla *n. f.* Tierra rojiza, compuesta principalmente de silicato de aluminio, que, mezclada con agua y cocida, se endurece: *la arcilla es la materia prima más usada en la alfarería*.
DER arcilloso.

arcilloso, -sa *adj.* **1** Que tiene arcilla: *un terreno arcilloso*. **2** Parecido a la arcilla.

arcipreste *n. m.* **1** Sacerdote que, por nombramiento del obispo, tiene autoridad sobre un grupo de parroquias de la misma zona: *el obispo reparte el trabajo entre sus arciprestes*. **2** Sacerdote principal de una catedral: *es arcipreste de la catedral de Toledo*.

arco *n. m.* **1** Porción de una línea curva: *el diámetro divide la circunferencia en dos arcos iguales*. ☞ círculo. **2** Objeto o figura que tiene esta forma: *la trayectoria del balón hizo un arco y pasó por encima de la portería*. **arco iris** Banda de colores con forma de arco que aparece en el cielo cuando los rayos del sol atraviesan las gotas de lluvia: *los colores del arco iris son rojo, anaranjado, amarillo, verde, azul, añil y violeta*. **3** Estructura de una construcción que tiene forma curva y que cubre un hueco entre dos columnas o pilares: *el acueducto de Segovia está formado por muchos arcos*; *la plaza Mayor de Salamanca está rodeada de arcos*. **arco apuntado** u **ojival** ARQ. Arco que está formado por dos partes de curva que forman ángulo agudo en el punto superior: *el arco ojival aparece frecuentemente en la arquitectura gótica*. **arco de herradura** ARQ. Arco que mide más de media circunferencia: *el arco de herradura es típico de las construcciones árabes*. **arco de medio punto** ARQ. Arco que tiene la forma de una semicircunferencia: *las iglesias románicas suelen tener arcos de medio punto*. **arco de triunfo** o **triunfal** ARQ. Monumento con uno o más arcos construido para celebrar una victoria o un acontecimiento: *el arco de Triunfo de París, el arco de Constantino en Roma*. **4** Arma formada por una vara flexible y con los extremos unidos por una cuerda muy tirante, que sirve para lanzar flechas: *según la leyenda, Robin Hood era invencible con el arco*. **5** Vara delgada con cerdas que sirve para hacer sonar las cuerdas de algunos instrumentos musicales: *el arco del violín*.
DER arcada, arquear, arquero; enarcar.

arcón *n. m.* Arca de gran tamaño: *depositó todos los regalos en un arcón*.

arder *v. intr.* **1** Abrasar o consumir con fuego: *el bosque está ardiendo*. **2** Estar muy caliente o desprender mucho calor: *la sopa está ardiendo*; *está ardiendo de fiebre*. **3** Experimentar

una pasión o un sentimiento intenso: *ardía de deseo por ella*. Suele usarse con las preposiciones *de* y *en*.
DER ardiente, ardor; enardecer.

ardid *n. m.* Medio que se emplea con habilidad y astucia para conseguir algo, especialmente para engañar o evitar un engaño: *mediante ese ardid conseguiría engañar a sus carceleros y escapar de la prisión*. **SIN** añagaza, artimaña, astucia.

ardiente *adj.* **1** Que está lleno de pasión: *es un ardiente defensor de la libertad; es un amante muy ardiente*. **2** Que quema o es muy caliente: *un sol ardiente*. **3** Que causa ardor o parece que quema: *una sed ardiente; una fiebre ardiente*.

ardilla *n. f.* **1** Mamífero roedor de unos veinte centímetros de largo, de color marrón, gris o rojo oscuro, con cola larga y mucho pelo; vive en los bosques: *las ardillas son muy vivas, inquietas y ligeras*. Para indicar el sexo se usa *la ardilla macho* y *la ardilla hembra*. **2** Persona muy lista, viva y astuta: *Juana es una ardilla, no se le escapa nada*.

ardor *n. m.* **1** Calor muy intenso: *no puedo soportar el ardor del sol en verano*. **2** Sensación de calor que se tiene en una parte del cuerpo: *ardor de estómago; la quemadura le causaba un ardor intenso*. **3** Sentimiento muy fuerte, apasionado o entusiasta: *mostraba mucho ardor en la defensa de los niños pobres y desamparados*.
DER ardoroso.

ardoroso, -sa *adj.* **1** Que tiene ardor. **2** Que tiene o muestra mucha fuerza, entusiasmo y pasión.

arduo, -dua *adj.* Que es muy difícil y requiere mucho esfuerzo: *cuando los bomberos apagan un gran incendio, realizan una ardua tarea*. **ANT** fácil.

área *n. f.* **1** Terreno comprendido dentro de unos límites: *en Castilla hay extensas áreas de cultivo de cereales*. **2** Espacio en el que se produce determinado fenómeno o que se distingue por tener ciertas características: *área cultural; área geográfica*. **3** Conjunto de materias o ideas de las que se trata: *estoy muy interesado en el área del arte griego*. **SIN** terreno. **4** Campo en el que se muestra con más fuerza una característica o una cualidad: *no me permitió entrar en su área de influencia*. **SIN** ámbito, círculo, terreno. **5** Medida de superficie que equivale a cien metros cuadrados: *estos terrenos deben de tener quinientas áreas*. **6** MAT. Medida de una superficie comprendida dentro de un perímetro: *el área de un rectángulo se obtiene multiplicando el largo por el ancho*. **7** Parte del terreno de juego que está más cerca de la meta: *el futbolista dio una fuerte patada al balón y lo sacó del área*.
DER centiárea, decárea, hectárea, miliárea.
OBS En singular se le anteponen los determinantes *el*, *un*, salvo que entre el determinante y el nombre haya otra palabra: *el área, la amplia área*.

arena *n. f.* **1** Conjunto de pequeños granos de mineral que se han desprendido de las rocas y se acumulan en las orillas de los ríos y del mar: *la arena de la playa*. **arenas movedizas** Arenas de escasa consistencia y mezcladas con agua que no soportan pesos: *su amigo le tendió la mano y evitó que muriera sumergido en las arenas movedizas*. **2** Círculo de la plaza de toros que está cubierto de tierra: *el torero se enfrenta al toro en la arena*. **SIN** ruedo. **3** Lugar en el que se lucha: *el gladiador saltó a la arena y el público comenzó a aclamarlo*.
DER arenal, arenisca, arenoso; enarenar.

arenal *n. m.* Extensión grande de terreno arenoso.

arenga *n. f.* Discurso en tono solemne y elevado que se pronuncia para levantar el ánimo de los que lo escuchan: *antes de comenzar la batalla, el general dirigió una arenga a sus soldados*.
DER arengar.

arengar *v. tr.* Pronunciar una arenga: *los generales arengan a los soldados antes de una batalla*.
OBS En su conjugación, la *g* se convierte en *gu* delante de *e*.

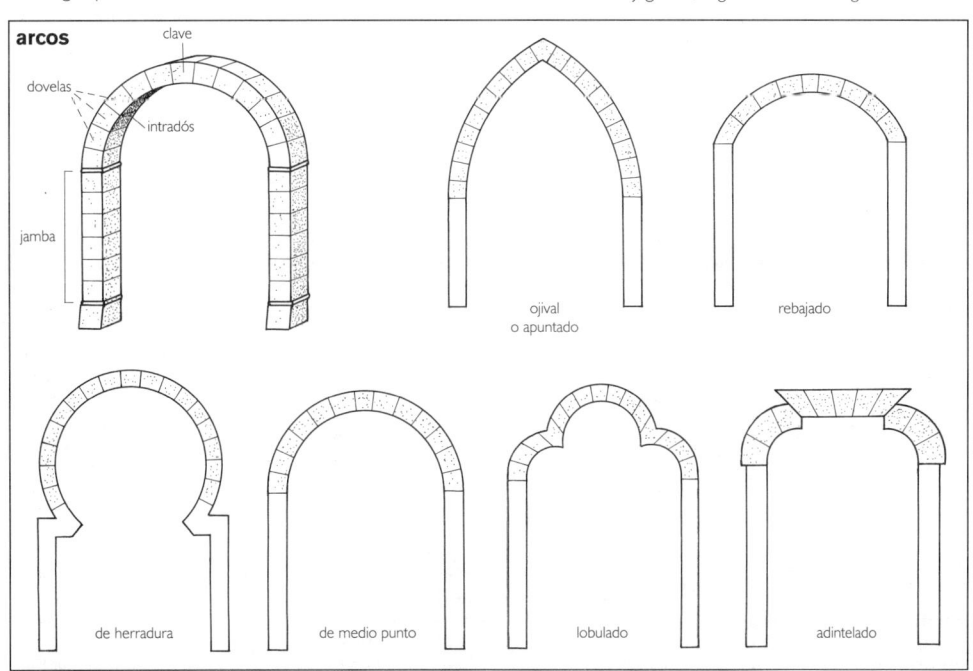

arenisca *n. f.* Roca sedimentaria formada por pequeños granos de cuarzo unidos por un cemento que le da dureza: *las areniscas suelen estar unidas por un cemento arcilloso o calizo.*

arenoso, -sa *adj.* **1** Que tiene arena: *es un terreno arenoso y poco fértil.* **2** De características similares a la arena: *esta manzana está arenosa.*

arenque *n. m.* Pez marino comestible parecido a la sardina, pero de mayor tamaño, de color azul por encima y plateado por el vientre: *los arenques se comen frescos, salados o ahumados.*
OBS Para indicar el sexo se usa *el arenque macho* y *el arenque hembra.*

areola o **aréola** *n. f.* **1** Círculo de piel más oscura que rodea el pezón. **SIN** aureola. ☞ cuerpo humano. **2** Círculo de piel rojiza que rodea algunas heridas o pústulas. **SIN** aureola.

arete *n. m.* Aro pequeño de metal que se lleva en la oreja como adorno.

argamasa *n. f.* Mezcla de cal, arena y agua que se usa en la construcción: *esta pared está hecha con ladrillos y argamasa.* **SIN** mortero.

argelino, -na *adj.* **1** De Argelia o relacionado con este país del norte de África. ◇ *adj./n. m. y f.* **2** [persona] Que es de Argelia.

argentino, -na *adj.* **1** *culto* De plata o que tiene características que se consideran propias de la plata: *su pelo, con la edad, había adquirido un brillo argentino.* **2** *culto* [sonido, voz] Que es claro y sonoro como el de la plata al ser golpeada: *me gustaba oír la risa argentina de la muchacha.* **3** De Argentina o relacionado con este país de la América del Sur. ◇ *adj./n. m. y f.* **4** [persona] Que es de Argentina.

argolla *n. f.* Aro grueso de metal que, fijo en algún sitio, sirve para asegurar algo a él: *la cortina va sujeta a la barra con unas argollas.*

argón *n. m.* Elemento químico del grupo de los gases nobles que se encuentra en el aire en un 1 % y se emplea para llenar los tubos fluorescentes y en la soldadura de metales: *el símbolo del argón es Ar.*

argot *n. m.* Variedad de lengua que utilizan para comunicarse entre sí las personas que pertenecen a un mismo oficio o grupo social: *los delincuentes utilizan expresiones de argot como* la bofia *para referirse a la policía.* **SIN** jerga.
OBS El plural es *argots.*

argucia *n. f.* Argumento falso presentado con habilidad e ingenio para hacerlo pasar por verdadero: *no te dejes engañar por sus argucias.*

argüir *v. tr.* **1** Alegar razones o argumentos en favor o en contra de alguna opinión: *los ecologistas arguyen que, si no tenemos cuidado, podemos acabar con todos los recursos naturales.* **SIN** argumentar. **2** Deducir como consecuencia natural, sacar en claro: *por sus palabras pudo argüir todo lo que le habían dicho sobre él.* **SIN** colegir.
DER argucia, argumento.
OBS En su conjugación, la *i* se convierte en *y* delante de *a, e y o,* y la *gü* en *g* delante de *y.*

argumentación *n. f.* Razonamiento con que se intenta convencer de que una opinión es mejor que otra: *esa argumentación no es válida.*

argumental *adj.* Del argumento o relacionado con él: *la trama argumental de la película es un poco rebuscada.*

argumentar *v. tr.* Dar razones o argumentos en favor o en contra de una opinión: *el ministro argumentó que los recortes en el gasto militar eran necesarios.* **SIN** argüir.

argüir

INDICATIVO	SUBJUNTIVO
presente	**presente**
arguyo	arguya
arguyes	arguyas
arguye	arguya
argüimos	arguyamos
argüís	arguyáis
arguyen	arguyan
pretérito imperfecto	**pretérito imperfecto**
argüía	arguyera o arguyese
argüías	arguyeras o arguyeses
argüía	arguyera o arguyese
argüíamos	arguyéramos o arguyésemos
argüíais	arguyerais o arguyeseis
argüían	arguyeran o arguyesen
pretérito indefinido	**futuro**
argüí	arguyere
argüiste	arguyeres
arguyó	arguyere
argüimos	arguyéremos
argüisteis	arguyereis
arguyeron	arguyeren
futuro	
argüiré	
argüirás	
argüirá	IMPERATIVO
argüiremos	arguye (tú)
argüiréis	arguya (usted)
argüirán	argüid (vosotros)
	arguyan (ustedes)
condicional	FORMAS NO PERSONALES
argüiría	
argüirías	infinitivo gerundio
argüiría	argüir arguyendo
argüiríamos	participio
argüiríais	argüido
argüirían	

DER argumentación.

argumento *n. m.* **1** Razón que se da a favor o en contra de una opinión: *ahora que hemos oído todos los argumentos a favor y en contra de la propuesta, ¿podemos votar?* **2** Asunto principal de una obra de literatura, teatro o cine: *el argumento de esta obra es bien conocido por el público.* **SIN** tema.
DER argumental, argumentar.

aria *n. f.* Fragmento de una ópera cantado por uno de los personajes principales y con acompañamiento de uno o más instrumentos: *la soprano cantó un aria de Mozart.*
OBS En singular se le anteponen los determinantes *el, un,* salvo que entre el determinante y el nombre haya otra palabra: *el aria, la bella aria.*

aridez *n. f.* **1** Sequedad, falta de humedad: *la aridez del terreno hace prácticamente imposible cualquier cultivo.* **2** Falta de amenidad: *la aridez de esa novela me resultó insoportable.*

árido, -da *adj.* **1** [lugar, clima] Que es seco, que carece de humedad: *el desierto es tan árido, que nada puede crecer allí.* **ANT** húmedo. **2** Que es poco ameno: *el libro me ha parecido muy árido.* **ANT** ameno, entretenido. ◇ *n. m. pl.* **3** áridos

Granos, legumbres y frutos secos a los que se aplican medidas de capacidad: *vende áridos: lentejas, judías, garbanzos y frutos secos.*
DER aridez.

aries *adj./n. com.* [persona] Que ha nacido entre el 21 de marzo y el 19 de abril, tiempo en que el Sol recorre aparentemente Aries, primer signo del Zodíaco.

ariete *n. m.* **1** Máquina militar que se empleaba antiguamente para derribar murallas, puertas y otros obstáculos; consistía en un tronco de madera largo y pesado, acabado en uno de sus extremos en una pieza de hierro, generalmente en forma de cabeza de carnero. **2** Delantero centro de un equipo de fútbol: *el ariete sufrió una grave lesión y fue sustituido al comienzo del segundo tiempo.*

ario, aria *adj.* **1** Que pertenece a una raza supuestamente pura de estirpe nórdica, descendiente de los antiguos indoeuropeos, que los nazis consideraban superior a la judía. ◇ *n. m. y f.* **2** Persona de la raza aria.

-ario, -aria **1** Sufijo que entra en la formación de sustantivos con el significado de: *a)* 'Profesión': *bibliotecario.* *b)* 'Lugar': *campanario, acuario.* **2** Sufijo que entra en la formación de adjetivos con el significado de 'relación', 'pertenencia': *disciplinario, fraccionario.*

arisco, -ca *adj.* Que es poco amable o difícil de tratar: *es un gato muy arisco.* **SIN** áspero.

arista *n. f.* **1** Línea en la que se juntan dos planos: *el cubo tiene doce aristas.* ☞ ángulos. **2** Borde de un objeto cortado o trabajado: *apoyó las manos en la pared con cuidado, para no cortarse con las aristas de los ladrillos.*

aristocracia *n. f.* **1** Clase social formada por las personas que poseen títulos nobiliarios: *la aristocracia del país ha enviado siempre a sus hijos a este internado.* **ANT** plebe. **2** Grupo de personas que destaca entre los demás por alguna circunstancia: *la aristocracia intelectual del país; la aristocracia del dinero.* **3** Forma de gobierno en que el poder está en manos de los nobles y de las clases sociales altas: *la aristocracia era el sistema de gobierno en la antigua Grecia antes de que llegara la democracia.*
DER aristocrático.

aristócrata *n. com.* Persona que pertenece a la aristocracia: *muchos aristócratas fueron asesinados durante la Revolución francesa.*

aristocrático, -ca *adj.* De la aristocracia o relacionado con ella: *se casó con un hombre de familia aristocrática.*
DER aristócrata.

aritmética *n. f.* Parte de las matemáticas que estudia los números y las operaciones que se pueden hacer con ellos: *mañana tengo un examen de aritmética.*
DER aritmético.

aritmético, -ca *adj.* De la aritmética o relacionado con ella: *las sumas, las restas, las multiplicaciones y las divisiones son operaciones aritméticas.*

arlequín *n. m.* Personaje cómico que lleva una máscara negra y un traje de cuadros o rombos de distintos colores.

arma *n. f.* **1** Instrumento o máquina que sirve para atacar o defenderse: *el asesino empuñaba un arma; ha sido acusado de proporcionar armas a la guerrilla.* **arma arrojadiza** Arma que se lanza a distancia: *la flecha es un arma arrojadiza.* **arma automática** Arma que es capaz de disparar varias balas seguidas: *las armas automáticas pueden disparar muchos proyectiles en poco tiempo.* **arma bacteriológica** Sustancia elaborada en un laboratorio que se arroja al enemigo para contagiarlo de una enfermedad que provoque su muerte o su invalidez para el combate. **arma blanca** Arma que tiene una hoja cortante y puede herir por el filo o por la punta: *la navaja y el cuchillo son armas blancas.* **arma de fuego** Arma que utiliza una materia explosiva para lanzar proyectiles: *una escopeta, una pistola o un fusil son armas de fuego.* **2** Sección del ejército de tierra: *el arma de infantería, el arma de artillería.* **3** Defensa natural de los animales: *las armas de algunos animales son las garras y los dientes.* ◇ *n. f. pl.* **4 armas** Medios para conseguir una cosa o un fin determinado: *empleará todas sus armas para salirse con la suya.* **5** Profesión o carrera militar: *dejó las armas y se reincorporó a la vida civil.*
DER armada, armadura, armamento, armar, armazón, armero; inerme.
OBS En singular se le anteponen los determinantes *el, un,* salvo que entre el determinante y el nombre haya otra palabra: *el arma, la pesada arma.*

armada *n. f.* **1** Conjunto de las fuerzas navales de un estado: *se ha alistado en la armada.* **2** Conjunto de embarcaciones de guerra que participan en una acción: *la armada fue enviada por el rey de España para invadir Inglaterra.*

armadillo *n. m.* Mamífero de la América meridional cuyo dorso y cola están protegidos por placas córneas articuladas de manera que le permiten enrollarse en forma de bola cuando es atacado.
OBS Para indicar el sexo se usa *el armadillo macho* y *el armadillo hembra.*

armador, -ra *n. m. y f.* **1** Persona que se dedica a construir barcos: *este superpetrolero ha sido construido en el astillero de un armador griego.* **2** Persona o empresa que prepara y equipa un barco: *el armador contrató cien marineros para la pesca del bacalao.*

armadura *n. f.* **1** Conjunto de piezas de metal articuladas que los guerreros de la Edad Media llevaban para protegerse del enemigo: *el caballero revisó su armadura antes de empezar el combate.* **2** Conjunto de piezas o elementos que sirve como soporte y esqueleto de otra cosa: *la armadura de la cama, del tejado.* **SIN** armazón, estructura. **3** FÍS. Sistema de dos conductores separados por una pequeña distancia que sirve para almacenar energía eléctrica. **SIN** condensador.

armamentismo *n. m.* Doctrina política que defiende el incremento progresivo del número y calidad de las armas que posee un país.
DER armamentista.

armamentista *adj.* **1** De la producción de las armas de guerra o relacionado con ella: *la carrera armamentista es la situación que se produce cuando dos o más países tratan de poseer armas en mayor número y más poderosas que los otros.* ◇ *adj./n. com.* **2** [persona] Que es partidario del armamentismo: *cree que ningún armamentista persigue la paz.*

armamento *n. m.* **1** Conjunto de armas de un ejército, de un cuerpo armado o de un soldado: *el enemigo tiene un armamento muy sofisticado.* **2** Proceso por el que un país aumenta el número y poder de sus armas: *cada vez se gasta más dinero en armamento.*
DER armamentismo.

armar *v. tr./prnl.* **1** Proporcionar armas: *cuando arman una tropa con fusiles, les dan uno a cada uno; el país se está armando para la guerra.* **2** Preparar todo lo necesario para hacer frente a una necesidad: *armar el ejército para la guerra; armarse de lo necesario para el trabajo.* ◇ *v. tr.* **3** Juntar las piezas de un aparato o mueble y ajustarlas entre sí: *hay juguetes que vienen desmontados y hay que armarlos.* **SIN** montar. **ANT** desarmar, desmontar. **4** Originar, provocar, especialmente una riña o un escándalo: *los vecinos armaron*

armario

anoche un buen escándalo. ◊ v. prnl. **5 armarse** Adoptar una determinada actitud para resistir una contrariedad: *armarse de paciencia; armarse de valor.* **6** Formarse una cosa que no está prevista: *en poco tiempo se armó una tempestad.* **SIN** organizar.
DER armado, armador; desarmar, rearmar.

armario *n. m.* Mueble cerrado con puertas y, generalmente, con estantes y cajones para guardar ropa y otros objetos: *guardó el abrigo en el armario.* **armario empotrado** Armario que se construye unido a un muro, en el hueco de una pared: *en cada dormitorio de la casa hay un armario empotrado.*

armatoste *n. m.* Objeto, generalmente una máquina o un mueble, que es grande y pesado, está mal hecho o es poco útil: *no sé cómo vamos a sacar ese armatoste de esta habitación.* **SIN** mamotreto.

armazón *n. amb.* Conjunto de piezas o elementos que sirve como soporte y esqueleto de una cosa: *el armazón del edificio es de hierro forjado.* **SIN** armadura, estructura.

armella *n. f.* Anillo de metal con un tornillo o clavo que se fija en algo sólido: *la armella en la que se engancha el cerrojo se ha soltado y no puedo cerrar la puerta.* **SIN** cáncamo.

armenio, -nia *adj.* **1** De Armenia o relacionado con este país del sudeste de Asia o con la región que abarca este país y territorios de Turquía e Irán. ◊ *adj./n. m. y f.* **2** [persona] Que es de Armenia. ◊ *n. m.* **3** Grupo de lenguas indoeuropeas que se habla en esta región.

armería *n. f.* Lugar en el que se guardan, venden o exhiben armas: *fue a una armería a comprar una escopeta de caza.*

armero, -ra *n. m. y f.* Persona que se dedica a hacer, vender o cuidar armas: *el armero asegura que no le vendió esa pistola.*
DER armería.

armiño *n. m.* Mamífero carnívoro, de piel muy suave, parda en verano y blanca en invierno, y cola larga: *el armiño es un animal de pequeño tamaño.*
OBS Para indicar el sexo se usa *el armiño macho* y *el armiño hembra.*

armisticio *n. m.* Acuerdo que firman dos o más países en guerra cuando deciden dejar de combatir durante cierto tiempo con el fin de discutir una posible paz: *se ha declarado un armisticio de dos semanas entre los dos países beligerantes.*

armonía *n. f.* **1** Proporción y correspondencia adecuada entre las cosas: *debemos asegurarnos de que el turismo se desarrolla en buena armonía con el entorno.* **2** Relación buena o de paz: *imagina una sociedad en que todos vivamos juntos en perfecta armonía.* **3** Unión y combinación de sonidos simultáneos que resulta agradable al oído: *es admirable la armonía de esa pieza de música.* **4** MÚS. Técnica de formar y disponer los acordes: *los músicos deben estudiar armonía.*
DER armónica, armónico, armonio, armonioso, armonizar; filarmonía.

armónica *n. f.* Instrumento musical de viento compuesto por un soporte alargado de madera o metal con varias ranuras en las que hay una serie de lengüetas que suenan al soplar o aspirar. ☞ *instrumentos musicales.*

armónico, -ca *adj.* **1** De la armonía o relacionado con ella: *composición armónica.* ◊ *n. m.* **2** MÚS. Sonido agudo que acompaña a uno fundamental y que se produce de forma natural por resonancia: *un fragmento de esta obra se toca con armónicos.*

armonio *n. m.* Instrumento musical de viento parecido a un órgano, pero más pequeño, al que generalmente se da el aire por medio de un fuelle movido por los pies: *los armonios son instrumentos de iglesia.*

armonioso, -sa *adj.* **1** Que suena bien y es agradable al oído: *la voz de esta actriz es clara y armoniosa.* **2** [relación entre dos o más personas] Que es amistoso o pacífico: *el Gobierno es contrario a hacer algo que pueda estropear la convivencia armoniosa entre los diferentes grupos raciales.* **3** Que tiene armonía entre sus partes: *en sus últimas pinturas utilizó una mezcla más armoniosa de los colores.*

armonización *n. f.* Creación de armonía o correspondencia entre las partes de un todo o entre los elementos que deben concurrir a un mismo fin.

armonizar *v. tr.* **1** Crear armonía o correspondencia entre las partes de un todo o entre los elementos que deben concurrir a un mismo fin: *necesitamos armonizar los diferentes puntos de vista para alcanzar una estrategia común.* ◊ *v. intr.* **2** Estar en armonía: *la cubierta de la enciclopedia armoniza con los muebles.*
DER armonización.
OBS En su conjugación, la *z* se convierte en *c* delante de *e*.

arneses *n. m. pl.* Conjunto de las correas, la silla y otros efectos que se ponen a las caballerías para montarlas o engancharlas al carro.

árnica *n. f.* **1** Planta medicinal de hojas ovaladas y flores grandes, amarillas y de olor fuerte: *del árnica se saca un aceite medicinal.* **2** Tintura que se obtiene de la flor y raíz de esta planta y se emplea en medicina para tratar golpes y dolores de huesos: *se torció el tobillo y pidió un poco de árnica.*
OBS En singular se le anteponen los determinantes *el, un,* salvo que entre el determinante y el nombre haya otra palabra: *el árnica, la amarilla árnica.*

aro *n. m.* **1** Pieza de material rígido, especialmente metálico, en forma de circunferencia. **2** Juguete en forma de circunferencia que los niños hacen girar por el suelo con la ayuda de un palo o un hierro largo y delgado: *pocos niños juegan con el aro hoy en día.*
DER arete.

aroma *n. m.* Olor muy agradable: *algunos frutos tropicales tienen mucho aroma.* **SIN** perfume.
DER aromático, aromatizar.

aromático, -ca *adj.* Que tiene olor agradable: *usa muchas hierbas aromáticas en su cocina.*

aromatizante *n. m.* Sustancia que se añade a un alimento para darle olor agradable.

aromatizar *v. tr.* Dar olor agradable a una cosa.
DER aromatizante.
OBS En su conjugación, la *z* se convierte en *c* delante de *e*.

arpa *n. f.* Instrumento musical de cuerda, de forma triangular y con cuerdas colocadas verticalmente que se hacen vibrar tocándolas con los dedos de las dos manos. ☞ *instrumentos musicales.*
DER arpegio, arpista.
OBS En singular se le anteponen los determinantes *el, un,* salvo que entre el determinante y el nombre haya otra palabra: *el arpa, la hermosa arpa.*

arpegio *n. m.* MÚS. Serie de tres o más sonidos que, ejecutados uno tras otro de modo más o menos rápido, forman un acorde: *el estudiante de guitarra estaba practicando los arpegios.*

arpía *n. f.* **1** Mujer mala y perversa: *es una arpía: nos calumniará con tal de conseguir ese puesto.* **2** Ser mitológico con la cabeza de mujer y el cuerpo de ave de rapiña.
OBS También se escribe *harpía.*

arpillera *n. f.* Tejido fuerte y áspero que se usa general-

mente para hacer sacos y para embalar: *las patatas se meten en sacos de arpillera o de plástico*.
OBS También se escribe *harpillera*.

arpista *n. com.* Persona que toca el arpa.

arpón *n. m.* Instrumento de pesca formado por una barra larga de hierro o de madera acabada en uno de sus extremos en una punta de hierro con púas vueltas hacia atrás para que hagan presa después de clavarse: *los arpones se utilizan para pescar animales marinos de gran tamaño, como ballenas y tiburones*.
DER arponear, arponero.

arponear *v. tr.* Pescar con arpón.

arponero *n. m.* Hombre que pesca con arpón.

arquear *v. tr./prnl.* Dar o tomar forma de arco: *la balda se ha arqueado porque hemos puesto demasiados libros sobre ella*.

arqueo- Elemento prefijal que entra en la formación de palabras con el significado de 'antiguo', 'primitivo': *arqueología*.

arqueología *n. f.* Ciencia que investiga las civilizaciones antiguas mediante el estudio, la descripción y la interpretación de los restos que nos han legado: *ruinas, monumentos, herramientas y otros objetos, generalmente enterrados, de los pueblos antiguos son objeto de la arqueología*.
DER arqueológico, arqueólogo.

arqueológico, -ca *adj.* De la arqueología o relacionado con ella: *una excavación arqueológica*.

arqueólogo, -ga *n. m. y f.* Persona que se dedica a la arqueología: *los arqueólogos no están de acuerdo sobre la datación de esas monedas*.

arquero, -ra *n. m. y f.* **1** Persona que practica el tiro con arco: *los arqueros deben entrenarse para tener buena puntería*. ◇ *n. m.* **2** Soldado que peleaba con arco y flechas: *los arqueros ingleses eran muy hábiles*. **3** En algunos deportes, portero: *el arquero despejó la pelota con los puños*.

arqueta *n. f.* Cofre pequeño, especialmente el adornado y hecho con materiales nobles.

arquetípico, -ca *adj.* Del arquetipo o relacionado con él: *un gentleman inglés arquetípico*.

arquetipo *n. m.* Modelo original que sirve de patrón: *Estados Unidos es el arquetipo de país con gobierno federal*.
DER arquetípico.

-arquía Elemento sufijal que entra en la formación de sustantivos femeninos con el significado de 'gobierno', 'dominio', 'mando': *monarquía*.
OBS La persona que ostenta esta autoridad o dominio se designa mediante el sufijal *–arca*, como: *monarca*.

arquitecto, -ta *n. m. y f.* Persona que se dedica a la arquitectura: *Bramante fue el arquitecto de la catedral de San Pedro en Roma*.
DER arquitectónico, arquitectura.

arquitectónico, -ca *adj.* De la arquitectura o relacionado con ella: *diseño, proyecto arquitectónico*.

arquitectura *n. f.* **1** Técnica de diseñar, proyectar y construir edificios: *estudió arquitectura en la universidad*. **2** Estilo en el que se diseña, proyecta o construye un edificio: *la arquitectura románica; la arquitectura modernista*.

arquitrabe *n. m.* ARQ. Parte inferior del entablamento, que descansa sobre el capitel de una columna: *el entablamento del edificio está formado generalmente por arquitrabe, friso y cornisa*.

arquivolta *n. f.* ARQ. Conjunto de molduras que decoran la parte frontal de un arco siguiendo su perfil: *en las arquivoltas de esa iglesia románica se ha esculpido una historia bíblica*.

arrabal *n. m.* Barrio o zona a las afueras de una ciudad, generalmente habitado por personas de bajo nivel económico: *en los arrabales de las grandes ciudades se concentra la pobreza*.
DER arrabalero.

arrabalero, -ra *adj./n. m. y f.* **1** [persona] Que vive en un arrabal. **2** [persona] Que es maleducado: *no grites de esa manera, que pareces una arrabalera*.

arracimarse *v. prnl.* Unirse o juntarse varias personas o cosas en forma de racimo: *la gente se arracimaba en las aceras para observar la pelea*.

arraigar *v. intr./prnl.* **1** Echar raíces una planta: *la planta no arraigó bien y se ha secado*. **SIN** enraizar. ◇ *v. tr./intr.* **2** Hacer o hacerse firme y duradero un sentimiento o una costumbre: *el deporte ha arraigado entre la juventud*; *hay que arraigar la costumbre de la lectura entre la gente*. ◇ *v. prnl.* **3 arraigarse** Avecindarse de forma duradera, vinculándose a las personas y cosas del lugar: *llegaron a la ciudad hace poco más de dos meses, pero se han arraigado rápidamente*. **SIN** enraizar.
DER arraigado, arraigo; desarraigar.
ETIM Véase *raíz*.
OBS En su conjugación, la g se convierte en gu delante de e.

arraigo *n. m.* Fijación de manera firme y duradera: *esta costumbre tiene un fuerte arraigo en nuestro país*.

arramblar *v. intr.* Coger y llevarse todo lo que hay en algún lugar: *alguien entró en la tienda y arrambló con las teles y vídeos que había*. **SIN** arramplar.

arramplar *v. intr.* Arramblar.

arrancar *v. tr.* **1** Separar una cosa del lugar en el que estaba fija, tirando con fuerza: *arrancar una muela, un cabello o un clavo de la pared*. **2** Conseguir una cosa de una persona con esfuerzo y trabajo o con violencia: *si una persona es muy tacaña, no se le puede arrancar ni un duro*; *le arrancó la promesa de que lo haría*; *me arrancó el libro de las manos*. ◇ *v. intr.* **3** Comenzar a funcionar o moverse: *el motor no arranca*; *llegué al andén cuando el tren arrancaba*. **4** Comenzar a hacer una cosa, especialmente si es de forma inesperada: *de repente, arrancó a llorar*. **5** Tener una cosa su nacimiento o punto de partida en otra: *el problema arranca de años atrás*; *las ramas del árbol arrancan del tronco*. **6** ARQ. Empezar un arco o bóveda a formar su curvatura.
DER arrancada, arranque.
OBS En su conjugación, la c se convierte en qu delante de e.

arranque *n. m.* **1** Comienzo, origen o principio: *el arranque del proyecto fue lo más difícil, pero después no hubo problemas*. **2** Manifestación violenta y repentina de un sentimiento o un estado de ánimo: *lo golpeó en un arranque de ira*. **SIN** arrebato. **3** Valor o decisión para hacer algo: *mi hermano es el que más arranque tiene y por eso le ha ido bien en los negocios*. **4** Mecanismo que pone en funcionamiento un motor: *se ha estropeado el arranque de mi automóvil y tuvimos que ponerlo en marcha empujando*. **5** Idea original y generalmente divertida: *todos nos partimos de risa con sus arranques*. **SIN** ocurrencia. **6** ARQ. Principio de un arco o bóveda: *hay una grieta en el arranque de la bóveda y puede derrumbarse*.

arras *n. f. pl.* Conjunto de las trece monedas que entrega el novio a la novia durante la ceremonia de la boda: *una niña llevaba las arras en una bandeja*.

arrasar *v. tr.* Destruir totalmente, echar por tierra: *las plagas de langosta arrasan a veces los campos de algunos países africanos*; *el terremoto arrasó pueblos enteros*. **SIN** asolar, desolar, devastar.

arrastrado, -da *adj.* Pobre, mísero o lleno de privaciones y fatigas: *una vida arrastrada*.

arrastrar *v. tr.* **1** Llevar a una persona o cosa por el suelo tirando de ella: *coge la silla en lugar de arrastrarla; tuve que arrastrar al niño fuera de la tienda.* **2** Tirar para llevar tras de sí: *la locomotora arrastra cinco vagones.* **3** Impulsar a una persona a pensar o actuar de determinada manera: *es un líder nato: es capaz de arrastrar a su pueblo hasta la guerra.* **4** Soportar penosamente algo desde hace tiempo: *arrastra esa enfermedad desde hace años.* **5** Tener como consecuencia inevitable: *la política de las grandes potencias nos arrastró a la confrontación.* ◊ *v. intr.* **6** Colgar rozando el suelo: *las cortinas arrastran.* ◊ *v. prnl.* **7 arrastrarse** Moverse y avanzar con el cuerpo pegado al suelo: *las serpientes se arrastran; el soldado se arrastraba por el suelo para evitar los disparos.* **8** Humillarse vilmente para conseguir una cosa: *se arrastró hasta conseguir ese puesto.*
DER arrastrado, arrastre.

arrastre *n. m.* Transporte de una cosa que roza el suelo tirando de ella: *el arrastre de los pinos cortados se hizo con tractores.*
para el arrastre a) Muy cansado o en malas condiciones: *después de todo el día caminando, estoy para el arrastre.* b) Muy estropeado: *los zapatos de los niños ya están para el arrastre.*

arrayán *n. m.* Arbusto oloroso, de ramas flexibles, con las hojas de color verde intenso, pequeñas y duras, flores blancas y frutos en bayas de color negro azulado: *en el jardín había arrayanes y madreselvas.* **SIN** mirto.

¡arre! *int.* Expresión que se usa para hacer que las caballerías anden o para que lo hagan más deprisa.
DER arrear, arriero.

¡arrea! *int. coloquial* Expresión que se usa para indicar sorpresa: *¡Arrea, no me acuerdo dónde aparqué el coche!*

arrear *v. tr.* **1** Hacer que una caballería camine o que lo haga más deprisa: *arreó las mulas para llegar antes.* **2** Dar un golpe: *le arreó una bofetada.*
DER arreos, arriar.

arrebatado, -da *adj.* **1** Impetuoso o impulsivo: *reacciona siempre de manera demasiado arrebatada, sin pensar dos veces antes de hablar.* **2** De color muy vivo: *se pone en las mejillas un rojo arrebatado que no es nada natural.*

arrebatar *v. tr.* **1** Quitar con violencia o con rapidez: *le arrebató el papel de las manos para leerlo; un ladrón le arrebató la cartera y salió corriendo.* ◊ *v. prnl.* **2 arrebatarse** Enfadarse, irritarse una persona: *se arrebataba cada vez que le hablaban de él.* **3** Cocerse o asarse mal un alimento por exceso de fuego: *las patatas se han arrebatado.*
DER arrebatado.

arrebato *n. m.* Manifestación violenta y repentina de un sentimiento o un estado de ánimo: *le dio un arrebato y dejó el trabajo.* **SIN** arranque.

arrebol *n. m.* **1** Color rojo de las nubes iluminadas por los rayos del sol. **2** Color rojo que se encuentra en otros objetos y especialmente en el rostro de la mujer.

arrebujar *v. tr.* **1** Coger descuidadamente, arrugar o amontonar sin orden una cosa flexible: *cuando cojas la ropa del tendedero no la arrebujes sobre la cama, que luego cuesta mucho plancharla.* ◊ *v. tr./prnl.* **2** Cubrir bien o envolver con la ropa de la cama o con una prenda de vestir: *el niño se metió en la cama y se arrebujó para estar más caliente.*

arrechucho *n. m. coloquial* Indisposición pasajera y de poca gravedad: *la abuela tuvo anoche un arrechucho y hoy no saldrá de paseo.*

arreciar *v. intr./prnl.* Hacerse cada vez más fuerte o más intensa una cosa: *la tormenta arreció y las velas del barco se rompieron; la lluvia está arreciando.*

OBS En su conjugación la *i* no se acentúa, como en *cambiar*.

arrecife *n. m.* Conjunto de rocas, extensiones de coral y otros materiales que está justo por encima o por debajo de la superficie del mar: *el barco encalló en los arrecifes; arrecifes de coral.*

arrecirse *v. prnl.* Quedarse paralizado o entumecido a causa del frío: *hace tanto frío, que se me han quedado las manos arrecidas.* **SIN** aterirse, congelarse, helarse.
OBS Es defectivo. Se usa generalmente en infinitivo y en participio, o en los tiempos y personas que contienen la vocal *i*.

arredrar *v. tr./prnl.* Causar o tener miedo: *el ladrón se arredró al ver la pistola; las huelguistas no se arredrarán ante las amenazas.* **SIN** asustar, atemorizar.

arreglar *v. tr.* **1** Poner en regla o en orden: *ya han arreglado los papeles para casarse; antes de salir, arregla tu habitación.* **ANT** desarreglar. **2** Componer una cosa que está estropeada para que deje de estarlo y vuelva a funcionar: *se puede arreglar un reloj, un coche o unos zapatos.* **SIN** apañar, reparar. **3** Echar especias u otras sustancias a las comidas para que tengan más sabor: *antes de comerte la verdura, arréglala con aceite y vinagre.* **SIN** aderezar, aliñar, condimentar. **4** *coloquial* Poner un castigo: *¡ya te arreglaré yo!* ◊ *v. tr./prnl.* **5** Solucionar una situación difícil o problemática con habilidad y eficacia: *si te comportas con tus amigos con desprecio, te costará luego mucho arreglarlo.* **SIN** apañar. **6** Asear y vestir a alguien para salir a la calle: *arregla a los niños, que los voy a llevar al parque; me estoy arreglando para salir a dar una vuelta.* ◊ *v. prnl.* **7 arreglarse** Encontrar la manera de solucionar un problema: *¿podrás arreglarte tú solo?* **SIN** apañar. **8** Ponerse de acuerdo o dos más personas que discuten sobre algo: *los obreros se arreglaron con los representantes de la patronal; Julia y su novio no se han arreglado.*

arreglárselas Ingeniarse para salir de un apuro o conseguir un fin: *los obreros se las arreglan para trasladarse al puesto de trabajo; los que lleguen tarde tendrán que arreglárselas como puedan.* **SIN** componérselas.
DER arreglista, arreglo; desarreglar.

arreglista *n. com.* Persona que se dedica al arreglo o adaptación de composiciones musicales para que sean interpretadas por voces o instrumentos para los que no fueron escritas.

arreglo *n. m.* **1** Orden y colocación correcta o adecuada: *los niños se encargan de la limpieza y el arreglo de sus habitaciones.* **2** Conjunto de manipulaciones y operaciones que se hacen para que una cosa que está estropeada vuelva a funcionar o a parecer nueva: *¿cuánto te ha costado el arreglo de la avería del motor?* **SIN** apaño, reparación. **3** Aseo y cuidados personales que se realizan antes de salir a la calle: *dúchate ya, que luego tardas un montón en tu arreglo.* **4** Acuerdo entre dos o más personas que discuten sobre algo: *por fin han llegado a un arreglo sindicatos y patronal.* **5** Adaptación de una composición musical para que pueda ser interpretada por voces o instrumentos para los que no fue escrita: *ese músico se gana la vida haciendo arreglos para bandas de música.*

arrejuntarse *v. prnl. coloquial* Vivir juntas y mantener relaciones sexuales como si de un matrimonio se tratara dos personas que no están casadas entre sí. **SIN** juntarse.

arrellanarse *v. prnl.* Sentarse con comodidad, extendiendo y recostando el cuerpo: *al llegar del trabajo se arrellanó en el sofá.* **SIN** repanchigarse, repantigarse.

arremangar *v. tr./prnl.* Recoger hacia arriba la parte de abajo de las mangas o de una prenda de vestir: *cuando hace calor, se arremangan las mangas de la camisa; para pasar la charca, arremángate los bajos de los pantalones.* **SIN** remangar.

arremeter v. intr. Atacar con ímpetu y fuerza: *en la entrevista arremetió contra todos aquellos que habían criticado su película*.
DER arremetida.

OBS En su conjugación, la g se convierte en gu delante de e.

arremetida n. f. Ataque impetuoso y con furia.

arremolinarse v. prnl. **1** Amontonarse sin orden una gran cantidad de personas: *al reconocer al artista, muchos curiosos se arremolinaron a su alrededor para pedirle un autógrafo*. **2** Girar de forma rápida el aire, el agua, el polvo o el humo formando remolinos: *en los rápidos del río se arremolinaba el agua*.

arrendamiento n. m. **1** Cesión o adquisición de una cosa para usarla durante un determinado período a cambio de dinero: *tengo este piso en arrendamiento*. **SIN** alquiler, arriendo. **2** Cantidad de dinero que se paga cada cierto período al propietario de una casa u otro bien que se ha tomado en alquiler: *el arrendamiento de este local es muy bajo porque está muy lejos del centro*. **SIN** alquiler, renta.

arrendar v. tr. Dar o tomar una cosa para usarla por un tiempo determinado a cambio de una cantidad de dinero: *voy a arrendar la casa de la playa, porque no la usamos nunca*. **SIN** alquilar. **ANT** desalquilar.
DER arrendamiento, arrendatario, arriendo; subarrendar.
OBS En su conjugación, la e se convierte en ie en sílaba acentuada, como en *acertar*.

arrendatario, -ria adj./n. m. y f. [persona, empresa] Que usa una cosa que pertenece a otra persona o empresa a cambio del pago de una cantidad de dinero y durante cierto período: *compañía arrendataria*.

arreos n. m. pl. Conjunto de correas y adornos que se ponen a las caballerías: *los arreos de las caballerías se guardan junto a las cuadras*.

arrepentido, -da adj. **1** [persona] Que se arrepiente de las faltas cometidas: *algunas personas arrepentidas colaboran con las autoridades*. ◇ n. m. y f. **2** Miembro de una organización clandestina o ilegal que facilita informaciones a la justicia a cambio de su libertad o de otros beneficios.

arrepentimiento n. m. Pesar que se siente por haber hecho una cosa que no se considera buena o adecuada: *no sólo llamaba la atención la extrema violencia del crimen, sino también la falta total de arrepentimiento por parte del muchacho*.

arrepentirse v. prnl. **1** Sentir pena o pesar una persona por haber hecho algo malo o por haber dejado de hacer una cosa: *se arrepintió de sus pecados justo antes de morir; ahora se arrepiente de haber abandonado los estudios*. **2** Cambiar de opinión o no cumplir un compromiso: *ahora se arrepiente y dice que no nos da lo que nos debe*.

DER arrepentido, arrepentimiento.
OBS En su conjugación, la e se convierte en ie en sílaba acentuada o en i en algunos tiempos y personas, como en *hervir*.

arrestar v. tr. Prender a una persona, detenerla provisionalmente: *el soldado fue arrestado por faltar al reglamento; la policía lo arrestó por conducir en estado de embriaguez*. **SIN** detener.
DER arresto.

arresto n. m. **1** Detención provisional de una persona: *fueron realizados dos arrestos, pero los dos hombres fueron puestos en libertad sin cargos dos horas después*. **SIN** detención. **2** Pena de privación de libertad, impuesta por un juez, de menos de seis meses de duración: *fue condenado a tres meses de arresto*. **3** Valor o determinación para hacer algo: *no tuvo arrestos para decirle la verdad*. Se usa frecuentemente en plural.

arrianismo n. m. Herejía del siglo III que negaba la divinidad de Jesucristo.

arriano, -na adj. **1** Del arrianismo o relacionado con esta herejía. ◇ adj./n. m. y f. **2** [persona] Que creía en esta herejía.

arriar v. tr. Bajar una bandera a lo largo de su mástil o la vela de una embarcación a lo largo de su palo: *cuando entran en un puerto, los barcos arrían las velas*. **ANT** izar.
OBS En su conjugación, la i se acentúa en algunos tiempos y personas, como en *desviar*.

arriate n. m. Franja de tierra, generalmente alargada y situada junto a la pared de un jardín o patio, donde se ponen plantas de adorno: *en el patio de mi casa tengo un arriate de geranios*.

arriba adv. **1** Hacia un lugar o parte superior o más alto: *ven aquí arriba; esa calle está más arriba*. **ANT** abajo. **2** En un lugar o parte superior o más alto: *vivo en el piso de arriba*. **ANT** abajo. ◇ int. **3** Expresión que se utiliza para dar ánimos o para indicar que se está a favor de una cosa: *¡arriba la libertad!* **ANT** abajo.

arribada n. f. Llegada de un barco a un puerto: *para mañana se espera la arribada de los pesqueros liberados por las autoridades de Marruecos*. **SIN** arribo.

arribar v. intr. Llegar un barco a puerto: *durante el verano arribaron varios lujosos transatlánticos*.
DER arribada, arribismo, arribo.

arribismo n. m. Actitud de la persona que quiere progresar rápidamente y para ello utiliza todos los medios a su alcance, sin importarle si son éticos o no.
DER arribista.

arribista adj./n. com. Persona que quiere progresar rápida-

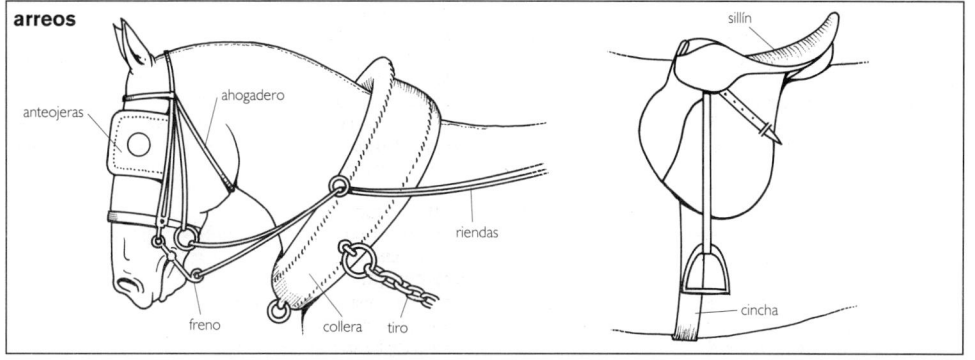

arreos — anteojeras — ahogadero — riendas — freno — collera — tiro — sillín — cincha

arribo *n. m.* Arribada, llegada de un barco a puerto: *el arribo de la flota se espera para mañana.*

arriendo *n. m.* Arrendamiento, cesión o adquisición de una cosa.

arriero *n. m.* Persona que se dedica a traer y llevar animales de carga: *los arrieros iban de pueblo en pueblo con sus mulas.*

arriesgado, -da *adj.* Peligroso, que puede causar algún daño o pérdida: *el paracaidismo es un deporte arriesgado; es un negocio arriesgado, nada seguro.*

arriesgar *v. tr./prnl.* Exponer a un riesgo, poner en peligro: *algunas personas arriesgan mucho dinero en el juego; los bomberos se arriesgan mucho cuando luchan contra un incendio.* **DER** arriesgado.
OBS En su conjugación, la g se convierte en gu delante de e.

arrimar *v. tr./prnl.* **1** Poner una persona o cosa junto a otra: *arrima el armario a la pared; no te arrimes a la pared.* ◇ *v. prnl.* **2 arrimarse** Buscar la protección de una persona: *se arrimará al más fuerte para no salir perjudicado.*
DER arrimo.

arrinconar *v. tr.* **1** Poner una cosa en un rincón o sitio apartado para retirarla del uso: *los muebles viejos los vamos a ir arrinconando en el desván.* **SIN** arrumbar. **2** Apartar a alguien de un puesto o privarlo de los privilegios que tienen los que están a su alrededor: *en el trabajo me están arrinconando: empleados menos antiguos que yo están ascendiendo.* **3** Llevar a una persona o un animal hasta un lugar de estrechos límites e impedirle la salida: *arrinconó a su enemigo en el callejón.* **SIN** acorralar.

arriñonado, -da *adj.* De forma de riñón: *las alubias son arriñonadas.*

arritmia *n. f.* Falta de ritmo o regularidad en las contracciones del corazón: *tomaba unas píldoras para corregir su arritmia.*

arroba *n. f.* Unidad de peso que equivalía a 11,502 kilogramos.

arrobamiento *n. m.* Estado de la persona que siente intenso placer o admiración por algo o alguien: *miraba a sus hijos con arrobamiento.* **SIN** embeleso, éxtasis.

arrobar *v. tr./prnl.* Producir o sentir un intenso sentimiento de placer o admiración. **SIN** embelesar, extasiar.
DER arrobamiento.

arrocero, -ra *adj.* **1** Del arroz o relacionado con esta planta o su fruto: *la industria arrocera.* ◇ *n. m. y f.* **2** Persona que se dedica a cultivar o vender arroz: *las arroceras entran en los campos encharcados sujetándose las faldas.*

arrodillar *v. tr.* **1** Hacer que alguien hinque una o las dos rodillas en el suelo. ◇ *v. prnl.* **2 arrodillarse** Ponerse de rodillas: *entró en la iglesia y se arrodilló para rezar.*

arrogancia *n. f.* **1** Actitud de la persona orgullosa y soberbia que se cree superior a los demás: *a veces los famosos tratan a los periodistas con mucha arrogancia.* **SIN** altanería, altivez. **2** Valor y decisión en la forma de actuar: *todos admiraban la arrogancia del caballero.* **SIN** gallardía.

arrogante *adj.* **1** Que es orgulloso y soberbio y se cree superior a los demás: *es una de esas personas arrogantes que creen que siempre tienen razón.* **SIN** altivo. **2** [persona] Que es valiente y noble en su manera de actuar: *en el cuento, un joven arrogante se lanza a defender a la dama.* **SIN** bizarro, gallardo.

arrogarse *v. prnl.* Atribuirse sin derecho una facultad, jurisdicción u otra cosa inmaterial: *los que se toman la justicia por su mano se arrogan un poder que no les corresponde.*
DER arrogancia, arrogante.

arrojadizo, -za *adj.* [arma, objeto] Que se puede arrojar o lanzar a distancia: *el hacha y la lanza son armas arrojadizas.*

arrojado, -da *adj.* Que es valiente y decidido y no se detiene ante el peligro. **SIN** intrépido.

arrojar *v. tr.* **1** Enviar un objeto a través del aire con fuerza en una dirección, especialmente mediante un rápido movimiento del brazo: *el niño arrojó una piedra al estanque.* **SIN** lanzar, tirar. **2** Dejar caer al suelo: *prohibido arrojar basura.* **3** Despedir de sí, echar: *fumaba y arrojaba bocanadas de humo; el volcán arroja lava.* **4** Presentar o dar como resultado: *la cuenta del banco arroja un saldo positivo.* ◇ *v. prnl.* **5 arrojarse** Dejarse caer con violencia de arriba abajo: *se arrojó por la ventana.* **SIN** precipitarse. **6** Ir o dirigirse con violencia hacia alguien o algo: *se arrojó a las llamas para salvarle.*
arrojar luz Hacer claro o más claro: *las últimas investigaciones científicas han arrojado alguna luz sobre el origen y posible tratamiento de la enfermedad.*
DER arrojadizo, arrojado, arrojo.

arrojo *n. m.* Valor o determinación de la persona que no se detiene ante el peligro: *se lanzó con arrojo a rescatar a su compañero.* **SIN** intrepidez.

arrollar *v. tr.* **1** Formar un rollo con una cosa: *arrolló el mapa y lo guardó; arrollar un cable.* **SIN** enrollar. **ANT** desarrollar, desenrollar. **2** Atropellar un vehículo a una persona, animal o cosa: *fue arrollada por un tren.* **3** Vencer, superar o dominar por completo: *en estas olimpíadas, los atletas rusos han arrollado al resto de los participantes.* **SIN** aplastar. **4** Comportarse con desprecio de los derechos de los demás o de las leyes: *no se puede ir por la vida arrollando a los demás.* **SIN** atropellar, avasallar. **5** Confundir o sorprender a una persona a otra hasta dejarla sin posibilidad de reacción o de respuesta: *arrolló al alumno con una retahíla de datos que desconocía.* **SIN** apabullar, aplastar, desarmar.
DER desarrollar.

arropar *v. tr./prnl.* **1** Cubrir o abrigar con ropa: *arropó al niño en la cama.* **2** Proteger o defender: *cuando fue agredido por aquellos desalmados, todos sus compañeros lo arroparon.*
DER desarropar.

arrope *n. m.* Mosto que se cuece con trozos de frutas y azúcar; es muy espeso y de color oscuro.

arrostrar *v. tr.* Hacer frente a los peligros o dificultades con valor y entereza: *arrostrar las consecuencias, los peligros.*

arroyo *n. m.* **1** Corriente pequeña de agua que puede secarse en verano: *cruzaron el arroyo sin mojarse las rodillas.* **2** Cauce por donde corre esta agua: *esta casa está construida en un arroyo.* **3** Ambiente miserable y humilde: *nacida en una familia muy pobre, consiguió salir del arroyo y llegar a ser una de las mujeres más ricas del país.*

arroz *n. m.* **1** Semilla o conjunto de semillas, en forma de grano alargado y color claro o blanco, que se comen cocidas: *el arroz es una parte muy importante en la dieta de muchas personas.* **2** Cereal que produce esta semilla: *el arroz crece en lugares húmedos y en climas cálidos.* ☞ cereales. **3** Comida hecha con esas semillas: *hoy vamos a comer arroz.*
arroz con leche Arroz dulce que se hace con leche, canela y azúcar y que se come como postre.
DER arrocero, arrozal.

arrozal *n. m.* Terreno sembrado de arroz: *el arrozal está cubierto de agua.*

arruga *n. f.* **1** Pliegue o surco pequeño que se hace en la piel: *tiene la cara llena de arrugas.* **2** Pliegue o raya que se hace en la ropa o en el papel: *si quieres quitarle las arrugas a la camisa, tendrás que plancharla.*

DER arrugar.

ETIM *Arruga* procede del latín *ruga*, que tenía el mismo significado, voz con la que también está relacionada *rugoso*.

arrugar *v. tr./prnl.* Hacer arrugas o llenarse de arrugas: *si te sientas encima del vestido, lo arrugarás*.
DER desarrugar.
OBS En su conjugación, la g se convierte en gu delante de e.

arruinar *v. tr./prnl.* **1** Perder una persona o una empresa la mayor parte de sus bienes: *la empresa se arruinó por la mala gestión*. **2** Destruir o perder una persona un bien que por naturaleza le corresponde: *el tabaco arruinó su salud*. **3** No llegar a alcanzar una cosa el estado de desarrollo o perfección que le corresponde: *su informalidad arruinará su futuro*.
SIN estropear, malograr.

arrullar *v. intr.* **1** Emitir arrullos la paloma o la tórtola: *podía oír cómo arrullaban las palomas en la terraza*. ◇ *v. tr.* **2** Cantar o emitir un sonido suave con la voz para dormir a un niño: *el padre arrullaba al niño para dormirlo*.
DER arrullo.

arrullo *n. m.* **1** Canto grave y monótono de las palomas y las tórtolas: *el palomo cortejaba a las hembras con su arrullo*. **2** Canción monótona y suave con que se intenta dormir a un niño: *se calmó con el dulce arrullo de su madre*.

arrumaco *n. m.* Demostración de cariño hecha con gestos o ademanes: *una pareja de novios se hacía arrumacos en un banco del parque*.
OBS Se usa frecuentemente en plural.

arrumbar *v. tr.* **1** Poner una cosa en un rincón o sitio apartado para retirarla del uso: *arrumbaron las sillas y los muebles viejos en esa habitación vacía*. **SIN** arrinconar. **2** MAR. Poner rumbo o dirección a un sitio: *arrumbaron hacia el Caribe*.

arsenal *n. m.* **1** Depósito de armas y otro material de guerra: *anoche hicieron volar el arsenal del campamento enemigo*. **2** Lugar en el que se construyen y reparan embarcaciones: *han llevado el buque al arsenal para reparar la popa*. **SIN** atarazana. **3** Conjunto o depósito de datos o noticias: *este libro es un arsenal: de él podré sacar todos los datos que necesito para mi trabajo*.

arsénico *n. m.* Elemento químico sólido, de color gris metálico, que forma compuestos venenosos: *el símbolo del arsénico es As*.

arte *n. amb.* **1** Obra o actividad por la que el hombre muestra simbólicamente un aspecto de la realidad o un sentimiento valiéndose de la materia, la imagen y el sonido: *esta galería tiene una excelente colección de arte moderno*. **arte abstracto** Arte que no representa objetos, sino sus características o cualidades: *al gran público le resulta difícil comprender el arte abstracto*. **arte figurativo** Arte que representa objetos que existen en la realidad: *el estilo impresionista entra dentro del arte figurativo*. **bellas artes** Conjunto de artes que se valen del color, la forma, el lenguaje, el sonido y el movimiento para expresar algo: *las bellas artes son la pintura, la escultura, la arquitectura, la poesía, la música y la danza*. **2** Conjunto de reglas y conocimientos necesarios para hacer bien algo o para desarrollar una actividad: *el arte de la zapatería; el arte de la cocina*. **SIN** técnica. **3** Habilidad para hacer bien ciertas cosas: *se puede aprender estudiando y con la experiencia; pero el arte de vivir es más difícil*. **4** Aparato que sirve para pescar: *los pescadores llevan las artes en la proa de la barca*.
artes marciales Conjunto de deportes de origen oriental basados en la lucha cuerpo a cuerpo: *el kárate y el yudo son artes marciales*.
malas artes Medios o procedimientos poco éticos de los que se vale alguien para conseguir algo: *intentó desprestigiarlo mediante sus malas artes*.
DER artefacto, artero, artesano, artífice, artilugio, artista.

artefacto *n. m.* **1** Máquina o aparato, generalmente grande o hecho con poca técnica: *comparados con los automóviles de ahora, los primeros coches eran unos artefactos*. **2** Carga o aparato que se usa para provocar una explosión: *la policía localizó y desactivó el artefacto colocado por los terroristas*.

artejo *n. m.* ZOOL. Pieza articulada que forma las extremidades de los animales artrópodos: *la pata del cangrejo tiene varios artejos*.

arteria *n. f.* **1** Conducto por el que la sangre sale del corazón y llega a todo el cuerpo: *la arteria pulmonar y la aorta son las más importantes del cuerpo*. ☞ circulatorio, aparato. **2** Vía de comunicación importante, como una carretera, una autopista o una calle principal: *las arterias de las grandes ciudades van llenas de coches*.
DER arterial.

artería *n. f.* Modo de actuar de la persona que no tiene buena intención y usa el engaño y la astucia para conseguir un beneficio.

arterial *adj.* De la arteria o que tiene relación con este conducto: *la presión arterial; la sangre arterial*.

arterio-, arteri- Elemento prefijal que entra en la formación de palabras con el significado de 'arteria': *arteriosclerosis*.

arteriosclerosis *n. f.* MED. Endurecimiento y aumento del grosor de las paredes arteriales: *el exceso de colesterol produce arteriosclerosis*.
OBS El plural también es *arteriosclerosis*.

artero, -ra *adj.* [persona] Que no tiene buena intención y usa el engaño y la astucia para conseguir un beneficio: *no te fíes de él, porque bajo esa apariencia de mosquita muerta se esconde un artero*.

artesa *n. f.* Recipiente rectangular, generalmente de madera, cuyos cuatro lados se van estrechando hacia el fondo; se usa para amasar el pan y para mezclar sustancias: *el albañil preparó el cemento en la artesa*. **SIN** batea. ☞ herramientas.
DER artesón.

artesanal *adj.* De la artesanía o que tiene relación con esta técnica: *en algunas ferias se venden productos artesanales*. **SIN** artesano.

artesanía *n. f.* **1** Técnica para fabricar objetos o productos a mano, con aparatos sencillos y de manera tradicional: *la artesanía se transmite de generación en generación*. **2** Objeto o producto fabricado según esta técnica: *en esa tienda venden artesanía peruana*.

artesano, -na *adj.* **1** De la artesanía o que tiene relación con esta técnica: *todo el adorno está hecho con unas refinadas técnicas artesanas; es un queso artesano muy bueno: cómpralo*. **SIN** artesanal. ◇ *n. m. y f.* **2** Persona que se dedica a la artesanía: *los artesanos no hacen objetos en serie*.
DER artesanal, artesanía, artesiano.

artesiano *adj.* GEOL. [pozo] Que se practica entre dos capas subterráneas impermeables de manera que el agua allí contenida salga por su propia presión.

artesón *n. m.* Moldura de madera en forma de cuadrado u otra figura regular, cóncava y con algún adorno en el interior que, dispuesta junto con otras en serie, forma el artesonado.
DER artesonado.

artesonado, -da *adj.* **1** ARQ. [techo, cubierta] Que está adornado con artesones: *la sala central tiene un techo artesonado con maderas traídas del Caribe*. ◇ *n. m.* **2** ARQ. Techo adornado con artesones: *restauraron la iglesia conservando los artesonados y las yeserías mudéjares*.

ártico, -ca *adj.* Del polo Norte o que tiene relación con este lugar de la Tierra o con sus territorios limítrofes: *el clima ártico; las tierras árticas.*

articulación *n. f.* **1** Unión entre dos piezas rígidas que permite cierto movimiento entre ellas: *la articulación de la dirección del coche está estropeada.* **2** Unión, generalmente movible, de dos huesos: *tiene reúma y le duele la articulación de la rodilla.* **SIN** coyuntura. **3** Unión de distintos elementos que forman un conjunto ordenado: *debes cuidar mucho la articulación del discurso.* **4** Pronunciación clara de las palabras: *un cantante necesita tener una buena articulación.* **5** GRAM. Posición y movimiento de los órganos del aparato vocal para pronunciar un sonido: *en la articulación de la consonante* b *intervienen los dos labios.*

articulado, -da *adj.* **1** Que tiene articulaciones o piezas unidas por articulaciones: *un camión articulado.* **2** [animal] Que tiene un esqueleto externo formado por piezas que se articulan entre sí: *los cangrejos y los insectos son animales articulados.* **3** GRAM. [lenguaje] Que está formado por un número determinado de sonidos que se combinan de manera diferente para formar palabras con significado: *los animales no tienen lenguaje articulado.* **ANT** inarticulado. ◇ *n. m.* **4** Conjunto de artículos de una ley, un tratado o un reglamento: *el articulado de la nueva ley no recoge esa circunstancia.*
DER inarticulado.

articular *v. tr.* **1** Unir dos piezas de manera que sea posible el movimiento entre ellas: *esta mesa se puede plegar porque sus patas se articulan.* **2** Pronunciar un sonido colocando los órganos del aparato vocal de manera correcta: *si quieres articular la* b, *debes juntar los labios.* **3** Unir distintos elementos para formar un conjunto ordenado: *lo mejor de este informe es que has articulado sus partes con acierto.* **ANT** desarticular, desunir.
DER articulación, articulado, articulatorio; desarticular.

articulatorio, -ria *adj.* **1** De la articulación de los sonidos del lenguaje o relacionado con ella: *movimiento articulatorio, el aparato articulatorio.* **2** De la articulación de los huesos o relacionado con ella: *la artritis es una enfermedad articulatoria.*

articulista *n. com.* Persona que escribe artículos para periódicos o publicaciones semejantes.

artículo *n. m.* **1** Texto escrito sobre un tema que aparece publicado en un periódico, en una revista o en un libro: *hay artículos de política, de economía, de deportes o de actualidad.* **2** Producto u objeto que se compra o se vende: *en un supermercado puedes encontrar artículos de alimentación, de limpieza, de perfumería y muchos otros.* **artículo de primera necesidad** Producto que es importante y necesario para la vida: *el pan, el agua y la leche son artículos de primera necesidad.* **3** GRAM. Determinante que acompaña al nombre e indica que nos referimos a un elemento conocido o a la especie en general; concuerda con el nombre en género y número: *en la frase* el gato va a saltar, el *nos indica que no se trata de un gato cualquiera. En la frase* el gato es un mamífero, el *nos indica que hablamos de todos los gatos en general.* **4** Parte de un tratado, ley o documento oficial que forma con otras iguales una serie numerada y ordenada: *la Declaración Universal de los Derechos Humanos tiene 30 artículos.* **SIN** apartado, párrafo. **5** Parte que en un diccionario se dedica a la definición de la palabra con que se encabeza: *artesanía, artesonado y artístico, con todas las definiciones y explicaciones que contienen, son tres artículos de nuestro diccionario.*
DER articulista.

artífice *n. com.* **1** Autor o realizador de una cosa: *el artífice de una victoria deportiva, el artífice de la paz.* **2** Persona que hace trabajos artísticos o delicados con las manos: *los joyeros son artífices.*
DER artificio.

artificial *adj.* **1** Que ha sido hecho por el hombre y no por la naturaleza: *las flores artificiales imitan las naturales, pero se hacen de tela, papel o plástico.* **ANT** natural. **2** Que no es sincero, que es falso o fingido: *tenía una sonrisa artificial.*
DER artificialmente.

artificiero *n. m.* Persona especializada en el manejo de explosivos: *los artificieros de la policía consiguieron desactivar una bomba.*

artificio *n. m.* **1** Máquina o aparato: *inventó un artificio para separar la clara de la yema del huevo.* **2** En una obra artística, exceso de elaboración y falta de naturalidad: *esa novela tiene demasiado artificio: el lenguaje es muy poco natural.* **3** Truco o habilidad para imitar una cosa, disimular sus imperfecciones o producir un efecto: *su remordimiento es sólo un artificio para conseguir la simpatía de los demás.*
DER artificial, artificiero, artificioso.

artificiosidad *n. f.* Calidad de artificioso.

artificioso, -sa *adj.* Falto de naturalidad: *el lenguaje que emplea en sus novelas es demasiado artificioso.*
DER artificiosidad.

artillería *n. f.* **1** Conjunto de los cañones, morteros y otras máquinas de guerra que disparan proyectiles a gran distancia y que pertenecen a un ejército, a un barco o a una plaza militar: *la artillería pesada son los cañones de gran calibre.* **2** En el ejército de tierra, cuerpo destinado a usar esas máquinas: *la artillería desfiló detrás de la infantería y delante de los paracaidistas.* **3** Arte de construir y usar las armas, máquinas y municiones de guerra: *los especialistas en artillería son los encargados del mantenimiento de los cañones.*

artillero, -ra *adj.* **1** De la artillería o que tiene relación con ella: *el apoyo artillero será decisivo en el ataque.* ◇ *n. m.* **2** Soldado que sirve en un cuerpo de artillería de un ejército: *hizo la mili como artillero.* **3** Persona que, en las explotaciones petrolíferas, coloca las cargas explosivas y les prende fuego. **4** En el juego del fútbol, delantero centro.
DER artillería.

artilugio *n. m.* Mecanismo o aparato, especialmente si su manejo es complicado: *se ha comprado un coche lleno de artilugios que no sabe para qué sirven.*

artimaña *n. f.* Medio que se emplea con habilidad y astucia para conseguir algo, especialmente para engañar o evitar un engaño: *con sus artimañas, obtuvo de él lo que quiso.* **SIN** añagaza, ardid, estratagema.

artiodáctilo *adj./n. m.* **1** ZOOL. [mamífero] Del orden de los artiodáctilos. ◇ *n. m. pl.* **2 artiodáctilos** ZOOL. Orden de mamíferos que tienen un número par de dedos en cada pata, de los cuales el tercero y el cuarto están más desarrollados al soportar el peso del animal; los demás dedos se reducen o se atrofian.

artista *n. com.* **1** Persona que se dedica a una o más de las bellas artes, que hace obras de arte: *los músicos, los pintores, los escultores y los bailarines son artistas.* **2** Persona que tiene buenas cualidades para dedicarse a una o más de las bellas artes: *mi hijo es un artista: siempre ha dibujado muy bien.* **3** Persona que trabaja profesionalmente en un espectáculo como cantante, actor o bailarín: *durante la cena cantaron tres artistas.* **4** Persona que hace muy bien una cosa o destaca en una actividad: *algunos cocineros son verdaderos artistas.*
DER artístico.

artístico, -ca *adj.* **1** Del arte o que tiene relación con él:

la producción artística de esa época es muy abundante. **2** Que está hecho con arte: *has hecho un ramillete de flores muy artístico.*

artrítico, -ca *adj.* **1** De la artritis o que tiene relación con esta inflamación dolorosa. ◇ *adj./n. m. y f.* **2** [persona] Que padece artritis.

artritis *n. f.* Inflamación dolorosa de las articulaciones de los huesos: *los ancianos suelen tener artritis.*
DER artrítico.
OBS El plural también es *artritis*.

artrópodo *adj./n. m.* **1** ZOOL. [animal] Que pertenece al tipo de los artrópodos. ◇ *n. m. pl.* **2 artrópodos** ZOOL. Tipo de animales invertebrados que tienen las patas y las antenas compuestas por piezas articuladas y el cuerpo recubierto de una sustancia dura: *los insectos, las arañas y los crustáceos son artrópodos.*

artrosis *n. f.* Enfermedad grave que altera y deforma las articulaciones de los huesos: *la artrosis en las vértebras es muy frecuente en las personas ancianas.*
OBS El plural también es *artrosis*.

arzobispado *n. m.* **1** Dignidad de arzobispo: *el obispo era ya muy viejo cuando accedió al arzobispado.* **2** Zona que depende de un arzobispo: *la iglesia pertenece al arzobispado de Valencia.* **3** Edificio u oficina donde trabajan el arzobispo y sus ayudantes: *el sacerdote trabajaba en la notaría del arzobispado.*

arzobispal *adj.* Del arzobispo o que tiene relación con él: *el palacio arzobispal es un precioso edificio construido en el Renacimiento.*

arzobispo *n. m.* Obispo de iglesia metropolitana.
DER arzobispado, arzobispal.

as *n. m.* **1** Carta que en la numeración de cada palo de la baraja lleva el número uno: *el as de oros, de bastos, de copas, de espadas.* **2** Cara del dado que tiene un solo punto: *lanzó los dados y sacó dos ases.* **3** Persona que sobresale mucho en una actividad o profesión: *Fangio fue un as del volante.*
OBS El plural es *ases*.

asa *n. f.* Pieza, generalmente curva y cerrada, que sobresale de un objeto y sirve para cogerlo con la mano: *cogió la cacerola por las asas.*
DER asir.
OBS En singular se le anteponen los determinantes *el, un,* salvo que entre el determinante y el nombre haya otra palabra: *el asa, la artística asa.*

asado *n. m.* Carne que se cocina exponiéndola a la acción directa del fuego: *ha sacado el asado del horno para cortarlo y servirlo en los platos.*

asador *n. m.* **1** Varilla puntiaguda en la que se ensarta y pone al fuego lo que se quiere asar: *el cocinero puso las chuletas en el asador y lo acercó al fuego.* **2** Aparato que sirve para cocinar exponiendo los alimentos a la acción directa del fuego: *los pollos del asador están protegidos por un cristal.* **3** Establecimiento en el que sirven comidas asadas: *fuimos a un asador a comer churrasco.* **SIN** parrilla.

asadura *n. f.* **1** Conjunto de las entrañas de un animal: *compró una asadura de buey en la carnicería.* **2** Conjunto formado por los pulmones y el hígado de un animal: *voy a freír una asadura de cordero con cebolla.* **3** Hígado de un animal: *¿tiene asadura de ternera?*

asaetear *v. tr.* Disparar saetas o herir con ellas: *lo asaetearon desde la muralla.*

asalariado, -da *adj./n. m. y f.* [persona] Que percibe un salario por su trabajo.

asalmonado, -da *adj.* **1** [pescado, especialmente la trucha] Que se parece en la carne al salmón: *trucha asalmonada.* **2** De color rosa pálido, como el del salmón.

asaltante *adj./n. com.* [persona] Que asalta o ataca: *los asaltantes amenazaron a los empleados del banco.*

asaltar *v. tr.* **1** Entrar repentina y violentamente en un lugar con la intención de apoderarse de él o para robar: *asaltaron un banco para apoderarse del dinero que guardaba.* **2** Atacar por sorpresa a una persona con la intención de robarla: *nos asaltaron a la salida del cine.* **3** Venir de repente a la mente un pensamiento o una idea: *tras hablar con él, me asaltó la duda de si había dicho la verdad.*
DER asaltante, asalto.

asalto *n. m.* **1** Parte o tiempo de que consta un combate de boxeo: *cada asalto dura tres minutos.* **2** Ataque repentino y violento que se hace con la intención de robar o de apoderarse de un lugar: *el delincuente ha sido el autor de varios asaltos a bancos de la ciudad; antiguamente, las murallas defendían los castillos de los asaltos de los enemigos.*

asamblea *n. f.* **1** Reunión de muchas personas convocadas con un fin: *se pueden reunir en asamblea los obreros de una fábrica, los estudiantes de una facultad o los miembros de una asociación de vecinos.* **2** Conjunto de representantes políticos que constituyen un cuerpo deliberante: *la Asamblea General de las Naciones Unidas aprobó los derechos de los niños.*
DER asambleísta.

asambleísta *n. com.* Persona que forma parte de una asamblea.

asar *v. tr.* **1** Cocinar un alimento sometiéndolo a la acción directa del fuego: *mañana asaré unas patatas en el horno.* ◇ *v. prnl.* **2 asarse** Sentir mucho calor: *abre la ventana, que nos estamos asando.* **SIN** cocer.
DER asado, asador, asadura; soasar.

asaz *adv. culto* Indica el grado más alto de lo que se expresa: *su muerte fue asaz dolorosa.* **SIN** muy.
OBS Se usa ante adjetivos, participios, adverbios y locuciones adverbiales.

ascendencia *n. f.* **1** Conjunto de los antepasados de una persona: *tu ascendencia son tus padres, tus abuelos y los padres de tus abuelos.* **2** Procedencia, origen: *tengo ascendencia judía porque mis bisabuelos eran judíos.* **ANT** descendencia.

ascendente *adj.* Que asciende o sube: *se observa una progresión ascendente de los precios.*
DER ascendencia.

ascender *v. intr.* **1** Subir a un lugar, a un punto o a un grado más alto: *han ascendido al Himalaya; se espera que las temperaturas asciendan en los próximos días.* **ANT** descender. **2** Costar cierta cantidad de dinero: *los gastos ascienden al doble de lo previsto.* **SIN** importar. ◇ *v. tr./intr.* **3** Pasar o hacer pasar de una categoría o puesto menos importante a otro más alto o de más importancia: *lo ascendieron a capitán; sólo algunos militares ascienden a generales.*
DER ascendente, ascendiente, ascensión, ascenso, ascensor; descender.
OBS En su conjugación, la e se convierte en *ie* en sílaba acentuada, como en *entender*.

ascendiente *n. com.* **1** Padre, madre o cualquiera de los abuelos de quien desciende una persona: *varios de sus ascendientes nacieron en África.* **SIN** ancestro, antecesor, antepasado. **ANT** descendiente. ◇ *n. m.* **2** Influencia o autoridad moral: *su padre tiene mucho ascendiente sobre él.*

ascensión *n. f.* **1** Subida a un lugar más alto; por excelencia, la de Cristo a los cielos: *la ascensión a la montaña fue muy*

ascenso

complicada. **ANT** bajada, descenso. **2** Terreno inclinado considerado de abajo arriba: *al final de la recta, la carretera tiene una ascensión muy pronunciada*. **SIN** ascenso, subida. **ANT** bajada, descenso.

ascenso *n. m.* **1** Subida a un lugar más alto: *los alpinistas han culminado el ascenso al Himalaya.* **ANT** bajada, descenso. **2** Aumento de la cantidad o de la intensidad: *se prevé un ascenso de las temperaturas.* **SIN** subida. **ANT** bajada, descenso. **3** Terreno inclinado considerado de abajo arriba: *el ascenso estaba completamente nevado.* **SIN** ascensión, subida. **ANT** bajada, descenso. **4** Paso de un puesto o categoría a otro más importante: *en algunas empresas, los ascensos son el premio a muchos años de trabajo.*

ascensor *n. m.* Aparato que sirve para subir y bajar personas o cosas de un piso a otro en un edificio: *el almacén está equipado con tres ascensores.*
DER ascensorista.

ascensorista *n. com.* Persona que se dedica a manejar un ascensor: *le pidió a la ascensorista que lo llevara al quinto piso.*

asceta *n. com.* Persona que se dedica a la práctica del perfeccionamiento espiritual.
DER ascético, ascetismo.

ascético, -ca *adj.* Del asceta o el ascetismo o que está relacionado con ellos: *viven de manera muy ascética.*

ascetismo *n. m.* **1** Ejercicio y práctica de un estilo de vida austero y sencillo para conseguir la perfección espiritual. **2** Doctrina en la que se basa este estilo de vida.

ASCII *n. m.* Sistema estandarizado de codificación informática para representar caracteres de forma que permita el intercambio de información entre distintos sistemas o programas.
ETIM ASCII es la sigla de *American standard code for information interchange*, 'código uniforme norteamericano para el intercambio de información'.

asco *n. m.* **1** Alteración del estómago causada por algo desagradable que produce ganas de vomitar: *¡qué asco!; este huevo está podrido y huele muy mal.* **SIN** repugnancia. **2** Sensación de disgusto o rechazo causada por una persona o cosa: *las cucarachas me dan asco.*
estar hecho un asco Estar muy sucio: *el niño se ha caído en un charco y está hecho un asco.*
no hacer ascos Aceptar de buena gana: *cuando le di el dinero no le hizo ascos.*
DER asquear, asqueroso.

ascua *n. f.* Trozo de carbón o de leña que arde sin llama: *cuando el fuego se apaga, quedan las ascuas en la chimenea.* **SIN** brasa.
arrimar el ascua a su sardina Tomar uno la decisión que más favorece sus intereses: *ellos quieren que tú no intervengas para arrimar el ascua a su sardina.*
en (o **sobre**) **ascuas** Inquieto o sobresaltado: *¡cuéntamelo ya, que me tienes en ascuas!*
OBS En singular se le anteponen los determinantes *el, un*, salvo que entre el determinante y el nombre haya otra palabra: *el ascua, la brillante ascua.*

asear *v. tr./prnl.* Limpiar y poner en orden: *aséate un poco y cámbiate de ropa para salir.* **SIN** adecentar.
DER aseo; desasear.

asechanza *n. f.* Engaño oculto o disimulado para perjudicar a alguien: *con sus asechanzas consiguió que echaran a un compañero.* **SIN** insidia.

asediar *v. tr.* **1** Rodear un lugar enemigo para evitar que los que están dentro puedan salir o recibir ayuda: *la ciudad ha permanecido asediada durante dos meses, pero todavía resiste.* **2** Molestar continuamente: *lo asediaron a preguntas.*

OBS En su conjugación, la *i* no se acentúa, como en *cambiar*.

asedio *n. m.* **1** Cerco que se pone a un lugar enemigo para evitar que los que están dentro puedan salir o recibir ayuda: *después de tres días de asedio, los terroristas se entregaron a la policía.* **2** Molestia repetida e insistente: *los famosos tienen que soportar el asedio de fotógrafos y periodistas.*
DER asediar.

asegurador, -ra *adj./n. m. y f.* [persona, empresa] Que asegura bienes ajenos.

asegurar *v. tr.* **1** Afirmar que una cosa es verdad, que una noticia es cierta: *asegura que él no tuvo nada que ver.* **2** Hacer que una persona o cosa esté bien sujeta: *cuando colocamos los bultos en la baca del coche, los aseguramos para que no se caigan.* **SIN** fijar. **3** Firmar un documento en el que se establece cómo alguien cubrirá ciertos riesgos a cambio de una prima: *podemos asegurar la casa contra incendios o robos, o el coche a todo riesgo.* ◇ *v. prnl.* **4 asegurarse** Comprobar una cosa para estar bien seguro: *antes de irte a dormir, asegúrate de que el gas de la cocina está bien cerrado.* **SIN** cerciorarse.
DER asegurador.

asemejar *v. tr.* **1** Hacer semejante una cosa a otra: *lleva unas orejas enormes que lo asemejan a un burro.* ◇ *v. prnl.* **2 asemejarse** Parecerse una cosa a otra: *se asemeja a su padre incluso en los gestos.* **SIN** asimilar, semejar.

asentamiento *n. m.* **1** Colocación de una cosa en un lugar de manera que permanezca firme y segura: *antes de levantar el muro, tenemos que esperar el asentamiento de los cimientos.* **2** Establecimiento de una población en un lugar: *las autoridades autorizaron el asentamiento de los colonos en aquellas tierras.* **3** Lugar en el que se establece un pueblo: *ha sido descubierto un gran asentamiento romano a las afueras del pueblo.*

asentar *v. tr.* **1** Poner una cosa en un lugar para que quede firme: *los arquitectos asientan los edificios sobre buenos fundamentos.* **2** Establecer los principios o las bases sobre las que se consolida algo inmaterial: *asentó los principios básicos de nuestra ciencia.* ◇ *v. prnl.* **3 asentarse** Establecerse un grupo de personas en un lugar de manera permanente, quedarse a vivir allí: *muchos inmigrantes africanos se asientan en ciudades europeas.* **4** Depositarse en el fondo de un líquido la materia sólida que está flotando en él: *tienes que esperar a que se asienten los posos del café para servirlo.* **SIN** posarse.
DER asentamiento, asiento.

OBS En su conjugación, la *e* se convierte en *ie* en sílaba acentuada, como en *acertar*.

asentimiento *n. m.* Aceptación o aprobación: *el profesor dio su asentimiento para que salieran los niños del aula.*

asentir *v. intr.* Admitir que se está de acuerdo con lo que una persona dice o propone: *a veces asentimos a lo que nos proponen con un gesto de la cabeza.*
DER asentimiento.

OBS En su conjugación, la *e* se convierte en *ie* en sílaba acentuada, como en *i* en algunos tiempos y personas, como en *hervir*.

aseo *n. m.* **1** Habitación en la que están el váter y otros elementos que sirven para el aseo, a excepción de la ducha o la bañera: *disculpadme: voy al aseo a lavarme las manos.* **SIN** retrete, servicio. **2** Limpieza o arreglo de algo: *debes dedicar más tiempo a tu aseo personal.*

asépalo, -la *adj.* [flor] Que carece de sépalos.

asepsia *n. f.* **1** Ausencia de bacterias y microbios que puedan provocar una infección: *en los quirófanos es necesaria la asepsia.* **SIN** desinfección. **2** Método o procedimiento para evitar que las bacterias, microbios o cualquier otro organismo infecten un cuerpo, un objeto o un lugar: *la esterilización*

y la aplicación de antisépticos son formas de asepsia. **3** Falta de emoción o de sentimientos: *la actuación del bailarín mostraba cierta asepsia.*
DER aséptico.

aséptico, -ca *adj.* **1** Que no tiene bacterias ni microbios que puedan provocar una infección: *el material médico es aséptico.* **SIN** estéril. **2** Que no es original o no se compromete; que no tiene emoción o energía: *su discurso en el Parlamento fue totalmente aséptico; la interpretación del violinista fue aséptica.*

asequible *adj.* Que se puede conseguir o alcanzar: *algunas cosas sólo son asequibles si se tiene mucho dinero.* **ANT** inasequible.
DER inasequible.

aserción *n. f.* Declaración de que una cosa es cierta: *son falsas las aserciones de que el sida no se transmite heterosexualmente.*

aserradero *n. m.* Lugar donde se asierra la madera u otra cosa: *fue al aserradero a buscar serrín.*

aserrar *v. tr.* Cortar con una sierra: *aserraban los árboles para transportarlos después.* **SIN** serrar.
DER aserradero.
OBS En su conjugación, la e se convierte en ie en sílaba acentuada, como en *acertar*.

aserto *n. m.* Declaración de que una cosa es cierta: *ese aserto todavía está por probar.*

asesinar *v. tr.* Matar a una persona con premeditación u otras agravantes: *el presidente norteamericano Abraham Lincoln fue asesinado en un teatro de Washington.*
DER asesinato.

asesinato *n. m.* Muerte que se da a una persona con premeditación u otras agravantes: *esta noche se ha cometido un asesinato en esta calle.*

asesino, -na *adj./n. m. y f.* [persona] Que causa la muerte de alguien con premeditación u otras agravantes: *el asesino fue condenado a cadena perpetua.*
DER asesinar.

asesor, -ra *adj./n. m. y f.* [persona] Que asesora o da consejo técnico: *le preguntaré a mi asesor fiscal qué debo hacer con mis ahorros.*
DER asesoría.

asesoramiento *n. m.* Consejo u opinión que una persona da sobre un tema que conoce muy bien.

asesorar *v. tr./prnl.* Dar o tomar consejo u opinión técnica: *antes de comprar un coche, conviene asesorarse bien y consultar a personas expertas.* **SIN** aconsejar.
DER asesor, asesoramiento.

asesoría *n. f.* **1** Oficio del asesor: *lleva muchos años dedicándose a la asesoría.* **2** Establecimiento donde trabaja el asesor: *ha montado una asesoría fiscal.*

asestar *v. tr.* Dar un golpe, clavar un puñal o disparar un arma de fuego contra alguien o algo: *le asestó tres puñaladas.*

aseveración *n. f.* Declaración de que una cosa es cierta.

aseverar *v. tr.* Declarar que una cosa es cierta: *si aseveras que has visto a una persona, es que estás completamente seguro de haberla visto.*
DER aseveración.

asexuado, -da *adj.* Que no tiene sexo. **SIN** asexual.

asexual *adj.* **1** Que no tiene sexo: *los objetos son asexuales.* **SIN** asexuado. **2** BIOL. [reproducción] Que se produce sin intervención de los dos sexos: *la reproducción mediante división celular o por esporas son clases de reproducciones asexuales.*

asfaltar *v. tr.* Cubrir una superficie con asfalto: *el ayuntamiento ha hecho asfaltar varias calles.*

asfáltico, -ca *adj.* De asfalto o que contiene asfalto.

asfalto *n. m.* **1** Sustancia densa y pegajosa derivada del petróleo crudo, de color negro y muy impermeable que, mezclada con arena o grava, se usa para cubrir superficies, especialmente calles y carreteras. **2** Pavimento hecho con esta sustancia: *el asfalto de esta carretera está en muy mal estado.*
DER asfaltar, asfáltico.

asfixia *n. f.* **1** Falta de oxígeno en la sangre provocada por un fallo en la respiración: *la asfixia puede deberse a la inhalación de gases tóxicos.* **2** Sensación de agobio producida por el excesivo calor o por el enrarecimiento del aire: *empezó a sentir una especie de asfixia en el autobús.*
DER asfixiar.

asfixiante *adj.* Que asfixia o ahoga: *hace un calor asfixiante.* **SIN** agobiante, sofocante.

asfixiar *v. tr./prnl.* **1** Impedir o dificultar la respiración: *algunas serpientes se enroscan al cuerpo de sus presas y las asfixian; se asfixiaron al inhalar los gases tóxicos que se produjeron al arder las sillas de plástico.* **SIN** ahogar. **2** Provocar o tener la sensación de no poder respirar, especialmente por el excesivo calor o el enrarecimiento del aire. **SIN** agobiar, ahogar, sofocar.
DER asfixiante.
OBS En su conjugación, la i no se acentúa, como en *cambiar*.

así *adv.* **1** De esta o de esa manera: *mira: se hace así; unas ruedas así de gruesas.* **2** En oraciones exclamativas e interrogativas indica extrañeza o admiración: *¿así que te vas?; ¡así me lo pagas!* **3** Con un verbo en subjuntivo expresa un deseo o maldición: *así Dios te ayude; así te pudras.* **SIN** ojalá. ◇ *adj.* **4** Tal, semejante: *un marido así es una joya.* ◇ *conj.* **5** Aunque, por más que: *no dirá una palabra así lo maten.* **6** Indica consecuencia: *nadie quiso ayudarle y así tuvo que desistir de su empeño.* Suele ir precedido de la conjunción *y*.
así así Medianamente, regular: *estamos así así: no nos va de maravilla.*
así como o **así que** Tan pronto como, en el momento en que: *así como entró en la habitación, lo reconoció.*
así como así De cualquier manera, fácilmente: *no creas que se aprende a hablar un idioma así como así.*
así mismo De la misma manera: *los jóvenes deben hacer deporte. Así mismo, los mayores deben hacer deporte también, pero con moderación.* También se puede escribir *asimismo*.
así pues o **así que** En consecuencia, por lo cual: *no la he visto; así pues, no he podido decírselo.*
DER asimismo.

asiático, -ca *adj.* **1** De Asia o que tiene relación con este continente. ◇ *adj./n. m. y f.* **2** [persona] Que es de Asia.

asidero *n. m.* **1** Parte de un objeto que sirve para asirlo o cogerlo con la mano. **SIN** agarradera, agarradero. **2** Parte de un objeto o de un edificio que sirve para poder cogerse o sujetarse a él: *el asidero de una bañera.* **SIN** agarradera, agarradero. **3** [persona, cosa] Que sirve de apoyo, ayuda o pretexto: *su familia es siempre su asidero.*

asiduidad *n. f.* Constancia en la realización de algo: *tienes que asistir a las clases con asiduidad para aprender más.*

asiduo, -dua *adj.* **1** [persona] Que es perseverante en la realización de algo: *algunos restaurantes tienen clientes asiduos.* **2** [actividad] Que se hace constante y frecuentemente: *las visitas al dentista deben ser asiduas.*
DER asiduidad.

asiento *n. m.* **1** Mueble o lugar para sentarse: *sillas, tabu-*

asignación

retes, sofás y bancos son diferentes tipos de asientos. **2** Parte de un mueble u objeto donde alguien se sienta: *a esta silla se le ha roto el asiento; el asiento de la bici es muy incómodo.* ☞ automóvil. **3** Lugar en que está situado un pueblo o un edificio: *la ciudad de Antequera tiene su asiento en el valle del mismo nombre.* **4** Parte de un recipiente que sirve de base o apoyo: *el asiento de una botella.* **5** Apunte o anotación que se hace en un registro o libro: *repasó los asientos que figuraban en el libro de contabilidad.*
tomar asiento Sentarse: *tome asiento, por favor, y espere a que llegue el doctor.*

asignación *n. f.* **1** Decisión por la cual se determina que una cosa le corresponde a una persona: *la asignación de las funciones se hará el mes que viene.* **2** Cantidad de dinero que se da a una persona o institución de manera periódica: *cuenta con una asignación mensual de sus padres para hacer frente a sus gastos.*

asignar *v. tr.* **1** Señalar que una cosa le corresponde a una persona: *le asignaron un trabajo muy difícil; cuando te asignan un lugar en la clase, te dicen que ese sitio es el tuyo.* **2** Fijar un día para hacer una cosa, ponerse de acuerdo en una fecha: *las autoridades asignan un día para las elecciones.* **SIN** señalar.
DER asignación, asignatura.

asignatura *n. f.* Cada una de las materias que se enseñan en un curso y que forman parte de un programa de estudios: *matemáticas, lengua, educación física y filosofía son asignaturas de algunos planes de estudio.*

asilar *v. tr.* **1** Dar asilo a una persona extranjera que es perseguida en su país por motivos políticos. ◇ *v. prnl.* **2 asilarse** Tomar asilo en un país extranjero una persona perseguida en el suyo por motivos políticos.

asilo *n. m.* **1** Establecimiento benéfico en el que se acoge a personas pobres o que no tienen casa: *muchos asilos son para ancianos.* **2** Ayuda o protección que se da o se recibe: *Francia ha dejado de dar asilo a los terroristas.* **asilo político** Protección que un estado da a una persona extranjera que es perseguida en su país por motivos políticos: *ha pedido asilo político en España.*
DER asilar.

asilvestrado, -da *adj.* [animal doméstico o domesticado] Que se vuelve salvaje.

asimetría *n. f.* Falta de simetría: *llama la atención la asimetría de este cuadro.*
DER asimétrico.

asimétrico, -ca *adj.* Que tiene dos mitades o partes que no son exactamente coincidentes en forma y tamaño: *dibujó una figura asimétrica.* **SIN** disimétrico. **ANT** simétrico.

asimilación *n. f.* **1** Conversión de los alimentos en materia útil para la vida. **2** Comprensión de lo que se aprende e incorporación de los conocimientos nuevos a los que ya se poseían. **3** Equiparación, proceso por el que algo se hace similar o igual a otra cosa: *el proceso de asimilación de los alemanes que habían emigrado a los Estados Unidos se aceleró a consecuencia de las dos guerras mundiales.* **4** Concesión a los miembros de una carrera o profesión de iguales derechos que los de otra.

asimilar *v. tr.* **1** Transformar un organismo los alimentos que toma en sustancias útiles para la vida: *tiene una enfermedad en el intestino y no asimila bien lo que come.* **2** Comprender lo que se está aprendiendo e incorporar los conocimientos nuevos a los que ya se tenían: *información de este tipo debería darse de forma que fuera fácilmente asimilada por el público.* **3** Equiparar, hacer que algo sea similar a otra cosa: *la Unión Europea deberá ser lo suficientemente flexible como para asimilar más países rápidamente.* **4** Aceptar una situación o adaptarse a ella: *ahora tendrá que asimilar su nueva situación.* **5** Conceder a los miembros de una carrera o profesión iguales derechos que los de otra. ◇ *v. prnl.* **6 asimilarse** Parecerse una cosa a otra: *los buitres se asimilan a las águilas.* **SIN** asemejar, semejar.
DER asimilación; desasimilar.

asimismo *adv.* De la misma manera, igualmente: *deberán traer asimismo lo necesario para cocinar.* **SIN** así mismo, también.

asíndeton *n. m. culto* Figura del lenguaje que consiste en suprimir las conjunciones entre las partes de una oración o entre varias oraciones: *un ejemplo de asíndeton es: corre, salta, vuela, sueña.*
OBS El plural es *asíndetos.*

asir *v. tr./prnl.* Coger con fuerza, especialmente con la mano: *lo asió de la ropa para que no se marchase; consiguió que la riada no se lo llevase asiéndose a una rama de un árbol.* **SIN** agarrar.
DER asidero; desasir.

asirio, -ria *adj.* **1** De Asiria o que está relacionado con esta

asir

INDICATIVO	SUBJUNTIVO
presente	**presente**
asgo	asga
ases	asgas
ase	asga
asimos	asgamos
asís	asgáis
asen	asgan
pretérito imperfecto	**pretérito imperfecto**
asía	asiera o asiese
asías	asieras o asieses
asía	asiera o asiese
asíamos	asiéramos o asiésemos
asíais	asierais o asieseis
asían	asieran o asiesen
pretérito indefinido	**futuro**
así	asiere
asiste	asieres
asió	asiere
asimos	asiéremos
asisteis	asiereis
asieron	asieren
futuro	**IMPERATIVO**
asiré	
asirás	ase (tú)
asirá	asga (usted)
asiremos	asid (vosotros)
asiréis	asgan (ustedes)
asirán	
condicional	**FORMAS NO PERSONALES**
asiría	
asirías	infinitivo gerundio
asiría	asir asiendo
asiríamos	participio
asiríais	asido
asirían	

asonante

antigua región del oeste de Asia. ◇ *adj./n. m. y f.* **2** [persona] Que nació en Asiria. ◇ *n. m.* **3** Lengua semítica hablada antiguamente en esta región.

asistencia *n. f.* **1** Concurrencia a un lugar y permanencia en él durante un período: *la asistencia a las clases es obligatoria*. **ANT** inasistencia. **2** Conjunto de personas presentes en un local o acto: *el músico agradeció los aplausos de la asistencia*. **3** Ayuda o cuidado que se da a una persona: *los médicos están obligados a prestar asistencia en caso de accidente*. **4** En baloncesto, pase que hace un jugador a otro de su mismo equipo para que consiga fácilmente una canasta: *este jugador ha dado diez asistencias a su compañero y éste ha obtenido 20 puntos*. ◇ *n. f. pl.* **5 asistencias** Conjunto de personas que prestan ayuda o cuidados: *las asistencias retiraron al jugador lesionado del terreno de juego*.
asistencia social Ayuda médica, económica o social prestada de manera gratuita a las personas que carecen de recursos económicos, generalmente por parte de una institución oficial.
DER inasistencia.

asistenta *n. f.* Mujer que se dedica a la limpieza y servicio doméstico en una casa distinta de la suya a cambio de dinero, generalmente por horas o algunos días a la semana. **SIN** chacha, sirvienta.

asistente *adj./n. com.* **1** [persona] Que está presente en un lugar o acto: *todos los asistentes a la reunión firmaron el acta; el público asistente coreó la canción*. ◇ *n. com.* **2** Persona que ayuda o auxilia a otra en algunos actos o tareas: *hay soldados que hacen de asistentes y están destinados al servicio personal de un general, jefe u otro militar*. **asistente social** Persona que se dedica a asesorar a personas que carecen de recursos económicos, gestionando las ayudas que presta la asistencia social: *en los centros de acogida de mujeres maltratadas hay asistentes sociales que las ayudan a solucionar sus problemas*.

asistir *v. intr.* **1** Estar presente en un lugar o en un acto: *un gran número de personas asistió al funeral*. ◇ *v. tr.* **2** Ayudar a una persona, atenderla o cuidarla: *en un hospital estarás mejor asistido*. **ANT** desasistir. **3** Estar la razón o el derecho de parte de una persona: *me asiste el derecho a ser escuchado en esta reunión*. ◇ *v. tr./intr.* **4** Realizar en una casa los trabajos domésticos a cambio de dinero: *me he quedado sin trabajo y me he puesto a asistir*. **SIN** servir.
DER asistencia, asistenta, asistente; desasistir.

asma *n. f.* Enfermedad del aparato respiratorio caracterizada por respiración anhelosa y difícil, tos, sensación de ahogo y expectoración escasa: *un ataque de asma*.
DER asmático.
OBS En singular se le anteponen los determinantes *el, un*, salvo que entre el determinante y el nombre haya otra palabra: *el asma, la pesada asma*.

asmático, -ca *adj.* **1** Del asma o que tiene relación con esta enfermedad: *ataque asmático*. ◇ *adj./n. m. y f.* **2** [persona] Que padece asma: *es asmática desde la niñez*.

asnal *adj.* Del asno o que tiene relación con este cuadrúpedo: *este ganadero se dedica a la cría asnal*.

asno *n. m.* **1** Cuadrúpedo doméstico, parecido al caballo aunque más pequeño, con grandes orejas y cola larga y pelo áspero y grisáceo, que por ser muy resistente se usa para trabajos en el campo y para la carga: *el asno es una forma domesticada del burro salvaje de África, que se ha usado durante siglos para el transporte de pesadas cargas*. **SIN** borrico, burro. ◇ *adj./n. m.* **2** *coloquial* [persona] Torpe y poco inteligente: *como era tan asno, fue incapaz de terminar los estudios primarios*. **SIN** besugo, borrico, burro.

DER asnal.

asociación *n. f.* **1** Unión de personas, entidades o cosas para un fin: *parece que se va hacia la asociación de los grandes bancos*. **2** Relación que se establece entre dos ideas cuando una sugiere la otra: *al oír la letra de la canción hice una asociación de ideas y recordé la fecha de tu cumpleaños*. **3** Conjunto de personas que se han unido con un fin: *las asociaciones de vecinos luchan por mejorar sus barrios; todas las escuelas tienen una asociación de padres*.
DER asociacionismo.

asociacionismo *n. m.* Tendencia a formar asociaciones para defender intereses comunes.

asociado, -da *n. m. y f.* Persona que forma parte de una asociación o sociedad: *los asociados se reúnen una vez al año*. **SIN** socio.

asociar *v. tr./prnl.* **1** Unir a una persona, entidad o cosa con otra u otras para un fin: *cada vez hay más fabricantes que se asocian con empresas extranjeras*. ◇ *v. tr.* **2** Relacionar dos ideas de modo que una de ellas sugiera la otra: *siempre asocio el olor a sandía con el verano*. **3** Unir o juntar: *hay elementos químicos que no se pueden asociar*.
DER asociación, asociado, asociativo.
OBS En su conjugación, la *i* no se acentúa, como en *cambiar*.

asociativo, -va *adj.* Que induce a la asociación de ideas o que es el resultado de ella: *por una reacción asociativa, siempre que mencionan el gazpacho pienso en el verano*.

asolar *v. tr.* **1** Destruir totalmente, arrasar: *en ocasiones, los tifones asolan las costas de Florida*. **SIN** desolar, devastar. En su conjugación, la *o* se convierte en *ue* en sílaba acentuada, como en *contar*. Se tiende a conjugarlo también como regular. ◇ *v. tr./prnl.* **2** Secar el campo o echar a perder sus frutos el calor o la sequía: *toda la fruta se asoló durante el verano*.

asomar *v. intr.* **1** Empezar a mostrarse una persona o cosa: *todas las mañanas asoma el sol por el este; ya asoma el día*. ◇ *v. tr./prnl.* **2** Sacar o mostrar una cosa por una abertura o por detrás de alguna parte: *asoma la cabeza por la ventana; asómate a la ventana*.
DER asomo.

asombrar *v. tr./prnl.* Causar o sentir asombro; *el mago asombró al público con su magia; me asombra tu capacidad de trabajo*. **SIN** maravillar.
DER asombrado, asombro.

asombro *n. m.* **1** Gran admiración o sorpresa: *el jugador provocó el asombro del público con su habilidad; el hombre se tiró desde la azotea ante el asombro de todos*. **2** Persona o cosa que causa admiración o sorpresa: *ese trabajador es un asombro de eficiencia*.
DER asombroso.

asombroso, -sa *adj.* Que causa admiración o sorpresa: *la inteligencia de este niño es asombrosa; todavía me parece asombroso que estés vivo después de un accidente tan grave*. **SIN** sorprendente.

asomo *n. m.* Muestra o señal de una cosa: *no te veo ni el menor asomo de interés en tus estudios*.
ni por asomo De ninguna manera: *eres muy vago y, si sigues así, no vas a terminar el trabajo ni por asomo*.

asonancia *n. f. culto* Igualdad de las vocales en la terminación de dos palabras, especialmente si son finales de verso, a partir de su última vocal acentuada: *existe asonancia entre las palabras* espanto *y* árbol.
DER asonante.

asonantar *v. intr.* **1** Ser una palabra asonante de otra. ◇ *v. tr.* **2** Rimar los versos en asonante.

asonante *adj. culto* [palabra] Que coincide con otra sólo en

aspa

los sonidos vocales, a partir de su última vocal acentuada: *fortuna es asonante de mucha*. **ANT** consonante.
DER asonantar.

aspa *n. f.* **1** Conjunto formado por dos o más palas o barras unidas en forma de X y que gira movido por la fuerza del viento o la electricidad: *las aspas de un molino de viento; las aspas de un ventilador*. **2** Cosa que tiene forma de X: *el cuestionario se rellena escribiendo un aspa en las casillas correspondientes*.
DER aspar.
OBS En singular se le anteponen los determinantes *el, un*, salvo que entre el determinante y el nombre haya otra palabra: *el aspa, la ancha aspa*.

aspar *v. tr.* Someter a suplicio a una persona fijándola o clavándola en una cruz en forma de aspa.
que me (o **te**, o **le**) **aspen** *coloquial a*) Refuerza lo que se dice a continuación: *¡que me aspen si ése no es Ambrosio! b*) Se usa para indicar desprecio o desinterés: *si tampoco te interesa esta oferta, lárgate y que te aspen*.

aspaviento *n. m.* Demostración excesiva o exagerada de un sentimiento: *cuando les dieron las vacaciones, los niños salieron de la escuela haciendo aspavientos de alegría*.
DER aspaventar.
OBS Se suele usar con el verbo *hacer*. ◇ Se usa frecuentemente en plural.

aspecto *n. m.* **1** Conjunto de rasgos o características que muestra una persona o cosa: *esa tortilla tiene muy buen aspecto; no juzgues a las personas por su apecto físico*. **SIN** apariencia, facha. **2** GRAM. Categoría gramatical que distingue en el verbo diferentes clases de acción: *los verbos pueden tener aspecto perfectivo, imperfectivo o durativo*.

aspereza *n. f.* **1** Falta de suavidad de una superficie al tacto: *esta pared tiene demasiada aspereza*. **2** Falta de delicadeza o de amabilidad en el trato: *no debes hablarles a los niños con tanta aspereza*. **SIN** crudeza.
limar asperezas Conciliar opiniones, acercar pareceres contrarios: *después de discutir quisieron limar asperezas cenando juntos*.

áspero, -ra *adj.* **1** Que tiene la superficie rugosa y es desagradable al tacto: *tenía las manos ásperas de trabajar en el campo; las toallas están ásperas*. **ANT** suave. **2** Que es poco delicado o amable en el trato: *contestas a tu madre de manera muy áspera*.
DER aspereza; exasperar.

aspersión *n. f.* Dispersión de un líquido en finas gotas mediante un mecanismo: *muchos campos y jardines se riegan por aspersión*.

aspersor *n. m.* Mecanismo que esparce o dispersa un líquido a presión, como el agua para el riego o los herbicidas químicos.

áspid *n. m.* **1** Culebra venenosa de hasta dos metros de longitud propia de Egipto; es de color verde amarillento con manchas pardas: *Cleopatra fue mordida por un áspid*. **2** Culebra venenosa pequeña que se encuentra en los Pirineos y en otros lugares de montaña: *un áspid mordió al montañero y tuvo que ser trasladado al hospital en helicóptero*.
OBS El plural es *áspides*.

aspiración *n. f.* **1** Deseo intenso de hacer o conseguir una cosa: *sus aspiraciones profesionales se han cumplido con creces*. **SIN** anhelo. **2** Introducción de aire u otra sustancia gaseosa en los pulmones: *cuando respiramos hacemos aspiraciones de aire*. **SIN** inspiración. **ANT** espiración. **3** Sonido que se produce al rozar en la laringe o la faringe el aire espirado: *la aspiración de la h inicial de palabra es una característica del andaluz*.

aspirador, -ra *n. m.* **1** Aparato o máquina que aspira fluidos: *han traído un aspirador para vaciar la charca*. ◇ *n. m. y f.* **2** Electrodoméstico que sirve para aspirar el polvo u otras partículas del suelo o de los muebles: *pasa la aspiradora a la moqueta*.

aspirante *n. com.* Persona que aspira a conseguir un empleo, distinción o título: *ya se han presentado todos los aspirantes al título de campeón de este torneo*.

aspirar *v. intr.* **1** Desear intensamente hacer o conseguir una cosa: *todos los atletas aspiran a la medalla de oro*. ◇ *v. tr./intr.* **2** Introducir aire u otra sustancia gaseosa en los pulmones: *cuando hacemos gimnasia aspiramos con más fuerza que cuando respiramos normalmente; también se puede aspirar un gas, un perfume o el humo de una pipa*. **SIN** inspirar. **ANT** espirar. **3** Atraer una máquina hacia su interior un líquido, un gas, el polvo o cualquier otra sustancia: *podemos aspirar el polvo con un aspirador y el agua de un pozo con una bomba*. **4** Pronunciar un sonido con aspiración: *en andaluz se aspira la h inicial de palabra*.
DER aspiración, aspirador, aspirante.

aspirina *n. f.* Medicamento compuesto de los ácidos acético y salicílico que se emplea para quitar el dolor y bajar la fiebre: *cuando me duele la cabeza tomo aspirinas*.

asquear *v. tr./intr.* Causar asco o fastidio: *este trabajo me asquea*.

asquerosidad *n. f.* Porquería que produce asco: *había basura, platos sin fregar y ropa sucia por toda la casa; aquello era una asquerosidad*.

asqueroso, -sa *adj.* Que produce asco: *la casa estaba asquerosa: el suelo lleno de basura, en la cocina se amontonaban los cacharros sin fregar y había ropa tirada por todas partes*.
DER asquerosidad.

asta *n. f.* **1** Prolongación de hueso de forma cónica, generalmente curvada y acabada en punta, que crece en la parte superior de la frente de algunos animales. **SIN** cuerno. **2** Palo generalmente largo en que se coloca una bandera: *cuando muere un personaje importante, las banderas del país se izan a media asta en señal de duelo*. **SIN** mástil. **3** Palo de una lanza o de una alabarda: *cuando el jinete cayó del caballo, el asta de su lanza se partió*.
DER astado, astil.
OBS En singular se le anteponen los determinantes *el, un*, salvo que entre el determinante y el nombre haya otra palabra: *el asta, la larga asta*.

astado, -da *adj.* [animal] Que tiene astas o cuernos: *el toro es un animal astado*. **SIN** cornudo.

ástato *n. m.* Elemento químico radiactivo, sólido, que no existe en estado natural y se obtiene al bombardear bismuto con partículas alfa: *el símbolo del ástato es At*.

-astenia Elemento sufijal que entra en la formación de palabras con el significado de 'debilidad', 'falta de fuerza': *neurastenia*.

astenosfera *n. f.* Capa del interior de la Tierra, probablemente formada por materiales viscosos que pueden deformarse: *la astenosfera se halla entre 70-150 km y 600-800 km de profundidad*.

asterisco *n. m.* Signo de ortografía que se parece a una estrella de muchas puntas (*) y se usa para indicar una remisión, una nota a pie de página, una forma irregular o para otros fines.

asteroide *n. m.* Planeta de poco volumen cuya órbita se encuentra entre las de Marte y Júpiter: *con el telescopio pude ver Júpiter y muchos asteroides*.
DER asteroideo.

astigmático, -ca *adj.* Que padece astigmatismo.

astigmatismo *n. m.* Defecto de la vista debido a una curvatura irregular de la córnea que hace que se vean algo deformadas las imágenes y poco claro el contorno de las cosas.

astil *n. m.* **1** Mango, generalmente de madera, que tienen las hachas, azadas, picos y otras herramientas parecidas: *dio un golpe tan fuerte con el pico, que rompió el astil.* **2** Barra horizontal de cuyos extremos cuelgan los platillos de la balanza: *no puedo pesar porque se ha roto el astil.*

astilla *n. f.* Fragmento irregular que salta de una materia, especialmente la madera, o queda en ella al partirla o romperla con fuerza: *me he clavado una astilla en el dedo.*
hacer astillas *a)* Producir astillas al partir o romper un objeto con fuerza: *cogió sus viejas sillas del comedor y las hizo astillas.* *b)* Romper o destrozar una cosa: *los niños han hecho astillas el sofá de tanto saltar sobre él.*
DER astillar, astillero.

astillar *v. tr./prnl.* Hacer astillas: *al darle una patada a la puerta la ha astillado; se dio un golpe fuerte en la pierna y se ha astillado el hueso.*

astillero *n. m.* Lugar en el que se construyen y reparan embarcaciones: *este astillero construye buques de gran tonelaje.*

astracán *n. m.* **1** Piel de los corderos no nacidos o recién nacidos de una raza de ovejas del Turquestán; el pelo es rizado y de color negro o muy oscuro: *el astracán es muy apreciado en peletería para hacer abrigos.* **2** Tejido de lana o de pelo de cabra que imita esta piel.

astrágalo *n. m.* ANAT. Hueso que, junto con otros seis, forma el tarso: *el astrágalo permite flexionar el pie.* **SIN** taba.

astral *adj.* De los astros o que tiene relación con ellos: *movimientos astrales, carta astral.* **SIN** sideral.

astringente *adj./n. m.* **1** Que contrae los tejidos orgánicos y seca las heridas: *el alcohol es astringente.* **2** Que hace difícil la expulsión de los excrementos: *la manzana es astringente.* **ANT** laxante.

astringir *v. tr./intr.* **1** Contraer los tejidos orgánicos y secar las heridas: *echa un poco de alcohol para que astrinja la herida.* **2** Hacer difícil la expulsión de excrementos: *el arroz astringe.*
DER astringente.
OBS En su conjugación, la g se convierte en j delante de a y o.

astro *n. m.* **1** Cuerpo celeste del firmamento, como las estrellas y los planetas: *el Sol es el astro del día; la Luna, el astro de la noche.* **2** Persona que destaca en una profesión o que es muy popular, especialmente en un deporte o en el arte: *este actor es un astro del cine.* **SIN** estrella, figura.
DER astral, astroso.

astro- Elemento prefijal que entra en la formación de palabras con el valor de: *a)* 'Astro': *astrología.* *b)* Indica relación con la navegación espacial: *astronave.*

astrofísica *n. f.* Parte de la astronomía que estudia los astros utilizando los métodos y las leyes de la física: *la astrofísica utiliza telescopios y aparatos que captan las radiaciones que llegan de los astros.*
DER astrofísico.

astrofísico, -ca *adj.* **1** De la astrofísica o que tiene relación con esta parte de la astronomía. ◊ *n. m. y f.* **2** Persona que se dedica al estudio de la astrofísica: *uno de los mayores éxitos de los astrofísicos ha sido su explicación de cómo se produce la energía en el interior de las estrellas.*

astrolabio *n. m.* Instrumento que se usó para observar la situación y movimientos de los astros: *los astrolabios se utilizaban en la navegación para determinar el rumbo.*

astrología *n. f.* Estudio de la influencia que la posición y el movimiento de los astros pueden tener sobre las personas: *la astrología dice que con los signos del Zodíaco se puede saber cómo es el carácter de una persona y las cosas que le pasarán en el futuro.*
DER astrológico, astrólogo.

astrológico, -ca *adj.* De la astrología o que tiene relación con ella: *un estudio astrológico, una predicción astrológica.*

astrólogo, -ga *n. m. y f.* Persona que se dedica al estudio de la astrología: *un astrólogo me ha hecho mi carta astral.*

astronauta *n. com.* Persona que pilota o forma parte de la tripulación de una nave espacial o que está entrenada y preparada para hacerlo: *el término astronauta se emplea para designar a las personas que participan en vuelos espaciales norteamericanos o europeos.* **SIN** cosmonauta.
DER astronáutica, astronave.

astronáutica *n. f.* Ciencia y tecnología de la navegación espacial: *los avances de la astronáutica harán posible viajar a otros planetas.*
DER astronáutico.

astronáutico, -ca *adj.* De la astronáutica o que tiene relación con esta ciencia y tecnología: *los cohetes espaciales son aparatos astronáuticos muy complejos.*

astronave *n. f.* Vehículo que se usa en la navegación espacial fuera de la atmósfera de la Tierra. **SIN** cosmonave, nave espacial, cohete.

astronomía *n. f.* Ciencia que estudia los astros, sus movimientos, su posición y su naturaleza.

astronómico, -ca *adj.* **1** De la astronomía o que tiene relación con esta ciencia: *los observatorios astronómicos tienen telescopios muy sofisticados.* **2** [cantidad] Que es enorme o exagerado: *precios astronómicos; distancias astronómicas.*

astrónomo, -ma *n. m. y f.* Persona que se dedica al estudio de la astronomía: *los astrónomos investigan la composición y los movimientos de los astros.*

astucia *n. f.* **1** Habilidad para conseguir algo, especialmente para engañar o evitar un daño: *su astucia le ayudó a escapar de la policía.* **2** Medio que se emplea con habilidad para conseguir algo, especialmente para engañar o evitar un daño: *siempre ingenia alguna astucia para evitar que lo reprendan por llegar tarde al trabajo.* **SIN** añagaza, artimaña, estratagema.
DER astuto.

astur *adj.* **1** De un antiguo pueblo que ocupaba gran parte de la actual provincia de León y casi toda la de Asturias, o relacionado con él: *la capital del pueblo astur fue Asturica Augusta, hoy Astorga.* ◊ *n. m. y f.* **2** Persona que pertenecía a este pueblo.

asturcón, -cona *adj./n. m. y f.* [caballo] Que es de pequeño tamaño y originario de la sierra del Sueve (Asturias).

asturiano, -na *adj.* **1** De Asturias o que tiene relación con esta provincia y comunidad autónoma española. ◊ *adj./n. m. y f.* **2** [persona] Que es de Asturias. ◊ *n. m.* **3** Variedad lingüística procedente del leonés que se habla en Asturias: *el asturiano también se denomina bable.*

astuto, -ta *adj.* Que es hábil para engañar o para evitar el engaño: *una persona astuta no se deja engañar fácilmente.* **SIN** ladino, sagaz, zorro.

asueto *n. m.* Descanso o vacación que dura una tarde o un día: *hoy no voy al colegio porque me han dado asueto.*

asumir *v. tr.* **1** Aceptar una obligación o una responsabilidad: *no creo que debas asumir semejante responsabilidad.* **2** Tomar conciencia de algo: *tienes que asumir tus propias limitaciones y actuar de acuerdo con ellas.*

asunción

DER asunción, asunto; reasumir.

asunción *n. f.* **1** Aceptación de una obligación o responsabilidad: *la asunción de su nuevo cargo le obligará a residir en la capital.* SIN contracción. **2** En la religión católica, subida de la Virgen María a los cielos: *la asunción de la Virgen se celebra el 15 de agosto.*

asunto *n. m.* **1** Materia de que se trata: *todavía no he llegado a comprender el fondo del asunto.* **2** Tema o argumento de una obra literaria o de una película. **3** Negocio u ocupación de una persona: *no quiero que nadie se meta en mis asuntos; tengo que resolver un asunto muy importante.* **4** Aventura amorosa que se mantiene en secreto: *sus idas y venidas me hacen pensar que tiene un asunto con alguna compañera.*

asustadizo, -za *adj.* Que se asusta con facilidad: *los pájaros son animales asustadizos.*

asustar *v. tr./prnl.* Causar o sentir susto, miedo o temor: *el perro asustó a los niños; mi bebé se asusta del ruido.* SIN amedrentar, atemorizar, intimidar.
DER asustado.

-ata Sufijo que entra en la formación de sustantivos femeninos con el significado de 'acción': *cabalgata, caminata, serenata.*

atacar *v. tr./intr.* **1** Lanzarse con violencia contra una persona o cosa para hacerle daño o derrotarla: *la mayoría de los animales salvajes no atacan al hombre si no son provocados; Napoleón atacó Rusia en 1812, pero fue derrotado y forzado a retirarse.* **2** Criticar con fuerza a una persona, una organización o una idea: *escribió un artículo atacando a los jueces.* **3** Actuar una enfermedad o una sustancia química sobre algo, dañándolo o destruyéndolo: *el sida ataca al sistema inmunológico; los ácidos atacan los metales.* **4** Empezar a ejecutar un sonido o una composición musical: *la orquesta atacó el movimiento final.*
DER ataque; contraatacar.
OBS En su conjugación, la c se convierte en qu delante de e.

atado *n. m.* Conjunto de cosas unidas o sujetas juntas con cuerdas, cordeles o materiales semejantes: *llevaba la ropa sucia en un atado.*

atadura *n. f.* **1** Material que se usa para atar: *el preso se liberó de las ataduras y consiguió escapar.* **2** Unión o relación fuerte entre dos personas o cosas: *decidió romper con todas las ataduras del pasado y empezar de nuevo.*
OBS Se usa frecuentemente en plural.

atajar *v. intr.* **1** Hacer el camino más corto entre dos puntos escogiendo el trayecto más adecuado: *si atajamos por aquí, llegaremos antes.* SIN cortar. ◇ *v. tr.* **2** Cortar o interrumpir un proceso o una acción: *los médicos no consiguieron atajar la enfermedad a tiempo.*
DER atajo.

atajo *n. m.* **1** Camino más corto que otro para ir a un lugar: *conozco un atajo para llegar al parque que nos permitirá ganar unos minutos.* **2** Grupo pequeño de ganado: *el cabrero salió al monte con su atajo de cabras.* También se escribe *hatajo.* **3** Conjunto o grupo de personas o cosas: *sois un atajo de vagos.* También se escribe *hatajo.*

atalaje *n. m.* Conjunto de correajes de las caballerías.

atalaya *n. f.* Torre construida sobre un lugar elevado que sirve para vigilar una gran extensión de terreno o de mar: *los soldados construyeron una atalaya para vigilar mejor la costa.*

atañer *v. intr.* Corresponder, incumbir o afectar: *este problema no me atañe en absoluto.* SIN competer, concernir.
OBS Es defectivo. Se usa sólo en tercera persona. ◇ En su conjugación, la i de la desinencia se pierde absorbida por la ñ en algunos tiempos y personas, como en *tañer.*

ataque *n. m.* **1** Acción violenta o impetuosa contra una persona o cosa para hacerle daño o derrotarla: *un ataque de la aviación.* **2** Hecho o dicho con que se critica con fuerza a una persona, una organización o una idea: *el diputado lanzó varios ataques contra el partido contrario.* **3** Acceso repentino causado por una enfermedad o por un sentimiento extremo: *un ataque de corazón; un ataque de nervios.*

atar *v. tr./prnl.* Unir o sujetar con cuerdas, cordeles o materiales semejantes: *átale los zapatos al niño.* ANT desatar.
◇ *v. tr.* **2** Impedir o quitar el movimiento: *el miedo le ató las piernas y la voz; el trabajo la tiene atada todo el día a la oficina.* SIN encadenar.

atar cabos Reunir y relacionar datos para sacar una conclusión: *he ido atando cabos y he llegado a la conclusión de que me engañas.*

atar corto *coloquial* Vigilar de cerca a una persona, controlar sus movimientos y acciones: *deberías atar corto a tus hijos; ahora mismo hacen lo que quieren y eso no es forma de educar.*
DER atado, atadura; desatar.

ataraxia *n. f.* Estado de ánimo que se caracteriza por la tranquilidad o la ausencia de cualquier deseo o temor.

atarazana *n. f.* Lugar en el que se construyen y reparan embarcaciones. SIN arsenal.

atardecer *n. m.* **1** Período que corresponde a la última parte de la tarde: *los atardeceres en el mar son muy bellos.*
◇ *v. impersonal* **2** Empezar a caer la tarde: *está atardeciendo.*
OBS En su conjugación, la c se convierte en zc delante de a y o, como en *agradecer.*

atareado, -da *adj.* Que está muy ocupado con su trabajo: *ya sabes que es difícil ver al jefe porque es una persona muy atareada.*

atascar *v. tr./prnl.* **1** Obstruir o tapar un conducto con alguna cosa: *la basura ha atascado la alcantarilla; el fregadero se ha atascado.* SIN atorar, atrancar, taponar. ANT desatascar.
2 Poner obstáculos al desarrollo de un proceso o de una acción: *tu decisión ha atascado la firma del convenio con la otra sociedad; las negociaciones de paz se pueden atascar si los dos países no ponen más de su parte.* ◇ *v. prnl.* **3 atascarse** Quedarse detenido en un lugar sin poder moverse o avanzar: *el coche se atascó en el barro.* **4** Cortarse o turbarse la persona que estaba hablando: *cada vez que tiene que hablar en público se atasca.* SIN atorar, atrancar.
DER atasco; desatascar.
OBS En su conjugación, la c se convierte en qu delante de e.

atasco *n. m.* **1** Obstrucción de un conducto: *el atasco está en el codo de la tubería.* **2** Acumulación excesiva de vehículos que impide la circulación normal por un lugar: *en las horas punta se suelen producir atascos.* SIN congestión, embotellamiento, tapón.

ataúd *n. m.* Caja en la que se coloca un cuerpo muerto para enterrarlo: *entre seis familiares trasladaron el ataúd del coche fúnebre.* SIN féretro.

ataviar *v. tr./prnl.* Arreglar, vestir o adornar de determinada manera: *las mujeres se ataviaron con los trajes regionales.*
DER atavío.
OBS En su conjugación, la i se acentúa en algunos tiempos y personas, como en *desviar.*

atávico, -ca *adj.* [comportamiento] Que imita o mantiene costumbres o formas de vida propias de otras épocas: *debes desechar tus ideas atávicas sobre las relaciones entre hombres y mujeres; un miedo atávico a la oscuridad.*

atavío *n. m.* **1** Vestido, adorno o compostura. **2** Objeto que sirve como adorno: *hay que colocar los atavíos para la fiesta.*

atavismo *n. m.* Tendencia a imitar o mantener costumbres o formas de vida propias de otras épocas.
DER atávico.

ateísmo *n. m.* Doctrina que niega la existencia de Dios.

atemorizar *v. tr./prnl.* Asustar, causar o sentir temor o miedo: *los gritos atemorizan a los niños; el futuro me atemoriza.*
SIN acobardar, acoquinar.
OBS En su conjugación, la *z* se convierte en *c* delante de *e*.

atemperar *v. tr./prnl.* Calmar, moderar o hacer más suave: *unas palabras conciliadoras atemperaron los ánimos.* **SIN** suavizar.

atenazar *v. tr.* **1** Sujetar con fuerza con unas tenazas o de forma semejante: *el niño atenazó a su amigo por el cuello.* **2** Dejar parado o sin capacidad de movimiento o de acción: *el miedo me atenazaba y no podía moverme ni gritar.*
OBS En su conjugación, la *z* se convierte en *c* delante de *e*.

atención *n. f.* **1** Aplicación intensa del entendimiento y los sentidos a un asunto: *si prestamos atención a las explicaciones de clase, las entenderemos mejor.* **2** Demostración de respeto, cortesía o afecto: *tiene muchas atenciones con su mujer; ha sido una atención por su parte venir a recogernos a la estación.*
en atención a Teniendo en cuenta aquello de que se habla: *se lo concedo en atención a la amistad que nos une.*
llamar la atención *a)* Tratar de despertar el interés o la curiosidad de los demás: *se viste así de raro para llamar la atención. b)* Causar sorpresa, sorprender: *me llama la atención su cambio de criterio. c)* Regañar o reprender a una persona: *no pises el césped porque el guarda te va a llamar la atención.*

atender *v. tr./intr.* **1** Escuchar con atención, aplicar intensamente el entendimiento y los sentidos a un asunto: *hay alumnos que no atienden en clase, siempre están distraídos.* ◊ *v. tr.* **2** Tener cuidado de una persona o cosa, ocuparse de ella: *cuando hacemos una fiesta, hemos de atender a los invitados y cuidar de que no les falte nada; es agradable encontrar a un dependiente que nos atienda con amabilidad.* **3** Considerar, tener en cuenta o satisfacer un ruego o una petición: *el ayuntamiento atendió las protestas de los vecinos y arregló la calle.* ◊ *v. intr.* **4** Llamarse un animal de una manera determinada: *el gato perdido atiende por Felisín.*
DER atención, atento; desatender.
OBS En su conjugación, la *e* se convierte en *ie* en sílaba acentuada, como en *entender*.

ateneo *n. m.* **1** Asociación cultural que fomenta los conocimientos científicos, literarios y artísticos de las personas que pertenecen a ella: *en los ateneos se organizan conferencias y cursos, y tienen buenas bibliotecas donde se reciben muchas revistas.* **2** Local o edificio donde se reúnen los miembros de esta asociación: *en el Ateneo de Madrid hay una buena biblioteca.*

atenerse *v. prnl.* Ajustarse o someterse a una cosa: *si sigues comportándote tan mal, deberás atenerte a las consecuencias.*
OBS Se conjuga como *tener*.

ateniense *adj.* **1** De Atenas o que tiene relación con la capital de Grecia. ◊ *adj./n. com.* **2** [persona] Que es de Atenas.

atentado *n. m.* **1** Acción violenta contra alguien para matarlo o contra una cosa para destruirla: *el presidente Kennedy murió en un atentado.* **2** Ataque u ofensa contra algo que se considera bueno o justo: *esta novela es un atentado contra el buen gusto; la destrucción de los bosques es un atentado contra la naturaleza.*

atentar *v. tr./intr.* Cometer un atentado: *iban a atentar contra el presidente; esta película atenta contra la moral tradicional.*
DER atentado.

atento, -ta *adj.* **1** Que pone atención: *cuando conducimos un coche debemos estar muy atentos a las señales de tráfico.* **ANT** desatento. **2** Que es muy amable y educado, que tiene atenciones con las personas: *las personas atentas procuran que quien esté a su lado se sienta a gusto.* **ANT** desatento.

atenuación *n. f.* Disminución de la intensidad, la gravedad o la importancia de algo.

atenuante *adj./n. f.* [circunstancia] Que hace que disminuya la gravedad de un delito: *la perturbación mental es una circunstancia atenuante.*

atenuar *v. tr.* Disminuir la intensidad, la gravedad o la importancia de algo: *las gruesas cortinas no lograban atenuar la luz del exterior; las palabras de consuelo atenúan el dolor de una persona.*
DER atenuación, atenuante.
OBS En su conjugación, la *u* se acentúa en algunos tiempos y personas, como en *actuar*.

ateo, atea *adj./n. m. y f.* [persona] Que niega la existencia de Dios: *los ateos no suelen ir a la iglesia.* **ANT** creyente.
DER ateísmo.

aterciopelado, -da *adj.* Que es parecido al terciopelo o que tiene la finura y suavidad propia de esta tela: *la piel del melocotón es aterciopelada.*

aterido, -da *adj.* Paralizado o entumecido a causa del frío: *hace tanto frío, que se me han quedado las manos ateridas.*

aterirse *v. prnl.* Quedarse paralizado o entumecido a causa del frío. **SIN** arrecirse, congelarse, helarse.
DER aterido.
OBS Es defectivo. Se usa generalmente en el infinitivo y el participio y en las formas que tienen la vocal *i* en su desinencia.

aterrador, -ra *adj.* Que causa terror o miedo muy intenso: *durante la noche se oyó un grito aterrador.* **SIN** espeluznante, terrorífico.

aterrar *v. tr./prnl.* **1** Causar o sentir terror o miedo muy intenso: *los terroristas aterran a la población con atentados; algunas personas se aterran cuando tienen que viajar en avión.* **SIN** aterrorizar. ◊ *v. tr.* **2** Cubrir con tierra. **3** Echar los escombros de las minas en los lugares destinados para ello.
DER aterrador.
OBS En su conjugación, la *e* se convierte en *ie* en sílaba acentuada, como en *acertar*.

aterrizaje *n. m.* Descenso sobre la tierra de un vehículo aéreo, hasta detenerse en ella. **ANT** despegue.

aterrizar *v. intr.* **1** Descender un vehículo aéreo sobre la tierra, hasta detenerse en ella: *el avión aterrizó sin complicaciones a pesar de la espesa niebla.* **ANT** despegar. **2** Llegar a tierra después de un vuelo: *después de un viaje muy tranquilo, aterrizamos por la tarde en Florida.* **3** Comenzar a desarrollar un trabajo o actividad en un lugar nuevo: *apenas aterrizó en la nueva oficina, tuvo que tomar decisiones importantes.*
DER aterrizaje.
ETIM Véase *tierra*.
OBS En su conjugación, la *z* se convierte en *c* delante de *e*.

aterrorizar *v. tr./prnl.* Aterrar, causar o sentir terror.
OBS En su conjugación, la *z* se convierte en *c* delante de *e*.

atesorar *v. tr.* **1** Acumular y guardar dinero o cosas de valor: *se pasa la vida atesorando dinero en vez de gastarlo y disfrutarlo.* **2** Poseer una cualidad determinada: *la profesora atesoraba grandes conocimientos de arte.*

atestado *n. m.* Documento oficial redactado por la policía

atestar *v. tr.* **1** Llenar por completo de personas o cosas: *el metro estaba atestado de gente; atestar de hierba el saco*. **2** Exponer ante el juez u otra autoridad lo que se sabe sobre un asunto. **SIN** atestiguar.
DER atestado.
OBS En su conjugación, la e se convierte en ie en sílaba acentuada, como en *acertar*. Se usa también como regular.

atestiguar *v. tr./intr.* **1** Exponer ante el juez u otra autoridad lo que se sabe sobre un asunto: *algunos testigos han atestiguado que los ladrones huyeron en un coche rojo; mañana tengo que ir a atestiguar ante el juez*. **SIN** atestar, declarar, deponer. ◇ *v. tr.* **2** Ofrecer indicios ciertos de una cosa cuya existencia se dudaba: *como médico, puedo atestiguar que su muerte fue accidental*.
OBS En su conjugación, la u no se acentúa y la gu se convierte en gü delante de e, como en *averiguar*.

atiborrar *v. tr.* **1** Llenar un recipiente de forma que no quepa nada más: *el público atiborró el cine*. ◇ *v. tr./prnl.* **2** Llenar la cabeza con ideas, lecturas u otra cosa: *no me atiborres la cabeza con tus historias*. ◇ *v. prnl.* **3 atiborrarse** Llenar el estómago de alimento hasta no poder comer más: *si te atiborras ahora, luego no tendrás ganas de cenar*. **SIN** atracar, hartar.

ático, ca *adj.* **1** Del Ática (región de Grecia) o de Atenas (capital de Grecia) o que tiene relación con esta región o con esta capital griegas. ◇ *adj./n. m. y f.* **2** [persona] Que es del Ática o de Atenas. ◇ *n. m.* **3** Piso o apartamento construido en la azotea de un edificio; generalmente es más pequeño que los demás del mismo edificio, pero tiene una terraza mayor: *vivo en un precioso ático en el centro, con una amplísima terraza*.
DER sobreático.

atildamiento *n. m.* Arreglo cuidadoso y excesivo.

atildar *v. tr./prnl.* Arreglar a una persona cuidadosa y excesivamente: *la madre atildó a la niña con unos lazos*.
DER atildado, atildamiento.

atinar *v. intr.* Acertar, encontrar lo que se busca o dar con lo cierto o correcto: *atinó con la solución; gracias a tus indicaciones, atiné con la casa fácilmente*. **ANT** desatinar.
DER desatinar.

atípico, -ca *adj.* Que no es típico, que no tiene las características representativas del género a que pertenece: *la ballena es un mamífero atípico, ya que vive en el mar y parece un pez*.

atisbar *v. tr.* **1** Observar con atención y disimulo: *desde detrás de las cortinas atisbaba lo que ocurría en la calle*. **2** Ver con dificultad por la distancia o la falta de luz: *a lo lejos se atisbaba una figura sentada*. **SIN** vislumbrar. **3** Intuir o conjeturar algo por indicios o señales, sin verlo claramente: *no atisbo ninguna salida satisfactoria para esta situación*. **SIN** vislumbrar.
DER atisbo.

atisbo *n. m.* Sospecha o indicio; conjetura que se forma a partir de una sospecha o un indicio: *mientras haya un atisbo de vida, el médico no abandonará al enfermo*.

¡atiza! *int.* Expresión con que se denota admiración o sorpresa.

atizador *n. m.* Utensilio de hierro largo y delgado que sirve para atizar el fuego: *mueve la leña de la chimenea con el atizador*.

atizar *v. tr.* **1** Remover o alimentar el fuego para que arda más: *atiza la lumbre, que se está apagando*. **2** Hacer más fuerte o intenso un sentimiento o una discordia: *aquellas palabras sirvieron para atizar el odio que sentía por él*. **3** Dar un golpe: *atizar un puñetazo; le atizó un par de bofetadas*. **4** Golpear, dar una paliza: *contestó mal a su padre, y éste le atizó de lo lindo*.
DER atizador.
OBS En su conjugación, la z se convierte en c delante de e.

atlante *n. m.* Columna con figura de hombre que sostiene sobre su cabeza o sus hombros la parte baja de la cornisa: *los atlantes sujetan los arquitrabes*.

atlántico, -ca *adj.* Del Atlántico o que tiene relación con este océano que baña las costas americanas, europeas y africanas: *Galicia corresponde a la parte atlántica de España*.
DER transatlántico.

atlas *n. m.* **1** Libro formado por un conjunto de mapas, generalmente geográficos: *para estudiar geografía debes consultar un atlas*. **2** Libro formado por un conjunto de mapas y láminas relacionados con un tema determinado: *un atlas histórico; un atlas lingüístico*. **3** Primera vértebra de la columna vertebral que se articula inmediatamente con el cráneo y sostiene la cabeza.
DER atlante, atlántico.
ETIM *Atlas* proviene del nombre de un gigante mitológico que sostenía sobre sus hombros la bóveda celeste.
OBS El plural también es *atlas*.

atleta *n. com.* **1** Persona que practica el atletismo: *en las Olimpíadas participan atletas de todo el mundo*. **2** Persona fuerte y musculosa: *los jugadores de baloncesto son atletas*.
DER atlético, atletismo.

atlético, -ca *adj.* Del atletismo, de los atletas o que tiene relación con ellos: *los saltos de longitud y altura son pruebas atléticas; tiene un cuerpo atlético*.

atletismo *n. m.* Conjunto de deportes que consisten básicamente en correr, saltar o lanzar distintos objetos: *en las Olimpíadas se celebran muchas pruebas de atletismo, como carreras, saltos de altura y longitud y el lanzamiento de pesos y de jabalina*.

atmósfera o **atmosfera** *n. f.* **1** Capa gaseosa que envuelve a un astro; especialmente, la que rodea a la Tierra: *el hombre no debería contaminar la atmósfera; la atmósfera de la Luna es irrespirable*. **2** Ambiente que rodea a una persona o cosa: *cuando una habitación no se ha ventilado bien, decimos que la atmósfera está muy cargada o viciada; la acción de esta novela se desarrolla en una atmósfera de terror*. **3** Unidad de presión: *una atmósfera equivale a la presión ejercida sobre un centímetro cuadrado por una columna de mercurio de 760 milímetros*.
DER atmosférico.

atmosférico, -ca *adj.* De la atmósfera o que tiene relación con esta capa gaseosa: *la lluvia, la nieve, las nubes y el viento son fenómenos atmosféricos; la contaminación atmosférica*.

atolladero *n. m.* **1** Lugar del que resulta difícil salir o hace difícil avanzar: *en hora punta las calles son un auténtico atolladero*. **2** Situación incómoda y comprometida de la que es difícil salir o librarse: *le dije que no lo conocía y así salí del atolladero*.

atolón *n. m.* Isla de coral con forma de anillo y una laguna interior que se comunica con el mar por algunos pasos estrechos: *en el océano Pacífico hay muchos atolones*.

atolondramiento *n. m.* Torpeza o falta de cuidado y atención al hacer una cosa: *la causa de que hayas roto las copas de cristal está en tu atolondramiento*.

atolondrar *v. tr./prnl.* Hacer que una persona se ponga

nerviosa y actúe torpemente, sin cuidado ni atención: *el ruido de la calle me atolondraba; cuando le declaré mi amor, se atolondró y se le cayó lo que llevaba en las manos.*
DER atolondramiento.

atómico, -ca *adj.* **1** Del átomo o que tiene relación con la parte más pequeña de un elemento químico: *las centrales nucleares producen energía atómica.* **2** Que emplea la energía que se encuentra en el núcleo de los átomos para producir un efecto: *las bombas atómicas tienen un extraordinario poder de destrucción.* **SIN** nuclear.
DER subatómico.

atomizador *n. m.* Aparato que se coloca en la boca de un recipiente y sirve para esparcir líquidos pulverizándolos en partículas muy pequeñas: *quiero un frasco de colonia con atomizador.* **SIN** nebulizador, pulverizador.

atomizar *v. tr.* **1** Esparcir un líquido en gotas muy pequeñas. **2** Dividir algo en partes muy pequeñas de modo que no se puede volver a unir: *las diferencias de opinión acabaron por atomizar el partido.* **3** Separar completamente los elementos que forman algo inmaterial: *con sus argumentos atomizó las opiniones del contrario.*
DER atomizador.
OBS En su conjugación, la *z* se convierte en *c* delante de *e*.

átomo *n. m.* **1** FÍS. Parte más pequeña de un elemento químico que conserva las propiedades de dicho elemento: *el átomo tiene un núcleo de protones y neutrones recubierto por una corteza de electrones; una molécula de agua está formada por dos átomos de hidrógeno y un átomo de oxígeno.* **2** Cantidad muy pequeña de una materia: *la luz mostraba los átomos de polvo flotando en el aire.* **SIN** partícula.
DER atómico, atomizar.

atonía *n. f.* **1** Falta de voluntad o energía para hacer cosas: *habló de la atonía general de la sociedad.* **SIN** apatía. **2** MED. Falta de capacidad para contraerse ciertos tejidos orgánicos, especialmente los músculos: *el ejercicio físico evita la atonía.*

atónito, -ta *adj.* Que está muy sorprendido o espantado ante algo poco habitual: *a menudo cuando nos anuncian una desgracia, nos quedamos atónitos.*

átono, -na *adj.* [vocal, palabra, sílaba] Que se pronuncia sin acento de intensidad: *en la palabra libro, la sílaba bro es átona.* **SIN** inacentuado. **ANT** tónico.

atontado, -da *adj./n. m. y f.* Que está aturdido o desconcertado: *cuando me dieron la noticia, me quedé como atontado.*

atontamiento *n. m.* Estado de perturbación de los sentidos o del entendimiento provocado por un golpe, un ruido o una fuerte impresión que impide coordinar ideas u obrar con aplomo y serenidad: *tanto ruido me produce atontamiento.* **SIN** aturdimiento.

atontar *v. tr./prnl.* **1** Volver tonto; hacer tonto o más tonto: *algunos programas de televisión atontan a la gente.* **SIN** atontolinar, entontecer. **2** Perturbar los sentidos o el entendimiento de una persona mediante un golpe, un ruido o una fuerte impresión: *cuando ocurre un accidente, algunas personas se atontan y no saben qué hacer.* **SIN** atontolinar, aturdir.
DER atontado, atontamiento, atontolinar.

atontolinar *v. tr./prnl.* Atontar.

atoramiento *n. m.* Obstrucción de un conducto.

atorar *v. tr./prnl.* **1** Obstruir o tapar un conducto con una cosa: *un trapo viejo ha atorado la cañería del desagüe.* **SIN** atascar, cegar, obstruir. ◇ *v. prnl.* **2** *atorarse* Cortarse o turbarse la persona que estaba hablando: *estaba tan nervioso que, cuando tuvo que hablar, se atoró.* **SIN** atascar, atragantarse, atrancar.
DER atoramiento; desatorar.

atormentar *v. tr.* **1** Dar tormento, hacer daño a alguien como castigo o para obtener una información: *los guardias atormentaron a los prisioneros.* **SIN** torturar. ◇ *v. tr./prnl.* **2** Causar sufrimiento o dolor físicos: *esta jaqueca me está atormentando.* **SIN** torturar. **3** Causar disgusto o enfado: *no me atormentes con tu indiferencia.* **SIN** torturar.

atornillador *n. m.* Herramienta que sirve para atornillar o desatornillar. **SIN** desatornillador, destornillador.

atornillar *v. tr.* **1** Introducir o apretar un tornillo haciéndolo girtar en torno a su eje mediante un atornillador: *atornilla bien los tornillos de la puerta para que no haga ruido al abrirla o al cerrarla.* **ANT** desatornillar, destornillar. **2** Sujetar con tornillos: *el carpintero atornilló las ventanas al marco.* **ANT** desatornillar, destornillar. **3** Presionar u obligar a una persona a hacer algo: *el capataz atornillaba a los obreros para que trabajaran más deprisa.*
DER atornillador; desatornillar.

atosigamiento *n. m.* Molestia producida por las prisas o por exigencias o preocupaciones continuas: *el atosigamiento no suele ser bueno para realizar bien un trabajo.*

atosigar *v. tr.* Presionar a una persona metiéndole prisa para que haga algo: *no me atosigues, que si me pongo nerviosa, tardaré más; no me atosigues con tus preguntas: te contestaré a su debido tiempo.* **SIN** abrumar, acuciar, agobiar.
DER atosigamiento.
OBS En su conjugación, la *g* se convierte en *gu* delante de *e*.

atrabiliario, -ria *adj./n. m. y f.* Que es violento y se enfada con facilidad: *tiene un carácter atrabiliario.*

atracadero *n. m.* Lugar en el que pueden atracar embarcaciones pequeñas: *amarraron la lancha en el atracadero.*

atracador, -ra *n. m. y f.* Persona que roba en un banco, en una tienda o en otro lugar amenazando a los presentes: *entraron tres atracadores en el banco y consiguieron llevarse varios millones de pesetas.*

atracar *v. tr.* **1** Asaltar para robar: *atracaron un banco y se dieron a la fuga; me atracaron a plena luz del día en una calle principal.* ◇ *v. tr./intr.* **2** Poner una embarcación junto al muelle o junto a otra y asegurarla para que no se mueva: *los buques muy grandes no pueden atracar en algunos puertos pequeños y tienen que fondear fuera.* ◇ *v. prnl.* **3** *atracarse* Llenar el estómago de alimento hasta no poder comer más: *si te atracas a la hora de cenar, es posible que duermas mal.* **SIN** atiborrarse.
DER atracón. Es derivado de atracar, 'comer mucho'.
OBS En su conjugación, la *c* se convierte en *qu* delante de *e*.

atracción *n. f.* **1** Acción de atraer, acercar: *hay una fuerte atracción entre el hierro y el imán.* **2** Fuerza que atrae: *el Sol ejerce atracción sobre los astros del sistema solar.* **atracción molecular** FÍS. Atracción que ejercen entre sí las moléculas de los cuerpos: *la atracción molecular tiene como resultado la cohesión.* **3** Interés o inclinación hacia alguien o algo: *esquiar no representa ninguna atracción para mí; sintió una inmediata atracción hacia él.* **4** Persona, animal o cosa que atrae: *desde que salí en la televisión, soy la atracción de todo el barrio.* **5** Acto o ejercicio que forma parte de un espectáculo o función destinado al público: *los leones son la atracción más importante del circo; en un parque de atracciones hay muchas cosas para entretenerse: caballitos, montañas rusas, coches de choque, tiro al blanco, etc..*

atraco *n. m.* Asalto para robar: *en el atraco al banco, un joven enmascarado amenazó a los empleados con un arma.*

atracón *n. m.* **1** *coloquial* Ingestión excesiva de comida: *ayer se dio un atracón de pasteles y hoy está enfermo.* **2** *coloquial* Exceso en una actividad cualquiera: *durante el fin de semana me he dado un buen atracón de lectura.*

atractivo, -va *adj.* **1** Que llama la atención y despierta el interés de los demás: *la exploración espacial es un tema muy atractivo.* ◇ *n. m.* **2** Conjunto de características favorables de una persona o cosa que atraen la voluntad y despiertan el interés de los demás: *la belleza, la juventud y la simpatía son atractivos que todo el mundo aprecia.*
DER atracción.

atraer *v. tr.* **1** Acercar y retener un cuerpo a otro debido a sus propiedades físicas: *el imán atrae el hierro; las cargas positivas y negativas se atraen.* **2** Traer hacia sí, hacer alguien o algo que personas, animales o cosas acudan a él: *en invierno, las estaciones de esquí atraen a muchos esquiadores; estas flores tienen colores brillantes para atraer las mariposas; esta chica no me atre físicamente.* **3** Provocar, traer consigo una cosa o ser la causa de ella: *con su soberbia se atrajo la antipatía de todo el mundo.* **4** Despertar interés, agradar: *las películas de aventuras atraen a los jóvenes.* **SIN** magnetizar.
DER atractivo, atrayente.
OBS Se conjuga como *traer.*

atragantarse *v. prnl.* **1** No poder tragar una cosa que se atraviesa o se queda en la garganta: *si comes tan aprisa, te vas a atragantar.* **2** Causar fastidio, enfado o antipatía: *se me han atragantado dos asignaturas y no creo que las apruebe; ese chico se me atraganta.* **SIN** atravesarse. **3** Cortarse o turbarse la persona que estaba hablando: *durante la conversación se atragantó y tuvo que marcharse.* **SIN** atorarse, atascarse, atrancarse.

atrancar *v. tr.* **1** Asegurar una puerta o una ventana con una tranca: *por la noche siempre atranca la puerta de la calle.* **ANT** desatrancar. ◇ *v. tr./prnl.* **2** Obstruir o tapar un conducto con una cosa: *el desagüe del lavabo se ha atrancado.* **SIN** atascar, obstruir, taponar. ◇ *v. prnl.* **3 atrancarse** Cortarse o turbarse la persona que estaba hablando: *el niño está aprendiendo a leer y se atranca de vez en cuando.* **SIN** atascarse, atorarse, atragantarse.
DER desatrancar.
OBS En su conjugación, la c se convierte en qu delante de e.

atrapar *v. tr.* **1** Coger, alcanzar o apresar a alguien o algo que huye, se mueve o se escapa: *se puede atrapar un pájaro, un ladrón, un coche que va delante o la pelota que alguien nos lanza.* **2** Descubrir a alguien haciendo una cosa de manera secreta: *han atrapado a uno que estaba robando; atrapar a una persona en una mentira es descubrir que no nos ha dicho la verdad.* **3** Conseguir un beneficio o una cosa de provecho: *las oportunidades hay que atraparlas conforme se presentan.* **4** *coloquial* Contraer una enfermedad: *atrapar un resfriado.*

atrás *adv.* **1** Hacia la parte que está a las espaldas de uno: *no des un paso atrás.* **ANT** adelante. **2** En la zona posterior a aquella en la que se encuentra lo que se toma como punto de referencia: *mi casa no está en este edificio, sino en el de atrás.* **SIN** detrás. **3** En las últimas filas de un grupo de personas: *¿oyen bien los de atrás?* **SIN** detrás. **4** En la parte opuesta a la fachada o entrada principal de un edificio: *entré por la puerta de atrás.* **SIN** detrás. **5** En el fondo de un lugar: *no te coloques tan atrás, que ahí ni se ve ni se oye bien.* **6** Indica tiempo pasado: *días atrás me dijiste que vendrías conmigo; este problema viene de atrás.*
más atrás *a)* Antes, anteriormente: *más atrás hablamos de un asunto delicado y ahora volvemos a hablar de él.* *b)* Después, posteriormente en relación con un punto de referencia: *pon esas sillas más atrás, que están muy cerca de la mesa.*
DER atrasar.

atrasar *v. tr.* **1** Hacer que una cosa ocurra después del tiempo debido o previsto: *la boda debería celebrarse en el mes de abril, pero la han atrasado hasta junio.* **SIN** retrasar. **ANT** adelantar, anticipar. **2** Hacer que las agujas de un reloj retrocedan para que señalen una hora anterior a la actual: *el gobierno atrasó anoche la hora.* **SIN** retrasar. **ANT** adelantar. ◇ *v. intr./prnl.* **3** Marcar un reloj una hora anterior a la actual; andar un reloj con menos velocidad de la debida: *mi reloj atrasa.* **SIN** retrasar. **ANT** adelantar. ◇ *v. prnl.* **4 atrasarse** Progresar a un ritmo inferior al normal, quedarse atrás: *el corredor se atrasó en el último kilómetro de la carrera.* **SIN** retrasarse. **ANT** adelantarse, anticiparse. **5** Llegar tarde: *lo siento, me he atrasado.* **SIN** retrasar.
DER atraso.

atraso *n. m.* **1** Retraso en la realización de una cosa: *si un tren está previsto que llegue a las dos y lo hace a las dos y media, lleva un atraso de media hora.* **SIN** retraso. **2** Falta de desarrollo o desarrollo inferior al normal: *el atraso económico de un país; un atraso en el crecimiento.* **SIN** retraso. ◇ *n. m. pl.* **3 atrasos** Cantidad de dinero o beneficios que no se han recibido en el debido momento: *este mes me pagarán los atrasos correspondientes al año pasado.*

atravesado, -da *adj.* Que tiene mala intención o mal carácter.

atravesar *v. tr.* **1** Colocar una cosa de manera que pase de una parte a otra, especialmente para impedir el paso: *han atravesado un autobús en la calle para cortar el tráfico.* **SIN** cruzar. **2** Colocar una cosa encima de otra dispuesta en sentido oblicuo: *este uniforme lleva un cordón que atraviesa el pecho.* **3** Pasar de un lado de una cosa o lugar hasta el lado contrario: *los camiones atravesaron la frontera de madrugada; el ayuntamiento está del otro lado del río; sólo tienes que atravesar el puente.* **SIN** cruzar. **4** Pasar un cuerpo penetrándolo de parte a parte: *una bala le atravesó el corazón.* **5** Pasar temporalmente por una situación determinada: *está atravesando una mala racha.* ◇ *v. prnl.* **6 atravesarse** Ponerse una cosa en medio cerrando el paso: *un árbol se atravesaba en la carretera.* **7** Mezclarse en los asuntos de los demás: *nuestra relación iba muy bien hasta que él se atravesó.* **8** Causar fastidio, enfado o antipatía: *el presentador de este programa de televisión se me ha atravesado.* **SIN** atragantarse.
tener atravesado No poder admitir o soportar a una persona o cosa: *esta asignatura la tengo atravesada y no voy a aprobarla nunca.*
DER atravesado.
OBS En su conjugación, la e se convierte en ie en sílaba acentuada, como en *acertar.*

atrayente *adj.* Que atrae: *su forma de tratar a la gente es cariñosa y atrayente.* **SIN** atractivo.

atreverse *v. prnl.* Decidirse o arriesgarse a hacer o decir una cosa: *algunas personas no se atreven a viajar en avión; ¿cómo te atreves a hablarme en ese tono?* **SIN** animar, osar.
DER atrevido, atrevimiento.

atrevido, -da *adj./n. m. y f.* **1** Que se atreve a hacer cosas difíciles o peligrosas: *ten cuidado con este niño, que es muy atrevido y no le da miedo de nada.* **2** Que puede faltar al respeto debido a alguien: *después de cenar estuvieron contando chistes atrevidos.*

atrevimiento *n. m.* **1** Hecho de atreverse a hacer una cosa: *tuvo el atrevimiento de saltar desde lo alto de una escalera y acabó con la pierna rota.* **2** Falta de respeto: *tu atrevimiento de hablarle así al director es imperdonable.*

atribución *n. f.* **1** Adjudicación de un hecho o de una cualidad a una persona o cosa: *algunos estudiosos discuten la atribución de ese cuadro a Picasso.* **2** Facultad o competencia que da el cargo que se ejerce: *entre las atribuciones de una secretaria no está la de seleccionar nuevos empleados*.

atribuir *v. tr./prnl.* **1** Adjudicar un hecho o una cualidad a una persona o cosa, especialmente una virtud, un defecto o una culpa: *algunas obras de arte son difíciles de atribuir a un autor determinado; cuando se atribuyen unas palabras a alguien, es que creemos que las ha dicho realmente.* ◇ *v. tr.* **2** Determinar o señalar que una actividad o un deber pertenece a alguien por razón de su cargo: *al consejo de administración le han atribuido la función de estudiar los futuros acuerdos con otras empresas*.
DER atribución, atributo.
OBS En su conjugación, la *i* se convierte en *y* delante de *a*, *e* y *o*, como en *huir*.

atribular *v. tr./prnl.* Causar o tener una preocupación o una tribulación: *cuando mis hijos no llegan pronto a casa, me atribulo*.

atributivo, -va *adj.* **1** GRAM. [verbo] Que funciona como atributo o que sirve para construirlo: *son verbos atributivos* ser, estar, parecer, considerar, etc. ◇ *adj./n. f.* **2** GRAM. [oración] Que lleva un sujeto, un verbo copulativo y un atributo: *la oración* la persiana es verde *es atributiva*.
OBS El atributo suele concertar con el sujeto en género y número.

atributo *n. m.* **1** Cualidad o característica propia de una persona o una cosa, especialmente algo que es parte esencial de su naturaleza: *la inteligencia y el lenguaje son atributos de los seres humanos*. **2** Símbolo que sirve para reconocer a una persona o cosa: *la balanza es el atributo de la Justicia*. **3** GRAM. Palabra o conjunto de palabras que califican o explican al sujeto mediante verbos como *ser* o *estar*: *en la oración* el océano es inmenso, inmenso *es el atributo del sujeto* océano. **4** GRAM. Función que desempeña el adjetivo cuando se coloca en una posición inmediata al nombre del que depende: *en* el libro verde, verde *cumple la función de atributo*.
DER atributivo.

atril *n. m.* Soporte en forma de plano inclinado que sirve para sostener libros o partituras y leer con más comodidad: *cuando estudio, siempre pongo un diccionario en el atril de mi mesa para consultarlo cómodamente*.

atrincherar *v. tr.* **1** Defender o hacer fuerte un lugar con construcciones o trincheras o zanjas abiertas en la tierra. ◇ *v. prnl.* **2 atrincherarse** Ponerse en trincheras o lugares semejantes a cubierto del enemigo: *se atrincheraron tras un muro y mantuvieron su posición*. **3** Obstinarse en una opinión o una actitud y no querer cambiarla: *se ha atrincherado en su idea de no vender y no hay modo de convencerla*.

atrio *n. m.* **1** Espacio exterior y limitado que hay a la entrada de algunas iglesias y de otros edificios, generalmente más elevado que el suelo de la calle. **2** Espacio descubierto y generalmente rodeado de arcos o columnas en el interior de un edificio: *las casas romanas tenían las habitaciones alrededor de un atrio*.

atrocidad *n. f.* **1** Acción muy cruel y violenta: *en todas las guerras se cometen atrocidades*. **SIN** barbaridad, bestialidad. **2** Acción o dicho temerario y disparatado, que no responde a la razón o se sale de los límites de lo ordinario o lícito: *el abuelo nos contó muchas de sus atrocidades de juventud*. **3** Acción o dicho que ofende o molesta: *cuando se enfada dice muchas atrocidades*.

atrofia *n. f.* **1** Falta de desarrollo de una parte del cuerpo: *la paulatina atrofia del riñón aconseja un trasplante*. **2** Parada o detención en el desarrollo de una actividad o de la facilidad con la que ésta se llevaba a cabo. **SIN** agarrotamiento, anquilosamiento.

atrofiar *v. tr./prnl.* **1** Disminuir lentamente el desarrollo o el volumen de un órgano u otra parte del cuerpo por falta de alimentación o de ejercicio: *las alas de las aves que no vuelan se atrofian*. **2** Disminuir el desarrollo de una capacidad o la facilidad con que ésta se realizaba. **SIN** agarrotar, anquilosar.
OBS En su conjugación, la *i* no se acentúa, como en *cambiar*.

atronador, -ra *adj.* [ruido] Que es muy intenso y deja o puede dejar sorda a una persona: *al terminar su discurso recibió un atronador aplauso*.

atronar *v. tr.* Dejar sorda o perturbar a una persona un ruido muy fuerte.
DER atronador.
OBS En su conjugación, la *o* se convierte en *ue* en sílaba acentuada, como en *contar*.

atropellar *v. tr.* **1** Pasar un vehículo por encima de una persona o un animal o chocar contra ellos: *cruza por el semáforo si no quieres que te atropelle un coche*. **2** Empujar o derribar a alguien, especialmente para abrirse paso: *¡oiga, no atropelle!* **3** Ofender o no respetar mediante el abuso de poder o la utilización de la fuerza: *no consentiré que vuelvan a atropellar los derechos del más débil*. **SIN** arrollar, avasallar. ◇ *v. prnl.* **4 atropellarse** Realizar una acción con demasiada prisa, especialmente hablar.
DER atropello.

atropello *n. m.* **1** Acción de pasar un vehículo por encima de una persona o un animal o de chocar contra ellos: *la policía detuvo al autor del atropello, que se había dado a la fuga*. **2** Ofensa o falta de respeto causada a alguien mediante el abuso de poder o la utilización de la fuerza: *descargar sus culpas sobre nosotros ha sido un atropello imperdonable*. **SIN** tropelía.

atroz *adj.* **1** Que es muy cruel: *cometió un crimen atroz*. **2** Que es muy grande o intenso: *de repente sintió un atroz dolor de espalda*.
DER atrocidad.

atuendo *n. m.* Vestido o conjunto de prendas que forman la vestimenta exterior de una persona: *los personajes llevan el atuendo de la época*.

atufar *v. intr. coloquial* Despedir mal olor: *deja los zapatos fuera de la habitación, que atufan*.

atún *n. m.* Pez marino comestible de color azul oscuro y vientre plateado. ☞ *pez*.
OBS Para indicar el sexo se usa *el atún macho* y *el atún hembra*.

atunero, -ra *adj./n. m. y f.* **1** [embarcación] Que está destinado a la pesca del atún. **2** [persona] Que se dedica a la pesca del atún: *su padre era atunero*. **3** [persona] Que se dedica al comercio con atún: *asamblea de atuneros*.

aturdimiento *n. m.* Perturbación de los sentidos o del entendimiento de una persona provocada por un golpe, un ruido o una fuerte impresión: *el aturdimiento que me produjo el golpe me impidió reaccionar a tiempo*. **SIN** atontamiento.

aturdir *v. tr./intr.* Perturbar los sentidos o el entendimiento de una persona con un golpe, un ruido o una fuerte impresión: *la noticia del accidente me aturdió tanto que no sabía lo que ocurría a mi alrededor*. **SIN** atontar, atontolinar.
DER aturdido, aturdimiento.

aturrullar o **aturullar** *v. tr./prnl.* Confundir o alterar a una persona dejándola sin saber qué decir o qué hacer: *si piensas en las prisas que tienes te aturrullarás y no podrás acabarlo a tiempo*.

atusar *v. tr.* **1** Alisar el pelo o arreglar ligeramente el peinado pasando superficialmente la mano o el peine: *se suele atusar la barba mientras habla*. ◇ *v. prnl.* **2 atusarse** Ador-

au pair

narse o arreglar el propio aspecto físico, especialmente cuando se hace en exceso.

au pair Persona extranjera que se paga la comida y estancia en una casa particular mediante la prestación de algunos servicios domésticos, cuidar de los niños o dar clases de idiomas.
OBS Expresión de origen francés que se pronuncia aproximadamente 'oper'.

audacia *n. f.* Atrevimiento para hacer o decir algo nuevo o arriesgado.

audaz *adj.* Atrevido, capaz de acometer empresas difíciles y peligrosas: *la invasión fue un éxito porque iba acompañada de audaces guerreros.*
DER audacia.

audible *adj.* [sonido] Que es emitido con la intensidad suficiente para ser oído sin dificultad: *sus últimas palabras apenas eran audibles.* **ANT** inaudible.
DER inaudible.

audición *n. f.* **1** Percepción de un sonido por medio del sentido auditivo: *la capacidad de audición de algunos animales es muy superior a la del hombre.* **2** Concierto, recital o lectura en público. **3** Prueba que se hace a un artista ante el empresario o director de un espectáculo.
DER audible.

audiencia *n. f.* **1** Conjunto de personas que están presentes en un espectáculo público o que oyen un programa de radio o de televisión: *en poco tiempo se ha convertido en el programa de mayor audiencia.* **SIN** auditorio. **2** Acto en que un soberano u otra autoridad recibe a las personas que quieren hablar con él, generalmente para reclamar o solicitar alguna cosa: *conceder audiencia.* **3** Acto judicial en el que los litigantes tienen ocasión de exponer sus argumentos ante el tribunal: *las audiencias se celebran en los juzgados.* **4** Tribunal de justicia que trata las causas de un territorio determinado: *ha apelado a la Audiencia provincial.* Se suele escribir con mayúscula. **5** Edificio o lugar en el que se reúne este tribunal: *el artefacto estalló en las puertas de la Audiencia.* Se suele escribir con mayúscula.

audífono *n. m.* Aparato que sirve para mejorar la audición de los sordos: *desde que usa el audífono no es necesario hablarle fuerte ni al oído.*

audio-, audi- Elemento prefijal que entra en la formación de palabras con el significado de 'oído', 'audición' o 'sonido': *audiovisual, auditorio.*

audiovisual *adj.* [método de enseñanza, reportaje] Que está hecho para que se perciba por el oído y la vista conjuntamente.

auditar *v. tr.* Analizar la gestión de una empresa o entidad y revisar sus cuentas para comprobar si reflejan la realidad económica ocurrida en ella.

auditivo, -va *adj.* **1** Del órgano del oído o que tiene relación con él: *capacidad auditiva.* **2** Que sirve para oír: *órganos auditivos.*

auditor, -ra *n. m. y f.* Persona que se dedica a revisar y comprobar el estado de las cuentas de una sociedad o una institución.
DER auditar, auditoría, auditorio.

auditoría *n. f.* **1** Revisión de libros y cuentas de una empresa o de una institución realizada por especialistas ajenos a ella: *debido a su falta de claridad en la gestión, el club será sometido a una nueva auditoría.* **2** Tribunal u oficina que se encarga de la revisión de las cuentas de una empresa o de una institución: *llevaremos a la auditoría los libros y facturas que piden.*

auditorio *n. m.* **1** Conjunto de personas que están presentes en un espectáculo público: *el pianista impresionó gratamente al auditorio.* **SIN** audiencia. **2** Edificio o lugar de gran capacidad especialmente acondicionado para dar conferencias, escuchar conciertos o celebrar otros espectáculos públicos. También se escribe *auditórium.*

auditórium *n. m.* Edificio o lugar de gran capacidad especialmente acondicionado para dar conferencias, escuchar conciertos o celebrar otros espectáculos públicos.
OBS La Real Academia Española admite *auditórium*, pero prefiere la forma *auditorio.*

auge *n. m.* Momento de mayor elevación o intensidad de un proceso o de un estado: *el auge del turismo se produce en los meses de julio y agosto.*
cobrar auge Adquirir mayor importancia o intensidad: *sus escritos sólo cobraron auge con la llegada de los liberales.*

augur *n. m.* Sacerdote que en la antigua Roma practicaba la adivinación mediante la interpretación del vuelo de las aves y de otros signos.
DER augurar.

augurar *v. tr.* Anunciar lo que va a ocurrir en el futuro en relación con una persona o cosa mediante la interpretación de un indicio o señal: *las últimas lluvias auguran una buena cosecha.* **SIN** auspiciar.
DER inaugurar.

augurio *n. m.* Señal, presagio o aviso de lo que va a ocurrir en el futuro en relación con una persona o cosa: *el éxito de su primer disco es un buen augurio sobre el futuro de su carrera.* **SIN** auspicio.
ETIM Véase *agüero.*

augusto, -ta *adj.* Que produce o merece respeto y admiración: *al acto asistieron augustas personalidades de diferentes casas reales.*

aula *n. f.* Sala de un centro docente donde se dan y reciben clases: *no sé en qué aula es la clase de lengua.* **SIN** clase.
aula magna Aula de mayor tamaño e importancia, destinada generalmente a actos o ceremonias oficiales.
OBS En singular se le anteponen los determinantes *el, un,* salvo que entre el determinante y el nombre haya otra palabra: *el aula, la amplia aula.*

aullar *v. intr.* Dar aullidos el lobo, el perro y otros animales parecidos.
DER aullido.
OBS En su conjugación, la *u* se acentúa en algunos tiempos y personas, como en *aupar.*

aullido *n. m.* **1** Voz o grito quejumbroso y prolongado que emiten el lobo, el perro y otros animales parecidos. **2** Sonido semejante emitido por otros seres o cosas: *el enfermo daba aullidos de dolor; el aullido del viento.*

aumentar *v. intr.* **1** Hacerse más grande o más intensa una cosa: *aumenta el calor; el niño aumenta en estatura.* ◇ *v. tr.* **2** Hacer que una cosa sea más grande: *el gobierno ha decidido aumentar los impuestos.* **SIN** acrecentar. **ANT** decrecer, disminuir.

aumentativo, -va *adj./n. m.* GRAM. [sufijo, palabra] Que aumenta la magnitud del significado de una palabra: *muchos aumentativos se forman con el sufijo -azo, como perrazo.* **ANT** diminutivo.

aumento *n. m.* **1** Crecimiento en tamaño, cantidad, calidad o intensidad: *este año no habrá aumento de sueldo; el aumento de presión puede producir una explosión.* **ANT** disminución. **2** Cantidad que se aumenta: *la nómina de este mes recoge el aumento de sueldo desde principios de año.* **3** Poder de am-

plificación de la imagen que tiene una lente: *esta lupa no tiene aumento suficiente.*
DER aumentar.

aun *adv.* **1** Incluso o también: *habló tan claro que aun los ignorantes lo entendieron.* ◇ *conj.* **2** Enlace con valor concesivo: *todos somos necesarios, aun los más torpes.* **3** Introduce una dificultad real o posible, a pesar de la cual puede ser, ocurrir o hacerse una cosa; incluso: *aun llegando tarde, lo recibieron amablemente.* Se usa seguido de gerundio o participio.
aun así A pesar de eso; incluso así: *estudió mucho la última semana, pero aun así ha suspendido.*
aun cuando Aunque, a pesar de haber realizado lo que se indica: *no hizo nada por él, aun cuando se lo suplicaba.*
DER aunque.

aún *adv.* Todavía, hasta ahora o hasta el momento en que se habla: *lo siento, el doctor aún no ha llegado.*
OBS Se puede usar en correlación con *cuando*: *aún no había hecho dos kilómetros con el nuevo coche cuando ya sufrió el primer pinchazo.*

aunar *v. tr./prnl.* Unir y armonizar o poner de acuerdo cosas distintas: *aunar esfuerzos; aunar criterios.*

aunar

INDICATIVO	SUBJUNTIVO
presente	presente
aúno	aúne
aúnas	aúnes
aúna	aúne
aunamos	aunemos
aunáis	aunéis
aúnan	aúnen
pretérito imperfecto	pretérito imperfecto
aunaba	aunara o aunase
aunabas	aunaras o aunases
aunaba	aunara o aunase
aunábamos	aunáramos o aunásemos
aunabais	aunarais o aunaseis
aunaban	aunaran o aunasen
pretérito indefinido	futuro
auné	aunare
aunaste	aunares
aunó	aunare
aunamos	aunáremos
aunasteis	aunareis
aunaron	aunaren
futuro	
aunaré	IMPERATIVO
aunarás	aúna (tú)
aunará	aúne (usted)
aunaremos	aunad (vosotros)
aunaréis	aúnen (ustedes)
aunarán	
condicional	FORMAS NO PERSONALES
aunaría	
aunarías	infinitivo gerundio
aunaría	aunar aunando
aunaríamos	participio
aunaríais	aunado
aunarían	

OBS En su conjugación, la *u* se acentúa en algunos tiempos y personas.

aunque *conj.* **1** Introduce una dificultad real o posible a pesar de la cual puede ser, ocurrir o hacerse una cosa; expresa valor concesivo: *aunque estoy enfermo, no faltaré a la cita.* **2** Indica oposición; expresa valor adversativo: *no traigo nada de eso, aunque traigo otras cosas.* **SIN** pero, siquiera.

¡aúpa! *int.* Expresión con que se anima a alguien para que se levante o para que levante a otra persona o cosa.
de aúpa Muy grande, fuerte o intenso: *se ha dado un golpe de aúpa.*

aupar *v. tr.* **1** Levantar o subir, especialmente a un niño: *aupé a mi hijo para que pudiera ver mejor.* **2** Ayudar a conseguir o alcanzar una cosa; hacer más grande o importante: *fue aupado por sus compañeros hasta la jefatura.*
OBS En su conjugación, la *u* se acentúa en algunos tiempos y personas, como en *aunar*.

aura *n. f.* **1** Irradiación luminosa que algunas personas dicen percibir alrededor de los seres vivos: *los videntes perciben a través del aura la naturaleza del alma de su dueño.* **2** *culto* Aliento o aire que se despide al respirar. **3** *culto* Viento suave y agradable: *abrió el día con una refrescante aura.*
OBS En singular se le anteponen los determinantes *el, un*, salvo que entre el determinante y el nombre haya otra palabra: *el aura, la maravillosa aura.*

áureo, -a *adj. culto* Que es de oro o tiene alguna de las características que se consideran propias del oro: *al fondo se percibía un resplandor áureo.*
DER aureola.

aureola o **auréola** *n. f.* **1** Círculo luminoso que se representa encima o detrás de las cabezas de las imágenes divinas o de santos como símbolo de la gracia de Dios. **SIN** corona. **2** Admiración o fama que alcanza una persona por sus méritos o virtudes: *se marchó con la aureola de hombre de mundo que se había ganado.* **3** Círculo de piel más oscura que rodea el pezón. **SIN** areola. **4** Círculo de piel rojiza que rodea a veces las heridas o las pústulas. **SIN** areola. **5** ASTR. Corona o anillo que se ve alrededor de la Luna en los eclipses de Sol.

aurícula *n. f.* ANAT. Hueco de la parte superior o anterior del corazón de los mamíferos, las aves, los reptiles y los batracios por donde entra la sangre que transportan las venas: *el corazón tiene dos aurículas y dos ventrículos.* ☞ circulatorio, aparato; corazón.
DER auricular.
ETIM Véase *oreja*.

auricular *adj.* **1** Del oído o relacionado con este órgano: *el pabellón auricular forma parte del oído externo.* **2** De las aurículas del corazón o relacionado con ellas: *el médico descubrió malformaciones auriculares en el corazón del paciente.* ◇ *n. m.* **3** Parte o pieza de un aparato destinado a recibir sonidos con la que se oye al acercarla al oído; se aplica especialmente al del teléfono: *grita tanto cuando habla por teléfono que tengo que retirar el auricular del oído.* ◇ *n. m. pl.* **4 auriculares** Aparato que consta de dos de estas piezas que, unidas por una tira curva ajustable a la cabeza, se acoplan a los oídos para una mejor recepción del sonido: *uso los auriculares para escuchar música sin molestar a los demás.* **SIN** cascos.

aurífero, -ra *adj.* Que lleva o contiene oro.

aurora *n. f.* **1** Luz de color rosa que aparece en una parte del cielo inmediatamente antes de la salida del Sol: *estaba despierto antes de la llegada de la aurora.* **2** Principio o primeros tiempos de una cosa: *aquel descubrimiento representaba la*

auscultación 124

aurora de la industrialización. **3** Luz de color que aparece en una parte del cielo. **aurora austral, aurora boreal** o **aurora polar** Meteoro luminoso producido por la radiación solar que puede verse de noche en las regiones polares: *la aurora boreal presenta arcos o fajas de vistosos colores.*

auscultación *n. f.* MED. Exploración de los sonidos producidos por los órganos de las cavidades del pecho y del abdomen con la ayuda de los instrumentos adecuados: *el médico tomó el estetoscopio para hacerme una auscultación general.*

auscultar *v. tr.* **1** MED. Explorar los sonidos producidos por los órganos de las cavidades del pecho y del abdomen con la ayuda de los instrumentos adecuados o sin ellos: *le ha auscultado el pecho y ha diagnosticado un principio de neumonía.* **2** Sondear o intentar averiguar el pensamiento de otras personas o su disposición acerca de un asunto: *será preciso auscultar de nuevo a la sociedad para saber qué opina sobre los últimos cambios.*
DER auscultación.

ausencia *n. f.* **1** Falta de una persona del lugar donde está habitualmente: *cuando te vas de viaje los niños notan tu ausencia.* **ANT** presencia. **2** Tiempo en que una persona falta del lugar donde está habitualmente: *su ausencia dura ya varios meses.* **3** Falta o no aparición de una cosa: *hay que destacar la ausencia de accidentes en todo el fin de semana.*
brillar por su ausencia No estar presente en el lugar esperado o adecuado: *en esas reuniones la buena educación brilla por su ausencia.*

ausentarse *v. prnl.* Irse o alejarse, especialmente del lugar en el que se está de manera habitual: *se ausentó del trabajo por unos días.*
OBS Se construye seguido de la preposición *de*.

ausente *adj./n. m. y f.* **1** [persona] Que se ha ido o alejado, especialmente del lugar en el que está de manera habitual: *no me llames a casa, estaré ausente durante toda la semana.* **ANT** presente. **2** Que está distraído o pensando en otra cosa: *aunque le hables, él permanece ausente y no atiende a nada de lo que le rodea.*
DER ausencia, ausentarse.
ETIM *Ausente* procede del latín *absens, –tis*, que tenía el mismo significado, voz con la que también está relacionado *absentismo*.

auspiciar *v. tr.* **1** Patrocinar o ayudar: *el proyecto de investigación ha sido auspiciado por un centro oficial.* **2** Anunciar lo que va a ocurrir en el futuro en relación con una persona o cosa mediante la interpretación de un indicio o señal: *la forma de volar de las aves permitía auspiciar los hechos futuros en la antigua Roma.* **SIN** augurar.
OBS En su conjugación, la *i* no se acentúa, como en *cambiar*.

auspicio *n. m.* **1** Patrocinio o ayuda: *la exposición se ha organizado bajo el auspicio de la marquesa.* **2** Señal o aviso de lo que va a ocurrir en el futuro en relación con una persona o cosa. **SIN** augurio.
DER auspiciar.
OBS Se usa frecuentemente en plural.

austeridad *n. f.* **1** Sencillez, moderación: *viste con austeridad.* **2** Riguroso en el cumplimiento de las normas morales: *vivía retirado y manteniendo una austeridad muy estricta.*

austero, -ra *adj.* **1** Sencillo, moderado: *me he comprado un apartamento pequeño y austero.* **2** [persona] Que es severo o estricto en el cumplimiento de las normas morales: *su conducta siempre ha sido austera e intachable.*
DER austeridad.

austral *adj.* Del polo o del hemisferio sur o que tiene relación con ellos: *aurora austral.* **ANT** boreal.

australiano, -na *adj.* **1** De Australia o relacionado con esta gran isla del océano Pacífico. ◇ *adj./n. m. y f.* **2** [persona] Que es de Australia.

austriaco, -ca o **austríaco, -ca** *adj.* **1** De Austria o relacionado con esta nación europea. ◇ *adj./n. m. y f.* **2** [persona] Que es de Austria.

autarquía *n. f.* **1** Política de un estado que consiste en bastarse con sus propios recursos: *la autarquía pretende evitar la importación de productos extranjeros.* **2** Estado o situación del que se basta a sí mismo. **SIN** autosuficiencia. **3** Poder para gobernarse a sí mismo: *los anarquistas son partidarios de la autarquía.*
DER autárquico.

autárquico, -ca *adj.* De la autarquía o que tiene relación con ella.

autenticidad *n. f.* Carácter de cierto o verdadero que tiene una cosa: *el detective descubrió que las pruebas habían sido falsificadas y carecían de autenticidad.*

auténtico, -ca *adj.* **1** Que es cierto o verdadero: *esta cazadora es de cuero auténtico.* **SIN** genuino. **2** Que está autorizado o legalizado y tiene valor oficial: *es un cheque auténtico.*
DER autenticidad, autentificar.

autentificar *v. tr.* **1** Acreditar o dar fe de que un hecho o un documento es verdadero o auténtico: *el notario autentificó las firmas.* **2** Autorizar o dar carácter legal a una cosa.
OBS En su conjugación, la *c* se convierte en *qu* delante de *e*.

autismo *n. m.* Intensa concentración de una persona en su propia intimidad con pérdida del contacto con la realidad exterior: *el autismo extremado es un trastorno mental que se presenta con especial frecuencia en la esquizofrenia.*
DER autista.

autista *adj./n. com.* Persona que padece autismo: *los niños autistas son tan retraídos que no se comunican con los demás.*

auto *n. m.* **1** Vehículo de motor de cuatro ruedas que puede ser guiado por una vía terrestre sin necesidad de carriles y que se usa para el transporte de personas; se aplica especialmente al de pequeño tamaño con capacidad para cuatro ocupantes y el conductor: *no encuentro las llaves de mi auto.* Es la forma abreviada de *automóvil*. **SIN** automóvil, coche. **2** Breve composición dramática en la que aparecen personajes de la Biblia y alegóricos: *durante el siglo XVI se representaban autos en las iglesias y en las calles.* **auto sacramental** Auto que se representa para ensalzar la eucaristía: *los autos sacramentales utilizan la alegoría y el simbolismo.* **3** DER. Decisión judicial sobre un asunto secundario o parcial que no requiere sentencia: *el juez dictó un auto de procesamiento.* **auto de fe** Ejecución en público de las sentencias dictadas por el tribunal de la Inquisición. ◇ *n. m. pl.* **4 autos** Conjunto de partes y materiales de un proceso judicial: *la existencia de esos testigos no consta en autos.*

auto- Elemento prefijal que entra en la formación de palabras con el significado de: *a)* 'Por uno mismo', 'por sí mismo': *automotor, autopropulsión*. *b)* 'De sí mismo': *autocrítica, autodominio*. *c)* 'Automóvil': *autoescuela, autovía*.

autoadhesivo, -va *adj./n. m.* [papel, plástico] Que se puede pegar fácilmente a una superficie, por simple contacto o mediante una pequeña presión, por ir provisto de una sustancia adhesiva. **SIN** adhesivo, pegatina.

autobiografía *n. f.* Escrito en el que una persona cuenta su propia vida: *El lazarillo de Tormes está escrito en forma de autobiografía.*

autobiográfico, -ca *adj.* [libro, escrito] Que relata, total o parcialmente, cosas que le han ocurrido a la persona que las escribe: *su última novela presenta muchos aspectos autobiográficos.*

autobombo *n. m.* Elogio desmesurado y público que hace uno de sí mismo.

autobús *n. m.* Vehículo automóvil de transporte público con capacidad para gran número de pasajeros que realiza un trayecto fijo dentro de una población o largos recorridos por carretera: *cogimos el autobús en la parada de la calle Castilla; el autobús que cubre la línea Madrid–Sevilla sale a las cuatro.* **SIN** autocar, bus, ómnibus.
OBS El plural es *autobuses*.

autocar *n. m.* Vehículo automóvil de transporte público con capacidad para gran número de pasajeros que realiza largos recorridos por carretera: *durante el viaje el autocar fue parando en las principales ciudades.* **SIN** autobús.
OBS El plural es *autocares*.

autoclave *n. amb.* Aparato en forma de vasija cilíndrica que se cierra herméticamente y se emplea para destruir gérmenes mediante el vapor a presión y temperaturas muy elevadas.
OBS La Real Academia Española sólo registra la forma femenina, pero se usa también como masculina.

autocracia *n. f.* Sistema político en el que una sola persona o un grupo limitado gobierna con poder total, sin restricciones: *en las autocracias el gobernante no tiene limitaciones legales.* **SIN** dictadura, totalitarismo.

autocrítica *n. f.* Crítica que una persona hace de sí misma o de su obra: *tras hacer una dura autocrítica, prometió cambiar.*

autóctono, -na *adj.* Que tiene su origen en el mismo lugar en que vive o se encuentra: *hay que luchar por la conservación de las especies autóctonas en peligro.*

autodeterminación *n. f.* Decisión de los pobladores de un territorio o unidad territorial acerca de su futuro estatuto político: *con frecuencia los conquistadores han violado el derecho de autodeterminación de los pueblos sometidos.*

autodidacto, -ta *adj. /n. m. y f.* [persona] Que aprende por sí mismo y con sus propios medios, sin ayuda de maestro: *es un pintor de formación autodidacta y no conoce con detalle las técnicas pictóricas.*
OBS Está muy extendido el uso de *autodidacta* como adjetivo invariable y como sustantivo de género común, pero la Real Academia Española registra *autodidacto* para el masculino y *autodidacta* para el femenino.

autoescuela *n. f.* Centro de enseñanza en el que se enseña a conducir vehículos automóviles y las normas de circulación: *en la autoescuela te preparan para aprobar los exámenes de obtención del carné de conducir.*

autogestión *n. f.* Sistema de organización de una empresa en el que los trabajadores participan activamente en las decisiones sobre su desarrollo o funcionamiento.

autogiro *n. m.* Tipo de avión provisto de una hélice delantera de eje horizontal que le permite despegar y avanzar, y una hélice de eje vertical que le sirve de sustentación y le permite aterrizar: *el autogiro fue inventado por el ingeniero español Juan de la Cierva.*

autógrafo, -fa *adj./n. m.* **1** Que está escrito de la mano de su propio autor: *han publicado una serie de cartas autógrafas de García Lorca.* ◇ *n. m.* **2** Firma de una persona famosa o destacada: *sus admiradores luchaban por conseguir un autógrafo.*

autómata *n. m.* **1** Instrumento o aparato provisto de un mecanismo interior que le permite ciertos movimientos: *las soldaduras en instrumentos muy pequeños se hacen por medio de autómatas.* **SIN** robot. **2** Máquina que imita la figura y los movimientos de un ser animado. **SIN** robot. **3** Persona que realiza siempre los mismos movimientos, como una máquina: *cuando suena el despertador es un autómata que se calza las zapatillas y pasa a cepillarse los dientes.* **4** Persona sin voluntad propia o que se deja manejar por otra: *no te comportes como un autómata y toma tus propias decisiones.*
DER automación, automático, automatismo, automatizar.

automático, -ca *adj.* **1** [mecanismo] Que funciona por sí solo y que realiza total o parcialmente su proceso sin ayuda del hombre: *las máquinas automáticas hacen posible que el hombre trabaje menos; es un reloj automático y no hay que darle cuerda.* **2** Que se hace sin pensar o de forma involuntaria: *se sube las gafas con un gesto ya automático.* **3** Que se produce necesaria e inmediatamente al ocurrir determinadas circunstancias: *sus discrepancias con el entrenador han supuesto su automática salida del equipo.* ◇ *n. m.* **4** Mecanismo preparado para interrumpir el paso de una corriente eléctrica en cuanto detecte una sobrecarga en el circuito: *el enchufe estaba húmedo y saltó el automático.*

automatismo *n. m.* **1** Funcionamiento de un mecanismo o desarrollo de un proceso por sí solo, sin necesidad de que intervengan agentes exteriores: *el automatismo del aparato es total, sólo hay que enchufarlo a la corriente.* **2** Ejecución de movimientos y actos sin intervención de la voluntad: *es evidente que no es la primera vez que cambias al bebé, dado el automatismo con que lo haces.*

automatización *n. f.* **1** Aplicación de las máquinas o de procedimientos automáticos en la realización de un proceso o en una industria: *la automatización de la fábrica ha doblado la producción.* **2** Transformación de un movimiento corporal o de una operación intelectual en un acto automático o involuntario.

automatizar *v. tr.* **1** Aplicar máquinas o procedimientos automáticos en la realización de un proceso o en una industria: *toda la maquinaria de envasado ha sido automatizada.* **2** Convertir en automáticos o involuntarios determinados movimientos corporales o actos mentales: *cuando cambia de marcha, el conductor de un automóvil aprieta el pedal del embrague por puro automatismo.*
DER automatización.
OBS En su conjugación, la *z* se convierte en *c* delante de *e*.

automoción *n. f.* **1** Estudio o descripción de las máquinas que se desplazan por la acción de un motor, especialmente del automóvil: *ha estudiado automoción y trabaja en un taller de automóviles.* **2** Sector de la industria relacionado con el automóvil: *el sector de la automoción.*

automotor, -ra *adj.* [máquina, instrumento, aparato] Que ejecuta determinados movimientos sin la intervención directa de una acción exterior.
OBS La forma femenina es, además de *automotora*, *automotriz.*

automóvil *adj.* **1** Que se mueve por sí mismo. ◇ *n. m.* **2** Vehículo de motor de cuatro ruedas que puede ser guiado por una vía terrestre sin necesidad de carriles y que se usa para el transporte de personas; se aplica especialmente al de pequeño tamaño con capacidad para cuatro ocupantes y el conductor: *trabaja en una fábrica de automóviles.* **SIN** auto, coche, turismo.
DER automovilismo, automovilístico.

automovilismo *n. m.* **1** Deporte que consiste en participar en carreras de velocidad, habilidad y resistencia conduciendo un automóvil. **2** Conjunto de conocimientos relativos a la construcción, funcionamiento y manejo de un automóvil.

automovilista *n. com.* Persona que conduce un automóvil.

automovilístico, -ca *adj.* Del automóvil o el automovilismo o que tiene relación con ellos: *la industria automovilística*.

autonomía *n. f.* **1** Facultad o poder de una entidad territorial integrada en otra superior para gobernarse de acuerdo con sus propias leyes y organismos. **2** Comunidad autónoma, territorio español que goza de esa facultad de acuerdo con las leyes generales del estado: *España está formada por 17 autonomías*. **3** Estado y condición de la persona o del grupo de personas que no dependen de otros en determinados aspectos: *podremos trabajar con total autonomía, sin dar cuentas a nadie*. **4** Capacidad máxima de una máquina, en especial un vehículo, para funcionar sin necesidad de reponer combustible: *mi coche tiene una autonomía de 600 km*.
DER autonómico, autónomo.

autonómico, -ca *adj.* De la autonomía o que tiene relación con ella.

autónomo, -ma *adj.* **1** Que goza de autonomía o independencia: *hace un año que dejó la casa de sus padres y vive de manera autónoma*. **SIN** independiente. **ANT** dependiente. ◇ *adj./n. m. y f.* **2** [persona] Que trabaja por cuenta propia. **SIN** independiente.

autopista *n. f.* Carretera de circulación rápida con calzadas separadas de dos o más carriles para cada sentido de la circulación, cruces a distinto nivel, curvas muy abiertas y pendientes limitadas. **autopista de peaje** Autopista en la que hay que pagar una cantidad de dinero para poder utilizarla: *las autopistas de peaje ofrecen servicios de grúa y de restaurante*.
autopistas de la información Red informática de alcance mundial para la distribución rápida de la información.

autopropulsión *n. f.* Propulsión o traslado hacia adelante de una máquina por su propia fuerza motriz: *estos proyectiles funcionan mediante un mecanismo de autopropulsión*.

autopsia *n. f.* Extracción y examen de los órganos, tejidos o huesos del cuerpo muerto de una persona o animal.

autor, -ra *n. m. y f.* **1** Persona que hace o es causa de una cosa. **SIN** artífice. **2** Persona que realiza una obra científica, literaria o artística: *todos quieren conocer al autor del cartel de feria galardonado*. **SIN** creador. **3** DER. Persona que comete un delito, induce a cometerlo o colabora en él con actos sin los cuales no se hubiera llevado a cabo: *se desconoce al autor material del robo*.
DER autoría, autoridad, autorizar; coautor.

autoría *n. f.* Cualidad o condición de autor, especialmente de una obra literaria, científica o artística: *prefiero no saber la autoría del escrito*.

autoridad *n. f.* **1** Facultad, derecho o poder de mandar o gobernar sobre algo que está subordinado: *ha sido expulsado del cuerpo por abuso de autoridad*. **2** Persona que tiene esa facultad o poder: *fue recibido por el alcalde y otras autoridades locales*. **3** Capacidad de influir sobre los demás por ser importante o destacar en una actividad: *pronunció la conferencia con gran autoridad*. **4** Persona que tiene esa capacidad: *es una autoridad en este campo de la ciencia*. **5** Texto que se cita en apoyo de lo que se dice: *algunos diccionarios y gramáticas incluyen autoridades*.
DER autoritario.

autoritario, -ria *adj.* **1** Que se apoya exclusivamente en la autoridad: *en ese país tienen un régimen autoritario muy estricto*. ◇ *adj./n. m. y f.* **2** [persona] Que abusa de su autoridad.
DER autoritarismo.

autoritarismo *n. m.* **1** Sistema que se basa en el sometimiento absoluto a una autoridad: *el autoritarismo político es característico de las dictaduras*. **2** Abuso que hace una persona de su autoridad.

autorización *n. f.* **1** Concesión de autoridad, facultad o derecho para hacer algo: *no puedes entrar sin autorización*.

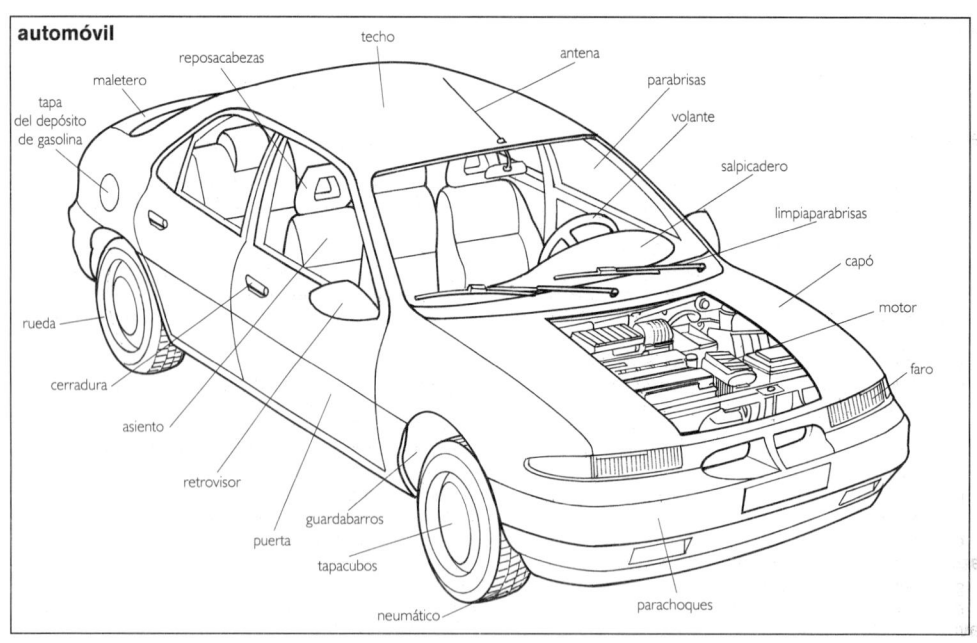

automóvil — techo — antena — reposacabezas — parabrisas — maletero — volante — tapa del depósito de gasolina — salpicadero — limpiaparabrisas — capó — motor — rueda — faro — cerradura — asiento — retrovisor — guardabarros — puerta — tapacubos — neumático — parachoques

ANT desautorización. **2** Consentimiento, permiso o aprobación para realizar una cosa: *he recibido autorización para ausentarme durante una semana*. **3** Documento en el que se autoriza una cosa o una acción: *presenté la autorización para ocupar mi puesto en el palco de la prensa*.

autorizado, -da *adj.* Digno de respeto o crédito por sus cualidades o prestigio: *la noticia procede de fuentes autorizadas*.

autorizar *v. tr.* **1** Dar o conceder autoridad, facultad o derecho para hacer una cosa. **ANT** desautorizar. **2** Dar o conceder permiso: *te autorizo para que salgas, pero sólo hasta las doce de la noche*. **3** Aprobar o dar por bueno: *el notario autorizó la documentación*.
DER autorización, autorizado; desautorizar.
OBS En su conjugación, la *z* se convierte en *c* delante de *e*.

autorradio *n. m.* Receptor de radio diseñado para ser instalado en un vehículo automóvil.

autorretrato *n. m.* Retrato de una persona hecho por ella misma.

autoservicio *n. m.* Establecimiento en el que el cliente toma lo que quiere y lo paga a la salida: *para comer en un autoservicio tienes que tomar los platos que eliges de los expuestos en un mostrador*.

autostop *n. m.* Forma de viajar por carretera que consiste en pedir transporte gratuito a los conductores, generalmente haciendo una señal con el dedo: *nos quedamos sin dinero y tuvimos que hacer autostop*.

autostopista *n. com.* Persona que practica el autostop.

autosuficiencia *n. f.* **1** Estado o situación del que es autosuficiente o se basta a sí mismo. **SIN** autarquía. **2** Presunción o muestra orgullosa de una virtud o capacidad: *no soporto más sus aires de autosuficiencia*.

autosuficiente *adj.* **1** Que se basta a sí mismo: *desde que vive solo se ha hecho autosuficiente*. **2** Que habla o actúa con presunción o engreimiento.
DER autosuficiencia.

autovía *n. f.* Carretera de circulación rápida, con calzadas separadas de dos o más carriles para cada sentido de la circulación, pero con cruces que pueden estar al mismo nivel, curvas a veces muy cerradas y abundantes entradas y salidas: *las autovías no son tan seguras como las autopistas*.

auxiliar *adj./n. m. y f.* **1** Que auxilia o sirve de ayuda: *pondré una mesita auxiliar con las bebidas*. ◇ *n. m.* **2** GRAM. Verbo que se usa unido a otro para indicar valores de tiempo, modo, aspecto o voz: *haber se utiliza como auxiliar*. ◇ *n. com.* **3** Persona que ayuda a otra o colabora con ella en un cargo o en un trabajo. **auxiliar administrativo** Persona que trabaja como empleada en una oficina: *en la secretaría del edificio trabajaban seis auxiliares administrativos*. **auxiliar de vuelo** Persona que cuida de los pasajeros en los aviones: *las dos amigas son auxiliares de vuelo en Iberia*. **SIN** azafata. **auxiliar técnico sanitario** Persona que se dedica al cuidado de enfermos y, siguiendo las indicaciones del médico, está autorizada para realizar ciertas intervenciones de cirugía menor: *estudió la carrera de auxiliar técnico sanitario y ahora trabaja en el hospital*. ◇ *v. tr.* **4** Ayudar a una persona, especialmente a librarse de un peligro o a satisfacer una necesidad importante: *se nos estropeó el coche y fuimos auxiliados por un amable camionero*.
OBS En su conjugación, la *i* puede acentuarse o no.

auxilio *n. m.* Ayuda que se presta en una situación de peligro o necesidad: *pedir auxilio*. **SIN** socorro.
DER auxiliar.

aval *n. m.* **1** Firma que se pone al pie de una letra u otro

auxiliar

INDICATIVO	SUBJUNTIVO
presente	**presente**
auxilio o auxilío	auxilie o auxilíe
auxilias o auxilías	auxilies o auxilíes
auxilia o auxilía	auxilie o auxilíe
auxiliamos	auxiliemos
auxiliáis	auxiliéis
auxilian o auxilían	auxilien o auxilíen
pretérito imperfecto	**pretérito imperfecto**
auxiliaba	auxiliara o auxiliase
auxiliabas	auxiliaras o auxiliases
auxiliaba	auxiliara o auxiliase
auxiliábamos	auxiliáramos o
auxiliabais	auxiliásemos
auxiliaban	auxiliarais o auxiliaseis
	auxiliaran o auxiliasen
pretérito indefinido	
auxilié	**futuro**
auxiliaste	auxiliare
auxilió	auxiliares
auxiliamos	auxiliare
auxiliasteis	auxiliáremos
auxiliaron	auxiliareis
	auxiliaren
futuro	
auxiliaré	
auxiliarás	
auxiliará	

IMPERATIVO	
auxilia o	
auxilía	(tú)
auxilie o	
auxilíe	(usted)
auxiliad	(vosotros)
auxilien o	
auxilíen	(ustedes)

Indicativo futuro (cont.): auxiliaremos, auxiliaréis, auxiliarán
condicional
auxiliaría
auxiliarías
auxiliaría
auxiliaríamos
auxiliaríais
auxiliarían

FORMAS NO PERSONALES	
infinitivo	**gerundio**
auxiliar	auxiliando
participio	
auxiliado	

documento de crédito para responder de su pago en caso de no hacerlo la persona que está obligada a ello: *necesitas el aval de alguien muy solvente*. **2** Documento en el que alguien responde de la conducta de una persona, especialmente en materia de política.
DER avalar.

avalancha *n. f.* **1** Masa grande de nieve que cae de las montañas con gran violencia y estrépito. **SIN** alud. **2** Conjunto grande de personas, animales o cosas: *una avalancha de gente salía del campo*; *para su cumpleaños le llegó una avalancha de regalos*. **SIN** muchedumbre, multitud.

avalar *v. tr.* **1** Garantizar por medio de un documento o de la firma que se pone en él: *es preciso que alguien me avale el pago del préstamo*. **2** Hacerse responsable de la manera de obrar de una persona.
DER avalista.

avalista *n. com.* Persona que garantiza el pago de un crédito o que responde de la conducta de otra persona: *nadie*

avance

quiere ser su avalista porque en otras ocasiones han sido ellos los que han pagado.

avance *n. m.* **1** Movimiento hacia adelante: *el general no pudo detener el avance de las tropas enemigas*. **ANT** retroceso. **2** Progreso o mejora: *si estudias todos los días, tú mismo notarás los avances*. **3** Cosa o acción que se presenta como anticipo o adelanto de algo: *asistimos a un avance de la moda del próximo verano*. **avance informativo** Parte de una información que se adelanta y que más tarde se desarrolla. **4** Conjunto de fragmentos de una película que se proyectan antes de su estreno con fines publicitarios: *de su última película sólo he visto un pequeño avance*.

avanzada *n. f.* **1** Cosa o acción que se adelanta, anticipa o aparece en primer término: *estos días de frío son una avanzada del invierno que se aproxima*. **2** Grupo de soldados destacado del cuerpo principal para observar al enemigo o avisar sobre un peligro: *el general ordenó que una avanzada emprendiera la marcha un día antes que el grueso del ejército*. **SIN** avanzadilla.

avanzadilla *n. f.* Avanzada, grupo pequeño de soldados que se adelanta al resto para observar al enemigo o avisar sobre un peligro: *el teniente envió una avanzadilla para que explorara el terreno*.

avanzado, -da *adj.* **1** [edad] Que es de muchos años: *un hombre de edad avanzada*. **2** Que está lejos de su comienzo o próximo al final: *las obras del piso están muy avanzadas*. **3** Que es nuevo o moderno, que se adelanta a su tiempo: *sus ideas son muy avanzadas*.

avanzar *v. intr./prnl.* **1** Ir hacia adelante: *tras el accidente, todos los vehículos avanzaban lentamente*. **2** Acercarse a su fin o transcurrir un tiempo determinado: *el frío arrecia a medida que avanza la noche*. **3** Progresar o mejorar en algo: *si no vas a clase, no avanzarás en tus estudios*. ◇ *v. tr.* **4** Mover hacia adelante: *no puedes avanzar esa ficha, así que mueve otra*.

DER avance, avanzada, avanzado.

OBS En su conjugación, la *z* se convierte en *c* delante de *e*.

avaricia *n. f.* Afán excesivo de poseer y conseguir riquezas para atesorarlas: *dada su avaricia, sólo disfruta contando las riquezas que ya ha reunido*.

DER avaricioso.

avaricioso, -sa *adj. n. m. y f.* [persona] Que tiene avaricia y está ansioso por adquirir y atesorar riquezas por el solo placer de poseerlas: *no seas avaricioso y deja también para los demás*. **SIN** avariento, avaro.

avariento, -ta *adj./n. m. y f.* Avaricioso, que tiene avaricia.

avaro, -ra *adj./n. m. y f.* **1** Avaricioso, que tiene avaricia. **2** [persona] Que no gusta de gastar dinero. **SIN** agarrado, roñoso, tacaño.

DER avariento.

avasallador, -ra *adj.* Que avasalla, somete o domina: *siempre muestra una alegría y dinamismo avasalladores*.

avasallar *v. tr.* **1** Someter o dominar sin tener en cuenta los derechos de los demás. **2** Ofender mediante el abuso de poder: *no voy a permitir que me avasalle por mucho que necesite el trabajo*. **SIN** arrollar, atropellar.

DER avasallador.

avatar *n. m.* Situación, transformación, vicisitud: *la abuela siempre cuenta los mismos avatares de su vida*.

OBS Es más frecuente su empleo en plural, *avatares*.

ave *n. f.* Animal vertebrado de sangre caliente que pone huevos, respira por pulmones y tiene pico duro, las extre-

aves: papagayo, tucán, gallo, colibrí, paloma, perdiz, ruiseñor, jilguero, avestruz, flamenco, gaviota, pingüino, búho real, quebrantahuesos, cuervo, pavo real

midades anteriores en forma de alas y el cuerpo cubierto de plumas: *no todas las aves pueden volar*. **ave de paso** Ave que viaja de una región a otra en ciertas estaciones del año: *la cigüeña es un ave de paso*. **ave rapaz** o **ave de rapiña** Ave que se alimenta de otros animales.
ser ave de paso No permanecer durante mucho tiempo en un mismo lugar: *es un ave de paso: acaba de llegar y ya está pensando en marcharse*.
ETIM Ave procede del latín *avis*, que tenía el mismo significado, voz con la que también está relacionada *avicultura*.
OBS En singular se le anteponen los determinantes *el*, *un*, salvo que entre el determinante y el nombre haya otra palabra: *el ave, la hermosa ave*.

avecinar *v. tr./prnl.* Acercar o aproximar: *en la reunión se hablará de las fiestas que se avecinan*.

avejentar *v. tr./prnl.* Poner viejo o más viejo a alguien: *las canas lo avejentan mucho*.

avellana *n. f.* Fruto seco comestible, pequeño y redondo, de color marrón, con una corteza muy dura y carne blanca de sabor agradable en su interior: *las avellanas son el fruto del avellano*.
DER avellanar, avellano.

avellano *n. m.* **1** Árbol de tres a cuatro metros de altura, muy poblado de ramas, cuyo fruto es la avellana: *el avellano crece en zonas templadas*. **2** Madera de este árbol: *el avellano es una madera dura*.

avemaría *n. f.* Oración compuesta de las palabras con que el arcángel san Gabriel saludó a la Virgen María, de las que dijo santa Isabel y de otras que añadió la Iglesia católica: *el avemaría comienza con las palabras Dios te salve, María*.

avena *n. f.* **1** Planta cereal de cañas delgadas, hojas estrechas y flores en panoja que produce una semilla que sirve de alimento para las personas y los animales. ☞ cereales. **avena loca** Especie de avena que crece de manera silvestre entre otros cereales. **2** Semilla o conjunto de semillas de esta planta: *tengo que echar avena a los caballos; desayuno copos de avena con leche*.

avenencia *n. f.* Acuerdo, entendimiento o conformidad entre dos o más personas: *con esas condiciones es imposible llegar a una avenencia*. **ANT** desavenencia.

avenida *n. f.* **1** Calle ancha de una población, generalmente con árboles a los lados: *vivo en el número 24 de la avenida de Andalucía*. **2** Crecida o aumento brusco del caudal de un río o arroyo. **SIN** riada.
OBS El nombre de la calle debe ir precedido de la preposición *de*, excepto cuando es un adjetivo: *avenida de Barcelona*, pero *avenida Diagonal*.

avenir *v. tr./prnl.* **1** Poner de acuerdo: *el juez de paz consiguió avenir a los contendientes; abandonaron las armas y se avinieron al diálogo*. ◇ *v. prnl.* **2 avenirse** Entender bien a una persona con otra: *tiene buen carácter y se aviene con cualquiera*.
DER avenencia; desavenir.
OBS Se conjuga como *venir*.

aventajado, -da *adj.* [persona] Que sobresale o destaca: *alumno aventajado*.

aventajar *v. tr.* Sacar o llevar ventaja en algo a otros: *gracias a su esfuerzo aventajó a sus condiscípulos*. **SIN** exceder, sobrepasar.
DER aventajado.

aventar *v. tr.* Echar al viento el grano y la paja de los cereales para que al caer lo hagan separados: *para limpiar este trigo tendremos que aventarlo en la era*.
OBS En su conjugación, la e se convierte en ie en sílaba acentuada, como en *acertar*.

aventura *n. f.* **1** Suceso extraño o poco frecuente que vive o presencia una persona: *me encantan los libros de aventuras*. **2** Hecho o situación peligrosa o que es de resultado incierto y poco seguro: *me parece una aventura demasiado arriesgada que inviertas todos tus ahorros en ese negocio*. **3** Relación amorosa o sexual pasajera. **SIN** enredo, lío.
DER aventurar, aventurero.

aventurado, -da *adj.* Arriesgado, atrevido o inseguro: *eso es una afirmación aventurada que carece de fundamento*.

aventurar *v. tr./prnl.* **1** Arriesgar o poner en peligro: *he aventurado mi capital en un negocio prometedor*. **2** Decir o afirmar una cosa atrevida o de la que se tiene duda o cierto recelo: *aunque no dispongo de datos suficientes, me aventuraré a dar unos resultados*.
DER aventurado.

avergonzar	
INDICATIVO	**SUBJUNTIVO**
presente avergüenzo avergüenzas avergüenza avergonzamos avergonzáis avergüenzan	presente avergüence avergüences avergüence avergoncemos avergoncéis avergüencen

pretérito imperfecto
avergonzaba
avergonzabas
avergonzaba
avergonzábamos
avergonzabais
avergonzaban
	pretérito imperfecto
	avergonzara o
	  avergonzase
	avergonzaras o
	  avergonzases
	avergonzara o
	  avergonzase
	avergonzáramos o
	  avergonzásemos
	avergonzarais o
	  avergonzaseis
	avergonzaran o
	  avergonzasen

pretérito indefinido avergoncé avergonzaste avergonzó avergonzamos avergonzasteis avergonzaron	
	futuro avergonzare avergonzares avergonzare avergonzáremos avergonzareis avergonzaren
futuro avergonzaré avergonzarás avergonzará avergonzaremos avergonzaréis avergonzarán	
	IMPERATIVO avergüenza (tú) avergüence (usted) avergonzad (vosotros) avergüencen (ustedes)
condicional avergonzaría avergonzarías avergonzaría avergonzaríamos avergonzaríais avergonzarían	
	FORMAS NO PERSONALES infinitivo gerundio avergonzar avergonzando participio avergonzado

aventurero, -ra *adj./n. m. y f.* **1** Que le gustan las aventuras o las busca: *espíritu aventurero.* **2** [persona] Que se gana la vida o trata de triunfar usando medios desconocidos, ilícitos o poco adecuados: *no debes poner tu negocio en manos de un aventurero como ése.*

avergonzar *v. tr.* **1** Causar en alguien un sentimiento de vergüenza: *avergonzó a sus padres en medio de la reunión.* **ANT** enorgullecer. ◇ *v. prnl.* **2 avergonzarse** Tener o sentir vergüenza: *no debes avergonzarte de tu origen humilde.* **SIN** ruborizarse. **ANT** enorgullecer.
OBS En su conjugación, la *o* se convierte en *ue* en sílaba acentuada, la *g* en *gü* y la *z* en *c* delante de *e*.

avería *n. f.* Daño, rotura o fallo en un mecanismo que impide o perjudica el funcionamiento de una máquina o un vehículo: *el coche no arranca, pero no logro encontrar la avería.*
DER averiar.

averiar *v. tr./prnl.* Producir una avería en una máquina, un vehículo u otra cosa.
OBS En su conjugación, la *i* se acentúa en algunos tiempos y personas, como en *desviar.*

averiguación *n. f.* Indagación que se lleva a cabo para alcanzar la verdad que se busca: *antes de acusarlo quiso hacer ciertas averiguaciones.*

averiguar *v. tr.* Indagar en un asunto hasta alcanzar la verdad que se busca: *averigua qué estaba haciendo la noche del crimen.*
DER averiguación.
ETIM *Averiguar* procede del latín *ad* + *verificare* › *verum facere*, 'hacer verdadero', voz con la que también está relacionada *verificar.*
OBS En su conjugación, la *u* no se acentúa y la *gu* se convierte en *gü* delante de *e*.

averno *n. m.* culto Según algunas religiones, lugar al que van las almas de las personas que mueren en pecado para sufrir toda clase de penalidades a lo largo de la eternidad: *su alma descendería al averno.* **SIN** infierno.

aversión *n. f.* Sentimiento de rechazo o repugnancia exagerada hacia una persona o cosa: *siento verdadera aversión a las entrevistas.*

avestruz *n. m.* Ave que alcanza hasta dos metros de altura, de cuello muy largo y patas largas y robustas que le permiten correr a grandes velocidades, ya que no puede volar: *el plumaje del avestruz es de color negro en el macho y blanco en la hembra.* ☞ aves.
OBS Para indicar el sexo se usa *el avestruz macho* y *el avestruz hembra.* ◇ El plural es *avestruces.*

avezado, -da *adj.* [persona] Que está acostumbrado o habituado a una cosa.

aviación *n. f.* **1** Sistema de transporte aéreo: *accidente de aviación.* **2** Fuerzas aéreas de un estado: *la aviación rusa sigue bombardeando el territorio.*

aviador, -ra *n. m. y f.* **1** Persona que tripula o gobierna un aparato de aviación: *siempre quiso ser aviador y entró muy joven en la escuela de pilotos.* **2** Persona que sirve en la aviación de un ejército.

aviar *v. tr.* **1** coloquial Preparar o disponer algo con un fin: *tengo que aviar lo necesario para el viaje.* **2** coloquial Arreglar u ordenar: *todas las mañanas avío mi habitación.* ◇ *v. intr.* **3** coloquial Darse prisa en la ejecución de una cosa: *diles que avíen o no llegamos.* **SIN** aligerar.
aviárselas coloquial Buscar la manera de solucionar un problema o de hacer una cosa: *si tienes un problema, avíatelas como puedas.*
estar aviado *a)* Estar rodeado de contratiempos y dificultades: *si no pagas la multa, estás aviado: no te devolverán el coche. b)* Estar equivocado: *si piensas que te van a dejar salir tan tarde, vas aviado.* También se dice *ir aviado.*
OBS En su conjugación, la *i* se acentúa en algunos tiempos y personas, como en *desviar.*

avícola *adj.* De la avicultura o que tiene relación con ella: *granja avícola.*

avicultor, -ra *n. m. y f.* Persona que se dedica a la avicultura.

avicultura *n. f.* Técnica para criar y fomentar la reproducción de aves y aprovechar sus productos: *los tres productos básicos de los que se ocupa la avicultura son la carne, los huevos y las plumas.*
DER avícola, avicultor.
ETIM Véase *ave.*

avidez *n. f.* Deseo fuerte e intenso de tener o conseguir una cosa: *es un glotón y mira con avidez la bandeja de pasteles.*

ávido, -da *adj.* Que siente un deseo fuerte e intenso de tener, hacer o conseguir una cosa: *son jóvenes ávidos de conocer cosas nuevas.*
DER avidez.

---

averiguar

INDICATIVO	SUBJUNTIVO
presente	**presente**
averiguo	averigüe
averiguas	averigües
averigua	averigüe
averiguamos	averigüemos
averiguáis	averigüéis
averiguan	averigüen
pretérito imperfecto	**pretérito imperfecto**
averiguaba	averiguara o averiguase
averiguabas	averiguaras o averiguases
averiguaba	averiguara o averiguase
averiguábamos	averiguáramos o averiguásemos
averiguabais	averiguarais o averiguaseis
averiguaban	averiguaran o averiguasen
pretérito indefinido	**futuro**
averigüé	averiguare
averiguaste	averiguares
averiguó	averiguare
averiguamos	averiguáremos
averiguasteis	averiguareis
averiguaron	averiguaren
futuro	
averiguaré	
averiguarás	
averiguará	
averiguaremos	
averiguaréis	
averiguarán	
condicional	
averiguaría	
averiguarías	
averiguaría	
averiguaríamos	
averiguaríais	
averiguarían	

IMPERATIVO	
averigua	(tú)
averigüe	(usted)
averiguad	(vosotros)
averigüen	(ustedes)

FORMAS NO PERSONALES	
infinitivo	**gerundio**
averiguar	averiguando
participio	
averiguado	

avieso, -sa *adj.* Que es malo o de malas inclinaciones: *es un hombre de aviesas intenciones.*

avilés, -lesa *adj.* **1** De Ávila o relacionado con esta ciudad y provincia española. **SIN** abulense. ◇ *adj./n. com.* **2** [persona] Que es de Ávila. **SIN** abulense.

avinagrado, -da *adj.* [persona] Que es de genio o carácter habitualmente malhumorado y falto de amabilidad.

avinagrar *v. tr./prnl.* **1** Poner o ponerse agria una cosa, especialmente el vino. ◇ *v. prnl.* **2 avinagrarse** Hacerse áspero o desagradable el carácter de una persona: *con los años que lleva de enfermedad se le ha avinagrado el genio.*
DER avinagrado.

avío *n. m.* **1** Preparación o disposición de lo necesario con un fin: *me encargaré del avío del equipaje.* **2** Conveniencia o provecho: *no está bien que cada uno vaya a su avío.* ◇ *n. m. pl.* **3 avíos** Instrumentos, herramientas o medios necesarios para un fin: *se me han olvidado los avíos de afeitarme.*
DER aviar.

avión *n. m.* **1** Vehículo con alas, más pesado que el aire, que vuela generalmente propulsado por uno o más motores y se usa para el transporte aéreo: *viajaremos en avión y podremos volver el mismo día.* **SIN** aeronave, aeroplano, aparato. **avión de bombardeo** Avión de gran tamaño que se emplea para lanzar bombas. **SIN** bombardero. **avión comercial** Avión que pertenece a una empresa y se emplea para transportar personas y mercancías. **avión de caza** Avión de pequeño tamaño y gran velocidad destinado principalmente a reconocimientos y combates aéreos. También se dice *caza.* **avión de reacción** Avión que se mueve impulsado por reactores. **avión sin motor** Avión de pequeño tamaño que vuela movido solamente por las corrientes de aire. **SIN** planeador. **avión supersónico** El que es capaz de superar la velocidad del sonido: *el Concorde es un avión supersónico comercial.* **2** Pájaro parecido a la golondrina, de color negro con el vientre blanco, que se alimenta de insectos: *el avión anida en paredes y en pendientes rocosas abruptas.* Para indicar el sexo se usa *el avión macho* y *el avión hembra.*

DER aviación, aviador, avioneta; hidroavión. Son derivados de *avión,* 'vehículo'.

avioneta *n. f.* Avión pequeño que se usa generalmente para hacer vuelos cortos y a poca altura.

avisado, -da *adj.* [persona] Que tiene la experiencia, la sensatez y la astucia necesarias para saber lo que le conviene en cada situación: *es un joven muy avisado para que un inocente como tú pueda engañarlo.*

avisar *v. tr.* **1** Dar aviso o noticia de un hecho a alguien: *quiero avisar a todo el mundo de que nos casamos el próximo mes.* **2** Dar consejo o advertir: *te aviso que las cosas hechas con prisas salen siempre con defectos.* **3** Llamar a una persona para que preste un servicio: *avisar al médico.*
DER avisado, aviso.

aviso *n. m.* **1** Noticia que se comunica a alguien: *en la panadería me han dado el aviso de que mañana, que es festivo, no habrá pan.* **2** Escrito o frase que da a conocer una cosa o asunto: *hay en el tablón un aviso sobre un perrito extraviado.* **3** Escrito o frase que da a conocer el mal que puede venir si no se pone cuidado: *ya le han dado dos avisos por mal comportamiento.* **4** Señal que hace el presidente de una corrida al torero, por no matar al toro en el tiempo prescrito por el reglamento: *a la hora de matar pinchó varias veces y tuvo dos avisos.*

andar (o estar) sobre aviso Estar prevenido y preparado para lo que pueda pasar.

poner sobre aviso Avisar o advertir sobre un peligro u otra cosa.

sin previo aviso Indica que la acción se realiza de pronto, sin dar previamente noticia o señal de ello: *no pueden cambiar los precios sin previo aviso.*
DER preaviso.

avispa *n. f.* Insecto parecido a la abeja, pero de cuerpo con rayas negras y amarillas, con un aguijón con el que produce picaduras muy dolorosas: *la avispa, como la abeja, vive en grupos y fabrica panales.*
DER avispero.

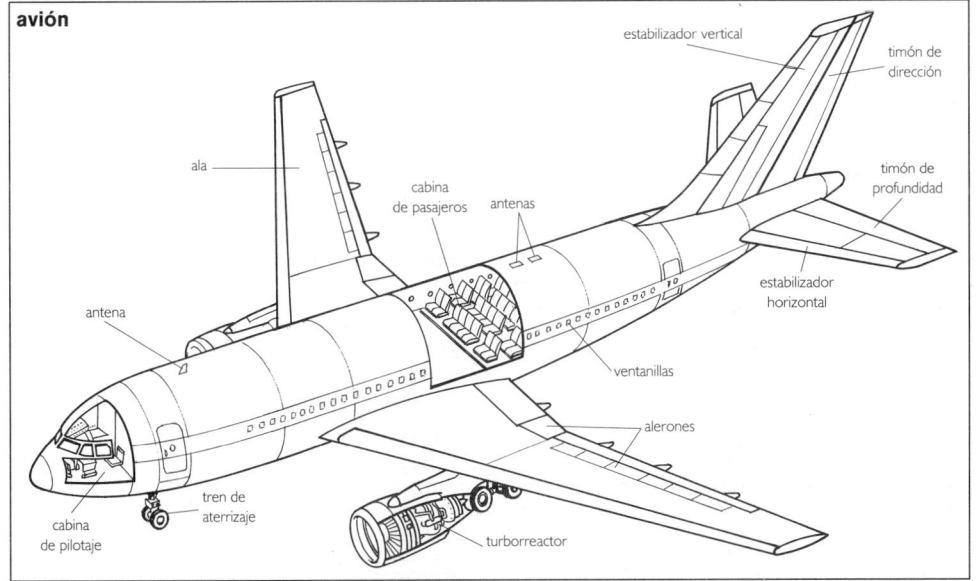

avión
- estabilizador vertical
- timón de dirección
- timón de profundidad
- estabilizador horizontal
- alerones
- ventanillas
- antenas
- cabina de pasajeros
- ala
- antena
- cabina de pilotaje
- tren de aterrizaje
- turborreactor

avispado, -da *adj.* [persona] Que es muy vivo, despierto y espabilado: *es muy avispado y aprende pronto las cosas.*

avispar *v. tr.* Hacer más avispada y lista a una persona: *hay que avispar a este muchacho para que pueda defenderse en la vida.* **DER** avispado.

avispero *n. m.* **1** Panal o nido de avispas y lugar donde se encuentra: *los avisperos suelen estar en el tronco de un árbol o en el hueco de una peña.* **2** Conjunto de avispas que viven en ese lugar: *un avispero salió de los agujeros de la pared y se lanzó contra nosotros.* **3** Negocio o asunto complicado y enredado que puede ofrecer peligro y causar disgusto: *ahora no sabemos cómo salir de este avispero.* **4** Reunión o aglomeración de personas o cosas inquietas y ruidosas: *a aquellas horas la discoteca parecía un avispero.*

avistar *v. tr.* Alcanzar con la vista lo que está lejos: *el capitán avistó un bote a la deriva.*

avitaminosis *n. f.* MED. Carencia o escasez de una o varias vitaminas en el organismo.
OBS El plural también es *avitaminosis*.

avituallamiento *n. m.* Abastecimiento de vituallas, víveres o alimentos: *cada ciclista tomó su bolsa en el control de avituallamiento.*

avituallar *v. tr.* Abastecer o proveer de vituallas, víveres o alimentos a alguien: *unos camiones se encargan de avituallar a los soldados que están en el frente.* **DER** avituallamiento.

avivar *v. tr.* **1** Hacer que una cosa sea más viva dotándola de mayor intensidad: *avivar el fuego; avivar la luz del candil; avivar el ingenio.* ◇ *v. intr./prnl.* **2** Tomar más fuerza o intensidad: *en la primavera se avivan los colores del paisaje.* **DER** reavivar.

avizor *adj.* **1** Palabra que se utiliza en la expresión *ojo avizor*, que significa 'en actitud de vigilancia', 'con atención': *habían oído algo extraño y estaban ojo avizor.* ◇ *n. m.* **2** Hombre que avizora, acecha u observa cautelosamente.

avutarda *n. f.* Ave zancuda de vuelo bajo y pesado, de cuerpo grueso de color rojizo con manchas negras, el cuello alargado y las alas pequeñas: *la avutarda es muy común en España.*

axial o **axil** *adj.* Del eje o que tiene relación con él: *simetría axial.*
OBS La Real Academia Española prefiere la forma *axil*, pero es más frecuente el uso de *axial*.

axila *n. f.* Cavidad o hueco que se forma en la unión de la parte interior del brazo con el cuerpo: *ponte el termómetro en la axila.* **SIN** sobaco. ☞ cuerpo humano.
DER axilar.

axilar *adj.* De la axila o que tiene relación con ella: *tiene un ganglio inflamado en la zona axilar.*

axioma *n. m.* **1** Expresión de un juicio tan claro y evidente que se admite sin necesidad de demostración: *partiremos de este axioma: dos cantidades iguales a una tercera son iguales entre sí.* **2** Principio básico o elemental de una ciencia: *durante el primer año sólo se aprenden algunos axiomas.*
DER axiomático.

axiomático, -ca *adj.* Que es tan evidente e incuestionable como un axioma.

¡ay! *int.* Expresión que indica pena, dolor o temor: *¡ay!, ¡me he dado un martillazo en el dedo!*
¡ay de mí! o **¡ay de nosotros!** Expresión con la que una persona se lamenta de algo: *¡ay de mí, qué desgraciado soy!*
¡ay de + *pronombre*! Expresión con la que se amenaza a alguien si no cumple o hace lo que se le pide: *¡ay de vosotros si me desobedecéis!*

ayatolá *n. m.* Superior religioso entre los chiitas islámicos: *el ayatolá ejerce una gran autoridad sobre el pueblo chiita.*

ayer *adv.* **1** En el día inmediatamente anterior al de hoy: *llegaron ayer y se marchan esta tarde.* **2** En un tiempo pasado. ◇ *n. m.* **3** Tiempo pasado: *guarda hermosos recuerdos del ayer.*
de ayer a hoy En breve tiempo; desde hace muy poco tiempo.
DER anteayer.

ayo, aya *n. m. y f.* Persona que en una casa acomodada se encarga del cuidado y educación de los niños.
OBS Para la forma femenina, en singular se le anteponen los determinantes *el*, *un*, salvo que entre el determinante y el nombre haya otra palabra: *el aya, la hemosa aya.*

ayuda *n. f.* **1** Socorro, colaboración que se presta en una necesidad o peligro: *pedir ayuda.* **2** Persona o cosa que ayuda o sirve para ayudar: *su marido ha sido siempre su ayuda y consuelo.* **3** Cantidad de dinero que se da a una persona que lo necesita: *ha solicitado una ayuda para estudiar en el extranjero.*
ayuda humanitaria Conjunto de alimentos, medicinas y personas que se envían a un país en guerra o con problemas graves para ayudar a la población civil.

ayudante *n. com.* Persona que ayuda en un trabajo o en una profesión a otra que generalmente es de formación o categoría superior: *ha sido contratado como profesor ayudante.*

ayudar *v. tr.* **1** Prestar socorro o colaboración en una necesidad o peligro: *los países ricos deben ayudar a los pobres; te ayudaré a hacer los deberes; el mal tiempo también ayudó a que el viaje fuera un desastre.* ◇ *v. prnl.* **2 ayudarse** Utilizar o valerse del auxilio o la ayuda de otra persona o cosa: *desde el accidente tiene que ayudarse con un bastón para caminar.*
DER ayuda, ayudante.
ETIM Ayudar procede del latín *adjutare*, que tenía el mismo significado, voz con la que también está relacionada *coadjutor*.

ayunar *v. intr.* Abstenerse total o parcialmente de comer y beber durante un tiempo, generalmente por motivos religiosos o de salud: *mi madre ayuna todos los viernes de cuaresma.*
DER ayuno; desayunar.

ayuno, na *adj.* **1** Que no ha comido. **2** Que no entiende o comprende una cosa de la que se habla. ◇ *n. m.* **3** Privación total o parcial de comida y bebida durante un período de tiempo, especialmente por problemas de salud o por cumplir con un rito religioso: *los católicos hacen ayunos voluntarios durante la Semana Santa.* **en ayunas** a) Sin haber tomado alimento desde la noche anterior: *debes hacerte el análisis de sangre estando en ayunas.* b) Sin comprender una cosa: *nos dio una explicación, pero nos quedamos en ayunas.*

ayuntamiento *n. m.* **1** Corporación o grupo de personas integrado por un alcalde y varios concejales que se encarga de administrar y gobernar un pueblo o ciudad. **SIN** cabildo, concejo, consistorio. **2** Edificio en el que trabaja este grupo de personas. **SIN** cabildo, concejo, consistorio. **3** **ayuntamiento carnal** Realización del coito o unión sexual: *se habla de matrimonio no consumado cuando no ha habido ayuntamiento carnal.*

azabache *n. m.* **1** Variedad de carbón, duro y compacto, de color negro brillante, que puede ser pulido para hacer adornos: *pendientes de azabache.* **2** Pájaro de vientre blanco, cabeza y alas negras y el resto del cuerpo gris oscuro, que se alimenta de insectos. Para indicar el sexo se usa *el azabache macho* y *el azabache hembra.* ◇ *adj./n. m. y f.* **3** [color] Que es negro brillante: *en su rostro destacan sus ojos azabache.*

azada *n. f.* Instrumento de labranza formado por una lámina o pala de metal con un lado cortante y un anillo en el opuesto, donde encaja un largo mango de madera con el que forma un ángulo un tanto agudo: *la azada se usa para cavar tierras ya roturadas y para remover o amasar mezclas*. ☞ aperos.
DER azadón.

azadón *n. m.* Azada de pala algo curva y más larga que ancha: *el azadón se usa para cavar en tierras duras y para rozar o cortar raíces*.

azafato, -ta *n. m. y f.* **1** Persona que se dedica a atender a los pasajeros en un avión o en un tren: *la azafata nos ofreció los periódicos del día*. **2** Persona que se dedica a recibir e informar a los visitantes, participantes o clientes en ciertos actos, establecimientos o reuniones: *una azafata atendía a nuestras preguntas en la exposición*.
OBS El empleo en masculino no está presente en el Diccionario de la Real Academia Española y suele ser usado en un nivel coloquial.

azafrán *n. m.* **1** Planta de origen oriental, de tallo bulboso y hojas estrechas, con la flor de color morado y estigmas de color rojo anaranjado que se usa generalmente como condimento. **2** Estigma o conjunto de estigmas de esta planta: *el azafrán es un condimento que, además de sabor, da color amarillo a los guisos*.
DER azafranado.

azafranado, -da *adj.* Que tiene el color del azafrán.

azahar *n. m.* Flor blanca del naranjo, del limonero y de otros árboles parecidos que se usa en medicina y perfumería: *el azahar tiene un olor muy agradable*.
OBS No se debe confundir con *azar*.

azalea *n. f.* Arbusto de unos dos metros de altura, de flores blancas, rosadas o rojas muy bellas que se cultiva con fines ornamentales.

azar *n. m.* Causa a la que se atribuyen los sucesos no debidos a una necesidad natural o a la intervención humana o divina: *el azar ha querido que nos encontremos en esta cafetería después de tantos años*. **SIN** fortuna.
al azar Sin reflexión ni orden: *escoge una carta al azar*.
DER azaroso.

azaroso, -sa *adj.* Que tiene abundantes percances, riesgos, contratiempos o dificultades: *sólo nos contó un poco de su larga y azarosa vida*.

-azgo Sufijo que entra en la formación de sustantivos con el significado de 'dignidad', 'cargo', 'estado', 'tiempo que éstos duran': *almirantazgo, padrinazgo, mayorazgo, noviazgo*. En derivados de verbos denota acción o efecto: *hallazgo*.

ázimo *adj.* [pan] Que se amasa sin levadura: *el pan ázimo es el que se suele emplear en el sacramento de la comunión*.
OBS También se escribe *ácimo*.

azimut *n. m.* ASTR. Ángulo que forma el plano vertical de un astro con el meridiano del punto de observación.
OBS También se escribe *acimut*.

-azo, -aza **1** Sufijo que entra en la formación de palabras con valor aumentativo y algunas veces despectivo: *perrazo, manaza, aceitazo*. **2** Con la forma *–azo* significa 'golpe dado con o en lo designado por el sustantivo al que se une': *bastonazo, codazo, espaldarazo*.

azogue *n. m.* Mercurio, elemento químico, metal líquido, denso, de color gris plata, de número atómico 80: *el azogue se usa para hacer espejos*.

azor *n. m.* Ave rapaz diurna, parecida al halcón, con la parte superior oscura con una raya blanca y la parte inferior blanca con manchas más oscuras: *el azor ha sido muy utilizado en cetrería*.
DER azorar.
OBS Para indicar el sexo se usa *el azor macho* y *el azor hembra*.

azorar *v. tr./prnl.* Inquietar, alterar el ánimo, sobresaltar: *se azoró mucho al verse rodeada de tanta gente*.

azotaina *n. f.* Cantidad de azotes o golpes que se da o se recibe como castigo: *rompió el jarrón de un balonazo y se llevó una azotaina*.

azotar *v. tr.* **1** Dar azotes a alguien: *el protagonista fue azotado públicamente*. **2** Dar golpes de forma repetida y violenta, especialmente el viento, la lluvia o las olas: *el mar azota los acantilados*. **3** Producir daños y destrozos: *desde hace años el hambre azota el país*.

azote *n. m.* **1** Golpe dado con la mano a una persona, especialmente en el trasero: *el niño recibió un azote como castigo por su mal comportamiento*. **2** Golpe repetido y violento, especialmente de agua o de aire: *sufrió el azote del viento sobre su rostro*. **3** Desgracia o calamidad: *el azote de la guerra*. **4** Instrumento formado por un conjunto de cuerdas con nudos que se usa para castigar a las personas. **5** Golpe que se da con ese instrumento levantándolo y dejándolo caer con fuerza contra el cuerpo del condenado: *los esclavos recibían muchos azotes de sus amos*.
DER azotaina, azotar.

azotea *n. f.* **1** Cubierta plana de un edificio sobre la cual se puede andar: *suele tomar el sol en la azotea de su casa*. **SIN** terraza. **2** *coloquial* Cabeza de una persona.
estar mal de la azotea *coloquial* Haber perdido el juicio: *estás mal de la azotea si piensas que te voy a dejar mi coche nuevo*.

azteca *adj.* **1** Del pueblo indígena que dominó el territorio de Méjico o que tiene relación con él: *el imperio azteca dominó entre el siglo XV y principios del XVI*. ◊ *adj./n. com.* **2** [persona] Que pertenece a este pueblo: *la llegada de los españoles acabó con el imperio azteca*. ◊ *n. m.* **3** Lengua de este pueblo: *el azteca es una lengua con muchas variedades*. **SIN** náhuatl.

azúcar *n. amb.* **1** Sustancia sólida, generalmente de color blanco, de sabor muy dulce y soluble en agua, que se extrae especialmente de la caña dulce y de la remolacha. **azúcar blanco** Azúcar refinado obtenido en polvo muy tamizado. **azúcar glas** Sustancia espesa que se pone por encima de ciertas frutas y dulces. **azúcar moreno** Azúcar de color más oscuro y más dulce que el blanco. **2** Hidrato de carbono de sabor dulce, como la glucosa o la lactosa: *según los análisis, tengo demasiado azúcar en la sangre*.
DER azucarar, azucarera, azucarero, azucarillo.

azucarar *v. tr.* **1** Poner dulce un alimento echándole azúcar: *me gusta el yogur natural que ya ha sido azucarado*. **2** Cubrir con azúcar: *primero pones los bizcochos en la bandeja y después los azucaras*.

azucarera *n. f.* **1** Empresa que se dedica a la fabricación o la venta de azúcar. **2** Azucarero, recipiente.

azucarero, -ra *adj.* **1** Del azúcar o relacionado con esta sustancia: *empresa azucarera*. ◊ *n. m. y f.* **2** Persona que se dedica a la fabricación de azúcar. **3** Recipiente para servir azúcar en la mesa: *ahí tienes el azucarero: sírvete tú mismo*.

azucarillo *n. m.* Masa pequeña y apretada de azúcar, generalmente en forma de cubo: *suelo poner dos azucarillos en el café*. **SIN** terrón.

azucena *n. f.* **1** Flor de jardín grande, blanca y muy olorosa: *la azucena es el símbolo de la pureza*. **2** Planta de tallo alto y hojas largas y estrechas que da esa flor: *la azucena es una planta perenne*. **SIN** lirio blanco.

azuela *n. f.* Herramienta de carpintero formada por una

azufre

pieza cortante de metal y un mango de madera corto y doblado; se usa para quitar las partes bastas de una madera: *el carpintero desbastó el tronco con una azuela.* ☞ herramientas.

azufre *n. m.* Elemento químico, no metal, de color amarillo y de olor desagradable, de número atómico 16, muy utilizado para la obtención de ácido sulfúrico: *el símbolo del azufre es S.*
ETIM *Azufre* procede del latín *sulphur*, que tenía el mismo significado, voz con la que también están relacionadas *sulfato, sulfito, sulfúrico.*

azul *adj.* **1** De color parecido al del cielo despejado: *los pantalones vaqueros suelen ser azules; tienes unos ojos azules preciosos.* ◇ *adj./n. m.* **2** [color] Que es parecido al del cielo despejado: *el azul es el quinto color del espectro solar.* **azul celeste** Azul más claro y más parecido al del cielo despejado. **azul marino** Azul oscuro. **azul de cobalto** Materia colorante muy usada en pintura y para decorar cerámicas.

azulado, -da *adj.* Que es de color parecido al azul.

azulejo *n. m.* Ladrillo de poco grosor, con una cara vidriada, que se usa para revestir paredes como protección o simple adorno: *las cocinas y cuartos de baño suelen cubrirse de azulejos.*

azumbre *n. amb.* Medida antigua para líquidos equivalente a 2,016 litros; octava parte de la cántara.

azuzar *v. tr.* Irritar y animar a un animal para que ataque: *si vuelves a acercarte a mi casa, te azuzaré los perros.*
OBS En su conjugación, la *z* se convierte en *c* delante de *e*.

B | b

b *n. f.* Segunda letra del alfabeto español: *la primera consonante de nuestro alfabeto es la b*.

baba *n. f.* **1** Saliva espesa y abundante que sale de la boca y fluye por la comisura de los labios. **2** Líquido espeso y pegajoso que producen ciertos animales o plantas: *la baba del caracol*.
caérsele la baba *coloquial* a) Experimentar una persona gran admiración y placer al observar, oír o hablar de alguien o de algo: *se le caía la baba viendo a su hijo cantar en la fiesta del colegio*. b) Desear con intensidad y fijación a una persona o cosa: *solía caérsele la baba cada vez que veía el anuncio de aquel coche por la televisión*.
DER babear, babero, babi, babilla, babosa, baboso; rebaba.

babear *v. intr.* **1** Echar baba por la boca: *el niño babeaba con el chupete en la boca; babear un caballo, un perro, un tigre*. **2** Experimentar gran admiración y placer al observar, oír o hablar de una persona o cosa que es grata: *babea cada vez que me habla de su padre*. **3** *coloquial* Desear con intensidad y fijación a una persona o cosa: *babeaba ante el escaparate de la tienda de motos*.
DER babeo.

babel *n. amb.* Lugar donde hay confusión y desorden, especialmente provocados por varias personas que hablan a la vez: *cuando se fue el profesor la clase se convirtió en un babel*.

babélico, -ca *adj.* **1** [proyecto, obra] Que se caracteriza por la grandiosidad y el enorme trabajo que requiere su ejecución: *cientos de obreros intervinieron en la babélica construcción del túnel bajo el canal de la Mancha*. **SIN** faraónico.
2 Confuso, difícil de entender: *intentó acallar la babélica algarabía de voces y poner paz en la clase*.

babeo *n. m.* Caída continuada de baba.

babero *n. m.* **1** Pieza de tela u otra materia que se coloca a los niños en el pecho sujeta al cuello para que no se manchen de babas o con los alimentos que comen. **2** Prenda de vestir de tejido ligero y resistente, parecida a una bata, que cubre todo el cuerpo y se pone encima de la ropa de los niños para protegerla: *los niños llevan babero en el colegio*.

babi *n. m.* Babero que usan los niños para proteger la ropa.

babilla *n. f.* Conjunto de musculatura y tendones que articulan el fémur con la tibia y la rótula de los cuadrúpedos.

bable *n. m.* Dialecto derivado de antiguas formas lingüísticas leonesas que se habla en Asturias.

babor *n. m.* MAR. Lado izquierdo de una embarcación, mirando desde la parte trasera hacia la delantera. **ANT** estribor.

babosa *n. f.* Molusco terrestre, parecido a un caracol, pero sin concha, que deja al arrastrarse una baba pegajosa. ☞ moluscos.

babosear *v. tr.* **1** Llenar de babas: *el perro entró en el salón y baboseó todo el sofá*. **2** *coloquial* Experimentar admiración y placer exagerados al observar, oír o hablar de una persona o cosa que es grata: *baboseaba cumplidos cuando se hallaba cerca de su jefe*.

baboso, -sa *adj./n. m. y f.* **1** Que echa abundante baba por la boca: *un niño baboso; un perro baboso*. **2** *coloquial* [persona] Que experimenta admiración y placer exagerado al observar, oír o hablar a una persona o cosa que le es grata: *una nube de admiradores babosos acosaban a la cantante*. **3** *coloquial* [persona] Que aún no tiene la edad suficiente para lo que hace o intenta hacer: *es apenas un baboso y ya sabe conducir*.
DER babosear.

babucha *n. f.* **1** Zapato ligero, sin cordones ni tacón, hecho de tela resistente o cuero suave y con suela delgada; generalmente se utiliza para andar por la casa. **SIN** chinela, pantufla, zapatilla. **2** Calzado árabe ligero, sin cordones ni tacón, hecho de piel o cuero. ☞ calzado.

baca *n. f.* Estructura resistente, generalmente metálica y con forma de rejilla, que se coloca sobre el techo de un automóvil para llevar maletas, bultos u objetos.
OBS No se debe confundir con *vaca*.

bacaladero, -ra *adj.* **1** Del bacalao o que tiene relación con este pez comestible: *la pesca bacaladera en el océano Atlántico tiene mucha importancia comercial*. ◇ *adj./n. m. y f.* **2** [embarcación] Que está destinado a la pesca del bacalao: *la flota bacaladera sufrirá recortes*.

bacaladilla *n. f.* Pez marino comestible de color gris, cuerpo pequeño y alargado y mandíbula prominente.
OBS Para indicar el sexo se usa *la bacaladilla macho* y *la bacaladilla hembra*.

bacalao *n. m.* **1** Pez marino comestible de cabeza grande y cuerpo alargado y blando; tiene una pequeña barba saliente en el labio inferior de la mandíbula. ☞ pez. ◇ *adj./n. m.* **2** [música] Que se caracteriza por tener un ritmo rápido, intenso y repetitivo; sus sonidos se producen fundamentalmente a partir de sintetizadores electrónicos: *la música bacalao está pensada para ser bailada en discotecas*.
cortar el bacalao *coloquial* Tener el poder de decisión último y más importante: *por mí, te contrataría, pero es el jefe de personal el que corta el bacalao*.
DER bacalada, bacaladero, bacaladilla.
OBS Para indicar el sexo se usa *el bacalao macho* y *el bacalao hembra*.

bacanal *n. f.* **1** Fiesta que los gentiles de la antigua Roma celebraban en honor de Baco, dios que representaba el vino y la embriaguez. **2** Fiesta en la que participan muchas personas, donde se come y bebe inmoderadamente y se cometen excesos. **SIN** orgía.

B b

DER bacante; báquico.

bacante *n. f.* Mujer que en la antigua Roma estaba consagrada al culto de Baco; tomaba parte en las bacanales, fiestas que se hacían en honor de este dios.

bache *n. m.* **1** Pequeño agujero o desnivel de un camino o carretera, generalmente producido por la pérdida o el hundimiento de la capa superficial de asfalto. **2** Disminución o detención en el progreso de una actividad: *con esta victoria el equipo parece salir del bache en que estaba sumido.* **3** Falta pasajera de ánimo o de salud: *tras la muerte de mi hermano mi vida entró en un bache del que ahora intento salir.* **4** Diferencia brusca en la temperatura y la dirección de las corrientes de aire que provoca rápidos descensos en la altura de vuelo de un avión.
DER bachear.

bachiller *n. com.* **1** Persona que ha aprobado los estudios correspondientes al bachillerato. **2** Antiguamente, persona que había realizado estudios universitarios.
DER bachillerato.

bachillerato *n. m.* **1** Grado académico que se consigue al terminar los estudios correspondientes a la enseñanza media. **2** Conjunto de estudios que es necesario aprobar para conseguir este grado.

bacía *n. f.* Recipiente cóncavo que usa el barbero para remojar las barbas, que tiene un borde muy ancho con una hendidura para apoyar el cuello.

bacilo *n. m.* Bacteria de forma cilíndrica alargada, como la de un pequeño bastón: *el bacilo de Koch es el causante de la tuberculosis.*
DER bacilar.
ETIM Véase *báculo.*

bacín *n. m.* Recipiente cilíndrico de boca muy ancha y con asa; sirve para recoger la orina y los excrementos: *vive en el campo en una casa sin retrete, por eso duerme con un bacín debajo de la cama.* **SIN** orinal.

backgammon *n. m.* Juego de mesa que se practica por dos jugadores con quince fichas, blancas o negras, cada uno; consiste en recorrer un tablero compuesto por veinticuatro casillas triangulares de dos colores, según los números obtenidos al tirar dos dados.
OBS Es de origen inglés y se pronuncia aproximadamente 'bacgamon'.

back-up *n. m.* INFORM. Copia de seguridad de uno o más archivos informáticos con programas o informaciones, que se hace, generalmente, para prevenir posibles pérdidas de información o el mal funcionamiento de los programas originales.
OBS Es de origen inglés y se pronuncia aproximadamente 'bacap'.

bacon *n. m.* Tocino ahumado de cerdo con vetas de carne: *pedí un plato de huevos fritos con bacon.* **SIN** beicon.
OBS Es de origen inglés y se pronuncia aproximadamente 'beicon'. ◊ La Real Academia Española sólo registra la forma *beicon.*

bacteria *n. f.* Organismo microscópico compuesto por una sola célula, carente de núcleo, que se multiplica por bipartición o por esporas: *las bacterias son los agentes causantes de numerosas enfermedades.*
DER bacteriano, bactericida, bacteriología.

bacteriano, -na *adj.* De las bacterias o que tiene relación con este organismo microscópico: *el cólera es una enfermedad bacteriana.*

bactericida *adj./n. m.* [sustancia] Que mata o destruye las bacterias: *los antibióticos son medicamentos bactericidas.*

bacteriología *n. f.* Ciencia que estudia las bacterias, sus clases, formas de reproducción y métodos para controlarlas o destruirlas: *Louis Pasteur ha sido llamado el padre de la bacteriología.*

bacteriológico, -ca *adj.* De la bacteriología o que tiene relación con esta ciencia: *trabaja en un laboratorio bacteriológico.*
arma bacteriológica Sustancia elaborada en un laboratorio que se arroja al enemigo para contagiarlo de una enfermedad que provoque su muerte o su invalidez para el combate.

báculo *n. m.* **1** Bastón largo que llega a la altura del pecho o la cabeza, con el extremo superior curvo. **báculo pastoral** Báculo que usan los obispos como símbolo de su autoridad: *el Papa y los obispos suelen llevar un báculo en algunas ceremonias.* **2** Apoyo, ayuda o defensa: *pensó en sus nietos como único báculo de su vejez.*

badajo *n. m.* Pieza que cuelga del interior de una campana, cencerro o esquila y que al moverse los hace sonar. ☞ campana.

badana *n. f.* **1** Piel curtida de carnero u oveja: *una cartera de badana.* ◊ *n. com.* **2** *coloquial* Persona vaga, despreocupada y de poco juicio: *ese dependiente que tienes es un badanas que te está espantando a los clientes de la tienda.* Se usa más en plural.
zurrar la badana *coloquial* a) Dar golpes y causar daño a una persona: *lo cogieron entre varios para robarle el dinero y le zurraron la badana.* b) Ganar o vencer al contrario con claridad: *el equipo italiano le zurró la badana al español y le marcó cinco goles.*

badén *n. m.* Depresión del terreno en un camino o una carretera; suele ser natural, siguiendo la forma del terreno, o construido para permitir el paso de una pequeña corriente de agua.

badil *n. m.* Utensilio de metal con forma de pala pequeña que sirve para remover las brasas en las chimeneas y los braseros. **SIN** badila.

badila *n. f.* Badil, utensilio.

badminton o **bádminton** *n. m.* Deporte parecido al tenis que se practica en un terreno de juego mucho menor y en el que participan dos o cuatro jugadores; consiste en impulsar una pequeña pelota con forma de media esfera y con plumas en su lado plano mediante una raqueta ligera por encima de una red que está a una altura muy superior a la que es propia para el tenis.

badulaque *adj./n. com. coloquial* [persona] Que no es de fiar a causa de su informalidad y escaso juicio.

bafle *n. m.* Caja que contiene uno o más altavoces de un equipo de sonido; sirve para facilitar la difusión y calidad de éste.

bagaje *n. m.* **1** Conjunto de conocimientos y experiencias que una persona ha reunido a lo largo de un período: *con el bagaje artístico acumulado en los años que pasó en París, volvió a su país dispuesto a triunfar.* Suele ir seguido de los adjetivos *intelectual, artístico* u otros semejantes. **2** Equipaje militar que lleva un ejército en marcha. **3** Equipo o conjunto de cosas que una persona lleva consigo cuando viaja o se traslada de un lugar a otro.

bagatela *n. f.* Cosa poco importante o de escaso valor: *en el rastro compró algunas bagatelas para los niños; aprobar este examen no es una bagatela, pues te permitirá pasar de curso.*
SIN fruslería, nadería, nimiedad.

¡bah! *int.* Expresión que indica desprecio o falta de interés.

bahía *n. f.* Parte de mar que entra en la tierra formando una concavidad amplia; puede servir de refugio a las embarcaciones: *la bahía es de menor tamaño que el golfo y mayor que la ensenada y la cala*. **SIN** cala, ensenada.

bailable *adj.* [música, melodía] Que se puede bailar: *le gustaba mucho la música bailable y nada la música clásica*.

bailaor, -ra *n. m. y f.* Persona que baila flamenco.

bailar *v. tr./intr.* **1** Mover el cuerpo, los pies y los brazos siguiendo el ritmo de una pieza musical: *bailar un vals, un chotis, un twist*. **2** Girar un objeto alrededor de su eje manteniendo el equilibrio sobre uno de sus extremos: *bailar un trompo*. ◇ *v. intr.* **3** Moverse una cosa que está en una posición inestable y poco segura: *bailar un diente; bailar un tornillo*. **4** Confundir el orden de conceptos, palabras y números, o cambiarlos por otros que les son muy parecidos: *bailó las direcciones de sus amigos cuando les envió las invitaciones; la presentadora bailó las cifras del número premiado en el sorteo de lotería*. **5** Cambiar en poco tiempo varias veces el valor de una cantidad, alterando mínimamente sus cifras: *los candidatos obtenidos por el partido en el gobierno bailan entre 83 y 86 escaños*. **6** En algunos deportes, como el fútbol o el baloncesto, dominar al contrario con gran superioridad; especialmente, hacer que corra tras el balón sin alcanzarlo.

bailar con la más fea *coloquial* Tener una responsabilidad o un trabajo difícil y desagradable: *en la mili, el novato siempre tiene que bailar con la más fea*.

bailarle el agua a alguien *coloquial* Adular a una persona para obtener un beneficio: *se pasó el curso bailándole el agua al tutor para sacar buenas notas*.

otro que tal baila *coloquial* Expresión que indica que una persona se parece a otra u otras en algún defecto o comportamiento negativo: *tú eres un vago, y tu amigo, otro que tal baila*.

DER bailable, bailaor, bailarín, bailón, bailongo, bailotear.

ETIM *Bailar* procede del latín *ballare*, que tenía el mismo significado, voz con la que también están relacionadas *balada, ballet*.

bailarín, -rina *n. m. y f.* Persona que baila piezas de música folclórica, clásica o moderna: *Rudolf Nureiev fue uno de los bailarines más famosos de todos los tiempos; al principio del programa un grupo de bailarines ocupó el plató interpretando la melodía del concurso*. **SIN** danzarín.

baile *n. m.* **1** Conjunto de movimientos que hace una persona con el cuerpo, los pies o los brazos siguiendo el ritmo de una pieza musical: *baile clásico, baile flamenco*. **baile de salón** Baile que se realiza por parejas al ritmo de formas musicales tradicionales, como el vals, la polca o el tango, y modernas, como el twist o el rock and roll. **2** Fiesta o celebración pública en la que los asistentes bailan: *fue a un baile con motivo de la graduación de su novia*. **baile de máscaras** Baile al que asisten para bailar personas con trajes de disfraces. **3** Confusión en el orden de conceptos, palabras y números, o cambio por otros que les son muy parecidos: *suspendió el examen por el baile de fechas y nombres en la pregunta sobre los reyes godos*. **4** Alteración varias veces en poco tiempo del valor de una cantidad, cambiando mínimamente sus cifras: *continúa el baile de cifras en torno al número de fallecidos en el accidente*.

baile de san Vito Denominación corriente de varias enfermedades nerviosas caracterizadas por movimientos involuntarios y violentos, como el corea.

bailón, -lona *adj.* [persona] Que baila a menudo y disfruta haciéndolo.

bailongo, -ga *n. m. y f.* **1** Persona que suele acudir a fiestas y discotecas para bailar, y que disfruta mucho haciéndolo. ◇ *n. m.* **2** Fiesta callejera en la que los asistentes bai-

lan: *en la noche de San Juan se organizó un bailongo en el patio para los vecinos*.

bailotear *v. intr.* Bailar sin gracia ni arte: *en el escenario un triste cuadro flamenco bailoteaba entre los silbidos del público*.

DER bailoteo.

baja *n. f.* **1** Fin de la relación laboral o profesional que unía a una persona con un cuerpo, asociación o empresa, por decisión unilateral de una de las partes o por mutuo acuerdo: *se dio de baja del partido por desavenencias con el secretario general; causó baja del ejército tras ser contratado por una empresa privada*. **ANT** alta. **2** Documento en el que se certifica que una persona debe abandonar durante un tiempo su puesto de trabajo a causa de una enfermedad o un daño físico: *debo llevar cada semana la baja de mi padre a la oficina donde trabaja*. **ANT** alta. **3** Persona que ha tenido que abandonar el desarrollo de una actividad por una causa determinada: *la selección juega mañana con numerosas bajas, ya que hay dos jugadores lesionados y tres suspendidos por acumulación de amonestaciones*. **4** Muerte, inutilización o desaparición de una persona, especialmente de un soldado en una acción de guerra: *durante la guerra del Golfo el ejército estadounidense tuvo muy pocas bajas*. **5** Disminución del valor o de la cuantía de una cosa: *la baja de la bolsa, del precio del petróleo; la baja del número de parados, del índice de natalidad*. **ANT** alza.

a la baja En disminución; con un precio, un valor o una importancia cada vez menor: *el mercado de venta de coches puede reaccionar a la baja ante la subida del precio de la gasolina*.

dar de baja *a)* Declarar un médico en un documento que una persona está enferma. *b)* Anotar en un registro que una persona ha dejado de pertenecer a una entidad o de dedicarse a una actividad.

darse de baja *a)* Cesar en el ejercicio de una profesión. *b)* Dejar de pertenecer voluntariamente a un cuerpo, sociedad o corporación.

estar de baja Abandonar durante un tiempo el puesto de trabajo por prescripción del médico a causa de enfermedad o daño físico.

DER bajista, bajón.

bajada *n. f.* **1** Camino o calle inclinados que van de un lugar a otro más bajo: *la peligrosa bajada del puerto estaba cubierta de nieve*. **ANT** subida. **2** Trayecto desde una posición elevada a otra más baja: *varios corredores se cayeron durante la bajada*. **SIN** descenso. **ANT** subida. **3** Disminución del valor, la cuantía o la intensidad de una cosa: *la bajada de los tipos de interés hará que sea más fácil pedir un préstamo*. **SIN** descenso. **ANT** subida.

bajada de bandera Tarifa que marca un taxímetro al ponerlo en marcha; es la mínima que se abona por un trayecto en los taxis urbanos.

bajada de tensión MED. Descenso brusco de la presión con la que la sangre circula por las arterias.

bajamar *n. f.* **1** Máximo nivel de bajada que puede alcanzar el agua del mar durante la marea baja: *para entrar y salir de un puerto es necesario conocer sus niveles de bajamar según la época del año*. **ANT** pleamar. **2** Tiempo en que el nivel del agua del mar se mantiene en estas condiciones: *durante la bajamar los niños juegan en la zona de playa que queda descubierta*. **ANT** pleamar.

bajante *n. amb.* Tubería de desagüe que recoge las aguas residuales y fecales de una construcción.

bajar *v. intr./prnl.* **1** Trasladarse de un lugar a otro que está más bajo: *bajar de un quinto piso; bajar al sótano*. **SIN** des-

bajel

cender. **ANT** subir. **2** Salir de un vehículo o dejar de estar montado en él: *bajar de una moto, de un coche, del tren, de una lancha*. **SIN** descender. **ANT** subir. ◇ *v. intr./tr.* **3** Hacer más pequeño el valor, la cuantía o la intensidad de una cosa: *bajar la temperatura; bajar el precio de la vivienda; bajar la voz; bajar el ritmo de trabajo*. **SIN** disminuir. **ANT** subir. ◇ *v. tr.* **4** Poner en un lugar más bajo: *bajar un brazo; bajar un cuadro; bajar la basura a la calle*. **ANT** subir. **5** Recorrer el trayecto inclinado que va de un lugar a otro más bajo: *bajar un puerto de alta montaña; bajar la escalera*. **SIN** descender. **ANT** subir. **6** Inclinar o dirigir hacia el suelo: *bajó la vista ante la presencia del gorila para apaciguarlo; el atracador bajó la escopeta y se rindió a la policía*.
DER baja, bajada, bajante; rebajar.

bajel *n. m.* culto Buque, barco.

bajero, -ra *adj.* Que se usa o pone debajo de una cosa: *las sábanas bajeras suelen ser ajustables al colchón*.

bajeza *n. f.* Acción inmoral y despreciable de una persona o un grupo: *cometió la bajeza de insultar en público a su mujer*.

bajío *n. m.* Elevación del fondo de un mar, río o lago, generalmente por acumulación de arena; dificulta o impide la navegación. **SIN** alfaque, bajo, banco de arena.

bajista *adj.* **1** Dicho del precio de un producto o del valor de una determinada cantidad, que tiende a la baja o disminución: *últimamente se produce una tendencia bajista en los salarios de los trabajadores*. **ANT** alcista. ◇ *n. com.* **2** Persona que toca el bajo: *necesitamos un bajista para el grupo*.

bajo, -ja *adj.* **1** Que tiene una altura menor de lo normal: *un hombre bajo; un techo bajo*. **ANT** alto. **2** Que está situado en un lugar con poca altura con respecto a la superficie de la tierra o cercano al nivel del mar: *la planta baja de un edificio; el pueblo estaba situado en la zona baja del valle*. **ANT** alto. **3** Que tiene poco valor, o es de poca cuantía o intensidad: *la sociedad mantiene un bajo nivel de consumo; los coches japoneses tienen un precio más bajo que los europeos; me lo dijo en voz baja*. **ANT** alto. **4** [parte de la sociedad] Que no tiene recursos económicos y ocupa el lugar inferior en la escala social: *en los países pobres la clase baja abarca a la mayor parte de la población*. **5** Que es inmoral y despreciable: *intentar engañar y robar a un anciano es lo más bajo que podías hacer*. **6** Que está inclinado hacia el suelo o mira al suelo: *el acusado entró en la sala con la cabeza baja*. **7** [sonido, voz] Que es muy grave y profundo: *el locutor del programa de madrugada tiene una voz baja y sensual*. ◇ *n. m.* **8** Piso inferior, situado a la altura de la calle, de una casa que tiene dos o más plantas: *vive en un casa de cinco pisos y en el bajo tiene el despacho*. **9** Borde inferior de una prenda de vestir: *tenía deshilachados los bajos de los pantalones*. **10** Elevación del fondo de un mar, río o lago, generalmente por acumulación de arena, que dificulta o impide la navegación: *el capitán avisó al timonel de la proximidad de los bajos*. **SIN** alfaque, bajío, banco de arena. **11** MÚS. Instrumento de sonido más grave de los que pertenecen a una misma familia: *no recuerdo quién tocaba el bajo en el grupo de los Beatles*. **12** MÚS. Voz más grave del registro de las voces humanas. **13** MÚS. Hombre que tiene esta voz. ◇ *adv.* **14 bajo** Con poca altura con respecto a la tierra, próximo al nivel del mar: *antes de aterrizar, los aviones suelen volar bajo*. **ANT** alto. **15** Con un sonido o tono de voz suave y débil: *en la biblioteca procura hablar bajo; solía tocar bajo el violín para no molestar a los vecinos*. **ANT** alto. ◇ *prep.* **16** Indica que una persona o cosa está debajo de otra: *pasamos la noche bajo las estrellas; el partido se jugó bajo la lluvia*. **17** Indica que una persona debe obediencia y está sometida a las órdenes de otra o a una serie de reglas, normas y leyes que debe cumplir: *vive bajo la tutela de sus padres; fue juzgado bajo una ley que pronto quedaría abolida; fue puesto en libertad bajo vigilancia*. ◇ *n. m. pl.* **18 bajos** Parte inferior externa de un vehículo: *antes de comprar un coche de segunda mano, comprueba el estado de sus bajos*.

por lo bajo *a*) En voz baja o al oído: *el jugador insultó por lo bajo al árbitro*. *b*) De manera oculta y sin el conocimiento de los demás: *el portero cobraba por lo bajo cada vez que dejaba que alguien se colara en el cine*.

DER bajar, bajero, bajeza, bajío, bajura; abajo, altibajo, contrabajo, debajo.

ETIM *Bajo* procede del latín *bassus*, 'gordo y poco alto'.

bajón *n. m.* **1** Disminución brusca e intensa de una actividad: *la guerra del Golfo provocó un bajón en el desarrollo económico de los países occidentales*. **2** Deterioro brusco e intenso en el estado de ánimo o de salud de una persona: *dio un bajón muy notable cuando murió su mujer*. Se usa con verbos como *dar*, *sufrir* o *tener*.

bajorrelieve *n. m.* Figura esculpida o grabada que sobresale ligeramente por encima de una superficie: *el bajorrelieve de una moneda con el perfil del rey*.

bakalao *n. m.* Bacalao, música.

bala *n. f.* **1** Proyectil cilíndrico de metal que es plano por uno de sus lados y acaba en punta por el otro; contiene en su interior una pequeña carga de pólvora que explota cuando es golpeada violentamente por el percutor de un arma de fuego: *pidió en la armería una caja de balas para su pistola*. **2** Punta cónica en que termina este pequeño cilindro y que sale impulsada a gran velocidad a través del cañón del arma de fuego cuando se dispara: *el herido tenía alojada una bala en la cabeza*. **bala perdida** Bala que impacta en un lugar alejado del punto adonde el tirador quiso dirigirla: *pasó cerca de un banco durante un atraco y una bala perdida le alcanzó en el brazo*. **3** Paquete de mercancías grande, apretado y atado: *una bala de algodón*.

bala perdida coloquial Persona alocada y amante de la diversión: *antes de casarse y formar una familia era un bala perdida*.

como una bala coloquial Muy rápido: *el actual campeón del mundo adelantó como una bala a sus competidores*.

tirar con bala coloquial Tener mala intención en lo que se dice: *algunos periodistas tiran con bala cuando preguntan a los famosos por su matrimonio*.

DER balazo, balín, balística, balón; embalar.

balada *n. f.* **1** MÚS. Canción popular de ritmo lento y suave cuyo asunto es generalmente amoroso. **2** Composición poética tradicional de estrofas iguales entre las que se intercala un estribillo; suele contar de manera sencilla sucesos legendarios y populares.

ETIM Véase *bailar*.

baladí *adj.* Que tiene poco valor, importancia o interés: *a la hora de buscar trabajo, la forma de vestir no es cuestión baladí*.

OBS El plural es *baladíes*, culto, o *baladís*, popular.

balalaica *n. f.* MÚS. Instrumento parecido a la guitarra; tiene la caja en forma triangular, el mástil muy largo y sólo tres cuerdas: *la balalaica es un instrumento típico de la música popular rusa*.

balance *n. m.* **1** Movimiento de un cuerpo a un lado y otro alternativamente. **2** Examen periódico de las cuentas de una empresa, comparando sus ingresos y gastos para establecer el nivel de beneficios o pérdidas: *antes de comprar, la empre-*

sa encargó un balance a una asesoría contable. **3** Documento o informe en el que consta este examen: *se envió copia del balance a todos los accionistas de la compañía.* **4** Revisión de los aspectos positivos y negativos de un estado o una situación para poder extraer una valoración general del conjunto: *el alcalde ha hecho balance de sus cien primeros días de gobierno.* **5** Sistema que regula el equilibrio del nivel de intensidad de sonido entre los dos altavoces o bafles de un equipo de música: *ajusta el balance porque el altavoz de la izquierda apenas suena.*

balancear *v. tr./prnl.* **1** Mover de un lado a otro un mecanismo que cuelga de un punto fijo subiendo y bajando de forma alternativa y repetida: *el aire balanceaba el solitario columpio.* **2** Mover una persona en este mecanismo: *el trapecista se balancea ante la expectación del público.* SIN mecer. **3** Inclinar a un lado y otro una cosa de forma alternativa y repetida: *las olas balancean la barca; leía con tranquilidad mientras se balanceaba en la mecedora.* SIN mecer.
DER balance, balanceo, balancín.

balanceo *n. m.* **1** Movimiento alternativo y repetido de subida y bajada a un lado y otro: *el balanceo de un péndulo.* **2** Movimiento alternativo y repetido de inclinación a un lado y otro: *el balanceo de una cuna.*

balancín *n. m.* **1** Aparato para jugar que consiste en un asiento que apoya las patas en dos bases en forma de arco, de modo que al empujarlo se inclina de atrás hacia delante sin llegar a caer: *el niño se mecía en el balancín en forma de caballito.* **2** Asiento sujeto a dos cuerdas o cadenas que, colgando de la rama de un árbol o de una armazón de madera o metal, se mueve hacia atrás y hacia delante subiendo y bajando. SIN columpio. **3** Asiento alargado colgado de una armazón de metal y cubierto por un toldo que se coloca en jardines, terrazas y lugares semejantes: *colocaron un balancín junto a la piscina.* **4** Aparato para jugar que consiste en una barra larga con un asiento en cada extremo; se apoya en su centro sobre una base elevada, de modo que los extremos pueden subir y bajar alternativamente. **5** Barra alargada que usan los equilibristas para andar sobre una cuerda o un alambre elevado del suelo y poder contrapesar las inclinaciones del cuerpo. **6** Pieza de algunas máquinas que consiste en una barra unida a un eje que transforma el movimiento alternativo rectilíneo en otro circular continuo.

balandro *n. m.* Barco de vela para regatas, de casco pequeño y alargado y con un solo palo.

bálano o **balano** *n. m.* Parte más extrema y abultada del órgano sexual masculino que está cubierta por el prepucio. SIN glande.

balanza *n. f.* **1** Instrumento que sirve para pesar, compuesto de dos platos que cuelgan de una barra horizontal que está sujeta en su centro y permanece nivelada en equilibrio; el objeto que se desea pesar se coloca en uno de los platos, y en el otro se van colocando pesas hasta nivelar horizontalmente la barra: *la balanza es el símbolo de la justicia.* **2** Mecanismo de cualquier clase que sirve para pesar cosas: *el frutero puso el melón en la balanza.*

balanza comercial (o **de comercio**) ECON. Cálculo comparativo entre las importaciones y exportaciones de mercancías de un país durante un período, generalmente de un año: *la balanza comercial de España con los Estados Unidos es deficitaria para nuestro país, pues importa más productos, o más caros, que los que exporta.*

balanza de pagos ECON. Cálculo comparativo entre los cobros, pagos y préstamos económicos de un país con el extranjero durante un período, generalmente de un año: *la principal fuente de ingresos de la balanza de pagos española es el turismo.*
DER balancear; abalanzarse.

balar *v. intr.* Emitir una oveja o un cordero su voz característica.
DER balido.

balaustrada *n. f.* **1** Valla de media altura en forma de barandilla o antepecho que cierra o bordea un lugar para impedir que las personas caigan y permitir que se apoyen; está formada por una serie de pequeñas columnas o balaustres, generalmente de piedra o madera, que se hallan unidas en su extremo superior por un listón o cuerpo horizontal estrecho, como las que se colocan en escaleras, balcones, azoteas o corredores. **2** Muro de media altura o barandilla que cierra un lugar alto para impedir que las personas se caigan y permitir que se apoyen. SIN pretil.

balaustre o **balaústre** *n. m.* Columna pequeña, generalmente de piedra o madera, que con otras de igual figura forma una balaustrada.

balazo *n. m.* Marca, señal o efecto que produce una bala disparada por un arma de fuego: *lo mataron de un balazo.* SIN disparo, tiro.

balbucear *v. intr./tr.* Balbucir.
DER balbuceo.
OBS La Real Academia Española admite *balbucear*, pero prefiere la forma *balbucir*.

balbuceo *n. m.* **1** Pronunciación de palabras mal articuladas o entrecortadas que resulta poco comprensible; se produce por no saber hablar bien, por sufrir un defecto en la boca o por estar emocionado y sorprendido: *el balbuceo de un niño es la primera fase de su aprendizaje del habla.* **2** Palabra o conjunto de palabras pronunciadas de esta manera: *a las preguntas del profesor el alumno sólo pudo contestar con torpes balbuceos.*

balbucir *v. intr./tr.* Hablar articulando mal las palabras o pronunciándolas de manera entrecortada y poco comprensible; se produce por no saber hablar bien, por sufrir un defecto en la boca o por estar emocionado y sorprendido: *el niño empezaba a hablar y sólo balbucía algunas palabras; el herido balbuceó su nombre al oído del médico; el actor premiado sólo fue capaz de balbucir un breve agradecimiento.* SIN balbucear.
OBS Es defectivo. No se usa en la primera persona del singular del presente de indicativo, en las del presente de subjuntivo ni en la tercera del singular y del plural y la primera del plural del imperativo. En su lugar se emplean las formas correspondientes de *balbucear*.

balcánico, -ca *adj.* De la cordillera de los Balcanes o que tiene relación con esta región del sureste de Europa: *Bulgaria y Rumanía son países balcánicos.*

balcón *n. m.* **1** Abertura, generalmente de forma rectangular o cuadrada, en la pared exterior de la habitación de un piso que está por encima del nivel del suelo; verticalmente va desde el suelo hasta cerca del techo y suele dar acceso a un espacio exterior que sobresale en la fachada del edificio y que está rodeada por una balaustrada, barandilla o muro: *el salón era muy luminoso gracias a un gran balcón que daba al mar.* 🖙 casa. **2** Espacio exterior y elevado que sobresale en la fachada de un edificio y al que se accede a través de esta abertura: *durante el verano cenamos en el balcón.* **3** Balaustrada, barandilla o muro que hay en esta abertura o que rodea este espacio exterior: *colgó en el balcón la palma del Domingo de Ramos.* **4** Lugar elevado del terreno desde el que es posible divisar una gran extensión de tierra o mar.

balconada *n. f.* **1** Conjunto de balcones que comparten

balda

un mismo espacio exterior y una misma balaustrada, barandilla o muro. **2** Espacio exterior y elevado que sobresale en la fachada de un edificio y que es común a este conjunto de balcones: *los jugadores saludaron a la afición desde la balconada del ayuntamiento*. **3** Balaustrada, barandilla o muro que rodea este espacio: *una balconada de piedra*.

balda *n. f.* Tabla o lámina horizontal que se coloca en una pared, dentro de un armario o en una estantería y sirve para colocar objetos sobre ella: *las baldas de la librería están alabeadas por el peso de los libros*. **SIN** anaquel, estante.

baldaquín o **baldaquino** *n. m.* **1** Pieza cuadrada o rectangular de tela lujosa con adornos valiosos y colgaduras que, pegada a la pared o sostenida por columnas, se coloca sobre un lugar como símbolo de reverencia y solemnidad: *el baldaquino de un trono, de una imagen religiosa, de una tumba*. **2** Cubierta sostenida por columnas, construida con materiales valiosos, que imita esta pieza de tela; especialmente, la que cubre a modo de techo el altar de algunas iglesias o catedrales: *Lorenzo Bernini es el autor del baldaquino de la basílica de San Pedro en Roma*.
OBS La Real Academia Española admite *baldaquino*, pero prefiere la forma *baldaquín*.

baldar *v. tr.* Dejar agotado y dolorido por un gran esfuerzo realizado o un daño físico recibido: *unos gamberros lo baldaron a patadas; subir una bombona de butano siete pisos balda al más pintado*.

balde *n. m.* Recipiente de forma cilíndrica parecido a un cubo, generalmente de mayor tamaño y menor altura, que se usa especialmente para transportar agua: *volcó un balde de agua en la cubierta y comenzó a fregarla*.
de balde Gratis, sin pagar dinero ni dar nada a cambio: *era amigo del portero y entraba de balde en el cine*.
en balde Sin conseguir el propósito deseado: *el médico intentaba en balde reanimar a una de las víctimas*.
DER baldío. Es derivado de *balde*, 'cosa de poco valor'.

baldear *v. tr.* **1** Echar abundante agua con baldes o cubos sobre una superficie: *baldear la cubierta de un barco, el patio de un colegio, una calle*. **2** Extraer con baldes el agua de una excavación.

baldío, -día *adj.* **1** Que es inútil, que no tiene utilidad: *todos sus esfuerzos por encontrar trabajo resultaron baldíos*. ◊ *adj./n.* **2** [terreno] Que no se cultiva ni se aprovecha para pastos: *tras la epidemia, el pueblo quedó desierto y los campos baldíos*. **SIN** erial.

baldón *n. m.* Acto o situación que supone una deshonra pública para una persona o familia: *el que su hijo hubiera sido detenido por tráfico de drogas supuso un baldón insoportable para su padre*.

baldosa *n. f.* Pieza fina y lisa de cerámica, piedra u otro material resistente que, junto a otras del mismo tamaño y forma, se usa para cubrir el suelo o la pared.
DER baldosín; embaldosar.

baldosín *n. m.* Baldosa pequeña.

balear *adj.* **1** De Baleares o que tiene relación con las islas que forman esta comunidad autónoma del este de España. ◊ *adj./n. com.* **2** [persona] Que es de Baleares. ◊ *n. m.* **3** Variedad del catalán que se habla en las islas Baleares.

balido *n. m.* Voz característica de algunos animales como la oveja, la cabra, el carnero, el cordero, el gamo y el ciervo.

balín *n. m.* **1** Bala de pequeño calibre. **2** Pieza de plomo de muy pequeño tamaño que sirve de munición para escopetas y pistolas de aire comprimido.

balística *n. f.* Disciplina que estudia la trayectoria, el alcance y los efectos de balas y proyectiles y las marcas que dejan en ellos las armas de fuego con las que son disparados: *varios expertos en balística aseguraron que la víctima fue alcanzada por disparos de al menos dos tiradores*.

balístico, -ca *adj.* De la balística o que tiene relación con ella: *un análisis balístico determinó que la bala encontrada en el cadáver había sido disparada por el arma del sospechoso*.

baliza *n. f.* Señal fija o móvil que se coloca en la tierra o sobre el agua para marcar una zona, especialmente para indicar que se debe pasar por un lugar o para advertir que es peligroso hacerlo: *varias balizas advierten la situación del campo de minas; una serie de balizas indica el lugar más adecuado para navegar por el lago*.
DER balizaje, balizar; radiobaliza.

balizar *v. tr.* Colocar balizas en un terreno o en el agua: *balizar una pista de aterrizaje*.

ballena *n. f.* Mamífero marino, el mayor de los que existen en la Tierra; tiene una potente aleta trasera en posición vertical y se alimenta generalmente de plancton y pequeños crustáceos.
DER ballenato, ballenera, ballenero; emballenar.
OBS Para indicar el sexo se usa *la ballena macho* y *la ballena hembra*.

ballenato *n. m.* Cría de la ballena.

ballenero, -ra *adj.* De la caza y el aprovechamiento industrial de la ballena o que tiene relación con ellos: *un barco ballenero; la industria ballenera*.

ballesta *n. f.* **1** Arma formada por un arco montado horizontalmente sobre una pieza alargada y perpendicular de madera, dotada de un canal para colocar la flecha y un mecanismo o una polea para tensar la cuerda o el alambre del arco. **2** Pieza en forma de arco, formada por láminas de metal flexible superpuestas, que sirve para soportar el peso de la carrocería de los vehículos pesados: *la suspensión de los grandes camiones está compuesta por ballestas y amortiguadores*.
DER ballestero.
ETIM *Ballesta* procede del latín *ballista*, máquina de guerra que disparaba piedras, voz con la que también está relacionada *balística*.

ballestero *n. m.* Soldado armado con una ballesta.

ballet *n. m.* **1** Composición musical para ser interpretada en un escenario por uno o varios bailarines: *tengo el disco del ballet el* Cascanueces *de Chaikovski*. **2** Danza que ejecutan uno o más bailarines siguiendo el ritmo de esta composición musical: *la técnica del ballet clásico requiere una preparación que comienza cuando los bailarines tienen muy pocos años*. **3** Conjunto de bailarines y personal técnico que participa en la puesta en escena de esta composición musical: *el ballet Bolshoi de Moscú es uno de los más prestigiosos del mundo*.
ETIM Véase *bailar*.

balneario *n. m.* Establecimiento público dotado de las instalaciones necesarias para ofrecer baños medicinales, y en el que generalmente las personas que acuden a tomarlos permanecen alojadas como un hotel. **SIN** baños.
ETIM Véase *bañar*.

balompié *n. m.* Fútbol, deporte.

balón *n. m.* **1** Pelota grande de cuero, plástico u otro material flexible, redonda u ovalada, que está rellena de aire; se utiliza para jugar o para practicar deportes de conjunto y competición: *varios niños jugaban en la calle con un balón; un balón de fútbol, de baloncesto, de voleibol*. **balón medicinal** Balón que pesa mucho y sirve para hacer ciertos ejercicios físicos de rehabilitación o desarrollo muscular. **2** Recipiente hecho de material sólido o flexible que sirve para contener gases.

balón de oxígeno Ayuda que momentáneamente permite resolver una dificultad o un peligro: *el crédito ha supuesto un balón de oxígeno ante la inminente quiebra del negocio.*
balonazo *n. m.* Golpe dado con un balón.
baloncestista *n. com.* Persona que juega al baloncesto.
baloncesto *n. m.* Deporte que se juega entre dos equipos de cinco jugadores cada uno y consiste en meter el balón en la canasta del contrario lanzándola con las manos: *la canasta de baloncesto está a una altura de 3,05 m.*
DER baloncestista.
balonmano *n. m.* Deporte que se juega entre dos equipos de siete jugadores cada uno y consiste en meter la pelota en la portería del contrario lanzándola con las manos: *cada portería de balonmano está rodeada por un área de seis metros de diámetro que ningún jugador puede pisar a excepción del portero.*
balonvolea *n. m.* Deporte que se juega entre dos equipos de seis jugadores cada uno y consiste en hacer que el balón toque el suelo del campo contrario lanzándolo con los brazos o con las manos por encima de una red: *la red de balonvolea está a una altura de 2,43 m.* **SIN** voleibol.
balsa *n. f.* **1** Embarcación plana hecha con troncos y listones de madera unidos entre sí, especialmente útil para navegar por los ríos. **2** Depresión de un terreno en la que se acumula agua de forma natural o artificial. **3** Depósito de gran tamaño construido para guardar agua de regadío. **SIN** alberca.
balsa de aceite Lugar o situación que se caracteriza por la tranquilidad y la falta de enfrentamientos o preocupaciones: *las relaciones entre gobierno y oposición no suelen ser una balsa de aceite.*
balsámico, -ca *adj.* **1** Del bálsamo o que tiene relación con esta sustancia aromática: *un jabón balsámico.* **2** Que tiene sabor intenso que reconforta la garganta y produce en las vías respiratorias un efecto que se asemeja al que se siente cuando se huele un bálsamo: *caramelo balsámico, pastilla balsámica.*
bálsamo *n. m.* **1** Crema o líquido compuesto de sustancias medicinales intensamente aromáticas que se aplica sobre la piel: *untó bálsamo en el pecho del niño para aliviarle el resfriado.* **2** Ayuda y consuelo para soportar un dolor, una pena o un estado de tristeza: *la música es el único bálsamo de mi soledad.*
báltico, -ca *adj.* **1** Del Báltico o que tiene relación con este mar del norte de Europa y con sus territorios costeros: *Estonia, Letonia y Lituania son países bálticos.* ◇ *adj./n. m.* **2** [lengua] Que pertenece a una familia del tronco indoeuropeo unida al eslavo por numerosos rasgos comunes: *el letón es una lengua báltica.*
baluarte *n. m.* **1** Construcción fortificada con la que se protege y defiende un lugar: *lucharon toda la noche para conquistar el baluarte del enemigo.* **SIN** bastión. **2** *Persona o cosa que protege y defiende del ataque adversario o de un perjuicio que puede causar daño*: *el pívot español fue el principal baluarte de la defensa; la organizaciones de consumidores son un útil baluarte contra los abusos y engaños comerciales.*
bamba *n. f.* **1** Composición musical de ritmo rápido y alegre procedente de Cuba. **2** Baile que se ejecuta al ritmo de esta composición musical.
bambalina *n. f.* Tira de lienzo o papel pintado que cuelga de la parte superior y de uno a otro lado del escenario de un teatro; representa la parte alta del decorado de una obra: *las bambalinas representan a menudo el cielo del lugar donde se desarrolla la acción.*

bambolear *v. intr./prnl.* Inclinarse una persona o cosa a un lado y otro de modo alternativo y continuado manteniendo fijo algún punto de ella: *las barcas de pescadores se bamboleaban en el puerto.*
bamboleo *n. m.* Inclinación de una persona o cosa a un lado y otro de modo alternativo y continuado manteniendo fijo algún punto de ella: *me adormeció el bamboleo del autobús.*
bambú *n. m.* Planta tropical con el tallo en forma de caña, alto, ligero, flexible y resistente, y con hojas grandes y alargadas de color verde claro.
OBS El plural es *bambúes,* culto, o *bambús,* popular.
banal *adj.* Que tiene poco valor e importancia por su naturaleza o por su falta de contenido: *en verano le gustaba leer novelas de tema banal y nada profundo; al oír algunos comentarios banales sobre su obra el pintor montó en cólera.* **SIN** fútil, huero, vano.
DER banalidad.
banalidad *n. f.* Dicho, actuación o hecho banal: *detestaba la banalidad de algunas series de televisión.*
banana *n. f.* Fruto comestible del bananero; tiene forma alargada y algo curvada, es de color claro y su piel, lisa y de color amarillo, se despega con facilidad. **SIN** banano, plátano.
DER bananal, bananero, banano.
bananal *n. m.* Terreno donde se cultivan los bananeros. **SIN** platanal, platanar.
bananero, -ra *adj.* **1** De la banana o que tiene relación con este fruto. **SIN** platanero. ◇ *n. m.* **2** Planta tropical de tallo alto, parecida a la palmera, con hojas verdes, grandes y partidas, cuyo fruto es la banana. **SIN** bananera, banano, platanera.
república bananera *a)* País pobre y poco desarrollado, generalmente iberoamericano, que depende económicamente de una empresa multinacional. *b)* País tercermundista gobernado por una dictadura militar o por un Gobierno autocrático influido por las compañías multinacionales.
banano *n. m.* **1** Banana, fruto del bananero. **2** Bananero, planta que produce la banana.
banasto *n. m.* Recipiente de forma redonda y muy profundo hecho de mimbre o de madera que se usa para poner cosas, especialmente frutas o verduras: *tenía un banasto lleno de tomates para venderlos.*
banca *n. f.* **1** Actividad mercantil que consiste en hacer operaciones financieras con grandes cantidades de dinero. **2** Conjunto de empresas, establecimientos y personas que se dedican a esa actividad: *el presidente solicitó la ayuda de la banca para reanimar la economía del país.* **3** Persona que dirige y organiza una partida de un juego de azar: *en los casinos, la banca está representada por el crupier.* **4** Asiento de madera alargado sin respaldo en el que puede sentarse más de una persona. **5** Asiento unido a una mesa, especialmente el que hay en las escuelas para que se sienten los alumnos.
bancada *n. f.* MAR. Asiento alargado y sin respaldo de una embarcación sobre el que se sientan los remeros.
bancal *n. m.* **1** Zona de tierra horizontal y llana que hay en un terreno inclinado; puede ser natural o hecha por el hombre para el cultivo: *la construcción de bancales en terrenos escarpados permite la ampliación de la superficie de cultivo.* **2** Terreno de forma cuadrada o rectangular en que se divide una zona de cultivo: *el agricultor había dividido su parcela en bancales con diversas variedades de cultivos.*
bancario, -ria *adj.* De la banca mercantil o que tiene relación con esta actividad: *se espera que bajen los créditos bancarios.*

bancarrota 142

B
b

bancarrota *n. f.* **1** Interrupción de la actividad de una empresa, industria o comercio por no poder pagar sus deudas: *la construcción de grandes superficies comerciales ha llevado a muchos pequeños comercios a la bancarrota*. **SIN** quiebra, ruina. **2** Falta de medios para pagar deudas o realizar operaciones financieras: *la mala gestión de los dirigentes ha conducido al país a la bancarrota*.

banco *n. m.* **1** Empresa u organismo que se dedica a hacer operaciones financieras con grandes cantidades de dinero: *durante la junta de accionistas del banco el presidente de la entidad fue reelegido*. **2** Establecimiento u oficina en la que esta empresa u organismo atiende a sus clientes y al público en general: *ve al banco de la esquina y que te cambien este billete en monedas*. **3** Asiento largo y estrecho para varias personas, generalmente con respaldo y a veces fijado al lugar donde está: *el banco de un parque, de una iglesia, en el parque hay bancos de madera*. **4** Mesa fuerte y robusta, generalmente de madera, para trabajar sobre ella: *un banco de carpintero*. **5** Conjunto de peces que pertenecen a la misma especie y van juntos en gran número: *el capitán del pesquero detectó con el sonar un gran banco de sardinas*. **SIN** cardume, cardumen. **6** Zona de un hospital o de un establecimiento sanitario en el que se conservan órganos y líquidos del cuerpo humano, para usarlos en trasplantes y tratamientos médicos: *un banco de ojos, de semen, de sangre*.

banco de arena Elevación del fondo de un mar, río o lago por acumulación de arena, que dificulta o impide la navegación: *el yate encalló en un banco de arena*. **SIN** alfaque, bajío, bajo.

banco de datos INFORM. Conjunto de datos de una materia organizado en una base de datos de forma que pueda ser consultado por los usuarios.

banco de niebla Conjunto de nubes bajas de aspecto compacto que dificultan o impiden la visión: *un banco de niebla ralentizaba la circulación por el puerto de montaña*.

banco de pruebas *a*) Instalación en la que se comprueba el funcionamiento de máquinas o aparatos bajo la supervisión de expertos y con la ayuda de sistemas de control: *un banco de pruebas de automóviles suele ser un circuito donde se reproducen las diversas circunstancias de la conducción*. *b*) Situación en la que participa un grupo de personas que son sometidas a observación o experimentación para probar algo: *la guerra del Golfo fue utilizada como banco de pruebas del armamento más moderno*.

DER banca, bancada, bancal, bancario, bancarrota, banquero, banqueta, banquillo, banquisa; desbancar, sotabanco.

banda *n. f.* **1** Grupo de músicos que tocan varios instrumentos musicales: *en una banda militar predominan los instrumentos de viento y percusión; en una banda de jazz o rock tienen mucha importancia los instrumentos de cuerda*. **2** Grupo de delincuentes armados que operan de manera organizada: *una banda de traficantes de droga; una banda terrorista*. **3** Grupo numeroso de personas o animales de la misma especie que van juntos: *mi hermano apareció en la fiesta con toda su banda de amigos*. **SIN** bandada, bando. **4** Superficie más larga que ancha que se distingue del resto: *la bandera de Galicia tiene una banda diagonal azul*. **SIN** franja, lista. **5** Tira alargada de papel, tela u otro material flexible que se usa para sujetar una cosa o como adorno: *la tenista recogía su cabello con una banda blanca*. **6** Tira de tela que se lleva cruzada sobre el pecho para distinguir a una persona que merece respeto u honor: *el militar lucía varias condecoraciones y una banda azul honorífica*. **7** Cada uno de los lados más largos de un terreno de juego: *un linier debe levantar el banderín cuando la pelota sale fuera de banda*. **8** Franja de terreno que hay entre esta línea y el comienzo del graderío: *el extremo corre la banda; los reservas hacen ejercicios en la banda*. **9** Costado de una embarcación: *la banda de estribor y la de babor*. **10** Borde de goma levantado que hay en los lados de una mesa de billar: *una carambola a tres bandas*. **11** Conjunto de magnitudes o valores comprendidos entre un límite superior y otro inferior: *la mayor parte de las notas de la clase se mueven en una banda que va del 4 al 8*.

banda sonora Conjunto de temas musicales o canciones que se interpretan parcial o totalmente a lo largo de una película o un telefilm: *Vangelis fue el autor de la banda sonora de Carros de fuego*.

cerrarse en banda Mantenerse firme en una idea con obstinación sin aceptar una opinión distinta: *el niño se cerró en banda y se negó a merendar*.

coger (o **pillar**) **por banda** Acercarse a una persona con la intención de hablar o tratar con ella: *me pilló por banda el vecino y me tuvo dos horas en el portal*.

DER bandada, bandazo, bandear, bandera, bando; desbandarse. Son derivados de las acepciones 3 y siguientes.

bandada *n. f.* **1** Grupo numeroso de animales de la misma especie que van juntos; especialmente, conjunto de aves o insectos que vuelan juntos: *una bandada de vencejos; una bandada de mosquitos*. **SIN** banda, bando. **2** Grupo de personas que van juntas: *una bandada de chiquillos*.

bandazo *n. m.* **1** Inclinación brusca de una embarcación por efecto del viento o de las olas: *de un bandazo cayeron varios hombres al mar*. **2** Cambio brusco en la dirección de un vehículo. *El autobús dio un bandazo y cayó por el terraplén*. **3** Cambio imprevisto y completo en la manera de pensar o de ser de una persona: *como director de cine sabía que el éxito de su trabajo dependía de los imprevisibles bandazos de los gustos del público*.

bandearse *v. prnl.* Ingeniárselas para vencer las dificultades o resolver los problemas por uno mismo: *se bandeaba bien trabajando durante el verano en una hamburguesería*.

bandeja *n. f.* **1** Recipiente alargado, poco profundo, de fondo llano y con bordes de poca altura; sirve para llevar, servir o presentar cosas, generalmente alimentos: *una bandeja con gambas*. ☞ cocina. **2** Pieza alargada que cubre el espacio que hay en la parte trasera de los automóviles entre los asientos y el cristal posterior: *en los automóviles con cinco puertas la bandeja se levanta al abrir el maletero*. **3** Pieza movible que divide horizontalmente el interior de una caja o recipiente: *el joyero tiene una bandeja para los collares*.

en bandeja o **en bandeja de plata** En las mejores condiciones posibles y con las mayores facilidades: *el fallo del portero le puso al delantero en bandeja la posibilidad de marcar el gol*.

bandera *n. f.* **1** Pieza rectangular de tela con franjas de colores o figuras simbólicas que representa a un colectivo de personas; generalmente se cuelga por uno de sus lados menores a un mástil para hacerla visible: *la bandera de España tiene dos franjas horizontales rojas y una amarilla*. **SIN** pabellón. ☞ signos y señales. **2** Pieza de tela, generalmente de forma cuadrada, rectangular o triangular, con franjas de colores o figuras simbólicas que se usa como adorno o para hacer señales: *la bandera de cuadros negros y blancos indica el fin de una carrera automovilística*. **bandera blanca** Bandera que se enarbola o muestra para indicar que no se tiene intención de atacar, sino de hablar de paz. **3** Nacionalidad a la que está adscrito un buque mercante: *es un carguero de tripulación española, pero de bandera panameña*. **4** Unidad militar similar al batallón que existe en algunos cuerpos del ejército: *una bandera de la legión, de paracaidistas*.

de bandera Que es excelente en su clase: *un restaurante de bandera, una mujer de bandera.*
hasta la bandera Completamente lleno de personas: *en la final, el campo estaba hasta la bandera.*
DER banderazo, banderilla, banderín, banderita, banderola; abanderar.

banderazo *n. m.* Señal hecha con una bandera, especialmente la que hace un árbitro o un comisario técnico a los participantes en una competición deportiva: *el banderazo de un linier; el banderazo de llegada de una carrera.*

banderilla *n. f.* **1** Palo delgado, envuelto en cintas de colores y con una punta de metal en uno de sus extremos, que los toreros clavan de dos en dos en la parte delantera del lomo del toro en una de las partes de la corrida: *el tercio de banderillas sucede a la suerte de picadores y precede a la faena del matador.* **2** Aperitivo o tapa compuesta por trozos pequeños de alimentos pinchados en un palillo: *les pusieron unas banderillas de pepinillos, aceitunas, cebollitas y pimientos encurtidos.*
DER banderillear, banderillero.

banderillear *v. tr.* Clavar banderillas en la parte delantera del lomo del toro.

banderillero, -ra *n. m. y f.* Torero que pone las banderillas y ayuda al matador en la lidia del toro.

banderín *n. m.* Bandera pequeña, generalmente de forma triangular: *cada grupo de escultistas tiene su banderín distintivo.*
banderín de enganche *a)* Oficina donde se inscriben los voluntarios para el servicio militar. *b)* Reclamo para ganar adeptos a una causa o colaboradores para un trabajo común: *la promesa de crear empleo ha sido el banderín de enganche del partido en la campaña electoral.*

banderola *n. f.* Bandera pequeña de forma cuadrada que se usa en el ejército, la marina o en topografía.

bandido, -da *n. m. y f.* Ladrón que asalta a personas, generalmente en compañía de otros y cuando éstas se hallan de viaje o en despoblado: *Billy el Niño fue un conocido bandido del oeste norteamericano.* **SIN** bandolero.

bando *n. m.* **1** Grupo de personas que comparten las mismas ideas o intereses y que para defenderlos se oponen a otras: *un bando de jugadores está en contra del entrenador, en tanto que otro lo apoya.* **2** Comunicado oficial publicado por una autoridad, generalmente por un alcalde, en el que constan órdenes, indicaciones o consejos para que sean conocidos por la población: *la alcaldesa ha promulgado un bando en el que prohíbe la circulación por el centro de la ciudad los días de feria.* **3** Grupo numeroso de animales de la misma especie que van juntos: *un bando de gorriones, de atunes.* **SIN** banda, bandada.
DER bandería, bandolera, bandolero. Son derivados de las acepciones 1 y 3.

bandolera *n. f.* Tira larga y estrecha de cuero que cruza el pecho y la espalda desde un hombro hasta la cadera opuesta; sirve especialmente para llevar colgada un arma de fuego.
en bandolera Cruzando por el pecho y la espalda desde un hombro hasta la cadera opuesta: *ponte el bolso en bandolera para evitar tirones.*

bandolero, -ra *n. m. y f.* Bandido, especialmente el que asaltaba en los campos y sierras de Andalucía.
DER bandolerismo.

bandolina *n. f.* Instrumento musical de cuerda parecido a la guitarra, de menor tamaño y con la caja ovalada; tiene cuatro pares de cuerdas y se toca con una púa: *la bandolina es un instrumento común en tunas y rondallas.* **SIN** mandolina.

bandoneón *n. m.* Instrumento musical de viento parecido al acordeón, pero de mucho menor tamaño; está formado por dos cuerpos de cuatro o seis lados unidos por un fuelle que se abren y cierran con las manos: *el bandoneón es el instrumento típico de la música de los tangos.*

bandurria *n. f.* Instrumento musical de cuerda parecido a la guitarra, de menor tamaño y con la caja triangular; tiene seis pares de cuerdas y se toca con una púa: *la bandurria es un instrumento típico de las tunas.* ☞ *instrumentos musicales.*

banjo *n. m.* Instrumento musical de cuerda parecido a la guitarra, de tamaño menor y con la caja redonda de metal, cubierta con una piel tensa como un tambor; tiene el mástil largo, de cuatro a nueve cuerdas, y se toca con una púa: *el banjo es un instrumento típicamente norteamericano.* **SIN** banyo. ☞ *instrumentos musicales.*

banquero, -ra *n. m. y f.* Propietario o dirigente de un banco: *la familia Rockefeller es una conocida dinastía de banqueros estadounidenses.*

banqueta *n. f.* **1** Asiento individual, pequeño y sin respaldo ni brazos.

banquete *n. m.* **1** Comida especial para muchas personas con la que se celebra un acontecimiento: *un banquete nupcial.* **SIN** ágape. **2** Comida en la que se toman gran cantidad de alimentos, generalmente de muy buena calidad: *encargó comida por teléfono a un restaurante chino y se dio un banquete mientras veía la televisión.*

banquillo *n. m.* **1** Asiento en el que se coloca un acusado ante el tribunal en un juicio. **2** Zona próxima a un terreno de juego en la que se colocan el entrenador de un equipo y los reservas durante un partido.

bantú *adj.* **1** De un conjunto de pueblos de raza negra que habitan el centro y el sur de África o que tiene relación con ellos. ◊ *n. m. y f.* **2** Persona que pertenece a este conjunto de pueblos.
OBS El plural es *bantúes*, culto, o *bantús*, popular.

banyo *n. m.* Banjo, instrumento musical de cuerda.

bañador *n. m.* Prenda de vestir que se usa para bañarse y tomar el sol.

bañar *v. tr./prnl.* **1** Meter el cuerpo o parte de él en el agua u otro líquido, especialmente para limpiarlo o nadar: *los niños bañan al perro; me gusta bañarme en el mar.* **2** Rociar o mojar con abundante agua u otro líquido: *cogió una manguera y bañó a todos sus amigos; se bañó en sudor cambiando la rueda pinchada.* ◊ *v. tr.* **3** Meter una cosa o parte de ella en un líquido: *bañó en vino las rebanadas de pan y luego las puso a freír.* **4** Cubrir una cosa con una capa fina de otra sustancia: *bañar un anillo en oro; bañar un bizcocho en chocolate.* **5** Estar en contacto el agua de un mar, río o lago con un territorio: *el Mediterráneo baña la costa de Valencia.* **6** Dar de lleno y en abundancia el sol, la luz o el aire en una persona o cosa: *la cálida luz del atardecer bañaba el mirador.*

bañera *n. f.* Recipiente grande, de un tamaño adecuado para que quepa una persona tendida o sentada, que sirve para bañarse: *una bañera está dotada de desagüe y grifos para el agua fría y caliente.* **SIN** baño.

bañista *n. com.* Persona que se baña: *en verano las playas aparecen rebosantes de bañistas.*

baño *n. m.* **1** Introducción del cuerpo o de parte de él en agua, especialmente para limpiarlo o nadar: *voy a la piscina a darme un baño; tomó un baño antes de dormir.* **2** Acción de rociar o mojar con abundante agua u otro líquido: *descorchó con fuerza el champán y nos dio a todos un baño.* **3** Introducción de una cosa o de una parte de ella en un líquido: *fue dándole a la fotografía baños en varias cubetas con productos químicos para revelarla.* **4** Acción de cubrir una cosa con una

baptismo

capa fina de otra sustancia: *antes de servir los buñuelos les dio un baño de azúcar*. **5** Sustancia que en forma de capa fina cubre una cosa: *con los años la pulsera comenzó a perder el baño de plata*. **6** Exposición de un cuerpo a la acción directa y abundante del sol, la luz o el aire: *el médico le recomendó que tomara baños de sol*. **7** Habitación en la que están el váter, la ducha o la bañera y otros elementos que sirven para el aseo: *necesito una casa con cuatro habitaciones y dos baños*. **8** Recipiente grande, de un tamaño adecuado para que quepa una persona tendida o sentada, que sirve para bañarse: *llenó el baño de agua cuando le advirtieron del corte del suministro*. **SIN** bañera. **9** Derrota clara y rotunda que un deportista o equipo causa con facilidad a sus adversarios: *la selección española le dio un baño de juego a la francesa*. ◊ *n. m. pl.* **10 baños** Balneario, establecimiento público dotado de las instalaciones necesarias para ofrecer baños medicinales, y en el que generalmente permanecen alojadas como en un hotel las personas que acuden a tomarlos.
baño de sangre Matanza sangrienta con numerosas víctimas.
baño María o **baño de María** Método para calentar y cocinar alimentos que consiste en colocarlos en un recipiente sumergido parcialmente en otro que contiene agua y se somete directamente a fuego suave y constante; también se usa para calentar productos químicos o farmacéuticos: *el flan es conveniente prepararlo al baño María*.

baptismo *n. m.* Doctrina religiosa protestante originada en el siglo XVII según la cual el bautismo sólo debe ser administrado a los adultos.
DER baptista; anabaptismo.
ETIM Véase *bautizar*.

baptista *adj.* **1** Del baptismo o relacionado con esta doctrina religiosa. ◊ *adj./n. com.* **2** Que cree en el baptismo.

baptisterio *n. m.* **1** Edificio contiguo a un templo, generalmente de pequeñas dimensiones, donde se encuentra la pila bautismal y tiene lugar la ceremonia del bautismo. **2** Zona en el interior de un templo donde se encuentra la pila bautismal y tiene lugar la ceremonia del bautismo.
ETIM Véase *bautizar*.

baquelita *n. f.* QUÍM. Resina sintética que se obtiene por procedimientos químicos y se emplea en la fabricación de plásticos, barnices y materiales aislantes.

baqueta *n. f.* **1** Palo delgado y largo con que se toca un instrumento de percusión, especialmente el tambor. **2** Varilla delgada de hierro o madera que se introduce por el cañón de un arma de fuego para limpiarla.
DER baquetear.

baquetear *v. tr.* Causar muchas molestias o incomodidades: *la vida lo ha baqueteado*.

baqueteo *n. m.* Uso excesivo o inapropiado que se hace de un objeto, aparato o vehículo: *el baqueteo al que estuvo sometido el ordenador por todos los alumnos acabó por estropearlo*.

barahúnda *n. f.* Ruido, desorden y confusión grandes: *salió a correr en el encierro y en medio de la barahúnda recibió una cornada*. **SIN** barullo.

baraja *n. f.* **1** Conjunto de naipes o cartas con los que se realizan diversos juegos de mesa: *la baraja española consta de 48 naipes, y la francesa, de 52*. **2** Conjunto de posibilidades entre las que se puede escoger: *el humorista aburrió al público con su clásica baraja de chistes malos; el seleccionador cuenta con una baraja de excelentes delanteros*.
jugar con dos barajas Procurar obtener un beneficio apoyando a una persona o grupo y, en secreto, al contrario.
romper la baraja Poner fin de manera brusca a un convenio o acuerdo: *harto de engaños, decidió romper la baraja y abandonar la empresa*.
DER barajar.

barajar *v. tr.* **1** Mezclar y cambiar de orden repetidas veces las cartas de una baraja antes de repartirlas para el juego. **2** Reflexionar con atención y cuidado sobre las distintas posibilidades que ofrece una situación antes de decidir: *el jugador baraja las ofertas de varios equipos para la próxima temporada*. ◊ *v. tr./prnl.* **3** Usar o mencionar cifras, nombres o datos diversos referidos a un mismo asunto: *el presidente del jurado ha barajado varios nombres como posibles ganadores; algunas escuderías automovilísticas barajan presupuestos multimillonarios*. **4** Esquivar con habilidad un peligro o problema: *barajó con acierto las dificultades que encontró en su carrera y llegó a triunfar*.

baranda *n. f.* **1** Barandilla, antepecho. **SIN** barandal. ◊ *n. com.* **2** *coloquial* Persona indeterminada: *voy a entrar en el bar nuevo y viene un baranda a decirme que sin ser socio no se puede*. Se usa como apelativo despectivo.
DER barandal, barandilla.

barandal *n. m.* **1** Barra o listón horizontal superior que une los balaustres o barras verticales de la baranda o barandilla. **SIN** pasamanos. **2** Barra o listón horizontal inferior que une los balaustres o barras verticales de la baranda o barandilla. **3** Barandilla, antepecho. **SIN** baranda.

barandilla *n. f.* Antepecho de media altura compuesto de balaustres con sus barandales que cierra un lugar o bordea unas escaleras para impedir que las personas caigan o permitir que se apoyen: *tienes que pintar la barandilla de la terraza*. **SIN** baranda, barandal. ☞ *casa*.

baratija *n. f.* Cosa pequeña de poco valor que se compra por poco dinero, generalmente para adorno o como recuerdo de un lugar: *en el rastro puedes encontrar toda clase de baratijas*.

baratillo *n. m.* Tienda o puesto en que se venden cosas usadas o por un precio inferior al normal: *un día a la semana ponen un baratillo al lado del mercado*.

barato, -ta *adj.* **1** Que cuesta poco dinero: *el transporte público en muchas ciudades es barato; la gasolina en Gibraltar es barata*. ◊ *adv.* **2** Por poco precio: *es muy comerciante, compra barato y vende caro*.
DER baratija, baratillo, baratura; abaratar, desbaratar, malbaratar.

barba *n. f.* **1** Pelo fuerte que nace, especialmente al hombre, en la zona de la mandíbula y en las mejillas: *ningún torero en activo se deja crecer la barba*. También se usa en plural.
barba cerrada Barba que es muy densa y dura. **2** Parte de la cara que corresponde a la mandíbula inferior: *se cayó de cara y se hizo un corte en la barba*. **SIN** mentón. **3** Pelo que nace debajo de la boca de algunos animales: *el macho cabrío tiene una barba larga; el bacalao tiene una barba muy pequeña*. **4** Lámina dura y flexible que, junto con otras muchas, cuelga de la mandíbula superior de algunas especies de ballenas; con ellas filtran el agua del mar, el plancton y los crustáceos con los que se alimentan. ◊ *n. f. pl.* **5 barbas** Bordes sin cortar o mal cortados de las hojas de un libro o de un conjunto de pliegos de papel.
en las barbas A la vista de alguna persona, en su presencia: *el acusado amenazó al tribunal en sus mismas barbas*.
por barba Por persona; cada uno: *tenemos que pagar mil pesetas por barba; nos han regalado una camiseta por barba*.
subirse a las barbas Perder el respeto o el temor a una persona: *si no eres más estricto con tus alumnos, se te subirán a las barbas*.

DER barbar, barbería, barbero, barbilampiño, barbilla, barbo, barboquejo, barbudo, barbuquejo; imberbe, sotabarba.

barbacoa *n. f.* **1** Recipiente portátil con cuatro patas en el que se coloca carbón o leña; se usa para asar carne o pescado al aire libre colocándolo en la parrilla que tiene en su parte superior. **2** Construcción de ladrillos cuadrada o rectangular al aire libre con una repisa para colocar carbón o leña; en la parte superior tiene una parrilla para asar carne o pescado. **3** Comida en la que se toma como alimento principal la carne o el pescado asado sobre la parrilla de este recipiente o construcción.

barbado, -da *adj./n. m. y f.* [persona] Que tiene barba.

barbaridad *n. f.* **1** Acción o dicho que causa sorpresa y rechazo por ser torpe, equivocado o exagerado: *es una barbaridad que quieras vender tu casa por tan poco dinero; que tú solo te comas tres pizzas me parece una barbaridad*. **SIN** animalada, bestialidad, burrada. **2** Acción muy cruel y violenta: *relató al tribunal las barbaridades que vio cometer a los soldados*. **SIN** atrocidad, bestialidad.
una barbaridad Cantidad grande y excesiva: *en Navidad se suele comer una barbaridad*.

barbarie *n. f.* **1** Actitud de la persona o grupo que actúa con crueldad o falta de compasión hacia la vida o la dignidad de los demás: *la barbarie se apoderó de las tropas asaltantes, que arrasaron el pueblo y mataron a todos sus habitantes*. **2** Estado de incultura que padece una persona o grupo socialmente atrasado: *el antropólogo describió con detalle la barbarie de las tribus caníbales de Sudamérica*.

barbarismo *n. m.* **1** GRAM. Palabra o modo de expresión procedente de una lengua extranjera que no se halla totalmente incorporado a la lengua que los usa: *la palabra* software *es un barbarismo*. **SIN** extranjerismo. **2** GRAM. Incorrección en el uso del lenguaje que consiste en pronunciar o escribir mal las palabras o en utilizar palabras equivocadas o inexistentes en la lengua: *decir* habemos *por* hemos *es un barbarismo; el vocablo* ostentóreo *es un barbarismo*.

bárbaro, -ra *adj./n. m. y f.* **1** [persona] Que pertenece a uno de los pueblos que, procedentes de Europa y Asia, ocuparon el Imperio romano en el siglo V: *fueron pueblos bárbaros originarios de Europa los godos, suevos o vándalos, y de Asia, los alanos y hunos*. **2** [persona] Que es violenta, cruel y carece de compasión o humanidad: *algunos hinchas bárbaros golpearon al árbitro en el terreno de juego*. **3** Que tiene poca civilización o cultura: *no seas bárbaro y utiliza los cubiertos para comer*. **4** *coloquial* [persona, acto] Que demuestra energía y decisión fuera de lo común: *en el segundo set, el tenista español realizó una remontada bárbara*. **5** *coloquial* Que agrada mucho por su calidad, tamaño o cantidad: *una película bárbara; una cena bárbara*.
DER barbaridad, barbarie, barbarismo, barbarizar.

barbechar *v. tr.* Arar la tierra y dejarla preparada para la siembra o para que se regenere no cultivándola durante un tiempo.

barbecho *n. m.* **1** Terreno de cultivo que permanece sin sembrar durante uno o más años para que se regenere: *el aeroplano hizo un aterrizaje de emergencia en un barbecho cercano al pueblo*. **2** Sistema de cultivo que, después de una cosecha, deja el terreno de labor sin sembrar durante uno o más años para que se regenere: *el barbecho es propio de tierras de secano no demasiado fértiles*.
DER barbechar.

barbería *n. f.* Establecimiento público donde se corta y arregla el pelo, la barba o el bigote a los hombres.

barbero *n. m.* Persona que corta y arregla el pelo, la barba o el bigote a los hombres.
DER barbería.

barbilampiño, -ña *adj.* [joven, hombre] Que tiene poco poblada la barba.

barbilla *n. f.* Parte de la cara que corresponde al extremo saliente de la mandíbula inferior: *tenía un hoyuelo en la barbilla*. ☞ cuerpo humano.

barbitúrico *n. m.* Sustancia química que afecta al sistema nervioso y se usa para tranquilizar o producir estados de sueño: *el uso de barbitúricos sin control médico puede causar adicción y producir la muerte*.

barbo *n. m.* Pez comestible de agua dulce de lomo pardo y vientre de color claro; tiene el hocico alargado con varios apéndices carnosos a modo de barba en el borde del labio superior.
OBS Para indicar el sexo se usa *el barbo macho* y *el barbo hembra*.

barboquejo *n. m.* Cinta con que se sujeta el sombrero o el casco por debajo de la barba. **SIN** barbuquejo.

barbudo, -da *adj.* [persona] Que tiene mucha barba.

barbuquejo *n. m.* Barboquejo, cinta.

barca *n. f.* Embarcación pequeña con el fondo cóncavo que se usa para pescar o navegar en las costas, en los ríos o en lugares de aguas poco profundas y tranquilas.
DER barcarola, barcaza, barco, barquero, barquilla; embarcación.

barcarola *n. f.* MÚS. Canción popular dulce y tranquila que imita las canciones de los gondoleros venecianos y recuerda por su ritmo el movimiento de los remos.

barcaza *n. f.* Barca grande y descubierta que se usa para la carga y descarga de barcos.

barcelonés, -nesa *adj.* **1** De Barcelona o que tiene relación con esta ciudad y provincia española. ◇ *adj./n. m. y f.* **2** [persona] Que es de Barcelona.

barco *n. m.* Embarcación con el fondo cóncavo que navega movida generalmente por el viento o por un motor; sirve para transportar personas y cosas por el mar, un lago o un río. **SIN** nave. **barco de guerra** Barco que está blindado y dotado de cañones y armamento para entrar en combate. **barco mercante** Barco que se dedica al transporte de mercancías.
DER barquillo.

bardo *n. m.* Persona que compone poemas, especialmente si los recita en público: *un bardo era, originariamente, un trovador celta de poemas heroicos y épicos*.

baremo *n. m.* Escala de valores que se emplea para evaluar los elementos o las características de un conjunto de personas o cosas: *en el baremo para obtener la beca es primordial tener buenas notas*.

bargueño *n. m.* Mueble de madera con adornos de marquetería y taracea que tiene muchos cajones pequeños, compartimientos y estantes.
ETIM De *bargueño*, de Bargas, población de Toledo, donde solían fabricarse estos muebles.

baria *n. f.* Medida de presión en el sistema cegesimal equivalente a una dina por centímetro cuadrado.
DER milibaria.

baricentro *n. m.* **1** FÍS. Centro de gravedad de un cuerpo. **2** Punto en el interior de un triángulo en el que se cortan las medianas de sus lados.

bario *n. m.* QUÍM. Elemento químico, metal sólido de color blanco, difícil de fundir; se emplea en la fabricación de pinturas y tintas: *el símbolo del bario es Ba*.

barítono *n. m.* **1** MÚS. Voz media entre la del tenor y la del bajo. **2** MÚS. Hombre que tiene esta voz.
DER abaritonado.
ETIM *Barítono* procede del griego *barytonos*, 'de voz grave'.

barlovento *n. m.* MAR. Lugar de donde viene el viento con respecto a un punto determinado.

barman *n. m.* Camarero que trabaja en la barra de un bar sirviendo y preparando bebidas.
OBS Es de origen inglés y se pronuncia aproximadamente 'barman'. ◇ El plural castellano es *bármanes*.

barniz *n. m.* **1** Líquido espeso obtenido de la mezcla de resinas y aceites; aplicada a una superficie, forma una capa transparente y brillante que la embellece y la hace resistente al aire y a la humedad. **2** Conocimiento superficial de una materia: *tras algunos meses en la academia, logró adquirir un ligero barniz de distinción.*

barnizador, -ra *n. m. y f.* Carpintero especializado en la aplicación de barnices.

barnizar *v. tr.* Aplicar barniz a una superficie.
DER barnizador.
OBS En su conjugación, la *z* se convierte en *c* delante de *e*.

baro *n. m.* FÍS. Medida de presión atmosférica que equivale a 10^5 pascales: *la presión atmosférica media, al nivel del mar, es igual a 1,013 baros.* **SIN** bar.

baro-, -baro, -bara Elemento prefijal y sufijal que entra en la formación de palabras con el significado de 'pesantez', 'presión' y, por extensión, 'presión atmosférica': *barómetro, isobara.*

barométrico, -ca *adj.* Del barómetro o que tiene relación con este instrumento.

barómetro *n. m.* **1** Instrumento que sirve para medir la presión de la atmósfera: *el barómetro fue inventado en el siglo XVII por Torricelli.* **2** Medio, sistema o síntoma que sirve para determinar y valorar el estado de una situación o proceso: *el nivel de ventas de automóviles suele ser un buen barómetro de la economía de un país.* ☞ meteorología.
DER barométrico.

barón, -ronesa *n. m. y f.* Miembro de la nobleza de categoría inferior a la de vizconde.

barquero, -ra *n. m. y f.* Persona que gobierna o guía una barca.

barquilla *n. f.* Cesto de material ligero y resistente que cuelga de un globo aerostático o de una aeronave en el que van sus tripulantes.
DER barquillero; abarquillar.

barquillo *n. m.* Hoja delgada de pasta de harina y azúcar, aromatizada con canela u otras esencias, a la que se da forma de tubo.

barra *n. f.* **1** Pieza larga y delgada, generalmente de material rígido, que tiene forma rectangular o cilíndrica: *las cortinas cuelgan de una barra de metal; el pescado está sobre varias barras de hielo.* **2** Pieza de pan de forma alargada. ☞ pan. **3** Mostrador alargado de un bar, restaurante o establecimiento público similar detrás del cual uno o más camareros sirven a los clientes que están en el otro lado. **4** Zona de un bar, restaurante o establecimiento público similar que está junto a este mostrador: *trabajaba todas las noches de camarero en la barra de una discoteca; se pasó toda la tarde tomando café sentado en la barra de un bar.* **5** Signo de ortografía que sirve para separar, especialmente números: *la barra se representan con el signo /.* **6** Elevación del fondo de un mar o río por acumulación de arena, generalmente en la entrada de un puerto, que dificulta o impide la navegación: *fue famosa por su peligro la barra del puerto de Sanlúcar.*

barra americana Bar o establecimiento público similar en el que hay mujeres encargadas de acompañar a los clientes y entablar conversación con ellos para que aumenten su consumición.

barra de equilibrio Aparato de gimnasia femenina que consiste en una pieza alargada y rectangular de madera, elevada del suelo, sobre la cual una gimnasta debe caminar y correr haciendo diversos movimientos y saltos. ☞ gimnasio.

barra de labios *a)* Pequeña barra cilíndrica de pintura que usan las mujeres para dar color a los labios: *en el cristal del cuarto de baño había escrito su número de teléfono con barra de labios.* **SIN** lápiz de labios. *b)* Pequeño estuche que contiene esta barra y permite usarla sin mancharse las manos. **SIN** lápiz de labios.

barra fija Aparato de gimnasia masculina que consiste en una pieza cilíndrica de metal elevada del suelo en la que un gimnasta debe realizar diversos movimientos girando, sujeto a ella con las manos. ☞ gimnasio.

barra libre Posibilidad de consumir bebidas libremente en un bar o establecimiento similar previo pago de una cantidad a la entrada: *tras la cena de la boda, nos quedamos en la discoteca del hotel porque había barra libre.*

barras asimétricas Aparato de gimnasia femenina que consiste en dos piezas cilíndricas alargadas, paralelas y elevadas del suelo a distinta altura, sobre las cuales una gimnasta debe realizar diversos movimientos girando, sujeta a ellas, y saltando de una a otra. ☞ gimnasio.

barras paralelas Aparato de gimnasia masculina que consiste en dos piezas cilíndricas alargadas, muy próximas entre sí y elevadas del suelo a la misma altura, sobre las cuales un gimnasta debe realizar diversos movimientos haciendo pasar su cuerpo entre ambas. ☞ gimnasio.

sin parar (o reparar) en barras Sin tener en cuenta inconvenientes, obstáculos o peligros: *los trabajadores de la recogida de basuras han decidido ir a la huelga sin parar en barras.*
DER barrera, barrote.

barrabasada *n. f.* Acción o dicho estúpido, injustificado o molesto: *varios gamberros cometieron la barrabasada de apedrear a los patos del parque.*

barraca *n. f.* **1** Casa de pequeñas dimensiones que suele edificarse en los suburbios con materiales de muy baja calidad. **SIN** chabola. **2** Construcción característica de las huertas de Valencia y Murcia, hecha de barro y cañas, con el tejado a dos aguas muy inclinado.

barraca de feria Instalación sencilla que se monta en fiestas populares. **SIN** caseta.
DER barracón.

barracón *n. m.* Edificio de un solo piso, de planta rectangular y con un solo espacio interior, que se usa generalmente para albergar a una gran cantidad de personas.

barracuda *n. f.* Pez marino de cuerpo muy alargado, hocico prominente y mandíbulas armadas de fuertes dientes; vive en los mares tropicales y templados.
OBS Para indicar el sexo se usa *la barracuda macho* y *la barracuda hembra*.

barranco *n. m.* **1** Hondonada profunda hecha en la tierra, generalmente por una corriente de agua: *el barranco era tan abrupto que no se podía cruzar a pie.* **2** Terreno rocoso, alto y cortado en plano inclinado, por donde es fácil caerse.
SIN despeñadero, precipicio.
DER barranca; abarrancar, embarrancar.

barrena *n. f.* **1** Instrumento compuesto por una barra fina de acero con un extremo acabado en punta en forma de espiral, que tiene en el opuesto un mango perpendicular para darle el movimiento de rotación necesario; sirve para hacer agujeros en la madera y en otros materiales: *hizo un agujero con la barrena para que el tornillo entrase con más facilidad.* **SIN** taladro. ☞ herramientas. **2** Barra fina de acero con surcos en forma de espiral y con un extremo acabado en punta que se aplica a una taladradora eléctrica para hacer agujeros en la pared y en otras superficies: *necesito una barrena del ocho para hacer un agujero y poder colgar el cuadro.* **SIN** broca, taladro.

caer (o **entrar**) **en barrena** *a*) Descender un avión de manera brusca girando sobre sí mismo en espiral y en posición vertical: *al ser alcanzado por el fuego antiaéreo el caza enemigo cayó en barrena.* *b*) Disminuir bruscamente la importancia o la intensidad de una actividad: *la amenaza de sanciones comerciales ha hecho caer en barrena las transacciones económicas de Cuba con el extranjero.*

DER barrenar, barrenero, barrenillo, barreno.

barrenar *v. tr.* Abrir agujeros en una superficie con una barrena o con un barreno: *barrenar la ladera de una montaña para después volarla.*

barrendero, -ra *n. m. y f.* Persona que se dedica a barrer, generalmente las aceras, calles y lugares públicos.

barreno *n. m.* **1** Barrena grande que se usa para hacer agujeros de gran tamaño, generalmente en la roca. **2** Agujero hecho con una barrena: *rellenó el barreno de la pared con un taquillo antes de colocar la escarpia.* **3** Agujero hecho en una roca o muro que se llena de material explosivo para volarlo: *de cada barreno salía un cable que conectaba la carga con el detonador.* **4** Carga explosiva que se coloca en este agujero: *al explotar los barrenos, se levantó una gran polvareda.*

barreño *n. m.* Recipiente grande de forma cilíndrica y poco profundo; se usa, generalmente, para fregar o lavar en él.

ETIM De *barro*, porque es el material del que generalmente están hechas estas vasijas.

barrer *v. tr.* **1** Limpiar el suelo arrastrando la basura con una escoba: *antes de fregar, barre la habitación.* **2** Dejar un lugar libre o vacío haciendo desaparecer todo lo que había en él: *el anuncio de inundaciones hizo que la población barriera tiendas y supermercados.* **3** Derrotar clara y fácilmente un deportista o equipo a sus adversarios: *la selección estadounidense de baloncesto barrió en los Olimpiadas.*

barrer hacia (o **para**) **casa** Comportarse de modo interesado y partidista con el fin de obtener un beneficio: *acusaron al presidente del tribunal de barrer para casa al darle a uno de sus hijos una plaza de las oposiciones.*

DER barrendero, barrido.

barrera *n. f.* **1** Valla o cualquier otro obstáculo fijo o móvil que impide el paso por un lugar: *la policía cerró la zona del atentado con barreras.* **2** Barra fija en uno de sus extremos que puede colocarse en posición horizontal o vertical para impedir o permitir, respectivamente, el paso de un vehículo por un lugar: *la barrera de una frontera; la barrera de un paso a nivel.* **3** Valla de madera que rodea el ruedo de una plaza de toros y lo separa de las gradas en que se hallan los espectadores: *el banderillero escapó de la acometida del toro saltando la barrera.* **4** Primera fila de asientos en las plazas de toros más próxima a esta valla. **5** Parte de una construcción que impide o dificulta la circulación de personas con minusvalías: *es necesario evitar la barreras arquitectónicas que impiden la movilidad de los minusválidos.* **6** Obstáculo o dificultad que impide la consecución de un objetivo o un deseo: *como atleta de élite debe superar la barrera de la edad para competir con las nuevas figuras.* **7** Cantidad o límite al que aún no ha llegado un determinado valor: *durante 23 años, saltadores de longitud de todo el mundo intentaron rebasar la barrera de los 8,90 m que en 1968 estableciera Bob Beamon.* **8** En algunos deportes, como el fútbol o el balonmano, conjunto de jugadores, colocados uno junto a otro hombro con hombro, que se sitúan delante de su portería para evitar que el contrario consiga un gol al sacar una falta.

barrera del sonido Conjunto de fenómenos aerodinámicos que dificultan el vuelo de un avión cuando su velocidad se aproxima a la del sonido, unos 340 metros por segundo, aproximadamente.

barretina *n. f.* Gorro típico catalán en forma de manga cerrada por un extremo. ☞ sombrero.

barriada *n. f.* Zona en que se considera dividida una población grande: *durante años vivió en una barriada muy alejada del centro de la ciudad.* **SIN** barrio.

barrica *n. f.* Recipiente de madera, más pequeño que el barril, para contener líquidos; está formado por una serie de tablas arqueadas unidas por aros de metal y cerrado en los extremos con tapas redondas hechas con tablas: *una barrica de vino.* **SIN** barril, cuba, tonel.

barricada *n. f.* Obstáculo hecho con objetos y materiales diversos que sirve para protegerse del enemigo o impedir su paso: *grupos de jóvenes violentos levantaron barricadas en el casco antiguo y lanzaron piedras contra la policía.*

barriga *n. f.* **1** Cavidad del cuerpo del hombre y los animales vertebrados en la que se contienen los órganos principales del aparato digestivo, genital y urinario: *el niño lloraba porque le dolía la barriga.* **SIN** abdomen, tripa, vientre. ☞ cuerpo humano. **2** Parte exterior de esta cavidad, especialmente cuando está más abultada de lo normal. **SIN** abdomen, panza, vientre. ☞ cuerpo humano. **3** Parte intermedia de un recipiente más abultada que el resto: *la barriga de una jarra.*

DER barrigón, barrigudo.

barril *n. m.* **1** Recipiente de madera para contener líquidos o sustancias en polvo y grano; está formado por una serie de tablas arqueadas unidas por aros de metal y cerrado en los extremos con tapas redondas hechas con tablas: *un barril de pólvora, de coñac.* **SIN** barrica, cuba, tonel. **2** Recipiente cilíndrico de metal para contener un producto químico o corrosivo: *un barril de alquitrán.*

barril de crudo o **barril de petróleo** Unidad de medida de petróleo para contabilizar su producción y venta; equivale a 158,98 litros.

DER barrilete.

barrillo *n. m.* Grano de pequeño tamaño que aparece en la piel de la cara, especialmente a los adolescentes. **SIN** barro.

barrio *n. m.* **1** Zona en que se considera dividida una población grande: *en las grandes ciudades los barrios se agrupan en distritos, que están bajo la responsabilidad de un concejal.* **SIN** barriada. **barrio histórico** Conjunto de edificios de una población que es antiguo o más antiguo que el resto: *el barrio histórico suele tener pocos vecinos y está dedicado en su mayoría a comercios y oficinas.* **SIN** casco antiguo. **2** Conjunto de personas que viven en una de estas zonas de una población: *todo el barrio salió a la calle en reivindicación de más semáforos.*

el otro barrio *coloquial* El otro mundo, el más allá, lo que hay después de la muerte: *el demente descargó su escopeta en la oficina bancaria y mandó a varios clientes al otro barrio.*

DER barriada, barriobajero.

barriobajero, -ra *adj.* [persona] Que obra o habla sin educación ni formas: *paseó por los bares cercanos al puerto escuchando los gritos barriobajeros de borrachos y prostitutas.*

barritar *v. intr.* Dar barritos, emitir un elefante su voz característica.

barrizal *n. m.* Terreno lleno de barro. **SIN** lodazal.

barro *n. m.* **1** Masa blanda y compacta que resulta de mezclar tierra y agua; especialmente, la que se consigue combinando adecuadamente agua y arcilla, usada en alfarería: *el barro se pegaba a las botas de los jugadores*; *colocó en el torno un pegote de barro para modelar un cenicero*. **SIN** légamo, lodo, fango. **2** Material duro, impermeable y resistente al calor que se obtiene al cocer u hornear esta masa usada en alfarería: *coleccionaba platos de barro*. **3** Grano pequeño que sale en la cara, especialmente a los adolescentes. **SIN** barrillo. Derivados de *barro*, 'masa de tierra y agua'.
DER barreño, barrizal; embarrar.

barroco, -ca *adj.* **1** Del período o el movimiento cultural y artístico del mismo nombre que se desarrolló en Europa durante los siglos XVII y XVIII o que tiene relación con ellos: *una iglesia barroca*; *un cuadro barroco*. **2** Que se caracteriza por una gran complejidad formal que hace difícil su comprensión: *tacharon la película de barroca, confusa y aburrida*. ◊ *n. m.* **3** Movimiento cultural y artístico caracterizado por el gusto por la belleza y la complicación formal, las formas curvas y la abundancia de adornos: *el barroco surgió como una reacción a las estrictas normas clásicas del Renacimiento*. **4** Período histórico que comienza a finales del siglo XVI y termina a principios del siglo XVIII durante el cual se desarrolló este movimiento: *el barroco en España coincide con la decadencia del imperio y con el Siglo de Oro de las letras*.
DER barroquismo.

barroquismo *n. m.* **1** Conjunto de características propias de una obra que pertenece al barroco: *el barroquismo de los conciertos de Antonio Vivaldi*. **2** Tendencia a la decoración formal excesiva: *amuebló su casa con un barroquismo ridículo*.

barrote *n. m.* Barra gruesa y fuerte: *los barrotes de las ventanas de una cárcel*.
DER abarrotar.

barruntar *v. tr.* **1** Tener la sensación o el presentimiento de que va a ocurrir algo: *salió a comprar un décimo de lotería que acabase en 2 porque barruntaba que iba a salir premiado*. **SIN** presentir. **2** Suponer o formar un juicio a partir de ciertas informaciones, señales o indicios: *por tu forma de andar barrunto que estás muy cansado*. **SIN** sospechar.
DER barrunto.

barrunto *n. m.* **1** Sensación o presentimiento de que algo va a ocurrir: *tengo el barrunto de que me va a tocar la bonoloto*. **SIN** corazonada, pálpito. **2** Creencia o suposición que se apoya en ciertas informaciones, señales o indicios: *por como va la mañana, tengo el barrunto de que hoy será un día de mucho calor*. **SIN** sospecha.

bártulos *n. m. pl.* Conjunto de utensilios, instrumentos y otros enseres que se usan habitualmente: *durante el verano, miles de marroquíes cruzan España con sus bártulos a cuestas camino de su país*. **SIN** pertenencias.

barullo *n. m.* Ruido, desorden y confusión grandes, generalmente provocados por un grupo de muchas personas que hablan o se mueven al mismo tiempo: *el choque en cadena de varios coches provocó un barullo en mitad de la calle*. **SIN** barahúnda.
DER embarullar.

basa *n. f.* ARQ. Parte inferior de una columna sobre la que reposa el fuste.
DER basal.

basal *adj.* **1** Que está en la base de una cosa, especialmente de una construcción: *la estructura basal del templo está dañada por los terremotos*. **2** BIOL. [actividad de un órgano] Que continúa realizándose, aunque mínimamente: *cuando dormimos, las constantes vitales quedan en un nivel basal*.

basalto *n. m.* Roca de color negro verdoso usada en la construcción; procede de la solidificación de la lava volcánica.

basamento *n. m.* **1** Zona inferior de un edificio sobre la que se levanta la estructura de la obra. **2** Bloque formado por la basa de una columna y el pedestal sobre el que se apoya.

basar *v. tr./prnl.* Partir de una serie de principios iniciales para elaborar, establecer o crear una cosa: *el abogado basó su defensa en la falta de pruebas contra su cliente*. **SIN** fundamentar, fundar.
DER basa, basamento.

basca *n. f.* **1** Sensación de malestar que se tiene en el estómago cuando se quiere vomitar: *sintió una basca violenta al percibir el olor del gato muerto*. **SIN** ansia, náusea. Se usa generalmente en plural. **2** *coloquial* Conjunto de personas, especialmente si son amigos o conocidos: *haremos una fiesta en la playa y vendrá toda la basca*.
DER bascosidad.

báscula *n. f.* Aparato para medir pesos; consta de una bandeja o plataforma donde se coloca lo que se quiere pesar y un indicador que marca el peso: *una báscula para personas, para fruta, para camiones*. **SIN** peso.
DER bascular.

bascular *v. intr.* **1** Moverse una cosa de un lado a otro de modo alternativo y continuado, estando unida por algún punto a un lugar fijo: *intentó hipnotizarme haciendo bascular un colgante dorado*. **2** Inclinarse la caja de un vehículo de transporte o volquete, de modo que lo que lleva en ella resbale y caiga por su peso: *el camión de la basura al llegar al vertedero basculó y vació su carga*. **3** Alternar la manera de pensar o sentir, eligiendo una opción diferente a cada momento: *mis sentimientos hacia ella basculan entre el amor y el odio*. **4** En algunos deportes, como el balonmano, desplazarse lateralmente un jugador hacia uno y otro lado de modo alternativo y continuado para cubrir la mayor cantidad de espacio posible.

base *n. f.* **1** Parte de un objeto en la que éste se apoya: *al ganador se le cayó la base de la copa en el momento en que levantaba el trofeo*. **2** Objeto sobre el que se apoya una cosa: *colocaron el busto del poeta sobre una base de mármol*. **3** Conjunto de principios iniciales a partir de los que se elabora, establece o crea una cosa: *las bases del Renacimiento se hallan en la cultura clásica*. **4** Instalación en la que se encuentran el personal y los aparatos necesarios para desarrollar una actividad, especialmente de carácter militar: *Estados Unidos tiene varias bases militares en España*. **base aérea** Instalación preparada para el despegue, el aterrizaje, el mantenimiento y la conservación de aviones militares: *la base aérea de Torrejón de Ardoz*. **base de lanzamiento** Instalación preparada para el lanzamiento de naves espaciales: *la base de lanzamiento espacial de Estados Unidos está en Cabo Cañaveral*. **5** Conjunto de personas que pertenecen a una asociación, sindicato o partido político y no tienen cargo en la organización: *el secretario general convocará a las bases del partido para que voten su gestión*. **6** Esquina de un campo de béisbol que, junto a otras tres, debe recorrer un jugador para lograr una carrera. **7** BOT. Parte de una planta próxima al punto de contacto con otra parte: *el peciolo se une a la hoja por su base*. ☞ hoja. **8** MAT. Línea o superficie inferior de las que componen una figura, sobre la que parece que

descansa el conjunto. **9** MAT. En una potencia, cantidad que ha de multiplicarse por sí misma tantas veces como indique el exponente: *en 7³ la base es 7*. **10** MAT. En un sistema de numeración matemática, número de unidades que constituyen la unidad colectiva del orden inmediatamente superior: *el sistema de numeración decimal es de base diez*. **11** QUÍM. Sustancia derivada de la unión de agua con un óxido metálico; combinada con un ácido forma una sal: *la sosa cáustica es una base muy fuerte empleada para la fabricación de jabón*. ◇ *n. com.* **12** Jugador de un equipo de baloncesto cuya función principal es organizar el juego de su equipo.
a base de Teniendo como fundamento o principio inicial: *aprobó a base de horas de estudio*.
base de datos Programa informático capaz de almacenar, relacionados y estructurados, gran cantidad de datos que pueden ser consultados parcial o totalmente de acuerdo con las características selectivas que se deseen: *necesito una buena base de datos para clasificar mi biblioteca*. Conjunto de datos e informaciones almacenadas en este programa: *buscaron en la base de datos de la Interpol los datos del sospechoso*.
base de operaciones Lugar donde se concentra y prepara un ejército para la guerra.
DER basar, básico.
OBS Es incorrecta la construcción *en base a* por *basándose en, a base de*.

básico, -ca *adj.* **1** Que forma parte de los principios iniciales a partir de los que se elabora, establece o crea una cosa: *la Biblia es el libro básico de la religión cristiana*. **2** Que es lo más importante y necesario: *para estar sano es básica una buena alimentación*. **SIN** esencial, fundamental.
DER básicamente; monobásico.

basílica *n. f.* **1** Iglesia cristiana grande y notable por su antigüedad o por los privilegios de que goza: *la basílica del Pilar en Zaragoza*. **2** Edificio de planta rectangular, con tres o más naves separadas por columnas o muros; especialmente, el destinado al culto paleocristiano: *la basílica de San Apolinar en Rávena*.

basilisco *n. m.* **1** Persona muy enfadada que se deja llevar por la ira: *llegué tarde a la tienda y me encontré en la puerta al jefe hecho un basilisco*. **2** Animal imaginario al que se le atribuía el poder de matar con la vista.

básket *n. m.* Baloncesto, juego.

¡basta! *int.* Expresión que se usa para mandar poner fin a una acción o actividad.

bastante *adj.* **1** Que basta o es suficiente: *no disponía de recursos bastantes como para estudiar en el extranjero*. ◇ *det./pron. indef.* **2** Gran cantidad o número de personas o cosas: *desde que está en el paro tiene bastantes problemas económicos*. **SIN** mucho. **ANT** poco. ◇ *adv.* **3** Ni mucho ni poco; en cantidad o nivel suficiente: *con el ordenador se maneja bastante bien*. **4** En gran cantidad; más de lo normal o necesario: *estoy cansado porque he corrido bastante*. **5** Añade intensidad al valor de ciertos adverbios: *vamos a coger un taxi porque estamos bastante lejos de nuestro destino*. **SIN** mucho, muy. **6** Gran cantidad de tiempo: *hace bastante que no veo a mis padres*. **SIN** mucho.

bastar *v. intr./prnl.* Ser suficiente; no hacer falta más: *bastó que se ausentara el profesor para que la clase se revolucionara; para aprender no basta con memorizar los libros de texto*.
DER bastante, basto.

bastardilla *adj./n. f.* [tipo de letra impresa] Que está inclinada hacia la derecha, imitando la letra que se escribe a mano con rapidez: *en este diccionario las categorías gramaticales se imprimen en letra bastardilla*. **SIN** cursiva, itálica.

bastardo, -da *adj./n. m. y f.* **1** [persona] Que ha nacido de una mujer que no es la esposa de su padre: *Juan de Austria era hijo bastardo de Carlos V*. ◇ *adj.* **2** Que se aparta de sus características originales o degenera de su naturaleza: *acusó a su amigo de hacer un uso bastardo de los secretos que le había confiado*.
DER bastardear, bastardía, bastardilla.

bastidor *n. m.* **1** Estructura o armazón que deja un hueco en el medio y sirve para sostener otro elemento: *el bastidor sobre el que se ajusta un lienzo para pintar, una tela para bordar; el bastidor está descuadrado y la puerta no cierra bien*. ☞ puerta. **2** Armazón de metal que sostiene un mecanismo, especialmente un motor: *en el bastidor de un automóvil suele estar el número de identificación del vehículo*. **3** Parte del decorado de una representación teatral que hay a los lados del escenario por donde suelen entrar y salir los personajes: *el director veía, nervioso, a través de los bastidores la representación de la obra*.
entre bastidores *a)* Sin tener un contacto directo con el público, pero participando en el trabajo y en la toma de decisiones: *el corredor ha dejado el ciclismo profesional, pero sigue relacionado con este deporte entre bastidores*. *b)* De modo reservado y particular, sin que sea conocido por los demás: *las conversaciones para el fichaje del jugador se han llevado a cabo entre bastidores*.

bastión *n. m.* **1** Construcción fortificada con la que se protege y defiende un lugar: *el ejército alemán edificó numerosos bastiones en la costa atlántica francesa para evitar el desembarco aliado*. **SIN** baluarte. **2** Persona o cosa que protege y defiende del ataque adversario o de un perjuicio que puede causar daño: *el jugador se erigió en el principal bastión de la defensa blanca; Albania fue el último bastión estalinista de Europa*. **SIN** baluarte.

basto, -ta *adj.* **1** Que tiene poco valor o está elaborado con poca calidad: *el sofá es barato, pero un poco basto; la tela de lino es basta*. **SIN** burdo, tosco. **2** [persona] Que tiene malos modos o que es poco educado: *es muy buena persona, pero un poco basto: apenas tuvo tiempo de ir al colegio*. **SIN** rudo, tosco. ◇ *n. m.* **3** Carta de la baraja española en la que aparecen dibujados uno o varios palos gruesos: *debes echar un basto más alto si quieres ganar la mano*. **4** Palo de la baraja española representado por una o más figuras de palos gruesos. Suele usarse más en plural.
pintar bastos Volverse una situación o asunto problemático, difícil o peligroso: *hoy en día pintan bastos para los fabricantes de máquinas de escribir*.
DER bastidor; debastar.

bastón *n. m.* **1** Objeto que sirve para apoyarse al andar; tiene forma de palo fino y alargado, con un mango generalmente curvado para agarrarlo con comodidad, y de una altura cercana a la cintura de la persona que lo lleva. **2** Objeto con forma parecida a este instrumento que se entrega a una persona en señal de mando o de autoridad: *en un solemne acto, el alcalde le entregó el bastón de mando de la ciudad al rey*. **3** Objeto en forma de barra fina y alargada que usan los esquiadores para ayudarse en sus desplazamientos; tiene un mango con una correa para sujetarlo a la mano y la punta con un tope para evitar que se hunda completamente en la nieve: *el esquiador se apoyó con fuerza en sus bastones para iniciar la carrera*.
DER bastonazo, bastoncillo, bastonera.

bastonazo *n. m.* Golpe dado con un bastón.

basura *n. f.* **1** Conjunto de cosas que se tiran porque se consideran inútiles o son residuos de lo que ya se ha apro-

basurero

vechado: *en las ciudades se recoge la basura de los habitantes una vez al día*. **SIN** desperdicio. **2** *coloquial* Cosa que es de la peor calidad, sin valor ni utilidad: *algunos programas de televisión son basura*. **SIN** bazofia, caca, mierda. **3** *coloquial* Persona despreciable que se comporta con maldad y carece de virtudes: *los traficantes de droga son basura*. **SIN** escoria.
DER basurero.

basurero, -ra *n. m. y f.* **1** Persona que recoge la basura de las poblaciones y la lleva a los vertederos: *los basureros suelen trabajar por la noche*. ◇ *n. m.* **2** Lugar donde se tiran las basuras de una población: *cada basurero municipal debiera tener recursos para el reciclado de basuras*. **SIN** vertedero. **3** *coloquial* Lugar muy sucio y maloliente: *vivía en un cuartucho oscuro que era un basurero*.

bata *n. f.* **1** Prenda de vestir larga, con mangas y con botones por delante, que se pone sobre otras prendas y sirve para abrigar y estar más cómodo, generalmente en el domicilio particular: *se levantó temprano y se puso una bata sobre el camisón para ir a la cocina*. **2** Prenda de vestir larga, con mangas y con botones por delante, que se pone sobre otras prendas para impedir que se manchen o por razones de higiene y asepsia: *la bata blanca de un médico; la bata azul de un mecánico*.
bata de cola Prenda de vestir femenina compuesta por una sola pieza, muy ajustada al cuerpo, con una falda larga de mucho vuelo y con abundantes volantes en las mangas y en toda la falda: *la bata de cola es el traje propio de las bailaoras de flamenco*.
DER batín.

batacazo *n. m.* **1** Caída o golpe violento que sufre una persona o un animal: *frenó mal la bicicleta y se dio un batacazo que no tuvo consecuencias*. **2** Resultado desastroso e inesperado que se obtiene en un proceso o actividad en la que se habían puesto muchas esperanzas: *el Tour del 96 fue todo un batacazo para las aspiraciones de Miguel Induráin*.

batalla *n. f.* **1** Lucha o enfrentamiento con armas entre dos grupos numerosos de personas o dos ejércitos: *la batalla de Lepanto enfrentó en 1571 a las flotas española y otomana*. **SIN** combate.   **batalla campal** Enfrentamiento muy violento que se produce de manera imprevista entre dos grandes grupos de civiles, generalmente armados con objetos contundentes o armas blancas, pero sin armas de fuego: *a la salida del estadio se entabló una batalla campal entre las aficiones de los dos equipos*. **2** Esfuerzo continuado por vencer los obstáculos y conseguir un fin: *científicos y médicos de todo el mundo libran una dura batalla contra el sida*. **SIN** lucha.
dar (o **presentar**) **batalla** *a*) Enfrentarse con energía a un problema o dificultad con decidida voluntad de resolverlo: *las fuerzas sociales coinciden en que es necesario presentar batalla al paro*. *b*) En una competición deportiva, intentar ganar con decisión o, al menos, no perder con claridad: *el equipo español perdió la semifinal no sin antes dar batalla al equipo italiano*.
de batalla Que está dedicado al uso diario para la vida o el trabajo cotidiano, por lo que su deterioro se asume como lógico e inevitable; se aplica especialmente a una prenda de vestir, un instrumento, aparato o vehículo: *ponle al niño ropa más de batalla, que me lo llevo al parque*.
DER batallar, batallón.

batallador, -ra *adj.* [persona, grupo] Que lucha y se esfuerza con decisión e intensidad.

batallar *v. intr.* **1** Trabajar con esfuerzo para vencer los obstáculos y conseguir un fin: *batallaba con ahínco por sacar su empresa adelante*. **SIN** combatir, pelear. **2** Intentar convencer u obligar con insistencia a una persona para que realice algo difícil o que se resiste a hacer: *batalló mucho con su hijo para que estudiara y no perdiera el tiempo*. **3** Luchar con las armas para someter al enemigo o destruirlo: *la tropas leales al presidente batallaron toda la noche por defender el palacio presidencial*. **SIN** combatir, pelear.
DER batallador.

batallita *n. f.* Relato breve e informal en el que una persona cuenta acontecimientos de su vida que considera especialmente importantes o por los que siente un gran cariño: *cuando volvió de la mili, no paraba de contarnos sus batallitas en las maniobras*. **SIN** historieta.
OBS Se usa más en plural.

batallón *n. m.* **1** Unidad militar compuesta por varias compañías y mandada por un comandante. **2** Grupo numeroso de personas: *un batallón de técnicos y artistas invadió el pueblo para comenzar el rodaje de la película*. **SIN** ejército, tropa.

batata *n. f.* **1** Planta de flores grandes, rojas por dentro y blancas por fuera, y tubérculos comestibles: *la batata procede de América*. **2** Tubérculo comestible de esta planta, de forma alargada y de color marrón por fuera y amarillento o blanco por dentro: *la batata es más grande y dulce que la patata*. **SIN** boniato.

bate *n. m.* Palo cilíndrico, estrecho en la empuñadura y más abultado en su extremo superior, que sirve para golpear la pelota en el juego del béisbol.
DER batear.

batea *n. f.* **1** Recipiente de madera, normalmente rectangular y de poco fondo, que se usa para llevar o contener cosas. **2** Embarcación pequeña con forma de cajón que se usa en aguas tranquilas y poco profundas para el transporte de mercancías. **3** Estructura de forma cuadrada, generalmente de madera, que se asienta en el fondo del mar y sobresale de la superficie, cerca de la costa, para la cría de mejillones.

bateador *n. m.* En el juego del béisbol, jugador que golpea la pelota con el bate.

batear *v. intr.* En el juego del béisbol, golpear el bateador la pelota con el bate, generalmente con la intención de sacarla del campo de juego.
DER bateador.

batel *n. m.* Embarcación pequeña de remo en la que sus ocupantes se sientan en unas tablas que sirven, además, para reforzar su estructura. **SIN** bote.

batería *n. f.* **1** Aparato de forma cuadrada o rectangular, formado por placas de plomo y pequeños vasos independientes con ácido; sirve para suministrar y acumular energía eléctrica: *la batería de un automóvil*. ☞ motocicleta. **2** Aparato pequeño, generalmente de forma cilíndrica o rectangular, que sirve para producir una corriente eléctrica continua a partir de una reacción química que se produce en su interior: *la batería de la cámara de vídeo*. **SIN** pila. **3** Instrumento de percusión formado por varios tambores y platos metálicos que se hacen sonar con palillos y con pedales que accionan mazos: *la batería es un instrumento habitual en los grupos de música pop y rock*. ◇ *n. com.* **4** Persona que toca la batería. **SIN** baterista. ◇ *n. f.* **5** Conjunto de cañones y armas de fuego de gran calibre que se colocan en un mismo lugar dispuestos para disparar: *las baterías enemigas rodean la ciudad*.
batería de cocina Conjunto de recipientes, generalmente con un diseño común, que se utilizan para cocinar alimentos.
batería de preguntas Conjunto numeroso de preguntas breves y relacionadas entre sí.

en batería En paralelo, referido al modo de aparcar vehículos colocándolos uno al lado del otro.
DER baterista.

batiburrillo *n. m.* Mezcla confusa y desordenada de cosas que no tienen nada que ver entre sí y que no combinan bien: *te he suspendido porque tu examen es un batiburrillo incomprensible de nombres y fechas*.

batida *n. f.* **1** Registro sistemático y minucioso de un terreno o lugar en busca de una persona o cosa: *la policía realizó una batida en los hoteles de la costa para intentar detener a los terroristas*. **2** Recorrido sistemático de un terreno en busca de caza: *los cazadores dieron una batida al monte en busca de ciervos*. **3** Momento del salto de un atleta en el que los pies se despegan del suelo con un fuerte impulso: *la batida del estilo Fosbury es prácticamente vertical y de espaldas al listón*.

batido *n. m.* **1** Sustancia que produce el batido de la clara o la yema o la de la mezcla de los componentes del huevo. **2** Bebida fría que se hace triturando y mezclando componentes líquidos y sólidos, especialmente leche, frutas o helado.

batidora *n. f.* Aparato de cocina que sirve para triturar, mezclar o batir alimentos sólidos y líquidos mediante unas pequeñas cuchillas que giran a gran velocidad. ☞ cocina.

batiente *n. m.* **1** Parte del cerco o marco de una puerta o ventana sobre el que se cierra la hoja: *el batiente está en el lado opuesto a la pieza en que se encuentran los goznes*. **2** Hoja de una puerta o ventana: *no puedo cerrar el batiente de la puerta porque se ha deformado con la humedad*. ☞ puerta. **3** Zona de una costa, dique o espigón en la que golpean las olas del mar.

batín *n. m.* Prenda de vestir con mangas que llega hasta más abajo de la cadera y se cierra por delante con un cordón o cinta; se pone sobre otras prendas para estar más cómodo en el domicilio particular.

batir *v. tr.* **1** Mover con un instrumento o agitar una sustancia líquida para que se unan y traben correctamente sus componentes: *batir los huevos con un tenedor*. **2** Triturar y mezclar sustancias sólidas y líquidas para obtener un líquido compacto y homogéneo: *batir fresas con leche condensada*. **3** Dar golpes de modo continuado: *batir la lana para hacerla más esponjosa; batir el hierro para darle forma*. **4** Golpear de lleno el viento o el agua en una superficie de modo continuado: *las olas baten la costa; el viento bate la cumbre de la montaña; el granizo bate las ventanas*. **5** Mover con fuerza un ave las alas: *el águila herida batía inútilmente las alas*. **6** Registrar de manera sistemática y minuciosa un terreno o lugar en busca de una persona o cosa: *la policía batió el barrio en busca de los terroristas*. **SIN** peinar. **7** Recorrer de manera sistemática un terreno en busca de caza: *varios monteros baten el valle para levantar la caza*. **8** Vencer y hacer que huya el ejército contrario: *el ejército batió a la guerrilla y logró desalojarla de sus posiciones*. **SIN** derrotar. **9** Vencer en una competición deportiva: *el corredor africano batió a todos sus competidores y se presentó solo en la meta*. **SIN** derrotar. **10** Superar una marca o récord, especialmente si es deportivo: *el ciclista español intentará batir el récord de la hora*; La guerra de las galaxias *fue una película que batió todos los récords de taquilla cuando se estrenó*. ◇ *v. intr.* **11** Tomar impulso un atleta en el momento del salto apoyando un pie en el suelo: *en el salto de longitud, tras la carrera, el atleta debe batir antes de la tabla*. ◇ *v. prnl.* **12** batirse Luchar o competir una persona con otra, normalmente por un desafío: *los dos caballeros se batieron en un duelo a pistola; ambos ajedrecistas se batirán próximamente en el campeonato del mundo*.

DER batida, batido, batidora, batiente, batimiento; abatir, imbatido.

batiscafo *n. m.* Embarcación pequeña preparada para sumergirse en el agua a grandes profundidades y dotada de sistemas especiales de exploración, generalmente con fines científicos.

batista *n. f.* Tela muy fina de lino o algodón.

batracio *adj./n. m.* **1** [animal] Que pertenece a la clase de los batracios: *la rana es un animal batracio*. **SIN** anfibio. ◇ *n. m. pl.* **2** batracios Clase de animales vertebrados que pasan parte de su vida en el agua y que cuando alcanzan la edad adulta respiran a través de pulmones; tienen la sangre fría y la piel lisa sin pelo: *los batracios son insectívoros*. **SIN** anfibio.

baturro, -rra *adj./n. m. y f.* **1** [persona] Que pertenece al campesinado rural aragonés: *un labrador baturro*. ◇ *adj.* **2** De la cultura y el folclore típicos aragoneses o que tiene relación con ellos: *una jota baturra*.

batuta *n. f.* **1** MÚS. Vara pequeña que usa el director de una orquesta o de una banda para marcar el ritmo y la expresión de una obra musical: *la batuta es una prolongación del brazo del director*. **2** Dirección, mando o control de un conjunto de personas o de una actividad: *el presidente ha decidido entregarle la batuta del equipo a un nuevo entrenador; los países árabes llevan la batuta del comercio mundial de petróleo*.

baúl *n. m.* Caja grande rectangular con una tapa arqueada que gira sobre bisagras, generalmente para guardar ropa: *en el desván hay un baúl con vestidos antiguos*. **SIN** cofre. ☞ equipaje.

bauprés *n. m.* Palo grueso, horizontal pero algo inclinado hacia arriba, que en la proa de los barcos sirve para asegurar algunas velas o cabos.

bautismal *adj.* Del bautismo o que tiene relación con este sacramento: *una pila bautismal*.

bautismo *n. m.* **1** Sacramento del cristianismo que consiste en echar un poco de agua a una persona, generalmente en la cabeza, o en sumergirla en ella como símbolo de aceptación y entrada en la Iglesia cristiana: *el bautismo limpia simbólicamente el pecado original*. **2** Ceremonia cristiana en la que se recibe este sacramento: *se celebró el bautismo en una pequeña capilla cercana al altar*. **SIN** bautizo. **3** Primera vez que una persona hace alguna cosa importante o significativa, que, generalmente, después continúa realizando: *Antonio Buero Vallejo recibió su bautismo como autor teatral en 1949 con el estreno de* Historia de una escalera. **bautismo de (o del) aire** Primera vez que una persona pilota un avión o viaja en él como pasajero. **bautismo de fuego** Primera vez que un soldado entra en combate.

DER bautismal, bautista.

bautizar *v. tr.* **1** Administrar un sacerdote el sacramento del bautismo echando un poco de agua a una persona, generalmente en la cabeza, o sumergiéndola en ella: *el mismo sacerdote que nos casó bautizará a nuestro primer hijo*. **2** Poner un nombre a una persona, animal o cosa: *bautizar a una persona con un apodo; bautizar a un animal, un barco*. **3** Añadir agua al vino para que éste tenga mayor volumen, aun a costa de una merma en su calidad.

DER bautismo, bautizo.

ETIM *Bautizar* procede del latín *baptizare*, que tenía el mismo significado, voz con la que también están relacionadas *baptismo, baptisterio*.

OBS En su conjugación, la *z* se convierte en *c* delante de *e*.

bautizo *n. m.* **1** Ceremonia cristiana en la que se administra el sacramento del bautismo: *el bautizo suele ser una cere-*

monia de carácter privado y reservado. **SIN** bautismo. **2** Fiesta con que se celebra la administración de este sacramento.

bauxita *n. f.* Mineral de aspecto terroso y color rosa con manchas rojas; muy abundante en la naturaleza, es la mena más importante del aluminio.

baya *n. f.* **1** Fruto pequeño y comestible que dan algunas variedades de árboles silvestres: *de las bayas del enebro se obtiene la ginebra.* **2** BOT. Fruto carnoso o jugoso, de forma redondeada, que tiene en su interior las semillas rodeadas de pulpa: *el tomate es una baya; el melocotón, una drupa, y la manzana, un pomo.*

bayeta *n. f.* **1** Tela de lana poco tupida y de textura elástica. **2** Paño que sirve para limpiar superficies y absorber líquidos.

bayo, -ya *adj.* [caballo] Que tiene el pelo de color amarillento.

bayoneta *n. f.* Arma blanca, parecida a un cuchillo, que encaja paralela al cañón de un fusil y sobresale de su boca.
a bayoneta [pieza de un mecanismo] Que encaja en una pieza a presión deslizándose por ella: *el objetivo de mi cámara va a bayoneta, no a rosca.*

baza *n. f.* **1** En algunos juegos de cartas, conjunto de naipes que echan sobre la mesa los jugadores durante una jugada. **2** Característica o conjunto de características que conceden cierta ventaja a una persona o cosa sobre otras: *la baza fundamental del joven delantero es su rapidez; la baza principal de la Costa del Sol como lugar de vacaciones es su clima y sus playas.*
meter baza *coloquial* Intervenir en una conversación o controversia de manera imprevista y sin haber sido preguntado: *cuando yo hable con mi padre, haz el favor de no meter baza.*

bazar *n. m.* **1** Establecimiento en el que se venden objetos y aparatos diversos: *en un bazar pueden encontrarse desde prendas de vestir hasta televisores en color.* **2** Mercado público en algunas ciudades de cultura árabe u oriental.

bazo *n. m.* ANAT. Órgano de forma oval y aplanada, de color rojo oscuro, que está cerca del páncreas, a la izquierda del estómago: *la función principal del bazo es destruir los glóbulos rojos inservibles y producir leucocitos.* 🖙 digestivo, pomo.

bazofia *n. f.* **1** Comida de aspecto y sabor muy desagradable: *en el campo de concentración sólo comían bazofia.* **2** *coloquial* Cosa que es de la peor calidad, sin valor ni utilidad: *algunos críticos han calificado su última película como bazofia.* **SIN** basura.

bazooka *n. m.* Bazuca, arma portátil.

bazuca *n. f.* Arma portátil de infantería que consiste en un tubo metálico abierto por los dos extremos que dispara proyectiles de propulsión a chorro. Se emplea contra carros de combate.
OBS También se escribe *bazooka.*

be *n. f.* **1** Nombre de la letra *b*: *absorber se escribe con be.* ◇ *n. m.* **2** Onomatopeya de la voz de la oveja o el cordero.
OBS El plural es *bes.*

beatería *n. f.* Actitud o comportamiento de una persona que se caracteriza por dar grandes muestras de devoción y religiosidad, generalmente de manera exagerada y fingida.

beatificación *n. f.* **1** Procedimiento eclesiástico católico mediante el cual el Papa beatifica a una persona: *la beatificación es un paso previo a la canonización.* **2** Ceremonia católica en la que se beatifica solemnemente a una o más personas.

beatificar *v. tr.* Reconocer el Papa que una persona muerta tuvo a lo largo de su vida un comportamiento cristiano especialmente digno de ser recordado, por lo que se le puede dar culto: *la Iglesia beatificó a Teresa de Cepeda y Ahumada en 1614 y la declaró santa en 1622.*

DER beatificación, beatífico.
OBS En su conjugación, la *c* se convierte en *qu* delante de *e*.

beatífico, -ca *adj.* [persona, comportamiento] Que demuestra gran bondad y paz espiritual: *el anciano veía jugar a sus nietos con una sonrisa beatífica.*

beatitud *n. f.* **1** En la religión católica, bienaventuranza que logran las almas al compartir la vida eterna en compañía de Dios. **2** Estado de paz espiritual, tranquilidad y felicidad.

beato, -ta *adj./n. m. y f.* **1** [persona] Que ha sido beatificada por el Papa: *el beato Marcelino Champagnat es el fundador del Instituto de los Hermanos Maristas.* **2** [persona] Que se muestra muy devoto y religioso, generalmente de manera exagerada y fingida. **SIN** meapilas, santurrón.
DER beatería, beatificar, beatitud.

bebé *n. m.* Niño que acaba de nacer o que tiene muy pocos meses.

bebedero *n. m.* Recipiente en el que se pone agua para que beban los animales: *los bebederos de una jaula para pájaros.*

bebedizo *n. m.* **1** Bebida elaborada con veneno que se le da a una persona o animal para producirle la muerte. **2** Bebida elaborada con diversos ingredientes a la que se le atribuyen efectos mágicos, especialmente el de conseguir el amor de quien lo toma. **SIN** filtro. **3** Bebida elaborada con diversas hierbas que tiene virtudes medicinales y curativas. **SIN** pócima.

bebedor, -ra *adj./n. m. y f.* [persona] Que toma bebidas alcohólicas en exceso.

beber *v. intr./tr.* **1** Tomar un líquido por la boca: *nunca bebo vino.* ◇ *v. intr.* **2** Tomar bebidas alcohólicas. **3** Levantar un vaso o una copa con bebida y tomarla para expresar un deseo o celebrar algo: *bebamos por los novios.* **SIN** brindar. **4** Aprender o conocer algo a partir de determinada fuente: *su estilo bebe de los clásicos.*
DER bebedero, bebedizo, bebedor, bebible, bebida, bebido; desbeber, embeber.
ETIM *Beber* procede del latín *bibere*, que tenía el mismo significado, voz con la que también está relacionada *biberón*.

bebible *adj.* [líquido] Que se puede beber, especialmente si tiene un sabor agradable: *el alcalde ha precisado que el agua de la red de abastecimiento es bebible a pesar de su sabor.* **SIN** potable.

bebida *n. f.* **1** Sustancia líquida que se bebe. **2** Hábito de tomar bebidas alcohólicas: *se dio a la bebida y acabó por perder el trabajo.*

bebido, -da *adj.* [persona] Que ha tomado una cantidad excesiva de bebida alcohólica y, por ello, tiene alteradas sus facultades físicas y mentales. **SIN** beodo, borracho, ebrio.

beca *n. f.* Ayuda económica que se concede a una persona para que pague los gastos que le supone cursar unos estudios, desarrollar un proyecto de investigación o realizar una obra artística: *una beca universitaria; una beca de creación artística.* **SIN** bolsa.
DER becar.

becar *v. tr.* Conceder una beca a una persona: *la universidad becará a los mejores alumnos de cada promoción para que amplíen sus estudios en el extranjero.*
DER becario.
OBS En su conjugación, la *c* se convierte en *qu* delante de *e*.

becario, -ria *n. m. y f.* Persona que disfruta de una beca.

becerrada *n. f.* Espectáculo público que consiste en torear uno o más becerros en una plaza de toros o en un lugar público cerrado.

becerro, -rra *n. m. y f.* Cría de la vaca que no pasa, o pasa muy poco, de dos años.

DER becerrada.

bechamel *n. f.* Salsa blanca y cremosa que se hace con leche, harina y mantequilla o aceite: *las croquetas se hacen con carne o pescado picado y bechamel*. **SIN** besamel.
OBS La Real Academia Española admite *bechamel*, pero prefiere la forma *besamel*.

becquerel *n. m.* FÍS. Unidad de medida de la actividad radiactiva en el sistema internacional de unidades: *el símbolo del becquerel es Bq*.

becuadro *n. m.* MÚS. Signo en forma de b cuadrada que se coloca delante de una nota musical o de un compás para indicar que la nota o notas que siguen deben recuperar su entonación natural: *generalmente el becuadro anula los efectos marcados por sostenidos o bemoles precedentes*. ☞ notación musical.

bedel, -la *n. m. y f.* Persona que tiene a su cargo las llaves de un edificio o establecimiento público para procurar su vigilancia y cuidado. **SIN** conserje, portero.

beduino, -na *adj.* **1** De un pueblo árabe nómada que vive en las zonas desérticas del norte de África o que tiene relación con él: *las costumbres beduinas*. ◇ *adj./n. m. y f.* **2** [persona] Que pertenece a este pueblo.

befa *n. f.* Burla grosera, ofensiva y malintencionada.
DER befar.

begonia *n. f.* Planta de jardín, de tallos carnosos, hojas grandes y verdes en forma de corazón y flores pequeñas, blancas, rosadas, rojas o amarillas.
DER begoniáceo.

beicon *n. m.* Tocino ahumado de cerdo con vetas de carne: *el beicon suele comerse frito en taquitos o en lonchas muy finas*. **SIN** bacon.

beige o **beis** *adj.* **1** De color castaño muy claro: *un traje beige*. Es invariable en género. ◇ *adj./n. m.* **2** [color] Que es de color castaño muy claro: *el color beige es uno de los denominados colores ecológicos porque abunda en la naturaleza*.
OBS La forma *beis* es invariable en número.

béisbol *n. m.* Deporte que se juega entre dos equipos de nueve jugadores cada uno; consiste en golpear con un bate una pequeña pelota lanzada con la mano por un jugador del otro equipo y recorrer las cuatro esquinas del campo antes de que los jugadores contrarios recojan la pelota y la envíen a una de estas esquinas.

bel *n. m.* Unidad de medida de la intensidad acústica o sonora en el sistema internacional de unidades. **SIN** belio.

beldad *n. f. culto* Belleza, hermosura.

belén *n. m.* Conjunto formado por pequeñas figuras y maquetas de construcciones que representan personajes y lugares relacionados con el nacimiento de Jesucristo: *los belenes se instalan en Navidad*. **SIN** nacimiento.

belga *adj.* **1** De Bélgica o que tiene relación con este país del oeste de Europa. ◇ *adj./n. com.* **2** [persona] Que ha nacido en Bélgica.

belicismo *n. m.* Ideología política y social que defiende el uso de la violencia y de las armas por parte de los países para lograr sus objetivos y proteger sus intereses: *el belicismo de la Alemania nazi fue la causa de la segunda guerra mundial*.
ANT pacifismo.
DER belicista.

belicista *adj.* **1** Del belicismo o que tiene relación con esta ideología política y social: *la retórica belicista de los gobiernos militares argentinos desembocó en la invasión de las Malvinas*.
ANT pacifista. ◇ *adj./n. com.* **2** [persona] Que cree en el belicismo o es partidario de él: *Sadam Hussein fue acusado por algunos países occidentales de dictador belicista*. **ANT** pacifista.

bélico, -ca *adj.* De la guerra o que tiene relación con ella: *la historia de la humanidad está tristemente repleta de conflictos bélicos*.
DER belicismo, belicoso.

belicoso, -sa *adj.* **1** Que incita al uso de la fuerza y la violencia o que amenaza con emplearlas: *el embajador estadounidense empleó un lenguaje belicoso a la hora de criticar al gobierno cubano de Fidel Castro*. **2** [persona, grupo] Que tiende a actuar de modo violento o agresivo: *un grupo de hinchas belicosos apedreó el autocar del equipo visitante*.
DER belicosidad.

beligerancia *n. f.* **1** Actitud de oposición y enfrentamiento entre dos personas o grupos: *la beligerancia de algunos miembros del comité de empresa impidió la firma de un acuerdo con la patronal*. **2** Actitud de un país que está en guerra con otro: *la beligerancia de Japón con los Estados Unidos quedó de manifiesto con el ataque a Pearl Harbour en 1941*.

beligerante *adj./n. com.* **1** [país] Que está en guerra con otro: *la ONU pretende que las partes beligerantes se sienten en una conferencia de paz*. **2** [persona, grupo] Que se muestra opuesto y enfrentado a una persona o grupo o a una cosa: *los organismos sanitarios se manifiestan cada vez más beligerantes contra el tabaquismo*.
DER beligerancia.

belio *n. m.* Unidad de medida de la intensidad acústica o sonora. **SIN** bel.

bellaco, -ca *adj./n. m. y f.* [persona] Que es despreciable porque actúa con maldad y falta de honradez. **SIN** bribón.
DER bellaquería.

bellaquería *n. f.* Acción o dicho propio de un bellaco.

belleza *n. f.* **1** Conjunto de características que hacen que el aspecto físico de una persona resulte muy atractivo: *la belleza de un hombre, de una mujer*. **SIN** beldad. **2** Conjunto de características que hacen que una cosa provoque en quien la contempla o la escucha un placer sensorial o espiritual: *la belleza de una canción, de un cuadro, de una puesta de sol, de un caballo*. **SIN** beldad. **3** Mujer cuyo aspecto físico resulta muy atractivo: *se acabó casando con una belleza*. **SIN** beldad.
DER embellecer.

bello, -lla *adj.* **1** [persona, cosa] Que tiene belleza: *una cara bella; una bella poesía; un bello jardín*. **SIN** bonito, hermoso. **ANT** feo. **2** [persona] Que es bueno o bienintencionado: *es una bella persona*.
DER bellamente, belleza.

bellota *n. f.* Fruto pequeño y alargado que dan la encina y el roble; está cubierto por una piel fina, fuerte y flexible, de color marrón claro, con una cáscara dura y rugosa en uno de sus extremos: *los cerdos que se crían en el campo tienen en la bellota la base de su alimentación*.

bemol *adj./n. m.* [nota musical] Que tiene un sonido medio tono más bajo que el de su sonido natural. ☞ notación musical.
tener bemoles *a)* Tener valor o atrevimiento para hacer algo: *hay que tener bemoles para enfrentarse a un toro*. *b)* Ser algo muy difícil: *esta lección de electrónica digital tiene bemoles*.

benceno *n. m.* QUÍM. Líquido incoloro obtenido de la destilación del alquitrán de hulla; es muy inflamable y se usa como disolvente. **SIN** benzol.

bencina *n. f.* QUÍM. Líquido incoloro derivado del petróleo que se usa como disolvente y como combustible.

bendecir *v. tr.* **1** Pedir para una persona la protección de Dios, la Virgen o un santo: *pidió a su madre que lo bendijera antes de ir al frente*. **2** En la religión católica, pedir un sacer-

bendición

dote la protección de Dios, la Virgen o un santo para una persona, lugar o cosa, generalmente mediante el recitado de unas palabras rituales, haciendo ante ella el signo de la cruz o rociándola con agua bendita: *el capellán castrense bendijo las nuevas salas del hospital militar.* **3** Ofrecer o dedicar a Dios, a la Virgen o a un santo una cosa o lugar: *el obispo bendijo la nueva iglesia.* **SIN** consagrar. **4** Otorgar Dios, la Virgen o un santo su protección a una persona: *Dios bendiga a todos los que exponen su vida por defender la de los demás.* **5** Expresar una gran satisfacción y felicidad relacionado con algo que se considera positivo y beneficioso: *bendigo el día en que encontré trabajo.* **ANT** maldecir.
DER bendición, bendito.
OBS El participio regular es *bendecido*; el irregular, *bendito*, y se usa generalmente como adjetivo. ◇ Se conjuga como *predecir*.

bendición *n. f.* **1** En la religión católica, acto por el que un sacerdote bendice a una persona, lugar o cosa, generalmente mediante el recitado de unas palabras rituales, haciendo ante ella el signo de la cruz o rociándola con agua bendita: *el Papa impartió la bendición desde un balcón del Vaticano.* **2** Ofrecimiento o dedicación a Dios, a la Virgen o a un santo: *durante la misa se procedió a la bendición de las nuevas imágenes de la cofradía.* **SIN** consagración. **3** Conjunto de palabras con las que se pide para una persona la protección de Dios, la Virgen o un santo: *el sacerdote leyó la bendición que el obispo había enviado a los novios.* **ANT** anatema, maldición. **4** Protección dada por Dios, la Virgen o un santo: *encontrar un piso bien situado y barato fue una bendición de Dios.* **5** Aprobación de una cosa: *el acuerdo entre patronal y sindicatos cuenta con las bendiciones de las fuerzas políticas.* **SIN** beneplácito. **6** Cosa muy buena o que produce una gran alegría: *la últimas lluvias han sido una bendición para el campo.* **ANT** maldición.

bendito, -ta *adj./n. m. y f.* **1** [lugar, cosa] Que ha sido bendecida o consagrada a Dios, a la Virgen o a un santo: *agua bendita; el interior de una iglesia es un lugar bendito.* **ANT** maldito. **2** Que merece agradecimiento y alabanza: *benditos médicos que salvaron la vida de mi padre.* **ANT** maldito. Se usa siempre precediendo al nombre. ◇ *n. m. y f.* **3** Persona que es buena, sencilla e incauta: *tu amigo es un bendito y tú no haces más que aprovecharte de él.* **ANT** maldito.
¡bendito sea Dios! Expresión que indica alegría o sorpresa: *¡bendito sea Dios!, cómo te has puesto de sucio en el parque.*
gloria bendita Cosa buena o excelente: *en casa de mis amigos nos dieron de comer gloria bendita.*
OBS Es el participio irregular de *bendecir*.

benedictino, -na *adj./n. m. y f.* **1** [religioso] Que pertenece a una orden fundada por san Benito de Nursia a principios del siglo VI: *los primeros monjes benedictinos vivieron en el monasterio de Montecasino.* ◇ *adj.* **2** De esta orden o que tiene relación con ella: *los monasterios benedictinos fueron importantes centros culturales y económicos durante la Edad Media.*

benefactor, -ra *adj./n. m. y f.* [persona] Que hace un bien o presta una ayuda a otra u otras personas de manera desinteresada: *un oyente benefactor se ofreció, durante un programa de radio, a pagar la operación del niño enfermo.* **SIN** bienhechor.

beneficencia *n. f.* **1** Conjunto de instituciones públicas o privadas que ayudan de manera desinteresada a las personas que carecen de recursos económicos: *la policía recogió de la calle al indigente y lo llevó a un establecimiento de beneficencia.* **2** Ayuda social o económica desinteresada que se presta a las personas que carecen de recursos económicos: *la beneficencia está actualmente en manos de instituciones públicas, religiosas y de organizaciones no gubernamentales.*

beneficiar *v. tr./prnl.* **1** Hacer un bien, ser beneficioso o provechoso: *una alimentación equilibrada beneficia la salud; el árbitro benefició al equipo de casa; la estabilidad política beneficia la inversión extranjera.* **ANT** perjudicar. **2** Hacer que un terreno de cultivo tenga una producción mayor o de más calidad; especialmente, mediante el uso de abonos y fertilizantes: *beneficiar la tierra.* **3** Tratar el mineral que se extrae de una mina para obtener el metal que contiene: *beneficiar un mineral.* ◇ *v. prnl.* **4 beneficiarse** Servirse de una persona o cosa para obtener un beneficio o provecho: *nuestro equipo se benefició del mal estado del campo para defender el resultado.* **SIN** aprovecharse. **5** *coloquial* Tener relaciones sexuales con una persona: *por presumir, dice que se ha beneficiado a casi todos sus compañeros de trabajo.*
DER beneficencia, benéfico.
OBS En su conjugación, la *i* no se acentúa, como en *cambiar*.

beneficiario, -ria *adj./n. m. y f.* **1** [persona] Que se beneficia de la ayuda que otro le presta de manera desinteresada: *las personas sin recursos deben ser los beneficiarios de las ayudas sociales más importantes.* **2** [persona, grupo] Que obtiene un beneficio o provecho: *el espectador es el principal beneficiario de una televisión de más calidad.* **3** [persona] Que obtiene un beneficio económico al cumplirse lo que dispone un documento legal: *la persona beneficiaria de un seguro de vida suele ser el cónyuge superviviente.*

beneficio *n. m.* **1** Compensación moral o material por una obra realizada: *con la cosecha el agricultor procura obtener el beneficio de un año de esfuerzos.* **SIN** ganancia, provecho. **ANT** perjuicio. **2** Cantidad de dinero que se obtiene como resultado de una inversión: *la empresas eléctricas tuvieron este año grandes beneficios.* **ANT** pérdidas.

beneficioso, -sa *adj.* Que produce un bien moral o material: *un pacto entre los dos partidos políticos será beneficioso para el país.* **SIN** benéfico. **ANT** perjudicial.

benéfico, -ca *adj.* **1** Que hace un bien o presta una ayuda a otras personas de manera desinteresada: *nadie conoce al autor de la donación benéfica que ha permitido reconstruir el asilo.* **2** De la beneficencia o que está relacionado con ella: *participó en un festival taurino benéfico en favor de las hermanitas de los pobres.* **3** Que produce un bien moral o material: *sintió el efecto benéfico del bálsamo y comenzó a encontrarse mejor; las lluvias benéficas de la primavera aumentaron la cosecha.* **SIN** beneficioso.
OBS El superlativo es *beneficentísimo*.

benemérito, -ta *adj.* Que merece premio y agradecimiento por los servicios que presta o ha prestado: *la ciudad reconoció la obra del benemérito sacerdote haciéndole un homenaje público.*
la Benemérita o **el Benemérito Instituto** La Guardia Civil, cuerpo de seguridad español: *miembros de la Benemérita participaron en las tareas de rescate de las víctimas.*

beneplácito *n. m.* Aprobación clara: *contaba con el beneplácito de sus padres para ir al viaje de estudios.* **SIN** bendición.

benevolencia *n. f.* Buena voluntad, comprensión y simpatía de una persona o grupo hacia otra u otras: *el ganador agradeció al jurado su benevolencia al concederle el premio.*

benévolo, -la *adj.* Que tiene benevolencia.
DER benevolencia, benevolente.
ETIM Véase *bien*.

bengala *n. f.* **1** Varilla o cilindro que al arder por uno de sus extremos desprende chispas: *las bengalas de una fiesta de cumpleaños*. **2** Artificio luminoso que se utiliza para hacer señales a distancia: *las bengalas de señales de un barco*.

benignidad *n. f.* **1** Inclinación o tendencia a hacer el bien o a pensar bien: *sus acciones caritativas son fruto de su benignidad*. **ANT** malignidad. **2** Naturaleza agradable o beneficiosa de algo: *el médico le aconsejó que aprovechara la benignidad de nuestro clima*. **3** Ausencia de gravedad en una enfermedad, especialmente cuando se trata de un tumor: *estaban más tranquilos al conocer la benignidad del tumor*. **ANT** malignidad.

benigno, -na *adj.* **1** Que se caracteriza por la buena voluntad, comprensión y simpatía hacia una persona o grupo: *el tribunal puso notas muy benignas a los opositores*. **SIN** benevolente, benévolo. **2** [fenómeno natural o climático] Que es templado y agradable: *un invierno benigno*. **3** [enfermedad] Que no es mortal o grave; que puede curarse: *lo operaron de un tumor benigno*. **ANT** maligno.
DER benignidad.
ETIM Véase *bien*.

benimerín *adj.* **1** De una antigua dinastía musulmana que reinó en el norte de África y en España durante los siglos XIII y XIV o que tiene relación con ella. ◇ *n. com.* **2** Persona que perteneció a esta dinastía.

benjamín, -mina *n. m. y f.* **1** Hijo menor de una familia que tiene varios. **2** Persona que tiene menos edad de las que forman un equipo o grupo, especialmente cuando es muy joven.

benzol *n. m.* QUÍM. Líquido incoloro obtenido de la destilación del alquitrán de hulla; es muy inflamable y se usa como disolvente. **SIN** benceno.

beodo, -da *adj./n. m. y f.* **1** [persona] Que ha tomado una cantidad excesiva de bebida alcohólica y, por ello, tiene alteradas sus facultades físicas y mentales. **2** [persona] Que se emborracha habitualmente y es incapaz de renunciar a este hábito. **SIN** alcohólico, borracho.

berberecho *n. m.* Molusco marino de color blanco y con una concha rayada y casi circular que vive enterrado en el fondo arenoso de las costas.

berberisco, -ca *adj./n. m. y f.* Beréber.

berbiquí *n. m.* Instrumento en forma de manubrio o de doble codo que tiene en un extremo una barra fina de acero acabada en punta con forma de espiral y en el opuesto un mango para darle el movimiento de rotación necesario; sirve para hacer agujeros en la madera y en otros materiales.
OBS El plural es *berbiquíes*, culto, o *berbiquís*, popular.

beréber o **bereber** *adj.* **1** De un pueblo que habitaba la antigua región de la Berbería o que tiene relación con él: *la influencia beréber abarcaba el norte de África, territorio actualmente ocupado por Marruecos, Argelia y Tunicia*. **SIN** berberisco. ◇ *adj./n. com.* **2** [persona] Que pertenece a este pueblo. **SIN** berberisco. ◇ *n. m.* **3** Lengua hablada por este pueblo. **SIN** berberisco.

berenjena *n. f.* **1** Planta herbácea ramosa, de hojas grandes, ovaladas y cubiertas de pelos, con flores grandes de color morado. **2** Fruto de esa planta, de forma alargada y abultada por un extremo; es de color blanco con la piel fina y lustrosa de color morado oscuro.
DER berenjenal.

berenjenal *n. m.* **1** Terreno sembrado de berenjenas. **2** *coloquial* Asunto o situación problemática de difícil solución: *si te fuiste de acampada sin decirle nada a tus padres, sal tú solito del berenjenal en el que te has metido*. **SIN** lío.

bergantín *n. m.* Barco de vela ligero de dos palos: *dio la vuelta al mundo en un bergantín*.

beriberi *n. m.* Enfermedad motivada por la falta de vitamina B_1, cuyos síntomas son dolores musculares, parálisis general del cuerpo e insuficiencia cardíaca.

berilio *n. m.* QUÍM. Elemento químico, metal sólido de color blanco, usado principalmente en la industria atómica: *el símbolo del berilio es Be*.

berkelio *n. m.* QUÍM. Berquelio, elemento químico.
OBS La Real Academia Española sólo registra *berquelio*, pero se usa más la forma *berkelio*.

berlina *n. f.* **1** Tipo de automóvil de cuatro a seis plazas con cuatro puertas laterales y una trasera; generalmente se usa como vehículo familiar: *me gusta el modelo de coche, pero no sé si comprarme la berlina o la versión deportiva de dos puertas*. **2** Antiguo coche de caballos con cuatro ruedas usado para el transporte de personas.

bermejo, -ja *adj.* De color rubio o rojizo.

bermellón *n. m.* **1** Polvo muy fino de cinabrio que se emplea en pintura para obtener un color rojo muy intenso. ◇ *adj.* **2** De color rojo muy intenso: *un jersey bermellón*.

bermudas *n. amb. pl.* **1** Pantalón corto y generalmente estrecho de tejido fino que llega hasta las rodillas. **2** Prenda de baño masculina en forma de pantalón corto y ancho que llega hasta las rodillas.

berquelio *n. m.* QUÍM. Elemento químico radiactivo de carácter metálico obtenido artificialmente a partir del americio: *el símbolo del berquelio es Bk*. **SIN** berkelio.
OBS La Real Academia Española sólo registra *berquelio*, pero se usa más la forma *berkelio*.

berrear *v. intr.* **1** Llorar o gritar un niño con fuerza: *el niño se ha pasado toda la tarde berreando*. **2** Dar berridos el becerro, el ciervo u otros animales semejantes. **3** *coloquial* Cantar mal, dando voces y desentonando: *sobre el escenario del bar, un supuesto grupo roquero berreaba sin mucho entusiasmo*.
DER berreo, berrido.
ETIM *Berrear* procede del latín *verres*, 'verraco', por los chillidos que da este animal, voz con la que también está relacionada *berrinche*.

berrido *n. m.* **1** Grito fuerte que da una persona: *los berridos del niño despertaron a todos los que dormían en la casa*. **2** Voz característica del becerro, del ciervo y de otros animales semejantes. **3** *coloquial* Grito fuerte y desentonado que se da cantando: *los berridos del vocalista del grupo provocaron la risa del público*.

berrinche *n. m.* Enfado o disgusto fuerte que se manifiesta de manera exagerada con gestos, voces o llanto.
DER emberrenchinarse.
ETIM Véase *berrear*.

berro *n. m.* Planta herbácea de tallos gruesos y hojas verdes comestibles; crece en lugares con mucha agua: *una ensalada con berros*.

berza *n. f.* **1** Hortaliza comestible de hojas verdes, muy anchas y arrugadas y tan unidas y apretadas entre sí que forman una especie de pelota: *en Andalucía es muy típico el plato de berzas con morcilla y chorizo*. **SIN** col. ◇ *adj./n. com.* **2 berzas** *coloquial* Berzotas, torpe.
DER berzotas.

berzotas *adj./n. com.* [persona] Que es torpe o poco inteligente. **SIN** berzas.
OBS El plural también es *berzotas*.

besamanos *n. m.* **1** Muestra de respeto y saludo a una persona que consiste en tomar su mano derecha y hacer el

besamel 156

ademán de besarla inclinando ligeramente el cuerpo. **2** Adoración de una imagen religiosa en la que pasan los fieles uno a uno ante ella para besarla: *el besamanos de los pies del Niño Jesús*. **3** Acto en el cual se besa la mano del sacerdote que acaba de decir su primera misa.
OBS El plural también es *besamanos*.

besamel *n. f.* Salsa blanca y cremosa que se hace trabando leche, harina y mantequilla o aceite: *los canelones se cubren con besamel*. **SIN** bechamel.

besana *n. f.* **1** Primer surco que se abre en la tierra cuando se empieza a arar un campo: *haz la besana derecha para que quede bien la labor*. **2** Conjunto de los surcos paralelos que se hacen al arar en un campo de cultivo: *cuando termine la besana plantaré los melones*.

besar *v. tr.* **1** Tocar u oprimir con los labios a una persona o cosa contrayéndolos y separándolos en señal de amor, afecto, saludo o respeto: *besó a su mujer y a sus hijos antes de tomar el tren; el Papa suele besar el suelo del país que visita por primera vez*. **2** Hacer este movimiento con los labios sin llegar a tocar nada con ellos: *besó a su primo rozándole apenas la mejilla con la suya; besó desde el escenario a todo el público*. **3** Tocar o rozar levemente una cosa a otra: *en el último disparo a puerta, la pelota besó el palo derecho de la portería y salió fuera*.
DER besucón, besuquear.

beso *n. m.* **1** Contacto o presión que se hace con los labios contrayéndolos y separándolos en señal de amor, afecto, saludo o respeto: *los novios se dieron un beso al finalizar la boda; antes de saltar en paracaídas le dio un beso a un pequeño crucifijo que llevaba colgado al cuello*. **2** Gesto hecho con los labios, parecido a este contacto o presión, pero sin llegar a tocar nada; a veces se acompaña de un gesto con la mano, que se besa en la punta de los dedos y se separa de la boca en la dirección adecuada: *lanzó un beso a la grada, donde estaba su familia*. Se suele usar con los verbos *lanzar, soltar* y *tirar*.
DER besar.

bestia *n. f.* **1** Animal de cuatro patas, especialmente el doméstico que se usa para carga: *el mulo, el asno o el caballo son bestias*. ◊ *adj./n. com.* **2** [persona] Que hace un uso excesivo de la fuerza, es violento o tiene malos modos: *el portero de la discoteca es un tío bestia que está medio loco*. **SIN** animal, bruto, burro. **3** *coloquial* [persona] Que es torpe, inculto o poco inteligente: *no seas bestia y quita el freno de mano antes de emprender la marcha con el coche*. **SIN** animal, bruto.
a lo bestia *coloquial* a) Con violencia y sin cuidado: *intentó abrir la botella a lo bestia y acabó rompiendo el casco*. b) En una cantidad excesiva o con un tamaño desmesurado: *se levantó con mucha hambre y se preparó un desayuno a lo bestia; su primo le explicó que en los Estados Unidos los centros comerciales son parecidos a los de aquí, pero a lo bestia*.
bestia negra o **bestia parda** Persona o grupo que es objeto de especial antipatía o animadversión por parte de alguien: *la selección italiana de fútbol es la tradicional bestia negra del equipo español*.
DER bestiada, bestial, bestiario.

bestial *adj.* **1** Que es cruel y carece de compasión o humanidad: *un crimen bestial*. **SIN** brutal. **2** Que es muy grande, fuerte o intenso: *un hambre bestial; una fuerza bestial*. **SIN** brutal.
DER bestialidad, bestialismo.

bestialidad *n. f.* **1** Acción o dicho que causa rechazo por ser especialmente torpe, equivocado o exagerado: *intentar aprobar un examen final estudiando la última noche es una bestialidad*. **SIN** animalada, barbaridad, burrada. **2** Acción muy cruel y violenta: *entre otras bestialidades, los jóvenes detenidos golpearon y mataron a varios animales del zoo*.
una bestialidad Cantidad grande y excesiva; muchísimo: *recorrer cien kilómetros para un ciclista no profesional es una bestialidad*.

bestiario *n. m.* Libro en el que se recogen fábulas, leyendas e historias sobre animales reales o imaginarios: *los bestiarios fueron obras muy comunes en los los siglos XIV y XV*.

best-seller *n. m.* **1** Obra literaria de gran éxito de ventas: *la mayor parte de las novelas que ganan el premio Planeta acaban convirtiéndose en best-sellers*. **2** Obra literaria escrita sobre un tema que capta fácilmente la atención del lector, con estilo y vocabulario sencillos y directos, que busca fundamentalmente convertirse en un gran éxito de ventas: *un escritor de best-sellers no suele preocuparse demasiado por la calidad literaria de sus obras*.
OBS Es de origen inglés y se pronuncia aproximadamente 'beséler'. ◊ La Real Academia Española sólo registra la forma *best-séller*, menos usada.

besucón, -cona *adj./n. m. y f.* [persona] Que tiene costumbre de besar mucho a los demás.

besugo *n. m.* **1** Pez marino comestible, generalmente de color entre gris y rojo, con una mancha negra junto a las agallas y ojos grandes: *el besugo es un pez hermafrodita*. Para indicar el sexo se usa *el besugo macho* y *el besugo hembra*. ☞ pez. **2** *coloquial* Persona torpe y poco inteligente. **SIN** asno, burro.

besuquear *v. tr.* Besar de manera repetida: *uno de los pasajeros besuqueaba con nerviosismo una estampita religiosa antes de que el avión despegara*.
DER besuqueo.

besuqueo *n. m.* Conjunto de besos que se dan de manera repetida: *cuando era niño, le molestaba mucho el besuqueo de algunos parientes*.

beta *n. f.* Segunda letra del alfabeto griego, equivalente a la *b* del español.

bético, -ca *adj./n. m. y f.* De la Bética o que tiene relación con esta antigua región romana del sur de España.
DER penibético.

betún *n. m.* **1** Líquido o crema hecho con ceras y tintes que sirve para dar brillo al calzado y devolverle su apariencia original. **2** Sustancia de origen natural que contiene hidrógeno y carbono; arde con llama y humo espeso: *el betún puede hallarse en la naturaleza en estado líquido, pastoso o sólido*.
ETIM *Betún* procede del latín *bitumen*, que tenía el mismo significado, voz con la que también está relacionada *bituminoso*.

bi- **1** Elemento prefijal que entra en la formación de palabras con el significado de: a) 'Dos': *biauricular, bidentado*. b) 'Dos veces': *bimensual*. En algunos casos presenta las formas *bis-* y *biz-*: *bisnieto, bisojo; biznieto, bizcocho*. **2** Entra en la terminología química para indicar la presencia de dos átomos, moléculas o radicales iguales en un compuesto: *bióxido, bicloruro*. **SIN** di-.

biatlón *n. m.* Carrera de esquí de fondo en la que los participantes llevan una carabina para efectuar una prueba de tiro al blanco en cada tramo del recorrido.

biberón *n. m.* Recipiente cilíndrico transparente, de cristal o de plástico, que tiene una tetina en su extremo y sirve para alimentar a niños y animales recién nacidos o de poca edad.
ETIM Véase *beber*.

Biblia *n. f.* Libro sagrado del cristianismo, formado por los libros del Antiguo y del Nuevo Testamento.

DER bíblico.
bíblico, -ca *adj.* De la Biblia o que tiene relación con este libro sagrado del cristianismo.
biblio- Elemento prefijal que entra en la formación de palabras con el significado de 'libro': *bibliografía*.
bibliobús *n. f.* Autobús dotado de estanterías para transportar y mostrar libros que pueden ser solicitados en préstamo por los usuarios: *los bibliobuses son un servicio público que suple a las bibliotecas en las localidades donde no las hay*.
bibliófilo, -la *n. m. y f.* **1** Persona aficionada a coleccionar libros, especialmente si son valiosos, raros o curiosos. **2** Persona amante de los libros y de la lectura.
bibliografía *n. f.* **1** Lista ordenada de libros, artículos, reseñas y textos acerca de una materia o tema determinados: *los libros científicos, técnicos o críticos suelen tener una parte final dedicada a la bibliografía en la que se recogen los libros que se han citado a lo largo de la obra*. **2** Lista ordenada de libros, artículos y textos escritos por un mismo autor: *la bibliografía de Antonio Gala es abundante y variada*. **3** Disciplina que estudia la enumeración, descripción y clasificación sistemática de libros, impresos y otros materiales para proporcionar información a investigadores, estudiantes y profesionales.
DER bibliográfico, bibliógrafo.
bibliográfico, -ca *adj.* De la bibliografía o que tiene relación con esta ciencia.
bibliógrafo, -fa *n. m. y f.* **1** Persona que se dedica a la enumeración, descripción y clasificación sistemática de libros, impresos y otros masteriales para proporcionar información a investigadores, estudiantes y profesionales. **2** Persona que se dedica al estudio de la evolución e historia de los manuscritos y libros, atendiendo especialmente a sus características materiales, tales como la sucesión de ediciones, impresión, encuadernación y estado de conservación.
biblioteca *n. f.* **1** Edificio o local en el que se tienen guardados y ordenados un conjunto de libros, generalmente numeroso, para que el público pueda leerlos o llevárselos en préstamo: *en la Biblioteca Nacional de Madrid se conservan numerosos libros únicos y valiosos*. **2** Conjunto de libros ordenados que se guardan en este edificio o local: *la Biblioteca del Congreso de Washington está compuesta por unos 18 millones de volúmenes*. **3** Conjunto de libros que tienen características comunes o que tratan de una misma materia: *una biblioteca de autores clásicos; una biblioteca de derecho romano*. **4** Conjunto de libros ordenados que guarda una persona en su casa o en su lugar de trabajo: *mi abuelo tenía una modesta biblioteca con los libros que había ido comprando a lo largo de su vida*. **5** Mueble grande con estantes en el que se colocan libros: *en el salón tiene una biblioteca de color caoba*. **SIN** librería.
DER bibliotecario, biblioteconomía.
bibliotecario, -ria *n. m. y f.* Persona que se dedica a ordenar y cuidar los libros de una biblioteca y a facilitar la consulta y el préstamo de los volúmenes que solicite el público.
biblioteconomía *n. f.* Disciplina que estudia la organización y administración de bibliotecas.
bicameral *adj.* [sistema legislativo de un Estado] Que está formado por dos cámaras que elaboran y aprueban las leyes: *España posee un sistema bicameral formado por el Congreso de los Diputados y el Senado*.
DER bicameralismo.
bicarbonato *n. m.* QUÍM. Sal que se forma a partir de un ácido de carbono y que tiene un átomo de hidrógeno que se puede sustituir por un metal. **bicarbonato de calcio** Sal blanca que produce la formación de estalactitas y estalagmitas. **bicarbonato de sodio** Sal blanca en polvo que se toma para aliviar la acidez y el dolor de estómago. Se usa frecuentemente la forma *bicarbonato* para hacer referencia al bicarbonato de sodio.
bicéfalo, -la *adj.* Que tiene dos cabezas: *en la fachada había un gran escudo con un águila bicéfala*.
bicentenario, -ria *adj./n.* *m. y f.* **1** Que tiene cerca de doscientos años de edad: *la plaza de toros de Ronda es un coso bicentenario*. ◇ *n. m.* **2** Día o año en que se cumplen doscientos años de un acontecimiento o un hecho: *en 1989 se celebró el bicentenario de la Revolución francesa*. **3** Período de doscientos años.
bíceps *adj./n. m.* [músculo] Que tiene forma alargada, más abultada en la mitad, y uno de sus extremos dividido en dos inserciones: *los gimnastas suelen tener los bíceps de los brazos muy desarrollados; en la pierna hay un músculo bíceps que forma el muslo*.
OBS El plural también es *bíceps*.
bicha *n. f.* *coloquial* Culebra, reptil.
bichero *n. m.* MAR. Palo largo con un garfio o gancho en un extremo que sirve para alejar o acercar una embarcación a tierra o a otra nave y para recoger objetos que flotan en el agua.
bicho *n. m.* **1** *coloquial* Animal, especialmente de pequeño tamaño, nombre desconocido o aspecto desagradable: *no le gustaba dormir en el campo porque le daban miedo los bichos*. **2** *coloquial* Persona de carácter violento y cruel que actúa con maldad.
bicho raro Persona de carácter o costumbres poco comunes o extrañas para los demás: *pertenecía a una familia de conocidos abogados; cuando dijo que quería ser actor, todos lo miraron como a un bicho raro*.
todo bicho viviente Todos; todo el mundo: *cuando se enfada, le va gritando a todo bicho viviente*.
DER bicha, bicharraco, bichero.
bici *n. f.* *coloquial* Bicicleta.
bicicleta *n. f.* Vehículo de dos ruedas unidas a un armazón triangular, con un manillar delantero y un sillín trasero, ocupado por una persona que hace girar dos pedales que mueven la rueda trasera mediante una cadena.
DER bici.
OBS Se usa frecuentemente la forma *bici*.
bicicross *n. m.* Modalidad de ciclismo que se practica en un circuito con obstáculos que hay que subir, bajar y saltar.
bicoca *n. f.* Cosa de buena calidad o de valor que se consigue a bajo precio o con poco esfuerzo: *una moto de segunda mano tan barata es una bicoca*. **SIN** ganga.
bicolor *adj.* Que tiene dos colores: *la bandera española es bicolor*.
bidé *n. m.* Recipiente de loza bajo y ovalado con agua corriente que está en un cuarto de baño o de aseo y en el que se sienta una persona para el aseo íntimo.
bidón *n. m.* Recipiente grande y cilíndrico que cierra herméticamente y sirve para contener o transportar líquidos: *bidón de gasolina, de cerveza*.
biela *n. f.* Pieza de una máquina que sirve para transformar el movimiento de vaivén en línea recta en movimiento de giro alrededor de un eje o viceversa: *la biela transforma el movimiento ascendente y descendente del pistón del motor de un automóvil en movimiento rotatorio*.
bieldo *n. m.* Instrumento de madera formado por un palo largo que termina en cuatro puntas que se usa para aventar y mover el cereal cortado o la paja.

bielorruso, -sa *adj.* **1** De Bielorrusia o que tiene relación con este país del este de Europa, antigua república de la Unión Soviética. ◇ *adj./n. m. y f.* **2** [persona] Que ha nacido en Bielorrusia. ◇ *n. m.* **3** Lengua hablada en Bielorrusia.

bien *adv.* **1** De modo adecuado o correcto; como moral o técnicamente se debe: *arregló bien la silla pegando las patas; haces bien no cogiendo el coche si estás cansado.* **ANT** mal. **2** Con comodidad, sin esfuerzo o dificultad: *salió de casa temprano y llegó bien al aeropuerto.* **3** Con buena salud: *tras estar varios días resfriado, ya está bien.* **ANT** mal. **4** De manera agradable o feliz: *los chicos lo pasaron bien en el viaje de estudios.* **ANT** mal. **5** Bastante; mucho o muy: *me apetece un batido bien frío; agárrate bien al conductor si no quieres caerte de la moto.* **6** Con gusto; de buen grado o manera: *bien me gustaría creerme lo que me dices, pero no puedo.* **ANT** mal. **7** Expresión que se usa para indicar afirmación o asentimiento: *¿vienes al cine? Bien, vamos.* **SIN** bueno, claro. ◇ *conj.* **8** Indica alternancia u oposición en construcciones gramaticales de valor distributivo: *puedes llegar hasta mi casa bien en autobús, bien en taxi.* ◇ *adj.* **9** De una clase social alta o que está relacionado con ella: *sus padres están encantados de que salga con un chico bien.* ◇ *n. m.* **10** Cosa que es útil y buena para una persona o un grupo y que produce felicidad: *no seas egoísta y busca con el trabajo tu bien y el de los demás.* **ANT** mal. **11** Idea abstracta de todo lo que es moralmente bueno o perfecto: *la lucha interior entre el bien y el mal es una imagen tradicional de la condición humana.* **ANT** mal.◇ *n. m. pl.* **12** bienes Conjunto de propiedades o riquezas que pertenecen a una persona o grupo: *antes de morir legó todos sus bienes a su mujer; un abogado administraba los bienes de la familia.* **bienes gananciales** Los obtenidos por un hombre y una mujer, conjuntamente o por separado, durante el tiempo que han estado casados: *en caso de divorcio, los bienes gananciales deben dividirse entre los miembros de la pareja.* **bienes inmuebles** o **bienes raíces** Los que no se pueden mover del lugar en el que están, tales como tierras o viviendas. **bienes muebles** Los que pueden ser trasladados sin alterar su naturaleza o calidad, tales como dinero, joyas, obras de arte, muebles, vehículos y objetos.
a base de bien Mucho, abundantemente: *en el convite de la boda comimos a base de bien.*
bien que mal De manera poco clara y llena de obstáculos o dificultades: *bien que mal acabó por sacar la carrera tras repetir algunos cursos.*
de bien Dicho de una persona o grupo, que es honrado y bueno: *sus padres están contentos porque se casa con un hombre de bien.* Se usa mucho en la expresión *hombre de bien.*
¡qué bien! Expresión que indica alegría y felicidad: *¡qué bien que ya empiezan las vacaciones!*
si bien Aunque: *si bien estoy un poco cansado, iré al cine con vosotros; si bien no había cogido nada, el dependiente lo acusó de robar.*
y bien Expresión con la que se introduce una pregunta o se pide una respuesta: *y bien, ¿dónde piensas pasar las vacaciones?; me pediste que viniera. Ya estoy aquí, ¿y bien?*
DER requetebién.
ETIM *Bien* procede del latín *bene*, que tenía el mismo significado, voz con la que también están relacionadas: *beneficio, benévolo, benigno.*

bienal *adj./n. f.* **1** [fenómeno, acontecimiento, situación] Que se repite cada dos años: *había una gran representación española en la Bienal de Venecia de las artes.* **2** Que dura dos años: *tenía un contrato bienal, pero lo han despedido antes de tiempo.*

bienaventurado, -da *adj.* **1** Que es afortunado y feliz: *se consideraba una persona bienaventurada al haber salvado la vida gracias al trasplante de corazón.* **ANT** malaventurado. ◇ *adj./n. m. y f.* **2** [persona] Que goza de la felicidad y de la gracia eterna de estar en el cielo cerca de Dios, según la religión católica.
DER bienaventuranza.

bienaventuranza *n. f.* **1** Fortuna y felicidad de una persona: *un coro les cantó varios villancicos deseándoles paz y bienaventuranza.* **2** Sentencia bíblica en la que Jesucristo expresa las características esenciales que deben tener las personas que gozarán de la felicidad y de la gracia eterna de estar en el cielo cerca de Dios: *en el Evangelio de san Mateo se recogen las ocho bienaventuranzas que Jesucristo pronunció en el sermón de la montaña.* **3** Según la religión católica, estado de felicidad y gracia eterna que provoca estar en el cielo cerca de Dios.

bienestar *n. m.* **1** Estado de la persona cuyas condiciones físicas y mentales le proporcionan un sentimiento de satisfacción y tranquilidad: *la medicación le quitó el dolor y le proporcionó cierto bienestar.* **2** Estado de una persona cuyas condiciones económicas le permiten vivir con tranquilidad: *pasa muchas horas trabajando para procurar el bienestar de su familia.*
sociedad (o Estado) del bienestar Sistema social y político en el que el Estado cubre algunas necesidades materiales de las personas, proporcionando gratuitamente los servicios básicos y estableciendo ayudas para quienes carecen de recursos económicos: *la sanidad y la educación gratuita o el seguro de paro son ventajas de la sociedad del bienestar.*

bienhablado, -da *adj.* [persona] Que es educada y amable con los demás cuando habla y no emplea expresiones vulgares o malsonantes. **ANT** malhablado.

bienhechor, -ra *adj./n. m. y f.* [persona] Que hace un bien o presta una ayuda a otra u otras personas de manera desinteresada: *reyes y emperadores fueron en el pasado bienhechores de la Iglesia y de las órdenes religiosas.* **SIN** benefactor.

bienintencionado, -da *adj./n. m. y f.* [persona] Que tiene buena voluntad e intención. **ANT** malintencionado.

bienio *n. m.* Período de dos años: *el bienio 1988-1989 fue una fase de crecimiento económico en España.*
DER bienal.
ETIM Véase *año*.

bienvenida *n. f.* Recibimiento que se da a una persona o grupo en el que se manifiesta gran alegría por el encuentro.

bienvenido, -da *adj./n. m. y f.* **1** Que se recibe con agrado o alegría: *la lluvia fue bienvenida por los agricultores.* ◇ *int.* **2** Expresión con la que se saluda la llegada y el encuentro con una persona o grupo: *¡bienvenidos a Burgos!*
DER bienvenida.

bies *n. m.* Tira de tela cortada de manera oblicua respecto al hilo de la costura, que se cose en el borde de las prendas de vestir como refuerzo o adorno.
al bies De manera oblicua o inclinada, en diagonal.

bifásico, -ca *adj.* [sistema eléctrico] Que tiene dos corrientes eléctricas alternas iguales, procedentes del mismo generador, cuyas fases respectivas se producen a la distancia de un cuarto de período.

bífido, -da *adj.* BIOL. [órgano] Que tiene un extremo dividido en dos partes, puntas o ramas: *lengua bífida de la serpiente.*

bifocal *adj.* [lente] Que tiene dos focos, uno para enfocar a corta distancia y otro para ver de lejos: *unas gafas bifocales*.

bifurcación *n. f.* **1** División o separación de una cosa en dos ramales, brazos o puntas, especialmente de un camino o carretera: *las bifurcaciones de una autovía*; *la bifurcación de una chimenea*. **2** Punto o lugar donde se produce esta división: *al llegar a la primera bifurcación, gira a la derecha*.

bifurcarse *v. prnl.* Dividirse o separarse en dos ramales, brazos o puntas una cosa, especialmente un camino o carretera: *la entrada al jardín se bifurca en dos caminos que se pierden entre los setos*.
DER bifurcación.
OBS En su conjugación, la c se convierte en *qu* delante de e.

big bang *n. m.* Según algunas teorías astronómicas, gran explosión inicial de una masa compacta de energía y materia que dio origen al universo.

bigamia *n. f.* Estado de una persona casada dos veces en un mismo período y que tiene, por tanto, dos cónyuges vivos.

bígamo, -ma *adj./n. m. y f.* [persona] Que está casado dos veces al mismo tiempo y tiene, por tanto, dos cónyuges vivos.
DER bigamia.

bigardo, -da *adj./n. m. y f.* **1** [persona] Que es perezoso y no le gusta trabajar: *al emplearlo no sabía que era tan bigardo*. **2** *coloquial* [persona] Que es muy alto y fortachón: *no nos meten goles porque nuestros defensas son bigardos*.

bigote *n. m.* **1** Pelo fuerte que nace sobre el labio superior, especialmente en el hombre: *son famosos los bigotes de Dalí o de Groucho Marx*. **2** Conjunto de pelos largos y erectos que tienen algunos animales sobre el labio superior: *el bigote de un gato, de un tigre, de un ratón*. **3** Mancha que queda en el labio superior después de beber un líquido: *un bigote de chocolate*. **SIN** bigotera.
DER bigotera, bigotudo.
OBS En plural tiene el mismo significado que en singular.

bigotera *n. f.* **1** Instrumento parecido a un compás formado por dos piezas alargadas puntiagudas, unidas entre sí en un extremo y en su parte media para que puedan abrirse y cerrarse con gran precisión girando una rosca; sirve para trazar arcos o circunferencias y medir distancias entre dos puntos de una superficie. **2** Mancha que queda en el labio superior después de beber un líquido: *una bigotera de zumo de tomate*. **SIN** bigote.

bigotudo, -da *adj.* Que tiene un bigote grande o con mucho pelo.

bigudí *n. m.* Pinza con extremos largos y planos que sirve para enrollar un mechón de cabello y dejarlo ondulado.
OBS El plural es *bigudíes*, culto, o *bigudís*, popular.

bikini o **biquini** *n. m.* Prenda de baño femenina compuesta por dos piezas, una de las cuales cubre el pecho y la otra desde la cintura hasta la ingle. **SIN** biquini.
OBS La Real Academia Española registra *bikini*, pero prefiere la forma *biquini*.

bilabial *adj./n. f.* GRAM. [sonido consonántico] Que se pronuncia uniendo y separando los labios: *la* b, *la* p *y la* m *son bilabiales*.
DER bilabiado.

bilateral *adj.* De las dos partes, lados o aspectos que tienen relación con una cosa o se ven afectados por sus consecuencias: *un acuerdo bilateral entre patronal y sindicatos*.

bilbaíno, -na *adj.* **1** De Bilbao o que tiene relación con esta ciudad y provincia española. ◇ *adj./n. m. y f.* **2** [persona] Que ha nacido en Bilbao.

biliar *adj.* De la bilis o que tiene relación con este líquido del hígado. **vesícula biliar** ANAT. Órgano en forma de saco cercano al hígado donde se almacena la bilis en él producida.

bilingüe *adj./n. com.* **1** [persona, grupo social] Que habla dos lenguas con igual perfección: *es bilingüe porque nació en España y sus padres, que son italianos, le han enseñado, además, esta lengua*. **2** Territorio, región o país en el que la mayoría de sus habitantes hablan dos lenguas con igual perfección: *Cataluña es una autonomía bilingüe*. **3** [texto, libro, medio de comunicación] Que usa dos lenguas y ambas tienen una importancia similar en su contenido: *un diccionario bilingüe de francés-español*; *la televisión autónoma vasca es bilingüe*.

bilingüismo *n. m.* **1** Uso habitual de dos lenguas por parte de un individuo o de un medio de comunicación en una comunidad de hablantes: *el bilingüismo es un fenómeno común en Galicia*. **2** Convivencia en un territorio, región o país de dos comunidades de hablantes que usan dos lenguas distintas: *en los territorios de los Estados Unidos cercanos a Méjico es común el bilingüismo de las comunidades hispana y estadounidense*.

bilis *n. f.* **1** Líquido de color amarillo verdoso y de sabor amargo producido por el hígado: *la bilis se vierte directamente en el duodeno e interviene en los procesos digestivos*. **SIN** hiel. **2** Sentimiento de amargura e irritabilidad: *volcó toda su bilis en sus subordinados, a los que hacía la vida imposible*. **SIN** hiel.
DER biliar, bilioso.

billar *n. m.* **1** Juego que se practica con tres bolas macizas en una mesa rectangular cubierta por un tapete verde que tiene bordes de goma elevado para impedir que las bolas caigan al suelo; consiste en golpear con la punta de un taco una de las bolas, procurando por el impulso llegue a chocar con las otras dos. **2** Establecimiento público donde hay varias mesas para practicar este juego; generalmente también dispone de otros juegos recreativos y de videojuegos.

billetaje *n. m.* Conjunto de entradas o billetes que se ponen a la venta para asistir a un espectáculo público o para hacer uso de un servicio público: *el billetaje de un partido de fútbol*.

billete *n. m.* **1** Papel rectangular impreso o grabado que emite el banco central de un país; con él se puede comprar o pagar por el valor de la cantidad de la moneda que tiene impresa en números y letras: *un billete de cinco mil pesetas*. **2** Papel pequeño impreso, generalmente de forma rectangular, que se compra y da derecho a entrar u ocupar asiento en un vehículo o en un local: *un billete de tren, de avión, de metro*; *un billete para un concierto de rock*. **SIN** boleto, entrada. **3** Documento impreso con un número que se compra y da derecho a participar en un sorteo de lotería: *cada billete de lotería está formado por diez décimos que pueden venderse por separado*. **SIN** boleto.
DER billetaje, billetero.

billetera *n. f.* Billetero, cartera.

billetero *n. m.* Cartera pequeña de piel o material similar, de forma aplanada y rectangular, que tiene diversos apartados y divisiones en su interior; se lleva en el bolsillo y sirve para guardar billetes, tarjetas y pequeños documentos.

billón *n. m.* Conjunto formado por un millón de millones: *escrito con números, un billón es 1 000 000 000 000*.

bimembre *adj.* Que está compuesto de dos miembros o partes: *la frase volvió pronto y se acostó temprano tiene una estructura bimembre*.

B b

bimensual *adj.* Que se repite dos veces al mes: *es una revista bimensual, por lo tanto salen 24 números cada año.*

bimestral *adj.* **1** Que se repite cada dos meses: *de una publicación bimestral se editan seis números al año.* **2** Que dura dos meses: *es un cursillo de informática bimestral que abarca los meses de marzo y abril.*

bimestre *n. m.* Período de dos meses: *un año está compuesto de seis bimestres.*
DER bimestral.

binario, -ria *adj.* Que está compuesto por dos elementos o unidades: *el rock tiene un ritmo binario compuesto por un tiempo fuerte al que sigue uno débil.*
código binario Sistema informático de reducción de datos por el que cualquier carácter o número puede ser convertido en una combinación de los dígitos 1 y 0, que representan el paso o interrupción de corriente eléctrica.

bingo *n. m.* **1** Juego de azar que consiste en tachar las casillas numeradas, impresas en un cartón, cuando coinciden con los números leídos en voz alta que llevan grabados las bolas que se extraen de una en una de un recipiente; obtiene una cantidad de dinero la primera persona que tacha las casillas que forman una línea horizontal en su cartón y lo anuncia en voz alta; gana el premio mayor de dinero la persona que tacha primero todas las casillas de su cartón y lo anuncia en voz alta: *el bingo es un juego parecido a la lotería.* **2** Premio mayor de este juego cuya cuantía está en proporción al número de personas que juegan y al número de cartones que cada una lleva: *gané un bingo de treinta mil pesetas.* **3** Establecimiento público en el que se desarrolla este juego: *a un bingo sólo pueden entrar personas mayores de edad.*

binocular *adj./n. m.* **1** [aparato óptico, sistema de visión] Que permite el uso de los dos ojos simultáneamente: *un microscopio binocular*; *un casco provisto de un sistema de visión binocular de realidad virtual.* ◇ *n. m. pl.* **2** binoculares Aparato óptico para ver a distancia; está formado por dos tubos, uno para la visión de cada ojo, que tienen en su interior una combinación de prismas y lentes: *el farero vigilaba el mar con los binoculares.* **SIN** anteojos, gemelos, prismáticos.

binóculo *n. m.* Gafas sin patillas que se sujetan únicamente a la nariz.

binomio *n. m.* **1** MAT. Expresión matemática formada por la suma o la resta de dos monomios: *la expresión $2x^4 + 2x^6$ es un binomio.* **2** Conjunto de dos personas o elementos que suelen actuar juntos o en colaboración por su afinidad: *la película Casablanca está marcada por el binomio Bogart-Bergman*; *es necesario luchar contra el binomio drogas-juventud.*

bio-, -bio Elemento prefijal que entra en la formación de palabras con el significado de: *a)* 'Vida': *biografía. b)* 'Ser vivo': *biología. c)* 'Fenómeno vital, proceso orgánico': *biofísica, bioquímica.*

biodegradable *adj.* [producto, sustancia] Que puede descomponerse en elementos químicos naturales por la acción de los agentes biológicos, como el sol, el agua, las bacterias, las plantas o los animales: *el plástico y sus derivados no son biodegradables.*

biofísica *n. f.* Ciencia que estudia el modo en que los seres vivos utilizan y transforman la energía que ellos mismos producen: *la biofísica estudia los impulsos eléctricos que recorren el sistema nervioso.*

biofísico, -ca *adj.* **1** De la biofísica o que tiene relación con esta ciencia. ◇ *n. m. y f.* **2** Persona que se dedica al estudio de la biofísica.

biografía *n. f.* **1** Conjunto de datos o acontecimientos históricos que constituyen la vida de una persona: *antes de leer la obra de un autor clásico es bueno conocer algunas notas de su biografía.* **2** Libro o texto en el que el autor cuenta la vida de una persona: *Gómez de la Serna escribió una amena biografía de Valle-Inclán.*

biográfico, -ca *adj.* De la biografía de una persona o que tiene relación con ella: *en las enciclopedias pueden encontrarse reseñas biográficas sobre personajes famosos.*

biógrafo, -fa *n. m. y f.* Persona que escribe la biografía de una persona: *Gregorio Marañón fue biógrafo, entre otros, de Enrique IV de Castilla, Tiberio y el conde-duque de Olivares.*

biología *n. f.* Ciencia que estudia los seres vivos y sus procesos vitales: *según la naturaleza de los seres que estudie, la biología se divide en microbiología, botánica y zoología.*

biológico, -ca *adj.* De la biología o que tiene relación con esta ciencia.

biólogo, -ga *n. m. y f.* Persona que se dedica al estudio de la biología.

biombo *n. m.* Mueble formado por dos o más láminas verticales de tela, madera u otro material que están articuladas entre sí y pueden extenderse o plegarse para aislar una parte de un lugar.

biónica *n. f.* Ciencia que estudia la creación y el desarrollo de aparatos y procedimientos tecnológicos que sirven de ayuda o sustituyen las funciones naturales de los seres vivos: *la biónica pretende sustituir, a medida que su funcionamiento se deteriore, partes u órganos de los seres vivos por componentes electrónicos.*

biopsia *n. f.* MED. Examen y análisis de un trozo de tejido o una parte de líquido orgánico extraído de un ser vivo.

bioquímica *n. f.* Rama de la química que estudia los elementos químicos que forman parte de la naturaleza de los seres vivos: *la bioquímica estudia los hidratos de carbono, los lípidos y las proteínas.*

bioquímico, -ca *adj.* **1** De la bioquímica o que tiene relación con esta rama de la química. ◇ *n. m. y f.* **2** Persona que se dedica al estudio de la bioquímica.

biorritmo *n. m.* Variación cíclica de la actividad y la intensidad de los fenómenos vitales de un ser vivo: *dependiendo del momento en que se halle el biorritmo, es posible obtener un mayor rendimiento físico o intelectual del trabajador.*

biosfera *n. f.* **1** Zona de la Tierra habitada por seres vivos: *la biosfera abarca la capa más superficial de la litosfera, la hidrosfera y la parte más baja de la atmósfera.* **2** Conjunto de seres vivos que habitan en esta zona: *la contaminación amenaza la vida de la biosfera.*

bipartito, -ta *adj.* **1** Que está formado por dos partes o miembros iguales: *el río da a la ciudad una estructura bipartita.* **2** [contrato, acuerdo, reunión] Que está formado por dos grupos de personas que representan a las partes interesadas: *las reuniones bipartitas entre patronal y sindicatos.*

bípedo, -da *adj./n. m. y f.* [animal] Que tiene dos pies o patas sobre los que se sostiene para andar, correr o saltar: *el hombre, el chimpancé o el canguro son vertebrados bípedos.*

biplano *n. m.* Avión que tiene dos alas paralelas superpuestas a cada costado: *Manfred von Richthofen, el Barón Rojo, combatió en la primera guerra mundial pilotando un biplano.*

biquini *n. m.* Prenda de baño femenina compuesta por dos piezas, una de las cuales cubre el pecho y la otra desde la cintura hasta la ingle.
OBS También se escribe *bikini*.

birlar *v. tr.* Apoderarse de cosas ajenas sin violencia o intimidación: *en la aglomeración del metro me birlaron la cartera.* **SIN** hurtar.

birra *n. f. coloquial* Cerveza, bebida.

birrete *n. m.* Gorro de forma prismática con una borla en el centro de la parte superior; lo usan en actos oficiales algunos colectivos profesionales como abogados, jueces o catedráticos universitarios. ☞ sombrero.

birria *n. f. coloquial* **1** Cosa de poco valor o calidad: *esta televisión es una birria en la que no se ven la mitad de las cadenas.* **2** Persona que desempeña deficientemente su profesión: *los músicos de esta fiesta son un birria.*
DER birrioso.

bis *adv.* **1** Indica que una cosa está repetida o debe repetirse: *vivo en el número 57 de la calle Mayor, y mi hermano, en el 57 bis; el juez aplicó en su sentencia los artículos 237 y 237 bis del Código Civil.* ◇ *n. m.* **2** Fragmento de una obra musical o canción que en un concierto o recital se repite o se interpreta por primera vez cuando ya ha acabado formalmente el programa, como premio al público que lo solicita: *el cantante tuvo que hacer varios bises ante la insistencia del público.*

bisabuelo, -la *n. m. y f.* Padre o madre del abuelo o la abuela de una persona.

bisagra *n. f.* Mecanismo de metal o plástico compuesto por dos piezas unidas por un eje común, que se fijan en dos superficies separadas, una fija y otra móvil, para juntarlas y permitir el giro de una sobre otra: *la puerta está sujeta al marco por tres bisagras.* ☞ puerta; ventana.

bisbisear *v. tr./intr.* Hablar en voz baja o muy cerca del oído de una persona: *el doctor bisbiseó algunas palabras a la enfermera y salió de la habitación.* **SIN** cuchichear, murmurar, susurrar.
DER bisbiseo.

bisbiseo *n. m.* Sonido ininteligible, continuo y suave que se produce cuando una persona habla en voz baja: *en la cripta sólo se oía el bisbiseo del sacerdote durante la consagración.* **SIN** murmullo, cuchicheo.

biscote *n. m.* Rebanada de pan tostado, seca y dura, que se puede conservar durante mucho tiempo: *un biscote con mantequilla y mermelada.* ☞ pan.

bisección *n. f.* En geometría, división de una figura en dos partes iguales.

bisector, -triz *adj./n. m. y f.* MAT. [plano, recta] Que divide en dos partes iguales: *la bisectriz de un ángulo es la semirrecta con origen en el vértice del ángulo que lo divide en dos partes iguales.*

bisel *n. m.* Corte oblicuo en el borde de una superficie: *un cristal con un bisel alrededor.*
DER biselar.

bisemanal *adj.* Que se repite dos veces por semana: *si las clases de lengua son los lunes y miércoles, es una clase bisemanal.*

bisexual *adj.* **1** [vegetal, flor] Que tiene órganos sexuales masculinos y femeninos: *muchas plantas son bisexuales.* **SIN** hermafrodita. ◇ *adj./n. com.* **2** [persona] Que siente atracción sexual por ambos sexos: *a los bisexuales les gustan tanto las mujeres como los hombres.*

bisiesto *adj./n. m.* [año] Que tiene un día más que el año común, que se añade al mes de febrero cada cuatro años: *sólo celebra su cumpleaños en los años bisiestos porque nació un 29 de febrero; el año bisiesto tiene 366 días en vez de 365.*

bisilábico, -ca *adj.* Bisílabo.

bisílabo, -ba *adj./n. m.* [palabra, verso] Que tiene dos sílabas: *las palabras* cama *y* mesa *son bisílabas.* **SIN** bisilábico.

bismuto *n. m.* Elemento químico, metal de color blanco agrisado con tinte rojizo, poco maleable, duro y quebradizo: *el símbolo del bismuto es Bi; el bismuto se emplea en la industria farmacéutica.*

bisnieto, -ta *n. m. y f.* Hijo o hija del nieto o la nieta de una persona: *soy bisnieto de mi bisabuela Antonia, la madre de mi abuelo Juan.* **SIN** biznieto.

bisonte *n. m.* Mamífero salvaje parecido al toro, de cuerpo grande, robusto y más elevado hacia la cabeza, con cuernos cortos y pelo denso de color marrón oscuro más largo en la parte anterior del cuerpo: *la mayoría de los bisontes viven en la América del Norte; los indios de la América del Norte cazaban bisontes.* **SIN** búfalo.
OBS Para indicar el sexo se usa *el bisonte macho* y *el bisonte hembra.*

bisoñé *n. m.* Peluca que cubre sólo la parte anterior de la cabeza: *lleva un bisoñé para cubrir la calva.*

bisoño, -ña *adj./n. m. y f.* [persona] Que no tiene experiencia o es nueva en una profesión o actividad: *los soldados de este escuadrón son demasiado bisoños para entrar en combate.* **SIN** novato, novel.

bisté *n. m.* Bistec.
OBS La Real Academia Española admite *bisté*, pero prefiere la forma *bistec*. ◇ El plural es *bistés*.

bistec *n. m.* Filete o trozo alargado de carne de vaca asada o frita: *ha tomado para comer un bistec con patatas.* **SIN** bisté.
OBS El plural es *bistecs*.

bisturí *n. m.* Instrumento de cirugía que consiste en una hoja larga y estrecha de metal y un mango y que se usa para hacer incisiones en los tejidos blandos. **SIN** escalpelo.
OBS El plural es *bisturís*.

bisutería *n. f.* **1** Industria que se dedica a la fabricación de objetos de adorno hechos con materiales de poco valor: *le regaló unos pendientes de bisutería.* **2** Objeto de adorno que imita una joya, pero que está hecho con materiales de poco valor: *llevaba encima mucha bisutería.* **3** Establecimiento donde se venden esas imitaciones: *fue a la bisutería a comprar unos pendientes.*

bit *n. m.* **1** INFORM. Unidad de medida de información, equivalente a la elección de una entre dos posibilidades, 0 o 1. **2** INFORM. Unidad de medida de la capacidad de memoria, equivalente a la posibilidad de almacenar la selección entre dos posibilidades, especialmente usada en los ordenadores.

bitácora *n. f.* MAR. Especie de armario fijo a la cubierta del barco y cercano al timón, donde se guarda la brújula.
cuaderno de bitácora MAR. Librito donde se toma nota de lo que ocurre durante la navegación: *el capitán anotaba las incidencias del viaje en el cuaderno de bitácora.*

bíter *n. m.* Bebida alcohólica de gusto amargo y color rojo que se toma generalmente como aperitivo: *también hay bíter sin alcohol.*

biunívoco, -ca *adj.* [correspondencia matemática] Que asocia cada elemento de un conjunto con uno y solo uno de los elementos de otro conjunto, y cada elemento de este último conjunto con uno y solo uno de los elementos del primero: *una correspondencia biunívoca es la que se establece entre el conjunto de las capitales europeas y los países de Europa.*

bivalvo, -va *adj.* [molusco] Que tiene una concha formada por dos valvas: *el mejillón es un molusco bivalvo.*

bizantino, -na *adj.* **1** De Bizancio o relacionado con el antiguo Imperio romano de Oriente: *el arte bizantino.* **2** [discusión] Que es inútil o no conduce a nada por ser demasiado complicado o por perderse en detalles sin importancia: *pasan la tarde entreteniéndose en discusiones bizantinas.*

bizarro, -rra *adj.* **1** [persona] Que es valiente y noble en su manera de actuar: *el joven tuvo un comportamiento bizarro al sacar al niño del río.* **SIN** arrogante, gallardo. **2** [persona] Que es generosa y espléndida.
DER bizarría.

bizco, -ca *adj.* **1** [mirada, ojo] Que está desviado de la dirección normal. ◇ *adj./n. m. y f.* **2** [persona] Que padece estrabismo y tiene uno o ambos ojos desviados de la dirección normal: *como es bizco, nunca sé si me está mirando a mí o no.*
quedarse bizco Sorprenderse, quedarse admirado: *cuando vio nuestra nueva casa se quedó bizco.*
DER bizquear, bizquera.

bizcocho *n. m.* Masa de harina, huevos y azúcar que se cocina al horno: *el bizcocho está muy esponjoso; he desayunado leche con bizcochos.*

biznieto, -ta *n. m. y f.* Bisnieto, hijo o hija del nieto o la nieta de una persona: *llegó a conocer a sus biznietos.*
OBS La Real Academia Española admite *biznieto*, pero prefiere la forma *bisnieto*.

bizquear *v. intr.* Desviar la mirada de uno o ambos ojos de la dirección normal por padecer estrabismo o por simularlo: *tienes que llevar a este niño al oftalmólogo porque parece que bizquea.*

bizquera *n. f.* Defecto de la vista que consiste en una desviación de la dirección normal de la mirada en uno o en ambos ojos. **SIN** estrabismo.

blanca *n. f.* MÚS. Nota musical cuya duración equivale a la mitad de una redonda: *una blanca dura el doble que una negra en un compás de 4/4.* ☞ notación musical.
estar sin blanca No tener dinero: *si te pido dinero es porque estoy sin blanca.* **SIN** estar sin un céntimo, no tener un duro.

blanco, -ca *adj.* **1** Del color de la nieve o de la leche: *los vestidos blancos se ensucian mucho.* **SIN** albo. **2** De color más claro que otras cosas de su misma especie: *el vino blanco va mejor que el tinto con el pescado; pan blanco.* ◇ *adj./n. m. y f.* **3** [persona] De la raza que se caracteriza por el color pálido de su piel: *en algunos países conviven blancos y negros.* ◇ *adj./n. m.* **4** [color] Que es como el de la nieve o de la leche: *el blanco es el color más usado por las novias.* ◇ *n. m.* **5** Objeto sobre el que se dispara: *la flecha dio en el blanco.* **SIN** objetivo. **6** Objetivo o fin al que se dirige una acción, un deseo o un pensamiento: *es el blanco de todas las críticas.* **7** En un escrito, hueco que queda sin llenar: *escribe la respuesta en los blancos.*
en blanco a) Que no está escrito o impreso: *déjame un par de folios en blanco.* b) Sin tener ningún dato, información o conocimiento de un asunto o materia por desconocimiento o por un súbito olvido: *en el examen me quedé durante un momento en blanco.*
DER blanca, blancura, blancuzco, blanquear, blanquecino.

blancura *n. f.* Calidad de blanco.

blancuzco, -ca *adj.* Que tira a blanco o es de color blanco sucio: *vete a tomar el sol, que estás muy blancuzco.*

blandengue *adj./n. com.* [persona] Que tiene poca fuerza o resistencia moral o física: *es un blandengue y no resistirá hasta el final de la carrera.* **SIN** apocado, blando, débil.

blandir *v. tr.* Mover en un actitud amenazadora agitándola en el aire: *el guerrero entró en la sala blandiendo una espada.*
OBS Es defectivo. Se usa sólo en los tiempos y personas que contienen la vocal *i* en su desinencia.

blando, -da *adj.* **1** [materia] Que se corta o se deforma con facilidad, especialmente al presionarla: *pan blando, un colchón blando.* **ANT** duro. **2** [persona] Que es demasiado benévola o carece de energía y severidad: *no puedes ser tan blando con tus hijos.* **3** [persona] Que tiene poca fuerza o resistencia moral o física: *anda, no seas tan blanda, que ante cualquier problema te echas a llorar.* **SIN** blandengue.
DER blandear, blandengue, blandura; ablandar, reblandecer.

blandura *n. f.* Calidad de blando: *es un metal de gran blandura y no sirve para fabricar estructuras firmes.*

blanquear *v. tr.* **1** Poner blanca o más blanca una cosa: *usa lejía para blanquear la ropa.* **SIN** blanquecer, emblanquecer. **ANT** ennegrecer. **2** Aplicar una capa de cal o yeso blanco diluidos en agua a las paredes, techos o fachadas de los edificios: *en algunos pueblos son de color blanco porque la gente blanquea sus casas.* **SIN** encalar. **3** *coloquial* Invertir en negocios legales un dinero que se ha obtenido ilegalmente: *lo acusaron de blanquear dinero procedente de la droga.*
DER blanqueo.

blanquecer *v. tr.* Poner blanca o más blanca una cosa. **SIN** blanquear, emblanquecer.
DER emblanquecer.
OBS Se conjuga como *agradecer*.

blanquecino, -na *adj.* De color cercano al blanco: *se mareó y se le puso la cara blanquecina.*
DER blanquecer.

blanqueo *n. m.* **1** Aplicación de una capa de cal o yeso blanco diluidos en agua a una pared, techo o fachada: *en los pueblos de Andalucía, el blanqueo de las casas se hace en primavera.* **2** Inversión en negocios legales de un dinero que se ha obtenido ilegalmente: *el blanqueo de dinero procedente de la venta de droga es perseguido por la ley.* **3** Procedimiento para dar color blanco al papel, fibras e hilos por medio de productos químicos.

blasfemar *v. intr.* Decir blasfemias: *blasfemó contra Dios y fue apedreado.*

blasfemia *n. f.* Palabra o expresión que se dice contra Dios, la Virgen o los santos: *siempre anda diciendo todo tipo de blasfemias.*

blasfemo, -ma *adj.* **1** Que contiene blasfemias: *fue condenado por publicar un escrito blasfemo.* ◇ *adj./n. m. y f.* **2** [persona] Que dice blasfemia: *es un blasfemo y un inmoral.*
DER blasfemar, blasfemia.

blasón *n. m.* **1** Representación con forma de escudo defensivo que lleva las insignias y otros símbolos que identifican una nación, ciudad o familia: *sobre la puerta del palacio se puede ver el blasón de la familia.* **SIN** escudo de armas. **2** Parte o figura de un escudo de armas: *los blasones de ese escudo son una cruz y una encina.*

blasonar *v. intr.* Hacer ostentación de alguna cosa en propia alabanza: *blasona de valiente.*

blasto-, -blasto Elemento prefijal y sufijal que entra en la formación de palabras con el significado de 'germen', 'embrión', 'célula': *blastodermo, fibroblasto.*

blazer *n. m.* **1** Chaqueta con un escudo, botones de metal y de un determinado color, que visten los miembros de un equipo deportivo o de una escuela: *todavía conservo el blazer del colegio con el escudo cosido sobre el bolsillo.* **2** Prenda de vestir femenina en forma de chaqueta cruzada muy ajustada al talle.
OBS Es de origen inglés y se pronuncia aproximadamente 'bléiser'.

-ble Sufijo que entra en la formación de adjetivos casi siempre verbales con el significado de 'capacidad o aptitud para recibir la idea expresada por el verbo al que se une'. Toma las siguientes formas: *a)* Si es de la primera conjugación, *-able: laborable. b)* Si es de la segunda o tercera, *-ible: temible, corregible*. Algunos derivan de sustantivos o adjetivos: *saludable, sensible, combustible, infalible*.

bledo *n. m.* Planta de tallo verde o rojizo, flores verdes y hojas aovadas que se comen como verdura: *los bledos se comen sobre todo hervidos.*
un bledo Muy poco, nada: *me importa un bledo que se haya enfadado.* SIN comino, pepino, rábano.

blenorragia *n. f.* MED. Enfermedad infecciosa de transmisión sexual que consiste en la inflamación de las vías urinarias y los genitales y que produce un flujo excesivo de moco genital. SIN blenorrea, gonorrea.

blenorrea *n. f.* MED. Blenorragia, especialmente cuando es crónica.

blindaje *n. m.* **1** Cubrimiento de un coche, una puerta u otra cosa semejante con planchas de hierro o acero a fin de protegerlos de las balas, las explosiones o el fuego. **2** Conjunto de materiales que se usan para blindar o proteger una cosa: *esta puerta tiene un blindaje de acero; la bomba no dañó el blindaje del coche del presidente.*

blindar *v. tr.* Cubrir un coche, una puerta u otra cosa semejante con planchas de hierro o acero para protegerlos de las balas, las explosiones o el fuego: *han blindado las puertas de la casa para protegerse de los ladrones.*
DER blindado, blindaje.

bloc *n. m.* Conjunto de hojas de papel unidas por uno de los lados mediante una espiral metálica o de otra forma y que se pueden separar con facilidad: *sacó su bloc y comenzó a tomar nota.* SIN bloque.
DER monobloc.
OBS La Real Academia Española prefiere la forma *bloque*, pero se usa *bloc*. ◇ El plural es *blocs*.

blocar *v. tr.* **1** En el juego del fútbol, detener el balón el portero sujetándolo con ambas manos. **2** En el juego del rugby, detener a un jugador o impedir que avance. **3** En boxeo, parar un golpe con los brazos o los codos.
OBS En su conjugación la *c* se convierte en *qu* delante de *e*.

bloque *n. m.* **1** Trozo grande de piedra u otro material sin labrar: *están echando bloques de piedra cerca de la playa para proteger la costa de la acción del oleaje.* **2** Edificio de varias plantas: *están construyendo muchos bloques de apartamentos en las afueras de la ciudad.* **3** Conjunto de cosas de la misma naturaleza: *el bloque de los países del Este celebró una conferencia sobre seguridad nuclear.* **en bloque** En conjunto, de manera global: *vamos a tratar estos asuntos en bloque.* **4** Bloc, conjunto de hojas de papel.
DER bloquear.

bloquear *v. tr.* **1** Impedir el paso o el movimiento por un lugar o cortar sus comunicaciones: *en el invierno, la nieve bloquea muchos pueblos de montaña; la nación ha sido bloqueada, por eso no recibe alimentos del exterior.* **2** Impedir o frenar el desarrollo normal de un proceso: *el Reino Unido ha bloqueado las negociaciones hasta que se resuelva su problema con las vacas enfermas.* **3** Detener el movimiento libre de dinero: *el ayuntamiento ha bloqueado mi cuenta corriente porque tengo muchas multas de tráfico.* SIN congelar. ◇ *v. tr./prnl.* **4** Parar o impedir el funcionamiento de un aparato o mecanismo: *Fermín bloquea el coche con el freno; el ordenador se ha bloqueado.* **5** Paralizar la capacidad de reacción o de pensar: *me puse tan nervioso, que me bloqueé y no supe qué contestar.* **6** Impedir o interrumpir el funcionamiento de un servicio por exceso de demanda: *vuelva a llamar dentro de cinco minutos, las líneas telefónicas están bloqueadas.*

DER bloqueo; desbloquear.

bloqueo *n. m.* **1** Interrupción del paso o el movimiento a través de un lugar o corte de sus comunicaciones: *Estados Unidos no levantará el bloqueo contra Cuba.* **2** Interrupción del desarrollo normal de un proceso: *han amenazado con un bloqueo de las negociaciones.* SIN congelación. **3** Detención del movimiento libre de dinero. SIN congelación. **4** Interrupción del funcionamiento de un aparato o una máquina: *la falta de memoria provocó el bloqueo del ordenador.* **5** Paralización de la capacidad de reaccionar o de pensar. **6** Interrupción del funcionamiento de un servicio por exceso de demanda.

blues *n. m.* Música y canto lentos procedentes del folclore negro estadounidense, sobre temas tristes y melancólicos: *un cantante de blues.*
OBS Es de origen inglés y se pronuncia aproximadamente 'blus'. ◇ El plural también es *blues*.

blusa *n. f.* Prenda de vestir femenina, de tela fina, que cubre la parte superior del cuerpo y se abrocha por delante o por detrás: *una blusa de seda blanca.*
DER blusón; ablusado.

blusón *n. m.* Blusa larga y con mangas, muy ancha y suelta: *llevaba una camiseta de invierno y encima un blusón de paño.*

boa *n. f.* **1** Serpiente de gran tamaño y colores vivos que vive en América y se alimenta de animales a los que mata apretándolos con su cuerpo: *algunas boas son acuáticas y otras viven en los árboles.* ☞ reptiles. ◇ *n. m.* **2** Prenda de vestir femenina larga y estrecha, hecha con plumas o de piel, que se pone alrededor del cuello: *la cantante llevaba un boa de visón.*

boato *n. m.* Ostentación que se hace de la propia riqueza en ceremonias y actos que se caracterizan por el lujo: *organizaron una boda con mucho boato.*

bobada *n. f.* Obra o dicho tonto o poco inteligente: *fue una bobada dejar pasar esa oportunidad.* SIN bobería, idiotez, tontería.

bobalicón, -cona *adj./n. m. y f. coloquial* Muy bobo.

bobería *n. f.* Bobada, obra o dicho tonto.

bobina *n. f.* **1** Cilindro formado por hilo, cable, alambre o papel que se enrolla alrededor de un canuto: *una bobina de hilo azul.* SIN carrete. ☞ costurero. **2** Componente de un circuito eléctrico formado por un hilo de cobre u otro metal conductor enrollado que crea un campo magnético cuando pasa la electricidad: *los motores eléctricos llevan una bobina.*
DER bobinar.

bobinar *v. tr.* **1** Enrollar un hilo o alambre en una bobina o carrete: *el electricista bobinó el cable que le había sobrado.* **2** Enrollar una película o cinta magnética en una bobina o carrete: *bobinó la película para volver a pasarla por el proyector.*
DER rebobinar.

bobo, -ba *adj./n. m. y f.* **1** [persona] Que es poco inteligente y posee escaso entendimiento: *eres un bobo: ¿no te das cuenta de que no te llamarán?* SIN cretino, imbécil, tonto. ◇ *n. m.* **2** En la comedia clásica, actor que representa personajes que hacen reír: *salió el bobo y todo el teatro estalló en carcajadas.* SIN gracioso.
DER bobada, bobalicón, bobería; abobar, embobar.

boca *n. f.* **1** Abertura del tubo digestivo, situada generalmente en la parte inferior de la cabeza, por la que las personas y los animales reciben los alimentos y en la que están la lengua y los dientes: *se metió un caramelo en la boca; en la cara tenemos los ojos, la nariz y la boca.* ☞ cuerpo humano; digestivo, aparato; pez. **2** Agujero o abertura por donde se

puede entrar o salir de un lugar o por donde puede salir un líquido: *la boca de un túnel, de un puerto; la boca de una jarra.* **3** Órgano que sirve para hablar: *lo he tenido que saber por boca de otros; ¿es que no tienes tú boca para decirlo?* **4** Conjunto de los dos labios de la cara: *límpiate la boca, que la tienes sucia.* **5** Persona o animal a quien se mantiene o se da de comer: *se quedó sin trabajo cuando tenía cinco bocas que alimentar.* **6** Gusto o sabor de los vinos: *este ribeiro tiene buena boca.* **7** Entrada o salida: *boca de metro, boca de calle.* Se suele usar en plural: *las bocas del Ródano.*
a pedir de boca Muy bien, como se deseaba: *nuestros planes salieron a pedir de boca.*
andar (o **ir**) **de boca en boca** o **andar** (o **ir**) **en boca de todos** Ser sabida o comentada por la gente una noticia: *el accidente de Ernesto va de boca en boca y todo el mundo habla de ello.*
boca abajo *a*) En posición horizontal y con la cara hacia el suelo: *se tumbó boca abajo para que le diera el sol en la espalda. b*) Tratándose de un recipiente, en posición invertida: *pon las copas boca abajo para que se sequen.*
boca arriba *a*) En posición horizontal y con la cara hacia el cielo: *se tumbó boca arriba para que le diera el sol en el pecho. b*) Tratándose de un objeto, en posición normal: *pon las cartas boca arriba, que podamos ver qué juego tienes.*
como boca de lobo Muy oscuro: *la noche estaba negra como boca de lobo.*
con la boca abierta Admirado, sorprendido: *cuando le dijeron que le había tocado la lotería, se quedó con la boca abierta.*
hacerse la boca agua Imaginar con placer o desear algo, especialmente una comida: *cuando pienso en el gazpacho que hacía mi madre, se me hace la boca agua.*
meterse en la boca del lobo Exponerse a un peligro: *no vayas por esos barrios; eso es como meterse en la boca del lobo.*
no decir esta boca es mía Callarse, no hablar: *cuando pregunté si necesitabas algo, no dijiste esta boca es mía.*
partir la boca *coloquial* Pegar en la cara a una persona: *como me insultes, te parto la boca.*
DER bocado, bocana, bocata, bocazas, boquear, boquera, boquilla, bucal; abocar, desbocar, embocar.
bocabajo *adv.* Boca abajo.
bocacalle *n. f.* **1** Entrada de una calle: *justo en la bocacalle hay una farmacia.* **2** Calle de segundo orden que va a unirse a otra: *la farmacia está en la primera bocacalle de la derecha.*
bocadillo *n. m.* **1** Trozo de pan abierto por la mitad a lo largo y relleno con otro alimento, generalmente frío: *no tenía tiempo para comer y tomó un bocadillo de chorizo en un bar.* **2** Trozo de texto, generalmente rodeado por una línea más o menos ovalada, que se coloca junto a un dibujo saliendo de la boca del personaje que habla: *lee el siguiente bocadillo, verás lo que le contesta ese personaje.*
SIN globo.
bocado *n. m.* **1** Porción de comida que se mete en la boca de una vez: *mastica bien cada bocado.* **2** Cantidad pequeña de comida: *anduve tan ocupado, que no tuve tiempo de tomar ni un bocado; descansemos un momento para tomar un bocado.* **3** Mordedura hecha en algo o a alguien con los dientes: *dio un bocado a la manzana y después escupió el trozo; el perro le ha dado un buen bocado en la pierna.* **SIN** dentellada, mordisco. **4** Trozo que se arranca con los dientes de forma violenta: *el perro mordió la zapatilla y se quedó con un bocado entre los dientes.* **5** Parte del freno que se pone en la boca del caballo o de otro animal de tiro: *el roce del bocado le produjo una herida en la boca.*
bocado de Adán Bulto pequeño de la laringe, en la parte anterior del cuello, especialmente en el del hombre adulto: *hay hombres que tienen el bocado de Adán muy pronunciado.*
SIN nuez.
buen bocado *coloquial* Cosa muy buena o ventajosa: *ha pillado un buen bocado con ese empleo de subdirector.*
comer de un bocado o **comer de dos bocados** Comer con mucha rapidez: *tenía tanta hambre que se lo comió de un bocado.*
con el bocado en la boca Sin terminar de comer; inmediatamente después de haber terminado de comer: *no tuvo tiempo para descansar, pues tuvo que irse al trabajo con el bocado en la boca.*
DER bocadito.
bocajarro Palabra que se utiliza en la locución adverbial *a bocajarro*, que significa *a*) 'Desde muy cerca': *le disparó con la escopeta a bocajarro y lo mató.* **SIN** a quemarropa. *b*) 'De improviso, sin preparación alguna': *se lo soltó a bocajarro delante de todos.* **SIN** a quemarropa.
bocamanga *n. f.* Parte de la manga que rodea la muñeca: *la chaqueta lleva dos botones de adorno en la bocamanga.*
bocana *n. f.* Paso estrecho de mar que sirve de entrada a una bahía o a un fondeadero: *el barco está pasando por la bocana del puerto.*
DER bocanada.
bocanada *n. f.* Cantidad de líquido, de aire o de humo que se toma de una vez en la boca o se expulsa de ella: *abrió la*

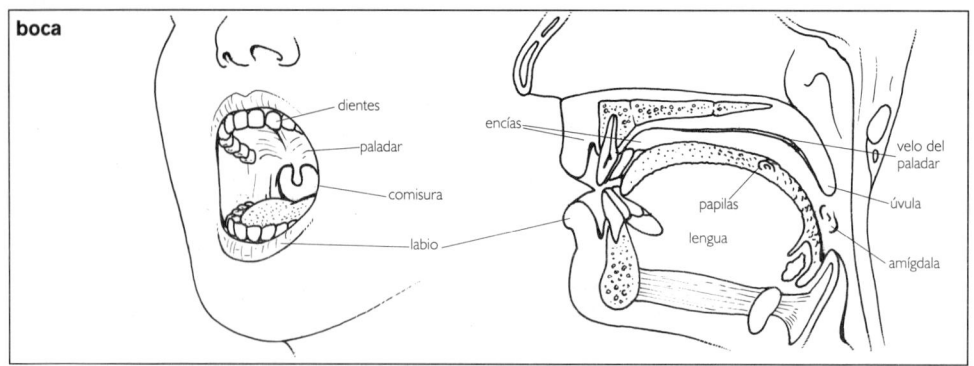

ventana y tomó una bocanada de aire fresco; el bebé echó una bocanada de leche.

bocata *n. m. coloquial* Bocadillo, trozo de pan con otro alimento: *se comió pan para la merienda un bocata de chorizo.*

bocazas *n. com. coloquial* Persona que no es capaz de guardar un secreto y suele contar a otras todo lo que sabe: *este hombre es un bocazas, no es capaz de callarse nada.*
OBS El plural también es *bocazas*.

bocel *n. m.* Moldura lisa, convexa y de forma semicircular.

bocera *n. f.* Herida que se forma en las comisuras de los labios de una persona: *cuídate esa bocera con pomada.* **SIN** boquera.

boceto *n. m.* **1** Dibujo en el que se trazan las líneas generales y la composición que tendrá una pintura: *en los bocetos del Guernica puede apreciarse cómo Picasso va concibiendo su obra.* **SIN** borrón. **2** Escultura de tamaño reducido en la que se plasma la forma y la composición que tendrá la obra final: *en el suelo del estudio el escultor tenía varios bocetos de la escultura ecuestre.* **3** Esquema o proyecto con los rasgos principales de una determinada obra: *presentó el boceto de lo que será el futuro auditorio de música.*
DER abocetar.

bochinche *n. m.* Situación confusa, alborotada y sin orden ni concierto: *menudo bochinche se armó en casa cuando mis padres se enteraron de que habíamos suspendido.*

bochorno *n. m.* **1** Calor intenso y sofocante: *estos días hay mucha humedad y hace bochorno.* **2** Viento muy caliente que sopla en el verano: *no hacía sol, pero el bochorno era insoportable.* **3** Vergüenza que produce sonrojo y sensación de calor: *menudo bochorno sentí cuando comenzó a gritar.*
DER bochornoso; abochornar.
ETIM *Bochorno* procede del latín *vulturnus*, 'viento del sur'.

bochornoso, -sa *adj.* Que causa vergüenza y sonrojo: *una actitud bochornosa.*

bocina *n. f.* **1** Aparato que consta de una pieza en forma de embudo, una lengüeta vibratoria y una pera de goma, que usaban los coches antiguos para avisar: *mi bicicleta no tiene timbre, pero le he puesto una bocina.* **2** Claxon, bocina eléctrica de los automóviles modernos: *toca la bocina, que ese peatón no te ha visto.* **3** Instrumento con forma de cono abierto por los dos extremos, generalmente de metal, y que se usa para hacer más fuerte un sonido: *los marineros hablaban de un barco a otro con una bocina.*
DER bocinazo; abocinar.
ETIM *Bocina* procede del latín *bucina*, 'cuerno de boyero'.

bocinazo *n. m.* **1** Sonido fuerte producido por una bocina: *a partir de las doce de la noche no se deben dar bocinazos.* **2** Grito fuerte para reprender a alguien, o propio de la persona que acostumbra hablar dando gritos: *cuando hables, no pegues tantos bocinazos.*

bocio *n. m.* MED. Desarrollo excesivo de la glándula tiroides que produce un abultamiento de la parte anterior e inferior del cuello: *la falta de yodo en la alimentación provoca bocio.*

boda *n. f.* **1** Ceremonia civil o religiosa en la que se celebra la unión de dos personas mediante determinados ritos o formalidades legales: *la boda será a las once en la iglesia del barrio.* Se usa también en plural para hacer referencia a una sola de esas ceremonias. **SIN** casamiento, enlace, matrimonio. **2** Fiesta con que se celebra esta unión: *me compré un vestido para ir a la boda de Jesús y Ana.*

bodas de diamante Día en el que se cumplen sesenta años de un acontecimiento feliz, especialmente del día en que dos personas se casaron.

bodas de oro Día en el que se cumplen cincuenta años de un acontecimiento feliz, especialmente del día en que dos personas se casaron: *mis padres celebrarán este año sus bodas de oro.*

bodas de plata Día en el que se cumplen veinticinco años de un acontecimiento feliz, especialmente del día en que dos personas se casaron: *Elena regaló a su marido un reloj en sus bodas de plata.*

bodega *n. f.* **1** Lugar en el que se hace y se almacena el vino: *nos llevó a su bodega y nos dio a catar varios vinos.* **2** Establecimiento en el que se venden vinos o bebidas alcohólicas: *tenemos que ir a la bodega a comprar bebidas para las fiestas.* **3** Establecimiento en el que se fabrica vino, generalmente de forma industrial: *heredó de su padre unas importantes bodegas.* **4** Espacio bajo la cubierta inferior de un barco donde se lleva la carga: *se escondieron dos polizones en la bodega.*
DER bodegón, bodeguero.

bodegón *n. m.* Pintura en la que se representan alimentos, recipientes y utensilios domésticos: *en el bodegón tan sólo aparecían un jarrón vacío y una raja de sandía.*

bodeguero, -ra *n. m. y f.* Persona que posee una bodega o que trabaja en ella: *le pidió al bodeguero que le pusiera cinco litros de vino en una garrafa.*

bodrio *n. m.* Cosa de muy mala calidad, mal hecha o de mal gusto: *la película es un bodrio; vaya bodrio de mueble que has comprado.*

body *n. m.* Prenda interior femenina de una sola pieza que cubre todo el cuerpo menos las extremidades.
OBS Es de origen inglés y se pronuncia 'bodi'.

bofe *n. m.* Pulmón de ciertos animales, especialmente el que se destina para el consumo: *he comprado bofes en la casquería del mercado.* Se usa sobre todo en plural.

echar el bofe o **echar los bofes** Esforzarse o trabajar mucho para hacer una cosa: *estamos echando los bofes para acabar el trabajo a tiempo.*
DER bufar.

bofetada *n. f.* **1** Golpe dado con la mano abierta sobre la cara: *cuando le oyó esa respuesta, le dio una bofetada.* **SIN** bofetón, torta, tortazo. **2** Desprecio u ofensa que causa humillación: *que me negara el saludo en plena calle fue una bofetada difícil de perdonar.*
DER bofetón; abofetear.
ETIM *Bofetada* procede del antiguo *bofete bofar*, 'soplar'.

bofetón *n. m.* Bofetada que se da con fuerza: *el niño no se estaba quieto y su madre le dio un bofetón.*

boga Palabra que se utiliza en la expresión *estar en boga*, que significa 'estar de moda o de actualidad': *los sombreros de ala ancha estuvieron en boga hace años.*

bogar *v. intr.* Mover los remos en el agua para hacer avanzar una embarcación: *los cuatro remeros bogaban a un mismo ritmo.*
DER boga.
OBS En su conjugación, la g se convierte en *gu* delante de e.

bogavante *n. m.* Crustáceo marino comestible, muy parecido en la forma y el tamaño a la langosta, de la cual se diferencia porque las patas del primer par terminan en pinzas muy grandes y robustas. ☞ crustáceos.

bohemia *n. f.* Conjunto de personas que comparten una forma de vida libre y poco organizada, sin ajustarse a las convenciones sociales, especialmente artistas y escritores: *le gustaba formar parte de la bohemia de París.*

bohemio, -mia *adj. n. m. y f.* [persona] Que lleva una forma de vida libre y poco organizada, sin ajustarse a las convenciones sociales: *es un bohemio y nunca le ha gustado permanecer en un lugar ni en ningún trabajo fijos.*

boicot

DER bohemia.

boicot n. m. Interrupción del desarrollo normal de un proceso o de un acto como medida de protesta o como medio de presión para conseguir algo: *boicot económico*. **SIN** boicoteo.
OBS La Real Academia Española admite *boicot*, pero prefiere la forma *boicoteo*.

boicotear v. tr. Impedir o interrumpir el desarrollo normal de un proceso o de un acto como medida de protesta o como medio de presión para conseguir algo: *los agricultores españoles piden que se boicoteen los productos franceses; el partido ha amenazado con boicotear las elecciones porque cree que no serán democráticas*.

boicoteo n. m. Boicot, interrupción del desarrollo normal de un proceso.
DER boicot, boicotear.

boina n. f. Prenda de vestir de lana o paño, flexible, redonda y de una sola pieza que cubre la cabeza: *los vascos llevan una boina muy grande que se llama chapela*. ☞ sombrero.

boj n. m. Arbusto de unos cuatro metros de altura, con hojas duras y brillantes, que se usa para decorar jardines: *los niños se escondían detrás del seto de boj*. ☞ árbol.
OBS El plural es *bojes*.

bol n. m. Recipiente en forma de taza grande sin asas: *echó en el bol la leche y los cereales*.
OBS El plural es *boles*.

bola n. f. **1** Cuerpo esférico de cualquier material que se usa generalmente para jugar: *las bolas del juego del billar son de marfil*. **2** *coloquial* Mentira: *dice que tiene mucho dinero, pero yo creo que es una bola*. ◇ n. f. pl. **3 bolas** *malsonante* Testículos, glándulas sexuales masculinas. **4** Juego de niños en el que hay que hacer rodar bolitas de cristal, pegar a una con otra y meterlas en un agujero, según ciertas reglas: *he quedado con mis amigos para jugar a las bolas*. **SIN** canicas.
correr la bola Dar a conocer una noticia o un rumor: *se ha corrido la bola de que la directora dejará su cargo*.
en bolas *coloquial* Sin ropa, desnudo. **SIN** en pelotas.
pasar la bola Hacer pasar a otra persona una responsabilidad o un problema: *no le gustaba ese trabajo y me ha pasado la bola*.
DER bolear, bolero, boliche, bolo; embolar.

bolchevique adj. **1** Del sistema de gobierno que apareció en Rusia tras la revolución de 1917 o que tiene relación con él: *la política bolchevique fue defendida por Lenin; el partido bolchevique ruso recibió el nombre de partido comunista*. ◇ adj./n. com. **2** [persona] Que es partidaria de este sistema de gobierno: *los bolcheviques defendían la necesidad de una revolución*.
DER bolchevismo.

boleadoras n. f. pl. Instrumento usado en América para cazar animales, formado por dos o tres bolas de piedra u otra materia pesada, forradas de cuero y atadas a sendas cuerdas unidas por un cabo común: *las boleadoras se arrojan a los pies o al pescuezo de los animales*.

bolear v. tr./intr. En algunos juegos, lanzar la bola o la pelota.
DER boleadoras.

bolera n. f. Establecimiento en el que se juega a los bolos: *todos los jueves van a la bolera a echar una partida*.

bolero, -ra adj./n. m. y f. **1** *coloquial* Mentiroso, que dice mentiras. ◇ n. m. **2** Música, canción y danza típica española derivada de la seguidilla que se baila con pasos lentos y elegantes. **3** Música y canción de origen antillano, lenta y melódica, y baile de pareja que se ejecuta al compás de esta música: *el bolero fue muy popular en España en los años cincuenta*. **4** Chaquetilla femenina muy corta que cubre desde los hombros hasta la cintura y no tiene botones: *sobre el vestido llevaba un bolero de terciopelo negro*.

boletín n. m. **1** Publicación periódica sobre asuntos científicos, históricos o literarios publicada generalmente por una institución: *el Boletín de la Real Academia Española es cuatrimestral*. **2** Publicación periódica de carácter oficial: *la convocatoria de oposiciones ha salido en el boletín oficial*. **3** Programa de radio o televisión en el que, a horas determinadas, se transmiten noticias de forma breve y concisa: *permanezcan atentos a nuestros boletines informativos y estarán al corriente de las últimas noticias*. **SIN** informativo, noticiario. **4** Impreso que sirve para hacer una suscripción o un pedido: *utilice el boletín de pedido adjunto*. **5** Cuadernillo en el que se comunican a la familia las notas de un escolar: *Juanito ha traído el boletín con las notas*.

boleto n. m. **1** Impreso que rellena el apostante con sus pronósticos en ciertos juegos de azar: *un boleto de la lotería primitiva, de la quiniela*. **2** Trozo pequeño de papel impreso, generalmente de forma rectangular, que se compra y da derecho a participar en un sorteo o apuesta o a una plaza en un vehículo o en un local: *guarda bien el boleto de lotería porque, si toca, tendrás que presentarlo para cobrar el premio*. **SIN** billete, entrada.
DER boleta, boletín.

boliche n. m. **1** En el juego de la petanca, la bola más pequeña: *en la petanca, los jugadores deben acercar sus bolas al boliche*. **2** Pieza con forma de esfera que se coloca en los extremos de ciertos muebles y de las escaleras: *esta silla tiene dos boliches en la parte alta del respaldo*.

bólido n. m. Automóvil que corre a gran velocidad, especialmente el que está preparado para carreras deportivas: *dieron la salida y los bólidos salieron disparados por el circuito*.

bolígrafo n. m. Instrumento para escribir que tiene en su interior un tubo de tinta y en la punta una pequeña bola de metal que gira libremente: *necesito un bolígrafo, una pluma o un lápiz*.

bolillo n. m. Palo pequeño de forma cilíndrica al que se enrolla un hilo y que se usa para hacer encajes y labores de pasamanería: *mi abuela hacía trabajos de encaje de bolillos*.

boliviano, -na adj. **1** De Bolivia o relacionado con este país de América del Sur. ◇ adj./n. m. y f. **2** [persona] Que es de Bolivia.

bollería n. f. **1** Establecimiento donde se elaboran y venden dulces: *entró en la bollería y compró un bollo de leche*. **SIN** confitería, pastelería. **2** Conjunto de bollos de diversas clases que se elaboran o se venden: *la bollería que tenemos en esta cafetería se trae a diario*.

bollo n. m. **1** Panecillo o pastel esponjoso, hecho con una masa de harina, levadura y agua y cocida al horno, generalmente de sabor dulce: *estos bollos tienen azúcar y cabello de ángel*. **2** Depresión en una superficie producido por una presión o un golpe: *me gustaría encontrarme a quien me ha hecho este bollo en el capó del coche*. **SIN** abolladura. **3** Bulto que sale en la cabeza a causa de un golpe: *me he golpeado con la esquina de la mesa y me ha salido un bollo*. **SIN** chichón. **4** *coloquial* Desorden, confusión o lío: *se ha organizado un buen bollo en la cola de la pescadería, porque alguien ha intentado colarse*. **SIN** cacao, jaleo.
DER bollero, bollón; abollar.

bolo n. m. **1** Pieza de madera u otro material, con forma de cilindro con la base plana o parecido a una botella, que puede tenerse en pie y sirve para jugar: *tiró la bola y derribó cinco bolos*. ◇ n. m. pl. **2 bolos** Juego que consiste en derribar

estas piezas con una bola que se lanza rodando contra ellas: *te echo una partida a los bolos*.
bolo alimenticio Masa de alimento masticado e insalivado que se traga de una vez.
DER bolera, bolillo.
bolsa *n. f.* **1** Saco de tela, papel u otro material flexible, con asas o sin ellas, que se usa para llevar o guardar cosas: *bolsas de la basura; bolsa de deporte.* ☞ equipaje. **2** Arruga que forma un tejido cuando queda mal ajustado: *esa falda no te queda bien: te hace bolsas en las caderas.* **3** Estructura orgánica en forma de saco que contiene un líquido o protege a un órgano: *una bolsa de pus.* **4** Abultamiento de la piel debajo de los ojos: *se ha hecho la cirugía estética para quitarse las bolsas de los ojos.* **5** Acumulación espontánea de un fluido en un terreno: *una bolsa de gas, de agua.* **6** Dinero o bienes materiales: *sólo se preocupa por su bolsa.* **7** Cantidad de dinero que recibe una persona para pagar los gastos que le supone cursar unos estudios: *he conseguido una bolsa de estudios para hacer un curso en el extranjero.* **SIN** beca. **8** Lugar donde se reúnen los que compran y venden valores de comercio públicos y privados: *en España hay cuatro bolsas: Madrid, Barcelona, Bilbao y Valencia.* **9** Actividad de comprar y vender valores de comercio: *ha ganado mucho dinero invirtiendo en bolsa.* **10** Cotización de los valores negociados en bolsa: *la crisis económica ha provocado la bajada de la bolsa.*
DER bolsillo, bolso; abolsarse, embolsarse.
bolsillo *n. m.* **1** Pieza que se cose en las prendas de vestir y que sirve para meter cosas: *llevo un pañuelo en el bolsillo.* **2** Cantidad de dinero que tiene una persona: *¿qué tal anda tu bolsillo?*
aflojar el bolsillo Pagar, dar dinero o gastar, especialmente si es de mala gana: *venga, tacaño, a ver si aflojas el bolsillo, que los demás ya hemos pagado.*
de bolsillo Que es pequeño y manejable: *una calculadora de bolsillo, un diccionario de bolsillo.*
tener en el bolsillo Tener a una persona dominada y dispuesta para lo que uno quiera: *ella no pondrá ningún obstáculo a nuestro plan: la tengo en el bolsillo.*
bolso *n m* Bolsa de mano de cuero o tela, generalmente con una o dos asas y con cierre, que sirve para llevar objetos personales: *a mi vecina le robaron el bolso y dentro llevaba sus carnés y bastante dinero.* ☞ equipaje.
bomba *n. f.* **1** Artefacto explosivo provisto de un mecanismo que lo hace estallar en determinadas condiciones provocando muchos daños: *una bomba explotó hoy en el centro de la ciudad, hiriendo a tres personas; Estados Unidos fue el primer país que tuvo la bomba atómica.* **2** Máquina que se usa para extraer, elevar o impulsar líquidos y gases de un lugar a otro: *una bomba hace subir el agua hasta el depósito que hay en el tejado; están achicando el agua del garaje inundado con una bomba.* **3** Noticia inesperada y sorprendente: *la dimisión del ministro fue una bomba para todos los medios informativos.*
SIN bombazo.
DER bombacho, bombazo, bombear, bombero, bombilla, bombín, bombo, bombona; abombar, motobomba, rimbombante.
bombacho *adj./n. m.* [pantalón] Que es ancho y se ajusta a la pierna por debajo de la rodilla: *el bombacho se utiliza en algunos deportes como el golf o el montañismo.*
OBS También se usa la forma *bombachos*.
bombardear *v. tr.* **1** Arrojar bombas desde una aeronave: *los aviones bombardearon el frente enemigo.* **2** Hacer fuego violento y sostenido de artillería contra un objetivo enemigo: *las tropas bombardearon la ciudad, matando e hiriendo a cien-* *tos de personas.* **3** Dirigir muchas preguntas o acusaciones contra alguien: *cuando dejó de hablar, los niños la bombardearon con preguntas.* **SIN** ametrallar. **4** FÍS. Someter un cuerpo a la acción de ciertas radiaciones o al impacto de neutrones u otros elementos del átomo.
DER bombardeo.
bombardeo *n. m.* **1** Ataque con bombas lanzadas desde una aeronave: *lo más terrible de aquella guerra fueron los bombardeos de las poblaciones civiles.* **2** Fuego de artillería, violento y sostenido, contra un objetivo enemigo: *las tropas cercadas fueron diezmadas a causa de los bombardeos aéreos, de tanques y de morteros.* **3** Serie insistente de preguntas o acusaciones: *el nuevo presidente estaba preparado para eludir el bombardeo de la prensa.* **4** FÍS. Sometimiento de un cuerpo a la acción de ciertas radiaciones o al impacto de neutrones u otros elementos del átomo.
bombardero *n. m.* Avión militar de gran tamaño que se emplea para lanzar bombas: *el bombardero no logró alcanzar el objetivo.*
bombardino *n. m.* Instrumento músico de viento y metal, de sonido grave y con tres pistones.
bombazo *n. m.* **1** Explosión que produce una bomba: *el bombazo destruyó el coche y rompió los cristales de los edificios próximos.* **2** Noticia inesperada y sorprendente. **SIN** bomba.
bombear *v. tr.* **1** Elevar agua u otro líquido por medio de una bomba que lo impulsa: *cuando se inunda un sótano, los bomberos bombean el agua para sacarla; el corazón bombea la sangre.* **2** Lanzar una pelota o balón por alto haciendo que siga una trayectoria curva o parabólica: *en los córneres se acostumbra bombear la pelota sobre la portería contraria.*
DER bombeo.
bombeo *n. m.* Elevación de un líquido por medio de una bomba que lo impulsa: *la bomba se encarga del bombeo del agua subterránea.*
bombero, -ra *n. m. y f.* Persona que se dedica a apagar fuegos y a prestar ayuda en casos de siniestro: *todos los bomberos acudieron a apagar el incendio; un bombero rescató a los niños arrastrados por el agua.*
OBS La Real Academia Española sólo registra la forma masculina.
bombilla *n. f.* Globo de cristal en el que se ha hecho el vacío y dentro del cual hay un filamento que se pone incandescente al paso de la corriente eléctrica y sirve para dar luz: *enciende la bombilla porque está anocheciendo y hay poca luz.*
SIN lámpara.
bombín *n. m.* **1** Sombrero de ala estrecha y copa baja, rígida y redondeada: *se paseaba por la calle con un bombín y un bastón.* **SIN** sombrero hongo. ☞ sombrero. **2** Bomba pequeña para llenar de aire los neumáticos de la bicicleta.
bombo *n. m.* **1** Instrumento musical de percusión, parecido a un tambor muy grande, que se toca con una maza: *en la orquesta militar hay un soldado que toca el bombo.* **2** Caja redonda y giratoria que contiene las bolas o papeletas de un sorteo: *los niños del colegio de San Ildefonso cantan los números que se extraen de los bombos en el sorteo de lotería de Navidad.* **3** Importancia o publicidad excesiva que se da a una persona o cosa o a una noticia: *estrenaron la película con mucho bombo.* **4** *coloquial* Vientre abultado de la mujer embarazada: *está de seis meses y ya tiene un bombo enorme.*
a bombo y platillo Con mucho ruido y publicidad: *anunciaron la boda a bombo y platillo y acudió toda la ciudad a la iglesia.*
DER autobombo.
bombón *n. m.* **1** Dulce pequeño de chocolate: *este bom-*

bombona

bón está relleno de licor. **2** Persona muy atractiva físicamente: *sale con un chico que es un verdadero bombón.*

bombona *n. f.* **1** Recipiente metálico de forma cilíndrica y cierre hermético que se usa para contener gases a presión y líquidos muy volátiles: *una bombona de butano.* **2** Recipiente de plástico, con el cuerpo ancho y boca estrecha, que se usa para el transporte de líquidos: *compra una bombona de agua mineral.*

bombonera *n. f.* Caja pequeña que sirve para guardar bombones: *el niño abrió la bombonera y ofreció bombones a sus amigos.*

bonachón, -chona *adj./n. m. y f.* [persona] Que tiene carácter tranquilo y amable: *es un bonachón: no se enfada por nada.*

bonaerense *adj.* **1** De Buenos Aires o relacionado con esta provincia y ciudad de la Argentina. ◇ *adj./n. m. y f.* **2** [persona] Que es de Buenos Aires.

bonancible *adj.* [tiempo, viento, mar] Que es suave y tranquilo: *navegaron durante tres días con un viento bonancible.*

bonanza *n. f.* Tiempo sereno y tranquilo en el mar: *después de la tormenta tuvieron varios días de bonanza.*
DER bonancible; abonanzar.

bondad *n. f.* **1** Inclinación natural a hacer el bien: *la bondad de la madre Teresa de Calcuta es un ejemplo para todos.* **2** Dulzura, afabilidad, suavidad de carácter: *me gusta María por su bondad.* **3** Calidad de bueno: *los colonos fueron atraídos por la bondad de esas tierras.* **ANT** maldad.
DER bondadoso.
ETIM Véase *bueno.*

bondadoso, -sa *adj.* Que muestra o tiene bondad: *es una persona muy bondadosa: siempre está ayudando y pensando en los demás.*

bonete *n. m.* Gorro pequeño y bajo, de cuatro picos, que usan los eclesiásticos y seminaristas, y antiguamente también los colegiales y graduados. ☞ sombrero.

bongó *n. m.* Instrumento músico de percusión, parecido a un tambor pequeño, que se toca con las manos.
OBS El plural es *bongós.*

boniato *n. m.* **1** Planta de flores grandes, rojas por dentro y blancas por fuera, y tubérculos comestibles: *el boniato es una variedad de batata.* **2** Tubérculo comestible de esta planta, de forma alargada y de color marrón por fuera y amarillento o blanco por dentro: *el boniato se come asado o cocido.* **SIN** batata.

bonificación *n. f.* **1** Cantidad de dinero que se añade al sueldo o que se descuenta de un precio: *me han dado una bonificación por trabajar por la noche; el comerciante hizo a su cliente una bonificación del 5 % por pagar al contado.* **2** En algunas pruebas deportivas, descuento en el tiempo empleado por un deportista: *el ciclista holandés ha conseguido una bonificación de 20 segundos en la etapa del día.*

bonificar *v. tr.* Hacer una bonificación: *a los compradores de esta oferta se les bonificará con un descuento del 25 %.*
DER bonificación.
ETIM Véase *bueno.*
OBS En su conjugación, la *c* se convierte en *qu* delante de *e.*

bonito, -ta *adj.* **1** [persona, cosa] Que tiene un conjunto de características que lo hacen estética o artísticamente agradable: *una muchacha muy bonita; una bonita película; ¡qué día tan bonito!* **SIN** bello, hermoso. **ANT** feo. **2** Que es agradable y enternecedor: *tuvieron el bonito detalle de regalarle una placa en su último día de trabajo.* **SIN** bello, hermoso. **ANT** feo. ◇ *n. m.* **3** Pez marino comestible, de poco menos de un metro de largo y color azul oscuro con rayas oscuras oblicuas.
OBS Para indicar el sexo se usa *el bonito macho y el bonito hembra.*

bono *n. m.* **1** Papel que se puede canjear por dinero o por productos de primera necesidad: *este mes, por la compra de una moto nueva regalamos bonos de gasolina por valor de 10 000 pesetas.* **SIN** vale. **2** Tarjeta que da derecho a usar un servicio durante cierto tiempo o un determinado número de veces: *este bono mensual permite utilizar el autobús, el tren y el metro.* **SIN** abono. **3** ECON. Documento oficial emitido por el Estado o una empresa privada por el cual la persona que lo compra recibe periódicamente un interés fijo: *si quieres invertir tu dinero en algo seguro y rentable, compra bonos del Estado.*
DER abonar.

bonobús *n. m.* Billete de abono que da derecho a realizar varios viajes en autobús: *el bonobús permite un pequeño ahorro.*

bonoloto *n. f.* Lotería española de ámbito nacional que efectúa un sorteo diario: *si me toca la bonoloto, me cambio de piso.*

bonsái *n. m.* Árbol enano que se cultiva en macetas pequeñas y al que se le cortan brotes y raíces para que no crezca: *este bonsái es un manzano, y aquél, un pino.*
OBS El plural es *bonsáis.*

bonzo *n. m.* Sacerdote o monje budista.

boñiga *n. f.* Excremento de los toros, las vacas y otros animales parecidos: *en el prado había boñigas porque el ganado había estado pastando hacía días.*

boom *n. m.* Éxito o popularidad inesperados y repentinos: *el boom de la literatura hispanoamericana; el boom turístico de la Costa del Sol.*
OBS Es de origen inglés y se pronuncia *bum.*

boomerang *n. m.* Bumerán, objeto plano y curvo de madera.
OBS Es de origen australiano a través del inglés y se pronuncia *bumerán.* ◇ La Real Academia Española sólo registra la forma *bumerán.*

boquear *v. intr.* Abrir la boca una persona o un animal, especialmente cuando está a punto de morir.

boquera *n. f.* Herida que se forma en las comisuras de los labios de una persona: *tengo una boquera y me molesta mucho.* **SIN** bocera.

boquerón *n. m.* Pez marino comestible, de pequeño tamaño y cuerpo alargado de color azul por encima y plateado por el vientre: *los bancos de boquerones abundan en el Atlántico y en el Mediterráneo; de los boquerones se obtienen las anchoas.*
OBS Para indicar el sexo se usa *el boquerón macho y el boquerón hembra.*

boquete *n. m.* Agujero en un muro o calle, generalmente de gran tamaño: *los ladrones hicieron un boquete en la pared del banco para robar.*

boquiabierto, -ta *adj.* [persona] Que tiene la boca abierta a causa de la sorpresa o de la admiración: *cuando le dijeron que le había tocado la lotería, se quedó boquiabierto.*

boquilla *n. f.* **1** Pieza pequeña y hueca que se adapta al tubo de varios instrumentos musicales de viento y que sirve para producir el sonido al soplar por ella: *la boquilla de la flauta se puede desmontar para limpiarla.* **SIN** embocadura. **2** Tubo pequeño, generalmente provisto de un filtro, en uno de cuyos extremos se pone el puro o cigarrillo para fumarlo, aspirando el humo por el extremo opuesto: *ahora fuma*

con boquilla para no tragar tanta nicotina. **3** Parte de un cigarrillo que no se fuma y por donde se aspira el humo, formada por tubo pequeño de papel duro con materia esponjosa en su interior que actúa a modo de filtro: *Pablo fuma una marca de cigarrillos muy fuerte y además les quita la boquilla.* **4** Parte de la pipa que se introduce en la boca: *se ha atascado la boquilla de la pipa.* **5** Extremo por el que se enciende el cigarro puro: *el hombre apretó bien la boquilla antes de encender el puro.*
de boquilla De palabra; sin intención sincera de hacer lo que se dice: *te está amenazando de boquilla: no es capaz de hacerte daño de verdad.*
DER emboquillar.

borbónico, -ca *adj.* De los Borbones o relacionado con esta dinastía: *Felipe V fue el primer rey borbónico en el trono español.*

borboteo *n. m.* Ruido que hace el agua u otro líquido al brotar o hervir con fuerza: *el borboteo del agua de la fuente; se oía el borboteo del caldo en la olla.*

borbotón Erupción del agua u otro líquido que surge de abajo hacia arriba o de dentro hacia fuera formando burbujas.
a borbotones *a)* Expresión que se utiliza para indicar que un líquido brota o hierve con fuerza, haciendo burbujas: *pusieron la cacerola al fuego y, después de unos minutos, el agua comenzó a hervir a borbotones; la sangre manaba de la herida a borbotones.* *b)* Acelerada y apresuradamente, queriendo decirlo todo de una vez al hablar: *es tan nerviosa, que habla siempre a borbotones.*

borceguí *n. m.* Calzado antiguo que llegaba hasta más arriba del tobillo, abierto por delante y que se ajustaba por medio de cordones. ☞ calzado.
OBS El plural es *borceguíes,* culto, o *borceguís,* popular.

borda *n. f.* Borde superior del costado de un barco: *un golpe de mar hizo que el marinero se cayera por la borda.*

bordado *n. m.* **1** Labor de costura que consiste en hacer figuras en relieve con hilos de colores: *el bordado es una labor muy difícil.* **2** Figura en relieve cosida con hilos de colores: *voy a enseñarte mis bordados de flores y pájaros.*

bordar *v. tr.* **1** Realizar figuras en relieve con hilos de colores: *la costurera bordó las iniciales en las sábanas; mi madre me ha bordado una rosa en la blusa.* **2** Decorar una tela con bordados: *voy a bordar una sábana.* **3** Hacer muy bien una cosa: *mi hermana siempre borda su trabajo.*
DER bordado, bordadura.

borde *n. m.* **1** Línea que limita la parte exterior o más alejada del centro de una cosa: *no te acerques al borde del precipicio, te puedes caer; se dio un golpe con el borde de la mesa; el jarrón está roto por el borde.* **SIN** orilla. ◊ *adj./n. com.* **2** [persona] Que tiene mal carácter o que está de mal humor: *es un borde, no se le puede decir nada.* Se usa como apelativo despectivo.
DER borda, bordear, bordillo, bordo; abordar, desbordar, reborde, transbordar.

bordear *v. tr.* **1** Ir por el borde o cerca del borde u orilla de una cosa: *bordearon el lago en bicicleta; hay que bordear la montaña: es demasiado alta para subirla.* **2** Hallarse un conjunto de cosas en el borde u orilla de otra: *una serie de postes bordea el jardín.* **3** Estar muy cerca de hacer o experimentar algo: *en algunos momentos su actuación bordeaba la brillantez, pero en otros era simplemente corriente; ¿qué edad tendrá? Yo creo que bordea los cuarenta años.*

bordillo *n. m.* Línea de piedra que se coloca al borde de una acera o un andén: *cuando esperes para cruzar, no debes bajar del bordillo.*

bordo *n. m.* MAR. Lado o costado exterior de una embarcación: *el bordo va desde la superficie del agua hasta la borda.*
a bordo Dentro de una embarcación o aeronave: *el capitán ya está a bordo: pronto zarparemos; comeremos a bordo del avión.*
de alto bordo [barco] De gran tamaño: *en el puerto se veían algunos barcos de alto bordo.*

bordón *n. m.* **1** MÚS. Cuerda gruesa de ciertos instrumentos musicales que da los sonidos bajos: *toca el bordón con el dedo pulgar.* **2** *culto* Verso quebrado que se repite al final de cada copla.

boreal *adj.* Del polo o del hemisferio norte o relacionado con ellos: *atravesó las inhóspitas regiones boreales.* **ANT** austral.

borla *n. f.* **1** Conjunto de hebras o pequeños cordones reunidos y sujetos por uno de sus extremos y sueltos por el otro que se emplea como adorno en sombreros, cortinas o muebles: *el cordón que sujeta la cortina termina en una borla.* **2** Bola hecha de algodón u otro material suave para empolvarse la cara: *la caja de los polvos lleva una borla.*

borne *n. m.* **1** Pieza metálica en forma de botón que sirve para comunicar un aparato eléctrico o una máquina con un hilo de la corriente eléctrica: *el motor de la lavadora tiene dos bornes por los que pasa la electricidad.* **2** Polo de la pila eléctrica o del acumulador de energía eléctrica: *sujetó las pinzas en los bornes de la batería para poner en marcha el otro coche.*
DER bornear.

boro *n. m.* Elemento químico no metal, sólido y duro como el diamante, que en la naturaleza sólo se encuentra combinado con otros elementos; se usa en la industria metalúrgica y en los reactores nucleares: *el símbolo del boro es B.*

borrachera *n. f.* Trastorno temporal de las capacidades físicas y mentales a causa del consumo excesivo de alcohol: *cogió una borrachera enorme y sus amigos le impidieron conducir.*

borracho, -cha *adj./n. m. y f.* **1** [persona] Que tiene trastornadas temporalmente las capacidades físicas y mentales a causa de un consumo excesivo de alcohol: *estoy algo borracho y creo que no puedo conducir.* **SIN** bebido, beodo, ebrio. **2** [persona] Que se emborracha habitualmente y es incapaz de renunciar a este hábito: *perdió su trabajo porque es un borracho.* **SIN** alcohólico, beodo. ◊ *adj.* **3** Que está dominado por un sentimiento muy fuerte: *borracho de felicidad, de ira.* **4** [pastel] Que está mojado en vino, licor o almíbar: *preparó almíbar para hacer una tarta borracha; un bizcocho borracho.*
DER borrachera, borrachín; emborrachar.

borrador *n. m.* **1** Utensilio que sirve para borrar lo escrito con tiza en una pizarra: *la profesora sacudió el borrador para quitarle el polvo de la tiza.* **2** Utensilio hecho de caucho o goma que se usa para borrar la tinta o el lápiz de un papel: *el niño llevó al colegio un cuaderno, un lápiz y un borrador.* **SIN** goma. **3** Primera redacción de un escrito en la que se hacen las adiciones, supresiones y correcciones necesarias antes de redactar la copia definitiva: *todavía no he redactado la versión final del informe, esto es sólo un borrador.*

borraja *n. f.* Planta de tallo grueso y ramoso, hojas grandes y ovaladas y flores azules: *las hojas de la borraja son comestibles.*
agua de borrajas Cosa o asunto sin importancia: *aunque los padres se enfadaron mucho con su hijo, todo quedó en agua de borrajas.*
DER borrajear.

borrar *v. tr./intr.* **1** Hacer que desaparezca lo dibujado o

borrasca

escrito: *cópialo con lápiz por si te equivocas y tienes que borrar; borra la pizarra.* ◇ *v. tr./prnl.* **2** Hacer que desaparezca la marca dejada en una superficie: *el agua borró las huellas que había dejado en la arena; este detergente borra las manchas más difíciles.* **3** Hacer desaparecer un recuerdo de la memoria: *sus recuerdos se borraban con el paso del tiempo.* **4** Hacer que no aparezca en una lista una persona o cosa que antes figuraba en ella; dar de baja: *me he borrado de la asociación.*
DER borrador, borroso, borrón; imborrable.

borrasca *n. f.* **1** Perturbación atmosférica que se caracteriza por vientos fuertes, lluvias abundantes y descenso de la presión, a veces acompañados de rayos y truenos. **SIN** ciclón, depresión. ☞ meteorología. **2** Perturbación de las aguas del mar a causa de la violencia del viento: *el barco encalló la noche de la borrasca.* **3** Peligro que se corre en un negocio o asunto: *en estos momentos la empresa está sufriendo una fuerte borrasca, pero esperamos que pase pronto.*
DER borrascoso; aborrascarse, emborrascar.

borrascoso, -sa *adj.* **1** Que tiene o puede tener borrascas: *el tiempo de este fin de semana será borrascoso e inestable.* **2** Que no tiene medida ni control en el comportamiento: *en su vida borrascosa cabían todo tipo de vicios.*

borrego, -ga *n. m. y f.* **1** Cordero que tiene entre uno y dos años: *el lobo mató dos borregos del rebaño.* ◇ *adj./n. m. y f.* **2** [persona] Que se somete a la voluntad de otra persona sin rebelarse ni protestar: *todos los chicos de la pandilla obedecen al más fuerte como borregos.*
DER aborregar.

borrico, -ca *n. m. y f.* **1** Mamífero cuadrúpedo doméstico más pequeño que el caballo, con grandes orejas, cola larga y pelo áspero y grisáceo; por ser muy resistente se usa para trabajos en el campo y para la carga: *el campesino venía del huerto montado en su borrica.* **SIN** asno, burro. ◇ *n. m.* **2** Borriqueta, armazón de madera. ◇ *adj./n. m. y f.* **3** [persona] Que es poco inteligente o de escasa formación: *es un borrico: nunca entiende nada; ¡mira que eres borrica!: vaso se escribe con v, no con b.* Se usa como apelativo despectivo. **SIN** asno, burro.
DER borriqueta, borriquete.

borriqueta *n. f.* Armazón de madera en forma de trípode en que los carpinteros apoyan la madera que están trabajando. **SIN** borrico, borriquete.

borriquete *n. m.* Borriqueta, armazón de madera.

borrón *n. m.* **1** Mancha de tinta hecha en un papel: *el cuaderno del niño estaba lleno de borrones.* **2** Acción impropia de la dignidad y de la opinión que se tiene de una persona: *el ser sorprendido robando en unos grandes almacenes fue un borrón que acabaría por costarle su carrera política.* **3** Dibujo en el que se trazan las líneas generales y la composición que tendrá una pintura: *con un rápido borrón mostró lo que sería su próximo cuadro.* **SIN** boceto.

borrón y cuenta nueva Expresión que indica que se olvida o perdona un error o una falta: *os perdono todas las mentiras, así que borrón y cuenta nueva.*
DER borronear; emborronar.

borroso, -sa *adj.* Que no se ve bien o no se distingue con claridad: *estoy mareado y todo lo veo borroso; la fotografía está borrosa y no se distinguen bien las caras.*

boscaje *n. m.* **1** Bosque pequeño, pero muy poblado de árboles y arbustos. **2** PINT. Cuadro que representa un paisaje poblado de árboles, matorrales y animales.

boscoso, -sa *adj.* Que tiene muchos bosques: *se perdieron en un terreno boscoso y fue difícil localizarlos.*

bosnio, -nia *adj.* **1** De Bosnia-Herzegovina o relacionado con esta república del sureste de Europa. ◇ *adj./n. m. y f.* **2** [persona] Que ha nacido en Bosnia-Herzegovina.

bosque *n. m.* Extensión de tierra cubierta de árboles, arbustos y matorrales: *se perdieron en el bosque.* ☞ proceso de fabricación.
DER boscaje, boscoso; emboscar.

bosquejar *v. tr.* **1** Hacer un primer diseño o proyecto de una obra artística de manera provisional, con los elementos esenciales y sin detalles: *el novelista refirió cómo antes de escribir una novela bosqueja lo que va a ser el argumento de su obra.* **2** Explicar una idea o plan de manera vaga o en sus líneas generales: *el portavoz del Gobierno se limitó a bosquejar el nuevo plan económico.*
DER bosquejo.

bosquejo *n. m.* **1** Primer diseño o proyecto de una obra artística, hecho de manera provisional, con los elementos esenciales y sin detalles: *el pintor está preparando un bosquejo de su obra.* **SIN** esbozo. **2** Explicación de una idea o plan de manera vaga y en sus líneas generales: *el ministro hizo un breve bosquejo de las nuevas medidas económicas.* **SIN** esbozo.

bostezar *v. intr.* Abrir la boca con un movimiento involuntario, inspirando y espirando lenta y profundamente, por lo general a causa del sueño, el cansancio, el hambre o el aburrimiento: *no puedo parar de bostezar; debo de estar cansado.*
DER bostezo.
OBS En su conjugación, la *z* se convierte en *c* delante de *e*.

bostezo *n. m.* Movimiento involuntario que consiste en abrir la boca para respirar lenta y profundamente, causado por el sueño, el cansancio, el hambre o el aburrimiento: *dio un bostezo profundo y largo y se despidió hasta el día siguiente.*

bota *n. f.* **1** Calzado que cubre el pie y parte de la pierna: *se puso las botas de montar y salió a cabalgar.* ☞ calzado. **2** Calzado deportivo que cubre el pie hasta el tobillo o algo por encima de él: *el jugador se ató las botas de fútbol antes de salir al terreno de juego.* **3** Recipiente para beber vino hecho de cuero, en forma de pera y con una boca muy estrecha por donde sale el líquido en forma de chorro muy fino: *el grupo de amigos se pasaba la bota.*
DER botín, boto. Son derivados de *bota*, 'calzado'.

botadura *n. f.* MAR. Acción de echar una embarcación al agua, especialmente si es por primera vez: *el príncipe asistió a la botadura del buque.*

botafumeiro *n. m.* Incensario grande, especialmente el que cuelga del techo de una iglesia y se hace funcionar mediante la acción de un mecanismo: *en la catedral de Santiago de Compostela hay un enorme botafumeiro que cuelga del techo.*

botánica *n. f.* Ciencia que estudia los vegetales: *en botánica hemos estudiado la clasificación de las plantas.*
DER botánico.

botánico, -ca *adj.* **1** De la botánica o relacionado con esta ciencia: *en un jardín botánico hay muchas variedades de plantas.* ◇ *n. m. y f.* **2** Persona que se dedica al estudio de los vegetales o que es especialista en botánica: *seguro que él sabe de qué planta se trata porque es botánico.*

botar *v. intr.* **1** Cambiar de dirección un cuerpo elástico al chocar contra una superficie: *la pelota botó en la pared.* **SIN** rebotar. **2** Dar saltos o botes una persona, animal o cosa: *las pelotas desinfladas no botan.* ◇ *v. tr.* **3** Hacer que un cuerpo elástico dé botes o saltos al lanzarla contra el suelo: *el jugador de baloncesto botaba la pelota en la cancha.*

4 Echar al agua una embarcación, especialmente si es la primera vez: *este barco fue botado en 1921*. **5** *coloquial* Echar o expulsar a una persona de un lugar con violencia: *lo botaron del restaurante porque organizó un escándalo*.
DER botadura, bote; rebotar.

botarate *adj./n. m. coloquial* [persona] Que tiene poco juicio y actúa de manera alocada o insensata: *eres un botarate: imira que dormir en el parque, sabiendo lo peligroso que es!*

botarga *n. f.* **1** Prenda de vestir ridícula de muchos colores que se usa en el teatro y en Carnaval: *los actores iban disfrazados con botargas*. **2** Persona que lleva una de esas prendas de vestir: *la botarga sale el miércoles de ceniza asustando a la gente*. Este personaje forma parte de la tradición cultural de muchos pueblos de España; va unido a las fiestas de Carnaval.

botavara *n. f.* MAR. Palo horizontal que, asegurado en el mástil más próximo a la popa del barco, sirve para sujetar una vela. ☞ velero.

bote *n. m.* **1** Movimiento hacia arriba que da una pelota o cualquier cuerpo elástico al chocar contra el suelo: *la pelota dio tres botes en el suelo*. **2** Salto que una persona o animal da de repente: *cuando lo vi, di un bote*. **3** Recipiente con tapa, generalmente de cristal, cerámica o lata, que sirve para guardar y conservar alimentos o bebidas: *un bote de tomate; el bote del café*. **4** Barca pequeña sin cubierta y con unos tablones atravesados que sirven de asiento: *remaron el bote hasta el barco; recorremos la costa en el bote*. **SIN** batel.
bote salvavidas Bote preparado para abandonar un barco en caso de naufragio: *en cada barco hay unos cuantos botes salvavidas*. **5** Recipiente en el que los empleados de un bar o cafetería guardan las propinas para el fondo común. **6** Dinero que en concepto de propinas juntan los empleados de un bar o cafetería en un día: *los camareros han hecho hoy un bote de diez mil pesetas*. **7** Categoría de un sorteo que no ha tenido acertantes y cuyo premio se acumula para el siguiente: *como esta semana no ha habido ningún acertante, se acumula un bote de muchos millones para el próximo jueves*.
a bote pronto Sin estar preparado, de improviso: *el ministro respondió a bote pronto a las preguntas de los periodistas*. **SIN** a botepronto.
chupar del bote *coloquial* Sacar provecho material de un cargo o una situación de manera ilegal: *mientras estuvo de director no dejó de chupar del bote*.
dar botes de alegría Estar muy alegre o muy contento con una situación: *le ha tocado la lotería y está dando botes de alegría*.
darse el bote *coloquial* Irse rápidamente o alejarse de una situación incómoda: *vi que se estaban pegando y me di el bote*.
de bote en bote *coloquial* Completamente lleno de gente: *a estas horas de la tarde el metro va de bote en bote*.
tener en el bote *coloquial* Expresión que se usa para indicar que se ha conquistado la confianza y el apoyo de otra persona y que se cuenta con ella para algo: *a los profesores los tengo en el bote y seguro que me ponen buenas notas en el próximo examen*.

botella *n. f.* Recipiente generalmente alto, cilíndrico y de cristal o plástico con el cuello largo y estrecho que se usa para guardar líquidos: *una botella de vino, de cerveza, de aceite*.
DER botellazo, botellín; embotellar.

botellazo *n. m.* Golpe dado con una botella: *durante la pelea, recibió un botellazo en la cabeza y tuvo que ser hospitalizado*.

botellín *n. m.* Botella de cerveza de 20 centilitros: *se acercó a la barra y pidió un botellín al camarero*. **SIN** quinto.

botepronto *n. m.* Momento que sigue inmediatamente al choque de una pelota contra el suelo, cuando ésta comienza a cambiar de dirección: *empalmó a botepronto un tiro que se estrelló en el larguero*.
a botepronto Sin estar preparado, de improviso: *lo llamó su mujer por teléfono y tuvo que preparar una cena para sus amigos a botepronto*. **SIN** a bote pronto.

botica *n. f.* Establecimiento donde se hacen o venden medicinas: *en la botica le prepararon una mezcla de plantas para combatir los dolores*. **SIN** farmacia.
DER boticario, botiquín; rebotica.

boticario, -ria *n. m. y f.* Persona que ha cursado los estudios de farmacia y prepara y expende medicamentos: *el boticario le dio unas pastillas para los mareos*. **SIN** farmacéutico.

botijo *n. m.* Recipiente de barro con el vientre abultado, un asa circular en la parte superior, boca para llenarlo y un pitorro para beber: *el botijo mantiene el agua fresca*.

botín *n. m.* **1** Calzado, generalmente de cuero, que cubre el pie y parte de la pierna: *el botín es más alto que el zapato y más bajo que la bota*. ☞ calzado. **2** Conjunto de armas, dinero y provisiones que el vencedor toma del enemigo vencido: *el general arrasó la ciudad y repartió el botín entre los soldados*. **SIN** despojo. **3** Conjunto de cosas robadas: *los piratas enterraron su botín en la isla*.

botiquín *n. m.* **1** Armario pequeño, caja o maleta en que se guardan los medicamentos y utensilios quirúrgicos necesarios para aplicar los primeros auxilios: *el botiquín está en el cuarto de baño y tiene una cruz roja pintada en la puerta*. **2** Conjunto de estos medicamentos y utensilios: *todo botiquín debe incluir alcohol y vendas*.

boto *n. m.* Bota alta de una sola pieza que generalmente se usa para montar a caballo: *los peregrinos que van al Rocío suelen llevar botos*.

botón *n. m.* **1** Pieza pequeña, generalmente redonda y de metal, hueso, nácar u otra materia semejante, con dos o cuatro agujeros para coserlos a las prendas de vestir; sirven para abrocharlas o como adorno: *había perdido el botón de los pantalones y se le caían; tenía mucho calor y se desabrochó el botón del cuello de la camisa*. ☞ costurero. **2** Pieza pequeña que se oprime en ciertos aparatos eléctricos para ponerlos en funcionamiento o para apagarlos: *el botón del timbre, el botón de un ascensor*. **3** Chapita redonda de hierro que se pone en la punta de la espada o el florete para no hacerse daño en la esgrima: *estas espadas tienen un botón en la punta para que no nos hiramos*. ◇ *n. m. pl.* **4 botones** Joven con uniforme que trabaja en un hotel u otro establecimiento llevando maletas, mensajes u otros encargos: *el botones llevó el equipaje hasta nuestra habitación*.
botón de muestra Ejemplo que se saca de un conjunto de elementos o cosas iguales: *como botón de muestra de su poesía, aquí tenéis este poema*.
DER botonadura, botones; abotonar.

botonadura *n. f.* **1** Conjunto de botones de una prenda de vestir. **SIN** abotonadura. **2** Parte de una prenda de vestir donde van colocados los botones y los ojales. **SIN** abotonadura.

botulismo *n. m.* Intoxicación producida por la ingestión de embutidos y conservas en mal estado; sus síntomas son parecidos a los del tifus y el cólera.

bourbon *n. m.* Güisqui estadounidense, elaborado a base de maíz con algo de centeno y cebada: *tomaré un bourbon con hielo, agua y soda*.

boutique *n. f.* **1** Establecimiento público en el que se venden artículos de moda, especialmente prendas de vestir: *en esta calle están las mejores boutiques de la ciudad*. **2** Establecimiento público en el que se vende un tipo específico de artículos: *puedes comprar pan francés y alemán en esa boutique*.
OBS Es de origen francés y se pronuncia aproximadamente 'butic'.

bóveda *n. f.* ARQ. Techo de forma curva que cubre el espacio comprendido entre dos muros o varios pilares: *la bóveda de la catedral está decorada con escenas bíblicas.* **bóveda baída** ARQ. Bóveda semiesférica cortada por cuatro planos verticales y paralelos entre sí dos a dos. **bóveda de aristas** ARQ. Bóveda que resulta del cruce de dos bóvedas de cañón. **bóveda de (o en) cañón** ARQ. Bóveda que tiene forma de medio cilindro y cubre el espacio comprendido entre dos muros paralelos.
bóveda celeste Parte del espacio sobre la Tierra en el que están las nubes y donde se ven el Sol, la Luna y las estrellas: *aquella noche se podía ver la bóveda celeste llena de estrellas.* **SIN** cielo, firmamento.
bóveda craneal ANAT. Parte superior e interna del cráneo.
DER abovedar, embovedar.

bóvido, -da *adj./n. m.* **1** ZOOL. [animal] Que pertenece a la familia de los bóvidos: *el toro y la cabra son bóvidos.* ◇ *n. m. pl.* **2 bóvidos** ZOOL. Familia de mamíferos rumiantes con cuernos óseos permanentes, cubiertos por un estuche córneo y que existen tanto en el macho como en la hembra: *los bóvidos son rumiantes.*
ETIM Véase *buey*.

bovino, -na *adj.* **1** Del toro o de la vaca o relacionado con ellos: *la piel bovina se usa en la industria del calzado.* ◇ *adj./n. m.* **2** ZOOL. [animal] Que pertenece a la subfamilia de los bovinos: *ese ganadero tiene cincuenta reses bovinas; el toro y el buey son bovinos.* ◇ *n. m. pl.* **3 bovinos** ZOOL. Subfamilia de mamíferos rumiantes, perteneciente a la familia de los bóvidos, de cuerpo grande y robusto, generalmente con cuernos, el hocico ancho y desnudo y la cola larga con un mechón en el extremo.
ETIM Véase *buey*.

box *n. m.* En automovilismo y motociclismo, zona del circuito donde se instalan los servicios mecánicos de los participantes.
OBS Es de origen inglés y se pronuncia aproximadamente 'box'.

boxeador, -ra *n. m.* Persona que practica el boxeo: *el boxeador venció porque dejó fuera de combate a su rival.* **SIN** púgil.

boxear *v. intr.* Luchar dos personas en un combate de boxeo: *boxearon durante cinco asaltos.*
DER boxeador, boxeo.

boxeo *n. m.* Deporte en el que dos personas luchan entre sí golpeándose solamente con los puños, protegidos con unos guantes especiales: *para practicar el boxeo es imprescindible tener agilidad en las piernas y mucha fuerza en los puños.* **SIN** pugilato.

boy scout *n. com.* Miembro de los escultistas.
OBS Es de origen inglés y se pronuncia aproximadamente 'boi escaut'.

boya *n. f.* **1** Objeto flotante que se sujeta al fondo del mar, de un lago o de un río y sirve para señalar un sitio peligroso o con otros fines: *en las regatas, el recorrido se señala con boyas.* **2** Corcho que se pone en el borde de una red para que no se hunda y sepan los pescadores dónde está cuando vuelven por ella: *las boyas de la red formaban una larga fila.*

boyante *adj.* **1** Que se encuentra en un momento favorable, próspero o de crecimiento: *un negocio, una industria boyante.* **2** MAR. [embarcación] Que no se hunde en el agua por no llevar casi carga: *ese barco está boyante.*

boyero *n. m.* Hombre que cuida o conduce bueyes: *el boyero llevaba los bueyes a la era.*

bozal *n. m.* Pieza, generalmente de material flexible, que se pone en la boca de ciertos animales, especialmente de los perros, para que no muerdan: *debe sacar de paseo al perro con el bozal puesto.*

bozo *n. m.* Vello muy fino y suave que en los jóvenes sale sobre el labio superior antes de nacer el bigote: *tengo un hijo con 14 años y ya tiene bozo.*
DER bozal; embozo, rebozar.

bracear *v. intr.* **1** Mover repetidamente los brazos con fuerza: *estaba tan enfadado, que gritaba y braceaba.* **2** Mover los brazos para avanzar en el agua al nadar: *el atleta braceó un rato en la piscina para entrar en calor antes de la competición.*
DER braceo, bracero.

braceo *n. m.* Movimiento repetido de los brazos: *este nadador tiene un potente braceo.*

bracero *n. m.* Persona que trabaja en el campo a cambio de un jornal: *los braceros recogían la cosecha.* **SIN** jornalero.

bradi- Elemento prefijal que entra en la formación de palabras con el significado de 'lento': *bradicardia.* **ANT** taqui-.

bragado, -da *adj.* **1** [animal] Que tiene la zona de la entrepierna de diferente color que el resto del cuerpo: *un toro bragado.* ◇ *adj./n. m. y f.* **2** [persona] De mala intención. **3** [persona] Que es enérgico, firme y decidido.

bragas *n. f. pl.* Prenda interior femenina, de tejido suave, que cubre desde la cintura hasta la ingle: *compró unas bragas y un sujetador en la lencería.*
DER bragado, bragadura, bragazas, braguero, bragueta.
OBS Se usa también en singular.

braguero *n. m.* Aparato ortopédico que sirve para contener las hernias: *le han puesto un braguero hasta que puedan operar la hernia.*

bragueta *n. f.* Abertura que hay en la parte alta y delantera de un pantalón: *la bragueta se cierra con cremallera o con botones.*

brahmán *n. m.* Miembro de la primera y más elevada de las cuatro castas en que se halla dividida la población de la India y en la cual se reclutan los sacerdotes y doctores.
DER brahmanismo.

brahmanismo *n. m.* Doctrina religiosa que tuvo su origen en la India; sus seguidores creen en Brahma como dios supremo.

braille *n. m.* Sistema de escritura y lectura para ciegos en el que cada letra está representada por medio de una combinación de puntos en relieve practicados sobre el papel: *un escrito en braille puede ser leído por medio del tacto de los dedos.* ☞ alfabetos.
ETIM *Braille* procede del nombre del inventor de este método de lectura, el francés Louis *Braille*.

bramante *n. m.* Cordel delgado y resistente hecho de cáñamo.
ETIM *Bramante* procede de *Brabante*, nombre de una provincia de los Países Bajos muy conocida por sus manufacturas de cáñamo.

bramar *v. intr.* **1** Emitir bramidos el toro y otros animales

salvajes: *el toro bramaba y escarbaba la tierra con las patas delanteras*. **2** Producir un ruido fuerte el aire o el mar: *durante la tormenta, el viento bramaba*. **3** Gritar con fuerza, generalmente a causa de rabia o dolor: *comenzó a bramar y a chillarnos sin ninguna justificación*.
DER bramido.

bramido *n. m.* **1** Voz característica del toro y otros animales salvajes: *los bramidos del animal resonaban en la plaza*. **2** Ruido fuerte que produce el aire o el mar: *desde el camarote se podía escuchar el bramido del mar*. **3** Grito fuerte, producido por la rabia o el dolor: *apareció en la habitación dando bramidos de ira*.

brandy *n. m.* Bebida alcohólica de alta graduación obtenida por destilación del vino y envejecida en toneles de roble: *una copa de brandy; el coñac es un tipo de brandy francés*.
OBS Es de origen neerlandés a través del inglés y se pronuncia aproximadamente 'brandi'.

branquia *n. f.* Órgano respiratorio de los peces y otros animales acuáticos formado por finas capas de tejido blando y esponjoso; se encuentra en unas aberturas naturales a ambos lados de la cabeza: *los peces tienen branquias para tomar el oxígeno disuelto en el agua*. **SIN** agalla.
DER branquial.

branquial *adj.* De las branquias o relacionado con estos órganos de los peces: *los peces y otros animales que viven en el agua tienen respiración branquial*.
DER subranquial.

braquial *adj.* ANAT. Del brazo o relacionado con esta parte del cuerpo: *bíceps braquial*.

brasa *n. f.* Trozo de carbón o de leña que arde y se quema sin dar llama: *el fuego se apagó y quedaron las brasas*. **SIN** ascua.
a la brasa Cocinado sobre trozos de carbón o leña que queman sin dar llama, bien directamente o sobre una parrilla: *costillas a la brasa*.
pasar como sobre brasas Tratar un asunto con poca profundidad o muy rápidamente: *cuando llegó ese punto del orden del día de la reunión, pasó por él como sobre brasas*.
DER brasear, brasero; abrasar.

brasero *n. m.* Recipiente de metal, poco profundo y generalmente redondo, en el que se depositan brasas para calentar el ambiente; algunos sustituyen las brasas por la energía eléctrica: *colocó el brasero bajo la mesa para que no se le enfriasen las piernas*.

brasileño, -ña *adj.* **1** De Brasil o relacionado con este país de América del Sur. ◇ *adj./n. m. y f.* **2** [persona] Que es de Brasil.

bravata *n. f.* Amenaza que una persona pronuncia con arrogancia para atemorizar a alguien: *no me asustan tus bravatas*.

braveza *n. f.* **1** Valentía o determinación para afrontar situaciones complicadas: *atacó a su enemigo con gran braveza*. **SIN** bravura. **2** Agresividad natural de ciertos animales: *es un toro de mucha braveza*. **SIN** bravura, ferocidad, fiereza.

bravío, -vía *adj.* **1** [animal] Que es salvaje y feroz y no está domesticado: *es un caballo bravío y hay que tener cuidado de montarlo*. **2** [planta] Que no está cultivada, que se cría naturalmente en los campos: *crecían yerbas bravías en la cuneta*. **SIN** silvestre. **3** [persona] Que tiene malos modos o es poco delicado: *aquí educará su carácter bravío*. **SIN** inculto, rústico, silvestre. **4** [mar] Que está embravecido y agitado: *no te bañes hoy, que la mar está muy bravío*. **SIN** bravo.

bravo, -va *adj.* **1** [animal] Que es agresivo y violento: *lidió un toro muy bravo*. **SIN** feroz, fiero. **ANT** manso. **2** Que es muy valiente: *defendieron el fuerte con unos pocos hombres bravos*. **3** [persona] Que presume de lo que no es, especialmente de valiente: *es muy bravo con ciertas personas, pero con otras es un cobarde*. **SIN** fanfarrón. **4** [mar] Que está embravecido y agitado: *la mar estaba brava y perdieron el rumbo*. **SIN** bravío. ◇ *int.* **5 ¡bravo!** Expresión que indica alegría, aprobación o aplauso: *¡bravo!, lo has hecho muy bien*. **SIN** ¡viva!
DER bravata, braveza, bravío, bravucón, bravura; desbravar, embravecer.

bravucón, -cona *adj./n. m. y f.* Que presume de valiente sin serlo.
DER bravuconada.

bravura *n. f.* **1** Valentía o determinación: *se comportó con bravura*. **SIN** braveza. **2** Agresividad natural de ciertos animales: *el hombre no puede igualar la bravura con la que ciertos animales se defienden*. **SIN** ferocidad, fiereza.

braza *n. f.* **1** Medida de longitud que usan los marineros para medir la profundidad y que equivale a 1,6718 m: *el fondo estaba a tan sólo tres brazas de profundidad*. **2** Estilo de natación que consiste en nadar boca abajo estirando y encogiendo los brazos y las piernas a la vez y sin sacarlos del agua: *sabe nadar a braza y a espalda*.

brazada *n. f.* **1** Movimiento del brazo que se hace cuando se nada, que consiste en extenderlo y recogerlo: *al dar la brazada, debes mantener el codo más alto que el resto del brazo*. **2** Cantidad de una cosa que se puede abarcar con los brazos: *una brazada de leña, de hierba*.

brazal *n. m.* Tira de tela que ciñe el brazo izquierdo por encima del codo y que sirve de distintivo o, si es negra, de señal de luto: *el capitán del equipo de fútbol lleva un brazal*.

brazalete *n. m.* Aro que se lleva como adorno en el brazo por encima de la muñeca: *llevaba un brazalete de oro y diamantes*.

brazo *n. m.* **1** Extremidad superior del cuerpo humano que une el hombro con la mano, especialmente la parte que va del hombro al codo: *alargó el brazo y cogió el último libro de la estantería; se ha caído y se ha roto un brazo*. ☞ *cuerpo humano*. **2** Parte del asiento que sirve para apoyar ese miembro del cuerpo: *las sillas no tienen brazos; se sentó en el brazo del sillón*. **3** Parte de una prenda de vestir que cubre desde el hombro hasta la mano: *ese abrigo es viejo y tiene los brazos muy gastados*. **SIN** manga. **4** Parte de pieza alargada de un objeto que está unida a él por uno de sus extremos: *los brazos de una balanza, el brazo de una grúa, de un tocadiscos*. **5** Pieza alargada que en las lámparas y los candelabros sale del cuerpo central y, junto con otras iguales, sirve para sostener las luces: *una lámpara de siete brazos*. **6** Parte de una masa de agua que se separa de la principal y forma un canal alargado. **brazo de mar** Masa de agua del mar que penetra en la tierra: *junto a ese pueblo hay un brazo de mar*. **brazo de río** Parte del río que se separa del caudal principal y va a reunirse con él más adelante o desemboca en el mar: *un brazo de río llega hasta la base del cerro*.
a brazo partido Con todo el esfuerzo y la energía: *tuvieron que luchar a brazo partido contra la tempestad*.
brazo de gitano Pastel en forma de tubo, hecho con una capa de bizcocho que se rellena de crema o nata y trufas y se enrolla sobre sí misma.
con los brazos abiertos Con afecto o con la mejor voluntad y disposición: *su familia la recibió con los brazos abiertos, después de tantos años*. Se suele usar con los verbos *acoger*, *admitir* o *recibir*.
cruzarse de brazos No hacer nada en una situación que

brea

exige acción: *a mí no me subieron el sueldo, y todos los demás simplemente os cruzasteis de brazos.*

dar su brazo a torcer Desistir una persona de un empeño u opinión, aceptar el parecer de los demás: *siempre tenemos que hacer lo que él quiere porque nunca da su brazo a torcer.* Se usa más la forma negativa. **SIN** ceder.

ser el brazo derecho Ser la persona de más confianza y que hace por otra trabajos de mucha importancia: *no podría prescindir de su secretario: es su brazo derecho.*

DER bracear, braza, brazada, brazal, brazalete, brazuelo; abrazar, antebrazo.

brea *n. f.* Sustancia viscosa de color negro que se obtiene haciendo destilar al fuego madera de ciertos árboles de la familia de las coníferas; se emplea en medicina, y en la marina para calafatear y otros usos.

brear *v. tr.* Maltrar a uno de palabra o de obra: *me brearon a palos*; *en las oposiciones me brearon a preguntas.*

brebaje *n. m.* Bebida que tiene aspecto o sabor desagradable: *le dieron un brebaje y, cuando lo tomó, puso una cara extraña.*

DER abrevar.

brecha *n. f.* **1** Abertura o grieta hecha en una pared o en otra superficie: *la artillería logró abrir una brecha en la muralla.* **2** Herida, especialmente en la cabeza: *el niño se cayó y se hizo una brecha con el pico de la mesa.* **3** Impresión fuerte o dolor: *el divorcio de sus padres le ha dejado una brecha muy profunda.* **4** Rotura de un frente de combate.

estar en la brecha Estar siempre preparado y dispuesto para defender un negocio o interés: *cuando uno tiene un negocio propio, siempre tienes que estar en la brecha, sin tomarte nunca vacaciones.*

brécol *n. m.* Hortaliza parecida a la coliflor, con las flores apretadas en pequeñas cabezas de color verde oscuro: *el brécol es más fino que la coliflor.* **SIN** brócuil.

bregar *v. intr.* **1** Trabajar con entrega e interés: *los marineros bregan con las redes y la pesca.* **2** Luchar contra las dificultades para superarlas: *desde que enviudó, él solo ha bregado para sacar a sus hijos adelante.*

OBS En su conjugación, la *g* se convierte en *gu* delante de *e*.

brete Palabra que se utiliza en la expresión *estar* (o *poner) en un brete*, que significa 'estar (o poner) en un aprieto, en una situación en la que no se puede eludir': *me ha pedido que le preste dinero y me ha puesto en un brete.*

bretón, -tona *adj.* **1** De Bretaña o relacionado con esta región del noroeste de Francia: *la música bretona.* **2** De las narraciones e historias del ciclo literario medieval del rey Arturo y los caballeros de la Tabla Redonda: *el ciclo bretón.* **SIN** artúrico. ◊ *adj./n. m. y f.* **3** [persona] Que es de Bretaña. ◊ *n. m.* **4** Lengua céltica que se habla en esta región.

breva *n. f.* Primer fruto del año que produce cierta variedad de higuera: *la breva es morada y más grande que el higo.*

de higos a brevas En escasas ocasiones y muy distanciadas en el tiempo: *desde que se fue a vivir a París, a Juan lo veo de higos a brevas.*

no caerá esa breva Expresión que indica la falta de esperanza de lograr algo que se desea mucho: *ojalá apruebe el examen, pero no caerá esa breva.*

breve *adj.* Que tiene poca longitud o duración: *después de una breve pausa, continuó hablando.* **SIN** corto. **ANT** largo.

DER brevedad, brevemente, breviario; abreviar.

brevedad *n. f.* Corta extensión de una cosa o duración de un período: *les extrañó la brevedad de su discurso.*

OBS No se debe decir *a la mayor brevedad*, sino *con la mayor brevedad.*

breviario *n. m.* Libro que contiene las oraciones eclesiásticas de todo el año: *el sacerdote abrió el breviario y comenzó a rezar.*

brezo *n. m.* Arbusto pequeño de tallos ramosos, hojas estrechas y flores pequeñas, moradas, blancas o rojas: *las raíces de brezo sirven para hacer carbón y pipas de fumar.*

bribón, -bona *adj./n. m. y f.* [persona] Que es despreciable porque actúa con maldad y bajeza: *eres un bribón y un sinvergüenza.* **SIN** bellaco.

OBS A veces se usa con un matiz cariñoso para referirse a alguien que se aprecia, pero cuyo comportamiento no se aprueba del todo: *¡vaya bribón que estás hecho!*

bricolaje *n. m.* Trabajo manual, no profesional, que hace una persona para mejorar su casa y pasar el tiempo libre: *mucha gente hace bricolaje durante el fin de semana: pinta una ventana, repara un grifo o fabrica un pequeño mueble.*

OBS Es de origen francés.

brida *n. f.* **1** Freno del caballo con las riendas y las correas para sujetarlo a la cabeza del animal. **2** Reborde circular en el extremo de los tubos de metal que sirve para ajustarlos unos con otros: *pon una junta en esa brida y acopla los dos tubos.*

DER embridar.

bridge *n. m.* Juego de cartas que se practica con la baraja francesa entre dos parejas; en él los jugadores se comprometen a ganar un número determinado de bazas antes de comenzar a echar las cartas.

OBS Es de origen inglés y se pronuncia aproximadamente 'brich'.

brigada *n. f.* **1** Unidad militar compuesta por dos o tres regimientos de un arma determinada y mandada por un general: *la brigada paracaidista, la brigada acorazada.* **2** Conjunto organizado de personas que realizan un trabajo o llevan a cabo una actividad: *una brigada de limpieza; la brigada criminal de la policía se encarga de los casos de asesinato.* ◊ *n. m.* **3** Miembro del ejército de categoría inmediatamente superior a la de sargento primero e inferior a la de subteniente.

DER brigadier.

brigadier *n. m.* Miembro del ejército cuya categoría correspondía a la que hoy tiene el general de brigada en el ejército y a la de contraalmirante en la marina.

brillante *adj.* **1** Que brilla o emite luz: *el coche estaba muy brillante porque era nuevo.* **SIN** refulgente, reluciente, rutilante. **2** Que destaca o sobresale por su talento o belleza: *una alumna brillante, un científico brillante, una carrera brillante.* ◊ *n. m.* **3** Diamante tallado por las dos caras: *un anillo de oro y brillantes.*

DER brillantez, brillantina; abrillantar.

brillantez *n. f.* **1** Luz que refleja o emite un cuerpo: *nunca había visto diamantes con tal brillantez.* **SIN** brillo. **2** Lucimiento o ventaja de una persona sobre otras a causa de su talento y hermosura: *aprobó las oposiciones con brillantez; su primera novela muestra ya signos de brillantez.* **SIN** brillo.

brillantina *n. f.* Sustancia cosmética que sirve para dar brillo al cabello.

brillar *v. intr.* **1** Emitir luz propia o reflejada: *el Sol brilla de día y las estrellas brillan de noche; los diamantes brillaban en su cuello.* **SIN** lucir, resplandecer. **2** Destacar o sobresalir una persona por su talento o hermosura: *allá donde va brilla por su belleza e inteligencia.* **SIN** resplandecer.

brillar por su ausencia No estar presente una persona o cosa donde debería: *en algunos libros, los ejemplos brillan por su ausencia.*

DER brillante, brillo.

brillo *n. m.* **1** Luz que emite o refleja un cuerpo: *el brillo de los cristales le impedía ver con claridad*. **2** Lucimiento o ventaja de una persona sobre otras a causa de su talento o hermosura. **SIN** brillantez.

brincar *v. intr.* **1** Moverse o avanzar rápidamente dando pequeños saltos: *la cabra brincaba de roca en roca*; *pisé una piedra y varias ranas se alejaron brincando*. **2** Saltar repentinamente impulsando el cuerpo hacia arriba y separando los pies del suelo a causa de la sorpresa: *al enterarse de que había aprobado, brincó de alegría*.
OBS En su conjugación, la *c* se convierte en *qu* delante de *e*.

brinco *n. m.* **1** Salto pequeño y ligero con que alguien se mueve o avanza: *la niña iba corriendo y dando brincos*. **2** Salto repentino con el que alguien se impulsa hacia arriba separando los pies del suelo: *de un brinco, bajó de la roca en la que estaba subido*; *dio un brinco de alegría*.
DER brincar.

brindar *v. intr.* **1** Levantar un vaso o una copa con bebida, manifestar un deseo u otra cosa y tomarla seguidamente: *brindaron por el fin de la guerra*. **SIN** beber. ◇ *v. tr.* **2** Dedicar el torero a una o más personas la faena que va a realizar: *el torero brindó el primer toro a su hermano*. ◇ *v. tr./prnl.* **3** Ofrecer libremente y de buena voluntad: *brindó su hospitalidad a los recién llegados*.

brindis *n. m.* **1** Acción de levantar un vaso o una copa con bebida, manifestar un deseo u otra cosa y tomarla seguidamente: *después de los brindis se abrió el baile*. **2** Frase o discurso que se dice al brindar: *suele pronunciar unos brindis muy simples y sosos*. **3** Acción de dedicar el torero a una o más personas la faena que va a realizar: *antes de empezar, el torero hizo el brindis*.
DER brindar.
OBS El plural también es *brindis*.

brío *n. m.* **1** Fuerza, ánimo o energía con la que se ejecuta una acción: *empezó el trabajo con mucho brío, pero lo fue perdiendo poco a poco*; *volvieron de las vacaciones con renovados bríos para empezar a trabajar*. **2** Valentía o determinación con que se hace algo o que se adopta ante las dificultades: *le faltan bríos para el cargo de director*; *tienes que tener más bríos y no asustarte ante la menor dificultad*. **3** Gracia en la manera de moverse, especialmente al andar.
DER bríos, brioso.

brisa *n. f.* **1** Viento suave: *le gustaba pasear por el campo y sentir la brisa en su rostro*. **2** En las costas, viento suave que por el día sopla del mar a la tierra y por la noche de la tierra al mar: *las brisas marinas refrescan el ambiente del verano*.

brisca *n. f.* Juego de cartas en el cual se dan al principio tres cartas a cada jugador y se descubre otra que indica el palo de triunfo; gana el que al final tiene más puntos.

británico, -ca *adj.* **1** Del Reino Unido de Gran Bretaña e Irlanda del Norte o relacionado con este país del oeste de Europa: *la monarquía británica, el Imperio británico*. ◇ *adj./n. m. y f.* **2** [persona] Que es del Reino Unido.

brizna *n. f.* Filamento o parte muy delgada de una cosa, especialmente una planta: *una brizna de hierba*.
DER desbriznar.

broca *n. f.* Barra fina de acero con surcos en forma de espiral y con un extremo acabado en punta que se aplica a una taladradora eléctrica para hacer agujeros. **SIN** barrena, taladro.

brocado *n. m.* **1** Tejido de seda entretejida con hilo de oro o plata que forma dibujos. **2** Tejido fuerte de seda con dibujos de distinto color que el del fondo.

brocal *n. m.* Borde de piedra o ladrillo que se coloca alrededor de la boca de un pozo: *el brocal sirve para evitar el peligro de caer dentro de un pozo*.

brocha *n. f.* Instrumento formado por un conjunto de cerdas sujetas al extremo de un mango, más ancho y fuerte que el pincel, y que sirve para pintar o para extender una sustancia líquida: *pintó la pared con la brocha*; *para afeitarme necesito una cuchilla, jabón de afeitar y una brocha*.
DER brochada, brochazo.

broche *n. m.* **1** Cierre de metal formado por dos piezas, una de las cuales engancha o encaja en la otra: *el collar lleva un broche de seguridad*. **2** Joya con este sistema que se lleva prendida en la ropa como adorno o para sujetar una parte del vestido: *llevaba un pañuelo sujeto con un broche de diamantes*; *llevo un broche en la solapa del abrigo*.
broche de oro Final feliz de un acto o reunión: *el presidente puso el broche de oro al congreso con un brillante discurso*.
DER abrochar.

brocheta *n. f.* **1** Varilla en la que se ensartan trozos de alimentos para asarlos. **2** Comida que se guisa ensartada en estas varillas: *comeré una brocheta de cerdo*.

brócoli *n. m.* Brécol. Hortaliza parecida a la coliflor, con las flores apretadas en pequeñas cabezas de color verde oscuro: *de primer plato nos sirvieron brócoli*. **SIN** brécol.
OBS La Real Academia Española admite *brócoli*, pero prefiere la forma *brécol*.

broker *n. m.* Persona que actúa como intermediario en operaciones de compra y venta de valores financieros y de acciones que cotizan en bolsa.
OBS Es de origen inglés y se pronuncia aproximadamente 'bróker'.

broma *n. f.* Acción o dicho cuya finalidad es divertir o hacer reír: *es una persona muy divertida, siempre está diciendo bromas*; *me han gastado una broma*. **SIN** humorada. **broma pesada** o **broma de mal gusto** Broma que es desagradable por su contenido o por la forma en que se hace.
de (o **en**) **broma** Sólo para reírse o hacer reír: *se lo dije de broma, pero él se lo ha tomado en serio*.
tomar a broma Reírse de algo o darle poca importancia, aunque sea serio o importante: *no te lo tomes a broma porque estoy hablando en serio*.
DER bromear, bromista; embromar. Son derivados de *broma*, 'para hacer reír'.

bromear *v. intr.* Hacer o decir bromas: *el asunto es más serio de lo que crees, así que no bromees, por favor*.

bromista *adj./n. com.* [persona] Que hace bromas o que siempre está de broma: *no tomes en serio lo que te dijo: es un bromista*.

bromo *n. m.* Elemento químico no metálico que a temperatura normal se presenta en forma de líquido de color rojo y desprende vapores tóxicos de olor muy desagradable: *el símbolo del bromo es Br*.
DER brómico, bromuro.

bromuro *n. m.* Compuesto de bromo con otro elemento químico: *el bromuro de plata se usa en fotografía*; *el bromuro de potasio se emplea como sedante*.

bronca *n. f.* **1** Discusión muy fuerte o enfrentamiento físico: *se armó una bronca de miedo en la discoteca y llamaron a la policía*; *he tenido una buena bronca con mi hermana por estropearme la ropa*. **2** Llamada de atención dura y severa que se hace a una persona por algo que ha hecho mal o por su mal comportamiento: *el jefe me ha echado una bronca tremenda por llegar otra vez tarde*. **SIN** regañina, reprimenda, riña. **3** Manifestación colectiva y ruidosa de desagrado en un

bronce

espectáculo o concentración pública: *la actuación del torero terminó con broncas y pitos.* **SIN** abucheo.
DER bronquear; abroncar.

bronce *n. m.* **1** Metal de color amarillo rojizo formado por la aleación de cobre y estaño; es fácil de obtener y de trabajar: *una lámpara de bronce.* **2** Figura o escultura hecha de este metal: *colocaron el bronce en la plaza mayor.* **3** Tercer premio en una competición: *los atletas españoles consiguieron el bronce y el oro.*
DER broncear.

bronceador, -ra *adj./n. m.* [producto cosmético] Que contribuye a que la piel tome un color moreno: *se puso el bañador y se dio bronceador; crema bronceadora, aceite bronceador.*

broncear *v. tr./prnl.* Poner morena la piel la acción de los rayos del Sol o de un aparato eléctrico: *hay ciertas horas del día en que el sol no broncea, sino que quema.*
DER bronceado, bronceador.

bronco, -ca *adj.* [sonido, voz] Que es áspero y desagradable: *el hombre tenía una voz grave y bronca.*
DER bronca.

bronco- Elemento prefijal que entra en la formación de palabras que expresan relación con los bronquios: *bronconeumonía.*

bronconeumonía *n. f.* MED. Inflamación de los bronquios y del tejido pulmonar causada por una infección.

bronquial *adj.* De los bronquios o relacionado con estos conductos de las vías respiratorias: *padece una enfermedad bronquial, por eso le han recomendado que se marche a vivir al campo.*

bronquio *n. m.* Conducto de las vías respiratorias que, junto con otro, une la tráquea con los pulmones: *los bronquios limpian el aire que va a entrar en los pulmones.* ☞ respiratorio, aparato.
OBS Se usa más en plural.

bronquiolo o **bronquíolo** *n. m.* Conducto pequeño de las vías respiratorias en que se ramifican los bronquios dentro de los pulmones. ☞ respiratorio, aparato.
OBS Se usa más en plural.

bronquítico, -ca *adj.* [persona] Que padece bronquitis.

bronquitis *n. f.* Inflamación aguda de los bronquios: *el frío y la gripe le causaron una bronquitis.*
DER bronquítico.
OBS El plural también es *bronquitis*.

brontosaurio *n. m.* Dinosaurio que existió en la era secundaria; era de gran tamaño, herbívoro, con cuatro patas, cuello y cola largos y cabeza pequeña.

broquel *n. m.* Escudo defensivo pequeño de madera o corcho.

brotar *v. intr.* **1** Nacer o salir una planta de la tierra: *en primavera la hierba brota en los campos.* **2** Echar una planta nuevos tallos, hojas o flores: *las rosas brotan en su jardín.* **3** Salir agua u otro líquido de la tierra o de una abertura: *los manantiales brotan en las montañas; de sus ojos brotaron lágrimas de alegría.* **SIN** manar. **4** Aparecer granos o alguna erupción en la piel: *ha comido algo estropeado y le han brotado unos granos.* **5** Nacer o empezar a manifestarse una cosa: *un grito salvaje brotó de su garganta; las palabras brotaron de su boca.*
DER brote; rebrotar.

brote *n. m.* **1** Yema o tallo nuevo que sale a una planta: *con la primavera le han nacido brotes al rosal.* **SIN** pimpollo. **2** Aparición o principio de una cosa no prevista y considerada nociva: *un brote de racismo, de violencia, de cólera.*

broza *n. f.* **1** Conjunto de ramas, hojas secas y otros restos de plantas que hay en los bosques y jardines: *estuvieron quitando la broza del jardín.* **2** Conjunto de desperdicios o desechos que se van acumulando en algún lugar: *la broza llenaba el cauce del río e impedía la libre circulación del agua.*
DER desbrozar.

brucelosis *n. f.* Enfermedad infecciosa del ganado caprino, vacuno y porcino que se transmite al hombre por la ingestión de sus productos, en especial los derivados lácteos; es de larga duración y se caracteriza por fiebres altas, cambios bruscos de temperatura y abundantes sudores.

bruces Palabra que se utiliza en la locución *de bruces*, que significa 'tendido con la cara contra el suelo': *tropezó y cayó de bruces.*

dar de bruces *a*) Encontrarse de frente y de manera inesperada con alguien: *al salir del ascensor me di de bruces con mi madre.* *b*) Dar con la cara en una parte o caer dando con ella en el suelo: *salí corriendo y me di de bruces con la puerta, que es de cristal.*

brujería *n. f.* Conjunto de conocimientos y prácticas de quienes creen tener pacto con el demonio o con espíritus malignos: *en el mundo moderno todavía hay gente que cree en la brujería y la magia negra.*

brujo, -ja *adj.* **1** Que atrae irresistiblemente, que gusta: *no podía olvidar el encanto de su mirada bruja.* ◊ *n. m. y f.* **2** Persona que cree que tiene pacto con el demonio o con espíritus malignos: *las brujas fueron perseguidas en toda Europa desde el siglo XV al XVII porque se creía que hacían pactos con el diablo; la imagen negativa de una bruja en la cultura popular es la de una mujer vieja y mala que practica hechizos mientras remueve un caldero, viste de negro, lleva un sombrero alto acabado en punta y viaja en una escoba.* ◊ *n. m.* **3** Hombre que en algunas culturas primitivas tiene el poder de comunicar con los dioses y curar enfermedades usando sus poderes mágicos, hierbas y productos naturales: *en Sudamérica, el brujo se encarga de curar a la gente con plantas medicinales y de exorcizar los malos espíritus usando la magia.* **SIN** chamán, hechicero. ◊ *n. f.* **4** Mujer fea o mala: *la bruja del primer piso no nos ha querido abrir la puerta.* Se usa como apelativo despectivo.
DER brujería; embrujar.

brújula *n. f.* Instrumento formado por una esfera y una aguja que señala siempre el norte magnético y que sirve para orientarse: *los excursionistas y los exploradores llevan siempre una brújula para no perderse.*
DER brujulear.

bruma *n. f.* Niebla poco densa, especialmente la que se forma sobre el mar: *la bruma impedía ver el puerto desde el barco.*
DER brumoso; abrumar.

brumoso, -sa *adj.* Que tiene bruma: *el día estaba brumoso.*

bruñir *v. tr.* Pulir o frotar una superficie, especialmente de metal o piedra, para que brille.
DER bruñido.
OBS En su conjugación, la *i* de la desinencia se pierde absorbida por la *ñ* en algunos tiempos y personas, como en *gruñir*.

brusco, -ca *adj.* **1** Que es áspero y desagradable en el trato: *me contestó tu secretaria, que me dijo de manera brusca que llamara más tarde.* **2** Que se produce u ocurre de pronto o sin preparación o aviso: *el conductor del autobús dio un frenazo brusco y una señora se cayó al suelo; un descenso brusco de las temperaturas.* **SIN** repentino, súbito.
DER bruscamente, brusquedad.

brusquedad *n. f.* **1** Aspereza y falta de amabilidad en el trato: *no tengo tiempo de hacerlo hoy, dijo con brusquedad*. **2** Carácter repentino de un movimiento o de una acción: *conduces con demasiada brusquedad; toma las curvas con más suavidad y no frenes de golpe; no sé qué gritó y colgó el teléfono con brusquedad*.

brut *adj./n. m.* [champán, cava] Que no se le ha añadido azúcar.

brutal *adj.* **1** Que es violento y cruel y carece de compasión o humanidad: *fue acusado de presidir un Gobierno brutal en el que miles de personas habían desaparecido en circunstancias misteriosas*. **SIN** bestial. **2** Que es muy grande, fuerte o intenso: *últimamente, tengo un apetito brutal*. **SIN** bestial.
DER brutalidad.

brutalidad *n. f.* **1** Violencia o crueldad intensas: *hay que hacer desaparecer la brutalidad del deporte*. **2** Hecho o dicho intensamente violento o cruel: *en este reportaje se pueden ver las brutalidades de la guerra*. **3** Hecho o dicho estúpido, que demuestra ignorancia o es poco acertado: *vaya cantidad de brutalidades que me has puesto en el examen*. **SIN** barbaridad, bestialidad, burrada.

bruto, -ta *adj./n. m. y f.* **1** [persona] Que es torpe o poco inteligente: *no seas bruto: la llave se mete al revés; ¡mira que eres bruta, has escrito vaso con b en vez de con v!* **SIN** animal, bestia. **2** [persona] Que tiene malos modos o que es poco educado: *¡qué bruto eres, me has hecho daño!; eres un bruto: no se le debe hablar así a nadie*. **SIN** basto, bestia, tosco.
en bruto *a)* [producto] Que no ha sido trabajado ni manipulado por el hombre: *diamante en bruto, petróleo en bruto*. *b)* Que incluye el peso de un objeto y lo que éste contiene: *el peso en bruto que figura en la lata de tomate es de un kilo, pero el peso neto es novecientos gramos, una vez que se ha descontado el peso de la propia lata*. *c)* [cantidad de dinero] Que no ha sufrido los descuentos que le corresponden: *mi sueldo en bruto es de 300 000 pesetas, pero en mano, una vez que le han aplicado los descuentos, cobro mucho menos*.
DER brutal; embrutecer.

bucal *adj.* De la boca o relacionado con esta abertura: *higiene bucal, infección bucal, una limpieza bucal*.

bucanero *n. m.* Pirata que se dedicaba a asaltar y robar especialmente los barcos y las posesiones españoles en América en los siglos XVII y XVIII: *los bucaneros abordaron el galeón español y se llevaron el oro*.

búcaro *n. m.* Recipiente que sirve para poner flores. **SIN** florero.

buceador, -ra *adj./n. m. y f.* **1** Que bucea. **2** [persona] Que realiza diversas actividades bajo la superficie del agua, generalmente equipado con un traje de goma, gafas, aletas y bombonas de oxígeno: *un equipo de buceadores de la Guardia Civil está rastreando el río*. **SIN** buzo, hombre rana, submarinista.

bucear *v. intr.* **1** Nadar y mantenerse bajo la superficie del mar, de un río o de un lago: *buceó entre las rocas buscando algún pulpo*. **2** Investigar o intentar averiguar algo sobre un asunto complejo, difícil y poco claro: *procuró bucear en las causas del asesinato del político*.
DER buceador, buceo.

buceo *n. m.* **1** Acción de nadar y mantenerse bajo la superficie del mar, de un río o de un lago: *practica buceo con botellas de aire comprimido*. **SIN** submarinismo. **2** Conjunto de conocimientos y técnicas necesarios para realizar este tipo de actividades: *durante el verano estuvo dando clases de buceo*. **SIN** submarinismo.

buche *n. m.* **1** Parte del aparato digestivo de las aves que consiste en una bolsa donde guardan los alimentos antes de triturarlos: *las palomas tienen un buche muy grande*. **SIN** papo. **2** *coloquial* Estómago de las personas: *llenar el buche*. **3** Cantidad de líquido que cabe en la boca: *un buche de agua*.
DER embuchar.

bucle *n. m.* Rizo de cabello en forma de hélice: *unos bucles rubios le caían sobre los hombros*.

bucólica *n. f. culto* Composición poética del género bucólico: *son famosas las bucólicas de Virgilio*. **SIN** égloga.

bucólico, -ca *adj.* **1** *culto* [género literario, tipo de poesía] Que idealiza a los pastores o la vida en el campo: *la poesía bucólica trata de los campos, las flores, los pájaros y los amores de los pastores*. **SIN** pastoril. **2** De este género literario o que posee sus características: *el cuadro muestra una escena típicamente bucólica de unos campesinos realizando la cosecha*.

budín *n. m.* **1** Dulce en cuya composición suelen entrar frutas y bizcocho o pan remojados en leche: *hoy tenemos budín de frutas*. **2** Comida no dulce que se confecciona con arroz, tapioca o pescado formando una masa pastosa cocida en un molde. **SIN** pudín.

budismo *n. m.* Doctrina religiosa que tuvo su origen en las ideas de Buda en el siglo VI antes de Cristo; sus seguidores creen en la reencarnación y en la meditación como forma de unión con Dios.
DER budista.

budista *adj.* **1** Perteneciente o relativo a una doctrina religiosa que tuvo su origen en las ideas de Buda en el siglo VI antes de Cristo; sus seguidores creen en la reencarnación y en la meditación como forma de unión con Dios. ◊ *adj./n. com.* **2** [persona] Que cree en esta doctrina religiosa.

buen *adj.* Apócope de *bueno*: *es un buen hombre*. **ANT** mal.
de buen ver Con aspecto agradable: *es un joven alto, delgado y de buen ver*.
OBS Sólo se usa en esta forma cuando va delante de un sustantivo masculino; delante de un sustantivo femenino se usa la forma *buena*.

buenaventura *n. f.* Adivinación del futuro que se hace examinando las líneas de la mano: *la gitana le cogió la mano y le dijo la buenaventura*.

bueno, -na *adj.* **1** Que tiene inclinación natural a hacer el bien: *un hombre bueno*. **2** Que cumple con sus deberes: *los niños buenos obedecen a sus padres sin protestar*. **3** Que es adecuado o conveniente: *esas medidas serán buenas para acabar con el paro; un buen negocio, un buen consejo*. **4** Que tiene mucha calidad: *la piel de esta chaqueta es buena*. **5** Que tiene las cualidades propias de la función que desempeña: *un buen corrector de estilo, un buen alumno, un coche muy bueno*. **6** Que es agradable a los sentidos: *la comida de ese restaurante es muy buena*. **7** Sano, con buena salud: *cuando te pongas bueno, podrás salir a la calle*. Se suele usar con los verbos *estar* y *ponerse*. **8** Que es mayor de lo normal en tamaño, cantidad o intensidad: *se bebió un buen vaso de zumo; este niño se merece unos buenos azotes*. ◊ *adv.* **9 bueno** Expresión que se utiliza para indicar aprobación o conformidad: *¿te apetece tomar algo? Bueno*. **SIN** bien.
de buenas a primeras De repente y sin aviso: *ahora, de buenas a primeras, nos dice que lo tengamos preparado para mañana*.
estar bueno o **estar buena** *coloquial* Tener un cuerpo muy atractivo: *tiene una amiga que es modelo y está muy buena*.
estar de buenas Estar de buen humor, alegre y complaciente: *pediremos hoy el aumento de sueldo porque el jefe está de buenas*.

buey 178

por las buenas a) De forma voluntaria: *lo harás por las buenas o por las malas, de ti depende.* b) Sin motivo o sin causa; porque sí: *se presentó por las buenas, sin ninguna invitación.* **DER** buen, buenazo.
ETIM *Bueno* procede del latín *bonus*, que tenía el mismo significado, voz con la que también están relacionadas *bonachón, bondad, bonificar, bonito.*
OBS El comparativo de superioridad es *mejor*. El superlativo es *bonísimo, buenísimo* y *óptimo.*

buey *n. m.* **1** Toro castrado que se utiliza para labores del campo: *dos bueyes tiraban del carro.* **2** Crustáceo marino comestible, parecido al centollo, con un caparazón ovalado y cinco pares de patas, las dos primeras en forma de grandes pinzas negras.
ETIM *Buey* procede del latín *bos, bovis*, que tenía el mismo significado, voz con la que también están relacionadas *bóvido, bovino, boyada, boyera.*

búfalo, -la *n. m. y f.* **1** Mamífero parecido al toro, de cuerpo robusto, cuernos largos y gruesos muy juntos en la base y el pelo de color marrón o gris: *los búfalos viven sobre todo en África y la India.* **2** Mamífero salvaje parecido al toro, de cuerpo grande, robusto y más elevado hacia la cabeza, con cuernos cortos y pelo denso de color marrón oscuro más largo en la parte anterior del cuerpo: *los indios de Norteamérica cazaban búfalos.* **SIN** bisonte.

bufanda *n. f.* Prenda de vestir que consiste en una tira larga y amplia de tela, generalmente de lana o seda, con que se envuelve y abriga el cuello y la boca.

bufar *v. intr.* **1** Resoplar con fuerza y furor el toro, el caballo y otros animales: *el toro bufaba cerca de la barrera.* **2** Mostrar enfado o ira grandes: *no se lo pidas hoy, que está que bufa.* ◊ *v. prnl.* **3 bufarse** Salirle bolsas a una superficie: *el techo del baño se ha bufado a causa de la humedad.*
DER bufido.

bufé *n. m.* **1** Comida en la que los alimentos están dispuestos en mesas o mostradores de manera que los comensales se puedan servir ellos mismos: *en la boda se ofreció un bufé a los asistentes.* **2** Establecimiento donde se sirve ese tipo de comida: *voy a comer en el bufé del hotel.*
OBS Es de origen francés.

bufete *n. m.* **1** Despacho en el que trabajan uno o más abogados: *va a entrar de pasante en un bufete muy prestigioso.* **2** Mesa de escribir con cajones: *acercó la silla al bufete y se puso a redactar la carta.*
OBS Es de origen francés.

bufido *n. m.* **1** Resoplido del toro, el caballo y otros animales, dado con fuerza y furor: *el toro embistió al torero dando bufidos.* **2** Muestra de enfado y enojo grandes: *entró en la oficina dando bufidos.*

bufón *n. m.* **1** Personaje ridículo y grotesco, generalmente dotado de agudeza e ingenio, que en la Edad Media y principios de la Moderna divertía a la corte con historias graciosas y chistes.: *el rey siempre se hacía acompañar por su bufón.* ◊ *adj./n. m.* **2** [persona] Que hace tonterías, generalmente para hacer reír: *¿no se cansa de hacer el bufón en clase?* **SIN** payaso.
DER bufonada, bufonería, bufonesco.

bufonada *n. f.* Dicho o hecho propio de un bufón: *todos tus dichos no son más que bufonadas.*

buga *n. m.* coloquial Coche, vehículo automóvil.

buganvilla *n. f.* Arbusto trepador de jardín, de flores pequeñas, rojas, anaranjadas o moradas: *la hiedra y las buganvillas trepaban por la pared.*

buhardilla *n. f.* **1** Parte más alta de una casa, justo debajo del tejado, que tiene el techo inclinado: *ha montado el despacho en la buhardilla; alquilaron una buhardilla con un solo dormitorio y un aseo.* ☞ casa. **2** Ventana que se abre en un tejado: *por la buhardilla entra luz suficiente para iluminar el desván.*
DER abuhardillado.

búho *n. m.* **1** Ave rapaz nocturna de ojos muy redondos y grandes, con plumas en la cabeza a modo de orejas y el pico corvo; se alimenta de pequeños animales: *el búho tiene un vuelo pausado y silencioso.* ☞ aves. **2** Persona que huye del trato con la gente: *es un búho, siempre está solo.*
OBS Para indicar el sexo se usa *el búho macho* y *el búho hembra.*

buhonero *n. m.* Persona que va de casa en casa vendiendo utensilios y objetos de poco valor: *el buhonero llevaba botones, cucharas, peines y baratijas en un cesto.*

buitre *n. m.* **1** Ave rapaz de gran tamaño, de color negro o marrón, con la cabeza y el cuello sin plumas, que vive en grupos y se alimenta generalmente de animales muertos: *una bandada de buitres estaba comiendo una oveja muerta.* **2** coloquial Persona egoísta que aprovecha cualquier situación en su propio beneficio: *el muy buitre se quedó con todo, a pesar de que no era sólo suyo; mi hermano no quiere que salga con ninguno de sus amigos porque dice que son unos buitres.*
DER buitrear, buitrera, buitrón.
OBS Para indicar el sexo se usa *el buitre macho* y *el buitre hembra.*

buitrear *v. tr.* **1** coloquial Consumir o utilizar gratuitamente una cosa de otra persona: *a ver si dejas de buitrearme el tabaco y lo compras tú.* **SIN** gorronear. ◊ *v. intr.* **2** coloquial Tratar de aprovecharse de los demás: *las chicas se quejan de que por las noches la mayoría de los muchachos se dedican solamente a buitrear.*

buitrón *n. m.* Agujero que los ladrones hacen en techos o paredes para robar. **SIN** butrón.

bujarrón *adj./n. m.* coloquial Hombre homosexual.

bujía *n. f.* Pieza de un motor de combustión interna que sirve para que salte la chispa eléctrica que enciende el combustible: *las bujías del coche.*

bula *n. f.* Documento autorizado y firmado por el Papa que concedía derechos especiales o liberaba de ciertas obligaciones religiosas a quien lo poseía: *la bula de la carne dispensaba de la prohibición de comer carne en ciertos días.*

bulbo *n. m.* **1** BOT. Tallo subterráneo de ciertas plantas, de forma redondeada, donde se guardan sustancias de reserva: *la cebolla y el ajo son bulbos.* **2** ANAT. Estructura de forma redondeada. ☞ diente. **bulbo piloso** ANAT. Bulbo que está en la raíz del pelo de los mamíferos. **bulbo raquídeo** ANAT. Bulbo que está en la parte superior de la médula espinal y llega hasta la base del cráneo: *el bulbo raquídeo regula la circulación de la sangre, la respiración y otras funciones.* ☞ cerebro.
DER bulboso.

bulboso, -sa *adj.* **1** Que tiene forma de bulbo: *tenía los ojos pequeños y una nariz grande y bulbosa.* **2** BOT. Que tiene bulbos: *el tulipán es una planta bulbosa.*

buldog *adj./n. m.* [perro] De una raza que se caracteriza por tener cuerpo robusto, patas cortas, cabeza grande y cuadrada y hocico aplanado.
OBS También se escribe *bulldog.*

bulerías *n. f. pl.* **1** Cante flamenco de ritmo vivo y que se acompaña con palmas. **2** Baile que se ejecuta al ritmo de ese cante: *vamos a bailar por bulerías.*

bulevar *n. m.* Calle o avenida ancha generalmente con

árboles a ambos lados o en la parte central: *en el centro del bulevar hay quioscos con flores.*
OBS El plural es *bulevares*.

búlgaro, -ra *adj.* **1** De Bulgaria o relacionado con este país del este de Europa. ◊ *adj./n. m. y f.* **2** [persona] Que es de Bulgaria. ◊ *n. m.* **3** Lengua eslava que se habla en Bulgaria y en otras regiones: *en algunas zonas de Rumanía se habla búlgaro.*

bulimia *n. f.* Enfermedad nerviosa que consiste en comer de manera incontrolada gran cantidad de alimentos, para vomitarlos a continuación de modo voluntario: *generalmente, bulimia y anorexia son enfermedades que se dan juntas y están motivadas en parte por una excesiva preocupación por el peso y la figura.*

bulla *n. f.* Bullicio, ruido.
DER bullanguero.

bullabesa *n. f.* Sopa de pescado y marisco a la que se añaden especias, aceite y vino y que suele servirse con rebanadas de pan.

bullanguero, -ra *adj./n. m. y f.* [persona] Que gusta mucho de fiestas y sitios animados donde hay mucha gente.

bulldog *adj./n. m.* Buldog, perro.
OBS Es de origen inglés y se pronuncia aproximadamente 'buldog'.

bulldozer *n. m.* Máquina excavadora provista de una pala frontal muy grande para arrancar tierra y rocas y nivelar el terreno, especialmente la que se mueve sobre cadenas.
OBS Es de origen inglés y se pronuncia aproximadamente 'buldócer'.

bullicio *n. m.* Conjunto de ruidos y rumores producidos por mucha gente reunida: *me gusta el bullicio que hay en las calles cuando están los comercios abiertos.* **SIN** ambientación, animación, jaleo.
DER bullicioso.

bullicioso, -sa *adj.* **1** [lugar] Que tiene un ambiente muy alegre y ruidoso producido por la actividad de mucha gente: *las grandes ciudades son muy bulliciosas.* **ANT** apacible, sereno, tranquilo. ◊ *adj./n. m. y f.* **2** [persona] Que se mueve o alborota mucho.

bullir *v. intr.* **1** Moverse agitadamente formando burbujas un líquido que está al fuego cuando alcanza una temperatura determinada: *después de un rato, el agua comenzó a bullir en el puchero.* **SIN** hervir. **2** Moverse un líquido de la misma manera que lo haría si estuviese a esa temperatura por reacción química o por otras causas: *el agua del mar bullía debido a los fuertes vientos.* **SIN** hervir. **3** Haber una cantidad grande de personas o cosas en continuo movimiento: *en las horas punta, las calles bullen de gente.* **SIN** hervir. **4** Surgir en la mente muchas ideas o pensamientos entremezclados: *en su cabeza bullían mil ideas y proyectos.*
DER bulla, bullicio; ebullición, rebullir.
OBS En su conjugación, la *i* de la desinencia se pierde absorbida por la *ll* en algunos tiempos y personas, como en *mullir*.

bulo *n. m.* Noticia falsa que corre entre la gente: *el Gobierno asegura que esa noticia no es más que un bulo.*

bulto *n. m.* **1** Volumen o tamaño de cualquier cosa: *esto hace mucho bulto.* **2** Cuerpo del que sólo se distingue la forma: *no lo veo bien, sólo distingo un bulto.* **3** Abultamiento o elevación en una superficie: *si te metes las llaves en el pantalón, te harán un bulto*; *le han detectado un bulto en el pecho.* **4** Paquete, bolsa, maleta o cualquier otro equipaje: *voy a dejar mis bultos en la consigna.*
a bulto De manera aproximada: *así, a bulto, se podría decir que harán falta diez personas.* **SIN** a ojo.

de bulto Que es manifiesto y claro: *es un libro muy malo: tiene errores de bulto.*
escurrir el bulto *coloquial* Esquivar un trabajo, peligro o compromiso: *a la hora de trabajar intentaban escurrir el bulto.*
hacer bulto Estar en un acto o lugar simplemente para ocupar un espacio: *nos pidieron que fuéramos a la conferencia a hacer bulto.*
DER abultar.
ETIM *Bulto* procede del latín *vultus*, 'rostro', que primeramente se aplicó a las imágenes que representaban la cabeza de los santos, después a las estatuas en relieve, luego a la cabeza de las personas y por último a cualquier objeto voluminoso.

bumerán *n. m.* Objeto plano y curvo de madera que al lanzarse con la mano de determinada manera vuelve al punto de partida: *los indígenas de Australia usan el bumerán como arma.* **SIN** boomerang.

bungaló o **bungalow** *n. m.* Casa de campo o de playa de un solo piso y estructura sencilla.
OBS Es de origen hindi a través del inglés *bungalow*, que se pronuncia aproximadamente 'bungalóu'. ◊ La Real Academia Española sólo admite la forma *bungaló*. ◊ El plural de *bungaló* es *bungalós*, y el de *bungalow, bungalows*.

búnker *n. m.* **1** Refugio de hormigón armado, generalmente subterráneo, para defenderse de los bombardeos. **2** Grupo político que, por aferrarse a una ideología tradicional, se resiste a cualquier cambio. **3** En el juego del golf, fosa con arena que, como obstáculo artificial, dificulta el recorrido del jugador.

bunsen *n. m.* Mechero utilizado en el laboratorio que funciona con gas y produce una llama de gran poder calorífico y sin humo.

buñuelo *n. m.* Masa de harina y otros ingredientes, como frutas o pescados, frita en aceite: *buñuelos de bacalao.*
buñuelo de viento Buñuelo que se hace con harina, leche, huevo, azúcar y zumo de limón; no lleva ningún relleno.

BUP *n. m.* Sigla de *bachillerato unificado polivalente*, 'etapa de la enseñanza que comprende de los quince a los diecisiete años'.

buque *n. m.* **1** Embarcación con el fondo cóncavo que navega movida generalmente por el viento o por un motor; suele ser de grandes dimensiones y tener varias cubiertas, departamentos y camarotes: *los buques se dedican a navegaciones de mucha importancia.* **SIN** nave. **buque de guerra** Buque blindado y dotado de cañones y armamento para entrar en combate. **buque escuela** Buque que sirve para que los cadetes de la marina de guerra completen su formación. **buque mercante** Buque que se dedica al transporte de mercancías. **2** Casco de una embarcación, sin las máquinas, velas ni palos: *el buque quedó dañado, aunque los motores funcionaban.*

buqué *n. m.* Aroma característico de un vino.

burbuja *n. f.* **1** Ampolla pequeña de aire o gas que se forma dentro de un líquido y sube a la superficie o flota en el aire: *las burbujas del champán.* **2** Espacio desinfectado y aislado del exterior: *este niño ha nacido sin defensas y no puede salir de la burbuja.*
DER burbujear.

burbujear *v. intr.* Hacer burbujas: *el champán burbujea.*
DER burbujeo.

burdel *n. m.* Establecimiento público en el que se ejerce la prostitución: *la policía entró en el burdel e hizo varias detenciones.* **SIN** casa de citas, lupanar, prostíbulo.

burdeos *adj.* **1** De color rojo oscuro: *la anfitriona entró en* *la sala vestida con una túnica burdeos.* ◇ *adj./n. m.* **2** [color] Que es rojo oscuro: *el burdeos suele ser el color de muchos vinos tintos.* ◇ *n. m.* **3** Vino de color rojo oscuro elaborado en la zona de Burdeos, en Francia.

burdo, -da *adj.* **1** [tejido, mueble, otra cosa] Que es poco delicado o fino: *la tela de saco es burda y áspera.* **SIN** basto, tosco. **2** [persona] Que tiene malos modos o es poco delicado en el trato y en el comportamiento: *tiene modales un poco burdos: le falta pulirse.* **SIN** basto, rudo, tosco.

burgalés, -lesa *adj.* **1** De Burgos o relacionado con esta provincia española o con su capital. ◇ *adj./n. m. y f.* **2** [persona] Persona que ha nacido en Burgos.

burger *n. m.* Establecimiento donde se sirven y venden hamburguesas y otras comidas y bebidas. **SIN** hamburguesería.
OBS Es de origen inglés y se pronuncia aproximadamente 'búrguer'.

burgués, -guesa *adj.* **1** De la burguesía o relacionado con esta clase social. ◇ *adj./n. m. y f.* **2** [persona] Que pertenece a la burguesía: *los burgueses hicieron inversiones en pequeñas industrias.* **3** [persona] Que tiende a la estabilidad económica y social y a la comodidad: *muchos jóvenes de hoy sólo tienen aspiraciones burguesas.*
DER burguesía; aburguesarse.

burguesía *n. m.* Clase social formada por las personas que tienen medios económicos o empresas, tales como los banqueros, empresarios, comerciantes, profesionales e industriales: *la nueva burguesía apareció a partir de la revolución industrial.*

buril *n. m.* Instrumento de acero puntiagudo y en forma de prisma que sirve para grabar metales.

burla *n. f.* **1** Hecho o dicho con que se intenta poner en ridículo a una persona o cosa: *si vas vestido así, te expones a las burlas de la gente.* **SIN** mofa, choteo. **2** Engaño que se hace a persona de buena fe y que resulta molesto o humillante: *el juicio fue una burla: el juez había decidido la sentencia antes de empezar.* **SIN** farsa.
DER burladero, burlar, burlesco, burlón.

burladero *n. m.* Valla situada delante de la barrera en la plaza de toros para que el torero pueda burlar al toro: *el torero se refugió en el burladero.*

burlar *v. tr.* **1** Engañar o hacer creer algo falso: *unos estafadores burlaron a mi padre.* **2** Esquivar a una persona que supone una amenaza: *los atracadores consiguieron burlar a la policía.* ◇ *v. prnl.* **3 burlarse** Reírse de una persona o cosa con la intención de ponerla en ridículo: *se burlaba del profesor cuando éste se daba la vuelta.* **SIN** cachondearse, mofarse.
DER burlador.

burlesco, -ca *adj.* Que manifiesta o implica burla: *dijo en un tono burlesco que nos invitaría a todo lo que quisiésemos.* **SIN** burlón.

burlete *n. m.* Tira de material aislante que se fija en el canto de puertas y ventanas o en las piezas de la jamba para que no entre el aire cuando aquéllas están cerradas: *hemos puesto burletes en todas las ventanas para que no entre tanto frío en invierno.*

burlón, -lona *adj.* **1** Que manifiesta o implica burla: *no me gusta la risa burlona que tiene siempre cuando te habla.* **SIN** burlesco. ◇ *adj./n. m. y f.* **2** [persona] Que gusta mucho de burlarse de la gente o de las cosas: *el muy burlón siempre se está riendo de nosotros.*

buró *n. m.* Escritorio con pequeños compartimientos y cajoncitos en su parte superior, que se cierra levantando el tablero sobre el que se escribe o bajando una especie de persiana: *guardaba las cartas en un cajoncito del buró.* **SIN** secreter.
OBS El plural es *burós*.

burocracia *n. f.* **1** Conjunto de actividades y trámites que hay que seguir para resolver un asunto de carácter administrativo: *la burocracia hace posible el funcionamiento de la administración del Estado.* **2** Clase social formada por el conjunto de los empleados públicos: *la burocracia ha visto mermado su poder adquisitivo en los últimos tiempos.* **3** Exceso de normas, trámites y papeleo que dificultan o complican las relaciones del ciudadano con la administración y retrasan la solución de los asuntos: *para poder cambiarme de curso tuve que enfrentarme a la burocracia universitaria.*
DER burócrata, burocrático.

burócrata *n. com.* Persona que ocupa un puesto en la administración del Estado: *los sistemas de gobierno modernos requieren gran cantidad de burócratas.*

burocrático, -ca *adj.* De la burocracia o relacionado con las actividades de carácter administrativo: *tuve que hacer una enorme cantidad de trámites burocráticos antes de conseguir el permiso de residencia.*

burrada *n. f.* **1** Obra o dicho que causa sorpresa y rechazo por ser especialmente torpe o brutal: *deja de decir burradas: cómo vas a abrir la puerta a patadas.* **SIN** animalada, bestialidad, brutalidad. **2** Enormidad, tamaño o cantidad grande: *creo que han ganado una burrada de dinero.* **SIN** barbaridad, bestialidad.

burro, -rra *n. m. y f.* **1** Mamífero cuadrúpedo doméstico más pequeño que el caballo, con grandes orejas, cola larga y pelo áspero y grisáceo; por ser muy resistente se usa para trabajos en el campo y para la carga: *el burro le dio una coz.* **SIN** asno, borrico. ◇ *adj./n. m. y f.* **2** *coloquial* [persona] Que es poco inteligente y de escasa formación: *pero qué burro eres: has escrito oveja con b y es con v.* **SIN** asno, animal, bestia. **3** *coloquial* [persona] Que hace un uso excesivo de la fuerza física, es violento y tiene malos modos: *¡hay que ser burro para pegarle a un niño!* **SIN** animal, bestia, bruto. ◇ *n. m.* **4** Juego de cartas que consiste en ir echando naipes sobre la mesa; pierde quien se queda con la última carta: *¿jugamos al burro?*
apearse (o bajarse o caer) del burro Convencerse de algo después de haber defendido durante mucho tiempo lo contrario: *a ver si cae del burro cuando vea esto.*
burro de carga Persona que tiene aguante y puede trabajar durante mucho tiempo: *Juan es un burro de carga: no ha parado desde las nueve.*
hacer el burro Hacer algo de manera violenta o portarse de modo rudo o torpe: *dejad esa silla en el suelo, no hagáis el burro; no hagas el burro, que vas a romperlo todo.*
no ver tres en un burro Ser muy corto de vista o ver mal: *si me quito las gafas, no veo tres en un burro.*
no verse tres en un burro Estar muy oscuro, no verse nada: *cuando se fue la luz, no se veía tres en un burro.*
DER burrada.

bursátil *adj.* ECON. De la bolsa o relacionado con las operaciones que en ella se realizan: *el mercado bursátil.*

burujo *n. m.* Bulto generalmente redondeado que se forma con varias partes de una cosa que estaban o debían estar sueltas: *el hilo se ha soltado y se ha formado un burujo imposible de desenredar.*

bus *n. m.* Vehículo automóvil de transporte público con capacidad para gran número de pasajeros que realiza un trayecto fijo dentro de una población o largos recorridos por carretera: *cogió el bus para llegar a la estación.* **SIN** autobús.
DER aerobús, microbús.

OBS Es la forma abreviada de *autobús*.

busca *n. f.* **1** Actividad que se realiza para tratar de encontrar a una persona o cosa: *Manolo ha salido en busca de su padre*. **SIN** búsqueda. ◇ *n. m.* **2** Aparato que sirve para recibir una señal o un aviso: *ese médico siempre lleva un busca que, cuando suena, le indica que debe ir al hospital*.

buscapiés *n. m.* Cohete que, encendido, corre por el suelo entre los pies de la gente: *por la noche, durante los fuegos artificiales, se lanzaron buscapiés*.
OBS El plural también es *buscapiés*.

buscar *v. tr.* Hacer lo necesario para encontrar a una persona o cosa: *estoy buscando las llaves porque no sé dónde están*.
DER busca, buscador, buscona, búsqueda; rebuscar.
OBS En su conjugación, la *c* se convierte en *qu* delante de *e*.

buscavidas *n. com. coloquial* Persona que tiene habilidad para salir adelante en la vida: *es una buscavidas: seguro que no se muere de hambre*.
OBS El plural también es *buscavidas*.

buscona *n. f.* Mujer que mantiene relaciones sexuales a cambio de dinero: *las busconas esperaban clientes en las esquinas del barrio*. **SIN** prostituta.

búsqueda *n. f.* Actividad que se realiza para tratar de encontrar a una persona o cosa: *continúa la búsqueda de los excursionistas perdidos*. **SIN** busca.

busto *n. m.* **1** Escultura o pintura del cuerpo humano que comprende la cabeza y la parte superior del tronco, sin los brazos: *a la entrada del palacio hay un busto de una diosa griega*. **2** Parte superior del cuerpo humano. **3** Pecho de la mujer: *esta chica tiene unas medidas de busto perfectas*.

butaca *n. f.* **1** Sillón que tiene el respaldo inclinado hacia atrás: *se sentó en la butaca a descansar*. **2** Asiento con respaldo y brazos que ocupa un espectador en un local público, especialmente en un teatro o en un cine: *las butacas del cine de mi barrio son muy incómodas*. **3** Entrada o billete que da derecho a ocupar este asiento: *prefiero ir al cine el día del espectador porque la butaca es más barata*.

butano *n. m.* **1** Hidrocarburo gaseoso que se obtiene del petróleo y el gas natural; se emplea como combustible doméstico e industrial: *la cocina y el calentador funcionan con butano; se ha acabado la bombona de butano*. ◇ *adj./n. m.* **2** [color] Que es anaranjado o parecido al de las botellas que se usan para transportar este gas: *los voluntarios de Protección Civil llevaban un mono de color butano*. ◇ *adj.* **3** De color anaranjado o parecido al de las botellas que se usan para transportar este gas: *la mujer se compró un abrigo butano*.
DER butanero.

butifarra *n. f.* Embutido de color rosa, de forma cilíndrica y alargada, hecho con carne de cerdo cruda y picada, que es típico de Cataluña, Valencia y Baleares.

butrón *n. m.* Agujero que los ladrones hacen en techos o paredes para robar. **SIN** buitrón.

buzo *n. m.* Persona que nada y se mantiene bajo la superficie del mar, de un río o de un lago. **SIN** hombre rana, submarinista.
DER bucear.

buzón *n. m.* **1** Receptáculo instalado en la vía pública o acoplado a una puerta con una ranura por donde se echan las cartas y los papeles del correo: *tenemos que buscar un buzón para echar estas postales; mira el buzón, a ver si hay correo*. **2** *coloquial* Boca muy grande: *cierra ese buzón, que no queremos verte los dientes*.

bypass *n. m.* Conducto artificial o trasplantado mediante el cual se comunican dos puntos de una arteria para evitar una zona dañada o en mal estado: *le han colocado un bypass en la arteria coronaria*.
OBS Es de origen inglés y se pronuncia aproximadamente 'baipás'.

byte *n. m.* INFORM. Unidad de medida de almacenamiento de información equivalente a ocho bits.
DER megabyte.
OBS Es de origen inglés y se pronuncia aproximadamente 'bait'.

C | c

c *n. f.* **1** Tercera letra del alfabeto español. Ante las vocales *a, o, u* tiene sonido velar, igual que el de *qu* ante *e, i* o *k* ante cualquier vocal: *casa, cosa, cuando,* y ante *e, i* tiene sonido interdental, como el de *z* ante cualquier vocal: *cena, cine.* **2** En la numeración romana tiene el valor de cien: *una C seguida de una X equivale a 110.* Se escribe con mayúscula.

c/ Abreviatura de *calle,* 'vía pública'; *cargo,* 'pago', o *cuenta,* 'operación aritmética'.

¡ca! *int. coloquial* Expresión que se usa para negar algo que otro afirma. **SIN** ¡quia!

cabal *adj.* **1** [persona] Que se comporta con honradez y rectitud: *una persona cabal hace siempre lo que debe.* **SIN** honesto, honorable, honrado. **2** Que es exacto o justo en su peso o medida; que no falta ni sobra nada: *no me des más cifras aproximadas y haz las cuentas cabales.*
no estar en sus cabales Haber perdido el juicio una persona: *no estará en sus cabales cuando pretende salir con este tiempo.*
DER descabalar.

cábala *n. f.* **1** Interpretación mística y alegórica del Antiguo Testamento realizada por los judíos y algunos cristianos, especialmente del siglo XIII al XVI. **2** Juicio formado a partir de datos incompletos o supuestos: *no hagas cábalas y espera a que tengamos más información.* **SIN** conjetura. Se usa sobre todo en plural.
DER cabalístico.

cabalgadura *n. f.* Animal apto para cabalgar: *el camello es la cabalgadura habitual en el desierto.* **SIN** montura.

cabalgar *v. intr./tr.* **1** Montar en un caballo u otra cabalgadura: *cabalgaba en un precioso alazán.* ◇ *v. intr.* **2** Montar una persona sobre una cosa: *el chiquillo cabalgaba sobre la tapia.* **3** Montar una cosa sobre otra: *las gafas cabalgan sobre la nariz.*
DER cabalgadura, cabalgata; descabalgar, encabalgar.
ETIM Véase *caballo.*
OBS En su conjugación, la g se convierte en gu delante de e.

cabalgata *n. f.* Conjunto de jinetes, carrozas y otras atracciones que desfilan por las calles en alguna celebración o fiesta popular: *cabalgata de los Reyes Magos.*

caballa *n. f.* Pez marino comestible de medio metro de largo y de color azul verdoso brillante con líneas negras.
OBS Para indicar el sexo se usa *la caballa macho* y *la caballa hembra.*

caballar *adj.* Del caballo o relacionado con este mamífero: *cría caballar; ganado caballar.*

caballeresco, -ca *adj.* **1** Relacionado con la caballería medieval: *novela caballeresca.* **2** [acción, comportamiento] Que es educado, cortés y amable: *quien le cede el asiento a una señora muestra un comportamiento caballeresco.* **SIN** caballeroso.

caballería *n. f.* **1** Animal doméstico, como el caballo, el burro o el mulo, que sirve para montar en él o para transportar cosas. **2** Arma del ejército de tierra compuesta por soldados montados a caballo o en vehículos motorizados: *los tanques o carros blindados son el principal vehículo de la caballería moderna.* **3** Institución feudal formada por los caballeros medievales u hombres pertenecientes a la nobleza que se dedicaban al ejercicio de las armas. **caballería andante** Orden y profesión de los caballeros que durante la Edad Media andaban buscando aventuras y defendiendo los ideales de justicia, lealtad y honor: *la literatura medieval dedicó muchas obras a la caballería andante.*

caballeriza *n. f.* Instalación cerrada y cubierta preparada para la estancia de caballos u otros animales de carga: *este hipódromo posee unas enormes caballerizas.* **SIN** cuadra.

caballero *n. m.* **1** Hombre que se comporta con cortesía, nobleza y amabilidad: *un caballero le abre la puerta a una dama para que pase.* **SIN** señor. **2** Hombre de la nobleza que en la Edad Media se dedicaba al ejercicio de las armas: *los caballeros juraban lealtad a su señor y defendían sus dominios.* **caballero andante** Hombre que durante la Edad Media andaba por el mundo buscando aventuras y defendiendo los ideales de justicia, lealtad y honor. **3** Hombre adulto, individuo de la especie humana de sexo masculino: *lavabo de caballeros, peluquería de caballeros.* **4** Forma de tratamiento que indica respeto y cortesía y que se utiliza con los hombres adultos: *¡oiga, caballero!* **SIN** señor.
poderoso caballero es don dinero Expresión con que se indica lo mucho que se puede conseguir cuando se dispone de riqueza.
DER caballeresco, caballería, caballeroso.

caballerosidad *n. f.* Comportamiento propio del hombre que obra como un caballero, con cortesía, nobleza y amabilidad.

caballeroso, -sa *adj.* **1** [hombre] Que se comporta como un caballero, con cortesía, nobleza y amabilidad: *es muy caballeroso y no permitió que regresara sola a casa.* **2** [acción, comportamiento] Que es propio de un caballero: *dejar que primero pasen los demás es un gesto caballeroso.*
SIN caballeresco.
DER caballerosidad.

caballete *n. m.* **1** Soporte formado por una pieza horizontal sostenida por patas; sirve para apoyar sobre él tablones o maderas: *con un tablero y dos caballetes he hecho mi mesa de estudio.* **2** Armazón utilizado por los pintores para colocar en posición vertical o algo inclinado hacia atrás el lienzo en el que pintan. **3** Línea horizontal y más alta de un tejado donde confluyen las dos vertientes. **4** Prominencia formada por el cartílago de la nariz.

caballista *n. com.* Persona que entiende de caballos y que monta bien.

caballito *n. m.* **1** Juguete con forma de caballo: *el pequeño se balanceaba en su caballito de madera.* ◇ *n. m. pl.* **2 caballitos** Atracción de feria que consiste en una plataforma giratoria sobre la que hay animales y vehículos de juguete en los que se puede montar: *voy a llevar a los niños a los caballitos.* **SIN** carrusel, tiovivo.

caballito de mar Pez marino de muy pequeño tamaño, con la cola prensil y el hocico largo y tubular, cuya cabeza recuerda la de un caballo: *los caballitos de mar nadan en posición vertical.* **SIN** hipocampo.

caballito del diablo Insecto parecido a la libélula, pero de menor tamaño: *el caballito del diablo es un excelente volador y vive junto a estanques y ríos.*

caballo *n. m.* **1** Mamífero herbívoro, cuadrúpedo, de orejas pequeñas, cola cubierta de largo pelo y patas terminadas en casco; se domestica con facilidad y se suele usar para montar en él: *el caballo tiene una alzada media de 1,5 m.* **2** Carta de la baraja española que representa a un caballo con su jinete: *cada palo de la baraja tiene un caballo.* **3** Pieza del ajedrez que tiene forma de caballo: *en el ajedrez, cada jugador tiene dos caballos.* **4** *coloquial* En el lenguaje de la droga, heroína. **5** Aparato de gimnasia formado por cuatro patas que soportan un cuerpo horizontal alargado y terminado en punta; se salta sobre él apoyando las manos. ☞ gimnasio.

a caballo *a)* Sobre una caballería o sobre otra cosa en posición semejante. Se usa con los verbos *ir, llevar* o *montar,* entre otros. *b)* Entre dos períodos o situaciones diferentes, participando de ambos: *sus gustos están a caballo entre lo clásico y lo moderno.*

a mata caballo Con mucha prisa y sin poner cuidado. También se escribe *a matacaballo.*

caballo de batalla *a)* Punto principal y más debatido de un asunto, discusión o problema: *el caballo de batalla del debate fueron los presupuestos. b)* Dificultad persistente con la que alguien se enfrenta de manera constante: *acabar con la contaminación es el caballo de batalla del ecologismo.*

caballo de vapor Medida de potencia que equivale a 735,5 vatios: *el símbolo español de caballo de vapor es CV.*
DER caballa, caballar, caballeriza, caballista, caballito.
ETIM *Caballo* procede del latín *caballus,* 'caballo de carga', voz con la que también está relacionada *cabalgar.*
OBS La hembra del caballo se designa con el femenino *yegua.*

cabaña *n. f.* **1** Casa en el campo, pequeña y tosca, hecha con ramas, troncos y materiales de poco valor: *cabaña de pastores.* **SIN** choza. **2** Conjunto de cabezas de ganado de un mismo tipo o lugar: *ha sido preciso reducir la cabaña vacuna.*
DER cabañuelas.

cabaré o **cabaret** *n. m.* Establecimiento que abre habitualmente de noche, en el que se sirven bebidas y se hacen representaciones de música y baile.
OBS La Real Academia Española sólo registra la forma *cabaré.*

cabecear *v. tr./intr.* **1** En fútbol, golpear la pelota con la cabeza: *el futbolista cabeceó el balón y marcó gol.* ◇ *v. intr.* **2** Mover la cabeza de un lado a otro o de arriba abajo: *el jefe cabecea cuando no está conforme; este caballo suele cabecear.* **3** Mover una persona la cabeza en un lado a otro en señal de negación o de arriba abajo en señal de afirmación. **4** Dar cabezadas la persona que se está durmiendo. **5** Moverse un vehículo de transporte levantando y bajando la parte delantera y trasera alternativamente: *el camión cabeceaba a causa del mal estado de la carretera.*
DER cabeceo.

cabeceo *n. m.* **1** Movimiento de la cabeza a un lado y a otro o de arriba abajo: *no sé qué quieres decir con ese cabeceo; el cabeceo del toro en la plaza suele indicar falta de fuerza.* **2** Acción de dar cabezadas la persona que se está durmiendo. **3** Movimiento que hace un vehículo de transporte al subir y bajar la parte delantera y trasera alternativamente: *fue impresionante el cabeceo del buque en medio de la tormenta.*

cabecera *n. f.* **1** Extremo de la cama donde se coloca la almohada y se pone la cabeza al dormir: *el lado contrario de la cabecera son los pies de la cama.* **2** Pieza vertical que limita la cama por este extremo: *tiene colgado un peluche en la cabecera de su cama.* También se dice *cabecero.* **3** Lugar principal, normalmente de una mesa, o destinado a una persona importante o invitada: *el presidente del tribunal examinador se sentó en la cabecera.* **4** Origen de un río: *la cabecera del Ebro.* **5** Conjunto de palabras que figura al comienzo de un escrito, en especial un periódico, generalmente para indicar el título, el autor, la fecha y otros datos generales relacionados con él: *la cabecera del diario.*

cabecero *n. m.* Cabecera, pieza vertical que limita la cama por la parte donde se coloca la almohada.

cabecilla *n. com.* Persona que está al frente de un grupo o movimiento, especialmente si es de protesta u oposición contra algo: *fueron detenidos los cabecillas de la manifestación.*

cabellera *n. f.* Conjunto de cabellos, especialmente cuando son largos y abundantes y caen sobre los hombros. **SIN** cabello, pelo.

cabello *n. m.* **1** Pelo que nace en la cabeza de las personas. **2** Cabellera, conjunto de cabellos: *se recogió el cabello con un pasador.* **SIN** pelo. ☞ cuerpo humano.

cabello de ángel Dulce en forma de hilos de color claro que se suele usar como relleno de otros dulces: *el cabello de ángel se hace con una variedad de calabaza.*
DER cabellera, cabelludo; descabellar.
ETIM *Cabello* procede del latín *capillus,* que tenía el mismo significado, voz con la que también está relacionada *capilar.*
OBS En el habla común se usa más y es de significado más amplio la palabra *pelo,* pues se refiere al de cualquier parte del cuerpo humano y al de los animales.

cabelludo, -da *adj.* Que tiene mucho cabello. **cuero cabelludo** Piel de la cabeza humana donde nace el pelo: *la caspa es una descamación del cuero cabelludo.*

caber *v. intr.* **1** Poder ser contenida una cosa dentro de otra: *los libros caben en la estantería.* **2** Poder entrar alguien o algo por una abertura o paso: *la nevera no cabe por la puerta.* **3** Tener una cosa el tamaño necesario para poder colocarse o ajustarse alrededor de otra: *he engordado tanto que no me caben los pantalones; no me cabe el anillo.* **SIN** entrar. **4** Ser algo posible o natural: *no cabe ninguna reclamación.* **5** Corresponder o pertenecer algo a una persona o situación: *me cupo la satisfacción de darles la buena noticia.* **6** *coloquial* Tocar o corresponder al dividir una cantidad: *seis entre tres cabe a dos.*

dentro de lo que cabe Al menos, en cierto modo, de alguna manera: *esa es, dentro de lo que cabe, una buena solución.*
no caber duda o **no caber la menor duda** Ser una cosa completamente segura: *no te quepa la menor duda de que vendrá.*
no caber en la cabeza No poder entender o concebir

cabestrillo

C c

algo: *no me cabe en la cabeza que todavía no sepa contar.* **no caber en sí** Estar alguien muy alegre o satisfecho. Suele ir seguido de 'de gozo', 'de alegría'.
DER cabida.
ETIM *Caber* procede del latín *capere*, que tenía el mismo significado, voz con la que también está relacionada *cupo*.

caber

INDICATIVO	SUBJUNTIVO
presente	**presente**
quepo	quepa
cabes	quepas
cabe	quepa
cabemos	quepamos
cabéis	quepáis
caben	quepan
pretérito imperfecto	**pretérito imperfecto**
cabía	cupiera o cupiese
cabías	cupieras o cupieses
cabía	cupiera o cupiese
cabíamos	cupiéramos o cupiésemos
cabíais	cupierais o cupieseis
cabían	cupieran o cupiesen
pretérito indefinido	**futuro**
cupe	cupiere
cupiste	cupieres
cupo	cupiere
cupimos	cupiéremos
cupisteis	cupiereis
cupieron	cupieren
futuro	**IMPERATIVO**
cabré	
cabrás	cabe (tú)
cabrá	quepa (usted)
cabremos	cabed (vosotros)
cabréis	quepan (ustedes)
cabrán	
condicional	**FORMAS NO PERSONALES**
cabría	
cabrías	**infinitivo** **gerundio**
cabría	caber cabiendo
cabríamos	**participio**
cabríais	cabido
cabrían	

cabestrillo *n. m.* Banda o aparato que se cuelga del cuello o del hombro para sostener la mano o el brazo lesionados: *tras vendarle la mano, le pusieron un cabestrillo.*

cabestro *n. m.* **1** Buey manso que se pone delante de las reses bravas para guiarlas: *los cabestros suelen llevar un cencerro.* **2** Persona torpe, que se deja influir fácilmente por los demás: *defiende tu opinión y no seas cabestro.* **3** Cuerda que se pone en el cuello o cabeza de los animales de carga para atarlos o conducirlos.
DER cabestrillo; encabestrar.

cabeza *n. f.* **1** Parte superior del cuerpo del hombre y superior o anterior de muchos animales, donde se encuentran algunos órganos de los sentidos y el cerebro: *el cuerpo humano está formado por cabeza, tronco y extremidades; se ha dado un golpe en la cabeza.* ☞ cuerpo humano. **2** Cabeza del hombre y de algunos mamíferos, pero sin considerar la cara: *vino de la peluquería con la cabeza rapada.* **3** Capacidad de pensar, imaginar o recordar: *tiene muy mala cabeza y se le olvida todo.* **cabeza cuadrada** *coloquial* Persona que no suele cambiar de opinión porque es de ideas fijas: *no insistas más, que es un cabeza cuadrada y nunca verá las cosas de otro modo.* **cabeza de chorlito** o **cabeza loca** *coloquial* Persona que piensa poco las cosas o que tiene poco juicio: *piensa un poco antes de contestar, y no me seas cabeza de chorlito.* **cabeza dura** *coloquial* Persona a la que le cuesta mucho comprender las cosas: *es un cabeza dura y no lograrás hacerle entender esto.* **cabeza hueca** *coloquial* Persona irresponsable y de poco juicio: *es un cabeza hueca y no se le puede confiar nada serio.* **4** Persona en una distribución: *tocamos a dos por cabeza.* **5** Animal de un rebaño, especialmente cuando se cuenta: *hemos vendido trescientas cabezas de ganado.* **SIN** res. **6** Parte o pieza, generalmente redondeada, colocada en el extremo de una cosa y opuesta a la punta cuando la tiene: *la cabeza de un alfiler.* **7** Pieza que lee, escribe o borra las cintas de sonido o imagen: *he limpiado las cabezas del radiocasete y ahora suena mejor.* **SIN** cabezal. **8** Pueblo o ciudad principal de un estado o región. **cabeza de partido** Pueblo o ciudad del que dependen otros para la administración de justicia: *mi ciudad es cabeza de partido y tiene juzgado.* ◊ *n. m.* **9** Persona que dirige, preside o lidera una corporación o una colectividad: *el Papa es el cabeza de la Iglesia.* **cabeza de familia** Persona de mayor autoridad entre sus familiares: *no siempre es el padre el cabeza de familia.*
a la cabeza o **en cabeza** Delante, en el primer puesto: *nuestro corredor iba en cabeza del grupo.*
cabeza abajo Con la parte superior debajo y la inferior encima: *coloca la botella cabeza abajo para que salga todo el líquido.* **SIN** boca abajo.
cabeza arriba Con la parte superior encima y la inferior debajo: *vuelve a poner la botella cabeza arriba que se ha volcado.* **SIN** boca arriba.
cabeza de ajo (o **de ajos**) Conjunto de los dientes o partes que forman el bulbo de un ajo, cuando todavía están unidos: *necesito una cabeza de ajo para preparar esta comida.*
cabeza de turco Persona sobre la que se hace recaer toda la culpa de algo que ha sido hecho por muchos: *como no podía condenarlos a todos ha elegido un cabeza de turco.*
cabeza rapada Miembro de un grupo urbano y juvenil de comportamiento violento que se caracteriza por llevar el pelo rapado: *varios cabezas rapadas fueron detenidos por apalear a un mendigo.*
calentar la cabeza Cansar o molestar hablando mucho: *no me calientes más la cabeza con tus peticiones.*
calentarse (o **romperse**) **la cabeza** Pensar una cosa intensamente o durante mucho tiempo: *no te calientes la cabeza y búscalo en el libro.*
de cabeza *a)* Con la parte superior del cuerpo por delante: *ya sé tirarme de cabeza desde el trampolín. b)* Directa y rápidamente: *vas de cabeza al desastre. c)* Muy nervioso o agobiado por tener que hacer muchas cosas muy urgentemente: *la preparación del congreso nos trae a todos de cabeza.* Se usa con los verbos *andar, estar, llevar* o *traer. d)* Sin ayudarse de la escritura ni de ningún otro medio para dar una solución: *haced las cuentas de cabeza y no con papel y lápiz.*
levantar la cabeza Recuperar la vida después de haberla perdido. Suele usarse en la expresión *si levantara la cabeza,*

para dar a entender que una persona muerta no aprobaría lo que se hace o sucede.
meter en la cabeza Comprender o entender un hecho o una situación: *no se me mete en la cabeza esta lección.*
metérsele en la cabeza Obstinarse, mantener una opinión, intención o idea aun en contra de circunstancias contrarias: *aunque sus padres no quieren, a él se le ha metido en la cabeza y lo hará.*
no caber en la cabeza No poderse entender o imaginar: *no me cabe en la cabeza cómo ha podido ocurrir.*
no levantar cabeza No lograr salir de una situación poco favorable: *tiene muchos problemas y no levanta cabeza.*
perder la cabeza *a)* Dejarse llevar por la ira y actuar sin pensar: *cuando me insultó, perdí la cabeza y no pude controlarme.* *b)* Actuar sin juicio o sin razonar o volverse loco: *está en tratamiento porque, tras el accidente de sus padres, ha perdido la cabeza.*
DER cabecear, cabecera, cabecero, cabecilla, cabezada, cabezal, cabezazo, cabezo, cabezón, cabezonada, cabezonería, cabezota, cabezudo, cabezuela; cabizbajo, descabezar, encabezar.
ETIM *Cabeza* procede del latín *capitia,* de *caput,* que tenía el mismo significado, voz con la que también están relacionadas *cabo, caudillo, occipucio.*

cabezada *n. f.* **1** Inclinación involuntaria de la cabeza cuando se dormita sin tenerla apoyada. **dar cabezadas** Inclinar alguien la cabeza de forma involuntaria cuando se va durmiendo y no la tiene apoyada: *si no duermes bastante, estarás en clase dando cabezadas.* **SIN** cabecear. **dar** o **echar una cabezada** Dormir durante un corto período. **2** Cabezazo, golpe que se da con la cabeza o se recibe en ella.

cabezal *n. m.* **1** Dispositivo, generalmente móvil, de algunos aparatos que sirve para poner en él la pieza que realiza la función principal: *en el cabezal de la maquinilla de afeitar se ajustan las cuchillas.* **2** Pieza de un aparato de grabación y reproducción que sirve para leer o borrar lo grabado en una cinta: *con este vídeo de cinco cabezales la parada de imagen es perfecta.*

cabezazo *n. m.* Golpe que se da con la cabeza o que se recibe en ella: *no vio la farola y le dio un cabezazo; se ha caído de la cuna y se ha dado un cabezazo.* **SIN** cabezada.
darse cabezazos o **cabezadas contra la pared** o **las paredes** Estar muy enfadado por haber fracasado o por no haber acertado en una decisión: *cuando se dio cuenta de que había sido engañado, se daba cabezazos contra las paredes.*

cabezo *n. m.* **1** Montecillo en medio de un terreno llano. **2** MAR. Roca redondeada que sobresale de la superficie del mar o que apenas está sumergida: *la embarcación se hundió tras chocar con un cabezo.*

cabezón, -zona *adj./n. m. y f.* **1** Que tiene la cabeza grande o muy grande: *las caricaturas suelen ofrecer figuras cabezonas.* **SIN** cabezudo. **2** Cabezota, persona obstinada.

cabezonada *n. f.* Acción propia de quien se mantiene terca y obstinadamente en una actitud a pesar de las razones en contra. **SIN** cabezonería.

cabezota *adj./n. com.* [persona] Que se mantiene con obstinación en sus ideas y actitudes y no se deja convencer por las razones en contra: *es tan cabezota que prefiere congelarse a admitir que hace frío.* **SIN** cabezón.

cabezudo, -da *adj./n. m. y f.* **1** Que tiene la cabeza grande o muy grande. **SIN** cabezón. ◇ *n. m.* **2** Figura grotesca de enano con una gran cabeza de cartón; suele recorrer las calles en algunas fiestas populares: *mañana salen los gigantes y cabezudos.*

cabezuela *n. f.* **1** Harina de trigo gruesa. **2** BOT. Inflorescencia formada por un conjunto de flores simples que nacen juntas y apretadas en un receptáculo común.

cabida *n. f.* Espacio o capacidad que tiene una cosa para contener otra: *el local tiene cabida para quinientas personas.*

cabildo *n. m.* **1** Cuerpo o comunidad de eclesiásticos que tienen algún cargo en una catedral: *este ejemplar de la Biblia fue adquirido por el cabildo.* **2** Grupo de personas integrado por un alcalde y varios concejales que se encarga de administrar y gobernar un pueblo o ciudad: *la policía local obedece órdenes del cabildo municipal.* **SIN** ayuntamiento, concejo, consistorio. **3** Edificio en el que trabaja este grupo de personas. **SIN** concejo, consistorio. **4** Junta o reunión celebrada por los miembros de este grupo de personas. **SIN** concejo, consistorio. **5** Institución que representa a los pueblos de cada isla en las Canarias: *el cabildo insular canario.*
ETIM *Cabildo* procede del latín *capitulum,* 'reunión de monjes o canónigos', voz con la que también está relacionada *capitular,* 'cabildo'.

cabina *n. f.* **1** Cuarto o recinto pequeño y cerrado donde se encuentran los mandos de un aparato o máquina y tiene un espacio reservado para el conductor, el piloto u otro personal encargado de su control: *cabina de camión, de proyección.* ☞ avión. **2** Espacio pequeño, generalmente cerrado, en el que hay un teléfono: *seguro que llama desde una cabina, pues no se oye bien.* **SIN** locutorio. **3** Recinto pequeño y aislado donde se puede hacer alguna cosa con cierta intimidad: *cabinas para cambiarse de ropa; cabinas de los colegios electorales.*

cabizbajo, -ja *adj.* [persona] Que tiene la cabeza inclinada hacia abajo por estar preocupado, triste o avergonzado: *nos hemos peleado y por eso está cabizbajo.*

cable *n. m.* **1** Hilo metálico, generalmente cubierto por una funda de plástico, que se usa para conducir la energía eléctrica y para transmitir señales telefónicas o de televisión: *el cable de la plancha, el cable del teléfono; televisión por cable.* **2** Conjunto de hilos de fibra de vidrio u otro material que sirve para transportar información en forma de sonidos o imágenes: *ahora se puede recibir la televisión por cable.* **3** Trenzado de cuerdas o hilos metálicos que se utiliza para soportar grandes pesos o tensiones: *los ascensores están suspendidos de cables.* **4** Mensaje que se envía a larga distancia transmitido por un conductor eléctrico submarino: *esta mañana he recibido un cable urgente de Los Ángeles.* Es la forma abreviada y usual de *cablegrama.*
echar un cable *coloquial* Prestar ayuda a una persona que se encuentra en una situación apurada: *estoy en un gran apuro, ¡échame un cable!*
cruzársele los cables a una persona *coloquial* Bloqueársele la mente y actuar de forma descontrolada e ilógica: *se le cruzaron los cables y se puso a destrozarlo todo.*
DER cableado, cablegrafiar, cablegrama, cablevisión.

cableado, -da *adj.* **1** Unido o conectado mediante cables. ◇ *n. m.* **2** Conjunto de cables de una instalación eléctrica: *el electricista repasó el cableado para buscar la causa del cortocircuito.*

cablegrafiar *v. tr.* Transmitir noticias por cable: *cada corresponsal cablegrafía su versión de lo sucedido.*

cablegrama *n. m.* Mensaje que se envía a larga distancia mediante un cable submarino.
OBS Se usa más la forma abreviada *cable.*

cablevisión *n. f.* Sistema de televisión que transmite a través del cable.

cabo *n. m.* **1** Extremo o punta de una cosa alargada: *coge*

cabotaje 186

esta *cuerda por los cabos*. **2** Resto que queda de una cosa alargada: *cabo de vela*. **3** Parte de tierra que entra en el mar: *cabo de Finisterre*. **4** Miembro del ejército de categoría inmediatamente superior a la del soldado. **5** Cuerda, especialmente la que se utiliza en las maniobras náuticas.

al cabo de Después del período de tiempo indicado: *al cabo de varios años ha vuelto a casa*.

atar (o **juntar** o **unir**) **cabos** Relacionar aspectos, asociar datos para averiguar o aclarar algo.

cabo suelto Aspecto que no se ha previsto o que queda sin solucionar en algún asunto o circunstancia: *es preciso que no queden cabos sueltos para que todo salga bien*.

de cabo a rabo Desde el principio hasta el fin, completamente: *recorrimos el museo de cabo a rabo*.

echar un cabo Prestar ayuda a una persona que la necesita: *cuando te trasladas ya te echaremos un cabo con las cajas*.

estar al cabo de la calle Estar perfectamente enterado del asunto de que se trata.

llevar a cabo Hacer una cosa o concluirla: *fui elegido para llevar a cabo la entrevista*.

DER cabal; acabar, menoscabar, recabar.

ETIM Véase *cabeza*.

cabotaje *n. m.* Navegación o tráfico marítimo entre los puertos de una misma nación sin perder de vista la costa.

cabra *n. f.* Mamífero rumiante doméstico de pelo fuerte y áspero, cola corta y, generalmente, cuernos curvados hacia atrás; es muy ágil y trepa con facilidad por terrenos escarpados: *el hombre aprovecha la leche, la carne y la piel de la cabra*. **cabra montés** Especie salvaje, con los cuernos más grandes que los de la doméstica y con las patas, la barba y la punta de la cola negras: *las cabras monteses viven en las regiones más escabrosas de España*.

estar como una cabra *coloquial* Estar chiflado, mostrar poco juicio y muchas rarezas o extravagancias.

la cabra tira al monte Expresión que indica que una persona tarde o temprano se comporta o muestra las inclinaciones que eran de esperar en ella: *por mucho que quiera cambiar, la cabra siempre tira al monte*.

DER cabrear, cabrero, cabrilla, cabrío, cabrito, cabrón; encabritarse, encabronar.

ETIM *Cabra* procede del latín *capra*, que tenía el mismo significado, voz con la que también está relacionada *caprino*.

cabrales *n. m.* Queso de olor y sabor muy fuertes: *el cabrales se elabora con leche de vaca, oveja y cabra*.

OBS El plural también es *cabrales*.

cabrear *v. tr./prnl. coloquial* Enfadar mucho o poner de mal humor a alguien.

DER cabreo.

cabreo *n. m. coloquial* Enfado o malhumor de una persona por alguna cosa que le han hecho o dicho: *el cabreo que tiene se debe a que siempre llegamos tarde*.

cabrero, -ra *n. m. y f.* Pastor de cabras: *los cabreros cuidan y conducen su rebaño*.

cabrestante *n. m.* Torno de eje vertical que permite mover grandes pesos mediante una cuerda o cable que se va arrollando en él a medida que gira.

cabrío, -bría *adj.* De la cabra o relacionado con este mamífero: *ganado cabrío*.

cabriola *n. f.* **1** Salto o brinco durante el cual se cruzan varias veces los pies en el aire: *en la escuela de danza estamos practicando cabriolas*. **2** Salto que da el caballo soltando un par de coces mientras está en el aire: *el caballo hizo una cabriola y derribó al jinete*.

cabriolé *n. m.* **1** Coche de caballos, generalmente de dos ruedas, ligero y sin cubierta. **2** Automóvil descapotable.

cabritilla *n. f.* Piel curtida de cabrito u otro mamífero pequeño; es muy blanda y suave: *guantes de cabritilla*.

cabrito *n. m.* **1** Cría de la cabra desde que nace hasta que deja de mamar: *la carne de cabrito es muy tierna*. **SIN** choto. **2** *coloquial* Cabrón, hombre casado con una mujer que le es infiel, especialmente si consiente en el adulterio de ésta. **SIN** cabrón, cornudo. **3** *coloquial* Persona que actúa con mala intención y que molesta o perjudica a otros con sus faenas o malas pasadas.

DER cabritilla; encabritarse.

OBS Se usa sobre todo como apelativo despectivo. Es eufemismo de *cabrón*.

cabrón, -brona *n. m. y f. malsonante* Persona que actúa con mala intención y que molesta o perjudica a otros con sus faenas o malas pasadas. Se usa como insulto. ◇ *n. m.* **2** Macho de la cabra. Para evitar el carácter malsonante que ha adquirido, es más usual decir *macho cabrío*. **3** *malsonante* Hombre casado con una mujer que le es infiel, especialmente si consiente en el adulterio de ésta. **SIN** cabrito, cornudo. Se usa como insulto.

DER cabronada; encabronar.

cabronada *n. f. malsonante* Acción que molesta, causa un perjuicio o está hecha con mala intención: *que me dejara esperando y no me avisara fue una cabronada*. **SIN** cerdada, cochinada, jugarreta.

caca *n. f.* **1** *coloquial* Mierda, excremento expulsado por el ano, especialmente el de los niños: *límpiale la caca y ponle un pañal limpio*. **2** *coloquial* Se usa con los niños y entre ellos para designar cualquier cosa sucia: *no cojas ese papel del suelo, es caca*. **3** *coloquial* Cosa mal hecha o de mala calidad: *este programa de radio es una caca; esta tela es una caca, se rompe por todas partes*. **SIN** basura, mierda.

cacahué o **cacahuete** *n. m.* **1** Fruto seco de tamaño pequeño y algo alargado, con cáscara poco dura y semillas comestibles después de tostadas y saladas: *del cacahuete se extrae aceite*. **2** Planta anual de flores amarillas que da ese fruto.

OBS La Real Academia Española admite *cacahué*, pero prefiere la forma *cacahuete*.

cacao *n. m.* **1** Árbol tropical cuyo fruto es una vaina que contiene muchas semillas: *el cacao mide de cinco a ocho metros*. **2** Semilla de este árbol. **3** Polvo sacado de estas semillas que se toma disuelto en agua o leche y con el que se hace chocolate: *la leche adquiere con el cacao el sabor y color del chocolate*. **4** Barra hidratante para los labios hecha con la grasa de estas semillas. **5** *coloquial* Mezcla desordenada de cosas distintas: *¡menudo cacao te has hecho con los números de teléfono!*

cacarear *v. intr.* **1** Dar cacareos el gallo o la gallina: *las gallinas suelen cacarear después de poner el huevo*. ◇ *v. tr.* **2** Alabar demasiado las cosas propias: *le gusta cacarear los títulos que ha heredado*.

DER cacareo.

cacareo *n. m.* Voz característica del gallo o de la gallina.

cacatúa *n. f.* **1** Ave trepadora de pico grueso y muy encorvado, plumaje blanco brillante y un penacho de plumas en la cabeza que puede extender como un abanico: *las cacatúas, originarias de Oceanía, pueden aprender a pronunciar palabras*. **2** *coloquial* Mujer fea, vieja y arreglada en exceso, normalmente con mal gusto: *esa cacatúa se cree que tiene veinte años*. Se usa como apelativo despectivo.

cacera *n. f.* Zanja o canal por donde se conduce el agua para regar: *desde las caceras se distribuye el agua para los regantes.*

cacereño, -ña *adj.* **1** De Cáceres o que tiene relación con esta ciudad y provincia extremeña. ◇ *adj./n. m. y f.* **2** [persona] Que es de Cáceres.

cacería *n. f.* **1** Excursión de varias personas para cazar: *el domingo fui de cacería con unos amigos.* **2** Conjunto de los animales cazados.

cacerola *n. f.* Recipiente de metal con dos asas, cilíndrico y más ancho que hondo, que se usa para cocinar: *para preparar los callos utilizo la cacerola.* ☞ cocina.
DER cacerolada.

cacerolada *n. f.* Protesta pública, de carácter político o social, que se lleva a cabo golpeando cacerolas y otros recipientes de cocina: *para protestar podemos hacer una concentración silenciosa o bien una ruidosa cacerolada.*

cacha *n. f.* **1** Pieza que cubre cada lado del mango de un cuchillo o navaja o la culata de un arma de fuego. Se usa sobre todo en plural. **2** *coloquial* Nalga, parte abultada y carnosa en que comienza la pierna humana. Se usa sobre todo en plural. ◇ *adj./n. com.* **3 cachas** *coloquial* [persona] Que tiene un cuerpo fuerte y los músculos muy desarrollados: *lo importante es practicar deporte y no sólo ponerse cachas.*
DER cachaza, cachete.

cachalote *n. m.* Mamífero marino de 15 a 20 metros de largo con la cabeza grande y alargada y la boca provista de dientes: *el cachalote es un cetáceo parecido a la ballena.*
OBS Para indicar el sexo se usa *el cachalote macho* y *el cachalote hembra.*

cacharrazo *n. m. coloquial* Golpe fuerte, especialmente el recibido en una caída o en un choque: *se ha dado un buen cacharrazo contra la farola.* **SIN** porrazo, trastazo, trompazo.

cacharrería *n. f.* Establecimiento en que se venden cacharros: *en una cacharrería puedes encontrar todo tipo de recipientes.*

cacharrero, -ra *n. m. y f.* Persona que se dedica a vender cacharros.
DER cacharrería.

cacharro *n. m.* **1** Recipiente que se usa en la cocina: *ya he lavado la vajilla, ahora me queda limpiar los cacharros.* **2** *coloquial* Máquina, aparato o mecanismo, en especial el que está viejo o en mal estado o que funciona mal: *¿dónde te has comprado ese cacharro que falla tanto?* **SIN** trasto. **3** Objeto que no sirve para nada o que no tiene valor: *es preciso que limpies tu habitación de cacharros.* **SIN** cachivache, trasto.
DER cacharrazo, cacharrero; descacharrar, escacharrar.

cachaza *n. f.* Lentitud y sosiego en la manera de actuar: *no acabarás a tiempo si sigues con esa cachaza.* **SIN** cuajo, flema, pachorra, parsimonia.
DER cachazudo.

caché *n. m.* **1** Cotización que tiene fijada un artista por su actuación: *tras el éxito de su último disco tiene un caché millonario.* **2** Toque de distinción y estilo personal: *es un artista con gran caché.*

cachear *v. tr.* Registrar a una persona palpándola por encima de la ropa que lleva puesta: *la policía puso al sospechoso contra la pared para proceder a cachearlo.*
DER cacheo.

cachemir *n. m.* Tejido fino fabricado con pelo de cabra de Cachemira o con lana de oveja merina: *jersey, traje de cachemir.*
OBS También se dice *cachemira.*

cacheo *n. m.* Registro a que se somete a una persona palpándola por encima de la ropa.

cachete *n. m.* **1** Golpe que se da con la palma de la mano, generalmente en la cara, la cabeza o las nalgas de una persona: *no contestes así a tu padre, que te va a dar un cachete.* **SIN** tortazo. **2** Parte carnosa de la cara que se encuentra bajo los ojos y a ambos lados de la nariz, especialmente cuando es abultada. **SIN** carrillo, mejilla, moflete.
DER cachetada, cachetero.

cachimba *n. f.* Utensilio para fumar consistente en un pequeño recipiente, en el que se quema tabaco picado, unido a un tubo terminado en una boquilla por el que se aspira el humo. **SIN** pipa.

cachiporra *n. f.* Palo con un extremo muy abultado o en forma de bola que se emplea para golpear: *era indignante ver cómo golpeaban a las focas con las cachiporras.* **SIN** porra.

cachirulo *n. m.* En el traje masculino típico de Aragón, pañuelo que se ata alrededor de la cabeza.

cachivache *n. m.* Objeto que no sirve para nada o que no tiene valor: *hubo que ordenar los cachivaches para poder pasar.* **SIN** cacharro, trasto.
OBS Tiene matiz despectivo. Se emplea también como palabra comodín para designar de manera imprecisa un objeto.

cacho *n. m. coloquial* Trozo arrancado o cortado de una cosa o pedazo de una cosa rota: *tomé el cacho de tarta más pequeño; ahora recogerás todos los cachos del jarrón roto.*
DER cacharro, cachivache.
OBS También se usa seguido de apelativos despectivos para reforzar su significado: *¡cacho cerdo, límpiate la nariz!*

cachondearse *v. prnl. coloquial* Burlarse de una persona o cosa, tomársela a risa: *itómate las cosas en serio y no te cachondees de todo!* **SIN** chotearse, pitorrearse.
DER cachondeo.

cachondeo *n. m.* **1** *coloquial* Burla que se hace de una persona o cosa. **SIN** pitorreo. **2** Juerga o diversión animada: *el domingo nos vamos de cachondeo.*

cachondo, -da *adj.* **1** *coloquial* [persona, animal] Que siente o despierta un deseo sexual fuerte: *todos los animales tienen períodos en los que están cachondos.* **SIN** caliente. ◇ *adj./ n. m. y f.* **2** [persona] Que es burlón y divertido: *no te aburrirás con el cachondo de tu hermano.*
DER cachondearse.

cachorro, -rra *n. m. y f.* **1** Cría de un mamífero, especialmente el perro: *la perra ha tenido cuatro cachorros.* **2** Hijo o descendiente que permanece fiel a las ideas y modos de vida de sus padres o antecesores: *los cachorros de la jet set.*

cacillo *n. m.* Cazo pequeño: *hierve el agua de la manzanilla en un cacillo.*

cacique *n. m.* **1** Persona que valiéndose de su influencia o riqueza interviene abusivamente en la política y administración de una comunidad: *el cacique suele ejercer una autoridad abusiva.* **2** Jefe de algunas tribus de indios, en América Central o del Sur.
DER cacicato, caciquismo.

caciquismo *n. m.* **1** Influencia o dominio excesivo del cacique en la vida política y social de una comunidad. **2** Intervención abusiva de una persona en un asunto determinado, sirviéndose de su poder e influencia: *algunos políticos locales mantienen situaciones de caciquismo.*

caco *n. m.* Ladrón que roba con habilidad y sin violencia. **SIN** ladronzuelo, mangui, ratero.

cacofonía *n. f.* Disonancia que resulta de la combinación de sonidos poco agradables al oído: *hay cacofonía del sonido erre en el perro de san Roque no tiene rabo.* **SIN** disonancia.
ANT eufonía.
DER cacofónico.

cacofónico, -ca *adj.* De la cacofonía o relacionado con este fenómeno fonético. **ANT** eufónico.

cacto o **cactus** *n. m.* Planta con espinas, tallos grandes y carnosos y flores amarillas, que acumula agua en su interior: *los cactos están adaptados para vivir en los desiertos*.
DER cactáceo.
OBS La Real Academia Española admite *cactus*, pero prefiere la forma *cacto*.

cacumen *n. m.* Inteligencia y perspicacia, capacidad para entender con facilidad y claridad las cosas, aunque sean complicadas y difíciles.
DER cacuminal.

cada *det. indef.* **1** Establece una correspondencia distributiva entre los miembros numerables de una serie y los miembros de otra: *reparte dos caramelos a cada niño*. **2** Designa uno por uno la totalidad de los elementos de un conjunto o de una serie: *volveremos cada lunes a la misma hora*. **3** Indica un gran tamaño o cantidad respecto a la palabra que va detrás: *¡dice cada tontería!*
cada cual o **cada hijo de vecino** Designa separadamente a una persona en relación con las otras: *cada cual tiene que cuidar de sí mismo; tú debes ayudar como cada hijo de vecino*.
cada dos por tres La mayor parte de las veces: *está ya muy usada y se estropea cada dos por tres*.

cadalso *n. m.* Tablado elevado que se instala para celebrar un acto solemne; especialmente el que se usa para llevar a cabo la ejecución de los condenados a muerte.

cadáver *n. m.* Cuerpo sin vida de una persona o un animal: *tras la batalla, el campo estaba cubierto de cadáveres*. **SIN** cuerpo, difunto, muerto.
DER cadavérico.

cadavérico, -ca *adj.* **1** De un cadáver o relacionado con un cuerpo sin vida. **2** Que está tan pálido y desfigurado que parece un cadáver: *aspecto cadavérico*.

cadena *n. f.* **1** Conjunto de piezas, generalmente metálicas y en forma de anillo, enlazadas unas a continuación de las otras: *la puerta estaba asegurada con una cadena y un candado; en su cuello lucía una bonita cadena de oro*. **2** Serie de piezas metálicas iguales, enlazadas entre sí y articuladas de manera que constituyen un circuito cerrado; generalmente sirve para comunicar un movimiento: *la cadena de la bicicleta*. ☞ transmisión, sistemas de. **3** Sucesión de fenómenos, acontecimientos o hechos relacionados entre sí: *se ha desatado una cadena de protestas; se ha producido una cadena de explosiones*. **4** Conjunto de personas que se enlazan cogiéndose de las manos, o simplemente colocadas unas al lado de las otras, para realizar alguna actividad en común: *una cadena de policías impedía el paso al lugar del atentado; formaron una cadena para llevar cubos de agua hasta el fuego*. **5** Conjunto de máquinas e instalaciones dispuestas para que pase sucesivamente de una a otra un producto industrial en su proceso de fabricación o montaje: *cadena de montaje de una fábrica de coches*. **6** Conjunto de establecimientos o industrias del mismo tipo que pertenecen a una persona o a una sociedad y se organizan siguiendo unas directrices comunes: *cadena de hoteles, de supermercados*. **7** Red de emisoras de radio o televisión que, unidas y coordinadas entre sí, difunden una misma programación: *es una cadena autonómica y, por lo tanto, no llega a toda España*. **8** Equipo de sonido formado por varios aparatos reproductores y grabadores independientes pero adaptables entre sí: *ahora las cadenas de música llevan incorporado un lector de discos compactos*. **9** Atadura moral; lo que de alguna manera nos condiciona y obliga: *es preciso luchar contra las cadenas del consumismo*. **10** DER. Pena de cárcel. **cadena perpetua** Pena que dura toda la vida del condenado: *actualmente, en España la cadena perpetua no existe*.
en cadena [acción, acontecimiento] Que se produce en sucesión continuada: *choque de coches en cadena*.
DER cadeneta; encadenar.
ETIM *Cadena* procede del latín *catena*, que tenía el mismo significado, voz con la que también están relacionadas *catenaria, concatenar*.

cadencia *n. f.* **1** Sucesión regular o medida de los sonidos o los movimientos: *cadencia en el andar; cadencia al hablar*. **2** Reparto o combinación proporcionada de los acentos y las pausas en un texto en prosa o en verso: *es admirable la cadencia de estos endecasílabos*. **3** Ritmo o modo regular de repetirse u ocurrir una cosa: *cadencia respiratoria*. **4** Regularidad y proporción en la combinación de las duraciones de los sonidos, que es propia de la música. **5** Adaptación de los movimientos a esta medida del sonido, que es propia de la danza: *el bailarín debe seguir la cadencia de la música*.
DER decadencia, semicadencia.
ETIM Véase *caer*.

cadeneta *n. f.* **1** Labor hecha con hilo y una aguja que imita la forma de una cadena delgada: *la labor de cadeneta puede ser de ganchillo o de punto*. **2** Adorno que se hace con tiras de papel de colores formando cadena y que se suele usar en las fiestas.

cadera *n. f.* **1** Parte saliente a cada lado del cuerpo y debajo de la cintura formada por los huesos superiores de la pelvis: *la modista me midió la cintura y la cadera para hacerme una falda; sufre fractura de cadera*. ☞ cuerpo humano. **2** Parte lateral del anca de un animal cuadrúpedo. **3** Primera pieza de la pata de un insecto.

cadete *n. com.* **1** Persona que estudia en una academia militar: *es cadete de infantería en la academia de Toledo*. **2** Deportista que, por su edad, pertenece a la categoría posterior a la de infantil y anterior a la de juvenil: *este año paso a la categoría de cadetes*.

cadi *n. m.* Persona que lleva los palos del jugador de golf.
OBS Es de origen inglés. ◇ El plural es *cadis*.

cadmio *n. m.* Elemento químico, metal maleable de color blanco, parecido al estaño, de número atómico 48: *el símbolo del cadmio es Cd*.

caducar *v. intr.* **1** Perder su validez o efectividad un documento, ley, derecho o costumbre, generalmente por el paso del tiempo: *tuve que pagar el arreglo de la lavadora, pues la garantía había caducado*. **2** Estropearse o dejar de ser apto para el consumo, especialmente un alimento envasado o una medicina: *estas pastillas no caducan hasta el próximo enero*.

caducidad *n. f.* **1** Pérdida de la validez o efectividad de un documento, ley, derecho o costumbre, generalmente por el paso del tiempo. **2** Deterioro o pérdida de la utilidad para el consumo, especialmente de un alimento envasado o una medicina: *antes de consumir una cosa has de mirar su fecha de caducidad*.

caducifolio, -lia *adj.* BOT. [árbol, planta] Que es de hoja caduca, que pierde sus hojas todos los años.

caduco, -ca *adj.* **1** Que es muy antiguo o está fuera de uso: *si no lees, terminarás teniendo ideas trasnochadas y caducas*. **SIN** anticuado, antiguo, decadente. **ANT** moderno, vigente. **2** [órgano vegetal, generalmente una hoja] Que está destinado a caerse: *árbol de hoja caduca*. **SIN** caedizo. **ANT** perenne. **3** Perecedero, de poca duración o que se estropea en un plazo de tiempo: *la mayor parte de los alimentos fres-*

cos son caducos. **4** [persona] Que es de edad avanzada y está perdiendo capacidad física o intelectual.
DER caducar, caducidad, caducifolio.

caedizo, -za *adj.* [hoja] Que está destinado a caerse: *árbol de hoja caediza*. **SIN** caduco. **ANT** perenne.

caer *v. intr./prnl.* **1** Moverse de arriba abajo por el propio peso: *la lluvia cae del cielo; la fruta se cae por madura.* **2** Perder el equilibrio hasta dar contra el suelo o en una superficie firme: *cayó por la escalera; se cayó por la escalera.* Seguido de la preposición *de* y una parte del cuerpo, indica que se cae dando contra el suelo con la parte del cuerpo que se nombra: *caer de cabeza.* **caer** (o **caerse**) **redondo** *coloquial* Ir a dar contra el suelo por perder el conocimiento o por otra causa. **3** Desprenderse o soltarse una cosa del lugar o el objeto al que estaba unida: *la lámpara ha caído al suelo; se le ha caído un diente.* **4** Pasar a un estado físico, moral o económico inferior o desfavorable: *caer enfermo; caer en la tentación; caer en la miseria.* **caer bajo** Realizar una persona una acción indigna o despreciable. **5** Descender o bajar mucho: *caer los precios.* **6** Desaparecer, acabar, dejar de ser, morir: *cayó la monarquía; el ministro cayó tras las huelgas.* **7** Perder la vida, morir: *ese soldado ha caído en el frente.* **caer como chinches** o **caer como moscas** *coloquial* Morir en gran cantidad: *con la peste negra caían como moscas.* **8** Venir a dar una persona o un animal en una trampa, un engaño o una situación difícil: *el lobo cayó en el cepo; los soldados cayeron en una emboscada.* **9** Llegar rápidamente o por sorpresa para causar un daño: *si publicas eso, los críticos caerán sobre ti.* **10** Arrojarse o abalanzarse: *cayó en sus brazos; cayeron sobre los pasteles.* **11** Acercarse a su ocaso o fin el sol, el día o la tarde: *se verán al caer la tarde.* **12** Tomar una cosa cierta forma al colgar: *las cortinas caen en tablas; el vestido cae por detrás.* **13** Comprender o recordar una cosa: *no caigo, así que explícamelo mejor.* **caer en la cuenta** Entender o comprender una cosa; tener presente. **14** Coincidir o corresponder una cosa con determinada fecha: *¿en qué semana cae este año la feria?* **15** Estar situado en un lugar o cerca de él: *esas oficinas caen muy cerca de aquí.* **16** *coloquial* Tocar o corresponder por suerte: *me ha caído en el examen la pregunta que peor me sabía.* **17** Sentar bien o mal: *ese traje te cae muy bien; no me han caído bien los mariscos.* **18** Producir una impresión de simpatía o antipatía una persona: *siempre cae bien a todo el mundo; ese tipo me cae muy mal.* **caer gordo** *coloquial* Resultar antipática una persona a alguien. **19** No aparecer el nombre de una persona en una lista: *Pérez ha caído de la alineación del equipo de fútbol.* **caer** (o **caerse**) **de su peso** Ser el resultado lógico y seguro de lo que se hace o se dice: *si el hombre es un animal, se cae de su peso que tú y yo somos animales.*
dejar caer Decir una cosa fingiendo que no es importante: *de pasada dejó caer que no podría venir.*
dejarse caer Ir a un lugar ocasionalmente o de forma inesperada: *cuando estoy aburrido me dejo caer por el club.*
estar al caer Faltar muy poco tiempo para que una cosa ocurra: *las vacaciones están al caer; están al caer los exámenes, así que hay que estudiar.*
DER caedizo, caída, caído; decaer, recaer.
ETIM Caer procede del latín *cadere*, que tenía el mismo significado, voz con la que también están relacionadas *acaecer, cadencia*.

café *n. m.* **1** Arbusto tropical de hoja perenne, flores blancas y fruto pequeño que contiene dos semillas: *el café puede alcanzar unos cinco metros de altura.* **SIN** cafeto. **2** Semilla o conjunto de semillas de este árbol: *Brasil y Colombia son*

caer	
INDICATIVO	SUBJUNTIVO
presente	**presente**
caigo	caiga
caes	caigas
cae	caiga
caemos	caigamos
caéis	caigáis
caen	caigan
pretérito imperfecto	**pretérito imperfecto**
caía	cayera o cayese
caías	cayeras o cayeses
caía	cayera o cayese
caíamos	cayéramos o cayésemos
caíais	cayerais o cayeseis
caían	cayeran o cayesen
pretérito indefinido	**futuro**
caí	cayere
caíste	cayeres
cayó	cayere
caímos	cayéremos
caísteis	cayereis
cayeron	cayeren
futuro	
caeré	
caerás	
caerá	IMPERATIVO
caeremos	cae (tú)
caeréis	caiga (usted)
caerán	caed (vosotros)
	caigan (ustedes)
condicional	
caería	FORMAS NO PERSONALES
caerías	
caería	infinitivo gerundio
caeríamos	caer cayendo
caeríais	participio
caerían	caído

grandes exportadores de café. **café torrefacto** Café que es de color más oscuro por haber sido tostado con un poco de azúcar. **3** Bebida de color oscuro y sabor algo amargo que se hace por infusión de esta semilla tostada y molida: *no puede tomar café porque le pone nervioso.* **café con leche** Café que lleva más o menos la misma proporción de leche y de café. **café cortado** Café que lleva sólo un poco de leche. También se dice solamente *cortado.* **café descafeinado** Café que no tiene cafeína o al que se le han suprimido las sustancias excitantes. También se dice solamente *descafeinado.* **café exprés** Café que se hace con vapor de forma rápida. **café instantáneo** o **café soluble** Café preparado para que se disuelva al echarle el agua o la leche. **café irlandés** Café que se prepara con whisky quemado y nata. **café solo** Café que no lleva leche. También se dice *solo.* **4** Establecimiento público en el que se sirve esta bebida y otras consumiciones: *entremos a ese café, que quiero desayunar.* **SIN** cafetería. **café-cantante** Establecimiento donde se sirven bebidas y se ofrecen actuaciones musicales en directo, generalmente de carácter frívolo o ligero. **café-concierto** Establecimiento donde se sirven bebidas y se

ofrecen actuaciones musicales en directo, generalmente de cantautores o de música clásica. **café-teatro** Establecimiento donde se sirven bebidas y otras consumiciones y en el que se representa una obra teatral corta. ◇ *adj./n. m. y f.* **5** [color] Que es marrón oscuro: *llevaba un traje de color café*.
de mal café *coloquial* De mal humor o enfadado: *no le hagas caso, está de mal café porque ha suspendido*.
DER cafeína, cafetera, cafetero.

cafeína *n. f.* Sustancia excitante que se encuentra en el café, el té y otras bebidas: *la cafeína produce insomnio*.
DER descafeinar.

cafetal *n. m.* Terreno plantado de cafés o cafetos: *los mejores cafetales se dan en climas tropicales*.

cafetera *n. f.* **1** Máquina o aparato que sirve para preparar café: *esta cafetera eléctrica es de filtros desechables*. **2** Recipiente en que se sirve el café: *las tazas, el azucarero y la cafetera componen este juego de café*. **3** *coloquial* Vehículo muy viejo y en mal estado que hace mucho ruido al andar: *tiene un coche que es una cafetera, pero todavía le sirve*. **SIN** cacharro, trasto.

cafetería *n. f.* Establecimiento en el que se sirven café y otras consumiciones: *quedamos citados en una cafetería del centro*. **SIN** café.

cafetero, -ra *adj.* **1** Del café o relacionado con este producto: *industria cafetera*. ◇ *adj./n. m. y f.* **2** [persona] Que es muy aficionada a tomar café: *es muy cafetero y prefiere el café cargado y sin leche*. ◇ *n. m. y f.* **3** Persona que se dedica a la recolección del café o comercia con él.
DER cafetería.

cafeto *n. m.* Arbusto tropical de hoja perenne, flores blancas y fruto pequeño que contiene dos semillas. **SIN** café.
DER cafetal.

cafre *adj./n. com.* [persona] Que se comporta de forma brutal, violenta o grosera: *no seas cafre y respeta las plantas*.
OBS Se usa como apelativo despectivo.

cagada *n. f.* **1** *coloquial* Excremento que se expulsa cada vez que se vacía el vientre: *una cagada de pájaro me manchó el abrigo*. **2** *coloquial* Acción torpe o equivocada: *fue una cagada que no le dijeras lo que pensabas*. **3** *coloquial* Cosa mal hecha o de poco valor: *su último concurso televisivo es una cagada*.

cagalera *n. f.* **1** *coloquial* Diarrea, alteración del aparato digestivo: *no comas tanta fruta que te va a dar cagalera*. **2** *coloquial* Sentimiento de miedo muy intenso: *calla cuando la pregunta el profesor debido a la cagalera que le entra*.

cagar *v. intr./prnl.* **1** *malsonante* Expulsar excrementos por el ano: *el crío se ha cagado en los pantalones*. **SIN** defecar, deponer, evacuar. ◇ *v. tr.* **2** *coloquial* Echar a perder o estropear una cosa: *¡la cagaste!, te han cogido copiando*. Se suele usar en la expresión *cagarla*. ◇ *v. prnl.* **3 cagarse** *coloquial* Sentir un miedo muy fuerte. **SIN** acobardarse.
DER cagada, cagado, cagalera, cagarruta, cagón; escagarruzarse.

cagarruta *n. f.* **1** Excremento de muchos animales, especialmente el que tiene forma esférica. **2** *coloquial* Cosa mal hecha o de mala calidad. **SIN** cagada.

cagón, -gona *adj./n. m. y f.* **1** *coloquial* Que caga muy frecuentemente: *este niño es un cagón*. **2** *coloquial* [persona] Que es cobarde o miedoso en extremo: *es un cagón y no intercederá por ti*.

caída *n. f.* **1** Movimiento de arriba abajo por la acción del propio peso: *la caída de la lluvia, la caída de la nieve*. **2** Pérdida del equilibrio o de la estabilidad de una persona o cosa por la acción del propio peso: *tuvo una caída, pero sólo se hizo un rasguño*. **3** Desprendimiento o separación del lugar o el objeto al que estaba unido: *caída del cabello*. **4** Cuesta o inclinación de una superficie. **SIN** declive, pendiente. **5** Acción de hallarse en un estado físico, moral o económico inferior o desfavorable: *caída en desgracia, en el pecado*. **6** Pérdida de la fuerza o de la importancia: *la caída del Imperio romano*. **SIN** decadencia, declive. **7** Disminución del valor o la importancia de una cosa: *la caída del partido en las últimas elecciones ha sido importante; se ha registrado una nueva caída en la bolsa de Nueva York*. **8** Manera de caer las telas, cortinas o ropajes; por ejemplo, formando pliegues: *estas cortinas tienen buena caída*.
caída de ojos Forma de bajar los ojos o los párpados y expresión que se da a la mirada.

caído, -da *adj.* **1** [persona, animal] Que tiene muy inclinada o más baja de lo normal la parte del cuerpo que se indica: *caído de hombros*. La parte del cuerpo va precedida de la preposición *de*. ◇ *adj./n. m. y f.* **2** [persona] Que ha muerto en la lucha por una causa: *en memoria de los caídos*.

caimán *n. m.* Reptil grande de color marrón oscuro, piel muy dura y con escamas y patas con una membrana entre los dedos para nadar; su cola es larga y aplanada lateralmente, los dientes fuertes y afilados y el hocico corto. **SIN** aligator. ☞ reptiles.

caja *n. f.* **1** Recipiente, generalmente con tapa, que sirve para guardar o llevar cosas: *caja de bombones, de zapatos*. **caja fuerte** o **caja de caudales** Caja hecha con material muy resistente que se usa para guardar con seguridad dinero u objetos valor: *los ladrones consiguieron abrir la caja fuerte*. **caja registradora** Caja que se usa para calcular y guardar el importe de las ventas en los comercios: *las cajas registradoras modernas son electrónicas*. **2** Recipiente que contiene o protege un mecanismo. **caja de cambios** Caja que contiene los mecanismos de los cambios de velocidad en los vehículos automóviles. **caja de música** Caja que contiene un mecanismo que, al abrir la tapa, hace sonar una melodía. **caja negra** Caja que contiene un mecanismo que graba información sobre el vuelo de un avión: *la caja negra reveló las causas del accidente*. **3** Parte hueca de un instrumento musical de cuerda en la que se produce la resonancia. **4** Parte del cuerpo que contiene o protege un conjunto de órganos. **caja torácica** MED. Parte del cuerpo donde se encuentran el corazón, los pulmones y otros órganos. **SIN** tórax. **5** Lugar donde se hacen los pagos y los cobros en un establecimiento: *pasen por caja para abonar sus compras*. **6** Entidad bancaria, especialmente dedicada a guardar el dinero de sus clientes a cambio de un interés: *las cajas de ahorros ofrecen los mismos servicios que los bancos*. **7** Recipiente, generalmente de madera y con tapa, en el que se coloca a una persona muerta para enterrarla. **SIN** ataúd, féretro.
caja de reclutamiento o **caja de reclutas** Organismo militar que se encarga de alistar y dar destino a los soldados: *fueron a la caja de reclutas para solicitar una prórroga*.
hacer caja Calcular el importe de las entradas y salidas de dinero, generalmente al final de un período.
DER cajero, cajetilla, cajista, cajón; encajar.

cajero, -ra *n. m. y f.* **1** Persona que se dedica a llevar el control de la caja y a atender todos los pagos y cobros en una entidad bancaria. **cajero automático** Máquina conectada con un banco que permite sacar o meter dinero en cualquier momento mediante una tarjeta especial que tiene asignada una clave personal: *busca un cajero automático y saca para pagar las entradas*. **2** Persona que se dedica a cobrar el importe de sus gastos a los clientes de ciertos establecimientos: *las cajeras de este supermercado son muy simpáticas*.

cajetilla *n. f.* Paquete de cigarrillos.

cajón *n. m.* **1** Receptáculo independiente en un mueble que se puede meter y sacar del hueco en que encaja: *abre el cajón de la mesita y coge unos calcetines*. **2** Caja grande, de base más o menos cuadrada y sin tapa, que sirve para guardar o llevar cosas pesadas: *hay que descargar esos cajones de fruta*.

cajón de sastre Conjunto de cosas diversas y desordenadas y sitio en el que se reúnen: *todos esos pequeños detalles los reuniremos en un cajón de sastre*.

de cajón *coloquial* Que es evidente, lógico y seguro, según lo que se hace o se dice. Suele usarse con el verbo ser.

DER cajonera; encajonar.

cajonera *n. f.* **1** Conjunto de cajones que forma parte de un mueble, especialmente de un armario: *este armario no lleva cajoneras*. **2** Mueble formado sólo por cajones: *la cajonera está debajo del tablero de la mesa*. **3** Parte de la mesa o pupitre escolar donde se guardan los libros y otras cosas.

cal *n. f.* **1** Sustancia alcalina blanca que mezclada con agua desprende calor; suele usarse para fabricar cementos y para pintar paredes: *son típicas las casas andaluzas blanqueadas con cal*. **2** QUÍM. Óxido de calcio: *la fórmula de la cal es CaO*.

a cal y canto Expresión que indica que la acción de cerrar, encerrar o encerrarse se realiza totalmente y con la intención de que nadie pueda entrar o salir: *no puedes encerrarte a cal y canto, tienes que salir a divertirte*.

una de cal y otra de arena Alternancia de cosas diversas o contrarias: *para evitar enfrentamientos, es preciso dar una de cal y otra de arena*.

DER calcáreo, calcificar, calcinar, calcio, calcita, calera; encalar.

cala *n. f.* **1** Parte pequeña del mar que entra en la tierra y suele estar rodeada de rocas: *la cala es más pequeña que la ensenada*. **SIN** bahía, ensenada. **2** Agujero que se hace en un terreno o en una obra de fábrica para reconocer su profundidad, composición o estructura. **3** Trozo pequeño que se corta de una fruta para probarla. **4** Parte más baja en el interior de una embarcación. **5** *coloquial* Peseta, unidad monetaria: *cada entrada al concierto cuesta dos mil calas*.

calabacín *n. m.* Calabaza pequeña de forma cilíndrica con carne blanca cubierta por una corteza verde.

calabaza *n. f.* **1** Fruto comestible de gran tamaño y forma redonda, de color amarillo o naranja, con muchas semillas en su interior: *las pipas de calabaza son más grandes que las de girasol*. **2** Planta herbácea de tallos rastreros y flores amarillas que produce este fruto: *plantaron calabazas en el huerto*. **3** *coloquial* Cabeza de una persona, especialmente si es grande: *si no echas a un lado la calabaza no veré nada*. **SIN** melón. **4** *coloquial* Suspenso en una asignatura: *a este paso me gano una calabaza en lenguaje*.

dar calabazas *a)* Suspender un examen: *me han dado calabazas en mates*. *b)* Rechazar a un pretendiente amoroso: *le di calabazas porque no me gustaba*.

DER calabacera, calabacín.

calabobos *n. m.* Lluvia muy fina y persistente. **SIN** chirimiri, sirimiri.

OBS El plural también es *calabobos*.

calabozo *n. m.* **1** Celda incomunicada de una cárcel. **2** Lugar de un cuartel o una comisaría destinado a encerrar a un arrestado por un período breve de tiempo: *pasó toda la noche en el calabozo y al día siguiente lo soltaron*. **3** Lugar seguro, generalmente oscuro y subterráneo, donde se encerraba a los presos: *los calabozos del castillo*. **SIN** mazmorra.

calada *n. f.* Chupada que se da a un cigarrillo o a otra cosa que se fuma.

caladero *n. m.* Lugar a propósito para echar las redes de pesca: *los pescadores buscan nuevos caladeros*.

calado *n. m.* **1** Labor o adorno hecho en una tela, papel o madera consistente en una serie de agujeros que forman un dibujo: *puso un mantel de bonitos calados*. **2** MAR. Profundidad que alcanza en el agua la parte sumergida de una embarcación: *buque de gran calado*. **3** MAR. Distancia que hay entre el fondo del mar y la superficie del agua: *calado de un puerto*.

calafatear *v. tr.* Cerrar las uniones de las maderas de una embarcación con estopa y brea para que no entre el agua.

calamar *n. m.* Molusco marino de cuerpo alargado y oval, con ocho tentáculos cortos y dos largos alrededor de la cabeza; no tiene concha externa, sino una interna transparente en forma de tubo; se mueve lanzando un chorro de agua con fuerza y, para ocultarse, segrega un líquido negro con el que enturbia el agua. ☞ moluscos.

OBS Para indicar el sexo se usa *el calamar macho* y *el calamar hembra*.

calambre *n. m.* **1** Contracción involuntaria y dolorosa de un músculo, especialmente el de la pantorrilla: *tuvo que ser sustituido tras sufrir un fuerte calambre*. **2** Estremecimiento del cuerpo producido por una descarga eléctrica de baja intensidad: *si tocas el enchufe, te dará calambre*.

DER acalambrarse.

calamidad *n. f.* **1** Desgracia, adversidad o infortunio que afecta a muchas personas: *el hambre, la guerra, las enfermedades, la miseria y otras calamidades azotan al Tercer Mundo*. **2** *coloquial* Persona a la que todo le sale mal por torpeza o mala suerte: *es una verdadera calamidad y le suceden todo tipo de desgracias*. **3** *coloquial* Cosa muy defectuosa o mal hecha: *el viaje fue una calamidad*.

ETIM Calamidad procede del latín *calamitas*, 'plaga', voz con la que también está relacionada *calamitoso*.

calamitoso, -sa *adj.* **1** Que constituye una calamidad, es causa de calamidades o va acompañado de ellas: *estado calamitoso; día calamitoso*. **2** [persona] Que es infeliz o desdichado o que todo le sale mal por torpeza o mala suerte.

ETIM Véase *calamidad*.

calandria *n. f.* **1** Pájaro parecido a la alondra, de dorso pardusco y vientre blanquecino, alas anchas y pico grande: *la calandria anida en el suelo y tiene un canto armonioso*. **2** Máquina que sirve para prensar o satinar papel o tela.

OBS Para indicar el sexo se usa *la calandria macho* y *la calandria hembra*.

calaña *n. f.* Índole, naturaleza o condición de una persona, especialmente si es de carácter negativo: *no me trato con gente de su calaña*.

calar *v. tr./intr.* **1** Penetrar un líquido en un cuerpo poroso o permeable: *el agua ha calado el techo; el agua ha calado en el techo*. ◇ *v. tr.* **2** Atravesar con un instrumento un cuerpo de lado a lado: *caló la tabla con la barrena*. **3** Adornar una tela, papel o madera haciéndole agujeros que forman un dibujo. **4** Cortar un trozo pequeño de una fruta, generalmente de un melón o de una sandía, para probarla. **5** *coloquial* Conocer o adivinar las verdaderas cualidades o intenciones de una persona: *no me vengas con rodeos y déjame en paz, que ya te he calado*. **6** *coloquial* Comprender el motivo, razón o secreto de una cosa: *cuando caló el trasfondo del negocio renunció a él*. ◇ *v. intr.* **7** Producir una impresión: *sus últimas palabras calaron en el auditorio*. **calar hondo** Penetrar profundamente en el ánimo de las personas, convencer: *la zar-*

calavera

zuela caló hondo en el pueblo. ◇ v. prnl. **8 calarse** Mojarse una persona hasta que el agua penetra en la ropa y llega hasta el cuerpo: *calarse hasta los huesos.* **9** Colocarse o ponerse, generalmente un objeto o una prenda de vestir ajustándola bien en una parte del cuerpo: *calarse el sombrero.* **10** Pararse un motor por estar frío o no llegarle la cantidad suficiente de combustible: *el coche se ha calado y tendremos que empujar todos.*
DER cala, calada, caladero, calado; recalar.

calavera *n. f.* **1** Conjunto de huesos que forman la cabeza, cuando permanecen unidos y están despojados de la piel y la carne: *encontrarás dibujada una calavera allí donde exista peligro de muerte.* ◇ *n. com.* **2** Persona de poco juicio o de vida desordenada: *es un calavera y está todas las noches de parranda.*
DER calaverada.

calaverada *n. f.* Acción propia de una persona de poco juicio o de vida desordenada.

calcáneo *n. m.* ANAT. Hueso que forma el talón del pie.

calcañal *n. m.* Calcañar, parte de la planta del pie.
OBS La Real Academia Española admite *calcañal*, pero prefiere la forma *calcañar*.

calcañar *n. m.* Parte posterior de la planta del pie: *el calcañar constituye la parte inferior del talón.*
OBS También se escribe *calcañal* y *carcañal*.

calcar *v. tr.* **1** Sacar copia, generalmente de un dibujo, por contacto del original con el papel o tela en el que se reproduce: *se puede calcar colocando un papel transparente encima o un papel de calco debajo.* **2** Copiar, imitar o reproducir fielmente una cosa: *los cuentos están calcados de situaciones reales.*
DER calcado, calco; conculcar, recalcar.
ETIM *Calcar* procede del latín *calcare*, 'pisar', voz con la que también están relacionadas *conculcar*, *inculcar*.

calcáreo, -rea *adj.* Que tiene cal. SIN calizo.

calce *n. m.* Cuña que se pone entre el suelo y la rueda de un vehículo para inmovilizarlo o bajo la pata de un mueble para afirmarlo e impedir que cojee. SIN calza, calzo.

calceta *n. f.* Tejido de punto que se hace a mano: *de noche se relajaba haciendo calceta junto al fuego.*

calcetín *n. m.* Prenda de vestir de punto, de lana o algodón, que cubre el pie y la pierna hasta la rodilla: *se llama tomate al agujero o roto en un calcetín.*
DER calceta.

cálcico, -ca *adj.* Del calcio o relacionado con este elemento químico: *el mármol está formado por carbonato cálcico.*

calcificación *n. f.* **1** Asimilación de sales de calcio durante el proceso de formación de los huesos: *está creciendo y necesita una buena calcificación de sus huesos.* **2** Acumulación patológica de sales de calcio en un tejido orgánico que no es el óseo.

calcificar *v. tr.* **1** Producir carbonato de cal por medios artificiales. **2** Dar a un tejido orgánico propiedades calcáreas mediante la adición de sales de calcio: *me han puesto un tratamiento médico para calcificar los huesos.* ◇ *v. prnl.* **3 calcificarse** Modificarse o degenerar un tejido orgánico por la acumulación de sales de calcio: *los huesos se calcifican a lo largo de los años de crecimiento.*
DER calcificación; descalcificar.

calcinación *n. f.* **1** *culto* Quema o destrucción mediante el fuego. **2** QUÍM. Sometimiento de los minerales a altas temperaturas para que se desprendan el agua y el carbono: *horno de calcinación.*

calcinar *v. tr.* **1** Quemar o destruir mediante el fuego: *el incendio calcinó los cuerpos de las víctimas.* ◇ *v. tr./prnl.* **2** QUÍM. Someter los minerales a altas temperaturas para que desaparezcan el agua y el carbono: *los minerales calcáreos se calcinan para reducirlos a cal viva.*
DER calcinación.

calcio *n. m.* Elemento químico, metal blando, de color blanco brillante que se oxida con el aire y el agua y, combinado con el oxígeno, forma la cal: *el símbolo del calcio es Ca.*
DER cálcico.

calco *n. m.* **1** Copia de un texto o un dibujo por contacto del original con el papel o tela en el que se reproduce. **2** Imitación o reproducción idéntica o muy parecida al original: *su forma de ser es un calco de la de su padre.* **3** GRAM. Adaptación de una palabra extranjera traduciendo su significado completo o el de cada uno de sus elementos formantes: *la palabra baloncesto es un calco del inglés basket-ball.* **calco semántico** GRAM. Adaptación del significado de una palabra extranjera a una palabra que ya existe en una lengua: *asistente por ayudante es un calco semántico del inglés.*

calco- Elemento prefijal que entra en la formación de palabras con el significado de 'bronce': *calcografía.*

calcografía *n. f.* Arte de estampar imágenes por medio de planchas metálicas, generalmente de cobre, grabadas con buril o por corrosión con ácido.
DER calcógrafo.

calcógrafo, -fa *n. m. y f.* Persona que se dedica a la calcografía.

calcomanía *n. f.* **1** Papel con una imagen al revés preparada con una sustancia pegajosa para que se pueda pasar por contacto a una superficie lisa: *la calcomanía sirve para decorar objetos de cerámica, madera, cristal o tela.* **2** Imagen de este papel impresa por contacto en una superficie lisa: *tiene el cuaderno adornado con pegatinas y calcomanías.*

calculable *adj.* Que se puede calcular: *conocemos los beneficios porque son fácilmente calculables.* ANT incalculable.

calculador, -ra *adj./n. m. y f.* **1** [persona] Que hace las cosas después de haberlas pensado con cuidado y únicamente en función del interés material que pueden reportarle: *no debes ser frío y calculador con los amigos.* SIN interesado. **2** [persona] Que piensa con cuidado y atención un asunto intentando considerar todos los detalles: *es buen calculador y se tomará un tiempo antes de contestarte.* SIN reflexivo.

calculadora *n. f.* Máquina electrónica que puede hacer diversas operaciones matemáticas: *mira a cuánto cabemos cada uno con tu calculadora de bolsillo.*

calcular *v. tr.* **1** Hacer las operaciones matemáticas necesarias para averiguar un resultado: *con esos datos calcula cuánto cuesta cada uno.* **2** Creer o suponer una cosa considerando otras: *¿cuántos años le calculas?* **3** Pensar con cuidado y atención un asunto intentando considerar todos los detalles: *calcular un golpe, una operación.*
DER calculable, calculador, calculadora, cálculo.

cálculo *n. m.* **1** Operación o conjunto de operaciones matemáticas necesarias para averiguar un resultado: *haz un cálculo de los gastos.* SIN cuenta. **2** Suposición o juicio que se forma por anticipado a partir de unos datos incompletos o aproximados: *sus cálculos parecían totalmente aventurados y atrevidos.* SIN cábala, conjetura. **3** Acumulación anormal de materia mineral u orgánica que se forma en algunos órganos huecos del cuerpo: *le han diagnosticado varios cálculos en el riñón.* SIN piedra. **4** MAT. Parte de las matemáticas que estudia las cantidades variables y sus diferencias: *el cálculo infinite-*

simal, diferencial e integral son ramas de la ciencia matemática.
ETIM *Cálculo* procede del latín *calculus*, 'piedra que empleaban los romanos para enseñar a los niños a contar'.

caldear *v. tr./prnl.* **1** Calentar, especialmente un sitio cerrado: *el sol caldea la habitación; la habitación se ha caldeado*. **2** Excitar o hacer que se levanten los ánimos o que se pierda la calma: *sus acusaciones caldearon la reunión*. **SIN** calentar.
DER caldeo, caldera, caldo; rescoldo.

caldera *n. f.* **1** Recipiente metálico dotado de una fuente de calor donde se calienta o hace hervir el agua, especialmente la que circula por los tubos y radiadores de la calefacción de un edificio: *tiene calefacción central y la caldera está en el sótano*. **caldera de vapor** Recipiente cerrado de metal donde se hierve agua hasta conseguir el vapor necesario para mover una máquina. **2** Vasija de metal con dos asas, grande y de fondo redondeado, que se usa para calentar o poner a cocer algo dentro de ella: *los pastores se reunían todas las noches alrededor del fuego y la caldera*.
DER calderero, caldereta, calderilla, caldero.

calderero, -ra *n. m. y f.* Persona que se dedica a hacer, arreglar o vender recipientes de metal.

calderilla *n. f.* Conjunto de monedas, generalmente de poco valor: *tiene el bolsillo roto y se le ha caído toda la calderilla*. **SIN** suelto.

caldero *n. m.* Recipiente metálico de fondo redondeado y con una sola asa móvil que va de lado a lado: *hay zonas donde aún se encuentra sopa de ajos o migas hechas en caldero*.

calderón *n. m.* **1** Signo ortográfico con el que antiguamente se señalaba un párrafo: *el calderón se representa con el signo ¶*. **2** MÚS. Signo que representa la suspensión del compás; colocado sobre una nota o pausa, indica que se puede prolongar a voluntad del intérprete.

caldo *n. m.* **1** Alimento líquido que resulta de cocer en agua carne, pescado o verdura: *caldo de carne; caldo de pescado; caldo de verduras*. **SIN** consomé, sopa. **2** Vino u otro jugo vegetal destinado a la alimentación y extraído directamente de un fruto: *los caldos riojanos de este año han sido calificados de excelentes*.
caldo de cultivo *a*) BIOL. Líquido preparado para el desarrollo y estudio de las bacterias y otros microorganismos: *muchas vacunas se han conseguido a partir de caldos de cultivo*. *b*) Lugar o ambiente adecuado para el desarrollo de una cosa que se considera importante: *el paro y la crisis económica fueron el caldo de cultivo en el que surgió la revolución*.
poner a caldo Regañar a una persona, llegando incluso a insultarla, por haber cometido una mala acción: *lo pusieron a caldo por haber revelado el secreto*.
DER caldoso.
ETIM *Caldo* procede del latín *calidus*, 'caliente', voz con la que también están relacionadas *cálido, escaldar*.

caldoso, -sa *adj.* Que tiene mucho caldo: *este guiso está demasiado caldoso*.

calé *adj./n. com.* Miembro de una etnia o pueblo de origen hindú: *poco a poco se van reconociendo los valores de la cultura calé*. **SIN** gitano.

calefacción *n. f.* Conjunto de aparatos que forman un sistema y sirven para calentar un lugar: *por favor, pon la calefacción del coche*. **calefacción central** Sistema de calefacción que emite el calor desde un solo punto y sirve para calentar todo un edificio: *la calefacción central distribuye uniformemente el calor desde la caldera*.
DER calefactor.

calefactor, -ra *adj.* **1** Que calienta o hace subir la tempe-

ratura de una cosa: *he tenido que cambiar dos piezas calefactoras del radiador averiado*. ◇ *n. m. y f.* **2** Persona que instala y arregla los aparatos de calefacción. ◇ *n. m.* **3** Aparato eléctrico que calienta un lugar recogiendo aire del ambiente y despidiéndolo caliente: *me gusta encender el calefactor al salir del baño*.

caleidoscopio o **calidoscopio** *n. m.* Tubo con dos o tres espejos inclinados en su interior y varias piezas de colores en uno de sus extremos que se pueden ver por el otro formando distintas figuras simétricas a medida que se va girando el tubo: *el caleidoscopio más simple puede ofrecer gran número de figuras diferentes*.
OBS La Real Academia Española admite *caleidoscopio*, pero prefiere la forma *calidoscopio*.

calendario *n. m.* **1** Registro de todos los días del año ordenados por meses y por semanas, que generalmente incluye información sobre las fases de la Luna y sobre las festividades religiosas y civiles: *los domingos y días festivos se señalan en rojo en el calendario*. **SIN** almanaque. **calendario perpetuo** Conjunto de datos que, mediante las operaciones que indica, permite saber cómo se distribuyen los meses, semanas y días de cualquier año. **2** Sistema de división del tiempo por días, semanas, meses y años: *el calendario solar tiene un año de aproximadamente 365 días*. **calendario eclesiástico** Calendario que se basa en las celebraciones religiosas. **calendario escolar** Calendario que fija los días lectivos y festivos para profesores y estudiantes. **calendario gregoriano** o **calendario nuevo** o **calendario renovado** Calendario que divide el año en siete meses de treinta y un días, cuatro meses de treinta días y un mes con veintiocho días, excepto el año bisiesto, que añade un día más: *el calendario gregoriano es el utilizado por los países occidentales*. **calendario laboral** Calendario que elabora la autoridad competente para fijar los días de trabajo y de fiesta durante el año. **3** Plan ordenado del conjunto de las actividades previstas durante un período: *para aprovechar el tiempo es preciso que elaboremos un calendario de trabajo*. **SIN** programa.

caléndula *n. f.* Planta de jardín de flores compuestas, de color rojo o naranja: *la caléndula abunda en el Mediterráneo*. **SIN** maravilla.

calentador, -ra *adj.* **1** Que calienta o hace subir la temperatura de una cosa. ◇ *n. m.* **2** Aparato que calienta el agua para usos domésticos: *el calentador puede ser eléctrico o de gas*. **3** Utensilio o recipiente que sirve para calentar: *calentador de cama; calentador de biberones*. ◇ *n. m. pl.* **4** calentadores Medias sin pie, normalmente de lana o algodón, que sirven para mantener calientes las piernas desde el tobillo hasta la rodilla: *los calentadores son usados por bailarines y gimnastas para evitar tirones y calambres*.

calentamiento *n. m.* **1** Aumento de la temperatura mediante la comunicación de calor. **2** Serie de ejercicios para desentumecer los músculos y entrar en calor antes de practicar un deporte: *antes de entrar a jugar se pusieron a realizar ejercicios de calentamiento*.
DER precalentamiento, sobrecalentamiento.

calentar *v. tr./intr./prnl.* **1** Dar calor a un cuerpo para hacer subir su temperatura: *calentar la leche; esta estufa no calienta; calentarse las manos*. **ANT** enfriar. ◇ *v. tr./prnl.* **2** *coloquial* Enfadar o molestar a una persona: *no me calientes con esas estupideces que te doy una torta*. **3** *coloquial* Excitar o avivar el apetito sexual. ◇ *v. tr.* **4** *coloquial* Pegar o dar golpes a una persona: *es muy travieso y sus padres le han calentado el culo más de una vez*. **5** Excitar o hacer que se levanten los ánimos o

calentón

que se pierda la calma: *calentar una discusión.* **SIN** caldear. **ANT** enfriar. ◇ *v. tr./intr.* **6** Hacer ejercicios para desentumecer los músculos y entrar en calor antes de practicar un deporte: *antes de correr, es conveniente que calientes los músculos; si no calientas puedes sufrir un tirón.*
calentar el asiento *coloquial* Ocupar un cargo o un empleo sin desarrollar ninguna actividad: *es un enchufado y no hace más que calentar el asiento.*
calentar la cabeza o **calentar los cascos** *coloquial* Cansar o molestar hablando mucho: *haz lo que quieras y no me calientes más la cabeza.*
DER calentador, calentamiento, calentísimo, calentón, calentura; recalentar.

calentón *n. m.* Calentamiento brusco e intenso, especialmente de un motor: *me quedé sin agua y el coche estuvo a punto de arder del calentón que recibió el motor.*

calentura *n. f.* **1** Síntoma de enfermedad que consiste en la elevación de la temperatura del cuerpo por encima de lo normal y el aumento del ritmo cardíaco y respiratorio: *las anginas dan una calentura enorme.* **SIN** fiebre. **2** Herida que se forma en los labios, generalmente a causa de la fiebre: *ha tenido anginas y le ha quedado una calentura en el labio.*
DER calenturiento.

calenturiento, -ta *adj./n. m. y f.* **1** Que se excita y altera en exceso: *mente calenturienta.* **2** Que presenta síntomas de calentura: *ponle el termómetro, porque lo veo calenturiento.*

calera *n. f.* Cantera de donde se saca piedra caliza.

calesa *n. f.* Coche de caballos de dos o cuatro ruedas con la caja abierta por delante y una cubierta o techo plegable: *los turistas visitan el centro de la ciudad en calesa.*

caleta *n. f.* Cala pequeña, entrante del mar en la tierra: *siempre iban a bañarse a aquella solitaria caleta.*

caletre *n. m. coloquial* Talento, capacidad para pensar o entender con acierto.

calibrador *n. m.* Instrumento que sirve para calibrar: *necesitas un calibrador para averiguar el calibre del tubo.*

calibrar *v. tr.* **1** Medir el calibre o diámetro de un objeto cilíndrico: *el maestro armero del batallón se encarga de calibrar las armas.* **2** Dar a un objeto cilíndrico el calibre o diámetro que se desea. **3** Medir con cuidado, estudiar con detalle la importancia o trascendencia de una cosa: *es preciso calibrar bien las ventajas e inconvenientes del asunto.*
DER calibrador.

calibre *n. m.* **1** Diámetro interior de un objeto cilíndrico hueco, especialmente el del cañón de un arma de fuego: *pondremos un tubo de mayor calibre; le dispararon con una pistola de gran calibre.* **2** Diámetro de un proyectil o de un alambre. **3** Importancia, categoría o trascendencia de una cosa: *mentira de gran calibre.*
DER calibrar.
OBS Se suele emplear precedido de *gran, mucho, alto,* o bien de *pequeño, poco, bajo.*

calidad *n. f.* **1** Propiedad o conjunto de propiedades inherentes a una cosa que permiten caracterizarla y valorarla como igual, mejor o peor que las restantes de su especie: *esta tela es de buena calidad. Se usa mucho con la construcción ser de. Si no se expresa el adjetivo, se supone buena calidad, excelencia, superioridad: esta tela es de calidad.* **2** Carácter, genio, índole de una persona: *su calidad humana y profesional es incuestionable.*
de calidad superior o **de primera calidad** Que está hecho con el mejor material o de la mejor manera posible: *fabrican un queso de primera calidad.*
en calidad de Que realiza la acción como, con la condición, función o cargo que se expresa: *habló en calidad de ministro; declaró en calidad de testigo.*
ETIM *Calidad* procede del latín *qualitas, -atis,* que tenía el mismo significado, voz con la que también está relacionada *cualidad.*

cálido, -da *adj.* **1** Que está caliente o que produce calor: *climas, vientos o aires cálidos.* **ANT** frío, glacial. **2** Que es afectuoso, agradable o acogedor: *trabaja rodeado de un cálido ambiente.* **ANT** frío. **3** Que produce sensación de temperatura más alta que lo que lo rodea: *por su orientación, este cuarto es el más cálido.* **SIN** caliente. **ANT** frío. **4** [color] Que pertenece a la escala del rojo y del amarillo o se basa en la mezcla de ambas: *ha comprado una cortina de colores cálidos.* **SIN** caliente. **ANT** frío.
ETIM Véase *caldo.*

calidoscopio *n. m.* Caleidoscopio, tubo con dos o tres espejos.

calientaplatos *n. m.* Aparato o utensilio que sirve para mantener calientes durante un tiempo los platos cocinados: *el platito del bebé trae incorporado un calientaplatos.*
OBS El plural también es *calientaplatos.*

caliente *adj.* **1** Que tiene una temperatura alta o más alta de lo normal: *ten cuidado con la plancha, que está caliente.* **ANT** frío. **2** Que es acalorado, vivo o apasionado: *ha sido un debate caliente.* **ANT** frío. **3** *coloquial* Que es reciente o acaba de suceder: *noticia caliente.* **4** Que produce sensación de temperatura alta o que retiene el calor: *este salón es muy caliente en verano.* **SIN** cálido. **ANT** frío. **5** [color] Que pertenece a la escala del rojo y del amarillo o se basa en la mezcla de ambas: *los colores de uñas y labios para este año son muy calientes.* **SIN** cálido. **ANT** frío. **6** *coloquial* Que siente excitación sexual: *es un reprimido y con cualquier escena erótica se pone caliente.* **SIN** cachondo.
DER calefacción, calentar.

califa *n. m.* Príncipe musulmán que, como sucesor de Mahoma, ejercía la suprema potestad civil y religiosa: *los califas ejercieron su poder en Asia, África y España.*
DER califal, califato.

califal *adj.* De los califas o relacionado con estos príncipes musulmanes: *época, arte califal.*

califato *n. m.* **1** Cargo o dignidad de califa. **2** Territorio que gobernaba un califa: *el califato omeya tenía la capital en Damasco.* **3** Tiempo durante el que gobernaba un califa o dinastía de califas. **4** Período histórico en el que hubo califas.

calificación *n. f.* **1** Valoración de la suficiencia o no suficiencia de la persona que se examina: *ha terminado el curso con unas calificaciones excelentes.* **2** Puntuación o palabra con la que se expresa dicha valoración: *su calificación en matemáticas es de sobresaliente.* **SIN** nota. **3** Atribución de determinadas cualidades a una persona o cosa: *su mal comportamiento no merece calificación.*

calificado, -da *adj.* **1** [persona] Que goza de autoridad, mérito y prestigio: *un cirujano muy calificado.* **2** [cosa] Que tiene las cualidades y requisitos necesarios para algo: *unas pruebas muy calificadas.*

calificador, -ra *adj./n. m. y f.* Que califica.

calificar *v. tr.* **1** Valorar el grado de suficiencia o la insuficiencia de los conocimientos mostrados por un alumno u opositor en un examen o ejercicio: *le han calificado positivamente el ejercicio.* **2** Expresar este grado con una palabra o puntuación de una escala establecida: *califiqué su examen con un notable.* **3** Atribuir a una persona o cosa cierta cualidad: *no califiques de imposible lo que no has intentado.* **4** GRAM.

Expresar un adjetivo la cualidad de un sustantivo: *el adjetivo simpático puede calificar al sustantivo hombre*.
DER calificación, calificado, calificador, calificativo; descalificar, incalificable.
calificativo, -va *adj*. **1** Que califica, determina o expresa unas cualidades: *adjetivo calificativo*. ◇ *n. m.* **2** Juicio o expresión de cualidades utilizado para calificar algo o a alguien: *esta obra merece buenos calificativos*.
californiano, -na *adj*. **1** De California o que tiene relación con este estado del suroeste de los Estados Unidos. ◇ *adj./n. m. y f.* **2** [persona] Que es de California.
californio *n. m.* Elemento químico radiactivo artificial de número atómico 98 que se obtiene bombardeando el curio con partículas alfa: *el símbolo del californio es Cf*.
caligrafía *n. f.* **1** Arte de escribir a mano con letra bella y correctamente formada según diferentes estilos: *me ha felicitado con unos versos en espléndida caligrafía*. **2** Conjunto de rasgos característicos de la escritura de un documento, una persona o una época: *caligrafía gótica cursiva*.
DER caligrafiar, caligráfico, calígrafo.
caligrafiar *v. tr.* Escribir a mano con letra bella y correctamente formada.
caligráfico, -ca *adj*. De la caligrafía o relacionado con este arte.
calígrafo, -fa *n. m. y f.* **1** Persona que escribe a mano con letra bella y bien hecha: *han contratado a un calígrafo para que copie el manuscrito*. **2** Persona que tiene especiales conocimientos de caligrafía: *un experto calígrafo pudo datar el documento*.
calima *n. f.* Calina, neblina o bruma.
DER calimoso.
OBS La Real Academia Española admite *calima*, pero prefiere la forma *calina*.
calimocho *n. m.* Bebida que se prepara mezclando vino tinto y un refresco con sabor a cola: *el calimocho se toma muy frío en las fiestas veraniegas*.
calina *n. f.* Neblina o bruma ligera formada por vapor de agua o partículas de polvo en suspensión: *la calina es propia de épocas calurosas*.
ETIM *Calina* procede del latín *caligo, -iginis*, 'niebla', voz con la que también está relacionada *calígine*.
OBS También se escribe *calima*.
cáliz *n. m.* **1** Recipiente sagrado, generalmente en forma de copa, que se utiliza para consagrar el vino en la misa. **2** Conjunto de amarguras, aflicciones o trabajos. **3** Cubierta exterior de la flor formada por hojas duras, generalmente de color verde, por las que se une al tallo: *las hojas que forman el cáliz se llaman sépalos*. ☞ flor.
caliza *n. f.* Roca sedimentaria formada básicamente por carbonato de cal: *las calizas abundan en la naturaleza y se emplean en la construcción*.
calizo, -za *adj*. [roca, terreno] Que tiene cal. **SIN** calcáreo.
callar *v. intr./prnl.* **1** No hablar o no producir ningún sonido: *no sabía qué decir y calló*. **2** Dejar de hablar o de hacer ruido o producir un sonido: *al hacer la pregunta todos se callaron; el bebé no calló en toda la noche; la sirena calló; los violines de la orquesta callaron*. **SIN** enmudecer. **ANT** sonar. ◇ *v. tr./intr./prnl.* **3** No decir lo que se siente o se sabe: *calló un dato importante; no puedes callar ante tales injusticias; en esa ocasión preferí callarme*.
DER callado, callandito; acallar.
calle *n. f.* **1** Vía pública de una población generalmente limitada por dos filas de edificios o solares: *cruza la calle por el paso de cebra*. **calle mayor** Calle principal o más importante de un pueblo o ciudad. **calle peatonal** Calle por la que sólo pueden circular personas. **2** En una población, lugar descubierto y fuera de cualquier edificio o local: *hay muchos necesitados que viven en la calle*. **3** Libertad, después de haber estado detenido o en la cárcel: *pagó la fianza y lo han puesto en la calle*. **4** Camino o zona bordeada por dos líneas o hileras de cosas paralelas entre sí: *la pista de atletismo tiene ocho calles; las calles del tablero de damas o de ajedrez; las calles de los jardines del parque*. **5** Gente común o conjunto de personas que constituye la parte mayoritaria de la sociedad: *los políticos no quieren oír la opinión de la calle*.

dejar (o **quedarse**) **en la calle** Quitarle a una persona sus bienes o el empleo con que se mantenía.
doblar la calle Girar en una esquina.
hacer la calle Buscar clientes en la vía pública una persona que se dedica a la prostitución.
llevar (o **traer**) **por la calle de la amargura** Hacer sufrir mucho a una persona.
llevarse de calle *coloquial* Ganarse con facilidad la admiración, simpatía o amor de los demás: *su extraordinaria simpatía hace que se lleve de calle a todo el mundo*.
poner de patitas en la calle *coloquial* Echar de un sitio o de un trabajo sin ningún miramiento: *estaban haciendo gamberradas y los pusieron de patitas en la calle*.
ETIM *Calle* procede del latín *callis*, 'sendero', voz con la que también está relacionada *encallar*.
DER callejón, callejuela.
callejear *v. intr.* Andar por las calles sin dirección fija ni objetivo: *deja de callejear con tus amigos y estudia un poco más*.
callejero, -ra *adj*. **1** De la calle o que tiene relación con esta vía pública: *perro callejero*. **2** [persona] Que gusta de andar mucho por las calles y estar fuera de casa. ◇ *n. m.* **3** Lista o guía que contiene el nombre de las calles de una ciudad; generalmente va acompañada de un plano para localizarlas: *busca en el callejero dónde queda esa plaza*.
callejón *n. m.* **1** Calle o paso largo y estrecho entre paredes, casas o elevaciones del terreno. **callejón sin salida** Asunto o problema muy difícil o de solución imposible: *el conflicto se convirtió en un callejón sin salida*. **2** Espacio entre la barrera y el muro en el que comienza el tendido de una plaza de toros: *el mozo de espadas atiende al maestro desde el callejón*.
DER callejear, callejero.
callejuela *n. f.* Calle pequeña y estrecha.
callicida *n. m.* Sustancia que sirve para quitar los callos.
callista *n. com.* Persona que se dedica a quitar o curar los callos y otras enfermedades de los pies. **SIN** pedicuro.
callo *n. m.* **1** Dureza que por roce o presión se forma generalmente en los pies o en las manos: *lleva siempre zapatos cómodos porque tiene callos*. **2** *coloquial* Persona muy fea: *tiene buen carácter, pero físicamente es un callo*. Tiene sentido despectivo. ◇ *v. m. pl.* **3** callos Guiso hecho con trozos del estómago de la vaca y de otros animales: *no puedo tomar callos por las especias y el picante*.
DER callicida, callista, callosidad, calloso; encallecer.
callosidad *n. f.* Dureza más extensa y menos profunda que el callo.
calma *n. f.* **1** Tranquilidad, ausencia de agitación y nervios en la forma de actuar: *tómate las cosas con calma*. **SIN** sosiego. **2** Falta de ruido y movimiento en un lugar: *la calma reinaba en el hospital*. **SIN** quietud. **3** Estado de la atmósfera cuando no hay viento y del mar cuando no hay olas. **calma chicha** Ausencia total de aire, especialmente en el mar: *no*

calmante

podíamos navegar por culpa de la calma chicha. **4** Suspensión o reducción momentánea de una actividad o de un estado y situación: *después de los días de crisis, vino un corto período de calma.*
DER calmante, calmar, calmo, calmoso.

calmante *adj./n. m.* [sustancia, fármaco] Que hace que desaparezcan o disminuyan los dolores o molestias: *algunos calmantes producen sueño.* **SIN** analgésico, sedante, tranquilizante.

calmar *v. tr./prnl.* **1** Sosegar, disminuir o hacer desaparecer la excitación nerviosa: *no te dejes llevar por la ira y cálmate; trató de calmar a la multitud.* **SIN** aplacar, serenar, tranquilizar. **2** Hacer que desaparezca o disminuya un dolor o una molestia: *este medicamento te calmará el dolor de cabeza.* **3** Disminuir o hacer desaparecer la fuerza, la intensidad o el ímpetu de algo: *el viento se calmó al día siguiente.*

calmo, -ma *adj.* **1** Que no está agitado: *mar calmo; actitud calma.* **SIN** tranquilo. **ANT** agitado. Se usa sobre todo en el lenguaje de la poesía. **2** [terreno] Que no está cultivado: *en esos campos calmos cultivaremos el año que viene.* **SIN** estéril, yermo.

calmoso, -sa *adj.* [persona] Que es muy tranquilo, que actúa con lentitud y sin preocupación ni nervios: *no seas tan calmoso y apresúrate un poco.*

caló *n. m.* Lenguaje de los gitanos españoles.

calor *n. m.* **1** Temperatura alta del ambiente: *hace calor.* Se usa con el verbo *hacer*. **2** Sensación de estar caliente que se experimenta al recibir los rayos del sol o al aproximarse o entrar en contacto con un cuerpo de temperatura más alta: *apaga el radiador, que tengo mucho calor.* Se suele usar con el verbo *tener*. **3** Sensación de estar caliente producida por una causa fisiológica o patológica: *tiene fiebre y siente mucho calor.* Se suele usar con los verbos *tener* y *sentir*. **4** FÍS. Energía que pasa de un cuerpo a otro con menos temperatura cuando están en contacto y hace que se equilibren sus temperaturas: *el calor puede llegar a fundir los sólidos y a evaporar los líquidos.* **5** Afecto, especialmente en una acogida o recibimiento: *en clase ha sido recibido con mucho calor.* **6** Viveza o energía al hacer una cosa: *la idea ha sido tomada con mucho calor.*
entrar en calor Tener la sensación de que sube la temperatura del cuerpo de una persona que tenía frío.
DER caliente, caloría, caloricidad, calorífero, calorífico, calorífugo, calorimetría, caluroso; acalorar.

caloría *n. f.* **1** MED. Medida del contenido energético de los alimentos: *está siguiendo una dieta baja en calorías para perder unos kilos.* **2** FÍS. Unidad de energía térmica equivalente a la cantidad de calor necesaria para elevar la temperatura de un gramo de agua en un grado centígrado: *el símbolo de caloría es cal.*
DER hipocalórico.

calorífico, -ca *adj.* **1** Que produce calor: *poder calorífico.* **2** Del calor o que tiene relación con él.

calostro *n. f.* Primera leche que da la hembra después de parir: *los calostros son la primera alimentación del recién nacido.*
OBS Se usa frecuentemente en plural.

calumnia *n. f.* Acusación falsa hecha contra alguien con la intención de causarle daño: *con tus calumnias has dañado mi honor y prestigio.*
DER calumniador, calumniar.

calumniador, -ra *adj./n. m. y f.* [persona] Que calumnia.

calumniar *v. tr.* Acusar falsamente a alguien con la intención de causarle daño: *no debes calumniar a nadie.*

caluroso, -sa *adj.* **1** Que siente calor o que lo produce: *es muy caluroso y nunca lleva abrigo; día caluroso; jersey caluroso.* **2** Que tiene o muestra afecto y sinceridad: *al ingresar en el equipo tuve una calurosa acogida.*

calva *n. f.* **1** Parte de la cabeza de la que se ha caído el pelo: *han pasado los años y ahora tiene una brillante calva.* **2** Parte de una piel, felpa u otro tejido semejante que ha perdido el pelo: *cambió las alfombrillas del coche porque estaban llenas de calvas.* **3** Zona de un bosque sin árboles ni plantas. **SIN** calvero.

calvario *n. m.* Sufrimiento intenso y prolongado o sucesión de padecimientos y desgracias: *pasar un calvario; sufrir un calvario.*

calvero *n. m.* Zona o claro sin árboles en el interior de un bosque: *acamparon en un pequeño calvero del bosque.*
SIN calva.

calvicie *n. f.* Falta de pelo en la cabeza.

calvinismo *n. m.* Doctrina religiosa protestante que tuvo su origen en las ideas del teólogo francés Calvino en el siglo XVI; se distingue por negar el libre albedrío y la presencia real de Cristo en la Eucaristía.
DER calvinista.

calvinista *adj.* **1** Perteneciente o relativo a una doctrina religiosa protestante que tuvo su origen en las ideas del teólogo francés Calvino en el siglo XVI. ◊ *adj./n. com.* **2** [persona] Que cree en esta doctrina.

calvo, -va *adj./n. m. y f.* [persona] Que ha perdido total o parcialmente el pelo de la cabeza.
DER calva, calvero, calvicie.

calza *n. f.* **1** Cuña que se pone entre el suelo y la rueda de un vehículo para inmovilizarlo o bajo la pata de algún mueble para afirmarlo e impedir que cojee. **SIN** calce, calzo. **2** Antigua prenda de vestir masculina, especie de calzones que cubrían toda la pierna o parte de ella: *el actor llevaba unas calzas verdes.* Se usa generalmente en plural.
DER calcetín, calzón.

calzada *n. f.* **1** Parte de la calle o de la carretera destinada a la circulación de vehículos: *pasea por la acera y no invadas la calzada.* **2** Camino ancho y empedrado. **calzada romana** Antigua vía o camino construido por los romanos: *las calzadas romanas unían Roma con todas las provincias de su imperio.*

calzado, -da *adj.* **1** Que lleva cubiertos los pies con zapatos, zapatillas o prenda semejante: *está prohibido estar calzado en la piscina.* Es participio de *calzar*. **ANT** descalzo. ◊ *adj./n. m. y f.* **2** [religioso] Que pertenece a una orden en la que, por regla, se permite llevar los pies cubiertos. ◊ *n. m.* **3** Prenda de vestir que sirve para cubrir y resguardar exteriormente el pie y a veces también parte de la pierna: *debes elegir un calzado cómodo.*

calzador *n. m.* Utensilio con forma acanalada que sirve para ayudar a meter el pie en el calzado: *el zapato le queda muy justo y necesitará un calzador.*

calzar *v. tr./prnl.* **1** Cubrir el pie y a veces parte de la pierna con el calzado: *calzó sus pies con unas sandalias; tengo que calzarlo porque no puede agacharse.* **2** Llevar puestos o usar objetos que se adaptan al pie o a la mano: *calzarse las botas, las espuelas, los esquís, los guantes.* ◊ *v. tr.* **3** Proporcionar calzado: *con este sueldo no gano para vestir y calzar a la familia.* **4** Poner una cuña o calzo para inmovilizar una rueda o impedir que cojee un mueble. **ANT** descalzar.
DER calce, calzado, calzador, calzo; descalzar, recalzar.

calzo *n. m.* **1** Cuña que se pone entre el suelo y la rueda de un vehículo para inmovilizarlo o bajo la pata de algún mueble para afirmarlo e impedir que cojee: *puso calzos a las ruedas del camión para evitar que echara a rodar cuesta abajo.* **SIN** calce, calza. ◇ *n. m. pl.* **2 calzos** Extremidades de una caballería, especialmente cuando son de color distinto del del pelo general del cuerpo.

calzón *n. m.* Pantalón que llega hasta la mitad del muslo o hasta la rodilla: *el calzón de un torero o de un boxeador.*
DER calzonazos, calzoncillos.
OBS Se usa también en plural para hacer referencia a una sola de esas prendas.

calzonazos *n. m.* Hombre de carácter débil que se deja dominar con facilidad por otra persona, especialmente si es su mujer: *no se atreverá a hacer nada porque es un calzonazos.*
OBS El plural también es *calzonazos.*

calzoncillos *n. m. pl.* Prenda de ropa interior masculina que generalmente cubre desde la cintura hasta parte de los muslos: *los calzoncillos suelen ser ajustados y cortos, aunque también los hay anchos y largos.*
OBS Se usa también en singular.

cama *n. f.* **1** Mueble formado por una armazón sobre la que se pone un colchón, almohadas y ropas y que sirve para que las personas duerman o descansen sobre él. **SIN** lecho. *he comprado una cama de madera de nogal; tiene varios peluches sobre la cama.* **cama de matrimonio** Cama que tiene capacidad para dos personas. **cama nido** Cama compuesta por dos superficies que se guardan una bajo la otra formando un solo mueble. **cama turca** Cama que no tiene cabecera ni pies. **2** Objeto que tiene forma parecida a ese mueble. **cama elástica** Lámina de goma sujeta por muelles que sirve para saltar encima. **3** Lugar donde se echan los animales para descansar o dormir: *el pastor ha preparado una cama de paja para el ganado.* **SIN** lecho. **4** Plaza para un enfermo en un hospital o para un alumno en un internado: *faltan camas y no puede ingresar en el hospital.*
caer en cama Acostarse por estar enfermo: *no puede venir porque ha caído en cama con gripe.*
estar en (o guardar) cama Descansar echado en la cama durante un tiempo para curar una enfermedad.
hacer la cama Poner o colocar las sábanas y la ropa: *pon otra manta cuando hagas la cama.*

hacerle la cama Trabajar en secreto para hacer daño a alguien: *a ese pardillo le están haciendo la cama.*
irse a la cama Acostarse para dormir, especialmente por la noche.
DER camada, camastro, camilla; encamar.

camada *n. f.* Conjunto de las crías de ciertos mamíferos que nacen de una vez: *camada de conejos o de lobos.*

camafeo *n. m.* **1** Figura labrada en relieve en una piedra preciosa. **2** Piedra preciosa que tiene labrada una figura: *de su cuello colgaba el camafeo que días antes había sido robado.*

camaleón *n. m.* **1** Reptil de cuerpo comprimido, con cuatro patas cortas, cola prensil y ojos grandes con movimiento independiente; su piel cambia de color adaptándose al del lugar en el que se encuentra: *el camaleón se alimenta de insectos que atrapa con su lengua larga y pegajosa.* Para indicar el sexo se usa *el camaleón macho* y *el camaleón hembra.* ☞ reptiles. **2** Persona que cambia de opinión o de actitud con facilidad y según le conviene.
DER camaleónico.

camaleónico, -ca *adj.* Del camaleón o relacionado con la persona que cambia de opinión: *política camaleónica.*

cámara *n. f.* **1** Aparato que sirve para registrar imágenes estáticas o en movimiento: *cámara fotográfica; cámara de vídeo; cámara de televisión.* **cámara lenta** Rodaje acelerado de una imagen para que al reproducirla a la velocidad normal cause un efecto de lentitud en los movimientos: *la cámara lenta confirmó que el árbitro se había equivocado.* **2** Recinto o espacio cerrado por paredes. **cámara acorazada** Cámara con paredes de metal resistente que en los bancos se usa para guardar dinero u objetos de mucho valor. **cámara de aire** Espacio que se deja en el interior de los muros y paredes de un edificio para que sirva de aislamiento: *la cámara de aire aísla del ruido y del frío.* **cámara de gas** Recinto cerrado herméticamente que se llena de gases tóxicos para ejecutar a una o más personas. **cámara frigorífica** Recinto que produce frío artificial y se usa generalmente para conservar alimentos y productos que pueden descomponerse a la temperatura ambiente. **3** Corporación u organismo que se ocupa de los asuntos públicos de una comunidad o propios de una actividad. **cámara agraria** Organismo que se ocupa de asuntos relacionados con la

calzado

agricultura de un lugar. **cámara de comercio e industria** Organismo que se ocupa de asuntos relacionados con la fabricación y la compra y venta de productos. **cámara de la propiedad** Organismo que se ocupa de asuntos relacionados con la posesión de edificios y tierras: *fuimos a la cámara de la propiedad a registrar el piso que nos hemos comprado*. **4** Órgano de un sistema político encargado de legislar: *en España existen dos cámaras*. **Cámara Alta** Órgano de representación política de las distintas partes de un país: *la Cámara Alta de España es el Senado*. **Cámara Baja** Órgano que aprueba las leyes: *la Cámara Baja de España es el Congreso de los Diputados*. **5** Espacio en el interior de un mecanismo. **cámara de combustión** Pieza hueca de un motor donde se mezcla y se quema el combustible a alta presión. **6** Cuerpo hueco de goma que está alojado en el interior de algunos objetos y que se infla con aire a presión: *algunos neumáticos no necesitan cámara; la cámara de nuestro balón de fútbol pierde aire por la válvula*. **7** Habitación o pieza de una casa que puede tener diversos empleos, especialmente de uso privado o restringido: *cámara nupcial; cámara real*. ◇ *n. com.* **8** Persona que se dedica al manejo de un aparato que permite recoger imágenes en movimiento: *recibió un premio al mejor cámara de televisión*.
chupar cámara *coloquial* Colocarse en lugar preferente cuando se graban imágenes: *no está bien que sólo vaya al festival benéfico para chupar cámara*. Tiene sentido despectivo.
DER camarada, camarera, camarilla, camarín, camarlengo, camarote, cameraman, camerino; antecámara, bicameral, monocameral, recámara, unicameral.

camarada *n. com.* **1** Compañero de partido o de ideas: *los camaradas del sindicato siempre me apoyaron*. **2** Compañero con el que se tiene una relación de amistad y confianza, especialmente en el colegio o en el trabajo: *en los primeros cursos fuimos buenos camaradas*.
DER camaradería.

camaradería *n. f.* Relación amistosa y cordial propia de buenos camaradas: *los compañeros de clase me tratan con gran camaradería*. **SIN** compañerismo.

camarera *n. f.* Mesa pequeña con ruedas que sirve para llevar comidas o bebidas: *podemos ponerlo todo en la camarera y cenar en la terraza*.

camarero, -ra *n. m. y f.* **1** Persona empleada en un bar, restaurante o establecimiento semejante para servir comidas o bebidas: *durante el verano trabaja de camarero en una cafetería*. **2** Persona que limpia y arregla las habitaciones en un establecimiento hotelero o los camarotes en un barco de pasajeros.

camarilla *n. f.* Conjunto de personas que influyen de forma extraoficial en los negocios de estado o en los actos y decisiones de una autoridad superior: *todos opinan que esa nueva ley no es cosa suya, sino de la camarilla que le rodea*.

camarín *n. m.* **1** Capilla pequeña detrás de un altar en la que se venera una imagen. **2** Habitación en la iglesia donde se guardan las alhajas y vestidos de una imagen.

camarón *n. m.* Crustáceo marino comestible, muy parecido a la gamba, pero más pequeño: *los camarones tienen la cabeza grande y el abdomen extendido en forma de cola*.
SIN quisquilla.
OBS Para indicar el sexo se usa *el camarón macho* y *el camarón hembra*.

camarote *n. m.* Habitación pequeña de un barco con una o más camas.

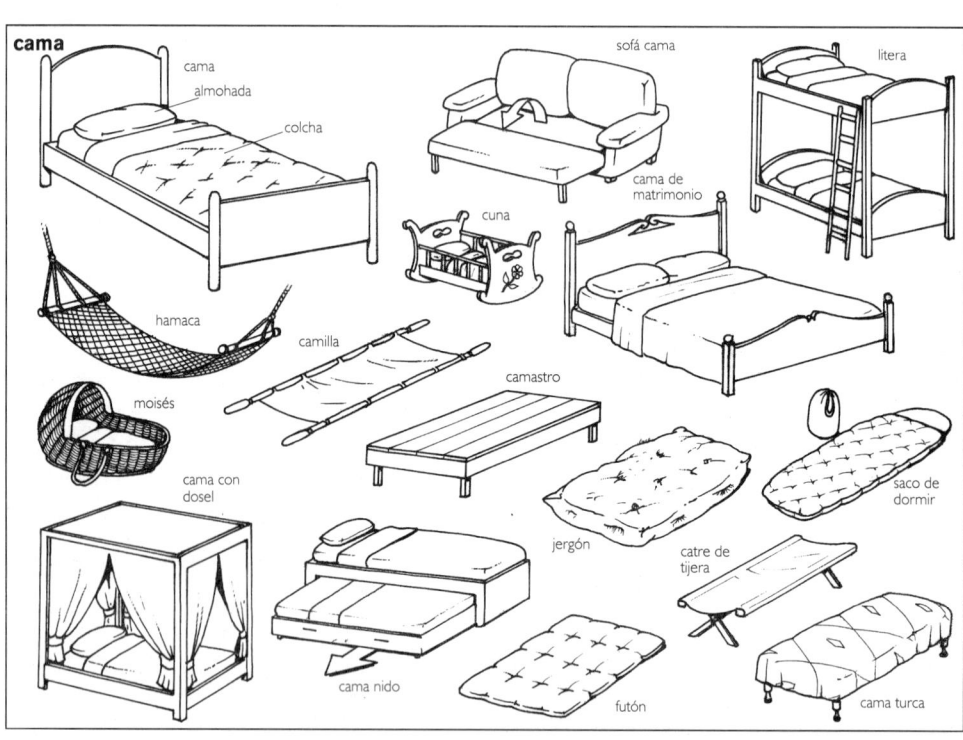

camastro *n. m.* Cama pobre, de mal aspecto y muy incómoda: *pasaba las noches en un sucio camastro.* ☞ cama.
DER camastrón.
OBS Tiene matiz despectivo.

cambalache *n. m.* Trueque o intercambio de cosas de poco valor: *no debes engañar a nadie con tus cambalaches.*
OBS Suele tomar sentido despectivo o peyorativo.

cambiar *v. tr.* **1** Modificar una cosa para convertirla en algo distinto u opuesto: *cambiar las lágrimas por sonrisas, el amor por odio.* **2** Intercambiar, dar una cosa a cambio de otra: *te cambio estampas por chocolatinas.* **SIN** canjear. ◇ *v. tr./intr.* **3** Variar, poner de manera distinta de como era o estaba: *todos los años cambian el horario; cambiar el tiempo.* **4** Reemplazar, sustituir una cosa por otra: *ha cambiado el apartamento por un ático; ha cambiado de apartamento.* **5** Hacer que una persona o cosa pase a ocupar otro sitio: *han cambiado las oficinas, ahora están en una calle céntrica.* ◇ *v. tr.* **6** Intercambiar algunas acciones, especialmente ideas, palabras, miradas o risas: *cambiar saludos.* **7** Dar o tomar valores o monedas por sus equivalentes: *tengo que cambiar veinte mil pesetas en francos; en ese banco se puede cambiar* dinero. ◇ *v. intr.* **8** Quitar una velocidad y poner otra distinta en un vehículo automóvil: *pisa el embrague y cambia de marcha.* ◇ *v. prnl.* **9 cambiarse** Mudarse, quitarse una ropa y ponerse otra distinta: *antes de salir tengo que cambiarme de pantalones.* **10** Dejar de vivir en un lugar e irse a otro distinto: *se han cambiado de piso y no sé dónde viven ahora.* **SIN** mudarse.

cambiar de camisa o **cambiar de chaqueta** Abandonar unas ideas o un partido por otro.
DER cambiante, cambiazo, cambio, cambista; descambiar, intercambiar, recambiar.

cambiazo Palabra que se utiliza en la locución *dar el cambiazo* y que indica 'cambio o sustitución de una cosa por otra mediante engaño'.

cambio *n. m.* **1** Modificación de una cosa para convertirla en algo distinto u opuesto: *el cambio del estado depresivo al eufórico es normal en él.* **2** Variación o alteración de un estado por otro: *cambio de aspecto; cambio de actitud.* **3** Sustitución o reemplazo de una cosa por otra: *cambio de neumáticos.* **4** Dinero en monedas pequeñas, especialmente las que se dan en equivalencia de otras: *lo siento, no tengo cambio.* **5** Valor relativo de la moneda de un país en relación con la de otro: *el cambio del dólar es de 130 pesetas.* **6** Mecanismo que sirve para pasar de una velocidad a otra en un vehículo. **7** ECON. Conjunto de medios de que se vale la sociedad para facilitar la distribución de productos entre sus miembros. **libre cambio** ECON. Sistema que hace desaparecer los obstáculos en el comercio internacional. **SIN** librecambio.

a cambio o **a cambio de** En lugar de algo, cambiando una cosa por otra: *te acompañaré si, a cambio, me invitas a tomar algo.*

a la primera (o **a las primeras**) **de cambio** De repente, sin avisar: *estábamos charlando y se marchó a la primera de cambio.*

en cambio Por el contrario: *todos han terminado y tú, en cambio, ni siquiera has comenzado.*
DER librecambio.

cambista *n. com.* Persona que cambia moneda: *es cambista y trabaja en una oficina de cambio.*

camboyano, -na *adj.* **1** De Camboya o relacionado con este país del sudeste de Asia. ◇ *adj./n. m. y f.* **2** [persona] Que es de Camboya. ◇ *n. m.* **3** Lengua hablada oficialmente en este país.

cámbrico, -ca *adj./n. m.* GEOL. Del primero de los períodos de la era primaria o en relación con los terrenos que en él se formaron.
DER precámbrico.

camelar *v. tr.* **1** Tratar de enamorar a una persona del sexo opuesto tratándola de manera delicada y agradable. **SIN** cortejar, galantear, seducir. **2** Ganar la voluntad de una persona, especialmente si se la adula con falsas promesas: *intenta camelar a tus padres para que te lo compren.* **SIN** engatusar.
DER camelo.

camelia *n. f.* **1** Flor de jardín de color blanco, rojo o rosado: *la camelia es muy bella, pero no tiene olor.* **2** Arbusto procedente de Oriente, de hojas perennes y de un color verde brillante que produce esta flor: *la camelia común se llama también rosal de China.*

camello, -lla *n. m. y f.* **1** Mamífero rumiante de cuello largo y arqueado, cabeza pequeña y cuerpo voluminoso con dos jorobas de grasa que le permiten resistir mucho tiempo sin alimento ni agua en climas secos: *el camello se diferencia del dromedario en que éste sólo tiene una joroba.* ◇ *n. m.* **2** Persona que vende droga en pequeñas cantidades.

---

cambiar

INDICATIVO	SUBJUNTIVO
presente	**presente**
cambio	cambie
cambias	cambies
cambia	cambie
cambiamos	cambiemos
cambiáis	cambiéis
cambian	cambien
pretérito imperfecto	**pretérito imperfecto**
cambiaba	cambiara o cambiase
cambiabas	cambiaras o cambiases
cambiaba	cambiara o cambiase
cambiábamos	cambiáramos o cambiásemos
cambiabais	cambiarais o cambiaseis
cambiaban	cambiaran o cambiasen
pretérito indefinido	**futuro**
cambié	cambiare
cambiaste	cambiares
cambió	cambiare
cambiamos	cambiáremos
cambiasteis	cambiareis
cambiaron	cambiaren
futuro	
cambiaré	
cambiarás	
cambiará	
cambiaremos	
cambiaréis	
cambiarán	
condicional	
cambiaría	
cambiarías	
cambiaría	
cambiaríamos	
cambiaríais	
cambiarían	

IMPERATIVO	
cambia	(tú)
cambie	(usted)
cambiad	(vosotros)
cambien	(ustedes)

FORMAS NO PERSONALES	
infinitivo	**gerundio**
cambiar	cambiando
participio	
cambiado	

camelo

DER camellero.

camelo *n. m.* Cosa o noticia que se hace pasar por buena o verdadera sin serlo: *aquello de que ganaríamos más dinero era un camelo.*

camembert *n. m.* Queso blando y recubierto por una capa de moho elaborado con leche de vaca.
OBS Es de origen francés y se pronuncia aproximadamente 'cámember'.

camerino *n. m.* Aposento individual o colectivo de los teatros que sirve para que los artistas se vistan y se preparen para actuar.

camicace *n. m.* **1** Avión japonés cargado de explosivos que en la segunda guerra mundial se estrellaba intencionadamente contra los objetivos enemigos. **2** Piloto suicida de este avión. ◇ *n. com.* **3** Persona que es muy temeraria y arriesgada. ◇ *adj.* **4** [persona, acción, conducta] Que es muy temerario y arriesgado: *misión camicace; conductor camicace.*
OBS La Real Academia Española sólo admite *camicace*, pero se usa más la forma *kamikaze*.

camilla *n. f.* **1** Cama portátil que se lleva sobre varas o ruedas y que sirve para transportar enfermos y heridos: *se llevaron al atleta lesionado en una camilla.* ☞ cama. **2** Mesa redonda con una tarima para colocar un brasero y cubierta hasta el suelo con una tela para guardar el calor. También se llama *mesa camilla*.
DER camillero.

camillero, -ra *n. m. y f.* Persona encargada de llevar la camilla que transporta enfermos y heridos: *los camilleros trasladaron hasta la ambulancia al herido.*

caminante *adj./n. com.* [persona] Que camina.

caminar *v. intr.* **1** Moverse o trasladarse de un lugar a otro dando pasos: *tuve que caminar hasta la gasolinera más próxima.* SIN andar. **2** Continuar o seguir su curso o movimiento las cosas inanimadas: *el río camina lentamente hacia el mar.* ◇ *v. tr.* **3** Recorrer una distancia a pie: *todos los días camina varios kilómetros.* SIN andar.
DER caminante, caminata; descaminar, encaminar.

caminata *n. f.* Recorrido o paseo a pie largo y cansado.

camino *n. m.* **1** Franja de terreno más o menos ancha utilizada para ir por ella de un lugar a otro, especialmente la que es de tierra apisonada y sin asfaltar: *si te alejas del camino puedes extraviarte.* SIN senda, vía. **camino de cabras** Camino que es muy estrecho y accidentado. **2** Acción que consiste en recorrer el espacio que hay entre dos puntos: *ya estamos en camino y no podemos volver.* SIN viaje. **3** Recorrido que se hace para ir de un lugar a otro: *hoy iremos a trabajar por otro camino para evitar el atasco.* SIN itinerario, ruta, trayecto. **4** Procedimiento o medio que sirve para hacer o conseguir una cosa: *trabajar duro es el mejor camino para triunfar.* SIN vía.

abrir (o abrirse) camino Ir allanando escollos y venciendo dificultades para conseguir lo que una persona se propone: *intenta abrirse camino en el mundo del cine.*

camino de En dirección a un lugar: *va camino del hotel.*

de camino De paso, al ir a otra parte o al tratar de otro asunto: *de camino a casa buscaré una farmacia.*

ponerse en camino Emprender un viaje.

quedarse a medio camino No terminar lo que se ha empezado.
DER caminar.

camión *n. m.* Vehículo automóvil grande y potente, de cuatro o más ruedas, que se usa generalmente para el transporte de cargas pesadas: *su padre trabaja con un camión en el transporte de fruta.* **camión cisterna** Camión que sirve para el transporte de fluidos: *durante la noche riegan la calle con un camión cisterna.*
DER camionero, camioneta.

camionero, -ra *n. m. y f.* Persona que conduce camiones.

camioneta *n. f.* **1** Vehículo automóvil de menor tamaño que el camión que sirve para el transporte de toda clase de mercancías: *el reparto se hace en camionetas.* **2** *coloquial* Vehículo automóvil de transporte público. SIN autobús. Se usa sólo en algunos lugares.

camisa *n. f.* **1** Prenda de vestir de tejido fino que cubre el cuerpo desde el cuello hasta más abajo de la cintura y se abre de arriba abajo por delante: *esta camisa blanca le va muy bien al traje negro.* **camisa de fuerza** Prenda de tela fuerte abierta por detrás y con mangas cerradas por sus extremos que se pone a los locos cuando es preciso inmovilizarlos. **2** Piel seca que se desprende periódicamente de la serpiente y otros reptiles cuando ya les ha salido otra nueva: *había una camisa de culebra al lado del camino.*

cambiar de camisa Cambiar interesadamente de ideas o de partido: *algunos políticos cambian de camisa con facilidad y según les conviene.*

dejar sin camisa *coloquial* Arruinar a una persona.

meterse en camisa de once varas *coloquial* Ocuparse una persona de cosas difíciles que no le incumben o que no será capaz de realizar.

no llegarle a una persona la camisa al cuerpo *coloquial* Estar muy preocupado o temer por algún posible peligro.

perder hasta la camisa *coloquial* Quedarse sin dinero.
DER camisero, camiseta, camisola, camisón; descamisado.

camisería *n. f.* Establecimiento donde se hacen o se venden camisas.

camisero, -ra *adj.* **1** De la camisa o que tiene relación con esta prenda: *cuello camisero.* ◇ *n. m. y f.* **2** Persona que se dedica a fabricar o vender camisas.
DER camisería.

camiseta *n. f.* Prenda de vestir o deportiva, generalmente sin cuello y de punto, con mangas o sin ellas, que se pone directamente sobre el cuerpo cubriéndolo hasta más abajo de la cintura: *hace frío y llevo camiseta debajo del jersey; al finalizar el partido intercambiaron las camisetas.*

camisola *n. f.* **1** Camisa larga y fina que se lleva por fuera: *la camisola es parecida al camisón, pero más corta y amplia.* **2** Camisa deportiva.

camisón *n. m.* Prenda de vestir de una sola pieza, generalmente femenina, que se usa para dormir y cubre desde el cuello hasta una altura variable de las piernas.

camomila *n. f.* **1** Planta con tallos débiles, hojas abundantes y flores olorosas con el centro amarillo rodeado de pétalos blancos: *he comprado un champú de camomila.* SIN manzanilla. **2** Flor de esta planta. SIN manzanilla.

camorra *n. f.* Riña o enfrentamiento ruidoso y violento entre dos o más personas: *tiene muchos amigos desde que no anda buscando camorra.*
DER camorrista.

camorrista *adj./n. com.* [persona] Que suele armar camorra y provocar riñas y peleas por cualquier causa: *unos camorristas estropearon la fiesta.* SIN pendenciero.

campal *adj.* **1** [batalla, lucha] Que ocurre en espacio abierto, fuera de una población. **2** [pelea, discusión] Que es muy violenta o salvaje: *los jugadores se enfrentaron en una pelea campal.* SIN encarnizado.

campamento *n. m.* **1** Lugar al aire libre acondicionado para que acampen en él viajeros, turistas y personas en vacaciones, previo pago del precio establecido: *aprendieron a*

camping

nadar en la piscina del campamento. **SIN** camping. **2** Lugar en terreno abierto acondicionado para albergar provisionalmente a personas que van de camino o se reúnen por un fin especial: *han instalado un campamento de refugiados en la frontera.* **3** Lugar donde se establecen temporalmente las fuerzas de un ejército: *los civiles no pueden entrar en el campamento militar.*

campana *n. f.* **1** Instrumento metálico, generalmente de bronce, en forma de copa invertida, que suena al ser golpeado por el badajo que cuelga en su interior o por un martillo exterior: *las campanas de la iglesia tocaban avisando del incendio.* **2** Objeto de forma parecida a la del instrumento, generalmente abierto y más ancho por la parte inferior: *campana extractora de humos; campana de la chimenea.*

doblar las campanas Tocar a muerto o hacer sonar las campanas de la manera establecida para indicar la muerte de alguien: *están doblando las campanas porque ha muerto el señor Marcial.*

echar las campanas al vuelo Contar a la gente con júbilo una noticia favorable: *no eches las campanas al vuelo hasta que no hayas terminado.*

oír campanas y no saber dónde Tener alguien una idea poco exacta de alguna noticia o suceso.

DER campanada, campanario, campanear, campanero, campaniforme, campanil, campanilla, campanología, campanudo; acampanado.

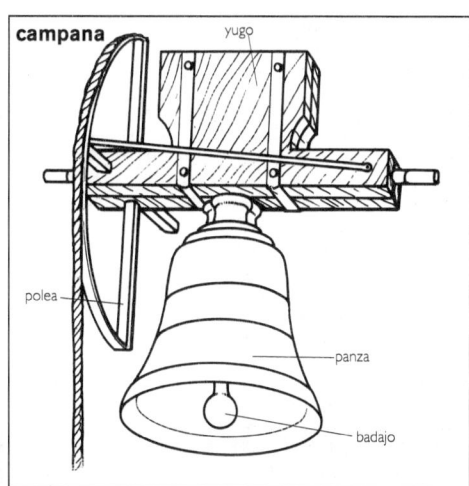

campana — yugo — polea — panza — badajo

campanada *n. f.* **1** Sonido que produce cada golpe que da el badajo o el martillo en una campana: *tomamos las uvas al oír las doce campanadas.* **2** Noticia que provoca admiración, escándalo o sorpresa.

campanario *n. m.* Torre o armazón donde se colocan las campanas: *el campanario de la iglesia tiene un reloj.*

campaniforme *adj.* Que tiene forma de campana: *capitel campaniforme; corola campaniforme.*

campanilla *n. f.* **1** Campana de pequeño tamaño que se hace sonar con una mano y suele estar provista de un mango: *al tocar la campanilla todo el mundo guardó silencio.* **2** ANAT. Masa de tejido muscular que cuelga del velo del paladar a la entrada de la garganta. **SIN** úvula. **3** Flor que tiene la corola en forma de campana: *las flores de esta enredadera son campanillas.*

DER campanillero.

campanillero *n. m.* Miembro de un grupo que en algunos pueblos andaluces canta canciones de carácter religioso con acompañamiento de guitarras, campanillas y otros instrumentos.

campante Palabra que se utiliza en la expresión coloquial *tan campante*, que significa *a*) 'Que está tranquilo y despreocupado': *estaba tan campante ante la pistola del atracador.* *b*) 'Que está orgulloso o satisfecho de sí mismo': *iba tan campante con sus zapatos nuevos.*

campaña *n. f.* **1** Conjunto de actividades o de esfuerzos que se realizan durante cierto tiempo y están encaminados a conseguir un fin: *campaña publicitaria; campaña electoral.* **2** Conjunto de acciones militares ofensivas y defensivas con continuidad temporal desarrolladas en un mismo territorio: *la campaña napoleónica en Rusia.*

DER precampaña.

campar *v. intr.* Sobresalir o destacar una persona o cosa entre otras.

campar por sus respetos Actuar con independencia, sin someterse a las normas y sin tener en cuenta las consideraciones que los demás merecen.

DER campante; acampar, descampar, escampar.

campear *v. intr.* **1** Andar por el campo: *los animales campean en el prado; he dedicado mis vacaciones a campear.* **2** Sobresalir o destacar una cosa por encima de las demás: *la bandera campea en el mástil.*

campechano, -na *adj.* [persona] Que es sencillo y cordial y no gusta de formulismos y ceremonias en el trato: *es muy campechano y no tiene en cuenta la diferencia de posición social.*

campeón, -ona *adj./n. m. y f.* **1** [persona, grupo] Que gana o vence en una competición: *el equipo campeón; los campeones del torneo.* **2** [persona, cosa] Que supera a los demás en un aspecto determinado: *es un campeón contando mentiras.* **3** [persona, grupo] Que se destaca por defender una causa o doctrina: *son los campeones de la libertad.*

DER campeonato; subcampeón.

campeonato *n. m.* **1** Competición en la que se disputa un premio y el título de campeón, especialmente en ciertos juegos o deportes. **2** Victoria o triunfo que se consigue en dicha competición: *todos luchan por conseguir el campeonato.*

de campeonato *coloquial* Extraordinario, muy grande o muy bueno: *he cogido un resfriado de campeonato.*

campero, -ra *adj.* Del campo o que tiene relación con él: *fiesta campera; traje campero.* **SIN** campesino, campestre.

campesinado *n. m.* **1** Conjunto de los campesinos de un lugar. **2** Clase social que forman los campesinos: *hay que respetar los derechos del campesinado.*

campesino, -na *adj.* **1** Del campo o que tiene relación con él. **SIN** campero, campestre. ◇ *adj./n. m. y f.* **2** [persona] Que vive y trabaja en el campo: *los campesinos piden ayudas para paliar la sequía.*

DER campesinado.

campestre *adj.* Del campo o que tiene relación con él: *vida campestre.* **SIN** campero, campesino.

camping *n. m.* **1** Lugar al aire libre, acondicionado para que acampen en él viajeros, turistas y personas en vacaciones, previo pago del precio establecido. **SIN** campamento. **2** Actividad que consiste en vivir al aire libre, durmiendo en tiendas de campaña: *lo bueno del camping es que estás más cerca de la naturaleza.*

OBS Es de origen inglés y se pronuncia aproximadamente 'campin'. ◇ El plural es *campings*.

campiña *n. f.* Espacio grande de tierra llana dedicada al cultivo: *su pueblo está en una campiña, rodeado de campos de trigo.*

campista *n. com.* Persona que practica el camping o está acampada.
DER centrocampista.

campo *n. m.* **1** Terreno que está fuera de los núcleos de población: *en las excursiones por el campo es imprescindible respetar la naturaleza.* **2** Terreno o conjunto de terrenos que se cultivan: *el campo ha sufrido mucho con la sequía.* **3** Conjunto de tierras, poblaciones rurales y formas de vida agrarias, en contraposición a ciudad: *el campo es más duro, pero más sano que la ciudad.* **4** Terreno generalmente llano y limitado que se dedica a un uso determinado o en el que se desarrolla una actividad: *campo de fútbol, de maniobras, de tiro.* **campo de batalla** Lugar en el que luchan dos ejércitos: *el coronel murió en el campo de batalla.* **campo de concentración** Lugar en el que se recluye a prisioneros de guerra y a otras personas por motivos políticos. **campo santo** Cementerio de los católicos. También se escribe *camposanto.* **5** Espacio ocupado por una persona, equipo o ejército que lucha o compite contra otros: *el equipo visitante no podía salir de su campo.* **6** Materia de estudio o parcela del conocimiento: *el campo de la teología, de la filosofía, de las matemáticas.* **7** Espacio en el que se desarrolla alguna actividad; especialmente en el que se manifiesta una fuerza o un fenómeno físico: *campo visual; campo magnético; campo de gravedad.*
a campo traviesa o **a campo travieso** Atravesando un terreno sin seguir un camino.
dejar el campo libre Abandonar un proyecto, retirarse de un asunto en el que hay competidores: *si renuncias, dejarás el campo libre a la competencia.*
DER campa, campamento, campaña, campar, campear, campero, campesino, campestre, campiña, campista, camposanto.

camposanto *n. m.* Cementerio de los católicos.
OBS La Real Academia Española admite *camposanto*, pero prefiere la forma *campo santo.*

campus *n. m.* Conjunto de terrenos y edificios de una universidad: *han mejorado mucho los jardines que rodean las distintas facultades del campus.*
OBS El plural también es *campus.*

camuflaje *n. m.* **1** Ocultación o disimulo de soldados y material de guerra dándoles una apariencia engañosa para confundir al enemigo: *es un ejército experto en el arte del camuflaje.* **2** Ocultación o disimulo de alguna cosa dándole una apariencia engañosa.

camuflar *v. tr.* **1** Disimular la presencia de tropas o material de guerra dándoles una apariencia engañosa para confundir al enemigo. **2** Ocultar o esconder algo haciendo que parezca otra cosa: *camufló la droga en el interior de una muñeca.*
DER camuflaje.

can *n. m.* Perro, animal mamífero doméstico que sirve al hombre de compañía o para cazar.
DER cancerbero, canícula, cánido, canino, canódromo.

cana *n. f.* Pelo que se ha vuelto blanco: *aunque todavía es joven, ya tiene algunas canas.* Suele usarse más en plural.
echar una cana al aire Salirse ocasionalmente una persona de la vida normal y permitirse una diversión.
DER encanecer.

canadiense *adj.* **1** De Canadá o que tiene relación con este país de la América del Norte. ◇ *adj./n. com.* **2** [persona] Que es de Canadá.

canal *n. amb.* **1** Conducto o cauce artificial por donde se conduce el agua: *canales de riego.* Se usa normalmente como masculino. **2** Teja fina y muy combada que se usa para formar en los tejados los conductos por donde corre el agua de lluvia. Se usa normalmente como femenino. **3** Cada conducto del tejado formado con estas tejas. Se usa normalmente como femenino. **4** Conducto del cuerpo, generalmente hueco y fino: *canal auditivo.* Se usa normalmente como masculino. **5** Conducto o vía natural por donde se mueven los gases o los líquidos en el interior de la tierra. Se usa normalmente como masculino. **6** Conducto o vía por donde se transmite un mensaje: *el hilo telefónico es el canal de una conversación telefónica; el papel es el canal de una carta.* ☞ comunicación. ◇ *n. m.* **7** Banda de frecuencias por la que se emiten las ondas de la radio y la televisión: *en mi televisor sólo se pueden sintonizar seis canales.* **8** Paso natural o artificial por el que se comunican dos mares: *el canal de Suez.*
abrir en canal Cortar o rasgar un cuerpo de arriba abajo.
en canal [animal] Que está abierto, sin órganos internos, cabeza ni extremidades, preparado para el consumo: *en la carnicería encontrarás terneras y cerdos en canal.*
DER canaladura, canalizar, canalón; acanalar.

canalización *n. f.* **1** Realización de canales en un lugar para transportar por ellos líquidos o gases. **2** Encauzamiento u orientación de acciones, iniciativas o corrientes de opinión en una dirección o hacia un fin determinado: *canalización de las ayudas económicas.*

canalizar *v. tr.* **1** Construir canales, generalmente para conducir gases o líquidos: *se va a canalizar todo el territorio nacional.* **2** Conducir gases o líquidos a través de canales: *han canalizado el petróleo a lo largo del país.* **3** Regularizar el cauce de un río o arroyo. **4** Orientar o encauzar actividades, iniciativas o corrientes de opinión en una dirección o hacia un fin determinado: *la oficina canalizará las quejas y sugerencias de los ciudadanos para que cada una llegue a quien corresponda.*
DER canalización.
OBS En su conjugación, la *z* se convierte en *c* delante de *e*.

canalla *n. com.* Persona despreciable y de comportamiento malvado: *me insultó llamándome canalla, bandido y miserable.*
DER canallada.
OBS Se usa como apelativo despectivo.

canallada *n. f.* Obra o dicho propio de una persona despreciable y malvada.

canalón *n. m.* Conducto que recibe el agua de los tejados y la conduce a tierra: *el canalón recorre todo el filo del tejado.* ☞ casa. **SIN** canelón.

canana *n. f.* Cinturón ancho que sirve para llevar cartuchos: *las cananas se llevan en la cintura o colocadas en bandolera.* **SIN** cartuchera.

canapé *n. m.* **1** Aperitivo formado con una rebanada pequeña de pan sobre la que se coloca un alimento: *nos pusieron unos canapés de aperitivo; sobre la bandeja hay canapés de queso y de salmón.* **2** Mueble alargado y blando, con brazos y respaldo o sin ellos, en el que puede sentarse o tenderse una persona. **SIN** diván. **3** Soporte rígido y acolchado sobre el que se coloca el colchón en una cama: *dicen que el canapé es el mejor somier para cuidar la espalda.*

canario, -ria *adj.* **1** De las islas Canarias o que tiene relación con esta comunidad autónoma española. ◇ *adj./n. m. y f.* **2** [persona] Que es de las islas Canarias. ◇ *n. m. y f.* **3** Pájaro de unos doce centímetros, de plumaje amarillo, verdoso o casi blanco, muy apreciado por su canto: *tienes* que poner más alpiste en la jaula del canario. ◇ n. m. **4** GRAM. Variedad del español hablada en las islas Canarias.

canasta n. f. **1** Cesto de mimbre u otro material flexible de boca ancha y generalmente con dos asas: *canasta de frutas*. **2** Aro metálico, sujeto horizontalmente a un tablero vertical, del que cuelga una red sin fondo y por el que hay que pasar la pelota en el juego del baloncesto. **SIN** cesta. **3** Tanto conseguido en el juego de baloncesto al introducir la pelota por este aro: *las canastas pueden ser de uno, dos o tres puntos*. **SIN** enceste.

canastilla n. f. **1** Cesta pequeña hecha de mimbre u otro material flexible en el que se tienen objetos de uso doméstico: *canastilla de los hilos*. **2** Conjunto de ropa que se prepara para el niño que va a nacer: *se pasó los nueve meses de embarazo preparando la canastilla*.
DER canasta, canasto.

canasto n. m. Canasta alta y de boca estrecha, generalmente con dos asas.

cáncamo n. m. Tornillo que tiene una anilla en uno de los extremos: *para colgar el cuadro introduce la alcayata por la anilla del cáncamo*.

cancán n. m. **1** Baile de origen francés, frívolo y de ritmo rápido, en el que se levantan las piernas hasta la altura de la cabeza; actualmente es bailado sólo por mujeres como parte de un espectáculo: *el cancán se extendió por Europa y América en la segunda mitad del siglo XIX*. **2** Enagua o falda interior con muchos volantes: *el cancán sirve para mantener holgada la falda*.

cancela n. f. Verja pequeña que se pone en la entrada de algunas casas, generalmente para impedir el paso directo desde la calle al patio o al jardín: *las cancelas de los patios andaluces*.

cancelación n. f. **1** Anulación de una obligación legal y del documento en el que consta: *cancelación del contrato*. **2** Suspensión de lo se tenía previsto o proyectado: *cancelación de vuelos*. **3** Eliminación de una deuda mediante el pago total de su importe.

cancelar v. tr. **1** Dejar sin efecto o valor una cosa, especialmente una obligación legal y el documento donde consta: *cancelar una hipoteca*. **2** Suspender, decidir no hacer lo que se tenía previsto o programado: *cancelar un viaje*. **SIN** anular. **3** Saldar por completo una deuda o una cuenta.
DER cancelación.

cáncer n. m. **1** Crecimiento anormal de las células que forman el tejido de una parte del organismo y que se puede extender a otras partes del cuerpo hasta causar la muerte: *cada vez son más frecuentes los casos de cáncer de piel*. **SIN** tumor, tumoración. **2** Lo que destruye o daña gravemente a una parte de la sociedad y es difícil de combatir o frenar: *la droga es un cáncer de nuestros días*. ◇ adj./n. com. **3** [persona] Que ha nacido entre el 22 de junio y el 22 de julio, tiempo en que el Sol recorre aparentemente Cáncer, cuarto signo del Zodíaco.
DER cancerar, cancerígeno, canceroso.

cancerbero n. m. **1** Perro mitológico de tres cabezas que, según la fábula, guardaba la puerta de los infiernos. **2** *culto* Portero o guarda severo e incorruptible que no tiene modales bruscos: *para controlar la entrada al estadio han contratado a fornidos cancerberos*. **3** Portero de un equipo de fútbol.

cancerígeno, -na adj. [sustancia, agente] Que produce cáncer. **SIN** carcinógeno.

canceroso, -sa adj. **1** Que presenta las características del cáncer: *aspecto canceroso*. **2** [persona] Que padece cáncer: *enfermos cancerosos*.

cancha n. f. **1** Local o recinto destinado a la práctica de determinados deportes. **2** Suelo construido con piedra o cemento donde se juega al frontón o trinquete. **3** Terreno de juego en los deportes que se desarrollan sobre él: *saltar a la cancha*; *abandonar la cancha*.

cancilla n. f. Puerta de barras que cierra una verja o cercado de un jardín, huerto o corral: *si no cierras la cancilla, entrarán los animales*.

canciller n. m. **1** Jefe o presidente del gobierno en algunos estados europeos: *el canciller alemán*. **2** Ministro de Asuntos Exteriores de ciertos países. **3** Empleado auxiliar de una embajada o consulado.
DER cancillería.

cancillería n. f. **1** Cargo u oficio de canciller: *ejerce la cancillería desde hace años*. **2** Oficina o departamento especial de las embajadas, consulados y otras representaciones diplomáticas. **3** Centro diplomático desde el cual se dirige la política exterior de un país: *la sede del Ministerio de Asuntos Exteriores es una cancillería*.

canción n. f. **1** Composición, generalmente en verso, a la que se le pone música para ser cantada: *la letra de esta canción se basa en un poema de Lorca*. **canción de cuna** Canción que se canta para que los niños pequeños se duerman. **SIN** nana. **canción española** Canción popular de origen andaluz y flamenco. **SIN** copla. **2** Música que se pone a esta composición: *ha compuesto una canción para mi poema*. **3** Cosa que se repite con insistencia y pesadez: *lleva todo el día con la misma canción y ya no lo soporto más*. **SIN** cantilena, cantinela. **4** *culto* Composición poética de asunto amoroso y tono melancólico cultivada sobre todo en el siglo XVI: *la canción es de origen italiano*.
DER cancionero.
ETIM Véase *cantar*.

cancionero n. m. Colección de canciones y poemas, generalmente de varios autores: *los cancioneros del siglo XV y XVI reúnen la mejor poesía de la época*.

candado n. m. Cerradura suelta que consiste en una caja metálica de la que sobresale un gancho movible; éste se fija al cerrarlo mediante presión después de pasarlo por el hueco de dos tornillos con anillas, de los eslabones de una cadena o de un objeto de forma semejante: *con los candados se enganchan y aseguran puertas, tapas, cajones y otras cosas parecidas*.

candeal adj./n. m. **1** [trigo] Que tiene la espiga cuadrada y da una harina muy blanca y de buena calidad: *la semilla del trigo candeal es alargada*. **2** [pan] Que ha sido hecho con harina de este trigo.

candela n. f. **1** Vela que se enciende y sirve para dar luz. **2** Luz y calor que se desprenden al quemarse una cosa. **SIN** fuego, lumbre. **3** Materia combustible encendida, con llama o sin ella: *echaremos más leña a la candela*. **SIN** fuego, lumbre. **4** FÍS. Unidad de intensidad luminosa del Sistema Internacional de unidades: *el símbolo de la candela es cd*.
DER candelabro, candelero; encandilar.

candelabro n. m. Candelero con dos o más brazos para colocar velas que se sostiene por su pie o está sujeto a una pared: *los candelabros de esta iglesia son de bronce y de plata*.

candelero n. m. Utensilio consistente en un cilindro hueco unido a un pie por una pequeña columna, que sirve para sujetar y mantener derecha una vela.
en el candelero Que disfruta en estos momentos de mucha fama, éxito o autoridad: *este cantante no supo mantenerse en el candelero*; *la noticia estuvo en el candelero varios días*. Suele usarse con los verbos *estar* y *mantenerse*.

candente *adj.* **1** [cuerpo metálico] Que se pone de color rojo o blanco por efecto de una temperatura muy alta: *hierro candente*. **2** Que es de máxima actualidad, interesa mucho y puede resultar polémico: *cuestión, tema, asunto candente*.
DER incandescente.
ETIM Véase *cándido*.

candidato, -ta *n. m. y f.* **1** Persona que solicita y pretende un cargo, premio o distinción: *cinco candidatos optan al puesto*. **2** Persona propuesta para un cargo, premio o distinción, aunque no lo haya solicitado: *propondré tres candidatos para el puesto, y tú eliges uno*.
DER candidatura; precandidato.
ETIM Véase *cándido*.

candidatura *n. f.* **1** Solicitud o aspiración a un cargo, a un premio o a una distinción: *ha retirado su candidatura para el puesto*. **2** Propuesta o presentación que se hace de una persona para alguna dignidad o cargo. **3** Lista de candidatos que un partido presenta en unas elecciones: *va con el número dos en la candidatura socialista*.

candidez *n. f.* **1** Falta de malicia, astucia o doblez al actuar: *su candidez le llevó a confiar en gente nada recomendable*. **2** Sencillez, ingenuidad: *la candidez de su mirada*. **SIN** candor, inocencia.

cándido, -da *adj./n. m. y f.* **1** [persona] Que está falto de malicia, astucia o doblez al obrar: *espabila un poco y no seas tan cándido, que te van a arruinar*. **2** Que es sencillo o ingenuo: *alma cándida*. **SIN** inocente.
DER candidez, candor.
ETIM *Cándido* procede del latín *candidus* >*candere*, 'ser blanco', voz con la que también están relacionadas *candente, candidatura*.

candil *n. m.* Utensilio para alumbrar formado por un recipiente lleno de aceite, una mecha sumergida en él que asoma por un pico y un gancho para colgarlo.
DER candileja.

candileja *n. f.* **1** Vaso pequeño en que se colocan una o más mechas para que ardan en aceite u otra materia: *dejaron una candileja encendida en la ventana*. ◊ *n. f. pl.* **2 candilejas** Fila de luces que hay en la parte del escenario del teatro más próxima al público: *al entrar en el teatro se encendieron las candilejas*.

candor *n. m.* Sinceridad, sencillez, ingenuidad o falta de doblez: *el candor de su mirada*. **SIN** candidez, inocencia.
DER candoroso.

candoroso, sa *adj.* Que tiene candor: *mirada candorosa*.

canela *n. f.* **1** Segunda corteza de las ramas del canelo, olorosa y de sabor agradable, que se emplea como condimento: *la canela se suele emplear en platos dulces*. **canela en polvo** Canela que se ha molido. **canela en rama** Canela que no ha sido molida. **2** *coloquial* Persona o cosa de mucha calidad o que gusta mucho: *este vino es canela*. Se usa sin artículo.
canela fina Expresión con que se indica que una persona, animal o cosa es de mucha calidad o que gusta mucho: *esta cantante es canela fina*. Se usa con el verbo *ser*.
DER canelado, canelo, canelón.

canelo, -la *adj.* **1** De color marrón claro, como el de la canela: *caballo, perro canelo*. ◊ *n. m.* **2** Árbol que alcanza siete u ocho metros de altura, de tronco liso, hojas parecidas a las del laurel y flores blancas: *la canela se extrae de las ramas del canelo*.

canelón *n. m.* **1** Pasta alimenticia en forma de rollo con un relleno de carne picada, pescado o verdura: *los canelones son un plato típico de la cocina italiana*. Se usa generalmente en plural. **2** Canal o conducto que recoge y vierte el agua de los tejados. **SIN** canalón.

canesú *n. m.* Pieza superior de un vestido o de una camisa a la que se unen el cuello, las mangas y el resto de la prenda: *lleva un bonito bordado en el canesú*.
OBS El plural es *canesús*.

cangrejo *n. m.* Crustáceo marino o de río con el cuerpo cubierto por un caparazón y cinco pares de patas; las patas delanteras suelen ser más grandes y tienen forma de pinzas: *el cangrejo de mar tiene el caparazón redondeado y el cangrejo de río lo tiene más alargado*. ☞ crustáceos.
andar (o **ir**) **para atrás como el cangrejo** No avanzar o retroceder en un asunto: *el trimestre pasado suspendiste dos asignaturas y en este has suspendido tres: vas para atrás como los cangrejos*.
OBS Para indicar el sexo se usa *el cangrejo macho* y *el cangrejo hembra*.

canguelo *n. m. coloquial* Miedo muy grande o intenso: *le dio canguelo y no fue capaz de saltar en paracaídas*.

canguro *n. m.* **1** Animal mamífero herbívoro que se desplaza a grandes saltos, con las patas posteriores muy desarrolladas y una robusta cola; la hembra tiene una bolsa en el vientre donde lleva a sus crías: *los canguros tienen las patas posteriores muy desarrolladas y una robusta cola*. Para indicar el sexo se usa *el canguro macho* y *el canguro hembra*. ◊ *n. com.* **2** Persona, generalmente joven, que cuida niños a domicilio en ausencias cortas de los padres y cobra por ello: *los fines de semana hace de canguro en casa de unos vecinos*. Suele usarse en la construcción *hacer de*.

caníbal *adj./n. com.* [persona] Que come carne humana: *aún quedan tribus caníbales*. **SIN** antropófago.
DER canibalismo.

canibalismo *n. m.* Costumbre de comer carne humana: *en su tesis estudia los ritos del canibalismo*. **SIN** antropofagia.

canica *n. f.* **1** Bola pequeña de materia dura, generalmente de vidrio, con que los niños juegan: *he ganado muchas canicas en el recreo*. ◊ *n. f. pl.* **2 canicas** Juego de niños en el que hay que hacer rodar estas bolitas, pegar a una con otra y meterlas en un agujero, según ciertas reglas: *cuando era pequeño jugaba mucho a las canicas*. Se usa con el verbo *jugar*. **SIN** bola.

caniche *adj./n. m.* [perro] Que pertenece a una raza de tamaño pequeño y de pelo rizado y lanoso: *el color del pelo de los caniches suele ser negro o blanco*.

canícula *n. f.* Período del año en que es más fuerte el calor: *en los países mediterráneos la canícula se da entre el 24 de julio y el 2 de septiembre*.
DER canicular.

canicular *adj.* De la canícula o que tiene relación con este período de fuerte calor.

cánido *adj./n. m.* **1** [animal mamífero] Que pertenece a la familia de los cánidos: *el perro es un cánido*. ◊ *n. m. pl.* **2 cánidos** ZOOL. Familia de animales mamíferos carnívoros, de cabeza generalmente pequeña, orejas grandes y cuerpo esbelto con el vientre hundido: *los cánidos son cuadrúpedos que al andar apoyan solo los dedos*.

canijo, -ja *adj./n. m. y f.* [ser vivo] Que es muy delgado o débil: *ha estado enfermo y se ha quedado muy canijo*. **SIN** raquítico.
DER encanijar.

canilla *n. f.* **1** Parte más delgada de la pierna de una persona. **2** Carrete metálico en el que se enrolla el hilo en las máquinas de coser: *la canilla va dentro de la lanzadera*.

canino, -na *adj.* **1** Del perro o que tiene relación con este animal: *peluquería canina*. **2** Que tiene parecido con el perro: *la cara de ese hombre tiene aspecto canino.* ◇ *n. m.* **3** Diente puntiagudo y fuerte situado entre los dientes incisivos y las muelas: *los animales carnívoros tienen muy desarrollados los caninos*. **SIN** colmillo. ☞ diente.

canje *n. m.* Trueque o cambio de una persona o cosa por otra: *después de meses de negociación, consiguieron realizar un canje de prisioneros*.

canjeable *adj.* Que se puede cambiar por otra cosa: *la oferta del aire acondicionado es canjeable por su mismo valor en dinero*.

canjear *v. tr.* Intercambiar o dar una cosa a cambio de otra: *tienes que canjear los puntos conseguidos por productos de la tienda*. **SIN** cambiar.
DER canje, canjeable.

cano, -na *adj.* **1** [pelo, barba, bigote] Que está blanco o lleno de canas en su totalidad o la mayor parte. **2** [persona] Que tiene el pelo, la barba o el bigote blancos en su totalidad o la mayor parte: *hombre cano*.
DER cana, canicie, canoso; entrecano.

canoa *n. f.* Embarcación pequeña, estrecha y alargada, que navega sin timón, a remo o con motor, con las partes delantera y trasera acabadas en punta.

canódromo *n. m.* Instalación preparada para celebrar carreras de galgos.

canon *n. m.* **1** Norma, regla o precepto, especialmente los establecidos por la costumbre: *cada época posee su propio canon cultural*. **2** Modelo que reúne las características perfectas en su especie, en especial el referido a la figura humana que reúne las proporciones ideales: *el canon clásico establecido por los escultores griegos*. **3** Cantidad de dinero que se paga, especialmente al Estado, por disfrutar de una cosa: *en la factura del agua han incluido un canon por obras de mejora*. **4** Regla sobre la disciplina o el dogma establecida por la Iglesia católica en un concilio: *para ser un buen católico, hay que cumplir los cánones de la Iglesia*. **5** Parte de la misa: *el canon de la misa está entre el prefacio y el padrenuestro*. **6** MÚS. Composición musical en la que van entrando las voces sucesivamente, repitiendo cada una el canto de la anterior.
DER canónico, canónigo, canonizar.

canónico, -ca *adj.* **1** Que está de acuerdo con las normas y reglas de la Iglesia: *vestía con traje canónico*. **2** [texto, libro] Que está en la lista de los libros auténticos que la Iglesia católica considera inspirados por Dios: *Evangelio canónico*. **3** Que se ajusta a las características de un canon de normalidad o perfección: *muestra una actitud poco canónica*.

canónigo *n. m.* Sacerdote de la Iglesia católica que forma parte del cabildo de una catedral.

canonizar *v. tr.* Declarar el Papa oficialmente santa a una persona y autorizar su culto en toda la Iglesia católica: *muchos años antes de canonizarlo había sido beatificado*.
OBS En su conjugación, la z se convierte en c delante de e.

canoro, -ra *adj.* **1** [ave, pájaro] Que tiene un canto agradable y melodioso: *el canoro ruiseñor*. **2** *culto* [voz, canto, sonido] Que es grato y melodioso: *poesía canora*.

canoso, -sa *adj.* Que tiene muchas canas.

canotier *n. m.* Sombrero de paja de copa plana y corta y ala recta: *el canotier suele llevar una cinta negra rodeando la copa*. ☞ sombrero.
OBS Es de origen francés y se pronuncia aproximadamente 'canotié'.

cansado, -da *adj.* **1** Que produce cansancio o fatiga: *llega agotado porque tiene un trabajo muy cansado*. **2** Que fastidia o molesta por aburrido o por insistente: *vete ya a tu casa y no seas cansado*. **SIN** pesado.

cansancio *n. m.* **1** Debilidad o falta de fuerza provocada por un esfuerzo o trabajo: *después del viaje tuvo que recuperarse del cansancio acumulado*. **2** Aburrimiento, desagrado o hastío: *sus historietas me provocan cansancio*.

cansar *v. tr./prnl.* **1** Experimentar pérdida de las fuerzas o sensación de debilidad, generalmente a causa de un esfuerzo o un trabajo: *el trabajo cansa a todo el mundo; se cansó de correr*. **SIN** fatigar. **2** Molestar, aburrir o resultar desagradable una persona o cosa, generalmente por su persistencia o por repetirse mucho: *me cansa porque siempre está haciendo preguntas*.

cansino, -na *adj.* **1** Que muestra o aparenta cansancio por la lentitud y pesadez con que se mueve: *paso cansino*. **2** Que molesta o fastidia por aburrido o insistente: *charla cansina*.

cantable *adj.* **1** Que es apto para ser cantado. ◇ *n. m.* **2** Parte del libreto de una zarzuela escrita en verso para ponerle música.

cantábrico, -ca *adj.* **1** Cántabro, de Cantabria. **2** De la cordillera Cantábrica, del mar Cantábrico o que tiene relación con ellos: *cornisa cantábrica*.

cántabro, -bra *adj.* **1** De Cantabria o que tiene relación con esta comunidad autónoma y provincia española: *Santander es la capital cántabra*. ◇ *adj./n. m. y f.* **2** [persona] Que es de Cantabria.
OBS También se dice *cantábrico*.

cantamañanas *n. com.* Persona informal, irresponsable y que no merece crédito.
OBS El plural también es *cantamañanas*.

cantante *n. com.* Persona que se dedica a cantar por profesión: *en pocos años se convirtió en una famosa cantante*. **SIN** cantor.

cantaor, -ra *n. m. y f.* Cantante de flamenco: *es un gran cantaor de bulerías y fandangos*.

cantar *v. intr./tr.* **1** Formar una persona con su voz sonidos melodiosos y variados o que siguen una melodía musical: *el domingo canta en la plaza de toros; en este recital cantó sus nuevas creaciones*. ◇ *v. intr.* **2** Producir sonidos armoniosos o emitir su voz los pájaros y el gallo. **3** Emitir sonidos estridentes algunos insectos: *la cigarra canta haciendo vibrar las alas*. **4** *coloquial* Confesar o revelar lo secreto: *el detenido ha cantado y ya conocen a los restantes miembros de la banda*. **5** *coloquial* Despedir un olor fuerte y desagradable, especialmente una parte del cuerpo: *le cantan los pies*. ◇ *v. tr.* **6** Anunciar en voz alta una jugada que permite añadir puntos en ciertos juegos de cartas: *cantar las cuarenta*. **7** Alabar y decir cosas buenas para destacar algunas virtudes: *no cesaba de cantar las excelencias de su país*. ◇ *n. m.* **8** Poema popular que se puede adaptar a una música. **cantar de gesta** Poema medieval de carácter popular y narrativo transmitido oralmente por los juglares: *los cantares de gesta narran las hazañas de personajes históricos y legendarios*.
ser otro cantar Tratarse de un asunto distinto: *si tú pagas la mitad, ya es otro cantar*.
DER cantable, cantado, cantador, cantante, cantaor, cantarín, cantautor, canto, canturrear; encantar. Son derivados de *cantar*, 'verbo'.
ETIM *Cantar* procede del latín *canere*, que tenía el mismo significado, voz con la que también está relacionada *canción*.

cántara *n. f.* **1** Antigua medida para líquidos equivalente a 16,13 litros. **2** Cántaro, vasija de barro.

cantarín, -rina *adj.* **1** [sonido] Que es delicado y agradable al oído: *risa cantarina*. **2** *coloquial* [persona] Que gusta mucho de cantar y lo hace frecuentemente: *es muy alegre y cantarín*.

cántaro *n. m.* Recipiente, generalmente de barro, de boca y pie estrechos y la parte del centro más ancha, que suele usarse para contener y transportar líquidos.
llover a cántaros Llover en abundancia y con fuerza.
DER cántara, cantarera.

cantata *n. f.* **1** Composición poética de cierta extensión escrita para que se le ponga música y pueda ser cantada. **2** MÚS. Composición musical para coro y orquesta que se destina a la música de cámara o religiosa: *la cantata deriva del madrigal renacentista italiano*.

cantautor, -ra *n. m. y f.* Cantante, generalmente solista, que suele interpretar sus propias canciones, en las que destaca su contenido crítico o poético.

cante *n. m.* **1** Canto o composición en verso acompañada de música, especialmente la popular andaluza o con características semejantes. **cante flamenco** Cante que combina elementos andaluces, árabes y gitanos: *bulerías y peteneras son dos estilos de cante flamenco*. **cante jondo** Cante flamenco de profundo sentimiento y tono quejumbroso. **2** *coloquial* Olor fuerte y poco agradable despedido por una parte del cuerpo: *se había quitado los zapatos y dio un cante horroroso*. Se usa generalmente con el verbo *dar*. **3** Jugada que permite añadir puntos en ciertos juegos de cartas: *la combinación de rey y caballo permite un cante*.

cantera *n. f.* **1** Lugar de donde se extrae piedra y otros materiales usados en la construcción: *cantera de mármol, cantera de granito*. **2** Lugar u organismo donde se forman y de donde proceden personas bien preparadas para desarrollar una determinada actividad: *el laboratorio se ha convertido en cantera de futuros investigadores; el equipo se nutre especialmente de jugadores de la cantera*.
DER cantería, cantero.

cantero *n. m.* **1** Persona que se dedica a extraer la piedra de las canteras o a labrarla para las construcciones. **SIN** picapedrero. **2** Extremo de una cosa que puede partirse con facilidad: *cantero de pan*.
DER cantería.

cántico *n. m.* Composición poética que se puede adaptar a una música, generalmente de carácter religioso: *los cánticos litúrgicos suelen ser de alabanza o ensalzamiento*.

cantidad *n. f.* **1** Propiedad de lo que puede ser contado o medido y puede ser mayor o menor que algo con lo que se compara. **2** Número de unidades, tamaño o proporción de una cosa, especialmente cuando es indeterminado: *tendrás que dedicar al examen la cantidad de horas que necesite*. **SIN** cuantía. **3** Suma de dinero: *no sé qué cantidad hay que pagar por adelantado*. **4** Gran número o abundancia de personas o de cosas: *cantidad de gente*. Suele ir acompañado de la preposición *de*. ◇ *adv.* **5** *coloquial* Mucho: *me gusta cantidad tu blusa*.
en cantidades industriales En abundancia: *había comida en cantidades industriales*.
ETIM *Cantidad* procede del latín *quantitas, –atis* quantum, que tenía el mismo significado, voz con la que también está relacionada *cuanto*.

cantiga o **cántiga** *n. f.* Composición poética medieval compuesta para ser cantada: *cantigas de Alfonso X el Sabio o a la Virgen María*.

cantilena *n. f.* **1** Composición poética breve escrita para ser cantada. **2** Repetición molesta y poco oportuna de una cosa: *siempre está con alguna cantilena*. **SIN** canción.

OBS Se usa frecuentemente *cantinela*.

cantimplora *n. f.* Recipiente con forma de botella aplanada, hecho de metal o plástico, que se usa para llevar agua en viajes y excursiones.

cantina *n. f.* Establecimiento público en el que se sirven bebidas y algunas comidas y que generalmente forma parte de una instalación más grande: *la cantina de la estación; la cantina del cuartel*.
DER cantinero.

cantinela *n. f.* Cantilena, composición poética.
OBS La Real Academia Española admite *cantinela*, pero prefiere la forma *cantilena*.

cantinero, -ra *n. m. y f.* Persona que es propietaria de una cantina o que trabaja en ella.

canto *n. m.* **1** Formación de sonidos armoniosos o rítmicos por parte de una persona: *el canto de María es delicioso*. **2** Arte de cantar o emitir sonidos armoniosos con la voz humana: *recibe clases de canto desde muy pequeño*. **3** Emisión de sonidos armoniosos o rítmicos por parte de un animal. **canto del cisne** Última obra escrita o representada por una persona. **4** Producción de sonidos armoniosos o, simplemente emisión de su voz, por parte de los pájaros y el gallo: *el canto del gallo anuncia el amanecer*. **5** Emisión de sonidos estridentes por parte de algunos insectos: *el canto de la cigarra*. **6** Alabanza y ensalzamiento para destacar una virtud: *la película es un canto a la libertad*. **7** Composición poética, especialmente si es de tono elevado o solemne: *canto nupcial*. **8** Parte de las varias en que generalmente se divide un poema épico. **9** Borde o filo que limita la forma de un objeto delgado: *el canto de una hoja de papel*. **10** Esquina o extremo de un objeto: *el canto de la ventana*. **11** Trozo de piedra. **canto rodado** Trozo de piedra liso y de forma redondeada debido al desgaste ocasionado al rodar impulsado por una corriente de agua.
al canto Expresión que indica un resultado esperado e inmediato: *en cuanto le mencionas el tema, discusión al canto*. Las oraciones en las que aparece no tienen verbo.
darse con un canto en los dientes Darse uno por contento con un resultado no muy favorable porque se esperaba que fuera peor: *para lo que has estudiado, te puedes dar con un canto en los dientes con un aprobado*. Se usa con el verbo *poder*.
de canto De lado, sobre el borde o filo de un objeto delgado.
el canto de un duro *coloquial* Muy poco: *sólo ha faltado el canto de un duro para que te caigas*.
DER cantón, cantonera; decantar. Son derivados de *canto*, 'borde'.

cantón *n. m.* División administrativa y territorial de algunos países que está dotada de cierta autonomía política: *los cantones suizos*.
DER cantonal, cantonalismo; acantonar.

cantonal *adj.* Del cantón o que tiene relación con esta división administrativa y territorial.

cantonalismo *n. m.* Sistema político que defiende la partición del Estado en cantones o divisiones administrativas casi independientes: *el cantonalismo sustituye el poder central por una confederación de cantones*.
DER cantonalista.

cantonalista *adj.* **1** Del cantonalismo o que tiene relación con este sistema político. ◇ *adj./n. com.* **2** [persona] Que es partidario del cantonalismo: *es un político cantonalista y no puede soportar las ideas centralistas*.

cantonera *n. f.* Pieza que se pone en las esquinas de las tapas de un libro, un mueble u otra cosa y que sirve para reforzarlo o adornarlo.

cantor, -ra *adj.* **1** [pájaro] Que puede emitir sonidos melodiosos y variados: *las aves cantoras tienen la siringe muy desarrollada.* ◊ *adj./n. m. y f.* **2** [persona] Que sabe cantar o se dedica a cantar por profesión: *los niños cantores de Viena.*
SIN cantante.
DER cantoral.

cantoral *n. m.* Libro grande que contiene la letra y la música de los himnos religiosos que se cantaban en las iglesias y que se tiene sobre un atril en el coro: *en el museo tienen un antiguo cantoral con dibujos medievales.*

canturrear *v. intr.* Cantar a media voz y generalmente de manera descuidada: *estaba contento y no dejó de canturrear en todo el día.*
DER canturreo.

canturreo *n. m.* Canto a media voz y generalmente de manera descuidada.

cánula *n. f.* **1** Tubo pequeño que se emplea en medicina para evacuar o introducir líquidos en el cuerpo: *pondremos una cánula para el drenaje de la herida.* **2** Tubo terminal o extremo de las jeringas donde se coloca la aguja.

canutas Palabra que se utiliza en la expresión coloquial *pasarlas canutas*, que significa 'encontrarse en una situación muy apurada y difícil': *cuando me quedé sin dinero las pasé canutas para volver a casa.*

canutillo *n. m.* **1** Hilo de oro o plata rizado que se usa para bordar: *el tapiz tenía canutillo en los bordes.* **2** Tubo pequeño de vidrio usado en trabajos de pasamanería.

canuto *n. m.* **1** Tubo estrecho, abierto por los dos extremos o cerrado por uno de ellos y con una tapa en el otro: *hicieron una cerbatana con un canuto de caña.* **2** *coloquial* Cigarrillo de hachís, marihuana u otra droga mezclada con tabaco: *parece otro desde que no fuma canutos ni tabaco y lleva una vida sana y deportiva.* **SIN** porro.
DER canutillo.

caña *n. f.* **1** Tallo hueco y dividido en segmentos por nudos de algunas plantas gramíneas: *caña de bambú.* **caña de pescar** Vara alargada y flexible que se usa para pescar mediante un hilo que sale por su extremo más delgado y del que pende un anzuelo. **2** Planta gramínea propia de lugares húmedos, con tallos huecos y nudosos que alcanzan hasta los seis metros de altura: *los tallos de la caña son leñosos cuando están secos y tienen múltiples aplicaciones.* **caña de azúcar** Caña que tiene el tallo lleno de un tejido esponjoso y dulce del que se extrae el azúcar. **3** Vaso de forma cilíndrica, alto y estrecho, especialmente el usado para tomar cerveza: *quedamos para mañana antes de comer para tomar unas cañas.* **4** Hueso alargado, generalmente de los brazos y las piernas.
dar (o **meter**) **caña** *a*) Aumentar la velocidad o la intensidad de algo: *si quieres llegar a tiempo, ¡métele caña al coche!*; *b*) Golpear o pegar: *no ganarás por jugar sucio y dando caña.*
DER cañada, cañaveral, cañizo, caño.

cañada *n. f.* **1** Camino por el que pasa el ganado trashumante. **2** Paso entre dos alturas poco distantes: *el arroyo baja impetuoso por la cañada.*
DER cañadilla.

cañamazo *n. m.* **1** Tela tosca de cáñamo: *sacos de cañamazo.* **2** Tejido con los hilos muy separados que se usa para bordar sobre él con seda o lana de colores.

cáñamo *n. m.* **1** Planta de unos dos metros de altura, de tallo recto y hojas opuestas y divididas, que se cultiva para sacar su fibra y sus semillas: *las flores del cáñamo son de color verde.* **2** Fibra vegetal que se extrae del tallo de esta planta y se usa para hacer cuerdas y otros objetos: *las alpargatas son de suela de cáñamo.*
DER cañamazo, cañamón.

cañamón *n. m.* Semilla del cáñamo que es redonda y de pequeño tamaño: *el cañamón se emplea como alimento para pájaros.*

cañaveral *n. m.* Terreno en el que crecen muchas cañas: *los cañaverales son propios de terrenos húmedos.* **SIN** cañizal.

cañería *n. f.* Conducto formado por caños o tubos por donde se distribuye el agua o el gas: *el fontanero ha cambiado todas las cañerías de desagüe.*

cañí *adj./n. com.* Que es o parece de raza gitana.
OBS El plural es *cañís.*

cañizal *n. m.* Terreno en el que crecen muchas cañas.
SIN cañaveral.

cañizo *n. m.* Tejido hecho con cañas que se usa para construir techos o paredes: *en esta terraza han puesto cañizos para resguardarla un poco del sol.*
DER cañizal.

caño *n. m.* **1** Tubo por donde sale agua, especialmente el de las fuentes: *coloca las vasijas bajo los caños de la fuente.* **2** Tubo corto, especialmente el que forma con otros las tuberías que sirven para conducir líquidos o gases.
DER cañería, cañón.

cañón *n. m.* **1** Arma de artillería que dispara proyectiles de gran calibre mediante un tubo largo dispuesto sobre una base generalmente móvil: *los cañones antiaéreos tienen gran alcance y movilidad.* **2** Tubo alargado y estrecho de las armas de fuego por donde sale el proyectil: *escopeta de dos cañones*; *el cañón del fusil.* **3** Pieza alargada en forma de tubo por donde sale el humo de chimeneas, cocinas y estufas: *hay que limpiar el cañón de la chimenea.* **4** Parte inferior de las plumas de los pájaros: *el cañón es puntiagudo.* **5** Foco de luz concentrada que se usa en el teatro y en otros espectáculos: *un cañón de luz seguía al presentador por todo el escenario.* **6** Paso estrecho o garganta profunda entre dos montañas que generalmente es el cauce de un río: *en mayo visitaremos el Gran Cañón del Colorado.*
estar al pie del cañón Estar cumpliendo con el deber: *no podrás decir que pierde el tiempo, pues siempre está al pie del cañón.*
DER cañonazo, cañonero; encañonar.

cañonazo *n. m.* **1** Operación por la que un cañón lanza su carga: *se oían los lejanos cañonazos del frente.* **SIN** tiro. **2** Marca, señal o efecto provocado por el impacto de la carga de un cañón: *el edificio estaba destrozado por los cañonazos.* **SIN** tiro.

cañonero, -ra *adj./n. m. y f.* **1** [embarcación] Que va armado con uno o varios cañones: *una lancha cañonera descubrió a los traficantes.* ◊ *n. m. y f.* **2** *coloquial* Jugador deportivo que posee un potente disparo: *hay que procurar que el cañonero del equipo contrario no dispare a puerta.*

caoba *n. f.* **1** Árbol de tronco recto y grueso, hojas compuestas y flores pequeñas y blancas cuya madera es muy apreciada en ebanistería: *la caoba alcanza hasta 20 metros de altura.* **2** Madera de este árbol de color rojo oscuro, que se usa para construir muebles por su dureza y fácil pulimento: *he comprado un armario de caoba.* ◊ *adj./n. m.* **3** [color] Que es rojo oscuro: *tiene el pelo pintado de color caoba.*

caolín *n. m.* Arcilla blanca muy pura usada principalmente para la fabricación de objetos de porcelana.

caos *n. m.* **1** Desorden o confusión muy grandes en una

caótico

situación o asunto: *caos circulatorio*. **2** Estado amorfo e indefinido de la materia que, según algunas creencias y teorías, precedió a la actual ordenación del universo.
DER caótico.
OBS El plural también es *caos*.

caótico, ca *adj.* Que está muy desordenado y confuso y no sigue regla ni orden alguno: *durante la guerra se vivía en una situación caótica*.

capa *n. f.* **1** Prenda de vestir larga y suelta, sin mangas y abierta por delante, que se lleva sobre los hombros y encima de la ropa. **SIN** capote, manto. **2** Pieza de tela grande y con colores vivos que se usa para torear: *el torero perdió la capa al iniciar la faena*. **SIN** capote. **3** Porción de una materia que cubre una cosa o se extiende sobre ella de manera uniforme y con un grosor variable: *capa de polvo; capa de pintura*. **4** Zona o parte extendida por encima o por debajo de otra u otras que la constituyen un todo: *las capas de la atmósfera; la capa externa de la piel*. **5** Grupo o estrato social situado por encima o por debajo de otros y constituido por personas con un nivel económico y cultural semejante: *pertenece a las capas altas de la sociedad*.
de capa caída [bienes, fortuna, salud] Que está en decadencia, en una situación mala o peor que otra anterior: *fueron muy ricos, pero ahora andan de capa caída*.
defender a capa y espada Afirmar, sostener o proteger a una persona o cosa de manera enérgica.
hacer de su capa un sayo Obrar alguien con total libertad en los asuntos que sólo a él le afectan: *puede gastar su dinero en lo que quiera, cada cual puede hacer de su capa un sayo*.
DER capear, caperuza, capirote, capote; decapar.

capacho *n. m.* Espuerta de juncos o de mimbre con dos asas que suele servir para transportar fruta.
DER capacha.

capacidad *n. f.* **1** Posibilidad de que una cosa contenga otra u otras dentro de unos límites: *capacidad de un local*. **SIN** cabida. **2** Conjunto de condiciones intelectuales para el cumplimiento de una función o el desempeño de un cargo: *capacidad mental; capacidad de trabajo*. **SIN** aptitud.

capacitación *n. f.* Preparación de una persona para que sea apta o capaz para hacer una cosa: *este curso contribuye a su capacitación para el trabajo*.

capacitar *v. tr./prnl.* Preparar a una persona para hacerla capaz o darle el derecho de hacer una cosa: *ese título te capacita para enseñar*.
DER capacitación; recapacitar.

capar *v. tr.* Extirpar o inutilizar los órganos genitales: *algunos animales son capados para suprimir su capacidad de reproducción*. **SIN** castrar.

caparazón *n. m.* **1** Cubierta dura con que protegen su cuerpo algunas clases de animales: *los crustáceos y las tortugas tienen caparazón*. **SIN** coraza. **2** Cubierta con que se tapa o protege alguna cosa: *caparazón del motor*.
encerrarse (o **esconderse** o **meterse**) **en su caparazón** Protegerse alguien de los demás y no permitir que éstos conozcan sus interioridades: *no lograrás saber qué siente; siempre está metido en su caparazón*.

capataz, -za *n. m. y f.* **1** Persona que manda y vigila a un grupo de trabajadores: *el capataz de la obra me dijo que no había trabajo*. **2** Persona que es la encargada de una finca o explotación agrícola: *el capataz se ocupa de cultivar y administrar la hacienda*.

capaz *adj.* **1** Que posee las condiciones intelectuales necesarias para el cumplimiento de una función o el desempeño de un cargo: *han contratado a un empleado muy capaz*.

SIN apto, competente. **2** Que se atreve a hacer algo o que está en disposición de hacerlo: *no creo que sea capaz de denunciarlos*. **3** [lugar, recipiente] Que puede contener un número determinado de personas o cosas dentro de sus límites: *necesitas un local capaz para quinientas personas*.

capazo *n. m.* **1** Cesta flexible de palma o esparto, más ancha por arriba que por abajo, con dos asas en el borde que se suelen agarrar juntas: *tengo un capazo para ir a la compra*. **2** Recipiente alargado y con asas, acondicionado en su interior como cuna y que puede encajarse en un armazón con ruedas para facilitar su desplazamiento.

capcioso, -sa *adj.* **1** [doctrina, palabra] Que es falso o engañoso. **2** [pregunta, razonamiento] Que se hace con habilidad para conseguir que el interlocutor dé una respuesta que pueda comprometerlo, o bien que favorezca los intereses del que la ha formulado: *es mejor que no contestes a preguntas o sugerencias capciosas*.
DER capacidad, capacitar; incapaz.
ETIM Véase *captar*.

capea *n. f.* Festejo taurino en el que se lidian becerros o novillos por aficionados: *descubrieron sus posibilidades como figura del toreo en una capea*.

capear *v. tr.* **1** Torear con la capa a una res. **2** Entretener a alguien con engaños y evasivas, especialmente para no cumplir con una obligación o promesa. **3** Eludir hábilmente alguna dificultad, un compromiso o un trabajo desagradable: *deja de capearme y cumple con lo prometido*. **4** Hacer frente una embarcación al mal tiempo mediante las adecuadas maniobras: *capear el temporal*.
DER capea.

capellán *n. m.* Sacerdote que dice misas y cuida del servicio religioso en ciertos lugares o instituciones: *capellán del ejército; capellán del convento*.
DER capellanía.
ETIM Véase *capilla*.

capelo *n. m.* **1** Sombrero rojo con ala plana de los cardenales. **2** Dignidad de cardenal: *el Papa ha creado dos nuevos capelos*.

caperuza *n. f.* **1** Gorro acabado en punta que va unido a un abrigo, capa u otra prenda de vestir: *algunos frailes llevan un hábito con caperuza*. **SIN** capucha. **2** Pieza con que se cubre o protege el extremo de algunos objetos. **SIN** capucha, capuchón.

capicúa *adj./n. m.* [número, palabra, frase] Que se lee igual de izquierda a derecha que de derecha a izquierda: *el 6996 es un número capicúa; la palabra anilina es capicúa*.
ETIM *Capicúa* procede del catalán *cap*, 'cabeza', y *cua*, 'cola'; se refiere generalmente a los números de cinco cifras porque tiene su origen en los números de los billetes de tranvía, y existe la creencia de que poseer un *capicúa* trae buena suerte.

capilar *adj.* **1** Del cabello o que tiene relación con él: *loción capilar*. ☞ piel. **2** [tubo] Que tiene un diámetro interior semejante al grosor de un pelo. ◊ *n. m.* **3** ANAT. Vaso sanguíneo muy fino que enlaza las venas con las arterias: *los capilares constituyen las últimas ramificaciones en el sistema circulatorio*.
ETIM Véase *cabello*.

capilla *n. f.* **1** Iglesia de pequeñas dimensiones con un solo altar, especialmente la de un establecimiento religioso o seglar o la instalada en una casa particular: *capilla del colegio; capilla del hospital; se casará en la capilla que tiene en su finca*. **capilla ardiente** Lugar en que se coloca a una persona muerta para velarla y rendirle honores: *han instalado la capilla ardiente en la sede del partido*. **2** Parte de una iglesia que tiene altar o en la que se venera una imagen: *las naves laterales de la catedral tienen varias capillas*. **3** *coloquial* Pequeño grupo de seguidores de una persona o idea: *son de la misma capilla y están unidos para ayudarse recíprocamente a encumbrarse*. Suele tener sentido despectivo.

estar en capilla *a*) Estar el reo en cualquier pieza de la cárcel, que actúa como capilla, desde que se le notifica la sentencia de muerte hasta que ésta se ejecuta. *b*) Encontrarse a la espera de hacer una prueba importante o de conocer el resultado de algo preocupante.

ETIM *Capilla* procede del latín vulgar *cappella*, que alude al pedazo de capa que san Martín dio a un pobre y al oratorio que se erigió donde se guardaba esta reliquia, voz con la que también está relacionada *capellán*.

capirote *n. m.* **1** Gorro acabado en punta y con forma cónica, generalmente de cartón y cubierto de tela, que forma parte del hábito que llevan algunos penitentes y cofrades en las procesiones de Semana Santa: *la tela del capirote cubre la cara del penitente*. **SIN** cucurucho. **2** Pieza de cuero con que se cubre la cabeza de las aves de cetrería para mantenerlas quietas: *quitó el capirote al halcón para que volara tras la presa*.
DER capirotazo.

capisayo *n. m.* **1** Prenda de vestir corta y abierta que servía de capa y sayo. **2** Prenda de vestir que no está hecha o ajustada con cuidado y se usa a diario y para todo: *en casa está siempre con algún capisayo*.

capital *adj.* **1** Que es muy grave o importante: *pecado capital; pena capital*. ◇ *n. m.* **2** Conjunto de bienes que posee una persona o una sociedad, especialmente en dinero o en valores: *unos duros y su vieja moto constituían todo su capital*. **3** ECON. Elemento o factor de la producción constituido por aquello que se destina a la obtención de un producto: *dinero, maquinaria, instalaciones y materia prima constituyen el capital de una empresa*. ◇ *n. f.* **4** Población principal de un territorio: *capital del estado; capital de la provincia*. **5** Población con una posición destacada en algún aspecto o actividad: *capital del vino*.
DER capitalidad, capitalismo, capitalizar.

capitalidad *n. f.* Condición o circunstancia de ser una población la capital de un país, de una comunidad autónoma, de una provincia o de un distrito.

capitalismo *n. m.* **1** Sistema económico y social que busca la creación de riqueza y que está basado en el poder y la influencia del capital: *el capitalismo se fundamenta en la doctrina del liberalismo y en la existencia del capital privado*. **2** Entidad económica formada por el conjunto de capitales y capitalistas: *después de las elecciones, seguía el capitalismo en el poder*.
DER capitalista.

capitalista *adj.* **1** Del capital, del capitalismo o que tiene relación con ellos: *algunos países orientales han abierto las puertas al sistema capitalista*. ◇ *adj./n. com.* **2** [persona] Que es partidario del capitalismo: *es comprensible la falta de acuerdo entre marxistas y capitalistas*. ◇ *n. com.* **3** Persona que posee mucho dinero o bienes materiales: *convocó a los capitalistas del pueblo para proponerles un negocio*. **4** Persona que pone el dinero o capital en un negocio: *el capitalista es el dueño de la fábrica y quien paga a los obreros*.

capitalización *n. f.* **1** Fijación del capital que corresponde a determinado rendimiento o interés, que depende del tipo que se adopte para el cálculo. **2** Adición a un capital de los intereses que éste ha devengado: *al final de año el banco me hace una capitalización de mis ahorros*. **3** Utilización en beneficio propio de una acción o situación, aunque sea ajena: *los sindicatos capitalizaron la manifestación*.

capitalizar *v. tr.* **1** Atribuir un valor como capital a una cosa que produce un rendimiento o interés. **2** Añadir a un capital los rendimientos o intereses que éste ha producido: *el banco capitaliza los intereses de mi dinero cada seis meses*. **3** Aprovechar una situación o una acción, aunque sea ajena: *el alcalde quiso capitalizar el éxito del festival*.
DER capitalización.
OBS En su conjugación, la *z* se convierte en *c* delante de *e*.

capitán, -tana *n. m. y f.* **1** Persona que dirige o representa a un grupo o a un equipo, especialmente deportivo: *el jugador más antiguo es el capitán del equipo*. ◇ *n. m.* **2** Miembro del ejército cuyo empleo militar es de categoría inmediatamente superior al de teniente en el Ejército de Tierra y Aire y al de alférez de navío en la Armada: *un capitán de infantería tiene el mando de una compañía*; *en la Armada existe la graduación de capitán de corbeta, capitán de fragata y capitán de navío*. **capitán general** *a*) General que tiene el grado militar más alto del Ejército español. *b*) Jefe superior de una región militar, aérea o naval. **3** Persona que manda un buque mercante o de pasajeros: *nos presentaron al capitán y a su tripulación*. **SIN** comandante.
DER capitana, capitanear, capitanía.

capitana *adj./n. f.* [embarcación] Que está mandada por el jefe de una escuadra: *la nave capitana inició la maniobra*.

capitanear *v. tr.* **1** Mandar un grupo de soldados como capitán. **2** Mandar un grupo de personas o una acción, aunque no sea militar: *el equipo de vela fue capitaneado por López*.

capitanía *n. f.* Empleo de capitán: *este año alcanza la capitanía*. **capitanía general** *a*) General que ejerce el cargo de capitán general de una región o un territorio. *b*) Territorio bajo la autoridad del capitán general. *c*) Edificio donde reside el capitán general y donde están las oficinas militares correspondientes.

capitel *n. m.* Pieza decorada según diferentes estilos con que remata una columna o pilar por su parte superior: *sobre el capitel descansa el arquitrabe*.

capitolio *n. m.* **1** Edificio majestuoso y elevado: *la recepción se celebró en el capitolio*. **2** Lugar más alto y defendido de las ciudades de la antigua Grecia: *los turistas visitan el capitolio*. **SIN** acrópolis.

capitoste *n. com. coloquial* Persona con mucha influencia y mando: *los capitostes del lugar querían controlar a todo el mundo*. Se usa en sentido despectivo.

capitulación *n. f.* **1** Acuerdo político o militar en el que se establecen las condiciones de una rendición: *los Reyes Católicos firmaron las capitulaciones de Santa Fe*. **2** Acuerdo firmado entre dos partes sobre un negocio o asunto, generalmente importante o grave. ◇ *n. f. pl.* **3 capitulaciones** Conciertos que se establecen entre los futuros esposos ante notario en los que se ajusta el régimen económico del matrimonio.

capitular *adj.* **1** De un cabildo o corporación, del capítulo de una orden religiosa o que tiene relación con ellos: *sala capitular de un monasterio*. ◇ *v. intr.* **2** Rendirse, entregar una posición o plaza de guerra según determinadas condiciones estipuladas con el enemigo: *el ejército capituló después de un largo asedio*. **3** Abandonar una discusión o pugna por cansancio o por la fuerza de los argumentos contrarios: *con sus dotes persuasivas lo hará capitular rápidamente*.
DER capitulación; recapitular.
ETIM Véase *cabildo*.

capítulo *n. m.* **1** Cada una de las partes principales en que se divide un escrito o narración para una mejor ordenación y fácil entendimiento de su materia: *cuando termine el último capítulo pasaré a las conclusiones*. **2** Reunión o asamblea de canónigos o religiosos de una orden para tratar distintos asuntos. **3** Asunto o materia: *después de tratar todos los temas pasaremos al capítulo de los gastos*.
llamar (o **traer**) **a capítulo** Reprender, pedir cuentas o desaprobar el comportamiento a alguien.
ser capítulo aparte Merecer una atención especial un determinado asunto: *el tema del presupuesto es capítulo aparte: tenemos que estudiarlo detenidamente*.
DER capitular.

capo *n. m.* Jefe de una mafia, especialmente de narcotraficantes: *esta vez no pudo escapar el capo colombiano*.

capó *n. m.* Cubierta de metal que tapa el motor del automóvil: *levanta el capó y comprueba el líquido de frenos*. ☞ automóvil.

capón *adj./n. m.* **1** [animal macho] Que ha sufrido la extirpación o inutilización de los órganos genitales. ◊ *n. m.* **2** Pollo al que se le extirpan o inutilizan los órganos genitales cuando es pequeño y se ceba para comerlo: *para comer compramos un capón asado*. **3** Golpe dado a alguien en la cabeza con el nudillo del dedo corazón: *en otros tiempos algunos maestros daban capones a los alumnos que no sabían la lección*.
DER capar.

caporal *n. m.* **1** Persona que tiene a su cargo el ganado de labranza en una hacienda: *el caporal nos enseñó los establos*. **2** Persona que encabeza un grupo de gente y lo manda.

capota *n. f.* Cubierta o techo plegable que tienen algunos vehículos: *en este descapotable la capota se pone y se quita automáticamente*.
DER descapotable.

capotazo *n. m.* Pase que da el torero con el capote para atraer o desviar al toro: *colocó al toro en la suerte de varas con un par de capotazos*.

capote *n. m.* **1** Pieza de tela grande y con colores vivos que se usa para torear: *el torero tomó su capote y salió a la arena a recibir al toro*. **SIN** capa. **2** Prenda de abrigo parecida a la capa, pero con mangas y con menos vuelo: *usaba un capote los días de mucho frío*. **3** Prenda de abrigo muy ancha y larga que llevan los militares.
echar un capote *coloquial* Prestar ayuda a una persona que se encuentra en una situación apurada: *gracias a que mi compañero me echó un capote, no me castigaron*.
DER capota, capotazo; encapotarse.

cappa *n. f.* Décima letra del alfabeto griego, equivalente a la *k* o a la *c* ante *a, o, u* del español.
OBS La Real Academia Española admite *cappa*, pero prefiere la forma *kappa*.

capricho *n. m.* **1** Determinación que se toma arbitrariamente, por un antojo pasajero: *no me hace falta el coche, me lo he comprado por puro capricho*. **2** Deseo imprevisto, arbitrario y pasajero de una cosa: *en pleno verano tiene el capricho de turrón y mazapán*. **SIN** antojo. **3** Persona, animal o cosa que se desea: *este reloj fue un capricho de mi mujer*. **4** Obra de arte que rompe con los modelos acostumbrados por medio del ingenio y la fantasía: *los caprichos de Goya; un capricho musical*.
a capricho Indica que algo se hace como se desea y sin sujeción a normas: *colocó a capricho los adornos del árbol de navidad*.
darse un capricho Satisfacer el deseo de una cosa, aunque no se necesite: *ahorramos muy poco porque nos damos muchos caprichos*.
DER caprichoso; encapricharse.

caprichoso, -sa *adj.* **1** [persona] Que frecuentemente tiene caprichos: *si le compras todo lo que se le antoja, será mimado, caprichoso y consentido*. **SIN** antojadizo. **2** Que no está sujeto a leyes o reglas: *las nubes dibujan en el cielo siluetas caprichosas*.
DER caprichosamente.

capricornio *adj./n. com.* [persona] Que ha nacido entre el 22 de diciembre y el 20 de enero, tiempo en que el Sol recorre aparentemente Capricornio, décimo signo del Zodíaco.

caprino, -na *adj.* De la cabra o que tiene relación con este animal.
ETIM Véase *cabra*.

cápsula *n. f.* **1** Envoltura de material soluble con que se recubren algunos medicamentos: *el mismo medicamento se vende en cápsulas, sobres y supositorios*. **2** Conjunto del medicamento y la envoltura: *estoy tomando unas cápsulas para la gripe*. **3** Cabina de una nave o satélite espacial en la que están los mandos de control. **4** BOT. Fruto seco con una o varias cavidades que contienen las semillas: *ciertas plantas tienen sus semillas encerradas en cápsulas*.

captación *n. f.* **1** Recepción de impresiones exteriores por medio de los sentidos o del aparato adecuado: *la captación de ruidos extraterrestres es interesante*. **2** Comprensión de una cosa: *es increíble la capacidad de captación de este alumno*. **3** Recogida del agua procedente de varios lugares: *trabaja en una empresa de captación de manantiales*. **4** Atracción y logro de la atención, la voluntad o el afecto: *durante la campaña se pretende la captación del voto de los indecisos*.

captar *v. tr.* **1** Recibir o recoger impresiones exteriores, especialmente a través de los sentidos o de los aparatos adecuados: *este aparato envía y capta señales de radio*. **2** Comprender, darse cuenta: *no tardó en captar que el asunto era delicado*. **3** Recoger o reunir convenientemente las aguas que proceden de diversos lugares. ◊ *v. tr./prnl.* **4** Atraer la atención, la voluntad o el afecto de una persona: *captó enseguida la simpatía de todos*. **SIN** ganar.
DER captación.
ETIM *Captar* procede del latín *captare capere*, 'coger', voz con la que también están relacionadas *capcioso, captura, rescatar*.

captura *n. f.* **1** Apresamiento de una persona fugitiva a la que se considera delincuente: *orden de busca y captura*. **2** Apresamiento de una persona, animal o cosa que ofrece resistencia.
ETIM Véase *captar*.
DER capturar.

capturar *v. tr.* **1** Apresar a una persona a la que se persigue por ser considerada delincuente: *la policía capturó a los dos fugitivos*. **2** Apresar a una persona, animal o cosa que ofrece resistencia: *a los dos barcos les fue confiscado el pescado que habían capturado*.

capucha *n. f.* **1** Gorro acabado en punta que va unido a un abrigo, capa u otra prenda de vestir: *si llueve te cubres con la capucha del anorak*. **SIN** caperuza. **2** Pieza con que se cubre o protege el extremo de algunos objetos: *la capucha del bolígrafo*. **SIN** caperuza, capuchón.
DER capuchino, capuchón; encapuchar.

capuchino, -na *adj./n. m. y f.* **1** [religioso] Que pertenece a una de las ramas de la orden de san Francisco de Asís: *convento de capuchinos*. ◊ *adj.* **2** De la orden de san Francisco de Asís o que tiene relación con ella: *las reglas capuchinas son muy estrictas.* ◇ *n. m./adj.* **3** Café caliente, mezclado con leche, que se distingue por su color claro y por tener espuma por encima: *el capuchino es típico de Italia.*

capuchón *n. m.* Pieza con que se cubre y protege el extremo de algunos objetos: *si pierdes el capuchón del rotulador, se secará la tinta.* **SIN** caperuza, capucha.

capullo, -lla *n. m.* **1** Flor que todavía no ha abierto los pétalos: *los capullos del rosal están a punto de abrirse.* **2** Cubierta ovalada que fabrican algunos gusanos para encerrarse en ella y convertirse en mariposas: *en el capullo realizan las larvas de algunos insectos su metamorfosis.* **3** *malsonante* Glande, extremo del órgano sexual masculino. ◇ *adj./n. m. y f.* **4** *coloquial* [persona] Que es muy tonto, torpe o poco inteligente: *no seas capullo, ¿te vas a creer todo lo que te cuentan?* Se usa como apelativo despectivo.

caqui *adj.* **1** [color] Que está entre el ocre amarillento y el verde grisáceo: *muchos uniformes militares son de color caqui.* ◇ *n. m.* **2** Tela de algodón o lana de este color, muy usada en los uniformes militares. **3** Fruto dulce, redondo y carnoso de color rojo o anaranjado: *los caquis tienen un aspecto parecido a los tomates.* **4** Árbol de hojas alternas que da este fruto: *el caqui es originario de Japón y China.*

cara *n. f.* **1** Parte anterior de la cabeza de una persona y de algunos animales en la que están la boca, la nariz y los ojos: *la cara abarca desde la frente hasta la barbilla.* **SIN** faz, rostro, semblante. **2** Semblante o expresión que refleja un sentimiento o un estado de ánimo: *no pongas esa cara de asco, que está muy rico.* **cara de circunstancias** Expresión triste o seria del rostro que se considera adecuada en una situación poco favorable: *cuando rompió el cristal, se presentó ante el director con cara de circunstancias.* **cara de perro** o **cara de pocos amigos** o **cara de vinagre** Expresión del rostro que muestra desagrado o enfado: *después de haber sido suspendido se presentó con cara de perro.* **3** Aspecto o imagen que presenta una cosa y por la cual produce determinada impresión: *este pastel tiene muy buena cara.* **4** Superficie de un objeto plano: *no escribas por la otra cara del folio.* **5** Parte delantera o frontal de una cosa: *la cara de este edificio da a una calle principal.* **6** Parte o lado anterior y principal de una superficie, especialmente de una moneda o una medalla: *la cara suele presentar el busto de una persona principal, y la cruz, el valor de la moneda.* **SIN** envés, anverso. **ANT** cruz. **7** Plano o lado de una figura geométrica: *un cubo tiene seis caras.* **8** Falta de vergüenza o descaro al actuar: *después de sus malas pasadas tuvo la cara de ir pidiendo favores.* **SIN** caradura. ◇ *n. com.* **9** Persona que actúa con desfachatez y descaro o con poca vergüenza. **SIN** caradura, descarado.

a (**o en**) **la cara** Delante o a la vista de alguna persona: *debería decir siempre las cosas a la cara.*

caersele la cara de vergüenza Avergonzarse mucho una persona.

cara a o **de cara a** Expresa que una persona o cosa está enfrente de otra, mirando hacia otra o teniéndola en cuenta: *está castigado de cara a la pared.*

cara a cara Delante o a la vista de otro, sin esconderse: *prefiero que hablemos de esto cara a cara.*

cara dura *a)* Falta de vergüenza. **SIN** caradura, descaro, desfachatez. *b)* Persona que actúa con desfachatez y descaro o con poca vergüenza. **SIN** caradura, descarado.

cruzar la cara Darle una bofetada a una persona: *estaba tan enfadada conmigo, que creí que me iba a cruzar la cara.*

dar la cara Hacerse responsable de los propios actos sin esconderse o echar la culpa a otros: *no dejes nunca que otro dé la cara por ti.*

de cara De frente o en sentido opuesto a una cosa que se mueve: *tenemos el viento de cara.*

echar (**o jugar**) **a cara o cruz** Decidir una cosa por azar, generalmente lanzando una moneda al aire.

echar en cara Recordar a una persona un servicio o favor que se le ha prestado y reprocharle su falta de correspondencia: *me echó en cara que él siempre me había ayudado.*

lavar la cara Mejorar el aspecto de una cosa mediante arreglos poco profundos.

verse las caras Encontrarse una persona con otra para discutir o luchar: *ya nos veremos las caras.*

DER caradura, carear, careta, careto, carilla, carota; descarado, encarar.

carabela *n. f.* Embarcación de vela antigua, larga y ligera, con tres palos y una sola cubierta.

carabina *n. f.* **1** Arma de fuego parecida al fusil pero de menor longitud. **2** *coloquial* Persona que acompaña a un hombre y una mujer para evitar que se queden solos: *si vas al cine con tu novia, me quedo, que no quiero hacer de carabina.* **ser la carabina de Ambrosio** Ser una cosa inútil o no valer para nada.

DER carabinero.

carabinero *n. m.* **1** Miembro de un antiguo cuerpo encargado de perseguir el contrabando: *los carabineros detuvieron a unos contrabandistas de tabaco en el puerto.* **2** Crustáceo marino comestible que tiene la forma de la gamba y el tamaño del langostino, de cuerpo alargado con diez patas y de color rojo. Para indicar el sexo se usa *el carabinero macho* y *el carabinero hembra.* **3** Soldado que usaba carabina.

caracol *n. m.* **1** Molusco terrestre o acuático provisto de una concha enrollada en forma de espiral y un pie carnoso mediante el que se arrastra: *el caracol suele tener en la cabeza uno o dos pares de tentáculos.* ☞ moluscos. **2** Concha de este animal. **3** Rizo del pelo: *se ha peinado con dos graciosos caracoles sobre la frente.* **4** Vuelta que da el caballo sobre sí mismo cuando está inquieto o se lo ordena el jinete. **5** ANAT. Parte del oído medio de los vertebrados que tiene una forma parecida a la de la concha de este animal. ☞ oído.

DER caracola, caracolear, caracoles.

caracola *n. f.* **1** Concha de un caracol marino de gran tamaño que, abierta por el ápice y soplando por ella, produce un sonido como el de la trompa. **2** Bollo redondo, aplanado y con forma de espiral que puede estar relleno de diversos ingredientes: *esta caracola lleva trocitos de fruta.*

DER caracolada.

caracolada *n. f.* Comida hecha a base de caracoles.

caracolear *v. intr.* Dar vueltas un caballo sobre sí mismo.

carácter *n. m.* **1** Conjunto de cualidades y circunstancias por las que una persona o cosa se distingue de las demás: *estas acciones no son propias de su carácter; medidas de carácter social.* **SIN** característica, índole, naturaleza. **2** Manera de ser o de reaccionar de las personas que se caracteriza por su mayor o menor energía o decisión: *Juan tiene mucho carácter; es una mujer de carácter y sabe controlar a los empleados.* **SIN** personalidad. **3** Señal, marca o dibujo que se imprime, pinta o graba. **4** Signo o letra de un sistema de escritura o de imprenta: *caracteres góticos.* **SIN** tipo.

DER característico, caracterizar, caracterología.

ETIM *Carácter* procede del latín *character*, 'hierro de marcar ganado'.

OBS El plural es *caracteres*.

característica *n. f.* Cualidad o circunstancia por las que

característico

una persona o cosa se distingue de las demás: *mira en el manual las características del aparato.* SIN peculiaridad.

característico, -ca *adj.* **1** Que sirve para distinguir a una persona o cosa de otras de su especie. ◊ *adj./n. m. y f.* **2** Que es típico de la naturaleza o circunstancias de una persona o cosa: *en esta novela no se ve tanto su estilo característico.* SIN peculiar, distintivo. ◊ *n. m. y f.* **3** Actor o actriz de teatro que representa papeles de personas viejas.
DER característica.

caracterización *n. f.* Determinación de los rasgos característicos de una persona o cosa: *el director de la obra es el responsable último de la caracterización de los personajes.*

caracterizar *v. tr./prnl.* **1** Determinar las cualidades o rasgos característicos de una persona o cosa: *el buen humor caracteriza su novela.* **2** Presentar o describir una cosa con sus rasgos característicos de manera que resulte inconfundible: *esa película caracteriza muy bien los ambientes marginados.* ◊ *v. tr.* **3** Representar un actor su papel en el cine o en el teatro con los rasgos que corresponden al personaje representado: *este actor ha caracterizado con acierto a grandes personajes históricos.* ◊ *v. prnl.* **4 caracterizarse** Pintarse la cara o vestirse un actor para un papel determinado.
DER caracterización.
OBS En su conjugación, la *z* se convierte en *c* delante de *e*.

caradura *adj./n. com.* [persona] Que habla u obra con descaro y desfachatez: *no seas tan caradura y ayuda en casa a tus padres.* SIN cara, descarado, sinvergüenza.

carajillo *n. m.* Bebida caliente hecha con café y un licor: *el carajillo suele llevar un poco de coñac, de anís o de ron.*

carajo *n. m.* **1** *malsonant* Pene, órgano sexual masculino. ◊ *int.* **2 ¡carajo!** Expresión que indica enfado o sorpresa: *¡carajo!, qué frío hace hoy.*
irse al carajo *coloquial* Fracasar un proyecto: *nuestros planes se han ido al carajo.*
mandar al carajo *coloquial* Rechazar a una persona o cosa con enfado y disgusto: *fueron tan injustos que estuve a punto de mandarlo todo al carajo.*
¡vete al carajo! *int. coloquial* Expresión que sirve para rechazar a una persona con enfado y disgusto.
DER carajillo.

¡caramba! *int.* Expresión que indica admiración, sorpresa o enfado: *me gustaría que obedecieras alguna vez, ¡caramba!* SIN ¡caray!
OBS A veces va precedida de *qué* para intensificar el sentido: *¡ya está bien, qué caramba!*

carámbano *n. m.* Trozo de hielo largo y acabado en punta que se forma cuando se congela el agua que cae de un lugar alto: *ha hecho tanto frío esta noche que cuelgan carámbanos de los tejados.*

carambola *n. f.* **1** Jugada de billar que consiste en golpear con el palo una bola de modo que ésta choque con otras dos. **2** Resultado afortunado obtenido por suerte, sin que haya sido previsto.
de (o **por**) **carambola** *a)* Por suerte y no por el esfuerzo o la habilidad: *consiguió que funcionara por carambola. b)* De forma indirecta: *consiguió el puesto de carambola, porque enfermó el candidato elegido.*
OBS Se suele usar con *hacer, fallar.*

caramelo *n. m.* Golosina, presentada generalmente en pequeñas porciones, hecha con azúcar fundido y aromatizada con esencia de frutas u otros ingredientes: *los caramelos balsámicos van bien para despejar la nariz.*
DER acaramelar.

caramillo *n. m.* Flauta pequeña hecha de caña, madera o hueso que produce un sonido muy agudo. ☞ instrumentos musicales.

carantoña *n. f.* Caricia u otra demostración de cariño que se hace a una persona, generalmente para conseguir algo de ella: *no me vengas con carantoñas, que no te voy a dar permiso.* SIN cucamonas, zalamería.

carátula *n. f.* **1** Cubierta de un libro o de los estuches de discos, casetes o cintas de vídeo: *se trabajó mucho en el diseño de la carátula del nuevo disco.* **2** Máscara para ocultar la cara.

caravana *n. f.* **1** Grupo de personas que viajan juntas, a pie o con sus medios de transporte, generalmente por zonas despobladas y con un fin determinado: *las caravanas son propias de ciertas regiones de Asia y África.* **2** Fila de vehículos que marchan por una carretera, autovía o autopista con lentitud y a poca distancia unos de otros debido al denso tráfico: *en las carreteras de entrada a la ciudad se originan retenciones y caravanas.* **3** Vehículo con motor propio o remolcado por un automóvil que está acondicionado para vivir en él en viajes largos o en campings: *esta caravana lleva hasta aire acondicionado.* SIN roulotte.
en caravana En fila y lentamente: *al acercarnos a la ciudad fuimos en caravana.*

¡caray! *int.* Expresión que indica admiración, sorpresa o enfado: *no podemos admitir esa injusticia ¡qué caray!* SIN caramba.
OBS A veces va precedida de *qué* para intensificar el sentido: *¡ya está bien, qué caray!*

carbón *n. m.* Materia sólida y negra que arde con mucha facilidad y que procede de la combustión incompleta de la madera o de otros cuerpos orgánicos: *el carbón se emplea como fuente de calor.* **carbón de piedra** o **carbón mineral** Carbón que procede de la lenta descomposición de grandes masas vegetales acumuladas bajo tierra: *el carbón mineral es mejor combustible que el vegetal.* **carbón vegetal** Carbón que se obtiene al quemar la madera en hornos especiales.
DER carbonada, carbonar, carboncillo, carbonera, carbonero, carbonífero, carbonilla, carbonizar, carbono.

carbonato *n. m.* QUÍM. Sal que se forma a partir de la combinación del ácido carbónico con un radical simple o compuesto: *el carbonato de calcio es muy abundante en la naturaleza.*
DER carbonatar; bicarbonato.

carboncillo *n. m.* **1** Lápiz o barrita de madera carbonizada que sirve para dibujar: *el carboncillo está hecho con una madera ligera.* **2** Dibujo hecho con este lápiz: *estos carboncillos son bocetos del cuadro al óleo.*

carbonera *n. f.* **1** Lugar donde se guarda el carbón. **2** Pila de leña cubierta de tierra y preparada a manera de horno para transformarla en carbón: *en algunos pueblos aún se preparan las carboneras artesanales.* SIN horno de carbón.

carbonería *n. f.* Puesto o almacén donde se vende carbón.

carbonero, -ra *adj.* **1** Del carbón o que tiene relación con esta materia sólida y negra: *mina carbonera.* ◊ *n. m. y f.* **2** Persona que se dedica a hacer o vender carbón.
DER carbonería.

carbónico, -ca *adj.* [mezcla, combinación química] Que contiene carbono: *gas carbónico.*

carbonilla *n. f.* Trozo pequeño o partícula de carbón que queda como resto cuando éste ha sido quemado o quemado: *en la chimenea sólo queda un poco de carbonilla.*

carbonizar *v. tr./prnl.* **1** Reducir a carbón un cuerpo orgá-

nico. **2** Quemar o destruir mediante el fuego: *puse el asado en el horno y se ha carbonizado por completo*.
OBS En su conjugación, la *z* se convierte en *c* delante de *e*.
carbono *n. m.* QUÍM. Elemento químico no metal y sólido, de número atómico 6, que no tiene olor ni sabor y es el principal componente de compuestos orgánicos: *el símbolo del carbono es C*.
DER carbonato, carbónico.
carburación *n. f.* **1** QUÍM. Mezcla de gases o de aire atmosférico con carburantes gaseosos o con vapores de carburantes líquidos para hacerlos combustibles o detonantes. **2** QUÍM. Combinación de carbono y hierro para producir acero.
carburador *n. m.* Pieza del motor de los automóviles en la que se efectúa la carburación: *en el carburador se produce la combustión o detonación del carburante*. ☞ motocicleta.
carburante *n. m.* Sustancia química, compuesta de hidrógeno y carbono, que, mezclada con un gas, se emplea como combustible en los motores de explosión y de combustión interna: *la gasolina y el gasóleo son dos carburantes*.
carburar *v. intr.* **1** Mezclarse en los motores los gases o el aire atmosférico con carburantes gaseosos o con vapores de carburantes líquidos para hacerlos combustibles o detonantes: *este coche gasta más combustible del habitual porque no carbura correctamente*. **2** *coloquial* Funcionar bien o dar una persona o cosa un buen rendimiento: *esta máquina no carbura*; *Carlos está muy nervioso y no carbura*. Se usa mucho con la negación *no*.
DER carburación, carburador, carburante.
carburo *n. m.* QUÍM. Compuesto de carbono y otro elemento químico, generalmente metálico: *el carburo de calcio se emplea para obtener el acetileno*.
DER carburar; hidrocarburo.
carca *adj./n. com.* [persona] Que es extremadamente conservador, partidario de ideas y actitudes propias de tiempos pasados: *es un carca lleno de prejuicios*.
OBS Tiene sentido despectivo.
carcaj *n. m.* Bolsa en forma de tubo ancho por arriba y estrecho por abajo para llevar flechas; se colgaba del hombro izquierdo y se inclinaba hacia la cadera derecha. **SIN** aljaba.
carcajada *n. f.* Risa impetuosa y ruidosa: *soltar una carcajada*. **SIN** risotada.
DER carcajearse.
carcajearse *v. prnl.* **1** Reírse con grandes carcajadas: *no pararon de carcajearse con sus payasadas*. **2** Burlarse de una persona o cosa, despreciarla: *este muchacho se carcajea de todo*.
OBS Suele usarse con la preposición *de*.
carcamal *adj./n. m.* [persona] Que está vieja y achacosa.
OBS Tiene sentido despectivo.
carcasa *n. f.* Armazón exterior en que se apoya o que protege un mecanismo u objeto que se encuentra dentro de él: *las piezas fundamentales están bien, el golpe ha sido en la carcasa*.
cárcava *n. f.* Hoya o zanja formada en el terreno por la erosión de las corrientes de agua: *las crecidas provocadas por las últimas lluvias han aumentado la cárcava*.
cárcel *n. f.* Edificio o local acondicionado para encerrar a los condenados a una pena de privación de libertad o a los presuntos culpables de un delito: *los autores del robo en el banco han sido enviados a la cárcel*. **SIN** presidio, prisión, talego.
DER carcelario, carcelero; encarcelar, excarcelar.
carcelario, -ria *adj.* De la cárcel o que tiene relación con este lugar: *régimen carcelario*; *vida carcelaria*. **SIN** carcelero.

carcelero, -ra *adj.* **1** Carcelario, de la cárcel. ◇ *n. m. y f.* **2** Persona que trabaja en la cárcel cuidando y vigilando a los presos: *los carceleros no pudieron evitar el motín*.
carcino- Elemento prefijal que entra en la formación de palabras con el significado de 'cáncer, tumor': *carcinoma*, *carcinógeno*.
carcinógeno, -na *adj.* [sustancia, agente] Que produce cáncer. **SIN** cancerígeno.
carcinoma *n. m.* Cáncer formado a expensas del tejido epitelial de los órganos, con tendencia a difundirse y reproducirse.
carcoma *n. f.* **1** Insecto muy pequeño y de color oscuro que roe la madera: *sabemos que hay carcoma por los pequeños orificios de este armario*. **2** Polvo que va dejando este insecto al digerir la madera destruida. **3** Acción o cosa que causa la destrucción lenta de algo: *la envidia es la carcoma de la mejor amistad*.
DER carcomer.
carcomer *v. tr.* **1** Roer la madera la carcoma. ◇ *v. tr./prnl.* **2** Acabar o consumir lentamente con una cosa: *carcomer la salud, la paciencia o alguna virtud*.
cardar *v. tr.* **1** Peinar con fuerza las fibras textiles antes de hilarlas, generalmente con un cepillo metálico: *hay que cardar la lana para poder hilar*. **2** Peinar con fuerza el pelo de las personas de la punta a la raíz para que quede hueco: *el peluquero carda cuidadosamente el cabello a su clienta*. **3** Sacar suavemente el pelo de un tejido con un cepillo metálico: *dos operarios se encargan de cardar los tejidos de paño y felpa*.
DER cardado; escardar.
cardenal *n. m.* **1** Prelado de la Iglesia católica que, con otros, forma el Sacro Colegio y aconseja al Papa en los asuntos graves: *el Papa es elegido entre los cardenales*. **2** Mancha amoratada o amarillenta que aparece bajo la piel por la acumulación de sangre u otro líquido corporal a consecuencia de un golpe o por otra causa: *afortunadamente, la caída sólo le produjo un gran cardenal en la rodilla*. **SIN** hematoma. Es derivado de *cardenal*, 'prelado'.
DER cardenalicio.
cardenalicio, -cia *adj.* Del cardenal o relacionado con este prelado: *Sacro Colegio cardenalicio*.
cardenillo *n. m.* Capa de óxido de color verde que se forma sobre los objetos de cobre por la acción de la humedad. **SIN** verdín.
cárdeno, -na *adj.* **1** De color amoratado. **2** [toro] Que tiene el pelo con mezcla de negro y blanco.
DER cardenal, cardenillo.
-cardia Elemento sufijal que entra en la formación de palabras con el significado de 'afección, estado anormal del corazón': *taquicardia*.
cardíaco, -ca o **cardiaco, -ca** *adj.* **1** Del corazón o relacionado con este órgano del cuerpo: *ha sufrido una parada cardíaca*. ◇ *adj./n. m. y f.* **2** [persona] Que padece del corazón: *el final del partido no fue apto para cardíacos*.
cardias *n. m.* ANAT. Orificio superior del estómago por el cual comunica con el esófago: *el cardias es un componente del sistema digestivo*. ☞ digestivo, aparato.
OBS El plural también es *cardias*.
cardillo *n. m.* Planta silvestre compuesta, con hojas rizadas y espinosas y flores amarillas, que nace en sembrados y barbechos: *la base de las hojas del cardillo se come cocida cuando está tierna*.
cardinal *adj.* **1** Que es lo principal y más importante: *puntos cardinales*; *virtud cardinal*. ◇ *adj./n. m.* **2** GRAM. [adjetivo,

cardio-

pronombre] Que indica únicamente cantidad o número: *sesenta es un numeral cardinal.*

cardio-, cardi-, -cardio Elemento prefijal y sufijal que entra en la formación de palabras con el significado de 'corazón o relacionado con él': *cardiología, cardialgia, miocardio.*

cardiógrafo *n. m.* MED. Aparato que mide y registra la intensidad y ritmo de los movimientos del corazón.

cardiograma *n. m.* MED. Gráfico que se obtiene con el cardiógrafo y representa la intensidad y el ritmo de los movimientos del corazón.

cardiología *n. f.* Parte de la medicina especializada en el estudio y tratamiento de las enfermedades del corazón.

cardiólogo, -ga *n. m. y f.* Médico especializado en el estudio y tratamiento de las enfermedades del corazón: *el cardiólogo le detectó un soplo en el corazón.*
DER cardiología.

cardiopatía *n. f.* Enfermedad del corazón: *no todas las cardiopatías son enfermedades graves.*

cardiovascular *adj.* ANAT. Del corazón y los vasos sanguíneos o relacionado con el sistema circulatorio: *enfermedades cardiovasculares.*

cardo *n. m.* **1** Planta silvestre de hojas grandes y espinosas como las de la alcachofa y flores en cabezuela: *las hojas de algunas especies de cardos se comen cocidas.* **cardo borriquero** Cardo alto, de hojas rizadas y flores de color púrpura que no es comestible. **2** *coloquial* Persona con la que no es fácil tratar porque es muy arisca o desagradable: *el nuevo jefe no sonríe nunca, es un cardo.* **3** *coloquial* Persona muy fea: *no me explico cómo va presumiendo de guapo, ¡pero si es un cardo!* Tiene sentido despectivo. SIN callo.
DER cardar, cardillo.
ETIM *Cardo* procede del latín *cardus,* que tenía el mismo significado, voz con la que también está relacionada *cardencha.*

cardumen o **cardume** *n. m.* Banco de peces.

carear *v. tr.* **1** Poner a una o más personas frente a otra u otras e interrogarlas juntas para averiguar la verdad confrontando lo que dicen y observando las reacciones de cada una ante las respuestas de la otra: *el juez ha decidido carear de nuevo a los tres acusados.* **2** Comparar o confrontar una cosa con otra. ◊ *v. intr.* **3** Pacer o pastar el ganado cuando va de camino.
DER careo.

carecer *v. intr.* No tener algo: *carecemos de medios para realizar el trabajo.*
DER carencia, carente.
OBS Se usa seguido de la preposición *de.* ◊ En su conjugación, la *c* se convierte en *zc* delante de *a* y *o,* como en *agradecer.*

carencia *n. f.* Falta de una cosa: *sufren una importante carencia de medios.*
DER carencial.
OBS Se construye con la preposición *de.*

carencial *adj.* MED. [enfermedad, proceso patológico] Que se produce por la carencia de sustancias alimenticias o de vitaminas: *una nutrición deficiente origina enfermedades carenciales.*

carente *adj.* Que carece de algo: *esa es una aseveración carente de sentido.*
OBS Se construye seguido de la preposición *de.*

careo *n. m.* Interrogatorio efectuado a dos o más personas puestas frente a frente para averiguar la verdad mediante la confrontación de sus versiones: *el juez ha pedido un careo del acusado con el testigo principal.*

carero, -ra *adj.* [persona, establecimiento] Que suele vender caro: *si quieres tener muchos clientes, no puedes ser tan carero.*

carestía Circunstancia de estar alto el precio de los artículos y servicios de mayor consumo: *la carestía de vida constituye un freno para el desarrollo económico.*

careta *n. f.* **1** Máscara o mascarilla de cartón u otro material para cubrirse la cara: *los ladrones ocultaron sus rostros con caretas.* **2** Mascarilla de alambres que usan los colmeneros o los que practican esgrima para protegerse la cara: *te picarán las abejas si no te pones la careta.* **3** Fingimiento o disimulo, generalmente de las intenciones o de la manera de ser de una persona: *esa cara de dolor que pone y todas esas lamentaciones no son más que una careta.* SIN máscara.
quitar la careta Desenmascarar, descubrir las verdaderas intenciones o la verdadera manera de ser de una persona. SIN quitar la máscara.

carey *n. m.* **1** Tortuga de mar de hasta un metro de longitud, con las patas delanteras adaptadas para nadar y que no puede esconder la cabeza dentro de la concha: *los huevos de carey se consideran un plato exquisito.* **2** Materia córnea que se obtiene del caparazón de esta tortuga: *el carey se emplea para hacer peines y objetos decorativos.*
OBS Para indicar el sexo se usa *el carey macho* y *el carey hembra.*

carga *n. f.* **1** Colocación de un peso sobre una persona, animal o vehículo, generalmente para transportarlo: *la carga del camión se llevará a cabo mañana a las diez.* **2** Cosa transportada, especialmente géneros y mercancías: *el camión ha dejado la carga en el muelle.* **3** Peso sostenido por una estructura: *no sabemos si las vigas del edificio aguantarán tanta carga.* **4** Repuesto de la sustancia o materia necesaria para el funcionamiento de una máquina o un aparato: *tengo que ponerle una carga nueva a este bolígrafo porque ya no escribe.* SIN cartucho. **5** Cantidad de sustancia explosiva que se usa para volar algo o que se pone en un arma de fuego: *pusieron una carga suficiente para volar todo el edificio.* **6** Cantidad de energía eléctrica contenida en un cuerpo u objeto: *esta pila no tiene carga.* **7** Ataque resuelto y con fuerza de un ejército contra el enemigo: *carga de caballería.* **8** Acometida de las fuerzas de seguridad para dispersar o ahuyentar a grupos que alteran el orden público: *hubo varias cargas de las fuerzas antidisturbios.* **9** Acción de empujar con fuerza a una persona, generalmente al practicar un deporte: *el árbitro consideró que había sido una carga reglamentaria y no la sancionó.* **10** Molestia, situación penosa o esfuerzo que recae sobre una persona: *la enfermedad de su hijo fue una carga que aceptó con resignación.* **11** Obligación o tributo que recae sobre lo que se posee: *cargas fiscales.* **12** Conjunto de obligaciones propias de un estado, de un puesto o de una profesión: *su nuevo ascenso también supone nuevas cargas.* **volver a la carga** Insistir en un tema o pretensión.

cargadero *n. m.* Lugar donde se cargan y descargan mercancías.

cargado, -da *adj.* **1** [tiempo atmosférico] Que es bochornoso o muy caluroso y molesto. **2** [aire, atmósfera de un local] Que es impuro y está lleno de humos y olores desagradables: *abre las ventanas, que la habitación está muy cargada.* **3** [bebida] Que contiene gran cantidad de la sustancia que se compone: *tomaré el café muy cargado.*

cargador, -ra *adj.* **1** Que carga o sirve para cargar: *retiraron los escombros de la obra con una máquina cargadora.* ◊ *n. m. y f.* **2** Persona que se dedica a cargar mercancías en un medio de transporte: *los cargadores del puerto están de* *huelga.* ◇ *n. m.* **3** Pieza del arma de fuego donde se colocan las municiones.

cargamento *n. m.* **1** Conjunto de mercancías que carga una embarcación: *ha llegado al puerto un cargamento de plátanos.* **2** Conjunto de mercancías que transporta un vehículo: *ha salido hacia el lugar del conflicto un cargamento de víveres en diez camiones.*

cargante *adj.* Que molesta, fastidia o aburre, generalmente por pesado: *después de un rato con él resulta cargante.*

cargar *v. tr.* **1** Poner un peso sobre una persona, animal o vehículo para transportarlo: *hemos cargado las maletas en el coche; hemos cargado el coche de maletas.* **2** Proveer a una máquina o aparato de lo que necesita para funcionar: *cargar la escopeta.* **3** Imponer sobre una persona o cosa un gravamen o impuesto: *han cargado este tipo de establecimientos con un nuevo impuesto.* **4** Anotar en una cuenta las cantidades de dinero que corresponden al debe: *en esta cuenta bancaria me cargan los recibos del agua y de alquiler.* ◇ *v. tr./prnl.* **5** Poner o tener mucho de una cosa: *se cargó de joyas para la fiesta.* ◇ *v. tr./intr.* **6** Molestar, hartar o aburrir: *sus chistes y bromas me cargan.* ◇ *v. intr.* **7** Atacar o acometer con fuerza y resolución: *el ejército cargó sobre el enemigo; la policía cargó contra los manifestantes.* **8** Hacer peso, apoyarse sobre algo o alguien: *este depósito carga sobre esta estructura.* **9** Tomar o aceptar un peso físico o moral: *yo cargaré con todo.* ◇ *v. prnl.* **10 cargarse** Llenarse o tener mucho de una cosa: *el cielo se ha cargado de nubes.* **11** Matar a un ser vivo: *se han cargado al pobre animal.* **12** Romper, estropear o suprimir: *se ha cargado el jarrón.* **13** *coloquial* Suspender a un estudiante en una prueba: *se lo han cargado en selectividad.*
DER carga, cargadero, cargado, cargador, cargamento, cargante, cargazón, cargo, carguero; descargar, encargar, recargar, sobrecargar.
OBS En su conjugación, la g se convierte en gu delante de e.

cargo *n. m.* **1** Empleo, dignidad o puesto de una persona. **alto cargo** Empleo que es muy importante: *tras las elecciones ocupa un alto cargo.* **2** Persona que desempeña ese empleo. **alto cargo** Persona que tiene un empleo muy importante: *hubo una visita de los altos cargos de la empresa.* **3** Custodia o cuidado de una persona o cosa: *estos niños están a mi cargo.* **4** Falta de la que se acusa a una persona: *ayer retiraron los cargos y fue puesto en libertad.*
cargo de conciencia Sentimiento de culpa que afecta a una persona por haber hecho o dejado de hacer algo: *les dirá la verdad porque tiene cargo de conciencia.*
hacerse cargo *a)* Encargarse de una persona o cosa: *no te preocupes, yo me hago cargo de todo. b)* Comprender, considerar todas las circunstancias que concurren en un hecho: *hágase cargo de mi situación y concédame el permiso.*

carguero, -ra *adj.* **1** Que lleva o puede llevar carga. ◇ *n. m.* **2** Embarcación grande que se usa para llevar carga: *entraron en el país escondidos en un carguero.*

cariar *v. tr./prnl.* Producir o padecer caries en un diente: *si comes muchos caramelos, se te van a cariar los dientes.*

cariátide *n. f.* Columna con figura de mujer vestida hasta los pies: *en algunos templos griegos hay cariátides y atlantes.*

caribeño, -ña *adj.* **1** Del Caribe o relacionado con este mar y los territorios que baña. ◇ *adj./n. m. y f.* **2** [persona] Que es de la región del Caribe.

caribú *n. m.* Animal mamífero rumiante parecido al reno, aunque de mayor tamaño: *el caribú vive en las regiones frías de América del Norte.*

OBS Para indicar el sexo se usa *el caribú macho* y *el caribú hembra.* ◇ El plural es *caribúes.*

caricatura *n. f.* **1** Dibujo en el que, con intención crítica o humorística, se deforman exageradamente los rasgos característicos de una persona: *cada día publican una de sus caricaturas en el periódico.* **2** Cosa que no alcanza una forma aceptable de lo que pretende ser: *más que un festival, fue una caricatura de festival.*
DER caricato, caricaturesco, caricaturista, caricaturizar.

caricaturesco, -ca *adj.* De la caricatura o relacionado con este género de dibujo crítico: *personaje caricaturesco.*

caricaturista *n. com.* Persona que dibuja caricaturas.

caricaturizar *v. tr.* Representar o imitar a una persona o cosa con el dibujo o el texto deformando o ridiculizando sus rasgos característicos: *esta obra pretende caricaturizar la alta sociedad de principios de siglo.*
OBS En su conjugación, la z se convierte en c delante de e.

caricia *n. f.* **1** Muestra de cariño que consiste en rozar suavemente con la mano el cuerpo de una persona o de un animal: *si haces caricias al caballo, no se asustará.* **2** Sensación agradable causada por el roce suave de algo: *siente la caricia del mar sobre su piel.* **3** Halago, gesto empleado como demostración amorosa.
DER acariciar.

caridad *n. f.* **1** Sentimiento o actitud que impulsa a interesarse por los demás, a querer ayudar a los necesitados. **2** Ayuda o auxilio que se da a los necesitados: *en la calle hay mucha gente que vive de la caridad de los demás.* **SIN** limosna. **3** En el cristianismo, virtud teologal que consiste en amar a Dios sobre todas las cosas y al prójimo como a nosotros mismos: *las virtudes teologales son: fe, esperanza y caridad.* **4** Forma de tratamiento que usan entre sí algunos religiosos. Suele ir acompañada de *su* o *vuestra: su caridad, vuestra caridad.*
DER caritativo.

caries *n. f.* Lesión que afecta a los tejidos duros del organismo, en especial a los dientes: *el flúor ayuda a prevenir la caries.*
DER cariar.
OBS El plural también es *caries.*

carilla *n. f.* Cara de una hoja de papel: *he escrito sólo una carilla.*

carillón *n. m.* **1** Conjunto de campanas que producen un sonido armónico: *en la torre de la catedral hay un viejo carillón.* **2** Reloj provisto de uno de estos juegos de campanas que produce un sonido agradable cuando da las horas. **3** Instrumento musical de percusión formado por varios tubos o placas de metal que suenan al ser golpeados.

cariño *n. m.* **1** Afecto intenso que se tiene hacia una persona, animal o cosa: *siente un gran cariño por la menor de sus hermanas; ha tomado cariño al gato y no quiere perderlo; sentía cariño por sus joyas.* Se usa como apelativo afectuoso: *¡hola, cariño!, ¿qué tal el colegio?* **SIN** afecto, amor. **2** Afición y aprecio hacia un objeto del que uno no quiere separarse o desprenderse: *le tengo un gran cariño al anillo que heredé de la abuela.* **3** Expresión y señal de amor o afecto: *siempre están haciéndose cariños.* Se usa más en plural. **4** Delicadeza o cuidado con que se hace o se trata una cosa: *cuidaba el libro con mucho cariño.*

cariñoso, -sa *adj.* Que muestra cariño: *es un perrito muy cariñoso con los que conoce.*
OBS Se suele usar con la preposición *con.*

carisma *n. m.* **1** Cualidad o don que tiene una persona para atraer a los demás por su presencia o su forma de

carismático

hablar: *no tiene carisma para ser jefe y nadie le va a escuchar.* **2** En la religión cristiana, gracia o don concedido por Dios a algunas personas para que realicen determinadas funciones para el bien general de la comunidad.
DER carismático.

carismático, -ca *adj.* [persona] Que está dotado de carisma: *han elegido al candidato más carismático para dirigir el partido.*

caritativo, -va *adj.* **1** [persona] Que tiene un sentimiento por el que se siente impulsada a ayudar a los necesitados: *nunca tuvo riquezas porque era muy caritativo con todo el mundo.* Suele usarse con la preposición *con.* **2** De la caridad o relacionado con este sentimiento: *que me ayudes en los exámenes es un acto caritativo.*

cariz *n. m.* Aspecto que presenta un asunto o negocio: *nuestra relación con el profesor está tomando muy mal cariz.*

carlinga *n. f.* Cabina del avión donde se hallan el piloto y los ayudantes de vuelo.

carlismo *n. m.* Movimiento político español, de carácter conservador, que surgió en 1833 para apoyar las pretensiones al trono de Carlos María Isidro de Borbón, hermano de Fernando VII: *el carlismo no aceptaba a Isabel II como reina de España.*
DER carlista.

carlista *adj.* **1** Del carlismo o relacionado con este movimiento político español. ◇ *adj./n. com.* **2** [persona] Que es partidario o seguidor del carlismo: *los carlistas eran partidarios del absolutismo.*

carmelita *adj./n. com.* **1** [persona] Que pertenece a cualquiera de las fundaciones religiosas que observan la regla de la orden del Carmen: *los carmelitas descalzos siguen las doctrinas de santa Teresa y san Juan de la Cruz.* ◇ *adj.* **2** De la orden del Carmen o que tiene relación con ella: *estudia en un colegio carmelita.*

carmesí *adj.* De color granate intenso: *llevaba una blusa de color carmesí.* **SIN** carmín.
OBS El plural es *carmesíes.*

carmín *n. m.* **1** Barrita de color para pintarse los labios, generalmente guardada en un pequeño estuche: *no encuentro el carmín en el bolso.* **SIN** pintalabios. **2** Sustancia de color rojo intenso que se saca de ciertos insectos: *el carmín se obtenía del insecto llamado cochinilla.* ◇ *adj.* **3** Carmesí.

carminativo, -va *adj./n. m.* MED. [medicamento] Que ayuda a expulsar los gases del tubo digestivo.

carnada *n. f.* Trozo pequeño de carne que se usa como cebo para pescar o cazar: *tengo que cambiar el tipo de carnada, pues con ésta no pican.* **SIN** carnaza.

carnal *adj.* **1** Del cuerpo y no del espíritu; de este mundo o esta vida o que tiene relación con ellos: *los intereses espirituales están por encima de los intereses carnales.* **SIN** terrenal. **2** De los instintos del cuerpo o del deseo sexual o que tiene relación con ellos: *no ha tenido trato carnal con nadie antes de su matrimonio.* **3** [persona] Que tiene un parentesco consanguíneo con otra: *son primos carnales porque sus respectivos padres son hermanos.*

carnaval *n. m.* **1** Fiesta popular que se celebra en los días anteriores a la cuaresma con mascaradas, bailes y comparsas por las calles: *fuimos a la elección de la diosa del carnaval.* **2** Período que comprende los tres días anteriores al miércoles de ceniza: *creo que estará terminado por carnaval.* **SIN** carnestolendas.
DER carnavalesco.

carnavalesco, -ca *adj.* Del carnaval o relacionado con

este período o con la fiesta que en él se celebra: *llegó con un traje carnavalesco impropio de la seriedad del momento.*

carnaza *n. f.* Trozo pequeño de carne que se usa como cebo para pescar o cazar: *está prohibido poner carnaza envenenada.* **SIN** carnada.

carne *n. f.* **1** Parte blanda del cuerpo del hombre y de los animales formada por los músculos: *la carne cubre los huesos.* **2** Alimento consistente en esta parte del cuerpo de los animales preparada para comer, especialmente la de animales terrestres y aéreos: *hoy hemos comido carne y cenaremos pescado.* **3** Parte blanda de las frutas y frutos que está bajo la cáscara: *quítale la piel y tómate sólo la carne del melocotón.* **SIN** pulpa. **4** Cuerpo humano como parte material del hombre, en oposición al espíritu: *algunas religiones hablan de luchar contra las tentaciones de la carne.*

carne de cañón Persona o grupo de personas a las que se expone sin miramientos a sufrir cualquier clase de daño: *aquellas tropas fueron destinadas como carne de cañón a las posiciones más avanzadas.*

carne de gallina Piel de las personas cuando, por el frío o el miedo, toma un aspecto parecido al de las aves sin plumas: *ponte un abrigo, que tienes la carne de gallina.*

de carne y hueso Que es sensible a las experiencias y vicisitudes como los demás: *soy también de carne y hueso y, por tanto, este crimen me duele como a vosotros.* Se usa con el verbo *ser.*

echar carnes Ponerse gorda una persona que estaba delgada.

en carne viva Sin la piel que cubre el cuerpo, generalmente por causa de un accidente: *se ha quemado la mano y la tiene en carne viva.*

metido en carnes [persona] Que está un poco gordo: *la cocinera era una mujer alta y metida en carnes.*

poner toda la carne en el asador Intentar una cosa con todas las fuerzas y medios: *aunque el equipo puso toda la carne en el asador, no pudo remontar el partido.*

DER carnada, carnal, carnaza, cárnico, carnívoro, carniza, carnoso; descarnar, encarnar, encarnecer.

ETIM Carne procede del latín *caro, -nis,* que tenía el mismo significado, voz con la que también está relacionada *carúncula.*

carné *n. m.* Documento que acredita la identidad de una persona, la pertenencia a un cuerpo o entidad o la facultad que se tiene para ejercer una actividad: *me he sacado el carné de socio del Celta.* **carné de identidad** Documento oficial en que constan el nombre, la fotografía, la firma y otras informaciones relacionadas con una persona y que sirve para identificarla: *nunca recuerdo el número de mi carné de identidad.*
ETIM Es una adaptación al español del francés *carnet.*
OBS El plural es *carnés.*

carnero *n. m.* Mamífero rumiante con grandes cuernos estriados y enrollados en espiral y cuerpo cubierto de lana espesa: *el carnero es el macho de la oveja.*

poner ojos de carnero degollado Poner expresión triste, de pena o de miedo.

carnestolendas *n. f. pl.* Período que comprende los tres días anteriores al miércoles de ceniza: *los colegios celebran una fiesta por carnestolendas.* **SIN** carnaval.

carnet *n. m.* Carné, documento que acredita la identidad de una persona.
OBS La Real Academia Española sólo admite la forma *carné.*

carnicería *n. f.* **1** Establecimiento en el que se vende carne destinada al consumo. **2** Destrozo y gran mortandad

producido por la guerra o por una catástrofe: *aquella batalla fue una carnicería.* **3** Destrozo hecho en la carne de una persona: *es un mal cirujano y le ha hecho una carnicería.*
carnicero, -ra *n. m. y f.* **1** Persona que vende carne destinada al consumo. ◇ *adj./n. m. y f.* **2** [animal] Que mata a otros animales para comer su carne: *el zorro es un animal carnicero.* **3** [ser vivo] Que es cruel, sanguinario e inhumano: *es un carnicero y disfruta haciendo sufrir.*
DER carnicería.
cárnico, -ca *adj.* De la carne comestible o relacionado con ella: *las industrias cárnicas.*
carnívoro, -ra *adj.* **1** [animal] Que se alimenta o puede alimentarse de carne: *el león es un animal carnívoro.* **2** [planta] Que se nutre de insectos: *las plantas carnívoras segregan una sustancia para atrapar pequeños insectos.* ◇ *adj./n. m. y f.* **3** ZOOL. [animal mamífero terrestre] Que tiene los dientes fuertes y cortantes para poder alimentarse de carne: *los osos son carnívoros peligrosos.* ◇ *n. m. pl.* **4 carnívoros** ZOOL. Orden de estos animales: *el tigre y el oso pertenecen a los carnívoros.*
carnosidad *n. f.* **1** Masa irregular de carne que sobresale en alguna parte del cuerpo: *la cresta del gallo es una carnosidad roja.* **2** Carne que crece en una herida mal curada: *han tenido que abrir la herida para quitarle la carnosidad.*
carnoso, -sa *adj.* **1** De carne o relacionado con ella: *un bulto carnoso.* **2** Que es grueso o tiene mucha carne: *labios carnosos.* **3** [vegetal, fruto] Que es tierno y tiene mucha carne.
DER carnosidad.
caro, -ra *adj.* **1** [mercancía] Que es de precio elevado o superior al habitual o al que parece adecuado en comparación con otra mercancía semejante: *estos vestidos son muy caros.* **SIN** costoso. **2** *culto* Que es amado o querido: *conservo caros recuerdos de aquella época de mi vida; caro amigo.* ◇ *adv.* **3** A un precio alto, por mucho dinero: *en esta tienda venden muy caro.*
costar caro Causar un mal físico, moral o económico grave. También se usa con los verbos *salir, pagar, resultar.*
DER carero; encarecer.
carolingio, -gia *adj.* De Carlomagno o relacionado con este rey de los francos (742-814), con su imperio y con su época: *el período carolingio comenzó en el siglo VIII.*
carota *adj./n. com.* [persona] Que habla u obra con descaro y desfachatez: *si quieres comer, ayuda a cocinar y no seas un carota.* **SIN** caradura.
carótida *adj./n. f.* ANAT. [arteria] Que lleva la sangre a la cabeza: *las arterias carótidas están a uno y otro lado del cuello.*
carpa *n. f.* **1** Pez de agua dulce comestible, de color verdoso por encima y amarillo por el vientre: *las carpas tienen cuatro barbillas bajo la boca.* Para indicar el sexo se usa *la carpa macho* y *la carpa hembra.* **2** Toldo de gran tamaño sostenido por una estructura y que cubre un recinto amplio: *desde lejos vimos la carpa del circo.*
carpelo *n. m.* BOT. Hoja modificada que con otras componen el gineceo u órgano sexual femenino de algunas plantas. ☞ flor.
carpeta *n. f.* **1** Pieza de cartón u otro material que, doblado y cerrado generalmente con gomas, sirve para guardar papeles: *he perdido la carpeta en la que guardaba las facturas.* **SIN** archivador. **2** Cartera grande que consiste en dos cubiertas, generalmente de cartón, unidas por uno de los lados y que se pone en una mesa para escribir sobre ella y para guardar papeles.
DER carpetazo; encarpetar.

carpetazo Palabra que se utiliza en la locución *dar carpetazo,* que significa 'suspender arbitrariamente la tramitación de una solicitud o expediente' o 'dar por terminado un asunto': *esa solicitud no procede: déle carpetazo.*
carpintería *n. f.* **1** Taller o lugar de trabajo de un carpintero: *en la carpintería se fabrican y arreglan objetos de madera.* ☞ carpintería. **2** Arte y técnica de trabajar la madera y de hacer objetos con ella: *estudia carpintería en formación profesional.* **3** Conjunto de muebles y objetos de madera fabricados según esta técnica.
carpintero, -ra *n. m. y f.* Persona que fabrica o arregla objetos de madera: *llamé a un carpintero para que me arreglara la puerta.*
DER carpintería.
carpo *n. m.* ANAT. Conjunto de los huesos que forman parte del esqueleto de la muñeca: *tiene una lesión en el carpo de la mano izquierda.* ☞ esqueleto.
DER epicarpo.
carraca *n. f.* **1** Instrumento de madera formado por una rueda con dientes, los cuales, al hacerlo girar sobre un eje que sirve de mango, tocan una lengüeta flexible y producen un ruido seco y desagradable. **2** *coloquial* Aparato o máquina vieja o que funciona mal: *este coche está hecho una carraca.* **3** Herramienta de mecánica que, mediante una rueda con dientes, transmite el movimiento del mango en un solo sentido: *si no usas una llave de carraca, no terminarás nunca.*
carrasca *n. f.* Encina, generalmente pequeña y sin haber tomado aún forma de árbol.
carraspear *v. intr.* Hacer con la garganta una tos ligera para quitarle la carraspera o aclararla antes de hablar.
DER carraspeo, carraspera.
carraspeo *n. m.* Emisión de una tos ligera para aclarar la garganta o quitar la carraspera: *con un ligero carraspeo nos avisó de que el profesor había llegado.*
carraspera *n. f.* Aspereza en la garganta que pone ronca la voz: *me duele la garganta y tengo carraspera.*
carrera *n. f.* **1** Acción de ir de un sitio a otro corriendo: *cruzamos la calle de una carrera.* **2** Marcha rápida en la que los pies o las patas se separan del suelo a la vez y durante un momento entre un paso y el siguiente. **SIN** corrida. **3** Acción de darse mucha prisa en una actividad o trabajo: *no era necesario que te dieras esa carrera para terminarlo, pues todavía no lo necesito.* **4** Competición de velocidad entre personas, animales o vehículos: *carrera de obstáculos; carrera de galgos; carrera ciclista.* **5** Conjunto de estudios, repartidos en cursos, que capacitan para ejercer una profesión: *para ser abogado tienes que hacer la carrera de derecho.* **6** Ejercicio de una profesión o arte: *ganó mucho dinero a lo largo de su carrera de cantante.* **7** Recorrido o trayecto que hace un coche de alquiler: *el taxista me cobró mucho dinero por la carrera.* **8** Curso o recorrido de un planeta o estrella en el espacio. **9** Línea de puntos sueltos en una media o en otro tejido: *llevas una carrera en la media.*
a la carrera Con mucha prisa o rapidez.
dar carrera Pagar a una persona los estudios que preparan para una profesión: *ha dado carrera a todos sus hijos.*
de carreras Que está preparado para participar en competiciones de velocidad: *un coche de carreras.*
hacer la carrera Dedicarse a la prostitución.
no poder hacer carrera con (o de) una persona No conseguir que se comporte de modo adecuado o que haga lo que se espera de ella.
DER carrerilla.
carrerilla *n. f.* Movimiento de la danza española que con-

carreta 218

siste en dar dos pasos cortos acelerados hacia adelante e inclinarse a uno y otro lado.

de carrerilla De memoria y sin comprender lo que se dice: *no te estudies la lección de carrerilla. Se suele usar con los verbos decir, saber.* **SIN** de carretilla, de corrido.

tomar (o **coger**) **carrerilla** *a)* Retroceder unos pasos para tomar impulso y avanzar con más ímpetu: *no necesitas tomar carrerilla para saltar un charco tan pequeño. b)* Hacer una cosa muy deprisa.

carreta *n. f.* Carro largo, angosto y más bajo que el ordinario, generalmente de dos ruedas y con un madero que sobresale al que se ata el yugo donde se uncen los animales que tiran de él.
DER carretada, carretera, carretero, carretilla.

carrete *n. m.* **1** Cilindro generalmente con el eje hueco, con rebordes o discos en sus bases, en el que se enrollan hilos, cables u otro material flexible: *carrete de hilo para coser; carrete de la caña de pescar.* ☞ costurero. **2** Hilo, cable o alambre que se enrolla alrededor de este cilindro: *he gastado un carrete de alambre en arreglar la jaula.* **3** Rollo de película de una máquina fotográfica: *aún no he visto el carrete que nos hicimos en el último viaje.* **4** Cilindro en el que se enrollan las películas usadas en fotografía: *he puesto un nuevo carrete en la máquina fotográfica.*

dar carrete *coloquial* Dar conversación a alguien: *como siga dándole carrete va a perder el tren.*

tener carrete *coloquial* Hablar mucho, dar conversación: *ha llamado Juan, así que tiene carrete para rato.*

carretera *n. f.* Camino público ancho y pavimentado, con un carril en cada sentido, preparado para la circulación de vehículos: *no sé si es carretera nacional o comarcal.*

carretero *n. m.* **1** Persona que fabrica carros o carretas o que los conduce. **2** Persona que se comporta sin educación o blasfema con frecuencia.

fumar como un carretero *coloquial* Fumar mucho.

hablar (o **jurar**) **como un carretero** Decir palabras injuriosas u ofensivas o echar maldiciones contra alguien o algo: *cuando se enfada se pone a jurar como un carretero.*

carretilla *n. f.* Carro pequeño en forma de cajón con una rueda delantera y dos barras posteriores que se usa para transportar materiales: *trae una carretilla de ladrillos y otra de arena.*

carretilla elevadora Vehículo de pequeño tamaño provisto de unas horquillas en la parte frontal que se elevan o descienden para transportar mercancías apiladas sobre palets. **SIN** toro.

de carretilla De memoria y sin comprender lo que se dice: *no me lo digas de carretilla y piensa lo que dices.*
OBS Se usa mucho con verbos como *decir* o *saber.*

carricoche *n. m.* **1** Carro cubierto que tenía una caja parecida a la de un coche: *dos elegantes señoritas bajaron del carricoche.* **2** Coche viejo y con mala apariencia. Tiene sentido despectivo.

carril *n. m.* **1** Parte de una carretera u otra vía pública destinada al tránsito de una sola fila de vehículos: *igual que existe un carril para taxis y autobuses, queremos un carril para bicicletas.* **2** Barra de hierro que, paralela a otra igual, sirve para construir el camino sobre el que circulan los trenes: *ayer en la estación de Chamartín un tren se salió de los carriles.* **SIN** raíl, vía. **3** Camino estrecho y preparado sólo para el paso de carros: *dejamos la carretera y cogimos un carril que llevaba al monte.* **4** Guía estrecha y alargada por la que se puede deslizar un objeto: *el carril de una puerta corredera.*
DER descarrilar, encarrilar, monocarril.

carrillo *n. m.* Parte carnosa de la cara que se encuentra bajo los ojos y a ambos lados de la nariz. **SIN** cachete, mejilla, moflete.

comer (o **masticar**) **a dos carrillos** Comer mucho y de forma rápida: *no le sienta bien nada de lo que come porque come a dos carrillos.*
DER carrillada.

carrizal *n. m.* Terreno donde crecen muchos carrizos.

carrizo *n. m.* Planta semejante a la caña, pero con el tallo más delgado y no tan alto, que se cría cerca de arroyos y charcas.
DER carrizal.

carro *n. m.* **1** Vehículo de transporte formado por un armazón montado sobre dos ruedas, con un tablero y una o dos varas para enganchar los animales de tiro: *la familia viajaba en un carro tirado por dos bueyes.* **2** Armazón con ruedas y sin varas que sirve para transportar cosas: *en los aeropuertos hay carros para llevar las maletas; en los hipermercados hay carros en los que se depositan los productos a medida que se eligen.* **3** Coche, automóvil. Se usa en Hispanoamérica.

carro de combate Vehículo de guerra blindado que va armado con un gran cañón y varias ametralladoras; se mueve sobre cadenas sin fin que le permiten desplazarse por terrenos irregulares y escabrosos. **SIN** tanque. **4** Pieza de algunas máquinas o aparatos que tiene un movimiento horizontal: *el carro de la máquina de escribir.*

carros y carretas Contrariedades, contratiempos, molestias o situaciones desagradables que se sufren con paciencia: *he tenido que aguantar carros y carretas para seguir trabajando. Se suele usar con los verbos aguantar, pasar.*

parar el carro Moderarse o contener el enfado o una acción violenta; dejar de hablar o de comportarse de forma inconveniente. Suele usarse en imperativo: *pare usted el carro, hombre.*
DER carrera, carreta, carrete, carretón, carril, carricoche, carromato, carroza, carruaje; acarrear, anticarro, motocarro.

carrocería *n. f.* Parte de un vehículo que recubre el motor y otros elementos y en cuyo interior se instalan los pasajeros y la carga: *en el accidente sólo se estropéo la carrocería.*

carromato *n. m.* **1** Carro grande cubierto por un toldo, de dos ruedas y dos varas para enganchar el animal de tiro: *dos mulas tiraban del carromato.* **2** Cualquier carruaje grande, viejo e incómodo.

carroña *n. f.* **1** Carne descompuesta, especialmente la de los animales muertos: *los buitres se alimentan de carroña.* **2** Persona o cosa ruin y despreciable: *esas gentes son carroña.* Tiene sentido despectivo. ◇ Se usa para designar un referente singular o plural, masculino o femenino.

carroñero, -ra *adj./n. m. y f.* **1** [animal] Que se alimenta de carroña: *los buitres son aves carroñeras.* **2** [persona] Que se aprovecha de las desgracias de los demás: *es un carroñero: aprovechando que estaba enfermo, le quitó su puesto.* Tiene sentido despectivo.

carroza *n. f.* **1** Coche tirado por caballos grande, lujoso y ricamente engalanado: *la reina llegó al palacio en una elegante carroza.* **2** Vehículo muy adornado que se usa en las fiestas públicas: *las fiestas acaban en un desfile de carrozas.* ◇ *adj./n. com.* **3** *coloquial* [persona] Que es mayor o tiene usos y costumbres pasados de moda: *no todos los mayores son carrozas.*
DER carrocería.

carruaje *n. m.* Vehículo formado por una armazón de madera o metal montada sobre ruedas destinado generalmente al transporte de personas.

carrusel *n. m.* **1** Atracción de feria que consiste en una plataforma giratoria sobre la que hay animales y vehículos de juguete en los que se puede montar. **SIN** caballitos, tiovivo. **2** Espectáculo en el que un grupo de jinetes realiza con sus caballos una serie de ejercicios vistosos.

carst *n. m.* Paisaje calcáreo lleno de grietas, galerías y formas modeladas por la acción erosiva y disolvente del agua.
DER cárstico.
OBS Se usa más la forma *karst*.

cárstico, -ca *adj.* Del carst o con las características de este tipo de terreno: *relieve cárstico*.
OBS Se usa más la forma *kárstico*.

carta *n. f.* **1** Papel escrito que una persona envía a otra para comunicarse con ella: *estoy escribiendo una carta a mi padre*. **2** Mensaje contenido en este papel escrito: *no sé qué dice la carta porque no la he abierto*. **SIN** epístola, misiva. **3** Conjunto de papel y sobre, generalmente cerrado, con que se envía un mensaje escrito: *ha ido a Correos a echar una carta*. **carta abierta** Carta que se dirige a una persona, pero con el fin de que se difunda a través de los medios de comunicación social. **4** Cartulina rectangular pequeña que lleva por una de sus caras el dibujo de una figura o de un número determinado de objetos y que, junto con otras, forma una baraja y sirve para jugar. **SIN** naipe. **5** Lista de comidas y bebidas que se pueden elegir en un restaurante, cafetería u otro establecimiento semejante: *en la carta viene el precio de cada comida o bebida*. **6** Representación gráfica, sobre un plano y siguiendo una escala, de la superficie terrestre o de una parte de ella. **SIN** mapa.
a carta cabal Que posee íntegramente y en el más alto grado las cualidades que se expresan: *es honrado a carta cabal*.
carta astral Representación de la posición de los planetas y las estrellas en el momento del nacimiento de una persona: *el astrólogo hace e interpreta cartas astrales*.
carta blanca Poder para obrar con libertad en un asunto: *tengo carta blanca para comprar cueste lo que cueste*.
carta de ajuste Señal fija que se recibe en los aparatos de televisión y que permite ajustar la imagen: *la carta de ajuste está formada por líneas y figuras geométricas de varios tonos y colores*.
carta de pago Documento en que el acreedor confiesa haber recibido la totalidad o parte de lo que se le debía.
carta magna Conjunto de leyes fundamentales de un estado: *la carta magna dice que todos los españoles somos iguales ante la ley*. **SIN** constitución.
cartas credenciales Documento que un estado da a sus representantes en otros países para que se les reconozca o se les admita como tales: *el embajador presentará sus cartas credenciales ante el jefe de Estado francés*.
echar las cartas Hacer combinaciones con las cartas de una baraja para tratar de adivinar el futuro u otras cosas ocultas: *la adivina me echó las cartas y me dijo que me casaré este año*.
jugárselo todo a una carta Hacer que la solución a un problema dependa de un solo hecho: *es arriesgado jugárselo todo a una carta, pero a veces es lo mejor*.
no saber a qué carta quedarse Estar indeciso, no saber qué decisión tomar: *me han ofrecido dos trabajos y no sé a qué carta quedarme*.
poner las cartas boca arriba Mostrar una intención u opinión que se tenía oculta.
tomar cartas en el asunto Intervenir en una situación: *sus padres tomaron cartas en el asunto y se puso a estudiar*.
DER cartapacio, cartearse, cartel, cartera, cartero, cartilla, cartón; descartar, encartar, pancarta.

cartabón *n. m.* Instrumento en forma de triángulo con un ángulo recto y los lados desiguales, que sirve para medir y trazar líneas: *algunos dibujos están hechos con escuadra y cartabón*.

cartapacio *n. m.* **1** Cartera o carpeta para guardar libros y papeles: *los estudiantes esperaban el autobús escolar con sus cartapacios bajo el brazo*. **2** Cuaderno que se usa para escribir o tomar notas.

cartearse *v. prnl.* Escribirse cartas dos o más personas: *me carteo con unos amigos que conocí durante las vacaciones*.
DER carteo.

cartel *n. m.* Escrito o dibujo hecho sobre una lámina grande, generalmente de papel resistente, que se coloca en lugares públicos para comunicar una noticia, dar un aviso o hacer publicidad de alguna cosa: *han colocado carteles por las calles anunciando el concierto*.
de cartel Famoso, muy conocido: *un artista de cartel*.
en cartel [espectáculo] Que está representándose: *cuando fui a ver esta obra, ya no estaba en cartel*. **SIN** en cartelera.
tener cartel Ser famoso o tener ganada la reputación: *este torero tiene cartel*.
DER cartelera.

cartel o **cártel** *n. m.* Convenio o asociación de empresas comerciales para evitar la competencia y controlar la producción, la venta y los precios de determinadas mercancías.

cartelera *n. f.* **1** Sección de los periódicos y algunas revistas donde se anuncian los espectáculos públicos: *mira en la cartelera a qué hora es la primera sesión*. **2** Armazón con la superficie adecuada para fijar en ella carteles o anuncios publicitarios.
en cartelera [espectáculo] Que está representándose: *esta película ya lleva un año en cartelera*. **SIN** en cartel.

carteo *n. m.* Envío recíproco de cartas entre dos o más personas.

cárter *n. m.* **1** Depósito de lubricante del motor de un automóvil: *con el golpe se ha dañado el cárter y pierde aceite*. **2** Cubierta de metal que, en un automóvil u otra máquina, protege un mecanismo o determinadas piezas.

cartera *n. f.* **1** Objeto pequeño de piel o material similar, de forma aplanada y rectangular y doblado por la mitad, que tiene diversos apartados y divisiones en su interior; se lleva en el bolsillo y sirve para guardar billetes, tarjetas y pequeños documentos: *llevo una foto de mi hija en la cartera*. **SIN** billetera, billetero, monedero. **2** Objeto cuadrangular de piel u otro material flexible, con asa y tapa, que sirve generalmente para llevar papeles o libros: *los niños llevan los libros en la cartera*. **3** Empleo de ministro de un país: *no se sabe aún quién destinará a la cartera de Defensa*. **4** Conjunto de clientes de un negocio. **5** Conjunto de valores de un negocio, generalmente de un banco o de un comercio: *cartera de valores*.
tener en cartera Estar organizando o preparando un proyecto para su próxima realización: *aún tenemos en cartera la segunda parte de la reforma*.
DER cartesista.

carterista *n. com.* Ladrón de carteras y otros objetos de pequeño tamaño, generalmente por la calle o en un vehículo de transporte público y sin que la víctima se dé cuenta.

cartero, -ra *n. m. y f.* Persona que se dedica a repartir las cartas y los paquetes del correo: *la cartera deja las cartas en el buzón de mi casa*.
DER cartería.

cartesianismo *n. m.* FILOS. Sistema filosófico de Descartes y de sus seguidores: *el cartesianismo considera la razón como única fuente de conocimiento*.

cartesiano

DER cartesiano.

cartesiano, -na *adj.* **1** FILOS. De la doctrina filosófica de Descartes o relacionado con ella. **2** [persona, escrito, pensamiento] Que es extremadamente metódico, lógico o racional: *es tan cartesiano en este artículo, que resulta muy pesado de leer.*

cartilaginoso, -sa *adj.* De los cartílagos o que tiene relación o semejanza con este tejido orgánico: *tejido cartilaginoso.*

cartílago *n. m.* ANAT. Tejido de sostén del organismo, duro y flexible, de resistencia inferior a la del hueso: *la oreja está formada por cartílagos.* **SIN** ternilla. ☞ nariz.

cartilla *n. f.* **1** Cuaderno pequeño dispuesto para anotar en él determinados datos: *cartilla sanitaria; cartilla militar.* **cartilla de ahorros** Cartilla que registra los movimientos del dinero que una persona tiene en un banco: *tengo que sacar dinero de la cartilla de ahorros.* **SIN** cuenta, libreta. **2** Cuaderno o libro pequeño con las letras del alfabeto y los primeros ejercicios para aprender a leer: *todavía está en la primera cartilla y no sabe leer.*
leer la cartilla Regañar a una persona por haber obrado mal: *llegó muy tarde a casa y le han leído la cartilla.*
saberse la cartilla o **tener aprendida la cartilla** Haber recibido órdenes sobre el modo en que se debe obrar: *no me digas más cosas, que ya me tengo aprendida la cartilla.*

cartografía *n. f.* **1** Arte o técnica de trazar mapas o cartas geográficas: *la cartografía tuvo un importante desarrollo durante los siglos XVI y XVII.* **2** Ciencia que estudia los mapas y cómo realizarlos: *es un geógrafo especialista en cartografía.*

cartográfico, -ca *adj.* De la cartografía o relacionado con este arte o ciencia.

cartógrafo, -fa *n. m. y f.* **1** Persona que se dedica a trazar mapas o cartas geográficas: *los cartógrafos medievales decoraban sus mapas con barcos y animales imaginarios.* **2** Persona que se dedica al estudio de la cartografía.

cartomancia o **cartomancía** *n. f.* Adivinación del futuro por medio de las cartas o naipes: *en cartomancia cada carta de la baraja tiene un significado.*

cartón *n. m.* **1** Lámina gruesa y dura hecha con varias capas de pasta de papel fuertemente unidas o con una pasta de trapo, papel viejo u otras materias: *lo guardé todo en una caja de cartón.* **cartón piedra** Pasta de papel y otras sustancias, como yeso y aceite secante, con el que pueden hacerse figuras y que cuando está seca se vuelve muy dura: *muchos decorados para el cine son de cartón piedra.* **2** Recipiente o envase hecho de ese material: *en el frigorífico tengo un cartón de leche y otro de zumo.* **3** Caja que lleva diez paquetes de cigarrillos: *la policía descubrió un alijo de cartones de tabaco.* **4** PINT. Dibujo que sirve como modelo para un tapiz, un mosaico o un fresco.

cartoné *n. m.* Encuadernación que se hace con tapas de cartón forradas de papel.

cartuchera *n. f.* **1** Caja, normalmente de cuero, donde lleva el soldado la munición que le corresponde: *las cartucheras suelen ir colgadas del cinturón.* **2** Cinto ancho con compartimentos para llevar colocados cartuchos. **SIN** canana.

cartucho *n. m.* **1** Cilindro de metal, de cartón o de plástico que encierra la carga de pólvora y municiones necesaria para realizar un disparo con un arma de fuego: *junto a la escopeta había varios cartuchos vacíos.* **2** Hoja de papel o cartón enrollada en forma de cono que sirve para contener cosas: *cartucho de almendras fritas.* **SIN** cucurucho. **3** Recipiente intercambiable con la sustancia o materia necesaria para el funcionamiento de una máquina o un aparato: *la impresora necesita un cartucho de tinta nuevo.* **SIN** carga.
quemar el último cartucho Usar el último medio o recurso de que se dispone para solucionar una situación: *aquel saque de esquina en el último minuto fue el último cartucho del equipo.*

DER cartuchera.

cartuja *n. f.* **1** Monasterio o convento en el que viven cartujos: *cientos de turistas visitaron la cartuja.* **2** Orden religiosa fundada por san Bruno en la segunda mitad del siglo XI: *la Cartuja es una orden religiosa que sigue la regla de san Benito. Se suele escribir con mayúscula.*

DER cartujano, cartujo.

cartujo, -ja *adj./n. m.* [persona] Que pertenece a la orden religiosa de la Cartuja: *los cartujos llevan una vida contemplativa y suelen hacer voto de silencio.*

cartulina *n. f.* Cartón delgado, liso y flexible: *la cartulina es más suave que el cartón.*

casa *n. f.* **1** Edificio o parte de él donde viven una o más personas: *su nueva casa está en el centro de la ciudad.* Colocado después de preposición, no necesita llevar artículo: *me voy a casa de Ana; ayer estuve en casa toda la tarde.* **SIN** vivienda. **2** Familia o conjunto de sus miembros que viven juntos: *en casa tenemos libertad para hacer lo que creamos conveniente.* **3** Descendencia o linaje que tiene el mismo apellido y viene del mismo origen: *el Rey de España pertenece a la casa de Borbón.* **4** Establecimiento de comercio o industria: *en esta casa puedes comprar a plazos sin intereses.* **5** Terreno de juego propio: *confiamos en ganar, porque jugamos en casa.*
caérsele la casa encima Encontrarse una persona mal y a disgusto en ella: *a la abuela no se le cae la casa encima: siempre que vengo ha salido.*
casa consistorial Edificio en el que se reúnen los que dirigen y administran un pueblo o ciudad: *el alcalde y los concejales están reunidos en la casa consistorial.* **SIN** ayuntamiento, consistorio.
casa de citas o **casa de putas** Establecimiento en el que trabajan mujeres que mantienen relaciones sexuales con hombres a cambio de dinero. **SIN** burdel, lupanar, prostíbulo.
casa de empeños Establecimiento en el que se presta dinero a cambio de la entrega, en prenda, de joyas u otros bienes: *llevó su anillo a la casa de empeños pensando que lo recuperaría pronto.*
casa de huéspedes Establecimiento en el que se alojan varias personas que pagan por su hospedaje: *mientras estudiaba en Madrid, vivió en una casa de huéspedes.* **SIN** pensión.
casa de socorro Establecimiento benéfico en el que se prestan servicios médicos de urgencia: *cuando sufrió el accidente fue trasladado a la casa de socorro más cercana.*
como Pedro por su casa *coloquial* Con toda confianza y naturalidad.
de (o **para**) **andar por casa** Que se usa en familia o en situaciones de mucha confianza.
empezar la casa por el tejado Hacer las cosas en el orden contrario al lógico.

DER caserío, casero, caserón, caseta, casetón, casilla, casino, casona, casucha; casamata.

casaca *n. f.* Tipo de chaqueta masculina ajustada al cuerpo y con faldones que llegan hasta la parte posterior de la rodilla: *las casacas se llevan en los uniformes palaciegos o de gala.*

casadero, -ra *adj.* Que está en edad de casarse: *ya tiene una hija casadera.*

casado, -da *adj./n. m. y f.* **1** [persona] Que está unido a otra persona en matrimonio: *estoy casado y tengo dos hijos.*

recién casado Persona que acaba de casarse. **SIN** desposado. **2** [elementos] Que hacen juego o guardan correspondencia entre sí: *estas dos piezas del rompecabezas no van bien casadas.*

casamentero, -ra *adj./n. m. y f.* [persona] Que gusta de proponer o concertar casamientos: *los casamenteros intervienen por afición o por interés.*
OBS Se suele usar con *hacer de, meterse a.*

casamiento *n. m.* Ceremonia civil o religiosa en que se celebra la unión en matrimonio de dos personas mediante determinados ritos o formalidades legales: *el casamiento se celebró el mes pasado.* **SIN** boda, enlace, matrimonio.

casanova *n. m.* Hombre que es conocido por sus numerosas aventuras amorosas: *las chicas me creen un casanova y nuncan me toman en serio.*

casar *v. tr.* **1** Unir a dos personas en matrimonio la autoridad religiosa o civil que tiene poder para ello: *este fue el sacerdote que casó a mis padres.* **SIN** desposar. **ANT** descasar, divorciar. ◇ *v. prnl.* **2 casarse** Unirse con otra persona mediante las ceremonias y formalidades legales establecidas para constituir un matrimonio: *la noticia que os queremos dar es que nos casamos el mes que viene.* **SIN** desposarse. ◇ *v. tr./intr.* **3** Unir o ajustar una cosa con otra, hacer que cuadren: *es preciso casar las dos versiones para conocer la verdad; esta falda y esa blusa no casan bien.* ◇ *v. tr.* **4** Disponer o preparar la boda de una persona, especialmente el padre o tutor de ésta: *casó a sus hijas muy jóvenes.*
no casarse con nadie Ser independiente para pensar u obrar.
DER casadero, casado, casamentero, casamiento, casorio; descasar, malcasar.

cascabel *n. m.* Bola metálica hueca, con un asa para colgarla y una estrecha abertura rematada en dos orificios; tiene dentro un trozo de metal para que, al moverla, suene: *el gato lleva colgado al cuello un cascabel.*
poner el cascabel al gato Tener el valor de enfrentarse a una situación difícil o peligrosa. Se suele usar en la frase interrogativa *¿quién le pone el cascabel al gato?*
serpiente de cascabel Serpiente muy venenosa que tiene al final de la cola un conjunto de anillos que el animal hace vibrar al sentirse amenazado. **SIN** crótalo.
DER cascabeleo, cascabillo.

cascabillo *n. m.* **1** Cáscara fina que cubre el grano del trigo y otros cereales. **2** Cascabel, bola metálica hueca.

cascada *n. f.* **1** Caída de una corriente de agua desde cierta altura a causa de un desnivel brusco del terreno: *cerca de la cascada hay un puente colgante.* **SIN** catarata. **2** Serie de cosas relacionadas que se producen en abundancia y sin interrupción: *cascada de ideas.*

cascado, -da *adj.* **1** [voz, sonido] Que no tiene la sonoridad que le es propia: *en mi calle pide un anciano con voz cascada.* **2** Que está muy gastado o sin fuerza ni vigor por haber trabajado o servido mucho: *tienes que cambiar de coche: este ya está muy cascado.*

cascajo *n. m.* **1** Conjunto de fragmentos de piedra y otros materiales quebradizos: *al terminar los albañiles retiraron el cascajo.* **2** *coloquial* Trasto u objeto viejo, en mal estado o inservible: *la radio que llevo en el coche es un cascajo.* **3** Persona que por su vejez tiene disminuidas sus facultades: *es un cascajo desde que pasó la bronconeumonía.*
estar hecho un cascajo Estar viejo y achacoso.

cascanueces *n. m.* Instrumento parecido a unas tenazas que se usa para partir nueces.

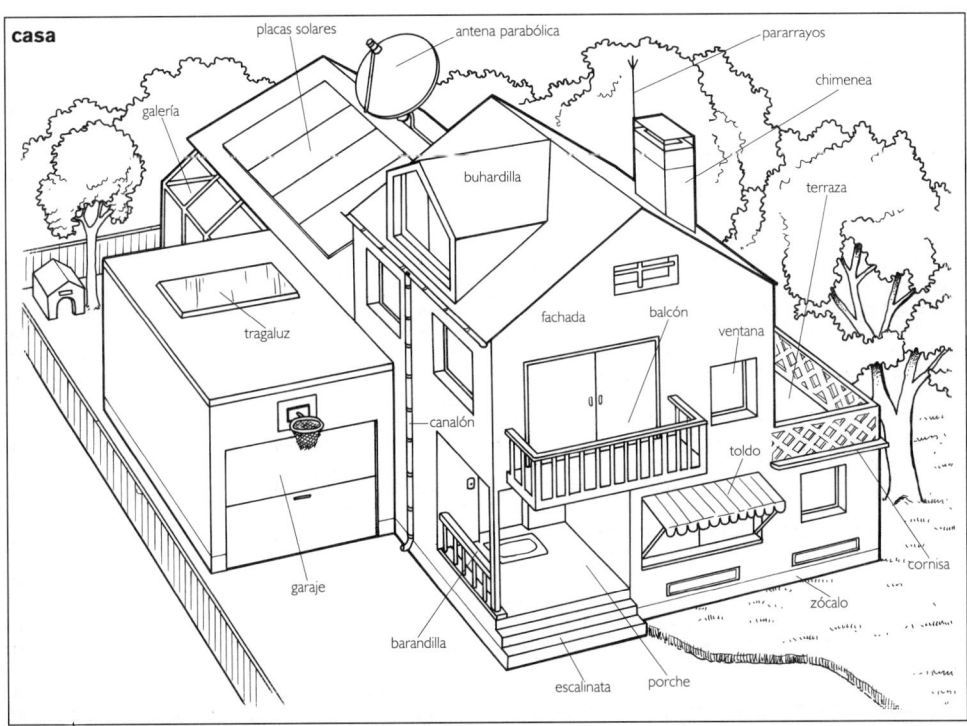

cascar *v. tr.* **1** Romper con violencia una cosa separándola en dos o más partes. ◇ *v. tr./prnl.* **2** Dividir o romper en trozos alguna cosa quebradiza sin que lleguen a separarse los trozos; ponerla en estado de que se rompa con más ficilidad: *cascar un huevo; esta jarra se ha cascado y no se puede llenar con agua.* **3** Perder la voz o volverla ronca: *en cuanto chilla se le casca la voz.* **4** *coloquial* Pegar o golpear a alguien: *le ha cascado un compañero del colegio y le ha puesto un ojo morado.* ◇ *v. intr.* **5** *coloquial* Perder la vida: *como siga sin cuidarse va a cascar.* **6** *coloquial* Hablar mucho: *deja ya de cascar y trabaja un poco.*
OBS En su conjugación, la *c* se convierte en *qu* delante de *e*.

cáscara *n. f.* **1** Corteza o cubierta exterior de algunas cosas, especialmente de los huevos y las frutas: *ten cuidado, no pises esa cáscara de plátano.* **2** Corteza, revestimiento exterior del tronco y las ramas de los árboles.

cascarilla *n. f.* Lámina de metal muy fina que se emplea para recubrir objetos: *a estos botones se les ha caído la cascarilla dorada.*
DER descascarillar.

cascarón *n. m.* Cáscara de un huevo, especialmente la que queda al salir el pollo.
recién salido del cascarón [persona] Que no tiene experiencia, que es muy joven: *controla su trabajo, que está recién salido del cascarón y puede equivocarse.*

cascarrabias *n. com.* Persona que se enfada con facilidad y riñe por todo: *mi abuelo es un viejo cascarrabias, pero muy querido por todo el mundo.*
OBS El plural también es *cascarrabias*.

casco *n. m.* **1** Pieza de metal o plástico que cubre y protege la cabeza: *para ir en moto es obligatorio el uso del casco.* ☞ sombrero. **casco azul** Soldado bajo las órdenes de la Organización de las Naciones Unidas: *los cascos azules van como soldados neutrales a zonas de conflicto.* Suele usarse en plural. **2** Recipiente de cristal cuando está vacío: *los cascos de botella no retornables los depositamos en un contenedor para vidrios.* **3** Fragmento o trozo de un objeto quebradizo que se ha roto o de una bomba después de estallar: *se me pinchó una rueda al pisar un casco de una botella; a la víctima le han extraído varios cascos de metralla.* **4** Parte en que se divididen algunas frutas: *casco de naranja.* **SIN** gajo. **5** Parte, generalmente en forma de media esfera, que se ha separado o cortado de un alimento: *hacer cascos la cebolla.* **6** Cuerpo o armazón de una embarcación o un avión sin las máquinas ni los aparejos: *una roca ha dañado el casco del barco.* ☞ velero. **7** Uña grande y dura de las patas de ciertos animales: *las herraduras se clavan en los cascos de los caballos.* ◇ *n. m. pl.* **8 cascos** Aparato que consta de dos auriculares que, unidos por una tira curvada ajustable a la cabeza, se acoplan a los oídos para una mejor recepción del sonido. **SIN** auriculares. **9** *coloquial* Cabeza humana: *me duelen los cascos de tanto estudiar.*
alegre (o ligero) de cascos *coloquial* Despreocupado y falto de formalidad o sensatez: *debes reflexionar las cosas y no ser tan ligero de cascos.* **SIN** casquivano.
calentarse los cascos *coloquial* Preocuparse demasiado; pensar mucho una cosa: *ya sé que es difícil, será preciso calentarse los cascos.*
casco antiguo Conjunto de edificios de una población que es más antiguo que el resto: *visitamos a pie el casco antiguo de aquella ciudad.*
casco urbano Conjunto de edificaciones de una ciudad hasta donde termina su agrupación.
romperse los cascos *coloquial* Esforzarse o preocuparse mucho: *no te rompas los cascos, que esto no tiene solución.*
DER cascote, casquillo; casquivano.

cascote *n. m.* Trozo de material procedente de un edificio derribado o de una obra: *con el derrumbamiento todo quedó lleno de cascotes.*

caserío *n. m.* **1** Conjunto de casas en el campo que no llegan a constituir un pueblo. **2** Casa de campo con edificios dependientes y fincas rústicas unidas o cercanas a ella.

casero, -ra *adj.* **1** Que se hace o se cría en casa: *de postre tenemos flan casero.* **2** En familia, con confianza y sin formalidades: *en mi cumpleaños tuvimos una pequeña fiesta casera.* **3** [persona] Que gusta mucho de estar en casa: *es un matrimonio muy casero que no sale casi nunca.* **SIN** hogareño. **4** [árbitro, arbitraje] Que favorece al equipo en cuyo campo se juega. ◇ *n. m. y f.* **5** Persona dueña de una casa que la tiene en alquiler a otra u otras: *el casero pasa todos los meses a cobrar sus recibos.*

caserón *n. m.* Casa muy grande y destartalada: *me da miedo el viejo caserón que hay a las afueras de la ciudad.*

caseta *n. f.* **1** Casa pequeña que sólo tiene el piso bajo; tiene diversos usos, pero no se habita: *la caseta del guardagujas está cerca de la vía.* **SIN** casilla. **2** Instalación sencilla que se monta en fiestas populares o muestras públicas: *en esta caseta se lanzan tres bolas para derribar unos muñecos.* **SIN** barraca de feria. **3** Cuarto en el que se cambian de ropa los bañistas: *llevaré el bañador en una bolsa y me lo pondré en una caseta de la playa.* **4** Vestuario o lugar para cambiarse de ropa las personas que hacen deporte: *si sigue cometiendo faltas, se irá a la caseta.*

casete o **cassette** *n. amb.* **1** Caja pequeña de plástico que contiene una cinta magnética en la que se puede grabar y reproducir el sonido: *me he comprado tres casetes de Mozart.* **SIN** cinta. **2** *n. m.* Aparato que puede grabar o reproducir el sonido haciendo girar la cinta contenida en esta caja: *se me ha olvidado el casete del coche.*
OBS La Real Academia Española sólo registra la forma *casete*.

casi *adv.* Indica que falta muy poco para que se cumpla o complete lo significado por la palabra a la que acompaña: *ya casi he terminado.*
OBS Se usa también en frases que expresan duda: *casi prefiero no ir.*

casilla *n. f.* **1** Cada uno de los espacios de un papel dividido por líneas verticales y horizontales: *coge el impreso y rellena las casillas que te correspondan.* **2** Espacio que con otros compone el tablero de distintos juegos de mesa: *coloca cada figura del ajedrez en su casilla.* **3** Cada uno de los compartimientos de un casillero o mueble: *vuelve a poner las llaves en su casilla.* **4** Casa pequeña que sólo tiene el piso bajo; tiene diversos usos, pero no se habita: *la casilla del jardinero.* **SIN** caseta.
sacar de sus casillas *coloquial* Hacer perder la paciencia o enfadar a una persona: *su falta de decisión me saca de mis casillas.*
DER casillero; encasillar.

casillero *n. m.* **1** Mueble dividido en huecos o partes para tener clasificados documentos y objetos: *dejaremos un mensaje para él en el casillero de recepción.* **2** Marcador o tablero en el que aparecen los puntos que consigue cada equipo deportivo: *el nuevo gol aún no se refleja en el casillero.*

casino *n. m.* **1** Establecimiento público en el que hay juegos de azar, espectáculos, conciertos y otras diversiones: *durante el verano trabaja en un casino de la costa.* **2** Asociación de carácter recreativo y cultural; para pertenecer a ella hay que pagar una cuota: *sólo pueden pasar los socios del casino*. **3** Edificio o conjunto de instalaciones de esta asociación: *todas las tardes juega al mus en el casino*.

caso *n. m.* **1** Ocasión, situación o conjunto de circunstancias: *en ciertos casos, lo mejor es callarse*. **2** Suceso o acontecimiento, cosa que ocurre: *nunca había oído un caso igual*. **3** Asunto de que se trata: *plantearon el caso en términos muy claros*. **4** Persona que enferma, especialmente cuando se trata de una epidemia, considerada aisladamente: *ya son varios los casos de neumonía detectados*. **caso clínico** MED. Manifestación de una enfermedad, especialmente si no es habitual, en una persona considerada aisladamente. **5** GRAM. Relación sintáctica que una palabra de carácter nominal mantiene con las demás de una oración según la función que desempeña; en lenguas como el latín la palabra toma distintas formas para expresar dichas relaciones: *el sujeto en latín tiene caso nominativo*.
caso perdido *a)* Situación o hecho desfavorable que no tiene solución. *b)* Persona que se comporta de forma inadecuada y de la que no cabe esperar una conducta diferente: *no te molestes en hablarle, porque no va a mejorar: es un caso perdido*.
en caso de que Si ocurre la cosa que se dice: *llamaremos al médico en caso de que mañana no se encuentre mejor*.
en cualquier caso o **en todo caso** Pase lo que pase o cualquiera que sea la situación: *comprendo que te hayas retrasado, pero, en todo caso, deberías haber llamado*.
en todo caso Sirve para atenuar una negación anterior: *no puedo darte el dinero, en todo caso, te lo presto*. **SIN** *si acaso*.
hacer al caso Tener relación con el asunto de que se trata: *lo que importa es el hecho, el nombre de los autores no hace al caso*.
hacer caso *a)* Prestar atención: *no hagas caso a la gente*. *b)* Obedecer, obrar como se ha ordenado: *debes hacer caso de los consejos de tus padres*.
hacer caso omiso No tener en cuenta una orden o recomendación.
poner por caso Poner como ejemplo, dar por supuesto: *pongamos por caso que esto te ocurre a ti*.
ser un caso Ser poco corriente o salirse de lo normal: *es un caso: siempre está de broma*.
venir al caso Tener relación con el asunto de que se trata: *comenzó a decirme cosas que no venían al caso*.
DER acaso.
ETIM *Caso* procede del latín *casus*, 'caso fortuito', voz con la que también están relacionadas *casual, casuística*.

casona *n. f.* Casa grande, generalmente antigua y señorial: *el conde vivía en una casona*.

casorio *n. m.* **1** Casamiento hecho sin reflexión o con poco lucimiento. **2** *coloquial* Conjunto de preparativos que acompañan a una boda: *se va a volver loco organizando el casorio*.

caspa *n. f.* Conjunto de escamas blancas y muy pequeñas que se forman en el cuero cabelludo: *tengo que usar un nuevo champú, porque el que uso ahora no me quita la caspa*.
DER casposo.

¡cáspita! *int.* Denota extrañeza o admiración.

casposo, -sa *adj.* Que tiene caspa: *seguirás con el pelo casposo mientras no uses un champú anticaspa*.

casquería *n. f.* Establecimiento en el que se venden vísceras, pezuñas y otras partes de las reses que no se consideran carne.

casquete *n. m.* Cubierta de tela o cuero que se ajusta a la cabeza: *llevaba un casquete muy elegante*. ☞ sombrero.

casquete esférico Parte de la superficie de una esfera que resulta al ser cortada por un plano que no pasa por su centro.
casquete polar Parte de la esfera terrestre comprendida entre el círculo polar y el polo respectivo.
DER encasquetar.

casquillo *n. m.* **1** Cartucho de metal vacío: *han encontrado cuatro casquillos de bala en el lugar del atentado*. **2** Parte metálica del cartucho de plástico o de cartón. **3** Parte metálica de una bombilla por la cual conecta con el circuito eléctrico: *el casquillo de esta bombilla no enrosca bien en el portalámparas*. **4** Pieza de metal, generalmente cilíndrica, con la que se refuerza, protege o cubre el extremo de algunas cosas: *el casquillo de la punta del bastón*.
DER encasquillarse.

casquivano, -na *adj.* [persona] Que es despreocupado e insensato y no tiene formalidad: *no seas casquivano y piensa en tu futuro*.

casta *n. f.* **1** Familia y ascendencia de una persona: *defiende con orgullo a los de su casta*. **2** Clase, condición de un animal: *este galgo viene de una casta de campeones*. **3** Grupo social, claramente diferenciado de otros por su rango, en que se divide la población de la India: *la casta india de los sacerdotes tiene un gran poder sobre la religión y la enseñanza*. **4** Grupo que en algunas sociedades forma una clase especial y tiende a permanecer separado de los demás por su raza, religión o costumbres: *la casta militar*. **5** Especie o calidad de una cosa: *siempre trae fruta de buena casta*.
DER castizo; descastado.

castaña *n. f.* **1** Fruto seco del tamaño de una nuez, cubierto por una cáscara dura y flexible de color marrón: *la castaña crece dentro de una envoltura espinosa*. **2** *coloquial* Golpe fuerte que recibe o da una persona: *¡vaya castaña se ha dado con la bici!* **SIN** castañazo. **3** *coloquial* Cosa mal hecha o de mala calidad: *como no piensa las cosas, todo lo que escribe es una castaña*. Tiene sentido despectivo. **SIN** basura, caca, patata. **4** *coloquial* Trastorno temporal de las capacidades físicas y mentales a causa del consumo excesivo de alcohol. Se suele usar con los verbos *coger, llevar, tener*. **SIN** borrachera, merluza, tajada.

castañar *n. m.* Terreno donde crecen muchos castaños: *estuvimos de excursión en un castañar cercano al pueblo*.

castañazo *n. m. coloquial* Golpe fuerte que recibe o da una persona: *algún salvaje del público le dio un castañazo*. **SIN** castaña.

castañeta *n. f.* Instrumento musical de percusión formado por dos piezas cóncavas generalmente de madera que, unidas al pulgar por un cordón, se tocan haciéndolas chocar una contra otra con los demás dedos de la mano: *las castañetas se suelen tocar llevando una en cada mano*. **SIN** castañuela, crótalo.
OBS Se usa generalmente en plural.

castañetear *v. intr.* Sonarle a uno los dientes dando los de una mandíbula contra los de la otra: *no sé si le castañetean los dientes de miedo o de frío*.

castañeteo *n. m.* **1** Golpeteo de los dientes de una mandíbula contra los de la otra y ruido que produce: *tengo mucho frío y no puedo parar este castañeteo de dientes*. **2** Sonido que producen las castañuelas.

castaño, -ña *adj./n. m.* **1** [color] Que es marrón oscuro: *buscan a un chico de pelo castaño*. ◇ *n. m.* **2** Árbol de unos veinte metros de altura, de tronco grueso y copa ancha, hojas lanceoladas y flores blancas, cuyo fruto es la castaña: *la madera del castaño se utiliza para construir muebles*. ☞ árbol.

castañuela

pasar de castaño oscuro Ser una cosa demasiado grave o intolerable: *esto ya pasa de castaño oscuro, y no voy a tolerarlo ni un minuto más.*

castañuela *n. f.* Instrumento musical de percusión formado por dos piezas cóncavas generalmente de madera que, unidas al pulgar por un cordón, se tocan haciéndolas chocar una contra otra con los demás dedos de la mano: *en muchos bailes populares se usan las castañuelas.* **SIN** castañeta, crótalo. ☞ instrumentos musicales.

estar como unas castañuelas Estar muy alegre: *está como unas castañuelas porque se va de viaje con unos amigos.*

alegre como unas castañuelas [persona] Que está muy alegre: *vino alegre como unas castañuelas porque ha aprobado el examen.*

OBS Se usa generalmente en plural.

castellanizar *v. tr.* Dar a una cosa carácter castellano; especialmente dar forma castellana a una palabra de otra lengua: *la Real Academia Española ha castellanizado water en váter.*

OBS En su conjugación, la *z* se convierte en *c* delante de *e*.

castellano, -na *adj.* **1** De Castilla o relacionado con este antiguo reino y condado o con las comunidades autónomas que llevan este nombre (Castilla-León y Castilla-La Mancha). ◇ *n. m. y f.* **2** Persona nacida en Castilla-León o Castilla-La Mancha. ◇ *n. m.* **3** Lengua hablada en España, en Hispanoamérica y en otros lugares. **SIN** español. **4** Variedad del español que se habla en la Meseta Norte: *el castellano es un dialecto románico del que deriva la lengua española.*

DER castellanizar; castellanohablante.

ETIM Véase *castillo.*

castellanohablante *adj./n. com.* [persona] Que habla español sin dificultad, bien por ser su lengua materna, bien por tener gran dominio de ella: *hay vez hay más castellanohablantes en el mundo.* **SIN** hispanohablante.

castellano-leonés, -nesa *adj.* **1** De Castilla-León o relacionado con esta comunidad autónoma de España. ◇ *adj./n. m. y f.* **2** [persona] Que es de Castilla-León.

castellano-manchego, -ga *adj.* **1** De Castilla-La Mancha o relacionado con esta comunidad autónoma de España. ◇ *adj./n. m. y f.* **2** [persona] Que es de Castilla-La Mancha.

castellonense *adj.* **1** De Castellón o relacionado con esta provincia española. ◇ *adj./n. com.* **2** [persona] Que es de Castellón.

casticismo *n. m.* **1** Afición a lo castizo en las costumbres y modales: *su amor por las costumbres tradicionales es prueba de su casticismo.* **2** Actitud de quienes al hablar o escribir evitan los extranjerismos y prefieren el empleo de voces y giros de su propia lengua.

DER casticista.

castidad *n. f.* Renuncia a todo placer sexual: *la mayoría de los religiosos han hecho voto de castidad.* **ANT** lujuria.

castigar *v. tr.* **1** Imponer un castigo a quien ha cometido una falta o un delito: *rompió un jarrón y le han castigado sin salir este fin de semana.* **2** Hacer padecer física o moralmente a alguien aunque no sea por faltas cometidas: *la subida de precios castiga a los consumidores.* **3** Estropear o dañar alguna cosa, especialmente un fenómeno natural: *la sequía sigue castigando los campos.* **4** Estimular con el látigo o las espuelas a una cabalgadura para que ande más rápido.

DER castigo.

OBS En su conjugación, la *g* se convierte en *gu* delante de *e*.

castigo *n. m.* **1** Pena que se aplica por haber cometido una falta o delito: *por tu mal comportamiento te mereces un cas-*

tigo. **2** Persona, animal o cosa que causa sufrimientos, trabajos y molestias: *este ejercicio es un castigo.*

castillo *n. m.* Edificio o conjunto de edificios fortificados para la guerra con murallas, torres y fosos: *los castillos se construían en los lugares altos y estratégicos del territorio.*

castillos en el aire *coloquial* Ilusiones o esperanzas sin fundamento: *pensar que vas a aprobar sin estudiar es hacerte castillos en el aire.* Se usa especialmente con los verbos *hacer, forjar.*

DER castillejo, castillete.

ETIM *Castillo* procede del latín *castellum,* 'reducto fortificado', voz con la que también está relacionada *castellano.*

casting *n. m.* Proceso de selección de actores o modelos.

OBS Es de origen inglés y se pronuncia aproximadamente 'castin'.

castizo, -za *adj.* **1** Que es de buena casta. **2** Típico, puro, genuino de un país o región: *un madrileño castizo.* **3** [lenguaje] Que es puro y sin mezcla de elementos extraños a la propia lengua: *su lenguaje castizo está repleto de palabras auténticas y puras.* **SIN** genuino.

DER casticismo.

casto, -ta *adj.* **1** [persona] Que renuncia a todo placer sexual o se atiene a lo que se considera lícito desde unos principios morales o religiosos. **2** Honesto, exento de sensualidad: *es una persona recatada, y su comportamiento fue casto y puro.*

DER castidad.

castor *n. m.* Mamífero roedor, de cuerpo grueso cubierto de pelo castaño muy fino y espeso, patas cortas y cola aplastada; construye su cobijo en el agua y llega a levantar verdaderos diques en los ríos: *la piel del castor es muy apreciada.*

OBS Para indicar el sexo se usa *el castor macho* y *el castor hembra.*

castración *n. f.* Extirpación o inutilización de los órganos genitales masculinos: *el veterinario realizó la castración de varios cerdos.*

castrar *v. tr.* **1** Extirpar o inutilizar los órganos genitales masculinos: *los cerdos se castran para cebarlos.* **SIN** capar. **2** Quitar panales de miel a una colmena dejando los suficientes para que las abejas puedan mantenerse y fabriquen nueva miel: *para castrar colmenas hay que ponerse el traje adecuado.*

DER castración; encastrar.

castrense *adj.* Del ejército o relacionado con los militares: *vida castrense.*

castro *n. m.* Antiguo poblado celta fortificado: *en Galicia y Asturias existen ruinas de castros celtas.*

DER castrense.

casual *adj.* Que ocurre sin que se pueda prever ni evitar: *encuentro casual.*

DER casualidad, casualmente.

ETIM Véase *caso.*

casualidad *n. f.* **1** Combinación de circunstancias que no se pueden prever ni evitar: *¡qué casualidad encontrarte aquí!* **SIN** azar. **2** Acontecimiento fortuito, imprevisto: *llevar dos vestidos iguales ha sido una casualidad.*

OBS Se suele construir con *ser, darse, ocurrir.*

casuística *n. f.* Consideración de los diversos casos particulares que se pueden prever en determinada materia: *esta teoría está ilustrada con una amplia casuística.*

casulla *n. f.* Vestidura que se pone el sacerdote sobre el alba para celebrar la misa, consistente en una pieza alargada con una abertura central para pasar la cabeza y que cae por delante y por detrás.

cata *n. f.* **1** Prueba de un alimento o una bebida para exa-*

minar su sabor: *cata de vinos*. **SIN** catadura, degustación. **2** Porción de alguna cosa que se prueba o examina: *te traigo una pequeña cata de los distintos quesos que fabricamos*.

cata- Prefijo que entra en la formación de palabras con el significado de: *a)* 'Abajo', 'hacia abajo': *catacumbas*. *b)* 'Completamente', con matiz de intensidad: *cataclismo*. *c)* 'Contra', 'hacia', 'sobre': *catapulta, cataplasma*.

cataclismo *n. m.* **1** Desastre de grandes proporciones que afecta a todo el planeta o a parte de él producido por un fenómeno natural: *los terremotos y huracanes son cataclismos*. **2** *coloquial* Trastorno, disgusto o contratiempo grande que altera la vida normal: *el cambio de ministros produjo un verdadero cataclismo*. **SIN** catástrofe, debacle.

catacumbas *n. f. pl.* Galerías subterráneas donde los primeros cristianos enterraban a sus muertos y se reunían para practicar sus cultos: *en Roma han descubierto unas catacumbas*.

catador, -ra *n. m. y f.* Persona que se dedica a probar o catar vinos para informar de su calidad y de sus propiedades: *un buen catador adivina con facilidad el año de cosecha*. **SIN** catavinos.

catadura *n. f.* **1** Prueba de un alimento o una bebida para examinar su sabor. **SIN** cata, degustación. **2** Aspecto físico o apariencia externa de una persona: *se cruzó con dos hombres de mala catadura*. Suele tener sentido despectivo e ir acompañado de *fea, mala*.

catafalco *n. m.* Armazón cubierto con tela negra que imita un sepulcro y que se levanta en los templos para celebrar los funerales por un difunto: *el catafalco está adornado con magnificencia y se usa en las exequias solemnes*. **SIN** túmulo.

catalán, -lana *adj.* **1** De Cataluña o relacionado con esta comunidad autónoma española. ◊ *adj./n. m. y f.* **2** [persona] Que es de Cataluña. ◊ *n. m.* **3** Lengua derivada del latín que se habla en Cataluña y en otros lugares.

catalanismo *n. m.* **1** Amor o gusto por la cultura y las tradiciones de Cataluña: *su catalanismo no le deja apreciar los valores de otros lugares*. **2** Palabra o modo de expresión propio de la lengua catalana que se usa en otro idioma: *la palabra butifarra es un catalanismo*. **3** Movimiento que pretende el reconocimiento político de Cataluña y defiende sus valores históricos y culturales: *el catalanismo surgió a finales del siglo XIX*.
DER catalanista.

catalanista *adj.* **1** Del catalanismo o relacionado con este movimiento político: *siempre se ha interesado por las doctrinas catalanistas*. ◊ *adj./n. com.* **2** [persona] Que es partidario del catalanismo.

catalejo *n. m.* Tubo alargado con lentes, generalmente extensible, que permite ver como si estuviera cerca lo que está lejos: *he comprado un catalejo de 35 aumentos*.

catalepsia *n. f.* MED. Trastorno nervioso repentino que se caracteriza por la inmovilidad y rigidez del cuerpo y la pérdida de la sensibilidad y de la capacidad de contraer los músculos voluntarios: *los ataques de catalepsia se originan por alguna enfermedad del cerebro*.
DER cataléptico.

cataléptico, -ca *adj.* **1** De la catalepsia o relacionado con esta enfermedad: *lo encontramos en estado cataléptico*. ◊ *adj./ n. m. y f.* **2** [persona] Que padece catalepsia: *los padres no habían avisado al colegio que la niña era cataléptica*.

catalizador *n. m.* **1** Sustancia que hace más rápida o más lenta la velocidad de una reacción química sin participar en ella: *las enzimas son catalizadores de los procesos biológicos*. **2** Persona o cosa que aviva y da empuje a algo, o que atrae y agrupa fuerzas, ideas o sentimientos: *el nuevo fichaje se ha convertido en el catalizador de todo su equipo*.

catalizar *v. tr.* **1** Atraer y reunir en un solo grupo cosas de distinto origen o de diferentes características: *el candidato propuesto parece catalizar las distintas corrientes del partido*. **2** Causar o provocar un proceso o una reacción. **3** QUÍM. Hacer más rápida o más lenta la velocidad de una reacción química mediante una sustancia que al final queda inalterada: *el platino se utiliza para catalizar muchas reacciones*.
OBS En su conjugación, la *z* se convierte en *c* delante de *e*.

catalogación *n. f.* **1** Registro o descripción ordenada de una cosa siguiendo unas normas: *necesito hacer una catalogación de mis libros*. **2** Consideración o clasificación dentro de una clase o de un grupo.

catalogar *v. tr.* **1** Apuntar, registrar ordenadamente libros, documentos u otros objetos formando catálogo de ellos: *quiero catalogar mis libros por materias*. **2** Clasificar o colocar en una clase o grupo; incluir una cosa en un catálogo: *para catalogar cada libro que vaya llegando debes cumplimentar esta ficha con sus datos*. **3** Considerar o suponer que alguien posee determinadas cualidades o que forma parte de un partido o clase: *no entiendo cómo ha sido catalogado de experto, cuando nunca ha trabajado en esto*.
DER catalogación.
OBS En su conjugación, la *g* se convierte en *gu* delante de *e*.

catálogo *n. m.* Lista en la que se registran, describen y ordenan, siguiendo determinadas normas, personas, cosas o sucesos que tienen algún punto en común: *quiero comprar algunos libros que he visto en el catálogo*. **SIN** índice, inventario, nomenclátor.

catamarán *n. m.* Embarcación deportiva que consta de dos cascos estrechos y alargados en forma de patines y de una plataforma que se coloca sobre ellos: *el catamarán se impulsa por vela o por motor*.

cataplasma *n. f.* **1** Medicamento en forma de pasta blanda que se aplica sobre alguna parte del cuerpo con fines calmantes o curativos: *las cataplasmas se suelen poner envueltas en alguna tela y calientes*. **2** *coloquial* Persona pesada, fastidiosa y pelma.

cataplines *n. m. pl. coloquial* Testículos, glándulas sexuales masculinas.
OBS Es de uso eufemístico.

catapulta *n. f.* **1** Máquina de guerra antigua con la que se lanzaban piedras o saetas: *las catapultas lanzaban enormes piedras contra las murallas del castillo*. **2** Cosa que impulsa y favorece decisivamente el desarrollo de otra: *sus años como ministro fueron la catapulta hacia la presidencia*.
DER catapultar.

catapultar *v. tr.* **1** Dar un fuerte impulso a alguien o hacerlo subir a un lugar de forma muy rápida: *su buena imagen lo catapultó a la fama*. **2** Disparar o lanzar con una catapulta.

catar *v. tr.* **1** Probar un alimento o una bebida para examinar su sabor: *he catado el guiso y creo que necesita un poco de sal*. **SIN** degustar. **2** Experimentar por primera vez la impresión o sensación que produce alguna cosa: *ya tenía yo ganas de catar lo que es un buen viaje*.
DER cata, catador, catadura; acatar, recatar.

catarata *n. f.* **1** Caída de una corriente de agua desde cierta altura a causa de un desnivel brusco del terreno: *me gustaría ir a las cataratas del Niágara*. **SIN** cascada. **2** Enfermedad del ojo que consiste en la opacidad del cristalino producida por la formación de una especie de telilla que

catarral

impide el paso de la luz: *se ha operado de cataratas porque ya no veía casi nada.*

catarral *adj.* Del catarro o relacionado con este malestar físico.
DER anticatarral.

catarro *n. m.* Malestar físico provocado por la inflamación de las membranas mucosas del aparato respiratorio, que produce un aumento de la secreción nasal y suele ir acompañada de tos, fiebre y dolores musculares: *los cambios bruscos de temperatura suelen ser causantes de muchos catarros.*
SIN constipado, resfriado.
DER catarral; acatarrarse.
OBS Se suele construir con verbos como *coger, agarrar, pescar, pillar.*

catarsis *n. f.* **1** Purificación de las pasiones del ánimo mediante las emociones que provoca la contemplación de las obras de arte: *para los antiguos griegos, la puesta en escena de una tragedia provocaba la catarsis en el espectador.* **2** Liberación de los recuerdos que alteran la mente o el equilibrio nervioso: *el psiquiatra quiere eliminar por catarsis algunas de sus vivencias.*
DER catártico.
OBS El plural también es *catarsis.*

catártico, -ca *adj.* De la catarsis o relacionado con esta purificación de sentimientos o eliminación de recuerdos perturbadores.

catastral *adj.* Del catastro o relacionado con esta lista o con este impuesto: *han revisado el valor catastral de las viviendas.*

catastro *n. m.* **1** Censo estadístico donde figuran las propiedades rústicas y urbanas de una población o territorio y el nombre de sus propietarios: *el catastro elaborado refleja un aumento del número de propietarios.* **2** Impuesto que se paga por la posesión de una finca rústica o urbana: *este mes tenemos que pagar el catastro.*
DER catastral.

catástrofe *n. f.* **1** Suceso desdichado en el que hay gran destrucción y muchas desgracias y que altera gravemente el desarrollo normal de las cosas: *ha sido la mayor catástrofe aérea de los últimos tiempos.* **SIN** cataclismo, debacle. **2** Cosa mal hecha, de mala calidad o que produce mala impresión: *nuestra primera cita ha sido una catástrofe.* **SIN** desastre.

catastrófico, -ca *adj.* **1** De una catástrofe o que tiene sus características: *ha sido declarada zona catastrófica.* **2** Desastroso, muy malo: *los últimos fichajes han tenido un resultado catastrófico.*

catastrofismo *n. m.* **1** Tendencia pesimista a predecir catástrofes: *su catastrofismo lo ha llevado a crearse un refugio nuclear.* **2** Teoría según la cual los mayores cambios geológicos y biológicos se debieron a catástrofes naturales.
DER catastrofista.

catastrofista *adj./n. com.* Que tiende a predecir catástrofes: *creo que los catastrofistas contribuyen a empeorar las situaciones críticas.*

catavinos *n. com.* Persona que se dedica a probar o catar vinos para informar de su calidad y de sus propiedades: *el catavinos examina el aroma, el color y el sabor de los vinos.*
SIN catador.
OBS El plural también es *catavinos.*

cate *n. m.* **1** Golpe ligero dado en la cabeza con la mano abierta. **2** *coloquial* Suspenso en una prueba o examen: *sólo tengo un cate en matemáticas.*
DER catear.

catear *v. tr. coloquial* Suspender a alguien en una prueba o examen: *me han cateado porque no había estudiado lo suficiente.* **SIN** cepillarse. **ANT** aprobar.

catecismo *n. m.* **1** Libro de instrucción o enseñanza básica en el que se contiene y explica la doctrina cristiana y que generalmente está redactado en forma de preguntas y respuestas: *si quieres hacer la primera comunión, tienes que aprenderte el catecismo.* **2** Obra que contiene la exposición resumida de alguna ciencia o arte.
ETIM *Catecismo* procede del griego *katechismós,* que tenía el mismo significado, voz con la que también están relacionadas *catecumenado, catequismo.*

catecúmeno, -na *n. m. y f.* Persona que se está instruyendo en los principios de la doctrina católica para recibir el bautismo.

cátedra *n. f.* **1** Departamento o sección dependiente de la autoridad de un catedrático. **2** Empleo y plaza de catedrático: *ganó una cátedra por oposición.* **3** Asignatura o materia que enseña un catedrático. **4** Asiento o lugar situado en alto desde el que un profesor da clase: *en la Universidad de Salamanca se puede visitar la cátedra de Unamuno.*
sentar cátedra Hacer o decir cosas con autoridad y de forma concluyente en relación con una materia: *es el que más sabe del tema y cuando habla sienta cátedra.*

catedral *n. f.* Iglesia principal, generalmente de gran tamaño, que es sede de una diócesis: *muchas de nuestras catedrales son importantes monumentos artísticos.*
DER catedralicio.

catedralicio, -cia *adj.* De la catedral o relacionado con esta iglesia: *es miembro del cabildo catedralicio.*

catedrático, -ca *n. m. y f.* Profesor que tiene la categoría más alta en centros oficiales de enseñanza secundaria o en la universidad: *el catedrático está de viaje y da sus clases un ayudante.*

categoría *n. f.* **1** Jerarquía de una persona o cosa en una clasificación según su importancia o grado: *nos alojamos en un hotel de primera categoría.* **2** Grado o nivel en una profesión, carrera o actividad: *es campeón nacional en la categoría de infantiles.* **3** Clase o grupo de una ciencia en que se distinguen los elementos que lo componen: *las categorías lingüísticas están formadas por elementos gramaticales y funcionales.* **4** FILOS. Concepto filosófico que junto con otros permite una primera clasificación, en grupos muy amplios, de todos los seres reales o mentales: *las categorías aristotélicas son diez y las kantianas son cuatro.*
de categoría Que es importante o bueno, que destaca en su especie por su valor o prestigio: *piso de categoría.*

categórico, -ca *adj.* Que afirma o niega de manera absoluta, sin condiciones ni alternativas: *sus palabras fueron categóricas y sin vacilaciones.*

catequesis *n. f.* Enseñanza de los principios y dogmas de la doctrina católica, especialmente para recibir el bautismo o la primera comunión.
OBS El plural también es *catequesis.*

catequista *n. com.* Persona que enseña los principios y dogmas de la doctrina católica.

catequizar *v. tr.* **1** Instruir a alguien en una doctrina, especialmente en la doctrina católica. **2** Convencer a una persona para que haga o permita hacer una cosa que es contraria a su voluntad: *hay que catequizar poco a poco a la sociedad para que suprima las diferencias de sexo.*
OBS En su conjugación, la *z* se convierte en *c* delante de *e.*

catering *n. m.* Servicio de suministro de bebidas y comidas preparadas para los pasajeros y tripulantes de un avión o para grupos de personas que trabajan en un mismo lugar.

cátodo

OBS Es de origen inglés y se pronuncia aproximadamente 'cáterin'.

caterva *n. f.* Multitud de personas o cosas consideradas en grupo, pero que están desordenadas, o consideradas despreciables y de poca importancia: *una caterva de gente armada no puede hacer las veces de un ejército*.
OBS Tiene sentido despectivo.

catéter *n. m.* MED. Tubo largo, delgado y flexible, empleado en medicina para explorar conductos o para quitar las acumulaciones de materia que impiden la circulación de los líquidos: *introdujeron un catéter hasta la arteria obstruida*.
SIN sonda.

cateto, -ta *n. m. y f.* **1** Persona sin formación ni cultura y de costumbres toscas: *el que sea un cateto no quiere decir que sea un necio*. Tiene sentido despectivo. ◇ *n. m.* **2** En geometría, lado que con otro forman el ángulo recto de un triángulo rectángulo.

catiusca *n. f.* Bota de goma que llega hasta media pierna o hasta la rodilla y sirve para proteger los pies del agua.
OBS También se escribe *katiuska*. ◇ Se usa generalmente en plural.

catódico, -ca *adj.* Del cátodo o relacionado con este electrodo: *tubo de rayos catódicos*.

cátodo *n. m.* Extremo de un circuito o conductor eléctrico que tiene menor potencial y por el que sale la energía eléctrica: *en los conductores eléctricos la corriente en-*

CATEGORÍAS GRAMATICALES

Las palabras del español se clasifican tradicionalmente en ocho *categorías gramaticales*.
La clasificación se realiza tomando en consideración las características de combinación y función sintáctica que cada palabra puede tener en la oración. Por este motivo, las categorías también reciben el nombre de *partes de la oración*, ya que cada categoría desempeña *funciones* distintas.

Categoría	Palabra variable o invariable	Función
Nombre	Puede tener flexión de género y de número: *niño-a-os-as* (masc. sing., fem. sing., masc. pl., fem. pl.); *foca-s* (fem., sing.-pl.); *dedo-s* (masc., sing.-pl.)	Núcleo de un sintagma nominal sujeto de la oración (*[una gata] come*), complemento directo (*tengo [una gata]*) o término de preposición (*lo compró para [una gata]*)
Adjetivo	Flexión de género y número: *rojo* (masc., sing.), *rojas* (fem., pl.)	Núcleo de un sintagma adjetivo complemento del nombre (*yegua [cansada]*), atributo (*yo estoy [cansada]*) o complemento predicativo (*ella llegó [cansada]*)
Adverbio	Invariable	Complemento de un adjetivo (*[muy] aburrida*), complemento de un verbo (*corre [bien]*), o complemento de otro adverbio (*[bastante] deprisa*)
Verbo	Flexión de persona, número, tiempo, aspecto y modo: *comimos* (2.ª pers., pl., pasado, perfecto, indicativo), *comerá* (3.ª pers., sing., futuro, imperfecto, indicativo)	Núcleo del sintagma verbal, que es el predicado de la oración (*yo [tengo sueño]*)
Preposición	Invariable	Encabeza un sintagma preposicional, que puede ser complemento de nombre (*casa [de madera]*), complemento de un verbo (*confía [en nosotras]*), complemento de un adjetivo (*difícil [de entender]*)
Pronombre	Puede tener flexión de género (*él/ella*), de número (*ella/ellas*) y de persona (*yo/tú*)	Realiza las mismas funciones que un sintagma nominal: sujeto de la oración (*[ella] come*), complemento directo (*[la] tengo*) o término de preposición (*lo compró para [ella]*)
Determinante	Puede tener flexión de género (*el/la*) y de número (*la/las*)	Determina o especifica a un nombre o a un sintagma que tiene función de nombre
Conjunción	Invariable	Relaciona sintagmas o frases que realizan la misma función (*gatos [y] perros*), o introduce un sintagma o frase que es complemento de otro (*quiero [que vengas]*)

A veces se utiliza una sola palabra para expresar un sentimiento o captar la atención de alguien: *¡ah!, ¡atiza!, ¡eh!, ¡jo!*. Estas palabras, llamadas *interjecciones*, no son una parte de la oración, ya que funcionan como una oración completa.

tra por el ánodo y sale por el cátodo. **SIN** *polo negativo.* **ANT** *ánodo.*

catolicismo *n. m.* Doctrina religiosa cristiana que tiene como jefe espiritual al Papa.

católico, -ca *adj.* **1** [doctrina religiosa cristiana] Que tiene como jefe espiritual al Papa. **2** [persona] Que cree en esta doctrina religiosa.
DER catolicismo.

catorce *num. card.* **1** Diez más cuatro: *siete por dos son catorce.* **2** *num. ord.* Que sigue en orden al que hace el número 13: *si voy después del decimotercero, soy el catorce de la lista.* Es preferible el uso del ordinal: *soy el decimocuarto.* **SIN** decimocuarto. ◇ *n. m.* **3** Número que representa el valor de diez más cuatro: *escribe el catorce después del 13.*
DER catorceavo.

catorceavo, -va *num.* Parte que resulta de dividir un todo en 14 partes iguales: *eran 14 personas y le correspondió a cada una un catorceavo.*

catre *n. m.* Cama estrecha, sencilla y ligera para una sola persona: *los catres suelen ser plegables.* ☞ cama.

caucasiano, -na *adj.* Del Cáucaso o relacionado con esta cordillera del sudeste de Europa.

caucásico, -ca *adj.* **1** De la raza blanca o relacionado con ella: *la raza caucásica comprende los principales pueblos de Europa, norte de África y sudoeste de Asia.* **2** Del grupo de lenguas hablado en la región del Cáucaso o relacionado con ellas: *las lenguas caucásicas son lenguas no indoeuropeas.*

cauce *n. m.* **1** Concavidad del terreno, natural o artificial, por donde corre un río, arroyo, canal o acequia: *el río se ha salido de su cauce y ha provocado importantes inundaciones.* **SIN** lecho, madre. **2** Modo, procedimiento o norma para realizar algo: *pienso agotar todos los cauces legales para que me devuelvan lo que me deben.*
DER encauzar.

caucho *n. m.* Sustancia elástica y resistente que se obtiene por procedimientos químicos a partir del jugo lechoso de ciertas plantas tropicales: *los neumáticos de los automóviles se hacen de caucho.*
DER recauchutar.

caudal *adj.* **1** De la cola de los animales o relacionado con ella: *aleta caudal.* ◇ *n. m.* **2** Cantidad de agua que lleva una corriente: *el caudal del río ha aumentado con las últimas lluvias.* **3** Cantidad de dinero y bienes de una persona: *ha invertido todo su caudal.* **SIN** fortuna, hacienda. **4** Gran cantidad de una cosa: *el enorme caudal de gente que acudió disfrutó con el concierto.*
DER caudaloso; acaudalar.

caudaloso, -sa *adj.* **1** [corriente] Que lleva mucha agua: *río, manantial caudaloso.* **2** Que tiene mucho dinero o muchos bienes. **SIN** acaudalado, rico.

caudillo *n. m.* Persona que guía y manda a un grupo de personas, especialmente a un ejército o gente armada: *el caudillo organizaba a su pueblo para la lucha.*
DER caudillaje; acaudillar.
ETIM Véase *cabeza.*

causa *n. f.* **1** Origen de una cosa o suceso: *la causa del incendio fue un cigarrillo mal apagado.* **causa primera** FILOS. Causa que produce un efecto siendo totalmente independiente: *Dios es la causa primera.* **2** Motivo o razón por obrar de una manera determinada: *no me molestes a no ser que haya una causa importante.* **3** Fin, idea o proyecto que se defiende o por el que se trabaja: *siempre ha luchado por una buena causa.* **4** Pleito judicial: *la causa quedó vista para sentencia.* **SIN** litigio.

a causa de Indica el motivo por el que se ha producido un resultado: *a causa de la tormenta tuvimos que pasar la noche en el aeropuerto.*

hacer causa común Unirse una o más personas con otra para un mismo fin: *tenemos que hacer causa común con nuestro compañero.*
DER causal, causar.

causal *adj.* **1** De la causa o relacionado con ella: *hay que descubrir la relación causal entre los dos hechos.* ◇ *adj./n. f.* **2** GRAM. [oración] Que expresa la causa real o la causa lógica de la acción, el proceso o el estado expresado por otra oración: *en está enfermo porque se ha dado un atracón de chocolate y en hoy no ha venido a dar la clase porque está enfermo, las oraciones introducidas por porque son causales.*
DER causalidad.

causalidad *n. f.* FILOS. Ley en virtud de la cual se producen efectos: *la causalidad es la relación entre una cosa y otra de la que es causa.*

causante *adj./n. com.* Que es causa de una acción o de una cosa: *la policía detuvo a los causantes del alboroto.*

causar *v. tr.* Producir o ser el origen de un efecto o resultado: *no han descubierto aún el virus que causa la enfermedad.*
SIN ocasionar, originar.
DER causante; encauzar.

cáustico, -ca *adj.* **1** [sustancia] Que quema y destruye los tejidos orgánicos: *la lejía es un producto cáustico.* **2** Que es mordaz y sarcástico en sus críticas. ◇ *adj./n. m.* **3** [medicamento] Que cura una herida quemando los tejidos afectados para que cierren.

cautela *n. f.* Cuidado y reserva que se pone al hacer algo para prevenir posibles riesgos o para no ser notado: *si vas con cautela, podrás evitar muchos peligros.* **SIN** precaución.
DER cauteloso.

cauteloso, -sa *adj.* **1** Que obra con cuidado y reserva. **2** Que encierra cautela: *mirada, actitud cautelosa.* **SIN** cauto. **ANT** imprudente.

cauterizar *v. tr.* Curar las heridas quemando o destruyendo los tejidos afectados con un metal muy caliente o con una sustancia cáustica.
DER cauterización.
OBS En su conjugación, la *z* se convierte en *c* delante de *e.*

cautivador, -ra *adj.* Que cautiva, especialmente con su gracia o encanto: *su mirada cautivadora me enamoró.*

cautivar *v. tr.* **1** Atraer irresistiblemente la atención, simpatía o amor de una persona mediante algo que le resulta física o moralmente atractivo: *tu sonrisa me cautiva.* **SIN** embrujar, encantar, fascinar. **2** Apresar o quitar la libertad al enemigo durante una guerra: *en aquella película la princesa cristiana había sido cautivada por los moros.*
DER cautiverio.

cautiverio *n. m.* **1** Estado de la persona a la que se ha privado de la libertad, especialmente durante una guerra: *todos los rebeldes sufrieron cautiverio.* **SIN** cautividad. **2** Estado del animal salvaje al que se ha privado de la libertad. **SIN** cautividad.

cautividad *n. f.* **1** Estado de la persona a la que se ha privado de la libertad, especialmente durante una guerra: *fue puesto en libertad tras varios años de cautividad.* **SIN** cautiverio. **2** Estado del animal salvaje al que se ha privado de la libertad: *con los proyectos de cría en cautividad se han salvado muchas especies en extinción.* **SIN** cautiverio.

cautivo, -va *adj./n. m. y f.* **1** Que no tiene libertad: *en los zoos procuran que los animales cautivos no se sientan mal; uno de los cautivos se enfrentó al vigilante.* **SIN** preso, prisionero.

2 [persona] Que se siente atraído por una cualidad determinada o dominado por alguna cosa: *se ha declarado cautivo de los juegos de ordenador.*
DER cautivar, cautiverio, cautividad.

cauto, -ta *adj.* Que obra con cuidado y reserva: *sé cauta y comprueba todo lo que te han dicho antes de tomar una decisión.* **SIN** cauteloso. **ANT** imprudente.
DER cautela; incauto.

cava *n. m.* **1** Vino blanco espumoso que se elabora en Cataluña. ◇ *n. f.* **2** Recinto subterráneo en el que se elabora este vino. **3** Acción de levantar o mover la tierra para ahuecarla o hacer un agujero.
vena cava Vena que, junto con otra, recoge la sangre de todo el cuerpo y la conduce al corazón.

cavar *v. tr.* **1** Levantar y remover la tierra con una herramienta para cultivarla: *hemos cavado el huerto y los rosales.* **2** Hacer un agujero, foso o zanja: *cavaron un túnel para fugarse.*
DER cava, caverna, cavidad; excavar, socavar.

caverna *n. f.* Cavidad profunda en la tierra o entre las rocas: *hombre de las cavernas.* **SIN** cueva, gruta.
DER cavernícola, cavernoso.

cavernícola *adj./n. com.* **1** [persona] Que vive en las cavernas: *sabemos de la vida de los cavernícolas por los vestigios que quedaron en las cavernas.* **2** Que tiene ideas sociales y políticas muy antiguas o que se consideran propias de tiempos pasados: *en algunas de sus decisiones parece un político cavernícola.* Tiene sentido despectivo. **SIN** retrógrado.

cavernoso, -sa *adj.* **1** Que tiene muchas cavernas: *terreno cavernoso.* **2** [voz, tos, sonido] Que es grave y áspero: *un monstruo de voz cavernosa.*

caviar *n. m.* Alimento que se prepara con las huevas del esturión frescas, aderezadas con sal y prensadas: *el caviar es un manjar exquisito.*

cavidad *n. f.* Espacio hueco en el interior de un cuerpo: *cavidad ocular.*
DER concavidad.

cavilación *n. f.* Reflexión profunda y minuciosa: *este escrito recoge sólo una serie de cavilaciones mías.*

cavilar *v. intr.* Pensar de forma profunda y minuciosa: *no caviles tanto y toma ya una decisión.* **SIN** reflexionar.
DER cavilación.

cayado *n. m.* **1** Bastón con el extremo superior curvo, generalmente de madera, que se suele usar para conducir el ganado. **SIN** garrota. **2** Báculo pastoral, bastón con el extremo superior curvo que usan los obispos como símbolo de su autoridad.

cayo *n. m.* Isla pequeña, llana y arenosa, muy común en el mar de las Antillas y en el golfo de México: *los cayos se inundan fácilmente.*

caza *n. f.* **1** Búsqueda y persecución de animales para atraparlos o matarlos: *me gusta ir de caza.* **SIN** cacería. **2** Animal o conjunto de animales que se buscan o persiguen para atraparlos o matarlos o que se han atrapado o matado: *en estos montes cada vez hay menos caza.* **caza mayor** Caza de animales grandes: *los jabalíes y los ciervos son animales de caza mayor.* **caza menor** Caza de animales pequeños: *los conejos y las perdices son animales de caza menor.* **3** Acción de buscar o perseguir una cosa que se desea conseguir: *son muchos los que están a la caza de un trabajo.* **caza de brujas** Persecución debida a prejuicios políticos o sociales. ◇ *n. m.* **4** Avión de pequeño tamaño y gran velocidad destinado principalmente a reconocimientos y combates aéreos: *la misión principal del caza es la de interceptar a otros aviones.* También se llama *avión de caza.*

andar (o **estar** o **ir**) **a la caza de** Esforzarse en conseguir una cosa o en encontrar a una persona o cosa: *el periodista iba a la caza de alguna buena noticia.*

cazabombardero *n. m.* Avión de combate preparado para derribar otros aviones y para lanzar bombas sobre un objetivo.

cazador, -ra *adj./n. m. y f.* **1** [persona] Que caza animales: *el cazador siguió a su presa durante todo el día.* **2** [animal] Que por instinto persigue y caza otros animales para comérselos: *los gatos y los perros son animales cazadores.* **3** [persona] Que busca o persigue una cosa que desea conseguir: *un cazador de autógrafos.*

cazadora *n. f.* Prenda de vestir corta y ajustada a la cintura: *las cazadoras están hechas con material resistente, generalmente paño o cuero.*

cazadotes *n. m.* Hombre que trata de casarse con una mujer rica.
OBS Tiene sentido despectivo.

cazalla *n. f.* Aguardiente seco y fuerte fabricado en Cazalla de la Sierra, pueblo de Sevilla.
DER cazallero, -ra.

cazar *v. tr.* **1** Buscar o perseguir animales para atraparlos o matarlos: *los gatos cazan ratones.* **2** Conseguir con habilidad, especialmente una cosa buena o difícil: *cazó un buen empleo.* **3** Descubrir, especialmente una cosa oculta o un error: *he cazado varias erratas en este escrito.* **4** Darse cuenta o entender con rapidez mental: *aún no he cazado la intención de su pregunta.*
DER cacería, caza, cazador, cazadora; cazadotes, cazatalentos.
OBS En su conjugación, la *z* se convierte en *c* delante de *e*.

cazatalentos *n. com.* Persona que se dedica a buscar individuos idóneos para su contratación por empresas que los necesitan.

cazo *n. m.* **1** Recipiente cilíndrico, más ancho que alto y con mango largo, hecho de metal o de porcelana, que se usa para cocer o calentar alimentos: *los cazos suelen tener un pico para verter su contenido.* ☞ cocina. **2** Utensilio de cocina, generalmente de metal, en forma de media esfera y con un mango largo, que se usa para pasar líquidos de un recipiente a otro: *sirve la sopa en los platos con el cazo.* **SIN** cucharón.
meter el cazo *coloquial* Decir o hacer una cosa con poco acierto: *debes informarte bien para que no vuelvas a meter el cazo.* **SIN** meter la pata.
DER cacerola, cacillo, cazoleta, cazuela.

cazoleta *n. f.* **1** Hueco de la pipa de fumar en el que se coloca el tabaco. **2** Pieza de forma más o menos semiesférica que tienen las espadas y sables entre el puño y la hoja para proteger la mano.

cazón *n. m.* Pez marino de unos dos metros de largo, con la boca en forma semicircular y los dientes afilados y cortantes: *el cazón y el tiburón son escualos.*
OBS Para indicar el sexo se usa *el cazón macho* y *el cazón hembra.*

cazuela *n. f.* **1** Recipiente de cocina de base circular, ancho y poco profundo, generalmente de barro y con dos asas y tapa; se usa para guisar: *destapa la cazuela y sirve la comida.* ☞ cocina. **2** Guiso hecho en este recipiente, generalmente con carne, patatas y legumbres: *hoy comeremos arroz a la cazuela.*

cazurro, -rra *adj./n. m. y f.* **1** [persona] Que es torpe, ignorante y simple: *es un personaje cazurro, pero de nobles sentimientos.* **2** [persona] Que es rudo, tosco o basto: *¡qué cazurro es! Tendrás que explicárselo una vez más.*

C

c

CD Abreviatura de *compact disc*, 'disco compacto'.
CD-ROM *n. m.* **1** Disco metálico de doce centímetros de diámetro y con gran capacidad para contener sonidos, imágenes y otras informaciones grabadas que se pueden reproducir por medio de un rayo láser y un sistema informático adecuado. **2** Aparato acoplado al ordenador que permite la lectura de las informaciones contenidas en este disco. ☞ ordenador.
OBS Es abreviatura del inglés *compact disc–read only memory*, 'disco compacto de memoria que sólo permite la lectura'.

ce *n. f.* Nombre de la letra c: *la palabra* cena *empieza con* ce.

cebada *n. f.* **1** Planta cereal muy parecida al trigo, pero menos alta y de semillas más alargadas y puntiagudas: *la cebada se cultiva en países de clima cálido y templado.* ☞ cereales. **2** Semilla o conjunto de semillas de esta planta: *la cebada se emplea como pienso para el ganado y en la fabricación de cerveza y otras bebidas alcohólicas.*

cebar *v. tr.* **1** Alimentar a un animal para que se ponga gordo, generalmente con el fin de aprovechar su carne: *cebamos al cerdo con bellotas para conseguir mejores jamones.* **SIN** engordar. **2** *coloquial* Alimentar abundantemente o engordar a una persona: *ino me pongas tanta comida que me vas a cebar!* **3** Preparar convenientemente una máquina o ponerle el combustible necesario para que funcione: *cebar un motor.* ◇ *v. tr./prnl.* **4** Alimentar una pasión o un afecto: *no debes cebar tanto odio.* ◇ *v. prnl.* **5 cebarse** Causar un intenso dolor, de manera deliberada e innecesaria, a una persona que no puede defenderse: *casi todas las epidemias suelen cebarse con los ancianos y los niños.* Se suele usar con las preposiciones *en* y *con*.

cebo *n. m.* **1** Trozo de alimento, o algo que lo simula, que se pone en el anzuelo, el cepo y otras trampas para pescar o cazar: *este cebo no les gusta a los peces y por eso no pican.* **2** Materia que provoca la explosión en las armas de fuego, los proyectiles o en otras cosas. **3** Cosa agradable o interesante que se ofrece, a veces de forma engañosa, para incitar a hacer algo: *las ofertas de dos por uno son un cebo para aumentar las ventas.*
DER cebar.

cebolla *n. f.* **1** Hortaliza de tallo hueco, hojas largas y estrechas y flores blancas, con un bulbo del que nace una raíz fibrosa. **2** Bulbo subterráneo de esta planta, formado por capas esféricas, que tiene un olor fuerte y un sabor picante: *pon cebolla en la ensalada.*
DER cebolleta, cebollino.

cebolleta *n. f.* **1** Cebolla común que se vuelve a plantar después del invierno y que se come tierna antes de florecer. **2** Planta parecida a la cebolla, con una parte de las hojas comestible: *la cebolleta tiene el bulbo más pequeño que la cebolla.*

cebollino *n. m.* **1** Simiente de cebolla lista para ser trasplantada: *vamos a sembrar los cebollinos.* **2** Planta, parecida a la cebolla, de tallo cilíndrico y flores rosadas; una parte de sus hojas es comestible. **3** *coloquial* Persona torpe y tonta: *eres un cebollino: así no vas a aprobar nunca.* Se usa como apelativo despectivo.

cebón, -bona *adj.* **1** [animal] Que ha sido cebado o engordado para que sirva de alimento: *en la comida de Navidad prepararon un cabrito cebón.* ◇ *n. m.* **2** Cerdo cebado: *en esta granja crían cebones para jamón.*

cebra *n. f.* Animal mamífero africano parecido al burro, de pelo amarillento con rayas verticales o inclinadas marrones o negras: *la cebra tiene las orejas grandes y el cuello robusto.*

OBS Para indicar el sexo se usa *la cebra macho* y *la cebra hembra*.

cebú *n. m.* Animal mamífero parecido al toro, con una o dos gibas de grasa en la espalda en las que acumula grasa: *el cebú se emplea como bestia de carga.*
OBS Para indicar el sexo se usa *el cebú macho* y *el cebú hembra*. ◇ El plural es *cebúes*.

ceca *n. f.* Establecimiento donde se fabrica moneda: *en España la ceca es la Casa de la Moneda.*
de la Ceca a la Meca De un lado para otro, moviéndose mucho, haciendo muchas gestiones para conseguir algo o resolver un asunto: *me has hecho perder toda la mañana andando de la Ceca a la Meca.*

cecear *v. intr.* Hablar pronunciando la s como la z o como la c ante e, i: *cecea porque pronuncia las eses como ces.*
DER ceceo.

ceceo *n. m.* Fenómeno del habla que consiste en pronunciar la s como la z o como la c ante e, i: *el ceceo se encuentra en algunas zonas del sur de España y en Hispanoamérica.*

cecina *n. f.* Carne salada y secada al sol, al aire o al humo: *la cecina y el bizcocho eran los principales alimentos en los galeones.*
DER acecinar.

cedazo *n. m.* Utensilio formado por un aro de madera o metal y una tela metálica muy fina que cierra la parte inferior; se usa para separar las partes finas y gruesas de una materia: *necesitamos un cedazo para limpiar la harina.* **SIN** criba, tamiz.

ceder *v. tr.* **1** Transferir o traspasar voluntariamente a otro el disfrute de una cosa, acción o derecho: *ceder el paso; cedió el castillo a una institución benéfica.* ◇ *v. intr.* **2** Disminuir o desaparecer la resistencia de una persona: *se lo pedimos con insistencia, pero no cedió.* **SIN** claudicar. **3** Disminuir o desaparecer la fuerza: *la fiebre cedió con los baños fríos.* **SIN** remitir. **4** Romperse una cosa que ha estado sometida a una fuerza excesiva: *las vigas han cedido por un exceso de carga.*
DER cedido, cesión; acceder, anteceder, conceder, exceder, interceder, preceder, proceder, retroceder, suceder.

cedilla *n. f.* **1** Nombre de la letra ç: *la cedilla es una c con una virgulilla debajo.* **2** Signo en forma de coma que constituye la parte inferior de esta letra.

cedro *n. m.* **1** Árbol de tronco alto y recto, con la copa en forma de cono, hojas perennes y el fruto en forma de piña: *el cedro puede alcanzar cuarenta metros de altura.* **2** Madera de este árbol: *el cedro es apreciado por su dureza.*

cédula *n. f.* Documento en el que se reconoce una deuda o una obligación de otro tipo: *encontramos en el baúl del difunto varias cédulas y papeles privados.* **cédula de identidad** Tarjeta con la fotografía, la firma y otros datos identificativos de una persona. **SIN** tarjeta de identidad. **cédula hipotecaria** Documento que emiten los bancos reconociendo un crédito cuya devolución tiene como garantía una vivienda. **cédula personal** Cédula que se recibe tras el pago de un impuesto y lleva información sobre la persona que paga. **cédula real** Cédula que firma un rey concediendo un favor o disponiendo sobre un asunto.

cefalea *n. f.* Dolor de cabeza intenso y persistente: *sus frecuentes cefaleas son debidas a la tensión nerviosa.* **SIN** jaqueca.

-cefalia Elemento sufijal que entra en la formación de palabras con el significado de 'cabeza': *hidrocefalia.*

cefálico, -ca *adj.* ANAT. De la cabeza o relacionado con esta parte del cuerpo: *se ha especializado en el tratamiento de las afecciones cefálicas.*

cefalo-, cefal-, -céfalo Elemento prefijal y sufijal que entra en la formación de palabras con el significado de 'cabeza': *cefalópodo, bicéfalo*.

cefalópodo *adj./n. m.* **1** ZOOL. Molusco marino de la clase de los moluscos. ◊ *n. m. pl.* **2 cefalópodos** ZOOL. Clase de moluscos marinos que tienen la cabeza grande rodeada de patas blandas y flexibles que sirven para nadar: *el calamar y el pulpo pertenecen a los cefalópodos*.

cefalotórax *n. m.* Región del cuerpo de los arácnidos y muchos crustáceos constituida por la fusión de la cabeza con el tórax.
OBS El plural también es *cefalotórax*.

cegar *v. intr.* **1** Perder el sentido de la vista: *cegó cuando niño a causa de una enfermedad*. ◊ *v. tr./prnl.* **2** Hacer perder el sentido de la vista, generalmente de forma pasajera a causa de una luz intensa: *la cegó el resplandor*. ◊ *v. tr./intr.* **3** Quitar la capacidad de razonar o de darse cuenta con claridad de las cosas: *tanta ambición te ha cegado*. **SIN** ofuscar. ◊ *v. tr.* **4** Tapar o cerrar un hueco o una entrada: *cegaron el pozo con cemento*.
DER cegajoso, cegato, ceguedad, ceguera; encegueer, obcecar.
ETIM Véase *ciego*.

cegato, -ta *adj./n. m. y f. coloquial* [persona] Que no ve bien: *está medio cegato y no nos ha reconocido*.

cegesimal *adj.* Palabra que se utiliza en el término *sistema cegesimal*, que significa 'sistema de pesas y medidas que tenía por unidades básicas el centímetro, el gramo y el segundo': *el sistema cegesimal ha sido sustituido por el sistema internacional de unidades, que se abrevia en SI*.
ETIM Procede del nombre de las letras *c, g, s*, que son las iniciales de *centímetro, gramo, segundo*.
OBS Se abreviaba en CGS.

ceguedad *n. f.* Ceguera, falta de la vista.

ceguera *n. f.* **1** Falta completa del sentido de la vista. **SIN** ceguedad. **2** Pasión que quita la capacidad de razonar con claridad: *tiene tal ceguera con ese chico, que no ve que la engaña*. **SIN** ceguedad. **3** Enfermedad que produce la pérdida de visión en uno o los dos ojos: *aquel accidente le causó la ceguera en un ojo*.

ceja *n. f.* **1** Parte de la cara que sobresale por encima de cada uno de los ojos, curvada y cubierta de pelo: *las mujeres suelen depilarse parte de las cejas*. ☞ *cuerpo humano; ojo*. **2** Parte saliente de un objeto, generalmente en un libro o un vestido.
hasta las cejas Hasta el extremo o límite, en un grado máximo: *estoy hasta las cejas de tanto trabajo*.
meterse entre ceja y ceja Tener una idea fija; obstinarse u obsesionarse con una cosa: *se le ha metido entre ceja y ceja que nosotros queremos perjudicarle*.
quemarse las cejas Estudiar mucho y con ahínco: *se ha quemado las cejas para preparar bien este examen*. **SIN** quemarse las pestañas.
tener entre ceja y ceja No soportar a una persona, sentir antipatía o rechazo hacia ella: *al tipo ese lo tengo entre ceja y ceja*.
DER cejijunto, cejilla; entrecejo, sobrecejo.
ETIM *Ceja* procede del latín *cilia*, plural de *cilium*, que tenía el mismo significado, voz con la que también está relacionada *cilio*.

cejar *v. intr.* Aflojar o ceder en un negocio, empeño o discusión: *no cejarán hasta que no se les conceda lo que piden*.
OBS Se usa generalmente en frases negativas.

cejijunto, -ta *adj.* **1** Que tiene las cejas muy pobladas y juntas o muy poco separadas. **2** Que suele poner ceño por enfado o por ser seco y serio en el trato. **SIN** ceñudo.

cejilla *n. f.* **1** Pieza que se ajusta al mástil de la guitarra y que sirve para apretar todas las cuerdas a la vez y subir su tono por igual: *la cejilla se aprieta como las abrazaderas*. **2** Presión que se hace con el dedo índice sobre todas las cuerdas de la guitarra para conseguir el mismo efecto que con esta pieza: *para tocar ese acorde debes hacer cejilla en el tercer traste*.

celada *n. f.* **1** Medio hábil y engañoso por el que se coloca a una persona en situación difícil o se la obliga a hacer, decir o aceptar algo que no quería. **2** Emboscada de gente armada en un lugar oculto y cogiendo a la víctima por sorpresa: *tender una celada*. **3** Pieza de las antiguas armaduras que cubría y protegía la cabeza.

celador, -ra *n. m. y f.* Persona que vigila el cumplimiento de las normas y el mantenimiento del orden o hace otras tareas de apoyo en un centro público: *una de las misiones del celador de hospital es controlar las visitas*.

celar *v. tr./intr.* **1** Procurar con cuidado el cumplimiento de las leyes y de toda clase de obligaciones: *es obligación del director de la prisión celar por la observancia del reglamento*. ◊ *v. tr.* **2** Observar o vigilar, especialmente a alguien de quien se desconfía.
DER celada; recelar.

celda *n. f.* **1** Habitación pequeña, especialmente en una cárcel o en un convento: *cada celda del convento tenía sólo una cama y un crucifijo*. **2** Casilla hexagonal que con otras forman las abejas y otros insectos en el panal: *las abejas llenan las celdas con miel y las tapan con cera*. **SIN** celdilla.
DER celdilla.

celdilla *n. f.* Casilla hexagonal que con otras forman las abejas y otros insectos en el panal: *las celdillas de algunos panales se llenan con los huevos que deposita la reina*. **SIN** celda.

celebérrimo, -ma *adj.* Que es muy famoso o célebre.
OBS Es superlativo irregular de *célebre*.

celebración *n. f.* **1** Encuentro o acto solemne en el que intervienen varias personas: *la celebración del congreso ha sido aplazada; hablamos con el sacerdote antes de la celebración de la misa*. **2** Fiesta o acto con que se celebra una fecha o un acontecimiento: *no estuve en la celebración del quinto centenario*.

celebrante *n. m.* Sacerdote que dice la misa. **SIN** oficiante.

celebrar *v. tr./prnl.* **1** Organizar un encuentro o participar en él; llevar a cabo actos como reuniones, juntas, entrevistas o ceremonias: *el congreso se celebrará el próximo mes; celebrar un debate*. ◊ *v. tr.* **2** Organizar una fiesta o participar en ella con ocasión de una fecha o de un acontecimiento: *he decidido celebrar mi cumpleaños en una discoteca*. **SIN** festejar. **3** Alegrarse por una cosa o alabarla: *celebro que te encuentres mejor*.
DER celebración, celebrante; concelebrar.

célebre *adj.* [persona, cosa] Que es muy conocido por haber hecho algo importante o por poseer una cualidad buena o mala: *Murillo es un célebre pintor sevillano; he comprado la última novela de una célebre escritora catalana*. **SIN** conocido, famoso.
DER celebrar, celebridad.
ETIM *Célebre* procede del latín *celeber*, 'celebrado', voz con la que también está relacionada *celebérrimo*.

celebridad *n. f.* **1** Popularidad y admiración pública de que disfruta una persona, generalmente por haber hecho alguna cosa importante. **SIN** fama. **2** Persona que tiene fama y es muy conocida: *al congreso asistieron las grandes celebridades del momento*. **ANT** desconocido.

celemín *n. m.* Medida de capacidad tradicional para el grano y otros productos; en Castilla equivale a 4,625 litros y es la duodécima parte de la fanega.

celeridad *n. f.* Rapidez o velocidad en el movimiento o la ejecución de algo: *lleve a cabo estas tramitaciones con la mayor celeridad posible*.
DER acelerar; deceleración.

celeste *adj.* **1** De color azul claro, como el del cielo despejado: *vestían a los niños de azul o celeste y a las niñas de rosa*. **2** Del cielo o relacionado con él: *bóveda celeste; cuerpos celestes*. **ANT** terreno.
DER celestial.
ETIM Véase *cielo*.

celestial *adj.* Del cielo o lugar en el que los ángeles, los santos y los justos gozan de la compañía de Dios para siempre, o relacionado con él: *sólo los bienaventurados gozarán de la gloria celestial*. **ANT** terrenal.

celestina *n. f.* Mujer que, a cambio de dinero, facilita o encubre las relaciones amorosas o sexuales de dos personas. **SIN** alcahueta.

celibato *n. m.* Estado de la persona que no se ha casado, especialmente por motivos religiosos: *el sacerdote católico ha de permanecer en el celibato*. **SIN** soltería.

célibe *adj./n. com.* [persona] Que no se ha casado, especialmente por motivos religiosos. **SIN** soltero.

celo *n. m.* **1** Cuidado, diligencia e interés con que alguien hace las cosas que tiene a su cargo: *tienes que poner un poco más de celo en tu trabajo*. **2** Período de la vida de algunos animales en el que aumenta su apetito sexual y las hembras están preparadas para la reproducción: *durante la época de celo las hembras admiten la unión con el macho*. Se suele usar en la expresión *estar en celo*. **3** Cinta de papel de plástico transparente que es adhesiva por una de sus caras y se usa para unir o sujetar cosas: *necesito celo para empaquetar el regalo*. ◊ *n. m. pl.* **4 celos** Sentimiento que se tiene al sospechar que la persona amada siente preferencia por otra: *dice que los celos de su mujer son infundados*. **dar celos** Provocar en una persona ese sentimiento fingiendo que se siente preferencia por otra. **5** Recelo que siente una persona al creer que un afecto u otro bien que disfruta o pretende puede ser alcanzado por otro: *tiene unos celos terribles de su nueva hermanita*.
DER celar, celosía, celoso.

celofán *n. m.* Papel de plástico, fino y transparente, generalmente usado para envolver: *necesitaremos papel celofán de diferentes colores*.

celosía *n. f.* Enrejado tupido hecho con listones de madera u otro material que se pone en las ventanas o se usa para separar unos espacios de otros, especialmente para poder ver a través de él sin ser visto.

celoso, -sa *adj.* **1** [persona] Que sospecha que la persona amada siente preferencia por otra: *creo que estás celoso y por eso me haces tantas preguntas*. **2** [persona] Que pone mucho cuidado e interés al hacer una cosa: *confiamos en ellos porque son muy celosos en su trabajo*.
DER celosamente.
OBS Se suele construir con *de* y *en*.

celta *adj.* **1** De un grupo de pueblos indoeuropeos que ocuparon la Europa occidental o relacionado con ellos: *el pueblo celta estuvo establecido en buena parte de España y Portugal*. **SIN** céltico. ◊ *n. com.* **2** Persona que pertenece a uno de esos pueblos: *los celtas llegaron a la península ibérica entre los siglos VIII y VI antes de Cristo*. ◊ *n. m.* **3** Grupo de lenguas indoeuropeas habladas por este conjunto de pueblos.

DER celtibérico, celtíbero, céltico.

celtibérico, -ca *adj.* De la Celtiberia o relacionado con esta antigua región de la España prerromana: *el pueblo celtibérico se extendía por las actuales provincias de Zaragoza, Teruel, Cuenca, Guadalajara y Soria*.

celtíbero, -ra o **celtibero, -ra** *adj./n. m. y f.* De un pueblo prerromano que habitó en la antigua Celtiberia en el siglo III antes de Cristo: *los celtíberos surgieron de la mezcla de los celtas con los iberos*.

céltico, -ca *adj.* De los celtas o relacionado con este conjunto de pueblos indoeuropeos: *la invasión céltica tuvo su auge entre los siglos VI y I antes de Cristo*. **SIN** celta.

célula *n. f.* **1** Elemento fundamental de los seres vivos, generalmente microscópico y dotado de vida propia, que, según la teoría celular, constituye las unidades morfológicas y fisiológicas que componen el cuerpo de las plantas y de los animales. **2** Grupo, dentro de una organización mayor, que funciona de modo independiente: *en algunas ideologías se pone en duda la importancia de la célula familiar*.
célula fotoeléctrica Dispositivo que reacciona ante variaciones de energía luminosa transformándola en una variación de energía eléctrica: *esta puerta se abre sola a nuestro paso porque lleva una célula fotoeléctrica*.

celular *adj.* **1** De la célula o relacionado con este elemento fundamental de los seres vivos: *tejido celular*. **2** [vehículo] Que está acondicionado para trasladar a personas arrestadas o presas: *trasladaron al detenido en un coche celular*.
DER extracelular, pluricelular, unicelular.

celulitis *n. f.* Inflamación del tejido celular situado debajo de la piel: *con el deporte y una dieta exenta de grasas se combate la celulitis*.
OBS El plural también es *celulitis*.

celuloide *n. m.* **1** Material plástico y muy flexible empleado en la industria fotográfica y cinematográfica para la fabricación de películas: *el celuloide se fabrica con pólvora de algodón y alcanfor*. **2** Conjunto de personas y medios que se dedica a hacer, vender y proyectar películas de cine: *el mundo del celuloide*. **SIN** cine.

celulosa *n. f.* QUÍM. Sustancia compuesta de hidratos de carbono, sólida y blanca, que se encuentra en los tejidos de las células vegetales y que se usa especialmente en la industria del papel: *la celulosa no tiene sabor ni olor, ni se puede disolver en líquidos*. ☞ reciclaje, proceso de.
DER celuloide.

cementar *v. tr.* Calentar una pieza de metal junto con otra materia en polvo o en pasta: *hay que cementar el hierro con carbón para obtener acero*.

cementerio *n. m.* **1** Lugar, generalmente cercado, en el que se entierran los cuerpos muertos de las personas: *en los cementerios suele haber cipreses*. **SIN** camposanto, necrópolis. **2** Lugar en el que se entierran animales que han muerto o al que van algunos animales a morir: *cementerio de perros; cementerio de elefantes*. **3** Lugar en el que se acumulan materiales o productos inservibles: *cementerio de residuos nucleares*. **cementerio de coches** Lugar en el que se acumulan los coches viejos o que no sirven y donde puede comprarse alguna de sus piezas: *para arreglar el motor tuve que buscar la pieza en un cementerio de coches*.

cemento *n. m.* Material de construcción en polvo, formado por sustancias calcáreas y arcillosas, que forma una masa sólida y dura al mezclarse con agua; se emplea para tapar huecos, unir superficies y como componente aglutinante en hormigones y argamasas: *estos ladrillos están unidos con cemento*. **cemento armado** Mezcla compacta hecha con

grava, arena y cemento que va reforzada con alguna estructura metálica en su interior: *el techo se apoya sobre columnas de cemento armado*. **SIN** hormigón armado.
DER cementar.
ETIM Véase *cimiento*.

cena *n. f.* **1** Última comida del día, que se toma al atardecer o por la noche: *adelantó la cena para acostarse pronto*. **2** Acción de tomar esta comida: *esta noche voy a una cena de antiguos alumnos*.
DER cenáculo, cenador, cenar.

cenáculo *n. m.* **1** Sala en que Jesucristo celebró su última cena con sus apóstoles. **2** Reunión habitual y poco numerosa de personas, generalmente literatos o artistas, que mantienen las mismas o parecidas ideas: *asiste a un cenáculo de escritores todos los viernes*.

cenador *n. m.* Espacio cubierto, generalmente redondo, cercado y revestido de plantas trepadoras que hay en ciertos jardines.

cenagal *n. m.* **1** Terreno lleno de cieno. **2** Situación o problema difícil: *necesito mucho dinero para salir de este cenagal*.
DER cenagoso.
ETIM Véase *cieno*.

cenagoso, -sa *adj.* Que tiene mucho barro o cieno: *a causa de la sequía sólo ha quedado el fondo cenagoso de la laguna*.

cenar *v. tr./intr.* Tomar la última comida del día, al atardecer o por la noche: *fueron al cine y cenaron de madrugada*.

cencerro *n. m.* Campana pequeña de metal, generalmente tosca, que se cuelga al cuello de las reses.
estar como un cencerro *coloquial* Estar chiflada una persona.
DER cencerrada.

cenefa *n. f.* Lista de adorno, generalmente formada con motivos repetidos, que se pone en los bordes de las telas o se coloca a lo largo de muros, doseles y lugares semejantes: *la pared de la cocina va alicatada en blanco con una cenefa azul a media altura*.

cenicero *n. m.* Recipiente pequeño y poco hondo en el que se dejan la ceniza y los restos de los cigarrillos: *no tires la ceniza al suelo y busca un cenicero*.

cenicienta *n. f.* Persona o cosa que se desprecia o no se tiene en cuenta sin que lo merezca: *no quiero estar marginado como si fuese la cenicienta del equipo*.

ceniciento, -ta *adj.* De color gris claro, como el de la ceniza. **SIN** ceniza.

cenit *n. m.* **1** ASTR. Punto del círculo celeste superior al horizonte que corresponde verticalmente a un lugar de la Tierra: *la Luna está ahora en el cenit, justo encima de nosotros*. **2** Situación o momento de apogeo de cierta persona o cosa: *se encuentra en el cenit de su carrera*.
DER cenital.

cenital *adj.* **1** Del cenit o relacionado con este punto del círculo celeste. **2** Que está en la parte superior de un lugar o que procede de ella: *mi despacho tiene luz cenital, pues procede de una claraboya abierta en el techo*.

ceniza *n. f.* **1** Polvo gris claro que queda después de arder o quemarse una cosa: *no tengo donde echar la ceniza del cigarrillo*. ◊ *n. f. pl.* **2 cenizas** Restos o residuos de una persona muerta: *en aquel cementerio descansan las cenizas de mis antepasados*.
DER cenicero, cenicienta, ceniciento, cenizo; encenizar.
ETIM *Ceniza* procede del latín *cinis, -eris*, que tenía el mismo significado, voz con la que también está relacionada *incinerar*.

cenizo, -za *adj.* **1** Del color gris claro de la ceniza. **SIN** ceniciento. ◊ *adj./n. m.* **2** *coloquial* [persona] Que trae o tiene mala suerte: *en cuanto llegó aquel cenizo todo se estropeó*.
SIN aguafiestas.

cenobio *n. m. culto* Monasterio, convento.
DER cenobita.

cenotafio *n. m.* Monumento funerario que no contiene el cadáver del personaje a quien se dedica.

censal *adj.* Del censo o relacionado con él: *antes de las elecciones hay que subsanar los errores censales*.

censar *v. tr.* **1** Incluir o registrar en una lista o censo: *tiene que censar las nuevas viviendas antes de entregarlas a sus propietarios*. ◊ *v. intr.* **2** Hacer el censo o empadronamiento de los habitantes de un territorio: *varios funcionarios del ayuntamiento se dedican a censar*. **SIN** empadronar.

censo *n. m.* Lista donde figuran los habitantes o los bienes de un territorio: *en este país el censo se actualiza cada cinco años*. **SIN** catastro, padrón, registro. **censo electoral** Lista donde figuran todas las personas que tienen derecho a votar.
DER censal, censar, censura.

censor, -ra *adj./n. m. y f.* **1** Que censura o tiene inclinación a criticar a los demás. ◊ *n. m. y f.* **2** Persona encargada por la autoridad de revisar publicaciones y otras obras destinadas al público y de someterlas a las modificaciones, supresiones y prohibiciones necesarias para que se ajuste a lo permitido por dicha autoridad: *durante la dictadura, los censores suprimieron muchas escenas de películas*.

censura *n. f.* **1** Crítica o juicio negativo que se hace de algo, especialmente del comportamiento ajeno: *la censura contra la guerra ha sido unánime*. **SIN** condena, crítica. **2** Sometimiento de una obra destinada al público a las modificaciones, supresiones y prohibiciones que el censor considere convenientes para que se ajuste a lo que la autoridad permite. **3** Organismo oficial encargado de ejercer esta labor: *la censura no permitió que su libro viese la luz*.
DER censor, censurable, censurar.

censurable *adj.* Que puede o merece ser desaprobado o censurado. **SIN** criticable, reprobable.
DER incensurable.

censurar *v. tr.* **1** Juzgar negativamente alguna cosa o comportamiento: *sus compañeros le censuraron su poca hombría*. **SIN** condenar, criticar, reprobar. **2** Formar un juicio sobre una cosa después de haberla examinado, especialmente sobre una obra destinada al público, para ver si, en el aspecto político, moral o religioso, puede publicarse o exhibirse entera o parcialmente: *los críticos censuraron el libro para decidir si podía ser publicado*. **3** Suprimir o modificar en una obra destinada al público lo que el censor ha creído conveniente: *han puesto la película con las escenas amorosas que en su día fueron censuradas*.

centauro *n. m.* Animal mitológico, mitad hombre y mitad caballo: *el centauro tiene tronco, brazos y cabeza de hombre*.

centavo, -va *adj./n. m.* **1** [parte] Que resulta de dividir un todo en 100 partes iguales: *son 100 personas y les corresponderá una centava parte a cada una*. **SIN** centésimo. ◊ *n. m.* **2** Moneda equivalente a la centésima parte de la unidad en numerosos países americanos: *tanto el dólar como el peso mejicano tienen cien centavos*.

centella *n. f.* **1** Rayo de baja intensidad, pequeña descarga eléctrica que se produce entre las nubes: *en el cielo se vieron rayos y centellas*. **2** Chispa que salta al golpear una piedra con un objeto de metal. **3** Persona o cosa muy rápida: *es una centella a la hora de trabajar*.
DER centellear.

centellear *v. intr.* **1** Despedir rayos de luz de diversa inten-

centena

sidad y color: *las estrellas centellean en la noche.* **2** Brillar con mucha intensidad: *cuando se enfada le centellean los ojos.*
DER centelleo.

centena *n. f.* Conjunto formado por 100 unidades: *habría una centena de personas aproximadamente.* **SIN** centenar, ciento.
DER centenar, centenario.
ETIM Véase *ciento.*

centenar *n. m.* **1** Centena, conjunto de 100 unidades: *habría un centenar de personas en la sala.* **SIN** ciento. ◇ *n. m. pl.* **2 centenares** Gran cantidad de personas o cosas: *hemos recibido centenares de cartas.*
a centenares En gran cantidad, en abundancia: *las felicitaciones llegaron a centenares.*

centenario, -ria *adj./n. m. y f.* **1** De la centena. **2** Que tiene cien años de edad, o poco más o menos: *edificio centenario.* ◇ *n. m.* **3** Día o año en que se cumplen uno o más centenares de años de un acontecimiento: *en 1992 se celebró el quinto centenario del descubrimiento de América.*
DER bicentenario.

centeno *n. m.* **1** Planta cereal muy parecida al trigo, pero de espigas más delgadas, que produce una semilla puntiaguda por uno de sus lados: *el centeno tiene los mismos usos que el trigo, pero es de menor calidad.* ☞ cereales. **2** Semilla o conjunto de semillas de esta planta: *pan de centeno.*

centesimal *adj.* Que está dividido en cien partes: *graduación centesimal.*

centésimo, -ma *num. ord.* **1** [persona, cosa] Que sigue en orden al que hace el número 99: *si voy después del 99, soy el centésimo de la lista.* **2** [parte] Que resulta de dividir un todo en 100 partes iguales: *sólo me correspondió la centésima parte del dinero.* **SIN** centavo.

centi- Elemento prefijal que entra en la formación de palabras con el significado de 'cien', 'centésima parte': *centilitro, centigramo.*

centígrado, -da *adj.* **1** [escala de temperatura] Que se divide en cien grados, correspondiendo el cero a la temperatura de fusión del hielo y el cien a la de ebullición del agua: *la escala centígrada también se conoce como escala Celsius.* **2** De la escala de temperatura que se divide en cien unidades o relacionado con ella: *durante todo el verano el termómetro no bajó de los treinta grados centígrados.*

centigramo *n. m.* Medida de masa equivalente a la centésima parte de un gramo: *el símbolo del centigramo es cg.*

centilitro *n. m.* Medida de capacidad equivalente a la centésima parte de un litro: *el símbolo del centilitro es cl o cL.*

centímetro *n. m.* Medida de longitud equivalente a la centésima parte de un metro: *el símbolo del centímetro es cm.*
centímetro cuadrado Medida de superficie que equivale a 0,0001 metros cuadrados: *el símbolo del centímetro cuadrado es cm².* **centímetro cúbico** Medida de volumen que equivale a 0,000 001 metros cúbicos: *el símbolo del centímetro cúbico es cm³.*

céntimo *n. m.* Moneda equivalente a la centésima parte de la peseta o de otras unidades monetarias: *hace tiempo que retiraron las monedas de cinco, diez y cincuenta céntimos.*
estar sin un céntimo No tener dinero: *paga tú, que estoy sin un céntimo.* **SIN** estar sin blanca, no tener un duro.

centinela *n. m.* **1** Soldado que guarda, vigila y defiende una posición determinada: *el centinela nos dijo que no podíamos aparcar en las proximidades del cuartel.* ◇ *n. com.* **2** Persona que vigila o está en observación de alguna cosa: *uno de los ladrones se quedó de centinela para avisar si venía alguien.*

centollo *n. m.* Crustáceo marino con una concha cubierta de pelos y espinas y con cinco pares de patas: *los centollos fueron lo mejor de los mariscos que comimos.*

central *adj.* **1** Que está en el centro o entre dos extremos: *las medicinas están en el estante central.* **2** Principal, fundamental, que es lo más importante: *el tema central de una novela.* **3** Que ejerce su acción sobre todo el conjunto, territorio o sistema del que forma parte: *gobierno central; calefacción central.* ◇ *n. f.* **4** Oficina o establecimiento principal del que dependen otros del mismo tipo: *la sucursal del banco ha de pedir autorización a la central para concederme el préstamo.* **5** Instalación en la que se produce energía eléctrica a partir de otras formas de energía: *central hidráulica; central nuclear.* ◇ *n. m.* **6** Jugador de fútbol que juega en el centro de la defensa: *despejó de cabeza el central del equipo.*
DER centralismo, centralita, centralizar.

centralismo *n. m.* Sistema de gobierno que defiende la acumulación de poder y de funciones en un solo organismo: *con el centralismo desaparecen muchas de las funciones de los órganos locales.*
DER centralista.

centralista *adj.* **1** Del centralismo o relacionado con este sistema: *el nuevo gobierno practica una política centralista.* ◇ *adj./n. com.* **2** [persona] Que es partidario del centralismo.

centralita *n. f.* **1** Aparato que conecta varias líneas telefónicas con los teléfonos instalados en los locales de un organismo, entidad o empresa: *mi llamada pasa desde la centralita al teléfono del despacho que haya pedido.* **2** Lugar donde se encuentra instalado ese aparato.

centralización *n. f.* **1** Reunión de cosas distintas o de diversa procedencia en un lugar común o bajo una misma dirección: *la centralización de todos los pagos en una sola cuenta agiliza las gestiones.* **ANT** descentralización. **2** Asunción por parte de un poder central de las atribuciones y funciones políticas y administrativas que corresponden a un poder local o regional. **ANT** descentralización.

centralizar *v. tr./prnl.* **1** Reunir cosas distintas o de diversa procedencia en un lugar común o bajo una misma dirección: *en esta oficina se centraliza el apartado de servicios de la empresa.* **ANT** descentralizar. **2** Asumir un poder central las atribuciones y funciones políticas y administrativas que corresponden a un poder local o regional. **ANT** descentralizar.
DER centralización; descentralizar.
OBS En su conjugación, la *z* se convierte en *c* delante de *e*.

centrar *v. tr.* **1** Colocar una cosa haciendo coincidir su centro con el de otra: *para poder centrar el cuadro tuve que medir la pared.* **2** Dirigir la atención o el interés hacia un objetivo o un asunto: *el conferenciante centró su estudio en los problemas sociales.* ◇ *v. tr./intr.* **3** Pasar la pelota de la parte exterior al centro del campo, especialmente en el fútbol: *centró el balón pese a la oposición del defensa; no logró centrar ante la oposición del defensa.* ◇ *v. prnl.* **4 centrarse** Concentrar la atención en un asunto o en uno de sus aspectos: *no logro centrarme en los estudios; a ver, céntrate: hablamos de faltas, no de delitos.*
DER concentrar, descentrar.

céntrico, -ca *adj.* Del centro, especialmente de una población, o que está situado en él: *barrio, piso céntrico.*

centrifugadora *n. f.* Máquina que sirve para centrifugar: *las lavadoras automáticas también son centrifugadoras.*

centrifugar *v. tr.* Someter un objeto o sustancia a una rotación muy rápida para obtener por la fuerza centrífuga su secado o la separación de los componentes unidos o mezcla-

dos: *después del último aclarado, debes centrifugar la ropa para que se seque antes.*
DER centrifugadora.

centrífugo, -ga *adj.* [fuerza] Que tiende a alejar del centro alrededor del cual gira. **ANT** centrípeto.

centrípeto, -ta *adj.* [fuerza] Que tiende a acercar al centro alrededor del cual gira. **ANT** centrífugo.

centrismo *n. m.* Tendencia o ideología política de los partidos de centro.
DER centrista; antropocentrismo, egocentrismo.

centrista *adj.* **1** De una política de centro, entre la izquierda y la derecha, o relacionado con ella. ◇ *adj./n. com.* **2** [persona] Que es partidario de esta política: *los centristas hacen una política moderada.*

centro *n. m.* **1** Punto o lugar que está en medio, equidistante de los límites o extremos: *había tres sillas y se sentó en la del centro.* ☞ círculo. **2** Lugar o recinto donde se desarrolla una actividad: *centro de enseñanza; centro comercial.* **3** Persona o cosa principal que atrae la atención: *desde que llegó se convirtió en el centro de la reunión.* **4** Parte de una población donde hay más actividad administrativa, comercial y cultural: *quedamos en el centro y tomamos una copa.* También se llama 'centro urbano'. **centro urbano** Centro, parte de una ciudad donde hay más actividad. **5** Conjunto de ideas políticas que están entre la derecha y la izquierda: *es un partido de centro muy próximo a los conservadores.* **6** Lugar donde se concentra una actividad o donde se desarrolla con mayor intensidad: *centro de comunicaciones; centro industrial.* **7** Jugada de ataque en un partido de fútbol y de otros deportes que consiste en pasar el balón desde un lateral del campo hacia un compañero que avanza por la parte central. **8** Punto interior de un círculo situado a igual distancia de todos los de la circunferencia: *el diámetro de la circunferencia pasa por el centro.* **9** Punto interior de una esfera situado a igual distancia de todos los de la superficie. **10** Punto interior en un polígono o poliedro en el que todas las diagonales que pasan por él quedan divididas en dos partes iguales. **centro de gravedad** Fís. Punto de un cuerpo en el que, si se aplicara una sola fuerza vertical, tendría el mismo efecto que la suma de las acciones de la gravedad sobre todos sus puntos.
DER central, centrar, céntrico, centrífugo, centriolo, centrípeto, centrismo; baricentro, circuncentro, epicentro, hipocentro, homocentro, metacentro, ortocentro.

centroafricano, -na *adj.* **1** De la zona central del continente africano, y especialmente de la República Centroafricana, o relacionado con ellos. ◇ *n. m. y f.* **2** Persona nacida en el África central y, especialmente, en la República Centroafricana.

centroamericano, -na *adj.* **1** De Centroamérica o relacionado con los países del centro del continente americano. ◇ *adj./n. m. y f.* **2** [persona] Que es de alguno de los países de Centroamérica.

centrocampista *n. com.* Jugador de fútbol u otros deportes que juega en el centro del campo y tiene como misión contener los avances del equipo contrario y ayudar a su propia defensa y su delantera.

centroeuropeo, -pea *adj.* **1** De la Europa central o relacionado con la zona central de este continente. ◇ *adj./n. m. y f.* **2** [persona] Que es de alguno de los países de la Europa central.

centuplicar *v. tr./prnl.* **1** Hacer cien veces mayor una cosa o una cantidad. **2** Hacer una cosa mucho mayor: *con los últimos negocios ha centuplicado sus riquezas.*

OBS En su conjugación, la c se convierte en *qu* delante de e.

céntuplo, -pla *num.* [cantidad, número] Que es cien veces mayor que otra. Puede ser determinante: *céntupla ración,* o pronombre: *mil es el céntuplo de diez.*

centuria *n. f.* **1** Período de cien años: *en esta centuria ha habido grandes cambios políticos.* **SIN** centenario, siglo. **2** Compañía del ejército de la antigua Roma compuesta por cien soldados: *sesenta centurias formaban una legión.*
DER centurión.
ETIM Véase *ciento.*

centurión *n. m.* Oficial del antiguo ejército romano que tenía a su mando una centuria.

cenutrio, -tria *n. m. y f.* Persona torpe y lenta para comprender o ejecutar una cosa: *creí que una cosa tan fácil podría hacerla, pero veo que está hecho un cenutrio.*

ceñido, -da *adj.* Que está apretado, que rodea o cubre ajustando: *esta camiseta te queda demasiado ceñida.* **ANT** suelto.

ceñir *v. tr.* **1** Apretar, ajustar o rodear la cintura u otra parte del cuerpo con una prenda de vestir u otra cosa: *ciñeron su frente con una corona de laurel.* **2** Llevar un objeto ajustado a una parte del cuerpo: *era muy joven cuando ciñó la corona de laurel.* **3** Rodear o ajustar una cosa a otra: *las murallas ciñen la ciudad.* ◇ *v. prnl.* **4 ceñirse** Limitarse o atenerse concretamente a lo que se trata: *haga el favor de ceñirse al tema de que estamos hablando.* **5** Moderarse en los gastos o amoldarse a lo que se tiene: *tenemos que ceñirnos al presupuesto.*
OBS En su conjugación, la *i* de la desinencia se pierde absorbida por la *ñ* y la *e* se convierte en *i* en algunos tiempos y personas, como en *ceñir.*

ceño *n. m.* **1** Gesto de enfado o preocupación que se hace arrugando la frente y juntando las cejas. **SIN** entrecejo. **2** Aspecto amenazador que toma el cielo, las nubes o el mar.

ceñudo, -da *adj.* [persona] Que arruga el entrecejo mostrando una expresión severa o preocupada.

cepa *n. f.* **1** Tronco de la vid del que brotan los sarmientos; por extensión, toda la planta: *las cepas son leñosas y retorcidas; estas cepas dan muchas uvas.* **2** Parte del tronco de las plantas que está bajo la tierra unida a la raíz. **3** Origen de una familia: *el apellido que tiene es de cepa aristocrática.*

de buena cepa De origen o calidad cuya bondad es conocida: *un vino de buena cepa.*

de pura cepa Que es una persona con las características propias y auténticas de su clase: *es un andaluz de pura cepa.*
DER cepellón.

cepellón *n. m.* Tierra que se deja pegada a las raíces de los vegetales para trasplantarlos: *cubre el cepellón con un trapo mojado hasta que lo pongas en un tiesto.*

cepillar *v. tr.* **1** Poner lisa una superficie de madera o metal con un cepillo: *tengo que cepillar la puerta para que no roce en el suelo.* ◇ *v. tr./prnl.* **2** Limpiar algo de polvo, pelusas o suciedad con un cepillo: *cepillar un traje; cepillarse los dientes.* **3** Pasar el cepillo por el pelo para peinarlo o desenredarlo: *suele cepillarse el cabello antes de acostarse.* **4** *coloquial* Gastar el dinero con rapidez y sin medida: *se ha cepillado toda la herencia en unos meses.* ◇ *v. prnl.* **5 cepillarse** *coloquial* Matar a una persona o un animal: *hizo frente a los ladrones y se lo han cepillado.* **6** *coloquial* Catear o suspender a alguien que se examina: *se lo han cepillado en la última prueba del examen.* **7** *malsonante* Poseer sexualmente a una persona: *es tan vulgar y grosero que te hablará de las tías que se ha cepillado.*
DER acepillar.

cepillo *n. m.* **1** Instrumento de diversos tamaños y formas hecho de hilos o pelos gruesos fijos en una base y cortados al mismo nivel, que se usa generalmente para limpiar: *cepillo para los zapatos; cepillo de la ropa; cepillo para barrer.* **cepillo de dientes** Cepillo pequeño y con mango que se usa para limpiarse la boca. **cepillo del pelo** Cepillo que tiene mango y se usa para peinar. **2** Herramienta de carpintería que consiste en una pieza de madera con una cuchilla en su base; se usa para poner lisa la madera y trabajarla arrancándole delgadas láminas. ☞ herramientas. **3** Caja cerrada provista de una pequeña ranura por la que se introducen las limosnas: *los cepillos se suelen poner en las iglesias.*
DER cepilladora, cepillar.

cepo *n. m.* **1** Trampa para cazar animales provista de un mecanismo que se cierra y aprisiona al animal cuando éste lo toca. **2** Instrumento que sirve para inmovilizar la rueda de un automóvil: *tuve que pagar la multa para que quitaran el cepo al coche.* **3** Artefacto de diferentes formas con que se aprisionaba el cuello o los pies de los condenados.
DER cepa, cepillo, ceporro.

ceporro, -rra *n. m. y f.* Persona torpe y poco inteligente: *se queja de que este año tiene unos alumnos que son unos ceporros.* **SIN** tarugo, zopenco, zoquete.
dormir como un ceporro Dormir mucho y profundamente: *a pesar de todos los ruidos sigue durmiendo como un ceporro.*

cera *n. f.* **1** Sustancia sólida, blanda y fundible que producen las abejas y que se emplea principalmente para hacer velas: *las abejas fabrican con cera las celdas de los panales.* **2** Sustancia animal, vegetal o artificial de características parecidas a la que producen las abejas: *cera para depilar.* **3** Sustancia amarillenta segregada por las glándulas de los oídos: *tenía un tapón de cera y no oía bien.* **SIN** cerumen. **4** Producto químico de limpieza que se usa para dar brillo: *de vez en cuando doy cera a los muebles para cuidar la madera.* **5** Conjunto de velas usadas para un acto o función: *la cofradía puso la cera para la procesión.*
hacer la cera Quitar el pelo de alguna parte del cuerpo, generalmente de las piernas, aplicando sobre la epidermis una capa de ese producto cuando está caliente y retirarla cuando se enfría.
no hay más cera que la que arde Expresión con la que se indica que lo que se ve, se oye o se trata es todo y no hay más.
DER céreo, cerote, cerumen; encerar.
ETIM *Cera* procede del latín *cera*, que tenía el mismo significado, voz con la que también está relacionada *cirio*.

cerámica *n. f.* **1** Objeto o conjunto de objetos fabricados con barro, loza o porcelana: *rompió una valiosa cerámica al limpiar el polvo; me gusta la cerámica granadina.* **2** Arte o técnica de fabricar esos objetos: *por las tardes asiste a un curso de cerámica.*

ceramista *n. com.* Persona que fabrica objetos de cerámica: *el ceramista trabaja sus obras en el torno y después las mete al horno.* **SIN** alfarero.

cerbatana *n. f.* Tubo estrecho en el que se introducen dardos u otros proyectiles para dispararlos soplando por uno de sus extremos: *aquellos indios cazaban con cerbatana y dardos envenenados.*

cerca *n. f.* **1** Tapia o muro de madera u otro material que sirve para rodear un terreno y resguardarlo o marcar límites: *el animal saltó la cerca y salió huyendo.* **SIN** valla, valladar, vallado. ◊ *adv.* **2** En un punto próximo o inmediato; a corta distancia: *vive cerca, en la otra acera.*

cerca de *a)* Aproximadamente; poco más o menos: *llevamos cerca de una hora esperando. b)* Junto a: *ahora tengo el trabajo cerca de casa.*
de cerca A poca distancia: *ven, quiero verte de cerca.*
DER cercar.

cercado *n. m.* **1** Tapia o muro de madera u otro material que sirve para rodear un terreno y resguardarlo o marcar límites. **2** Lugar rodeado y limitado por una cerca, especialmente cuando se trata de una tierra de cultivo: *gracias al perro pude encerrar a los animales en el cercado.*

cercanía *n. f.* **1** Proximidad en el espacio o en el tiempo: *la cercanía geográfica propició que nos viéramos a menudo; la cercanía de las elecciones calentaba el ambiente.* **SIN** vecindad. **ANT** lejanía. ◊ *n. f. pl.* **2 cercanías** Conjunto de zonas cercanas a un lugar o lo rodean: *visitamos las poblaciones de las cercanías.*
de cercanías [medio de transporte] Que une lugares cercanos: *los trenes de cercanías salen cada media hora.*

cercano, -na *adj.* Que está próximo en el espacio o en el tiempo: *quedamos en un lugar cercano a la estación del ferrocarril.* **SIN** inmediato.

cercar *v. tr.* **1** Poner límites a un lugar rodeándolo con una cerca de forma que quede cerrado, resguardado y separado de otros: *voy a cercar el jardín de mi casa con unas vallas.* **SIN** amurallar, tapiar, vallar. **2** Rodear mucha gente a una persona o cosa: *la cercaron los periodistas.*
DER cercado.
OBS En su conjugación, la *c* se convierte en *qu* delante de *e.*

cercenar *v. tr.* **1** Cortar la extremidad de una persona o cosa: *aquella sierra fue la que le cercenó los dedos.* **2** Reducir la cantidad, el tamaño o la importancia de una cosa: *tuvieron que cercenar los gastos.* **SIN** disminuir.

cerciorarse *v. prnl.* Asegurarse de que se está en lo cierto: *me cercioré de que no había nadie en casa antes de marcharme.*

cerco *n. m.* **1** Línea o cosa semejante que rodea a otra o que deja una marca en ella: *al niño le quedó un cerco de chocolate alrededor de los labios.* **2** Tapia o muro de madera u otro material que sirve para rodear un terreno y resguardarlo o marcar límites. **3** Asedio de una ciudad o fortaleza para dominarla y conquistarla: *el cerco de Zamora.* **4** Círculo luminoso alrededor de un astro, especialmente del Sol o la Luna. **SIN** halo.
DER cerca, cercar.

cerda *n. f.* **1** Pelo grueso y duro que tienen las caballerías en la cola y en la crin y otros animales, como el cerdo y el jabalí, en el cuerpo: *las cerdas se emplean para hacer cepillos y otros objetos.* **2** Pelo o filamento de cepillo, aunque sea fabricado artificialmente: *este cepillo tiene las cerdas demasiado largas.*
DER cerdo.

cerdada *n. f.* Acción que molesta o causa un perjuicio, especialmente si está hecha con mala intención: *no sé cómo le habla después de tantas cerdadas como le ha hecho.* **SIN** cochinada, guarrada, marranada.

cerdo, -da *n. m. y f.* **1** Mamífero doméstico, de cuerpo grueso, patas cortas, hocico chato y redondeado y cola en forma de hélice: *el cerdo se cría en granjas para aprovechar su carne.* **SIN** cochino. ◊ *adj./n. m. y f.* **2** [persona] Que no cuida su aseo personal o que produce asco por su falta de limpieza: *es un cerdo; siempre eructa en las comidas.* Se usa como apelativo despectivo. **3** [persona] Que muestra tener poca educación o pocos principios morales: *el muy cerdo sólo quería aprovecharse de mi mala situación.* Se usa como apelativo despectivo.

DER cerdada.

cereal *adj./n. m.* **1** [planta] Que produce semillas en forma de granos de las que se hacen harinas y que se utilizan para alimento de las personas o como pienso para el ganado: *el trigo, la cebada y el centeno son cereales.* ◊ *n. m. pl.* **2 cereales** Conjunto de semillas de estas plantas: *se ha perdido gran parte de la cosecha de cereales.* **3** Alimento elaborado con estas semillas y, generalmente, enriquecido con vitaminas y otras sustancias nutritivas: *todas las mañanas toma su leche con cereales.*
DER cerealista.

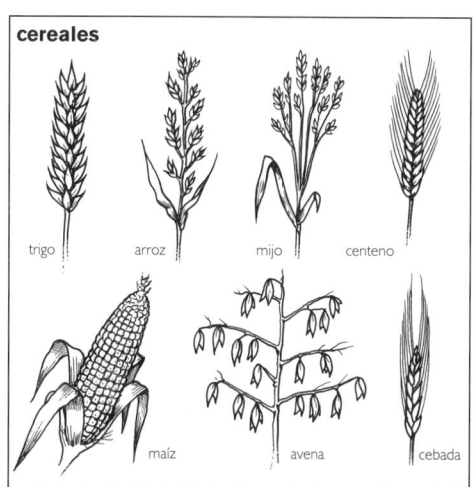
cereales: trigo, arroz, mijo, centeno, maíz, avena, cebada

cerealista *adj.* **1** De los cereales o relacionado con la producción y comercio de estas semillas: *cooperativa cerealista.* ◊ *adj./n. com.* **2** [persona] Que se dedica a la producción o al comercio de los cereales.

cerebelo *n. m.* ANAT. Parte del encéfalo constituida por una masa de tejido nervioso que se encuentra en la parte posterior de la cabeza y que se encarga de la coordinación muscular y otros movimientos no controlados por la voluntad: *el encéfalo está formado por el cerebro, el cerebelo y el bulbo raquídeo.* ☞ cerebro.

cerebral *adj.* **1** Del cerebro o que tiene relación con esta parte del encéfalo: *el médico certificó la muerte del paciente al no observar actividad cerebral.* ◊ *adj./n. com.* **2** [persona] Que toma decisiones fríamente, sin dejarse llevar por sus impulsos o sentimientos. **3** Que se hace con frialdad y sin apasionamiento: *una decisión cerebral.* **ANT** pasional.

cerebro *n. m.* **1** Parte del encéfalo constituida por una masa de tejido nervioso que se encuentra en la parte anterior y superior de la cabeza y que se encarga de las funciones cognitivas: *en el cerebro se desarrollan nuestras facultades intelectuales.* **SIN** sesos. **2** Talento, capacidad de juicio o de entendimiento: *la próxima vez utiliza el cerebro antes de hacer una cosa así.* **cerebro electrónico** Aparato electrónico capaz de desarrollar actividades propias del pensamiento humano: *los cerebros electrónicos realizan operaciones a imitación de las que realiza el cerebro humano.* **3** Persona que posee capacidad para desarrollar con facilidad y perfección actividades relacionadas con la cultura, la ciencia o la técnica: *es una reunión de grandes cerebros.* **4** Persona que piensa o dirige una acción: *el cerebro de la operación.*

lavar el cerebro Aplicar a una persona técnicas de manipulación psicológica para anular o modificar su mentalidad o sus características psíquicas: *desde que sale con esos tipos es otro: parece que le han lavado el cerebro.*
secársele el cerebro *coloquial* Quedarse incapacitado para discurrir normalmente: *de tanto estudiar se le va a secar el cerebro.*
DER cerebelo, cerebral; descerebrar.

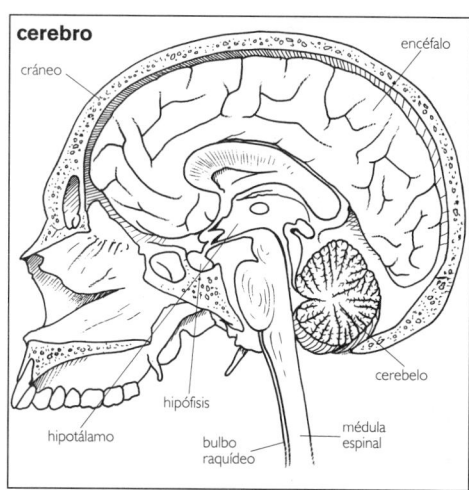
cerebro: encéfalo, cráneo, cerebelo, hipófisis, hipotálamo, bulbo raquídeo, médula espinal

ceremonia *n. f.* **1** Acto o serie de actos públicos y formales que se realizan de acuerdo con las reglas o ritos fijados por la ley o por la costumbre: *tras la ceremonia de la boda ofreció un gran banquete.* **2** Aparato y pompa con que se da solemnidad a un acto social: *no fuimos recibidos con gran ceremonia.*
de ceremonia Que muestra la solemnidad apropiada: *traje de ceremonia.*
por ceremonia Para cumplir de manera educada: *aunque siguen peleados, lo ha invitado por ceremonia.*
sin ceremonias Sin mostrar aparato o solemnidad, con sencillez.
DER ceremonial, ceremonioso.

ceremonial *adj.* **1** De la ceremonia o relacionado con su celebración y con las formalidades propias de ella: *traje ceremonial.* ◊ *n. m.* **2** Conjunto de reglas y formalidades que ordenan la celebración de ciertas ceremonias: *todos procuramos seguir el ceremonial al pie de la letra.* **SIN** protocolo. **3** Libro que explica este conjunto de reglas y formalidades.

ceremonioso, -sa *adj.* [persona] Que trata y gusta de ser tratada con ceremonias y ateniéndose a las reglas y formalidades de éstas: *aprecio más un sencillo saludo que tantas muestras afectadas y ceremoniosas.*

céreo, -a *adj.* De cera o con alguna de las características de la cera: *color céreo.*

cereza *n. f.* **1** Fruto del cerezo, pequeño y redondeado, de color rojo oscuro y con hueso, que tiene pulpa dulce y jugosa: *las cerezas tienen un rabillo largo.* ◊ *adj./n. m.* **2** [color] Que es rojo oscuro.
DER cerezo.

cerezo *n. m.* **1** Árbol frutal de unos cinco metros de altura, de tronco liso, hojas lanceoladas y flores blancas y cuyo fruto es la cereza. **2** Madera de este árbol: *el cerezo es una madera para trabajos de ebanistería.*

cerilla *n. f.* Varilla de papel encerado, madera u otro material combustible, con un extremo recubierto de fósforo que se prende al rozarlo con una superficie adecuada: *coge las cerillas y enciende una vela.* **SIN** fósforo, mixto.
DER cerillero.

cerillero, -ra *n. m. y f.* Persona que se dedica a vender cerillas y tabaco en cafés y otros establecimientos públicos: *en este local todavía hay una cerillera que pasea entre los cleintes con una bandeja con tabaco.*

cerio *n. m.* QUÍM. Elemento químico del grupo de los lantánidos, metal de color gris brillante, muy dúctil y maleable y de número atómico 58: *el símbolo del cerio es Ce.*

cerner *v. tr.* **1** Separar lo grueso de lo fino en una materia, generalmente reducida a polvo, haciéndola pasar a través de un cedazo o criba: *cerner la harina para separarla del salvado.* **SIN** cernir, cribar. ◊ *v. intr.* **2** Estar una planta, especialmente la vid, el olivo y el trigo, en el momento en el que se desprende el polen y se produce la fecundación. ◊ *v. prnl.* **3 cernerse** Amenazar de cerca un mal: *parece que la desgracia se cierne sobre nosotros.* **4** Andar moviendo el cuerpo a uno y otro lado: *la modelo cernía su cuerpo al caminar.*

cernícalo *n. m.* **1** Ave rapaz de unos cuarenta centímetros, de plumaje rojizo con manchas negras y con pico y uñas fuertes: *los cernícalos se alimentan de insectos y roedores.* ◊ *adj./n. m.* **2** *coloquial* [persona] Que es poco hábil o que no sabe comportarse: *no seas cernícalo y dale un beso a la abuela.*
OBS Para indicar el sexo se usa *el cernícalo macho* y *el cernícalo hembra.*

cernir Cerner, separar lo grueso de lo fino.
OBS La Real Academia Española admite *cernir*, pero prefiere la forma *cerner*. ◊ En su conjugación, la *e* se convierte en *ie* en sílaba acentuada, como en *discernir*.

cero *num. card.* **1** Indica que el nombre al que acompaña o al que sustituye está 0 veces: *son cero pesetas.* ◊ *n. m.* **2** Nombre del número 0. **3** Número que situado a la derecha de cualquier cifra la multiplica por diez: *un uno seguido de un cero significa diez unidades.*
al cero De manera que el pelo quede lo más corto que sea posible al cortarlo: *se ha cortado el pelo al cero y no lo conocíamos.*
estar a cero No contar con dinero ni medios para hacer una cosa: *a finales de mes estoy a cero.*
partir de (o **desde**) **cero** Empezar sin nada, desde el principio: *este trabajo es mejor hacerlo partiendo de cero.*
ser un cero a la izquierda No valer para nada, no ser tenido en cuenta por los demás: *no pienses que eres un cero a la izquierda porque no hayan seguido tu opinión.*

cerrado, -da *adj.* **1** [persona] Que es poco inteligente o no comprende. **SIN** torpe. **2** [persona] Que habla y se relaciona poco con los demás: *procura no ser tan cerrado y tendrás muchos amigos.* **SIN** introvertido. **ANT** abierto. **3** [persona, modo de hablar] Que conserva un fuerte acento local: *andaluz cerrado.* **4** [cielo] Que está cubierto de nubes: *puede que llueva porque el cielo está cerrado.* **5** [oscuridad] Que es muy intenso: *dejamos de buscarlo cuando se hizo noche cerrada.*
a ojos cerrados o **con los ojos cerrados** Sin pensar, sin dudar, precipitadamente.

cerradura *n. f.* Mecanismo generalmente de metal que se fija en puertas, tapas, cajones u objetos parecidos y sirve para cerrarlos, especialmente por medio de una llave: *forzaron la cerradura para entrar en la casa a robar.* **SIN** cerraja. ☞ automóvil; puerta.

cerraja *n. f.* Cerradura, mecanismo para cerrar.
DER cerrajero; descerrajar.

cerrajería *n. f.* Taller donde se fabrican y arreglan cerraduras, llaves y otros objetos de metal: *compré un candado y una cadena de cierre para la motocicleta en una cerrajería.*

cerrajero, -ra *n. m. y f.* Persona que fabrica y arregla cerraduras, llaves y otros objetos de metal: *me dejé las llaves dentro y tuve que llamar a un cerrajero para que me abriera la puerta.*
DER cerrajería.

cerramiento *n. m.* **1** Cosa que cierra o tapa cualquier abertura, conducto o paso: *las autoridades ordenaron el cerramiento del pozo al que la víctima había caído.* **2** Acción de cerrar lo que estaba abierto o descubierto.

cerrar *v. tr.* **1** Hacer que el interior de un espacio o lugar no tenga comunicación directa con el exterior: *cierra bien el frigorífico o no enfriará.* ◊ *v. tr./intr./prnl.* **2** Encajar en su marco la hoja de una puerta o ventana o la tapa de una caja, especialmente si se asegura con una cerradura o algún otro mecanismo de cierre: *cierra la puerta; esta puerta no cierra.* ◊ *v. tr.* **3** Juntar partes movibles del cuerpo o de cosas articuladas: *cerrar los ojos; cerrar las alas; cerrar una navaja.* **4** Encoger, doblar o plegar lo que estaba extendido: *cerrar la mano; cerrar el paraguas.* **5** Impedir el acceso o entrada a un lugar: *han cerrado la calle.* **6** Impedir el paso a un fluido por un conducto: *cierra la llave del gas antes de irte.* **7** Pegar o disponer una carta o paquete de modo que no sea posible ver lo que contiene sin despegarlo o romperlo. **8** Hacer desaparecer o tapar una abertura: *cerrar un agujero.* **9** Hacer que termine, poner fin a la actividad de una corporación o establecimiento: *cerrar una empresa; cerrar una discoteca.* **10** Dar por firme y concertado un acuerdo o negociación: *cerrar un trato.* **11** Ir el último en una sucesión o fila: *su nombre cerraba la lista.* ◊ *v. tr./prnl.* **12** Apiñar, agrupar, unir estrechamente: *todo el equipo se cerró atrás y no encajó ni un solo gol.* ◊ *v. prnl.* **13 cerrarse** Encapotarse o cubrirse de nubes el cielo: *no salgas sin paraguas porque se ha cerrado y puede llover.* **14** Ceñirse al lado de mayor curvatura el vehículo o el conductor que toma una curva.
cerrar el pico Dejar de hablar o no decir lo que se sabe.
cerrarse en banda No cambiar de opinión; no admitir otro criterio: *se cerró en banda y no hubo manera de hacerle ver que estaba equivocado.*
DER cerrado, cerradura, cerraja, cerramiento, cerrazón, cierre; encerrar, entrecerrar.

cerrazón *n. f.* **1** Estado del cielo cuando está cubierto de nubes oscuras y amenaza tempestad: *no me atreví a salir cuando vi la cerrazón de la tarde.* **2** Torpeza o falta de capacidad para entender una cosa. **3** Actitud del que se mantiene excesivamente firme en sus ideas, intenciones u opiniones: *es inútil intentar convencer a una persona de tal cerrazón.* **SIN** obstinación.

cerril *adj.* **1** Que tiene modos toscos y groseros: *su comportamiento tan cerril da idea de la escasa educación que está recibiendo.* **SIN** tosco. **2** Que se mantiene excesivamente firme en sus ideas, intenciones u opiniones: *aunque le demuestres que está equivocado se mantendrá cerril en su postura.*

cerro *n. m.* Elevación de terreno de poca altura y de bordes suaves. **SIN** colina, collado, loma.
irse por los cerros de Úbeda Decir algo que nada tiene que ver con el asunto del que se habla: *cuando le pregunto a mi jefe cuándo me va a aumentar el sueldo, siempre se va por los cerros de Úbeda.*

DER cerril.

cerrojazo *n. m.* **1** Cierre que consiste en echar el cerrojo recia y bruscamente: *lo echó a la calle y cerró la puerta de un cerrojazo.* **2** Clausura o final brusco de una actividad, reunión o charla: *como no había manera de ponerse de acuerdo, dimos el cerrojazo y nos fuimos.*

cerrojo *n. m.* Barra de hierro que pasa a través de unas anillas y que sirve para cerrar una puerta, una ventana u otra cosa semejante: *cuando estoy sola en casa echo el cerrojo a la puerta.* **SIN** pestillo.
DER cerrojazo.

certamen *n. m.* Concurso abierto para estimular con premios determinadas actividades o competiciones, especialmente de carácter literario, artístico o científico: *me presentaré al certamen de dibujo convocado por la Academia de Bellas Artes.*

certero, -ra *adj.* **1** [tirador, disparo] Que acierta, que da en el blanco: *el cazador batió la pieza de un disparo certero.* **2** Que es cierto: *juicios certeros y razonables.* **ANT** erróneo.
ETIM Véase *cierto*.

certeza *n. f.* Conocimiento seguro y claro que se tiene de una cosa: *todavía no sé con certeza si podré viajar.* **SIN** certidumbre.
ETIM Véase *cierto*.

certidumbre *n. f.* Certeza, conocimiento seguro. **ANT** incertidumbre.
DER incertidumbre.
ETIM Véase *cierto*.

certificación *n. f.* **1** Documento o escrito en el que se declara cierta o verdadera una cosa: *necesito una certificación de que he asistido a este curso.* **SIN** certificado. **2** Garantía, que consta por escrito, de que una carta o paquete postal llegará a su destino: *para la certificación del paquete necesita rellenar este impreso.*

certificado, -da *adj./n. m. y f.* **1** [envío postal] Que se manda por correo con garantía, que consta por escrito, de que llegará a su destino. ◇ *n. m.* **2** Documento o escrito en el que se declara cierta o verdadera una cosa: *certificado médico; certificado de garantía.* **SIN** certificación.

certificar *v. tr.* **1** Declarar cierta o verdadera una cosa, especialmente una persona con autoridad y en un documento o impreso oficial: *el inspector médico ha certificado mi enfermedad.* **SIN** legalizar. **2** Garantizar el servicio de Correos por escrito la entrega en mano de un envío postal mediante el pago de una cantidad que consta en un resguardo: *el destinatario de una carta certificada tiene que firmar haberla recibido.*
DER certificación, certificado, certificador.
ETIM Véase *cierto*.
OBS En su conjugación, la *c* se convierte en *qu* delante de *e*.

cerumen *n. m.* Sustancia amarillenta segregada por las glándulas de los oídos. **SIN** cera.

cervantino, -na *adj.* De Miguel de Cervantes o relacionado con la vida y obra de este escritor: *se ha creado un centro dedicado a estudios cervantinos.*
DER cervantista.

cervantista *adj./n. com.* [persona] Que se dedica a estudiar la figura y la obra de Miguel de Cervantes: *el congreso ha reunido a los más famosos cervantistas.*

cervato *n. m.* Ciervo menor de seis meses.
OBS Para indicar el sexo se usa *el cervato macho* y *el cervato hembra*.

cervecería *n. f.* **1** Establecimiento en el que se sirve y se toma cerveza y otras consumiciones: *quedamos para mañana en la cervecería de la esquina.* **2** Fábrica de cerveza.

cervecero, -ra *adj.* **1** De la cerveza o relacionado con esta bebida: *industria cervecera.* ◇ *n. m. y f.* **2** Persona que se dedica a fabricar o vender cerveza.
DER cervecería.

cerveza *n. f.* Bebida alcohólica de color amarillento y sabor amargo obtenida de la fermentación de cebada y otros cereales: *la cerveza es aromatizada con una planta llamada* lúpulo.
DER cervecero.

cervical *adj./n. f.* **1** De la cerviz o relacionado con esta parte del cuello: *se dio un fuerte golpe en la zona cervical.* ◇ *n. f. pl.* **2 cervicales** Vértebras o huesos pequeños que forman la parte de la columna vertebral correspondiente al cuello: *los mareos que padece pueden ser causados por un problema de cervicales.*

cérvido *adj./n. m.* **1** ZOOL. Animal de la familia de los cérvidos: *el ciervo es un mamífero cérvido.* ◇ *n. m. pl.* **2 cérvidos** ZOOL. Familia de mamíferos rumiantes que se caracterizan por la presencia, en los ejemplares machos, de cuernos ramificados que se renuevan cada año: *el ante y el reno pertenecen a los cérvidos.*

cerviz *n. f.* ANAT. Parte posterior del cuello que en el hombre y en la mayoría de los mamíferos consta de siete vértebras.
bajar (o **doblar**) **la cerviz** Someterse, abandonar toda actitud altiva y orgullosa: *cuando cambie mi situación, no bajaré la cerviz ni me conformaré con lo que me ofrezcan.*
DER cervical.

cesación *n. f.* Interrupción de una acción o una actividad. **SIN** suspensión.

cesante *adj./n. com.* [empleado público] Que ha sido privado de su cargo o empleo: *han convocado una oposición para cubrir las plazas de los cesantes.*
DER incesante.

cesar *v. intr.* **1** Llegar a su fin una cosa: *ha cesado el viento; aún no han cesado las hostilidades.* **SIN** acabar. **ANT** seguir. **2** Interrumpir cierta cosa que se está haciendo: *no cesaba de dar golpes.* **3** Dejar de desempeñar un cargo o empleo: *desde mañana cesará de su cargo.*
DER cesación, cesante, cese.
OBS Se usa frecuentemente con las preposiciones *en* y *de*: *ha cesado en las funciones de director general.*

cesárea *n. f.* Operación quirúrgica que consiste en abrir la pared abdominal de una parturienta para extraer el feto: *el médico decidió hacerle la cesárea a la madre.*

cese *n. m.* **1** Interrupción, término o abandono del desarrollo de una acción o del desempeño de una actividad: *cese de las hostilidades; todos hemos pedido al director el cese del jefe de personal.* **SIN** cesación. **2** Documento en el que se hace constar la cesación en un cargo o empleo.
dar el cese Hacer que una persona abandone su cargo o empleo: *dimitió antes de que le dieran el cese.*

cesio *n. m.* QUÍM. Elemento químico, metal alcalino de color blanco plateado y de número atómico 55; se inflama en contacto con el aire: *el símbolo del cesio es Cs.*

cesión *n. f.* Renuncia voluntaria que se hace de un bien en favor de otra persona: *la hija del pintor ha dispuesto la cesión de sus cuadros al nuevo museo.*

césped *n. m.* **1** Hierba menuda y espesa que cubre un terreno: *voy a cortar el césped del jardín.* **SIN** verde. **2** Terreno de juego de ciertos deportes: *todos esperamos ver saltar al césped a los nuevos fichajes.*

cesta *n. f.* **1** Recipiente de material flexible con dos asas que sirve para llevar objetos, especialmente el de boca redondeada y más ancho que alto: *trae una cesta repleta de fruta.*

cestería

SIN canasta, canasto, cesto. **cesta de la compra** Precio del conjunto de alimentos y productos que consume cada día una familia: *toda subida de precios repercute directamente en la cesta de la compra*. **2** Aro metálico, sujeto horizontalmente a un tablero vertical, del que cuelga una red sin fondo y por el que hay que pasar la pelota en el juego del baloncesto. **SIN** canasta. **3** Tanto conseguido en el juego de baloncesto al introducir la pelota por este aro: *las cestas pueden ser de uno, dos o tres puntos*.
DER cestería, cesto; encestar.

cestería *n. f.* **1** Establecimiento en el que se hacen y venden cestas y otros objetos de mimbre o de materiales semejantes. **2** Arte o técnica de hacer estos objetos: *todo este barrio está dedicado a la cerámica y la cestería*.

cesto *n. m.* Cesta grande, más alta que ancha, hecha de mimbres, tiras de caña o de madera o varas de sauce y que sirve para llevar objetos: *quítate esa camisa y déjala en el cesto de la ropa sucia*.
echar (o tirar) al cesto de los papeles Desechar, apartar lo que no vale o no interesa.

cesura *n. f. culto* Corte o pausa exigida por el ritmo que divide un verso en dos partes: *la cesura divide el verso en hemistiquios e impide la sinalefa*.

ceta *n. f.* Nombre de la letra *z*.
OBS La Real Academia Española admite *ceta*, pero prefiere la forma *zeta*.

cetáceo, -cea *adj./n. com.* **1** ZOOL. Mamífero marino con forma de pez de gran tamaño; tiene la piel lisa, las extremidades anteriores convertidas en aletas, carece de extremidades posteriores y lleva las aberturas nasales en lo alto de la cabeza: *la ballena y el delfín son cetáceos*. ◊ *n. m. pl.* **2** cetáceos Orden de estos mamíferos.
ETIM *Cetáceo* procede del latín *cetus*, 'monstruo marino', voz con la que también está relacionada *cetaria*.

cetme *n. m.* Fusil ligero que permite hacer disparos de uno en uno o en cortas ráfagas.
OBS La palabra *cetme* está formada con las iniciales de *Centro de Estudios Técnicos de Materiales Especiales*, donde se fabrica.

cetrería *n. f.* **1** Arte de criar, amaestrar y cuidar las aves para la caza: *las aves rapaces eran habitualmente usadas en la cetrería*. **2** Caza en que se emplean halcones y otras aves rapaces para capturar las presas.
DER cetrero.

cetrero *n. m.* Especialista que practica el arte de criar, amaestrar y cuidar aves para la caza: *los cetreros amaestraban los halcones que utilizaba el rey para la caza*.

cetrino, -na *adj.* De color amarillo verdoso: *Pedro es aquel del fondo, el de rostro cetrino*.
ETIM *Cetrino* procede del latín *citrinus*, 'parecido al limón', voz con la que también está relacionada *cítrico*.

cetro *n. m.* **1** Vara de metal precioso usada por los reyes como símbolo de su poder y dignidad. **empuñar el cetro** Mandar con autoridad; gobernar. **2** Dignidad de rey o emperador: *al morir su padre, el príncipe heredero recibió el cetro*. **3** Reinado de un rey o emperador: *bajo el cetro de los Austrias, España vivió épocas de gloria*. **4** Superioridad de una persona con respecto a las demás en el desarrollo de una actividad: *en estas Olimpiadas la gimnasta rusa ha tenido que ceder su cetro a las deportistas más jóvenes*.

ceutí *adj.* **1** De Ceuta o que tiene relación con esta ciudad española del noroeste de África. ◊ *adj./n. com.* **2** [persona] Que ha nacido en Ceuta.
OBS El plural es *ceutíes*.

cf. o **cfr.** Abreviaturas de *confer*, 'compárese', 'confróntese'.

chabacanería *n. f.* **1** Falta de buen gusto, vulgaridad: es notable la chabacanería de algunos programas televisivos. **2** Acción o dicho grosero o vulgar: *ideja de decir chabacanerías, que vas a estropear la fiesta!*

chabacano, -na *adj.* Que es grosero, vulgar o de mal gusto: *ese cómico me parece muy chabacano: solo cuenta chistes groseros*. **SIN** ordinario.
DER chabacanería; achabacanar.

chabola *n. f.* Casucha que suele edificarse en los suburbios con materiales de muy baja calidad: *las chabolas no reúnen unas condiciones mínimas para poder vivir humanamente en ellas*.
DER chabolismo.

chabolismo *n. m.* Abundancia de chabolas en los suburbios, como síntoma de miseria social: *el nuevo alcalde se ha propuesto construir más viviendas para acabar con el chabolismo*.
DER chabolista.

chabolista *n. com.* Persona que vive en una chabola: *el ayuntamiento va a acomodar a los chabolistas en las nuevas viviendas sociales*.

chacal *n. m.* Mamífero parecido al lobo, pero de menor tamaño, que se alimenta de carroña: *el chacal vive en manadas y se alimenta de la carne de animales muertos*.
OBS Para indicar el sexo se usa *el chacal macho* y *el chacal hembra*.

chacha *n. f. coloquial* Mujer que se dedica a realizar trabajos domésticos en una casa distinta de la suya a cambio de dinero, generalmente por horas o algunos días a la semana. Es término despectivo; se prefiere sustituirlo por *asistenta* o *empleada del hogar*. **SIN** casera, sirvienta.

chachachá *n. m.* **1** Baile rápido y moderno que procede de Cuba, derivado de la rumba y el mambo: *salió a la pista a bailar el chachachá*. **2** Música y ritmo de este baile: *la orquesta tocó un chachachá para animar al público a bailar*.

cháchara *n. f. coloquial* Conversación sobre temas sin importancia: *deja ya la cháchara, que tenemos trabajo que hacer*.
DER chacharear.

chacina *n. f.* Conjunto de embutidos y fiambres hechos con carne de cerdo: *hoy vamos a cenar chacina: jamón, chorizo y salchichón*.
DER chacinería.

chacinería *n. f.* Establecimiento en el que se venden embutidos y fiambres hechos con carne de cerdo. **SIN** charcutería.

chacolí *n. m.* Vino blanco de sabor agrio que se elabora en el País Vasco, Cantabria y Chile.
OBS Pl. chacolíes.

chafar *v. tr./prnl.* **1** Aplastar o estropear, especialmente una cosa que está erguida o es blanda o frágil: *el vestido es tan delicado, que se chafa cada vez que te sientas*. **2** Estropear o echar a perder, especialmente un proyecto: *este frío me ha chafado mis planes de ir de excursión*. **3** *coloquial* En una conversación, cortar a una persona dejándola sin saber qué responder: *en cuanto Luisa abrió la boca, chafó por completo a Felipe*. **SIN** apabullar.

chaflán *n. m.* En un edificio, plano largo y estrecho que, en lugar de esquina, une dos superficies planas que forman ángulo: *la puerta principal del edificio está en el chaflán de la manzana*.
DER achaflanar.

chaira *n. f.* **1** Cuchillo cuya hoja puede doblarse para guardar el filo dentro del mango: *escondió la chaira bajo la faja*.

2 Cuchilla que sirve para cortar el cuero: *el zapatero afiló la chaira para cortar bien la suela del zapato*. **3** Barra de metal que sirve para afilar los cuchillos y otros instrumentos cortantes: *el carnicero afila el cuchillo con una chaira antes de cortar los filetes*.

chal *n. m.* Pañuelo mucho más largo que ancho que se ponen las mujeres sobre los hombros como abrigo o adorno: *se cubría con un chal de lana*.

chalado, -da *adj./n. m. y f.* **1** *coloquial* [persona] Que ha perdido el juicio: *estás chalado si crees que voy a hacer lo que tú me mandes*. **SIN** chiflado. **2** *coloquial* [persona] Que está muy enamorado o le gusta mucho una cosa: *Mercedes está chalada por Jesús; Federico está chalado por los coches*.
DER chaladura, chalar.

chaladura *n. f.* **1** *coloquial* Extravagancia, manía o acción propia de un chalado: *su última chaladura ha sido comprarse un deportivo*. **2** *coloquial* Enamoramiento o gran entusiamo por algo: *la chaladura que tiene por los coches raya en la obsesión*.

chalar *v. tr./prnl.* **1** *coloquial* Hacer que una persona pierda el juicio: *con tantas desgracias no es raro que se haya chalado*. **SIN** enloquecer. ◇ *v. prnl.* **2 chalarse** *coloquial* Enamorarse o gustar mucho una cosa: *Arturo se chaló por Elisa; me chalan los bombones*.

chalé o **chalet** *n. m.* Edificio destinado a vivienda de una familia, generalmente con más de una planta, y rodeado de un terreno ajardinado. **chalé adosado** El que tiene alguna de sus paredes colindantes con las de otro edificio del mismo tipo: *sus amigos viven en un chalé adosado a las afueras de la ciudad*.
OBS La Real Academia Española admite *chalet*, pero prefiere la forma *chalé*. ◇ El plural de *chalé* es *chalés*; el de *chalet*, *chalets*.

chaleco *n. m.* Prenda de vestir sin mangas que cubre el cuerpo hasta la cintura, especialmente la que se pone encima de la camisa: *el traje está formado por chaleco, chaqueta y pantalón*. **chaleco antibalas** Chaleco que sirve para protegerse contra las balas: *el detective privado pudo salvar su vida gracias al chaleco antibalas que llevaba puesto*. **chaleco salvavidas** Chaleco que sirve para mantenerse flotando en el agua: *los supervivientes del naufragio tenían puestos los chalecos salvavidas*.

chalupa *n. f.* Embarcación pequeña, con cubierta y dos palos para las velas: *es una locura que intentes dar la vuelta al mundo en una chalupa*.

chamán *n. m.* En algunas culturas primitivas, hombre que se considera que tiene el poder de comunicar con los dioses y curar enfermedades usando sus poderes mágicos, hierbas y productos naturales.

chamarra *n. f.* Prenda de vestir de abrigo, hecha de tela gruesa y tosca y paño burdo, que cubre el cuerpo hasta las rodillas.
DER chamarreta.

chamba *n. f.* *coloquial* Situación o circunstancia favorable que ocurre por azar: *conseguí aprobar de pura chamba*. **SIN** chiripa, suerte.

chambelán *n. m.* En las antiguas cortes reales, noble que acompañaba y servía al rey.

chambergo *n. m.* Prenda de vestir de abrigo que llega aproximadamente hasta la mitad del muslo: *salió a la calle con un chambergo y una bufanda*.

chamizo *n. m.* **1** Árbol o madero chamuscado o medio quemado. **2** Casa pequeña y sencilla con techo de ramas o cañas. **SIN** cabaña, choza. **3** Local o vivienda pobre, sucia y desordenada: *con su sueldo, sólo puede pagarse un chamizo a las afueras de la ciudad*.

champán *n. m.* Vino blanco espumoso que se elabora en la comarca de la Champaña, en Francia. **SIN** champaña.
DER champaña; achampañado.
OBS La Real Academia Española registra *champán*, pero prefiere la forma *champaña*.

champaña *n. m.* Champán.

champiñón *n. m.* Hongo comestible con forma de sombrero redondeado sostenido por un pie y de color claro: *el champiñón se cultiva en sitios húmedos*.

champú *n. m.* Jabón líquido que se usa para lavar el pelo.
OBS El plural es *champús*.

chamuscar *v. tr./prnl.* Quemar la parte superficial de una cosa o las puntas de algo filamentoso: *ha chamuscado el pollo por dejarlo mucho tiempo al fuego; se chamuscó el bigote con la llama del mechero*.

chamusquina *n. f.* Materia que se produce cuando se quema una cosa por la parte exterior o de manera superficial.
oler a chamusquina *coloquial* Sospechar que una cosa va a acabar mal o que encierra algún peligro: *me huele a chamusquina que el médico no me haya querido dar el resultado de los análisis*.
DER chamuscado.

chanchullo *n. m.* *coloquial* Manejo ilícito, desde un punto de vista moral o legal, para conseguir un fin o para sacar provecho: *hizo un chanchullo para conseguir ese puesto de trabajo*. **SIN** apaño, embrollo.

chancla *n. f.* Calzado que no cubre el pie, formado por una suela y dos tiras: *las chanclas se pueden usar para ir a la playa*. **SIN** chancleta.
en chanclas En chancletas.

chancleta *n. f.* Chancla. ☞ calzado.
en chancletas Sin llevar calzado el talón del zapato o zapatilla, sino aplastado: *has estropeado las zapatillas por llevarlas siempre en chancletas*. **SIN** chancla.
DER chancletear.

chancletear *v. intr.* Hacer ruido al andar con unas chancletas: *se oía chancletear cada vez más fuerte a medida que se acercaba por el pasillo*.

chanclo *n. m.* **1** Zapato de madera que se emplea para pisar sobre el barro: *los chanclos se usan en lugares de clima húmedo*. **2** Zapato grande de materia elástica en el que se introduce el pie calzado: *los chanclos sirven para proteger el calzado en días de lluvia*.
DER chancla, chancleta.

chándal *n. m.* Prenda de vestir deportiva formada por unos pantalones largos y una chaqueta: *Sonia se ha puesto el chándal y las zapatillas de deporte para hacer gimnasia*.
OBS El plural es *chándales*.

chanquete *n. m.* Pez marino comestible, de cuerpo pequeño, translúcido y alargado y color blanco rosado: *la pesca de chanquetes está prohibida*.
OBS Para indicar el sexo se usa *el chanquete macho* y *el chanquete hembra*.

chantaje *n. m.* **1** Presión que se hace sobre una persona para sacar provecho, generalmente económico, a cambio de no hacer pública cierta información que le puede hacer daño: *el ministro fue víctima de un chantaje*. **2** Amenaza o presión con la que se obliga a actuar a una persona de una manera determinada para sacar provecho de ella: *ha conseguido que trabajemos gratis recurriendo a un sucio chantaje*.

chantajear *v. tr.* Hacer chantaje, amenazar a alguien.

chantajista

DER chantajear, chantajista.

chantajista *n. com.* Persona que amenaza o presiona a otra para sacar provecho de ella.

chanza *n. f.* Dicho que tiene gracia: *siempre está con chanzas y chistes*. **SIN** broma.
DER chancear.

¡chao! *int. coloquial* Expresión que se usa para despedirse: *desde la puerta nos gritó ¡chao!* **SIN** adiós.

chapa *n. f.* **1** Superficie delgada y lisa, generalmente de madera o metal: *trajeron unas chapas de metal para cubrir las ventanas*. **2** Tapón metálico, generalmente dentado, que cierra herméticamente algunas botellas: *necesito un abridor para quitar la chapa*. **3** Carrocería del automóvil: *se hacen arreglos de chapa y pintura*. **4** Distintivo o insignia, generalmente de metal, que llevan los policías: *les enseñó la chapa y les dijo que estaban detenidos*. ◊ *n. f. pl.* **5 chapas** Juego infantil en que se utilizan los tapones metálicos de las botellas: *se pasa el día jugando a las chapas en la calle*.
DER chapar, chapear, chapeta, chapista.

chapado, -da *adj.* Cubierto con chapas.
chapado a la antigua [persona] Que está muy apegada a ideas y costumbres anticuadas: *ha pedido la mano de su novia como se hacía antiguamente: es muy chapado a la antigua*.
DER contrachapado.

chapar *v. tr.* **1** Cubrir con una capa de metal: *un reloj chapado en oro*. **2** Cubrir una superficie con una chapa: *chaparon una parte del tejado para evitar las goteras*. **SIN** chapear. **3** *coloquial* Estudiar mucho: *dice que se va a chapar bien las últimas lecciones porque mañana tiene el examen final*.
DER chapado, chapón.

chaparral *n. m.* Lugar donde crecen muchos chaparros: *fuimos a cazar conejos a un chaparral*.

chaparro, -rra *adj./n. m. y f.* **1** [persona] Que está gruesa y tiene poca altura: *Luisa es un poco chaparra, se parece en eso a su padre*. ◊ *n. m. y f.* **2** Planta de encina o roble con muchas ramas y poca altura.
DER chaparral, chaparrudo; achaparrado.

chaparrón *n. m.* **1** Lluvia muy intensa y de corta duración: *nos cayó encima un chaparrón que nos caló hasta los huesos*. **2** Abundancia de cosas: *tan pronto como acabó su intervención, le cayó un chaparrón de preguntas*. **SIN** aluvión. **3** *coloquial* Riña o reprimenda fuerte: *sólo te queda aguantar el chaparrón*.

chapear *v. tr.* Cubrir una superficie con una chapa. **SIN** chapar.
DER chapeado.

chapela *n. f.* Boina con mucho vuelo típica del País Vasco.

chapista *n. com.* Persona que se dedica a trabajar la chapa, especialmente la de los automóviles: *el chapista está arreglando la carrocería del coche*.

chapitel *n. m.* Remate en forma piramidal de una torre: *desde muy lejos se veía el chapitel de la iglesia*.

¡chapó! *int. coloquial* Expresión que se usa para indicar que algo es del agrado de la persona que habla: *señaló la comida y dijo: ¡chapó!*.
OBS Es de origen francés.

chapotear *v. intr.* Agitar los pies o las manos en el agua o en el barro produciendo ruido: *los niños chapotean en la piscina*.
DER chapoteo.

chapoteo *n. m.* **1** Acción de agitar el agua o el barro con las manos o los pies produciendo ruido. **2** Ruido que produce el agua al ser golpeada por las manos o los pies: *se oía el chapoteo de las mujeres que lavaban en el río*.

chapucero, -ra *adj./n. m. y f.* **1** [persona] Que hace las cosas sin técnica ni cuidado o con un acabado deficiente: *este fontanero es un chapucero: ha arreglado la avería, pero me ha roto el alicatado*. **SIN** chapuzas. ◊ *adj.* **2** Que se ha hecho sin técnica ni cuidado o con un acabado deficiente: *¡qué representación tan chapucera: ni siquiera han maquillado a los actores!*.
DER chapucear, chapucería.

chapurrear *v. tr./intr.* Hablar con dificultad y de manera incorrecta una lengua, especialmente si es extranjera: *cuando llegó, sólo chapurreaba un poco de español y ahora habla bastante bien; mi niño ya empieza a chapurrear*.
DER chapurreo.

chapurreo *n. m.* Manera de hablar del que chapurrea: *no puedo entender su chapurreo*.

chapuza *n. f.* **1** Trabajo hecho sin técnica ni cuidado o con un acabado deficiente: *este examen está lleno de tachones y faltas de ortografía, es una chapuza*. **2** Trabajo de poca importancia que se hace ocasionalmente: *los fines de semana hace algunas chapuzas como complemento a su trabajo en la fábrica*. ◊ *n. com. pl.* **3 chapuzas** *coloquial* Persona que hace las cosas sin técnica ni cuidado o con un acabado deficiente: *Manolo es un chapuzas: me ha dejado el salón hecho un asco*. **SIN** chapucero.
DER chapucero.
OBS No cambia su forma por el género o el número: *el chapuzas, la chapuzas*.

chapuzar *v. tr./prnl.* Meter a alguien en el agua de golpe o de cabeza: *le quisieron gastar una broma y lo chapuzaron en la fuente*.
DER chapuzón.
OBS En su conjugación, la *z* se convierte en *c* delante de *e*.

chapuzón *n. m.* **1** Acción de meterse en el agua de golpe o de cabeza. **2** Baño breve: *me voy a dar un chapuzón en la piscina y enseguida vuelvo*.

chaqué *n. m.* Prenda de vestir masculina, parecida a la chaqueta, que a partir de la cintura se abre hacia atrás formando dos faldones; se usa como traje de etiqueta con pantalón a rayas.
OBS El plural es *chaqués*.

chaqueta *n. f.* Prenda exterior de vestir hecha de tejido fuerte, con mangas largas, abierta por delante y con botones y que llega más abajo de la cintura: *esta chaqueta azul hace juego con los pantalones vaqueros*. **SIN** americana.
cambiar de chaqueta Cambiar de partido o de ideología por interés: *ese político ha cambiado de chaqueta tres veces en tres años*.
ser más vago que la chaqueta de un guardia *coloquial* Expresión que se usa para indicar que una persona no trabaja nada o que no le gusta trabajar: *nunca estudia, es más vago que la chaqueta de un guardia*.
DER chaqué, chaquetear, chaquetilla, chaquetón.

chaquetear *v. intr.* Cambiar de partido o de ideología de forma interesada: *en la política actual se chaquetea con frecuencia*.
DER chaquetero.

chaquetero, -ra *adj./n. m. y f.* [persona] Que cambia de partido o de ideología por conveniencia personal: *lo llaman chaquetero porque ahora habla bien de los que están en el poder*.

chaquetilla *n. f.* **1** Chaqueta más corta que la ordinaria, de forma diferente y casi siempre con adornos. **2** Torera, chaquetilla usada por los toreros.

chaquetón *n. m.* Prenda de vestir de abrigo más larga que la chaqueta: *chaquetón de piel, de paño*.

charada *n. f.* Pasatiempo en el que se tiene que adivinar una palabra a partir de las pistas que se dan sobre su significado y el de las palabras que resultan tomando una o varias de sus sílabas: *los crucigramas y las charadas son acertijos.*

charanga *n. f.* Banda de música de carácter popular y festivo que tiene sólo instrumentos de viento y especialmente de metal: *en los carnavales la calle se llena de charangas.*

charca *n. f.* Charco grande de agua acumulada en un terreno de forma natural o artificial: *el caballo está bebiendo en la charca.*
DER charco; encharcar.

charco *n. m.* Pequeña cantidad de un líquido, generalmente de agua, que queda detenida en un hoyo o cavidad de la tierra o sobre el piso: *con las lluvias ese camino se llena de charcos; se ha caído el vaso de cerveza y se ha formado un charco en el suelo.*
cruzar o **pasar el charco** *coloquial* Atravesar el mar, especialmente el océano Atlántico: *voy a cruzar el charco por primera vez, voy de vacaciones a Argentina.*

charcutería *n. f.* Establecimiento en el que se venden embutidos y fiambres hechos con carne de cerdo: *vengo de la charcutería de comprar chorizo y jamón york.* **SIN** chacinería.

charcutero, -ra *n. m. y f.* Persona que se dedica a vender embutidos y fiambres hechos con carne de cerdo: *el charcutero me ha dicho que este chorizo es el mejor que tiene.*
DER charcutería.

charla *n. f.* **1** *coloquial* Conversación que se mantiene por pasatiempo, sobre temas poco importantes: *como no teníamos nada que hacer, estuvimos de charla una hora entera.* **SIN** charloteo. **2** Conferencia que se da sin solemnidad ni excesivas preocupaciones formales: *ha dado una charla sobre la vida de los elefantes africanos.* **3** *coloquial* Conversación en la que se desaprueba el modo de obrar de una persona: *su abuela le dio la charla porque llevaba tres años sin pisar la iglesia.*
OBS Se construye con verbos como *echar* o *dar*: *¡vaya charla me han echado en casa por haber suspendido cuatro asignaturas!*

charlar *v. intr. coloquial* Conversar por pasatiempo o sobre temas poco importantes: *estuvieron charlando hasta medianoche.* **SIN** departir.
DER charla, charlatán, charloteo.

charlatán, -tana *adj./n. m. y f.* **1** [persona] Que habla mucho y sobre cosas intrascendentes: *Pilar es muy charlatana.* **2** [persona] Que cuenta cosas que no debería contar: *no seas tan charlatán y no vayas contando secretos.* **3** [persona] Que engaña a alguien aprovechándose de su inexperiencia o ingenuidad: *un curandero charlatán.* ◇ *n. m.* **4** Vendedor callejero que anuncia sus productos a voces: *el charlatán ha conseguido vender diez peines en cinco minutos.*

charlestón *n. m.* Baile de movimiento rápido de origen estadounidense que fue muy popular en Europa hacia 1920.

charlotada *n. f.* **1** Espectáculo taurino de carácter cómico. **2** Actuación pública colectiva que resulta grotesca o ridícula.

charloteo *n. m.* Conversación sobre temas poco importantes que se mantiene por pasatiempo: *lleváis una hora de continuo charloteo.* **SIN** charla.

charnego, -ga *n. m. y f.* En Cataluña, inmigrante de otra región española de habla no catalana.
OBS Se usa en sentido despectivo.

charnela *n. f.* **1** Bisagra o mecanismo metálico que facilita el movimiento giratorio de las puertas. **2** En los moluscos con una concha de dos valvas, articulación que une estas dos piezas.

charol *n. m.* Cuero cubierto por un barniz muy brillante y permanente: *los zapatos de charol ya no están de moda.*

charretera *n. f.* Insignia militar a modo de hombrera, de plata, oro o seda, de la que cuelga un fleco.

charro, -rra *adj./n. m. y f.* **1** Aldeano de Salamanca. ◇ *adj.* **2** [cosa] Muy recargada de adornos o de mal gusto.

chárter *adj./n. m.* [vuelo] Que ha sido contratado expresamente para ese viaje y al margen de los vuelos regulares: *los vuelos chárter son más baratos que los regulares.*

chascar *v. tr./intr.* Dar chasquidos: *la madera chasca cuando se quema; chascó la lengua para animar al caballo.* **SIN** chasquear.
OBS En su conjugación, la *c* se convierte en *qu* delante de *e*.

chascarrillo *n. m.* Cuento breve o frase de sentido equívoco y gracioso: *contó unos cuantos chascarrillos para animar la reunión.*

chasco *n. m.* **1** Decepción que causa un hecho que sucede de manera contraria a la que se esperaba: *mi novia no vino a la cita y me llevé un chasco.* **2** Burla o engaño que se hace a alguien.
DER chascar, chascarrillo, chasquear.

chasis *n. m.* Armazón que sostiene el motor y la carrocería de un vehículo: *los chasis de los coches de carreras son muy ligeros.*
estar o **quedarse en el chasis** *coloquial* Estar muy delgado, haber perdido mucho peso: *con tanto régimen, se está quedando en el chasis.* **SIN** hueso.
OBS El plural también es *chasis*.

chasquear *v. tr./intr.* **1** Dar chasquidos: *la madera del baúl chasquea porque está muy seca; chasqueó los dedos para llamar la atención del bebé; el domador hizo chasquear su látigo al sacudirlo en el aire.* **SIN** chascar. **2** Dar un chasco o burla.
DER chasquido.

chasquido *n. m.* **1** Sonido seco que se produce cuando se rompe o raja una cosa, especialmente la madera: *la rama del árbol dio un chasquido y se rompió; se oyen los chasquidos de la leña al quemarse en la chimenea.* **2** Sonido que se hace al separar con rapidez la lengua del paladar: *se puso a dar chasquidos cuando más silencio había en el teatro.* **3** Sonido que producen un látigo o una honda cuando se sacuden con mucha fuerza; se asemeja al que se produce cuando se rompe o parte una cosa o al que se hace al separar la lengua del paladar.

chatarra *n. f.* **1** Conjunto de trozos o de objetos de metal viejo, especialmente de hierro: *han convertido el coche en chatarra.* **2** *coloquial* Máquina o aparato viejo o inservible: *este coche es una chatarra.* **SIN** cacharro. **3** *coloquial* Conjunto de monedas de poco valor: *llevo un montón de chatarra en el monedero.* **4** *coloquial* Cosa de poco valor: *no son joyas auténticas, sólo es chatarra.* **5** *coloquial* Conjunto de condecoraciones o joyas que lleva una persona.
DER chatarrero.

chatarrería *n. f.* Establecimiento en el que se vende o compra chatarra, trozos u objetos de metal viejo.

chatarrero, -ra *n. m. y f.* Persona que se dedica a recoger, almacenar o vender chatarra, trozos u objetos de metal viejo: *el chatarrero ha pasado por mi calle para recoger utensilios de hierro que no sirven.*
DER chatarrería.

chato, -ta *adj./n. m. y f.* **1** Que tiene la nariz pequeña y aplastada: *el día de su cumpleaños le regalaron un perrito chato.* **2** [nariz] Que es pequeña y aplastada: *Ester tiene la nariz chata.* **3** Que es más plano, más aplastado o tiene menos altura que otras cosas de la misma especie o del mismo

género: *no me gusta ese modelo de coche, es demasiado chato por detrás.* ◇ *n. m.* **4** coloquial Vaso bajo y ancho que se usa en las tabernas. **5** Vino u otra bebida que se toma en este vaso: *se ha tomado dos chatos con la tapa de ensaladilla.* **DER** achatar.
OBS Se usa como apelativo afectivo: *anda, chato, alcánzame la sal.*

chauvinismo *n. m.* Preferencia excesiva por todo lo nacional con desprecio de lo extranjero: *el chauvinismo impide que se aprenda de los países del entorno.* **SIN** chovinismo. **DER** chauvinista.
OBS Esta palabra procede del francés. La Real Academia Española la acepta, pero prefiere la forma *chovinismo.*

chauvinista *adj./n. com.* [persona] Que prefiere y admira excesivamente lo nacional y desprecia lo extranjero. **SIN** chovinista, patriotero.
OBS Esta palabra procede del francés. La Real Academia Española la acepta, pero prefiere la forma *chovinista.*

chaval, -vala *adj./n. m. y f.* Niño, muchacho o persona joven: *los chavales están jugando al fútbol en la calle.* **DER** chavea.

chavea *n. m.* coloquial Niño, muchacho: *unos chaveas juegan al fútbol en la calle.*

chaveta *n. f.* coloquial Mente, conjunto de facultades intelectuales del ser humano: *este chico está mal de la chaveta.*
perder la chaveta coloquial Perder el juicio, volverse loco: *me parece que has perdido la chaveta por esa chica.*

chavo *n. m.* **1** Moneda de cobre de valor variable según los países y períodos: *los chavos dejaron de acuñarse a mediados del siglo XIX.* **2** Dinero, en general: *no tiene ni un chavo; ni siquiera puede pagar el alquiler.* **SIN** perra.

che *n. f.* Nombre del dígrafo *ch.*
OBS El plural es *ches.*

checo, -ca *adj./n. m. y f.* **1** De la República Checa o relacionado con este país centroeuropeo. ◇ *n. m.* **2** Lengua eslava hablada en este país.
DER checoeslovaco, checoslovaco.

checoslovaco, -ca *adj./n. m. y f.* De Checolosvaquia o relacionado con este antiguo país centroeuropeo.

chef *n. m.* Jefe de cocina de un restaurante.

cheli *n. m.* Jerga que utiliza palabras y expresiones castizas y marginales.

chelín *n. m.* **1** Unidad monetaria de Austria y varios países africanos: *cuando fuimos de vacaciones a Viena cambiamos pesetas por chelines.* **2** Moneda antigua del Reino Unido: *veinte chelines equivalían a una libra esterlina.*

chelo *n. m.* Instrumento musical de cuerda y arco, de tamaño y sonoridad intermedios entre los de la viola y el contrabajo. **SIN** violoncelo, violonchelo.

chepa *n. f.* **1** Deformación de la columna vertebral o de las costillas que provoca una curvatura o abultamiento anormales de la espalda, el pecho o ambos: *si no andas derecha, te saldrá chepa.* **SIN** corcova, giba, joroba. **2** Encorvamiento de la espalda debido a la edad o a mala posición.

cheque *n. m.* Documento con el que se puede retirar del banco una cantidad de dinero de la persona que lo firma: *cogeré mi talonario y te haré un cheque con el dinero que te debo.* **SIN** talón. **cheque al portador** Cheque que cobra la persona que lo presenta en el banco. **cheque de viaje** o **de viajero** Cheque que se extiende un banco a nombre de una persona y puede hacerse efectivo en un banco o pagarse con él en un establecimiento comercial o en un hotel: *cuando viajo, prefiero llevar cheques de viaje que dinero.* **cheque en blanco** Cheque que se extiende sin indicar la cantidad de dinero: *no se dio cuenta y me entregó un cheque en blanco.* **cheque nominativo** Cheque que lleva el nombre de la persona que debe cobrarlo: *me paga siempre con cheque nominativo.* **cheque sin fondos** Cheque que no puede cobrarse por no disponer quien lo ha extendido del dinero necesario: *ha sido acusado de extender cheques sin fondos.* **DER** chequera.

chequear *v. tr.* **1** Revisar, examinar para comprobar el estado de una cosa: *el técnico ha chequeado la máquina empaquetadora.* ◇ *v. tr./prnl.* **2** Hacer un reconocimiento médico completo.

chequeo *n. m.* **1** Reconocimiento médico completo: *deberíamos hacernos al menos un chequeo al año para prevenir enfermedades.* **2** Revisión que se hace para comprobar el estado de una cosa: *haz un chequeo al ordenador antes de empezar a trabajar.*
DER chequear.

chequera *n. f.* **1** Talonario de cheques: *cuando se le terminaron los cheques, pidió una chequera nueva a su banco.* **2** Cartera para guardar el talonario de cheques: *el día de su cumpleaños le regalaron una chequera de piel.*

cherokee *adj./n. m. y f.* De una tribu india que vivía en Tennessee y Carolina del Norte (estados de Estados Unidos) o que tiene relación con ella.
OBS Es de origen inglés y se pronuncia aproximadamente 'cheroqui'.

chevió o **cheviot** *n. m.* **1** Lana del cordero de Escocia. **2** Paño que se hace con ella, y también sus imitaciones hechas con lanas corrientes.
OBS La Real Academia Española admite *chevió,* pero prefiere *cheviot.* ◇ El plural de *chevió* es *cheviós;* el de *cheviot, cheviots.*

chic *adj.* Elegante, distinguido y a la moda: *traje chic, una mujer muy chic.*

chicano, -na *adj./n. m. y f.* De la comunidad mejicana que vive en los Estados Unidos o que tiene relación con ella: *el movimiento chicano lucha por conservar la cultura de los mejicanos.*

chicarrón, -rrona *adj./n. m. y f.* coloquial [joven, adolescente] Que está muy crecido y desarrollado: *tus hijos son todos unos chicarrones: han salido a su padre.*

chicha *n. f.* **1** coloquial Carne comestible: *la niña me ha dicho que no quiere comer chicha.* **2** Bebida alcohólica procedente de América que se hace fermentando maíz en agua azucarada: *los ganaderos se sentaron por la noche alrededor del fuego y bebieron chicha.*

chicharra *n. f.* **1** Insecto de color verde oscuro, cabeza gruesa, ojos salientes y cuatro alas transparentes que produce un sonido estridente: *el macho de la chicharra tiene en la parte posterior del cuerpo unos órganos con los que produce su canto.* **SIN** cigarra. **2** coloquial Timbre eléctrico que produce un sonido seco y estridente: *ha puesto en la puerta de la casa una chicharra que produce un sonido insoportable.* **3** coloquial Aparato de radio pequeño y de mala calidad: *siempre está con la chicharra encendida.* **4** coloquial Persona muy habladora: *tu amiga es una chicharra; habla tanto, que me ha puesto dolor de cabeza.*

chicharro *n. m.* Pez marino comestible de cuerpo carnoso y espinas fuertes y agudas en los costados, con la parte superior de color azul: *el chicharro es un pescado barato que abunda en el Atlántico.* **SIN** jurel.
DER chicharrón; achicharrar.
OBS Para indicar el sexo se usa *el chicharro macho* y *el chicharro hembra.*

chicharrón *n. m.* **1** Residuo que queda después de derretir la manteca del cerdo y de otros animales. ◊ *n. m. pl.* **2 chicharrones** Fiambre formado por trozos de carne de distintas partes del cerdo prensado en moldes: *en la charcutería venden chicharrones y otros embutidos.*

chichón *n. m.* Bulto que sale en la cabeza a causa de un golpe: *el niño se ha caído de la cuna y se ha hecho un chichón.* **DER** chichonera.

chichonera *n. f.* Gorro con tiras de goma que sirve para proteger la cabeza de los niños y de algunos deportistas contra los golpes: *los ciclistas usan chichonera.* ☞ sombrero.

chicle *n. m.* Sustancia dulce que se mastica, pero no se traga: *es de mala educación mascar chicle en la clase.* **SIN** goma de mascar.

chico, -ca *adj.* **1** Que tiene poco tamaño: *ese jersey te queda chico, pruébate uno más grande.* **ANT** grande. ◊ *adj./n. m. y f.* **2** [persona] Que tiene poca edad: *tienes que acompañar a tu hermano porque es muy chico.* **SIN** niño. ◊ *n. m. y f.* **3** Persona, especialmente si tiene poca edad: *la novia de Juan es una chica simpática*; *Manuel es un chico muy tímido.* ◊ *n. m.* **4** Persona joven que hace recados y ayuda en trabajos de poca importancia en oficinas, comercios y otros establecimientos: *el chico de la pescadería nos traerá lo que hemos pedido.* ◊ *n. f.* **5** Criada, empleada que se dedica a hacer los trabajos domésticos: *la chica viene todos los martes y jueves a limpiar la casa.* **DER** chiquillo; achicar.

OBS Se usa como apelativo: *¡chico, qué cambiado estás, no te había reconocido!*; *¡qué mal carácter tienes, chica!*

chiffonnier *n. m.* Mueble más alto que ancho, con cajones de arriba abajo: *en su dormitorio tiene un chiffonier para guardar la ropa.*

OBS Es de origen francés y se pronuncia aproximadamente 'chifonier'.

chiflado, -da *adj./n. m. y f.* **1** *coloquial* [persona] Que ha perdido el juicio: *Marina está un poco chiflada, dice unas tonterías muy grandes.* **2** *coloquial* [persona] Que está muy enamorado o le gusta mucho una cosa: *cada día estoy más chiflado por mi esposa*; *Rocío está chiflada por la jardinería.*

chifladura *n. f.* **1** Pérdida del juicio: *ahora le ha dado la chifladura de que quiere meterse a monja.* **2** Enamoramiento o entusiasmo excesivo por una cosa: *tiene verdadera chifladura por él*; *tiene verdadera chifladura por las motos.*

chiflar *v. intr.* **1** Silbar con un silbato o imitar su sonido con la boca: *el público se puso a chiflar porque no le gustó el espectáculo.* ◊ *v. prnl.* **2 chiflarse** *coloquial* Enamorarse, gustarle a uno mucho una persona o cosa: *¡cómo me chiflan los bombones!*

DER chiflado, chifladura, chiflido; rechifla.

chiflido *n. m.* **1** Sonido del silbato. **2** Silbido que lo imita.

chihuahua *adj./n. m. y f.* [perro] Que pertenece a una raza de pequeño tamaño, grandes orejas y sin pelo: *quería un perro pequeño para tenerlo en casa y se compró un chihuahua.*

chií o **chiita** *adj./n. m. y f.* De la rama de la religión islámica que considera a Alí sucesor de Mahoma y a sus descendientes como únicos guías religiosos, o que está relacionado con ella.

OBS La Real Academia Española sólo admite la forma *chiita.*

chilaba *n. f.* Prenda de vestir con capucha que cubre desde el cuello hasta los pies; la usan los árabes: *compré una chilaba en Túnez.*

chile *n. m.* Pimiento pequeño y muy picante que se usa como condimento: *en la cocina mejicana se utiliza mucho el chile.*

chileno, -na *adj.* **1** De Chile o que tiene relación con este país sudamericano. ◊ *adj./n. m. y f.* **2** [persona] Que es de Chile.

chilindrón *n. m.* Guiso hecho con trozos de carne de ave, cerdo o cordero rehogados con tomate, pimiento, cebolla y otros ingredientes.

al chilindrón [carne] Que está guisada con tomate, pimientos, cebolla y otros ingredientes: *pollo al chilindrón.*

chillar *v. intr.* **1** Dar chillidos: *cuando vio la rata, empezó a chillar.* **SIN** gritar. **2** Hablar en un tono muy alto: *cuando hables con el abuelo, chíllale porque está un poco sordo.* **SIN** gritar.

DER chillido, chillón.

chillido *n. m.* Sonido inarticulado de la voz agudo y molesto: *el perro daba chillidos porque lo atropelló un camión.*

chillón, -llona *adj.* **1** [sonido] Que es agudo y molesto: *me ha despertado la voz chillona de los altavoces.* **2** [color] Que es muy vivo o está mal combinado con otro: *las cortinas amarillas me resultan un poco chillonas.* ◊ *adj./n. m. y f.* **3** *coloquial* [persona] Que habla en un tono muy alto o suele dar gritos: *¡qué chillón, parece que no sabe hablar más bajo!* **SIN** gritón.

chimenea *n. f.* **1** Espacio de una casa donde se hace fuego provisto de un conducto por donde sale el humo al exterior; especialmente la que está situada en un hueco de la pared y decorada con un marco y una repisa en su parte superior: *cuando vamos al pueblo, cocinamos en la chimenea*; *el salón de la casa tiene una bonita chimenea.* ☞ casa. **2** Conducto que sirve para dar salida a los humos: *chimenea de la fábrica*; *chimenea de un buque.* **3** GEOL. Conducto por el que un volcán expulsa lava y otros materiales de erupción: *la chimenea del Teide.*

chimpancé *n. m.* Mono de brazos largos, cabeza grande, barba y cejas prominentes, nariz aplastada y cubierto de pelo de color pardo negruzco: *los chimpancés viven en el África central y se domestican con facilidad.*

OBS Para indicar el sexo se usa *el chimpancé macho* y *el chimpancé hembra.*

china *n. f.* **1** Piedra muy pequeña y generalmente redondeada: *se me ha metido una china en el zapato y me está molestando.* **2** Loza muy fina y brillante que se hace con una mezcla de caolín, cuarzo y feldespato: *el jarrón es de china*; *colecciona muñecas con la cara de china.* **SIN** porcelana. **3** En el lenguaje de la droga, trozo de hachís prensado.

tocarle la china *coloquial* Corresponder a alguien la peor parte o el trabajo más duro: *a todos les han mandado una tarea fácil menos a mí, que me ha tocado la china.* Es derivado de *china,* 'barro fino'.

DER chinero.

chinchar *v. tr.* *coloquial* Molestar, fastidiar: *deja de chinchar a la niña y devuélvele su pelota.* ◊ *v. prnl.* **2 chincharse** *coloquial* Aguantarse o sufrir con paciencia un contratiempo que no se puede evitar: *¿no es eso lo que querías?, ¡pues ahora chínchate y aguántate!* **SIN** fastidiarse.

chinche *n. f.* **1** Insecto muy pequeño de color rojo oscuro y que se alimenta de sangre: *la chinche es un animal parásito que chupa la sangre del hombre y de algunos animales.* ☞ insectos. ◊ *adj./n. com.* **2** *coloquial* [persona] Que es molesta y pesada o que fastidia: *no seas chinche y déjame tranquilo un momento.* **SIN** chinchoso.

caer (o **morir**) **como chinches** *coloquial* Producirse gran cantidad de muertes: *en esa película de vaqueros los indios caen como chinches.*

DER chincar, chincheta, chinchorro, chinchoso.

chincheta *n. f.* Clavo corto de cabeza grande y circular y punta afilada; generalmente se usa para sujetar papeles: *ha fijado el cartel en la pared con cuatro chinchetas.*

chinchilla *n. f.* **1** Mamífero roedor parecido a la ardilla, pero de mayor tamaño y con el pelo de color gris, muy suave: *las chinchillas son originarias de la América del Sur.* **2** Piel de este animal: *un abrigo de chinchilla.*
  OBS Para indicar el sexo se usa *la chinchilla macho* y *la chinchilla hembra.*

¡chinchín! *int.* Expresión que se usa al brindar cuando chocan las copas: *¡chinchín! ¡Por nosotros!*

chinchón *n. m.* Anís de alta graduación que se fabrica en Chinchón, pueblo de Madrid.

chinchorro *n. m.* **1** Embarcación de remos, muy pequeña, que como auxiliar suele llevar un barco más grande. **2** Hamaca ligera tejida con cordeles.

chinchoso, -sa *adj.* [persona] Que es molesta y pesada o que fastidia. **SIN** chinche.

chinela *n. f.* Calzado a modo de zapato sin talón y de suela ligera que se usa para estar en casa: *la señora llevaba una bata de seda y unas chinelas.*

chingar *v. tr.* **1** *coloquial* Molestar, fastidiar. ◇ *v. tr./intr.* **2** *malsonante* Realizar el acto sexual. **SIN** copular.
  OBS En su conjugación, la *g* se convierte en *gu* delante de *e*.

chino, -na *adj.* **1** De China o que tiene relación con este país asiático. ◇ *adj./n. m. y f.* **2** [persona] Que es de China. ◇ *n. m.* **3** Lengua que se habla en China: *el tono es un rasgo peculiar del chino.* ◇ *n. m. pl.* **4** *chinos* Juego que consiste en adivinar el número de piedras, monedas u otra cosa semejante que guardan en la mano los que participan en él: *en los chinos, cada jugador tiene tres monedas.*
  engañar como a un chino *coloquial* Engañar a alguien fácilmente o por completo, aprovechándose de su credulidad: *lo que te han vendido como una antigüedad no lo es: te han engañado como a un chino.*
  trabajo de chinos *coloquial* Tarea u ocupación muy difícil y que exige mucha paciencia: *hacer un cuadro a punto de cruz me parece un trabajo de chinos.*
  DER chiné, chinesco; achinado.

chip *n. m.* INFORM. Pieza de material plástico pequeña y con forma cuadrada o rectangular en cuyo interior hay un circuito eléctrico impreso con millones de conexiones, del que sobresalen una serie de patillas que permiten su conexión con otros dispositivos.
  OBS El plural es *chips.*

chipirón *n. m.* Cría del calamar: *María hace unos chipirones en salsa riquísimos.*

chiquero *n. m.* Compartimiento del toril en que están encerrados los toros antes de empezar la corrida: *el toro estaba cojo y fue devuelto al chiquero.*
  DER enchiquerar.

chiquillada *n. f.* Hecho o dicho que se considera propio de un chiquillo: *con la edad que tienes, debería darte vergüenza seguir haciendo chiquilladas.* **SIN** chiquillería.

chiquillería *n. f.* **1** Gran cantidad de chiquillos: *la chiquillería se agolpó a la puerta del circo.* **2** Hecho o dicho que se considera propio de un chiquillo. **SIN** chiquillada.

chiquillo, -lla *adj./n. m. y f.* [persona] Que tiene poca edad: *unos chiquillos han roto el cristal del portal.* **SIN** chico, niño.
  DER chiquillada, chiquillería.

chiribitas *n. f. pl. coloquial* Conjunto de puntos muy pequeños de luz que se ponen delante de los ojos e impiden ver con claridad: *cuando me mareé por el calor, los ojos me hacían chiribitas.*

OBS Se usa frecuentemente con el verbo *hacer.*

chirigota *n. f.* **1** Grupo de personas que se reúnen en los carnavales para cantar coplas en las que se burlan, ridiculizan y critican diferentes aspectos de la sociedad: *las chirigotas y comparsas del carnaval de Cádiz.* **2** *coloquial* Broma, burla o dicho que no lleva mala intención: *este tío siempre anda con chirigotas.*

chirimbolo *n. m.* **1** Objeto o utensilio de forma extraña o complicada que no se sabe cómo nombrar: *me parece que la puerta llevaba aquí un chirimbolo que servía para cerrar herméticamente.* **SIN** chisme. **2** Objeto de forma redonda: *las sillas tienen unos chirimbolos como adorno.*

chirimía *n. f.* MÚS. Instrumento músico de viento parecido al clarinete, con diez agujeros y boquilla con lengüeta de caña.

chirimiri *n. m.* Lluvia muy fina y persistente. **SIN** calabobos, sirimiri.

chirimoya *n. f.* Fruto del chirimoyo, comestible, de color verde y pulpa blanca de sabor dulce; tiene huesos negros.
  DER chirimoyo.

chirimoyo *n. m.* Árbol tropical de hojas largas y puntiagudas y flores de color verdoso; su fruto es la chirimoya: *el chirimoyo procede de la América Central.*

chiringuito *n. m.* Quiosco o puesto sencillo de bebidas y comidas situado en la playa o en una zona costera: *vamos al chiringuito a comer pescado.*

chiripa *n. f. coloquial* Situación o circunstancia buena que ocurre por azar: *dicen que ha conseguido el puesto de chiripa porque no lo merecía.* **SIN** chamba, suerte.

chirla *n. f.* Molusco con dos valvas parecido a la almeja, pero de menor tamaño: *he hecho sopa de gambas y chirlas.* **SIN** chocha.

chirona *n. f. coloquial* Cárcel, prisión: *lo metieron en chirona por atracar un supermercado; ha pasado varios años en chirona por aquella agresión.*
  DER enchironar.

chirriar *v. intr.* Producir un objeto un ruido agudo y desagradable al rozarse con otro: *esta puerta chirría, habrá que engrasarla.*
  DER chirriante, chirrido.
  OBS En su conjugación, la *i* se acentúa en algunos tiempos y personas, como en *desviar.*

chirrido *n. m.* Sonido agudo, continuado y desagradable: *el chirrido de una puerta; el chirrido de los grillos.*

chisgarabís *n. m. coloquial* Persona entrometida y presuntuosa que carece del respeto y la consideración de los demás. **SIN** chiquilicuatro, mequetrefe, zascandil.
  OBS El plural es *chisgarabises.*

chisme *n. m.* **1** Noticia o comentario, verdadero o falso, sobre las vidas ajenas con las que se pretende hablar mal de alguien o enemistar a unas personas con otras: *gracias a sus chismes, ya no me hablo con mi mejor amiga; en esa revista no cuentan más que chismes.* **SIN** cotilleo. **2** *coloquial* Objeto pequeño y de poco valor, especialmente si es inútil o estorba: *recoge todos esos chismes que tienes en tu cajón y tíralos a la basura.* **3** *coloquial* Objeto o utensilio de forma extraña o complicada que no se sabe cómo nombrar: *tengo en casa un chisme de ésos que sirven para partir patatas; ¿para qué usas ese chisme tan raro?* **SIN** chirimbolo.
  DER chismear, chismorrear, chismoso.

chismorrear *v. intr.* Contar chismes sobre vidas ajenas: *míralos, están chismorreando sobre Lucía; no está bien que chismorrees y murmures sobre los vecinos.* **SIN** chismear, cotillear, murmurar.

DER chismorreo.

chismorreo *n. m.* Contarse chismes mutuamente dos o más personas: *odia el chismorreo y no le gusta que le cuenten problemas personales de los demás.* **SIN** comadreo, cotilleo.

chismoso, -sa *adj./n. m. y f.* Persona que se dedica a contar chismes. **SIN** correvedile, correveidile, cotilla.

chispa *n. f.* **1** Partícula encendida que salta de una materia que arde o del roce de dos objetos: *al frotar la cerilla contra el borde de la caja se produce una chispa; las chispas saltan de la leña de la chimenea.* **2** Descarga de luz entre dos cuerpos con carga eléctrica: *la electricidad acumulada hace saltar la chispa eléctrica.* **3** *coloquial* Cantidad muy pequeña de una cosa: *no me queda ni chispa de azúcar; son las dos de la mañana y no tengo ni chispa de sueño.* Se usa en oraciones negativas. **4** Gracia o ingenio para decir o hacer cosas ocurrentes: *este chico tiene chispa.* **5** *coloquial* Borrachera ligera: *bebió unas cuantas copas en la cena, y se cogió una buena chispa.*

echar chispas *coloquial* Estar muy enfadado: *Cristóbal se indignó y echaba chispas por los ojos.*
DER chispazo, chispear, chisporrotear; achispar.

chispazo *n. m.* **1** Salto de una chispa, especialmente de la eléctrica: *ha dado un chispazo y se ha ido la luz de todo el edificio.* **2** Suceso aislado y poco importante que precede o sigue al conjunto de otros de mayor importancia: *los últimos chispazos de la guerra.*
OBS Se usa más en plural.

chispeante *adj.* **1** Que brilla con mucha intensidad o que echa chispas: *me enamoré de los chispeantes ojos de aquella muchacha.* **2** [escrito, discurso] Que es agudo, inteligente e ingenioso: *lo mejor de esa obra de teatro eran los chispeantes diálogos entre los cuatro amigos.*

chispear *v. impersonal* **1** Llover muy poco, sólo gotas pequeñas: *no es necesario que cojamos el paraguas porque sólo chispea.* ◊ *v. intr.* **2** Brillar con mucha intensidad: *sus ojos chispeaban al reflejarse la luz en ellos.* **3** Echar chispas: *cuando da el interruptor, chispea; hay que arreglarlo.*
DER chispeante.

chisporrotear *v. intr. coloquial* Despedir chispas reiteradamente el fuego o un cuerpo que arde: *las llamas de la hoguera chisporrotean.*
DER chisporroteo.

chisporroteo *n. m. coloquial* Desprendimiento reiterado de chispas del fuego o de un cuerpo que arde: *todavía se oye el chisporroteo de la leña en el hogar.*

chistar *v. intr.* **1** Empezar a hablar o mostrar intención de hacerlo: *cuando hablan los mayores, los niños deben estarse quietos y sin chistar.* **2** Llamar la atención de una persona haciendo un sonido parecido a «chis»: *alguien me chistó y por eso volví la cabeza.*
DER rechistar.
OBS Se suele usar en frases negativas.

chiste *n. m.* **1** Historia corta o dibujo que hace reír: *te voy a contar un chiste que tiene mucha gracia; ¿entiendes este chiste sin palabras?* **2** Situación graciosa: *verle nadar es un chiste.*

tener chiste Ser una situación injusta o molesta: *tiene chiste la cosa: después de trabajar para ellos me dicen que no pueden contratarme.*
DER chistoso.

chistera *n. f.* Sombrero de ala estrecha y copa alta, casi cilíndrica y plana por arriba: *la chistera se usa en celebraciones solemnes.* **SIN** sombrero de copa.

chistorra *n. f.* Embutido de origen navarro, parecido al chorizo, pero más delgado, que se consume generalmente frito.

chistoso, -sa *adj.* **1** [persona] Que cuenta chistes o hace gracias: *¡qué chistoso es Federico, siempre me hace reír con sus ocurrencias!* **SIN** salado. **2** Que tiene gracia o causa risa: *esta comedia de Arniches es muy chistosa.*

chistu *n. m.* Flauta recta de madera con embocadura de pico usada en el País Vasco.

¡chitón! *int.* Expresión que se usa para pedir silencio: *yo te cuento esto para que lo sepas, pero, chitón, que no quiero que se entere nadie.*

chivar *v. tr./prnl. coloquial* Contar una cosa de una persona para causarle daño: *no digas nada delante de él, que lo chiva todo al jefe.*

chivatazo *n. m. coloquial* Acusación o denuncia de un hecho censurable por parte de una persona que no tiene una relación directa con él: *una vecina dio el chivatazo a la policía.* **SIN** delación, soplo.

chivato, -ta *n. m. y f.* **1** Persona que tiene por costumbre acusar o decir las faltas de los demás: *¡qué chivato, le ha dicho a su madre que Pili rompió el jarrón para que la castigue!* **SIN** acusica. **2** Persona que observa o escucha lo que otros hacen o dicen con la intención de comunicárselo en secreto al que tiene interés en saberlo. **SIN** confidente, delator, soplón. ◊ *n. m.* **3** Dispositivo que sirve para avisar cualquier anormalidad o llamar la atención sobre algo: *el chivato de la gasolina está encendido, tendré que ir a la gasolinera; el chivato empezó a sonar cuando los ladrones entraron en el museo.*
DER chivar, chivatazo, chivatear.

chivo, -va *n. m. y f.* Cría de la cabra desde que no mama hasta que tiene edad de procrear: *el ganadero ha vendido corderos y chivos.*

chivo expiatorio Persona a la que se echa la culpa cuando las cosas van mal. **SIN** cabeza de turco.

estar como una chiva *coloquial* Estar chiflado, mostrar poco juicio y muchas rarezas o extravagancias: *estás como una chiva si crees que voy a subir andando a un décimo piso.* **SIN** estar como una cabra.

chocante *adj.* Que produce extrañeza: *fue chocante ver a Gema en la discoteca, pues odia la música estridente.* **SIN** raro. **ANT** normal.

chocar *v. intr.* **1** Encontrarse violentamente dos o más cosas: *los dos coches chocaron en la esquina.* **2** Enfrentarse o indisponerse: *su carácter choca con el mío.* **3** Resultar raro o extraño: *me choca que no haya venido hoy.* ◊ *v. tr.* **4** Darse la mano en señal de saludo, acuerdo o felicitación: *se chocaron las manos al reconocerse.*
DER chocante, choque; entrechocar.

chocarrero, -ra *adj.* Que es de mal gusto o impropio de personas cultas y educadas: *no cuenta más que chistes chocarreros.*
DER chocarrería.

chocha *n. f.* Molusco con dos valvas, parecido a la almeja, pero de menor tamaño: *las chochas se pueden cocinar de muchas maneras.* **SIN** chirla.

chochear *v. intr.* **1** Tener disminuidas las facultades mentales por la edad: *esta mujer empieza a chochear, ¡qué tonterías dice!* **2** *coloquial* Sentir cariño o afición exagerados por alguien o algo: *cada día chochea más por su nieto.*
DER chocho.

chocho, -cha *adj.* **1** [persona] Que tiene disminuida su capacidad mental a causa de la edad: *está ya chocho, a pesar de que no es todavía un hombre mayor.* **2** *coloquial* [persona] Que parece que está atontado a causa del cariño o la afición

choco

hacia algo: *Enrique está completamente chocho por su mujer.* ◇ *n. m.* **3** Fruto comestible del altramuz: *a los chochos se les quita el amargor poniéndolos en remojo en agua con sal.* **SIN** altramuz. **4** *malsonante* Parte del aparato sexual femenino que rodea la vagina: *el chocho es la vulva, y es mejor llamarlo de esta última forma.* **SIN** vulva.

choco   *n. m.* Molusco marino muy parecido al calamar, pero con la cabeza más grande; tiene un hueso calcáreo interno de forma oval y aplanada. **SIN** jibia, sepia.
OBS Para indicar el sexo se usa *el choco macho* y *el choco hembra*.

chocolate   *n. m.* **1** Pasta comestible de color marrón hecha de cacao y azúcar molidos y mezclados, generalmente, con canela o vainilla: *una tableta de chocolate.* **2** Bebida espesa de color marrón hecha con esta pasta desleída y cocida en agua o leche: *he desayunado chocolate con churros.* **3** En el lenguaje de la droga, hachís. **SIN** costo, marihuana.
DER chocolatada, chocolatera, chocolatero, chocolatina.

chocolatera   *n. f.* Recipiente en que se sirve el chocolate: *en el armario de la cocina hay una chocolatera de aluminio.*

chocolatería   *n. f.* **1** Establecimiento en el que se sirve chocolate a la taza: *iremos a la chocolatería a tomar chocolate con churros.* **2** Establecimiento en el que se fabrica y vende chocolate: *voy a la chocolatería de la esquina a comprar chocolate.*

chocolatero, -ra   *n. m. y f.* **1** Persona que elabora y vende chocolate: *en la pastelería trabajan un panadero y un chocolatero.* ◇ *adj./n. m. y f.* **2** [persona] Que gusta mucho de tomar chocolate: *es muy chocolatera; siempre toma chocolate en lugar de café.*
DER chocolatería.

chocolatina   *n. f.* Tableta delgada y pequeña de chocolate: *la niña ha merendado una chocolatina con pan.*

chófer o **chofer**   *n. m.* Persona que conduce un automóvil por oficio: *hemos alquilado un autobús con chófer para ir de excursión.* **SIN** conductor.
OBS La Real Academia Española registra las dos formas, pero prefiere la llana.

chollo   *n. m. coloquial* Cosa que se considera buena y que se consigue con muy poco esfuerzo: *tu trabajo es un auténtico chollo porque ganas mucho dinero, tienes muchas vacaciones y no tienes responsabilidades importantes.*

choped   *n. m.* Embutido en forma de tripa gruesa y parecido a la mortadela, que se hace con carne de cerdo, pollo o pavo.
OBS También se escribe *chopped*.

chopera   *n. f.* Terreno donde crecen muchos chopos: *bajaron en bicicleta a la chopera.*

chopo   *n. m.* **1** Árbol de madera rugosa y oscura y ramas separadas del eje del tronco: *se sentaron cerca de un chopo que había en la orilla del río.* **SIN** álamo negro. ☞ árbol. **2** *coloquial* Fusil, arma de fuego: *cuando entró en la academia militar no sabía ni coger el chopo.* Es derivado de *chopo*, 'árbol'.
DER chopera.

chopped   *n. m.* Embutido en forma de tripa gruesa y parecido a la mortadela, que se hace con carne de cerdo, pollo o pavo: *me voy a comer un bocadillo de chopped.*
OBS También se escribe *choped*.

choque   *n. m.* **1** Encuentro violento de dos o más cosas: *la red metálica que había a los lados de la carretera amortiguó el choque.* **SIN** colisión, encontronazo, topetazo. **2** Enfrentamiento, discusión o pelea: *no me extraña que tuvieran ese choque porque se llevan muy mal.* **3** Combate de corta duración o entre ejércitos con un número pequeño de tropas: *se ha sabido que se han registrado varios choques entre los dos ejércitos enemigos en las montañas.* **4** Impresión intensa que recibe una persona y que altera profundamente su estado mental y sus sentimientos: *recibió un gran choque cuando le dijeron que habían encarcelado a su marido.* **SIN** shock.

chorbo, -ba   *n. m. y f.* **1** *coloquial* Persona cuyo nombre se ignora o no se quiere decir: *vino un chorbo preguntando por ti.* **SIN** individuo, tipo, fulano. **2** *coloquial* Novio o acompañante habitual: *ésta es mi chorba.*

choricear   *v. tr. coloquial* Robar, tomar para sí lo ajeno: *me han choriceado el reloj.* **SIN** chorizar.
DER choriceo.

chorizar   *v. tr. coloquial* Choricear, robar.

chorizo   *n. m.* **1** Embutido hecho con carne de cerdo picada y pimentón, curado al humo, generalmente de color rojo oscuro y de forma cilíndrica y alargada. **2** *coloquial* Ratero, ladrón: *algún chorizo ha debido quitarme la cartera en el tren porque no la encuentro.*
DER choricear, chorizar.

chorlito   *n. m.* Ave con pico recto y corto, y con patas y alas largas; vive en las costas: *el chorlito se alimenta de animales acuáticos.*
OBS Para indicar el sexo se usa *el chorlito macho* y *el chorlito hembra*.

chorra   *n. f.* **1** *coloquial* Situación o circunstancia afortunada que ocurre por azar: *has tenido mucha chorra con el coche usado que compraste, pero igual te podía haber salido malo.* **SIN** chamba, chiripa, suerte. **2** *malsonante* Órgano sexual masculino: *la chorra es el pene, y suena mejor llamarlo de esta última forma.* **SIN** miembro, pene. ◇ *n. m.* **3** Persona tonta o estúpida: *creo que estás haciendo el chorra pagándole siempre todo y sin obtener nada a cambio.*
DER chorrada.

chorrada   *n. f.* **1** *coloquial* Tontería, estupidez: *cállate y no digas chorradas.* **2** *coloquial* Adorno excesivo o innecesario: *tiene los muebles llenos de figuritas y otras chorradas.*

chorrear   *v. intr.* **1** Caer un líquido lentamente y gota a gota: *se ha lavado la cabeza y le chorrea el pelo.* **2** Caer un líquido formando un chorro: *la lluvia chorrea por la pared.* ◇ *v. tr.* **3** Dejar caer o soltar un objeto el líquido que contiene o que ha absorbido: *has mojado demasiado la brocha y ahora chorrea pintura; se ha caído al río y lo han sacado chorreando agua.*
DER chorreo.

chorreo   *n. m.* **1** Caída de un líquido en forma de chorro o de goteo. **2** Gasto continuo: *con tantas visitas a los médicos esto es un chorreo de dinero.* **3** Concurrir algunas cosas poco a poco, con lentitud: *el recuento de votos se ha convertido en un lento chorreo.* **4** *coloquial* Bronca o reprimenda fuertes: *aguantó el chorreo que le dio su padre sin decir una palabra.*

chorreón   *n. m.* **1** Chorro de un líquido que sale de forma repentina o inesperada: *si te encargas tú de aliñar la ensalada, no olvides echarle un chorreón de vinagre.* **2** Mancha o marca que deja ese chorro: *el suelo de aquella cocina estaba lleno de chorreones de aceite.*

chorrera   *n. f.* **1** Adorno de tela en la parte delantera de una camisa; baja en forma de volante desde el cuello cubriendo el cierre: *se compró una blusa con chorreras de encaje.* **2** Lugar por donde cae una pequeña cantidad de agua u otro líquido: *en primavera la chorrera del muro estaba siempre mojada, pero en verano se secaba.* **3** Señal que deja el agua u otro líquido al pasar por una superficie: *la tierra tenía unas enormes chorreras después de la tormenta.*

chorro   *n. m.* **1** Líquido o gas que, con más o menos fuer-

za, sale por una abertura estrecha: *si cierras el grifo, dejará de salir el chorro de agua; el chorro del lanzallamas llegó hasta la puerta; el chorro de sangre le manchó la camisa.* **2** Caída continua de cosas iguales y de pequeño tamaño: *apretó el botón y salió un chorro de monedas.* **3** Salida abundante e impetuosa de algo: *cuando le permitieron hablar, soltó un chorro de palabras; un chorro de luz inundó la habitación.*
a chorros En gran abundancia: *Jesús tiene dinero a chorros.*
beber a chorro Beber un líquido sin arrimar los labios a la abertura o al recipiente del que sale: *no hay que chupar del botijo, sino que se debe beber a chorro.*
chorro de voz Gran fuerza y energía de voz: *¡qué chorro de voz tiene! En la sala había más de quinientas personas y no necesitó micrófono.*
estar limpio como los chorros del oro *coloquial* Estar una cosa muy limpia y reluciente: *su casa está limpia como los chorros del oro.*
DER chorra, chorrear, chorreón, chorrera.

chotacabras *n. m.* Pájaro de color gris con rayas negras en la cabeza, cuello y espalda, algo rojo por el vientre y con el pico pequeño y fino: *el chotacabras se alimenta de insectos al atardecer.*
OBS Para indicar el sexo se usa *el chotacabras macho* y *el chotacabras hembra.*

chotearse *v. prnl. coloquial* Burlarse de una persona o cosa, tomársela a risa: *se chotean de todo el mundo, incluido su jefe.* **SIN** cachondearse, pitorrearse.
DER choteo.

choteo *n. m. coloquial* Burla o guasa: *se lo toma todo a choteo: el trabajo, los estudios, todo.* **SIN** cachondeo, pitorreo.

chotis *n. m.* **1** Baile agarrado y lento que consiste en dar tres pasos a la izquierda, tres a la derecha y vueltas: *el chotis es el baile típico de Madrid.* **2** Música y canto de este baile: *el director de la orquesta ha compuesto un chotis.*

choto, -ta *n. m. y f.* Cría de la cabra desde que nace hasta que deja de mamar: *conozco un mesón en el que se come un choto muy bueno.* **SIN** cabrito.
estar como una chota *coloquial* Estar chiflado, mostrar poco juicio y muchas rarezas o extravagancias: *actúa de manera extraña, está como una chota.* **SIN** estar como una cabra.
DER chotearse.

chovinismo *n. m.* Preferencia excesiva por todo lo nacional con desprecio de lo extranjero: *el chovinismo no suele ser un defecto que se encuentre a menudo en España.* **SIN** chauvinismo.
DER chovinista.
ETIM De Nicholas *Chauvin*, soldado francés, de acusada pasión por Napoleón y por la causa francesa en las guerras de la época napoleónica.
OBS Es de origen francés.

chovinista *adj./n. com.* [persona] Que prefiere y admira excesivamente lo nacional y desprecia lo extranjero: *las actitudes chovinistas pueden llevar a la intransigencia.* **SIN** chauvinista, patriotero.
OBS Es de origen francés.

choza *n. f.* Casa en el campo, pequeña y tosca, construida con maderas y cubierta con ramas o paja: *la choza de un pastor.* **SIN** cabaña.

christmas *n. m.* Tarjeta que se envía para felicitar la Navidad.
OBS Se pronuncia *crismas.* ◇ El plural también es *christmas.*

chubasco *n. m.* Lluvia repentina y de corta duración, acompañada de mucho viento: *a medio camino me pilló un chubasco y llegué a casa calada hasta los huesos.* ☞ meteorología.
DER chubasquero.

chubasquero *n. m.* Impermeable corto y generalmente con capucha: *llevo mi chubasquero en la mochila.*

chuchería *n. f.* **1** Producto comestible de pequeño tamaño y sabor muy dulce que suelen comer los niños por su sabor agradable. **SIN** golosina. **2** Objeto de poca importancia, pero delicado: *¡qué contento se ha puesto con la chuchería que le has traído!*

chucho *n. m. coloquial* Perro, especialmente el que no es de raza o no tiene dueño: *esta ciudad está llena de chuchos abandonados.*

chufa *n. f.* Tubérculo de una clase de planta, amarillo por fuera y blanco por dentro, de sabor dulce y agradable, que se emplea para hacer horchata o se come remojado en agua: *horchata de chufas.*

chufla *n. f.* Burla o guasa: *no te tomes a chufla lo que te digo, que es muy serio.* **SIN** chifla, cuchufleta.

chulada *n. f.* Cosa bonita y vistosa: *¡vaya chulada de coche!*

chulapo, -pa *n. m. y f.* Persona de ciertos barrios populares de Madrid que se vestía con un traje típico y hablaba y se comportaba de manera afectada y con una mezcla de gracia e insolencia: *en la verbena de la Paloma las mujeres se visten de chulapas.* **SIN** chulo.

chulear *v. intr./prnl.* **1** Presumir de algo, jactarse: *¡mira a Felipe cómo chulea con su coche nuevo!* ◇ *v. tr./prnl.* **2** Reírse de una persona: *como no dejes de chulearla, se va a enfadar; itú de mí no te chuleas más! ◇ v. tr.* **3** Quedarse un hombre con las ganancias de una prostituta con la excusa de que la protege: *ese hombre chulea a varias mujeres.*

chulería *n. f.* **1** Presunción o insolencia, generalmente por parte de un hombre, al hablar o al actuar: *se comporta con mucha chulería, y por el más pequeño motivo se enzarza en una pelea.* **2** Dicho o hecho jactancioso o insolente: *me contestó con chulería, y eso no se lo consiento a nadie.* **SIN** descaro.

chuleta *n. f.* **1** Costilla con carne de ternera, buey, cerdo o cordero que se destina al consumo: *de segundo teníamos chuleta de ternera.* **2** *coloquial* Papelito con apuntes que los estudiantes ocultan para copiar de él en los exámenes: *Jaime lleva sus chuletas escondidas en la manga del jersey.* **3** *coloquial* Bofetada: *¡qué chuleta le ha dado Teresa a Rodolfo!* ◇ *adj./n. m. y f. coloquial* [persona] Que es insolente y presuntuoso: *es un chuleta, contesta a todo el mundo con descaro y se pavonea de que nadie puede ponerle la mano encima.* **SIN** chulo.
DER chuletada.

chulo, -la *adj./n. m. y f.* **1** *coloquial* [persona] Que es insolente y presuntuoso: *has estado demasiado chula con el jefe.* **SIN** chuleta. ◇ *adj.* **2** *coloquial* Que es bonito y vistoso: *llevas una chaqueta muy chula.* ◇ *n. m.* **3** *coloquial* Hombre que se queda con las ganancias de una prostituta con la excusa de que la protege: *aquel chulo controla a cinco fulanas.* ◇ *n. m. y f.* **4** *coloquial* Chulapo, persona de ciertos barrios populares de Madrid.
DER chulada, chulapo, chulear, chulería.

chumbera *n. f.* Planta con tallos que parecen hojas en forma de paletas ovales con espinas y muy carnosos: *el fruto de la chumbera es el higo chumbo.* **SIN** nopal.

chuminada *n. f. coloquial* Tontería, hecho o dicho sin importancia ni valor: *¿te vas a enfadar por esa chuminada?*

chunga *n. f. coloquial* Burla, guasa: *me dijo en chunga que se casaría este año; te lamentarás si sigues tomándote a chunga tus estudios.* **SIN** cachondeo, choteo, pitorreo.

chungo, -ga *adj. coloquial* Que tiene mal aspecto o está estropeado o en mal estado: *el tiempo está chungo: parece que va a llover otra vez; tengo la radio chunga y no puedo oír el programa.*

DER chunguearse.

chunguearse *v. prnl.* Burlarse de forma alegre o divertida: *se estaban chungueando de mí, así que tuve que ponerme serio.*

chupa *n. f. coloquial* Cazadora, chaqueta corta y ajustada a la cadera: *¡qué chupa más guapa llevas!*

chupada *n. f.* **1** Succión con los labios y la lengua del jugo o la sustancia de una cosa: *daba fuertes chupadas al puro.* **2** Lametón, humedecimiento de la superficie de una cosa con la boca y la lengua: *le dio una chupada a la piruleta.*

chupado, -da *adj.* **1** *coloquial* Muy flaco y con aspecto enfermizo: *con tanto régimen se te está quedando la cara chupada.* **2** *coloquial* Muy fácil: *las preguntas del examen estaban chupadas.*

chupador, -ra *adj./n. m. y f.* Que chupa: *el mosquito es un insecto chupador.*

chupar *v. tr.* **1** Sacar o extraer con los labios y la lengua el jugo o la sustancia de una cosa. **2** Lamer o humedecer la superficie de una cosa con la boca y la lengua: *el niño chupaba el helado; siempre está chupando los bolígrafos.* **3** Absorber un líquido o una humedad: *esta planta chupa mucha agua.* **4** *coloquial* Obtener dinero u otros bienes de una persona, empresa o institución con astucia y engaño: *le chupó hasta el último céntimo; mientras estuvo de secretario chupó lo que quiso.* **chupar del bote** *coloquial* Sacar provecho material de una persona, situación o cargo: *ella se dedica a trabajar por la empresa, y sus socios a chupar del bote.* ◇ *v. prnl.* **5 chuparse** Ir enflaqueciéndose o adelgazando: *se ha ido chupando poco a poco, y ahora no hay quien lo conozca.* **chuparse el dedo** *coloquial* Ser fácil de engañar, no darse cuenta de lo que sucede o se dice: *¿te crees que me chupo el dedo?* **¡chúpate ésa!** Expresión que se usa para recalcar una respuesta aguda y oportuna que se acaba de pronunciar: *lo que acabas de oír es la pura verdad, ¡chúpate ésa!*
DER chupada, chupado, chupador, chupete, chupetón, chupito, chupón; chupatintas, chupóptero.

chupatintas *n. com.* Persona que trabaja en una oficina con funciones de poca responsabilidad: *es sólo un chupatintas y cree que puede dar órdenes a todos los que acuden a su ventanilla.* Una oficinista.
OBS El plural es también *chupatintas.*

chupete *n. m.* Objeto de goma en forma de pezón que se da a los niños para que chupen; lleva un tope y una anilla, generalmente de material plástico: *pon el chupete al niño, a ver si deja de llorar.*
DER chupetear; rechupete.

chupetear *v. tr./intr.* Chupar poco y con frecuencia: *deja de chupetear la cuchara y come.*

chupinazo *n. m.* **1** Disparo hecho con una especie de mortero en los fuegos artificiales: *las fiestas comenzaron con un fuerte chupinazo desde el balcón del ayuntamiento.* **2** *coloquial* Lanzamiento fuerte del balón con el pie en el juego del fútbol: *el futbolista lanzó el balón a la red con un potente chupinazo.*

chupito *n. m.* Sorbo pequeño de vino u otra bebida alcohólica: *un chupito de tequila.*

chupón, -pona *adj./n. m. y f.* **1** *coloquial* [persona] Que saca dinero u otro beneficio con astucia o engaño: *es un chupón; sólo le interesa la gente de la que puede sacar algún beneficio.* **2** *coloquial* [deportista] Que es muy individualista en un juego y retiene durante mucho tiempo la pelota o la bola: *Joaquín es un chupón: cuando coge el balón no lo pasa a los demás.*

churrasco *n. m.* Trozo de carne roja y grande que se asa a la brasa o a la parrilla: *se fueron al campo y se llevaron una parrilla para hacer churrasco.*

churrería *n. f.* Establecimiento en el que se hacen y venden churros: *nos levantamos temprano y fuimos a la churrería a comprar churros.*

churrero, -ra *n. m. y f.* Persona que hace y vende churros: *ese churrero hace los mejores churros de la ciudad.*
DER churrería.

churrete *n. m.* Mancha que ensucia la cara, las manos u otra parte visible del cuerpo: *quítate ese churrete de la cara.*
DER churretoso.

churretoso, -sa *adj.* Lleno de churretes o manchas.

churrigueresco, -ca *adj.* **1** Que pertenece a un estilo de arquitectura o escultura caracterizado por una recargada ornamentación: *el estilo churrigueresco fue iniciado por el arquitecto José Benito Churriguera en el siglo XVIII.* **2** Que tiene demasiados adornos: *su prosa churrigueresca complica demasiado sus escritos.*

churro, -rra *adj./n. m. y f.* **1** [oveja] Que es de una raza caracterizada por tener la lana larga y basta: *tengo un rebaño de ovejas churras.* ◇ *n. m.* **2** Masa de harina de forma alargada y cilíndrica que se fríe en aceite: *en la feria hay puestos de churros y porras.* **3** *coloquial* Cosa mala o de poca calidad: *este programa de televisión es un churro.*
mezclar las churras con las merinas *coloquial* Confundir o mezclar personas o cosas diferentes: *al hacer una clasificación no debes mezclar las churras con las merinas.*
DER churrero, churrete.

churruscar *v. tr./prnl.* Tostar o asar demasiado; empezar a quemarse: *has churruscado el pan; el arroz se ha churruscado.* **SIN** quemar.
DER churrusco.
OBS En su conjugación, la *c* se convierte en *qu* delante de *e.*

churrusco *n. m.* Pedazo de pan demasiado tostado.

churumbel *n. m. coloquial* Niño o bebé: *está casada y tiene cinco churumbeles como cinco soles.*

chusco, -ca *adj.* **1** Que tiene gracia y picardía: *sus textos son un poco chuscos para mi gusto.* ◇ *n. m.* **2** Pedazo de pan duro: *daban al perro los chuscos que les sobraban.* **SIN** mendrugo. **3** Panecillo: *se hizo un bocadillo con un chusco.* ☞ pan.

chusma *n. f.* Grupo de gente vulgar y despreciable: *no te juntes con ellos, que son chusma.*

chusquero *adj./n. m. coloquial* [oficial, suboficial del ejército] Que ha ascendido desde soldado raso y sin pasar por una academia militar: *sargento chusquero.*

chut *n. m.* Lanzamiento fuerte del balón con el pie en el juego del fútbol, generalmente en dirección a la portería contraria. **SIN** disparo.

chutar *v. intr.* **1** Lanzar con fuerza el balón con el pie en el juego del fútbol, generalmente en dirección a la portería contraria: *el jugador chutó y marcó gol.* **SIN** disparar. ◇ *v. prnl.* **2 chutarse** *coloquial* En el lenguaje de la droga, inyectarse una dosis.
ir que chuta *coloquial* Expresión que se usa para indicar que algo es suficiente o alguien obtiene más de lo que esperaba o se merecía: *con el regalo que le he hecho va que chuta.*
DER chut.

chuzo *n. m.* Palo con un pincho de hierro en un extremo que sirve para atacar o defenderse: *los antiguos serenos llevaban chuzos para defenderse.*
caer chuzos de punta Llover o nevar con mucha fuerza o intensidad: *no salgas ahora, que están cayendo chuzos de punta.*

Cía. Abreviatura de *compañía,* 'sociedad'.

cianuro *n. m.* Compuesto químico que se forma a partir de carbono, nitrógeno y un metal y se emplea como insecticida o como veneno: *unas gotas de cianuro causan la muerte instantánea.*

ciática *n. f.* Dolor muy fuerte que recorre la parte trasera de la pierna hasta el pie y que se debe a la irritación del nervio ciático: *le dio un ataque de ciática y tuvo que estar en cama varios días.*

ciático, -ca *adj.* **1** ANAT. De la cadera o que tiene relación con ella: *nervio ciático.* ◇ *adj./n. m.* **2** [nervio] Que se distribuye en los músculos posteriores del muslo, de la pierna, de la piel de ésta y del pie; es la terminación del plexo sacro y el más grueso del cuerpo: *el médico me ha dicho que dentro de unos años puedo tener problemas con el ciático.*
DER ciática.

cibernauta *n. com.* Persona que mediante un ordenador y a través de la red informática Internet establece contacto con bases de datos y usuarios de esta red de todo el mundo.
DER cibernética, cibernético.

cibernética *n. f.* **1** Ciencia que estudia los sistemas de comunicación de los seres vivos y los aplica a sistemas electrónicos y mecánicos que se parecen a ellos: *gracias a la cibernética se han creado aparatos que permiten rápidas comunicaciones.* **2** MED. Ciencia que estudia los mecanismos nerviosos de los seres vivos: *la cibernética estudia las conexiones de las neuronas.*
DER cibernético.

cibernético, -ca *adj.* De la cibernética o que tiene relación con esta ciencia: *los avances cibernéticos han hecho posible la existencia de robots con usos industriales.*

cicatería *n. f.* Tacañería, ruindad o inclinación a escatimar lo que se debe dar: *repartía la comida con tal cicatería, que todos se quedaban con hambre.* **ANT** generosidad.

cicatero, -ra *adj./n. m. y f.* **1** [persona] Que es tacaño, miserable o escatima lo que debe dar: *no seas tan cicatero e invítanos a comer hoy.* **ANT** generoso. **2** [persona] Que da importancia a pequeñas cosas o se ofende por ellas.
DER cicatería.

cicatriz *n. f.* **1** Señal que queda en la piel después de curarse una herida: *cuando era pequeña se hizo una brecha en la frente y le ha quedado una cicatriz.* **2** Impresión que deja en el ánimo un hecho doloroso: *la muerte de su abuelo es una cicatriz que tardará en curar.*
DER cicatrizar.

cicatrización *n. f.* Curación completa de una herida: *la cicatrización de las heridas fue demasiado lenta.*

cicatrizar *v. tr./intr./prnl.* Cerrar y curar una herida: *ya se ha cicatrizado la herida que me hice al caer de la moto.*
DER cicatrización.
OBS En su conjugación, la *z* se convierte en *c* delante de *e*.

cicerone *n. com.* Persona que enseña los lugares de interés de una ciudad: *Javier hizo de cicerone y mostró a los turistas la ciudad.* **SIN** guía.
OBS Es de origen italiano.

cíclico, -ca *adj.* **1** Del ciclo o que tiene relación con él: *la sucesión de estaciones del año es un fenómeno cíclico.* **2** QUÍM. [estructura molecular] Que tiene forma de anillo.
DER acíclico.

ciclismo *n. m.* Deporte que consiste en participar en carreras de velocidad o resistencia montado en bicicleta.
DER ciclista.

ciclista *adj.* **1** Del ciclismo o relacionado con este deporte: *pronto participará en una carrera ciclista.* ◇ *adj./n. com.* **2** [persona] Que monta en bicicleta por afición o como profesional: *Indurain es el mejor ciclista de todos los tiempos.*

ciclo *n. m.* **1** Serie de acontecimientos o fenómenos que se repiten en el mismo orden en que se produjeron: *la profesora ha hablado a los niños del ciclo de las estaciones del año.* **2** Serie de actos de carácter cultural relacionados entre sí, generalmente por el tema: *la facultad ha organizado un ciclo sobre la mujer.* **3** Parte en que se dividen los estudios y que está formada por una serie determinada de cursos y asignaturas: *las carreras universitarias suelen tener dos ciclos.* **4** Conjunto de tradiciones, poemas épicos, películas u otras obras sobre el mismo tema o personaje: *es un medievalista especializado en el ciclo carolingio; están poniendo en televisión un ciclo sobre Henry Fonda.*
DER cíclico, ciclismo, ciclocross, cicloide, ciclomotor, ciclón, ciclostil, ciclotrón, cicloturismo; biciclo, megaciclo, monociclo, reciclar, triciclo.

ciclo-, -ciclo Elemento prefijal y sufijal que entra en la formación de palabras con el significado de: *a)* 'Bicicleta': *cicloturismo, triciclo. b)* 'Círculo' y, por extensión, 'forma', 'disposición', 'movimiento' o 'acción circular': *cíclope, hemiciclo.*

ciclocross *n. m.* Modalidad de deporte que se practica a campo traviesa por terrenos muy accidentados: *los circuitos de ciclocross tienen mucha tierra y barro.*

ciclomotor *n. m.* Vehículo de dos ruedas, parecido a una bicicleta, con pedales y provisto de un motor de pequeña cilindrada: *en un ciclomotor no puede ir más que una persona.*

ciclón *n. m.* **1** Viento extremadamente fuerte que avanza en grandes círculos girando sobre sí mismo de forma muy rápida: *un potente ciclón ha devastado la costa.* **SIN** huracán, tifón, tornado. **2** Fenómeno atmosférico en el que hay bajas presiones, fuertes vientos y lluvias abundantes: *en las estaciones frías abundan los ciclones.* **SIN** borrasca, depresión. **3** Persona inquieta e impetuosa que altera cuanto encuentra a su paso: *Magdalena es un ciclón: cambia de sitio todo lo que encuentra a su paso.* **SIN** huracán, torbellino.
DER ciclónico; anticiclón.

ciclónico, -ca *adj.* Del ciclón o que tiene relación con esta perturbación atmosférica.

cíclope o **ciclope** *n. m.* Gigante de la mitología griega con un solo ojo en medio de la frente: *en la Ilíada, Ulises consigue engañar al cíclope.*
DER cíclopeo.

ciclópeo, -a *adj.* **1** De los cíclopes o relacionado con estos gigantes. **2** [construcción antigua] Que está hecha con enormes bloques de piedra superpuestos y, generalmente, sin argamasa: *las pirámides son construcciones ciclópeas.* **3** Que es mucho mayor que lo considerado como normal: *esfuerzos ciclópeos; las fuerzas ciclópeas de la Tierra.* **SIN** gigantesco.

cicloturismo *n. m.* Modalidad de turismo en la que se emplea la bicicleta como medio de transporte.
DER cicloturista.

cicloturista *n. com.* Persona que emplea la bicicleta como medio de transporte para hacer turismo.

cicuta *n. f.* **1** Planta silvestre de tallo hueco y ramoso, hojas triangulares y flores blancas: *la cicuta crece en lugares húmedos.* **2** Veneno que se saca de las hojas y los frutos de esa planta: *cuenta Platón que Sócrates bebió cicuta; la cicuta se usó como medicina.*

-cida Elemento sufijal que entra en la formación de palabras con el significado de 'matador', 'destructor', 'exterminador': *homicida, insecticida.*
OBS Cuando el organismo destruido o matado es una persona, el agente destructor es también una persona (*parricida*), y sólo entonces interviene el sufijal *-cidio* para formar el compuesto que designa la acción realizada.

-cidio Elemento sufijal que entra en la formación de sustantivos masculinos con el significado de 'muerte, acción de matar a la persona designada por el primer elemento al que se une': *homicidio, parricidio*.

ciego, -ga *adj./n. m. y f.* **1** Que no puede ver por estar privado del sentido de la vista: *ayudó al ciego a cruzar la calle*. ◇ *adj.* **2** Que no es capaz de darse cuenta de una cosa o de comprenderla: *¿es que estás ciego? ¿No ves que no se puede cruzar, que está el semáforo en rojo?* **3** Dominado o poseído por un sentimiento o una inclinación muy fuertes: *ciego de amor, de ira*. **4** [sentimiento, deseo] Que se siente con mucha fuerza, sin límites ni reservas: *tenía una fe ciega en él*. **5** [conducto, abertura] Que está obstruido o tapiado: *esa cañería está ciega y no desagua; en la fachada de la casa había dos ventanas ciegas*. **6** *coloquial* Atiborrado de comida, bebida o droga: *la policía lo detuvo porque iba conduciendo ciego de alcohol*. ◇ *n. m.* **7** Parte inicial del intestino grueso comprendida entre el final del intestino delgado y el colon: *el intestino ciego está cerca del colon*.
a ciegas *a)* Sin poder ver: *tuvimos que entrar en la habitación a ciegas porque no había luz. b)* Sin reflexionar: *no digas las cosas a ciegas*.
dar palos de ciego Actuar sin tener información suficiente: *la policía no tiene pistas sobre el autor del asesinato y está dando palos de ciego*.
ETIM Ciego procede del latín *caecus*, que tenía el mismo significado, voz con la que también están relacionadas *cecografía, cegar*.

cielo *n. m.* **1** Parte del espacio sobre la Tierra, en la que están las nubes y donde se ven el Sol, la Luna y las estrellas: *hace buen día y el cielo está muy azul; los aviones cruzan el cielo*. **2** Parte superior de ciertas cosas o que cubre ciertas cosas. **cielo de la boca** Paladar, parte superior del hueco de la boca: *he comido un pan muy duro y ahora me duele todo el cielo de la boca*. **cielo raso** Techo de superficie plana y lisa: *en el desván han puesto un cielo raso*. **3** Lugar en el que los santos, los ángeles y los bienaventurados gozan de la presencia de Dios para siempre, según la tradición cristiana: *si eres bueno, irás al cielo; si eres malo, al infierno*. **SIN** paraíso. **ANT** infierno. **4** Dios o la divina providencia: *si el cielo lo quiere, lo veremos*. Se usa en plural como exclamación: *¡oh, cielos!, ¡qué horror!* **5** Persona, animal o cosa muy agradable: *es un cielo, siempre está dispuesto a ayudarme cuando se lo pido*. Se usa como apelativo afectivo: *ven con mamá, cielo*.
caído (o llovido) del cielo *coloquial* Expresión que se usa para indicar que una persona ha llegado o algo ha sucedido en el momento o lugar más oportunos: *el premio nos ha llegado como llovido del cielo*.
clamar al cielo Ser una cosa indignante por injusta o disparatada: *la decisión del jurado del certamen literario clama al cielo*.
irse el santo al cielo *coloquial* Distraerse de lo que se está haciendo u olvidarse de lo que se ha de hacer: *no sé lo que estaba diciendo: he ido a abrir la puerta y se me ha ido el santo al cielo*.
ver el cielo abierto *coloquial* Presentársele a una persona una ocasión favorable para salir de un apuro o conseguir un propósito: *en cuanto me dijeron que me iban a ayudar, vi el cielo abierto*.
DER rascacielos.

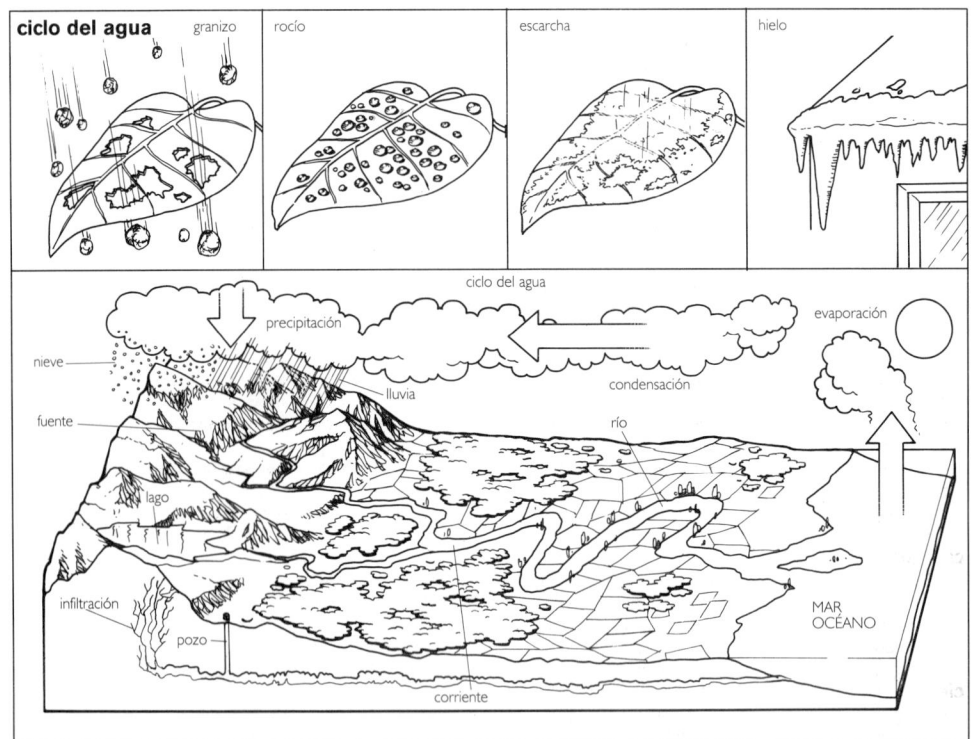

ETIM Cielo procede del latín *caelum*, que tenía el mismo significado, voz con la que también están relacionadas *celaje*, *celeste*.

ciempiés *n. m.* Invertebrado que vive en tierra, con el cuerpo alargado y formado por muchos anillos en cada uno de los cuales tiene dos patas: *levanté una piedra y salió un ciempiés de debajo*.
OBS Para indicar el sexo se usa *el ciempiés macho y el ciempiés hembra*.

cien *num. card.* **1** Indica que el nombre al que acompaña o al que sustituye está cien veces: *son cien pesetas*. Puede ser determinante: *vinieron cien chicos*, o pronombre: *vinieron los cien*. **SIN** ciento. ◊ *num. ord.* **2** Indica que el nombre al que acompaña o al que sustituye ocupa el lugar número 100 en una serie: *soy el cien de la lista*. Es preferible el uso del ordinal: *soy el centésimo*. ◊ *n. m.* **3** Nombre del número 100. **SIN** ciento.
a cien *coloquial* Con un alto grado de excitación: *cuando dices esas tonterías, me pones a cien*; *su manera de bailar me ponía a cien*. Se construye con los verbos *poner*, *ir*.

ciénaga *n. f.* Lugar pantanoso o lleno de cieno: *ha metido los pies en una ciénaga y se ha puesto perdidas las botas*.

ciencia *n. f.* **1** Actividad humana que consiste en reunir un conjunto de conocimientos mediante la observación y la experimentación de lo que existe, de sus principios y sus causas, y ordenarlos de modo que puedan ser comparados y estudiados: *la ciencia ha procurado muchas comodidades a la humanidad*. **2** Conjunto de conocimientos y principios ordenados sistemáticamente que forman una rama del saber: *la informática contribuye al desarrollo de muchas ciencias*. **ciencias exactas** Ciencias que sólo admiten principios, efectos y hechos demostrables: *las matemáticas y la física son ciencias exactas*. **ciencias humanas** Ciencias que estudian asuntos relacionados con el hombre: *la historia, la psicología y la filosofía son ciencias humanas*. **ciencias naturales** Ciencias que estudian asuntos relacionados con la naturaleza: *la biología y la geología son ciencias naturales*. **ciencias ocultas** Conocimientos y prácticas relacionados con cuestiones misteriosas como la magia, la alquimia, la astrología y materias semejantes. **3** Saber, erudición: *este hombre es un pozo de ciencia*. **4** Conjunto de conocimientos que se necesitan para realizar cualquier cosa, habilidad, maestría: *la experiencia es la madre de todas las ciencias*. ◊ *n. f. pl.* **5 ciencias** Conjunto de conocimientos relacionados con las matemáticas, la física, la química, la biología y la geología: *este chico va para ciencias*.
ciencia ficción Género literario o cinematográfico cuyos contenidos se basan en hipotéticos logros científicos y técnicos del futuro.
ciencia infusa *coloquial* Conjunto de conocimientos que se le atribuyen al que cree saberlo todo sin necesidad de aprender: *tienes que estudiar y no confiar en la ciencia infusa*.
DER científico.
ETIM *Ciencia* procede del latín *scientia*, 'conocimiento', voz con la que también está relacionada *conciencia*.

cienmilésimo, -ma *num. ord.* **1** Indica que el nombre al que acompaña o al que sustituye ocupa el lugar número 100 000 en una serie: *es la cienmilésima vez que sucede*; *es el cienmilésimo de la lista*. ◊ *num.* **2** Parte que resulta de dividir un todo en 100 000 partes iguales: *eran 100 000 personas y a cada una le correspondió una cienmilésima*.

cieno *n. m.* Lodo blando que se deposita en el fondo del mar, ríos, lagunas o lugares donde hay agua acumulada: *las márgenes del río estaban llenas de cieno*. **SIN** lama, légamo, limo.

DER ciénaga.
ETIM *Cieno* procede del latín *caenum*, 'fango', voz con la que también están relacionadas *cenagal*, *encenagarse*.

científico, -ca *adj.* **1** De la ciencia o relacionado con ella; que se ajusta a sus principios y métodos: *el desarrollo científico ha sido enorme en el último siglo*. **2** Que se atiene a los principios y métodos de la ciencia y los respeta: *trata de hacer un estudio científico de las ratas de agua*. ◊ *adj./n. m. y f.* **3** Que se dedica a la investigación y el estudio de una ciencia: *ese científico ha sido galardonado con el Premio Nobel*.
DER científicamente, cientificidad, cientificismo.

ciento *num. card.* **1** Indica que el nombre al que acompaña o al que sustituye está cien veces: *si sumas sesenta y cuarenta, el resultado es ciento*; *ciento y la madre*; *tanto por ciento*. Delante de nombre, aunque se interponga un adjetivo, se apocopa en la forma *cien*: *cien pesetas*, *cien hermosas pesetas*. **SIN** cien. ◊ *n. m.* **2** Nombre del número 100. **SIN** cien. **3** Centenar, conjunto formado por 100 unidades. **SIN** centena.
ciento y la madre *coloquial* Mucha gente: *acudimos a su invitación ciento y la madre*.
DER cien.
ETIM *Ciento* procede del latín *centum*, que tenía el mismo significado, voz con la que también están relacionadas *centena*, *centésimo*, *céntimo*, *céntuplo*, *centuria*.

cierne Palabra que se utiliza en la locución *en cierne* o *en ciernes*, que se aplica a la cosa 'que está en sus comienzos y le falta mucho para su perfección': *la transformación del puerto de Málaga en un puerto deportivo es un proyecto en ciernes*.

cierre *n. m.* **1** Mecanismo que sirve para cerrar una cosa: *llevas roto el cierre de la falda*; *el cierre de la carta viene lacrado*. **2** Clausura temporal o definitiva de un edificio o un establecimiento: *el juez ha decretado el cierre de la fábrica ilegal*. **3** Finalización o término de una actividad: *se ha fijado la hora de cierre de los comercios a las nueve*; *el día de cierre de la temporada teatral habrá una fiesta*. **4** Momento a partir del cual no se admiten originales para la edición de un periódico o revista que está en prensa: *la noticia llegó a la redacción del periódico a la hora de cierre*.
cierre metálico Cortina de metal arrollable que sirve para cerrar y proteger la puerta de un establecimiento: *echó el cierre metálico de su tienda y se fue a casa*.

ciertamente *adv.* En efecto, en realidad, de verdad: *es, ciertamente, el alumno más aventajado de la clase*.

cierto, -ta *adj.* **1** Que es verdadero, que no se puede dudar: *eso no es cierto, yo nunca había estado aquí*. **2** Que no está determinado, que no es bien conocido: *cierta persona quiere verte*; *tiene cierto aire de superioridad*. Se usa delante de un sustantivo. **3** Que es seguro, que no se puede evitar: *se dirigían hacia una muerte cierta*. **ANT** incierto. ◊ *adv.* **4** Sí, ciertamente: *—¿Ha sido usted quien lo ha pintado? —Cierto, pero no tiene ningún valor*.
de cierto En efecto, en realidad, de verdad: *lo sabe de cierto*.
por cierto Locución que introduce un nuevo tema relacionado con el anterior: *por cierto, hablando de dinero, ¿no me debes tú dos mil pesetas?*
DER acierto, incierto.
ETIM *Cierto* procede del latín *certus*, que tenía el mismo significado, voz con la que también están relacionadas *acertar*, *certero*, *certeza*, *certidumbre*, *certificar*.

ciervo, -va *n. m. y f.* Mamífero rumiante salvaje, de patas largas, cola muy corta y pelo áspero, corto, marrón o gris; el macho tiene cuernos divididos en ramas: *desde la cabaña se oía el bramido de los ciervos*.

ciervo volante Insecto grande, parecido al escarabajo, de cuerpo ovalado, patas cortas y alas anteriores duras, cuyo macho tiene unas mandíbulas semejantes a dos cuernos: *ese bicho que parece un escarabajo grande es en realidad un ciervo volante.*
ETIM *Ciervo* procede del latín *cervus*, que tenía el mismo significado, voz con la que también están relacionadas *cerval, cervato, cérvido, cervuno.*

cierzo *n. m.* Viento frío que sopla del norte: *la avioneta no pudo volar a causa del cierzo.*

cifra *n. f.* **1** Signo o conjunto de signos que representan una cantidad numérica: *el número 3000 se compone de cuatro cifras.* **SIN** guarismo. **2** Cantidad indeterminada de una cosa, especialmente de dinero: *invirtió una cifra muy elevada de dinero.*
DER cifrar.

cifrar *v. tr.* **1** Escribir un mensaje en un lenguaje secreto compuesto por signos especiales: *alguien ha cifrado el mensaje y no tengo la clave para descifrarlo.* **ANT** descifrar. **2** Valorar cuantitativamente, en especial pérdidas o ganancias: *las pérdidas han sido cifradas en miles de millones.* **3** Reducir exclusivamente a una sola cosa, persona o idea lo que normalmente procede de varias causas: *cifrar la felicidad en alcanzar el éxito no lleva precisamente a ser feliz.* Se construye con la preposición *en*.
DER descifrar.

cigala *n. f.* Crustáceo marino comestible, de color rojo claro, con el cuerpo alargado cubierto por un caparazón duro y con cinco pares de patas, el primero de las cuales termina en unas pinzas: *las cigalas se cuecen y están muy buenas.*
OBS Para indicar el sexo se usa *la cigala macho* y *la cigala hembra.*

cigarra *n. f.* Insecto de color verde oscuro, con cabeza gruesa, ojos salientes y cuatro alas transparentes, que produce un sonido estridente: *por el día se oye el canto de las cigarras, y por la noche, el de los grillos.* **SIN** chicharra. ☞ insectos.
DER cigarral, cigarrón.

cigarral *n. m.* En la provincia de Toledo, terreno situado fuera de la ciudad, con árboles frutales y una casa de recreo.

cigarrera *n. f.* Caja o mueblecito donde se guardan cigarros puros: *abrió la cigarrera y le ofreció un habano.*

cigarrillo *n. m.* Cilindro pequeño y delgado hecho con tabaco picado y envuelto en papel de fumar: *fuma cinco cigarrillos al día.* **SIN** cigarro, pitillo, tipo.

cigarro *n. m.* Cigarrillo, cilindro de tabaco: *¿me das un cigarro, por favor?*
cigarro puro Cilindro o rollo de hojas de tabaco que se enciende por un extremo y se chupa o fuma por el opuesto: *los mejores cigarros puros se fabrican en Cuba.* **SIN** puro.
DER cigarrera, cigarrillo.

cigoto *n. m.* BIOL. Célula a partir de la cual se desarrolla el embrión de un ser vivo, que resulta de la unión de las células sexuales masculina y femenina: *en el laboratorio están investigando con cigotos de ratones.* **SIN** huevo, zigoto.
OBS La Real Academia Española admite *cigoto*, pero prefiere la forma *zigoto*.

cigüeña *n. f.* Ave de un metro de altura y de color blanco con las alas negras, con el cuello, el pico y las patas largos y que suele hacer el nido en un lugar alto: *en el campanario de la iglesia han anidado dos cigüeñas.*
DER cigüeñal, cigüeñato.
ETIM *Cigüeña* procede del latín *ciconia*, que tenía el mismo significado, voz con la que también están relacionadas *cigoñal, cigoñino.*

OBS Para indicar el sexo se usa *la cigüeña macho* y *la cigüeña hembra.*

cigüeñal *n. m.* Pieza del motor de un automóvil en forma de eje con varios codos, en cada uno de los cuales se ajusta una biela, que transforma un movimiento en línea recta en circular: *el cigüeñal transmite el movimiento del motor a las ruedas.*

cilantro *n. m.* Hierba de tallo largo y flores rojas cuya semilla se usa para cocinar y en medicina: *la semilla del cilantro es muy aromática.*

ciliar *adj.* **1** De las cejas o relacionado con este pelo que nace sobre el ojo. **2** De los cilios o relacionado con estos filamentos: *apéndice ciliar.*
DER superciliar.

cilicio *n. m.* Faja con cerdas o con pinchos que se lleva ajustada al cuerpo como penitencia o mortificación: *se puso un cilicio en la cintura como penitencia por sus pecados.*

cilindrada *n. f.* Cantidad de combustible que cabe en los cilindros de un motor, que se mide en centímetros cúbicos: *un coche de mucha cilindrada puede correr mucho.*

cilíndrico, -ca *adj.* **1** Del cilindro o relacionado con este cuerpo geométrico. **2** Que tiene forma de cilindro: *los cigarrillos son objetos cilíndricos.*

cilindro *n. m.* **1** Cuerpo geométrico formado por una superficie lateral curva que acaba por cada extremo en un círculo: *esa chimenea tiene forma de cilindro.* **2** Objeto de esa forma: *la máquina tiene roto un cilindro.* **3** Parte de un motor donde se mezcla y se quema el combustible: *ese motor tiene seis cilindros; los pistones están en los cilindros del motor.* **4** Recipiente cilíndrico de metal cerrado herméticamente que contiene gases a presión: *ten cuidado con ese cilindro porque puede explotar.*
DER cilindrada, cilíndrico; semicilindro.

cima *n. f.* **1** Punto más alto de una montaña o de una elevación del terreno. **SIN** cresta, cumbre. **2** Parte más alta de un árbol. **3** Punto más alto o grado mayor de perfección que se puede alcanzar: *la conocí cuando estaba en la cima de su carrera como actriz.* **SIN** culmen, cumbre. **4** BOT. Inflorescencia en la que cada pedúnculo sustenta una sola flor.
DER cimacio, cimarrón, cimero; encima.

cimarrón, -rrona *adj.* [animal doméstico] Que huye al campo y se hace salvaje.

címbalo *n. m.* Instrumento musical de percusión parecido a los platillos, formado por un plato o disco de metal que suena al chocar contra otro; lo usaron griegos y romanos en sus ceremonias religiosas. ☞ instrumentos musicales.
DER cimbel.

cimborrio *n. m.* ARQ. Torre o cuerpo saliente al exterior, generalmente de planta cuadrada u octogonal, que se levanta sobre el crucero de una iglesia para iluminar su interior.

cimbra *n. f.* **1** ARQ. Armazón de madera o metal que se usa como plantilla para construir un arco u otra estructura curva: *la cimbra se quita cuando el arco ha tomado forma.* **2** ARQ. Curva de la superficie interior de un arco o bóveda: *decoraron las cimbras de colores.*

cimbrar o **cimbrear** *v. tr./prnl.* **1** Hacer vibrar una vara u otro objeto flexible sujetándolo por un extremo: *cogió un junco y cimbró con fuerza su tallo; el trigo se cimbra con el viento.* **2** Mover el cuerpo o una parte del cuerpo con gracia al caminar: *al pasar delante de nosotros, cimbraba las caderas.* **SIN** contonearse.
DER cimbreo, cimbreante.
OBS La Real Academia Española admite *cimbrear*, pero prefiere la forma *cimbrar*.

cimbreante *adj.* Que es flexible y se cimbrea con facilidad: *una fusta cimbreante.*

cimbrear *v. tr./prnl.* Cimbrar.

cimentación *n. f.* **1** Parte de un edificio que está bajo tierra y sirve de apoyo y base a la construcción: *no podemos remover más la tierra porque dañaremos la cimentación.* **SIN** cimiento. **2** Colocación o construcción de los cimientos de un edificio: *las obras de cimentación fueron vigiladas muy de cerca por el arquitecto y el aparejador.* **3** Establecimiento de unos principios o bases sobre los que se consolida algo inmaterial: *el proyecto parece tener una buena cimentación, pero veremos el desarrollo.*

cimentar *v. tr.* **1** Echar o poner los cimientos de una construcción: *todavía están cimentando el bloque de viviendas, así que no podrá estar terminado en este año.* **2** Establecer los principios o las bases sobre las que se consolida algo inmaterial: *la unidad de la familia se cimienta en el cariño y el respeto.*
DER cimentación.
OBS En su conjugación, la *e* se convierte en *ie* en sílaba acentuada, como en *acertar*.

cimiento *n. m.* **1** Parte de un edificio que está bajo tierra y sirve de apoyo y base a la construcción: *los cimientos de la vieja iglesia están muy dañados.* **SIN** cimentación. **2** Principio y fundamento de algo: *la igualdad entre las personas debe ser cimiento de la sociedad; el Tratado de Roma puso los cimientos de la unidad europea.*
DER cimentar.
ETIM *Cimiento* procede del latín *caementum*, 'piedra de construcción', voz con la que también está relacionada *cemento*.
OBS Se usa también en plural con el mismo significado.

cimitarra *n. f.* Sable de hoja curva que se ensancha a medida que se aleja de la empuñadura y con un solo filo en el lado convexo: *los turcos y persas usaban cimitarras.*

cinabrio *n. m.* Mineral compuesto de mercurio y azufre, muy pesado y de color rojo oscuro, del cual se extrae el mercurio.

cinc *n. m.* Metal de color blanco azulado y brillo intenso que suele usarse en aleaciones: *el símbolo del cinc es Zn.* **SIN** zinc.
OBS El plural es *cines*.

cincel *n. m.* Herramienta de acero con un extremo en forma de cuña que sirve para trabajar a golpe de martillo la piedra y los metales: *esculpe la figura con un cincel.* ☞ herramientas.
DER cincelar.

cincelar *v. tr.* Labrar o grabar con el cincel las piedras o los metales: *es un artista que cincela sus obras con enorme rapidez.*

cincha *n. f.* Faja de cáñamo, lana o material semejante con que se asegura la silla o la albarda sobre la cabalgadura, cerrándola por debajo de la barriga con una o más hebillas: *comprobó que la cincha estuviera bien sujeta antes de montar en el caballo.* ☞ arreos.

cinchar *v. tr.* **1** Asegurar la silla o la albarda de la cabalgadura apretando las cinchas: *hay que cinchar bien la albarda para que no se caiga.* **2** Asegurar algo con cinchos o aros de hierro: *los arquitectos decidieron cinchar el edificio.*

cincho *n. m.* **1** Faja ancha de tela o cuero que se pone alrededor de la cintura para abrigarla. **2** Aro de hierro con que se aseguran las tablas de los barriles o las ruedas de los carros, los maderos ensamblados y cosas semejantes: *se rompieron los cinchos del tonel y el vino se derramó; los arquitectos pusieron un cincho en torno al edificio para protegerlo.*
DER cincha, cinchar.

ETIM Véase *cíngulo.*

cinco *num. card.* **1** Indica que el nombre al que acompaña o al que sustituye está cinco veces: *son cinco pesetas.* Puede ser determinante: *vinieron cinco chicos*, o pronombre: *vinieron los cinco*. ◇ *num. ord.* **2** Indica que el nombre al que acompaña o al que sustituye ocupa el lugar número 5 en una serie: *soy el cinco de la lista.* Es preferible el uso del ordinal: *quinto*. ◇ *n. m.* **3** Nombre del número 5.
DER cincuenta, cinquillo.
ETIM *Cinco* procede del latín *quinque*, que tenía el mismo significado, voz con la que también están relacionadas *quinario, quinientos, quinquenio.*

cincuenta *num. card.* **1** Indica que el nombre al que acompaña o al que sustituye está 50 veces: *son cincuenta pesetas.* Puede ser determinante: *vinieron cincuenta chicos*, o pronombre: *vinieron los cincuenta*. ◇ *num. ord.* **2** Indica que el nombre al que acompaña o al que sustituye ocupa el lugar número cincuenta en una serie: *soy el cincuenta de la lista.* Es preferible el uso del ordinal: *quincuagésimo*. ◇ *n. m.* **3** Nombre del número 50.
DER cincuentavo, cincuentena, cincuentenario, cincuentón.

cincuentavo, -va *num.* Parte que resulta de dividir un todo en 50 partes iguales: *eran 50 personas y le correspondió a cada una un cincuentavo.*

cincuentena *n. f.* Conjunto formado por cincuenta unidades: *a la reunión asistió una cincuentena de representantes.*

cincuentenario, -ria *n. m.* Fecha en la que se cumplen cincuenta años de un acontecimiento o un hecho determinado: *en 1994 se conmemoró el cincuentenario del fin de la segunda guerra mundial.*

cincuentón, -tona *adj./n. m. y f.* [persona] Que tiene entre cincuenta y cincuenta y nueve años: *los hombres cincuentones suelen tener canas.*

cine *n. m.* **1** Establecimiento público donde se proyectan películas: *los cines ahora suelen tener varias salas.* **SIN** cinematógrafo. **2** Arte, técnica e industria de la cinematografía: *el cine produce importantes beneficios económicos; el cine ha cambiado mucho desde sus comienzos.* **cine mudo** Etapa de la historia del cine en la que las películas se producían sin voz ni sonido: *Charlie Chaplin fue una de las estrellas más sobresalientes del cine mudo.* **cine sonoro** Etapa actual de la historia del cine en la que las películas se producen con voz y sonido: *el cine sonoro sustituyó al cine mudo.*
de cine Extraordinario, muy bueno o muy bien: *se ha comprado un coche de cine; estas vacaciones las pasamos de cine.*
DER cineasta, cineclub, cinefilia, cinefórum, cinema, cinemascope, cinemateca, cinematógrafo, cinerama; autocine, multicine.
OBS Es la forma abreviada de *cinematógrafo*.

cineasta *n. com.* Persona que se dedica al cine con funciones importantes, como el director, el productor, el actor y el crítico: *el director premiado fue considerado uno de los mejores cineastas del año.*

cineclub *n. m.* **1** Asociación dedicada a la difusión de la cultura cinematográfica: *el cineclub de la universidad organiza ciclos muy interesantes.* **2** Lugar en el que se reúnen los miembros de esa asociación y en el que se proyectan películas: *he visto una estupenda película en el cineclub madrileño.*

cinéfilo, -la *adj./n. m. y f.* Aficionado al cine.

cinefórum *n. m.* Coloquio que se desarrolla tras la proyección de una película cinematográfica acerca del tema que plantea.

cinegética *n. f.* Arte de la caza: *tiene varios halcones y lleva varios años practicando la cinegética.*

cinegético 256

DER cinegético.

cinegético, -ca *adj.* De la caza o relacionado con ella: *esta asociación organiza actividades cinegéticas todos los fines de semana.*

cinema-, cinemato- Elemento prefijal que entra en la formación de palabras con el significado de: *a)* 'Movimiento': *cinemática. b)* 'Cinematografía': *cinemateca.*

cinemascope *n. m.* Técnica cinematográfica que consiste en comprimir lateralmente las imágenes al rodar, ampliando el campo visual, de modo que al proyectarlas sobre pantallas curvas les devuelve sus proporciones, pero agrandadas y con la sensación de mayor perspectiva: *el cinemascope supuso un gran adelanto para la técnica cinematográfica.*

cinemateca *n. f.* **1** Lugar donde se guardan ordenados para su conservación, exhibición y estudio filmes o películas que ya no suelen proyectarse comercialmente. **SIN** filmoteca. **2** Colección de películas o filmes. **SIN** filmoteca.

cinemática *n. f.* Parte de la mecánica que estudia el movimiento sin tener en cuenta las causas que lo producen. **DER** cine.

cinematografía *n. f.* Técnica de proyectar imágenes fijas de manera continuada sobre una pantalla para crear una sensación de movimiento: *está estudiando cinematografía.*

cinematográfico, -ca *adj.* De la cinematografía o relacionado con esta técnica: *Lo que el viento se llevó es uno de los grandes éxitos cinematográficos.*

cinematógrafo *n. m.* **1** Aparato que permite proyectar imágenes fijas de manera continuada sobre una pantalla para crear una sensación de movimiento: *el cinematógrafo ha sido uno de los grandes inventos del siglo XX.* **2** Establecimiento público donde se proyectan películas: *han demolido el antiguo cinematógrafo para construir una sala más grande.* **SIN** cine. **DER** cinematografía, cinematográfico, cinematográfico.

cinética *n. f.* Parte de la mecánica que estudia los sistemas estáticos o en movimiento mediante el empleo de los conceptos de longitud, tiempo y masa: *el profesor explicó a los alumnos los principios teóricos de la cinética.* **DER** biocinética.

cinético, -ca *adj.* FÍS. Del movimiento o relacionado con él. **DER** cinemática, cinética.

cingalés, -lesa *adj.* **1** De Ceilán o que tiene relación con este país insular del océano Índico, hoy Sri Lanka. ◇ *adj./n. m. y f.* **2** [persona] Que es de Ceilán.

cíngaro, -ra *adj./n. m. y f.* Del pueblo gitano, especialmente de la Europa central, o relacionado con él: *el grupo de cíngaros descansó al llegar al río.*

cíngulo *n. m.* Cordón con una borla en cada extremo con que los sacerdotes católicos se ciñen el alba a la cintura: *el sacerdote se apretó el cíngulo antes de salir a oficiar la misa.* **ETIM** Cíngulo procede del latín *cingulum,* 'cinturón', voz con la que también está relacionada *cincho.*

cínico, -ca *adj./n. m. y f.* **1** Que miente con descaro y defiende o practica algo que merece general desaprobación: *el muy cínico dice que vale la pena vender armas a aquel que las necesite.* **2** Del cinismo o relacionado con esta doctrina filosófica: *los cínicos despreciaban las convenciones sociales.*

cinismo *n. m.* **1** Actitud de la persona que miente con descaro y defiende o practica algo que merece general desaprobación: *pretende engañar a todo el mundo con mucho cinismo.* **2** Doctrina filosófica de Antístenes y Diógenes, que se caracteriza por el rechazo de los convencionalismos sociales y la defensa de un ideal de vida basado en la austeridad: *el tema de su tesis es el cinismo en la filosofía griega.* **DER** cínico.

cinta *n. f.* **1** Tira de tela larga y estrecha que sirve para atar, ajustar o adornar las prendas de vestir: *el sombrero llevaba una cinta de raso; el vestido de la novia se ajustaba con cintas a la espalda.* **2** Tira larga y estrecha de papel, plástico u otro material flexible: *la caja venía sujeta con cintas.* **cinta aislante** Cinta que tiene una solución adhesiva en una de sus caras y sirve para cubrir los empalmes de los conductores eléctricos: *arregló el enchufe y rodeó los cables con cinta aislante.* **cinta magnética** Cinta recubierta de polvo magnetizable en la que se registran, en forma de señales magnéticas, sonidos o imágenes que pueden reproducirse: *los magnetófonos y los casetes funcionan con cintas magnéticas; algunos ordenadores almacenan los datos en cinta magnética.* **cinta métrica** Cinta que tiene marcada la longitud del metro y sus divisiones y sirve para medir distancias o longitudes: *la modista tomó las medidas con una cinta métrica.* ☞ costurero. **3** Tira de tela impregnada de tinta que se coloca en el interior de las máquinas de escribir o de imprimir: *la cinta de la impresora está muy gastada.* **4** Caja pequeña de plástico que contiene una cinta magnética en la que se puede grabar y reproducir el sonido: *vendía cintas de flamenco en un mercadillo.* **SIN** casete, cassette. **5** Película de cine: *la última cinta de Berlanga ha sido muy premiada; he comprado varias cintas de vídeo.* **6** Mecanismo formado por una banda metálica o plástica que se mueve automáticamente y sirve para transportar maletas y mercancías: *el correo subía al primer piso por una cinta transportadora.* **7** Planta de adorno, con las hojas anchas y con listas blancas y verdes, que puede llegar a medir un metro de altura. **8** Tira ancha de tejido fuerte o de metal en la que se introducen las balas que se disparan con una ametralladora: *el soldado sujetaba la cinta con la mano izquierda y disparaba con la derecha.* **9** ARQ. Adorno en forma de tira estrecha con diferentes dibujos: *la columna está decorada con cintas.* **DER** cintarazo, cintiforme, cinto, cintura; encintar, precintar, videocinta.

cinto *n. m.* Tira larga y estrecha de cuero u otro material que se usa para sujetar o ajustar una prenda de vestir a la cintura. **SIN** cinturón, correa.

cintura *n. f.* **1** Parte más estrecha del cuerpo humano, por encima de las caderas: *la tomó por la cintura y bailaron.* ☞ cuerpo humano. **2** Parte de la prenda de vestir que rodea esta zona del cuerpo: *la falda me queda ancha de cintura.* **DER** cinturilla, cinturón.

cinturón *n. m.* **1** Tira larga y estrecha de cuero que se usa para sujetar o ajustar una prenda de vestir a la cintura: *si no me pongo un cinturón, se me caerán los pantalones.* **SIN** cinto, correa. **2** En las artes marciales, categoría o grado a que pertenece el luchador, que se distinguen por el color del cinturón que ciñe el traje: *es cinturón negro.* **3** Conjunto de cosas que rodean a otra: *las autopistas del cinturón de Madrid.*

apretarse el cinturón Disminuir los gastos: *el gobierno ha pedido a los ciudadanos que se aprieten el cinturón.*

cinturón de seguridad Tira larga y estrecha de tejido fuerte que sujeta a los viajeros a su asiento del coche o del avión: *debemos usar el cinturón de seguridad para prevenir accidentes.*

-ción Sufijo que entra en la formación de sustantivos con el significado de: *a)* 'Acción del verbo al que se une o su efecto'. Toma las siguientes formas: -ción, no precedida de vocal, en los sustantivos procedentes del latín: *producción, elección;* en los creados en español, -ación cuando se deriva de verbos de la primera conjugación: *abdicación, reparación;* -ición cuando se deriva de verbos de la tercera conjugación: *abolición*. b) 'Objeto': *embarcación*. c) 'Estado': *desesperación*. d) 'Función o cargo': *inspección, legación*.

cipote *n. m.* **1** Hombre torpe o bobo. **2** Hombre grueso y de poca estatura. **3** *malsonante* Pene, miembro viril.

ciprés *n. m.* **1** Árbol de tronco derecho, ramas cortas que forman una copa espesa y cónica y hojas estrechas y permanentes: *los cipreses suelen plantarse cerca de las iglesias y los monasterios y en los cementerios.* ☞ árbol. **2** Madera de este árbol, dura y de color rojo.

circense *adj.* Del circo o relacionado con este espectáculo: *el número circense de los trapecistas es el que más me gusta*.

circo *n. m.* **1** Espectáculo formado por actuaciones muy variadas en que intervienen payasos, acróbatas, fieras amaestradas y ejercicios de magia: *a mis hijos les gusta mucho el circo*. **2** Lugar cerrado, generalmente cubierto con una gran carpa, en que se ofrece al público este espectáculo: *en el circo los espectadores están sentados alrededor de una pista circular*. **3** Grupo de personas que trabajan en ese espectáculo: *el circo llegó al pueblo en Navidades*. **4** Construcción rectangular alargada en la que en la antigua Roma se celebraban ciertos espectáculos, especialmente carreras de carros y de caballos: *los circos romanos tenían gradas alrededor de la pista para los espectadores*. **5** Acción que llama la atención o que produce alboroto: *¡menudo circo has montado en la calle con tus gritos!* Se suele usar con el verbo *montar*.

circo glaciar Depresión semicircular de paredes escarpadas y fondo cóncavo que se ha formado en una montaña por la acción erosiva del hielo de un glaciar: *los circos glaciares están situados en zonas de nieves perpetuas*.

DER circense.

circonio *n. m.* Elemento químico metálico que se presenta en forma de polvo negro o en masas brillantes de color gris acerado: *el símbolo del circonio es Zr*.

circonita *n. f.* Variedad de circón que se utiliza en joyería: *las circonitas blancas se usan para imitar a los diamantes*.

circuito *n. m.* **1** Recorrido cerrado, previamente fijado, para carreras de automóviles, motos o bicicletas: *el circuito de Mónaco discurre dentro de la ciudad*. **2** Instalación aislada que comprende edificios, graderíos y una calzada cerrada con tramos rectos y curvos para carreras de automóviles, motos y bicicletas: *en Europa hay varios circuitos de coches de fórmula 1*. **3** Recorrido turístico, previamente fijado, que suele terminar en el punto de partida: *en el circuito Italia clásica se sale de Madrid, se visita Roma, Venecia y Florencia, y vuelta a Madrid*. **4** Conjunto de conductores y otros elementos por los que pasa la corriente eléctrica: *al quitar el fusible quedó el circuito abierto*. **corto circuito** Aumento brusco de la intensidad de una corriente que se produce en una instalación eléctrica por la unión directa de dos conductores. **SIN** corto, cortocircuito.

DER microcircuito.

circulación *n. f.* **1** Tránsito o paso de vehículos y personas por las vías públicas: *circulación densa, fluida*. **SIN** tráfico, tránsito. **2** Movimiento continuo, en el cuerpo de los animales, de la sangre que sale del corazón por las arterias, pasa por los pulmones, se reparte por todo el organismo y vuelve al punto de partida por las venas. **3** ECON. Movimiento del dinero y otros signos de riqueza: *ya están en circulación las nuevas monedas*.

poner en circulación Sacar o lanzar algo para su uso: *las autoridades acaban de sacar a la circulación nuevos billetes*.

retirar de la circulación Poner los medios adecuados para que una cosa no se use: *la empresa ha retirado de la circulación un lote de productos defectuosos*.

retirarse de la circulación Dejar de intervenir en un asunto o en una actividad: *después del fracaso, el director se retiró de la circulación*.

circular *v. intr.* **1** Andar o moverse siguiendo una dirección determinada: *por las calles principales de una ciudad circulan muchos coches y personas; el policía ordenó a la muchedumbre que circulase*. **2** Moverse por el cuerpo de los animales la sangre que sale del corazón por las arterias y vuelve a él por las venas. **3** Dar a conocer algo entre un gran número de personas: *hay quien hace circular noticias falsas*. **SIN** correr, propagar. ◇ *adj.* **4** Que tiene forma de círculo: *las pistas de baile suelen ser circulares*. ◇ *n. f.* **5** Escrito dirigido a varias personas para comunicarles algo: *el jefe ha dirigido una circular a los trabajadores para notificarles el cambio de horario*. **SIN** comunicación, notificación. Son derivados de *circular*, 'verbo'.

DER circulación, circulatorio.

circulatorio, -ria *adj.* De la circulación de vehículos o de la sangre o que tiene relación con ella: *caos circulatorio; el profesor dibujó en la pizarra el aparato circulatorio del hombre*.

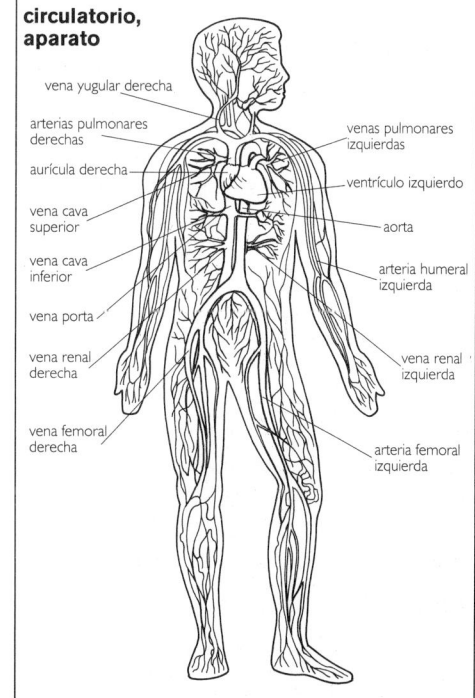

circulatorio, aparato

vena yugular derecha
arterias pulmonares derechas
aurícula derecha
vena cava superior
vena cava inferior
vena porta
vena renal derecha
vena femoral derecha
venas pulmonares izquierdas
ventrículo izquierdo
aorta
arteria humeral izquierda
vena renal izquierda
arteria femoral izquierda

círculo *n. m.* **1** Superfice delimitada por una circunferencia: *corta el papel en forma de círculos, cuadrados y rectángulos*. **SIN** redondel. **2** Circunferencia, línea curva cerrada cuyos puntos están siempre a la misma distancia de su centro. **SIN** redondel. **3** Conjunto de personas o cosas dispuestas alrededor de un centro imaginario: *formaron un círculo alrededor del fuego*. **4** Conjunto de personas unidas por circunstancias comunes o por un mismo interés: *círculo familiar, de amigos; se mueve en círculos muy selectos.* **5** Casino, sociedad recreativa o política y edificio en que está instalada: *si necesitas verme, estoy en el círculo.*

círculo polar antártico Círculo imaginario de la esfera terrestre paralelo al ecuador, menor que él y que incluye el polo Sur: *la distancia que hay entre el círculo polar antártico y el polo Sur es la misma que hay entre el ecuador y el trópico de Capricornio.*

círculo polar ártico Círculo imaginario de la esfera terrestre paralelo al ecuador, menor que él y que incluye el polo Norte: *la distancia entre el círculo polar ártico y el polo Norte es la misma que hay entre el ecuador y el trópico de Cáncer.*

DER circular; semicírculo.

circuncidar *v. tr.* Cortar en forma circular una parte de la piel móvil que cubre el extremo del pene: *en ciertas religiones se circuncida a los niños.*

DER circuncisión, circunciso.

circuncisión *n. f.* Operación que consiste en cortar una pequeña porción de la piel móvil que cubre el extremo del pene: *los judíos practican la circuncisión a sus hijos varones.*

circunciso *adj./n. m.* [hombre] Que ha sido circuncidado: *se celebró el ritual para los hebreos circuncisos.*

circundante *adj.* Que está alrededor o rodea: *hemos hecho varias excursiones por los pueblos circundantes.*

circundar *v. tr.* Rodear o cercar una cosa dando la vuelta en torno a ella: *una valla protectora circunda la central nuclear.*

DER circundante.

circunferencia *n. f.* Línea curva cerrada cuyos puntos están siempre a la misma distancia de su centro: *dibujaré una circunferencia con el compás.* **SIN** círculo, redondel. ☞ círculo.

DER circunferir; semicircunferencia.

circunlocución *n. f.* Figura del lenguaje que consiste en expresar por medio de un rodeo de palabras algo que se podría haber dicho con menos, pero no tan bella o hábilmente: *si digo la lengua de Cervantes por el español estoy haciendo una circunlocución.* **SIN** perífrasis.

DER circunloquio.

circunloquio *n. m.* Rodeo de palabras para dar a entender algo que podría haberse expresado de forma más breve: *nos aburre a todos con sus innecesarios circunloquios.*

circunnavegar *v. tr.* **1** Navegar alrededor de un lugar: *circunnavegar un continente.* **2** Dar un buque la vuelta al mundo.

circunscribir *v. tr./prnl.* **1** Reducir una cosa a ciertos límites o términos: *el entrevistado pidió a los periodistas que se circunscribieran estrictamente a su actividad profesional.* ◇ *v. tr.* **2** MAT. Dibujar una circunferencia de manera que rodee un triángulo, un cuadrado u otra figura y toque cada uno de sus vértices: *si se circunscribe un cuadrado, la circunferencia lo tocará en cuatro puntos.* **SIN** inscribir. ◇ *v. prnl.* **3 circunscribirse** Ceñirse, amoldarse o concretarse a una ocupación o asunto: *la labor del director se circunscribe a organizar el trabajo.*

DER circunscripción, circunscripto, circunscrito.

OBS El participio es *circunscrito.*

circunscripción *n. f.* División de un territorio hecha con fines administrativos, eclesiásticos, militares o electorales: *tengo que ir a votar a mi circunscripción electoral.*

circunscrito, -ta Participio pasado irregular del verbo *circunscribir.*

circunspección *n. f.* Seriedad, prudencia y reserva en el modo de hablar o comportarse: *en estas negociaciones es necesario actuar con circunspección.*

DER circunspecto.

circunspecto, -ta *adj.* [persona] Que es serio y se comporta con prudencia y reserva: *el notario era bigotudo, estirado y circunspecto.*

circunstancia *n. f.* **1** Condición que acompaña, causa o determina un hecho o acontecimiento: *van a investigar las circunstancias en que se produjo el accidente.* **2** Conjunto de hechos o condiciones independientes de la voluntad de una persona que influyen en ella a la hora de decidir acerca de algo: *las circunstancias nos impiden actuar de otro modo.* **3** Requisito, calidad: *sólo lo haré si se dan ciertas circunstancias.*

de circunstancias *a)* Que muestra seriedad o preocupación: *puso cara de circunstancias y dijo que no le parecía bien.* *b)* Que está influido por una situación ocasional: *hizo un saludo de circunstancias y con las mismas desapareció.*

DER circunstancial.

circunstancial *adj.* **1** Que está determinado por una circunstancia o depende de ella: *dijo que su presencia en el lugar del crimen era cicunstancial, ya que vive en el mismo barrio que el fallecido.* **2** Que ocurre en alguna ocasión, pero que no es habitual: *es un fumador circunstancial: sólo fuma en ocasiones muy especiales.* **SIN** coyuntural, ocasional.

circunvalación *n. f.* **1** Vía o carretera que rodea una ciudad: *coge por la circunvalación, porque si nos metemos por el centro, tardaremos mucho.* **2** Rodeo que se da a un lugar o ciudad: *han construido una autopista destinada a la circunvalación del parque natural.*

cirílico, -ca *adj.* **1** Del alfabeto creado por san Clemen-

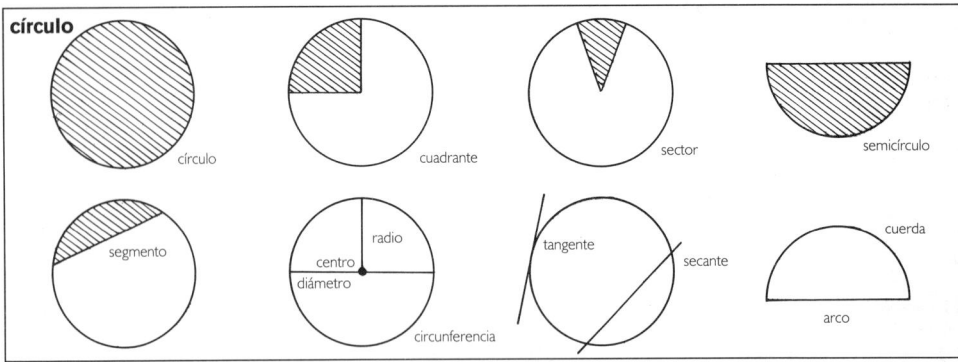

círculo — cuadrante — sector — semicírculo
segmento — radio / centro / diámetro / circunferencia — tangente / secante — cuerda / arco

te de Ocrida, discípulo de san Cirilo, o relacionado con él. ◇ *n. m.* **2** Alfabeto que se usa en ruso y otras lenguas eslavas. ☞ alfabeto.

cirio *n. m.* **1** Vela de cera larga y gruesa: *en el altar había cuatro cirios encendidos alrededor de la imagen de la Virgen.* **2** *coloquial* Situación confusa acompañada de alboroto, tumulto y trifulca: *¡menudo cirio se armó cuando salimos de la discoteca!*
DER cirial.
ETIM Véase *cera*.

cirro *n. m.* Nube blanca en forma de filamentos o franjas muy estrechas que dejan pasar la luz del sol y que se forma en las partes altas de la atmósfera: *los cirros indican un posible cambio de temperatura en un término de veinticuatro horas.*

cirrosis *n. f.* Enfermedad grave que endurece o destruye los tejidos del hígado: *una de las causas más frecuentes de cirrosis es el exceso en el consumo de bebidas alcohólicas.*
OBS El plural también es *cirrosis*.

ciruela *n. f.* Fruto del ciruelo, redondo, dulce, de piel fina y carne jugosa: *hay ciruelas amarillas, verdes o rojizas.* **ciruela claudia** Ciruela de color verde claro: *las ciruelas claudias son muy dulces.* **ciruela pasa** Ciruela que se ha dejado secar.
DER ciruelo.

ciruelo *n. m.* Árbol frutal de tronco fuerte y robusto y flores blancas, cuyo fruto es la ciruela: *el ciruelo estaba cargado de ciruelas.*

cirugía *n. f.* Parte de la medicina especializada en el estudio y tratamiento de enfermedades en las que es necesario extirpar, implantar o modificar tejidos, órganos o miembros del cuerpo humano. **cirugía estética** Rama de la cirugía que se ocupa de mejorar la belleza de una parte del cuerpo de una persona: *dice que con una operación de cirugía estética le quitarán las arrugas del cuello.* **cirugía plástica** Especialidad quirúrgica que se ocupa de corregir la fealdad de una parte del cuerpo afectada por una enfermedad o por una deformación: *van a utilizar la cirugía plástica para disimular las quemaduras que tiene en la piel.*
DER cirujano.
ETIM *Cirugía* procede del latín *chirurgia*, que tenía el mismo significado, voz con la que también está relacionada *quirúrgico*.

cirujano, -na *n. m. y f.* Médico especializado en el estudio y tratamiento de enfermedades en las que es necesario extirpar, implantar o modificar tejidos, órganos o miembros del cuerpo humano.

ciscarse *v. prnl. malsonante* Cagarse, evacuar el vientre.

cisco *n. m.* **1** Carbón vegetal en trozos pequeños: *el brasero se hace con cisco.* **SIN** picón. **2** Alboroto, jaleo, especialmente el causado por una pelea: *se pusieron a discutir y se formó un cisco tremendo.*
DER ciscarse.

cisma *n. m.* **1** División o separación en el seno de una Iglesia, una secta o una organización semejante: *el cisma entre católicos y protestantes dividió a los cristianos.* **2** Ruptura o escisión que ocurre en el seno de un partido político o en un movimiento artístico cuando dos partes tienen opiniones diferentes: *las ideas políticas opuestas provocaron el cisma.*
DER cismático.

cisne *n. m.* Ave acuática de cuello largo y curvo, generalmente de color blanco y con las alas y las patas cortas: *en el estanque del parque hay cisnes.*
OBS Para indicar el sexo se usa *el cisne macho* y *el cisne hembra*.

cister *n. m.* Orden religiosa fundada por san Roberto en el siglo XI, que observa la austeridad de la regla benedictina: *la orden del Cister surgió como reforma de la orden cluniacense.*

cisterciense *adj./n. m.* De la orden del Cister o relacionado con ella: *monje cisterciense; abadía cisterciense.*

cisterna *n. f.* **1** Depósito de agua de un váter o de un urinario: *tira de la cisterna cuando uses el váter.* **2** Vehículo que transporta líquidos: *camión cisterna, barco cisterna.* Se usa en aposición. **3** Recipiente, generalmente subterráneo, que sirve para recoger y conservar agua: *como llovió tanto, la cisterna se llenó en muy poco tiempo.*

cistitis *n. f.* Inflamación de la vejiga de la orina: *las personas que padecen cistitis orinan muy a menudo.*
OBS El plural también es *cistitis*.

cita *n. f.* **1** Fijación del día, la hora y el lugar para encontrarse dos o más personas: *mañana tengo cita con el dentista.* **2** Reproducción de palabras dichas o escritas con el fin de justificar o apoyar lo que se dice o escribe: *el autor del artículo ha hecho una cita de un texto de Quevedo.*

citación *n. f.* Aviso por el que se convoca a una persona para que acuda a un juzgado en día y hora determinados para alguna diligencia: *ha llegado a casa una citación judicial.*

citar *v. tr.* **1** Avisar a una o varias personas señalándoles día, hora y lugar para un encuentro: *el secretario nos ha citado a las doce.* **SIN** convocar. **2** Reproducir las palabras que otra persona ha dicho o escrito: *citó un fragmento del Quijote.* **3** Mencionar un dato o ejemplo para apoyar lo que se dice: *cítame una organización que tenga un mal gestor.* **4** DER. Llamar el juez ante su presencia a una o más personas: *nos han citado en el tribunal número tres.* **5** Provocar a un toro para que embista o para que se acerque: *el torero citaba con el capote en la mano derecha.*
DER cita, citación; concitar, excitar, incitar, recitar, solicitar, suscitar.

cítara *n. f.* Instrumento músico antiguo de cuerda de origen griego parecido a la lira, pero con la caja de resonancia de madera; modernamente esta caja tiene forma trapezoidal y se toca con una púa. ☞ instrumentos musicales.

cito-, -cito Elemento prefijal y sufijal que entra en la formación de palabras con el significado de 'célula': *citología, fagocito.*

citología *n. f.* **1** BIOL. Disciplina que estudia la célula y sus funciones. **2** Examen y análisis de un conjunto de células extraídas del cuerpo de un animal.
DER citólogo.

citólogo, -ga *n. m. y f.* Persona que estudia citología o que realiza análisis de células: *la citóloga enviará los resultados de la prueba al tocólogo.*

citoplasma *n. m.* Parte de la célula situada entre el núcleo y la membrana exterior: *en el citoplasma hay elementos muy necesarios para la alimentación de la célula.*

cítrico, -ca *adj.* **1** Del limón o relacionado con este árbol frutal: *producción cítrica.* ◇ *n. m. pl.* **2 cítricos** Conjunto de frutas de sabor ácido o agridulce, especialmente naranjas y limones: *las naranjas, los limones y los pomelos son cítricos.*
SIN agrios.
ETIM Véase *cetrino*.

ciudad *n. f.* **1** Lugar donde viven muchas personas, con casas formando manzanas, calles, tiendas y todos los servicios necesarios, cuya población se dedica principalmente a actividades industriales y de servicios: *emigró del pueblo a la ciudad.* **ciudad dormitorio** Ciudad cuya población acude a trabajar a un núcleo urbano mayor y muy próximo: *a las afueras de la población había una ciudad dormitorio.* **2** Con-

ciudadanía junto de calles y edificios que componen una población grande e importante. **3** Conjunto de edificios destinados a un fin: *voy a estudiar a la ciudad universitaria.*
DER ciudadano, ciudadela.
ETIM *Ciudad* procede del latín *civitas,* que tenía el mismo significado, voz con la que también están relacionadas *cívico, civil, civismo.*

ciudadanía *n. f.* **1** Condición de ciudadano de un país y derechos y deberes que se desprenden de ese hecho: *el músico extranjero ha conseguido la ciudadanía española.* **2** Comportamiento propio de un buen ciudadano: *la ciudadanía hace más agradable la convivencia.*

ciudadano, -na *adj.* **1** De la ciudad o relacionado con ella: *la seguridad ciudadana.* ◇ *n. m. y f.* **2** Persona que vive en una ciudad o en un estado y está sujeta a derechos y deberes: *pagar impuestos es uno de los deberes de todo ciudadano.*
DER ciudadanía; conciudadano.

ciudadela *n. f.* Fortaleza construida dentro de una ciudad para defenderla o dominarla: *la guarnición se refugió en la ciudadela ante los ataques del enemigo.*

ciudadrealeño, -ña *adj.* **1** De Ciudad Real o relacionado con esta provincia española o con su capital. ◇ *adj./n. m. y f.* **2** [persona] Que es de Ciudad Real.
OBS La pronunciación es *ciudad-realeño,* con r vibrante múltiple.

cívico, -ca *adj.* [persona] Que se comporta como un buen ciudadano: *¡sea usted cívico: use las papeleras!*
ETIM Véase *ciudad.*

civil *adj.* **1** De la ciudad o los ciudadanos o relacionado con ellos: *cuerpo de protección civil; los estadounidenses de raza negra han luchado durante muchos años por conseguir los derechos civiles.* **2** **DER.** De las relaciones y los intereses privados de las personas o que tiene relación con ellos: *las leyes civiles son las que regulan las condiciones de los contratos.* ◇ *adj./n. com.* **3** Que no es militar ni religioso: *es partidario del matrimonio civil; se le acusa de ataques injustificados contra la población civil y contra instalaciones civiles.* ◇ *n. com.* **4** *coloquial* Miembro de la Guardia Civil: *los civiles estaban en su puesto cuando los necesitaron.*
DER civilizar; incivil.
ETIM Véase *ciudad.*

civilización *n. f.* **1** Conjunto de costumbres, ideas, creencias, ciencias y artes de un pueblo o de una raza: *la civilización griega.* **2** Progreso que alcanzan las personas en cultura, educación, libertad y convivencia de las unas con las otras.

civilizar *v. tr./prnl.* **1** Llevar la cultura de un país desarrollado a una persona o un pueblo que vive en estado primitivo. **2** Mejorar el comportamiento de una persona: *el matrimonio le ha sentado bien y le ha civilizado.*
DER civilización, civilizado.
OBS En su conjugación, la *z* se convierte en *c* delante de *e.*

civismo *n. m.* Comportamiento de la persona que cumple con sus deberes de ciudadano, respeta las leyes y contribuye al bienestar de los demás miembros de la comunidad: *quienes destrozan las cosas de todos, como papeleras, cabinas telefónicas o parques, demuestran poco civismo.*
ETIM Véase *ciudad.*

cizalla *n. f.* **1** Herramienta en forma de tijeras grandes, para cortar en frío planchas de metal. **2** Herramienta semejante a una guillotina que sirve para cortar cartones y cartulinas.

cizaña *n. f.* Hierba mala, perjudicial para la agricultura: *el trigal estaba lleno de cizaña.*
meter (o **sembrar**) **cizaña** Crear desavenencias o enemistades: *no paró de meter cizaña hasta que consiguió que Clara y Miguel se pelearan.*
DER cizañero; encizañar.

cizañero, -ra *adj./n. m. y f.* [persona] Que suele meter cizaña o crear desavenencias.

clac *n. f.* Grupo de personas encargadas de aplaudir en un espectáculo para animar a los espectadores a cambio de dinero o de una entrada gratuita. **SIN** claque.

clamar *v. intr.* **1** Dar voces quejándose o pidiendo ayuda: *los bomberos oyeron clamar a un niño.* **2** Pedir o exigir con vehemencia: *es un crimen que clama castigo.*
clamar al cielo Ser injusta una cosa o una situación: *la forma en que nos han tratado en la empresa clama al cielo.*
DER clamor; aclamar, declamar, exclamar, proclamar, reclamar.
ETIM Véase *llamar.*

clamor *n. m.* Conjunto de voces y gritos fuertes de una multitud que se queja, aclama a alguien o demanda alguna cosa: *el clamor popular.*
DER clamorear, clamoroso.

clamoroso, -sa *adj.* Que va acompañado de clamor, especialmente de la multitud entusiasmada: *un triunfo clamoroso.*

clan *n. m.* **1** Grupo social formado por un número de familias que descienden de un antepasado común y que reconocen la autoridad de un jefe: *algunas comunidades están organizadas en clanes.* **2** Grupo de personas unidas por un interés común o una misma profesión: *el clan de los abogados, de los banqueros.*

clandestinidad *n. f.* Ocultación en que se hallan una o más personas por temor a la ley o para eludirla: *en los regímenes dictatoriales eran usuales las situaciones de clandestinidad.*

clandestino, -na *adj.* Que es o se hace de forma oculta por temor a la ley o para eludirla: *reunión clandestina.*
DER clandestinidad.

claqué *n. m.* Baile que consiste en llevar el ritmo de la música con la punta y el tacón del zapato, haciéndolo sonar como instrumento de percusión: *los zapatos de claqué llevan unas placas de metal que hacen un sonido característico.*

claqueta *n. f.* Utensilio que se sitúa delante de la cámara cinematográfica al inicio de cada toma, compuesto de dos planchas de madera unidas mediante una bisagra, una de las cuales lleva una pizarra sobre la que se escriben los datos necesarios para identificar la toma.

clara *n. f.* **1** Sustancia blanquecina, líquida y transparente que rodea la yema del huevo: *la clara del huevo tiene mucho alimento.* **2** Bebida que se hace mezclando cerveza con gaseosa: *ponme una clara.*
a las claras Manifiestamente, sin reservas ni disimulos: *no me gusta ocultar las cosas, así que te diré a las claras lo que pienso de ti.*

claraboya *n. f.* Ventana abierta en el techo o en la parte alta de las paredes, por donde entra la luz: *en el patio interior del edificio había una claraboya.* **SIN** tragaluz.

clarear *v. impersonal* **1** Comenzar a amanecer: *los cazadores salen al campo al clarear el día.* **2** Ir desapareciendo el nublado del cielo: *después de haber estado toda la mañana lloviendo, por fin empieza a clarear.* ◇ *v. intr./prnl.* **3** Transparentarse los tejidos: *esta falda se clarea demasiado, tendré que ponerle un forro.* **4** Hacerse una cosa menos densa o espesa: *se te está clareando el pelo.*

clarete *adj./n. m.* [vino] Que es algo más claro que el vino tinto: *tomamos un clarete con la carne.* **SIN** vino clarete.

claridad *n. f.* **1** Luminosidad, abundancia de luz: *al subir las persianas, la claridad del día inundó la habitación.* **2** Facilidad con que se perciben las cosas a través de los sentidos o se comprenden por medio de la inteligencia: *la noche estaba despejada y las estrellas se veían con claridad; entendí con claridad una teoría tan difícil.* **3** Luz que se ve a distancia, en medio de la oscuridad: *a lo lejos se distinguía una débil claridad.* **4** Cualidad por la que un cuerpo permite el paso de la luz a través de él y deja ver lo que hay más allá: *la claridad del agua hacía visibles los pececillos del fondo del río; el buen cristal ha de tener una gran claridad.* **SIN** transparencia. **5** Facilidad para hablar o escribir de manera sencilla: *el profesor explica siempre con mucha claridad.* **6** Sinceridad, generalmente para expresar una opinión desagradable: *si quieres que te lo diga con claridad, me pareces muy aburrido.*

clarificar *v. tr.* Aclarar, hacer que algo sea más fácil de entender dando más detalles o una explicación más sencilla: *¿podría clarificar el primer punto? No lo entiendo.*
DER clarificador.
OBS En su conjugación, la *c* se convierte en *qu* delante de *e*.

clarín *n. m.* Instrumento musical de viento de la familia del metal, parecido a la corneta, pero de menor tamaño y sin llaves o pistones: *el clarín se usa mucho en las bandas militares.* ☞ instrumentos musicales.
DER clarinete.

clarinete *n. m.* Instrumento musical de viento formado por un tubo de madera dura con llaves y agujeros, que se toca soplando y moviendo las llaves y tapando los agujeros con los dedos: *el grupo de instrumentos de madera está formado por la flauta, el oboe, el clarinete y el fagot.* ☞ instrumentos musicales.
DER clarinetista.

clarinetista *n. com.* Persona que toca el clarinete por afición o como profesional.

clarividencia *n. f.* **1** Capacidad de pensar y comprender con claridad: *la clarividencia en los negocios es muy importante.* **2** Facultad paranormal de adivinar el futuro o ver cosas que otras personas no pueden ver: *dice que posee poderes de telepatía y clarividencia.*
DER clarividente.

clarividente *adj./n. com.* **1** [persona] Que es capaz de pensar y comprender con claridad: *un filósofo debe ser reflexivo y clarividente.* **2** [persona] Que tiene la facultad de adivinar el futuro o ver cosas que otras personas no pueden ver: *acudió a un clarividente para saber qué le ocurriría en el futuro.* **SIN** adivino, vidente.

claro, -ra *adj.* **1** Que recibe o tiene mucha luz: *ésta es la habitación más clara de toda la casa.* **ANT** oscuro. **2** [color] Que se acerca al blanco y que se opone a otro más oscuro de su misma clase: *a los niños les sienta muy bien la ropa de colores claros.* **ANT** oscuro. **3** Que es fácil de entender: *hay que utilizar un lenguaje claro y sencillo.* **ANT** oscuro. **4** [persona] Que se expresa de manera sencilla y dice las cosas tal como son: *mira, yo soy muy clara y no me ando con tapujos.* **5** [agua] Que es transparente y no tiene impurezas que la enturbien: *las truchas viven en ríos de agua clara.* **6** Que es poco denso o espeso: *un bosque claro, que tiene pocos árboles; el chocolate te ha quedado demasiado claro.* **ANT** espeso. **7** Despejado, sin nubes: *un día claro, una noche clara.* **8** [sonido] Que es agudo o fácilmente distinguible: *lo dijo con una voz alta y clara.* ◇ *n. m.* **9** Espacio vacío o separación dentro de un conjunto de cosas o en el interior de algo: *el claro del bosque.* **10** Porción de cielo despejado entre nubes: *para mañana se esperan nubes y claros.* ◇ *adv.* **11** De manera clara: *es muy miope y, como no lleve gafas, no puede ver claro.* **12** Expresión que se usa para indicar afirmación o asentimiento: —*¿Vienes a cenar?* —*Claro, ahora mismo;* —*¿Es la madre de tu hija?* —*Claro.*

claro de luna Momento en que la luna se deja ver bien en una noche oscura.

sacar en claro Entender algo después de larga exposición: *creo que hemos sacado poco en claro de esa reunión.*
DER clara, claraboya, claramente, clarear, clarete, claridad, clarificar, clarín, clarividencia, claroscuro; aclarar, declarar, esclarecer, preclaro.

claroscuro *n. m.* Técnica que consiste en disponer de manera adecuada las luces y las sombras en un dibujo o una pintura: *este pintor conoce a la perfección el arte del claroscuro.*
OBS El plural es *claroscuros*.

clase *n. f.* **1** Conjunto de propiedades que distinguen a una persona, animal o cosa: *es de esa clase de personas que triunfan por sí mismas.* **SIN** calidad. **2** Conjunto de elementos que tienen ciertas características comunes: *hay muchas clases de embutidos: chorizo, salchichón, morcilla, etc.* **3** Conjunto de animales o de plantas que tienen unas mismas características: *en la clasificación científica, la clase es superior al orden; el gato pertenece a la clase de los mamíferos.* **4** Grupo de personas que tienen condiciones comunes de vida, trabajo e intereses económicos iguales o parecidos: *la clase política.*
clase alta Estrato social que cuenta con más medios económicos o con mayor prestigio: *la clase alta se puede permitir los lujos más caros.* **clase baja** Estrato social que cuenta con menos medios económicos o con menor prestigio: *la clase baja, también llamada clase obrera, está formada por el conjunto de los obreros manuales asalariados; su familia era de clase baja, pero ahora él es millonario.* **clase media** Estrato social que comprende un sector de la población que goza de posición social cómoda: *la clase media está formada por la burguesía, los pequeños campesinos, empleados, profesionales libres, técnicos y obreros altamente calificados; ha aumentado el nivel de vida de la clase media.* **5** Conjunto de estudiantes del mismo nivel que están en un mismo grupo: *los alumnos de la clase de COU son por lo general muy buenos.* **6** Lección que el profesor enseña cada día: *la asistencia a clase es muy importante.* **7** En un centro de enseñanza, sala donde se dan y reciben clases: *en esa clase hace mucho frío.* **SIN** aula. **8** Conjunto de conocimientos que se enseñan y aprenden: *voy a dar una clase de baile.* **9** Categoría, división hecha teniendo en cuenta la calidad de algo: *se puede viajar en primera clase, en segunda clase o en clase turista.* **10** Refinamiento, distinción: *es muy elegante y tiene mucha clase.*
DER clásico, clasificar, clasismo; desclasado, subclase, superclase.

clasicismo *n. m.* Tendencia artística o literaria que toma como modelos los grandes artistas y escritores de la Grecia y Roma antiguas: *en el Renacimiento triunfó el clasicismo.*
DER clasicista.

clasicista *adj.* Del clasicismo o relacionado con esta tendencia artística o literaria: *el movimiento clasicista del siglo XVIII surgió como reacción al estilo rococó.*

clásico, -ca *adj.* **1** De la historia o la cultura de la Grecia y la Roma antiguas o relacionado con ellas: *el mundo clásico dejó una huella indeleble en la humanidad.* **2** Que tiene un estilo parecido al de los autores, objetos u obras de la Grecia y la Roma antiguas: *es un edificio clásico, aunque se hizo en el siglo pasado.* **3** [música] Que está escrito para orquesta o instrumentos como el violín y el piano, por composito-

clasificación

res antiguos y modernos según una larga tradición técnica de la música occidental: *es una amante de la música clásica.* **4** [persona] Que tiene gustos poco llamativos, sobrios y tradicionales: *tu hermana es muy clásica a la hora de vestir.* **ANT** moderno. **5** [prenda de vestir] Que es sobrio, poco llamativo y de corte tradicional: *se compró un vestido muy clásico.* **ANT** moderno. ◇ *adj./n.* **6** [autor, objeto, obra] Que son considerados como modelos en el arte o la literatura: *todas las lenguas tienen sus autores clásicos, que han escrito grandes obras; este libro es un clásico de la literatura de ficción.*
DER clasicismo; neoclásico.

clasificación *n. f.* **1** Ordenación o disposición por clases: *en este cuadro tienes la clasificación de los animales.* **2** Lista ordenada de nombres con arreglo a determinados datos o cifras. **SIN** ranking. **3** Paso a la parte siguiente de una competición: *en el próximo partido se decidirá la clasificación del equipo para la fase final.*

clasificado, -da *adj.* [documento, información] Que es secreto o reservado: *estos documentos contienen material clasificado.*

clasificador, -ra *adj.* **1** Que sirve para guardar y clasificar papeles y documentos: *carpeta clasificadora.* ◇ *n. m.* **2** Mueble con cajones para guardar documentos con orden: *coloca el clasificador entre la mesa y la ventana.*

clasificar *v. tr.* **1** Ordenar, distribuir o colocar por clases: *los libros de la biblioteca están clasificados por temas.* ◇ *v. prnl.* **2 clasificarse** Quedar seleccionado en una competición deportiva, en un concurso o en otra prueba eliminatoria: *España se ha clasificado para el mundial de fútbol.* **3** Ocupar un puesto en una competición: *mi caballo se clasificó en tercera posición.*
DER clasificación, clasificado, clasificador; inclasificable.
OBS En su conjugación, la c se convierte en *qu* delante de *e*.

clasismo *n. m.* Actitud o tendencia que defiende la diferencia de clases y discrimina a las personas que no pertenecen a la suya: *su clasismo lo lleva a despreciar a los miembros de las clases bajas.*
DER clasista.

clasista *adj./n. com.* [persona] Que es partidaria de la diferencia de clases y discrimina a las personas que no pertenecen a la suya: *algunas personas muy ricas son clasistas.*

claudicación *n. f.* **1** Rendición o renuncia, generalmente a causa de una presión externa: *la claudicación de los japoneses en la segunda guerra mundial costó un enorme esfuerzo.* **2** Quebrantamiento en la observancia de los principios o las normas de conducta personales: *os aseguro que una claudicación como ésta no volverá a producirse.*

claudicar *v. intr.* **1** Ceder, rendirse o renunciar, generalmente a causa de una presión externa: *aunque fueron sometidos a muchas presiones para que dimitieran, no claudicaron.* **2** Quebrantar la observancia de los principios o las normas de conducta personales: *nadie debe claudicar en la defensa de los derechos humanos.*
DER claudicación.
OBS En su conjugación, la c se convierte en *qu* delante de *e*.

claustral *adj.* **1** Del claustro o relacionado con él: *este patio tiene un ambiente claustral.* ◇ *adj./n. com.* **2** [persona] Que pertenece al claustro de un centro de enseñanza: *varios representantes de los alumnos son claustrales en esta universidad.*

claustro *n. m.* **1** Galería con columnas que rodea un jardín o patio interior: *el claustro del convento de Santo Domingo de Silos es uno de los más bellos de España.* **2** Conjunto de miembros de una universidad que intervienen en el gobierno de ésta: *el claustro está encabezado por el rector.* **3** Conjunto de profesores de un centro de enseñanza: *el claustro del colegio se reunió el jueves pasado.* **4** Reunión de los miembros de una universidad o un centro de enseñanza: *mañana se celebrará el primer claustro del curso académico.*
claustro materno Útero o matriz donde se desarrolla el feto: *las criaturas están en el claustro materno antes de nacer.*
DER claustral, claustrofobia; enclaustrar, exclaustrar.

claustrofobia *n. f.* Miedo a permanecer en lugares cerrados muy pequeños: *nunca sube en ascensor porque tiene claustrofobia.*
DER claustrofóbico.

cláusula *n. f.* **1** Párrafo que, con otros, forma la parte dispositiva de un documento público o privado que contiene una serie de condiciones y disposiciones legales: *hay una cláusula en el contrato por la que la empresa somete al trabajador a tres meses de prueba.* **2** GRAM. Oración, conjunto de palabras que expresan un pensamiento.

clausura *n. f.* **1** Acto solemne con que se pone fin a un congreso, certamen, exposición o reunión similar: *al final de los Juegos Olímpicos hay un acto de clausura muy bonito.* **2** Cierre temporal o definitivo de un edificio o un establecimiento: *la policía procedió a la clausura de los bares nocturnos que no cumplían el horario establecido.* **3** Vida retirada que llevan determinadas comunidades de religiosos: *hay muchos conventos de clausura en España.* **4** Parte de un monasterio a la que no se puede entrar si no se pertenece a la comunidad religiosa que vive en él: *en la clausura se encuentran los dormitorios de los religiosos.*
DER clausurar.

clausurar *v. tr.* **1** Dar por acabado un congreso, un certamen, una exposición u otra reunión similar: *mañana se clausura el Congreso de Filología Española.* **2** Cerrar temporal o definitivamente un edificio o un establecimiento: *el ayuntamiento clausura los bares que no cumplen la normativa contra el ruido.*

clavado, -da *adj.* **1** Que está fijo: *tenía los ojos clavados en el suelo sin atreverse a mirarme.* **2** Que es puntual: *estaré aquí a las ocho clavadas.* **3** Que es idéntico o muy parecido: *este niño es clavadito a su padre; tu casa y la mía son clavadas.* **4** [prenda de vestir] Que sienta muy bien y parece hecho a medida: *ese vestido mío te queda clavado.*

clavar *v. tr./prnl.* **1** Introducir una cosa aguda en otra, generalmente mediante golpes: *como la pared está tan dura, cuesta clavar los clavos; me he clavado una espina en el dedo.* **SIN** hincar. **2** Fijar, poner, especialmente los ojos o la mirada: *clavó la mirada en el juguete del escaparate; se clavó en el sofá ante el televisor.* ◇ *v. tr.* **3** Sujetar o fijar con clavos: *las suelas de los zapatos se pueden pegar con cola o se pueden clavar.* **4** Sorprender o causar una impresión que impide reaccionar: *nos dejó clavados con esa respuesta.* ◇ *v. tr./intr.* **5** Cobrar más dinero de lo debido: *en ese restaurante nos clavaron.* ◇ *v. prnl.* **6 clavarse** Pararse, detenerse algo que está en movimiento: *ayer se me clavó el coche; le dije: ¡párate!, y se clavó.*
DER clavado; desclavar, enclavarse.
OBS Suele usarse con los verbos *dejar* o *quedar*.

clave *n. f.* **1** Información o dato que permite entender algo o resolver una duda: *la clave de su éxito está en su capacidad de trabajo; hay libros que llevan una clave de ejercicios al final, de manera que nosotros mismos podemos corregirlos.* **2** Importante, decisivo o necesario para algo: *el hombre clave del equipo es el portero; fecha clave.* **SIN** básico, funda-

mental, indispensable. **3** Conjunto de signos que forman un lenguaje secreto para ocultar una información: *he colocado una clave en mi ordenador para que nadie más pueda usarlo; no puedes abrir la caja fuerte sin saber la clave; el espía usaba una clave para enviar mensajes al enemigo.* **SIN** código, combinación. **4** MÚS. Signo que se coloca al principio del pentagrama e indica cómo deben leerse las notas: *la clave de sol; la clave de fa.* ☞ notación musical. **5** ARQ. Piedra central que cierra un arco: *en los arcos góticos, la clave la adornaba con un florón.* ☞ arco. ◇ *n. m.* **6** MÚS. Clavicémbalo, instrumento músico.
DER clavecín, clavícula, clavija; autoclave, cónclave.
ETIM Véase *llave*.
OBS Funciona en aposición a otros sustantivos.

clavecín *n. m.* Instrumento musical de cuerda y teclado en que las cuerdas se ponen en vibración al ser pulsadas por cañones de pluma que se mueven accionados por dicho teclado: *el clavecín se tocaba mucho en tiempos de Bach.*
SIN clave, clavicémbalo.
DER clavicémbalo.

clavel *n. m.* Flor muy olorosa de colores vivos y variados, con los pétalos rizados y dentados, que se usa para adornar: *los claveles pueden ser de color rojo, blanco, amarillo y rosa; el novio llevaba un clavel blanco en el ojal.* ☞ flores. **clavel reventón** Clavel de color rojo oscuro y con más pétalos que el común: *la bailaora llevaba un clavel reventón prendido en el pelo.*
DER clavellina.

clavellina *n. f.* Flor parecida al clavel, pero más pequeña: *la florista nos regaló un ramo de clavellinas.*

clavetear *v. tr.* Clavar clavos en una superficie, generalmente como adorno: *ha claveteado el tablero de la mesa.*

clavicémbalo *n. m.* Clavecín, instrumento musical de cuerda y teclado.

clavicordio *n. m.* Instrumento musical de cuerda y teclado formado por una caja rectangular en la que las cuerdas son percutidas por martillos accionados con el teclado: *el clavicordio fue uno de los antecesores del piano.* **SIN** clave.

clavícula *n. f.* Hueso largo que une el omóplato con el esternón; está situado entre la espalda y el cuello a cada lado del cuerpo: *tiene rotura de clavícula.* ☞ esqueleto.
DER clavicular.

clavicular *adj.* De la clavícula o relacionado con este hueso: *rotura clavicular.*

clavija *n. f.* **1** Pieza delgada de metal, madera u otro material, con cabeza y punta, que se encaja en el agujero hecho al efecto en una pieza sólida y sirve para sujetar o unir: *unas cuantas clavijas sostenían los brazos y las piernas de la marioneta.* **2** Pieza delgada, con cabeza y punta, que sirve para sujetar, tensar y enrollar las cuerdas de un instrumento musical: *mi guitarra necesita clavijas y cuerdas nuevas.* **3** Pieza de material aislante con dos o tres salientes metálicos que sirve para enchufar un aparato a la red eléctrica: *el televisor tiene rota la clavija.* **SIN** enchufe.
apretar las clavijas Tratar a una persona con dureza para obligarla a hacer algo: *el jefe le apretaba las clavijas para que trabajara más rápido.*
DER clavijero.

clavijero *n. m.* MÚS. Pieza de madera o metal en la que encajan las clavijas de un instrumento musical: *se ha roto el clavijero de la guitarra.*

clavo *n. m.* **1** Pieza de metal, larga, con cabeza por un lado y punta por el otro, que sirve para sujetar, unir o fijar: *necesito clavos y un martillo.* ☞ herramientas. **2** Capullo seco de la flor de un árbol tropical que se usa como especia para dar sabor a la comida: *el clavo se denomina también clavo de olor.*
agarrarse a (o de) un clavo ardiendo Aprovechar una ocasión, aunque presente cierto peligro, para conseguir algo.
como un clavo Fijo, exacto o puntual: *es muy puntual, siempre está a la hora, como un clavo.*
dar en el clavo Acertar, adivinar o descubrir una cosa.
no dar ni clavo No hacer nada, no trabajar: *¡ya está bien de no dar ni clavo!: ¡ponte a trabajar!*
DER clavar, clavetear.

claxon *n. m.* Bocina eléctrica que emite un sonido fuerte para avisar de algo; la usan especialmente los automóviles: *a partir de las doce de la noche no se debe tocar el claxon.*
SIN bocina.

clemencia *n. f.* Tendencia a juzgar con benevolencia y castigar sin demasiado rigor: *el juez tuvo clemencia y le conmutó la pena de muerte por la de cadena perpetua.* **SIN** compasión, misericordia, piedad.
DER clemente; inclemencia.

clemente *adj.* [persona] Que muestra clemencia: *sé clemente y levanta el castigo a tus hijos.* **SIN** compasivo.

clementina *n. f.* Variedad de mandarina, de piel más roja, sin pepitas y muy dulce: *¿estas mandarinas son clementinas?*

cleptomanía *n. f.* Trastorno mental que provoca la inclinación al robo de la persona que lo padece: *padece cleptomanía y no puede evitar hurtar cosas de poco valor.*
DER cleptómano.

cleptómano, -na *adj./n. m. y f.* [persona] Que padece cleptomanía: *los cleptómanos son enfermos que roban cosas innecesarias.*

clerecía *n. f.* **1** Conjunto de personas que componen el clero: *la clerecía se muestra dividida en el tema de las mujeres sacerdotes.* **SIN** clero. **2** Oficio u ocupación de clérigos: *dedicó su vida a la clerecía.*

clerical *adj.* Del clero o que tiene relación con él: *en la vida clerical tiene gran importancia la oración.*
DER clericalismo; anticlerical.

clericalismo *n. m.* Influencia excesiva del clero en los asuntos políticos de una sociedad.

clérigo *n. m.* Hombre que dedica su vida a Dios y a la Iglesia y que puede celebrar los ritos sagrados de su religión, especialmente en las Iglesias cristianas. **SIN** sacerdote.

clero *n. m.* **1** Conjunto de los clérigos: *una representación del clero español se reunirá mañana en Zaragoza.* **2** Grupo social formado por los clérigos: *la nobleza y el clero intervenían en la política de la Edad Media.* **SIN** clerecía.
DER clerecía, clerical, clérigo.

cliché *n. m.* **1** Tira de película fotográfica revelada, con imágenes en negativo, para reproducir en papel: *he perdido el cliché de esta fotografía y ahora no puedo hacer una copia.* **2** Plancha tipográfica en la que se ha reproducido una composición y un grabado para su posterior impresión: *con este cliché podemos conseguir 1000 ejemplares.* **SIN** clisé. **3** Idea o expresión demasiado repetida: *siempre que le pido dinero a mi padre me contesta con el cliché: «el dinero no crece en los árboles».* **SIN** clisé.

cliente, -ta *n. m. y f.* **1** Persona que utiliza los servicios de un profesional o de una empresa: *el señor Ramírez es cliente de esta empresa desde hace muchos años.* **2** Persona que compra en un comercio o que utiliza sus servicios: *en la tienda había sólo dos dependientes para atender a tantos clientes.*
SIN comprador.
DER clienta, clientela.

clientela

OBS La forma *cliente* se usa también como nombre de género común.

clientela *n. f.* Conjunto de los clientes de un establecimiento o persona: *este restaurante tiene una clientela muy selecta.*

clima *n. m.* **1** Conjunto de condiciones atmosféricas propias de una región: *el clima mediterráneo es muy apropiado para el cultivo de cítricos.* **2** Conjunto de circunstancias o ambiente que rodean a una persona o situación: *clima político; clima económico.*
DER climático, climatizar, climatología; aclimatar, microclima, termoclina.

climaterio *n. m.* Período de la vida que precede y sigue a la extinción de la función reproductora: *el climaterio coincide en la mujer con la menopausia; en el hombre se produce una decadencia de la actividad sexual.*
DER climatérico.

climático, -ca *adj.* Del clima o relacionado con el conjunto de condiciones atmosféricas: *cambios climáticos.*

climatización *n. f.* Acondicionamiento de la temperatura de un local o espacio cerrado para que resulte agradable y favorable para las personas: *han gastado mucho dinero en la climatización de los despachos.*

climatizado, -da *adj.* [local, espacio cerrado] Que tiene aire acondicionado: *cine climatizado.*

climatizar *v. tr.* Dar a un espacio cerrado las condiciones necesarias para conseguir la presión, la temperatura y la humedad convenientes para la salud o la comodidad: *el único detalle que le falta a esta cafetería es que la climaticen.*
DER climatización, climatizado.
OBS En su conjugación, la *z* se convierte en *c* delante de *e*.

climatología *n. f.* Ciencia que estudia el clima y los fenómenos atmosféricos, tales como la lluvia, el viento y la nieve.
DER climatológico; bioclimatología.

climatológico, -ca *adj.* De la climatología o que tiene relación con esta ciencia: *un reciente estudio climatológico ha revelado que se están produciendo importantes cambios climáticos.*

clímax *n. m.* Momento de mayor importancia o emoción en una historia o situación: *la película alcanza su clímax cuando el asesino entra en la habitación de su víctima; la campaña electoral llegará hoy a su clímax, cuando se enfrenten en el debate los dos máximos aspirantes a la presidencia.* **SIN** apogeo.
DER climaterio; anticlímax.
OBS El plural también es *clímax.*

clínex *n. m.* Pañuelo de papel: *¿tienes un clínex?* **SIN** kleenex.
OBS El plural también es *clínex.*

clínica *n. f.* **1** Hospital privado: *está siguiendo un régimen de adelgazamiento en una clínica muy famosa.* **2** Parte práctica de la enseñanza de la medicina: *en las clases de clínica, los alumnos de medicina examinan y tratan a los enfermos de los hospitales.*
DER policlínica.

clínico, -ca *adj.* **1** De la medicina clínica o que tiene relación con esta especialidad: *los estudiantes de medicina empezarán su formación clínica la semana que viene.* **2** Relacionado con la medicina práctica y la observación directa de los enfermos: *los análisis clínicos no han mostrado todavía la causa de la enfermedad.* ◊ *adj./n. m. y f.* **3** [médico] Que se dedica a la medicina práctica: *los médicos pueden ser clínicos, hombres de laboratorio o sanitarios.* ◊ *n. m.* **4** Hospital o parte de él en el que los alumnos de medicina reciben lecciones prácticas: *los alumnos de medicina están de huelga para exigir la construcción de un clínico donde realizar las prácticas.*

historia clínica Conjunto de datos e informaciones referidas a la evolución de la salud o la enfermedad de un paciente a lo largo de un período largo.
DER clínica.

clip *n. m.* **1** Barrita de metal o de plástico doblada sobre sí misma que sirve para sujetar papeles: *sujeta los folios con un clip.* **2** Sistema de cierre o de sujeción a presión usado generalmente para fijar adornos en el pelo, las orejas o la ropa: *pendientes de clip.*

clisé *n. m.* **1** Plancha tipográfica en la que se ha reproducido una composición o un grabado para su posterior impresión. **SIN** cliché. **2** Idea o expresión demasiado repetida: *cuando conversa utiliza clisés constantemente.* **SIN** cliché.
OBS La Real Academia Española admite *clisé* para estas dos acepciones, pero para la primera prefiere *clisé,* y para la segunda, *cliché;* para la primera acepción de *cliché* sólo registra esta forma.

clítoris *n. m.* Pequeño órgano carnoso y eréctil, situado en la parte exterior de los órganos sexuales femeninos: *el clítoris se encuentra en la vulva.* ☞ reproductor, aparato.
OBS El plural también es *clítoris.*

cloaca *n. f.* **1** Conducto subterráneo construido para recoger el agua de lluvia y las aguas sucias de una población: *los atracadores se ocultaron en las cloacas hasta que la policía abandonó el lugar.* **SIN** alcantarilla. **2** Lugar muy sucio y con mal olor: *la habitación de la vieja pensión era una auténtica cloaca.* **3** Parte terminal del intestino de las aves y otros animales en la que desembocan los conductos genitales y urinarios: *los huevos de las aves salen por la cloaca.*

clon *n. m.* Payaso, especialmente el que lleva la cara pintada de blanco y un traje muy llamativo; forma pareja con otro y hace el papel de listo y serio, mientras que el otro es el tonto y va vestido de manera estrafalaria.
OBS El plural es *clones.*

clor-, cloro- **1** Elemento prefijal que entra en la formación de palabras con el significado de 'verde': *clorofila.* **2** En química denota la presencia del cloro: *cloroformo.*

clorar *v. tr.* Añadir cloro al agua: *un cartel advertía que era agua no clorada.*

cloro *n. m.* Elemento químico gaseoso de color verde o amarillo y olor fuerte: *el símbolo del cloro es Cl.*
DER clorar, clorato, clorhídrico, clórico, clorita, cloroformo, cloruro.

clorofila *n. f.* Sustancia de color verde que se halla en las plantas y en muchas algas: *la clorofila es muy importante en la fotosíntesis de los vegetales.*
DER clorofílico.

clorofílico, -ca *adj.* De la clorofila o relacionado con esta sustancia: *la función clorofílica consiste en transformar la energía luminosa en energía química.*

cloroformo *n. m.* Líquido incoloro, de olor muy fuerte, que se usaba antiguamente como anestésico: *el cloroformo es un compuesto de cloro, carbono e hidrógeno.*
DER cloroformizar.

cloruro *n. m.* QUÍM. Compuesto de cloro y de un elemento metálico: *los cloruros son sales.* **cloruro sódico** QUÍM. Sal común, que se encuentra en el agua de mar y que se usa para dar sabor a los alimentos: *el cloruro sódico cristaliza en forma de cubo.*
DER bicloruro.

club o **clube** *n. m.* **1** Asociación de personas con intereses comunes que toman parte en actividades recreativas, deportivas o culturales: *los socios de un club de fútbol son seguidores del equipo*; *acabo de apuntarme al club de tenis*. **2** Lugar donde se reúnen estas personas: *mañana iremos al club a jugar al tenis*.

club nocturno Lugar de diversión donde se bebe y se baila, generalmente de noche: *en la carretera han abierto un club nocturno*.
DER aeroclub.
OBS La Real Academia Española admite *clube*, pero prefiere la forma *club*. ◇ El plural es *clubes*.

clueca *adj./n. f.* [ave] Que está en período de empollar: *cuando la gallina está clueca se echa sobre los huevos para darles calor*.
DER cloquear.

cluniacense *adj./n. m.* De la orden de Cluny o que tiene relación con esta congregación religiosa que seguía la regla benedictina: *el arte cluniacense aportó importantes innovaciones al románico*.

co- Prefijo latino que entra en la formación de palabras con el significado de 'unión', 'participación' o 'compañía': *coadjutor, coautor, colindante*.

coacción *n. f.* Fuerza o violencia física o psíquica que se ejerce sobre una persona para obligarla a decir o hacer algo contra su voluntad: *el acusado afirma que confesó bajo coacción*.
DER coaccionar, coactivo.

coaccionar *v. tr.* Ejercer fuerza o violencia física o psíquica sobre una persona para obligarla a decir o hacer algo contra su voluntad: *en este caso de nulidad matrimonial, ella alega que la familia la coaccionó para que se casara*.

coagulación *n. f.* Transformación que experimenta un líquido cuando una de las sustancias que contiene se vuelve sólida y se separa del resto: *coagulación de la sangre, de la leche*.

coagulante *adj./n. m.* [sustancia] Que sirve para coagular con facilidad un líquido, especialmente la sangre. **ANT** anticoagulante.
DER anticoagulante.

coagular *v. tr./prnl.* Hacer que una sustancia líquida se vuelva sólida; especialmente un líquido orgánico, como la leche o la sangre.
ETIM *Coagular* procede del latín *coagulare*, que tenía el mismo significado, voz con la que también está relacionada *cuajar*.

coágulo *n. m.* Masa de una sustancia que se ha coagulado o que se ha hecho sólida: *es muy peligroso que se formen coágulos en las venas porque no dejan que la sangre circule bien*.

coala *n. m.* Mamífero trepador australiano parecido a un oso pequeño, con grandes orejas y pelo gris, que vive en los árboles y se alimenta de vegetales: *el coala hembra tiene una bolsa en el vientre, donde guarda a sus hijos los primeros meses de vida*. **SIN** koala.
OBS Para indicar el sexo se usa *el coala macho* y *el coala hembra*.

coalición *n. f.* Unión de diferentes partidos políticos o grupos con un fin determinado: *gobierno de coalición*.

coartada *n. f.* **1** Prueba que presenta un acusado para demostrar que no se encontraba en el lugar del delito a la hora que sucedió: *tiene una coartada perfecta: estaba en el hospital el día en que fue cometido el asesinato*. **2** Razón que se presenta como disculpa: *no quiso ir a la reunión y se inventó una coartada*. **SIN** disculpa, excusa, pretexto.

coartar *v. tr.* Limitar o restringir, especialmente una libertad o un derecho: *esta nueva ley coarta la libertad de expresión*.

DER coartada.

coautor, -ra *n. m. y f.* Autor junto con otro u otros: *fue considerado coautor del asesinato y condenado*; *los dos coautores de la novela*.

coaxial *adj.* Que tiene en común con otras piezas o partes el eje de simetría: *los engranajes de la caja de cambios son coaxiales*.

coba *n. f.* Halago o adulación fingidos, especialmente para conseguir algo de una persona: *no para de darle coba al jefe*.
DER cobista.
OBS Se construye con el verbo *dar*.

cobalto *n. m.* Metal duro, de color blanco plateado, que se usa, combinado con el oxígeno, para formar la base de color azul de pinturas y esmaltes: *el símbolo del cobalto es Co*.

cobarde *adj.* **1** Hecho con cobardía: *ha mantenido una postura cobarde durante toda la reunión*; *el asesinato de una anciana indefensa es un acto cobarde*. ◇ *adj./n. com.* **2** [persona] Que se asusta fácilmente ante cualquier peligro, dificultad o dolor: *es un cobarde: cuando hay problemas siempre huye*; *a mí me asustan mucho los hospitales: soy muy cobarde*.
ANT valiente, gallardo.
DER cobardía; acobardar.

cobardía *n. f.* **1** Falta de valor ante un peligro real o imaginario: *el soldado fue acusado de cobardía ante el enemigo*.
SIN acobardamiento. **2** Falta que comete el que se comporta con violencia o crueldad contra quien no puede defenderse: *atacar a un niño o a un anciano es una cobardía*.

cobaya *n. amb.* **1** Mamífero roedor de pequeño tamaño, parecido a una rata, que se emplea en experimentos científicos: *en el laboratorio usan cobayas para probar la vacuna contra el cáncer*. **SIN** conejillo de Indias. **2** Persona o animal sometido a observación o experimentación para probar algo: *acusaron al médico de utilizar cobayas humanos en sus experimentos*. **SIN** conejillo de Indias.

cobertizo *n. m.* **1** Lugar cubierto de forma ligera o tosca que sirve para resguardar de la intemperie personas, animales o herramientas: *tenemos un cobertizo en el jardín*. **2** Parte del tejado que sobresale de la pared y sirve para resguardarse del sol o de la lluvia.

cobertor *n. m.* Manta o colcha de la cama: *el cobertor de mi cama es de color azul*.

cobertura *n. f.* **1** Cosa que se coloca sobre otra para cubrirla o taparla: *esta cobertura de plástico impedirá que se oxide la barra de metal*. **SIN** cubierta. **2** Conjunto de prestaciones que ofrece un servicio: *la endodoncia no entra dentro de la cobertura de la Seguridad Social*. **3** Extensión territorial que alcanza un servicio, especialmente los de telecomunicaciones: *unos canales de televisión tienen una cobertura nacional y otros una cobertura regional*; *mi teléfono móvil se ha quedado sin cobertura*. **4** Seguimiento del desarrollo de un suceso llevado a cabo por los profesionales de la información: *Televisión Española va a realizar la cobertura de los Juegos Olímpicos*. **5** Conjunto de jugadores de ciertos deportes que forman la defensa de un equipo: *la cobertura del equipo de fútbol está formada por cuatro hombres*.
DER cobertizo, cobertor.
ETIM Véase *cubrir*.

cobijar *v. tr./prnl.* **1** Refugiar o resguardar, generalmente del frío y la lluvia: *vamos a cobijarnos en aquel portal hasta que deje de llover*. **2** Amparar o ayudar, dando cariño y protección: *los niños cuando sienten miedo se cobijan en brazos de su madre*.
DER cobijo.

cobijo *n. m.* **1** Refugio o lugar que sirve para protegerse de

cobra

la intemperie: *déjame dormir en tu casa, que no tengo cobijo para pasar la noche*. **2** Protección o ayuda que una persona da a otra: *simpre que tiene algún problema busca el cobijo de la familia*.

cobra *n. f.* Serpiente muy venenosa, procedente de África y la India, que despliega la piel de detrás de la cabeza para parecer más grande y amenazadora: *en las calles de la India hay niños que hipnotizan cobras al son de la música*.
OBS Para indicar el sexo se usa *la cobra macho* y *la cobra hembra*.

cobrador, -ra *n. m. y f.* Persona que se encarga de cobrar dinero: *en muchos autobuses, el conductor hace también de cobrador*.

cobrar *v. tr./prnl.* **1** Recibir una cantidad de dinero como pago de algo: *estamos a mediados de mes y todavía no he cobrado*; *¿se cobra, por favor?* ◇ *v. tr.* **2** Tener un sentimiento o empezar a sentirlo: *le he cobrado cariño a este muchacho*. **3** Adquirir, lograr algo: *cobrar fama, importancia*. **4** *coloquial* Recibir un castigo corporal: *como sigáis peleándoos, vais a cobrar los dos*. **5** Conseguir piezas mediante la caza: *han cobrado quince conejos*. ◇ *v. prnl.* **6 cobrarse** Recibir una compensación a cambio de un favor hecho o de un daño recibido: *es de esa clase de personas que si te hacen favores, más tarde o más temprano intentan cobrarse*; *ya me cobraré de todo el daño que me has hecho*.
DER cobrador, cobro; recobrar.

cobre *n. m.* Metal de color rojo, brillante, muy maleable y buen conductor de la electricidad y el calor: *el símbolo del cobre es Cu*; *el cobre se alea con otros metales para formar el bronce y el latón*.
batirse el cobre Trabajar, luchar o disputar para conseguir un objetivo: *los dos equipos de fútbol se batieron el cobre*; *en esa reunión tendrás que batirte el cobre si quieres convencerlos de tu propuesta*.
DER cobrizo.
ETIM Cobre procede del latín *cuprum*, que tenía el mismo significado, voz con la que también están relacionadas *cúprico*, *cuprífero*.

cobrizo, -za *adj.* De color rojizo parecido al del cobre: *se tiñó el pelo con reflejos cobrizos*.

cobro *n. m.* Operación por medio de la cual se recibe una cantidad de dinero como pago de algo: *mañana es día de cobro*.
a cobro revertido [llamada telefónica] Que paga la persona que la recibe.

coca *n. f.* **1** Arbusto de flores blancas y fruto rojo de cuyas hojas se extrae la cocaína: *la coca se cultiva en Bolivia y en Colombia principalmente*. **2** Hoja de este arbusto. **3** Cocaína, sustancia blanca que se extrae de esta hoja: *la policía encontró dos kilos de coca en un coche*.

cocaína *n. f.* Sustancia blanca que se extrae de las hojas de la coca y se usa como droga o excitante: *se descubrió una red de tráfico de cocaína*. **SIN** coca.
DER cocainómano.

cocainómano, -na *adj./n. m. y f.* [persona] Que es adicto a la cocaína: *su futuro como cantante era prometedor, pero por desgracia se ha convertido en cocainómano*.

cocción *n. f.* **1** Preparación de un alimento sometiéndolo a la acción de un líquido hirviendo, generalmente agua: *la cocción de las lentejas y las alubias debe hacerse a fuego lento*. **2** Operación que se realiza cuando se somete una masa de harina o cerámica a la acción del calor de un horno: *la cocción del bizcocho se hace con el horno a temperatura media*.

cocear *v. intr.* Dar coces un animal: *el caballo estaba nervioso y empezó a cocear*.

cocer *v. tr.* **1** Cocinar un alimento crudo sometiéndolo a la acción de un líquido hirviendo, generalmente agua: *mi abuela cocía las lentejas en un puchero de barro*. **2** Someter una masa de harina o cerámica a la acción del calor de un horno para que pierda humedad y adquiera ciertas características: *el pan y las pizzas se cuecen en el horno*; *el alfarero cocía las jarras de cerámica*. ◇ *v. tr./intr.* **3** Hervir un líquido: *voy a cocer un poco de agua para preparar el té*; *retira el agua del fuego, que ya está cociendo*. ◇ *v. prnl.* **4 cocerse** Prepararse de manera secreta: *algo se debe de estar cociendo en esa reunión*. **SIN** conspirar, maquinar, tramar. **5** Sentir mucho calor: *los meses de julio y agosto, si sales a la calle a mediodía, te cueces*. **SIN** asar.
DER cocción, cocido, cocimiento, cocinar; escocer, recocer.
OBS En su conjugación, la *o* se convierte en *ue* en sílaba acentuada y la *c* en *z* delante de *a* y *o*.

cocer	
INDICATIVO	**SUBJUNTIVO**
presente	presente
cuezo	cueza
cueces	cuezas
cuece	cueza
cocemos	cozamos
cocéis	cozáis
cuecen	cuezan
pretérito imperfecto	pretérito imperfecto
cocía	cociera o cociese
cocías	cocieras o cocieses
cocía	cociera o cociese
cocíamos	cociéramos o cociésemos
cocíais	cocierais o cocieseis
cocían	cocieran o cociesen
pretérito indefinido	futuro
cocí	cociere
cociste	cocieres
coció	cociere
cocimos	cociéremos
cocisteis	cociereis
cocieron	cocieren
futuro	
coceré	
cocerás	**IMPERATIVO**
cocerá	
coceremos	cuece (tú)
coceréis	cueza (usted)
cocerán	coced (vosotros)
	cuezan (ustedes)
condicional	**FORMAS NO PERSONALES**
cocería	
cocerías	infinitivo gerundio
cocería	cocer cociendo
coceríamos	participio
coceríais	cocido
cocerían	

cochambre *n. f.* **1** Suciedad o basura: *el coche tiene tanta cochambre, que no se ve nada a través del cristal*. **SIN** por-

quería. **2** Cosa sucia, vieja y estropeada: *esa casa es una cochambre.* **SIN** porquería.
DER cochambroso.

cochambroso, -sa *adj.* **1** Que está muy sucio: *no puedes ir por ahí con ese coche tan cochambroso.* **2** Que está muy sucio, viejo y estropeado: *algunas casas del barrio antiguo estaban cochambrosas.*

coche *n. m.* **1** Vehículo automóvil de cuatro ruedas; especialmente el destinado al transporte de personas, con capacidad para cuatro ocupantes y el conductor: *deja el coche en casa y coge el autobús; cada vez hay más coches en las ciudades.* **SIN** turismo. **coche celular** Coche que se usa para transportar personas detenidas: *el coche celular llevó a los presos a la penitenciaría.* **coche de carreras** Coche especialmente preparado para competir en pruebas de velocidad: *se salió de la pista y se incendió su coche de carreras.* **coche de línea** Autobús que hace el servicio regular de viajeros entre dos poblaciones: *el coche de línea pasa a las tres.* **coche escoba** Coche que va al final de una carrera ciclista recogiendo a los ciclistas que se retiran: *debe de ser el último porque detrás viene el coche escoba.* **coche fúnebre** Coche especialmente diseñado para conducir cadáveres al cementerio: *por la puerta del cementerio pasaba un coche fúnebre.* **coche patrulla** Coche de la policía dotado con las señales exteriores reglamentarias que lleva una emisora de radio para dar y recibir avisos: *llamamos al 091 y se presentó un coche patrulla.* **coche utilitario** Coche sencillo y de muy poco consumo: *mi abuelo fue feliz con su coche utilitario.* **2** Vagón de tren: *mi litera está en el otro coche.* **coche cama** Vagón que dispone de camas o literas para dormir: *si viajas de noche, es mejor hacerlo en coche cama.* **3** Carruaje tirado por caballos, con dos o cuatro ruedas y capacidad para dos o más personas: *los turistas pueden ver el centro de la ciudad en coche de caballos.*
DER cochera, cochero.

cochera *n. f.* Lugar donde se guardan uno o más vehículos: *he metido la moto en la cochera; el autobús está en la cochera.* **SIN** garaje.

cochero, -ra *n. m. y f.* Persona que se dedica a conducir coches de caballos: *el cochero nos llevó en su calesa por toda Sevilla.*

cochifrito *n. m.* Guisado de trozos de cordero o cabrito que, después de cocidos, se fríen sazonándolos con especias, vinagre y pimentón: *este cochifrito está bueno, pero le falta algo de vinagre y sal.*

cochinada *n. f.* **1** Acción sucia o asquerosa: *deja de hacer cochinadas con la comida.* **SIN** guarrada, guarrería, marranada. **2** Circunstancia o acto que se considera indecoroso o contrario a la moral: *mi vecina dice que no se puede pasear por el parque porque está lleno de parejas haciendo cochinadas.* **SIN** guarrada, guarrería, marranada. **3** Obra o dicho que molesta, causa un daño o está hecho con mala intención: *el que no me avisaras fue una cochinada.* **SIN** cerdada, guarrada, marranada.

cochinilla *n. f.* **1** Crustáceo terrestre de pequeño tamaño y color gris oscuro, propio de lugares húmedos, que cuando se le toca se enrolla sobre sí mismo para protegerse: *al levantar la piedra, vimos uma multitud de cochinillas, que se movían rápidamente.* ☞ crustáceos. **2** Insecto procedente de Méjico que, reducido a polvo, se emplea como tinte rojo para la seda, la lana y otras cosas: *la cochinilla vive sobre la chumbera.*
OBS Para indicar el sexo se usa *la cochinilla macho* y *la cochinilla hembra.*

cochinillo *n. m.* Cría del cerdo que todavía mama: *el cochinillo asado es un plato típico de Castilla.* **SIN** lechón.

cochino, -na *adj./n. m. y f.* **1** [persona] Que no cuida su aseo personal o que produce asco: *esta niña es una cochina comiendo.* **2** [persona] Que muestra tener poca educación o pocos principios morales: *se portó como un cochino al no querer invitarnos.* ◇ *n. m. y f.* **3** Cerdo; especialmente el que se cría para la matanza: *del cochino se hacen los jamones, los chorizos y muchísimos alimentos más.*
DER cochinada, cochinería, cochinilla, cochinillo, cochiquera; cochambre, recochinearse.

cocido *n. m.* Guiso que se hace hirviendo en agua durante largo tiempo garbanzos, hortalizas, carne y tocino: *cocido madrileño; cocido andaluz.*

cociente *n. m.* MAT. Resultado que se obtiene dividiendo una cantidad por otra: *el cociente de dividir seis entre dos es tres.*

cocimiento *n. m.* Líquido que se obtiene hirviendo hierbas o sustancias medicinales: *el curandero preparó un cocimiento para quitar el dolor de estómago.*

cocina *n. f.* **1** Habitación en la que se cocina: *el frigorífico y el lavavajillas están en la cocina.* **2** Aparato que sirve para calentar y cocinar los alimentos: *cocina eléctrica; cocina de gas.* **3** Arte o técnica de elaborar y preparar los alimentos para comerlos: *la cocina española; cocina vegetariana.*

cocinar *v. tr.* Preparar o combinar alimentos para comerlos o servirlos: *cocinar un buen arroz no es fácil.* **SIN** guisar.
DER cocinar, cocinero, cocinilla; precocinado.

cocinero, -ra *n. m. y f.* Persona que prepara o combina alimentos para comerlos o servirlos: *Carlos es un famoso cocinero vasco; Alicia trabaja de cocinera en un restaurante.*

coco *n. m.* **1** Fruto del cocotero, de forma casi redonda con una corteza muy dura, una carne blanca de sabor agradable y un líquido dulce en el interior: *le encantaba comer rodajas de coco.* **2** Cocotero, árbol tropical: *los cocos suelen medir veinte metros de altura.* **3** *coloquial* Cabeza de una persona: *esta chica tiene un coco extraordinario: está sacando unas notas brillantísimas.* **SIN** azotea, calabaza, tarro. **4** Personaje inventado con que se asusta a los niños para que obedezcan: *duérmete, niño, que viene el coco.* **5** BIOL. Bacteria de forma redonda: *el científico estudia los cocos con el microscopio.*
comer el coco *coloquial* Convencer, hacer que una persona obre o piense de una manera determinada: *sus amigos le han comido el coco para que organice una fiesta.*
comerse el coco *coloquial* Preocuparse en exceso: *este chico se come el coco por una tontería.*
parecer (o ser) un coco *coloquial* Ser muy feo: *mi vecina del quinto es un verdadero coco.* Son derivados de *coco*, 'bacteria'.
DER estafilococo, estreptococo, gonococo, neumococo.

cococha *n. f.* Protuberancia carnosa que la merluza y el bacalao tienen a ambos lados de la cabeza, en la parte de abajo: *las cocochas son un alimento muy apreciado.*

cocodrilo *n. m.* Reptil grande, de color marrón oscuro, piel muy dura y con escamas; tiene patas con una membrana entre los dedos para nadar, cola larga y aplanada lateralmente, dientes fuertes y afilados y hocico alargado de lados ondulados. ☞ reptiles.

cocotero *n. m.* Árbol tropical de tronco esbelto y gran altura, cuyo fruto es el coco: *en la isla había palmeras y cocoteros al borde del mar.* **SIN** coco.

cóctel o **coctel** *n. m.* **1** Bebida alcohólica que se obtiene mediante la mezcla de licores con zumos u otras bebidas y que se sirve fría: *el agua de Valencia es un cóctel de naranja y*

coctelera

cava. **SIN** combinado. **2** Reunión de personas con motivo de una celebración en la que se sirven bebidas, canapés y otras cosas: *la presentación del libro irá seguida de un cóctel*; *tras la ceremonia religiosa, los invitados fueron obsequiados con un cóctel seguido de cena*. **3** Comida fría en la que se mezclan varios alimentos: *el cóctel de mariscos lleva gambas y langostinos con lechuga y salsa rosa*.
cóctel molotov Explosivo de fabricación casera, generalmente una botella provista de mecha, que sirve para provocar incendios: *unos desconocidos arrojaron un cóctel molotov durante los disturbios*.
DER coctelera.
OBS La Real Academia Española admite las dos grafías, pero prefiere la forma *cóctel*. ◇ El plural es *cócteles* o *coacteles*, respectivamente.

coctelera *n. f.* Recipiente para mezclar los licores de un cóctel: *mezcle un tercio de tequila con dos tercios de limón, añada sal y agite bien la coctelera*.

coda *n. f.* **1** MÚS. Adición al período final de una pieza: *el músico añadió una coda a su sinfonía*. **2** Repetición final de una pieza bailable.

codazo *n. m.* Golpe dado con el codo: *me dio un codazo para indicarme que estaba metiendo la pata*.

codearse *v. prnl.* Tratarse de igual a igual una persona con otra o con un grupo social: *se codea con lo mejorcito del mundo cinematográfico*.

codeína *n. f.* Sustancia extraída del opio que se usa en medicina para calmar el dolor y la tos: *un jarabe que contiene codeína*.

codera *n. f.* **1** Pieza que como adorno o remiendo cubre el codo en las prendas de vestir: *me he comprado una chaqueta con coderas de ante*. **2** Deformación o desgaste en las prendas de vestir por la parte del codo: *el jersey está tan viejo que le han salido coderas*. **3** Protección de los codos usada en determinados deportes: *los jugadores de fútbol americano llevan coderas y rodilleras para no hacerse daño*.

códice *n. m.* Libro manuscrito anterior a la invención de la imprenta, especialmente aquel cuyo contenido tiene importancia histórica o literaria: *en la Biblioteca Nacional de Madrid se conservan valiosos códices*.
ETIM Véase *código*.

codicia *n. f.* Deseo excesivo de dinero, poder o riquezas: *la codicia no le dejaba ser feliz*.
DER codiciar, codicioso.

codiciar *v. tr.* Desear con exceso dinero, poder o riquezas: *el avaro codiciaba las riquezas de sus vecinos*; *siempre ha codiciado el puesto de presidente*.
OBS En su conjugación, la *i* no se acentúa, como en *cambiar*.

codicilo *n. m.* DER. Documento por el que se modifica una disposición testamentaria.
ETIM Véase *código*.

codicioso, -sa *adj./n. m. y f.* [persona] Que tiene codicia o desea con exceso dinero, poder o riquezas: *es un hombre codicioso que sólo piensa en la forma de aumentar su fortuna*.

codificación *n. f.* Representación de un mensaje mediante un código de palabras, letras o signos: *el hablante realiza la codificación del mensaje a partir de los signos y las reglas que forman el código de su lengua*.

codificar *v. tr.* **1** Representar un mensaje mediante un código de palabras, letras o signos: *el hablante, antes de emitir el mensaje, codifica la idea que quiere expresar según el sistema de signos que forman su lengua*. **ANT** descodificar. **2** Reunir leyes o normas en un código: *tras la independencia del país, los juristas codificaron las leyes*.
DER codificación; descodificar.
OBS En su conjugación, la *c* se convierte en *qu* delante de *e*.

código *n. m.* **1** Conjunto ordenado de leyes. **código civil** DER. Código que recoge las leyes que afectan a las personas, bienes, modos de propiedad, obligaciones y contratos: *el Código Civil español ha sido reformado en repetidas ocasiones*. **código de la circulación** Código que recoge las leyes por las que se regula el tráfico de vehículos y personas a pie en las vías públicas: *la velocidad máxima en ciudad es de cincuenta kilómetros por hora, según el Código de la Circulación*. **código penal** DER. Código que recoge la leyes que afectan a las faltas y los delitos: *el gobierno ha anunciado recientemente una reforma del Código Penal*. **2** Sistema de símbolos y reglas que permite componer y comprender un mensaje: *la lengua es un código complicado*; *código morse*. ☞ comunicación. **3** Combinación de letras o de números que identifican un producto o a una persona, permiten realizar determinadas operaciones o manejar algunos aparatos: *los ordenadores funcionan con el código ASCII*; *las tarjetas banca-*

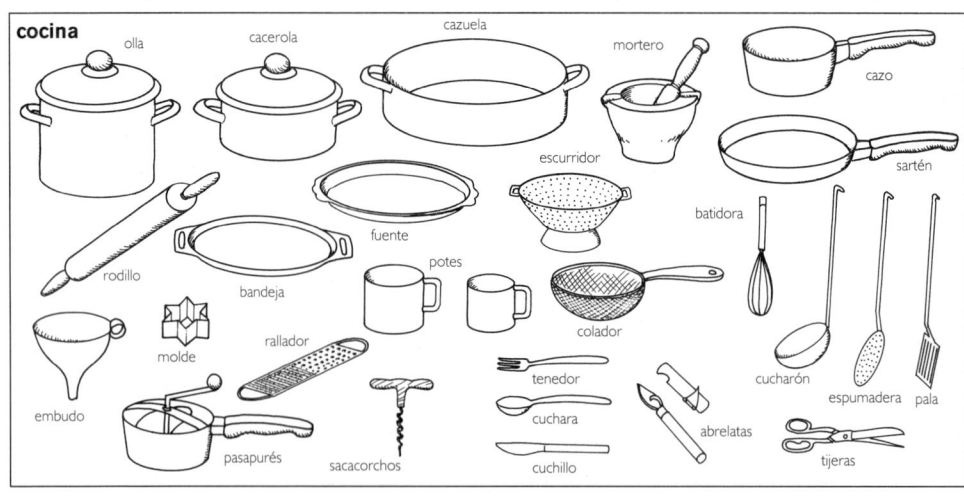

cocina

rias tienen un código personal secreto. **código de barras** Combinación de líneas y números que se imprime en las envolturas de los productos de consumo: *el código de barras contiene la fecha de envasado, el número de lote, la procedencia y otros datos.* ☞ *signos y señales.* **código postal** Combinación de números que se asigna a una población y a las distintas zonas dentro de ella para hacer más fácil la clasificación y la entrega del correo: *el código postal de la provincia de Madrid comienza por 28.* **4** Conjunto de normas y reglas: *el honor y la valentía forman parte del código militar.*
ETIM *Código procede del latín* codex, -icis, *'libro', voz con la que también están relacionadas* códice, codicilo.

codillo *n. m.* Parte superior de las patas delanteras en los animales de cuatro patas, y especialmente en el cerdo; comprende desde el pecho hasta la rodilla: *el codillo de cerdo se cuece con tocino y se sirve con verduras y puré de patatas.*
DER acodillar.

codo *n. m.* **1** Parte media del brazo en la que se halla la articulación que une el cúbito y el radio con el húmero, y permite doblar el brazo: *me dio un golpe con el codo; tenía los codos apoyados sobre la mesa.* ☞ *cuerpo humano.* **2** Parte de una prenda de vestir que cubre esta parte: *se ha roto los codos de tanto estudiar.* **3** Trozo de tubo, doblado en ángulo o en arco, que sirve para variar la dirección de una tubería: *el fontanero dijo que había un atasco en el codo de la cañería.* **4** Articulación que une la parte alta de la pata con el pecho en los animales de cuatro patas.
DER coda, codazo, codear, codera, codillo; acodar, recodo.

codorniz *n. f.* Ave de la familia de la gallina, con la cabeza, la espalda y las alas de color marrón y la parte inferior entre gris y amarilla: *la codorniz es muy apreciada como pieza de caza.*
OBS Para indicar el sexo se usa *la codorniz macho* y *la codorniz hembra.*

coeducación *n. f.* Educación de niños y niñas juntos en un mismo colegio: *el gobierno ha impuesto la coeducación en los colegios concertados.*

coeficiente *n. m.* **1** MAT. Número que se escribe a la izquierda de una expresión matemática y que indica el número por el que debe multiplicarse: *en la expresión 8x, 8 es el coeficiente.* **2** FÍS. Número que expresa el valor de una propiedad o un cambio en relación a las condiciones en que se produce: *el coeficiente de dilatación de los cuerpos es la relación que existe entre la longitud o el volumen de un cuerpo y la temperatura.*
coeficiente intelectual Relación entre la edad mental de una persona y su edad real.

coercitivo, -va *adj.* Que usa la fuerza para reprimir o sujetar: *el gobierno confía en los poderes coercitivos del ejército y la policía para imponer la ley y el orden.*

coetáneo, -a *adj./n. m. y f.* Que existió al mismo tiempo que otra persona o cosa, que pertenece a la misma época que ella: *Brahms y Schumann fueron músicos coetáneos: ambos vivieron en el siglo XIX.* **SIN** contemporáneo.
ETIM Véase *edad.*

coexistencia *n. f.* Existencia de una persona o cosa al mismo tiempo que otra u otras: *después de la guerra, los dos países gozaron de un período de pacífica coexistencia.*

coexistir *v. intr.* Existir una persona o cosa al mismo tiempo que otra u otras: *es una ciudad en la que áreas de extrema pobreza coexisten con otras de gran riqueza.*
DER coexistencia.

cofia *n. f.* Prenda de vestir, generalmente de color blanco, que se lleva en la cabeza como complemento de un uniforme femenino: *las niñeras y las camareras solían llevar cofia.*

cofrade *n. com.* Persona que pertenece a una cofradía: *los cofrades organizan los pasos de la Semana Santa.*
DER cofradía.

cofradía *n. f.* **1** Asociación autorizada que algunas personas religiosas forman con fines piadosos: *todas las cofradías de la ciudad salen en procesión en Semana Santa.* **SIN** hermandad. **2** Asociación de personas con unos mismos intereses, especialmente si éstos son profesionales o altruistas: *la cofradía de pescadores de Málaga se encarga de la defensa de los intereses de estos trabajadores.* **SIN** hermandad.
DER archicofradía.

cofre *n. m.* **1** Caja pequeña y resistente de metal o madera, con tapa y cerradura, que se usa para guardar objetos de valor: *la princesa guardaba sus joyas en un cofrecito forrado en piel.* **SIN** arca. **2** Caja grande rectangular, con una tapa arqueada que gira sobre bisagras: *los piratas enterraron el cofre del tesoro en una isla desierta.* **SIN** baúl.
DER encofrar.

cogedor *n. m.* Utensilio consistente en una plancha de plástico o material semejante y con mango que sirve para recoger la basura que se barre en los domicilios: *después de barrer echó la tierra en el basurero con ayuda de un cogedor.*
SIN recogedor.

coger *v. tr.* **1** Tomar o sujetar, generalmente con la mano o con un objeto que se usa como la mano: *me dijo que cogiese una galleta; hay que cogerlo con una pinza.* **SIN** agarrar. **2** Aceptar lo que se ofrece: *no pueden coger propina; coge este libro, te lo regalo.* **3** Recibir en sí alguna cosa: *tu cabello no ha cogido bien el tinte.* **4** Ocupar cierto espacio por completo: *la alfombra coge toda la habitación.* **5** Hallar, encontrar: *procura cogerle de buen humor.* **6** Sorprender o hallar desprevenido: *le cogieron robando; me cogió de sorpresa.* **SIN** pescar, pillar. **coger con las manos en la masa** Sorprender o descubrir a una persona en una acción que quiere ocultar: *entraron en un banco para robarlo y los cogieron con las manos en la masa.* **7** Captar una emisión de radio o televisión: *en mi tele no se coge esa cadena.* **8** Ocupar, reservar: *si llegas antes que yo a clase, cógeme sitio.* **9** Capturar, apresar: *no han cogido aún a los ladrones.* **10** Adquirir, obtener; *coger seguridad; coger fuerzas; coger una costumbre.* **11** Usar un medio de transporte: *ha cogido el vuelo de las 10.30 a Madrid; si no me levanto pronto, no me da tiempo a coger el tren.* **12** Tomar algo de otra persona, especialmente sin permiso: *¿quién ha cogido mi libro?; toma tu bolígrafo, lo cogí por error.* **13** Entender, comprender el significado de algo: *no he cogido el chiste.* **14** Escribir lo que otra persona dice: *falté a clase y no pude coger apuntes.* **15** Contraer una enfermedad: *he cogido la gripe.* **16** Herir o enganchar el toro a una persona con los cuernos: *lo ha cogido el toro.* ◇ *v. intr.* **17** Hallarse o estar situado: *te llevo a tu casa, me coge de camino.* **18** *coloquial* Caber: *esta alfombra no coge aquí.*
cogerla con Tomar manía a una persona o cosa: *la ha cogido con la televisión; siempre la coge con el más débil.*
coger y Expresión que se usa para indicar que la acción del verbo que va detrás ocurre de pronto o no se espera: *cuando se enfada, coge y se va sin despedirse.* **SIN** agarrar, ir.
DER cogida, cogido; acoger, encoger, escoger, recoger, sobrecoger.

cogida *n. f.* Herida o daño que produce el toro a una persona cuando la engancha con los cuernos: *el diestro sufrió una grave cogida en la plaza de la Maestranza.*

cognición *n. f.* culto Capacidad del ser humano para comprender por medio de la razón la naturaleza, las cualidades y las relaciones de las cosas: *está escribiendo un libro sobre el*

cognitivo

aprendizaje humano, la memoria y la cognición. **SIN** conocimiento.
DER cognitivo, cognoscible, cognoscitivo; incógnito.
ETIM Véase *conocer*.

cognitivo, -va *adj. culto* De la cognición o que tiene relación con esta capacidad del ser humano: *en el accidente se han dañado varias de sus habilidades cognitivas*.

cognoscitivo, -va *adj. culto* Que es capaz de conocer una realidad por medio de la razón: *ha desarrollado toda su potencia cognoscitiva*.

cogollo *n. m.* **1** Parte interior y más apretada de la lechuga, la berza y otras hortalizas. **2** Brote o punta blanda de los árboles y otras plantas: *a finales del invierno ya se ven los primeros cogollos en los árboles*. **3** Centro o núcleo de una cosa: *me he comprado una casa en el cogollo de la ciudad*.

cogorza *n. f. coloquial* Borrachera, trastorno temporal de las capacidades físicas y mentales a causa del consumo excesivo de alcohol: *se ha cogido una buena cogorza*.

cogote *n. m.* Parte superior y posterior del cuello: *le acariciaba el cogote para que se durmiera*.
estar hasta el cogote Estar cansado y harto: *estoy hasta el cogote de sus exigencias*.
DER acogotar.

cogujada *n. f.* Pájaro parecido a la alondra, de color marrón, que tiene una cresta larga y empinada en la parte superior de la cabeza: *la cogujada anida comúnmente en los sembrados*.
OBS Para indicar el sexo se usa *la cogujada macho* y *la cogujada hembra*.

cohabitar *v. intr.* **1** Vivir juntas dos o más personas: *es un piso muy pequeño en el que cohabitan diez personas*. **2** Vivir juntos un hombre y una mujer como si estuvieran casados entre sí: *Jesús y Mercedes han cohabitado durante muchos años antes de casarse*.

cohechar *v. tr.* DER. Sobornar a un juez o funcionario público para que, contra la justicia o el derecho, haga lo que se le pide: *se sospecha que cohecharon a un funcionario de Hacienda*.

cohecho *n. m.* Soborno a un juez o funcionario público para obtener de él un favor: *el ministro ha sido acusado de un delito de cohecho*.
DER cohechar.

coherencia *n. f.* **1** Unión y relación adecuada de todas las partes que forman un todo: *no había coherencia entre la primera y la segunda parte de la película*. **SIN** consistencia. **ANT** incoherencia. **2** Correspondencia lógica entre las ideas de una persona y su comportamiento. **SIN** consecuencia.
DER coherente, cohesión; incoherencia.

coherente *adj.* **1** Que tiene unión y relación adecuada entre todas sus partes: *la estructura de un buen discurso ha de ser coherente*. **SIN** acorde, consistente. **ANT** incoherente. **2** Que mantiene una correspondencia lógica entre las ideas y el comportamiento. **SIN** consecuente.

cohesión *n. f.* **1** Unión estrecha entre personas o cosas: *los enfrentamientos internos hicieron desaparecer la cohesión del partido político*. **2** FÍS. Unión estrecha de las partículas de un cuerpo a causa de las fuerzas de atracción molecular: *la cohesión hace que los cuerpos mantengan su estructura*.
SIN consistencia.
DER cohesivo.

cohesivo, -va *adj.* Que produce una unión estrecha entre personas o cosas: *fuerzas cohesivas*.

cohete *n. m.* **1** Tubo de papel o cartón lleno de pólvora adherido al extremo de una varilla que se lanza al aire prendiéndolo por la parte inferior; cuando alcanza su mayor altura explota produciendo un ruido muy fuerte: *en las fiestas populares se lanzan muchos cohetes*. **SIN** petardo, volador. **2** Proyectil cargado con material explosivo o de exploración que vuela por propulsión a chorro y se utiliza como arma de guerra o para investigación. **SIN** misil. **3** Artificio propulsor de una nave espacial que permite a ésta salir fuera de la atmósfera de la Tierra. **4** Nave espacial que es propulsada por este artificio: *el primer cohete europeo, el Ariadna, fue lanzado desde la Guayana francesa*. **SIN** astronave, cosmonave.
DER lanzacohetes.

cohibir *v. tr./prnl.* Impedir que una persona se comporte libremente o con naturalidad: *los desconocidos normalmente cohíben a los niños*.
DER cohibido.
OBS En su conjugación, la *i* se acentúa en algunos tiempos y personas, como en *prohibir*.

cohorte *n. f.* Conjunto de personas que acompañan o siguen a otra: *siempre va rodeado de una cohorte de admiradores*.

coincidencia *n. f.* **1** Presencia simultánea en el tiempo o en el espacio de dos o más personas, hechos o cosas: *la Dirección General de Tráfico ya ha previsto la coincidencia de este fin de semana con la salida de todos los veraneantes*. **2** Ocasión en la que dos o más cosas suceden de manera casual al mismo tiempo: *¡te has cortado el pelo igual que yo! ¡Qué coincidencia!* **3** Igualdad entre dos o más ideas, opiniones o sentimientos: *la coincidencia de los votantes ha sido unánime*.

coincidente *adj.* [idea, opinión] Que concuerda o es igual que el de otra persona: *nuestros puntos de vista son coincidentes en muchos aspectos*. **ANT** diferente.

coincidir *v. intr.* **1** Ocurrir dos o más cosas en el mismo momento: *la fecha de la boda coincidía con la de su cumpleaños*. **2** Ajustarse una cosa con otra: *esta pieza no es de aquí: no coincide bien*. **3** Encontrarse dos personas casualmente en un mismo lugar: *concidieron en el bar de la esquina*. **4** Estar de acuerdo dos o más personas en una idea u opinión: *mi manera de pensar coincide con la suya en casi todo*.
DER coincidencia, coincidente.

coiné *n. f.* **1** Lengua adoptada por los griegos tras la muerte de Alejandro Magno y que dio lugar al griego clásico: *la coiné griega se formó a partir de los dialectos griegos*. **2** Lengua común que se establece unificando los rasgos de diversas lenguas o dialectos: *el esperanto, formado a partir de las lenguas románicas y del inglés, se creó para que funcionara como coiné universal*.
OBS También puede escribirse *koiné*.

coito *n. m.* Acto sexual, introducción del pene en la vagina.

cojear *v. intr.* **1** Andar inclinando el cuerpo a un lado más que a otro por no poder pisar igual con ambos pies: *desde que tuvo el accidente, Manolo cojea un poco*. **SIN** renquear. **2** Moverse una mesa u otro mueble por tener una pata más larga o más corta que las otras o porque el suelo no es uniforme: *no te sientes en esa silla porque cojea mucho*.

cojera *n. f.* Defecto físico que impide andar con regularidad: *el anciano usaba un bastón para aliviar su cojera*.

cojín *n. m.* Almohadón de algodón o lana que sirve para sentarse o apoyar cómodamente una parte del cuerpo: *cuando me siento en el sofá, necesito un cojín para que no me duelan los riñones*.
DER cojinete.

cojinete *n. m.* Pieza o conjunto de piezas en que se apoya y gira un eje de una máquina: *noto un ruido extraño: creo que* está roto el cojinete de la rueda derecha del coche. SIN rodamiento.

cojo, -ja adj./n. m. y f. **1** [ser vivo] Que no anda normalmente porque le falta un pie o una pierna o porque tiene algún defecto que le impide andar con regularidad: *el accidente lo ha dejado cojo; encontramos un perrito cojo y lo llevamos a casa.* ◇ adj. **2** [mueble] Que se balancea por tener una pata más corta o más larga que las otras: *la mesa está coja; mira a ver si la puedes calzar con algo.* **3** [idea] Que está incompleto o mal fundado: *un razonamiento cojo, un discurso cojo.*
DER cojear, cojera, cojitranco.

cojón n. m. **1** Órgano sexual masculino, de forma redondeada, en cuyo interior se encuentran las células sexuales. SIN huevo, testículo. ◇ n. m. pl. **2 cojones** malsonante Valor o atrevimiento para hacer algo: *no tienes cojones para decirle eso a la cara.*
DER cojonudo; acojonar, descojonar.

cojonudo, -da adj. malsonante Que es muy bueno, que destaca por sus buenas cualidades: *tu amigo es un tío cojonudo; he hecho un examen de matemáticas cojonudo.* SIN excelente.

col n. f. Hortaliza comestible de hojas verdes muy anchas y arrugadas y tan unidas y apretadas entre sí que forman una especie de pelota: *me gusta la col en el cocido.* SIN berza, repollo.
col de Bruselas Hortaliza parecida a una col, pero de pequeño tamaño: *las coles de Bruselas se comen cocidas como acompañamiento.*
DER coliflor.

cola n. f. **1** Prolongación de la columna vertebral que forma una extremidad en la parte posterior del cuerpo de algunos animales: *el perro movió la cola al reconocer a su dueño.* **2** Conjunto de plumas fuertes y más o menos largas que tienen las aves en el extremo posterior de su cuerpo: *la cola de ese pájaro tiene muchos colores.* **3** Extremo o prolongación posterior de una cosa: *la cola del cometa; dos niñas llevaban la cola del vestido de la novia.* **4** Parte posterior o última que está en el lugar opuesto a la parte delantera o al comienzo: *en la cola de la carrera va el corredor español; me senté en la cola del tren.* **5** Fila de personas o vehículos que guardan turno: *estuve en la cola más de dos horas; había colas de doscientos metros.* **6** coloquial Pene, miembro viril. **7** Pasta fuerte y viscosa que sirve para pegar: *el carpintero pegó con cola las patas de la silla.* **8** Sustancia extraída de las semillas de un árbol tropical que se suele usar para hacer bebidas con gas: *la cola contiene cafeína.* **9** Refresco de color marrón, dulce y con gas, hecho con las sustancias de estas semillas: *la Coca cola y la Pepsi son colas.*
cola de caballo Peinado que se hace recogiendo el pelo y sujetándolo en la parte alta de la nuca de manera que se parece a la cola de un caballo: *cada mañana se peinaba y se hacía una cola de caballo.*
no pegar ni con cola coloquial No ser adecuado o conveniente en relación con algo: *le dije que ese cuadro no pegaba ahí ni con cola.*
traer cola Tener consecuencias graves una cosa: *el asunto de la corrupción va a traer cola.* Son derivados de *cola* 'de pegar'.
DER colágeno, coloide; encolar.

-cola Elemento sufijal que entra en la formación de palabras con el significado de: *a)* 'Que cultiva o cría': *agrícola, apícola.* *b)* 'Que vive o tiene su hábitat': *arborícola, cavernícola.*
OBS El sustantivo que designa el tipo de cultivo o cría se forma mediante el sufijal *-cultura*: *agricultura, apicultura.* La persona que realiza esta función se designa mediante el sufijal *-cultor*, aunque algunas veces también cumple esta función *-cola.*

colaboración n. f. **1** Realización de una tarea común entre varias personas: *los dos escritores han trabajado en estrecha colaboración en la realización del guión.* **2** Ayuda para el logro de algún fin: *la colaboración de los medios de comunicación en la campaña contra el tabaco resulta fundamental.* SIN contribución. **3** Texto o artículo que escribe un colaborador para un periódico o revista: *un escritor muy famoso va a hacer colaboraciones para la revista.*
DER colaboracionismo.

colaboracionismo n. m. Actitud de la persona que apoya voluntariamente a las fuerzas enemigas que han ocupado su país: *al acabar la segunda guerra mundial, algunos franceses fueron acusados de colaboracionismo con el invasor alemán.*
DER colaboracionista.

colaboracionista adj. **1** Del colaboracionismo o relacionado con esta actitud: *se trata de un gobierno colaboracionista.* ◇ adj./n. com. **2** [persona] Que apoya voluntariamente a las fuerzas enemigas que han ocupado su país: *los colaboracionistas franceses ayudaron al ejército invasor.*

colaborador, -ra n. m. y f. **1** Persona que trabaja con otras en la realización de una tarea común: *el premio de investigación ha recaído en este médico y su equipo de colaboradores.* **2** Persona que escribe habitualmente en un periódico o revista o en un equipo de redacción sin formar parte de su plantilla fija: *la redacción del diccionario la ha realizado un equipo de colaboradores.*

colaborar v. intr. **1** Trabajar con otras personas en una tarea común: *dos escritores han colaborado en el guión de la película.* **2** Participar en el desarrollo de un proceso con un fin determinado: *el enfermo no siempre colabora con el médico.* SIN contribuir. **3** Dar una cantidad de dinero o medicinas, alimentos, ropas u otros objetos a una persona o grupo para ayudar a cubrir las necesidades de otras personas: *la señora colaboró con diez mil pesetas a la campaña de la Cruz Roja.* SIN colaborar. **4** Escribir en un periódico sin ser redactor fijo: *importantes escritores colaboran en este periódico.*
DER colaboración, colaborador.

colación n. f. Comida ligera: *tras una breve colación continuaron trabajando.*
sacar a colación coloquial Mencionar a una persona o cosa, hablar de ellas: *aprovechando que hablaban de dinero, saqué a colación el tema de nuestros sueldos.*
DER colacionar.

colada n. f. **1** Lavado de la ropa sucia de una casa: *hacer la colada.* **2** Ropa lavada: *voy a tender la colada.* **3** Masa de lava incandescente que se desplaza desde el cráter de un volcán por la zona de mayor pendiente hasta que se solidifica. **4** Operación que se realiza en un alto horno para dar salida a un chorro de metal. **5** En algunos deportes, como el fútbol, acción individual de un jugador que penetra en el campo contrario rápidamente: *el primer gol vino por una colada del extremo.*

coladero n. m. **1** coloquial Lugar por el que es fácil entrar o introducirse sin permiso: *la entrada lateral del campo de fútbol era un coladero porque no había vigilantes.* **2** Entre estudiantes, centro de enseñanza o examen en los que se aprueba fácilmente: *como el anterior examen fue un coladero y aprobó casi todo el mundo, el próximo será más difícil.*

colador n. m. Utensilio de cocina formado por una red muy fina y un mango que sirve para colar un líquido: *para*

coladura *n. f.* **1** Acción de decir o hacer algo equivocado, inconveniente o inoportuno: *fue una coladura fumar en su casa si él es asmático*. **SIN** metedura de pata. **2** Materia o desecho que queda tras colar un líquido: *tira la coladura del té*.

colage *n. m.* **1** Técnica usada en pintura que consiste en pegar sobre una tela o tabla distintos materiales, como papel, tela o fotografías: *los pintores cubistas recurrieron bastante al colage*. **2** Obra artística en la que se ha aplicado esta técnica: *los niños han hecho un colage con trozos de papel y cartón*.

colágeno, -na *adj.* **1** Del colágeno o que tiene relación con esta sustancia. ◇ *n. m.* **2** Sustancia que se encuentra en el tejido conjuntivo, en los huesos y los cartílagos, y que por el calor se convierte en gelatina.

colapsar *v. tr./prnl.* Paralizar el funcionamiento normal de una persona o cosa: *las guerras colapsan la economía; las autopistas se han colapsado a causa de la afluencia masiva de coches*.

colapso *n. m.* **1** Paralización o disminución importante de una actividad: *los domingos por la noche la circulación de vehículos sufre un colapso a la entrada de las grandes ciudades*. Destrucción o ruina de un sistema: *la caída de los valores de la bolsa provocó el colapso de la economía*. **2** MED. Fallo de las funciones del corazón debido a la falta de impulso nervioso: *el paciente sufrió un colapso y tuvieron que reanimarlo con descargas eléctricas*.
DER colapsar.

colar *v. tr.* **1** Pasar un líquido por un colador para separar las partículas sólidas que contiene: *cuela la leche para quitarle la nata*. ◇ *v. tr./prnl.* **2** Pasar por un lugar estrecho: *colé la mano por el agujero y abrí la ventana desde dentro; la moneda se coló dentro de la máquina*. ◇ *v. intr.* **3** *coloquial* Hacer creer algo con engaño: *me parece que tus mentiras no han colado esta vez*. ◇ *v. prnl.* **4 colarse** *coloquial* Introducirse en un lugar a escondidas o sin permiso: *un señor intentó colarse en el autobús, pero los primeros de la fila se lo impidieron*. **5** *coloquial* Equivocarse, decir inconveniencias: *te has colado, no debías decirle lo de la fiesta sorpresa*. **6** *coloquial* Estar muy enamorado: *María se coló por él en cuanto lo vio*.
DER colada, coladero, colado, colador, coladura.
OBS En su conjugación, la *o* se convierte en *ue* en sílaba acentuada, como en *contar*.

colateral *adj.* **1** Que está situado a uno y otro lado de un elemento principal: *esta basílica tiene una nave central y dos colaterales*. ◇ *adj./n. com.* **2** [familiar] Que comparte con otra persona un antepasado o ascendiente común, pero no por vía directa de padres a hijos: *los hermanos son parientes directos, mientras que los primos son parientes colaterales*.

colcha *n. f.* Pieza grande de tela que cubre la cama y sirve de adorno y de abrigo: *la cama tiene una colcha de cuadros azules y blancos*. **SIN** cobertor, cubrecama. ☞ cama.
DER colchón; acolchar.

colchón *n. m.* Parte de la cama que consiste en una especie de saco de tela fuerte con forma rectangular y relleno de lana o algodón o provisto de muelles; se pone sobre la cama para dormir en él: *la cama era grande, con un colchón alto y muy blando, relleno de pluma*. **colchón de agua** Colchón que está lleno de agua: *mi hermano duerme en un colchón de agua*. **colchón de aire** Colchón que está hinchado con aire: *los colchones de aire son útiles en las tiendas de campaña*.
colchón de aire Capa de aire a presión que se interpone entre dos superficies para evitar su contacto o amortiguar el rozamiento: *el aerodeslizador se desplaza sobre un colchón de aire*.
DER colchonería, colchoneta.

colchonería *n. f.* Establecimiento en el que se hacen o venden colchones, almohadas, cojines y otros objetos semejantes: *hemos comprado en la colchonería un colchón y un somier a muy buen precio*.

colchoneta *n. f.* **1** Colchón delgado y estrecho que se usa para dormir o para realizar ejercicios gimnásticos: *en el gimnasio hacemos los ejercicios de suelo sobre colchonetas*. ☞ gimnasio. **2** Colchón de tela impermeable lleno de aire: *está prohibido meterse en la piscina con colchonetas; en el camping dormíamos sobre colchonetas*. **3** Cojín delgado y estrecho, relleno de esponja, que se coloca sobre las sillas, los sofás, los bancos y otros muebles para sentarse: *este sofá tiene la colchoneta muy vieja, habrá que cambiarla*.

colear *v. intr.* **1** Mover con frecuencia la cola un animal: *los peces que acabamos de pescar todavía colean un poco*. **2** Durar o mantenerse un asunto o sus consecuencias: *el escándalo todavía colea*.

colección *n. f.* **1** Conjunto de cosas de la misma clase reunidas y clasificadas: *una colección de obras de arte, de sellos antiguos, de cromos*. **2** Conjunto de modelos creados por un diseñador de moda para cada temporada: *Chanel ha presentado en París su colección de primavera-verano*. **3** Gran número de cosas: *por su boca salía una colección de mentiras y disparates*.
DER coleccionar, coleccionismo, colecta, colectivo; recolección.

coleccionar *v. tr.* Reunir y clasificar un conjunto de cosas de la misma clase por pasatiempo o gusto: *mi padre colecciona sellos antiguos*.

coleccionismo *n. m.* Afición a coleccionar objetos y técnica que se usa para clasificarlos: *el coleccionismo de obras de arte es un pasatiempo muy caro*.
DER coleccionista.

coleccionista *n. com.* Persona que colecciona objetos: *en la subasta de la galería de arte había coleccionistas muy importantes*.

colecta *n. f.* Recaudación de donativos para ayudar a personas necesitadas: *a menudo se hacen colectas para la Cruz Roja o para los países del Tercer Mundo*.
DER colectar; colector.

colectividad *n. f.* Conjunto de personas que tienen entre sí algún tipo de relación o que se hallan reunidas o concertadas para un fin: *el nuevo plan de carreteras se concibe como un servicio a la colectividad*. **SIN** comunidad.

colectivismo *n. m.* Sistema político y económico que defiende la transferencia de los medios de producción, como la tierra, las fábricas y las fuentes de energía, a la colectividad bajo el control del estado, que se encarga de la distribución de la riqueza: *el colectivismo es contrario a que exista la propiedad privada*.
DER colectivista.

colectivista *adj.* Del colectivismo o relacionado con este sistema político y económico: *en el sistema colectivista los medios de producción están en manos del estado*.

colectivización *n. f.* Transformación de lo particular o privado en colectivo: *colectivización de una explotación agrícola, colectivización de un latifundio*.

colectivizar *v. tr.* Transformar en colectivo lo que era particular o privado: *la economía de la comarca podría cambiar si se colectivizaran las tierras cultivables*.

colgar

DER colectivización.

OBS En su conjugación, la *z* se convierte en *c* delante de *e*.

colectivo, -va *adj.* **1** Que pertenece a un grupo de personas o es compartido por cada uno de sus miembros: *una decisión colectiva, una opinión colectiva, un esfuerzo colectivo.* ◇ *n. m.* **2 colectivo** Grupo de personas unidas por motivos laborales o profesionales: *el colectivo de funcionarios, el colectivo de abogados.*
DER colectividad, colectivismo, colectivizar.

colector *n. m.* Conducto subterráneo al que van a parar el agua sucia y los residuos de otros conductos: *las alcantarillas de la ciudad se comunican con un colector que lleva el agua al río.*

colega *n. com.* **1** Persona que tiene la misma profesión que otra: *el médico saludó a sus colegas del hospital.* **2** *coloquial* Amigo, compañero: *mañana veré a mis colegas de la antigua pandilla.*
OBS Se usa como apelativo afectivo: *¡qué tal, colega!*

colegiado, -da *adj./n. m. y f.* **1** [persona] Que pertenece a un colegio profesional o asociación semejante, en especial si tiene reconocimiento oficial: *las recetas han sido firmadas por un médico colegiado.* ◇ *n. m. y f.* **2** Árbitro, miembro de un colegio reconocido oficialmente que hace cumplir unas reglas o unas normas, especialmente en una competición deportiva: *el colegiado señaló un penalti y expulsó a un jugador.* **SIN** juez.

colegial, -la *adj.* **1** Del colegio o que tiene relación con este centro de enseñanza: *la vida colegial está llena de actividades.* ◇ *n. m. y f.* **2** Alumno que asiste a un colegio: *la niña llevaba un uniforme de colegiala y una cartera.* ◇ *adj./n. m. y f.* **3** [persona] Que es tímido y carece de experiencia: *a los veintitrés años todavía era un colegial: se sonrojaba fácilmente.*

colegiarse *v. prnl.* Reunirse en colegio los individuos de una misma profesión, o afiliarse a él: *se tuvo que colegiar para poder ejercer como abogado.*
DER colegiación, colegiado.
OBS En su conjugación, la *i* no se acentúa, como en *cambiar*.

colegiata *n. f.* Iglesia importante dirigida por un abad o abadesa: *los turistas visitan la colegiata de San Isidoro en León.*

colegio *n. m.* **1** Centro de enseñanza donde se imparte educación primaria: *en los colegios hay clases, patios y una biblioteca.* **2** *coloquial* Clase: *el viernes no hay colegio porque hacemos puente.* **3** Asociación formada por personas con una misma profesión: *colegio de médicos, colegio de abogados, colegio de arquitectos.* **4** Lugar donde se reúnen estas personas: *la nueva sede del colegio de arquitectos está situada en la calle Mayor.*
colegio electoral *a)* Conjunto de personas con derecho a voto comprendidas legalmente en un mismo grupo para ejercer su derecho: *en una ciudad importante suele haber varios colegios electorales.* *b)* Lugar donde las personas de una misma zona van a votar: *el día de las elecciones, todo el mundo va a votar a su colegio electoral.*
colegio mayor Residencia de estudiantes universitarios donde se complementan estudios.
DER colega, colegial, colegiarse, colegiata.

colegir *v. tr.* Sacar una conclusión por medio de un razonamiento a partir de una situación anterior o de un principio general: *por lo que he podido colegir, no estás a gusto entre nosotras.* **SIN** deducir, inferir.
OBS En su conjugación, la *e* se convierte en *i* en algunos tiempos y personas y la *g* en *j* delante de *a* y *o*, como en *elegir*.

coleóptero *adj./n. m.* **1** [insecto] Que pertenece al orden de los coleópteros: *el escarabajo es un insecto coleóptero.* ◇ *n. m. pl.* **2 coleópteros** Orden de insectos que tienen la boca preparada para masticar y un par de alas duras que protegen a las otras, que están plegadas y sirven para volar: *los coleópteros constituyen el grupo de seres vivos más extenso.*

cólera *n. f.* **1** Enfado muy grande y violento: *su rostro enrojeció de cólera.* ◇ *n. m.* **2** Enfermedad infecciosa, aguda y muy grave, que produce vómitos y diarrea y que se contagia a través de las aguas contaminadas: *las autoridades han negado que haya una epidemia de cólera.*
DER colérico; encolerizar.

colérico, -ca *adj.* **1** De la cólera o que tiene relación con este estado de ánimo: *me dirigió una mirada colérica.* **2** [persona] Que se deja llevar por la cólera: *era un hombre colérico, que perdía rápidamente la paciencia.*

colesterol *n. m.* Sustancia grasa que se encuentra en el cuerpo y que, producida en exceso, causa el endurecimiento de las arterias: *el médico lo ha puesto a régimen porque tiene muy alta la tasa de colesterol.*

coleta *n. f.* **1** Peinado que se hace recogiendo el pelo y sujetándolo con un lazo o goma: *peinaron a la niña con dos coletas.* **2** Postizo en forma de cola que llevan los toreros prendido en el pelo más arriba del cogote.
cortarse la coleta Dejar una costumbre o un oficio; especialmente, retirarse un torero: *Curro Romero jamás se cortará la coleta.*
DER coletazo, coletilla.

coletazo *n. m.* **1** Golpe dado con la cola: *la vaca daba coletazos para espantar las moscas.* **2** Movimiento violento que hacen con la cola los peces a punto de morir: *el pescador dejó los peces dando coletazos en la cesta.* **3** Última manifestación de una actividad que está a punto de desaparecer: *el circo está dando sus últimos coletazos.*

coletilla *n. f.* Añadido que se hace a lo que se dice o escribe para subsanar un olvido o hacer hincapié en algo ya dicho.

coleto *n. m.* Interior de una persona, especialmente sus pensamientos o sus sentimientos: *pensé para mi coleto: haré lo que yo quiera.* **SIN** adentros.

colgado, -da *adj.* **1** *coloquial* [persona] Que está frustrado porque no se ha cumplido lo que esperaba o deseaba: *no pude ir a la cita, así que la dejé colgada.* **2** *coloquial* ◇ *adj./n. m. y f.* [persona] Que está bajo los efectos de una droga o que es adicto a ella.

colgador *n. m.* Utensilio en forma de gancho que sirve para colgar la ropa: *coloca el albornoz en el colgador que hay detrás de la puerta.*

colgadura *n. f.* Tapiz o tela con que se cubren y adornan paredes, balcones y otras cosas con motivo de alguna celebración o fiesta: *cuando se celebran las fiestas en el pueblo, adornan la fachada del ayuntamiento con vistosas colgaduras.*
OBS Se usa más en plural.

colgajo *n. m.* Cosa que cuelga, especialmente si carece de valor o es antiestético: *llevaba al cuello un montón de colgajos.*

colgante *adj.* **1** Que cuelga: *hemos visitado las casas colgantes de Cuenca.* ◇ *n. m.* **2** Joya que cuelga de una cadena alrededor del cuello: *era una preciosa gargantilla con un colgante de diamantes.*

colgar *v. tr.* **1** Sostener en alto una cosa sujetándola o suspendiéndola por la parte superior, sin que toque el suelo: *colgó el abrigo en el perchero; quiero colgar este cuadro en la pared.* **ANT** descolgar. **2** *coloquial* Sostener a una persona o animal por el cuello con una cuerda hasta que muera: *lo col-*

colibrí

garon por robar caballos. **SIN** ahorcar. **3** Atribuir o achacar algo malo y, generalmente, falso: *le han colgado el sambenito de vago y ya no puede quitárselo de encima*. **4** Abandonar una profesión o actividad: *el futbolista cuelga las botas*; *colgar los libros*. ◇ *v. intr.* **5** Estar sostenido por encima del suelo sujeto sólo por su parte superior: *las manzanas colgaban del árbol*. ◇ *v. tr./intr.* **6** Cortar o terminar una conversación telefónica colgando el auricular: *me ha colgado sin dejarme darle una explicación*. ◇ *v. intr.* **7** Depender de la voluntad o de la decisión de otra persona: *el niño está colgado de su madre*.
colgar de un hilo Estar muy poco seguro o con mucho peligro: *su vida colgaba de un hilo*.
estar colgado a) Estar loco o haber perdido algunas facultades mentales: *siempre anda haciendo tonterías porque está colgado*. b) En el lenguaje de la droga, quedarse sin ella cuando se necesita.
DER colgado, colgador, colgadura, colgajo, colgante; descolgar.

colgar

INDICATIVO	SUBJUNTIVO
presente	presente
cuelgo	cuelgue
cuelgas	cuelgues
cuelga	cuelgue
colgamos	colguemos
colgáis	colguéis
cuelgan	cuelguen
pretérito imperfecto	pretérito imperfecto
colgaba	colgara o colgase
colgabas	colgaras o colgases
colgaba	colgara o colgase
colgábamos	colgáramos o colgásemos
colgabais	colgarais o colgaseis
colgaban	colgaran o colgasen
pretérito indefinido	futuro
colgué	colgare
colgaste	colgares
colgó	colgare
colgamos	colgáremos
colgasteis	colgareis
colgaron	colgaren
futuro	
colgaré	
colgarás	
colgará	
colgaremos	
colgaréis	
colgarán	
condicional	
colgaría	
colgarías	
colgaría	
colgaríamos	
colgaríais	
colgarían	

IMPERATIVO	
cuelga	(tú)
cuelgue	(usted)
colgad	(vosotros)
cuelguen	(ustedes)

FORMAS NO PERSONALES	
infinitivo	gerundio
colgar	colgando
participio	
colgado	

colibrí *n. m.* Pájaro procedente de América, de tamaño muy pequeño, con el pico largo y estrecho y el plumaje de colores muy vivos: *el colibrí se alimenta del néctar de las flores*. ☞ aves.
OBS Para indicar el sexo se usa *el colibrí macho* y *el colibrí hembra*. ◇ El plural es *colibríes*, culto, o *colibrís*, popular.

cólico *n. m.* **1** Dolor agudo en el vientre acompañado de vómitos y diarrea: *le dieron varios cólicos seguidos y tuvo que acostarse*. **2** Dolor debido al cierre de los conductos de un órgano interno. **cólico nefrítico** Cólico que se produce en el riñón: *el cólico nefrítico se produce cuando una piedra obstruye las vías urinarias*.

coliflor *n. f.* Variedad de la col con una gran masa redonda, blanca y granulosa: *mañana comeremos coliflor cocida y aderezada con aceite y vinagre*.

coligarse *v. prnl.* Unirse varias personas o grupos para conseguir algún fin. **SIN** coaligarse.

colilla *n. f.* Resto de un cigarrillo que se tira por no poder o no querer fumarlo: *el cenicero está lleno de colillas*.

colín *n. m.* Barra de pan sin miga, delgada y muy larga: *como estoy a régimen, sólo como colines*. ☞ pan.

colina *n. f.* Elevación de terreno de poca altura y de bordes suaves. **SIN** alcor, cerro, collado, loma.

colindante *adj.* [edificio, terreno] Que está al lado de otro edificio o terreno, especialmente si tiene una pared común con él: *hacían obras en la casa colindante a la mía*.

colindar *v. intr.* Estar uno al lado del otro dos territorios, terrenos o fincas: *nuestros terrenos colindan con los de nuestro vecino*. **SIN** limitar, lindar.
DER colindante.

colirio *n. m.* Medicamento líquido que se aplica en los ojos para curarlos: *el médico me ha recetado un colirio porque tengo el ojo rojo*.

coliseo *n. m.* Sala en la que se representan espectáculos, con capacidad para muchas personas: *fuimos al coliseo a ver una obra de teatro*.

colisión *n. f.* **1** Choque violento de dos o más cuerpos en movimiento; especialmente, choque de vehículos: *una colisión frontal tiene habitualmente consecuencias mortales*. **2** Enfrentamiento entre ideas, intereses o sentimientos opuestos, o entre las personas que los representan: *la colisión entre los dos partidos políticos es permanente*.
DER colisionar.

colisionar *v. intr.* Chocar violentamente dos o más cuerpos en movimiento: *un turismo colisionó frontalmente con un camión*.

colista *adj./n. com.* [equipo, deportista] Que ocupa los últimos lugares de la clasificación en una competición o campeonato: *el equipo colista de la liga*.

colitis *n. f.* Inflamación del intestino colon: *la colitis va acompañada de dolor en el vientre y de diarrea*.

collado *n. m.* **1** Elevación de terreno de poca altura y de bordes suaves: *desde un collado divisó el mar*. **SIN** alcor, cerro, colina, loma. **2** Depresión suave del terreno por donde se puede pasar fácilmente de un lado a otro de una sierra: *el pastor hizo pasar al ganado por el collado*.

collar *n. m.* **1** Joya o adorno femenino que rodea el cuello: *un collar de perlas*, *un collar de oro*. **2** Insignia representativa de alguna magistratura, dignidad u orden de caballería. **3** Cadena o correa que se pone alrededor del cuello de un animal: *el perro lleva un collar antiparásitos*.
DER collarín, collera.
ETIM Véase *cuello*.

collarín *n. m.* Aparato ortopédico que se coloca alrededor del cuello para inmovilizar las vértebras cervicales: *lleva collarín porque se rompió una vértebra en un accidente de moto*.

collera *n. f.* Collar de cuero o goma, relleno de paja, que se pone al cuello de los caballos y otros animales de tiro para que no les hagan daño los correajes y demás arreos: *las mulas que tiran del carro llevan collera*. ☞ arreos.

colmado, -da *adj.* **1** Que está lleno, completo: *estoy colmado de alegría*. ◊ *n. m.* **2** Tienda donde se sirven comidas especiales, principalmente mariscos. **3** Tienda de comestibles: *ve al colmado y tráeme una docena de huevos*.

colmar *v. tr.* **1** Llenar un recipiente hasta rebasar el borde: *no debes colmar los vasos de vino*. **2** Satisfacer deseos, esperanzas y aspiraciones: *este premio colma todas mis aspiraciones*. **3** Dar en abundancia: *tras el estreno de su nueva obra, los críticos lo han colmado de alabanzas y elogios*.
DER colmado.

colmena *n. f.* **1** Habitáculo, que puede ser natural o fabricado por el hombre, donde viven las abejas y producen y guardan la miel: *el hombre construye colmenas de madera, corcho, mimbres o paja*. **2** Conjunto de abejas que viven en ese habitáculo: *la abeja reina salió a volar con toda su colmena*. **SIN** enjambre. **3** Lugar o edificio donde viven apiñadas gran cantidad de personas: *no quiero vivir en una de esas colmenas que son los grandes edificios, sino en una casita rodeada de jardines*.
DER colmena, colmenero.

colmenar *n. m.* Lugar donde están las colmenas: *cerca de la casa de campo hay un colmenar*.

colmenero, -ra *n. m. y f.* Persona que cría abejas para conseguir miel, cera y otros productos. **SIN** apicultor.

colmillo *n. m.* **1** Diente puntiagudo y fuerte situado entre los dientes incisivos y las muelas en las personas y algunos otros mamíferos: *los roedores no tienen colmillos*. **SIN** canino.
enseñar los colmillos Mostrarse amenazador, imponer respeto o miedo: *cuando enseña los colmillos, todos desaparecen de su presencia*. **2** Diente incisivo alargado y en forma de cuerno que tienen los elefantes a cada lado de la mandíbula superior: *los colmillos de elefante son muy apreciados por su marfil*.

colmo *n. m.* **1** Grado máximo al que es posible llegar en algo que se indica: *su manera de insultarnos es el colmo de la insolencia*. **2** Circunstancia o acción que se añade a otras precedentes hasta alcanzar este grado máximo: *me marchaba de viaje, y se me rompe el coche, y para colmo de desgracias, me llaman del trabajo para que suspenda las vacaciones*.
ser el colmo Ser inadmisible o insoportable una cosa: *primero me tienes esperando una hora, y cuando te llamo, me dices que no quieres salir. ¡Esto es el colmo!*
DER colmar.

colocación *n. f.* **1** Situación o disposición de una cosa en el lugar, en el orden o de la manera que se desea o le corresponde: *la colocación de adornos navideños; la colocación en orden alfabético de una serie de palabras*. **2** Lugar, orden o manera en que está colocada una persona, animal o cosa: *la colocación del jugador en el campo era excelente; una carambola depende de la colocación de las bolas*. **SIN** posición, situación. **3** Empleo o puesto de trabajo: *una oficina privada de colocación*.

colocado, -da *adj.* **1** [persona] Que tiene un puesto de trabajo. **2** [persona] Que tiene alterado el estado físico y mental por efecto del consumo de alcohol o drogas.

colocar *v. tr./prnl.* **1** Situar o disponer una cosa en el lugar, en el orden o de la manera que se desea o le corresponde: *colocar encima de la chimenea; colocar el último de la fila; colocar boca abajo*. **SIN** poner, situar. **2** Proporcionar o conseguir un puesto de trabajo: *colocó a su cuñado en la fábrica;* *se ha colocado en un banco*. ◊ *v. tr.* **3** Emplear una cantidad de dinero en adquirir un bien o depositarla en un banco o caja de ahorros para que rinda un beneficio: *colocó todo su dinero en acciones de compañías eléctricas*. **SIN** invertir. **4** Vender un producto: *las empresas de informática han logrado colocar en el mercado la mayor parte de sus programas*. **5** *coloquial* Hacer que una persona acepte algo que supone una carga o no es apetecible: *al fin conseguí colocar aquel terreno tan mal situado*. ◊ *v. prnl.* **6 colocarse** *coloquial* Alterarse el estado físico y mental de una persona por efecto del consumo de alcohol o drogas.
DER colocación, colocado, colocón; descolocar.

colocón *n. m. coloquial* Alteración del estado físico y mental de una persona por efecto del consumo de alcohol o drogas.

colodrillo *n. m.* Parte posterior e inferior del cráneo. **SIN** occipucio.

colofón *n. m.* **1** Momento o parte final y más importante de una cosa: *antes de morir recibió un óscar honorífico como colofón a su carrera*. **SIN** remate. **2** Texto final de un libro en que se indica la fecha, el lugar de impresión, el nombre del impresor y otros datos relacionados: *en el colofón de este libro consta el número de ejemplares de la tirada*.

colombiano, -na *adj.* **1** De Colombia o que tiene relación con este país de América del Sur. ◊ *adj./n. m. y f.* **2** [persona] Que es de Colombia.

colon *n. m.* Parte principal del intestino grueso comprendida entre el íleon y el recto. ☞ digestivo, aparato.

colonia *n. f.* **1** Líquido de olor agradable elaborado con agua, alcohol y esencias de flores o frutas. **2** Conjunto de personas procedentes de un pueblo, país, región o provincia que se establece en un lugar alejado de su punto de origen: *Cádiz fue fundada por una colonia de fenicios; el rey visitó a una representación de la colonia de españoles en Moscú; en Cataluña hay una importante colonia de andaluces*. **3** Lugar donde se establece este conjunto de personas: *Cartagena fue una colonia cartaginense hasta que fue conquistada por Escipión el Africano*. **4** Territorio alejado de las fronteras legales de una nación extranjera que lo domina administrativa, militar y económicamente: *muchos lugares de América, Asia y África fueron colonias de países europeos durante el siglo XIX; Gibraltar es una colonia británica*. **5** Conjunto de viviendas construido al mismo tiempo y según un plan urbanístico común, generalmente a las afueras de una ciudad. **SIN** urbanización. **6** BIOL. Conjunto de animales pertenecientes a la misma especie que vive en un lugar concreto durante un período de tiempo limitado: *una colonia de aves acuáticas*. **7** BIOL. Conjunto de organismos vivos que crecen unidos entre sí formando un solo cuerpo o estructura: *el coral es una colonia de pólipos*. **8** Lugar destinado a albergar a un grupo numeroso de personas durante un período de vacaciones: *una colonia de veraneantes*.
DER colonial, colonialismo, colonizar, colono.

colonial *adj.* De la colonia bajo dominio de una nación extranjera o que tiene relación con ella: *la Commonwealth es una organización que agrupa a los antiguos territorios coloniales británicos*.

colonialismo *n. m.* Sistema político y económico por el cual una nación extranjera domina y explota una colonia: *el colonialismo es una forma de imperialismo*.
DER colonialista.

colonialista *adj.* **1** Del colonialismo o que tiene relación con este sistema político o económico: *un sistema de explotación colonialista*. ◊ *adj./n. com.* **2** [nación] Que mantiene

colonización

bajo dominio colonial un territorio extranjero: *España fue hasta el siglo XIX una potencia colonialista*.

colonización *n. f.* **1** Establecimiento de un conjunto de personas procedentes de un pueblo, país o región en un lugar alejado de su punto de origen con la intención de poblarlo y explotar sus riquezas: *vamos a ver una película sobre la colonización del oeste norteamericano*. **2** Ocupación por parte de una nación extranjera de un territorio alejado de sus fronteras legales para explotarlo y dominarlo administrativa, militar y económicamente: *la colonización portuguesa de Mozambique*. **ANT** descolonización.

colonizar *v. tr.* **1** Llevar a cabo un conjunto de personas la colonización de un lugar con la intención de poblarlo y explotar sus riquezas: *durante el reinado de Carlos III se colonizaron amplias zonas del sur de España*. **2** Realizar una nación extranjera la colonización de un territorio alejado de sus fronteras legales: *Francia colonizó el norte de África*. **ANT** descolonizar.
DER colonización, colonizador; descolonizar.
OBS En su conjugación, la *z* se convierte en *c* delante de *e*.

colono *n. m.* **1** Persona que se establece en un lugar alejado de su punto de origen para vivir en él y explotar sus riquezas: *los primeros colonos norteamericanos eran mayoritariamente europeos*. **2** Agricultor que cultiva un terreno en alquiler: *el colono suele vivir con su familia en las tierras que trabaja*.

coloquial *adj.* [palabra, forma de expresión] Que es propia del lenguaje que se usa normalmente para comunicarse de manera familiar y espontánea: *en el lenguaje coloquial es frecuente el uso de comparaciones y metáforas*.

coloquio *n. m.* **1** Conversación, especialmente la que se desarrolla con familiaridad o confianza: *pasé toda la tarde en un animado coloquio con los colegas*. **SIN** diálogo. **2** Conversación que mantienen dos o más personas en la que cada una expone sus ideas y las defienden de las críticas de los demás: *vi en la tele un animado coloquio sobre las playas nudistas*. **SIN** debate. **3** Discusión o análisis de ciertos puntos dudosos que sigue a una conferencia o disertación sobre un tema: *la conferencia irá seguida de coloquio*.
DER coloquial.

color *n. m.* **1** Impresión que producen en la retina los rayos de luz reflejados por un objeto: *el negro no es más que la ausencia de color; el blanco es la suma de todos los colores*. **2** Aspecto de la cara humana: *hoy tienes mal color, ¿no estarás enfermo?* También se usa en género femenino, sobre todo en lenguaje poético: *salió de la sala con la color mudada*. **3** Sustancia para pintar: *tengo que preparar más colores para seguir con el cuadro*. **4** Lápiz para pintar: *tengo un estuche con doce colores*. **SIN** pintura. **5** Carácter peculiar o nota distintiva: *en su novela pintó con colores trágicos la vida en la mina*. **SIN** colorido. **6** Tendencia o corriente de opinión: *en el Parlamento hay diputados de distinto color*. ◇ *n. m. pl.* **7 colores** Combinación de colores que un equipo o club de carácter deportivo adopta como símbolo o distintivo.
de color [persona, especialmente la que es negra o mulata] Que no pertenece a la raza blanca: *un hombre de color*.
no haber color No poderse comparar dos o más cosas: *entre tu coche y el mío no hay color*.
sacar los colores Hacer enrojecer de vergüenza a una persona: *me ha dicho un piropo y me ha sacado los colores*.
so color Con el pretexto o la razón aparente que se da para hacer una cosa: *nos lo ofreció so color de recompensa*.
DER colorar, colorear, colorete, colorido, colorín, colorismo; bicolor, incoloro, monocolor, multicolor, tecnicolor, tricolor.

coloración *n. f.* **1** Dotación de determinado color a una sustancia o una cosa. **2** Conjunto, disposición y grado de intensidad de los colores de un animal o cosa: *los loros tienen una coloración muy vistosa*. **SIN** colorido.

colorado, -da *adj.* De color más o menos rojo: *tenía la cara colorada como un tomate*.
ponerse colorado Ponerse la cara de color rojo por vergüenza: *es muy tímido y en seguida se pone colorado*. **SIN** ruborizarse, sonrojarse.

colorante *adj./n. m.* **1** [sustancia] Que da color: *alimentos sin colorantes ni conservantes*. ◇ *n. m.* **2** Polvo de color naranja que se usa para dar color a las comidas: *compraré el colorante para la paella*.

colorear *v. tr.* **1** Dar color: *los niños coloreaban unos dibujos con lápices de colores*. **SIN** colorar. **ANT** decolorar, descolorar, descolorir. ◇ *v. intr.* **2** Tomar ciertos frutos el color rojo propio de la madurez: *los tomates ya colorean en su mata*.

colorete *n. m.* Cosmético, generalmente de tonos rojizos o rosados, que se aplica en las mejillas para dar color: *me pondré un poco de colorete porque estoy pálida y ojerosa*.

colorido *n. m.* **1** Conjunto, disposición y grado de intensidad de los colores de un animal o cosa: *el colorido de esta blusa es de mal gusto*. **SIN** coloración. **2** Carácter peculiar o nota distintiva: *las novelas rosa carecen de colorido, son todas iguales*. **SIN** color.

colorín *n. m.* **1** Pájaro de color marrón en la espalda, con una mancha roja en la cara, otra negra en la parte superior de la cabeza, cuello blanco y la cola y las alas negras y amarillas con las puntas blancas; es apreciado por su canto: *el colorín es muy bello y se puede domesticar*. Para indicar el sexo se usa *el colorín macho* y *el colorín hembra*. **SIN** jilguero. **2** Color vivo, brillante y llamativo, especialmente si contrasta con otros: *no me gusta la ropa con tantos colorines*. Se usa más en plural.
colorín colorado, este cuento se ha acabado *coloquial* Expresión que indica el final de un cuento infantil o de otro tipo de narración hablada o escrita: *al acabar un cuento, se dice: colorín colorado, este cuento se ha acabado*.

colorismo *n. m.* **1** PINT. Tendencia de algunos artistas a dar preferencia al color sobre el dibujo: *el colorismo da pinturas alegres y expresivas*. **2** Propensión literaria a recargar el lenguaje con muchos adjetivos, a veces redundantes o impropios: *las obras del colorismo tienen un estilo demasiado recargado*.
DER colorista.

colorista *adj.* **1** Que tiene mucho color: *una pintura colorista*. ◇ *adj./n. com.* **2** [pintor] Que usa el color con acierto y abundancia: *el autor de estos cuadros es muy colorista*. **3** [escritor] Que emplea muchos adjetivos para dar mayor expresividad a su estilo: *este autor colorista destaca por sus descripciones de paisajes*.

colosal *adj.* **1** Que tiene proporciones extraordinarias: *El Escorial es una obra colosal*. **2** Que es muy bueno o de calidad o cantidad mayores de lo normal: *una memoria colosal, una fortuna colosal*.

coloso *n. m.* **1** Escultura que representa una figura humana y que tiene un tamaño mucho mayor del normal: *el Coloso de Rodas fue una de las siete maravillas de la Antigüedad*. **2** Persona, grupo de personas o país muy importante o influyente: *Japón es uno de los colosos de la industria mundial*.
DER coliseo, colosal.

columbrar *v. tr.* **1** Ver desde lejos una cosa sin distinguirla claramente: *a lo lejos columbró la figura de un jinete que se acercaba al galope de su caballo*. **2** Intentar averiguar algo a

columna *n. f.* **1** Elemento de construcción vertical, más alto que ancho, normalmente de forma cilíndrica, que sirve como adorno o para soportar la estructura de un edificio, un arco o una escultura: *el techo del templo estaba sostenido por una hilera de columnas*. **2** Pila o montón de cosas colocadas unas sobre otras: *hay una columna de cajas al fondo de la habitación*. **3** Sección vertical de una página impresa o manuscrita separada de otra u otras por un espacio en blanco: *no me ha dado tiempo a leer el artículo entero, sólo la primera columna*. **4** Espacio fijo de una publicación periódica donde aparece un artículo firmado por el mismo columnista: *tiene una columna semanal sobre moda en El País*. **5** Serie de números ordenados verticalmente: *suma la columna de números y divide el total por tres*. **6** Forma vertical que puede tomar cualquier líquido o gas cuando se eleva en el aire o cuando está encerrado en un cilindro vertical: *columna de humo, columna de fuego; la columna de mercurio de un termómetro*. **7** Grupo de personas o vehículos que forman una línea ordenada: *columnas de tanques, columna de soldados*. **8** Cadena de huesos cortos o vértebras articulados entre sí que recorre la espalda del ser humano y de los animales vertebrados, cuya función es sostener el esqueleto: *tengo desviación de columna*. Se usa también *columna vertebral*. **SIN** espina dorsal, espinazo, raquis.

quinta columna Conjunto de partidarios de una causa que en caso de guerra luchan infiltrados en las filas enemigas: *la quinta columna inutilizó todo el sistema de comunicaciones del enemigo*.

DER columnata, columnista.

columnata *n. f.* Serie de columnas dispuestas en una o varias filas que sirven de adorno o como elemento de soporte de una construcción o edificio: *delante de la entrada hay una columnata, y a los lados, estatuas de escritores ilustres*.

columnista *n. com.* Periodista o colaborador de un periódico para el que escribe regularmente un artículo firmado que aparece en un espacio fijo: *se gana la vida como columnista en varios periódicos*.

columpiar *v. tr./prnl.* **1** Impulsar a la persona que está en un columpio: *la madre columpiaba a la niña; la niña se columpiaba*. **2** Balancear una cosa, moverla acompasadamente. ◇ *v. prnl.* **3 columpiarse** Mover el cuerpo de un lado a otro al andar. **4** No decidirse a elegir entre una cosa y otra.

columpio *n. m.* Asiento sujeto a dos cuerdas o cadenas que, colgado de la rama de un árbol o de un armazón de madera o metal, se mueve hacia atrás y hacia delante subiendo y bajando: *voy a llevar a los niños a los columpios del parque*. **SIN** balancín.

DER columpiar.

colza *n. f.* Planta parecida al nabo de cuyas semillas se extrae aceite: *el aceite de colza se emplea en alimentación y en el alumbrado*.

coma *n. f.* **1** Signo ortográfico de puntuación (,) que sirve para separar grupos de palabras que no dependen gramaticalmente entre sí. **2** Signo, de igual figura que el anterior, que se emplea en matemáticas para separar los números enteros de los decimales: *en el número 703,12 la coma separa 703 de 12*. ◇ *n. m.* **3** MED. Estado inconsciente en el que el enfermo pierde la capacidad de moverse y de sentir, pero conserva la respiración y la circulación de la sangre: *entrar en coma*.

DER comatoso.

comadre *n. f.* **1** Madrina de un niño respecto a los padres y padrino de éste. **2** Madre de un niño respecto a los padrinos de éste. **3** Mujer a la que gusta curiosear y hablar mal de los demás: *no me gusta pasar por aquí porque están todas las comadres en el portal*. **4** Mujer que, con titulación o sin ella, ayuda a las mujeres en el parto: *el médico no llegó a tiempo y tuvo que ayudarla a parir una comadre*. **SIN** comadrona, matrona, partera.

DER comadrear, comadreja, comadrón, comadrona.

comadreja *n. f.* Mamífero de color marrón rojizo por la espalda y blanco por debajo, con el cuerpo muy delgado y flexible, la cabeza pequeña con ojos brillantes y las patas cortas; se alimenta de carne: *la comadreja se come los huevos de las aves y mata a las crías*.

OBS Para indicar el sexo se usa *la comadreja macho* y *la comadreja hembra*.

comadreo *n. m.* Intercambio de noticias o comentarios sobre las vidas ajenas con que se pretende hablar mal de alguien o enemistar a unas personas con otras. **SIN** chismorreo, cotilleo.

comadrón, -drona *n. m. y f.* **1** Cirujano que asiste a la mujer en el parto. ◇ *n. f.* **2** Mujer con o sin titulación, que ayuda a las mujeres en el parto. **SIN** comadre, matrona, partera.

comanche *adj.* **1** De una tribu de indios de Texas y Nuevo Méjico o que tiene relación con ella. ◇ *adj./n. com.* **2** [persona] Que pertenecía a esta tribu. ◇ *n. m.* **3** Lengua hablada por esta tribu.

comandancia *n. f.* **1** Empleo de comandante. **2** Territorio bajo la autoridad militar de un comandante. **3** Puesto de mando, edificio u oficina de un comandante.

comandante *n. m.* **1** Jefe militar de categoría inmediatamente superior a la de capitán e inferior a la de teniente coronel: *el coronel llamó a todos los comandantes para discutir los planes de paz*. **2** Militar que ejerce el mando en ocasiones determinadas, aunque no tenga el grado de comandante. **comandante en jefe** Jefe de todas las fuerzas armadas de una nación o de las que participan en una operación militar: *el comandante en jefe de los soldados de las Naciones Unidas dirige las operaciones desde Bosnia*. **3** Persona al mando de un avión o de un barco: *el comandante suele dar la bienvenida y desear un feliz viaje a los pasajeros*. **SIN** capitán.

DER comandancia.

comandar *v. tr.* Mandar un ejército, una plaza, un destacamento o un conjunto de unidades militares: *comandaba el ejército más poderoso de Europa*.

DER comandante, comandita, comando.

comandita *coloquial* Palabra que se utiliza en la locución *en comandita*, que significa 'en grupo': *estos chicos siempre estudian en comandita; pero no sé si estudian o hablan*.

comando *n. m.* **1** Grupo de soldados especiales que se introduce en terreno enemigo o realiza operaciones peligrosas: *el gobierno ha decidido enviar un comando especial para liberar al empresario secuestrado*. **2** Grupo de personas que pertenecen a una organización armada, guerrillera o terrorista, que lucha contra el sistema establecido y realiza atentados: *la policía ha conseguido desarticular el comando terrorista responsable de los últimos atentados de Madrid*. **3** Miembro de una organización armada clandestina: *entrenaban a tres comandos para que actuaran en el interior del país*. **4** INFORM. Orden que se da al programa para que realice una función: *para salir del programa tengo que seleccionar el comando 'salir'*.

comarca *n. f.* Territorio de cierta extensión que tiene características homogéneas y una ciudad o población como capital: *las personas de la comarca antequerana van a hacer algunas gestiones a Antequera.*
DER comarcal.

comarcal *adj.* De la comarca o que tiene relación con este territorio: *carretera comarcal; gobierno comarcal.*

comatoso, -sa *adj.* **1** Del coma o que tiene relación con este estado: *estado comatoso irreversible.* **2** [persona] Que está en coma: *llegó al hospital muy grave y comatoso.*

comba *n. f.* **1** Juego de niños que consiste en saltar por encima de una cuerda que dos personas mueven en círculo y se hace pasar alternativamente por debajo de los pies y sobre la cabeza del que salta: *había muchas niñas jugando a la comba en el parque.* **2** Cuerda para saltar: *mamá, no encuentro la comba.* **SIN** saltador. **3** Forma curvada que toman algunos materiales al doblarse o torcerse: *estas tablas ya no sirven porque tienen comba.*
DER combar, combo.

combar *v. tr./prnl.* Dar o tomar forma curva una superficie plana: *el chapista combaba la lámina de latón con fuertes golpes.* **SIN** alabear.

combate *n. m.* **1** Enfrentamiento mediante la fuerza física o las armas entre dos o más personas o animales: *los caballeros medievales se enfrentaban en combates; los dos ciervos libraban un combate a muerte.* **SIN** lucha, pelea. **combate de boxeo** Lucha deportiva entre dos hombres con las manos protegidas por guantes y de conformidad con ciertas reglas: *mañana habrá un combate de boxeo de los pesos medios.* **2** Enfrentamiento entre dos ejércitos contrarios en tiempo de guerra: *los combates entre serbios y croatas se están recrudeciendo.* **3** Lucha contra una enfermedad o un mal para impedir que se extienda: *el combate contra la droga.* **4** Lucha que se produce entre cosas opuestas: *la película explora el combate entre el bien y el mal.*
fuera de combate Que está vencido completamente y no puede continuar la lucha: *el boxeador estadounidense fue golpeado en la mandíbula y quedó fuera de combate.* Suele emplearse con los verbos *estar, quedar* o *dejar.*

combatiente *adj.* **1** Que combate o lucha: *los ejércitos combatientes en la guerra han firmado la paz.* ◊ *n. com.* **2** Soldado que forma parte de un ejército: *la ONU enviará a la zona una expedición de dos mil combatientes.*
DER excombatiente.

combatir *v. intr.* **1** Luchar con la fuerza o con las armas para someter al enemigo o destruirlo: *los soldados combatían casa por casa bajo el fuego constante de la artillería; algunos gobiernos combaten contra la guerrilla.* **SIN** pelear. **2** Trabajar con esfuerzo para vencer los obstáculos y conseguir un fin: *él siempre combatía por una sociedad más justa y solidaria.* **SIN** luchar. ◊ *v. tr.* **3** Atacar y tratar de destruir: *el ejército combatió al enemigo al amanecer.* **4** Atacar una enfermedad, un daño, un mal, para impedir que se extienda: *combatir el terrorismo, combatir la inflación, combatir una enfermedad.* **5** Oponerse a una idea: *el diputado combatió con argumentos de peso el nuevo proyecto de ley que había sido presentado por el gobierno.*
DER combate, combatiente, combatividad.

combatividad *n. f.* Predisposición o inclinación a la lucha o a la polémica.
DER combativo.

combativo, -va *adj.* Dispuesto o inclinado a la lucha o a la discusión: *el presidente estaba muy combativo y dirigió varios ataques verbales contra la oposición.*

combinación *n. f.* **1** Mezcla o unión de personas o cosas distintas que componen un todo: *el verde es una combinación de azul y amarillo.* **SIN** compuesto. **2** Prenda de vestir femenina que se pone debajo del vestido y sobre la ropa interior: *se puso una combinación porque el vestido se transparentaba.* **3** Conjunto bello y agradable: *la combinación de colores es importante en la pintura.* **4** Conjunto de números o letras colocados en un orden determinado que permite abrir una cerradura o hacer funcionar otros mecanismos: *he estado tratando de abrir la caja fuerte, pero no puedo recordar la combinación.* **5** En algunos deportes, como el fútbol, conjunto de pases dados por los jugadores de un equipo para elaborar una jugada: *varias combinaciones iniciadas por la banda derecha han culminado en gol.*

combinado *n. m.* Bebida alcohólica que se consigue mediante la mezcla de licores con zumos u otras bebidas y que se sirve fría: *pidió un combinado sin alcohol.* **SIN** cóctel.

combinar *v. tr.* **1** Unir o mezclar dos o más cosas para formar un compuesto adecuado o para adaptar entre sí elementos diferentes: *tiene muy buen gusto para combinar los colores; su teoría combina las ideas de varios autores.* ◊ *v. tr./prnl.* **2** QUÍM. Mezclar dos o más elementos para formar una sustancia diferente: *el oxígeno se combina con el hidrógeno para formar agua.* ◊ *v. intr.* **3** Formar un conjunto bello o agradable: *ese color combina muy bien con el de los muebles del salón.* **4** En algunos deportes, como el fútbol, pasar un jugador la pelota a otro para elaborar una jugada: *el primer gol vino al combinar el extremo con el delantero centro.*
DER combinación, combinado, combinatorio.

combustible *adj.* **1** Que puede arder o que arde con facilidad: *el papel es combustible.* **ANT** incombustible. ◊ *n. m.* **2** Sustancia que se quema para producir calor o energía: *el carbón, el petróleo y el gas natural son combustibles.*
DER incombustible.

combustión *n. f.* **1** Proceso en el que una sustancia arde y se quema: *la combustión del carbón produce desprendimiento de calor.* **2** Proceso químico en el que una sustancia combustible se mezcla con el oxígeno del aire, con desprendimiento de calor y energía: *la combustión de la gasolina hace funcionar el motor de un coche.*

comedero *n. m.* **1** Recipiente donde se echa la comida para los animales: *la jaula de los pájaros tiene dos comederos.* **2** Lugar adonde va a comer el ganado: *el pastor llevó las ovejas al comedero.*

comedia *n. f.* **1** Obra de teatro o película que es divertida y tiene un final feliz: *me gustan las comedias de Fernando Trueba.* **2** Género teatral de humor: *la comedia se opone al drama porque es cómica y no triste o seria.* **3** Engaño que consiste en fingir lo que en realidad no se siente para conseguir un fin: *la niña montó una comedia y empezó a llorar para que sus padres le compraran un juguete.* **SIN** farsa, teatro. **4** Hecho o situación de la vida real que hace reír.
DER comediante, comediógrafo.

comediante, -ta *n. m. y f.* **1** Persona que se dedica a representar obras de teatro: *los comediantes iban de pueblo en pueblo con sus trajes y sus comedias.* **SIN** actor, actriz. **2** Persona que finge lo que en realidad no siente para conseguir un fin: *Eugenio es buen comediante: siempre nos engaña.*

comedido, -da *adj.* [persona] Que es cortés y prudente en sus expresiones y moderado en sus actitudes: *cuando Juan discute sobre algo, siempre es muy comedido; es muy comedido en las comidas.*

comedimiento *n. m.* Cortesía y prudencia en las expresiones y moderación en las actitudes por parte de una persona: *estaba muy enfadado, pero logró responder con gran comedimiento.*

comediógrafo, -fa *n. m. y f.* Persona que escribe comedias: *Lope de Vega fue un ilustre comediógrafo.*

comedirse *v. prnl.* Contenerse, comportarse con cortesía, prudencia o moderación: *tuvo que comedirse para no decir lo que realmente pensaba de él.*
OBS En su conjugación, la e se convierte en i en algunos tiempos y personas, como en *servir.*

comedor, -ra *adj.* **1** Que come mucho. ◇ *n. m.* **2** Pieza de una casa o establecimiento que se usa para comer: *todos me esperaban en el comedor para empezar la cena; el comedor del colegio.* **3** Conjunto de muebles que se usan para comer: *el comedor es de madera y consta de una mesa larga y seis sillas.* **4** Establecimiento público donde se sirven comidas, especialmente el destinado al uso de un colectivo determinado: *el comedor universitario.*

comendador *n. m.* Caballero que tiene una encomienda en una orden militar o de caballeros.

comensal *n. com.* **1** Persona que come con otras en la misma mesa: *en esta mesa caben seis comensales.* **2** BIOL. Animal que vive a expensas de otro sin producirle daño ni beneficio: *las aves que limpian de parásitos a ciertos mamíferos son comensales.*

comentar *v. tr.* **1** Expresar oralmente dos o más personas sus juicios, opiniones u observaciones acerca de una persona o cosa: *estábamos comentando el partido del domingo; todo el mundo comenta la película.* **2** Explicar el contenido de un escrito para que se entienda mejor: *el profesor comentó el texto en clase.*
DER comentario, comentarista.

comentario *n. m.* **1** Expresión de un juicio, opinión u observación acerca de una persona o cosa: *la cantante no quiso hacer ningún comentario sobre su vida privada; comentario político, comentario deportivo.* **2** Explicación o interpretación del contenido de un escrito para que se entienda mejor: *en los libros, los comentarios suelen escribirse en los márgenes.*

comentarista *n. com.* Persona que se dedica a comentar noticias de actualidad en los medios de comunicación: *un comentarista deportivo; un comentarista político.*

comenzar *v. tr.* **1** Empezar, dar principio a una cosa: *Luis comenzó la discusión.* ◇ *v. intr.* **2** Empezar, tener principio: *el curso comienza en octubre.*
DER comienzo.
OBS En su conjugación, la e se convierte en ie en sílaba acentuada y la z en c delante de e, como en *empezar.*

comer *v. intr./tr.* **1** Tomar alimento sólido masticándolo en la boca y pasándolo después al estómago: *durante la huelga de hambre estuvo diez días sin comer; durante unos días sólo puede comer verduras.* **SIN** manducar. **2** Tomar alimento: *no se puede vivir sin comer.* **3** Tomar por alimento: *comer pollo; comer fruta.* ◇ *v. intr.* **4** Tomar alimento a mediodía, generalmente el principal del día: *siempre como cerca del trabajo, nunca en casa.* **SIN** almorzar. ◇ *v. tr./prnl.* **5** Gastar, consumir o acabar: *ya se han comido todo el dinero que les dejó su padre; su pesimismo me come la moral; el óxido se come el hierro.* **6** Ganar una pieza al contrario, especialmente en un juego de tablero: *si mueves la torre, te comeré el caballo; se comió todas mis fichas jugando al parchís.* ◇ *v. prnl.* **7** comerse Hacer que un color pierda intensidad y se quede claro: *el sol se come los colores.* **8** Saltarse letras o palabras: *estaba tan nervioso al escribir, que me comía las palabras.* **9** Encogerse prendas como calcetines o medias al irse introduciendo dentro de los zapatos: *ponte bien los calcetines, que te los comes.*
comer vivo *coloquial* Mostrar mucho enfado contra una persona: *si encuentro al que escribió eso, me lo como vivo.*
no comer ni dejar comer *coloquial* No aprovechar una cosa para uno mismo ni dejar que la aprovechen los demás: *en este departamento hay gente que ni come ni deja comer.*
para comérselo *coloquial* Muy guapo o con mucho atractivo: *el bebé está para comérselo.*
ser de buen comer *a)* Comer con apetito una persona: *gasto mucho en comida porque mis hijos son de buen comer.* *b)* Ser un alimento o fruto apetitoso o grato al paladar: *estas manzanas son de buen comer.*
sin comerlo ni beberlo *coloquial* Sin haber hecho nada para merecer un daño o un provecho: *el concejal se vio envuelto en un fraude sin comerlo ni beberlo.*
DER comedero, comedor, comestible, comezón, comida, comido, comilón, comilona, comistrajo; concomerse, descomer, malcomer, reconcomer.

comercial *adj.* **1** Del comercio o que tiene relación con esta actividad: *un centro comercial.* **2** Que tiene fácil aceptación en el mercado y se vende muy bien: *las películas comerciales tienen mucho público.* **3** [película, libro] Que ha sido creado sólo con vistas a los resultados económicos, sin pretensiones artísticas: *Buñuel llamaba a las películas comerciales que dirigió películas alimenticias.*
DER comercializar.

comercialización *n. f.* Conjunto de actividades encaminadas a hacer fácil y amplia la venta de un producto: *la comercialización de este automóvil ha sido muy satisfactoria.*

comercializar *v. tr.* Organizar un conjunto de actividades encaminadas a hacer fácil y amplia la venta de un producto: *la empresa ha invertido muchos millones de pesetas para comercializar el nuevo cosmético.*
DER comercialización.
OBS En su conjugación, la z se convierte en c delante de e.

comerciante *n. com.* Persona que comercia, especialmente si es dueña de un establecimiento comercial: *los comerciantes de la ciudad quieren subir los precios.*

comerciar *v. intr.* Comprar, vender o cambiar uno o más productos para obtener un beneficio: *hizo una fortuna comerciando con petróleo.*
DER comerciante.
OBS En su conjugación, la i no se acentúa, como en *cambiar.*

comercio *n. m.* **1** Actividad económica que consiste en comprar, vender o cambiar productos para obtener un beneficio: *le encanta dedicarse al comercio de automóviles; el comercio español es muy importante.* **2** Establecimiento donde se venden productos: *los comercios del centro cierran en verano los sábados por la tarde.* **3** Conjunto de las personas que comercian, especialmente si están organizadas en gremios: *el comercio del centro ha protestado contra la proliferación de los grandes supermercados.* **4** Trato o relación sexual ilegal: *tenía comercio con prostitutas.*
DER comercial, comerciar.

comestible *adj.* **1** Que se puede comer: *algunas setas son comestibles.* ◇ *n. m.* **2** Producto que sirve como alimento: *en los grandes supermercados venden comestibles, ropa, artículos de limpieza y otros productos.*
DER incomestible.

cometa *n. m.* **1** Astro formado por un núcleo poco denso y un largo trazo de luz en forma de cola: *el cometa Halley se vio desde la Tierra en 1986.* ◇ *n. f.* **2** Juguete que consiste en un armazón muy ligero cubierto de papel, plás-

cometer *v. tr.* Caer en una culpa, delito, falta o error: *cometer una falta de ortografía, cometer una infracción de tráfico, cometer un robo, cometer un crimen*.
DER cometido; acometer.
ETIM *Cometer* procede del latín *commitere*, 'confiar algo a uno', voz con la que también están relacionadas *comisaría, comisión, comisura, comité*.

cometido *n. m.* **1** Trabajo, función o encargo que una persona debe cumplir: *el primer día de trabajo, el jefe le explicó cuál sería su cometido en la oficina*. **SIN** misión. **2** Obligación moral o deber: *tú tienes el cometido de ayudarle siempre y no criticar su conducta*.

comezón *n. f.* **1** Picor que se siente en una parte del cuerpo o en todo él: *la picadura del mosquito le produjo una gran comezón*. **2** Sentimiento de disgusto o intranquilidad causado por un deseo no satisfecho: *el pensamiento de que no tendría vacaciones le causaba una gran comezón*.

cómic *n. m.* **1** Serie o secuencia de viñetas que cuentan una historia: *me encanta leer cómics*. **2** Libro o revista que contiene estas viñetas: *me he comprado un cómic de Mortadelo y Filemón*. **SIN** tebeo.
OBS El plural es *cómics*.

comicidad *n. f.* Capacidad de las personas, las cosas o las situaciones para divertir y hacer reír: *la comicidad de la película se basa en los malentendidos*.

comicios *n. m. pl.* Actos electorales: *en los próximos comicios los ciudadanos elegirán a su alcalde; ¿se conocen ya los resultados de los comicios?* **SIN** elección.
DER comicial.

cómico, -ca *adj.* **1** De la comedia o que tiene relación con este género: *Mihura era un autor cómico; un actor cómico*. **2** Que divierte y hace reír: *Javier es muy cómico; tiene una cara muy cómica*. **SIN** divertido, gracioso. ◊ *n. m. y f.* **3** Persona que hace obras de teatro o películas cómicas: *Alfredo Landa es un cómico excelente*.

comida *n. f.* **1** Sustancia sólida que se toma por la boca como alimento: *puso la comida en el plato y comenzó a comer*. **2** Acción de tomar alimentos a una hora determinada del día de manera habitual: *el médico le recomendó que sólo hiciera dos comidas al día*. **3** Alimento que se toma a mediodía; generalmente es el principal del día: *te pondré la comida a las tres de la tarde*. **SIN** almuerzo. **4** Acción de tomar este alimento: *firmaron el acuerdo durante una comida de trabajo*. **SIN** almuerzo.
reposar la comida Descansar después de comer: *según dice el refranero, la comida, reposada, y la cena, paseada*.
DER comidilla.

comidilla *n. f.* Tema de conversación preferido, especialmente si es objeto de murmuración o cotilleo: *su embarazo es la comidilla del barrio*.

comienzo *n. m.* Origen y principio de una cosa: *el comienzo del curso está previsto para finales de setiembre*.

comillas *n. f. pl.* Signo ortográfico que se usa delante y detrás de una palabra o un conjunto de palabras y que sirve para indicar que se citan de otro texto o que deben entenderse de un modo especial: *las comillas se representan con estos signos:* ' ', " " y « ».
DER entrecomillar.

comilón, -lona *adj./n. m. y f.* [persona] Que come mucho o que disfruta comiendo: *mis hijos son muy comilones: nunca protestan si les pongo mucha comida*. **SIN** tragón.

comilona *n. f. coloquial* Comida abundante y variada: *¡menuda comilona nos pegamos!*

comino *n. m.* **1** Semilla de color marrón, olor intenso y sabor amargo que se usa en medicina y para dar sabor a las comidas: *a los callos se les echa comino*. **2** Planta de hojas agudas y flores pequeñas, blancas o rojas, que produce esta semilla: *el comino procede de Oriente, pero hoy se cría en las zonas templadas de Europa*. **3** Persona de pequeña estatura: *qué genio tiene, y es todavía un comino*.
un comino **4** Nada, muy poco: *esa canción no vale un comino: es malísima; me importa un comino que aún no hayas cobrado*. Se usa con los verbos *valer, costar, importar* y también en expresiones negativas. **SIN** bledo, pepino, rábano.

comisaría *n. f.* **1** Oficina de un comisario: *la comisaría de la exposición está en la planta baja*. **2** Comisaría de policía, lugar o instalación. **comisaría de policía** Lugar o instalación donde trabajan varios agentes de policía bajo las órdenes de un comisario: *la gente va a las comisarías a presentar denuncias y a tramitar el carné de identidad*. **3** Cargo de comisario: *este señor ocupa la nueva comisaría del plan de urbanismo*.

comisario, -ria *n. m. y f.* **1** Persona que tiene poder de una autoridad superior para desempeñar un cargo o una función especial: *la Unión Europea ha nombrado tres nuevos comisarios*. **2** Comisario de policía, autoridad. **comisario de policía** Autoridad policial que manda a un grupo de agentes y es responsable de una comisaría: *el comisario de policía fue personalmente al lugar de los hechos*.
DER comisaría.
ETIM Véase *cometer*.

comisión *n. f.* **1** Conjunto de personas elegidas para realizar una labor determinada: *el Parlamento ha designado una comisión para investigar los casos de corrupción*. **2** Porcentaje del precio de un producto vendido que percibe el vendedor: *el vendedor se lleva una comisión del 15 % por cada coche vendido*. **3** Acto de ejecutar una acción, especialmente cuando es equivocada, incorrecta o ilegal: *comisión de un delito; comisión de un crimen*.
a comisión Cobrando una cantidad de dinero proporcional al trabajo realizado: *el agente de seguros no tiene un sueldo fijo, trabaja a comisión*.
comisión de servicio Situación del funcionario que trabaja fuera de su puesto habitual durante un tiempo: *este profesor tiene su plaza en Valladolid, pero lleva aquí dos meses en comisión de servicio*.

comisionado, -da *adj./n. m. y f.* [persona] Que ha sido elegida por una autoridad superior para realizar una labor determinada: *ha llegado el comisionado del gobierno estadounidense para la pacificación de la zona*.

comisionar *v. tr.* Encargar a una persona una labor especial: *los empleados han comisionado a Pérez para que los represente ante la directora general de la empresa*.

comiso *n. m.* **1** Retirada de una mercancía al que comercia con ella por estar prohibida o por hacerlo de manera ilegal: *la carga fue sometida a comiso por haber sido introducida en el país sin haber pasado por la aduana*. **SIN** decomiso. **2** Cosa retirada por estar prohibida o ser prohibido comerciar con ella: *los comisos se guardan en un almacén*. **SIN** decomiso.

comistrajo *n. m. coloquial* Comida mala o que tiene mal aspecto: *no pretenderás que me coma este comistrajo que has preparado*.

comisura *n. f.* Punto de unión de los bordes de una abertura del organismo: *la comisura de los labios; la comisura de los párpados*. ☞ boca.

ETIM Véase *cometer*.

comité *n. m.* **1** Conjunto de personas elegidas para desempeñar una labor determinada, especialmente si tienen autoridad o actúan en representación de un colectivo: *el comité de empresa pide el aumento del sueldo de todos los trabajadores*; *el Comité Olímpico Internacional es responsable de los juegos olímpicos*. **2** Conjunto de personas que dirigen un grupo político: *el comité central del partido comunista*.

comitiva *n. f.* Conjunto de personas que acompaña a una persona importante o principal: *el rey y su comitiva llegaron en avión*. **SIN** séquito.

como *adv.* **1** Del modo o manera que: *vístete como quieras*. **2** Indica igualdad, equivalencia o semejanza: *era un chico fuerte como un roble*. **3** De modo aproximado, más o menos: *en toda la tarde entraron como seis clientes*. ◇ *conj.* **4** Indica condición o exigencia para que se cumpla una cosa: *como no vengas pronto, se lo diré a tu padre*. **5** Indica causa o motivo por el cual sucede una cosa: *como hizo mala tarde, nos quedamos en casa*. ◇ *prep.* **6** Indica función, estado, situación o calidad: *participé en el bautizo como padrino*.

cómo *adv.* **1** De qué modo o manera: *¿cómo no has aprobado el examen?* **2** Por qué causa o razón: *¿cómo no vienes de viaje de estudios?* ◇ *n. m.* **3** Modo o manera en que ocurre una cosa: *quiero saber el cómo y el cuándo de tu decisión de dejar el trabajo*. ◇ *int.* **4** ¡cómo! Expresión que indica extrañeza o enfado: *¡cómo! ¿No has hecho el ejercicio de hoy?* **¡cómo no?** *a)* Expresión que indica que una cosa no puede ser de otro modo: *trataba de ocultar una gran mancha en el traje. Pero ¿cómo no verla?* *b)* Expresión que se usa para afirmar: *—Por favor, ¿me permite usar el teléfono? —¿Cómo no?* También se usa en forma de exclamación: *¡cómo no!*

cómoda *n. f.* Mueble ancho de mediana altura y con cajones, generalmente para guardar ropa: *sobre la cómoda tenía algunos marcos con fotos y un pequeño cofre con joyas*.

comodidad *n. f.* **1** Estado de la persona que goza de bienestar físico, está descansada y tiene cubiertas sus necesidades: *el nuevo colchón me permite dormir con más comodidad*. **SIN** confort. **ANT** incomodidad. **2** Conjunto de características que proporcionan bienestar físico y descanso: *le gustaba aquella mecedora por su comodidad*. **SIN** confort. **ANT** incomodidad. **3** Bienestar que proporciona la ausencia de problemas e inconvenientes en lo que se hace: *ganaron el partido con gran comodidad*. **ANT** incomodidad. ◇ *n. f. pl.* **4 comodidades** Conjunto de objetos y aparatos que hacen más agradable la vida: *me he comprado una casa con todo tipo de comodidades*.

comodín *n. m.* **1** En algunos juegos de cartas, naipe que puede tomar distintos valores según convenga al jugador que lo posee: *el comodín es una carta propia de la baraja francesa*. **2** Persona o cosa que puede desempeñar diversas funciones con eficacia y acierto según las necesidades de cada momento: *empezó jugando como defensa, pero acabó siendo el comodín del equipo y ocupando cualquier posición*. **palabra comodín** Palabra que, por tener un significado poco concreto, puede sustituir en la comunicación a muchas otras: *cosa es una palabra comodín*.

cómodo, -da *adj.* **1** Que proporciona bienestar físico y descanso: *me he comprado un sofá muy cómodo*. **SIN** confortable. **ANT** incómodo. **2** Sin problemas ni inconvenientes en lo que se hace: *le resulta muy cómodo ir a la oficina en moto*. **ANT** incómodo. **3** [persona] Que se siente bien y se encuentra a gusto: *se encontraba muy cómodo cenando y charlando en casa de sus amigos*. **ANT** incómodo. ◇ *adj./n. m. y f.* **4** Comodón, amante de la comodidad.

comodón, -dona *adj./n. m. y f.* [persona] Que es amante de la comodidad y evita tomarse molestias o hacer esfuerzos. **SIN** cómodo.

comoquiera *adv.* De cualquier manera: *llámense comoquiera, esas acciones son reprobables*. **SIN** como quiera.
comoquiera que *a)* De cualquier modo que: *comoquiera que sea, esto no es admisible*. *b)* Dado que, como: *comoquiera que la decisión estaba tomada, ninguno de nosotros protestó*. **SIN** como quiera que, puesto que.

compact disc *n. m.* **1** Disco de doce centímetros de diámetro con gran capacidad para contener información acústica y visual grabada y que se puede reproducir por medio de un rayo láser. **SIN** compacto, disco compacto. **2** Aparato destinado a la reproducción del sonido y las imágenes registrados o grabados en este disco.

compactación *n. f.* **1** Compresión de una materia de modo que queden en ella los menos huecos posibles. **2** INFORM. Proceso informático que permite distribuir la información contenida en un archivo de modo que ocupe el menor número de bytes posible.

compactar *v. tr.* **1** Comprimir una materia de modo que queden en ella los menos huecos posibles: *compactar un bloque de cartón*. **2** INFORM. Distribuir la información contenida en un archivo de modo que ocupe el menor número de bytes posible: *compactar un programa*.
DER compactación.

compacto, -ta *adj.* **1** [cuerpo, materia] Que está comprimido de modo que queden los menos huecos posible: *el plomo es un metal más compacto que el aluminio*. **2** Que está formado con muchos elementos muy juntos: *una multitud compacta de aficionados*; *una alfombra de pelo muy compacto*; *una tipografía compacta*. **3** [grupo de personas] Que está formado por individuos de características similares y que actúan de manera coordinada: *nuestro equipo tiene una defensa muy ordenada y compacta*; *la oposición ha formado un frente compacto contra el gobierno*. **4** [aparato, sistema] Que está formado por varios componentes unidos entre sí: *un equipo compacto de música*.
disco compacto Disco de material plástico, de doce centímetros de diámetro con gran capacidad para contener información acústica y visual grabada y que se puede reproducir mediante un rayo láser. **SIN** compact disc.
DER compactar.

compadecer *v. tr./prnl.* Sentir pena y dolor por la desgracia o el sufrimiento que padece otra persona: *compadezco a los que sufren las guerras*; *se compadece de los pobres*. **SIN** apiadarse.
ETIM *Compadecer* procede del latín *compati*, que tenía el mismo significado, voz con la que también están relacionadas *compasión*, *compatible*.
OBS En su conjugación, la *c* se convierte en *zc* delante de *a* y *o*, como en *agradecer*.

compadre *n. m.* **1** Padrino de un niño respecto a los padres y la madrina de éste. **2** Padre de un niño respecto a los padrinos de éste. **3** *coloquial* Amigo, compañero, colega: *esos dos compadres se conocen desde pequeños*.

compaginar *v. tr.* **1** Desarrollar varias actividades al mismo tiempo o de manera conjunta: *compagina su empleo de camarero con los estudios de inglés*. **2** Formar las páginas de un libro con texto compuesto y grabados o tablas: *tenemos que compaginar esta obra para que salga en la Fiesta del Libro*. ◇ *v. prnl.* **3 compaginarse** Corresponderse de manera adecuada dos cosas entre sí: *la vida sana y el tabaco no pueden compaginarse*. **4** Corresponderse bien dos personas:

compaña

compaginarse bien con el compañero; se compagina bien con su mujer.
DER descompaginar.

compaña *n. f.* Persona o conjunto de personas que acompaña a otra u otras: *buenas tardes tenga usted, don José, y la compaña.* **SIN** compañía.

compañerismo *n. m.* Relación de amistad, colaboración y solidaridad entre compañeros. **SIN** camaradería.

compañero, -ra *n. m. y f.* **1** Persona que comparte con otra u otras la estancia en un lugar, los estudios, un trabajo, la práctica de un deporte u otra actividad: *un compañero de habitación; un compañero de viaje; un compañero de promoción; un compañero de mus.* **2** Persona con la que se mantiene una relación amorosa o con la que se convive, en especial si no forman matrimonio: *ella y su compañero han decidido independizarse y vivir juntos.* **3** Persona o animal que pasa junto a otro una gran parte del tiempo: *su perro es su único compañero.* **4** Persona que comparte con otra las mismas ideas políticas o que pertenece al mismo partido o sindicato. **SIN** camarada, correligionario. **5** Persona que forma pareja con otra en un juego: *elijo a Felisa de compañera porque siempre ganamos.* **6** Objeto que forma pareja o juego con otro u otros: *no encuentro el calcetín compañero de éste; esta taza es compañera de ese plato.* **7** Cosa inanimada que hace juego o se corresponde con otra u otras: *la melancolía es compañera del recuerdo.*

compañía *n. f.* **1** Cercanía de las personas, los animales o las cosas que están juntas en un lugar al mismo tiempo: *se fueron a la mili en compañía de unos chicos del pueblo de al lado; se presentó en casa de su vecino en compañía de la policía; los cachorros permanecen en compañía de su madre hasta que pueden valerse por sí mismos.* **2** Persona o personas que acompañan a otra u otras: *parece que anda con malas compañías.* **3** Amistad y afecto entre personas que habitualmente están juntas: *añoro la compañía de mis amigos.* **ANT** soledad. **4** Conjunto de personas que forman una sociedad u organización que persigue un fin: *una compañía de seguros, una compañía de productos químicos.* **SIN** empresa, industria. **5** Grupo de personas que se dedican a representar un espectáculo artístico: *una compañía de teatro, una compañía de ópera, una compañía de ballet.* **6** Unidad militar compuesta por varias secciones y mandada por un capitán: *pertenezco a la quinta compañía.*

comparable *adj.* Que se puede examinar junto con otra cosa similar para hallar su parecido o sus diferencias: *su popularidad es comparable a la de una estrella de la canción.*
ANT incomparable.
DER incomparable.

comparación *n. f.* **1** Observación o examen de dos o más cosas para encontrar las características que las hacen semejantes o diferentes: *en comparación, este restaurante es mejor que el de ayer.* **2** Conjunto de características que hacen semejantes o distintas dos cosas: *la comparación de este billete con los otros indica que es falso.* **SIN** símil. **3** Uso de una palabra o un pensamiento basándose en la relación de semejanza o diferencia que tiene con otra palabra con la cual se la compara expresamente: *la expresión* la juventud es como la primavera de la vida *es una comparación.*
SIN símil.

comparar *v. tr.* **1** Poner juntas, una al lado o a continuación de otra u otras, dos o más cosas para encontrar parecidos y apreciar diferencias entre ellas: *después de comparar las dos versiones de la película, prefiero la primera.* **SIN** contraponer, cotejar. **2** Establecer una relación de similitud o equivalencia entre dos o más cosas: *la llegada del hombre a la Luna se llegó a comparar con el descubrimiento de América.*
DER comparable, comparación, comparativa, comparativo.

comparativo, -va *adj.* **1** Que compara o sirve para comparar o que expresa una comparación: *han publicado un estudio comparativo entre varios modelos de automóvil familiar.* ◇ *adj./n. m.* **2** GRAM. [adjetivo, adverbio] Que expresa comparación: *el adjetivo* mayor *es un comparativo que indica superioridad.* ◇ *adj./n. f.* **3** GRAM. [oración] Que expresa una comparación entre dos acciones, procesos o estados o entre dos personas o cosas, estableciendo su igualdad o desigualdad respecto de los aspectos que se precisan: *en el campo se está más tranquilo que en la playa es una oración comparativa.*

comparecencia *n. f.* Presentación de una persona en un lugar al que había sido convocada o en el que se había comprometido a estar: *comparecencia ante los medios informativos; comparecencia ante un juez; comparecencia del presidente del gobierno en el Congreso de los Diputados.*
DER incomparecencia.

comparecer *v. intr.* Presentarse una persona en un lugar al que había sido convocada o en el que se había comprometido a estar: *comparecer ante las cámaras de televisión; comparecer delante de un tribunal en calidad de acusado; comparecer en el Parlamento para contestar a las preguntas de los diputados.*
DER comparecencia.
ETIM *Comparecer* procede del latín *comparescere*, que tenía el mismo significado, voz con la que también está relacionada *comparsa.*
OBS En su conjugación, la *c* se convierte en *zc* delante de *a* y *o*, como en *agradecer.*

comparsa *n. f.* **1** Conjunto de personas disfrazadas con trajes de una misma clase que participan en una fiesta popular: *las comparsas de carnavales, las comparsas de la feria de un pueblo.* **2** Conjunto de personas que representan papeles de poca importancia en una obra de teatro o cinematográfica o en otro espectáculo y aparecen en escena sin apenas hablar: *la comparsa en el teatro es casi como parte del decorado.* **SIN** acompañamiento. ◇ *n. com.* **3** Persona que forma parte de ese conjunto: *varios comparsas de la ópera se desmayaron durante los interminables ensayos.* **4** Persona que carece del poder y la capacidad de decisión que su puesto conlleva; a veces se aplica también a ciertos conjuntos de personas: *es un director muy individualista y sus colaboradores son meros comparsas en la empresa; es un equipo muy modesto y tiene un papel de simple comparsa en la liga.*
ETIM Véase *comparecer.*

compartimento o **compartimiento** *n. m.* Zona en que se divide un lugar o espacio separada de las demás: *el compartimento de un vagón de tren.* **SIN** departamento.
☞ avión. **compartimento estanco** Zona que puede aislarse completamente del resto de un lugar, especialmente en el interior de un buque: *el casco de muchos barcos incluye compartimentos estancos que se cierran herméticamente en caso de entrada de agua.*
OBS La Real Academia Española admite *compartimento*, pero prefiere la forma *compartimiento.*

compartir *v. tr.* **1** Usar o tener una cosa en común con otros: *compartir un piso varios amigos; compartir un territorio de caza varios animales.* **2** Dividir en partes una cosa para repartirla entre varios: *compartir un bocadillo.* **3** Comunicar a otra u otras personas ideas o sentimientos particulares: *solía compartir con algunos amigos sus deseos de éxito y triun-*

fo. **4** Participar de las ideas o los sentimientos de los demás: *conozco sus ideas, pero no las comparto*.
DER compartimiento.

compás *n. m.* **1** Instrumento de dibujo formado por dos piezas alargadas puntiagudas unidas entre sí en un extremo para que puedan abrirse y cerrarse; sirve para trazar arcos o circunferencias y medir distancias entre dos puntos de una superficie. **2** MÚS. Signo que determina el ritmo de una composición musical, la colocación de acentos y el valor de las notas empleadas: *el signo de compás se escribe al inicio del pentagrama y cada vez que se altera*. **3** MÚS. Período de tiempo regular en que se divide una composición musical de acuerdo con la situación y el valor de este signo: *el tenor comienza a cantar en el cuarto compás*. **4** MÚS. Ritmo de una composición musical o de una parte de ella: *el cantaor marcaba el compás dándose palmaditas en la rodilla*.
compás de espera *a*) Detención o disminución de la actividad de un asunto durante un tiempo, generalmente corto: *la bolsa vive un compás de espera a raíz de las próximas reformas económicas*. *b*) Período de tiempo que dura esta detención o disminución de la actividad: *se fue la luz en la fábrica, y durante el compás de espera los trabajadores hicieron una asamblea*.
primeros compases Primeros momentos de una actuación o de la realización de algo: *durante los primeros compases del combate, ambos púgiles estuvieron estudiándose*.

compasión *n. f.* Sentimiento de pena y lástima por la desgracia o el sufrimiento que padece otra persona: *el asesino no tenía compasión de sus víctimas*. **SIN** conmiseración, misericordia, piedad.

compasivo, -va *adj.* [persona] Que muestra un sentimiento de pena y lástima por la desgracia o el sufrimiento que padece otra persona o que tiene tendencia natural a tener ese sentimiento: *el soldado se comportó de manera compasiva con los prisioneros*; *el párroco era persona buena y compasiva*. **SIN** clemente.

compatibilidad *n. f.* **1** Posibilidad que tiene una cosa de existir, ocurrir o hacerse al mismo tiempo que otra o de manera conjunta: *hay que encontrar la compatibilidad entre desarrollo tecnológico y bienestar social*; *debes consultar al médico sobre la compatibilidad de estos medicamentos*. **ANT** incompatibilidad. **2** INFORM. Posibilidad de relacionar archivos informáticos producidos con programas o sistemas distintos sin que se altere la información.

compatibilizar *v. tr.* Hacer compatible: *compatibilizar los estudios con el trabajo*.

compatible *adj.* **1** Que puede existir, ocurrir o hacerse al mismo tiempo que otra cosa o de manera conjunta: *le parece compatible escuchar música y estudiar a la vez*. **ANT** incompatible. ◇ *adj./n. m.* **2** INFORM. [aparato, programa] Que utiliza un sistema de proceso de datos que le permite funcionar relacionado con otro aparato o programa sin que se pierda o se altere la información.
DER compatibilidad, compatibilizar; incompatible.
ETIM Véase *compadecer*.

compatriota *n. com.* Persona de la misma patria que otra.

compeler *v. tr.* Obligar a una persona por la fuerza o con el poder de la autoridad a que haga una cosa en contra de su voluntad: *muchos conductores se ven compelidos a llevar puesto el cinturón de seguridad*.

compendiar *v. tr.* Reducir un escrito a lo esencial: *compendiar el argumento de una película en un pequeño resumen de periódico*.

compendio *n. m.* **1** Exposición breve del contenido de un asunto o una materia: *necesito un compendio de química orgánica para preparar el examen*. **SIN** resumen, síntesis. **2** Conjunto de las características más importantes y significativas de un hecho, asunto o materia: *la obra más famosa de Velázquez*, Las Meninas, *puede interpretarse como un verdadero compendio de toda su pintura*; *era un gafe, y su vida, un compendio de todas las desgracias*.
DER compendiar.

compenetración *n. f.* Entendimiento entre dos o más personas debido a la identificación de su forma de pensar, actuar y sentir: *la compenetración entre los jugadores y el entrenador es fundamental para el éxito de un equipo*.

compenetrarse *v. prnl.* Entenderse perfectamente dos o más personas debido a la identificación de su forma de pensar, actuar y sentir: *es un buen profesor porque sabe compenetrarse con sus alumnos a las mil maravillas*.
DER compenetración.

compensación *n. f.* **1** Contrapartida con que se corresponde a lo que se recibe de otra persona o como premio de sus actos: *creo que merece una compensación por todos los sacrificios que ha hecho por ti*. **SIN** recompensa. **2** Contrapartida por un daño o un perjuicio recibido: *ha recibido cuatro millones de pesetas en compensación por la pérdida de la vista*. **SIN** indemnización. **3** Anulación o igualación de un efecto con el contrario: *entre lo que pago y lo que cobro tiene que haber una compensación*. **ANT** descompensación.

compensar *v. tr.* **1** Anular o igualar los efectos de una cosa con una acción contraria: *en los negocios es bueno compensar los gastos con los beneficios*. **SIN** contrarrestar, neutralizar. **ANT** descompensar. **2** Dar una contrapartida como indemnización por lo que se recibe de otra persona o como premio de sus actos: *el jefe nos compensará las horas extras con un aumento de sueldo*. **SIN** recompensar, resarcir. ◇ *v. intr.* **3** Merecer la pena: *me compensa quedarme a comer porque ahorro tiempo*.
DER compensación; descompensar, recompensar.

competencia *n. f.* **1** Rivalidad o lucha para conseguir una misma cosa: *hay competencia entre empresas o comerciantes cuando venden los mismos o muy parecidos productos*; *cuando hay mucha competencia, las empresas bajan los precios*. **2** Persona o empresa que se opone a otra porque fabrica o vende el mismo o muy parecido producto: *Emilio trabaja ahora para la competencia*. **3** Obligación que corresponde a una persona o institución, especialmente por su cargo o condición: *el nuevo ayuntamiento asumirá sus competencias el mes próximo*. **SIN** incumbencia. **4** Capacidad o aptitud para realizar un trabajo o desempeñar una función importante: *ha demostrado una gran competencia en el desempeño de su cargo*. **5** Autorización legal para intervenir en un asunto: *el juez tiene competencia para abrir de nuevo la investigación*. **SIN** atribución.

competente *adj.* **1** Que tiene experiencia y buenas cualidades o conocimientos para hacer un trabajo o desempeñar una función: *una secretaria competente*. **2** [persona, institución] Que está obligada a hacer algo por razón de su cargo o empleo: *las autoridades competentes darán mañana una explicación de lo ocurrido*.
DER incompetente.

competer *v. intr.* Corresponder o tener como obligación por razón de un cargo o empleo: *cada uno será responsable de lo que le competa*. **SIN** atañer, concernir, incumbir.
DER competencia, competente.

competición *n. f.* **1** Lucha o enfrentamiento para conseguir una misma cosa: *mi negocio no quiere entrar en competi-*

competidor

ción con el tuyo. **2** Prueba deportiva en la que se mide la fuerza y la habilidad de los participantes: *mañana comienza la competición de atletismo.*

competidor, -ra *adj./n. m. y f.* Que lucha con otros o se opone a ellos para conseguir un mismo fin: *la empresa no quiere que su nuevo producto sea conocido por sus competidores mientras no se lance al mercado.* **SIN** contrincante, rival.

competir *v. intr.* **1** Luchar con otros para conseguir un mismo fin: *los dos corredores compiten por la medalla de oro.* **SIN** contender, disputar, rivalizar. **2** Igualar una cosa a otra en calidad o perfección: *algunos de nuestros vinos son tan buenos, que pueden competir con los de Francia.*
DER competición, competidor, competitivo.
OBS En su conjugación, la e se convierte en *i* en algunos tiempos y personas, como en *servir.*

competitividad *n. f.* **1** Capacidad para igualar a otros en la consecución de un mismo fin: *durante estos años ha mejorado notablemente la competitividad de nuestros productos, porque son mejores y más baratos.* **2** Rivalidad o lucha intensa para conseguir un fin: *la liga de fútbol se caracteriza por su competitividad.*

competitivo, -va *adj.* **1** De la competición o que tiene relación con ella: *¿cómo sobrevivirá esta pequeña empresa en el mundo tan competitivo de los negocios?* **2** Que es capaz de competir o igualar a otros en la consecución de un mismo fin: *los productos españoles tienen precios muy competitivos.*
DER competitividad.

compilación *n. f.* Reunión en una misma obra de partes o extractos procedentes de varios libros o documentos: *una compilación de poesía moderna.* **SIN** recopilación.

compilar *v. tr.* Reunir en una misma obra partes o extractos procedentes de varios libros o documentos: *para hacer bien la investigación, debes empezar por compilar los datos que encuentres en la bibliografía.* **SIN** recopilar.
DER compilación, compilador; recopilar.

compinche *n. com.* **1** *coloquial* Amigo, compañero. **2** *coloquial* Amigote, compañero de francachelas y fechorías: *han sido detenidos el ladrón y sus compinches.*
DER compincharse.

complacencia *n. f.* Satisfacción o placer con que se hace algo: *el abuelo miraba a sus nietos con complacencia.*

complacer *v. tr.* **1** Causar agrado o satisfacción a una persona: *Juan me complace en todos mis caprichos; me gustaría complacerte, pero es imposible.* **SIN** agradar, contentar. ◇ *v. prnl.* **2 complacerse** Alegrarse, sentir agrado o satisfacción por algo: *los novios se complacen en anunciar su próximo casamiento.*
OBS En su conjugación, la c se convierte en *zc* delante de *a* y *o,* como en *nacer.*

complaciente *adj.* **1** Que causa agrado o satisfacción a una persona: *una sonrisa complaciente, una actitud complaciente.* **2** Que complace o satisface los deseos de alguien: *intenta ser un poco complaciente con tu padre, y al menos vuelve temprano.*

complejidad *n. f.* Dificultad para comprender un concepto, hecho o mecanismo debido al gran número de partes de que se compone: *la complejidad del problema; una materia de gran complejidad.* **SIN** complicación.

complejo, -ja *adj.* **1** Que se compone de gran número de partes o elementos: *la compañía tiene una estructura de organización muy compleja.* **SIN** complicado. **2** Que es difícil de entender o explicar, especialmente porque consta de muchas partes: *la trama de la película era tan compleja, que no la pude entender; tiene una personalidad muy compleja, y*

algunas veces siento que no la conozco en absoluto. **SIN** complicado. ◇ *n. m.* **3** Conjunto o unión de varios elementos: *un complejo vitamínico; complejo químico.* **4** Conjunto de edificios o establecimientos situados en un mismo lugar y en los que se desarrolla una misma actividad: *complejos comerciales; complejos industriales; un gran complejo turístico y hotelero.* **5** Conjunto de ideas y sentimientos desfavorables que una persona tiene en su subconsciente y que influyen en su personalidad y en su conducta: *Eva es una persona con muchos complejos.* **complejo de Edipo** Atracción sexual que siente un hijo por el progenitor del sexo contrario acompañada de rechazo hacia el del mismo sexo: *el niño tenía complejo de Edipo y parecía estar enamorado de su madre.* **complejo de inferioridad** Conjunto de ideas que hacen sentirse a una persona con poco valor o inferior a los demás: *la sordera le ha producido un fuerte complejo de inferioridad.*
DER complejidad, complexión; acomplejar.

complementar *v. tr./prnl.* **1** Añadir a una cosa lo que le falta para completarla o perfeccionarla: *la enciclopedia se complementa con un volumen de índices.* **SIN** completar. **2** GRAM. Completar el significado de uno o varios componentes de la oración: *el objeto complementa al verbo.* ◇ *v. prnl.* **3 complementarse** Combinarse dos cosas diferentes de manera que el efecto resultante sea mejor que el de cada una por separado: *Juan y yo nos complementamos; las fresas y la nata se complementan perfectamente.*

complementario, -ria *adj.* Que sirve para completar o perfeccionar: *mi familia y el trabajo desempeñan un papel muy importante en mi vida: cada uno satisface necesidades diferentes, pero complementarias.*

complemento *n. m.* **1** Cosa, cualidad o circunstancia que se añade a una cosa para hacerla más completa o perfecta: *un atlas es un buen complemento de un libro de geografía.* **2** GRAM. Parte de una oración que completa el significado de uno o más de sus componentes: *en la casa del padre, del padre es complemento de casa.* **complemento circunstancial** Complemento del verbo que da información sobre el lugar, tiempo, modo u otras circunstancias: *en la oración ayer recibí una carta, ayer es un complemento circunstancial de tiempo.* **complemento directo** Palabra o sintagma que completa el significado de un verbo transitivo: *en la oración los novios han invitado a sus amigos, sus amigos es el complemento directo.* **SIN** objeto directo. **complemento indirecto** Palabra o sintagma que completa el significado de un verbo transitivo o intransitivo expresando el destinatario o beneficiario de la acción: *en la oración escribí una carta a María, a María es el complemento indirecto.* **SIN** objeto indirecto.
DER complementar, complementario.
ETIM Véase *cumplir.*

completar *v. tr./prnl.* Añadir a una cosa lo que le falta para completarla o perfeccionarla: *sólo necesitan un niño parar completar su felicidad; el ejercicio consiste en completar las frases con las palabras que falten.* **SIN** complementar.

completo, -ta *adj.* **1** Que está lleno o con todos los sitios ocupados: *el cine está completo, ya no quedan entradas.* **SIN** pleno. **2** Que tiene todos sus elementos o partes: *las obras completas de Shakespeare.* **3** Perfecto o acabado: *tengo completa la colección de sellos.* **4** Total o en todos sus aspectos: *este hombre es un completo imbécil; necesito un descanso, un cambio completo de escena.*
DER completamente, completar, completivo; incompleto.
ETIM Véase *cumplir.*

complexión *n. f.* Naturaleza de un organismo vivo en relación con el desarrollo, la estructura y el funcionamiento de su cuerpo: *ella es pequeña, pero su hermano es de complexión fuerte*. **SIN** constitución, contextura.

complicación *n. f.* **1** Circunstancia que hace difícil o más difícil una situación: *si surge alguna complicación, házmelo saber*. **SIN** dificultad, lío. **2** Dificultad que conllevan las cosas que constan de muchas partes: *los medios de comunicación hablan de la complicación de las negociaciones de paz*. **SIN** complejidad. **3** Participación en un asunto delictivo: *Márquez ha sido detenido por su complicación en el delito*. **SIN** implicación. **4** Problema de salud añadido que agrava una enfermedad ya existente: *si no hay complicaciones, el doctor dice que podrá abandonar el hospital en una semana*.

complicado, -da *adj.* **1** Que es difícil de entender o explicar: *tengo que rellenar este formulario tan complicado; es una mujer complicada*. **SIN** complejo. **2** Que se compone de gran número de elementos: *esta máquina parece demasiado complicada para mí*. **SIN** complejo, sofisticado. **ANT** simple.

complicar *v. tr./prnl.* **1** Hacer difícil o más difícil una cosa: *la operación de rescate se ha complicado a causa del mal tiempo*. **2** Comprometer o implicar a una persona en un asunto: *Martín ha complicado a su familia en el contrabando*.
DER complicación, complicado.
ETIM Véase *plegar*.
OBS En su conjugación, la *c* se convierte en *qu* delante de *e*.

cómplice *adj.* **1** Que muestra complicidad o colaboración: *los dos amigos se intercambiaron una mirada cómplice*. ◇ *n. com.* **2** Persona que ayuda a cometer un delito o participa en él: *la policía sospecha que los atracadores debieron de contar con un cómplice dentro del banco; los cómplices de un asesinato también son condenados*. **3** Persona que participa con otra en una actividad o está de acuerdo con ella: *Laura y María eran cómplices en la broma*.

complicidad *n. f.* **1** Participación o ayuda en la comisión de un delito: *la complicidad de estas dos personas quedó demostrada en el juicio*. **2** Colaboración en algo que no debe divulgarse: *contamos con tu complicidad para sorprender a tu hermana*.

complot *n. m.* Acuerdo secreto entre dos o más personas para hacer algo, especialmente si es ilícito o perjudicial para otro. **SIN** confabulación, conjura, conspiración.
OBS El plural es *complots*.

componedor, -ra *n. m. y f.* Persona que se dedica a componer una obra literaria o científica: *el componedor ha dicho que ya ha terminado de componer el libro*. **SIN** compositor.

componenda *n. f.* Arreglo o acuerdo que es censurable o inmoral: *el gobierno se anda con mil componendas, en lugar de obligar a dimitir a los acusados de corrupción*.

componente *adj./n. m.* **1** Que compone o forma parte de un todo: *frutas y verduras frescas son los componentes esenciales de una dieta saludable*. ◇ *n. com.* **2** Persona que forma parte de un grupo o un equipo: *es conveniente que los componentes de un equipo de fútbol se entiendan bien entre ellos*.
DER microcomponente.

componer *v. tr.* **1** Formar una cosa colocando ordenadamente sus diversas partes: *juntar flores para componer un ramo*. **2** Escribir una obra musical, literaria o científica: *algunos músicos no componen, sólo tocan; ha compuesto un bello poema*. **SIN** construir. **3** Ordenar o reparar, generalmente lo que está desordenado, roto o que no funciona: *María rompió un jarrón, pero pudo componerlo y pegarlo*. ◇ *v. tr./prnl.* **4** Formar diversas personas o elementos un grupo o conjunto: *vamos a estudiar los huesos que componen el esqueleto; el agua se compone de oxígeno e hidrógeno*. **5** Adornar, arreglar a una persona: *compónte antes de salir, que estás hecha un adefesio*.

componérselas Hallar la solución a los problemas por uno mismo: *si tiene un problema, que se las componga como pueda*.
DER componedor, componenda, componente, composición, compositor, compostura, compuesto; descomponer, fotocomponer, recomponer.
OBS El participio es *compuesto*. ◇ Se conjuga como *poner*.

comportamiento *n. m.* Manera de actuar una persona: *el niño tiene un buen comportamiento*. **SIN** conducta.

comportar *v. tr.* **1** Tener como resultado o producir como consecuencia directa: *la guerra comporta la destrucción de muchos valores*. **SIN** conllevar, implicar, suponer. ◇ *v. prnl.* **2 comportarse** Actuar o portarse de una manera determinada: *compórtate educadamente*.
DER comportamiento.

composición *n. f.* **1** Formación de un todo o un conjunto unificado juntando en cierto orden una serie de elementos: *el entrenador es el encargado de la composición del equipo*. **2** Conjunto de elementos ordenados: *el entrenador ha realizado algunos cambios en la composición del equipo*. **3** Conjunto de elementos que componen una sustancia; manera en que está compuesta: *lee la composición del medicamento antes de tomarlo; ¿cuál es la composición de esta roca?* **4** Conjunto de líneas compuestas que forman el texto de una galerada o una página antes de la impresión: *la composición de ese libro está en galeradas y hay que corregirla*. **5** Creación de una obra científica, literaria o musical: *algunos novelistas dedican mucho tiempo a la composición de sus obras*. **6** Obra científica, literaria o musical: *este concierto es una de sus primeras composiciones*. **composición poética** Poema, obra en verso: *las composiciones poéticas de Cernuda están llenas de sensibilidad*. **7** Arte o técnica de escribir obras musicales: *en el conservatorio estudio piano y composición*. **8** Manera en que están dispuestas las figuras representadas en una fotografía, una pintura o una escultura: *la composición de este cuadro es muy original*. **9** Ejercicio de redacción que hacen los alumnos como tarea escolar para mejorar sus habilidades en el lenguaje escrito: *escribid una composición sobre vuestras aficiones; una composición de 200 palabras*. **10** GRAM. Procedimiento para formar palabras nuevas mediante la unión de dos o más palabras que ya existen en la lengua: *sacacorchos se ha formado por composición de sacar y corcho*.

hacer (o **hacerse**) **una composición de lugar** Pensar detenidamente en las circunstancias que rodean a un asunto y hacer un proyecto para ejecutarlo con éxito: *antes de tomar una decisión, debemos hacer una composición de lugar*.

compositivo, -va *adj.* [afijo, elemento] Que forma una palabra compuesta: *muchas raíces griegas son utilizadas como elementos compositivos*.

compositor, -ra *n. m. y f.* **1** Persona que compone obras musicales: *Falla, Granados y Albéniz son grandes compositores españoles*. **2** Persona que se dedica a componer el texto de una obra literaria o científica: *el compositor está acabando de componer la obra*. **SIN** componedor.

compostelano, -na *adj.* **1** De Santiago de Compostela o que tiene relación con esta ciudad de la provincia de La Coruña. ◇ *adj./n. m. y f.* **2** [persona] Que es de Santiago de Compostela.

compostura *n. f.* **1** Moderación, comedimiento y tem-

compota

planza en el decir y en el obrar: *mantuvo la compostura a pesar de su ira.* **2** Presentación limpia y aseada de una persona o una cosa: *para entrar en el templo hay que tener compostura en el vestir.* **3** Arreglo de una cosa rota o estropeada: *la compostura del aparato de radio le saldría más cara que la compra de uno nuevo.*

compota *n. f.* Dulce que se hace con frutas cocidas en agua y azúcar: *compota de manzana.*

compra *n. f.* **1** Obtención de una cosa a cambio de dinero: *creo que con este piso hemos hecho una buena compra.* **SIN** adquisición. **ANT** venta. **2** Conjunto de cosas que se obtienen a cambio de dinero, especialmente el de los comestibles que se adquieren para el consumo diario: *los viernes hago la compra para toda la semana; ayúdame a subir la compra.* **ANT** venta.
DER compraventa.

comprador, -ra *adj./n. m. y f.* [persona] Que obtiene una cosa a cambio de dinero: *tenemos dos compradores para su piso.* **SIN** cliente.

comprar *v. tr.* **1** Obtener una cosa a cambio de dinero: *la mayoría de la gente compra ahora con tarjeta de crédito.* **SIN** adquirir. **ANT** vender. **2** Dar dinero u otra recompensa a una persona para que haga algo que es ilícito o injusto: *el entrenador intentó comprar al árbitro para ganar el partido.* **SIN** sobornar.
DER compra, comprador.

compraventa *n. f.* Comercio en el que una persona compra un producto, generalmente usado, para venderlo después: *un negocio de compraventa de libros.*

comprender *v. tr.* **1** Tener idea clara de lo que se dice, se hace o sucede: *¿me comprendes?; no he comprendido la explicación del profesor de física.* **2** Considerar justos o razonables unos actos o unos sentimientos: *nunca comprenderé por qué lo hizo.* **SIN** entender. **3** Contener o incluir dentro de sí: *el examen comprende tres partes.* **SIN** abarcar, englobar.
DER comprensible, comprensión, comprensivo; incomprendido.

comprensible *adj.* Que se puede comprender: *su actitud es fácilmente comprensible; un lenguaje comprensible.* **ANT** incomprensible.

comprensión *n. f.* **1** Asimilación clara de lo que se dice, se hace o sucede: *la comprensión del texto es fundamental para el estudio.* **2** Capacidad para entender algo: *me asombra la comprensión de un niño tan pequeño.* **3** Actitud tolerante y respetuosa hacia los sentimientos o los actos de otras personas: *Juan muestra una gran comprensión hacia mis problemas.* **SIN** tolerancia. **ANT** incomprensión.

comprensivo, -va *adj.* **1** Que es capaz de comprender ciertos actos o sentimientos de los demás y de ser tolerante con ellos: *deberías ser más comprensivo con tus hijos.* **SIN** tolerante. **2** Completo, que incluye todo lo que es necesario: *el estudio pretende ser un análisis comprensivo de la sociedad española actual.*

compresa *n. f.* **1** Tejido de algodón u otro material absorbente, generalmente esterilizado, que se dobla dos o más veces y se usa para cubrir heridas, contener hemorragias o aplicar frío, calor o un medicamento: *ponle compresas de agua fría para bajar la fiebre al niño.* **2** Tira desechable de celulosa o material semejante que sirve para absorber secreciones del cuerpo humano, principalmente el flujo menstrual de la mujer: *mañana iré a la farmacia a comprar un paquete de compresas.*

compresión *n. f.* **1** Reducción de una cosa, generalmente un líquido o un gas, a menor volumen. **2** Presión que alcanza la mezcla en el cilindro de un motor antes de que se produzca la explosión: *en el motor del coche se produce la compresión, y la chispa eléctrica inflama el combustible.*

compresor *n. m.* Aparato que sirve para reducir a menor volumen un líquido o un gas por medio de la presión: *para pintar con pistola, se necesita un compresor de aire.*
DER descompresor, motocompresor, termocompresor, turbocompresor.

comprimido *n. m.* Medicamento en forma de pastilla redonda y pequeña que se obtiene por compresión de sus ingredientes reducidos a polvo: *el médico me ha recetado unos comprimidos para el dolor de estómago.* **SIN** pastilla, píldora, tableta.

comprimir *v. tr./prnl.* Reducir a menor volumen, generalmente por medio de la presión: *he conseguido comprimir diez páginas de citas en cuatro párrafos.* **SIN** condensar.
DER compresa, compresión, compresor; comprimido.

comprobación *n. f.* Prueba o confirmación de que algo es verdad o funciona bien: *Hacienda realiza la comprobación de las declaraciones de la renta; enchufé el aparato para hacer una comprobación del funcionamiento.*

comprobante *n. m.* Documento en el que queda constancia de la realización de algo: *el comprobante de compra, el comprobante de un banco.* **SIN** justificante.

comprobar *v. tr.* Probar o confirmar que algo es verdad o que funciona bien: *antes de comprar el coche, comprueba que funciona bien.* **SIN** verificar.
DER comprobación, comprobante.
OBS En su conjugación, la *o* se convierte en *ue* en sílaba acentuada, como en *contar*.

comprometer *v. tr./prnl.* **1** Poner a una persona o cosa en una situación difícil o peligrosa: *si cuentas este secreto, me comprometerás a mí y a la persona que me lo contó; comprometer los intereses de la nación.* **2** Mencionar o incluir el nombre de una persona en relación con la comisión de un delito: *las declaraciones de los dos ex policías comprometen a altos cargos del ministerio.* ◇ *v. prnl.* **3 comprometerse** Contraer una obligación: *ella se comprometió a llevar al niño al colegio.* **4** Establecer una pareja relaciones amorosas serias o formales: *Elena se ha comprometido con Carlos.* **SIN** prometerse.
DER comprometido, compromiso.

comprometido, -da *adj.* Peligroso, complicado o difícil: *una situación comprometida.*
OBS Es el participio de *comprometer.*

compromisario, -ria *adj./n. m. y f.* [persona] Que representa a otras que han delegado en ella para realizar o resolver algo.

compromiso *n. m.* **1** Obligación, responsabilidad que se contrae: *el gobierno debe asumir los compromisos que contrajo durante la campaña electoral; lo siento, no puedo ir porque tengo un compromiso.* **2** Situación difícil, complicada o embarazosa: *la escritora sabe que éste es el compromiso más importante de su carrera.* **3** Promesa mutua de matrimonio: *dieron una fiesta para anunciar su compromiso.* **4** Acuerdo por el que dos partes enfrentadas reducen sus demandas o cambian sus opiniones en un intento de llegar a un entendimiento: *se espera que en las conversaciones de hoy se alcance un compromiso.*
DER compromisario.

compuerta *n. f.* Puerta fuerte, de madera o metal, que sirve para graduar o cortar el paso del agua en los canales, los diques o las presas: *la presa ha abierto sus compuertas por lo mucho que llovía.*

compuesto, -ta *adj.* **1** Que está formado por dos o más elementos: *el agua es una sustancia compuesta.* ◇ *adj./n. f.* **2** [planta] Que posee flores pequeñas agrupadas entre sí, de manera que parecen formar una sola flor: *el girasol y la margarita son plantas compuestas.* ◇ *n. m.* **3** QUÍM. Sustancia que se forma combinando dos o más elementos en una proporción fija: *la sal es un compuesto de cloro y sodio.* **4** Mezcla o unión de personas o cosas distintas que componen un todo: *su último concierto fue un compuesto de luz y sonido lleno de efectos especiales.* **SIN** combinación. **5** GRAM. Palabra formada por la unión de dos o más palabras que ya existían en la lengua: *sacapuntas y lavaplatos son compuestos.* **ANT** simple.
OBS Es el participio de *componer*.

compulsa *n. f.* Copia legalizada de un documento original: *deben traer una compulsa del documento.*

compulsar *v. tr.* Certificar oficialmente que un documento es una copia legal de un original: *presentó la fotocopia del expediente de la carrera junto al original para que la compulsaran.*
DER compulsa.

compulsivo, -va *adj.* [persona] Que siente impulsos muy fuertes e incontrolables: *un ladrón compulsivo, un comprador compulsivo.*

compungido, -da *adj.* Que siente tristeza por algo que ha hecho mal o por el dolor ajeno: *no le regañes más, ¿no ves que está muy compungido?*

compungirse *v. prnl.* Entristecerse, especialmente por algo que se ha hecho mal o por el dolor ajeno: *me compungí cuando lo vi tan triste y apenado.*
OBS En su conjugación, la g se convierte en j delante de *a* y *o*.

computador *n. m.* Máquina capaz de tratar la información automáticamente mediante operaciones matemáticas y lógicas realizadas con mucha rapidez y controladas por programas informáticos: *los datos de los contribuyentes se procesan en una computadora.* **SIN** ordenador.
DER computadorizar, computarizar, computerizar.
OBS Se usa con frecuencia en el español de América. En España se usa más *ordenador*.

computadora *n. f.* Computador, máquina capaz de tratar la información.

computar *v. tr.* **1** Contar o calcular con números, especialmente días y años: *vamos a computar los días de trabajo hasta esta fecha.* **2** Tener en cuenta o considerar un dato como equivalente de otro en determinados casos: *para calcular la jubilación se computan los años de servicio en otros cuerpos.*
DER computador, cómputo.
ETIM Véase *contar*.

cómputo *n. m.* Cáculo, operación o conjunto de operaciones matemáticas necesarias para averiguar un resultado: *para establecer el calendario laboral se ha de hacer el cómputo de las fiestas y los domingos.* **SIN** cálculo, cuenta.

comulgar *v. intr.* **1** Recibir la comunión: *la ceremonia en que se comulga por primera vez se llama primera comunión.* **2** Compartir con otra persona las mismas ideas o los mismos sentimientos: *no todos comulgan con los intereses de Luis.*

comulgar con ruedas de molino Creer cosas inverosímiles o disparatadas: *¡no intentes que comulgue con ruedas de molino, que no soy tonto!*
DER excomulgar.

común *adj.* **1** Que pertenece a dos o más personas o cosas o que tiene relación con ellas: *esta característica es común a todos los seres vivos.* **SIN** comunal. **2** Que es normal, corriente o abundante: *los pinos son muy comunes en nuestras montañas.* ◇ *n. m.* **3** Conjunto de personas que forman una comunidad: *el alcalde es elegido por el común de los habitantes del pueblo con derecho a voto.* **4** La generalidad, la mayoría de la gente: *el común de la gente busca la felicidad y el dinero.*

en común Entre dos o más personas, conjuntamente: *es mejor que trabajemos en común.*

tener en común Compartir dos o más personas una misma cualidad o circunstancia: *mi novia y yo tenemos muchas cosas en común.*

comuna *n. f.* Conjunto de personas que viven y trabajan juntas, en comunidad aparte de la sociedad organizada, compartiendo propiedades y responsabilidades: *muchos jóvenes en los años sesenta se fueron a vivir juntos en comunas.*

comunal *adj.* **1** Que pertenece a dos o más personas o cosas o que tiene relación con ellas. **SIN** común. **2** Común a todos los miembros de una comunidad, especialmente a los de un municipio: *terrenos comunales.*
DER descomunal.

comunicación *n. f.* **1** Manifestación de algo a otro u otros: *el secretario de estado hizo pública la comunicación del gobierno.* **2** Trato o relación personal: *no hay mucha comunicación entre madre e hija.* **SIN** contacto. **ANT** incomunicación. **3** Carta o mensaje escrito en que se comunica algo importante: *he recibido su comunicación del 11 de marzo, y siento informarle que no podré asistir a la conferencia.* **4** Unión o relación de dos lugares: *esta ciudad tiene buena comunicación con la capital.* **5** Texto breve sobre un tema científico que se presenta en un congreso: *en el último congreso se leyeron 100 comunicaciones.* **6** Proceso por el que se envían e interpretan mensajes de acuerdo con un código de señales o signos común a emisor y receptor: *hoy día hay numerosos estudios sobre la comunicación.* ◇ *n. f. pl.* **7 comunicaciones** Conjunto de medios que sirven para poner en contacto lugares o personas; especialmente, los servicios de correos, teléfono, telégrafo y fax y vías de comunicación como carreteras, ferrocarriles y otras: *el pueblo quedó aislado por falta de comunicaciones.*

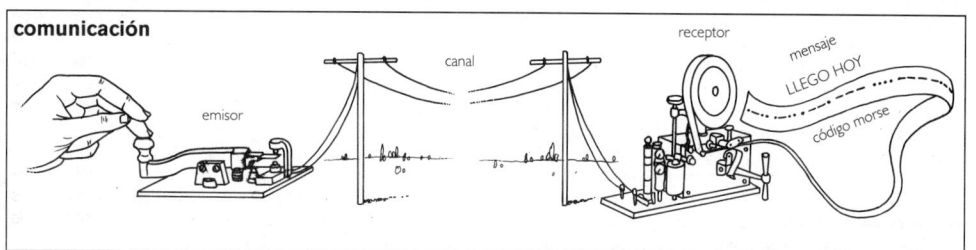

comunicación

comunicado, -da *adj.* **1** [lugar] Que está en contacto con otros lugares gracias a las vías de comunicación: *muchos pueblos de montaña están mal comunicados.* ◇ *n. m.* **2** Escrito en el que se comunica algo, especialmente el que se envía a un periódico, radio o televisión para su difusión: *la Casa Real ha emitido un comunicado negando la noticia sobre el compromiso del príncipe.*

comunicador, -ra *adj./n. m. y f.* [persona] Que posee una gran capacidad para transmitir a los demás sus opiniones y conectar con la gente: *un profesor ha de ser también un comunicador, para hacer llegar a los alumnos su entusiasmo por la materia.*

comunicar *v. tr.* **1** Hacer saber una cosa a otra persona: *el portavoz del gobierno comunicó a la prensa la noticia; nos comunicó su decisión de abandonarnos.* ◇ *v. tr./prnl.* **2** Transmitir sentimientos o emociones: *como actor, podía comunicar al público las más variadas emociones.* **3** Transmitir y recibir información por medio de un código común a emisor y receptor: *como no sabía hablar el idioma, se comunicaba con las manos.* **4** Unir o poner en relación dos lugares o espacios: *ha abierto una puerta para comunicar el salón con su despacho; los dos pueblos se comunican por un camino forestal.* ◇ *v. intr.* **5** Dar el teléfono una señal que indica que la línea está ocupada: *estuve llamándote toda la tarde y tu teléfono comunicaba.* ◇ *v. prnl.* **6 comunicarse** Tener trato o relación: *hace mucho que no me comunico con mi familia.* **7** Extenderse, pasar de un lugar a otro: *el incendio se comunicó a las casas vecinas.*
DER comunicación, comunicado, comunicador, comunicativo; incomunicar.
OBS En su conjugación, la *c* se convierte en *qu* delante de *e*.

comunicativo, -va *adj.* [persona] Que tiene facilidad para comunicarse con los demás: *María es más comunicativa que su hermana.*

comunidad *n. f.* Conjunto de personas que viven juntas bajo ciertas reglas o que tienen los mismos intereses o características: *una comunidad de propietarios, una comunidad religiosa; el tráfico de drogas es un problema muy grave, que afecta a la comunidad internacional; la comunidad mahometana.* **comunidad autónoma** Entidad con límites territoriales concretos dentro del reino de España, que está dotada de autonomía legislativa y competencias ejecutivas en todo aquello que no sea común con el resto del estado: *Galicia es una comunidad autónoma; la Comunidad Autónoma de Madrid.* **SIN** autonomía.

comunión *n. f.* **1** Sacramento de la Iglesia cristiana que consiste en la conversión del pan y el vino en el cuerpo y la sangre de Cristo por medio de la consagración; pan y vino que los fieles toman como símbolo de la muerte y sacrificio de Cristo: *se acercó al altar para recibir la comunión.* **SIN** eucaristía. **2** Ceremonia cristiana que se celebra durante un servicio religioso y en la que se recibe este sacramento: *los asistentes a la misa participan en la comunión.* **SIN** eucaristía. **primera comunión** Ceremonia solemne en la que una persona cristiana recibe por primera vez la eucaristía: *la primera comunión suele ir seguida de una fiesta.* **3** Unión en las ideas, las opiniones o los sentimientos: *entre los verdaderos amigos existe una verdadera comunión.*

comunismo *n. m.* Sistema político y económico que defiende una organización social en la que no existe la propiedad privada ni la diferencia de clases, pues los medios de producción están en manos del estado, que distribuye los bienes de manera equitativa y según las necesidades: *el comunismo se implantó en muchos países del este de Europa tras la segunda guerra gundial.*
DER comunista; anticomunismo, eurocomunismo.

comunista *adj.* **1** Del comunismo o que tiene relación con este sistema político y económico: *China es un país comunista.* ◇ *adj./n. com.* **2** [persona] Que cree en el comunismo o es partidario de él: *Lenin fue un dirigente comunista.*

comunitario, -ria *adj.* **1** De la comunidad o que tiene relación con un grupo de personas: *han arreglado la escalera del edificio con dinero comunitario.* **2** De la Unión Europea o que tiene relación con esta comunidad económica que comprende quince países de Europa: *España es un país comunitario.* Se deriva del anterior nombre, *Comunidad Económica Europea (CEE)*.

con *prep.* **1** Indica el instrumento, medio o modo de hacer algo: *¿con qué lo cortarás?* **2** Indica que se está junto a otra persona, animal o cosa o en su compañía: *he venido con mi prima.* **3** Indica que una cosa contiene o lleva junto a sí otra: *una bolsa con dinero.* **4** Indica las circunstancias de una acción: *estaba mirando con la boca abierta.* **5** Indica relación o comunicación: *yo hablo con todos; sé amable con ella.* **6** Indica una condición, cuando va delante de un infinitivo: *con llamar ya quedarás bien.* **7** Indica que lo que se dice se opone a otra cosa: *con lo caro que ha costado, y no funciona bien.*

con- Prefijo que entra en la formación de palabras expresando 'reunión', 'cooperación' o 'compañía': *confluir, convenir, condiscípulo.*
OBS Antes de *b* y *p* toma la forma *com-*: *compatriota, composición.*

conato *n. m.* Acción que termina poco después de iniciarse: *hubo un conato de incendio; un conato de rebelión.*

concatenación *n. f.* Enlace de hechos o ideas que suceden en serie o cadena: *el accidente se produjo a consecuencia de la concatenación de una serie de circunstancias desafortunadas.*

concavidad *n. f.* **1** Característica de lo que tiene forma curva más hundida en el centro que en los bordes: *la concavidad del suelo hace que cuando llueve se acumule el agua.* **ANT** convexidad. **2** Lugar o superficie que tiene forma curva más hundida en el centro que en los bordes: *se refugiaron en una concavidad de la montaña.* **ANT** convexidad.

cóncavo, -va *adj.* Que tiene forma curva más hundida en el centro que en los bordes: *la cuchara es cóncava.* **ANT** convexo. ☞ ángulo.

concebir *v. intr./tr.* **1** Formar en la imaginación una idea, una opinión o un proyecto: *concibe la sociedad como una jungla donde sólo sobrevive el más fuerte.* **SIN** idear, pensar. **2** Quedar embarazada una mujer o la hembra de un animal: *el bebé fue concebido en marzo, luego nacerá en diciembre.* **SIN** engendrar. ◇ *v. tr.* **3** Comprender o entender: *no puedo concebir semejante crueldad con los animales.* Se usa en frases negativas, referido al modo de pensar o de comportarse de otra persona. **4** Comenzar a sentir un afecto o un deseo: *sus promesas me hicieron concebir muchas ilusiones.*
DER inconcebible, preconcebir.
ETIM Concebir procede del latín *concipere*, 'contener', voz con la que también están relacionadas *concepción*, *concepto*.

conceder *v. tr.* **1** Dar quien tiene autoridad o poder para hacerlo, especialmente un favor o permiso: *le han concedido el crédito que pidió.* **SIN** otorgar. **2** Atribuir una cualidad o una condición a una persona o una cosa: *no le concedí importancia a aquel suceso.* **3** Asentir, convenir o estar de acuerdo en algún punto con una idea de una persona: *te concedo que en eso tienes razón.*

ETIM *Conceder* procede del latín *concedere*, que tenía el mismo significado, voz con la que también está relacionada *concesión*.

concejal, -la *n. m. y f.* Persona que forma parte del gobierno de un ayuntamiento: *concejal de obras públicas, concejal de cultura*. **SIN** edil.
DER concejalía.

concejalía *n. f.* **1** Departamento de un ayuntamiento que está bajo las órdenes de un concejal y cumple una función en el gobierno de un municipio: *la concejalía de Cultura, la concejalía de Sanidad*. **2** Lugar en el que trabaja un concejal: *los periodistas esperaban a los concejales en la puerta de la concejalía*. **3** Cargo del concejal: *la concejalía de Turismo ha sido ocupada por un experto en la materia*.

concejil *adj.* Del concejo o relacionado con él: *las decisiones concejiles saldrán publicadas en el periódico local*.

concejo *n. m.* **1** Corporación formada por un alcalde y varios concejales que se encarga de administrar y gobernar un pueblo o ciudad: *el concejo se reunirá hoy para tomar decisiones sobre las fiestas*. **SIN** ayuntamiento, cabildo, consistorio. **2** Edificio en el que trabaja este grupo de personas: *el concejo de este pueblo es un edificio antiguo con mucho encanto*. **SIN** ayuntamiento, cabildo, consistorio. **3** Junta o reunión celebrada por los miembros de esta corporación: *en el concejo de hoy se tratará el tema de los presupuestos*. **SIN** cabildo, consistorio. **4** Conjunto de habitantes regidos por un ayuntamiento. **5** Término municipal sobre el que un ayuntamiento tiene jurisdicción: *el contenido del bando municipal afecta a todo el concejo*.
DER concejal.

concelebrar *v. tr./intr.* Celebrar la misa varios sacerdotes: *varios obispos concelebraron la misa solemne*.

concentración *n. f.* **1** Reunión o acumulación de personas, animales o cosas en un solo punto: *hay una gran concentración de tropas en la zona; se opone a la concentración de poder en las manos de una sola persona*. **concentración parcelaria** Agrupación de varias fincas rústicas de pequeña extensión pertenecientes a diversos dueños con objeto de repartirlas nuevamente según criterios de racionalidad con vistas a mejorar el cultivo. **2** Atención fija en lo que se hace o en lo que se piensa hasta llegar a aislarse de lo demás: *con ese ruido la concentración es imposible*. **SIN** abstracción, ensimismamiento. **3** QUÍM. Relación que existe entre la cantidad de sustancia disuelta y la del disolvente: *se ha encontrado una alta concentración de elementos tóxicos en varias zonas contaminadas del mar*. **4** Aislamiento de un equipo deportivo antes de un partido o una competición: *el atleta se fue de la concentración sin permiso de su entrenador*. **5** Reunión de muchas personas en un mismo lugar para hacer una petición o una manifestación pública: *una concentración de jóvenes llegó hasta la plaza cantando por la paz*.

concentrar *v. tr./prnl.* **1** Reunir o acumular personas, animales o cosas en un solo punto: *la mayoría de la población se concentra en el norte del país; en la estación seca, los animales tienden a concentrarse en las zonas donde hay agua*. **2** QUÍM. Hacer que una sustancia o un líquido se vuelva más denso, más espeso y más fuerte al gusto, eliminando parte del agua que contiene: *la solución puede concentrarse si se hierve*. ◇ *v. prnl.* **3 concentrarse** Poner toda la atención en lo que se hace o en lo que se piensa hasta llegar a aislarse de todo lo demás: *¿puedes bajar la música? No puedo concentrarme*. **SIN** abstraerse, ensimismarse. **ANT** descentrar. **4** Reunirse y aislarse un equipo deportivo antes de un partido o una competición: *la selección de fútbol se ha concentrado en un hotel de Sevilla*.

DER concentración, concentrado; reconcentrar.

concéntrico, -ca *adj.* [figura, sólido] Que tiene el mismo centro que otro: *dibujó dos circunferencias concéntricas*.

concepción *n. f.* **1** Formación en la imaginación de una idea o un proyecto: *creo que su forma de escribir es horrible, y la concepción de su novela, peor incluso; ¿quién es el responsable de la concepción de este plan?* **2** Idea que se tiene acerca de algo, o manera de entender una situación o un hecho: *su concepción de la gente es que es básicamente buena; las personas de culturas diferentes tienen una concepción distinta del mundo*. **SIN** concepto. **3** Proceso durante el cual un espermatozoide fecunda un óvulo, dando origen a una nueva vida: *ahora es posible la concepción fuera del cuerpo de la mujer*.

conceptismo *n. m.* Estilo literario del barroco español caracterizado por el uso de formas poéticas de difícil comprensión, basadas en la asociación ingeniosa y rebuscada de los conceptos expresados por las palabras: *el conceptismo floreció a finales del siglo XVI y principios del XVII y su máximo representante fue Baltasar Gracián*.

concepto *n. m.* **1** Idea que se tiene acerca de algo, o manera de entender una situación o hecho: *es muy difícil definir el concepto de belleza*. **SIN** concepción. **2** Opinión o juicio, especialmente el que se tiene de una persona: *tengo muy buen concepto de mis amigos*. **SIN** idea. **3** Título, calidad: *nos dieron una cantidad en concepto de kilometraje*.
en concepto de Con el carácter de, como: *hemos incluido varios millones de pesetas en concepto de gastos*.
DER conceptismo, conceptual, conceptuar.
ETIM Véase *concebir*.

conceptual *adj.* Del concepto o que tiene relación con él.
DER conceptualismo, conceptualizar.

conceptualismo *n. m.* FILOS. Doctrina filosófica que considera que los conceptos universales existen sólo en la mente: *el conceptualismo es una teoría intermedia entre el nominalismo y el realismo*.
DER conceptualista.

conceptualizar *v. tr.* Formar un concepto o una idea de algo: *en la infancia, es muy difícil conceptualizar estas nociones*.
DER conceptualización.
OBS En su conjugación, se escribe c delante de e.

conceptuar *v. tr.* Formar una opinión o un juicio, especialmente de una persona: *siempre te he conceptuado de inteligente*.
DER desconceptuar.
OBS En su conjugación, la u se acentúa en algunos tiempos y personas, como en *actuar*.

concernir *v. intr.* **1** Corresponder a alguien una obligación: *apagar el incendio concierne a los bomberos*. **SIN** atañer, competer, incumbir. **2** Tener algo gran interés para alguien o afectarle: *la polución y el medio ambiente son asuntos que nos conciernen a todos*.
DER concerniente.
OBS En su conjugación, la e se convierte en ie en sílaba acentuada, como en *discernir*.

concertación *n. f.* Acuerdo entre dos o más personas o entidades sobre un asunto: *actuó de intermediario en la concertación entre la patronal y los sindicatos*. **SIN** concierto, convenio.

concertado, -da *adj.* [colegio de propiedad privada] Que recibe una subvención estatal: *la mayoría de los colegios privados son concertados*.

concertar *v. tr./prnl.* **1** Decidir algo de común acuerdo dos

concertista

o más personas o entidades: *los dos países han concertado la paz; concertar una cita*. **2** Hacer que varias voces o instrumentos suenen acordes entre sí: *el violinista concertó su instrumento con el resto de la orquesta*. ◇ *v. intr.* **3** Coincidir o convenir dos cosas entre sí: *el juez supo que el acusado mentía porque las fechas no concertaban*. ◇ *v. tr./intr.* **4** GRAM. Concordar dos o más palabras en sus aspectos gramaticales: *el adjetivo debe concertar en género y número con el sustantivo al que califica*.
DER concertación, concertado, concierto; desconcertar.
OBS En su conjugación, la e se convierte en ie en sílaba acentuada, como en *acertar*.

concertista *n. com.* Músico que interviene en un concierto como solista: *es un famoso concertista de piano*.

concesión *n. f.* **1** Adjudicación o entrega de algo, especialmente por parte de una autoridad: *la concesión de los premios Nobel es siempre noticia*. **2** Permiso que concede un organismo oficial o una empresa a un particular o a otra empresa para construir, explotar un negocio o vender un producto en un área determinada: *el gobierno le ha adjudicado una concesión para explotar estos terrenos; esa empresa tiene la concesión de una famosa marca de bebidas para vender sus productos*. **3** Renuncia en favor de la idea del contrario en una discusión: *el presidente ha anunciado que no se harán concesiones en el trato a los terroristas*.

concesionario *n. m.* Persona o grupo que ha recibido de un organismo oficial o de una empresa la autorización para construir, explotar un negocio o vender un producto en una zona: *fue al concesionario de automóviles para encargar un coche nuevo*.

concesiva *adj./n. f.* **1** GRAM. [oración] Que expresa una objeción o dificultad para el cumplimiento de lo que se dice en la oración principal, sin que este obstáculo impida su realización: *en la oración compuesta aunque haga mal tiempo, saldremos, aunque haga mal tiempo es una oración subordinada concesiva*. **2** GRAM. [conjunción] Que introduce una oración de esa clase: *las conjunciones aunque y por más que son concesivas*.

concha *n. f.* **1** Cubierta dura que protege el cuerpo de algunos animales, especialmente los de pequeño tamaño: *la concha de una almeja*. **2** Materia córnea que se obtiene del caparazón de la tortuga carey: *una peineta de concha*. **SIN** carey. **3** Mueble con forma de un cuarto de esfera que se coloca en un teatro para ocultar al apuntador: *los teatros antiguos aún conservan la concha para el apuntador*.
meterse en su concha Retraerse, ser muy cerrado y negarse al trato con los demás: *desde que se divorció, se ha metido en su concha y no quiere ver a nadie*.
DER desconchar.

conchabarse *v. prnl.* Ponerse de acuerdo dos o más personas para hacer algo que se considera ilícito. **SIN** confabularse.

conciencia *n. f.* **1** Conocimiento que el ser humano tiene de su propia existencia y de las cosas que ve, dice o hace: *cuando una persona no sabe lo que hace, no tiene conciencia de sus actos; el golpe le ha hecho perder la conciencia; tengo plena conciencia de lo que hago*. **SIN** conocimiento, consciencia, sentido. **2** Capacidad que tienen las personas de juzgar la moralidad de sus actos y de sentir culpabilidad de lo que han hecho mal: *su comportamiento demuestra que no tiene conciencia; es una cuestión de conciencia*. **3** Conocimiento reflexivo de las cosas: *tengo conciencia de que eso ya hemos hablado, pero podemos volver a hacerlo*.
a conciencia Con empeño y atención, con el máximo esfuerzo: *busca a conciencia por todos los rincones y lo encontrarás*.
cobrar (o **tomar**) **conciencia** Darse cuenta clara de algo: *la gente debería tomar conciencia de los problemas del medio ambiente*.
DER concienciar, concienzudo; consciencia.
ETIM Véase *ciencia*.

concienciar *v. tr./prnl.* Adquirir o hacer adquirir conciencia o conocimiento de algo, especialmente sobre asuntos sociales o políticos: *la campaña intenta concienciar a la opinión pública del peligro de las drogas*.
DER concienciación.
OBS En su conjugación, la *i* no se acentúa, como en *cambiar*.

concienzudo, -da *adj.* **1** [persona] Que pone mucha atención y cuidado en lo que hace: *Alicia es muy concienzuda en su trabajo*. **2** [trabajo] Que está hecho a conciencia, con mucho rigor y cuidado: *una investigación concienzuda; un estudio concienzudo*.

concierto *n. m.* **1** Espectáculo en el que se interpretan obras musicales: *a los conciertos de rock van miles de personas*. **2** Composición musical escrita para uno o varios instrumentos solistas y una orquesta: *son muy conocidos los conciertos para piano y orquesta de Beethoven*. **3** Acuerdo entre dos o más personas o entidades sobre un asunto: *hay un concierto económico entre los países de Europa*. **SIN** concertación, convenio. **4** Buen orden y disposición de las cosas: *trabajas sin orden ni concierto*. **ANT** desconcierto.
DER concertina, concertino; macroconcierto.

conciliábulo *n. m.* Grupo o reunión de personas que no ha sido convocada por persona autorizada o que se reúne para tratar algo que se quiere mantener oculto: *se reunieron en conciliábulo para decidir la forma de influir en el rectorado*.

conciliación *n. f.* Acuerdo entre dos o más personas que estaban enemistadas o enfrentadas: *no se pusieron de acuerdo en el acto de conciliación, así que irán a juicio*.

conciliador, -ra *adj./n. m. y f.* Que pone paz o concilia: *un gesto conciliador; Juan siempre adopta una actitud conciliadora en las discusiones*.

conciliar *v. tr./prnl.* **1** Hacer que dos o más personas se pongan de acuerdo sobre algo: *traté de conciliar los ánimos, pero la discusión siguió*. **2** Acercar dos ideas o posiciones contrarias, llegando a unirlas: *en su trabajo se concilian la rapidez y la eficacia*. **3** Atraer o provocar un sentimiento determinado: *con su antipatía se está conciliando la enemistad de sus compañeros*. **SIN** granjear.
conciliar el sueño Conseguir dormirse: *las preocupaciones no le dejan conciliar el sueño*.
DER conciliación; inconciliable, reconciliar.
OBS En su conjugación, la *i* no se acentúa, como en *cambiar*.

concilio *n. m.* Reunión de los obispos y otras personas de la Iglesia católica para decidir sobre un asunto religioso: *el Papa ha convocado un concilio para el año próximo*.
DER conciliábulo, conciliador, conciliar.

concisión *n. f.* Expresión de las ideas con claridad y las menos palabras posibles: *cuando contestes, hazlo con concisión*.

conciso, -sa *adj.* Que expresa las ideas o los contenidos con las menos palabras posibles: *fue muy claro y conciso cuando expuso sus opiniones*.
DER concisión.

concitar *v. tr.* Instigar a unas personas o instituciones contra otras: *concitó el odio del pueblo contra el gobierno*.

conciudadano, -na *n. m. y f.* **1** Persona de una ciudad con respecto a las demás de la misma ciudad: *resulta que los* *dos somos de Madrid, así que somos conciudadanos.* **2** Persona de una nación con respecto a las demás de la misma nación: *nos conocimos en el extranjero, pero somos conciudadanos.*

cónclave o **conclave**   *n. m.* **1** Reunión de los cardenales para elegir Papa: *cuando el cónclave elige un nuevo Papa, la fumata es blanca.* **2** Reunión de varias personas para tratar algún asunto: *llamó a su familia y se aseguró de que nadie interrumpiese el cónclave.*
  OBS La Real Academia Española prefiere *conclave*, pero se usa corrientemente la forma *cónclave*.

concluir   *v. tr./intr.* **1** Acabar o terminar, dar fin: *María ha concluido su tesis; la película concluye con la muerte de los protagonistas.* **SIN** finalizar. **2** Llegar a una decisión, un juicio o una solución después de examinar los datos que se tienen: *el jurado concluyó, a partir de los testimonios presentados, que el acusado era inocente.*
  DER conclusión, concluso, concluyente.

conclusión   *n. f.* **1** Fin, terminación de algo: *todos nos alegramos de la conclusión de la guerra.* **2** Decisión o consecuencia que es fruto del estudio y el examen de unos datos: *¿llegasteis a alguna conclusión en la reunión de esta mañana?; el médico examinó los síntomas y llegó a la conclusión de que el niño tenía sarampión.*
  en conclusión *a)* Por último, finalmente, para acabar: *en conclusión, me gustaría decir que estoy profundamente preocupado por el futuro del teatro en España.* *b)* En lenguaje familiar expresa decepción o disgusto: *¡vamos!, en conclusión, que no has hecho lo que te pedí.*

concluso, -sa   *adj.* **DER.** [juicio] Que está listo para sentencia: *el juez dijo que el caso estaba visto y concluso.*
  DER inconcluso.
  OBS Es el participio de *concluir*.

concluyente   *adj.* Dicho de pruebas, hechos o argumentos, que eliminan toda duda o incertidumbre acerca de un asunto: *las pruebas contra ella son concluyentes: es culpable.*

concomitancia   *n. f.* Coincidencia de una cosa con otra: *existen ciertas concomitancias entre los dos asesinatos, pero hay que demostrar que fueron cometidos por la misma persona.*

concordancia   *n. f.* **1** Correspondencia o conformidad de una cosa con otra: *tus actos deben estan en concordancia con tus palabras.* **2** GRAM. Correspondencia o conformidad entre los aspectos gramaticales de dos o más palabras variables: *en la oración la niña saltan no hay concordancia.*

concordar   *v. intr.* **1** Coincidir o estar de acuerdo una cosa con otra: *las declaraciones del acusado concuerdan con las de los testigos.* ◇ *v. tr./intr.* **2** GRAM. Coincidir dos o más palabras en sus aspectos gramaticales: *el sustantivo y el adjetivo concuerdan en género y número; el sujeto y el verbo concuerdan en número y persona.* **SIN** concertar.
  DER concordancia, concordato, concorde; discordar.
  ETIM Véase *corazón*.
  OBS En su conjugación, la *o* se convierte en *ue* en sílaba acentuada, como en *contar*.

concordato   *n. m.* Tratado o convenio sobre asuntos eclesiásticos entre el gobierno de un estado y el Vaticano.

concorde   *adj.* Conforme o de acuerdo con otro: *el plan se aprobó gracias al voto concorde de siete países.*
  DER concordia.

concordia   *n. f.* Unión o correspondencia pacífica entre personas o entre países: *naciones que viven en concordia.* **SIN** acuerdo.

concreción   *n. f.* Acumulación de pequeños trozos de materia mineral u orgánica hasta que forman una masa: *las concreciones de cal forman estalactitas y estalagmitas.*

concretar   *v. tr.* **1** Expresar algo de forma exacta cuando se habla o escribe: *concreta un día y lugar para vernos.* ◇ *v. tr./prnl.* **2** Reducir a lo más esencial o básico la materia sobre la que se habla o escribe: *haga el favor de concretar su razonamiento y no irse por las ramas; cuando te pregunte, concrétate únicamente a responder sí o no.*

concreto, -ta   *adj.* **1** Que se considera en sí mismo, de modo particular, por oposición a lo general y abstracto: *no busco cualquier libro, sino un libro concreto; para explicar este tema, tomaremos un caso concreto.* **2** Que es real y se puede ver y tocar: *la ira es abstracta, pero los golpes son concretos.* **ANT** abstracto. **3** Preciso y sin vaguedad: *para resolver este problema, necesitamos hechos concretos, y no ideas vagas.*
  en concreto De modo particular: *no venía a hablar de ese tema en concreto.*
  DER concreción, concretar.

concubina   *n. f.* Mujer que vive y mantiene relaciones sexuales con un hombre con el que no está casada.
  DER concubinato.
  ETIM Véase *cubil*.

concubinato   *n. m.* Relación de un hombre y una mujer que viven juntos y mantienen relaciones sexuales sin estar casados.

conculcar   *v. tr.* Actuar en contra de lo que dispone una ley, norma o pacto. **SIN** contravenir, infringir, transgredir.
  ETIM Véase *calcar*.
  OBS En su conjugación, la *c* se convierte en *qu* delante de *e*.

concupiscencia   *n. f. culto* En la moral católica, deseo de bienes terrenales o apetito sexual desordenado.
  DER concupiscente.

concupiscente   *adj. culto* Que está dominado por el deseo de bienes terrenales o por un apetito sexual deshonesto y desordenado, según la moral católica.

concurrencia   *n. f.* **1** Conjunto de personas que asisten a un espectáculo o reunión: *al estreno de la película acudió una numerosa concurrencia; el presentador se dirige a la concurrencia.* **SIN** público. **2** Participación en un acto o reunión: *la concurrencia en la carrera por la paz ha sido importante.* **3** Ocasión en la que se dan varias circunstancias al mismo tiempo: *la concurrencia de factores como la edad y las malas condiciones de vida agravan esa enfermedad.* **SIN** coincidencia, confluencia.

concurrido   *adj.* [lugar, espectáculo] Que es visitado por mucha gente: *una calle muy concurrida.*

concurrir   *v. intr.* **1** Juntarse en un mismo lugar o momento muchas personas, sucesos o cosas: *muchos ciudadanos concurrieron al pregón de la feria.* **2** Coincidir cualidades o circunstancias en una misma persona o cosa: *en él concurren la inteligencia y el tesón.* **3** Tomar parte con otros en un concurso o competición: *varios alumnos concurrieron al certamen académico.*
  DER concurrencia, concurrente, concurrido.
  ETIM Véase *correr*.

concursante   *adj./n. com.* [persona] Que participa en un concurso: *el presentador del programa recibió a los concursantes.*

concursar   *v. intr.* Participar en un concurso: *la televisión permite concursar a través del teléfono.*
  DER concursante.

concurso   *n. m.* **1** Prueba o competición en la que una o más personas se enfrentan a distintas dificultades para obte-

condado

ner un premio: *en televisión hay muchos concursos; ha ganado el primer premio del concurso de fotografía.* **2** Proceso de selección, generalmente para conseguir un empleo o un cargo: *las tres plazas de profesor de universidad saldrán a concurso.* **3** Participación o colaboración: *la exposición ha sido posible gracias al concurso de varias empresas privadas.* **4** Competencia entre dos o más personas o empresas cuyo objetivo es el encargo de ejecución de una obra o de la prestación de un servicio: *el concurso lo gana quien ofrezca mejores condiciones o mayores ventajas.*
DER concursar.
ETIM Véase *curso.*

condado *n. m.* **1** Título nobiliario de conde: *el rey le concedió un condado como premio a sus servicios.* **2** Territorio sobre el que antiguamente un conde ejercía su autoridad: *Cataluña fue un condado muy poderoso en la Edad Media.* **3** En Gran Bretaña e Irlanda, la mayor unidad administrativa de gobierno local; en Estados Unidos, la mayor unidad administrativa dentro de cada estado: *un condado está formado generalmente por varias ciudades y las tierras que las rodean; Texas está dividido en 254 condados.*

condal *adj.* Del conde o que tiene relación con el título nobiliario o con el territorio sobre el que ejercía autoridad: *las tierras condales ocupaban la mayor parte del término del municipio.*

conde, -desa *n. m. y f.* Miembro de la nobleza de categoría inferior a la de marqués y superior a la de vizconde.
ETIM *Conde* procede del latín *comes, -itis,* 'compañero', que en un principio se aplicó a los nobles que vivían en el palacio imperial y acompañaban al soberano en sus expediciones, para después pasar a denominar un estamento de la jerarquía feudal, voz con la que también está relacionada *concomitar.*
DER condado, condal, condestable; vizconde.

condecoración *n. f.* **1** Cruz o insignia que recibe una persona como premio por haber hecho algo importante en favor de la sociedad o en premio a su valor: *las medallas son condecoraciones.* **2** Ceremonia en la que se condecora a una persona: *después del desfile, comenzó la condecoración de los héroes.*

condecorar *v. tr.* Premiar o conceder honores a una persona colocándole una cruz u otra insignia: *el rey ha condecorado a varias personas por su defensa de los derechos humanos.*
DER condecoración.

condena *n. f.* **1** Pena o castigo que impone un juez: *el ladrón ya ha cumplido su condena y ha salido en libertad; el juez le ha impuesto una condena de seis años de privación de libertad.* **2** Desaprobación de un comportamiento o unos hechos por considerarlos perjudiciales o incorrectos: *el último atentado terrorista ha recibido la condena de todos los partidos políticos.*

condenado, -da *adj./n. m. y f.* **1** Que es culpable de un crimen o una falta y cumple un castigo por ello: *el condenado fue conducido a prisión.* **SIN** reo. **2** Que está en el infierno: *los condenados arderán eternamente.* **3** Que molesta y hace perder la paciencia: *estos condenados zapatos me están matando.*
OBS Se usa también como apelativo: *el condenado de mi marido siempre llega tarde; ¡qué guapo es el condenado de tu hijo!*

condenar *v. tr.* **1** Decidir que una persona es culpable e imponerle la pena que le corresponde: *el juez ha condenado al asesino a treinta años de cárcel.* **2** Desaprobar y rechazar algo que es malo o perjudicial: *todos los partidos políticos han condenado el último atentado terrorista.* **SIN** censurar, criticar, reprobar. **3** Cerrar permanentemente o tapiar una habitación, una puerta u otro lugar de paso: *condenaron las puertas y las ventanas para que no entrara la luz.* ◇ *v. prnl.* **4 condenarse** Ir al infierno: *según la Biblia, el día del juicio final las almas de los malvados se condenarán para siempre.*
DER condena, condenación, condenado.

condensación *n. f.* **1** Paso de un gas a estado líquido o sólido: *el rocío y la escarcha son producto de la condensación del vapor de agua.* **ANT** sublimación. ☞ ciclo del agua. **2** Reducción de la extensión de un texto o un discurso sin quitar nada importante: *el examen final consistirá en la condensación de la materia de todo el curso en sólo dos folios.*
SIN resumen, síntesis.

condensador *n. m.* **1** Aparato que convierte los gases en líquido por medio de agua o aire frío: *los frigoríficos llevan un condensador.* **2** Sistema de dos conductores separados por una pequeña distancia que sirve para almacenar energía eléctrica: *algunos aparatos de radio llevan condensador.*
SIN condensador eléctrico.

condensar *v. tr.* **1** Hacer pasar un gas a estado líquido o sólido: *el frío condensa el vapor de agua en forma de gotas muy pequeñas.* **ANT** sublimar. **2** Reducir el volumen de un líquido haciéndolo más denso, especialmente eliminando parte del agua que contiene: *condensan la leche y la envasan en pequeños botes.* **3** Reducir la extensión de un escrito o un discurso sin quitar nada importante: *he tratado de condensar diez páginas de comentarios en tres.*
DER condensación, condensador.

condescendencia *n. f.* Acomodación o adaptación de una persona, por bondad, al gusto y la voluntad de otra u otras: *tienes demasiada condescendencia con tus hijos: hacen siempre lo que quieren.*

condescender *v. intr.* Adaptarse una persona, por bondad, al gusto y la voluntad de otra u otras. **SIN** contemporizar.
DER condescendencia, condescendiente.
OBS En su conjugación, la *e* se convierte en *ie* en sílaba acentuada, como en *entender.*

condescendiente *adj.* Que se adapta fácilmente, por bondad, al gusto y la voluntad de los demás: *algunos padres son demasiado condescendientes y dejan que sus hijos hagan lo que quieran.*

condestable *n. m.* Persona que antiguamente tenía el máximo poder en el ejército.

condición *n. f.* **1** Requisito, situación o circunstancia que es necesaria o se exige para que se cumpla alguna cosa: *para ejercer como médico es condición imprescindible tener el título oficial.* **2** Cualidad o propiedad característica de las personas y las cosas: *tiene muchas condiciones para el fútbol.* **3** Carácter de las personas: *es un hombre de condición bonachona.* **SIN** índole, naturaleza. **4** Clase o categoría social: *un hombre de condición humilde.* ◇ *n. f. pl.* **5 condiciones** Estado o situación de una cosa: *estos alimentos están en malas condiciones; estas familias vivían en condiciones infrahumanas.*
a condición de Expresión que indica que una cosa es necesaria para el cumplimiento de otra: *pueden ver a la enferma a condición de que no la molesten.*
en condiciones Que está preparado o dispuesto para un fin: *este pescado no parece estar en condiciones; no estoy en condiciones para hablar con nadie.*

condicional *adj.* **1** Que depende de una o más condiciones o requisitos: *una persona está en libertad condicional cuando el juez la deja libre con ciertas condiciones, como to-*

conducir

salir de la ciudad y presentarse ante el juez cada quince días. ◇ *n. m.* **2** GRAM. Tiempo del verbo que sirve para expresar una acción futura en relación con el pasado o para expresar la probabilidad también en el pasado: *prometió que escribiría*; *si me hubieras escrito, te habrías enterado*; *Juan no vino ayer, estaría enfermo.* **SIN** potencial. ◇ *adj./n. f.* **3** GRAM. [oración subordinada] Que expresa una condición para que se efectúe la acción, el proceso o el estado expresado por la oración principal: *en la oración si bebes, no conduzcas, si bebes es oración condicional.* **4** GRAM. [conjunción] Que introduce una oración de esa clase: *la conjunción si es condicional.*
DER incondicional.

condicionamiento *n. m.* **1** Sometimiento a una condición, limitación o restricción: *me prestó el dinero, pero con ciertos condicionamientos.* **2** Hecho o circunstancia que influye en una persona y que puede hacer que actúe de una determinada manera.

condicionar *v. tr.* Hacer depender una cosa de una serie de condiciones, limitaciones o restricciones: *las enfermedades condicionan la salud*; *María condicionó su respuesta a las opiniones de su familia.*
DER condicionante, condicionamiento; acondicionar, incondicionado.

condimentación *n. f.* Adición de condimentos y especias a la comida para darle más sabor: *para la condimentación de la ensalada necesitas sal, aceite y vinagre.* **SIN** aderezo.

condimentar *v. tr.* Añadir condimentos y especias a la comida para darle más sabor: *el cocinero condimenta la carne con sal y pimienta.* **SIN** aderezar, aliñar, sazonar.
DER condimentación.

condimento *n. m.* Sustancia que sirve para dar más sabor a la comida: *la sal, la pimienta, el orégano y el azafrán son condimentos.*
DER condimentar.

condiscípulo, -la *n. m. y f.* Compañero de estudios, sobre todo cuando se refiere a personas formadas bajo la dirección de un mismo maestro.

condolencia *n. f.* **1** Participación en el dolor o la pena de otra persona: *la familia y los amigos mostraron su condolencia a la viuda.* **2** Expresión con la que se muestra a los familiares de una persona muerta que se participa de su dolor y de su pena: *en el funeral expresamos nuestras condolencias a la familia.* **SIN** pésame.

condolerse *v. prnl.* Participar en el dolor o la pena de otra persona: *nos condolemos por la muerte de su padre.*
DER condolencia.
OBS En su conjugación, la *o* se convierte en *ue* en sílaba acentuada, como en *mover*.

condominio *n. m.* culto Propiedad de algo que pertenece en común a dos o más personas: *en un edificio de apartamentos, las zonas comunes son condominio de toda la comunidad de propietarios.* **SIN** copropiedad.

condón *n. m.* Funda muy fina y elástica con que se cubre el pene al realizar el coito para impedir el embarazo y prevenir enfermedades sexuales: *las autoridades sanitarias recomiendan el uso del condón.* **SIN** preservativo.

condonar *v. tr.* Perdonar una pena o una deuda: *el gobierno ha condonado la deuda que habían contraído algunas pequeñas empresas para facilitar su recuperación.*

cóndor *n. m.* Ave rapaz de la familia del buitre, de gran tamaño, con la cabeza y el cuello desnudos y un collar de plumas blancas en la base del cuello; tiene el plumaje de color negro azulado, con plumas blancas en la espalda y en la parte superior de las alas: *el cóndor vive en los Andes.*

OBS El plural es *cóndores*.

conducción *n. f.* **1** Manejo o dirección de un automóvil: *la conducción por autopista es monótona.* **2** Traslado y guía de algo: *el pastor se encarga de la conducción del ganado hacia la montaña.* **3** Conjunto de conductos dispuestos para el paso de un líquido o gas: *los obreros están colocando la conducción del gas ciudad.*

conducir *v. tr.* **1** Llevar o transportar de un sitio a otro: *las ambulancias conducen los heridos del lugar del accidente al hospital.* **2** Llevar o dirigir a un lugar determinado: *esta carretera conduce a Gerona.* **3** Manejar, llevar o guiar un automóvil: *hay personas que conducen muy bien.* **4** Dejar pasar a través de sí: *los metales conducen la electricidad.* **5** Dirigir un negocio o la acción de un grupo: *el general condujo las tropas a la victoria.* ◇ *v. prnl.* **6** conducirse Comportarse, obrar de determinada manera: *se conduce como un loco.*

OBS En su conjugación, la *c* se convierte en *zc* delante de *a* y *o* y el pretérito indefinido es irregular.

conducir	
INDICATIVO	SUBJUNTIVO
presente	presente
conduzco	conduzca
conduces	conduzcas
conduce	conduzca
conducimos	conduzcamos
conducís	conduzcáis
conducen	conduzcan
pretérito imperfecto	pretérito imperfecto
conducía	condujera o condujese
conducías	condujeras o condujeses
conducía	condujera o condujese
conducíamos	condujéramos o condujésemos
conducíais	condujerais o condujeseis
conducían	condujeran o condujesen
pretérito indefinido	
conduje	futuro
condujiste	condujere
condujo	condujeres
condujimos	condujere
condujisteis	condujéremos
condujeron	condujereis
	condujeren
futuro	
conduciré	
conducirás	
conducirá	
conduciremos	
conduciréis	
conducirán	

IMPERATIVO	
conduce	(tú)
conduzca	(usted)
conducid	(vosotros)
conduzcan	(ustedes)

condicional
conduciría
conducirías
conduciría
conduciríamos
conduciríais
conducirían

FORMAS NO PERSONALES	
infinitivo	gerundio
conducir	conduciendo
participio	
conducido	

conducta *n. f.* Manera de comportarse una persona: *mi hijo ha sido premiado por buena conducta.* **SIN** comportamiento.
DER conductancia, conductismo.

conductismo *n. m.* Doctrina psicológica cuyo método se basa en la observación de la conducta del ser que se estudia.
DER conductista.

conductista *adj./n. com.* Del conductismo o relacionado con esta doctrina psicológica.

conductividad *n. f.* FÍS. Propiedad de algunos cuerpos que permiten el paso a través de sí del calor o la electricidad: *necesitamos un material con un alto nivel de conductividad.*
ANT resistencia.
DER conductivo; superconductividad.

conductivo, -va *adj.* FÍS. Que permite el paso del calor o la electricidad: *el aluminio es un metal conductivo.* **SIN** conductor.

conducto *n. m.* **1** Canal o tubo que sirve para llevar líquidos o gases de un lugar a otro: *los oleoductos son conductos.* **2** Órgano del cuerpo que tiene forma de tubo: *las venas y arterias son conductos por los que circula la sangre; el conducto lacrimal.* ☞ oído; reproductor, aparato. **3** Medio que se sigue para conseguir un fin: *para tramitar estos documentos hay que seguir los conductos reglamentarios.*
por conducto de A través de, por medio de: *hicieron llegar las noticias al primer ministro por conducto del embajador.*
DER conductibilidad, conductividad.

conductor, -ra *adj./n. m. y f.* **1** [persona] Que conduce un automóvil: *el conductor del autobús es muy joven.* **SIN** chófer. ◊ *adj./n. m.* **2** Que permite el paso del calor o la electricidad: *los metales son buenos conductores.* **SIN** conductivo.
DER semiconductor, superconductor.

condumio *n. m.* Comida, especialmente la que se come con pan: *tomaron un suculento condumio de carnes guisadas.*

conectar *v. tr.* **1** Hacer que un sistema mecánico o eléctrico haga contacto con una fuente de energía y se ponga en funcionamiento: *ya he enchufado la radio, así que puedes conectarla para oír música.* **ANT** desconectar. **2** Unir dos aparatos o sistemas para que entre ellos se establezca una relación o una comunicación: *conecta la impresora al ordenador y podremos imprimir el documento.* **ANT** desconectar. **3** Unir o encajar las partes que integran un aparato o sistema: *se pasó la tarde conectando las vías de su tren en miniatura.* **ANT** desconectar. **4** Establecer los medios de acceso necesarios para llegar a un lugar: *la nueva circunvalación conecta el pueblo con la autovía.* **5** Poner en comunicación, establecer relación: *en el telediario conectaron en directo con el astronauta español que está en el espacio.* **ANT** desconectar.
DER conectiva, conectivo, conector; desconectar.

conectivo, -va *adj.* **1** Que une o relaciona las partes que integran un aparato o sistema. **SIN** conector. **2** [elemento lingüístico] Que tiene una función de nexo en la oración: *la conjunción y es un elemento conectivo.*

conector *adj.* **1** Conectivo, que une o relaciona. ◊ *n. m.* **2** Pieza de un aparato o parte de un sistema que sirve para conectarse con otros elementos: *mi radiocasete es tan antiguo que no tiene conector de auriculares.* **SIN** conexión.

conejera *n. f.* Madriguera o lugar en el que se crían y cobijan los conejos.

conejo, -ja *n. m. y f.* Mamífero doméstico, roedor, con las orejas largas, las patas traseras más largas que las delanteras, la cola corta y el pelo espeso.
DER conejera, conejuno.

conejillo Palabra que se utiliza en la expresión *conejillo de Indias*, que significa: *a*) Mamífero roedor de pequeño tamaño, parecido a una rata, que se emplea en experimentos científicos. **SIN** cobaya. *b*) Persona o animal sometido a observación o experimentación para probar algo: *el dictador utilizó a sus propios soldados como conejillos de Indias para probar sus armas químicas.* **SIN** cobaya.

conexión *n. f.* **1** Operación mediante la cual un aparato o sistema se conecta a la red eléctrica: *cuando hizo la conexión del microondas a la red se fue la luz.* **2** Unión de dos aparatos o sistemas para que entre ellos se establezca una relación o una comunicación: *si el teclado no funciona es porque está mal hecha la conexión con el ordenador.* **3** Pieza de un aparato o parte de un sistema que sirve para conectarse con otros elementos: *la conexión del altavoz está sucia y por eso no se oye bien el equipo.* **SIN** conector. **4** Comunicación que se establece por medio de un sistema automático: *el periodista hizo una conexión en directo con el lugar del atentado.* **5** Relación o unión entre dos cosas: *el acusado negó cualquier conexión entre su empresa de transportes y el tráfico de drogas.* ◊ *n. f. pl.* **6 conexiones** Personas con las que se mantienen relaciones sociales o económicas: *la policía española ha recurrido a sus conexiones en el extranjero para intentar detener al asesino.* **SIN** contactos.

conexo, -xa *adj.* Que tiene unión o guarda una relación adecuada entre sus partes o con otra cosa. **ANT** inconexo.
DER conectar, conexión, conexionar; inconexo.

confabulación *n. f.* Acuerdo entre dos o más personas para hacer algo, especialmente si es ilícito o perjudicial para otro. **SIN** complot, conjura, conjuración, conspiración.

confabularse *v. prnl.* Ponerse de acuerdo dos o más personas para hacer algo, especialmente si es ilícito o perjudicial para otro. **SIN** conjurarse, conspirar.
DER confabulación.

confección *n. f.* **1** Preparación de una cosa a partir de la combinación de sus componentes: *en sus ratos libres se dedicaba a la confección de maquetas de barcos.* **SIN** elaboración, fabricación. **2** Preparación de un documento o una obra a la que se le dedica especial atención y cuidado: *consagró largas horas a la confección de un grabado sobre la Navidad.* **3** Actividad de cortar y coser la tela de una prenda de vestir, dándole la forma deseada: *trabaja en un taller de corte y confección.* ◊ *n. f. pl.* **4 confecciones** Establecimiento donde se venden prendas de vestir hechas, a diferencia de las que se encargan a medida.
DER confeccionar.

confeccionar *v. tr.* **1** Preparar una cosa a partir de la combinación de sus componentes: *un cocinero muy famoso confeccionó el pastel de bodas.* **SIN** elaborar, fabricar. **2** Preparar un documento o una obra con especial atención y cuidado: *a finales del siglo XIX se confeccionó en España el primer censo oficial.* **3** Cortar y coser la tela de una prenda de vestir, dándole la forma deseada: *confeccionar pantalones vaqueros.*

confederación *n. f.* **1** Unión o pacto entre personas, grupos sociales o estados: *algunos líderes políticos han pedido la confederación de todos los sindicatos.* **SIN** alianza, federación. **2** Organismo, entidad o estado resultante de esta unión o pacto: *la Confederación Helvética está integrada por todos los cantones suizos.* **SIN** federación.

confederado, -da *adj.* **1** [grupo social, estado] Que forma parte de una confederación. **SIN** confederal, federativo, federal. **2** [organismo, entidad, estado] Que está formado por grupos sociales o estados sujetos a normas y derechos comunes. **SIN** confederal, federativo, federal.

confederarse *v. prnl.* **1** Unirse personas, grupos o entida-

confidente

des: *las empresas más pequeñas del ramo quieren confederarse.* **2** Unirse dos o más estados adoptando organismos comunes, pero manteniendo su gobierno y su soberanía: *los países que se confederan buscan beneficios mutuos.*

conferencia *n. f.* **1** Acto en el que una persona habla en público sobre un tema: *asistimos a un coferencia sobre ecología y medio ambiente.* **conferencia de prensa** Acto en el que varios periodistas preguntan a una persona sobre un tema: *el cantante convocó una conferencia de prensa antes del concierto.* **SIN** rueda de prensa. **2** Reunión de personas de diversos países, representantes de organismos, entidades o estados, para tratar un tema: *la Conferencia de la OPEP en Ginebra fijará un aumento del precio del petróleo.* **3** Comunicación telefónica que se establece entre provincias o países distintos: *puso una conferencia a cobro revertido desde Italia.* **DER** conferenciar.

conferenciante *n. com.* Persona que habla en público sobre un tema.

conferenciar *v. intr.* Reunirse dos o más personas para tratar de un asunto.
DER conferenciante.
OBS En su conjugación, la *i* no se acentúa, como en *cambiar*.

conferir *v. tr.* **1** Dar a alguien un derecho, cargo o poder importante quien tiene autoridad para hacerlo: *el rey ha conferido al candidato más votado el encargo de formar gobierno.* **2** Atribuir o añadir una cualidad: *la banda sonora confiere a la película un tono alegre y desenfadado.*
DER conferencia.
OBS En su conjugación, la *e* se convierte en *ie* en sílaba acentuada o en *i* en algunos tiempos y personas, como en *hervir*.

confesar *v. tr.* **1** En la religión católica, oír el sacerdote en el sacramento de la penitencia los pecados que le declara el penitente. ◇ *v. tr./prnl.* **2** Expresar voluntariamente actos, ideas o sentimientos; revelar un secreto: *te confieso que tengo mis dudas sobre mi futuro en la empresa; el famoso cantante admitió que nunca confesará su verdadera edad.* **3** Reconocer un error, una falta o un delito: *Carlos confesó el robo del jarrón chino; el acusado se confesó autor del crimen.* **4** En la religión católica, declarar el penitente al sacerdote en el sacramento de la penitencia los pecados que ha cometido.
DER confesión, confeso, confesor; inconfesable.
OBS En su conjugación, la *e* se convierte en *ie* en sílaba acentuada, como en *acertar*.

confesión *n. f.* **1** Reconocimiento de un error, una falta o un delito: *durante la confesión, el detenido se declaró autor de varios robos.* **2** Declaración voluntaria que se hace de una idea o un sentimiento; revelación de un secreto: *tengo que hacerte una confesión: no sé nadar.* **3** En la religión católica, declaración de los pecados cometidos que hace el penitente al sacerdote en el sacramento de la penitencia: *tras la confesión, pudo comulgar.* **4** Doctrina religiosa y conjunto de personas que la practican: *la confesión católica es la preponderante en España.*
DER confesional, confesionario, confesonario.

confesional *adj.* Que tiene relación o pertenece a una confesión religiosa: *la visita del Papa supuso un impulso al movimiento confesional católico.* **ANT** aconfesional. **estado confesional** Estado que considera una doctrina religiosa como oficial dentro de su territorio.

confesionario *n. m.* Confesonario.
OBS La Real Academia Española admite *confesionario*, pero prefiere la forma *confesonario*.

confeso, -sa *adj.* [persona] Que reconoce ser autor de un delito. **ANT** inconfeso.

DER inconfeso.

confesonario *n. m.* En una iglesia, recinto pequeño y cerrado en cuyo interior se coloca el sacerdote para escuchar los pecados de los fieles en el sacramento de la penitencia.
OBS También se escribe *confesionario*.

confesor *n. m.* Sacerdote católico que escucha los pecados de los fieles en el sacramento de la penitencia.

confeti *n. m.* Conjunto de pedacitos de papel con formas y colores variados que se lanzan las personas unas a otras en fiestas y celebraciones.
OBS El plural también es *confetis*.

confiado, -da *adj.* **1** [persona] Que tiene confianza excesiva en los demás: *este chico es muy confiado, pero siempre le toman el pelo.* **2** Tranquilo y seguro: *el ministro aseguró confiado que el paro bajaría.*

confianza *n. f.* **1** Esperanza segura que se tiene en algo: *tener confianza en el porvenir.* **2** Ánimo o fuerza para hacer algo: *tiró el penalti con mucha confianza.* **3** Seguridad que uno tiene en sí mismo: *tras el accidente, tardó algún tiempo en coger confianza y volver a correr.* **4** Sencillez y sinceridad en el trato propia de la amistad o del parentesco: *tengo mucha confianza con el dueño, así que seguro que nos hace un buen descuento.* **SIN** familiaridad. ◇ *n. f. pl.* **5 confianzas** Familiaridad o libertad excesiva en el trato: *mi vecino se toma demasiadas confianzas conmigo.*
de confianza [persona] Que ha probado ser bueno o fiel y se puede estar tranquilo y seguro de su comportamiento: *antes de partir al extranjero dejó todos sus asuntos en manos de un abogado de confianza.* Dicho de un producto, que posee las cualidades recomendables para el fin a que se destina: *la ropa interior la suelo lavar con un detergente de confianza.*
en confianza En secreto y de forma particular: *me dijo en confianza que le había tocado la bonoloto.*
DER autoconfianza.

confiar *v. intr.* **1** Tener esperanza segura en algo: *confío en aprobar el examen.* **2** Estar tranquilo y seguro en cuanto a la fuerza o las cualidades propias o de otros: *confiaba en su intuición para responder a las preguntas.* ◇ *v. tr.* **3** Entregar o dejar al cuidado de otra persona un encargo o trabajo importante: *confió la educación de su hijo a un tutor.* **4** Dejar que el futuro de una cosa dependa de algo abstracto o inmaterial: *confió su viaje al destino y decidió tomar el primer autobús que pasara.* ◇ *v. tr./prnl.* **5** Contar algo secreto, particular o íntimo a otra persona: *durante la cena me confió todos sus miedos.* ◇ *v. prnl.* **6 confiarse** Tener excesiva seguridad en algo: *al tomar la curva se confió y perdió el control de la moto.*
DER confiado, confianza, confidencia; desconfiar.
OBS En su conjugación, la *i* se acentúa en algunos tiempos y personas, como en *desviar*.

confidencia *n. f.* Dato secreto, particular o íntimo que se cuenta a otra persona.
DER confidencial, confidente.

confidencial *adj.* Que sólo es conocido por algunas personas y se oculta a las demás. **SIN** secreto.

confidente, -ta *n. m. y f.* **1** Persona a quien otra descubre datos particulares secretos o íntimos: *su madre había sido siempre su mejor amiga y única confidenta.* **2** Persona que observa o escucha lo que otros hacen o dicen con la intención de comunicárselo en secreto al que tiene interés en saberlo: *la banda de narcotraficantes fue detenida gracias a las informaciones facilitadas por un confidente de la policía.*
SIN chivato, delator, soplón.

configuración *n. f.* **1** Conjunto de características técnicas y estructurales propias que tiene un sistema u organización: *el nuevo gobierno se ha propuesto cambiar la configuración del sistema educativo español; si quieres que funcione el programa, debes cambiar la configuración de tu ordenador.* **SIN** conformación. **2** Disposición de las partes que componen una cosa y le dan su forma particular: *la configuración del terreno dificulta el paso de las máquinas.* **SIN** conformación.

configurar *v. tr./prnl.* **1** Tener un sistema u organización una serie de características técnicas y estructurales propias: *los últimos fichajes configuran un potente equipo con aspiraciones de campeón.* **SIN** conformar. **2** Disponer de cierta forma las partes que componen una cosa y le dan su forma característica: *los últimos cambios políticos han configurado un nuevo mapa de Europa.* **SIN** conformar.
DER configuración.

confín *n. m.* **1** Línea imaginaria que limita un territorio, población o provincia, y la separa de otras. **SIN** límite, raya, término. **2** Parte más alejada del punto central o principal de un lugar: *las naves espaciales se dirigían a los confines de la galaxia.* Se suele usar en plural.
DER confinar.

confinamiento *n. m.* **1** Destierro de alguien, señalándole una residencia obligatoria en otro lugar bajo vigilancia de la autoridad. **2** Encierro de alguien en un lugar.

confinar *v. tr.* **1** Desterrar a alguien, señalándole una residencia obligatoria en otro lugar bajo vigilancia de la autoridad: *el gobierno francés ha confinado a varios terroristas en el norte del país.* ◇ *v. tr./prnl.* **2** Permanecer alguien en un lugar voluntaria o involuntariamente: *su padre lo confinó en un internado durante tres años.* **SIN** recluir.
DER confinamiento.

confirmación *n. f.* **1** Prueba que afirma o demuestra la verdad de una cosa: *hemos recibido la confirmación de que en el accidente no ha habido muertos.* **2** Sacramento de la Iglesia católica que consiste en dar valor de nuevo a la condición de cristiano: *la confirmación se lleva a cabo tras la primera comunión.*

confirmar *v. tr.* **1** Hacer firme y legal una decisión aprobada con anterioridad: *el tribunal confirmó la sentencia.* **2** Ratificar algo que ya estaba convenido: *en el hospital me han confirmado que la visita es para el jueves; confirmar una reserva de hotel.* **SIN** corroborar. **3** Hacer que el poder, cargo o posición de una persona sea más fuerte o más definitivo: *el congreso del partido le ha confirmado en el cargo de presidente.* ◇ *v. tr./prnl.* **4** Dar como cierta una creencia u opinión de cuya certeza no se estaba seguro previamente: *con estas fotografías mis sospechas se ven confirmadas.* **SIN** corroborar, ratificar. **5** Administrar el sacramento de la confirmación: *el obispo confirmó a los muchachos de la parroquia.*
DER confirmación.

confiscación *n. f.* Apropiación de los bienes de una persona o empresa por parte del estado.

confiscar *v. tr.* Quitar una propiedad a una persona o empresa y dársela al estado: *el juez ordenó confiscar los bienes del narcotraficante.*
DER confiscación.
OBS En su conjugación, la *c* se convierte en *qu* delante de *e*.

confitar *v. tr./prnl.* **1** Cubrir con una capa fina de azúcar una fruta o fruto seco. **SIN** escarchar. **2** Cocer una fruta en agua con azúcar. **3** Freír carne en su propio jugo y conservarla cubierta de grasa.
DER confitado.

confite *n. m.* Dulce hecho con azúcar, frutos secos y otros ingredientes con forma de bolitas de diversos tamaños.
DER confitar, confitero, confitura.
OBS Se usa frecuentemente en plural.

confitería *n. f.* Establecimiento donde se elaboran y venden dulces. **SIN** pastelería.

confitero, -ra *n. m. y f.* Persona que se dedica a elaborar y vender dulces. **SIN** dulcero, pastelero.
DER confitería.

confitura *n. f.* **1** Fruta o fruto seco cubierto con una capa fina de azúcar. **2** Fruta cocida en agua con azúcar. **3** Carne frita en su propio jugo y conservada cubierta de grasa.

conflictividad *n. f.* **1** Capacidad de provocar conflictos: *expulsaron al alumno por su conflictividad.* **2** Situación de conflicto, especialmente en las relaciones sociales o laborales: *el recorte de las prestaciones ha provocado que aumente el nivel de conflictividad social.*

conflictivo, -va *adj.* **1** Que causa o tiene conflictos: *este es uno de los barrios más conflictivos de la ciudad.* **2** [persona] Que tiene mal carácter y no se adapta a la vida o al trabajo en común: *los internos más conflictivos fueron trasladados a la nueva prisión.*
DER conflictividad.

conflicto *n. m.* **1** Enfrentamiento armado entre los ejércitos de dos o más estados: *el conflicto del Golfo provocó la subida del petróleo.* **SIN** guerra. **2** Oposición o enfrentamiento entre personas en desacuerdo: *el nuevo convenio ha provocado conflictos entre empresa y trabajadores.* **3** Asunto o problema de difícil solución: *estoy en un conflicto: no sé si quedarme en Barcelona o irme a Madrid.* **SIN** aprieto, apuro.
DER conflictivo.

confluencia *n. f.* **1** Unión en un lugar de varias carreteras, ríos o corrientes de agua: *el abundante caudal del río es producto de la confluencia de los afluentes.* **2** Lugar donde ocurre esta unión: *han edificado una gasolinera en la confluencia de carreteras.* **3** Coincidencia de ideas y tendencias sociales, culturales o económicas: *el canto gregoriano es el resultado de la confluencia de la música grecolatina y la judía.* **SIN** convergencia.

confluir *v. intr.* **1** Unirse en un lugar varias carreteras, ríos o corrientes de agua: *los ríos Jarama y Henares confluyen en el Tajo.* **2** Reunirse en un lugar un grupo numeroso de personas: *varias manifestaciones confluyeron en la Puerta del Sol de Madrid.* **3** Coincidir varias ideas y tendencias sociales, culturales o económicas: *en su estilo literario confluyen las influencias de los clásicos y las tendencias artísticas más modernas.*
SIN converger, convergir.
DER confluencia.
OBS En su conjugación, la *i* se convierte en *y* delante de *a*, *e* y *o*, como en *huir*.

conformación *n. f.* **1** Conjunto de características técnicas y estructurales propias que tiene un sistema u organización: *las autonomías han cambiado la conformación del estado español.* **SIN** configuración. **2** Disposición de las partes que componen una cosa y le dan su forma característica: *la retina de cada persona tiene una conformación vascular única.*
SIN configuración.

conformar *v. tr./prnl.* **1** Tener un sistema u organización una serie de características técnicas y estructurales propias: *las nuevas tecnologías conformarán las comunicaciones del futuro.* **SIN** configurar. **2** Disponer de cierta forma las partes que componen una cosa y le dan su forma característica: *las cicatrices de la cara le conformaban un semblante amenazador.* **SIN** configurar. **3** Poner una cosa de acuerdo con otra:

debes conformar tu horario al de tus compañeros de apartamento. **SIN** adaptar, ajustar, amoldar. ◇ *v. prnl.* **4 conformarse** Aceptar de forma voluntaria una cosa o situación que no es perfecta o que no satisface completamente: *llegó tarde al cine y tuvo que conformarse con ver solamente media película.*
DER conformación, conforme, conformidad, conformismo.

conforme *adj.* **1** Que está de acuerdo; que acepta voluntariamente una situación: *estoy conforme con lo que me pagan.* **ANT** disconforme. ◇ *adv.* **2** Denota una relación de conformidad o correspondencia en el modo de hacer algo: *ratificó su retirada conforme había anunciado.*
conforme a Con arreglo a, de acuerdo con: *cobrarás conforme a las horas trabajadas.*

conformidad *n. f.* **1** Actitud de aprobación y acuerdo con una situación o con la decisión de otra persona: *dio su conformidad para vender la casa.* **SIN** consentimiento. **2** Actitud de aceptar voluntariamente una desgracia o molestia sin quejarse ni protestar: *le desesperaba la conformidad de algunos ante las injusticias sociales.* **3** Coincidencia o parecido entre dos cosas o dos ideas: *hay una gran conformidad entre el carácter de los dos hermanos.* **SIN** concordancia.
de conformidad, en conformidad De acuerdo con: *de conformidad con lo acordado, mañana vuelvo al trabajo.*

conformismo *n. m.* Actitud del que fácilmente acepta cualquier circunstancia pública o privada, especialmente cuando es adversa o injusta: *tras el empate el equipo local mostró cierto conformismo que le llevó a renunciar al ataque.*
DER conformista; inconformismo.

conformista *adj./n. com.* Que acepta con facilidad cualquier circunstancia pública o privada, especialmente cuando es adversa o injusta: *mantenía una postura conformista ante la pobreza del Tercer Mundo.*

confort *n. m.* **1** Estado de bienestar físico, comodidad: *el aire acondicionado del coche le da un mayor confort a la conducción.* **SIN** comodidad. **2** Conjunto de características que proporcionan este bienestar físico: *cuando viajaba, siempre añoraba el confort de su casa.* **SIN** comodidad.
DER confortable.

confortabilidad *n. f.* Capacidad de proporcionar confort.

confortable *adj.* Que proporciona bienestar físico y comodidad. **SIN** cómodo.
DER confortabilidad.

confortar *v. tr./prnl.* **1** Reponer las fuerzas y la energía a una persona cansada o débil: *tras el almuerzo, volvieron confortados al trabajo.* **SIN** reconfortar. **2** Dar consuelo y ánimo a una persona para que resista una situación triste o adversa: *después del entierro, todos los amigos se quedaron a confortar a la viuda.* **SIN** consolar, reconfortar.
DER confort.
ETIM Véase *fuerte*.

confraternizar *v. intr.* **1** Tratarse con afecto y amistad propios de hermanos: *en el campamento de verano confraternizó con todos sus compañeros.* **2** Llegar a establecer trato o amistad personas separadas por alguna diferencia: *tras el partido final, ambos equipos confraternizaron en una cena de gala.*
DER confraternización.
OBS En su conjugación, la *z* se convierte en *c* delante de *e*.

confrontación *n. f.* **1** Comparación de una cosa con otra, especialmente de las opiniones distintas de dos personas: *el abogado solicitó la confrontación de los testimonios de los testigos.* **2** Enfrentamiento entre dos personas o grupos sociales para lograr un propósito: *la confrontación electoral ha provocado el cambio de gobierno.*

confrontar *v. tr.* Comparar una cosa con otra, especialmente las opiniones distintas de dos personas: *confrontó los dos billetes y descubrió que uno era falso.*
DER confrontación.
ETIM Véase *frente*.

confucianismo *n. m.* Doctrina religiosa que tuvo su origen en China a partir de las ideas filosóficas y morales de Confucio en el siglo V antes de Cristo.

confundir *v. tr./prnl.* **1** Mezclar de modo que no se pueda reconocer o distinguir: *las formas de los objetos se confunden en la oscuridad.* **2** Equivocar, tomar o entender una cosa por otra: *siempre me confunden con mi hermano.* **3** Provocar la duda o el error; hacer que no se entienda: *su palabrería me confundió.* **4** Cambiar un orden lógico: *al encuadernar el libro confundieron los cuadernillos.*
DER confusión, confuso; inconfundible.

confusión *n. f.* **1** Falta de claridad y orden causada por la mezcla de elementos diversos que no se pueden reconocer o distinguir: *la confusión se produce cuando todos hablamos a la vez.* **SIN** lío. **2** Equivocación que se produce cuando se toma o entiende una cosa por otra: *el recepcionista del hotel me pidió disculpas por la confusión de equipajes.* **3** Alteración del entendimiento provocada por la duda o el error: *la falta de claridad en las indicaciones del desvío sembraba la confusión entre los automovilistas.*

confuso, -sa *adj.* **1** Falto de claridad y orden por la mezcla de elementos diversos: *es un libro confuso y difícil de leer.* **2** [persona] Que no sabe qué hacer o qué decir: *la sorpresa lo dejó confuso.* **SIN** perplejo.

conga *n. f.* **1** Baile de origen cubano, de ritmo alegre, que se ejecuta por grupos colocados en fila. **2** Música de este baile.

congelación *n. f.* **1** Paso al estado sólido de un líquido por disminución de su temperatura: *la congelación del agua se realiza a cero grados Celsius.* **ANT** descongelación, fusión. **2** Disminución de la temperatura de un alimento para volver sólido el líquido que contiene: *congelar pan, carne o pescado.* **ANT** descongelación. **3** Daño que sufre el tejido orgánico por haber sido sometida una parte del cuerpo a temperaturas muy bajas: *fue rescatado de la nieve con síntomas de congelación en las manos.* **4** Detención del desarrollo normal de un acontecimiento: *el último ataque militar ha provocado la congelación de las negociaciones de paz.* **SIN** bloqueo. **5** Detención del aumento o disminución de una cantidad: *los empresarios propugnan la congelación del salario de los trabajadores.* **6** Detención del movimiento libre de dinero en una cuenta bancaria: *el juez ha decidido la congelación de los fondos del narcotraficante.*

congelador *n. m.* **1** Aparato eléctrico que sirve para congelar, generalmente alimentos. **2** Parte de un frigorífico donde se congelan los alimentos.

congelar *v. tr./prnl.* **1** Pasar al estado sólido un líquido al bajar su temperatura: *el temporal de nieve congeló algunos estanques.* **SIN** helar. **ANT** descongelar, fundir. **2** Dañar el frío tejidos orgánicos por haber sido sometida una parte del cuerpo a temperaturas muy bajas: *la ventisca congeló los dedos de los pies de varios miembros de la expedición.* ◇ *v. tr.* **3** Disminuir la temperatura de un alimento para volver sólido el líquido que contiene: *en los pesqueros congelan el pescado para conservarlo.* **ANT** descongelar. **4** Detener el desarrollo normal de un acontecimiento: *la falta de presupuesto ha congelado el rodaje de la película.* **5** Detener el aumento o disminución de una cantidad. El gobierno ha congelado el sueldo de los funcionarios. **6** Detener el movimiento libre

congénere 298

de dinero: *el fiscal ha solicitado que se congele el patrimonio del detenido.* ◇ *v. prnl.* **7 congelarse** Pasar o sufrir mucho frío: *me he olvidado el abrigo y me estoy congelando.* **SIN** arrecirse, aterirse, helarse.
DER congelación, congelado, congelador; anticongelante.

congénere *adj./n. m. y f.* Que tiene el mismo origen, género o clase que otro: *el delfín y la ballena son animales congéneres.*

congeniar *v. intr.* Llevarse bien dos personas por tener caracteres, ideas o gustos parecidos.
OBS En su conjugación, la *i* no se acentúa, como en *cambiar.*

congénito, -ta *adj.* **1** [rasgo de la personalidad] Que nace con la persona o que es natural y no aprendido: *nunca pudo superar su timidez congénita.* **2** MED. [enfermedad, malformación] Que se adquiere durante el período de gestación y se padece desde el nacimiento: *fumar durante el embarazo puede ocasionar lesiones congénitas en el feto.*

congestión *n. f.* **1** Acumulación excesiva de personas o vehículos que impide la circulación normal por un lugar: *la lluvia provocó una gran congestión de tráfico.* **SIN** atasco, embotellamiento, tapón. **ANT** descongestión. **2** Acumulación excesiva de sangre u otro fluido en una parte del cuerpo: *este inhalador alivia la congestión nasal.* **ANT** descongestión.

congestionar *v. tr./prnl.* **1** Acumularse una cantidad excesiva de personas o vehículos, impidiendo la circulación normal: *el puente de Semana Santa congestiona las autovías.* **ANT** descongestionar. **2** Acumularse una cantidad excesiva de sangre u otro fluido en una parte del cuerpo: *la gripe le congestiona los pulmones.* **ANT** descongestionar.
DER congestión; descongestionar.

conglomerado *n. m.* **1** Mezcla de personas o cosas de origen y naturaleza distinta: *Nueva York es un conglomerado de culturas.* **SIN** amalgama, mosaico. **2** Material compacto parecido a la madera; está formado por pequeños trozos de una o varias sustancias, pegados entre sí de forma artificial: *algunas industrias reciclan el papel, la tela y la madera para fabricar conglomerados.* **SIN** aglomerado.

conglomerante *adj./n. m. y f.* [material] Que es capaz de unir fragmentos o partículas de una o más sustancias y dar cohesión al conjunto: *el cemento y el yeso son conglomerantes utilizados en albañilería.* **SIN** aglomerante.

conglomerar *v. tr.* **1** Mezclar personas o cosas de origen y naturaleza distintos: *el joven líder político ha logrado conglomerar en su partido varias corrientes renovadoras.* ◇ *v. tr./prnl.* **2** Unir fragmentos o partículas de una o más sustancias con un conglomerante para obtener una masa compacta y cohesionada. **SIN** aglomerar.
DER conglomerado, conglomerante.

congoja *n. f.* Sufrimiento y preocupación intensa provocada por un peligro o amenaza. **SIN** ansia, angustia, ansiedad.
DER acongojar.

congoleño, -ña *adj.* **1** Del Congo o que tiene relación con este país africano. ◇ *adj./n. m. y f.* **2** [persona] Que es del Congo.

congraciar *v. tr./prnl.* Conseguir la benevolencia o el afecto de una persona.
OBS En su conjugación, la *i* no se acentúa, como en *cambiar.*

congratulación *n. f.* Expresión de la alegría y satisfacción que se siente por algo agradable o feliz que le ha ocurrido a otra persona. **SIN** enhorabuena, felicitación, parabién.

congratular *v. tr./prnl.* **1** Expresar la alegría y satisfacción que se siente por algo agradable o feliz que le ha ocurrido a otra persona. **SIN** felicitar. ◇ *v. prnl.* **2 congratularse** Expresar la alegría y satisfacción que se siente por un acontecimiento agradable o feliz: *el sindicalista se congratuló del descenso del paro.* **SIN** felicitarse.
DER congratulación.

congregación *n. f.* **1** Conjunto de religiosos que viven bajo la advocación de la Virgen o de un santo según las reglas establecidas por su fundador, y que se dedican a rezar y a ayudar a los demás. **SIN** orden. **2** Conjunto de personas devotas que, bajo la advocación de la Virgen o de un santo y con autorización eclesiástica, se reúnen para rezar y ayudar a los demás.

congregar *v. tr./prnl.* Reunir a un conjunto de personas.
DER congregación.
ETIM Véase grey.
OBS En su conjugación, la *g* se convierte en *gu* delante de *e.*

congresista *n. com.* Persona que asiste a un congreso o participa en él.

congreso *n. m.* **1** Reunión de personas que se proponen estudiar un tema social, cultural o científico determinado o exponer asuntos relacionados con él. **SIN** simposio. **2** Reunión de personas que pertenecen un mismo grupo, asociación o partido, para estudiar y debatir asuntos de interés común.
Congreso de los Diputados *a)* Conjunto de personas elegidas directamente por el pueblo para elaborar las leyes de un estado. *b)* Edificio donde se reúnen estas personas para elaborar las leyes.
DER congresista.

congrio *n. m.* Pez marino comestible de cuerpo alargado y casi cilíndrico; es de gran tamaño y de color negro o gris.
OBS Para indicar el sexo se usa *el congrio macho* y *el congrio hembra.*

congruencia *n. f.* Relación lógica y coherente entre varias cosas. **ANT** incongruencia.

congruente *adj.* Que tiene una relación lógica y coherente con otra cosa. **ANT** incongruente.
DER congruencia; incongruente.

cónico, -ca *adj.* **1** Que tiene forma de cono: *los cucuruchos del helado tienen forma cónica.* **2** Del cono o que tiene relación con el cono: *el círculo y la parábola son secciones cónicas.*

conífero, -ra *adj./n. f.* **1** [planta] Que pertenece al orden de las coníferas. ◇ *n. f. pl.* **2 coníferas** Orden de plantas que tienen las hojas permanentes en forma de escamas o agujas y frutos en forma de piña: *el pino, el abeto y el ciprés son especies coníferas.*

conjetura *n. f.* Suposición o juicio formado a partir de datos incompletos o supuestos: *eso que me dices sólo son conjeturas que no creeré hasta que no se demuestren.* **SIN** cábala.
DER conjeturar.

conjeturar *v. tr.* Formar opiniones o ideas a partir de indicios y suposiciones.

conjugación *n. f.* **1** Conjunto de las distintas formas del verbo con las que se expresan las variaciones de voz, modo, tiempo, aspecto, número y persona: *el profesor le preguntó por la conjugación del verbo abolir.* **2** Grupo formado por todos los verbos que se conjugan de igual manera y tienen como modelo un verbo regular: *en español hay tres conjugaciones regulares.* **3** Unión de elementos distintos que forman un conjunto lógico, coherente o armonioso: *logró en su novela una buena conjugación de humor y optimismo.* **SIN** conjunción.

conjugar *v. tr./prnl.* **1** Enunciar las distintas formas de un

verbo para expresar las variaciones de voz, modo, tiempo, aspecto, número y persona: *simpre me cuesta conjugar algunos verbos irregulares*. **2** Unir elementos distintos para formar un conjunto lógico, coherente o armonioso: *en la decoración de su casa ha sabido conjugar modernidad y tradición*. **SIN** conjuntar.
OBS Se conjuga como *llegar*.
conjunción *n. f.* **1** Clase de palabras que no experimentan cambios de forma, indican la relación existente entre los elementos de una frase y sirven de nexo entre las partes de ésta: *las palabras* y *y* aunque *son conjunciones*. **2** Unión de elementos distintos que forman un conjunto lógico, coherente o armonioso: *el nuevo equipo es una perfecta conjunción de juventud y experiencia*. **SIN** conjugación. **3** ASTR. Situación relativa de dos o más planetas u otros cuerpos celestes cuando parecen estar alineados.
DER conjugación.
conjuntar *v. tr.* Unir elementos distintos para formar un conjunto lógico, coherente o armonioso. **SIN** conjugar.
DER conjunción, conjuntiva, conjuntivo, conjunto.
conjuntiva *n. f.* Membrana mucosa muy delgada que cubre la parte interior del párpado y llega hasta la parte anterior del globo del ojo de los vertebrados.
DER conjuntivitis.
conjuntivitis *n. f.* MED. Inflamación de la conjuntiva del ojo.
OBS El plural también es *conjuntivitis*.
conjuntivo, -va *adj.* **1** Que sirve para juntar y unir: *en el cuerpo humano hay tejidos que cumplen una función conjuntiva*. **2** Relacionado con la conjunción gramatical o con las mismas funciones que esta clase de palabras realizan: *la expresión* ahora bien *es una locución conjuntiva con valor adversativo*.
conjunto, -ta *adj.* **1** Que se hace a la vez o con un fin común: *se celebró una fiesta conjunta por la comunión de los tres hermanos*. ◇ *n. m.* **2** Grupo de elementos considerados como un todo homogéneo: *un rebaño es un conjunto de ovejas*. **3** Grupo musical integrado por pocas personas: *en la fiesta tocará un conjunto de rock*. **4** Vestido compuesto por dos o más prendas de vestir que se combinan adecuadamente: *un conjunto de falda y chaqueta de punto*. **5** En matemáticas, total de elementos que tienen una característica o propiedad que los distingue de otros: *el conjunto de los números pares*.
DER subconjunto.
conjura *n. f.* Acuerdo entre dos o más personas para hacer algo, especialmente si es ilícito o perjudicial para otro. **SIN** confabulación, conjuración, conspiración.
conjuración *n. f.* Conjura, acuerdo entre dos o más personas.
conjurar *v. tr.* **1** Impedir o evitar un daño o peligro: *la presencia policial conjuró el peligro de nuevos disturbios*. **2** Pronunciar unas palabras mágicas para comunicar con los espíritus: *el hechicero miró al cielo para conjurar al espíritu de la lluvia*. ◇ *v. prnl.* **3 conjurarse** Ponerse de acuerdo dos o más personas para hacer algo, especialmente si es ilícito o perjudicial para otro: *los senadores romanos se conjuraron contra César*. **SIN** confabularse, conspirar.
DER conjura, conjuración, conjuro.
conjuro *n. m.* **1** Serie de palabras mágicas que se pronuncian para comunicar con los espíritus: *el mago solicitó la presencia del diablo mediante un conjuro*. **2** Serie de palabras mágicas que se pronuncian para conseguir algo que se desea: *la bruja lanzó un conjuro y hechizó al príncipe*.

al conjuro de Por la acción estimulante, que parece mágica, de las palabras, los gestos o la presencia de alguien: *al conjuro de su voz acudimos todos*.
conllevar *v. tr.* Tener como resultado o producir como consecuencia directa: *la operación es muy delicada y conlleva muchos riesgos*. **SIN** comportar, implicar, suponer.
conmemoración *n. f.* Recuerdo de una persona o un hecho, especialmente cuando se celebra con un acto o ceremonia: *en 1992 tuvo lugar la conmemoración del Descubrimiento de América*; *el 2 de mayo es fiesta en Madrid en conmemoración del levantamiento popular de 1808 contra los franceses*.
conmemorar *v. tr.* Recordar a una persona o hecho, especialmente si se celebra con una ceremonia o fiesta: *hubo un gran desfile para conmemorar el final de la guerra*; *una pequeña cruz conmemora el lugar del accidente*.
DER conmemoración, conmemorativo.
conmemorativo, -va *adj.* Que recuerda o conmemora un hecho o fecha importante.
conmensurable *adj.* Que se puede medir o valorar.
ANT inconmensurable.
DER inconmensurable.
conmigo *pron. pers.* Forma del pronombre personal de primera persona *mí*, que se usa cuando va acompañado por la preposición *con*.
conminar *v. tr.* Amenazar a una persona con un castigo si no hace lo que se le ordena: *un guarda les conminó a levantar el campamento del bosque*.
conmiseración *n. f.* Sentimiento de pena y dolor por la desgracia o sufrimiento que padece otra persona. **SIN** compasión, lástima, piedad.
conmoción *n. f.* Alteración violenta del ánimo de una persona o de un conjunto de personas causada generalmente por la sorpresa que provoca un acontecimiento desagradable: *la noticia del atentado provocó una gran conmoción en todo el país*.
conmoción cerebral Estado de aturdimiento o pérdida del conocimiento producido por un golpe en la cabeza, una descarga eléctrica o por los efectos de una explosión.
DER conmocionar.
conmocionar *v. tr.* Producir una conmoción: *el anuncio de dimisión del alcalde conmocionó a todo el pueblo*; *el choque del vehículo conmocionó al conductor*.
conmovedor, -ra *adj.* Que afecta o produce emoción: *su bondad es conmovedora*. **SIN** emotivo, emocionante.
conmover *v. tr./prnl.* **1** Producir un emoción intensa: *las imágenes del reencuentro de padre e hijo conmovieron al público*. **SIN** emocionar. **2** Provocar en una persona pena y dolor la desgracia o sufrimiento que padece otra: *el llanto de la viuda conmovía a todos los asistentes al funeral*.
DER conmoción, conmovedor; inconmovible.
OBS En su conjugación, la *o* se convierte en *ue* en sílaba acentuada, como en *mover*.
conmutación *n. f.* Cambio o sustitución de una cosa por otra, especialmente una pena o castigo por otro de menor grado o rigor: *el abogado logró la conmutación de la pena de cárcel por el pago de una importante indemnización a los afectados*.
conmutador *n. m.* Aparato o mecanismo que sirve para cambiar la dirección o interrumpir el paso de una corriente eléctrica: *las llaves de la luz son conmutadores*. **SIN** interruptor.
conmutar *v. tr.* **1** Cambiar o sustituir una cosa por otra, especialmente una pena o castigo por otro de menor grado

o rigor: *le conmutaron la pena de muerte por cadena perpetua.* **2** MAT. Cambiar el orden de las cantidades en una operación matemática: *el resultado de la suma no varía aunque conmutes los factores.*

conmutativo, -va *adj.* MAT. [propiedad de una operación] Que permite el cambio de orden de las cantidades que la integran sin alterar el resultado: *la suma y el producto son operaciones que poseen la propiedad conmutativa.*

connatural *adj.* Propio de la naturaleza de un ser viviente o conforme con ella.

connivencia *n. f.* **1** Acuerdo a que llegan dos o más personas para realizar algo ilícito: *se fugó de la prisión con la connivencia de algunos carceleros.* **2** Tolerancia de un superior en relación con las faltas que cometen sus subordinados.

connotación *n. f.* GRAM. Significado secundario y subjetivo que tiene una palabra por su asociación con otras ideas: *el término lúgubre tiene una connotación de misterio.*

connotar *v. tr.* GRAM. Tener una palabra, además de su significado propio o específico, otro secundario y subjetivo por su asociación con otras ideas: *la palabra verano connota vacaciones.*

DER connotación, connotativo.

connotativo, -va *adj.* GRAM. [palabra] Que tiene un significado secundario y subjetivo por su asociación con otras ideas: *la palabra blanco tiene un valor connotativo de limpieza.*

cono *n. m.* **1** Cuerpo sólido terminado en punta y de base circular, limitado por una superficie curva formada por las infinitas rectas que parten de la base y se unen en la punta. **2** Objeto o figura que tiene esta forma: *cono de luz; cono de sombra.*

DER cónico, conífero.

conocedor, -ra *adj./n. m. y f.* **1** Que tiene conocimiento de algo: *el detenido declaró que no era conocedor de la identidad del muerto.* **2** [persona] Que sabe mucho de una materia: *es un gran conocedor de la historia de España.* SIN experto.

conocer *v. tr.* **1** Comprender por medio de la razón la naturaleza, cualidades y relaciones de las cosas: *todos mis amigos conocen mi pasión por las motos.* SIN saber. ANT desconocer, ignorar. **2** Comprender por medio de la propia experiencia: *se retiró del boxeo sin haber conocido la derrota.* **3** Tener trato o relación con una persona: *conozco a tu hermano desde hace años.* **4** Percibir o distinguir una cosa como distinta de otras: *conoce las aves por su canto.* **5** Tener informaciones y conocimientos sobre algo, especialmente sobre una materia o ciencia: *conocer un edificio; conocer la pintura del Renacimiento.* SIN saber. **6** Tener relaciones sexuales con una persona: *se casó virgen y hasta la noche de bodas no conoció mujer.*

se conoce que *coloquial* Expresión con la que se explica la causa o el motivo de algo: *le han salido callos en las manos: se conoce que no ha trabajado nunca.*

DER conocedor, conocido, conocimiento; desconocer, reconocer.

ETIM *Conocer* procede del latín *cognoscere*, que tenía el mismo significado, voz con la que también está relacionada *cognición.*

conocido, -da *adj.* **1** Que tiene fama entre muchas personas por haber hecho algo notorio o por poseer una cualidad: *el almuerzo se celebró en un conocido restaurante; un conocido cirujano.* SIN célebre, famoso. ◇ *n. m. y f.* **2** Persona con la que se tiene relación o trato, pero sin llegar a la amistad: *aún tengo muchos conocidos en mi pueblo.*

conocimiento *n. m.* **1** Capacidad del ser humano para comprender por medio de la razón la naturaleza, cualidades y relaciones de las cosas: *estudió durante años los mecanismos del conocimiento humano.* **2** Conjunto de datos o noticias relativos a una persona o cosa: *tuvo conocimiento del accidente por la radio.* **3** Conjunto de las facultades sensoriales de una persona en la medida en que están activas: *a consecuencia de la caída perdió el conocimiento.* SIN conciencia, consciencia, sentido. **4** Conocido, persona con la que se tiene relación o trato, pero sin llegar a la amistad: *en este pueblo tengo yo un conocimiento.* ◇ *n. m. pl.* **5 conocimientos** Conjunto de datos e ideas que se conocen acerca de algo, especialmente de una materia o ciencia: *mis conocimientos de informática son escasos.* SIN saber.

conocimiento de causa Conocimiento de los motivos o razones que explican o justifican un comportamiento: *por raro que te parezca, actúa con conocimiento de causa; me niego a expulsarlo sin conocimiento de causa.*

llegar a conocimiento Llegar una persona a enterarse de determinada cosa: *ha llegado a mi conocimiento que te casarás en secreto pronto.*

conocer	
INDICATIVO	**SUBJUNTIVO**
presente	presente
conozco	conozca
conoces	conozcas
conoce	conozca
conocemos	conozcamos
conocéis	conozcáis
conocen	conozcan
pretérito imperfecto	pretérito imperfecto
conocía	conociera o conociese
conocías	conocieras o conocieses
conocía	conociera o conociese
conocíamos	conociéramos o conociésemos
conocíais	conocierais o conocieseis
conocían	conocieran o conociesen
pretérito indefinido	
conocí	futuro
conociste	conociere
conoció	conocieres
conocimos	conociere
conocisteis	conociéremos
conocieron	conociereis
	conocieren
futuro	
conoceré	
conocerás	**IMPERATIVO**
conocerá	
conoceremos	conoce (tú)
conoceréis	conozca (usted)
conocerán	conoced (vosotros)
	conozcan (ustedes)
condicional	
conocería	**FORMAS NO PERSONALES**
conocerías	
conocería	infinitivo gerundio
conoceríamos	conocer conociendo
conoceríais	participio
conocerían	conocido

tener conocimiento Enterarse una persona de una cosa: *tengo conocimiento de que no te agradan ciertas decisiones que he tomado.*

conque *conj.* Introduce una oración que es resultado o consecuencia de la oración anterior: *mi hermana no quiere verte, conque ya te estás yendo.*
OBS No se debe confundir con la forma *con que*.

conquense *adj.* **1** De Cuenca o que tiene relación con esta ciudad de Castilla-La Mancha o con su provincia. ◇ *adj./n. com.* **2** [persona] Que es de Cuenca.

conquista *n. f.* **1** Obtención del dominio y control de una población, territorio o posición como consecuencia de una guerra: *la guerra por la conquista de Troya.* **2** Población o territorio cuyo dominio y control se consigue como consecuencia de una guerra: *durante el primer año de guerra el ejército alemán logró numerosas conquistas.* **3** Obtención de un premio o un beneficio con el esfuerzo y el trabajo: *esta jornada dos equipos se disputan la conquista de un título europeo.* **4** Obtención del amor de una persona: *intentó la conquista de mi nueva amiga, pero ella le dio calabazas.* **5** Persona cuyo amor se ha conseguido: *cada verano se pavoneaba por la playa con sus nuevas conquistas.*
DER conquistar; reconquista.

conquistador, -ra *adj./n. m. y f.* **1** [persona, ejército] Que consigue el dominio y control de una población o de un territorio como consecuencia de una guerra: *Pizarro fue el conquistador del Perú.* **2** [persona] Que consigue el amor de otra persona con facilidad.

conquistar *v. tr.* **1** Conseguir el dominio y control de una población o de un territorio como consecuencia de una guerra: *a principios del siglo VIII los musulmanes invadieron y conquistaron el sur de la península ibérica.* **2** Conseguir un premio o beneficio con el esfuerzo y el trabajo: *el atleta esperaba conquistar alguna medalla.* **3** Conseguir el amor de una persona: *le escribía cartas apasionadas con la esperanza de conquistarla.* **SIN** enamorar. **4** Conseguir la confianza, la simpatía y la voluntad de una persona: *la joven actriz ha conquistado al público español.*
DER conquistador.

consabido, -da *adj.* **1** Que es conocido por todos: *tras el golpe con el coche, tuvo que realizar los consabidos trámites de toma de datos del seguro.* **2** Que se hace a menudo o por costumbre: *cada tarde daba su consabido paseo por el parque.* **SIN** habitual.

consagración *n. f.* **1** Fama o prestigio que alcanza una persona: *su última película supuso su consagración como director.* **2** Dedicación del esfuerzo y el trabajo a un fin: *su último libro es fruto de la consagración de muchos años a la investigación.* **3** Ofrecimiento o dedicación a Dios, a la Virgen o a un santo: *el Papa asistió a la consagración de la catedral.* **4** En la religión católica, momento de la misa en que el sacerdote pronuncia las palabras por las que el pan y el vino se convierten en el cuerpo y la sangre de Cristo.

consagrar *v. tr./prnl.* **1** Dar fama o prestigio, hacer famoso: *Dick Fosbury consagró el estilo de salto de altura que lleva su nombre.* **2** Dedicar el esfuerzo y el trabajo a un fin: *consagró su vida a la lucha contra el sida.* **3** Ofrecer o dedicar a Dios, a la Virgen o a un santo: *el obispo consagró la capilla del colegio a santa Cecilia.* ◇ *v. intr./tr.* **4** En la religión católica, pronunciar el sacerdote en la misa las palabras por las que el pan y el vino se convierten en el cuerpo y la sangre de Cristo.
DER consagración, consagrado.

consanguíneo, -nea *adj.* [persona] Que desciende de los mismos antepasados que otra.

DER consanguinidad.

consanguinidad *n. f.* Parentesco natural de una persona con otra u otras que descienden de los mismos antepasados.

consciencia *n. f.* FILOS. Conocimiento que el ser humano tiene de su propia existencia y de las cosas que ve, dice o hace. **SIN** conciencia.
DER consciente; inconsciencia.

consciente *adj.* **1** [persona] Que siente, piensa y actúa con conocimiento de lo que hace: *el fiscal afirmó que el acusado era consciente de sus actos cuando disparó.* **2** [sentimiento, idea, acto] Que se lleva a cabo con conocimiento de lo que se hace: *durante años mantuvo una oposición consciente a la dictadura.* **3** [persona] Que tiene capacidad para percibir estímulos sensibles y comprender lo que sucede a su alrededor: *el herido permanecía consciente en el interior del vehículo accidentado.* **ANT** inconsciente.
DER conscientemente; subconsciente.

consecución *n. f.* Obtención de algo que se merece, solicita o pretende: *su máxima aspiración es la consecución de una plaza de profesor en la universidad.* **SIN** logro.
ETIM Véase *conseguir*.

consecuencia *n. f.* **1** Hecho o acontecimiento que se deriva o resulta de otro: *su éxito es consecuencia de su esfuerzo y su trabajo.* **SIN** derivación, resultado. **2** Correspondencia lógica entre las ideas de una persona y su comportamiento: *su decisión no tiene la más mínima consecuencia con lo que nos había prometido.* **SIN** coherencia.
a consecuencia de Por efecto o como resultado de una cosa anterior: *murió a consecuencia de las heridas recibidas.*
en consecuencia Según lo dicho o acordado anteriormente: *no eres bien recibido en esta casa, en consecuencia, debes marcharte.*
sin consecuencias Sin peligro, daño o complicaciones posteriores: *tuvo un accidente con la bicicleta sin consecuencias.*
DER consecuente, consecutiva, consecutivo; inconsecuencia.
ETIM Véase *conseguir*.

consecuente *adj.* **1** Que mantiene correspondencia lógica entre las ideas y el comportamiento: *llevó a cabo una política consecuente con sus promesas electorales.* **ANT** inconsecuente. **2** Que depende o resulta de otra cosa o que la sigue en orden: *la bajada de precios asegura un consecuente aumento de ventas.* **SIN** consiguiente.

consecutivo, -va *adj.* **1** Que sigue o sucede sin interrupción a otra cosa: *lunes y martes son días consecutivos.* ◇ *adj./n. f.* **2** GRAM. [oración] Que expresa una acción, proceso o estado que sigue o resulta de otro anterior: *en la oración Carlos ha trabajado tanto, que lo hemos contratado a tiempo completo, que lo hemos contratado a tiempo completo es una oración consecutiva.* **3** GRAM. [conjunción] Que introduce una oración que es resultado de otra anterior: *por eso, por consiguiente, por lo tanto son conjunciones consecutivas.*

conseguir *v. tr.* Obtener algo que se merece, solicita o pretende. **SIN** alcanzar, lograr.
ETIM *Conseguir* procede del latín *consequi*, que tenía el mismo significado, voz con la que también están relacionadas *consecución, consecuencia.*
OBS En su conjugación, la *e* se convierte en *i* en algunos tiempos y personas, y la *gu* en *g* delante de *a* y *o*, como en *seguir.*

consejería *n. f.* **1** Departamento en que se divide el gobierno de una comunidad autónoma: *se reunieron los representantes de las consejerías de Turismo de varias autonomías.* **2** Cargo que ocupa la persona que dirige este depar-

consejero

c

tamento: *aún no se conoce el nombre del elegido para ocupar la Consejería de Industria*. **3** Lugar o edificio donde trabaja el personal que depende de este departamento: *el lunes próximo habrá una concentración a las puertas de la Consejería de Educación*.

consejero, -ra *n. m. y f.* **1** Persona que aconseja o a la que se pide consejo: *siempre he tenido en mis padres a mis mejores consejeros*. **2** Persona que forma parte de un consejo que dirige y administra una empresa, entidad o asociación: *varios consejeros del banco han presentado su dimisión*. **3** Persona que dirige una consejería de una comunidad autónoma: *el consejero de Industria ha excusado su asistencia*. **4** Lo que sirve de enseñanza, ejemplo o advertencia para guiar la conducta: *las prisas son malas consejeras*.
DER consejería.

consejo *n. m.* **1** Opinión que se da o recibe sobre lo que se debe hacer o el modo de hacerlo: *antes de dimitir pidió consejo a su mejor amiga*. **2** Corporación consultiva encargada de informar al gobierno sobre determinada materia: *Consejo de Industria, Consejo de Agricultura*. **Consejo de Ministros** *a)* Cuerpo de ministros del estado. *b)* Reunión de los ministros, presididos por el jefe del poder ejecutivo, para tratar cuestiones de estado: *el Consejo de ministros aprueba proyectos de ley que envía al Parlamento*. **3** Departamento de una empresa, entidad o asociación que se encarga de su dirección y administración: *ayer se reunió el consejo de gobierno de la universidad*. **4** Reunión que celebran los miembros de este departamento: *durante el consejo de dirección de la editorial se tomaron importantes decisiones*.
consejo de guerra Tribunal de justicia integrado por miembros del ejército que aplica el Código de justicia militar.
DER consejero; aconsejar.
ETIM Consejo procede del latín *consilium*, 'asamblea', voz con la que también está relacionada *consiliario*.

consenso *n. m.* Asentimiento o consentimiento, especialmente el de todas las personas que pertenecen a una corporación: *fue aprobado por mutuo consenso*.
DER consensuar.
ETIM Véase *consentir*.

consensuar *v. tr.* **1** Adoptar una decisión por asentimiento o consentimiento, especialmente el de todas las personas que pertenecen a una corporación: *tras largos debates, se logró consensuar el nombre del nuevo director*. **2** Acordar algo por mayoría, incluso antes de someterlo a votación: *la ley estaba consensuada cuando se discutió en el Parlamento*.

consentido, -da *adj./n. m. y f.* Que está acostumbrado a hacer siempre su voluntad sin que nadie lo corrija o castigue por sus malas acciones: *está tan consentido que tu reprimenda le ha causado un gran disgusto*. **SIN** malacostumbrado, malcriado, mimado.

consentimiento *n. m.* Aprobación de una cosa o permiso para que se realice. **SIN** conformidad.

consentir *v. tr./intr.* **1** Permitir que se haga una cosa o el modo de hacerla: *mi padre no consiente que pase la noche fuera de casa*. **SIN** dejar. **2** Ser indulgente con una persona, especialmente si es un niño o un inferior: *es hijo único y le consienten todos los caprichos*. **SIN** malacostumbrar, malcriar, mimar.
DER consentido, consentimiento.
ETIM Consentir procede del latín *consentire*, que tenía el mismo significado, voz con la que también está relacionada *consenso*.
OBS En su conjugación, la e se convierte en *ie* en sílaba acentuada o en *i* en algunos tiempos y personas, como en *hervir*.

conserje *n. com.* Persona que se encarga del cuidado, vigilancia y limpieza de un edificio o establecimiento público.
SIN bedel, portero.
DER conserjería.

conserjería *n. f.* **1** Dependencia que ocupa el conserje en el edificio o establecimiento público de cuya vigilancia y limpieza se encarga: *la llave del ascensor está en el armario de la conserjería*. **2** Cargo de conserje: *aún no tenemos sustituto para la conserjería del edificio*.

conserva *n. f.* Alimento preparado de modo conveniente y envasado herméticamente para mantenerlo comestible durante mucho tiempo.

conservación *n. f.* **1** Mantenimiento y cuidado de una cosa para que no pierda sus características y propiedades con el paso del tiempo. **2** Guarda física de documentos de archivo.

conservador, -ra *adj./n. m. y f.* **1** [persona] Que es partidario de mantener los valores políticos, sociales y morales tradicionales y se opone a reformas o cambios radicales en la sociedad. ◊ *n. m. y f.* **2** Persona encargada de la conservación de los fondos documentales de un museo o archivo o de una de sus secciones: *el conservador del Museo del Prado ha preparado una gran exposición sobre Goya*.
DER conservadurismo; ultraconservador.

conservadurismo *n. m.* **1** Tendencia política que defiende el sistema de valores políticos, sociales y morales tradicionales y se opone a reformas o cambios radicales en la sociedad. **2** Actitud de defensa de la tradición y rechazo de las reformas en una materia o disciplina: *el conservadurismo de la dirección impide que la institución abra sus puertas a las mujeres*. **3** Actitud de cautela por temor a perder lo que se tiene: *el conservadurismo del equipo visitante salvó de la derrota a los de casa; el factor predominante de la economía actual es el conservadurismo de la inversión privada*.

conservante *n. m.* Sustancia que se añade a un alimento para mantener sin alteración sus cualidades durante mucho tiempo.

conservar *v. tr./prnl.* **1** Mantener y cuidar una cosa para que no pierda sus características y propiedades con el paso del tiempo: *conserva la casa de sus padres*; *conserva el vino en la bodega*; *a pesar del paso de los años, aún conserva toda su belleza*. **2** Guardar una cosa con cuidado: *todavía conserva el vestido con el que lo bautizaron*. **3** Mantener un sentimiento o sensación que se experimentó en el pasado: *conservaba un grato recuerdo de sus años en el colegio*. **4** Mantener costumbres, virtudes o defectos: *algunos pueblos primitivos aún conservan la práctica del canibalismo*.
DER conserva, conservación, conservador, conservante, conservatorio, conservero.

conservatorio *n. m.* Centro de educación, generalmente oficial, donde se imparten enseñanzas de música, canto y artes relacionadas.

conservero, -ra *adj.* **1** De las conservas de alimentos o relacionado con ellas: *industria conservera*. ◊ *n. m. y f.* **2** Persona que se dedica a hacer conservas. **3** Propietario de una industria que se dedica a la conserva de alimentos: *los conserveros gallegos son importantes*.

considerable *adj.* Que es lo bastante grande, numeroso o importante como para tenerse en cuenta.

consideración *n. f.* **1** Reflexión que se hace con atención y cuidado para formar una opinión acerca de una cosa: *las advertencias del médico merecen tu consideración*. **SIN** contemplación. **2** Opinión que se forma tras esta reflexión: *no estoy de acuerdo con tus consideraciones sobre el paro*.

sin contemplación. **3** Respeto o atención con el que se trata a una persona o cosa: *en la carnicería me tratan con mucha consideración; trataba los muebles de su casa sin ninguna consideración*.

de consideración Importante, grave, con consecuencias: *el torero sufrió una cornada de consideración*.

en consideración En atención, teniendo presente: *me han subido el sueldo en consideración a mis muchos años de servicio*.

tener en consideración Tener en cuenta, dar la debida importancia: *tuvieron en consideración su magnífico currículum para darle el trabajo*.

considerado, -da *adj.* **1** [persona] Que se comporta con respeto y atención hacia los demás: *has sido muy considerado al cederle tu asiento*. **sin** amable. **2** [persona] Que recibe muestras de atención y respeto: *llegó a ser un pintor muy considerado por los reyes*.
der inconsiderado.

considerar *v. tr.* **1** Reflexionar con atención y cuidado para formar una opinión: *consideró los pros y los contras de comprarse un coche*. **sin** contemplar. ◇ *v. tr./prnl.* **2** Formar una opinión razonada sobre un asunto o persona: *el jurado consideró culpable al acusado*. **sin** juzgar.
der considerable, consideración, considerado; desconsiderar, reconsiderar.

consigna *n. f.* **1** Orden o instrucción que se da a un subordinado o a los miembros de una agrupación política o sindical: *la policía tenía la consigna de no disparar*. **2** Lema o frase que gritan en una manifestación las personas que participan en ella: *durante la concentración se lanzaron consignas contra el gobierno*. **3** Lugar de estaciones, aeropuertos y otras dependencias en el que los viajeros pueden guardar temporalmente el equipaje.

consignar *v. tr.* **1** Señalar o poner por escrito para dejar constancia formal o legal: *consignó sus datos personales en la solicitud*. **2** Anotar una cantidad de dinero en un presupuesto para un determinado fin: *en los presupuestos de este año no se ha consignado ninguna partida para gastos de representación*.
der consigna, consignación, consignatario.

consignatario *n. m.* Persona, entidad o empresa a la que va destinada una mercancía.

consigo *pron. pers.* Forma del pronombre personal reflexivo *sí* que se usa cuando va acompañado por la preposición *con*: *trae consigo a su sobrina*.

consiguiente *adj.* Que depende o resulta de otra cosa: *el crecimiento económico sin control ha dado lugar al consiguiente aumento de las diferencias sociales*.

por consiguiente Expresión que indica que una acción sigue o resulta de otra anterior: *mañana es fiesta, por consiguiente, no hay clase*. **sin** por tanto.

consistencia *n. f.* **1** Cualidad de la materia que resiste sin romperse ni deformarse fácilmente: *el acero tiene mucha consistencia; la consistencia del papel es menor que la del cartón*. **sin** cohesión, cuerpo. **ant** inconsistencia. **2** Unión y relación adecuada de todas las partes que forman un todo: *presentó una teoría de gran consistencia*. **sin** coherencia. **ant** inconsistencia.

consistente *adj.* **1** Que resiste un esfuerzo normal sin romperse ni deformarse: *deja secar la escayola hasta que el molde sea consistente*. **ant** inconsistente. **2** Que une y relaciona las partes de un conjunto y les da unidad y coherencia: *el detenido tenía una coartada muy consistente*. **ant** inconsistente.

consistir *v. intr.* **1** Estar fundada un cosa en otra: *la misión del médico consiste en curar al paciente*. **2** Estar formado o compuesto por varios elementos: *el libro consiste en una colección de artículos*. **sin** constar.

consistorial *adj.* Del consistorio o que tiene relación con él: *los manifestantes acabaron lanzando huevos contra la casa consistorial*.

consistorio *n. m.* **1** Corporación o grupo de personas integrado por un alcalde y varios concejales que se encarga de administrar y gobernar un pueblo o ciudad: *los miembros del consistorio presidieron el comienzo de las fiestas*. **sin** ayuntamiento, cabildo, concejo. **2** Edificio en el que trabaja este grupo de personas: *están restaurando la fachada del consistorio*. **sin** ayuntamiento, cabildo, concejo. **3** Junta o reunión celebrada por los miembros de este grupo de personas: *en el consistorio se aprobó el nuevo trazado de la carretera*. **sin** cabildo, concejo. **4** En la Iglesia católica, reunión que el Papa celebra con los cardenales: *próximamente el Papa reunirá el consistorio para el estudio de algunos problemas*.
der consistorial.

consola *n. f.* **1** Tablero con mandos, teclas e indicadores desde el que se controlan una o varias máquinas: *desde la consola se dirige el tráfico de la población*. **2** Mesa alargada que se coloca junto a la pared y sirve de adorno.

consolación *n. f.* Ayuda o motivo que contribuye a disminuir la intensidad de una pena o de un dolor. **sin** alivio, consuelo.

consolador *n. m.* Pene artificial para simular el coito.

consolar *v. tr./prnl.* Dar ánimo a una persona para que resista una situación triste o adversa. **sin** confortar, reconfortar.
der consolación, consolador, consuelo; desconsolar.
obs En su conjugación, la *o* se convierte en *ue* en sílaba acentuada, como en *contar*.

consolidación *n. f.* Adquisición de firmeza, solidez y estabilidad: *durante la segunda mitad del siglo xx la ecología ha logrado su consolidación como disciplina científica*.

consolidar *v. tr.* Hacer que algo sea sólido, firme y estable: *el gobierno se ha propuesto consolidar la recuperación económica*.
der consolidación.
etim Véase *soldar*.

consomé *n. m.* Caldo de carne concentrado.

consonancia *n. f.* **1** Relación de conformidad, correspondencia o igualdad entre dos o más elementos: *debes vestirte en consonancia con el acto que vas a presidir*. **2** mús. Relación entre varios sonidos que, producidos a la vez o uno detrás de otro, suenan de modo agradable. **ant** disonancia. **3** gram. Igualdad de los sonidos de la terminación de dos palabras, desde la última vocal con acento: *existe consonancia entre las palabras* luna *y* fortuna.
der consonante.

consonante *adj./n. f.* **1** gram. [sonido] Que se produce al estrechar los órganos de la articulación el canal de la voz o al cerrarlo por un instante: *la* s *y la* b *son consonantes*. **2** gram. [letra] Que representa ese sonido: *la letra* t *es una consonante*. ◇ *adj.* **3** gram. [palabra] Que tiene iguales a otra los sonidos finales, desde la última vocal con acento: pradera *y* tomatera *tienen rima consonante*. **4** Que tiene una relación de conformidad, correspondencia o igualdad: *el diseño de la casa es consonante con el paisaje que la rodea*. **ant** disonante.
der consonántico, consonantismo; aconsonantar, semiconsonante.

consonántico, -ca *adj.* Del sonido o la letra consonantes o que tiene relación con ellos: *el primer elemento de la palabra* casa *es consonántico*.

consorcio *n. m.* Asociación de personas o empresas con intereses comunes para participar conjuntamente en un proyecto o negocio importante.

consorte *n. com.* Mujer respecto de su marido y marido respecto de su mujer. **SIN** cónyuge.
DER consorcio.
OBS Funciona como aposición a los títulos de la realeza: *el rey consorte* y *la reina consorte* equivalen, repectivamente, a *el consorte de la reina* y *la consorte del rey*.

conspicuo, -cua *adj.* [persona] Que es ilustre o sobresaliente por alguna cualidad. **SIN** afamado, insigne, renombrado.

conspiración *n. f.* Acuerdo entre dos o más personas para hacer algo, especialmente si es ilícito o perjudicial para otro. **SIN** confabulación, conjura, conjuración.

conspirador, -ra *n. m. y f.* Persona que participa en una conspiración.

conspirar *v. intr.* Llegar a un acuerdo dos o más personas para hacer algo, especialmente si es ilícito o perjudicial para otro. **SIN** confabularse, conjurarse.
DER conspiración, conspirador.

constancia *n. f.* **1** Voluntad firme y continuada en la determinación de hacer una cosa o en el modo de realizarla: *estudió todo el año con constancia*. **2** Certeza de algo que se ha hecho o dicho: *tengo constancia de que no ha venido porque está enfermo*. **3** Registro, prueba o testimonio de que un hecho es verdadero y exacto: *el rey dejó constancia de su visita al museo firmando en el libro de honor*. Se usa con los verbos *haber* y *dejar*.

constante *adj.* **1** Que tiene voluntad firme y continuada en la determinación de hacer una cosa o en el modo de realizarla: *ha sido muy constante en la rehabilitación de su lesión de tobillo*. Se usa con el verbo *ser*, pero no con el verbo *estar*. **ANT** inconstante. **2** Que no se interrumpe y se prolonga durante largo tiempo en la misma intensidad: *un viento constante les facilitó la travesía*. **SIN** continuo. **ANT** inconstante. **3** Que se repite con cierta frecuencia manteniendo la misma intensidad: *los constantes golpes en la puerta lo despertaron*. **SIN** continuo. **ANT** inconstante. **4** MAT. Valor o cantidad que permanece fija en un cálculo o proceso matemático.
constantes vitales MED. Conjunto de datos relacionados con la composición y las funciones del organismo, cuyo valor debe mantenerse dentro de unos límites para que la vida se desarrolle en condiciones normales.
DER inconstante.

constar *v. intr.* **1** Tener la seguridad de que un hecho es verdadero y exacto: *me consta que tú me ofreces el mejor precio*. **2** Registrar o probar que un hecho es verdadero y exacto: *en la escritura consta que la casa es mía*. **3** Estar formado o compuesto por varios elementos: *el examen consta de varias preguntas*. **SIN** consistir.
DER constancia, constante.

constatación *n. f.* Comprobación de la veracidad de un hecho.

constatar *v. tr.* Comprobar un hecho, determinar si es cierto y dar constancia de él. **SIN** confirmar.
DER constatación.

constelación *n. f.* ASTR. Conjunto de estrellas que, mediante trazos imaginarios sobre la aparente superficie celeste, forman un dibujo que recuerda una figura, generalmente de un animal o de un personaje mitológico.

ETIM Véase *estrella*.

consternación *n. f.* Abatimiento o desconsuelo que provoca el conocimiento de una desgracia.

consternar *v. tr./prnl.* Producir abatimiento o desconsuelo el conocimiento de una desgracia.
DER consternación.

constipado *n. m.* Malestar físico provocado por la inflamación de las membranas mucosas del aparato respiratorio que produce un aumento de la secreción nasal y suele ir acompañado de tos, fiebre y dolores musculares. **SIN** catarro, resfriado.

constiparse *v. prnl.* Contraer una enfermedad leve del aparato respiratorio a causa del frío o de los cambios rápidos de temperatura: *cada Navidad me constipo*. **SIN** acatarrarse, resfriarse.
DER constipado.

constitución *n. f.* **1** Manera en que está compuesto algo o forma en que se estructuran sus elementos formantes: *la gomaespuma tiene una constitución esponjosa*. **2** Naturaleza de un organismo vivo en relación con el desarrollo, estructura y funcionamiento de su cuerpo: *era una joven de estatura alta y constitución atlética*. **SIN** complexión, contextura. **3** Establecimiento o fundación: *las ayudas públicas han favorecido la constitución de nuevas empresas*. **4** Conjunto de leyes fundamentales que fija la organización política de un estado y establece los derechos y las obligaciones básicas de los ciudadanos y gobernantes: *los españoles aprobaron la actual Constitución en diciembre de 1978*. Se escribe con letra mayúscula. **5** Forma o sistema de gobierno de un estado: *España tiene una constitución parlamentaria*.
DER constitucional.

constitucional *adj.* **1** De la Constitución o que tiene relación con este conjunto ordenado de leyes: *próximamente habrá una reforma constitucional*. **2** Conforme con el contenido de la Constitución de un estado: *se ha puesto en duda el carácter constitucional de la nueva ley*. **ANT** anticonstitucional, inconstitucional. **3** De la constitución física de un organismo vivo o que tiene relación con ella: *el pequeño tamaño del poni es un rasgo constitucional de la raza*.
DER constitucionalidad; anticonstitucional, inconstitucional.

constitucionalidad *n. f.* Conformidad con el contenido de la Constitución de un estado.

constituir *v. tr.* **1** Formar o componer: *más de un centenar de tiendas constituyen el nuevo centro comercial*. **2** Ser o suponer: *el hábito del tabaco constituye un grave peligro para la salud*. ◇ *v. tr./prnl.* **3** Establecer o fundar: *todos los nuevos vecinos se reunieron para constituir la comunidad de propietarios*. ◇ *v. prnl.* **4 constituirse** Aceptar una obligación o un cargo: *nombraron a la persona que se constituiría en representante del jurado*.
DER constitución, constitutivo, constituyente; reconstituir.
OBS En su conjugación, la *i* se convierte en *y* delante de *a*, *e* y *o*, como en *huir*.

constitutivo, -va *adj./n. m. y f.* Que forma parte de un todo: *el verbo suele ser uno de los elementos constitutivos de la oración*. **SIN** constituyente.

constituyente *adj./n. m.* **1** Que forma parte de un todo: *las aleaciones toman las mejores características de sus metales constituyentes*. **SIN** constitutivo. **2** [Cortes, congreso o asamblea] Que ha sido convocado para elaborar o reformar la Constitución de un estado.

constreñir *v. tr./prnl.* **1** Limitar, reducir: *los derechos de los ciudadanos constriñen el poder del gobierno*. **SIN** restringir. **2** MED. Hacer presión u oprimir un conducto hasta cerrarlo parcial o totalmente: *constreñir una arteria con un torniquete para evitar una hemorragia*.

ETIM *Constreñir* procede del latín *constringere,* que tenía el mismo significado, voz con la que también está relacionada *constricción*.

OBS En su conjugación, la *i* de la desinencia se pierde absorbida por la *ñ* y la *e* se convierte en *i* en algunos tiempos y personas, como en *ceñir*.

constricción *n. f.* **1** Límite o reducción: *el investigador exigió poder desarrollar su trabajo sin constricciones económicas*. **2** MED. Presión que se ejerce en un conducto para cerrarlo parcial o totalmente: *la serpiente pitón mata a sus víctimas por constricción*.

DER constrictor.

ETIM Véase *constreñir*.

constrictor, -ra *adj.* **1** Que produce constricción: *las condiciones muy constrictoras reducen la libertad de actuación*. ◊ *adj./n. m.* **2** MED. [medicamento] Que se utiliza para constreñir: *propiedades constrictoras*.

construcción *n. f.* **1** Fabricación de una obra material, generalmente de gran tamaño, de acuerdo con una técnica de trabajo compleja y usando gran cantidad de elementos: *la construcción de instrumentos musicales, de trenes, de muebles; la construcción de una casa; la construcción de una autovía*. **2** Conjunto de personas y materiales relacionados con la fabricación de edificios, obras de arquitectura o ingeniería: *la huelga de la construcción ocasiona cuantiosas pérdidas al sector*. **3** Edificio u obra de arquitectura o ingeniería construida: *la casa era una construcción de dos plantas*. **4** GRAM. Unión y ordenación adecuada de las palabras o las oraciones de acuerdo con las normas de la gramática.

constructivo, -va *adj.* **1** De la construcción o que tiene relación con ella: *la madera y el cemento son materiales constructivos*. **ANT** destructivo. **2** Que construye o sirve para construir; especialmente, que sirve para extraer consecuencias positivas y útiles: *las críticas constructivas ayudan a mejorar el resultado final*. **ANT** destructivo.

DER constructivismo.

constructor, -ra *adj./n. m. y f.* [persona, empresa] Que construye edificios, obras de arquitectura o ingeniería.

construir *v. tr.* **1** Hacer o fabricar una obra material, generalmente de gran tamaño, de acuerdo con una técnica de trabajo compleja y usando gran cantidad de elementos: *construir un chalé; construir un barco*. **ANT** destruir. **2** Elaborar una teoría o proyecto a partir de la combinación de diversos conceptos: *varios líderes socialistas se han reunido para construir un nuevo proyecto político*. **3** Disponer de determinada manera los elementos de una obra artística: *el autor ha construido la novela en torno a un único personaje*. **SIN** componer. **4** GRAM. Unir y ordenar debidamente las palabras o las oraciones de acuerdo con las normas de la gramática.

DER construcción, constructivo, constructor; reconstruir.

OBS En su conjugación, la *i* se convierte en *y* delante de *a, e* y *o,* como en *huir*.

consubstancial *adj.* **1** Que es de la misma sustancia, naturaleza y esencia que otro: *en la religión católica, Padre, Hijo y Espíritu Santo son entidades consubstanciales al concepto de Dios*. **2** Que forma parte de las características esenciales de una cosa: *el afán de sufrimiento y sacrificio es consubstancial a la práctica deportiva*.

DER consubstancialidad.

OBS También se escribe *consustancial*.

consuegro, -gra *n. m. y f.* Padre o madre de una persona en relación con los padres de la persona con la que está casada: *mis padres son consuegros de los padres de mi marido*.

consuelo *n. m.* Ayuda o motivo que contribuye a disminuir la intensidad de una pena o de un dolor. **SIN** alivio, consolación.

consuetudinario, -ria *adj.* Que se basa en la costumbre: *algunos pueblos indígenas se rigen por normas consuetudinarias*.

ETIM Véase *costumbre*.

cónsul *n. com.* **1** Persona autorizada oficialmente para representar y proteger los intereses económicos, administrativos o legales de los ciudadanos de una nación en una ciudad de un estado extranjero. ◊ *n. m.* **2** Hombre que tenía la máxima autoridad en la antigua república romana: *dos cónsules gobernaban Roma con un mandato que duraba un año*.

DER consulado, consular; procónsul.

consulado *n. m.* **1** Lugar o edificio donde trabaja el cónsul: *han colocado una bomba en el consulado francés*. **2** Conjunto de personas que trabajan bajo la dirección de un cónsul para representar y proteger los intereses de su nación en una ciudad de un estado extranjero: *a la recepción acudió todo el consulado marroquí en Málaga*. **3** Cargo o dignidad de cónsul. **4** Territorio o distrito asignado a un cónsul.

consular *adj.* Del cónsul o que tiene relación con este cargo.

consulta *n. f.* **1** Opinión o consejo que se pide o se da acerca de una cosa: *le hice una consulta al mecánico sobre el cambio de los neumáticos*. **2** Reunión de varias personas para tratar un asunto: *los dos presidentes han mantenido frecuentes consultas*. **3** Búsqueda de información: *déjame el diccionario, que voy a hacer una consulta; tengo que hacer una consulta en el archivo*. **4** Lugar donde el médico recibe, examina y atiende a sus pacientes: *busco la consulta del traumatólogo*. **SIN** consultorio. **5** Examen y atención que un médico presta a sus pacientes: *los domingos no hay consulta en el ambulatorio*.

consultar *v. tr.* **1** Pedir opinión o consejo acerca de una cosa: *el árbitro consultó con el linier antes de anular el gol*. **2** Tratar un asunto con otras personas para conocer su punto de vista: *el presidente consultó con sus ministros para evaluar la situación*. **3** Buscar información: *consultar las páginas amarillas; consultar en una hemeroteca*.

DER consulta, consulting, consultivo, consultor, consultorio.

consulting *n. m.* Consultoría.

OBS Es de origen inglés y se pronuncia aproximadamente 'consultin'.

consultivo, -va *adj.* [junta, organismo] Que está establecido para ser consultado por los gobernantes.

consultor, -ra *adj.* Que da su parecer en relación con un asunto acerca del cual se le consulta.

consultoría *n. f.* **1** Actividad que realiza el consultor. **2** Lugar donde trabaja el consultor.

consultorio *n. m.* **1** Lugar o establecimiento en el que se encuentran las consultas de diversos médicos para atender a los pacientes de un determinado territorio o distrito de la Seguridad Social o de una compañía de seguros médicos privada: *pronto abrirán un nuevo consultorio en el barrio*. **SIN** ambulatorio, dispensario. **2** Lugar donde el médico recibe, examina y atiende a sus pacientes: *tengo cita a las cuatro en el consultorio de ginecología*. **SIN** consulta. **3** Lugar o establecimiento donde se dan opiniones o consejos técnicos a las personas que los solicitan: *cuando lo despidieron, acudió a informarse a un consultorio laboral*. **4** Sección de un medio de comunicación, especialmente de la radio o la prensa, dedi-

consumación

cada a responder a las consultas del público acerca de materias técnicas: *el consultorio fiscal de un periódico*.

consumación *n. f.* Realización completa y total de una acción o proceso: *la consumación del crimen*.

consumado, -da *adj.* [persona] Excelente, perfecto: *es un consumado jugador de ajedrez*.

consumar *v. tr.* Dar fin, acabar por completo una acción o proceso.
  consumar el matrimonio Mantener relaciones sexuales el marido y la mujer después de haberse casado.
  DER consumación, consumado.

consumición *n. f.* **1** Comida o bebida que se toma en un bar u otro establecimiento público. **2** Destrucción o extinción completa de una materia.

consumido, -da *adj.* **1** [persona, animal] Que está muy delgado y con mal aspecto físico: *le trajeron un nativo consumido por la malaria*. **2** [persona] Que suele afligirse y apurarse con poco motivo: *se encontraba consumido por la envidia ante el triunfo de su amigo*.

consumidor, -ra *adj./n. m. y f.* [persona] Que compra y usa bienes y productos.

consumir *v. tr./prnl.* **1** Comprar o usar un producto, especialmente alimentos y bebidas, para satisfacer necesidades o gustos: *consumir menos bienes permite ahorrar más*; *debes consumir la leche antes de la fecha indicada en la botella*. **2** Usar, disfrutar o servirse de un producto o de una cosa no material: *consumir electricidad*; *consumir el tiempo*. **3** Destruir por completo una materia: *apaga la vela antes de que la llama la consuma*. **4** Hacer perder peso y deteriorar físicamente: *una larga enfermedad lo consume lentamente*. **5** Causar molestia o angustia de manera continuada durante mucho tiempo: *me consumen los celos*. **SIN** corroer.
  DER consumición, consumido, consumidor, consumo.

consumismo *n. m.* Tendencia al consumo de productos de modo excesivo y sin necesidad.
  DER consumista.

consumista *adj./n. com.* [persona] Que consume productos de modo excesivo y sin necesidad.

consumo *n. m.* **1** Compra o uso de un producto, especialmente alimentos y bebidas, para satisfacer necesidades o gustos: *la crisis económica frena el consumo*; *en este local no permiten el consumo de bebidas alcohólicas*. **2** Uso, disfrute o servicio que se obtiene de un producto o de una cosa no material: *el consumo de gasolina ha descendido*; *el consumo de televisión ha aumentado*.
  DER consumismo.

consustancial *adj.* **1** Que es de la misma sustancia, naturaleza y esencia que otra cosa: *el cuerpo y el alma son elementos consustanciales*. **2** Que forma parte de las características esenciales de una cosa: *la imaginación es una cualidad consustancial al ser humano*.
  DER consustancialidad; consubstancial.
  OBS La Real Academia Española admite *consustancial*, pero prefiere la forma *consubstancial*.

contabilidad *n. f.* **1** Sistema de control y registro de los gastos e ingresos y demás operaciones económicas que realiza una empresa: *he comprado un programa informático de contabilidad*. **2** Conjunto de cifras y datos acerca de estas operaciones económicas: *se encargó personalmente de revisar la contabilidad del restaurante*. **SIN** cuentas.

contabilizar *v. tr.* **1** Registrar una operación económica en un libro de cuentas para llevar la contabilidad: *el administrador contabilizó los ingresos y los gastos del mes*. **2** Contar,

numerar o computar cosas: *en la primera parte se contabilizaron únicamente tres disparos a puerta*.

contable *adj.* **1** Que por su naturaleza o por su número puede ser contado: *los árboles de un parque son contables, pero los granos de arena de una playa no*; *el nombre moneda es* contable, *aire no*. **2** De la contabilidad económica o que tiene relación con ella: *sometió la empresa a una inspección contable*. ◇ *n. com.* **3** Persona que lleva la contabilidad económica de una empresa.

contactar *v. tr.* Establecer trato o relación personal: *contactó con varios abogados antes de decidirse a presentar la demanda*.

contacto *n. m.* **1** Proximidad entre dos o más cosas de modo que se toquen entre sí: *el contacto con el hielo le alivió el dolor del golpe*. **2** Trato o relación personal: *apenas tengo contacto con mi hermano*. **SIN** comunicación. **3** Persona que facilita el trato o la relación personal con otras, especialmente dentro de una institución, empresa u organización: *habla con tu contacto en Hacienda para que agilicen mi declaración*. **SIN** enlace. **4** Unión entre las dos partes de un circuito que permite el paso de la corriente eléctrica: *el cable está roto y no hace contacto*. **5** Mecanismo que se usa para establecer esta unión: *metió la llave en el contacto y arrancó el coche*. ◇ *n. m. pl.* **6 contactos** *coloquial* Personas con las que se mantienen relaciones sociales o económicas: *como productor, tenía numerosos contactos en el mundo de la música*. **SIN** conexiones.
  tomar contacto Empezar a conocer los detalles de un determinado tema o asunto: *llevo muy pocos días en la empresa y apenas he tenido tiempo de tomar contacto con los principales problemas*.
  DER contactar.

contado, -da *adj.* Que es escaso, raro o poco frecuente: *en contadas ocasiones baja el precio de la gasolina*.
  al contado [forma de pago] Con dinero contante, abonando en el momento la cantidad completa y con dinero en efectivo o su equivalente: *se compró un anillo valorado en un millón de pesetas y pagó al contado*.

contador *n. m.* Aparato destinado a medir el volumen de agua o de gas que pasa por una cañería o la cantidad de electricidad que recorre un circuito en un tiempo determinado.
  DER contaduría.

contagiar *v. tr.* **1** Transmitir una enfermedad un ser vivo a otro: *un pasajero contagió el cólera a toda la tripulación*. **SIN** contaminar, infectar. **2** Transmitir una idea o sentimiento una persona a otra: *el entrenador contagió su ilusión a todo el equipo*. ◇ *v. prnl.* **3 contagiarse** Contraer una enfermedad por contacto con el germen o virus que la causa: *en África se contagió de malaria*. **SIN** contaminarse, infectarse. **4** Adquirir una idea o un sentimiento propio de una persona gracias al contacto con ella: *me contagié de su alegría en cuanto la conocí*.
  DER contagio, contagioso.
  OBS En su conjugación, la *i* se acentúa en algunos tiempos y personas, como en *descafeinar*.

contagio *n. m.* **1** Transmisión de una enfermedad por contacto con el germen o virus que la causa: *la falta de higiene facilita el contagio de enfermedades*. **2** Transmisión de una idea o sentimiento por influencia de una persona: *es preocupante el contagio de ideas violentas entre la juventud*.

contagioso, -sa *adj.* Que se contagia con facilidad y rapidez: *una enfermedad muy contagiosa*; *una risa muy contagiosa*.

contáiner *n. m.* Recipiente metálico de forma rectangular

y gran tamaño para el transporte de mercancías a grandes distancias. **SIN** contenedor.
OBS Es un anglicismo. ◇ El plural es *contáiners*.
contaminación *n. f.* **1** Alteración o daño del estado original de pureza o limpieza de una cosa: *el nivel de contaminación del mar Mediterráneo es muy alto*. **2** Transmisión de una enfermedad por contacto con el germen o virus que la causa: *quemaron todas las ropas del enfermo para evitar la contaminación de su mal*. **SIN** contagio, infección.
contaminante *adj./n. com.* Que contamina: *la gasolina sin plomo es menos contaminante; aún no se ha descubierto el germen contaminante*.
contaminar *v. tr./prnl.* **1** Alterar o dañar el estado original de pureza o limpieza de una cosa: *contaminar un río, una playa, el aire*. ◇ *v. tr.* **2** Transmitir una enfermedad un ser vivo a otro: *ella estaba enferma y contaminó a su familia*. **SIN** contagiar, infectar. ◇ *v. prnl.* **3 contaminarse** Contraer una enfermedad por contacto con el germen o virus que la causa: *tras detectarse el primer caso de fiebre, en pocas horas todo el pueblo se contaminó con el virus*. **SIN** contagiarse, infectarse.
DER contaminación, contaminador, contaminante; descontaminar.
contante Palabra que se utiliza en la locución *contante y sonante*, que significa 'en monedas o billetes', dicho del dinero: *no admitimos cheques: cobramos en dinero contante y sonante*.
contar *v. tr.* **1** Averiguar la cantidad de elementos que hay en un conjunto, dándole a cada uno un número ordenado consecutivamente: *contar billetes, patatas*. **2** Expresar los números ordenados consecutivamente: *mi hijo sólo sabe contar hasta tres*. **3** Dicho de años, tenerlos cumplidos: *el joven campeón cuenta tan sólo dieciséis años*. **4** Explicar una historia real o inventada; hacer una relación de acontecimientos: *contar un cuento, contar una anécdota*. **SIN** narrar, referir, relatar. ◇ *v. tr./prnl.* **5** Considerar una cosa según la importancia, clase u opinión que le corresponde: *el deporte español cada vez cuenta más a nivel internacional*; *en el examen cuenta mucho la precisión en los datos*.
contar con *a)* Considerar a una persona o cosa útil, conveniente o de confianza para algo: *cuento contigo para que me ayudes a pintar el piso*; *cuenta con mi coche para lo que quieras*. *b)* Tener o disponer de una cualidad o de una característica: *este equipo cuenta con excelentes jugadores*; *esta moto cuenta con un potente motor*.
¿qué cuentas? o **¿qué te cuentas?** Expresión que se usa como saludo.
DER contable, contado, contador, contante, cuenta; descontar, recontar.
ETIM *Contar* procede del latín *computare*, 'calcular', voz con la que también están relacionadas *computar, cuenta, cuento*.
contemplación *n. f.* **1** Acción de mirar con atención, placer o detenimiento: *disfrutaba con la contemplación de un cielo estrellado*. **2** Reflexión detenida e intensa sobre Dios, sus atributos divinos y los misterios de la fe: *los cartujos dedican buena parte del día a la contemplación*. ◇ *n. f. pl.* **3 contemplaciones** Trato cuidadoso y atento hacia una persona para que esté feliz y no se enfade: *lo echó de clase sin contemplaciones*. **SIN** miramiento.
contemplar *v. tr.* **1** Mirar con interés, atención y detenimiento: *desde la ventana puedo contemplar toda la ciudad*; *contempló durante un buen rato la fachada de la catedral*. **SIN** observar. **2** Reflexionar con atención y cuidado para formar una opinión: *contempla la posibilidad de vender su casa*.

SIN considerar. **3** Complacer a una persona, ser condescendiente con ella: *no contemples tanto al abuelo, que lo acostumbras mal*. **4** Reflexionar detenida e intensamente sobre Dios, sus atributos divinos y los misterios de la fe.
DER contemplación, contemplativo.
contemplativo, -va *adj.* **1** Que mira con atención, placer o detenimiento: *pasó toda la tarde mirando el mar en actitud contemplativa*. **2** Que reflexiona con detenimiento e intensidad sobre Dios, sus atributos divinos y los misterios de la fe: *decidió ingresar en un convento y dedicarse a la vida contemplativa*.
contemporáneo, -nea *adj./n. m. y f.* **1** Que existe en la época actual, que pertenece al presente: *la informática ha revolucionado la cultura contemporánea*. **Edad Contemporánea** Parte de la historia más reciente; suele entenderse como el tiempo transcurrido desde fines del siglo XVIII o principios del XIX hasta el presente. **2** Que existió al mismo tiempo que otra persona o cosa, que pertenece a la misma época que ella: *Góngora fue contemporáneo de Quevedo*. **SIN** coetáneo.
ETIM Véase *tiempo*.

contar	
INDICATIVO	SUBJUNTIVO
presente	presente
cuento	cuente
cuentas	cuentes
cuenta	cuente
contamos	contemos
contáis	contéis
cuentan	cuenten
pretérito imperfecto	pretérito imperfecto
contaba	contara o contase
contabas	contaras o contases
contaba	contara o contase
contábamos	contáramos o contásemos
contabais	contarais o contaseis
contaban	contaran o contasen
pretérito indefinido	futuro
conté	contare
contaste	contares
contó	contare
contamos	contáremos
contasteis	contareis
contaron	contaren
futuro	IMPERATIVO
contaré	
contarás	cuenta (tú)
contará	cuente (usted)
contaremos	contad (vosotros)
contaréis	cuenten (ustedes)
contarán	
condicional	FORMAS NO PERSONALES
contaría	
contarías	infinitivo gerundio
contaría	contar contando
contaríamos	participio
contaríais	contado
contarían	

contemporizar *v. intr.* Adaptarse al gusto y la voluntad de los demás. **SIN** condescender.
OBS En su conjugación, la *z* se convierte en *c* delante de *e*.

contención *n. f.* **1** Detención del movimiento de un cuerpo o líquido: *el desfiladero hizo de barrera de contención del fuego*. **2** Control sobre un sentimiento o impulso para moderar su intensidad: *respondió a los insultos de sus enemigos con una contención envidiable*. **SIN** continencia. **3** Detención o moderación del aumento de una cantidad: *contención de los salarios; contención de la inflación*.

contencioso, -sa *adj./n. m. y f.* **1** [asunto, materia] Que es motivo de reclamación legal y su solución depende de una sentencia judicial: *el proceso contencioso por el cobro de una herencia*. ◇ *n. m.* **2** Asunto o problema que es motivo de disputa entre dos partes: *aún se mantiene el contencioso entre los dos pueblos por la celebración de las fiestas de la provincia*.

contender *v. intr.* **1** Atacar, golpear y herir al contrario y defenderse de sus ataques: *las dos fuerzas contendieron en una tremenda batalla*. **SIN** luchar, pelear. **2** Luchar con otros para conseguir un mismo fin: *los equipos contendían por vez primera para ganar el título*. **SIN** disputar, rivalizar. **3** Defender dos o más personas opiniones o intereses opuestos en una conversación: *varios científicos contendieron en el debate sobre las nuevas tecnologías*. **SIN** debatir, discutir, disputar.
DER contencioso, contendiente, contienda.
OBS En su conjugación, la *e* se convierte en *ie* en sílaba acentuada, como en *entender*.

contendiente *adj./n. com.* [persona, grupo] Que contiende: *los ejércitos contendientes han acordado una tregua; los dos contendientes se conforman con el empate*.

contenedor *n. m.* **1** Recipiente metálico o de material resistente, de gran tamaño y provisto de enganches para facilitar su manejo; se usa para meter la basura y los materiales que ya no sirven: *algunos contenedores de vidrio tienen forma de iglú*. **SIN** container. **2** Recipiente metálico de forma rectangular y gran tamaño para el transporte de mercancías a grandes distancias: *atracó en el puerto un buque cargado con contenedores*. **SIN** container.

contener *v. tr./prnl.* **1** Llevar o incluir una cosa a otra en su interior: *es un libro muy denso que apenas contiene ilustraciones*. **2** Hacer referencia a un tema o asunto a lo largo de una exposición: *su discurso contenía las líneas principales de su programa de gobierno*. **3** Detener o suspender el movimiento de un cuerpo o líquido: *la presa contiene la corriente del río; el ejército ruso pudo contener el avance alemán sobre Moscú*. **4** No dejar que un sentimiento o impulso se exprese abiertamente, moderar su intensidad: *contener las ganas de llorar; contener el odio*. **SIN** controlar, moderar, reprimir. **5** Detener el aumento de una cantidad: *contener el gasto público*.
DER contención, contenedor, contenido, continencia, contingente, continente; incontenible.
OBS Se conjuga como *tener*.

contenido, -da *adj.* **1** [sentimiento, impulso] Que no se expresa abiertamente: *con una emoción contenida nos despedimos en la estación*. ◇ *n. m.* **2** Materia incluida en el interior de un espacio: *abrió la caja para ver el contenido*. **3** Tema o asunto que se trata o sobre el cual se escribe: *el primer día nos explicaron los contenidos del curso*. **4** GRAM. Significado de un signo lingüístico o de una oración: *el signo gato tiene como contenido: 'animal doméstico de la familia de los felinos'*.

contentar *v. tr.* **1** Satisfacer un deseo, una ilusión o una necesidad: *cuando vuelvo de viaje, siempre contento a mi hijo con un regalo*. ◇ *v. prnl.* **2 contentarse** Aceptar una cosa de buen grado, especialmente cuando no es perfecta o no satisface completamente un deseo, ilusión o necesidad: *si no me suben el sueldo, me contento con tener más vacaciones*. **3** Recuperar la concordia o amistad dos partes enfrentadas o separadas: *los dos amigos se pelearon, pero se contentaron rápidamente*. **SIN** reconciliarse.

contento, -ta *adj.* **1** Que está alegre, feliz y satisfecho: *estoy muy contento con el examen que he hecho*. Se usa con el verbo *estar*. **ANT** descontento. ◇ *n. m.* **2** Alegría, felicidad y satisfacción: *el acuerdo de paz ha sido recibido con gran contento por la comunidad internacional*. **ANT** descontento.
DER contentar; descontento.

contertulio, -lia *n. m. y f.* Persona que participa con otras en una tertulia o conversación.

contestación *n. f.* **1** Información o juicio que se da a una pregunta, petición u opinión ajena: *aún no he recibido contestación a mi solicitud de traslado*. **SIN** respuesta. **2** Desacuerdo y oposición que se expresa contra una cosa: *el último atentado ha tenido una amplia contestación social*. **SIN** protesta, queja.

contestador *n. m.* Aparato eléctrico conectado al teléfono que emite mensajes grabados y registra las llamadas recibidas.

contestar *v. tr.* **1** Dar una información o juicio a una pregunta, petición u opinión ajena: *contestó con una carta al artículo publicado en el periódico sobre sus negocios*. **SIN** responder. **2** Expresar desacuerdo y oposición contra una cosa: *cientos de obreros contestaron el cierre de los astilleros*. No se debe usar con el sentido de negar o poner objeciones: *estos hechos no pueden ser contestados*. **ANT** protestar. ◇ *v. intr.* **3** Replicar de modo brusco o desagradable: *vete a tu cuarto y no contestes a tu padre*.
DER contestación, contestador, contestatario, contestón; incontestable.

contestatario, -ria *adj./n. m. y f.* Que expresa desacuerdo y oposición contra valores u opiniones socialmente establecidos: *la juventud acostumbra mantener una actitud contestataria*.

contexto *n. m.* **1** Conjunto de circunstancias que rodean un hecho y sin las cuales no se puede comprender correctamente: *para entender un acontecimiento histórico es necesario conocer el contexto político, social y cultural en el que se produjo*. **2** GRAM. Conjunto de elementos lingüísticos y circunstancias extralingüísticas que rodean a una palabra u oración, de las que puede depender su significado correcto: *el verbo cantar tiene dos significados distintos en estos dos contextos: el tenor canta o el detenido canta; no es lo mismo gritar ¡esto es un robo! en un campo de fútbol que en un banco, porque los contextos son diferentes*.
DER contextualizar.

contextualizar *v. tr.* Poner en un determinado contexto: *antes de hablar del asesinato de Kennedy, conviene contextualizar el magnicidio*.
DER descontextualizar.

contextura *n. f.* **1** Disposición y unión de las partes que componen un todo, especialmente los hilos de una tela: *vestía una malla de contextura homogénea y elástica*. **SIN** textura. **2** Contexto que rodea un hecho: *las elecciones se celebraron en una contextura de violencia callejera*. **3** Naturaleza de un organismo vivo en relación con el desarrollo, estructura y funcionamiento de su cuerpo: *el ganador fue un caballo de contextura esbelta y estilizada*. **SIN** complexión, constitución.

contienda *n. f.* **1** Enfrentamiento continuado entre dos o más ejércitos: *la trágica contienda civil española de 1936*. **SIN** conflagración, conflicto, guerra. **2** Enfrentamiento o discusión entre dos personas o grupos: *sólo dos partidos participarán en la contienda electoral*. **SIN** disputa.

contigo *pron. pers.* Forma del pronombre personal de segunda persona *ti*, que se usa cuando va acompañado por la preposición *con*: *si vas a la plaza, espérame, que voy contigo*.

contigüidad *n. f.* Contacto entre dos cosas que están una junto a la otra: *la contigüidad geográfica entre países puede ser causa de conflictos fronterizos*.

contiguo, -gua *adj.* Que está en contacto con otra cosa, a su lado: *duerme en una habitación contigua a la de su hermano*.
DER contigüidad.

continencia *n. f.* **1** Control sobre un sentimiento o impulso para moderar su intensidad: *debes comer con cierta continencia*. **SIN** contención. **ANT** incontinencia. **2** Renuncia voluntaria a mantener relaciones sexuales y a experimentar cualquier tipo de placer sexual: *tras el infarto, el médico le recomendó continencia durante una temporada*. **SIN** abstinencia. **ANT** incontinencia.
DER incontinencia.

continental *adj.* **1** Del continente o que tiene relación con esta gran extensión de tierra: *clima continental; geología continental*. **2** Del conjunto de países que forman un continente o que tiene relación con ellos: *logró un título continental al ganar un campeonato europeo*.
plataforma continental Superficie de un fondo submarino cercano a la costa, comprendida entre el litoral y las profundidades no mayores de 200 metros.

continente *n. m.* **1** Gran extensión de tierra en que se considera dividida la superficie terrestre: *hay cinco continentes en la Tierra*. **2** Cosa que contiene dentro de sí a otra: *el vaso es el continente del líquido que lo llena*.
DER continental; incontinente.

contingencia *n. f.* **1** Posibilidad de que una cosa suceda o no suceda: *la contingencia de un futuro despido*. **2** Cosa que puede suceder o no suceder; especialmente, problema que se plantea de manera no prevista: *temía que cualquier contingencia le retrasase la partida; no contaba con la contingencia de que se pinchara una rueda*. **SIN** eventualidad, imprevisto.

contingente *adj.* **1** Que puede suceder o no suceder: *estaba preparado para solucionar cualquier tipo de circunstancia contingente*. ◇ *n. m.* **2** Conjunto organizado de soldados: *China ha desplegado un amplio contingente de tropas a lo largo de la frontera*. **3** Parte proporcional que cada uno pone cuando son varios los que contribuyen a un mismo fin: *la Unión Europea aportó un contingente de alimentos y medicinas para el Tercer Mundo*. **4** ECON. Cantidad que se señala a un país o a un industrial para la compra, venta o producción de determinadas mercancías: *cada país de la Unión Europea está sujeto a un contingente de producción lechera*.
DER contingencia.

continuación *n. f.* **1** Ampliación en el tiempo del desarrollo de una acción que ya había empezado: *este episodio de la serie es continuación de la de la semana pasada*. **2** Extensión de una superficie en el espacio: *la cocina era una continuación del salón de la casa*.
a continuación Inmediatamente después: *a continuación del nombre debe poner sus apellidos*.

continuador, -ra *adj.* Que sigue y continúa una cosa empezada por otro: *el hijo menor es el continuador de una dinastía de grandes bailaores*.

continuar *v. tr./intr.* **1** Seguir con lo empezado: *vamos a comer algo y luego continuaremos el viaje*. ◇ *v. intr.* **2** Mantenerse en el tiempo: *la nubosidad continuará todo el fin de semana*. **SIN** durar, permanecer. ◇ *v. prnl.* **3** continuarse Extenderse a lo largo de una superficie: *el hotel se continuaba a lo largo de la playa*.
DER continuación, continuador.

continuidad *n. f.* **1** Circunstancia de suceder o hacerse algo sin interrupción: *la continuidad en el trabajo acaba por dar fruto*. **2** Unión entre las partes que forman un todo: *no hay continuidad entre las dos partes de la película*.
solución de continuidad Interrupción, falta de continuidad: *a lo largo del invierno se sucedieron los temporales sin solución de continuidad*.

continuo, -nua *adj.* **1** Que no se interrumpe y se prolonga durante largo tiempo con la misma intensidad: *el continuo viento acabó tirando la antena del tejado*. **SIN** constante. **2** Que se repite con cierta frecuencia manteniendo la misma intensidad: *los continuos ánimos de su padre lo ayudaron a superar el accidente*. **SIN** constante. **3** Que está formado por partes unidas entre sí: *en la Antigüedad los libros se escribían en rollos continuos de pergamino*. ◇ *n. m.* **4** Todo formado por partes entre las que no hay separación: *una metrópoli es un continuo habitado por casas y carreteras*.
de continuo Sin interrupción: *protestaba de continuo por la comida*.
jornada continua Período de trabajo diario que se lleva a cabo sin interrupción ni descanso prolongado para comer. **SIN** jornada intensiva.
sesión continua Proyección repetida y continuada del mismo programa de cine, de tal modo que el espectador puede presenciarlo una o más veces.
DER continuidad, continuar; discontinuo.

contonearse *v. prnl.* Mover de manera exagerada los hombros y las caderas al andar.
DER contoneo.

contoneo *n. m.* Movimiento exagerado de los hombros y las caderas al andar.

contorno *n. m.* **1** Conjunto de líneas que limitan un cuerpo o una figura: *el contorno de un pentágono está formado por cinco lados*. **SIN** perímetro. **2** Forma que presenta un objeto o un cuerpo más oscuro que el fondo sobre el cual se ve: *puedo ver el contorno del ladrón tras los visillos de la ventana*. **SIN** silueta. **3** Zona que rodea un lugar o una población: *ni en el pueblo ni en los contornos se conocía otro caballo más rápido*. Se usa más en plural. **SIN** afueras, alrededores.
DER contonearse.

contorsión *n. f.* Movimiento irregular y extraño que contrae una parte del cuerpo, los rasgos de la cara o cualquier músculo: *el mago se libró de la camisa de fuerza con una contorsión de hombros*.
DER contorsionarse.

contorsionarse *v. prnl.* Hacer movimientos irregulares y extraños contrayendo una parte del cuerpo, los rasgos de la cara o cualquier músculo: *al son de los tambores el hechicero se contorsiona y grita*.
DER contorsionista.

contorsionista *n. com.* Persona que puede hacer con su cuerpo contorsiones muy difíciles, sin sufrir aparentemente dolor.

contra *prep.* **1** Indica oposición o acción contraria: *jugaron contra un buen equipo; lo que pretendes hacer va contra la ley*.

contra-

2 Indica contacto o apoyo: *el detenido quedó de espaldas contra la pared*. **3** Indica cambio de una cosa por otra: *enviar un paquete contra reembolso*. ◇ *n. m.* **4** Dificultad, circunstancia o razón que impide hacer una cosa: *esta decisión tiene sus pros y sus contras*. Se usa más en plural. **SIN** inconveniente. ◇ *int.* **5 ¡contra!** Expresión que indica sorpresa o disgusto: *¡contra, qué susto me has dado!*; *¡contra, qué frío hace!*
a la contra *a)* En continua oposición: *en la reunión siempre votaba a la contra que la mayoría*. *b)* Al contraataque: *el equipo visitante suele jugar a la contra*.
en contra En oposición: *quiero mudarme de casa, pero tengo a toda la familia en contra*.

contra- Prefijo que entra en la formación de palabras con el significado de: *a)* 'Oposición' o 'contrariedad': *contrabando, contraindicar*. *b)* 'Duplicación' o 'refuerzo': *contrabarrera, contraventana*.

contraalmirante *n. m.* Miembro de la Armada de categoría inmediatamente inferior a la de vicealmirante.

contraatacar *v. tr./intr.* **1** Reaccionar con un ataque ante el avance del contrario o del enemigo: *tras la ofensiva aliada, el ejército enemigo contraatacó*; *nuestro equipo contraatacó con un par de jugadas y consiguió un gol*; *los abogados del acusado han contraatacado pidiendo la nulidad del juicio*. **2** *coloquial* Volver a hacer lo que se había abandonado por algún tiempo: *tras años de silencio, el veterano cantante cotraataca con un nuevo disco*.
DER contraataque.
OBS En su conjugación, la c se convierte en *qu* delante de e.

contraataque *n. m.* Reacción con un ataque al avance del contrario o del enemigo. **SIN** contragolpe.

contrabajo *n. m.* MÚS. Instrumento de cuerda y arco parecido al violonchelo, pero más grande y de sonido más grave. **SIN** violón. ☞ *instrumentos musicales*.

contrabandista *n. com.* Persona que se dedica al contrabando.

contrabando *n. m.* **1** Transporte o comercio ilegal de productos sin pagar los impuestos correspondientes: *contrabando de tabaco*; *contrabando de alcohol*. **2** Transporte o comercio ilegal de productos prohibidos por las leyes a los particulares: *contrabando de drogas*; *contrabando de explosivos*. **3** Mercancías o géneros prohibidos o introducidos de forma fraudulenta: *el contrabando estaba escondido en unos contenedores*.
de contrabando Que se consigue o se compra de manera ilegal: *nunca fumo tabaco de contrabando*.
DER contrabandista.

contracción *n. f.* **1** Movimiento en el que se encoge o se estrecha una parte del cuerpo o un músculo reduciendo su tamaño: *mediante contracciones, el corazón impulsa la sangre a las arterias*. **2** Disminución de la cantidad o el tamaño: *la crisis ha provocado la contracción de las exportaciones*. **3** Aceptación de una obligación o compromiso: *su nuevo cargo le obligó a la contracción de numerosos deberes*. **SIN** asunción. **4** GRAM. Unión de una palabra que termina en vocal con otra palabra que empieza por vocal: *al procede de la contracción de a y el*. **5** GRAM. Palabra creada mediante esta unión: *al y del son contracciones*.
ETIM Véase *contraer*.

contrachapado, -da *adj./n. m. y f.* [tablero] Que está formado por varias capas finas de madera pegadas.

contraconcepción *n. f.* Conjunto de métodos, sustancias o medios empleados como contraceptivos. **SIN** anticoncepción.
DER contraconceptivo.

contraconceptivo, -va *adj./n. m.* [método, sustancia, medio] Que impide que una mujer o un animal hembra quede embarazado. **SIN** anticonceptivo.

contracorriente *n. f.* Palabra que se utiliza en la locución *a contracorriente*, que significa 'en contra de la opinión general': *no le importa enfrentarse a los demás yendo a contracorriente*.

contractual *adj.* De un contrato o que tiene relación con él: *la nueva legislación contractual abaratará los despidos*.
ETIM Véase *contrato*.

contractura *n. f.* MED. Contracción involuntaria y duradera de uno o más músculos.
ETIM Véase *contraer*.

contracultura *n. f.* Movimiento social y cultural caracterizado por la oposición a los valores culturales y morales establecidos en la sociedad: *la contracultura surge en los Estados Unidos en los años cincuenta y desaparece prácticamente en los setenta*.

contradecir *v. tr.* **1** Decir lo contrario de lo que otra persona afirma o negar lo que ésta da por cierto: *contradijo mi indicación y le aconsejó que no fuera al colegio*; *contradijo a su marido y negó que se hubieran marchado el lunes*. **2** Hacer lo contrario de lo dicho por otra persona: *su manera de conducir contradice todos los consejos sobre seguridad*. ◇ *v. prnl.* **3 contradecirse** Decir una persona lo contrario de lo que antes había dicho, sin anunciar o reconocer que ha cambiado de opinión: *te pones nervioso discutiendo y te contradices continuamente*. **4** Hacer una persona lo contrario de lo que ella misma había dicho: *tus nervios se contradicen con tu promesa de serenidad*.
DER contradicción, contradictorio.
OBS Se conjuga como *decir*. ◇ El participio es *contradicho*.

contradicción *n. f.* **1** Afirmación que expresa lo contrario de lo dicho por uno mismo o por otros: *comparando las dos declaraciones del acusado se descubren muchas contradicciones*. **2** Actitud o comportamiento contrario a lo dicho por uno mismo o por otros: *la subida de los salarios está en abierta contradicción con las recomendaciones del gobierno*. **3** Afirmación y negación que se oponen una a otra y no pueden ser verdaderas a la vez: *tu teoría tiene contradicciones que la desacreditan*.

contradictorio, -ria *adj.* Que tiene contradicción con otra cosa: *varios críticos han emitido opiniones contradictorias de la película*; *inspira poca confianza por su actitud contradictoria ante la guerra*.

contraer *v. tr./prnl.* **1** Encoger, estrechar o reducir a menor tamaño: *durante la inspiración de aire se contraen un gran número de músculos del tronco humano*. **2** Desarrollar una enfermedad por el contacto con el germen o virus que la causa: *contraer el sida*. **SIN** contagiarse, contaminarse, infectarse. **3** Adquirir una costumbre o vicio por el contacto con otra persona: *en sus años de estudiante contrajo el hábito de trabajar por la noche*. **4** Aceptar una obligación o un compromiso: *contraer matrimonio*. **5** GRAM. Reducir dos o más vocales a un diptongo o a una sola vocal: *en casos como va a comer, las dos aes suelen contraerse en el habla*.
DER contraído, contrayente.
ETIM *Contraer* procede del latín *contrahere*, que tenía el mismo significado, voz con la que también están relacionadas *contracción, contráctil, contractura*.
OBS Se conjuga como *traer*.

contraespionaje *n. m.* Actividad secreta que consiste en tratar de descubrir y evitar el espionaje de potencias extranjeras.

contrafuerte n. m. **1** ARQ. Construcción vertical que se levanta pegada al muro de un edificio para hacerlo más resistente a la carga que debe soportar: *muchos contrafuertes tienen forma de pilar rectangular*. **SIN** estribo. **2** Pieza de cuero o de material resistente con que se refuerza el calzado por la parte del talón.

contragolpe n. m. Reacción ofensiva de un equipo deportivo ante el avance del contrario: *el primer gol fue resultado de un rápido contragolpe*. **SIN** contraataque.

contrahecho, -cha adj./n. m. y f. [persona, cosa] Que tiene torcido o deformado el cuerpo: *le asustaba el dibujo de aquel ser contrahecho y diabólico; el payaso llevaba una gran chistera contrahecha*.

contraindicación n. f. Efecto perjudicial que puede tener una acción, el empleo de un medicamento o un tratamiento: *antes de usar un medicamento hay que leer sus contraindicaciones*.

contraindicar v. tr. Señalar los efectos perjudiciales de una acción, un medicamento o un tratamiento en ciertos casos: *el médico me ha contraindicado estas pastillas cuando conduzca, porque producen somnolencia; tras el accidente, sus amigos le contraindicaron que fuera a trabajar hasta pasados unos días*.
DER contraindicación.

contralto n. m. **1** MÚS. Voz media entre la de tiple y la de tenor. ◇ n. com. **2** MÚS. Persona que tiene esta voz.

contraluz n. amb. **1** Aspecto que presenta una cosa mirándola desde el lado opuesto a la luz: *mirando la carta a contraluz descubrió en su interior un cheque*. **2** Fotografía tomada de una cosa desde el lado opuesto a la luz: *tiene un contraluz de una pareja que se abraza frente a la puesta de sol*.

contramaestre n. m. **1** Suboficial de la Armada que dirige a los marineros bajo las órdenes del oficial. **2** Jefe o vigilante de los obreros en algunos talleres o fábricas.

contramano Palabra que se usa en la locución adverbial *a contramano* para indicar la dirección opuesta a la que debe ir una persona o vehículo: *si caminas a contramano por la carretera, ves los coches que vienen*.

contraofensiva n. f. Conjunto de operaciones militares encaminadas a responder a un ataque del enemigo, haciéndole tomar posiciones de defensa.

contraorden n. f. Orden que es contraria a otra anterior, la invalida o la deja sin efecto: *los albañiles estaban desconcertados al recibir continuamente órdenes y contraórdenes*.

contrapartida n. f. Actuación, beneficio o regalo que se hace en correspondencia a lo que se recibe de otra persona o como premio de sus actos: *los obreros esperaban recibir alguna contrapartida económica por su esfuerzo*. **SIN** compensación, recompensa.

contrapelo Palabra que se utiliza en la locución *a contrapelo*, que significa *a)* 'En dirección contraria a la inclinación natural del pelo': *le peinaba el cabello a contrapelo para cortárselo mejor*. *b)* 'Contra el modo normal o natural de una cosa': *vivía a contrapelo del tiempo, como si aún fuera un niño*.

contrapesar v. tr. **1** Servir de contrapeso: *contrapesó la balanza con dos pesas de un kilo cada una*. **2** Compensar o igualar una cosa a otra para hacer disminuir o desaparecer su efecto: *la subida de impuestos se contrapesará con el aumento de los salarios*.

contrapeso n. m. **1** Peso o carga que iguala a otra para conseguir un equilibrio: *puso un contrapeso en el extremo opuesto del andamio en el que estaba para que no se volcara*. **2** Cosa que compensa o iguala a otra para hacer disminuir o desaparecer su efecto: *la serenidad de la esposa es el contrapeso justo de la vehemencia del marido*.
DER contrapesar.

contraponer v. tr. **1** Poner juntas, una al lado o a continuación de otra u otras, dos o más cosas para encontrar parecidos y apreciar diferencias entre ellas: *contrapuso varias fotos del lugar del accidente para determinar las causas*. **SIN** comparar, cotejar. ◇ v. tr./prnl. **2** Oponer una idea, persona o cosa a otra para impedir su acción: *contraponer un muro al empuje de la montaña*.
DER contraposición, contrapuesto.
OBS Se conjuga como *poner*.

contraportada n. f. **1** Página que se pone frente a la portada de un libro: *la contraportada suele aparecer en blanco, pero a veces lleva el nombre de la colección y su número, así como los títulos publicados y otros datos semejantes*. **2** Última página de un periódico o revista: *en la contraportada de algunos periódicos suele haber un artículo de opinión*.

contraposición n. f. **1** Comparación de dos o más cosas para encontrar parecidos y apreciar diferencias: *la contraposición de los discursos de los tres candidatos será decisiva en las elecciones*. **2** Relación entre cosas totalmente distintas u opuestas: *muchos cuentos infantiles se basan en la contraposición del bien y el mal*.

contraprestación n. f. Servicio o pago que una persona, institución o empresa hace a otra en correspondencia al que ha recibido o debe recibir: *recibía una contraprestación económica por donar sangre*.

contraproducente adj. [acción, dicho] Que tiene un efecto contrario a la intención con que se profiere o hace: *castigar a un niño por sentir miedo de la oscuridad es contraproducente*.

contrapuesto, -ta adj. Que se opone a otra cosa de la misma naturaleza: *las fuerzas centrífugas y centrípetas son fuerzas contrapuestas*.

contrapunto n. m. **1** Técnica de composición musical que combina con armonía voces, melodías o ritmos contrapuestos. **2** MÚS. Voz, melodía o ritmo que resulta de aplicar esta técnica. **3** Contraste que existe entre dos cosas que suceden simultáneamente o se hallan una junto a la otra: *en algunas películas el protagonista, guapo y fuerte, tiene como contrapunto un ayudante feo y aparentemente torpe*.

contrariar v. tr. **1** Oponerse al deseo o propósito de una persona: *no contraríes a tu madre y cómete la sopa*. ◇ v. prnl. **2 contrariarse** Disgustarse por no poder cumplir un deseo o propósito: *le contrarió no poder ir al cine esa tarde; se muestra contrariado por el resultado de los exámenes*.
DER contrariado.
OBS En su conjugación, la *i* se acentúa en algunos tiempos y personas, como en *desviar*.

contrariedad n. f. **1** Oposición entre dos cosas: *la contrariedad entre la razón y la pasión provoca en el hombre fuertes luchas internas*. **2** Suceso imprevisto que retrasa o impide hacer lo que se desea: *es una contrariedad que el museo cierre precisamente hoy*. **SIN** contratiempo. **3** Disgusto de escasa importancia: *ha sido una contrariedad que tu hijo se haya roto la pierna*.

contrario, -ria adj. **1** Que tiene un sentido o una significación completamente opuesta: *dirección contraria; opinión contraria*. **2** Que es opuesto a una cosa: *fumar es contrario a la salud; soy contrario a la pena de muerte*. ◇ adj./ n. m. y f. **3** Persona o conjunto de personas enemigas o rivales: *en una emboscada, nos vimos rodeados de contrarios. El equipo contrario fue muy superior*. **SIN** contrincante. ◇ adj./

contrarreloj *n. m.* **4** [palabra] Que tiene un significado opuesto al de otra palabra: *dulce y amargo son contrarios.* **SIN** antónimo.
al contrario De forma totalmente distinta: *sucedió al contrario de como lo has contado.*
llevar la contraria Oponerse a ideas u opiniones: *el jefe de la oposición suele llevarle la contraria al presidente.*
DER contrariedad, contrariar.

contrarreloj *adj./n. f.* Prueba ciclista en la que un corredor o un grupo de corredores del mismo equipo deben recorrer una distancia en el menor tiempo posible, habiendo tomado la salida distanciados de los demás por un intervalo de igual duración.
DER contrarrelojista.

contrarrelojista *n. com.* Ciclista especializado en carreras contrarreloj.

contrarrestar *v. tr.* **1** Resistir un ataque, oponerse a una fuerza o dominio: *contrarrestar un ataque enemigo.* **2** Disminuir el efecto o la importancia de una cosa con una acción contraria: *este jarabe contrarresta la tos; las declaraciones del ministro contrarrestaron las críticas de la oposición.* **SIN** neutralizar.

contrarrevolución *n. f.* Revolución política que pretende arrebatar el poder a las personas que lo consiguieron en una revolución anterior.
DER contrarrevolucionario.

contrarrevolucionario, -ria *adj.* **1** De la contrarrevolución o que tiene relación con ella. ◊ *adj./n. m. y f.* **2** [persona] Que es partidario de la contrarrevolución.

contrasentido *n. m.* **1** Interpretación contraria al sentido natural de las palabras: *el poeta utiliza en su obra el contrasentido para crear extrañeza en el lector.* **2** Idea o actuación que tiene un sentido incomprensible, contrario a la lógica o a la razón: *es un contrasentido que para comer pidas pollo si eres vegetariano.*

contraseña *n. f.* Palabra, frase o señal secreta que permite el acceso o el paso por un lugar: *el centinela me pidió la contraseña para comprobar que no pertenecía al ejército enemigo.*

contrastar *v. intr.* **1** Mostrar características muy distintas u opuestas dos cosas cuando se comparan entre sí: *la alegría del ganador contrastaba con la tristeza del perdedor.* ◊ *v. tr.* **2** Comprobar la exactitud, autenticidad o calidad de una cosa: *contrastó el funcionamiento de varias impresoras antes de elegir una.*
DER contraste.

contraste *n. m.* **1** Diferencia grande u oposición que presentan dos cosas cuando se comparan entre sí: *le agradaba el contraste de la ducha fría tras la sauna.* **2** Relación entre la iluminación máxima y mínima de una cosa: *ajustó el contraste y el color del televisor.* **3** Señal que se imprime o graba en los objetos de metal noble como garantía de su autenticidad: *es obligatorio que los objetos de oro tengan contraste.* **4** MED. Sustancia que se introduce en el cuerpo de un ser vivo para facilitar la observación y el estudio de una parte de su organismo.

contrata *n. f.* Contrato para la ejecución de obras o la prestación de un servicio: *la contrata de una empresa de limpieza.*

contratación *n. f.* Operación de contratar a una persona o empresa.

contratar *v. tr.* Acordar las condiciones y el precio por el que una persona o empresa se compromete a realizar un trabajo o a prestar un servicio: *contratar a un empleado; contratar una agencia de mudanzas.*
DER contratación, contratado, contratante; subcontratar.

contraterrorismo *n. m.* Conjunto de actividades policiales y legales dirigidas a luchar contra el terrorismo. **SIN** antiterrorismo.
DER contraterrorista.

contratiempo *n. m.* Accidente o suceso que retrasa o impide hacer lo que se desea: *se me pinchó una rueda del coche, así que el contratiempo me hizo llegar tarde.* **SIN** contrariedad.

contratista *n. com.* Persona o empresa que ejecuta obras o presta un servicio por contrata.

contrato *n. m.* **1** Acuerdo, generalmente escrito, por el que dos partes se comprometen a respetar y cumplir una serie de condiciones: *un contrato de compraventa de un piso; un contrato de trabajo.* **2** Documento en que figura este acuerdo firmado por las dos partes: *necesito una fotocopia de mi contrato.*
DER contrata, contratar, contratista.
ETIM *Contrato* procede del latín *contractus*, que tenía el mismo significado, voz con la que también está relacionada *contractual*.

contravenir *v. tr.* Actuar en contra de una ley, norma o pacto. **SIN** conculcar, infringir, vulnerar.
OBS Se conjuga como *venir*.

contraventana *n. f.* Puerta de madera que se pone en la parte exterior o interior de las ventanas o balcones para resguardar de la luz, agua, frío o calor. ☞ ventana.

contrayente *n. com.* Persona que contrae matrimonio: *acérquense los contrayentes.*
OBS Se usa más en plural.

contribución *n. f.* **1** Pago de una cantidad previamente fijada, especialmente de un impuesto: *la contribución de los ciudadanos es imprescindible para la financiación de un país.* **2** Cantidad de dinero que constituye este pago: *han subido la contribución de los pisos del barrio.* **SIN** impuesto, tributo. **3** Ayuda, colaboración o participación en el logro de un fin: *recibió el Premio Nobel por su contribución al conocimiento del átomo.* **4** Cantidad de dinero o conjunto de medicinas, alimentos, ropas u otros objetos que se da voluntariamente a una persona o grupo para ayudar a cubrir sus necesidades: *una contribución para la Cruz Roja.* **SIN** donativo.

contribuir *v. intr.* **1** Dar una cantidad de dinero como pago de un impuesto: *contribuye con el 18% de su sueldo.* **2** Ayudar, colaborar o participar en el logro de un fin: *el viento ha contribuido a la propagación del incendio.* **3** Entregar una ayuda voluntaria a un determinado propósito: *contribuye con una cuota mensual de dos mil pesetas.* **4** Entregar voluntariamente una cantidad de dinero o un conjunto de medicinas, alimentos, ropas u otros objetos para que con ellos se ayude a cubrir las necesidades de personas o grupos. **SIN** colaborar.
OBS En su conjugación, la *i* se convierte en *y* delante de *a, e* y *o*, como en *huir*.

contribuyente *n. com.* Persona que legalmente está obligada a pagar impuestos estatales, autonómicos o locales.

contrición *n. f.* Arrepentimiento por haber pecado y ofendido a Dios.
OBS No se debe decir *contricción*.

contrincante *n. com.* Persona que pretende ganar a otra u otras en una competición. **SIN** enemigo, rival.

control *n. m.* **1** Dirección o dominio de una organización o sistema: *perder el control del coche; obtener el control de una editorial.* **2** Dominio que una persona tiene de sus propias emociones, ideas o actos: *al tener noticia de su despido, per-*

dió el control y rompió varios muebles. **SIN** contención, continencia. **3** Examen y observación cuidadosa que sirve para hacer una comprobación: *control de calidad*; *control de sanidad*. **SIN** inspección, supervisión. **4** Lugar o recinto donde se realiza este examen: *control de pasaportes*; *parar en un control de la policía*. **5** Examen periódico que se hace a un alumno para comprobar su nivel de aprendizaje y comprensión de la materia que se explica. **6** Conjunto de mandos o botones que regulan el funcionamiento de una máquina, aparato o sistema: *salía humo de los controles del avión*. Se usa más en plural.
control remoto Dispositivo que regula a distancia el funcionamiento de una máquina, aparato o sistema.
DER controlador, controlar; autocontrol, descontrol, incontrolable.

controlador, -ra *adj./n. m. y f.* Que ejerce la dirección o el dominio de una organización o sistema: *tengo rota la tarjeta controladora del disco duro*.
controlador aéreo Técnico que dirige, orienta y vigila el tráfico aéreo desde tierra: *el controlador dirige las maniobras de despegue y aterrizaje*.

controlar *v. tr.* **1** Dirigir o dominar una organización o sistema: *con un pequeño ratón se puede controlar todo un ordenador*. **2** Examinar y observar con atención para hacer una comprobación: *controlar la emisión de gases de una fábrica*. **SIN** inspeccionar, supervisar. ◊ *v. tr./prnl.* **3** Dominar y contener las propias emociones, sentimientos o ideas: *cuando le dieron el premio, apenas pudo controlar su alegría*. **SIN** moderar, reprimir.
DER incontrolado.

controversia *n. f.* Discusión larga y repetida entre dos o más personas que defienden opiniones contrarias, especialmente sobre cuestiones filosóficas o de religión: *la controversia sobre la existencia de extraterrestres que nos visitan*. **SIN** polémica.
DER controvertir.
ETIM Véase *verter*.

controvertido, -da *adj.* Que provoca controversia: *una película controvertida*; *una ley controvertida*.

contubernio *n. m.* Acuerdo entre dos o más personas para hacer algo ilícito o perjudicial para otro.
ETIM Véase *taberna*.

contumacia *n. f.* Tenacidad y obstinación en el error.

contumaz *adj.* Que se mantiene firme en su comportamiento, ideas o intenciones, a pesar de castigos, advertencias o desengaños. **SIN** obstinado.
DER contumacia.

contundencia *n. f.* **1** Capacidad de un razonamiento o una evidencia para convencer sin dejar lugar a discusión por la convicción o la energía con que se expone: *la contundencia del argumento nos dejó sin respuesta*; *la contundencia de la prueba convenció al jurado*. **2** Fuerza o energía con que se golpea algo: *la contundencia del golpe lo dejó inconsciente*.

contundente *adj.* **1** [objeto] Que puede producir un daño físico considerable por la fuerza o la energía con que se maneja: *un bate de béisbol puede ser un instrumento contundente*. **2** Que encierra tal convicción o se expone con tal energía que no deja lugar a la discusión: *la contundente respuesta del ministro acalló las críticas de la oposición*. **3** *coloquial* Que produce impresión por su exageración: *se zampó un desayuno contundente y se marchó a trabajar*.
DER contundencia,.

contusión *n. f.* Daño causado al golpear o comprimir una parte del cuerpo sin producir herida exterior: *un fuerte pelotazo le produjo una contusión en la espalda*. **SIN** magulladura.
DER contusionar.

contusionar *v. tr./prnl.* Causar un daño al golpear o comprimir una parte del cuerpo sin producir herida exterior: *el portazo contusionó la cara del niño y aún le duran los moratones*. **SIN** magullar.

convalecencia *n. f.* **1** Recuperación de las fuerzas perdidas después de una enfermedad o de un tratamiento médico: *es una operación que requiere una larga convalecencia*. **2** Período de tiempo que dura esa recuperación: *durante la convalecencia se dedicó a leer*.

convalecer *v. intr.* Recuperar las fuerzas perdidas después de una enfermedad o de un tratamiento médico.
DER convalecencia, convaleciente.
OBS En su conjugación, la *c* se convierte en *zc* delante de *a* y *o*, como en *agradecer*.

convaleciente *adj./n. com.* [persona, animal] Que se halla en período o proceso de recuperación de las fuerzas perdidas después de una enfermedad o de un tratamiento médico.

convalidación *n. f.* Reconocimiento de la validez académica de estudios realizados y aprobados en otro país, centro docente o especialidad.

convalidar *v. tr.* **1** Dar validez académica a los estudios realizados y aprobados en otro país, centro docente o especialidad. **2** Confirmar, ratificar o dar nuevo valor y firmeza, especialmente a los actos jurídicos.
DER convalidación.

convencer *v. tr./prnl.* **1** Conseguir que una persona actúe o piense de un modo que inicialmente no era el deseado o elegido: *yo quería estudiar letras, pero me convencieron para estudiar ciencias*. **SIN** persuadir. **2** Agradar, satisfacer: *no me acaban de convencer las antenas parabólicas*.
DER convencido, convencimiento.
ETIM *Convencer* procede del latín *convincere*, que tenía el mismo significado, voz con la que también están relacionadas *convicción*, *convicto*, *convincente*.
OBS En su conjugación, la *c* se convierte en *z* delante de *a* y *o*.

convencimiento *n. m.* Seguridad que tiene una persona de la verdad o certeza de lo que piensa o siente. **SIN** convicción.

convención *n. f.* **1** Acuerdo entre personas, empresas, instituciones o países: *las señales de circulación son fruto de una convención internacional*. **2** Norma o práctica aceptada socialmente por un acuerdo general o por la costumbre: *es una convención literaria que en una novela de misterio el asesino sea descubierto al final de la narración*. **3** Reunión de muchas personas que se proponen estudiar un tema político, cultural o científico, y elegir a sus representantes: *en Estados Unidos cada partido político se reúne en una convención para elegir su candidato a presidente*.
DER convencional.

convencional *adj.* **1** Que se acepta por acuerdo entre personas, empresas, instituciones o países: *la longitud del metro es una medida convencional*. **2** Que es muy común o no tiene nada especial. **SIN** *el amor y los celos son los temas convencionales de las telenovelas*.
DER convencionalismo.

convencionalismo *n. m.* Ideas o costumbres que se aceptan o practican por comodidad, costumbre o conveniencia social: *por un absurdo convencionalismo no podía ir al cine con la hija de su jefe*; *es importante conocer ciertos convencionalismos para asistir a una cena de gala*.
OBS Se usa generalmente en plural.

conveniencia *n. f.* **1** Beneficio o utilidad que se obtiene de una cosa: *le aconsejaron la conveniencia de vender sus acciones del banco*. **ANT** inconveniencia. **2** Conformidad o correspondencia entre dos cosas distintas: *dudo de la conveniencia de comprar una casa si ahora está en paro; estaba de acuerdo en la conveniencia de tener el carné de conducir antes de comprar el coche*. **ANT** inconveniencia.
conveniente *adj.* **1** Que es beneficioso y útil para un fin: *veo conveniente que aprendas inglés*. **ANT** inconveniente. **2** Que está conforme o de acuerdo con otra cosa: *me saludó con la educación conveniente; no es conveniente beber antes de conducir*. **ANT** inconveniente.
DER conveniencia; inconveniente.
convenio *n. m.* **1** Acuerdo entre dos o más grupos sociales o instituciones por el que ambas partes aceptan una serie de condiciones y derechos: *existe un convenio entre el instituto y varias empresas para hacer prácticas de formación profesional*. **convenio colectivo** Acuerdo entre una empresa y sus trabajadores para establecer la cuantía de los salarios, el calendario de trabajo y otras condiciones laborales. **2** Documento legal en que figura este acuerdo, firmado por representantes de las dos partes: *conservo una copia del convenio*.
convenir *v. intr.* **1** Ser beneficioso para un fin: *te conviene aprobar las oposiciones*. **2** Ser beneficioso o útil: *no conviene tomar vino blanco con la carne; conviene salir pronto para llegar temprano*. ◇ *v. tr./intr.* **3** Llegar a un acuerdo sobre un asunto o un precio: *convinieron las condiciones de venta del coche*.
DER convención, conveniencia, conveniente, convenio; disconvenir, reconvenir.
OBS Se conjuga como *venir*.
convento *n. m.* **1** Edificio, situado generalmente en una población, donde vive una comunidad de religiosos. **SIN** monasterio. **2** Comunidad que vive en este edificio: *a las celebraciones religiosas asistió todo el convento*.
DER conventual.
conventual *adj.* Del convento o que tiene relación con él.
convergencia *n. f.* **1** Reunión en un punto de varias líneas o trazados: *la disposición de los espejos provocaba la convergencia de los rayos del sol en la lente*. **ANT** divergencia. **2** Lugar donde ocurre esta reunión: *dibujó la figura principal del cuadro en la convergencia de las diagonales del lienzo*. **3** Coincidencia de ideas y tendencias sociales, políticas, culturales o económicas: *la economía española debe tender a la convergencia con las de los demás países europeos*. **SIN** confluencia. **ANT** divergencia.
convergente *adj.* **1** [línea] Que converge con otra u otras en un mismo punto: *un ángulo está formado por dos líneas convergentes*. **ANT** divergente. **2** Que tiende a coincidir con las ideas y tendencias sociales, culturales o económicas de otro: *España tiene una política económica convergente con la de los demás países europeos*. **ANT** divergente.
converger *v. intr.* Convergir, reunirse varias líneas en un punto.
DER convergencia, convergente, convergir.
OBS La Real Academia Española admite *converger* y *convergir*, pero prefiere *converger*. Se conjuga como *proteger*.
convergir *v. intr.* **1** Reunirse varias líneas en un punto: *los radios de la circunferencia convergen en su centro*. **ANT** divergir. **2** Coincidir varias ideas y tendencias sociales, culturales o económicas: *los partidos políticos convergen en la política exterior*. **SIN** confluir. **ANT** divergir.
OBS También se escribe *converger*. En su conjugación, la *g* se convierte en *j* delante de *a* y *o*.

conversación *n. f.* Comunicación mediante la palabra de dos o más personas entre sí: *durante la conversación hablaron de muchas cosas importantes*. **SIN** charla, coloquio, diálogo.
cambiar de conversación Dejar de hablar de un tema determinado y pasar a otro: *cuando me vieron aparecer, cambiaron de conversación*.
dar conversación Entretener a una persona hablando con ella: *mientras un joven le daba conversación al portero, el otro se introdujo en el edificio*.
sacar la conversación Tocar un punto para que se hable de ello: *no le gustaba que le sacaran la conversación sobre su divorcio*.
conversador, -ra *adj./n. m. y f.* [persona] Que tiene una conversación agradable y amena: *cuentan que Picasso era un gran conversador*.
conversar *v. intr.* Hablar o comunicarse con la palabra dos o más personas: *conversamos de mil cosas durante todo el viaje*. **SIN** charlar, dialogar.
conversión *n. f.* **1** Transformación o cambio de una cosa en otra: *conversión de los baldíos en tierras de labranza*. **2** Aceptación de una doctrina religiosa o una ideología que anteriormente no se conocían o no se admitían: *la conversión de los indios tras el descubrimiento del Nuevo Mundo*.
converso, -sa *adj./n. m. y f.* [persona] Que ha aceptado una doctrina religiosa o una ideología que anteriormente no conocía o no admitía: *musulmán converso; socialista converso*.
convertir *v. tr./prnl.* **1** Cambiar una persona o cosa en otra distinta: *convertir un niño en un hombre; convertir un vergel en un desierto*. **SIN** transformar. **2** Hacer que alguien adquiera una doctrina religiosa o una ideología que anteriormente no conocía o no admitía: *el milagro de la resurrección de Lázaro convirtió a muchos al cristianismo*.
DER conversión, converso, convertible, convertido, convertidor; reconvertir.
ETIM Véase *verter*.
OBS En su conjugación, la e se convierte en *ie* en sílaba acentuada, como en *discernir*.
convexidad *n. f.* **1** Característica de lo que tiene forma curva más saliente en el centro que en los bordes: *la convexidad del suelo hace que discurra el agua cuando llueve*. **ANT** concavidad. **2** Lugar o superficie que tiene forma curva más saliente en el centro que en los bordes: *en la calzada hay convexidad*. **ANT** concavidad.
convexo, -xa *adj.* Que tiene forma curva más saliente en el centro que en los bordes: *el cristal convexo de un reloj; las caras convexas de una lupa*. **ANT** cóncavo. ☞ *ángulo*.
DER convexidad.
convicción *n. f.* **1** Seguridad que tiene una persona de la verdad o certeza de lo que piensa o siente: *antes de la carrera tenía la convicción de que su hijo ganaría*. **SIN** convencimiento. **2** Capacidad para convencer a los demás: *era tal su poder de convicción, que acabé por prestarle mi coche*. ◇ *n. f. pl.* **3 convicciones** Ideas religiosas, éticas o políticas en las que cree una persona: *sus convicciones religiosas le impedían estar de acuerdo con el divorcio*.
ETIM Véase *convencer*.
convicto, -ta *adj./n. m. y f.* [persona] Que es responsable probado legalmente de un delito, aunque no lo haya confesado.
ETIM Véase *convencer*.
convidado, -da *n. m. y f.* Persona que está convidada; especialmente, la que participa en un convite.
convidado de piedra Persona que asiste a un convite u

otra reunión y permanece quieta, silenciosa y ajena al acto: *antes de la cena subió un vecino y acabó celebrando mi cumpleaños con nosotros como convidado de piedra.*

convidar *v. tr.* **1** Pedir a una persona que participe en un convite, una función o cualquier otra cosa como obsequio: *convidó al banquete de bodas a todos su compañeros de trabajo.* **SIN** invitar. **2** Pagar el precio de lo que otra u otras personas comen o beben: *al pasar por una confitería, mi amiga me convidó a pasteles.* **SIN** invitar. **3** Animar o convencer a una persona para que haga una cosa: *la tranquilidad de la biblioteca convidaba a la lectura.* **SIN** incitar, invitar, espolear.
DER convidado, convite.

convincente *adj.* **1** Que consigue que una persona actúe o piense de un modo que inicialmente no era el deseado o elegido: *se mostró muy convincente y consiguió que fuera con él al cine.* **2** Que agrada o satisface: *tras las primeras pruebas, resultó ser un actor bastante convincente.*
ETIM Véase *convencer.*

convite *n. m.* Banquete, fiesta o celebración que paga una persona y en la que participan otras como invitados: *para celebrar sus bodas de plata, darán un convite en su casa.*

convivencia *n. f.* Vida en compañía de otro u otros: *el profesor organizó unos días de convivencia de la clase en un refugio de la sierra; la convivencia en las grandes ciudades es cada vez más difícil.*

convivir *v. intr.* Vivir en compañía de otro u otros: *convivió con su marido durante más de veinte años; en Nueva York conviven culturas muy diferentes.*
DER convivencia.

convocar *v. tr.* **1** Citar a una o más personas señalándoles el día, hora y lugar para un acto o encuentro: *el tribunal convocará a los opositores en fecha y lugar aún por determinar.*
ANT desconvocar. **2** Anunciar públicamente un acto en el que pueden participar muchas personas: *convocar un referéndum; convocar una huelga; convocar un premio.* **ANT** desconvocar.
DER convocado, convocatoria; desconvocar.
OBS En su conjugación, la c se convierte en *qu* delante de e.

convocatoria *n. f.* Anuncio o escrito con que se convoca a varias personas: *hoy viene en el periódico la convocatoria de oposiciones; la convocatoria de huelga se anunció profusamente.*

convoy *n. m.* **1** Conjunto de vehículos terrestres o marítimos que acompañan a otros para protegerlos: *un convoy de la OTAN acompañó a los autobuses de refugiados hasta la frontera.* **2** Conjunto de vehículos terrestres o marítimos protegidos de esta manera: *atacado un convoy de la ONU con ayuda humanitaria.*
OBS El plural es *convoyes.*

convulsión *n. f.* **1** Contorsión involuntaria, violenta y repetida de una parte del cuerpo o de un músculo: *los epilépticos sufren ataques con violentas convulsiones.* **2** Agitación política, social o económica de carácter violento que rompe la normalidad: *Oriente Medio ha soportado tradicionalmente continuas convulsiones.*

convulsionar *v. tr.* Producir convulsiones políticas, sociales o económicas: *la subida del petróleo convulsionó a la sociedad occidental.*
DER convulsión, convulsivo, convulso.

convulsivo, -va *adj.* De la convulsión o que tiene relación con ella: *el herido permanecía en el suelo agitándose con movimientos convulsivos; la convulsiva disgregación de la antigua Yugoslavia.*

convulso, -sa *adj.* **1** Que sufre una o más convulsiones:

el llanto convulso de la viuda atronaba en la sala; el país africano ha vivido unas convulsas elecciones presidenciales. **2** Que está excitado por la irritación o la cólera: *la noticia lo dejó convulso.*

conyugal *adj.* De los cónyuges o que tiene relación con ellos: *llegaron a un acuerdo de separación conyugal.*

cónyuge *n. com.* Mujer respecto de su marido y marido respecto de su mujer. **SIN** consorte, esposo.
DER conyugal.
OBS No se debe decir *cónyugue.*

coña *n. f.* **1** *malsonante* Burla irónica y disimulada: *eso de que no vas a trabajar lo dirás de coña, ¿no?* **SIN** guasa. **2** *malsonante* Cosa que resulta muy molesta: *es una coña tener que aparcar en el centro.* **SIN** coñazo, lata.

coñá o **coñac** *n. m.* Bebida alcohólica de alta graduación obtenida por destilación del vino y envejecida en toneles de roble.

coñazo *n. m. malsonante* Cosa que resulta muy molesta o aburrida: *tú dirás que es una obra maestra, pero a mí la película me parece un coñazo.* **SIN** coña, lata.
dar el coñazo Fastidiar o molestar: *subió mi vecino y se pasó la tarde dándome el coñazo.*

coño *n. m.* **1** *malsonante* Parte externa del aparato genital femenino. **SIN** vulva. ◊ *int.* **2** ¡coño! *malsonante* Expresión que indica sorpresa, admiración o disgusto; en general añade intensidad a lo que se dice.
DER escoñar.

cooperación *n. f.* Actuación con otra u otras personas para lograr un fin: *necesito tu cooperación para acabar de pintar la casa; sin la cooperación de las víctimas no es posible detener a muchos delincuentes.*

cooperar *v. intr.* **1** Trabajar con otras personas para lograr un fin: *nuestra universidad coopera con otras en un proyecto de investigación sobre la energía solar.* **SIN** colaborar. **2** Facilitar el trabajo de una persona ayudándola y ahorrándole problemas: *el médico solicitó la cooperación de su paciente.*
SIN colaborar. **3** Ayudar un país a otro menos avanzado para que se desarrolle: *la Unión Europea coopera económicamente con los países del Este.*
DER cooperación, cooperativa.

cooperativa *n. f.* Empresa o sociedad formada por productores, vendedores o consumidores de un producto; su objetivo es el beneficio común de los socios: *cooperativa de fabricantes de tresillos; cooperativa de viviendas.*
DER cooperativismo.

cooperativismo *n. m.* **1** Tendencia a la cooperación en el orden económico y social: *el cooperativismo permite el avance de algunas sociedades, como la agraria.* **2** Régimen de las sociedades cooperativas: *varios fabricantes de muebles de la región han optado por el cooperativismo.*
DER cooperativista.

cooperativista *adj.* **1** De la cooperativa o que tiene relación con ella. ◊ *n. com.* **2** Persona que pertenece a una cooperativa.

coordenado, -da *adj./n. m. y f.* **1** MAT. [eje, plano] Que está formado por líneas que sirven para determinar la posición de un punto: *los ejes coordenados son la ordenada y la abscisa.* ◊ *n. f. pl.* **2 coordenadas** Par de magnitudes, latitud y longitud, que sirven para determinar la posición de un punto en la superficie de la Tierra: *las coordenadas de Melilla son 2° 56' de longitud oeste y 35° 17' de latitud norte.*

coordinación *n. f.* **1** Combinación de personas, medios técnicos y trabajos para una acción común: *la coordinación de las policías de varios países para detener a un terrorista.* **2** Dis-

coordinador

posición odenada de una serie de cosas de acuerdo con un método o sistema determinado: *la coordinación de movimientos de las manos de un pianista; la coordinación de colores de un vestido.* **3** GRAM. Relación que une dos elementos sintácticos del mismo nivel o función, pero independientes entre sí: *la coordinación puede ser copulativa, disyuntiva o adversativa; la coordinación se realiza mediante conjunciones como* y, o *y* pero.

coordinador, -ra *adj./n. m. y f.* [persona] Que coordina el trabajo de otras personas y los medios técnicos que utilizan para una acción común.

coordinar *v. tr.* **1** Combinar personas, medios técnicos y trabajos para una acción común: *coordinar la extinción de un incendio forestal.* **2** Disponer odenadamente una serie de cosas de acuerdo con un método o sistema determinado: *algunos tipos de lesión cerebral impiden que el enfermo coordine los movimientos de su cuerpo.*
DER coordinación, coordinado, coordinador.
ETIM Véase *orden*.

copa *n. f.* **1** Vaso con pie que sirve para beber líquidos: *las copas de champán suelen ser alargadas.* **2** Líquido que contiene este vaso, especialmente si es una bebida alcohólica: *si vas a conducir, no te tomes ni una copa.* **3** Trofeo de metal con forma parecida a la de este vaso, pero de tamaño mucho mayor, que se entrega como premio al ganador de una competición deportiva: *la copa tenía grabado el nombre del equipo campeón.* **4** Competición deportiva en la que se gana este trofeo como premio: *todos los equipos españoles de fútbol participan en la Copa del Rey.* **5** Carta de la baraja española en la que aparecen dibujados uno o varios de estos vasos: *no tengo una copa más alta que la sota.* Se usa más en plural. **6** Reunión o fiesta donde se sirven bebidas: *los novios dieron una copa en un salón del hotel.* SIN cóctel. **7** Conjunto de ramas y hojas de la parte superior de un árbol: *hay un nido en la copa de aquel chopo.* ☞ *árbol*. **8** Parte hueca de un sombrero en la que entra la cabeza. ☞ *sombrero*. **9** Parte de un sujetador de mujer que cubre el seno.
como la copa de un pino Muy grande, evidente o importante: *una mentira como la copa de un pino; un actor como la copa de un pino.*
sombrero de copa Sombrero de ala estrecha y copa alta, casi cilíndrica y plana por arriba: *el mago sacó un conejo de su sombrero de copa.* SIN chistera.
DER copar, copear, copete, copo, copón; eurocopa, recopa.

copar *v. tr.* **1** Conseguir en un concurso, elección o clasificación la mayor parte de los premios o las primeras posiciones: *en 1939 Lo que el viento se llevó copó los Oscars con diez estatuillas; los atletas españoles han copado la carrera ocupando los tres primeros lugares.* **2** Atraer por completo la atención de una persona o de un grupo de personas: *los exámenes de mi hijo copan todo mi interés.* SIN absorber, acaparar.

copete *n. m.* **1** Pelo del flequillo que se lleva levantado sobre la frente. SIN tupé. **2** Conjunto de plumas levantadas que tienen algunas aves en la parte superior de la cabeza: *la abubilla y el pavo real tienen copete.* SIN penacho.
de alto copete *a)* [persona] Que pertenece a una clase social noble o alta: *una dama de alto copete.* *b)* [local] Que es muy lujoso, especialmente por ser frecuentado por personas de esta clase: *un restaurante de alto copete.*
DER encopetado.

copia *n. f.* **1** Reproducción por escrito y con exactitud de lo mismo que se lee o escucha: *el maestro encargó una copia a la clase.* **2** Papel o conjunto de papeles escritos por este medio: *no tengo ninguna copia del testamento.* **3** Reproducción instantánea sobre papel mediante un sistema fotoeléctrico: *no puedo hacerte copia del carné porque tengo la máquina rota.* **4** Reproducción de una cosa exactamente igual a su modelo original: *se dedica a la copia de cuadros del Museo del Prado.* **5** Obra hecha de esta manera: *me han regalado una copia en miniatura de la Torre Eiffel.* **6** Parecido o analogía entre dos cosas: *sus modales son una copia de los de su hermana mayor.* **7** Reproducción de una película, fotografía o cinta magnética: *se han hecho muchas copias de la película para su exhibición en todo el mundo.* **8** Disco de un cantante, grupo musical u orquesta: *los Rolling Stones han vendido millones de copias de sus muchos discos.*
DER copiadora, copiar, copión, copioso, copista; fotocopia, xerocopia.

copiadora *n. f.* Máquina eléctrica que sirve para hacer copias. SIN fotocopiadora.

copiar *v. tr.* **1** Escribir con exactitud lo mismo que se lee o escucha: *copiar una lección de un libro; copiar una receta de cocina que dan por la radio.* **2** Hacer una obra exactamente igual que su modelo original: *copiar un cuadro; copiar una escultura.* SIN calcar, fusilar, plagiar. **3** Responder a una pregunta en un examen gracias a la ayuda prestada en ese momento por otra persona o por la consulta del texto donde aparece la respuesta: *lo pillaron copiando.*
DER acopiar.
OBS En su conjugación, la *i* no se acentúa, como en *cambiar*.

copiloto *n. com.* **1** Persona que ayuda al piloto a conducir, gobernar o dirigir un barco o una aeronave: *ante la indisposición del piloto, el copiloto se hizo cargo del buque.* **2** Persona que ayuda al piloto a conducir, gobernar o dirigir un automóvil de carreras.

copión, -piona *adj./n. m. y f.* **1** Que acostumbra copiar en los exámenes. **2** Que se comporta o viste de manera semejante a otra persona.

copioso, -sa *adj.* Que se da en gran cantidad; que es numeroso: *lluvia copiosa; desayuno copioso.* SIN abundante. ANT escaso.

copista *n. com.* Persona que copia un escrito ajeno: *durante la Edad Media hubo muchos copistas.*
DER multicopista.

copla *n. f.* **1** Canción popular española, especialmente la de origen andaluz y flamenco: *Lola Flores es una conocida representante de la copla.* SIN canción española. **2** Poema breve, generalmente de cuatro versos, escrito para ser cantado.
DER coplero.
ETIM Véase *cópula*.

copo *n. m.* **1** Pequeña formación de cristales de nieve que cae del cielo. **2** Porción redondeada de fibras de cáñamo, lino, lana o algodón que está en disposición de hilarse: *del copo de algodón se sacaba el hilo con la rueca.* ◊ *n. m. pl.* **3 copos** Conjunto de pequeñas porciones de algunos productos que tienen forma de escama: *copos de maíz; jabón en copos.*

copón *n. m.* En la religión católica, copa grande, generalmente de oro o plata, que contiene las sagradas formas para la comunión de los fieles.
del copón *malsonante* Muy bueno o grande; fuera de lo normal: *se compró una moto del copón; tuvo una caída del copón.*

coproducción *n. f.* Producción hecha juntamente con otra u otras personas o empresas, especialmente de una película de cine o un programa de televisión.

copropiedad *n. f.* Propiedad que se tiene de una cosa juntamente con otra u otras personas, especialmente de una

casa u otro bien inmueble: *he comprado un chalé en régimen de copropiedad con mi hermano.*
DER copropietario.

copropietario, -ria *adj./n. m. y f.* [persona] Que tiene una cosa en copropiedad con otra u otras personas: *los dueños de los pisos de un bloque son copropietarios del edificio.*

copto, -ta *adj./n. m. y f.* Cristiano de Egipto y Etiopía.

cópula *n. f.* **1** Penetración del órgano genital del macho en el de la hembra. **2** GRAM. Palabra que une dos términos de la oración o dos oraciones: *muchas conjunciones funcionan como cópulas.*
DER copular, copulativa, copulativo.
ETIM *Cópula* procede del latín *copula*, 'enlace', voz con la que también están relacionadas *acoplar, copla.*

copular *v. intr.* Realizar la cópula dos personas o dos animales.

copulativo, -va *adj./n. m.* **1** GRAM. [verbo] Que une el sujeto con un atributo: *los verbos ser y estar son copulativos.* ◇ *adj./n. f.* **2** GRAM. [oración] Que se une a otra oración de características gramaticales similares: *si digo* toma el dinero y compra el pan *empleo dos oraciones copulativas.* **3** GRAM. [conjunción] Que sirve para unir dos palabras u dos oraciones de esta clase: *y es la conjunción copulativa más usada.*

copyright *n. m.* Derecho exclusivo de un autor o editor a explotar una obra literaria, científica o artística o un programa de ordenador; dura un determinado número de años: *el copyright de un libro; el copyright de un película de vídeo.*

coqueta *n. f.* Mesa estrecha, alargada y con cajones, generalmente provista de un espejo; se usa para el peinado y el aseo personal, en especial por las mujeres. **SIN** tocador.

coquetear *v. intr.* **1** Actuar con coquetería: *solía coquetear con todos los amigos de su hermano.* **2** Mostrar interés o simpatía en un asunto sin llegar a un compromiso serio: *después de algunos coqueteos con el folk, se dedicó al rock.*
DER coquetería.

coquetería *n. f.* Comportamiento de una persona para agradar o atraer sentimentalmente a otra con medios estudiados y por mera vanidad.

coqueto, -ta *adj./n. m. y f.* **1** [persona] Que suele comportarse con coquetería: *es una joven muy coqueta y no le faltan pretendientes.* **2** [persona] Que gusta de arreglarse y vestirse bien: *era algo coqueto y se gastaba un buen dinero en ropa.* ◇ *adj.* **3** [objeto, lugar] Que tiene buen aspecto y está bien arreglado o dispuesto: *un apartamento coqueto; un restaurante muy coqueto.*
DER coquetear.

coquina *n. f.* Molusco marino de pequeño tamaño; tiene las valvas finas, ovales y aplastadas; abunda en las costas gaditanas y malagueñas y es comestible.

coraje *n. m.* **1** Valor, energía y voluntad para afrontar situaciones difíciles o adversas: *empatamos el partido a base de coraje.* **SIN** corazón. **2** *coloquial* Enfado grande y violento: *perdona mi actitud, pero me da mucho coraje suspender.* **SIN** rabia.
DER encorajar, encorajinar.

coral *n. m.* **1** Animal marino de pequeño tamaño que pasa toda su vida fijo a las rocas del fondo; forma colonias de millones de individuos unidos entre sí por esqueletos calcáreos de forma y colores variados: *los corales suelen vivir en mares tropicales.* **2** Materia sólida de color llamativo que constituye el esqueleto de este animal: *el coral rojo es el más apreciado en joyería.* ◇ *n. f.* **3** Grupo numeroso de personas que cantan sin acompañamiento musical. ◇ *adj.* **4** Que es propio de este grupo de personas o tiene relación con él:

hace dos años que pertenece a una agrupación coral. **5** [género literario, género cinematográfico] Que cuenta o refleja el comportamiento y los sentimientos de una gran cantidad de personajes: *La colmena* de Camilo José Cela *es una novela coral; La escopeta nacional* de Luis García Berlanga *es una película coral.*
DER coralino. Es derivado de *coral,* 'animal marino'.

coralino, -na *adj.* Del coral o que tiene relación con este animal marino o con la materia sólida que forma su esqueleto: *un arrecife coralino.*

coraza *n. f.* **1** Cubierta resistente de metal que sirve para proteger el pecho y la espalda: *la coraza formaba parte de la armadura.* **2** Cubierta dura con que protegen su cuerpo algunas clases de animales: *la coraza de una tortuga.* **SIN** caparazón. **3** Protección o defensa ante un peligro u ofensa exterior: *soportaba los insultos con una coraza invulnerable de paciencia.*
DER acorazar.

corazón *n. m.* **1** Órgano muscular que impulsa la sangre a todo el cuerpo a través del sistema circulatorio: *todos los animales vertebrados y algunos invertebrados tienen corazón.* ☞ respiratorio, aparato. **2** Dibujo o figura que representa este órgano: *le regalé un pequeño corazón de oro en San Valentín.* **3** Capacidad de sentir afecto, pena o compasión: *era un asesino frío y sin corazón.* **4** Valor, energía y voluntad para afrontar situaciones difíciles o adversas: *atacaron en la segunda parte con mucho corazón, pero con poca cabeza.* **SIN** coraje. **5** Parte íntima de una persona: *siempre conservaré en mi corazón los recuerdos de aquel viaje a Italia; te llevaré en mi corazón.* **6** Parte central, interior o más importante: *el corazón de una manzana; el corazón de la ciudad.* **7** Carta

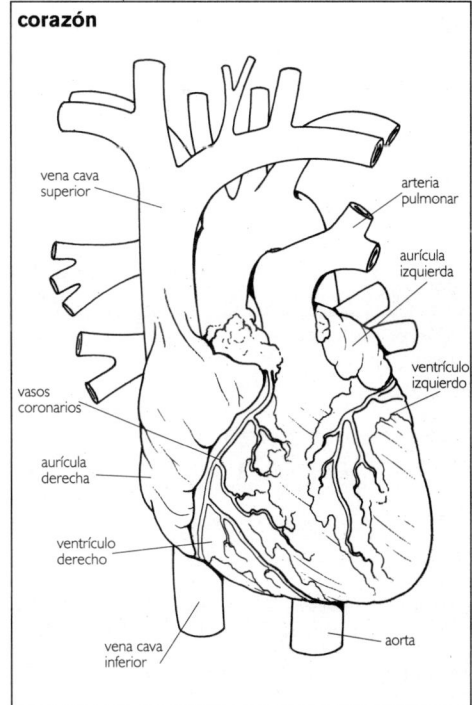

corazón
- vena cava superior
- arteria pulmonar
- aurícula izquierda
- vasos coronarios
- ventrículo izquierdo
- aurícula derecha
- ventrículo derecho
- vena cava inferior
- aorta

de la baraja francesa en la que aparecen uno o más dibujos de color rojo en forma de órgano del corazón: *me falta un corazón para tener escalera de color*. Se usa más en plural. ◇ *adj./n. m.* **8** [dedo] Que es el tercero de la mano o el pie: *el corazón está entre el índice y el anular*. ☞ mano.
  con la mano en el corazón Con la mayor sinceridad posible: *contestar una pregunta con la mano en el corazón*.
  de corazón Sinceramente: *me ha gustado mucho tu novela. Te lo digo de corazón*.
  el corazón en un puño *a*) Expresión que indica una gran angustia y tristeza: *las declaraciones de algunos refugiados me pusieron el corazón en un puño*. *b*) Expresión que indica una gran ansiedad y temor: *todo el público asistió con el corazón en un puño al lanzamiento del penalti*.
  prensa del corazón Conjunto de publicaciones que prestan especial atención a la vida de personajes populares y famosos.
  revista del corazón Revista dedicada a recoger noticias sobre la vida privada y amorosa de personajes famosos o conocidos.
  DER corazonada; acorazonado, descorazonar.
  ETIM *Corazón* procede del latín *cor, cordis*, que tenía el mismo significado, voz con la que también están relacionadas *concordar, cordial*.

corazonada *n. f.* Sensación de que una cosa va a ocurrir: *tengo la corazonada de que te van a llamar para ese trabajo*.
  SIN pálpito, presentimiento.

corbata *n. f.* Pieza de tela estrecha y alargada que se coloca alrededor del cuello de la camisa y se ata con un nudo, dejando caer los extremos sobre el pecho.
  DER corbatín; encorbatarse.

corbatín *n. m.* Corbata con extremos muy cortos que apenas caen del cuello.

corbeta *n. f.* Embarcación de guerra que se usa para la escolta de otros barcos; generalmente está dotada para la lucha antisubmarina: *las corbetas son buques más pequeños que las fragatas*.

corcel *n. m.* culto Caballo, especialmente el de gran alzada y bella figura.

corchea *n. f.* MÚS. Nota musical cuya duración equivale a la mitad de la negra. ☞ notación musical.
  DER semicorchea.

corchete *n. m.* **1** Cierre de metal formado por dos piezas, un macho y una hembra, que se enganchan: *el corchete está formado por un gancho y una presilla*. ☞ costurero. **2** Signo de ortografía que tiene forma de paréntesis rectangular y sirve para encerrar un conjunto de palabras o de números: *los corchetes se representan con los signos [ ]*.
  DER corchea; encorchetar.

corcho *n. m.* **1** Tejido vejetal de gran espesor que recubre la parte exterior del tronco y las ramas de algunos árboles, en especial del alcornoque; se caracteriza por su impermeabilidad y elasticidad. **2** Tapón cilíndrico de ese material que se usa para cerrar botellas. **3** Tabla o plancha de ese material.
  DER acorchar, descorchar, encorchar.

¡córcholis! *int.* Expresión que indica sorpresa, admiración o disgusto: *¡córcholis, qué sorpresa verte aquí!*
  DER recórcholis.

corcova *n. f.* Deformación de la columna vertebral o de las costillas que provoca que la espalda o el pecho, o ambos, tengan una forma abultada y curva anormal. **SIN** giba, joroba.

cordada *n. f.* Grupo de alpinistas sujetos por una misma cuerda.
  ETIM Véase *cuerda*.

cordado *adj./n. m.* **1** Animal del tipo de los cordados. ◇ *n. m. pl.* **2 cordados** Tipo de animales que se caracterizan por tener un cordón central en el esqueleto o columna vertebral: *todos los animales vertebrados son cordados*.
  DER procordado.
  ETIM Véase *cuerda*.

cordaje *n. m.* Conjunto de cuerdas de un objeto, especialmente de un instrumento musical: *el cordaje de una raqueta; el cordaje de una guitarra*.
  ETIM Véase *cuerda*.

cordal *n. m.* **1** MÚS. Pieza que tienen los instrumentos de cuerda en la tapa de la caja y que sirve para sujetar las cuerdas: *las cuerdas están atadas por un extremo al cordal y se tensan con las clavijas*. ◇ *adj./n. f.* **2** [muela] Que nace en cada uno de los extremos de las encías en la edad adulta: *la muela cordal también se llama muela del juicio*.
  ETIM Véase *cuerda*.

cordel *n. m.* Cuerda delgada: *ató las tapas de la carpeta con un cordel*.
  DER cordelería; encordar.
  ETIM Véase *cuerda*.

cordelería *n. f.* Establecimiento en el que se hacen o venden cuerdas y otros objetos de cáñamo.

cordero, -ra *n. m. y f.* **1** Cría de la oveja que no pasa de un año. **cordero lechal** Cordero que tiene menos de dos meses. **cordero pascual** Cordero que comen los judíos en conmemoración de la salida de su pueblo de Egipto. **cordero recental** Cordero que todavía no ha ido al campo a comer. **2** Persona tranquila, obediente y fácil de dirigir: *sus empleados eran corderos atentos a sus órdenes*. ◇ *n. m.* **3** Carne de la cría de la oveja: *de primer plato tomaré cordero*.

cordial *adj.* Que muestra amabilidad y amistad: *siempre comienza su programa dando saludos cordiales a los oyentes*.
  DER cordialidad.
  ETIM Véase *corazón*.

cordialidad *n. f.* Amabilidad y amistad en el trato: *la entrevista entre ambos líderes estuvo marcada por la cordialidad*.

cordillera *n. f.* Serie de montañas de características comunes unidas entre sí: *la cordillera de los Andes; la cordillera del Himalaya*.
  ETIM Véase *cuerda*.

cordobán *n. m.* Piel curtida de macho cabrío o de cabra: *es famoso el cordobán con labores moriscas de Córdoba*.

cordobés, -besa *adj.* **1** De Córdoba o que tiene relación con esta ciudad y provincia andaluza. ◇ *adj./n. m. y f.* **2** [persona] Que es de Córdoba.

cordón *n. m.* **1** Cuerda generalmente cilíndrica hecha con fibra o hilo fino: *el cordón de los zapatos; el cordón de una túnica*. ☞ calzado. **2** Hilo metálico, generalmente cubierto por una funda de plástico, que se usa para conducir la energía eléctrica: *el cordón de una lámpara*. **3** ANAT. Órgano de forma delgada, alargada y flexible parecida a una cuerda cilíndrica. **cordón umbilical** Conjunto de vasos que unen el vientre del feto con la placenta de la madre: *el ombligo es un resto del cordón umbilical*. **4** Conjunto de personas colocadas en fila a cierta distancia unas de otras para impedir el paso y cortar la comunicación: *un cordón policial rodeó el lugar del atentado*.
  cordón sanitario Conjunto de medidas de prevención y control que se toman alrededor de un lugar donde se ha producido el brote de una enfermedad contagiosa.
  DER acordonar.

ETIM Véase *cuerda*.
cordura *n. f.* Capacidad de pensar y obrar con prudencia, sensatez y juicio: *sorprende tanta cordura en un muchacho tan joven*. **SIN** juicio.
coreano, -na *adj.* **1** De Corea del Norte y de Corea del Sur o que tiene relación con estas naciones del este de Asia en la península de Corea. Suelen distinguirse como *norcoreano* y *surcoreano*, respectivamente. ◇ *adj./n. m. y f.* **2** [persona] Que es de Corea del Norte o de Corea del Sur. Suelen distinguirse como *norcoreano* y *surcoreano*, respectivamente. ◇ *n. m.* **3** Lengua hablada en la península de Corea.
corear *v. tr.* Cantar, recitar o hablar varias personas a la vez: *el público coreó el nombre del goleador*; *todos coreamos aquella canción de Serrat*.
coreografía *n. f.* **1** Arte de componer y dirigir bailes o danzas: *tras concluir su carrera de bailarín, ahora se dedica a la coreografía*. **2** Conjunto de pasos y figuras de un baile o danza: *recuerdo especialmente la coreografía y las canciones de la película* West side story.
DER coreógrafo.
coreógrafo, -fa *n. m. y f.* Persona que compone y dirige bailes o danzas.
corimbo *n. m.* BOT. Conjunto de flores o frutos que nacen en distintos puntos del tallo de una planta pero que acaban teniendo la misma altura: *las flores del manzano forman corimbos*.
corintio, -tia *adj.* **1** [estilo arquitectónico clásico] Que adorna la parte superior de las columnas con hojas de acanto: *el extremo superior de la columna corintia es más curvo y fino que el de la jónica*. **2** De Corinto o que tiene relación con esta ciudad de Grecia. ◇ *adj./n. m. y f.* **3** [persona] Que es de Corinto.
DER corinto.
corinto, -ta *adj.* **1** De color rojo oscuro, próximo al violeta: *me encanta tu bolso corinto*. ◇ *n. m./adj.* **2** Color rojo oscuro, próximo al violeta: *el color corinto toma su nombre del de las pasas originarias de Corinto*.
corista *n. f.* **1** Mujer que se dedica a bailar y cantar en el coro de un espectáculo musical. ◇ *n. com.* **2** Persona que canta formando parte del coro en una función musical, especialmente en óperas, zarzuelas u obras semejantes.
cormorán *n. m.* Ave palmípeda parecida al ganso, con plumaje de color gris oscuro, alas negras y cuello blanco; nada y vuela muy bien: *algunos pescadores aún emplean cormoranes para pescar*.
cornada *n. f.* **1** Golpe dado por un animal con la punta del cuerno: *el banderillero eludió la cornada en el último instante*. **2** Herida causada por la punta de un cuerno de un animal: *el torero fue trasladado a la enfermería con una cornada en el muslo*.
ETIM Véase *cuerno*.
cornamenta *n. f.* **1** Conjunto de los cuernos de un animal, especialmente cuando son de gran tamaño: *el ciervo macho se distingue por su gran cornamenta*. **2** Representación simbólica de la infidelidad de un miembro de la pareja. **SIN** cuernos.
ETIM Véase *cuerno*.
cornamusa *n. f.* Instrumento musical de viento formado por una bolsa que se llena de aire, un tubo por el que se sopla y dos o tres más por los que sale el aire. **SIN** gaita.
córnea *n. f.* ANAT. Tejido delgado, duro y transparente, situado en la parte anterior del globo del ojo, por delante del iris y la pupila: *delante de la córnea está únicamente la conjuntiva*. ☞ ojo.

ETIM Véase *cuerno*.
cornear *v. tr.* Dar una o más cornadas un animal: *lo corneó una cabra y acabó tirándolo al suelo*.
ETIM Véase *cuerno*.
corneja *n. f.* **1** ZOOL. Ave de color negro muy parecida al cuervo, pero de menor tamaño: *la corneja es de la misma familia que el cuervo*. **2** Ave rapaz nocturna parecida al búho, pero mucho más pequeña; se caracteriza por tener en la cabeza dos plumas en forma de cuernecillos.
OBS Para indicar el sexo se usa *la corneja macho* y *la corneja hembra*.
córneo, -nea *adj.* De cuerno o de un material que tiene parecidas características: *algunas tortugas tienen por boca un pico córneo*; *el casco de los caballos está formado por una uña córnea*.
córner *n. m.* **1** Esquina de un terreno de juego, especialmente en fútbol y otros deportes semejantes: *el jugador se situó en el córner para lanzar la pelota*. **SIN** esquina. **2** Jugada de ciertos deportes en la que un jugador hace salir la pelota fuera del campo por la línea de fondo de su propia portería: *el balón salió por la línea de meta y el árbitro pitó córner*. **3** Saque de la pelota que un jugador hace desde una esquina como castigo de esa falta, especialmente en fútbol y otros deportes semejantes: *tras el córner, el delantero consiguió el primer gol del partido*.
corneta *n. f.* Instrumento musical de viento de la familia del metal parecido a la trompeta, pero de menor tamaño y con una llave; se usa en el ejército para dar órdenes a la tropa: *los soldados obedecen los toques de corneta*.
DER cornetín.
ETIM Véase *cuerno*.
cornete *n. m.* Pequeña lámina de hueso de figura abarquillada situada en el interior de las fosas nasales: *los cornetes son dos de los catorce huesos que forman la cara*. ☞ nariz.
ETIM Véase *cuerno*.
cornetín *n. m.* **1** Instrumento musical de viento de la familia del metal parecido al clarín, pero con pistones. **2** Instrumento musical de viento de la familia del metal parecido a la corneta, pero de menor tamaño y sin llaves; se usa en el ejército para dar órdenes a la tropa.
cornisa *n. f.* **1** Saliente o voladizo con molduras que remata el borde superior de la pared de un edificio, debajo del tejado: *se ha desprendido un trozo de cornisa*. ☞ casa. **2** Saliente o voladizo que rodea un edificio marcando la separación entre los pisos: *intentó pasar de un piso a otro andando con cuidado por la cornisa*. **3** Banda estrecha que bordea una montaña o precipicio: *subió con cuidado por la cornisa del acantilado*. **4** Borde saliente y rocoso de una montaña: *los montañeros permanecían refugiados bajo una cornisa a gran altitud*. **5** Zona costera de altos y largos acantilados: *la cornisa cantábrica*.
DER cornisamento.
corno *n. m.* Instrumento musical de viento de la familia del metal formado por un tubo enroscado circularmente que es estrecho por un extremo y ancho por el otro. **SIN** trompa.
corno inglés Instrumento musical de viento parecido al oboe, de forma curva y sonido más grave.
ETIM Véase *cuerno*.
cornudo, -da *adj.* **1** [animal] Que tiene uno o más cuernos: *el reno es un animal cornudo*. **SIN** astado. **2** [persona] Que ha sido engañado por su pareja habitual al mantener relaciones sexuales o amorosas con otra persona.
ETIM Véase *cuerno*.
cornúpeta *adj./n. com.* culto [animal] Que tiene cuernos, en especial el toro de lidia.

coro *n. m.* **1** Grupo de personas que recitan, cantan o bailan un mismo fragmento o pieza musical: *el coro de monjes del monasterio de Silos; el coro de una revista musical.* **2** Fragmento o pieza musical compuesto para ser recitado, cantado o bailado por un grupo de personas: *el coro de una tragedia griega; el coro de los esclavos de la ópera* Aida *de Giuseppe Verdi; los coros de una película musical.* **3** Lugar de la iglesia destinado a los religiosos que rezan y cantan durante la misa o los oficios divinos: *el coro de las iglesias suele estar situado frente al altar.* **4** Conjunto de asientos, generalmente adornados, donde se sientan estos religiosos en la iglesia: *estuvimos viendo el coro de la catedral de Zamora.* **5** Conjunto de voces que se oyen al mismo tiempo con opiniones sobre un asunto: *las nuevas medidas económicas del gobierno han levantado un coro de protestas en sindicatos y oposición.*
DER coral, corear, coreografía, corista.

corola *n. f.* Conjunto de pétalos que forman la flor y protegen sus órganos de reproducción: *los colores llamativos de la corola atraen a los insectos.* ☞ flor.
DER corolario.

corolario *n. m.* Razonamiento, juicio o hecho que es consecuencia lógica de lo demostrado o sucedido anteriormente: *la gran faena del torero tuvo como corolario la salida a hombros por la puerta grande.*

corona *n. f.* **1** Cerco que se coloca sobre la cabeza en señal de premio o como símbolo de nobleza o dignidad: *la corona de laurel de un héroe romano; la corona de un rey.* **2** Aro cubierto de flores o ramas que se coloca junto a los muertos o a los monumentos que los recuerdan como símbolo de admiración y respeto: *la viuda depositó una corona de flores ante la tumba de su marido.* **3** Estado o territorio gobernado por un rey o una reina: *el matrimonio entre Isabel I y Fernando II unió las coronas de Castilla y Aragón.* **4** Institución que representa la dignidad y el poder de un rey o una reina: *el heredero de la corona visita hoy la región.* **5** Unidad de moneda de Dinamarca, Suecia, Noruega y otros países. **6** Círculo luminoso que parece rodear a algunos astros: *durante el eclipse pude observar claramente la corona del Sol.* **7** Círculo luminoso que se representa encima o detrás de las cabezas de las imágenes divinas o de santos como símbolo de la gracia de Dios. **SIN** aureola. **8** Objeto o pieza con forma de aro: *la corona de un engranaje.* **9** Parte de un diente que sobresale de la encía. **10** Ruedecita que sobresale por la derecha de un reloj de pulsera; sirve para darle cuerda o mover las manecillas.
DER coronar, coronario, coronilla.

coronación *n. f.* **1** Ceremonia en la que se le otorga a una persona la dignidad de rey o reina y en la que se le coloca una corona como símbolo de este honor: *la coronación de Isabel II como reina de Inglaterra se produjo en 1952.* **2** Punto más alto al que se puede llegar: *el Nobel de literatura fue la coronación de una vida dedicada a las letras.* **SIN** culminación.

coronar *v. tr.* **1** Colocar una corona en la cabeza, especialmente si es para otorgar a una persona la dignidad de rey o reina: *un alto representante de la Iglesia coronó rey al joven príncipe.* **2** Llegar al punto más alto, de mayor intensidad, grandeza o calidad: *coronó su carrera de actor con un Oscar.* **SIN** culminar. **3** Llegar a la zona más alta de un lugar: *los escaladores coronaron la montaña; el corredor ciclista coronó el puerto en primera posición.*
DER coronación.

coronario, -ria *adj.* **1** [vena, arteria] Que distribuye la sangre por el corazón. **2** Del sistema circulatorio del corazón o que está relacionado con él: *una enfermedad coronaria.*

coronel *n. m.* Jefe del ejército de categoría inmediatamente superior a la de teniente coronel: *el coronel manda un regimiento.*

coronilla *n. f.* **1** Parte superior y posterior de la cabeza humana. **2** Pequeño círculo rasurado que llevaban algunos religiosos en esta zona de la cabeza. **SIN** tonsura.
hasta la coronilla *coloquial* Cansado y harto: *tus faltas al trabajo me tienen hasta la coronilla.* Se usa con los verbos *estar* y *tener.*

corpachón *n. m.* Cuerpo de una persona o animal grande y fuerte: *el corpachón de un boxeador.*
ETIM Véase *cuerpo.*

corpiño *n. m.* Prenda de vestir femenina sin mangas que se ajusta al cuerpo por debajo del pecho hasta la cintura para darle forma.
ETIM Véase *cuerpo.*

corporación *n. f.* **1** Cuerpo u organismo generalmente de interés público y a veces reconocido por la autoridad: *son corporaciones las reales academias, las cámaras de la propiedad y de comercio y navegación, el Senado, el Congreso y otras instituciones similares.* **2** Conjunto de personas que pertenecen a un mismo cuerpo o institución y se dedican a un fin común: *en la sede de la Real Academia los miembros de la corporación se reúnen periódicamente.* **corporación municipal** Grupo de personas integrado por un alcalde y varios concejales que se encarga de administrar y gobernar un pueblo o una ciudad. **SIN** ayuntamiento. **3** Grupo de empresas y sociedades que realizan diversos trabajos y servicios de manera independiente con el fin de conseguir un enriquecimiento común: *la Corporación Banesto.*
DER corporativismo, corporativo.
ETIM Véase *cuerpo.*

corporal *adj.* Del cuerpo o que tiene relación con él: *castigo corporal; expresión corporal.*
ETIM Véase *cuerpo.*

corporativismo *n. m.* **1** Tendencia de un grupo de personas que pertenecen a una misma profesión a defender o extender sus intereses y derechos particulares sobre los generales: *el colegio de abogados fue acusado de corporativismo al no investigar a algunos de sus miembros acusados de corrupción.* **2** Forma de organización capitalista que se caracteriza por la intervención del estado en las relaciones productivas, especialmente con la formación de organismos que integren a trabajadores y empresarios con objeto de evitar las tensiones propias de un estado democrático.
DER corporativista.

corporativista *adj.* Del corporativismo o que tiene relación con él: *algunos médicos mantienen actitudes corporativistas al no declarar en contra de compañeros.*

corporativo, -va *adj.* De una corporación o que tiene relación con ella: *todos los miembros de la asociación llegaron a un acuerdo corporativo.*

corpore Palabra que se utiliza en la expresión latina *corpore insepulto,* que significa 'de cuerpo presente', 'con el cuerpo sin enterrar o incinerar': *el obispo ofició un funeral corpore insepulto.*
OBS No debe decirse *de corpore insepulto.*

corporeidad *n. f.* Conjunto de características de lo que tiene cuerpo o consistencia: *usando la perspectiva conseguía dar a los personajes de sus cuadros una gran apariencia de corporeidad.*

corporeizar *v. tr.* Dar cuerpo o consistencia a una idea u otra cosa no material: *modeló una escultura en la que corporeizó su ideal de belleza.*

corpóreo, -rea *adj.* Que tiene cuerpo, volumen o consistencia: *tuvo la sensación de que algo corpóreo la acechaba en la oscuridad.*
DER corporeidad, corporeizar; incorpóreo.
ETIM Véase *cuerpo*.

corpulencia *n. f.* Grandeza, robustez y magnitud de un cuerpo: *la corpulencia del portero le disuadió de intentar entrar.*

corpulento, -ta *adj.* [persona, animal] Que tiene un cuerpo grande, robusto o fuerte: *el oso es un animal corpulento.*
DER corpulencia.
ETIM Véase *cuerpo*.

corpus *n. m.* GRAM. Conjunto extenso de textos de diversas clases, ordenados y clasificados; se usa para investigar la gramática y el significado de las palabras de una lengua: *este diccionario está elaborado a partir de un corpus de textos compuesto por más de diez millones de palabras.*
ETIM Véase *cuerpo*.

corpuscular *adj.* Del corpúsculo o que tiene relación con él: *la teoría corpuscular sostenía que la luz estaba compuesta por partículas invisibles.*

corpúsculo *n. m.* Cuerpo muy pequeño, célula, molécula, partícula o elemento: *el núcleo de una célula es un corpúsculo.*
DER corpuscular.
ETIM Véase *cuerpo*.

corral *n. m.* **1** Lugar cerrado y descubierto que sirve para guardar el ganado; generalmente se encuentra junto a las casas de los dueños: *en el corral había cabras y ovejas.* **2** Lugar en una plaza de toros donde permanecen los animales en espera de ser lidiados.
corral de comedias Patio común rodeado de viviendas donde antiguamente se hacían representaciones teatrales: *algunas de las obras de Lope y Calderón se estrenaron en corrales de comedias.*
DER corro; acorralar, encorralar.

correa *n. f.* **1** Tira larga y estrecha de cuero u otro material flexible y resistente que se usa para sujetar o ajustar: *la correa de los pantalones; las correas de una camisa de fuerza.* **2** Tira circular de material resistente que sirve para comunicar un movimiento: *la correa del ventilador de un coche.*
tener correa *coloquial* Soportar con paciencia una situación difícil o incómoda, especialmente una broma o burla continuada: *tiene poca correa, así que cuando vio su caricatura, abandonó la exposición.*
DER correaje, correazo, correoso.

correaje *n. m.* Conjunto de correas que forman parte de un equipo, aparato o sistema: *el correaje de un uniforme militar; el correaje de un caballo preparado para monta.*

correazo *n. m.* Golpe dado con una correa: *el tabernero amenazó al parroquiano con echarlo a correazos.*

corrección *n. f.* **1** Indicación de una falta, error o defecto con la intención de quitarlo o enmendarlo: *me dio el examen para la corrección.* **2** Enmienda o modificación que reemplaza a una falta, error o defecto: *su redacción estaba llena de correcciones y tachaduras; pediré una corrección en el tipo de interés del préstamo.* **3** Ausencia de faltas, errores o defectos: *realizó el aparcamiento con corrección.* **4** Comportamiento que está conforme con las normas sociales: *el alcalde nos saludó con gran corrección.* **ANT** incorrección.
DER correccional; incorrección, ultracorrección.
ETIM Véase *corregir*.

correccional *n. m.* Establecimiento penitenciario en el que un juez encierra a los jóvenes menores de edad penal que han obrado contra la ley: *hasta los 18 años se puede permanecer en un correccional.* **SIN** reformatorio.

correctivo, -va *adj./n. m. y f.* **1** Que enmienda o modifica una falta, defecto o problema: *los sindicatos han pedido medidas correctivas contra el paro.* ◇ *n. m.* **2** Castigo que se aplica para corregir una falta o un delito, generalmente poco importante: *el director impuso un correctivo a los alumnos acusados de destrozos.* **3** Ventaja o victoria que se logra sobre el adversario en una competición deportiva: *la selección española recibió un severo correctivo del equipo suizo al perder por cuatro a cero el partido.*

correcto, -ta *adj.* **1** Que no tiene faltas, errores o defectos: *el sonido del motor me parece correcto.* **ANT** incorrecto. **2** Que es acertado o adecuado: *la respuesta es correcta.* **ANT** incorrecto. **3** Que está conforme con las normas sociales: *ir al entierro de nuestro vecino es lo correcto.* **ANT** incorrecto.
DER correctivo, corrector.
ETIM Véase *corregir*.

corrector, -ra *adj./n. m. y f.* **1** Que corrige faltas, defectos o problemas: *una crema correctora de arrugas; un impuesto corrector de las diferencias sociales.* ◇ *n. m. y f.* **2** Persona que se dedica a corregir las faltas de ortografía y redacción de un texto: *antes de imprimir el periódico lo revisa un corrector de pruebas.*

corredera *n. f.* Canal o ranura por donde se desliza un mecanismo: *atornilla la corredera de las cortinas.*
puerta (o ventana) corredera Puerta que se abre y cierra deslizándose por este canal o ranura: *cerró el balcón con ventanas correderas.*

corredizo, -za *adj.* [nudo] Que se hace con una sola cuerda, formando una o varias anillas en un extremo y metiendo el otro extremo por ellas, de manera que la cuerda se deslice y apriete con facilidad: *el nudo del ahorcado es corredizo.*

corredor, -ra *adj./n. m. y f.* **1** [animal] Que es capaz de correr a gran velocidad: *el galgo es un gran corredor.* **2** [ave] Que no está preparada para volar por su gran tamaño, pero que tiene las patas especialmente desarrolladas y adaptadas a la carrera: *el avestruz y el correcaminos son aves corredoras.* ◇ *n. m. y f.* **3** Deportista que participa en alguna carrera de competición: *un corredor de maratón; un corredor de ciclismo.* ◇ *n. m.* **4** Persona que se dedica a actuar como intermediario en operaciones financieras, especialmente en la compraventa de bienes inmuebles o acciones de bolsa y en la contratación de seguros: *compró la finca por mediación de un corredor.* **5** Espacio largo y estrecho que comunica unas habitaciones con otras dentro de una casa o de un edificio: *los niños jugaban en el corredor con los patines.* **SIN** pasillo. **6** Franja de territorio que discurre entre dos zonas separadas o enemigas: *las tropas de la ONU han abierto un corredor humanitario entre las dos ciudades.*
DER correduría, corretaje.

correduría *n. f.* **1** Cargo del corredor de asuntos comerciales o financieros: *se dedica a la correduría de pisos.* **2** Oficina o lugar donde trabaja: *se ha colocado de administrativo en una correduría de seguros.*

corregidor *n. m.* Antiguamente, alcalde de una población nombrado por el rey; también hacía funciones de juez.

corregir *v. tr.* **1** Señalar una falta, error o defecto con la intención de quitarlo o enmendarlo: *debes corregir el trabajo*

antes de entregarlo; corregía los modales de su hijo en la mesa. **2** Valorar el grado de suficiencia o insuficiencia de los conocimientos mostrados por un alumno u opositor en un examen o ejercicio: *aún me queda por corregir la evaluación de este trimestre*.
DER corregidor; incorregible.
ETIM *Corregir* procede del latín *corrigere*, que tenía el mismo significado, voz con la que también están relacionadas *corrección*, *correcto*.

correlación *n. f.* Correspondencia o relación que mantienen dos o más cosas entre sí: *existe una correlación entre el consumo de drogas y la delincuencia*.
DER correlativo.

correlativo, -va *adj.* **1** [número] Que en una serie ordenada sigue inmediatamente a otro: *el número uno, el dos y el tres son correlativos*. **2** Que tiene una correspondencia o relación con otra u otras cosas: *el aumento de los precios es un fenómeno correlativo al aumento de la demanda*.

correligionario, -ria *adj./n. m. y f.* [persona] Que comparte con otras personas una misma doctrina religiosa, política o ideológica: *pacifistas españoles mantienen reuniones con sus correligionarios franceses*.

correo *n. m.* **1** Servicio público que se encarga del transporte y la entrega de cartas y paquetes enviados por unas personas a otras: *le mandé la invitación por correo*. **2** Conjunto de cartas y paquetes que se transportan, entregan o reciben: *apenas tengo tiempo para leer el correo*. **SIN** correspondencia. **correo certificado** Envío que da garantía de su entrega. **correo urgente** Envío que se entrega con la mayor rapidez posible. **3** Vehículo que transporta cartas y paquetes enviados por unas personas a otras: *vi una película sobre el atraco al tren correo de Glasgow*. **4** Persona que transporta algún mensaje u objeto enviado por una persona a otra, especialmente si lo hace de manera secreta o encubierta: *el general español mandó un correo para que atravesase las líneas francesas*. ◇ *n. m. pl.* **5 Correos** Organismo que se encarga del transporte y la entrega de cartas y paquetes enviados por unas personas a otras: *quiere ser funcionario de Correos*. **6** Establecimiento en el que se reciben, clasifican, reparten y entregan estas cartas y paquetes: *voy a Correos a recoger un paquete*.
apartado de Correos *a)* Caja o sección de una oficina de Correos donde se depositan y guardan las cartas y los paquetes enviados a una persona o empresa en espera de que sean recogidos por ella: *perdió su llave del apartado de Correos*. *b)* Número asignado a esta caja o sección: *el presentador anunció el apartado de Correos al que había que dirigir las cartas para participar en el concurso*.

correoso, -sa *adj.* **1** Que se puede doblar y estirar sin que se rompa: *el cuero es un material correoso*. **2** [alimento] Que ha perdido sus características originales y ha quedado flexible y difícil de masticar: *el pan se ha puesto correoso por la humedad y parece chicle*. **3** [persona, equipo deportivo] Que tiene mucha resistencia física y se defiende con tenacidad en una competición: *el correoso equipo griego se encerró en su área para defender el resultado*.

correr *v. intr.* **1** Moverse de un lugar a otro de forma rápida, de manera que los pies o las patas se separen del suelo a la vez durante un momento entre un paso y el siguiente: *el delantero corre tras la pelota*; *el caballo corre al galope*. **2** Participar en una carrera de competición dirigiendo un vehículo: *el patinador corre*; *el ciclista corre*. **3** Hacer algo rápidamente o a más velocidad de la normal: *corre mucho cuando dicta*. **4** Fluir un río o una corriente de agua por su cauce: *el Ebro corre de Cantabria a Tarragona*. **SIN** discurrir. **5** Ir algo de un lugar a otro, extenderse a lo largo de una porción de territorio: *la carretera de la costa corre paralela al mar*. **SIN** discurrir. **6** Soplar el viento en una dirección: *toda la noche corrió un cierzo violento*. **7** Pasar o transcurrir el tiempo: *corría el año 1990 cuando me casé*. **SIN** discurrir. **8** Dar a conocer entre un gran número de personas: *corrían oscuras historias sobre la vieja mansión*. **SIN** circular, propagar. **9** Estar a cargo de una persona o corresponderle una obligación o cometido: *los gastos del bautizo corren por cuenta del padrino*. ◇ *v. tr.* **10** Estirar lo que está recogido o plegado, especialmente una cortina: *correr una cortina*. **ANT** descorrer. **11** Estar expuesto a un peligro o circunstancia adversa: *si no estudias, corres el riesgo de suspender*. **12** Ir detrás de una persona o cosa con el fin de darle alcance: *algunos aficionados corrieron al árbitro al finalizar el partido*. ◇ *v. tr./prnl.* **13** Mover de un lugar a otro: *corre el sofá para que pueda pasar*; *cierra la puerta y corre el pestillo*. ◇ *v. prnl.* **14 correrse** Disolverse o extenderse tinta por una superficie: *se me ha corrido la tinta y he hecho un borrón*. **15** *malsonante* Tener un orgasmo.
DER corredera, corredero, corredizo, corredor, correría, corretear, corrida, corrido, corriente, corrimiento; descorrer, recorrer, socorrer.
ETIM *Correr* procede del latín *currere*, que tenía el mismo significado, voz con la que también están relacionadas *concurrir*, *discurrir*, *escurrir*, *incurrir*, *ocurrir*, *recurrir*, *transcurrir*.

correría *n. f.* Viaje, acción o circunstancia poco común, divertida o arriesgada: *me estuvo contando toda la noche sus correrías en la mili*.
OBS Se usa frecuentemente en plural.

correspondencia *n. f.* **1** Conjunto de cartas y paquetes que se transportan, envían, entregan o reciben: *guarda bajo llave su correspondencia personal*. **SIN** correo. **2** Relación de dependencia y unión que existe o se establece entre dos o más cosas: *investigaba la correspondencia entre progreso y calidad de vida*. **3** Significado de una palabra en un idioma distinto: *no conozco la correspondencia de la palabra inglesa crony en español*. **4** Conexión o enlace entre varios medios o vías de comunicación: *esta línea de metro tiene correspondencia con la 8*. **5** Actuación con una persona que es consecuencia de una acción suya anterior: *me invitó a la boda en correspondencia a los favores que le había hecho*. **6** MAT. Relación que existe o se establece entre los elementos de dos conjuntos distintos: *una correspondencia asocia a un elemento de uno de los conjuntos otro del conjunto segundo*.

corresponder *v. intr./prnl.* **1** Tener relación de dependencia dos o más cosas entre sí: *a cada santo le corresponde su festividad en el calendario*. **2** Estar a cargo de una persona una obligación o cometido: *le corresponde al vendedor poner precio a la mercancía que vende*. **SIN** correr. **3** Actuar con una persona en consecuencia con una acción suya anterior: *si le tratan con amabilidad, corresponde con educación*. **4** Sentir amor hacia una persona en la misma medida que se recibe de ella: *estaba enamorado de su vecina, pero ella no le correspondía*.
DER correspondencia, correspondiente, corresponsal.

correspondiente *adj.* Que tiene relación de correspondencia con otra persona o cosa: *cada vecino tiene su correspondiente llave del portal*; *debes ponerle a la carta sus sellos correspondientes*.

corresponsal *adj./n. com.* [periodista] Que informa habitualmente a un medio de comunicación desde otra población o desde un país extranjero de las noticias que allí se pro-

ducen: *el corresponsal de Televisión Española en Nueva York*. **corresponsal de guerra** Periodista que informa desde un lugar en guerra acompañando a uno de los ejércitos.
DER corresponsalía.
corresponsalía *n. f.* **1** Cargo de corresponsal de un medio de comunicación social: *le encargaron la corresponsalía de la Agencia Efe en Roma*. **2** Oficina o lugar donde trabaja: *han colocado una bomba en la corresponsalía de la CNN en Beirut*.
corretear *v. intr.* Correr de un lado a otro sin objetivo fijo, especialmente jugando: *los niños correteaban en el patio*; *el perro corretea alegre por el campo*.
correvedile o **correveidile** *n. com. coloquial* Persona que se dedica a informar de noticias y rumores que afectan a otros, generalmente para criticar a los demás o darse importancia. **SIN** chismoso, cotilla.
OBS La Real Academia Española admite *correvedile*, pero prefiere la forma *correveidile*. ◇ El plural es *correvediles* o *correveidiles*, respectivamente.
corrida *n. f.* **1** Marcha rápida en la que los pies o las patas se separan del suelo a la vez durante un momento entre un paso y el siguiente: *en una corrida llegó del cortijo al pueblo y avisó del incendio*. **SIN** carrera. **2** Espectáculo público que consiste en torear seis novillos o toros en una plaza cerrada: *no hay feria que no cuente con sus corridas de toros*.
corrido, -da *adj.* **1** Que tiene mucha experiencia y ha vivido o viajado mucho: *volvió de la mili con el aplomo de hombre muy corrido*. **2** Que está avergonzado o confundido: *al verse solo en medio de la plaza quedó corrido*. **3** [parte de un edificio] Que está contigua o seguida en relación con otra: *un balcón corrido unía todos los dormitorios de la casa*. ◇ *n. m.* **4** Canción popular mejicana que suele interpretarse por dos personas acompañadas por música de guitarras y trompetas.
de corrido Con seguridad y rapidez: *recitó la lista de reyes godos de corrido*.
corriente *adj.* **1** Que es muy común o no tiene nada especial: *un vestido corriente*; *una persona de aspecto corriente*; *es corriente que las mujeres usen pantalón*. **2** Que es frecuente, que sucede a menudo: *los resfriados son corrientes en invierno*. **3** [semana, mes, año, siglo] Que es el actual o el que va transcurriendo: *me pagarán en el mes corriente*. ◇ *n. f.* **4** Desplazamiento de un fluido líquido a lo largo de un canal, conducto o cauce: *la corriente del río es muy fuerte*. **SIN** curso. ☞ ciclo del agua. **5** Volumen de fluido líquido que se desplaza de esta manera: *la corriente de la torrentera arrastró al coche*. **6** Paso de energía eléctrica a través de un conductor: *corriente eléctrica*; *ten cuidado con la lámpara, que da corriente*. **corriente alterna** Corriente de intensidad variable que cambia de sentido al quedar con una intensidad nula: *las partes eléctricas del automóvil funcionan con corriente alterna*. **corriente continua** Corriente de intensidad y sentido constante: *las pilas generan corriente continua*. **7** Movimiento o tendencia de ideas o sentimientos que es común a un grupo de personas: *pertenece a la corriente renovadora del partido*.
al corriente *a)* Sin retraso, con exactitud: *estoy al corriente en el pago de la cuota*. *b)* Informado con detalle y exactitud: *está al corriente de todo lo que pasa en la empresa*.
contra corriente En contra de la opinión general: *suele ir contra corriente y sus películas son poco comerciales*.
corrillo *n. m.* Corro de personas que se ponen a hablar o discutir entre sí separadas del resto: *acabado el partido, sólo quedaban en el estadio algunos corrillos comentando las jugadas*.

corrimiento *n. m.* Deslizamiento de un material o de una sustancia de un lugar a otro: *corrimiento de tierras*.
corro *n. m.* **1** Círculo formado por un grupo de personas, especialmente para hablar o rodear algo o a alguien: *un corro de paseantes rodeó al pintor en la calle*. **2** Juego de niños que consiste en formar un círculo cogidos de las manos y cantar dando vueltas alrededor: *los niños jugaban al corro en el recreo*.
DER corrillo.
corroborar *v. tr.* Dar como cierta una creencia u opinión de cuya certeza no se estaba seguro previamente: *acudieron arquitectos del ayuntamiento para corroborar el mal estado del edificio*. **SIN** confirmar, ratificar.
corroer *v. tr./prnl.* **1** Desgastar lentamente una cosa: *la inclemencia del tiempo había corroído el capó del coche*. **2** Desgastar progresivamente una superficie por rozamiento o por reacción química: *los ácidos corroen*. **3** Destruir lentamente el interior de una cosa: *la carcoma corroe la madera*; *un cáncer le corroe los huesos*. **4** Causar malestar o angustia de manera continuada durante mucho tiempo: *lo corroe la envidia*. **SIN** consumir.
DER corrosión.
OBS Se conjuga como *roer*.
corromper *v. tr./prnl.* **1** Descomponer químicamente y deteriorar una sustancia orgánica, animal o vegetal. **SIN** pudrir. **2** Dar dinero o regalos a una persona para conseguir un trato favorable o beneficioso, especialmente si es injusto o ilegal: *trató de corromper al policía ofreciéndole dinero por su libertad*. **SIN** sobornar. **3** Pervertir a una persona, causarle un daño moral con malos consejos o malos ejemplos: *el trato diario con aquella gentuza acabó por corromper a mi hijo*. **SIN** depravar, pervertir, viciar.
DER corrosión.
ETIM *Corromper* procede del latín *corrumpere*, que tenía el mismo significado, voz con la que también están relacionadas *corrupción*, *corrupto*.
corrosión *n. f.* Desgaste progresivo de una superficie por rozamiento o por una reacción química.
DER corrosivo.
corrosivo, -va *adj.* **1** Que causa o produce desgaste progresivo de una superficie por rozamiento o por una reacción química: *el ácido es una sustancia corrosiva*. **ANT** anticorrosivo. **2** Que critica con ironía de forma cruel o con mala intención: *un periodista corrosivo*; *un artículo corrosivo*. **SIN** incisivo, mordaz.
DER anticorrosivo.
corrupción *n. f.* **1** Entrega o aceptación de dinero o regalos para conseguir un trato favorable o beneficioso, especialmente si es injusto o ilegal: *el juez fue acusado de corrupción*. **2** Alteración de la forma o la estructura original y verdadera: *la corrupción del lenguaje*.
corrupción de menores Delito que se comete al obligar o inducir a una persona menor de edad a realizar un acto ilegal, especialmente a prostituirse o a mantener relaciones sexuales con adultos.
ETIM Véase *corromper*.
corruptela *n. f.* Corrupción, especialmente la que tiene poca importancia.
corrupto, -ta *adj.* **1** [persona] Que se deja corromper con dinero o regalos: *un político corrupto*; *un policía corrupto*. **2** [sustancia] Que está deteriorada y químicamente descompuesta: *agua corrupta*; *un alimento corrupto*. **SIN** incorrupto. **3** Que tiene alterada su forma o estructura original y verdadera: *un texto corrupto*.

corruptor

DER corruptela, corruptor; incorrupto.
ETIM Véase *corromper*.

corruptor, -ra *adj./n. m. y f.* [persona] Que obliga o incita a otra a la corrupción: *corruptor de menores*.

corsario, -ria *adj./n. m. y f.* **1** [barco] Que se dedicaba a asaltar y destruir las naves piratas y enemigas con la autorización del gobierno de su nación. **2** [persona] Que formaba parte de la tripulación de este barco. ◇ *n. m. y f.* **3** Persona que se dedicaba a asaltar y saquear las naves de otros. **SIN** pirata.

corsé *n. m.* Prenda interior femenina de material resistente y sin mangas que se ajusta al cuerpo desde el pecho hasta más abajo de la cintura.
DER corsetería; encorsetar.
OBS El plural es *corsés*.

corsetería *n. f.* Establecimiento donde se hace o vende ropa interior femenina. **SIN** lencería.

corso, -sa *adj.* **1** De Córcega o que tiene relación con esta isla francesa del Mediterráneo occidental. ◇ *adj./n. m. y f.* **2** [persona] Que es de Córcega. ◇ *n. m.* **3** Expedición de guerra que hacía un buque corsario: *navegar a corso*.
patente de corso *a)* Autorización que un gobierno concedía a un sujeto para que se dedicase a asaltar y destruir las naves piratas y enemigas. *b)* Autorización que una persona tiene o parece tener para llevar a cabo impunemente actos prohibidos para los demás: *mi compañero tiene patente de corso para faltar al trabajo las veces que quiera*. Es derivado de *corso*, 'expedición'.
DER corsario.

cortacésped *n. amb.* Máquina que sirve para cortar la hierba o el césped.

cortacircuitos *n. m.* Aparato que interrumpe automáticamente el paso de la corriente eléctrica por un circuito cuando es excesiva o peligrosa.
OBS El plural también es *cortacircuitos*.

cortado, -da *adj./n. m. y f.* **1** [persona] Que es tímido y se avergüenza con facilidad: *es un chico muy cortado y formalito*. **2** [persona] Que queda aturdido, sin respuesta o reacción, ante un hecho inesperado: *estando en casa de mi novia, apareció su padre y me quedé cortado*. **SIN** estupefacto, patidifuso, patitieso. ◇ *n. m.* **3** Café que lleva sólo un poco de leche: *pidió dos cafés solos y un cortado*.

cortadura *n. f.* **1** Raja producida en un cuerpo por un instrumento cortante: *me vendieron unas naranjas llenas de cortaduras; con una navaja le hicieron una cortadura en el muslo*. **SIN** corte. **2** Grieta profunda o paso estrecho entre montañas. ◇ *n. f. pl.* **3** cortaduras Trozos sobrantes de una cosa que se ha cortado: *déme un cuarto de cortaduras de jamón*. **SIN** recortes.

cortafrío *n. m.* Herramienta alargada de metal, de punta afilada y plana, que se usa para cortar metales a golpe de martillo.
OBS Se usa también en plural para hacer referencia a una sola de estas herramientas.

cortafuego *n. m.* Franja de terreno que se deja sin vegetación en un bosque o campo de cultivo para impedir el avance de un incendio.

cortapisa *n. f.* Condición o problema que limita y dificulta la realización de una cosa: *para entrar en aquel país aún existen cortapisas legales*.

cortaplumas *n. m.* Navaja de hoja pequeña para diversos usos: *intentó abrir el candado con un cortaplumas*.
OBS El plural también es *cortaplumas*.

cortapuros *n. m.* Instrumento de metal, parecido a una pequeña guillotina, en el que se introduce la punta del puro para cortarla.

cortar *v. tr./prnl.* **1** Dividir o separar la superficie de algo con un instrumento o cosa afilada: *una rama cortó el brazo del niño; se cortó la cara afeitándose*. **2** Separar una parte de una cosa con un instrumento afilado: *cortar un trozo de queso*. **3** Separar de un trozo de tela las piezas que formarán una prenda de vestir: *encargó que le cortaran dos trajes y cuatro camisas*. **4** Cruzar dos o más líneas o superficies entre sí: *la vía del tren corta la carretera en varios puntos*. ◇ *v. intr.* **5** Tener un objeto, especialmente un instrumento afilado, un filo bueno o malo: *estas tijeras no cortan nada; ten cuidado con la lata, que corta*. **6** Hacer el camino más corto entre dos puntos escogiendo el trayecto más adecuado entre varios posibles: *si cortamos por la pista forestal, llegaremos antes*. **SIN** atajar. ◇ *v. tr.* **7** Atravesar o cruzar una superficie o un medio: *el río corta el valle; la carretera corta el sembrado; la flecha cortó el aire; el barco corta el mar*. **8** Interrumpir la continuidad de una acción o un proceso, romper el orden original de sus elementos: *la censura cortó la película; el público cortó el discurso del orador; cortar el ataque del equipo contrario; cortar la digestión*. **9** Interrumpir el paso o el acceso por un camino, carretera u otra vía: *el temporal ha cortado varias carreteras de montaña*. **10** Dividir un montón de cartas o naipes en dos o más grupos: *antes de repartir, corta la baraja*. **11** Sentir un frío intenso y tener la sensación de que traspasa la piel: *hace un viento que corta la cara*. **12** En algunos deportes, como el tenis, golpear la pelota de manera que adquiera un efecto de giro contrario a la dirección en que se impulsa: *cortó en exceso la devolución de la pelota y ésta se quedó en la red*. ◇ *v. prnl.* **13 cortarse** Separarse las sustancias que integran la leche, una salsa o una crema: *cortarse la mayonesa*. **14** Sentir vergüenza o excesivo respeto: *no te cortes y pregúntame lo que quieras*.
cortar el bacalao (o **cortar la pana**) *coloquial* Tener el poder de decisión último: *en mi casa, es mi mujer la que corta la pana*.
cortar por lo sano *coloquial* Interrumpir de modo decidido y brusco una acción o proceso: *perdía mucho dinero, así que corté por lo sano y cerré la empresa*.
DER cortado, cortadura, cortante, corte; acortar, entrecortar, recortar.

cortaúñas *n. m.* Instrumento de metal parecido a unos alicates formado por dos pinzas con el extremo afilado y ligeramente curvado; sirve para cortar las uñas.
OBS El plural también es *cortaúñas*.

corte *n. m.* **1** Filo de un instrumento afilado: *el corte del cuchillo tiene una mella*. **2** Raja producida por un instrumento o cosa afilada: *se marchó al botiquín con un corte en la ceja*. **SIN** cortadura. **3** División o separación de una parte de una cosa con un instrumento afilado: *quiero jamón al corte, no por piezas; dame queso, pero con el corte fino*. **4** Zona de una cosa de la que se ha cortado una parte: *no me pongas de esa carne, que tiene el corte muy feo*. **5** Interrupción del paso o el acceso por un camino, circuito, canal u otra vía: *hay un corte de tráfico en la Puerta del Sol por una manifestación; Hidroeléctrica anuncia un corte del suministro eléctrico; se temen nuevos cortes de agua*. **6** Operación que consiste en cortar las diferentes piezas de tela u otro material que componen una prenda de vestir: *un taller de corte y confección*. **7** Cantidad de tela u otro material necesaria para confeccionar una prenda de vestir: *me han regalado un corte para hacerme un traje*. **8** MAT. Figura imaginaria que resulta al cortar un cuerpo con un plano: *la elipse es el corte de un cono; en el dibujo* *del corte del motor se aprecian mejor sus partes.* **SIN** sección. **9** División de un montón de cartas o naipes en dos o más grupos: *da cartas después del corte.* **10** Vergüenza o excesivo respeto producido por una situación incómoda o infrecuente: *me da corte pedirle que salga conmigo.* **11** Respuesta rápida y brusca que zanja una cuestión: *le pedí prestado el coche a mi hermano, pero me dio un corte y siguió viendo la tele.* **12** Fragmento de una entrevista o de unas declaraciones que se emite en un programa de radio; *pusieron varios cortes de la intervención del presidente.* **13** Trozo de helado de forma cuadrada o rectangular que se pone entre dos galletas. **14** Conjunto de características o tendencias particulares y distintivas: *es un partido político de corte conservador.* **15** Separación que se produce entre los participantes en una carrera de competición: *cerca de la meta, un corte hizo que el líder perdiera el contacto con el grupo de cabeza.* **16** En el juego del golf, eliminación que se lleva a cabo en un torneo al establecerse, tras varios días de competición, el número máximo de golpes con los que un jugador puede continuar participando: *tras las dos primeras jornadas, el corte dejó fuera al golfista español.* ◇ *n. f.* **17** Población donde antiguamente residía el rey y tenía su gobierno el reino: *en 1623 Velázquez se instaló en la corte.* **18** Conjunto de las personas que componen la familia y la comitiva del rey: *Durero fue retratista de la corte de Enrique VIII.* **19** Conjunto de personas que forman parte del equipo que acompaña a un personaje importante o famoso: *los Rolling Stones llegaron acompañados por una corte de más de doscientos técnicos y ayudantes.* **20** En algunos países, tribunal de justicia: *la Corte Suprema de Londres juzgará a partir de hoy a los acusados.* ◇ *n. f. pl.* **21 cortes** Conjunto de las dos cámaras legislativas, el Congreso de los Diputados y el Senado españoles: *el proyecto de ley va a ser enviado a las Cortes.* Se escribe con letra mayúscula.

corte celestial Según la religión católica, conjunto de ángeles y santos que acompañan a Dios en el cielo.

corte de mangas *coloquial* Gesto que se hace golpeando un brazo con la mano del otro a la altura del codo; mientras, en el brazo que ha recibido el golpe se extiende el dedo corazón entre el índice y el anular doblados; es un ademán obsceno y ofensivo.

hacer la corte Tratar a una persona con amabilidad y cortesía, en especial si se tiene la intención de seducirla o de ganar su amor.

DER cortejar, cortés, cortesano, cortijo. Son derivados de las acepciones 17, 18 y 19.

cortedad *n. f.* **1** Pequeñez, poca extensión de una cosa: *le angustiaba la cortedad de la vida.* **2** Escasez de inteligencia, educación o valor: *la fuerza física del hombre era pareja a su cortedad de luces.* **3** Falta de ánimo y de confianza en sí mismo: *nunca pidió un aumento de sueldo por su cortedad y su temor al jefe.*

cortejar *v. tr.* Enamorar o tratar de enamorar a una persona del otro sexo, especialmente tratándola de manera muy agradable y cortés. **SIN** camelar, galantear, seducir.
DER cortejo.

cortejo *n. m.* **1** Conjunto de personas que forman parte del acompañamiento en una ceremonia: *un cortejo fúnebre acompaña al muerto; un cortejo nupcial acompaña a los novios.* **2** Conjunto de actitudes y acciones que lleva a cabo una persona para cortejar a otra.

cortés *adj.* Que demuestra atención y cordialidad hacia las personas: *nos recibió muy cortés nos acomodó en la sala de espera y nos ofreció café; se despidió de los invitados con algunas frases corteses.* **SIN** deferente. **ANT** descortés.

DER cortesía; descortés.

cortesana *n. f.* Antiguamente, mujer que mantenía relaciones sexuales a cambio de dinero. **SIN** puta.

cortesano, -na *adj.* **1** De la corte de personas que acompañaba al rey o que tiene relación con ella: *en el entorno cortesano se hablaba con preocupación de la salud del rey.* ◇ *n. m.* **2** Hombre que antiguamente trabajaba en la corte al servicio del rey o de su familia: *Garcilaso de la Vega fue poeta, soldado y cortesano al servicio de Carlos V.*

cortesía *n. f.* **1** Comportamiento atento y afable o acto en el que se demuestra atención y cordialidad hacia las personas: *suele tratar con exquisita cortesía a sus invitados; mi vecino tuvo la cortesía de llevarme en coche al trabajo.* **ANT** descortesía. **2** Regalo de poca importancia que se da como muestra de afecto y consideración: *sobre la mesa había una botella de champán, cortesía del hotel.* **SIN** detalle.

corteza *n. f.* **1** Capa o conjunto de capas de fibra vegetal dura que cubre o envuelve los tallos y las frutas de algunas plantas y árboles: *la corteza del alcornoque; la corteza de un limón.* **2** Parte exterior, resistente o dura, que cubre o envuelve: *la corteza del pan; la corteza del queso.* ☞ pan.

corteza cerebral Capa más superficial del cerebro formada por la sustancia gris.

corteza terrestre Parte sólida más superficial de la Tierra.
DER descortezar.
ETIM Corteza procede del latín *cortix, -icis,* que tenía el mismo significado, voz con la que también están relacionadas cortical, corticoide.

corticoide *adj./n. m.* [sustancia] Que tiene una actividad similar a la de las hormonas de las glándulas situadas al lado de los riñones.
ETIM Véase corteza.

cortijo *n. m.* **1** Terreno de cultivo extenso en el que hay un conjunto de edificaciones para vivienda, labranza y cuidado del ganado: *los cortijos son característicos de Andalucía y Extremadura.* **2** Conjunto de edificaciones para vivienda, labranza y cuidado del ganado que hay en los terrenos de cultivo extensos.

cortina *n. f.* **1** Trozo de tela o de otro material semejante que se cuelga de la parte superior de una puerta, ventana o hueco para cubrirlo. **2** Masa densa de una sustancia o material que se despliega como este trozo de tela: *una cortina de agua; una cortina de fuego.*

cortina de humo Conjunto de hechos o circunstancias con los que se pretende ocultar las verdaderas intenciones o desviar la atención de los demás: *no parece sino una cortina de humo el anuncio de conversaciones con los sindicatos cuando ya se han tomado decisiones laborales.*
DER cortinaje.

cortinaje *n. m.* Conjunto de cortinas: *el incendio comenzó en el cortinaje del salón principal del palacio.*

cortisona *n. f.* Sustancia corticoide que se emplea como medicina para disminuir o hacer desaparecer la inflamación.

corto, -ta *adj.* **1** Que tiene longitud, extensión o duración escasa o menor de la normal y necesaria: *una mesa corta; una película corta; un niño de corta edad.* **SIN** breve. **ANT** largo. **2** [prenda, vestido] Que cubre sólo una parte de la zona del cuerpo que habitualmente suele vestir: *un pantalón corto; una falda corta; una camisa de manga corta.* **3** [persona] Que es poco inteligente o no entiende las cosas con facilidad: *mi vecino es un poquito corto y es capaz de comprar cualquier cosa que le quieran vender.* **4** [persona] Que es muy tímido y siente vergüenza con facilidad: *es un chico muy corto y nunca quiere venir a cenar a casa.* ◇ *n. m.* **5** Película de

cine cuya duración no es mayor de 35 minutos. **SIN** cortometraje. **6** Aumento brusco de la intensidad de una corriente que se produce en una instalación eléctrica por la unión directa de dos conductores. **SIN** corto circuito, cortocircuito.
corto de vista Que padece un defecto del ojo y ve mal los objetos lejanos. **SIN** miope.
ni corto ni perezoso De manera decidida y arriesgada: *cuando vio su nota, ni corto ni perezoso se fue al despacho del director a protestar.*
quedarse corto No llegar a describir completamente una cosa: *no es que sea una casa bonita; te quedaste corta, es una mansión increíble.*
DER cortedad, cortar.

cortocircuito *n. m.* Aumento brusco de la intensidad de una corriente que se produce en una instalación eléctrica por la unión directa de dos conductores. **SIN** corto, corto circuito.

cortometraje *n. m.* Película de cine cuya duración no es mayor de 35 minutos. **SIN** corto.

coruñés, -ñesa *adj.* **1** De La Coruña o que tiene relación con esta ciudad y provincia gallega. ◇ *adj./n. m. y f.* **2** [persona] Que es de La Coruña.

corva *n. f.* Parte de la pierna opuesta a la rodilla por donde ésta se dobla.

corzo, -za *n. m. y f.* Mamífero rumiante, parecido al ciervo, de pelo rojo oscuro o gris, con cuernos cortos y rabo muy pequeño.

cosa *n. f.* **1** Hecho, cualidad, idea u objeto sobre el que se puede pensar o hablar: *comprar una cosa; decir una cosa; comer una cosa; pensar una cosa.* **2** Objeto sin vida: *acostumbraba tratar a las personas como si fueran cosas.* **3** Asunto o tema sobre el que se trata: *en la fábrica, la cosa está muy mal.*
a cosa hecha De forma voluntaria y con intención: *rompió la farola a cosa hecha.* **SIN** adrede, aposta.
cosa de De manera aproximada, poco más o menos: *seremos cosa de veinte a comer.*
cosa fina *coloquial* Expresión con la que se indica que algo o alguien es excelente: *una tele cosa fina; un cocinero cosa fina.*
cosa mala *coloquial* Mucho, en gran cantidad: *en el súper había gente cosa mala.*
cosa rara Expresión con la que se indica sorpresa o admiración: *tu marido fregando la cocina. ¡Cosa rara!*
ser poca cosa Tener poco tamaño, importancia o valor: *me hice un corte, pero es poca cosa.*
DER cosificar.

cosaco, -ca *adj./n. m. y f.* **1** De un antiguo pueblo pastor y guerrero que se estableció en el sur de Rusia: *los cosacos elegían a sus propios jefes.* ◇ *n. m.* **2** Soldado ruso perteneciente a un cuerpo de caballería ligera.
beber como un cosaco Tomar bebidas alcohólicas de manera exagerada.

coscorrón *n. m.* Golpe fuerte y doloroso en la cabeza que no tiene consecuencias graves, especialmente el que se da con los nudillos de la mano cerrada.

cosecante *n. f.* MAT. Cantidad que resulta de dividir la hipotenusa de un triángulo rectángulo entre el cateto opuesto a un ángulo.

cosecha *n. f.* **1** Conjunto de frutos que se recogen de la tierra en la época del año en que están maduros: *la cosecha de aceituna de este año es excelente.* **2** Trabajo que consiste en recoger estos frutos: *la cosecha durará dos semanas.* **3** Época del año en que se recogen estos frutos: *durante la cosecha llovió mucho.* **4** Conjunto de actos o ideas que son propios de una persona: *nos contó un magnífico cuento de su propia cosecha.*
DER cosechadora, cosechar.

cosechadora *n. f.* Máquina automóvil parecida a un tractor que corta el cereal, separa la paja y envasa el grano mientras recorre el campo de cultivo.

cosechar *v. tr./intr.* **1** Recoger los productos del campo o de un cultivo cuando están maduros: *en esta región se cosecha un aguacate exquisito.* **2** Obtener el resultado de un trabajo o de un comportamiento: *cosechó buenas notas en los exámenes finales; durante toda su carrera deportiva ha cosechado la simpatía del público.*

coseno *n. m.* MAT. Cantidad que resulta de dividir el cateto contiguo a un ángulo de un triángulo rectángulo entre la hipotenusa.

coser *v. tr.* **1** Unir con hilo dos piezas de tejido o un objeto a una pieza de tejido, generalmente sirviéndose de una aguja: *coser un bolsillo a una chaqueta; coser un botón; coser un balón de fútbol; coser un corte en una ceja.* **ANT** descoser. **2** Elaborar figuras o adornos sobre un tejido con un hilo enhebrado en una aguja: *coser una mantelería de hilo; coser unas iniciales en un pañuelo.* **SIN** bordar. **3** Unir con grapas: *coser papeles.* **4** Producir numerosas heridas con un arma blanca o con un arma de fuego: *coser a navajazos; coser a balazos.*
coser y cantar *coloquial* Expresión que indica la facilidad y soltura con que se hace una cosa: *aprobar este examen es coser y cantar.*
DER cosido, costura; descoser.

cosido *n. m.* Unión con hilo de dos piezas de tejido o un objeto y una pieza de tejido, generalmente sirviéndose de una aguja: *una vez cortadas las piezas, debes proceder al cosido; acabada la operación, un auxiliar procedió al cosido de la herida.* **SIN** costura.

cosificar *v. tr.* Considerar y tratar como cosa a una persona o animal: *el trabajo mecánico en cadena ha cosificado al hombre.*
OBS En su conjugación, la c se convierte en qu delante de e.

cosmética *n. f.* Técnica de fabricación y empleo de sustancias o productos para cuidar y embellecer el pelo o la piel: *pronto haré un cursillo de cosmética.*

cosmético, -ca *adj./n. m. y f.* [sustancia, producto] Que sirve para cuidar y embellecer el pelo o la piel, especialmente la de la cara: *son frecuentes los anuncios de productos cosméticos en la televisión; industria cosmética.*

cósmico, -ca *adj.* Del cosmos o que tiene relación con el espacio exterior a la Tierra: *el observatorio de Monte Palomar es un importante centro de investigaciones cósmicas.*

cosmo-, -cosmo Elemento prefijal y sufijal que entra en la formación de palabras con el significado de: *a)* 'Mundo', 'universo': *cosmología, macrocosmos. b)* 'Cosmos', 'espacio extraterrestre': *cosmonauta, cosmonave.* En este último sentido aporta la misma significación el elemento prefijal *astro-*.

cosmografía *n. f.* Parte de la astronomía que trata de la descripción del universo.

cosmología *n. f.* Parte de la astronomía que estudia el origen del universo y las leyes que rigen su evolución.

cosmonauta *n. com.* Persona que dirige una nave espacial o forma parte de su tripulación, o que está entrenada y preparada para hacerlo. **SIN** astronauta.
OBS Se emplea con frecuencia para designar a las personas que participan en vuelos espaciales soviéticos o rusos.

cosmonave *n. f.* Vehículo capaz de navegar fuera de la atmósfera de la Tierra. **SIN** astronave, nave espacial.

OBS Se emplea con frecuencia para designar las naves que participan en vuelos espaciales soviéticos o rusos.

cosmopolita *adj./n. com.* **1** [persona] Que ha viajado mucho, conoce diversos países y culturas y considera que cualquier parte del mundo es su patria. ◇ *adj.* **2** [lugar, ambiente] Que es frecuentado por personas de países, culturas y características sociales muy diferentes: *París o Nueva York son ciudades cosmopolitas.*
DER cosmopolitismo.

cosmopolitismo *n. m.* **1** Forma de vivir y pensar de las personas que han viajado mucho, conocen diversos países y culturas y consideran que cualquier parte del mundo es su patria: *el cosmopolitismo del autor va estrechamente ligado a su idea de libertad y tolerancia.* **2** Conjunto de características de un lugar frecuentado por personas de países, culturas y características sociales muy diferentes: *Marbella es una ciudad marcada por su cosmopolitismo.*

cosmos *n. m.* **1** Conjunto de todo lo que existe: *el hombre siempre se ha preguntado por los límites del cosmos.* **SIN** universo. **2** Espacio exterior a la Tierra: *Juri Gagarin en 1961 fue el primer hombre en viajar por el cosmos.*
DER cósmico; macrocosmos, microcosmos.
OBS El plural también es *cosmos.*

coso *n. m.* **1** Plaza o sitio cerrado donde se celebran corridas de toros. **2** Calle principal en algunas poblaciones.
DER acoso.

cosquillas *n. f. pl.* Sensación desagradable que produce risa involuntaria provocada por el roce suave de algunas partes del cuerpo.
buscarle las cosquillas Hacerle perder la serenidad o la paciencia a una persona: *deja de buscarme las cosquillas y haz tu cama.*
DER cosquilleo.

cosquilleo *n. m.* Sensación parecida a las cosquillas provocada por un picor suave, el contacto con un insecto o una causa similar. **SIN** hormigueo.

costa *n. f.* **1** Parte de tierra que está junto a una gran extensión de agua, especialmente junto al mar: *encontraron varios delfines muertos en la costa; la costa del lago de Sanabria; la costa del río Ebro.* **2** Parte de esta gran extensión de agua más próxima a la tierra: *es necesario mantener limpia el agua de las costas.* **3** Franja amplia de territorio de un país que está próxima al mar: *la costa mediterránea.* ◇ *n. f. pl.* **4** costas Gastos producidos por un proceso judicial.
a costa Por cuenta de otro: *vive a mi costa.* **SIN** a expensas.
a costa de Con el trabajo o el esfuerzo causado por alguna cosa: *sacó el título a costa de mucho sacrificio.*
a toda costa Sin ahorrar trabajo, dinero o interés: *querían ganar el partido a toda costa.*
DER costera, costero. Derivados de costa, 'parte de tierra'.

costado *n. m.* **1** Parte lateral del cuerpo humano que está entre el pecho y la espalda, debajo del brazo: *de la operación de pulmón le ha quedado una larga cicatriz en el costado.* ☞ cuerpo humano. **2** Parte que queda al lado izquierdo o derecho de un cuerpo o de un objeto: *el costado de un coche; la mesa tenía cajones en los costados.*
por los cuatro costados *coloquial* Por todas partes, completamente: *el establo ardía por los cuatro costados; era torero por los cuatro costados.*
DER costa, costal, costalada, costalazo, costilla,.

costal *adj.* **1** De las costillas o que tiene relación con ellas: *la zona costal.* ◇ *n. m.* **2** Saco grande de tela resistente y ordinaria que sirve para transportar grano, semillas y otras cosas: *un costal de trigo; un costal de harina.*

DER costalero; intercostal, subcostal.

costar *v. tr.* **1** Tener un precio o un valor determinado: *el billete de avión cuesta mucho dinero.* **SIN** valer. **2** Causar el gasto o pago de una cantidad de dinero: *el curso de inglés le costó buena parte de sus ahorros.* **3** Causar un determinado desgaste, esfuerzo o sacrificio: *me cuesta conciliar el sueño; le costaba mucho soportar a su jefe.*
costar caro Resultar perjudicial: *un adelantamiento temerario puede acabar costando muy caro.*
DER costa, coste, costo.
OBS En su conjugación, la *o* se convierte en *ue* en sílaba acentuada, como en *contar*.

costarricense *adj.* **1** De Costa Rica o que tiene relación con este país de América Central. ◇ *adj./n. com.* **2** [persona] Que es de Costa Rica. **SIN** costarriqueño.

costarriqueño, -ña *adj.* **1** De Costa Rica o que tiene relación con este país de América Central. ◇ *adj./n. com.* **2** [persona] Que es de Costa Rica. **SIN** costarricense.

coste *n. m.* **1** Cantidad de dinero que vale una cosa o que cuesta hacerla o producirla: *el coste de una vivienda; el coste de una llamada telefónica; el coste de una cena.* **SIN** costo, precio. **2** Desgaste, esfuerzo o sacrificio que causa la realización u obtención de una cosa: *la reducción de la cobertura sanitaria tendrá un alto coste social; la toma del pueblo tuvo un coste muy alto en vidas humanas.* **SIN** costo.
DER costear.

costear *v. tr.* **1** Pagar el coste total, especialmente cuando deben hacerse pagos sucesivos: *costear un viaje; costear unos estudios.* **SIN** sufragar. ◇ *v. tr./intr.* **2** Navegar una embarcación recorriendo las aguas cercanas a la costa: *costear del cabo de Gata al de Palos.*

costera *n. f.* Período en que se puede pescar una especie de pescado: *pronto comienza la costera del bonito.*

costero, -ra *adj.* De la costa o que tiene relación con esta parte de la tierra: *Nerja es un pueblo costero.*

costilla *n. f.* **1** Hueso largo y delgado que sale de la columna vertebral y se curva hacia el pecho formando el tórax: *el cuerpo humano está formado por 12 pares de costillas, siete de los cuales se unen con el esternón; las costillas protegen los pulmones y el corazón.* ☞ esqueleto; respiratorio, aparato.
costilla falsa o **costilla flotante** Costilla que no llega a unirse con el esternón, sino que está suelta o unida a otra costilla: *el hombre tiene cinco pares de costillas falsas.* ◇ *n. f. pl.* **2** costillas Parte posterior del cuerpo humano, desde los hombros hasta la cintura: *he tenido que cargar un saco de cemento y ahora me duelen las costillas.* **SIN** espalda.
medir las costillas Golpear repetidamente a una persona: *si te coge el guarda de la finca, te mide las costillas.*
DER costillar.

costillar *n. m.* **1** Conjunto de costillas, especialmente las de un animal: *el costillar de cordero; el costillar de una vaca.* **2** Parte del cuerpo en que se unen las costillas, especialmente en un animal: *el toro lleva el hierro de la ganadería a la que pertenece en el costillar.*

costo *n. m.* **1** Cantidad de dinero que vale una cosa o que cuesta hacerla o producirla: *el costo de un equipo informático es hoy en día muy reducido.* **SIN** coste, precio. **2** Desgaste, esfuerzo o sacrificio que causa la realización u obtención de una cosa: *consiguió mantener inicialmente el ritmo de los demás, pero a un costo tan alto que debió abandonar antes de acabar.* **SIN** coste. **3** En el lenguaje de la droga, hachís.
DER costoso.

costoso, -sa *adj.* **1** Que cuesta mucho dinero: *un curso de inglés muy costoso.* **SIN** caro. **2** Que causa un gran des-

costra

gaste, esfuerzo o sacrificio: *me es muy costoso tener que ir de mi casa al trabajo.*

costra *n. f.* **1** Capa de una sustancia que se pone dura o se seca sobre una superficie: *limpió la costra de grasa y suciedad que agarrotaba la cerradura.* **2** Capa seca de sangre que se forma en la superficie de una herida al cicatrizarse: *su madre le aconsejó que no se tocara la costra del codo.* **SIN** pupa.
DER costroso.
ETIM *Costra* procede del latín *crusta,* que tenía el mismo significado, voz con la que también están relacionadas *crustáceo, incrustar.*

costroso, -sa *adj.* **1** [superficie] Que tiene costras: *intentó limpiar el café pegado de aquella mesa costrosa.* **2** Que está muy sucio y desaseado: *una persona costrosa; una habitación costrosa.*

costumbre *n. f.* **1** Manera particular de comportarse habitualmente o de hacer las cosas más frecuentes: *la costumbre de levantarse temprano; los ciervos tienen la costumbre de beber cada tarde en este riachuelo.* **SIN** hábito. ◇ *n. f. pl.* **2 costumbres** Conjunto de elementos que caracterizan la conducta de una persona o grupo social según los usos impuestos por las generaciones anteriores: *es un estudioso de las costumbres esquimales.*
DER costumbrismo; acostumbrar.
ETIM *Costumbre* procede del latín *consuetudo, -inis,* que tenía el mismo significado, voz con la que también está relacionada *consuetudinal.*

costumbrismo *n. m.* Tendencia artística a elegir las costumbres típicas de un lugar o de un grupo social como tema principal de la obra: *el costumbrismo del cuadro de Goya* La gallina ciega.
DER costumbrista.

costumbrista *adj.* **1** Del costumbrismo o que tiene relación con esta tendencia artística: *novela costumbrista.* ◇ *adj./n. com.* **2** [artista] Que emplea el costumbrismo en sus obras: *pintor costumbrista.*

costura *n. f.* **1** Unión con hilo de dos piezas de tejido o un objeto y una pieza de tejido, generalmente sirviéndose de una aguja: *acábame la costura de los pantalones que me tengo que ir.* **SIN** cosido. **2** Porción de hilo con la que se lleva a cabo esta unión y zona donde se halla: *me molesta la costura del cuello de la camisa.* **3** Conjunto de piezas de tejido u objetos que se cosen y utensilios utilizados para hacerlo, como hilo, agujas, tijeras o dedal: *dejó la costura sobre la mesa y fue a abrir la puerta.* **SIN** labor. **cesta** (o **cesto**) **de la costura** Recipiente donde se guardan los utensilios utilizados para coser, como hilo, agujas, tijeras o dedal. **SIN** cos-

turero. **4** Técnica de coser y confeccionar prendas de vestir: *acude cada tarde a una academia de costura.* **alta costura** Diseño y creación de prendas de vestir lujosas y exclusivas.
DER costurera, costurero, costurón.

costurero *n. m.* Recipiente donde se guardan los utensilios necesarios para coser, como hilo, agujas, tijeras o dedal.

cota *n. f.* **1** Armadura con que antiguamente se cubría el cuerpo para defenderlo; se hacía con tejido cubierto de mallas o piececitas de hierro o bien con cuero guarnecido de clavos: *sobre la cota se colocaban las diversas piezas de la armadura.* **2** Número que en un mapa o plano señala la altura de un punto sobre el nivel del mar: *en un plano de nivel, las diversas cotas aparecen señaladas con distintos colores.* **3** Altura sobre el nivel del mar de un punto de la Tierra: *el Veleta tiene una cota de 3392 metros.* **4** Punto elevado de un terreno o de una montaña: *el Mulhacén es la cota más alta de la península.* **5** Estado, valor o calidad que puede tener una persona o una cosa en relación con otras: *el paro alcanzó cotas históricas.* **SIN** grado, nivel.
DER cotejar, cotizar; acotar. Son derivados de *cota,* 'número'.

cotangente *n. f.* MAT. Resultado de dividir el cateto contiguo a un ángulo de un triángulo rectángulo entre el cateto opuesto.

cotarro *n. m. coloquial* Conjunto de personas reunidas que se hallan excitadas, inquietas o intranquilas: *decidió manejar el cotarro y propuso que todos fueran a una discoteca.*

cotejar *v. tr.* Poner juntas, una al lado o a continuación de otra u otras, dos o más cosas para encontrar parecidos y apreciar diferencias entre ellas. **SIN** comparar, contraponer.
DER cotejo.

cotejo *n. m.* Examen de dos o más cosas para encontrar parecidos y apreciar diferencias entre ellas. **SIN** colación.

cotidianidad *n. f.* Característica que distingue lo que es propio de todos los días: *aquel accidente vino a romper nuestra tranquila cotidianidad.*

cotidiano, -na *adj.* Que ocurre o se repite todos los días: *le resultaba agradable el paseo cotidiano hasta el trabajo.* **SIN** diario.
DER cotidianidad.

cotiledón *n. m.* Hoja primera que, sola o junto a otra u otras, se forma en el embrión de una planta fanerógama al que suministra alimento.
DER cotiledóneo.

cotiledóneo, -nea *adj.* [planta] Que tiene un embrión con uno o más cotiledones.
DER acotiledóneo.

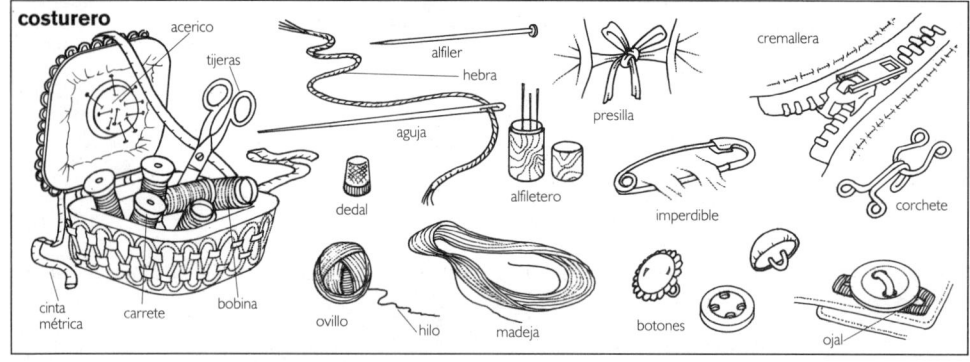

cotilla *n. com. coloquial* Persona que se dedica a informar de noticias y rumores que afectan a otros, generalmente para criticar a los demás o darse importancia. **SIN** chismoso, correvedile, correveidile.
DER cotillear.

cotillear *v. intr.* **1** *coloquial* Contar noticias o hacer comentarios sobre la vida de otro u otros para enemistarlos o murmurar de ellos: *se pasa las tardes cotilleando con su vecino.* **SIN** murmurar, chismorrear, chismear. **2** *coloquial* Curiosear o tratar de averiguar acerca de la vida privada de los demás: *siempre está en la ventana cotilleando.*
DER cotilleo.

cotilleo *n. m.* **1** *coloquial* Noticia o comentario sobre las vidas ajenas con los que se pretende enemistar a unas personas con otras o murmurar de ellas: *no le queda ningún amigo por su afición a contar cotilleos de todos.* **SIN** chisme. **2** *coloquial* Divulgación e intercambio de estas noticias o comentarios: *a mis vecinos les gusta mucho el cotilleo.* **SIN** chismorreo, comadreo.

cotillón *n. m.* **1** Baile y fiesta que se celebra en una fecha señalada, especialmente la noche de fin de año: *después de cenar fueron a un cotillón en una discoteca.* **2** Conjunto de adornos y objetos divertidos que suelen usarse en este tipo de baile y fiesta: *en la bolsa de cotillón había confeti, matasuegras, gorritos de papel y narices postizas.*

cotización *n. f.* **1** Pago de una cantidad de dinero fija y proporcional por pertenecer a un grupo, organización o institución: *la cotización a la Seguridad Social.* **2** ECON. Precio de una acción o de un valor que cotiza en bolsa o en un mercado económico: *la cotización de Telefónica; la cotización del oro; la cotización de la peseta.* **3** Valoración social o económica que tiene una persona o cosa: *la cotización de algunas marcas deportivas es muy importante para algunos jóvenes; su cotización como cantante sube como la espuma.*

cotizar *v. tr./intr.* **1** Pagar una cantidad de dinero fija y proporcional por pertenecer a un grupo, organización o institución: *cotiza una parte de su sueldo cada mes para un plan de pensiones privado.* **2** ECON. Hacer público el precio de una acción o de un valor que cotiza en bolsa o en un mercado económico: *el dólar ha cotizado a la baja.* ◇ *v. prnl.* **3 cotizarse** Valorarse social o económicamente una persona o cosa: *los cuadros de Van Gogh se cotizan cada vez más; tener un teléfono móvil se cotiza al alza en algunos ambientes.*
OBS En su conjugación, la *z* se convierte en *c* delante de *e*.

coto *n. m.* **1** Terreno cercado o limitado de forma visible, reservado para un uso y aprovechamiento particular, especialmente para la caza o la pesca. **2** Propiedad o derecho que pertenece a unas pocas personas o empresas: *el gran mercado del cine es coto casi exclusivo de la industria norteamericana.*
poner coto Limitar o poner fin a una actividad, especialmente si es negativa o dañina: *el nuevo decano pretende poner coto a los desórdenes de la facultad.*
DER cotarro, cotilla; acotar. Son derivados de 'terreno cercado'.

cotorra *n. f.* **1** Ave parecida al papagayo, pero de menor tamaño; tiene el plumaje de varios colores, entre los que domina el verde, y las alas y la cola largas y terminadas en punta. **2** *coloquial* Persona que habla de manera excesiva y molesta: *a tu prima no hay quien la aguante: está hecha una cotorra de mucho cuidado.*
DER cotorrear.

cotorrear *v. intr. coloquial* Hablar de manera excesiva y molesta.
DER cotorreo.

coulomb *n. m.* FÍS. Unidad de carga eléctrica en el sistema internacional de unidades: *el símbolo del coulomb es C.* **SIN** culombio.

country *n. m.* Género musical que se fundamenta en la cultura popular de los Estados Unidos de Norteamérica: *la guitarra, el banjo, el violín o la armónica son instrumentos habituales en la música country.*

covacha *n. f.* **1** Cueva pequeña: *algunos animales salvajes viven en covachas.* **2** Habitación o recinto pequeño, oscuro y sucio.
ETIM Véase *cueva*.

cowboy *n. m.* Hombre que trabaja al cuidado del ganado en los ranchos de los Estados Unidos de Norteamérica: *el cowboy es el personaje arquetípico del género cinematográfico del western.*
OBS Es de origen inglés y se pronuncia aproximadamente 'caoboi'.

coxal *adj.* De la cadera o que tiene relación con esta parte del cuerpo humano. **hueso coxal** ANAT. Hueso cóncavo que forma la pelvis: *el cuerpo humano tiene dos huesos coxales y cada uno de ellos está formado por el ilio, el isquio y el pubis.*
DER coxalgia.

coxis *n. m.* ANAT. Hueso final de la columna vertebral formado por la unión de las últimas vértebras: *el coxis se articula con el hueso sacro.* **SIN** coccis. ☞ esqueleto.
OBS El plural también es *coxis*.

coyote *n. m.* Mamífero carnívoro parecido al lobo, pero de menor tamaño, de pelo marrón amarillento; está especialmente dotado para la carrera: *el coyote vive salvaje en el norte y centro de América.*
OBS Para indicar el sexo se usa *el coyote macho* y *el coyote hembra*.

coyuntura *n. f.* **1** Combinación de elementos y circunstancias que caracterizan una situación: *la caída del muro de Berlín cambió sensiblemente la coyuntura política internacional.* **2** Momento oportuno y adecuado para obrar: *en el traslado a la cárcel, el preso aprovechó la coyuntura para huir.* **3** Unión móvil de un hueso con otro: *tenía dolorida la coyuntura de la rodilla.* **SIN** articulación.
DER coyuntural; descoyuntar.
ETIM Véase *junta*.

coyuntural *adj.* **1** Que depende de la combinación de elementos y circunstancias que caracterizan una situación: *el gobierno ha prometido cubrir las necesidades coyunturales provocadas por la sequía.* **2** Que ocurre en un momento determinado, pero que no se hace habitualmente ni por costumbre: *el precio de la gasolina ha sufrido un aumento coyuntural y pronto volverá a un nivel normal.* **SIN** circunstancial, ocasional.

coz *n. f.* **1** Movimiento violento hacia atrás de una o ambas patas traseras de un animal cuadrúpedo: *el burro lanzó una coz cuando intentaron meterlo en el establo.* **2** Patada violenta hacia atrás que lanza una persona: *con una coz intentó alejar al compañero que le seguía en la fila.* **3** Golpe dado con este movimiento: *la yegua rompió la puerta de una coz; de una coz derribó al atracador que lo amenazaba por la espalda.*
DER cocear.

-cracia Elemento sufijal que entra en la formación de palabras con el significado de 'autoridad', 'dominio', 'gobierno': *democracia, aristocracia.* Véase *-crata*.

crack *n. m.* **1** En algunos deportes, como el fútbol, jugador de calidad o habilidad extraordinaria: *el jugador que ha ficha-*

do ese club es un auténtico crack. **2** Droga derivada sintéticamente de la cocaína. **3** Quiebra financiera del sistema económico de un grupo importante de empresas, de un país o de un grupo de países: *el crack más famoso es el de la economía norteamericana en 1929.* **SIN** crash.
OBS Es de origen inglés y se pronuncia aproximadamente 'crac'.

crampón *n. m.* Pieza metálica con puntas resistentes que se fija a la suela de las botas de escalada para poder andar sobre el hielo sin resbalar.

craneal o **craneano, -na** *adj.* ANAT. Del cráneo o que tiene relación con esta parte del cuerpo. **bóveda craneal** Parte superior e interna del cráneo.

cráneo *n. m.* ANAT. Conjunto de huesos que forman la parte superior de la cabeza y que encierran y protegen el cerebro, el cerebelo y el bulbo raquídeo: *el cráneo está formado por ocho huesos.* ☞ cerebro; esqueleto.
ir de cráneo Hallarse una persona en una situación comprometida o de difícil solución: *este curso voy de cráneo, no apruebo una.*
DER craneal, craneano.

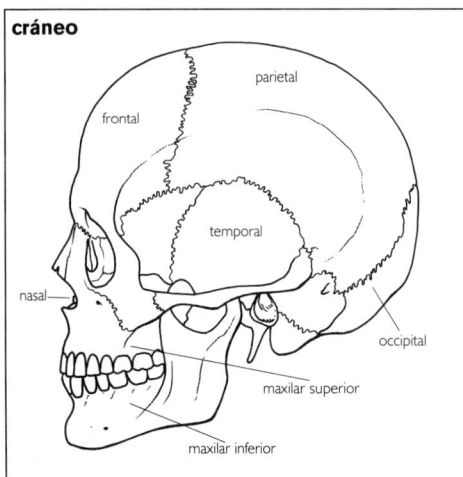

cráneo
parietal
frontal
temporal
nasal
occipital
maxilar superior
maxilar inferior

crápula *n. m.* Hombre de vida licenciosa y libertina.

crash *n. m.* Quiebra financiera del sistema económico de un grupo importante de empresas, de un país o de un grupo de países: *el primer síntoma del crash es el desplome imprevisto y brusco de la bolsa.* **SIN** crack.
OBS Es de origen inglés y se pronuncia aproximadamente 'cras'.

craso, -sa *adj.* [disparate, engaño, error, ignorancia] Que es tan grande que no se puede perdonar o disculpar: *es un craso error echarle gasolina a un automóvil diésel; su ignorancia es crasa.*
DER crasamente, crasitud.

-crata Elemento sufijal que entra en la formación de palabras con el significado de 'partidario o miembro de un tipo de gobierno o autoridad': *demócrata, aristócrata.* Véase *–cracia.*

cráter *n. m.* **1** Abertura superior de un volcán por la que pueden salir humo, lava y otros materiales incandescentes cuando está en actividad: *el cráter suele ser más o menos circular.* **2** Agujero circular en la tierra provocado por una explosión o por el impacto de un proyectil explosivo: *el cráter abierto por un misil.* **3** ASTR. Depresión circular en la superficie de un cuerpo celeste formado por el impacto de un meteorito: *los cráteres de la Luna.*
DER crátera.

creación *n. f.* **1** Producción de una cosa a partir de la nada: *en el Génesis se describe la creación de los animales.* **2** Cosa producida de esta manera: *según la mayor parte de las religiones, el hombre es una creación de Dios.* **3** Conjunto de todas las cosas producidas de la nada: *la grandiosidad de la creación siempre ha maravillado al hombre.* **4** Producción de una obra a partir de la capacidad artística, imaginativa o intelectual de su autor: *asistió a una conferencia sobre la creación literaria.* **5** Obra producida de esta manera: *las creaciones de un músico; las creaciones de un escultor; las creaciones de un modista.*
DER creacionismo.

creacionismo *n. m.* **1** Doctrina filosófica opuesta al evolucionismo, según la cual los seres vivos fueron creados por Dios y no provienen unos de otros por evolución. **2** Tendencia literaria europea de principios del siglo XX según la cual las palabras en un poema no deben valorarse por su significado, sino por su capacidad para crear belleza y sugerir imágenes.

creador, -ra *adj.* **1** Que crea o es capaz de crear: *es un pintor con una gran capacidad creadora.* ◊ *n. m. y f.* **2** Persona que realiza una obra científica, literaria o artística: *Hitchcock fue el creador de* Los pájaros. **SIN** autor.
el Creador Según algunas religiones, ser eterno autor de todo lo que existe. **SIN** Dios.

crear *v. tr.* **1** Producir una cosa a partir de la nada: *según la Biblia, Dios creó el mundo en seis días.* **2** Producir una obra a partir de la capacidad artística, imaginativa o intelectual de su autor: *crear una novela; crear un ballet; crear una sinfonía.* **3** Hacer que una cosa comience a existir por primera vez: *crear una nueva titulación universitaria.* **4** Hacer aparecer una cosa cuya existencia depende de la existencia de otra: *el aumento de la delincuencia crea inseguridad ciudadana.*
DER creación, creador, creativo; procrear, recrear.
ETIM Véase *criar.*

creatividad *n. f.* Capacidad y facilidad para inventar o crear: *los juegos educativos estimulan la creatividad.* **SIN** inventiva.

creativo, -va *adj.* **1** [persona] Que tiene capacidad y facilidad para inventar o crear: *Leonardo da Vinci fue un artista muy creativo.* **2** Que tiene relación con la creación o es resultado de ella: *el ambiente creativo de París impulsó la obra de Picasso.* ◊ *n. m. y f.* **3** Persona que trabaja en una agencia de publicidad ideando anuncios y campañas publicitarias.
DER creatividad.

crecedero, -ra *adj.* [ropa de un niño] Que le está un poco grande y puede servirle durante más tiempo: *le compró una camisa crecedera.*

crecepelo *n. m.* Sustancia que supuestamente hace crecer el pelo o evita su caída.

crecer *v. intr.* **1** Aumentar el tamaño del organismo de un ser vivo: *este niño no para de crecer.* **ANT** menguar. **2** Aumentar la cantidad, el tamaño o la importancia de algo: *con los años crecen los problemas y las preocupaciones.* **SIN** acrecentar, acrecer, aumentar. **ANT** decrecer, disminuir. **3** Aumentar el tamaño de la parte iluminada de la Luna: *la Luna crece hasta quedar completamente visible por la noche.* **ANT** menguar. ◊ *v. prnl.* **4 crecerse** Tomar mayor autoridad, importancia o valor: *tras el penalti a su favor, el equipo visitante se creció y acabó por ganar el partido.*

DER crecedero, creces, crecida, crecido, creciente.

creces Palabra que se utiliza en la locución *con creces*, que significa 'de manera abundante y generosa': *si haces lo que te pido, te devolveré el favor con creces.*

crecida *n. f.* **1** Aumento brusco del nivel de agua de un arroyo, río u otra corriente: *el río experimentó una importante crecida tras las últimas lluvias.* **2** Porción de agua que se desplaza por la corriente tras este aumento: *la crecida arrastró varios coches próximos a los márgenes del río.*

crecido, -da *adj.* **1** Que es de estatura grande: *tienes un niño muy crecido para su edad.* **2** Que es de un valor o cuantía alta: *debe una suma muy crecida de dinero.* **3** [persona, grupo] Que tiene el ánimo y la confianza muy alta: *tras el gol, el equipo visitante se mostró más crecido.*

creciente *adj.* **1** Que aumenta de manera progresiva en calidad, cantidad o intensidad: *la creciente gravedad de la situación desembocó en una guerra civil; ha habido una creciente afición al ciclismo en los últimos años.* **2** [fase de la luna] Que está entre la fase de luna llena y la fase de luna nueva: *la luna creciente tiene forma de D; la Luna está en cuarto creciente.* **ANT** menguante. **3** [diptongo] Que empieza por una vocal cerrada: ie y ua son di,ptongos crecientes. ◇ *n. f.* **4** Subida del agua del mar por efecto de la marea: *fuimos a la playa, pero no nos pudimos bañar por la creciente.*

crecimiento *n. m.* **1** Aumento del tamaño del organismo de un ser vivo: *cuidaba con esmero el crecimiento de sus frutales.* **2** Aumento de la cantidad, el tamaño o la importancia de algo: *las ventas de ordenadores han experimentado un fuerte crecimiento; el crecimiento de la población es insignificante.*

credencial *adj.* **1** Que autoriza a una persona para representar a otras: *presenté los documentos credenciales de mi cargo.* ◇ *n. f.* **2** Documento que un estado da a sus representantes en otros países: *el embajador presentó su credencial al jefe del estado.* **3** Documento que demuestra que un empleado está en posesión de una plaza o puesto: *traiga su credencial y comenzará a trabajar inmediatamente en su cargo.*

credibilidad *n. f.* Calidad de creíble de una persona o cosa: *es un político sin credibilidad; las nuevas cifras sobre el aumento del empleo carecen de credibilidad.*
DER incredibilidad.
ETIM Véase *creer.*

crédito *n. m.* **1** Cantidad de dinero que presta un banco o una caja de ahorros y que debe ser devuelta en un período determinado en las condiciones pactadas: *solicitó un crédito para comprarse una casa.* **SIN** préstamo. **2** Facultad que tiene una persona para comprar un producto y retrasar en el tiempo su pago: *tengo crédito en la tienda de la esquina.* **3** Aceptación de una cosa como cierta o verdadera: *su relato de los acontecimientos fue digno de crédito para la policía; no daba crédito a lo que veían sus ojos.* **4** Buena fama: *el aceite de oliva español tiene un reconocido crédito internacional.* **5** En la enseñanza universitaria, unidad de valoración de los conocimientos adquiridos en el estudio de una materia o asignatura: *aprobar una asignatura permite obtener un número determinado de créditos.*

a crédito Por adelantado o con el pago aplazado en el tiempo: *pedir una parte del sueldo a crédito; comprar o vender a crédito.*
DER acreditar, descrédito.
ETIM Véase *creer.*

credo *n. m.* **1** Oración que contiene los principios fundamentales de la fe cristiana: *el credo comienza con estas palabras: «Creo en Dios Padre...».* **2** Conjunto de principios ideológicos o religiosos de una persona, grupo social o partido político: *era un mercenario que no tenía ni credo ni patria; es un reconocido defensor del credo religioso musulmán.*
SIN creencias.
ETIM Véase *creer.*

credulidad *n. f.* Facilidad que tiene una persona para creer lo que otros le cuentan: *escuchaba con credulidad cualquier historia de extraterrestres.* **ANT** incredulidad.

crédulo, -la *adj./n. m. y f.* [persona] Que se cree con facilidad lo que otros le dicen: *ser tan crédulo te acarreará problemas.* **ANT** incrédulo.
DER credulidad; incrédulo.
ETIM Véase *creer.*

creencia *n. f.* **1** Idea o pensamiento que se cree verdadero o seguro: *mantiene la falsa creencia de que los padres de su novio tienen mucho dinero.* **2** Conjunto de principios religiosos en los que cree una persona o un grupo social: *en el monasterio llevaba una vida fiel a su creencia cristiana.* Se suele usar en plural. ◇ *n. f. pl.* **3 creencias** Conjunto de principios ideológicos o religiosos de una persona, grupo social o partido político: *propuso en el congreso el abandono de las creencias políticas del pasado.* **SIN** credo.

creer *v. tr.* **1** Considerar una cosa como posible o probable a partir de señales o datos particulares, aunque sin llegar a tener una seguridad absoluta: *creo que este partido lo vamos a ganar.* **SIN** suponer. ◇ *v. tr./intr.* **2** Tener un conjunto de ideas religiosas: *cree en la vida eterna; le confesó al sacerdote que su hijo no creía.* ◇ *v. tr./prnl.* **3** Considerar una cosa como verdadera o segura, especialmente si para ello no se cuenta con demostración: *creo en la existencia de vida inteligente fuera de la Tierra.* ◇ *v. tr.* **4** Tener confianza en las posibilidades de éxito de una persona o cosa: *al recoger el premio dio las gracias a todos los que habían creído en ella.*

¡ya lo creo! Expresión con la que se indica que algo parece obvio o evidente.
DER creencia, creíble, creído, creyente.
ETIM *Creer* procede del latín *credere*, que tenía el mismo significado, voz con la que también están relacionadas *credibilidad, crédito, credo, crédulo.*
OBS En su conjugación, la *i* de la desinencia se convierte en *y* delante de *o* y *e*, como en *leer.*

creíble *adj.* Que parece verdadero y cierto. **SIN** verosímil.
ANT increíble, inverosímil.
DER increíble.

creído, -da *adj./n. m. y f.* [persona] Que muestra orgullo excesivo por las cualidades o actos propios: *es un gran artista, pero tiene fama de creído y desagradable.* **SIN** engreído, presuntuoso, vanidoso. **ANT** humilde, modesto.
DER descreído.

crema *n. f.* **1** Pasta hecha con leche, huevos, azúcar y otros ingredientes que se emplea especialmente en pastelería como relleno. **2** Puré poco espeso que se toma como sopa: *crema de champiñones; crema de langosta.* **3** Sustancia grasa y espesa que se forma en la superficie de la leche. **SIN** nata.
4 Sustancia pastosa que se aplica como cosmético sobre la piel: *una crema limpiadora del cutis.* **5** Pasta hecha de ceras y otras sustancias químicas que se usa para la limpieza de superficies como el cuero o la madera. **6** Persona o grupo de personas que representa lo más selecto de su clase: *a la inauguración de la exposición acudió la crema de la intelectualidad catalana.* ◇ *adj.* **7** De color entre el blanco y el amarillo: *esa blusa crema te irá muy bien con el traje verde.* ◇ *adj./n. m.* **8** [color] Que es blancoamarillento: *compró*

cremación

unos zapatos color crema. Son derivados de *crema,* 'sustancia grasa'.
DER cremoso; descremado.
OBS No varía en plural.

cremación *n. f.* Quema del cadáver de una persona para reducirlo a cenizas. **SIN** incineración.
DER crematorio.

cremallera *n. f.* Cierre que se cose en los bordes de una abertura o en una prenda de vestir; consiste en dos tiras de tela con pequeños dientes de metal o plástico por los que se desliza un mecanismo que los une o los separa: *la cremallera de una falda*; *la cremallera de un bolso.* ☞ costurero.

crematístico, -ca *adj.* Del dinero o que tiene relación con él: *fue a su banco para hablar de cuestiones crematísticas.*
DER crematística.

crematorio, -ria *adj.* **1** De la cremación o que tiene relación con ella: *horno crematorio.* ◇ *n. m.* **2** Establecimiento de servicios funerarios donde se encuentran los hornos en los que se queman los cadáveres de las personas: *el crematorio suele ser una dependencia instalada en el cementerio.*

cremoso, -sa *adj.* **1** Que tiene el aspecto o el tacto propio de la crema: *la pasta de dientes es cremosa.* **2** [alimento, bebida] Que tiene mucha crema: *un pastel cremoso*; *un vaso de leche cremosa.*

crepe *n. m.* Torta muy fina hecha con leche, huevos y harina, que, una vez frita, se sirve enrollada y rellena de ingredientes dulces o salados.
DER crepería.

crepería *n. f.* Establecimiento donde se hacen y venden crepes.

crepitar *v. intr.* Dar chasquidos, especialmente la madera al arder.

crepuscular *adj.* Del crepúsculo o que tiene relación con él: *la luz crepuscular; Vidas rebeldes es una crepuscular película del Oeste que muestra la decadencia de sus personajes.*

crepúsculo *n. m.* **1** Primera luz del día, antes de salir el Sol, y última del día, después de ponerse: *con el crepúsculo apenas se divisaba la casa.* **SIN** alba, albor, amanecer; atardecer, ocaso. **2** Parte del día en que se produce esta luz: *me gusta pasear en el crepúsculo, cuando ya no hace calor.* **3** Final o decadencia de lo que fue famoso o importante: *la desmembración de la Unión Soviética supuso el crepúsculo de las ideologías.* **SIN** ocaso.

crescendo *n. m.* **1** MÚS. Aumento progresivo de la intensidad de un sonido. **2** Parte de una composición musical que se ejecuta con este aumento.
in crescendo MÚS. *a)* Aumentando poco a poco la intensidad del sonido: *la pieza musical acaba in crescendo. b)* Avanzar progresivamente de modo cada vez más rápido o más intenso: *continúa in crescendo la destrucción de empleo.*

crespo, -pa *adj.* [pelo] Que está ensortijado o rizado de forma natural: *algunas etnias africanas se caracterizan por el pelo crespo.*
DER crespón; encrespar.

crespón *n. m.* **1** Tira o lazo de tela negra que se usa en señal de luto por la muerte de una persona: *una bandera con un crespón negro prendido; una corona de flores con crespones negros.* **2** Tejido ligero de seda, lino o algodón, con el hilo muy rizado y que presenta relieves en la superficie: *un vestido de crespón azul.*

cresta *n. f.* **1** Carnosidad de color rojo que tienen sobre la cabeza algunas aves: *la cresta del gallo; la cresta del cóndor.* **2** Conjunto de plumas levantadas que tienen algunas aves en la parte superior de la cabeza: *la cresta de la cacatúa.* **SIN** copete, penacho. **3** Peinado que imita la carnosidad o las plumas levantadas de algunas aves: *la cresta es una característica de la imagen punk.* **4** Punto más alto de una montaña o de una elevación del terreno: *sólo en la cresta de la colina había nieve.* **SIN** cima, cumbre. **5** Parte más alta de una ola: *las crestas de las olas tienen mucha espuma.*
estar en la cresta de la ola Estar en el momento de mayor éxito y fama: *los Beatles estuvieron durante muchos años en la cresta de la ola.*
DER crestería, crestón.

crestería *n. f.* Adorno en la piedra en forma de crestas de gallo caladas que es característico de las partes altas de las construcciones del estilo gótico y renacentista.

cretácico, -ca *adj./n. m.* **1** GEOL. [período de la historia de la Tierra] Que es el tercero y último que constituye la era secundaria o mesozoica: *la era secundaria está formada por los períodos triásico, jurásico y cretácico; durante el período cretácico se extinguieron los dinosaurios.* ◇ *adj.* **2** GEOL. De este período geológico o que tiene relación con él: *un terreno cretácico.*

cretino, -na *adj./n. m. y f.* [persona] Que es poco inteligente y posee escaso entendimiento. **SIN** bobo, idiota, imbécil.
DER cretinismo.

cretona *n. f.* Tela resistente de algodón, lisa o estampada, usada generalmente en tapicería: *antiguamente la cretona se usaba para cubrir parte de la caja de los aparatos de radio.*

creyente *adj./n. com.* **1** [persona] Que profesa determinada fe religiosa: *el Papa impartió la bendición a los creyentes.* **SIN** fiel. **ANT** ateo. **2** [persona] Que cree en un hecho, idea o pensamiento: *se considera creyente en las ciencias ocultas.*

cría *n. f.* **1** Alimentación y cuidado que recibe un animal o bebé recién nacido hasta que puede valerse por sí mismo: *la cría de osos pandas en cautividad es muy compleja.* **SIN** crianza. **2** Animal que acaba de nacer y que está al cuidado de sus padres, que lo protegen y alimentan: *la cría del oso se llama osezno.* **3** Alimentación y cuidado que recibe un animal por parte de una persona para procurar que tenga un crecimiento y desarrollo adecuados: *se dedica a la cría de cerdos.* **SIN** crianza.

criadero *n. m.* **1** Lugar en el que se crían animales: *un criadero de conejos.* **2** Terreno en el que se plantan árboles pequeños y otras especies vegetales para que crezcan: *un criadero de pinsapos.* **SIN** vivero. **3** Lugar en el que abunda una cosa: *esta cama es un criadero de chinches.*

criadilla *n. f.* Testículo de animal que se destina al consumo humano: *criadillas de cordero empanadas con arroz blanco.*
criadilla de tierra Hongo subterráneo comestible, de forma redonda y color negro por fuera y blanco o marrón por dentro. **SIN** trufa.

criado, -da *n. m. y f.* Persona que se dedica a la limpieza y servicio doméstico en una casa distinta de la suya a cambio de dinero: *varios criados sirvieron la cena.* **SIN** asistenta, chacha, empleado, sirviente.
bien (o **mal**) **criado** [persona] Bien o mal educado.

criador, -ra *n. m. y f.* Persona que se dedica a la cría de animales: *criador de perros; criador de toros bravos.*

crianza *n. f.* **1** Alimentación y cuidado que recibe un animal o bebé recién nacido hasta que puede valerse por sí mismo: *estoy leyendo un libro sobre la crianza y educación de un niño.* **SIN** cría. **2** Alimentación y cuidado que recibe un animal por parte de una persona para procurar que tenga un crecimiento y desarrollo adecuados: *trabaja en un centro de crianza de caballos andaluces.* **SIN** cría. **3** Proceso de educación, enseñanza y aprendizaje de un niño o un joven. **buena (o mala) crianza** Buena o mala educación. **4** Proceso de elaboración y cuidado del vino: *durante la crianza, el vino adquiere la graduación alcohólica adecuada.* Se usa precedido de los adjetivos *buena* o *mala*.

criar *v. tr.* **1** Alimentar y cuidar a un animal o bebé recién nacido hasta que puede valerse por sí mismo: *criar a un hijo; la leona cría a sus cachorros.* **2** Alimentar y cuidar una persona a un animal para procurar que tenga un crecimiento y desarrollo adecuados: *se dedica a criar perros de raza.* **3** Educar, enseñar y cuidar a un niño o a un joven: *tras la muerte de sus padres, los crió su abuela.* **4** Servir de alimento o soporte de animales o cosas: *el perro ha criado pulgas; la puerta del garaje ha criado moho; la suciedad cría piojos.* ◇ *v. tr./intr.* **5** Parir, alimentar y cuidar un animal a sus hijos: *las ratas y los conejos crían mucho.* ◇ *v. prnl.* **6 criarse** Crecer o desarrollarse una persona o animal: *nació en Brasil, pero se ha criado en Burgos; la salvia puede criarse con facilidad en una maceta.*
criar malvas *coloquial* Estar muerto y enterrado: *tuvo un accidente de coche y está criando malvas.*
DER cría, criadero, criadilla, criado, criador, crianza, criatura, crío; malcriar, recriar.
ETIM Criar procede del latín *creare*, que tenía el mismo significado, voz con la que también está relacionada *crear*.
OBS En su conjugación, la *i* se acentúa en algunos tiempos y personas, como en *desviar*.

criatura *n. f.* **1** Niño recién nacido o de pocos años: *con menos de veinte años y ya tiene dos criaturas.* **2** Ser vivo, en especial el hombre: *hombres, animales y plantas son criaturas de Dios.* **3** Ser vivo de naturaleza desconocida, generalmente de carácter fantástico o inventado: *nos contó una historia de extrañas criaturas que viven en las cloacas.*

criba *n. f.* Armazón con una malla o una plancha metálica con pequeños agujeros que se usa para separar las partes finas y las gruesas de una materia; especialmente para limpiarla de impurezas: *una criba para el trigo.*
DER cribar.

cribar *v. tr.* Hacer pasar una materia por una criba para separar las partes finas y las gruesas, especialmente para limpiarla de impurezas: *el agricultor está cribando el trigo para separar la semilla de la paja; cribar la grava para igualar su volumen.* **SIN** cerner.

crimen *n. m.* **1** Acción voluntaria de matar o herir de gravedad a una persona: *el autor del crimen condujo a la policía al lugar donde escondía los cuerpos.* **crimen de guerra** Crimen que comete un militar o un político contra civiles en el transcurso de una guerra: *durante el juicio de Nuremberg el estado mayor nazi fue juzgado por crímenes de guerra.* **2** Acción de gran maldad o irresponsabilidad que tiene consecuencias especialmente graves: *es un crimen la caza indiscriminada de ballenas.*
DER criminal, criminología; incriminar, recriminar.

criminal *adj.* **1** Del crimen o que tiene relación con él: *los heridos del criminal atentado se recuperan favorablemente.* ◇ *adj./n. com.* **2** [persona] Que comete o pretende cometer un crimen. **criminal de guerra** Militar o político que comete crímenes contra civiles en el transcurso de una guerra: *Sadam Hussein ha sido considerado criminal de guerra.*
DER criminalidad, criminalista.

criminalidad *n. f.* Conjunto de crímenes, agresiones, robos y otros delitos contra las personas o las cosas: *Nueva York es una ciudad con un alto índice de criminalidad.*
SIN delincuencia.

criminalista *adj./n. com.* **1** Que se dedica al estudio de los crímenes y a la identificación de los criminales: *un policía criminalista; un laboratorio criminalista.* **2** [abogado] Que está especializado en derecho penal.

criminología *n. f.* Parte del derecho que estudia el delito, sus causas, las maneras de evitarlo y de actuar de las personas que lo cometen.

criminólogo, -ga *n. m. y f.* Persona que se dedica al estudio del delito, sus causas, las maneras de evitarlo y el modo de actuar de las personas que lo cometen.

crin *n. f.* Conjunto de pelos que tienen ciertos animales, especialmente los caballos, sobre el cuello: *Ignacio se agarró de las crines del caballo para no caer; ¡qué color tan bonito tienen las crines de ese caballo!* Se usa generalmente en plural.
crin vegetal Hilo flexible que se saca del esparto: *los tapiceros usan crin vegetal para rellenar colchones.*

crío, cría *n. m. y f.* Niño de pocos días, meses o años.

crio- Elemento prefijal que entra en la formación de palabras con el significado de 'frío intenso', 'congelación': *crioscopia, crioterapia.*

criollo, -lla *adj./n. m. y f.* **1** Descendiente de padres europeos que nació en un territorio americano cuando era colonia de España o de otro país de Europa: *las familias criollas más poderosas apoyaron con fuerza los movimientos de independencia.* ◇ *adj.* **2** Que es característico de la cultura y la tradición de un país hispanoamericano: *en Colombia fuimos a un restaurante típico criollo.* ◇ *adj./n. m.* **3** [idioma] Que es el resultado de la mezcla de elementos de lenguas diferentes hasta llegar a convertirse en la lengua principal de un territorio: *las lenguas criollas son frecuentes en territorios africanos con gran influencia colonizadora inglesa, francesa y neerlandesa.*

cripta *n. f.* **1** Recinto subterráneo en el que se entierra a los muertos o se conservan sus tumbas: *en el monasterio de El Escorial hay una cripta con los restos de todos los reyes de España.* **2** Nave o recinto subterráneo de una iglesia destinado al culto: *la cripta de una catedral.*
DER críptico.
ETIM Véase *gruta*.

críptico, -ca *adj.* **1** De la criptografía o que tiene relación con ella: *descubrió la tumba templaria tras descifrar las inscripciones crípticas del altar de la iglesia.* **2** Que no es comprensible para la mayoría de las personas porque está hecho para ser entendido por unos pocos: *le fascinaban las crípticas ceremonias de los masones.*

criptógamo, -ma *adj./n. f.* **1** BOT. [planta] Que pertenece al grupo de las criptógamas: *el helecho es una planta criptógama.* ◇ *n. f. pl.* **2 criptógamas** Grupo de vegetales que no tienen visibles los órganos de reproducción: *las criptógamas no tienen flores.*

criptograma *n. m.* Documento escrito mediante criptografía.

criptón *n. m.* Elemento químico gaseoso que se encuentra en una proporción muy pequeña en la atmósfera terrestre: *el símbolo del criptón es Kr.*

crisálida *n. f.* ZOOL. Insecto lepidóptero que está en una fase de desarrollo posterior a la larva y anterior a la adultez: *la transformación en crisálida se lleva a cabo, generalmente, en el capullo y tiene como resultado una mariposa o un insecto volador.*

crisantemo *n. m.* **1** Flor de colores variados e intensos, con gran cantidad de pétalos; posee un tallo fuerte y largo con hojas alternas: *los crisantemos son flores que tradicionalmente se ofrecen a los difuntos.* **2** Planta originaria de China que da esa flor.

crisis *n. f.* **1** Situación grave y difícil que pone en peligro la continuidad o el desarrollo de un proceso: *la crisis económica frena la expansión y la creación de riqueza de un país*. **2** Escasez o falta de lo necesario: *la crisis del petróleo; la crisis de la vivienda*. **3** Cambio que sufre el estado de salud de una persona como consecuencia de la evolución de una enfermedad: *una crisis nerviosa; una crisis cardíaca*.
crisis de gobierno Situación de un gobierno desde el momento en que uno o más de sus miembros presenta la dimisión hasta aquel en que se nombran sus sustitutos: *la crisis de gobierno se ha saldado con tres cambios de cartera*.
DER criterio, crítico.
OBS El plural también es *crisis*.

crisma *n. f.* coloquial Cabeza de una persona: *si te caes de ahí, te romperás la crisma*.

crisol *n. m.* **1** Recipiente de material resistente que sirve para fundir un metal a temperaturas muy altas. **2** Parte inferior de un alto horno que contiene el metal fundido.
DER acrisolar.

crispación *n. f.* **1** Irritación, enfurecimiento o enojo grande: *el debate se desarrolló en un clima de crispación y nerviosismo*. **2** Contracción brusca y momentánea de un músculo: *la crispación de su rostro denotaba su honda preocupación*.

crispar *v. tr./prnl.* **1** Causar gran irritación, enfurecimiento o enojo: *sus continuos comentarios irónicos crispaban a todos su compañeros*. **SIN** exacerbar, exasperar, irritar. **2** Causar una contracción brusca y momentánea de un músculo: *el jabalí crispó el hocico al percibir la presencia de los cazadores*.
DER crispación.

cristal *n. m.* **1** Material duro, frágil, generalmente incoloro y transparente, que se obtiene al fundir a elevada temperatura diversas sustancias y enfriarlas con rapidez: *el cristal se elabora a partir de la mezcla de sílice, potasa y minio*. **SIN** vidrio. **2** Objeto hecho con este material; especialmente, lámina para tapar ventanas y puertas. ☞ cristal. **3** Cuerpo sólido cuya estructura mineral es un poliedro regular: *los cristales de cuarzo tienen forma hexagonal*.
DER cristalera, cristalero, cristalino, cristalizar, cristalografía, cristaloide; acristalar.

cristalera *n. f.* Cristal o conjunto de cristales que forman parte de una puerta, una ventana, un balcón o un escaparate: *los manifestantes rompieron las cristaleras de varios comercios*.

cristalería *n. f.* **1** Conjunto de objetos de cristal que forman parte de una vajilla: *la cristalería se compone de copas, vasos y jarras*. **2** Establecimiento en el que se fabrican o venden objetos de cristal.

cristalero, -ra *n. m. y f.* Persona que se dedica a fabricar, vender o colocar cristales, especialmente en ventanas, puertas o escaparates.
DER cristalería.

cristalino, -na *adj.* **1** Que es transparente como el cristal: *agua cristalina; arroyo cristalino; aire cristalino*. **2** Que es de cristal: *jarrón cristalino*. ◇ *n. m.* **3** ANAT. Parte del ojo en forma de cristal transparente y esférico que está situada detrás de la pupila: *el cristalino tiene el aspecto y la función de una lentilla*. ☞ ojo.

cristalización *n. f.* Adquisición de la forma y estructura propias de un cristal.

cristalizar *v. intr.* **1** Adquirir un mineral la forma y estructura cristalina que es propia de su clase: *el grafito cristaliza en el sistema hexagonal*. **2** Tomar forma clara y definida un asunto, proceso o idea: *el plan para formar una cooperativa no llegó a cristalizar*. ◇ *v. tr.* **3** Hacer que una sustancia tome la forma y la estructura del cristal: *cristalizar caramelo*.

DER cristalización.
OBS En su conjugación, la *z* se convierte en *c* delante de *e*.

cristalografía *n. f.* Parte de la geología que estudia la forma y estructura cristalinas de los minerales.

cristalográfico, -ca *adj.* De la cristalografía o que tiene relación con esta parte de la geología: *el examen cristalográfico de un mineral es fundamental para conocer su naturaleza*.
sistema cristalográfico Grupo en que se clasifican los minerales en relación con las formas geométricas de sus cristales: *hay siete sistemas cristalográficos: cúbico, tetragonal, hexagonal, trigonal, rómbico, monoclínico y triclínico*.

cristianar *v. tr.* Bautizar a una persona, especialmente a un niño.

cristiandad *n. f.* Conjunto de los pueblos y naciones en los que el cristianismo es la religión mayoritaria.

cristianismo *n. m.* Doctrina religiosa que se basa en la Biblia y cree en Jesús como hijo de Dios.

cristiano, -na *adj.* **1** Perteneciente o relativo a una doctrina religiosa que se basa en la Biblia y cree en Jesús como hijo de Dios. ◇ *adj./n. m. y f.* **2** [persona] Que cree en esta doctrina religiosa. ◇ *n. m. y f.* **3** Persona no determinada; cualquier persona: *hoy en día ve la televisión todo cristiano*.
en cristiano En un idioma conocido: *aunque seas alemán, háblame en cristiano, que no me entero*. De modo claro y sencillo: *si quieres que aprenda a manejar el ordenador, explícame su funcionamiento en cristiano*.
DER cristianar, cristiandad, cristianismo, cristianizar.

criterio *n. m.* **1** Regla o norma conforme a la cual se establece un juicio o se toma una determinación: *el ascenso se otorgará de acuerdo con el criterio de antigüedad en la empresa*. **2** Opinión, juicio o decisión que se adopta sobre una cosa: *según el criterio del árbitro, no hubo falta en la jugada*. **3** Capacidad para adoptar esta opinión, juicio o decisión: *no entiendo de leyes, y por esa razón, carezco de criterio para juzgar el caso*.

critérium *n. m.* Prueba o conjunto de pruebas deportivas, especialmente en ciclismo, en las que compiten deportistas de alto nivel.

crítica *n. f.* **1** Conjunto de opiniones o juicios que se hacen sobre una cosa, especialmente para determinar su bondad, verdad o belleza: *nos hizo una crítica pormenorizada de las virtudes y defectos del restaurante*. **2** Conjunto de opiniones o juicios negativos y contrarios que se hacen sobre una cosa: *las nuevas medidas económicas han provocado numerosas críticas en la opinión pública*. **SIN** censura. **3** Conjunto de opiniones o juicios técnicos que se hacen sobre una obra artística o del conocimiento: *crítica de cine; crítica de libros*. **4** Conjunto de profesionales que se dedican a emitir este tipo de opiniones o juicios: *su nueva novela ha tenido una acogida favorable por parte de la crítica*. Va precedido del artículo *la*.

criticable *adj.* Que merece ser desaprobado o criticado: *me parece criticable la violencia en el deporte*. **SIN** censurable, reprobable.

criticar *v. tr.* **1** Examinar y juzgar una cosa, especialmente para determinar su bondad, verdad o belleza: *para poder criticar este modelo de automóvil se deben conocer los similares que fabrican otras marcas*. **2** Expresar opiniones o juicios negativos y contrarios sobre una cosa: *se pasa el día criticando a los vecinos*. **SIN** censurar, reprobar. **3** Examinar y juzgar una obra artística o del conocimiento para determinar sus valores: *déjame la parte de periódico donde critican las películas*.

DER criticable.

OBS En su conjugación, la *c* se convierte en *qu* delante de *e*.

criticismo *n. m.* FILOS. Doctrina filosófica que considera que la base del conocimiento está en una combinación entre la percepción del mundo exterior y la razón humana: *el criticismo es el sistema filosófico de Kant*.

crítico, -ca *adj.* **1** De la crítica o que tiene relación con ella: *el análisis crítico de un modelo de ordenador; el estudio crítico de una obra de teatro; publicó un artículo muy crítico con los sindicatos*. **2** De la crisis o que tiene relación con ella: *las relaciones entre los dos países atraviesan un momento crítico; las reservas de agua se encuentran en un estado crítico; el herido en el accidente se halla en situación crítica*. ◇ *n. m. y f.* **3** Persona que se dedica a la crítica de obras de arte o del conocimiento.

criticón, -cona *adj.* [persona] Que suele criticar y hablar mal de las acciones de los demás.

croar *v. intr.* Emitir una rana su voz característica.

croata *adj.* **1** De Croacia o que tiene relación con este país del sureste de Europa. ◇ *adj./n. com.* **2** [persona] Que es de Croacia. ◇ *n. m.* **3** Lengua eslava que se habla en Croacia.

croché o **crochet** *n. m.* **1** Labor a mano que consiste en tejer con una aguja de unos veinte centímetros de largo que tiene un extremo más delgado y acabado en un gancho: *un mantel de croché*. **SIN** ganchillo. **2** En boxeo, puñetazo dado horizontalmente de fuera adentro con el brazo doblado en forma de gancho.

OBS La Real Academia Española sólo registra la forma *croché*, que es la más usada.

croissant *n. m.* Bollo de hojaldre esponjoso con forma de media luna. **SIN** cruasán.

DER croissanterie.

OBS Es de origen francés y se pronuncia aproximadamente 'cruasán'. ◇ La Real Academia Española sólo registra la forma *cruasán*.

croissanterie *n. f.* Pastelería o cafetería especializada en la fabricación o venta de cruasanes.

OBS Es de origen francés y se pronuncia aproximadamente 'cruasanterí'.

crol *n. m.* Estilo de natación en el que el nadador se desplaza boca abajo por la superficie del agua mediante el giro circular alternativo de los brazos y el movimiento continuado de las piernas de arriba abajo.

cromar *v. tr.* Aplicar un baño de cromo a un objeto metálico para que adquiera resistencia a la oxidación: *los objetos cromados son más bonitos*.

cromático, -ca *adj.* **1** De los colores o que tiene relación con ellos: *la gama cromática del arco iris*. **2** MÚS. [semitono] Que se forma entre dos notas del mismo nombre: *de do a do sostenido hay un semitono cromático*. **3** MÚS. [escala, sistema] Que procede por semitonos: *la escala cromática se compone de 12 sonidos*.

cromatismo *n. m.* **1** Desarrollo amplio y variado de colores: *su pintura destaca por el cromatismo*. **2** MÚS. Aplicación del sistema cromático en la composición: *algunas obras de Litz se fundamentan en un cromatismo inspirado en Wagner*.

crómlech *n. m.* Monumento megalítico formado por una serie de menhires que cierran un espacio de terreno de figura elíptica o circular: *el crómlech de Stonehenge en el sur de Inglaterra*.

OBS El plural es *crómlechs*.

cromo *n. m.* **1** Estampa o papel de pequeño tamaño con una figura o fotografía impresos: *le gustaba intercambiar cromos de futbolistas*. **2** Elemento químico metálico de color blanco; es muy duro, resistente y de naturaleza inoxidable: *el símbolo del cromo es Cr*.

hecho un cromo *coloquial a*) Arreglado y compuesto en exceso: *apareció en la fiesta con sus mejores galas hecho un cromo*. *b*) Con heridas en la cara y el cuerpo: *después de la caída de la moto, llegó a su casa hecho un cromo*.

DER cromar, crómico; dicromo, monocromo, policromo, polícromo.

cromo-, -cromo Elemento prefijal y sufijal que entra en la formación de palabras con el significado de 'color', 'pigmento': *cromolitografía, monocromo*.

cromosfera *n. f.* Zona exterior de la envoltura gaseosa del Sol; es de color rojo y está constituida principalmente por hidrógeno inflamado.

cromosoma *n. m.* BIOL. Corpúsculo en forma de filamento que se halla en el interior del núcleo de una célula y que contiene los genes: *cada célula de un ser humano contiene 46 cromosomas*.

DER cromosómico.

cromosómico, -ca *adj.* Del cromosoma o que tiene relación con él: *el síndrome de Down es consecuencia de alteraciones cromosómicas*.

crónica *n. f.* **1** Texto histórico que recoge los hechos en el orden cronológico en el que sucedieron: *una crónica medieval*. **2** Información de prensa, radio o televisión en la que se dan noticias sobre un hecho de actualidad: *la crónica de un partido de Liga*.

crónico, -ca *adj.* **1** [enfermedad] Que se padece a lo largo de mucho tiempo, generalmente por no tener cura, aunque sí un tratamiento que evita sus consecuencias: *son enfermedades crónicas el asma, la diabetes o la soriasis*. **2** [problema, defecto, vicio] Que se viene repitiendo con frecuencia desde tiempo atrás: *los atascos en las horas punta es un mal crónico de las grandes ciudades; la sequía crónica de las regiones del sur de España*.

cronicón *n. m.* Texto histórico breve que recoge los hechos en el orden cronológico en el que sucedieron.

cronista *n. com.* **1** Historiador que se dedica a escribir crónicas: *Pero López de Ayala fue cronista del rey Pedro I*. **2** Periodista que elabora una crónica de actualidad: *un cronista de moda*.

crono *n. m.* Tiempo que tarda un deportista en completar una carrera: *el crono de un atleta en una carrera de velocidad; el crono del ganador de una etapa ciclista*.

DER crónico.

crono-, -crono Elemento prefijal y sufijal que entra en la formación de palabras con el significado de 'tiempo': *cronología, heterócrono*.

cronoescalada *n. f.* Prueba ciclista en la que un corredor debe subir un trayecto ascendente en el menor tiempo posible, habiendo tomado la salida distanciado de los demás por un intervalo de igual duración.

cronología *n. f.* **1** Ordenación y datación de hechos históricos conforme a criterios rigurosos y fidedignos: *la cronología es una disciplina complementaria de la historia*. **2** Conjunto de hechos históricos ordenados de acuerdo con las fechas en que sucedieron: *una cronología de los acontecimientos principales de la guerra del Golfo*. **3** Sistema de medir el tiempo y determinar las fechas: *la cronología occidental computa el tiempo según la fecha de nacimiento de Cristo; en cambio, la musulmana lo hace a partir de la huida de Mahoma de Medina*.

cronológico, -ca *adj.* **1** De la cronología o que tiene relación con ella: *un estudio cronológico del primer viaje de*

Colón a América. **2** Relativo a la fecha o al momento en que sucede un hecho: *existe una coincidencia cronológica entre la luna llena y el nacimiento de niños.*

cronometraje *n. m.* Medición de un período de forma exacta y precisa, especialmente en una competición deportiva: *actualmente, en la alta competición, el cronometraje se lleva a cabo de manera automática y electrónica.*

cronometrar *v. tr.* Medir un período de forma exacta y precisa, especialmente en una competición deportiva: *cronometrar una carrera de atletismo; cronometrar un gran premio de automovilismo.*
DER cronometraje.

cronómetro *n. m.* Reloj de gran precisión especialmente preparado para medir de forma exacta partes muy pequeñas de tiempo. ☞ reloj.

croquet *n. m.* Juego que consiste en hacer pasar bajo unos aros clavados en el suelo una bola de madera golpeándola con un mazo.
OBS El plural es *croquets*.

croqueta *n. f.* Masa hecha con harina y leche a la que se añade carne, pescado u otro alimento muy picado; tiene forma ovalada o cilíndrica y se fríe en aceite: *las croquetas se rebozan en huevo y pan rallado antes de freírlas.*

croquis *n. m.* Dibujo rápido, hecho sin precisión ni detalles, en el que únicamente se representan las líneas principales o más significativas.

cross *n. m.* Carrera de largo recorrido que se desarrolla parcial o totalmente a través del campo.

crótalo *n. m.* **1** Instrumento musical de percusión formado por dos piezas cóncavas que, unidas al pulgar por un cordón, se tocan haciéndolas chocar una con otra con los demás dedos de la mano. Se usa generalmente en plural. **SIN** castañeta, castañuela. **2** Serpiente muy venenosa que tiene al final de la cola un conjunto de anillos que el animal hace vibrar al sentirse amenazado. **SIN** serpiente de cascabel.

cruasán *n. m.* Bollo de hojaldre esponjoso con forma de media luna. **SIN** croissant.
OBS El plural es *cruasanes*.

cruce *n. m.* **1** Paso por un mismo punto de dos o más líneas, caminos o vías: *el cruce de los diámetros de una circunferencia determina su centro.* **2** Punto o lugar en el que se produce este paso: *el cruce de la carretera con la vía del tren no tiene barrera.* **3** Paso de peatones. **4** Interferencia entre diversas emisiones que impide la recepción clara e individual de una señal telefónica, de radio o de televisión: *se produjo un cruce, y mientras hablaba con mi madre oí una conversación de dos desconocidos.* **5** Fecundación de un animal hembra por un macho de una especie o raza distinta: *el cruce de animales permite obtener razas nuevas con características previamente seleccionadas.* **6** Especie o raza creada a partir de esta fecundación: *el doberman es un cruce de varias razas de perro creada a finales del siglo XIX.* **7** Intercambio verbal de ideas o pareceres entre dos o más personas: *durante el debate hubo un cruce de acusaciones entre el gobierno y la oposición.*

crucería *n. f.* ARQ. Conjunto de arcos que refuerzan la estructura de una bóveda.

crucero *n. m.* **1** Viaje de placer en barco que dura varios días o semanas, en el que se hacen escalas en diversos puertos para efectuar visitas turísticas: *un crucero por el Mediterráneo.* **2** Buque de guerra muy veloz, dotado de fuerte armamento y con un radio de acción muy amplio. **3** Zona de una iglesia en la que se cruzan la nave mayor o central con la transversal.
DER crucería.

cruci- Elemento prefijal que entra en la formación de palabras con el significado de 'cruz': *cruciforme.*

crucial *adj.* Que es muy importante y decisivo para el desarrollo o solución de una cosa: *la jugada del penalti fue el momento crucial del partido.* **SIN** decisivo.

crucificar *v. tr.* **1** Clavar en una cruz a una persona: *Jesucristo fue crucificado por orden de Pilatos.* **2** *coloquial* Perjudicar o criticar con mala intención a un persona: *tras su última película, la prensa lo ha crucificado.*
DER crucificación, crucificado, crucifijo, crucifixión.
OBS En su conjugación, la c se convierte en *qu* delante de e.

crucifijo *n. m.* Figura o imagen que representa a Jesucristo en la cruz.

crucifixión *n. f.* **1** Acción de crucificar a una persona en una cruz: *la crucifixión era un modo de ejecutar la pena de muerte empleado por los romanos.* **2** Representación artística de Jesucristo clavado en la cruz: *es famoso el cuadro de Salvador Dalí sobre la crucifixión.*

crucigrama *n. m.* Pasatiempo que consiste en rellenar las casillas en blanco de un dibujo cuadrado o rectangular con palabras cruzadas de las que sólo se conocen sus significados: *en un crucigrama cada letra de una palabra puede ser compartida por otras palabras.*

crudeza *n. f.* **1** Forma realista, desagradable y cruel con que se muestra un hecho o situación: *la crudeza de algunas imágenes de guerra hiela la sangre.* **2** Estado del tiempo atmosférico que resulta desagradable y difícil de soportar: *la crudeza del viento polar; la crudeza del clima del desierto.* **SIN** rigor. **3** Falta de delicadeza o de amabilidad en el trato: *le advirtió con crudeza que no volviera a su casa.* **SIN** aspereza.

crudo, -da *adj.* **1** [alimento] Que no ha sido cocinado o lo ha sido de manera insuficiente y no ha llegado a un punto adecuado: *los japoneses suelen comer pescado crudo; pásame un poco más el filete porque está crudo para mi gusto.* **2** Que se muestra de forma realista, desagradable y cruel: *los muertos son la cruda realidad de la guerra.* **3** [tiempo atmosférico] Que es desapacible, frío y destemplado: *un invierno muy crudo.* **4** [persona] Que se comporta sin delicadeza o amabilidad: *lo echó del trabajo de forma cruda y directa.* **5** [color] Que es blancoamarillento: *una camisa de color crudo.* **6** [sustancia, materia] Que no ha sido trabajado, preparado o elaborado por el hombre: *lana cruda, seda cruda.* **7** *coloquial* Que es muy difícil y complicado de conseguir o sacar adelante: *tiene crudo el acceso a la universidad.* ◊ *adj./n. m.* **8** Petróleo sin refinar: *el gobierno confía que el barril de crudo mantenga su precio.*
DER crudeza; encrudecer, recrudecerse.

cruel *adj.* **1** [persona] Que hace o deja sufrir a otro sin sentir compasión: *es una persona muy cruel que disfruta maltratando a los animales; has sido muy cruel no invitando a tu amigo al viaje tras habérselo prometido.* **2** Que causa sufrimiento y dolor intensos: *una cruel enfermedad acabó con la vida de su amigo.*
DER crueldad; encruelecer.

crueldad *n. f.* **1** Falta de humanidad y compasión ante el sufrimiento de una persona: *el policía trató con una crueldad innecesaria a los detenidos.* **2** Acción que causa sufrimiento y dolor intensos: *es una crueldad matar crías de focas para arrancarles la piel.*

cruento, -ta *adj.* Que se produce con derramamiento de sangre: *la batalla de Verdún fue una de las más cruentas de la primera guerra mundial.* **SIN** encarnizado, sangriento. **ANT** incruento.

DER incruento.

crujía *n. f.* **1** ARQ. Pasillo largo en un edificio, por el que se llega a habitaciones situadas a ambos lados: *todos los despachos están a ambos lados de la crujía*. **2** ARQ. Espacio que hay entre dos muros de carga o entre dos filas de pilares o columnas: *la crujía no debe ser demasiado ancha porque el techo puede resquebrajarse*. **3** Galería de un hospital en la que se colocan las camas a ambos lados dejando un pasillo en medio. **4** Espacio que hay entre la proa y la popa de la cubierta de un barco.

crujido *n. m.* Ruido entrecortado característico que hace un material cuando se comprime, roza con otro, se dobla o se rompe: *los crujidos del casco de un barco; el crujido de un peldaño de escalera*.

crujiente *adj.* [material, alimento] Que cruje al ser comprimido, doblado o roto: *hojas secas y crujientes; pan crujiente*.

crujir *v. intr.* Hacer un ruido entrecortado característico un material cuando se comprime, roza con otro, se dobla o se rompe: *oyó crujir la mesa cuando se subió a ella*.
DER crujido, crujiente.

crustáceo, -a *adj./n. m. y f.* **1** [animal] Que pertenece a la clase de los crustáceos: *el centollo es un animal crustáceo*. ◊ *n. m. pl.* **2 crustáceos** Clase de animales con respiración branquial que tienen antenas y el cuerpo cubierto por un caparazón duro y flexible: *hay crustáceos marinos, como el bogavante, y de agua dulce, como el cangrejo de río*.

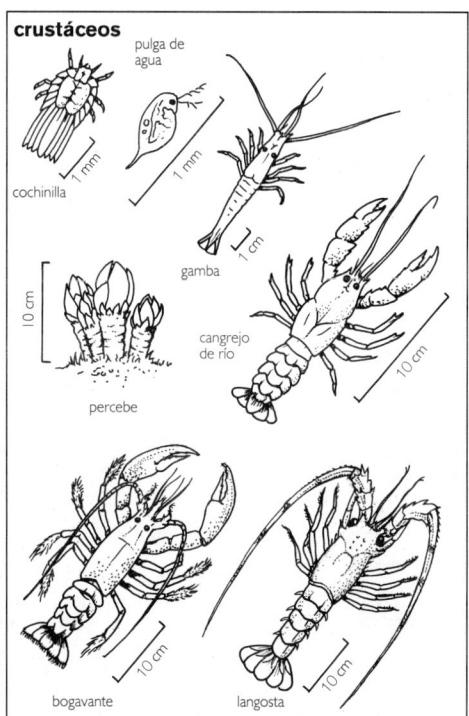

crustáceos: pulga de agua, cochinilla, gamba, cangrejo de río, percebe, bogavante, langosta

cruz *n. f.* **1** Figura compuesta por dos líneas rectas, especialmente si se cortan perpendicularmente: *la bonoloto se rellena colocando cruces en las casillas de los números que se eligen; la bandera de Suiza es roja con una cruz blanca*. **cruz gamada** Cruz que tiene los cuatro brazos iguales doblados en ángulo recto: *la cruz gamada fue el símbolo del partido nazi*. **SIN** esvástica. **cruz griega** Cruz que tiene cuatro brazos iguales: *la cruz griega tiene una forma similar a la del signo más*. **cruz latina** Cruz que tiene el brazo horizontal más corto y divide al vertical en una parte superior más corta y una inferior más larga: *un crucifijo tiene forma de cruz latina*. **2** Objeto que tiene forma parecida a esta figura: *le regalaron un pin con una cruz roja por ser donante de sangre*. **3** Condecoración con esta forma que se concede en reconocimiento y premio del valor o la virtud: *el general lucía varias cruces en el pecho*. **4** Estructura formada por un palo levantado del suelo verticalmente y atravesado en su parte superior por otro más corto en la que antiguamente se clavaba al condenado a muerte: *Jesucristo murió en la cruz*. **5** Imagen, figura u objeto que tiene esta forma; es símbolo de los cristianos porque representa el patíbulo en que murió Jesucristo: *las cruces de un cementerio*. **6** Sufrimiento o dolor que se soporta durante mucho tiempo: *la enfermedad de tu padre es una cruz que debe soportar la familia*. **7** Superficie de una moneda opuesta a la cara: *en la cruz de algunas monedas de 100 pesetas figura el escudo de España*. **SIN** reverso. **ANT** anverso, cara. **8** Parte alta del lomo de algunos animales cuadrúpedos donde se unen los huesos de las patas delanteras a la columna: *la cruz de un caballo; la cruz de un toro*.
cruz y raya Expresión que indica la intención de no volver a tratar un asunto o a una persona: *después de dejar el trabajo decidió hacer cruz y raya con el pasado*.
en cruz [brazos] Que están extendidos horizontalmente: *el portero impedía el paso a la discoteca con los brazos en cruz*.
hacerse cruces Mostrar de manera exagerada admiración, sorpresa o disgusto: *todos se hicieron cruces al descubrirse la trama de corrupción política*.
DER crucero, crucial, crucificar, crucigrama, cruzar; encrucijada.

cruzada *n. f.* **1** Campaña de guerra hecha por los ejércitos cristianos contra los musulmanes entre los siglos XI y XIV; los papas concedían indulgencias a quienes concurriesen a ellas: *con las cruzadas se pretendía conquistar Jerusalén*. **2** Conjunto de actividades o de esfuerzos que se realizan durante cierto tiempo y están encaminados a combatir una cosa que se considera mala o perjudicial: *una cruzada contra el tabaco; una cruzada contra la droga*.

cruzado, -da *adj.* **1** [prenda de vestir] Que es abierta por delante y tiene el ancho necesario para poder sobreponer y abrochar una parte delantera sobre la otra: *una chaqueta cruzada*. ◊ *adj./n. m.* **2** [persona] Que participó en una cruzada contra los musulmanes: *en la catedral hay varias tumbas de caballeros cruzados*.

cruzar *v. tr.* **1** Atravesar un lugar; pasar de un lado a otro: *cruzar la calle; cruzar el río; cruzar la ciudad; cruzar la meta*. **2** Colocar una cosa sobre otra formando una figura parecida a la de una cruz: *cruzar los brazos; cruzó dos ramas en el suelo para señalar el camino*. **SIN** entrecruzar. **3** Fecundar un animal macho a una hembra de una especie o raza distinta. **4** Trazar dos rayas paralelas en un cheque para que sólo pueda cobrarse por medio de una cuenta corriente y no en efectivo. ◊ *v. tr./prnl.* **5** Poner en medio e interrumpir el paso por un camino, carretera u otra vía: *los manifestantes cruzaron varios coches en la avenida*. **6** Intercambiar dos personas miradas, gestos o palabras: *antes de la boda apenas pudo cruzar un saludo con el novio*. ◊ *v. prnl.* **7 cruzarse** Pasar por un punto o camino dos personas, animales o cosas

cta.

en dirección diferente: *se cruzó con su sustituto por el pasillo*. **SIN** entrecruzar. **8** Encontrarse o tener trato con una persona: *el que es hoy mi marido se cruzó en mi vida hace cinco años*. **SIN** entrecruzar.

cruzarse de brazos Permanecer indiferente o inactivo ante un problema o una situación difícil: *Europa se cruza de brazos ante el problema del hambre en África*.

DER cruce, cruzada, cruzado; entrecruzar.

OBS En su conjugación, la *z* se convierte en *c* delante de *e*.

cta. Abreviatura comercial de *cuenta*.

cta. cte. Abreviatura comercial y mercantil de *cuenta corriente*.

cu *n. f.* Nombre de la letra *q*.

OBS El plural es *cúes*, culto, o *cus*, popular.

cuaderna *n. f.* Pieza curva cuya base encaja en la quilla del buque y desde allí arranca en dos ramas simétricas, formando el armazón del casco: *las cuadernas de un barco tienen un aspecto que recuerda las costillas de un esqueleto*.

cuaderna vía Estrofa formada por cuatro versos con una sola rima común a todos: *la cuaderna vía es una combinación poética propia de los siglos XIII y XIV*.

cuadernillo *n. m.* Conjunto de cinco pliegos de papel unidos.

cuaderno *n. m.* Conjunto de piezas rectangulares de papel dobladas y unidas en forma parecida a un libro.

cuaderno de bitácora MAR. Registro en el que se anotan todos los sucesos o las incidencias que ocurren durante la navegación: *el cuaderno de bitácora es el diario de a bordo que lleva el capitán*.

DER cuaderna, cuadernillo; descuadernar, encuadernar.

cuadra *n. f.* **1** Instalación cerrada y cubierta preparada para la estancia de caballos y otros animales de carga. **SIN** caballeriza. **2** Conjunto de caballos de carreras que pertenecen a un propietario: *es uno de los mejores jinetes de la cuadra Asturias*. **3** Lugar muy sucio y desordenado: *vivía en un cuartucho con aspecto de cuadra pestilente*. **4** En Hispanoamérica, manzana de casas: *la policía rodeó toda la cuadra para detener a los terroristas*.

DER cuadrilla.

cuadrado, -da *adj./n. m.* **1** [objeto, figura] Que tiene cuatro lados iguales que forman cuatro ángulos rectos: *se me ha roto una de las tablas cuadradas de la estantería*. **2** [medida] Que determina la extensión de uno de los lados de una figura de cuatro lados iguales: *una baldosa de un metro cuadrado*. **3** *coloquial* [persona] Que posee un cuerpo con una estructura fuerte, grande y ancha: *nos salieron al paso dos gorilas cuadrados que nos impidieron acercarnos al escenario*. ◊ *n. m.* **4** Figura plana con cuatro lados iguales, que forman cuatro ángulos rectos: *un tablero de ajedrez tiene forma de cuadrado*. **SIN** cuadro. **5** Objeto que tiene esta forma: *un cuadrado de cristal*. **SIN** cuadro. **6** MAT. Valor que resulta de multiplicar una cantidad por sí misma: *el cuadrado de siete es cuarenta y nueve*.

raíz cuadrada *a)* Operación matemática que consiste en calcular, dado un número, la cantidad que multiplicada por sí misma una vez da como resultado ese número: *no sé hacer raíces cuadradas*. *b)* Cantidad que hay que multiplicar por sí misma una vez para obtener un número determinado: *la raíz cuadrada de 121 es 11*.

DER cuadrícula.

cuadragésimo, -ma *num. ord.* **1** Indica que el nombre al que acompaña o al que sustituye ocupa el lugar número 40 en una serie: *soy el cuadragésimo de la lista*. Puede ser determinante: *la cuadragésima vez*, o pronombre: *el cuadragésimo de la lista*. **SIN** cuarenta. ◊ *num.* **2** Parte que resulta de dividir un todo en 40 partes iguales: *eran 40 personas y le correspondió a cada uno un cuadragésimo*. **SIN** cuarentavo.

cuadrangular *adj.* **1** [objeto, figura] Que tiene o forma cuatro ángulos: *un patio cuadrangular; una piedra cuadrangular*. ◊ *adj./n. m.* **2** [competición deportiva] Que cuenta con la participación de cuatro personas o equipos: *un torneo cuadrangular de baloncesto*.

cuadrante *n. m.* **1** MAT. Cuarta parte de un círculo o una circunferencia comprendida entre dos radios que forman un ángulo de 90 grados: *el círculo está dividido en cuatro cuadrantes*. ☞ círculo. **2** ASTR. Instrumento formado por una estructura graduada en forma de cuarto de círculo en la que están marcados los grados y que se usa para medir ángulos.

cuadrar *v. tr.* **1** Dar forma de cuadro o de cuadrado: *cuadrar un trozo de mármol*. ◊ *v. tr./intr.* **2** Hacer que coincida en una cuenta o balance la cifra total resultante del debe y del haber: *si el cajero no consigue cuadrar sus cuentas, tendrá que poner el dinero que falte; el nuevo equipo directivo afirma que las cuentas de la entidad no cuadran*. ◊ *v. intr.* **3** Disponer o ajustar una cosa de acuerdo con otra, corresponder lógicamente ambas entre sí: *abandonar los estudios no cuadra con su manera de ser*. ◊ *v. prnl.* **4 cuadrarse** Ponerse de pie, firmes, con los brazos pegados al cuerpo y los pies unidos por los talones: *los militares se cuadran al oír el himno nacional*. **5** Mostrar gran firmeza y seriedad: *se cuadró en la puerta de la casa y no dejó pasar a nadie*.

DER cuadrante, cuadratura; encuadrar.

cuadratura *n. f.* Forma cuadrada de un objeto o figura: *a base de golpes consiguió dar cierta cuadratura al trozo de hierro*.

la cuadratura del círculo *coloquial* Expresión que se usa para indicar la absoluta imposibilidad de una cosa: *el líder político calificó de cuadratura del círculo la pretensión del gobierno de disminuir los ingresos y aumentar los gastos*.

cuadrícula *n. f.* Conjunto de cuadrados que resultan de cortarse perpendicularmente dos series de rectas paralelas: *la cuadrícula de un crucigrama*.

cuadriculado, -da *adj.* **1** Rayado con líneas que forman una cuadrícula: *papel cuadriculado*. **2** *coloquial* [persona] Que tiene un modo de entender la vida o el trabajo muy estricto, rígido y ordenado: *era un funcionario cuadriculado que sólo atendía a la más estricta legalidad*.

cuadricular *v. tr.* Trazar líneas para formar una cuadrícula: *cuadricular una cartulina*.

cuadriga *n. f.* Carro tirado por cuatro caballos enganchados de frente: *las cuadrigas se usaban en la antigua Roma para las carreras en el circo y los desfiles triunfales*.

cuadrilátero, -ra *adj.* **1** [objeto, figura] Que tiene cuatro lados: *el rombo es una figura cuadrilátera*. ◊ *n. m.* **2** Figura plana que tiene cuatro lados: *el rectángulo, el cuadrado o el trapecio son cuadriláteros*. **3** Tarima elevada de forma cuadrada con el suelo de lona y rodeada por doce cuerdas sobre la que se desarrollan los combates de boxeo. **SIN** ring.

cuadrilla *n. f.* **1** Conjunto organizado de personas que realizan un trabajo o llevan a cabo una actividad determinada: *desde esta mañana trabaja en el asfaltado de la calle una cuadrilla de obreros*. **SIN** brigada. **2** Conjunto de toreros que lidian los toros bajo las órdenes de un matador o un rejoneador: *la cuadrilla de un matador está compuesta por tres toreros y dos picadores, y la de un rejoneador, por dos toreros*.

cuadringentésimo, -ma *num. ord.* **1** Indica que el nombre al que acompaña o al que sustituye ocupa el lugar número 400 en una serie: *es la cuadringentésima vez que te* *lo digo; soy el cuadringentésimo de la lista*. Puede ser determinante: *la cuadringentésima vez*, o pronombre: *el cuadringentésimo de la lista*. **SIN** cuatrocientos. ◊ *num.* **2** Parte que resulta de dividir un todo en 400 partes iguales: *son 400 personas y le corresponderá a cada una un cuadringentésimo*.

cuadrivium o **cuadrivio** *n. m.* Conjunto de cuatro materias relacionadas con las matemáticas que se estudiaban como un bloque en la Edad Media: *la música, la astronomía, la aritmética y la geometría formaban el cuadrivium*.

cuadro *n. m.* **1** Figura plana con cuatro lados iguales, que forman cuatro ángulos rectos: *un mantel a cuadros*. **SIN** cuadrado. **2** Objeto que tiene esta forma: *hizo una colcha cosiendo cuadros de tela de diferentes colores*. **SIN** cuadrado. **3** Dibujo, pintura o lámina que, generalmente encajada en un marco, se cuelga en la pared como adorno o para que pueda ser observada: *los cuadros de un museo*. **4** Situación o espectáculo que causa una impresión intensa en la persona que lo presencia: *el cuadro de un paisaje devastado por el fuego conmovió a todos los presentes*. **5** Descripción de un hecho o una situación que pretende causar una impresión intensa en las personas: *el astrólogo pintó un cuadro de catástrofes y desgracias para el siglo que viene*. **6** Parte en que se divide un acto en una obra de teatro: *en cada cuadro, uno o varios personajes permanecen en una actitud concreta ante el público*. **7** Conjunto formado por las personas que dirigen un grupo, asociación, empresa o sociedad: *el cuadro técnico de un club de fútbol; un curso de mercadotecnia para cuadros directivos*. **8** Conjunto de datos o informaciones sobre un asunto o materia que se ordenan y relacionan con líneas o signos gráficos: *un cuadro con todas las dinastías y reyes de España*. **SIN** esquema, guión. **9** Conjunto de instrumentos e indicadores para el manejo o control de un conjunto de aparatos: *el cuadro de instrumentos de la cabina de un avión*. **SIN** panel. **10** Armazón de una bicicleta o de una moto.
cuadro clínico a) Conjunto de síntomas característicos de una enfermedad que suelen aparecer en las personas que la padecen: *el cuadro clínico de la disentería*. b) Conjunto de síntomas que presenta un enfermo: *ingresó en el hospital con un cuadro clínico preocupante*.
en cuadro Con pocos miembros o menos de los necesarios: *tras los últimos despidos, el personal de la fábrica se ha quedado en cuadro*. Suele construirse con los verbos *estar, quedarse*.
DER cuadrado, cuadrar; escuadra, recuadro.

cuadrúpedo, -da *adj./n. m. y f.* [animal mamífero] Que tiene cuatro pies o patas: *los caballos son animales cuadrúpedos*.

cuádruple *num.* Cuádruplo, cantidad.

cuadruplicar *v. tr.* Multiplicar por cuatro una cantidad o hacer cuatro veces mayor una cosa: *se ha cuadruplicado el número de contrataciones*.
DER cuádruple.
OBS No se debe decir *cuatriplicar*. ◊ En su conjugación, la *c* se convierte en *qu* delante de *e*.

cuádruplo, -pla *num.* [cantidad, número] Que es cuatro veces mayor que otro. Puede ser determinante: *cuádrupla ración*, o pronombre: *doce es el cuádruplo de tres*. **SIN** cuádruple.

cuajada *n. f.* Sustancia grasa y sólida de color blanco que se extrae del suero de la leche y se toma como alimento.

cuajar *v. tr./prnl.* **1** Hacer que una sustancia líquida se vuelva más espesa y compacta: *cuajar la leche hasta obtener yogur*. ◊ *v. intr.* **2** Formar la nieve una capa sólida sobre una superficie: *ha nevado un poco, pero no ha llegado a cuajar*. **3** Obtener la forma, el resultado o el éxito deseado: *la excursión que habíamos planeado, al final, no cuajó; a pesar de tener varios libros publicados, no ha llegado a cuajar como un gran novelista*. ◊ *v. prnl.* **4 cuajarse** Cubrir o llenar por completo: *pronto, los aledaños de la iglesia se cuajaron de curiosos*. ◊ *n. m.* **5** Parte final del estómago de los rumiantes en la que se generan los jugos gástricos: *la panza, la redecilla, el libro y el cuajar son las cuatro partes del estómago de los rumiantes*.
DER cuajada, cuajado, cuajarón, cuajo; descuajar.
ETIM Véase *coagular*.
OBS Son derivados de *cuajar*, 'verbo'.

cuajarón *n. m.* Masa de una sustancia que se ha cuajado: *al toser escupió un cuajarón de sangre*.

cuajo *n. m.* **1** Fermento contenido en el estómago de las crías de algunos animales que permite cuajar la leche: *el cuajo se le echa a la leche para hacer queso*. **2** *coloquial* Lentitud y sosiego en la manera de actuar; excesiva calma y frialdad de ánimo. **SIN** cachaza, pachorra, parsimonia.
de cuajo De raíz, desde el principio y completamente: *le arrancó de cuajo una buena mata de pelo*.

cual *pron. rel.* **1** Designa a una persona, animal o cosa de la que se ha hablado antes: *le invitaron a la boda en la cual se casaría su antigua novia*. ◊ *adv.* **2** *culto* Como, del modo o manera que; igual que: *se encerró en su casa cual si temiera un peligro inminente*.
cada cual Designa a una persona o animal de manera individual y diferenciada del resto: *los obreros entraron en el almacén y cada cual cogió su herramienta*.

cuál *pron. inter.* **1** Expresa pregunta por un elemento diferenciado de los que pertenecen a un conjunto: *¿cuál de vosotros quiere salir voluntario a la pizarra?* ◊ *pron. excl.* **2** Expresa admiración o sorpresa: *¡cuál no sería mi alegría cuando vi que estaba aprobado!*

cualidad *n. f.* **1** Propiedad o conjunto de propiedades que se consideran particulares y distintivas: *la cualidad más significativa del diamante es su dureza*. **2** Propiedad buena o positiva más característica: *la mejor cualidad de este portero es su colocación bajo los palos*.
DER cualitativo.
ETIM Véase *calidad*.

cualificado, -da *adj.* **1** [persona] Que posee autoridad o prestigio y merece respeto: *pidió la opinión de un cardiólogo muy cualificado*. **2** [persona] Que posee la cualificación necesaria para realizar un trabajo: *se necesitan técnicos cualificados en robótica*. **3** Que tiene una cualidad específica y distintiva: *el arsénico es un veneno muy cualificado*.

cualificar *v. tr.* **1** Poseer una persona la autoridad o el prestigio necesarios para que sus juicios y acciones merezcan el respeto general: *más de veinte años de ejercicio lo cualifican como un excelente abogado*. **2** Poseer la preparación necesaria para realizar un trabajo técnico que exige conocimientos y una práctica específica: *cada vez es más escasa la oferta de trabajo para los obreros sin cualificar*. **3** Atribuir o apreciar en una cosa cualidades específicas y distintivas: *la transparencia y la pureza cualifican una buena agua mineral*.
DER cualificación, cualificado.

cualitativo, -va *adj.* De la cualidad o que tiene relación con ella: *la seguridad del automóvil ha experimentado sustanciales avances cualitativos*.

cualquier *det. indef.* Apócope de *cualquiera*: *no es admisible que cualquier perturbado tenga acceso a un arma*.
OBS Se usa delante de un sustantivo y admite otro adjetivo entre él y el sustantivo. ◊ El plural es *cualesquier*.

cualquiera *det. indef.* **1** Designa a una persona o cosa no determinada, sin precisar cuál es su identidad: *dame un periódico cualquiera; cualquiera de esos destornilladores me servirá.* **SIN** cualquier. ◊ *pron. indef.* **2** Indica que la persona a la que se refiere no está determinada o no se quiere determinar; una persona, sea quien sea: *cualquiera puede llamar al Teléfono de la Esperanza.*
ser un (o una) cualquiera Ser persona vulgar o poco importante: *no lo contrato porque es un cualquiera.*
ser una cualquiera Ser una prostituta: *se enamoró de ella sin saber que era una cualquiera.*

cuan *adv. culto* Indica un sentido comparativo o de equivalencia: *cayó al suelo cuan largo era.*
OBS Se usa delante de un adjetivo o de un adverbio.

cuán *adv. culto* Añade mayor grado o intensidad a lo que se dice: *no puedes imaginarte cuán afortunado soy.*
OBS Se usa delante de un adjetivo o de un adverbio en frases interrogativas o exclamativas.

cuando *conj.* **1** Indica el tiempo o el momento en que ocurre una acción: *cuando empecé a trabajar, tenía un sueldo muy bajo.* **2** Indica una condición: *cuando deje de llover, saldremos de paseo.* **3** Tiene oficio de conjunción continuativa que equivale a *puesto que*: *será cierto cuando lo publican todos los periódicos.* ◊ *adv.* **4** En el tiempo o el momento en el que ocurre una cosa: *recuerdo cuando me monté por primera vez en un avión.*
de cuando en cuando Algunas veces, con no mucha frecuencia: *voy al teatro de cuando en cuando.*
OBS No se debe confundir con *cuándo.*

cuándo *adv.* En qué tiempo o en qué momento ocurre una cosa: *¿cuándo se erradicará el hambre en el mundo?*
OBS No se debe confundir con *cuando.*

cuantía *n. f.* Número de unidades, tamaño o proporción de una cosa, especialmente cuando es indeterminado: *la empresa no ha precisado la cuantía de las indemnizaciones; vendrá un perito para evaluar la cuantía de los destrozos provocados por la inundación.* **SIN** cantidad.

cuantificación *n. f.* Cálculo del número de unidades, tamaño o proporción de una cosa, especialmente por medio de números: *pronto se conocerá la cuantificación de las pérdidas ocasionadas por la sequía.*

cuantificar *v. tr.* Calcular el número de unidades, tamaño o proporción de una cosa, especialmente por medio de números: *cuantificar el número de asistentes a una manifestación.*
DER cuantificación, cuantificador.
OBS En su conjugación, la c se convierte en *qu* delante de e.

cuantioso, -sa *adj.* Que es grande en cantidad o número: *las empresas petrolíferas obtienen cuantiosos beneficios.*

cuantitativo, -va *adj.* De la cantidad o que tiene relación con ella.

cuanto, -ta *det. indef.* **1** Indica el conjunto o la totalidad de elementos que se expresan o se dan a entender: *leía cuantas revistas de motos caían en sus manos; un buen libro y un lugar tranquilo era cuanto necesitaba para ser feliz.* **2** Indica una cantidad que depende de otra o tiene relación con otra: *cuantos menos errores cometas, más posibilidades tienes de aprobar.* ◊ *adv.* **3** Indica una cantidad o proporción que está en correlación con otra: *cuanto más estudies, tanto mejor.*
cuanto antes Con la mayor rapidez y prontitud posible: *quiero empezar a trabajar cuanto antes.*
en cuanto a) Tan pronto como: *llamó a sus amigos en cuanto se marcharon sus padres.* b) Con la condición, función o cargo que se expresa: *olvídate de que eres mi amigo y dame tu opinión en cuanto médico.*

en cuanto a Por lo que toca o corresponde a: *no se ha discutido nada en cuanto a la fecha de las vacaciones.*
unos cuantos Algunos, pocos: *sólo asistieron a la presentación del festival unas cuantas cadenas de radio.*
DER cuantía, cuántico, cuantificar, cuantitativo.
ETIM Véase *cantidad.*

cuánto, -ta *adj./pron.* **1** Expresa interrogación o admiración relacionada con cantidad, número o intensidad: *¿cuántos inocentes deben morir para que se haga justicia?; ¡cuánto echaba de menos las vacaciones en la playa!* ◊ *adv.* **2** En qué grado o manera; hasta qué punto; qué cantidad: *dime cuánto me quieres.*

cuaquerismo *n. m.* Doctrina religiosa protestante que tuvo su origen en las ideas del religioso británico George Fox en el siglo XVII: *el cuaquerismo se distingue porque carece de culto y de jerarquía, así como por lo llano de sus costumbres.*

cuáquero, -ra *adj.* **1** Del cuaquerismo o relacionado con esta doctrina religiosa. ◊ *adj./n. m. y f.* **2** [persona] Que cree en esta doctrina religiosa.
DER cuaquerismo.

cuarenta *num. card.* **1** Indica que el nombre al que acompaña o al que sustituye está 40 veces: *son cuarenta pesetas.* Puede ser determinante: *vinieron cuarenta personas*, o pronombre: *vinieron las cuarenta.* ◊ *num. ord.* **2** Indica que el nombre al que acompaña o al que sustituye ocupa el lugar número cuarenta en una serie: *soy el cuarenta de la lista.* Es preferible el uso del ordinal: *cuadragésimo.* **SIN** cuadragésimo. ◊ *n. m.* **3** Nombre del número 40.
DER cuarentavo, cuarentena, cuarentón.

cuarentavo, -va *num.* Parte que resulta de dividir un todo en 40 partes iguales: *son 40 personas y a cada uno le corresponderá un cuarentavo.* **SIN** cuadragésimo.

cuarentena *n. f.* **1** Conjunto formado por 40 unidades: *en el accidente ha habido una cuarentena de afectados; pasó fuera de su país una cuarentena de años.* **2** Aislamiento durante un período de tiempo de personas o animales en un lugar por razones sanitarias: *lo mantuvieron una semana en cuarentena para evitar contagios.*

cuarentón, -tona *adj./n. m. y f. coloquial* [persona] Que tiene cuarenta años de edad o más y no ha llegado aún a los cincuenta.

cuaresma *n. f.* Período que celebra la Iglesia cristiana y que comprende los 46 días que van desde el miércoles de ceniza hasta la fiesta de la Resurrección.
ETIM *Cuaresma* procede del latín *quadragesima dies*, 'día cuadragésimo', voz con la que también está relacionada *cuadragésimo.*

cuarta *n. f.* **1** Medida de longitud que equivale a la distancia que hay desde el extremo del pulgar hasta el del dedo pequeño de una mano abierta y extendida: *un tablero de dos cuartas.* **SIN** palmo. **2** Marcha del motor de un vehículo que tiene menos potencia y más velocidad que la tercera.

cuartear *v. tr.* **1** Partir o dividir en cuartos o en partes: *cuartear folios.* **2** Dividir el cuerpo de una persona o un animal en cuartos o partes: *el carnicero cuarteó el pollo con un cuchillo.* **SIN** descuartizar. ◊ *v. prnl.* **3 cuartearse** Abrirse gran número de grietas en una superficie: *cuartearse el cuero viejo.*
DER cuarteo.

cuartel *n. m.* **1** Edificio o instalación donde viven los soldados cuando están de servicio. **SIN** acuartelamiento. **2** Lugar provisional donde viven los soldados cuando están en campaña.
cuartel general a) Edificio o instalación desde la que el con-

junto de mandos y oficiales que dirigen un ejército imparte las órdenes y recibe las noticias del frente: *el cuartel general se instaló en un viejo palacete medio derruido.* b) Lugar o edificio en el que se encuentra o establece un grupo de personas que dirigen un equipo, una asociación o una empresa: *el cuartel general de la selección española se ha instalado en Santander; el cuartel general de Coca Cola está en Atlanta.*
sin cuartel Sin tregua ni descanso; sin darle un momento de tranquilidad al enemigo o adversario: *el presidente ha declarado una guerra sin cuartel a la corrupción política; el mercado del automóvil se caracteriza por una lucha sin cuartel entre los fabricantes.*
DER cuartelazo, cuartelero, cuartelillo; acuartelar.

cuartelero, -ra *adj.* **1** Del cuartel o que tiene relación con él: *le agradaba el orden y el rigor de la vida cuartelera.* **2** [lenguaje] Que es vulgar, grosero y malsonante: *el acomodador lo echó del cine con un tono cuartelero.*

cuartelillo *n. m.* **1** Recinto o habitación en que permanece de servicio el grupo de soldados encargados de vigilar una dependencia militar. **2** Edificio o local donde permanece de servicio un grupo de guardias civiles o policías.

cuarteo *n. m.* División o fractura de una superficie que provoca la aparición de grietas: *el cuarteo de varios muros del edificio alarmó a los arquitectos.*

cuarterón *n. m.* Adorno en forma de cuadro o rectángulo que tienen algunas puertas o ventanas: *el ladrón entró en la casa rompiendo un cuarterón de la puerta de la calle.*

cuarteta *n. f.* culto Estrofa de cuatro versos de ocho sílabas en la que riman el primero con el cuarto y el segundo con el tercero. **SIN** redondilla.

cuarteto *n. m.* **1** culto Estrofa de cuatro versos de más de ocho sílabas que pueden rimar de varias formas: *un soneto está formado por dos cuartetos y dos tercetos.* **2** MÚS. Conjunto de cuatro voces o instrumentos: *un cuarteto de violines.* **3** MÚS. Composición musical escrita para ser interpretada por este conjunto: *la primera pieza del concierto es un cuarteto de Dvorak.*

cuartilla *n. f.* Hoja de papel que resulta de cortar en cuatro partes un pliego común: *la extensión de la cuartilla es similar a la de la mitad de un folio.*
DER cuartillo.

cuarto, -ta *num. ord.* **1** Indica que el nombre al que acompaña o al que sustituye ocupa el lugar número 4 en una serie: *es la cuarta vez que te lo digo; soy el cuarto de la lista.* Puede ser determinante: *la cuarta vez,* o pronombre: *el cuarto de la lista.* **SIN** cuarto. ◇ *num.* **2** Parte que resulta de dividir un todo en cuatro partes iguales: *eran 4 personas y le correspondió a cada una un cuarto.* ◇ *n. m.* **3** Parte del espacio de una casa o edificio separada por paredes de las demás: *su oficina estaba instalada en un pequeño cuarto del último piso.* **SIN** habitación. **4** Especialmente, parte del espacio de la casa que se usa para dormir. **SIN** alcoba, habitación, dormitorio. **cuarto de aseo** Habitación en la que están el váter y otros elementos que sirven para el aseo, a excepción de la ducha o la bañera. **SIN** aseo, servicio, váter. **cuarto de baño** Habitación en la que están el váter, la ducha o la bañera y otros elementos que sirven para el aseo. **SIN** baño. **cuarto de estar** Habitación de la casa donde se hace la mayor parte de la vida privada o familiar; generalmente en ella suele estar la televisión. **cuarto oscuro** Habitación en la que no entra la luz natural, destinada al revelado de fotografías. **5** Período que dura quince minutos: *en esta emisora hay noticias cada cuarto de hora.* **6** Parte de las cuatro en que se considera dividido el cuerpo de los animales: *ponme un cuarto de cochinillo.* ◇ *n. m. pl.* **7 cuartos** Dinero o riquezas: *ganó muchos cuartos en su carrera de matador de toros.*
cuarto creciente Posición de la Luna con respecto al Sol y a la Tierra por la que este satélite permanece iluminado en su mitad derecha: *el cuarto creciente es la fase anterior a la luna llena.*
cuarto menguante Posición de la Luna con respecto al Sol y a la Tierra por la que este satélite permanece iluminado en su mitad izquierda: *el cuarto creciente es la fase anterior a la luna nueva.*
cuartos de final Parte de una competición deportiva en la que se enfrentan por parejas ocho deportistas o equipos.
cuatro cuartos Cantidad de dinero muy pequeña: *se compró un ordenador portátil de segunda mano por cuatro cuartos.*
dar un cuarto (o tres cuartos) al pregonero Hacer pública una cosa; divulgarla: *no se lo digas a nadie, que tú eres muy aficionado a dar en seguida tres cuartos al pregonero.*
de tres al cuarto De poca categoría o calidad: *no quiero en mi equipo jugadores de tres al cuarto.*
tres cuartos Chaquetón o anorak que llega a la altura del muslo o la rodilla.
tres cuartos de lo mismo Expresión que indica que lo dicho para una cosa es aplicable a otra: *mi hermano es un juerguista, y sus amigos, tres cuartos de lo mismo.*
DER cuartear, cuartel, cuarterón, cuarteta, cuarteto, cuartilla; descuartizar.

cuarzo *n. m.* Mineral muy duro con aspecto de cristal que forma parte de la composición de muchas rocas; en estado puro es incoloro, pero puede llegar a adquirir gran variedad de colores en función de las sustancias con las que esté mezclado: *el cuarzo es un buen conductor del calor y la electricidad.*

cuaternario, -ria *adj./n. m.* GEOL. [período de la historia de la Tierra] Que se extiende desde hace dos millones de años hasta el presente: *el cuaternario está compuesto por el pleistoceno o época de las glaciaciones y el holoceno o época actual.*

cuatrero, -ra *adj./n. m. y f.* [persona] Que se dedica a robar animales, especialmente ganado vacuno y caballar: *un grupo de ganaderos se protege de los ladrones cuatreros.*

cuatri- Elemento prefijal que entra en la formación de palabras con el significado de 'cuatro' o 'cuatro veces': *cuatrimestre.*
OBS Toma también la forma *cuadri–.*

cuatrienio *n. m.* Período de cuatro años: *la legislatura de un gobierno en España dura un cuatrienio como máximo.*

cuatrillizo, -za *adj./n. m. y f.* [persona, animal] Que ha nacido a la vez que otros tres de la misma madre.

cuatrimestral *adj.* **1** Que se repite cada cuatro meses: *exámenes cuatrimestrales.* **2** Que dura cuatro meses: *cursos cuatrimestrales.*

cuatrimestre *n. m.* Período de cuatro meses.
DER cuatrimestral.

cuatrimotor *n. m.* Avión que tiene cuatro motores.

cuatro *num. card.* **1** Indica que el nombre al que acompaña o al que sustituye vale 4 veces: *son cuatro pesetas.* Puede ser determinante: *vinieron cuatro chicos,* o pronombre: *vinieron los cuatro.* ◇ *num. ord.* **2** Indica que el nombre al que acompaña o al que sustituye ocupa el lugar número 4 en una serie: *soy el cuatro de la lista.* Es preferible el uso del ordinal: *cuarto.* **SIN** cuarto. ◇ *n. m.* **3** Nombre del número 4.
cuatro por cuatro Automóvil que tiene tracción en las cuatro ruedas y está especialmente preparado para transitar por terrenos abruptos o escarpados.

cuatrocientos, -tas *num. card.* **1** Indica que el nombre al que acompaña o al que sustituye está 400 veces: *son cuatrocientas pesetas.* Puede ser determinante: *vinieron cuatrocientos chicos,* o pronombre: *vinieron los cuatrocientos.* ◊ *num. ord.* **2** Indica que el nombre al que acompaña o al que sustituye ocupa el lugar número 400 en una serie: *soy el cuatrocientos de la lista.* Es preferible el uso del ordinal: *cuadringentésimo.* **SIN** cuadringentésimo. ◊ *n. m.* **3** Nombre del número 400.

cuba *n. f.* Recipiente cilíndrico de madera para contener líquidos que está formado por una serie de tablas arqueadas unidas por aros de metal y cerrado en los extremos con tablas redondas: *una cuba de mosto.* **SIN** barrica, barril, tonel.

cubalibre *n. m.* Bebida alcohólica que se hace mezclando un refresco con un licor, especialmente cola y ron o ginebra. **SIN** cubata.

cubano, -na *adj.* **1** De Cuba o que tiene relación con este país del Caribe. ◊ *adj./n. m. y f.* **2** [persona] Que es de Cuba.

cubata *n. m. coloquial* Cubalibre, bebida alcohólica.

cubertería *n. f.* Conjunto de cucharas, tenedores, cuchillos y otros útiles para servir y tomar la comida.

cubeta *n. f.* Recipiente poco profundo y generalmente de forma rectangular: *las cubetas se usan en el revelado fotográfico o para contener material quirúrgico.*

cúbico, -ca *adj.* **1** [objeto] Que tiene forma de cubo: *un molde cúbico.* **2** [medida] Que determina la extensión de uno de los lados de un cuerpo limitado por seis superficies de cuatro lados iguales: *un metro cúbico de agua.*

raíz cúbica *a)* Operación matemática que consiste en calcular, dado un número, la cantidad que multiplicada por sí misma dos veces da como resultado ese número: *me han enseñado un método para hacer raíces cúbicas. b)* Cantidad que hay que multiplicar por sí misma dos veces para obtener un número determinado: *la raíz cúbica de 1331 es 11.*

cubículo *n. m.* Habitación o recinto muy pequeño: *mantenían al secuestrado en un cubículo subterráneo.*

cubierta *n. f.* **1** Cosa que se pone encima de otra para cubrirla o taparla: *la cubierta de un colchón.* **2** Parte de un recipiente, caja u objeto que sirve para taparlo: *la cubierta de un baúl.* **3** Parte exterior del libro, de un material resistente, que cubre y protege el conjunto de las hojas cosidas, pegadas o anilladas en el lomo: *en la cubierta posterior de la novela hay una foto del autor.* **4** Estructura superior y exterior que cierra un edificio: *se desplomó la cubierta del teatro.* **SIN** techumbre. **5** Banda exterior del neumático de una rueda que está en contacto con el suelo o el asfalto: *los dibujos de la cubierta son importantes para la estabilidad del vehículo.* **6** Suelo o piso externo de un barco, en especial el superior: *las cubiertas de un barco son como las plantas de un edificio; un portaaviones tiene varias cubiertas.* ☞ velero.

DER sobrecubierta.

cubierto *n. m.* **1** Conjunto formado por una cuchara, un cuchillo y un tenedor: *los cubiertos están en la cesta del pan.* **2** Instrumento que se usa para coger o cortar los alimentos del plato: *el cubierto del pescado.* **3** Servicio de mesa que se pone a la persona que va a comer: *el cubierto está formado por plato, vaso, servilleta, cuchara, cuchillo, tenedor y pan.* **4** Comida compuesta por un menú fijo que se da en un restaurante por un precio previamente acordado: *al padre de la novia le ha salido el banquete a diez mil pesetas el cubierto.*

DER cubertería; encubierto.

cubil *n. m.* Lugar en el que viven y se protegen los animales salvajes o silvestres: *el cubil de un zorro.* **SIN** madriguera.

DER cubículo.

ETIM *Cubil* procede del latín *cubile*, 'lecho', voz con la que también está relacionada *concubina.*

cubilete *n. m.* **1** Vaso un poco más ancho por la boca que por el fondo; especialmente, el que sirve para mover los dados. **2** Recipiente con esta forma que se usa como molde en cocina y pastelería. **3** Comida o pastel que se prepara en este recipiente y tiene su forma.

cubismo *n. m.* Movimiento artístico europeo de principios del siglo XX caracterizado por la descomposición de la realidad en figuras geométricas: *Les demoiselles d'Avignon de Picasso es una obra precursora del cubismo.*

DER cubista.

cubista *adj.* **1** Del cubismo o que tiene relación con este movimiento artístico: *la estética cubista forma parte de las tendencias vanguardistas de principios de siglo.* ◊ *adj./n. com.* **2** [persona] Que practica el cubismo: *Picasso, Braque o Gris fueron pintores cubistas.*

cubitera *n. f.* Recipiente para hacer o servir cubitos de hielo.

cubito *n. m.* Trozo pequeño de hielo con forma de cubo que se añade a una bebida para enfriarla.

DER cubitera.

cúbito *n. m.* Hueso más largo y grueso de los dos que tiene el antebrazo; une el codo con la mano: *el cúbito y el radio forman el antebrazo.* ☞ esqueleto.

cubo *n. m.* **1** Cuerpo sólido regular limitado por seis caras de cuatro lados iguales cada una: *un dado tiene forma de cubo.* **2** Recipiente de forma cilíndrica, un poco más ancho por la boca que por el fondo, y con un asa en el borde superior para poder cogerlo: *el cubo de la basura; el cubo de la playa.* **3** Líquido o sustancia que contiene este recipiente: *un cubo de agua; un cubo de arena.* **4** Resultado de multiplicar un número o expresión matemática dos veces por sí misma: *el cubo de 5 es 125.*

elevar al cubo Multiplicar una expresión numérica dos veces por sí misma: *si elevamos 3 al cubo, nos da 27.*

DER cúbico, cubismo, cubito, cuboides. Son derivados de *cubo*, 'cuerpo sólido'.

cubrecama *n. m.* Pieza grande de tela que cubre la cama y sirve de adorno y de abrigo. **SIN** colcha.

cubrir *v. tr./prnl.* **1** Ocultar o quitar una cosa de la vista poniendo otra encima de ella: *cubrir un cadáver con una manta; cubrir el rostro con un pasamontañas.* **2** Proteger o resguardar colocando una superficie por encima: *cubrir el patio con un toldo.* **3** Extender sobre una superficie: *cubrir el pastel con chocolate; con el sarampión el cuerpo se cubre de pequeñas manchas rojas; cubrió de besos el rostro de su padre cuando fue rescatado.* **4** Proteger, defender de un daño o peligro: *el fuego de la aviación cubrió la retirada de la infantería; un lateral cubre la posición del central cuando éste acude a rematar las faltas.* **5** Ocultar la verdad para evitar que se conozca: *su tono tranquilo y sus modales educados cubren una personalidad violenta y vengativa.* **SIN** encubrir. **6** Ocultar y proteger a una persona que ha cometido una falta o delito para que no sea descubierta: *pidió a sus compañeros que lo cubrieran cuando el director preguntara por él.* **SIN** encubrir. ◊ *v. tr.* **7** Recorrer una distancia: *el atleta cubrió la primera parte del maratón en un tiempo récord.* **8** Rellenar un hueco o un recipiente hasta completar su contenido: *cubrir con yeso un agujero de la pared.* **9** Seguir el desarrollo de una actividad para informar sobre ella: *la boda de la infanta fue cubierta por una gran cantidad de medios informativos.* **10** Ocupar un puesto de trabajo, cargo o plaza: *cubrir una plaza de pro-*

fesor de instituto; aún no se han cubierto todas la vacantes del consejo de dirección. **11** Pagar la cantidad de dinero que se debe por una deuda o gasto: *mis tíos cubren los gastos de mis estudios en el extranjero*. **12** Poner una cantidad de dinero junto con otras personas para un fin: *cubrir una apuesta; cubrir una emisión de acciones*. **13** Unir sexualmente el animal macho con la hembra: *el caballo cubrió a la yegua bajo la supervisión del veterinario*. **SIN** aparear, montar. ◇ *v. prnl.* **14 cubrirse** Ponerse el sombrero u otro objeto semejante en la cabeza: *los campesinos se cubrieron una vez que hubo pasado el cortejo fúnebre*. **15** Llenarse el cielo de nubes: *antes de comenzar a llover se cubrió el horizonte de oscuros nubarrones*. **SIN** encapotarse. **16** Extender el brazo las personas que están en una fila, para situarse a una distancia adecuada unas de otras: *los soldados formaron en el patio, se cubrieron y esperaron la llegada del oficial*.
DER cubierto; descubrir, encubrir, recubrir.
ETIM *Cubrir* procede del latín *cooperire*, que tenía el mismo significado, voz con la que también está relacionada *cobertura*.
OBS El participio es *cubierto*.

cucamonas *n. f. pl.* Caricias u otras demostraciones de cariño que se hacen a alguien para conseguir algo. **SIN** carantoñas, zalamerías.

cucaña *n. f.* **1** Palo largo y resbaladizo por el cual se ha de andar si es horizontal o trepar si es vertical para coger como premio un objeto atado a su extremo. **2** Diversión o juego que consiste en competir por alcanzar este premio.

cucaracha *n. f.* Insecto de cuerpo alargado y aplastado, de color negro o pardo; tiene alas anteriores duras y seis patas casi iguales que le permiten moverse a gran velocidad: *la cucaracha suele vivir en zonas urbanas*. 🖙 insectos.

cuchara *n. f.* Instrumento formado por un mango con un pequeño recipiente ovalado poco profundo que se usa para tomar alimentos líquidos o espesos que no pueden pincharse con el tenedor. 🖙 cocina.
DER cucharada, cucharilla, cucharón.

cucharada *n. f.* Porción de alimento u otra cosa que cabe en una cuchara: *una cucharada de sopa; una cucharada de jarabe*.

cucharilla *n. f.* Cuchara pequeña que suele usarse para tomar el postre, servirse azúcar o agitar un alimento líquido.

cucharón *n. m.* **1** Cuchara grande que se usa para cocinar y servir en el plato alimentos líquidos, especialmente salsas o alimentos con salsas: *colocó las gambas en la paella con un cucharón de madera*. **2** Instrumento formado por un mango largo con un recipiente en forma de media esfera; se usa generalmente para servir en el plato alimentos líquidos: *sirvió el gazpacho con un cucharón*. **SIN** cazo. 🖙 cocina.

cuchichear *v. intr.* Hablar en voz baja o muy cerca del oído de una persona: *cuando empezó la película, el acomodador mandó callar a una pareja que cuchicheaba en la primera fila*. **SIN** murmurar, musitar, susurrar.
DER cuchicheo.

cuchicheo *n. m.* Sonido ininteligible, continuo y suave que se produce al cuchichear varias personas: *cuando el profesor entró en el aula, se apagaron todos los cuchicheos*. **SIN** bisbiseo, murmullo, susurro.

cuchilla *n. f.* Pieza lisa, plana, alargada y delgada de metal, generalmente de acero, que forma la parte cortante de un instrumento o de un arma blanca: *la cuchilla de una maquinilla de afeitar; las cuchillas de una segadora; la cuchilla de una guillotina de imprenta*. **SIN** hoja.

cuchillada *n. f.* **1** Golpe dado con un cuchillo, una navaja u otra arma blanca: *evitó una cuchillada sujetando la mano del ladrón*. **2** Herida hecha con el filo o la punta de un cuchillo, una navaja u otra arma blanca: *le dieron una cuchillada en la cara*.

cuchillería *n. f.* Establecimiento en el que se fabrican, venden o afilan cuchillos, navajas y otras armas blancas.

cuchillo *n. m.* Utensilio formado por una hoja de metal afilada por un solo lado y con mango que se usa para cortar. 🖙 cocina.
pasar a cuchillo Dar muerte, generalmente en una acción de guerra: *tras la toma de la ciudad, las tropas napoleónicas pasaron a cuchillo a los defensores*.
DER cuchilla, cuchillada, cuchillazo, cuchillería; acuchillar.

cuchipanda *n. f.* coloquial Fiesta, banquete o celebración alegre y bulliciosa de varias personas.

cuchitril *n. m.* Habitación pequeña, miserable y sucia.

cuchufleta *n. f.* Dicho burlesco o gracioso. **SIN** chifla, chufla.

cuclillas Palabra que se utiliza en la locución *de* (o *en*) *cuclillas*, que significa 'con las piernas completamente flexionadas, de modo que los muslos queden apoyados en las pantorrillas': *la niña orinaba en cuclillas tras unos arbustos*.
DER acuclillarse.

cuclillo *n. m.* ZOOL. Pájaro de pequeño tamaño de color gris, azulado por encima, cola negra con pintas blancas y alas marrones: *la hembra del cuclillo pone sus huevos en los nidos de otras aves para que sus polluelos sean alimentados por ellas*. **SIN** cuco.
OBS Para indicar el sexo se usa *el cuclillo macho* y *el cuclillo hembra*.

cuco, -ca *adj.* **1** Que es hábil para engañar o para evitar el engaño: *el delantero del equipo visitante fue muy cuco y simuló una falta en el área para que el árbitro picara y pitara penalti*. **SIN** astuto. **2** coloquial Que es bonito; que está bien hecho: *qué caja tan cuca, me encanta*. ◇ *n. m.* **3** Cuclillo, pájaro de pequeño tamaño.
DER cuclillo.
OBS Para indicar el sexo se usa *el cuco macho* y *el cuco hembra*.

cucú *n. m.* **1** Canto característico del cuclillo o cuco. **2** Reloj, generalmente de pie o de pared, que contiene una figura que imita al cuclillo, el cual sale por una abertura y señala con un sonido similar al canto de este pájaro las horas y las medias horas o los cuartos.
OBS El plural es *cucúes*, culto, o *cucús*, popular.

cucurucho *n. m.* **1** Hoja de papel o cartón enrollada en forma de cono que sirve para contener cosas: *un cucurucho con castañas; un cucurucho con almendras*. **SIN** cartucho. **2** Lámina de barquillo o galleta enrollada en forma de cono que sirve para contener o sostener un alimento, especialmente un helado: *un cucurucho con una bola de helado de limón*. **3** Gorro acabado en punta y con forma cónica, generalmente de cartón y cubierto de tela, que forma parte del hábito que llevan algunos penitentes y cofrades en las procesiones de Semana Santa. **SIN** capirote.

cuello *n. m.* **1** Parte estrecha y alargada del cuerpo de una persona o de un animal vertebrado que une la cabeza con el tronco: *el cuello de una jirafa; un collarín ortopédico para el cuello*. **SIN** pescuezo. 🖙 cuerpo humano. **2** Tira de una prenda de vestir que rodea esa parte del cuerpo o se ajusta a ella: *un jersey de cuello alto; el cuello de una camisa*. **3** Parte estrecha y delgada de un recipiente que está próxima a su boca: *el cuello de una botella; el cuello de una jarra*. **4** Parte más estrecha y delgada de un objeto, especialmente si es cilíndrica: *el cuello de un bate de béisbol*.

cuenca

cuello de botella Parte de una calle o carretera que por su situación o forma provoca la acumulación excesiva de vehículos: *en verano, a lo largo de la travesía de las localidades costeras son frecuentes los cuellos de botella.*
ETIM *Cuello* procede del latín *collum*, que tenía el mismo significado, voz con la que también están relacionadas *collar, degollar, descollar.*

cuenca *n. f.* **1** Territorio cuyos arroyos, afluentes o ríos vierten el agua en un mismo río, lago o mar: *la cuenca del Tajo está integrada por zonas del centro de España y Portugal y comprende las provincias de Guadalajara, Madrid, Toledo y Cáceres.* **2** Territorio situado en una depresión de terreno y rodeado de montañas. **3** Cavidad de la cabeza en la que se encuentra el ojo: *le asustó ver la cuencas de los ojos de la momia.* **SIN** órbita.
cuenca minera Territorio en cuyo subsuelo existe un conjunto de yacimientos de un mismo mineral y minas abiertas que los explotan: *la cuenca minera asturiana.*
DER cuenco.

cuenco *n. m.* Recipiente, generalmente de cerámica, barro o madera, que tiene forma de media circunferencia y carece de borde.

cuenta *n. f.* **1** Operación o conjunto de operaciones matemáticas necesarias para averiguar un resultado: *el tendero hizo la cuenta en un trozo de papel.* **SIN** cálculo. **2** Papel en que consta esta operación matemática; especialmente, si es una relación de precios cuyo total representa una cifra de dinero que se debe pagar: *después de tomar el postre, pidieron la cuenta de la cena al camarero.* **3** Cantidad de dinero que una persona o empresa tiene en el banco: *ve al banco para que te den el saldo de la cuenta.* **cuenta corriente** Cuenta que permite hacer ingresos o efectuar pagos directamente y disponer del dinero en metálico de forma inmediata. **4** Explicación o justificación del comportamiento de una persona: *detuvieron al sospechoso y tendrá que dar cuenta de sus actos ante la ley.* **5** Obligación o responsabilidad que un persona tiene sobre algo o alguien: *deja la educación de tu hermano de mi cuenta.* **6** Bola pequeña de distintos materiales que tiene un agujero en el centro y sirve para hacer rosarios y objetos de adorno como collares o pulseras. **7** Conjunto de asuntos, negocios o relaciones personales que tienen en común dos o más personas: *quiere pedirle perdón a sus hermanos y saldar por fin una vieja cuenta pendiente.* ◇ *n. f. pl.* **8 cuentas** Conjunto de cifras y datos acerca de los gastos e ingresos de dinero y demás operaciones económicas que realiza una empresa: *exigió conocer las cuentas del bar antes de comprarlo.* **SIN** contabilidad.
a cuenta [cantidad de dinero] Que se entrega como señal o anticipo del total que se pagará más adelante: *entregó un dinero a cuenta para que le reservaran el piso.*
a cuenta de A cambio o como compensación: *tomó dos días libres a cuenta de sus vacaciones.*
ajustar las cuentas Castigar o vengar un comportamiento o actuación que se considera perjudicial u ofensivo: *el crimen ha sido considerado por la policía como una manera de ajustar las cuentas entre mafiosos.*
caer en la cuenta Comprender o enterarse una persona de una cosa que no entendía o de la que no se había enterado: *tardó un buen rato en caer en la cuenta de que su amigo le estaba pidiendo dinero.*
cuenta atrás *a)* Numeración inversa que precede al inicio de un hecho que ha de coincidir con el número cero: *la cuenta atrás antes del despegue de una nave espacial. b)* Período que precede al inicio de un acontecimiento importante o significativo: *ha comenzado la cuenta atrás para la celebración del campeonato del mundo.*
dar cuenta de Acabar, dar fin a una cosa destruyéndola o consumiéndola: *varios lobos dieron buena cuenta del cadáver de la oveja.*
darse cuenta Comprender, advertir o enterarse una persona de una cosa que no entendía o de la que no se había enterado: *no se dio cuenta de la gravedad de su enfermedad hasta que habló con el médico.*
en resumidas cuentas De manera breve y como conclusión de lo dicho: *me parecen bien todas tus excusas, pero, en resumidas cuentas, has suspendido el examen.*
estar fuera (o **salir**) **de cuentas** Haber cumplido una mujer embarazada el período de gestación: *ayer salí de cuentas, así que el niño está a punto de nacer.*
perder la cuenta Haberse repetido tantas veces un hecho o situación que no se sabe o no se recuerda la cantidad o el número: *he perdido la cuenta de la de veces que te he dicho que no vuelvas tan tarde.*
tener (o **tomar**) **en cuenta** Considerar importante y digno de atención o cuidado: *antes de comprar un coche usado hay que tener en cuenta el estado del vehículo; no le tomes en cuenta el enfado, está muy nervioso últimamente.*
tener (o **traer**) **cuenta** Ser provechoso o beneficioso: *tiene cuenta comprar productos congelados cuando están rebajados; trae cuenta salir muy temprano para evitar las horas de más tráfico.*
DER supercuenta.
ETIM Véase *contar.*

cuentagotas *n. m.* Instrumento formado por un pequeño tubo de cristal o plástico con un mango de goma que sirve para verter un líquido gota a gota.
OBS El plural también es *cuentagotas.*

cuentakilómetros *n. m.* Aparato que cuenta los kilómetros recorridos por un vehículo e indica la velocidad a la que éste circula.
OBS El plural también es *cuentakilómetros.*

cuentarrevoluciones *n. m.* Aparato que cuenta las revoluciones de un motor.
OBS El plural también es *cuentarrevoluciones.*

cuentista *adj./n. com.* **1** [persona] Que se dedica a contar o a escribir cuentos: *la obra de Borges como cuentista ha influido en muchos escritores posteriores.* **2** [persona] Que miente o exagera mucho, generalmente para presumir o llamar la atención de los demás: *cuando habla de sus conquistas amorosas, suele pecar de cuentista y fanfarrón.* **SIN** trolero.

cuentitis *n. f. coloquial* Enfermedad que una persona dice tener, especialmente cuando quiere evitar hacer algo: *le obligué a ir al colegio porque sólo tenía cuentitis.*

cuento *n. m.* **1** Obra literaria o relato oral que narra en prosa una historia imaginaria de forma breve: *Caperucita roja o El Aleph son cuentos famosos.* **2** Relato falso o exagerado con el que se pretende engañar, generalmente para presumir o llamar la atención de los demás: *para justificar su falta al trabajo me contó un cuento increíble.*
el cuento de la lechera Plan o proyecto muy ambicioso y optimista que tiene muy pocas posibilidades de obtener los resultados previstos: *pensar en el dinero que vas a ganar cuando vendas la casa es el cuento de la lechera, porque primero debes venderla.*
venir a cuento Tener relación una cosa con el asunto de que se trata: *estamos haciendo planes de futuro, así que no viene a cuento hablar del pasado.*

vivir del cuento Vivir a costa de engañar y aprovecharse de los demás: *nunca en su vida ha trabajado y está acostumbrado a vivir del cuento*.
DER cuentista, cuentitis.
ETIM Véase *contar*.

cuerda *n. f.* **1** Conjunto de hilos torcidos o entrelazados que forman un objeto cilíndrico, delgado, alargado y flexible que se usa generalmente para atar o sujetar: *la cuerda de un escalador; la cuerda de un tendedero*. **2** Hilo o conjunto de hilos torcidos o entrelazados en un solo cuerpo que en un instrumento musical produce sonido al vibrar: *las cuerdas de una guitarra*. **instrumento de cuerda** Instrumento que suena al rozar o pulsar estos hilos: *el violín y la mandolina son instrumentos de cuerda*. **3** Conjunto de instrumentos musicales de cuerda que hay en una orquesta u otra agrupación musical: *la cuerda y los metales tienen un papel preponderante en esta obra*. ☞ instrumentos musicales. **4** Pieza de metal flexible y alargada que mueve un mecanismo mecánico: *la cuerda de un reloj; la cuerda de un muñeco de juguete*. **dar cuerda** Ajustar y tensar esta pieza para que pueda producir movimiento. **5** MAT. Línea recta que une los extremos de un arco o curva: *la cuerda de un círculo es la recta que une dos puntos de la figura sin pasar por el centro*. ☞ círculo. **6** Parte de un circuito o de una pista de atletismo que está más próxima al centro: *el atleta que corre por la cuerda recorre menos distancia que el que va por el exterior*. **7** Longitud de esta parte: *las pistas de atletismo suelen tener una cuerda de 400 metros*.
bajo cuerda De forma secreta, oculta o disimulada: *el traficante daba dinero bajo cuerda a algunos policías*.
cuerda floja Cable no muy tenso y elevado del suelo sobre el que un acróbata anda y realiza ejercicios de equilibrio y habilidad.
cuerdas vocales Pliegues de los músculos que se encuentran en la garganta en forma de ligamentos y que producen sonidos al vibrar por el paso del aire: *el hombre tiene dos cuerdas vocales que le permiten hablar*.
dar cuerda a una persona Hacer que hable mucho y de manera despreocupada. *Tú dale cuerda a mi abuelo que él disfruta contando sus batallitas*.
en la cuerda floja En situación poco segura o peligrosa: *la paz en Oriente Medio está en la cuerda floja*.
ETIM *Cuerda* procede del latín *chorda*, que tenía el mismo significado, voz con la que también están relacionadas *cordada, cordado, cordaje, cordal, cordel, cordillera, cordón*.

cuerdo, -da *adj./n. m. y f.* **1** [persona] Que tiene la mente sana y no padece ninguna enfermedad mental: *el forense diagnosticó que el asesino estaba cuerdo y no sufría trastornos mentales al cometer el crimen*. **ANT** loco. **2** [persona] Que tiene buen juicio y actúa de manera prudente, reflexiva y responsable: *es un empresario muy cuerdo que sabe invertir bien su dinero*. **ANT** loco.
DER cordura.

cuerno *n. m.* **1** Prolongación de hueso de forma cónica, generalmente curvada y acabada en punta, que crece en la parte superior de la frente de algunos animales. **SIN** asta. **2** Sustancia dura de que está constituida esta prolongación: *compró un cuchillo con mango de cuerno de cabra*. **3** Objeto o figura que tiene forma parecida a esta prolongación: *la casa estaba en un cuerno de tierra que se adentraba en el mar*. **4** Antena de ciertos animales e insectos: *los ojos del caracol están situados en el extremo de sus cuernos*. **5** Instrumento musical de viento, hueco y de forma curva: *un sirviente anunció el comienzo de la cacería tocando el cuerno*.

◇ *n. m. pl.* **6 cuernos** Representación simbólica de la infidelidad de un miembro de la pareja en relación con el otro.
poner los cuernos Engañar a la pareja habitual.
cuerno de la abundancia Símbolo de la abundancia, representado por un gran cuerno del que salen toda clase de bienes y riquezas. **SIN** cornucopia.
irse al cuerno Fracasar; no conseguir buen fin: *el negocio se ha ido al cuerno*.
mandar al cuerno Despedir o echar con enfado: *ha pedido un aumento de sueldo, y le han mandado al cuerno*.
oler (o saber) a cuerno quemado Resultar sospechoso; provocar una impresión desagradable: *que me dejara plantado me olió a cuerno quemado; que no quisiera decirme su nombre me supo a cuerno quemado*.
romperse los cuernos Trabajar o esforzarse mucho: *me rompo los cuernos estudiando y siempre suspendo*.
ETIM *Cuerno* procede del latín *cornu*, que tenía el mismo significado, voz con la que también están relacionadas *cornada, córnadura, cornamenta, córnea, cornear, corneta, cornete, corno, cornudo; descornar, mancornar*.

cuero *n. m.* **1** Piel de algunos animales mamíferos terrestres; especialmente, después de curada y preparada para su uso por el hombre: *cuero de vaca; cuero de venado; una correa de cuero*. **SIN** material. **cuero cabelludo** Piel de la cabeza humana donde nace el pelo: *los indios americanos solían arrancar el cuero cabelludo de sus enemigos*. **2** En algunos deportes, como el fútbol, pelota o balón con el que se juega: *el portero atrapó el cuero justo sobre la línea de meta*.
en cueros (o en cueros vivos) Sin ropa, desnudo: *le gustaba tomar el sol en cueros*.
ETIM *Cuero* procede del latín *corium*, 'piel del hombre o de los animales', voz con la que también están relacionadas *coraza, coriáceo, cuirassier*.

cuerpo *n. m.* **1** Conjunto de las partes que forman el organismo de los seres vivos. **2** Persona o animal sin vida: *tras la explosión, los bomberos sólo pudieron recuperar tres cuerpos*.
estar de cuerpo presente Permanecer el cadáver de una persona en espera de ser enterrado o incinerado. **SIN** difunto, muerto. **3** Parte principal de la estructura física de una persona o animal, diferenciado de la cabeza y las extremidades. **SIN** torso, tronco. **4** Parte de una prenda de vestir que cubre el tronco: *el cuerpo del vestido es de seda*. **5** Trozo limitado de materia; en general, cualquier objeto: *en la exploración le detectaron un cuerpo extraño alojado en la retina*.
cuerpo geométrico Figura que tiene tres dimensiones, sólido. **cuerpo celeste** Planeta, estrella u otro objeto natural en el espacio. **cuerpo del delito** Objeto que prueba un crimen o un acto que está fuera de la ley: *el fiscal mostró a los miembros del jurado el cuerpo del delito*. **6** Conjunto de personas que ejercen una misma profesión: *cuerpo de bomberos, cuerpo de policía, cuerpo diplomático*. **7** Parte unida a otras u otras, pero que puede ser considerada independientemente: *el cuerpo central de la catedral, un armario de tres cuerpos*. **8** Densidad de un material o de un producto: *esta tela tiene mucho cuerpo*. **SIN** consistencia, espesor.
a cuerpo de rey Con todas las comodidades posibles: *después de cobrar la herencia, Juan vive a cuerpo de rey*.
cuerpo a cuerpo Con contacto físico y sin armas de fuego: *los soldados lucharon cuerpo a cuerpo*.
dar (o tomar) cuerpo Empezar a hacerse realidad una idea o proyecto: *tras el éxito de ventas, comenzó a tomar cuerpo el nuevo plan de ampliación de la fábrica*.
en cuerpo y alma Con total dedicación y atención: *el misionero se entregó en cuerpo y alma al cuidado de los enfermos*.

cuerpo humano

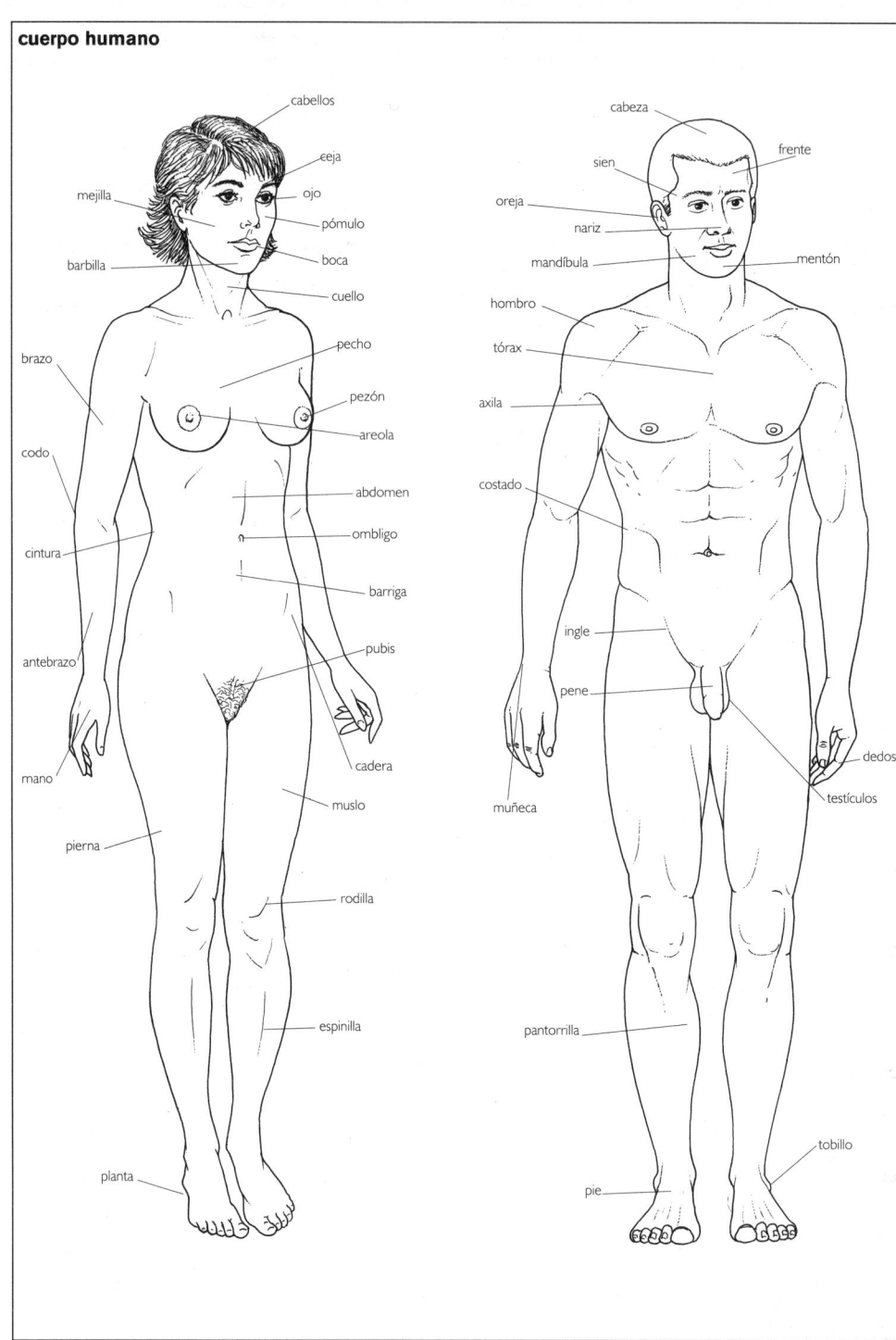

culmen

DER anticuerpo.
ETIM *Cuerpo* procede del latín *corpus,* que tenía el mismo significado, voz con la que también están relacionadas *corpachón, corpiño, corporación, corporal, corpóreo, corpulento, corpus, corpúsculo, incorporar.*

cuervo *n. m.* Pájaro omnívoro de color negro brillante, con alas grandes y cola redondeada; tiene el pico grueso y fuerte, más largo que la cabeza. ☞ *aves.*
OBS Para indicar el sexo se usa *el cuervo macho* y *el cuervo hembra.*

cuesco *n. m.* **1** *coloquial* Pedo ruidoso. **2** Hueso que tiene una fruta en su interior: *el cuesco de la ciruela; el cuesco del melocotón.*

cuesta *n. f.* Terreno que está inclinado.
a cuestas Sobre los hombros o las espaldas: *llevaba a cuestas a su compañero herido.*
cuesta de enero Período de tiempo que coincide con este mes del año durante el que tradicionalmente las personas pasan mayores dificultades económicas por los gastos hechos durante la Navidad.
ir cuesta abajo Disminuir la importancia o la actividad: *la carrera del veterano actor va cuesta abajo.*

cuestación *n. f.* Petición de dinero que se hace a las personas para que ayuden a pagar una obra o actividad benéfica y de interés común: *una cuestación contra el sida; una cuestación contra el hambre.*

cuestión *n. f.* **1** Pregunta que se plantea para averiguar la verdad de una cosa o la opinión de una persona: *durante la reunión el presidente contestó relajadamente las cuestiones formuladas por los periodistas.* **2** Asunto o materia que atrae la atención general: *las cuestiones relacionadas con el medio ambiente preocupan a la sociedad.*
en cuestión Expresión que hace referencia a la persona o cosa de que se trata: *se pasó la tarde hablándome de la vecina que le gustaba, hasta que se calló de pronto cuando apareció la chica en cuestión.*

cuestionable *adj.* Que puede ser puesto en duda y discutido: *es cuestionable el uso de animales para experimentos científicos.* **SIN** discutible. **ANT** incuestionable.
DER incuestionable.

cuestionar *v. tr.* Poner en duda o exponer razones contrarias en una discusión: *ningún miembro del consejo cuestionó la continuidad del gerente en la empresa.*
DER cuestionable.

cuestionario *n. m.* **1** Lista de cuestiones o preguntas que una persona debe contestar: *le pidieron que contestara por teléfono un cuestionario sobre la calidad de los programas de radio y televisión.* **2** Papel o impreso donde se recogen estas cuestiones: *antes de salir del aula entregó el cuestionario al profesor.*

cueva *n. f.* Cavidad subterránea abierta en la tierra de manera natural o excavada por un animal o por el hombre. **SIN** caverna.
ETIM *Cueva* procede del latín vulgar *cova,* 'hueca', voz con la que también está relacionada *covacha.*

cuezo *n. m.* Recipiente de madera, de base cuadrada y más ancho que alto, que sirve para amasar el yeso y otras cosas parecidas: *el albañil amasaba el yeso en el cuezo.*
meter el cuezo *coloquial* *a)* Equivocarse en una cosa: *he vuelto a meter el cuezo: se me olvidó ponerle sal a la comida.* *b)* Introducirse en una conversación o en un asunto de otros sin tener una razón para ello: *siempre tenía que meter el cuezo cuando hablábamos de mis cosas.*

cuidado *n. m.* **1** Asistencia e interés que se le prestan a una persona o cosa: *el cuidado de un enfermo; el cuidado de un jardín.* **2** Interés y preocupación que se pone en hacer una cosa: *es un encuadernador que pone cuidado en su trabajo.* **3** Interés y preocupación que se pone para evitar o prevenir un peligro: *conducir con cuidado; ten cuidado con la escalera, que tiene un peldaño roto.* **SIN** cautela, precaución. ◇ *int.* **4 ¡cuidado!** Expresión con la que se llama la atención a una o más personas para que eviten un peligro: *¡cuidado con la sartén y el aceite hirviendo!* **SIN** ¡ojo!
DER cuidadoso.

cuidadoso, -sa *adj.* Que hace las cosas con cuidado y atención.
DER cuidadosamente.

cuidar *v. tr./intr.* **1** Vigilar o ayudar con interés a una persona o cosa: *el perro cuida la casa; la enfermera cuida a los enfermos.* ◇ *v. tr./prnl.* **2** Poner interés y atención en una actividad o responsabilidad: *es un director que cuida mucho todos los aspectos de la película; yo me cuido de la cena, tú encárgate de ir abriendo el vino.* ◇ *v. prnl.* **3 cuidarse** Preocuparse una persona por su propio bienestar, especialmente por su salud: *tras sufrir un infarto, ha dejado el tabaco y se cuida mucho más.* **4** Mantenerse apartado o a salvo de un peligro: *cuando estés nadando en el mar, cuídate de las corrientes y las olas.*
DER cuidado, cuidador; descuidar.

cuita *n. f.* *culto* Desgracia o circunstancia adversa que provoca tristeza: *yendo al cine lograba olvidar sus cuitas durante unas horas.* **SIN** pena.

culada *n. f.* Golpe que se da con las asentaderas o cayendo sobre ellas: *la primera vez que se puso unos patines no paró de darse culadas.*

culata *n. f.* **1** Parte posterior de un arma de fuego que sirve para sujetarla con la mano o apoyarla contra el hombro cuando se dispara con ella: *la culata de la pistola era de nácar blanco; tenía grabado su nombre en la culata de madera del fusil.* **2** Pieza de metal que se ajusta al bloque de un motor de explosión y cierra el cuerpo de los cilindros.

culebra *n. f.* Reptil de cuerpo cilíndrico alargado, sin pies y con la piel formada por escamas de distintos colores; tiene la cabeza aplastada, la boca grande y la lengua alargada y bífida. **SIN** serpiente. ☞ *reptiles.*
DER culebrear, culebrina, culebrón.
OBS Para indicar el sexo se usa *la culebra macho* y *la culebra hembra.*

culebrina *n. f.* Relámpago con forma de línea ondulada.

culebrón *n. m.* *coloquial* Telenovela que consta de gran cantidad de episodios a lo largo de los cuales se establecen intensas relaciones sentimentales de amor, odio y venganza entre muchos personajes: *veía todos los culebrones que daban por televisión.*

culera *n. f.* **1** Pieza con la que se refuerza o remienda la parte del trasero en un pantalón. **2** Mancha o desgaste en un pantalón o una falda por la parte que cubre el trasero.

culinaria *n. f.* Técnica de guisar, aderezar los alimentos: *la culinaria vasca.*

culinario, -ria *adj.* De la culinaria o que tiene relación con ella: *un libro de recetas culinarias; el arte culinario de Levante gira en torno al arroz.*

culmen *n. m.* Punto más alto o grado mayor de perfección que se puede alcanzar: *las pinturas de la cueva de Altamira representan el culmen del arte rupestre español.* **SIN** cima, cumbre.
DER culminar.
ETIM Véase *cumbre.*

culminación *n. f.* Grado superior y final al que llega un proceso o actividad: *las primeras elecciones democráticas de 1977 supusieron la culminación de la transición política en España.* **SIN** coronación.

culminante *adj.* Que representa el momento de mayor importancia, intensidad, grandeza o calidad: *en el momento culminante de la ceremonia un arquero encendió el pebetero olímpico.*

culminar *v. intr.* **1** Llegar al punto más alto, de mayor intensidad, grandeza o calidad: *el delantero culminó una tarde de gran juego marcando el gol de la victoria de su equipo.* **SIN** coronar. ◇ *v. tr.* **2** Dar fin, terminar una actividad o proceso: *la investigación policial culminó con la detención de dos sospechosos.*
DER culminación, culminante.

culo *n. m.* **1** Parte del cuerpo de un animal vertebrado constituida por el extremo superior y posterior de los muslos y la zona inferior de la espalda o el lomo: *sobre el culo descansa el cuerpo de una persona cuando se sienta.* **SIN** trasero. **2** Parte de una prenda de vestir que cubre esta parte del cuerpo: *el culo del pantalón.* **3** Orificio en el que termina la última parte del intestino grueso, por el que se expulsan los excrementos. **SIN** ano, ojete. **4** Parte carnosa y redondeada que corresponde al extremo superior y posterior del muslo en su unión con la espalda. **SIN** glúteo, nalga. **5** Extremo inferior o posterior de una cosa, generalmente de un recipiente: *el culo de un vaso; el culo de una taza.* **6** Pequeña cantidad de líquido que queda en el fondo de un recipiente: *un culo de aceite; un culo de sidra.*
caerse de culo *malsonante* Sorprenderse o admirarse mucho: *cuando le contó a sus amigos que le había tocado la lotería, se cayeron de culo.*
con el culo al aire *coloquial* En una situación de difícil salida o solución: *uno de los detenidos hizo una confesión y dejó a su compañero con el culo al aire.*
DER culada, culamen, culata, culera, culón; recular.

culombio *n. m.* FÍS. Unidad de cantidad de electricidad en el sistema internacional de unidades: *el culombio es la carga que transporta un amperio cada segundo.* **SIN** coulomb.

culón, -lona *adj./n. m. y f.* [persona] Que tiene el trasero muy grande.

culpa *n. f.* **1** Actuación de una persona que va en contra de la ley o la moral o que perjudica injustamente a otra: *llevas mucho tiempo engañando a tus amigos y algún día pagarás tus culpas; el ladrón se entregó dispuesto a pagar sus culpas.* **2** Responsabilidad que tiene una persona por una actuación que va en contra de la ley o la moral o que perjudica injustamente a otra: *la culpa de que echaran del instituto es únicamente tuya.* **3** Causa o motivo de un hecho que provoca un daño o perjuicio: *el mal tiempo tuvo la culpa de que se suspendiera la regata.*
echar la culpa Acusar a una persona de una falta: *sus hermanos le echaron la culpa del desorden del salón.*
DER culpar, culpabilidad, culpabilizar, culpable; disculpa.

culpabilidad *n. f.* Responsabilidad de la persona que tiene la culpa de un hecho que va en contra de la ley o la moral o que perjudica injustamente a otra persona: *sólo un acusado reconoció su culpabilidad.* **ANT** inocencia.

culpabilizar *v. tr./prnl.* Culpar, atribuir la responsabilidad de un hecho: *no es justo que culpabilices a los demás de tus propios errores.*
OBS Se conjuga como 4.

culpable *adj./n. com.* **1** [persona] Que es la responsable de un hecho que va en contra de la ley o la moral o que perjudica injustamente a otra persona: *el jurado declaró culpable al acusado; tus amigos son los culpables de que no me llamaras por teléfono.* **ANT** inocente. **2** Que es la causa o motivo de un hecho que provoca un daño o perjuicio: *los incendios forestales son los culpables de la desertización de los terrenos.*

culpar *v. tr./prnl.* **1** Atribuir la responsabilidad de un hecho que va en contra de la ley o la moral o que perjudica injustamente a otra persona: *culpó a los profesores de sus malas notas; los sindicatos culpan a la patronal de oprimir a los trabajadores.* **SIN** acusar. **2** Atribuir la causa o motivo de un hecho que provoca un daño o perjuicio: *los agricultores culpan a la sequía de la pérdida de sus cultivos.*
DER exculpar, inculpar.

culteranismo *n. m.* Estilo literario del barroco español caracterizado por el uso de formas poéticas de difícil comprensión, basadas en abundantes y complicadas metáforas, un lenguaje de sintaxis compleja y un vocabulario rico en oscuros cultismos: *el culteranismo floreció a finales del siglo XVI y principios del XVII, y su máximo representante fue Luis de Góngora.*

cultismo *n. m.* Palabra procedente del latín o el griego que pasa a formar parte de una lengua moderna sin sufrir las transformaciones fonéticas normales que han modificado la forma de las demás palabras: *la palabra referéndum es un cultismo.*

cultivable *adj.* [terreno] Que tiene características que permiten su cultivo con una buena producción: *la desertización provoca que cada vez existan menos superficies cultivables en España.*

cultivar *v. tr.* **1** Trabajar la tierra y cuidar las plantas que crecen en ella para que den fruto y produzcan un beneficio: *cultivar la tierra; cultivar un huerto.* **2** BIOL. Hacer que se desarrollen organismos microscópicos sobre una sustancia preparada para favorecer su aparición: *cultivar bacterias en el laboratorio permite estudiar su comportamiento ante diversos medicamentos.* **3** Criar en cautividad a un animal para procurar que tenga un crecimiento y desarrollo adecuados y poder utilizarlo con fines comerciales o científicos: *cultivar ostras; cultivar truchas.* ◇ *v. tr./prnl.* **4** Desarrollar una actividad intelectual con placer y dedicación, especialmente un arte o ciencia: *cultivar la lectura; cultivar la pintura.* **5** Desarrollar, mantener y mejorar una relación de conocimiento, amistad o amor con otra persona: *debes cultivar la amistad de ese chico.*
DER cultivable, cultivado, cultivador, cultivo.

cultivo *n. m.* **1** Trabajo de la tierra y cuidado de sus plantas para que den fruto y produzcan un beneficio: *el cultivo de un terreno de regadío; el cultivo de la patata.* **cultivo intensivo** Cultivo que permite sacar mucho rendimiento a la tierra no dejándola descansar. **2** BIOL. Conjunto de organismos microscópicos desarrollados en un laboratorio en una sustancia preparada para favorecer su aparición: *Fleming descubrió la penicilina al comprobar la falta de crecimiento de algunos cultivos de bacterias invadidos por un tipo de hongo.* **3** Cría en cautividad de un animal para que tenga un crecimiento y desarrollo adecuados y poder utilizarlo con fines comerciales o científicos: *el cultivo de peces se lleva a cabo en las piscifactorías.* **4** Desarrollo de una actividad intelectual con placer y dedicación, especialmente un arte o ciencia: *el cultivo de la oratoria ayuda a hablar en público.* **5** Desarrollo de relaciones de conocimiento, amistad o amor con otras personas: *lo educaron en el cultivo de las buenas compañías.*
DER monocultivo.

culto, -ta *adj.* **1** [persona] Que posee una educación y

conocimientos gracias al desarrollo de sus facultades intelectuales mediante la lectura, el estudio y el trabajo: *Garcilaso fue mitad soldado y mitad hombre culto, amante de la poesía.* **ANT** inculto. **2** Que no es conocido o empleado por la mayoría de las personas, sino sólo por aquellas que han desarrollado sus facultades intelectuales mediante la lectura, el estudio y el trabajo: *la poesía de Góngora se caracteriza por el empleo de términos cultos.* **ANT** vulgar. ◇ *n. m.* **3** Homenaje de veneración y respeto que se rinde a un ser divino o sagrado: *muchas iglesias están consagradas al culto de la Virgen.* **4** Conjunto de actos y ceremonias en los que se expresa veneración y respeto a un ser divino o sagrado: *en la religión católica, la iglesia es el lugar de culto a Dios, la Virgen y los santos.* **5** Admiración y respeto que se rinde a una persona o cosa como si se tratara de un ser divino o sagrado: *Elvis Presley o James Dean son personajes de culto en los Estados Unidos.*
DER culteranismo, cultismo, cultivar, cultura; inculto.

-cultor, -cultora Elemento sufijal que entra en la formación de palabras con el significado de 'cultivador', 'criador': *viticultor, apicultor.* Véase *-cola.*

cultura *n. f.* **1** Conjunto de conocimientos e ideas adquiridos gracias al desarrollo de las facultades intelectuales mediante la lectura, el estudio y el trabajo: *por las cosas que dice y cómo las dice demuestra tener una gran cultura.* **ANT** incultura. **2** Conjunto de conocimientos, ideas, tradiciones y costumbres que caracterizan a un pueblo o a una época: *la cultura española; la cultura del Siglo de Oro.*
DER cultural, culturismo, culturizar; contracultura, subcultura.

-cultura Elemento sufijal que entra en la formación de palabras con el significado de 'cultivo', 'cría', 'crianza': *agricultura, apicultura.* Véase *-cola.*

cultural *adj.* De la cultura o que tiene relación con ella.
DER sociocultural.

culturismo *n. m.* Conjunto de ejercicios y actividades que sirven para desarrollar los músculos del cuerpo: *el culturismo se practica fundamentalmente en un gimnasio.*
DER culturista.

culturista *n. com.* Persona que practica el culturismo.

culturizar *v. tr./prnl.* **1** Dotar de conocimientos e ideas a una persona que no las posee con la intención de que desarrolle sus propias facultades intelectuales: *pasó sus primeros años de maestro intentando culturizar a jóvenes de escondidas aldeas de montaña.* ◇ *v. tr.* **2** Imponer a un grupo social o a un pueblo un conjunto de conocimientos, ideas y costumbres distintos de su cultura tradicional: *Estados Unidos culturiza a través de la televisión a gran parte de la juventud occidental.*
DER transculturización.
OBS En su conjugación, la *z* se convierte en *c* delante de *e.*

cumbre *n. f.* **1** Punto más alto de una montaña o de una elevación del terreno: *Edmund Hillary y Tiensing Norgay fueron los primeros hombres en alcanzar la cumbre del Everest.* **SIN** cima, cresta. **2** Punto más alto o grado mayor de perfección que se puede alcanzar: *la actriz murió en la cumbre de su carrera.* **SIN** cima, culmen. **3** Reunión de los máximos representantes políticos o militares de varias naciones: *en la cumbre de Yalta, Stalin, Roosevelt y Churchill concertaron el reparto de la Alemania de la posguerra.*
DER encumbrar.
ETIM *Cumbre* procede del latín *culmen, -inis,* que tenía el mismo significado, voz con la que también está relacionada *culmen.*

cumpleaños *n. m.* Aniversario del nacimiento de una persona.

OBS El plural también es *cumpleaños.*
cumplido, -da *adj.* **1** [persona] Que actúa de acuerdo con lo que es adecuado u obligado según las normas sociales y de cortesía: *un camarero muy cumplido nos recogió los abrigos y nos acomodó en la mesa.* ◇ *n. m.* **2** Muestra de cortesía y educación que se hace para agradar o halagar a una persona: *es un poco pelota y siempre anda haciéndole cumplidos a la mujer del jefe.*

cumplidor, -ra *adj./n. m. y f.* [persona] Que cumple las promesas o previsiones que ha hecho: *es un albañil muy cumplidor y acabará la obra en la fecha prevista.*

cumplimentar *v. tr.* **1** Saludar con cortesía, educación y respeto a una persona, especialmente a una autoridad o a un personaje importante: *al pie de la escalerilla del avión, el Papa fue cumplimentado por las autoridades locales.* **2** Efectuar los procedimientos legales necesarios para lograr un propósito: *antes de recoger el equipaje debió cumplimentar los engorrosos trámites aduaneros.* **3** Rellenar un impreso o cuestionario: *debes ir al ayuntamiento y cumplimentar la solicitud de una vivienda social.*
DER cumplimiento.

cumplimiento *n. m.* **1** Actuación que se lleva a cabo como consecuencia de una obligación, una promesa o una orden: *la televisión cede a los partidos políticos espacios electorales gratuitos en cumplimiento de la ley.* **ANT** incumplimiento. **2** Fin de un plazo o un período predeterminado: *el jugador quedará en libertad al cumplimiento del contrato que lo liga al club.*

cumplir *v. tr./intr.* **1** Actuar con rigor y seriedad de acuerdo con una obligación, una promesa o una orden: *estudia y cumple con tu deber; el patrón siempre cumple, así que ya verás como nos sube el sueldo.* ◇ *v. tr./prnl.* **2** Llegar a tener o completar un tiempo determinado: *cumplo años el 14 de septiembre; en 1992 se cumplió el quinto centenario del descubrimiento de América.* **3** Llegar el momento en que termina una obligación o un período determinado: *a finales de año cumple su condena y podrá salir de la cárcel en libertad.* ◇ *v. prnl.* **4 cumplirse** Ocurrir, tener lugar, llegar a producirse: *se han cumplido las previsiones oficiales de creación de empleo.*

por cumplir Sin ganas o interés y sólo por cortesía o educación: *invité a los vecinos a visitar la casa por cumplir.*
DER cumplido, cumplidor, cumplimentar; incumplir.
ETIM *Cumplir* procede del latín *complere,* que tenía el mismo significado, voz con la que también están relacionadas *complemento, completo.*

cúmulo *n. m.* **1** Coincidencia en tiempo y lugar de gran número de cosas, especialmente de hechos, circunstancias, ideas o sentimientos: *un cúmulo de hojarasca; un cúmulo de desgracias.* **SIN** acumulación. **2** Nube blanca de forma redonda y aspecto algodonoso que no produce lluvias.

cuna *n. f.* **1** Cama pequeña con bordes elevados o barandillas en la que duermen los bebés y los niños pequeños. ☞ cama. **2** Lugar de nacimiento de una persona o de origen de una cosa: *Málaga es la cuna de Picasso; Andalucía es la cuna del flamenco.* **3** Familia o estirpe a la que se pertenece: *a pesar de su riqueza, nunca renegó de su humilde cuna.*
DER acunar, encunar, incunable.

cundir *v. intr.* **1** Progresar en el desarrollo de un trabajo o actividad: *estudio varias horas todos los días, pero apenas me cunde.* **2** Hacer llegar una cosa a muchas personas, generalmente una noticia, idea o sentimiento negativo: *al oír la explosión, cundió el pánico en todo el edificio.* **3** Dar mucho de sí, extenderse: *los fideos o el arroz cunden mucho al cocer-*

cuneiforme

se. **4** Permitir un aprovechamiento mayor y más útil. *Cunde más el jamón york ya cortado que el que se puede comprar en una pieza.*

cuneiforme   *adj.* [escritura] Que representa los caracteres y las palabras con símbolos en forma de cuñas y clavos: *la escritura cuneiforme era propia de la antigua civilización sumeria.*

cuneta   *n. f.* Zanja a los lados de un camino o carretera para recoger el agua de lluvia: *paró el coche para recoger a una joven que estaba sentada al borde de la cuneta.*

cuña   *n. f.* **1** Pieza de madera o metal acabada en ángulo agudo, que se introduce entre dos elementos o en una grieta o ranura y se emplea sobre todo para inmovilizar o afirmar cosas. **SIN** calce, calza, calzo. **2** Recipiente de plástico con esta forma que sirve para recoger los excrementos de los enfermos que no pueden levantarse de la cama. **3** Anuncio publicitario de muy corta duración que se emite a lo largo de la programación de radio y televisión. **4** Parte de una borrasca o de un anticiclón que irrumpe en una zona de presiones distintas y que provoca cambios en la atmósfera y en el tiempo: *en el mapa del tiempo se puede observar una cuña de altas presiones en las Azores.*

cuñado, -da   *n. m. y f.* Hermano o hermana de la persona con la que se está casado.

cuño   *n. m.* **1** Molde que se usa para grabar un objeto de metal, especialmente una moneda. **SIN** troquel. **2** Impresión o señal que deja este molde en un objeto de metal: *el cuño de la moneda.* **3** Conjunto de características de una cosa que revelan su origen o procedencia: *en algunos grupos de aficionados al fútbol se pueden ver símbolos y actitudes de cuño fascista.* **SIN** sello.
de nuevo cuño De reciente aparición: *una serie de directores de nuevo cuño acaparan el mercado cinematográfico.*

cuota   *n. f.* **1** Cantidad de dinero que se paga por pertenecer a un grupo, asociación u organización: *la cuota sindical; la cuota de la Seguridad Social.* **2** Parte o porción fija y proporcional de un todo: *el sector no oficial exige una mayor cuota de poder en el partido.* **SIN** cupo.

cupé   *n. m.* Automóvil que tiene dos puertas y dos asientos, uno para el conductor y otro para el ocupante: *han sacado el cupé de este modelo de coche.*

cuplé   *n. m.* Canción breve de tema picaresco que se canta en revistas y espectáculos musicales.
OBS El plural es *cuplés.*

cupletista   *n. f.* Artista que canta cuplés.

cupo   *n. m.* Parte o porción fija y proporcional de un todo: *la Unión Europea anuncia nuevos recortes en el cupo de pesca de la flota española.* **SIN** cuota.
ETIM Véase *caber.*

cupón   *n. m.* Parte con un valor fijo y proporcional en que está dividido un documento, y que puede cortarse de él y usarse individualmente o con otras: *un cupón de lotería; la batería de cocina se obtiene reuniendo veinte cupones de los que dan en el supermercado.*

cúprico, -ca   *adj.* Del cobre o que tiene relación con este metal.

cúpula   *n. f.* **1** ARQ. Techo con forma de media esfera que cubre un espacio comprendido entre dos muros o varias columnas: *la cúpula de la basílica de San Pedro de Roma.* **2** Conjunto de personas que dirigen un grupo, asociación u organización: *la cúpula de una banda terrorista; la cúpula de un sindicato, de un partido político.*

cura   *n. m.* **1** Sacerdote de la Iglesia católica. ◊ *n. f.* **2** Aplicación de los remedios necesarios para eliminar una enfermedad, herida o daño físico: *tras la caída, en el botiquín del colegio le hicieron las primeras curas.* **SIN** curación. **3** Conjunto de consejos y remedios que el médico indica al enfermo para que se cure: *le han prescrito una cura de adelgazamiento para sus problemas de espalda.* **SIN** tratamiento. **4** Solución o remedio de un problema o defecto: *es un soberbio y necesita una cura de humildad.*
no tener cura No poder corregirse, no tener remedio: *su pasión por las motos no tiene cura.*

curación   *n. f.* **1** Recuperación de la salud y eliminación de la enfermedad, herida o daño físico que padece una persona: *la curación de un enfermo; la curación de una rotura de hueso.* **2** Aplicación de los remedios necesarios para eliminar una enfermedad, herida o daño físico: *cada mañana el propio médico hacía las curaciones a los quemados.* **SIN** cura.

curanderismo   *n. m.* Curandería, práctica de los curanderos.

curandero, -ra   *n. m. y f.* Persona que ejerce la medicina sin tener título oficial, especialmente si usa métodos naturales o rituales.
DER curanderismo.

curar   *v. intr./prnl.* **1** Recuperar la salud: *el ciclista curó en poco tiempo y volvió a la competición; tu hermano pronto se curará.* ◊ *v. tr.* **2** Aplicar los remedios necesarios para eliminar una enfermedad, herida o daño físico: *la enfermera cura las heridas más superficiales del accidentado; hoy en día es posible curar muchos tipos de cáncer.* **3** Secar un alimento para que adquiera un sabor particular y se conserve durante un largo período sin estropearse: *curar un jamón.* **4** Preparar la piel de un animal para que no se pudra y pueda ser usada para confeccionar prendas de vestir y objetos: *curar la piel de vaca para hacer carteras, chaquetas o zapatos.* **SIN** curtir.
curarse en salud Tomar las medidas necesarias para prevenir los efectos de un daño o mal antes de sufrirlo: *al acabar el examen, se curó en salud y dijo que no le importaba suspenderlo.*
DER cura, curación, curado, curador, curandero, curativo, incurable, procurar.

curare   *n. m.* Sustancia negra y amarga extraída del jugo de algunas plantas tropicales; se utiliza como veneno por su poder para paralizar el sistema nervioso: *los indios del Amazonas impregnan la punta de sus flechas en curare para cazar.*

curasao   *n. m.* Bebida alcohólica de alta graduación fabricada con corteza de naranja y otros ingredientes.

curativo, -va   *adj.* Que sirve para curar: *método curativo; tratamiento curativo.*

curda   *n. f.* *coloquial* Borrachera, embriaguez.

curdo, -da   *adj.* **1** De Curdistán o que tiene relación con esta región del Oriente Medio que abarca zonas de Turquía, Armenia, Irak e Irán. ◊ *adj./n. m. y f.* **2** [persona] Que es de Curdistán. ◊ *n. m.* **3** Lengua hablada en esta región.
OBS También puede escribirse *kurdo.*

curia   *n. f.* Conjunto de funcionarios y rectores, laicos y religiosos, que forman parte de la administración y el gobierno de la Iglesia católica.

curio   *n. m.* Elemento químico metálico radiactivo; se obtiene bombardeando plutonio con partículas integradas por protones y neutrones: *el símbolo del curio es Cm.*

curiosear   *v. intr./tr.* **1** Procurar enterarse con disimulo de una información, especialmente de datos referentes a la vida privada de las personas: *curioseó en la casa de su vecino aprovechando que éste le había dejado la llave.* **SIN** fisgar, fisgonear. ◊ *v. intr.* **2** Mirar sin gran interés y por distracción: *curioseó en algunas tiendas del rastro antes de volver a casa.*

curiosidad *n. f.* **1** Interés en conocer una cosa: *la curiosidad le llevó a investigar en profundidad la historia de su familia.* **2** Interés por enterarse de datos referentes a la vida privada de las personas: *tengo curiosidad por saber en qué trabaja mi vecino.* **3** Circunstancia, hecho u objeto que se considera digno de interés por ser llamativo, raro o poco conocido: *te contaré algunas curiosidades sobre el origen romano de este pueblo; observó con detenimiento algunas curiosidades expuestas en el escaparate del anticuario.* Se suele usar en plural.

curioso, -sa *adj.* **1** [persona] Que tiene interés por conocer una cosa: *es un niño muy curioso y siempre anda preguntando por todo.* **2** Que se considera digno de interés por ser llamativo, raro o poco conocido: *es curiosa la etimología de la palabra* alférez. **3** Que está limpio, bien arreglado o dispuesto, a pesar de no tener una calidad o belleza excepcional: *un pisito pequeño, pero curioso; una persona curiosa en su manera de vestir.* **SIN** coqueto.

currante *n. com.* coloquial Trabajador, especialmente si ocupa un puesto bajo o poco cualificado. **SIN** currito.

currar o **currelar** *v. intr.* coloquial Trabajar, especialmente en un puesto bajo o poco cualificado.

currelar *v. intr.* coloquial Trabajar, especialmente en un puesto bajo o poco cualificado.

currelo *n. m.* coloquial Curro, trabajo.

curricular *adj.* Del currículo o que tiene relación con él: *el diseño curricular de los estudios del primer ciclo; el expediente curricular de una persona.*
DER extracurricular.

currículo *n. m.* **1** Conjunto de conocimientos que un alumno debe adquirir para conseguir un título académico: *el currículo no debe entenderse como un temario tradicional, sino como una lista de objetivos educativos.* **2** Currículum vitae.

currículum o **currículum vitae** *n. m.* Relación de datos personales, títulos académicos o profesionales y trabajos hechos por una persona: *manda tu currículum a varias empresas y a lo mejor te ofrecen trabajo.* **SIN** currículo.
OBS El plural latino es *currícula*. No se debe decir *currículums*.

currito *n. m.* coloquial Currante, trabajador.

curro *n. m.* coloquial Trabajo, especialmente el que se desempeña en un puesto bajo o poco cualificado. **SIN** currelo.
DER currito.

curry *n. m.* Sustancia de origen hindú que se obtiene de la mezcla de diversas especias, como clavo, azafrán o jengibre; se utiliza como condimento de alimentos y en la elaboración de salsas.

cursar *v. tr.* **1** Estudiar una asignatura o materia en un centro de enseñanza: *cursó estudios de teología en la Universidad Pontificia de Comillas.* **2** Hacer que una orden o documento administrativo sea tramitado y enviado al organismo o a la persona adecuada: *el juez cursó a la policía una orden de detención contra el acusado.*

cursi *adj./n. com.* Que intenta ser elegante o distinguido sin conseguirlo: *acudió el primer día a clase con un vestido muy cursi y fue el hazmerreír de todos su compañeros; el novio de mi hermana es un chico muy cursi y estirado.*
DER cursilada, cursilería.

cursilada *n. f.* Obra, dicho o cosa cursi: *el peinado que llevas, con los ricitos, los lazos y los tirabuzones, me parece una cursilada.*

cursilería *n. f.* **1** Comportamiento o actuación propia de una persona cursi: *me pone enfermo la cursilería de sus gestos.* **2** Obra o dicho cursi: *la carta en la que le declaraba su amor era una lista inacabable de cursilerías.*

cursillo *n. m.* Curso de poca duración en el que se tratan y estudian los conocimientos básicos o las técnicas fundamentales de una materia o actividad: *un cursillo de submarinismo; un cursillo de preparación al parto.*

cursivo, -va *adj./n. f.* [signo, letra impresa] Que está inclinado hacia la derecha, imitando la letra que se escribe a mano con rapidez: *en este diccionario los ejemplos se imprimen en letra cursiva.* **SIN** itálico.

curso *n. m.* **1** Parte del año dedicada a unas actividades, especialmente de enseñanza: *en mi facultad, el curso empieza en septiembre y acaba en junio.* **2** Estudio o serie de lecciones: *me he apuntado a un curso de informática; Luis ha hecho un curso de fotografía.* **3** Libro o tratado: *he comprado un curso de inglés muy prestigioso; curso de lingüística general.* **4** Conjunto de personas de un mismo grado de estudios: *todos esos chicos son del curso de mi hijo mayor.* **5** Camino que se sigue: *siguiendo el curso del río se encuentra un molino; su decisión interrumpió el curso de los acontecimientos.* **SIN** evolución.
DER cursar, cursillo, cursiva, cursivo, cursor.
ETIM *Curso* procede del latín *cursus*, que tenía el mismo significado, voz con la que también están relacionadas *concurso, decurso, discurso, excursión, incursión, precursor, recurso, transcurso.*

cursor *n. m.* INFORM. Señal que en una pantalla de ordenador indica la posición en que se puede realizar una función: *el cursor puede tener forma de punta de flecha, de guión bajo o de rectángulo intermitente.*

curtir *v. tr.* **1** Preparar la piel de un animal para que no se pudra y pueda ser usada para confeccionar prendas de vestir y objetos. **SIN** curar. ◇ *v. tr./prnl.* **2** Quedar rígida, tostada y arrugada la piel de las personas por estar expuesta durante mucho tiempo al sol y a las inclemencias del tiempo: *la vida en la mar había curtido la cara y las manos del viejo pescador.* **3** Fortalecer la personalidad mediante la experiencia, el esfuerzo y la dedicación, especialmente si para ello se han sufrido penalidades y privaciones: *el tiempo que trabajó lejos de su familia curtió su carácter.*
DER curtidor; encurtir.

curva *n. f.* **1** Línea que no es recta en ninguna de sus partes: *una curva está formada por arcos de circunferencia.* **curva cerrada** Curva que vuelve al punto de partida: *la circunferencia es una curva cerrada.* **2** Objeto que tiene esta forma: *una curva en la carretera; esta curva representa las temperaturas de los últimos meses.* **curva abierta** Parte de una carretera o camino que se desvía poco de la recta cambiando moderadamente la dirección de la marcha: *tomó la curva a gran velocidad porque era muy abierta.* **curva cerrada** Parte de una carretera o camino que se desvía mucho de la recta cambiando en exceso la dirección de la marcha: *el automóvil entró a demasiada velocidad en la curva cerrada y se salió de la carretera.*

curvado, -da *adj.* Curvo, que no es recto.

curvar *v. tr./prnl.* Dar forma curva: *el peso de los libros ha curvado la tabla de la estantería.* **SIN** doblar, torcer.
DER curvado.

curvatura *n. f.* Desvío de la dirección o forma recta que sufre una línea, superficie u objeto: *la curvatura de una circunferencia; la curvatura que sufre una pértiga cuando se apoya en ella el saltador.*

curvilíneo, -nea *adj.* Que está formado en su mayoría por líneas curvas: *las formas curvilíneas de los desnudos de Rubens.* **ANT** rectilíneo.

curvo, -va *adj./n. f.* Que no es recto y no forma ángulos: *un anzuelo suele tener forma curva.* **SIN** curvado.

DER curvar, curvatura, curvilíneo, curvímetro.
ETIM *Curvo* procede del latín *corvus*, que tenía el mismo significado, voz con la que también está relacionada *corvo*.

cuscurro *n. m.* Parte del pan más dura y tostada que corresponde generalmente a los extremos y bordes de la pieza. ☞ pan.

cuscús *n. m.* Comida típica árabe que se compone de harina o sémola de trigo, con la que se hacen bolitas que se comen con verduras y carne de pollo y ternera guisada.
SIN alcuzcuz.
OBS El plural también es *cuscús*.

cúspide *n. f.* **1** Parte más alta de una montaña o de un lugar elevado, especialmente si tiene forma puntiaguda: *la cúspide de un cerro; la cúspide de una pirámide; la cúspide de un campanario*. **2** Punto más elevado, intenso o perfecto de un proceso o actividad que sobresale con claridad de los demás: *el hombre ocupa la cúspide de la evolución animal*. **SIN** apogeo.

custodia *n. f.* **1** Vigilancia que se hace de una persona o cosa: *la custodia de un polvorín militar; la custodia del delincuente*. **2** Pieza de oro o plata, generalmente decorada con piedras preciosas, en la que se expone el Santísimo Sacramento para la adoración y el culto de los fieles cristianos. **3** Responsabilidad que se tiene sobre la educación y el bienestar de una persona menor de edad: *tras el divorcio, el juez otorgó la custodia de los hijos a la mujer*.

custodiar *v. tr.* **1** Vigilar una cosa de propiedad ajena parar protegerla de un posible robo: *varios guardias de seguridad custodiaban el diamante*. **2** Vigilar a una persona para proteger su vida o para evitar que escape: *el detenido entró en el juzgado custodiado por la policía*.
DER custodia.
OBS En su conjugación, la *i* no se acentúa, como en *cambiar*.

cutáneo, -nea *adj.* De la piel, especialmente la del rostro, o que tiene relación con ella: *no podía tomar el sol al tener problemas cutáneos*.

cutícula *n. f.* **1** ANAT. Piel muy fina y delgada que rodea la base de la uña. ☞ mano. **2** ANAT. Capa más exterior de la piel de los vertebrados y de los invertebrados. **SIN** epidermis.

cutis *n. m.* Piel de una persona, especialmente la de la cara.
DER cutáneo, cutícula.
OBS El plural también es *cutis*.

cutre *adj.* Que es pobre, barato, de mala calidad y aspecto descuidado: *un bar cutre*.

cuyo, -ya *pron. rel.* Indica que el nombre que va detrás pertenece a la persona o cosa que va delante: *El Quijote comienza: «En un lugar de La Mancha, de cuyo nombre no quiero acordarme...»; acumulaba una gran fortuna, cuya cuantía ni él mismo conocía*.
OBS Coincide en género y número con el sustantivo al que acompaña. Puede llevar preposición si la necesita: *le compró a su hijo un huevo de pascua en cuyo interior había un bonito regalo*.

CV *n. m.* Símbolo de *caballo de vapor*, medida de potencia.

D | d

d *n. f.* **1** Cuarta letra del alfabeto español: *la palabra dedo tiene dos des.* **2** Letra que representa el valor de 500 en el sistema de numeración romana: *los romanos escribían 500 con una D. Se escribe con letra mayúscula.*

d. C. d. de C.

d. de C. Abreviatura de *después de Cristo.*
OBS También se escribe d. C.

D. E. P. Abreviatura de *descanse en paz,* fórmula de cortesía.

daca Palabra que se utiliza en la expresión *toma y daca,* con la que se indica que una cosa se hace de manera repetitiva entre dos partes: *la primera media hora de juego fue un toma y daca de ambos equipos; su relación es un toma y daca de favores.*

dacha *n. f.* Casa de campo rusa de propiedad privada: *las dachas son de madera.*

dactilar *adj.* De los dedos o que tiene relación con ellos: *le tomaron las huellas dactilares para el DNI.* **SIN** digital.

dactilografía *n. f.* Técnica de escribir a máquina: *están buscando una secretaria que sepa dactilografía.* **SIN** mecanografía.
DER dactilógrafo.

dactilógrafo, -fa *n. m. y f.* Persona que escribe a máquina: *el dactilógrafo copió el informe rápidamente.* **SIN** mecanógrafo.

dadaísmo *n. m.* Movimiento artístico y literario, iniciado por Tristan Tzara (1896-1963) en 1916, que propugna la liberación de la fantasía y la ausencia de toda significación racional: *el dadaísmo toma su nombre del balbuceo infantil da-da.*
DER dadaísta.

dadaísta *adj.* **1** Del dadaísmo o que tiene relación con este movimiento artístico: *el movimiento dadaísta defiende la creación de un lenguaje incoherente.* ◇ *adj./n. com.* **2** [persona] Que practica el dadaísmo: *André Breton fue un poeta dadaísta.*

dádiva *n. f.* Regalo o cosa que se da voluntariamente en señal de agradecimiento o afecto: *el rey concedió dádivas valiosas a los guerreros más valientes.* **SIN** don, presente.
DER dadivoso.

dadivoso, -sa *adj./n. m. y f.* [persona] Que es generoso o inclinado a hacer dádivas: *es muy dadivoso con sus amigos.*

dado *n. m.* Pieza cúbica en cuyas caras hay dibujados puntos, de uno hasta seis, y que se usa en juegos de azar: *hemos perdido un dado del parchís.*
dado que Indica la causa por la que ocurre una cosa: *dado que hoy llueve, no iremos a la excursión.*
ser muy dado Sentir tendencia o inclinación: *Juan es muy dado a dar consejos.*

daga *n. f.* Arma blanca de hoja corta y ancha, parecida a la espada: *la daga tenía el puño de oro.*

daguerrotipia *n. f.* Técnica fotográfica por la cual las imágenes obtenidas se fijan en placas metálicas: *la daguerrotipia fue el primer método utilizado para impresionar fotografías.* **SIN** daguerrotipo.

daguerrotipo *n. m.* **1** Daguerrotipia, técnica fotográfica. **2** Aparato utilizado para esta técnica: *el daguerrotipo fue inventado en el siglo XIX.* **3** Imagen obtenida por medio de este aparato.
DER daguerrotipia.
ETIM *Daguerrotipia* se deriva del apellido de su inventor *Daguerre* y del griego *typos,* 'imagen'.

daiquiri *n. m.* Cóctel hecho con ron, zumo de limón, azúcar y marrasquino: *el daiquiri es una bebida caribeña.*

dalai-lama *n. m.* Sumo sacerdote budista que ejerce de dirigente espiritual y jefe de Estado en el Tíbet: *un niño de Granada ha sido elegido para futuro dalai-lama.*

dalia *n. f.* **1** Flor de jardín de colores vistosos con el centro amarillo rodeado de abundantes pétalos: *le regalaron a su padre un ramo de dalias moradas.* **2** Planta de hojas ovaladas que da esa flor: *las dalias son originarias de América Central.*
ETIM *Dalia* procede del nombre del botánico sueco *Dahl,* que trajo esta flor de Méjico a Europa.

dálmata *adj.* **1** De Dalmacia o que tiene relación con esta región de la antigua Yugoslavia. ◇ *n. com.* **2** [persona] Que es de Dalmacia. ◇ *adj./n. m. y f.* **3** [perro] Que pertenece a una raza de tamaño mediano, con el pelo corto blanco con manchas negras: *mi dálmata ha tenido tres cachorros.*

daltónico, -ca *adj./n. m. y f.* MED. Que padece un defecto en la vista y no puede distinguir ciertos colores: *los daltónicos confunden el marrón y el verde; Luis es daltónico y su hermana le ayuda a elegir la ropa para que combine bien los colores.*

daltonismo *n. m.* MED. Defecto de la vista que consiste en no poder distinguir ciertos colores.
DER daltónico.
ETIM *Daltonismo* procede del nombre del físico inglés *Dalton,* que fue el primero en describir esta enfermedad.

dama *n. f.* **1** Mujer distinguida, especialmente la de buena educación y clase social alta: *varias damas presidieron las mesas petitorias en el día de la Cruz Roja.* **dama de honor** Mujer que, durante una ceremonia pública, acompaña a otra que es la persona más importante del acto: *han elegido a la reina de las fiestas y a sus damas de honor.* **primera dama** Mujer que está casada con un jefe de estado o de gobierno: *las primeras damas de los países europeos se reunieron para tratar el problema de la infancia.* **2** Mujer que sirve a una reina o princesa: *la reina mandó llamar a todas sus damas.* **3** Mujer amada por un hombre: *Laura era la dama de Petrarca.* **4** Pie-

damasco

za del ajedrez que puede moverse como cualquiera de las demás, excepto como el caballo, y tantas casillas como se quiera: *la dama negra está a punto de dar mate al rey blanco.* **SIN** reina. ◇ *n. f. pl.* **5 damas** Juego en el que se usan fichas redondas blancas y negras y un tablero de cuadros blancos y negros y que consiste en dejar sin fichas al contrario: *en las damas españolas cada jugador tiene doce fichas; gané a las damas porque he soplé tres fichas.*
DER damisela.

damasco *n. m.* Tela fuerte de seda o lana, con dibujos que forma el mismo tejido combinando hilos de distinto color y grosor: *todas las cortinas del palacio eran de damasco.*
DER damasquino.
ETIM *Damasco* procede del nombre de la ciudad siria de Damasco, gran centro de intercambio comercial entre Occidente y Oriente, de donde se importó este tipo de tela.

damasquinado *n. m.* Artesanía que consiste en incrustar oro o plata en hierro o acero: *este taller de damasquinado trabaja muy bien las armas blancas.*

damasquino, -na *adj.* **1** De Damasco o que tiene relación con esta ciudad de Siria: *las telas damasquinas eran muy apreciadas.* ◇ *adj./n. m. y f.* **2** [objeto de acero o hierro] Que lleva incrustaciones de oro o plata: *nos enseñaron un puñal damasquino de gran belleza.*

damero *n. m.* **1** Tablero para jugar a las damas: *el damero tiene las casillas cuadradas blancas y negras.* **2** Plano de una urbanización o ciudad que se parece al tablero del juego de damas. **3** Pasatiempo parecido al crucigrama en el que se puede leer una frase una vez resuelto: *si no entiendes la frase que sale en el damero, es que te has equivocado en alguna de las palabras.*

damisela *n. f.* Muchacha que presume de dama o de señorita refinada: *menuda damisela estás hecha con tantos remilgos.*

damnificado, -da *adj./n. m. y f.* [persona] Que ha sufrido un daño importante a consecuencia de una desgracia colectiva: *el seguro no cubre a los damnificados por el atentado.*

damnificar *v. tr.* Causar daño: *la explosión damnificó a varios vecinos del edificio.*
DER damnificado.
ETIM Véase *daño.*
OBS En su conjugación, la *c* se convierte en *qu* delante de *e.*

dan *n. m.* Cada uno de los diez grados superiores que se conceden en las artes marciales a partir del cinturón negro.

dandi *n. m.* Hombre que se distingue por su extremada elegancia y refinamiento: *Juan va siempre vestido como un dandi.*
OBS El plural es *dandis.*

danés, -nesa *adj.* **1** De Dinamarca o que tiene relación con este país del norte de Europa: *la capital danesa es Copenhague.* **SIN** dinamarqués. ◇ *adj./n. m. y f.* **2** [persona] Que es de Dinamarca: *los daneses son vecinos de los suecos.* **SIN** dinamarqués. ◇ *n. m.* **3** Lengua que se habla en Dinamarca: *el danés es una lengua germánica.* **SIN** dinamarqués.
gran danés 4 [perro] Que pertenece a una raza de gran tamaño, con el cuello y el cuerpo gruesos y cortos y pelaje leonado: *no es conveniente tener a un gran danés en un piso tan pequeño.* **SIN** dogo.

dantesco, -ca *adj.* **1** [imagen, situación] Que causa horror o impresiona enormemente: *el reportaje de televisión sobre los niños de Etiopía mostraba imágenes dantescas.* **2** De Dante o que tiene relación con este poeta italiano: *los biógrafos dantescos fijan su nacimiento en 1265.*
ETIM *Dantesco* procede del nombre del escritor italiano Dante.

danza *n. f.* **1** Conjunto de movimientos que se hacen con el cuerpo siguiendo el ritmo de la música, especialmente si es clásica o folclórica: *una academia de danza clásica; la jota es una danza típica de varias regiones españolas.* **2** *coloquial* Asunto sospechoso o que tiene mal aspecto: *yo no quiero saber nada de esa danza.*
estar en danza Ir de un lado para otro; estar haciendo cosas en continuo movimiento: *estoy en danza desde que me enteré de que llegabas.*
DER danzar; contradanza.

danzar *v. intr./tr.* **1** Mover el cuerpo siguiendo el ritmo de la música, especialmente si es clásica o folclórica: *los grupos regionales danzaron durante toda la cabalgata; el ballet infantil danzó con gran maestría.* ◇ *v. intr.* **2** Ir de un lado a otro: *María estuvo danzando toda la tarde buscando los regalos de Navidad.* **3** Meterse en un asunto: *no sé en qué danzará ahora, pero está muy trabajador.*
DER danzarín.
OBS En su conjugación, la *z* se convierte en *c* delante de *e.*

danzarín, -rina *n. m. y f.* Persona que baila: *el ballet del colegio tiene danzarines que prometen.* **SIN** bailarín.

dañar *v. tr./prnl.* **1** Causar dolor o sufrimiento: *se cayó jugando al fútbol y se ha dañado un tobillo; la pelea con su hermano le dañó hasta hacerlo llorar.* **2** Estropear o dejar en mal estado: *la humedad ha dañado los libros de la estantería.*

dañino, -na *adj.* Que causa daño: *el tabaco es dañino para la salud.* **SIN** dañoso, nocivo, perjudicial. **ANT** inofensivo.

daño *n. m.* **1** Mal, desgracia o pérdida: *el incendio provocó numerosos daños en la vivienda; las mentiras que dijeron de él hicieron mucho daño a su prestigio.* **SIN** perjuicio. **2** Dolor físico o moral: *me he hecho daño en el dedo al cerrar la puerta; le hizo daño con sus palabras agresivas.*
DER dañar, dañino, dañoso.
ETIM *Daño* procede del latín *damnum,* que tenía el mismo significado, voz con la que también están relacionadas *damnificar, indemne.*

dañoso, -sa *adj.* Que causa daño: *tomar el sol muchas horas es dañoso para la piel.* **SIN** dañino, nocivo, perjudicial. **ANT** inofensivo.

dar *v. tr.* **1** Hacer pasar al poder de otro una cosa propia: *me ha dado su abrigo porque se le ha quedado pequeño.* **2** Poner en las manos o al alcance: *dame el pan, por favor; me puedes ayudar dándome los libros.* **3** Hacer saber, comunicar: *este libro me ha dado las bases para realizar el trabajo; el policía me dio las pistas para encontrar la tienda.* **4** Conceder un derecho, cargo o poder: *me ha dado el puesto que ha quedado vacante; no me han dado la beca; te doy permiso para ir a la excursión.* **5** Pagar a cambio: *¿cuánto me das por lavarte el coche?* **6** Realizar la acción que indica el complemento: *dar una carrera; dar un telefonazo.* El uso abusivo de esta acepción indica pobreza de lenguaje. **7** Producir o ser origen: *el peral da peras; el ventilador da fresco.* **8** Ofrecer o celebrar un espectáculo o un acto social: *esta noche dan en televisión una película estupenda; le hemos dado una fiesta sorpresa en su cumpleaños.* **9** Impartir una enseñanza o recibirla: *un médico ilustre nos dio una conferencia sobre el sida; hoy vamos a dar el tema ocho de literatura.* **10** Abrir la llave de paso de un conducto: *da a la llave de paso del agua, que está cerrada; no dan la luz hasta las diez.* **11** Aplicar una sustancia: *le hemos dado cal a la fachada; le he dado en la rodilla una pomada para el dolor.* ◇ *v. tr./intr.* **12** Sonar o indicar la hora, especialmente el reloj: *el reloj de la plaza ha dado la una; acaban de dar las* doce. ◇ v. tr./prnl. **13** Considerar o declarar en cierta situación o estado: *el árbitro dio por terminado el partido; se dio por aprobado nada más salir del examen.* Se usa seguido de un complemento y un participio precedido de la preposición *por*. **14** Producir la tierra sus frutos: *esta tierra da buenos melones; aquí se dan bien los árboles frutales.* ◇ v. intr. **15** Chocar algo que está en movimiento con un objeto estático o parado: *la lluvia daba en los cristales; un coche frenó bruscamente y el que iba detrás le dio.* **16** Estar situada una cosa hacia una parte: *el porche da a la carretera; el balcón da a la sierra.* **17** Ser causa de lo que expresa el verbo del complemento: *su acción dio mucho que hablar; pórtate bien y no des quehacer a tus tíos.* Se usa seguido de *que* y un infinitivo. ◇ v. prnl. **18 darse** Entregarse con interés o por vicio: *desde que se quedó sin trabajo, se dio al juego; le ha dado por la música.* **19** Ocurrir; existir: *se da el caso de que ahora no podemos ir.* **ahí me las den todas** Indica que un problema no importa o importa poco, bien porque afecta a otra persona y no a uno mismo, bien porque se considera que apenas perjudica: *estaba diluviando y os pusisteis empapados, pero ahí me las den todas, yo hoy no tengo que salir.*

dar

INDICATIVO	SUBJUNTIVO
presente	**presente**
doy	dé
das	des
da	dé
damos	demos
dais	deis
dan	den
pretérito imperfecto	**pretérito imperfecto**
daba	diera o diese
dabas	dieras o dieses
daba	diera o diese
dábamos	diéramos o diésemos
dabais	dierais o dieseis
daban	dieran o diesen
pretérito indefinido	**futuro**
di	diere
diste	dieres
dio	diere
dimos	diéremos
disteis	diereis
dieron	dieren
futuro	**IMPERATIVO**
daré	da (tú)
darás	dé (usted)
dará	dad (vosotros)
daremos	den (ustedes)
daréis	
darán	
condicional	**FORMAS NO PERSONALES**
daría	
darías	infinitivo gerundio
daría	dar dando
daríamos	participio
daríais	dado
darían	

¡dale! o **¡dale que dale!** o **¡dale que te pego!** *coloquial* Interjección que indica fastidio o enfado ante la insistencia de una cosa pesada o la terquedad de una persona: *tenía que estudiar y los vecinos ¡dale que dale! con la música a todo volumen.*
dar a conocer Hacer saber: *nos dio a conocer su intención de dedicarse profesionalmente al teatro.*
dar a entender Hacer saber una cosa o idea sin explicarla claramente: *nos dio a entender que no vendría al viaje de fin de curso.*
dar a luz Expulsar la hembra el feto que tiene en su vientre: *la perra dio a luz tres hermosos cachorros.* **SIN** alumbrar, parir.
dar con Encontrar: *hemos dado con Juan después de varias llamadas de teléfono.*
dar de sí *a)* Hacerse más ancho o extenso, generalmente un tejido: *he lavado el jersey con agua caliente y ha dado de sí. b)* Aprovechar o rendir: *se esfuerza, pero su inteligencia no da más de sí.*
darse por vencido *coloquial* Reconocer la propia incapacidad para hacer algo: *me doy por vencido, soy incapaz de hacer este puzzle de tantas piezas.*
dársela Engañar o ser infiel una persona a otra: *este verano se la daba con un chico que pasaba aquí las vacaciones.*
dárselas de Presumir: *es tonto, se las da de deportista y no es capaz ni de echar una carrera.*
para dar y tomar Mucho, en gran cantidad: *elige la música que quieras, tenemos discos para dar y tomar.*
DER dádiva.
ETIM *Dar* procede del latín *dare*, que tenía el mismo significado, voz con la que también están relacionadas *data, dativo, dato.*

dardo *n. m.* **1** Arma arrojadiza pequeña y ligera acabada en punta que se arroja con una mano o con una cerbatana: *estuvimos jugando a los dardos y nadie dio en el centro de la diana.* **2** Expresión que se usa para molestar o herir a una persona: *está enfadado con Jaime y cada vez que le habla le suelta un dardo.* **SIN** aguijonazo, pulla, puyazo.

dársena *n. f.* Parte de un puerto resguardada artificialmente de las corrientes para que las embarcaciones puedan cargar y descargar con comodidad: *los cargadores esperaban en la dársena la llegada del barco.*

darvinismo o **darwinismo** *n. m.* Teoría biológica que explica el origen de las especies por la transformación de unas en otras: *el darvinismo tuvo en sus inicios la oposición del clero.*
OBS La Real Academia Española registra las dos formas, pero prefiere *darwinismo*.

datación *n. f.* Determinación o indicación de la fecha de un escrito, un objeto o un acontecimiento: *la datación de estas vasijas ha sido muy complicada; mi jefe me ha pedido que haga la datación de toda la correspondencia.*

datar *v. intr.* **1** Existir desde un momento determinado; haber sido hecho en un momento determinado: *el manuscrito data de 1384.* Se usa seguido de la preposición *de.* ◇ v. tr. **2** Poner la fecha: *data la carta antes de que se te olvide.* **SIN** fechar. **3** Determinar la fecha de un escrito, un objeto o un acontecimiento: *todavía no han datado el cuadro.* **SIN** fechar.

dátil *n. m.* **1** Fruto comestible de ciertas palmeras, alargado, de color marrón y de sabor muy dulce: *el dátil tiene un hueso recorrido por un surco.* **2** *coloquial* Parte extrema de la mano o del pie de los vertebrados, excepto de los peces: *no metas los dátiles en la tarta.* **SIN** dedo.
ETIM *Dátil* procede del latín *dactilus*, 'dedo', voz con la que también está relacionada *dáctilo.*

dativo

DER datilera.
dativo *n. m.* GRAM. Caso de la declinación de algunas lenguas, como el latín, en que se pone la palabra que expresa el objeto indirecto de la acción verbal.
ETIM Véase *dar*.
dato *n. m.* Hecho o información concreta que permite llegar al conocimiento exacto de las cosas: *he rellenado todos los datos del impreso de la matrícula; tenemos que hacer un análisis de los datos del IPC de este mes; en el problema de ecuaciones hay datos erróneos*.
ETIM Véase *dar*.
dcha. Abreviatura de *derecha*.
DDT *n. m.* Sigla de *diclorodifeniltricloroetano*, insecticida.
de *prep.* **1** Indica posesión o pertenencia: *el libro de Juan; la moto de mi primo*. **2** Indica la materia de la que está hecha una cosa: *techo de escayola; oso de peluche*. **3** Indica lo que contiene un recipiente: *botella de agua; caja de zapatos*. **4** Indica la utilidad o fin: *máquina de afeitar*. **5** Indica la materia o asunto que se trata: *libro de matemáticas; película de misterio*. **6** Indica la naturaleza, condición o carácter: *hombre de ideas fijas*. **7** Indica que se toma una parte entre las que forman alguna cosa o cantidad: *trozo de pan*. **8** Indica el origen o la procedencia: *salir de casa; queso de Burgos; familia de Asturias*. **9** Indica la causa o razón por la que se produce una cosa: *tiritar de frío; partirse de risa*. **10** Indica el modo en que se realiza una acción: *venir de un salto; caer de espaldas*. **11** Indica el tiempo en que ocurre una cosa: *de mayor quiere ser bombero; siempre sale de día*. **12** Indica que una persona o cosa pertenece a una clase o especie dentro de un género: *la ciudad de Roma; el mes de noviembre; la calle de Alcalá*. ◇ *n. f.* **13** Nombre de la letra *d*: *dado se escribe con dos des*.
de- Prefijo que entra en la formación de palabras con el sentido de: *a*) 'Privación': *decapitar, demente*. *b*) Indica inversión de lo expresado por la palabra a la que se une: *decolorar*.
deambular *v. intr.* Ir de un lugar a otro sin un fin determinado: *deambulamos toda la tarde sin saber dónde ir*. **SIN** vagabundear, vagar.
DER deambulatorio.
deambulatorio *n. m.* ARQ. Pasillo semicircular que rodea por detrás el altar mayor de las catedrales y algunas iglesias: *el deambulatorio daba paso a las capillas de los patronos de la ciudad*. **SIN** girola.
deán *n. m.* Religioso que preside el cabildo de una catedral cuando no está el obispo.
debacle *n. f.* Desgracia grande que altera la vida normal: *si me echan del trabajo, será una debacle para mi familia*. **SIN** cataclismo, catástrofe.
debajo *adv.* En un lugar inferior o más bajo: *encontré la pulsera debajo de la mesa*. **ANT** encima.
OBS No se debe decir *debajo mía, debajo nuestro* por *debajo de mí, debajo de nosotros*.
debate *n. m.* Discusión que mantienen dos o más personas en la que cada una expone sus ideas y las defiende de las críticas de los demás: *los debates televisados en época electoral son muy frecuentes; el moderador del debate no pudo evitar que los participantes hablaran todos a la vez*. **SIN** coloquio.
debatir *v. tr.* **1** Discutir dos o más personas sobre un tema: *el pleno del Ayuntamiento debatirá una nueva estructuración del tráfico*. **SIN** contender, disputar. ◇ *v. prnl.* **2 debatirse** Luchar resistiéndose, agitarse: *debatirse entre la vida y la muerte*.
DER debate.
debe *n. m.* Parte de una cuenta corriente en la que se escri-

ben las cantidades de dinero que tiene que pagar una persona u organismo: *no me cuadran las facturas con las cantidades anotadas en el debe*.
deber *v. tr.* **1** Estar obligado por ley moral o por necesidad física o lógica: *debemos dejar el asiento a las personas mayores en el autobús; deberías ser menos impulsivo*. **2** Estar obligado a pagar una cantidad de dinero o a dar una cosa: *te debo tres mil pesetas; le debían una explicación*. ◇ *v. prnl.* **3 deberse** Tener por causa o ser resultado de: *mi retraso se debe a un pinchazo; el apagón se debió a la tormenta*. ◇ *n. m.* **4** Cosa que una persona tiene que hacer por exigencia moral o legal: *tu deber como estudiante es aprobar; es un deber del ciudadano pagar los impuestos*. **SIN** obligación. ◇ *n. m. pl.* **5 deberes** Trabajos o ejercicios que el estudiante hace fuera de la escuela: *hoy no puedo salir porque traigo muchos deberes*. **SIN** tarea.
deber de + *infinitivo*: Indica una acción posible o probable: *debe de haber aprobado, porque está muy contento*. Se considera incorrecto el uso de la preposición *de* con el sentido de obligación.
DER debe, debido, débito.
ETIM *Deber* procede del latín *debere*, que tenía el mismo significado, voz con la que también está relacionada *deuda*.
OBS Es derivado y etimología de *deber*, 'verbo'.
debidamente *adv.* De la manera justa, correcta o conveniente: *los niños desfilaron debidamente ordenados*.
debido, -da *adj.* Que es conveniente, obligado o necesario: *no calientes la comida más de lo debido; los alumnos protestaron con el debido respeto*. **ANT** indebido.
como es debido Como debe ser; de la manera correcta; según la norma: *prepara la comida como es debido; vístete como es debido*.
debido a Expresión que indica la causa por la que ocurre algo: *llegamos con retraso debido a que se nos estropeó el coche; debido a su mal genio no nos atrevimos a contestarle*.
DER debidamente; indebido.
débil *adj./n. m. y f.* **1** Que tiene poca fuerza o poca resistencia: *la fiebre lo ha dejado muy débil; no te agarres de esa cuerda porque es muy débil; tu formación histórica es débil, así que no discutas sobre este tema*. **ANT** fuerte. **2** Que tiene poca fuerza o resistencia moral: *la carne es débil y la tentación demasiado fuerte*. **3** [persona] Que tiene poco carácter: *es muy débil y si insistes conseguirás lo que quieres*. **SIN** apocado, blandengue. **4** Que es poco intenso o poco fuerte: *esos colores tan débiles no van con la decoración de tu habitación*. **ANT** fuerte.
DER debilidad, debilitar.
ETIM *Débil* procede del latín *debilis*, que tenía el mismo significado, voz con la que también está relacionada *endeble*.
debilidad *n. f.* **1** Falta de fuerza o resistencia: *a causa de la debilidad se pasa el día durmiendo*. **SIN** flojedad. **ANT** fortaleza. **2** Falta de fuerza o de ánimo; falta de firmeza en el carácter: *me cogieron en un momento de debilidad y les levanté el castigo*. **SIN** flojedad. **3** Cariño excesivo: *tiene debilidad por el mayor de sus sobrinos; María siente debilidad por las motos*.
debilitación *n. f.* Disminución de la fuerza física o moral: *la debilitación que padece hace que se canse mucho; después de la muerte de su padre sufrió una gran debilitación emocional*. **SIN** debilitamiento.
debilitamiento *n. m.* Disminución de la fuerza física o moral: *el debilitamiento que sufría le provocó una lipotimia*. **SIN** debilitación.
debilitar *v. tr./prnl.* Disminuir la fuerza física o moral: *el no

comer me ha debilitado; los rumores debilitaron su reputación. **DER** debilitación, debilitamiento.

débito *n. m.* Cantidad de dinero que se debe pagar: *tiene un débito de varios millones.* **SIN** deuda.

debut *n. m.* **1** Presentación o primera actuación en público de una compañía teatral o de un artista: *todos los actores estaban nerviosos antes del debut.* **2** Presentación o primera actuación en una actividad: *en su debut como cocinero tuvo mucho éxito; su debut como jugador de primera división fue televisado.*
DER debutar.
OBS El plural es *debuts*.

debutante *adj./n. m. y f.* Que se presenta o actúa por primera vez: *la compañía debutante ha ensayado mucho; los debutantes fueron acogidos con gran cariño.*

debutar *v. intr.* **1** Presentarse o actuar por primera vez en público una compañía teatral o un artista: *debutó con un monólogo muy difícil.* **2** Ejercer por primera vez una actividad: *debutó como cirujano cuando tenía 27 años.*
DER debutante.

deca- Elemento prefijal que entra en la formación de palabras con el significado de 'diez': *decágono*.

década *n. f.* Período de diez años: *la década de los sesenta.*
OBS Se diferencia de *decenio* en que la *década* hace referencia a cada decena del siglo.

decadencia *n. f.* **1** Pérdida de la fuerza o de la importancia: *su última actuación marcó la decadencia de su carrera.* **SIN** caída, declinación, declive. **2** Período de la historia o de las artes en que tiene lugar esa pérdida: *a finales del siglo XIX se vivió en España una gran decadencia.*

decadente *adj.* **1** Que es muy antiguo o está fuera de uso: *sus ideas sobre el divorcio son decadentes.* **SIN** caduco. **2** Que valora gustos o costumbres pasados de moda: *fuimos a un bar decadente.* **3** [costumbre, comportamiento] Que muestra pérdida de valores o virtudes. ◇ *adj./n. m. y f.* **4** Que es propio de un movimiento de la literatura que se caracteriza por el excesivo cuidado en el estilo: *el estilo decadente se caracteriza por un refinamiento excesivo.*

decaedro *n. m.* MAT. Cuerpo sólido limitado por diez caras.

decaer *v. intr.* Ir perdiendo fuerza, ánimo o importancia: *ha decaído tu afán por el deporte; decaer el consumo de tabaco.* **SIN** declinar.
DER decadencia, decadente, decaimiento.
OBS Se conjuga como *caer*.

decágono *n. m.* Figura plana de diez lados: *el decágono es un polígono.*

decagramo *n. m.* Medida de masa que equivale a diez gramos: *el símbolo del decagramo es dag.*

decaimiento *n. m.* Pérdida progresiva de fuerza, ánimo o importancia: *el decaimiento físico de tu abuelo es notable en los últimos meses.*

decalitro *n. m.* Medida de capacidad que equivale a diez litros: *el símbolo del decalitro es dal o daL.*

decálogo *n. m.* **1** Conjunto de los diez mandamientos que, según los cristianos y los judíos, dio Dios a Moisés en el monte Sinaí: *para ser un buen cristiano hay que cumplir todos los mandamientos del Decálogo.* Suele escribirse con letra mayúscula. **2** Conjunto de reglas que se consideran básicas para una actividad: *cuando acabé la carrera, mi padre me explicó el decálogo para ser un buen médico; en casa tenemos nuestro propio decálogo.*

decámetro *n. m.* Medida de longitud que equivale a diez metros: *el símbolo del decámetro es dam.*

decanato *n. m.* **1** Cargo de decano: *consiguió el decanato por sus méritos.* **2** Lugar en el que está la oficina del decano: *el decanato está en la primera planta al lado de la secretaría.* **3** Tiempo durante el cual un decano ejerce su cargo: *su decanato fue muy corto.*

decano, -na *adj./n. m. y f.* **1** [persona] Que es el más antiguo de una colectividad: *la decana de los periodistas locales.* ◇ *n. m. y f.* **2** Persona que dirige una facultad o colegio profesional: *el nuevo decano ha propuesto un nuevo calendario de exámenes; el decano del Colegio de Abogados ha inaugurado el simposio.*
DER decanato.

decantar *v. tr.* **1** Inclinar ligeramente un recipiente sobre otro para que caiga el líquido que contiene sin el poso: *decantó la licorera sobre el vaso y agotó su contenido.* ◇ *v. prnl.* **2 decantarse** Inclinarse por una tendencia o posibilidad: *el público se decantó por el equipo local; los alumnos se decantaron por la opción más fácil.* **SIN** tomar partido.

decapitación *n. f.* Separación de la cabeza del resto del cuerpo: *en la película había escenas violentas de decapitación.*

decapitar *v. tr.* Cortar la cabeza separándola del resto del cuerpo: *han decapitado al pavo; entre las víctimas del accidente había algunas que habían sido decapitadas.* **SIN** guillotinar.
DER decapitación.

decápodo, -da *adj./n. m. y f.* **1** [molusco] Que tiene diez tentáculos provistos de ventosas y caparazón interno: *el calamar y la sepia son decápodos.* **2** [crustáceo] Que tiene cinco pares de patas: *el cangrejo y la langosta son decápodos; los decápodos son los crustáceos de mayor tamaño.* ◇ *n. m. pl.* **3 decápodos** Orden de los moluscos decápodos. **4** Orden de los crustáceos decápodos.

decasílabo, -ba *adj./n. m.* [verso] Que tiene diez sílabas: *los versos decasílabos fueron muy utilizados en la poesía popular.*

decatlón *n. m.* Competición deportiva formada por diez pruebas de atletismo: *los deportistas que practican decatlón deben estar muy preparados.*

deceleración *n. f.* Disminución de la velocidad de un vehículo: *la salida de la autopista se hace por un carril de deceleración que está a la derecha.* **ANT** aceleración.

decena *n. f.* Conjunto formado por diez unidades: *compramos una decena de pasteles; sólo había una decena de personas en la exposición.*
ETIM Véase *diez*.

decencia *n. f.* **1** Manera de obrar justa y honrada: *intentaron chantajearlo con mucho dinero, pero se comportó con decencia.* **ANT** indecencia. **2** Respeto a la moral, especialmente en el aspecto sexual: *no se hizo la fotografía desnudo por decencia.* **SIN** decoro. **ANT** indecencia.

decenio *n. m.* Período de diez años: *en el último decenio no nos habíamos visto.*

decente *adj.* **1** [persona] Que se comporta de manera justa y honrada: *María es muy decente para proponerle copiar en el examen.* **ANT** indecente. **2** Que está de acuerdo con la moral, especialmente en el aspecto sexual: *Luis es muy decente, nunca cuenta chistes picantes; la película que vimos ayer era muy decente.* **ANT** indecente. **3** Que es adecuado; que está limpio y arreglado: *debes ponerte algo más decente para ir a ver a tus abuelos.* **4** Que tiene calidad suficiente, pero no excesiva: *este trabajo está decente, pero podrías haberte esforzado.* **ANT** indecente.
DER decencia; adecentar, indecente.

decepción *n. f.* Pesar que se experimenta al comprobar que una persona o cosa no es como se esperaba: *la decep-*

ción que le produjo tu actitud hizo que se le saltaran las lágrimas; se llevó una gran decepción cuando comprobó que ya te hablas ido.

decepcionar *v. tr.* Experimentar un pesar al comprobar que una persona o cosa no es como se esperaba: *me has decepcionado con tu actitud egoísta; la casa me decepcionó, casi no tenía luz.*
DER decepción.

deceso *n. m. culto* Muerte natural de una persona: *los médicos certificaron su deceso.* SIN defunción, óbito.

dechado *n. m.* Persona o cosa que sirve de ejemplo digno de imitarse: *ser un dechado de virtudes.*

deci- Elemento prefijal que interviene en la formación de palabras con el significado de 'décima parte': *decilitro.*

decibel *n. m.* Decibelio, medida de intensidad sonora.
OBS Se usa en el sistema internacional de unidades. ◇ El plural es *decibeles.*

decibelio *n. m.* Medida relativa de intensidad sonora que resulta de dividir en diez partes un belio: *han cerrado varios bares de la zona por superar los decibelios permitidos.* SIN decibel.

decidido, -da *adj.* **1** Que es firme y seguro: *con su actitud decidida consiguió que sus hijos no se pelearan.* ◇ *adj./n. m. y f.* **2** [persona] Que actúa con valor o seguridad: *María es muy decidida: no dudó en enfrentarse al ladrón.* ANT indeciso.

decidir *v. tr./prnl.* **1** Elegir entre varias opciones o formar un juicio definitivo sobre una cuestión dudosa: *decidimos comprarle un libro de poesía; el profesor se decidió a aprobarlo en el último momento.* SIN resolver. **2** Tomar la determinación de hacer una cosa: *se decidió a aceptar el trabajo por los consejos de su padre.* SIN resolver. ◇ *v. tr.* **3** Hacer tomar el camino más conveniente en un asunto: *la nota de selectividad decidirá la admisión en una facultad u otra.*
DER decidido, decisión.

decigramo *n. m.* Medida de masa que resulta de dividir en diez partes un gramo: *el símbolo del decigramo es dg.*

decilitro *n. m.* Medida de capacidad que resulta de dividir en diez partes un litro: *el símbolo del decilitro es dl o dL.*

décima *n. f.* **1** Parte que, junto con otras nueve, forma un grado del termómetro clínico: *tiene 38 grados y 4 décimas de fiebre.* **2** Poema formado por diez versos de ocho sílabas, de los cuales riman el primero con el cuarto y el quinto, el segundo con el tercero, el sexto con el séptimo y el octavo y el último con el noveno: *en el examen han puesto una décima de Vicente Espinel.*

decimal *adj.* **1** [sistema métrico] Que se organiza en unidades de diez elementos: *las unidades del sistema métrico decimal son múltiplos o divisores de diez.* ◇ *adj./n. m.* **2** [número] Que es menor que un número entero o contiene una fracción de un número entero: *nos han puesto una división con decimales; 1,73 es un número decimal.*

decímetro *n. m.* Medida de longitud que resulta de dividir en diez partes un metro: *el símbolo del decímetro es dm.*
  decímetro cúbico Medida de volumen que equivale a 0,001 metros cúbicos: *un litro equivale a un decímetro cúbico.*

décimo, -ma *num. ord.* **1** Indica que el nombre al que acompaña o al que sustituye ocupa el lugar número 10 en una serie: *es la décima vez que te lo digo; soy el décimo de la lista.* Puede ser determinante: *la décima vez,* o pronombre: *el décimo de la lista.* ◇ *num.* **2** Parte que resulta de dividir un todo en 10 partes iguales: *eran 10 personas y le correspondió a cada una un décimo.* ◇ *n. m.* **3** Décima parte de un billete de lotería que puede comprarse por separado: *hemos comprado dos décimos de lotería de Navidad; en este sorteo cada décimo vale 3000 pesetas.*

decimoctavo, -va *num. ord.* Indica que el nombre al que acompaña o al que sustituye ocupa el lugar número dieciocho en una lista: *es la decimoctava vez que te lo digo; soy el decimoctavo de la lista.* Puede ser determinante: *la decimoctava vez,* o pronombre: *el decimoctavo de la lista.*

decimocuarto, -ta *num. ord.* Indica que el nombre al que acompaña o al que sustituye ocupa el lugar número catorce en una lista: *es la decimocuarta vez que te lo digo; soy el decimocuarto de la lista.* Puede ser determinante: *la decimocuarta vez,* o pronombre: *el decimocuarto de la lista.*

decimonónico, -ca *adj.* **1** Del siglo XIX o relacionado con él: *Galdós es un escritor decimonónico.* **2** Que está pasado de moda: *tu forma de vestir es decimonónica.* Tiene valor despectivo.

decimonono, -na *num. ord.* Decimonoveno.
DER decimonónico.

decimonoveno, -na *num. ord.* Indica que el nombre al que acompaña o al que sustituye ocupa el lugar número diecinueve en una serie: *es la decimonovena vez que te lo digo; soy el decimonoveno de la lista.* Puede ser determinante: *la decimonovena vez,* o pronombre: *el decimonoveno de la lista.*
SIN decimonono.

decimoquinto, -ta *num. ord.* Indica que el nombre al que acompaña o al que sustituye ocupa el lugar número quince en una serie: *es la decimoquinta vez que te lo digo; soy el decimoquinto de la lista.* Puede ser determinante: *la decimoquinta vez,* o pronombre: *el decimoquinto de la lista.*

decimoséptimo, -ma *num. ord.* Indica que el nombre al que acompaña o al que sustituye ocupa el lugar número diecisiete en una serie: *es la decimoséptima vez que te lo digo; soy el decimoséptimo de la lista.* Puede ser determinante: *la decimoséptima vez,* o pronombre: *el decimoséptimo de la lista.*

decimosexto, -ta *num. ord.* Indica que el nombre al que acompaña o al que sustituye ocupa el lugar número dieciséis en una serie: *es la decimosexta vez que te lo digo; soy el decimosexto de la lista.* Puede ser determinante: *la decimosexta vez,* o pronombre: *el decimosexto de la lista.*

decimotercero, -ra o **decimotercio, -cia** *num. ord.* Indica que el nombre al que acompaña o al que sustituye ocupa el lugar número trece en una serie: *es la decimotercera vez que te lo digo; soy el decimotercero de la lista.* Puede ser determinante: *la decimotercera vez,* o pronombre: *el decimotercero de la lista.*

decir *v. tr.* **1** Expresar por medio de palabras habladas o escritas: *el periódico local dice que hoy cortarán la luz en tu barrio.* **2** Asegurar o sostener una opinión: *dice que no tienes razón.* **3** Mostrar o indicar: *tus ojos dicen que has llorado; tu actitud dice que has hecho algo de lo que te arrepientes.* **4** Nombrar o llamar: *a mi familia le dicen los saltimbanquis por la manera de andar.* **5** Sentar una cosa de determinada manera: *el color de tu vestido no dice bien con el de los zapatos.* ◇ *v. prnl.* **6** decirse Hablar mentalmente consigo mismo: *siempre me digo que tengo que dejar de fumar.* ◇ *n. m.* **7** Palabra o conjunto de palabras mediante las cuales se expresa una idea, especialmente si tiene gracia o contiene una sentencia: *es como Sancho Panza, tiene un decir para cada ocasión.* SIN dicho, refrán.
  decir por decir Hablar sin conocimiento exacto: *es una persona que tiene que hablar de todo aunque no tenga ni idea, dice por decir.*
  decir y hacer Ejecutar una acción con rapidez: *José es muy activo, es decir y hacer al minuto.*

el qué dirán La opinión de los demás: *tiene mucho en cuenta el qué dirán*.

es decir Expresión que introduce la explicación de lo que se acaba de decir: *los paquidermos, es decir, los elefantes, tienen la piel muy gruesa*.

ni que decir tiene Expresión que indica que lo que se va a decir es evidente y conocido por todos: *ni que decir tiene que tú también irás hoy a clase*.

ser un decir Indica que algo se dice como ejemplo o hipótesis: *si me saliera un trabajo mejor, es un decir, me cambio de coche*.

DER dicho; bendecir, contradecir, desdecir, indecible, maldecir, predecir.

ETIM *Decir* procede del latín *dicere*, que tenía el mismo significado, voz con la que también está relacionada *dicción*.

decir	
INDICATIVO	**SUBJUNTIVO**
presente	presente
digo	diga
dices	digas
dice	diga
decimos	digamos
decís	digáis
dicen	digan
pretérito imperfecto	pretérito imperfecto
decía	dijera o dijese
decías	dijeras o dijeses
decía	dijera o dijese
decíamos	dijéramos o dijésemos
decíais	dijerais o dijeseis
decían	dijeran o dijesen
pretérito indefinido	futuro
dije	dijere
dijiste	dijeres
dijo	dijere
dijimos	dijéremos
dijisteis	dijereis
dijeron	dijeren
futuro	**IMPERATIVO**
diré	
dirás	di (tú)
dirá	diga (usted)
diremos	decid (vosotros)
diréis	digan (ustedes)
dirán	
condicional	**FORMAS NO PERSONALES**
diría	
dirías	infinitivo gerundio
diría	decir diciendo
diríamos	participio
diríais	dicho
dirían	

decisión *n. f.* **1** Determinación ante cuestión dudosa: *tomaron la decisión de irse de vacaciones en julio*. **ANT** indecisión. **2** Valor o firmeza en la manera de actuar: *se levantó con decisión y lo sacó a bailar; defendió con decisión sus opiniones*. **SIN** determinación. **ANT** indecisión.

decisivo, -va *adj.* **1** Que lleva a tomar una determinación: *tu comportamiento ha sido decisivo en mi elección*. **2** Que es muy importante para el futuro: *la elección de estudiar ciencias puede ser decisiva para tu vida; el partido del domingo es decisivo para clasificarnos*. **SIN** crucial.

decisorio, -ria *adj.* Que tiene capacidad para tomar una determinación: *no tengo poder decisorio en este asunto, habla con el director*.

declamación *n. f.* **1** Pronunciación de un texto literario con la intención de realzar su contenido poético: *está estudiando arte dramático y mañana tiene una prueba de declamación*. **2** Discurso pronunciado ante un grupo de personas: *la declamación del conferenciante fue muy aplaudida*.

declamar *v. intr./tr.* **1** Recitar o decir en voz alta un texto literario con la intención de realzar su contenido poético: *declamó unos sentidos párrafos de su último libro*. **SIN** recitar. ◇ *v. intr.* **2** Hablar ante un grupo de personas: *ese conferenciante declama con verdadera elocuencia*.

DER declamación.

ETIM Véase *llamar*.

declaración *n. f.* **1** Explicación o afirmación pública: *las declaraciones del cantante en la revista han sido sorprendentes*. **2** Manifestación ante la administración pública de los bienes que se poseen para pagar los impuestos correspondientes: *la declaración me ha salido negativa y Hacienda tiene que devolverme dinero; hay que presentar la declaración de la renta para solicitar la beca*. **3** Exposición ante un juez u otra autoridad de lo que se sabe sobre un asunto: *las declaraciones del testigo fueron determinantes para probar su inocencia*. **SIN** deposición, testificación. **4** Manifestación de amor a la persona amada para pedirle relaciones: *la declaración de Manuel hizo que Carmen saltara de alegría*.

declarado, -da *adj.* Manifiesto o que se ve muy claro: *es declarada tu enemistad por José; es un declarado ecologista*.

declarar *v. tr.* **1** Explicar o decir públicamente: *el portavoz del Gobierno declaró en rueda de prensa que tomarían medidas contra el fraude*. **2** Decidir un juez u otra autoridad sobre un asunto: *el juez declaró culpable al presunto asesino; el jurado declaró desierto el premio*. **3** Dar a conocer a la administración pública los bienes que se poseen para pagar los impuestos correspondientes: *¿tengo que declarar lo ganado en la lotería?* **4** Dar a conocer en la aduana los objetos por los que se debe pagar impuestos: *al pasar por la aduana tuve que declarar el ordenador*. ◇ *v. intr.* **5** Exponer ante el juez u otra autoridad lo que se sabe sobre un asunto: *el reo y los testigos declararán hoy en la sala de lo penal; el testigo declaró en comisaría que el coche rojo se había saltado el semáforo*. **SIN** atestiguar, deponer, testificar. ◇ *v. prnl.* **6 declararse** Darse a conocer o comenzar a producirse una cosa o una acción: *declararse un incendio*. **7** Expresar el amor que se siente a la persona amada y pedirle relaciones: *Juan se ha declarado a María, pero ella no quiere salir con él*. **8** Hacer conocer un estado o una situación: *los trabajadores se han declarado en huelga*.

DER declaración, declarado, declarativo.

declarativo, -va *adj.* Que explica de manera clara lo que está declarado: *siempre construye enunciados declarativos*.

declinación *n. f.* **1** Pérdida de la fuerza o de la importancia: *la fama del dictador parece haber entrado en declinación*. **SIN** caída, decadencia, declive. **2** GRAM. Enunciación ordenada de los casos gramaticales de una palabra: *nominativo, vocativo, acusativo, genitivo, dativo y ablativo son los casos de la declinación latina; rosa, rosae pertenece a la primera declinación*.

declinar *v. intr.* **1** Ir perdiendo fuerza, ánimo o importancia: *en otoño la salud del enfermo declinó visiblemente*. **SIN** decaer. **2** Acercarse una cosa a su fin: *salimos cuando declinaba la tarde*. ◇ *v. tr.* **3** Rechazar, no aceptar: *declinó la propuesta para ser delegado de clase; declinó nuestra invitación para comer*. **4** GRAM. Enunciar de forma ordenada los distintos casos gramaticales de una palabra: *tienes que declinar* homo, hominis; *las lenguas que se declinan se llaman* flexivas.
DER declinación; indeclinable.

declive *n. m.* **1** Cuesta o inclinación de una superficie: *detrás del ligero declive se colocaron las tropas*. **SIN** caída, pendiente. **2** Pérdida de la fuerza o de la importancia: *el declive del mundo romano*. **SIN** caída, decadencia, declinación.

decodificar *v. tr.* Aplicar las reglas adecuadas a un mensaje que ha sido emitido en un sistema de signos determinado para entenderlo: *el experto en morse decodificó el mensaje*. **SIN** descodificar.
OBS La Real Academia Española admite *decodificar*, pero prefiere la forma *descodificar*.

decoloración *n. f.* Privación, pérdida o reducción del color: *hay que proceder a la decoloración de algunas prendas antes de teñirlas*.

decolorar *v. tr./prnl.* Quitar, perder o reducir el color: *la lejía ha decolorado tus vaqueros*. **SIN** descolorar, descolorir.
ANT colorar, colorear.
DER decoloración.
OBS La Real Academia Española admite *decolorar*, pero prefiere la forma *descolorar*.

decomisar *v. tr.* DER. Retirar la autoridad competente una mercancía por estar prohibida o por comerciar con ella de manera ilegal: *la policía ha decomisado el tabaco de contrabando*.

decomiso *n. m.* **1** DER. Confiscación de una mercancía al que comercia ilegalmente con ella: *la policía procedió al decomiso de las drogas*. **SIN** comiso. **2** Mercancía que es objeto de confiscación: *hemos ido a un almacén de decomisos*. **SIN** comiso.
DER decomisar.

decoración *n. f.* **1** Colocación de adornos en una cosa o lugar: *mañana nos dedicaremos a la decoración para la fiesta de cumpleaños*. **2** Técnica de disposición de los muebles y objetos de una habitación o edificio para embellecerlo y hacerlo más agradable: *la decoración de este piso es muy original*.

decorado *n. m.* Conjunto de telones, objetos y bambalinas que crean el ambiente adecuado en un espectáculo teatral o en el cine: *han colocado el decorado en la plaza del pueblo para rodar una escena de la película; el decorado de esta obra teatral representa una azotea*.

decorador, -ra *n. m. y f.* Persona que se dedica a adornar cosas, espacios interiores y edificios: *el decorador me ha aconsejado colocar una gran planta en este rincón; la decoradora traerá hoy varias propuestas para arreglar la boutique*.

decorar *v. tr.* **1** Poner adornos en una cosa o en un lugar: *han decorado la nueva oficina con esculturas modernas; han decorado la tarta con muñecos de chocolate*. **2** Disponer los muebles y objetos de un lugar de determinada manera para embellecerlo y crear ambiente: *hay que decorar el salón para que esté más acogedor*.
DER decoración, decorado, decorador, decorativo, decoro; condecorar.

decorativo, -va *adj.* De la decoración o que tiene relación con ella: *esta planta quedará muy decorativa en tu entrada*.

decoro *n. m.* **1** Comportamiento respetuoso que merece una persona o una situación: *no has mostrado ningún decoro con el jefe; actuó con decoro durante la ceremonia*. **2** Respeto a la moral, especialmente en el aspecto sexual: *vístete con decoro para ir a la iglesia*. **SIN** decencia. **3** Calidad suficiente, pero no excesiva: *vivo con decoro, pero sin lujos*.
DER decoroso.

decoroso, -sa *adj.* Que tiene o muestra decoro: *es una chica muy decorosa en clase; tu contestación ha sido poco decorosa; vive de manera decorosa*. **ANT** indecoroso.
DER indecoroso.

decrecer *v. intr.* Reducirse la cantidad, el tamaño o la importancia: *en los últimos años la población rural no ha hecho sino decrecer*. **SIN** disminuir. **ANT** acrecentar, aumentar.
DER decreciente.

decreciente *adj.* Que se reduce en cantidad, tamaño o importancia: *la tasa decreciente de natalidad está provocando un envejecimiento de la población*.

decrépito, -ta *adj./n. m. y f.* **1** [persona] Que tiene disminuidas sus facultades físicas y mentales a causa de la edad: *cuando volvió a ver a su abuelo, lo encontró decrépito*. ◇ *adj.* **2** [cosa] Que está en decadencia: *he cambiado el coche porque estaba decrépito*.

decrepitud *n. f.* Estado de la persona que, por ser muy mayor, tiene disminuidas sus facultades físicas y mentales: *intentó levantarse del sillón, pero su decrepitud se lo impidió*.

decretar *v. tr.* Decidir o determinar una persona u organismo que tiene autoridad para ello: *el juez ha decretado prisión para el detenido; el presidente decretó el estado de emergencia*.

decreto *n. m.* Determinación, resolución o decisión que toma una persona u un organismo con autoridad para ello: *el Gobierno publicará un decreto con nuevas medidas antiterroristas*. **decreto ley** Resolución que toma el Gobierno en circunstancias especiales: *hoy el partido de la oposición presentará sus enmiendas al decreto ley*. **real decreto** Decreto que es aprobado por el Consejo de Ministros y firmado por el rey: *el Rey ha firmado un real decreto que entrará en vigor el próximo mes*.
DER decretar.

decúbito *n. m.* Posición del cuerpo de una persona o animal cuando está tendido en el suelo, la cama o un lugar semejante. **decúbito lateral** Posición del cuerpo cuando está tendido sobre uno de sus lados: *el decúbito lateral izquierdo no es bueno para el corazón*. **decúbito prono** Posición del cuerpo cuando está tendido boca abajo: *se cayó y quedó en posición de decúbito prono*. **decúbito supino** Posición del cuerpo cuando está tendido boca arriba: *todos estaban tomando el sol en decúbito supino*.

décuplo, -pla *num.* [cantidad, número] Que es diez veces mayor que otro. Puede ser determinante: *décupla ración* o pronombre: *cien es el décuplo de diez*.

decurso *n. m.* Paso o continuación del tiempo: *el decurso de los años*.

dedal *n. m.* Objeto de forma cilíndrica ligeramente cónico y hueco, hecho de un material duro, que se ajusta al extremo del dedo para protegerlo al coser: *no se puso el dedal y se pinchó al empujar la aguja*. 📰 costurero.

dédalo *n. m.* **1** Conjunto de calles y caminos que se entrecruzan y disponen de tal manera que es muy difícil hallar la salida; suelen construirse con paredes de ladrillos o bien con un cercado de matas y arbustos vivos: *en la feria estuvimos en un dédalo y tardamos un buen rato en salir*. **SIN** laberinto.
2 Problema o situación difícil por presentar diferentes posi-

bilidades o aspectos que confunden: *estoy metido en un dédalo de problemas.* **SIN** laberinto.

dedicación *n. f.* **1** Entrega intensa a una actividad determinada: *mi trabajo me exige mucha dedicación.* **dedicación exclusiva** o **dedicación plena** Dedicación que ocupa todo el tiempo del trabajo de una persona e impide hacer otro por contrato o compromiso: *los funcionarios tienen dedicación exclusiva.* **2** Fin al que se destina una cosa: *hemos aprobado en la comunidad de vecinos la dedicación del 40 % de los fondos a construir una piscina.* **3** Ofrecimiento de un libro o una obra a una persona, como muestra de afecto o agradecimiento: *el Ayuntamiento ha aprobado la dedicación de un monumento al poeta local.*

dedicar *v. tr.* **1** Destinar una cosa para un fin determinado: *ha dedicado varias horas a regar el jardín; he dedicado esta habitación a la lectura y a la música.* **2** Ofrecer un libro o una obra a una persona en especial, como muestra de afecto o agradecimiento: *ha dedicado su último disco a su hijo.* **3** Consagrar una persona o cosa a un dios o santo: *la iglesia está dedicada a la patrona de la ciudad.* ◇ *v. prnl.* **4 dedicarse** Entregarse a una actividad determinada: *se ha dedicado a la medicina; me dedico a la jardinería en mis ratos libres.*
ETIM *Dedicar* procede del latín *dedicare*, derivado de *dicare*, 'proclamar solemnemente', voz con la que también están relacionadas *abdicar, predicar.*
DER dedicación, dedicatoria.
OBS En su conjugación, la *c* se convierte en *qu* delante de *e*.

dedicatoria *n. f.* Escrito que se pone en una obra y se dirige a la persona a la que se ofrece: *me hizo un retrato y me puso una dedicatoria muy cariñosa; las* Soledades *de Góngora empiezan con una dedicatoria al duque de Béjar.*

dedil *n. m.* Funda de goma, cuero u otro material que se pone en los dedos para protegerlos o para que no se manchen en ciertos trabajos: *le han cogido puntos en un dedo y se ha puesto un dedil.*

dedillo Palabra que se utiliza en la locución *al dedillo*, que significa 'con todo detalle': *se conoce al dedillo la historia de su ciudad; Juan se sabe al dedillo la relación de jugadores de la Liga de baloncesto.*

dedo *n. m.* Parte prolongada en que terminan la mano y el pie de los vertebrados, excepto de los peces: *el hombre tiene cinco dedos en cada mano y cada pie.* **SIN** dátil. ☞ cuerpo humano; mano; pie. **dedo anular** Dedo que ocupa el cuarto lugar en la mano contando desde el pulgar; es menor que el de en medio: *se puso el anillo en el dedo anular.* **dedo corazón** o **dedo de en medio** Dedo que ocupa el tercer lugar en la mano contando desde el pulgar; es el más largo de los cinco: *se ha partido el dedo corazón jugando al balonmano.* **dedo índice** Dedo que ocupa el segundo lugar en la mano contando desde el pulgar; normalmente se usa para señalar: *el profesor señaló con el dedo índice al niño que hablaba.* **dedo meñique** o **dedo pequeño** Dedo que ocupa el quinto lugar en la mano y en el pie contando desde el pulgar; es el más pequeño: *el zapato le está pequeño y le ha salido un callo en el dedo índice.* **dedo pulgar** o **dedo gordo** Dedo que ocupa el primer lugar en la mano y en el pie; es el más grueso: *el autopista tenía el dedo pulgar indicando hacia donde quería ir.*
a dedo *coloquial a)* Arbitrariamente, por decisión personal y sin seguir el procedimiento legal: *es una injusticia, lo han nombrado a dedo y nos han dejado a los demás fuera.* Se usa generalmente con los verbos *nombrar, poner. b)* Haciendo autostop: *como no tiene coche, siempre viaja a dedo.*
chuparse el dedo *coloquial* No darse cuenta de lo que ocurre; ser un ingenuo: *puedes seguir hablando, éste se chupa el dedo.*
chuparse los dedos *coloquial* Disfrutar enormemente del sabor de una comida: *el pollo estaba para chuparse los dedos.*
cogerse (o **pillarse**) **los dedos** *coloquial* Perjudicarse por falta de experiencia, cuidado o previsión: *me he pillado los dedos diciendo que podría entregar el pedido esta misma tarde.*
ETIM *Dedo* procede del latín *digitus*, que tenía el mismo significado, voz con la que también está relacionada *dígito.*
DER dedal, dedil, dedillo.

dedocracia *n. f. coloquial* Forma arbitraria de elegir a las personas que han de ocupar cargos, con abuso de autoridad y sin seguir el procedimiento legal: *el nuevo presidente ha utilizado la dedocracia para colocar a todos sus amigos.*

deducción *n. f.* **1** Razonamiento por medio del cual se sacan conclusiones a partir de una situación anterior o de un principio general: *he averiguado tu edad por deducción.* **ANT** inducción. **2** FILOS. Método de razonamiento que consiste en ir de lo general a lo particular: *la deducción era para Descartes, junto a la intuición, un modo de conocimiento.* **ANT** inducción. **3** Parte que se resta a una cantidad: *hemos conseguido una deducción del 10 %.*

deducible *adj.* Que se puede deducir: *en la declaración de la renta son deducibles los gastos médicos.*

deducir *v. tr./prnl.* **1** Sacar una conclusión por medio de un razonamiento a partir de una situación anterior o de un principio general: *por lo que dijiste deduje que te habías comprado el coche; vi la luz encendida y deduje que estarías en casa.* **SIN** argüir, colegir, inferir. **2** Restar una parte a una cantidad: *me han deducido del sueldo el 15 % en concepto de impuestos.*
DER deducción, deducible, deductivo.
OBS En su conjugación, la *c* se convierte en *zc* delante de *a* y *o* y el pretérito indefinido es irregular, como en *conducir.*

deductivo, -va *adj.* De la deducción o que está relacionado con este método de razonamiento: *el método deductivo fue utilizado por los filósofos racionalistas.* **ANT** inductivo.

defecación *n. f.* Expulsión de excrementos por el ano: *nos alarmamos cuando vimos que había sangre en la defecación.* **SIN** evacuación.

defecar *v. intr.* Expulsar excrementos por el ano: *el niño ha defecado en los pañales.* **SIN** cagar, evacuar, obrar.
DER defecación.
ETIM Véase *hez.*
OBS En su conjugación, la *c* se convierte en *qu* delante de *e*.

defección *n. f.* Separación o abandono de una o más personas de la causa o del grupo a los que pertenecen: *cuando el partido se hizo más radical hubo varias defecciones hacia posturas más moderadas.*

defectivo, -va *adj.* GRAM. [verbo] Que no se usa en todos los modos, tiempos o personas de la conjugación: *abolir* es un verbo defectivo, sólo se usan las formas que tienen *i* en su desinencia.

defecto *n. m.* Carencia de una cualidad propia de una persona, animal o cosa: *recién comprado el coche le encontramos varios defectos; tiene un defecto físico de nacimiento; Juan tiene un defecto, es muy cotilla.*
por defecto INFORM. De manera automática, si no se elige otra opción: *el ordenador grabará el documento en este directorio por defecto.*
DER defección, defectivo, defectuoso; indefectible.
ETIM *Defecto* procede del latín *defectus*, de *deficere*, 'faltar', voz con la que también están relacionadas *deficiente, déficit.*

defectuoso, -sa *adj.* [objeto] Que carece de una cualidad propia: *el frigorífico está defectuoso, no enfría lo suficiente.*

defender

defender *v. tr.* **1** Guardar o proteger de un ataque, un peligro o un daño: *los soldados defendieron a la población civil; la madre defiende a su hijo.* **2** Interceder o hablar favorablemente de una persona o una cosa: *te defendió cuando empezaron a hablar mal de ti; el abogado defiende al acusado en el juicio.* **SIN** abogar. **3** Apoyar una idea o una teoría: *él defiende siempre las ideas más avanzadas; el político defendió en público la privatización de las empresas públicas.* **4** Impedir, obstaculizar una acción: *el portero defendió la portería y no dejó entrar ni un balón.* ◇ *v. prnl.* **5 defenderse** Conseguir lo suficiente para vivir o para seguir con una actividad; salir adelante: *no estudias lo suficiente, sólo para defenderte e ir aprobando.*
DER defendible, defensa.
OBS En su conjugación, la e se convierte en *ie* en sílaba acentuada, como en *entender*.

defendible *adj.* Que puede ser defendido: *tu teoría no es defendible, no tiene una base sólida; construyeron la ciudad en la cima de una montaña para que fuera defendible.*

defenestrar *v. tr./prnl.* **1** Separar o expulsar a una persona de su cargo, especialmente si es de forma inesperada: *se quedaron muy sorprendidos cuando supieron que te habían defenestrado.* **2** Arrojar a una persona por una ventana: *el abogado alegará locura de la mujer que defenestró a su marido por defenderla.*

defensa *n. f.* **1** Protección de un ataque, un peligro o un daño: *salió en defensa de su hermano cuando iban a pegarle.* **2** Edificio, arma o cosa que sirve para protegerse de un ataque, un peligro o un daño: *una porra era la defensa del policía; las púas son las defensas de los erizos.* **3** Abogado o conjunto de abogados que defienden al acusado en un juicio: *la defensa alegó que su defendido estaba sumido en una profunda depresión.* **ANT** acusación. **4** Razón o motivo con el que se intercede por el acusado en un juicio: *el abogado basó su defensa en el hecho de que el acusado no tenía antecedentes.* **legítima defensa** Circunstancia que exime de culpabilidad: *actuó en legítima defensa.* ◇ *n. com.* **5** Jugador que forma parte de la línea más retrasada de un equipo: *el defensa provocó un penalti; la defensa del equipo de balonmano sufrió una lesión.* **SIN** zaguero. ◇ *n. f.* **6** Conjunto de jugadores que forman la línea más retrasada de un equipo: *la defensa del equipo de fútbol realizó un buen partido.* **SIN** zaga. **ANT** delantera. ◇ *n. f. pl.* **7 defensas** Medios por los que un organismo se protege de enfermedades: *con la anemia está muy baja de defensas.*
DER defensiva, defensivo, defensor; autodefensa, indefenso.

defensiva Palabra que se utiliza en la locución *a la defensiva*, que significa 'en actitud de desconfianza y recelo por temor a un ataque físico o moral': *María está a la defensiva contigo porque ya le mentiste una vez; el jugador estaba a la defensiva desde que el contrario le dio una patada.*

defensivo, -va *adj.* Que sirve para defender o defenderse: *el argumento defensivo que has utilizado no tiene sentido; el escudo era un arma defensiva.*

defensor, -ra *adj./n. m. y f.* **1** Que defiende o protege: *te has convertido en la defensora de una causa perdida; los defensores del fuerte luchaban para impedir que fuera tomado por los indios.* ◇ *n. m. y f.* **2** Abogado que se encarga de la defensa de un acusado en un juicio: *la defensora aconsejó a su defendida que contara toda la verdad.* **defensor del pueblo** Persona designada por el Parlamento para presidir la institución pública encargada de defender y proteger los derechos de los ciudadanos frente a la Administración: *el defensor del pueblo ha recibido a la familia que fue expulsada injustamente de su casa.* **defensor de menores** Persona designada por un juez para que represente y proteja a los menores de edad: *María acudió al defensor de menores para denunciar que varios niños estaban siendo maltratados por los padres de éstos.*

deferencia *n. f.* **1** Conformidad con la opinión o el comportamiento de una persona por respeto hacia ella: *aunque su conferencia fue un disparate, lo felicitaron por deferencia.* **2** Muestra de respeto y cortesía: *Luisa tuvo la deferencia de ceder el asiento a un señor con muletas.*
DER deferente.

deferente *adj.* **1** Que demuestra atención y cordialidad hacia las personas: *Ricardo es muy deferente: siempre cede el paso a los mayores.* **SIN** cortés. **2** [persona] Que está conforme con la opinión o comportamiento de otro por respeto: *es muy deferente con su abuelo: acepta lo que le dice aunque tienen ideas completamente opuestas.*

deferir *v. intr.* Adherirse al juicio de una persona por respeto o cortesía: *defirió al parecer de su padre.*
DER deferencia.
OBS En su conjugación, la e se convierte en *ie* en sílaba acentuada o en *i* en algunos tiempos y personas, como en *hervir*.

deficiencia *n. f.* Defecto, imperfección o carencia: *tuvimos que reclamar a causa de las deficiencias que tenía el coche; las deficiencias en la instalación provocaron el cierre del establecimiento.*

deficiente *adj.* **1** Que tiene algún defecto o imperfección: *cuando nos entregaron la casa estaba deficiente y tuvimos que pintarla.* **2** Que no alcanza el nivel considerado normal: *tu examen ha sido deficiente, tendrás que repetirlo.* ◇ *adj./n. com.* **3** [persona] Que tiene una capacidad mental inferior a la normal: *han puesto un nuevo colegio para deficientes con personal especializado; hay que integrar a los deficientes en el trabajo.* **SIN** anormal, retrasado, subnormal.
ETIM Véase *defecto*.
DER deficiencia.

déficit *n. m.* **1** Situación de la economía en la que los gastos superan a los ingresos: *hemos tenido un déficit de dos millones en los últimos meses.* **ANT** superávit. **2** Situación en la que falta o hay escasez de una cosa necesaria: *las inundaciones han provocado un déficit de productos agrícolas; déficit de viviendas.*
OBS El plural también es *déficit*.

deficitario, -ria *adj.* **1** Que tiene más gastos que ingresos: *la empresa ha cerrado por el estado deficitario en que se encontraba; las reformas hechas en casa han dejado a la economía familiar en un estado deficitario.* **2** Que implica falta o escasez de lo que se considera necesario: *mi barrio es deficitario en parques infantiles.*

definición *n. f.* **1** Exposición exacta y clara del significado de una palabra o un concepto: *hoy nos detendremos en la definición del concepto de relatividad.* **2** Explicación o aclaración de algo dudoso: *la definición de tu postura es importante para mí.* **3** Nitidez con que se percibe una imagen observada por un instrumento óptico o la imagen formada en una película fotográfica o en la televisión: *televisión de alta definición.*

definido, -da *adj.* **1** Que es claro y exacto; que tiene límites concretos: *has tomado una actitud muy definida en el conflicto.* **ANT** indefinido. ◇ *n. m.* **2** Palabra o grupo de palabras que es objeto de definición.
DER indefinido.

definir *v. tr./prnl.* **1** Exponer de manera exacta y clara el significado de una palabra o un concepto: *en un diccionario de*

economía encontraremos cómo se definen inflación y deflación; hemos tenido que definir en el examen varios conceptos de filosofía. **2** Explicar una persona de manera definitiva su actitud u opinión: *tienes que definir tu postura en este conflicto; definirse ideológicamente.* **3** Explicar de manera exacta y clara la naturaleza de una persona o una cosa: *yo definiría a Juan como una persona alegre; tendrás que definirme cuáles son mis funciones en este puesto.*
DER definición, definido, definitivo, definitorio.

definitivo, -va *adj.* **1** Que no se puede mover o cambiar: *ya tenemos la fecha definitiva de nuestra boda; su decisión es definitiva, así que no volverá.* **SIN** inamovible. **ANT** inconcluso, provisional. **2** Que resuelve o decide: *tu oposición ha sido definitiva en el conflicto.*
en definitiva En conclusión, en resumen: *en definitiva, no iré porque no me apetece.*

definitorio, -ria *adj.* Que define o delimita: *dame tu opinión definitoria respecto a lo que hablamos.*

deflación *n. f.* ECON. Bajada generalizada de los precios acompañada de un aumento del valor del dinero: *las últimas encuestas muestran una deflación importante.*

deflagrar *v. intr.* Arder una sustancia rápidamente con llama y sin explosión: *la pólvora deflagra.*

defoliación *n. f.* Caída de las hojas de los árboles y las plantas producida por una enfermedad o por los fenómenos atmosféricos: *el granizo ha sido el causante de la defoliación de los árboles frutales.*

deforestación *n. f.* Eliminación o destrucción de los árboles y plantas de un terreno: *los ecologistas se manifestaron en contra de la deforestación de este paraje.* **SIN** desforestación.

deforestar *v. tr.* Quitar o destruir los árboles y plantas de un terreno: *han deforestado una zona verde para construir más edificios.* **SIN** desforestar.
DER deforestación.

deformación *n. f.* Alteración de la forma natural de una cosa: *la deformación de su nariz se debe a un puñetazo; la deformación de su carácter es causa de preocupación para sus padres.* **deformación profesional** Alteración de la manera de obrar y pensar debida a la influencia de la profesión propia: *mi tío tiene deformación profesional, es dentista y siempre está mirándonos los dientes.*

deformar *v. tr./prnl.* **1** Alterar la forma natural de una cosa: *la tarta se ha deformado en el traslado; no le han puesto bien la escayola y se le ha deformado el codo; estar tanto tiempo solo le ha deformado el carácter.* **2** Alterar la intención o el significado de una cosa que se dice: *ha deformado mis palabras y se las ha tomado a mal.* **SIN** tergiversar, torcer.
DER deformación, deforme; indeformable.

deforme *adj.* Que presenta falta de proporción y regularidad en la forma: *la persiana está deforme y no la podemos bajar; tiene la cara deforme a consecuencia de las quemaduras.* **SIN** disforme.
DER deformidad.

deformidad *n. f.* Desproporción e irregularidad en el cuerpo humano o en un objeto: *le han puesto unas plantillas para corregir una deformidad en la planta de los pies; tu escultura es una deformidad.*

defraudar *v. tr.* **1** Decepcionar o desilusionar alguien o algo a una persona por no ser tan buena como esperaba: *María me ha defraudado con sus opiniones racistas; esta película me ha defraudado.* **2** Dejar de pagar o pagar menos, especialmente impuestos: *ha defraudado a Hacienda un deber de todo ciudadano; si no declaras ese dinero, estás defraudando al Estado.* **ANT** tributar. **3** Robar mediante el abuso de confianza o incumpliendo las obligaciones propias: *el empleado defraudó varios millones a la empresa.*

defunción *n. f.* Muerte de una persona: *la defunción se produjo anoche después de una larga enfermedad.* **SIN** deceso, óbito.

degeneración *n. f.* Paso de una cualidad o un estado a otro peor; pérdida de las características positivas: *la degeneración de su amistad fue debida a un malentendido; la degeneración del sistema nervioso le ha producido una parálisis.*

degenerado, -da *adj./n. m. y f.* [persona] Que tiene un comportamiento o unas ideas que se apartan de la moral: *es un degenerado: siempre está metiéndose con las niñas menores que él.* **SIN** depravado.
OBS Es el participio de *degenerar.*

degenerar *v. intr.* **1** Pasar de una cualidad o un estado a otro peor: *la gastritis ha degenerado en una úlcera.* **2** Perder las características positivas: *el debate degeneró en una fuerte discusión.*
DER degeneración, degenerado, degenerativo.

degenerativo, -va *adj.* Que causa o produce el paso de una cualidad o un estado a otro peor: *está sufriendo un proceso degenerativo del sistema nervioso.*

deglución *n. f.* Paso de un alimento, bebida o medicamento de la boca al estómago: *la deglución de la comida fue dificultosa porque le dolía la garganta.*

deglutir *v. tr./prnl.* Hacer o dejar pasar una cosa desde la boca al estómago: *traía tanta hambre que deglutió vorazmente toda la comida.* **SIN** ingerir, tragar.
DER deglución.

degolladero *n. m.* **1** Lugar donde se degüella o corta el cuello a los animales: *el cerdo berreaba camino del degolladero.* **2** Parte del cuello por donde se degüella a un animal: *puso el cuchillo en el degolladero.*

degollar *v. tr.* **1** Cortar el cuello a una persona o animal: *los extremistas islámicos han degollado a muchas mujeres; nos han regalado un gallo y tenemos que degollarlo.* **2** Representar mal un papel en el teatro o una pieza musical: *la protagonista degolló su papel de adolescente en el estreno.*
DER degolladero, degüello.
ETIM Véase *cuello.*
OBS En su conjugación, la *o* se convierte en *ue* en sílaba acentuada, como en *contar.*

degradación *n. f.* **1** Privación de los cargos u honores que tenía una persona: *la degradación del cabo se hizo en cumplimiento de las ordenanzas.* **2** Reducción o desgaste de las cualidades propias de alguien o algo: *la degradación del medio ambiente; la degradación física que padece es debida a una enfermedad.* **3** Desprecio público del orgullo o del honor de una persona: *no quiero que la vuelvas a hacer pasar por semejante degradación.* **SIN** humillación.

degradante *adj.* Que degrada o humilla: *su actitud fue degradante: lo insultó delante de todos.*

degradar *v. tr.* **1** Privar a una persona de sus cargos u honores: *degradaron al capitán por su cobardía ante el enemigo.* **2** Hacer perder una cualidad o un estado característicos: *tantos edificios han degradado el paisaje de esta zona.* ◊ *v. tr./prnl.* **3** Humillar públicamente a una persona: *es muy cruel con él: cada vez que hay gente delante lo degrada.* **SIN** pisar.
DER degradación, degradante.

degüello *n. m.* Acción de cortar el cuello a una persona o un animal: *el carnicero procedió al degüello de un cerdo.*

degustación *n. f.* Prueba de un alimento o una bebida para examinar su sabor: *ayer había en el supermercado una degustación de chocolate.* **SIN** cata, catadura.

degustar *v. tr.* Probar un alimento o una bebida para examinar su sabor: *vamos a ir a una bodega para degustar vinos; hemos ido a un congreso de gastronomía y hemos degustado comidas típicas de Andalucía.* **SIN** catar.
DER degustación.

dehesa *n. f.* Campo que generalmente está acotado y que suele dedicarse al pasto de ganado: *el ganadero paseaba por la dehesa viendo sus toros de lidia; las vacas estaban pastando en la dehesa.*

deíctico, -ca *adj.* **1** De la deixis o que está relacionado con esta manera de señalar: *en la oración vosotros sois los culpables, vosotros desempeña la función deíctica.* ◇ *n. m.* **2** Elemento gramatical que realiza una deixis: *este, ese, allí, aquí, ahora son algunos deícticos.*

deidad *n. f.* **1** Ser sobrenatural mitológico que tiene poder y gobierna una parte de las cosas o de las personas: *las Nereidas eran las deidades marinas que personificaban las olas del mar.* **SIN** dios, divinidad. **2** Cualidad de divino: *la deidad de Jesucristo.* **SIN** divinidad.
DER deificar.
ETIM Véase *dios*.

deificar *v. tr.* **1** Considerar a una persona o cosa como un dios y tratarla como tal: *los pueblos primitivos deificaron el fuego.* **SIN** divinizar. **2** Ensalzar exageradamente las cualidades o virtudes de una persona: *los alumnos de primer curso tienen deificada a su nueva profesora.* **SIN** divinizar.
OBS En su conjugación, la c se convierte en *qu* delante de *e*.

deixis o **deíxis** *n. f.* GRAM. Función que desempeñan ciertos elementos lingüísticos que señalan, como *este* y *esa*; que indican una persona, como *tú* o *ellos*; un lugar, como *aquí* o *abajo*; o un tiempo, como *ya* o *entonces*; también puede referirse a otros elementos del discurso o presentes sólo en la memoria: *en la frase* llamé a Juan y María, *pero sólo ésta contestó, ésta desempeña la deixis.*
OBS El plural es *deixis* o *deíxis*.

dejadez *n. f.* Descuido y falta de preocupación por las propias obligaciones: *todavía no he ido a comprar el libro por dejadez.* **SIN** pereza.

dejado, -da *adj./n. m. y f.* [persona] Que no cuida su aspecto físico ni sus asuntos: *Juan es muy dejado: tiene toda la ropa tirada en el sillón; eres una dejada: otra vez te has olvidado las llaves en casa.*

dejar *v. tr.* **1** Permitir que se haga una cosa o el modo de hacerla: *nos han dejado ir a la playa; su padre no le deja salir con la bicicleta cuando va solo.* **SIN** consentir. **2** Abandonar un lugar, a una persona o una actividad: *dejó el hotel; dejó a su marido después de una fuerte pelea; Juan ha dejado de hacer deporte.* **3** Dar, regalar o pagar: *le ha dejado todos sus libros.* **4** Prestar una cosa durante un tiempo: *déjame tu vestido para salir; no quiso dejarme su moto para dar una vuelta.* **5** Poner o colocar: *deja la compra en el frigorífico.* **6** Hacer pasar a un estado o situación: *me dejó triste y preocupado con la noticia; salió corriendo y nos dejó atrás.* Se usa seguido de un adjetivo o participio. **7** Encargar o encomendar: *hemos dejado al niño con una canguro.* **8** No molestar: *deja a tu hermano, que está estudiando.* ◇ *v. prnl.* **9 dejarse** Abandonar el cuidado personal y profesional: *no te dejes tanto y ve a la peluquería.*
dejar bastante (o **mucho**) **que desear** Ser peor o inferior de lo que se esperaba: *tu examen deja mucho que desear.*
dejar caer Decir algo de forma rápida, pero con intención, en una conversación: *ha dejado caer que tú habías estado en su casa.*
dejar de + infinitivo Indica la interrupción de una acción: *deja de comer chucherías.*

dejar en manos de Permitir o hacer que una persona determinada resuelva un asunto o un problema: *hemos dejado en manos de nuestro padre el tema de las vacaciones.*
dejarse caer Presentarse o aparecer en un lugar sin avisar: *se dejó caer por mi casa cuando estábamos a punto de empezar a comer.*
dejarse de Abandonar una actividad o una cosa: *déjate de bromas y escúchame.*
no dejar de Expresión que indica ironía: *no deja de ser curioso que ahora que está aquí mi prima vengas tanto a mi casa.*
DER dejadez, dejado, deje, dejo.
ETIM *Dejar* procede del latín *laxare*, 'aflojar', voz con la que también están relacionadas *laxar, relajar*.

deje *n. m.* **1** Pronunciación particular con que se distingue el modo de hablar de una persona por el lugar de donde procede o su estado de ánimo: *contestó con un deje de aburrimiento porque no tenía ganas de ir al cine.* **SIN** dejo. **2** Gusto o sabor que queda en la boca de lo que se ha comido o bebido: *los pimientos me han dejado un deje picante.* **SIN** dejo, regusto.
OBS La Real Academia Española admite *deje*, pero prefiere la forma *dejo*.

dejo *n. m.* **1** Pronunciación particular con que se distingue el modo de hablar de una persona por el lugar de donde procede o su estado de ánimo: *se te ha pegado el dejo catalán; dijo con un dejo de tristeza que te echaba de menos.* **SIN** deje. **2** Gusto o sabor que queda en la boca de lo que se ha comido o bebido: *la tarta me ha dejado un dejo muy agradable.* **SIN** deje, regusto.

del Contracción de la preposición *de* y el artículo *el*: *la casa del abuelo.*
OBS Esta contracción no se produce cuando el artículo forma parte de un nombre propio: *ha vivido en El Escorial.*

delación *n. f.* Acusación o denuncia de un hecho censurable por parte de una persona que no tiene una relación directa con él: *la delación del testigo fue crucial para descubrir al culpable del atropello.* **SIN** chivatazo, soplo.

delantal *n. m.* Prenda de vestir que, generalmente colgada al cuello, se ata a la cintura y cubre la parte delantera del cuerpo para no mancharse en ciertas labores: *el carnicero tenía el delantal lleno de sangre; Juan se colocó un delantal y empezó a freír los filetes.* **SIN** mandil, mandilón.

delante *adv.* En la parte anterior o en un lugar detrás del cual está una persona o cosa: *como eres el más pequeño, ponte para la foto delante de todos; delante de la casa estaba el jardín.* **ANT** detrás. Se combina con diversas preposiciones. *me dieron un golpe por delante.*
delante de *a*) Enfrente, cara a cara: *el libro estaba delante de sus ojos y no lo veía; ponte delante de mí para que vea tu nuevo vestido.* *b*) En presencia de: *tuvo que repetir sus mentiras delante de su madre.*
DER delantera, delantero; adelante.
OBS Es incorrecto su uso seguido de un posesivo; se debe decir *delante de nosotros, delante de mí*, en lugar de *delante nuestro, delante mío*, respectivamente.

delantera *n. f.* **1** Parte anterior de algo: *tenemos que arreglar el bollo de la delantera del coche.* **2** *coloquial* Pecho de la mujer: *esta cantante tiene una buena delantera.* **3** Conjunto de jugadores que forman la línea más adelantada de un equipo: *la delantera no ha jugado muy bien.* **ANT** defensa, zaga.
coger (o **ganar** o **tomar**) **la delantera** *a*) Anticiparse en la realización de una acción a otra persona que también tenía intención de hacer dicha acción: *iba a comprarle flores, pero mi hermana me ha tomado la delantera.*

llevar la delantera Ir delante de otro en una carrera o en alguna materia: *el primer corredor lleva la delantera hace un buen rato.*

delantero, -ra *adj.* **1** Que está o va delante; anterior: *nos hemos sentado en la parte delantera del avión.* **ANT** trasero. ◇ *n. m. y f.* **2** Jugador que forma parte de la línea más adelantada de un equipo: *el delantero del equipo de balonmano ha metido cinco goles.* **delantero centro** Jugador que ocupa el centro de esta línea: *el delantero centro hizo un buen remate de cabeza.* ◇ *n. m.* **3** Pieza que forma la parte de delante de una prenda de vestir: *la camisa lleva el delantero de distinto color que el resto.*

delatar *v. tr.* **1** Dar noticia o aviso a una autoridad de un hecho censurable o de su autor, sin tener una relación directa con ellos: *el cómplice asustado delató a su compañero; la niña delató a sus compañeros ante el director.* **SIN** denunciar. **ANT** encubrir. **2** Poner de manifiesto algo que está oculto y que por lo general es reprobable: *él mismo delató que estaba copiando al ponerse tan nervioso.* ◇ *v. prnl.* **3 delatarse** Dar a conocer una intención involuntariamente: *María se ha delatado al preguntarte si irías a la fiesta.*
DER delación, delator.

delator, -ra *n. m. y f.* Persona que denuncia o acusa a otra, especialmente si lo hace en secreto: *el delator tuvo que ser protegido de la familia de los ladrones.* **SIN** chivato, confidente, soplón.

delco *n. m.* Aparato de los motores de explosión que sirve para hacer llegar la electricidad a las bujías: *se le ha mojado el delco y el coche no arranca.*

delectación *n. f.* Placer del espíritu o los sentidos: *este cuadro es una delectación para la vista.* **SIN** deleite, delicia.

delegación *n. f.* **1** Cesión de un poder, una función o una responsabilidad a una persona para que los ejerza: *a la reunión asistirá el secretario por delegación del presidente de la empresa.* **2** Oficina en la que trabaja un delegado: *tengo que ir a la delegación de Educación para entregar unos impresos.* **3** Cargo de delegado: *ocupa la delegación desde las últimas elecciones.* **4** Conjunto o reunión de delegados: *el presidente de la Diputación recibirá a la delegación de los pueblos más pobres de la provincia.*

delegado, -da *adj./n. m. y f.* [persona] Que recibe poder para obrar en nombre de otra u otras personas: *los delegados de los sindicatos se reúnen hoy con los trabajadores; el delegado de clase tiene que representar a todos sus compañeros.* **SIN** apoderado, representante.
DER subdelegado.

delegar *v. tr.* Ceder una persona u organismo un poder, una función o una responsabilidad a otra persona para que los ejerza en su lugar: *el director del banco ha delegado en el interventor la firma de estos documentos.*
DER delegación, delegado.
OBS En su conjugación, la g se convierte en gu delante de e.

deleitar *v. tr./prnl.* Causar placer al espíritu o los sentidos: *nos deleitó con una lectura de su último libro de poemas; Laura deleitó a sus invitados con una magnífica comida.*
DER deleite.

deleite *n. m.* Placer del espíritu o los sentidos: *fue un auténtico deleite escuchar el concierto de Mozart.* **SIN** delectación, delicia.
DER deleitoso.

deleitoso, -sa *adj.* Que causa placer al espíritu o los sentidos: *tiene una deleitosa forma de recitar.*

deletrear *v. intr./tr.* Pronunciar separadamente las letras o las sílabas de una palabra: *tuve que deletrearle mi dirección porque con el ruido que había no se enteraba.*
DER deletreo.

deletreo *n. m.* Pronunciación por separado de las letras o las sílabas de una palabra: *hemos hecho ejercicios de deletreo para estudiar las sílabas.*

deleznable *adj.* **1** Que merece ser despreciado; que no merece consideración: *sus mentiras le convierten en un ser deleznable.* **SIN** despreciable. **2** Que se rompe o deshace fácilmente: *es de un material muy deleznable, ten cuidado al cogerlo.*

delfín *n. m.* **1** Mamífero marino de cabeza grande y el hocico en forma de pico; es de color gris y se alimenta de peces y otros animales marinos: *los niños echaron pequeños peces a los delfines; los delfines tienen la boca muy grande.* **2** Título del primer hijo del rey de Francia: *el delfín era el heredero al trono francés.* **3** Sucesor de una persona importante: *el delfín del presidente fue presentado en el último congreso.*
OBS Para indicar el sexo se usa *el delfín macho* y *el delfín hembra.*

delfinario *n. m.* Edificio destinado a mostrar al público delfines vivos.

delgadez *n. f.* Escasez de carne o de grasas: *ha hecho régimen y tiene una delgadez exagerada.* **SIN** flaqueza.

delgado, -da *adj.* **1** [persona, animal] Que tiene poca grasa o poca carne: *tienes que comer porque después de los exámenes te has quedado muy delgada.* **SIN** flaco. **ANT** gordo, rollizo. **2** Que es poco ancho o poco grueso: *el cristal de la mesa se ha roto porque era muy delgado; voy a comprar una lana delgada para hacerme un jersey de primavera.* **SIN** fino. **ANT** gordo.
DER delgadez; adelgazar.
ETIM Véase *delicado.*

deliberación *n. f.* Reflexión que se hace con atención y cuidado para formar una opinión o tomar una decisión: *cada uno aportó su opinión durante la deliberación; después de una larga deliberación hemos decidido que lo mejor es operar al enfermo.* **SIN** consideración, contemplación.

deliberado, -da *adj.* [acto] Que se hace de forma voluntaria e intencionada: *tu traición ha sido deliberada.* **SIN** intencionado.

deliberante *adj.* [corporación, junta] Que toma acuerdos por mayoría de votos que repercuten en la colectividad: *el decano de la facultad ha convocado una reunión deliberante para dar soluciones al problema de la masificación.*

deliberar *v. intr.* Reflexionar antes de tomar una decisión, considerando detenidamente los pros y los contras o los motivos por los que se toma: *el opositor esperaba nervioso que el tribunal deliberara.*
DER deliberación, deliberado, deliberante, deliberativo.

deliberativo, -va *adj.* De la deliberación o que tiene relación con ella: *la reunión ha sido deliberativa, pero no hemos tomado aún ninguna decisión.*

delicadeza *n. f.* **1** Suavidad, finura o debilidad para estropearse o romperse: *estas telas son de gran delicadeza, lávalas con agua fría; la delicadeza de su piel le impide tomar el sol.* **2** Sensibilidad ante hechos que pueden causar impresión: *tiene una gran delicadeza y estas lecturas la emocionan muchísimo.* **3** Amabilidad, atención o cortesía en el trato: *ella trató con gran delicadeza a todos los presentes.* **4** Habilidad para tratar un asunto determinado: *le expuso el problema con delicadeza para que no se enfadara.* **SIN** política, tacto, tino. **ANT** crudeza. **5** Acción elegante u obsequio exquisito: *tuvo la delicadeza de llevarme un ramo de flores al hospital.*
DER indelicadeza.

delicado, -da *adj.* **1** Que es suave, fino o débil: *ten cuidado*

delicia con la blusa de seda porque es una tela delicada. **2** Que puede estropearse o romperse con facilidad: *el cristal de Murano es muy delicado*. **3** Que es muy dado a contraer enfermedades: *tiene el estómago muy delicado y nunca sabe qué comer*. **4** Que es elegante o exquisito: *en este restaurante comimos unos manjares delicados; Luis viste de manera delicada*. **5** Que es amable, atento y cortés: *Juan es muy delicado con las mujeres*. **6** [persona] Que es muy sensible a las críticas: *ten cuidado con lo que le dices, que es muy delicado y se puede molestar*. **7** [asunto, situación] Que exige mucho cuidado o habilidad: *se va a someter a una operación muy delicada*.
DER delicadeza.
ETIM Delicado procede del latín *delicatus*, que tenía el mismo significado, voz con la que también está relacionada *delgado*.

delicia *n. f.* **1** Placer del espíritu o los sentidos: *¡qué delicia verte bailar!* **SIN** delectación, deleite. **2** Persona o cosa que causa ese placer: *tu madre es una delicia*. **3** Comida que se hace con pescado cocido y desmenuzado que posteriormente se reboza en huevo y pan rallado y se fríe: *nos pusieron unas delicias de bacalao exquisitas*.
DER delicioso, -sa.

delicioso, -sa *adj.* Que causa o puede causar placer de los sentidos o el espíritu: *preparó un pastel delicioso; ha sido delicioso conversar contigo*.

delictivo, -va *adj.* [acto] Que implica delito o acción contraria a la ley: *le han arrestado varias veces por su comportamiento delictivo*.
ETIM Véase *delito*.

delicuescente *adj.* [cuerpo] Que tiene la propiedad de absorber la humedad atmosférica y disolverse en ella: *muchas sales en estado de polvo son delicuescentes*.

delimitar *v. tr.* **1** Determinar y marcar con claridad los límites de un terreno: *ya hemos delimitado el terreno con vallas*. **SIN** demarcar, deslindar. **2** Determinar o aclarar los límites de una cosa o entre dos o más cosas: *en casa hemos delimitado las tareas que tiene que hacer cada uno para ayudar a nuestros padres*. **SIN** deslindar.

delincuencia *n. f.* **1** Conjunto de acciones que van en contra de la ley: *la delincuencia ha sido tratada por los alcaldes de las grandes ciudades*. **SIN** criminalidad. **2** Hecho de cometer acciones contra la ley: *la droga le llevó a la delincuencia*.

delincuente *adj./n. com.* [persona] Que comete acciones que van contra la ley: *han sido detenidos varios delincuentes cuando robaban en una tienda*. **SIN** maleante.
DER delincuencia.

delineación *n. f.* Trazado de las líneas de una figura, especialmente de un plano: *la delineación del nuevo centro comercial ha sido muy simple*.

delineante *n. com.* Persona que se dedica al trazado de planos: *el arquitecto le pidió al delineante que quitara una habitación del plano*.

delinear *v. tr.* Trazar las líneas de una figura, especialmente de un plano: *el profesor de dibujo nos pidió que delineáramos la casa que nos gustaría tener*.
DER delineación, delineante.

delinquir *v. intr.* Cometer una acción que va contra la ley: *hay gente que delinque para poder comer*.
DER delincuente.
ETIM Véase *delito*.
OBS En su conjugación, la *qu* se convierte en *c* delante de *a* y *o*.

delirar *v. intr.* **1** Tener visiones o sensaciones que no son reales, sino producto de un trastorno o una enfermedad: *María estaba muy enferma y deliraba*. **SIN** alucinar. **2** Decir o creer cosas imposibles, improbables o insensatas: *tú deliras si crees que te va a tocar la loto*. **SIN** alucinar, desvariar.
DER delirio.

delirio *n. m.* **1** Estado de alteración mental en el que se producen excitación, desorden de las ideas y alucinaciones: *a causa de los delirios que sufría creía que estaba luchando con el séptimo de caballería; al saber que le había tocado la lotería, le entró un gran delirio y se puso a gritar*. **SIN** frenesí. **2** Dicho o hecho contrario al sentido común, a la razón o a la conveniencia: *sus delirios son conocidos por todos y nos vamos en cuanto llega*. **delirio de grandeza** Actitud de la persona que sueña con una situación o un lujo que no está a su alcance: *con esos delirios de grandeza vive en un mundo irreal*. **SIN** desvarío. **con delirio** De modo excesivo: *el niño deseaba con delirio esa bicicleta*.

delito *n. m.* **1** Culpa, crimen o quebrantamiento de la ley: *me parece a mí que pedir trabajo no es ningún delito*. **2** Acción u omisión voluntaria castigada por la ley con pena grave: *el obstruir a la justicia se considera un delito; conducir de forma temeraria es un delito*.
ETIM Delito procede del latín *delictum*, supino de *delinquere*, 'cometer una falta', voz con la que también están relacionadas *delictivo*, *delinquir*.

delta *n. f.* **1** Cuarta letra del alfabeto griego, equivalente a la *d* del español. ◊ *n. m.* **2** Terreno que queda entre los brazos de un río en su desembocadura y que está formado por los materiales que éste arrastra: *los deltas tienen forma triangular; el delta del Ebro; el delta del Nilo*.
DER deltoides.

deltoides *adj./n. m.* Músculo triangular situado en el hombro y que sirve para levantar el brazo: *el deltoides va desde el omóplato a la clavícula*.
OBS El plural también es *deltoides*.

demacrar *v. tr./prnl.* Hacer que una persona se quede muy delgada, pálida y con poca fuerza física o moral: *la neumonía lo demacró mucho; se demacró enormemente por su larga enfermedad*.

demagogia *n. f.* Empleo de los medios necesarios, especialmente halagos fáciles y promesas infundadas, para convencer a la gente de la conveniencia de aceptar unas ideas, en especial un programa político: *ha utilizado la demagogia cuando ha hablado del problema del paro en un pueblo donde hay tantos parados*.
DER demagógico, demagogo.

demagógico, -ca *adj.* De la demagogia o que tiene relación con ella: *el mitin adquirió un tono demagógico al tratar de los problemas que más preocupaban a los asistentes*.

demagogo, -ga *n. m. y f.* Persona que emplea los medios necesarios, especialmente halagos fáciles y promesas infundadas, para convencer a la gente de la conveniencia de aceptar un programa político: *los demagogos del partido prepararon el discurso que daría ante los estudiantes*.

demanda *n. f.* **1** Petición o solicitud de algo, especialmente si consiste en una súplica o se considera un derecho: *asistimos a la huelga en demanda de nuevos puestos de trabajo*. **2** Pregunta que se hace a una persona: *el cantante atendió las demandas de los periodistas*. **3** Cantidad de mercancías o servicios que los consumidores piden y están dispuestos a comprar: *en invierno hay una fuerte demanda de calentadores*. **ANT** oferta. **4** **DER** Documento por el que se emprende una acción judicial contra una persona o una entidad para reclamarle algo: *los trabajadores despedidos han presentado una demanda a la empresa; una demanda de divorcio*.

demandar *v. tr.* **1** Pedir o solicitar algo, especialmente si se hace como súplica o se considera un derecho: *los deportistas demandaban la modernización de las instalaciones.* **2** DER. Emprender una acción judicial contra una persona o una entidad para reclamarle algo: *el propietario demandó al inquilino por impago del alquiler.*
DER demanda.

demarcación *n. f.* **1** Determinación y señalización de los límites de un terreno: *tenemos que decidir cuál va a ser la demarcación de las nuevas urbanizaciones.* **2** Terreno comprendido entre estos límites: *todos los colonos quedaron contentos con sus demarcaciones.* **3** División administrativa en la que tiene poder una autoridad: *demarcación provincial; demarcación militar.*

demarcar *v. tr.* Determinar y marcar con claridad los límites de un terreno: *demarcaron las fincas colindantes antes de empezar a construir.* SIN delimitar.
DER demarcación.
OBS En su conjugación, la *c* se convierte en *qu* delante de *e*.

demarrar *v. intr.* Acelerar un corredor bruscamente en una carrera para dejar atrás a sus contrincantes: *el atleta con el dorsal 5 demarró en los últimos cien metros para llegar solo a la meta.*

demás *det./pron. indef.* Designa a los elementos de una misma clase que no han sido mencionados o a la parte no mencionada de un todo: *le gustan los perros, los gatos y demás animales; los diez primeros de la clase asistirán al concierto, los demás irán al teatro.*
por demás Inútilmente, en vano: *todo lo que hagas será por demás.*
por lo demás Por lo que se refiere a otras cuestiones relacionadas: *en las labores de casa es muy perezoso; por lo demás, es muy trabajador.*

demasía Palabra que se utiliza en la locución *en demasía*, que significa 'más de lo justo o necesario' o 'de manera excesiva': *todas las cosas buenas en demasía pueden ser perjudiciales; trabaja en demasía.*

demasiado, -da *det./pron. indef.* **1** Que supera lo justo o lo necesario o que es excesivo: *has comprado demasiado queso; tiene demasiada ropa y nunca sabe qué ponerse.* ◊ *adv.* Superando lo justo o lo necesario: *no estudia demasiado; has corrido demasiado y mañana tendrás agujetas.* SIN excesivamente.

demencia *n. f.* **1** Trastorno de la razón, alteración de la mente: *lo llevaron al psiquiátrico porque mostraba claros signos de demencia.* SIN locura. **2** Debilitamiento mental, generalmente grave y progresivo por la edad o por una enfermedad: *su abuelo tiene demencia senil y a veces actúa como si fuera niño.* **3** *coloquial* Obra o dicho disparatado: *lo que has hecho es una demencia.*
DER demencial.

demencial *adj.* **1** De la demencia o que tiene relación con ella. **2** Que es absurdo, incomprensible o confuso: *todas tus ideas son demenciales; tu comportamiento ha sido demencial.*

demente *adj./n. com.* Que tiene trastornadas sus facultades mentales: *los dementes han sido trasladados a otra planta del hospital; el anciano estaba demente y hablaba tonterías.* SIN loco.
DER demencia.

demérito *n. m.* Falta de mérito o de valor: *no es un demérito que hayas tardado en entenderlo más que tu amiga; este suspenso supone un demérito en tu expediente.*

demiurgo *n. m.* FILOS. En la doctrina filosófica de los platónicos y alejandrinos, Dios creador que es principio del mundo: *no creo en la existencia de un demiurgo.*

demo-, dem- Elemento prefijal que entra en la formación de palabras con el significado de 'pueblo': *democracia.*

democracia *n. f.* **1** Sistema político en el que el pueblo elige libremente a quienes lo gobiernan: *la democracia se implantó en España después de un régimen dictatorial.* **2** Doctrina o idea que defiende la participación del pueblo en los asuntos importantes de gobierno: *cree en la democracia y siempre que hay elecciones va a votar.* **3** País que se gobierna de esa manera: *las democracias europeas han llegado a un acuerdo político y económico.* **4** Participación de los miembros de una colectividad en los asuntos importantes que le afectan: *nuestra clase es una democracia: el profesor quiere que votemos y demos nuestra opinión sobre todos los asuntos.*
DER demócrata, democrático, democratizar.

demócrata *adj./n. com.* [persona] Que es partidario de la democracia: *los demócratas se manifestaron contra el terrorismo; el partido demócrata se opuso a una ley que consideraba propia de la dictadura.*

democrático, -ca *adj.* De la democracia o que tiene relación con ella: *en los países democráticos se somete a votación la elección de los representantes del pueblo; Yeltsin ha sido elegido el primer presidente democrático de Rusia.*

democratización *n. f.* **1** Conversión de una persona a las ideas de la democracia: *la democratización de algunos políticos del viejo régimen.* **2** Conversión de una cosa o institución en democrática: *los políticos lucharon por la democratización del país.*

democratizar *v. tr./prnl.* **1** Convertir en democrática una cosa o institución: *el país se democratizó después de una larga etapa dictatorial; sus ideas se han democratizado con el paso de los años.* **2** Hacer una cosa accesible a un gran número de personas: *la educación pública obligatoria democratizó la cultura.*
DER democratización.
OBS En su conjugación, la *z* se convierte en *c* delante de *e*.

demografía *n. f.* Disciplina que estudia estadísticamente la población según su composición, estado y distribución en un momento determinado o según su evolución histórica: *la demografía ayuda a conocer la evolución del número de habitantes de una zona.*

demográfico, -ca *adj.* De la demografía o que tiene relación con ella: *me han encargado un estudio demográfico de mi barrio para ver la proporción por sexos.*

demoledor, -ra *adj.* Que destruye o derriba una cosa material o inmaterial: *el golpe ha demoler; tu defensa fue demoledora, no pudieron rebatir tus argumentos.*

demoler *v. tr.* **1** Destruir o derribar un edificio o una construcción: *tuvo que demoler la planta que había levantado porque no era legal.* SIN derruir. **2** Destruir o arruinar una cosa abstracta o figurada: *demolieron sus argumentos.*
DER demoledor, demolición.
OBS En su conjugación, la *o* se convierte en *ue* en sílaba acentuada, como en *mover*.

demolición *n. f.* Destrucción o derribo de una construcción: *la demolición de las chabolas estuvo rodeada de una fuerte polémica.* SIN derribo, derrumbamiento, derrumbe.

demoníaco, -ca o **demoniaco, -ca** *adj.* Del demonio o que tiene relación con este ser sobrenatural: *han detenido a varias personas que realizaban ritos demoniacos; tu actitud es demoniaca.* SIN satánico.

demonio *n. m.* **1** Ser sobrenatural o espíritu que representa las fuerzas del mal: *en el evangelio, Jesús es tentado por el demonio.* SIN diablo. **2** Persona muy inquieta y revoltosa,

demora

especialmente si se trata de un niño: *este niño es un demonio: no se está quieto ni cinco minutos*. SIN diablillo, diablo.
como el (o **un**) **demonio** Mucho o excesivamente: *este coche corre como un demonio*.
del demonio o **de mil demonios** o **de todos los demonios** Expresión con la que se exagera una cualidad o un estado: *hace un calor de mil demonios*.
llevárselo el demonio o **llevárselo los demonios** Enfadarse mucho: *se me llevaron los demonios cuando vi que habías manchado mi vestido nuevo*.
DER demoníaco; endemoniar.

demora *n. f.* **1** Retraso en un proceso o una actividad: *perdona mi demora, pero cuando salía me llamaron por teléfono*. SIN dilación, tardanza. **2** DER. Retraso en el cumplimiento de un pago u obligación: *la demora en el pago del impuesto de circulación te supondrá una multa*.

demorar *v. tr./prnl.* **1** Retrasar un proceso o una actividad: *no te demores en entregar la solicitud*. SIN dilatar, retardar. ◇ *v. intr./prnl.* **2** Retrasarse por haberse detenido o entretenido durante un tiempo: *nos demoramos mirando los escaparates*.
DER demora.

demostrable *adj.* Que se puede probar: *es fácilmente demostrable lo que te digo*. SIN probable.
DER indemostrable.

demostración *n. f.* **1** Prueba de que algo es verdadero: *la demostración de que están peleados es que no se hablan*. **2** Muestra exterior de un sentimiento o una intención: *la manera en que lo has defendido ha sido una auténtica demostración de amistad*. **3** Enseñanza práctica: *el jardinero nos hizo una demostración de cómo teníamos que trasplantar los geranios*. **4** Comprobación de una teoría aplicándola a casos concretos: *no sirve sólo el resultado del problema, quiero la demostración*.

demostrar *v. tr.* **1** Probar que algo es verdadero: *ha demostrado que tú fuiste a la excursión enseñando unas fotos*. **2** Dar a conocer abiertamente una cosa sin dejar lugar a dudas: *demostró su desinterés por la conferencia hablando con su compañero; le demuestra continuamente su afecto*. **3** Enseñar de forma práctica: *el dependiente nos demostró cómo se manejaba la cámara de vídeo*.
DER demostrable, demostración, demostrativo.
OBS En su conjugación, la *o* se convierte en *ue* en sílaba acentuada, como en *contar*.

demostrativo, -va *adj.* **1** Que prueba o sirve para probar que algo es verdad: *me pusieron un sello como documento demostrativo de que había estado allí*. ◇ *adj./n. m.* **2** GRAM. [determinante, pronombre] Que señala personas, animales o cosas según la distancia a la que se encuentran del hablante: *este, ese y aquel son demostrativos*.

demudar *v. tr.* **1** Cambiar o transformar: *los últimos acontecimientos pueden demudar la situación de un momento a otro*. ◇ *v. prnl.* **2 demudarse** Cambiarse repentinamente el color o la expresión de la cara por una impresión: *cuando vio que el coche se salía de la carretera, se le demudó el rostro*.

dendrita *n. f.* Prolongación ramificada del citoplasma de una célula nerviosa: *las dendritas reciben los impulsos nerviosos*.

denegación *n. f.* Respuesta negativa a una petición o solicitud: *la denegación de la subvención ha puesto a la empresa en una situación preocupante*.

denegar *v. tr.* Responder negativamente a una petición o solicitud: *le denegaron la beca; he tenido que denegarle el permiso*.

DER denegación.
OBS En su conjugación, la *e* se convierte en *ie* en sílaba acentuada y la *g* en *gu* delante de *e*, como en *regar*.

denigrante *adj.* **1** Que ataca la fama o el honor de una persona: *han utilizado palabras denigrantes para dirigirse a ti*. **2** Que daña o menoscaba el buen nombre y la fama de una persona: *lo has puesto en ridículo con tu trato denigrante*.

denigrar *v. tr.* **1** Insultar y ofender a una persona de palabra: *tienes que defenderte cuando te denigra públicamente*. SIN denostar, difamar. **2** Atacar el buen nombre y la fama de una persona: *han denigrado el prestigio del médico diciendo que se equivocó en su diagnóstico*.
DER denigrante.
ETIM Véase *negro*.

denodado, -da *adj.* Que muestra valor, energía o decisión: *hizo denodados esfuerzos por llegar a la meta; es una denodada defensora de los derechos de la mujer*.
DER denuedo.

denominación *n. f.* Nombre con el que se distinguen las personas y las cosas: *el cambio de denominación de las calles ha sido muy criticado; en anatomía hay que estudiar la denominación de los huesos*. **denominación de origen** Nombre que da garantía oficial de la procedencia y calidad de un producto: *han conseguido la denominación de origen para los vinos de su comarca*.

denominador, -ra *adj./n. m. y f.* **1** Que da o pone nombres concretos: *el nombre del descubridor de una enfermedad suele convertirse en su denominador*. ◇ *n. m.* **2** Número que indica las partes iguales en que se considera dividido un todo en una fracción: *8 es el denominador en el quebrado 2/8*.

denominar *v. tr./prnl.* Dar un nombre concreto a una persona o una cosa que los identifique: *el hijo mayor del rey de Francia se denominó delfín; el uso del pronombre vos por tú se denomina voseo*. SIN llamar.
DER denominación, denominador.

denostar *v. tr.* Insultar y ofender a una persona de palabra: *denostó a su amigo en una fuerte discusión*. SIN denigrar, difamar.
DER denuesto.
OBS En su conjugación, la *o* se convierte en *ue* en sílaba acentuada, como en *contar*.

denotación *n. f.* **1** Indicación o significación mediante un signo o una señal: *sus palabras eran una denotación de preocupación*. **2** GRAM. Significado propio de una palabra o una expresión sin matizaciones subjetivas: *la denotación se contrapone a la connotación*.

denotar *v. tr.* **1** Indicar o significar mediante un signo: *su gesto denotaba alegría*. **2** GRAM. Tener una palabra o una expresión un significado propio sin matizaciones subjetivas: *la palabra foca denota un animal y connota una persona gorda*.
DER denotación.

densidad *n. f.* **1** Acumulación de gran cantidad de elementos o individuos en un espacio determinado: *si entras en ese bosque puedes perderte por la densidad de árboles que hay*. **densidad de población** Cantidad de habitantes por unidad de superficie: *la densidad de población en las zonas costeras aumenta en verano*. **2** FÍS. Relación entre la masa de un cuerpo y su volumen: *el densímetro es un instrumento para medir la densidad de los líquidos*.

denso, -sa *adj.* **1** [sustancia] Que tiene mucha materia en poco espacio: *la niebla era muy densa durante el viaje y tuvimos que pararnos; el guiso te ha salido muy denso*. **2** Que está formado por muchos elementos que se encuentran muy juntos: *un denso bosque rodeaba el lago*. **3** Difícil de entender

por tener mucho contenido: *tienes que leer esta novela tranquilamente porque es muy densa; su conferencia era densa y resultó aburrida.*
DER densidad, densificar; adensar, condensar.

dentado, -da *adj.* Que tiene dientes o puntas parecidas a dientes: *pásame el cuchillo dentado para cortar el pan; la sierra tiene el filo dentado.* ☞ hoja.
DER dentadura; desdentado.
ETIM Véase *diente*.

dentadura *n. f.* Conjunto de dientes, colmillos y muelas de una persona o animal: *es importante revisarse la dentadura una vez al año.* **dentadura postiza** Estructura formada por dientes artificiales que sustituyen a los naturales: *ha ido a tomarse las medidas para ponerse la dentadura postiza.*

dental *adj.* **1** De los dientes o que tiene relación con ellos: *la prevención dental es importante para evitar la aparición de caries.* **SIN** dentario. ◇ *adj./n. m. y f.* **2** GRAM. [sonido] Que se pronuncia apoyando la punta de la lengua en los dientes: *las consonantes de la palabra* dato *son dentales.*
DER dentario; interdental, labiodental.
ETIM Véase *diente*.

dentario, -ria *adj.* De los dientes o que tiene relación con ellos: *tiene problemas dentarios.* **SIN** dental.

dente Palabra italiana que se utiliza en la locución *al dente*, que, aplicada a la pasta alimenticia, significa 'cocida de manera que no quede demasiado blanda': *la pasta al dente debe quedar blanda por fuera y un poco dura por dentro; espaguetis al dente.*

dentellada *n. f.* **1** Mordedura hecha clavando los dientes: *me gusta comerme las zanahorias a dentelladas.* **SIN** bocado, mordisco. **2** Herida hecha clavando los dientes: *le curaron las dentelladas que tenía en la pierna.*

dentellar *v. intr.* Golpear unos dientes contra otros de forma muy seguida: *en los ataques epilépticos es muy frecuente que el enfermo dentellee.*
DER dentellada.
ETIM Véase *diente*.

dentera *n. f.* Sensación desagradable que se produce en los dientes al comer sustancias agrias, oír sonidos chirriantes o tocar ciertos cuerpos: *no arrastres esa silla que me da dentera; no soporto tocar un hámster porque me da dentera.* **SIN** grima.
ETIM Véase *diente*.

dentición *n. f.* **1** Salida y desarrollo de los dientes: *este niño está muy retrasado en la dentición.* **2** Tiempo que dura la salida y el desarrollo de los dientes: *durante la dentición los niños están muy incómodos.* **3** ZOOL. Tipo y número de dientes que caracteriza a un mamífero, según la especie a la que pertenece: *podemos concluir que este animal es herbívoro por su dentición.*

dentífrico, -ca *adj./n. m.* Que sirve para limpiar los dientes: *se me ha olvidado comprar la pasta dentífrica de flúor y calcio; puedes utilizar bicarbonato como dentífrico.*
OBS No se debe decir *dentrífico*.

dentista *n. com.* Médico especializado en el estudio y tratamiento de las enfermedades de los dientes. **SIN** odontólogo.
mecánico dentista Persona que se dedica a la fabricación de piezas o aparatos artificiales que se colocan en la boca de las personas para sustituir a los dientes. **SIN** protésico.
ETIM Véase *diente*.

dentro *adv.* En la parte interior, hacia la parte interior: *dentro del armario está el pantalón; vamos dentro porque hace frío.* **SIN** adentro. **ANT** fuera.

dentro de *a*) Durante un tiempo comprendido entre dos momentos o a su fin: *te lo entregaré dentro del plazo previsto; llegará dentro de unos días.* *b*) En el interior de un espacio o período que no es real o concreto: *sentía una gran pena dentro del alma; vamos a penetrar dentro del espíritu de este autor.*
por dentro Indica la verdadera opinión de una persona: *me daba la razón, pero por dentro pensaba que yo decía una tontería.*
DER adentro.

dentudo, -da *adj./n. m. y f.* Que tiene dientes muy grandes: *lleva un corrector de dientes porque era dentudo; la morsa es un animal dentudo.*
ETIM Véase *diente*.

denuedo *n. m.* Valor, energía o decisión con que se ejecuta una acción: *defendió con denuedo su posición ante todos; ha trabajado con denuedo para llegar donde está.*

denuesto *n. m.* Insulto y ofensa grave de palabra: *se dijeron denuestos terribles durante la pelea.*

denuncia *n. f.* **1** Noticia o aviso que se da a una autoridad sobre un delito o una acción que va en contra de la ley: *los vecinos pusimos una denuncia por el ruido de los bares a altas horas de la madrugada.* **2** Noticia o aviso a una autoridad de un delito o de su autor sin tener una relación directa con ellos: *la denuncia que has hecho de tus compañeros ha sido un acto insolidario.* **3** Declaración pública de algo que se considera ilegal o injusto: *la película que hemos visto es una denuncia de la violencia.* **4** Comunicación de que un contrato o tratado queda sin efecto, hecha por una de las partes: *la carta del autor al editor contenía la denuncia del contrato por incumplimiento de algunas cláusulas.*

denunciar *v. tr.* **1** Dar noticia o aviso a una autoridad de un delito o una acción que va en contra de la ley: *lo denunció por agresión.* **2** Dar noticia o aviso a una autoridad de un hecho censurable o de su autor sin tener una relación directa con ellos: *lo ha denunciado por venganza.* **SIN** delatar. **3** Declarar públicamente algo que se considera ilegal o injusto: *en su redacción denunciaba el racismo de que había sido objeto una familia gitana; la prensa denunció las ilegalidades cometidas por algunos políticos.* **4** Comunicar una de las partes a la otra que un contrato o tratado queda sin efecto: *la carta del autor al editor denunciaba el contrato por incumplimiento de algunas cláusulas.*
DER denuncia.
ETIM Véase *nuncio*.
OBS En su conjugación, la *i* no se acentúa, como en *cambiar*.

deontología *n. f.* Tratado de los deberes y principios éticos, en especial los que afectan a cada profesión: *la deontología marca las obligaciones morales o éticas que cada persona tiene que cumplir en su trabajo o función.*

deparar *v. tr.* Proporcionar o conceder: *no sabía que aquel encuentro nos depararía tantas alegrías; el tiempo le deparó lo que esperaba.*

departamento *n. m.* **1** Parte en que se divide o estructura un espacio: *el armario tiene un departamento para los zapatos.* **SIN** compartimento, compartimiento. **2** Parte de una administración, de un ministerio o de una institución: *el Departamento de Turismo ha editado unos folletos informativos sobre la ciudad; el Departamento de Becas de la universidad ha fijado la fecha para las reclamaciones.* Suele escribirse con letra mayúscula. **3** Parte de una facultad universitaria que se dedica a la enseñanza y al estudio de materias afines: *es profesor del Departamento de Matemáticas de la Facultad de Económicas.* Suele escribirse con letra mayúscula.

departir *v. intr.* Conversar por pasatiempo o sobre temas poco importantes: *estuvimos toda la tarde departiendo amigablemente.* **SIN** charlar.

depauperación *n. f.* **1** Proceso en el que una cosa se hace pobre o más pobre: *la depauperación de la zona es la causa de que muchos habitantes se hayan marchado.* **SIN** empobrecimiento. **2** MED. Disminución o pérdida de fuerza y energía en el organismo: *cuando encontraron al montañista perdido estaba en avanzado estado de depauperación.*

depauperar *v. tr./prnl.* **1** Hacer pobre o más pobre: *la empresa se ha depauperado por las pocas ventas de los últimos meses.* **SIN** empobrecer. **2** MED. Disminuir o perder el organismo fuerza y energía: *la larga enfermedad depauperó al paciente.*
DER depauperación.
ETIM Véase *pobre*.

dependencia *n. f.* **1** Relación por la que una persona o cosa está bajo el mando o la autoridad de otra persona o institución: *la dependencia de su libertad queda a la decisión del juez.* **2** Relación que existe entre dos sucesos: *la dependencia que hay entre el paro y el hecho de que los hijos vivan con sus padres más tiempo.* **3** Necesidad física o psíquica que tiene un individuo de consumir algún producto, generalmente perjudicial para el organismo, y que es difícil de superar: *los tranquilizantes pueden crear dependencia; le ha costado mucho dejar de fumar, tenía una fuerte dependencia del tabaco.* **4** Oficina, habitación o espacio dedicado a un uso determinado: *se produjo un altercado en las dependencias judiciales; el paquete se recibió en las dependencias del Ministerio del Interior.*
DER interdependencia.

depender *v. intr.* **1** Estar bajo el mando o la autoridad de una persona o una institución: *está harto de depender de su jefe y se va a asociar con mi padre.* **2** Estar condicionada una cosa a otra: *el que vaya de vacaciones depende de si apruebo.* **3** Necesitar una persona o una cosa para vivir: *los bebés dependen de la protección de sus padres; ellos dependen de un sueldo.*
DER dependiente.

dependiente, -ta *n. m. y f.* **1** Persona que se dedica a atender a los clientes en una tienda: *el dependiente nos enseñó las camisas amablemente; las dependientas de esa confitería nos ofrecieron unos pasteles.* ◇ *adj.* **2** Que depende de una persona o cosa: *esta tienda es dependiente de la que hay en la plaza.* **ANT** autónomo, independiente.
DER dependencia; independiente.

depilación *n. f.* Eliminación del vello de una parte del cuerpo: *la depilación eléctrica es muy eficaz, pero también muy dolorosa.*

depilar *v. tr./prnl.* Eliminar el vello de una parte del cuerpo: *tengo que depilarme las piernas para ir a la playa; utiliza cera para depilarse el bigote.*
DER depilación, depilatorio.
ETIM Véase *pelo*.

depilatorio, -ria *adj./n. m.* Que sirve para eliminar el vello de una parte del cuerpo: *esta crema depilatoria deja la piel muy suave; tengo que comprar depilatorio.*

deplorable *adj.* Que produce pena o disgusto: *fue deplorable ver la situación en que se encontraba después del accidente.* **SIN** lamentable, lastimoso, penoso.

deplorar *v. tr.* Sentir pena o disgusto: *deploró enormemente la separación de sus padres.* **SIN** lamentar.
DER deplorable.

ETIM Véase *llorar*.

deponer *v. tr.* **1** Dejar, abandonar o apartar: *depuso su actitud cuando comprendió que él llevaba razón.* **deponer las armas** Dejar la lucha armada: *tras largas conversaciones, los guerrilleros depusieron las armas.* **2** Expulsar a una persona de su cargo o empleo: *la prensa anunció que el presidente depuso al director de la empresa.* **SIN** destituir. **3** DER. Exponer ante el juez u otra autoridad lo que se sabe sobre un asunto: *tengo que deponer como testigo.* **SIN** atestiguar, declarar, testificar. ◇ *v. intr.* **4** Expulsar excrementos por el ano: *está enfermo, depone continuamente.* **SIN** defecar, evacuar.
DER deposición.
OBS Se conjuga como *poner*.

deportación *n. f.* Destierro de una pesona a un lugar alejado por razones políticas o como castigo: *la deportación de los terroristas ha sido polémica.*

deportar *v. tr.* Desterrar a una persona a un lugar alejado por razones políticas o como castigo: *fue deportado por sus ideas políticas durante la dictadura.*
DER deportación.

deporte *n. m.* **1** Ejercicio físico que se hace por pasatiempo o diversión: *practico dos días a la semana mi deporte favorito; me han recomendado que camine por deporte.* **2** Actividad o ejercicio físico sujeto a unas normas en el que se pone a prueba la habilidad o la fuerza física: *esta semana han televisado varios deportes.*
DER deportista, deportivo.

deportista *adj./n. com.* [persona] Que hace deporte: *los deportistas pasarán una semana concentrados; es una gran deportista: todos los días va a nadar.*

deportividad *n. f.* **1** Comportamiento adecuado a las normas de corrección en la práctica de un deporte: *la prensa resaltó la deportividad de los futbolistas visitantes.* **2** Actitud desenfadada ante situaciones inesperadas o incómodas: *se toma las críticas con gran deportividad.*

deportivo, -va *adj.* **1** Del deporte o que tiene relación con él: *le gustan las revistas deportivas.* **2** Que se ajusta a las normas de corrección y juego limpio que deben guardarse en la práctica de un deporte: *cuando vio a un contrincante caído en el suelo, el jugador echó el balón fuera en una actitud muy deportiva.* **ANT** antideportivo. ◇ *adj./n. m.* **3** Automóvil pequeño y muy rápido, generalmente con dos puertas y dos plazas: *los deportivos suelen ser de bonito diseño.*
DER deportividad; antideportivo, polideportivo.

deposición *n. f.* **1** Expulsión de excrementos por el ano: *el médico le preguntó sobre sus deposiciones.* **2** Excremento que se expulsa por el ano: *tenía diarreas y le han mandado un análisis de las deposiciones.* **SIN** caca, hez. **3** Expulsión de un cargo: *la deposición del director provocó una huelga de los trabajadores.* **4** Exposición ante un juez u otra autoridad de lo que se sabe sobre un asunto: *cuando llegó el momento de la deposición del acusado, hubo un gran revuelo en la sala.* **SIN** declaración, testificación.

depositar *v. tr.* **1** Poner bienes o cosas de valor bajo la custodia de una persona o institución que se hace responsable de ellos: *alquiló una caja fuerte en el banco y depositó todos sus documentos; es mejor que deposites el dinero en el banco.* **2** Colocar una cosa en un lugar determinado: *depositó los billetes del tren en el cajón de su escritorio.* **3** Conceder o confiar, especialmente un sentimiento: *deposité mi confianza en él y me ha traicionado.* ◇ *v. prnl.* **4** **depositarse** Caer en el fondo de un líquido una materia sólida que estaba en suspensión en él: *tienes que esperar que se depositen los posos del café para servirlo.*

DER depositario.

depositario, -ria *n. m. y f.* **1** Persona o institución que cuida de los bienes o cosas de valor que se ponen bajo su custodia: *el depositario es el responsable de lo que le confíes y tiene que devolverlo.* **2** Persona a quien se concede o confía un sentimiento: *ella es la depositaria de sus preocupaciones.*

depósito *n. m.* **1** Recipiente grande, generalmente cerrado, que sirve para contener líquidos o gases: *he perdido la llave del depósito de gasolina; durante la sequía construyeron un depósito de agua en la azotea.* **SIN** tanque. ☞ motocicleta. **2** Lugar destinado a contener cosas para guardarlas o conservarlas: *durante la obra hemos dejado en un depósito de muebles nuestras cosas.* **depósito de cadáveres** Lugar, generalmente refrigerado, donde se guardan los cuerpos muertos de las personas que no pueden ser enterrados o incinerados en el tiempo habitual: *tuvo que ir a identificar el cuerpo al depósito de cadáveres.* **3** Conjunto de bienes o cosas de valor que se ponen bajo la custodia de una persona o institución: *habló con el director antes de hacer su depósito en el banco.* **4** Cantidad de dinero que se entrega como garantía cuando comienza un servicio y se recupera al finalizar éste: *al alquilar el piso nos pidieron dos meses de depósito.* **SIN** fianza. **5** Sedimento o materia que se deposita en el fondo después de haber estado en suspensión en un líquido: *en el termo del café queda un depósito de zurrapa.*

depravación *n. f.* Degeneración o entrega a comportamientos viciosos o que se apartan gravemente de la moral y las costumbres generalmente admitidas: *la depravación lo ha llevado a la ruina moral.*

depravado, -da *adj.* [persona] Que tiene un comportamiento vicioso o que se aparta de la moral y las costumbres generalmente admitidas: *esa acción sólo ha podido hacerla un depravado.* **SIN** degenerado.
OBS Es el participio de *depravar*.

depravar *v. tr./prnl.* Corromper a una persona, hacerle adquirir vicios y costumbres perjudiciales: *si sigue con esos amigos acabará depravándose.* **SIN** pervertir, viciar.
DER depravación, depravado.

depre *n. f.* **1** *coloquial* Forma abreviada de *depresión*, estado psíquico: *está con depre y no quiere ir a ningún sitio.* ◊ *adj./n. m. y f.* **2** *coloquial* Forma abreviada de *deprimido*: *está depre porque ha cortado con su novia.*

deprecación *n. f.* Petición o súplica: *sus deprecaciones fueron un acto de humildad.*

depreciación *n. f.* Disminución del valor o precio de una moneda o de otra cosa: *la crisis económica ha provocado la depreciación de la peseta.*

depreciar *v. tr./prnl.* Disminuir el valor o el precio de una moneda o de otra cosa: *los microondas se han depreciado conforme se ha extendido su uso; la peseta ha sido depreciada por el Banco de España.* **SIN** desvalorizar, devaluar.
DER depreciación.
OBS En su conjugación, la *i* no se acentúa, como en *cambiar*.

depredador, -ra *adj./n. m. y f.* [animal] Que caza animales de otra especie para alimentarse: *el león, el tigre y el leopardo son depredadores.*

depredar *v. tr.* **1** Cazar un animal a otro de distinta especie para alimentarse: *vimos un documental del momento en que los leones depredaban a sus víctimas.* **2** Robar con violencia y causando destrozos: *los bárbaros depredaban las aldeas por donde pasaban.*
DER depredador.

depresión *n. f.* **1** Estado psíquico, que puede llegar a ser enfermedad psicológica, que se caracteriza por una gran tristeza sin motivo aparente, decaimiento anímico y pérdida de interés por todo: *sufría una fuerte depresión y se pasaba todo el día en la cama sin comer.* **2** Hundimiento de un terreno o una superficie: *las lluvias torrenciales han producido una depresión en la carretera.* **3** Período de baja actividad económica que se caracteriza por la caída de las inversiones y los salarios y el aumento del desempleo: *durante la depresión estadounidense se produjo el cierre de numerosas fábricas.* **depresión atmosférica** Fenómeno atmosférico en el que hay bajas presiones, fuertes vientos y lluvias: *las predicciones señalan una depresión atmosférica.* **SIN** borrasca, ciclón. ☞ meteorología.

depresivo, -va *adj.* **1** Que produce tristeza: *esta casa tan oscura es depresiva.* **2** Que tiene tendencia a deprimirse: *es una persona depresiva y todo le influye mucho.*
DER antidepresivo.

deprimido, -da *adj.* Que padece decaimiento del ánimo y del interés: *está muy deprimido desde que te fuiste.*

deprimir *v. tr.* **1** Reducir el volumen de un cuerpo por medio de la presión: *el peso del aire deprime la columna barométrica.* ◊ *v. tr./prnl.* **2** Producir decaimiento del ánimo y del interés: *se deprimió cuando se enteró de que había suspendido.* **ANT** animar.
DER depresión, deprimido.

deprisa *adv.* Con rapidez y velocidad: *ve deprisa que te están llamando.* **SIN** aprisa.

depuesto, -ta *part.* Participio pasado irregular del verbo *deponer*. También se usa como adjetivo: *han depuesto al presidente; el presidente depuesto ha huido al extranjero.*

depuración *n. f.* **1** Eliminación de la suciedad o impurezas de una sustancia: *el Ayuntamiento procederá a la depuración del agua.* **2** Proceso por el cual el organismo elimina sustancias nocivas o inútiles: *la depuración de la sangre la realizan los riñones.* **3** Perfeccionamiento del lenguaje o el estilo: *la depuración del lenguaje se consigue leyendo mucho.*

depuradora *n. f.* Aparato o instalación que sirve para eliminar la suciedad, especialmente la de las aguas: *hemos instalado una depuradora en la piscina.*

depurar *v. tr.* **1** Limpiar de suciedad o impurezas una sustancia: *hay que depurar el agua antes de beberla; cuela el caldo para depurarlo.* **2** Perfeccionar el lenguaje o el estilo: *el poeta ha depurado su estilo en el último libro.* **3** Expulsar de un cuerpo u organización a los miembros que no siguen la doctrina, creencia o conducta de los demás miembros: *los miembros que estaban provocando luchas internas han sido depurados.*
DER depuración, depuradora.

dequeísmo *n. m.* Uso incorrecto de la preposición *de* y la conjunción *que*: *le dije de que viniera es un dequeísmo.*

derbi *n. m.* **1** Encuentro deportivo, generalmente de fútbol, de rivalidad local o regional: *este fin de semana se produce el derbi catalán.* **2** Competición hípica importante: *en una ciudad de Gran Bretaña se celebra todos los años un derbi para la selección de potros.*

derby *n. m.* Derbi, encuentro o competición deportiva.
OBS Es un anglicismo innecesario.

derecha *n. f.* **1** Mano o pierna situada en el lado opuesto al que corresponde al corazón en el ser humano: *lleva el reloj en la mano derecha; metió el gol con la derecha.* **SIN** diestra. **ANT** izquierda, siniestra. **2** Dirección o situación de una cosa que se halla en el lado contrario al que corresponde al corazón en el ser humano: *de modo general, está prohibido adelantar por la derecha.* **ANT** izquierda. **3** Conjunto de personas que defienden una ideología conservadora: *la derecha del Parlamento ha votado a favor de la nueva ley.* **ANT** izquierda.

DER derechazo, derechismo.

derechazo *n. m.* Golpe que se da con la mano o con el puño derechos: *es muy violento, le ha empujado y le ha dado un derechazo*.

derechismo *n. m.* Tendencia política que defiende una ideología conservadora: *las últimas elecciones han supuesto un triunfo del derechismo*. **ANT** izquierdismo.
DER derechista.

derechista *adj.* **1** Del derechismo o que tiene relación con esta tendencia política: *el partido derechista quiere privatizar muchas empresas públicas*. **ANT** izquierdista. ◊ *adj./n. com.* **2** [persona] Que es partidario del derechismo: *los derechistas no están de acuerdo con la ley del aborto*. **ANT** izquierdista.
DER ultraderechista.

derecho, -cha *adj./n. f.* **1** [parte de una cosa] Que está situado, en relación con la posición de una persona, en el lado opuesto al que ocupa el corazón en el ser humano: *se ha sentado en el lado derecho del sofá*. **SIN** diestro. **ANT** izquierdo. **2** [parte del cuerpo] Que está situado en el lado opuesto al que ocupa el corazón en el ser humano: *se ha dado un golpe en el ojo derecho*. **ANT** izquierdo. **3** [lugar] Que está situado, en relación con la posición de una persona, en el lado opuesto al que ocupa el corazón en el ser humano: *si tiras por la derecha, llegarás antes a la tienda*. **ANT** izquierdo. ◊ *adj.* **4** Que es recto y no se tuerce a un lado ni a otro: *coge otra aguja para coser, esa no está derecha*. ◊ *n. m.* **5** Facultad de los hombres de poder tener o exigir lo que la ley permite o establece: *todos los niños tienen derecho a la enseñanza gratuita; los trabajadores se manifestaron para conseguir sus derechos*. **6** Conjunto de leyes y reglas que regulan la vida en sociedad y que los hombres deben obedecer: *el derecho marítimo regula el tráfico de mercancías y pasajeros por mar*. **7** Ciencia que estudia las leyes y su aplicación: *ha estudiado derecho y se ha especializado en derecho civil*. **8** Conjunto de consecuencias naturales derivadas del estado de una persona o de su relación con otras: *es disminuido psíquico y tiene derecho a una pensión*. **9** Lado principal de una tela, un papel u otras cosas y que por ello está mejor trabajado: *no se ha puesto el vestido al derecho y se le ven las costuras; enséñame el papel pintado por el derecho, porque así no se ve bien el dibujo*. **ANT** revés. ◊ *n. m. pl.* **10 derechos** Cantidad de dinero que se cobra por un hecho determinado: *los derechos aduaneros*. **11** Cantidad de dinero que cobran algunos profesionales: *tienes que prever los derechos del notario*. **derechos de autor** Cantidad que un profesional cobra como participación en los beneficios que produce su obra: *cada vez que ponen una canción suya en la radio le tienen que pagar derechos de autor*. ◊ *adv.* **12 derecho** Directamente, por el camino recto: *se fue derecho al colegio sin entretenerse*.

¡no hay derecho! Expresión de protesta ante algo que se considera injusto: *¡no hay derecho! Me están fastidiando las vacaciones*.
DER derecha.
ETIM Derecho procede del latín *directus*, que tenía el mismo significado, voz con la que también está relacionada *directo*.

deriva *n. f.* Desvío del rumbo de una nave a causa del viento, el mar o la corriente: *el fuerte viento provocó la deriva del barco*.

a la deriva *a*) [objeto flotante, embarcación] Dejándose arrastrar por el viento, el mar o la corriente: *todos se alarmaron cuando vieron al niño que iba en una colchoneta a la deriva*. *b*) Sin dirección o propósito fijo: *la oficina va a la deriva desde que él se marchó*.

derivación *n. f.* **1** Hecho o acontecimiento que sigue o resulta de otro: *las derivaciones de una enfermedad*. **SIN** consecuencia. **2** GRAM. Procedimiento para formar palabras nuevas mediante la adición, supresión o cambio de un afijo en una palabra ya existente: *descansar está formada por derivación*. **3** Separación de una parte de un todo para dirigirla a otra parte: *han hecho una derivación para llevar el agua del río a la acequia; hemos tomado una derivación de la carretera para llegar a la zona de descanso*. **4** Pérdida de la intensidad de la corriente eléctrica producida especialmente por la humedad: *mi barrio estuvo sin luz toda la tarde por una derivación producida por la tormenta*.

derivada *n. f.* MAT. En una función matemática, límite hacia el cual tiende la razón entre el incremento de la función y el correspondiente a la variable cuando este último tiende a cero: *el profesor nos pondrá un examen de derivadas*.

derivado, -da *adj./n. m.* **1** GRAM. [palabra] Que se ha formado a partir de otra mediante la adición, supresión o cambio de un afijo: *las palabras rojez, rojizo y enrojecer son derivados de rojo*. **2** [producto químico] Que se obtiene de otro: *la gasolina, el gasóleo y el butano son derivados del petróleo*.

derivar *v. intr./prnl.* **1** Descender o proceder de una cosa: *su actitud deriva del resentimiento*. ◊ *v. tr./intr.* **2** GRAM. Formar una palabra a partir de otra a la que se añade, suprime o intercala un afijo: *la palabra pequeñito deriva de pequeño*. **3** Dirigir o conducir una cosa hacia otro lado: *no le interesaba lo que le decía y derivó la conversación hacia temas menos comprometidos; van a derivar esta carretera a una nacional*. **4** MAR. Apartarse una embarcación de la dirección señalada: *la barca derivaba hacia nuevos rumbos*.
DER deriva, derivación, derivada, derivado.

dermatitis *n. f.* Enfermedad de la piel en la que se produce inflamación: *muchas alergias se manifiestan con dermatitis*.
OBS El plural también es *dermatitis*.

dermato-, dermat-, dermo- Elemento prefijal que entra en la formación de palabras con el significado de 'piel': *dermatoesqueleto*.

dermatología *n. f.* Parte de la medicina especializada en el estudio y tratamiento de las enfermedades de la piel.
DER dermatólogo.

dermatólogo, -ga *n. m. y f.* Médico especializado en el estudio y tratamiento de las enfermedades de la piel.

dérmico, -ca *adj.* De la dermis o que está relacionado con esta capa de la piel.

dermis *n. f.* ANAT. Capa más gruesa de la piel de los vertebrados que se encuentra debajo de la epidermis: *la dermis se encuentra entre la epidermis y el tejido hipodérmico*.
☞ piel.
DER dérmico; epidermis.
OBS El plural también es *dermis*.

dermoprotector, -ra *adj.* Que protege la piel y mantiene su equilibrio natural: *muchos jabones dermoprotectores tienen pH neutro*.

-dero, -dera **1** Sufijo que entra en la formación de adjetivos con el significado de 'posibilidad': *casadero, perecedero*. **2** Sufijo que entra en la formación de sustantivos con el significado de: *a*) 'Lugar', generalmente con la forma masculina: *abrevadero, vertedero, matadero*. *b*) 'Instrumento', generalmente con la forma femenina: *regadera, podadera*. La forma femenina plural denota a veces 'capacidad': *entendederas, despachaderas*.

derogación *n. f.* Anulación de una ley con la aprobación de una nueva: *la derogación de la ley viene motivada a veces por la evolución de la sociedad*.

derogar *v. tr.* Anular una ley con una nueva: *han derogado una ley que estaba anticuada.*
DER derogación.
ETIM Véase *rogar*.
OBS En su conjugación, la *g* se convierte en *gu* delante de *e*.

derrama *n. f.* Distribución de un gasto entre varias personas que deben pagarlo: *el director del colegio ha propuesto que se haga una derrama entre los profesores para pagar los gastos de la fiesta.*

derramamiento *n. m.* Salida de un líquido o una cosa formada por partículas del recipiente que lo contiene: *hay un derramamiento de agua a consecuencia de la rotura del depósito.* **SIN** derrame.

derramar *v. tr./prnl.* Verter de manera involuntaria el contenido de un recipiente: *se le cayó la bandeja y se ha derramado el azúcar; le dio un empujón y derramó el agua del vaso.* **SIN** volcar.
DER derramamiento, derrame.

derrame *n. m.* **1** Salida de un líquido o una cosa formada por partículas del recipiente que lo contiene: *el derrame de la gasolina ha sido a consecuencia de un choque.* **2** MED. Acumulación o salida anormal de un líquido orgánico al exterior de la cavidad que debería contenerlo: *el derrame cerebral le produjo serias lesiones; se ha dado un golpe y tiene un derrame en el ojo.*

derrapaje *n. m.* Deslizamiento de un vehículo desviándose lateralmente: *la moto sufrió un derrapaje por la gravilla suelta de la calzada.* **SIN** derrape.

derrapar *v. intr.* Deslizarse un vehículo desviándose de una dirección determinada: *el coche derrapó porque había hielo en la calzada.* **SIN** patinar.
DER derrapaje, derrape.

derrape *n. m.* Deslizamiento de un vehículo desviándose lateralmente: *tomó la curva a mucha velocidad y tuvo un derrape.* **SIN** derrapaje.

derredor *n. m.* Espacio que rodea una cosa.
en derredor En torno a una cosa o una persona: *los visitantes del museo se colocaron en derredor del guía para escuchar sus explicaciones.*

derrengado, -da *adj.* Que está muy cansado: *vengo derrengado con la caminata que me he dado.*

derretir *v. tr./prnl.* **1** Convertir una sustancia sólida en líquida por la acción del calor: *has dejado el hielo fuera del frigorífico y se ha derretido; hay que derretir el chocolate para hacer la tarta.* **SIN** fundir. **2** Gastar los bienes o el dinero con gran rapidez: *ha derretido en poco tiempo el premio de la lotería.* **SIN** fumar, fundir. ◇ *v. prnl.* **3 derretirse** *coloquial* Sentirse muy enamorado: *se derrite cuando ve a esa niña.*
OBS En su conjugación, la *e* se convierte en *i* en algunos tiempos y personas, como en *servir*.

derribar *v. tr.* **1** Hacer caer al suelo un edificio o una construcción: *el Ayuntamiento ha ordenado derribar el edificio que estaba en ruinas.* **SIN** demoler, derruir. **2** Hacer dar en el suelo a una persona o cosa: *Juan chocó con su compañero y lo derribó; el viento ha derribado las antenas que había en la azotea.* **SIN** tirar. **3** Hacer perder el poder, un cargo o una posición: *en la última reunión derribaron al presidente por su mala gestión.*
DER derribo.

derribo *n. m.* **1** Demolición de una construcción: *la policía ha acordonada la zona para proceder al derribo del viejo hotel.* **SIN** demolición, derrumbamiento, derrumbe. **2** Caída provocada de una persona o cosa: *el derribo del jugador fue por una zancadilla.*

derrocamiento *n. m.* Expulsión de una persona de su cargo o caída de un sistema de gobierno por medios violentos: *el derrocamiento del rey estuvo rodeado de fuertes revueltas populares.*

derrocar *v. tr.* Hacer caer a una persona de su cargo o a un sistema de gobierno por medios violentos: *los revolucionarios derrocaron al rey; los demócratas han derrocado la dictadura.*
DER derrocamiento.
OBS En su conjugación, la *o* se convierte en *ue* en sílaba acentuada y la *c* en *qu* delante de *e*, como en *trocar*; también se conjuga sin diptongar.

derrochar *v. tr.* **1** Gastar una cosa, generalmente dinero o bienes materiales, sin necesidad: *cada vez que tiene un poco de dinero lo derrocha comprando cuanto se le antoja.* **SIN** despilfarrar, dilapidar. **2** *coloquial* Emplear en gran cantidad una cosa buena o positiva: *derrochar simpatía; María es un encanto, derrocha dulzura.*
DER derroche.

derroche *n. m.* Gasto de una cosa, generalmente dinero o bienes materiales, sin necesidad: *me parece un derroche que te compres dos pares de zapatos sin necesitarlos.* **SIN** despilfarro, dispendio. **ANT** economía.

derrota *n. f.* **1** Acción de vencer o ser vencido en una contienda bélica o en una competición: *los soldados huyeron después de la derrota; la derrota del equipo local fue muy criticada por sus seguidores.* **2** Camino estrecho de tierra: *no podemos continuar con el coche por la derrota.* **3** MAR. Dirección que sigue una embarcación: *el capitán del barco decidió cambiar la derrota a causa del mal tiempo.* **SIN** derrotero, rumbo.

derrotar *v. tr.* **1** Vencer y hacer que huya el ejército contrario: *el ejército derrotó al enemigo.* **2** Vencer en una competición: *mi equipo de fútbol derrotó ayer a su contrincante por 5 a 0.* ◇ *v. intr.* **3** Dar al toro cornadas levantando la cabeza y cambiando bruscamente de dirección: *el toro no paraba de derrotar y al torero le costó mucho trabajo dar buenos pases.* ◇ *v. prnl.* **4 derrotarse** Perder la fuerza moral o el ánimo: *no hay que derrotarse al primer contratiempo.* **SIN** derrumbar, desmoronar, flaquear.
DER derrota, derrote, derrotero, derrotismo.

derrote *n. m.* Golpe que da el toro con los cuernos levantando la cabeza y cambiando bruscamente de dirección: *el derrote hirió levemente al torero en el hombro.*

derrotero *n. m.* **1** Camino o medio que se sigue para llegar o alcanzar un fin determinado: *ignoro qué derroteros lo han colocado donde está.* **2** MAR. Línea dibujada en un mapa para señalar la dirección que debe seguir una embarcación: *el timonel consultó los derroteros antes de emprender el viaje.* **SIN** rumbo. **3** MAR. Dirección que sigue una embarcación: *la barca navegaba con derrotero norte.* **SIN** derrota, rumbo.

derrotismo *n. m.* Actitud de una persona que considera las cosas en su aspecto más negativo, alimentando las ideas de desaliento y fracaso: *con tu derrotismo lo único que consigues es desanimar a tus compañeros.*
DER derrotista.

derrotista *adj./n. com.* Que tiene tendencia a considerar las cosas en su aspecto más negativo, sin esperanza de conseguir nada positivo: *esos rumores tan derrotistas han desilusionado a tus trabajadores; los derrotistas viven siempre preocupados y asustados por el fracaso.*

derrubiar *v. tr./prnl.* Erosionar lentamente una corriente de agua la tierra de las riberas o tapias: *el río derrubió su margen derecha.*
OBS En su conjugación, la *i* no se acentúa, como en *cambiar*.

derruir *v. tr.* Hacer caer al suelo un edificio o una construc-

derrumbamiento 374

ción: *los albañiles han derruido los muros que rodeaban la finca*. **SIN** demoler, derribar.
OBS En su conjugación, la *i* se convierte en *y* delante de *a, e* y *o*, como en *huir*.

derrumbamiento *n. m.* **1** Demolición de una construcción: *el terremoto ha provocado el derrumbamiento de las casas más viejas de la zona*. **SIN** derribo, derrumbe. **2** Pérdida de la fuerza moral o el ánimo: *con esas palabras has conseguido su derrumbamiento*.

derrumbar *v. tr./prnl.* **1** Hacer que caiga una construcción o parte de una montaña, especialmente cuando es por una explosión: *han derrumbado el viejo hotel; la explosión hizo que parte de la cima se derrumbase*. ◇ *v. prnl.* **2 derrumbarse** Perder una persona la fuerza o el ánimo, especialmente cuando ha sufrido una pena muy grande: *se derrumbó tras la muerte de su mujer*. **SIN** derrotar, desmoronar, flaquear.
DER derrumbamiento, derrumbe.

derrumbe *n. m.* Destrucción o caída de una construcción, especialmente cuando se utilizan explosivos: *procedieron al derrumbe de la antigua vivienda*. **SIN** demolición, derribo.

derviche *n. m.* Monje de una secta musulmana que se consideran intermediarios entre el cielo y la tierra: *los derviches eran originariamente ermitaños*.

des- Prefijo que entra en la formación de palabras con el sentido de: *a*) 'Negación' o 'inversión del significado del vocablo al que se une': *desconfiar, deshacer, descontar*. *b*) 'Exceso': *deslenguado, descarado, despavorido*. *c*) 'Fuera de': *deshora, destierro, destiempo*.

desabastecer *v. tr.* No dar o llevar una cosa que es necesaria: *esas zonas están desabastecidas de agua en el verano*. **ANT** abastecer.
OBS En su conjugación, la *c* se convierte en *zc* delante de *a* y *o*, como en *agradecer*.

desaborido, -da *adj.* **1** [alimento] Que no tiene sabor o gusto: *nos comimos un arroz muy desaborido*. **SIN** desabrido. **2** Que no tiene interés o gracia: *la película que hemos visto es muy desaborida*. ◇ *adj./n. m. y f.* **3** Que se muestra indiferente y poco amable ante cualquier suceso o hecho: *me aburre estar con él porque es bastante desaborido; tiene un carácter desaborido*. **SIN** soso.

desabrido, -da *adj.* **1** [alimento] Que no tiene sabor o gusto: *me parece una fruta bastante desabrida*. **SIN** desaborido. **2** [alimento] Que tiene mal sabor o mal gusto: *al final aquella cena desabrida me sentó mal*. **3** [tiempo atmosférico] Que resulta desagradable por la lluvia o por el frío: *parece que este otoño va a ser desabrido*. **4** Que es áspero y desagradable en el trato: *no se le puede decir nada, es muy desabrido; tiene una manera de ser muy desabrida*.

desabrigar *v. tr./prnl.* Quitar toda o parte de la ropa de abrigo: *en cuanto llegó al restaurante se desabrigó porque había calefacción*. **ANT** abrigar.

desabrochar *v. tr./prnl.* Quitar o soltar los broches o botones de una prenda de vestir: *se desabrochó la chaqueta y se puso cómodo*. **SIN** desabotonar. **ANT** abrochar.

desacato *n. m.* **1** Falta de respeto ante una cosa que se considera sagrada o ante una autoridad: *el no presentarse ante al capitán era una demostración de desacato*. **2** Delito que se comete por mentir, jurar en falso o perder el respeto a una autoridad, especialmente a un juez o tribunal de justicia: *fue multado por desacato a la autoridad*.

desacierto *n. m.* Obra o dicho que hacen que el resultado de una cosa no sea bueno o positivo: *tu llamada fue un desacierto porque abrió de nuevo la herida*. **ANT** acierto.

desaconsejar *v. tr.* Recomendar una persona a otra que no haga una cosa o que la evite: *te desaconsejo que le dejes el dinero porque tardará en devolvértelo*. **ANT** aconsejar.

desacorde *adj.* **1** [opinión] Que es diferente u opuesta a la opinión de otra persona: *tenían opiniones desacordes al respecto*. **2** MÚS. [sonido musical] Que no está en armonía con otro: *los sonidos desacordes demuestran que la guitarra no está bien afinada*.

desacreditar *v. tr.* Disminuir o quitar el buen nombre, el valor o la consideración a una persona o a una cosa: *pretendían desacreditar al gobierno*. **ANT** acreditar.

desactivar *v. tr.* **1** Detener o acabar con un proceso o una acción: *el gobierno ha decidido desactivar el plan de empleo*. **ANT** activar. **2** Hacer que deje de funcionar una cosa: *los artificieros de la policía desactivaron la bomba*. **ANT** activar.

desacuerdo *n. m.* Hecho de pensar cosas diferentes u opuestas dos personas: *están en desacuerdo con la decisión que hemos tomado*. **ANT** acuerdo.
DER desacorde.

desafiar *v. tr./prnl.* **1** Provocar a una persona para enfrentarse a ella física o verbalmente: *lo desafió a un duelo con espada; antes de empezar la carrera se desafiaron*. **SIN** retar. ◇ *v. tr.* **2** Oponerse o enfrentarse a lo que dice u ordena una persona: *desafió a la autoridad paterna*. **3** Enfrentarse con valor a una situación difícil o peligrosa: *cruzaron el mar desafiando los elementos*. **4** Contradecir aparentemente un fenómeno a una ley: *da la impresión de que los equilibristas desafían la ley de la gravedad*.
DER desafío.
OBS En su conjugación, la *i* se acentúa en algunos tiempos y personas, como en *desviar*.

desafinado, -da *adj.* [instrumento] Que suena mal por no tener el tono adecuado: *el piano está desafinado*.
OBS Es el participio de *desafinar*.

desafinar *v. intr.* **1** Apartarse del tono adecuado al cantar: *alguien en el coro desafinaba*. **SIN** desentonar. ◇ *v. tr./prnl.* **2** Perder un instrumento musical el tono correcto: *tocaba tan mal el piano que lo desafinó; la guitarra se ha desafinado*.
DER desafinado.

desafío *n. m.* **1** Provocación a una persona para enfrentarse a ella física o verbalmente: *aceptó su desafío y se batieron a duelo al amanecer*. **2** Acción de enfrentarse a una situación difícil para tratar de conseguir una cosa: *ganar este premio es un desafío para mí*.

desaforado, -da *adj.* **1** Que no tiene en cuenta la ley o la justicia: *su gobierno se caracterizó por las actuaciones desaforadas*. **2** Que tiene un tamaño muy grande o es de una intensidad fuera de lo común: *hizo un desaforado esfuerzo por liberarse de sus ataduras*.

desaforarse *v. prnl.* Perder una persona el control sobre sí misma, generalmente insultando o gritando mucho: *todas las injusticias le hacían desaforarse*.
OBS En su conjugación, la *o* se convierte en *ue* en sílaba acentuada, como en *contar*.

desafortunado, -da *adj.* **1** Que tiene consecuencias negativas: *fue un año desafortunado para él; una respuesta desafortunada*. **2** Que no es adecuado en una situación determinada: *su intervención fue desafortunada*. ◇ *adj./n. m. y f.* **3** [persona] Que tiene mala suerte: *fue un hombre desafortunado*. **ANT** afortunado.

desafuero *n. m.* Acto que comete una persona, especialmente una autoridad, que va contra la ley, la justicia o la razón y que perjudica a otras personas: *para favorecer a su familia cometió numerosos desafueros*.

desagradable *adj.* **1** Que causa mala impresión en los sentidos: *ese jarabe tiene un sabor muy desagradable*. **ANT** agradable. **2** Que causa molestia o fastidio: *un ruido desagradable*. **3** [persona] Que no es amable ni considerado en el trato con la gente: *ese hombre tan desagradable nos ha echado de aquí sin darnos una explicación*. **ANT** agradable.

desagradar *v. tr.* Molestar o causar disgusto cierta cosa a una persona: *me desagradan las discusiones inútiles en el trabajo*. **ANT** agradar.
DER desagradable, desagrado.

desagradecido, -da *adj./n. m. y f.* [persona] Que no reconoce el valor de lo que se hace en su favor o beneficio: *no seas desagradecido y devuélvele el favor*. **ANT** agradecido.

desagrado *n. m.* Disgusto o contrariedad que siente una persona por algo: *su rostro mostraba claramente el desagrado que le causaba su presencia*. **ANT** agrado.

desagraviar *v. tr.* Compensar a un persona por un daño físico o moral que ha recibido: *lo desagravió pidiendo disculpas en público*. **ANT** agraviar.
DER desagravio.
OBS En su conjugación, la *i* no se acentúa, como en *cambiar*.

desagravio *n. m.* Compensación que recibe una persona por un daño físico o moral: *le dieron mucho dinero en desagravio por los cinco años de prisión injusta*.

desaguar *v. tr.* **1** Sacar el agua que hay en un lugar: *desaguaron el pantano por las esclusas; desaguó el sótano inundado con cubos*. ◇ *v. intr.* **2** Entrar una corriente de agua en otra o en el mar: *este arroyo desagua en el río Henares*. **3** Dejar salir el agua de un recipiente para que no quede estancada en él: *el fregadero no desaguaba bien*. **4** *coloquial* Expulsar la orina.
OBS En su conjugación, la *u* no se acentúa y la *gu* se convierte en *gü* delante de *e*, como en *averiguar*.

desagüe *n. m.* Agujero que hay en un recipiente que conecta con un sistema de tubos o canales que sirven para conducir el agua y evitar que se estanque: *llamé al fontanero porque se atascó el desagüe*. **SIN** albañal.

desaguisado *n. m.* **1** Acción que va contra la ley, el orden o la razón: *acusaban al gobierno de numerosos desaguisados*. **2** Destrozo de muchas cosas que causa desorden: *¡menudo desaguisado organizó el perro en el salón!*

desahogado, -da *adj.* **1** [lugar] Que tiene bastante espacio sin ocupar: *la sala está más desahogada sin aquella mesa*. **2** Que es cómodo o no supone una preocupación, especialmente en cuanto al dinero: *vive en una posición desahogada*. **3** Que no tiene o muestra vergüenza: *¡vaya desahogado que está hecho: contestar tan mal a su padre!*

desahogar *v. tr./prnl.* **1** Mostrar abiertamente un deseo, una opinión o una preocupación, especialmente cuando no decirlo provoca angustia: *estuvo hablando dos horas y desahogó sus penas; al llorar se ha desahogado*. ◇ *v. tr.* **2** Hacer que desaparezca una preocupación, especialmente económica: *el préstamo de su padre lo desahogó durante unos meses*. ◇ *v. prnl.* **3 desahogarse** Confiar los problemas o preocupaciones a alguien: *cuando las cosas le van mal se desahoga conmigo*.
DER desahogado, desahogo.
OBS En su conjugación, la *g* se convierte en *gu* delante de *e*.

desahogo *n. m.* **1** Comodidad o falta de preocupaciones, especialmente en cuanto al dinero: *vivía con desahogo de sus rentas*. **2** Muestra de un deseo, una opinión o una preocupación que causa angustia: *si estás muy triste, lo mejor es el desahogo*. **3** Falta de vergüenza que demuestra mala educación: *entró sin decir nada con un desahogo pasmoso*.

desahuciar *v. tr.* **1** Echar legalmente de una casa o de un terreno a la persona que lo ocupa: *lo desahuciaron porque llevaba un año sin pagar el alquiler*. **2** MED. Considerar que un enfermo no tiene ninguna posibilidad de curación: *cuando todos los médicos lo desahuciaron, fue a Lourdes*.
DER desahucio.
OBS En su conjugación, la *i* no se acentúa, como en *cambiar*.

desahucio *n. m.* **1** Expulsión legal de la persona que ocupa una casa o un terreno: *el juez ha ordenado el desahucio de la vivienda*. **2** MED. Consideración por parte del médico de que un enfermo no tiene ninguna posibilidad de curación: *para un médico es muy duro comunicar un desahucio a los familiares del enfermo*.

desairar *v. tr.* Humillar a una persona no prestando atención a lo que dice o hace: *lo desairó durante el cóctel de la embajada*.
DER desaire.

desaire *n. m.* Humillación que se le hace a una persona al no prestar atención a lo que dice o hace: *consideró que era un desaire no aceptar su regalo*.

desalar *v. tr.* **1** Quitar toda o parte de la sal que tiene un alimento: *desalaremos el bacalao en agua*. **ANT** salar. **2** Quitar las alas a un ave o a un insecto: *ha desalado a la pobre mariposa*.

desalentar *v. tr./prnl.* Quitar cierta cosa el ánimo o la energía a una persona de modo que no tiene ganas de continuar haciendo algo: *los continuos fracasos lo desalentaron mucho; se desalentó cuando vio lo mal que le salía*. **SIN** desanimar.
DER desaliento.
ANT alentar.
OBS En su conjugación, la *e* se convierte en *ie* en sílaba acentuada, como en *acertar*.

desaliento *n. m.* Pérdida del ánimo o de la energía para continuar haciendo algo: *sus palabras produjeron el desaliento de la tropa*. **ANT** aliento.

desalinear *v. tr./prnl.* Cambiar la posición de alguna o de cada una de las personas o cosas de un conjunto que están en línea recta: *las ruedas de mi coche se desalinearon tras el accidente*.

desaliñado, -da *adj.* Que no cuida la forma de vestir ni el aseo personal: *salió a abrir la puerta completamente desaliñado*.

desaliño *n. m.* Falta de cuidado en la forma de vestir y en el aseo personal: *la depresión psicológica lo llevó a vestir con desaliño*.

desalmado, -da *adj./n. m. y f.* [persona] Que comete acciones crueles sin mostrar ningún tipo de compasión, especialmente contra personas o animales: *el asesino era un hombre desalmado que torturaba a sus víctimas antes de matarlas*. **SIN** despiadado.
DER Véase *alma*.

desalojar *v. tr.* **1** Sacar o hacer salir a alguien de un lugar, generalmente utilizando la fuerza: *la policía desalojó a los jóvenes que habían ocupado la casa*. **2** Dejar vacío un lugar: *ante la amenaza de bomba, desalojaron las oficinas*. **3** Desplazar una cosa de un lugar a otro: *un cuerpo que se sumerge en agua la desaloja*.
DER desalojo.

desalojo *n. m.* Hecho de sacar algo o de salir personas de un lugar: *se procedió al desalojo de los inquilinos*.

desamor *n. m.* Sentimiento de desagrado y rechazo hacia una persona o cosa: *sentía un profundo desamor por la gente que la había maltratado*.

desamortización *n. f.* Liberación mediante acciones legales de determinados bienes que pertenecen a la Iglesia, la nobleza o a una colectividad para que puedan ser vendi-

desamortizar

dos: *en el siglo XIX el ministro Mendizábal decretó la desamortización de los bienes de la Iglesia.* **ANT** amortización.

desamortizar *v. tr.* Hacer posible, mediante acciones legales, que determinados bienes que pertenecían a la Iglesia, la nobleza o a una colectividad puedan ser vendidos: *desamortizaron las tierras y las pusieron a la venta.*
DER desamortización.
OBS En su conjugación, la *z* se convierte en *c* delante de *e*.

desamparar *v. tr.* Abandonar o dejar sin ayuda o protección a una persona que la necesita: *no podemos desamparar a los niños sin hogar.*
DER desamparo.

desamparo *n. m.* Situación de la persona que no recibe ayuda o protección y que la necesita: *tras la muerte de sus padres, quedó en el desamparo más absoluto.*

desamueblar *v. tr.* Quitar los muebles de una casa o de una parte de ella: *han desamueblado el salón para pintarlo de nuevo.* **ANT** amueblar.

desandar *v. tr.* Volver atrás o recorrer en dirección opuesta un camino ya andado: *nos perdimos y tuvimos que desandar unos seis kilómetros.*
OBS Se conjuga como *andar*.

desangelado, -da *adj.* **1** [persona] Que está solo y sin protección: *cuando estuve perdida me sentía desangelada.* **2** [lugar] Que es solitario, triste o poco acogedor: *una casa con pocos muebles me parece desangelada.*

desangrar *v. tr.* **1** Sacar mucha sangre a una persona o animal: *las sanguijuelas desangraron al caballo.* **2** Hacer perder bienes o dinero, gastándolos poco a poco: *el hijo mayor está desangrando a sus padres.* ◊ *v. prnl.* **3 desangrarse** Perder mucha sangre una persona o animal por una herida: *le aplicaron un torniquete en la pierna porque se desangraba.*

desanimar *v. tr./prnl.* Quitar el ánimo o la energía a una persona de modo que no tiene ganas de continuar haciendo algo: *se desanima con la primera contrariedad.* **SIN** desalentar. **ANT** estimular.
DER desánimo.

desánimo *n. m.* Falta de ánimo o de energía para hacer algo: *trataba de apartarlo del desánimo dándole nuevas esperanzas.*

desapacible *adj.* **1** Que no es agradable por el viento o la lluvia: *era una desapacible noche de invierno.* **2** Que es irritable y poco amable: *tuve problemas con él por su carácter desapacible.*

desaparecer *v. intr.* **1** Dejar de percibirse una cosa por uno o varios de los sentidos: *al mover la antena, el sonido agudo desapareció.* **2** Dejar de estar presente en un lugar una persona, animal o cosa: *el mago desapareció del escenario; el sol desapareció por el horizonte.* **ANT** aparecer, emerger. **3** Terminar o dejar de producirse un fenómeno, especialmente una enfermedad: *han hecho desaparecer la polio.*
DER desaparición.
OBS En su conjugación, la *c* se convierte en *zc* delante de *a* y *o*, como en *agradecer*.

desaparejar *v. tr.* **1** Quitar las correas y aparejos a un animal de carga o de trabajo: *desaparejaron las mulas y les dieron de comer.* **ANT** aparejar. **2** MAR. Quitar o romper los palos, cabos o velas a un barco: *la tempestad desaparejó la goleta.*

desaparición *n. f.* Hecho de dejar de estar presente una persona, animal o cosa en un lugar o de saber dónde está: *al cabo de 24 horas denunciaron su desaparición.* **ANT** aparición.

desapego *n. m.* Falta de afecto o de interés por una persona o cosa: *el desapego de los hijos la entristecía.*

desaprensión *n. f.* Falta de justicia o de moral en determinados actos, generalmente por desprecio a los derechos de los demás: *a causa de la desaprensión de un periodista, fue víctima de un escándalo.*

desaprensivo, -va *adj./n. m. y f.* [persona] Que no actúa de acuerdo con la justicia o la moral, generalmente por desprecio a los derechos de los demás: *algún desaprensivo ha roto la cabina telefónica.*

desaprobar *v. tr.* Considerar que una persona actúa mal o que una cosa está mal hecha: *sus padres desaprueban esa relación; la directiva ha desaprobado el informe.* En su conjugación, la *o* se convierte en *ue* en sílaba acentuada, como en *contar*.
DER desaprobación.

desaprovechar *v. tr.* Usar mal o no sacar todo el rendimiento posible de algo: *has desaprovechado una buena oportunidad; colocando así los muebles desaprovechas mucho espacio.* **ANT** aprovechar.
DER desaprovechamiento.

desarbolar *v. tr.* Quitar o derribar la arboladura o palos de una embarcación de vela: *una ráfaga del buque pirata desarboló la fragata.*

desarmado, -da *adj.* **1** Que no lleva armas: *el policía comprobó si el ladrón iba desarmado.* **2** Que no tiene razonamientos o medios para demostrar una cosa o para actuar: *ante esa respuesta, quedó completamente desarmado.*

desarmar *v. tr./prnl.* **1** Quitar las armas: *la policía desarmó al secuestrador y liberó al rehén.* **ANT** armar. ◊ *v. tr.* **2** Separar las piezas que forman un objeto: *desarmó la cuna para guardarla.* **SIN** descomponer, desmontar. **ANT** armar. **3** Confundir o sorprender a una persona hasta dejarla sin posibilidad de reacción o de respuesta: *iba a regañarle, pero el pequeño sonrió y consiguió desarmar a su padre; con su seguridad en las respuestas desarmó al rival.* **SIN** apabullar, aplastar, arrollar.
DER desarmado, desarme.

desarme *n. m.* Retirada de las armas de una zona o de un tipo de armas: *los pacifistas encabezaron la manifestación a favor del desarme nuclear.*

desarraigar *v. tr./prnl.* **1** Arrancar de raíz un árbol o una planta: *el jardinero desarraigó las plantas para trasplantarlas.* **2** Eliminar una pasión, un vicio o una costumbre: *necesitó ayuda para desarraigar de él el vicio del juego.* **3** Expulsar o apartarse una persona del lugar donde vive o de su familia: *muchos poetas fueron desarraigados de su ambiente tras la guerra civil.*
OBS En su conjugación, la *g* se convierte en *gu* delante de *e*.

desarrapado, -da *adj./n. m. y f.* Que lleva la ropa sucia y rota o se viste con harapos: *el mendigo iba desarrapado.*
OBS La Real Academia Española admite *desarrapado*, pero prefiere la forma *desharrapado*.

desarreglado, -da *adj.* **1** [cosa] Que no tiene orden o que le han quitado o ha perdido el orden o disposición que tenía entre sus elementos: *tienen una casa muy desarreglada.* **SIN** desordenado. ◊ *adj./n. m. y f.* **2** [persona] Que no tiene sus cosas en orden ni pone cuidado en ellas, o que actúa sin reglas ni horario fijo: *es tan desarreglado que viene a comer cuando quiere.* **SIN** desordenado.
OBS Es el participio de *desarreglar*.

desarreglar *v. tr.* Quitar o perder una cosa su orden o la disposición que tiene entre otros elementos: *has desarreglado tu habitación.* **SIN** desbarajustar, desordenar. **ANT** arreglar.
DER desarreglado, desarreglo.

desarreglo *n. m.* Falta o alteración de una regla o del orden de las cosas: *hemos descubierto algunos desarreglos en la clasificación de los minerales.*

desarrollado, -da *adj.* Que ha crecido, aumentado o progresado: *este niño está muy desarrollado para su edad; es necesario que los países desarrollados ayuden a los subdesarrollados.* **OBS** Es el participio de *desarrollar.*

desarrollar *v. tr./prnl.* **1** Hacer crecer, aumentar o progresar: *esta ciudad se ha desarrollado con las nuevas industrias; el niño se desarrollaba con toda normalidad.* ◇ *v. tr.* **2** Realizar una idea o un proyecto: *el Departamento de Botánica está desarrollando un estudio sobre las algas; por fin van a poder desarrollar su plan de viajar en bicicleta por España.* **3** Explicar con detalle y amplitud un tema: *he tenido que desarrollar el tema de la Revolución francesa en el examen.* **4** Realizar todas las operaciones que hay que seguir en un cálculo matemático para llegar a la solución: *el profesor quiere que desarrollemos los problemas, no le sirve sólo el resultado.* **5** Deshacer la forma de cilindro o rollo de lo que había sido arrollado: *desarrolló la alfombra y la extendió en el pasillo.* **SIN** desenrollar. **ANT** arrollar, enrollar. ◇ *v. prnl.* **6 desarrollarse** Ocurrir o producirse un acontecimiento: *el argumento de esta película se desarrolla en el siglo XIX.* **DER** desarrollado, desarrollo.

desarrollo *n. m.* **1** Crecimiento o progreso de una persona o una cosa: *el desarrollo del turismo rural ha sido importante para muchas zonas.* **2** Ejecución de una idea o acción: *el desarrollo de este proyecto se hará gracias a las subvenciones del ministerio.* **3** Explicación detallada de una teoría o un tema: *el profesor expuso el desarrollo de la lección de manera clara.* **4** Realización de las operaciones necesarias para conseguir un resultado o para explicar un cálculo: *el profesor me pidió que hiciera el desarrollo de la fórmula de las ecuaciones de tercer grado en la pizarra.* **DER** subdesarrollo.

desarropar *v. tr./prnl.* Quitar o apartar la ropa que cubre a una persona: *la niña se ha desarropado y tiene frío.* **DER** desarropado.

desarrugar *v. tr.* Hacer desaparecer las arrugas: *desarruga la frente, que parece que estás enfadado.* **OBS** En su conjugación, la g se convierte en gu delante de e.

desarticulación *n. f.* **1** Destrucción de un proyecto o de una organización ilegal: *la detención del cabecilla de la banda fue un paso importante para su desarticulación.* **2** Separación de las piezas o los huesos que están articulados entre sí: *la desarticulación de la rodilla se produjo por una caída; el descarrilamiento produjo la desarticulación de los dos últimos vagones del tren.*

desarticular *v. tr./prnl.* **1** Hacer salir un miembro de su articulación o una pieza del lugar que le corresponde: *la caída le desarticuló el codo; el brazo mecánico se desarticuló.* ◇ *v. tr.* **2** Deshacer un proyecto o una organización ilegal: *la policía ha desarticulado una banda de falsificadores.* **ANT** articular. **DER** desarticulación.

desaseo *n. m.* Falta de limpieza o de orden: *su desaseo era motivo de enfado para su madre.*

desasir *v. tr./prnl.* **1** Soltar o desprender lo que está sujeto: *el viento desasió la antena que había en la terraza.* ◇ *v. prnl.* **2 desasirse** Desprenderse de una cosa o renunciar a ella: *se decidió a desasirse de todos sus malos hábitos.* **DER** desasimiento. **OBS** Se conjuga como *asir.*

desasistir *v. tr.* Abandonar o dejar sin ayuda o amparo a una persona que lo necesita: *desasistió a su amigo cuando él le pidió consuelo.* **SIN** desamparar. **ANT** asistir.

desasnar *v. tr. coloquial* Educar a una persona para quitarle la rudeza: *obligó a su hijo a estudiar para desasnarlo.* **SIN** desbastar.

desasosegar *v. tr./prnl.* Perder o hacer perder la tranquilidad o el sosiego: *mis padres se desasosiegan cada vez que salgo con la moto.* **DER** desasosiego. **OBS** En su conjugación, la e se convierte en ie en sílaba acentuada y la g en gu delante de e, como en *regar.*

desasosiego *n. m.* Falta de tranquilidad o de sosiego: *las noticias sobre la guerra provocaron el desasosiego de la población.*

desastrado, -da *adj./n. m. y f.* [persona] Que está sucio y mal vestido: *no me gusta que vayas tan desastrado.*

desastre *n. m.* **1** Desgracia o suceso que produce mucho daño o destrucción: *las inundaciones de aquel año fueron un desastre para el campo; el accidente del autobús fue un desastre en el que hubo muchos muertos.* **2** Cosa mal hecha, de mala calidad o que produce mala impresión: *la excursión fue un desastre; el resultado fue un desastre para el equipo local.* **SIN** catástrofe. **3** Persona que obra desacertadamente y no es útil por ser torpe o tener mala suerte: *es un desastre para las matemáticas.* **SIN** calamidad. **DER** desastrado, desastroso.

desastroso, -sa *adj.* Que es desgraciado o malo: *fue un viaje desastroso: se nos estropeó el coche y perdimos una maleta.*

desatar *v. tr./prnl.* **1** Soltar lo que está atado: *desatar un paquete.* **SIN** desligar. **ANT** atar. **2** Causar o provocar que algo se produzca con fuerza o de forma violenta: *su actitud insolidaria desató las críticas de sus compañeros; después del mal rato se le desató la risa.* **SIN** desencadenar. ◇ *v. prnl.* **3 desatarse** Perder la timidez o la inseguridad y actuar abiertamente: *este niño al principio no habla, pero cuando coge confianza se desata y no hay quien lo calle.*

desatascador *n. m.* Instrumento que sirve para desatascar; generalmente está formado por una ventosa unida a un mango: *voy a comprar un desatascador porque se ha atascado el fregadero.*

desatascar *v. tr.* Quitar lo que tapa o atasca un conducto: *hemos desatascado el fregadero porque se habían colado por el desagüe unos huesos de aceituna.* **SIN** desatrancar, desatorar. **ANT** atascar. **DER** desatascador. **OBS** En su conjugación, la c se convierte en qu delante de e.

desatender *v. tr.* **1** No prestar atención a lo que se dice o hace: *desatendió en clase y no ha entendido nada; desatender a un niño.* **ANT** atender. **2** No tener en cuenta, no hacer caso de las palabras o consejos de alguien: *desatiende siempre los consejos de su padre.* **SIN** desoír. **DER** desatento. **OBS** En su conjugación, la e se convierte en ie en sílaba acentuada, como en *entender.*

desatento, -ta *adj.* **1** [persona] Que no pone la atención debida en lo que hace: *es muy desatento para los estudios.* **ANT** atento. ◇ *adj./n. m. y f.* **2** [persona] Que es maleducado y no demuestra atención y cordialidad a las personas: *estuvo muy desatento con los invitados.* **ANT** atento.

desatinar *v. intr.* Decir o hacer locuras o disparates: *cada vez que ve a Juan desatina para llamar la atención.* **DER** desatino.

desatino *n. m.* **1** Obra o dicho poco adecuado o falto de juicio: *cuando empezó a hacer desatinos, sus amigos se lo llevaron.* **2** Locura, disparate, dicho o hecho fuera de razón.

desatornillador *n. m.* Herramienta que sirve para sacar o colocar tornillos o para dejarlos más o menos apretados: *necesito un desatornillador para apretar los tornillos de la silla.* **SIN** atornillador, destornillador.

desatornillar *v. tr.* Dar vueltas a un tornillo para sacarlo del lugar donde está o dejarlo menos apretado: *no puedo desatornillar estos tornillos porque están oxidados.* **SIN** destornillar. **ANT** atornillar.
DER desatornillador.

desatrancar *v. tr.* **1** Quitar la tranca con la que está asegurada una puerta o una ventana: *desatrancaron la puerta para que pudiéramos entrar.* **ANT** atrancar. **2** Quitar lo que tapa o atranca un conducto: *no podemos desatrancar el desagüe de la bañera, habrá que llamar al fontanero.* **SIN** desatascar, desatorar.
OBS En su conjugación, la *c* se convierte en *qu* delante de *e*.

desautorización *n. f.* Negación de un permiso para hacer una cosa: *recibí una carta de desautorización en la que me explicaban los motivos por los que no podía seguir con el proyecto.* **ANT** autorización.

desautorizar *v. tr.* Quitar autoridad, poder, facultad o crédito a una persona o una cosa: *esta teoría desautoriza las teorías anteriores; mi padre desautorizó a mi madre cuando me negó el permiso que ella ya me había dado.* **ANT** autorizar.
DER desautorización.
OBS En su conjugación, la *z* se convierte en *c* delante de *e*.

desavenencia *n. f.* Falta de acuerdo o de entendimiento entre varias personas: *son muy buenos amigos y sus desavenencias las hablan tranquilamente.* **ANT** avenencia.

desayunar *v. tr./intr.* Tomar el primer alimento de la mañana: *siempre desayuno café y tostadas.*
DER desayuno.
ETIM Véase *ayunar.*

desayuno *n. m.* **1** Primer alimento que se toma por la mañana: *tómate el desayuno y llévame al colegio.* **2** Acción de tomar este alimento.

desazón *n. f.* Sentimiento de disgusto o intranquilidad causado por una situación desagradable: *la discusión con su hermano le causó una intensa desazón.*
DER desazonar.

desazonar *v. tr./prnl.* **1** Producir disgusto, enfado o intranquilidad: *se desazona cuando ve que sus alumnos no estudian como él quisiera; las injusticias desazonan a las personas solidarias.* ◊ *v. tr.* **2** Quitar sabor a un alimento: *tendrás que echar unas patatas al potaje para desazonarlo.* **ANT** sazonar.

desbancar *v. tr.* Apropiarse de la posición o consideración privilegiada de una persona para ocuparla uno mismo: *ha desbancado al vicepresidente de la compañía mediante engaños.*
OBS En su conjugación, la *c* se convierte en *qu* delante de *e*.

desbandada *n. f.* **1** Huida en desorden y en diferentes direcciones: *los disparos de los cazadores provocaron la desbandada de los conejos.* **2** Movimiento por el que un grupo de personas se marcha en diferentes direcciones: *en verano se produce una desbandada de veraneantes hacia las playas.*
a la desbandada o **en desbandada** Rápida y desordenadamente: *cuando sonó el primer disparo, los patos salieron en desbandada del agua.*

desbandarse *v. prnl.* Escapar en desorden y en diferentes direcciones: *los manifestantes se desbandaron cuando llegó la policía.*
DER desbandada.

desbarajustar *v. tr.* Quitar o perder una cosa su orden o la disposición que tiene entre otros elementos: *lo has desbarajustado todo buscando ese libro.* **SIN** desarreglar, desordenar.
DER desbarajuste.

desbarajuste *n. m.* Falta de orden o de dirección en una cosa o en un grupo: *tienes la habitación hecha un desbarajuste, no hay nada en su sitio; esta oficina es un desbarajuste, no hay quien diga lo que hay que hacer.* **SIN** desgobierno, desmadre.

desbaratar *v. tr.* **1** Deshacer, estropear o impedir que algo se realice: *has desbaratado nuestra sorpresa al contarle lo que íbamos a hacer.* **2** Derrochar bienes materiales: *desbarataron la fortuna familiar en pocos años.*

desbarrar *v. intr.* Hablar u obrar sin lógica ni razón: *no le hagas caso, no hace otra cosa que desbarrar.*

desbastar *v. tr.* **1** Quitar las partes más bastas de un material destinado a labrarse: *el carpintero desbastó la madera antes de hacer la puerta.* **SIN** desguazar. **2** Educar a una persona para quitarle la rudeza: *en el colegio se encargarán de desbastar a esta niña tan salvaje.* **SIN** desasnar.
DER desbaste.

desbaste *n. m.* Acción de quitar las partes más bastas de un material que se destina a ser labrado: *el escultor procedió al desbaste del bloque de mármol antes de empezar la escultura.* ☞ proceso de fabricación.

desbloquear *v. tr.* **1** Dejar libre el paso o el movimiento a través de un lugar; abrir sus comunicaciones: *el Gobierno ha desbloqueado temporalmente los puertos del país para que pueda llegar ayuda humanitaria.* **ANT** bloquear. **2** Suprimir los obstáculos que impiden el desarrollo normal de una actividad: *desbloquear unas negociaciones.* **ANT** bloquear. ◊ *v. tr./prnl.* **3** Dejar o quedar libre; empezar a moverse: *desbloquear una rueda.*

desbocado, -da *adj.* **1** [cuello de una prenda de vestir] Que está demasiado abierto y que se ha deformado: *el cuello está desbocado porque has lavado el jersey en la lavadora.* **2** [caballería] Que corre precipitada y alocadamente sin obedecer la acción del freno: *el caballo desbocado corría hacia la valla.*

desbocar *v. tr./prnl.* **1** Abrirse más de lo normal o coger mala forma una abertura de una prenda de vestir, generalmente el cuello: *no le tires a tu hermano del jersey, que se desboca el cuello.* ◊ *v. prnl.* **2** **desbocarse** Dejar de obedecer una caballería la acción del freno y correr precipitada y alocadamente: *el caballo se desbocó con el ruido de la explosión.*
DER desbocado.
OBS En su conjugación, la *c* se convierte en *qu* delante de *e*.

desbordamiento *n. m.* **1** Salida de lo contenido en un recipiente por los bordes o de una corriente de agua de su cauce: *el desbordamiento del río produjo numerosas catástrofes; el desbordamiento de la bañera fue a causa de un atasco en el desagüe.* **2** Manifestación abierta y exaltada de una pasión o un sentimiento: *hubo un desbordamiento de alegría general cuando el equipo salió al campo.* **3** Superación de los límites o la capacidad de una persona: *el desbordamiento de la paciencia.*

desbordante *adj.* **1** [pasión, sentimiento] Que se muestra abiertamente y no puede contenerse: *llegó desbordante de ilusión.* **2** Que causa cansancio y agobio por ser excesivo: *tiene un trabajo desbordante.*

desbordar *v. intr./prnl.* **1** Salirse por los bordes lo contenido en un recipiente o de su cauce una corriente de agua: *el río se desbordó e inundó los campos.* **2** Manifestar abiertamente una pasión o un sentimiento: *el joven se desbordaba de ilusión ante la expectativa del nuevo trabajo.* ◊ *v. tr.* **3** Exceder los límites o la capacidad de una persona: *me desbordan los acontecimientos, no puedo asimilar tantas novedades.* **DER** desbordamiento, desbordante.

desbravar *v. tr.* **1** Domesticar a un animal fuerte o violento: *el amaestrador desbravó al caballo para poder montarlo.* ◇ *v. prnl.* **2 desbravarse** Perder un animal su bravura: *el toro se ha desbravado.* **3** Perder una bebida alcohólica su fuerza.

desbroce *n. m.* Eliminación de hojas o ramas secas. **SIN** desbrozo.

desbrozar *v. tr.* Limpiar de hojas o ramas secas: *desbrozaron el jardín al llegar la primavera.* **DER** desbroce, desbrozo.
OBS En su conjugación, la *z* se convierte en *c* delante de *e*.

desbrozo *n. m.* Eliminación de hojas o ramas secas: *vamos a hacer el desbrozo del huerto antes de regarlo.* **SIN** desbroce.

descabalar *v. tr./prnl.* **1** Deshacer o no llegar a completar un conjunto: *se le descabaló el atlas porque se le pasó comprar dos fascículos*; *ha descabalado la cubertería perdiendo dos tenedores y un cuchillo.* **2** Deshacer o alterar un proyecto o un plan: *la incorporación de más personas al viaje descabaló el presupuesto.* **3** Dejar dos superficies a distinto nivel: *descabaló los estantes porque no quería que estuvieran a la misma altura.*

descabalgar *v. intr.* Bajar de un caballo o de otro animal: *la amazona descabalgó después de acabar su paseo.* **ANT** montar.
OBS En su conjugación, la *g* se convierte en *gu* delante de *e*.

descabellado, -da *adj.* Que va contra la razón o la lógica: *ha sido una idea descabellada meter ese perro tan grande en un piso tan pequeño.*

descabellar *v. tr.* En tauromaquia, matar al toro instantáneamente clavándole el estoque en la cerviz: *el torero tuvo que descabellar al toro porque no consiguió matarlo con la espada.* **DER** descabellado, descabello.

descabello *n. m.* Muerte instantánea que se da al toro clavándole el estoque en la cerviz: *el torero fue muy aplaudido por no tener que matar ningún toro al descabello.*

descabezar *v. tr.* **1** Quitar o cortar la cabeza a una persona o animal: *descabezó al ciervo para mostrar su cabeza como trofeo.* **2** Quitar la parte superior o la punta de una cosa: *se ha descabezado el cigarro.* **3** Eliminar o capturar a la persona de mayor autoridad de una organización: *han descabezado a la banda terrorista deteniendo a su máximo dirigente.*
descabezar un sueño Dormirse ligeramente sin acostarse en la cama: *he descabezado un sueño en el autobús en el trayecto del colegio a casa.*
OBS En su conjugación, la *z* se convierte en *c* delante de *e*.

descacharrar *v. tr./prnl.* Romper o estropear: *se ha descacharrado la batidora.* **SIN** escacharrar.
OBS La Real Academia Española admite *descacharrar*, pero prefiere la forma e*scacharrar*.

descafeinado, -da *adj./n. m.* **1** [café] Que no tiene cafeína porque se le ha extraído: *tiene la tensión alta, por eso toma descafeinado.* **SIN** café. ◇ *adj.* **2** Que no es auténtico por faltarle alguna de sus cualidades esenciales: *me gusta una playa descafeinada, sin arena y con poca gente.*

descafeinar *v. tr.* **1** Quitar la cafeína del café. **2** Quitar autenticidad a una cosa privándola de alguno de sus elementos más importantes o característicos: *el último invierno ha sido descafeinado: no ha llovido ni ha hecho mucho frío.*
DER descafeinado.
OBS En su conjugación, la *i* se acentúa en algunos tiempos y personas.

descafeinar

INDICATIVO	SUBJUNTIVO
presente	**presente**
descafeíno	descafeíne
descafeínas	descafeínes
descafeína	descafeíne
descafeinamos	descafeinemos
descafeináis	descafeinéis
descafeínan	descafeínen
pretérito imperfecto	**pretérito imperfecto**
descafeinaba	descafeinara
descafeinabas	o descafeinase
descafeinaba	descafeinaras
descafeinábamos	o descafeinases
descafeinabais	descafeinara
descafeinaban	o descafeinase
pretérito indefinido	descafeináramos
descafeiné	o descafeinásemos
descafeinaste	descafeinarais
descafeinó	o descafeinaseis
descafeinamos	descafeinaran
descafeinasteis	o descafeinasen
descafeinaron	
futuro	**futuro**
descafeinaré	descafeinare
descafeinarás	descafeinares
descafeinará	descafeinare
descafeinaremos	descafeináremos
descafeinaréis	descafeinareis
descafeinarán	descafeinaren
condicional	**IMPERATIVO**
descafeinaría	descafeína (tú)
descafeinarías	descafeíne (usted)
descafeinaría	descafeinad (vosotros)
descafeinaríamos	descafeínen (ustedes)
descafeinaríais	
descafeinarían	

FORMAS NO PERSONALES	
infinitivo	**gerundio**
descafeinar	descafeinando
participio	
descafeinado	

descalabradura *n. f.* **1** Herida recibida en la cabeza: *se ha hecho una descalabradura al chocar con la estantería.* **2** Señal o marca que queda en la cabeza a causa de esa herida: *se le ha quedado la descalabradura del golpe que se dio.*

descalabrar *v. tr./prnl.* **1** Herir de un golpe a una persona, especialmente en la cabeza: *se descalabró al caer rodando por la escalera*; *lo descalabró de una pedrada.* **SIN** escalabrar. ◇ *v. tr.* **2** Causar un daño o perjuicio: *la falta de ayuda descalabró el proyecto.*
DER descalabradura, descalabro.

descalabro *n. m.* Circunstancia adversa que provoca un perjuicio o un daño: *sacar una nota baja en selectividad supone un descalabro para sus planes de estudio.*

descalcificación *n. f.* **1** Disminución del calcio que contiene un hueso: *bebiendo mucha leche se evita la descal-*

descalcificar

cificación. **2** Eliminación de la caliza de las rocas o suelos por el efecto del agua: *las lluvias abundantes han provocado la descalcificación de estos suelos.*

descalcificar *v. tr./prnl.* **1** Disminuir el calcio en un hueso: *el médico ha dictaminado que mi hermano pequeño, que está muy débil, se está descalcificando.* **2** Eliminar la caliza de las rocas o suelos por el efecto del agua: *el agua del mar ha transformado el paisaje al descalcificar las rocas de estas calas.* **DER** descalcificación.
OBS En su conjugación, la *c* se convierte en *qu* delante de *e*.

descalificación *n. f.* **1** Eliminación de un participante en un concurso o una competición: *el público local protestó ruidosamente por la descalificación de su atleta favorito.* **2** Negación de la autoridad o capacidad de una persona, un grupo o una cosa: *el orador realizó continuas descalificaciones de sus oponentes políticos.*

descalificar *v. tr.* **1** Eliminar a un participante en un concurso o una competición: *el ciclista fue descalificado por agarrarse al coche del equipo durante la subida al puerto de montaña.* **2** Negar la autoridad o capacidad de una persona, un grupo o una cosa: *los empleados se pasan todo el día descalificando al director de la empresa.*
DER descalificación.

descalzar *v. tr./prnl.* **1** Quitar el calzado: *la madre descalzó a su hijo porque iba a meterlo en la bañera.* **2** Quitar las cuñas que inmovilizan un objeto: *descalzó el camión antes de arrancar.* **ANT** calzar.
DER descalzo.
OBS En su conjugación, la *z* se convierte en *c* delante de *e*.

descalzo, -za *adj.* **1** Que no está calzado; que no lleva calzado: *tiene los pies fríos porque está descalzo.* **ANT** calzado. ◇ *adj./n. m. y f.* **2** [religioso] Que forma parte de una orden cuyos miembros llevan los pies descalzos: *san Juan de la Cruz fue un carmelita descalzo.* **ANT** calzado.

descamación *n. f.* MED. Proceso de caída, en forma de escamas, de las células viejas de la piel y sustitución por otras células nuevas: *está tan preocupada por la descamación de su piel que ya no va a la playa.*

descamar *v. tr.* **1** Quitar las escamas a un pez: *el pescador descama algunos ejemplares que ha capturado.* **SIN** escamar. ◇ *v. prnl.* **2 descamarse** Caerse, en forma de escamas, las células viejas de la piel para ser sustituidas por otras nuevas: *el sol le ha secado mucho la piel y se ha descamado.*
DER descamación.
OBS La Real Academia Española admite *descamar,* pero prefiere la forma es*camar.*

descambiar *v. tr.* **1** Deshacer un cambio previamente hecho: *me di cuenta de que salía perdiendo en el cambio y lo descambié.* **2** *coloquial* Devolver al vendedor el objeto de una compra a cambio del importe pagado por él o de otro producto: *descambié la televisión por otra porque no funcionaba bien.*
OBS En su conjugación, la *i* no se acentúa, como en *cambiar.*

descaminado, -da *adj.* [alguien, algo] Que lleva equivocada la orientación en su camino: *las pesquisas de la policía van muy descaminadas.*

descamisado, -da *adj.* **1** Que no lleva la camisa puesta: *hacía tanto calor que llegó descamisado.* ◇ *adj./n. m. y f.* **2** Que es muy pobre o harapiento: *los descamisados habitan en los suburbios de la ciudad.* Tiene valor despectivo.

descampado, -da *adj./n. m.* [terreno] Que no tiene árboles, vegetación ni viviendas: *los niños jugaban en el descampado antes de que construyeran la carretera que ahora lo atraviesa.*

descampar *v. tr.* **1** Dejar libre un terreno: *descamparon la parcela de escombros.* ◇ *v. impersonal* **2** Dejar de llover: *cuando descampe iremos a dar un paseo.* **SIN** escampar.
DER descampado.
OBS La Real Academia Española admite *descampar,* pero prefiere la forma es*campar.*

descansado, -da *adj.* Que no exige mucha actividad o esfuerzo: *necesito un trabajo más descansado.* **SIN** reposado.

descansar *v. intr.* **1** Parar en el trabajo o en otra actividad para recuperar fuerzas: *tengo que descansar porque llevo muchas horas estudiando.* **2** Dormir durante un período corto: *después de comer no nos llames, porque descansamos un rato.* **SIN** reposar. **3** Encontrar paz y tranquilidad apartándose de una preocupación o un dolor: *se fueron a descansar al campo después de la muerte de su padre.* **SIN** reposar. **4** Estar enterrado: *los restos de sus familiares descansan en un panteón.* **SIN** reposar. **5** Apoyar una cosa en otra: *la estatua descansaba sobre una columna.* ◇ *v. tr.* **6** Disminuir o aliviar la fatiga: *un baño de agua caliente descansará tus músculos.*
DER descansado, descanso.

descansillo *n. m.* Superficie llana en que termina cada tramo de una escalera: *en cada descansillo habían colocado plantas.* **SIN** descanso, rellano.

descanso *n. m.* **1** Pausa en el trabajo o en otra actividad para recuperar fuerzas: *necesito un descanso después de este día tan ajetreado.* **SIN** reposo. **2** Período en que se interrumpe un espectáculo, un programa o una competición deportiva: *en un partido de fútbol hay un descanso de quince minutos que divide las dos partes del partido; hemos tenido que esperar al descanso para poder entrar al concierto y no molestar.* **SIN** intermedio. **3** Superficie llana en que termina cada tramo de una escalera: *ya no podía más y me paré en el descanso de la escalera.* **SIN** descansillo, rellano.
DER descansillo.

descapotable *adj./n. m.* [automóvil] Que tiene el techo plegable: *como hace buen tiempo, iremos en el descapotable con el techo descubierto.*

descarado, -da *adj./n. m. y f.* [persona] Que habla u obra sin vergüenza ni respeto; que actúa con descaro y desfachatez: *es muy descarado: no se corta delante de nadie.* **SIN** cara, caradura, sinvergüenza.
DER descaro.

descarga *n. f.* **1** Extracción de un peso o una carga del lugar donde está: *esta zona del puerto es para la carga y descarga de los barcos.* **2** Paso de la energía eléctrica acumulada en un cuerpo a otro: *ha recibido una descarga por tocar el frigorífico con las manos mojadas.* **3** Conjunto de disparos de armas de fuego, especialmente cuando se producen a la vez: *cuando los patos salvajes oyeron la descarga salieron volando.*

descargadero *n. m.* Lugar destinado a la descarga: *el camión fue al descargadero para dejar la mercancía.*

descargador, -ra *n. m. y f.* Persona que se dedica a descargar las mercancías de los trenes, barcos, aviones y otros vehículos: *los descargadores esperaban la llegada del barco para transportar las mercancías al almacén.*

descargar *v. tr.* **1** Sacar la carga del lugar donde está: *hay que descargar el camión de la mudanza.* **2** Hacer que un arma de fuego lance su carga: *descargó su escopeta nada más divisar al jabalí.* **SIN** disparar, tirar. **3** Dar un golpe con fuerza: *lo tenía tan enfadado que descargó un puñetazo en la mesa.* **4** Desahogar y liberar la tensión o el enfado: *descargó su enfado conmigo, que soy el único que no ha dicho nada.* **5** Dejar un trabajo o una obligación para que lo haga otra persona: *se aprovecha de su situación descargando el trabajo en sus*

inferiores. ◇ v. tr./intr. **6** Producir lluvia, granizo u otro fenómeno atmosférico una nube, nublado, tormenta o meteoro semejante: *la tormenta descargó a las tres de la tarde con violencia.* ◇ v. prnl. **7 descargarse** Anular o perder la carga eléctrica: *la batería se ha descargado y el coche no funciona.*
DER descarga, descargadero, descargador, descargo.
OBS En su conjugación, la g se convierte en gu delante de e.

descargo *n. m.* **1** Excusa o razón que da una persona para defenderse de las acusaciones que se le han hecho: *lo único que puedo alegar en mi descargo es que ha sido un error.* **2** Parte de una cuenta en la que figura la cantidad de dinero que tiene una persona u organismo: *el descargo es la cifra que representa el saldo positivo.*

descarnado, -da *adj.* [relato, historia] Que presenta la realidad sin rodeos, de manera cruda o desagradable: *han puesto un reportaje descarnado de la guerra de Bosnia.*

descarnar *v. tr.* Separar la carne del hueso: *descarna con cuidado el pavo para mecharlo; se ha caído de la moto y se ha descarnado un codo.*
DER descarnado.

descaro *n. m.* Falta de vergüenza o de respeto: *le contestó con descaro que iba a hacer lo que quisiera.* **SIN** cara, caradura, desfachatez.

descarriar *v. tr./prnl.* **1** Apartar o separar de un grupo, generalmente una oveja de un rebaño: *una oveja se descarrió y estuvimos toda la tarde buscándola.* **2** Apartar a una persona de lo que es justo o razonable: *estudiaba mucho, pero en los últimos meses se ha descarriado con sus nuevos amigos.* **SIN** extraviar.
DER descarriado.
OBS En su conjugación, la i se acentúa en algunos tiempos y personas, como en *desviar*.

descarrilar *v. intr.* Salirse de los carriles un tren o cualquier vehículo que circule por ellos: *ha descarrilado un tren a consecuencia del terremoto.*

descartar *v. tr.* **1** Rechazar o no tener en cuenta una posibilidad, una persona o una cosa: *ha descartado el coche rojo porque es muy grande; ha descartado la posibilidad de presentarse a ese trabajo porque no sabe inglés.* **SIN** excluir. ◇ v. prnl. **2 descartarse** Dejar las cartas de la baraja que no son buenas para el juego, sustituyéndolas por otras: *me descarto de tres, a ver si hay más suerte.*
DER descarte.

descarte *n. m.* Abandono de las cartas de la baraja que no son buenas para el juego, sustituyéndolas por otras: *tras el descarte, no tuvo mucha suerte.*

descasar *v. tr./prnl.* Separar legalmente a dos personas que estaban casadas; deshacer un matrimonio: *se han descasado después de ocho años de matrimonio.* **SIN** divorciar. **ANT** casar.

descascarar *v. tr.* Quitar la cáscara: *para hacer la macedonia tendrás que descascarar la fruta.*

descascarillar *v. tr./prnl.* Quitar la capa que cubre una superficie, en especial de una pared o un objeto de loza o porcelana: *se ha caído el plato y se ha descascarillado el esmalte.* **SIN** desconchar.

descastado, -da *adj./n. m. y f.* [persona] Que muestra poco afecto a sus familiares y amigos o que no corresponde al que le han demostrado: *es un descastado, no va nunca a ver a sus abuelos.*

descendencia *n. f.* Conjunto de los hijos y de las generaciones posteriores que descienden de una persona: *tuvo una prolífica descendencia.* **ANT** ascendencia.

descender *v. intr.* **1** Pasar de un lugar a otro que está más bajo: *descendimos de la azotea.* **SIN** bajar. **ANT** ascender. **2** Salir de un vehículo o dejar de estar montado en él: *María descendió del avión cargada de bolsas.* **SIN** bajar. **3** Pasar de una categoría o posición a otra inferior: *descender de categoría profesional.* **4** Proceder de una persona o cosa: *José desciende de una familia aristocrática de su ciudad.* ◇ v. intr./tr. **5** Hacer más pequeño el valor, cuantía o intensidad de una cosa: *han descendido los niveles de los pantanos; descender los precios.* **SIN** bajar. **ANT** ascender. ◇ v. tr. **6** Poner en un lugar más bajo: *tuvieron que descender al herido en brazos.* **SIN** bajar.
DER descendencia, descendiente, descendimiento, descenso; condescender.
OBS En su conjugación, la e se convierte en ie en sílaba acentuada, como en *entender*.

descendiente *n. com.* Persona que desciende de otra: *los abuelos han reunido a todos sus descendientes para celebrar sus bodas de oro.* **ANT** ascendiente.

descendimiento *n. m.* Cambio de posición de una persona o cosa del lugar en el que se halla a otro más bajo: *el descendimiento de algunos muebles fue muy complicado porque eran muy pesados.* **SIN** descenso.

descenso *n. m.* **1** Trayecto que va de un lugar a otro más bajo; generalmente es un terreno inclinado, considerado de arriba abajo: *el descenso de la montaña estaba cortado por un desprendimiento de piedras.* **SIN** bajada. **ANT** ascensión, ascenso. **2** Cambio de posición de una persona o cosa del lugar en el que se halla a otro más bajo: *durante el descenso del avión hay que llevar los cinturones de seguridad abrochados y no se puede fumar.* **SIN** bajada, descendimiento. **ANT** ascensión, ascenso, subida. **3** Disminución del valor, cuantía o intensidad de una cosa: *las estadísticas muestran que hubo un descenso de accidentes con las últimas campañas de Tráfico.* **SIN** bajada. **ANT** ascenso. **4** Paso de una categoría o posición a otra inferior: *el descenso del equipo local provocó la destitución del entrenador.* **5** Salida de una o más personas o animales de un vehículo: *el descenso del autobús de los hinchas del equipo se realizó de forma atropellada.* **SIN** bajada.

descentralización *n. f.* **1** Independencia de una cosa de un centro único o de una dirección central: *la descentralización de la empresa ha provocado el traslado de muchos empleados a las distintas sucursales.* **ANT** centralización. **2** Traspaso de los poderes y las funciones del gobierno central a organismos menores: *con las autonomías se originó la descentralización de los poderes del gobierno central.* **ANT** centralización.

descentralizar *v. tr.* **1** Hacer que una cosa deje de depender de un centro único o de una dirección central: *los organizadores del concierto han descentralizado la venta de entradas: también pueden adquirirse en diversos centros comerciales.* **ANT** centralizar. **2** Traspasar poderes y funciones del gobierno central a organismos menores: *descentralizar los servicios sanitarios en algunas comunidades autónomas ha facilitado el servicio a sus ciudadanos.* **ANT** centralizar.
DER descentralización.
OBS En su conjugación, la z se convierte en c delante de e.

descentrar *v. tr./prnl.* **1** Sacar o salir una cosa de su centro: *el cuadro se ha descentrado; las ruedas del automóvil se descentraron por el choque.* **2** Perder la concentración; no poder fijar la atención: *con tanto ruido me descentro y no puedo seguir tus explicaciones.* **ANT** concentrar.

descerebrar *v. tr.* **1** Producir la inactividad funcional del cerebro: *el accidente lo descerebró y está muy grave.* **2** Extirpar experimentalmente el cerebro de un animal: *los científicos han descerebrado un ratón para probar su teoría.*

descerrajar v. tr. Arrancar o abrir con violencia una cerradura: *los ladrones descerrajaron la puerta.*

descifrar v. tr. **1** Leer un mensaje escrito en un lenguaje secreto compuesto por signos especiales: *teníamos un lenguaje secreto y jugábamos a descifrar mensajes.* **ANT** cifrar. **2** Llegar a comprender o interpretar una cosa confusa o un asunto difícil de entender: *Edipo descifró el enigma de la Esfinge.*
DER indescifrable.

desclasado, -da adj./n. m. y f. [persona] Que no está integrado en un grupo social o que se halla en uno que no le corresponde: *desde que le tocó la lotería se ha convertido en una desclasada.*

desclavar v. tr./prnl. Quitar, aflojar o soltar los clavos de una cosa; desprender una cosa del clavo o los clavos que la aseguran o sujetan: *tenemos que desclavar la tabla que tapa la ventana; se han desclavado los clavos de la estantería y se ha volcado.*

descocado, -da adj./n. m. y f. *coloquial* [persona] Que habla u obra con desparpajo y descaro: *en aquel momento estaba descocada, se metía con todo el mundo.*

descocarse v. prnl. Hablar u obrar con desparpajo y descaro: *Juan se descocó cuando se dio cuenta de que todos estaban pendientes de él.*
DER descocado, descoque.
OBS En su conjugación, la c se convierte en qu delante de e.

descodificar v. tr. Aplicar las reglas adecuadas a un mensaje que ha sido emitido en un sistema de signos determinado para entenderlo: *no conseguimos descodificar el mensaje secreto que nos mandaste; el hablante codifica un mensaje y el oyente lo descodifica.* **SIN** decodificar. **ANT** codificar.
OBS En su conjugación, la c se convierte en qu delante de e.

descojonarse v. prnl. *malsonante* Reírse mucho y con ganas: *se descojonaron cuando apareció disfrazado de mujer.* **SIN** desternillarse, partirse de risa.

descolgar v. tr./prnl. **1** Bajar o soltar lo que está colgado: *descuelga las cortinas para lavarlas.* **ANT** colgar. **2** Bajar o dejar caer poco a poco un objeto mediante una cuerda, una cadena o un cable: *los transportistas descolgaron el sofá por el balcón.* ◇ v. tr. **3** Levantar el auricular del teléfono: *descuelga el teléfono, que está sonando.* ◇ v. prnl. **4 descolgarse** Bajar deslizándose por una cuerda u otra cosa parecida: *los bomberos se descolgaron por las ventanas del edificio en llamas.* **5** Aparecer en un lugar inesperadamente: *María se descolgó ayer por casa a la hora del café.* **6** Distanciarse una persona de un grupo quedándose atrás: *el corredor con el dorsal 15 se descolgó y llegó con tres minutos de diferencia.* **7** Hacer algo inesperado: *se descolgó con una contestación impropia de él.*
OBS En su conjugación, la o se convierte en ue en sílaba acentuada y la g en gu delante de e, como en *colgar*.

descollar v. intr. **1** Sobresalir por encima de lo normal en altura: *en muchos pueblos los campanarios de las iglesias descuellan por encima de las casas.* **2** Distinguirse entre los demás por sus cualidades: *descollaba en habilidad manual entre todos los compañeros.*
ETIM Véase *cuello*.
OBS En su conjugación, la o se convierte en ue en sílaba acentuada, como en *contar*.

descolocar v. tr./prnl. **1** Poner un objeto en un lugar que no le corresponde: *has descolocado los cacharros de la cocina.* **2** Dejar a un jugador o a un grupo de jugadores, generalmente del equipo contrario, mal situado respecto a la posición que debe ocupar: *el contraataque fue tan rápido que descolocó a toda la defensa contraria.*

OBS En su conjugación, la c se convierte en qu delante de e.

descolonización n. f. Concesión de la independencia a una colonia o territorio por parte de la nación extranjera que lo dominaba. **ANT** colonización.

descolonizar v. tr. Conceder una nación la independencia a una colonia o territorio que dominaba: *muchos países africanos han sido descolonizados en el siglo XX.* **ANT** colonizar.
DER descolonización.
OBS En su conjugación, la z se convierte en c delante de e.

descolorar v. tr./prnl. Quitar, perder o reducir el color: *ha descolorado la camiseta para teñirla.* **SIN** decolorar, descolorir. **ANT** colorar, colorear.

descolorido, -da adj. Que tiene un color débil o que ha perdido color: *los vaqueros están descoloridos de tanto lavarlos.*

descolorir v. tr./prnl. Quitar, perder o reducir el color: *el sol ha descolorido la camiseta negra.* **SIN** decolorar, descolorar.
ANT colorar, colorear.
DER descolorido.
OBS La Real Academia Española admite *descolorir*, pero prefiere la forma *descolorar*.

descombrar v. tr. Limpiar un lugar de los materiales de desecho que quedan después de derribar una construcción: *hemos hecho obra en casa y han tardado varias horas en descombrar las habitaciones.* **SIN** desescombrar, escombrar.
DER descombro.

descombro n. m. Limpieza de los materiales de desecho que quedan en un lugar después de derribar una construcción: *tres personas se encargaron del descombro del solar.*

descomedido, -da adj. **1** Que es excesivo o desproporcionado: *el precio de las viviendas de esa urbanización es descomedido; su ambición es descomedida: es capaz de cualquier cosa.* **SIN** descompasado, desmedido. ◇ adj./n. m. y f. **2** Que no muestra respeto y cortesía hacia las personas: *ha estado descomedido al no llamarte para darte las gracias.*

descomedimiento n. m. Falta de respeto o cortesía: *es un maleducado y no reprime su descomedimiento al hablar.*

descomedirse v. prnl. Hablar u obrar sin respeto ni cortesía, saliéndose de los límites permitidos o convenientes: *se ha descomedido al levantarse en medio de la reunión e insultar al conferenciante.* **SIN** desmedirse.
DER descomedido, descomedimiento.
OBS En su conjugación, la e se convierte en i en algunos tiempos y personas, como en *servir*.

descompaginar v. tr. Cambiar o alterar el orden o la correspondencia de una cosa con otra: *tu horario descompagina con las normas de mi casa.*

descompensación n. f. **1** Falta de igualdad, armonía y equilibrio en una cosa: *la participación de jugadores con gran experiencia ha originado una gran descompensación en algunos partidos del torneo de tenis.* **ANT** compensación. **2** MED. Estado de un órgano que no realiza adecuadamente sus funciones: *la descompensación de su cerebro le impide reconocer a su propia familia.*

descompensar v. tr./prnl. **1** Hacer perder a una cosa la igualdad, armonía y equilibrio: *la posesión de armas químicas ha descompensado el equilibrio armamentístico entre algunos países.* **ANT** compensar. ◇ v. prnl. **2 descompensarse** MED. Enfermar un órgano del cuerpo hasta el punto de no realizar adecuadamente sus funciones: *sus pulmones se han descompensado a consecuencia del tabaco.*
DER descompensación.

descomponer v. tr. **1** Separar las piezas que forman un objeto: *tienes que descomponer la freidora para limpiarla.* **SIN** desmontar. **2** Cambiar la colocación o el orden; desor-

denar: *has descompuesto la habitación, así que ordénala.* **3** Estropear un mecanismo o un aparato: *ha descompuesto el equipo de música al enchufarlo sin el transformador.* **4** Poner enfermo o perjudicar la salud: *no puedo salir con este frío porque me descompongo y me duelen los huesos.* ◇ *v. prnl.* **5 descomponerse** Perder la tranquilidad y alterarse la expresión o el color del rostro por una fuerte impresión: *mi madre se descompone cuando suena el teléfono de noche porque teme que le den malas noticias.* **6** Perder la calma o la paciencia: *me descompongo cuando veo lo desordenada que tienes tu habitación.* **7** Pudrirse una sustancia animal o vegetal muerta: *mete la carne en el congelador para que no se descomponga con tanto calor.*
DER descomposición, descompuesto.
OBS El participio es *descompuesto*. ◇ Se conjuga como *poner*.

descomposición *n. f.* **1** Putrefacción de una sustancia animal o vegetal muerta: *la descomposición del pescado que olvidamos en el frigorífico produjo un intenso olor en toda la casa.* **2** Alteración del aparato digestivo que consiste en la expulsión frecuente de excrementos líquidos: *sólo puede comer arroz blanco y zanahorias porque tiene descomposición.* **SIN** diarrea. **ANT** estreñimiento.

descompresión *n. f.* Reducción de la presión a que ha estado sometido un cuerpo, en especial un gas o líquido: *la descompresión de los gases se hace en cámaras especiales.*
DER descompresor.

descompresor *n. m.* Aparato que sirve para descomprimir un cuerpo, en especial un gas o un líquido: *los compresores llevan una válvula como descompresor.*

descompuesto, -ta *part.* **1** Participio pasado irregular del verbo *descomponer.* También se usa como adjetivo: *se ha descompuesto el pescado que trajimos ayer; se ha quedado descompuesto tras la noticia.* ◇ *adj.* **2** [persona] Que ha perdido la tranquilidad y se le cambia la expresión o el color de su rostro por una fuerte impresión: *se quedó descompuesto cuando se enteró de que sus amigos habían tenido un grave accidente de moto.* Se suele usar con los verbos *estar, quedarse y ponerse.*

descomunal *adj.* Que se sale de lo común por su gran tamaño o por otra circunstancia: *han inaugurado un parque de atracciones descomunal: es el más grande del mundo.*

desconcertante *adj.* Que sorprende y confunde por coger desprevenido: *su actitud de los últimos días es desconcertante y no sabemos qué hacer.*

desconcertar *v. tr./prnl.* Causar a una persona confusión o desorientación, generalmente por medio de una sorpresa: *me desconcertó con sus preguntas y no supe qué responder.*
DER desconcertante.
OBS En su conjugación, la *e* se convierte en *ie* en sílaba acentuada, como en *acertar*.

desconchar *v. tr./prnl.* Quitar la capa que cubre una superficie, en especial de una pared o un objeto de loza o porcelana: *los niños han desconchado la pared de un balonazo.* **SIN** descascarillar.
DER desconchón.

desconchón *n. m.* **1** Caída de un trozo pequeño de pintura de la pared o de la capa que cubre una superficie, en especial de un objeto de loza o porcelana: *la olla se ha caído y se le ha hecho un desconchón.* **2** Señal que deja esa caída: *tenemos que pintar la pared porque está llena de desconchones.*

desconcierto *n. m.* **1** Confusión o desorientación que siente una persona, generalmente a causa de un hecho que le pilla por sorpresa: *la muerte de su padre le produjo un enorme desconcierto.* **2** Confusión o desorientación en una cosa: *estaban tan desorganizados que en la empresa reinaba un desconcierto absoluto.* **ANT** concierto.

desconectar *v. tr.* **1** Hacer que un sistema mecánico o eléctrico deje de tener contacto con una fuente de energía e interrumpa su funcionamiento: *deconecta el congelador que voy a limpiarlo.* **ANT** conectar. **2** Interrumpir la comunicación entre dos aparatos o sistemas: *desconectar el vídeo de la televisión.* **SIN** apagar. **ANT** conectar. **3** Separar o desencajar las partes que integran un aparato o sistema: *el fontanero ha tenido que desconectar varios tramos de la cañería para localizar la avería.* **ANT** conectar. **4** Dejar de tener relación o comunicación: *cuando se fue a la mili desconectó de todos sus vecinos.* **ANT** conectar.
DER desconexión.

desconexión *n. f.* **1** Interrupción de una conexión o enlace: *el mecánico ha hecho la desconexión de la lavadora para arreglarla.* **SIN** conexión. **2** Falta de relación entre varias personas, grupos o cosas: *perdieron el partido porque existía mucha desconexión entre la defensa y la delantera.*

desconfiado, -da *adj./n. m. y f.* [persona] Que no tiene confianza o una esperanza segura en una persona o cosa: *José es muy desconfiado y no te creerá.*

desconfianza *n. f.* Falta de confianza o de esperanza segura en una persona o cosa: *la desconfianza lo hace ser una persona insegura.*

desconfiar *v. intr.* No tener confianza o esperanza segura en una persona o cosa: *desconfía de todos porque ha tenido varios desengaños con sus amigos.*
OBS En su conjugación, la *i* se acentúa en algunos tiempos y personas, como en *desviar*.

descongelación *n. f.* Vuelta de una cosa congelada a su estado primitivo mediante el aumento de la temperatura circundante: *es una cubitera muy mala: se produce muy rápidamente la descongelación del hielo.* **ANT** congelación.

descongelar *v. tr./prnl.* **1** Volver una cosa congelada a su estado primitivo mediante el aumento de la temperatura circundante: *cuando llegue la primavera, se descongelarán las aguas heladas de los ríos daneses.* **SIN** deshelar. **ANT** congelar. **2** Quitar el hielo y la escarcha que se forman en el interior de un congelador o de un frigorífico: *cada cierto tiempo, es necesario descongelar el frigorífico para que enfríe correctamente.*
DER descongelación.

descongestión *n. f.* **1** Disminución de una acumulación excesiva de personas o vehículos que impide la circulación normal por un lugar: *la descongestión del tráfico requirió la presencia de la policía local.* **ANT** congestión. **2** Disminución de una acumulación excesiva de sangre u otro fluido en un órgano del cuerpo: *el médico me ha recetado unas gotas para la descongestión nasal.* **ANT** congestión.

descongestionar *v. tr./prnl.* **1** Disminuir la acumulación excesiva de personas o vehículos que impide la circulación normal por un lugar: *la carretera de circunvalación ha descongestionado el centro de la ciudad.* **ANT** congestionar. **2** Disminuir la acumulación excesiva de sangre u otro fluido en una parte del cuerpo: *hemos puesto un humidificador en el cuarto para descongestionar las vías respiratorias.* **ANT** congestionar.
DER descongestión.

desconocer *v. tr.* **1** No tener idea de una cosa o no comprender su naturaleza, cualidades y relaciones: *es un pesado: desconoce las reglas elementales de la conversación y habla sin*

parar. **SIN** ignorar. **ANT** conocer, saber. **2** Negar una persona su idea de una cosa o la comprensión de su naturaleza, cualidades y relaciones: *el homicida insistió en que desconocía las circunstancias familiares de su víctima*. **3** Encontrar muy cambiada a una persona o grupo en cuanto a sus ideas o forma de comportamiento: *ha vuelto tan cambiado de su largo viaje que lo desconozco*.
DER desconocido, desconocimiento.
OBS En su conjugación, la *c* se convierte en *zc* delante de *a* y *o*, como en *conocer*.

desconocido, -da *adj.* **1** [cosa] Que se desconoce o ignora y cuya naturaleza y cualidades no se comprenden: *la física cuántica es una materia absolutamente desconocida para mí*. **SIN** extraño. **2** [persona, grupo] Que está muy cambiado en cuanto a sus ideas o forma de comportamiento: *la ausencia del capitán del equipo lo ha convertido en un conjunto desconocido*. ◇ *adj./n. m. y f.* **3** [persona] Que no pertenece al grupo de las personas con las que se tiene trato o comunicación: *no me gusta que hables con desconocidos*. **SIN** extraño.
OBS Es el participio de *desconocer*.

desconocimiento *n. m.* Falta de información acerca de una cosa o de comprensión de su naturaleza, cualidades y relaciones: *mi desconocimiento de informática me impidió obtener el empleo*.

desconsideración *n. f.* **1** Falta de la atención y el respeto debidos a una persona o cosa: *los blasfemos muestran su gran desconsideración a las creencias de muchas personas*. **2** Rechazo de una posibilidad o una propuesta: *está agotado: ahora está pagando la desconsideración de mi propuesta de unos días de vacaciones*.

desconsiderar *v. tr.* **1** No tener la atención y el respeto debidos a una persona o una cosa: *tu hermano me ha desconsiderado al no devolverme el saludo*. **2** Rechazar o no tener en cuenta una posibilidad o una propuesta: *es muy creído: suele desconsiderar cualquier idea que no sea suya*.
DER desconsideración.

desconsolado, -da *adj.* Que no tiene consuelo o que siente una pena o un dolor intensos: *se quedó desconsolada tras la separación de sus padres*.

desconsolar *v. tr./prnl.* Causar una pena o un dolor intensos: *nos desconsoló con su llanto*.
DER desconsolado, desconsuelo.
OBS En su conjugación, la *o* se convierte en *ue* en sílaba acentuada, como en *contar*.

desconsuelo *n. m.* Aflicción o decaimiento de ánimo ante una pena o un dolor intensos: *lloraba con desconsuelo en el entierro de su marido*.

descontado 1 Palabra que se utiliza en la frase *dar por descontado*, que significa 'dar un hecho o noticia por realizado o cierto': *la profesora dio por descontado que conocíamos la obra de Cervantes*. **2** Palabra que se utiliza en la locución *por descontado*, con la que se añade convencimiento y firmeza a lo dicho: *le pregunté si había estudiado el tema del examen y no dudó en responderme: «¡Eso por descontado!»*.

descontaminación *n. f.* Eliminación total o parcial de los elementos que contribuyen a disminuir la pureza del medio ambiente: *los ecologistas piden la descontaminación de todos los ríos y mares*.

descontaminar *v. tr.* Eliminar total o parcialmente los elementos que contribuyen a disminuir la pureza del medio ambiente: *el Gobierno debería tomar medidas para descontaminar las grandes ciudades*.
DER descontaminación.

descontar *v. tr.* **1** Restar una cantidad de otra: *me han descontado un 15 % del precio por pagar al contado*. **SIN** rebajar. **ANT** añadir, sumar. **2** Añadir el árbitro al final de un encuentro deportivo el tiempo que éste ha estado interrumpido: *el árbitro descontó tres minutos*. **3** Adelantar el banco el importe de una letra de cambio antes de su vencimiento, rebajando la cantidad que se estipule en concepto de intereses.
DER descontado, descuento.
OBS En su conjugación, la *o* se convierte en *ue* en sílaba acentuada, como en *contar*.

descontento, -ta *adj./n. m. y f.* **1** Que está disgustado o se siente insatisfecho: *el profesor está muy descontento con los resultados de los exámenes*. **ANT** contento. ◇ *n. m.* **2** Disgusto, desagrado o insatisfacción: *había un gran descontento en el equipo por el descenso*. **ANT** contento.
DER descontentar.

descontextualizar *v. tr.* Sacar de un contexto: *la revista descontextualizó las palabras del entrevistado y no se entendía nada*.
OBS En su conjugación, la *z* se convierte en *c* delante de *e*.

descontrol *n. m.* Pérdida del control, el orden o la disciplina: *el profesor se ausentó unos momentos del aula y se produjo el descontrol de los alumnos*.
DER descontrolar.

descontrolar *v. tr./prnl.* Perder o hacer perder el control o el dominio sobre algo: *se le descontroló el coche al reventarse una rueda*.

desconvocar *v. tr.* Anular una convocatoria: *los organizadores han desconvocado el premio por haber muy pocos participantes; desconvocar una huelga*. **ANT** convocar.

descoque *n. m.* Modo de hablar u obrar con desparpajo y descaro: *después de tomar varios licores mostró a sus amigos un descoque soprendente*.

descorazonar *v. tr./prnl.* Quitar el ánimo o la esperanza: *le descorazonaba suspender los exámenes que se había preparado a conciencia*.

descorchador *n. m.* Utensilio consistente en un soporte con una espiral metálica que sirve para sacar el corcho que cierra una botella: *tengo un abrebotellas con un descorchador incorporado*. **SIN** sacacorchos.

descorchar *v. tr.* **1** Sacar o quitar el corcho que cierra una botella: *hemos descorchado una botella de vino para la cena*. **2** Quitar el corcho al tronco y las ramas de los alcornoques: *los alcornoques se descorchan cada nueve años*.
DER descorchador.

descorrer *v. tr.* **1** Plegar o recoger lo que está estirado, especialmente una cortina: *descorrimos las cortinas porque ya no se veía*. **ANT** correr. **2** Deslizar un pestillo para abrir lo que cierra: *descorre el pestillo de la puerta para que pueda entrar*. **3** Retroceder por el camino ya recorrido: *tuvimos que descorrer algunos metros porque nos perdimos*. **SIN** desandar, deshacer.

descortés *adj./n. com.* Que no manifiesta atención, respeto o afecto hacia las personas: *fue muy descortés al no aceptar tu invitación*. **ANT** cortés.
DER descortesía.

descortesía *n. f.* Comportamiento o acto en el que no se manifiesta atención, respeto o afecto hacia las personas: *fue una descortesía no contestarles cuando te saludaron*. **ANT** cortesía.

descortezar *v. tr.* Quitar la corteza o la capa dura exterior que envuelve una cosa: *descortezar un árbol*; *siempre descorteza el pan de molde para hacer los sándwiches*.

OBS En su conjugación, la z se convierte en c delante de e.

descoser v. tr./prnl. Soltar o cortar el hilo con que están cosidas las piezas de tela, de cuero o de otro material: *se le descosió el botón del puño de la camisa; tienes que descoser el dobladillo para hacer más larga la falda*. **ANT** coser.
DER descosido.

descosido, -da adj./n. m. [pieza de tela, cuero u otro material] Que se ha soltado el hilo que lo mantenía unido al resto de la pieza o a otra: *el bolsillo trasero de mi pantalón se ha descosido por el roce con el asiento de la motocicleta*.
como un descosido *coloquial* Expresión que, referida a una persona o a un grupo de personas, indica que se ha empleado con gran afán y dedicación: *trabajó día y noche como un descosido para terminar de construir su casa*.

descoyuntar v. tr./prnl. **1** Sacar un hueso de su articulación: *se descoyuntó el hombro en una caída*. **2** Cansar mucho: *cada vez que va a bailar se descoyunta*.

descrédito n. m. Disminución o pérdida de la consideración, la fama o la estima: *su gobierno ha caído en descrédito al no cumplir lo que prometía*.

descreído, -da adj./n. m. y f. [persona] Que no cree, especialmente en materia religiosa; que ha perdido la fe que tenía: *con los años se ha convertido en un descreído*.
DER descreimiento.

descreimiento n. m. Falta o abandono, por parte de una persona o grupo social, de sus principios ideológicos o religiosos: *tantos desengaños con la gente le habían llevado a un descreimiento absoluto en la bondad humana*.

descremar v. tr. Quitar la crema o la nata de la leche o de los productos lácteos. **SIN** desnatar.

describir v. tr. **1** Expresar las características de una persona o una cosa: *descríbeme tu coche nuevo; el capítulo I de La Regenta describe la ciudad donde se desarrollará la novela*. **2** Trazar el dibujo de una figura o la trayectoria que recorre un cuerpo: *el profesor dibuja en la pizarra las órbitas que describen los planetas*.
DER descripción, descriptivo; indescriptible.
OBS El participio es *descrito*.

descripción n. f. Expresión de las características de una persona o cosa: *tenemos que hacer para mañana una descripción de la persona que queramos*.

descriptivo, -va adj. Que expresa las características de una persona o cosa: *ha escrito un libro descriptivo sobre las ciudades que más le atraen*.

descuadernar v. tr./prnl. Soltar las hojas o las tapas que forman un libro: *se me ha descuadernado el libro al hacer las fotocopias*. **SIN** desencuadernar. **ANT** encuadernar.

descuajar v. tr./prnl. Arrancar o extraer de raíz una planta: *el niño descuajó una mata de margaritas de un tirón*.

descuajaringar o **descuajeringar** v. tr./prnl. **1** Romper, estropear un objeto o separar las partes que lo forman: *se me han caído los libros y se me han descuajaringado dos; vas a descuajeringar la radio si sigues moviendo tan fuerte el dial*. ◇ v. prnl. **2 descuajaringarse** o **descuajeringarse** Cansarse mucho: *la excursión me ha descuajaringado*. **3** *coloquial* Reírse mucho: *siempre nos descuajaringamos con sus cosas, es muy divertido*.
OBS En su conjugación, la g se convierte en gu delante de e.

descuaje n. m. Descuajo, extracción de raíz.
OBS La Real Academia Española admite *descuaje*, pero prefiere la forma *descuajo*.

descuajo n. m. Extracción de raíz de una planta: *los jardineros procedieron al descuajo de los rosales para poder trasplantarlos*. **SIN** descuaje.

descuartizar v. tr. **1** Dividir el cuerpo de una persona o un animal en cuartos o partes: *el carnicero descuartizó una ternera*. **SIN** cuartear. **2** Hacer trozos una cosa: *esta niña es una destrozona: ha descuartizado el juguete en dos minutos*.
OBS En su conjugación, la z se convierte en c delante de e.

descubierto, -ta adj. **1** Que no está cubierto: *le quitaron la venda y la herida quedó descubierta*. **2** [persona] Que no lleva sombrero ni ninguna otra prenda que le cubra la cabeza: *muchos invitados llevaban sombrero, pero al entrar en la iglesia iban descubiertos*. **3** [cielo] Que está despejado o no tiene nubes: *el cielo está descubierto y se ven muchas estrellas*. ◇ n. m. **4** Situación de la economía en la que los gastos superan a los ingresos: *han tenido que vender la tienda porque tenían un descubierto de muchos millones*. **SIN** déficit. **ANT** superávit.
al descubierto *a)* Al aire libre: *les gusta dormir al descubierto*. *b)* A la vista; sin rodeos: *se quedó al descubierto cuando descubrimos sus mentiras*. Se suele usar con los verbos *dejar, poner* o *quedar*.

descubridor, -ra adj./n. m. y f. **1** [persona] Que encuentra una cosa oculta o no conocida: *Ponce de León fue el descubridor de Florida*. **2** [persona] Que ha hallado la fórmula científica de un nuevo producto o ha creado una cosa nueva: *un español fue el descubridor de la fregona*.

descubrimiento n. m. **1** Encuentro o hallazgo de lo que no se conocía o de lo que estaba oculto: *el descubrimiento de América se produjo en 1492*. **2** Hallazgo de la fórmula científica de un nuevo producto o creación de una cosa nueva: *el descubrimiento de la vacuna fue un paso importante en medicina*.

descubrir v. tr. **1** Quitar la tapa o lo que cubre una cosa de manera que se vea lo que hay dentro o debajo: *todos aplaudieron cuando el alcalde descubrió la estatua*. **2** Encontrar lo que no se conocía o lo que estaba oculto: *el niño descubrió el regalo que sus padres habían escondido; Colón descubrió América*. **SIN** desvelar, develar. **3** Dar a conocer, mostrar: *te descubrí mis pensamientos; el mago descubrió su truco a los presentes*. **4** Hallar la fórmula científica de un nuevo producto o crear una cosa nueva: *Fleming descubrió la penicilina*. ◇ v. prnl. **5 descubrirse** Quitarse el sombrero u otra prenda que cubre la cabeza: *se descubrió para saludarnos*.
DER descubierto, descubridor, descubrimiento.

descuento n. m. **1** Disminución o reducción que se hace en una cantidad o en un precio: *he conseguido un buen descuento en la compra del televisor*. **SIN** rebaja. **2** Adición que hace el árbitro, al final de un encuentro deportivo, del tiempo que éste ha estado interrumpido: *el descuento fue de tres minutos*. **3** Adelanto que hace el banco del importe de una letra de cambio antes de su vencimiento, rebajando la cantidad que se estipule en concepto de intereses.

descuidado, -da adj./n. m. y f. **1** [persona] Que suele tener sus cosas desarregladas o desordenadas: *es un tipo tan descuidado que se le pasó el plazo de inscripción en la universidad*. **2** [persona] Que no pone interés y preocupación en lo que hace: *teníamos un profesor muy descuidado, nos copiábamos en todos los exámenes*.
OBS Es el participio de *descuidar*.

descuidar v. tr./prnl. **1** No atender, no vigilar o no ayudar con interés a una persona o cosa: *descuidó tanto a su marido que no sabía nada de sus amistades; había descuidado tanto el huerto que no le producía nada*. **2** No atender o no poner interés en una actividad o responsabilidad, o disminuir la atención que se le prestaba: *al descuidar su atuendo ha perdido el encanto que tenía*. **3** No mantenerse apartado o a

descuido

salvo de un peligro: *no te descuides de los insectos que hay en este cortijo.* ◇ *v. prnl.* **4 descuidarse** Dejar de tener la atención puesta en una cosa: *en cuanto te descuidas te engañan.* **DER** descuidado, descuido.

descuido *n. m.* **1** Falta de atención en el ejercicio de una actividad o responsabilidad: *los ladrones entraron aprovechando un descuido del vigilante.* **2** Falta de arreglo u orden en una cosa: *en la casa vieja había mucha suciedad y bastante descuido.*

desde *prep.* Indica el momento o el lugar, más o menos exacto, en que comienza el tiempo o la distancia espacial de una acción: *desde los inicios del siglo XIX, se percibió la llegada de una sensibilidad romántica.*

desde luego Sin duda, naturalmente: *¿sabes lo que es el amor? ¡Desde luego!*

desde ya Ahora mismo, de inmediato: *¡vamos a cambiar nuestras relaciones con los vecinos desde ya!*

desdecir *v. intr./prnl.* **1** No corresponderse, desentonar o no adecuarse una cosa con otra u otras: *aquellos cuadros desdirán en cualquier salón decorado con buen gusto.* **2** Ser impropio del origen, condición o prestigio de una persona: *su borrachera desdijo de su educación esmerada.* ◇ *v. prnl.* **3 desdecirse** Volverse atrás y negar una opinión que anteriormente se ha sostenido: *ante la evidencia de los hechos, tuvo que desdecirse rápidamente.* **OBS** Se conjuga como *predecir.*

desdén *n. m.* Actitud indiferente y falta de aprecio hacia una persona, un grupo o una cosa: *desde que falleció su marido muestra un incorregible desdén a los placeres de este mundo.*

desdentado, -da *adj.* Que le faltan algunos o todos los dientes: *acude frecuentemente al odontólogo, ya que teme llegar a convertirse en un anciano desdentado.* **SIN** mellado.

desdeñable *adj.* Que no merece atención ni aprecio: *las actitudes intransigentes son desdeñables.* **SIN** despreciable, menospreciable.

desdeñar *v. tr./prnl.* Mostrar una actitud indiferente y falta de aprecio hacia una persona, un grupo o una cosa: *desde que terminamos nuestras relaciones, mi novia me desdeña públicamente en cuanto surge la ocasión; es un creído: desdeña los argumentos que le ofrecen para cambiar de vida.* **DER** desdén, desdeñable, desdeñoso.

desdeñoso, -sa *adj.* Que muestra una actitud indiferente y falta de aprecio hacia una persona, un grupo o una cosa: *es un hombre desdeñoso con sus vecinos: nunca colabora con ellos.*

desdibujado, -da *adj.* [figura, paisaje] Que ha perdido la nitidez de sus contornos: *desde la lejanía, los montes se veían muy desdibujados.*

desdibujarse *v. prnl.* Perder nitidez los contornos de una figura o un paisaje: *se desdibujaron las reproducciones de los cuadros al fotocopiar el libro de arte.* **DER** desdibujado.

desdicha *n. f.* **1** Hecho que produce un gran dolor e infelicidad: *le ocurrió la desdicha de perder a toda su familia en un accidente aéreo.* **SIN** desgracia. **2** Suerte adversa y aciaga: *nada le sale bien: parece que la desdicha le persigue hace tiempo.* **SIN** desgracia. **DER** desdichado.

desdichado, -da *adj./n. m. y f.* [persona] Que ha sufrido uno o más hechos desgraciados y padece, a causa de ellos, gran dolor e infelicidad: *la muerte de su hijo le ha convertido en una persona muy desdichada.*

desdicho, -cha *part.* Participio irregular de *desdecir: se ha desdicho de todo y no lo podemos demostrar.*

desdoblar *v. tr./prnl.* **1** Extender lo que está plegado: *al llegar al hotel, tuvo que desdoblar toda la ropa que traía en la maleta.* **ANT** doblar. **2** Formar dos o más cosas mediante la separación de los elementos de otra: *para atacar por dos sitios a la vez, el general ordenó que la columna militar se desdoblara.*

desdorar *v. tr.* **1** Manchar el buen nombre o la fama que tiene una persona, un grupo o una cosa: *el rencor le ha llevado a desdorar a todos sus compañeros de curso.* **SIN** desacreditar, deslucir, desprestigiar. **2** Quitar la capa de oro que cubre la superficie de una cosa: *la humedad ha desdorado el marco del cuadro.* **DER** desdoro.

desdoro *n. m.* Mancha del buen nombre o la fama que tiene una persona, un grupo o una cosa: *tiene un comportamiento ejemplar, con lo cual su persona no sufre desdoro alguno.*

desdramatizar *v. tr.* Quitar o disminuir los rasgos exagerados y la importancia de un hecho: *es necesario que desdramatices tus problemas domésticos.* **OBS** En su conjugación, la *z* se convierte en *c* delante de *e*.

deseable *adj.* **1** [cosa] Que posee méritos o cualidades para lo que se quiera conseguir: *es muy deseable ganar una medalla olímpica.* **2** [persona] Que provoca deseo sexual. **SIN** apetecible. **DER** indeseable.

desear *v. tr.* **1** Querer conseguir intensamente una cosa: *toda su vida ha deseado iniciar la carrera de piano; deseo que tengas toda la suerte del mundo.* **2** Querer tener relaciones sexuales con una persona.

dejar mucho (o bastante) que desear Expresión que indica que una persona o cosa no responde a lo que se espera de ella: *tu actitud deja mucho que desear.* **DER** deseable, deseoso.

desecación *n. f.* Pérdida o desaparición de la humedad: *se han perdido los pastos por la desecación de las tierras.*

desecar *v. tr./prnl.* Quitar o extraer el agua de un lugar; hacer desaparecer la humedad de un cuerpo: *las tierras pantanosas se han desecado a consecuencia de la sequía; para desecar plantas hay que colgarlas en lugares muy secos.* **DER** desecación. **OBS** En su conjugación, la *c* se convierte en *qu* delante de *e*.

desechable *adj.* **1** [objeto] Que se tira o aparta por considerarlo inútil: *hemos arreglado la oficina y metido todo el material desechable en bolsas.* **2** [objeto] Que está destinado a ser usado una sola vez: *todos los practicantes usan jeringuillas desechables.*

desechar *v. tr.* **1** Rechazar o no admitir: *desechó el argumento de su amigo porque no tenía fundamento.* **2** Tirar o apartar una cosa que se considera inútil: *ha desechado toda la ropa que le estaba pequeña: la vieja la ha tirado y la nueva la ha repartido.* **3** Apartar de la mente un mal pensamiento, una sospecha o un temor: *tienes que desechar esos temores y enfrentarte con más optimismo a los problemas.* **DER** desechable, desecho.

desecho *n. m.* **1** Cosa que sobra o resto que queda de algo después de haberlo consumido o trabajado y ya no es útil: *el carpintero recogió todos los desechos de su trabajo al acabar su jornada; siempre echaban los desechos de la comida a los cerdos.* **2** Persona vil y despreciable: *es un desecho humano: mentiroso, egoísta, envidioso y cruel.* **OBS** No se debe confundir con *deshecho*, tiempo del verbo *deshacer.*

deselectrizar *v. tr./prnl.* FÍS. Quitar a un cuerpo la electricidad que tiene. **ANT** electrizar.

OBS En su conjugación, la z se convierte en c delante de e.

desembalaje n. m. Eliminación o separación de la envoltura de un objeto: *lo más emocionante de recibir un paquete misterioso es el desembalaje*. **ANT** embalaje.

desembalar v. tr. Eliminar o separar la envoltura de un objeto: *cuando llegó el camión de la mudanza, tuvimos que desembalar durante horas todos los muebles*. **ANT** embalar.
DER desembalaje.

desembarazar v. tr./prnl. **1** Dejar sin obstáculos ni estorbos un espacio: *desembarazó el trastero de los objetos inservibles*. **SIN** despejar. ◇ v. prnl. **2 desembarazarse** Librarse de una persona, un animal o una cosa que molesta o constituye un obstáculo para un fin: *para tener relaciones con esa chica tuve que desembarazarme de algunos amigos; nos desembarazamos de todos los libros viejos para que cupieran los nuevos en la estantería*.
DER desembarazo.
OBS En su conjugación, la z se convierte en c delante de e.

desembarazo n. m. Soltura y facilidad en las acciones o en el trato con las personas: *pese a su juventud, se relaciona con las personas mayores con un desembarazo envidiable*.

desembarcadero n. m. Lugar que sirve para bajar de una embarcación a tierra: *la nave se aproximaba al desembarcadero para bajar las mercancías*.

desembarcar v. tr. **1** Sacar de un barco y poner en tierra lo embarcado: *los operarios desembarcaron los contenedores*. **ANT** embarcar. ◇ v. intr. **2** Bajar o salir de un barco, un tren o un avión: *esperábamos que desembarcaran nuestros padres del avión*. **ANT** embarcar. **3** Llegar a un lugar para empezar a desarrollar una actividad: *mañana desembarcarán en el instituto los nuevos profesores*.
DER desembarcadero, desembarco, desembarque.
OBS En su conjugación, la c se convierte en qu delante de e.

desembarco n. m. Bajada o salida de personas o mercancías de un barco, un tren o un avión: *el desembarco de Normandía*.

desembargar v. tr. DER. Quedar libres unos bienes que estaban retenidos por orden de un tribunal: *el juez desembargó su cuenta corriente una vez que había pagado todas sus multas*.
OBS En su conjugación, la g se convierte en gu delante de e.

desembarque n. m. Bajada o salida de personas o mercancías de un barco, un tren o un avión: *el desembarque del avión procedente de Barcelona se retrasará*. **SIN** desembarco. **ANT** embarque.

desembarrancar v. tr./intr./prnl. MAR. Poner a flote una embarcación que se había quedado atascada en arena o entre piedras: *tuvieron que pedir ayuda para desembarrancar la barca de la orilla*. **SIN** desencallar. **ANT** embarrancar.

desembocadura n. f. Lugar por el que una corriente de agua entra en otra semejante, en el mar, en un canal o en un lago: *la desembocadura del río Ebro es un delta*.

desembocar v. intr. **1** Entrar una corriente de agua en otra semejante, en el mar, en un canal o en un lago: *el Sil desemboca en el río Miño*. **SIN** desaguar. **2** Salir una calle o camino a un lugar determinado: *esta calle va a desembocar a la plaza*. **3** Acabar o terminar: *la conversación desembocó en una fuerte discusión*.
DER desembocadura.
OBS En su conjugación, la c se convierte en qu delante de e.

desembolsar v. tr. Pagar o entregar una cantidad de dinero: *tuve que desembolsar una parte del pago para que me reservaran la compra*. **ANT** embolsar.
DER desembolso.

desembolso n. m. **1** Cantidad de dinero que se paga: *he hecho un desembolso del 15 % del total como anticipo de la compra de la casa*. **ANT** reembolso. **2** Entrega de dinero al contado.

desembragar v. intr. Desconectar el embrague del motor para el cambio de velocidades: *para desembragar el coche hay que pisar el pedal del embrague*.

desembrague n. m. Desconexión del embrague del motor para el cambio de velocidades: *el desembrague hay que hacerlo con suavidad*.
DER desembragar.

desembrollar v. tr. **1** Deshacer un embrollo o enredo: *tendrás que desembrollar tus papeles para que puedas encontrar el que buscas*. **ANT** embrollar. **2** Aclarar un asunto difícil de entender: *va a ser complicado desembrollar el lío que has montado con tus mentiras*. **SIN** desenmarañar, desenredar, desmarañar. **ANT** embrollar.

desembuchar v. tr. **1** *coloquial* Decir todo lo que se sabe sobre un asunto y se tenía callado: *no quería hablar, pero nos pusimos tan pesados que tuvo que desembuchar*. **2** Expulsar un ave lo que tiene en el buche.

desemejanza n. f. Falta de parecido o de correspondencia entre dos o más cosas: *existe una gran desemejanza en las conclusiones a las que llegaron los distintos investigadores del caso; entre ellos hay mucha desemejanza de caracteres*. **SIN** disimilitud. **ANT** semejanza.

desemejar v. tr. Hacer perder el propio aspecto alterando ciertos rasgos: *se sometió a cirugía estética y desemejó su rostro y su busto*. **SIN** desfigurar.
DER desemejanza.

desempacar v. tr. **1** Quitar la envoltura que lleva una cosa, generalmente una mercancía: *nada más recibir el cargamento de tornillos, procedió a desempacarlo*. **2** Sacar el equipaje de las maletas o bolsas que lo contienen: *llegamos a nuestra casa tan cansados de América que no desempacamos el equipaje hasta el día siguiente*.
OBS En su conjugación, la c se convierte en qu delante de e.

desempaquetar v. tr. Deshacer un paquete y sacar su contenido: *mi madre nos ayudó a desempaquetar los regalos de nuestra boda*. **ANT** empaquetar.

desempatar v. tr./intr. Resolver una situación de igualdad entre varias personas o grupos participantes en una votación, competición, concurso o partido: *el gol del delantero en la prórroga desempató el partido*. **SIN** desigualar. **ANT** empatar.
DER desempate.

desempate n. m. Resolución de una situación de igualdad entre varias personas o grupos participantes en una votación, competición, concurso o partido: *durante el desempate, a los concursantes se los comían los nervios*. **ANT** empate.

desempedrar v. tr. Quitar las piedras que forman, ajustadas entre sí, un suelo o pavimento: *antes de iniciar la construcción de la carretera nueva, será necesario desempedrar el antiguo camino*. **ANT** empedrar.
OBS En su conjugación, la e se convierte en ie en sílaba acentuada, como en *acertar*.

desempeñar v. tr. **1** Realizar una persona, un grupo o una cosa las labores que le corresponden: *desempeñó el cargo de ministro durante toda la legistura; Fernando Fernán Gómez ha desempeñado en su vida innumerables papeles dramáticos*. **2** Recuperar, mediante el pago de la cantidad acordada en su momento, una cosa que se había entregado para conseguir un préstamo de dinero: *cuando cobró los sueldos atrasados, pudo desempeñar las joyas*.
DER desempeño.

desempeño *n. m.* Realización, por parte de una persona, un grupo o una cosa, de las labores que le corresponden: *en el desempeño de su puesto, consiguió grandes logros para su ciudad*.

desempleado, -da *adj./n. m. y f.* [persona] Que no tiene trabajo: *el gran número de personas desempleadas en Europa es un síntoma muy preocupante*. **SIN** parado.

desempleo *n. m.* Situación de falta de trabajo: *está muy deprimido por estar en el desempleo*. **SIN** paro.
DER desempleado.

desempolvar *v. tr.* **1** Quitar el polvo acumulado sobre una cosa: *al volver de vacaciones tuvimos que desempolvar todos los muebles*. **ANT** empolvar. **2** Volver a usar una cosa que se había abandonado o recordar algo que se había olvidado: *con la llegada del verano desempolvamos los bañadores y todo lo necesario para ir a la playa; parece mentira, pero he desempolvado mis mejores recuerdos de la juventud*.

desenamorar *v. tr./prnl.* Hacer perder el sentimiento amoroso o de afecto que se tenía a una persona o cosa: *después de tantos años, acabó desenamorándose de su marido*.

desencadenar *v. tr./prnl.* **1** Causar o provocar que algo se produzca con fuerza o de forma violenta: *la noticia del hundimiento de la bolsa de Nueva York desencadenó, en 1927, una ola de suicidios*. **SIN** desatar. **2** Soltar lo que está sujeto por una cadena u otra cosa: *por la noche desencadeno al perro del árbol para que vigile la casa*.

desencajar *v. tr./prnl.* **1** Sacar o separar una cosa de otra con la que se encuentra ajustada: *para rehacer el puzzle tuvimos que desencajar las piezas*. **ANT** encajar. ◇ *v. prnl.* **2 desencajarse** Alterarse las facciones de la cara a causa del miedo, de un gran disgusto o por una enfermedad: *se le desencajó el rostro cuando conoció la noticia del accidente de su hermano*.

desencajonar *v. tr.* **1** Sacar algo de un cajón: *hay que desencajonar lo que hemos traído de París*. **2** Liberar a una persona, un animal o una cosa de una situación de gran estrechez: *después de varios minutos, desencajonamos al niño que estaba debajo de la cama antigua*. **3** Sacar a los toros de lidia del compartimento donde se los coloca antes de salir a la plaza: *el público aguardaba impaciente a que desencajonaran el sexto novillo de la tarde*.

desencallar *v. tr./intr./prnl.* MAR. Poner a flote una embarcación que se había quedado atascada en arena o entre piedras: *los marineros desencallaron el barco con gran dificultad a causa de la tormenta*. **SIN** desembarrancar. **ANT** encallar.

desencantar *v. tr./prnl.* Hacer perder la esperanza o la ilusión de conseguir una cosa que se desea; saber que algo no es como uno creía: *se ha desencantado al comprobar que tus promesas no eran ciertas*. **SIN** desengañar, desilusionar.
DER desencanto.

desencanto *n. m.* Pérdida de la esperanza o la ilusión de conseguir una cosa que se desea o al saber que algo no es como uno creía: *sufrió un gran desencanto al no conseguir la beca para estudiar en el extranjero*. **SIN** desengaño, desilusión.

desencapotarse *v. prnl.* Desaparecer las nubes del cielo o del horizonte: *después de la tormenta, el cielo se desencapotó y lució débilmente el sol*. **SIN** despejar. **ANT** encapotarse.

desenchufar *v. tr.* Sacar el enchufe de un aparato o una máquina del lugar en el que está conectado a la corriente eléctrica: *desenchufa la lámpara de la mesilla de noche para cambiar la bombilla*. **ANT** enchufar.

desencoger *v. tr./prnl.* Extender o estirar lo que está encogido: *si planchas un poco el jersey de lana, te desencogerá*.
OBS En su conjugación, la *g* se convierte en *j* delante de *a* y *o*.

desencolar *v. tr./prnl.* Despegar las piezas o las cosas que estaban pegadas con cola: *has desencolado la silla al sentarte sobre dos patas*. **ANT** encolar.

desencuadernar *v. tr./prnl.* Soltar las hojas o las tapas que forman un libro: *tengo que llevar el libro al encuadernador porque se ha desencuadernado*. **SIN** descuadernar. **ANT** encuadernar.

desenfadado, -da *adj.* [persona, grupo, cosa] Que muestra soltura y gracia en el trato o en las acciones: *las canciones del verano suelen ser muy desenfadadas*.

desenfado *n. m.* Soltura y gracia en el trato o en las acciones: *fue capaz de contar la avería de su avión con un desenfado que hizo las delicias de los que lo oían*.
DER desenfadado.

desenfocar *v. tr./prnl.* **1** Perder la nitidez en una imagen fotografiada o grabada: *has desenfocado las fotos al acercarte tanto*. **ANT** enfocar. **2** Contar o explicar una cosa cambiando su sentido real: *no hagas caso de libros subjetivos que desenfocan la realidad*. **SIN** desfigurar.
DER desenfoque.
OBS En su conjugación, la *c* se convierte en *qu* delante de *e*.

desenfoque *n. m.* **1** Falta de nitidez en una imagen fotografiada o grabada: *grabamos un vídeo de la excursión, pero el desenfoque es tan grande que no se pueden distinguir las caras*. **2** Explicación de una cosa cambiando su sentido real: *el desenfoque de tu explicación es claro ejemplo de tus intereses*.

desenfrenado, -da *adj.* Que no tiene moderación, orden ni sentido de la medida: *desde que le tocó la lotería, es una persona desenfrenada*.

desenfrenarse *v. prnl.* Comportarse impulsivamente, sin moderación, orden ni sentido de la medida: *el día que cumplió 18 años se desenfrenó como un loco, sin importarle lo que opinara el resto de la gente*.
DER desenfrenado, desenfreno.

desenfreno *n. m.* Comportamiento impulsivo, sin moderación, orden ni sentido de la medida: *cuando le falló el amor, se entregó al juego con un peligroso desenfreno*.

desenfundar *v. tr.* **1** Sacar de su funda, generalmente un arma de fuego: *desenfundar un revólver*. **ANT** enfundar. **2** Quitar de encima la funda que protege una cosa: *desenfundó el viejo piano y comenzó a tocar*. **ANT** enfundar.

desenganchar *v. tr./prnl.* **1** Soltar lo que está sujeto, a propósito o al azar, a otra cosa: *cuando, al fin, consiguió desenganchar el jersey del clavo, vio que tenía un descosido*. **ANT** enganchar. ◇ *v. prnl.* **2 desengancharse** Liberarse de la dependencia patológica de una cosa, generalmente una droga: *después de desengancharse de la cocaína, recuperó su trabajo y sus amistades*. **SIN** deshabituar.

desengañar *v. tr./prnl.* **1** Perder o hacer perder la esperanza o la ilusión de conseguir una cosa que se desea o al saber que algo no es como uno creía: *se desengañó cuando sospechó que no sería el elegido para representar a su clase en el concurso*. **SIN** desencantar, desilusionar. **2** Hacer saber o dar a conocer un engaño o un error: *lo desengañó diciéndole la verdad*.
DER desengaño.

desengaño *n. m.* Pérdida de la esperanza o la ilusión de conseguir una cosa que se desea o al saber que algo no es como uno creía: *se ha llevado tantos desengaños con la gente que sólo confía en sus amigos*. **SIN** desencanto, desilusión.

desengrasar *v. tr.* Quitar la grasa que cubre una superficie: *desengrasa los azulejos antes de poner la pegatina*. **ANT** engrasar.

desenhebrar *v. tr./prnl.* Sacar un hilo del agujero del objeto que atravesaba, en especial del ojo de una aguja: *desenhebró la aguja cuando acabó de coser los pantalones.* **ANT** enhebrar, ensartar.

desenjaular *v. tr.* Sacar o dejar salir de una jaula a un animal: *los niños desenjaulan todas las tardes al loro.* **ANT** enjaular.

desenlace *n. m.* Modo en que termina una acción o se resuelve la trama de una obra de literatura, cine o teatro: *el desenlace de la película ha sido muy original.*

desenlazar *v. tr.* **1** Deshacer un lazo; soltar lo que está atado: *el niño se entretuvo desenlazando los cordones de los zapatos.* **ANT** enlazar. ◇ *v. prnl.* **2 desenlazarse** Resolverse una acción o historia de una obra de literatura, cine o teatro: *la novela se desenlaza de manera trágica.*
DER desenlace.
OBS En su conjugación, la *z* se convierte en *c* delante de *e*.

desenmarañar *v. tr./prnl.* **1** Deshacer la maraña o enredo de hilos, cabellos, cuerdas, cables o cosas parecidas: *se pasó un buen rato intentando desenmarañar el ovillo de lana.* **SIN** desenredar, desmarañar. **ANT** enmarañar, enredar. **2** Aclarar un asunto difícil de entender: *el detective de la película desenmaraña un caso muy complicado con gran perspicacia.* **SIN** desanudar, desembrollar, desenredar. **ANT** enmarañar, enredar.

desenmascarar *v. tr./prnl.* **1** Quitar la máscara o antifaz que cubre la cara: *todos los que llevaban máscaras o antifaces se desenmascararon al acabar la fiesta.* **ANT** enmascarar. **2** Hacer pública la realidad oculta de una persona o cosa: *la policía desenmascaró los verdaderos motivos del asesinato.*

desenmohecer *v. tr.* **1** Quitar el moho que cubre una superficie: *desenmohecieron el queso untándolo con aceite.* ◇ *v. prnl.* **2 desenmohecerse** Recuperar el buen estado o forma que antes tenía una persona o cosa: *después de un mes de inactividad, empezó haciendo ejercicios suaves para desenmohecerse.*
OBS En su conjugación, la *c* se convierte en *zc* delante de *a* y *o*, como en *agradecer*.

desenredar *v. tr.* **1** Deshacer la maraña o enredo de hilos, cabellos, cuerdas, cables o cosas parecidas: *desenredar el pelo.* **SIN** desenmarañar, desmarañar. **ANT** enmarañar, enredar. **2** Aclarar un asunto difícil de entender: *entre todos consiguieron desenredar aquel caso tan complicado.* **SIN** desanudar, desembrollar, desenmarañar. **ANT** enmarañar, enredar. ◇ *v. prnl.* **3 desenredarse** Salir de una situación complicada: *no podré acompañarte hasta que me desenrede, porque tengo mucho trabajo.*

desenrollar *v. tr./prnl.* Deshacer la forma de cilindro o rollo de lo que había sido enrollado: *desenrolló el póster para enmarcarlo.* **SIN** desarrollar. **ANT** arrollar, enrollar.

desenroscar *v. tr./prnl.* **1** Sacar una cosa de otra a la que se había ajustado dándole vueltas: *trae la llave inglesa para desenroscar el tornillo.* **ANT** enroscar. **2** Extender y deshacer la forma de rosca de lo que había sido enroscado: *la serpiente se desenroscó al ritmo de la música.* **SIN** desarrollar, desenrollar. **ANT** arrollar, enrollar, enroscar.
OBS En su conjugación, la *c* se convierte en *qu* delante de *e*.

desensillar *v. tr.* Quitar la silla de montar a una caballería. **ANT** ensillar.

desentenderse *v. prnl.* Mantenerse voluntariamente al margen de un asunto o cuestión: *sólo piensa en sus cosas, desentendiéndose de los asuntos de los demás.* **SIN** despreocuparse, inhibirse.
OBS En su conjugación, la *e* se convierte en *ie* en sílaba acentuada, como en *entender*.

desenterrar *v. tr.* **1** Sacar de la sepultura a una persona o de la tierra un animal o una cosa que están bajo ella: *tuvimos que desenterrar a nuestros padres cuando se produjo el traslado del cementerio.* **ANT** enterrar. **2** Traer a la memoria un recuerdo muy olvidado o revivir una cosa a la que no se le prestaba atención: *desenterramos los días del colegio con todos los amigos; con su acción, ha desenterrado todos los antiguos rencores entre las dos familias.*
OBS En su conjugación, la *e* se convierte en *ie* en sílaba acentuada, como en *acertar*.

desentonar *v. intr.* **1** No estar una persona o una cosa en armonía con el ambiente y el espacio que la rodea: *sus palabras soeces se hacían desentonar con el resto de sus compañeros; tu corbata desentona con el color de tu traje.* **2** Apartarse del tono adecuado un sonido o un instrumento; sonar mal: *ante la sorpresa y estupor del público, la soprano desentonó al interpretar los últimos compases de la ópera.* **SIN** desafinar.

desentorpecer *v. tr.* Suprimir o disminuir en una cosa la dificultad que tiene para moverse: *después de haber pasado dos semanas en cama a causa de la gripe, me costó bastante trabajo desentorpecer mi cuerpo.* **SIN** desentumecer.

desentrañar *v. tr.* Averiguar una cosa que es muy difícil de llegar a conocer: *después de tantos años, sigue sin desentrañarse por completo el asesinato de John Kennedy.*

desentumecer *v. tr./prnl.* Suprimir o disminuir en una cosa la dificultad que tiene para moverse: *al quitarle la escayola, tenía la mano dormida y tuvo que desentumecerla.* **SIN** desentorpecer. **ANT** entumecer.
OBS En su conjugación, la *c* se convierte en *zc* delante de *a* y *o*, como en *agradecer*.

desenvainar *v. tr.* Sacar de su vaina o cubierta, generalmente un arma blanca: *desenvainar un sable.* **ANT** envainar.

desenvoltura *n. f.* Facilidad para hablar, para hacer una cosa o para relacionarse en una situación o en un ambiente: *nos dejó asombrados su desenvoltura para dirigirse al público; se relaciona con sus compañeros con gran desenvoltura.* **SIN** desparpajo.

desenvolver *v. tr.* **1** Quitar a una cosa lo que la cubre por todos sus lados: *cuando llegué a mi casa, desenvolví el vestido que acababa de comprar.* **ANT** envolver. ◇ *v. prnl.* **2 desenvolverse** Tener facilidad para hablar, para hacer una cosa o para relacionarse en una situación o en un ambiente: *estamos asombrados de lo bien que se desenvuelve en el mundo de las finanzas.*
DER desenvoltura, desenvuelto.
OBS En su conjugación, la *o* se convierte en *ue* en sílaba acentuada, como en *mover*. ◇ El participio es *desenvuelto*.

desenvuelto, -ta *part.* **1** Participio irregular de *desenvolver.* También se usa como adjetivo: *ha desenvuelto el paquete; es muy desenvuelto.* ◇ *adj.* **2** [persona] Que tiene facilidad para hablar, para hacer una cosa o para relacionarse en una situación o en un ambiente: *dejó la timidez y se convirtió en un muchacho desenvuelto con sus amistades.*

deseo *n. m.* **1** Sentimiento intenso que tiene una persona por conseguir una cosa: *vio el automóvil en un catálogo y de inmediato tuvo el deseo de comprarlo.* **2** Cosa que origina en una persona un sentimiento intenso por conseguirla: *su mayor deseo en esta vida fue ver a sus hijos bien situados.* **3** Ganas de tener relaciones sexuales con una persona: *volvió a surgir el deseo entre ellos y fueron mucho más felices desde entonces.*
DER desear.

deseoso, -sa *adj.* [persona] Que tiene un sentimiento intenso por conseguir una cosa: *tiene puestas tantas espe-*

ranzas en ganar el concurso que está deseoso de que comience ya.

desequilibrado, -da *adj.* **1** Que ha perdido la fijeza de su posición en el espacio: *ese ciclista tropezó con una piedra y está desequilibrado*. **2** [persona] Que ha perdido el juicio a causa de un trastorno de la personalidad: *dice tonterías porque es un hombre desequilibrado desde que perdió a su mujer*.

desequilibrar *v. tr./prnl.* **1** Perder o hacer perder la fijeza de la posición en el espacio: *la fuerza del viento desequilibró al funambulista y le hizo caer*. **ANT** equilibrar, estabilizar. ◇ *v. prnl.* **2 desequilibrarse** Perder o hacer perder a una persona el juicio a causa de un trastorno de la personalidad: *ha presenciado tantos sucesos trágicos que le han desequilibrado por completo*.
DER desequilibrado, desequilibrio.

desequilibrio *n. m.* **1** Falta de fijeza en la posición en el espacio: *pisó una cáscara de plátano y le produjo un desequilibrio*. **ANT** equilibrio, estabilidad. **2** Falta de juicio, trastorno de la personalidad: *el psiquiatra le ha diagnosticado que padece un gran desequilibrio psíquico*.

deserción *n. f.* **1** Abandono de un ejército sin autorización por parte de un soldado: *en algunos países, la deserción en tiempo de guerra se castiga con la pena de muerte*. **2** Abandono de un deber, de un grupo o de la defensa de una causa: *las continuas pérdidas económicas originaron la deserción de muchos accionistas de la empresa*.

desertar *v. intr.* **1** Abandonar un soldado su ejército sin autorización: *a la mañana siguiente, durante la formación, advirtieron que dos reclutas habían desertado*. **2** Abandonar un deber, un grupo o la defensa de una causa: *parece mentira que tu hermano desertase de nuestro conjunto*.
DER deserción, desertor.

desértico, -ca *adj.* **1** Del desierto o que tiene relación con este lugar: *clima desértico*. **2** [lugar] Que está despoblado o vacío de personas: *la ciudad de noche parecía desértica*. **SIN** desierto.

desertización *n. f.* Transformación de un terreno habitable en árido, sin vegetación ni vida: *el negocio de la madera está ocasionando la desertización de muchos bosques*.

desertizar *v. tr./prnl.* Hacer que un terreno habitable se transforme en árido, sin vegetación ni vida: *la guerra provoca la desgracia, la miseria y que los campos se deserticen*.
DER desertización.
OBS En su conjugación, la *z* se convierte en *c* delante de *e*.

desertor, -ra *adj./n. m. y f.* **1** [soldado] Que ha abandonado su ejército sin autorización: *conforme ganaban batallas, se sumaban a ellos muchos desertores del ejército contrario*. **2** [persona] Que ha abandonado un deber, un grupo o la defensa de una causa: *le llaman desertor desde que renegó de sus antiguos principios ideológicos*.

desescombrar *v. tr.* Limpiar un lugar de los materiales de desecho que quedan después de derribar una construcción: *antes de comenzar la edificación de mi nueva casa, hay que desescombrar todo el terreno*. **SIN** descombrar, escombrar.
OBS La Real Academia Española admite *desescombrar*, pero prefiere las formas *descombrar, escombrar*.

desesperación *n. f.* **1** Pérdida total de la confianza de que se cumpla un deseo: *le ha invadido la desesperación: no logra ahorrar para comprar una casa*. **2** Pérdida de la tranquilidad de ánimo y la paciencia: *siento rabia y desesperación cuando dicen que mueren miles de niños a causa del hambre en el mundo*.

desesperado, -da *adj./n. m. y f.* **1** Que ha perdido totalmente la confianza de que se cumpla un deseo: *no encuentran el motivo de su enfermedad y ya está desesperado*. **2** Que ha perdido totalmente la tranquilidad de ánimo y la paciencia: *tener que caminar con muletas lo tiene de mal humor y desesperado*.

desesperanzador, -ra *adj.* Que hace perder totalmente la confianza en que se cumpla un deseo: *es desesperanzador que intente aprobar una y otra vez la asignatura y siempre la suspenda*. **ANT** esperanzador.

desesperanzar *v. tr./prnl.* Perder o hacer perder totalmente la confianza en que se cumpla un deseo: *el paso de los días lo desesperanzaba en su intento de conseguir un empleo*. **SIN** desesperar.
DER desesperanzador.
OBS En su conjugación, la *z* se convierte en *c* delante de *e*.

desesperar *v. intr./prnl.* **1** Perder totalmente la confianza en que se cumpla un deseo: *no conseguía contactar con sus parientes lejanos y, al final, desesperó de lograrlo*. **SIN** desesperanzar. **ANT** esperanzar. ◇ *v. tr./prnl.* **2** Perder o hacer perder totalmente la tranquilidad de ánimo y la paciencia: *la actitud rebelde de sus hijos lo tiene muy desesperado*.
DER desesperación, desesperado.

desestabilizar *v. tr./prnl.* **1** Perder o hacer perder la fijeza de la posición en el espacio: *el empujón de su compañero lo desestabilizó y lo hizo caer al suelo*. **SIN** desequilibrar. **ANT** estabilizar. **2** Perturbar gravemente la existencia de un grupo de personas o una cosa: *las continuas críticas hacia sus cargos públicos desestabilizan un partido político*.

desestimar *v. tr.* **1** No conceder una petición o solicitud: *el juez ha desestimado nuestra petición de libertad condicional*. **SIN** denegar. **2** No sentir aprecio o afecto hacia una persona o cosa, no tenerla en consideración: *me molestó que desestimara mi colaboración en el proyecto*.

desfachatez *n. f.* Falta de vergüenza o de respeto; atrevimiento o insolencia: *¡qué desfachatez!: atreverse a presentarse en la boda sin que lo hubiéramos invitado*. **SIN** cara, caradura, descaro.

desfalcar *v. tr.* Robar dinero o bienes que pertenecen a otro y se tenían en custodia: *el director del banco ha desfalcado varios millones*.
DER desfalco.
OBS En su conjugación, la *c* se convierte en *qu* delante de *e*.

desfalco *n. m.* Robo de dinero o bienes que pertenecen a otro y se tenían en custodia: *han echado al interventor del banco por haber cometido un desfalco*.

desfallecer *v. intr.* Perder total o parcialmente la fuerza, la energía o el ánimo: *desfallecer de cansancio; no desfallezcas ante las dificultades, tienes que superarlas*.
DER desfallecimiento.
OBS En su conjugación, la *c* se convierte en *zc* delante de *a* y *o*, como en *agradecer*.

desfallecimiento *n. m.* Pérdida total o parcial de la fuerza, la energía o el ánimo: *el corredor de maratón llegó con signos de desfallecimiento*.

desfasado, -da *adj.* **1** [dos o más cosas] Que no están en la misma fase: *esta película tiene el sonido y la imagen desfasados*. **2** [persona, cosa] Que no está en correspondencia con lo que se valora en un momento determinado: *tus principios morales son tan estrictos que están desfasados; los que llevan sombrero hongo están desfasados*.

desfasar *v. tr./prnl.* Quedar una persona o cosa sin correspondencia con lo que se valora en un momento determinado: *sus ideas no han evolucionado y se ha desfasado; tu traje de novia se ha desfasado con el paso del tiempo*.
DER desfasado.

desfase *n. m.* **1** Falta de correspondencia o de ajuste: *no hay un solo reloj en la tienda que no tenga un desfase de algunos segundos con los demás.* **2** Falta de correspondencia de una persona o una cosa con lo que se valora en un momento determinado o, en general, entre una cosa y otra: *los métodos de análisis de este historiador tienen un desfase de cincuenta años; en el equipo rival hay un gran desfase entre la defensa y la delantera.*
DER desfasar.

desfavorable *adj.* Que perjudica o hace más difícil la ejecución de una cosa: *las condiciones eran desfavorables para ir de excursión, pero al final decidimos realizarla.* **ANT** favorable.

desfavorecer *v. tr.* **1** Perjudicar o hacer más difícil la ejecución de una cosa: *la nieve desfavoreció al equipo español.* **2** Quitar hermosura o belleza: *el verde te desfavorece: te sienta mejor el azul.* **ANT** favorecer.
DER desfavorable.
OBS En su conjugación, la c se convierte en zc delante de a y o, como en *agradecer*.

desfigurar *v. tr.* **1** Hacer perder el propio aspecto, alterando ciertos rasgos: *el incendio le desfiguró la cara.* **SIN** desemejar. **2** Contar o explicar una cosa cambiando su sentido real: *desfiguró los hechos para quedar bien con nosotros.* **SIN** desenfocar. ◇ *v. prnl.* **3 desfigurarse** Alterarse el semblante o la voz por una enfermedad, un disgusto u otra causa: *se desfiguró cuando vio cómo se caía su hijo de la bicicleta.*

desfiladero *n. m.* Paso profundo y estrecho entre montañas.

desfilar *v. intr.* **1** Marchar una tropa o un grupo de civiles, en formación o en orden, generalmente ante un público o ante un personaje importante como exhibición o para rendir honores: *el ejército victorioso desfiló ante sus ciudadanos.* **2** Pasar o ir sucesivamente a algún lugar un conjunto de personas o cosas: *desfiló mucha gente por la ventanilla de reclamaciones.* **3** Salir un conjunto de personas de un lugar, generalmente un recinto público: *después de la derrota de su equipo, el público desfiló con tristeza.*
DER desfiladero, desfile.

desfile *n. m.* **1** Marcha de una tropa o un grupo de civiles, en formación o en orden, generalmente ante un público o ante un personaje importante como exhibición o para rendir honores: *desfile militar; desfile de modas.* **2** Paso sucesivo de personas o cosas por un lugar: *el desfile de público en la exposición fue continuo durante toda la jornada.* **3** Salida de personas de un lugar, generalmente un recinto público: *el desfile para salir de aquel lugar fue lento.*

desflorar *v. tr.* Hacer perder la virginidad a una mujer.
SIN desvirgar.

desfogar *v. tr./prnl.* **1** Manifestar violentamente una pasión contenida: *desfogó su enfado conmigo.* ◇ *v. tr.* **2** Dar salida al fuego: *los bomberos desfogaron las habitaciones superiores.*
ETIM Véase *fuego*.

desfondar *v. tr./prnl.* **1** Quitar o romper el fondo de un recipiente u otra cosa: *había puesto muchos libros en la caja y ésta se desfondó; el asiento se desfondó al ponerse de pie en la silla.* **2** En competiciones deportivas, perder fuerza: *el ciclista se desfondó en la subida del puerto de montaña.*

desforestación *n. f.* Eliminación o destrucción de los árboles y plantas de un terreno: *la desforestación perjudica al ecosistema.* **SIN** deforestación.
OBS La Real Academia Española admite *desforestación*, pero prefiere la forma *deforestación*.

desforestar *v. tr.* Quitar o destruir los árboles y plantas de un terreno: *un incendio ha desforestado la sierra.* **SIN** deforestar.
DER desforestación.
OBS La Real Academia Española admite *desforestar*, pero prefiere la forma *deforestar*.

desgajar *v. tr./prnl.* **1** Arrancar o separar una rama del tronco: *la rama estaba cargada de frutos y por el peso se desgajó.* ◇ *v. tr.* **2** Separar los trozos de lo que está formado por partes: *desgajó una naranja para comérsela.* ◇ *v. prnl.* **3 desgajarse** Separarse varias personas del grupo del que formaban parte para formar otro: *un sector del partido se ha desgajado.*
DER desgajadura, desgaje.

desgana *n. f.* **1** Falta de ganas de comer: *debe de estar enfermo porque come con desgana.* **SIN** inapetencia. **2** Falta de gana o de deseo de hacer una cosa: *todas las tareas de casa las hace con desgana.*
DER desganar.

desganar *v. tr./prnl.* **1** Quitar o perder las ganas o el deseo de realizar una cosa: *tanto trabajo le ha desganado, debes tomarte unas vacaciones.* ◇ *v. prnl.* **2 desganarse** Perder el apetito o las ganas de comer: *con este calor el niño se ha desganado y no quiere comer nada.*

desgañitarse *v. prnl.* Hablar muy alto y con gran esfuerzo: *el profesor se desgañitaba intentando hacer callar a los alumnos.*

desgarbado, -da *adj./n. m. y f.* [persona] Que no tiene garbo o gracia en la manera de obrar y de moverse: *es un chico alto y desgarbado.* **ANT** gallardo.

desgarrador, -ra *adj.* Que causa una pena o un dolor muy intensos: *recibimos una carta desgarradora en la que nos contaba todos sus sufrimientos.*

desgarrar *v. tr./prnl.* **1** Romper o hacer trozos por estiramiento y sin ayuda de instrumento, generalmente una tela o un material de escasa resistencia: *se le desgarró el vestido al engancharse en un clavo que sobresalía de la silla.* **SIN** rasgar. **2** Causar una pena o un dolor muy intensos: *tus palabras le desgarraron el corazón.*
DER desgarrador, desgarro.

desgarro *n. m.* **1** Rotura, generalmente de una tela o de un material de escasa resistencia, al tirar de él o al engancharse: *el gato arañó las cortinas y se produjo un desgarro; desgarro muscular.* **2** Forma de presentar la realidad sin rodeos, de manera cruda o desagradable: *contó con desgarro su experiencia con los niños enfermos de cáncer.*
DER desgarrón.

desgarrón *n. m.* Rotura grande en la ropa o en otro material de escasa resistencia, generalmente producida por estiramiento y sin ayuda de instrumento: *te has hecho un desgarrón en el pantalón, habrá que coserlo.*

desgastar *v. tr./prnl.* **1** Estropear o consumir una cosa por el uso o el roce: *la tapicería del sofá se ha desgastado.* **2** Perder la fuerza o el ánimo: *el trabajo en el campo desgasta mucho, es muy sacrificado.*
DER desgaste.

desgaste *n. m.* **1** Pérdida del volumen o la apariencia de una cosa por el uso o el roce: *el desgaste de la suela de los zapatos es porque arrastra mucho los pies.* **2** Pérdida de la fuerza o el ánimo: *sufrió un gran desgaste en los últimos días de su enfermedad.*

desglosar *v. tr.* Separar o dividir un todo en partes para estudiarlas de manera aislada: *vamos a desglosar este problema matemático en dos partes para que lo entendáis mejor; desglosó el presupuesto en conceptos: material, mano de obra e impuestos.*

desglose n. m. Separación o división de un todo en partes para estudiarlas de manera aislada: *habrá que hacer el desglose de las facturas para saber en qué hemos gastado el dinero*.

desgobernar v. tr. **1** Dirigir mal un grupo; gobernar sin acierto: *después de desgobernar durante cuatro años, ese partido tenía que perder las elecciones*. ◇ v. tr./prnl. **2** Conducir mal y descuidadamente una nave: *el timonel se emborrachó y desgobernó el barco toda la noche*.
DER desgobierno.
OBS En su conjugación, la *e* se convierte en *ie* en sílaba acentuada, como en *acertar*.

desgobierno n. m. **1** Mala dirección de un grupo; gobierno sin acierto: *los anteriores jefes con sus constantes cambios de criterio trajeron el desgobierno a la fábrica*. **2** Falta de orden o de dirección en una cosa o en un grupo: *el desgobierno que había en ese club lo ha llevado a la segunda división*. **SIN** desbarajuste, desmadre.

desgracia n. f. **1** Hecho que produce un gran dolor e infelicidad: *tuvo la desgracia de perder a su padre cuando era un bebé*. **SIN** desdicha. **2** Suerte adversa y aciaga: *la desgracia me persigue; se ha vuelto a inundar mi casa*. **SIN** desdicha. **3** Suceso en el que una persona resulta herida o muerta: *ha habido una desgracia en la familia*.
caer en desgracia Perder el favor, la consideración, el afecto o la protección de una persona: *cayó en desgracia cuando respondió a sus jefes de mala manera*.
desgracias personales Conjunto de personas que resultan heridas o muertas en un suceso o accidente: *el artefacto explosivo causó cuantiosos daños materiales, pero no se registraron desgracias personales*.
por desgracia Expresa que el hecho del que se habla produce dolor y sufrimiento o es producto de una suerte adversa: *por desgracia, no pudo superar la prueba para entrar en la competición*.
DER desgraciar.

desgraciado, -da adj./n. m. y f. **1** [persona] Que padece un hecho doloroso o infeliz: *es un desgraciado: en el último año ha sufrido varias pérdidas familiares*. **2** [persona] Que tiene una suerte adversa: *es un hombre desgraciado que ha fracasado en todo lo que ha emprendido*. **SIN** desafortunado, infortunado. **ANT** afortunado. ◇ adj. **3** [cosa, situación] Que produce gran sufrimiento o infelicidad: *el que no sobreviviera al accidente fue un hecho desgraciado*. **SIN** infausto. **4** [persona, animal] Que no tiene gracia ni atractivo: *es muy desgraciado, a pesar de tener unos ojos muy bonitos*. **SIN** desagraciado. **ANT** agraciado. ◇ n. m. y f. **5** Persona que merece desprecio: *es un desgraciado con el que nadie quiere relacionarse*. Se usa como apelativo despectivo.

desgraciar v. tr./prnl. **1** Echar a perder una cosa o impedir una acción: *has desgraciado el proyecto con tu poca colaboración; quiso retocar la pintura pero se le fue la mano y desgració el cuadro*. **2** *coloquial* Causar daño o herir a una persona: *le desgració la nariz de una pedrada*.
DER desgraciado.
OBS En su conjugación, la *i* no se acentúa, como en *cambiar*.

desgranar v. tr./prnl. **1** Sacar o separar los granos, generalmente de un fruto: *el niño juega a desgranar la mazorca de maíz*. **2** Separar una a una las piezas que están unidas por un hilo: *me golpeé la mano y se desgranaron las perlas de mi pulsera*.

desgravación n. f. Resta de cierta cantidad de dinero del importe inicial de un impuesto: *la desgravación fiscal contribuye a aumentar el consumo*.

desgravar v. tr. Restar cierta cantidad de dinero del importe inicial de un impuesto: *la compra de medicinas desgrava un 15 % del impuesto sobre la renta*. **ANT** gravar.
DER desgravación.

desgreñar v. tr. **1** Revolver y desordenar los pelos de la cabeza: *el viento desgreñaba su cabellera*. **SIN** desmelenar. ◇ v. prnl. **2 desgreñarse** Pelearse dos o más personas, en especial dándose tirones de los pelos de la cabeza: *comenzaron insultándose por cuestiones de negocios y acabaron desgreñándose los dos*.

desguace n. m. **1** Lugar en el que se desmontan totalmente las piezas de aparatos y máquinas inservibles: *mañana llevaremos el coche viejo al desguace*. **2** Proceso de desmontar totalmente las piezas de aparatos y máquinas para arreglarlos o para aprovechar sus materiales cuando están inservibles: *me dio mucha pena ver el desguace de mi moto*. **3** Material o conjunto de materiales que se han conseguido de desmontar totalmente las piezas de aparatos y máquinas inservibles: *las ruedas no están nuevas porque son desguaces*.

desguarnecer v. tr. Disminuir o dejar sin defensa a una persona, un grupo de personas o una cosa: *la huida de las tropas desguarneció la ciudad; con la expulsión de los dos defensas centrales, el árbitro desguarneció al equipo*.
OBS En su conjugación, la *c* se convierte en *zc* delante de *a* y *o*, como en *agradecer*.

desguazar v. tr. **1** Desmontar totalmente las piezas de un aparato o máquina para arreglarlos y volverlos a montar o para aprovechar sus piezas cuando están inservibles: *cuando se estropeó definitivamente, desguazamos el televisor y pudimos aprovechar muchas piezas*. **2** Quitar las partes más bastas de un material destinado a labrarse: *el carpintero desguaza la madera para hacer las puertas de los armarios*. **SIN** desbastar.
DER desguace.

deshabitado, -da adj. [lugar] Que ha sido abandonado por todas las personas que vivían en él: *la visión de un pueblo deshabitado es estremecedora*. **SIN** despoblado.

deshabitar v. tr. Abandonar un lugar todas las personas que vivían en él: *el miedo a las inundaciones les hizo deshabitar la casa del río*. **SIN** despoblar.
DER deshabitado.

deshabituar v. tr./prnl. **1** Perder o hacer perder una costumbre: *por culpa del trabajo, se ha deshabituado de dar su paseo matutino*. ◇ v. prnl. **2 deshabituarse** Liberarse de la dependencia patológica de una cosa, generalmente una droga: *desde que se deshabituó del tabaco, respira mucho mejor*. **SIN** desenganchar.
OBS En su conjugación, la *u* se acentúa en algunos tiempos y personas, como en *actuar*.

deshacer v. tr./prnl. **1** Destruir lo que está hecho; descomponer una cosa separando sus elementos: *he tenido que deshacer el delantero del jersey porque le estaba pequeño*. **2** Hacer que una cosa en estado sólido pase al estado líquido o se disuelva en un líquido: *has dejado el hielo fuera del frigorífico y se ha deshecho*. **3** Hacer que una persona tenga un estado de ánimo muy triste y preocupado: *tu noticia la ha deshecho*. **SIN** hundir. ◇ v. tr. **4** Retroceder o volver atrás por el camino ya recorrido: *nos hemos equivocado de dirección y tendremos que deshacer el camino*. **SIN** desandar, descorrer. ◇ v. prnl. **5 deshacerse** Trabajar o dedicarse con mucho empeño: *se deshace por sus hijos*. **6** Dejar de tener una cosa o abandonar la relación con una persona: *se deshizo de la moto porque casi no la utilizaba*.
DER deshecho.

OBS Se conjuga como *hacer*. ◇ El participio es *deshecho*.

desharrapado, -da *adj./n. m. y f.* Que lleva la ropa sucia y rota o se viste con harapos: *pareces un desharrapado con esos pantalones rotos*.
OBS También se escribe *desarrapado*.

deshecho, -cha *adj.* **1** Que está triste, preocupado o muy cansado: *estoy deshecho después de la carrera que me he dado*. **2** [cosa] Que ya no está hecha o compuesta: *encontramos el puzzle deshecho porque el gato se había subido a la mesa*.
OBS No se debe confundir con *desecho*.

deshelar *v. tr./prnl.* Volver una cosa congelada a su estado primitivo mediante el aumento de la temperatura circundante: *pusimos al sol las botellas de refrescos y se deshelaron con gran rapidez*. **SIN** descongelar.
DER deshielo.
OBS En su conjugación, la e se convierte en ie en sílaba acentuada, como en *acertar*.

desheredado, -da *adj./n. m. y f.* [persona] Que no tiene los medios necesarios para vivir: *es increíble: de la noche a la mañana se arruinó en los negocios y pasó de rico a desheredado*. **SIN** pobre.

desheredar *v. tr.* Excluir a una persona de una herencia que le corresponde legalmente o quitar a una persona que estaba incluida: *su padre le amenazó con desheredarle si se marchaba de la casa*.
DER desheredado.

deshidratar *v. tr./prnl.* Quitar a una cosa toda el agua que contiene o gran parte de ella: *el calor deshidrató a muchos ciclistas*. **ANT** hidratar.

deshielo *n. m.* **1** Vuelta de una cosa congelada a su estado primitivo mediante el aumento de la temperatura circundante, en especial el hielo y la nieve durante las estaciones cálidas: *si continúa este calor intenso, se producirá el deshielo del estanque*. **2** Época del año en que, en ciertos lugares, se produce habitualmente la transformación del hielo y la nieve al estado líquido: *cuando llegue el deshielo, iremos todos los días a pasear al parque junto al lago*. **3** Desaparición de la relación fría y tensa entre dos o más personas: *se han conocido mejor y se ha producido el deshielo entre ellos*.

deshilachar *v. tr./prnl.* Deshilar una tela o tejido o hacer que se deshile, generalmente por los bordes, como adorno: *en aquella época estaba de moda deshilachar los pantalones*.

deshilar *v. tr.* Sacar hilos de una tela o tejido: *deshiló la tela de algodón para coserle un adorno*.

deshilvanar *v. tr.* Quitar de una tela ya cosida el hilván o costura provisional que tenía: *cuando comprobó que el arreglo del pantalón me iba bien, lo cosió definitivamente y lo deshilvanó*. **ANT** hilvanar.

deshinchar *v. tr./prnl.* **1** Disminuir el volumen de una cosa al sacar el contenido de su interior, generalmente aire, o una parte de él: *este balón tan barato se deshincha continuamente*. **SIN** desinflar. **ANT** hinchar. **2** Disminuir el volumen y la temperatura de una parte del cuerpo que padece una infección: *gracias a la pomada, se deshinchó la inflamación de la rodilla*. **SIN** desinflamar. **3** Perder o hacer perder el ánimo, la energía o la autoestima: *su moral se ha deshinchado con el último suspenso; el calor lo deshinchó y no le quedaron fuerzas para terminar la carrera*.

deshojar *v. tr./prnl.* Quitar los pétalos de una flor o las hojas de una planta u otra cosa que las tenga: *el viento deshojó las rosas del jardín; los libros viejos se van deshojando cada vez que se abren*.
DER deshoje.

deshoje *n. m.* Caída de los pétalos de una flor o de las hojas de una planta u otra cosa que las tenga: *el deshoje de los árboles es un síntoma claro de la llegada del otoño*.

deshollinador, -ra *n. m. y f.* **1** Persona que se dedica a limpiar las chimeneas quitándoles las manchas negras y grasientas que deja el humo: *el deshollinador de la película Mary Poppins es uno de los personajes más famosos en la historia del cine*. ◇ *n. m.* **2** Instrumento que sirve para limpiar las chimeneas quitándoles las manchas negras y grasientas que deja el humo: *necesitamos comprar un deshollinador para la chimenea*.

deshollinar *v. tr.* Limpiar una chimenea quitándole las manchas negras y grasientas que deja el humo: *la chimenea debe de estar negra, porque hace más de dos años que no la deshollinamos*.
DER deshollinador.

deshonesto, -ta *adj.* **1** [persona, cosa] Que no guarda las normas éticas o no tiene una correcta moralidad: *es una persona deshonesta, no le importa mentir para conseguir lo que quiere*. **SIN** inmoral. **ANT** honesto. **2** [persona, cosa] Que atenta contra la decencia o contra la moralidad en el terreno sexual: *es muy deshonesto en sus relaciones; le hizo una proposición deshonesta*.

deshonor *n. m.* **1** Falta o disminución de la dignidad, la estima y la respetabilidad de una persona o de una cosa: *lo que has hecho ha sido un deshonor para tu familia*. **SIN** deshonra. **ANT** honor. **2** Hecho o dicho que quita o disminuye la dignidad, la estima y la respetabilidad de una persona o de una cosa: *ha sido un deshonor que no aceptaras la invitación*. **SIN** deshonra.

deshonra *n. f.* **1** Falta o disminución de la dignidad, la estima y la respetabilidad de una persona o de una cosa: *no es ninguna deshonra que le pidas perdón*. **SIN** deshonor. **2** Hecho o dicho que quita o disminuye la dignidad, la estima y la respetabilidad de una persona o de una cosa: *es una deshonra lo que haces para conseguir ese empleo*. **SIN** deshonor.

deshonrar *v. tr.* **1** Dañar con palabras o acciones la dignidad, la estima y la respetabilidad de una persona o de una cosa: *lo has deshonrado hablándole así delante de sus amigos*. **ANT** ennoblecer. **2** Atentar contra la decencia de una persona, especialmente hacer perder la virginidad a una mujer.
DER deshonra, deshonroso.

deshonroso, -sa *adj.* Dicho de palabras o acciones, que quitan o disminuyen la dignidad, la estima y la respetabilidad de una persona o de una cosa: *dijo palabras deshonrosas sobre ti*.

deshora Palabra que se utiliza en la locución *a deshora*, que significa 'en un instante o momento que no es oportuno': *por fin se decidió a comprarme el automóvil, pero ya fue a deshora*; *como no duerme por las noches, suele telefonearme muy a deshora*.

deshuesar *v. tr.* Quitar los huesos de un animal o de un fruto: *hemos deshuesado un pollo para trufarlo; los melocotones se deshuesan para meterlos en almíbar*.

deshumanización *n. f.* Pérdida del carácter humano o de los sentimientos de una persona o una cosa: *la deshumanización del arte*.

deshumanizar *v. tr./prnl.* Perder o quitar el carácter humano o los sentimientos a una persona o cosa: *la vida en las grandes ciudades deshumaniza las relaciones sociales*. **ANT** humanizar.
DER deshumanización.
OBS En su conjugación, la z se convierte en c delante de e.

desiderata *n. f.* Conjunto o lista de cosas que se desean:

en la desiderata había anotados varios libros de García Márquez.

desiderativo, -va adj. Que expresa un deseo: *¡Ojalá vengas pronto! es una oración desiderativa*.
DER desiderata, desiderátum.

desiderátum n. m. Deseo aún no cumplido: *convertirse en un gran actor es su desiderátum y ha dicho que luchará por conseguirlo*.

desidia n. f. Falta de ganas, de interés o de cuidado al realizar una acción: *la desidia no te ayudará a hacer bien tu trabajo*.
DER desidioso.

desidioso, -sa adj./n. m. y f. [persona] Que no tiene ganas o interés o no pone cuidado al realizar una acción: *es desidioso y hay que estar encima de él para que haga algo*.

desierto, -ta adj. **1** [lugar] Que está despoblado o vacío de personas: *empezó a diluviar y la plaza quedó desierta en minutos*. **SIN** desértico. **2** [premio, oposición] Que no es concedido a ninguno de los participantes: *el premio ha quedado desierto por la mala calidad de los dibujos participantes*. ◇ n. m. **3** Extensión de tierra no poblada que se caracteriza por tener un clima que oscila de muy calurosa a muy fría y por una vegetación muy pobre debido a la escasez de lluvia: *el desierto del Sahara*.
predicar (o clamar) en el desierto *coloquial* Intentar convencer de algo a quien no está dispuesto a escuchar o a cambiar de opinión: *hablar con él es predicar en el desierto porque es muy cabezota y no lo convencerás*.
DER desértico, desertizar.

designación n. f. **1** Elección de una persona o cosa para un fin determinado: *la designación del nuevo director ha causado sorpresa*. **2** Indicación por medio del lenguaje del nombre de una realidad: *la designación del dolor que se siente en el cuerpo después de realizar un ejercicio físico es agujetas*.

designar v. tr. **1** Elegir una persona o cosa para un fin determinado: *designaron a cuatro hombres para la misión*. **2** Nombrar o determinar: *el término paperas designa una enfermedad*. **SIN** asignar.
DER designación, designio.

designio n. m. Intención o plan para realizar una cosa: *expuso claramente cuáles eran sus designios respecto a sus estudios*.

desigual adj. **1** Dicho de dos o más personas, animales o cosas, que se diferencian entre ellos en uno o más aspectos: *la calidad del sonido de estos instrumentos es desigual*. **SIN** dispar, disparejo, distinto. **2** [terreno, superficie] Que no es liso, que tiene cuestas y profundidades: *es muy complicado edificar una casa sobre este terreno tan desigual*. **3** [cosa] Que cambia a menudo de naturaleza o de forma de ser: *tiene un carácter muy desigual: un día está contento y al siguiente no se le puede tratar*.
DER desigualar, desigualdad.

desigualar v. tr. **1** Hacer que dos o más personas, animales o cosas sean diferentes o tratarlas de modo distinto: *a la hora de hacer favores, siempre desiguala a unos amigos con respecto a otros*. ◇ v. tr./intr. **2** En un concurso o una competición, hacer que se resuelva una situación de igualdad entre varias personas o grupos participantes: *el fichaje del mejor delantero del mundo ha desigualado la Liga*. **SIN** desempatar.

desigualdad n. f. **1** Diferencia en uno o más aspectos entre dos o más personas, animales o cosas: *las desigualdades económicas entre los países suele ocasionar conflictos*. **ANT** igualdad. **2** Prominencia o depresión de un terreno o superficie: *es cansado recorrer un camino lleno de desigualdades*.

desilusión n. f. Pérdida de la esperanza o la ilusión de conseguir una cosa que se desea: *se llevó una gran desilusión cuando le dijiste que no vendrías a su fiesta de cumpleaños*. **SIN** desencanto, desengaño.
DER desilusionar.

desilusionar v. tr./prnl. Perder o hacer perder la esperanza o la ilusión de conseguir una cosa que se desea: *me has desilusionado con tu conducta insolidaria*. **SIN** desencantar, desengañar.

desinencia n. f. GRAM. Terminación de una palabra que indica las variaciones gramaticales de género, número o tiempo verbal, entre otras: *por la desinencia sabemos si un sustantivo es masculino o femenino*.

desinfección n. f. **1** Eliminación de los gérmenes que contaminan un cuerpo o un lugar: *antes de vendarlo, el médico llevó a cabo la desinfección del dedo que se había cortado*. **2** Ausencia de bacterias y microbios que puedan provocar una infección: *se nota que en este hospital tan limpio hay una gran desinfección*. **SIN** asepsia.

desinfectante adj./n. m. [sustancia] Que sirve para eliminar las bacterias y virus que pueden infectar el organismo de un ser vivo: *como la casa lleva mucho tiempo cerrada, habrá que comprar en la droguería varios desinfectantes para limpiarla*.

desinfectar v. tr. Eliminar de un cuerpo o de un lugar los gérmenes que lo contaminan: *los biberones de los niños hay que desinfectarlos continuamente en agua hirviendo*.
DER desinfección, desinfectante.

desinflamar v. tr./prnl. Disminuir el volumen de una parte del cuerpo que padece una infección: *cuando tomó los antibióticos se le desinflamó el grano de la cara*. **SIN** deshinchar. **ANT** inflamar.

desinflar v. tr./prnl. **1** Disminuir el volumen de una cosa al sacar o vaciarse el contenido de su interior, generalmente aire, o una parte de él: *hay que parar en la próxima gasolinera porque parece que las ruedas se han desinflado*. **SIN** deshinchar. **ANT** inflar. ◇ v. prnl. **2 desinflarse** Disminuir rápidamente el ánimo y la ilusión para hacer una cosa: *quería ser abogado, pero al primer suspenso se desinfló*.

desinformar v. tr. Difundir noticias manipuladas para conseguir un fin: *algunos medios de comunicación están al servicio de ciertos intereses y desinforman continuamente*.

desinhibir v. tr./prnl. Liberar de los prejuicios personales o sociales y tener un comportamiento espontáneo o natural: *los viajes al extranjero le han hecho conocer otros modos de pensar y le han desinhibido*.

desinsectar v. tr. Eliminar los insectos de un lugar: *hubo que desinsectar la casa del campo antes de entrar en ella a pasar las vacaciones*.

desintegración n. f. Separaración completa o pérdida de la unión de los elementos que conforman una cosa o un grupo de personas, de modo que deje de existir: *las diferencias ideológicas llevaron a la desintegración del partido*. **ANT** integración.

desintegración nuclear Transformación que experimenta un núcleo atómico por la pérdida de alguna de sus partes.

desintegrar v. tr./prnl. Separar completamente o perder la unión de los elementos que conforman una cosa o un grupo de personas, de modo que deje de existir: *la explosión desintegró el cohete*.
DER desintegración.

desinterés n. m. **1** Falta de interés al hacer una cosa: *tiene muy buenos sentimientos con todo el mundo y la gente aprecia su desinterés en el trato*. **ANT** interés. **2** Falta de aten-

ción hacia una persona o cosa: *mostraba un gran desinterés hacia sus amistades; su desinterés por el estudio nos tiene muy preocupados.*
DER desinteresarse.

desinteresado, -da *adj.* [persona] Que actúa sin que le mueva el interés o el provecho para sí: *es tan desinteresado que sacrificará su descanso de fin de semana por ayudarte sin pedirte nada a cambio.*

desinteresarse *v. prnl.* Perder el interés o la atención hacia una persona o cosa: *me desinteresé por las matemáticas a la vez que me atrajo la literatura.*
DER desinteresarse.

desintoxicación *n. f.* Eliminación en una persona de los efectos de una sustancia en mal estado, un veneno o una droga: *crear centros de desintoxicación es una de las fórmulas para combatir el problema de la droga.* **ANT** intoxicación.

desintoxicar *v. tr./prnl.* Eliminar en una persona los efectos de una sustancia en mal estado, un veneno o una droga: *comieron una mayonesa en mal estado y tuvieron que llevarlos al hospital para desintoxicarlos.* **ANT** intoxicar.
DER desintoxicación.
OBS En su conjugación, la c se convierte en *qu* delante de *e*.

desistir *v. intr.* Abandonar una acción que se había empezado o un plan o proyecto que se tenía: *cuando supo las asignaturas que tenía, desistió de estudiar ingeniería; en la mitad del camino, desistió de subir a lo alto de la montaña.*

deslavazado, -da *adj.* Que es desordenado o inconexo o que está mal compuesto: *expuso unos argumentos a favor de su propuesta muy deslavazados; pasaba de unos a otros sin orden ni concierto; el juego del equipo era tan deslavazado que acabaron perdiendo el partido.*

desleal *adj./n. com.* [persona] Que ha incumplido un juramento o una promesa; que no ha sido constante en unas ideas o sentimientos: *a la hora de formar un equipo de trabajo, procura huir de las personas desleales.* **SIN** infiel.
DER deslealtad.

deslealtad *n. f.* Incumplimiento de la fe que uno debe a otro: *le reprochó su deslealtad por no votarle en la elección de director.* **SIN** infidelidad.

desleír *v. tr./prnl.* Separar las partículas de un cuerpo sólido o pastoso en un líquido: *para obtener una naranjada tienes que desleír estos polvos en agua fría.* **SIN** diluir, disolver.
OBS En su conjugación, la *i* de la desinencia se pierde y la *e* se convierte en *i* en algunos tiempos y personas, como en *reír*.

deslenguado, -da *adj./n. m. y f.* [persona] Que habla con descaro y sin cortesía, respeto ni consideración: *ten cuidado con lo que le cuentas a mi primo: es tan deslenguado que no tardará en decírselo a todo el mundo en tono de burla.*

desliar *v. tr./prnl.* **1** Deshacer lo que está enredado: *para que funcionase el televisor tuvimos que desliar los cables de la antena.* **ANT** liar. **2** Deshacer el envoltorio de una cosa, generalmente un paquete: *nos entró la impaciencia porque tardaba mucho en desliar el regalo.* ◊ *v. prnl.* **3** **desliarse** Dejar una persona de estar muy ocupada o confusa: *cuando deje uno de los tres empleos se desliará un poco.*
OBS En su conjugación, la *i* se acentúa en algunos tiempos y personas, como en *desviar*.

desligar *v. tr.* **1** Separar una cosa de otra por considerarla independiente: *para analizar su carácter hay que desligarlo de sus prejuicios familiares.* ◊ *v. tr./prnl.* **2** Soltar lo que está atado: *entraron de noche en el castillo y desligaron a todos los prisioneros.* **SIN** desatar. **3** Desvincular o quedar liberado de una obligación: *cuando acabe su contrato, se desligará de la sociedad.*

deslindar *v. tr.* **1** Determinar y marcar con claridad los límites de un terreno: *antes de cercar la finca, habrá que delimitarla con claridad.* **2** Aclarar los límites de una cosa para que no exista confusión: *se acabaron los problemas con mi compañero en el mismo momento que el jefe deslindó las funciones de ambos.* **SIN** delimitar.
DER deslinde.

deslinde *n. m.* Determinación de los límites de una cosa, especialmente un terreno: *aquel seto marca el deslinde de mi jardín y lo separa del de mi vecino.*

desliz *n. m.* **1** Error leve no intencionado, falta de poca importancia, descuido: *en el examen oral, sólo cometió el pequeño desliz de olvidar la fecha de una batalla.* **2** Falta, desde el punto de vista moral, relacionada con el sexo.

deslizamiento *n. m.* Movimiento suave de resbalamiento de una persona o una cosa sobre una superficie: *los patinadores se deslizaban con gracia y destreza por el hielo.*

deslizante *adj.* [superficie] Que hace posible o propicio que una persona o una cosa pasen suavemente, se escurran o resbalen sobre ello: *para jugar bien a las chapas, es necesario hacerlo sobre un suelo deslizante.*
DER antideslizante.

deslizar *v. tr./intr./prnl.* **1** Pasar suavemente, resbalar o escurrirse una persona o una cosa sobre una superficie: *el niño jugaba a deslizar el plato sobre la mesa.* ◊ *v. tr.* **2** Expresar con disimulo, en el transcurso de una conversación, un discurso o un escrito, una o varias ideas con especial significado: *en la segunda parte de su discurso, mientras analizaba la situación económica, deslizó varios consejos tanto a los empresarios como a los sindicatos.* **3** Entregar a una persona una cosa con disimulo o poner una cosa en su sitio: *mientras su madre atendía el teléfono, me deslizó la baraja de cartas mirando hacia otro lado.* ◊ *v. prnl.* **4** **deslizarse** Andar o moverse con disimulo, incluso a escondidas: *sin que el profesor lo viese, se deslizó por el suelo hasta la papelera y tiró la chuleta.*
DER desliz, deslizamiento, deslizante.
OBS En su conjugación, la *z* se convierte en *c* delante de *e*.

deslomar *v. tr.* **1** Dañar gravemente el lomo de un animal: *es un salvaje: deslomó el burro a golpes porque no quería andar.* ◊ *v. prnl.* **2** **deslomarse** Quedarse agotado o muy cansado por haber trabajado mucho o haber realizado un gran esfuerzo: *nos deslomamos para conseguir acabar el trabajo de clase a tiempo.*

deslucir *v. tr./prnl.* **1** Quitar el brillo o el atractivo: *el polvo ha deslucido los marcos de los cuadros; la lluvia deslució el espectáculo.* **2** Manchar el buen nombre o la fama de una persona, un grupo o una cosa: *con sus palabras siempre desluce nuestro trabajo.* **SIN** desacreditar, desdorar, desprestigiar.
OBS En su conjugación, la *c* se convierte en *zc* delante de *a* y *o*, como en *lucir*.

deslumbrador, -ra *adj.* [luz] Que turba momentáneamente la precisión de la vista por su excesiva claridad: *los faros de su coche son deslumbradores porque están descentrados.*

deslumbramiento *n. m.* **1** Turbación momentánea de la precisión de la vista a causa de la excesiva claridad de la luz: *un deslumbramiento fue la causa del accidente.* **2** Confusión o admiración que una persona o cosa produce en otra: *desde que conoció a ese chico, tiene un deslumbramiento continuo; la exposición de Velázquez le ha causado un gran deslumbramiento.*

deslumbrar *v. tr./intr./prnl.* **1** Turbar la precisión de la vista a causa de la excesiva claridad de la luz: *los focos de las cámaras estaban mal dirigidos y deslumbraron al cantante.* **2** Dejar

deslustrar

a una persona impresionada o admirada: *los acróbatas del circo deslumbraron a mi hijo.*
DER deslumbrador, deslumbramiento, deslumbrante.

deslustrar *v. tr./prnl.* Quitar el brillo o tersura a una cosa, especialmente a ciertas telas y tejidos: *ha deslustrado su chaqueta de cuero al limpiarla con malos productos.*
DER deslustre.

deslustre *n. m.* Falta de brillo o tersura en una cosa: *el deslustre de sus zapatos desentona con su impecable traje.*

desmadejado, -da *adj.* [persona] Que siente debilidad y falta de fuerzas: *lleva varios días tomando vitaminas porque se encuentra desmadejado.*

desmadrarse *v. prnl.* **1** Comportarse una persona sin moderación ni medida: *el alcohol hizo que la gente se desmadrase conforme transcurría el festejo.* **2** Salirse una corriente de agua de su cauce: *llueve a cántaros, pero mientras el río no se desmadre, no hay peligro.*

desmadre *n. m.* **1** Comportamiento de una persona sin moderación ni medida: *no hay quien lo soporte, tiene un desmadre permanente.* **2** Diversión en la que sus participantes actúan con gran desenfreno y sin respeto a normas establecidas: *el desmadre de los vecinos y sus amigos me impide dormir los sábados por la noche.* **3** Falta de orden o de dirección en una cosa o en un grupo: *esta empresa es un desmadre, cada uno hace lo que le da la gana.* **SIN** desgobierno.
DER desmadrarse.

desmán *n. m.* Comportamiento de una o más personas que supone atropello, desorden o abuso de autoridad: *han denunciado a los agentes por supuestos desmanes al disolver la manifestación.*

desmandarse *v. prnl.* Comportarse una o más personas atropelladamente, sin moderación ni respeto a las normas establecidas: *ha perdido el respeto a las personas y nadie le acepta desde que se ha desmandado así.*

desmano Palabra que se utiliza en la locución *a desmano*, que significa 'lejos, apartado o justo en el sentido contrario del camino que se lleva o se piensa llevar': *es una pena, pero el restaurante que tú dices nos pilla a desmano.* **SIN** trasmano.

desmantelamiento *n. m.* **1** Liquidación o desarticulación de una actividad, un negocio o una organización: *el desmantelamiento del estraperlo es imposible en tiempos de gran escasez de alimentos.* **2** Derribo o desmontaje de una construcción: *es una tienda muy bonita, su desmantelamiento me apena mucho.*

desmantelar *v. tr.* **1** Liquidar o desarticular una actividad, un negocio o una organización: *la policía italiana lucha hace décadas por desmantelar a la mafia.* **2** Derribar o desmantelar una construcción: *han desmantelado la joyería.* **3** Destruir la fortificación de una plaza: *los bárbaros desmantelaron cuantas murallas encontraban a su paso.*
DER desmantelamiento.

desmañado, -da *adj./n. m. y f.* [persona] Que no tiene maña, destreza o habilidad, especialmente manual: *es tan desmañado que se hace un lío con las llaves y nunca acierta a abrir el coche.*

desmarañar *v. tr./prnl.* **1** Deshacer la maraña o enredo de hilos, cabellos, cuerdas, cables o cosas parecidas: *tiene el cabello tan largo que de vez en cuando ha de desmarañarlo.* **SIN** desenmarañar, desenredar. **ANT** enmarañar, enredar. **2** Aclarar un asunto difícil de entender: *el detective desmarañó, por fin, la famosa estafa.* **SIN** desanudar, desembrollar, desenmarañar. **ANT** enmarañar, enredar.

desmarcarse *v. prnl.* **1** En ciertos deportes, moverse un jugador para escapar de la vigilancia de sus contrarios: *es un extremo muy hábil: es rápido y tiene gran facilidad para desmarcarse.* **ANT** marcar. **2** Escabullirse para librarse de un trabajo o un deber: *cada vez que hay que hacer la compra, se desmarca con algún pretexto y se va a la calle.* **3** Apartarse una o más personas de la idea o la postura que mantiene la mayoría del grupo al que pertenecen: *algunos países de la ONU se han desmarcado de la propuesta de ayuda a las naciones más pobres.*

desmayado, -da *adj.* [color] Que es pálido y de poca intensidad: *este invierno se llevan los colores desmayados, sobre todo el rosa y el amarillo.*

desmayar *v. tr./prnl.* **1** Perder o hacer perder el sentido o el conocimiento momentáneamente: *no soporta ver la sangre, siempre se desmaya.* **SIN** desvanecer. ◊ *v. intr.* **2** Decaer del ánimo, el valor o las fuerzas: *no desmayes y conseguirás lo que quieras.*
DER desmayado, desmayo.

desmayo *n. m.* **1** Pérdida momentánea del sentido o del conocimiento: *ha sufrido un desmayo al darse un golpe en la cabeza.* **SIN** desvanecimiento, lipotimia. **2** Decaimiento del ánimo, el valor o las fuerzas: *hay que trabajar sin desmayo por la igualdad y la justicia.*

desmedido, -da *adj.* Que es excesivo o desproporcionado: *su ambición es desmedida.* **SIN** descomedido, descompasado.

desmedirse *v. prnl.* Hablar u obrar sin respeto ni cortesía, saliéndose de los límites permitidos o convenientes: *se desmidió al contestar a su madre sin ningún respeto.* **SIN** descomedirse.
DER desmedido.
OBS En su conjugación, la *e* se convierte en *i* en algunos tiempos y personas, como en *servir*.

desmedrado, -da *adj.* Que no tiene un desarrollo normal: *las plantas están desmedradas por la falta de cuidados.*

desmejoramiento *n. m.* **1** Pérdida del aspecto saludable: *su desmejoramiento ha sido notorio en pocos meses.* **2** Pérdida de la salud: *el desmejoramiento del enfermo ha decidido a los médicos a operarle.*

desmejorar *v. tr./prnl.* **1** Perder o hacer perder el aspecto saludable: *tantas preocupaciones te han desmejorado.* ◊ *v. intr./prnl.* **2** Ir perdiendo la salud: *el enfermo ha desmejorado en los últimos días porque su enfermedad se ha complicado.*
DER desmejoramiento.

desmelenar *v. tr./prnl.* **1** Desordenar los pelos de la cabeza: *el niño desmelenó a su madre jugando con su pelo.* **SIN** desgreñar. ◊ *v. prnl.* **2** **desmelenarse** Abandonar una persona el encogimiento o la modestia que le son habituales y obrar sin preocuparse excesivamente por las convenciones sociales o el qué dirán: *se desmelenó y se puso a bailar rap en medio de la calle.*

desmembración *n. f.* **1** División y separación de los miembros o las extremidades de un cuerpo. **2** Separación de los elementos que conforman una cosa o un grupo, o pérdida progresiva de la unión entre ellos: *tras la desmembración del partido político, sus integrantes se fueron incorporando a otros.*

desmembrar *v. tr.* **1** Dividir y separar los miembros o extremidades de un cuerpo: *la bomba le desmembró una pierna y un brazo.* ◊ *v. tr./prnl.* **2** Separar los elementos que conforman una cosa o perder progresivamente la unión entre ellos: *el conjunto musical lo formaban siete personas, pero se está desmembrando y sólo quedan tres.*
DER desmembración.

OBS En su conjugación, la e se convierte en *ie* en sílaba acentuada, como en *acertar*.

desmemoriado, -da *adj./n. m. y f.* [persona] Que tiene poca memoria o que le falta por completo o a intervalos: *lleva anotadas todas sus citas en la agenda porque es muy desmemoriado*.

desmentido *n. m.* Mensaje que niega una información o noticia falsas: *desmentido oficial del rumor*.

desmentir *v. tr.* **1** Decir a una persona que miente: *lo desmintió delante de todos*. **2** Asegurar o demostrar que un dicho o hecho son falsos: *desmintió en público los rumores que circulaban sobre ella*.

OBS En su conjugación, la e se convierte en *ie* en sílaba acentuada o en *i* en algunos tiempos y personas, como en *hervir*.

desmenuzar *v. tr.* **1** Deshacer o dividir en partes muy pequeñas: *desmenuzó el pescado para hacer croquetas*. **2** Analizar o examinar de forma exhaustiva: *desmenuzamos todos los hechos para saber cómo habíamos llegado a aquella situación tan conflictiva*.

OBS En su conjugación, la z se convierte en c delante de e.

desmerecer *v. intr.* **1** Perder una cosa una o más de las cualidades que la hacen digna de aprecio: *tu valor ha desmerecido desde que la pasada noche saliste corriendo al primer ruido*. **2** Ser o considerar inferior a una persona o una cosa comparada con otra: *pienso que ninguno de mis hermanos desmerece de los otros en generosidad*.

DER desmerecimiento.

OBS En su conjugación, la c se convierte en *zc* delante de *a* y *o*, como en *agradecer*.

desmerecimiento *n. m.* **1** Pérdida de una o más de las cualidades que hacen digna de aprecio una cosa: *si quieres evitar el desmerecimiento de tu honradez, no aceptes ningún otro negocio sucio*. **2** Inferioridad de una persona o cosa al compararla con otra: *sin desmerecimiento de mi padre, es obvio que mi madre cocina mucho mejor*.

desmesura *n. f.* Exageración y falta de medida, generalmente en el comportamiento: *¡qué desmesura!: se comió siete huevos fritos*.

desmesurado, -da *adj.* **1** Que es exagerado o mayor de lo normal: *creo que les tiene a sus parientes un cariño desmesurado; no creo que se trate de un sueldo desmesurado para lo que trabaja*. ◇ *adj./n. m. y f.* **2** [persona] Que se excede en el hablar y en el obrar: *es muy recatada y no le van los tipos desmesurados*.

desmesurar *v. tr.* **1** Exagerar o aumentar la importancia de una cosa: *sólo se trata de un hurto, no hay que desmesurar el suceso; desmesura las atenciones hacia su hijo enfermo*. ◇ *v. prnl.* **2 desmesurarse** Excederse una persona en el hablar y en el obrar: *cada vez que toma alcohol, se desmesura y pasamos vergüenza ajena*.

DER desmesura, desmesurado.

desmigajar *v. tr./prnl.* **1** Deshacer el pan en migas o quitarle la miga o parte interior y más blanda a la que rodea la corteza: *para no engordar, desmigaja el pan y se come la corteza*. **SIN** desmigar. **2** Demenuzar o deshacer una cosa en migajas o trozos muy pequeños: *desmigaja el pastel para dárselo al niño; los pájaros han desmigajado el algodón*.

desmigar *v. tr./prnl.* Deshacer el pan en migas o quitarle la miga o parte interior y más blanda a la que rodea la corteza: *en la fiesta de cumpleaños, los niños desmigaron el pan para tirarse bolitas*. **SIN** desmigajar.

desmilitarización *n. f.* **1** Supresión o pérdida de la condición militar de una persona, un grupo o una cosa: *la desmilitarización de esa organización terrorista es una gran noticia*. **2** Supresión de las tropas o de las instalaciones militares de una zona o territorio: *el ministro de Defensa ordenó la retirada de las tropas y, por consiguiente, la desmilitarización de la zona*.

desmilitarizar *v. tr./prnl.* **1** Suprimir o perder la condición militar de una persona, un grupo o una cosa: *ya se ha desmilitarizado: ayer terminó el servicio militar*. **2** Suprimir las tropas o las instalaciones militares de una zona o territorio: *al retirarse la tropas invasoras la ciudad quedó desmilitarizada*.

DER desmilitarización.

OBS En su conjugación, la z se convierte en c delante de e.

desmirriado, -da *adj./n. m. y f.* [persona] Que es muy delgado, raquítico y con aspecto débil: *viendo el buen aspecto de sus padres, no sé a quién ha podido salir este muchacho tan desmirriado*. **SIN** escuchimizado, esmirriado.

OBS La Real Academia Española admite *desmirriado*, pero prefiere la forma *esmirriado*.

desmitificar *v. tr.* Hacer perder a alguien o algo la excesiva valoración o idealización en que se le tiene: *cuando viajó a los países de Oriente y conoció sus condiciones de vida se dio cuenta de la realidad y los desmitificó; le tenía a su novio adoración, pero ya está desmitificándolo*. **ANT** mitificar.

OBS En su conjugación, la c se convierte en *qu* delante de e.

desmochar *v. tr.* Quitar, cortar o arrancar la parte superior de una cosa dejándola sin punta o sin su correspondiente terminación: *desmochar un árbol; el terremoto ha desmochado varias torres de iglesias*.

desmontable *adj.* [objeto] Que está compuesto de piezas que se pueden separar y volver a unir con facilidad: *como la bicicleta es desmontable, podremos llevarla en el maletero del coche*.

desmontar *v. tr.* **1** Separar las piezas que forman un objeto: *el fontanero desmontó la cisterna*. **SIN** desarmar, descomponer. **ANT** montar. **2** Cortar los árboles y las matas de un monte o bosque: *tuvieron que desmontar un trozo de montaña para hacer la carretera*. **3** Allanar un terreno: *antes de construir la casa habrá que desmontar el terreno*. **4** Derribar un edificio o una parte de él: *si queréis colocar esa campana, hay que desmontar la torre de la iglesia y reconstruirla*. ◇ *v. tr./intr./prnl.* **5** Bajar de un animal o de un vehículo: *desmontó del caballo para ayudar a montar a su hijo; desmontó del autobús una parada antes de la suya para dar un paseo*. **ANT** montar.

DER desmontable, desmonte.

desmonte *n. m.* **1** Corte de árboles y matas: *los leñadores llevaron a cabo el desmonte de la sierra*. **2** Terreno en el que se han cortado árboles y matas: *en medio de la vegetación había quedado un pequeño desmonte*.

desmoralización *n. f.* Pérdida del ánimo o la esperanza: *la desmoralización no es tu mejor compañera: ¡ánimate!*

desmoralizador, -ra *adj.* Que quita el ánimo o la esperanza: *recibió noticias desmoralizadoras*.

desmoralizar *v. tr./prnl.* Perder o quitar el ánimo o la esperanza: *tus críticas, en vez de animarlo a seguir trabajando, lo desmoralizaron*.

DER desmoralización, desmoralizador.

OBS En su conjugación, la z se convierte en c delante de e.

desmoronar *v. tr./prnl.* **1** Deshacer poco a poco un material u otra cosa: *la pared se desmoronó con la humedad*. ◇ *v. prnl.* **2 desmoronarse** Ir perdiendo una cosa poco a poco la fuerza o la unidad: *la familia se desmoronó tras la separación de sus padres*. **3** Perder una persona la fuerza moral o el ánimo: *se desmoronó después de pasar por tantas desgracias*. **SIN** derrotar, derrumbar, flaquear.

desmotivar *v. tr./prnl.* Perder o hacer perder el ánimo o el interés que impulsa a hacer una cosa o a obrar de una manera determinada: *las críticas a su cuadro lo han desmotivado para seguir pintando*. **ANT** motivar.

desmovilización *n. f.* Abandono del servicio militar activo de las personas que han sido movilizadas o llamadas a filas: *los pacifistas luchaban por la desmovilización de las tropas*. **ANT** movilización.

desmovilizar *v. tr.* Abandonar el servicio militar activo las personas que han sido movilizadas o llamadas a filas: *las tropas fueron desmovilizadas tras llegar a un acuerdo de paz*. **ANT** movilizar.
DER desmovilización.
OBS En su conjugación, la *z* se convierte en *c* delante de *e*.

desnacionalización *n. f.* **1** Transformación de una actividad o entidad pública en privada: *el Gobierno ha anunciado la desnacionalización de algunas entidades públicas*. **2** Pérdida del carácter nacional.

desnacionalizar *v. tr./prnl.* **1** Transformar una actividad o entidad pública en privada: *el gobierno va a desnacionalizar varias empresas estatales*. **SIN** privatizar. **ANT** nacionalizar. **2** Perder o hacer perder el carácter nacional de una institución, corporación o industria por la inclusión de elementos extranjeros: *esta empresa ha sido desnacionalizada por la inclusión de capital extranjero*. **ANT** nacionalizar.
DER desnacionalización.
OBS En su conjugación, la *z* se convierte en *c* delante de *e*.

desnatado *n. m.* Proceso por el que se quita la nata de la leche.

desnatar *v. tr.* Quitar la crema o la nata de la leche o de los productos lácteos: *en las centrales lecheras desnatan la leche mediante productos industriales*. **SIN** descremar.

desnaturalización *n. f.* **1** Alteración de una sustancia de tal forma que deje de ser apta para el consumo humano: *la desnaturalización de los productos alimenticios es perjudicial para la salud*. **2** Privación de los derechos que se tienen por haber nacido en un país.

desnaturalizado, -da *adj./n. m. y f.* [persona] Que falta a los deberes y obligaciones que por naturaleza tiene con sus familiares: *los que abandonan a sus hijos son unos padres desnaturalizados*.

desnaturalizar *v. tr./prnl.* **1** Alterar una sustancia de tal forma que deje de ser apta para el consumo humano: *la policía ha alertado a la población de una partida de aceite que han desnaturalizado para venderlo más barato*. **2** Quitar o perder los derechos que se tienen por haber nacido en un país: *el gobierno ha decidido desnaturalizar al contrabandista de armas*. **ANT** naturalizar.
DER desnaturalización, desnaturalizado.
OBS En su conjugación, la *z* se convierte en *c* delante de *e*.

desnivel *n. m.* **1** Diferencia de altura entre dos o más puntos o superficies: *en la carretera hay un desnivel muy peligroso*. **2** Falta de nivel o de igualdad entre personas o cosas: *hay un gran desnivel de calidad entre los participantes del concurso*.
DER desnivelar.

desnivelar *v. tr./prnl.* **1** Perder o quitar la horizontalidad: *hemos puesto mucho peso en el maletero y el coche se ha desnivelado*. **2** Perder o quitar la igualdad entre personas o cosas: *la participación de importantes atletas en la carrera urbana ha desnivelado la competición*.

desnucar *v. tr./prnl.* **1** Desarticular los huesos de la nuca: *se resbaló en el baño y se desnucó*. **2** Matar a una persona o animal de un golpe en la nuca: *desnucar a un conejo*.

desnuclearización *n. f.* Disminución o eliminación de las armas o instalaciones nucleares de un territorio: *los dos gobiernos han acordado la desnuclearización de su territorio*.

desnudar *v. tr./prnl.* **1** Quitar toda la ropa que una persona lleva puesta o parte de ella: *se desnudó y se puso una ropa más cómoda para estar en casa*. **SIN** despelotarse, desvestir. **ANT** vestir. ◇ *v. tr.* **2** Quitar a una cosa lo que la cubre o adorna: *desnudó la mesa para el verano*. **3** Despojar a una persona de las cosas de valor que lleva: *el ladrón desnudó a su víctima en una esquina*. ◇ *v. prnl.* **4** desnudarse Hablar abiertamente con alguien de los sentimientos más íntimos: *se desnudó conmigo y se desahogó contándome todo lo que le pasaba*.
DER desnudo.

desnudez *n. f.* **1** Falta de vestido: *se quitó la ropa y mostró toda su desnudez*. **SIN** despelote. **2** Falta de los elementos que cubren o adornan: *después de la ceremonia, despojaron los altares de sus adornos y los dejaron en la más completa desnudez*.

desnudismo *n. m.* Práctica que defiende la desnudez completa para alcanzar la perfección física y moral: *hay playas especiales para practicar el desnudismo*. **SIN** nudismo.
DER desnudista.

desnudista *adj.* **1** Del desnudismo o que tiene relación con esta práctica: *playa desnudista*. **SIN** nudista. ◇ *n. com.* **2** Persona que practica el desnudismo: *en esta playa hay muchos desnudistas*. **SIN** nudista.

desnudo, -da *adj.* **1** Que no lleva ropa puesta o que lleva poca ropa: *abrió la puerta desnudo de cintura para arriba*. **ANT** vestido. **2** Que no tiene lo que cubre o adorna: *dejaron las paredes desnudas de cuadros para poder pintarlas*. **3** Que no tiene bienes ni cosas de valor: *fue a jugar al casino y volvió desnudo*. **4** Que carece de una cosa no material: *muchas personas mayores están desnudas de la inocencia de la niñez*. **5** Que es claro o que se comprueba con claridad: *su verdadera personalidad quedó desnuda cuando descubrimos sus mentiras*. ◇ *n. m.* **6** Figura humana, o parte de ella, que en arte se representa sin ropa: *han inaugurado la nueva galería de arte con una exposición de desnudos*.
al desnudo De forma clara y sin rodeos; a la vista de todos: *le dijo la verdad al desnudo*.
DER desnudez, desnudismo.

desnutrición *n. f.* Debilitamiento general del organismo por falta de una alimentación suficiente y adecuada: *es imprescindible darles mucha leche a los bebés para evitar su desnutrición*.

desnutrirse *v. prnl.* Debilitarse un organismo por recibir poca o muy mala alimentación: *apenas come y se está desnutriendo*.
DER desnutrición.

desobedecer *v. tr.* No hacer lo que se ha mandado o está establecido, no cumplir una orden: *el recluta se marchó, desobedeciendo la orden de quedarse en el cuartel; van a juzgarle por desobedecer una ley de tráfico*.
DER desobediencia, desobediente.
OBS En su conjugación, la *c* se convierte en *zc* delante de *a* y *o*, como en *agradecer*.

desobediencia *n. f.* Incumplimiento de una ley u orden: *el desconocimiento de las leyes no autoriza su desobediencia; le prohibí subir a esas piedras y no me hizo caso: ha pagado la desobediencia con varias heridas*.

desobediente *adj./n. m. y f.* **1** [persona, animal] Que no ha hecho lo que se le ha mandado o que no cumple una orden: *fue muy desobediente cuando le dije que no jugara con las cerillas y no me hizo caso*. **2** [persona, animal] Que tiene tendencia a no hacer lo que se le manda: *es muy desobediente: nunca viene cuando le llamo a cenar*.

desocupación *n. f.* Falta de actividad o empleo: *durante las vacaciones se aburre: no está acostumbrado a la desocupación*.

desocupado, -da *adj./n. m. y f.* **1** [persona] Que no desarrolla ningún trabajo o que no tiene empleo: *ayuda a tu hermano a fregar los platos, ya que ahora estás desocupado; muchos desocupados acudieron a la oferta de empleo*. ◊ *adj.* **2** Que está dispuesto para su utilización o libre para hacer algo: *puedes intentar alquilar esa casa, porque lleva varios meses desocupada; este asiento está desocupado*.
OBS Es el participio de *desocupar*.

desocupar *v. tr.* **1** Dejar libre de personas o cosas un lugar o disponible un puesto que estaba ocupado: *la nueva dirección ha decidido desocupar el cargo de gerente; desocuparemos el chalé para que paséis allí unos días*. **2** Sacar lo que hay dentro de una cosa: *desocupa la alacena, ya que vamos a pintarla ahora mismo*. ◊ *v. prnl.* **3 desocuparse** Dejar de prestar atención a una cosa o de emplearse en ella, especialmente un asunto: *se interesó varios días de mi petición, pero ya se ha desocupado de ella*.
DER desocupación, desocupado.

desodorante *adj./n. m.* [sustancia, producto] Que hace desaparecer los malos olores, especialmente del cuerpo humano: *no utiliza desodorantes porque no los considera naturales; los ambientadores son productos desodorantes*.

desodorizar *v. tr.* Hacer desaparecer los malos olores de un cuerpo humano, de un lugar o de una cosa: *compra un ambientador para desodorizar la cocina, ya que se han podrido algunos embutidos y huele mal*.

desoír *v. tr.* No tener en cuenta, no hacer caso de las palabras o consejos de alguien: *desoyó los consejos de sus padres y ahora se arrepiente*. **SIN** desatender.
OBS Se conjuga como *oír*.

desolación *n. f.* **1** Destrucción completa de una cosa, ruina de un lugar: *las inundaciones originan la desolación de campos y ciudades*. **2** Sentimiento de dolor, amargura y tristeza grandes: *no llegaban los equipos de rescate y la desolación reinaba entre los expedicionarios atrapados en la cueva*.

desolado, -da *adj.* **1** [lugar] Que está destruido, arruinado, sin bienes materiales ni vida: *Itálica fue una bella ciudad en el siglo I, pero ahora es un territorio casi desolado*. **2** [persona] Que está lleno de gran dolor, amargura y tristeza: *desde que se divorció, es un hombre desolado*.

desolador, -ra *adj.* Que produce gran dolor, amargura y tristeza: *la situación económica de esa familia es desoladora, ya que no tienen ni para comer; después del terremoto, la visión de la ciudad era desoladora*.

desolar *v. tr.* **1** Destruir totalmente: *la guerra suele desolar los terrenos fértiles*. **SIN** arrasar, asolar, devastar. ◊ *v. tr./prnl.* **2** Llenar o llenarse de gran dolor, amargura y tristeza: *la muerte de su hijo la ha desolado*.
DER desolación, desolado, desolador.
OBS En su conjugación, la *o* se convierte en *ue* en sílaba acentuada, como en *contar*.

desollar *v. tr./prnl.* **1** Quitar o perder la piel, o parte de ella, una persona o un animal: *desolló el conejo antes de cocinarlo; por culpa del resbalón, se ha desollado todo el brazo*. **SIN** despellejar. **2** Causar a una persona un grave perjuicio moral o material: *va desollándolo vivo por ahí con sus críticas; no pudo hacer frente a sus compromisos y el banco lo desolló*.
OBS En su conjugación, la *o* se convierte en *ue* en sílaba acentuada, como en *contar*.

desorbitar *v. tr./prnl.* **1** Sacar una cosa de su órbita o límites habituales: *no creía lo que estaba viendo: los ojos se le desorbitaban; los precios de los alquileres se han desorbitado*. **2** Exagerar una cosa, darle más importancia y valoración de la que realmente tiene: *no te pongas nervioso ni desorbites la situación: sólo se trata de una mala racha*.

desorden *n. m.* **1** Falta de orden o disposición de los elementos que forman una cosa o un grupo: *me asombra que encuentre un libro determinado en tu biblioteca con el desorden que reina en ella*. **SIN** desorganización. **2** Alboroto callejero que forma un grupo numeroso y violento de personas: *durante la guerra civil se produjeron numerosos desórdenes y atropellos*. **SIN** disturbio. **3** Irregularidad en el funcionamiento de un órgano corporal: *tengo desórdenes cardíacos: a veces siento fuertes taquicardias*.
DER desordenar.

desordenado, -da *adj.* **1** [cosa] Que no tiene orden o disposición entre sus elementos: *cuando llegué al trabajo, tenía la mesa desordenada*. **SIN** desarreglado. ◊ *adj./n. m. y f.* **2** [persona] Que no tiene sus cosas en orden o que actúa sin reglas ni método: *eres tan desordenada que ni siquiera tú sabes dónde están tus cosas*. **SIN** desarreglado.
OBS Es el participio de *desordenar*.

desordenar *v. tr./prnl.* Quitar o perder una cosa su orden o la disposición entre sus elementos: *mientras estaba de viaje, ocupó mi casa y la desordenó por completo*. **SIN** desarreglar, desbarajustar. **ANT** ordenar.
DER desordenado.

desorganización *n. f.* Falta de orden o disposición de los elementos que forman una cosa o un grupo: *la desorganización de ese partido le llevó a perder las elecciones*. **SIN** desorden.

desorganizar *v. tr./prnl.* Quitar o perder el orden o disposición de los elementos que forman una cosa o un grupo: *la empresa se ha desorganizado por la larga ausencia de su director*. **ANT** organizar, estructurar.
DER desorganización.
OBS En su conjugación, la *z* se convierte en *c* delante de *e*.

desorientar *v. tr./prnl.* **1** Perder o hacer perder a una persona o un grupo la orientación en lo que hace o la forma de hacerlo: *tantos consejos le han desorientado: ya no sabe qué hacer*. **2** Confundir o estar confusa una persona respecto al punto del espacio donde se encuentra o al rumbo que sigue: *cuando encontraron a los montañeros, se habían desorientado y no sabían el tiempo que había pasado*. **3** Perder o hacer perder a una cosa su posición respecto a un punto del espacio: *no se ve el programa con claridad porque han tocado la antena y la han desorientado*.

desovar *v. intr.* BIOL. Soltar o poner sus huevas o huevos las hembras de los peces y anfibios: *desovar es una actividad natural de algunos seres vivos*.
DER desove.
ETIM Véase *huevo*.

desove *n. m.* BIOL. Puesta de huevos por parte de las hembras de los peces y anfibios: *el desove se produce en ciertas épocas del año*.

desoxidar *v. tr.* **1** Quitar a un metal el óxido que lo mancha o cubre: *los pintores han desoxidado todas las rejas de la casa antes de pintarlas*. **ANT** oxidar. **2** QUÍM. Quitar a una sustancia el oxígeno con el que estaba combinada. **SIN** desoxigenar.

desoxigenar *v. tr./prnl.* QUÍM. Quitar a una sustancia el oxígeno con el que estaba combinada. **SIN** desoxidar.

despabilar *v. tr.* **1** Quitar a una vela o candil la parte de mecha ya quemada para que dé más luz: *despabila las velas, que no se ve nada.* ◇ *v. tr./intr./prnl.* **2** Aumentar en una persona la inteligencia, la agilidad mental y la capacidad de relación con los demás: *este niño necesita estar con más niños para despabilarse.* **SIN** despertar, espabilar. ◇ *v. intr.* **3** Darse prisa; apresurarse en la realización de una cosa: *despabila, que llegamos tarde al colegio.* **SIN** espabilar. ◇ *v. intr./prnl.* **4** Deshacerse del sueño que queda después de haber dormido: *despabílate, que estás dormido.* **SIN** espabilar.

despachar *v. tr.* **1** Terminar un negocio u otra cosa; dar solución a un problema: *todavía no hemos despachado la compra de la nueva casa, hoy nos reuniremos con el vendedor.* **2** Echar de un lugar o despedir de un trabajo: *despacharon a parte del personal sin motivo aparente; se ha enfadado conmigo y me ha despachado de su casa.* ◇ *v. tr./intr.* **3** Resolver un asunto: *tengo que despachar con mis colaboradores algunos asuntos.* **4** Vender un producto o un artículo a un comprador: *el panadero despachó todo el pan en poco tiempo.* **5** Atender el dependiente de una tienda a los clientes: *ahora mismo la despacho, señora.* ◇ *v. prnl.* **6 despacharse** Decir todo lo que uno quiere sin rodeos: *se despachó a su gusto antes de dar por terminada la discusión.*
DER despacho.

despacho *n. m.* **1** Habitación o conjunto de habitaciones destinadas a resolver negocios o al estudio: *un despacho de abogados; el despacho del director.* **2** Mueble o conjunto de muebles de esa habitación: *el despacho de casa es de pino.* **3** Establecimiento donde se venden ciertas mercancías: *despacho de pan.* **4** Venta de un producto: *se dedicaba al despacho de antigüedades.* **5** Mensaje que se envía o recibe por una vía rápida: *recibió un despacho por fax.*

despachurrar *v. tr./prnl.* Aplastar o reventar una cosa estrujándola o apretándola con fuerza: *has puesto mucho peso encima de los tomates y se han despachurrado.* **SIN** despanzurrar, espachurrar.

despacio *adv.* **1** Poco a poco o lentamente: *tienes que explicarme esto despacio porque no lo entiendo; anda muy despacio porque tiene la pierna escayolada.* **ANT** aprisa. ◇ *int.* **2** ¡**despacio**! Expresión que se usa para pedir moderación en lo que se dice o en lo que se hace: *¡despacio!, tienes que pensar antes de actuar a lo loco.*
DER despacioso.

despacioso, -sa *adj.* Que se mueve u obra con lentitud: *tiene una forma de hablar despaciosa.*

despampanante *adj. coloquial* Que llama la atención por su aspecto físico: *el protagonista de la película era un deportista despampanante.*

despampanar *v. tr.* Quitar el exceso de hojas a las vides: *los agricultores despampanaron para evitar que se estropearan las uvas.*
DER despampanante.

despanzurrar *v. tr./prnl.* **1** Aplastar o apretar una cosa con fuerza hasta reventarla y que su contenido se esparza: *se me ha caído la bolsa y se han despanzurrado las uvas.* **SIN** despachurrar, espachurrar. **2** Romper la panza o vientre de una persona o animal: *se ha caído de panza y por poco se despanzurra.*

desparejar *v. tr./prnl.* Separar dos cosas que forman pareja: *esta niña despareja los pendientes, siempre pierde alguno.*
DER desparejo.

desparpajo *n. m.* Facilidad para hablar u obrar o para desenvolverse en un ambiente determinado: *María tiene un gran desparpajo para hablar en público.* **SIN** desenvoltura.

desparramar *v. tr./prnl.* Extender o esparcir sin orden y en diferentes direcciones los elementos de un conjunto: *se ha roto el paquete de arroz y los granos se han desparramado por toda la cocina.* **SIN** desperdigar, diseminar.

despatarrar *v. tr./prnl.* **1** Abrir en exceso las piernas de una persona o las patas de un animal o una cosa: *la niña ha despatarrado a la muñeca.* **SIN** espatarrarse. ◇ *v. prnl.* **2 despatarrarse** Caerse con las piernas abiertas: *pisó una mancha de grasa y se despatarró.* **SIN** espatarrarse.

despavorido, -da *adj.* Que tiene mucho miedo: *huyó despavorido cuando le atacaron los perros.*

despechar *v. tr./prnl.* Causar resentimiento o disgusto a una persona un desengaño o una ofensa: *se marchó despechado por la falta de atención de sus compañeros.*

despecho *n. m.* Resentimiento o disgusto que siente una persona debido a un desengaño o a una ofensa: *no debes traicionar a nadie por despecho.*
DER despechar.

despechugar *v. tr.* **1** Quitar la pechuga a un ave: *pidió al carnicero que le despechugara el pollo.* ◇ *v. prnl.* **2 despechugarse** *coloquial* Quitarse la ropa que cubre el pecho o llevarlo descubierto o con poca ropa: *se desabrochó los botones de la camisa y se despechugó.*
OBS En su conjugación, la *g* se convierte en *gu* delante de *e*.

despectivo, -va *adj.* **1** Que muestra desprecio o indiferencia: *sabía que no le caía bien, pero aquella sonrisa despectiva me dejó helado.* **SIN** despreciativo. ◇ *adj./n. m. y f.* **2** [palabra, frase, expresión] Que indica falta de consideración, estima y respeto: *dicha con un cierto tono, la frase todo el mundo sabe que eres muy culto puede ser despectiva; las palabras burro y borde aplicadas a personas tienen matiz despectivo.*

despedazar *v. tr./prnl.* **1** Hacer pedazos una cosa, especialmente un cuerpo: *el violento impacto despedazó los cuerpos de todos los pasajeros del avión accidentado; los animales carnívoros despedazan a sus víctimas; la vasija se despedazó con el golpe.* ◇ *v. tr.* **2** Maltratar algo no material: *tu actitud rencorosa y vengativa despedazó su alma.*
OBS En su conjugación, la *z* se convierte en *c* delante de *e*.

despedida *n. f.* **1** Expresión o gesto que usa una persona con otra cuando se separan o dejan de mantener una conversación, como muestra de afecto o cortesía: *como despedida me dio un beso.* **SIN** saludo. **2** Momento en el que una o varias personas se separan y se intercambian muestras de afecto o cortesía: *me encanta la escena de la despedida final en Casablanca.* **SIN** adiós.

despedir *v. tr.* **1** Acompañar hasta el lugar de salida a una o varias personas que se van: *mi madre ha ido a despedir a mi tía al aeropuerto; son muy educados, siempre despiden a sus invitados en la puerta de la casa.* **2** Lanzar o arrojar fuera de sí con fuerza: *abrió el grifo de pronto y la manguera despidió un gran chorro de agua.* **SIN** expeler. **3** Desprender o echar fuera de sí: *vuestras zapatillas despiden un olor insoportable.* **SIN** emanar. ◇ *v. tr./prnl.* **4** Echar a una persona de su empleo; dejar de usar los servicios de una persona o una cosa: *lo han despedido de la fábrica porque faltaba continuamente.* ◇ *v. intr.* **5** Apartar una persona a otra de su lado o compañía por resultarle incómoda o molesta: *estaba cocinando cuando llegaron los vendedores y tuve que despedirles en seguida; ha despedido a su novio porque era un pesado.* ◇ *v. prnl.* **6 despedirse** Mostrar una persona afecto o cortesía, mediante expresiones o gestos, al separarse de otra o al terminar una conversación: *sabían que iban a tardar mucho en verse y estuvieron despidiéndose durante media hora.* **7** Abandonar totalmente la esperanza y la ilusión de conse-

guir una cosa: *si no me conceden el préstamo, tendré que despedirme de comprar la casa.*
despedirse a la francesa Irse de un lugar o abandonar una ocupación sin avisar o sin decir adiós: *es tan maleducado que siempre se despide a la francesa.*
DER despedida, despido.
OBS En su conjugación, la e se convierte en i en algunos tiempos y personas, como en *servir*.

despegar *v. tr./prnl.* **1** Separar dos o más cosas que están unidas entre sí o muy juntas: *antes de pintar las paredes, habrá que despegar el papel.* **2** En una carrera o competición, separarse destacadamente uno o más de los participantes: *el ciclista se despegó del pelotón e inició una magnífica escapada.* ◇ *v. intr.* **3** Separarse una cosa o un animal de una superficie con un impulso para comenzar a volar, especialmente un avión o una nave: *fue hermoso ver despegar a los flamencos de la laguna.* **ANT** amarar, aterrizar. **4** Comenzar a avanzar o desarrollarse notablemente una cosa, especialmente un proceso: *la economía de ese país empezó a despegar cuando aumentaron las inversiones.* ◇ *v. prnl.* **5** **despegarse** Desprenderse del afecto o afición a una persona o cosa: *desde que vivimos fuera nos hemos despegado mucho de nuestros amigos.*
DER despegado, despego, despegue.
OBS En su conjugación, la g se convierte en gu delante de e.

despego *n. m.* Abandono del afecto o afición a una persona o cosa: *algunos padres temen que el matrimonio de sus hijos signifique un despego hacia ellos.*

despegue *n. m.* **1** Separación de una cosa o un animal de una superficie con un impulso para comenzar a volar, especialmente un avión o una nave: *por los altavoces del aeropuerto anunciaron que el despegue del avión tendría lugar al cabo de quince minutos.* **ANT** aterrizaje. **2** Inicio del avance o desarrollo notables de una cosa, especialmente un proceso: *el despegue económico de un país proporciona una etapa de bienestar a sus habitantes.*

despeinar *v. tr./prnl.* Deshacer un peinado o enredar el pelo: *el viento lo despeinó, quitándole el flequillo de la cara.* **ANT** peinar.

despejado, -da *adj.* **1** [cielo] Que no tiene nubes: *confiemos en que el cielo esté despejado a la hora del partido.* 🖙 meteorología. **2** [espacio] Que es amplio o que no tiene obstáculos ni estorbos: *para instalar la tienda de campaña tenemos que buscar un terreno despejado, sin piedras.* **3** [duda, confusión] Que se ha aclarado o resuelto: *ha encontrado un empleo y su panorama económico se ha despejado.* **4** [persona] Que ha recuperado el descanso físico y la claridad mental: *estaba aturdido, pero la siesta me ha dejado despejado.* **5** [pelota, balón] Que ha sido lanzado lejos de la propia portería para evitar el peligro: *el balón despejado fue directamente al delantero, que creó una ocasión de gol.*

despejar *v. tr.* **1** Dejar sin obstáculos ni estorbos un espacio: *los obreros emplearon varios días en despejar la carretera de los árboles que cayeron con el vendaval.* **SIN** desembarazar. **2** En algunos deportes, lanzar la pelota lejos de la portería para evitar el peligro: *parecía un centro peligroso, pero el portero despejó fuertemente el balón.* ◇ *v. tr./prnl.* **3** Explicar una duda o una confusión: *el profesor despejó las dudas de toda la clase respecto a la guerra civil.* **4** Recuperar una persona el descanso físico y la claridad mental: *me acosté cansado y aturdido, pero estas doce horas de sueño me han despejado.* **5** MAT. Separar una incógnita de los demás miembros de una ecuación: *eran unas ecuaciones muy difíciles: después de media hora, los alumnos seguían despejando incógnitas.* ◇ *v. prnl.*
6 **despejarse** Desaparecer las nubes del cielo, mejorándose el tiempo: *el día amaneció turbio y nuboso, pero se fue despejando el cielo.* **SIN** desencapotar.
DER despejado, despeje.

despeje *n. m.* En algunos deportes, lanzamiento de la pelota lejos de la propia portería para evitar el peligro: *el despeje del defensa, justo debajo de la portería, evitó el gol.*

despellejar *v. tr./prnl.* **1** Quitar o perder la piel, o parte de ella, una persona o un animal: *las cabras y otros animales son despellejados para fabricar prendas de piel.* **SIN** desollar. ◇ *v. tr.* **2** Criticar duramente a una persona, hablar muy mal de ella: *es un chismoso con muy mala intención: no para de despellejar a todo el mundo.* ◇ *v. prnl.* **3** **despellejarse** Levantarse una parte muy superficial de la piel o formarse pequeñas escamas en ella: *si tomas el sol durante mucho tiempo, se te despellejarán los brazos, las piernas y hasta la cara.*

despelotarse *v. prnl.* **1** *coloquial* Quitarse toda la ropa o parte de ella: *no voy a una playa nudista porque me avergüenza despelotarme en público.* **SIN** desnudar, desvestir. **2** Disparatar, perder la formalidad o la cordura, reírse sin freno: *contó un chiste tras otro, cada uno más gracioso que el anterior, y créeme que nos despelotamos de risa.*
DER despelote.

despelote *n. m.* **1** *coloquial* Falta de vestido: *estábamos a 40 grados de temperatura, así que el despelote fue común.* **SIN** desnudez. **2** *coloquial* Diversión disparatada, con risa continua, intensa y desmedida: *fue un auténtico despelote: cantamos, bailamos y nos reímos hasta la saciedad.*

despeluchar *v. tr./prnl.* Perder pelo una cosa: *has lavado mal mi jersey y se ha despeluchado por completo.*

despenalizar *v. tr.* Suprimir la consideración de delito o falta: *los manifestantes pedían que se despenalizara la eutanasia.* **ANT** penalizar.
OBS En su conjugación, la z se convierte en c delante de e.

despendolarse *v. prnl. coloquial* Comportarse una persona de un modo alocado: *se despendolaba tan a menudo que su pareja le ha dejado.*

despensa *n. f.* **1** Lugar, especialmente en una casa, donde se almacenan alimentos: *cuando vengas del supermercado, pon los comestibles en la despensa.* **2** Conjunto de alimentos almacenados: *te aconsejo este restaurante: tiene un servicio exquisito y una magnífica despensa.*

despeñadero *n. m.* **1** Terreno con rocas, alto y cortado verticalmente, por donde es fácil caerse: *podéis ir de excursión, siempre que no paséis por aquel despeñadero que tanto miedo me da.* **SIN** barranco, precipicio. **2** Proyecto o acción con muchas probabilidades de fracasar o acabar mal: *tu propuesta de ampliar la tienda es un despeñadero.*

despeñar *v. tr./prnl.* **1** Arrojar o caer una persona, animal o cosa desde un lugar alto: *aterrorizados por el fuego que iba avanzando, muchos animales se despeñaron por el precipicio.* **SIN** precipitar. ◇ *v. prnl.* **2** **despeñarse** Entregarse a modos de vida desordenados y desmedidos.
DER despeñadero.

despepitar *v. tr.* **1** Quitar las pepitas o semillas a un fruto: *es muy cuidadoso: despepitó el melón antes de servirlo en la mesa.* ◇ *v. prnl.* **2** **despepitarse** Hablar o gritar con calor y enfado: *cada vez que le hablas de lo mucho que trabaja y lo poco que cobra se despepita.* **3** *coloquial* Tener muchas ganas de hacer o conseguir algo: *mi compañero de oficina se despepita por obtener un ascenso y llegar a jefe de sección.*

desperdiciar *v. tr.* Usar mal o no dar un uso correcto y completo a una cosa: *cierra el grifo y no desperdicies el agua; el delantero desperdició la ocasión enviando la pelota fuera.*

desperdicio

SIN malgastar.
OBS En su conjugación, la *i* no se acentúa, como en *cambiar*.

desperdicio *n. m.* **1** Uso inadecuado, incorrecto o incompleto de una cosa: *comprar muebles viejos me parece que es un absurdo desperdicio de dinero.* **2** Conjunto de cosas que se tiran porque se consideran inútiles o por ser residuos de lo que ya se ha aprovechado: *siempre echamos a los perros los desperdicios de nuestra cena.* SIN basura.
DER desperdiciar.

desperdigamiento *n. m.* Dispersión de los elementos de un conjunto en distintas direcciones sin un orden predeterminado: *salimos juntos toda la clase, pero hubo un desperdigamiento de la gente por distintos bares.*

desperdigar *v. tr./prnl.* **1** Dispersar los elementos de un conjunto en distintas direcciones sin un orden predeterminado: *con la ansiedad de encontrar las joyas, los ladrones desperdigaron todas las cosas por la casa.* SIN desparramar, diseminar. **2** Dividir un esfuerzo o una acción entre varias personas que persiguen el mismo fin: *el equipo de rescate desperdigó a todos sus miembros por la cordillera para encontrar a los excursionistas perdidos.*
DER desperdigamiento.
OBS En su conjugación, la *g* se convierte en *gu* delante de *e*.

desperezarse *v. prnl.* Sacudir la pereza y agilizar los movimientos extendiendo y tensando los músculos del cuerpo: *cuando se levanta hace gimnasia durante cinco minutos para desperezarse.* SIN estirar.
OBS En su conjugación, la *z* se convierte en *c* delante de *e*.

desperfecto *n. m.* **1** Daño de poca importancia que sufre una cosa: *por culpa de la mudanza, el aparador sufrió algunos desperfectos que apenas se notan.* **2** Falta o defecto de poca importancia que resta valor a una cosa: *como la lavadora tenía un desperfecto, sólo un arañazo leve, nos la vendieron más barata.*

despersonalizar *v. tr.* **1** Quitar a una persona los rasgos, cualidades o propiedades que la distinguen de las demás: *los empleados de la fábrica se quejan de que la dirección despersonaliza el trato con ellos.* **2** Actuar o tratar un asunto sin relacionarlo con una persona concreta: *hay que despersonalizar la cuestión de la disminución de los sueldos: se trata de que no le afecte más al gerente que al director.* ◇ *v. prnl.* **3 despersonalizarse** Perder una persona o un grupo los rasgos, cualidades o propiedades que los distinguen de los demás: *la publicidad de la moda pretende despersonalizarnos: que todos tengamos el mismo gusto y vistamos igual.*
OBS En su conjugación, la *z* se convierte en *c* delante de *e*.

despertador *n. m.* Reloj que emite un sonido en el momento fijado con anterioridad, generalmente para interrumpir el sueño: *por las mañanas estoy tan dormido, que no suelo oír la alarma del despertador.* ☞ reloj.

despertar *n. m.* **1** Instante en que se interrumpe el sueño: *tiene un despertar muy malo: se enfada con todo el mundo.* **2** Inicio de una etapa positiva en una persona, un grupo o una actividad: *el despertar comercial de la ciudad se remonta a la Edad Media.* ◇ *v. tr./intr./prnl.* **3** Interrumpir el sueño; dejar de dormir: *despiértame mañana a las ocho en punto.* ANT dormir. **4** Recordar algo que se tenía olvidado: *este libro ha despertado en mí el ansia de leer.* ◇ *v. intr.* **5** Aumentar en una persona la agilidad mental y su capacidad de relación con el mundo circundante: *la universidad ha despertado a mi hijo: tiene más interés por todo y está haciendo muchos amigos.*
SIN despabilar, espabilar.
DER despertador, despierto.
OBS En su conjugación, la *e* se convierte en *ie* en sílaba acentuada, como en *acertar*.

despiadado, -da *adj./n. m. y f.* [persona, acción] Que no tiene compasión ni lástima: *le destrozaron el cuerpo a golpes: fue una tortura despiadada.* ANT piadoso.

despido *n. m.* **1** Expulsión de una persona de su empleo: *el trabajo era su vida, así que el despido la llevó directamente a la depresión.* **2** Cantidad de dinero que recibe una persona a causa de haber sido expulsada de su empleo: *le echaron de su trabajo, pero le dieron un buen despido con el que pudo vivir hasta que encontró un nuevo trabajo.*

despiece *n. m.* Separación ordenada de las partes del cuerpo de un animal o de las piezas de una máquina: *en los mataderos, tras el sacrificio del animal, se procede a su despiece.*

despierto, -ta *part.* **1** Participio irregular de *despertar*. También se usa como adjetivo: *estoy despierto desde las tres; aquel chico es muy despierto.* ◇ *adj.* **2** [persona] Que tiene agilidad mental y capacidad de relación con el mundo circundante: *estoy muy contento con mi hijo: es tan despierto que pilla las cosas al vuelo y saca unas notas estupendas.*
OBS Es el participio de *despertar*.

despiezar *v. tr.* Separar ordenadamente las partes del cuerpo de un animal: *el carnicero despiezó los pollos para venderlos por separado sus distintas partes.*
DER despiece.

despilfarrador, -ra *adj./n. m. y f.* [persona] Que gasta el dinero de forma insensata y sin necesidad: *es un despilfarrador y tiene deudas por todos lados.*

despilfarrar *v. tr.* Gastar el dinero de forma insensata y sin necesidad: *nunca tiene un duro porque despilfarra su sueldo en los primeros días de mes.* SIN derrochar, dilapidar.
DER despilfarrador, despilfarro.

despilfarro *n. m.* Gasto de dinero de forma insensata y sin necesidad: *gastarse tantos millones en restaurar una casa tan vieja fue un auténtico despilfarro.* SIN derroche, dilapidación, dispendio.

despintar *v. tr./prnl.* Quitar o desgastar los colores o la pintura: *he lavado la camiseta negra con agua caliente y se ha despintado.*
no despintársele *coloquial* Conservar el recuerdo claro del aspecto de una persona o de una cosa: *no se me despintará nunca la cara de sorpresa que puso cuando vio el perro que le regalaste.*

despiojar *v. tr./prnl.* Quitar los piojos: *el mono despioja a su cría.*

despiporre o **despiporren** *n. m. coloquial* Diversión desmedida acompañada de escándalo y desorden: *la fiesta ha sido un despiporre.*

despistado, -da *adj./n. m. y f.* [persona] Que pone poca atención en lo que hace, que se distrae con facilidad: *tendré que apuntar tu dirección, porque soy muy despistado y seguro que la olvido.*

despistar *v. tr./prnl.* **1** Poner poca atención en lo que se hace, distraerse con facilidad: *me he despistado con ese ruido y ahora no sé de qué estábamos hablando.* **2** Hacer perder una pista o el camino: *las explicaciones que me diste me despistaron y no encontré la tienda.* ◇ *v. prnl.* **3 despistarse** Salirse un vehículo de la carretera: *iba a mucha velocidad y se despistó en la curva.*
DER despistado, despiste.

despiste *n. m.* **1** Pérdida de la atención, distracción: *tuvo un despiste en el examen de conducir y suspendió.* **2** Tendencia a perder o disminuir la atención: *tiene un despiste tan grande que se deja las gafas en cualquier sitio.*

desplante *n. m.* Dicho o hecho que encierra desprecio,

insolencia o arrogancia: *le hizo el desplante de no saludarla.* **SIN** desprecio.

desplazado, -da *adj./n. m. y f.* [persona] Que no se adapta a las condiciones en que vive o las circunstancias que lo rodean: *cuando la familia se trasladó, los hijos se sentían desplazados en el nuevo barrio.* **SIN** inadaptado.

desplazamiento *n. m.* **1** Movimiento para trasladarse de un lugar a otro: *el desplazamiento hacia su lugar de trabajo fue lento a causa de los atascos.* **SIN** andadura, marcha. **2** Sustitución de una persona en el cargo, puesto o lugar que ocupa: *el desplazamiento del vicesecretario del partido fue una maniobra política.*

desplazar *v. tr./prnl.* **1** Mover de un lugar a otro: *hemos tenido que desplazar el mueble para poder colocar el cuadro.* **2** Sacar a una persona del cargo, puesto o lugar que ocupa: *el nuevo director general ha desplazado a varios cargos.* **3** FÍS. Mover o desalojar una cantidad de un fluido igual al volumen del cuerpo sumergido en él: *si metes una piedra en un vaso de agua, se desplazará una cantidad de agua igual al volumen de la piedra.* ◇ *v. prnl.* **4 desplazarse** Ir de un lugar a otro: *los periodistas se desplazaron hasta el lugar de los hechos.* **DER** desplazado, desplazamiento.

desplegable *adj.* **1** Que se puede desplegar o extender: *hemos comprado un sillón desplegable que se convierte en cama.* ◇ *n. m.* **2** Hoja de grandes dimensiones que se incluye plegada en un libro o en una publicación periódica: *con la revista regalan un desplegable con el mapa de Galicia.*

desplegar *v. tr./prnl.* **1** Extender lo que está plegado: *los forofos de la selección de fútbol desplegaron las banderas y las pancartas para animar a su equipo.* **SIN** desdoblar. **ANT** plegar. **2** Repartir de forma abierta o extendida un conjunto de personas: *la delantera del equipo se desplegó por todo el campo.* ◇ *v. tr.* **3** Hacer uso o mostrar una cualidad: *desplegó todo su ingenio para animar la fiesta.*

OBS En su conjugación, la e se convierte en ie en sílaba acentuada y la g en gu delante de e, como en *regar*.

despliegue *n. m.* **1** Extensión o desarrollo de lo que está plegado o doblado: *el despliegue de los mapas antiguos fue complicado porque se rompían.* **2** Disposición abierta y extendida de un conjunto de personas: *el comisario dirigió el despliegue de los policías en la redada.* **3** Exhibición de cualidades o aptitudes para conseguir algo: *tuve que hacer un gran despliegue de humor para soportar aquella broma tan pesada; en la película había un gran despliegue de efectos especiales.*

desplomar *v. tr.* **1** Hacer perder la posición vertical de un edificio o pared: *los arquitectos desplomaron el edificio de forma controlada.* ◇ *v. prnl.* **2 desplomarse** Caerse, perder la posición vertical, generalmente un edificio o pared: *desplomarse un muro.* **3** Caer o echarse en algún lugar sin conocimiento o sin vida: *se desplomó en el suelo a causa de un infarto.* **4** Perderse o desaparecer; venirse abajo; arruinarse: *desplomarse una fortuna.*
DER desplome.

desplome *n. m.* Caída, pérdida de la posición vertical, generalmente de un edificio o una pared: *el edificio en ruinas tenía un cartel que anunciaba su posible desplome.*

desplumar *v. tr./prnl.* **1** Quitar las plumas a un ave: *un zorro entró en el gallinero y desplumó a varias gallinas.* ◇ *v. tr.* **2** *coloquial* Quitar o hacer perder los bienes o el dinero mediante el engaño o la violencia: *lo desplumó diciéndole que necesitaba aquel dinero para comer.*

despoblación *n. f.* Disminución o falta de habitantes en un lugar: *la despoblación de las zonas rurales es preocupante.*

despoblado, -da *adj./n. m.* [lugar] Que ha sido abandonado por todas las personas que lo habitaban: *se perdieron y llegaron a un despoblado donde no había ni una persona.* **SIN** deshabitado.

despoblar *v. tr./prnl.* **1** Disminuir el número de habitantes de un lugar, quedarse sin habitantes: *la falta de trabajo despuebla muchas zonas rurales.* **SIN** deshabitar. **2** Disminuir el número de elementos que contiene un lugar, generalmente de vegetación: *la sequía despobló el monte de árboles.*
DER despoblación, despoblado.

OBS En su conjugación, la o se convierte en ue en sílaba acentuada, como en *contar*.

despojar *v. tr.* **1** Privar a una persona de lo que tiene, generalmente con violencia: *la despojaron del bolso de un tirón.* **2** Quitar lo que acompaña, adorna o cubre una cosa: *después de la fiesta, despojaron el salón de todos los adornos.* ◇ *v. prnl.* **3 despojarse** Quitarse alguna prenda de vestir: *cuando entraron en el cine, todos se despojaron de sus abrigos.* **4** Renunciar una persona a lo que tiene: *se despojó de sus bienes y se refugió en un convento.* **SIN** desposeerse.
DER despojo.

despojo *n. m.* **1** Privación de lo que se tiene, generalmente con violencia: *la policía ha detenido a la organización que hacía el despojo de las tiendas.* **2** Conjunto de armas, bienes y provisiones que el vencedor toma del enemigo vencido: *los soldados se repartieron los despojos de la ciudad bombardeada.* **SIN** botín. **3** Cosa que se pierde por el tiempo, la muerte u otros accidentes: *aún quedaban en su rostro despojos de la belleza que había tenido en su juventud.* ◇ *n. m. pl.* **4 despojos** Parte que se separa del cuerpo de un animal y que suele ser de poco valor: *pidió en la carnicería las vísceras y demás despojos de pollo para su perro.* **5** Restos de una cosa después de haberla usado o consumido: *los cerdos de esta granja se alimentan con los despojos de la comida.* **SIN** sobras. **6** Cuerpo muerto de una persona o un animal: *sus despojos fueron trasladados hasta el cementerio.*

despolitización *n. f.* Eliminación o pérdida del contenido político: *la oposición pide la despolitización de los sindicatos.*

despolitizar *v. tr./prnl.* Quitar o perder el contenido político una persona, un grupo o un asunto: *el director despolitizó el contenido de su película en la rueda de prensa.* **ANT** politizar.
DER despolitización.

OBS En su conjugación, la z se convierte en c delante de e.

desportillar *v. tr./prnl.* Estropear el borde o la boca de un objeto: *hemos tenido que tirar varios platos y vasos que se habían desportillado en la mudanza.*

desposar *v. tr.* **1** Unir a dos personas en matrimonio la autoridad religiosa o civil que tiene poder para ello: *el alcalde desposó a la pareja en una ceremonia íntima.* **SIN** casar. ◇ *v. prnl.* **2 desposarse** Unirse con otra persona mediante las ceremonias y formalidades legales establecidas para constituir un matrimonio: *se desposaron en una pequeña iglesia de su barrio.* **SIN** casarse.
DER desposorios.

desposeer *v. tr.* **1** Privar a una persona de lo que tiene: *lo han desposeído del piso porque no lo podía pagar.* ◇ *v. prnl.* **2 desposeerse** Renunciar una persona a lo que tiene: *ha decidido desposeerse de su biblioteca y donarla a una institución.* **SIN** despojarse.

OBS En su conjugación, la i de la desinencia se convierte en y delante de o y e, como en *leer*.

desposorios *n. m. pl.* Ceremonia o acto en el que dos personas contraen matrimonio: *los desposorios de la infanta fueron retransmitidos por televisión.* **SIN** nupcias.

déspota *n. com.* **1** Soberano que gobierna con un poder total sin someterse a las leyes ni a limitaciones: *se estaba preparando una revolución para destronar al déspota.* **SIN** dictador, tirano. ◇ *adj./n. com.* **2** [persona] Que abusa de su superioridad, de su fuerza o de su poder en su relación con los demás: *es una persona déspota e intransigente que siempre quiere que se haga su santa voluntad.* **SIN** dictador, tirano.
DER despótico, despotismo.

despótico, -ca *adj.* Del déspota o que tiene relación con él: *no me gusta tu actitud despótica.*

despotismo *n. m.* **1** Forma de gobierno en la que el soberano tiene un poder total, sin el límite de las leyes: *el despotismo es propio de las monarquías absolutas.* **SIN** tiranía.
despotismo ilustrado Forma de gobierno que practicaron distintos reyes en el siglo XVIII, inspirada en las ideas de la Ilustración: *el despotismo ilustrado fomentó la cultura.* **2** Abuso de superioridad, fuerza o poder en la relación con los demás: *es una persona desagradable y orgullosa que trata con despotismo a todo el mundo.* **SIN** tiranía.

despotricar *v. intr. coloquial* Criticar algo o a alguien sin consideración ni respeto: *deja ya de despotricar contra él, que no te ha hecho nada.*
OBS En su conjugación, la *c* se convierte en *qu* delante de *e*.

despreciable *adj.* **1** Que merece ser despreciado; que no merece consideración: *es un ser despreciable que pisotea a cualquiera para conseguir lo que quiere.* **SIN** deleznable.
ANT apreciable. **2** Que no merece atención ni aprecio: *la diferencia de precio es despreciable, así que elige el que más te guste.* **SIN** desdeñable, menospreciable.

despreciar *v. tr.* **1** Rechazar a una persona que no merece aprecio o consideración: *no hay que despreciar a las personas por ser de distinta raza, religión o ideología.* **SIN** menospreciar. **2** Rechazar una cosa que no merece atención o aprecio por no considerarla importante: *no hay que despreciar un regalo por pequeño que sea; no desprecies la propuesta de tu hijo aunque te parezca infantil.* **SIN** menospreciar.
DER despreciable, despreciativo, desprecio.
OBS En su conjugación, la *i* no se acentúa, como en *cambiar*.

despreciativo, -va *adj.* Que muestra desprecio o indiferencia: *cuando el mendigo se acercó, le habló de forma despreciativa y todos le recriminamos su actitud.* **SIN** despectivo.

desprecio *n. m.* **1** Falta de afecto o de consideración: *a pesar de su soberbia y malhumor, nunca tuvo el desprecio de sus amigos.* **2** Falta de consideración que se hace públicamente: *me hizo el desprecio de no hablarme delante de todos.* **SIN** desplante.

desprender *v. tr./prnl.* **1** Separar o despegar una cosa de otra: *se ha desprendido la mampara del cuarto de baño; desprendió los cromos del álbum para pegarlos bien.* **2** Echar de sí: *la dama de noche desprende muy buen olor.* ◇ *v. prnl.* **3 desprenderse** Renunciar o apartarse una persona de lo que le pertenece: *tuvo que desprenderse del perro porque se había hecho muy grande y no cabía en el piso.* **4** Conocer o deducir una cosa o idea a partir de otra: *de tus palabras se desprende que estás muy ilusionado con el proyecto.*
DER desprendido, desprendimiento.

desprendido, -da *adj./n. m. y f.* [persona] Que ayuda a los demás sin esperar nada a cambio: *es muy desprendido y te ayudará a resolver ese problema.* **SIN** generoso.

desprendimiento *n. m.* **1** Caída o deslizamiento de una materia de un lugar a otro: *las lluvias han provocado un desprendimiento de tierras.* **2** Separación de una cosa de otra a la que está unida: *el desprendimiento del muro aplastó una moto.*
3 Tendencia a ayudar a los demás sin esperar nada a cambio: *con el desprendimiento que le caracteriza, se ofreció a darnos su ayuda material y moral en todo lo que necesitáramos.* **4** MED. Desplazamiento de un órgano de su posición normal: *desprendimiento de retina; desprendimiento de la placenta.*

despreocupación *n. f.* **1** Falta de motivos que causen intranquilidad, miedo o angustia: *este verano tengo la despreocupación de haber aprobado el curso.* **2** Estado de ánimo de la persona que no tiene motivos que le causen intranquilidad, miedo o angustia: *durmió con despreocupación después de haber solucionado sus problemas.*

despreocuparse *v. prnl.* **1** Librarse de una causa que produzca intranquilidad, miedo o angustia: *debes despreocuparte de ese problema, ya que su solución es fácil.* **2** Mantenerse voluntariamente al margen de una cosa: *te has despreocupado de asistir a la reunión, así que tendrás que aceptar las decisiones que tomemos.* **SIN** desentenderse, inhibirse.
DER despreocupación.

desprestigiar *v. tr./prnl.* Manchar el prestigio o buen nombre de una persona, un grupo o una cosa: *con tus críticas lo único que consigues es desprestigiarte.* **SIN** desacreditar, desdorar, deslucir. **ANT** prestigiar.
OBS En su conjugación, la *i* no se acentúa, como en *cambiar*.

desprestigio *n. m.* Pérdida del prestigio o buen nombre de una persona, un grupo o una cosa: *el desprestigio de ese sabio es injusto, fruto de la envidia de sus adversarios.*
DER desprestigiar.

despresurizar *v. tr.* Hacer que cese la presión atmosférica apropiada al organismo humano en las cabinas de los aviones o naves espaciales que vuelan a mucha altura: *un problema en el cierre de la puerta del avión lo despresurizó.*
OBS En su conjugación, la *z* se convierte en *c* delante de *e*.

desprevenido, -da *adj.* Que no está dispuesto o preparado para una cosa: *tu visita me ha cogido desprevenida, por eso todavía estoy en pijama.* **ANT** prevenido.

desproporción *n. f.* Falta de igualdad o de equilibrio entre las partes y el todo o entre una cosa y otra: *hay una gran desproporción en el nivel de conocimientos en esta clase.*
DER desproporcionar.

desproporcionado *adj.* Que no guarda la proporción o relación adecuada: *la tarjeta roja fue un castigo desproporcionado.*

desproporcionar *v. tr./prnl.* Quitar la igualdad o el equilibrio que debe existir entre las partes y el todo o entre una cosa y otra.

despropósito *n. m.* Dicho o hecho sin sentido, inoportuno o inconveniente: *cuando se enfada, sólo dice despropósitos.*

desproveer *v. tr.* Privar a alguien de lo necesario: *lo han desprovisto de lo fundamental para una persona: el trabajo.*
ANT proveer.
OBS El participio es *desprovisto*; la forma *desproveído*, regular, apenas tiene uso actualmente. ◇ En su conjugación, la *i* de la desinencia se convierte en *y* delante de *o* y *e*, como en *leer*.

desprovisto, -ta *part.* **1** Participio irregular de *desproveer*. También se usa como adjetivo: *me han desprovisto de pan; la obra está desprovista de ilustraciones.* ◇ *adj.* **2** Que le falta lo necesario: *este libro de aventuras está desprovisto de acción e intriga; aunque tenía ilusión en el proyecto, estaba desprovisto del material para llevarlo a cabo.*

después *adv.* **1** En un momento posterior a otro que se sugiere o menciona: *Antonio no está, llegará después; ahora estoy muy ocupado, pero después tendré bastante tiempo libre.* **SIN** luego. **ANT** antes. **2** Más lejos en el espacio con referencia a un punto determinado: *mi casa está después de la tuya.* **ANT** antes. ◇ *adj.* **3** Que sigue o va detrás: *el día después vinieron a vernos mis tíos.*

después de *a)* 'Por debajo de', 'detrás de': *es el mejor orador después de Demóstenes. b)* 'Detrás de', 'más tarde de', 'más allá de': *llegué a casa después de las doce; ¿crees que hay vida después de la muerte? c)* Indica que una acción es anterior a otra: *saldremos al cine después de cenar; después de bañarnos, estuvimos bastante rato tomando el sol.*

después de que o **después que** Indica que la acción de la subordinada es anterior a otra acción o hecho: *se puso a llover después de que llegáramos al pueblo; saldremos después que amanezca.*

despuntar *v. tr./prnl.* **1** Quitar, romper o gastar la punta: *las tijeras se han despuntado al caerse; voy a despuntar las judías verdes antes de hervirlas.* ◇ *v. intr.* **2** Mostrar habilidad, inteligencia o buena disposición para cierta actividad: *este niño despunta para el dibujo.* **3** Empezar a brotar los tallos y brotes de una planta: *ya están despuntando los tallos de las plantas podadas.* **4** Empezar a aparecer el día, el alba o la aurora: *los trabajadores del campo salen a trabajar al despuntar el día.*

desquiciado, -da *adj./n. m. y f.* [persona, animal] Que ha perdido la tranquilidad o la paciencia o que está alterado: *me tiene desquiciado por la lentitud con que hace las cosas y la prisa que tenemos.*
OBS Es el participio de *desquiciar*.

desquiciar *v. tr./prnl.* **1** Alterar o quitar a una persona la tranquilidad o la paciencia: *es una persona muy tranquila, pero los ruidos la desquician.* **2** Sacar una puerta o una ventana del quicio o del hueco en el que está encajada: *tuvieron que desquiciar la puerta porque se habían dejado la llave dentro.* ◇ *v. tr.* **3** Sacar una cosa de su curso normal; exagerarla o darle más importancia de la que realmente tiene: *no desquicies las cosas y piensa que no es tan grave lo que ha pasado.*
DER desquiciado.
OBS En su conjugación, la *i* no se acentúa, como en *cambiar*.

desquitar *v. tr./prnl.* **1** Responder a una ofensa o daño con otra ofensa o daño: *no está bien desquitarse de las malas acciones.* **SIN** vengar. **2** Compensar un daño o una pérdida: *después de varios días sin comer por su enfermedad, se desquitó con un gran almuerzo.* **SIN** resarcir.
DER desquite.

desquite *n. m.* Respuesta a una ofensa o daño con otra ofensa o daño: *todos le dijimos que el desquite no le llevaría a ninguna parte.* **SIN** venganza.

desratizar *v. tr.* Eliminar totalmente las ratas y ratones de un lugar: *tuvieron que desratizar la casa de campo.*
DER desratización.
OBS En su conjugación, la *z* se convierte en *c* delante de *e*.

desriñonar *v. tr./prnl.* **1** Causar daño en los riñones o en la espalda a causa de un esfuerzo o un golpe: *se ha desriñonado al caerse de la bicicleta.* **2** *coloquial* Cansar mucho: *me he desriñonado corriendo para coger el autobús.*

destacado, -da *adj.* Que destaca o sobresale por ser importante o conocido: *es un destacado miembro de una organización ecologista.*
OBS Es el participio de *destacar*.

destacamento *n. m.* Parte de una tropa del ejército que se separa del resto para realizar una misión determinada: *un destacamento partió hacia la frontera con una misión de paz.*

destacar *v. intr./prnl.* **1** Sobresalir de los demás por una cualidad: *el jazmín destacaba entre las plantas del jardín por su olor; Juan destaca en simpatía entre sus amigos.* ◇ *v. tr.*

2 Señalar o llamar la atención sobre una cosa: *el crítico destacó la originalidad de la obra.* **3** Separar una parte del cuerpo principal de un ejército para realizar una misión: *han destacado un regimiento para vigilar la frontera.*
DER destacado.
OBS En su conjugación, la *c* se convierte en *qu* delante de *e*.

destajo Palabra que se utiliza en la locución *a destajo*, que significa: *a)* 'Modo de contrato que consiste en cobrar por el trabajo realizado y no por el tiempo empleado': *esta empresa de construcción trabaja a destajo, así que acabarán antes. b)* 'Sin descanso; muy deprisa': *has dejado el examen para los últimos días y ahora tienes que estudiarlo a destajo.*

destapar *v. tr./prnl.* **1** Quitar la tapa, el tapón o la cubierta: *destapó la olla y probó el guiso; destapa al niño, que tiene mucho calor.* **ANT** tapar. **2** Descubrir lo que está oculto: *la policía destapó un negocio de contrabando que había en el bar de la esquina.* ◇ *v. prnl.* **3 destaparse** Dar a conocer habilidades, sentimientos o intenciones propias que no se habían mostrado antes: *en la fiesta se destapó y salió cantando flamenco.* **4** *coloquial* Quitarse la ropa para mostrar el cuerpo desnudo: *esta actriz sólo se destapa por exigencias del guión.*
DER destape.

destape *n. m.* Despojo de la ropa para mostrar el cuerpo desnudo: *las películas de destape comenzaron en España en la década de los setenta.*

destartalado, -da *adj.* Que está mal cuidado, viejo o roto: *no sé cómo te has podido comprar esa moto tan destartalada.*

destellar *v. intr.* Despedir ráfagas de luz o chispazos de forma generalmente intensa y breve: *a lo lejos destellaban los relámpagos.*

destello *n. m.* **1** Ráfaga o rayo de luz generalmente intenso y de corta duración: *le encanta tumbarse en el campo a ver los destellos de las estrellas.* **2** Muestra pequeña o momentánea de una cualidad: *en su conversación mostró algunos destellos de ingenio.*
DER destellar.

destemplado, -da *adj.* **1** [persona] Que tiene malestar físico general acompañado de frío: *ha dormido destapada y se ha levantado destemplada.* **2** [tiempo atmosférico] Que no es agradable: *hace un día destemplado, así que será mejor que suspendamos la excursión.*

destemplanza *n. f.* Sensación general de malestar físico sin síntomas precisos, generalmente acompañada de frío: *sintió destemplanza y se puso el termómetro para ver si tenía fiebre.*

destemplar *v. tr./prnl.* **1** Apartar del tono adecuado un sonido o un instrumento; sonar mal: *la humedad ha destemplado el piano.* **SIN** desafinar, desentonar. **2** Perder la armonía, el orden o la proporción: *el penalti destempló los nervios del equipo y casi pierden.* ◇ *v. prnl.* **3 destemplarse** Sentirse mal físicamente: *se ha destemplado durante el viaje.*
DER destemplado, destemplanza.

desteñir *v. tr./intr./prnl.* **1** Hacer más débiles o perder los colores con los que está teñida una cosa: *las cortinas del salón se han desteñido con el sol.* ◇ *v. tr./intr.* **2** Manchar una cosa a otra con su color: *hay que lavar la ropa de color aparte de la blanca para que no la destiña.*
OBS En su conjugación, la *i* de la desinencia se pierde absorbida por la *ñ* y la *e* se convierte en *i* en algunos tiempos y personas, como *ceñir*.

desternillarse *v. prnl.* Reírse mucho y con ganas: *nos desternillamos cuando imitó a su cantante preferido.* **SIN** descojonarse, partirse de risa.

desterrar *v. tr.* **1** Expulsar o hacer salir de un país o de un lugar: *fue desterrado de su ciudad por orden judicial*. **SIN** exiliar. **2** Hacer desaparecer o apartar un sentimiento o un pensamiento: *tendrás que desterrar esa frustración si quieres conseguir algo*. **3** Abandonar un uso o una costumbre: *destierra la costumbre de cenar tanto y tan tarde porque después tienes pesadillas*. ◇ *v. prnl.* **4 desterrarse** Salir voluntariamente del propio país por razones políticas: *muchos poetas españoles tuvieron que desterrarse después de la guerra civil por ser comunistas*. **SIN** exiliar.
DER destierro.
ETIM Véase *tierra*.
OBS En su conjugación, la e se convierte en *ie* en sílaba acentuada, como en *acertar*.

destetar *v. tr./prnl.* **1** Hacer que deje de mamar un niño o la cría de un animal dándole el biberón o un alimento diferente de la leche: *destetó a su hijo cuando se le acabó la baja por maternidad*. **2** Hacer que una persona se aparte de la protección familiar y se valga por sí mismo: *deja a tu hijo que decida lo que quiere hacer, ya es hora de que lo destetes* ◇ *v. prnl.* **3 destetarse** Criarse una persona haciendo una cosa o relacionándose con ella: *Juanito se destetó montando en bicicleta*.
DER destete.

destete *n. m.* Cesación del período de la lactancia: *el destete del bebé ha sido un poco complicado porque no quería tomar el biberón ni comer con la cuchara*.

destiempo Palabra que se utiliza en la locución *a destiempo*, que significa 'fuera de tiempo o en un momento poco adecuado': *tu ayuda ha llegado a destiempo, ya hemos terminado el trabajo*.

destierro *n. m.* **1** Castigo que consiste en expulsar o hacer salir a una persona de un país o de un lugar: *fue condenado al destierro por traición*. **SIN** exilio. **2** Abandono voluntario del propio país obligado por razones políticas: *tomó el camino del destierro porque no podía soportar la situación que vivía su país*. **SIN** exilio. **3** Lugar en el que vive la persona que se ha desterrado o que ha sido desterrada: *se adaptó pronto a su destierro*. **SIN** exilio. **4** Tiempo durante el cual una persona desterrada vive fuera de su país: *durante el destierro se dedicó a la meditación*. **5** Lugar muy alejado: *vive en el destierro, por eso ahora nos vemos tan poco*.

destilación *n. f.* Proceso por el que una sustancia volátil se separa de otra que no lo es en alambiques u otros vasos por medio del calor: *para la destilación de vinos y perfumes se utilizan alambiques*.

destilar *v. tr.* **1** Separar una sustancia volátil de otra que no lo es en alambiques u otros vasos por medio del calor: *esta fábrica se dedica a destilar vinos*. **SIN** alambicar. **2** Mostrar o hacer notar una característica: *sus palabras destilaban tristeza*. ◇ *v. tr./intr.* **3** Caer o correr un líquido gota a gota: *los pinos destilan resina*.
DER destilación, destilería.

destilería *n. f.* Lugar donde se realiza el proceso de la destilación: *en las grandes destilerías utilizan sistemas que funcionan continuamente*.

destinar *v. tr.* **1** Señalar o determinar una cosa para un uso, un fin o una función: *el ayuntamiento ha destinado parte del presupuesto a arreglar algunas calles; esta habitación está destinada a la biblioteca*. **2** Designar la ocupación o el empleo en que ha de trabajar una persona o el lugar para ejercerlo: *lo han destinado a la central del banco*. **3** Dirigir un envío a una persona o un lugar: *este paquete está destinado a tu padre*.

DER destinatario, destino; predestinar.

destinatario, -ria *n. m. y f.* Persona a quien se dirige una cosa: *la carta la han devuelto porque los datos del destinatario estaban equivocados*.

destino *n. m.* **1** Fin, uso o función que se da a una cosa: *el destino de estas vacas es la producción lechera*. **2** Lugar adonde se dirige alguien o algo: *¡atención! El tren con destino a Madrid efectuará su salida dentro de diez minutos*. **3** Empleo, ocupación o lugar en el que se desempeña: *acaba de aprobar las oposiciones de magisterio y está esperando saber su destino*. **4** Situación a la que llega una persona de manera inevitable como consecuencia del encadenamiento de sucesos: *por la manera que ha vivido, su destino era acabar solo*. **5** Fuerza supuesta y desconocida que determina lo que ha de ocurrir: *era mi destino y nada ni nadie podía cambiarlo*. **SIN** hado, sino.

destitución *n. f.* Expulsión de una persona del cargo que ocupa: *la destitución del concejal ha sido muy comentada por los ciudadanos*.

destituir *v. tr.* Expulsar a una persona de su cargo: *el director del colegio ha sido destituido por hacer una mala gestión del centro*. **SIN** deponer.
DER destitución.
OBS En su conjugación, la *i* se convierte en *y* delante de *a*, *e* y *o*, como en *huir*.

destornillador *n. m.* **1** Herramienta que sirve para sacar o colocar tornillos o para dejarlos más o menos apretados: *en la caja de herramientas encontrarás los destornilladores, el martillo y los alicates*. **SIN** atornillador, desatornillador. ☞ herramientas. **2** *coloquial* Bebida alcohólica hecha con vodka y naranjada: *se preparó un destornillador con mucha naranjada*.

destornillar *v. tr.* **1** Dar vueltas a un tornillo para sacarlo del lugar donde está o dejarlo menos apretado: *tienes que destornillar este tornillo que está muy apretado y estropea la madera*. **SIN** desatornillar. **ANT** atornillar. **2** Quitar los tornillos de un lugar: *destornilla la cuna para desmontarla*. **SIN** desatornillar. **ANT** atornillar.
DER destornillador.

destreza *n. f.* Capacidad para hacer bien, con facilidad y rapidez algo que resulta difícil a los demás: *sujetó con destreza las patas del ternero y las ató*. **SIN** maña, pericia. **ANT** impericia, torpeza.
ETIM Véase *diestro*.

destripar *v. tr.* **1** Sacar o hacer salir las tripas a una persona o animal: *el coche ha atropellado un perro y lo ha destripado*. **2** Sacar lo que tiene una cosa en su interior: *el niño ha destripado la radio*. **3** Aplastar o reventar una cosa blanda: *ha destripado el cartón de huevos al sentarse encima*. **4** *coloquial* Estropear el efecto de una historia contando su final: *fui al cine con Juan, que ya había visto la película, y me la destripó contando quién era el asesino*.

destripaterrones *n. com.* Persona que se dedica a trabajar y cultivar la tierra: *es una destripaterrones, sin la más mínima sensibilidad para el arte*.
OBS Se usa como apelativo despectivo. ◇ El plural también es destripaterrones.

destronamiento *n. m.* Expulsión del trono de un rey: *los revolucionarios pretendían el destronamiento del rey*.

destronar *v. tr.* **1** Expulsar o echar del trono a un rey: *el almirante Topete encabezó una revolución en 1868 para destronar a Isabel II*. **ANT** entronizar. **2** Quitar a alguien o algo de la situación de privilegio de que goza: *Juan ha destronado a Luis del corazón de María*. **ANT** entronizar.

DER destronamiento.

destroncar *v. tr.* Cortar o tronchar un árbol por el tronco: *unos gamberros han destroncado los arbolillos recién plantados*.

OBS En su conjugación, la *c* se convierte en *qu* delante de *e*.

destrozar *v. tr./prnl.* **1** Romper o hacer trozos: *los niños le han dado un balonazo a la ventana y han destrozado el cristal*. ◇ *v. tr.* **2** Estropear una cosa de manera que no sirva o que no se pueda usar: *no arrastres más los pies, que destrozas los zapatos*. **3** Causar un daño moral o una pena grande: *la muerte del hijo ha destrozado a la familia*. **4** Vencer a un contrincante por mucha diferencia o totalmente: *tu equipo ha destrozado a su rival por 5 goles a 0*. ◇ *v. prnl.* **5 destrozarse** Cansarse mucho como consecuencia de haber realizado un gran esfuerzo físico: *siempre que va al gimnasio se destroza*.

DER destrozo, destrozón.

OBS En su conjugación, la *z* se convierte en *c* delante de *e*.

destrozo *n. m.* **1** Rotura de una cosa en trozos: *el destrozo del espejo se produjo al caerse*. **2** Daño grande: *el terremoto ha causado importantes destrozos en la ciudad*.

destrozón, -zona *adj./n. m. y f.* [persona] Que rompe mucho las cosas o las estropea más de lo normal: *eres una destrozona: muñeca que te compro, muñeca que rompes*.

destrucción *n. f.* **1** Destrozo muy grande de una cosa material o inmaterial: *la bomba provocó la destrucción de numerosos coches*. **2** Daño o pérdida grande o importante: *la guerra provoca destrucción física y moral*.

destructivo, -va *adj.* Que destruye o sirve para destruir: *el alcohol en grandes dosis es destructivo; por una vez da una solución al problema y deja de hacer crítica destructiva*.

ANT constructivo.

destructor, -ra *adj./n. m. y f.* **1** Que destruye: *las armas atómicas tienen gran poder destructor*. ◇ *n. m.* **2** Buque de guerra rápido y ligero que se usa para la protección de otras embarcaciones y para el ataque: *el portaaviones navegaba escoltado por un destructor*.

destruir *v. tr.* **1** Romper en trozos pequeños o echar por tierra una cosa material: *el tornado ha destruido todo lo que ha encontrado a su paso; el fuego destruyó la vivienda*. **ANT** construir. **2** Hacer desaparecer o inutilizar algo inmaterial: *con su actitud agresiva destruyó la tranquilidad que había en su hogar; ha destruido la confianza que había entre nosotros*.

DER destrucción, destructible, destructivo, destructor.

OBS En su conjugación, la *i* se convierte en *y* delante de *a, e* y *o*, como en *huir*.

desuncir *v. tr.* Soltar o quitar el yugo a los animales: *el labrador desunció los bueyes al acabar de labrar la tierra*.

ANT uncir.

OBS En su conjugación, la *c* se convierte en *z* delante de *a* y *o*.

desunión *n. f.* **1** Separación de las partes de una cosa o de varias cosas que estaban unidas: *la desunión de estos cables es la causa de que no funcione la luz*. **ANT** unión. **2** Oposición entre dos o más personas: *el dinero es causa de desunión de muchas familias*.

desunir *v. tr./prnl.* **1** Apartar o separar lo que estaba unido: *has movido la mesa y se han desunido varias piezas del puzzle*. **ANT** articular, unir. **2** Hacer que se lleven mal entre sí dos o más personas: *nunca permitió que sus ideas lo desunieran de sus amigos*.

DER desunión.

desusado, -da *adj.* **1** Que se hace o que ocurre pocas veces: *ha hecho algo desusado en él: ha ido a los toros*. **2** Que ha dejado de usarse: *parece que vive en otro siglo, utiliza continuamente expresiones desusadas*.

desusar *v. tr.* Dejar de usar o de emplear una cosa: *por fin ha desusado ese abrigo tan viejo*.

DER desusado.

desuso *n. m.* Falta de uso o de empleo: *caer en desuso*.

DER desusar.

desvaído, -da *adj.* **1** [color] Que está apagado o pálido; que ha perdido intensidad: *ha decorado la casa con colores desvaídos; el tapizado del sofá está desvaído por el uso*. **2** Que tiene sus contornos poco claros: *a través de los cristales empañados vimos una figura desvaída*.

desvalido, -da *adj./n. m. y f.* **1** [persona] Que no tiene la ayuda o protección que necesita: *el niño se sintió desvalido cuando sus padres lo dejaron con la canguro*. **2** [persona] Que no tiene los recursos necesarios para vivir: *le parece una gran injusticia que existan desvalidos*.

desvalijar *v. tr.* **1** Robar o quitar a una persona todo lo que lleva o todo lo que tiene: *los ladrones lo desvalijaron, llevándose el reloj y la cartera*. **2** Robar todas las cosas de valor de un lugar: *han desvalijado la tienda durante la noche*.

DER desvalijamiento.

desvalimiento *n. m.* Falta de ayuda o protección de quien lo necesita: *no es humano aprovecharse del desvalimiento de los niños y de los mayores*.

desvalorización *n. f.* Disminución del valor o del precio de una moneda o de otra cosa: *la desvalorización de esta marca de coches se debe a un fallo en uno de sus modelos*.

SIN depreciación, devaluación.

desvalorizar *v. tr./prnl.* Disminuir el valor o el precio de una moneda o de otra cosa: *esta casa se ha desvalorizado al construir una autovía delante*. **SIN** depreciar, devaluar.

DER desvalorización.

OBS En su conjugación, la *z* se convierte en *c* delante de *e*.

desván *n. m.* Parte más alta de una casa, justo debajo del tejado, que suele usarse para guardar objetos viejos o que ya no se usan: *los muchachos subieron al desván a buscar juguetes de cuando eran pequeños*. **SIN** sobrado.

desvanecer *v. tr./prnl.* **1** Disgregar o hacer desaparecer de la vista poco a poco: *la niebla se desvaneció a lo largo del día*. **SIN** disipar, esfumar. **2** Borrar de la mente u olvidar una idea, una imagen o un recuerdo: *el tiempo desvaneció los malos recuerdos de aquel verano*. **SIN** disipar. ◇ *v. prnl.* **3 desvanecerse** Evaporarse una sustancia o parte de ella: *se ha desvanecido el perfume*. **SIN** disiparse. **4** Perder el sentido o el conocimiento momentáneamente: *a causa del calor se desvaneció*. **SIN** desmayar.

DER desvanecimiento.

OBS En su conjugación, la *c* se convierte en *zc* delante de *a* y *o*, como en *agradecer*.

desvanecimiento *n. m.* Pérdida momentánea del sentido o del conocimiento: *se ha tomado la tensión porque sufrió un desvanecimiento*. **SIN** desmayo, lipotimia.

desvariar *v. intr.* Decir o hacer cosas que van en contra del sentido común: *no te tomes a mal lo que te ha dicho, está muy nervioso y desvaría*. **SIN** alucinar, delirar.

DER desvarío.

OBS En su conjugación, la *i* se acentúa en algunos tiempos y personas, como en *desviar*.

desvarío *n. m.* Comportamiento que va en contra del sentido común: *haber tirado ese libro por la ventana ha sido un desvarío*. **SIN** delirio.

desvelar *v. tr./prnl.* **1** Quitar o impedir el sueño: *tantas emociones me han desvelado*. ◇ *v. tr.* **2** Poner de manifiesto

lo que estaba oculto: *nos desveló cuál era el secreto de su fortuna: el trabajo*. **SIN** descubrir, develar. ◇ *v. prnl.* **3 desvelarse** Poner gran cuidado e interés en lo que se hace o en lo que se quiere conseguir: *se desvelaba por atender a su madre enferma*.
DER desvelado, desvelo.

desvelo *n. m.* **1** Dificultad para dormir cuando se debe o se necesita hacerlo: *sufre desvelo en época de exámenes*. **SIN** insomnio. **2** Cuidado e interés que se pone en lo que se hace o en lo que se quiere conseguir: *se dedica a su profesión de médico con desvelo*.

desvencijar *v. tr./prnl.* Desunir o separar las partes que forman una cosa: *has desvencijado el sillón al sentarte en el brazo*.

desventaja *n. f.* **1** Característica que hace que una persona, cosa o situación sea peor que otra con la que se compara: *esta casa tiene la desventaja de que está muy lejos de mi trabajo*. **ANT** ventaja. **2** Inconveniente, circunstancia o razón que impide hacer una cosa: *antes de tomar la decisión final, piensa en las ventajas y desventajas*. **ANT** ventaja.
DER desventajoso.

desventajoso, -sa *adj.* [persona, cosa, situación] Que tiene una o más características que hacen que sea peor que otra con la que se compara: *el cambio de coche ha sido desventajoso para nosotros porque éste es muy pequeño*. **ANT** ventajoso.

desventura *n. f.* **1** Hecho que causa gran dolor o aflicción: *tuvo la desventura de perder a sus padres cuando era muy pequeño*. **SIN** desgracia. **2** Mala suerte: *siempre se está quejando de su desventura*. **SIN** desgracia.
DER desventurado.

desventurado, -da *adj./n. m. y f.* **1** [persona] Que padece una o más desgracias que le causan gran dolor o aflicción. **SIN** desdichado, desgraciado, malaventurado. **2** Que no tiene suerte o fortuna: *nunca consiguió lo que se propuso en su desventurada vida*. **SIN** desafortunado, desgraciado, malaventurado. **ANT** afortunado.

desvergonzado, -da *adj./n. m. y f.* [persona] Que habla u obra sin vergüenza ni educación: *es un desvergonzado: no respeta a nadie*. **SIN** osado.

desvergonzarse *v. prnl.* Hablar u obrar sin vergüenza ni educación: *cuando se sintió apoyado por sus amigos, se desvergonzó insultando al señor que le regañaba*.
DER desvergonzado.
OBS En su conjugación, la o se convierte en *ue* en sílaba acentuada, la g en *gü* y la z en *c* delante de e, como en *avergonzar*.

desvergüenza *n. f.* Falta de vergüenza o de educación: *le contestó a su padre con gran desvergüenza y éste lo castigó*. **SIN** osadía.
DER desvergonzarse.

desvestir *v. tr./prnl.* Quitar toda la ropa o parte de ella: *se desvistió y se metió en la ducha*. **SIN** desnudar, despelotarse. **ANT** vestir.
OBS En su conjugación, la e se convierte en *i* en algunos tiempos y personas, como en *servir*.

desviación *n. f.* **1** Cambio o separación en la dirección o el fin de una cosa: *el periódico anuncia la desviación del tráfico del centro de la ciudad a causa de la cabalgata de los Reyes Magos*. **SIN** desvío. **2** Carretera que se aparta o separa de otra general: *tienes que tomar la segunda desviación de la carretera general para llegar a la venta que te recomendamos*. **SIN** desvío. **3** Camino provisional que sustituye a una parte de otro principal que está inutilizada: *hemos tardado más porque la carretera está en obras y hemos tenido que tomar una*

desviación. **SIN** desvío. **4** Separación o cambio de la posición normal: *tiene desviación de columna vertebral y duerme sobre una tabla*. **5** Tendencia o actitud que no se considera normal: *el asesino que cometió ese crimen tan cruel debe tener alguna desviación mental*.

desviar *v. tr./prnl.* **1** Separar o apartar a alguien o algo del camino o de la dirección que lleva: *hay un cartel que desvía el tráfico pesado por otro camino*. **2** Apartar a una persona de una idea o de una intención: *su padre consiguió desviarlo del propósito de dejar de estudiar*.
DER desviación, desviado, desvío.
OBS En su conjugación, la *i* se acentúa en algunos tiempos y personas.

desviar	
INDICATIVO	SUBJUNTIVO
presente	presente
desvío	desvíe
desvías	desvíes
desvía	desvíe
desviamos	desviemos
desviáis	desviéis
desvían	desvíen
pretérito imperfecto	pretérito imperfecto
desviaba	desviara o desviase
desviabas	desviaras o desviases
desviaba	desviara o desviase
desviábamos	desviáramos o desviásemos
desviabais	desviarais o desviaseis
desviaban	desviaran o desviasen
pretérito indefinido	futuro
desvié	desviare
desviaste	desviares
desvió	desviare
desviamos	desviáremos
desviasteis	desviareis
desviaron	desviaren
futuro	
desviaré	IMPERATIVO
desviarás	
desviará	desvía (tú)
desviaremos	desvíe (usted)
desviaréis	desviad (vosotros)
desviarán	desvíen (ustedes)
condicional	FORMAS NO PERSONALES
desviaría	
desviarías	infinitivo gerundio
desviaría	desviar desviando
desviaríamos	participio
desviaríais	desviado
desviarían	

desvincular *v. tr.* Romper o acabar la relación que se tenía con una o varias personas o cosas: *desde que cambió de colegio, se desvinculó de sus antiguos compañeros*.

desvío *n. m.* **1** Cambio o separación en la dirección o el fin de una cosa: *está acusado de desvío de dinero público*. **SIN** desviación. **2** Carretera que se aparta o separa de otra general: *se equivocaron y tomaron el primer desvío a la derecha*. **SIN** desviación. **3** Camino provisional que sustituye a una parte de otro principal que está inutilizada: *a causa del accidente del camión, la policía habilitó un desvío para evitar retenciones*. **SIN** desviación.

desvirgar *v. tr.* Hacer perder la virginidad a una mujer. **SIN** desflorar.
OBS En su conjugación, la *g* se convierte en *gu* delante de *e*.

desvirtuar *v. tr./prnl.* Disminuir o quitar la virtud o las características esenciales o propias de una cosa: *los periodistas han desvirtuado las declaraciones del ministro*.
OBS En su conjugación, la *u* se acentúa en algunos tiempos y personas, como en *actuar*.

desvivirse *v. prnl.* Mostrar gran afecto e interés por una persona o cosa: *cuando íbamos a su casa, se desvivía por que no nos faltara nada*.

detallar *v. tr.* Contar una cosa explicando todos los hechos o circunstancias que la rodean: *nos detalló su viaje a Marruecos desde la salida hasta la vuelta*.
DER detalle, detallista.

detalle *n. m.* **1** Hecho o circunstancia secundaria que contribuye a formar una cosa: *contó con todo lujo de detalles lo que le había pasado; el vestido lleva unos detalles de pasamanería*. **2** Muestra de educación, delicadeza o cariño: *fue un detalle mandarles flores a tus padres en su aniversario*. **SIN** gesto. **3** Regalo de poca importancia que se da como muestra de afecto y consideración: *en muchos restaurantes dan, junto con la factura, un pequeño detalle*. **SIN** cortesía.
al detalle En cantidades pequeñas: *si quieres comprar para tu comercio, tendrás que ir a una tienda de mayoristas, aquí sólo venden al detalle*. **SIN** al por menor.

detallista *adj.* **1** Que cuida mucho los detalles; minucioso: *ha hecho una descripción muy detallista de su fin de semana en el campo*. **2** Que tiene muestras de educación, delicadeza o cariño con los demás: *es muy detallista y nunca se olvida del cumpleaños de sus amigos*. ◇ *n. com.* **3** Persona que se dedica a vender mercancías en pequeñas cantidades: *los detallistas del centro de la ciudad se han asociado para hacer frente a los grandes centros comerciales*. **SIN** minorista. **ANT** mayorista.

detección *n. f.* Descubrimiento de la existencia o la presencia de una cosa o un fenómeno que está oculto: *la detección de gases nocivos en la mina previno la catástrofe*.

detectar *v. tr.* Descubrir o recoger señales o pruebas de la existencia o la presencia de una cosa o un fenómeno que está oculto: *existen aparatos para detectar las minas enterradas en el suelo; le han detectado un cáncer*.
DER detección, detective, detector.

detective *n. com.* Policía que se dedica a investigar determinados casos y que a veces interviene en los procedimientos judiciales. **detective privado** Persona que se dedica a investigar asuntos que le encargan personas particulares: *en la película el magnate contrata a un detective privado para que averigüe dónde está su hija*.

detector *n. m.* Aparato que sirve para descubrir la presencia de un fenómeno o de una cosa oculta: *detector de metales; detector de incendios*.

detención *n. f.* **1** Paro o interrupción de un movimiento o una actividad: *la policía de tráfico procedió a la detención de los coches que circulaban a más velocidad de la permitida*. **2** Privación provisional de la libertad ordenada por autoridad competente: *la detención del asesino fue muy aplaudida por la opinión pública*. **SIN** arresto. **3** Atención o dedicación que se pone al realizar una actividad o al pensar o explicar un asunto: *el pediatra reconocía con detención al recién nacido*. **SIN** detenimiento.

detener *v. tr./prnl.* **1** Parar o interrumpir un movimiento o una actividad: *el conductor detuvo el coche ante un stop; hay que detener el aumento del paro*. **2** Privar provisionalmente de la libertad a una persona por orden de la autoridad competente: *han detenido a un joven por robar una moto*. **SIN** arrestar, retener. ◇ *v. prnl.* **3 detenerse** Dedicar tiempo a realizar una actividad o a pensar o explicar un asunto: *se detuvo a considerar qué sería mejor para todos*.
DER detención, detenido, detenimiento.
OBS Se conjuga como *tener*.

detenido, -da *adj./n. m. y f.* **1** [persona] Que ha sido privada provisionalmente de la libertad por orden de la autoridad competente: *los detenidos fueron conducidos a las dependencias policiales*. ◇ *adj.* **2** Que se hace con atención, cuidado y lentitud: *para mañana, haréis un estudio detenido de lo explicado en clase*.

detenimiento *n. m.* Atención o dedicación que se pone al realizar una actividad o al pensar o explicar un asunto: *hoy os explicaré con detenimiento las causas que provocaron la Revolución francesa*. **SIN** detención.

detentar *v. tr.* Ocupar un cargo o un poder de manera ilegítima: *detentó el poder tras un golpe de estado*.

detergente *adj./n. m.* [sustancia, producto] Que sirve para lavar o limpiar: *hemos comprado un nuevo detergente para la colada; me han recomendado un aceite detergente para el motor del coche*.

deteriorar *v. tr./prnl.* Sufrir algo un proceso por el que pierde calidad o valor; empeorar: *el motor está muy deteriorado por el uso; la salud del enfermo se ha deteriorado gravemente en las últimas horas*.
DER deterioro.

deterioro *n. m.* Disminución o pérdida de la calidad o la importancia: *la humedad ha provocado el deterioro de la pintura de casa*. **SIN** erosión.

determinación *n. f.* **1** Decisión que se toma sobre un asunto: *por fin tomó la determinación de vender la moto*. **2** Establecimiento claro y exacto de los límites de una cosa: *es importante la determinación del alcance de las responsabilidades*. **3** Averiguación de una cosa a partir de las informaciones que se conocen: *la determinación de las causas que originaron el conflicto son fundamentales para entenderlo*. **4** Valor o firmeza en la manera de actuar: *su determinación ha sido decisiva para salvar al niño del fuego*. **SIN** decisión.
DER autodeterminación.

determinado, -da *adj./n. m. y f.* **1** Que muestra valor o firmeza en la manera de actuar: *es una mujer determinada, que no duda ante situaciones complicadas*. ◇ *adj.* **2** GRAM. **artículo determinado** Artículo que se refiere a un sustantivo conocido por los hablantes: *los artículos determinados son el, la, lo, los, las*.
DER indeterminado.

determinante *n. m.* GRAM. Palabra que acompaña al sustantivo y limita o concreta su referencia: *los artículos y los adjetivos demostrativos, posesivos, indefinidos y numerales son determinantes*.

determinar *v. tr./prnl.* **1** Tomar o hacer tomar una decisión: *determinó que nos acompañaría a última hora*. ◇ *v. tr.* **2** Señalar, fijar o establecer de manera clara y exacta una información o los límites de una cosa: *la Constitución determina que todos somos iguales*. **3** Averiguar una cosa a partir de las informaciones que se conocen: *a partir de estas estadísticas, determinaremos el nivel de la tasa de natalidad de España frente a otros países europeos*. **4** Ser causa o motivo de una cosa o de una acción: *los pocos rendimientos han de-*

terminado el cierre de la fábrica. **5** GRAM. Limitar o concretar la referencia de un nombre: *los adjetivos numerales determinan al sustantivo al que acompañan.*
DER determinación, determinado, determinante, determinativo, determinismo; predeterminar.

determinativo, -va *adj.* **1** Que determina o resuelve: *este examen será determinativo para la nota final.* ◇ *n. m.* **2** GRAM. Determinante.

determinismo *n. m.* FILOS. Doctrina filosófica que considera que los acontecimientos no se pueden evitar por estar sujetos a una fuerza superior: *los filósofos estoicos creían en el determinismo.* **SIN** fatalismo.
DER determinista.

determinista *adj.* **1** FILOS. Del determinismo o que tiene relación con esta doctrina filosófica. ◇ *adj./n. com.* **2** FILOS. [persona] Que sigue la doctrina filosófica del determinismo.

detestable *adj.* Que es muy malo; que produce repugnancia y rechazo: *es una persona detestable, capaz de pisotear a cualquiera por quedar bien; tu actitud racista es detestable.*

detestar *v. tr.* Sentir odio y horror hacia una persona o cosa que no se puede soportar: *detesto tener que levantarme temprano por la mañana.* **SIN** abominar, aborrecer, odiar.
ANT amar.
DER detestable.

detonación *n. f.* Explosión que produce mucho ruido: *la detonación retumbó en todo el edificio.*

detonador, -ra *adj.* **1** Que provoca o es capaz de provocar una detonación. ◇ *adj./n.* **2** [cosa, hecho] Que puede provocar o desencadenar una acción o proceso: *la presentación del proyecto de ley ha sido el detonador del conflicto laboral.* **SIN** detonante. ◇ *n. m.* **3** Dispositivo que sirve para hacer estallar una carga explosiva: *la policía ha incautado a los terroristas 90 kilos de dinamita y 25 detonadores.*

detonante *adj./n. m.* **1** [producto, sustancia] Que puede detonar o hacer estallar una carga explosiva: *el estallido de la bomba con un detonante fue ensordecedor.* **2** [cosa, hecho] Que puede provocar o desencadenar una acción o proceso: *el detonante de la caída de la bolsa fue la subida del precio del petróleo.* **SIN** detonador.
DER antidetonante.

detonar *v. intr.* **1** Explotar haciendo ruido: *la bombona de butano detonó y produjo la confusión entre los vecinos.* ◇ *v. tr.* **2** Hacer estallar una carga explosiva: *los artificieros detonaron el coche sospechoso de llevar una bomba.*
DER detonación, detonador, detonante.
ETIM Véase *tronar*.

detractor, -ra *adj./n. m. y f.* [persona] Que critica a una persona o cosa por no estar de acuerdo con ella: *los detractores del proyecto intentaron convencer a todos de lo perjudicial que sería llevarlo a cabo.*

detraer *v. tr./prnl.* Restar o tomar parte de una cosa: *el dueño del piso detrajo parte de la fianza para arreglar algunos desperfectos en la pintura.*
DER detractor.
OBS Se conjuga como *traer*.

detrás *adv.* En la parte posterior o en un lugar delante del cual está una persona o cosa: *detrás de esa caja está lo que buscas; en la fila se pondrán detrás los más altos.* **SIN** atrás.
ANT delante. Se puede combinar con diversas preposiciones.

por detrás Cuando no está presente; en ausencia de alguien: *no se debe hablar mal de nadie por detrás.*

OBS Es incorrecto su uso seguido de un posesivo; se debe decir *detrás de nosotros, detrás de mí*, en lugar de *detrás nuestro, detrás mío.*

detrimento *n. m.* Daño moral o material: *yo pensaba que iba a recomendarme, pero sus palabras han sido en detrimento mío.* **SIN** perjuicio.

detrito *n. m.* Resultado de la descomposición de una masa sólida en partículas: *la hulla se forma a partir de detritos vegetales.* **SIN** detritus.

detritus *n. m.* Detrito.
DER detrito, detrítico.
OBS La Real Academia Española admite *detritus*, pero prefiere la forma *detrito*. ◇ El plural también es *detritus*.

deuda *n. f.* **1** Obligación que tiene una persona de pagar o devolver una cosa, generalmente dinero: *no quiere entrar en esa tienda porque tiene una deuda desde hace varios meses.*
deuda pública Deuda que el estado tiene reconocida por medio de títulos: *ha invertido en deuda pública porque da un interés alto.* **2** Obligación moral que una persona contrae con otra: *tengo una deuda con él por la ayuda que me prestó.* **3** Cantidad de dinero que se debe pagar: *tiene una deuda de 20 000 pesetas.* **SIN** débito.
DER deudo, deudor; adeudar, endeudar.
ETIM Véase *deber*.

deudo, -da *n. m. y f.* Pariente, persona que pertenece a la misma familia que otra: *a la boda asistieron todos los deudos de los contrayentes.*

deudor, -ra *adj./n. m. y f.* [persona] Que debe, especialmente una cantidad de dinero que le ha sido prestada: *fue a ver a su deudor porque necesitaba el dinero que le había prestado.* **ANT** acreedor.

deuterio *n. m.* QUÍM. Isótopo del hidrógeno; es un gas inodoro, incoloro e inflamable.
OBS Su símbolo es D o H^2.

devaluación *n. f.* Disminución del valor o del precio de una moneda o de otra cosa: *el Gobierno estudia medidas para detener la devaluación de la peseta.* **SIN** depreciación, desvalorización.

devaluar *v. tr./prnl.* Disminuir el valor o el precio de una moneda o de otra cosa: *la peseta se ha devaluado ligeramente esta semana.* **SIN** depreciar, desvalorizar.
DER devaluación.
OBS En su conjugación, la *u* se acentúa en algunos tiempos y personas, como en *actuar*.

devanar *v. tr.* Enrollar un hilo alrededor de un eje formando un ovillo: *voy a ayudar a mi madre a devanar las madejas de lana.*
DER devanadera, devanador.

devaneo *n. m.* **1** Relación amorosa superficial que dura poco tiempo: *todos sabían que su relación con Juan era un simple devaneo.* **SIN** amorío. **2** Pérdida de tiempo en cosas que no tienen importancia: *siempre se escaquea del trabajo con devaneos.*

devastación *n. f.* Destrucción total de un territorio o de lo que hay en él: *la sequía produjo la devastación de la vegetación de aquella región.*

devastar *v. tr.* Destruir totalmente un territorio o lo que hay en él: *la nube devastó cuanto encontró a su paso.* **SIN** arrasar, asolar, desolar.
DER devastación, devastador.
ETIM Véase *gastar*.

develar *v. tr.* **1** Poner de manifiesto lo que estaba oculto: *la policía develó las intenciones de los terroristas.* **SIN** descubrir, desvelar. **2** Quitar o descorrer la tela o el velo que cubre una

LOS DETERMINANTES

Los determinantes aparecen delante de un nombre y sirven para relacionar ese nombre con el resto del texto o de la conversación. Indican si ya habíamos hablado de él o si es un tema nuevo, de cuántas cosas estamos hablando, dónde están situadas.

Concuerdan en género y número con el nombre cuando tiene estas variaciones.

Tipo	Función	Ejemplos	Observaciones
Artículo determinado	Indica que el nombre al que acompaña es conocido por el hablante y el oyente (*el alcalde*) o ya se ha hablado antes de él.	*el, la, los y las.*	También se usa para hablar en general: *la gente dice..., los animales son...*
Artículo indeterminado	Introduce un nombre cuando es la primera vez que se habla de él o indica que no es conocido o no es importante saber exactamente qué o quién es (*hay unos hombres en el patio*).	*un, una, unos y unas.*	También se usan como pronombre (excepto la forma *un*): *Tengo una.*
Demostrativo	Sitúa un elemento cerca de la persona que habla (*este lápiz*), a distancia media (*ese lápiz*) o lejos (*aquel lápiz*), tanto en el espacio como en el tiempo (*este verano, aquellos días*). También expresa la distancia en un texto (*trataremos este punto y aquel tema*).	*este, esta, estos, estas, ese, esa, esos, esas, aquel, aquella, aquellos y aquellas.*	También se usan como pronombres, entonces pueden acentuarse: *Me gusta éste.*
Indefinido	Introduce un conjunto indeterminado de elementos sin concretar el número ni indicar exactamente qué o quién es (*vimos algunos leones; había varias personas allí*).	*algún, ningún, todo, otro, muchos, pocos, varios, bastantes,* etc.	También se usan como pronombre: *Vi varias; había bastantes.*
Numeral cardinal	Especifica el número de elementos de un conjunto (*llegaron tres niños*).	*uno, dos, veinte, mil, ciento treinta, doce, siete,* etc.	También se usan como pronombre: *Quiero tres.*
Posesivo	Relaciona un elemento con su poseedor (*mi coche*). También muestra una relación muy directa (*nuestra familia; mi vecino*).	*mi, mis, tu, tus, su, sus, nuestro, -tra, nuestros, -tras, vuestro, -tra y vuestros, -tras.*	

devengar

cosa: *el escultor develó las estatuas en la inauguración de la exposición.*

devengar *v. tr.* Tener derecho a una cantidad de dinero como pago por un trabajo o servicio: *este trabajo devengará pocos beneficios.*
DER devengo.
OBS En su conjugación, la g se convierte en gu delante de e.

devenir *v. intr.* **1** Ocurrir o producirse un hecho: *si sigue lloviendo así, puede devenir una catástrofe.* **SIN** acaecer, acontecer, suceder. **2** Llegar a ser: *su nerviosismo devino en enfermedad.* ◇ *n. m.* **3** FILOS. Proceso mediante el cual ocurre o llega a ser una cosa. **4** FILOS. Proceso o cambio continuo de la realidad: *Heráclito afirmó que el universo es un continuo devenir.*
OBS Se conjuga como *venir*.

devoción *n. f.* **1** Fervor religioso: *siempre rezaba con gran devoción.* **2** Práctica religiosa: *una vez a la semana dedicaba un rato a cumplir con sus devociones rezando el rosario.* **3** Inclinación o afecto especial por una persona o una cosa: *siente devoción por sus abuelos; su devoción por el fútbol lo tiene pegado todo el día al televisor.*
DER devocionario.

devocionario *n. m.* Libro que contiene oraciones para uso de los fieles: *leyó en su devocionario las oraciones correspondientes al miércoles de ceniza.*

devolución *n. f.* **1** Entrega a una persona de lo que había prestado: *la devolución de los libros a la biblioteca hay que hacerla en una semana.* **2** Entrega al vendedor de una cosa que se ha comprado a cambio de su importe: *para las devoluciones es preciso presentar el ticket de compra.*

devolver *v. tr.* **1** Entregar a una persona lo que había prestado: *te devuelvo tus fotos; tengo que devolver el préstamo al banco en tres años.* **2** Entregar a un vendedor una cosa que se ha comprado a cambio de su importe: *tengo que devolver la camiseta porque está rota.* **3** Hacer que una persona o cosa vuelva a estar donde o como estaba antes: *estas vacaciones me han devuelto las ganas de trabajar; lo van a devolver al mismo puesto de trabajo que ocupaba.* **4** Entregar el dinero que sobra de un pago a la persona que lo efectúa: *te tienen que devolver 200 pesetas de las 3000 que has pagado.* ◇ *v. tr./intr.* **5** *coloquial* Expulsar por la boca la comida que está en el estómago: *tenía jaqueca y devolvió la cena.* **SIN** vomitar.
DER devolución, devuelto.
OBS El participio es *devuelto*. ◇ En su conjugación, la o se convierte en *ue* en sílaba acentuada, como en *mover*.

devoniano, -na o **devónico, -ca** *adj. n. m.* GEOL. Del cuarto período de la era primaria o paleozoica o que tiene relación con los terrenos que en él se formaron: *el devónico se encuentra entre el silúrico y el carbonífero.*

devorador, -ra *adj./n. m. y f.* [persona, animal] Que come o devora: *las hienas son devoradoras de otros animales; Juan es un devorador de chocolate.*

devorar *v. tr.* **1** Comer con ansia y rapidez: *llegó con tanta hambre que devoró el almuerzo.* **2** Comer un animal a otro: *el leopardo devora gacelas para alimentarse.* **3** Destruir el fuego por completo: *el fuego devoró el edificio en horas.* **4** Realizar una acción con mucho interés y rapidez: *he devorado el libro en pocas horas porque me ha entusiasmado.*
DER devorador.

devoto, -ta *adj./n. m. y f.* **1** Que inspira devoción: *libros devotos; actos devotos.* **2** Que tiene fervor religioso: *es devota de la Virgen del Pilar.* **SIN** piadoso, pío. **3** Que siente inclinación o afecto especial por una persona o una cosa: *es un devoto de la poesía.*

devuelto, -ta *part.* **1** Participio irregular de *devolver*. También se usa como adjetivo: *me han devuelto el libro; lo devuelto es insuficiente: falta dinero.* ◇ *n. m.* **2** *coloquial* Conjunto de sustancias o alimentos mal digeridos que estaban en el estómago y se expulsan por la boca: *vomitó y dejó la pared llena de devueltos.* **SIN** vómito.

deyección *n. f.* **1** Expulsión de excrementos por el ano: *tiene dificultades para la deyección.* **SIN** deposición. **2** Excremento expulsado por el ano: *el médico ha mandado analizar sus deyecciones porque tenía una infección.* Se usa más en plural.

di- **1** Elemento prefijal que entra en la formación de palabras con el significado de 'dos': *díptero.* **2** En terminología química señala la presencia en el compuesto de dos átomos, moléculas o radicales: *dióxido.* **SIN** bi-. **3** Prefijo que entra en la formación de palabras con el significado de: *a)* 'Oposición o contrariedad': *disentir. b)* 'Origen o procedencia': *dimanar. c)* 'Extensión o propagación': *difundir, dilatar.*

día *n. m.* **1** Tiempo que emplea la Tierra en dar una vuelta sobre sí misma, normalmente desde las doce de la noche hasta veinticuatro horas después: *el mes de febrero tiene veintiocho días.* **día de fiesta** Día en que no se trabaja por ser considerado fiesta por la Iglesia o el Estado: *el Corpus Cristi ya no es día de fiesta en algunas provincias.* **día laborable** Día en que se trabaja: *de lunes a sábado son días laborables.* **día lectivo** Día en que se dan clases en los centros de enseñanza: *los días lectivos se fijan oficialmente.* **2** Tiempo que dura la claridad del Sol sobre el horizonte: *salimos muy temprano de casa para poder llegar de día.* **ANT** noche. **3** Fiesta del santo o el cumpleaños de una persona: *hoy es tu día y lo celebraremos por todo lo alto.* **SIN** santo. ◇ *n. m. pl.* **4 días** Tiempo que dura la vida de una persona: *pasó la mayor parte de sus días en su pueblo natal.*
al día Al corriente, sin retraso o con información actual: *llevo su diario al día.*
buenos días Saludo que se usa durante la mañana. **SIN** hola.
día y noche Continuamente, durante todo el tiempo: *se pasa día y noche buscando los papeles que se le perdieron.*
el día menos pensado En cualquier momento, cuando menos se espera: *el día menos pensado nos vamos de esta ciudad.*
en su día A su debido tiempo: *ya hablamos de este asunto en su día.*
todo el santo día Continuamente, durante todo el tiempo: *estuve todo el santo día limpiando.*
DER diario, diurno; cotidiano.

diabetes *n. f.* Enfermedad producida por una concentración muy alta de azúcar en la sangre, lo que motiva una excesiva eliminación de glucosa y enflaquecimiento progresivo: *debe inyectarse insulina a causa de su diabetes.*
DER diabético.

diabético, -ca *adj.* **1** De la diabetes o que tiene relación con esta enfermedad: *los pacientes diabéticos deben cuidarse mucho.* ◇ *adj./n. m. y f.* **2** [persona] Que padece diabetes: *toma sacarina en vez de azúcar porque es diabética.*

diablillo *n. m.* Persona muy inquieta y revoltosa, especialmente si se trata de un niño: *Carlitos es un diablillo y no podemos dejarlo solo ni un minuto.* **SIN** demonio, diablo.

diablo *n. m.* **1** Ser sobrenatural o espíritu que representa las fuerzas del mal: *los diablos son los ángeles que se rebelaron contra Dios.* **SIN** demonio. **2** Persona muy inquieta y revoltosa, especialmente si se trata de un niño: *es un verdadero diablo: lo coge todo.* **SIN** demonio, diablillo.
del diablo o **de mil diablos** o **de todos los diablos**

Expresión con la que se exagera una cualidad o un estado negativos: *ha cogido un cabreo de mil diablos*.

llevárselo el diablo o **llevárselo los diablos** Enfadarse mucho una persona: *se lo llevan los diablos cada vez que le mientes*.

mandar al diablo Enfadarse con una persona o despreciar a una persona o a una cosa: *estaba tan harto del trabajo que lo mandé al diablo*.

pobre diablo Persona infeliz o bonachona: *ese chico no te conviene, no es más que un pobre diablo*.

DER diablesa, diablillo, diablismo, diablura; endiablar.

diablura *n. f.* Travesura de poca importancia hecha generalmente por los niños con la intención de divertirse: *mi hijo hizo la diablura de regar a los invitados con la manguera del jardín*. **SIN** trastada, travesura.

diabólico, -ca *adj.* **1** [cosa, persona] Que tiene o muestra una maldad muy grande: *tenía la diabólica idea de colocar una bomba en el supermercado*. **2** [cosa] Que es muy difícil de entender o resolver: *algunos crucigramas son diabólicos*. **SIN** endiablado. **3** Del diablo o que tiene relación con él: *la magia negra es un rito diabólico*.

diábolo *n. m.* **1** Juguete que consiste en hacer girar un carrete formado por dos conos unidos por sus vértices sobre una cuerda que está sujeta por dos palos que se mueven con las manos: *mis hijos se distraen mucho jugando al diábolo*. **2** Objeto con el que se practica este juego: *le regalaron un diábolo el día de su cumpleaños*.

DER diabólico.

diácono *n. m.* Hombre que sirve a la religión católica con el grado inmediatamente inferior al de sacerdote: *se celebró una misa importante en la que ayudaban tres diáconos*.

DER diaconado, diaconato, diaconisa.

diacrítico, -ca *adj./n. m.* [signo ortográfico] Que da un valor especial a una letra: *en la palabra* antigüedad, *los dos puntos sobre la* u *son un signo diacrítico*.

diacronía *n. f.* **1** Evolución de una cosa a través del tiempo: *la diacronía de la moda nos revela los muchos cambios que se han producido a lo largo de los siglos*. **2** GRAM. Evolución y cambios de una lengua o de un fenómeno lingüístico a través del tiempo: *la diacronía del latín demuestra que fue cambiando mucho a lo largo de los siglos*. **ANT** sincronía.

DER diacrónico.

diacrónico, -ca *adj.* De la diacronía o que tiene relación con ella: *para saber por qué hay cinco vocales en la lengua española hay que realizar una investigación diacrónica*. **ANT** sincrónico.

diadema *n. f.* **1** Objeto de adorno que tiene forma de círculo o de medio círculo y se ponen en la cabeza las mujeres: *además de sujetarle el cabello, la diadema la hacía muy hermosa*. **2** Corona redonda y sencilla: *algunos reyes medievales ceñían su cabeza con ricas diademas*.

diafanidad *n. f.* Gran claridad, facilidad de ser entendido: *la diafanidad de sus discursos le gusta mucho al público*.

diáfano, -na *adj.* **1** Que es muy claro o fácil de entender: *es un ensayo diáfano sobre la historia de la filosofía; su actitud conmigo fue noble y diáfana*. **SIN** transparente. **2** Que deja pasar la luz casi en su totalidad: *adornó las ventanas con cortinas diáfanas*. **3** Que tiene una gran cantidad de luz o de claridad: *da gusto vivir en una casa tan diáfana*.

planta diáfana Espacio que corresponde al piso primero de un edificio cuando en él no se construyen viviendas como en los restantes pisos, sino que se destina como lugar amplio de esparcimiento y recreo: *mis hijos juegan todas las tardes en la planta diáfana*.

DER diafanidad.

diafragma *n. m.* **1** ANAT. Músculo interior que separa el tórax del abdomen en el cuerpo de los mamíferos; es fundamental para la respiración: *la contracción del diafragma produce hipo*. ☞ respiratorio, aparato. **2** Dispositivo situado en el objetivo de una cámara fotográfica para dejar pasar en cada momento la cantidad de luz necesaria: *para hacer fotografías en la playa utiliza un diafragma pequeño*. **3** Objeto anticonceptivo flexible y fino con forma de disco que se coloca en la vagina para impedir la fecundación: *el ginecólogo le ha colocado un diafragma porque sería peligroso que se quedara embarazada*.

diagnosis *n. f.* **1** Determinación o identificación de una enfermedad mediante el examen de los síntomas que presenta: *confiamos en tener pronto la diagnosis de sus dolencias*. **SIN** diagnóstico. **2** Examen de una cosa, un hecho o una situación para buscar solución a sus males: *un técnico realizará una diagnosis sobre nuestras pérdidas económicas*. **SIN** diagnóstico.

OBS El plural también es *diagnosis*.

diagnosticar *v. tr.* **1** MED. Determinar o identificar una enfermedad mediante el examen de los síntomas que presenta: *el médico me ha diagnosticado una gripe*. **2** Examinar una cosa, un hecho o una situación para buscar solución a sus males.

OBS En su conjugación, la c se convierte en qu delante de e.

diagnóstico *n. m.* **1** Determinación o identificación de una enfermedad mediante el examen de los síntomas que presenta: *el diagnóstico obligó a operarle en pocas horas*. **SIN** diagnosis. **2** Examen de una cosa, un hecho o una situación para buscar solución a sus males: *ese país necesita un rápido diagnóstico acerca de sus problemas de seguridad*. **SIN** diagnosis.

DER diagnosis, diagnosticar.

diagonal *adj./n. f.* **1** [línea recta] Que une un ángulo con otro que no está inmediato en una figura plana, o que une dos ángulos que no están en la misma cara de una figura sólida: *la diagonal divide el cuadrado en dos triángulos*. ☞ línea. **2** [línea, calle, carretera] Que se cruza y corta a otro u otros con los que no forma ángulo recto: *si vas por la próxima diagonal de esta calle, llegarás antes*.

diagrama *n. m.* Representación gráfica de las variaciones de un fenómeno o de las relaciones que tienen los elementos de un conjunto: *en el folleto del coche había dibujado un diagrama de su motor*.

dial *n. m.* **1** Superficie con letras o números que sirve para seleccionar, mediante un indicador, el número de un teléfono o la emisora en un aparato de radio o televisión: *mueve el dial de la radio hacia la derecha y encontrarás la emisora que buscamos*. **2** Superficie graduada que, mediante un indicador, mide una magnitud determinada: *el dial del peso marcó un kilo*.

dialectal *adj.* **1** GRAM. De un dialecto o que tiene relación con él: *España es un país con una gran riqueza dialectal*. **2** [palabra, frase, modo de expresión] Que es propio de un dialecto: *guagua es un término dialectal*.

DER dialectalismo.

dialectalismo *n. m.* GRAM. Palabra, frase o modo de expresión propio de un dialecto: *suponemos que esta chica es canaria porque emplea muchos dialectalismos característicos de allí*.

dialéctica *n. f.* **1** Técnica de dialogar y discutir mediante el intercambio de razonamientos y argumentaciones: *fue un debate muy interesante y educado, ya que los participantes respetaban los principios de la dialéctica*. **2** Conjunto de razona-

dialéctico

mientos y argumentaciones de un discurso o una discusión y modo de ordenarlos: *la dialéctica del orador fue sencilla, pero convincente.* **3** FILOS. Parte de la filosofía que trata de las reglas y formas de los razonamientos: *Hegel fue un filósofo que estudió a fondo la dialéctica.* **4** FILOS. Técnica de razonamiento que intenta descubrir la verdad mediante la exposición y confrontación de argumentos contrarios entre sí: *le gusta dar sus clases empleando la dialéctica.* **5** Sucesión de hechos en la que se van produciendo unos a causa de otros: *la dialéctica de esta investigación no va a llevarnos a ninguna parte.*
DER dialéctico.

dialéctico, -ca *adj.* De la dialéctica o que tiene relación con ella: *durante la mesa redonda se respetó el turno dialéctico; su habilidad dialéctica se nota en el interés que originan sus ponencias.*

dialecto *n. m.* GRAM. Variedad lingüística, generalmente en unos límites territoriales más o menos determinados, cuyos rasgos distintivos no le confieren categoría de lengua: *en diferentes zonas de Italia se hablan muchos dialectos.*
DER dialectal, dialectología.

dialectología *n. f.* GRAM. Parte de la lingüística que estudia el conjunto de dialectos que derivan de una lengua común.
DER dialectológico, dialectólogo.

dialectológico, -ca *adj.* GRAM. De la dialectología o que tiene relación con ella: *la eliminación de la s al final de las palabras es un rasgo dialectológico que se advierte en algunas zonas de España.*

dialectólogo, -ga *n. m. y f.* GRAM. Persona que se dedica a la dialectología: *un dialectólogo debe tener un fino oído para recoger los diferentes sonidos.*

diálisis *n. f.* MED. Técnica de purificación de la sangre que se aplica a la persona cuyo riñón no realiza esa función: *tiene un riñón enfermo y ha de someterse a una diálisis cada dos días.* **SIN** hemodiálisis.
DER hemodiálisis.

dialogar *v. intr.* **1** Hablar dos o más personas entre ellas: *en la fiesta, los amigos dialogaban amablemente.* **SIN** conversar. **2** Discutir sobre un asunto o sobre un problema con la intención de llegar a un acuerdo o de encontrar una solución: *los gobernantes dialogaron durante varios días sobre el grave problema del hambre en el mundo.* **SIN** negociar, parlamentar.
OBS En su conjugación, la g se convierte en gu delante de e.

diálogo *n. m.* **1** Conversación entre dos o más personas que alternativamente exponen sus ideas y matices: *ayer tuve un diálogo muy interesante con mi hermano.* **SIN** coloquio. **ANT** monólogo. **2** Discusión sobre un asunto o sobre un problema con la intención de llegar a un acuerdo o de encontrar una solución: *no debe romperse nunca el diálogo sobre el desarme nuclear.* **3** Género y obra literarios que se caracterizan porque dos o más personajes conversan y discuten acerca de varios temas: *fray Antonio de Guevara fue un autor español que cultivó el diálogo con acierto.*
diálogo de besugos o **diálogo de sordos** *coloquial* Conversación en la que los participantes no siguen una lógica con respecto a los temas y argumentos de los demás: *¡qué diálogo de besugos!: unos hablaban de un asunto y los otros les respondían con otro asunto diferente; en aquel diálogo de sordos cada cual seguía su propia argumentación.*
DER dialogar.

diamante *n. m.* **1** Piedra preciosa muy apreciada por su transparencia, brillo y dureza: *tu pulsera de diamantes es admirable y muy bella.* **diamante brillante** Diamante que está tallado por las dos caras: *le regaló un anillo con un diamante brillante.* **SIN** brillante. **diamante en bruto** Diamante que está sin pulir: *antes de hacer un collar se pulen los diamantes en bruto.* ◇ *n. m. pl.* **2 diamantes** Palo de la baraja francesa en el que hay dibujados rombos de color rojo: *tengo en la mano un trío de diamantes.*
diamante en bruto Persona o cosa que tiene o parece tener un gran valor, pero le falta aprendizaje o educación: *han fichado un diamante en bruto: un jugador muy joven, pero que apunta una gran calidad.*
DER diamantino.

diamantino, -na *adj.* Que tiene una o más características propias del diamante: *aguanta los sufrimientos con dureza diamantina.*

diametral *adj.* Del diámetro o que tiene relación con él: *la medida diametral de esta circunferencia es de 5 cm.*
diferencia (o **distancia**) **diametral** Que es totalmente opuesto a otra cosa que se menciona: *entre tu ideología y la mía hay una distancia diametral.*

diámetro *n. m.* Línea recta que une una dos puntos de una circunferencia, de una curva cerrada o de la superficie de una esfera pasando por su centro: *necesito un tornillo que tenga un diámetro de un centímetro.* ☞ círculo.
DER diametral.

diana *n. f.* **1** Punto central de un blanco de tiro: *durante los entrenamientos siempre da con la munición en la diana.* **2** Superficie redonda que tiene dibujados varios círculos concéntricos y que se utiliza como blanco de tiro: *te aconsejo que no pongas ninguna diana en el bar.* **3** Toque o música militar que se da al amanecer para que los soldados se levanten de la cama: *siempre estoy profundamente dormido cuando tocan diana.*
dar en la diana Acertar, atinar o ser muy preciso y exacto: *al contratar al nuevo cajero dio en la diana.*

diantre *n. m.* **1** *coloquial* Persona muy inquieta y revoltosa, especialmente si se trata de un niño: *cuando se juntan con otros, mis hijos se convierten en unos diantres.* ◇ *int.* **2 ¡diantre!** Expresión que indica sorpresa, disgusto o admiración: *¡diantre! ¡Lo ha conseguido!*

diapasón *n. m.* **1** MÚS. Instrumento que produce un sonido que sirve como referencia para afinar o entonar otros instrumentos: *no puedo afinar mi violín si no tengo un diapasón.* **SIN** afinador. **2** MÚS. Pieza de madera que cubre el mástil o palo de los instrumentos musicales de cuerda: *el diapasón de esta guitarra es largo y estrecho.*

diapositiva *n. f.* Fotografía sacada directamente en positivo y en película u otro material transparente: *busca las diapositivas en que sale nuestro hijo para proyectárselas a los abuelos.* **SIN** filmina.

diario, -ria *adj.* **1** Que ocurre o se repite cada día: *tenemos entrenamiento diario este verano.* **SIN** cotidiano. ◇ *n. m.* **2** Libro en el que una persona va escribiendo día a día, o divididos por días, hechos o pensamientos íntimos: *muchos adolescentes apuntan en su diario las cosas que les pasan.* **diario de a bordo** Libro en el que la persona que manda una embarcación anota los hechos que suceden en un viaje. **3** Periódico que se publica todos los días: *los lunes sale un artículo mío en el diario local.*
de diario Que se usa o sucede cotidianamente, en días laborables: *como es domingo, me pondré la ropa de fiesta y lavaré la de diario.*
DER diariamente.

diarrea *n. f.* Alteración del aparato digestivo que se manifiesta con la expulsión frecuente de excrementos líquidos: *no puedo salir a la calle porque tengo diarrea.* **SIN** descomposición. **ANT** estreñimiento.

dictador

diarrea mental *coloquial* Confusión de ideas o ausencia de lógica en los razonamientos: *ha leído muchos libros, pero de un modo tan rápido y desordenado que tiene una gran diarrea mental.*

diáspora *n. f.* **1** Dispersión de un pueblo o comunidad humana por diversos lugares del mundo, especialmente la de los judíos después de la destrucción de Jerusalén por Tito (70 d. de C.): *las invasiones de unos pueblos por otros provocaron muchas diásporas.* **2** Dispersión de un grupo numeroso de personas: *al pie de la montaña se produjo la diáspora de los excursionistas.*

diástole *n. f.* **1** Expansión rítmica del corazón y las arterias que se produce cuando la sangre purificada entra en ellas: *la sístole y la diástole son dos movimientos del corazón.* **2** Licencia poética que consiste en usar como larga una sílaba breve en la poesía griega y latina: *Ovidio fue un maestro en el uso de las diástoles.*

diatomea *n. f.* Alga unicelular que tiene una concha y que habita en el mar y en el agua dulce.

diatónico, -ca *adj.* **1** MÚS. [semitono] Que se forma entre dos notas de distinto nombre: *de sol a la bemol hay un semitono diatónico.* **2** MÚS. [escala, sistema] Que procede por la alternancia de dos tonos y un semitono, y de tres tonos y un semitono.

diatriba *n. f.* Discurso hablado o escrito que es ofensivo y violento contra una persona, un grupo o una cosa: *el orador lanzó una cruel diatriba contra sus oponentes políticos.*

dibujante *n. com.* Persona que dibuja: *nunca fui un buen dibujante; me gusta esta revista, sobre todo por la calidad de sus dibujantes.*

dibujar *v. tr.* **1** Representar la figura de una persona, un animal o una cosa en una superficie mediante líneas trazadas con instrumentos adecuados: *en su cuaderno, dibujó el mar y, al fondo, las montañas.* **2** Describir o contar la realidad con gran viveza y fidelidad: *con sus palabras, iba dibujando su casa y casi la veíamos allí; es un autor que dibuja muy bien los ambientes de las tabernas.* ◇ *v. prnl.* **3 dibujarse** Aparecer, mostrarse o verse, pero sin claridad ni exactitud: *allí se dibuja un camino: ojalá sea el que buscamos.*
DER dibujante, dibujo; desdibujarse.

dibujo *n. m.* **1** Técnica de dibujar: *no se me da bien la asignatura de dibujo.* **2** Representación de la figura de una persona, un animal o una cosa en una superficie mediante líneas trazadas con instrumentos adecuados: *los dibujos de Lorca son muy interesantes.* **3** Forma que resulta de combinarse las líneas, figuras y otros elementos que adornan una cosa: *esa corbata no tiene un dibujo muy bonito, porque los colores no armonizan entre sí.*

dibujos animados Película en la que los personajes son figuras dibujadas que se mueven gracias a técnicas de animación: *de entre las películas de dibujos animados, mi hija prefiere Dumbo.*

dicción *n. f.* **1** Manera de emitir los sonidos al hablar: *como es extranjero, su dicción se me hace extraña.* **SIN** pronunciación. **2** Conjunto de características que definen la manera de hablar y escribir de una persona: *el profesor tiene una dicción muy esmerada; es un escritor que descuida mucho su dicción.*
DER diccionario.
ETIM Véase *decir*.

diccionario *n. m.* **1** Libro o inventario en el que se recoge y define, generalmente en orden alfabético, un conjunto de palabras de una o más lenguas o de una materia determinada: *cuando no sepas el significado de una palabra, búscala en un diccionario; un diccionario de la lengua española le ayudará a ampliar su vocabulario.* **2** Libro en el que se recoge y explica un conjunto de palabras de una ciencia, una especialidad o de un aspecto especial de la lengua: *diccionario de sinónimos; diccionario de animales; diccionario escolar.*
DER diccionarista.

diccionarista *n. com.* Persona experta en la confección de diccionarios o que redacta artículos de diccionario: *un buen diccionarista ha de ser muy exacto en las definiciones.*
SIN lexicógrafo.

dicha *n. f.* **1** Sentimiento de gran alegría, bienestar y satisfacción: *la dicha de ver a su nieto recién nacido le impedía pronunciar palabra.* **SIN** felicidad. **ANT** infelicidad. **2** Acontecimiento o situación que causa alegría, bienestar y satisfacción: *tuvo la dicha de encontrar un trabajo.* **SIN** felicidad.
DER dichoso; desdichado.

dicharachero, -ra *adj./n. m. y f.* [persona] Que tiene una conversación amena y ocurrente: *me gusta hablar con tu hermana porque es muy dicharachera y divertida.*

dicho *part.* **1** Participio irregular de *decir*. También se usa como adjetivo: *me han dicho que viene tu hermano; dicho individuo es indeseable.* ◇ *n. m.* **2** Palabra o conjunto de palabras mediante las cuales se dice una cosa o se expresa una idea, especialmente si tiene gracia o contiene una sentencia: *tienes un dicho para cada ocasión.* **SIN** decir.

dicho y hecho Expresión que indica que una cosa se hace en el momento, de forma inmediata: *le pedí que me prestara su coche y, dicho y hecho, me entregó las llaves inmediatamente.*

mejor dicho Expresión que aclara o concreta una palabra o una frase anterior: *ve a la tienda y cómprate algo para merendar, mejor dicho, cómprate un bocadillo.*
DER dicharachero; antedicho, entredicho, sobredicho, redicho.

dichoso, -sa *adj.* **1** Que siente o proporciona una gran alegría, bienestar y satisfacción: *estoy muy dichoso de que haya venido a verme; espero el día dichoso en que contraiga matrimonio.* **2** *coloquial* Que desagrada, causa enfado o fastidia: *esos dichosos golpes en la pared no me dejan dormir; estoy harto de tus dichosas bromas.* Tiene sentido despectivo. **3** Que es poco acertado o afortunado: *¡dichoso el día que te conocí!* Tiene sentido irónico.

diciembre *n. m.* Último mes del año: *el 28 de diciembre se celebra el día de los Santos Inocentes.*
ETIM Véase *diez*.

dicotiledóneo, -nea *adj./n. f.* **1** [planta] Que pertenece a la clase de las dicotiledóneas: *el girasol es una planta dicotiledónea.* ◇ *n. f. pl.* **2 dicotiledóneas** Clase de plantas angiospermas cuyos embriones tienen dos cotiledones: *las margaritas y los crisantemos son dicotiledóneas.*

dicotomía *n. f.* División de una cosa o una materia en dos partes o grupos, generalmente opuestos entre sí: *la dicotomía entre las carreras de ciencias y letras obliga a una elección importante.*

dictado *n. m.* **1** Discurso hablado o lectura de un texto que hace una persona para que otra u otras lo copien por escrito: *durante el dictado del profesor me distraje y perdí el hilo.* **2** Texto escrito que una persona ha copiado fielmente de lo que otra dijo o leyó: *el dictado tenía dos faltas de ortografía.* ◇ *n. m. pl.* **3 dictados** Normas, indicaciones o sugerencias de la razón, la moral u otra cosa: *siguiendo los dictados de la lógica, tiré por el camino corto.*

al dictado Por mandato o indicación: *no tiene personalidad: actúa al dictado de lo que le dice su padre.*

dictador, -ra *n. m. y f.* **1** Soberano o gobernante que go-

dictadura

bierna con un poder total sin someterse a las leyes ni a limitaciones: *las leyes de la democracia impiden que llegue un dictador al poder*. **SIN** déspota, tirano. ◇ *adj./n. m. y f.* **2** [persona] Que abusa de su superioridad, de su fuerza o de su poder en su relación con los demás: *es una dictadora a la hora de hablar de los estudios de sus hijos: quiere que estudien lo que ella diga*. **SIN** déspota, tirano.
DER dictadura, dictatorial.

dictadura *n. f.* **1** Sistema político en el que una sola persona o una institución gobierna con poder total, sin someterse a leyes ni a limitaciones: *en Centroamérica ha habido muchas dictaduras*. **SIN** autocracia, totalitarismo. **2** País cuyo sistema político consiste en que una sola persona o una institución gobierna con poder total, sin someterse a leyes ni a limitaciones: *Chile, en 1973, se convirtió en una dictadura*. **3** Tiempo que dura el gobierno de un país por este sistema: *durante la dictadura hubo muchos abusos*.

dictáfono *n. m.* Aparato que graba y reproduce las palabras que se le dictan o las conversaciones: *algunos escritores usan un dictáfono para grabar las ideas que se les ocurren*.

dictamen *n. m.* Opinión técnica y experta que se da sobre un hecho o una cosa: *para formarnos un juicio sobre este asunto necesitamos el dictamen de un jurista*.

dictaminar *v. intr.* Dar una opinión técnica y experta sobre un hecho o una cosa: *la policía dictaminará acerca de las causas del asesinato*.

dictar *v. tr.* **1** Hablar una persona o leer un texto en voz alta para que otra u otras lo copien por escrito: *el jefe dictó varias cartas a su secretario*. **2** Hacer pública una nueva norma o una sentencia: *el Gobierno dictó una ley de cargos públicos; esperamos que el juez dicte pronto sentencia*. **SIN** promulgar. **3** Indicar, sugerir o empujar a hacer una cosa: *contrajo matrimonio con él porque se lo dictaban sus sentimientos*.
DER dictado, dictador, dictamen.

dictatorial *adj.* **1** De una dictadura o que tiene relación con este sistema político: *los regímenes dictatoriales no garantizan las libertades básicas*. **2** Del dictador o que tiene relación con este soberano o gobernante: *en la calle es muy agradable, pero con sus empleados toma una actitud dictatorial*.

didáctica *n. f.* Disciplina que estudia las técnicas y métodos de enseñanza: *los profesores reciben clases de didáctica para enseñar mejor*.

didáctico, -ca *adj.* **1** De la didáctica o que tiene relación con esta disciplina: *será un buen maestro porque tiene una gran formación didáctica*. **2** Que sirve o está hecho para enseñar: *en televisión emiten muy pocos programas didácticos*. **SIN** pedagógico.
DER didáctica, didacticismo, didactismo; autodidáctico.

didactismo *n. m.* Dominio de las técnicas y métodos de enseñanza: *da sus clases con gran didactismo*.

diecinueve *num. card.* **1** Indica que el nombre al que acompaña o al que sustituye está 19 veces: *son diecinueve pesetas*. Puede ser determinante: *vinieron diecinueve chicos*, o pronombre: *vinieron los diecinueve*. ◇ *n. m.* **2** Nombre del número 19. ◇ *num. ord.* **3** Indica que el nombre al que acompaña o al que sustituye ocupa el lugar número 19 en una serie: *soy el diecinueve de la lista*. **SIN** decimonoveno. Es preferible el uso del ordinal: *decimonoveno*.
DER diecinueveavo.

diecinueveavo, -va *num.* Parte que resulta de dividir un todo en 19 partes iguales: *eran 19 personas y le correspondió a cada uno un diecinueveavo*.

diechochavo, -va *num.* Diechochavo.

OBS La Real Academia Española admite *diechochavo*, pero prefiere la forma *diechochoavo*.

diechochesco, -ca *adj.* Del siglo XVIII o que tiene relación con él: *es un enamorado del arte diechochesco francés*.

dieciocho *num. card.* **1** Indica que el nombre al que acompaña o al que sustituye está 18 veces: *son dieciocho pesetas*. Puede ser determinante: *vinieron dieciocho chicos*, o pronombre: *vinieron los dieciocho*. ◇ *n. m.* **2** Nombre del número 18. ◇ *num. ord.* **3** Indica que el nombre al que acompaña o al que sustituye ocupa el lugar número 18 en una serie: *soy el dieciocho de la lista*. **SIN** decimoctavo. Es preferible el uso del ordinal: *decimoctavo*.
DER dieciochavo, dieciochesco, dieciochoavo.

dieciochoavo, -va *num.* Parte que resulta de dividir un todo en 18 partes iguales: *eran 18 personas y le correspondió a cada uno un dieciochoavo*. **SIN** dieciochavo.

dieciséis *num. card.* **1** Indica que el nombre al que acompaña o al que sustituye está 16 veces: *son dieciséis pesetas*. Puede ser determinante: *vinieron dieciséis chicos*, o pronombre: *vinieron los dieciséis*. ◇ *n. m.* **2** Nombre del número 16. ◇ *num. ord.* **3** Indica que el nombre al que acompaña o al que sustituye ocupa el lugar número 16 en una serie: *soy el dieciséis de la lista*. **SIN** decimosexto. Es preferible el uso del ordinal: *decimosexto*.
DER dieciseisavo.

dieciseisavo, -va *num.* Parte que resulta de dividir un todo en 16 partes iguales: *eran 16 personas y le correspondió a cada uno un dieciseisavo*.

diecisiete *num. card.* **1** Indica que el nombre al que acompaña o al que sustituye está 17 veces: *son diecisiete pesetas*. Puede ser determinante: *vinieron diecisiete chicos*, o pronombre: *vinieron los diecisiete*. ◇ *n. m.* **2** Nombre del número 17. ◇ *num. ord.* **3** Indica que el nombre al que acompaña o al que sustituye ocupa el lugar número 17 en una serie: *soy el diecisiete de la lista*. **SIN** decimoséptimo. Es preferible el uso del ordinal: *decimoséptimo*.
DER diecisieteavo.

diecisieteavo, -va *num.* Parte que resulta de dividir un todo en 17 partes iguales: *eran 17 personas y le correspondió a cada uno un diecisieteavo*.

diedro *n. m.* En geometría, conjunto de dos semiplanos que están limitados por la misma recta. ☞ ángulos.

diente *n. m.* **1** Pieza dura y blanca que crece con otras en la boca del hombre y otros animales; sirve para cortar y masticar los alimentos y, en los animales, también para defenderse: *el odontólogo es el médico que trata los dientes; cepíllate los dientes después de cada comida*. ☞ boca. **diente de leche** Diente que se cae y sustituye por otro durante el crecimiento de los niños: *ya no le queda ningún diente de leche: los ha mudado todos*. **2** Punta o saliente que tiene el borde o superficie de una cosa, especialmente de ciertos instrumentos y herramientas: *diente de sierra; el peine se ha caído y se le ha roto un diente*.

armarse hasta los dientes Proveerse de armas en gran cantidad: *el soldado estaba armado hasta los dientes y, además, llevaba mucha munición*.

decir (o **hablar**) **entre dientes** Hablar muy bajo y de modo que no se entienda lo que se dice o murmurar lamentos y protestas: *estaba enfadado y se pasó toda la tarde hablando solo entre dientes*.

diente de ajo Parte de una cabeza de ajo, que se divide en varias de ellas individualizadas con su tela y cáscara: *para hacer pollo al ajillo hay que echarle varios dientes de ajo*.

hincar (o **meter**) **el diente** *coloquial a)* Apropiarse de una

cosa que pertenece a otra persona: *es un caradura que le hinca continuamente el diente a los ahorros de su abuelo.* b) Empezar a comer: *híncale el diente a ese estofado que huele tan bien.* c) Abordar un asunto con decisión y empezar a resolverlo: *híncale el diente a ese problema antes de que se complique más.*
poner los dientes largos *coloquial* Sentir o provocar deseo o envidia: *su vestido nuevo me ha puesto los dientes largos.*
ETIM *Diente* procede del latín *dens, dentis,* que tenía el mismo significado, voz con la que también están relacionadas *dentado, dental, dentellar, dentera, dentición, dentículo, dentífrico, dentina, dentista, dentudo.*

diente

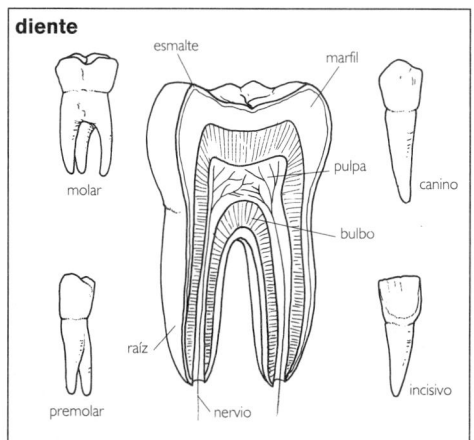

diéresis *n. f.* **1** GRAM. Signo de ortografía que en la lengua española se coloca sobre la vocal *u* de las sílabas *gue* y *gui* cuando aquélla debe pronunciarse: *como llevan diéresis, la u se pronuncia en* vergüenza *y* agüita. **2** GRAM. Pronunciación en sílabas distintas de dos vocales que suelen pronunciarse como diptongo; se indicaba con la diéresis sobre la primera vocal del diptongo: *el poeta Rodrigo Caro escribe frecuentemente* ariete *con diéresis sobre la* i: *aríete.*
OBS El plural también es *diéresis.*
diésel *n. m.* Motor de explosión que funciona con gasóleo: *aunque tiene un motor diésel, este coche acelera con rapidez.* **2** Vehículo que tiene ese motor: *voy a comprarme un diésel porque viajo mucho en coche.*
OBS La Real Academia Española sólo registra la forma *Diesel.*
diestra *n. f.* Mano situada en el lado opuesto al que corresponde al corazón en el ser humano: *sujeta la baraja con la mano izquierda y reparte las cartas con la diestra.* **SIN** derecha. **ANT** izquierda, siniestra.
diestro, -tra *adj.* **1** [cosa, parte de ella] Que está situado, en relación con la posición de una persona, en el lado opuesto al que corresponde al corazón en el ser humano: *es un gran futbolista con la pierna diestra.* **SIN** derecho. **ANT** izquierdo. **2** [persona] Que tiene capacidad, habilidad y experiencia en hacer una cosa o desarrollar una actividad: *es muy diestro reparando electrodomésticos.* **SIN** ducho. ◊ *adj./n. m. y f.* **3** [persona] Que tiene mayor habilidad con la mano y con la pierna derechas o que usa perfectamente la mano derecha: *se le cayó la bandeja porque, siendo diestro, la llevaba con la mano izquierda.* **ANT** zocato, zurdo. ◊ *n. m.* **4** Persona que torea en las plazas de toros y a cuyo cargo está la dirección de la lidia del toro: *el diestro triunfó y cortó dos orejas.* **SIN** espada, maestro, matador.
DER diestra; adiestrar.
ETIM *Diestro* procede del latín *dexter, -ra, -rum,* que tenía el mismo significado, voz con la que también está relacionada *destreza.*

dieta *n. f.* **1** Regulación de la cantidad y el tipo de alimentos que debe tomar una persona: *debe seguir una dieta porque tiene el estómago enfermo; desde que sigue una dieta, ha adelgazado diez kilos.* **SIN** régimen. **2** Conjunto de comidas y bebidas que toma o debe tomar una persona que tiene regulada su alimentación: *su dieta se compone, sobre todo, de frutas y pescados.* **SIN** régimen. **3** Cantidad de dinero que se da a una persona para cubrir los gastos que le supone trabajar fuera de su lugar habitual: *mi empresa me abonará la dieta correspondiente a esta comida.* Se usa frecuentemente en plural.
estar a dieta Tener una persona regulado su régimen de comidas: *desde que se dedica profesionalmente al atletismo, está a dieta.* **SIN** régimen.
DER dietario, dietética.
dietario *n. m.* Libro en el que se escriben o anotan las cantidades de dinero que se reciben y gastan cada día: *tiene un dietario para saber cuánto gasta cada mes.*
dietética *n. f.* MED. Disciplina que estudia los tipos y reglas de la alimentación para mantener la salud o curar una enfermedad: *la dietética aconseja no cenar alimentos que sean de lenta digestión.*
DER dietético.
dietético, -ca *adj.* **1** De la dietética o que tiene relación con esta disciplina: *no sigues los consejos dietéticos que te dio tu médico.* **2** [alimento] Que se toma como parte de una dieta: *toma productos dietéticos para mantenerse en forma.*
diez *num. card.* **1** Indica que el nombre al que acompaña o al que sustituye está 10 veces: *son diez pesetas.* Puede ser determinante: *vinieron diez chicos,* o pronombre: *vinieron los diez.* ◊ *n. m.* **2** Nombre del número 10. ◊ *num. ord.* **3** Indica que el nombre al que acompaña o al que sustituye ocupa el lugar número 10 en una serie: *soy el diez de la lista.* **SIN** décimo. Es preferible el uso del ordinal: *décimo.*
DER diezmo; diecinueve, dieciocho, dieciséis, diecisiete, diezmilésimo.
ETIM *Diez* procede del latín *decem,* que tenía el mismo significado, voz con la que también están relacionadas *decena, décimo, denario, décuplo, diciembre.*
diezmar *v. tr.* Causar gran cantidad de muertos, heridos o enfermos en un conjunto de personas, especialmente en una población: *el terremoto ha diezmado la ciudad, ya que hay miles de muertos y heridos.*
diezmilésimo, -ma *num. ord.* **1** Indica que el nombre al que acompaña o al que sustituye ocupa el lugar número diez mil en una serie: *es la diezmilésima vez que lo digo; soy el diezmilésimo de la lista.* Puede ser determinante: *la diezmilésima vez,* o pronombre: *el diezmilésimo de la lista.* **2** Parte que resulta de dividir un todo en 10 000 partes iguales: *eran 10 000 personas y le correspondió a cada una un diezmilésimo.*
diezmo *n. m.* Parte de la cosecha o de los frutos, generalmente la décima, que entregaban los fieles a la Iglesia: *a algunos campesinos les costaba mucho esfuerzo pagar el diezmo anual.*
DER diezmar.
difamación *n. f.* Ofensa a una persona o a un grupo en su fama o en su honra, especialmente en público o en un

difamar

medio público: *es una difamación intolerable que digas que soborno a mis empleados.*

difamar *v. tr.* Hablar mal de una persona o de un grupo, ofendiendo su fama y su honor, especialmente en público o en un medio público: *me ha difamado al decir delante de tanta gente que soy un estafador.* **SIN** denigrar, denostar.
DER difamación, difamatorio.

difamatorio, -ria *adj.* Que ofende la fama o el honor de una persona o un grupo: *fue un discurso difamatorio contra sus adversarios políticos.*

diferencia *n. f.* **1** Cualidad, característica o circunstancia que hace que dos personas o cosas no sean iguales entre sí: *la diferencia entre tu coche y el mío es evidente: ni siquiera se trata del mismo modelo; hay una gran diferencia entre mis hijos: uno es tímido y el otro lanzado.* **ANT** igualdad. **2** Falta de acuerdo, oposición de ideas o disputa entre personas o grupos: *son dos partidos políticos con diferencias insalvables entre ellos.* **3** MAT. Cantidad que resulta de restar otras dos entre sí: *si resto veinte de treinta, la diferencia es diez.*
a diferencia de De modo distinto de: *a diferencia del resto de mis compañeros, nunca se queda a jugar al fútbol después de clase.*
DER diferenciación, diferencial, diferenciar.

diferenciación *n. f.* **1** Determinación de la cualidad, característica o circunstancia que hace que dos personas o cosas no sean iguales entre sí: *supo ver a tiempo la diferenciación entre estudiar o hacer el holgazán.* **2** MAT. Operación por la cual se determina una diferencial o una derivada.

diferencial *adj.* **1** Que hace que dos personas o cosas no sean iguales entre sí: *existe un aspecto diferencial que distingue estas dos fotografías: una es más clara que la otra.* ◇ *n. m.* **2** Mecanismo de un automóvil que hace que el movimiento de las ruedas que tienen el mismo eje sea independiente: *el diferencial permitió que no todas las ruedas tomaran la curva a la misma velocidad.* ◇ *n. f.* **3** MAT. Diferencia infinitamente pequeña de una variable: *la diferencial de esta variable se corresponde con un incremento muy pequeño de la función.*

diferenciar *v. tr./prnl.* **1** Determinar la cualidad, característica o circunstancia que hace que dos personas o cosas no sean iguales entre sí: *no es capaz de diferenciar un mulo de un asno; con su comportamiento noble, se diferenció de los demás miembros de la banda.* **SIN** distinguir. ◇ *v. tr.* **2** Hacer que una persona, un grupo o una cosa no sea igual que otras: *una buena madre no diferencia a sus hijos: a todos los trata del mismo modo.* ◇ *v. prnl.* **3** diferenciarse Dividirse en partes o elementos diferentes un tejido u órgano que forma un todo: *durante la germinación se diferencian las principales partes de una planta.* **4** Distinguirse entre los demás por una virtud o cualidad: *le han ascendido en la empresa porque se ha diferenciado por su capacidad y esfuerzo.*
OBS En su conjugación, la *i* no se acentúa, como en *cambiar.*

diferente *adj.* Que es distinto de otro o que no es igual: *mi mochila es diferente de la tuya hasta en el color; este asunto se puede analizar desde diferentes perspectivas.*
DER diferencia; indiferente.

diferido Palabra que se utiliza en la locución *en diferido,* que significa 'que se emite u ofrece al público un tiempo después de que haya sucedido', generalmente dicho de una transmisión de radio o televisión: *sólo veo partidos de fútbol en diferido si no sé todavía su resultado.*
OBS Es el participio de *diferir.*

diferir *v. tr.* **1** Retrasar o suspender la ejecución de una cosa: *hay que diferir hasta el mes próximo la compra del apartamento.* **SIN** aplazar, retardar, retrasar. **ANT** adelantar, antici-

par. ◇ *v. intr.* **2** Ser diferente o distinguirse: *estos dos proyectos difieren en muchas cosas.* **3** No estar de acuerdo una persona con otra en un asunto concreto: *difiero absolutamente de la ideología de mi hermano.* **SIN** discrepar, disentir, divergir.
DER diferencia, diferente, diferido.
OBS En su conjugación, la *e* se convierte en *ie* en sílaba acentuada o en *i* en algunos tiempos y personas, como en *hervir.*

difícil *adj.* **1** [cosa] Que no se puede hacer, entender o conseguir sin emplear mucha habilidad, inteligencia o esfuerzo: *la filosofía me resulta una asignatura difícil; ser ingeniero es difícil.* **SIN** dificultoso. **ANT** fácil. **2** [acción, hecho] Que no es probable que suceda: *es difícil que me toque la lotería.* **ANT** fácil. **3** [persona] Que es de trato desagradable porque tiene mal carácter y causa problemas: *está siempre preocupado porque tiene un hijo difícil.*
DER difícilmente, dificultad, dificultar, dificultoso.

dificultad *n. f.* **1** Obstáculo o inconveniente que impide o entorpece la realización o consecución de una cosa: *a la hora de montar un negocio, me surgieron miles de dificultades.* **SIN** problema. **2** Conjunto de circunstancias por las que no se puede hacer, entender o conseguir una cosa sin emplear mucha habilidad, inteligencia o esfuerzo: *la dificultad de conseguir un trabajo.*

dificultar *v. tr.* Poner obstáculos o inconvenientes que impidan o entorpezcan la realización o consecución de una cosa: *su intransigencia dificulta que se llegue a un acuerdo; el fuerte viento dificultó la labor de los bomberos.* **SIN** entorpecer, obstaculizar. **ANT** facilitar, favorecer.

dificultoso, -sa *adj.* [cosa] Que no se puede hacer, entender o conseguir sin emplear mucha habilidad, inteligencia o esfuerzo: *es un libro dificultoso porque usa muchas palabras técnicas.* **SIN** difícil. **ANT** fácil.

difteria *n. f.* Enfermedad grave que consiste en una infección de las vías respiratorias que produce ahogos: *la difteria provoca la inflamación de la faringe y la laringe.*

difuminar *v. tr./prnl.* **1** Disminuir la claridad y exactitud de una cosa, especialmente de un paisaje, una figura o un objeto: *el humo del bar difuminaba las caras de los clientes.* **2** Disminuir la intensidad de un color, un olor o un sonido, generalmente de modo progresivo: *nos alejábamos de la costa y el sonido del mar iba difuminándose en nuestros oídos.* ◇ *v. tr.* **3** Frotar ligeramente con los dedos o con un objeto las líneas y colores de un dibujo para que pierdan claridad y exactitud: *algunos pintores difuminan las figuras del fondo de sus cuadros.*
DER difuminado.

difundir *v. tr./prnl.* **1** Extender por el espacio en todas las direcciones: *abre la ventana y que se difunda el aire por toda la casa.* ◇ *v. tr.* **2** Dar a conocer a un gran número de personas una cosa, generalmente un hecho o noticia: *la canción fue difundida por los cinco continentes.* **SIN** divulgar.
DER difusión, difusivo, difuso, difusor.

difunto, -ta *adj./n. m. y f.* **1** [persona] Que ha muerto: *no permito que insultes el nombre de mi difunto padre.* **SIN** muerto. ◇ *n. m.* **2** Persona muerta: *velaron toda la noche el cuerpo del difunto.* **SIN** cadáver, cuerpo, muerto.
ETIM *Difunto* procede del latín *defunctus,* 'cumplir', voz con la que también está relacionada *defunción.*

difusión *n. f.* **1** Extensión por el espacio en todas direcciones: *este nuevo altavoz permitirá la difusión del sonido por todo el local.* **2** Conocimiento de una cosa por un gran número de personas: *tu libro tiene una difusión enorme; la noticia del atentado tuvo una gran difusión.* **3** Falta de exactitud, claridad y brevedad, especialmente en un escrito: *es un ensayo insoportable, ¡qué difusión para exponer cualquier cosa!*

DER teledifusión.

difuso, -sa *adj.* Que es poco claro en sus límites, exacto o concreto: *utiliza argumentos difusos; es una fotografía muy difusa.*

difusor, -ra *adj./n. m. y f.* **1** Que da a conocer una cosa a un gran número de personas: *las universidades son centros difusores de la ciencia y el pensamiento.* ◇ *n. m.* **2** Parte de un aparato que extiende el aire en todas direcciones: *algunos secadores tienen un difusor.*

digerible *adj.* [alimento] Que puede ser digerido con facilidad: *las verduras son digeribles.* **SIN** digestible.

digerir *v. tr.* **1** Convertir un alimento por medio del aparato digestivo en sustancias que el organismo asimila: *la comida china se digiere con rapidez.* **2** Aceptar un hecho desgraciado y sobreponerse a él: *le costará digerir la muerte de su madre; no ha podido digerir la mala noticia.* Se suele usar en frases negativas. **3** Considerar o pensar una cosa con cuidado y atención: *está digiriendo la oferta que le han presentado.*
DER digerible, digestible, digestión, digestivo.
OBS En su conjugación, la e se convierte en ie en sílaba acentuada o en i en algunos tiempos y personas, como en *hervir*.

digestible *adj.* [alimento] Que puede ser digerido con facilidad: *antes de dormir, conviene tomar comidas digestibles.* **SIN** digerible.

digestión *n. f.* Transformación, por medio del aparato digestivo, de un alimento en sustancias que el organismo asimila: *come tan rápido que tiene unas digestiones largas y pesadas.*

digestivo, -va *adj.* **1** De la digestión o que tiene relación con ella o con los órganos que intervienen en este proceso: *ha ido al médico porque su sistema digestivo no le funciona bien; algunos alimentos le producen problemas digestivos.* ◇ *adj./n. m.* **2** [sustancia] Que facilita la digestión de los alimentos: *toma una taza de manzanilla después de almorzar, porque es un buen digestivo.*
DER indigesto.

digitación *n. f.* **1** MÚS. Técnica del movimiento y de la utilización de los dedos al tocar un instrumento musical: *ha comprado un manual de digitación para aumentar su agilidad con la guitarra.* **2** MÚS. Sistema de números que se usa en la escritura musical para indicar con qué dedo se tiene que ejecutar cada nota en un instrumento.

digital *adj.* **1** De los dedos o que tiene relación con ellos: *huellas digitales.* **SIN** dactilar. **2** [aparato, instrumento] Que representa una medida mediante números: *un reloj digital; un teléfono digital.* **ANT** analógico.
DER digitalina, digitalizar; digitígrado.

digitalizar *v. tr.* INFORM. Poner en números un texto, una señal o un signo siguiendo ciertas reglas: *un escáner puede digitalizar una imagen y convertirla en un archivo de información.*
OBS En su conjugación, la z se convierte en c delante de e.

dígito *adj./n. m.* [número] Que se representa o escribe mediante un solo signo: *el 5 es un número dígito; el número 1127 está formado por cuatro dígitos.*
DER digitado, digital.
ETIM Véase *dedo*.

diglosia *n. f.* GRAM. Coexistencia de dos lenguas en una comunidad de hablantes, pero teniendo una de ellas mayor prestigio político y social que la otra y gozando por ello de ciertos privilegios. **SIN** bilingüismo.

dignarse *v. prnl.* Tener la consideración de hacer una cosa o admitir hacerla: *se dignó darle la mano a su contrincante.*

dignatario, -ria *n. m. y f.* Persona que ocupa un cargo o puesto de mucha autoridad, prestigio y honor: *en la ONU se reúnen muchos dignatarios de diferentes países.* **SIN** dignidad.

dignidad *n. f.* **1** Respeto y estima que una persona tiene de sí misma y merece que se lo tengan las demás personas: *tras las feroces críticas, mantuvo la dignidad y presentó la dimisión; mi dignidad me impide aceptar tu chantaje.* **2** Respeto y estima que merece una cosa o una acción: *causó admiración la dignidad de su decisión.* **ANT** indignidad. **3** Cargo o puesto de mucha autoridad, prestigio y honor: *en 1975, Juan Carlos I recibió la dignidad de Rey de España.* **4** Persona que ocupa un cargo o puesto de mucha autoridad, prestigio y honor: *llegaron al palacio todas las dignidades invitadas a la fiesta.* **SIN** dignatario.

dignificar *v. tr.* Hacer que tenga dignidad o aumentar la que tiene una persona, un grupo o cosa: *hay que dignificar las condiciones de vida de muchas personas marginadas.*
OBS En su conjugación, la c se convierte en qu delante de e.

digno, -na *adj.* **1** [persona] Que tiene respeto y buena estima de sí mismo y merece que se lo tengan las demás personas: *es un señor tan digno que no admitirá nunca que lo humillen.* **2** [cosa, acción] Que merece respeto y estima: *aunque las cosas le vayan mal, no pierde su digna actitud de siempre.* **3** Que merece una cosa: *su enfermedad le hace digno de compasión; tu mala acción es digna de ser castigada.* **4** Que se corresponde con las cualidades, virtudes o modos de comportamiento de una persona o cosa: *su reacción airada fue digna de su carácter; su gesto fue digno del hombre educado que es.* **ANT** indigno.
DER dignarse, dignatario, dignidad, dignificar; indigno.

dígrafo *n. m.* GRAM. Agrupación de dos letras que representa un solo sonido: *las dos eles de callar forman un dígrafo.*

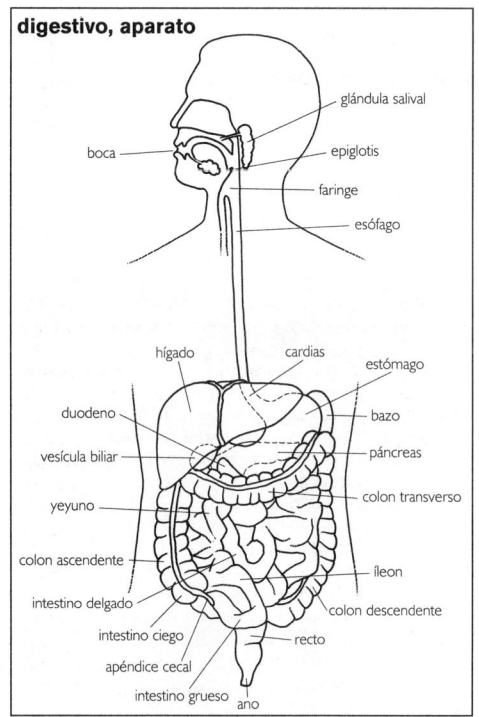

digestivo, aparato

- glándula salival
- boca
- epiglotis
- faringe
- esófago
- hígado
- cardias
- estómago
- duodeno
- bazo
- vesícula biliar
- páncreas
- yeyuno
- colon transverso
- colon ascendente
- íleon
- intestino delgado
- colon descendente
- intestino ciego
- recto
- apéndice cecal
- intestino grueso
- ano

digresión   n. f. Parte de un discurso hablado o escrito que no tiene relación directa con el asunto principal que se está tratando: *hablaba de las leyes, pero se fue por las ramas e hizo una larguísima digresión sobre la política actual.*

dilación   n. f. Retraso en un proceso o una actividad: *estoy aburrido; espero que empiece el segundo acto de la obra sin más dilación.* **SIN** demora.
DER dilatorio.

dilapidación   n. f. Gasto de una cosa, generalmente dinero o bienes materiales, sin orden, sentido ni cuidado: *mi hermano ha hecho una total dilapidación de nuestra común herencia.* **SIN** derroche, despilfarro, dispendio.

dilapidar   v. tr. Gastar sin orden, sentido ni cuidado una cosa, generalmente dinero o bienes materiales: *dilapida su sueldo mensual en una semana.* **SIN** derrochar, despilfarrar.
DER dilapidación.

dilatación   n. f. **1** FÍS. Aumento del volumen o de la longitud de un cuerpo por elevación de su temperatura: *el fuego dilata los metales.* **2** MED. Aumento del diámetro o anchura de un conducto: *el médico ha procedido a la dilatación de una vena.* **3** Prolongación de algo en el tiempo: *la dilatación del juicio no nos favorece.*

dilatado, -da   adj. Que se extiende mucho en el espacio o en el tiempo: *fue una espera tan dilatada que aguardamos varias horas.*
OBS Es el participio de *dilatar*.

dilatar   v. tr./prnl. **1** Hacer que una cosa ocupe más espacio: *el calor dilata algunos cuerpos.* **2** Prolongar un proceso o una actividad: *el fallo del jurado se dilató durante tanto tiempo que el público se fue marchando.* **SIN** demorar. **3** Hacer que algo dure más tiempo: *el partido se dilató a causa de la prórroga.* **4** Hacer más grande o más intenso: *su prestigio se dilata día tras día.*
DER dilatación, dilatado.

dilatorio, -ria   adj. **1** Que causa retraso: *sus tácticas dilatorias nos han hecho perder mucho tiempo.* **2** DER. Que retrasa una acción, un proceso o un hecho: *el juez autorizó una prórroga dilatoria del plazo para entregar las pruebas.*

dilecto, -ta   adj. [persona, cosa] Que se ama o se aprecia con preferencia a otras: *ahí viene mi amigo dilecto.*

dilema   n. m. **1** Situación de la que es difícil salir porque ofrece dos o más posibilidades: *tengo un gran dilema: no sé si irme de vacaciones este mes o el siguiente.* **SIN** encrucijada. **2** FILOS. Argumento que consiste en plantear dos proposiciones contrarias para llegar a la misma conclusión: *'si sabes algo, algo sabes; si sabes que no sabes nada, algo sabes; en consecuencia, siempre sabes algo'* es un dilema.

diletante   adj./n. m. y f. [persona] Que tiene afición por una o varias artes o disciplinas del saber, o que las practica como aficionado, no profesionalmente: *es un diletante de la música: va a muchos conciertos y toca de oído algunos instrumentos musicales.*
DER diletantismo.

diligencia   n. f. **1** Rapidez y gran actividad al hacer una cosa: *te agradezco la diligencia con que me has matriculado.* **2** Trámite o actuación en un proceso, generalmente administrativo: *ya están en marcha las diligencias para construir mi casa.* **3** DER. Actuación profesional de un juez o de un secretario judicial: *tenemos que saber si el juez ha ordenado nuevas diligencias.* **4** Documento oficial que recoge un trámite o actuación en un proceso: *busca la copia de la diligencia que hicimos en la Diputación.* **5** Vehículo tirado por caballos que se usaba para el transporte de personas: *los viajes en diligencia eran largos y cansados.*
DER diligenciar, diligente.

diligente   adj. [persona] Que es activo y rápido al hacer una cosa: *ten confianza en que acabará el trabajo pronto y bien, porque es una persona diligente.*

dilucidar   v. tr. Explicar o aclarar un asunto o materia: *tendrás que dilucidar si te quedas aquí o te cambias de piso.* **SIN** esclarecer.
DER dilucidación.
ETIM Véase *luz*.

diluir   v. tr./prnl. **1** Hacer líquida una sustancia: *la pastilla se diluyó en el agua.* **SIN** disolver. **2** Separar las partículas de un cuerpo sólido o pastoso en un líquido: *el bizcocho se diluye en la leche.* **SIN** desleír, disolver. **3** Añadir líquido a una disolución para aclararla: *hay que diluir la pintura con disolvente.* **4** Repartir entre varias personas el mando, las responsabilidades o las atribuciones: *la responsabilidad de los hechos se diluye entre varios departamentos.*
DER diluvio, diluyente.
OBS En su conjugación, la *i* se convierte en *y* delante de *a*, *e* y *o*, como en *huir*.

diluvial   adj. [material sedimentario] Que ha sido arrastrado por una corriente violenta de agua.

diluviar   v. impersonal Llover con mucha fuerza y abundancia: *diluvió varios días seguidos y se produjeron grandes inundaciones.*
OBS En su conjugación, la *i* no se acentúa, como en *cambiar*.

diluvio   n. m. **1** Lluvia muy fuerte y abundante: *¡no ira de caer agua! ¡Esto es un diluvio!* **2** Abundancia excesiva de una cosa: *recibí un diluvio de felicitaciones por el premio.*
DER diluvial, diluviar.

diluyente   adj. **1** Que puede hacer líquida una sustancia o deshacer las partes de un cuerpo sólido: *el agua es un diluyente del azúcar.* ◇ adj./n. m. y f. **2** [sustancia líquida] Que se añade a una disolución para disminuir su concentración y hacerla más fluida: *échale un diluyente al óleo, porque está muy endurecido.*

dimanar   v. intr. **1** Venir o salir el agua de su manantial o de una fuente: *el agua que dimana de la fuente ha aumentado con las últimas lluvias.* **SIN** manar. **2** Proceder, tener origen o causa: *este embrollo dimana de la oficina del jefe.*
DER dimanación.

dimensión   n. f. **1** Extensión de una cosa en una dirección determinada: *mide la dimensión de esta línea.* **SIN** proporción. **2** Cada una de las magnitudes que sirven para definir una cosa, generalmente un objeto o un fenómeno físico. **3** Propiedad no física de una cosa: *hay que tener en cuenta la dimensión espiritual del ser humano.* **4** Importancia o extensión que tiene una cosa, generalmente un asunto: *una catástrofe de grandes dimensiones.*
DER bidimensional, tridimensional, unidimensional; sobredimensionar.

diminutivo, -va   adj./n. m. GRAM. [sufijo, palabra] Que indica o expresa pequeñez, afecto, falta de importancia u otros aspectos: *la palabra pedacito nombra un pedazo pequeño de algo.* **ANT** aumentativo.

diminuto, -ta   adj. De tamaño muy pequeño: *el bebé tiene unas uñas diminutas; mi madre tiene un perro diminuto.*
DER diminutivo.

dimisión   n. f. **1** Renuncia a un cargo o puesto que se ocupa: *el público pidió la dimisión del presidente del club.* **2** Documento en que consta la comunicación de la renuncia a un cargo o puesto que se ocupa: *sobre la mesa del presidente está la dimisión del secretario.*

dimitir   v. intr. Renunciar a un cargo o puesto que se ocupa: *cuando esté agotado, dimitiré del cargo de concejal.*

DER dimisión.

dina *n. f.* Unidad de medida de fuerza del sistema cegesimal que equivale a la fuerza que, en un segundo, comunica a una masa de un gramo la aceleración de un centímetro por segundo cada segundo: *una dina equivale a 10^5 newton en el sistema internacional de unidades.*

dinamarqués, -quesa *adj.* **1** De Dinamarca o que tiene relación con este país del norte de Europa. **SIN** danés. ◇ *adj./n. m. y f.* **2** [persona] Que es de Dinamarca: *este verano han venido muchos turistas dinamarqueses.* **SIN** danés. ◇ *n. m.* **3** Lengua que se habla en Dinamarca: *voy a aprender el sueco y el dianamarqués.* **SIN** danés.

dinámica *n. f.* **1** FÍS. Parte de la física que estudia el movimiento de las cosas en relación con las causas que lo producen: *la inercia es un principio de la dinámica.* **2** Conjunto de hechos o fuerzas que actúan para un fin: *estás intranquilo porque la dinámica del trabajo te pone nervioso.*
DER aerodinámica, biodinámica, electrodinámica, geodinámica, hidrodinámica, termodinámica.

dinámico, -ca *adj.* **1** [persona] Que tiene mucha actividad, energía y diligencia para hacer cosas: *es un empleado tan dinámico que hace su trabajo y aún le sobra tiempo para organizar cosas.* **2** De la dinámica o que tiene relación con esta parte de la física: *la invariabilidad de la masa es una ley dinámica.*
DER dinamia, dinámica, dinamismo, dinamizar, dinamo.

dinamismo *n. m.* Actividad, energía y diligencia grandes que tiene una persona para hacer cosas: *admiro su dinamismo para trabajar y estudiar a la vez dos carreras.*

dinamita *n. f.* **1** Sustancia explosiva que se obtiene empapando nitroglicerina en un material poroso que la absorbe: *para hacer el túnel, explotaron parte de la montaña con dinamita.* **2** *coloquial* Persona o cosa que origina agitación y alboroto: *esta noticia va a ser dinamita en la opinión pública.*
DER dinamitar, dinamitero.

dinamitar *v. tr.* **1** Volar o destruir una cosa usando dinamita: *van a dinamitar ese edificio en ruinas antes de que se caiga.* **2** Atacar una cosa con energía, generalmente mediante discursos agresivos: *las continuas discusiones están dinamitando la convivencia en esta casa.*

dinamitero, -ra *adj./n. m. y f.* [persona] Que está especializado en utilizar la dinamita: *los dinamiteros aconsejaron despejar el terreno antes de volar el viejo mercado.*

dinamizar *v. tr./prnl.* Hacer que comience a funcionar una cosa o que tenga un mayor desarrollo e importancia una actividad: *las nuevas medidas del Gobierno pretenden dinamizar la demanda de empleo.*
OBS En su conjugación, la *z* se convierte en *c* delante de *e*.

dinamo o **dínamo** *n. f.* FÍS. Máquina que transforma la energía mecánica en energía eléctrica, o viceversa: *la dinamo de mi bicicleta hace que el faro alumbre si le doy fuerte a los pedales.*

dinamo- Elemento prefijal que entra en la formación de palabras con el significado de 'fuerza', 'energía': *dinamómetro.*

dinamómetro *n. m.* Aparato que sirve para medir fuerzas motrices: *mide con el dinamómetro la presión del agua en esta tubería.*

dinar *n. m.* Moneda y unidad monetaria de varios países, casi todos los del mundo árabe: *la unidad monetaria de Argelia, Libia y Tunicia es el dinar.*

dinastía *n. f.* **1** Serie de reyes que pertenecen a la misma familia: *la dinastía de los Borbones sucedió en el trono de España a la dinastía de los Austrias.* **2** Familia que va transmitiendo entre sus integrantes un gran poder político, económico o cultural: *los Kennedy constituyen una dinastía política; el niño pertenece a una dinastía de magníficos escritores.*
DER dinástico.

dinástico, -ca *adj.* De la dinastía o que tiene relación con ella: *hay un problema dinástico en ese país: no se ponen de acuerdo sobre quién reinará.*

dineral *n. m.* Cantidad grande de dinero: *tiene un sueldo envidiable: gana un dineral cada mes.* **SIN** fortuna.

dinero *n. m.* **1** Conjunto de monedas y billetes que se usan como medio legal de pago en una comunidad de personas: *necesito un poco de dinero para pagar algunas deudas.* **dinero contante y sonante** o **dinero efectivo** *coloquial* Dinero que se tiene en billetes o monedas para usarlo en cualquier momento: *le exigí que me pagara en el acto y con dinero contante y sonante, no con tarjetas de crédito.* **dinero negro** Dinero obtenido de forma ilegal y que se mantiene oculto a la hacienda pública: *las drogas se pagan con dinero negro.* **2** Cantidad o valor de un conjunto de monedas y billetes. **3** Conjunto de riquezas o valores y cosas que se poseen: *no le falta dinero, porque tiene una casa estupenda y su cuenta corriente es muy abultada.*
de dinero *coloquial* [persona, grupo] Que posee abundantes riquezas: *aunque no trabaja, gasta mucho porque es de una familia de dinero.*
DER dineral; adinerado.

dinosaurio *n. m./adj.* Reptil prehistórico que tenía la cabeza pequeña, el cuello y la cola muy largos y se adaptaba a cualquier medio: *los dinosaurios eran de tamaño muy variable.* **SIN** ictiosaurio.

dintel *n. m.* ARQ. Elemento horizontal que cierra la parte superior de una abertura o hueco hecho en un edificio, generalmente una ventana o puerta, y sostiene el muro que hay encima: *coloca el visillo unos pocos centímetros por encima del dintel de la ventana.*
DER adintelado.

diñar Palabra que se utiliza en la forma coloquial *diñarla,* que significa 'morir'.
DER endiñar.

diocesano, -na *adj.* De una diócesis o que tiene relación con ella: *el territorio diocesano de este obispo es muy extenso.*

diócesis *n. f.* Territorio en el que tiene jurisdicción o autoridad religiosa un obispo o un arzobispo: *nuestro obispo se marcha de la ciudad porque le han encomendado otra diócesis.* **SIN** episcopado, obispado, arzobispado.
DER diocesano; archidiócesis.

diodo *n. m.* Componente electrónico de dos electrodos que permite el paso de la corriente en un solo sentido: *este transformador de corriente tiene varios diodos.*

dioptría *n. f.* **1** Unidad de medida de la potencia de una lente: *para que vea bien, hay que ponerle a sus gafas unas lentes de tres dioptrías en cada ojo.* **2** Unidad de medida de los defectos visuales: *el oftalmólogo me ha diagnosticado dos dioptrías en el ojo izquierdo y una en el derecho.*

diorama *n. m.* Superficie grande y pintada con figuras diferentes para ambas caras que, mediante juegos de luz en una sala oscura, produce sensación de movimiento: *el diorama es un antecedente del cine.*

dios, -sa *n. m.* **1** Ser eterno y sobrenatural que tiene características distintas según las religiones: *el culto católico se centra en la figura de Dios; Alá es el dios de los musulmanes.* ◇ *n. m. y f.* **2** Ser sobrenatural mitológico que tiene poder sobre parte de las cosas o de las personas: *los dioses de la mitología griega y romana; Venus era la diosa romana del amor.* **SIN** deidad, divinidad. ◇ *int.* **3** ¡Dios! Expresión que indica

dióxido

sorpresa, admiración o enfado: *¡Dios!, he perdido la cartera.*
a la buena de Dios *coloquial* Sin preparación, cuidado o atención: *hizo el examen a la buena de Dios y lo suspendió.*
como Dios manda *coloquial* Del modo correcto y apropiado: *hasta que no ordenes tu habitación como Dios manda, no puedes salir a la calle.*
¡con Dios! Expresión que se usa para despedirse.
Dios dirá Expresión que se usa para indicar que se desconoce lo que sucederá en el futuro: *he procurado contestar todas la preguntas; si al final apruebo, Dios dirá.*
Dios mediante Expresión que indica que una cosa sucederá o se realizará si no hay un obstáculo o un contratiempo que lo impida: *mañana, Dios mediante, tengo una entrevista de trabajo.*
Dios y ayuda Un gran trabajo y esfuerzo: *necesitó Dios y ayuda para bajar él solo el frigorífico a la calle.* Suele construirse con los verbos *costar, necesitar.*
¡sabe Dios! Expresión que indica que no se sabe o no se está seguro de una cosa: *¡sabe Dios cuánto le habrá costado esa pulsera!*
si Dios quiere Si no hay un obstáculo o un contratiempo que lo impida: *¡hasta mañana!, si Dios quiere.*
todo dios *coloquial* Todo el mundo: *hoy en día todo dios tiene televisión y vídeo.*
DER adiós, endiosar, semidiós.
ETIM *Dios* procede del latín *deus*, que tenía el mismo significado, voz con la que también están relacionadas *deidad, deísmo.*

dióxido *n. m.* QUÍM. Óxido cuya molécula contiene dos átomos de oxígeno. **dióxido de carbono** Gas inodoro e incoloro formado por carbono y oxígeno que se desprende en la respiración, en las combustiones y en algunas fermentaciones. **SIN** anhídrido carbónico.

diploma *n. m.* Documento que acredita un grado académico, un premio o un título que tiene una persona o una acción realizada: *he enmarcado mi diploma de enfermero.*
DER diplomacia, diplomado, diplomar.

diplomacia *n. f.* **1** Disciplina o conocimiento de las relaciones entre los Estados: *estudió diplomacia y ahora es cónsul.* **SIN** política. **2** Conjunto de personas e instituciones que se ocupan en un Estado de las relaciones con los demás Estados: *la diplomacia europea se ha reunido en Madrid para estudiar problemas comunes.* **3** Corrección y amabilidad interesadas o habilidad en el trato: *con su habitual diplomacia, logró convencerlo de que retirara la demanda.*

diplomado, -da *adj./n. m. y f.* [persona] Que tiene una diplomatura o que ha conseguido un diploma: *da clases porque es diplomado en magisterio.*

diplomar *v. tr./prnl.* Dar u obtener un título que acredita la realización de unos estudios u otras aptitudes por parte de una persona: *aprobó las últimas asignaturas y se diplomó en arquitectura técnica.*

diplomático, -ca *adj.* **1** De la diplomacia o que tiene relación con esta disciplina: *me gustaría ocupar un puesto diplomático como, por ejemplo, el de embajador.* **2** [persona, acción] Que es correcto y amable de modo interesado, o que es hábil en el trato con una persona: *es un tipo tan diplomático que no se pelea con nadie.* ◇ *adj./n. m. y f.* **3** [persona, grupo] Que se ocupa de las relaciones entre los Estados: *para negociar las condiciones de paz, cada nación en guerra ha enviado a su diplomático más importante.*

diplomatura *n. f.* **1** Grado académico de categoría inferior a la licenciatura que se consigue cursando un conjunto de estudios universitarios, en España durante tres años o

cursos: *ha conseguido la diplomatura de ingeniería técnica.* **2** Conjunto de estudios que hay que cursar para conseguir ese grado académico: *durante su diplomatura, iba todos los días a la universidad.*

díptero, -ra *adj.* **1** Que tiene dos alas: *colecciono ejemplares de insectos dípteros.* ◇ *adj./n. m.* **2** [edificio] Que está rodeado por una doble hilera de columnas o que tiene cuerpos salientes en ambos lados: *estas dos alas del edificio indican que es un díptero.* **3** [insecto] Que pertenece al orden de los dípteros: *la mosca es un díptero.* ◇ *n. m. pl.* **4 dípteros** Orden de insectos chupadores que se caracterizan por tener un par de alas membranosas y otro par transformado en órganos que le dan la estabilidad: *los dípteros tienen una metamorfosis muy complicada.*

díptico *n. m.* **1** Cuadro formado por dos tablas o dos superficies que generalmente son móviles y se cierran como las tapas de un libro: *este díptico gótico está pintado por las dos caras.* **2** Folleto formado por una hoja de papel doblada por la mitad, generalmente pequeña, que se usa como propaganda o como invitación a un acto: *mi banco me ha enviado un díptico con las nuevas condiciones para conseguir un crédito.*

diptongación *n. f.* GRAM. Proceso de transformación de una vocal en diptongo: *la gramática histórica estudia las diptongaciones que han tenido las palabras a través del tiempo.* **2** GRAM. Pronunciación de un conjunto de dos vocales en una sola sílaba, formando diptongo.

diptongar *v. tr.* Pronunciar dos vocales en una sola sílaba: *para pronunciar* causa *hay que diptongar la* a *y la* u.
DER diptongación.
OBS En su conjugación, la *g* se convierte en *gu* delante de *e*.

diptongo *n. m.* GRAM. Conjunto de dos vocales distintas que se pronuncian en una sola sílaba: *la* i *y la* e *de la palabra* bien *forman un diptongo.*
DER diptongar.

diputación *n. f.* **1** Institución pública española de carácter territorial, generalmente provincial: *la Diputación se ocupa de la mayoría de las carreteras provinciales.* **2** Edificio donde ejercen su labor los diputados y las personas que trabajan en las diputaciones: *voy a la Diputación a solicitar un certificado de obras.*
Diputación permanente Comisión representativa de la autoridad de las Cortes para ciertos fines mientras se hallan reunidas o están disueltas.
OBS Se escribe con letra mayúscula.

diputado, -da *n. m. y f.* Persona elegida para formar parte del Congreso de los Diputados o de una institución territorial, generalmente provincial: *los diputados ejercen su labor en el Congreso; el diputado provincial de Medio Ambiente evaluó los daños causados por las inundaciones.*
DER diputación; eurodiputado.

dique *n. m.* **1** Muro que se construye para contener la fuerza del agua o para desviar su curso: *en los Países Bajos se han construido muchos diques para que las aguas no inunden las poblaciones.* **2** MAR. Parte de un puerto o construcción en un río donde se puede sacar el agua y limpiar o arreglar en seco los barcos: *los buques que chocaron a la entrada del puerto están siendo reparados en el dique.* También se dice *dique seco.* **3** Masa de roca que aparece en la superficie de un terreno formando una especie de muro u obstáculo: *van a dinamitar varios diques que han surgido en esta montaña.* **4** Obstáculo que interrumpe o dificulta grandemente una cosa, por lo general una acción: *si no ponemos diques a su ambición, acabará echándonos a todos de la empresa.*

en el dique seco *coloquial* Sin poder ejercer una actividad habitual: *dice que está en el dique seco porque se fracturó la tibia y no puede jugar al tenis.*

dirección *n. f.* **1** Recorrido, camino o rumbo que sigue o debe seguir en su movimiento una persona, un grupo o una cosa: *camina en dirección a su casa; el coche sigue la dirección que le marca el plano; creo que este negocio va en una dirección equivocada.* **2** Nombre de la calle, número, población, provincia y país donde una persona o institución tiene su domicilio o sede: *dame la dirección de tu casa para escribirte.* **SIN** señas. **3** Persona o conjunto de personas que gobiernan, mandan, rigen o guían un grupo o una cosa: *la dirección del colegio ha prohibido fumar en clase.* **4** Gobierno o características que definen el mando sobre una persona, un grupo o una cosa: *esta empresa tiene muchas pérdidas porque su dirección es errónea.* **5** Cargo o puesto de director: *no ha aceptado la dirección del colegio porque no tiene tiempo.* **6** Oficina, despacho o lugar donde un director ejerce su cargo o puesto: *subí a la dirección y le dije al jefe que ya no aguantaba más.* **7** Mecanismo que sirve para dirigir o guiar un vehículo: *la dirección guía al coche según el movimiento que se haga con el volante.*
DER direccional; servodirección.

direccional *adj.* **1** Que sirve para dirigir u orientar hacia una cosa o acción o en una dirección: *este disco de tráfico es una señal direccional: indica que debes seguir recto; los principios direccionales de esta empresa la conducirán a la ruina.* **2** Que emite o recibe en una sola dirección: *conecto con menos canales de televisión que tú porque mi antena es direccional.*
DER unidireccional.

directiva *n. f.* **1** Conjunto de personas que gobiernan, mandan, rigen o guían un grupo o una cosa: *la directiva del club ha destituido al entrenador.* **2** Norma o conjunto de normas e instrucciones que dirigen, guían u orientan una acción, una cosa o a una persona: *para hacer el trabajo de física, has de seguir las directivas que ha marcado tu profesor.* **SIN** directriz. **3** Disposición de rango superior emanada de organismos internacionales que han de cumplir todos sus miembros: *una directiva europea regula la producción y comercio de los productos.*

directivo, -va *adj./n. m. y f.* **1** De la dirección o que tiene relación con ella. **2** [persona] Que forma parte de un conjunto de personas que gobiernan, mandan, rigen o guían un grupo o una cosa: *un directivo de la peña asegura que tenemos más socios que nunca.* **SIN** dirigente.

directo, -ta *adj.* **1** Que no se desvía de su recorrido, camino o rumbo: *el disparo fue directo al corazón.* **SIN** derecho. **ANT** indirecto. **2** Que no se para en su recorrido de un lugar a otro: *este es el autobús directo desde mi ciudad a la tuya, el que no se para en ningún pueblo.* **3** Que se hace sin rodeos o sin intervención de nada ni de nadie, aparte de los interesados: *quiero tener una conversación directa con mi jefe, sin pasar por su secretaria.* **4** Que se aplica a cada una de las personas afectadas por lo que se expresa: *la subida de la gasolina afecta de manera directa a los conductores de vehículos de motor.* ◇ *n. m.* **5** En el boxeo, golpe que se da extendiendo un brazo hacia delante: *el directo de nuestro púgil noqueó a su adversario.*
en directo Expresión que indica que un programa de radio o televisión se emite al mismo tiempo que se hace o que ocurre: *me aburren los partidos que no se transmiten en directo y ya conozco el resultado.*
DER dirección, directo, director; indirecto.
ETIM Véase *derecho*.

director, -ra *adj./n. m. y f.* **1** MAT. [línea, figura, superficie] Que determina las condiciones de generación de otra línea, figura o superficie. El femenino es *directriz.* ◇ *n. m. y f.* **2** Persona que gobierna, manda, rige o guía un grupo o una cosa, generalmente un negocio o una de sus secciones: *el director de tu empresa me ha ofrecido un puesto en ella; los actores siguen las indicaciones del director; director de orquesta.* ◇ *adj.* **3** [cosa] Que dirige, orienta o guía una acción u otra cosa: *el Consejo General del Poder Judicial es el órgano director de los jueces.*
DER directiva, directivo, directorio, directriz; subdirector.

directorio *n. m.* **1** Lista de nombres y direcciones de personas que guardan cierta relación entre sí, generalmente profesional: *el directorio de los cirujanos te proporcionará la dirección de su consulta.* **2** Tablero informativo de direcciones e indicaciones que hay en ciertos locales y establecimientos: *en el directorio de los grandes almacenes hallarás indicada cuál es la planta de juguetes.*

directriz *n. f.* Norma o conjunto de normas e instrucciones que dirigen, guían u orientan una acción, una cosa o a una persona: *para hacer el trabajo de física, has de seguir las directrices que ha marcado tu profesor.* **SIN** directiva.

dirigente *adj./n. com.* [persona, grupo] Que gobierna, manda, rige o guía a una persona, un grupo o una cosa: *los dirigentes del partido deciden su estrategia electoral.* **SIN** directivo.

dirigible *adj.* **1** [cosa, persona, grupo] Que puede ser dirigido: *le regalaron al niño un barco dirigible y lo colocó en la bañera.* ◇ *n. m./adj.* **2** Globo más ligero que el aire con diversos mecanismos, como un motor, unas hélices y un sistema de dirección para ser conducido: *el dirigible tiene una cabina para llevar pasajeros.* **SIN** zepelín.

dirigir *v. tr./prnl.* **1** Enviar, llevar o hacer que vaya una persona, un grupo o una cosa hacia un punto, lugar o término: *el profesor de botánica dirigió a los alumnos hacia el jardín del colegio; dirige la carta a la sede central del banco; se dirige en avión a Barcelona.* ◇ *v. tr.* **2** Gobernar, mandar, regir o guiar un grupo de personas o una cosa: *tenemos muchas pérdidas económicas, por lo que hay que buscar una persona que sepa dirigir este negocio; el entrenador dirige al equipo de baloncesto en la cancha.* **3** Dedicar o encaminar un pensamiento, un sentimiento o una acción a una persona o a conseguir una cosa: *dirige todas sus actividades a conseguir dinero; me dirigió el ruego de que le atendiera pronto.* **4** Orientar y guiar a una persona hacia una cosa o acción: *el cocinero me fue dirigiendo en la elección de los platos del almuerzo.* ◇ *v. prnl.* **5** **dirigirse** Ir en una dirección o hacia un lugar o un término: *cuando lo vi por la calle se dirigía a la universidad.* **6** Hablar a una persona o a un grupo de personas determinado: *el profesor se dirigió a toda la clase para anunciar la fecha del examen.*
DER dirigente, dirigible.
OBS En su conjugación, la *g* se convierte en *j* delante de *a* y *o*.

dirimir *v. tr.* **1** Acabar o resolver un desacuerdo o una discusión: *conversaron tranquilamente y, al final, dirimieron sus diferencias.* **2** Deshacer un acuerdo: *han dirimido el contrato de arrendamiento.* **SIN** disolver.

disc jockey *n. m.* **1** Persona que anima, y generalmente dirige, un programa musical: *el disc jockey presentó varios grupos musicales del norte de Europa.* **2** Persona que se encarga del equipo de sonido y de la selección de las piezas en una discoteca: *pídele al disc jockey que ponga una romántica.*
OBS Es de origen inglés y se pronuncia aproximadamente *'dis yoquei'.* ◇ El plural es *disc jockeis.*

discal *adj.* ANAT. De los discos intervertebrales o que tiene relación con ellos: *una hernia discal es dolorosa y debe ser tratada por un médico.*

discapacidad *n. f.* Falta de alguna facultad física o mental en una persona: *le falta una pierna, pero esa discapacidad no le impide practicar la natación.*

discapacitado, -da *adj./n. m. y f.* [persona] Que no goza de todas las facultades físicas o mentales: *tiene un hijo discapacitado mental y va a un colegio de educación especial.* **SIN** disminuido.
DER discapacidad; pluridiscapacitado.

discernimiento *n. m.* Distinción de dos o más cosas señalando la diferencia que hay entre ellas: *actúa violentamente porque no tiene un discernimiento claro de lo que debe hacer.*

discernir *v. tr.* Distinguir y diferenciar por medio de los sentidos o de la inteligencia una cosa de otra u otras, especialmente el bien del mal: *todavía es un niño: cuando crezca, ya discernirá las buenas acciones de las malas.*
DER discernimiento.
ETIM Discernir procede del latín *discernere*, 'distinguir', voz con la que también está relacionada *discreto*.
OBS En su conjugación, la e se convierte en ie en sílaba acentuada.

disciplina *n. f.* **1** Materia, ciencia o técnica, especialmente la que se enseña en un centro docente: *duda entre dos disciplinas: no sabe si estudiar biología o física.* **SIN** asignatura. **2** Conjunto de reglas para mantener el orden entre los miembros de un grupo y obediencia a esas reglas: *dice que no puede existir un ejército sin disciplina; este profesor guarda muy bien la disciplina en clase.* **3** Instrumento, generalmente de cáñamo, con varios ramales que acaban en nudos; se usa para azotar a una persona o como instrumento de penitencia para mortificarse: *se mortifica con una disciplina por sus pecados.* **4** Modalidad de un deporte o de una actividad: *una disciplina de la gimnasia es la barra fija.*
DER disciplinar, disciplinario; autodisciplina, indisciplina.

disciplinar *v. tr.* **1** Enseñar un arte o una ciencia a una persona: *fue nuestro profesor y nos disciplinó a todos con sus buenas enseñanzas de latín y griego.* ◊ *v. tr./prnl.* **2** Hacer guardar el orden entre los miembros de un grupo de personas e imponer un castigo: *ha disciplinado a ese grupo tan rebelde, y ahora todos le obedecen sin rechistar.* **3** Azotar con una disciplina: *le disciplinó como castigo por sus muchas faltas; suele disciplinarse cada mañana como penitencia.*
DER disciplinado; pluridisciplinar.

disciplinario, -ria *adj.* [grupo, cosa] Que sirve para hacer guardar el orden entre los miembros de un grupo de personas o para imponer un castigo: *el consejo disciplinario puede sancionarlo por sus declaraciones a la prensa; suspender de empleo y sueldo por no cumplir con el trabajo es una medida disciplinaria.*
DER interdisciplinario.

discípulo, -la *n. m. y f.* **1** Persona que recibe enseñanzas de un maestro o que sigue estudios en una escuela: *me considero su discípulo, porque en sus clases he aprendido todo lo que sé.* **2** Persona que estudia, sigue y defiende las ideas u opiniones de un maestro de una escuela, aun cuando pertenezca a una generación muy posterior: *como discípulo de Kant, defiende sus teorías con conocimiento y pasión.*
DER disciplina; condiscípulo.

discman *n. m.* Aparato portátil que sirve para reproducir discos compactos: *da gusto viajar con él, porque suele llevar un discman en el coche.*

discernir	
INDICATIVO	**SUBJUNTIVO**
presente	presente
discierno	discierna
disciernes	disciernas
discierne	discierna
discernimos	discernamos
discernís	discernáis
disciernen	disciernan
pretérito imperfecto	pretérito imperfecto
discernía	discerniera o discerniese
discernías	discernieras o discernieses
discernía	discerniera o discerniese
discerníamos	discerniéramos o discerniésemos
discerníais	discernierais o discernieseis
discernían	discernieran o discerniesen
pretérito indefinido	futuro
discerní	discerniere
discerniste	discernieres
discernió	discerniere
discernimos	discerniéremos
discernisteis	discerniereis
discernieron	discernieren
futuro	
discerniré	
discernirás	
discernirá	
discerniremos	
discerniréis	
discernirán	
condicional	**IMPERATIVO**
discerniría	discierne (tú)
discernirías	discierna (usted)
discerniría	discernid (vosotros)
discerniríamos	disciernan (ustedes)
discerniríais	
discernirían	**FORMAS NO PERSONALES**
	infinitivo gerundio
	discernir discerniendo
	participio
	discernido

disco *n. m.* **1** Cuerpo cilíndrico cuya base es muy grande en relación con su altura. **2** Plancha con forma de círculo que se lanza en algunos juegos atléticos: *nuestro atleta ganó en el lanzamiento de disco.* **3** Plancha con forma de círculo, generalmente de plástico, en la que están grabados sonidos o imágenes que pueden reproducirse con un aparato: *tengo todos los discos de Serrat.* **disco compacto** Disco de material plástico, de 12 centímetros de diámetro, con gran capacidad para contener información acústica y visual grabada y que se puede reproducir mediante un rayo láser: *ya quedan pocos discos de vinilo, los ha suplantado el disco compacto.* **SIN** compact disc, compacto. **4** Pieza de metal en la que hay pintada una señal de tráfico: *ese disco indica que acaba la limitación de velocidad.* **SIN** señal. **5** Señal de luz roja, verde o amarilla de un semáforo para ordenar el tráfico de vehículos: *el conductor se paró ante el disco rojo del semáforo.* **6** INFORM. Plancha en la que se guarda información de forma magnética u óptica. **disco duro** Disco de gran capacidad que está dentro del orde-

nador: *tengo el disco duro de mi ordenador casi lleno, tendré que borrar algunas cosas.* **disco flexible** Disco de pequeño tamaño que se introduce en el ordenador para grabar o recuperar información: *este disco flexible se ha estropeado y he perdido la información.* **SIN** disquete. **7** Pieza redonda del teléfono que gira para marcar el número: *se ha roto el disco del teléfono, así que me lo cambiarán por uno de teclas.*
disco intervertebral Formación fibrosa que separa dos vértebras opuestas: *hernia de disco.*
DER discal, discobar, discóbolo, discografía, discoidal, discopub, discoteca.

discografía *n. f.* **1** Conjunto de discos de un autor, un intérprete o un tema: *la discografía de canciones de amor es muy abundante.* **2** Técnica e industria de grabar y reproducir discos: *quiere ser un empresario de la discografía.*
DER discográfico.

discográfico, -ca *adj.* De la discografía o que tiene relación con ella: *su canción ha sido un éxito discográfico: ha vendido millones de ejemplares en todo el mundo.*

díscolo, -la *adj./n. m. y f.* [persona] Que suele desobedecer y rebelarse contra las normas y órdenes: *es tan díscolo que ni siquiera acepta que tiene que cumplir un horario en el trabajo.*

disconforme *adj./n. m. y f.* [persona] Que no está de acuerdo o no admite una situación o una decisión: *se mostró disconforme con tener que quedarse con su hijo.*
DER disconformidad.

disconformidad *n. f.* **1** Falta de acuerdo o de aceptación, por parte de una persona, de una situación, una decisión o una opinión: *quiso que constara en el acta de la reunión su disconformidad con algunas decisiones que allí se adoptaron.* **SIN** discrepancia, disensión, disentimiento. **2** Diferencia de unas cosas con otras en cuanto a su fin, forma o función: *la disconformidad de sus aficiones les hacía discutir cada vez que salían juntos.*

discontinuo, -nua *adj.* [cosa, acción] Que no es continuo o que se interrumpe: *es un empleo discontinuo: trabaja sólo los meses de verano de cada año.*
DER discontinuidad.

discordancia *n. f.* **1** Falta de acuerdo entre dos o más personas o cosas: *hay una gran discordancia entre lo que dices y lo que después haces.* **2** MÚS. Falta de armonía: *tienes que arreglar las discordancias de algunos acordes que hay al final de tu composición para piano.*

discordante *adj.* **1** Que está en desacuerdo con otra u otras personas o cosas: *defendió frente a todos una postura discordante: era el único que no quería poner dinero para el regalo.* **2** MÚS. [sonido] Que no está en el mismo tono que los demás: *ante el asombro del público, el tenor dio una nota discordante.*

discordar *v. intr.* **1** No concordar o coincidir los pareceres de dos o más personas: *tus opiniones siempre discuerdan con las del resto de tus compañeros.* **2** Ser opuestas o diferentes entre sí dos o más cosas. **SIN** desentonar. **3** MÚS. No estar dos o más instrumentos afinados en el mismo tono: *no discuerdes más y afina tu guitarra.*
DER discordancia, discordante, discorde.
OBS En su conjugación, la *o* se convierte en *ue* en sílaba acentuada, como en *contar.*

discorde *adj.* Discordante, que está en desacuerdo con otra u otras personas o cosas.
DER discordia.

discordia *n. f.* Oposición y falta de armonía entre personas, grupos o cosas: *la discordia reina en esta comunidad de vecinos: en cada reunión se pelean y hasta se insultan gravemente.*
manzana de la discordia Motivo que origina oposición y falta de armonía entre personas o grupos: *su manzana de la discordia es el coche del padre: los dos hijos quieren quedarse con él.*

discoteca *n. f.* **1** Establecimiento donde se escucha música grabada, se consumen bebidas y, sobre todo, se baila: *en esa discoteca ponen una música tan buena que la pista de baile está siempre llena.* **2** Conjunto o colección de discos que posee una persona, un grupo o una empresa: *la discoteca de esa emisora de radio tiene más de diez mil discos.*
DER discotequero.

discotequero, -ra *adj.* **1** De la discoteca o que tiene relación con ella: *música discotequera; baile discotequero.* ◇ *adj./n. m. y f.* **2** *coloquial* [persona] Que va frecuentemente a las discotecas: *es tan discotequero que los sábados por la noche siempre se le encuentra en una discoteca.*

discreción *n. f.* **1** Prudencia en ciertas circunstancias, reserva, cautela para no decir algo que se sabe o piensa: *su discreción está garantizada, porque nunca suelta prenda de nada.* **ANT** indiscreción. **2** Cualidad de una persona que se caracteriza por su moderación, prudencia y sensatez: *me encanta en ella su saber estar y su discreción.* **ANT** indiscreción.
a discreción Al juicio o a la voluntad de una persona o sin límites establecidos: *en aquella fiesta se comía a discreción.*
DER discrecional; indiscreción.

discrecional *adj.* Que se hace siguiendo el propio juicio, según las reglas y preceptos de la prudencia: *contratar un seguro de vida no es obligatorio, sino discrecional.*
servicio (o **transporte**) **discrecional** Servicio de transporte cuyas condiciones concretas no están sujetas a ninguna norma, sino que son fijadas por el usuario: *contrataremos un autobús con servicio discrecional para la excursión del colegio.*

discrepancia *n. f.* Falta de acuerdo o de aceptación, por parte de una persona, de una situación, una decisión o una opinión: *yo acepto la situación y tú no, pero esta discrepancia no puede estropear nuestra amistad.* **SIN** disconformidad, disensión, disentimiento.

discrepante *adj.* Que discrepa: *es una persona muy difícil de tratar, es un discrepante de las opiniones de todo el mundo.*

discrepar *v. intr.* No estar de acuerdo una persona con otra en un asunto: *discrepó de su padre y tuvieron un disgusto.* **SIN** diferir, disentir, divergir. **ANT** subscribir.
DER discrepancia, discrepante.

discreto, -ta *adj./n. m. y f.* **1** [persona] Que suele adoptar una actitud de prudencia en ciertas circunstancias, como guardar reserva y mantener cautela para no decir algo que se sabe o piensa: *dime lo que te ocurre sin preocuparte de que lo vayan a saber los demás, porque yo soy muy discreto.* **ANT** indiscreto. **2** [persona, conducta] Que se caracteriza por su moderación, prudencia y sensatez: *es un hombre discreto: nunca se destaca negativamente ni se excede en su comportamiento.* **ANT** indiscreto. ◇ *adj.* **3** Que no es extraordinario o no se sale de lo normal: *cuando se produjo el accidente, yo iba a una velocidad discreta, por eso no he sufrido daños.* **4** Regular, mediocre: *esperábamos algo mejor, pero tuvo una actuación discreta en el festival.*
DER discreción, discretamente; indiscreto.
ETIM Véase *discernir.*

discriminación *n. f.* Trato de inferioridad a una persona o colectividad por causa de raza, origen, ideas políticas, religión, posición social o situación económica: *durante siglos, ha* existido una absoluta discriminación hacia las personas de raza negra. **SIN** marginación.

discriminar *v. tr.* **1** Dar un trato de inferioridad a una persona o colectividad por causa de raza, origen, ideas políticas, religión, posición social o situación económica: *Hitler discriminó al pueblo judío por su raza y su religión.* **SIN** marginar. **2** Establecer diferencias entre cosas: *debemos discriminar, para saber qué podemos y qué debemos estudiar.*
DER discriminación, discriminatorio; indiscriminado.

discriminatorio, -ria *adj.* Que discrimina o tiene un trato de inferioridad hacia una persona o colectividad por causa de raza, origen, ideas políticas, religión, posición social o situación económica: *un principio discriminatorio es impedir la entrada a un local a las personas por su raza.*

disculpa *n. f.* Razón que se da o causa que se alega para explicar o justificar un comportamiento, un fallo o un error: *su disculpa fue que había olvidado los documentos en casa.* **SIN** excusa, pretexto.
DER disculpar.

disculpar *v. tr./prnl.* **1** Dar razones o pruebas de que una persona no ha cometido una falta o error: *se disculpó por llegar tarde diciendo que se había confundido de sitio; el abogado disculpó a su cliente demostrando que ni siquiera conocía a la víctima.* **SIN** excusar. ◇ *v. tr.* **2** No tomar en cuenta, perdonar o justificar a una persona o una acción: *te ha hecho una faena, pero debes disculparlo, porque estaba muy nervioso.* **SIN** excusar. ◇ *v. prnl.* **3 disculparse** Pedir perdón o justificarse una persona por un hecho o una acción, generalmente por una falta o una molestia: *perdóname por haberte pisado: ha sido sin querer.* **SIN** excusar.

discurrir *v. tr.* **1** Considerar detenidamente una cosa para llegar a comprenderla: *el ajedrez ayuda a desarrollar la capacidad de discurrir.* **SIN** pensar. ◇ *v. intr.* **2** Ir de un lugar a otro u ocupar una porción de territorio: *la carretera de entrada al pueblo discurre paralela a las vías del tren.* **SIN** correr. **3** Fluir un río o una corriente de agua por su cauce: *el Guadalquivir discurre por las provincias de Córdoba, Sevilla y Cádiz.* **SIN** correr. **4** Pasar o transcurrir el tiempo: *durante las vacaciones los días discurrían con placidez.* **SIN** correr.
ETIM Véase correr.

discursivo, -va *adj.* Del discurso o que tiene relación con la capacidad de pensar y razonar: *llega a conclusiones interesantes porque tiene una gran capacidad discursiva.*

discurso *n. m.* **1** Exposición razonada sobre un asunto determinado, que se pronuncia en público con el fin de explicar una cosa, de alabar o de convencer a los oyentes: *el discurso del director del colegio al final del curso fue muy emocionante.* **2** Serie de palabras y frases que se dicen para expresar pensamientos y sentimientos: *la convenció para que no se fuera de casa con un discurso inteligente.* **3** Capacidad de pensar y deducir unas cosas de otras: *el discurso de la razón nos conduce al respeto de los semejantes.* **4** Escrito o tratado no muy extenso sobre un asunto determinado: *este libro contiene un interesante discurso sobre las armas nucleares.*
DER discursivo.
ETIM Véase curso.

discusión *n. f.* **1** Conversación entre varias personas en la que se examina un asunto o tema para solucionarlo o explicarlo: *la discusión de hoy en clase se centró en la teoría de la relatividad.* **2** Conversación entre dos o más personas en la que se defienden opiniones o intereses opuestos: *tuve una desagradable discusión con mi hermano sobre el dinero que me debía.* **SIN** disputa. **3** Oposición de palabras a un hecho o a una acción: *da unas instrucciones que no admiten discusión.*

discutible *adj.* Que puede ser discutido: *sus argumentos para irnos de viaje no me convencen y además son discutibles; es discutible que tengamos que estudiar en vacaciones.* **SIN** cuestionable. **ANT** incuestionable, indiscutible, indudable.
DER indiscutible.

discutir *v. tr.* **1** Examinar y tratar entre varias personas un asunto o un tema para solucionarlo o para explicarlo: *discutían la manera de conseguir agua; discutieron sobre filosofía oriental.* ◇ *v. intr.* **2** Defender dos o más personas opiniones o intereses opuestos en una conversación: *el profesor expulsó de clase a dos alumnos que discutían con gritos e insultos.* **SIN** contender, debatir, disputar. **3** Oponerse de palabra a un hecho o acción: *es absurdo discutirle su plan, porque lo va a cumplir de todos modos.*
DER discurso, discusión, discutible.

disecación *n. f.* Preparación de un animal muerto para que no se descomponga y conservarlo de manera que parezca vivo: *el taxidermista procedió a la disecación de una cabeza de toro.*

disecar *v. tr.* Preparar un animal muerto para que no se descomponga y conservarlo de manera que parezca vivo: *ha disecado un mochuelo y parece que va a empezar a volar de un momento a otro.*
DER disecación.
ETIM Véase segar.
OBS En su conjugación, la c se convierte en qu delante de e.

disección *n. f.* **1** Corte o división de un cadáver o una planta para estudiarlo o examinarlo: *el forense procedió a la disección del cadáver para averiguar las causas de su muerte.* **2** Examen o análisis minucioso y detallado: *el crítico ha hecho una disección de las obras expuestas.*
DER diseccionar.

diseccionar *v. tr.* **1** Cortar o dividir un cadáver o una planta para estudiar y examinar sus partes: *el profesor va a diseccionar en clase una mariposa para explicarnos su anatomía.* **2** Examinar o analizar de forma minuciosa y detallada: *este escritor disecciona los sentimientos de sus personajes de manera magistral.*

diseminación *n. f.* Separación sin orden y en diferentes direcciones de los elementos de un conjunto: *el viento provocó la diseminación de las semillas por todas partes.*

diseminar *v. tr./prnl.* Extender sin orden y en diferentes direcciones los elementos de un conjunto: *la población se diseminó tras la catástrofe.* **SIN** desparramar, desperdigar.
DER diseminación.
ETIM Véase sembrar.

disensión *n. f.* Falta de acuerdo o de aceptación, por parte de una persona, de una situación, una decisión o una opinión: *mostró su disensión con energía.* **SIN** disconformidad, discrepancia, disentimiento.

disentería *n. f.* Enfermedad infecciosa consistente en la inflamación y ulceración del intestino grueso acompañada de fiebre, dolor abdominal y diarrea con deposiciones de mucosidades y sangre.

disentimiento *n. m.* Falta de acuerdo o de aceptación, por parte de una persona, de una situación, una decisión o una opinión: *su disentimiento le llevó a discutir con su mejor amigo.* **SIN** disconformidad, discrepancia, disensión.

disentir *v. intr.* Estar en desacuerdo una persona con otra en un asunto: *disentía en todo lo que le proponía, así que no llegamos a ninguna solución.* **SIN** discrepar, divergir. **ANT** aprobar, asentir.
DER disensión, disentimiento.
OBS En su conjugación, la e se convierte en ie en sílaba

acentuada o en *i* en algunos tiempos y personas, como en *hervir*.

diseñador, -ra *n. m. y f.* Persona que hace los dibujos de un objeto o de un edificio antes de su realización: *quiere ser diseñadora de moda*.

diseñar *v. tr.* **1** Dibujar una cosa para que sirva de modelo en su realización: *le ha encargado que diseñe la ropa para la temporada que viene*. **2** Pensar o planear un proyecto o una idea: *nos reuniremos para diseñar el plan de la excursión*.
DER diseñador, diseño.

diseño *n. m.* **1** Actividad creativa que tiene por fin proyectar objetos que sean útiles y estéticos. **2** Dibujo que se hace de una cosa para que sirva de modelo en su realización: *nos ha presentado un diseño perfecto de los armarios de la casa*. **3** Forma que toma en la realidad este dibujo: *el diseño de la silla es bonito, pero debe de ser incómoda*. **4** Explicación breve y esquemática: *quiero que me hagas un diseño de tu plan*.

disertación *n. f.* Razonamiento que se hace sobre una materia de forma detenida y siguiendo un orden o un sistema para exponerlo: *asistimos a la disertación sobre Picasso de un famoso crítico de arte*.

disertar *v. intr.* Razonar sobre una materia de forma detenida y siguiendo un orden o un sistema para exponerlo: *siempre está disertando sobre problemas filosóficos*.
DER disertación.

disforme *adj.* Que presenta falta de proporción y regularidad en la forma: *este perro es disforme: tiene una cabeza muy grande y un cuerpo muy pequeño*. **SIN** deforme.

disfraz *n. m.* **1** Conjunto de ropas y adornos con que una persona se viste para no ser reconocida, especialmente el que se lleva en ciertas fiestas: *llevaba un disfraz muy original y ganó el primer premio de la fiesta*. **2** Medio que se emplea para ocultar o disimular una verdad o una cosa: *su cara de inocencia era el disfraz de su culpabilidad*.
OBS El plural es *disfraces*.

disfrazar *v. tr./prnl.* **1** Vestir o vestirse con un disfraz: *la mayoría de los niños se disfrazaron de payasos*. **2** Cambiar la apariencia exterior para ocultar el aspecto real de una cosa o para disimular los verdaderos sentimientos: *disfrazó su enfado con una sonrisa irónica; para que esta niña coma, tengo que disfrazar los sabores que no le gustan con salsas*. **SIN** enmascarar.
DER disfraz.
OBS En su conjugación, la *z* se convierte en *c* delante de *e*.

disfrutar *v. intr.* **1** Sentir placer o alegría: *disfruta charlando con sus amigos; disfruto leyendo un libro*. **SIN** gozar. **2** Tener o gozar de una condición o una circunstancia favorable: *disfrutar de buena salud*. ◇ *v. tr./intr.* **3** Usar o poseer una cosa: *disfruta de un buen jardín en su casa*.
DER disfrute.

disfrute *n. m.* **1** Uso o aprovechamiento de una cosa y goce de una condición o de una circunstancia: *mi tío ha hecho una piscina para disfrute de la familia*. **2** Placer o gozo intenso: *la excursión ha sido un disfrute*. **SIN** fruición.

disfunción *n. f.* Trastorno en el funcionamiento de algo, especialmente el de una función orgánica: *muchos casos de parálisis se deben a una disfunción neurológica*.

disgregación *n. f.* Separación de los elementos que forman un conjunto o de las partes de algo: *la erosión provoca la disgregación de las rocas; la policía procedió a la disgregación de los alborotadores*.

disgregar *v. tr./prnl.* Separar o desunir los elementos que forman un conjunto o las partes de una cosa: *la familia se disgregó tras la muerte de los abuelos*.

DER disgregación.
OBS En su conjugación, la *g* se convierte en *gu* delante de *e*.

disgustar *v. tr./prnl.* **1** Causar tristeza o dolor: *se disgustó mucho cuando supo que no vendrías a pasar las vacaciones*. ◇ *v. tr.* **2** Causar una impresión desagradable o molesta: *me disgustan los ruidos*. **SIN** enfadar, enojar. **ANT** gustar. ◇ *v. prnl.* **3 disgustarse** Romperse la buena relación que existía entre dos o más personas: *voy a hablar con ella porque se ha disgustado conmigo*. **SIN** enfadarse.
DER disgustado, disgusto.

disgusto *n. m.* **1** Sentimiento de tristeza o dolor provocado por una situación desagradable o una desgracia: *le has dado un gran disgusto al contestarle con tanto genio*. **2** Pérdida de la buena relación que existía entre dos o más personas: *ha tenido un disgusto con su mejor amigo por un malentendido*.

disidencia *n. f.* Separación de una persona de una doctrina, una creencia o un grupo por no estar ya de acuerdo con sus ideas: *la disidencia del líder fue muy criticada por los votantes*.

disidente *adj./n. m. y f.* [persona] Que se separa de una doctrina, una creencia o un grupo por no estar ya de acuerdo con sus ideas: *los disidentes del partido se integraron en otro más acorde con sus ideas*.

disidir *v. intr.* Separarse una persona de una doctrina, una creencia o un grupo por no estar ya de acuerdo con sus ideas: *tras la crisis interna del partido, varios miembros disidieron*.
DER disidencia, disidente.

disimétrico, -ca *adj.* Que no es simétrico, que tiene dos mitades o partes que no son exactamente iguales en forma y tamaño: *el río daba un aspecto disimétrico al paisaje*. **SIN** asimétrico.

disimilitud *n. f.* Falta de parecido o de correspondencia entre dos o más cosas: *hay una gran disimilitud entre tu forma de vivir y la mía*. **SIN** desemejanza.

disimular *v. tr./intr.* **1** Ocultar o disfrazar una cosa para que no se vea o no se note: *puedes disimular tu gordura poniéndote una ropa más ancha*. **2** Ocultar un sentimiento o una intención o hacer algo de manera que no se note o que los demás no lo vean: *siempre que está triste, disimula para que no nos preocupemos por él; no pudo disimular su sorpresa ante aquella noticia*. ◇ *v. tr.* **3** Disculpar o permitir una acción fingiendo no conocerla o quitándole importancia: *la madre disimulaba los retrasos de sus hijos para que el padre no los castigara*.
DER disimulado, disimulo.

disimulo *n. m.* Ocultación que se hace de un sentimiento o una intención para que no se note o para que los demás no lo vean: *se fue de la reunión con disimulo y sin despedirse de nadie*.

disipación *n. f.* Entrega en exceso a los placeres y a la diversión: *tuvo una etapa de disipación en la que lo único que le importaba era divertirse a costa de lo que fuera*.

disipar *v. tr./prnl.* **1** Esparcir o hacer desaparecer de la vista poco a poco las partes que forman un cuerpo por aglomeración: *el viento disipó el humo*. **SIN** desvanecer, esfumar. **2** Hacer desaparecer o borrar de la mente una idea, una imagen o un recuerdo: *con esta conversación espero que se hayan disipado tus dudas sobre el sexo*. **SIN** desvanecer. **3** Gastar los bienes y el dinero sin orden ni cuidado: *disipó el poco dinero que tenía sin pensar en el futuro*. **SIN** malbaratar. ◇ *v. prnl.* **4 disiparse** Evaporarse una sustancia o parte de ella: *el tapón de la botella estaba roto y el vino se ha disipado*.
SIN desvanecerse.

DER disipación.

dislate *n. m.* Obra o dicho que no tiene razón ni sentido: *no le hagas mucho caso: cuando se enfada sólo dice dislates*. **SIN** disparate, patochada.

dislexia *n. f.* MED. Alteración de la capacidad de leer por la que se confunden o se cambian letras, sílabas o palabras: *se puede sufrir dislexia sin que exista un defecto neurológico*. **DER** disléxico.

disléxico, -ca *adj./n. m. y f.* MED. [persona] Que padece dislexia: *los disléxicos son tratados por logopedas y psicólogos*.

dislocación *n. f.* **1** Daño que se produce cuando un hueso se sale de su articulación: *ha sufrido una dislocación de cadera al caerse por la escalera*. **SIN** luxación. **2** Alteración de un hecho o del sentido de una palabra o expresión: *con la dislocación de mis palabras has provocado una pelea*.

dislocar *v. tr./prnl.* **1** Sacar o salirse una cosa de su lugar, especialmente un hueso de su articulación: *se ha caído de la bicicleta y se ha dislocado el codo*. ◇ *v. tr.* **2** Cambiar o alterar un hecho o el sentido de una palabra o una expresión: *estás dislocando los hechos, así nadie te creerá*.
DER dislocación, disloque.
OBS En su conjugación, la *c* se convierte en *qu* delante de *e*.

disminución *n. f.* **1** Reducción de la cantidad, el tamaño o la importancia de una cosa: *este verano ha habido una disminución de las temperaturas*. **ANT** aumento, incremento. **2** Cantidad que se reduce: *las importaciones experimentaron una disminución del 2 %*. **ANT** aumento, incremento.

disminuido, -da *adj./n. m. y f.* [persona] Que no goza de todas las facultades físicas o mentales: *sufrió una parálisis de pequeño y es disminuido físico*. **SIN** discapacitado.

disminuir *v. tr./intr.* Reducir la cantidad, el tamaño o la importancia de una cosa: *el mal estado de una vivienda disminuye su precio de venta*. **SIN** decrecer. **ANT** acrecentar, aumentar.
DER disminución, disminuido.

disociación *n. f.* **1** Separación de una cosa de otra a la que estaba unida: *en este escritor, es imposible la disociación de su trabajo y su vida, porque una está ligada a la otra*. **2** QUÍM. Separación de los distintos componentes de una sustancia: *la disociación es reversible, los componentes disociados vuelven a unirse cuando deja de aplicarse el elemento que los separó*.

disociar *v. tr./prnl.* **1** Separar una cosa de otra con la que estaba unida: *tenemos que disociar los elementos que influyen en el enfermo para así poder llegar al problema de su personalidad deprimida*. **ANT** asociar. **2** QUÍM. Separar los distintos componentes de una sustancia: *para disociar una sustancia se utiliza fundamentalmente el calor y la electricidad*.
DER disociación.
OBS En su conjugación, la *i* no se acentúa, como en *cambiar*.

disoluble *adj.* [cuerpo] Que se puede disolver: *hemos comprado un café disoluble para preparar el desayuno más rápido*. **SIN** soluble.
DER disolubilidad; indisoluble.

disolución *n. f.* **1** Sustancia que resulta de la separación de las partículas de un cuerpo sólido o pastoso que se mezcla en un líquido: *en el prospecto del jarabe se explica la manera de hacer la disolución*. **SIN** solución. **2** Separación o desunión de las cosas que están unidas: *la disolución del Parlamento; la disolución de una manifestación*. **3** Anulación de los vínculos que unen a dos o más personas: *la disolución del matrimonio fue inevitable*.

disoluto, -ta *adj./n. m. y f.* [persona] Que se entrega al vicio y a la diversión: *lleva una vida disoluta: se dedica a salir de noche, a gastarse el dinero en juegos y, por supuesto, a no trabajar*.

disolvente *adj./n. m.* [sustancia] Que puede disolver otra sustancia: *la acetona se usa como disolvente de la pintura de uñas*.

disolver *v. tr./prnl.* **1** Separar las partículas de un cuerpo sólido o pastoso en un líquido: *disuelva este antibiótico en agua para tomárselo*. **SIN** desleír; diluir. **2** Hacer líquida una sustancia. **SIN** diluir. **3** Deshacer un acuerdo, separar, desunir: *han disuelto la sociedad por problemas personales; disolver un matrimonio*. **SIN** dirimir.
DER disoluble, disolución, disoluto, disolvente, disuelto.
OBS En su conjugación, la *o* se convierte en *ue* en sílaba acentuada, como en *mover*.

disonancia *n. f.* **1** Falta de la conformidad o la correspondencia que deben tener algunas cosas: *existe una gran disonancia entre lo que dice y lo que hace*. **2** MÚS. Relación entre varios sonidos que, producidos a la vez o uno detrás de otro, suenan de modo extraño o poco agradable: *algunos compositores utilizan de manera magistral la disonancia*. **SIN** cacofonía. **ANT** consonancia.

disonante *adj.* **1** Que no tiene una relación de igualdad o conformidad: *el director consigue enganchar al espectador introduciendo elementos disonantes que parecen no tener relación con la trama; tus ideas son disonantes con las del resto de tu familia: piensas totalmente distinto a ellos*. **ANT** consonante. **2** MÚS. [sonido] Que suena de modo extraño o poco agradable por estar producido a la vez que otro o detrás de él: *interpretó al piano una pieza suya, pero había tantos sonidos disonantes que quedó fatal*.

disonar *v. intr.* Carecer de la igualdad o conformidad que deben tener algunas cosas: *esa actitud agresiva disuena con tu personalidad tranquila y pacífica*; *¡cómo has podido colocar esta modernidad que disuena con el resto de la decoración clásica!*
DER disonancia, disonante.
OBS En su conjugación, la *o* se convierte en *ue* en sílaba acentuada, como en *contar*.

dispar *adj.* Que tiene una o más características que lo hacen diferente de los demás o que no es igual: *nuestras opiniones son dispares, así que nunca nos pondremos de acuerdo en este tema*. **SIN** disparejo, distinto.
DER disparejo, disparidad.

disparadero Palabra que se utiliza en la frase *poner en el disparadero*, que significa 'provocar a una persona para que haga o diga lo que no quiere': *lo han puesto en el disparadero y ha tenido que contar la verdad*.

disparador *n. m.* **1** Botón de una cámara fotográfica que sirve para hacer funcionar la pieza que regula la entrada de luz por el objetivo y realizar la fotografía: *aprieta el disparador, estamos listos*. **2** Pieza de un arma de fuego que sirve para poner en movimiento la palanca de disparo: *le dio al disparador y mató una perdiz*. **SIN** gatillo.

disparar *v. tr./intr./prnl.* **1** Hacer que un arma lance su carga: *apunta a la diana y dispara tu pistola*. **SIN** descargar, tirar. ◇ *v. tr.* **2** Hacer funcionar un aparato que tiene disparador: *has disparado la cámara antes de que nos hubiéramos colocado*. **3** En el fútbol, lanzar con fuerza la pelota con el pie, generalmente hacia la meta contraria: *disparó el balón y lo envió fuera del campo*. **SIN** chutar. ◇ *v. prnl.* **4** **dispararse** Crecer o aumentar una cosa sin control: *los gastos se han disparado este mes con la vuelta al colegio*. **5** Perder la paciencia y el control: *cuando aludieron a él, se disparó y empezó a dar gritos y a insultar a todo el mundo*.
DER disparadero, disparador, disparo.

disparatar *v. intr.* Decir o hacer cosas que no tienen razón ni sentido: *no disparates y actúa con cabeza*.
DER disparatado.

disparate *n. m.* **1** Obra o dicho que no tiene razón ni sentido: *has contestado un disparate que no tenía nada que ver con la pregunta del profesor, ¿en qué pensabas?* **SIN** dislate, patochada. **2** Cosa que excede los límites de lo ordinario o de lo lícito: *estos precios son un disparate*.
DER disparatar.

disparejo, -ja *adj.* Que tiene una o varias características que lo hacen diferente de los demás; que no es igual: *su casa estaba decorada con estilos disparejos*. **SIN** dispar, distinto.

disparidad *n. f.* Diferencia o desigualdad entre dos o más cosas: *hay una gran disparidad de elementos en esta novela que hacen difícil su clasificación*.

disparo *n. m.* **1** Operación por la que un arma de fuego lanza su carga: *al oír los disparos todo el mundo se echó al suelo*. **SIN** tiro. **2** Marca, señal o efecto provocado por esta carga: *en la pared puede apreciarse la señal de los disparos*. **SIN** balazo. **3** En algunos deportes, lanzamiento de la pelota con la intención de marcar un tanto: *metió un gol de un gran disparo a puerta*. **SIN** chut, tiro.

dispendio *n. m.* **1** Gasto de una cosa, generalmente dinero o bienes materiales, sin orden, sentido ni cuidado: *sus dispendios nos han llevado a la ruina*. **SIN** derroche, despilfarro, dilapidación. **2** Gasto excesivo de medios, tiempo o energía: *no merece la pena este dispendio de fuerzas que estamos haciendo para cambiar el mueble de sitio*.

dispensa *n. f.* **1** Permiso que autoriza a una persona el incumplimiento de lo ordenado por la leyes generales: *como estoy embarazada, necesito una dispensa para conducir sin cinturón de seguridad*. **2** Permiso que concede la Iglesia a una o más personas para el incumplimiento de lo ordenado por las leyes generales: *necesitan una dispensa para contraer matrimonio, porque son tío y sobrina*. **3** Documento en el que se expresa este permiso: *no podemos casarnos porque aún no hemos recibido la dispensa*.

dispensar *v. tr.* **1** Dar o repartir, generalmente palabras o cosas positivas: *me han dispensado muchas felicitaciones por un proyecto*. **2** Disculpar, perdonar o no tomar en cuenta un error o una falta pequeña: *no me llamó, pero lo dispenso porque sé que fue un olvido involuntario*. ◇ *v. tr./prnl.* **3** Autorizar o permitir a una o más personas el incumplimiento de lo ordenado por las leyes generales: *el profesor lo dispensó de ir a clase durante una semana porque su madre estaba enferma*.
DER dispensa, dispensario; indispensable.

dispensario *n. m.* Lugar o establecimiento en el que se encuentran las consultas de diversos médicos para atender a los pacientes que no están internados en él: *es médico y acude todos los días al dispensario de mi pueblo*. **SIN** ambulatorio, centro de salud, consultorio.

dispersar *v. tr./prnl.* **1** Separar, esparcir o extender un conjunto o una cosa que está unida: *la lluvia dispersó al público*; *al bajar del autobús, los viajeros se dispersaron por la ciudad*. **2** Poner una persona su atención y esfuerzo en varias actividades o cosas: *no disperses tus energías en varios deportes y dedícate a uno solo*.
DER dispersión, disperso.

dispersión *n. f.* Separación, esparcimiento o extensión de un conjunto o de una cosa que está unida: *el fuego provocó la inmediata dispersión del público que asistía al concierto*.

disperso, -sa *adj.* [cosa, conjunto] Que está separado, esparcido o extendido: *a causa de la tormenta de nieve, los alpinistas quedaron dispersos por la cordillera*.

display *n. m.* **1** INFORM. Pantalla de un ordenador donde se expresa la información de los programas: *mira el display de tu ordenador y dime si hay alguna palabra incorrecta*. **2** Pantalla de un aparato electrónico: *el display de esta calculadora tiene tanta claridad que se ven las cifras desde lejos*.
OBS Es de origen inglés y se pronuncia aproximadamente 'displéi'.

displicencia *n. f.* Actitud indiferente y falta de aprecio hacia una persona, un grupo o una cosa: *no nos hace ningún caso: su displicencia es indignante*. **SIN** desdén.

displicente *adj./n. com.* [persona, actitud] Que muestra displicencia: *mantuvo una postura displicente, sin ningún interés hacia nuestro problema*.
DER displicencia.

disponer *v. tr./prnl.* **1** Poner o colocar según un orden o en una posición adecuada y conveniente: *dispusimos los cuadros en las paredes del salón siguiendo los consejos de un decorador*. **2** Preparar una cosa para un fin: *dispondré el coche para la hora de salir*. **3** Establecer un mandato u ordenar una cosa: *el código de circulación dispone que no se puede conducir bebido*. ◇ *v. intr.* **4** Poder utilizar o hacer uso de una cosa que se posee: *puede pagarlo porque dispone de una cuenta corriente envidiable*. **5** Valerse o hacer uso de una persona con un fin: *podéis disponer de mí para ayudaros a hacer el trabajo*. ◇ *v. prnl.* **6 disponerse** Tener la intención de hacer una cosa y estar a punto de hacerla: *después de aprobar las oposiciones, se dispone a tomar posesión de su plaza*.
DER disponible, disposición, dispositivo, dispuesto; indisponer, predisponer.
OBS El participio es *dispuesto*. ◇ Se conjuga como *poner*.

disponibilidad *n. f.* **1** Situación de la persona o cosa que está preparada para un fin: *cuando nos vayamos de vacaciones mi casa tendrá absoluta disponibilidad para que os instaléis en ella*. **2** Cantidad de dinero o de bienes que se tienen para gastar o usar en un momento determinado: *hasta que no cobre a final de mes, no tengo disponibilidad para prestarte ningún dinero*. Se usa generalmente en plural.

disponible *adj.* **1** [cosa] Que se puede usar o está preparado para un fin: *este armario está vacío y, por tanto, disponible para que coloques tu ropa*. **2** [persona] Que está preparado y libre de impedimentos para un fin: *como mañana no trabajo, estoy disponible para ayudarte en la redacción de ese escrito*.
DER disponibilidad.

disposición *n. f.* **1** Orden o colocación de una o más cosas en un espacio determinado: *no me gusta la disposición que tienen los cuadros en esta habitación*. **2** Estado anímico o actitud que se muestra, especialmente para hacer una cosa: *tiene muy mala disposición para visitar a los enfermos*. **3** Capacidad para una actividad: *su físico le permite tener una gran disposición para el deporte*. **4** Decisión u orden que establece una autoridad: *antes de iniciar los trámites, hemos de mirar las últimas disposiciones del Gobierno sobre este asunto*. **última disposición** Disposición que establece una persona antes de morir, generalmente en relación con sus bienes: *su última disposición sorprendió a todos sus herederos, ya que repartía los bienes a partes iguales*. **SIN** testamento. **5** Capacidad de disponer de una cosa o poder hacer uso de ella: *mi coche está a la disposición de mi hijo*. **6** Orden y estructura del contenido de una obra escrita: *este autor asombra por la gran disposición de sus artículos: cada párrafo enlaza con el siguiente de un modo natural*.

dispositivo *n. m.* Mecanismo o parte de él que tiene una función establecida: *esta lámpara tiene un dispositivo que la apaga cuando lleva más de diez horas encendida*.

disprosio *n. m.* QUÍM. Elemento químico del grupo de los lantánidos, metal de las tierras raras, de número atómico 66 y de peso atómico 162,26: *el símbolo del disprosio es* Dy.

dispuesto, -ta *part.* **1** Participio irregular de *disponer*. También se usa como adjetivo: *ha dispuesto que vengamos pronto; estoy dispuesto para actuar*. ◊ *adj.* **2** Que tiene el ánimo y la intención de hacer una cosa o está preparado para ello: *ya me he acabado de vestir y estoy dispuesto para salir a la calle; se encuentra muy dispuesta a hacerme el favor*. **3** [persona] Que tiene aptitudes o es capaz de realizar una actividad determinada: *ha estudiado medicina, por lo que está dispuesto para trabajar en el hospital*. Se usa con el verbo *estar*.

disputa *n. f.* Enfrentamiento o discusión entre dos personas o grupos: *la disputa del partido se ha aplazado hasta el próximo lunes; insultó al oponente y originó una cruel disputa entre ambos*. **SIN** contienda.

disputar *v. tr.* **1** Competir con otros para conseguir un fin: *van a disputar la plaza en la universidad cinco opositores*. **SIN** contender, rivalizar. ◊ *v. intr.* **2** Defender dos o más personas opiniones o intereses opuestos en una conversación: *se han divorciado porque disputaban día tras día*. **SIN** contender, debatir, disputar.
DER disputa, disputado.

disquete *n. m.* INFORM. Disco magnético portátil que sirve para grabar y leer datos informáticos: *préstame un disquete para grabar un programa que me interesa mucho*. ☞ ordenador.
DER disquetera.

disquetera *n. f.* INFORM. Parte del ordenador en la que se introduce el disquete: *tengo un ordenador con dos disqueteras*. ☞ ordenador.

disquisición *n. f.* Examen o explicación sobre una materia que se hace con rigor, detalle y orden: *el conferenciante llevó a cabo una disquisición sobre la literatura inglesa*.

distancia *n. f.* **1** Espacio o tiempo que hay entre dos cosas o acontecimientos: *entre tu casa y la mía hay una distancia de un kilómetro; créeme que hubo muy poca distancia desde tu llamada hasta mi respuesta*. **2** Diferencia grande o importante entre dos personas o cosas: *existe una gran distancia entre trabajar y estar en paro*.
a distancia Lejos o con separación: *nos vimos a distancia porque él caminaba por la acera de enfrente*.
a larga distancia [comunicación telefónica] Que se establece con una persona que está en otro país: *aunque sea a larga distancia, si me telefoneas desde el extranjero podremos hablar y saber de vosotros*.
guardar las distancias No dar o no tomarse mucha confianza en una relación personal: *como no me gusta su actitud, procuro guardar las distancias cuando hablo con él*.
DER distanciamiento, distanciar.

distanciamiento *n. m.* **1** Alejamiento o separación en el tiempo y en el espacio: *cuando murió mi padre, no creía que el distanciamiento temporal iba a aliviar mi dolor*. **2** Alejamiento de dos o más personas en cuanto al afecto, el trato o la manera de pensar: *los celos han originado un distanciamiento en esa pareja*.

distanciar *v. tr./prnl.* Poner espacio, tiempo o diferencia entre dos o más personas o cosas: *tenía tanta prisa que comenzó a caminar rápidamente y se distanció de mí; las diferentes opiniones políticas han distanciado a mis dos hijos*. **SIN** alejar, apartar, separar.
OBS En su conjugación, la *i* no se acentúa, como en *cambiar*.

distante *adj.* **1** Que está lejos en el espacio con referencia a un punto determinado: *he de coger un autobús, porque la universidad está muy distante de mi casa*. **SIN** apartado, lejano, separado. **2** [persona] Que no ofrece confianza y familiaridad: *creo que es tan distante con los demás por su timidez*.

distar *v. tr./intr.* **1** Estar apartada una cosa de otra por un espacio o un tiempo: *esta localidad dista cinco kilómetros*. ◊ *v. intr.* **2** Ser diferentes dos personas o cosas entre sí: *esta propuesta dista mucho de la que me hiciste ayer*.
DER distancia, distante; equidistar.

distender *v. tr./prnl.* **1** Hacer menos tensa o tirante una relación u otra cosa: *con tu simpatía y diplomacia siempre consigues distender las situaciones tensas*. **2** MED. Estirarse de forma violenta los tejidos o ligamentos de una articulación: *ha hecho un gran esfuerzo al levantar una caja muy pesada y se le ha distendido el cuello*.
DER distensión.
OBS En su conjugación, la *e* se convierte en *ie* en sílaba acentuada, como en *entender*.

distensión *n. f.* **1** Proceso que hace menos tensa o tirante una relación u otra cosa: *fueron elogiados sus intentos por conseguir la distensión en las relaciones internacionales*. **2** MED. Estiramiento violento de los tejidos o ligamentos de una articulación: *ha sufrido una distensión en el muslo*.

distinción *n. f.* **1** Diferencia que hace que dos o más cosas sean distintas: *hoy vamos a analizar la distinción entre los diferentes tipos de oraciones*. **2** Conjunto de cualidades y virtudes que distinguen a una persona de las demás: *es una persona con distinción a la que se nota su buena educación y cultura*. **3** Honor, gracia o trato especial que se concede a una persona: *le han concedido varias distinciones por su labor como científico*. **4** Elegancia o buen gusto: *es una persona que en todo lo que hace se le nota su distinción*.
sin distinción Sin hacer diferencias: *trata a todos por igual, sin distinción*.

distinguido, -da *adj.* **1** Que tiene un conjunto de cualidades y virtudes que lo distinguen de los demás: *es un pintor muy distinguido y conocido*. **2** [persona] Que destaca por su forma de comportarse con educación y con maneras agradables y finas: *es un caballero muy distinguido con el que da gusto tratar*.

distinguir *v. tr.* **1** Determinar la cualidad, característica o circunstancia que hace que dos personas o cosas no sean iguales entre sí: *es incapaz de distinguir un soneto de una décima; distingue por el olor cualquier cosa*. **SIN** diferenciar. **2** Conceder a una persona un honor, una gracia o un trato especial: *lo han distinguido con una condecoración*. ◊ *v. tr./prnl.* **3** Notar, oír o ver algo que se percibe con dificultad: *distinguí tu voz en medio del ruido de la fiesta*. **4** Hacer una persona o cosa sea diferente de las demás por medio de una señal o característica especial: *estos hermanos son tan parecidos que sólo se distinguen por el pelo; este televisor se distingue de aquel por tener teletexto*. ◊ *v. prnl.* **5 distinguirse** Destacar entre otros por una cualidad: *mi hijo pequeño se distingue de sus hermanos por su simpatía; este piso se distingue por su amplitud*.
DER distinción, distinguido, distinto.
OBS En su conjugación, la *gu* se convierte en *g* delante de *a* y *o*.

distintivo, -va *adj./n. m. y f.* **1** Que sirve para distinguir o diferenciar a una persona o cosa de otra: *me explicó los aspectos distintivos de dos proyectos para que le ayudara a decidirse*. ◊ *n. m.* **2** Característica que distingue o diferencia a una persona o cosa de otra: *el distintivo de este restaurante es la originalidad de sus postres*. **3** Insignia, señal u objeto que sirve para distinguir una persona o cosa de las demás: *los coches policiales llevan un distintivo.*

distinto, -ta *adj.* **1** Que tiene una o más características que lo hacen diferente de los demás; que no es igual: *tu forma de vivir es distinta de la mía: yo vivo en el campo y tú en la playa.* **SIN** dispar, disparejo. **ANT** análogo. ◇ *adj. pl.* **2 distintos** Varios; más de uno: *existen distintas maneras de ir: por carretera, aire o mar.*
DER distintivo; indistinto.

distorsión *n. f.* Deformación de un sonido o una imagen: *busca bien la frecuencia de esa emisora porque hay una distorsión del sonido.*
DER distorsionar.

distorsionar *v. tr.* **1** Deformar un sonido o una imagen: *deja de tocar los botones de la tele, que has distorsionado la imagen de la televisión.* **2** Interpretar de manera equivocada las palabras de alguien: *ha distorsionado mis palabras interpretándolas como a él le convenía.*

distracción *n. f.* **1** Pérdida de la atención en lo que se hace o se debe hacer: *una distracción trabajando con una maquinaria tan peligrosa puede ser la causa de un accidente importante.* **2** Actividad o espectáculo que distrae: *su distracción de todas las tardes es hacer maquetas de aviones.* **SIN** diversión, divertimiento, entretenimiento.

distraer *v. tr./prnl.* **1** Apartar o perder la atención en lo que se hace o se debe hacer: *quita la televisión para estudiar, que te distraes.* **2** Hacer pasar el tiempo de manera agradable: *los niños se distraen mucho jugando con construcciones; me distrae leer y escuchar música.* **SIN** divertir, entretener. **ANT** aburrir.
DER distracción, distraído.
OBS Se conjuga como *traer*.

distraído, -da *adj./n. m. y f.* **1** [persona] Que pierde la atención con facilidad y por ello actúa y habla sin darse cuenta de lo que hace o dice o de lo que pasa a su alrededor: *es muy distraído y no se ha enterado de nada de lo que le estás preguntando.* **2** Que hace pasar el tiempo de manera agradable. **SIN** ameno, divertido, entretenido. **ANT** aburrido, árido, tedioso.

distribución *n. f.* **1** División o reparto de una cosa entre varias personas señalando lo que le corresponde a cada una: *la distribución de las vacaciones entre los empleados se hará por antigüedad.* **2** División de una cosa en partes dando a cada una de ellas un destino o una posición: *hemos hecho la distribución de los libros en la biblioteca por siglos.* **3** Forma de estar dispuestas las diferentes partes de una casa o edificio: *la distribución de esta casa no es muy buena porque hay muchos pasillos y se pierde espacio.* **4** Reparto de un producto del fabricante al comerciante: *se encarga de la distribución de leche.*

distribuidor, -ra *adj./n. m. y f.* **1** [persona, entidad] Que recibe un producto del fabricante y lo entrega a los comerciantes: *el distribuidor de periódicos me deja la mercancía en la puerta de mi establecimiento todas las mañanas.* ◇ *n. m.* **2** Pasillo o pieza pequeña de una casa que da paso a varias habitaciones: *este distribuidor da a los dormitorios y al cuarto de baño.* **3** Mecanismo de encendido de un motor que lleva la corriente eléctrica del generador a las bujías: *el distribuidor no funciona y el coche no arranca.* ◇ *n. f.* **4** Empresa que se dedica a la comercialización de un producto, generalmente con carácter exclusivo, y actúa de mediador entre el fabricante y el comerciante: *una distribuidora de cine; en la tienda no tienen el libro que pedí, pero lo pedirán a la distribuidora de la editorial.*

distribuir *v. tr.* **1** Dividir o repartir una cosa entre varias personas señalando lo que le corresponde a cada una: *hemos distribuido las tareas de casa entre todos los miembros de la familia.* **2** Dividir una cosa en partes dando a cada una de ellas un destino o una posición: *ha distribuido la ropa en los armarios de la casa; este profesor distribuye su clase en dos partes, una la dedica a teoría y otra a práctica.* **3** Llevar un producto del fabricante al comerciante: *ha montado una empresa que se encarga de distribuir una nueva marca de material informático.*
DER distribución, distribuidor, distribuidora, distributiva, distributivo; redistribuir.
OBS En su conjugación, la *i* se convierte en *y* delante de *a*, *e* y *o*, como en *huir*.

distributivo, -va *adj.* **1** De la distribución o que tiene relación con ella: *las mujeres reclaman una mayor igualdad distributiva del trabajo.* ◇ *adj./n. f.* **2** GRAM. [oración] Que está formada por dos o más proposiciones que expresan situaciones o acciones diferentes: *una oración distributiva es unos saltaban, otros corrían.*

distrito *n. m.* Parte en que se divide una población o un territorio para su administración: *en las grandes ciudades los barrios se agrupan en distritos que están bajo la responsabilidad de un concejal; distrito universitario.*

disturbio *n. m.* Conflicto provocado por un grupo de personas en el que se altera la paz social: *la policía ha usado mangueras de agua para acabar con los disturbios callejeros.* **SIN** alboroto, desorden.

disuadir *v. tr.* Conseguir que una persona cambie su manera de actuar, pensar o sentir: *mis padres intentaron disuadirme de que dejara de estudiar, pero no les hice caso y ahora me arrepiento.* **SIN** apear.
DER disuasión, disuasivo.

disuasión *n. f.* Capacidad de conseguir mediante razonamientos que alguien cambie su manera de actuar, pensar o sentir: *tienes un gran poder de disuasión, así que habla con él para que abandone esa idea tan disparatada.*

disuasivo, -va *adj.* Que sirve para hacer cambiar la manera de actuar, pensar o sentir: *utilizó todo tipo de razonamientos disuasivos para que abandonara esa actitud que no le llevaba a ninguna parte.*

disuelto, -ta *part.* Participio irregular del verbo *disolver*. También se usa como adjetivo: *ha disuelto yeso en agua; desconozco cuál es la materia disuelta.*

disyuntiva *n. f.* Situación en la que hay que elegir entre dos cosas o soluciones diferentes: *se encuentra en la disyuntiva de aceptar el trabajo que le han propuesto o quedarse con el que tiene.*

disyuntivo, -va *adj.* **1** Que tiene capacidad de desunir o separar: *el partido está experimentando una tendencia disyuntiva que puede acabar con la escisión en dos facciones.* **ANT** aglutinante. ◇ *adj./n. f.* **2** GRAM. [oración] Que expresa una acción, proceso o estado que excluye la acción, el proceso o el estado expresado por otra u otras oraciones: *salta o corre y entra o sal son oraciones disyuntivas.* **3** GRAM. [conjunción] Que introduce una oración de esta clase: *la conjunción disyuntiva u se utiliza por o cuando la segunda opción empieza por o.*

diu *n. m.* Dispositivo que se coloca en el útero y sirve para evitar el embarazo: *fue al médico para que le colocara un diu y así evitar los embarazos.*
OBS Diu procede de la sigla *DIU*, cuyo desarrollo es dispositivo intrauterino.

diurético, -ca *adj./n. m.* [medicamento] Que facilita o

diurno

aumenta la eliminación de orina: *tiene problemas en el riñón y toma diuréticos.*

diurno, -na *adj.* **1** Del día o que tiene relación con él: *este año tengo horario diurno en la facultad; aprovecha la luz diurna para coser.* **ANT** nocturno. **2** ZOOL. [animal] Que realiza su actividad durante el día: *el águila, el buitre y la ardilla son animales diurnos.* **ANT** nocturno. **3** BOT. [planta] Que sólo tiene sus flores abiertas durante el día. **ANT** nocturno.

divagación *n. f.* Separación del asunto principal del que se habla o escribe: *me ha escrito una carta larguísima y llena de divagaciones.*

divagar *v. intr.* **1** Separarse o apartarse del asunto principal del que se habla o escribe: *no divagues y ve al grano; no se puede hablar contigo, te pones a divagar y nunca llegamos a una conclusión.* **2** Pensar en varias cosas sucesivamente sin orden, objetivo ni motivo concreto: *divagó un buen rato tendido sobre la cama mientras escuchaba música.* **SIN** errar.
DER divagación.
OBS En su conjugación, la g se convierte en gu delante de e.

diván *n. m.* Asiento alargado y blando, con brazos o sin ellos y generalmente sin respaldo, en el que puede tenderse una persona: *cuando llegó al psiquiatra, se tendió en el diván y empezó a hablar.* **SIN** canapé.

divergencia *n. f.* **1** Alejamiento sucesivo entre sí de dos o más líneas o superficies. **ANT** convergencia. **2** Falta de coincidencia entre las ideas y tendencias sociales, culturales o económicas de varias personas o grupos: *existe una gran divergencia en la manera de vivir entre el mundo occidental y el oriental.* **ANT** convergencia.

divergente *adj.* **1** [línea, superficie] Que diverge o se aparta en relación a otra línea o superficie: *el profesor pintó en la pizarra líneas divergentes.* **ANT** convergente. **2** Que tiende a no coincidir con las ideas y tendencias sociales, culturales o económicas de otro u otros: *Cuba y Estados Unidos tienen políticas divergentes.* **ANT** convergente.

divergir *v. intr.* **1** Ir separándose poco a poco una línea o superficie de otra: *las líneas de la carretera divergen al acercarse a nosotros.* **ANT** convergir. **2** Estar en desacuerdo una persona con otra en un asunto concreto: *tu ideología política diverge cada vez más de la mía, así que es mejor que no hablemos de este tema para no acabar discutiendo.* **SIN** diferir, discrepar, disentir. **ANT** convergir.
OBS En su conjugación, la g se convierte en j delante de a y o.

diversidad *n. f.* **1** Diferencia o variedad: *la diversidad de la flora y fauna de esta zona la hacen única.* **2** Abundancia y unión de cosas o personas distintas: *el concierto se caracterizó por la diversidad de los espectadores asistentes.*

diversificación *n. f.* Conversión en diversa o múltiple de una cosa que era única y uniforme: *la sociedad está preparando un plan de diversificación de actividades culturales, cuando antes sólo se dedicaban al trabajo.*

diversificar *v. tr./prnl.* Hacer diversa o múltiple una cosa que era única y uniforme: *hemos diversificado el trabajo para hacerlo más ameno.*
DER diversificación.
OBS En su conjugación, la c se convierte en qu delante de e.

diversión *n. f.* **1** Actividad o espectáculo que gusta y produce placer: *es una diversión ver cómo juegan los niños.* **SIN** divertimento, entretenimiento. **2** Cosa que hace pasar el tiempo de manera agradable: *su diversión es hacer deporte.* **SIN** distracción, divertimento, entretenimiento.

diverso, -sa *adj.* Que es distinto de otro: *hay diversas camisas en esta tienda.* **SIN** diferente.

DER diversidad, diversificar.

divertido, -da *adj.* **1** Que divierte o hace pasar el tiempo de manera agradable: *es una persona muy divertida, da gusto salir con ella.* **SIN** ameno, distraído, entretenido. **ANT** aburrido, árido, tedioso. **2** Que produce alegría: *tienes que leer este libro porque es muy divertido.* **SIN** alegre.

divertimento *n. m.* **1** Composición musical instrumental con varios movimientos y de carácter alegre: *el divertimento era una forma típica del período clásico.* **2** Divertimiento.

divertimiento *n. m.* **1** Actividad o espectáculo que gusta y produce placer: *hay que aprovechar los ratos de divertimiento.* **SIN** diversión, divertimiento, entretenimiento. **2** Cosa que hace pasar el tiempo de manera agradable: *mi divertimiento es charlar con mis amigos.* **SIN** distracción, diversión, divertimento.

divertir *v. tr./prnl.* Hacer pasar el tiempo de manera agradable: *le divierten las historias que le cuentan sus abuelos de su juventud.* **SIN** distraer, entretener. **ANT** aburrir.
DER diversión, divertido, divertimento, divertimiento.
OBS En su conjugación, la e se convierte en ie en sílaba acentuada o en i en algunos tiempos y personas, como en hervir.

dividendo *n. m.* **1** MAT. Cantidad que debe dividirse entre otra: *el dividendo de esta división es 2880, el divisor es 60, el cociente 48 y el resto 0.* **ANT** divisor. **2** ECON. Parte de las ganancias de una sociedad que corresponde a sus accionistas: *este año han obtenido buenos dividendos.*

dividir *v. tr.* **1** Partir o separar en partes o grupos o establecer separaciones: *han dividido los libros para clasificarlos por materias.* **SIN** apartar. **2** Repartir entre varios: *hemos dividido el trabajo de clase entre un grupo.* **3** Crear enemistad y discordia entre dos o más personas: *hicimos caso de sus palabras y consiguió dividirnos.* **4** MAT. Averiguar las veces que una cantidad está contenida en otra: *mañana aprenderemos a dividir; si divido 30 entre 5, el resultado es 6.*
DER dividendo, divisible, divisor, división; subdividir.
ETIM *Dividir* procede del latín *dividere*, que tenía el mismo significado, voz con la que también está relacionada *individuo.*

divinidad *n. f.* **1** Naturaleza de Dios: *los cristianos creen en la divinidad de Jesucristo.* **2** Ser sobrenatural mitológico que tiene poder sobre parte de las cosas o de las personas: *Neptuno es la divinidad marina.* **SIN** deidad, dios.

divinización *n. f.* Consideración de una persona o cosa como un dios o exageración de las cualidades de una persona: *la divinización de una persona puede ser peligrosa, porque cuando le descubres el más mínimo defecto te puedes llevar una gran desilusión.*

divinizar *v. tr.* **1** Considerar a una persona o cosa como un dios y tratarla como tal: *los pueblos primitivos divinizaban las fuerzas de la naturaleza.* **SIN** deificar. **2** Considerar exageradamente las cualidades o virtudes de una persona: *ha divinizado a su novio: no para de hablar de sus buenas cualidades y virtudes, parece que no tiene ningún defecto.* **SIN** deificar.
DER divinización.
OBS En su conjugación, la z se convierte en c delante de e.

divino, -na *adj.* **1** De Dios o de los dioses o que tiene relación con ellos: *estuvimos en la catedral viendo las imágenes divinas.* **2** Que destaca o sobresale entre los demás o es excepcional: *he visto un perro divino; pinta unos paisajes divinos.*
DER divinidad, divinizar; adivinar.

divisa *n. f.* **1** Moneda extranjera manejada por un país en el comercio internacional: *el franco es la divisa francesa.* **2** Señal exterior que sirve para distinguir personas, grados, cargos o cosas: *en la puerta de su casa había un escudo con la divisa de la familia.*

DER eurodivisa.

divisar *v. tr.* Ver o percibir de manera poco clara, generalmente desde lejos: *a lo lejos se divisaba un coche.*

divisibilidad *n. f.* **1** Posibilidad de ser dividido: *en un principio nadie creía en la divisibilidad del átomo.* **2** MAT. Propiedad de un número entero de poder dividirse por otro, dando como resultado un número entero: *existen criterios de divisibilidad para saber por qué número es divisible otro.*

divisible *adj.* **1** Que se puede dividir: *este pastel no es divisible, porque me lo voy a comer enterito.* **2** MAT. [número entero] Que al dividirlo entre otro da como resultado un número entero: *un número es divisible por cinco cuando acaba en cinco o en cero.*
DER divisibilidad; indivisible.

división *n. f.* **1** Separación o partición de un todo en partes o en grupos: *división administrativa.* **2** Reparto entre varias personas: *hemos hecho la división de los libros y nos han tocado veinte a cada uno.* **3** Desacuerdo, desunión o enfrentamiento entre personas: *un malentendido ha sido la causa de la división en el grupo de amigos.* **4** Agrupación de equipos deportivos de la misma categoría: *si nuestro equipo gana hoy subirá de segunda a primera división.* **división de honor** Categoría en la que se agrupan los mejores equipos de un deporte: *la división de honor de balonmano.* **5** BIOL. Categoría de clasificación de las plantas, inferior a la de reino y superior a la de clase: *el musgo pertenece a una división de plantas inferiores.* **división celular** Modo de reproducción de las células: *tras la división celular, la célula queda dividida en dos células hijas.* **6** MAT. Operación mediante la cual se calcula las veces que una cantidad, el divisor, está contenida en otra, el dividendo: *la división de 10 entre 2 da como resultado 5.* **7** Unidad militar compuesta por dos o más regimientos de distintos cuerpos del ejército: *división motorizada.* **división acorazada** La que está formada por carros de combate o fuerzas transportadas en vehículos blindados.

divismo *n. m.* Condición del divo o artista que tiene mucha fama y es muy admirado: *el divismo de esta soprano no la ha hecho ser una persona engreída y orgullosa.*

divisor, -ra *n. m./adj.* **1** MAT. Cantidad que divide a otra: *en la división 98:3, 3 es el divisor.* **ANT** dividendo. ◇ *n. m.* **2** MAT. Número que está contenido en otro una cantidad exacta de veces: *el 5 es divisor de 15 porque 15 lo contiene 3 veces.* **común divisor** Cantidad por la cual se dividen exactamente dos o más cantidades: *el 12 es común divisor de 24 y de 48.* **máximo común divisor** El mayor de los comunes divisores de dos o más cantidades.
DER divisorio.

divisorio, -ria *adj.* Que divide o sirve para dividir: *debemos establecer la línea divisoria entre tu trabajo y el mío.*

divo, -va *adj./n. m. y f.* **1** [artista] Que tiene mucha fama y es muy admirado: *la gran diva de la ópera recibió una fuerte ovación al final de su actuación.* **2** [persona] Que es demasiado orgulloso y se cree superior a los demás: *ahí viene José con sus aires de divo, mirándonos por encima del hombro.*
DER divismo.

divorciar *v. tr./prnl.* **1** Separar legalmente dos personas que estaban casadas: *el juez divorció al matrimonio de mutuo acuerdo; tras un año de matrimonio decidieron divorciarse.* **SIN** descasar. **ANT** casar. **2** Deshacer o separar una unión, una relación o un grupo de personas: *los socios se divorciaron después de muchos años de trabajo en común.*
OBS En su conjugación, la *i* no se acentúa, como en *cambiar.*

divorcio *n. m.* **1** Separación legal de dos personas que estaban casadas: *acaban de concederle el divorcio.* **2** Separación de una unión, una relación o un grupo de personas: *el divorcio de sus opiniones era cada vez más evidente.*
DER divorciar.

divulgación *n. f.* Publicación, difusión o propagación de algo, generalmente un hecho o noticia: *la divulgación de la noticia por televisión ha causado una gran sorpresa entre los telespectadores; los libros de divulgación científica están escritos para lectores no especializados.*

divulgador, -ra *adj./n. m. y f.* [persona, escrito] Que publica, difunde o pone al alcance del público algo, generalmente un hecho o noticia: *esta revista es la divulgadora de los últimos avances informáticos.*

divulgar *v. tr.* Publicar, difundir o poner al alcance del público algo, generalmente un hecho o noticia: *divulgué la noticia de que habías ganado el premio entre todos tus amigos.*
DER divulgación, divulgador.
OBS En su conjugación, la *g* se convierte en *gu* delante de *e*.

DNI *n. m.* Sigla de documento nacional de identidad, 'cédula de identificación personal'.

do *n. m.* MÚS. Primera nota de la escala musical: *comenzó entonando un do.* ☞ nota musical.
do de pecho *a)* Nota muy aguda que da la voz de un tenor: *tiene tan buena voz, que es capaz de dar un do de pecho tras otro.* *b)* El máximo trabajo y esfuerzo que se puede hacer para conseguir una cosa: *para aprobar la asignatura, di el do de pecho.*
OBS El plural es *dos*.

dobermann *adj./n. com.* [perro] Que pertenece a una raza de estatura media, cuerpo musculoso, pelo corto y cabeza estrecha y larga que, por su ferocidad, suele usarse como guardián: *tiene un dobermann en la puerta de la finca.*
OBS Es de origen alemán y se pronuncia aproximadamente *'dóberman'.*

dobladillo *n. m.* Pliegue que se hace en los bordes de una tela, doblándola dos veces hacia adentro para coserla: *se ha descosido el dobladillo de tu pantalón.*

doblaje *n. m.* Sustitución de las voces de los actores en una película por otras voces, generalmente para traducir del idioma original al idioma del público destinatario de la película: *el doblaje de las canciones de esta película era necesario para que gustaran al público.*

doblar *v. tr.* **1** Plegar o juntar los extremos de un objeto flexible: *dobló los folios antes de meterlos en su cartera.* **ANT** desdoblar. **2** Pasar al otro lado de un saliente: *el coche dobló la esquina de la casa a toda velocidad.* **3** Tener dos veces más: es *mucho mayor que yo, puesto que me dobla la edad.* **4** Sustituir las voces de los actores en una película por otras voces, generalmente para traducir del idioma original al idioma del público destinatario de la película: *han doblado la voz del protagonista.* **5** Sustituir a un actor o una actriz de cine o televisión en las escenas peligrosas o que requieran alguna habilidad especial: *es tan profesional que no admitió que le doblasen en la escena del incendio.* **6** Alcanzar un participante de una carrera a otro sacándole una vuelta de pista de ventaja: *los atletas con menos preparación fueron doblados en la recta final por el campeón.* ◇ *v. intr.* **7** Cambiar de dirección: *parecía venir hacia mí, pero finalmente dobló a la izquierda y se metió en casa.* **SIN** girar, torcer. **8** Sonar las campanas por la muerte de una persona: *las campanas doblaron toda la tarde por la muerte del alcalde.* **9** Caer o echarse al suelo para morir, especialmente el toro de lidia en la arena de la plaza: *tras la certera estocada del torero, el toro dobló.* ◇ *v. tr./prnl.* **10** Hacer que sea dos veces mayor una cosa o

doble

una cantidad: *el nuevo director ha doblado los beneficios anuales de la empresa*. **SIN** duplicar. **11** Dar forma curva: *los estantes de la biblioteca se han doblado por el peso de los libros*. **SIN** curvar, torcer. ◇ *v. prnl.* **12 doblarse** Renunciar a una cosa, abandonar una intención u una opinión: *por fin se ha doblado, admitiendo que es un proyecto absurdo*. **SIN** doblegarse.
DER dobladillo, doblado, doblaje; desdoblar, redoblar.

doble *adj.* **1** Que va acompañado de algo semejante o idéntico con lo que desempeña una misma función: *esta puerta tiene doble pestillo*. **ANT** sencillo, simple. **2** [tejido, papel] Que es más grueso o consistente de lo normal: *esta sábana tan doble servirá para proteger el mueble de la humedad*. ◇ *num.* **3** [cantidad, número] Que es dos veces mayor que otro: *este colegio es de doble tamaño que el mío; cien es el doble de cincuenta*. Puede ser determinante: *doble tamaño*, o pronombre: *el doble de cincuenta*. **SIN** duplo. ◇ *adj./n. com.* **4** [persona] Que no se comporta con naturalidad, pues es de una manera y se muestra a los demás de otras: *no te fíes de Andrés: es una persona doble y sus apariencias engañan*. ◇ *adj./n. m.* **5** [bebida] Que tiene dos veces la cantidad normal o habitual de su contenido: *vamos a tomar un café doble para despejarnos*. ◇ *n. com.* **6** Persona que tal parecido con otra que es muy fácil confundirlos: *me dijeron que era el doble de mi hermano mayor*. **7** Persona que sustituye a un actor o una actriz de cine o televisión en las escenas peligrosas o que requieren alguna habilidad especial: *siempre usa un doble en las escenas violentas*. **SIN** especialista. ◇ *adv.* **8** Dos veces una cantidad: *he bebido doble porque tenía mucha sed*. ◇ *n. m. pl.* **9 dobles** Partido en el que se enfrentan dos jugadores contra otros dos, generalmente en el tenis: *el encuentro de dobles fue muy largo*. **10** Infracción que se comete en el baloncesto cuando un jugador bota con las dos manos a la vez o cuando salta con el balón y cae con él todavía en las manos: *no lanzó a canasta mientras saltaba, y al caer cometió dobles*.
DER doblar, doblegar, doblemente, doblete, doblez, doblón.

doblegar *v. tr./prnl.* **1** Hacer desistir de una opinión o de un propósito y obligar a aceptar otros: *tuvo que doblegarse y darnos la razón*. **2** Doblar o torcer encorvando: *doblega la manta y guárdala en el armario*. **SIN** doblar.
OBS En su conjugación, la *g* se convierte en *gu* delante de *e*.

doblete *n. m.* **1** Representación de dos papeles distintos por un mismo actor en la misma obra o película: *Antonio Banderas hace doblete en la película* Two Much. **2** Serie de dos éxitos o victorias en un corto período de tiempo: *mi equipo de baloncesto ha hecho doblete, porque ha ganado la Liga y la Copa Korac*. **3** GRAM. Conjunto de dos palabras que tienen el mismo origen, pero que han evolucionado de distinta manera: *las palabras* delicado *y* delgado *forman doblete, porque las dos proceden del término latino* delicatus.

doblez *n. m.* **1** Parte que se dobla o se pliega en una cosa: *hizo varios dobleces en el mapa de carreteras para guardarlo*. **2** Señal que deja un pliegue o una arruga: *tendrás que planchar la camiseta porque se le ha quedado un doblez por el sitio que ha estado tendida*. ◇ *n. amb.* **3** Falsedad o hipocresía en la manera de actuar, expresando lo contrario de lo que se siente realmente: *no confíes en sus palabras porque actúa con doblez y seguro que miente*. **SIN** duplicidad.

doblón *n. m.* Moneda antigua española de oro de diferente valor según las épocas: *el doblón desapareció al adoptarse el sistema de la peseta en 1868*.

doce *num. card.* **1** Indica que el nombre al que acompaña o al que sustituye está 12 veces: *somos doce personas*. Puede ser determinante: *doce niños participaron*, o pronombre: *los doce participaron*. ◇ *num. ord.* **2** Indica que el nombre al que acompaña o al que sustituye ocupa el lugar número 12 en una serie: *soy el doce de la lista*. **SIN** duodécimo. Es preferible el uso del ordinal: *duodécimo*. ◇ *n. m.* **3** Nombre del número 12.
DER doceavo, docena.

doceavo, -va *num.* Parte que resulta de dividir un todo en 12 partes iguales: *si somos 12 para comer, me toca un doceavo de tarta*.

docena *n. f.* Conjunto formado por doce unidades: *una docena de huevos*.
DER adocenar.

docencia *n. f.* Actividad de la persona que se dedica a enseñar o comunicar conocimientos, habilidades, ideas o experiencias a personas que no las tienen con la intención de que las aprendan: *ha ejercido la docencia por todos los pueblos de la provincia*.

docente *adj.* **1** De la enseñanza o que tiene relación con esta actividad profesional: *la actividad docente comenzará próximamente*. ◇ *adj./n. com.* **2** [persona] Que se dedica a la enseñanza o comunicación de conocimientos, habilidades, ideas o experiencias a personas que no las tienen con la intención de que las aprendan: *a la reunión del centro asistirán los docentes, los alumnos y la asociación de padres*.
DER docencia.
ETIM Véase *doctor*.

dócil *adj.* **1** Que es tranquilo o fácil de educar: *es muy dócil y agradable en el trato*. **2** Que obedece o cumple lo que se le manda: *un animal dócil*. **SIN** obediente. **3** [piedra, metal] Que se puede labrar con facilidad: *el cobre es un metal muy dócil*.
DER docilidad.
ETIM Véase *doctor*.

docilidad *n. f.* **1** Carácter del que es tranquilo y fácil de educar: *es un niño con una gran docilidad y no te dará ningún problema*. **2** Carácter del que cumple lo que se le manda: *la docilidad de mi perro es patente: lo mando por mis zapatillas y me las trae*. **SIN** obediencia.

docto, -ta *adj./n. m. y f.* [persona] Que posee muchos conocimientos adquiridos a fuerza de estudio: *es una persona muy docta en la poesía del Siglo de Oro español*. **SIN** sabio.
DER indocto.

doctor, -ra *n. m. y f.* **1** Persona que se dedica a curar o prevenir las enfermedades: *voy a visitar al doctor porque tengo fiebre y mucha tos*. **SIN** médico. **2** Persona que ha conseguido el último grado académico en la universidad: *acaba de leer la tesis doctoral y ya es doctora en biología*. **3** Título eclesiástico que se concede a los santos que han destacado por la defensa o la enseñanza de la religión católica.
DER doctorado, doctoral, doctorar.
ETIM *Doctor* procede del latín *doctor docere*, 'enseñar', voz con la que también están relacionadas *docente, dócil, doctrina, documento*.

doctorado *n. m.* **1** Grado académico más alto que se consigue en la universidad, después de acabar los estudios y realizar una tesis doctoral: *necesitas el doctorado para presentarte a una plaza de profesor titular en la universidad*. **2** Conjunto de estudios necesarios para conseguir ese grado: *este año me matricularé en el curso de doctorado*.

doctoral *adj.* De doctor o del doctorado o que tiene relación con ellos: *una tesis doctoral*.

doctorando, -da *n. m. y f.* Persona que está realizando los cursos de doctorado o que prepara la tesis doctoral para

la obtención del doctorado: *el tribunal dio la nota máxima al doctorando.*
doctorar *v. tr./prnl.* Dar o conseguir el grado de doctor: *se doctoró en derecho en la Universidad de Sevilla.*
DER doctorando.
doctrina *n. f.* **1** Conjunto de ideas o normas que rigen la manera de pensar o de obrar y que son defendidas por un grupo de personas: *la doctrina cristiana se resume en este enunciado:* amarás a Dios sobre todas las cosas y al prójimo como a ti mismo. **2** Materia o ciencia que se enseña: *impartió su doctrina.*
DER doctrinal, doctrinario; adoctrinar.
ETIM Véase *doctor.*
doctrinal *adj.* De la doctrina o que tiene relación con ella: *el conferenciante enfocó su discurso desde un punto de vista doctrinal.* **SIN** doctrinario.
doctrinario, -ria *adj.* **1** Doctrinal. ◇ *adj./n. m. y f.* **2** [persona] Que defiende rígidamente una doctrina o que presta más atención a la doctrina o a las teorías que a su aplicación en la práctica: *es un político muy doctrinario: tiene muy claras sus ideas pero no sabe llevarlas a la práctica.*
documentación *n. f.* **1** Información o conocimiento que se consigue o proporciona sobre algo con un fin determinado: *estoy buscando documentación sobre la realidad virtual para hacer un trabajo de curso.* **2** Conjunto de documentos oficiales que prueban la identidad de una persona o de una cosa: *si la policía te pide la documentación del coche tendrás que enseñarle el permiso de circulación, el seguro y la ITV, si has tenido que pasarla.*
documentado, -da *adj./n. m. y f.* **1** [persona] Que tiene consigo documentos que prueban su identidad: *para salir de casa y para conducir hay que ir documentado.* **2** [persona, cosa] Que tiene conocimientos o da pruebas acerca de un asunto: *este libro está muy bien documentado, se nota que su autor ha leído todo sobre el tema que trata.*
DER indocumentado.
documental *adj.* **1** Que se basa en documentos: *necesitamos una prueba documental de que el piso es nuestro.* ◇ *adj./n.* **2** [película] Que trata de hechos y personajes reales con fines informativos o pedagógicos: *en casa, después de comer, vemos unos documentales muy interesantes sobre la vida animal.*
DER documentalista.
documentalista *n. com.* **1** Persona que se dedica profesionalmente a hacer cine documental: *este cortometraje sobre la Antártida es de un joven documentalista.* **2** Persona que tiene como oficio la preparación y elaboración de toda clase de datos bibliográficos, informes o noticias sobre determinada materia: *los documentalistas de este programa están recogiendo datos para hacer un reportaje sobre la evolución de los juegos.*
documentar *v. tr.* **1** Probar o demostrar con documentos: *para que tu teoría sea creíble tendrás que documentarla.* ◇ *v. tr./prnl.* **2** Conseguir o proporcionar la información sobre algo con un fin determinado: *antes de salir de viaje, se documentó a fondo sobre el país que iba a visitar leyendo libros de historia, arte, cultura y folclore.*
DER documentado.
documento *n. m.* **1** Escrito con que se prueba o demuestra algo: *tengo que presentar algún documento que acredite mi domicilio.* **2** Lo que sirve para ilustrar un hecho: *la novela que he leído es un verdadero documento histórico sobre la España de posguerra.*
DER documentación, documental, documentar; documentología.

ETIM Véase *doctor.*
dodeca- Elemento prefijal que entra en la formación de palabras con el significado de 'doce': *dodecaedro.*
dodecaedro *n. m.* MAT. Cuerpo sólido limitado por doce caras: *las caras del dodecaedro regular son pentágonos regulares.*
dodecágono *n. m.* MAT. Figura plana de doce lados: *el dodecágono es un polígono.*
dodecasílabo, -ba *adj./n. m.* culto [verso] Que tiene doce sílabas: *el dodecasílabo es un verso de arte mayor.*
dogma *n. m.* **1** Punto principal de una religión, doctrina o un sistema de pensamiento que se tiene por cierto y seguro y no puede ponerse en duda: *la incorporación del dogma de la trinidad a la Iglesia Católica suscitó numerosas polémicas.* **2** Conjunto de puntos principales de una religión, doctrina o un sistema de pensamiento que se tienen por ciertos y seguros y no pueden ponerse en duda: *el dogma católico.*
DER dogmático, dogmatismo, dogmatizar.
dogmático, -ca *adj.* **1** Del dogma o que tiene relación con él: *un punto de vista dogmático.* ◇ *adj./n. m. y f.* **2** [persona] Que expresa una opinión de manera concluyente y la defiende como verdad absoluta: *es un dogmático y no conseguirás que cambie su idea.*
dogmatismo *n. m.* **1** Tendencia a afirmar que una cosa es cierta y segura cuando en realidad es discutible: *el dogmatismo hace a las personas intolerantes e insolidarias.* **2** Conjunto de afirmaciones de una religión, doctrina o un sistema de pensamiento que se tienen por ciertos y seguros y se consideran verdades absolutas: *el dogmatismo ideológico; el dogmatismo científico.*
dogmatizar *v. intr.* Afirmar que una cosa es verdadera, indiscutible y segura cuando puede ponerse en duda: *no es conveniente que dogmatices, porque cada uno tiene sus opiniones.*
OBS En su conjugación, la *z* se convierte en *c* delante de *e*.
dogo, -ga *adj./n. m.* [perro] Que pertenece a una raza de gran tamaño, con el cuello y el cuerpo gruesos y cortos y pelaje leonado: *los dogos son perros guardianes.* **SIN** gran danés.
dólar *n. m.* Unidad monetaria de los Estados Unidos, Canadá, Australia, Nueva Zelanda, Liberia y otros países: *el dólar americano es una de las monedas más fuertes del mercado.*
DER eurodólar.
OBS El plural es *dólares.*
dolencia *n. f.* Alteración de la salud que produce una sensación molesta y desagradable en una parte del cuerpo: *está enfermo, hace tiempo que padece una dolencia cardíaca.*
doler *v. intr.* **1** Tener dolor en una parte del cuerpo: *doler una muela; doler una pierna.* **2** Causar algo pena, tristeza o lástima: *me duele verte llorar de esa manera.* ◇ *v. prnl.* **3 dolerse** Sentir y explicar una pena o desgracia: *se duele de que no cuentes con él para ir al teatro.* **SIN** lamentarse.
DER dolencia, dolido, doliente; adolecer, condolerse, indolente.
OBS En su conjugación, la *o* se convierte en *ue* en sílaba acentuada, como en *mover.*
dolido, -da *adj.* Que experimenta pena, tristeza o lástima a causa de una contrariedad: *tu padre está muy dolido porque no te has acordado de su aniversario.* **SIN** dolorido.
dolmen *n. m.* Monumento megalítico formado por una losa grande que se apoya sobre piedras verticales dando una imagen similar a una gran mesa: *los dólmenes se usaron como sepultura.*
dolo *n. m.* DER. Hecho que se realiza con el fin de engañar

dolomía

a una persona o de ir contra la ley: *hay dolo cuando se obliga a una persona a firmar un contrato bajo amenazas o engaños.*
DER doloso.

dolomía o **dolomita** *n. f.* Mineral semejante a la caliza que se utiliza en la construcción y que está formado por un carbonato doble de cal y magnesia: *la dolomía se emplea calcinada como material refractario.*

dolor *n. m.* **1** Sensación molesta y desagradable que se siente en una parte del cuerpo a causa de una herida o una enfermedad: *se tomó una pastilla para aliviar el dolor de oído.* **2** Sentimiento intenso de pena, tristeza o lástima producido por una contrariedad: *le provoca mucho dolor saber que hay personas que pasan hambre; la despedida de su mejor amigo le causó un gran dolor.*
DER doler, dolorido, doloroso; indoloro.

dolorido, -da *adj.* **1** Que padece una sensación molesta y desagradable en una parte del cuerpo a causa de una herida o una enfermedad: *se cayó por las escaleras y, aunque no se rompió nada, tenía todo el cuerpo dolorido.* **2** Que experimenta pena, tristeza o lástima a causa de una contrariedad: *después de la discusión que tuvisteis se sintió muy dolorido.*
SIN dolido.

doloroso, -sa *adj.* **1** Que causa dolor físico o moral: *no te asustes, que esta inyección no es dolorosa; para los hijos es doloroso presenciar una pelea entre sus padres.* ◊ *n. f.* **2** *coloquial* Factura o cuenta que hay que pagar: *hoy te toca a ti pagar la dolorosa.* Siempre va precedido del artículo femenino.

doloso, -sa *adj.* **DER.** Que supone engaño o fraude: *el comportamiento doloso será castigado por la ley.*

doma *n. f.* **1** Proceso de amansar y hacer dócil a un animal salvaje mediante la práctica de ejercicios: *se dedica a la doma de caballos.* **2** Represión de una pasión o una conducta: *para la doma de ese vicio tendrás que poner mucho de tu parte.*

domador, -ra *n. m. y f.* Persona que se dedica a amansar a animales salvajes o a la exhibición y manejo de animales domados: *el domador se tumbó en el suelo para que el elefante pasara por encima de él.*

domar *v. tr.* **1** Amansar y hacer dócil un animal salvaje mediante la práctica de ejercicios: *domar caballos; domar leones.* **2** Contener o frenar una pasión o una conducta: *he conseguido domar mi pasión por los dulces; tienes que domar tu carácter porque tienes muy mal genio.* **3** Hacer tratable o quitarle la rebeldía a una persona: *no consigo domar a este niño tan rebelde.* **SIN** domeñar, domesticar, dominar. **4** Dar flexibilidad: *he conseguido domar estas botas, ahora se adaptan muy bien al pie y resultan muy cómodas.*
DER doma, domador; indomable, redomado.

domeñar *v. tr.* **1** Tener bajo el poder o la autoridad: *los invasores domeñaron a los pueblos atacados.* **SIN** dominar. **2** Hacer tratable a una persona o quitarle la rebeldía: *este niño era muy travieso y ahora es muy agradable de trato, han conseguido domeñarlo.* **SIN** domar, domesticar, dominar.
ETIM Véase *dueño.*

domesticable *adj.* Que puede domesticarse: *los perros son domesticables; esa mala costumbre tuya aún es domesticable.*

domesticar *v. tr.* **1** Acostumbrar a un animal a convivir con las personas: *ha domesticado un mono para tenerlo en casa.* **2** Hacer tratable o quitarle la rebeldía a una persona: *no hay quien domestique a este niño: no consigo que coma con la boca cerrada y sin hacer ruido.* **SIN** domar, domeñar, dominar.
DER domesticable, domesticación, doméstico.
OBS En su conjugación, la *c* se convierte en *qu* delante de *e.*

doméstico, -ca *adj.* **1** De la casa o que tiene relación con esta vivienda: *en casa todos ayudamos a realizar las labores domésticas.* **2** [animal] Que se cría en la compañía del hombre: *los perros son animales domésticos.* ◊ *n. m. y f.* **3** Persona que se dedica a los trabajos de una casa que no es la suya a cambio de dinero: *tenemos un nuevo doméstico que se encarga de la cocina.* **SIN** criado, sirviente. ◊ *n. m.* **4** Ciclista que ayuda al corredor principal del equipo durante la carrera: *el doméstico le llevó agua a su compañero.*

domiciliación *n. f.* Autorización de pagos o cobros con cargo a una cuenta bancaria: *en este banco dan muchas ventajas por la domiciliación de la nómina.*

domiciliar *v. tr.* **1** Autorizar un pago o un cobro con cargo a una cuenta bancaria: *he domiciliado el pago de los recibos del teléfono en la cuenta corriente.* ◊ *v. prnl.* **2 domiciliarse** Establecer la vivienda en un lugar: *se ha domiciliado en Madrid porque lo han trasladado por cuestiones de trabajo.*
SIN avecindarse, afincarse.
DER domiciliación, domiciliario, domicilio.
OBS En su conjugación, la *i* no se acentúa, como en *cambiar.*

domiciliario, -ria *adj.* **1** Que se ejecuta o se cumple en el domicilio: *lo condenaron a un día de arresto domiciliario; si estás muy enfermo y no puedes salir de casa, el médico te hará una visita domiciliaria.* **2** Del domicilio o que tiene relación con este lugar: *necesito sus datos domiciliarios, pues quiero enviarle una carta.*

domicilio *n. m.* **1** Casa en la que vive habitualmente una persona: *en el impreso de matrícula te piden los datos de tu domicilio.* **2** Lugar en el que legalmente está establecida una persona o sociedad para el cumplimiento de sus obligaciones y el ejercicio de sus derechos: *tengo que pedir un certificado de mi nuevo domicilio para el DNI.*
a domicilio *a)* En el domicilio del interesado: *cada vez hay más supermercados que ofrecen servicio a domicilio.* **SIN** domiciliario. *b)* En el campo, cancha o pista del contrario: *a pesar de jugar a domicilio y no tener a nuestros seguidores ganamos el partido.*

dominación *n. f.* Acción de dominar o de tener bajo el poder o la autoridad, especialmente un rey o gobierno sobre un país o pueblo: *la dominación árabe duró en España siete siglos.*

dominante *adj.* **1** Que domina, sobresale o es superior a otros de su clase: *la televisión es el medio de comunicación dominante.* **2** BIOL. [carácter hereditario] Que cuando se posee siempre se manifiesta en el fenotipo. ◊ *adj./n. com.* **3** [persona] Que tiene tendencia a mandar y a dirigir la vida de las personas que lo rodean: *tiene un carácter tan dominante que avasalla cuando te habla; no le lleves la contraria, que es una dominante y se enfadará mucho.* ◊ *n. f.* **4** MÚS. Quinta nota de la escala de cualquier tono.

dominar *v. tr.* **1** Tener bajo el poder o la autoridad: *nos quiere dominar a todos; se le pinchó una rueda, pero consiguió dominar el coche.* **SIN** domeñar. **2** Conocer una materia, una ciencia o un arte: *le ha costado mucho esfuerzo dominar la informática.* ◊ *v. tr./prnl.* **3** Contener o frenar una pasión o una conducta: *dominó su ira y no le contestó como hubiera querido.* **SIN** domar, domeñar, domesticar. ◊ *v. intr./tr.* **4** Sobresalir o destacar: *la tela que he comprado es de muchos colores pero domina el azul; la torre domina todo el pueblo.* **5** Divisar una extensión de tierra desde la altura: *desde lo alto de la torre Eiffel se domina todo el centro de París.*
DER dominación, dominante, dómine, dominio, dominó; predominar.
ETIM Véase *dueño.*

domingo *n. m.* Séptimo y último día de la semana dedica-

do generalmente al descanso: *los domingos vamos al cine con los amigos.*
DER dominguero, dominical; endomingarse.
ETIM Véase *dueño*.

dominguero, -ra *adj.* **1** Que se suele usar en domingo: *traje dominguero.* ◇ *n. m. y f.* **2** Persona que acostumbra a arreglarse y divertirse solamente los domingos y días festivos: *los fines de semana el camping se llena de domingueros.* Tiene valor despectivo. **3** Persona que conduce mal su automóvil y que suele salir de la ciudad al campo los domingos y días de fiesta: *no le gusta salir los domingos a la carretera porque dice que está llena de domingueros.* Tiene valor despectivo.

dominical *adj.* **1** Del domingo o que tiene relación con este día de la semana: *le encantan los paseos dominicales por el campo.* ◇ *adj./n. m.* **2** [publicación] Que recoge información general y se vende los domingos acompañando a un periódico: *suplemento dominical; en el dominical suele aparecer información sobre actos culturales.*

dominicano, -na *adj.* **1** De Santo Domingo o de la República Dominicana o que tiene relación con esa ciudad o ese país centroamericanos: *la población dominicana es de 5 430 879 habitantes.* ◇ *adj./n. m. y f.* **2** [persona] Que es de Santo Domingo o de la República Dominicana. **3** De la orden de Santo Domingo o que tiene relación con este instituto religioso. **SIN** dominico.

dominico, -ca *adj.* **1** De la orden de Santo Domingo o que tiene relación con este instituto religioso: *la plenitud dominica en el siglo XVI se debe a la evangelización de América y a Fray Bartolomé de las Casas.* ◇ *adj./n. m. y f.* **2** [religioso] Que pertenece a la orden de Santo Domingo: *la orden de los dominicos fue aprobada en 1215 y confirmada por el Papa Honorio III.* **SIN** dominicano.

dominio *n. m.* **1** Poder que se tiene sobre lo que es propio o sobre otras personas: *ejerce un fuerte dominio sobre su familia.* **2** Territorio y población que están bajo un mismo mando: *España tuvo numerosos dominios americanos.* **3** Territorio donde se habla una lengua o un dialecto: *el dominio lingüístico del vascuence era mayor en la Edad Media que en la actualidad.* **4** Buen conocimiento de una materia, una ciencia o un arte: *para este trabajo exigen buen dominio del inglés.* **5** Campo de una materia o de una actividad científica o artística: *el dominio de la psicología.*

ser de dominio público Ser conocido o sabido por todos: *tú tenías muy bien guardado ese secreto, pero siento decirte que es de dominio público.*
DER autodominio.

dominó *n. m.* **1** Juego de mesa en el que se usan 28 fichas rectangulares que tienen una cara dividida en dos cuadrados iguales que llevan marcados de uno a seis puntos negros o ninguno: *para jugar al dominó se necesitan cuatro personas.* **2** Conjunto de las fichas que se emplean en este juego de mesa: *se ha perdido una ficha del dominó, el uno doble.*
OBS El plural es *dominós*.

don *n. m.* **1** Forma de tratamiento que se usa hacia los hombres y que indica respeto y cortesía: *¡buenos días! don José.* Se usa delante de un nombre propio y su abreviatura es D. El femenino es *doña*. **2** Cualidad o habilidad para hacer algo: *tiene un don especial para la pintura.* **3** Regalo o cosa que se da voluntariamente en señal de agradecimiento o afecto: *distribuyó numerosos dones entre sus amigos.* **SIN** dádiva, presente.

don de gentes Habilidad para tratar con otras personas, atraer su simpatía o convencerlas: *ha conseguido ese puesto de trabajo por tener don de gentes.*

don nadie Persona poco conocida o de poca importancia o influencia: *se cree que es alguien cuando en realidad es un don nadie.* Tiene valor despectivo.

donación *n. f.* Entrega de algo propio que se hace de forma voluntaria y generosa: *la donación de órganos es importante para salvar vidas humanas.*

donaire *n. m.* **1** Gracia, discreción y viveza en la forma de hablar y moverse: *es una persona elegante y luce todo lo que se pone con gran donaire.* **SIN** donosura. **2** Frase graciosa u ocurrente: *es muy agudo y siempre nos hace reír con sus bromas y sus donaires.*

donante *adj./n. com.* **1** [persona] Que hace pasar a poder de otra persona algo propio: *a la residencia de ancianos le han puesto el nombre del donante del edificio.* ◇ *n. com.* **2** Persona que voluntariamente da sangre o un órgano de su cuerpo con fines médicos: *se ha hecho donante de órganos; cada tres meses acude al hospital porque es donante de sangre.* **ANT** receptor.

donar *v. tr.* Hacer pasar a poder de otra persona algo propio: *ha donado todos sus libros a la biblioteca municipal.* **SIN** dar.
DER don, donación, donaire, donante, donativo, donoso; condonar, perdonar.

donativo *n. m.* Cantidad de dinero o conjunto de medicinas, alimentos, ropas u otros objetos que se da voluntariamente a una persona o grupo para ayudar a cubrir sus necesidades: *están pidiendo donativos para los niños del Tercer Mundo.* **SIN** contribución.

doncel *n. m.* **1** Joven noble o paje que aún no había sido armado caballero: *el doncel seguía a su señor y aprendía el arte de las armas.* **2** *culto* Joven adolescente, especialmente el que no ha tenido relaciones sexuales. El femenino es *doncella*.
DER doncella.

doncella *n. f.* **1** *culto* Mujer joven, especialmente la que no ha tenido relaciones sexuales. **2** Mujer que se dedica a trabajos domésticos no relacionados con la cocina: *la doncella ayudó a la señora a arreglar la casa.*

donde *adv.* Indica un sitio o un lugar ya expresado o sobrentendido: *el país de donde soy; el libro está donde te dije.*
DER dondequiera, doquier, doquiera; adonde.
OBS Puede ir precedido de una de las preposiciones que expresan relación de espacio: *a, de, desde, en, hacia, hasta, por.* ◇ Precedido de la preposición *a* se escribe *adonde* y significa lo mismo que *en donde, donde.* ◇ No se debe confundir con *dónde*.

dónde *adv.* En qué sitio o en qué lugar: *¿dónde habéis quedado?; ¿de dónde vienes?*
OBS Puede ir precedido de una de las preposiciones que expresan relación de espacio: *a, de, desde, en, hacia, hasta, por.* ◇ Precedido de la preposición *a* se escribe *adónde* y significa lo mismo que *en dónde, dónde.* ◇ No se debe confundir con *donde*.

dondequiera *adv.* En cualquier parte: *está en todos lados: dondequiera que voy me lo encuentro.* **SIN** doquier.

donjuán *n. m.* Hombre que tiene facilidad para seducir a las mujeres: *es un donjuán: tiene una larga lista de conquistas amorosas.*
DER donjuanesco, donjuanismo.

donjuanesco, -ca *adj.* Del donjuán o que tiene relación con este tipo de hombre: *el personaje donjuanesco más famoso de la literatura fue creado por Zorrilla.*

donoso, -sa *adj.* Que tiene gracia, discreción y viveza: *donosa figura; donosa ocurrencia.*

donostiarra

DER donosura.

OBS Antepuesto al sustantivo suele usarse en sentido irónico.

donostiarra *adj.* **1** De San Sebastián o que tiene relación con esta ciudad de Guipúzcoa: *el festival de cine donostiarra dura nueve días.* ◇ *adj./n. com.* **2** [persona] Que es de San Sebastián: *el escultor Chillida es donostiarra.*

donosura *n. f.* Gracia, discreción y viveza en la forma de hablar y moverse: *todos admiraban su donosura.* **SIN** donaire.

donut *n. m.* Pastel esponjoso en forma de rosquilla cubierto de azúcar o chocolate: *siempre desayuna un vaso de leche y un donut.*

OBS Es de origen inglés y se pronuncia aproximadamente 'dónut'.

doña *n. f.* Forma de tratamiento que se usa hacia las mujeres y que indica respeto y cortesía: *doña María vendrá esta tarde.*

OBS Se usa delante de un nombre propio y su abreviatura es *D.ª.* ◇ El masculino es *don*.

dopaje *n. m.* Consumo de sustancias excitantes o estimulantes que sirven para lograr un mejor rendimiento en una competición deportiva: *algunos medicamentos pueden dar positivo en las pruebas de dopaje por ser excitantes.* **SIN** doping.

dopar *v. tr./prnl.* Dar o consumir sustancias excitantes o estimulantes que sirven para lograr un mejor rendimiento en una competición deportiva: *el corredor mundialmente conocido fue retirado de la competición por doparse.*

doping *n. m.* **1** Consumo de sustancias excitantes o estimulantes que sirven para lograr un mejor rendimiento en una competición deportiva: *el doping es severamente castigado; el deportista no podrá participar en competiciones durante un período de tiempo determinado.* **SIN** dopaje. **2** Sustancia excitante o estimulante que sirve para lograr un mejor rendimiento en una competición deportiva: *al final de algunas competiciones, se realizan pruebas para detectar muestras de doping.*

DER dopaje, dopar; antidoping.

OBS Es de origen inglés y se pronuncia aproximadamente 'dóping'. ◇ La Real Academia Española prefiere la forma *dopaje*.

doquier *adv.* En cualquier parte. **SIN** dondequiera.

por doquier Por todas partes: *fuimos de viaje a Francia y encontramos españoles por doquier.*

-dor, -dora Sufijo que entra en la formación de palabras con el significado de: *a)* 'Persona que realiza la acción del verbo al que se une': *hablador.* *b)* 'Instrumento': *lavadora, apisonadora.* *c)* 'Lugar': *comedor, recibidor.* *d)* 'Profesión, ocupación': *pescador, repartidor.*

dorada *n. f.* Pez marino comestible, de color gris por encima, amarillo por los lados y con una mancha de color de oro en la cabeza: *la dorada es un pescado muy apreciado por su carne.* ☞ pez.

OBS Para indicar el sexo se usa *la dorada macho* y *la dorada hembra.*

dorado, -da *adj.* **1** De color del oro o semejante a este metal precioso: *tiene una lámpara dorada en el salón.* **2** [período] Que está lleno de esplendor, riqueza, buena suerte o felicidad: *la época dorada de aquel escritor fue la de su madurez.* ◇ *n. m.* **3** Proceso por el que se cubre una superficie con oro o con una sustancia parecida al oro: *se dedica al dorado de cuadros y objetos de madera.* **4** Capa de oro o de una sustancia parecida al oro que recubre un objeto: *el dorado del tirador de la puerta se ha desgastado.* ◇ *n. m. pl.* **5 dorados** Conjunto de objetos de metal de color de oro: *me han recomendado un nuevo producto para limpiar los dorados.*

dorar *v. tr.* **1** Cubrir una superficie con oro o con una sustancia que tenga su mismo color y aspecto: *ha dorado varios objetos de metal que tenía en casa.* **2** Presentar una cosa como mejor o más agradable de lo que es en realidad: *cuéntale la verdad, sin dorar la noticia para que no se lleve a engaño.* ◇ *v. tr./prnl.* **3** Tostar o asar ligeramente un alimento: *si primero doras la carne, el estofado te quedará más sabroso.* **4** Tomar un color parecido al del oro: *le gusta dorar su piel al sol.*

dorar la píldora *a)* Presentar una cosa como mejor o más agradable de lo que es en realidad: *me doraron la píldora diciéndome que todo iba a ser estupendo, cuando en realidad el tema estaba bastante complicado.* *b)* Decir cosas agradables a una persona para ganar su voluntad o conseguir su favor: *no me dores la píldora, que no te voy a dejar ir a la excursión.* **SIN** hacer la pelota.

DER dorada, dorado; desdorar.

dórico, -ca *adj.* Estilo arquitectónico clásico que tiene las columnas acanaladas, sin basa y sin molduras en el capitel: *las columnas del Partenón son de estilo dórico.*

dormida *n. f. coloquial* Estado de reposo inconsciente en el que se pierden los movimientos voluntarios: *voy a echarme una dormida después de comer, que anoche dormí muy poco.* **SIN** sueño.

dormilón, -lona *adj./n. m. y f. coloquial* [persona] Que duerme mucho o con gran facilidad: *eres una dormilona: ¡qué trabajo cuesta despertarte!*

dormir *v. tr./intr./prnl.* **1** Estar en un estado de reposo inconsciente en el que se pierden los movimientos voluntarios: *dormir la siesta; no he dormido nada esta noche; se ha dormido mientras veía la televisión.* ◇ *v. tr.* **2** Hacer que alguien pase a un estado de reposo inconsciente en el que se pierden los movimientos voluntarios: *por las tardes duermo a mi hermano pequeño contándole un cuento.* **3** Producir la pérdida temporal del conocimiento o de la sensibilidad de una parte del cuerpo mediante la administración de una sustancia química: *el anestesista durmió al paciente para proceder a la operación.* **SIN** anestesiar. ◇ *v. intr.* **4** Pasar la noche en un lugar: *este fin de semana dormiremos en el campo.* **5** *coloquial* Tener relaciones sexuales: *¿te atreverías a dormir con él?* ◇ *v. prnl.* **6 dormirse** Perder el cuidado, la atención o el interés con que se realiza una acción: *no te duermas, que queda mucho por hacer.* **7** Perder sensibilidad en una parte del cuerpo: *se me ha dormido la mano porque he estado tumbado en una mala postura.* **SIN** acorchar.

DER dormida, dormido, dormilón, dormitar, durmiente; adormecer, duermevela.

OBS La *o* diptonga en *ue* en sílaba tónica o se convierte en *u* en determinados tiempos y personas.

dormitar *v. intr.* Estar medio dormido o dormir con sueño poco profundo: *después de comer, le gusta dormitar ante la televisión.*

DER dormitorio.

dormitorio *n. m.* **1** Habitación de la vivienda que se usa para dormir: *la madre se dirigió al dormitorio para despertar a sus hijos.* **SIN** alcoba, cuarto. **2** Conjunto de muebles de esa habitación: *ya ha comprado todos los muebles, salvo el dormitorio.*

dorsal *adj.* **1** Del dorso, espalda o lomo o relacionado con esta parte del cuerpo: *la espina dorsal es la columna vertebral y está situada en la espalda.* ◇ *adj./n. f.* **2** GRAM. [sonido] Que se articula con el dorso de la lengua. **3** [consonante]

dormir	
INDICATIVO	**SUBJUNTIVO**
presente	presente
duermo	duerma
duermes	duermas
duerme	duerma
dormimos	durmamos
dormís	durmáis
duermen	duerman
pretérito imperfecto	pretérito imperfecto
dormía	durmiera o durmiese
dormías	durmieras o durmieses
dormía	durmiera o durmiese
dormíamos	durmiéramos o durmiésemos
dormíais	durmierais o durmieseis
dormían	durmieran o durmiesen
pretérito indefinido	futuro
dormí	durmiere
dormiste	durmieres
durmió	durmiere
dormimos	durmiéremos
dormisteis	durmiereis
durmieron	durmieren
futuro	
dormiré	
dormirás	**IMPERATIVO**
dormirá	duerme (tú)
dormiremos	duerma (usted)
dormiréis	dormid (vosotros)
dormirán	duerman (ustedes)
condicional	
dormiría	**FORMAS NO PERSONALES**
dormirías	infinitivo gerundio
dormiría	dormir durmiendo
dormiríamos	participio
dormiríais	dormido
dormirían	

Que representa el sonido que se articula con el dorso de la lengua: *la* ch, *la* k y *la* ñ son *dorsales*. ◇ *n. m.* **4** Trozo de tela con un número que un deportista lleva en la espalda para poder ser identificado: *ha ganado la carrera el corredor con el dorsal 15*. **5** Deportista que lleva un trozo de tela con un número en la espalda para poder ser identificado: *el dorsal número 8 quedó en tercera posición*.

dorso *n. m.* Parte posterior o contraria a la principal de una cosa: *miró el dorso del sobre, pero la carta no tenía remite*.
☞ nariz.
DER dorsal, dosel; adosar, endosar, predorso.

dos *num. card.* **1** Indica que el nombre al que acompaña o al que sustituye está 2 veces: *somos dos hermanos*. Puede ser determinante: *me compré dos libros*, o pronombre: *me compré los dos*. ◇ *num. ord.* **2** Indica que el nombre al que acompaña o al que sustituye ocupa el lugar número 2 en una serie: *soy el dos de la lista*. **SIN** segundo. Es preferible el uso del ordinal: *segundo*. ◇ *n. m.* Nombre del número 2.
DER entredós.

doscientos, -tas *num. card.* **1** Indica que el nombre al que acompaña o al que sustituye está 200 veces: *el bloc me ha costado doscientas pesetas*. Puede ser determinante: *invitaron a doscientos amigos*, o pronombre: *invitaron a los doscientos*. ◇ *num. ord.* **2** Indica que el nombre al que acompaña o al que sustituye ocupa el lugar número 200 en una serie: *si voy después del 199, soy el doscientos de la lista*. **SIN** ducentésimo. Es preferible el uso del ordinal: *ducentésimo*. ◇ *n. m.* **3** Nombre del número 200.

dosel *n. m.* Pieza de madera o de tela que se coloca a modo de techo y como adorno sobre un asiento, una imagen o una cama: *todas las camas del palacio tenían dosel*.
DER endoselar.

dosificación *n. f.* **1** Fijación de la cantidad de medicina o de otra sustancia que debe ingerirse en cada toma: *debes respetar la dosificación que te ha prescrito el médico*. **2** Graduación de la cantidad o proporción de algo: *la dosificación del humor está muy conseguida en la película*.

dosificar *v. tr.* **1** Fijar la cantidad de medicina o de otra sustancia que debe ingerirse en cada toma: *este jarabe trae una jeringuilla para dosificarlo*. **2** Graduar la cantidad o proporción de algo: *dosifica tus energías para poder aguantar toda la carrera*.
DER dosificación.
OBS En su conjugación, la c se convierte en qu delante de e.

dosis *n. f.* **1** Cantidad de medicina o de otra sustancia que se ingiere en cada toma: *tengo que darle una dosis de 3.5 cl de jarabe*. **2** Cantidad o proporción de algo: *sus escritos tienen una gran dosis de ironía*.
OBS El plural también es *dosis*.

dossier *n. m.* Conjunto de informaciones, documentos o papeles recopilados sobre una persona o un asunto: *el jefe me ha pedido el dossier sobre la publicidad del nuevo detergente*.

dotación *n. f.* **1** Concesión a una persona de una cualidad o una capacidad para ejercer una actividad: *la dotación de inteligencia diferencia a los hombres de los animales*. **2** Equipamiento de una cosa con algo que la complete o mejore: *el barrio ha mejorado mucho con la dotación de nuevos espacios deportivos*. **3** Asignación de una cantidad de dinero como sueldo, premio o pago: *la dotación de la beca se ha aumentado este año*. **4** Asignación de las personas o los medios necesarios para el buen funcionamiento de una actividad: *el Ayuntamiento estudia la dotación de los nuevos coches para la policía municipal*. **5** Conjunto de personas destinadas a realizar un servicio o una actividad: *en verano o en épocas de alto riesgo de incendios se aumenta la dotación de bomberos*.

dotar *v. tr.* **1** Dar o conceder una cualidad o una capacidad a una persona para ejercer una actividad: *la naturaleza lo dotó con una sensibilidad especial para la pintura*. **2** Dar o equipar una cosa con algo que la complete o mejore: *han dotado la casa de un sistema de calefacción y refrigeración natural*. **3** Asignar una cantidad de dinero como sueldo, premio o pago: *han dotado al departamento de asuntos sociales con varios millones*. **4** Asignar a un lugar las personas o los medios necesarios para su funcionamiento: *ya han dotado a la nueva oficina de empleados y del material de trabajo*.
DER dotación, dotado.

dote *n. f.* **1** Cualidad o capacidad que muestra una persona para ejercer una actividad: *esta niña tiene dotes de artista*. Se usa más en plural. ◇ *n. amb.* **2** Conjunto de bienes de dinero que una mujer aporta al matrimonio o que entrega al convento o a la orden religiosa a la que va a pertenecer: *la dote que lleva una mujer al matrimonio es una costumbre que está en desuso*. Se usa normalmente como femenino.

dovela

DER dotar.

dovela *n. f.* ARQ. Piedra labrada en forma de cuña que entra en la formación de un arco o una bóveda: *las dovelas tienen seis caras.* ☞ arco.

Dr., Dra. Abreviaturas de *doctor, doctora,* tratamientos que corresponden a quienes tienen este grado académico a los médicos, aunque no lo tengan.

dracma *n. f.* Unidad monetaria griega: *en Grecia tendremos que cambiar las pesetas en dracmas.*

draconiano, -na *adj.* [ley, medida] Que es excesivamente severo: *deberían tomarse medidas draconianas contra la violación de los derechos humanos.*

DRAE *n. m.* Sigla de Diccionario de la Real Academia Española: *el DRAE es el diccionario normativo de la lengua española.*

draga *n. f.* Máquina que sirve para limpiar el fondo de un puerto, de un río o de una corriente navegable, sacando barro, piedras o arena: *vimos cómo las dragas limpiaban el puerto.*

DER dragar.

dragaminas *n. m.* Buque acondicionado para limpiar de minas submarinas los mares: *los dragaminas encabezaban la escuadra.*

OBS Es invariable en número.

dragar *v. tr.* Sacar barro, piedras o arena del fondo de un puerto de mar, de un río o de una corriente navegable para limpiarlo o darle mayor profundidad: *dragaron el canal porque se habían acumulado muchas piedras y los barcos grandes tenían dificultades para entrar.*

DER dragado, dragaminas.

OBS En su conjugación, la *g* se convierte en *gu* delante de *e*.

drago *n. m.* Árbol de tronco grueso, ramificado y liso, copa ancha y siempre verde, flores de color blanco verdoso en forma de campana y fruto en forma de baya: *el drago es originario de Canarias y puede alcanzar los 20 metros de altura.*

dragón *n. m.* **1** Animal fabuloso con forma de serpiente gruesa, con patas de león y alas de águila, muy fiero y que echa fuego por la boca: *el protagonista del cuento intentaba acabar con el dragón que incendiaba continuamente el castillo de la princesa.* **2** Reptil de cuerpo alargado, parecido al lagarto, cuya piel se expande a ambos lados del cuerpo formando una especie de alas que le ayudan en sus saltos: *el dragón vive en los árboles de Malasia y Filipinas y tiene una longitud de unos 20 centímetros.* Para indicar el sexo se usa *el dragón macho* y *el dragón hembra*. **3** Embarcación de vela usada en competiciones deportivas: *la longitud máxima de un dragón es de 9 metros de eslora.* **4** Pez marino comestible de unos 40 centímetros de largo, color rojizo por encima y blanco amarillento con manchas azuladas en los costados y aletas muy espinosas: *el dragón se cría en las costas de España.* Para indicar el sexo se usa *el dragón macho* y *el dragón hembra*.

drama *n. m.* **1** Obra de teatro en prosa o en verso, especialmente aquella que presenta un tema serio, pero con aspectos cómicos en su tratamiento: *en el siglo XVII se representaron muchos dramas en España.* **2** Género literario formado por las obras de ese tipo: La Celestina *es uno de los dramas clásicos de la literatura española.* **3** Obra teatral o cinematográfica cuyo tema y desarrollo causan gran emoción y dolor en el ánimo del público, pero que no llega a ser una tragedia: *la película era un drama tan tremendo que se oía llorar a la gente en el cine.* **4** Acontecimiento de la vida real capaz de emocionar y causar tristeza: *aquel accidente fue un drama: murió toda la familia.*

DER dramático, dramatismo, dramatizar, dramaturgia, dramón; melodrama, psicodrama.

dramático, -ca *adj.* **1** Del drama o que tiene relación con este género literario: *los celos son un tema dramático de éxito, pues lo han abordado muchos autores de teatro.* **2** [persona] Que le falta naturalidad y suele exagerar las cosas y los acontecimientos, generalmente para llamar la atención: *ha suspendido sólo una parte del examen, pero es tan dramático que lo cuenta como si el mundo se le hubiese caído encima.* **SIN** teatral. **3** Que es capaz de emocionar y causar tristeza: *la situación en muchos países del Tercer Mundo es dramática.* ◊ *adj./n. m. y f.* **4** [autor] Que escribe obras dramáticas o de teatro: *es un escritor dramático que, sin embargo, incorpora en sus obras muchos elementos del género lírico y del género narrativo.*

dramatismo *n. m.* Capacidad de emocionar, conmover o causar dolor en el ánimo: *no puedo soportar el dramatismo de las imágenes sobre la guerra.*

dramatización *n. f.* **1** Caracterización de una obra en clave de drama: *el director de la compañía hizo una gran dramatización del poema de Homero.* **2** Exageración de algo, generalmente para llamar la atención: *la dramatización que hace de su situación económica es inadmisible, pues todos sabemos que tiene dinero de sobra.*

dramatizar *v. tr.* **1** Dar forma y características de drama como género literario: *Lope de Vega dramatizó el tema de la honra en varias de sus obras.* ◊ *v. tr./intr.* **2** Exagerar una cosa o un acontecimiento, generalmente para llamar la atención: *no tenemos que ponernos nerviosos ni dramatizar este asunto, ya que es un problema de fácil solución.*

DER dramatización; desdramatizar.

OBS En su conjugación, la *z* se convierte en *c* delante de *e*.

dramaturgia *n. f.* Arte o técnica de escribir obras dramáticas o de teatro: *la dramaturgia de Buero Vallejo destaca por su calidad y profundidad en el tratamiento de temas humanos.*

DER dramaturgo.

dramaturgo, -ga *n. m. y f.* Persona que escribe obras dramáticas o de teatro: *es un joven dramaturgo que ya ha compuesto más de diez obras teatrales.*

dramón *n. m.* Obra literaria o cinematográfica, de poca calidad, que se caracteriza por la gran exageración de los elementos que emocionan, conmueven y causan dolor en el ánimo del público: *es una novela malísima: un auténtico dramón, sin argumento ni sentido, escrita para que a la gente se le salten las lágrimas.*

OBS Se usa en sentido despectivo.

drástico, -ca *adj.* Que es radical, riguroso o severo: *el gobierno va a tomar medidas drásticas contra el terrorismo.*

drenaje *n. m.* **1** Eliminación del agua acumulada en una zona, especialmente en un terreno: *el drenaje de la charca fue necesario para sacar el coche de allí.* **2** MED. Eliminación del líquido acumulado anormalmente en una herida o en una cavidad del cuerpo: *si no se pone el drenaje, el líquido acumulado causaría graves daños en el enfermo.* **3** Material o procedimiento que se usa para la eliminación del líquido acumulado en una herida o en una cavidad del cuerpo: *poner un drenaje.*

drenar *v. tr.* **1** Hacer salir el agua acumulada en una zona, especialmente en un terreno: *antes de edificar la casa, deberán drenar cuidadosamente todo el terreno para que los cimientos sean sólidos.* **2** MED. Hacer salir el líquido acumulado en una herida o en una cavidad del cuerpo: *la enfermera se encargaba de drenar la abertura practicada en la piel.*

DER drenaje.

driblar *v. tr./intr.* Engañar al contrario mediante un movimiento brusco para esquivarlo y no dejarse arrebatar el balón, especialmente en fútbol: *es un magnífico extremo: dribla al defensa y centra al área con gran rapidez*. **SIN** regatear.

dríbling *n. m.* **1** Movimiento brusco para esquivar al contrario y no dejarse arrebatar el balón, especialmente en fútbol: *el dribling del delantero lo dejó solo ante la portería contraria*. **SIN** regate. **2** Acción hábil que hace escapar de una dificultad manteniendo el control de la situación: *en su discurso, el ministro hizo un dribling inteligente a las críticas de la oposición sobre el aumento del desempleo*.
DER driblar.
OBS Es de origen inglés (*dribbling*) y se pronuncia aproximadamente 'driblin'.

dril *n. m.* Tela fuerte de hilo o de algodón crudos: *para hacer las faenas del campo, se coloca siempre ropa de dril*.

droga *n. f.* **1** Sustancia que elimina el dolor, tranquiliza, excita, o aumenta o disminuye el estado consciente, y cuyo consumo reiterado puede crear dependencia: *hay enfermedades tan dolorosas que requieren el uso facultativo de una droga*; *muchos expertos han demostrado que el alcohol es una droga tan peligrosa como la cocaína*. **droga blanda** Droga que no crea dependencia o lo hace en bajo grado. **droga dura** Droga que crea una fuerte dependencia: *la heroína y la cocaína son drogas duras cuya adicción es muy difícil superar*. **2** *coloquial* Afición que se tiene y que es más fuerte que la voluntad: *cantar es una droga para él, lo hace hasta comiendo*.
DER drogar, droguero, drogata, drogadicción, drogodependencia, drogota; antidroga.

drogadicción *n. f.* Hábito y dependencia de alguna droga producidos por su consumo reiterado: *la drogadicción es una de las principales causas de delincuencia juvenil*. **SIN** drogodependencia, toxicomanía.
DER drogadicto.

drogadicto, -ta *n. m. y f.* Persona que tiene hábito y dependencia de alguna droga por su consumo reiterado: *el drogadicto es un enfermo que necesita la ayuda de un experto para superar su adicción*. **SIN** drogodependiente, toxicómano.

drogar *v. tr./prnl.* Dar o consumir drogas: *tras la intervención quirúrgica, lo drogaban para calmarle los dolores*; *hay mil razones para no drogarse*.
OBS En su conjugación, la g se convierte en gu delante de e.

drogodependencia *n. f.* Hábito y dependencia de alguna droga producidos por su consumo reiterado. **SIN** drogadicción, toxicomanía.
DER drogodependiente.

drogodependiente *n. com.* Persona que tiene hábito y dependencia de alguna droga por su consumo reiterado. **SIN** drogadicto, toxicómano.

droguería *n. f.* Establecimiento en el que se venden principalmente productos de limpieza y pinturas: *compra detergente en la droguería que podamos lavar la ropa*.

droguero, -ra *n. m. y f.* [persona] Que se dedica a fabricar o vender productos de droguería: *el droguero me dijo que no le quedaba aguarrás*.
DER droguería.

dromedario *n. m.* Mamífero rumiante, parecido al camello pero con una sola joroba, usado para montar o como bestia de carga: *el dromedario es propio de los desiertos de África y Arabia*.
OBS Para indicar el sexo se usa *el dromedario macho y el dromedario hembra*.

-dromo Elemento sufijal que entra en la formación de palabras con el significado de 'lugar para carreras', 'pista', 'circuito': *hipódromo*.

druida *n. m.* Sacerdote de los antiguos celtas cuyos poderes no eran sólo de carácter religioso sino también judicial, político y educativo: *los druidas dirigieron la resistencia a la ocupación romana*.

drupa *n. f.* BOT. Fruto carnoso de forma redondeada que tiene en su interior una única semilla envuelta en una capa leñosa dura o hueso: *el melocotón es una drupa, el tomate una baya, y la manzana un pomo*.

druso, -sa *adj.* **1** Que tiene relación con una tribu del Próximo Oriente que habita en territorios libaneses y sirios: *las sublevaciones drusas contra Francia trajeron desórdenes*. ◇ *adj./n. m. y f.* **2** [persona] Que pertenece a esta tribu: *los drusos profesan una religión derivada de la mahometana*.

dual *adj.* **1** Que tiene o reúne en sí dos caracteres o fenómenos distintos: *el signo lingüístico es dual: consta de significante y significado*. **2** Que se emite en dos lenguas: *muchos canales de televisión emiten programas duales*.
DER dualidad, dualismo.
OBS Es invariable en género.

dualidad *n. f.* Existencia de dos caracteres o fenómenos distintos en una misma persona o en un mismo estado de cosas: *en aquella novela estaba muy marcada la dualidad de lo material y lo espiritual*.

dubitación *n. f.* Vacilación o falta de determinación ante varias posibilidades de elección acerca de una creencia, una noticia o un hecho: *tenía una gran dubitación sobre si le convenía estudiar la carrera de medicina o la de veterinaria*. **SIN** duda.
DER dubitativa, dubitativo; indubitable.
ETIM Véase *dudar*.

dubitativa *adj./n. f.* GRAM. [oración] Que expresa o muestra duda: *tal vez tengamos suerte es un ejemplo de oración dubitativa*.

dubitativo, -va *adj.* [persona] Que tiene o muestra duda: *mi hermana se mostraba muy dubitativa: aún no sabía si iría a cenar fuera o se quedaría en su casa*.

ducado *n. m.* **1** Título nobiliario de duque: *los primeros ducados son del siglo VII*. **2** Territorio sobre el que antiguamente un duque ejercía su autoridad: *el hijo mayor heredó el ducado de Alburquerque y ejerció su señorío sobre él*. **3** Estado gobernado por un duque: *el ducado de Parma fue uno de los estados más importantes de la Italia del siglo XVIII*. **4** Antigua moneda, generalmente de oro, con distinto valor en cada país: *el ducado dejó de acuñarse en España en el siglo XVI*.

ducal *adj.* Del duque o que tiene relación con este título nobiliario: *el poeta Antonio Machado nació en un palacio ducal de Sevilla*.
DER ducado.
ETIM Véase *duque*.

ducentésimo, -ma *num. ord.* **1** Indica que el nombre al que acompaña o al que sustituye ocupa el lugar número doscientos en una serie: *este es el ducentésimo libro que leo*, *soy el ducentésimo de la lista*. Puede ser determinante: *el ducentésimo libro*, o pronombre: *el ducentésimo de la lista*. ◇ *num.* **2** Parte que resulta de dividir un todo en 200 partes iguales: *son 200 personas las que han comprado este billete de lotería, por lo que le corresponderá un ducentésimo del premio a cada una*.

ducha *n. f.* **1** Aplicación de agua que, en forma de chorro o lluvia, se hace caer o se dirige sobre el cuerpo para asearlo: *había sudado bastante y decidió tomar una ducha antes del almuerzo*. **2** Aparato o instalación que permite hacer caer o dirigir agua, en forma de chorro o lluvia, sobre el cuerpo para asearlo: *vino el fontanero para arreglar la ducha*. **3** Recipiente donde cae y se recoge el agua de este aparato: *como*

duchar

el cuarto de baño es muy pequeño, en lugar de bañera, he instalado una ducha de loza. **4** Habitación o lugar donde está instalado este aparato.
ducha de agua fría *coloquial* Noticia desagradable e inesperada: *estaba convencido de que ganaría el premio, así que fue una ducha de agua fría saber que no era así.*
DER duchar.
OBS Se usa con los verbos *dar* y *tomar*.

duchar *v. tr./prnl.* Aplicar agua, en forma de chorro o lluvia, sobre el cuerpo para asearlo: *todas las noches, mi madre ducha a mi hermana pequeña; volvió de la excursión tan sucio, que fue directamente a ducharse.*

ducho, -cha *adj.* [persona] Que tiene gran capacidad, habilidad y experiencia para hacer una cosa o desarrollar una actividad: *este cocinero es muy ducho en preparar comidas caseras.* **SIN** diestro.

dúctil *adj.* **1** [metal] Que es capaz de someterse a grandes deformaciones sin romperse: *un metal tan dúctil como el cobre tiene muchas aplicaciones.* **SIN** maleable. **2** [persona] Que se adapta a diferentes situaciones o que cambia fácilmente de criterio: *se adapta por igual a la pobreza y a la riqueza, porque es un hombre muy dúctil.* **SIN** maleable.
DER ductilidad.

ductilidad *n. f.* **1** Propiedad que tienen algunos metales de someterse a grandes deformaciones sin romperse, por lo que se pueden modelar o trabajar con facilidad: *el estaño tiene una gran ductilidad.* **SIN** maleabilidad. **2** Capacidad de algunas personas para adaptarse o cambiar de opinión con facilidad: *la ductilidad de su carácter contribuía a su rápido aprendizaje.* **SIN** maleabilidad.

duda *n. f.* Vacilación o falta de determinación ante varias posibilidades de elección acerca de una creencia, una noticia o un hecho: *tengo una duda, no sé si regalarle un libro o un disco.* **SIN** dubitación.

dudar *v. intr.* **1** Vacilar ante varias posibilidades de elección acerca de una creencia, una noticia o un hecho: *dudó mucho en el momento de elegir el lugar de veraneo, porque le apetecía tanto la playa como la montaña.* ◇ *v. tr.* **2** No creer por completo en la veracidad de un hecho o una noticia: *dudo que mi amigo se vaya a casar de nuevo.* **3** Desconfiar de la honradez de alguien o sospechar que es culpable de una falta o delito.
DER duda, dudoso; indudable.
ETIM *Dudar* procede del latín *dubitare*, que tenía el mismo significado, voz con la que también está relacionada *dubitación.*

dudoso, -sa *adj.* **1** Que origina duda o falta de certeza sobre su veracidad: *la noticia del terremoto en China sigue siendo dudosa, porque aún no ha sido confirmada.* **2** [persona] Que está en duda o vacila ante varias posibilidades de elección acerca de una creencia, una noticia o un hecho: *sigue dudoso sobre si debe aceptar o no el contrato que le han ofrecido.* **3** Que es poco probable: *en época de sequía es dudoso que llueva.* **4** Que ofrece duda, desconfianza o sospecha: *esta fruta es demasiado barata, es de dudosa calidad.*

duela *n. f.* Tabla que forma con otras semejantes las paredes curvas de un tonel, barril o cuba: *hay que reparar una duela de esa barrica antes de que se filtre el líquido.*

duelo *n. m.* **1** Conjunto de demostraciones de pena y dolor que se sienten por la muerte de una persona: *no fui al duelo, porque me enteré de su muerte varios días después.* **2** Conjunto de personas que asisten a uno o a varios de los actos funerales que se hacen por la muerte de una persona: *en el entierro del artista, el duelo fue tan numeroso que se agolpaba la gente hasta la entrada del cementerio.* **3** Lucha o enfrentamiento entre dos personas o entre dos animales: *el duelo entre los ajedrecistas quedó en tablas.*

duende *n. m.* **1** Ser imaginario, habitualmente representado con aspecto de viejo o de niño, que hace continuas travesuras en los lugares donde, según algunas creencias, habita: *los gnomos son unos duendes muy queridos en algunos países del norte de Europa.* **2** Cualidad de una persona o de una manifestación artística que emociona y cautiva el ánimo: *el flamenco desprende un duende especial; no es muy guapa, pero los chicos le van detrás porque tiene duende.*

dueño, -ña *n. m. y f.* Persona o grupo que tiene la propiedad de algo: *el dueño de la casa ha subido el alquiler a los inquilinos.*
dueño de sí mismo Persona que sabe dominar sus impulsos y actuar con serenidad y reflexión: *durante la discusión, supo mantenerse dueño de sí mismo y calmar la situación.*
ser (muy) dueño de hacer algo *coloquial* Tener derecho a hacer algo por encima de la opinión de los demás: *eres muy dueño de comprarte el nuevo ordenador, aunque algunos piensen que no lo necesitas.*
ser (el) dueño de la situación Poder imponer su voluntad.
DER adueñarse.
ETIM *Dueño* procede del latín *dominus*, 'señor', voz con la que también están relacionadas *dominar, domeñar, domingo.*

duermevela *n. amb.* Sueño poco profundo, inquieto e interrumpido con cierta frecuencia: *por culpa del ruido de los automóviles, sólo pude dormir un duermevela con el que apenas descansé.*
OBS El plural es *duermevelas.*

dueto *n. m.* **1** MÚS. Composición musical para dos voces o dos instrumentos: *el dueto para violín y piano apasionó al auditorio.* **2** Conjunto musical formado por dos voces o dos instrumentos: *mi compañero y yo hemos decidido formar un dueto para interpretar al piano algunas piezas de Liszt.* **SIN** dúo.

dugón *n. m.* Mamífero de color grisáceo que vive en el litoral del océano Índico y tiene la cola dividida en dos paletas: *el dugón, también llamado vaca marina, puede medir hasta 3 metros de largo.*
OBS Para indicar el sexo se usa *el dugón macho* y *el dugón hembra.*

dulce *adj.* **1** [alimento] Que tiene un sabor parecido al del azúcar o que deja una sensación azucarada en el paladar: *si comes caramelos tan dulces, tendrás caries en los dientes.* **ANT** amargo. ☞ sabor. **2** [cosa] Que no es salada, ni agria ni amarga en comparación con otras del mismo tipo o especie: *pez de agua dulce.* **ANT** salado. **3** Que produce una impresión o una sensación agradable y placentera: *el año en que me enamoré fue el más dulce de mi vida; esa película es muy dulce.* **ANT** amargo. **4** [persona] Que es amable y complaciente con los demás: *tiene una personalidad tan dulce que da gusto tratarlo.* **ANT** amargo. ◇ *n. m.* **5** Alimento preparado con azúcar o en cuya composición entra el azúcar como elemento fundamental: *se queda embobado delante de las pastelerías, porque le encantan los dulces.* ◇ *adv.* **6** Dulcemente o con dulzura y suavidad: *me habló dulce y tiernamente.*
DER dulcero, dulcificar, dulzaina, dulzón, dulzor, dulzura; adulzar, agridulce, edulcorar, endulzar.

dulcero, -ra *adj./n. m. y f.* *coloquial* [persona] Que tiene mucha inclinación y afición a comer dulces: *es tan dulcero que se pasa la tarde entrando y saliendo de la confitería.* **SIN** goloso.

dulcificar *v. tr.* **1** Poner dulce algo: *dulcifica la medicina con un terrón de azúcar y no te sabrá tan amarga*. **SIN** edulcorar, endulzar. **2** Hacer más agradable una situación difícil o penosa: *con sus buenos modales, le ha dulcificado la noticia de su despido*. **SIN** aliviar, edulcorar, endulzar.
DER dulcificación.
OBS En su conjugación, la *c* se convierte en *qu* delante de *e*.

dulcinea *n. f.* Mujer a la que se ama: *no ha tenido en toda su larga vida otra dulcinea que su esposa*.

dulzaina *n. f.* Instrumento musical de viento que consiste en un tubo de madera con agujeros, que se tapan y destapan para emitir distintos sonidos, y en una doble lengüeta para soplar por ella: *la dulzaina es el precedente del moderno fagot*.

dulzón, -zona *adj.* [alimento] Que tiene un sabor demasiado dulce: *no quiero carne de membrillo, porque me resulta muy dulzona*.

dulzor *n. m.* Dulzura.

dulzura *n. f.* **1** Carácter agradable que tiene una cosa: *la dulzura de esa canción nos emocionó a todos*. **2** Amabilidad y complacencia que tiene una persona: *la dulzura de su trato hace que uno se sienta muy cómodo con él*. **3** Sabor parecido al del azúcar, o que deja una sensación azucarada en el paladar: *la leche condensada me empalaga por su extrema dulzura*. ◇ *n. f. pl.* **4 dulzuras** Palabras o expresiones cariñosas y amables: *las continuas dulzuras que dijo en mi oído llegaron a ruborizarme*.

dumping *n. m.* Práctica comercial que consiste en vender un producto a un precio que apenas proporciona beneficios, con el fin inmediato de ir eliminando las empresas competidoras y apoderarse finalmente del mercado: *es habitual la práctica del dumping que introduce mercancías muy baratas en los países extranjeros*.
OBS Es de origen inglés y se pronuncia aproximadamente 'dumpin'.

duna *n. f.* Pequeña colina de arena que forma y empuja el viento: *hay dunas en los desiertos y en las playas*. **SIN** médano.

dúo *n. m.* **1** MÚS. Composición musical para dos voces o dos instrumentos. **2** Conjunto musical formado por dos voces o dos instrumentos: *la soprano y el tenor improvisaron un dúo para interpretar una pieza al final de la función*. **SIN** dueto. **3** Conjunto de dos personas: *el dúo de jugadores argentinos de ese equipo marca todos los goles*.
a dúo Con intervención simultánea de dos personas: *contestaron a dúo cuando la profesora hizo la pregunta*.
DER dueto.

duodécimo, -ma *num. ord.* **1** Indica que el nombre al que acompaña o al que sustituye ocupa el lugar número doce en una serie: *es la duodécima vez que voy a esquiar*; *soy el duodécimo de la lista*. Puede ser determinante: *la duodécima vez*, o pronombre: *el duodécimo de la lista*. ◇ *num.* **2** Parte que resulta de dividir un todo en 12 partes iguales: *el libro de texto está dividido en doce temas de igual extensión, por lo tanto cada tema es una duodécima parte del libro o un duodécimo del total*.

duodenal *adj.* Del duodeno o que tiene relación con esta parte del intestino delgado: *se queja porque padece un problema duodenal*.

duodeno *n. m.* ANAT. Parte inicial del intestino delgado de los mamíferos situada entre el final del estómago y el yeyuno, donde van a parar los jugos digestivos del hígado y del páncreas. ☞ digestivo, aparato.
DER duodenal.

dúplex *n. m.* Vivienda de un edificio que consta de dos pisos superpuestos unidos por una escalera interior: *no vamos a vivir en un dúplex, porque nos da miedo que el niño pequeño se caiga por las escaleras*.

duplicación *n. f.* Multiplicación por dos o aumento en dos veces de algo: *hemos conseguido la duplicación del espacio en la oficina al comprar el piso idéntico que estaba en venta junto a ella*.

duplicado *n. m.* Segundo documento o escrito exactamente igual que el primero tanto en su forma como en su contenido que se hace por si este último se pierde o cuando se necesita más de una copia de este documento: *haz un duplicado de la carta con las nuevas condiciones para enviar ambas a las dos empresas que han presentado ofertas*; *usted puede quedarse con el duplicado de este impreso*.
por duplicado En dos ejemplares: *tienes que presentar la instancia por duplicado porque una copia se queda aquí y otra la envían a la central*.

duplicar *v. tr./prnl.* **1** Multiplicar por dos o hacer algo dos veces mayor: *mi profesor de gimnasia ha duplicado el tiempo del ejercicio: antes hacía levantamiento de pesas durante 20 minutos y ahora durante 40*. **SIN** doblar. **2** Hacer una copia: *siempre duplica los trabajos antes de entregárselos al profesor*.
DER duplicación, duplicado, duplicidad; reduplicar.
OBS En su conjugación, la *c* se convierte en *qu* delante de *e*.

duplicidad *n. f.* Falsedad o hipocresía en la manera de actuar, expresando lo contrario de lo que se siente realmente: *me indigna la duplicidad de su comportamiento*: *parece un padre ejemplar, pero no atiende jamás a sus hijos*. **SIN** doblez.

duplo, -pla *num.* [cantidad, número] Que es dos veces mayor que otro: *8 es un número duplo de 4*; *el duplo de cinco es diez*. **SIN** doble.
DER dúplex, duplicar.

duque, -quesa *n. m. y f.* Miembro de la nobleza de categoría inferior a la de príncipe y superior a la de marqués: *en la organización feudal, el duque era el primero en la jerarquía señorial*.
DER archiduque.
ETIM Duque procede del latín *dux, -cis*, que tenía el mismo significado, voz con la que también está relacionada *ducal*.

duración *n. f.* Período de tiempo en que existe, ocurre o se desarrolla algo: *la película tiene una duración de 1 hora y 45 minutos*; *es una lavadora cara, pero me han asegurado que tiene una larga duración*.

duradero, -ra *adj.* Que dura o puede existir, ocurrir o desarrollarse durante un largo período de tiempo: *se redactará un tratado que garantice una paz duradera*; *me he comprado una mesa fuerte y duradera*.

duralex *n. m.* Material transparente y resistente parecido al vidrio que se usa para fabricar piezas de vajilla: *los vasos de duralex son muy prácticos y duraderos porque no se rompen cuando se caen*.

duraluminio *n. m.* Aleación ligera de aluminio que es tan dura como el acero y tiene una gran resistencia mecánica: *el duraluminio se emplea en la construcción de automóviles*.

duramen *n. m.* BOT. Parte central, más seca y compacta, del tronco y de las ramas gruesas de un árbol: *el duramen no conduce las sustancias minerales que absorben las raíces*.

durante *prep.* Indica el período de tiempo que dura algo o en el que sucede: *estuvo inconsciente durante cinco minutos*; *durante las vacaciones voy de excursión a menudo*.
OBS Se usa delante de sustantivos.

durar *v. intr.* **1** Existir, ocurrir o desarrollarse algo durante un período de tiempo: *un partido de fútbol dura 90 minutos*.

durazno

2 Mantenerse o conservar las propias cualidades: *el motor de tu coche durará más si lo revisas, al menos, una vez al año.*
DER durable, duración, duradero, durante, durativo; perdurar.

durazno *n. m.* **1** Variedad del melocotonero que da un fruto más pequeño que el melocotón. **2** Fruto de esta variedad de melocotonero que es más pequeño que el melocotón y más grande que el albaricoque: *el durazno tiene un sabor dulce.*

dureza *n. f.* **1** Resistencia a ser rayado, penetrado, deformado o cortado: *este viejo cristal es de una dureza tan grande que será muy difícil romperlo.* **2** Fortaleza y resistencia al trabajo, al cansancio o a las penalidades: *es una persona de enorme dureza: aunque trabaje muchísimo, no se agota nunca.* **3** Insensibilidad, severidad o rigurosidad excesiva: *le gusta aparentar una dureza de carácter que en realidad no posee, ya que es una persona dulce.* **4** Condición ofensiva, falta de sensibilidad o violencia: *tu respuesta a su ruego fue de una gran dureza.* **5** Gran esfuerzo y sufrimiento que exige una cosa, generalmente un trabajo o una actividad: *ser minero es de una dureza excesiva.* **6** Aspereza, desagrado o falta de suavidad: *la dureza de la barba no le gusta a mi hija, y por eso no quiere besarme.* **7** Capa de piel dura que se forma en algunas partes de un cuerpo humano o animal, generalmente a causa de un roce continuado: *desde que juego al tenis, me han salido unas durezas en la mano con la que cojo la raqueta.*

durmiente *adj./n. com.* Que duerme: *la Bella Durmiente.*

duro, -ra *adj.* **1** [cosa] Que ofrece una gran resistencia a ser rayado, penetrado, deformado o cortado: *esta bolsa es bastante dura y no se romperá por llevar varios libros; ten por seguro que nadie podrá romper esta puerta tan dura.* **ANT** blando. **2** [persona] Que es fuerte y resistente al trabajo, al cansancio y a las penalidades: *como es un individuo duro, no le importa realizar un trabajo tan pesado.* **3** [persona] Que es insensible, severa o muy rigurosa: *se pone duro con sus hijos y no les consiente ningún capricho.* **4** Que ofende, hiere la sensibilidad o es violento: *sus insultos fueron realmente duros e insoportables.* **5** [actividad] Que exige gran esfuerzo y sufrimiento: *levantarse todos los días a las cinco de la mañana para conducir el autobús es muy duro.* **6** [cosa] Que es áspera, desagradable o no tiene suavidad: *esta toalla está tan dura que ya no seca.* **7** [cosa] Que es resistente al uso y al paso del tiempo: *estas botas son tan duras que el niño no las romperá en todo el invierno.* **SIN** duradero. ◇ *n. m.* **8** Moneda española que equivale a cinco pesetas: *en 1869 se estableció el valor del duro actual.* ◇ *adv.* **9 duro** Con gran esfuerzo, fuerza o violencia: *dale duro al saco y ejercitarás tus puños.*
estar a las duras y a las maduras Aceptar y asumir las ventajas y los inconvenientes de algo: *mi hermano está a las duras y a las maduras: me acompañó en el éxito y ahora me ayuda en el fracaso.*
no tener un duro o **quedarse sin un duro** No tener dinero: *derrochó toda la herencia y se quedó sin un duro.* **SIN** estar sin blanca, estar sin un céntimo.

E | e

e *n. f.* **1** Sexta letra del alfabeto español. Su nombre es e. El plural es ees: *la palabra elefante empieza con e.* ◇ *conj.* **2** Sustituye a *y* cuando la palabra siguiente comienza por *i-* o *hi-*: *estuvimos cenando con Carlos e Iván; la modista trabaja con aguja e hilo.* No se realiza la sustitución, sin embargo, cuando la palabra siguiente comienza por *y-* o *hie-*: *el vaso tiene café y hielo.*

-e Sufijo que entra en la formación de nombres derivados de verbos con el significado de *a)* 'Acción del verbo al que se une y su efecto': *cese, corte. b)* Forma también nombres, derivados del nombre de una colectividad, que denominan a cada individuo perteneciente a ella: *cofrade, consorte.*

¡ea! *int.* Expresión que se usa, sola o repetida, para animar o estimular a hacer algo: *¡Ea, vamos allá!*

ebanista *n. com.* Carpintero que se dedica a trabajar maderas finas y a construir muebles de calidad: *esta mesa de ébano la ha hecho un ebanista muy bueno que conocemos nosotros.* ☞ proceso de fabricación.
DER ebanistería.

ebanistería *n. f.* **1** Taller o lugar de trabajo del ebanista: *en la ebanistería se fabrican y arreglan objetos de maderas finas.* **2** Arte y técnica de trabajar las maderas finas y de construir muebles de calidad con ellas: *la ebanistería es su principal especialidad.* **3** Conjunto de objetos hechos con maderas finas: *la ebanistería de esta sala está hecha con madera de ébano.*

ébano *n. m.* **1** Árbol de tronco grueso y alto y hojas de color verde oscuro: *el ébano crece en Asia.* **2** Madera de este árbol, de color negro, lisa, pesada y muy dura: *el ébano se usa para fabricar instrumentos musicales y muebles.*
DER ebanista, ebenáceo.

ebrio, ebria *adj.* [persona] Que tiene alteradas sus facultades físicas y mentales por haber ingerido una cantidad excesiva de bebida alcohólica: *una persona ebria no debe conducir un coche.* **SIN** bebido, beodo, borracho.
DER ebriedad; embriagar.

ebullición *n. f.* **1** Movimiento violento del agua u otro líquido con producción de burbujas como consecuencia del aumento de su temperatura o por estar sometido a fermentación: *retira el agua del fuego, que ya ha alcanzado el punto de ebullición.* **2** Estado de agitación: *el país está pasando un momento de gran ebullición política.*

eccema *n. m.* Enfermedad de la piel que se caracteriza por la aparición de manchas rojas y picores: *algunos eccemas se producen por el contacto con detergentes.*
OBS También se escribe *eczema*.

echar *v. tr.* **1** Enviar un objeto dándole un impulso: *¡échame la pelota!* **SIN** arrojar. **2** Dejar caer una cosa para que entre en un lugar: *eché la carta en el buzón; échame agua en el vaso.* **3** Despedir de sí o emitir: *la chimenea echa mucho humo.* **SIN** arrojar. **4** Producir; hacer salir o nacer: *el rosal está echando muchas flores este año; el niño ha echado un diente.* **5** Mover o correr un mecanismo de una puerta o ventana para que se cierre: *he echado la llave y el cerrojo.* **6** Decir o pronunciar: *una gitana me ha echado la buenaventura; mi padre me ha echado un sermón por llegar tarde.* **7** Jugar o participar en un juego o competición: *te echo una partida de ajedrez; los niños estaban echando una carrera.* **8** Proyectar o emitir una película o representar una obra de teatro: *esta noche echan Yo, Claudio.* **9** Gastar o emplear una cantidad de tiempo en una acción o trabajo: *he echado dos horas en atravesar la ciudad.* **10** Despedir, expulsar o hacer salir de un lugar: *lo han echado del colegio.* **11** Derribar o arruinar: *han echado abajo el antiguo mercado; han echado por tierra mi proyecto.* **12** Dar o repartir: *me has echado mucho, no creo que pueda comérmelo; échale la comida a los perros.* **13** Suponer o calcular de manera aproximada: *le echo 37 años.* **14** Dejar una decisión a la suerte: *lo echamos a cara o cruz.* ◇ *v. tr./prnl.* **15** Poner sobre un lugar: *echaremos una manta más en la cama; hacía fresco y se echó la chaqueta sobre los hombros.* **16** Seguido de un sustantivo, realizar la acción expresada por éste: *echar una mirada, una ojeada; echarse un trago.* **17** Inclinar o mover en cierta dirección, especialmente el cuerpo o una parte de él: *échate para allá, que me das mucho calor; echa la cabeza a un lado, que no veo.* ◇ *v. intr.* **18** Seguido de una expresión que indica lugar o dirección, ir o moverse hacia ellos: *echa a la derecha.* ◇ *v. prnl.* **19 echarse** Tumbarse un rato para descansar: *se ha echado porque estaba muy cansado.* **20** Lanzarse o tirarse con un impulso: *se echó al agua.* **21** Establecer una relación con una persona: *echarse novia.*

echar (o echarse) a Comenzar; empezar o arrancar: *echarse a llorar; echarse a reír.*

echar (o echarse) a perder Estropear; dejar de funcionar: *la comida se ha echado a perder; las malas compañías lo han echado a perder.*

echar de menos Notar la falta de una persona o cosa: *en este libro echo de menos bibliografía más extensa; estoy bien aquí, pero echo de menos a mi familia.*

echarse atrás No cumplir un trato: *se comprometió a formar parte del proyecto, pero ahora se ha echado atrás.*

echarse a dormir Descuidarse; no poner la atención debida: *trabajó mucho durante la carrera, pero en cuanto se licenció se echó a dormir.*

echarse encima Estar muy próximo: *se nos está echando encima el plazo de entrega de las solicitudes.*
DER desechar.

echarpe *n. m.* Prenda de vestir parecida a un pañuelo, pero

eclecticismo

mucho más larga que ancha, que se ponen las mujeres sobre los hombros como abrigo o adorno. **SIN** chal.

eclecticismo *n. m.* Forma de actuar o juzgar que adopta una postura intermedia, alejada de soluciones extremas: *una persona que adopta el eclecticismo está dispuesta a buscar soluciones diferentes para el mismo problema.*

ecléctico, -ca *adj.* Que en su forma de actuar o juzgar adopta una postura intermedia, alejada de soluciones extremas: *un estilo, un punto de vista ecléctico; un gusto ecléctico en literatura.*
DER eclecticismo.

eclesial *adj.* De la comunidad cristiana que constituye la Iglesia o que está relacionado con ella.
DER eclesiástico.
ETIM Véase *iglesia*.

eclesiástico, -ca *adj.* **1** De la comunidad cristiana que constituye la Iglesia, y especialmente de los clérigos, o que tiene relación con ellos: *el Papa es la máxima autoridad eclesiástica.* ◇ *n. m.* **2** Hombre que dedica su vida a Dios y a la Iglesia y que puede celebrar los ritos sagrados de su religión, especialmente en las Iglesias cristianas: *antes los eclesiásticos llevaban sotana.* **SIN** clérigo.

eclipsar *v. tr.* **1** Causar un cuerpo celeste el eclipse de otro: *la Tierra ha eclipsado a la Luna.* **2** Deslucir, hacer que algo sea menos importante o notorio: *la economía ha eclipsado a todos los otros temas durante la campaña electoral.* ◇ *v. prnl.* **3 eclipsarse** Sufrir un eclipse un cuerpo celeste: *la Luna se eclipsará totalmente a las 12.10 de la noche.* **4** Perder las cualidades o la importancia: *con el paso de los años, su belleza se ha eclipsado.*

eclipse *n. m.* **1** Desaparición total o parcial de un cuerpo celeste de la vista del observador debido a la interposición de otro astro: *si la Luna se interpone entre el Sol y la Tierra, hay un eclipse solar; si la Tierra se interpone entre el Sol y la Luna, hay un eclipse lunar.* **2** Pérdida de la importancia o la notoriedad: *mucha gente cree que el eclipse del partido en el poder es inevitable.*
DER eclipsar, eclíptica.

eclosión *n. f.* **1** Aparición o salida, especialmente de un animal o un capullo de flor: *en primavera se produce la eclosión de muchas plantas; hemos podido observar la eclosión de una larva de su huevo.* **2** Aparición súbita o manifestación de un movimiento cultural o de un hecho histórico: *la eclosión del romanticismo en España se produjo durante el siglo XIX.*

eco *n. m.* **1** Repetición de un sonido que se produce cuando las ondas sonoras rebotan contra un obstáculo: *el niño se puso a hacer el eco dentro de la catedral.* **2** Sonido que se oye de manera débil: *se podía oír el eco de los disparos del cazador a varios kilómetros de distancia.* **3** Noticia o rumor vagos: *han llegado a nosotros los ecos de vuestro futuro divorcio.* **4** Repercusión o interés que despierta un hecho o acontecimiento: *el hecho no tuvo ningún eco en la prensa; la convocatoria de huelga apenas ha tenido eco.*

ecos de sociedad Conjunto de noticias sobre personas conocidas de la clase alta o del mundo del espectáculo: *esta revista recoge todos los ecos de sociedad.*

hacerse eco Contribuir a dar a conocer una cosa: *los principales periódicos del país se hicieron eco del acontecimiento.*

eco- Elemento prefijal que entra en la formación de palabras con el significado de: *a)* 'Casa', 'morada': *economía. b)* 'Medio natural', 'ámbito vital': *ecología, ecosistema. c)* 'Sonido reflejado', 'onda electromagnética': *ecografía, ecosonda.*

ecografía *n. f.* **1** Técnica de exploración de los órganos internos del cuerpo que consiste en registrar el eco de unas ondas electromagnéticas o acústicas enviadas hacia el lugar que se examina: *la ecografía no perjudica a las personas y se utiliza especialmente en el control de las embarazadas.* **2** Imagen o fotografía obtenida con esta técnica: *en la ecografía se veía perfectamente que el feto tenía la cabeza hacia abajo.*

ecología *n. f.* **1** Ciencia que estudia las relaciones entre los seres vivos y el medio en el que viven: *está estudiando ecología porque le preocupa la degradación del medio ambiente.* **2** Relación entre los seres vivos y el medio en el que viven, especialmente de una zona determinada: *el vertido de crudo ha causado un grave daño a la frágil ecología de la costa.*
DER ecológico, ecologismo.

ecológico, -ca *adj.* De la ecología o que tiene relación con esta ciencia: *la destrucción de los bosques es un desastre ecológico que amenaza el futuro de la Tierra.*

ecologismo *n. m.* Movimiento que defiende la necesidad de proteger la naturaleza y que pretende que las relaciones entre el hombre y el medio ambiente sean más armónicas.
DER ecologista.

ecologista *adj./n. com.* [persona, grupo] Que defiende de forma activa la conservación del medio ambiente: *Greenpeace es una organización ecologista.* **SIN** verde.

economato *n. m.* Supermercado donde pueden comprar más barato determinadas personas, como los trabajadores de una fábrica o los socios de una cooperativa.

economía *n. f.* **1** Disciplina que estudia la manera de funcionar los recursos, la creación de riqueza y la producción de bienes y servicios: *está estudiando economía porque quiere convertirse en empresario.* **2** Sistema de comercio e industria mediante el cual se produce y usa la riqueza de un país o región: *una economía fuerte; el turismo contribuye con millones de pesetas a la economía del país.* **3** Manera como una empresa o familia organiza y administra el dinero y otros bienes: *la subida de los precios afecta a la economía familiar.* **4** Ahorro de dinero u otros recursos: *el uso de la electricidad permite una considerable economía de gas butano; desde que tu padre perdió su trabajo tenemos que hacer economías.*
ANT derroche.

economía sumergida Conjunto de actividades económicas que están al margen del control del Estado: *hace trabajos en casa para una empresa sin declararlo a Hacienda: es un claro ejemplo de economía sumergida.*
DER economato, económico, economista, economizar; macroeconomía, microeconomía.

económico, -ca *adj.* **1** De la economía o que tiene relación con esta disciplina: *la crisis económica; la política económica del Gobierno.* **2** Que cuesta poco dinero o que gasta poco: *he comprado dos pares de zapatos porque salían bastante económicos; hay una fuerte demanda de coches económicos en combustible.*
DER socioeconómico.

economista *n. com.* Persona que se dedica al estudio de la economía: *el nuevo ministro de Economía y Hacienda es un economista con muchos años de experiencia en empresas y en la universidad.*

economizar *v. tr.* **1** Evitar el gasto de cierta cantidad de dinero o de otro producto: *decidió economizar gasolina y viajar más en metro.* **SIN** ahorrar. **2** Guardar una cantidad de dinero, especialmente en un banco o en una caja de ahorros: *estamos economizando porque queremos comprarnos un piso más grande.* **SIN** ahorrar.
OBS En su conjugación, la *z* se convierte en *c* delante de *e*.

ecosistema *n. m.* Sistema biológico que se compone de

una comunidad de seres vivos y el medio natural en que actúan intercambiándose materiales: *un lago con sus peces, insectos y otros animales, los diferentes tipos de árboles y plantas que allí crecen y las características de sus aguas forman un ecosistema.*

ecto- Elemento prefijal que entra en la formación de palabras con el significado de 'externo', 'que está fuera': *ectodermo.* **ANT** endo-.

ecu *n. m.* Antigua unidad monetaria europea formada por una combinación de los valores de las distintas monedas nacionales de los países que constituyen la Unión Europea; en 1995 fue sustituida por el euro.

ecuación *n. f.* MAT. Igualdad entre dos expresiones que contienen una o más incógnitas: *4 + 3x + 2x = 14 es una ecuación; en las ecuaciones hay números y letras; las letras son las incógnitas, y si resolvemos la ecuación, descubrimos a qué número equivalen.*
ETIM Véase *equidad.*

ecuador *n. m.* Círculo máximo imaginario perpendicular al eje de la Tierra, a la que divide en dos partes iguales: *el ecuador está a la misma distancia del polo Norte y del polo Sur.*
DER ecuatorial, ecuatoriano.
ETIM Véase *equidad.*

ecualizador *n. m.* Dispositivo que en los aparatos de alta fidelidad sirve para ajustar las frecuencias del sonido.

ecuánime *adj.* **1** [persona] Que actúa con imparcialidad o neutralidad: *los jueces han de ser ecuánimes.* **2** [opinión, juicio] Que no está influido por las ideas o los sentimientos de la persona que lo adopta.

ecuanimidad *n. f.* Manera de actuar según la cual una persona juzga u opina con imparcialidad o neutralidad: *debemos confiar en la ecuanimidad de la justicia.*
DER ecuánime.
ETIM Véase *equidad.*

ecuatorial *adj.* Del ecuador, círculo máximo de la Tierra, o que tiene relación con él: *el clima ecuatorial es húmedo y caluroso.*

ecuatoriano, -na *adj.* **1** De Ecuador o que tiene relación con este país de América del Sur. ◇ *adj./n. m. y f.* **2** [persona] Que es de Ecuador.

ecuestre *adj.* **1** Del caballo o que tiene relación con este animal: *todos los domingos vamos a ver carreras ecuestres.* **2** [figura] Que está representado montado a caballo: *una estatua ecuestre; un retrato ecuestre.*

ecuménico, -ca *adj.* Universal, que se extiende a todo el orbe.
DER ecumenismo.
ETIM Véase *equidad.*

ecumenismo *n. m.* Movimiento para la unión de todas las Iglesias cristianas.

eczema *n. m.* Eccema, enfermedad de la piel.
OBS La Real Academia Española admite *eczema,* pero prefiere la forma *eccema.*

edad *n. f.* **1** Cantidad de años que una persona, animal o vegetal ha vivido contando desde su nacimiento: *¿qué edad tienes?; una persona de edad tiene muchos años.* **2** Etapa de la vida de las personas: *se considera que las personas tenemos cuatro edades: la infancia, la juventud, la madurez y la vejez.*
edad adulta Período de la vida de una persona en que ésta ha completado su desarrollo: *esperaba llegar a la edad adulta para ser independiente.* **3** Cantidad de años que una cosa ha durado desde que empezó a existir: *la edad de la Tierra se calcula en unos 4500 millones de años.* **4** Cada una de las etapas de la prehistoria o de la historia: *edad de piedra; edad de bronce; edad del hierro.* **Edad Antigua** Período histórico anterior a la Edad Media, que va desde la aparición de la escritura hasta el fin del Imperio romano. **Edad Contemporánea** Período más reciente de la historia; suele entenderse como el tiempo transcurrido desde fines del siglo XVIII o principios del XIX hasta el presente. **Edad Media** Período histórico anterior a la Edad Moderna, que va desde el fin del Imperio romano hasta el siglo XV. **Edad Moderna** Período histórico anterior a la Edad Contemporánea, que va desde el siglo XV hasta fines del XVIII. **edad de oro** Período que comprende los años en los que las artes, las letras y la política de un país alcanzan su mayor desarrollo: *la edad de oro de la literatura española también se conoce como Siglo de Oro español.*

edad del pavo Período de la vida de los jóvenes en que dejan de ser niños y entran en la adolescencia; influye en su carácter y en la manera de comportarse: *mi hija está en la edad del pavo y a veces se pone insoportable.*

edad escolar Edad adecuada para que los niños vayan a la escuela; empieza con los primeros estudios y termina a la edad en que la ley permite trabajar: *cuando el niño alcanzó la edad escolar, lo matriculó en un colegio público.*

estar en edad de merecer Ser lo bastante mayor para poder casarse o tener pareja: *no sé si se casará, pero ya está en edad de merecer.*

mayor de edad [persona] Que, según la ley, tiene los años necesarios para poder ejercer todos sus derechos civiles: *en España se es mayor de edad a partir de los 18 años.*

menor de edad [persona] Que, según la ley, no tiene los años necesarios para poder ejercer todos sus derechos civiles: *no puede votar porque es menor de edad.*
ETIM *Edad* procede del latín *aetas, -atis,* que tenía el mismo significado, voz con la que también está relacionada *coetáneo.*

edema *n. m.* MED. Acumulación de líquido en algún órgano o tejido del cuerpo: *un edema pulmonar; las embarazadas suelen padecer edemas en las piernas.*
OBS No debe confundirse con *enema.*

edén *n. m.* **1** Según la Biblia, lugar donde se encontraba el paraíso terrenal: *Adán y Eva fueron expulsados del edén.* **2** Lugar muy agradable: *esta casa es un edén.*

edición *n. f.* **1** Preparación de un texto, una obra musical, una película o un programa de radio o televisión para ser publicado o emitido, cuidando de su forma y su contenido: *están preparando una nueva edición del Quijote; el músico está trabajando mucho en la edición de su nuevo disco.* **2** Conjunto de ejemplares de una obra impresos de una vez con el mismo molde: *si una obra tiene tres ediciones, es que se han impreso ejemplares en tres fechas diferentes con moldes distintos en cada una de ellas.* **3** Celebración de un concurso, un festival o una competición deportiva repetida con periodicidad o sin ella: *el festival de cine de San Sebastián ha celebrado ya muchas ediciones.*

edicto *n. m.* Orden dada por escrito por una autoridad: *a menudo, los edictos de los ayuntamientos se publican en los periódicos.*

edificación *n. f.* **1** Construcción de un edificio: *un importante arquitecto se encargará de la edificación de la torre del Ayuntamiento.* **2** Edificio o conjunto de edificios: *el casco viejo de la ciudad tiene muchas edificaciones antiguas.*

edificante *adj.* [acción] Que sirve de ejemplo para actuar bien: *su entrega a los más necesitados es edificante para nosotros.*

edificar *v. tr.* **1** Construir un edificio: *en las zonas verdes no*

edificio

se puede edificar. **SIN** levantar. **2** Crear un grupo o sociedad: *esta gran empresa fue edificada hace casi cien años.* **3** Infundir en los demás sentimientos de piedad y de virtud: *este profesor ha edificado a toda una generación con su comportamiento.*
DER edificación, edificante; reedificar.
OBS En su conjugación, la *c* se convierte en *qu* delante de *e*.

edificio *n. m.* Construcción fabricada con materiales resistentes que se destina a vivienda y a otros usos: *son edificios las casas, los palacios, los bloques de pisos, las iglesias, los teatros, etc..* **SIN** edificación, inmueble.
DER edificar.

edil *n. com.* Persona que forma parte del gobierno de un ayuntamiento: *el alcalde se reunió con los ediles para discutir el nuevo presupuesto.* **SIN** concejal.

editar *v. tr.* Preparar un texto, una obra musical, una película o un programa de radio o televisión para ser publicado o emitido, cuidando de su forma y contenido: *editar una novela, un disco, un documental, un informativo.*
DER edición, editor; inédito, reeditar.

editor, -ra *adj./n. m. y f.* **1** [persona, empresa] Que se dedica a producir libros, periódicos, películas, discos u otras cosas por medio de la imprenta o de otros procedimientos de reproducción: *la empresa editora del periódico ha decidido poner a la venta una publicación semanal.* ◇ *n. m. y f.* **2** Persona que prepara un texto ajeno para publicarlo siguiendo criterios filológicos: *el editor del manuscrito ha redactado numerosas notas que pretenden aclarar los aspectos más difíciles de la obra.* ◇ *n. m.* **3** INFORM. Programa que sirve para escribir, presentar e imprimir un texto o un conjunto de datos: *el editor te permite escribir un texto en el ordenador y darle el formato más adecuado.*
DER editorial.

editorial *adj.* **1** Del editor o de la edición o que tiene relación con ellos: *la corrección de las pruebas de imprenta es una tarea editorial.* ◇ *n. m.* **2** Artículo de periódico sin firma que recoge la opinión de la dirección de la publicación sobre un tema: *el editorial aparece en un lugar destacado de la publicación.* ◇ *n. f.* **3** Empresa que se dedica a la publicación de libros, revistas, periódicos o discos: *hemos encargado a la editorial más libros porque los que teníamos se han agotado.*

-edo, -eda Sufijo que entra en la formación de sustantivos con el significado de 'colección, conjunto': *robledo, arboleda.*

edredón *n. m.* Cobertor relleno de plumas de ave, algodón u otro material de abrigo: *sobre la cama hay un edredón estampado.*

-edro, -edra Elemento sufijal que entra en la formación de palabras con el significado de 'cara', 'plano', 'asiento': *tetraedro.*

educación *n. f.* **1** Formación destinada a desarrollar la capacidad intelectual y moral de las personas: *los padres deben preocuparse de dar una buena educación a sus hijos.* **SIN** enseñanza. **educación especial** Educación que está dirigida a personas que tienen ciertos problemas físicos o psíquicos: *el médico les recomendó que llevaran a su hijo a un centro de educación especial.* **educación física** Conjunto de disciplinas que tienen como fin el desarrollo del cuerpo mediante el ejercicio y el deporte: *los niños tienen clase de educación física dos veces a la semana.* **2** Conjunto de conocimientos intelectuales, culturales y morales que tiene una persona: *algunos estudiantes tienen una educación muy completa.* **3** Comportamiento adecuado a las normas sociales: *es de mala educación no saludar cuando llegamos a un sitio.* **SIN** corrección. **ANT** incorrección.
DER coeducación.

educado, -da *adj.* Que tiene buena educación, que se comporta correctamente: *una persona educada no da gritos ni mastica con la boca abierta.* **ANT** maleducado.

educador, -ra *adj./n. m. y f.* Que da a una persona los conocimientos que necesita y le enseña a comportarse.

educar *v. tr.* **1** Desarrollar y perfeccionar las facultades intelectuales y morales de una persona: *entre las funciones de los padres está la de educar a sus hijos.* **2** Instruir a una persona en las normas de cortesía y de comportamiento social: *no sabe comportarse en público porque no lo han educado bien.* **3** Desarrollar las fuerzas físicas por medio de los ejercicios y el deporte. **4** Afinar o perfeccionar los sentidos: *un buen músico debe educar el oído; los cantantes dedican mucho tiempo a educar la voz.* **5** Enseñar a un animal a comportarse de una manera determinada: *hay escuelas de adiestramiento donde se educa a los perros.*
OBS En su conjugación, la *c* se convierte en *qu* delante de *e*.

educativo, -va *adj.* **1** De la educación o que tiene relación con ella: *una reforma educativa; el sistema educativo.* **2** Que sirve para dar a una persona los conocimientos que necesita y le enseña a comportarse: *actividades educativas; juegos educativos.*

edulcorante *n. m.* Sustancia que se usa para dar gusto dulce a los alimentos o los medicamentos: *el azúcar y la sacarina son edulcorantes.*

edulcorar *v. tr.* **1** Endulzar con sustancias naturales, como el azúcar o la miel, o sintéticas, como la sacarina, cualquier producto de sabor desagradable o insípido: *he edulcorado el café con sacarina.* **SIN** dulcificar, endulzar. **2** Hacer más agradable una situación difícil o penosa: *las visitas de los amigos edulcoraban su estancia en el hospital.* **SIN** aliviar, dulcificar, endulzar.
DER edulcorante.

efe *n. f.* Nombre de la letra *f*.

efebo *n. m.* Muchacho joven o adolescente.

efectismo *n. m.* Conjunto de recursos empleados para impresionar o llamar la atención: *la puesta en escena de la obra es un derroche de efectismo.*
DER efectista.

efectista *adj.* Que pretende producir un fuerte efecto o impresión en el ánimo: *las películas de terror suelen ser muy efectistas.*

efectividad *n. f.* **1** Capacidad de producir efecto: *la efectividad de un medicamento.* **SIN** eficacia. **2** Cualidad de lo que es real, verdadero o válido: *para que este documento tenga efectividad debe llevar el sello del departamento; se le reconocen los trienios con efectividad desde el mes de marzo.*

efectivo, -va *adj.* **1** Que produce un efecto, que es eficaz: *la aspirina es un medicamento efectivo contra el dolor de cabeza.* **2** Que es real, verdadero o válido: *el nuevo presidente no es más que un títere: el poder efectivo queda en manos del ejército; el nombramiento no será efectivo hasta el mes de noviembre.* ◇ *n. m.* **3** Dinero en monedas o en billetes: *cuando se paga en efectivo no se usa un cheque ni la tarjeta de crédito.* ◇ *n. m. pl.* **4 efectivos** Conjunto de personas que pertenecen a un ejército, a la policía o a otros grupos organizados: *nuestros efectivos tuvieron muchas bajas en el último combate; han participado en la extinción del incendio efectivos de la Cruz Roja.*

hacerse efectivo Entrar en vigor; empezar a funcionar: *la nueva ley se hará efectiva a partir del próximo mes de enero.*
DER efectivamente, efectividad.

efecto *n. m.* **1** Resultado de una causa: *tener la piel morena*

es un efecto de los rayos del sol; un medicamento hace efecto si actúa y da el resultado que se espera. **2** Impresión producida en el ánimo: *sus palabras causaron muy buen efecto*. **3** Finalidad u objetivo: *los alumnos que deseen solicitar beca deberán presentar un documento a tal efecto*. **4** Documento o valor comercial: *las letras, los cheques y los pagarés son efectos que se utilizan para el pago en operaciones comerciales*. **5** Movimiento giratorio que se da a una bola o pelota al impulsarla y que la hace desviarse de su trayectoria normal: *el jugador de billar golpea la bola con efecto*. ◇ *n. m. pl.* **6 efectos** Bienes o cosas que pertenecen a una persona: *antes de abandonar un avión hay que comprobar que se llevan los efectos personales*.
a efectos de Con el fin de: *depuramos el agua a efectos de evitar infecciones*.
efectos especiales En cine y teatro, técnica o truco que hace que una cosa parezca real: *en las películas de ciencia ficción aparecen muchos efectos especiales*.
efecto invernadero Subida de la temperatura de la atmósfera que se produce como resultado de la contaminación industrial: *el clima del planeta está cambiando por el efecto invernadero*.
en efecto Expresión que se usa para confirmar algo que se ha dicho antes: *en efecto, tienes razón en aquello que dijiste; dijo que ganarían, y, en efecto, han ganado*.
surtir efecto Dar el resultado deseado: *las palabras que le dijiste han surtido efecto, lo has convencido*.
DER efectismo, efectivo, efectuar.

efectuar *v. tr.* **1** Hacer o realizar: *cuando se compra a plazos, se efectúan pagos mensuales*. **SIN** ejecutar. ◇ *v. prnl.* **2 efectuarse** Hacerse o cumplirse: *el despegue de la nave espacial se efectuó sin contratiempos*.
OBS En su conjugación, la *u* se acentúa en algunos tiempos y personas, como en *actuar*.

efeméride *n. f.* **1** Hecho importante que se recuerda en un aniversario: *el final de la segunda guerra mundial es una efeméride que celebran muchas naciones*. **2** Celebración de ese hecho: *la efeméride del quinto centenario del descubrimiento de América se celebró en 1992*. ◇ *n. f. pl.* **3 efemérides** Hechos importantes ocurridos en un mismo día, pero en años diferentes: *algunas publicaciones tienen unas páginas dedicadas a las efemérides del día*.

efervescencia *n. f.* **1** Desprendimiento de burbujas gaseosas a través de un líquido: *el gas carbónico produce efervescencia en muchas bebidas*. **2** Agitación o excitación grandes: *cuando llegamos, la asamblea estaba en plena efervescencia*.
DER efervescente.

efervescente *adj.* Que produce burbujas gaseosas: *una bebida efervescente; aspirina efervescente*.

eficacia *n. f.* Capacidad para producir el efecto deseado: *la eficacia de un medicamento*. **SIN** efectividad. **ANT** ineficacia.

eficaz *adj.* Que produce el efecto esperado, que va bien para una determinada cosa: *no se ha descubierto todavía un remedio eficaz contra el cáncer*. **SIN** efectivo. **ANT** ineficaz.
DER eficacia; ineficaz.

eficiencia *n. f.* Capacidad para realizar o cumplir adecuadamente una función: *la eficiencia en el trabajo*.

eficiente *adj.* Que realiza o cumple adecuadamente su función: *una persona eficiente es muy útil en un trabajo; en ese ministerio hay funcionarios muy eficientes*.
DER eficiencia; coeficiente; ineficiente.

efigie *n. f.* **1** Imagen de una persona reproducida en una moneda, una pintura o una escultura: *en una de las caras de la moneda aparece la efigie del rey*. **2** Representación de una cosa abstracta por medio de rasgos que se consideran propios de las personas: *los alumnos de arte han dibujado varias efigies del mal*.

efímero, -ra *adj.* Que dura poco tiempo: *hay insectos que tienen una vida efímera: mueren el mismo día que nacen*.
ETIM *Efímero* procede del griego *ephemeris*, 'diario', voz con la que también está relacionada *efeméride*.

efluvio *n. m.* Emisión de vapores o de partículas muy pequeñas que se desprenden de una cosa y llegan a nuestros sentidos: *el efluvio de las flores es el olor que dan*.

efusión *n. f.* Muestra intensa de alegría, de afecto o de otro sentimiento: *se abrazaron con efusión*.
DER efusivo.

efusivo, -va *adj.* Que manifiesta de manera muy viva los sentimientos, especialmente de alegría o afecto: *un saludo efusivo; una bienvenida efusiva*.
DER efusivamente.

egipcio, -cia *adj.* **1** De Egipto o que tiene relación con este país del norte de África. ◇ *adj./n. m. y f.* **2** [persona] Que es de Egipto.

égloga *n. f.* Composición poética que idealiza la vida de los pastores y del campo. **SIN** bucólica.

ego *n. m.* Valoración excesiva de uno mismo: *su ego le impide reconocer que se ha equivocado de nuevo*.
DER egoísmo, egolatría, egotismo.

egocéntrico, -ca *adj.* [persona] Que se considera el centro de todo; que piensa que es muy importante y que todo el mundo se ha de preocupar de él: *los niños son muy egocéntricos: sólo se preocupan de si tienen frío o calor o cuándo se les proporciona alimento o diversión*.

egocentrismo *n. m.* Valoración excesiva de la propia personalidad que lleva a una persona a creerse el centro de todas las preocupaciones y atenciones: *su excesivo egocentrismo le impide hacer amistades con los demás*.
DER egocéntrico.

egoísmo *n. m.* Amor excesivo hacia uno mismo, que lleva a preocuparse sólo del propio interés, con olvido del de los demás: *ya sé que lo que te voy a decir suena a egoísmo, pero sólo me preocupa lo que me pueda pasar a mí*. **ANT** altruismo, filantropía.
DER egoísta.

egoísta *adj./n. com.* [persona] Que sólo se preocupa de sí misma y no ayuda a los demás: *a los egoístas no les gusta compartir sus cosas*. **ANT** altruista.

ególatra *adj.* [persona] Que se estima a sí misma de manera excesiva: *ese cantante es un ególatra; por eso le gusta ir rodeado de una corte de admiradores y aduladores*.

egolatría *n. f.* Actitud de la persona que se cuida y se quiere mucho a sí misma sin preocuparse por los demás: *alimentaba su egolatría dejando que todo el mundo le alabara*.

egregio, -gia *adj.* [persona] Ilustre, famoso o que destaca por su categoría: *al pie de la escalerilla del avión de la Casa Real estaban las autoridades que iban a recibir a tan egregios visitantes*.
ETIM Véase *grey*.

eh *int.* Expresión que se utiliza para llamar la atención de alguien o para preguntar: *¡eh, Juan, estamos aquí!; ¿eh?, ¿qué dices?*

ej. Abreviatura de *ejemplo*.

eje *n. m.* **1** Barra cilíndrica que pasa por el medio de una rueda u otra pieza semejante y le sirve de sostén: *los coches llevan dos ejes: uno une las ruedas de delante y otro las de detrás*. **2** MAT. Línea que atraviesa una figura geométrica por

ejecución

su centro: *el eje de la Tierra es una línea imaginaria que pasa por los dos polos*. **3** MAT. Recta alrededor de la cual se supone que gira una línea para generar una superficie o una superficie para generar un cuerpo. **4** Cosa o persona que es el elemento principal de un conjunto: *la defensa de los valores tradicionales fue el eje de su discurso; la economía es el eje de muchas conversaciones*.
eje de simetría Línea imaginaria que divide una figura, un cuerpo o cualquier cosa en dos partes iguales y simétricas: *el eje de simetría del cuerpo humano*.
ETIM *Eje* procede del latín *axis*, que tenía el mismo significado, voz con la que también está relacionada *axial*.

ejecución *n. f.* **1** Realización de una cosa, cumplimiento de un proyecto, encargo u orden: *la ejecución de un mandato*. **2** Acto de dar muerte a una persona en cumplimiento de una condena: *en España ya no hay ejecuciones porque está abolida la pena de muerte*. **3** Interpretación de una pieza musical: *la ejecución del concierto por parte del joven pianista ruso fue magistral*.

ejecutar *v. tr.* **1** Realizar una cosa, dar cumplimiento a un proyecto, encargo u orden: *los soldados ejecutan las órdenes de sus jefes; los obreros ejecutan los planes del arquitecto*. **2** Cantar o tocar una pieza musical: *algunas composiciones de Liszt son difíciles de ejecutar*. **3** Matar a una persona condenada a muerte: *lo han ejecutado en la silla eléctrica*.
DER ejecución, ejecutiva, ejecutivo, ejecutoria.

ejecutiva *n. f.* Grupo de personas que dirige una corporación o sociedad: *Juan pertenece a la ejecutiva del partido*.

ejecutivo, -va *adj.* **1** Que no admite espera ni que sea aplazada su ejecución: *una orden ejecutiva de pago*. **2** [organismo] Que ejecuta o hace cumplir una cosa: *el poder ejecutivo se encarga de llevar a la práctica lo que dicta el poder legislativo*. ◊ *n. m. y f.* **3** Persona que ocupa un cargo en la dirección de una empresa: *los ejecutivos dedican muchas horas a su trabajo y viajan a menudo*.

ejecutoria *n. f.* Título o documento en el que se muestra legalmente la nobleza de una persona o de una familia: *nos mostró una ejecutoria de sus antepasados que guarda celosamente*.

ejemplar *adj.* **1** Que sirve o puede servir de modelo a los demás: *un médico ejemplar trata a los enfermos con paciencia y profesionalidad*. **2** Que sirve o puede servir de escarmiento: *el profesor impuso al alumno un castigo ejemplar*. ◊ *n. m.* **3** Reproducción de un mismo original o modelo: *si se venden todos los ejemplares de un libro, habrá que hacer otra edición o reimpresión*. **4** Individuo de una especie o de un género: *han traído de China un ejemplar de panda*. **5** Objeto de una colección científica que es de distinto género que los demás que hay en ella: *en el zoo hay ejemplares de animales que viven en otros países*.

ejemplificar *v. tr.* Demostrar o ilustrar con ejemplos: *podemos ejemplificar el arte egipcio con diapositivas de las pirámides, de los templos y de las estatuas de los faraones*.
OBS En su conjugación, la *c* se convierte en *qu* delante de *e*.

ejemplo *n. m.* **1** Persona o cosa que sirve de modelo o muestra de lo que se debe imitarse o evitarse: *las personas que engañan son un mal ejemplo; la bondad de algunas personas es un ejemplo para todo el mundo*. **2** Frase, acción u objeto que se usa para explicar una cosa o aclararla: *los diccionarios tienen ejemplos que ayudan a entender las definiciones; un ruiseñor es un ejemplo de pájaro*.
por ejemplo Expresión que se usa para presentar un caso concreto de lo que estamos explicando: *hay reptiles que tienen patas, por ejemplo, la lagartija*.

DER ejemplar, ejemplificar.

ejercer *v. tr./intr.* **1** Realizar las funciones propias de una profesión: *se puede ejercer de enfermera, de médico, de abogado, etc.*. **SIN** ejercitar, profesar. ◊ *v. tr.* **2** Hacer que una fuerza, una acción o un poder actúe sobre alguien o algo: *los padres ejercen mucha influencia sobre los hijos los primeros años de vida*. **3** Hacer uso de un derecho o de un privilegio: *cuando hay elecciones, ejercemos nuestro derecho a votar*.
DER ejercicio, ejercitar.
OBS En su conjugación, la *c* se convierte en *z* delante de *a* y *o*.

ejercicio *n. m.* **1** Práctica que sirve para adquirir unos conocimientos o desarrollar una habilidad: *las redacciones son ejercicios para aprender a escribir bien*. **2** Prueba que ha de pasar una persona que se examina: *en unas oposiciones hay ejercicios escritos y orales*. **3** Actividad física que se hace para conservar o recuperar la salud o para prepararse para un deporte: *caminar es un buen ejercicio; te conviene llevar una vida sana y hacer más ejercicio*. **4** Dedicación a una actividad, arte u oficio: *antes de llegar al ejercicio de la medicina hay que estudiar y hacer prácticas en un hospital*. **5** Uso que se hace de un derecho o privilegio: *los trabajadores se declararon en huelga haciendo ejercicio de sus derechos*.
en ejercicio Que practica su profesión: *tendremos que consultar a un abogado en ejercicio porque yo hace mucho que no ejerzo*.

ejercitación *n. f.* Práctica continuada de una actividad para adquirir destreza en ella.

ejercitar *v. tr./prnl.* **1** Practicar de forma continuada una actividad para adquirir destreza en ella: *los entrenadores de fútbol ejercitan a los jugadores a tirar córneres; los pianistas ejercitan constantemente los dedos*. ◊ *v. tr.* **2** Realizar las funciones propias de una profesión: *nunca pudo llegar a ejercitar su oficio*. **SIN** ejercer.
DER ejercitación, ejército.

ejército *n. m.* **1** Conjunto de las fuerzas armadas de un país: *un ejército consta de personas, armas y vehículos; cada vez hay más mujeres en el ejército*. **Ejército de Tierra** Conjunto de las fuerzas armadas de una nación que desarrollan su actividad en tierra: *en estas maniobras han participado el Ejército de Tierra, la Aviación y la Armada*. **Ejército del Aire** Conjunto de las fuerzas aéreas de una nación: *el Ejército de Tierra y el Ejército del Aire han hecho unas maniobras conjuntas*. **SIN** aviación. **2** Grupo numeroso de personas organizadas o agrupadas para un fin: *el famoso cantante iba rodeado de un ejército de guardaespaldas*.

el, la *det. art.* Artículo en género masculino y femenino y número singular; indica que el nombre al que acompaña es conocido por el hablante y el oyente o ya han hablado de él: *me gustó mucho la película de ayer; se utiliza en nombres incontables: el arroz es bueno*.
OBS La forma *el* acompaña a un nombre femenino cuando éste empieza por *a-* o *ha-* acentuadas: *el arma, el hacha*. ◊ El plural es *los*.

él, ella *pron. pers.* Forma del pronombre de tercera persona en género masculino y femenino y número singular que hace la función de sujeto, de predicado nominal o de complemento precedido de preposición: *él no ha podido venir; iré con él al cine*.
OBS El plural es *ellos*.

elaboración *n. f.* **1** Preparación de una o más materias para convertirlas en un producto: *para la elaboración del papel se necesita pasta de fibras vegetales*. **SIN** confección, fabricación. **2** Formación o creación de una idea, teoría o

proyecto: *fueron necesarios muchos años para la elaboración de esta teoría.*
elaborado *adj.* **1** Muy pensado y trabajado para un fin: *sus discursos son muy elaborados.* **2** [producto] Que ha sufrido un proceso de elaboración industrial.
elaborar *v. tr.* **1** Preparar una o más materias para convertirlas en un producto: *estas magdalenas han sido elaboradas con ingredientes de primera calidad; las abejas elaboran la miel.* **SIN** confeccionar, fabricar. **2** Desarrollar una idea, teoría o proyecto: *los científicos han elaborado una nueva teoría sobre la formación del universo.*
DER elaboración, elaborado.
elasticidad *n. f.* Propiedad de un cuerpo sólido para recuperar su forma cuando cesa la fuerza que la altera: *la goma se caracteriza por su elasticidad.*
elástico, -ca *adj.* **1** Que puede recuperar su forma cuando cesa la fuerza que la altera: *los muelles son elásticos.* **2** Que puede ajustarse a distintas circunstancias: *el trabajador autónomo tiene un horario elástico.* **SIN** flexible. **3** Que admite muchas interpretaciones: *tu opinión sobre ese asunto es muy elástica.* ◇ *n. m.* **4** Cinta de goma o de tejido elástico que se coloca en una prenda de vestir para ajustarla al cuerpo: *me he comprado un pantalón con elástico en la cintura; el elástico de los calcetines me aprieta demasiado.*
DER elasticidad.
ele *n. f.* Nombre de la letra *l*: *la palabra* león *comienza por* ele.
elección *n. f.* **1** Selección de una cosa para un fin: *la elección de esa corbata no es acertada.* **2** Designación, generalmente por votación, de una o más personas para ocupar un puesto en una comisión, consejo u organismo semejante: *mañana hay elecciones en el Colegio de Médicos; su elección como presidente ha sido bien acogida.* **3** Capacidad o posibilidad de elegir: *debes aceptarlo, no tienes elección.* **SIN** alternativa, opción. ◇ *n. f. pl.* **4 elecciones** Emisión de votos para elegir cargos políticos o sindicales: *el presidente no convocará elecciones antes del otoño.* **elecciones generales** Elecciones que se celebran para elegir a los representantes de los partidos políticos en el Congreso de los Diputados y en el Senado: *en España, si no se adelantan, las elecciones generales se celebran cada cuatro años.* **elecciones municipales** Elecciones que se celebran para elegir a los concejales de un ayuntamiento: *en las elecciones municipales se elige el gobierno de cada pueblo o municipio.*
DER selección.
ETIM Véase *elegir*.
electivo, -va *adj.* [cargo, puesto] Que se ocupa por elección: *un cargo electivo.*
electo, -ta *adj./n. m. y f.* [persona] Que ha sido elegido por votación para un cargo, pero que todavía no ha tomado posesión: *un presidente electo; un alcalde electo.*
DER electivo.
ETIM Véase *elegir*.
elector, -ra *adj./n. m. y f.* Persona que tiene derecho a votar en unas elecciones: *todos los partidos quieren atraer a los electores indecisos, a los que no saben a quién votar.*
electorado *n. m.* Conjunto de los electores: *los políticos intentan ganarse el voto del electorado haciendo mítines; según las últimas encuestas, el electorado está muy indeciso.*
electoral *adj.* De los electores o las elecciones o que tiene relación con ellos: *la campaña electoral; un colegio electoral.*
DER electoralismo.
ETIM Véase *elegir*.
electoralismo *n. m.* Actitud de la persona o del partido político cuyas actividades tienen como único fin la propaganda electoral: *el discurso del diputado fue tachado por la oposición como mero electoralismo.*
DER electoralista.
electoralista *adj.* Que tiene claros fines de propaganda electoral: *su afirmación de que bajará los impuestos cuando llegue a presidente es una promesa electoralista.*
electricidad *n. f.* **1** Energía que se deriva de la existencia en la materia de cargas eléctricas positivas y negativas que normalmente se neutralizan: *la electricidad es producida en centrales térmicas, en centrales hidroeléctricas o en centrales nucleares.* **electricidad dinámica** Electricidad que se deriva del movimiento de los electrones: *las pilas producen electricidad dinámica.* **electricidad estática** Electricidad que se encuentra en la superficie de un cuerpo por la disposición de los electrones: *el peine atrae los pelos al peinarse por la electricidad estática.* **2** Parte de la física que estudia los fenómenos eléctricos. **3** Corriente eléctrica: *han quitado la electricidad de la casa porque no hemos pagado los recibos.*
DER electricista; fotoelectricidad, hidroelectricidad, piezoelectricidad, radioelectricidad, termoelectricidad.
electricista *n. com.* Persona que se dedica a colocar y arreglar instalaciones eléctricas: *ha habido un cortocircuito y hemos llamado al electricista.*
eléctrico, -ca *adj.* **1** De la electricidad o que tiene relación con esta forma de energía: *han construido una central eléctrica.* **2** Que funciona por medio de la electricidad: *un tren eléctrico; un radiador eléctrico.*
DER electricidad, electrificar, electrizar.
electrificar *v. tr.* **1** Hacer que una máquina, un tren o una fábrica funcione con electricidad: *ya hace años que se electrificaron los trenes.* **2** Proveer de electricidad un lugar: *hay pueblos de montaña que todavía no están electrificados.*
OBS En su conjugación, la *c* se convierte en *qu* delante de *e*.
electrizante *adj.* Que produce entusiasmo o excitación: *la música de este grupo de rock es muy electrizante.*
electrizar *v. tr./prnl.* **1** Producir electricidad en un cuerpo o comunicársela: *con este cepillo se me electriza el pelo.* **SIN** ionizar. **2** Producir entusiasmo o excitación: *la actuación del cantante electrizó al auditorio.*
DER electrizante; deselectrizar.
OBS En su conjugación, la *z* se convierte en *c* delante de *e*.
electro- Elemento prefijal que entra en la formación de palabras con el significado de 'eléctrico': *electroimán.*
electrocardiograma *n. m.* Gráfico de los movimientos del corazón obtenido con un aparato que capta los fenómenos eléctricos que allí se producen: *los electrocardiogramas se usan en medicina para estudiar el funcionamiento del corazón.*
electrochoque *n. m.* Tratamiento para curar enfermedades mentales por medio de corrientes eléctricas: *el electrochoque consiste en la aplicación de descargas eléctricas en el encéfalo durante décimas de segundo.* **SIN** electroshock.
electrocutar *v. tr./prnl.* Morir o matar mediante descargas eléctricas: *se electrocutó al pisar un cable de alta tensión; en los Estados Unidos electrocutan a los condenados a muerte.*
DER electrocución.
electrodo o **eléctrodo** *n. m.* Extremo de un conductor en contacto con un medio, al que lleva o del que recibe una corriente eléctrica: *la pila de una linterna y la batería de un coche tienen dos electrodos, que se llaman ánodo y cátodo.*
electrodoméstico *n. m.* Aparato eléctrico que se usa en el hogar con un fin: *los electrodomésticos más habituales son la nevera, la lavadora, la televisión y la plancha.*

electroencefalograma *n. m.* Gráfico de la actividad del cerebro obtenido con un aparato que capta los fenómenos eléctricos que allí se producen: *los electroencefalogramas se usan en medicina para conocer el estado y el funcionamiento del cerebro.* **SIN** encefalograma.

electroimán *n. m.* Barra de hierro que lleva enrollado alrededor de ella un hilo conductor de la electricidad; al pasar la corriente eléctrica por el hilo, la barra se comporta como si fuera un imán: *con los electroimanes se fabrican grúas muy potentes para recoger objetos de hierro.*

electrólisis *n. f.* Separación de los elementos de un compuesto producida por la corriente eléctrica.
OBS El plural también es *electrólisis*.

electrólito *n. f.* Sustancia, generalmente un líquido, que conduce la corriente eléctrica o que se descompone en la electrólisis.

electromagnético, -ca *adj.* Que tiene elementos eléctricos y magnéticos relacionados entre sí: *máquina electromagnética.*

electrometría *n. f.* Parte de la física que estudia el modo de medir la intensidad eléctrica.

electromotor, -ra *adj./n. m.* [máquina] Que transforma la energía eléctrica en mecánica: *la lavadora y el lavavajillas son máquinas electromotoras.*

electrón *n. m.* Partícula que se encuentra alrededor del núcleo del átomo y que tiene carga eléctrica negativa.
DER electrónico.

electrónica *n. f.* Parte de la física que estudia los cambios y los movimientos de los electrones y la acción de las fuerzas electromagnéticas y los utiliza en aparatos que reciben y transmiten información: *la electrónica ha hecho posible la televisión, la radio y los ordenadores.*
DER microelectrónica.

electrónico, -ca *adj.* De la electrónica o de los electrones, o que tiene relación con ellos: *las consolas de videojuegos son aparatos electrónicos.*
DER electrónica.

electroshock *n. m.* Electrochoque, tratamiento para curar enfermedades mentales.

electrostático, -ca *adj.* De la electricidad estática o causado por la electricidad que no se mueve en una corriente, sino que es atraída a la superficie de ciertos objetos: *la atracción electrostática provoca que un globo se pegue al techo.*

elefante, -ta *n. m. y f.* Mamífero de gran tamaño, el más grande de todos los que viven en la Tierra, con la piel gruesa de color gris oscuro y sin pelo, orejas grandes, nariz en forma de trompa y dos colmillos muy largos, que son sus defensas: *el elefante vive en Asia y África; se alimenta de plantas y hojas de los árboles que coge con su trompa.*
elefante marino Mamífero marino de gran tamaño, con las extremidades adaptadas para nadar y la boca alargada, que se alimenta de peces y pequeños animales. **SIN** morsa.

elegancia *n. f.* Característica de la persona o de la cosa que es elegante: *la ropa que tienen en esta tienda se distingue por su elegancia; se comporta y habla con elegancia.*

elegante *adj.* **1** [persona] Que lleva vestidos bien hechos y armónicamente combinados y que actúa y habla con naturalidad y distinción: *es una mujer muy elegante; las personas elegantes no llevan colores muy llamativos ni mal combinados.* **2** [vestido, mueble, objeto] Que es de calidad, está bien hecho y tiene buen gusto: *llevas un traje azul muy elegante.* **3** [establecimiento] Que es de categoría, está bien decorado y sus clientes son distinguidos.
DER elegancia.

elegía *n. f. culto* Composición poética en la que se expresa un sentimiento de dolor o pena, especialmente por la muerte de una persona: *Lorca escribió una elegía a la muerte de Ignacio Sánchez Mejías.*

elegir *v. tr.* **1** Seleccionar una cosa para un fin: *elige un vestido para la fiesta: ¿cuál quieres?; los pacientes pueden elegir a su médico de cabecera.* **SIN** optar. **2** Designar, generalmente por votación, una o más personas para ocupar un puesto: *en los países democráticos, el presidente es elegido por el pueblo.*
DER elegido; reelegir.
ETIM *Elegir* procede del latín *eligere*, que tenía el mismo significado, voz con la que también están relacionadas *elección, electo, elector.*
OBS En su conjugación, la *e* se convierte en *i* en algunos tiempos y personas y la *g* en *j* delante de *a* y *o*.

elegir	
INDICATIVO	**SUBJUNTIVO**
presente	presente
elijo	elija
eliges	elijas
elige	elija
elegimos	elijamos
elegís	elijáis
eligen	elijan
pretérito imperfecto	pretérito imperfecto
elegía	eligiera o eligiese
elegías	eligieras o eligieses
elegía	eligiera o eligiese
elegíamos	eligiéramos o eligiésemos
elegíais	eligierais o eligieseis
elegían	eligieran o eligiesen
pretérito indefinido	futuro
elegí	eligiere
elegiste	eligieres
eligió	eligiere
elegimos	eligiéremos
elegisteis	eligiereis
eligieron	eligieren
futuro	
elegiré	**IMPERATIVO**
elegirás	
elegirá	elige (tú)
elegiremos	elija (usted)
elegiréis	elegid (vosotros)
elegirán	elijan (ustedes)
condicional	
elegiría	**FORMAS NO PERSONALES**
elegirías	
elegiría	infinitivo gerundio
elegiríamos	elegir eligiendo
elegiríais	participio
elegirían	elegido

elemental *adj.* **1** Que es muy importante o necesario: *es elemental que tengas las ideas claras.* **SIN** fundamental, principal. **2** Que es muy sencillo y se puede entender fácilmente: *este libro de gramática contiene una serie de ejercicios ele-*

mentales para alumnos que están empezando a aprender el idioma.

elemento n. m. **1** Parte de una cosa; cosa que forma con otras un conjunto: *las palabras son elementos de las oraciones; la práctica es uno de los elementos esenciales de la enseñanza de las ciencias.* **2** QUÍM. Sustancia que no se puede descomponer en otra más simple: *los metales son elementos químicos; los elementos se clasifican en la tabla periódica.* **3** Medio en que vive un ser: *el aire es el elemento de los pájaros; el agua, el elemento de los peces.* **4** Persona, valorada positiva o negativamente: *¡menudo elemento es tu hijo! No deja de hacer travesuras; ¡buenos elementos estáis hechos!* ◊ n. m. pl. **5 elementos** Fuerzas de la naturaleza que pueden hacer daño o destruir: *las casas se protegen de los elementos.* **6** Conjunto de los principios básicos o fundamentales de una ciencia o arte: *elementos de filosofía; elementos de astronomía.*

elemento compositivo GRAM. Morfema léxico, generalmente de origen griego o latino, que interviene en la formación de palabras compuestas anteponiéndose o posponiéndose a otro del mismo tipo o a una palabra ya existente: *los elementos compositivos pueden ser prefijales o sufijales.*

DER elemental; bioelemento, oligoelemento.

elenco n. m. **1** Conjunto de personas que forman una compañía teatral o que intervienen en una obra: *el éxito de esta compañía está en la calidad de su elenco.* **2** Conjunto de personas que trabajan juntas o que constituyen un grupo representativo: *esa universidad cuenta con un magnífico elenco de profesores.*

elepé n. m. Disco de larga duración.

OBS Se deriva del nombre de las letras *l* y *p*, iniciales del inglés *long play*, 'larga duración'.

elevación n. f. **1** Subida o aumento: *se espera una elevación de las temperaturas; la elevación del nivel de vida.* **2** Parte de una cosa que está situada más arriba que las otras: *una montaña es una elevación del terreno.*

elevado, -da adj. **1** Que está levantado a gran altitud o que es alto: *ha alcanzado una posición social muy elevada por su matrimonio; un edificio elevado.* **2** Que demuestra grandes cualidades morales o espirituales: *¡Qué pensamiento tan elevado!*

OBS Es el participio de *elevar*.

elevador, -ra adj./n. m. y f. [vehículo, aparato] Que sirve para subir, bajar o transportar mercancías: *colocaron las cajas en el almacén con la ayuda de una elevadora eléctrica.*

elevalunas n. m. Mecanismo que sirve para subir y bajar los cristales de las ventanillas de un automóvil: *el coche lleva elevalunas eléctrico.*

OBS El plural también es *elevalunas*.

elevar v. tr./prnl. **1** Poner en un lugar más alto, hacer que esté más arriba: *hay grúas que elevan materiales de construcción muy pesados; el agua de un pozo se puede elevar con una bomba; las aves se elevan sobre los árboles.* SIN levantar. **2** Hacer que una cosa sea más intensa, más alta o tenga más valor: *este mando sirve para elevar el sonido; se puede elevar el precio del pan, la temperatura de un horno o la presión de un gas.* **3** Colocar a una persona en un puesto más alto o de más categoría u honor: *le quieren elevar al puesto de gerente.* **4** En matemáticas, multiplicar un número por sí mismo cierta cantidad de veces: *si elevas 2 al cubo, el resultado es 8.* ◊ v. prnl. **5 elevarse** Alcanzar gran altura, especialmente una torre, un árbol, una montaña u otra cosa parecida: *el Everest se eleva por encima de los 8000 metros.* SIN empinarse.

elidir v. tr. **1** Suprimir la vocal con que acaba una palabra cuando la siguiente empieza por vocal: *en la contracción del, por de el, se ha elidido la vocal de la preposición.* **2** Suprimir una palabra de una oración cuando se sobrentiende: *en español es corriente elidir el sujeto de la oración, como en dije que sí o vino en su coche.*

DER elisión.

eliminación n. f. **1** Desaparición o supresión: *la eliminación de la enfermedad; la eliminación del dolor.* **2** Exclusión o alejamiento de una persona o cosa de un grupo o asunto: *eliminación de la competición; hallamos la respuesta mediante un proceso de eliminación.* SIN exclusión. **3** MAT. Desaparición de la incógnita de una ecuación mediante el cálculo: *realizarás la eliminación de la incógnita aplicando una sencilla operación.* **4** Expulsión de una sustancia del organismo: *en la piel hay unas glándulas que se encargan de la eliminación del sudor.*

eliminar v. tr. **1** Hacer desaparecer: *he comprado un detergente muy efectivo que elimina todas las manchas.* SIN quitar. **2** Excluir o apartar a una persona de un grupo o asunto: *la policía lo eliminó de la lista de sospechosos.* **3** Dejar fuera de una competición deportiva, de un campeonato o de un concurso: *los equipos que llegan a la final han eliminado antes a muchos competidores.* **4** Expulsar del organismo una sustancia: *con la orina se eliminan agua, ácido úrico, amoníaco y otras sustancias.* **5** Matar a una persona o a un animal: *los insecticidas eliminan a los mosquitos.*

DER eliminación, eliminatoria, eliminatorio.

eliminatoria n. f. Parte de una competición deportiva o concurso en la que una persona o equipo compite contra otro para decidir cuál de ellos pasará a la siguiente etapa: *los candidatos tendrán que superar una eliminatoria para poder concursar.*

eliminatorio, -ria adj. Que elimina o sirve para eliminar: *los evaluaciones son exámenes eliminatorios, de forma que si los vas aprobando, vas eliminando materias y no tienes que presentarte al examen final.*

elipse n. f. Figura geométrica curva, cerrada y plana, con dos ejes diferentes que forman ángulo recto: *la órbita de la Tierra alrededor del Sol es una elipse.* SIN óvalo.

DER elipsoide, elíptico.

elipsis n. f. Supresión de una o más palabras de una frase sin que por ello se pierda el sentido: *si dices María se va a París; yo, a Londres has hecho una elipsis: has suprimido me voy, pero la frase se entiende.*

OBS El plural también es *elipsis*.

elíptico, -ca adj. **1** De la elipse o parecido a ella: *la órbita de la Tierra alrededor del Sol es elíptica.* **2** De la elipsis o que contiene una elipsis: *en la frase voy a veranear a la playa, el sujeto yo es elíptico: no se dice, pero se sobrentiende.*

elisión n. f. Supresión de la vocal con que acaba una palabra cuando la siguiente empieza por vocal: *en la contracción al, por a el, ha habido elisión de la vocal del determinante.*

élite o **elite** n. f. Grupo escogido de personas que destacan en un campo o una actividad: *a la celebración asistió la élite de la clase política española; tropa de élite.*

DER elitismo.

OBS La Real Academia Española sólo admite *elite*, pero se usa frecuentemente la forma *élite*.

elitismo n. m. Sistema que favorece a una élite o la aparición de élites en perjuicio de otros grupos sociales: *todos se quejaban del elitismo que practicaban los miembros del gobierno.*

DER elitista.

elitista *adj./n. com.* De la élite o el elitismo o que tiene relación con ellos: *los colegios elitistas son sólo para una minoría que puede permitirse pagarlos.*

élitro *n. m.* Ala anterior muy dura que en número de dos tienen algunos insectos, como los coleópteros, y que sirve para proteger otro par de alas más finas y flexibles.

elixir *n. m.* **1** Líquido compuesto de sustancias medicinales, generalmente disueltas en alcohol: *hay elixires que desinfectan la boca.* **2** Medicamento o remedio que tiene un poder mágico para curar, mejorar o preservar de algo: *los alquimistas buscaban el elixir de la eterna juventud.*

ella *pron. pers.* Forma del pronombre de tercera persona en género femenino y número singular que hace la función de sujeto, de predicado nominal o de complemento precedido de preposición.
  OBS Véase *él*, *ella*.

elle *n. f.* Nombre del dígrafo *ll*: *la palabra* llave *comienza con* elle.

ello *pron. pers.* Forma del pronombre de tercera persona en género neutro y número singular que hace la función de sujeto, de predicado nominal o de complemento precedido de preposición: *discutieron hace unos años, por ello ahora no se hablan.*
  OBS No tiene plural.

elocución *n. f.* Manera de hablar que tiene una persona: *si tienes una elocución clara, te explicarás muy bien.*

elocuencia *n. f.* **1** Capacidad de hablar bien, de decir las cosas de manera correcta y efectiva para convencer al público: *el orador asombró a todos con su elocuencia.* **2** Eficacia para convencer o conmover que tienen las palabras, gestos, ademanes, unas imágenes o cualquier cosa capaz de comunicar algo: *la elocuencia de aquellas imágenes conmovió a los espectadores.*

elocuente *adj.* **1** Que explica muy bien las cosas, que convence a las personas que lo escuchan: *un político ha de ser elocuente.* **2** Que significa o da a entender una cosa: *su silencio me pareció bastante elocuente.* **SIN** significativo.
  DER elocución, elocuencia.
  ETIM Véase *locuaz*.

elogiar *v. tr.* Alabar o mostrar admiración por una persona o cosa; hacer un elogio: *el muchacho fue elogiado por su buena acción.* **SIN** enaltecer, encomiar, ensalzar. **ANT** criticar.
  OBS En su conjugación, la *i* no se acentúa, como en *cambiar*.

elogio *n. m.* Expresión o discurso con que se alaba o se muestra admiración y reconocimiento: *una buena película recibe los elogios de los críticos de cine.* **SIN** alabanza, encomio. **ANT** crítica.
  DER elogiar, elogioso.

elogioso, -sa *adj.* Que elogia o contiene elogios: *palabras elogiosas.*

elucubración *n. f.* **1** Pensamiento o reflexión sobre algo conseguido tras un intenso trabajo intelectual: *sus elucubraciones eran producto de noches sin dormir.* **SIN** lucubración. **2** Hipótesis o especulación no fundamentada y producto de la imaginación: *pon los pies en la tierra y déjate de elucubraciones.* **SIN** lucubración.
  OBS La Real Academia Española admite *elucubración*, pero prefiere la forma *lucubración.*

elucubrar *v. tr./intr.* **1** Pensar con intensidad sobre un determinado problema para establecer conclusiones y soluciones: *los pensadores de la Antigüedad elucubraron durante siglos sobre el origen del universo.* **SIN** lucubrar, meditar. **2** Especular o imaginar cosas sin tener mucho fundamento: *le gusta elucubrar qué haría si fuese ministro.* **SIN** lucubrar.
  DER elucubración.
  OBS La Real Academia Española admite *elucubrar*, pero prefiere la forma *lucubrar.*

eludir *v. tr.* Evitar una cosa con habilidad o por medio de alguna trampa: *algunas personas eluden pagar los impuestos; se puede eludir a la justicia o una respuesta.*
  DER ineludible.

emanación *n. f.* **1** Salida o desprendimiento de un olor, un vapor o una radiación: *emanaciones de gas.* **2** Procedencia, origen o principio.

emanar *v. intr.* **1** Proceder una cosa de otra, tener su origen: *las leyes emanan del gobierno.* ◇ *v. intr./tr.* **2** Salir o desprenderse un olor, un vapor o una radiación de un cuerpo o de un objeto: *de las flores emanan muchos olores; los jazmines del jardín emanaban un suave aroma.* **SIN** despedir.
  DER emanación, emanantismo.

emancipación *n. f.* Liberación de una o más personas respecto de un poder, una autoridad o cualquier otro tipo de subordinación o dependencia: *la emancipación de los esclavos; la emancipación de la mujer.*

emancipar *v. tr./prnl.* Liberar respecto de un poder, una autoridad, una tutela o cualquier otro tipo de subordinación o dependencia: *muchos países han emancipado a sus colonias, les han dado la independencia; los jóvenes quieren emanciparse.* **SIN** independizar.
  DER emancipación.

embadurnar *v. tr./prnl.* Extender una sustancia espesa o pegajosa sobre una superficie, o cubrirla con ella: *el niño se ha embadurnado toda la cara y el pelo con mantequilla; unos gamberros han embadurnado las paredes con graffiti.*

embajada *n. f.* **1** Lugar u oficina en la que se encuentra la representación del gobierno de un país en un estado extranjero: *fue a solicitar información a la embajada francesa; en esta calle hay tres embajadas.* **2** Cargo de embajador: *le han propuesto varias embajadas, y él ha elegido la de Marruecos.*
  DER embajador.

embajador, -ra *n. m. y f.* Persona autorizada oficialmente para representar al gobierno de su país en un estado extranjero de modo permanente: *hoy presentarán sus credenciales ante el rey los embajadores de Noruega, Suecia y Finlandia.*

embalaje *n. m.* **1** Caja o cualquier envoltura con que se protege un objeto que se va a transportar: *los embalajes más habituales son de cartón o plástico.* **2** Empaquetado o colocación de un objeto dentro de una caja para transportarlo con seguridad: *el embalaje de las obras de arte es una tarea complicada.* **ANT** desembalaje.

embalar *v. tr.* **1** Envolver un objeto o ponerlo en una caja para transportarlo con seguridad: *los objetos de cerámica y de vidrio se han de embalar con paja o cartón.* **ANT** desembalar. ◇ *v. tr./prnl.* **2** Aumentar la velocidad: *cuando hay una cuesta, la bicicleta se embala.* **SIN** acelerar. ◇ *v. prnl.* **3** embalarse Animarse una persona a hablar y decir muchas cosas sin parar: *no te embales y empieza a contar lo que pasó con calma.* Son derivados de *embalar*, 'envolver'.
  DER embalaje; desembalar.

embaldosar *v. tr.* Cubrir el suelo o las paredes de una habitación o de un recinto con baldosas: *los albañiles están embaldosando el suelo del chalé.*
  DER embaldosado.

embalsamar *v. tr.* Tratar un cadáver con determinadas sustancias o realizando en él diversas operaciones para evitar que se corrompa: *los antiguos egipcios embalsamaban los cadáveres de sus faraones.*

embalsar *v. tr./prnl.* Recoger el agua en un embalse o en

un hueco del terreno: *las compañías eléctricas embalsan el agua de los ríos para producir electricidad*; *si llueve mucho, se embalsa mucha agua en los pantanos*.
DER embalse; desembalsar.

embalse *n. m.* Lago artificial en el que se acumulan las aguas de un río para aprovecharlas mejor: *los embalses suelen estar cerrados por un dique o presa*; *en España hay muchos embalses*. **SIN** pantano, presa.

embarazada *adj./n. f.* [mujer] Que está preñada, que espera un hijo: *en los últimos meses, las embarazadas reciben unos cursos de preparación para el parto*.

embarazar *v. tr.* **1** Dejar un hombre embarazada a una mujer: *después de varios años de matrimonio, don Miguel consiguió embarazar a su mujer y estaban muy felices esperando al bebé*. ◇ *v. tr./prnl.* **2** Hacer que alguien se sienta incómodo o avergonzado: *consiguió embarazar a todo el mundo con sus comentarios*. **SIN** violentar.
OBS En su conjugación, la *z* se convierte en *c* delante de *e*.

embarazo *n. m.* **1** Estado en que se encuentra la mujer embarazada: *un embarazo dura nueve meses*. **2** Sensación de incomodidad o vergüenza que experimenta una persona en una situación determinada: *cuando él hizo aquellos comentarios tan impropios, ella enrojeció con embarazo*. **SIN** violencia.
DER embarazoso.

embarazoso, -sa *adj.* Que hace sentir incómodo o avergonzado: *una situación embarazosa*; *un comentario embarazoso*; *el momento más embarazoso fue cuando traté de presentarla y no pude acordarme de cómo se llamaba*.

embarcación *n. f.* Construcción con el fondo cóncavo que navega movida generalmente por el viento o por un motor; sirve para transportar personas y cosas por el mar, un lago o un río: *en el puerto se pueden ver muy diversas embarcaciones*; *llegaron a la costa en una embarcación pesquera*.
DER embarcadero, embarcar.

embarcadero *n. m.* Lugar destinado al embarque de mercancías y personas: *fueron al embarcadero para subir a bordo*; *acercaron el embarcadero para que los pasajeros entraran en el barco*.

embarcar *v. tr./intr./prnl.* **1** Subir o introducir personas o mercancías en un barco o avión para viajar: *los pasajeros para el vuelo con destino a Londres embarquen por la puerta número ocho*; *embarcamos en La Coruña para un crucero por las Azores*. **ANT** desembarcar. ◇ *v. tr./prnl.* **2** Hacer que una persona participe o entre en una empresa difícil o peligrosa: *me ha embarcado en un negocio peligroso*.
DER embarco, embarque; desembarcar.
OBS En su conjugación, la *c* se convierte en *qu* delante de *e*.

embargar *v. tr.* **1** Retener un bien por orden de una autoridad judicial o administrativa, con el fin de responder de una deuda o de la responsabilidad de un delito: *a una persona que no paga sus deudas le pueden embargar la casa*. **2** Hacer que una persona sea incapaz de actuar o pensar: *embargada de emoción, no pudo hablar durante varios minutos*.
DER embargo; desembargar.
OBS En su conjugación, la *g* se convierte en *gu* delante de *e*.

embargo *n. m.* **1** Retención de bienes por orden de una autoridad judicial o administrativa, con el fin de responder de una deuda o de la responsabilidad de un delito: *se ha procedido al embargo de todas sus posesiones*. **2** Prohibición de comerciar y transportar una cosa, especialmente armas: *el embargo que la Unión Europea ha impuesto a la carne de vacuno procedente del Reino Unido causará muchas pérdidas a los ganaderos británicos*.

sin embargo Indica oposición; expresa valor adversativo: *no tengo mucho apetito*; *sin embargo, probaré esos canapés*.

embarque *n. m.* Subida o entrada de personas o mercancías en un barco, avión o tren para su transporte: *el embarque de los pasajeros tendrá lugar dentro de diez minutos*.
ANT desembarque.

embarrancar *v. intr./prnl.* Quedar sin movimiento una embarcación al tropezar con arena o piedras: *el barco embarrancó en la playa*. **SIN** encallar. **ANT** desembarrancar.
DER desembarrancar.
OBS En su conjugación, la *c* se convierte en *qu* delante de *e*.

embarrar *v. tr./prnl.* Llenar o cubrir de barro: *las últimas lluvias han embarrado el camino*.

embarullar *v. tr./prnl.* **1** Hacer que un asunto o una situación sea o resulte más complicado de lo normal: *con lo fácil que era llegar a un acuerdo, y tú lo has embarullado todo*. **SIN** embrollar, liar. ◇ *v. prnl.* **2** **embarullarse** Hablar de manera poco clara, mezclando las palabras o dejando las cosas a medio decir: *me puse nervioso y me embarullé totalmente*. **SIN** embrollarse.

embate *n. m.* **1** Golpe fuerte dado por las olas del mar o por el viento contra las rocas o contra una embarcación: *los embates del mar pueden hacer volcar una embarcación*. **2** Ataque fuerte y rápido: *al segundo embate lo derribó del caballo*.

embaucar *v. tr.* Engañar a una persona aprovechándose de su falta de experiencia o de su ingenuidad: *el estafador lo embaucó con sus buenas palabras*.
DER embaucador.
OBS En su conjugación, la *c* se convierte en *qu* delante de *e*.

embeber *v. tr.* **1** Absorber un cuerpo sólido algún líquido: *la esponja embebe el agua*. **2** Llenar un cuerpo con algún líquido, empaparlo: *embeber una esponja en vinagre*. ◇ *v. intr./prnl.* **3** Encogerse: *la lana embebe al lavarse*.

embelesar *v. tr./prnl.* Causar o sentir placer, admiración o sorpresa tan grandes que hagan olvidar todo lo demás: *se embelesa cada vez que recuerda la entrega del premio*.
SIN abobar, embobar.

embeleso *n. m.* **1** Estado de la persona que siente un placer o admiración tan intenso por algo, que no puede apartar la atención de ello. **SIN** arrobamiento, éxtasis. **2** Cosa que embelesa.
DER embelesar.

embellecedor *n. m.* Pieza que se coloca sobre una superficie para cubrirla y adornarla: *se ha caído el embellecedor de una de las ruedas del coche*.

embellecer *v. tr./prnl.* Hacer que una persona o cosa sea más bella: *si ponemos flores en la terraza, la embelleceremos*.
ANT afear.
DER embellecedor, embellecimiento.
OBS En su conjugación, la *c* se convierte en *zc* delante de *a* y *o*, como en *agradecer*.

embellecimiento *n. m.* Acción que consiste en hacer que una persona o cosa sea más bella: *los parques contribuyen al embellecimiento de la ciudad*.

embestida *n. f.* Ataque impetuoso y violento: *la embestida del toro*.

embestir *v. tr./intr.* Lanzarse de manera violenta contra una persona o cosa, especialmente un animal: *el toro era manso y por eso no embestía*; *el buque embistió al pesquero a causa de la niebla*.
DER embestida.
OBS En su conjugación, la *e* se convierte en *i* en algunos tiempos y personas, como en *servir*.

emblanquecer *v. tr./prnl.* Poner blanca o más blanca una cosa: *hemos comprado lejía para emblanquecer las sábanas*. **SIN** blanquear, blanquecer. **ANT** ennegrecer.
OBS En su conjugación, la *c* se convierte en *zc* delante de *a* y *o*, como en *agradecer*.

emblema *n. m.* **1** Figura o símbolo acompañado de un texto que explica su significado y que representa a una persona o grupo: *en el papel de la carta aparece el emblema de la familia real*. **2** Objeto que se usa para representar una idea, un lugar, una persona o un grupo de personas: *la balanza es el emblema de la justicia; el emblema de Luis XIV de Francia era el sol*.
DER emblemático.

emblemático, -ca *adj.* **1** Del emblema o que tiene relación con él: *una espada es emblemática del poder obtenido por medio de la violencia*. **2** [cosa] Que es característico de un lugar o de un grupo de personas: *los concursos de talar troncos son emblemáticos del País Vasco*.

embobar *v. tr./prnl.* Causar o sentir placer, admiración o sorpresa tan grandes que hagan olvidar todo lo demás: *su habilidad para manejar las cartas embobaba al público*. **SIN** abobar, embelesar.
DER embobamiento.

embocadura *n. f.* **1** Lugar por donde los buques pueden penetrar en un río, en un puerto o en un canal. **2** Pieza pequeña y hueca que se adapta al tubo de varios instrumentos musicales de viento y que sirve para producir el sonido al soplar por ella. **SIN** boquilla. **3** Gusto o sabor de un vino.

embolado *n. m.* **1** Problema o situación difícil de resolver: *en menudo embolado me he metido*. **2** Engaño, mentira: *cuenta unos embolados increíbles*.

embolia *n. f.* MED. Obstrucción de una vena o una arteria producida por un cuerpo alojado en ella y que impide la circulación de la sangre: *sufrió una embolia cerebral y está en coma*.

émbolo *n. m.* **1** Pieza que está perfectamente ajustada dentro de un depósito cilíndrico y que se puede mover arriba y abajo: *las jeringuillas funcionan con un émbolo que hace entrar y salir el líquido*. **2** MED. Burbuja de aire o cuerpo extraño que, alojado en un vaso sanguíneo, impide la circulación de la sangre: *se le ha inflamado la pierna por culpa de un émbolo*.
DER embolia.

embolsarse *v. prnl.* Recibir o cobrar una cantidad de dinero, especialmente en el juego o en un negocio: *jugó al bingo y se embolsó una buena suma de dinero; con este negocio se ha embolsado unos cuantos millones de pesetas*. **ANT** desembolsar.
DER desembolsar, reembolsar.

emborrachar *v. tr./prnl.* **1** Hacer que una persona tome una cantidad excesiva de bebida alcohólica y alterar sus facultades físicas y mentales: *cuando alguien se emborracha, no sabe lo que hace*. **SIN** embriagar. ◇ *v. tr.* **2** Empapar o mojar bien un bizcocho en licor.

emborronar *v. tr.* **1** Llenar un papel de borrones: *no ha tenido cuidado y ha emborronado el examen*. **2** Escribir de prisa o con poca meditación: *—¿estás escribiendo poesía? —No, solamente estoy emborronando unos folios*.

emboscada *n. f.* Acción que consiste en esconderse para atacar por sorpresa: *en la guerra de guerrillas se preparan emboscadas al ejército*.

emboscar *v. tr./prnl.* Esconder para atacar por sorpresa: *los guerrilleros se emboscaron en el recodo del camino*.
DER emboscada.

OBS En su conjugación, la *c* se convierte en *qu* delante de *e*.

embotar *v. tr./prnl.* Debilitar los sentidos o la inteligencia: *cuando duermo muchas horas de siesta, me levanto embotado*.
DER embotamiento; desembotar.

embotellado *n. m.* Introducción de un líquido en botellas: *el embotellado suele ser una tarea automática*.

embotellamiento *n. m.* Acumulación excesiva de vehículos que impide la circulación normal por un lugar: *en las ciudades se suelen producir grandes embotellamientos*. **SIN** atasco, congestión, tapón.

embotellar *v. tr.* Introducir en botellas: *en las bodegas hay máquinas automáticas que embotellan el vino y el champán*.
DER embotellado, embotellamiento.

embozar *v. tr./prnl.* **1** Cubrir el rostro por la parte inferior hasta la nariz o hasta los ojos: *se embozó en la capa*. ◇ *v. tr.* **2** Disimular una cosa con palabras o acciones.
DER desembozar.
OBS En su conjugación, la *z* se convierte en *c* delante de *e*.

embozo *n. m.* **1** Doblez que se hace en la sábana superior de la cama por la parte que toca al rostro: *se acostó y se tapó la cara con el embozo*. **2** Parte de la capa y otras prendas de vestir que cubre la cara: *hacía frío y se tapó con el embozo hasta las orejas*. **SIN** rebozo.
DER embozar.

embragar *v. intr.* Pisar el embrague de un vehículo para cambiar de marcha.
OBS En su conjugación, la *z* se convierte en *c* delante de *e*.

embrague *n. m.* **1** Mecanismo que permite unir o separar el eje del cambio de velocidades de un vehículo al movimiento del motor: *algunos coches tienen el embrague automático*. **2** Pedal que permite accionar este mecanismo: *el embrague se pisa con el pie izquierdo*.
DER embragar; desembrague.

embriagar *v. tr./prnl.* **1** Emborrachar: *si dan mucho alcohol a una persona, la embriagan; las personas que no suelen beber se embriagan con un poco de vino*. **2** Causar un estado de excitación: *el éxito embriaga*.
DER embriagador, embriaguez.
OBS En su conjugación, la *g* se convierte en *gu* delante de *e*.

embriaguez *n. f.* **1** Estado en el que se pierde el control a causa del consumo excesivo de alcohol: *no se debe conducir en estado de embriaguez*. **SIN** borrachera. **2** Estado de excitación causado por una alegría o satisfacción: *es comprensible cierto sentimiento de embriaguez cuando se obtiene mucho éxito, pero hay que evitar que se suba a la cabeza*.

embrión *n. m.* Ser vivo en la primera etapa de su desarrollo, cuando todavía no se distinguen los órganos: *los embriones humanos están encerrados dentro del vientre de la madre y cuando tienen más de dos meses se llaman fetos*.
DER embriología, embrionario.

embrionario, -ria *adj.* **1** Del embrión o que tiene relación con él: *la fase embrionaria se inicia cuando el óvulo es fecundado*. **2** Que está empezando a formarse; que no está decidido o acabado: *el proyecto está en estado embrionario, pero pronto tomará forma*.

embrollar *v. tr./prnl.* **1** Hacer que un asunto o una situación sea o resulte más complicado de lo normal: *las personas que dicen mentiras embrollan siempre las cosas*. **SIN** embarullar, liar. **ANT** desembrollar. ◇ *v. prnl.* **2 embrollarse** Hablar de manera poco clara, mezclando las palabras o dejando las cosas a medio decir. **SIN** embarullar.
DER embrollador, embrollo; desembrollar.

embrollo *n. m.* **1** Situación complicada de difícil solución:

en menudo embrollo nos has metido; a ver cómo salimos de este embrollo. **2** Mentira, embuste: *me ha contado un embrollo.*

embrujar *v. tr.* **1** Hechizar, trastornar el juicio o la salud con prácticas mágicas: *en las películas de miedo salen casas embrujadas.* ◇ *v. tr./intr.* **2** Atraer irresistiblemente la atención, la simpatía o el amor de una persona mediante algo que le resulta física o moralmente atractivo: *Lucía tiene una mirada que embruja.* **SIN** cautivar, fascinar.
DER embrujamiento, embrujo.

embrujo *n. m.* **1** Conjunto de palabras con poder mágico que se pronuncian con el fin de dominar la voluntad de alguien o controlar los acontecimientos: *las brujas hacían embrujos.* **SIN** encantamiento, hechizo. **2** Condición de estar bajo la influencia o control de tales palabras: *cayó sobre él un embrujo y no pudo hablar en varios años.* **SIN** encantamiento, hechicería, hechizo. **3** Atracción o interés grande que produce o sufre una persona: *cautivó al público con el embrujo de su mirada.* **SIN** fascinación.

embrutecer *v. tr./prnl.* Hacer que una persona se comporte de modo poco sensible y violento: *las extremas condiciones de ese penal no hacen más que embrutecer a los presos.* **SIN** animalizar.
DER embrutecimiento.
OBS En su conjugación, la *c* se convierte en *zc* delante de *a* y *o*, como en *agradecer*.

embuchado *n. m.* Embutido, tripa de cerdo rellena de carne: *el embuchado de lomo.*

embuchar *v. tr./intr.* Meter carne picada, generalmente de cerdo y condimentada con especias, dentro de una tripa: *el chorizo y el salchichón se hacen embuchando carne en tripas de cerdo.* **SIN** embutir.
DER embuchado; desembuchar.

embudo *n. m.* Instrumento hueco en forma de cono y acabado en un tubo, que sirve para llenar una botella u otro recipiente de boca estrecha sin que el líquido se vierta: *puso el embudo en la botella para hacer pasar el vino de la garrafa sin que se derramara.* ☞ *cocina.*

embuste *n. m.* Cosa que se dice y que no es verdad: *si dices que no has ido al colegio porque has estado enfermo y en realidad has estado por ahí con tus amigos, estás diciendo un embuste.* **SIN** mentira, trola.
DER embustero.

embustero, -ra *adj./n. m. y f.* [persona] Que dice embustes o mentiras: *anda, cállate y no seas tan embustero.* **SIN** mentiroso.

embutido *n. m.* Tripa de cerdo o funda alargada de otro material rellena de carne picada, generalmente de cerdo, condimentada con especias: *hay embutidos muy diferentes, como el chorizo, el salchichón, la mortadela y la butifarra.* **SIN** embuchado.

embutir *v. tr.* **1** Meter carne picada, generalmente de cerdo y condimentada con especias, dentro de una tripa: *es dueño de una industria en la que se embuten carnes condimentadas.* **SIN** embuchar. **2** Meter una cosa dentro de un espacio apretándola: *ha embutido demasiada lana en la almohada.*
DER embutido.

eme *n. f.* Nombre de la letra *m*: *la palabra* mamífero *comienza por eme.*

emergencia *n. f.* Asunto que se debe solucionar con mucha rapidez, sin perder tiempo: *los bomberos siempre están preparados por si se presenta una emergencia.* **SIN** urgencia.

emerger *v. intr.* Salir una cosa de dentro del agua o de otro líquido: *cuando un submarino emerge, sale a la superficie.*

ANT sumergir.
DER emergencia.
OBS En su conjugación, la *g* se convierte en *j* delante de *a* y *o*.

emérito, -ta *adj.* [profesor de universidad] Que sigue dando clases después de la jubilación, en reconocimiento a sus méritos: *el catedrático emérito dio una conferencia en los cursos de verano.*

-emia Elemento sufijal que entra en la formación de palabras con el significado de 'sangre': *anemia, glucemia.*

emigración *n. f.* Movimiento de población por el cual se deja el país de origen para establecerse en otro de modo permanente: *es habitual la emigración desde las zonas pobres a las ricas.* **SIN** éxodo, migración. **ANT** inmigración.

emigrado, -da *adj./n. m. y f.* [persona] Que vive en un país o región que no es el suyo propio de origen: *algunos emigrados procedían de países nórdicos.*

emigrante *n. com.* Persona que deja su lugar de origen para establecerse en otro país o región de modo permanente: *en los años sesenta había en Alemania muchos emigrantes de origen español.* **ANT** inmigrante.

emigrar *v. intr.* **1** Dejar el lugar de origen para establecerse en otro país o región de modo permanente: *muchos africanos intentan emigrar a España.* **SIN** migrar. **ANT** inmigrar. **2** Dejar un lugar y dirigirse a otro determinadas especies de aves, peces y otros animales: *las cigüeñas emigran en verano.* **SIN** migrar.
DER emigración, emigrado, emigrante, emigratorio.

emigratorio, -ria *adj.* De la emigración o que tiene relación con ella: *en la clase de geografía estudiamos los movimientos emigratorios del siglo XIX.*

eminencia *n. f.* **1** Persona que es muy sabia y destaca mucho en el campo científico o artístico: *Marie Curie fue una eminencia de la física.* **2** Título que se da a los cardenales y otras personas importantes de la Iglesia: *pidió una entrevista a su eminencia el cardenal.*

eminente *adj.* [persona] Que es muy importante por sus méritos o por sus conocimientos en una ciencia o profesión: *Mozart y Beethoven son músicos eminentes; un científico eminente.*
DER eminencia, eminentísimo; preeminente.

eminentísimo, -ma *adj.* Superlativo de *eminente.* Se aplica como tratamiento a los cardenales.

emir *n. m.* Príncipe o jefe político y militar en algunos países árabes: *el emir de Kuwait.*
DER emirato.

emirato *n. m.* **1** Territorio que gobierna un emir: *el emirato de Kuwait.* **2** Título o cargo del emir. **3** Período de tiempo en que gobierna un emir: *durante su emirato se realizaron muchas obras.*

emisario, -ria *n. m. y f.* Persona que es enviada a un lugar para llevar un mensaje o tratar un asunto: *el ministro de Asuntos Exteriores ha viajado a China en una visita de tres días como emisario personal del presidente.*

emisión *n. f.* **1** Salida o expulsión de algo hacia el exterior: *el uso generalizado de gas natural traerá consigo una reducción en las emisiones de dióxido de carbono.* **2** Lanzamiento de ondas hertzianas que transmiten sonidos e imágenes: *pondrán la película en la emisión de las diez de la noche.* **3** Puesta en circulación de billetes de banco, monedas u otros valores: *la prensa ha anunciado la emisión de unos nuevos billetes de mil pesetas.*
DER emisivo.

emisor, -ra *adj.* **1** Que emite o envía hacia fuera: *un foco*

emisora

es un aparato emisor de luz. ◇ n. m. y f. **2** Persona que emite el mensaje en el acto de la comunicación: *el emisor envía el mensaje y lo recibe el receptor.* **ANT** receptor. ☞ comunicación. ◇ n. m. **3** Aparato que permite enviar mensajes a distancia a través de ondas hertzianas: *el emisor de la radio del avión se estropeó durante la tormenta.*

emisora *n. f.* Conjunto de aparatos e instalaciones que permiten enviar a distancia música, palabras e imágenes mediante ondas hertzianas: *hay emisoras de radio y de televisión.*

emitir *v. tr.* **1** Producir y echar hacia fuera una cosa: *el Sol emite rayos luminosos; una estufa es un aparato que emite calor.* **2** Lanzar ondas que transmiten sonidos e imágenes: *algunas radios emiten durante todo el día; esta cadena de televisión emite su programación desde Madrid.* **3** Poner en circulación billetes de banco, monedas u otros valores: *el Banco de España ha emitido una nueva serie de billetes.* **4** Expresar o manifestar una opinión, un juicio o un voto: *hay periódicos que sólo emiten la opinión de un partido político.*
DER emisario, emisión, emisor.

emmenthal *n. m.* Queso de leche de vaca, de color amarillo pálido, pasta dura y grandes agujeros, originario de Suiza.

emoción *n. f.* Sentimiento muy fuerte de alegría, placer, tristeza o dolor: *mis padres asistieron a mi boda llenos de emoción; anunció su dimisión con una voz cargada de emoción.*
DER emocional, emocionar, emotivo.

emocional *adj.* **1** De la emoción o que tiene relación con los sentimientos: *mi médico me ha dicho que mi problema es más emocional que físico; ambos padres deben tener responsabilidad en las necesidades emocionales de sus hijos.* **SIN** emotivo. **2** [persona] Que se deja llevar por las emociones: *es una persona tan emocional, que rara vez considera las consecuencias de sus acciones.*

emocionante *adj.* **1** Que causa emoción: *el encuentro entre padre e hijo fue muy emocionante.* **SIN** conmovedor, emotivo. **2** Que tiene una emoción o interés especial: *el final de la carrera ciclista fue muy emocionante.* **SIN** apasionante, excitante.

emocionar *v. tr./prnl.* Producir una emoción intensa: *no se esperaba aquel recibimiento y se emocionó; algunas personas se emocionan mucho con las películas románticas.* **SIN** conmover.
DER emocionante.

emolumento *n. m.* Pago que se da a un profesional o a un operario por un servicio o un trabajo: *el abogado nos ha reclamado sus emolumentos.*

emotividad *n. f.* **1** Capacidad de experimentar emociones o sentimientos: *el enfermo tiene dañada su emotividad.* **2** Capacidad de una cosa para causar emoción: *la despedida estuvo llena de emotividad.*

emotivo, -va *adj.* **1** De la emoción o que tiene relación con los sentimientos: *el enfermo tiene alterada su capacidad emotiva.* **SIN** emocional. **2** Que causa emoción: *unas palabras muy emotivas; una escena muy emotiva.* **SIN** conmovedor, emocionante. **3** [persona] Que se emociona fácilmente y lo expresa: *es una mujer muy emotiva y siempre llora en las despedidas.*
DER emotividad.

empachar *v. tr./prnl.* **1** Causar una alteración del aparato digestivo por comer en exceso: *los dulces empachan si se comen demasiados.* **SIN** indigestarse. ◇ *v. tr./prnl.* **2** Cansar o hartar: *esta chica me empacha con sus estúpidos comentarios.*
DER empacho.

empacho *n. m.* **1** Alteración del aparato digestivo causada por una comida excesiva: *comió demasiadas ciruelas y ahora está en la cama con empacho.* **SIN** indigestión. **2** Cansancio o aburrimiento: *tengo empacho de leer tantas horas seguidas.*

empadronamiento *n. m.* Inscripción de una persona en el padrón o registro de los habitantes de una población.

empadronar *v. tr./prnl.* Inscribir a una persona en el padrón o registro en el que constan los habitantes de una población: *si no estamos empadronados, no podemos votar en las elecciones.* **SIN** censar.
DER empadronamiento.

empalagar *v. tr./intr.* **1** Cansar un alimento por ser demasiado dulce o pesado: *la nata me empalaga mucho.* **2** Cansar o aburrir una persona por ser excesivamente amable o cariñosa: *esta chica tan dulce y cariñosa me empalaga un poco.*
DER empalagoso.
OBS En su conjugación, la g se convierte en gu delante de e.

empalagoso, -sa *adj.* **1** [alimento] Que cansa por ser demasiado dulce o pesado: *esta tarta está buena, pero resulta un poco empalagosa.* **2** [persona] Que cansa o aburre por ser excesivamente amable o cariñosa: *deja de besarme, no seas tan empalagoso.*

empalar *v. tr.* Atravesar a una persona o animal con un palo, introduciéndoselo por el ano: *en la Edad Media se empalaba a muchos condenados.*

empalizada *n. f.* Valla hecha con palos o estacas clavados en el suelo y que sirve como defensa o para impedir el paso: *el fortín estaba rodeado de una empalizada.*

empalmar *v. tr.* **1** Unir dos cosas por sus extremos: *el electricista ha estado empalmando los cables de la luz.* ◇ *v. tr./intr.* **2** Relacionar o unir una idea con otra: *la idea anterior empalma con la que expondré a continuación.* **SIN** encadenar, engarzar, enlazar. ◇ *v. intr.* **3** Combinarse o unirse un medio de transporte con otro: *esta línea de metro empalma con varios autobuses.* **SIN** enlazar. ◇ *v. prnl.* **4** empalmarse *malsonante* Excitarse sexualmente un hombre o un animal macho, con erección del pene.
DER empalme; desempalmar.

empalme *n. m.* Unión de dos cosas por sus extremos: *la instalación eléctrica no funciona porque no están bien hechos los empalmes.*

empanada *n. f.* **1** Masa de harina cocida al horno y rellena de carne, pescado u otros alimentos: *la empanada gallega; esta empanada lleva atún, tomate, cebolla y pimiento.* **2** *coloquial* Confusión de ideas: *como sólo he estudiado la tarde antes del examen, ahora tengo una empanada mental increíble.*
DER empanadilla.

empanadilla *n. f.* Pastel pequeño relleno de carne, pescado u otro alimento, que se hace doblando un trozo de masa de harina sobre sí misma y friéndolo después: *esta empanadilla lleva un relleno de huevo cocido, tomate y bonito; de comida hay croquetas y empanadillas.*

empanar *v. tr.* Rebozar un alimento con pan rallado antes de freírlo: *voy a empanar unos filetes de cerdo.*
DER empanada.

empantanar *v. tr./prnl.* **1** Llenar de agua y barro un terreno: *las fuertes lluvias han empantanado los campos.* **2** Dejar una cosa, asunto o trabajo sin acabar: *el albañil se fue de vacaciones y me ha dejado empantanada la cocina.*

empañar *v. tr./prnl.* **1** Cubrir un cristal de vaho: *no puedo ver nada, los cristales están empañados.* **2** Cubrir los ojos de lágrimas: *al oír la triste noticia se me empañaron los ojos.* **3** Perder la buena fama o el mérito: *semejante escándalo empañó su buen nombre.*

DER desempañar.

empapar *v. tr./prnl.* **1** Mojar completamente, llegando la humedad hasta el interior: *la lluvia ha empapado la tierra; como no llevaba paraguas, me he empapado.* **SIN** calar, impregnar. **2** Absorber y retener un líquido: *la esponja empapa el agua.* ◇ *v. prnl.* **3 empaparse** Quedarse bien enterado de una cosa; aprenderla o comprenderla bien: *le gusta empaparse bien de las vidas y milagros de los demás.*

empapelar *v. tr.* **1** Cubrir con papel pintado una o más paredes: *algunas habitaciones quedan mejor empapeladas que pintadas.* **2** Someter a una persona a un proceso judicial o abrirle un expediente: *lo empapelaron por estafador.*
DER empapelado; desempapelar.

empaque *n. m.* Distinción y buena presencia: *se le nota que es una persona aristocrática y refinada, no hay más que ver su empaque.*

empaquetar *v. tr.* Envolver una cosa o preparar con ella un paquete para que no se estropee durante su transporte: *han empaquetado los libros para enviarlos por correo; en las fábricas hay máquinas que empaquetan automáticamente.*
ANT desempaquetar.

emparedado *n. m.* Bocadillo hecho con dos rebanadas de pan de molde entre las que se pone algún alimento: *un emparedado de jamón y queso.* **SIN** sándwich.

emparedar *v. tr.* Encerrar a una persona entre paredes impidiéndole la comunicación con el exterior: *antiguamente mataban a la gente emparedándola.*
DER emparedado.

emparejar *v. tr./prnl.* **1** Unir formando pareja: *emparejó a los dos perros para que criaran; la agencia matrimonial emparejó a José con Magdalena.* ◇ *v. tr.* **2** Poner dos o más cosas al mismo nivel: *empareja las mesas; ¿no ves que una está más alta que la otra?*

emparentar *v. intr.* Establecer una relación de parentesco con una o más personas a través del matrimonio: *cuando una persona se casa, emparenta con la familia de la mujer o del marido.*
OBS En su conjugación, la e se convierte en ie en sílaba acentuada, como en *acertar*.

emparrado *n. m.* **1** Conjunto de los tallos y las hojas de una o más parras que, sostenidos por un armazón, forman una cubierta. **2** *coloquial* Peinado de los hombres para encubrir, con el pelo de los lados de la cabeza, la calvicie de la parte superior.

empastar *v. tr.* **1** Cubrir con una pasta especial el hueco que ha dejado la caries en un diente o una muela: *el dentista me ha empastado una muela que tenía picada.* **2** Cubrir o llenar una cosa con pasta: *antes de pintar una pared se han de empastar los agujeros que haya.*
DER empaste.

empaste *n. m.* **1** Relleno de los huecos producidos por la caries en dientes y muelas: *los empastes son caros.* **2** Pasta con la que se llena el hueco que deja la caries en dientes o muelas: *se me ha caído el empaste.*

empatar *v. tr./intr.* Tener el mismo número de puntos, de goles o de votos que otro jugador, otro equipo u otro partido político: *cuando dos equipos empatan, ninguno de los dos gana.* **ANT** desempatar.
DER empate; desempatar.

empate *n. m.* Obtención del mismo número de puntos, de goles o de votos por parte de dos jugadores, dos equipos o dos partidos políticos: *el partido de fútbol terminó con un empate; el resultado de la votación ha sido un empate.*
ANT desempate.

empecinamiento *n. m.* Actitud del que se mantiene excesivamente firme en sus ideas, intenciones u opiniones. **SIN** cerrazón, obstinación.

empecinarse *v. prnl.* Mantenerse firme en una idea, opinión o propósito: *hay quien se empecina en votar a un partido aunque vea que gobierna muy mal.* **SIN** obcecar, obstinarse.

empedernido, -da *adj.* [persona] Que no puede abandonar un mal hábito o una mala costumbre: *un bebedor, un fumador empedernido.*

empedrado *n. m.* Suelo cubierto de piedras.

empedrar *v. tr.* Cubrir el suelo con piedras, ajustándolas entre sí: *antiguamente, las calles se empedraban.* **ANT** desempedrar.
DER empedrado; desempedrar.
OBS En su conjugación, la e se convierte en ie en sílaba acentuada, como en *acertar*.

empeine *n. m.* Parte superior del pie que va desde los dedos hasta la unión con la pierna: *estos zapatos me quedan bien, pero me aprietan un poco en el empeine.* ☞ pie.

empellón *n. m.* Empujón fuerte que se da con el cuerpo.

empeñar *v. tr.* **1** Entregar una joya u otra cosa de valor a cambio de una cantidad de dinero: *las cosas que se empeñan se recuperan cuando se devuelve el dinero que se ha tomado prestado.* **2** Comprometer el honor o la palabra como prueba de que se cumplirá lo que se ha prometido: *en esta empresa empeño mi palabra y mi honor.* ◇ *v. prnl.* **3 empeñarse** Contraer una persona abundantes deudas: *me he empeñado para comprar el coche.* **SIN** endeudarse, entramparse. **4** Proponerse una cosa e intentarla con fuerza; insistir repetidamente: *se ha empeñado en comprarse un piso en el centro de Madrid y no parará hasta conseguirlo.*
DER empeñado, empeño; desempeñar.

empeño *n. m.* **1** Deseo intenso por realizar o conseguir algo; aspiración máxima: *su mayor empeño es acabar sus estudios.* **2** Esfuerzo, cuidado o interés: *pone mucho empeño en todo lo que hace.* **3** Intento o propósito de hacer una cosa: *en su empeño, perdió todo cuanto tenía.*

empeoramiento *n. m.* Cambio para peor: *el enfermo ha experimentado un empeoramiento; se espera un empeoramiento del tiempo en las próximas horas.*

empeorar *v. tr./intr./prnl.* Hacer que la persona o cosa que estaba mal se ponga peor: *muchas personas ancianas empeoran cuando hace frío; si la situación de una empresa en crisis empeora, tendrá que acabar cerrando.*
DER empeoramiento.

empequeñecer *v. tr./prnl.* **1** Hacer más pequeño o menos importante: *hay lentes que empequeñecen las imágenes.* **2** Quitar importancia, valor o grandeza: *el telonero empequeñeció la actuación del cantante estrella.* **ANT** enaltecer, encumbrar. ◇ *v. prnl.* **3 empequeñecerse** Sentirse poco o nada importante: *el actor sintió que se empequeñecía al oír los abucheos.*
OBS En su conjugación, la c se convierte en zc delante de a y o, como en *agradecer*.

emperador, -ratriz *n. m. y f.* **1** Persona que gobierna un imperio: *Augusto y Claudio fueron emperadores romanos.* **2** Pez marino comestible de piel áspera y con la parte superior de la boca en forma de espada: *el emperador también es denominado pez espada.* ◇ *n. f.* **3** Mujer del emperador.
ETIM Véase *imperar*.

emperifollar *v. tr./prnl.* Adornar o arreglar con cuidado o en exceso: *llevas seis horas emperifollándote, ¡vámonos ya!*

empero *conj. culto* Pero, sin embargo: *las condiciones habían mejorado; empero, no fueron aceptadas.*

emperrarse *v. prnl.* Empeñarse en hacer o en tener una cosa: *mi hijo se ha emperrado en que le compre una bicicleta, pero a mí me parece peligroso que la use en la ciudad.*

empezar *v. tr.* **1** Dar principio; hacer que una cosa exista o se haga: *el profesor empezó a hablar cuando los alumnos se callaron.* **SIN** comenzar. **2** Comenzar a usar o consumir: *papá empezó el jamón y todos comimos un poco.* ◇ *v. intr.* **3** Tener principio; pasar a existir o a hacerse: *la historia empieza con la boda del rey con la malvada bruja; hacía un día de sol y de repente empezó a llover.* **SIN** comenzar.
por algo se empieza Expresión que se utiliza para indicar que de un principio pequeño o poco importante puede hacerse algo grande: *de momento sólo tengo ahorradas cuatro mil pesetas, pero por algo se empieza.*
DER empiece.
OBS En su conjugación, la e se convierte en ie en sílaba acentuada y la z en c delante de e.

empezar	
INDICATIVO	SUBJUNTIVO
presente	presente
empiezo	empiece
empiezas	empieces
empieza	empiece
empezamos	empecemos
empezáis	empecéis
empiezan	empiecen
pretérito imperfecto	pretérito imperfecto
empezaba	empezara o empezase
empezabas	empezaras o empezases
empezaba	empezara o empezase
empezábamos	empezáramos o empezásemos
empezabais	empezarais o empezaseis
empezaban	empezaran o empezasen
pretérito indefinido	futuro
empecé	empezare
empezaste	empezares
empezó	empezare
empezamos	empezáremos
empezasteis	empezareis
empezaron	empezaren
futuro	IMPERATIVO
empezaré	
empezarás	empieza (tú)
empezará	empiece (usted)
empezaremos	empezad (vosotros)
empezaréis	empiecen (ustedes)
empezarán	
condicional	FORMAS NO PERSONALES
empezaría	
empezarías	infinitivo gerundio
empezaría	empezar empezando
empezaríamos	participio
empezaríais	empezado
empezarían	

empiece *n. m. coloquial* Comienzo, origen y principio de una cosa.

empinado, -da *adj.* [terreno, camino] Que tiene una pendiente o una cuesta muy pronunciada.
empinar *v. tr.* **1** Inclinar un recipiente, sosteniéndolo en alto, para beber: *para beber en un botijo tienes que empinarlo.* ◇ *v. prnl.* **2 empinarse** Ponerse sobre las puntas de los pies y alzarse: *como era bajita, se empinaba para ver entre la multitud.* **3** Ponerse un animal sobre las patas traseras, levantando las delanteras: *el caballo se empina al son de la música; enseñó al perro a empinarse.* **4** Adquirir mucha pendiente hacia arriba un camino o un terreno: *por esa parte, el camino se empina y cuesta mucho ascender la montaña.* **5** Alcanzar gran altura, especialmente una torre, un árbol, una montaña u otra cosa parecida: *la cumbre se empinaba sobre nuestras cabezas.* **SIN** elevarse.
empinar el codo Beber en exceso vino u otros licores: *se pasa el día metido en el bar, empinando el codo.*
DER empinado.
empingorotado, -da *adj.* [persona] Que tiene una posición social ventajosa y presume de ello: *no me siento cómodo entre gente tan empingorotada.*
empírico, -ca *adj.* Que está basado en la experiencia y en la observación de los hechos: *estudios empíricos han demostrado que algunas variedades de medicina alternativa son muy efectivas; si queremos tener un conocimiento empírico de química, hemos de hacer experimentos.*
DER empirismo.
empirismo *n. m.* Método o procedimiento basado en la experiencia y la observación de los hechos: *toda mi investigación se basa en el empirismo.*
emplasto *n. m.* **1** Trozo de tela que lleva un preparado medicinal espeso y pegajoso y que se pone en la parte exterior del cuerpo: *antiguamente, los emplastos se usaban mucho.* **2** Cosa que tiene un aspecto espeso y pegajoso: *el arroz demasiado cocido y pasado queda hecho un emplasto.*
emplazamiento *n. m.* **1** Colocación o situación en un determinado lugar: *han buscado un buen emplazamiento para el hotel: sobre una colina, mirando al mar.* **2** Aviso por el que se convoca a una persona para que acuda a un juzgado, en un día y hora determinados, para alguna diligencia: *no ha hecho caso a ninguno de los emplazamientos.* **SIN** citación.
emplazar *v. tr.* **1** Colocar o situar en un lugar determinado: *los antiguos emplazaban los castillos en lugares altos.* **2** Citar a una persona en un lugar y un momento determinados, especialmente para que acuda ante un juez: *el entrevistador emplazó a los dos entrevistados a que continuaran el debate en un futuro programa; está usted emplazado el jueves 12 en el juzgado número 1.*
DER emplazamiento; reemplazar.
OBS En su conjugación, la z se convierte en c delante de e.
empleado, -da *n. m. y f.* Persona que desempeña un trabajo a cambio de un salario: *los empleados del banco están en huelga.* **empleado de hogar** Persona que realiza trabajos domésticos o ayuda en ellos a cambio de un salario: *como trabajan los dos, han contratado a una empleada de hogar.*
SIN asistenta, chacha, sirviente.
emplear *v. tr.* **1** Usar para un fin determinado: *emplea los fines de semana para estudiar; el trabajo será más rápido si empleamos ordenadores.* **2** Dar trabajo; ocupar en una actividad: *empleó a su hijo en la fábrica.* **3** Gastar, consumir: *empleas mal el tiempo.*
DER empleado, empleo; subemplear.
empleo *n. m.* **1** Trabajo u ocupación que se realiza a cambio de un salario: *Pedro ha perdido el empleo; tiene un buen empleo.* **SIN** colocación. **2** Ocupación de una persona en

una actividad: *el Gobierno pretende poner en práctica una política de pleno empleo*. **3** Uso, utilización: *¿qué empleo tiene este cacharro?*; *modo de empleo*.
DER desempleo, pluriempleo.

empobrecer *v. tr./intr./prnl.* Hacer pobre o más pobre: *una persona se empobrece si gasta más de lo que gana*. **SIN** depauperar. **ANT** enriquecer.
DER empobrecimiento.
OBS En su conjugación, la *c* se convierte en *zc* delante de *a* y *o*, como en *agradecer*.

empobrecimiento *n. m.* Proceso en el que una cosa se hace pobre o más pobre: *la sequía ha provocado el empobrecimiento de muchos pueblos africanos*. **ANT** enriquecimiento.

empollar *v. tr./intr.* **1** Mantener el embrión contenido en un huevo a temperatura constante por medios naturales o artificiales: *la gallina empolla sus huevos*. ◇ *v. tr./intr./prnl.* **2** Estudiar mucho: *es muy estudioso, se pasa los días empollando*.
DER empollón.

empollón, -llona *adj./n. m. y f.* [persona] Que estudia mucho; especialmente, si destaca más por su aplicación que por su talento: *es una empollona, por eso saca tan buenas notas*; *los alumnos gastaron una broma al empollón de la clase*.

empolvar *v. tr./prnl.* **1** Poner polvos, especialmente en la cara: *ha ido al baño a empolvarse la nariz*. **2** Cubrir una cosa de polvo: *con este viento se han empolvado los muebles de toda la casa*. **ANT** desempolvar.
DER desempolvar.

emponzoñar *v. tr./prnl.* **1** Poner veneno en una cosa, generalmente en la comida o en la bebida; corromper una cosa añadiéndole una materia nociva para la salud: *emponzoñó la comida para asesinar a su marido*; *los residuos de las industrias emponzoñan el medio ambiente*. **SIN** envenenar. **2** Hacer que las relaciones entre las personas dejen de ser agradables y amistosas: *los cotilleos emponzoñaron la amistad que había entre ellos*. **SIN** envenenar.

emporio *n. m.* **1** Ciudad de gran riqueza comercial: *los fenicios establecieron en la península ibérica su principal emporio*. **2** Lugar de gran riqueza artística o cultural: *Atenas fue uno de los principales emporios de la Antigüedad*.

empotrar *v. tr.* **1** Meter una cosa en una pared o en el suelo, asegurándola con trabajos de albañilería: *los albañiles han empotrado el aparato de refrigeración en un hueco que han hecho en la pared de la terraza*. ◇ *v. prnl.* **2** **empotrarse** Quedarse una cosa completamente metida dentro de otra, generalmente a causa de un choque: *el conductor perdió el control y el coche se empotró en la pared*.
DER empotrado.

emprendedor, -ra *adj.* [persona] Que tiene decisión e iniciativa para realizar acciones que son difíciles o entrañan algún riesgo: *los descubridores de nuevas tierras eran gente emprendedora*.

emprender *v. tr.* Empezar a hacer alguna cosa, comenzarla; especialmente cuando exige esfuerzo y trabajo: *el presidente emprenderá hoy viaje a la zona siniestrada*; *emprender un negocio, una misión*. **SIN** acometer.
emprenderla con Mostrar una actitud hostil o poco amigable hacia una persona: *no le he dado motivos para que la emprenda conmigo*.
DER emprendedor, empresa; reemprender.

empresa *n. f.* **1** Entidad en la que intervienen el capital y el trabajo como factores de producción de actividades industriales o mercantiles o para la prestación de servicios: *la empresa ha obtenido durante el último año importantes beneficios*; *esta empresa se dedica a la producción de alimentos en conserva*. **SIN** compañía. **2** Acción o tarea que entraña esfuerzo y trabajo: *escribir una novela es empresa difícil y larga*.
DER empresariado, empresarial, empresario.

empresariado *n. m.* Conjunto de las empresas o de los empresarios de una industria, región o país.

empresarial *adj.* De la empresa, de los empresarios o que tiene relación con ellos: *la CEOE (Confederación Española de Organizaciones Empresariales) es una organización empresarial*; *ciencias empresariales*.

empresario, -ria *n. m. y f.* Persona que tiene o dirige una empresa: *los empresarios han llegado a un acuerdo con los representantes de los trabajadores*.

empréstito *n. m.* **1** Préstamo que se hace al Estado, a un organismo oficial o a una empresa: *esta empresa recurre al empréstito como medio para financiar sus actividades industriales*. **2** Cantidad de dinero prestada de esa manera: *el Estado consigue los empréstitos a través de pagarés del Tesoro*.

empujar *v. tr.* **1** Hacer fuerza contra una persona o cosa para moverla, sostenerla o rechazarla: *no me empujes, que ya me aparto*. **2** Presionar o influir sobre una persona para que haga cierta cosa: *su familia la empujaba para que se casara con él*; *las circunstancias me empujaron a dejar mi trabajo*.
DER empuje, empujón; arrempujar.

empuje *n. m.* **1** Fuerza que se hace contra una persona o cosa para moverla, sostenerla o rechazarla: *el velero aprovecha el empuje del viento para moverse*. **2** Fuerza producida por el peso de una cubierta o de un arco sobre los elementos que lo sostienen: *estos contrafuertes contrarrestan el empuje de la bóveda*. **3** Valor o decisión para hacer algo: *mi madre ha sido siempre una mujer de mucho empuje; por eso ha podido sacar adelante ella sola a una familia; sólo necesita un poco de empuje*.

empujón *n. m.* **1** Golpe fuerte que se da a una persona o cosa para moverla o apartarla: *el niño dio un empujón a su hermana y la tiró al suelo*; *pretendía abrirse paso a empujones*. **2** Avance rápido que se da a lo que se está haciendo: *ayer le dimos un buen empujón al trabajo*.

empuñadura *n. f.* Parte por la que se sujetan las armas y otros objetos: *la empuñadura de una espada*; *la empuñadura de un paraguas*.

empuñar *v. tr.* Agarrar por el puño un arma u otro objeto: *los caballeros medievales necesitaban mucha fuerza para empuñar la espada*.
DER empuñadura.

emulación *n. f.* Imitación de algo hecho por otra persona, intentando igualarlo o superarlo.

emular *v. tr.* Imitar algo hecho por otra persona, procurando igualarlo o superarlo: *los atletas quieren emular los récords de sus compañeros*.
DER emulación, émulo.

émulo, -la *adj./n. m. y f.* Que trata de emular o imitar a otro.

emulsión *n. f.* **1** Líquido que contiene sin disolverse pequeñas gotas de otro líquido: *el agua y el aceite no se mezclan, sino que forman una emulsión*. **2** Sustancia química que recubre las películas fotográficas: *la emulsión es la parte que la luz modifica cuando se fotografía*.
DER emulsionar.

emulsionar *v. tr.* Hacer que una sustancia, generalmente grasa, adquiera el estado de emulsión.

en prep. **1** Indica posición o lugar: *el Museo del Prado está en Madrid; está en el trabajo*. **2** Indica el momento en que ocurre una cosa: *sucedió en 1940; este año me iré de vacaciones en el mes de julio*. **3** Indica modo o manera, especialmente de hacer una cosa: *en broma; en serio; en voz baja; la película está en francés; vamos en tren*. **4** Indica aquello a lo que se dedica o en lo que destacan una o varias personas: *es experto en temas políticos; doctor en física; es muy bueno en deportes*. **5** Precedido y seguido de un numeral y en combinación con la preposición *de*, indica conjunto formado por un número determinado de unidades: *ese chico siempre sube los peldaños de la escalera de tres en tres*. **6** En combinación con la preposición *de*, indica sucesión de elementos: *un hombre fue de puerta en puerta intentando vender una enciclopedia*. **7** Seguido de gerundio, indica que una cosa ocurre inmediatamente antes que otra: *en llegando el maestro, todos los niños se callan*.

en- Prefijo que entra en la formación de palabras con el significado de: *a)* 'Inclusión', 'encierro': *enlatar, embotellar*. *b)* En palabras científicas significa 'dentro de': *encéfalo*.
OBS Ante *p* o *b* toma la forma *em-*.

enagua *n. f.* Prenda interior femenina que se lleva de la cintura para abajo y se pone debajo de la falda.
OBS Se usa también en plural.

enajenación *n. f.* Falta de atención a causa de un pensamiento o de una impresión fuerte: *no salió de esa enajenación hasta que su compañero le puso la mano sobre el hombro y pronunció su nombre*.
 enajenación mental Perturbación o trastorno de las facultades mentales: *la enajenación mental es una circunstancia atenuante*. **SIN** demencia, locura.

enajenado, -da *adj.* Que tiene trastornadas las facultades mentales. **SIN** loco.

enajenar *v. tr.* **1** Vender o pasar a otra persona el derecho sobre un bien: *el Estado ha enajenado una serie de terrenos*. ◇ *v. prnl.* **2** Sacar de sí a una persona, turbarle el uso de la razón o de los sentidos: *el terror lo enajenó; enajenarse por el furor*.
DER enajenación, enajenado.

enaltecer *v. tr./prnl.* **1** Dar mayor valor, grandeza u honor: *tu buena obra te enaltece*. **SIN** engrandecer, ennoblecer, ensalzar. **ANT** empequeñecer. ◇ *v. tr.* **2** Alabar, decir cosas buenas de una persona o cosa: *todos los países enaltecen a sus personalidades célebres*. **SIN** elogiar, encomiar, ensalzar.
DER enaltecimiento.
OBS En su conjugación, la *c* se convierte en *zc* delante de *a* y *o*, como en *agradecer*.

enaltecimiento *n. m.* Alabanza, elogio.

enamoradizo, -za *adj.* Que se enamora con facilidad.

enamorado, -da *adj./n. m. y f.* **1** [persona] Que siente mucho amor por una persona: *el 14 de febrero es el día de los enamorados*. **2** [persona] Que gusta mucho de una cosa determinada o es muy aficionado a ella: *soy un enamorado de París; mi hermano es un enamorado del baloncesto*.

enamoramiento *n. m.* Estado en el que se encuentra la persona que siente mucho amor por otra o por una cosa: *las tonterías que hace son propias de su estado de enamoramiento*.

enamorar *v. tr.* **1** Conseguir el amor de una persona: *todos los días le regalaba un ramo de rosas para enamorarla*. **SIN** conquistar. ◇ *v. tr./prnl.* **2** Gustar mucho de una cosa: *esta casa me enamoró nada más verla; se ha enamorado del abrigo de visón del escaparate*. ◇ *v. prnl.* **3 enamorarse** Empezar a sentir amor hacia una persona: *no sé cómo ha ocurrido, pero me he enamorado de ella*.
DER enamoradizo, enamorado, enamoramiento, enamoriscarse; desenamorar.

enamoriscarse *v. prnl.* Enamorarse superficialmente o de manera poco intensa: *parece que se ha enamoriscado de su compañera de trabajo*.
OBS En su conjugación, la *c* se convierte en *qu* delante de *e*.

enanismo *n. m.* Trastorno del crecimiento caracterizado por una estatura inferior a la que se considera normal en los individuos de la misma edad, especie y raza.

enano, -na *adj.* **1** Que es muy pequeño: *un árbol frutal enano; un perrito enano*. **SIN** diminuto. **ANT** gigante. ◇ *n. m. y f.* **2** Persona que tiene una altura mucho menor de lo normal en los individuos de la misma edad, especie y raza debido a una alteración del crecimiento: *los enanos suelen medir menos de 1,30 m los hombres y 1,20 m las mujeres*. **3** *coloquial* Niño: *me encanta contarle cuentos a los enanos*. **4** En los cuentos e historias infantiles, criatura con figura humana, de baja estatura y que suele tener poderes mágicos: *cuéntame Blancanieves y los siete enanitos*.
DER enanismo.

enarbolar *v. tr.* **1** Llevar en alto una bandera o un estandarte: *los bajeles piratas enarbolaban una bandera negra con una calavera*. **2** Llevar en alto un arma u otro objeto en actitud de amenaza: *los campesinos salieron a la calle enarbolando palos*. **3** Defender una idea o una causa: *el diplomático enarboló la causa de la paz mundial*.

enarcar *v. tr./prnl.* Dar forma de arco: *enarcó las cejas en señal de asombro*. **SIN** arquear.
OBS En su conjugación, la *c* se convierte en *qu* delante de *e*.

enardecer *v. tr./prnl.* Excitar o avivar una pasión, pugna o disputa: *el público enardece a los futbolistas durante el partido; los ánimos se enardecieron y todos empezaron a gritar*. **SIN** enfervorizar.
DER enardecimiento.
OBS En su conjugación, la *c* se convierte en *zc* delante de *a* y *o*, como en *agradecer*.

enardecimiento *n. m.* Excitación de los ánimos: *la marcha militar consiguió el enardecimiento de los soldados*.

enarenar *v. tr.* Echar arena o cubrir con arena: *enarenaron la plaza de toros y pintaron las líneas*.
DER enarenación.

encabalgamiento *n. m.* *culto* Distribución en versos contiguos de partes de una palabra o frase que normalmente constituyen una unidad léxica o sintáctica: *los versos y mientras miserable / mente se están los otros abrasando de fray Luis de León tienen un encabalgamiento*.

encabalgar *v. tr./prnl.* *culto* Distribuir en versos contiguos partes de una palabra o frase que normalmente constituyen una unidad léxica o sintáctica: *para encabalgar puedes dividir una palabra en dos versos distintos*.
DER encabalgamiento.
OBS En su conjugación, la *g* se convierte en *gu* delante de *e*.

encabezamiento *n. m.* Fórmula fija con que se comienza un escrito: *en el encabezamiento de la carta puedes poner: Muy señores míos*.

encabezar *v. tr.* **1** Estar al comienzo de una lista: *no conozco al político que encabeza la lista de los aspirantes a la alcaldía; ¿qué corredor es el que encabeza la clasificación?* **2** Poner un encabezamiento al comienzo de un escrito: *he encabezado la carta de la siguiente manera: Estimado señor*. **3** Dirigir o ir a la cabeza de un grupo o un movimiento: *no lograron detener a los que encabezaban el motín; el alcalde encabezaba la procesión*.
DER encabezamiento.

OBS En su conjugación, la *z* se convierte en *c* delante de *e*.

encabritarse *v. prnl.* **1** Levantar el caballo las patas delanteras apoyándose en las traseras: *cuando un caballo se encabrita, puede tirar al jinete*. **2** *coloquial* Enfadarse mucho: *le molestaron sus comentarios y acabó por encabritarse con toda la familia*. **SIN** cabrear, encolerizar, enfurecer.

encabronar *v. tr./prnl.* *malsonante* Enfurecer, enojar.

encadenamiento *n. m.* **1** Atadura o sujeción con cadenas. **2** Relación que se establece entre dos o más cosas para formar un conjunto o una idea homogénea y coherente: *el encadenamiento de las partes de un discurso*. **SIN** engarce, engranaje.

encadenar *v. tr.* **1** Atar o sujetar con cadenas: *encadenaron al oso porque era peligroso*. **2** Impedir o quitar el movimiento o la capacidad de acción: *el trabajo la tiene encadenada todo el día a la oficina*. **SIN** atar. ◊ *v. tr./prnl.* **3** Relacionar dos o más cosas entre sí para formar un conjunto o una idea homogénea y coherente: *has encadenado muy bien esta idea con la anterior*. **SIN** empalmar, engarzar, enlazar.
DER encadenado, encadenamiento; desencadenar.

encajar *v. tr./intr.* **1** Meter una cosa dentro de otra de manera que quede bien ajustada: *el armario está hecho a medida y encaja en el hueco que hay en la pared*; *estas piezas no encajan*. **ANT** desencajar. ◊ *v. tr.* **2** Aceptar una situación molesta o desagradable y reaccionar bien ante ella: *debes saber encajar los problemas con humor*; *hay que saber encajar las críticas y las bromas*. **3** Recibir un golpe: *el boxeador encajó el puñetazo de su adversario*. **4** Recibir en contra, especialmente tantos o puntos: *en el último partido el equipo encajó tres tantos*. ◊ *v. intr.* **5** Coincidir o estar de acuerdo: *su declaración no encaja con los hechos*. **6** Adaptarse una persona a un lugar o situación: *Susana no ha encajado del todo en su nuevo trabajo*.
DER encaje; desencajar.

encaje *n. m.* **1** Tejido transparente hecho con calados que forman dibujos: *encaje de bolillos*; *una blusa de encaje*. **2** Introducción de una pieza en otra de manera que queden ajustadas perfectamente: *al montar la estantería, vimos que el encaje de las baldas era difícil*.

encajonar *v. tr.* **1** Meter una cosa en un sitio demasiado estrecho: *metí el coche en una calle muy estrecha y me quedé encajonada, sin poder ir para adelante ni para atrás*. **2** Meter o guardar en un cajón: *encajonaron los toros para llevarlos a la plaza*. ◊ *v. prnl.* **3 encajonarse** Correr un río o arroyo por un lugar muy estrecho: *el río se encajona al pasar por la sierra*.
DER desencajonar.

encalabrinar *v. tr.* **1** Causar irritación o enfado, hacer sentir ira: *su comportamiento encalabrina a sus amigos*. **2** Hacer concebir falsas esperanzas: *durante los últimos meses encalabrinó a su empleado, y después no le renovó el contrato*. ◊ *v. prnl.* **3 encalabrinarse** *coloquial* Insistir con tesón en una cosa sin atender a razones: *se ha encalabrinado con la idea de ir a China y no hay quien lo convenza de lo contrario*. **4** *coloquial* Enamorarse perdidamente: *nada más conocerla se encalabrinó de ella*.

encalar *v. tr.* Blanquear con una capa de cal o yeso blanco diluidos en agua: *en los pueblos de Andalucía se encalan las casas*. **SIN** blanquear.

encallar *v. intr./prnl.* Quedar detenida una embarcación al tropezar con arena o piedras: *el barco encalló en un arrecife de corales*. **SIN** embarrancar. **ANT** desencallar.
DER desencallar.
ETIM Véase *calle*.

encallecer *v. tr./prnl.* **1** Poner dura una parte de la piel; salir callos: *se le han encallecido las manos de tanto trabajar con la pala y el pico*. **2** Hacer fuerte, duro o insensible: *las penalidades encallecieron su corazón*.
OBS En su conjugación, la *c* se convierte en *zc* delante de *a* y *o*, como en *agradecer*.

encamar *v. tr.* **1** Tender o echar en el suelo, especialmente alfombras: *al llegar el invierno, mi madre encama las alfombras*. ◊ *v. prnl.* **2 encamarse** Echarse o meterse en la cama por enfermedad: *se ha encamado porque tiene la gripe*. **3** Esconderse los animales de caza al oír a un cazador: *cuando nos vio, la liebre se encamó*. **4** Inclinarse hacia el suelo las plantas de cereal: *como ha llovido mucho, los trigos se han encamado*.
DER encame.

encamarse *v. prnl.* Meterse en la cama por enfermedad: *desde que se encamó por aquella pulmonía no ha vuelto a ser el mismo*.

encaminar *v. tr./prnl.* **1** Poner en camino, dirigir hacia un lugar determinado: *el guía nos encaminó hacia el monasterio*; *se encaminaron hacia el sur de la península*. **SIN** guiar, orientar. **2** Dirigir la intención hacia un fin determinado: *nuestros esfuerzos se encaminan a conseguir una mayor productividad*. **SIN** orientar.

encandilar *v. tr./prnl.* **1** Deslumbrar, alucinar o cautivar los sentidos: *lo encandilaron con mentiras*; *no te dejes encandilar por el dinero*. **2** Despertar amor en una persona: *hay una chica en la oficina que lo ha encandilado*.

encanecer *v. intr./prnl.* Salirle canas a una persona, envejecer: *Miguel ha encanecido muy pronto*; *se te han encanecido las sienes*.
OBS En su conjugación, la *c* se convierte en *zc* delante de *a* y *o*, como en *agradecer*.

encanijar *v. tr./prnl.* Poner débil, flaco y enfermizo: *si sigue sin comer, este niño se va a encanijar*.

encantado, -da *adj.* **1** Satisfecho, contento: *estoy encantada con mi nueva casa*; *cuando te presentan a alguien, debes decir: encantado de conocerle*. **2** [cosa, lugar] Que ha sufrido un encantamiento: *una casa encantada*; *un bosque encantado*.

encantador, -ra *adj.* **2** Que resulta muy agradable: *es una persona encantadora*; *una velada encantadora*. **ANT** antipático, desagradable. ◊ *n. m. y f.* **3** Persona que se dedica a hacer encantamientos: *en este cuento el protagonista es un encantador de serpientes*.

encantamiento *n. m.* **1** Conjunto de palabras con poder mágico que se pronuncian para cambiar la naturaleza o la forma de alguien o algo: *la bruja convirtió al príncipe en sapo por medio de un encantamiento*. **SIN** embrujo, hechizo. **2** Atracción que se ejerce sobre la voluntad de alguien mediante la gracia, la simpatía o el talento. **SIN** embrujo, hechicería, hechizo.

encantar *v. tr.* **1** Pronunciar un conjunto de palabras con poder mágico para cambiar la naturaleza o la forma de alguien o algo: *en algunos cuentos, la bruja encanta al príncipe y lo convierte en un sapo*. **SIN** hechizar. **2** Gustar mucho una persona o cosa: *a algunas personas les encantan las novelas rosa*. **SIN** enloquecer, entusiasmar. **ANT** disgustar.
DER encantado, encantador, encantamiento, encanto.

encanto *n. m.* **1** Aspecto de una persona o cosa que atrae: *no es guapa, pero tiene cierto encanto*; *Venecia es una ciudad con mucho encanto*. Se usa como apelativo cariñoso: *como tú quieras, encanto*. **SIN** atractivo. ◊ *n. m. pl.* **2 encantos** Atractivo físico de una persona: *es muy consciente de sus encantos*.

encañonar *v. tr.* **1** Apuntar con un arma de fuego: *el fugitivo encañonó al carcelero y amenazó con matarlo.* **2** Hacer que el agua de un río pase por un conducto estrecho o por una tubería: *han cavado la tierra para encañonar el agua del manantial.*

encapotarse *v. prnl.* Cubrirse el cielo con nubes tormentosas: *cuando el cielo se encapota, se pone de color gris oscuro.* **ANT** desencapotarse.

encapricharse *v. prnl.* **1** Empeñarse en conseguir algo de forma imprevista, arbitraria y pasajera: *se ha encaprichado con ese juguete y no parará hasta que se lo compren.* **SIN** antojarse. **2** Enamorarse de forma poco seria o pasajera: *ahora se ha encaprichado de una chica mucho más joven que él.*

encapuchado, -da *adj./n. m. y f.* [persona] Que va cubierta con una capucha: *los encapuchados en las procesiones de Semana Santa; lo secuestraron dos individuos encapuchados.*

encarado, -da Adjetivo que se utiliza en la frase *bien (o mal) encarado*, que se aplica a la persona 'que tiene buen o mal aspecto, bellas o feas facciones': *se le acercó un tipo mal encarado y se asustó.*
DER malencarado.

encaramar *v. tr./prnl.* **1** Subir a una persona a un lugar alto y difícil de alcanzar o poner una cosa en él: *el niño se encaramó al tejado para recuperar la pelota; el perro se encaramó a un árbol y luego no podía bajar.* **2** Colocar en una situación social o en un puesto alto: *con su atractivo ha conseguido encaramarse al cargo más elevado de la empresa.*

encarar *v. tr./prnl.* **1** Considerar las diversas soluciones e intentar resolver un problema o una situación difícil: *no sabía cómo encarar el problema.* **SIN** enfrentar. **2** Poner dos cosas una frente a otra: *la modista encaró las piezas de tela antes de cortarlas.* ◇ *v. prnl.* **3 encararse** Colocarse una persona o animal frente a otro en actitud agresiva: *se encaró con el jefe y le echaron del trabajo.*
DER encarado.

encarcelamiento *n. m.* Reclusión de una persona en la cárcel: *su encarcelamiento duró quince años.*

encarcelar *v. tr.* Meter a alguien en la cárcel: *fue encarcelado en 1986 por intento de asesinato.* **ANT** excarcelar.
DER encarcelamiento.

encarecer *v. tr./prnl.* **1** Aumentar el precio de un producto o servicio; hacer más caro: *la subida de los impuestos encarece los productos; cuando se acercan ciertas fiestas, hay comestibles que se encarecen.* **ANT** abaratar. ◇ *v. tr.* **2** Pedir o encargar con insistencia: *me encareció que cuidara de sus hijos.* **3** Alabar mucho las buenas cualidades de una persona o cosa: *el comerciante encarece en exceso los productos que vende.*
DER encarecimiento.
OBS En su conjugación, la *c* se convierte en *zc* delante de *a* y *o*, como en *agradecer*.

encarecimiento *n. m.* **1** Aumento del precio de un producto o servicio: *en Navidad se produce el encarecimiento de algunos comestibles.* **ANT** abaratamiento. **2** Insistencia al pedir o encargar una cosa: *me pidió con encarecimiento que no presentara una denuncia contra ella.* **3** Alabanza desmesurada de las cualidades de una persona o cosa: *estamos de acuerdo en que fue excesivo el encarecimiento que hizo de su labor.*

encargado, -da *n. m. y f.* Persona que se encarga de un establecimiento o negocio y representa al dueño o interesado: *el encargado de una tienda; el encargado de una sección de unos grandes almacenes.*

encargar *v. tr.* **1** Confiar a alguien la realización de una tarea: *si te encargan el cuidado de un niño, debes procurar que no le pase nada.* **2** Pedir que un fabricante o comerciante disponga de un producto en un momento posterior o que lo haga venir de otro lugar: *he encargado un traje; el cliente dice que encargó unos libros hace seis semanas y todavía no los ha recibido; he ido a la pastelería y he encargado una tarta para mañana.* ◇ *v. prnl.* **3 encargarse** Hacer una cosa o hacerse responsable de ella: *hay policías que se encargan de la seguridad de los aeropuertos.*
DER encargado, encargo.
OBS En su conjugación, la *g* se convierte en *gu* delante de *e*.

encargo *n. m.* **1** Acción de mandar o encomendar a alguien la realización de algo: *me ha hecho el encargo de que le riegue las plantas durante el verano.* **2** Cosa que se pide a un fabricante o a un vendedor: *el tendero me dijo que aún no había llegado el encargo que había pedido.* **SIN** pedido. **3** Cosa que se tiene que hacer: *no me puedo quedar más tiempo porque tengo que marcharme a hacer un encargo.*
como hecho de encargo Con las cualidades o condiciones adecuadas: *el traje te queda como hecho de encargo.*
de encargo Hecho especialmente para una persona con un fin determinado: *los muebles de la cocina han sido fabricados de encargo.*

encariñarse *v. prnl.* Tomar cariño: *los niños están muy encariñados con la chica que los cuida.*

encarnación *n. f.* **1** Adopción de una forma material o carnal por parte de un ser espiritual: *los cristianos creen en la encarnación del Hijo de Dios.* **2** Representación o símbolo de una idea, de una doctrina o de otra cosa abstracta: *era la encarnación del mal; ella es la encarnación de todo lo que odio en política.*

encarnado, -da *adj.* De color rojo. **SIN** colorado.

encarnar *v. intr./prnl.* **1** Tomar forma material o carnal un ser espiritual: *creía que en otra vida se encarnaría en un león.* ◇ *v. tr.* **2** Personificar o representar una idea o doctrina: *mi padre encarna la bondad misma.* **3** Representar un personaje en una obra de teatro o en una película: *grandes actores ingleses han encarnado a Hamlet.* ◇ *v. prnl.* **4 encarnarse** Introducirse una uña, al crecer, en la carne que la rodea produciendo alguna molestia.
DER encarnación, encarnado, encarnadura; reencarnarse.

encarnizado, -da *adj.* [pelea, discusión] Que es muy violento o salvaje: *la lucha entre los dos ejércitos fue encarnizada.* **SIN** campal.

encarnizarse *v. prnl.* **1** Hacerse más violenta o salvaje una lucha o enfrentamiento: *la pelea se fue encarnizando poco a poco.* **2** Atacar y herir con gran violencia un animal a su víctima: *los perros se encarnizaron con el ciervo.* **SIN** ensañarse. **3** Causar un intenso dolor, de manera deliberada e innecesaria, a una persona que no puede defenderse: *todos se encarnizaron con él porque era el más débil.* **SIN** cebarse, ensañarse.
DER encarnizado, encarnizamiento.
OBS En su conjugación, la *z* se convierte en *c* delante de *e*.

encarrilar *v. tr.* **1** Hacer que un vehículo vaya por el carril: *si un vagón de tren se sale de la vía, se tendrá que volver a encarrilar.* ◇ *v. tr./prnl.* **2** Hacer que un negocio o un asunto vaya por el buen camino para conseguir el resultado apetecido: *un equipo de fútbol consigue encarrilar el partido cuando comienza a marcar goles.* **SIN** encauzar.

encasillar *v. tr.* **1** Colocar en casillas: *su trabajo en Correos consiste en encasillar las cartas.* **2** Clasificar personas o cosas poniéndolas en el lugar que les corresponde: *lo encasillaron* entre los más torpes. **3** Clasificar a personas o cosas con criterios poco flexibles o simplistas: *los directores han encasillado a esta actriz en papeles cómicos.*

encasquetar *v. tr./prnl.* **1** Encajar bien en la cabeza un gorro o sombrero: *se encasquetó la gorra y salió de casa corriendo.* ◇ *v. tr.* **2** Encargar a uno una cosa molesta o pesada: *siempre que salen, me encasquetan a los niños.* **3** Dar un golpe o pegar: *como no dejes de insultarme te voy a encasquetar una bofetada.* ◇ *v. prnl.* **4 encasquetarse** Empeñarse, metérsele a alguien una idea en la cabeza de manera obstinada: *se le encasquetó la idea de irse de viaje, y no paró hasta conseguirlo.*

encasquillarse *v. prnl.* **1** Atascarse un arma al quedar el casquillo de una bala dentro: *se le encasquilló el revólver y no pudo disparar a tiempo.* **2** No poder moverse un mecanismo: *se ha encasquillado la cerradura y no puedo abrir la puerta.* **3** No poder hablar o pensar con facilidad o naturalidad: *cuando hables en público, procura no encasquillarte.*

encastrar *v. tr.* Unir una cosa con otra de manera que una parte de aquélla entre dentro de ésta: *al encastrar los joyeros piedras preciosas en los anillos, una parte de la piedra queda dentro del anillo.*

encausar *v. tr.* Proceder judicialmente contra una persona; formarle causa: *varios altos cargos del banco han sido encausados.*

encauzamiento *n. m.* **1** Apertura de un cauce por el que conducir una corriente de agua: *el encauzamiento del arroyo.* **2** Conducción de alguien o algo por el buen camino: *su máxima preocupación es el encauzamiento de la juventud.*

encauzar *v. tr.* **1** Abrir un cauce por el que conducir una corriente de agua: *encauzaron las aguas del río para regar los campos.* **2** Hacer que un negocio o un asunto vaya por el buen camino para conseguir el resultado apetecido: *has encauzado muy bien tu vida; han encauzado muy bien las negociaciones.* **SIN** encarrilar.

DER encauzamiento.

OBS En su conjugación, la z se convierte en c delante de e.

encefálico, -ca *adj.* Del encéfalo o que tiene relación con este conjunto de órganos: *masa encefálica.*

encefalitis *n. f.* MED. Enfermedad que consiste en una inflamación del encéfalo o conjunto de órganos que forman el sistema nervioso: *la encefalitis es causada por un virus.*

encéfalo *n. m.* Conjunto de órganos que forman el sistema nervioso de los vertebrados y que está encerrado y protegido por el cráneo: *el encéfalo está formado por el cerebro, el cerebelo y el bulbo raquídeo.* ☞ cerebro.

encefalograma *n. m.* Gráfico de la actividad del cerebro obtenido con un aparato que capta los fenómenos eléctricos que allí se producen: *descubrieron que tenía una lesión cerebral cuando le hicieron un encefalograma en el hospital.* **SIN** electroencefalograma.

encenagarse *v. prnl.* **1** Meterse en el cieno o barro: *el animal se ha encenagado y le va a costar salir.* **2** Cubrirse de cieno o barro: *el camino está encenagado.*

DER encefálico, encefalina, encefalitis, encefalografía, encefalograma.

ETIM Véase *cieno.*

OBS En su conjugación, la g se convierte en gu delante de e.

encendedor *n. m.* Aparato que sirve para encender una materia combustible: *la mayoría de la gente que fuma lleva un encendedor.* **SIN** mechero.

encender *v. tr./prnl.* **1** Hacer que una cosa arda; prender fuego, pegar fuego: *encendió una cerilla; sacó el mechero y encendió un cigarrillo.* **2** Conectar un circuito eléctrico para que funcione un determinado aparato: *podemos encender la luz o la televisión.* **3** Provocar un acto violento: *la envidia encendió las disputas entre las dos familias.* **4** Provocar o hacer más intenso un sentimiento, especialmente si es desagradable: *ha sido acusado de encender el odio racial contra los inmigrantes asiáticos; el éxito profesional de un niño precoz puede encender la rivalidad entre padre e hijo.* ◇ *v. prnl.* **5 encenderse** Ruborizarse o ponerse colorado: *tenía tanta vergüenza, que se encendió.*

DER encendedor, encendido, encendimiento.

ETIM *Encender* procede del latín *incendere,* 'quemar', voz con la que también está relacionada *incendio.*

OBS En su conjugación, la e se convierte en ie en sílaba acentuada, como en *entender.*

encendido, -da *adj.* **1** De color rojo fuerte: *tenía el rostro encendido de ira.* ◇ *n. m.* **2 encendido** Mecanismo que produce la chispa en los motores de explosión: *el coche no arranca y creo que es por una avería en el encendido.*

OBS Es el participio de *encender.*

encerado *n. m.* Superficie de forma rectangular, negra o verde, que se usa para escribir con tiza y permite borrar lo escrito en ella con facilidad: *el profesor escribió el nombre del libro en el encerado.* **SIN** pizarra.

encerar *v. tr.* Cubrir el suelo con cera: *si el parqué se encera, brilla más y se conserva mejor.*

DER encerador, enceradora.

encerrar *v. tr./prnl.* **1** Meter en un lugar de donde no se quiere o no se puede salir o de donde no se puede sacar sin tener el instrumento o los medios necesarios: *me encierro en mi habitación para poder estudiar; han encerrado a los delincuentes en el calabozo.* ◇ *v. tr.* **2** Contener, incluir o llevar implícito: *la pregunta encierra un misterio; esta novela encierra varias interpretaciones.* **3** Poner palabras dentro de ciertos signos ortográficos para separarlas de las demás en un escrito: *las aclaraciones se encierran entre paréntesis.* ◇ *v. prnl.* **4 encerrarse** Ocupar un edificio público como acto de protesta: *los estudiantes se encerraron en el rectorado para exigir un cambio en los planes de estudio.*

DER encerrona, encierro.

OBS En su conjugación, la e se convierte en ie en sílaba acentuada, como en *acertar.*

encerrona *n. f.* Situación, preparada de antemano, en la que se coloca a una persona para obligarla a obrar de manera determinada: *le prepararon una encerrona y no pudo negarse a hacer lo que le exigían; dijo que le habían tendido una encerrona.*

encestar *v. tr.* En el juego del baloncesto, meter la pelota en la canasta del equipo contrario: *el jugador no tuvo oportunidad de encestar el balón.*

DER enceste.

enceste *n. m.* **1** En el juego del baloncesto, introducción de la pelota en la canasta. **2** Tanto conseguido en el juego de baloncesto al introducir la pelota en la canasta. **SIN** canasta.

encharcar *v. tr./prnl.* **1** Cubrir de agua un terreno, formando charcos: *la lluvia ha encharcado el campo de fútbol.* **2** Llenarse de sangre u otro líquido un órgano del cuerpo: *se le han encharcado los pulmones.*

OBS En su conjugación, la c se convierte en qu delante de e.

enchironar *v. tr. coloquial* Encarcelar, meter a uno en chirona: *dice que lo enchironaron por robar un coche.*

enchufado, -da *adj./n. m. y f.* [persona] Que ha conseguido un puesto o empleo por enchufe y no por méritos propios: *ése es un enchufado del jefe.*

enchufar *v. tr.* **1** Conectar un aparato eléctrico a la red

enchufe

encajando las dos piezas del enchufe: *enchufa el ordenador; fui a enchufar el televisor y me dio calambre.* **ANT** desenchufar. **2** Unir dos tubos ajustando el extremo de uno en el de otro: *enchufa la manguera a la boca de riego.* **3** Dirigir un chorro de agua o luz hacia un punto: *enchufa hacia aquí la manguera.* ◇ *v. tr./prnl.* **4** *coloquial* Colocar en un cargo o empleo a una persona por medio de influencias y recomendaciones: *ha enchufado a su hermano en la oficina; consiguió enchufarse gracias a la influencia de su padre.*
DER enchufado, enchufe, enchufismo; desenchufar.

enchufe *n. m.* **1** Pieza de material aislante con dos o tres salientes metálicos que sirve para conectar un aparato eléctrico a la red: *se ha roto el enchufe de la plancha.* **SIN** clavija. Se denomina también *enchufe macho.* **2** Pieza de material aislante con dos o tres agujeros y unida a la red eléctrica que sirve para hacer pasar la electricidad: *si tienes niños pequeños, deberías colocar protectores en todos los enchufes de la casa; busca un enchufe y conecta la aspiradora.* Se denomina también *enchufe hembra.* **3** Conjunto formado por un enchufe macho y un enchufe hembra que se ajustan y sirve para hacer pasar la electricidad de la red a un aparato eléctrico: *revisa el enchufe porque este ordenador no se enciende.* **4** Conjunto de relaciones de amistad con otras personas que sirve para obtener un empleo o un cargo: *tenía enchufe con el director del hotel y consiguió el puesto.*

enchufismo *n. m.* Práctica de conceder puestos de trabajo o cargos por influencias o recomendaciones.

encía *n. f.* Carne que cubre interiormente las mandíbulas y protege la raíz de los dientes: *me sangra la encía.* ☞ *boca.*

-encia Sufijo que entra en la formación de palabras con el significado de: a) 'Acción', 'actitud': *benevolencia, abstinencia.* b) 'Cualidad': *prudencia.* c) 'Cargo o dignidad': *regencia, presidencia.*

encíclica *n. f.* Carta que el Papa dirige a los obispos y fieles sobre un tema relacionado con la religión: *el Papa dirigirá a los obispos una encíclica sobre los valores de la familia.*

enciclopedia *n. f.* Libro o colección de libros que contiene muchos artículos ordenados sobre el conocimiento humano en general o sobre una ciencia o arte en particular: *una enciclopedia de la historia de España o de historia universal; una enciclopedia de arte.*
DER enciclopédico, enciclopedismo.

enciclopédico, -ca *adj.* **1** De la enciclopedia o que tiene relación con ella: *algunos diccionarios incluyen información enciclopédica sobre personajes famosos y lugares importantes.* **2** Que tiene conocimientos que abarcan una gran variedad de temas: *María posee una cultura enciclopédica.*

enciclopedismo *n. m.* Conjunto de doctrinas, profesadas por los autores de la *Enciclopedia* publicada en Francia a mediados del siglo XVIII, que proclaman la superioridad de la razón y la ciencia frente a la autoridad, la tradición y la religión, y sientan los principios de libertad, igualdad y fraternidad que había de adoptar la Revolución francesa.

encierro *n. m.* **1** Acto de protesta que consiste en ocupar un edificio público: *los funcionarios del ayuntamiento han realizado un encierro para protestar por la congelación de los salarios.* **2** Fiesta popular que consiste en conducir los toros a la plaza antes de la corrida: *hubo varios heridos en el último encierro.*

encima *adv.* **1** En un lugar superior o más alto que otra cosa: *déjalo ahí encima; deja la taza encima de la mesa.* **SIN** sobre. **ANT** debajo. **2** Consigo; sobre la propia persona: *ahora no llevo dinero encima; se echó encima toda la responsabilidad.* **3** Además; por si fuera poco: *se equivocó y encima no quiso reconocerlo; encima de que no me pagan me insultan.*
por encima De modo superficial: *me he leído el libro por encima porque no he tenido tiempo.*
DER encimero.

encina *n. f.* **1** Árbol de tronco fuerte y grueso, copa grande y redonda, con las hojas duras y permanentes, cuyo fruto es la bellota. ☞ *árbol.* **2** Madera de este árbol: *esas sillas son de encina.*
DER encinar, encino.

encinar *n. m.* Lugar donde crecen muchas encinas: *estuvieron descansando en aquel encinar.*

encinta *adj.* [mujer] Que está embarazada, que espera un hijo: *mi hermana está encinta de cinco meses.*

encizañar *v. tr.* Poner a una persona en contra de otra; hacer enemigas a dos o más personas: *no paró de encizañar hasta que consiguió que Clara y Miguel se pelearan.* **SIN** malmeter.

enclaustramiento *n. m.* **1** Entrada o encierro en un convento. **2** Apartamiento de la vida social, encerrándose en casa: *llevo dos meses enfermo, y ya no soporto este enclaustramiento.*

enclaustrar *v. tr./prnl.* **1** Meter o entrar en un convento: *antiguamente, algunas personas se enclaustraban muy jóvenes.* **2** Apartarse de la vida social, encerrándose en casa: *se ha enclaustrado para preparar bien la oposición.*
DER enclaustramiento.

enclavado, -da *adj.* [lugar] Que está situado o encerrado dentro del área de otro: *la laguna está enclavada en uno de los parajes más hermosos que conozco.*

enclavarse *v. prnl.* Estar situado en un lugar: *el monasterio se enclava en uno de los rincones más bellos de la provincia.*

enclave *n. m.* **1** Territorio de una región o país situado dentro de otra región o país: *Campione de Italia es un enclave italiano en Suiza; Petilla de Aragón es un enclave de Navarra en la provincia de Zaragoza.* **2** Grupo de personas que es diferente de la gente que les rodea: *hace unos años fui a la India y visité los enclaves canadiense y estadounidense en Nueva Delhi.*

enclenque *adj./n. com.* Que es muy débil, enfermizo o flaco: *es un niño muy enclenque: siempre está enfermo.*

enclítico, -ca *adj./n. m. y f.* GRAM. [palabra] Que, por no tener acento propio, se une a la palabra anterior y forma un todo con ella: *los pronombres átonos son enclíticos del verbo, como en aconséjame.* **ANT** proclítico.

encofrar *v. intr.* Preparar un molde de tablas o planchas de metal que se llena de hormigón para hacer columnas, muros, cimientos y vigas de una casa en construcción.
DER encofrado, encofrador.

encoger *v. intr.* **1** Disminuir de tamaño: *el jersey ha encogido al lavarlo en la lavadora.* **SIN** menguar. **ANT** estirar. ◇ *v. tr./prnl.* **2** Contraer o doblar el cuerpo o una parte de él: *para dormir en una cama pequeña una persona muy alta, ha de encoger las piernas; cuando le pregunté si le importaba, se encogió de hombros.* **3** Causar o tener miedo; asustar: *cuando oí la explosión, se me encogió el corazón; sé valiente y no te encojas ante los demás.*
DER encogido, encogimiento; desencoger.
OBS En su conjugación, la g se convierte en j delante de a y o.

encogimiento *n. m.* **1** Disminución de tamaño. **2** Falta de ánimo y de confianza en sí mismo.

encolar *v. tr.* **1** Pegar con cola: *el carpintero ha encolado las patas del taburete.* **ANT** desencolar. **2** Cubrir con una capa de cola una superficie que se va a pegar: *cuando se empape-*

la una habitación, se ha de encolar el papel antes de ponerlo en la pared.
DER encolado; desencolar.

encolerizar *v. tr./prnl.* Hacer que uno se enfade mucho: *se encolerizó cuando se dio cuenta de que le habían tomado el pelo.* **SIN** cabrearse, encabritarse, enfurecerse.
OBS En su conjugación, la z se convierte en c delante de e.

encomendar *v. tr.* **1** Pedir a una persona que haga una cosa o que se encargue de ella: *si no podemos salir de casa, encomendamos a otra persona que nos vaya a comprar lo que necesitamos; le encomendaron una importante misión.* ◇ *v. prnl.* **2 encomendarse** Ponerse bajo la protección de alguien, pidiéndole su ayuda: *se encomendó a Dios y a los santos.*
DER encomienda; recomendar.
OBS En su conjugación, la e se convierte en ie en sílaba acentuada, como en *acertar*.

encomiar *v. tr.* Alabar con empeño a una persona o cosa: *continuamente está encomiando las virtudes de esa planta medicinal.* **SIN** elogiar, ensalzar.
DER encomiástico, encomio.
OBS En su conjugación, la i no se acentúa, como en *cambiar*.

encomiástico, -ca *adj.* Que alaba o contiene alabanza: *palabras encomiásticas; críticas encomiásticas.*

encomienda *n. f.* **1** Petición a una persona para que haga una cosa o se encargue de ella: *me han hecho la encomienda de que cuide de sus hijos pequeños.* **2** Beneficio o renta vitalicia que se concedía sobre un lugar o territorio: *el rey le concedió una encomienda en el sur de América.*

encomio *n. m.* Expresión o discurso con que se alaba encarecidamente o se muestra admiración y reconocimiento: *su campaña de ayuda a los pobres es digna de encomio.* **SIN** alabanza, elogio. **ANT** crítica.

enconar *v. tr./prnl.* Provocar un estado de enfrentamiento, nerviosismo y hostilidad contra una o más personas: *la decisión del jurado enconó los ánimos de los participantes; la situación se fue enconando con la discusión.*
DER enconado, encono.

encono *n. m.* Enemistad u odio muy arraigado contra una persona: *lo ataca con mucho encono; se nota que le tiene una antipatía que viene de antiguo.*

encontradizo, -za *adj.* Que se encuentra con otra persona o cosa.
hacerse el encontradizo Procurar coincidir con una persona en un lugar sin que parezca que se ha hecho intencionadamente.

encontrado, -da *adj.* Opuesto o contrario: *tenemos pareceres encontrados.*

encontrar *v. tr.* **1** Dar con una persona o cosa que se buscaba: *no encuentro las llaves del coche.* **SIN** hallar. ◇ *v. tr./prnl.* **2** Dar con una persona o cosa que no se buscaba: *si te encuentras con un amigo por la calle, te paras para saludarlo y hablar con él.* **SIN** hallar. ◇ *v. tr.* **3** Pensar, creer o considerar: *encuentro que no es justo.* **4** Notar una cualidad o circunstancia con los sentidos o con la mente: *los domingos, los conductores suelen encontrar la carretera llena de coches; te he encontrado muy cambiado.* ◇ *v. prnl.* **5 encontrarse** Sentirse de determinada manera: *cuando una persona no se encuentra bien, no tiene ganas de hacer nada; se encuentra muy cansado.* **6** Reunirse dos o más personas en un mismo lugar: *nos encontraremos en el teatro.* **7** Estar una persona en un lugar determinado: *me encontraba en París cuando mi mujer dio a luz.*
DER encontradizo, encontrado, encontronazo, encuentro; reencontrar.

OBS En su conjugación, la o se convierte en ue en sílaba acentuada, como en *contar*.

encontronazo *n. m.* **1** Golpe o encuentro violento: *los jugadores tuvieron un encontronazo y uno de ellos se rompió un hueso.* **SIN** choque. **2** Enfrentamiento, discusión o pelea: *tuve un encontronazo muy desagradable con el vendedor.* **SIN** choque.

encopetado, -da *adj.* Que pertenece a una clase social noble o alta o que es propio de esta clase: *pertenece a una familia muy encopetada; una boda muy encopetada.*

encorajinar *v. tr./prnl.* Encolerizar, hacer enfadar: *me encorajinó tanto, que estuve a punto de darle una bofetada.*

encorbatarse *v. prnl.* Ponerse corbata.

encorsetar *v. tr.* Limitar la libertad o someter a unas normas demasiado rígidas: *no puedes encorsetar a tus hijos de esa manera, acabarán rebelándose.*
DER encorsetado.

encorvar *v. tr./prnl.* **1** Doblar y torcer una cosa dándole forma curva: *el viento ha encorvado la antena de televisión.* ◇ *v. prnl.* **2 encorvarse** Doblarse hacia adelante una persona hasta adoptar forma curva: *encorvarse de risa, por el dolor, por la edad.*
DER encorvado.

encrespar *v. tr./prnl.* **1** Rizar el cabello haciendo ondas muy pequeñas. **2** Erizarse el pelo o el plumaje por alguna emoción fuerte. **3** Enfurecer, irritar a una persona o animal: *el gato se encrespa cuando ve a un perro; los ánimos se encresparon y la reunión acabó en pelea.* **4** Agitarse las olas del mar con el viento: *cuando hace mucho viento, el mar se encrespa.* **SIN** alborotar.
DER encrespamiento.

encrucijada *n. f.* **1** Lugar en el que se cruzan dos o más calles o caminos. **2** Situación de la que es difícil salir porque ofrece dos o más soluciones: *estamos en una encrucijada de la que tenemos que salir tomando una rápida decisión.* **SIN** dilema.

encuadernación *n. f.* **1** Operación de coser o pegar las hojas que forman un libro y ponerles cubierta o tapas: *un taller de encuadernación.* **2** Cubierta o tapas que se ponen para resguardar las hojas de los libros: *encuadernación en rústica; encuadernación en tela.*

encuadernador, -ra *n. m. y f.* Persona que encuaderna.

encuadernar *v. tr.* Coser o pegar las hojas que forman un libro y ponerles cubierta o tapas: *hay libros muy valiosos que se encuadernan en piel.* **ANT** descuadernar, desencuadernar.
DER encuadernación, encuadernador.

encuadrar *v. tr.* **1** Poner un marco o cuadro a una fotografía, pintura o lámina: *quiero encuadrar esta lámina para ponerla en la pared del salón.* **SIN** enmarcar. **2** Disponer los elementos que forman parte de una imagen según el modo en que una cámara de cine o de fotografía los enfoca: *según el modo de encuadrar a una persona, se podrá ver entera, la mitad o sólo la cara.* ◇ *v. tr./prnl.* **3** Señalar los límites espaciales, temporales, culturales, económicos o políticos que rodean una cosa y determinan en parte sus características: *la historia de la novela se encuadra en la Inglaterra victoriana; la obra de Clarín se encuadra en el realismo.* **SIN** enmarcar.
DER encuadre.

encuadre *n. m.* Disposición de los elementos que forman parte de una imagen según el modo en que una cámara de cine o de fotografía los enfoca: *hizo un encuadre de su hermano frente a la Torre Eiffel de modo que parecía que la sostenía con la cabeza.*

encubierto, -ta *part.* Participio irregular de *encubrir*: *el testigo había encubierto a uno de los participantes en el hecho.*

encubridor

DER encubiertamente.

encubridor, -ra *adj./n. m. y f.* [persona] Que oculta o ayuda a una persona que ha cometido un delito para que no sea descubierta: *la policía lo ha detenido por encubridor*.

encubrimiento *n. m.* Ocultación de una persona que ha cometido un delito o de las pruebas que lo demuestran: *lo acusaron de encubrimiento de pruebas*.

encubrir *v. tr.* **1** Ocultar la verdad para evitar que se conozca: *encubrió todo lo que hizo para que no lo echaran del trabajo*. **SIN** celar, cubrir. **2** Ocultar y proteger a una persona que ha cometido una falta o delito para que no sea descubierta: *será acusada de haber encubierto al criminal*. **SIN** cubrir. **ANT** delatar.
DER encubridor, encubrimiento.
OBS El participio es *encubierto*.

encuentro *n. m.* **1** Coincidencia o reunión de dos o más personas en un mismo lugar: *un encuentro casual o fortuito*; *decidieron que el primer encuentro tuviera lugar en la ciudad*. **2** Competición deportiva en la que se enfrentan dos equipos o dos jugadores: *han retransmitido por televisión un encuentro de baloncesto*; *un encuentro amistoso*. **SIN** partido.

encuesta *n. f.* **1** Reunión de datos obtenidos mediante una serie de preguntas sobre un tema determinado que se hace a muchas personas para conocer su opinión: *cuando hay elecciones, se hacen encuestas para tratar de conocer cuál será el partido más votado*. **2** Papel o impreso donde se recogen esas preguntas: *me han pedido que rellene esta encuesta*.

encuestar *v. tr.* Hacer preguntas para una encuesta: *han encuestado a personas de la tercera edad para conocer sus preferencias*.
DER encuesta, encuestado.

encumbrar *v. tr./prnl.* **1** Colocar a una persona en una posición o puesto alto: *sus méritos personales lo encumbraron al puesto más elevado de la empresa*. **2** Dar mayor valor, grandeza u honor: *el éxito en la Maestranza de Sevilla lo encumbró al primer puesto del escalafón taurino*. **SIN** enaltecer, engrandecer, ensalzar. **ANT** empequeñecer.
DER encumbrado, encumbramiento.

encurtido *n. m.* Fruto o legumbre que se conserva en vinagre y toma el sabor de este líquido agrio y astringente.

encurtir *v. tr.* Conservar en vinagre ciertos frutos o legumbres.
DER encurtido.

ende Palabra que se utiliza en la locución culta *por ende*, que significa 'por tanto, por consiguiente': *a esa hora los vi yo en el bar*; *por ende, no pueden ser los que robaron en tu domicilio*.

endeble *adj.* Que es muy débil, que tiene poca fuerza o resistencia: *esta repisa es muy endeble, no pongas muchos libros sobre ella*; *tus argumentos son endebles*. **SIN** flojo. **ANT** fuerte.
DER endeblez.
ETIM Véase *débil*.

endeca- Elemento prefijal que entra en la formación de palabras con el significado de 'once': *endecasílabo*.

endecágono, -na *adj./n. m.* [polígono] Que tiene once ángulos y once lados.

endecasílabo, -ba *adj./n. m.* culto [verso] Que tiene once sílabas: *el verso polvo serán, mas polvo enamorado es un bellísimo endecasílabo*.

endecha *n. f.* **1** culto Estrofa que consta de cuatro versos de seis o siete sílabas, generalmente asonantes. **2** culto Canción triste o de lamento.

endémico, -ca *adj.* **1** [acción, hecho] Que se repite frecuentemente o que está muy extendido: *el paro es un problema endémico en las sociedades actuales*. **2** [enfermedad] Que afecta habitualmente a una región o país: *el paludismo es endémico en las zonas pantanosas*. **3** [ser vivo] Que sólo vive en una región determinada: *muchas plantas son especies endémicas de las islas Canarias*.

endemoniado, -da *adj./n. m. y f.* **1** Poseído del demonio. ◇ *adj.* **2** Que es muy malo, molesto o nocivo: *tienes un carácter endemoniado, no hay quien te aguante*; *hace un tiempo endemoniado*. **SIN** endiablado.

enderezar *v. tr./prnl.* **1** Poner derecho o vertical lo que está torcido o inclinado: *ata la planta a un palo, a ver si podemos enderezarla*; *endereza un poco ese cuadro*. **2** Arreglar una cosa o una situación: *no pudieron enderezar el negocio y se arruinaron*. ◇ *v. tr.* **3** Arreglar o corregir el comportamiento de una persona: *su padre se encargará de enderezarla*.
OBS En su conjugación, la *z* se convierte en *c* delante de *e*.

endeudar *v. tr./prnl.* Contraer deudas: *el negocio iba mal, y se ha endeudado por completo*. **SIN** empeñarse, entramparse.
DER endeudamiento.

endiablado, -da *adj.* Que es muy difícil de entender, resolver o dominar: *un problema endiablado*; *tiene una letra endiablada, que es muy difícil de entender*; *el coche llevaba una velocidad endiablada*. **SIN** endemoniado.

endibia *n. f.* Hortaliza con las hojas puntiagudas, lisas y amarillas, unidas por la base: *la endibia se come en ensalada*.
OBS También se escribe *endivia*.

endilgar *v. tr.* **1** Encaminar, dirigir: *siga por ese camino y al llegar al cruce pregunte, que allí le endilgarán*. **2** coloquial Pasar a otra persona un trabajo o una cosa que resulta pesada o molesta: *siempre que le mandan algo que no quiere hacer, me lo endilga a mí*.
OBS En su conjugación, la *g* se convierte en *gu* delante de *e*.

endiñar *v. tr.* coloquial Dar un golpe: *le endiñó un buen puñetazo*. **SIN** atizar.

endiosar *v. tr.* **1** Elevar a uno a la categoría de dios: *los seguidores endiosan a sus ídolos*. ◇ *v. prnl.* **2** endiosarse Volverse una persona soberbia, altiva y vanidosa: *con tanto éxito se ha endiosado*.
DER endiosamiento.

endivia *n. f.* Endibia, hortaliza.

endo- Prefijo que entra en la formación de palabras con el significado de 'dentro', 'en el interior': *endocarpio, endodoncia*. **ANT** ecto-.

endocrino, -na *adj.* **1** [glándula] Que produce hormonas o secreciones que van a parar directamente a la sangre: *el tiroides es una glándula endocrina*. **2** De las hormonas o las glándulas que las producen o que tiene relación con ellas: *según el especialista, su problema de obesidad es de origen endocrino*; *la diabetes es una enfermedad que se origina por un mal funcionamiento del sistema endocrino*. ◇ *n. m. y f.* **3** Especialista en endocrinología: *ha ido al endocrino a que le cure su problema de obesidad*. **SIN** endocrinólogo.
DER endocrinología.

endocrinología *n. f.* Parte de la medicina que estudia las funciones y las alteraciones de las glándulas endocrinas: *busca en el tratado de endocrinología el capítulo sobre la glándula tiroides*.

endocrinólogo, -ga *n. m. y f.* Endocrino, especialista.

endodoncia *n. f.* **1** Parte de la odontología que estudia las enfermedades de la pulpa de los dientes y sus técnicas de curación. **2** Técnica utilizada para tratar estas enfermedades:

le vamos a practicar una endodoncia en la muela, matándole el nervio y eliminando toda la parte afectada de caries.

endogamia n. f. **1** Costumbre u obligación de contraer matrimonio con personas de la misma raza, casta, aldea u otro grupo social. **2** BIOL. Fecundación entre individuos emparentados genéticamente.

endosar v. tr. **1** Pasar a otra persona un trabajo o una cosa que resulta pesada o molesta: *como odia hacer la limpieza de la casa, me la ha endosado a mí*. SIN endilgar. **2** Ceder un documento de crédito a favor de otra persona, haciéndolo constar en el dorso: *le endosaron un cheque poniendo su nombre en el dorso*.

endoscopia n. f. Exploración visual de los conductos o las cavidades internas del cuerpo humano mediante un endoscopio: *una endoscopia del intestino*.

endoscopio n. m. Aparato óptico en forma de tubo y provisto de un sistema de iluminación que se utiliza para explorar los conductos y las cavidades del organismo.
DER endoscopia.

endosfera n. f. Núcleo de la Tierra, formado probablemente por níquel y hierro. SIN nife.

endrina n. f. Fruto del endrino, de color negro azulado, forma redondeada y sabor áspero y agrio: *el pacharán se hace con endrinas maceradas en aguardiente*.

endrino n. m. Arbusto de hojas alargadas, flores blancas y ramas con espinas; su fruto es la endrina.
DER endrina.

endulzar v. tr. **1** Poner dulce una cosa: *podemos endulzar el té con azúcar o con miel*. SIN dulcificar, edulcorar. ◊ v. tr./prnl. **2** Hacer más agradable una situación difícil o penosa: *el dinero le servirá para endulzar sus penas*. SIN aliviar, dulcificar, edulcorar.
OBS En su conjugación, la z se convierte en c delante de e.

endurecer v. tr./prnl. **1** Poner duro o más duro: *el pan se endurece a medida que pasan los días*; *el calor y el tiempo seco endurecen el cemento*. ANT ablandar, enternecer, reblandecer. **2** Hacer más resistente física y mentalmente: *la vida del campo endurece*; *te conviene ir a estudiar fuera, a ver si así te endureces*. ANT reblandecer. **3** Hacer más severo o inflexible: *tanto los sindicatos como la patronal han endurecido sus posturas*.
DER endurecimiento.
OBS En su conjugación, la c se convierte en zc delante de a y o, como en *agradecer*.

endurecimiento n. m. **1** Aumento de la dureza de un cuerpo. **2** Fortalecimiento del cuerpo o de la mente. **3** Proceso por el que algo se hace más exigente, riguroso o severo: *desde los últimos atentados, se ha producido un endurecimiento en la política antiterrorista del Gobierno*; *un endurecimiento de las negociaciones*.

ene n. f. Nombre de la letra n: *la palabra niño comienza con ene*.

enea n. f. **1** Planta de tallos altos y cilíndricos, con las hojas largas y estrechas, dispuestas en dos filas a lo largo del tallo y las flores en forma de espiga: *las sillas del comedor son de enea*. SIN anea, espadaña. **2** Hoja seca de esta planta que se usa para tejer asientos y otros objetos. SIN anea, espadaña.

enea- Elemento prefijal que entra en la formación de palabras con el significado de 'nueve': *eneasílabo*.

eneágono, -na adj./n. m. [polígono] Que tiene nueve ángulos y nueve lados.

eneasílabo, -ba adj./n. m. culto [verso] Que tiene nueve sílabas: *este poema está escrito en eneasílabos*.

enebro n. m. **1** Arbusto de tronco ramoso, copa espesa, hojas agrupadas de tres en tres, rígidas y punzantes, y flores de color pardo rojizo; su fruto una baya de forma esférica y color negro azulado: *la ginebra se hace con las bayas del enebro*. **2** Madera de este arbusto, roja, fuerte y olorosa.

enema n. m. **1** Medicamento líquido que se introduce en el cuerpo a través del ano: *antes del parto, la enfermera le aplicó un enema*. SIN lavativa. **2** Instrumento manual para introducir ese líquido: *el enema sirve para ayudar a expulsar los excrementos*.
OBS No se debe confundir con *edema*.

enemigo, -ga adj. **1** Que se opone o es contrario: *la empresa enemiga tenía más ventas que la nuestra*. ◊ n. m. y f. **2** Persona que odia a otro y le desea o le hace mal: *mi padre fue un hombre bueno y nunca tuvo enemigos*. ANT amigo. **3** Persona que está en contra o no gusta de algo: *es un enemigo del tabaco*. **4** Persona o grupo de personas contra el que se lucha: *el ejército emprendió un ataque sorpresa contra el enemigo*.
DER enemistad.

enemistad n. f. Sentimiento de rechazo u odio entre dos o más personas: *la enemistad que existe entre ellos provoca un ambiente tenso cuando coinciden en un lugar*. ANT amistad, aprecio.
DER enemistar.

enemistar v. tr./prnl. Hacer que dos o más personas sean enemigas o pierdan su amistad: *el resultado del partido estuvo a punto de enemistarlos*; *el mal carácter de algunas personas hace que se enemisten con todo el mundo*.

energético, -ca adj. **1** De la energía o que tiene relación con esta fuerza: *la electricidad y el petróleo son recursos energéticos de un país*; *crisis energética*. **2** Que produce energía: *el azúcar y las almendras son alimentos energéticos*.

energía n. f. **1** Fuerza que tiene un cuerpo para poder hacer un trabajo, producir un cambio o una transformación: *energía eléctrica, atómica, nuclear*. **2** Capacidad y fuerza para actuar física y mentalmente: *desde que he comenzado a comer más sano, me siento lleno de energía*; *necesitamos a alguien con energía y entusiasmo para hacer este trabajo*.
DER energético, enérgico.

enérgico, -ca adj. Que tiene energía, que actúa con mucha fuerza y decisión: *el gobierno tomará medidas enérgicas para evitar la huelga*; *este detergente es muy enérgico contra las manchas*.

energúmeno, -na n. m. y f. Persona furiosa, violenta o que tiene malos modos: *algunos aficionados al fútbol se comportan como energúmenos*; *le pedí un aumento de sueldo, y se puso como un energúmeno*.

enero n. m. Primer mes del año: *enero tiene 31 días*.

enervar v. tr./prnl. **1** Quitar la fuerza y la energía: *el calor del verano enerva a las personas, las deja sin ganas de hacer nada*. **2** Poner nervioso: *su lentitud en el trabajo me enerva*. Esta acepción procede del francés.
DER enervación.
ETIM Véase *nervio*.

enésimo, -ma adj. **1** Que se ha repetido un número indeterminado de veces: *es la enésima vez que te digo que te estés quieto, no te lo diré más*. **2** MAT. [término] Que ocupa un lugar indeterminado en una serie o sucesión: *en la serie de números 1, 2, 3, 4, ..., el término enésimo puede ser cualquier número, como 100 o 300, y se representa por n*.

enfadar v. tr./prnl. **1** Causar disgusto o enfado: *cuando un niño no se porta bien, hace enfadar a sus padres*; *se ha enfadado, pero espero que se le pase pronto*. SIN disgustar, enojar. ANT agradar. ◊ v. prnl. **2 enfadarse** Romperse la buena

enfado

relación que existía entre dos o más personas: *se enfadaron hace mucho y aún no se hablan*. **SIN** disgustarse.
DER enfadado, enfado.

enfado *n. m.* Sentimiento que se experimenta contra una persona por haber cometido ésta una falta de obediencia, obligación o respeto: *¿se te ha pasado el enfado?; fue un enfado tonto*. **SIN** enojo.
DER enfadoso; desenfado.

enfangar *v. tr./prnl.* **1** Cubrir de barro: *ha llovido mucho y el camino se ha enfangado*. ◇ *v. prnl.* **2 enfangarse** *coloquial* Mezclarse en un asunto ilegal: *se enfangó en un negocio poco claro y perdió todo el capital invertido*.
OBS En su conjugación, la g se convierte en gu delante de e.

énfasis *n. m.* **1** Fuerza en la expresión o en la entonación con la que se quiere destacar la importancia de lo que se dice: *tienes que poner énfasis en esa frase, es la más importante de todas*. **2** Importancia o relieve que se concede a algo: *el profesor de inglés pone mucho énfasis en que se debe hablar inglés en clase*.
DER enfático, enfatizar.
OBS El plural también es *énfasis*.

enfático, -ca *adj.* Que se expresa con énfasis, lo denota o lo implica: *pronunció su discurso con un tono enfático*.

enfatizar *v. tr.* Destacar la importancia de algo o poner énfasis en ello: *enfatizó los esfuerzos que estaban realizando; en tu discurso debes enfatizar la frase final*.
OBS En su conjugación, la z se convierte en c delante de e.

enfebrecido, -da *adj.* Entusiasmado, exaltado: *el público aplaudía enfebrecido; unas fans enfebrecidas lloraban y gritaban*.

enfermar *v. intr.* **1** Caer o ponerse enfermo: *su padre ha enfermado del corazón; los rosales enfermaron y costó mucho sanarlos*. **ANT** curar, sanar. ◇ *v. tr.* **2** Causar disgusto, molestia o poner de mal humor: *tanta tranquilidad y lentitud me enferma*. **SIN** disgustar, enfadar, enojar. **ANT** gustar.

enfermedad *n. f.* **1** Alteración más o menos grave de la salud de un ser vivo: *la enfermedad de una planta atacada por pulgones; la enfermedad de un perro que sufre el moquillo; la enfermedad de un niño que está resfriado*. **enfermedad carencial** Enfermedad que se produce por falta de vitaminas o minerales en la alimentación: *la anemia es una enfermedad carencial*. **enfermedad crónica** Enfermedad que se padece a lo largo de mucho tiempo, generalmente por no tener cura, aunque sí un tratamiento que evita sus consecuencias: *la psoriasis es una enfermedad crónica*. **enfermedad mental** Enfermedad que afecta a la mente debido a una lesión cerebral o a causas psíquicas: *la depresión puede llegar a convertirse en una enfermedad mental*. **enfermedad profesional** Enfermedad que se produce por el ejercicio de un determinado trabajo: *la silicosis es una enfermedad profesional propia de mineros y canteros*. **2** Cosa que afecta o daña gravemente a una persona y es difícil de combatir o frenar: *su miedo a la oscuridad llegó a convertirse en una enfermedad*.

enfermería *n. f.* **1** Lugar donde se presta una primera atención a las personas enfermas o heridas: *llevaron al niño a la enfermería del colegio para pararle la hemorragia de la nariz*. **2** Conjunto de conocimientos relacionados con el cuidado de enfermos y heridos y con la ayuda a los médicos en su trabajo. **SIN** estudió enfermería y pronto comenzó a trabajar.

enfermero, -ra *n. m. y f.* Persona que se dedica al cuidado de enfermos y ayuda al médico en la aplicación de medios técnicos para la curación de las enfermedades.
DER enfermería.

enfermizo, -za *adj.* **1** [ser vivo] Que tiene poca salud y enferma con frecuencia: *era un chico delgado y enfermizo que encontró en el atletismo una forma de vida*. **2** De la enfermedad o que está relacionado con ella: *sentía unos celos enfermizos por cualquiera que mirara a su novia*.

enfermo, -ma *adj./n. m. y f.* [ser vivo] Que padece una enfermedad.
DER enfermar, enfermedad, enfermero, enfermizo.

enfervorizar *v. tr./prnl.* Provocar un intenso entusiasmo, generalmente en un conjunto numeroso de personas: *la aparición del cantante en el escenario enfervorizó al público*. **SIN** enardecer.
OBS En su conjugación, la z se convierte en c delante de e.

enfilar *v. tr./intr.* **1** Comenzar a recorrer un camino; tomar una dirección: *comenzó a correr cuando los toros enfilaron la calle Estafeta; los corredores enfilaron agrupados la última recta del circuito*. **2** *coloquial* ◇ *v. tr.* Vigilar de cerca a una persona con la intención de castigarla en cuanto cometa un error: *ten cuidado; el sargento de la compañía te tiene enfilado, y a la mínima, te mete un paquete*.
DER desenfilar.

enfisema *n. m.* MED. Formación de bolsas gaseosas en el tejido celular. **enfisema pulmonar** Enfisema que se produce en el tejido de los alveolos.

enflaquecer *v. tr.* Poner más flaca o delgada a una persona: *el alcohol y la falta de una alimentación adecuada habían enflaquecido y avejentado al vagabundo*. **SIN** demacrarse.
OBS En su conjugación, la c se convierte en zc delante de a y o, como en *agradecer*.

enfocar *v. tr.* **1** Ajustar un mecanismo óptico para hacer que una imagen se vea con claridad: *tardó un buen rato en enfocar correctamente la foto del grupo*. **ANT** desenfocar. **2** Dirigir un cámara u otro instrumento óptico hacia un lugar: *todas las cámaras de los periodistas enfocaron al secuestrado cuando salió al balcón de su casa tras ser liberado*. **3** Dirigir un foco de luz hacia un lugar para iluminarlo: *el policía enfocó los faros del coche hacia el lugar del accidente*. **4** Valorar o considerar una cosa desde un determinado punto de vista: *una vez acabada la carrera, debes enfocar de la manera más práctica tu futuro laboral*.
DER enfoque; desenfocar.
OBS En su conjugación, la c se convierte en qu delante de e.

enfoque *n. m.* **1** Grado de nitidez y claridad que tiene una imagen enfocada a través de una cámara u otro dispositivo óptico: *ajusta las lentes de los binoculares si quieres tener un buen enfoque*. **2** Manera particular de valorar o considerar una cosa: *el nuevo profesor hizo un enfoque lúdico del aprendizaje de las matemáticas*. **SIN** ángulo, perspectiva, punto de vista.

enfrascarse *v. prnl.* Dedicarse con el mayor esfuerzo y atención al desarrollo de una actividad o trabajo: *se enfrascó en el arreglo de la persiana del dormitorio y acabó perdiendo toda la mañana*.
DER enfrascado.
OBS En su conjugación, la c se convierte en qu delante de e.

enfrentamiento *n. m.* Oposición a la voluntad, a los intereses o a la fuerza de otro: *el enfrentamiento entre policía y manifestantes se saldó con numerosas detenciones*.

enfrentar *v. tr./prnl.* **1** Oponerse a la voluntad, a los intereses o a la fuerza de otra persona: *el cobro de la herencia enfrentó a varios hermanos; en la última jornada de liga se enfrentarán el líder y el segundo clasificado*. **2** Poner una persona o cosa frente a otra: *la policía enfrentó a los dos detenidos en un careo para ver si se ratificaban en sus declaraciones*.

◇ *v. prnl.* **3 enfrentarse** Considerar las diversas soluciones e intentar resolver un problema o una situación difícil: *si te han despedido, no debes desmoronarte, sino enfrentarte a tu nueva situación y procurar buscar otro trabajo.* **SIN** encarar.
DER enfrentamiento.

enfrente *adv.* En la parte opuesta o delante de un lugar, persona o cosa: *la cocina está enfrente del salón; colocó la televisión enfrente de sí para poder ver bien el partido.*
DER enfrentar.

enfriamiento *n. m.* **1** Disminución de la temperatura de un cuerpo o de un lugar: *con el enfriamiento brusco del metal, el herrero templa el acero; por la noche se produce un enfriamiento paulatino del ambiente.* **2** Disminución de la intensidad de un fenómeno, de una actividad o de un sentimiento: *el aumento del precio del petróleo provocó un enfriamiento de la economía; el incidente con los inmigrantes ha dado pie a un enfriamiento en las relaciones diplomáticas entre España y Guinea; la distancia fue la causante del enfriamiento de su amistad.* **3** Malestar físico provocado por la inflamación de las membranas mucosas del aparato respiratorio, que produce un aumento de la secreción nasal y suele ir acompañado de tos, fiebre y dolores musculares: *le pilló el chaparrón sin paraguas y está en la cama con un fuerte enfriamiento.*
SIN catarro, constipado, resfriado.

enfriar *v. tr./prnl.* **1** Hacer que disminuya la temperatura de un cuerpo; poner frío: *puso a enfriar el vino en un recipiente con hielo; si se te ha enfriado la comida, caliéntala en el microondas.* **ANT** calentar. **2** Hacer que disminuya la intensidad de un fenómeno, de una actividad o de un sentimiento: *el Gobierno ha tomado medidas para enfriar la economía; el descanso hizo que se enfriaran los ánimos de los jugadores.*
ANT calentar. ◇ *v. prnl.* **3 enfriarse** Contraer una enfermedad leve del aparato respiratorio consistente en una inflamación de la garganta y del tejido interior de la nariz, que a menudo va acompañada de fiebre y dolores musculares: *sécate bien después de bañarte o te enfriarás.* **SIN** acatarrarse, constiparse, resfriarse.
DER enfriamiento.
OBS En su conjugación, la *i* se acentúa en algunos tiempos y personas, como en *desviar*.

enfundar *v. tr.* **1** Guardar dentro de su funda; generalmente, un arma de fuego: *enfundar una pistola.* **ANT** desenfundar. **2** Colocar una funda encima de una cosa para protegerla: *enfundó los muebles antes de pintar el salón.* **ANT** desenfundar. ◇ *v. prnl.* **3 enfundarse** Ponerse una prenda de vestir, especialmente si es ajustada al cuerpo: *tras la primera etapa, ya se había enfundando el maillot de líder.*
DER desenfundar.

enfurecer *v. tr./prnl.* Poner furioso a una persona o animal: *le enfurecía ver a su novia coquetear con otros chicos; ver al cazador cerca de su cría enfureció al elefante.* **SIN** cabrear, encabritarse, encolerizar.
DER enfurecimiento.
OBS En su conjugación, la *c* se convierte en *zc* delante de *a* y *o*, como en *agradecer*.

enfurecimiento *n. m.* **1** Enfado muy grande de una persona: *su enfurecimiento fue tan grande que salió dando un portazo.* **2** Agitación del agua del mar por efecto del viento o de una tempestad: *el enfurecimiento del mar impidió que pudiéramos zarpar.*

enfurruñarse *v. prnl. coloquial* Enfadarse momentáneamente por un motivo poco importante: *el niño se enfurruñó cuando le dijeron que no lo llevarían al cine.*
DER enfurruñamiento.

engalanar *v. tr./prnl.* Embellecer con adornos y colgaduras, generalmente en señal de fiesta u homenaje: *todas las calles del pueblo se engalanaron para recibir a los reyes.*

enganchar *v. tr./prnl.* **1** Sujetar, unir o colgar de un gancho o de otra cosa parecida: *enganchó la caravana al coche y emprendió la marcha.* **ANT** desenganchar. **2** Quedar sujetas entre sí dos cosas por algún punto, generalmente de manera accidental: *la puerta del garaje debe haberse enganchado y no hay manera de cerrarla; se enganchó el pantalón con una zarza y se hizo un siete.* ◇ *v. tr./intr.* **3** Sujetar uno o varios animales a un vehículo o un instrumento para que tiren de él: *enganchar los perros al trineo; enganchar las mulas al carro.* ◇ *v. tr.* **4** Conseguir atraer el interés de una persona: *es una gran novela que engancha al lector desde la primera página.* ◇ *v. prnl.* **5 engancharse** Llegar a tener una relación de dependencia o adicción hacia una cosa: *engancharse a la heroína.*
DER enganchado, enganche, enganchón; desenganchar, reengancharse.

enganche *n. m.* **1** Sujeción o unión de dos cosas mediante un gancho u otra cosa que tenga forma o función parecidas: *lo despertó el ruido del enganche de los vagones del tren.* **2** Pieza o aparato que sirve para enganchar o sujetar una cosa: *el enganche de una pulsera; el enganche de un pendiente.* **3** Sujeción o unión de uno o más animales a un vehículo o un instrumento para que tiren de él: *el enganche de los bueyes a la carreta lo hizo el boyero.* **4** Animal o conjunto de animales, generalmente caballerías, que tiran de un vehículo, y forma en la que están unidos a él: *asistí en la plaza de toros a un concurso de enganches andaluces.* **5** Operación mediante la cual un aparato o sistema se conecta a una red general: *el enganche del teléfono; el enganche de la luz.*

banderín de enganche Reclamo o ejemplo que sirve para ganar adeptos a una causa o colaboradores para un trabajo común: *el éxito español en las Olimpíadas es el mejor banderín de enganche para que los jóvenes se acerquen al deporte.*

enganchón *n. m.* Rotura o desgarro producido por haberse prendido la ropa en un objeto punzante: *salió corriendo del bosque con la camisa llena de enganchones.*

engañabobos *n. m.* Cosa que parece de gran valor o muy útil, pero que en realidad es de poca calidad o inútil: *compró una jarra para magnetizar agua que resultó ser un engañabobos.* **SIN** engañifa.
OBS El plural también es *engañabobos*.

engañar *v. tr.* **1** Hacer creer a una persona algo que en realidad es mentira: *fue a comprar aceite de oliva, y lo engañaron vendiéndole una mezcla de girasol; el jugador simuló la falta para engañar al árbitro.* **2** Mantener relaciones sexuales con una persona distinta de la pareja habitual: *engañó a su marido con su mejor amigo.* **3** Calmar momentáneamente una necesidad o un sentimiento: *se comió un paquete de pipas para engañar el hambre; engañaba al miedo cantando en voz alta.* ◇ *v. intr.* **4** Causar una impresión equivocada en los sentidos: *en campo abierto, las distancias engañan mucho.* ◇ *v. prnl.* **5 engañarse** Tener una idea falsa de la realidad por desconocimiento o por el deseo de creer en lo más cómodo o agradable: *te engañas si crees que fumar poco no perjudica la salud.*
DER engañifa, engaño; desengañar.

engañifa *n. f.* Cosa que parece de gran valor o muy útil, pero que en realidad es de poca calidad o inútil: *la mayor parte de los crecepelos acaban resultando una engañifa.*
SIN engañabobos.

engaño *n. m.* **1** Falta a la verdad que se comete cuando se

engañoso

hace creer a una persona algo que en realidad es mentira: *durante años se hizo pasar por médico, hasta que un paciente descubrió el engaño.* **2** Medio o procedimiento que se emplea para llevar a cabo este hecho: *algunos recipientes son un engaño porque parecen contener más producto del que tienen en realidad.* **3** Relación sexual que se mantiene con una persona distinta de la pareja habitual: *pidió el divorcio harto de los engaños de su mujer.* **4** Impresión o idea equivocada o falsa que se tiene de una cosa: *debes salir de tu engaño y darte cuenta de que ya no lo quieres.* **5** Capote o muleta que se usa para torear a un toro: *maneja muy bien el engaño.*
llamarse a engaño Sentirse engañado en un asunto: *antes de venderme su coche, mi amigo me advirtió, para que no me llamara a engaño, que tenía el radiador en mal estado.*
DER engañoso.

engañoso, -sa *adj.* Que engaña o puede inducir al engaño: *la publicidad engañosa está perseguida por la ley.*

engarce *n. m.* **1** Unión de una cosa con otra formando una cadena: *el engarce de las cuentas de un collar.* **2** Encaje de una cosa en un soporte o sobre una superficie: *utilizó un poco de pegamento para conseguir un engarce perfecto de la piedra en el anillo.* **3** Soporte o superficie sobre la que se lleva a cabo este encaje: *el joyero montó una gran perla negra en un engarce de oro.* **SIN** engaste. **4** Relación que se establece entre dos o más cosas para formar un conjunto o una idea homogénea y coherente: *el montaje de una película consiste en el engarce adecuado de las diversas escenas entre sí.* **SIN** encadenamiento, engranaje.

engarzar *v. tr.* **1** Unir una cosa con otra formando una cadena: *engarzar los eslabones de una cadena.* **2** Engastar una cosa en un soporte o sobre una superficie: *engarzar un zafiro en un anillo.* **SIN** engastar. **3** Relacionar dos o más cosas entre sí para formar un conjunto o una idea homogénea y coherente: *engarzó con acierto los conceptos sobre los que había sido preguntado y sacó una nota excelente en el examen.* **SIN** encadenar, enlazar.
DER engarce; desengarzar.
OBS En su conjugación, la *z* se convierte en *c* delante de *e*.

engastar *v. tr.* Encajar firmemente una cosa en un soporte o sobre una superficie; especialmente, una perla o una piedra preciosa en una joya: *engastar un diamante en un pendiente.* **SIN** engarzar.
DER engaste; desengastar.

engaste *n. m.* **1** Encaje o ajuste de una cosa en un soporte o sobre una superficie; especialmente, de una perla o una piedra preciosa en una joya: *el engaste de joyas requiere gran precisión y cuidado.* **SIN** engarce. **2** Soporte o superficie sobre la que se lleva a cabo este encaje o ajuste: *los ladrones arrancaron las piedras de la corona y sólo dejaron los engastes de metal.* **SIN** engarce.

engatusar *v. tr.* Ganar la voluntad y la confianza de una persona mediante halagos o muestras de admiración y simpatía: *el vendedor consiguió engatusarlo para que se quedara con el coche.*

engendrar *v. tr.* **1** Crear una persona o un animal un ser de su misma especie mediante la reproducción natural: *una rata puede engendrar numerosas crías en cada parto.* **2** Producir un efecto o resultado; ser el origen o la razón de que una cosa ocurra: *el uso de la violencia engendra más violencia.*
SIN causar, ocasionar, originar.
DER engendro.
ETIM Véase *generar*.

engendro *n. m.* **1** Ser vivo con un aspecto físico anormal y deforme: *la contaminación radiactiva provocó que algunas reses dieran a luz engendros tales como terneros con dos cabezas.* **2** Plan u obra mal concebida o deficientemente desarrollada: *la última película del director alemán resultó ser un engendro insufrible.*

englobar *v. tr.* Incluir varias partes, elementos o individuos en una sola unidad o conjunto: *la categoría de peso ligero engloba a boxeadores profesionales de peso comprendido entre 58 y 61 kilos aproximadamente.* **SIN** abarcar.

engolado, -da *adj.* **1** [persona] Que habla con un tono de voz poco natural, dando un énfasis excesivo a aspectos del discurso que no lo merecen: *me divierte ver las viejas imágenes del NO-DO y oír a aquellos engolados locutores.* **2** [persona] Que muestra orgullo excesivo por las cualidades o actos propios. **SIN** engreído. **ANT** humilde.

engomar *v. tr.* Untar de cola o goma de pegar una superficie, generalmente de tela o papel: *engomar las pastas de un libro para encuadernarlo.*

engominarse *v. prnl.* Ponerse gomina o fijador en el cabello.

engordar *v. intr.* **1** Ponerse gordo; aumentar de peso: *el médico le ha advertido que no le conviene engordar tanto.* **ANT** adelgazar. ◇ *v. tr./intr.* **2** Aportar el exceso de sustancias alimenticias o grasas que hacen que una persona se ponga gorda o aumente de peso: *el pan engorda.* **ANT** adelgazar. ◇ *v. tr.* **3** Alimentar a un animal para que aumente de peso o se ponga gordo, generalmente con el fin de aprovechar su carne: *pasó todo un año engordando el pavo de Nochebuena.* **SIN** cebar.
DER engorde.

engorde *n. m.* Alimentación encaminada a lograr que un animal aumente de peso o se ponga gordo, generalmente con el fin de aprovechar su carne: *el engorde del ganado mediante hormonas está prohibido por la ley.*

engorro *n. m.* Cosa que resulta fastidiosa o molesta: *es un engorro tener que rellenar la declaración de la renta.*
DER engorroso.

engorroso, -sa *adj.* Que resulta un engorro: *los engorrosos trámites para solicitar una beca; trabajar en el centro de una ciudad acaba por ser bastante engorroso.*

engranaje *n. m.* **1** Encaje de dos o más ruedas dentadas entre sí: *el golpe ha desajustado el engranaje del coche de juguete.* **2** Conjunto de ruedas dentadas y piezas que encajan entre sí y forman parte de un mecanismo o de una máquina: *el engranaje de un reloj de pulsera es de un tamaño minúsculo.* ☞ transmisión, sistemas de. **3** Conjunto de personas, relaciones y actuaciones que caracterizan el funcionamiento de un grupo o de una empresa o institución: *solicitó una pensión, pero el complicado engranaje burocrático de la Administración hizo que tardara tiempo en lograrla.* **4** Relación que se establece entre dos o más cosas para formar un conjunto o una idea homogénea y coherente: *mediante un agudo engranaje teórico, el científico logró demostrar sus teorías.*
SIN encadenamiento, engarce.

engranar *v. intr.* **1** Ajustar las ruedas dentadas de un mecanismo para que encajen entre sí correctamente: *engranar el plato de una bicicleta.* ◇ *v. tr./prnl.* **2** Relacionar dos o más cosas entre sí para formar un conjunto o una idea homogénea y coherente: *el argumento de la película se engrana a partir de la huida del protagonista.* **SIN** encadenar, engarzar, enlazar.
DER engranaje.

engrandecer *v. tr./prnl.* **1** Dar mayor valor, grandeza u honor: *la obra de Cervantes engrandece la literatura española.* **SIN** enaltecer, encumbrar, ensalzar. **ANT** empequeñecer.

2 Hacer grande o más grande una cosa: *desde el primer momento, Hitler pensó en engrandecer el territorio alemán.* **SIN** agrandar, ensanchar.
DER engrandecimiento.
OBS En su conjugación, la *c* se convierte en *zc* delante de *a* y *o*, como en *agradecer*.

engrandecimiento *n. m.* **1** Aumento del valor, grandeza u honor de una cosa: *la prematura muerte de James Dean contribuyó al engrandecimiento de su figura.* **2** Aumento del tamaño de una cosa: *la adición de varios apéndices ha provocado un engrandecimiento excesivo del trabajo de fin de curso.* **SIN** agrandamiento.

engrasar *v. tr.* Aplicar grasa a una superficie para facilitar su deslizamiento sobre otra, reduciendo el rozamiento: *engrasó el palo de la cucaña antes de la competición.* **ANT** desengrasar.
DER engrase.

engrase *n. m.* Aplicación de grasa o aceite a una superficie para facilitar su deslizamiento sobre otra, reduciendo el rozamiento: *servicio de lavado y engrase de una gasolinera.*

engreído, -da *adj./n. m. y f.* [persona] Que muestra orgullo excesivo por las cualidades o actos propios: *sus éxitos deportivos lo habían vuelto un atleta engreído y displicente con la prensa.* **SIN** creído, presuntuoso, vanidoso. **ANT** humilde.

engrosar *v. tr./prnl.* Aumentar el número o la cantidad de una cosa: *los obreros despedidos de la factoría engrosarán la lista de parados.*

engrudo *n. m.* Masa espesa y pegajosa que resulta de mezclar diversas sustancias, especialmente harina y agua.

engruesar *v. intr.* Hacer más grueso algo: *debes engruesar esa línea pintada; es muy fina.*

engullir *v. tr.* **1** Tragar la comida con rapidez y casi sin masticar: *el camaleón engulló al insecto a una velocidad pasmosa.* **2** Comer con rapidez; generalmente, una gran cantidad de alimentos: *durante un concurso fue capaz de engullir más de veinte pizzas en menos de media hora.* **SIN** zampar.
OBS En su conjugación, la *i* de la desinencia se pierde absorbida por la *ll* en algunos tiempos y personas, como en *mullir*.

enharinar *v. tr.* Cubrir un alimento con una fina capa de harina: *enharinar el pescado antes de freírlo.*

enhebrar *v. tr.* **1** Pasar un hilo a través del agujero de un objeto; especialmente, del ojo de una aguja: *enhebrar las cuentas de un collar; enhebrar una aguja de coser.* **SIN** ensartar. **ANT** desenhebrar. **2** Hablar de muchos temas yendo de uno a otro sin orden ni concierto: *enhebró una conversación con la vecina que le ocupó toda la tarde.* **SIN** ensartar.
DER desenhebrar.

enhiesto, -ta *adj.* Levantado y derecho verticalmente: *el enhiesto mástil de un velero.*

enhorabuena *n. f.* Expresión de la alegría y la satisfacción que se siente por una cosa agradable o feliz que le ha ocurrido a otra persona: *el Rey dio personalmente la enhorabuena a los medallistas olímpicos españoles.* **SIN** congratulación, felicitación, parabién.

enigma *n. m.* **1** Frase o pregunta difícil que, como pasatiempo o juego, una persona propone a otra para que le encuentre el sentido oculto o le dé una solución: *le propuso resolver el siguiente enigma: ¿qué animal cuando es joven va en grupo, cuando adulto en pareja y cuando es viejo anda en solitario?* **SIN** acertijo, adivinanza, rompecabezas. **2** Cosa que no tiene una explicación racional conocida: *es un enigma el saber cómo algunos animales consiguen orientarse cuando migran.*
DER enigmático.

enigmático, -ca *adj.* **1** Que tiene un significado desconocido u oculto: *cuando dijo que quería hablar conmigo, me lanzó una mirada enigmática.* **2** Que no tiene una explicación racional conocida: *leyó un libro sobre las enigmáticas desapariciones de barcos y aviones en el Triángulo de las Bermudas.*

enjabonar *v. tr./prnl.* Aplicar y extender agua y jabón sobre una superficie: *enjabonar un mantel antes de enjuagarlo; enjabonó las manos del niño y se las lavó.* **SIN** jabonar.

enjaezar *v. tr.* Embellecer una caballería colocándole adornos o jaeces.
OBS En su conjugación, la *z* se convierte en *c* delante de *e*.

enjalbegar *v. tr.* Blanquear una pared con cal, yeso o tierra blanca.
OBS En su conjugación, la *g* se convierte en *gu* delante de *e*.

enjambre *n. m.* **1** Conjunto numeroso de abejas con su reina, especialmente cuando salen juntas de una colmena para formar otra colonia: *un enjambre se ha instalado en una de las papeleras del paseo.* **SIN** colmena. **2** Conjunto numeroso de personas, animales o cosas: *un enjambre de moscas zumbaba alrededor del gato muerto; un enjambre de periodistas perseguía por el aeropuerto al famoso cantante.*
DER enjambrar.

enjaular *v. tr.* Meter o encerrar en una jaula a un animal: *enjaular un canario; enjaular un gorila.* **ANT** desenjaular.

enjoyar *v. tr./prnl.* Adornar con joyas una parte del cuerpo de una persona: *el sultán enjoyó con esplendidez a su futura mujer; se enjoyó con las piedras más valiosas de la familia para asistir a la recepción real.*

enjuagar *v. tr./prnl.* **1** Aclarar con agua algo manchado o enjabonado para limpiarlo o aclararlo: *enjuágate las manos después de pelar los ajos; enjuaga bien la camisa antes de tenderla.* ◇ *v. prnl.* **2** Enjuagarse Limpiarse los dientes y la boca manteniendo en ella y moviendo una porción de agua o líquido antiséptico que luego se escupe.
DER enjuague.
OBS En su conjugación, la *g* se convierte en *gu* delante de *e*.

enjuague *n. m.* **1** Líquido antiséptico para enjuagarse la boca por higiene bucal. **SIN** colutorio. **2** Acuerdo secreto o ilícito para beneficiar a una o más personas en perjuicio de otras: *obtuvo una plaza en la Administración gracias a un enjuague con los miembros del departamento.*

enjugar *v. tr./prnl.* **1** Eliminar la humedad o el líquido que cubre algo con un pañuelo, un paño o una esponja: *enjugar las lágrimas.* **SIN** secar. ◇ *v. tr.* **2** Hacer disminuir o eliminar una deuda o un déficit: *no logró enjugar los gastos con lo obtenido con los beneficios y tuvo que cerrar la tienda.* **3** Hacer disminuir o eliminar una diferencia de puntos, tantos o goles: *el equipo visitante no pudo enjugar la diferencia de goles en la segunda parte y perdió el partido.*
OBS En su conjugación, la *g* se convierte en *gu* delante de *e*.

enjuiciar *v. tr.* **1** Adoptar una opinión o juicio sobre un asunto: *los periodistas no tienen derecho a enjuiciar la vida privada de los personajes famosos.* **2** **DER** Someter a una persona a un proceso legal mediante el que un juez decide si es responsable de un delito: *el Tribunal Internacional de La Haya enjuició a algunos de los responsables del genocidio en la antigua Yugoslavia.*
DER enjuiciamiento.
OBS En su conjugación, la *i* no se acentúa, como en *cambiar*.

enjundia *n. f.* Riqueza y profundidad de ideas del contenido de un libro, un discurso o una película u obra de teatro: *algunos críticos reprochan al cine norteamericano su infantilismo y su falta de enjundia.*
DER enjundioso.

enjuto, -ta adj. [persona, animal] Que está muy delgado. **SIN** flaco. **ANT** gordo, grueso, rollizo.

enlace n. m. **1** Relación que se establece entre dos o más elementos: *el amor es el tema de enlace entre los relatos que forman el libro de cuentos*. **2** Vía de comunicación que une dos lugares: *el túnel bajo el canal de la Mancha es el único enlace terrestre entre las islas británicas y Francia; Ceuta y Melilla tienen enlace marítimo y aéreo con la península*. **3** Lugar en el que se unen o cruzan dos vías de comunicación o dos medios de transporte: *la estación madrileña de Atocha sirve de enlace para los viajeros que cruzan la península*. **4** Persona que facilita el trato o la relación personal con otras, especialmente dentro de una institución, empresa u organización: *los directivos de la fábrica se reunieron con los enlaces sindicales de los trabajadores para negociar los salarios*. **SIN** contacto. **5** Unión de dos personas mediante determinados ritos o formalidades legales por los cuales ambos se comprometen a llevar una vida en común. **SIN** boda, casamiento, matrimonio. **6** GRAM. Partícula o palabra que sirve para establecer relaciones entre las partes de una oración: *conjunciones y preposiciones desempeñan a menudo funciones de enlaces gramaticales*. **7** Fuerza que mantiene unidos los átomos de una molécula o las moléculas entre sí.

enlatar v. tr. Meter un producto en una lata para facilitar su conservación o transporte, especialmente un alimento.

enlazar v. tr./intr./prnl. **1** Relacionar dos o más cosas entre sí para formar un conjunto o una idea homogénea y coherente: *el joven político enlaza con brillantez sus ideas renovadoras*. **SIN** encadenar, engarzar, engranar, entrelazar. ◇ v. tr. **2** Unir o atar con un lazo: *no salió del coche hasta que el guarda enlazó a los perros*. **ANT** desenlazar. **3** Unir una cosa con otra cruzándolas entre sí: *los novios enlazaron sus manos ante el sacerdote*. **SIN** entrelazar. ◇ v. intr. **4** Combinar dos o más medios de transporte para llegar al destino deseado: *varias compañías navieras enlazan las islas Canarias con la península*. **SIN** empalmar.
DER enlace; desenlazar.
OBS En su conjugación, la z se convierte en c delante de e.

enlodar v. tr./prnl. **1** Cubrir o manchar una superficie con lodo o barro. **2** Manchar el buen nombre de una persona: *no le hagas caso: sus murmuraciones enlodan a todo el mundo*.

enloquecer v. tr./intr. **1** Perder el juicio o la razón una persona; volver loco: *las atrocidades que contempló en el frente de guerra lo enloquecieron*. ◇ v. intr. **2** *coloquial* Gustar mucho: *a la mayoría de los niños los enloquece el chocolate*. **SIN** encantar, entusiasmar.
DER enloquecimiento.
OBS En su conjugación, la c se convierte en zc delante de a y o, como en *agradecer*.

enloquecimiento n. m. Pérdida del juicio o razón.

enlosar v. tr. Cubrir el suelo de una habitación o de un recinto con losas fijándolas ordenadamente a la superficie sobre la que se colocan.
DER enlosado.

enlucir v. tr. **1** Cubrir un techo o una pared con una capa fina de yeso, argamasa, estuco o escayola para procurar un acabado más cuidado: *al enlucir una superficie se tapan los materiales de construcción más toscos*. **2** Limpiar y sacar brillo a una superficie: *enlucieron toda la cubertería para preparar la cena de Navidad*.
OBS En su conjugación, la c se convierte en zc delante de a y o, como en *lucir*.

enlutar v. tr./prnl. **1** Vestir de luto en señal de dolor y pena por la muerte de una persona: *la trágica muerte del padre enlutó a su mujer y a sus hijas*. **2** Sentir un gran dolor y pena por la muerte de una persona: *todo el mundo del espectáculo se enlutó por la muerte del famoso cantante*.

enmarañar v. tr./prnl. **1** Entrelazar de manera desordenada y accidental hilos, cabellos, cuerdas, cables o cosas parecidas: *el viento enmarañó su amplia melena; ten cuidado y no enmarañes el hilo de pescar*. **SIN** enredar. **ANT** desenmarañar, desenredar, desmarañar. **2** Complicar y dificultar la solución o la comprensión de un asunto: *la desaparición del arma con la que se efectuaron los disparos enmarañó la resolución del asesinato*. **SIN** enredar. **ANT** desenmarañar, desenredar, desmarañar.
DER enmarañado; desenmarañar.

enmarcar v. tr. **1** Poner un marco a una fotografía, pintura o lámina: *enmarcó el mapa de España y lo colgó en la pared de su habitación*. **SIN** encuadrar. ◇ v. tr./prnl. **2** Señalar los límites espaciales, temporales, culturales, económicos o políticos que rodean una cosa y determinan en parte sus características: *la segunda guerra mundial enmarca la trama de la película* Casablanca; *El buscón de Quevedo se enmarca en la tradición picaresca de la literatura española*. **SIN** encuadrar.
OBS En su conjugación, la c se convierte en qu delante de e.

enmascarar v. tr./prnl. **1** Cubrir la cara con una máscara o un antifaz: *la mayor parte de los asistentes al baile de disfraces enmascaraban sus caras*. **ANT** desenmascarar. **2** Cambiar la apariencia exterior para ocultar el aspecto real de una cosa o para disimular los verdaderos sentimientos: *enmascaraba con habilidad la antipatía que sentía hacia el vecino de su novia*. **SIN** disfrazar.
DER enmascarado; desenmascarar.

enmendar v. tr./prnl. Corregir un error o un defecto: *el profesor tuvo que enmendar al alumno en varias ocasiones durante el desarrollo de la ecuación*.
DER enmienda.
OBS En su conjugación, la e se convierte en ie en sílaba acentuada, como en *acertar*.

enmienda n. f. **1** Corrección de un error o defecto: *tu redacción está bastante bien, aunque le he hecho algunas enmiendas*. **2** Propuesta de cambio en el contenido de uno o varios artículos o apartados de un proyecto de ley: *la oposición ha presentado numerosas enmiendas al proyecto de Ley de Presupuestos*.

enmohecer v. tr./prnl. **1** Cubrir una superficie con una capa de moho: *el calor enmohece la fruta; la humedad enmohece los metales*. ◇ v. prnl. **2 enmohecerse** Perder ciertas cualidades por falta de ejercicio: *debes jugar de vez en cuando al tenis si no quieres enmohecerte*. **SIN** agarrotar, anquilosar, atrofiar.
DER desenmohecer.
OBS En su conjugación, la c se convierte en zc delante de a y o, como en *agradecer*.

enmoquetar v. tr. Cubrir con moqueta: *quiere enmoquetar hasta las paredes*.

enmudecer v. intr. **1** Dejar de hablar; dejar de hacer ruido o de producir un sonido: *al ver entrar en el aula al director, el profesor enmudeció; las calles del pueblo enmudecieron con la caída de la noche*. **SIN** callar. ◇ v. tr. **2** Hacer callar: *la grandeza de las pirámides hace enmudecer a cuantos las contemplan*. ◇ v. tr./prnl. **3** Hacer perder el habla: *a causa de una fuerte amigdalitis, enmudeció durante algunos días*.
DER enmudecimiento.
OBS En su conjugación, la c se convierte en zc delante de a y o, como en *agradecer*.

ennegrecer *v. tr./prnl.* Poner de un color más oscuro o negro: *la polución ennegrece las fachadas de los edificios.* **ANT** blanquear, blanquecer, emblanquecer.
DER ennegrecimiento.
OBS En su conjugación, la *c* se convierte en *zc* delante de *a* y *o*, como en *agradecer*.

ennoblecer *v. tr./prnl.* **1** Conceder un título de nobleza a una persona: *es potestad del Rey ennoblecer a las personas que han prestado servicios especialmente valiosos al Estado.* **2** Hacer noble y bueno: *la cultura ennoblece a quien la posee.* **ANT** deshonrar. **3** Dar mayor valor, grandeza o distinción: *la biblioteca de la universidad se ha visto ennoblecida con la adquisición de varios incunables.*
DER ennoblecimiento.
OBS En su conjugación, la *c* se convierte en *zc* delante de *a* y *o*, como en *agradecer*.

ennoviarse *v. prnl. coloquial* Echarse novio, empezar a salir con otra persona como novios.

enojar *v. tr./prnl.* Causar enojo o enfado: *las deficiencias en el sonido de la película enojaron al público que abarrotaba la sala de cine.* **SIN** disgustar, enfadar, enfermar. **ANT** gustar.
DER enojo, enojoso.

enojo *n. m.* Enfado que se siente hacia una persona: *la tardanza del camarero provocó el enojo de los clientes.*

enojoso, -sa *adj.* Que causa enojo o enfado: *le era especialmente enojoso tener que soportar que algunos alumnos llegaran tarde a clase.*

enología *n. f.* Conjunto de conocimientos relativos a los procesos de elaboración y crianza de vinos.

enólogo, -ga *n. m. y f.* Persona entendida en enología.
DER enología.

enorgullecer *v. tr./prnl.* Sentir gran satisfacción por haber hecho una acción especialmente buena o una obra digna de mérito: *el padre del gran jugador solía enorgullecerse de haber sido el primero en enseñar a jugar al fútbol a su hijo.* **ANT** avergonzar.
DER enorgullecimiento.
OBS En su conjugación, la *c* se convierte en *zc* delante de *a* y *o*, como en *agradecer*.

enorgullecimiento *n. m.* Satisfacción que siente una persona por haber hecho una acción especialmente buena o una obra digna de mérito. **SIN** orgullo.

enorme *adj.* **1** Que es muy grande, excesivo: *cosechar un melón enorme; poseer una fortuna enorme; sufrir un disgusto enorme.* **SIN** inmenso. **ANT** mínimo. **2** Que sobresale entre los demás por sus excelentes características: *la prensa deportiva coincide en calificarlo como un atleta enorme.*
DER enormidad.

enormidad *n. f.* Exceso, desmesura: *se ha solicitado ayuda a otras provincias ante la enormidad del incendio.*
una enormidad *coloquial* Cantidad grande y excesiva; muchísimo: *creo que hemos comprado una enormidad de carne para la barbacoa; me gusta esquiar una enormidad.* **SIN** una barbaridad, una bestialidad.

enquistarse *v. prnl.* **1** Formarse un quiste en una parte del cuerpo. **2** Convertirse en crónico y permanente un problema o una situación difícil y adversa: *es necesario evitar que la violencia se enquiste en el deporte.*
DER enquistamiento.

enrabietarse *v. prnl.* **1** Sufrir una rabieta o disgusto grande y de poca duración, generalmente por causa de un capricho no satisfecho: *el niño se enrabietó cuando lo castigaron sin ir al cine por su mal comportamiento.* **2** Dar muestras de rabia o de un enfado grande: *tras perder el primer set, Arantxa se enrabietó consigo misma en el segundo, que acabó ganando por 6-1.*

enraizar *v. intr./prnl.* **1** Echar raíces una planta: *sembró un plantón de pino en su jardín para ver si enraizaba.* **SIN** arraigar. ◇ *v. tr./intr.* **2** Hacer firme y duradero un sentimiento o una costumbre: *el flamenco se halla enraizado en la cultura popular andaluza.* **SIN** arraigar. ◇ *v. prnl.* **3 enraizarse** Establecerse en un lugar de forma duradera: *muchos emigrantes españoles en Alemania se enraizaron en aquel país y se quedaron allí a vivir para siempre.* **SIN** arraigar, asentar.
OBS En su conjugación, la *i* se acentúa en algunos tiempos y personas y la *z* se convierte en *c* delante de *e*.

enraizar	
INDICATIVO	SUBJUNTIVO
presente	presente
enraízo	enraíce
enraízas	enraíces
enraíza	enraíce
enraizamos	enraicemos
enraizáis	enraicéis
enraízan	enraícen
pretérito imperfecto	pretérito imperfecto
enraizaba	enraizara o enraizase
enraizabas	enraizaras o enraizases
enraizaba	enraizara o enraizase
enraizábamos	enraizáramos o enraizásemos
enraizabais	enraizarais o enraizaseis
enraizaban	enraizaran o enraizasen
pretérito indefinido	futuro
enraicé	enraizare
enraizaste	enraizares
enraizó	enraizare
enraizamos	enraizáremos
enraizasteis	enraizareis
enraizaron	enraizaren
futuro	
enraizaré	IMPERATIVO
enraizarás	enraíza (tú)
enraizará	enraíce (usted)
enraizaremos	enraizad (vosotros)
enraizaréis	enraícen (ustedes)
enraizarán	
condicional	FORMAS NO PERSONALES
enraizaría	infinitivo gerundio
enraizarías	enraizar enraizando
enraizaría	participio
enraizaríamos	enraizado
enraizaríais	
enraizarían	

enrarecer *v. tr./prnl.* **1** Dilatar un gas haciéndolo menos denso: *conforme aumenta la altura, el aire se enrarece y la respiración se hace más difícil.* **2** Contaminar el aire; disminuir o hacer disminuir la proporción de oxígeno del aire: *los días encapotados y de poco viento, el humo de la fábrica enrarecía la atmósfera del pueblo.* **3** Sufrir un proceso de deterioro las relaciones de amistad o respeto entre dos o más personas: *los insultos mutuos proferidos por los presidentes de ambos clubes han enrarecido el ambiente del partido.*
DER enrarecimiento.

OBS En su conjugación, la c se convierte en zc delante de a y o, como en *agradecer*.

enrarecimiento n. m. **1** Disminución de la densidad de un gas que se produce al separarse las moléculas que lo forman: *a medida que subimos una montaña, podemos notar el enrarecimiento del aire atmosférico*. **2** Contaminación del aire que hace que disminuya el oxígeno: *tanta gente en una habitación cerrada ha provocado el enrarecimiento del ambiente*. **3** Malestar que se produce cuando la relación entre un grupo de personas no es buena, especialmente por opinar de distinta forma sobre un asunto: *el debate sobre la nueva ley fue la causa del enrarecimiento en el parlamento*.

enredadera adj./n. f. **1** [planta] Que tiene un tallo fino y flexible que crece y sube enredándose en un elemento vertical o en otras plantas: *la yedra y la vid son plantas enredaderas*. ◇ n. f. **2** Planta silvestre, de tallo largo y nudoso, hoja permanente y flores de color rosa en forma de pequeñas campanas: *la enredadera silvestre es abundante en los campos españoles, aunque también se cultivan variedades de jardín*.

enredar v. tr./prnl. **1** Entrelazar de manera desordenada y accidental hilos, cabellos, cuerdas, cables o cosas parecidas: *los micrófonos inalámbricos dan una mayor libertad de movimientos y evitan que los cables se enreden*. **SIN** enmarañar. **ANT** desenmarañar, desenredar, desmarañar. **2** Hacer que una persona participe en un negocio o asunto, especialmente si es peligroso o ilegal: *lo enredaron en un negocio oscuro y acabó siendo acusado de fraude fiscal*. **SIN** envolver. **3** Complicar y dificultar la solución o la comprensión de un asunto: *la existencia de un contrato oculto no ha hecho sino enredar el fichaje del jugador*. **SIN** enmarañar. **ANT** desenmarañar, desenredar, desmarañar. **4** Procurar confundir a una persona: *el fiscal intentó enredar con sus preguntas al testigo de la defensa*. **SIN** envolver. **5** Hacer perder el tiempo: *me encontré con mis amigos a la salida del trabajo y me enredaron hasta las tantas*. **SIN** entretener. ◇ v. intr. **6** Molestar haciendo travesuras o manejando lo que no se debe: *deja de enredar con los rotuladores y ponte a estudiar*. ◇ v. prnl. **7 enredarse** Confundirse; no comprender o no obrar de forma acertada o clara: *desarrolla el problema paso a paso y no te enredarás*. **8** Mantener una relación amorosa o sexual que no implica compromiso: *se ha enredado con una camarera de su pueblo*.
DER enredadera, enredado, enredador, enredo, enredoso; desenredar.

enredo n. m. **1** Conjunto de hilos, cabellos, cuerdas, cables o cosas parecidas entrelazadas que no pueden separarse fácilmente: *para quitarte los enredos del pelo tendrás que lavarte la cabeza*. **SIN** lío, maraña. **2** Conjunto de engaños y maniobras secretas para conseguir algo: *han descubierto sus enredos para obtener las mejores notas de la clase*. **3** Asunto peligroso o ilegal: *no quiero saber nada de tus enredos con la policía*. **4** Confusión o falta de claridad en las ideas o en los conocimientos: *tu examen está lleno de enredos e inexactitudes*. **5** Conjunto de acciones o relaciones que unen a los personajes de una obra de ficción: *muchas comedias se fundamentan en el enredo de un gran número de personajes*. **6** Relación amorosa o sexual que no implica compromiso: *el joven torero se ha visto envuelto en algunos enredos con jóvenes de la aristocracia andaluza*. **SIN** afer, aventura, lío.

enrejado n. m. Conjunto de rejas que protegen una puerta o ventana o que rodean un lugar: *el enrejado de los balcones de una casa; el enrejado de un jardín*. **SIN** reja.

enrejar v. tr. Proteger con rejas una puerta o ventana o rodear un lugar con ellas: *enrejó todas las ventanas de la casa por temor a los ladrones*.

DER enrejado.

enrevesado, -da adj. Que tiene un contenido complicado y muy difícil de comprender: *el texto de algunas leyes es demasiado enrevesado, y, por ello, su contenido se presta a muchas interpretaciones*.

enriquecer v. tr./prnl. **1** Hacer rico o más rico: *el comercio del petróleo ha enriquecido a muchos países árabes*. **ANT** depauperar, empobrecer. **2** Dotar de mayor calidad o valor a una cosa mejorando sus propiedades y características: *procuraba enriquecer su dieta tomando alimentos frescos y naturales; la literatura española se vio especialmente enriquecida durante los siglos XVI y XVII*.
DER enriquecedor, enriquecimiento.
OBS En su conjugación, la c se convierte en zc delante de a y o, como en *agradecer*.

enriquecimiento n. m. **1** Obtención de riquezas por parte de una persona o grupo: *el narcotraficante fue acusado de enriquecimiento ilícito*. **ANT** depauperación, empobrecimiento. **2** Proceso mediante el cual se dota de mayor calidad o valor a una cosa mejorando sus propiedades y características: *la lectura es la principal fuente de enriquecimiento cultural de una persona*.

enrocar v. intr./tr. En el juego del ajedrez, mover en una misma jugada el rey y una torre según ciertas condiciones.
DER enroque.
OBS En su conjugación, la c se convierte en qu delante de e.

enrojecer v. tr./prnl. **1** Dar a una cosa un color rojo: *el herrero enrojeció la pieza de hierro al introducirla en la fragua*. ◇ v. intr./prnl. **2** Ponerse roja una parte del cuerpo de una persona, especialmente la cara: *le picó un mosquito y se le enrojeció toda la mano; enrojeció de vergüenza al verse descubierto*.
DER enrojecido, enrojecimiento.
OBS En su conjugación, la c se convierte en zc delante de a y o, como en *agradecer*.

enrojecimiento n. m. Coloración roja que paulatinamente va adquiriendo una cosa; especialmente, una parte del cuerpo de una persona: *la inflamación cutánea suele ir acompañada del enrojecimiento de la zona afectada*.

enrolar v. tr./prnl. **1** Inscribir entre los miembros de la tripulación de un barco: *el armador tiene la obligación de enrolar en el pesquero a un cierto número de marineros marroquíes*. ◇ v. prnl. **2 enrolarse** Inscribirse en una sociedad, empresa u organización; especialmente, en el ejército: *el jugador declaró estar dispuesto a enrolarse en el equipo español si recibe una buena oferta; se enroló en el Ejército del Aire*.

enrollar v. tr. Dar a una cosa forma de rollo: *enrollar una cinta métrica; enrollar una persiana; enrollar cinta protectora en la empuñadura de una raqueta*. **SIN** arrollar, enroscar. **ANT** desarrollar, desenrollar, desenroscar. ◇ v. prnl. **2 enrollarse** *coloquial* Extenderse demasiado al hablar o al escribir: *el profesor solía pedir a sus alumnos que no se enrollaran en los exámenes*. **3** *coloquial* Dar a una persona un trato especialmente favorable: *dile a tu jefe que se enrolle y te dé la tarde libre para ir al fútbol*. **4** *coloquial* Participar activamente en un grupo de personas o en un ambiente social: *tu primo se enrolla muy bien, en seguida se ha hecho amigo de todos*. **5** *coloquial* Tener una relación amorosa o sexual durante un breve período de tiempo: *se enrolló con un compañero de trabajo y a los diez días lo dejaron*.
DER enrollado; desenrollar.

enronquecer v. tr. Poner ronca la voz de una persona: *el aire acondicionado del teatro enronqueció a varios miembros del coro; si sigues dando voces, enronquecerás*.

OBS En su conjugación, la c se convierte en zc delante de a y o, como en *agradecer*.

enroque *n. m.* En el juego del ajedrez, jugada que consiste en mover el rey y una torre del mismo bando según ciertas condiciones.

enroscar *v. tr./prnl.* **1** Dar a una cosa forma de rosca: *el dependiente enroscó los diez metros de cable de televisión que le habían pedido y los metió en una bolsa*; *la boa se enroscó alrededor del cuerpo de su víctima hasta que la asfixió*. **SIN** arrollar, enrollar. **ANT** desarrollar, desenrollar, desenroscar. ◇ *v. tr.* **2** Ajustar una cosa dentro de otra dándole vueltas: *enroscar una tuerca*; *enroscar una bombilla*. **ANT** desenroscar.

OBS En su conjugación, la c se convierte en qu delante de e.

ensaimada *n. f.* Bollo redondo y aplanado formado por una tira de pasta hojaldrada enrollada en espiral: *la ensaimada es un dulce típico de Mallorca*.

ensalada *n. f.* **1** Comida fría que se hace con diversas hortalizas crudas, cortadas y condimentadas con aceite, vinagre y sal: *me he preparado una ensalada de lechuga, tomate, pepino, cebolla y espárragos*. **2** Mezcla confusa y desordenada de cosas que no tienen relación entre sí: *perdió los nervios y su examen acabó siendo una ensalada de nombres y fechas disparatadas*.

ensalada (o **ensaladilla**) **rusa** Comida fría que se hace con patatas y hortalizas hervidas, huevo duro y atún picados en trozos pequeños, trabados y cubiertos con salsa mayonesa. **SIN** ensaladilla.

DER ensaladera, ensaladilla.

ensaladera *n. f.* Recipiente ancho y profundo, generalmente de forma circular u ovalada, que sirve para preparar y servir ensaladas.

ensaladilla *n. f.* Comida fría que se hace con patatas y hortalizas hervidas, huevo duro y atún picados en trozos pequeños, trabados y cubiertos con salsa mayonesa. **SIN** ensalada rusa.

ensalmo *n. m.* Rezo al que se atribuyen poderes mágicos que los curanderos usan para sanar a los enfermos.

como por ensalmo Con una rapidez tan grande que no se puede explicar: *cuando la policía descendió del vehículo, los vendedores callejeros habían desaparecido como por ensalmo*.

DER ensalmar.

ensalzar *v. tr.* **1** Elogiar, mostrar gran admiración por una persona o cosa: *el Rey ensalzó el valor de las tropas destacadas en la antigua Yugoslavia*. **SIN** enaltecer, encomiar. ◇ *v. tr./prnl.* **2** Exaltar, alabar: *todos los educadores suelen ensalzar la importancia del deporte en la formación de los jóvenes*. **SIN** enaltecer, encumbrar, engrandecer. **ANT** empequeñecer.

DER ensalzamiento.

OBS En su conjugación, la z se convierte en c delante de e.

ensamblaje *n. m.* Unión de dos piezas o elementos, especialmente si son de madera, que han sido diseñados para que ajusten entre sí perfectamente: *ayudó a su hijo en el ensamblaje de las piezas del barco pirata*; *el ensamblaje de la nave espacial en la estación orbital ha sido un éxito*. **SIN** acoplamiento, ajuste.

ensamblar *v. tr.* **1** Unir dos piezas o elementos, especialmente si son de madera, que han sido diseñados para que ajusten entre sí perfectamente: *ensamblar las partes de un barco*. **SIN** acoplar. **ANT** desacoplar, desensamblar. **2** Construir una cosa uniendo y ajustando perfectamente las piezas o elementos que la forman: *ensamblar un submarino*.

DER ensambladura, ensamblaje, ensamble; desensamblar.

ensanchamiento *n. m.* Aumento de la anchura de una cosa: *la industrialización supuso el esanchamiento de las principales vías de comunicación*. **SIN** ensanche.

ensanchar *v. tr./prnl.* **1** Aumentar la anchura de una cosa: *ensanchar una acera*; *el pasillo de la casa se va ensanchando hasta llegar al salón*. **SIN** agrandar, engrandecer, extender. **ANT** estrechar. **2** Dotar de mayores posibilidades de desarrollo y progreso: *la apertura política de los países del Este ha ensanchado el mercado económico europeo*.

ensanche *n. m.* **1** Ensanchamiento, aumento de la anchura: *el desarrollo de los viajes marítimos supuso el ensanche de algunos puertos*. **2** Conjunto de terrenos situados en las afueras de una población y destinados a nuevas edificaciones: *San Sebastián fue una de las primeras ciudades en habilitar un ensanche para su ampliación*. **3** Conjunto de nuevas edificaciones construidas en estos terrenos de acuerdo a un único plan urbanístico: *vivo en un pequeño apartamento en el Ensanche de Barcelona*.

ensangrentar *v. tr./prnl.* Manchar de sangre: *se cortó un dedo y ensangrentó todo el pasillo de la casa*.

OBS En su conjugación, la e se convierte en ie en sílaba acentuada, como en *acertar*.

ensañamiento *n. m.* Empleo innecesario, deliberado y cruel de la violencia para causar un intenso dolor físico a una persona que no puede defenderse.

ensañarse *v. prnl.* **1** Atacar y herir con gran violencia un animal a su víctima: *la jauría de hienas se ensañó con la gacela acorralada*. **SIN** encarnizarse. **2** Causar un intenso dolor, de manera deliberada e innecesaria, una persona que no puede defenderse: *contempló con horror las imágenes en las que varios policías se ensañaban impunemente con un detenido*. **SIN** cebarse, encarnizarse.

DER ensañamiento.

ensartar *v. tr.* **1** Pasar un hilo, cuerda o alambre a través del agujero de un objeto; especialmente, del ojo de una aguja: *ensartar las perlas de un collar*. **SIN** enhebrar. **ANT** desenhebrar. **2** Atravesar un cuerpo con un objeto alargado acabado en punta: *ensartar la carne en los pinchitos*. **3** Hablar de muchos temas yendo de uno a otro sin orden ni concierto: *iba ensartando un cotilleo con otro en animada cháchara con la vecina*. **SIN** enhebrar.

ensayar *v. tr.* **1** Realizar varias veces un mismo acto o conjunto de actos con objeto de perfeccionar su ejecución: *tras los entrenamientos, solía quedarse en el campo ensayando tiros libres*; *la compañía de teatro ensayó durante semanas antes de poner en cartel la obra*; *se unió a un grupo de rock que ensayaba en el garaje de uno de los componentes*. **2** Probar la eficacia de diversas sustancias, artilugios o productos para lograr el fin deseado: *la guerra del Golfo sirvió para ensayar la eficacia de numerosas armas de alta tecnología*.

DER ensayo.

ensayismo *n. m.* Género literario constituido por el ensayo, escrito que suele ser breve.

DER ensayista.

ensayista *n. com.* Persona que escribe ensayos.

ensayo *n. m.* **1** Repetición de un mismo acto o conjunto de actos con objeto de perfeccionar su ejecución: *era músico y dedicaba muchas horas del día al ensayo*; *durante unos ensayos un actor cayó del escenario y se rompió una pierna*. **2** Prueba que se hace para determinar las cualidades y la eficacia de un material o de un producto: *hicieron varios ensayos en la pared del salón para escoger el tono en que pintarían la habitación*. **3** Obra literaria en prosa, generalmente de corta extensión, en la que el autor expone sus propias

ideas acerca de un asunto o tema general, pero sin la extensión y aparato de un tratado: *los ensayos de Ortega y Gasset sobre España*. **4** Género literario formado por ese tipo de obras: *la obra de Michel de Montaigne* Ensayos *(1580) se considera la primera que puede adscribirse por entero al género del ensayo*. **5** Jugada del rugby que consiste en apoyar el balón tras la línea de marca del equipo contrario con las manos, los brazos o el tronco.
ensayo general Representación completa de una obra de teatro previa al día del estreno, que se realiza sin público y sirve de preparación última del espectáculo.
DER ensayismo.

enseguida *adv.* Sin perder tiempo; de manera inmediata: *tras el relámpago, pudo oír enseguida un pavoroso trueno*.

ensenada *n. f.* Parte de mar que entra en la tierra formando seno; puede servir de refugio a las embarcaciones: *la ensenada es más pequeña que la bahía*.

enseña *n. f.* Objeto que representa a un colectivo de personas; generalmente, una bandera: *los tres primeros clasificados contemplaron con emoción cómo se izaban sus respectivas enseñas nacionales*.

enseñanza *n. f.* **1** Comunicación de conocimientos, habilidades, ideas o experiencias a una persona que no las tiene con la intención de que las aprenda: *es un profesor excelente que se dedica a la enseñanza del inglés*. **2** Conjunto de personas, instituciones y medios destinados a esta comunicación de conocimientos: *asistió a un congreso en el que se debatía la enseñanza en España*. **3** Sistema de formación destinado a conseguir el desarrollo de las capacidades intelectuales de las personas. **SIN** educación. **enseñanza básica** o **enseñanza primaria** Primera y obligatoria enseñanza que reciben los niños en la escuela. **enseñanza media** o **enseñanza secundaria** Etapa de la enseñanza que sigue a la básica o primaria y comprende estudios con un mayor grado de especialización. **enseñanza superior** Enseñanza que se recibe en la universidad y comprende los estudios especializados de una profesión o carrera. **4** Idea, hecho, dato o experiencia de la que una persona puede aprender algo útil y beneficioso: *de sus muchos paseos por el campo con el veterano matador, el joven novillero sacó un sinfín de enseñanzas; espero que el susto que te has llevado con el accidente te sirva de enseñanza para conducir con más precaución*.

enseñar *v. tr.* **1** Comunicar conocimientos, habilidades, ideas o experiencias a una persona que no las tiene con la intención de que las aprenda: *mi abuelo me enseñó a pescar; empezó a enseñar filosofía en un colegio de su ciudad*. **SIN** instruir. **2** Mostrar a la vista de una o varias personas: *el secuestrador levantó la mano y enseñó a los pasajeros del avión una granada; bájate la falda, que vas enseñando la combinación*. **3** Dar una señal, dato o información que permita llegar al conocimiento de una cosa: *un pastor nos enseñó el camino para llegar al refugio*. **SIN** indicar. **4** Servir de experiencia o ejemplo del que aprender algo útil y beneficioso: *el perderte en el bosque te enseñará a no andar solo por lugares desconocidos*.
DER enseñanza.

enseñorearse *v. prnl.* Hacerse con el dominio de una cosa o de una situación: *las tropas musulmanas se enseñorearon con rapidez de gran parte de la península ibérica*.

enseres *n. m. pl.* Conjunto de muebles, ropas o instrumentos que son propiedad de una persona o que se usan en una profesión: *la inundación hizo que muchas familias perdieran todos sus enseres personales*. **SIN** bártulos, pertenencias.

ensillar *v. tr.* Poner la silla de montar a una caballería, especialmente a un caballo. **ANT** desensillar.

ensimismamiento *n. m.* Concentración en lo que se hace o se piensa hasta llegar a aislarse de lo demás: *la contemplación de las estrellas lo sumía cada noche en un largo ensimismamiento*. **SIN** abstracción, concentración.

ensimismarse *v. prnl.* Poner toda la atención en lo que se hace o piensa hasta llegar a aislarse de lo demás: *algunas enfermedades mentales hacen que el enfermo se ensimisme y pierda todo contacto con la realidad*. **SIN** abstraerse, concentrarse.
DER ensimismamiento.

ensombrecer *v. tr./prnl.* **1** Cubrir de sombras: *oscuras y amenazantes nubes ensombrecieron la mañana*. **2** Causar pena o tristeza: *el atentado ensombreció la ceremonia de clausura de las Olimpíadas*. **SIN** apenar, entristecer.
OBS En su conjugación, la *c* se convierte en *zc* delante de *a* y *o*, como en *agradecer*.

ensoñación *n. f.* Ensueño, imagen mental irreal.

ensordecedor, -ra *adj.* [sonido, ruido] Que es muy intenso y no permite oír otra cosa: *la salida de los equipos al campo provocó un griterío ensordecedor*.

ensordecer *v. tr./intr.* **1** Hacer perder el sentido del oído; dejar sordo: *ensordeció a causa de una infección de oído*. ◊ *v. tr.* **2** Impedir un sonido o ruido muy intenso que una persona oiga otra cosa: *la espectacular traca ensordeció a todos los asistentes*. **3** Bajar la intensidad de un sonido: *la sordina ensordece el sonido de algunos instrumentos de viento*.
DER ensordecedor, ensordecimiento.
OBS En su conjugación, la *c* se convierte en *zc* delante de *a* y *o*, como en *agradecer*.

ensortijar *v. tr./prnl.* **1** Formar rizos en el pelo: *charlaba con él mientras ensortijaba distraídamente con los dedos un mechón del cabello de su hijo*. **SIN** rizar. ◊ *v. prnl.* **2** **ensortijarse** *coloquial* Ponerse joyas, especialmente sortijas o anillos en los dedos.

ensuciar *v. tr./prnl.* **1** Poner sucio; hacer que una cosa deje de estar limpia: *ensuciar de barro el suelo de una casa; ensuciar de grasa una camisa; ensuciarse de chocolate la cara*. **SIN** manchar. **ANT** limpiar. **2** Dañar con palabras o acciones la dignidad, la estima y la respetabilidad de una persona o de una cosa: *el cantante se quejó de que la prensa hubiera ensuciado el nombre de su familia*. **SIN** deshonrar. **ANT** ennoblecer.
OBS En su conjugación, la *i* no se acentúa, como en *cambiar*.

ensueño *n. m.* Imagen mental irreal fruto de la imaginación: *al mirar el paisaje desde lo alto de la montaña todo aquello me pareció un ensueño*. **SIN** ensoñación, fantasía, ilusión.
de ensueño Maravilloso, magnífico: *hemos pasado unos días de vacaciones en un hotel de ensueño*.

entablamento *n. m.* ARQ. Conjunto de molduras que forman el elemento arquitectónico que descansa sobre los capiteles de las columnas y sostiene el techo del edificio: *el entablamento está formado por el arquitrabe, el friso y la cornisa*. **SIN** cornisamiento.

entablar *v. tr.* **1** Cubrir, cerrar o asegurar un lugar con tablas: *decidió entablar el suelo de las cuadras para que los caballos no resbalasen*. **2** Dar comienzo a una actividad o proceso: *el lunes se entablaron las primeras conversaciones para llegar a un acuerdo; desde por la mañana se entablaron los primeros combates*.
DER entablado, entablamento.

entablillar *v. tr.* Inmovilizar la extremidad de una persona o animal colocándola entre tablas o tablillas firmemente atadas, generalmente para impedir que sufra un hueso roto o fracturado: *entablillar una pierna rota es un modo improvisado y momentáneo de facilitar el traslado del herido*.

entallar *v. tr./prnl.* Ajustar una prenda de vestir al talle o cintura de una persona.

entallecer *v. intr./prnl.* Echar tallos las plantas o los árboles: *en primavera los arbustos empiezan a entallecer.*
  OBS En su conjugación, la *c* se convierte en *zc* delante de *a* y *o*, como en *agradecer*.

entarimado *n. m.* Suelo hecho con tablas de madera unidas entre sí. **SIN** tablado, tarima.

ente *n. m.* **1** Cosa o ser que tiene existencia real o imaginaria: *el ciudadano moderno es un ente socializado e impersonal que forma parte de una masa.* **2** Organismo, institución o empresa, generalmente de carácter público: *las televisiones autonómicas son entes dependientes de los parlamentos de cada autonomía.*

enteco, -ca *adj.* [persona, animal] Que es enfermizo por naturaleza y tiene un aspecto flaco y débil.

entelequia *n. f.* Cosa irreal que sólo existe en la mente de la persona que la imagina: *tu idea de las relaciones humanas es una pura entelequia.*

entendederas *n. f. pl. coloquial* Capacidad de aprender, comprender y juzgar la realidad: *sus cortas entendederas le bastaron para darse cuenta de que el vendedor quería engañarlo.* **SIN** entendimiento.

entender *v. tr.* **1** Comprender, tener idea clara del sentido de las cosas: *entendimos la lección cuando nos la explicó el maestro; entiendo el italiano bastante bien, pero no lo hablo.* **2** Comprender, conocer el sentido de los actos o los sentimientos de una persona: *entiendo tu ánimo de venganza hacia el ladrón de tu coche, pero del castigo debe encargarse un juez.* **3** Formar juicio a partir de señales o datos: *sé que quieres ir de acampada, pero tal y como está el tiempo, entiendo que debes quedarte en casa.* **4** Conocer la personalidad y el temperamento de una persona y el modo en que hay que tratarla: *si no estás de acuerdo con tu nota, déjame que hable yo con el profesor, que lo entiendo mejor que tú.* **5** Tener conocimientos sobre un asunto o materia: *Fernando dice que entiende mucho de pesca, pero yo nunca lo he visto con una caña en la mano.* **6** Tener autoridad y competencia para conocer un asunto: *la Audiencia Nacional entiende los delitos terroristas.* ◇ *v. prnl.* **7 entenderse** Llevarse bien con una persona por conocer su personalidad y temperamento: *llevan muchos años casados y se entienden a las mil maravillas.* **8** Llegar a un acuerdo con una o varias personas: *al final no logró entenderse con el vendedor y se quedó sin coche.* **9** Trabajar en equipo con otra persona de manera coordinada y con buenos resultados: *los defensas del equipo se entienden a la perfección.* **10** Mantener relaciones amorosas o sexuales ocultas: *la vecina se entiende con el mecánico.*
  DER entendederas, entendido, entendimiento; desentenderse, sobreentender, sobrentender.

entendido, -da *adj./n. m. y f.* [persona] Que se dedica a una rama determinada de la ciencia, la técnica o el arte, en la que tiene conocimientos profundos: *asistimos a una mesa redonda en la que participaban entendidos internacionales en literatura medieval.* **SIN** especialista.
  DER malentendido.

entendimiento *n. m.* **1** Capacidad de formar ideas o representaciones de la realidad en la mente relacionándolas entre sí; capacidad de aprender, comprender, juzgar y tomar decisiones: *el entendimiento es un don que únicamente poseen los seres humanos.* **SIN** inteligencia, intelecto, razón. **2** Relación amistosa basada en la confianza y en el mutuo conocimiento: *siempre ha habido un buen entendimiento entre los gobiernos de Cuba y España.* **SIN** entente. **3** Acuerdo al que llegan dos o más personas mediante el cual expresan su conformidad con algo: *los presidentes de los dos clubes llegaron a un principio de entendimiento para el traspaso del jugador.*

entente *n. f.* Entendimiento, relación amistosa: *la película La Edad de Oro significó el fin de la entente de Buñuel con Dalí.*

enterado, -da *adj./n. m. y f.* [persona] Que se cree más listo y con más conocimientos que los demás, de lo cual presume constantemente.

enterar *v. tr./prnl.* **1** Informar a una persona acerca de algo: *me entero de lo que pasa en el mundo viendo la tele y leyendo el periódico.* **2** Darse cuenta de algo: *cuando le robaron la cartera, ni se enteró.* **3** Entender con claridad una persona lo que otra le dice: *el camarero será muy simpático, pero no se entera: pido un zumo y me trae un batido.*

entereza *n. f.* **1** Capacidad de una persona para afrontar problemas, dificultades o desgracias con serenidad y fortale-

---

entender

INDICATIVO	SUBJUNTIVO
presente	**presente**
entiendo	entienda
entiendes	entiendas
entiende	entienda
entendemos	entendamos
entendéis	entendáis
entienden	entiendan
pretérito imperfecto	**pretérito imperfecto**
entendía	entendiera o entendiese
entendías	entendieras o entendieses
entendía	entendiera o entendiese
entendíamos	entendiéramos o entendiésemos
entendíais	entendierais o entendieseis
entendían	entendieran o entendiesen
pretérito indefinido	**futuro**
entendí	entendiere
entendiste	entendieres
entendió	entendiere
entendimos	entendiéremos
entendisteis	entendiereis
entendieron	entendieren
futuro	
entenderé	
entenderás	
entenderá	
entenderemos	
entenderéis	
entenderán	
condicional	
entendería	
entenderías	
entendería	
entenderíamos	
entenderíais	
entenderían	

IMPERATIVO	
entiende	(tú)
entienda	(usted)
entended	(vosotros)
entiendan	(ustedes)

FORMAS NO PERSONALES	
infinitivo	**gerundio**
entender	entendiendo
participio	
entendido	

enterizo

za: *supo llevar con gran entereza los últimos días de su vida, a pesar de la terrible enfermedad que padecía.* **2** Fortaleza para mantener las propias ideas, juicios o decisiones: *los ruegos de los hijos no minaron la entereza del padre, que no consintió en dejarlos ir de excursión.*

enterizo, -za *adj.* Que está hecho o formado por una sola pieza: *una columna enteriza; un vestido enterizo.*

enternecer *v. tr./prnl.* Producir ternura: *las películas procedentes de la factoría Disney consiguen enternecer a grandes y pequeños.*
DER enternecimiento.
OBS En su conjugación, la c se convierte en zc delante de a y o, como en *agradecer*.

entero, -ra *adj.* **1** Que está completo; que no le falta ninguna parte o trozo: *llegamos a tiempo al cine y pudimos ver la película entera.* **2** [persona] Que muestra entereza en su carácter: *asistió muy entero al funeral por sus padres.* **3** [persona] Que muestra buenas condiciones físicas: *a pesar de haber corrido media maratón en solitario, el ganador llegó a la meta muy entero.* **4** MAT. [número] Que está formado sólo por una o más unidades, a diferencia de los números decimales y quebrados: *el 5 y el –5 son números enteros.* ◇ *n. m.* **5** ECON. Centésima parte del valor nominal de una acción de bolsa.
por entero De manera completa y total: *la ciudad encargada de organizar unas Olimpíadas se vuelca por entero en el evento.*
ETIM *Entero* procede del latín *integer, -egra, -grum*, que tenía el mismo significado, voz con la que también está relacionada *íntegro*.
DER enterar, entereza, enterizo.

enterrador, -ra *n. m. y f.* Persona que entierra a los muertos. **SIN** sepulturero.

enterramiento *n. m.* **1** Operación de depositar el cadáver de una persona en una fosa o en un nicho y cerrarlos con tierra o una lápida o losa. **SIN** entierro, sepultura. **2** Fosa o agujero en la tierra que contiene el cadáver de una persona: *en algunos yacimientos arqueológicos es frecuente el descubrimiento de enterramientos rituales.* **SIN** sepultura, tumba. **3** Construcción, generalmente de piedra o mármol, que se levanta sobre el nivel del suelo y sirve para enterrar el cadáver de una o más personas: *el mausoleo es una forma de enterramiento.* **SIN** sepultura, tumba.

enterrar *v. tr.* **1** Depositar el cadáver de una persona en una fosa o en un nicho y cerrarlos con tierra o una lápida o losa. **SIN** sepultar. **2** Poner bajo tierra: *enterró a lo largo del jardín la conducción del agua para el riego por goteo; la tormenta de arena acabó por enterrar casi por completo el coche en el que viajaban.* **ANT** desenterrar. **3** Hacer desaparecer una cosa debajo de otra u otras: *la desidia del funcionario hizo que una montaña de papeles enterrara su solicitud.* **4** Olvidar de manera definitiva una cosa para no volver a pensar en ella: *prometió a su madre enterrar todas las diferencias que lo separaban de su hermano.*
DER enterrador, enterramiento, entierro; desenterrar.
ETIM Véase *tierra*.
OBS En su conjugación, la e se convierte en ie en sílaba acentuada, como en *acertar*.

entidad *n. f.* **1** Valor o importancia que tiene una cosa: *le gusta jugar a la bolsa, aunque suele hacer inversiones de escasa entidad.* **2** Asociación o empresa, generalmente de carácter privado: *fue detenido por perpetrar varios atracos a entidades bancarias.*

entierro *n. m.* **1** Operación de depositar el cadáver de una persona en una fosa o en un nicho y cerrarlos con tierra o una lápida o losa: *el entierro del cadáver se llevó a cabo en el pequeño cementerio de su pueblo natal.* **SIN** enterramiento, sepultura. **2** Conjunto de personas que acompañan el cadáver de una persona cuando lo llevan a enterrar: *el entierro pasó silencioso por la calle central del pueblo.* **entierro de la sardina** Fiesta que señala el fin del carnaval, en la que se pasea y lleva a enterrar de modo burlesco la figura de una gran sardina.

entintar *v. tr.* Cubrir o empapar de tinta: *entintar la plancha de una prensa para imprimir; entintar la almohadilla de un tampón.*

-ento, -enta Sufijo que entra en la formación de adjetivos con el significado de 'manera o condición de': *amarillento, corpulento, vinolento, mugriento.*

entoldado *n. m.* **1** Conjunto de toldos que se colocan para dar sombra o proteger de la intemperie: *puso un entoldado en el jardín para poder estar en él a las horas de más sol.* **2** Lugar cubierto por este conjunto de toldos: *el banquete nupcial se celebró en un entoldado.*

entoldar *v. tr.* Cubrir con un toldo o entoldado.
DER entoldado.

entomología *n. f.* Parte de la zoología que estudia los insectos.

entomólogo, -ga *n. m. y f.* Especialista en entomología.
DER entomología.

entonación *n. f.* **1** Variación del tono de la voz de una persona según el sentido o la intención de lo que dice: *por la entonación de sus palabras deduje que me estaba mintiendo.* **2** GRAM. Secuencia sonora de los tonos con que se emite el discurso oral, que constituye una línea melódica y puede contribuir al significado de éste: *la entonación de las oraciones interrogativas suele tener un final ascendente.* **3** Adecuación del canto al tono adecuado: *una parte del coro perdió la entonación y hubo que comenzar a cantar la pieza desde el principio.*

entonar *v. tr./intr.* **1** Cantar con el tono adecuado: *ritmo, entonación y buena voz son fundamentales para cantar bien.* ◇ *v. tr.* **2** Comenzar a cantar una canción, cántico o himno: *quedó impresionado cuando todo el público que abarrotaba la sala, puesto en pie, entonó su himno nacional.* **3** Dar las primeras notas de una canción para que otra u otras personas la canten con la misma entonación. **4** Combinar bien los tonos o colores de varias cosas y formar un conjunto agradable: *logró entonar con gracia los colores de los muebles del dormitorio.* ◇ *v. tr./prnl.* **5** Devolver al cuerpo de una persona o a una parte de él la buena forma y la plenitud de sus funciones: *antes de cada partido solía entrenar durante media hora para entonar los músculos; antes de ir a trabajar se tomaba un desayuno abundante para entonarse.* **6** *coloquial* Sentir la excitación y alegría propia del comienzo de la embriaguez.
DER entonación.

entonces *adv.* **1** En aquel tiempo o en aquella ocasión: *entonces yo no tenía dinero y tuve que pedir un préstamo.* **2** En ese momento o instante: *cerramos la casa, entramos en el coche y entonces escuchamos la explosión.* **3** En tal caso, siendo así: *si no consigues el coche de tu padre, entonces iremos en la moto de mi hermano.*
en (o por) aquel entonces Por aquel tiempo u ocasión: *en aquel entonces la única forma de ir a América era en barco.*

entontecer *v. intr./prnl.* Volver tonto; hacer tonto o más tonto: *el abuso de televisión entontece.* **SIN** atontar, atontolinar.
OBS En su conjugación, la c se convierte en zc delante de a y o, como en *agradecer*.

entorchado *n. m.* **1** Cuerda o hilo de seda, cubierto con otro hilo de seda o de metal y retorcido a su alrededor, de uno a otro extremo, para darle firmeza: *el entorchado se usa para las cuerdas de los instrumentos musicales.* **2** Bordado de oro o plata que llevan en las mangas del uniforme los suboficiales, oficiales y jefes del ejército y determinadas autoridades: *los entorchados de almirante.*

entornar *v. tr.* **1** Colocar una puerta o ventana de tal manera que no llegue a estar completamente cerrada: *entorna la puerta de la casa, que ya sube mi madre.* **2** Bajar los párpados sin llegar a cerrarlos por completo: *entornó los ojos y pidió perdón a su padre.*
DER entornado.

entorno *n. m.* Conjunto de personas, objetos o circunstancias que rodean a una persona o cosa: *el entorno de amor y confianza en el que se educó hizo que fuera una persona abierta y tolerante.* **SIN** ambiente.

entorpecer *v. tr./prnl.* **1** Poner los medios o proporcionar las causas que impiden el desarrollo normal de una actividad o proceso: *las labores de rescate se han visto entorpecidas por el mal tiempo; los coches mal aparcados entorpecen el paso.* **SIN** dificultar, obstaculizar. **ANT** facilitar, favorecer. ◇ *v. tr.* **2** Hacer perder agilidad, destreza o facilidad para hacer una cosa: *la prolongada enfermedad entorpeció sus movimientos.*
DER entorpecimiento; desentorpecer.
OBS En su conjugación, la c se convierte en zc delante de a y o, como en *agradecer*.

entrada *n. f.* **1** Paso de un sitio a otro, generalmente, de un lugar exterior a otro interior: *la actriz hizo una entrada triunfal en la sala de conferencias.* **ANT** salida. **2** Espacio por donde se entra a un lugar: *Sergio esperaba en la entrada del cine; en lo alto de la montaña vimos la entrada de una cueva.* **ANT** salida. **3** Parte de un lugar por la que es posible acceder a su interior: *la entrada de un bosque; había mucho tráfico a la entrada de la ciudad.* **4** Parte de una casa, dependencia o edificio que hay junto a la puerta principal y que se usa para recibir a los que llegan: *he dejado la compra en la entrada porque tengo que aparcar bien el coche.* **SIN** recibidor, vestíbulo. **5** Billete pequeño de papel impreso, generalmente de forma rectangular, que se compra y da derecho a entrar u ocupar asiento en un espectáculo o un lugar: *no pierdas la entrada, que tiene impreso el número de la localidad.* **SIN** boleto. **6** Conjunto de personas que asisten a un espectáculo o que están presentes en un establecimiento público: *a pesar de ser un partido internacional, el campo no pasó de la media entrada; en la inauguración el bar tuvo una gran entrada.* **7** Cantidad de dinero que se obtiene en un espectáculo: *la mitad de la entrada se destinará a causas benéficas.* **SIN** recaudación. **8** Cantidad de dinero que se entrega por adelantado o como primera parte del pago al comprar o alquilar una cosa: *cuando se compra un piso, se suele dar una entrada y pagar el resto del dinero a plazos mediante un crédito hipotecario.* **9** Ingreso de una persona en un grupo, sociedad o empresa: *el día de mi entrada en la empresa me presentaron a todo el personal.* **10** Parte frontal superior de la cabeza de una persona, en la que ya se ha caído el pelo: *a medida que se iba quedando calvo, fueron avanzando sus entradas; si de tan joven ya tiene entradas, es que pronto estará calvo.* **11** Plato de los que componen un almuerzo o cena que se come al inicio de la comida, antes del plato principal: *como entradas pedimos paté y cóctel de gambas.* **SIN** entrante. **12** Palabra que se define en cada uno de los artículos de un diccionario o enciclopedia: *la entrada está situada al principio del artículo y diferenciada del resto por el tipo de letra.*

SIN lema. **13** Primeras horas o primeros días de un período de tiempo amplio: *la entrada de la primavera se acerca y continúan las bajas temperaturas; celebramos juntos la entrada del nuevo año.* **14** Operación mediante la cual se señala el momento en que ha de empezar una persona su intervención en un espectáculo o en un acto público: *tras la obertura, el director de la orquesta dio entrada a los metales; el regidor dio la entrada al ballet a la mitad del concurso; el entrenador dio entrada en la segunda parte al nuevo fichaje.* **15** En el fútbol y otros deportes, acción de acercarse a un jugador contrario con la intención de arrebatarle la pelota: *el árbitro sancionó la dura entrada del defensa con penalti.* **16** Cantidad de dinero que entra en una caja o en un registro: *las entradas de la semana pasada fueron muy positivas.*
de entrada Para empezar, en principio, en primer lugar: *nada más ver mi coche, el mecánico me advirtió que, de entrada, tenía que cambiarle el motor.*

entramado *n. m.* **1** Armazón de madera o metal que sirve para hacer una pared, tabique o suelo, una vez rellenados los huecos: *el disparo en la pared de la cabaña dejó al descubierto el entramado de cañas del que estaba hecha.* **2** Conjunto de cosas relacionadas entre sí que forman un todo: *el entramado industrial de la provincia se ha visto negativamente afectado por la reconversión naval; la policía busca el modo de desarticular el entramado terrorista.*

entramparse *v. prnl.* Contraer una persona abundantes deudas de dinero: *se entrampó para poder poner la tienda.*
SIN endeudarse, empeñarse.

entrante *adj.* **1** [período de tiempo] Que está inmediatamente próximo en el futuro: *el mes entrante es el que sigue al actual.* ◇ *n. m.* **2** Plato de los que componen un almuerzo o cena que se come al inicio de la comida, antes del plato principal: *tomaré de entrante un consomé.* **SIN** entrada. **3** Parte de una cosa que entra en otra: *el cauce del río tenía un pequeño entrante en la orilla que había sido aprovechado como embarcadero.*

entraña *n. f.* **1** Cada uno de los órganos contenidos en el interior del tronco del ser humano o del animal: *el leopardo mató una gacela y se comió sus entrañas.* **SIN** víscera. Se usa sobre todo en plural. **2** Parte más importante y central de una cosa: *se reunió con sus colaboradores para intentar desvelar la entraña del problema.* ◇ *n. f. pl.* **3 entrañas** Zona más interior, oculta y de difícil acceso de un lugar: *le recomendaron que no se adentrara en las entrañas del bosque al anochecer; los mineros sacan el carbón de las entrañas de la tierra.* **4** Conjunto de sentimientos que rigen la conducta de una persona: *tenía muy malas entrañas al maltratar continuamente a los animales; es una mujer sin entrañas, no tiene piedad de nadie.*
DER entrañable, entrañar.

entrañable *adj.* Que es muy íntimo y afectuoso: *mantiene una relación entrañable con algunos compañeros del instituto; Juan Carlos es un hombre muy entrañable.*

entrañar *v. tr.* Tener como resultado o producir como consecuencia directa alguna cosa problemática o negativa: *la escalada libre entraña numerosos riesgos y dificultades.*
DER desentrañar.

entrar *v. intr.* **1** Ir o pasar de un sitio a otro, generalmente, de un lugar exterior a otro interior: *vimos a tu hermano cuando entraba en el coche; la aguja de la inyección entró limpiamente en el brazo del paciente.* **2** Pasar a formar parte de los miembros de un grupo, sociedad o empresa: *entró en la facultad que deseaba porque tenía unas notas excelentes.* **3** Penetrar o introducirse una cosa en un lugar: *mete la llave*

entre

hasta que entre bien. **4** Tener una cosa el tamaño necesario para poder colocarse o ajustarse alrededor de otra: *debo tener los pies hinchados porque no me entran los zapatos; si la ropa no entra en la maleta, tendrás que dejar algo fuera.* **SIN** caber. **5** Estar incluida o contenida una cosa dentro de otra: *en el precio de la entrada al parque entra el regalo de una camiseta conmemorativa.* **6** Participar o tomar parte en una cosa, especialmente en una conversación o asunto en el que es necesario adoptar una postura definida: *preguntado por el escándalo político, el presidente no quiso entrar en el tema; parece que le guste entrar en polémicas.* **7** Comenzar una estación o un período amplio de tiempo: *el otoño entra en setiembre; hemos entrado en el nuevo año con buen pie.* **8** Ser agradable y fácil de tomar una comida o una bebida: *el agua mineral entra divinamente cuando se tiene mucha sed.* **9** En los juegos de cartas, participar en una apuesta: *déjate de faroles y entra sólo cuando tengas buenas cartas.* **SIN** ir. **10** Empezar una persona su intervención en un espectáculo o en un acto público: *el clarinetista entró cuando se lo indicó el director de la orquesta; el jugador entró en la segunda parte sustituyendo a un defensa.* ◇ *v. tr.* **11** Empezar a tener una sensación o un sentimiento que va haciéndose más intenso: *me entró sueño nada más empezar la película; creo que me está entrando fiebre; déjame la chaqueta, que me está entrando frío; a medida que se acercaba a la casa le iba entrando más y más miedo.* **12** En el fútbol y otros deportes, aproximarse a un jugador contrario con la intención de arrebatarle la pelota: *le entró con los dos pies por delante y el árbitro no dudó en expulsarlo.* ◇ *v. tr./intr.* **13** Acometer o atacar el toro: *el toro entró al torero con fuerza; no le sorprendió cómo entraba ese toro.* **14** Acometer o ejercer influencia en una persona: *es importante entrar bien en las personas; a José no hay por dónde entrarle.*
DER entrada, entrante.

entre *prep.* **1** Indica situación o estado intermedio de dos o más personas o cosas: *encontró las fotos que buscaba entre las páginas de un libro; el delantero consiguió rematar entre los defensas.* **2** Indica situación o estado en un período de tiempo del que se señalan el principio y el fin: *el avión trae un retraso de entre cinco y quince minutos; tiene obligación de pagar el alquiler entre los días uno y diez de cada mes.* **3** Indica una calidad o estado intermedio con respecto a otros: *el atracador debía de tener entre 30 y 35 años; apenas existe diferencia de calidad entre los dos pantalones, y uno es mucho más barato; me sentía entre animado y desanimado.* **4** Indica participación o colaboración de dos o más personas o cosas: *entre todos consiguieron subir el frigorífico al quinto piso; la mayoría de los empleados mantienen una relación de amistad entre sí.* **5** Indica la pertenencia de una persona o cosa a un grupo o colectividad: *entre médicos, es costumbre no cobrar las consultas privadas.*

entre tanto En el mismo período de tiempo durante el que se hace u ocurre una cosa: *puse a freír las patatas y entre tanto llamé a mi madre por teléfono.* **SIN** entretanto.

entre- Prefijo que entra en la formación de palabras con el sentido de 'situación o calidad intermedia': *entrecejo, entrepaño, entreacto.*

entreabrir *v. tr./prnl.* Abrir una cosa un poco o a medias: *entreabrió la puerta y asomó la cabeza por ella; la ventana se entreabría con el viento.*
DER entreabierto.
OBS El participio es *entreabierto*.

entreacto *n. m.* Intermedio de un espectáculo público, generalmente de la representación teatral: *durante el entreacto salió a tomarse un café.*

entrecejo *n. m.* Espacio que separa las dos cejas: *las personas cejijuntas tienen el entrecejo poblado de pelos.* **SIN** ceño.
fruncir (o arrugar) el entrecejo Hacer un gesto de enfado arrugando la frente y juntando las cejas: *frunció el entrecejo cuando le dijeron que el tren saldría con retraso.*

entrecerrar *v. tr.* Cerrar una cosa un poco o a medias: *entrecerró la ventana para no oír el ruido de la calle; entrecerró los ojos y comenzó a recordar.*
OBS En su conjugación, la *e* se convierte en *ie* en sílaba acentuada, como en *acertar*.

entrechocar *v. tr./prnl.* Chocar entre sí dos o más cosas, especialmente si es de manera repetida: *el viento hacía entrechocar las ramas de los árboles; escuchó por la noche el ruido de unas cadenas que se entrechocaban y se asustó.*
OBS En su conjugación, la *c* se convierte en *qu* delante de *e*.

entrecomillar *v. tr.* Escribir una palabra, frase o texto entre comillas: *se suelen entrecomillar los textos que se citan de otros autores.*
DER entrecomillado.

entrecortado, -da *adj.* [sonido, respiración] Que se emite con interrupciones muy breves y continuadas: *llorando y con palabras entrecortadas, la mujer le explicó que acababan de arrebatarle el bolso.*

entrecot *n. m.* Filete grueso de carne, generalmente de vacuno o cerdo, sacado de entre costilla y costilla del animal: *a Luis le gusta el entrecot muy poco hecho, y a mí me gusta al punto.*

entrecruzar *v. tr./prnl.* **1** Colocar una cosa sobre otra formando una figura parecida a la de una cruz: *algunas celosías están formadas por finas láminas de madera entrecruzadas; los bolillos se han de ir entrecruzando para que vayan formando la puntilla.* **SIN** cruzar. **2** Pasar por un punto o camino dos personas, animales o cosas en dirección diferente: *los bailarines se entrecruzan en el centro del escenario y desaparecen por los laterales.* **SIN** cruzar. **3** Encontrarse o tener trato con una persona: *sus destinos se entrecruzaron durante un viaje de trabajo al extranjero.* **SIN** cruzar.
OBS En su conjugación, la *z* se convierte en *c* delante de *e*.

entredicho *n. m.* Duda sobre la honradez, veracidad o posibilidades de futuro de una persona o de una cosa: *los críticos pusieron en entredicho la capacidad artística del actor; las tensiones en Rusia pusieron en entredicho la solidez de su sistema democrático.*
OBS Se usa sobre todo con el verbo *poner*.

entrega *n. f.* **1** Operación o proceso mediante el cual se da una cosa a otra persona: *la policía sorprendió a los traficantes cuando hacían la entrega de la droga; la entrega del premio tuvo lugar en la sala de actos.* **2** Cosa que se entrega: *reclamó al mayorista porque la entrega de pescado estaba en malas condiciones.* **3** Atención y esfuerzo que se dedica al desarrollo de una actividad o trabajo: *los años de entrega del médico a sus pacientes le han valido el reconocimiento de todos sus compañeros de profesión.* **4** Publicación de una parte de un relato o de un libro completo que tiene una estrecha relación con otras partes u otras obras ya publicadas: *el público esperaba con impaciencia nuevas entregas de las aventuras de Hércules Poirot.*

entregar *v. tr.* **1** Dar o poner en poder de una persona una cosa: *entregó a los alumnos una hoja con las preguntas; entregará el premio el presidente de la asociación.* ◇ *v. prnl.* **2** **entregarse** Dedicarse con gran esfuerzo y atención a una cosa: *tras salir del seminario, se entregó con pasión al cuidado de los más necesitados.* **3** Dejarse dominar por una cosa, especialmente una pasión, un vicio o una mala costumbre: *se*

entregó al juego y dilapidó la fortuna familiar. **4** Rendirse o aceptar la derrota y ponerse en manos del otro: *el secuestrador aéreo se entregó a la policía tras varias horas de negociación.* **DER** entrega, entregado.
OBS En su conjugación, la g se convierte en *gu* delante de e.
entrelazar *v. tr./prnl.* **1** Unir o atar una cosa con otra cruzándolas entre sí: *los novios entrelazaron sus manos; en el fondo del estanque se entrelazan troncos y ramas, por lo que es muy peligroso nadar por esa zona.* ◇ *v. tr./prnl.* **2** Relacionar dos o más cosas entre sí para formar un conjunto o una idea homogénea y coherente: *en la novela picaresca se entrelazan las vidas de numerosos personajes marginales y curiosos.* **SIN** enlazar, entretejer.
DER entrelazado.
OBS En su conjugación, la *z* se convierte en *c* delante de e.
entremedias *adv.* **1** Entre dos lugares o cosas: *se hizo un bocadillo colocando unas lonchas de jamón entremedias de dos rebanadas de pan.* **2** Entre dos períodos de tiempo: *llegó a Madrid un lunes, se marchó un viernes, y entremedias le dio tiempo de visitar Toledo y Segovia.*
entremés *n. m.* **1** Pieza teatral breve y de tono humorístico que originalmente se representaba entre acto y acto de las obras de teatro: *el argumento del entremés no estaba relacionado con el de la obra teatral; Cervantes fue autor de numerosos entremeses.* ◇ *n. m. pl.* **2 entremeses** Conjunto de alimentos ligeros, generalmente fríos, que se toman en una comida antes del primer plato y suelen compartirse con los demás comensales: *nos sirvieron quesos y embutidos como entremeses.*
entremeter *v. tr.* **1** Doblar o meter hacia adentro una parte saliente de una tela o un papel: *para hacer la cama hay que entremeter las sábanas y las mantas entre el colchón y el somier.* **2** Meter una cosa entre otras: *entremetió el recorte del periódico entre los libros y luego no pudo encontrarlo.* ◇ *v. prnl.* **3 entremeterse** Meterse una persona en un asunto, dando opiniones, consejos o indicaciones: *le advirtió a su marido que no permitiría que sus amigos se entremetieran en su vida privada.* **SIN** entrometerse, inmiscuirse, meterse.
DER entremetido.
entremetido, -da *adj./n. m. y f.* [persona] Que acostumbra a entremeterse en asuntos que no le afectan y en los cuales nadie le ha pedido que participe: *no seas tan entremetida y déjanos en paz con nuestros problemas; es un entremetido que todo lo quiere saber.* **SIN** entrometido.
entremezclar *v. tr./prnl.* Mezclar una cosa con otra sin que formen un conjunto homogéneo o se confundan entre sí: *para hacer el jersey has de entremezclar hilos de varios colores; en la mayor parte de las revistas se entremezcla la publicidad y la información.*
entrenador, -ra *n. m. y f.* **1** Persona que se dedica a entrenar a otras personas o a animales para que desarrollen una actividad física a partir de la enseñanza de principios técnicos predeterminados y del aprovechamiento de las cualidades naturales del individuo: *el entrenador de natación nos ha enseñado el estilo mariposa; Basilio es entrenador de perros policías.* **2** Persona que se dedica a la dirección técnica de un equipo deportivo, designando los jugadores que deben jugar en cada partido y la función determinada que cada uno debe desempeñar: *Miguel Muñoz fue un famoso entrenador de fútbol.*
entrenamiento *n. m.* Conjunto de ejercicios físicos que se realizan para perfeccionar el desarrollo de una actividad, especialmente para la práctica de un deporte: *el atleta resultó lesionado durante un entrenamiento.*

entrenar *v. tr./prnl.* Preparar o adiestrar a personas o animales para perfeccionar el desarrollo de una actividad, especialmente para la práctica de un deporte: *el preparador alemán entrenará al equipo las dos próximas temporadas; un deportista de alta competición se entrena muchas horas al día.* **DER** entrenador, entrenamiento; desentrenarse.
entrepaño *n. m.* **1** ARQ. Parte de pared comprendida entre dos pilares, columnas o huecos: *quisiera abrir una ventana en el entrepaño que hay entre las dos puertas.* ☞ puerta. **2** Cada una de las tablas horizontales de una estantería o de un armario que sirven para poner cosas sobre ellas: *están todos los entrepaños del armario abarrotados de revistas antiguas.*
entrepierna *n. f.* **1** Parte interior de los muslos próxima a las ingles: *el torero recibió una cornada en la entrepierna.* **2** Zona de una prenda de vestir que corresponde a esta parte del cuerpo: *te he cosido la entrepierna del pantalón con hilo negro.* **3** Órganos genitales de una persona.
entreplanta *n. f.* Planta de una casa o edificio construida quitando parte de altura a la planta inferior o a la superior: *hemos construido una entreplanta encima de la planta baja que nos servirá como almacén.*
entresacar *v. tr.* **1** Sacar una cosa que está colocada entre otras: *el mago le pidió que entresacara una carta de la baraja.* **2** Cortar parte del cabello para que resulte menos espeso: *le dije al peluquero que me entresacara un poco el pelo.* **3** Espaciar las plantas o árboles que han nacido demasiado juntos.
OBS En su conjugación, la *c* se convierte en *qu* delante de e.
entresijo *n. m.* **1** Aspecto o característica poco conocida u oculta de una persona o cosa: *ha sido jugador de fútbol muchos años y conoce todos los entresijos del club.* Suele usarse en plural. **2** Repliegue membranoso del peritoneo, que une el estómago y el intestino con las paredes del abdomen: *el entresijo contiene numerosos vasos sanguíneos y linfáticos.* **SIN** mesenterio, redaño.
entresuelo *n. m.* **1** Piso de un edificio situado entre el bajo y el principal: *los entresuelos suelen estar ocupados por oficinas.* **2** Piso bajo situado sobre el sótano que se levanta más de un metro sobre el nivel de la calle: *desde una ventana del entresuelo veía los pies de los transeúntes.* **3** Planta de un cine o teatro situada sobre el patio de butacas: *las butacas de entresuelo son algo más baratas que las del patio de butacas.*
entretanto *adv.* En el mismo período de tiempo durante el que se hace u ocurre una cosa: *se pasaba las noches viendo la tele, desatendiendo entretanto los estudios.* **SIN** entre tanto, mientras.
OBS La Real Academia Española admite *entretanto*, pero prefiere la forma *entre tanto*.
entretejer *v. tr.* **1** Mezclar hilos de texturas o colores diferentes para componer adornos en un tejido: *entretejió unas iniciales en su jersey.* **2** Relacionar dos o más cosas entre sí para formar un conjunto o una idea homogénea y coherente: *los guionistas de culebrones entretejen mil historias turbulentas de amor; en la novela picaresca se entretejen las vidas de numerosos personajes marginales y curiosos.* **SIN** enlazar, entrelazar.
entretela *n. f.* **1** Tejido de algodón que se coloca entre la tela y el forro de las prendas de vestir para darles forma: *la entretela se coloca en el cuello y las solapas.* ◇ *n. f. pl.* **2 entretelas** Conjunto de circunstancias o sentimientos más ocultos e íntimos: *las malas pasadas de su hermano le llegaron a lo más profundo de las entretelas.*

entretener *v. tr./prnl.* **1** Hacer pasar el tiempo de manera agradable: *los dibujos animados suelen entretener mucho a los niños; me entretiene coleccionar sellos.* **SIN** distraer, divertir. **ANT** aburrir. **2** Hacer perder el tiempo impidiendo la realización o continuación de una acción: *el portero me entretuvo en el portal lo menos una hora contándome sus problemas; se entretuvo hablando con unos amigos en el bar y llegó veinte minutos tarde.* **SIN** enredar. ◇ *v. tr.* **3** Hacer menos molesto o más agradable una cosa: *entretuvo el hambre comiéndose el pan de la cena.*
DER entretenido, entretenimiento.
OBS Se conjuga como *tener*.

entretenido, -da *adj.* **1** Que hace pasar el tiempo de manera agradable: *era una película muy entretenida; el parchís es un juego muy entretenido.* **SIN** ameno, distraído, divertido. **ANT** aburrido, tedioso. **2** Que requiere la dedicación de mucho tiempo o de mucho trabajo: *los trabajos de carpintería son muy entretenidos; hacer este rompecabezas es una tarea muy entretenida.*

entretenimiento *n. m.* **1** Actividad o espectáculo que hace pasar el tiempo de manera agradable: *el cine es mi entretenimiento favorito; leer el periódico por las mañanas le servía de entretenimiento.* **SIN** diversión, divertimento, distracción. **2** Hecho de pasar el tiempo de manera agradable o haciendo algo que gusta y que produce placer: *el director afirmó que según su opinión el cine debía ser ante todo una forma de entretenimiento.* **SIN** divertimento.

entretiempo *n. m.* Período de tiempo de la primavera o del otoño que está próximo al verano y tiene temperatura suave: *me he comprado una chaqueta de entretiempo; ya podemos sacar la ropa de entretiempo, pues empieza a hacer calor.*

entrever *v. tr.* **1** Ver con poca claridad por causa de algún obstáculo o de la distancia: *apenas se entrevió la costa, toda la tripulación del barco explotó de alegría.* **2** Sospechar, intuir o tener la esperanza de que una cosa puede suceder en el futuro: *parece que se entrevé la posibilidad de que haya una recuperación económica; no se entrevé la forma de resolver los problemas del tráfico.*
OBS Se conjuga como *ver*. ◇ El participio es *entrevisto*.

entreverar *v. tr.* Colocar una cosa entre otras de distinta clase o naturaleza: *entreveró en la fuente espárragos trigueros y blancos; en su libro se entreveran poemas en español y en inglés.*

entrevista *n. f.* **1** Reunión mantenida por dos o más personas para tratar de un asunto, generalmente profesional o de negocios: *representantes de las dos empresas mantuvieron varias entrevistas antes de firmar la fusión.* **entrevista de trabajo** Reunión mantenida con una persona aspirante a un puesto de trabajo que sirve para conocerla personalmente y determinar si posee las características más idóneas: *estaba muy nerviosa porque esa tarde tenía una entrevista de trabajo.* **2** Conversación que mantiene un periodista con otra persona que contesta una serie de preguntas y da su opinión sobre diversos temas o asuntos: *es un actor muy esquivo con la prensa y nunca concede entrevistas.*

entrevistar *v. tr.* **1** Mantener una conversación un periodista con una persona que contesta una serie de preguntas y da su opinión sobre diversos temas o asuntos: *durante la campaña electoral entrevistó a los principales líderes políticos.* ◇ *v. prnl.* **2 entrevistarse** Mantener una reunión dos o más personas para tratar de un asunto, generalmente profesional o de negocios: *se entrevistó con varios editores para intentar publicar su libro.*

DER entrevista, entrevistador, entrevisto.

entristecer *v. tr.* **1** Causar pena o tristeza: *la noticia de la muerte del actor entristeció a todo el mundo del cine.* **SIN** apenar. **ANT** alegrar. **2** Dar un aspecto triste: *el invierno parece entristecer los pueblos costeros.* **ANT** alegrar. ◇ *v. prnl.* **3 entristecerse** Ponerse triste y melancólico una persona o cosa: *se entristeció al oír aquellas injustas declaraciones sobre ella; las tardes se entristecen con tantas nubes.*
OBS En su conjugación, la *c* se convierte en *zc* delante de *a* y *o*, como en *agradecer*.

entrometerse *v. prnl.* Meterse una persona en un asunto que no le afecta y en el cual nadie le ha pedido que participe, dando opiniones, consejos o indicaciones: *si tu amigo discute con su mujer, tú no te entrometas.* **SIN** entremeterse, inmiscuirse, meterse.
DER entrometido, entrometimiento.

entrometido, -da *adj./n. m. y f.* [persona] Que acostumbra a entrometerse en asuntos que no le afectan y en los cuales nadie le ha pedido que participe: *no había visto nunca un hombre tan entrometido, todo lo quiere saber aunque no sea asunto suyo; es una entrometida y sólo sabe meterse en las cosas de los demás.* **SIN** entremetido.

entroncar *v. intr./prnl.* **1** Tener o contraer una relación de parentesco con una familia o linaje: *al casarse con ella, entroncó con uno de los apellidos más ilustres del país.* ◇ *v. tr./intr.* **2** Tener o contraer una relación de correspondencia o dependencia: *entroncan el pensamiento de este filósofo con el de los humanistas del Renacimiento; las películas de Indiana Jones entroncan con la más pura tradición del cine de aventuras.*
DER entronque.
OBS En su conjugación, la *c* se convierte en *qu* delante de *e*.

entronizar *v. tr.* **1** Sentar en un trono como símbolo del poder y autoridad: *el incunable se abre con una miniatura de Alfonso X entronizado.* **2** Conceder a una persona el máximo cargo o dignidad, especialmente, a un príncipe la dignidad de rey o emperador: *a la muerte del rey algunos nobles conspiraron para entronizar a su hermano en vez de a su hijo.* **ANT** destronar. **3** Dar a una persona o cosa un valor e importancia muy superior a las demás: *la década de los ochenta entronizó modelos sociales basados exclusivamente en el éxito económico.* **ANT** destronar.
DER entronización.
OBS En su conjugación, la *z* se convierte en *c* delante de *e*.

entubar *v. tr.* Introducir tubos en el organismo de una persona o animal por razones médicas, especialmente, tubos por la boca o por la tráquea para dotarlo de respiración artificial. **SIN** intubar.

entuerto *n. m.* Perjuicio o daño que se causa a una persona: *Don Quijote se dedicó a la caballería andante para deshacer entuertos.*

entumecer *v. tr./prnl.* Dejar sin flexibilidad o movimiento, especialmente una parte del cuerpo: *entumecerse los dedos por el frío.* **SIN** agarrotar, anquilosar. **ANT** desentumecer.
DER entumecimiento, entumido, entumirse; desentumecer.

entumecimiento *n. m.* Rigidez, falta de flexibilidad o movimiento, especialmente en una parte del cuerpo: *fue al médico al notar un progresivo entumecimiento de los pies.* **SIN** agarrotamiento, anquilosamiento.

enturbiar *v. tr./prnl.* **1** Quitar claridad o transparencia a un líquido poniéndolo turbio: *enturbió el agua del estanque al agitar el lodo del fondo; el agua se enturbia con los vertidos tóxicos de algunas empresas.* **2** Hacer perder el orden, la costumbre o la tranquilidad: *el atentado enturbió el ambiente de alegría de las fiestas del pueblo; se enturbió la buena rela-*

ción que mantenía con sus hermanos. **SIN** perturbar, turbar.
OBS En su conjugación, la *i* no se acentúa, como en *cambiar*.

entusiasmar *v. tr./prnl.* **1** Causar entusiasmo: *el juego del equipo entusiasmó a la afición; se entusiasma demasiado pronto y luego le vienen las decepciones.* ◇ *v. tr.* **2** Gustar mucho una cosa: *los helados entusiasman a la mayoría de los niños; me entusiasma el cine de aventuras.* **SIN** apasionar, encantar.
DER entusiasmado.

entusiasmo *n. m.* **1** Estado de ánimo del que se siente muy alegre y excitado, y lo exterioriza generalmente con risas, gestos y gran agitación: *recuerda el entusiasmo con el que asistieron al concierto de los Rolling Stones en Madrid.* **2** Atención y esfuerzo que se dedica con empeño e interés al desarrollo de una actividad o trabajo: *cuando le regalaron un telescopio, se dedicó con entusiasmo al estudio de la astronomía.*
DER entusiasmar, entusiasta.

entusiasta *adj./n. com.* [persona] Que siente entusiasmo por una persona o una cosa o es propenso a entusiasmarse: *es una seguidora entusiasta del equipo de fútbol local; tu primo es un verdadero entusiasta del trabajo.*

enumeración *n. f.* **1** Exposición sucesiva y ordenada de las partes que forman un conjunto o un todo: *el profesor pidió al alumno la enumeración de los quince primeros elementos químicos del sistema periódico.* **2** Figura del lenguaje que consiste en referir rápidamente varias ideas o distintas partes de un concepto o pensamiento general.

enumerar *v. tr.* Exponer de manera sucesiva y ordenada las partes que forman un conjunto o un todo: *el director enumeró una por una las razones que le habían obligado al despido de varios trabajadores.*
DER enumeración.

enunciación *n. f.* **1** Exposición breve y sencilla en la que se comunica con palabras una idea: *el acusador hizo una extensa enunciación de los delitos cometidos por el acusado.* **2** Conjunto de datos o elementos que forman parte de una pregunta o problema, a partir de los cuales es necesario establecer la respuesta o la solución: *los alumnos tomaron nota de la enunciación de los tres problemas del examen de matemáticas.* **SIN** enunciado.

enunciado *n. m.* **1** Conjunto de datos o elementos que forman parte de una pregunta o problema, a partir de los cuales es necesario establecer la respuesta o la solución: *leí el enunciado tres veces y al final lo entendí; contestad sólo a lo que se os pide en el enunciado.* **SIN** enunciación. **2** GRAM. Conjunto de palabras o frases que forman parte de un acto de comunicación: *en un diálogo, cada intervención de una persona constituye un enunciado diferente; un enunciado puede estar constituido por una o varias oraciones.*

enunciar *v. tr.* **1** Expresar con palabras una idea de manera breve y sencilla: *el entrenador enunció los motivos que le habían llevado a presentar la dimisión.* **2** Expresar los datos o elementos que forman parte de una pregunta o problema, a partir de los cuales es necesario establecer la respuesta o la solución: *el profesor enunció los problemas de física.*
DER enunciación, enunciado, enunciativo.
ETIM Véase *nuncio.*
OBS En su conjugación, la *i* no se acentúa, como en *cambiar*.

enunciativo, -va *adj.* **1** Que enuncia con palabras una idea de manera breve y sencilla. **2** GRAM. [frase, oración] Que afirma o niega alguna cosa acerca de una persona o cosa: *las oraciones enunciativas se oponen a las interrogativas, exhortativas, exclamativas, etc.; una oración puede ser afirmativa, como* la casa tiene chimenea, *o negativa, como* tu amigo no vino.

envainar *v. tr.* Guardar una cosa dentro de su vaina o cubierta, generalmente un arma blanca: *después de la lucha, el caballero envainó su espada.* **ANT** desenvainar.
DER desenvainar.

envalentonar *v. tr.* **1** Hacer que otra u otras personas se crean con fuerzas o ánimos suficientes para emprender una acción peligrosa o arriesgada: *las muestras de apoyo envalentonaron al alumno para quejarse ante el director de la actitud del profesor.* ◇ *v. prnl.* **2 envalentonarse** Mostrarse valiente y desafiante: *es peligroso envalentonarse con gente de esa calaña.*

envanecer *v. tr.* **1** Hacer que una persona adquiera un sentimiento de orgullo o superioridad frente a los demás, y lo trate de un modo despectivo y desconsiderado: *el éxito envanece a quien no está preparado para aceptarlo.* **SIN** engreír. ◇ *v. prnl.* **2 envanecerse** Comportarse con orgullo o superioridad frente a los demás, tratándolos de un modo despectivo y desconsiderado: *en cuanto empezó a hacerse famoso empezó a envanecerse y se ha vuelto insoportable.*
SIN engreírse, erguirse.
DER envanecimiento.
OBS En su conjugación, la *c* se convierte en *zc* delante de *a* y *o*, como en *agradecer*.

envarado, -da *adj./n. m. y f.* [persona] Que se comporta de un modo soberbio y poco natural, tratando a los demás de un modo despectivo y desconsiderado: *me molesta su actitud soberbia y envarada; es un envarado y un hipócrita, no hay quien lo aguante.* **SIN** engreído; orgulloso.

envasado *n. m.* Operación mediante la cual se envasa un producto: *el envasado a mano es una operación muy lenta y costosa.*

envasar *v. tr.* Meter un producto en un envase para facilitar su conservación o transporte, especialmente un alimento: *en esta fábrica envasan cereales y legumbres.*
DER envasado, envase.

envase *n. m.* Recipiente en el que se coloca un producto para facilitar su conservación o transporte, especialmente un alimento: *la botella de plástico o cristal y el tetrabrik son los envases más utilizados para líquidos.*

envejecer *v. tr./intr./prnl.* **1** Hacer o hacerse vieja una persona o cosa: *tras jubilarse, envejeció plácidamente junto a su marido; el uso y los años han envejecido mucho este abrigo; tu abuelo se ha envejecido mucho desde la última vez que lo vi.* **2** Conservar el vino o el licor en toneles, barricas u otros recipientes durante un período de tiempo largo para que adquiera las características deseadas: *dejarán envejecer este vino durante mucho tiempo; el coñac se envejece en barricas de roble francés.*
DER envejecimiento.
OBS En su conjugación, la *c* se convierte en *zc* delante de *a* y *o*, como en *agradecer*.

envejecimiento *n. m.* Proceso de transformación que lleva a envejecer a una persona o cosa: *solía comprar cosméticos para combatir el envejecimiento.*

envenenamiento *n. m.* **1** Alteración o daño que sufre el organismo de un ser vivo por causa de un veneno: *un vertido ilegal pudo ser la causa del envenenamiento de miles de peces del río.* **2** Administración de veneno a un ser vivo con la intención de causarle la muerte: *la policía le acusó del envenenamiento de su difunta esposa.* **3** Deterioro o corrupción de una cosa, especialmente de una relación: *nadie sabe qué es lo que provocó el envenenamiento de su relación.*

envenenar *v. tr./prnl.* **1** Intoxicar o matar a un ser vivo con un veneno: *envenenó a su marido y a sus hijos; compró un pro-*

envergadura

ducto para envenenar a las ratas del sótano; se envenenó con unas setas no comestibles. **2** Poner veneno en una cosa, generalmente en la comida o en la bebida, para provocar la muerte de un ser vivo: *la mató con un café envenenado.* **SIN** emponzoñar. **3** Hacer que las relaciones entre dos o más personas dejen de ser agradables y amistosas: *la herencia del padre envenenó la vida de los hermanos.* **SIN** emponzoñar.
DER envenenado, envenenamiento.

envergadura *n. f.* **1** Distancia entre las dos puntas de las alas de un ave cuando están completamente extendidas: *la gaviota suele tener un metro de envergadura, aproximadamente.* **2** Distancia entre las dos puntas de las alas de un avión: *los planeadores de vuelo sin motor suelen tener una gran envergadura.* **3** Distancia entre las puntas de los dedos de las dos manos de una persona cuando tiene los brazos en cruz completamente extendidos: *era un hombre de poca envergadura.* **4** En general, tamaño o volumen de una persona o animal: *logró cazar un jabalí de gran envergadura.* **5** MAR. Ancho de la vela de un barco en la parte por donde va unida a la verga del mástil: *el marinero midió la envergadura de todas las velas del barco.* **6** Importancia, categoría o trascendencia de una cosa: *la comunicación de España y Marruecos con un túnel subterráneo es un proyecto de gran envergadura.* **SIN** calibre.

envés *n. m.* Cara posterior de una cosa plana y delgada, especialmente una tela o de una hoja de una planta: *el envés de un tejido debe quedar siempre hacia el lado interior que no se ve.* **SIN** reverso. **ANT** anverso, cara, haz. ☞ hoja.

enviado, -da *n. m. y f.* Persona que lleva un mensaje por encargo de otra: *un enviado de la ONU intentará mediar en el conflicto bélico.* **SIN** mensajero.   **enviado especial** Periodista de radio, televisión o prensa, que envía información desde el mismo lugar en que se produce una noticia: *un enviado especial de la televisión española resultó alcanzado por los disparos de francotiradores.*

enviar *v. tr.* **1** Hacer ir a una persona a un lugar: *el padre envió a los hijos mayores a buscar al más pequeño.* **SIN** mandar. **2** Hacer llegar una cosa a un lugar: *en Navidades enviaba felicitaciones a todos sus amigos.* **SIN** mandar.
DER enviado, envío.
OBS En su conjugación, la *i* se acentúa en algunos tiempos y personas, como en *desviar.*

enviciar *v. tr.* **1** Hacer que una persona caiga en un vicio: *sus compañeros de trabajo lo enviciaron en el juego.* ◇ *v. prnl.* **2 enviciarse** Comenzar a dejarse llevar por un vicio: *se envició en la droga cuando era muy joven.* **3** Dedicarse a una actividad que resulta agradable, dedicándole una excesiva atención y demasiado tiempo: *se envició con los videojuegos, pues son muy adictivos.*
OBS Se suele construir con las preposiciones *con* o *en*. ◇ En su conjugación, la *i* no se acentúa, como en *cambiar.*

envidar *v. intr.* En algunos juegos de cartas, como el mus, hacer un envite o apuesta que permite ganar una cantidad determinada de tantos extraordinarios: *el último jugador envidó los pares.*

envidia *n. f.* **1** Sentimiento de tristeza o irritación producido en una persona por el deseo de la felicidad o alguna cosa de otra persona: *tienen envidia de Fernando porque le ha tocado la lotería; la envidia es muy mala compañera, has de conformarte más con lo que tienes.* **2** Deseo de algo que no se posee: *le daba envidia mi abrigo nuevo y se compró uno igual; ¡qué envidia!, a mí también me apetece un helado de fresa.*
DER envidiable, envidiar, envidioso.

envidiar *v. tr.* **1** Sentir envidia por una persona: *envidia a su vecino por lo bien que le van los negocios; admiro a esa gran actriz pero no la envidio.* **2** Desear algo que no se posee, especialmente una facultad o capacidad: *envidio tu buena memoria, si la tuviera no tendría que estudiar tanto; envidiaba la forma física de sus atletas favoritos y entrenaba con intensidad para poder llegar a adquirirla.*
OBS En su conjugación, la *i* no se acentúa, como en *cambiar.*

envidioso, -sa *adj./n. m. y f.* [persona] Que siente envidia por la felicidad o alguna cosa de otra persona: *calificó de envidiosos a los que criticaban su éxito en el cine.*

envilecer *v. tr.* **1** Hacer que una persona se comporte de una manera vil y malvada: *el afán desmedido de riqueza envilece a las personas.* **2 envilecerse** Volverse una persona vil y malvada: *es un hombre muy maduro y responsable, dudo que se envilezca.*
OBS En su conjugación, la *c* se convierte en *zc* delante de *a* y *o*, como en *agradecer.*

envío *n. m.* **1** Operación mediante la cual se hace llegar a un lugar una cosa: *la organización ha iniciado una campaña de envíos de alimentos a las zonas más necesitadas.* **2** Cosa que se envía de un lugar a otro: *la policía inspecciona todos los envíos que se hacen a las dependencias oficiales.*

envite *n. m.* **1** En algunos juegos de cartas, como el mus, apuesta que permite ganar una cantidad determinada de tantos extraordinarios: *no debes aceptar todos los envites que te hagan los otros jugadores.* **2** Ofrecimiento que se hace de una cosa: *no aceptaron nuestro envite y no pienso invitarles nunca más.* **3** Golpe brusco que se da hacia adelante a una persona o cosa: *el caballo recibió un fuerte envite del toro.* **SIN** empujón. **4** Provocación o incitación a una persona para luchar o competir con ella: *el entrenador declaró encontrar al equipo preparado para afrontar cualquier envite en la liga.* **SIN** desafío, reto.

al primer envite De buenas a primeras, sin pensarlo dos veces: *le comenté si quería acompañarnos al viaje y al primer envite ya estaba haciendo planes.*
DER envidar.
ETIM Véase *invitar.*

enviudar *v. intr.* Perder una persona a su marido o mujer por fallecimiento: *su cuñada enviudó a los tres meses de haberse casado.*

envoltorio *n. m.* **1** Material que sirve para envolver un objeto o un producto: *tenía la cama cubierta con los envoltorios de los bombones; si envía tres envoltorios, entrará en el sorteo de una magnífica motocicleta.* **SIN** envoltura. **2** Objeto o producto envuelto en este material: *su abuela le entregó un pequeño envoltorio y le pidió que no lo abriera hasta llegar a casa.* **3** Conjunto de cosas atadas o envueltas de manera desordenada: *salió precipitadamente de la pensión con un envoltorio de ropas.*

envoltura *n. f.* **1** Envoltorio: *los cables eléctricos tienen una fina envoltura de plástico.* **2** Capa exterior que rodea o envuelve a una cosa: *el capullo es una envoltura de seda que rodea al gusano cuando se transforma en crisálida; la atmósfera es la envoltura gaseosa que envuelve a la Tierra.*

envolvente *adj.* **1** Que rodea una cosa de modo que cubre todas sus partes: *una sustancia envolvente.* **2** Que produce una sensación agradable de atracción o de seducción: *mirada envolvente; sonido envolvente.*

envolver *v. tr./prnl.* **1** Cubrir una cosa rodeándola total o parcialmente: *envolver un regalo con un papel de colores; el mendigo se envolvió en una manta.* **ANT** desenvolver. **2** Hacer

que una persona participe en un negocio o asunto sin estar del todo enterada de él, especialmente si es peligroso o ilegal: *unos amigos lo envolvieron en un asunto de contrabando; se ha envuelto en unos feos asuntos de drogas*. **SIN** enredar. ◇ *v. tr.* **3** Enrollar un hilo, una cuerda o una cinta alrededor de una cosa: *envolvió el regalo con una cinta de color dorado; el pescador envolvía el sedal en el carrete de la caña*. **4** Rodear a una persona o cosa un ambiente o unas circunstancias que determinan sus características: *el misterio envolvía todas las historias que se contaban de la vieja mansión*. **5** Rodear o cercar al enemigo en una acción de guerra: *efectivos del ejército envolvieron a la guerrilla en un pequeño pueblo de las montañas*. **6** Vencer una persona a otra en una discusión rodeándola de argumentos y dejándola cortada y sin salida: *las preguntas de la policía envolvieron al detenido y así lograron su confesión*. **7** Mostrar el comportamiento o las palabras de una persona una idea o sentimiento distinto u opuesto al que en realidad tiene: *la felicitación de sus compañeros envolvía una mal disimulada envidia*. **SIN** esconder.
DER envoltorio, envoltura, envolvente, envuelto; desenvolver.
OBS En su conjugación, la *o* se convierte en *ue* en sílaba acentuada, como en *mover*. ◇ El participio es *envuelto*.

envuelto, -ta *part.* Es el participio irregular de *envolver*. También se usa como adjetivo: *ha envuelto el paquete; un paquete envuelto*.

enyesar *v. tr.* **1** Cubrir una superficie o tapar un agujero con yeso: *antes de pintar enyesó las grietas de la pared*. **2** Inmovilizar una parte del cuerpo envolviéndola en un vendaje empapado en yeso o escayola que, al secarse, se endurece: *le enyesaron el brazo tras fracturarse el codo*. **SIN** escayolar.

enzarzar *v. tr.* **1** Enredar a dos o más personas en una disputa: *Antonio los enzarzó en una trifulca interminable*. ◇ *v. prnl.* **2 enzarzarse** Tomar parte en una disputa o en una pelea: *gobierno y oposición se enzarzaron en una polémica sobre la subida de impuestos*. **3** Implicarse en un negocio o asunto sin estar del todo enterado de él, especialmente si es peligroso o ilegal: *se enzarzó en negocios poco claros que le llevaron a la ruina*.
OBS En su conjugación, la *z* se convierte en *c* delante de *e*.

enzima *n. amb.* BIOL. Molécula producida por las células vivas del organismo, que favorece y regula las reacciones químicas en los seres vivos: *las enzimas están compuestas principalmente por proteínas; en la célula viva la constitución y descomposición de las sustancias es realizada por los enzimas*.
DER enzimología.
OBS No se debe confundir con el adverbio *encima*.

eñe *n. f.* Nombre de la letra ñ: *la palabra niño tiene una eñe; la letra eñe sólo existe en castellano*.

eoceno, -na *adj./n. m.* **1** GEOL. [período de la historia de la Tierra] Que es el segundo de la era terciaria: *durante el período eoceno la flora y la fauna comenzaron a adoptar formas parecidas a las actuales; el eoceno va después del paleoceno*. ◇ *adj.* **2** GEOL. De este período geológico o que tiene relación con él: *en un terreno eoceno se hallaron unos importantes restos fósiles*.

eólico, -ca *adj.* Del viento o que tiene relación con él: *el parque de energía eólica más importante de España está en cabo Vilano, en la costa de La Coruña*.

epi- Prefijo que entra en la formación de palabras con el significado de 'sobre': *epicarpio, epidermis*.

épica *n. f.* Género de poesía que narra con lenguaje elevado las hazañas y los amores de personajes ilustres y legendarios: *la Ilíada y la Odisea son el punto de partida de la épica; la epopeya y la poesía heroica pertenecen a la épica*.

epiceno *adj./n. m.* [género de un sustantivo] Que señala la diferencia de sexo mediante la oposición macho/hembra: *gran parte de los nombres de animales son sustantivos de género epiceno, pues hay que decir, por ejemplo,* el buitre macho y el buitre hembra; *búho y escolopendra son dos epicenos*.

epicentro *n. m.* Punto de la superficie de la Tierra bajo el cual tiene origen un terremoto: *el epicentro está situado encima del foco o hipocentro de un movimiento sísmico*.

épico, -ca *adj.* **1** De la épica o que tiene relación con este género literario: *el* Cantar de mío Cid *es el poema épico por excelencia de la literatura española*. **2** Que causa admiración por su gran valentía, heroísmo y esfuerzo ante situaciones adversas y peligrosas: *el equipo español logró una victoria épica en su primer partido de la competición; el autor recoge en su novela el épico trabajo de los mineros asturianos*.
DER épica.
ETIM *Épico* procede del latín *epicus*, que procede del griego *epikos*, 'verso'.

epicúreo, -rea *adj.* **1** FILOS. De la doctrina filosófica de Epicuro o que tiene relación con ella: *la filosofía epicúrea defiende que el hombre no debe tener miedo a los dioses ni a la muerte para poder disfrutar de los placeres*. ◇ *adj./n. m. y f.* **2** FILOS. [persona] Que sigue la doctrina filosófica de Epicuro: *los epicúreos cultivaban sobre todo la amistad*. **3** [persona] Que evita el dolor y busca el placer en todo: *ha olvidado rápidamente sus problemas porque es un epicúreo*.
DER epicureísmo.

epidemia *n. f.* **1** Enfermedad infecciosa que ataca a un gran número de personas del mismo lugar y durante un mismo período de tiempo: *una epidemia de gripe, de cólera, de tifus*. **SIN** plaga. **2** Daño o desgracia que está muy extendida y afecta a un número cada vez más grande de personas: *la epidemia de la droga, de la violencia, del racismo*. **SIN** plaga.
DER epidémico, epidemiología.

epidémico, -ca *adj.* **1** [enfermedad infecciosa] Que ataca a un gran número de personas del mismo lugar y durante un mismo período de tiempo: *el cólera suele ser una enfermedad epidémica*. **2** De la epidemia o que tiene relación con las enfermedades infecciosas: *se produjo un brote epidémico de cólera que produjo centenares de víctimas*.

epidemiología *n. f.* Parte de la medicina que estudia el desarrollo epidémico de las enfermedades infecciosas: *expertos en epidemiología buscan el origen del nuevo brote de tifus*.
DER epidemiológico.

epidemiológico, -ca *adj.* De la epidemiología o que tiene relación con esta parte de la medicina: *los estudios epidemiológicos ayudan a conocer el comportamiento de las epidemias*.

epidérmico, -ca *adj.* **1** De la epidermis o que tiene relación con esta capa de la piel: *las escamas forman el tejido epidérmico de los peces y de algunos reptiles*. **2** [persona, idea] Que no presta atención a lo importante y se queda en las apariencias: *su rechazo a la violencia era puramente epidérmico, pues, en realidad, no le importaban demasiado los problemas de los demás*. **SIN** superficial.

epidermis *n. f.* **1** Capa más exterior de la piel de los vertebrados y de los invertebrados; está situada sobre la dermis y formada por cinco capas muy finas: *la epidermis de los animales vertebrados no tiene vasos sanguíneos y es nutrida por la linfa*. **SIN** cutícula. ☞ piel. **2** BOT. Membrana formada por una sola capa de células que recubre el tallo y las hojas de algunos vegetales: *la epidermis es transparente e incolora*.

DER epidérmico.
OBS El plural también es *epidermis*.

epifanía *n. f.* Fiesta de la religión católica en que se celebra la adoración de los Reyes Magos al Niño Jesús: *la Epifanía se celebra el 6 de enero.* Se escribe con mayúscula.

epifonema *n. f.* Figura del lenguaje que consiste en una exclamación o reflexión retórica de tono general y enfático con la cual se concluye un discurso de manera solemne.

epiglotis *n. f.* Cartílago en forma de lengüeta situado sobre la laringe y unido a la parte posterior de la lengua, que cierra la glotis durante la ingestión de alimentos: *la epiglotis contribuye a que no entren cuerpos extraños en las vías respiratorias.* ☞ digestivo, aparato.
OBS El plural también es *epiglotis*.

epígono *n. m.* Persona que continúa las tendencias artísticas o científicas de un maestro, escuela o generación anterior: *estudiaremos a Ortega y Gasset y a sus epígonos; a Ángel Ganivet se le considera epígono de la Generación del 98.*

epígrafe *n. m.* **1** Título que aparece al comienzo de un escrito, o de cada una de sus partes: *en el índice aparecen los capítulos y sus epígrafes.* **2** Explicación breve y que aparece al comienzo de un escrito resumiendo lo principal de su contenido: *consultó el epígrafe para ver si el artículo le interesaba para su trabajo.* **3** Texto breve grabado en piedra o metal: *en el epígrafe del monumento está la dedicatoria del pueblo a la memoria del héroe.*
DER epigrafía, epigrama.

epigrama *n. m.* **1** Texto breve grabado sobre piedra, metal u otro material duro: *en la losa de la entrada había un epigrama con el nombre del arquitecto.* **2** Composición poética muy breve que explica un pensamiento ingenioso o satírico: *encontró un libro con epigramas anónimos.*

epilepsia *n. f.* Enfermedad del sistema nervioso debida a la aparición de actividad eléctrica anormal en la corteza cerebral, que provoca ataques repentinos caracterizados por convulsiones violentas y pérdida del conocimiento: *le dio un ataque de epilepsia en medio de clase.*
DER epiléptico.

epiléptico, -ca *adj.* **1** De la epilepsia o que tiene relación con esta enfermedad: *le diagnosticaron un foco epiléptico en el cerebro.* ◇ *adj./n. m. y f.* **2** [persona] Que padece epilepsia: *el enfermo epiléptico debe evitar el consumo de bebidas alcohólicas; los epilépticos suelen seguir un tratamiento médico.*

epílogo *n. m.* **1** Parte última de ciertas obras literarias, de cine o teatro en la que se desarrolla una acción o se refiere algún suceso que tiene relación con la acción principal y suele explicarla: *la película tiene un pequeño epílogo en el que se narra la distinta suerte de los personajes con el paso de los años.* **2** Parte final de un discurso u obra en la que se ofrece un resumen general de su contenido: *en el epílogo de la obra se recogen las conclusiones y propuestas de desarrollo a los problemas planteados en el libro.* **3** Conjunto de circunstancias o consecuencias que permanecen después de finalizada una actividad o proceso: *la inestabilidad política de África fue el epílogo de largos años de colonización europea.*

episcopado *n. m.* **1** Cargo de obispo: *el papa Juan Pablo II ocupó el episcopado de Cracovia.* **SIN** obispado. **2** Período de tiempo que dura el ejercicio del cargo de un obispo en un territorio: *durante su episcopado se realizaron importantes obras sociales.* **3** Conjunto de todos los obispos de un territorio o país: *el episcopado español dio a conocer un documento sobre la situación social en España.*
DER episcopal.

episcopal *adj.* **1** Del obispo o que tiene relación con este sacerdote: *la Conferencia Episcopal Española reúne a todos los obispos del país.* **SIN** obispal. **2** Libro litúrgico en el que se recogen las ceremonias y los oficios propios de los obispos.
DER episcopaliano, episcopalismo.

episódico, -ca *adj.* **1** Del episodio o que tiene relación con él: *las series de televisión tienen un planteamiento episódico.* **2** Que dura poco tiempo y no tiene consecuencias importantes: *el gobernador calificó de meramente episódicos los disturbios raciales producidos en la ciudad.*

episodio *n. m.* **1** Programa de radio o televisión independiente en el que se narra una parte de la acción de una obra o serie: *los culebrones de televisión suelen estar formados por numerosísimos episodios.* **2** Hecho o acontecimiento que junto con otros, con los que está relacionado, forma el conjunto de una historia real o imaginada: *la matanza de la Noche Triste es uno de los episodios más desgraciados de la conquista de América; ayer leí el episodio del Quijote de la lucha contra los molinos de viento.*
DER episódico.

epístola *n. f.* **1** *culto* Carta o misiva que se escribe a alguien: *los apóstoles se comunicaban con las diversas comunidades cristianas mediante epístolas.* **2** Composición literaria en forma de carta, en prosa o en verso, cuyo fin suele ser moralizar, instruir o satirizar: *las epístolas en verso suelen estar escritas en tercetos o en verso libre.* **3** Parte de la misa católica en que se lee o se canta algún pasaje de las cartas escritas por los apóstoles: *la epístola es anterior a la lectura del Evangelio.*
DER epistolar, epistolario.

epistolar *adj.* De la epístola o que tiene relación con esta carta o misiva: *la novela de Cela Mrs. Caldwell habla con su hijo está escrita en forma epistolar; no le gustan las novelas de género epistolar.*

epistolario *n. m.* **1** Libro en el que se recogen varias cartas de uno o varios autores: *compró un volumen con el epistolario completo de Max Aub.* **2** Libro en que se recogen las epístolas que se leen en la misa católica: *el sacerdote abrió el epistolario y leyó la epístola de san Pablo a los efesios.* **3** Conjunto de epístolas o cartas recibidas de una o varias personas: *entre su epistolario personal guarda misivas de importantes personalidades de la cultura.*

epitafio *n. m.* Texto dedicado a un difunto, generalmente grabado en su sepultura: *en su sepulcro había escrito un bello epitafio.*

epitelio *n. m.* Tejido que recubre las superficies internas y externas del cuerpo humano y de los animales: *el epitelio puede estar formado por varias capas de células, como la epidermis, o por una sola, como el tejido que recubre el interior de los vasos sanguíneos.*
DER epitelial.

epíteto *n. m.* **1** Adjetivo que expresa una cualidad característica del nombre al que acompaña, generalmente usado para producir un determinado efecto estético: *en la verde hierba, verde es un epíteto.* **2** Expresión en la que se emite un juicio con el que se califica una cosa: *la actuación del torero mereció epítetos bastantes desagradables por parte de algunos aficionados.*

época *n. f.* **1** Período determinado en la historia de una civilización o de una sociedad al que se hace referencia aludiendo a un hecho histórico, un personaje o un movimiento cultural, económico o político que se ha desarrollado en él: *la época de la guerra de la Independencia; la época de Franco; la época de la primera revolución industrial.* **SIN** era. **2** Período do del pasado que se caracteriza por una circunstancia

determinada: *durante su época de universidad conoció a los que hoy son sus compañeros de partido; por aquella época yo era un joven inexperto.* **SIN** tiempo.
de época Que es propio de un tiempo pasado: *en los bailes de época los asistentes actuaban con gran refinamiento; acudieron vestidos con trajes de época.*
hacer época Tener tanta importancia una cosa que se da por seguro que su recuerdo perdurará a través del tiempo: *la famosa cantante aseguró que la boda de su hija haría época.*

epónimo, -ma *adj.* [persona, animal, cosa] Que tiene un nombre propio que es tomado para designar algo, especialmente un lugar geográfico o una época: *Alejandro Magno es el héroe epónimo de la ciudad de Alejandría.*

epopeya *n. f.* **1** Poema épico de gran extensión en el que se cuentan las hazañas legendarias y sobrenaturales de personajes heroicos que, generalmente, forman parte del origen de una estirpe o de un pueblo: *la Ilíada y la Odisea son dos grandes epopeyas clásicas.* **2** Conjunto de poemas de este tipo que forman la tradición épica de un pueblo: *el Ramayana y el Mahabharata son los principales pilares de la epopeya hindú.* **3** Acción o hecho que causa admiración por su gran valentía, heroísmo y esfuerzo ante situaciones adversas y peligrosas: *la película Éxodo cuenta la epopeya del pueblo judío y la fundación del estado de Israel.*

épsilon *n. f.* Quinta letra del alfabeto griego clásico: *la épsilon equivale a una e breve.*

equi- Elemento prefijal que entra en la formación de palabras con el significado de 'igualdad en lo designado por el componente al que se une': *equivalencia.*

equidad *n. f.* Igualdad o justicia en el reparto de una cosa entre varios o en el trato de las personas: *algunas comunidades autónomas se han quejado de la falta de equidad en el reparto de los fondos del Estado.*
DER equitativo.
ETIM *Equidad* procede del latín *aequitas, -atis*, 'igualdad', voz con la que también están relacionadas *ecuación, ecuador, ecuanimidad, ecuménico.*

equidistar *v. intr.* Estar dos o más puntos o cosas a la misma distancia de otra u otras cosas o a la misma distancia entre sí: *todos los puntos del perímetro de una circunferencia equidistan del centro; para estar en medio, el cuadro debe equidistar de las dos columnas de la pared.*
DER equidistante.

équido, -da *adj./n. m.* **1** [animal] Que pertenece a la familia de los équidos: *el caballo es un animal équido; muchos équidos son utilizados como animales de carga.* ◇ *n. m. pl.* **2 équidos** Familia de animales mamíferos herbívoros, de patas largas adaptadas a la carrera, terminadas en un solo dedo muy desarrollado, protegido por una pezuña: *el asno y la cebra son équidos.*

equilátero, -ra *adj.* [triángulo] Que tiene los tres lados de igual longitud.

equilibrado, -da *adj.* **1** [persona] Que actúa de un modo razonable sin dejarse llevar alocadamente por las propias ideas o sentimientos: *no te preocupes tanto por ella, tu hermana es una chica muy prudente y equilibrada.* **SIN** sensato. ◇ *n. m.* **2** Ajuste de una pieza o elemento mecánico para dotarlo del equilibrio adecuado que mejore su funcionamiento: *el equilibrado de los neumáticos facilita una conducción más cómoda y segura.*

equilibrar *v. tr./prnl.* **1** Ajustar una cosa de modo que se igualen las fuerzas a las que está sometida: *el mecánico te equilibrará la suspensión de tu automóvil; al añadir una pesa más se equilibraron los platillos de la balanza.* **SIN** estabilizar. **ANT** desequilibrar, desestabilizar. **2** Hacer que una cosa permanezca estable en un lugar o en unas condiciones particulares, procurando que ningún elemento de los que la integran exceda en cantidad o importancia al resto: *equilibró el equipo dotando a la rápida delantera de una contundente defensa; al perder la reina y el alfil se equilibraron las fuerzas en la partida de ajedrez.*
DER equilibrado; desequilibrar.

equilibrio *n. m.* **1** Estado de un cuerpo sometido a una serie de fuerzas que se contrarrestan entre sí: *los platillos de la balanza están en equilibrio porque el peso es el mismo en ambos lados.* **ANT** desequilibrio. **2** Situación de un cuerpo que ocupa una posición en el espacio sin caerse, especialmente si tiene un base de sustentación muy reducida: *al levantarse de la silla perdió el equilibrio y cayó de espaldas; mantenía en equilibrio una silla apoyada sobre su frente.* **SIN** estabilidad. **ANT** desequilibrio. **3** Proporción y armonía entre los elementos dispares que integran un conjunto: *ha decorado su casa con un delicado equilibrio entre muebles antiguos y modernos.* **4** Capacidad de una persona para actuar conforme a la razón sin dejarse llevar alocadamente por las propias ideas o sentimientos: *tras algunas visitas al psicólogo, logró recuperar el equilibrio que había perdido con la muerte de su marido.* ◇ *n. m. pl.* **5 equilibrios** Actos con los que se consigue manejar una situación difícil y problemática: *tras quedarse en paro, debía hacer continuos equilibrios para llegar a fin de mes; se pasó todo el viaje haciendo equilibrios para que sus amigos no discutieran entre sí.*
DER equilibrar, equilibrismo.

equilibrismo *n. m.* Actividad y técnica de realizar ejercicios difíciles con el cuerpo o con objetos manteniéndolos en equilibrio: *trabajaba en el circo realizando ejercicios de equilibrismo.*
DER equilibrista.

equilibrista *adj./n. com.* [persona] Que se dedica a practicar ejercicios de equilibrio como artista profesional: *el equilibrista era capaz de sostener una silla con la punta del pie.*

equino, -na *adj.* **1** Del caballo o que tiene relación con este animal: *la doma equina requiere gran paciencia y habilidad.* **2** De los équidos o que tiene relación con estos animales: *caballos, asnos y mulos constituyen el ganado equino.* ◇ *n. m.* **3** Animal doméstico, como el caballo u otro de la familia de los équidos, que sirve para montar en él o para transportar cosas.

equinoccio *n. m.* ASTR. Momento del año en que el Sol parece pasar sobre el ecuador y en que el día y la noche duran lo mismo: *el equinoccio de primavera se produce entre los días 20 y 21 de marzo, y el equinoccio de otoño, entre el 22 y el 23 de septiembre.*

equinodermo *adj./n. m.* **1** [animal] Que pertenece al tipo de los equinodermos: *la estrella de mar es un animal equinodermo; los equinodermos son animales invertebrados.* ◇ *n. m. pl.* **2 equinodermos** Tipo de animales marinos invertebrados con la piel gruesa dotada de placas y espinas calcáreas, que tienen en el interior del cuerpo un sistema de canales por donde circula el agua; carecen de cabeza y su boca suele estar situada en la cara inferior del cuerpo: *el erizo de mar y la holoturia pertenecen a los equinodermos.*

equipaje *n. m.* Conjunto de ropas y objetos de uso personal que una persona lleva consigo cuando viaja: *si viajas en avión, debes facturar el equipaje antes de montar en el aparato.*

equipamiento *n. m.* **1** Suministro o entrega del equipo

equipar

necesario para desarrollar una actividad o trabajo: *una firma comercial de material náutico se encarga del equipamiento de los windsurfistas participantes en la competición.* **2** Conjunto de medios e instalaciones necesarios para el desarrollo de una actividad: *la alcaldesa se ha quejado de la falta de equipamiento deportivo de la ciudad.* **SIN** infraestructura.

equipar *v. tr./prnl.* Proporcionar lo equipo necesario para desarrollar una actividad o trabajo: *equiparon la nave para una larga travesía; el excursionista se equipó de ropa y comida suficiente.*
DER equipaje, equipamiento, equipo.
OBS Se suele construir con las preposiciones *de* y *con*.

equiparación *n. f.* Consideración de dos o más cosas o personas como equivalentes al compararlas: *los trabajadores de la enseñanza privada pretenden la equiparación de horarios y retribuciones con los de la enseñanza pública.*

equiparar *v. tr.* Considerar dos o más cosas o personas como equivalentes al compararlas: *por sus grandes cualidades lo equipararon con Maradona; el Gobierno pretende equiparar el nivel de la economía española con el del resto de los países europeos.*
DER equiparación.

equipo *n. m.* **1** Conjunto de objetos y prendas necesarias para desarrollar una actividad o trabajo: *adquirió el equipo necesario para pescar en una tienda de deportes.* **2** Conjunto de personas organizado para realizar una actividad o trabajo: *un equipo de cirujanos llevó a cabo el trasplante con éxito.* **3** Conjunto organizado de personas que juega contra otro en una competición deportiva: *un equipo de fútbol, de balonmano, de baloncesto.*
caerse con todo el equipo Fracasar completamente de manera inesperada: *se cayó con todo el equipo al creer que podría copiar en el examen.*
en equipo En colaboración coordinada con otras personas: *todos los vecinos trabajaron en equipo para pintar el interior del edificio.*

equipolente *adj.* MAT. [vector] Que tiene el mismo valor numérico, dirección y sentido que otro: *dibujó dos vectores equipolentes que representaban dos fuerzas iguales.*

equis *n. f.* **1** Nombre de la letra *x*: *la palabra examen se escribe con equis y sin acento.* **2** Signo o carácter que tiene la forma de la letra *X*: *debes poner una equis en cada casilla de la quiniela.* **3** Signo que representa la incógnita o el valor desconocido en los cálculos: *tienes que despejar la equis en esa ecuación.* ◇ *adj.* **4** Indica el valor de una cantidad que es desconocida o cuyo conocimiento resulta indiferente: *el fontanero me advirtió que cada equis años tendría que cambiar la cisterna.* **5** Indica la calificación pornográfica de una película o un cine: *una película X; nunca había estado en un cine X.*
OBS El plural también es *equis*.

equitación *n. f.* Técnica, actividad o deporte de montar a caballo: *la equitación es un deporte olímpico; practica la equitación en su finca.*

equitativo, -va *adj.* Que es justo e imparcial: *el padre hizo un reparto equitativo de la herencia entre los hijos.*

equivalencia *n. f.* Igualdad en la función, el valor, la potencia o la eficacia de dos o más cosas distintas entre sí: *esta tabla muestra la equivalencia entre millas y kilómetros.*

equivalente *adj./n. com.* **1** [cosa, persona] Que mantiene una relación de equivalencia con otra cosa o persona: *la distancia en milímetros que separa dos ciudades en un mapa de carreteras debe ser equivalente a la que hay verdaderamente entre ellas; no sé cuál es el equivalente de esa temperatura en grados Fahrenheit.* ◇ *adj.* **2** [figura] Que tiene igual área o volumen que otra, pero forma diferente: *un cuadrado y un rombo pueden ser equivalentes.*

equivaler *v. intr.* Mantener una cosa con otra una relación de igualdad de función, valor, potencia o eficacia, siendo ambas diferentes entre sí: *una hora equivale a 60 minutos y a 3600 segundos.*
DER equivalencia, equivalente.
OBS Se conjuga como *valer*.

equivocación *n. f.* **1** Idea u opinión que una persona tiene por buena, cuando, en realidad, es falsa: *es una equivocación pensar que todos los productos extranjeros son mejores que los españoles.* **SIN** error. **2** Actuación de una persona que no obtiene los objetivos previstos o tiene consecuencias negativas para ella: *cometió la equivocación de intentar pasar por el río y se le quedó el coche en mitad del cauce; por equivocación he eliminado unos archivos del disco duro.* **SIN** error.

equivocar *v. tr./prnl.* **1** Cometer una equivocación: *el patrón equivocó el rumbo y no llegaron al puerto previsto; te equivocas si crees que Pablo es una mala persona; se equivocó de camino y se metió en una calle sin salida.* **SIN** errar. ◇ *v. tr.* **2** Hacer que una persona cometa una equivocación: *las indicaciones del copiloto equivocaron al piloto, que se salió de la carretera.*
DER equivocación, equívoco.
OBS En su conjugación, la *c* se convierte en *qu* delante de *e*.

equívoco, -ca *adj.* **1** Que puede entenderse de varias

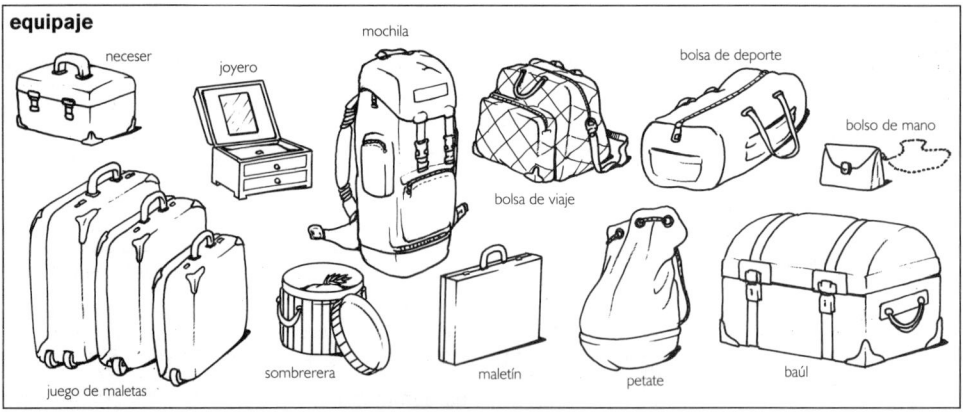

equipaje

maneras o admitir explicaciones distintas: *la actitud equívoca de su compañera de trabajo le llevó a pensar que le gustaba*; *vela, llama y cabo son palabras equívocas*. **SIN** ambiguo. **2** Que puede provocar la equivocación de los demás: *El peatón hizo un gesto equívoco al cruzar y a punto estuvo de ser atropellado*. ◇ *n. m.* **3** Figura del lenguaje que consiste en utilizar palabras ambiguas que dan a entender cosas distintas: *utilizando equívocos consiguió que sus obras pasaran la censura sin problemas*.
DER inequívoco.

era *n. f.* **1** Período determinado en la historia de una civilización o de una sociedad al que se hace referencia aludiendo a un hecho histórico, un personaje o un movimiento cultural, económico o político que se ha desarrollado en él: *aquello ocurrió en la era de los descubrimientos; dicen que estamos en la era de las comunicaciones; sucedió en el año 25 de nuestra era*. **SIN** época, tiempo. **era cristiana** Era que comienza a contarse desde el nacimiento de Cristo: *actualmente estamos en el siglo xx de la era cristiana*. **2** GEOL. Período muy extenso de tiempo que abarca una fase de la evolución de la Tierra y de la flora y la fauna que la habitan: *en la actualidad vivimos en la era cuaternaria; las cinco eras de la historia de la Tierra son: la arcaica, la primaria, la secundaria, la terciaria y la cuaternaria*. **3** Terreno descubierto, de superficie llana y limpia donde se trilla el cereal: *los campesinos van a la era a trillar el trigo; en la era del pueblo soltaron una vaquilla*.
DER erial.

eral, erala *n. m. y f.* Cría del toro y la vaca que tiene más de un año y menos de dos: *las vacas y los erales pastaban en un prado*.

erario *n. m.* **1** Conjunto de haberes, rentas e impuestos que recauda el Estado: *la subida de los impuestos hará aumentar el erario*. **SIN** hacienda pública. **2** Lugar en el que se guardan estos haberes, rentas e impuestos: *los bienes recaudados por el Estado se depositan en el erario*.

erbio *n. m.* QUÍM. Elemento químico, metálico y sólido, de color gris oscuro, poco abundante en la naturaleza: *el símbolo del erbio es Er*.

ere *n. f.* Nombre de la letra *r* en su sonido suave o simple: *la palabra área tiene una ere, y florero tiene dos*.

erección *n. f.* **1** Construcción de una edificación o monumento por encima del nivel del suelo: *la erección del monumento fue presidida por el alcalde*. **2** Acto en el que una persona o institución recibe una función o categoría de especial importancia: *destacadas figuras políticas acudieron a la erección del nuevo partido político*. **3** Levantamiento y endurecimiento de una cosa, especialmente el del pene o del clítoris, que se produce por la afluencia de sangre al órgano: *la erección del pene es necesaria para poderse llevar a cabo el coito*.
ETIM Véase *erguir*.

erecto, -ta *adj.* Que está levantado, derecho o rígido: *un oso puede sostenerse sobre las piernas traseras, adoptando una postura erecta*.
DER eréctil.
ETIM Véase *erguir*.

eremita *n. com.* **1** Persona que vive sola en una ermita en donde se dedica a la oración y al cuidado del lugar. **SIN** ermitaño. **2** Persona que vive sola en un lugar deshabitado, especialmente si se dedica a la oración: *San Jerónimo pasó varios años viviendo como un eremita en una cueva del desierto*. **SIN** ermitaño.

ergio *n. m.* FÍS. Unidad de trabajo en el sistema cegesimal que equivale al trabajo realizado por una dina de fuerza a lo largo de un centímetro: *un ergio equivale a 10^{-7} julios*.

ergonomía *n. f.* Estudio y adecuación de las condiciones del lugar de trabajo, máquinas, vehículos o equipo a las características físicas y psicológicas del trabajador o usuario: *la ergonomía busca un mayor rendimiento en el trabajo a partir de la humanización de los medios para producirlo*.
DER ergonómico.

ergonómico, -ca *adj.* De la ergonomía o que tiene relación con este estudio: *un sillón ergonómico se adapta a las características anatómicas de la persona que debe sentarse en él*.

erguir *v. tr./prnl.* **1** Levantar y poner derecho el cuerpo o una parte de él: *irguió la cabeza cuando oyó que lo llamaban; tiene un pinzamiento en la columna y le cuesta mucho erguirse*. **SIN** incorporar. ◇ *v. prnl.* **2 erguirse** Levantarse una cosa por encima del nivel del suelo: *a un lado del camino se erguía una larga fila de chopos; un sinfín de cruces se erguían en el cementerio*. **3** Comportarse con orgullo o superioridad frente a los demás, tratándolos de un modo despectivo y desconsiderado: *a la que consiguió un poco de fama empezó a*

erguir	
INDICATIVO	**SUBJUNTIVO**
presente	presente
irgo o yergo	irga o yerga
irgues o yergues	irgas o yergas
irgue o yergue	irga o yerga
erguimos	irgamos
erguís	irgáis
irguen o yerguen	irgan o yergan
pretérito imperfecto	pretérito imperfecto
erguía	irguiera o irguiese
erguías	irguieras o irguieses
erguía	irguiera o irguiese
erguíamos	irguiéramos o irguiésemos
erguíais	irguierais o irguieseis
erguían	irguieran o irguiesen
pretérito indefinido	futuro
erguí	irguiere
erguiste	irguieres
irguió	irguiere
erguimos	irguiéremos
erguisteis	irguiereis
irguieron	irguieren
futuro	**IMPERATIVO**
erguiré	
erguirás	irgue o yergue (tú)
erguirá	irga o yerga (usted)
erguiremos	erguid (vosotros)
erguiréis	irgan o yergan (ustedes)
erguirán	
condicional	**FORMAS NO PERSONALES**
erguiría	
erguirías	infinitivo gerundio
erguiría	erguir irguiendo
erguiríamos	**participio**
erguiríais	erguido
erguirían	

erguirse y se volvió un cursi insoportable. **SIN** engreírse, envanecerse.
ETIM *Erguir* procede del latín *erigere*, 'levantar', voz con la que también están relacionadas *erección*, *erecto*, *erigir*.

erial *adj./n. m.* [terreno] Que no se cultiva ni se labra: *a las afueras del pueblo hay muchos terrenos eriales; abandonó la finca y se ha convertido en un erial.* **SIN** baldío.

erigir *v. tr.* **1** Construir o levantar una edificación o monumento por encima del nivel del suelo: *la torre inclinada de Pisa se erigió a principios del siglo XII.* ◇ *v. tr./prnl.* **2** Otorgar a una persona o institución una función o categoría de especial importancia: *el congreso de su partido lo erigió en su líder indiscutible; el muchacho más inteligente se erigió en jefe de la pandilla.*
ETIM Véase *erguir*.
OBS En su conjugación, la *g* se convierte en *j* delante de *a* y *o*.

erizar *v. tr./prnl.* Levantar y poner rígida una cosa, especialmente el pelo de una persona o animal: *el puerco espín eriza las púas de la cola cuando se siente en peligro; se le erizó el vello del cuerpo cuando escuchó la explosión.*
DER erizado.
OBS En su conjugación, la *z* se convierte en *c* delante de *e*.

erizo *n. m.* **1** Animal mamífero de pequeño tamaño, con la espalda cubierta de espinas, que se alimenta de insectos: tiene las patas, la cola y la cabeza muy pequeñas, y el hocico puntiagudo: *el erizo adopta un forma de bola y eriza los espinas del lomo cuando advierte un peligro inminente.* Para indicar el sexo se usa *el erizo macho* y *el erizo hembra.* **2** Envoltura dura y espinosa que recubre la castaña y otros frutos: *las castañas se suelen vender sin erizo.* **3** Persona difícil de tratar y de carácter áspero: *este niño es un erizo, no deja ni que le dé un beso.*

erizo de mar (o **marino**) Animal invertebrado marino de pequeño tamaño con forma de media esfera cubierta por una concha compuesta por placas calcáreas con púas: *pisé un erizo de mar cuando caminaba por la playa.*
DER erizar.

ermita *n. f.* Iglesia o capilla pequeña situada generalmente en una zona deshabitada o en las afueras de una población: *todos los años participa en la romería a la ermita de su pueblo.*
DER eremita, ermitaño.

ermitaño, -ña *n. m. y f.* **1** Persona que vive sola en una ermita en donde se dedica a la oración y al cuidado del lugar. **SIN** eremita. **2** Persona que vive sola en un lugar deshabitado, especialmente si se dedica a la oración: *en los primeros tiempos era común entre algunos cristianos el retirarse a vivir al desierto o las montañas como ermitaños.* **SIN** eremita. ◇ *adj./n. m. y f.* **3** [persona] Que vive en soledad sin mantener contacto con los demás: *tenía fama de escritor ermitaño porque jamás salía de su casa ni concedía entrevistas.*

-ero, -er, -era Sufijo que entra en la formación de palabras con el sentido de: *a)* 'Oficio': *aduanero. b)* 'Planta': *limonero. c)* 'Lugar': *hormiguero. d)* 'Pertenencia o relación': *dominguero. e)* 'Afición exagerada': *futbolero, pesetero.*

erógeno, -na *adj.* Que produce excitación sexual o es sensible a ella: *el pubis y los lóbulos de las orejas son zonas erógenas del cuerpo humano.*

erosión *n. f.* **1** Desgaste o destrucción que se produce en la superficie de la Tierra por fenómenos naturales o por la acción del ser humano y de los seres vivos: *la forma de esas montañas es producto de la erosión del viento y la lluvia durante millones de años; el proceso de erosión del terreno se acelera con la falta de vegetación.* **2** Desgaste que se produce en la superficie de un cuerpo a causa del roce o frotamiento con otro cuerpo. **3** Herida producida en la superficie de un cuerpo por el roce de otro: *se cayó de la bicicleta y se produjo algunas erosiones en las piernas de poca importancia.* **4** Disminución o pérdida de la calidad, la importancia o la influencia de una persona o cosa: *el intelectual se quejó de la erosión de la democracia provocada por la corrupción política.* **SIN** deterioro.
DER erosionar, erosivo.

erosionar *v. tr.* **1** Desgastar la superficie de la Tierra los fenómenos naturales o la acción del ser humano y de los seres vivos: *la fuerza de las olas y las corrientes erosionan las costas.* **2** Desgastar la superficie de un cuerpo a causa del roce o frotamiento con otro cuerpo. ◇ *v. tr./prnl.* **3** Disminuir o perder la calidad, la importancia o la influencia una persona o cosa: *la industria japonesa erosiona la primacía tecnológica de los Estados Unidos; su afición al alcohol hizo que se erosionara la buena imagen que la gente tenía de él.* **SIN** deteriorar.

erosivo, -va *adj.* De la erosión o que tiene relación con ella: *la acción erosiva de los fenómenos volcánicos es muy importante.*

erótica *n. f.* Atracción intensa que ejerce en una persona un fenómeno o circunstancia que no está relacionada con la sexualidad: *la erótica del poder en los políticos; la erótica del micrófono o de las cámaras en los periodistas.*

erótico, -ca *adj.* **1** Del erotismo o relacionado con él: *hizo un trabajo sobre el lenguaje erótico de La Celestina.* **2** [obra] Que trata asuntos relacionados con las relaciones amorosas y sexuales entre las personas: La sonrisa vertical *es una colección literaria especializada en relatos y novelas eróticas.* **3** Que excita o provoca el deseo sexual de una persona: *la censura prohibió el videoclip por contener escenas eróticas que podían ofender la sensibilidad de algunos espectadores.*

erotismo *n. m.* **1** Conjunto de elementos que forman parte de la excitación y el placer de los sentidos en las relaciones sexuales de las personas: *hay una gran diferencia entre erotismo y pornografía.* **2** Carácter de lo que excita o provoca el deseo sexual de una persona: *el erotismo está presente en buena parte de los anuncios de televisión.* **3** Expresión de las relaciones amorosas y sexuales entre las personas en una obra artística: *el erotismo de la pintura de Rubens.*

errabundo, -da *adj.* [persona, animal] Que va de un lugar a otro sin un fin o motivo determinado: *Ulises anduvo errabundo por el mar durante años.*

erradicación *n. f.* Eliminación o supresión completa de una cosa que se considera mala o perjudicial y que, generalmente, afecta a muchas personas: *el ayuntamiento ha puesto en marcha un plan de erradicación del chabolismo.*

erradicar *v. tr.* Eliminar o suprimir de manera completa una cosa que se considera mala o perjudicial y que, generalmente, afecta a muchas personas: *el Ministerio pretende erradicar el analfabetismo.*
DER erradicación.
ETIM Véase *raíz*.
OBS En su conjugación, la *c* se convierte en *qu* delante de *e*.

errante *adj.* Que va de un lugar a otro sin un fin determinado: *llevó una vida errante y así conoció diferentes culturas.*

errar *v. tr./intr.* **1** Cometer un error: *erró el tiro y falló el penalti; erró en sus respuestas y suspendió el examen.* **SIN** equivocar, fallar. ◇ *v. intr.* **2** Ir de un lugar a otro sin un fin o motivo determinado: *los animales abandonados por sus dueños suelen errar por el campo o la ciudad aturdidos y desorientados.* **SIN** vagar. **3** Divagar la imaginación o el pensamiento, yendo de una cosa a otra sucesivamente sin orden, objetivo

ni motivo concreto: *dejó errar su imaginación durante un rato antes de levantarse.*
DER errabundo, errado, errante, errata, errático, error; aberrar.
OBS En su conjugación, la e se convierte en ye en sílaba acentuada.

errar

INDICATIVO	SUBJUNTIVO
presente	presente
yerro	yerre
yerras	yerres
yerra	yerre
erramos	erremos
erráis	erréis
yerran	yerren
pretérito imperfecto	pretérito imperfecto
erraba	errara o errase
errabas	erraras o errases
erraba	errara o errase
errábamos	erráramos o errásemos
errabais	errarais o erraseis
erraban	erraran o errasen
pretérito indefinido	futuro
erré	errare
erraste	errares
erró	errare
erramos	erráremos
errasteis	errareis
erraron	erraren
futuro	
erraré	IMPERATIVO
errarás	yerra (tú)
errará	yerre (usted)
erraremos	errad (vosotros)
erraréis	yerren (ustedes)
errarán	
condicional	FORMAS NO PERSONALES
erraría	
errarías	infinitivo gerundio
erraría	errar errando
erraríamos	participio
erraríais	errado
errarían	

errata *n. f.* Alteración de la forma ortográfica correcta de una palabra escrita o impresa por un descuido o por un fallo mecánico: *los correctores tipográficos señalaron las erratas del periódico.*

errático, -ca *adj.* Que va de un lugar a otro sin un fin o motivo determinado: *la novela* Viaje a ninguna parte *explica con gran viveza cómo era la vida errática de un grupo de actores durante la posguerra.*

erre *n. f.* Nombre de la letra r en su sonido fuerte o doble: *la palabra* parra *tiene una erre.*
erre que erre Con mucha insistencia o constancia: *el niño seguía asegurando erre que erre que había visto a un fantasma.*

erróneo, -nea *adj.* Que no es correcto: *es erróneo pensar que el alcohol sirve para combatir el frío; tienes una imagen errónea de Pilar.* **SIN** equivocado.

error *n. m.* **1** Idea u opinión que una persona tiene por buena, cuando, en realidad, es falsa: *Copérnico demostró que era un error considerar que el Sol giraba en torno a la Tierra.* **SIN** equivocación.   **error de bulto** Error que es de importancia o tiene consecuencias especialmente graves: *el árbitro cometió errores de bulto que desvirtuaron el resultado final del partido.* **2** Actuación de una persona que no obtiene los objetivos previstos o tiene consecuencias negativas para ella: *cometió el error de aparcar en zona prohibida y le pusieron una multa.* **SIN** equivocación. **ANT** acierto. **3** Diferencia entre el valor real o exacto de una magnitud y el que resulta del cálculo hecho por una persona o por una máquina: *en las estadísticas siempre hay que tener en cuenta un pequeño margen de error.*
DER erróneo; yerro.

ertzaina *n. com.* Persona que pertenece a la Ertzaintza, policía autónoma del País Vasco.
OBS Es de origen vasco y se pronuncia aproximadamente 'erzaina'.

eructar *v. intr.* Expulsar por la boca gases del estómago de manera sonora o ruidosa: *es de mala educación eructar delante de otras personas.* **SIN** regoldar.
DER eructo.

eructo *n. m.* Conjunto de gases del estómago expulsados de una vez por la boca de manera sonora o ruidosa: *la profesora le regañó por lanzar un eructo en medio de clase.* **SIN** regüeldo.

erudición *n. f.* Conocimiento extenso y profundo de una o varias materias, especialmente si están relacionadas con las humanidades: *nos dejó realmente impresionados ante su demostración de sabiduría y erudición.*
DER erudito.

erudito, -ta *adj./n. m. y f.* [persona] Que tiene una gran erudición sobre una o varias materias: *aunque haya escrito un libro sobre ese tema, no es tan erudito como aparenta; no hace falta ser un erudito en la materia para responder a las preguntas del examen.* **SIN** sabio.

erupción *n. f.* **1** Aparición brusca de granos o manchas en la piel, generalmente por causa de una enfermedad o de una reacción alérgica: *uno de los síntomas de la rubeola es la erupción cutánea.* **2** Conjunto de granos o de manchas en la piel que aparecen de esta manera: *se trataba la erupción de la cara con una pomada especial.* **3** Expulsión al exterior de materias sólidas, líquidas o gaseosas procedentes del interior de la Tierra a través de un volcán: *la erupción del Vesubio en el año 79 sepultó la ciudad de Pompeya.*
DER eruptivo.

eruptivo, -va *adj.* De la erupción o que tiene relación con ella: *cada primavera, el polen le provocaba procesos eruptivos en la piel; los terrenos cercanos a los volcanes suelen estar formados por rocas eruptivas.*

esbeltez *n. f.* Cualidad de esbelto de una cosa, una persona o un animal: *la esbeltez de una columna jónica; la esbeltez de una gacela.*

esbelto, -ta *adj.* [persona, cosa] Que tiene una figura alta, delgada y bien proporcionada: *las modelos suelen tener unas piernas esbeltas; una palmera esbelta; un campanario esbelto.*
DER esbeltez.

esbirro *n. m.* **1** Persona pagada por otra para amenazar o realizar las acciones violentas que se le ordenen: *el cacique envió a sus esbirros para amedrentar a los campesinos que no querían darle parte de sus rentas.* **SIN** sicario. **2** Persona mal-

esbozar *v. tr.* **1** Hacer un primer diseño o proyecto de una obra artística de manera provisional, con los elementos esenciales y sin dar ningún detalle: *el modisto esbozó ante las cámaras algunos de sus próximos diseños.* **SIN** bosquejar. **2** Explicar una idea o plan de manera vaga o en sus líneas generales: *en su primer discurso, el presidente del Gobierno esbozó los elementos fundamentales de su política.* **SIN** bosquejar. **3** Hacer un gesto de modo leve y contenido, especialmente una sonrisa: *esbozó una sonrisa cuando la felicitaron.*
OBS En su conjugación, la *z* se convierte en *c* delante de *e*.

esbozo *n. m.* **1** Primer diseño o proyecto de una obra artística, hecho de manera provisional, con los elementos esenciales y sin dar ningún detalle: *fui a casa del arquitecto para ver el esbozo de lo que sería mi casa en el campo.* **SIN** boceto, bosquejo. **2** Explicación de una idea o plan de manera vaga y en sus líneas generales: *el nuevo director hizo un esbozo de los planes de futuro de la empresa.* **SIN** bosquejo. **3** Insinuación de un gesto, especialmente una sonrisa: *en su cara se reflejó el esbozo de una sonrisa.*
DER esbozar.

escabechar *v. tr.* **1** Poner un alimento en escabeche para darle un sabor especial y permitir su conservación, especialmente un ave o un pescado: *ha escabechado codornices y truchas.* **2** Matar violentamente, generalmente con un arma blanca. **3** *coloquial* Suspender a una persona en un examen o prueba, especialmente cuando son muchos los suspendidos: *esa profesora ha escabechado a todos los alumnos del curso.*

escabeche *n. m.* **1** Salsa hecha de aceite, ajo, vinagre, pimienta y laurel, que sirve para condimentar y conservar determinados alimentos: *una lata de mejillones en escabeche; no me gusta el atún en escabeche.* **2** Alimento que se condimenta y se conserva en esta salsa: *de aperitivo nos pusieron un plato con varios escabeches.*

escabechina *n. f.* **1** *coloquial* Acción en la que se mata a muchas personas a la vez, generalmente indefensas: *durante la guerra civil se realizaron verdaderas escabechinas.* **SIN** masacre, matanza. **2** *coloquial* Acción en la que se suspende a muchas personas en un mismo examen: *el examen de historia fue una auténtica escabechina.*

escabel *n. m.* Tarima pequeña que se coloca delante de un asiento y que sirve para descansar los pies cuando se está sentado: *se sentó en el sillón y puso los pies sobre el escabel.*

escabroso, -sa *adj.* **1** [terreno] Que es difícil de atravesar por estar lleno de rocas, cortes y pendientes muy pronunciadas: *el refugio está enclavado en un paraje escabroso de acceso complicado.* **SIN** abrupto, escarpado. **2** Que está próximo a lo inmoral y obsceno, y puede herir la sensibilidad de algunas personas: *se han hecho públicas algunas fotos escabrosas del actor desnudo en la playa con una joven desconocida.* **3** [asunto, tema] Que es muy embarazoso y difícil de manejar o de resolver: *no quise hablar con él de sexo, pues es un tema muy escabroso para mí.*
DER escabrosidad.

escabullirse *v. prnl.* **1** Deslizarse o escaparse una cosa de entre otras que la sujetan, especialmente de las manos: *el gato se me escabulló cuando vio entrar al perro; el niño se escabulló de sus brazos en un descuido.* **SIN** escurrirse. **2** Salir o escaparse de un lugar sin que se note, con disimulo o con habilidad: *se escabulleron del almuerzo con los compañeros de la empresa en cuanto pudieron; uno de los detenidos se escabulló por los servicios del juzgado.* **SIN** escurrirse. **3** Evitar un trabajo, una obligación o una dificultad con disimulo: *¡eh, tú!, no te escabullas, que hoy te toca fregar los platos a ti.* **SIN** escaquearse.
OBS En su conjugación, la *i* de la desinencia se pierde absorbida por la *ll* en algunos tiempos y personas, como en *mullir*.

escacharrar *v. tr./prnl. coloquial* Estropear una cosa: *le has dado un golpe a la radio y la has escacharrado; ¿ya se ha vuelto a escacharrar el despertador?* **SIN** descacharrar.

escafandra *n. f.* **1** Traje ancho e impermeable de largos tubos que permiten la respiración, botas muy pesadas y un casco cerrado, que sirve para realizar trabajos bajo la superficie del agua. **2** Traje ancho y perfectamente aislado del exterior, con un casco cerrado, con el que los astronautas salen de la nave al espacio exterior.
DER escafandrista.

escafandrista *n. com.* Persona que realiza diversas actividades bajo la superficie del mar, de un río o de un lago, protegido por una escafandra.

escafoides *adj./n. m.* **1** [hueso] Que está en la muñeca formando parte de la primera fila del carpo y está articulado con el radio: *se rompió el hueso escafoides y le tuvieron que escayolar la mano.* **2** [hueso] Que está en el pie formando parte del tarso y está articulado con el astrágalo: *el escafoides es uno de los siete huesos que componen el tarso.*

escala *n. f.* **1** Serie de elementos de la misma especie, ordenados por alguna de sus características: *la escala de colores; la escala de Richter se utiliza para medir la intensidad de los movimientos sísmicos; cada persona tiene una escala de valores diferente.* **2** Serie de rayas o señales con que se marcan los diversos valores, grados o magnitudes que puede medir un instrumento: *la escala de un termómetro; la escala de un amperímetro.* **3** Proporción existente en un mapa o plano entre la medida del objeto o el terreno representado y sus dimensiones en la realidad: *tengo un mapa de España a escala 1:2 000 000 en el que 1 centímetro equivale a 20 kilómetros.* **4** Importancia, tamaño o extensión que tiene un plan o una situación: *harán una campaña de publicidad de la película a escala infantil y juvenil; el sida es un problema de escala mundial.* **5** Escalera portátil, generalmente de madera, de cuerda o de ambas cosas: *los bomberos tendieron escalas hasta el lugar del río en el que estaba el accidentado.* **6** Parada que realiza en un puerto o aeropuerto un barco o avión durante un viaje: *tomó un vuelo de España a Cuba sin escalas.* **escala técnica** Escala que se lleva a cabo para repostar combustible o solucionar un problema mecánico: *en un viaje tan largo ya sabíamos que el barco haría alguna escala técnica.* **7** Puerto o aeropuerto en el que se detiene un barco o avión durante un viaje: *durante el crucero por el Egeo hicieron escala en numerosas islas.* **8** Lista de las personas que forman parte de un organismo o profesión, especialmente del ejército, clasificadas según su cargo, grado, categoría o antigüedad: *el Rey ocupa el lugar máximo en la escala militar.* **9** MÚS. Serie ordenada de las notas que componen un sistema musical: *la escala musical más conocida consta de siete notas básicas.* ☞ notación musical.
DER escalafón, escalar, escalera, escalinata, escalón.

escalabrar *v. tr./prnl.* **1** Herir de un golpe a una persona, especialmente en la cabeza: *lo castigaron por escalabrar de una pedrada a otro niño; se cayó del tobogán y se escalabró.* **SIN** descalabrar. ◇ *v. tr.* **2** Causar daño o perjuicio: *he escalabrado el proyecto con sus absurdas ideas.* **SIN** descalabrar.
OBS La Real Academia Española prefiere la forma *descalabrar*.

escalada *n. f.* **1** Subida hasta una gran altura por un terreno muy pendiente, especialmente por una montaña: *la escalada en alta montaña requiere una buena preparación y un equipo específico; una escalada ciclista.* **escalada libre** Escalada que se hace por una pared escarpada sin más ayuda que los pies y las manos: *hizo una exhibición de escalada libre en uno de los edificios más altos de Madrid.* **2** Aumento rápido, y por lo general alarmante, de la intensidad o el valor de una cosa, a partir de una sucesión de fenómenos o hechos relacionados entre sí: *se ha registrado una escalada de violencia en las relaciones entre Corea del Norte y Corea del Sur; los problemas en Oriente Medio suelen provocar una escalada de los precios del petróleo.* **3** Paso sucesivo por diversos puestos o categorías cada vez más importantes: *inició su escalada en la política hace ya muchos años cuando fue elegido alcalde de su pueblo.*

escalador, -dora *n. m. y f.* **1** Persona que escala montañas por afición. **SIN** alpinista, montañero. **2** Persona que practica el ciclismo y es especialista en subir por carreteras empinadas de montaña.

escalafón *n. m.* Lista de las personas que forman parte de un organismo o profesión, clasificados según su cargo, grado, categoría o antigüedad: *su ilusión como torero era ocupar el primer puesto del escalafón.*

escalar *v. tr./intr.* **1** Subir hasta una gran altura por un terreno muy pendiente, especialmente una montaña: *tenía la ilusión de escalar un ocho mil, como el K2 en Paquistán; en la etapa reina los ciclistas deben escalar cinco puertos; los ladrones llegaron hasta la ventana escalando.* **2** Pasar sucesivamente por diversos puestos o categorías cada vez más importantes: *cuando se casó con la hija del rico banquero, escaló posiciones sociales rápidamente; fue escalando hasta llegar a director de la empresa.* ◇ *adj./n. com.* **3** Fís. [cantidad] Que carece de dirección y se expresa por un solo número: *la temperatura de un cuerpo se expresa con una magnitud escalar.*
DER escalada, escalador.

escaldado, -da *adj.* **1** [persona] Que se muestra desconfiado ante cualquier circunstancia que esté relacionada con una situación que le ha producido un daño o perjuicio: *después de muchas promesas incumplidas, los vecinos del pueblo se muestran escaldados ante cualquier nueva propuesta de industrialización de la zona.* **2** [persona] Que está escarmentado de algún asunto: *salimos escaldados de aquel negocio tan oscuro.*

escaldar *v. tr.* **1** Bañar una cosa con agua hirviendo: *escaldaba la piel del cerdo para limpiarla.* ◇ *v. tr./prnl.* **2** Quemar con fuego o con otra cosa, especialmente con un líquido hirviendo o muy caliente: *tropezó llevando la sartén en la mano y escaldó a su marido; la sopa estaba tan caliente que me escaldé la lengua.* **SIN** abrasar.
DER escaldado.
ETIM Véase caldo.

escaleno *adj.* [triángulo] Que tiene distinta longitud en cada uno de sus tres lados.

escalera *n. f.* **1** Construcción o estructura inclinada formada por una sucesión de pequeñas plataformas horizontales superpuestas que sirve para comunicar dos niveles que tienen distinta altura, permitiendo que una persona pueda subir y bajar por ella con comodidad: *¿subes por la escalera o coges el ascensor conmigo?* **escalera de caracol** Escalera que tiene forma de espiral: *se accede a la torre por una larga escalera de caracol.* **escalera mecánica** Aparato en forma de rampa con una serie de escalones que suben o bajan automáticamente movidos por un mecanismo eléctrico: *se ha estropeado la escalera mecánica de los grandes almacenes.* **2** Instrumento portátil, formado por dos largueros o barras largas paralelas unidas entre sí por travesaños colocados a distancias regulares, que sirve para comunicar dos niveles con distinta altura, permitiendo que una persona pueda subir y bajar por ella: *una escalera de los operarios de telefónica; se cayó de la escalera cuando iba a pintar el techo.* **3** Serie de tres o más naipes o cartas con un valor correlativo: *en este juego tienes que conseguir hacer tríos y escaleras hasta quedarte sin cartas.* **escalera de color** Serie de tres o más naipes o cartas con un valor correlativo y del mismo palo: *he ganado la partida, porque yo tengo escalera de color y tú sólo una doble pareja.* **4** Corte irregular o desigual en el pelo: *este peluquero es un novato y me ha dejado escaleras por todas partes.*
DER escalerilla.

escalerilla *n. f.* **1** Escalera estrecha y de pocos escalones: *el capitán mandó retirar la escalerilla de acceso a tierra para iniciar la navegación.* **2** Escalera móvil que permite subir y bajar de los aviones: *el Papa fue recibido al pie de la escalerilla por las principales autoridades del país.*

escalfar *v. tr.* Cocer un huevo sin cáscara en agua hirviendo: *mientras yo corto las zanahorias, usted vaya escalfando los huevos.*

escalinata *n. f.* Escalera amplia construida en un lugar público, en el exterior de un edificio o en su vestíbulo: *en 1723 se construyó la escalinata de la Plaza de España en Roma; hicieron fotos a los recién casados en la escalinata de la iglesia.*
☞ casa.

escalofriante *adj.* Que causa una gran emoción, una enorme sorpresa o un intenso miedo: *el salto al vacío de los paracaidistas es escalofriante; he vuelto a ver las escalofriantes escenas de esa película de terror.*

escalofrío *n. m.* Sensación de frío intensa y repentina acompañada de un ligero temblor del cuerpo, generalmente producida por un cambio brusco de temperatura, por la fiebre o por una fuerte emoción o miedo: *tenía mucha fiebre y cada vez le daban más escalofríos; sólo de pensar en lo que pasó aquel día me entran escalofríos.*
DER escalofriante.

escalón *n. m.* **1** Cada una de las pequeñas plataformas horizontales de una escalera donde se apoya el pie al subir o bajar: *los escalones de mármol del ayuntamiento estaban cubiertos por una alfombra roja; cuando era joven bajaba los escalones de casa de tres en tres.* **SIN** peldaño. **2** Grado o rango que tiene una persona en un grupo, empresa u organización: *comenzó en la fábrica en el escalón humilde de aprendiz y desde allí fue ascendiendo.* **SIN** rango. **3** Momento, período o estado que forma parte de una serie o de un proceso: *la enseñanza universitaria es un escalón más en la preparación intelectual de una persona.* **SIN** estadio, etapa, fase.
DER escalonar.

escalonar *v. tr./prnl.* Distribuir una cosa en el tiempo o en el espacio de manera ordenada y sucesiva: *cuando se marchó al extranjero, tuvo que escalonar las visitas a sus padres; algunos agricultores escalonan sus terrenos de cultivo en bancales; los policías se escalonaron para controlar toda la zona.*
DER escalonamiento.

escalope *n. m.* Filete delgado de carne de ternera o de vaca, empanado y frito: *para hacer los escalopes tienes que freír los filetes y luego rebozarlos.*

escalpelo *n. m.* Instrumento de cirugía que consiste en una hoja larga y estrecha de metal y un mango y que se usa

escama

para hacer incisiones en los tejidos blandos: *el escalpelo y el bisturí son dos instrumentos muy similares.*
ETIM *Escalpelo* procede del latín *scalpellum*, 'escoplo pequeño', voz con la que también está relacionada *escarpelo*.

escama *n. f.* **1** Placa pequeña, plana y dura, que, superpuesta a otras iguales, forma una capa que cubre y protege la piel de algunas clases de animales, como peces y reptiles: *las escamas de las serpientes forman dibujos de colores; limpié el pescado de escamas.* ☞ *pez.* **2** Objeto que tiene una forma similar a la de esta escama: *la loriga es una armadura que está cubierta de escamas de hierro o acero; una escama de jabón.* **3** Placa muy pequeña, formada por células de tejido muertas, que se desprende de la piel de las personas: *ese jabón deja la piel muy seca y se hacen escamas.* **4** Lámina pequeña que forma una capa sobre la superficie de una cosa: *las escamas de óxido cubrían la verja del jardín.* **5** Hoja pequeña y dura que protege la superficie de una planta: *en los climas fríos, las plantas se cubren de escamas.*
DER escamar, escamoso.

escamar *v. tr./prnl.* **1** Hacer que una persona tenga sospecha o desconfianza de una cosa: *la gran rebaja que ofrecía el vendedor escamó al comprador, que dudó de la calidad del producto; me escama que aún no haya vuelto; ¿y tú no te escamaste cuando se mostró tan simpático y servicial?* ◇ *v. tr.* **2** Quitar las escamas del cuerpo de un animal, generalmente del pescado: *el pescadero escamó el pescado con un cuchillo antes de dárselo al cliente.* **SIN** descamar.
DER descamar.

escamoso, -sa *adj.* Que tiene escamas: *las serpientes tienen la piel escamosa; el pino canario tiene la corteza escamosa.*

escamotear *v. tr.* **1** Hacer desaparecer un objeto a la vista de una persona con habilidad, sin que ésta se dé cuenta: *el mago escamotea ante el público los objetos más inverosímiles.* **2** Robar con habilidad y astucia: *un carterista me escamoteó el reloj en el metro.* **3** Ocultar un dato o una información a una persona que tiene derecho a conocerla: *la oposición ha acusado al Gobierno de escamotear algunos datos económicos en su informe sobre las cuentas del Estado.*

escampar *v. impersonal* Aclararse el cielo nublado y dejar de llover: *salgamos ahora, que parece que ha escampado.*
SIN descampar.

escanciar *v. tr.* Echar o servir un líquido, especialmente vino o sidra, en un vaso o en una copa: *cuando estuvimos en Asturias nos enseñaron a escanciar la sidra.*
OBS En su conjugación, la *i* no se acentúa, como en *cambiar*.

escandalera *n. f. coloquial* Alteración o pérdida de la tranquilidad, el silencio o el orden: *toda la noche de San Juan hubo una gran escandalera en la calle.* **SIN** alboroto, escándalo, jaleo.

escandalizar *v. tr.* **1** Causar gran asombro e indignación en una o varias personas la actuación de otra, por considerarla contraria a la moral: *solía escandalizar a los vecinos paseando desnuda por su casa.* ◇ *v. intr.* **2** Causar la alteración o pérdida de la tranquilidad, el silencio o el orden: *bajó a la calle y les pidió a los niños que no escandalizaran a la hora de la siesta.* ◇ *v. prnl.* **3 escandalizarse** Sentir un gran asombro e indignación ante lo que se considera una actuación contraria a la moral: *gran parte de la sociedad inglesa se escandalizó al conocer las intimidades matrimoniales de algunos miembros de la Corona.*
OBS En su conjugación, la *z* se convierte en *c* delante de *e*.

escándalo *n. m.* **1** Alteración o pérdida de la tranquilidad, el silencio o el orden: *el escándalo de la verbena del barrio le*

impedía dormir. **SIN** alboroto, escandalera, jaleo. **2** Hecho o dicho que causa gran asombro e indignación en una o varias personas por considerarlo contrario a la moral: *sus relaciones amorosas fueron todo un escándalo; el escándalo del blanqueo de dinero arruinó su carrera.* **3** Gran asombro e indignación que causa en una o varias personas lo dicho o hecho por otra persona, por considerarlo contrario a la moral: *las duras palabras del diputado provocaron un gran escándalo.*
DER escandalera, escandalizar, escandaloso.

escandaloso, -sa *adj./n. m. y f.* Que causa escándalo: *esa chica tiene una risa escandalosa; lleva una vida amorosa muy escandalosa; ahí está la escandalosa de tu hermana, dile que no grite tanto al hablar.*

escandinavo, -va *adj.* **1** De Escandinavia o que tiene relación con esta región que comprende países del área del mar Báltico y del mar del Norte: *Dinamarca, Finlandia, Noruega y Suecia son los países escandinavos.* ◇ *adj./n. m. y f.* **2** [persona] Que es de Escandinavia: *los suecos y los noruegos son escandinavos; las escandinavas suelen ser rubias y muy blancas de piel.*

escanear *v. tr.* **1** Pasar un objeto o un cuerpo a través de un escáner para obtener una imagen de su interior: *escanear un órgano del cuerpo para detectar lesiones internas; escanear el equipaje en un aeropuerto para detectar materiales explosivos.* **2** Pasar un texto o una imagen a través de un escáner para convertirlo en un conjunto de datos procesables por un ordenador o un sistema informático: *Norberto escaneaba una foto para la portada del periódico; actualmente las ilustraciones se escanean.*

escáner *n. m.* **1** Aparato de rayos X que permite analizar el interior de un objeto o de un cuerpo mediante el procesamiento informático de las imágenes obtenidas de sucesivas divisiones horizontales del mismo: *el escáner se emplea en medicina para diagnosticar lesiones internas y en los sistemas de seguridad de edificios y aeropuertos para detectar explosivos u objetos peligrosos.* **2** Exploración o análisis que se hace con ese aparato: *el médico mostró a sus colegas el escáner de uno de sus pacientes.* **3** Aparato parecido a una fotocopiadora que permite convertir un texto o una imagen en un conjunto de datos procesables por un ordenador o un sistema informático: *utiliza el escáner para introducir todo el texto en el ordenador.*
DER escanear.
OBS El plural es *escáneres*.

escaño *n. m.* **1** Asiento que ocupa un político en un parlamento o senado: *varios parlamentarios abandonaron sus escaños en señal de protesta.* **2** Cargo político de la persona que ha sido elegida para formar parte de un parlamento o senado: *todos los partidos pretenden aumentar su número de escaños cuando se presentan a unas elecciones.* **3** Asiento de madera con forma de banco alargado en el que caben varias personas: *en la película salía un rey sentado en un escaño de alabastro.*

escapada *n. f.* **1** Salida precipitada de un lugar cerrado, especialmente si se hace de manera oculta: *el fallo en los sistemas de seguridad propició la escapada de los presos.* **2** Viaje o visita a un lugar que se hace de manera rápida y por muy poco tiempo: *este fin de semana haremos una escapada al pueblo del abuelo; cada vez que podía, hacía una escapada al hospital para ver a su padre.* **3** En ciclismo y otros deportes, circunstancia que se produce en una carrera cuando uno o varios corredores se adelantan al resto y obtienen una cierta distancia de ventaja: *el ganador de la etapa se presentó en solitario en la meta tras muchos kilómetros de escapada en solitario.*

escapar v. intr./prnl. **1** Salir precipitadamente de un lugar cerrado, especialmente si es de manera oculta: *varios presos escaparon de la cárcel; en un descuido se escapó el canario de la jaula*. **SIN** huir. **2** Librarse de un peligro o un daño: *afortunadamente, toda la familia consiguió escapar del incendio*. **3** Quedar un asunto o circunstancia fuera del alcance, la competencia o la influencia de una persona o institución: *la educación que el alumno recibe en su casa escapa del ámbito de influencia del profesor; hay cosas que se escapan al poder de la voluntad*. **4** Quedar una idea o asunto fuera de la capacidad de comprensión de una persona: *la causa de su dimisión escapa a los análisis de los especialistas en cuestiones políticas; era un tema muy complicado, pero por lo menos conseguí que no se me escaparan las ideas principales*. **5** Desaprovechar una ocasión u oportunidad: *dejó escapar una posibilidad de trabajo al no contestar a la petición de la empresa; se nos escapó la oportunidad de asistir a la conferencia*. ◇ *v. prnl*. **6 escaparse** Soltarse una persona, animal o cosa de donde estaba sujeta: *no he cogido bien la correa y se me ha escapado el perro; se le escapó el globo que le acababan de regalar*. **7** Alejarse un medio de transporte sin que pueda llegar a él la persona que quería tomarlo: *si no te marchas ya, se te escapará el tren*. **8** Salirse de modo imprevisto un líquido o un gas del lugar en que está contenido: *cierra bien la botella si no quieres que se escape el agua; nadie se dio cuenta de que el gas se había escapado de la bombona*. **9** Pasar inadvertida una cosa por descuido o falta de atención de una persona: *se le escaparon detalles fundamentales a la hora de analizar la novela que había leído*. **10** Decir una cosa que se quería o se tenía que ocultar: *no quería que Luis se enterase, pero se me ha escapado*. **11** Notarse una cosa que se quería o se tenía que ocultar: *se le escapó una carcajada cuando el profesor resbaló y cayó al suelo*. **12** En algunos deportes, como el ciclismo, distanciarse uno o varios corredores del resto, logrando una cierta distancia de ventaja: *el corredor que se había escapado ha sido atrapado por el pelotón a falta de un kilómetro para la meta*.
DER escapada, escapatoria, escape.

escaparate *n. m.* **1** Espacio cerrado con cristales y situado al frente o a la entrada de un establecimiento que sirve para exponer los productos ante el público: *a sus amigas les gusta salir a ver escaparates; los ladrones rompieron el escaparate y se llevaron los relojes de exposición*. **2** Medio de promoción o propaganda en el que se muestran las características más significativas o atractivas de una cosa: *el Festival de Cannes es el principal escaparate del cine europeo*.
DER escaparatista.

escapatoria *n. f.* **1** Lugar por el que es posible escapar de un espacio cerrado: *el tigre recorría nervioso la jaula buscando una escapatoria; el ladrón se vio acorralado, no tenía escapatoria y se tuvo que entregar*. **2** Medio o recurso para solucionar una situación difícil y escapar de un problema o peligro: *el Gobierno ha tomado medidas para dejar sin escapatoria a los defraudadores fiscales*. **SIN** escape.

escape *n. m.* **1** Salida imprevista de un líquido o un gas contenido en un recipiente: *un escape de gas butano puede provocar una explosión; el mecánico detectó un escape de aceite en el motor*. **2** Escapatoria de una situación difícil: *encargó a su abogado que estudiara una vía de escape a su situación legal*. **3** En un motor de explosión, salida al exterior de los gases residuales de la combustión: *el tubo de escape suele estar situado en la parte trasera de los automóviles*.
a escape A toda prisa: *todos salieron a escape del edificio incendiado*.

escápula *n. f.* Hueso ancho, triangular y aplanado que, junto con otro, está situado a cada lado de la parte superior de la espalda, en el que se articulan el húmero y la clavícula, formando la estructura del hombro: *la clavícula se articula por su lado externo con una parte de la escápula*. **SIN** omoplato, omóplato.

escapulario *n. m.* Cinta de tela que cuelga sobre el pecho y la espalda y que lleva una insignia o imagen religiosa: *las carmelitas llevan un escapulario con la imagen de la Virgen del Carmen; algunas órdenes religiosas usan los escapularios como distintivos*.

escaque *n. m.* Cada una de las casillas cuadradas en que se divide un tablero de ajedrez o damas: *un tablero de ajedrez tiene 64 escaques*.
DER escaquearse.

escaquearse *v. prnl.* Evitar un trabajo, una obligación o una dificultad con disimulo: *mi hermano siempre se intenta escaquear de sus obligaciones*. **SIN** escabullirse.

escarabajo *n. m.* **1** Insecto coleóptero de color negro u oscuro, que es de cuerpo ovalado, patas cortas y alas anteriores duras: *el escarabajo es el insecto que más especies distintas tiene, en torno a unas 300 000; los escarabajos se alimentan de estiércol*. ☞ insectos. **escarabajo de la patata** Escarabajo pequeño, de color amarillo con líneas negras, que se alimenta de las hojas, las flores y los brotes de la patata, el tomate y la berenjena: *se produjo una plaga de escarabajos de la patata*. **escarabajo pelotero** Escarabajo de color negro que se caracteriza por hacer rodar bolas de basura con sus patas posteriores: *el escarabajo pelotero era considerado animal sagrado por los antiguos egipcios*. **2** Cierto coche bajo y de formas redondeadas, muy popular, fabricado por la casa alemana Volkswagen: *tuvo algunos problemas para encontrar piezas de recambio para su viejo escarabajo*.
DER escarabajuelo.
OBS Para indicar el sexo se usa *el escarabajo macho* y *el escarabajo hembra*.

escaramuza *n. f.* Enfrentamiento de poca importancia que mantienen dos grupos de personas o dos ejércitos: *se han producido algunas escaramuzas en la frontera entre Irán e Irak; continúan las escaramuzas en el partido entre partidarios y detractores del actual secretario general*.

escarapela *n. f.* Adorno hecho con cintas de varios colores plisadas en forma redonda o de roseta: *la escarapela tricolor fue símbolo de los revolucionarios franceses; adornó el sombrero con una escarapela*.

escarbar *v. tr./intr.* **1** Remover la tierra ahondando un poco en ella: *la gallina escarbaba la tierra con el pico buscando gusanos; el que un toro escarbe antes de embestir es señal de mansedumbre*. **2** Indagar o investigar en una cosa, especialmente si está oculta o es desconocida: *el periodista escarbó entre un montón de hechos para descubrir el escándalo político; ¿quién ha estado escarbando en mi escritorio?* ◇ *v. tr./prnl*. **3** Tocar repetidamente una cosa, especialmente si se hace con los dedos: *deja ya de escarbarte la oreja, que te vas a hacer daño; se escarbaba los dientes con un palillo*. **SIN** hurgar.

escarceo *n. m.* **1** Prueba que se realiza de una acción, actividad o trabajo antes de comenzar a desarrollarla de una manera continuada y definitiva: *tras algunos escarceos en varios espacios de televisión, pasó a presentar su propio programa*. **2** Aventura amorosa breve y de poca importancia: *tuvo sus primeros escarceos sentimentales con compañeros del instituto*.
OBS Se usa sobre todo en plural.

escarcha *n. f.* Vapor de agua que primero se transforma en gotas muy pequeñas y luego se congela en la superficie de los cuerpos expuestos a la intemperie a causa del frío de la noche: *esta noche ha hecho tanto frío que se ha formado una capa de escarcha sobre la superficie de los coches.* ☞ ciclo del agua.
DER escarchar.

escarchar *v. impersonal* **1** Transformarse el rocío en escarcha: *todo el campo estaba blanco porque había escarchado durante la noche.* ◇ *v. tr.* **2** Confitar la fruta o los frutos secos de manera que el azúcar cristalice en su superficie, como si fuera una capa de escarcha.

escardar *v. tr./intr.* **1** Arrancar de un terreno de cultivo las malas hierbas: *fuimos a escardar el huerto para que no se estropeara la cosecha; escardar es muy cansado.* **2** Separar lo bueno de lo malo: *vamos a tener que escardar estos libros.*
DER escardillo.

escarlata *n. m./adj.* Color rojo intenso, entre el carmesí y el grana: *las butacas del teatro eran escarlatas; el escarlata es su color preferido para pintarse los labios.*
DER escarlatina.
OBS Usado como adjetivo en aposición a un sustantivo es invariable: *vestidos escarlata.*

escarlatina *n. f.* **1** Enfermedad infecciosa caracterizada por fiebre alta, manchas de color rojo en la piel y dolor de garganta: *la escarlatina está causada por una bacteria, es contagiosa y ataca principalmente a los niños.* **2** Tela de lana de color escarlata: *la escarlatina llevaba flores y dibujos.*

escarmentar *v. intr.* **1** Aprender de los errores o las faltas propios o de los demás para evitar reincidir en ellos: *después del accidente escarmentó, y ahora conduce con más precaución; ya le ha ocurrido varias veces pero no escarmienta.* ◇ *v. tr.* **2** Castigar a una persona por haber cometido un error o una falta con la intención de que no reincida: *lo castigaron sin salir el fin de semana para escarmentarlo por su desobediencia.*
OBS En su conjugación, la e se convierte en ie en sílaba acentuada, como en *acertar*.

escarmiento *n. m.* **1** Enseñanza o experiencia que se extrae de los errores o las faltas propios o de los demás y que sirve para no reincidir en ellos: *el fracaso de su hermano en la universidad le sirvió de escarmiento para estudiar más.* **SIN** lección. **2** Castigo que se le impone a una persona por haber cometido un error o una falta con la intención de que no reincida: *los árbitros han pedido un escarmiento ejemplar para los jugadores que los insultan en el campo.*
DER escarmentar.
ETIM Véase escarnecer.

escarnecer *v. tr.* Burlarse de una persona de manera cruel y humillante: *un grupo de soldados escarnecieron a algunos prisioneros obligándolos a correr desnudos.*
DER escarnio.
ETIM *Escarnecer* procede del antiguo *escarnir*, 'mofarse', que tenía su origen en el germano *skernian*, voz con la que también está relacionado *escarmiento*.
OBS En su conjugación, la c se convierte en zc delante de a y o, como en *agradecer*.

escarnio *n. m.* Burla cruel y humillante: *fue acusada de colaborar con el enemigo y sometida al escarnio de ser rapada al cero.*

escarola *n. f.* Hortaliza comestible parecida a la lechuga, que tiene las hojas grandes, rizadas y amarillas, unidas por la base: *la ensalada de escarola estaba muy buena; la escarola es una planta de invierno.*

escarpado, -da *adj.* [terreno] Que es difícil de atravesar por estar lleno de rocas, cortes y pendientes muy pronunciadas: *los bandoleros solían refugiarse en las zonas más escarpadas de las sierras.* **SIN** abrupto, escabroso.

escarpia *n. f.* Clavo con la cabeza doblada en ángulo recto, que suele utilizarse para colgar cosas: *la escarpia tiene forma de L; colgó el jamón de una escarpia.* **SIN** alcayata.

escarpín *n. m.* **1** Zapato ligero y flexible de suela delgada con una sola costura. **2** Prenda de abrigo hecha de lana gruesa y que se pone encima de la media o el calcetín para abrigar los pies: *se ponía los escarpines en las frías noches de invierno.* ☞ calzado.

escasear *v. intr.* Haber poca cantidad de una cosa, especialmente si se considera necesaria: *durante las guerras suelen escasear los alimentos y las medicinas.* **ANT** abundar.

escasez *n. f.* **1** Falta o poca cantidad de una cosa, especialmente si se considera necesaria: *un vistazo a las librerías demuestra que no hay escasez de jóvenes escritores españoles.* **ANT** abundancia. **2** Falta de las cosas más necesarias para vivir: *Europa debería tomar medidas ante la escasez en la que vive el Tercer Mundo; no quiero ni recordar las escaseces que pasamos durante la posguerra.* **SIN** estrechez, penuria.

escaso, -sa *adj.* **1** Que es muy poco o insuficiente en número o cantidad: *la celebración fue divertida pero la comida, escasa; el médico aseguró que existían escasas posibilidades de recuperación del herido más grave; metió un gol faltando escasos minutos para el fin del partido.* **ANT** abundante. **2** Que tiene muy poca cantidad de una cosa: *desde que lo despidieron, anda escaso de dinero; el líder de la carrera parece estar escaso de fuerzas.* **ANT** sobrado. **3** Que le falta muy poco para estar completo: *nos hacen falta dos cucharadas escasas de azúcar para poder hacer el pastel.*
DER escasear, escasez.

escatimar *v. tr.* Dar la menor cantidad posible de lo que se especifica: *los vecinos acusan al ayuntamiento de escatimar recursos para arreglar el barrio.* **SIN** regatear.

escatología *n. f.* **1** Conjunto de expresiones, imágenes o alusiones relacionadas con los excrementos: *la escatología de alguno de sus chistes me pareció repugnante.* **2** Conjunto de creencias y doctrinas relacionadas con la vida después de la muerte y el destino último del ser humano y el universo: *la escatología pagana del Imperio Romano fue sustituida por el cristianismo.*
DER escatológico.

escatológico, -ca *adj.* De la escatología o que tiene relación con ella: *algunas escenas escatológicas de la película le hicieron abandonar la sala asqueado; la concepción escatológica del destino del ser humano es común a la mayoría de las civilizaciones y adquiere diversos matices en cada una de sus religiones.*

escayola *n. f.* **1** Masa hecha con yeso calcinado y agua, que es fácil de trabajar y se endurece cuando se seca: *con escayola se recubren superficies y se hacen moldes, esculturas, molduras y diversos objetos de decoración.* **2** Objeto hecho con esta masa endurecida: *le gustaba pintar y decorar escayolas representando animales.* **3** Vendaje hecho con esta masa, con el cual se envuelve una parte del cuerpo para que, una vez endurecido al secarse, se mantenga inmovilizada: *fue al médico porque le apretaba demasiado la escayola de la pierna.*
DER escayolar, escayolista.

escayolar *v. tr.* **1** Cubrir o decorar una superfice con escayola: *escayoló el techo de los cuartos de baño.* **2** Inmovilizar una parte del cuerpo envolviéndola en un vendaje empapado en yeso o escayola que, al secarse, se endurece: *se rom-*

pió el peroné y le tuvieron que escayolar la pierna. **SIN** enyesar.

escena *n. f.* **1** Parte de un teatro o local destinada a que los actores actúen y representen un espectáculo ante el público: *al levantarse el telón, un único personaje ocupaba la escena.* **SIN** escenario. **2** Cada uno de los fragmentos de una pieza teatral que componen un acto de la obra: *las escenas suelen dividirse con arreglo a la acción que se desarrolla y a los personajes que la representan.* **3** Fragmento de una película en el que se produce una acción determinada: *le encantaba la escena final de Casablanca en la que los protagonistas se despiden en el aeródromo.* **4** Situación de la vida real que se caracteriza por ser especialmente asombrosa, divertida o dramática: *tras la confirmación del accidente se vivieron escenas de gran dramatismo entre los familiares de los heridos.* **5** Arte de la interpretación de obras teatrales: *Margarita Xirgú fue una de las grandes damas de la escena española de principios de siglo.* **6** Teatro o literatura dramática: *Lope de Vega fue el impulsor de la escena española.* **7** Grupo social o profesional integrado por personas especialmente destacadas o conocidas públicamente: *se retiró de la escena cultural para dedicarse por completo a escribir.* **8** Actitud exagerada y fingida con la que se pretende llamar la atención: *le montó una escena a su tendero para que todos supieran que vendía mercancía de mala calidad.*

poner en escena Preparar una obra de teatro para representarla: *para poner en escena una obra hay que tener en cuenta elementos como la iluminación, el decorado, el vestuario, el maquillaje, el reparto y la dirección de los actores; el famoso director se encargará de poner en escena Bodas de sangre.*

DER escenario, escénico, escenificar, escenografía.

escenario *n. m.* **1** Parte de un teatro o local destinada a que los actores actúen y representen un espectáculo ante el público: *a lo largo del escenario se mueven los actores y en él se halla el decorado.* **SIN** escena. **2** Lugar en el que se desarrolla una acción o un suceso: *hasta que el juez llegó al escenario del crimen la policía no pudo tocar el cadáver; el director rodará la mayor parte de su película en escenarios naturales; Galdós eligió Madrid como escenario de muchas de sus obras.* **3** Conjunto de circunstancias o ambiente que rodean a una persona o situación: *tras la caída del Muro de Berlín, el escenario internacional ha cambiado radicalmente.*

escénico, -ca *adj.* De la escena teatral o que tiene relación con ella: *le gustaba ver obras de teatro clásico representadas con técnicas escénicas vanguardistas.*

escenificación *n. f.* **1** Representación de una obra de teatro: *el teatro romano de Mérida es un marco incomparable para la escenificación de obras clásicas.* **2** Representación en público de un hecho real o tomado de una obra literaria: *el plato fuerte de las fiestas del pueblo es la escenificación de la reconquista de la ciudad por los cristianos.*

escenificar *v. tr.* **1** Representar una obra de teatro: *para fin de curso un grupo de alumnos escenificará una pequeña pieza teatral de García Lorca.* **2** Representar en público un hecho real o tomado de una obra literaria: *escenificaron un fragmento del Quijote.*

DER escenificación.

OBS En su conjugación, la c se convierte en qu delante de e.

escenografía *n. f.* **1** Conjunto de elementos necesarios para representar y dotar del ambiente deseado a una obra de teatro, una película de cine o un programa de televisión: *de la escenografía dependen la iluminación, el decorado, el vestuario, el maquillaje, el movimiento de los actores, la música y los efectos especiales.* **2** Arte de preparar los elementos necesarios para representar y dotar del ambiente deseado a una obra de teatro, una película de cine o un programa de televisión: *para montar una obra teatral son necesarios conocimientos de escenografía.*

DER escenógrafo.

escenógrafo, -fa *n. m. y f.* Persona encargada de dirigir la escenografía de una obra de teatro, una película de cine o un programa de televisión.

escepticismo *n. m.* **1** Recelo o falta de confianza en la verdad o la eficacia de una cosa: *mantiene su escepticismo ante una posible paz en Oriente Medio.* **2** FILOS. Tendencia y doctrina filosófica que considera que la verdad no existe o que el ser humano no es capaz de conocerla en caso de que exista: *el escepticismo surgió en la antigua Grecia.*

DER escéptico.

escéptico, -ca *adj.* **1** [persona] Que duda o desconfía de la verdad o la eficacia de una cosa: *se muestra escéptico ante las promesas de los políticos.* ◇ *adj./n. m. y f.* **2** [persona] Que sigue la doctrina filosófica del escepticismo: *Pirrón de Elis fue un filósofo escéptico; no comparte la filosofía de los escépticos.*

escindir *v. tr./prnl.* Dividir un conjunto en dos o más partes, generalmente de importancia o valor semejante: *las divergencias entre los líderes escindieron al partido en dos facciones enfrentadas; en vista de las graves diferencias entre sus miembros, el grupo se escindió.*

DER prescindir, rescindir.

ETIM *Escindir* procede del latín *scindere*, 'rasgar', voz con la que también está relacionada *escisión*.

escisión *n. f.* División de un conjunto en dos o más partes, generalmente de valor o importancia semejante: *la Segunda Guerra Mundial provocó la escisión de Europa en dos zonas antagónicas.*

ETIM Véase *escindir*.

esclarecer *v. tr.* **1** Aclarar o resolver un asunto o materia: *el juez se entrevistó con el agresor y con el agredido para esclarecer los hechos.* **SIN** dilucidar. **2** Hacer famosa a una persona o una cosa: *sus detalles de generosidad no han servido para esclarecerlo.* ◇ *v. intr.* **3** Empezar a amanecer: *salieron de mañana, cuando el día ya esclarecía.*

DER esclarecido, esclarecimiento.

OBS En su conjugación, la c se convierte en zc delante de a y o, como en *agradecer*.

esclarecido, -da *adj.* [persona] Que tiene una serie de características que lo hacen digno de admiración y de respeto: *antes de operarse consultó a los más esclarecidos especialistas de corazón.* **SIN** ilustre, insigne.

esclarecimiento *n. m.* Aclaración o resolución de un asunto o materia: *numerosos efectivos policiales trabajan en el esclarecimiento del crimen.*

esclava *n. f.* Pulsera de una sola pieza y sin adornos que se puede llevar en la muñeca o en el tobillo: *le regalaron una esclava y unos pendientes de oro.*

esclavina *n. f.* Prenda de vestir en forma de capa corta, que se sujeta al cuello y cubre los hombros: *los peregrinos solían llevar una esclavina.*

esclavista *adj.* **1** De la esclavitud o que tiene relación con ella: *el régimen feudal de la Edad Media tenía numerosos puntos en común con la organización social esclavista.* ◇ *adj./n. com.* **2** [persona] Que es partidario de la esclavitud: *los terratenientes esclavistas disponían de una mano de obra barata y sumisa.*

esclavitud *n. f.* **1** Situación y condición social en la que se encuentra una persona que carece de libertad y derechos

esclavizar

propios por estar sometida de manera absoluta a la voluntad y el dominio de otra: *huyó de la plantación en la que trabajaba para acabar con su esclavitud*. **2** Régimen social y económico basado en el uso de esclavos como mano de obra: *en 1863 Abraham Lincoln abolió la esclavitud en los Estados Unidos*. **3** Falta de libertad provocada por el sometimiento a la voluntad de una persona, a una forma de vida opresiva o a un vicio: *estaba harto de la esclavitud a la que le tenía obligado su jefe; la drogadicción es una esclavitud para las personas que la sufren*.

esclavizar *v. tr.* Someter o conducir a una persona a un estado de esclavitud: *el ejército romano solía esclavizar a los prisioneros que hacía en sus campañas militares; la droga esclaviza a cuantos caen en sus redes*.
OBS En su conjugación, la *z* se convierte en *c* delante de *e*.

esclavo, -va *adj./n. m. y f.* **1** [persona] Que carece de libertad y derechos propios por estar sometido de manera absoluta a la voluntad y el dominio de otra persona: *la ONU ha denunciado la existencia de niños esclavos en algunas zonas mineras de Sudamérica; todos los que trabajaban en esos campos de algodón eran esclavos*. **2** [persona] Que carece de libertad por estar sometido a la voluntad de otra persona, a una forma de vida opresiva o a un vicio: *se considera una mujer esclava de sus obligaciones; mi primo se ha convertido en un esclavo de su trabajo*.
DER esclava, esclavina, esclavista, esclavitud, esclavizar.

esclerosis *n. f.* **1** Enfermedad que consiste en un aumento anormal del tejido conjuntivo de un órgano que provoca su endurecimiento anormal y progresivo: *el colesterol provoca la esclerosis de los vasos sanguíneos*. **2** Falta de evolución y adaptación a una nueva situación o planteamiento: *los años en el poder provocaron una esclerosis en el partido, causante final de su derrota electoral*.
DER esclerótica.
OBS El plural también es *esclerosis*.

esclerótica *n. f.* Membrana blanca, gruesa, resistente y opaca que constituye la capa exterior del globo del ojo: *la esclerótica se conecta por detrás con el nervio óptico, y por delante se modifica convirtiéndose en la córnea*. ☞ ojo.

esclusa *n. f.* Recinto dotado de grandes compuertas que se construye entre dos zonas de distinta altura en un canal para que los barcos puedan pasar de una a otra al subir o bajar su nivel mediante el llenado o vaciado de agua de dicho recinto: *el barco esperaba en la esclusa*.

escoba *n. f.* **1** Instrumento formado por un cepillo alargado de fibras flexibles sujeto al extremo de un palo o barra larga, que sirve para barrer: *cogió la escoba y se puso a barrer el suelo; le regaló una brujita montada en una escoba*. **2** Juego de cartas que consiste en intentar sumar 15 puntos con una carta propia y una o varias de las que hay sobre la mesa: *¿hoy jugaremos a la escoba o al mus?*
DER escobajo, escobazo, escobilla, escobón.

escobilla *n. f.* **1** Instrumento formado por un pequeño cepillo de fibras flexibles, generalmente redondeado, sujeto al extremo de un palo o barra corta, que sirve para limpiar: *la escobilla de la taza de un retrete*. **2** Tira fina y alargada de goma sujeta a la varilla del limpiaparabrisas: *el conductor debe revisar las escobillas del limpiaparabrisas al terminar el verano*. **3** Pieza de un mecanismo eléctrico formada por un haz de hilos metálicos que sirve para establecer una conexión: *la corriente sale de la dinamo a través de las escobillas*.

escobón *n. m.* Escoba de mango muy largo que se utiliza para barrer o deshollinar: *para deshollinar la chimenea te irá bien este escobón*.

escocer *v. intr.* **1** Causar una sensación de picor intenso y doloroso, parecida a la que produce una quemadura: *cuando cae limón o sal en una herida escuece mucho; me escocían los ojos porque me había entrado jabón*. **2** Causar una sensación de malestar y amargura: *le escuece que hayan ascendido a su compañero cuando él creía tener más méritos*. ◊ *v. prnl.* **3** **escocerse** Producirse una irritación en la piel debida al sudor o al roce de una prenda: *he puesto crema al bebé en las ingles porque se le han escocido*.
DER escocedura, escozor.
OBS En su conjugación, la *o* se convierte en *ue* en sílaba acentuada y la *c* en *z* delante de *a* y *o*, como en *cocer*.

escocés, -cesa *adj.* **1** De Escocia o que tiene relación con este país del norte del Reino Unido: *hicieron un recorrido por las costas escocesas e inglesas*. **2** [tela, prenda de vestir] Que tiene rayas que forman cuadros de diversos colores: *se compró una falda escocesa*. ◊ *adj./n. m. y f.* **3** [persona] Que es de Escocia: *mi amiga tiene unos tíos escoceses; a los escoceses les suele gustar el clima de España*. ◊ *n. m.* **4** Lengua hablada en Escocia, procedente del céltico: *domina el inglés, el escocés y el alemán*.

escofina *n. f.* Lima con dientes gruesos que sirve para quitar las partes más bastas de la madera: *los dientes de las escofinas suelen ser triangulares*.

escoger *v. tr.* Tomar o preferir una cosa o persona entre varias posibles: *después de mucho pensar, escogió pasar las vacaciones en la playa en vez de en la montaña; me escogió a mí para formar pareja en el campeonato de tenis*. **SIN** elegir, seleccionar.
DER escogido.
OBS En su conjugación, la *g* se convierte en *j* delante de *a* y *o*.

escogido, -da *adj.* Que se considera el mejor entre los de su especie y por ello ha sido elegido: *a las Olimpiadas sólo pueden acudir los deportistas más escogidos*. **SIN** selecto.

escolanía *n. f.* Coro formado por niños educados en un monasterio para el canto y para el servicio del culto: *la Escolanía del Monasterio del Escorial*.

escolapio, -pia *adj./n. m. y f.* **1** [persona] Que pertenece a la orden de las Escuelas Pías: *estudió con los padres escolapios; el padre Salvador es escolapio*. ◊ *adj.* **2** De las Escuelas Pías o que tiene relación con esta orden: *la orden escolapia fue fundada en 1597 por san José de Calasanz y se dedica a la enseñanza de la juventud*.

escolar *adj.* **1** De la escuela o que tiene relación con ella: *la LOGSE ha supuesto una reforma importante del sistema escolar y educativo; en septiembre comienza el año escolar*. ◊ *n. com.* **2** Niño o joven que recibe enseñanza y estudia en una escuela: *un grupo de escolares acompañados de su profesor visitó las dependencias del museo*.
DER escolaridad, escolarizar; preescolar.
ETIM Véase *escuela*.

escolaridad *n. f.* Período de tiempo que dura la estancia de un niño o joven en una escuela para estudiar y recibir la enseñanza adecuada: *la escolaridad obligatoria dura hasta los 16 años*.

escolarización *n. f.* Dotación de una escuela a un niño o joven para que pueda estudiar y recibir la enseñanza adecuada: *el Ministerio de Educación pretende la escolarización de todos los niños con edades comprendidas entre 6 y 16 años*.

escolarizar *v. tr.* Proporcionar una escuela a un niño o joven para estudiar y recibir la enseñanza adecuada: *la ley obliga a los padres a escolarizar a sus hijos*.
DER escolarización.

OBS En su conjugación, la *z* se convierte en *c* delante de *e*.

escolástica *n. f.* FILOS. Doctrina filosófica, enseñada en las escuelas y las universidades de la Edad Media, que intentaba explicar los dogmas de la religión católica mediante la ideas de algunos filósofos griegos: *la escolástica dominó el pensamiento medieval*.

escolástico, -ca *adj.* **1** FILOS. De la escolástica o que tiene relación con esta doctrina filosófica: *el pensamiento escolástico se basaba en el sistema aristotélico*. ◇ *adj./n. m. y f.* **2** FILOS. [persona] Que sigue la doctrina filosófica de la escolástica: *Santo Tomás de Aquino fue un filósofo escolástico*.

escoliosis *n. f.* MED. Desviación de la columna vertebral: *los efectos de la escoliosis pueden paliarse practicando natación*.
OBS El plural también es *escoliosis*.

escollera *n. f.* Construcción hecha con grandes rocas o bloques de cemento que se arrojan al fondo del mar hasta levantar una especie de muro o rompeolas que sirve de protección contra la acción del mar.

escollo *n. m.* **1** Problema o dificultad que supone un obstáculo para el desarrollo de un proceso o actividad: *su negativa a un traslado supuso un escollo insalvable en la renovación de su contrato*. **2** Roca poco visible en la superficie del agua y que constituye un grave peligro para las navegaciones: *el pesquero encalló en los escollos cercanos a la costa*.
DER escollar, escollera.

escolopendra *n. f.* Animal invertebrado terrestre, parecido al ciempiés, que tiene el cuerpo de color amarillento, alargado y aplanado, formado por muchos anillos en cada uno de los cuales tiene dos patas, con el primer par en forma de uñas venenosas: *la escolopendra utiliza las uñas para matar a las presas de las que se alimenta*.
OBS Para indicar el sexo se usa *la escolopendra macho* y *la escolopendra hembra*.

escolta *n. f.* **1** Protección o custodia que se da a una persona o cosa acompañándola a los lugares donde acude o es conducida: *una empresa privada se encarga de la escolta del famoso cantante; varios guardias civiles se ocupan de la escolta del detenido*. **2** Grupo formado por las personas encargadas de esta protección o custodia: *la escolta del presidente tomó posiciones en torno al estrado donde iba a pronunciar el discurso*. ◇ *n. com.* **3** Cada una de las personas que forman parte de este grupo: *un escolta resultó muerto en el atentado*. **4** Jugador de un equipo de baloncesto cuya función principal es encestar a media distancia y ayudar al base en su juego: *el equipo local ha fichado un escolta extranjero*.

escoltar *v. tr.* **1** Proteger o custodiar a una persona o cosa acompañándola a los lugares donde acude o es conducida: *tropas españolas escoltan los convoyes humanitarios de la* ONU. **2** Acompañar a una persona en señal de honor: *familiares y amigos escoltaron el féretro del fallecido*.
DER escolta.

escombrar *v. tr.* Limpiar un lugar de escombros o materiales de desecho que quedan después de derribar una construcción: *operarios del ayuntamiento escombraron el lugar del accidente*.
SIN descombrar, desescombrar.

escombrera *n. f.* Lugar donde tiran los escombros que resultan del derribo de un edificio o de una obra de albañilería: *el solar contiguo a la obra acabó convertido en una escombrera*.

escombro *n. m.* Conjunto de desechos y materiales de construcción inservibles que resultan del derribo de un edificio o de una obra de albañilería: *colocaron un contenedor a la puerta de la casa para recoger escombros de la obra*.
SIN cascote.

DER escombrar, escombrera.
OBS Se usa sobre todo en plural.

esconder *v. tr./prnl.* **1** Poner en un lugar retirado o secreto para no ser visto o encontrado: *solía esconder el dinero entre los libros de la biblioteca; se fugó de la cárcel y se escondió en una cueva de las montañas*. **SIN** ocultar. **2** Estar una cosa colocada de forma que impide que otra sea vista o encontrada: *un cuadro esconde la caja fuerte*. **3** Mostrar el comportamiento o las palabras de una persona una idea o sentimiento distinto u opuesto al que en realidad tiene: *la amabilidad del timador escondía su intención última*. **SIN** envolver.
DER escondidas, escondido, escondite, escondrijo.

escondidas Palabra que se utiliza en la locución *a escondidas* que significa 'de manera secreta para no ser visto por otras personas': *el ladrón entró a escondidas en el museo y se llevó el cuadro*. **SIN** a hurtadillas.

escondite *n. m.* **1** Juego de niños que consiste en esconderse todos excepto uno que intenta encontrarlos. **2** Lugar retirado o secreto que es adecuado para esconder a una persona o cosa: *la policía continúa sin encontrar el escondite donde permaneció secuestrado el industrial*. **SIN** escondrijo.

escondrijo *n. m.* Lugar retirado o secreto que es adecuado para esconder a una persona o cosa: *encontraron a un polizón en un escondrijo de la bodega del barco*. **SIN** escondite.

escoñar *v. tr./prnl.* **1** *coloquial* Hacer que un aparato eléctrico o un mecanismo funcione mal o deje de funcionar. **SIN** estropear, romper. **2** *coloquial* Hacer trozos o dividir en partes, generalmente de modo violento y por accidente. **SIN** romper. ◇ *v. prnl.* **3 escoñarse** *coloquial* Sufrir un accidente o lesión. **SIN** accidentarse.

escopeta *n. f.* Arma de fuego portátil compuesta por uno o dos cañones largos, con una culata de madera triangular que sirve para apoyarla contra el hombro cuando se dispara: *una escopeta dispara munición de poco calibre o cartuchos, y suele utilizarse para la práctica del tiro al plato o al blanco y para la caza*.
DER escopetado, escopetazo, escopetear.

escopetado, -da *adj. coloquial* Con mucha rapidez y velocidad: *al comenzar el chaparrón, los asistentes a la manifestación abandonaron la plaza escopetados*.

escopetazo *n. m.* **1** Disparo hecho con una escopeta: *derribó dos patos de un escopetazo*. **2** Herida hecha con el disparo de una escopeta: *llegó al hospital con un escopetazo en un pie*. **3** Noticia o hecho inesperado y desagradable: *la derrota del favorito ha sido un escopetazo*.

escoplo *n. m.* Herramienta de hierro acerado que sirve para trabajar la madera o la piedra, de punta afilada y plana y mango de madera que se golpea con un mazo. ☞ herramientas.
DER escopladura, escopleadura.

escorar *v. tr.* **1** MAR. Sujetar de pie y en tierra una embarcación colocando escoras o palos a sus lados: *escoraron el barco en la playa*. ◇ *v. tr./intr.* **2** MAR. Inclinar una embarcación hacia uno de sus costados: *una gran ola escoró mucho el pesquero y a punto estuvo de hacerlo zozobrar*. ◇ *v. intr.* **3** MAR. Estar la marea en su punto más bajo: *cuando escora salen a coger almejas*. ◇ *v. prnl.* **escorarse** Situarse un jugador en un lugar próximo a las bandas laterales del campo: *la movilidad del delantero obligaba al central a escorarse a la derecha de la defensa*.

escorbuto *n. m.* Enfermedad producida por la carencia o escasez de vitamina C que se caracteriza por el empobrecimiento de la sangre, manchas lívidas, ulceraciones en las encías y hemorragias: *el escorbuto era frecuente en las tripu-*

escoria

laciones de las barcos que hacían largas travesías al no consumir ni frutas ni alimentos frescos.

escoria *n. f.* **1** Sustancia de desecho que resulta de las impurezas de los metales cuando se funden: *la escoria suele quedar flotando en la superficie de los crisoles de fundición.* **2** Lava poco densa que lanza al exterior un volcán durante una erupción. **3** Persona despreciable que se comporta con maldad y carece de virtudes: *el alcalde calificó de escoria social a los autores del apaleamiento de algunos jóvenes a la salida del campo de fútbol.* **SIN** basura.

escoriar *v. tr./prnl.* Levantar o arrancar la capa más superficial de la piel mediante rozamiento o fricción. **SIN** excoriar.
OBS En su conjugación, la *i* no se acentúa, como en *cambiar.*

escorpio *adj./n. com.* [persona] Que ha nacido entre el 24 de octubre y el 22 de noviembre, tiempo en que el Sol recorre aparentemente Escorpión, octavo signo del Zodíaco.

escorpión *n. m.* Arácnido de abdomen alargado y cola terminada en un aguijón venenoso con forma de gancho: *los escorpiones suelen ocultarse bajo piedras, troncos o en pequeñas oquedades.* **SIN** alacrán. ☞ arácnidos.
OBS Para indicar el sexo se usa *el escorpión macho* y *el escorpión hembra.*

escorzo *n. m.* **1** Representación de una figura que se extiende oblicua o perpendicularmente al plano del papel o lienzo sobre el que se pinta, acortando sus líneas de acuerdo con las reglas de la perspectiva. **2** Figura o parte de figura representada de este modo.

escotadura *n. f.* **1** Corte o abertura hecho en una prenda de vestir en la parte del cuello, que deja descubierta parte del pecho o de la espalda: *la escotadura de este vestido es redonda.* **SIN** escote. **2** Corte hecho en la armadura debajo del brazo para poder moverlo: *la escotadura dejaba el brazo libre pero se convertía en una zona vulnerable para el caballero.* **3** Abertura grande que se hace en la parte trasera del escenario de un teatro: *en la escotadura se colocan las tramoyas.*

escotar *v. tr.* Cortar una prenda de vestir para ajustarla a la medida adecuada: *tendrá que escotarme un poco las sisas porque me oprime el traje.*

escote *n. m.* **1** Corte o abertura hecho en una prenda de vestir en la parte del cuello, que deja descubierta parte del pecho o de la espalda: *el vestido lleva un bonito escote cuadrado.* **SIN** escotadura. **2** Parte del pecho o la espalda que queda descubierta por este corte o abertura: *se puso maquillaje también en el cuello y en el escote para que no destacara mucho el de la cara.* **3** Parte que corresponde pagar a una persona del gasto hecho en común con otras: *nadie ha pagado aún el escote de la comida que hicimos.*
a escote Pagando cada persona la parte que le corresponde en un gasto común: *nada de invitar tú, esto lo pagamos a escote.*
DER escotar.

escotilla *n. f.* Abertura en el armazón de un avión, de un barco u otra nave, que comunica con un espacio interior: *bajó a la bodega del barco por la escotilla de proa.*

escozor *n. m.* **1** Sensación de picor intenso y doloroso parecida a la que produce una quemadura: *el humo me produce escozor en los ojos.* **2** Sentimiento de disgusto o pena: *aún siento el escozor de sus desprecios.*

escriba *n. m.* Persona que se dedicaba a copiar textos o a escribir al dictado: *en algunos pueblos de la Antigüedad había muchos escribas.* **SIN** amanuense, copista.

escribanía *n. f.* **1** Mueble para escribir, formado por un tablero, que generalmente se levanta para cerrarlo, y una serie de cajones y compartimentos para guardar papeles: *guardaba todas las cartas en la escribanía.* **SIN** escritorio. **2** Juego de escritorio compuesto de un soporte sobre el que van colocadas varias piezas, generalmente una pluma, un tintero y un secante: *para su cumpleaños le regalaron una escribanía preciosa.* **3** Oficio del escribano: *el oficio de la escribanía ya no existe.* **4** Oficina del escribano.

escribano *n. m.* Funcionario público que antiguamente daba garantía de que los documentos o escrituras que pasaban ante él eran auténticos o verdaderos.
DER escriba, escribanía.

escribiente *n. com.* Empleado de oficina que se dedica a copiar escritos o pasarlos a limpio, o bien escribir lo que le dictan: *el abogado no estaba y sólo he podido hablar con su escribiente.*

escribir *v. tr./intr.* **1** Representar las palabras o las ideas mediante letras u otros signos gráficos convencionales: *el niño aún no sabe escribir su nombre; en poco tiempo aprendió a leer y a escribir.* **2** Componer o crear un texto o una música: *escribió la marcha nupcial para la boda de sus amigos; siempre le había atraído la literatura, y en aquellas vacaciones se dedicó a escribir.* ◇ *v. tr./intr./prnl.* **3** Comunicar una cosa a alguien por escrito: *cuando llegues al Reino Unido, escríbenos; mi amiga y yo nos escribimos todas las semanas.* ◇ *v. intr.* **4** Funcionar o hacer sus trazos un bolígrafo, un lápiz u otro objeto que sirva para escribir: *este bolígrafo escribe muy grueso; déjame otro rotulador, que éste no escribe.* **SIN** pintar.
DER escribano, escribiente, escrito, escritura; adscribir, circunscribir, describir, inscribir, prescribir, proscribir, sobrescribir, subscribir, suscribir, transcribir.
OBS El participio es *escrito.*

escrito *n. m.* **1** Comunicación, papel o documento que se hace mediante la escritura: *enviaremos un escrito a las diferentes sucursales.* **2** Obra literaria o científica: *ya en sus primeros escritos demostró ser un gran novelista.*
por escrito Por medio de la escritura: *para que no quedaran dudas, lo hizo constar todo por escrito.*
DER escritor, escritorio.

escritor, -ra *n. m. y f.* Persona que se dedica a crear y escribir obras literarias o científicas: *este escritor es el autor de la novela premiada.*

escritorio *n. m.* Mueble para escribir, formado por un tablero, que generalmente se levanta para cerrarlo, y una serie de cajones y compartimentos para guardar papeles: *buscaré un folio en mi escritorio.* **SIN** escribanía.

escritura *n. f.* **1** Sistema de representación de palabras o ideas por medio de letras u otro conjunto de signos gráficos convencionales: *la invención de la escritura supuso uno de los mayores avances de la historia del ser humano.* **escritura alfabética** Escritura que emplea uno o más signos para representar cada sonido: *el castellano, como todas las lenguas occidentales, se sirve de la escritura alfabética.* **escritura iconográfica** Escritura que emplea como signo la imagen del objeto al que se hace referencia: *algunas lenguas orientales usaban la escritura iconográfica.* **escritura ideográfica** Escritura que emplea un signo para representar cada idea o palabra: *el chino y el japonés utilizan la escritura ideográfica.* **escritura simbólica** (o **jeroglífica**) Escritura que emplea imágenes a modo de símbolos: *en una escritura simbólica la imagen del león expresaría la fortaleza; en las pirámides egipcias se conservan imágenes propias de la escritura jeroglífica.* **2** Modo o manera de escribir: *ese tipo de escritura es poco claro y no se entiende.* **3** Documento público en el que se

recoge un acuerdo o una obligación y que está firmado por las partes interesadas: *en la escritura de venta no figuraba el valor real de la finca*. **4** Conjunto de obras que componen la Biblia: *subió al cielo en cuerpo y alma según las Escrituras*. En esta acepción se escribe con mayúscula y se suele usar en plural.
DER escriturar.

escriturar *v. tr.* Formalizar y dar carácter legal a un acuerdo o una obligación mediante una escritura o documento público que lo recoja: *en esta gestoría se han encargado de escriturar la compraventa del piso*.

escroto *n. m.* ANAT. Bolsa de piel que cubre los testículos de los mamíferos. ☞ reproductor, aparato.

escrúpulo *n. m.* **1** Duda o recelo que se tiene sobre si una acción es buena, moral o justa, e inquietud o preocupación que provoca: *no tuvo escrúpulos para quedarse con todo el dinero*. Se usa frecuentemente en plural. **2** Repugnancia a tomar un alimento o hacer uso de alguna cosa por temor a la suciedad o al contagio: *no puede beber del vaso de otra persona porque le da escrúpulos*. Se usa frecuentemente en plural. **3** Atención y cuidado que se pone al hacer una cosa: *me gustaría repasar cada parte del trabajo con el mayor escrúpulo*.
DER escrupuloso.

escrupulosidad *n. f.* Exactitud y cuidado que se pone al hacer o examinar una cosa y en el cumplimiento de los deberes: *analiza cada página del texto con gran escrupulosidad*.

escrupuloso, -sa *adj./n. m. y f.* **1** [persona] Que siente o tiende a sentir repugnancia a tomar o hacer uso de algo por temor a la suciedad o el contagio: *es tan escrupulosa que, cuando salimos a comer, lleva sus propios cubiertos en el bolso; no soporto a los escrupulosos que se niegan a comer en el mismo plato que otros*. ◇ *adj.* **2** [persona] Que es exacto y cuidadoso al hacer o examinar una cosa y en el cumplimiento de los deberes: *es muy escrupuloso y finaliza sus trabajos cuidando todos los detalles*.
DER escrupulosidad.

escrutar *v. tr.* **1** Reconocer y computar los votos dados en una elección o los boletos presentados en una apuesta: *comenzaron a escrutar los votos una vez que se cerraron todos los colegios electorales*. **2** Examinar o analizar con mucha atención: *escrutó el horizonte para saber si lo seguían; parecía que me estuviera escrutando con la mirada*.
DER escrutinio; inescrutable.
ETIM Véase *escudriñar*.

escrutinio *n. m.* **1** Reconocimiento y recuento de los votos en una elección o de los boletos en una apuesta: *el escrutinio de las quinielas ha dado como resultado dos máximos acertantes*. **2** Examen o estudio hecho con mucha atención y exactitud: *el detective llevó a cabo un minucioso escrutinio de todos los detalles de la habitación en que se había cometido el asesinato*.

escuadra *n. f.* **1** Instrumento con forma de triángulo, con un ángulo recto y dos lados iguales, que sirve para medir y trazar líneas: *con la escuadra y el cartabón se trazan paralelas*. **2** En el fútbol y otros deportes, cada uno de los dos rincones superiores de la portería: *lanzó la falta y el balón entró por la mismísima escuadra*. **3** Pieza de metal con dos brazos en ángulo recto que se usa para asegurar la unión de dos piezas: *cuelga la estantería y sujétala con dos escuadras*. **4** Conjunto de barcos de guerra que forman una unidad: *una escuadra española partió en misión de paz*. **5** Unidad militar formada por un pequeño grupo de soldados mandados por un cabo.

a escuadra En forma de escuadra o en ángulo recto: *las piedras de la iglesia están cortadas a escuadra*.
DER escuadrilla, escuadrón.

escuadrilla *n. f.* **1** Grupo de aviones que vuelan juntos bajo el mando de un jefe: *una escuadrilla de bombarderos había despegado y estaba esperando órdenes*. **2** Escuadra o conjunto de barcos de guerra de pequeño tamaño: *una escuadrilla de lanchas rápidas*.

escuadrón *n. m.* **1** Unidad militar de caballería mandada generalmente por un capitán: *el escuadrón de caballería equivale a la compañía de infantería*. **2** Unidad militar compuesta de un gran número de aviones: *el escuadrón sobrevoló la ciudad a medianoche*.

escuálido, -da *adj.* [persona, animal] Que está muy flaco o delgado: *todos se reían de él cuando se presentó a la competición montado en aquel escuálido caballo*. **SIN** esquelético.
ANT gordo, obeso.
DER escualo.

escualo *n. m.* ZOOL. Pez con una gran aleta triangular en la parte superior y con la boca en la parte inferior de la cabeza: *el tiburón y el cazón son escualos*.

escucha *n. f.* Acción que consiste en escuchar o prestar atención a lo que se oye: *procedieron a la escucha de la grabación una vez más pero siguieron sin reconocer la voz*. **escucha telefónica** Acción que consiste en escuchar y registrar las conversaciones telefónicas de una persona sin que ésta lo note: *las escuchas telefónicas sin autorización judicial son ilegales*. ◇ *n. com.* **2** Persona encargada de seguir los programas de radio o televisión para tomar nota de los defectos o de la información que se emite: *el escucha detectó un error y lo corrigió para que no se repitiera en el telediario de la noche*. ◇ *n. m.* **3** Aparato que percibe los sonidos que se producen en un lugar y los transmite a otro lugar determinado: *he instalado un escucha en la habitación del bebé para saber cuándo llora*.

a la escucha Atento para escuchar algo: *seguiremos a la escucha para ver si conseguimos más noticias*. Se suele usar con los verbos *estar, ponerse* y *seguir*.

escuchar *v. tr.* **1** Prestar atención a lo que se oye: *llevo un rato hablándote, pero no estás escuchando lo que te digo*. **2** Hacer caso de un consejo o aviso: *escucha las sugerencias de tus padres y te irá mejor*. ◇ *v. intr.* **3** Aplicar el oído para oír algo: *no está bien escuchar detrás de las puertas*.
DER escucha.

escuchimizado, -da *adj.* [persona, animal] Que está muy delgado, raquítico y con aspecto débil o enfermizo: *¡vaya perro más escuchimizado que habéis comprado!* **SIN** desmirriado, esmirriado. **ANT** gordo.

escudar *v. tr./prnl.* **1** Proteger a alguien contra una amenaza o peligro: *es un cobarde, siempre busca a alguien que le escude; si te escudas siempre en tu hermano, nunca te atreverás tú solo*. ◇ *v. prnl.* **2 escudarse** Valerse de alguna cosa como defensa o pretexto para hacer o dejar de hacer lo que se expresa: *se escudaba en que le dolía mucho la cabeza y nos dejaba todo el trabajo para nosotros*.

escudería *n. f.* Equipo de competición de coches o motos de carreras: *tanto los pilotos como los vehículos y el personal técnico forman parte de la escudería*.

escudero *n. m.* Paje o sirviente que acompañaba a un caballero para llevarle el escudo y las armas y para servirle: *el escudero guardaba las armas de su señor mientras él dormía; Sancho Panza fue el fiel escudero de don Quijote*.
DER escudería.

escudilla *n. f.* Vasija ancha y de forma de media esfera en

escudo

la que se suelen servir la sopa y el caldo: *nos sirvieron el gazpacho en unas bonitas escudillas de barro*.

escudo *n. m.* **1** Arma de defensa formada por una plancha de metal o madera y que se lleva en el brazo contrario al que maneja el arma de ataque: *el escudo sirve para proteger el cuerpo de los golpes del adversario*. **2** Superficie u objeto con la forma de esa arma, que lleva las insignias y otros símbolos que identifican una nación, ciudad o familia: *el abuelo nos explicó con detalle las diferentes partes de nuestro escudo familiar*. **SIN** blasón. ☞ signos y señales. **3** Insignia de una entidad o corporación: *siempre lleva el escudo de su equipo de fútbol*. **4** Defensa o protección: *los libros serán tu mejor escudo contra el aburrimiento; la puerta les sirvió de escudo contra el fuego*. **5** Unidad monetaria de Portugal: *voy al banco a cambiar pesetas por escudos porque me voy de vacaciones a Lisboa*. **6** Moneda antigua de plata o de oro.
DER escudar, escudero.

escudriñar *v. tr.* Examinar u observar una cosa con gran cuidado, tratando de averiguar las interioridades o los detalles menos manifiestos: *escudriñaba con ansiedad el horizonte en busca de alguna nave*.
ETIM *Escudriñar* procede del latín *scrutari*, 'rebuscar', voz con la que también está relacionada *escrutar*.

escuela *n. f.* **1** Establecimiento público donde se enseña, especialmente el que se dedica a la enseñanza primaria: *todavía no tiene edad para ir a la escuela*. **2** Establecimiento público donde se imparte un tipo determinado de conocimientos: *estudiaré en la escuela de peritos; trabaja como profesora de inglés en una escuela de idiomas*. **3** Método o estilo peculiar de cada maestro para enseñar. **4** Conjunto de profesores, alumnos y otros miembros de una escuela: *toda la escuela participó en el espectáculo de fin de curso*. **5** Conocimiento o enseñanza que se adquiere o que se imparte: *sabe lo que tiene que hacer frente a cada contratiempo, tiene mucha escuela*. **6** Conjunto de discípulos, seguidores o imitadores de una persona o de su doctrina, su estilo o su arte: *se trata de una exposición de pinturas de la escuela flamenca*.
ETIM *Escuela* procede del latín *schola*, que tenía el mismo significado, voz con la que también están relacionadas *escolano*, *escolar*.

escueto, -ta *adj.* Que es breve y no contiene adornos, rodeos o palabras innecesarias: *en la entrevista dio unas respuestas muy escuetas sobre el tema*.

esculpir *v. tr.* **1** Hacer una obra de escultura trabajando o labrando una materia, especialmente piedra, metal o madera: *todas las estatuas de este jardín han sido esculpidas por el mismo escultor*. **2** Grabar sobre una superficie de piedra, metal o madera, en hueco o en relieve: *no sabían qué palabras esculpir al pie de su tumba*.
ETIM *Esculpir* procede del latín *sculpere*, 'rascar', voz con la que también está relacionada *escultura*.

escultismo *n. m.* Movimiento juvenil internacional que pretende la formación integral del individuo mediante actividades de grupo y la vida en contacto con la naturaleza: *los miembros del escultismo se denominan escultistas; el escultismo fue fundado por un inglés llamado Baden-Powell*.

escultor, -ra *n. m. y f.* Persona que se dedica al arte de la escultura: *la escultora labraba la piedra con un cincel*.

escultórico, -ca *adj.* De la escultura o que tiene relación con este arte o técnica: *en las excavaciones han aparecido unas figuras de un importante valor escultórico*.

escultura *n. f.* **1** Arte o técnica de representar objetos o crear figuras de bulto trabajando o labrando un material cualquiera, como barro, piedra, madera o bronce: *estudia escultura en la escuela de bellas artes; esta figura de yeso es una obra de escultura*. **2** Obra artística en la que se ha aplicado esa técnica: *le gustan mucho las esculturas griegas; pondrán una escultura del artista argentino en la plaza mayor*.
DER escultor, escultórico, escultural.
ETIM Véase *esculpir*.

escultural *adj.* Que tiene las proporciones y los rasgos de belleza propios de una escultura: *ese chico va al gimnasio y tiene un cuerpo escultural*.

escupidera *n. f.* Recipiente que sirve para escupir en él: *el enfermo tenía una pequeña escupidera cerca de la cama*.

escupir *v. intr.* **1** Arrojar saliva por la boca: *no escupas en el suelo, que es de mala educación*. ◇ *v. tr.* **2** Echar de la boca alguna cosa: *escupe el chicle; el bebé ha escupido toda la papilla*. **3** Echar o despedir del interior de forma violenta: *el volcán escupió mucha lava ardiente; los cañones escupían balas y metralla*. **4** Echar un cuerpo a la superficie lo que está mezclado con él: *esta pared escupe la pintura porque está llena de humedad*. **5** *coloquial* Contar lo que se sabe: *¡escupe ahora mismo todo lo que sepas!* **SIN** cantar, confesar.
DER escupidera, escupidura, escupitajo.

escupitajo *n. m. coloquial* Saliva que se escupe por la boca de una vez: *el jugador fue expulsado por lanzar un escupitajo a su marcador*. **SIN** salivazo.

escurreplatos *n. m.* Mueble de cocina donde se colocan los platos y los cacharros lavados para que escurran: *el escurreplatos está colgado por encima del fregadero*.
OBS El plural también es *escurreplatos*.

escurridizo, -za *adj.* **1** [cosa] Que se escurre o desliza con facilidad: *las pastillas de jabón son muy escurridizas*. **2** [cosa] Que hace escurrir o deslizarse: *el suelo está muy escurridizo*. **3** [persona] Que se escapa o escabulle con facilidad: *ese cantante es muy escurridizo y no es fácil entrevistarlo*.

escurridor *n. m.* Utensilio de cocina con la base o la base y los laterales agujereados que sirve para escurrir el agua de algunos alimentos, como la verdura o la pasta. ☞ cocina.

escurrir *v. tr./prnl.* **1** Hacer que una cosa mojada pierda el líquido que la empapa: *escurre la ropa antes de tenderla; deja que se escurra bien la lechuga antes de ponerla en los platos*. ◇ *v. tr.* **2** Apurar las últimas gotas del líquido que queda en un recipiente: *no hace falta que escurras la botella, es mejor que abras otra*. ◇ *v. intr.* **3** Soltar una cosa el líquido que contiene: *deja la toalla colgada para que escurra*. ◇ *v. intr./prnl.* **4** Deslizar o resbalar sobre una superficie: *cuidado al bajar por la escalera porque escurre mucho y os podéis caer; como el suelo estaba mojado, se escurrió y se cayó*. ◇ *v. prnl.* **5 escurrirse** Salir o escaparse de un lugar sin que se note, con disimulo o con habilidad: *logró escurrirse de la reunión y se fue a ver el partido*. **SIN** escabullirse. **6** Deslizarse o escaparse una cosa de entre otras que la sujetan, especialmente de las manos: *se le escurrió el vaso entre los dedos y se hizo añicos*. **SIN** escabullirse.

escurrir el bulto Evitar o escapar de una situación que se considera mala, de peligro o de compromiso: *nadie quiere hacer el trabajo por él, porque cuando llega la hora de trabajar duramente, siempre escurre el bulto*.
DER escurridero, escurridizo, escurridor, escurriduras.
ETIM Véase *correr*.

escusado *n. m.* Habitación en la que están el váter y otros elementos que sirven para el aseo, especialmente en un establecimiento público: *si me perdonan, voy un momento al escusado*. **SIN** retrete, servicio, váter.

esdrújulo, -la *adj./n. f.* GRAM. [palabra] Que lleva el acen-

to en la antepenúltima sílaba: *pájaro, matemáticas, helicóptero y mecánica son palabras esdrújulas; las esdrújulas siempre llevan tilde*. **SIN** proparoxítono.
DER sobreesdrújulo, sobresdrújulo.

ese, esa *pron. dem.* **1** Indica lo que está cerca de la persona con quien se habla o representa y señala lo que ésta acaba de mencionar: *—¿Quieres este collar? —No, prefiero ése; y ésa es la manera como viví durante doce años*. Se deben escribir con acento gráfico cuando existe riesgo de ambigüedad. El plural de *ese* es *esos* y el de *esa* es *esas*. ◇ *det. dem.* **2** Indica lo que está cerca de la persona con quien se habla o representa y señala lo que ésta acaba de mencionar: *coge esa caja y la pones en la estantería; y ese año volvimos de nuevo a la ciudad*. Cuando va detrás del nombre suele tener un valor despectivo: *¡de nuevo me encontré con el hombre ese!* El plural de *ese* es *esos* y el de *esa* es *esas*. ◇ *n. f.* **3** Nombre de la letra s: *la palabra sisar tiene dos eses*. **4** Eslabón de una cadena, que tiene forma de ese.
hacer eses Moverse de un lado a otro, de forma que parece describir la letra ese: *no podía controlar la dirección del coche e iba haciendo eses*.
ni por ésas De ninguna manera, ni siquiera en una circunstancia adecuada: *se lo he pedido hasta de rodillas, pero ni por ésas*.

esencia *n. f.* **1** Conjunto de características permanentes e invariables que determinan la naturaleza de un ser: *uno de los grandes temas filosóficos es el de la esencia del ser humano*. **2** Característica principal o fundamental de una cosa: *este tratado recoge la esencia de la química*. **quinta esencia** Cualidad más pura que distingue a una cosa: *sus trajes son la quinta esencia de la elegancia*. También se escribe *quintaesencia*. **3** Perfume con gran concentración de la sustancia olorosa que se saca de ciertas plantas: *me regaló un frasco de esencia de rosas*. **4** Extracto líquido y concentrado de una sustancia, generalmente aromática: *esencia de vainilla*.
en esencia De forma resumida: *y, en esencia, éstas fueron las preguntas que me hizo*.
DER esencial.

esencial *adj.* **1** De la esencia o que tiene relación con ella: *la inteligencia es una característica esencial del ser humano*. **2** Que es lo más importante y necesario: *para comenzar te explicaré sólo lo esencial*. **SIN** básico, fundamental.
DER esencialmente.

esfera *n. f.* **1** Cuerpo geométrico limitado por una superficie curva cuyos puntos están todos a igual distancia de uno interior llamado centro: *las naranjas tienen forma de esfera; al final de la escalinata hay unas esferas como adorno*. **esfera celeste** Superficie ideal, curva y cerrada, concéntrica a la Tierra y sobre la cual se ven moverse los planetas y las estrellas: *en el museo tienen representaciones muy antiguas de la esfera celeste*. **esfera terrestre** Cuerpo geométrico que representa a la Tierra y en cuya superficie se representa la disposición de sus tierras y mares. **SIN** globo. **2** Círculo en el que giran las agujas de un reloj: *la esfera de este reloj es blanca y los números son dorados*. ☞ reloj. **3** Clase o condición social de una persona y demás circunstancias sociales que la rodean: *es un político de altas esferas*. **4** Conjunto de circunstancias, relaciones y conocimientos que están vinculados entre sí por tener algo en común: *este centro de investigación es el mejor en su esfera*. **SIN** ámbito.
DER esférico, esferoide; semiesfera.

esférico, -ca *adj.* **1** De la esfera o que tiene la forma de este cuerpo geométrico: *tuvimos que dibujar varios cuerpos esféricos*. ◇ *n. m.* **2** En el lenguaje del deporte, balón o pelota de material flexible y llena de aire: *el portero despejó sin dificultad el esférico*.

esfinge *n. f.* Animal fabuloso con cabeza y pecho de mujer, y cuerpo y pies de león: *la esfinge de Gizeh reproduce la cabeza de un rey egipcio*.
parecer una esfinge Tener una actitud fría y misteriosa, sin mostrar al exterior lo que se piensa o se siente: *en aquella tertulia no abrió la boca, parecía una esfinge*.

esfínter *n. m.* ANAT. Músculo en forma de anillo con el que se abren o cierran las aberturas de distintos conductos naturales del cuerpo: *los esfínteres regulan la apertura y el cierre de la vejiga de la orina*.

esforzado, -da *adj.* [persona] Que es valiente y animoso y actúa con gran energía y fuerza moral: *el general felicitó a aquellos esforzados soldados*.

esforzar *v. tr.* **1** Someter un órgano o una capacidad a un esfuerzo, al usarlo con mayor intensidad de la normal: *terminarás usando gafas, si esfuerzas tanto la vista*. ◇ *v. prnl.* **2 esforzarse** Hacer un esfuerzo físico o mental para conseguir alguna cosa: *tendrás que esforzarte mucho para aprobar esa asignatura*.
DER esforzado, esfuerzo.
OBS En su conjugación, la *o* se convierte en *ue* en sílaba acentuada y la *z* en *c* delante de *e*, como en *forzar*.

esfuerzo *n. m.* **1** Empleo enérgico de la fuerza física o mental con un fin determinado: *si tienes una hernia, no debes hacer esfuerzos*. **2** Empleo de medios superiores a los normales para conseguir un fin determinado: *a pesar de sus esfuerzos, no consiguió terminar los estudios*.

esfumar *v. tr.* **1** Difuminar o hacer más débiles y suaves los trazos o los contornos de un dibujo: *el pintor esfumaba con el difumino las manchas de color del cuadro*. ◇ *v. prnl.* **2 esfumarse** Marcharse de un lugar con rapidez y disimulo: *cuando volví a mirar, ya se habían esfumado*. **3** Desaparecer poco a poco una cosa: *cuando bajamos un poco, la niebla se había esfumado*. **SIN** desvanecerse.
ETIM Véase *humo*.

esgrima *n. f.* **1** Deporte olímpico que consiste en el enfrentamiento de dos personas armadas con una espada, sable o florete, y protegidas con una careta y un traje especial: *en el lenguaje de la esgrima a los luchadores se les llama tiradores*. **2** Arte de manejar la espada y otras armas blancas para combatir: *tuvo al mejor maestro de esgrima y fue un gran espadachín*.

esgrimir *v. tr.* **1** Manejar o sostener una espada u otra arma blanca con intención de atacar o de defenderse: *cuando llegó la guardia, los espadachines aún esgrimían sus espadas*. **2** Usar una cosa no material para atacar o defenderse o para lograr alguna cosa: *tendrás que esgrimir nuevos argumentos si quieres convencernos*.
DER esgrima.

esguince *n. m.* Lesión producida por un estiramiento violento de una articulación que hace que se dañen o se rompan las fibras musculares de una zona: *ha sufrido un esguince de tobillo y deberá mantener el pie en reposo durante quince días*.

eslabón *n. m.* **1** Cada una de las piezas con forma de anillo que, enlazadas unas con otras, forman una cadena: *el joyero me ha quitado un eslabón de la pulsera porque me quedaba demasiado grande*. **2** Elemento necesario para relacionar dos ideas o acciones: *los últimos avances suponen el eslabón que faltaba para la obtención de la vacuna*.
DER eslabonar.

eslalon *n. m.* Competición de esquí en la que los deportis-

eslavo

tas siguen un trazado con pasos obligados: *en el eslalon especial el esquiador debe ir sorteando determinadas banderas.* **OBS** El plural es *eslálones*.

eslavo, -va *adj.* **1** De un antiguo grupo de pueblos indoeuropeos que habitaron el norte y el este de Europa, o que tiene relación con él: *Zuarasi era el dios eslavo; los pueblos eslavos ocuparon el nordeste europeo.* ◊ *adj./n. m. y f.* **2** [persona] Que pertenece a ese grupo de pueblos: *hizo un estudio sobre la vida de las mujeres eslavas; los eslavos se cristianizaron en los siglos X y XI.* ◊ *adj./n. m.* **3** [lengua] Que pertenece a la familia del indoeuropeo y se habla en el norte y el este de Europa: *el ruso, el búlgaro y el polaco son lenguas eslavas; el eslavo procede del indoeuropeo.*

eslogan *n. m.* Frase corta y que se puede recordar fácilmente, que se usa para vender un producto o para aconsejar a la población sobre algo: *la búsqueda de un eslogan para el lanzamiento de un producto es objeto de detenidos estudios.* **OBS** El plural es *eslóganes*.

eslora *n. f.* MAR. Longitud de una embarcación desde proa a popa, medida sobre la cubierta principal: *en este muelle sólo atracan yates de menos de 20 metros de eslora.*

eslovaco, -ca *adj.* **1** De Eslovaquia o relacionado con este país del centro de Europa: *la capital eslovaca es Bratislava.* ◊ *adj./n. m. y f.* **2** [persona] Que es de Eslovaquia: *tengo una amiga eslovaca y un amigo irlandés; los eslovacos y los checos formaban la antigua Checoslovaquia.* ◊ *n. m.* **3** Lengua de Eslovaquia: *el eslovaco pertenece al grupo de las lenguas eslavas.*

esloveno, -na *adj.* **1** De Eslovenia o relacionado con este país del centro de Europa: *el dinar es la moneda eslovena; la capital eslovena es Liubliana.* ◊ *adj./n. m. y f.* **2** [persona] Que es de Eslovenia: *ganó el premio una escritora eslovena; los eslovenos son vecinos de los austriacos.* ◊ *n. m.* **3** Lengua que se habla en Eslovenia: *el esloveno pertenece al grupo de lenguas eslavas.*

esmalte *n. m.* **1** Cosmético de laca, de secado rápido, que sirve para colorear las uñas y darles brillo: *uso guantes al fregar los platos para que no se me estropee el esmalte de las uñas.* **2** Barniz o pasta brillante y dura, que se obtiene fundiendo polvo de vidrio coloreado con óxidos metálicos, y que se aplica sobre metal o cerámica: *esta vasija de porcelana está cubierta con esmalte azul.* **3** Objeto cubierto o adornado con este barniz o pasta: *en el museo arqueológico hay unos esmaltes muy antiguos.* **4** Sustancia blanca y dura que cubre la parte de los dientes que está fuera de las encías: *el esmalte va sobre el marfil del diente y lo protege contra la caries.* ☞ diente.
DER esmaltar.

esmerado, -da *adj.* Que ha sido hecho con gran esmero o cuidado: *a todos les pareció un esmerado trabajo.*

esmeralda *n. f.* **1** Piedra preciosa, brillante y de color verde azulado, que se usa como adorno: *la esmeralda es una variedad de berilo.* ◊ *n. m./adj.* **2** Color verde como el de esa piedra: *el negro combina con el esmeralda; tengo un anillo esmeralda a juego con los pendientes.*

esmerarse *v. prnl.* Poner mucho cuidado y atención en el cumplimiento de una obligación o al hacer una cosa: *debes esmerarte un poco más y no descuidar los detalles.*
DER esmerado.

esmeril *n. m.* Roca negruzca que se emplea en polvos para deslustrar el vidrio, labrar piedras preciosas y pulimentar los metales: *el esmeril es tan duro que puede rayar todos los cuerpos excepto el diamante.*
DER esmerilar.

esmerilar *v. tr.* Pulimentar una superficie con esmeril.

esmero *n. m.* Sumo cuidado y especial atención que se ponen en el cumplimiento de una obligación o al hacer una cosa: *ha cocinado con gran esmero y no se ha dejado ni el más mínimo detalle.*
DER esmerarse.

esmirriado, -da *adj.* Que está muy delgado, raquítico y tiene un aspecto débil: *esperaba a un joven fuerte y corpulento pero llegó un chico feo y esmirriado.* **SIN** escuchimizado.
OBS También se escribe *desmirriado*.

esmoquin *n. m.* Traje masculino de etiqueta cuya chaqueta no tiene faldones y que se usa en fiestas u ocasiones importantes: *el esmoquin es de menos ceremonia que el frac.*
OBS El plural es *esmóquines*.

esnifar *v. tr.* Aspirar cocaína u otra droga en polvo por la nariz.
DER esnifada.

esnob *adj./n. com.* [persona] Que tiene una admiración exagerada por todo lo que está de moda, sea por afectación o para darse importancia: *viste como un esnob y no se mueve con naturalidad.*
DER esnobismo.
OBS El plural es *esnobs*.

esnobismo *n. m.* Exagerada admiración por todo lo que está de moda, sea por afectación o para darse importancia: *su esnobismo le hace parecer poco natural.*

eso *pron. dem.* Indica o señala una cosa cercana a la persona con que se habla o una cosa conocida o nombrada con anterioridad: *dame eso que hay sobre la mesa; no recuerdo que me dijeras eso.*
a eso de Expresión que da idea de un tiempo o un momento aproximados: *nos veremos a eso de las diez.*
OBS Nunca lleva acento gráfico.

esófago *n. m.* ANAT. Conducto del aparato digestivo que va desde la faringe al estómago: *el esófago hace unos movimientos que facilitan el transporte del bolo alimenticio al estómago.*
☞ digestivo, aparato; respiratorio, aparato.

esotérico, -ca *adj.* **1** Que está oculto, reservado o sólo es perceptible o asequible para unos pocos iniciados: *me dan cierto miedo el ocultismo, el espiritismo y otros temas esotéricos.* **2** Que es incomprensible o difícil de entender.
DER esoterismo.

esoterismo *n. m.* Calidad de lo que está oculto o es difícil de entender: *ahora se interesa por libros de ciencias ocultas y esoterismo.*

espabilar *v. tr./intr./prnl.* **1** Aumentar en una persona la inteligencia, la agilidad de su mente y la capacidad para relacionarse con los demás y con las cosas: *tendrás que espabilar o recibirás muchos golpes en la vida.* **SIN** despabilar, despertar. ◊ *v. intr./prnl.* **2** Darse prisa o apresurarse en la realización de una cosa: *como no espabiles con el trabajo, no terminaremos a tiempo.* **SIN** despabilar. ◊ *v. prnl.* **3** **espabilarse** Deshacerse del sueño que queda después de haber dormido: *voy a lavarme la cara para ver si me espabilo.* **SIN** despabilar.
OBS La Real Academia Española admite *espabilar*, pero prefiere la forma *despabilar* en todas las acepciones.

espachurrar *v. tr./prnl.* Aplastar o apretar una cosa con fuerza hasta reventarla. **SIN** despachurrar, despanzurrar.
OBS La Real Academia Española admite *espachurrar*, pero prefiere la forma *despachurrar*.

espaciador *n. m.* Tecla que se pulsa en el teclado de una máquina de escribir o de un ordenador para dejar espacios en blanco: *el espaciador es alargado y está situado en la parte inferior del teclado.*

espacial *adj.* Del espacio o relacionado con él: *nave espacial, viaje espacial*.
DER aeroespacial.

espaciar *v. tr.* **1** Separar o poner distancia entre dos o más cosas. **2** Aumentar el intervalo de tiempo que transcurre entre dos o más acciones: *debes espaciar un poco más las comidas*. **3** Separar las líneas, palabras o letras de un texto impreso con los debidos espacios: *debes volver a espaciar estos renglones*.
DER espaciador.
OBS En su conjugación, la *i* no se acentúa, como en *cambiar*.

espacio *n. m.* **1** Extensión en la que están contenidos todos los cuerpos que existen: *la filosofía siempre se ha ocupado del espacio y del tiempo*. **2** Parte de esa extensión, generalmente la que ocupa cada cuerpo: *es un ordenador antiguo y ocupa mucho espacio*. **espacio aéreo** Zona de la atmósfera bajo el control de un país y por la que circulan aviones comerciales o militares: *el avión ruso violó el espacio aéreo estadounidense*. **espacio libre** Hueco o lugar donde no hay nada: *tengo que buscar un espacio libre para colocar los libros que han llegado*. **espacio vital** Terreno o extensión necesaria para el desarrollo y la vida de un ser o de una colectividad. **3** Parte de esa extensión situada más allá de la atmósfera terrestre: *ha sido lanzado un nuevo cohete al espacio*. **4** Período de tiempo: *puedes estar hablando por espacio de treinta minutos*. **5** Separación entre líneas, especialmente en un texto escrito: *los originales deberán presentarse mecanografiados a doble espacio*. **6** Extensión vacía en un texto escrito que equivale a la que ocupa una letra: *las palabras se separan unas de otras mediante un espacio*. **7** Programa o parte de la programación de radio o televisión: *presenta en televisión un espacio informativo*. **8** FÍS. Distancia recorrida por un cuerpo que se mueve en un tiempo determinado: *la velocidad es igual al espacio dividido por el tiempo*.
DER espacial, espaciar, espacioso; hiperespacio.

espacioso, -sa *adj.* **1** Que es grande o amplio: *es una habitación espaciosa en la que caben sobradamente todas las cosas*. **ANT** estrecho. **2** Que es lento o pausado: *el conferenciante aburrió debido a su espacioso hablar*.

espada *n. f.* **1** Arma blanca larga, recta y cortante con una empuñadura en un extremo para cogerla: *el Cid luchaba con su espada*. **2** Carta de la baraja española en la que aparece dibujada una o varias de estas armas: *echa una espada más alta que el siete*. ◇ *n. m.* **3** Torero que mata al toro con esta arma: *el espada dirige la cuadrilla compuesta por tres toreros y dos picadores*. **SIN** diestro, maestro, matador. ◇ *n. f. pl.* **4 espadas** Conjunto de cartas o palo de la baraja española en el que aparece dibujada este arma: *los palos de la baraja son oros, copas, espadas y bastos*.
espada de Damocles Amenaza continua de un peligro.
entre la espada y la pared En situación de tener que decidirse por una cosa u otra sin poder posponerlo ni elegir otro camino.
DER espadachín, espadaña, espádice, espadín.

espadachín *n. m.* Persona que maneja bien la espada: *a veces sueña con aquella época de damas y espadachines*.

espadaña *n. f.* **1** Campanario formado por una sola pared con uno o más huecos en que van colocadas las campanas: *la espadaña suele ser una prolongación de la fachada del edificio*. **2** Planta de tallos altos y cilíndricos, con las hojas largas y estrechas, dispuestas en dos filas a lo largo del tallo y con las flores en forma de espiga: *los tallos de la espadaña se usan como ornamento*. **3** Hoja seca de esta planta que se usa para tejer asientos y otros objetos.

espagueti *n. m.* Pasta de harina de trigo en forma de cilindros macizos, largos y delgados, pero más gruesos que los fideos: *el espagueti es una pasta de origen italiano; ayer preparé unos espaguetis con tomate riquísimos*.
OBS Se usa más frecuentemente en plural.

espalda *n. f.* **1** Parte posterior del cuerpo humano que va desde los hombros hasta la cintura: *la columna vertebral es el eje de la espalda*. **2** Lomo o parte posterior del cuerpo de algunos animales. **3** Parte de una prenda de vestir que cubre o toca esta parte posterior del cuerpo humano: *estoy haciendo un jersey de punto y ya he terminado la espalda y las mangas*. **4** Parte posterior u opuesta a la de la frontal de cualquier cosa: *la entrada al garaje está a la espalda del edificio*. **5** En natación, estilo que consiste en nadar boca arriba, moviendo los brazos en círculo y las piernas de arriba abajo: *participo en la prueba de cien metros espalda*.
a espaldas de una persona En su ausencia y sin que se entere: *todo fue organizado a espaldas del director*.
caerse de espaldas Sorprenderse mucho: *te vas a caer de espaldas cuando te enteres de quién me ha llamado*.
dar (o **volver**) **la espalda** Negar una ayuda o abandonar a alguien: *nunca doy la espalda a los amigos cuando me necesitan*.
guardar las espaldas Proteger o defender: *se permite llegar tarde, porque tiene quien le guarde las espaldas*.
por la espalda Sin avisar o a traición: *en esa película, al protagonista lo matan por la espalda*.
DER espaldar, espaldera, espaldilla.
OBS Se usa también en plural con el mismo significado.

espaldarazo *n. m.* **1** Golpe dado de plano en la espalda con la espada o con la mano: *el espaldarazo formaba parte de la ceremonia de armar a un caballero*. **2** Ayuda o empuje que recibe una persona para conseguir un objetivo: *el nacimiento de su hijo fue el espaldarazo que necesitaba para luchar por el triunfo*. **3** Reconocimiento de los méritos o habilidades de una persona en su profesión o en la actividad que realiza: *su última obra es muy buena y la prensa le ha dado el espaldarazo que merecía*.

espaldera *n. f.* **1** Enrejado de cañas o de listones que se coloca delante de una pared para que trepen por él las plantas enredaderas. ◇ *n. f. pl.* **2 espalderas** Aparato de gimnasia formado por varias barras de madera horizontales que están fijas a la pared y dispuestas a distintas alturas para hacer ejercicios: *se agarró de las espalderas y levantó las piernas*. ☞ gimnasio.

espantapájaros *n. m.* **1** Muñeco de figura humana que se pone en terrenos de cultivo o en los árboles para ahuyentar a los pájaros: *hicimos un espantapájaros con ropa vieja rellena de paja*. ◇ *n. com.* **2** Persona que viste descuidadamente o tiene un aspecto ridículo: *vino hecho un espantapájaros con ese traje*.
OBS El plural también es *espantapájaros*.

espantar *v. tr./prnl.* **1** Causar miedo o espanto: *lo poco espanta y lo mucho amansa*. **2** Sentir miedo o espanto: *nos espantaron los truenos durante la noche*. ◇ *v. tr.* **3** Echar de un lugar: *espantar las moscas*. ◇ *v. prnl.* **4 espantarse** Quedarse admirado o asombrado: *se espantó al verlo tan delgado*.
DER espantada, espantadizo, espantajo.

espanto *n. m.* **1** Miedo muy intenso: *siente espanto en la oscuridad*. **SIN** terror. **2** Impresión fuerte o turbación del ánimo que se siente ante un hecho repentino y desagradable: *el accidente de la carretera me causó verdadero espanto*. **3** Hecho que molesta o resulta poco agradable: *me causa espanto conducir de noche*.

de espanto Muy grande: *¡hoy hace un calor de espanto!*
estar curado de espanto No sorprenderse ante un hecho o situación por estar acostumbrado a ello.
DER espantar, espantoso.

espantoso, -sa *adj.* **1** Que produce espanto o miedo. **2** Que es muy feo o desagradable y provoca rechazo: *dice que es un cuadro muy bueno, pero a mí me parece espantoso.* **SIN** horrendo, horrible, horroroso. **3** Que es muy grande o intenso: *tengo un frío espantoso.* **SIN** horrendo, horrible, horroroso.

español, -la *adj.* **1** De España o relacionado con este país del sur de Europa. **SIN** hispánico, hispano. ◊ *adj./n. m. y f.* **2** [persona] Que ha nacido en España. ◊ *n. m.* **3** Lengua románica hablada principalmente en España y en numerosos países sudamericanos: *el español es la lengua oficial de España.*
DER españolada, españolear, españolismo, españolizar.

españolismo *n. m.* **1** Amor o admiración por la cultura y las tradiciones de España. **2** Palabra o modo de expresión propio de la lengua española que se usa en otro idioma: *la palabra guerrilla es un españolismo usado en muchas lenguas.* **SIN** hispanismo.
DER españolista.

españolizar *v. tr./prnl.* Comunicar o adquirir formas, características o costumbres que se consideran propias de lo español. **SIN** hispanizar.
OBS En su conjugación, la *z* se convierte en *c* delante de *e*.

esparadrapo *n. m.* Tira de tela, papel o plástico con una de sus caras adhesiva y que se usa generalmente para sujetar un vendaje.

esparaván *n. m.* Ave rapaz de unos 30 centímetros, con plumaje gris azulado en la parte superior y con bandas de color pardo rojizo en el resto: *la hembra del esparaván es de plumaje más claro.* **SIN** gavilán.
OBS Para indicar el sexo se usa *el esparaván macho y el esparaván hembra.*

esparavel *n. m.* Red redonda para pescar en los ríos y parajes de poca profundidad: *el esparavel se arroja a brazo.*

esparcimiento *n. m.* **1** Diversión o distracción, especialmente para alejarse por un tiempo de un trabajo o preocupación: *después de los exámenes te vendrán bien unos días de esparcimiento.* **2** Extensión o separación de algo que estaba junto: *la misma máquina que va labrando la tierra se ocupa del esparcimiento de las semillas.* **3** Divulgación de una noticia.

esparcir *v. tr./prnl.* **1** Separar o extender lo que está junto: *el agricultor esparce la semilla en el campo; esparció sobre la mesa todo lo que llevaba en los bolsillos.* **2** Extender una cosa haciendo que ocupe más espacio: *la mancha de aceite se esparció al intentar quitarla con agua.* **3** Extender o dar a conocer una noticia: *el periódico de la ciudad se encargó de esparcir la noticia.* ◊ *v. prnl.* **4 esparcirse** Divertirse o distraerse, especialmente para alejarse por un tiempo de un trabajo o una preocupación: *esparcir el ánimo.*
DER esparcimiento.
ETIM Esparcir procede del latín *spargere*, que tenía el mismo significado, voz con la que también está relacionada *asperjar*.
OBS En su conjugación, la *c* se convierte en *z* delante de *a* y *o*.

espárrago *n. m.* **1** Yema o brote comestible, de forma alargada y de color verde o blanco, que crece por primavera en las raíces de la esparraguera: *me encantan los espárragos con mayonesa.* **espárrago triguero** Espárrago silvestre, fino y de color verde, que crece en las tierras de cultivo. **2** Planta de tallo recto y cilíndrico, con frutos del tamaño de un guisante y raíces rastreras de las que crecen estas yemas comestibles: *el espárrago crece en colinas y acantilados de la zona mediterránea.* **SIN** esparraguera. **3** Tornillo de metal, fijo por un extremo, que se introduce por el agujero de una pieza y sirve para sujetarla: *la rueda del coche va sujeta con tres espárragos.*
a freír espárragos Indica que se despide o se rechaza con desprecio a una persona o una cosa: *estaba harto de ella y la mandó a freír espárragos.*
DER esparraguera.

esparraguera *n. f.* Planta de tallo recto y cilíndrico, con frutos rojos del tamaño de un guisante y raíces rastreras de las que crecen los brotes tiernos o espárragos: *algunos tipos de esparraguera se cultivan como plantas ornamentales.* **SIN** espárrago.

esparramar *v. tr./prnl.* *coloquial* Extender o esparcirse sin orden y en diferentes direcciones lo que está junto. **SIN** desparramar.

espartano, -na *adj.* **1** De Esparta o relacionado con esta antigua ciudad de Grecia. **2** [persona, educación, ley] Que es muy austero, duro y exigente: *lleva una vida espartana sin comodidades de ningún tipo.* ◊ *adj./n. m. y f.* **3** [persona] Que es de Esparta.

esparto *n. m.* **1** Planta herbácea de tallo recto y hojas largas y muy resistentes que están enrolladas sobre sí mismas: *el esparto crece silvestre en la zona del Mediterráneo.* **2** Hoja de esta planta que se utiliza para hacer sogas, esteras y otros objetos: *se compró unas zapatillas con suela de esparto.*

espasmo *n. m.* Contracción brusca e involuntaria de las fibras musculares.
DER espasmódico.

espasmódico, -ca *adj.* Del espasmo o acompañado de espasmos: *esta jarabe trata de evitar los ataques de tos espasmódica que tiene.*
DER antiespasmódico.

espatarrar *v. tr./prnl.* **1** *coloquial* Abrir excesivamente las piernas a una persona o las patas a un animal. **SIN** despatarrar. ◊ *v. prnl.* **2 espatarrarse** *coloquial* Caerse al suelo con las piernas abiertas. **SIN** despatarrarse.

espátula *n. f.* **1** Herramienta formada por una lámina de metal de forma triangular, con los bordes afilados y un mango largo: *raspa con la espátula el yeso que ha quedado en las baldosas.* ☞ herramientas. **2** Ave zancuda de plumaje blanco de joven y rosado de adulta, de patas largas y finas y el pico largo y aplanado en el extremo: *la espátula abunda en las marismas del sur de España.*
OBS Para indicar el sexo se usa *la espátula macho y la espátula hembra.*

especia *n. f.* Sustancia vegetal aromática que se usa para dar sabor a los alimentos: *el comino, la pimienta y el azafrán son especias.*
DER especiería, especiero.
OBS No debe confundirse con *especie*.

especial *adj.* **1** Que se diferencia de lo que es normal, común o general: *no seas tan especial y relaciónate con todo el mundo.* **SIN** singular. **2** Que es muy adecuado o propio para un fin determinado: *este aceite es especial para máquinas de coser.*
en especial De un modo en particular: *no tengo que decirte nada en especial.*
DER especialidad, especializar, especialmente.

especialidad *n. f.* **1** Producto en cuya preparación destaca una persona, un establecimiento o una región: *la especialidad de este restaurante es el cordero.* **2** Rama de la ciencia

o del arte a la que se dedica una persona: *es médico residente y prepara la especialidad de dermatología.*
DER especialista.

especialista *adj./n. com.* **1** [persona] Que se dedica a una rama determinada de la ciencia, la técnica o el arte sobre los que tiene conocimientos profundos: *el médico de cabecera me ha enviado al especialista.* **2** [persona] Que hace algo con gran perfección y mejor que los demás: *es un jugador de tenis especialista en tierra batida.* ◇ *n. com.* **3** Persona que sustituye a un actor o una actriz de cine o televisión en las escenas peligrosas o en las que requieren cierta destreza: *la caída del vehículo por el acantilado está realizada por una especialista.* **SIN** doble.

especialización *n. f.* **1** Preparación o adiestramiento en una rama determinada de una ciencia, de un arte o de una actividad: *algunas empresas imparten cursos de especialización para sus empleados.* **2** Limitación a un uso o a un fin determinado: *esta empresa se ha enriquecido gracias a su especialización en ediciones informáticas.*

especializar *v. tr./prnl.* **1** Preparar o adquirir conocimientos especiales en una rama determinada de una ciencia, de un arte o de una actividad: *se ha especializado en medicina deportiva.* **2** Limitar una cosa a un uso o un fin determinado.
DER especialización, especializado.
OBS En su conjugación, la *z* se convierte en *c* delante de *e*.

especie *n. f.* **1** Conjunto de personas o de cosas semejantes entre sí por tener una o varias características comunes: *es de esa especie de personas capaces de cualquier cosa para triunfar.* **2** BIOL. Categoría de clasificación de los seres vivos, inferior a la de género y superior a la de raza, que comprende a un conjunto determinado de individuos con ciertos caracteres comunes que les diferencia de otros grupos: *los grupos ecologistas tratan de salvar las especies en peligro de extinción.*
en especie Con cosas o acciones pero no con dinero: *también hay que declarar las retribuciones en especie.*
una especie de Parecido a lo indicado por el sustantivo al cual precede: *el gazpacho es una especie de sopa fría.*
DER especia, especial, específico; subespecie.
OBS No debe confundirse con *especia.*

especiero, -ra *n. m. y f.* **1** Persona que comercia en especias. ◇ *n. m.* **2** Armario pequeño con cajones o botes en los que se guardan especias: *coge el tarro de pimienta del especiero.*

especificación *n. f.* Determinación de los datos o detalles necesarios sobre una persona o una cosa para diferenciarlas con claridad de otra: *sólo nos pedía un diccionario, sin ninguna otra especificación.*

especificar *v. tr.* Dar los datos o detalles necesarios sobre una persona o una cosa para diferenciarlas con claridad de otra: *para pedir el libro debes especificar el autor, la editorial y el año.*
DER especificación, especificativo.
OBS En su conjugación, la *c* se convierte en *qu* delante de *e*.

especificativo, -va *adj.* Que tiene virtud o eficacia para especificar o determinar de forma precisa.

especificidad *n. f.* Conjunto de propiedades o características de una persona o una cosa que permiten distinguirla de otras.

específico, -ca *adj.* **1** Que es propio o peculiar de una persona o una cosa y sirve para caracterizarla o distinguirla de otras: *al final de la reunión discutiremos las cuestiones específicas del nuevo proyecto.* ◇ *n. m.* **2 específico** Medicamento especialmente indicado para una enfermedad determinada: *el médico le recetó un específico para la artritis.*
DER especificar, especificidad.

espécimen *n. m.* Muestra, modelo o ejemplar que tiene las cualidades o características de su especie muy bien definidas: *en el zoo encontramos un buen espécimen de jaguar.*
OBS El plural es *especímenes.*

espectacular *adj.* **1** Que llama la atención y despierta admiración por ser exagerado o estar fuera de lo común: *temíamos que el tejado no resistiera aquella espectacular tormenta.* **2** Del espectáculo público o que tiene relación con él.
DER espectacularidad.

espectacularidad *n. f.* Conjunto de circunstancias o de características que hacen que un hecho o una cosa llame la atención y despierte admiración por ser exagerado o estar fuera de lo común.

espectáculo *n. m.* **1** Acto que se representa ante un público con el fin de divertir: *consultaremos la cartelera de espectáculos para decidir qué haremos el sábado.* **2** Acción o cosa que llama la atención y causa admiración: *las fallas de Valencia son un auténtico espectáculo.* **3** Acción o cosa que causa extrañeza o escándalo: *¡cállate ya, que vas dando el espectáculo por la calle!*
DER espectacular.
OBS Se usa frecuentemente con el verbo *dar.*

espectador, -ra *adj./n. m. y f.* **1** [persona] Que presencia un espectáculo público: *los espectadores del programa se aburrieron mucho.* **2** Que mira y observa con atención alguna cosa: *mirada espectadora.*
DER telespectador.

espectral *adj.* Del espectro o relacionado con él: *tiene tan mal aspecto que parece una imagen espectral; han realizado un análisis espectral de la luz y el sonido.*

espectro *n. m.* **1** Figura irreal, generalmente horrible, que alguien ve a través de su imaginación y llega a parecer real: *gritó porque decía haber visto un espectro horroroso en su habitación.* **2** Persona muy delgada o decaída físicamente: *después de un mes de enfermedad está hecho un espectro.* **3** Conjunto o serie de elementos que forman un todo: *había un representante de cada uno de los partidos del espectro político nacional.* **4** FÍS. Serie de frecuencias que resultan de la dispersión de un fenómeno formado por ondas: *este aparato proporciona imágenes gráficas del espectro de los sonidos.* **espectro luminoso** El que se ve y se percibe como una serie de colores que va del rojo al violeta. **espectro solar** El que resulta de la dispersión de las radiaciones de la luz blanca del sol al pasar a través de un prisma. **5** Imagen o representación gráfica del sonido obtenida a través de un aparato especial: *en este libro se reproduce el espectro de las vocales del español.*
DER espectral.

especulación *n. f.* **1** Idea o pensamiento no fundamentado y carente de una base real: *es preciso trabajar con datos demostrados y no con meras especulaciones.* **2** Operación comercial que consiste en comprar un bien cuyo precio se espera que suba a corto plazo, con el único fin de venderlo en el momento oportuno y obtener un beneficio: *la nueva ley pretende evitar la especulación de las viviendas.* **3** Pensamiento, meditación o reflexión en profundidad sobre alguna cosa: *especulación filosófica.*

especulador, -ra *adj./n. m. y f.* [persona] Que compra bienes cuyos precios se espera que suban a corto plazo con el único fin de venderlos oportunamente y obtener beneficios: *su piso le salió muy caro porque cayó en manos de un especulador.*

OBS Suele tener sentido peyorativo y aplicarse al que comercia abusivamente y aprovechando circunstancias desfavorables para otros.

especular *v. intr.* **1** Meditar o pensar con profundidad. **2** Hacer suposiciones y pensar sin tener una base real: *deja de especular y atiende sólo a lo demostrado.* **3** Comprar un bien cuyo precio se espera que va a subir a corto plazo con el único fin de venderlo oportunamente y obtener un beneficio.
DER especulación, especulador, especulativo.
ETIM Véase *espejo.*

especulativo, -va *adj.* **1** De la especulación o relacionado con esta actividad económica: *se hizo rico con unas pocas operaciones especulativas.* **2** [persona] Que piensa sobre ideas que no tienen una base real: *su mente especulativa le impide encontrar soluciones prácticas.*

espejismo *n. m.* **1** Fenómeno óptico que consiste en ver ciertos objetos lejanos a través de una imagen invertida: *los espejismos son frecuentes en los desiertos y se deben a la refracción de la luz a través de capas de aire de distinta densidad.* **2** Imagen o representación engañosa de la realidad provocada en la mente por la imaginación o por la interpretación errónea de los datos aportados por los sentidos: *creían que iban a ganar mucho dinero, pero todo fue un espejismo.* **SIN** ilusión.

espejo *n. m.* **1** Superficie de cristal, cubierta en su cara posterior por una capa de mercurio o por una plancha de metal, en la que se reflejan la luz y las imágenes de los objetos: *se miraba en el espejo para peinarse.* **2** Cosa a través de la cual se ve algo retratado: *la cara es el espejo del alma.* **3** Modelo que debe ser imitado: *es un espejo de bondad.*
ETIM *Espejo* procede del latín *speculum,* 'espejo', *specere,* 'mirar', voz con la que también está relacionada *especular.*
DER espejismo.

espeleología *n. f.* **1** Ciencia que estudia el origen y la formación de las cavernas, así como su fauna y flora. **2** Actividad que consiste en la exploración de cuevas y otras cavidades naturales subterráneas.

espeleólogo, -ga *n. m. y f.* Persona que se dedica a la espeleología.
DER espeleología.

espeluznante *adj.* Que causa miedo o terror: *esta película de monstruos marinos tiene escenas espeluznantes.*
SIN aterrador, terrorífico.

espera *n. f.* Período de tiempo durante el cual se está aguardando la llegada de una persona o que ocurra una cosa: *la espera en el dentista se me hizo interminable.*

esperanto *n. m.* Idioma creado artificialmente con la idea de que sirviera de lengua universal: *el esperanto fue creado en 1887.*

esperanza *n. f.* **1** Confianza en que ocurra o en lograr algo que se desea: *tengo la esperanza de conseguir un buen empleo.* **SIN** ilusión. **2** Objeto de esa confianza: *tu ayuda era la esperanza que me quedaba.* **3** Virtud teologal por la cual los cristianos esperan la ayuda de Dios en este mundo y la gloria eterna tras la muerte: *las virtudes teologales son fe, esperanza y caridad.*
DER esperanzar.

esperanzador, -ra *adj.* Que hace tener esperanza o confianza en el cumplimiento de un deseo: *se pondrá bien pronto, pues el último parte médico es muy esperanzador.*
ANT desesperanzador.

esperanzar *v. tr./prnl.* Dar o tener esperanza en el logro o el cumplimiento de una cosa que se desea: *los últimos análisis clínicos nos han esperanzado mucho acerca de la curación de nuestro hijo.* **ANT** desesperanzar.
DER esperanzador.
OBS En su conjugación, la z se convierte en c delante de e.

esperar *v. tr.* **1** Tener la esperanza de conseguir algo que se desea: *espero poder llegar a tiempo a la cita.* **2** Creer que va a ocurrir o suceder una acción generalmente favorable: *esperaba que hiciera sol para poder salir de excursión.* ◇ *v. tr./intr.* **3** Quedarse en un lugar hasta que llegue una persona u ocurra una cosa: *te esperé toda la tarde en el bar donde habíamos quedado.* ◇ *v. intr.* **4** Estar a punto de ocurrir una cosa que generalmente no se puede evitar: *si no estudias, ¡menudo futuro te espera!*

esperar sentado Indica que es poco probable que ocurra una cosa, o que, en todo caso, ocurrirá con mucho retraso sobre el momento deseado: *es mejor que esperes sentado, si crees que te voy a prestar más dinero.*
DER espera, esperanza; desesperar, inesperado.

esperma *n. amb.* Fluido de color blanquecino que se produce en las glándulas genitales del aparato reproductor masculino: *bancos de esperma.* **SIN** semen.
DER espermafito, espermaticida, espermatofito, espermatozoide, espermatozoo, espermicida.

espermatozoide *n. m.* ZOOL. Célula sexual masculina de los animales, destinada a la fecundación del óvulo y a la constitución, junto con éste, de un nuevo ser: *los espermatozoides tienen la cabeza pequeña y una cola larga.* **SIN** espermatozoo.

espermatozoo *n. m.* ZOOL. **SIN** Espermatozoide.

espermicida *adj./n. m.* Sustancia que destruye los espermatozoides: *las cremas espermicidas se usan como método anticonceptivo.*

esperpéntico, -ca *adj.* Del esperpento o relacionado con este género literario: *su concepción esperpéntica del mundo le hace crear imágenes y figuras deformadas y monstruosas.*

esperpento *n. m.* **1** Persona o cosa muy fea o ridícula: *con ese traje y ese sombrero vas hecho un esperpento.* **2** Género literario en el que se presenta una realidad deformada y grotesca: *el creador del esperpento es Ramón del Valle-Inclán; Luces de Bohemia es un esperpento.*

espesar *v. tr.* **1** Hacer más espeso un líquido. ◇ *v. prnl.* **2 espesarse** Unirse o apretarse unas cosas con otras: *por esa zona de bosque los árboles se espesan.*

espeso, -sa *adj.* **1** [líquido, sustancia] Que es denso y no fluye fácilmente: *me gusta el chocolate espeso.* **ANT** claro. **2** Que está formado por elementos que están muy juntos o apretados: *espeso bosque; niebla espesa.* **3** Que es grueso, macizo o con mucho cuerpo: *no pudieron derribar el espeso muro.* **4** Que es complicado o difícil de comprender y de resolver: *es una materia tan espesa que no llego a comprenderla.*
DER espesar, espesativo, espesor, espesura.

espesor *n. m.* **1** Densidad o condensación de un fluido: *la mezcla tenía tal espesor que resultaba difícil removerla.* **2** Anchura o de un cuerpo sólido: *he puesto una pared de medio metro de espesor.* **SIN** grosor.

espesura *n. f.* **1** Densidad o grado de fluidez de un líquido: *este líquido fluye lentamente debido a su espesura.* **2** Complicación o dificultad para ser comprendido o resuelto: *no logro adentrarme en la espesura de sus razonamientos.* **3** Paraje muy poblado de árboles y matorrales: *la espesura del bosque.*

espetar *v. tr.* **1** Decir a alguien una cosa que causa sorpresa o fastidio: *tras mi saludo, me espetó que no quería saber nada de mí.* **2** Atravesar carnes o pescados con un instrumento acabado en punta para someterlos a la acción directa del fuego.

espetón *n. m.* Pieza de hierro larga y delgada que se usa para empujar, mover o pinchar algo con su extremo.
DER espetar, espetera.

espía *n. com.* Persona que, con algún interés o al servicio de alguien, se dedica a conseguir información secreta, especialmente si ésta proviene de un país extranjero.
DER espiar.

espiar *v. tr.* **1** Observar o escuchar con atención y disimulo lo que otros hacen o dicen: *no me gusta que me espíen tras la puerta.* **2** Tratar de conseguir información secreta, especialmente de un país extranjero: *su labor consistía en espiar al ejército inglés.*
DER espionaje.
OBS En su conjugación, la *i* se acentúa en algunos tiempos y personas, como en *desviar*.

espichar *v. intr.* coloquial Morir o dejar de tener vida.
OBS Se usa generalmente en la expresión *espicharla*.

espiga *n. f.* **1** Conjunto de granos dispuestos a lo largo de un tallo común, especialmente de los cereales: *espiga de trigo.* **2** Conjunto de flores insertadas directamente a lo largo de un tallo común: *el llantén echa espigas.* **3** Parte de una pieza o madera cuyo espesor se ha disminuido para introducirla o encajarla en otra: *el tablero de la mesa va encajado en las espigas que llevan las dos maderas laterales.*
DER espigar, espigón, espiguilla.

espigado, -da *adj.* [persona, árbol] Que es alto y delgado: *está tan espigado que toda la ropa se le ha quedado corta.*

espigar *v. tr.* **1** Recoger las espigas que han quedado en el campo tras la siega. **2** Recabar información consultando distintas fuentes y tomando los datos que conviene aprovechar de ellas: *espigó las citas de varias revistas de la época.* ◇ *v. intr.* **3** Comenzar a echar espigas los cereales: *como no ha llovido, todavía no ha espigado el trigo.*
DER espigado.
OBS En su conjugación, la g se convierte en *gu* delante de *e*.

espigón *n. m.* Muro que se construye en la orilla de un río o en la costa del mar de forma que avance en el agua y pueda proteger esa orilla o cambiar la dirección de la corriente.

espiguilla *n. f.* Dibujo que se hace en algunos tejidos parecido a una espiga y que está formado por una línea vertical que hace de eje y otras laterales oblicuas a este eje y paralelas entre sí.

espina *n. f.* **1** Pincho o púa que crece en algunas plantas o en sus frutos y que les sirve de defensa: *la espina es una hoja o un brote transformado.* **2** Hueso de pez, especialmente el que es largo, duro y puntiagudo: *debes tener cuidado porque este pescado tiene muchas espinas.* **3** Trozo de un material que es pequeño, alargado y con punta y que se puede clavar: *el carpintero se ha clavado una espina de la madera.* **4** Pesar o pensamiento que inquieta y atormenta: *tiene clavada la espina de no haber viajado nunca al extranjero.*

espina dorsal Serie de huesos pequeños y planos unidos entre sí que recorre la espalda para sujetar el esqueleto: *la espina dorsal forma el eje del cuerpo de los vertebrados.* **SIN** columna, espinazo.

dar mala espina Provocar sospecha o hacer pensar que ocurre o va a ocurrir una cosa mala: *tantos elogios me dan mala espina, seguro que va a pedirnos algo.*

sacarse la espina Conseguir una satisfacción por un daño recibido en un momento anterior: *con la goleada del equipo de casa consiguieron sacarse la espina de la derrota anterior.*
DER espinar, espinazo, espineta, espinilla, espino.

espinaca *n. f.* Hortaliza con el tallo ramoso y las hojas estrechas y suaves unidas por la base: *las espinacas son muy ricas en sales minerales.*

espinal *adj.* De la espina o que tiene relación con ella: *la médula espinal.*

espinazo *n. m.* Serie de huesos pequeños y planos unidos entre sí, que recorre la espalda de los vertebrados y cuya función es la de aguantar el esqueleto: *he estado todo el día levantando cajas y ahora me duele el espinazo.*

doblar el espinazo *a)* Trabajar o esforzarse en realizar una tarea: *es un vago y nunca quiere doblar el espinazo. b)* Obedecer sin protestar las órdenes de un superior.

espinilla *n. f.* **1** Grano de pequeño tamaño que aparece en la piel por la obstrucción de los poros de las glándulas sebáceas: *durante la adolescencia tuve muchas espinillas.* **2** Parte anterior del hueso de la pierna que va desde la rodilla al pie: *los futbolistas se protegen las espinillas.* ☞ cuerpo humano.
DER espinillera.

espinillera *n. f.* Pieza usada para cubrir y proteger la pierna por la parte de la espinilla: *los futbolistas llevan espinilleras bajo sus calcetas.*

espino *n. m.* Arbusto de la familia del rosal, con las ramas llenas de espinas y las flores blancas y olorosas: *el espino crece silvestre en zonas montañosas.*
DER espinoso.

espinoso, -sa *adj.* **1** Que tiene espinas: *tallo espinoso.* **2** Que es difícil o delicado: *es un tema espinoso del que preferiría no hablar.*

espionaje *n. m.* **1** Actividad secreta que consiste en tratar de conseguir información confidencial, especialmente de un país extranjero. **espionaje industrial** El que tiene como fin conseguir información relacionada con una industria determinada. **2** Organización y medios destinados a ese fin: *ha sido encargado de desmantelar gran parte del espionaje industrial europeo.*
DER contraespionaje.

espiración *n. f.* Salida del aire de los pulmones: *la espiración y la inspiración son las dos fases de la respiración.*
ANT aspiración, inspiración.

espiral *n. f.* **1** Línea curva que da vueltas alrededor de un punto, alejándose cada vez más de él: *la concha del caracol tiene la forma de una espiral.* **2** Proceso rápido y que escapa de todo control: *es preocupante la espiral de violencia desencadenada.*
DER espira.

espirar *v. intr.* **1** Expulsar el aire de los pulmones: *el aire entra y sale de los pulmones inspirando y espirando.* **ANT** aspirar, inspirar. ◇ *v. tr.* **2** Despedir o exhalar una cosa un olor determinado.
DER espiración, espirante, espíritu; aspirar, conspirar, inspirar, respirar, suspirar, transpirar.
OBS No debe confundirse con *expirar*.

espiritismo *n. m.* **1** Doctrina según la cual los espíritus de los muertos conservan un cuerpo material y pueden comunicarse con los seres vivos. **2** Conjunto de prácticas realizadas para comunicarse con los espíritus de los muertos: *un grupo de amigos organizó una sesión de espiritismo.*
DER espiritista.

espiritista *adj.* **1** Del espiritismo o relacionado con esta doctrina. ◇ *n. com.* **2** Persona que sigue y practica el espiritismo: *la espiritista afirmó haberse comunicado con mi abuelo.*

espiritoso, -sa *adj.* [bebida] Que contiene un grado bastante elevado de alcohol. **SIN** espirituoso.

espiritrompa *n. f.* Aparato bucal de algunos insectos que consiste en un tubo largo que se enrolla en forma de espiral y sirve para chupar el néctar de las flores.

espíritu *n. m.* **1** Parte inmaterial del ser humano de la que dependen los sentimientos y las facultades intelectuales. **SIN** alma. **ANT** cuerpo. **2** Ser inmaterial dotado de voluntad y de razón: *los ángeles son espíritus celestes*. **3** Alma de una persona muerta a la que se supone con capacidad para entrar en comunicación sensible con los vivos: *la bruja invocó a los espíritus*. **4** Persona considerada por una cualidad determinada: *espíritu aventurero*. **5** Conjunto de cualidades, gustos y características de una persona: *es una persona de espíritu muy noble y refinado*. **6** Valor, fuerza o ánimo para actuar o hacer frente a las dificultades. **7** Principio general, idea central o intención: *no tienes que aprenderte los detalles, sólo debes captar el espíritu*. **8** Tendencia o inclinación que puede apreciarse en las manifestaciones de una persona o colectividad: *la defensa de la naturaleza debe formar parte del espíritu de nuestra época*.
Espíritu Santo En la religión crisitana, Tercera Persona de la Santísima Trinidad que procede igualmente del Padre y del Hijo: *la Virgen María concibió a Jesús por obra del Espíritu Santo*. En esta acepción se escribe con mayúscula.
levantar el espíritu Dar o tomar fuerzas y ánimo.
DER espiritismo, espiritoso, espiritual, espirituoso.

espiritual *adj.* **1** Del espíritu o que tiene relación con él: *formación espiritual; ejercicios espirituales*. **2** [persona] Que tiene mayor interés por los sentimientos y los pensamientos que por las cosas materiales: *es muy sensisible y espiritual y no le interesa el lujo*. **ANT** materialista. ◇ *n. m.* **3** Canto religioso originario de la población negra del sur de Estados Unidos.
DER espiritualidad, espiritualismo, espiritualizar.

espiritualidad *n. f.* **1** Calidad de las cosas espirituales: *se han publicado varias obras sobre la espiritualidad de sus escritos*. **2** Sensibilidad o inclinación de una persona hacia los pensamientos, los sentimientos y las cuestiones religiosas, y desinterés hacia lo material.

espiritualismo *n. m.* FILOS. Doctrina filosófica que defiende la existencia de otros seres además de los materiales: *el espiritualismo se contrapone al materialismo*.

espirit250, -sa *adj.* [bebida] Que contiene un grado bastante elevado de alcohol: *licor espirituoso*. **SIN** espiritoso.

espita *n. f.* Tubo corto que se abre o cierra por el giro de una llave o mediante una palanca y que se pone en el agujero por donde se vacía un tonel o un recipiente cualquiera, o en un conducto o cañería para regular el paso de un fluido: *derramó el vino por no cerrar bien la espita de la cuba; antes de encender el calentador, tienes que abrir la espita del gas*.

esplendidez *n. f.* **1** Generosidad abundante o buena disposición para realizar grandes gastos o prestarse a grandes empresas: *el proyecto hubiera fracasado de no ser por la esplendidez de su donativo*. **2** Cualidad o aspecto de lo que destaca o impresiona por sus buenas cualidades, su grandeza o su perfección: *todos elogiaron la esplendidez de la fiesta*.

espléndido, -da *adj.* **1** Que causa admiración por su perfección, grandeza o lujo: *hace un sol espléndido; ha sido una fiesta espléndida*. **SIN** magnífico. **2** [persona] Que es generoso y gasta su dinero de manera abundante, generalmente en obsequiar a otros: *es muy espléndido y nos dejará todo lo que necesitamos*.
DER esplendidez.

esplendor *n. m.* **1** Grandeza, hermosura o riqueza: *es admirable el esplendor de las habitaciones del palacio*. **2** Situación de la persona o cosa que ha conseguido un grado muy alto en una cualidad o en una labor: *sólo hizo buenos retratos en su época de esplendor; en aquel tiempo el arte abstracto estuvo en todo su esplendor*.
DER esplendoroso; resplandor.

esplendoroso, -sa *adj.* Que está lleno de esplendor e impresiona por su hermosura o riqueza: *el rey iba ataviado con su esplendorosa capa*.

espliego *n. m.* **1** Planta de tallos largos y delgados, hojas estrechas y de color gris y flores azules en espiga. **SIN** alhucema. **2** Semilla de esta planta, usada para producir humo aromático. **SIN** alhucema.

espolear *v. tr.* **1** Picar con la espuela a la cabalgadura. **2** Animar o convencer a una persona para que haga una cosa: *el hambre los espoleaba para que intentaran llegar a casa cuanto antes*. **SIN** convidar, incitar, estimular.
DER espoleadura.

espoleta *n. f.* Mecanismo que va colocado en las bombas y otros artefactos con carga explosiva para provocar la explosión: *la granada estallará cuando su espoleta choque contra alguno*.

espolón *n. m.* **1** Pequeño saliente óseo que tienen algunas aves en la parte trasera de las patas: *es un gallo de pelea con fuertes espolones*. **2** Muro construido en la orilla de un río o del mar para contener las aguas: *a continuación del espolón han construido un bonito paseo*. **3** Punta en que termina la parte delantera del casco de una embarcación: *el acorazado embistió al barco enemigo con el espolón*. **4** Sabañón que sale en el pie.

espolvorear *v. tr.* Esparcir una sustancia en polvo sobre alguna cosa: *antes de meter las manzanas en el horno, las espolvoreas con un poco de azúcar*.

esponja *n. f.* **1** Animal marino con el cuerpo lleno de agujeros que permiten la entrada de agua: *las esponjas viven en colonias*. **2** Masa elástica con agujeros que forma el esqueleto de estos animales marinos y que absorbe con facilidad el agua: *las esponjas son preparadas como utensilios de higiene o de limpieza*. **3** Objeto fabricado con la elasticidad, suavidad y porosidad de estos esqueletos y que se utiliza como utensilio de limpieza: *cogió la esponja y el gel y se metió en la ducha*. **4** *coloquial* Persona que bebe mucho, especialmente alcohol.
ETIM *Esponja* procede del latín *spongia*, que tenía el mismo significado, voz con la que también está relacionada *esponjiario*.
DER esponjar, esponjoso.

esponjar *v. tr.* **1** Ahuecar o hacer más poroso un cuerpo. ◇ *v. prnl.* **2 esponjarse** Llenarse de orgullo o vanidad: *no puede evitar esponjarse cuando le hablan de lo bien que canta su hija*. **SIN** engreírse, envanecerse.

esponjoso, -sa *adj.* [cuerpo] Que es de estructura elástica, porosa y suave como la de una esponja: *con este suavizante, las toallas quedan muy esponjosas*.
DER esponjosidad.

esponsales *n. m. pl.* Promesa mutua de casamiento entre el varón y la mujer, especialmente cuando se hace con cierta formalidad y ceremonia: *en sus esponsales celebró una fiesta*.
ETIM Véase *esposo*.

espontaneidad *n. f.* Naturalidad y sinceridad en el comportamiento o en el modo de pensar: *su misma espontaneidad le hace rechazar toda reserva y artificio*.

espontáneo, -a *adj.* **1** Que es natural y sincero en el

comportamiento o en el modo de pensar. **2** [persona] Que se comporta o habla dejándose llevar por sus impulsos naturales y sin reprimirse por consideraciones dictadas por la razón: *es muy espontáneo y te contesta de corazón*. ◇ *n. m. y f.* **3** Persona que va a un espectáculo como espectador y de forma repentina interviene en él por propia iniciativa y sin estar autorizado: *un espontáneo saltó al ruedo y dio algunos pases al toro antes de ser retirado por la policía*.
DER espontáneamente, espontanearse, espontaneidad.

espora *n. f.* Célula vegetal reproductora que no necesita ser fecundada: *los musgos, los helechos y los hongos tienen esporas*.
DER esporangio, esporífero, esporofilo, esporofito, esporulación.

esporádico, -ca *adj.* Que se da con poca frecuencia, no es regular y ocurre aisladamente sin relación alguna con otros casos anteriores o posteriores: *sus visitas son esporádicas; no hay epidemia, sólo son casos esporádicos de meningitis*. **SIN** ocasional.

esposar *v. tr.* Poner las esposas a alguien: *antes de ser conducido ante el tribunal, fue esposado*.

esposas *n. f. pl.* Objeto formado por dos anillas de metal que se abren y se cierran, que están unidas entre sí por una cadena y que sirven para sujetar por las muñecas a los presos: *la policía le colocó las esposas y lo llevó a comisaría*.
DER esposar.

esposo, -sa *n. m. y f.* Persona casada. **SIN** consorte, cónyuge.
DER esposas; desposar.
ETIM *Esposo* procede del latín *sponsus*, 'prometido', voz con la que también está relacionada *esponsales*.

espuela *n. f.* Arco de metal formado por una pieza alargada terminada en una estrella o ruedecilla con dientes, que se ajusta el jinete a los talones de sus botas para poder picar al caballo: *el caballo corría bastante sin necesidad de usar las espuelas*.
DER espolear, espoleta, espolón.

espuerta *n. f.* Recipiente hecho de esparto o de otro material flexible, con dos asas pequeñas y generalmente más ancho que alto: *los albañiles sacaban los escombros de la obra en espuertas*.
a espuertas En gran cantidad, a montones o en abundancia: *gana el dinero a espuertas*.

espulgar *v. tr.* Limpiar de pulgas o piojos a alguien: *en el zoo vi una mona espulgando a su cría*.
OBS En su conjugación, la *g* se convierte en *gu* delante de *e*.

espuma *n. f.* **1** Conjunto de burbujas amontonadas que se forman en la superficie de un líquido y que se adhieren entre sí: *las olas del mar se deshacen en espuma*. **2** Parte del jugo e impurezas que sobrenadan al cocer ciertas sustancias: *antes de servirlo, hay que quitar con una cuchara la espuma del caldo*. **3** Tejido muy ligero y esponjoso: *medias de espuma*.
DER espumar, espumarajo, espumear, espumillón, espumoso.

espumadera *n. f.* Utensilio de cocina formado por una pieza plana llena de agujeros unida a un mango largo y que sirve para quitar la espuma de la comida que se está cocinando o para sacar los alimentos fritos de la sartén. ☞ *cocina*.

espumarajo *n. m.* Cantidad de saliva espumosa que se escupe por la boca de una vez: *tosió tanto que al final escupió un espumarajo*.

espumillón *n. m.* Tira con flecos, muy ligera, de colores vivos y brillantes, que se utiliza como adorno en las fiestas navideñas: *el árbol de Navidad se adorna con bolas y espumillones*.

espumoso, -sa *adj.* **1** Que hace o tiene mucha espuma: *el jabón es espumoso*. ◇ *adj./n. m.* **2** [vino] Que forma espuma por haber sufrido una segunda fermentación: *el champán es un vino espumoso*.

espurio, -ria *adj.* Que es falso, ilegal o no auténtico: *un especialista en falsificaciones demostró que los documentos eran espurios*.

esputar *v. tr.* Arrancar mediante la tos o el carraspeo las flemas u otras secreciones de las vías respiratorias y arrojarlas por la boca. **SIN** expectorar.

esputo *n. m.* Saliva y flema que se escupen de una vez por la boca: *el médico ha mandado que se haga un análisis del esputo del paciente*. **SIN** lapo.
DER esputar.

esqueje *n. m.* Tallo o brote de una planta que se emplea para injertarlo en otra o para plantarlo en el suelo con el fin de que eche raíces y nazca una nueva planta.

esquela *n. f.* **1** Papel en el que se comunica la noticia de la muerte de una persona: *en la esquela pone el lugar y la hora del entierro*. **2** Recuadro de bordes negros que aparece en los periódicos y mediante el cual se comunica la muerte de una persona. **3** Carta breve: *te mandaré una esquela para avisarte de mi vuelta*.

esquelético, -ca *adj.* [persona, animal] Que está muy flaco o delgado: *¡a ver si te cuidas un poco, que estás esquelético!* **SIN** escuálido. **ANT** gordo.

esqueleto *n. m.* **1** Conjunto de huesos unidos entre sí por articulaciones que sostiene y da consistencia al cuerpo de los vertebrados: *el esqueleto humano consta de cabeza, tronco y extremidades; parte del esqueleto que protege las partes blandas del cuerpo*. **SIN** osamenta. **2** Piel muy dura que cubre y protege el cuerpo de los invertebrados: *en algunos animales el esqueleto está formado por escamas o por un caparazón*. **3** Estructura o armazón que sostiene una cosa: *la construcción del hospital se detuvo cuando ya estaba hecho el esqueleto*. **4** *coloquial* Persona muy delgada: *como sigas con el régimen, te convertirás en un esqueleto*.
mover el esqueleto *coloquial* Bailar con música moderna: *todos los sábados vamos a la discoteca a mover el esqueleto*.
DER esquelético; endosqueleto.

esquema *n. m.* **1** Conjunto de informaciones más importantes sobre un asunto o materia que se colocan ordenadas y relacionadas con líneas o signos gráficos: *debes resumir cada lección en un esquema que recoja las ideas más significativas*. **SIN** cuadro. **2** Representación gráfica o simbólica de una cosa en la que aparecen sólo sus líneas o características más salientes: *el arquitecto ha hecho un esquema de la futura casa que nos da una idea general de cómo será*.
DER esquemático, esquematismo, esquematizar.

esquemático, -ca *adj.* Que está explicado o está hecho de manera muy simple, con los rasgos generales y sin entrar en detalles: *es un trabajo muy esquemático, pero claro*.

esquematizar *v. tr.* Simplificar o reducir la exposición o enunciado de una cosa a los rasgos esenciales: *no entres en detalles, es necesario esquematizar para estudiar la lección*.
OBS En su conjugación, la *z* se convierte en *c* delante de *e*.

esquí *n. m.* **1** Especie de patín formado por una tabla larga y estrecha que sirve para deslizarse sobre la nieve o sobre el agua: *aún no sabe colocar los esquís para frenar*. **2** Deporte que se practica deslizándose con esas tablas sobre la nieve: *durante el invierno se dedica a practicar el esquí*. **esquí**

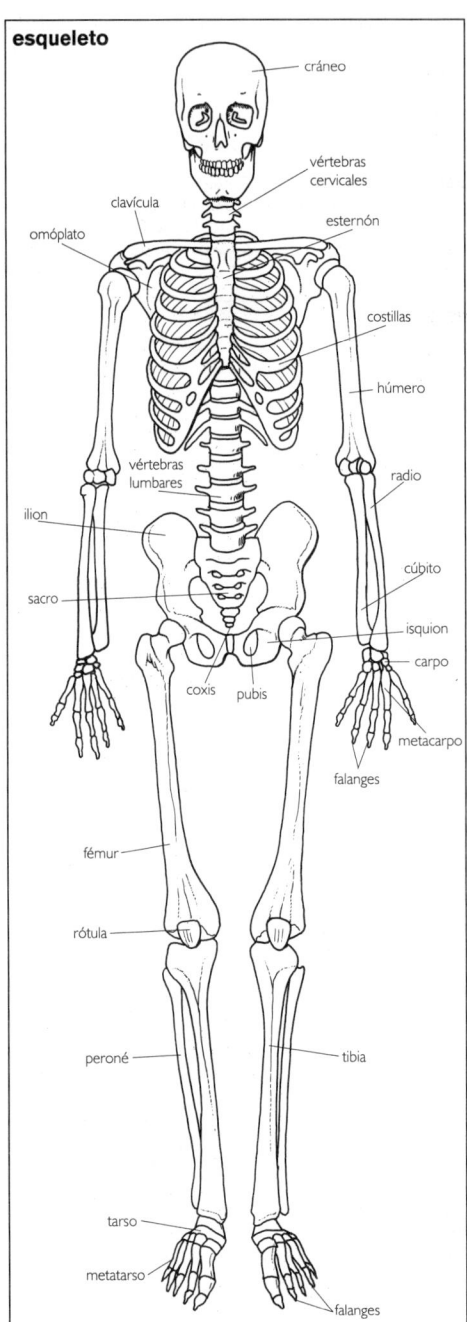

esquiador, -ra n. m. y f. Persona que practica el esquí: éstos son los esquiadores que nos representarán en los próximos juegos de invierno.
esquiar v. intr. Deslizarse sobre la nieve o sobre el agua con unos esquís: con unas clases será suficiente para que aprendas a esquiar.
DER esquiador.
OBS En su conjugación, la i se acentúa en algunos tiempos y personas, como en desviar.
esquife n. m. **1** Bote que se lleva en el barco y se usa sobre todo para llegar a tierra. **2** Especie de piragua para un solo tripulante usada en competiciones deportivas.
esquijama n. f. Pijama ceñido y cerrado hasta el cuello, hecho de tejido de punto, que se usa en invierno: allí hace mucho frío y por la noche necesitarás un buen esquijama.
esquila n. f. Cencerro pequeño en forma de campanilla que se cuelga del cuello de las ovejas y las cabras.
esquilar v. tr. Cortar el pelo o la lana a un animal, especialmente a una oveja: cada temporada esquila a sus ovejas y vende la lana.
DER esquila; trasquilar.
esquilmar v. tr. **1** Agotar o hacer que disminuya una fuente de riqueza por explotarla más de lo debido: este tipo de plantas esquilmará la tierra. **2** Sacarle dinero u otros bienes a una persona de manera abusiva: antes de marcharse se dedicó a esquilmar a sus amigos. **3** Recoger datos de una fuente: tenemos que esquilmar todos estos libros.
DER esquilmo.
esquilmo n. m. Fruto o provecho que se saca de la tierra o de los animales.
esquimal adj. **1** [pueblo] Que habita, en pequeños grupos dispersos, las tierras próximas al Polo Norte: el pueblo esquimal es de raza mongólica. **2** De ese pueblo o que tiene relación con él. ◇ n. com. **3** Persona que pertenece a ese pueblo: los esquimales son de baja estatura, tienen el pelo negro y los ojos rasgados. ◇ n. m. **4** Lengua de ese pueblo: la palabra iglú procede del esquimal.
esquina n. f. **1** Ángulo saliente o arista formada en la calle por dos paredes de un edificio: la farmacia está en la esquina de esta calle. **2** Parte exterior del lugar en que se juntan dos lados de alguna cosa: la esquina de la mesa.
a la vuelta de la esquina Muy cerca o muy pronto: los exámenes están a la vuelta de la esquina y tú todavía no te has puesto a estudiar.
DER esquinar, esquinazo.
esquinar v. tr./intr. **1** Hacer o formar esquina: la panadería esquina con la calle de Alcalá. ◇ v. tr. **2** Poner en esquina alguna cosa: esquina un poco la pantalla del ordenador para que no le dé el reflejo de la ventana. ◇ v. tr./prnl. **3** Poner a mal, enemistar a una persona con otra: desde que tuvo aquella discusión, se ha esquinado con su hijo y no mantienen buenas relaciones.
DER esquinado.
esquinazo n. m. Esquina de un edificio.
dar esquinazo Abandonar o evitar el encuentro con una persona: desde que me debe dinero, siempre procura darme esquinazo.
esquirla n. f. Astilla o fragmento alargado y con punta desprendido de un hueso fracturado o de una piedra, un vidrio u otro material duro: al golpear la piedra, le saltó una esquirla a la cara.
esquirol n. com. coloquial Persona que trabaja mientras los demás obreros hacen huelga o que se presta a realizar el trabajo abandonado por un huelguista.

acuático El que consiste en deslizarse sobre el agua con estos patines y siendo arrastrado por una lancha motora.
DER esquiar; telesquí.
OBS El plural es esquís.

esquivar *v. tr.* **1** Realizar un movimiento para evitar un golpe o para salvar un obstáculo: *vi venir el golpe, pero no pude esquivarlo*. **2** Eludir un asunto o problema o rehuir un encuentro: *debiste esquivar ese tema en su presencia; como ya me había visto, no pude esquivarlo*.
DER esquivar, esquivez.

esquivo, -va *adj.* [persona] Que rehúye el trato de otras personas y rechaza las atenciones y las muestras de cariño: *no seas tan arisco y esquivo con tus padres*.
DER esquivez.

esquizofrenia *n. f.* MED. Enfermedad mental grave caracterizada por alteraciones de la personalidad, alucinaciones y pérdida del contacto con la realidad: *la esquizofrenia es un tipo de psicosis*.
DER esquizofrénico.

esquizofrénico, -ca *adj.* **1** De la esquizofrenia o relacionado con esta enfermedad: *comportamiento esquizofrénico; personalidad esquizofrénica*. ◇ *adj./n. m. y f.* **2** [persona] Que padece esquizofrenia.

estabilidad *n. f.* **1** Firmeza o seguridad en el espacio: *unos buenos amortiguadores aseguran la estabilidad del vehículo*. **2** Ausencia de cambios y constancia en un período determinado: *estabilidad atmosférica; estabilidad económica*. **ANT** desequilibrio.
DER estabilizar.

estabilización *n. f.* Acción de dar o adquirir un carácter estable: *después de la crisis vinieron los intentos de estabilización del mercado*.

estabilizador, -ra *adj.* **1** Que da firmeza o duración y mantiene una cosa estable: *plan estabilizador*. ◇ *n. m.* **2 estabilizador** Pieza plana y fija en forma de aleta que llevan los aviones u otras naves y sirve para aumentar su seguridad en el vuelo. ☞ avión. **3** Mecanismo o dispositivo que llevan los automóviles y sirve para evitar el balanceo: *el estabilizador comunica los amortiguadores unos con otros*. **4** Aparato que sirve para mantener estable la corriente eléctrica que entra en un aparato o en un lugar: *la mayoría de los electrodomésticos vienen equipados con un estabilizador de corriente*.

estabilizante *n. m.* Sustancia que se añade a una disolución o suspensión para mantener plenamente mezclados sus componentes: *muchos productos alimenticios, como el yogur o los helados, llevan estabilizantes*.

estabilizar *v. tr./prnl.* **1** Hacer estable: *han enviado una embajada neutral para que intente estabilizar la situación*. **2** Dar o adquirir estabilidad: *viajaremos cuando se estabilice el tiempo*. **SIN** equilibrar. **ANT** desequilibrar, desestabilizar.
DER estabilización, estabilizador, estabilizante; desestabilizar.
OBS En su conjugación, la *z* se convierte en *c* delante de *e*.

estable *adj.* **1** Que está firme y seguro sin peligro alguno de caer o perder el equilibrio: *un andamio estable; es un coche muy estable en las curvas*. **ANT** inestable. **2** Que no cambia y es constante o duradero en el tiempo: *régimen político estable; situación atmosférica estable; un puesto de trabajo estable*. **ANT** inestable.
DER estabilidad, establecer.
ETIM Véase *estar*.

establecer *v. tr.* **1** Hacer que empiece a funcionar una cosa o una actividad, generalmente con propósito de continuidad: *la multinacional ha establecido una nueva sucursal en esta ciudad*. **SIN** crear, fundar. **2** Disponer lo que debe hacerse: *nos limitaremos a cumplir lo que la ley establece*. **SIN** ordenar. **3** Dejar demostrado con firmeza un pensamiento de valor general: *su último tratado establece con claridad los principios de su teoría*. ◇ *v. prnl.* **4 establecerse** Fijar la residencia o quedarse a vivir en un lugar: *el nuevo maestro ha decidido establecerse en el pueblo con su familia*. **SIN** asentarse. **5** Abrir o crear un negocio por cuenta propia: *trabajó primero para una empresa y ahora se ha establecido*.
DER establecimiento; preestablecido, restablecer.
OBS En su conjugación, la *c* se convierte en *zc* delante de *a* y *o*, como en *agradecer*.

establecimiento *n. m.* **1** Lugar en el que se realiza una actividad comercial, industrial o de otro tipo: *en esta calle hay muchos establecimientos comerciales*. **2** Creación o fundación de algo, generalmente con un propósito de continuidad: *la dirección ha decidido el establecimiento de nuevas sucursales*.

establo *n. m.* **1** Lugar cubierto en el que se encierra el ganado: *todas las noches conduce sus vacas al establo*. **2** Lugar muy sucio y desordenado. **SIN** cuadra, pocilga.
DER estabulación.
ETIM Véase *estar*.

estaca *n. f.* **1** Palo con punta en un extremo para que pueda ser clavado: *ha clavado unas estacas que señalan los límites de su terreno*. **2** Palo grueso y fuerte, especialmente el que se puede manejar como un bastón: *en la finca había un guarda que llevaba una gran estaca*.

estacada *n. f.* Serie de estacas clavadas en la tierra para cercar, defender o deslindar un lugar.
dejar en la estacada Abandonar a una persona en un peligro o en una mala situación: *cuando más apurado estaba, me dejó en la estacada*.

estacazo *n. m.* **1** Golpe dado con una estaca o un palo: *el hombre dio al perro un buen estacazo*. **2** Golpe fuerte que se recibe al caer o chocar contra un cuerpo duro: *iba distraído y se dio un estacazo contra la puerta*.

estación *n. f.* **1** Lugar o edificio donde se detiene habitualmente un tren u otro vehículo para recoger y dejar viajeros: *iremos a pie hasta la próxima estación del metro*. **2** Conjunto de edificios e instalaciones de un servicio de transporte público, generalmente en el lugar de comienzo y finalización de su recorrido: *iremos a recibirte a la estación de autobuses*.
estación de servicio Conjunto de instalaciones provisto de los productos y servicios necesarios para atender a los automovilistas y a sus vehículos: *pondré gasolina en la próxima estación de servicio y aprovecharé para ir al aseo*. **3** Conjunto de aparatos e instalaciones destinados a realizar o a cumplir una actividad determinada: *estación de esquí; estación meteorológica*. **4** Período de tiempo en que se divide el año según el tiempo atmosférico, la longitud del día y otras características: *las estaciones son primavera, verano, otoño e invierno*. **5** Temporada o período de tiempo, especialmente el señalado por una actividad o por ciertas condiciones climáticas: *ya ha finalizado la estación de caza*. **6** Visita que se hace por religión a las iglesias o los altares: *en Jueves Santo y Viernes Santo los fieles suelen ir a hacer las estaciones*.
DER estacional, estacionar; subestación.
ETIM Véase *estar*.

estacional *adj.* Que es propio o característico de una de las estaciones del año: *queremos acabar antes de la llegada de las lluvias estacionales*.

estacionamiento *n. m.* **1** Detención y colocación de un vehículo en un lugar temporalmente: *el estacionamiento es una de las pruebas del examen de conducir*. **SIN** aparcamiento. **2** Lugar de la vía pública o del interior de un recinto donde un conductor puede dejar el vehículo: *estos estacionamientos están reservados para los trabajadores de la empresa*. **SIN** aparcamiento.

estacionar *v. tr./prnl.* **1** Detener y dejar un vehículo en un lugar de la vía pública o en una zona señalizada del interior de un recinto: *cada vez es más difícil encontrar un lugar donde estacionar.* SIN aparcar. ◊ *v. prnl.* **2 estacionarse** Detenerse o quedarse estancado, especialmente estabilizarse o dejar de avanzar una enfermedad grave: *su enfermedad se ha estacionado y el enfermo no mejora pero tampoco empeora.*
DER estacionamiento, estacionario.

estacionario, -ria *adj.* Que no cambia y permanece en el mismo estado o situación: *su estado es estacionario, sin avances ni retrocesos.*

estadía *n. f.* **1** Estancia o permanencia en un lugar. **2** Período de tiempo que está un modelo ante un artista: *este escultor paga por horas la estadía de sus modelos.*

estadio *n. m.* **1** Instalación pública en la que se practican distintos deportes y consta de gradas con asientos para los espectadores: *el nuevo estadio de fútbol alberga en sus gradas a cuarenta mil espectadores.* **2** Momento, período o estado que forma parte de una serie o de un proceso: *dividiremos la realización de este trabajo en tres estadios.* SIN escalón, etapa, fase.

estadista *n. com.* **1** Persona especializada en asuntos concernientes a la dirección de los Estados o instruida en materias de política: *todos los estadistas coinciden en criticar la intervención militar.* **2** Jefe de un Estado: *mañana comienza la cumbre de los estadistas comunitarios.* **3** Persona que se dedica a la estadística: *los datos de las últimas encuestas han sido tratados por un buen estadista.* SIN estadístico.

estadística *n. f.* **1** Disciplina que tiene por objeto reunir, clasificar y contar todos los hechos que tienen una determinada característica en común y poder llegar a conclusiones a partir de los datos numéricos extraídos. **2** Conjunto de los datos recogidos y clasificados: *las últimas estadísticas indican una ligera mejoría económica.*
DER estadístico.

estadístico, -ca *adj.* **1** De la estadística o que tiene relación con ella: *los datos estadísticos están representados en esta gráfica.* ◊ *n. m. y f.* **2** Persona que se dedica a la estadística. SIN estadista.

estado *n. m.* **1** Situación de algo o alguien: *este televisor está ya en muy mal estado; no sabemos en qué estado se encuentran las negociaciones.* **2** Clase o condición de una persona: *cuando enviudó abrazó el estado eclesiástico.* **estado civil** Condición de una persona en el orden social: *el estado civil de una persona que no se ha casado es soltero.* **3** Terreno y población de un país independiente: *el partido recorrerá todo el estado durante su campaña.* **estado federal** El que está formado por territorios que se gobiernan por leyes propias, aunque dependen de un gobierno central común. **4** Territorio que se gobierna por leyes propias, aunque depende del gobierno central del país: *California es un estado de Estados Unidos.* **5** Conjunto de órganos de gobierno de un país: *se ha iniciado la construcción de un grupo de viviendas financiadas por el Estado.* Se escribe con letra mayúscula cuando se refiere a un estado concreto. **6** FÍS. Grado de unión de las moléculas de una sustancia: *el agua en estado sólido se llama hielo.*
estado de excepción Situación que las autoridades consideran suficientemente grave como para suspender los derechos legales de los ciudadanos: *dada la situación bélica que vive el país, ha sido declarado el estado de excepción en todo el territorio.*
estado mayor Conjunto de mandos y oficiales que dirigen un ejército.
en estado [mujer, hembra] Que está embarazada.

DER estadillo, estadio, estadista, estadística, estatal.
ETIM Véase *estar*.

estadounidense *adj.* **1** De Estados Unidos de América o que tiene relación con este país. SIN norteamericano. ◊ *n. com.* **2** Persona nacida en Estados Unidos de América. SIN norteamericano.

estafa *n. f.* **1** Robo de dinero o de bienes que se hace con engaño: *está en la cárcel por estafa.* SIN timo. **2** Incumplimiento de las condiciones o las promesas que se habían asegurado, especialmente en una venta o en un trato. SIN timo.

estafador, -ra *n. m. y f.* Persona que estafa o se dedica a estafar: *el estafador detenido formaba parte de un grupo organizado de delincuentes.* SIN timador.

estafar *v. tr.* **1** Robar dinero o bienes con engaño: *me ha estafado al quedarse él con todos los beneficios.* SIN timar. **2** No cumplir o satisfacer lo prometido, especialmente en una venta o en un trato: *piensa que su partido político lo ha estafado, pues no ha hecho nada de lo que había prometido.* SIN timar. **3** Dar a una persona menos de lo debido de una cosa o cobrarle más de lo justo: *si te han cobrado más de mil pesetas por esto, te han estafado.*
DER estafa, estafador.

estafeta *n. f.* Oficina del servicio de correos, especialmente si es una sucursal de la central: *tengo que ir a recoger el paquete a la estafeta de mi barrio.*

estalactita *n. f.* Formación de piedra alargada y puntiaguda que cuelga del techo de algunas cuevas naturales y que ha sido producida por una infiltración de aguas que contienen sales calizas y otras sustancias: *el techo de la cueva estaba lleno de estalactitas que tenían más de dos metros de longitud.*

estalagmita *n. f.* Formación de piedra alargada y puntiaguda que hay en el suelo de algunas cuevas naturales y que ha sido producida por las gotas de agua que caen de una estalactita: *en ocasiones las estalactitas y las estalagmitas llegan a unirse formando columnas.*

estalinismo *n. m.* Teoría política propugnada por Stalin y sus seguidores, considerada por él como continuación del leninismo: *el estalinismo se caracterizó por una rígida jerarquización de la vida social y la drástica eliminación de las tendencias críticas.*
DER estalinista.

estalinista *adj.* **1** Del estalinismo o relacionado con esta teoría política: *las teorías estalinistas se caracterizan por el dogmatismo y el menosprecio de la dialéctica.* ◊ *adj./n. com.* **2** Partidario del estalinismo.

estallar *v. intr.* **1** Reventar o romperse una cosa de golpe y con gran ruido: *la bomba estalló segundos antes de que pasara la comitiva por el lugar.* SIN explotar. **2** Ocurrir o sobrevenir un suceso de forma repentina y violenta: *las últimas medidas del gobierno han provocado que estalle la huelga.* **3** Mostrar con fuerza un sentimiento: *tras sus palabras estallaron los aplausos.* SIN prorrumpir. ◊ *v. intr./prnl.* **4** Abrirse o romperse una cosa por efecto de la presión: *he metido tantas cosas en la bolsa que ha estallado la cremallera.*
DER estallido; restallar.

estallido *n. m.* **1** Rotura o explosión producida de golpe y con gran ruido. **2** Ruido producido al estallar algo: *el estallido de la bomba se oyó en toda la ciudad.* **3** Producción de un suceso de forma repentina y violenta. **4** Manifestación brusca y violenta de una pasión o un sentimiento: *los primeras notas de la canción provocaron un estallido de gritos y aplausos.*

estambre *n. m.* **1** BOT. Órgano de reproducción masculino de algunas flores, formado por un filamento que sostiene la antera que contiene el polen: *los estambres están en el* *interior de la corola, rodeando al pistilo.* ☞ flor. **2** Tejido de lana hecho con hilos muy largos: *el estambre es una tela muy gruesa.*

estamental   *adj.* Del estamento o relacionado con él: *los cargos y privilegios estaban repartidos de forma estamental.*

estamento   *n. m.* Estrato social o parte de una sociedad que tiene unas características determinadas: *las últimas disposiciones van especialmente dirigidas al estamento militar.*
DER estamental.

estampa   *n. f.* **1** Imagen o figura impresa en un papel: *a los niños les gustan los libros con muchas estampas.* **SIN** grabado, lámina. **2** Trozo pequeño de papel o cartulina en el que está representada una imagen religiosa: *siempre lleva en la cartera una estampa de la Virgen.* **3** Figura o aspecto de una persona o de un animal: *paseaba en un caballo de magnífica estampa.* **SIN** planta, presencia. **4** Cuadro o escena, especialmente si es típico o pintoresco: *el almanaque viene decorado con estampas andaluzas.* **5** Persona que se parece mucho a otra: *es la viva estampa de su padre.* **SIN** retrato.
DER estampilla.

estampación   *n. f.* Impresión mediante la presión con un molde de dibujos o de letras generalmente sobre tela o sobre papel. **SIN** estampado.

estampado, -da   *adj./n. m.* **1** [tejido] Que tiene dibujos o colores impresos: *se ha comprado una blusa blanca y otra estampada; para las cortinas necesito un estampado que combine con el sofá.* **ANT** liso. ◇ *n. m.* **2 estampado** Impresión mediante la presión con un molde de dibujos o de letras y generalmente sobre tela o sobre papel: *en esta tienda se dedican al estampado de escudos o rótulos en camisetas.*
SIN estampación.

estampar   *v. tr.* **1** Imprimir dibujos o letras sobre una tela o un papel mediante la presión con un molde: *en la obra fueron estampadas algunas ilustraciones.* **2** Prensar un trozo de metal con un molde de acero grabado en hueco para marcar un relieve: *estampar monedas.* **3** Dejar una huella o señal: *ha estampado sus manos llenas de chocolate sobre la pared blanca.* ◇ *v. tr./prnl.* **4** Tirar o lanzar con fuerza a una persona o una cosa haciéndola chocar contra una superficie firme: *se enfureció y estampó el jarrón contra el suelo.*
SIN estrellar.
DER estampa, estampado, estampida, estampido.

estampía   Palabra que se utiliza en la expresión *de estampía*, que significa 'de repente o de manera muy rápida e impetuosa': *cuando se dio cuenta de la hora que era, salió de estampía hacia su trabajo.*
OBS Se usa generalmente con el verbo *salir.*

estampida   *n. f.* Escapada o huida rápida e impetuosa que emprende un grupo de personas o de animales: *los disparos en el silencio de la noche provocaron la estampida del rebaño.*

estampido   *n. m.* Ruido grande, fuerte y seco: *en todo el pueblo se oían los estampidos de los cañones.*

estancamiento   *n. m.* Detención o suspensión del curso de alguna cosa: *atravesamos una fase de estancamiento económico.*

estancar   *v. tr./prnl.* **1** Detener el curso de un líquido, especialmente el de una corriente de agua: *en aquella zona del río se estancó el agua y provocó inundaciones.* **2** Parar la marcha o evolución de un asunto o proceso: *había disparidad de criterios y el trabajo se estancó.* **3** Convertir un producto en monopolio del Estado o de una entidad y prohibir su venta libre.
DER estancado, estancamiento, estanco, estanque.
OBS En su conjugación, la *c* se convierte en *qu* delante de *e.*

estancia   *n. f.* **1** Aposento o habitación de una casa, especialmente si es grande y lujosa: *pudimos visitar las estancias de palacio.* **2** Permanencia durante cierto tiempo en un lugar: *aprovechó su estancia entre nosotros para aprender el idioma.* **3** Estrofa formada por una combinación variable de versos de siete y once sílabas que se repite a lo largo de todo el poema: *Garcilaso componía canciones de cuatro o cinco estancias.*

estanco, -ca   *adj.* **1** Que está completamente cerrado y no tiene comunicación con otras cosas: *compartimento estanco.* ◇ *n. m.* **2 estanco** Establecimiento en el que se venden productos que tienen prohibida la venta libre, generalmente tabaco, sellos y papel timbrado: *es el gobierno quien fija el precio de los productos que se venden en el estanco.*
SIN expendeduría.
DER estanquero.

estándar   *adj.* **1** Que copia, repite y sigue un modelo: *el tamaño de las piezas de algunos mecanismos suele ser estándar.* ◇ *n. m.* **2** Tipo o modelo muy corriente de una cosa: *no ha sabido amoldarse al estándar de vida actual.*
DER estandarizar.

estandarizar   *v. tr.* Ajustar o adaptar las cosas para que se asemejen a un tipo, modelo o norma común: *convendría estandarizar las medidas de los libros.*
OBS En su conjugación, la *z* se convierte en *c* delante de *e.*

estandarte   *n. m.* Bandera o insignia que usan ciertos organismos militares y religiosos y que consiste en una pieza de tela sujeta al borde superior de una barra horizontal: *en el estandarte aparece el escudo o distintivo de la corporación a la que representa.* **SIN** pendón.

estanque   *n. m.* Depósito construido para recoger agua para el riego, la cría de peces o como adorno: *el estanque del parque está rodeado de una barandilla.*

estanquero, -ra   *n. m. y f.* Persona encargada de la venta pública en un estanco.

estante   *n. m.* **1** Tabla o lámina horizontal que se coloca en una pared, dentro de un armario o en una estantería, y sirve para colocar objetos sobre ella: *los productos de limpieza están en el estante de arriba.* **SIN** anaquel, balda. **2** Mueble formado por esas tablas. **SIN** estantería.
DER estantería.
ETIM Véase *estar.*

estantería   *n. f.* Mueble formado por estantes: *en la estantería de su cuarto tiene todos sus libros.* **SIN** estante.

estañadura   *n. f.* Unión o soldadura de dos piezas de metal con estaño.

estañar   *v. tr.* **1** Unir dos piezas de metal con estaño: *hay que estañar el asa del cazo porque está suelta.* **2** Cubrir o bañar con estaño.

estaño   *n. m.* Metal de color blanco o gris que se trabaja fácilmente y puede extenderse en planchas: *el estaño es un elemento químico; el símbolo del estaño es Sn.*
DER estañadura, estañar.

estar   *v. copulativo* **1** Existir o encontrarse en un lugar, en una situación o de un modo determinado: *mi casa no está lejos.* **2** Permanecer o encontrarse con cierta estabilidad en un lugar, en una situación o de un modo determinado: *entra tú y yo estaré aquí esperándote.* No se suele usar *estar* para cualidades permanentes; se suele usar para las que indican un estado que puede cambiar: *Juan es español* pero *Juan está enfermo.* **3** Sentirse o encontrarse: *estoy cansado; está sucio.* **4** Sentar, caer o quedar una prenda de vestir: *la chaqueta no te está bien.* **5** Encontrarse a punto de ocurrir lo que se expresa a continuación: *mis padres están al llegar.* Se usa

estatal

seguido de *al* y un infinitivo. **6** Costar o tener un precio determinado: *¿a cuánto están los tomates?* **7** Encontrarse en un momento o en un proceso determinado: *ya veo que estás de limpieza.* Se usa seguido de la preposición *de*. **8** Hacer un trabajo durante un período de tiempo determinado: *hoy he estado de mecánico intentando arreglar el coche.* Se usa seguido de la preposición *de*. **9** Ser un día, mes o año determinado: *estamos a viernes.* Se usa seguido de la preposición *a*. **10** Vivir, trabajar o hacer una cosa con alguien: *estoy con unos amigos en un piso de alquiler.* **11** Ser causa o razón y consistir o radicar una cosa en algo o en alguien: *la felicidad no está en el dinero.* **12** Tener una intención o una disposición; encontrarse preparado: *siempre estuvo por los demócratas; yo ya no estoy para esos trotes.* **13** No haberse hecho todavía una cosa y estar casi decidido o sentir la tentación de hacerla: *aún tengo las camas por hacer; cuando me dijo aquello, estuve por irme y dejarlo plantado.* Se usa seguido de la preposición *por* y un infinitivo. ◇ *v. auxiliar* **14** Forma pasiva de resultado seguido de un participio: *el coche está destrozado.* **15** Indica duración en una perífrasis seguido de un gerundio: *el niño está durmiendo.* En esta acepción y acompañado de gerundio no puede usarse *ser*. ◇ *v. prnl.* **16 estarse** Permanecer o quedarse: *como tenía fiebre, se estuvo en casa con ella.*
estar al caer Encontrarse a punto de ocurrir o de llegar.
estar de más o **estar de sobra** No ser necesario o molestar: *después de su frío saludo, comprendí que allí estaba de más.*
estar en todo Ocuparse a un tiempo de muchas cosas sin descuidar ningún detalle: *encárgate tú de avisarle, que yo no puedo estar en todo.*
estar por ver Ser dudoso o no tener la seguridad de que ocurra o se haga una cosa: *dice que no llegará tarde, pero eso está por ver.*
estar visto Ser evidente: *está visto que no os puedo dejar solos.*
ya está bien Se utiliza para indicar que es demasiado: *ya está bien de que me tomes el pelo.*
DER estancia; bienestar, malestar.
ETIM *Estar* procede del latín *stare*, 'estar en pie', voz con la que también están relacionadas *estable*, *establo*, *estación*, *estadía*, *estado*, *estante*, *estatua*, *estatuir*.

estatal *adj.* Del Estado o relacionado con él o con sus órganos de gobierno: *es funcionario y trabaja en un organismo estatal.*
DER estatalizar; interestatal.

estatalizar *v. tr.* Poner bajo la explotación y administración del Estado empresas y servicios que eran de propiedad privada: *el gobierno ha decidido estatalizar el servicio de transporte aéreo.*
OBS En su conjugación, la *z* se convierte en *c* delante de *e*.

estática *n. f.* Parte de la física mecánica que estudia las leyes del equilibrio de los cuerpos.
DER estático; aerostática.

estático, -ca *adj.* **1** Que permanece en un mismo estado y no experimenta cambios: *no puedes quedarte estático ante tales calumnias.* **SIN** inmóvil, quieto. **2** [persona] Que se queda parado a causa de una emoción: *su asombro fue tal que se quedó estático.*
DER estatismo; antiestático.

estatua *n. f.* Obra de escultura que representa una figura humana o animal y que suele tener un carácter simbólico: *han puesto una estatua de mármol en el centro de la plaza.*
DER estatuaria, estatuario.

estar	
INDICATIVO	**SUBJUNTIVO**
presente	presente
estoy	esté
estás	estés
está	esté
estamos	estemos
estáis	estéis
están	estén
pretérito imperfecto	pretérito imperfecto
estaba	estuviera o estuviese
estabas	estuvieras o estuvieses
estaba	estuviera o estuviese
estábamos	estuviéramos o estuviésemos
estabais	estuvierais o estuvieseis
estaban	estuvieran o estuviesen
pretérito indefinido	futuro
estuve	estuviere
estuviste	estuvieres
estuvo	estuviere
estuvimos	estuviéremos
estuvisteis	estuviereis
estuvieron	estuvieren
futuro	**IMPERATIVO**
estaré	
estarás	está (tú)
estará	esté (usted)
estaremos	estad (vosotros)
estaréis	estén (ustedes)
estarán	
condicional	**FORMAS NO PERSONALES**
estaría	
estarías	infinitivo gerundio
estaría	estar estando
estaríamos	participio
estaríais	estado
estarían	

ETIM Véase *estar*.
estatuaria *n. f.* Arte y técnica de hacer estatuas.
estatuario, -ria *adj.* **1** De la estatua o que tiene relación con ella: *sólo visitó las salas del museo con obras estatuarias.* **2** Que es propio de una estatua por su belleza o perfección: *el rostro de esa mujer tiene una expresión estatuaria.*
estatura *n. f.* Altura de una persona desde los pies a la cabeza: *la policía busca a un hombre de mediana estatura.* **SIN** talla.
estatuto *n. m.* Reglamento, ordenanza o conjunto de normas legales por las que se regula el funcionamiento de una entidad o de una colectividad: *todavía nos queda votar los estatutos de la corporación; han vuelto a modificar el estatuto de los trabajadores.*
estatuto de autonomía Conjunto de leyes y normas por las que se rigen las comunidades autónomas españolas, que tiene un carácter legislativo inferior a la Constitución.
DER estatutario.

este, -ta *pron. dem.* **1** Indica o señala lo que está más cerca en el tiempo o en el espacio de la persona que habla: *el queso que yo prefiero es este.* En esta acepción puede llevar tilde, éste. ◇ det. dem. **2** Indica o señala que algo está más cerca en el tiempo o en el espacio de la persona que habla: *esta situación política es insostenible.* Cuando va detrás del nombre suele tener valor despectivo: *¡qué harta estoy del hombre este!* ◇ n. m. **3** Punto del horizonte situado donde nace el Sol: *el símbolo de este es E.* **SIN** levante, oriente. **4** Lugar situado hacia ese punto: *las provincias del este de España.* **SIN** levante, oriente. **5** Conjunto de países del este de Europa que hasta 1990 tuvieron regímenes comunistas: *el colapso del comunismo ha provocado un cambio en las relaciones Este-Oeste.* Se escribe con inicial mayúscula.

estela *n. f.* **1** Señal que deja tras de sí en el agua o en el espacio un cuerpo en movimiento: *los delfines seguían la estela del barco; la estela luminosa que deja una estrella fugaz; la estela de humo que va dejando un avión reactor.* **SIN** rastro. **2** Señal o huella que deja una cosa que ocurre o pasa: *la guerra fue dejando una estela de dolor y muerte.*

estelar *adj.* **1** De las estrellas o que tiene relación con ellas: *la película está basada en un viaje estelar.* **SIN** sideral. **2** De mucha importancia o de gran categoría: *figura estelar.*
DER interestelar.
ETIM Véase *estrella*.

estentóreo, -a *adj.* [voz, grito] Que es muy fuerte y ruidoso o que retumba: *todos callaron cuando pidió silencio con su voz estentórea.*

estepa *n. f.* Gran extensión de terreno seco, llano y con escasa vegetación: *las estepas son grandes llanuras de terreno sin cultivar.*
DER estepario.

estepario, -ria *adj.* De la estepa o que tiene relación con ella: *los matorrales bajos y secos son propios de la flora estepara.*

estera *n. f.* Pieza de tejido grueso, de esparto u otro material parecido, que sirve para cubrir parte del suelo: *he puesto en el porche una estera de esparto.*
DER esterilla.

estercolero *n. m.* **1** Lugar donde se recoge y se amontona el estiércol o la basura: *llenaron unos sacos en el estercolero para abonar la huerta.* **2** Lugar muy sucio y maloliente: *desde que no limpias, has convertido tu habitación en un estercolero.*

estéreo *adj.* **1** Que se graba y reproduce por medio de dos o más canales, que se reparten los tonos agudos y graves, dando de este modo una sensación de relieve acústico. **SIN** estereofónico. ◇ *adj./n. m.* **2** [equipo, sistema] Que usa esa técnica para grabar y reproducir el sonido: *se ha comprado un equipo estéreo para el coche.* **SIN** estereofónico.
OBS Es la forma abreviada de *estereofónico*.

estereo- Elemento prefijal que entra en la formación de palabras con el significado de 'sólido', 'en relieve', 'de tres dimensiones': *estereoscopio, estereofonía*.

estereofonía *n. f.* Técnica de grabación y de reproducción del sonido por medio de dos o más canales que se reparten los tonos agudos y graves para dar una sensación de relieve acústico.
DER estereofónico.

estereofónico, -ca *adj.* **2** Que se graba y se reproduce por medio de dos o más canales, que se reparten los tonos agudos y graves, dando de este modo una sensación de relieve acústico: *sonido estereofónico.* **SIN** estéreo. ◇ *adj./n. m.* **3** [equipo, sistema] Que usa esa técnica para grabar y reproducir el sonido. **SIN** estéreo.

estereotipado, -da *adj.* [gesto, expresión] Que se repite sin variación o que se usa como una fórmula y no como muestra de un sentimiento auténtico: *en los encabezamientos y las despedidas de muchos escritos aparecen fórmulas estereotipadas.*

estereotipo *n. m.* Imagen o idea aceptada comúnmente por un grupo o por una sociedad y que tiene un carácter fijo e inmutable: *esa novela está llena de estereotipos: el malo es muy malo y el bueno es buenísimo.*

estéril *adj.* **1** [ser vivo] Que no puede reproducirse: *el macho estéril no puede fecundar y la hembra estéril no puede concebir.* **2** Que no da fruto o no produce nada: *tierras estériles.* **ANT** productivo. **3** Que no tiene bacterias ni microbios que puedan provocar una infección: *limpia la herida con una gasa estéril.* **SIN** aséptico.
DER esterilidad, esterilizar.

esterilidad *n. f.* **1** Propiedad de lo que es estéril y no produce: *cuando las compraron no conocían la esterilidad de estas tierras.* **2** Estado que impide fecundar en el caso del macho o concebir en caso de la hembra. **3** Falta o ausencia de gérmenes que puedan provocar una infección: *la esterilidad es un requisito imprescindible en un quirófano.*

esterilización *n. f.* **1** Destrucción total de los gérmenes causantes de enfermedades que hay o puede haber en alguna cosa: *antes de volver a utilizar estos instrumentos hay que someterlos a un proceso de esterilización.* **2** Privación de la facultad de reproducción en una persona o un animal.

esterilizar *v. tr.* **1** Destruir los gérmenes causantes de enfermedades que hay o puede haber en alguna cosa: *si quieres prevenir infecciones, debes esterilizar el chupete varias veces al día.* **SIN** desinfectar. **2** Hacer infecunda o estéril a una persona o un animal.
DER esterilización, esterilizador.
OBS En su conjugación, la *z* se convierte en *c* delante de *e*.

esterilla *n. f.* **1** Pieza pequeña de material resistente que se coloca en el suelo de un automóvil. **SIN** alfombrilla. **2** Pieza pequeña de tejido suave o de goma que se pone en el cuarto de baño para pisar con los pies descalzos. **SIN** alfombrilla. **3** Pieza pequeña de material áspero y resistente que se coloca en la entrada de un lugar para que en ella se limpie los pies la persona que quiere pasar. **SIN** alfombrilla, felpudo, ruedo. **4** Pieza alargada de tejido resistente que se pone en el suelo para echarse encima: *no olvides las esterillas y las toallas cuando vayas a la playa.*

esternocleidomastoideo *adj./n. m.* ANAT. Músculo del cuello que permite el giro y la inclinación lateral de la cabeza: *el esternocleidomastoideo se inserta por abajo en el esternón y en la clavícula y por arriba en el hueso temporal.*

esternón *n. m.* Hueso plano de forma alargada y acabado en punta donde se unen los siete primeros pares de costillas: *el esternón está situado en la parte anterior del tórax.*
☞ esqueleto.

estertor *n. m.* **1** Respiración jadeante o dificultosa, con ruidos ásperos y agudos, propia de las personas a punto de morir. **2** Ruido anormal que se produce al paso del aire por las vías respiratorias obstruidas por mucosidades. **3** Acción última de un grupo o movimiento que está a punto de desaparecer: *los estertores de la revolución.*

-estesia Elemento sufijal que entra en la formación de sustantivos femeninos e indica sensibilidad o sensación caracterizada por el primer elemento al que se une: *anestesia*.

estética *n. f.* **1** Aspecto exterior de una persona o cosa desde el punto de vista de lo bello: *viste de un modo práctico y cómodo, y se olvida de la estética.* **2** Doctrina filosófica que estudia las condiciones de lo bello en el arte y en la naturaleza.

esteticista *n. com.* Persona que se dedica profesionalmente a cuidar y mejorar el aspecto del cuerpo humano, especialmente el del rostro: *la esteticista me ha dado un masaje facial y me ha puesto una crema limpiadora.*

estético, -ca *adj.* **1** De la estética o relacionado con esta doctrina filosófica. **2** Que tiene un aspecto bello o artístico: *decoración estética.* **ANT** antiestético. **3** [cirugía] Que se utiliza para embellecer el cuerpo o el rostro.
DER esteta, esteticismo; antiestético.

estetoscopio *n. m.* Instrumento médico que sirve para explorar los sonidos producidos por los órganos de las cavidades del pecho y del abdomen: *el estetoscopio ha sido sustituido por el fonendoscopio.*
DER estetoscopia.

estiaje *n. m.* **1** Nivel más bajo o caudal mínimo que en ciertas épocas del año tienen las aguas de un río u otra corriente como consecuencia de la sequía: *debido al estiaje hay poca pesca en este río.* **2** Período que dura esta disminución de caudal: *durante el estiaje no podemos bañarnos en el río.*

estibador *n. m.* Obrero que se dedica a la carga y descarga de una embarcación y se cuida de la adecuada distribución de los pesos.

estibar *v. tr.* **1** Distribuir de manera adecuada la carga de una embarcación: *tenemos que estibar bien los pesos si no queremos hundirnos.* **2** Cargar y descargar mercancías en un puerto. **3** Colocar materiales u objetos sueltos de forma que ocupen el menor espacio posible.
DER estibador.

estiércol *n. m.* **1** Mezcla de excremento de animal con restos vegetales en descomposición que se usa como abono: *el estiércol es un abono natural muy rico en nitrógeno.* **2** Excremento de animal: *tenemos que limpiar el estiércol de la cuadra.*
ETIM *Estiércol* procede del latín *stercus, -oris*, que tenía el mismo significado, voz con la que también está relacionada *estercolar*.

estigma *n. m.* **1** Marca o señal que se hace en el cuerpo: *antiguamente se hacían estigmas en la piel de los esclavos para señalar su condición.* **2** Causa de mala fama: *sus antecedentes penales fueron el estigma que le impidió prosperar.* **3** Marca o señal que aparece en el cuerpo de algunos santos y que no se debe a causas naturales: *en la palma de las manos tenía estigmas que algunas veces sangraban.* **4** BOT. Parte superior del órgano de reproducción femenino: *el estigma es la parte del pistilo que recoge el polen en el acto de fecundación.* ☞ flor. **5** ZOOL. Cada uno de los pequeños agujeros que tienen en su tejido los insectos, los arácnidos y otros animales con respiración traqueal para que entre por ellos el aire: *los estigmas forman parte del aparato respiratorio de las arañas.*
DER estigmatizar.

estigmatizar *v. tr.* **1** Marcar a alguien con hierro candente: *los miembros del consejo habían sido estigmatizados en el brazo.* **2** Dejar a una persona marcada al hacerle una imputación por la que pierde o se pone en duda su honra y buena fama.
OBS En su conjugación, la *z* se convierte en *c* delante de *e*.

estilarse *v. prnl.* Usarse, ser costumbre o estar de moda hacer o utilizar algo: *los pantalones acampanados ya no se estilan.*

estilete *n. m.* **1** Puñal de hoja muy estrecha y aguda. **2** Estilo pequeño o punzón para escribir: *antiguamente se utilizaba el estilete para escribir sobre tablas enceradas.* **3** Gnomon o indicador de las horas en los relojes solares más comunes.

4 MED. Instrumento metálico que utiliza el cirujano para la exploración de ciertas heridas: *el estilete es una barra, generalmente de plata, delgada y flexible.*

estilista *n. com.* **1** Persona que se dedica a cuidar el estilo y la imagen, especialmente en decoración o en las revistas de moda. **2** Autor que se distingue por su estilo elegante y cuidado: *si observas la elegancia y pulcritud de su lenguaje, verás que este escritor es un estilista.*

estilística *n. f.* Estudio del estilo o de la expresión lingüística en general: *la estilística analiza los efectos bellos y expresivos del lenguaje logrados por el empleo artístico de sus recursos.*
DER estilístico.

estilístico, -ca *adj.* Del estilo de hablar o escribir o que tiene relación con él: *intentaremos hacer una comparación de los rasgos estilísticos de esos dos poetas.*

estilización *n. f.* **1** Adelgazamiento de la silueta corporal. **2** Representación artística de algo destacando sólo sus elementos característicos o los que más responden a la idea que el artista quiere transmitir.

estilizar *v. tr.* **1** Hacer que algo parezca más delgado de lo que es, especialmente la silueta corporal: *lleva vestidos largos y ceñidos porque estilizan su figura.* **2** Representar artísticamente algo de manera que destaquen sólo sus elementos característicos o los que más responden a la idea que el artista quiere transmitir.
DER estilización.
OBS En su conjugación, la *z* se convierte en *c* delante de *e*.

estilo *n. m.* **1** Manera característica de escribir o hablar: *el estilo de este novelista es inimitable.* **2** Modo, manera o forma de hacer algo: *estilo de vestir; hay varios estilos de natación.* **3** Costumbre o moda: *en la foto aparece vestido al estilo de la época.* **4** Conjunto de rasgos que caracterizan a un artista, una obra o un período artístico: *estilo gótico.* **5** Personalidad y elegancia: *tiene mucho estilo y nunca pasa desapercibido.* **6** BOT. Cilindro pequeño, hueco y blando que sale del ovario de las flores: *el estilo termina en el estigma.* ☞ flor. **por el estilo** Parecido: *tendrás que comprarme uno igual u otro por el estilo.*
DER estilar, estilismo, estilizar.

estilográfico, -ca *adj./n. f.* [pluma] Que funciona con una carga de tinta que lleva en el mango: *me resulta difícil escribir con estilográfica.*

estima *n. f.* Cariño o afecto: *no me gustaría que le ocurriera nada, pues le tengo gran estima.* **SIN** aprecio.
DER autoestima.

estimación *n. f.* **1** Determinación del valor que se da y en que se tasa o considera algo: *se está haciendo una estimación de los daños.* **SIN** apreciación. **2** Afecto o consideración hacia alguien o algo: *ha llegado hace poco y ya se ha ganado la estimación de todos.*

estimar *v. tr.* **1** Sentir cariño o afecto por alguien: *vuelve cuando quieras, ya sabes que aquí te estimamos.* **SIN** apreciar. **2** Considerar o tener una opinión razonada sobre algo: *no estimé conveniente volver a intentarlo.* **3** Determinar el valor de algo: *a causa de la tormenta se estiman pérdidas de muchos millones.* **SIN** apreciar.
DER estima, estimable, estimación; desestimar, subestimar.

estimulación *n. f.* Animación o incitación a hacer algo o a hacerlo más rápido o mejor: *los niños superdotados necesitan una estimulación especial para poder desarrollar su intelecto.*

estimulante *adj.* **1** Que anima o incita a hacer algo o a hacerlo más rápido o mejor: *esas fotografías tan estimulantes proporcionan a la agencia de viajes muchos clientes.* ◇ *adj./n. m.*

2 [sustancia] Que aviva o excita la actividad de los órganos: *el atleta fue descalificado al detectar la presencia de ciertos estimulantes en su sangre.*

estimular *v. tr./prnl.* **1** Animar o incitar a hacer algo o a hacerlo más rápido o mejor: *sus palabras me estimularon mucho y consiguieron que acabara el trabajo dentro del plazo previsto.* **ANT** desanimar. **2** Poner en funcionamiento o avivar la actividad de un órgano o una función orgánica: *estimular el apetito.*

estímulo *n. m.* **1** Lo que mueve a actuar o realizar algo: *aquel regalo fue el estímulo que necesitaba para estudiar.* **SIN** acicate, aguijón, aliciente. **2** Agente o causa que provoca una reacción o una respuesta en el organismo o en una parte de él: *estímulos nerviosos.*
DER estimular.

estío *n. m.* Estación del año comprendida entre la primavera y el otoño: *el estío comienza en el hemisferio norte el 21 de junio y termina el 23 de septiembre.* **SIN** verano.
DER estival.

estipendio *n. m.* Cantidad de dinero con la que se paga a alguien por un trabajo realizado o por unos servicios prestados. **SIN** paga, salario, sueldo.

estipular *v. tr.* Acordar o determinar las condiciones de un trato: *tienes que cumplir lo que se estipula en el contrato.*
DER estipulación.

estirado, -da *adj.* [persona] Que no se presta al trato llano con los demás y se comporta con aires de superioridad: *es muy estirado y sólo habla con la gente que considera de su clase.*

estiramiento *n. m.* **1** Alargamiento o extensión, especialmente de los miembros del cuerpo para desentumecerlos: *los ejercicios de estiramiento forman parte del entrenamiento.* **2** Eliminación de las arrugas o los pliegues: *la ves tan joven porque se ha sometido a varias operaciones de estiramiento de piel.*

estirar *v. tr./prnl.* **1** Alargar o extender, generalmente tirando de los extremos: *la goma se estira con facilidad.* **ANT** encoger. **2** Poner liso o quitar los pliegues o las arrugas: *estira bien el mantel sobre la mesa antes de colocar los platos.* **3** Gastar con moderación y prudencia para poder comprar o hacer más cosas: *por más que intento estirar el sueldo, nunca consigo llegar a fin de mes.* **4** Hacer más grande o más largo: *si estiras el trabajo con unos folios más, es posible que pueda ser publicado.* ◊ *v. intr./prnl.* **5** Crecer o hacerse más alto un niño: *¡hay que ver cómo ha estirado el niño!* ◊ *v. prnl.* **6** **estirarse** Extender y poner tensos los miembros para recuperar la agilidad después de haber estado quietos mucho tiempo: *después de varias horas estudiando, se estiró y se fue a la cama.* **SIN** desperezarse.
DER estirado, estiramiento, estirón.

estirón *n. m.* **1** Movimiento con que se estira o arranca algo con fuerza: *de un estirón consiguió sacar el clavo de la pared.* **2** Crecimiento rápido en altura de una persona, especialmente de un joven adolescente: *ha dado un buen estirón y se le ha quedado toda la ropa pequeña.*

estirpe *n. f.* **1** Ascendencia de una persona, especialmente si es ilustre: *se casó con un joven de noble estirpe.* **SIN** abolengo, alcurnia, linaje. **2** Conjunto de personas que forman una familia, especialmente si es de origen noble: *todos eran miembros de la misma estirpe.*

estival *adj.* Del estío o verano o que tiene relación con esta estación del año: *hemos pasado bastante calor durante el viaje, porque hemos tenido temperaturas estivales.* **SIN** veraniego.

esto *pron. dem.* Indica o señala lo que está más cerca de la persona que habla o algo conocido o que se va a decir: *esto no puede continuar así; ¿qué es esto?* Nunca lleva acento gráfico.

a todo esto Expresión que introduce en la conversación una nota al margen o que está relacionada con lo que se acaba de decir: *a todo esto, ¿me has traído lo que te pedí?*

esto es Expresión que introduce una explicación de lo que se acaba de decir: *el día dieciocho, esto es, el martes de la próxima semana, vendré a verte.* **SIN** es decir.

estocada *n. f.* **1** Golpe que se da de punta con la espada o el estoque: *el torero finalizó la faena con una certera estocada.* **2** Herida producida por la espada o el estoque.

estofa *n. f.* Clase, naturaleza o condición de una persona o un grupo de personas: *gente de baja estofa.*
DER estofar.
OBS Se usa con sentido despectivo.

estofado *n. m.* Guiso que se hace cociendo en crudo y a fuego lento un alimento, generalmente carne, y condimentándolo con aceite, sal, ajo, cebolla y otras especias: *estofado de ternera con guisantes.*

estofar *v. tr.* Cocer un alimento, generalmente carne, en crudo y a fuego lento, y condimentarlo con aceite, sal, ajo, cebolla y diversas especias: *antes de preparar las patatas, hay que estofar la carne.*
DER estofado.

estoicismo *n. m.* **1** Fortaleza y dominio sobre uno mismo, especialmente ante las desgracias y dificultades: *aunque su música le parece horrible, soportó el concierto con gran estoicismo.* **2** FILOS. Doctrina filosófica fundada por Zenón: *el estoicismo surgió en el siglo IV a. C.*

estoico, -ca *adj.* **1** Que muestra fortaleza y dominio sobre sí mismo, especialmente ante las desgracias y dificultades: *durante todo el funeral mantuvo un estoico comportamiento.* **2** FILOS. Del estoicismo o que tiene relación con esta doctrina filosófica: *escuela estoica.* ◊ *adj./n. m. y f.* **3** FILOS. [persona] Que sigue la doctrina filosófica del estoicismo: *los estoicos actúan de acuerdo con la naturaleza y la razón.*
DER estoicismo.

estola *n. f.* **1** Prenda femenina, generalmente de piel, con forma de banda larga que se pone alrededor del cuello o sobre los hombros para abrigar o adornar: *llevaba una estola de armiño blanco.* **2** Banda de tela muy larga y estrecha que se pone el sacerdote alrededor del cuello dejando caer las puntas sobre el pecho: *la estola se coloca sobre la casulla.* **3** Vestido masculino griego y romano parecido a la túnica, pero con una banda de tela ceñida a la cintura que caía por detrás hasta el suelo.

estoma *n. f.* Cada una de las aberturas microscópicas que hay en las hojas y partes verdes de los vegetales, por donde se verifica el intercambio de gases entre la planta y el exterior.

estomacal *adj.* **1** Del estómago o que tiene relación con este órgano: *sintió un fuerte dolor estomacal.* ◊ *adj./n. m.* **2** [medicina, bebida] Que tonifica el estómago y favorece la digestión: *el bicarbonato se utiliza como estomacal.*
ETIM Véase estómago.

estomagar *v. tr.* **1** Causar indigestión o molestia estomacal. **2** *coloquial* Causar fastidio o enfado: *sus continuas bromas me estomagan.*
OBS En su conjugación, la g se convierte en gu delante de e.

estómago *n. m.* **1** Órgano en forma de bolsa del aparato digestivo en el que se descomponen los alimentos para ser asimilados por el organismo: *el estómago está situado entre*

estomato-

el esófago y el intestino. ☞ digestivo, aparato. **2** Parte del cuerpo comprendida entre el final del pecho y el comienzo de la cintura, especialmente cuando está más abultada de lo normal: *durante las vacaciones ha comido mucho y le ha salido un poco de estómago.* **SIN** barriga, panza, tripa.
revolver el estómago Causar una sensación de aversión o repugnancia, que puede ir acompañada de náuseas: *se le revolvió el estómago cuando hablamos de canibalismo.*
tener estómago Tener capacidad para hacer o soportar cosas desagradables o humillantes: *ino sé cómo tienes estómago para estar todo el día con él después del mal que te hizo!*
DER estomagar.
ETIM *Estómago* procede del latín *stomachus*, que tenía el mismo significado, voz con la que también está relacionada *estomacal*.

estomato-, estomat- Elemento prefijal que entra en la formación de palabras con el significado de 'boca': *estomatólogo*.

estomatología *n. f.* Parte de la medicina especializada en el estudio y tratamiento de las enfermedades de la boca.
DER estomatología.

estomatólogo, -ga *n. m. y f.* Médico especializado en el estudio y tratamiento de las enfermedades de la boca.

estonio, -nia *adj.* **1** De Estonia o relacionado con este país del nordeste de Europa: *el territorio estonio tiene frontera con Letonia.* ◇ *adj./n. m. y f.* **2** [persona] Que es de Estonia. ◇ *n. m.* **3** Lengua que se habla en Estonia: *el estonio es una lengua báltica.*

estopa *n. f.* Parte basta o gruesa del lino o del cáñamo que se emplea en la fabricación de cuerdas y tejidos: *el fontanero usa estopa para tapar las juntas de las tuberías.*

estoque *n. m.* Espada estrecha afilada sólo en la punta, especialmente la que usan los toreros para matar al toro: *el estoque solía llevarse enfundado en un bastón.*
DER estacada.

estor *n. m.* Cortina de una sola pieza que cubre el hueco de una ventana, puerta o balcón y que se recoge verticalmente.

estorbar *v. tr./intr.* **1** Molestar o ser causa de que alguien se encuentre a disgusto: *es tan antipático que le estorban los niños; quiero que te vayas a tu casa y dejes de estorbar.* ◇ *v. tr.* **2** Obstaculizar o dificultar la ejecución de una acción: *aquel camión de gran tonelaje estorba el paso de los vehículos.*
DER estorbo.
ETIM Véase *turbar*.

estorbo *n. m.* [persona, cosa] Que molesta u obstaculiza: *un jarrón encima de la mesa de trabajo es un estorbo; creímos que nos podría resultar útil, pero al final sólo ha sido un estorbo.*

estornino *n. m.* Pájaro de unos 22 cm, de cabeza pequeña y pico amarillento, plumaje negro con reflejos verdes y morados y pintas blancas: *el estornino se domestica y aprende fácilmente a reproducir los sonidos que se le enseñan.*
OBS Para indicar el sexo se usa *el estornino macho* y *el estornino hembra.*

estornudar *v. intr.* Expulsar de forma violenta y ruidosa por la nariz y la boca el aire de los pulmones en un movimiento involuntario y brusco del diafragma: *está resfriada y no deja de estornudar.*
DER estornudo.

estornudo *n. m.* Expulsión violenta y ruidosa por la nariz y la boca del aire de los pulmones mediante un movimiento involuntario y repentino del diafragma: *el estornudo se provoca por algún estímulo que actúa sobre la membrana pituitaria.*

estrabismo *n. m.* Defecto de la vista que consiste en una desviación de la dirección normal de la mirada en uno o en ambos ojos: *el estrabismo se puede corregir con un tratamiento oftalmológico.* **SIN** bizquera.

estrado *n. m.* Tarima o suelo de tablas elevado sobre un armazón que se usa para poner sobre él un trono o la mesa principal de un acto solemne: *el galardonado subió al estrado para recoger su premio y estrechar la mano de los miembros de la presidencia.*

estrafalario, -ria *adj./n. m. y f.* [persona] Que llama la atención por vestir de manera original y ridícula o por pensar de manera extraña: *sólo a un estrafalario se le ocurriría llevar botas de goma a una fiesta; es tan estrafalario que ha decidido dar la vuelta al mundo a nado.* **SIN** estrambótico, extravagante.

estrago *n. m.* **1** Daño o destrucción producida por una acción natural o por una guerra: *la epidemia de cólera causó grandes estragos entre la población infantil.* **2** Daño o destrucción moral: *las malas compañías hicieron estragos en su comportamiento.*
OBS Se usa sobre todo en plural.

estragón *n. m.* Planta herbácea de tallos delgados y ramosos, de hojas estrechas y flores en cabezuelas pequeñas y amarillentas, que se usa como condimento. **SIN** dragoncillo.

estrambote *n. m.* culto Combinación de versos que se añade al final de un poema: *compuso un soneto con estrambote.*
DER estrambótico.

estrambótico, -ca *adj.* Que es raro u original a la vez que caprichoso y ridículo: *en carnavales salimos a la calle con unos trajes estrambóticos; es tan estrambótico que quiere pasar la noche de fin de año solo.* **SIN** estrafalario, extravagante.

estramonio *n. m.* Planta herbácea con tallos ramosos, hojas grandes y anchas, flores blancas en forma de embudo y fruto espinoso en forma de nuez: *las hojas y semillas del estramonio se han utilizado como narcótico y antiespasmódico.*

estrangulación *n. f.* Estrangulamiento.

estrangulamiento *n. m.* **1** Ahogamiento de una persona o de un animal apretándole el cuello hasta impedir la respiración: *muerte por estrangulamiento.* **SIN** estrangulación. **2** Estrechamiento natural o artificial que impide o dificulta el paso por una vía o conducto: *el agua salía sin fuerza porque la manguera estaba doblada y se había producido un estrangulamiento.*

estrangular *v. tr./prnl.* **1** Ahogar a una persona o animal oprimiéndole por el cuello hasta impedirle la respiración: *en aquella película el asesino estrangulaba a sus víctimas con una corbata.* **2** Impedir o dificultar el paso por una vía o conducto: *algún cuerpo extraño debe estrangular las tuberías, pues no cae agua por el grifo.* **3** MED. Detener la circulación sanguínea de una parte del cuerpo presionando o con una ligadura: *antes de una extracción de sangre siempre te estrangulan la vena con una cinta elástica.*
DER estrangulación, estrangulamiento.

estraperlista *adj./n. com.* [persona] Que se dedica al comercio ilegal de mercancías: *durante la guerra los estraperlistas proporcionaban café, azúcar y otros productos restringidos.*

estraperlo *n. m.* Comercio ilegal de mercancías: *en aquella época se enriqueció dedicándose al estraperlo.*
DER estraperlista.
ETIM De *straperlo*, juego fraudulento de azar que tomó el nombre de sus inventores Strauss y Perlo.

estratagema *n. f.* Medio que se emplea con habilidad y astucia para conseguir algo, especialmente para engañar o evitar un engaño: *no sabía qué estratagema utilizar para que le dejaran ir al cine.* **SIN** ardid, artimaña.

estratega *n. com.* Persona experta o entendida en estrategia: *la operación ha sido preparada por grandes estrategas militares.*

estrategia *n. f.* **1** Arte de proyectar y dirigir las operaciones militares en la guerra: *los ejércitos aliados siguieron la misma estrategia tras el desembarco.* **SIN** táctica. **2** Modo o sistema de dirigir un asunto para lograr un fin: *la nueva estrategia seguida ha supuesto un notable aumento de las ventas.* **SIN** táctica.
DER estratagema, estratega, estratégico.

estratégico, -ca *adj.* **1** De la estrategia o que tiene relación con ella: *tengo un plan estratégico para que nos inviten a la fiesta.* **2** [lugar] Que es clave o tiene una importancia decisiva para el desarrollo de algo: *la guerra puede acabar pronto, porque ya han sido tomados los principales puntos estratégicos.*

estratificación *n. f.* Disposición en estratos o en capas: *se han hecho numerosos estudios sobre la estratificación del terreno.*

estratificar *v. tr./prnl.* Disponer en estratos o en capas: *las diferencias socioeconómicas estratifican la sociedad.*
DER estratificación.
OBS En su conjugación, la *c* se convierte en *qu* delante de *e*.

estrato *n. m.* **1** Capa mineral uniforme, paralela y superpuesta a otras que forma los terrenos sedimentarios: *en este dibujo podéis ver los estratos de la tierra.* **2** Capa o serie de capas, como las de un tejido orgánico o las de un yacimiento arqueológico. **3** Nube baja que tiene forma de banda paralela al horizonte: *los estratos no son nubes redondas como los cúmulos, sino que tienen forma alargada.* **4** Capa o nivel de la sociedad: *los impuestos más elevados deben recaer sobre los estratos sociales más altos.* **5** Conjunto de elementos que, con determinados caracteres comunes, se ha integrado con otros conjuntos previos o posteriores para formar un producto histórico: *los préstamos del árabe al castellano constituyen uno de los estratos formativos de la lengua española.*
DER estratificar, estratigrafía, estratosfera; adstrato, nimboestratos, substrato, superestrato, sustrato.

estratosfera *n. f.* Zona superior de la atmósfera situada entre los diez y los cincuenta kilómetros de altura: *la estratosfera está comprendida entre la mesosfera y la troposfera; la estratosfera contiene una capa de ozono.*

estrechamente *adv.* **1** De forma cercana e íntima: *es un matrimonio que siempre ha estado estrechamente unido.* **2** De forma exacta y rigurosa: *cumpliremos estrechamente el reglamento.*

estrechamiento *n. m.* **1** Reducción o disminución de la anchura: *el estrechamiento del pantalón ha sido excesivo, ahora no puedo usarlo; en el puente encontrarás un estrechamiento de la carretera.* **2** Profundización o intensificación de una relación: *el viaje provocó un mayor estrechamiento de nuestra amistad.* **3** Apretón con los brazos o las manos en señal de saludo o afecto: *se despidieron con un afectuoso estrechamiento de manos.*

estrechar *v. tr./prnl.* **1** Reducir o disminuir la anchura: *estrechar una falda; el camino se estrecha al final.* **ANT** ensanchar. **2** Hacer más cercana e íntima una relación o aumentar su intensidad: *los países vecinos procuran estrechar sus relaciones.* ◇ *v. tr.* **3** Apretar o coger con fuerza con los brazos o las manos en señal de saludo o afecto: *me estrechó entre sus brazos; estrechar la mano.* ◇ *v. prnl.* **4 estrecharse** Apretarse o juntarse mucho para que quepa más en el mismo espacio: *tendremos que estrecharnos un poco para caber todos en el coche.*
DER estrechamiento.

estrechez *n. f.* **1** Falta de anchura y espacio: *por allí no puede pasar el autobús debido a la estrechez de la calle.* **SIN** angostura. **2** Falta de las cosas más necesarias para vivir: *han despedido a su marido y están pasando algunas estrecheces.* **SIN** penuria. Se usa más en plural. **3** Falta o escasez de tiempo: *el trabajo le salió mal por la estrechez de tiempo.* **4** Falta de amplitud intelectual o moral al juzgar, valorar o dar opiniones: *estrechez de miras.* **5** Amistad íntima.

estrecho, -cha *adj.* **1** Que es delgado o poco ancho: *una calle estrecha; es estrecho de cintura y ancho de caderas.* **SIN** angosto. **ANT** ancho. **2** Que aprieta o es demasiado ajustado: *este vestido me queda estrecho.* **3** Que es rígido o estricto: *estará sometido a una estrecha vigilancia.* **4** [relación] Que es muy intenso y mantiene unos vínculos muy fuertes: *trabaja en estrecha colaboración con su amigo.* ◇ *adj./n. m. y f.* **5** [persona] Que tiene ideas muy conservadoras en relación con el sexo o que está reprimido sexualmente: *no es que sea un estrecho, sólo es muy tímido.* Se usa con sentido despectivo. ◇ *n. m.* **6** Parte de mar poco ancha que separa dos costas próximas y comunica dos mares: *el estrecho de Gibraltar separa el continente europeo y el continente africano.*
DER estrechamente, estrechar, estrechura.

estrechura *n. f.* Estrechez de un terreno o un espacio: *las estrechuras del local no permiten gran número de clientes.*
OBS Se usa frecuentemente en plural.

estregar *v. tr./prnl.* Frotar o pasar con fuerza una cosa sobre otra, generalmente para dar a ésta calor, limpieza o brillo: *estrega bien los zapatos con el cepillo si quieres que te queden lustrosos.* **SIN** restregar.
DER restregar.
OBS En su conjugación, la *e* se convierte en *ie* en sílaba acentuada y la *g* en *gu* delante de *e*, como en *regar*.

estrella *n. f.* **1** Astro o cuerpo celeste que brilla con luz propia en el firmamento: *se ha comprado un telescopio para mirar las estrellas por la noche; el Sol es la estrella más cercana a la Tierra.* **estrella fugaz** Estrella que aparece de pronto moviéndose muy rápido y que desaparece en seguida: *cuando veas una estrella fugaz, formula un deseo.* **Estrella Polar** Estrella que está en el extremo de la Osa Menor y señala el norte: *los navegantes se guiaban por la Estrella Polar.* **2** Figura que consiste en varias líneas que parten de un centro común y que pueden formar picos entre sí: *el niño dibujó una estrella y una Luna.* **3** Objeto con esa forma: *sopa de estrellas; la estrella de las espuelas.* **4** Signo de esa forma que sirve para indicar una categoría: *hotel de cinco estrellas.* **5** Signo de esa forma que indica la graduación de jefes y oficiales del ejército: *un capitán lleva tres estrellas de seis puntas.* **6** Persona que destaca en una profesión o que es muy popular, especialmente en un deporte o en el arte: *a la fiesta acudieron varias estrellas de cine.* **SIN** astro, figura. **7** Suerte o destino: *siempre he tenido buena estrella.*

estrella de mar Animal marino con forma de estrella, con cinco brazos de simetría radial, el cuerpo plano y un esqueleto exterior calizo: *las estrellas de mar se arrastran por el fondo marino.*

unos nacen con estrella y otros nacen estrellados Expresión que indica que unas personas tienen más suerte que otras.

ver las estrellas Sentir un dolor muy fuerte y vivo: *no fue un golpe grande, pero vi las estrellas.*

ETIM *Estrella* procede del latín *stella*, que tenía el mismo significado, voz con la que también están relacionadas *constelación*, *estelar*.

estrellado, -da *adj.* **1** Con forma de estrella. **2** Lleno de estrellas: *contemplaba el cielo estrellado.*

estrellar *v. tr.* **1** Lanzar con violencia un objeto contra otro objeto o una superficie firme y hacerlo trozos: *eres un torpe, has estrellado toda la vajilla contra el suelo.* **SIN** estampar. ◊ *v. prnl.* **2 estrellarse** Chocar con violencia contra un objeto o una superficie: *se ha estrellado un avión y dicen que no hay supervivientes.* **3** Fracasar en un intento al tropezar con dificultades insuperables: *se estrellaron al invertir su dinero en ese negocio.* **4** Llenarse o cubrirse de estrellas el cielo.

estrellato *n. m.* Condición o situación de una persona cuando alcanza la fama y se convierte en una estrella: *después de esa película habrá alcanzado el estrellato.*

estremecedor, -ra *adj.* Que hace temblar o causa alteración en el ánimo: *un frío estremecedor; trajo estremecedoras noticias de la guerra.*

estremecer *v. tr./prnl.* **1** Hacer temblar: *el terremoto estremeció la ciudad; el pobre animal se estremecía de frío.* **2** Impresionar o causar una alteración en el ánimo: *me estremecí al oír el aullido de un lobo.* **SIN** sobresaltar.
DER estremecedor, estremecimiento.
OBS En su conjugación, la *c* se convierte en *zc* delante de *a* y *o*, como en *agradecer*.

estremecimiento *n. m.* **1** Temblor o movimiento con sacudidas breves, rápidas y frecuentes: *tiene estremecimientos a causa de la fiebre.* **2** Alteración del ánimo: *aquella catástrofe causó un gran estremecimiento en todo el país.*

estrenar *v. tr.* **1** Usar por primera vez: *ya veo que estrenas zapatos.* **2** Representar o presentar por primera vez ante el público un espectáculo: *hoy estrena en Madrid su nueva película.* ◊ *v. prnl.* **3 estrenarse** Empezar a desempeñar un trabajo o darse a conocer por vez primera en una profesión: *gracias a tus amigos me ha estrenado como vendedor ambulante.*
DER estreno; reestrenar.

estreno *n. m.* **1** Uso de algo por primera vez: *todos se enteraron del estreno de su nueva moto.* **2** Representación o presentación de un espectáculo por primera vez ante el público: *muchos de los actores asistían al estreno de la película.*

estreñido, -da *adj.* [persona] Que retiene los excrementos y tiene dificultad para expulsarlos: *toma fruta y verdura si estás estreñido.*

estreñimiento *n. m.* Alteración del intestino que provoca la retención de los excrementos y hace difícil su expulsión: *he cambiado la leche al bebé, porque la otra le provocaba estreñimiento.* **ANT** diarrea.

estreñir *v. tr./intr./prnl.* Producir o padecer estreñimiento: *las frutas no estriñen; este medicamento evitará que se estriña.*
DER estreñido, estreñimiento; constreñir.
OBS En su conjugación, la *i* de la desinencia se pierde absorbida por la *ñ* y la *e* se convierte en *i* en algunos tiempos y personas, como en *ceñir*.

estrépito *n. m.* Ruido muy grande: *al coger un plato, se cayeron todos al suelo con gran estrépito.* **SIN** estruendo, fragor.
DER estrepitoso.

estrepitoso, -sa *adj.* **1** Que causa estrépito: *el explosivo causó un ruido estrepitoso.* **2** Muy ostensible o espectacular: *un fracaso estrepitoso.*

estreptococo *n. m.* Bacteria de forma redondeada que se agrupa en forma de cadena: *el estreptococo es un agente causante de enfermedades como la pulmonía y la escarlatina.*

estrés *n. m.* Estado de gran tensión nerviosa, generalmente causado por un exceso de trabajo, que suele provocar diversos trastornos físicos y mentales: *el estrés suele ir acompañado de un estado de angustia o ansiedad.*
DER estresar.
OBS El plural es *estreses*.

estresar *v. tr./intr.* Causar o sentir estrés: *las últimas tensiones y discusiones del trabajo me han estresado mucho.*
DER estresante.

estría *n. f.* **1** Surco o hendidura en una superficie: *las estrías de una columna.* **2** Línea más clara que queda marcada en la piel cuando se ha estirado mucho y de forma rápida: *esta crema evita las estrías del embarazo.*
DER estriar.

estriar *v. tr./prnl.* Formar estrías en una superficie: *el barro se ha estriado al secarse.*
OBS En su conjugación, la *i* se acentúa en algunos tiempos y personas, como en *desviar*.

estribación *n. f.* Conjunto de montañas laterales que derivan de una cordillera: *en esta comarca se encuentran las estribaciones del Sistema Central.*
OBS Se usa más en plural.

estribar *v. intr.* Fundarse o apoyarse: *el éxito que tiene en su trabajo estriba en su buena voluntad.* **SIN** residir.
DER estribación.
OBS Se construye seguido de la preposición *en*.

estribillo *n. m.* **1** Conjunto de palabras o versos que se repite al final de cada estrofa de un poema o canción: *cada uno que cante una estrofa y todos juntos cantaremos el estribillo.* **2** Palabra o frase que se repite, por vicio, muchas veces al hablar o escribir: *debes evitar esos estribillos, que son muestra de falta de riqueza en la expresión.*

estribo *n. m.* **1** Pieza de metal que cuelga a cada lado de la silla de montar y en la que el jinete apoya los pies: *el jinete puso el pie en el estribo y subió al caballo.* **2** Pieza que a modo de escalón sirve para subir o bajar de ciertos vehículos: *el estribo de un carruaje.* ☞ motocicleta. **3** ANAT. Hueso del oído medio de los vertebrados: *el estribo se articula con el yunque.* ☞ oído. **4** ARQ. Construcción vertical que se levanta pegada al muro de un edificio para hacerlo más resistente a la carga que debe soportar. **SIN** contrafuerte.

perder los estribos Enfadarse y perder la serenidad o la paciencia.
DER estribar, estribillo.

estribor *n. m.* MAR. Lado derecho de una embarcación, mirando desde la parte trasera, o popa, hacia la delantera, o proa: *vimos tierra a estribor.* **ANT** babor.

estricnina *n. f.* Sustancia muy venenosa, de sabor amargo y poco soluble, que se extrae de la nuez vómica y de otras plantas: *la estricnina se ha utilizado en medicina como estimulante cardíaco.*

estricto, -ta *adj.* Que se ajusta con exactitud a lo necesario o a lo establecido y que no admite excepciones ni permite otra interpretación: *es una persona muy estricta y sigue el reglamento al pie de la letra; las reglas establecidas son muy estrictas.* **SIN** rígido, riguroso. **ANT** laxo.
DER estrictamente.

estridencia *n. f.* **1** Sonido agudo, fuerte y desapacible. **2** Violencia al actuar o al expresarse: *el pueblo manifestó su desacuerdo con estridencia.*

estridente *adj.* **1** [sonido] Que es agudo, fuerte y desapacible: *música estridente.* **2** Que causa una sensación molesta por su exageración o contraste violento: *lleva una corbata de colores estridentes.*
DER estridencia.

estrofa *n. f.* Combinación fija de versos que forma parte de un poema: *compuso un largo poema de 300 estrofas.*
DER estrófico; antiestrofa.

estrófico, -ca *adj.* **1** De la estrofa o relacionado con esta combinación de versos: *unidad estrófica.* **2** [poema] Que está dividido en estrofas: *el soneto es un poema estrófico formado por dos cuartetos y dos tercetos.*

estrógeno *n. m.* Hormona sexual femenina que interviene en la aparición de los caracteres sexuales secundarios. El estrógeno provoca el período de celo de los mamíferos.

estroncio *n. m.* Elemento químico metálico de color amarillo, de número atómico 38, fácilmente deformable: *el símbolo del estroncio es Sr.*

estropajo *n. m.* **1** Trozo de un tejido o de otro material generalmente ásperos que se usa para fregar: *a esta sartén tan sucia tendrás que darle con el estropajo de aluminio.* **2** Planta cuyo fruto, una vez seco, se usa para el aseo: *las esponjas vegetales se sacan del estropajo.*
DER estropajoso.

estropajoso, -sa *adj.* **1** Que está fibroso y áspero: *esta carne está mal cocinada y se ha puesto estropajosa; lávate el pelo, que lo tienes revuelto y estropajoso.* **2** [persona] Que viste de manera sucia y descuidada: *no seas estropajoso y cámbiate esa camisa tan vieja que llevas.* **3** [forma de hablar] Que es torpe y poco clara: *descubrí que estaba algo bebido por su hablar estropajoso.*

estropear *v. tr./prnl.* **1** Deteriorar, hacer perder la calidad o el valor: *la carne se ha estropeado; la cal del agua estropea las lavadoras.* **SIN** escacharrar, romper. **ANT** arreglar. **2** Echar a perder una situación, un asunto o un proyecto: *la lluvia estropeó la inauguración del estadio.* **SIN** arruinar, malograr.
DER estropicio.

estropicio *n. m.* **1** Destrozo o rotura con mucho ruido: *se le cayó la bandeja con los vasos y formó un estropicio.* **2** Trastorno o daño aparatoso pero de escasa importancia: *los niños siempre hacen algún estropicio cuando juegan al fútbol en el jardín.*

estructura *n. f.* **1** Modo de estar organizadas u ordenadas las partes de un todo: *la estructura de un poema; la estructura de una organización.* **2** Conjunto de piezas o elementos que sirve de soporte y esqueleto de algo: *la estructura de un edificio.* **SIN** armadura, armazón.
DER estructurar, estructural; infraestructura, superestructura.

estructuración *n. f.* Organización u ordenación de las parte de un todo: *la dimisión de los dos ministros ha obligado a una nueva estructuración del gobierno.*

estructural *adj.* **1** De la estructura o que tiene relación con ella: *haremos un estudio estructural de la obra.* **2** GRAM. Del estructuralismo o que tiene relación con esta doctrina filosófica: *gramática estructural.*
DER estructuralismo.

estructuralismo *n. m.* **1** FILOS. Doctrina filosófica que trata de establecer relaciones sistemáticas entre los elementos que estudia: *el estructuralismo comenzó a desarrollarse en el siglo XIX.* **2** GRAM. Escuela lingüística que considera la lengua como una estructura o un sistema de relaciones y establece los principios de forma y función para delimitar y clasificar las unidades de una lengua: *el estructuralismo lingüístico nació a principios del siglo XX con Saussure, entre otros, como precursor.*
DER estructuralista.

estructuralista *adj.* **1** Del estructuralismo o que tiene relación con esta doctrina filosófica o escuela lingüística: *el antropólogo Lévi-Strauss aplicó el método estructuralista al análisis de los mitos.* ◇ *adj./n. com.* **2** [persona] Que sigue la doctrina del estructuralismo: *Bloomfield fue el principal estructuralista de la lingüística norteamericana.*

estructurar *v. tr./prnl.* Organizar u ordenar las partes de un todo: *con la adición de los nuevos capítulos tendrá que estructurar de nuevo la obra.* **ANT** desorganizar.
DER estructuración, estructurado; reestructurar.

estruendo *n. m.* **1** Ruido muy grande: *no oí lo que me decías con el estruendo del avión despegando.* **SIN** estrépito, fragor. **2** Jaleo, confusión o desorden formado por mucha gente gritando y moviéndose: *el público animaba a su equipo con gran estruendo.*
DER estruendoso.

estruendoso, -sa *adj.* Que causa estruendo o un ruido muy grande: *fue estruendosa la reacción del público: tras la representación, los actores recibieron una gran ovación.*

estrujar *v. tr.* **1** Retorcer o apretar con fuerza algo que tiene líquido para sacárselo: *estruja un poco de limón sobre el pescado.* **SIN** exprimir. **2** Apretar hasta deformar o arrugar: *estrujó el papel entre sus manos.* **3** Apretar con fuerza a una persona: *se alegraba tanto de verme, que me estrujaba entre sus brazos.* **4** Sacar todo el partido posible de alguien o de algo: *por más que te estrujes la cabeza no darás con la solución; estruja a sus clientes subiéndoles los precios cada semana.* **SIN** exprimir.
DER estrujón.

estuario *n. m.* Desembocadura de un río caudaloso en el mar caracterizada por tener la forma de un embudo cuyos lados van apartándose en el sentido de la corriente y por la influencia de las mareas en la unión de las aguas fluviales con las marítimas: *la desembocadura del río Amazonas es un estuario, mientras que la del Nilo es un amplio delta.*

estucar *v. tr.* **1** Cubrir una superficie con estuco. **2** Colocar sobre un muro o columna las piezas de estuco previamente moldeadas y desecadas.
OBS En su conjugación, la c se convierte en qu delante de e.

estuche *n. m.* Caja o envoltura adecuada para guardar o proteger un objeto determinado o un juego de ellos: *el estuche del violín; un estuche de lápices.*
DER estuchar.

estuco *n. m.* **1** Masa de yeso blanco y agua de cola que se emplea para enlucir paredes interiores, hacer molduras y reproducciones de figuras o de relieves: *el estuco ya está dado y ahora sólo queda pintar.* **SIN** escayola. **2** Masa de cal apagada y polvo de mármol con que se hace un enlucido al que se da lustre después con cera o aguarrás.
DER estucar.

estudiantado *n. m.* Conjunto de estudiantes, especialmente los de un centro docente: *el estudiantado de nuestro centro es el más numeroso de los que hay en la comarca.* **SIN** alumnado.

estudiante *n. com.* Persona que cursa estudios en un centro docente: *he conocido a un estudiante de tercero de medicina.*
DER estudiantado, estudiantil, estudiantina.

estudiantil *adj.* De los estudiantes o relacionado con ellos: *el nuevo sistema de enseñanza ha provocado numerosas protestas estudiantiles.*

estudiantina *n. f.* Grupo de estudiantes, generalmente universitarios, que forma un conjunto musical y salen por las calles tocando varios instrumentos y cantando: *los miembros de la estudiantina llevan unos trajes que imitan la antigua vestimenta del estudiante.* **SIN** tuna.

estudiar *v. tr.* **1** Poner en funcionamiento el entendimiento para investigar, comprender y aprender: *no voy a salir, pues tengo que estudiar para el examen de la próxima semana.* **2** Pensar y considerar algo con atención y cuidado: *cuando*

estudio

se decida a comprarlo, ya estudiaremos la forma de pago. ◇ v. tr./intr. **3** Cursar estudios en un centro de enseñanza: *estudio biología en la Universidad de Granada; ¿estudias o trabajas?* **DER** estudiado, estudiante, estudio.
OBS En su conjugación, la *i* no se acentúa, como en *cambiar*.

estudio *n. m.* **1** Ejercicio o esfuerzo del entendimiento para comprender o aprender algo, especialmente una ciencia o un arte: *dedica dos horas al día al estudio del alemán.* **2** Obra o trabajo en el que se estudia un asunto o cuestión, o se explica y se reflexiona sobre él: *es autor de varios estudios sobre economía internacional.* **3** Habitación de una casa que se usa para estudiar o trabajar: *necesito organizar los libros que hay en el estudio.* **4** Lugar de trabajo de una persona que se dedica al arte o a la ciencia: *nos ha hecho varias fotografías en su estudio.* **5** Lugar donde se graban películas, emisiones de radio y televisión, discos u otras cosas: *la entrevista se llevó a cabo en los estudios centrales de televisión.* **6** Apartamento de pequeñas dimensiones, generalmente compuesto de una pieza principal, una pequeña cocina y un cuarto de baño: *vive solo en un estudio alquilado.* **7** MÚS. Composición musical escrita para practicar y aprender una técnica difícil: *tengo que dedicar más tiempo a los estudios de Chopin.* **8** PINT. Dibujo o pintura que se hace como prueba o modelo antes de iniciar la obra definitiva: *se conservan algunos estudios previos del Guernica de Picasso.* ◇ *n. m. pl.* **9 estudios** Conjunto de materias que se estudian para conseguir un título: *ha cursado los estudios de medicina.* **10** Actividad de estudiar para conseguir un título: *se pagó los estudios trabajando como camarero en verano.*
DER estudioso.

estudioso, -sa *adj.* **1** [persona] Que estudia mucho: *todos desean que sea un niño estudioso y saque buenas notas.* ◇ *adj./n. m. y f.* **2** [persona] Que se dedica al estudio de un tema o materia y tiene un conocimiento extenso y profundo sobre ello: *un conocido estudioso de la cultura inca ha dado unas charla en la universidad.*

estufa *n. f.* Aparato que sirve para calentar un recinto quemando en él un combustible o mediante la energía eléctrica: *en aquellos tiempos las estufas eran de leña o de carbón; se ha roto la resistencia de la estufa eléctrica.*

estulticia *n. f.* *culto* Necedad, tontería o estupidez.

estupefacción *n. f.* Admiración o sorpresa tan grande que deja parado y sin saber qué hacer o decir a quien la siente: *reaccionó con estupefacción cuando le dieron el premio porque no se lo esperaba en absoluto.*

estupefaciente *adj./n. m.* [sustancia] Que calma o quita el dolor produciendo sueño y una sensación de placer: *las drogas son estupefacientes y crean adicción; fue detenido por tráfico de estupefacientes.*

estupefacto, -ta *adj.* [persona] Que queda asombrada, sin respuesta o reacción, ante una sorpresa: *aquella increíble noticia me dejó estupefacto.* **SIN** patidifuso, patitieso.
DER estupefacción, estupefaciente.

estupendo, -da *adj.* **1** Que destaca o llama la atención por sus buenas cualidades: *es un chico estupendo; se ha comprado un coche y una casa estupendos.* **SIN** excelente, magnífico. **ANT** pésimo. ◇ *adv.* **2** estupendo Muy bien: *lo pasamos estupendo en la fiesta de ayer riendo y bailando.* **SIN** estupendamente.

estupidez *n. f.* **1** Dificultad y gran lentitud para comprender las cosas: *sus actos da constantes muestras de su estupidez.* **SIN** idiotez, imbecilidad. **2** Obra o dicho propios de una persona estúpida: *cometió la estupidez de conducir algo bebido.* **SIN** idiotez, imbecilidad.

estúpido, -da *adj.* **1** Propio de la persona que es torpe o que le falta inteligencia: *comportamiento estúpido.* ◇ *adj./ n. m. y f.* [persona] Que es torpe o carece de inteligencia: *pareces estúpido cuando actúas con tan poco sentido común.* **SIN** tonto. **2** [persona] Que molesta o disgusta por su falta de discreción u oportunidad.
DER estupidez.
OBS Se usa como insulto.

estupor *n. m.* **1** Admiración o asombro extremados que impide hablar o reaccionar: *empezó a desnudarse en medio del estupor de los presentes.* **2** Disminución de la actividad de las funciones mentales y de la capacidad de respuesta a los estímulos.

estupro *n. m.* Delito que consiste en el coito con una persona menor de edad valiéndose del engaño o del dominio que se tiene sobre ella: *el estupro es un delito castigado duramente por la ley.*

esturión *n. m.* Pez marino comestible de gran tamaño, de color gris con pintas negras, cabeza pequeña, hocico agudo y cuerpo cubierto de placas óseas: *los esturiones remontan los ríos para desovar; con los huevos de esturión se hace el caviar.*
☞ pez.
OBS Para indicar el sexo se usa *el esturión macho* y *el esturión hembra.*

esvástica *n. f.* Cruz que tiene los cuatro brazos doblados en ángulo recto: *la esvástica es uno de los símbolos del nazismo.* **SIN** cruz gamada.

eta *n. f.* Séptima letra del alfabeto griego: *la eta equivale a la e larga.*

etanol *n. m.* QUÍM. Estimulante que se forma con la fermentación de la glucosa mediante bacterias: *el etanol es el ingrediente principal de las bebidas alcohólicas.* **SIN** alcohol etílico.

etapa *n. f.* **1** Momento, período o estado que forma parte de una serie o de un proceso: *cuando finalicemos esta primera parte, entraremos en la segunda etapa del proyecto; la infancia y la vejez son dos etapas de la vida.* **SIN** estadio, fase. **2** Trayecto o distancia que se recorre entre dos puntos, especialmente la que se recorre de una sola vez en determinadas pruebas deportivas: *hicimos el viaje en dos etapas; la etapa ciclista del sábado es de alta montaña.*

etarra *adj.* **1** De la organización terrorista ETA o relacionado con ella: *atentado etarra.* ◇ *adj./n. com.* **2** [persona] Que pertenece a la organización terrorista vasca ETA: *la policía ha conseguido detener a los etarras responsables del atentado.*
OBS Se deriva de la sigla ETA (*Euskadi ta Askatasuna*, 'Patria Vasca y Libertad').

etc. Abreviatura de *etcétera*, 'y lo demás'.

etcétera *n. m.* Expresión que se usa para sustituir la parte final de una enumeración y evitar seguir detallándola por ser muy larga o por sobrentenderse lo que sigue con facilidad: *etcétera casi siempre se usa en su forma abreviada,* etc.

éter *n. m.* Compuesto químico orgánico, sólido, líquido o gaseoso, en cuya molécula existe un átomo de oxígeno unido a dos radicales de hidrocarburos: *hay una variedad del éter que se usa como anestésico.*
DER etano, etéreo, etilo.

etéreo, -a *adj.* **1** *culto* Que es poco consistente o concreto: *tiene un discurso tan etéreo que nunca comprendo lo que quiere decir.* **2** QUÍM. Del éter o que tiene relación con él: *sustancias etéreas.*

eternidad *n. f.* **1** Espacio de tiempo sin principio ni fin: *nada material dura hasta la eternidad.* **2** Vida del alma después de la muerte en determinadas religiones: *los cristianos* creen en la eternidad del alma. **3** *coloquial* Espacio de tiempo muy largo: *¡has tardado una eternidad!*

eternizar *v. tr./prnl.* **1** Hacer durar demasiado tiempo: *la conferencia se eternizaba y los asistentes empezaban a cansarse.* ◊ *v. tr.* **2** Hacer durar para siempre: *me gustaría eternizar el sentimiento surgido en nuestra relación.* ◊ *v. prnl.* **3 eternizarse** Tardar mucho tiempo en hacer una cosa: *se eterniza arreglándose cuando tiene que ir a una fiesta.*
OBS En su conjugación, la *z* se convierte en *c* delante de *e*.

eterno, -na *adj.* **1** Que no tiene principio ni fin: *para los católicos Dios es eterno.* **2** Que permanece y mantiene su calidad o estado siempre: *juró que su amor sería eterno; la amistad es un valor eterno.* **SIN** infinito, perenne. **3** Que se repite de manera frecuente y con insistencia: *tardaremos mucho si vas a comenzar con tus eternas preguntas.* **4** Que dura demasiado tiempo: *la película era muy aburrida y se me hizo eterna.*
DER eternidad, eternizar.

ética *n. f.* **1** Parte de la filosofía que estudia la moral y el comportamiento humano en cuanto al bien y al mal: *Aristóteles es el fundador de la ética.* **2** Conjunto de reglas morales que dirigen el comportamiento del hombre, en general o en un campo específico: *su ética profesional le impide contarnos más cosas.* **SIN** moral.

ético, -ca *adj.* **1** De la ética o que tiene relación con esta parte de la filosofía. **2** Que se ajusta al conjunto de reglas que dirigen el comportamiento del hombre: *su comportamiento ha sido muy poco ético.*
DER ética.

etílico, -ca *adj.* QUÍM. Del etanol o que tiene relación con esta sustancia química: *la policía lo detuvo por conducir con una fuerte intoxicación etílica.* **SIN** alcohólico.

étimo *n. m.* GRAM. Palabra o raíz de la que procede o deriva una palabra: *el vocablo latino* oculum *es el étimo de* ojo.
DER etimología.

etimología *n. f.* **1** GRAM. Origen de las palabras y explicación de su significado y su forma: *me gustaría saber la etimología de esta palabra.* **2** GRAM. Disciplina que estudia el origen de las palabras: *la etimología complementa a la fonética y a la semántica.*
DER etimológico, ctimólogo.

etimológico, -ca *adj.* GRAM. De la etimología o que tiene relación con esta disciplina: *la información etimológica ayuda a comprender la forma y el significado de una palabra; diccionario etimológico.*

etimólogo, -ga *n. m. y f.* GRAM. Persona que se dedica a estudiar el origen de las palabras.

etiología *n. f.* **1** Estudio sobre las causas de las cosas: *en biología, la etiología se ocupa del estudio de la génesis de los órganos, funciones y facultades.* **2** Parte de la medicina que estudia las causas de las enfermedades.

etíope *adj.* **1** De Etiopía, o que tiene relación con este país del noreste de África. **SIN** abisinio. ◊ *adj./n. com.* **2** [persona] Que ha nacido en Etiopía. **SIN** abisinio.

etiqueta *n. f.* **1** Trozo de papel, cartón u otro material parecido que se pega a una cosa para dar información sobre ella: *todos los medicamentos deben indicar su composición en la etiqueta; creo que el precio lo han puesto en la etiqueta.* ☞ signos y señales. **2** Calificación que recibe una persona y por la que se identifica o caracteriza: *en cuanto entró a trabajar le colgaron la etiqueta de pelota.* **3** Ceremonial o conjunto de reglas y formalidades que se siguen en actos oficiales y solemnes, o en sociedad: *si me tratas con tanta etiqueta, muestras falta de confianza entre nosotros; si vamos al acto, tenemos que respetar la etiqueta de palacio.*

de etiqueta *a)* Expresión que se aplica al tipo de ropa adecuada para una ocasión solemne: *traje de etiqueta.* *b)* Expresión que se aplica al acto, fiesta o reunión solemne que exige llevar una ropa adecuada: *fiesta de etiqueta.*
DER etiquetar, etiquetero.

etiquetar *v. tr.* **1** Colocar la etiqueta a una cosa: *mi sección de la fábrica se encarga de etiquetar el producto una vez envasado.* **2** Poner una etiqueta o calificativo a alguien de manera que lo identifique o lo caracterice: *me han etiquetado de tacaño por negarme a invitar.*

etnia *n. f.* Grupo de personas que pertenecen a la misma raza y que comparten un origen, lengua, religión y cultura propios: *los masai son de etnia africana.*
DER étnico.

étnico, -ca *adj.* De la etnia o relacionado con ella: *grupos étnicos; estudio étnico.*

etno- Elemento prefijal que entra en la formación de palabras con el significado de 'pueblo', 'raza': *etnografía.*

etnografía *n. f.* Ciencia que estudia y describe las razas y los pueblos: *la etnografía es una rama de la antropología centrada en los aspectos descriptivos.*
DER etnográfico.

etnología *n. f.* Ciencia que estudia las razas y los pueblos en todos sus aspectos y relaciones, basándose en los datos proporcionados por la etnografía.

etrusco, -ca *adj.* **1** De Etruria o relacionado con esta antigua región del noroeste de Italia: *arte etrusco.* **SIN** tirreno. ◊ *adj./n. m. y f.* **2** [persona] Que era de Etruria: *algunos de los reyes de Roma fueron etruscos.* **SIN** tirreno. ◊ *n. m.* **3** Lengua hablada por los antiguos habitantes de esta región del noroeste de Italia: *al contrario del latín, el etrusco no era una lengua indoeuropea.*

eucalipto *n. m.* **1** Árbol originario de Australia de gran altura y rápido crecimiento, con el tronco recto y la copa en forma de cono, las hojas duras y olorosas y las flores amarillas: *las hojas del eucalipto contienen esencias balsámicas.* ☞ árbol. **2** Madera de ese árbol: *el eucalipto se emplea en la construcción y en la fabricación de papel.* **3** Olor y sabor que se obtiene de las hojas de ese árbol: *los caramelos de eucalipto son buenos para la tos.*

eucaristía *n. f.* **1** Sacramento de la Iglesia católica mediante el cual el pan y el vino se convierten en el cuerpo y la sangre de Cristo por las palabras que el sacerdote pronuncia en la consagración: *el sacramento de la eucaristía fue instituido por Jesucristo en su última cena.* **2** Ceremonia católica durante la cual se celebra el sacrificio del cuerpo y la sangre de Cristo bajo las especies de pan y vino y en la que se da y recibe el sacramento de la comunión: *la eucaristía es la principal celebración religiosa de la Iglesia católica.* **SIN** misa.

eucarístico, -ca *adj.* De la eucaristía o que tiene relación con ella: *sacramento eucarístico.*

eufemismo *n. m.* GRAM. Palabra o expresión más suave o decorosa con que se sustituye otra considerada de mal gusto, grosera o demasiado franca: *trasero es un eufemismo de culo.* **ANT** tabú.
DER eufemístico.

eufemístico, -ca *adj.* GRAM. Del eufemismo o que tiene relación con él: *expresiones eufemísticas.*

eufonía *n. f.* Fenómeno del lenguaje que consiste en una combinación de sonidos que resulta agradable al oído: *en sus poesías utiliza palabras y expresiones dotadas de una extremada eufonía.* **ANT** cacofonía.
DER eufónico.

eufónico, -ca *adj.* [sonido, palabra] Que resulta agradable al oído o que es fácil de pronunciar. **ANT** cacofónico.

euforia *n. f.* Sensación intensa de alegría o de bienestar, generalmente exteriorizada: *todo el país contempló la euforia de los jugadores cuando ganaron la medalla.*
DER eufórico.

eufórico, -ca *adj.* [persona, cosa] Que manifiesta euforia: *el comportamiento eufórico le duró todo el día; estaba eufórico cuando nació su hija.*

eunuco *n. m.* Hombre castrado, especialmente el que se destinaba entre los orientales a la custodia de las mujeres del harén: *los sultanes turcos tenían muchos eunucos a su servicio.*

euro *n. m.* **1** Unidad monetaria europea formada por una combinación de las distintas monedas nacionales de los países que constituyen la Unión Europea: *en 1995, los países comunitarios decidieron sustituir el ecu por el euro como denominación de la moneda única europea.* **2** *culto* Viento que sopla del oriente.

euro- Elemento prefijal que entra en la formación de palabras con el valor de 'europeo': *eurocomunismo.*

eurocomunismo *n. m.* Tendencia del movimiento comunista defendida por partidarios que actúan en países capitalistas europeos y que rechazaban el modelo soviético.
DER eurocomunista.

eurocomunista *adj./n. com.* Partidario o seguidor del eurocomunismo: *los eurocomunistas admiten la propiedad privada de algunos medios de producción.*

eurodiputado, -da *n. m. y f.* Diputado del Parlamento de la Unión Europea: *cada eurodiputado defiende los intereses de su país frente a los demás países comunitarios.*

europeísmo *n. m.* Conjunto de doctrinas que defienden la unificación de los Estados del continente europeo: *la implantación de una moneda única ha sido obra del europeísmo económico.*

europeísta *adj.* **1** Del europeísmo o que tiene relación con él: *política europeísta.* ◊ *adj./n. com.* **2** [persona] Que es partidario del europeísmo.

europeizar *v. tr./prnl.* Dar o adquirir el carácter, las costumbres y la cultura europeos: *la creciente hegemonía europea ha contribuido a europeizar países de otros continentes.*
OBS En su conjugación, la *i* se acentúa en algunos tiempos y personas y la *z* se convierte en *c* delante de *e*, como en *homogeneizar*.

europeo, -a *adj.* **1** De Europa o relacionado con este continente: *París es una de las capitales europeas más visitadas.* ◊ *adj./n. m. y f.* **2** [persona] Que es de un país de Europa: *el aspecto físico de los europeos es muy heterogéneo.*
DER europeidad, europeísmo, europeísta, europeizar, europio.

europio *n. m.* Elemento químico metálico del grupo de los lantánidos, muy reactivo y de número atómico 63: *Eu es el símbolo del europio.*

eurovisión *n. f.* Conjunto de circuitos de imagen y sonido que permiten el intercambio de programas, de comunicaciones y de informaciones entre los países europeos asociados: *el festival de música es transmitido por eurovisión.*

euskera o **eusquera** *n. m.* **1** Lengua que se habla en las comunidades autónomas del País Vasco y Navarra y en el territorio vascofrances. **SIN** vasco, vascuence. ◊ *adj.* **2** De la lengua vasca o relacionado con ella: *la lengua española recoge términos de formación eusquera.*
OBS La Real Academia Española prefiere *eusquera*, pero se usa más *euskera*.

eutanasia *n. f.* Provocación de la muerte a un enfermo incurable para poner fin a sus sufrimientos: *la eutanasia es una práctica prohibida en la mayoría de los países.*

evacuación *n. f.* **1** Acción de sacar o hacer salir a alguien de un lugar: *evacuación de los heridos.* **2** Vaciado o desocupación de un lugar: *los bomberos procedieron a la evacuación del edificio tras el incendio.* **3** Expulsión de excrementos.

evacuar *v. tr.* **1** Obligar a salir o sacar de un lugar a una persona: *evacuaron primero a las mujeres y a los niños.* **SIN** desalojar. **2** Dejar vacío un lugar: *evacuar las viviendas cercanas al incendio.* **SIN** desalojar. ◊ *v. intr.* **3** Expulsar los excrementos del organismo. **SIN** cagar, defecar, deponer.
DER evacuación, evacuatorio.
OBS En su conjugación, la *u* no se acentúa, como en *adecuar*.

evacuatorio *n. m.* **1** Retrete público: *algunos evacuatorios funcionan con monedas.* **2** Sustancia o medicamento que sirve para evacuar: *la fibra vegetal es un buen evacuatorio.*
SIN evacuativo.

evadir *v. tr./prnl.* **1** Evitar con habilidad y astucia una dificultad, un compromiso o un peligro: *evadir la respuesta; evadirse del problema.* **2** Sacar ilegalmente del país dinero u otros bienes: *está en la cárcel por evadir grandes sumas al extranjero.* ◊ *v. prnl.* **3 evadirse** Salir precipitadamente de un lugar cerrado, especialmente si es de manera oculta: *desde que entró en prisión sólo pensaba en evadirse.* **SIN** escapar, fugarse, huir. **4** Distraer o apartar la atención de un asunto o una situación: *se fue una semana de vacaciones para evadirse de sus preocupaciones.*
DER evasión, evasiva, evasivo, evasor.

evaluación *n. f.* **1** Determinación del valor, la importancia o la trascendencia de una cosa: *se ha hecho una primera evaluación de los daños causados por las últimas lluvias.* **2** Valoración de los conocimientos, la actitud y el rendimiento de un alumno: *al efectuar la evaluación del trimestre advertí el alto nivel del alumnado.*

evaluar *v. tr.* **1** Determinar el valor, la importancia o la trascendencia de una cosa: *la comisión de científicos se reunió para evaluar la situación de la capa de ozono.* **2** Valorar los conocimientos, la actitud o el rendimiento de un alumno: *el profesor evalúa a sus alumnos cada trimestre.*
DER evaluación.
OBS En su conjugación, la *u* se acentúa en algunos tiempos y personas, como en *actuar*.

evangélico, -ca *adj.* **1** De la historia de la vida de Jesús y de los primeros cristianos, escrita por san Mateo, san Marcos, san Lucas y san Juan. **2** De una doctrina religiosa cristiana que tuvo su origen en las ideas del religioso alemán Lutero en el siglo XVI. **SIN** protestante.

evangelio *n. m.* **1** Historia de la vida, doctrina y milagros de Jesucristo contenida en los cuatros relatos escritos por san Mateo, san Marcos, san Lucas y san Juan. **2** Libro que recoge la vida y doctrina de Jesucristo y que forma parte del Nuevo Testamento: *se estudian las diferencias entre el evangelio de san Lucas y el evangelio de san Juan.* **3** Religión cristiana: *predicar el evangelio; convertirse al evangelio.* **4** *coloquial* Verdad que no admite discusión: *si lo ha dicho mi padre, para mí es el evangelio.*
DER evangélico, evangelista, evangelizar.

evangelista *n. m.* Autor de uno de los cuatro evangelios: *los evangelistas son san Mateo, san Marcos, san Lucas y san Juan.*

evangelización *n. f.* Enseñanza y propagación de la doctrina cristiana en un lugar.

evangelizar *v. tr.* Predicar o dar a conocer la doctrina cristiana en un lugar: *los misioneros fueron a evangelizar a los indígenas.*

DER evangelización.
OBS En su conjugación, la z se convierte en c delante de e.

evaporación n. f. Cambio de un líquido o un sólido al estado gaseoso. **SIN** gasificación. ☞ ciclo de agua.

evaporar v. tr./prnl. **1** Convertir un líquido o un sólido en gas: *hace tanto calor, que el agua de la charca se ha evaporado*. **SIN** gasificar. ◇ v. prnl. **2 evaporarse** Desaparecer con rapidez: *su fortuna se evaporó en unos meses*. **3** Especialmente, desaparecer una persona de un lugar con rapidez: *sus amigos se evaporaron cuando llegó la policía*.
DER evaporación.

evasión n. f. **1** Salida precipitada de un lugar cerrado, especialmente si se hace de manera oculta: *sólo dos prisioneros consiguieron burlar la vigilancia y llevar a cabo la evasión*. **SIN** escapada, fuga, huida. **2** Rechazo con habilidad y astucia de una dificultad: *la evasión de responsabilidades*.
evasión de capital Transferencia ilegal de bienes, especialmente de dinero, a un país extranjero: *la evasión de capital está penada por la ley*.
de evasión Expresión que se aplica a la narración o película cuya única finalidad es la de divertir o entretener: *las películas de evasión pueden relajarte cuando estás muy tenso porque ayudan a olvidarse de los problemas*.

evasiva n. f. Salida o recurso para escapar de una dificultad, un compromiso o un peligro: *no admitiré más evasivas, quiero saberlo todo*.
OBS Se usa normalmente en plural.

evasivo, -va adj. Que trata de evitar una dificultad, un compromiso o un peligro: *medios evasivos; respuesta evasiva*.

evasor, -ra adj./n. m. y f. Que evade, especialmente dinero o bienes, o se evade: *los evasores de capital son perseguidos por la justicia*.

evento n. m. Acontecimiento, especialmente si es de cierta importancia: *un político de su talla no podía faltar a tal evento*.
DER eventual.

eventual adj. **1** Que no es fijo ni regular o que está sujeto a las circunstancias: *contrato eventual*. ◇ adj./n. com. **2** [trabajador] Que no forma parte de la plantilla de la empresa y presta sus servicios temporalmente: *la mitad de los trabajadores de esta empresa son eventuales*.
DER eventualidad.

eventualidad n. f. **1** Inseguridad o dependencia de las circunstancias que presenta alguna cosa: *la eventualidad de mi situación económica no me permite hacer grandes inversiones*. **2** Cosa que puede suceder o no suceder, especialmente un problema que se plantea de manera no prevista: *he tomado medidas para atender con rapidez cualquier eventualidad*. **SIN** contingencia, imprevisto.

evidencia n. f. Certeza absoluta tan clara y manifiesta que no admite duda: *ante la evidencia de las pruebas, el acusado confesó su delito*.
en evidencia En ridículo o en una situación comprometida: *al desmentir mis respuestas me has puesto en evidencia delante de todos*.
DER evidenciar, evidente.
OBS Se usa con verbos como *poner* o *quedar*.

evidenciar v. tr. Probar o mostrar que una cosa es tan clara y manifiesta que no admite duda: *tus notas evidencian las horas que has dedicado al estudio*.
OBS En su conjugación, la i no se acentúa, como en *cambiar*.

evidente adj. Que es tan claro y manifiesto que no se puede negar o poner en duda: *es evidente que no estaban a gusto, pues se fueron nada más llegar*.
DER evidentemente.

evitar v. tr. **1** Impedir que algo tenga lugar, especialmente un peligro, una obligación o un problema: *tienes que cuidarte para evitar caer enfermo*. **2** Procurar no hacer una cosa: *evitaré hacerle preguntas comprometidas*. **3** Procurar no encontrarse o tratar a una persona: *intenta evitar a Enrique, es un pesado*.
DER inevitable.

evocación n. f. Representación en la memoria o en el pensamiento de algo o de alguien: *el orador comenzó haciendo una evocación de aquellos tiempos pasados*.

evocador, -ra adj. Que trae a la memoria o al pensamiento: *la fuerza evocadora de aquellas imágenes lo transportó a su infancia*.

evocar v. tr. **1** Recordar o traer a la memoria o al pensamiento: *se llenó de melancolía al evocar los tiempos pasados*. **SIN** rememorar. **ANT** olvidar. **2** Recordar una cosa a otra por su relación o parecido: *el paisaje norteño evocaba las montañas de su pueblo natal*.
DER evocación, evocador.
OBS En su conjugación, la c se convierte en qu delante de e.

evolución n. f. **1** Cambio o transformación gradual, especialmente de las ideas, las teorías, la conducta o la actitud: *hizo un trabajo sobre la evolución social experimentada en los últimos años*. **ANT** involución. **2** Desarrollo de las cosas o de los organismos por medio del cual pasan de un estado a otro: *el pueblo entero sigue con interés la evolución de su enfermedad*. **ANT** involución. **3** Movimiento de una persona, animal o cosa que se desplaza de un lugar a otro, especialmente cuando lo hace describiendo curvas: *todos pudieron contemplar las evoluciones de una escuadrilla de aviones*. Se usa más en plural.
DER evolucionar, evolucionismo, evolutivo.

evolucionar v. intr. **1** Cambiar o transformarse gradualmente, especialmente las teorías o la conducta: *su música ha evolucionado mucho y ahora es muy diferente a la de los inicios de su carrera*. **2** Desarrollarse las cosas o los organismos pasando de un estado a otro: *los heridos evolucionan favorablemente*. **3** Desplazarse de un lugar a otro, especialmente haciendo curvas: *la pareja de patinadores evolucionó sobre la pista con gran perfección*.

evolucionismo n. m. Teoría que sostiene que todos los seres vivos actuales proceden, por evolución y a través de cambios más o menos lentos a lo largo de los tiempos geológicos, de antecesores comunes: *Darwin expuso sus ideas sobre el evolucionismo en El origen de las especies*.
DER evolucionista.

evolucionista adj. **1** Del evolucionismo o relacionado con esta teoría: *doctrina evolucionista*. ◇ adj./n. com. **2** [persona] Que es partidario o seguidor del evolucionismo.

evolutivo, -va adj. Que ocurre o se hace por evolución: *proceso evolutivo*.

ex- Prefijo que entra en la formación de palabras con el significado de: *a)* 'Fuera', 'más allá': *extender, excéntrico*. *b)* 'Pérdida de la dignidad, el cargo o la condición expresados por el sustantivo al que antecede': *ex ministro, ex alumno*.

exabrupto n. m. Dicho o gesto brusco e inesperado manifestado con enfado y viveza: *comprendí que seguía enfadado cuando me contestó con un exabrupto*.

exacerbar v. tr./prnl. **1** Causar un enfado muy grande y violento: *la manifestación de la insolidaridad puede exacerbar a cualquiera*. **SIN** crispar, exasperar, irritar. **2** Hacer más fuerte un sentimiento o dolor: *tu comportamiento exacerba mi mal genio*.

exactitud n. f. Fidelidad, precisión o completo ajuste con

exacto

otra cosa: *necesito saber con toda exactitud cómo funciona esto.* **ANT** imprecisión, inexactitud.

exacto, -ta *adj.* **1** Que es fiel o preciso o que se ajusta en todo a otra cosa: *necesito que me des las medidas exactas.* **ANT** impreciso, inexacto. ◊ *adv.* **2 exacto** Indica la verdad de lo que se ha dicho: *—¿Es éste el botón de encendido? —Exacto, ése es.*
DER exactamente, exactitud.

exageración *n. f.* **1** Aumento desmedido de la intensidad, gravedad o importancia de una cosa: *la exageración de tu relato convierte esta historia ligera en una tragedia.* **2** Obra o dicho excesivo o que traspasa los límites de lo razonable: *es una exageración decir que en este coche tan pequeño caben más de cinco personas.*

exagerado, -da *adj.* **1** Que es excesivo o que traspasa los límites de lo razonable: *teníamos un hambre exagerada; una subida de precios exagerada.* ◊ *adj./n. m. y f.* **2** [persona] Que aumenta mucho o da unas proporciones excesivas a las cosas: *no creas todo lo que diga sobre el accidente, es un exagerado.*

exagerar *v. tr.* Aumentar mucho o atribuir unas proporciones excesivas a las cosas: *no olvides que le gusta exagerar y siempre muestra las cosas mucho más importantes o graves de lo que son.*
DER exageración, exagerado.

exaltación *n. f.* **1** Alabanza o reconocimiento excesivos: *primero hizo una exaltación de sus cualidades como escritor.* **2** Excitación o entusiasmo del que se ha dejado llevar por una pasión y ha perdido la calma.

exaltar *v. tr.* **1** Alabar o demostrar gran admiración: *exaltar las virtudes del campo.* ◊ *v. prnl.* **2 exaltarse** Dejarse llevar por una pasión y perder la moderación y la calma: *el médico dice que debes vivir tranquilo, así que procura no exaltarte.*
DER exaltación, exaltado.

examen *n. m.* **1** Investigación u observación atenta y cuidadosa de algo: *la policía realizó un minucioso examen del lugar de los hechos.* **2** Prueba que se hace a una persona para valorar su capacidad en una actividad o sus conocimientos en una materia: *este domingo no puedo salir, porque el lunes tenemos examen de matemáticas.*

examinar *v. tr.* **1** Investigar u observar con atención y cuidado una cosa: *el médico examina a sus pacientes; examinó una a una todas las solicitudes presentadas.* ◊ *v. tr./prnl.* **2** Someter a alguien a una prueba o examen para valorar su capacidad en una actividad o sus conocimientos en una materia: *el martes nos examinamos de física; el mes pasado lo examinaron para guarda jurado.*

exánime *adj.* **1** [ser vivo] Que está sin vida: *han encontrado el cuerpo exánime del piloto que se estrelló.* **SIN** inánime. **2** Que está sumamente debilitado, sin fuerzas o agotado: *los luchadores estaban exánimes tras el combate.*

exasperación *n. f.* Irritación o enfurecimiento grandes: *me llena de exasperación su falta de puntualidad.*

exasperar *v. tr./prnl.* Irritar, enfurecer o causar un enfado muy grande y violento: *se exaspera con facilidad y no tiene paciencia ni aguante con nadie.* **SIN** crispar, exacerbar, irritar.
DER exasperación.

excarcelación *n. f.* Puesta en libertad de un preso por mandamiento judicial: *la autoridad competente ordenó la excarcelación de los presos que habían cumplido su condena.*

excarcelar *v. tr.* Poner en libertad a un preso por mandamiento judicial. **ANT** encarcelar.
DER excarcelación.

excavación *n. f.* **1** Ahondamiento o perforación del suelo o de un cuerpo sólido. **2** Hoyo o cavidad abierto en un terreno: *las autoridades visitaron las excavaciones arqueológicas.*

excavadora *n. f.* Máquina que sirve para excavar o para arrancar y quitar tierra y que está formada por una gran pala mecánica montada sobre un vehículo de gran potencia.

excavar *v. tr./intr.* Hacer hoyos, agujeros o cavidades en el suelo o en un cuerpo sólido quitándole parte de su masa: *los topos excavan galerías bajo la tierra; exploraremos las cavidades que el agua ha excavado en las rocas.* **SIN** cavar.
DER excavación, excavadora.

excedencia *n. f.* Situación del trabajador, especialmente del funcionario público, que deja de ejercer sus funciones o su trabajo durante un período de tiempo: *pidió la excedencia en el instituto para trabajar en la universidad.*

excedente *adj./n. m.* **1** Que está de más o sobra: *han puesto de oferta los excedentes de la temporada pasada.* ◊ *adj./n. com.* **2** [funcionario público] Que deja de ejercer sus funciones o su trabajo durante un período de tiempo.

exceder *v. tr.* **1** Superar o aventajar en algo: *aquella buena señora excedía a todas en amabilidad.* **SIN** sobrepasar. ◊ *v. intr.* **2** Sobrepasar cierta cantidad o cierto límite: *tú te quedas con todo lo que exceda de cien pesetas.* ◊ *v. prnl.* **3 excederse** Ir más allá de lo que se considera lícito o razonable: *cuando le negó aquel permiso se excedió en sus atribuciones; no debe excederse en las comidas: debe comer menos que hasta ahora.*
DER excedencia, excedente, exceso.

excelencia *n. f.* **1** Tratamiento honorífico que se da a determinadas personas por su cargo o dignidad: *presidió la mesa su excelencia el gobenador.* **2** Superioridad en las buenas cualidades de una persona o cosa: *muchos escritores hablaron de las excelencias de los vinos de nuestra tierra.*
por excelencia Expresión que indica que un nombre o un adjetivo corresponde con más propiedad a una persona o cosa que a otras a las que también se puede aplicar: *es la ciudad del turismo por excelencia.* **SIN** por antonomasia.

excelente *adj.* Que destaca por sus buenas cualidades: *una excelente persona; ha hecho un trabajo excelente.* **SIN** extraordinario, magnífico. **ANT** pésimo.
ETIM *Excelente* procede del latín *excellens, -entis excellere,* 'aventajar', voz con la que también está relacionada *excelso.*
DER excelencia, excelentísimo.

excelentísimo, -ma *adj.* Tratamiento de cortesía con que se habla a la persona a quien corresponde el de excelencia: *el tratamiento de excelentísimo se suele abreviar en Excmo.*
OBS Se emplea seguido de *señor* o *señora* y el nombre o cargo de la persona: *el excelentísimo señor ministro.*

excelso, -sa *adj.* Que destaca por su gran valor moral, científico o artístico: *se trata de un poeta de excelsas virtudes.*
ETIM Véase *excelente.*

excentricidad *n. f.* Extravagancia o rareza excesiva: *llama la atención por la excentricidad de sus opiniones, siempre son extrañas y poco comunes.*

excéntrico, -ca *adj.* **1** Que es demasiado original o extraño y se aparta de lo común: *nunca pasa inadvertida con los vestidos tan excéntricos que suele llevar.* **2** MAT. Que está fuera del centro o que tiene un centro diferente: *dibuja dos elipses excéntricas.* ◊ *adj./n. m. y f.* **3** [persona] Que llama la atención por actuar o pensar de manera demasiado original o extraña: *es una excéntrica y llama mucho la atención.* **SIN** extravagante.

DER excentricidad.

excepción *n. f.* **1** Exclusión de algo que se aparta de la regla común o de la generalidad: *no suelo beber vino, pero en esta ocasión haré una excepción*. **2** Cosa o hecho que se aparta de la regla común o condición general: *es la excepción que confirma la regla*.
de excepción Que es muy bueno o extraordinario: *en este restaurante ponen un marisco de excepción*. **SIN** excepcional.
DER excepcional.

excepcional *adj.* **1** Que es tan particular o poco frecuente que cuando ocurre causa sorpresa y extrañeza: *no creas que esto es lo habitual: ha sido un caso excepcional*. **2** Que es muy bueno o extraordinario: *ha hecho una carrera excepcional y conseguirá medalla*. **SIN** de excepción.

excepto *prep.* Indica que lo expresado por las palabras a las que acompaña no está incluido en lo que se dice o es una excepción: *está abierto todos los días, excepto los domingos*. **SIN** menos, salvo.
DER excepción, exceptuar.

exceptuar *v. tr./prnl.* Dejar fuera o excluir de la generalidad o de una regla común: *todos tendrán que hacer el examen y no exceptuaré a nadie*.
OBS En su conjugación, la *u* se acentúa en algunos tiempos y personas, como en *actuar*.

excesivo, -va *adj.* Que excede o va más allá de lo que se considera normal o razonable: *me parece un castigo excesivo por una trastada tan pequeña*.

exceso *n. m.* **1** Superación de los límites de lo normal, lo permitido o lo conveniente: *exceso de velocidad*; *exceso de trabajo*. **2** Acción abusiva o injusta: *en las guerras se cometen muchos excesos*. Se usa más en plural.
en exceso Más de lo normal, lo permitido o lo conveniente: *los domingos duermes en exceso, te levantas a mediodía*.
por exceso Acompaña a expresiones que indican error o inexactitud cometidos por sobrepasar los límites de lo normal: *ya sé que lo mimo demasiado, pero prefiero equivocarme por exceso que por defecto*.
DER excesivo.

excipiente *n. m.* Sustancia que se mezcla con los medicamentos para darles consistencia, forma, sabor u otras cualidades que faciliten su uso: *en la composición del medicamento se puede leer la cantidad de excipiente que lleva*.

excitación *n. f.* Intensificación o estimulación de una actividad o de un sentimiento: *la gran excitación que le produjo el nombramiento no le permitía hablar*.

excitante *adj.* **1** Que tiene una emoción o interés especial: *los últimos minutos del partido de baloncesto fueron excitantes*. **SIN** apasionante, emocionante. ◇ *adj./n. m.* **2** Que estimula la actividad de un sistema orgánico: *el médico me ha prohibido el café y el té porque son excitantes*.

excitar *v. tr.* **1** Intensificar la actividad de un órgano u organismo, generalmente mediante un estímulo: *el ejercicio excita la circulación de la sangre*. ◇ *v. tr./prnl.* **2** Provocar un sentimiento o emoción fuertes o intensos: *la final del campeonato siempre me excita las nervios*; *se excitó mucho viendo la final del campeonato*. **3** Provocar deseo sexual.
DER excitabilidad, excitación, excitante.

exclamación *n. f.* **1** Expresión que refleja la intensidad de un sentimiento o una emoción o que da vigor y eficacia a lo que se dice por pronunciarse con viveza: *emitió una gran exclamación de alegría cuando le dieron el premio*. **2** GRAM. Signo de ortografía que se coloca al principio y al final de algunas palabras o frases para expresar sorpresa o alguna emoción intensa: *la exclamación se representa como* ¡, *al*

principio de la palabra o frase, y como !, *al final*. **SIN** admiración.

exclamar *v. tr./intr.* Emitir palabras o frases con fuerza o vehemencia para expresar la intensidad de una emoción o dar vigor y eficacia a lo que se dice: *¡caramba!, exclamó, sorprendido*.
DER exclamación, exclamativo.

exclamativo, -va *adj.* Que expresa o permite expresar la admiración o la emoción que siente el hablante: *¡qué bien! es una oración exclamativa*.

excluir *v. tr.* **1** Dejar fuera de un lugar o de un grupo: *está muy triste porque lo han excluido del equipo*. **ANT** incluir. **2** Rechazar o no tener en cuenta una posibilidad: *la situación actual excluye la realización de grandes inversiones*. **SIN** descartar. **ANT** aceptar, admitir. ◇ *v. prnl.* **3** excluirse No poder existir una cosa junto con otra por ser opuestas o incompatibles: *ha dado dos respuestas que se excluyen, así que sólo una es correcta*.
DER exclusión, exclusiva, exclusive, exclusivo, excluyente.
OBS En su conjugación, la *i* se convierte en *y* delante de *a, e* y *o*, como en *huir*.

exclusión *n. f.* Supresión o rechazo de una persona o de una cosa de un grupo, de un lugar o de un asunto: *le ha dolido mucho la exclusión de su grupo de amigos*. **SIN** eliminación. **ANT** inclusión.

exclusiva *n. f.* **1** Derecho o privilegio por el que una persona o una entidad es la única autorizada para realizar algo prohibido a las demás: *una cadena de televisión tiene la exclusiva de este torneo deportivo*. **2** Noticia publicada por un solo medio informativo, que se reserva los derechos de su difusión: *la famosa cantante vendió la exclusiva de su boda a una revista del corazón*.

exclusive *adv.* Sin tener en cuenta los límites que se nombran: *en el examen entra desde la página 20 hasta la 81, ambas exclusive, o sea, las páginas 20 y 81 no se cuentan*. **ANT** inclusive.

exclusividad *n. f.* Inexistencia de algo igual: *la blusa le costó muy cara por la exclusividad del modelo*.

exclusivo, -va *adj.* **1** Que no hay otro del mismo tipo: *son modelos exclusivos y no podrás encontrar uno igual en otro sitio*. **2** Que excluye o rechaza: *ese restaurante es exclusivo, no admiten hombres sin corbata*.
DER exclusivamente, exclusividad, exclusivismo.

Excmo., Excma. Abreviaturas de *excelentísimo, excelentísima*, respectivamente, tratamientos de cortesía.

excomulgar *v. tr.* En la Iglesia católica, excluir de la comunidad y negársele los sacramentos a un fiel la autoridad eclesiástica: *fue excomulgado por hereje*. **SIN** anatematizar.
OBS En su conjugación, la *g* se convierte en *gu* delante de *e*.

excomunión *n. f.* En la Iglesia católica, exclusión en un fiel dictada por la autoridad eclesiástica por la que queda apartado de la comunidad y del derecho a recibir los sacramentos: *el Papa amenazó al rey con la excomunión si no acataba los mandatos de la Iglesia*. **SIN** anatema.
DER excomulgar.

excoriar *v. tr./prnl.* Levantar o arrancar la capa más superficial de la piel mediante un rozamiento o una fricción: *se excorió la rodilla al caer de la bicicleta*. **SIN** escoriar.
DER excoriación.
ETIM Véase *cuero*.
OBS En su conjugación, la *i* no se acentúa, como en *cambiar*.

excrecencia *n. f.* Abultamiento anormal que crece en la piel de un animal o en la superficie de un vegetal: *llevó al perro al veterinario porque le había salido una excrecencia en el lomo*.

excremento *n. m.* Residuos de alimento que, tras haberse hecho la digestión, elimina el organismo por el ano: *los excrementos de algunos animales se utilizan como abono.*
SIN caca, hez, mierda.
ETIM Excremento procede del latín *excrementum excernere*, 'separar', voz con la que también está relacionada *excretar*.

excretar *v. intr.* **1** Expulsar los excrementos. **2** Expeler las sustancias del organismo elaboradas por las glándulas.
DER excretor.
ETIM Véase *excremento*.

excretor, -ra *adj.* BIOL. [órgano, conducto] Que sirve para expulsar la orina, los excrementos y otras sustancias: *los riñones y la vejiga forman parte del aparato excretor.*

exculpar *v. tr./prnl.* Dar razones o pruebas de que una persona no tiene culpa: *mi abogado hizo todo lo posible para exculparme ante el tribunal.*

excursión *n. f.* Salida o viaje de corta duración que se realiza como diversión, por deporte o para hacer algún estudio: *si hace buen tiempo, iremos de excursión al campo.*
DER excursionismo.
ETIM Véase *curso*.

excursionismo *n. m.* Ejercicio y práctica de las excursiones con un fin deportivo o educativo: *todos los fines de semana hago excursionismo por parques naturales.*
DER excursionista.

excursionista *n. com.* Persona que hace excursiones o practica el excursionismo: *un grupo de excursionistas encontró en el bosque al animal herido.*

excusa *n. f.* Razón o prueba dada para justificar un comportamiento, un fallo o un error: *el cambio de domicilio me sirvió de excusa para dejar de visitarlos.* **SIN** disculpa, pretexto.
pedir (o **presentar**) **excusas** Pedir perdón por haber causado una molestia o un perjuicio: *el embajador presentó públicas excusas por la actitud de su gobierno.*

excusado *n. m.* Habitación en la que están el váter y otros elementos que sirven para el aseo, especialmente en un establecimiento público: *pregunta al camarero dónde está el excusado.* **SIN** retrete, servicio.
OBS La Real Academia Española prefiere la forma *escusado*.

excusar *v. tr./prnl.* **1** Dar razones o pruebas para justificar o disculpar a una persona de una culpa que se le imputa: *una madre siempre excusa las travesuras de sus hijos; se excusó por no poder asistir al congreso como había prometido.* **2** Dispensar o liberar a una persona de una carga, obligación o compromiso: *si vienes tú a recogerlo, me excusas tener que salir mañana.* Se construye con un infinitivo. **3** Librar a una persona del pago de tributos o de un servicio personal: *lo excusaron del servicio militar por problemas en la vista.*
DER excusa, excusado; inexcusable.

execrable *adj.* Que merece las críticas más duras y el más fuerte rechazo: *no considerar todas las razas iguales me parece una conducta execrable.*

exención *n. f.* Liberación de una obligación o una carga: *exención de impuestos.*

exento, -ta *adj.* **1** Que está libre o que no está sujeto a una obligación o una carga: *tiene beneficios exentos de impuestos; no es bueno llevar una vida exenta de responsabilidades.* **2** ARQ. Que está aislado y no toca con otra cosa: *ha diseñado un edificio exento, rodeado de jardines.*

exequias *n. f. pl.* Conjunto de ceremonias religiosas que se celebran por un difunto: *las exequias se celebran unos días después del entierro o en el aniversario del fallecimiento.*
SIN funeral, honras fúnebres.

exfoliación *n. f.* **1** División o separación en escamas o láminas: *la exfoliación de algunos minerales; la exfoliación de la corteza de un árbol.* **2** Escamación de la epidermis: *la resecación de la piel puede producir su exfoliación.*

exfoliar *v. tr./prnl.* Dividir o separar en escamas o láminas: *el yeso se exfolia con facilidad.*
DER exfoliación.
OBS En su conjugación, la *i* no se acentúa, como en *cambiar*.

exhalación *n. f.* **1** Lanzamiento de un suspiro o de un lamento. **2** ASTR. Cuerpo celeste que aparece en forma de luz que se mueve rápidamente y desaparece en seguida de nuestra vista: *las exhalaciones se llaman comúnmente estrellas fugaces.*
como una exhalación Muy rápido: *era de esperar que tuviera un accidente, conducía el coche como una exhalación.*

exhalar *v. tr.* **1** Desprender o despedir gases, vapores u olores: *las rosas del jardín exhalan un suave perfume.* **2** Lanzar quejas o suspiros: *la enamorada se pasaba el día exhalando suspiros de amor.*
DER exhalación, exhalante.

exhaustivo, -va *adj.* Que está hecho de manera completa y muy a fondo: *ha hecho un estudio exhaustivo que analiza todas las palabras.*

exhausto, -ta *adj.* Que está muy cansado o agotado: *su trabajo le exige tanto esfuerzo que siempre acaba exhausto.*
DER exhaustivo.

exhibición *n. f.* Presentación, muestra o exposición en público: *hemos asistido a una exhibición de vuelo acrobático.*

exhibicionismo *n. m.* **1** Deseo persistente y excesivo de exhibirse: *procura hacer cosas sorprendentes por puro exhibicionismo.* **2** Conducta sexual consistente en mostrar los propios órganos genitales en público.
DER exhibicionista.

exhibicionista *adj./n. com.* [persona] Que practica el exhibicionismo: *la policía detuvo a un exhibicionista que frecuentaba el parque; algunas personas creen que los modelos son muy exhibicionistas.*

exhibir *v. tr.* **1** Mostrar en público o enseñar abiertamente: *exhibe sus cuadros en una galería muy importante; le encanta exhibir sus cualidades como cocinero.* ◇ *v. tr.* **2** Presentar un documento o una prueba: *el policía exhibió su placa y entró al edificio.* ◇ *v. prnl.* **3** **exhibirse** Procurar ser visto o dejarse ver en público con el fin de llamar la atención: *se exhibió por todo el pueblo subido en un magnífico descapotable.*
DER exhibición, exhibicionismo.

exhortación *n. f.* **1** Incitación por medio de palabras, razones o ruegos a actuar de cierta manera: *tu padre espera que esta exhortación surta efecto y mejores en tus estudios.* **2** Plática o sermón familiar y breve: *el profesor dirigió una exhortación a sus alumnos por el incidente del día anterior.*

exhortar *v. tr.* Incitar con palabras, razones o ruegos a actuar de cierta manera: *el general exhortó a sus soldados para que lucharan con valor.*
DER exhortación, exhortativo.

exhortativo, -va *adj.* Que expresa o implica una petición, un ruego o un mandato: *¡cállate, por favor! es una oración exhortativa.*

exhumación *n. f.* Desenterramiento de un cadáver; acción de sacar fuera los restos humanos de una sepultura: *el juez ordenó la exhumación del cadáver.*

exhumar *v. tr.* **1** Desenterrar un cadáver: *se decidió exhumar el cuerpo para poder practicarle una autopsia.* **ANT** enterrar, inhumar. **2** Recordar o volver a la actualidad algo ya olvidado: *aquellas fotografías le ayudaron a exhumar su infancia.*
SIN desenterrar.

DER exhumación.

exigencia *n. f.* **1** Petición imperiosa o enérgica de una cosa: *la entrega de las armas fue una exigencia previa a la firma del tratado de paz.* **2** Requerimiento o necesidad forzosa de alguna cosa: *sólo se desnuda por exigencias del guión.* **3** Pretensión caprichosa o excesiva: *no estoy dispuesto a acceder a tales exigencias.*
OBS Se usa mucho en plural.

exigente *adj./n. com.* [persona] Que exige mucho, especialmente si lo hace de forma abusiva o caprichosa: *es un profesor muy exigente y hay que estudiar todos los días; eres un exigente al pretender que todos saquen la máxima nota en el examen.*

exigir *v. tr.* **1** Pedir de forma imperiosa o enérgica una cosa a la que se tiene derecho: *está en su derecho al exigir que se le trate igual que a todo el mundo.* **2** Necesitar o ser forzosamente necesario: *este trabajo exige un esfuerzo continuo.*
SIN requerir.
DER exigencia, exigente, exigible.
OBS En su conjugación, la *g* se convierte en *j* delante de *a* y *o*.

exiguo, -gua *adj.* Que es muy escaso, pequeño o insuficiente: *no podrá viajar, pues tiene un salario exiguo.*

exilar *v. tr.* exiliar.

exiliado, -da *adj./n. m. y f.* [persona] Que se ha visto obligada a abandonar su país, generalmente por razones políticas: *algunos exiliados políticos volvieron a España al comenzar el régimen democrático.*

exiliar *v. tr.* **1** Expulsar o hacer salir de un país o de un territorio: *lo exiliaron a una isla del Pacífico.* **SIN** desterrar, expatriar. Es incorrecta la forma *exilar*. ◇ *v. prnl.* **2 exiliarse** Abandonar el propio país obligado por razones políticas: *se exilió durante la guerra civil.* **SIN** desterrarse.
DER exiliado.
OBS En su conjugación, la *i* no se acentúa, como en *cambiar*.

exilio *n. m.* **1** Castigo que consiste en expulsar o hacer salir a una persona de un país o de un territorio: *fue condenado al exilio.* **SIN** destierro. **2** Abandono del propio país obligado por razones políticas. **SIN** destierro. **3** Lugar en el que vive la persona que ha sido o se ha sentido obligada a salir de un país o de un territorio: *aunque pudo regresar a su patria, prefirió morir en el exilio.* **SIN** destierro.
DER exiliar.

eximio, -mia *adj.* [persona] Que es muy ilustre o que destaca por alguna cualidad: *eximio escritor.*

eximir *v. tr./prnl.* Dispensar o liberar de una carga, una obligación o un compromiso: *no encuentro ninguna causa por la cual se le deba eximir de la culpa de lo sucedido.* **SIN** excusar, librar.
DER excención, exento, eximio.
OBS El participio es *eximido*. El participio irregular *exento* se usa generalmente como adjetivo.

existencia *n. f.* **1** Hecho o circunstancia de existir: *no sabía de la existencia de este tipo de máquinas.* **ANT** inexistencia. **2** Vida del hombre: *en su larga existencia conoció a muchas personalidades.* **3** FILOS. Realidad concreta de un ser, por oposición a *esencia*: *Aristóteles consideraba que la existencia estaba unida a la esencia.* ◇ *n. f. pl.* **4 existencias** Conjunto de mercancías que permanecen almacenadas para su venta o para su consumo posteriores: *la oferta de este producto sólo se mantiene hasta que se agoten las existencias.*
DER existencial.

existencial *adj.* **1** De la existencia o que tiene relación con este hecho o circunstancia: *crisis existencial.* **2** FILOS. Del existencialismo o que tiene relación con esta doctrina filosófica: *filosofía existencial.* **SIN** existencialista.
DER existencialismo.

existencialismo *n. m.* FILOS. Doctrina filosófica que trata de fundar el conocimiento de toda realidad sobre la experiencia inmediata de la existencia propia: *los inspiradores del existencialismo fueron Kierkegaard y Heidegger.*
DER existencialista.

existencialista *adj.* **1** FILOS. Del existencialismo o relacionado con esta doctrina filosófica: *el pensamiento existencialista ha sido muy importante en la filosofía contemporánea.* **SIN** existencial. ◇ *adj./n. com.* **2** FILOS. [persona] Que sigue el existencialismo: *los existencialistas influyeron notablemente en la literatura del siglo XX.*

existir *v. intr.* **1** Tener realidad una persona o cosa: *esos problemas sólo existen en tu imaginación.* **2** Tener vida: *no hables de las personas que ya no existen.* **SIN** vivir. **ANT** morir. **3** Estar o encontrarse en un lugar o en una situación determinados: *en esta zona existen importantes restos arqueológicos.* **SIN** hallar.
DER existencia, existente; coexistir, preexistir.

éxito *n. m.* **1** Resultado feliz o muy bueno de algo: *se presentó al concurso, pero no tuvo éxito.* **2** Buena aceptación que tiene una persona o cosa: *el nuevo modelo ha tenido mucho éxito en el mercado.* **ANT** fracaso.
DER exitoso.

exitoso, -sa *adj.* Que tiene éxito, buena aceptación o fama: *este escritor se dio a conocer con una exitosa novela.*

éxodo *n. m.* Movimiento de población por el cual se deja el lugar de origen para establecerse en otro país o región: *en la Biblia se narra el éxodo del pueblo israelita.* **SIN** emigración. **ANT** inmigración.

exógeno, -na *adj.* **1** Que se forma o nace en el exterior: *las esporas de ciertos hongos son exógenas.* **2** Que es debido o está producido por causas externas: *la lluvia es una fuerza exógena de erosión terrestre.*

exonerar *v. tr./prnl.* **1** Aliviar o descargar de un peso, carga u obligación: *me han exonerado de pagar la multa.* **2** Destituir a alguien de un empleo o dignidad: *cuando descubrieron el desfalco, le exoneraron del cargo.*

exorbitante *adj.* Que es excesivo o sobrepasa mucho lo que se considera regular o razonable: *son pisos muy bonitos, pero tienen unos precios exorbitantes.*

exorcismo *n. m.* Conjunto de ritos y fórmulas destinadas a expulsar un espíritu maligno del alma de una persona: *antiguamente se hacían exorcismos a muchas personas que se creían endemoniadas.*
DER exorcista, exorcizar.

exorcista *n. com.* Persona que hace exorcismos: *el exorcista liberó al poseso del espíritu maligno con sus conjuros.* ◇ *n. m.* Eclesiástico de la Iglesia católica que tenía potestad para hacer exorcismos: *el exorcista debía tener la tercera de las órdenes menores eclesiásticas.*

exótico, -ca *adj.* **1** Extranjero, especialmente si es de un país lejano y poco conocido: *hizo un largo viaje y conoció exóticos países.* **2** Que es extraño o raro: *comida exótica; rasgos exóticos.*
DER exotismo.

exotismo *n. m.* Circunstancia de ser de un país lejano y desconocido o de ser raro o extraño: *lo que más gusta de aquellos lejanos países es el exotismo de sus costumbres.*

expandir *v. tr./prnl.* **1** Extender algo o hacer que ocupe más espacio: *los romanos se expandieron por todo el Mediterráneo y crearon un gran imperio.* **2** Difundir o hacer que un

hecho o una noticia sean conocidos por muchas personas: *la noticia se expandió rápidamente por todo el pueblo.*
DER expansión, expasivo.

expansión *n. f.* **1** Propagación, extensión o dilatación de algo: *la expansión de una ciudad; la expansión de un gas.* **2** Expresión o desahogo de un pensamiento o sentimiento íntimos: *la buena noticia provocó en su ánimo una gran expansión de alegría.* **3** Distracción o diversión: *estoy tan ocupado durante la semana que no tengo ningún momento de expansión.* **4** ECON. Aumento del volumen de la producción y de la demanda: *tras la larga crisis, en el país se produjo una etapa de expansión.*
DER expansionarse, expansionismo.

expansionarse *v. prnl.* **1** Desahogarse o comunicar a otra persona pensamientos o sentimientos íntimos: *se expansionó conmigo y me contó todas sus penas.* **2** Divertirse o distraerse: *sólo he salido a dar una vuelta para expansionarme un poco.*

expansionismo *n. m.* Tendencia de un pueblo o nación a extender su dominio político y económico a otras áreas geográficas: *el expansionismo caracterizó la política exterior de Japón antes de la Segunda Guerra Mundial.*

expansivo, -va *adj.* **1** Que tiende a extenderse o dilatarse ocupando mayor espacio: *la onda expansiva de la bomba provocó la rotura de los cristales en los edificios colindantes.* **2** Que es comunicativo y manifiesta abiertamente sus estados de ánimo, pensamientos o sentimientos: *es tan expansivo que sabes lo que piensa en todo momento.*

expatriar *v. tr.* **1** Expulsar o hacer salir de la patria: *tras la guerra fueron expatriados muchos oficiales del bando vencido.* **SIN** desterrar, exiliar. **ANT** repatriar. ◇ *v. prnl.* **2 expatriarse** Abandonar la patria: *no quiso aceptar el nuevo régimen de gobierno y se expatrió.*
OBS En su conjugación, la *i* puede acentuarse o no, como en *auxiliar.*

expectación *n. f.* Interés o intensidad con que se espera un acontecimiento: *el posible debate entre los líderes políticos ha creado una gran expectación.*

expectante *adj.* Que espera observando con interés e intensidad lo que pasa para actuar en consecuencia: *estaré expectante hasta que salgan los resultados.*
DER expectación.

expectativa *n. f.* Esperanza o posibilidad de conseguir una cosa: *ha estudiado mucho y tiene grandes expectativas de conseguir la beca.*
estar a la expectativa Esperar el fin de una situación y no actuar hasta ver lo que sucede: *está a la expectativa de un trabajo en el Ministerio.*

expectoración *n. f.* Extracción y expulsión por la boca de las flemas y otras secreciones depositadas en las vías respiratorias: *la tos y el carraspeo posibilitan la expectoración.*

expectorante *adj./n. m.* MED. [medicina] Que ayuda a expulsar las sustancias que cierran el paso en las vías respiratorias: *para curarte bien ese resfriado necesitas tomarte un buen expectorante.*

expectorar *v. tr.* MED. Arrancar mediante la tos o el carraspeo las flemas y otras secreciones de las vías respiratorias y arrojarlas por la boca. **SIN** esputar.
DER expectoración, expectorante.

expedición *n. f.* **1** Salida o viaje colectivo que se realiza con un fin determinado, especialmente científico, militar o deportivo: *se ha organizado una expedición para buscar a los montañeros desaparecidos.* **2** Conjunto de personas que participan en esa salida: *después de la larga caminata la expedición estaba exhausta.* **3** Envío de una carta, una mercancía o algo semejante: *comprueba la fecha de expedición del paquete.* **4** Realización por escrito y según indica la ley o la costumbre de un documento: *en esta oficina se encargan de la expedición de los títulos.*
DER expedicionario.

expedicionario, -ria *adj./n. m. y f.* Que participa en una expedición o está destinado a realizarla: *es miembro de un cuerpo expedicionario del ejército; los expedicionarios salieron al amanecer.*

expedientar *v. tr.* Abrir un expediente o procedimiento administrativo a alguien para enjuiciar su actuación: *a ese funcionario lo han expedientado varias veces por faltas en el ejercicio de sus funciones.*

expediente *n. m.* **1** Conjunto de todos los documentos correspondientes a un asunto o negocio. **expediente académico** Conjunto de documentos que recogen las notas y el historial de un estudiante. **2** Procedimiento administrativo en el que se juzga el comportamiento de un funcionario, empleado o estudiante: *cuando se abre un expediente se investiga oficialmente y siguiendo las formalidades establecidas.*
DER expedientar.

expedir *v. tr.* **1** Remitir o enviar de un lugar a otro: *expedir un paquete por correo.* **2** Extender o poner por escrito un documento según indica la ley o la costumbre: *expedir un certificado.*
DER expedición, expedido, expedientar, expedito; reexpedir.
OBS En su conjugación, la *e* se convierte en *i* en algunos tiempos y personas, como en *servir.*

expeditivo, -va *adj.* Que actúa con eficacia y rapidez en la resolución de un asunto sin detenerse ante los obstáculos o inconvenientes o sin respetar los trámites: *será preciso tomar medidas expeditivas y acabar de una vez con este asunto.*

expedito, -ta *adj.* **1** Que está despejado o libre de obstáculos: *retiraron el coche accidentado y dejaron el camino expedito.* **2** [persona] Que actúa con rapidez y agilidad: *es un abogado muy expedito, resuelve los casos con gran eficacia y prontitud.*
DER expeditivo.

expeler *v. tr.* **1** Arrojar o lanzar con fuerza algo que se encontraba contenido: *el pozo expelió inesperadamente un gran chorro de petróleo.* **SIN** despedir. **2** Hacer salir algo del organismo: *a veces el doctor te pide que no expelas el aire.*
OBS El participio es *expelido.* El participio irregular *expulso* se usa generalmente como adjetivo.

expendeduría *n. f.* Establecimiento en el que se venden productos que tienen prohibida su venta libre, generalmente tabaco, sellos y papel timbrado: *el estanco es una expendeduría; la venta de productos en las expendedurías está autorizada por el Estado.*

expender *v. tr.* **1** Vender al por menor una mercancía o por encargo de su dueño: *esta crema sólo se expende en farmacias.* **2** Vender billetes o entradas: *las entradas para el cine se expenden en la ventanilla de la derecha.*
DER expendeduría, expensas.

expensas Palabra que se utiliza en la expresión *a expensas,* que significa 'a costa o por cuenta de alguien': *no puedes vivir siempre a expensas de tus padres.*

experiencia *n. f.* **1** Conjunto de conocimientos que se consiguen con el uso, la práctica o las propias vivencias: *ha conseguido el trabajo gracias a su amplia experiencia en el tema.* **ANT** inexperiencia. **2** Hecho de conocer o sentir una persona algo por sí misma: *nunca había suspendido y no le ha gustado la experiencia.* **3** Experimento o prueba práctica para

averiguar algo: *mañana haremos la experiencia de estudiar juntos*.
DER experimental, experimentar.

experimentación *n. f.* Método científico de investigación que consiste en provocar un fenómeno con el fin de estudiarlo: *la experimentación en el campo de la genética está consiguiendo grandes avances*.

experimentado, -da *adj.* [persona] Que tiene mucha experiencia: *es un profesor experimentado, lleva más de 20 años ejerciendo la docencia*.

experimental *adj.* **1** Que se basa en la experiencia o en la experimentación: *ciencias experimentales*. **2** Que se somete a prueba para comprobar su validez: *aún está en una fase experimental*.
DER experimentalismo.

experimentar *v. tr./intr.* **1** Provocar un fenómeno con el fin de analizar los hechos que tienen lugar durante su desarrollo y comprobar la validez de una hipótesis: *los científicos experimentan con monos y con otros animales.* ◇ *v. tr.* **2** Sentir o notar en uno mismo, especialmente una sensación o un estado de ánimo: *experimenté una gran alegría al saber que ya estaba bien*. **3** Sufrir alguien o algo un cambio o transformación: *los precios experimentaron una fuerte subida a finales de año*. **4** Probar y examinar prácticamente una cosa.
DER experimentación, experimentado, experimento.

experimento *n. m.* **1** Prueba que consiste en provocar un fenómeno con el fin de analizar los hechos que tienen lugar durante su desarrollo y determinar la validez de una hipótesis o de un principio científico: *los experimentos con cobayas han demostrado que es un fármaco muy efectivo*. **2** Prueba de carácter práctico: *el experimento de estudiar por la noche no me gustó porque a la mañana siguiente tenía mucho sueño*.
SIN experiencia.

experto, -ta *adj.* **1** [persona] Que tiene mucha experiencia o es muy hábil en una actividad: *era un cirujano experto e inspiraba mucha confianza*. **SIN** experimentado. **ANT** inexperto. ◇ *n. m. y f.* **2** Especialista o que sabe mucho de una materia: *es un experto en energía atómica*.
DER inexperto.

expiar *v. tr.* **1** Borrar una culpa por medio de un sacrificio o de una penitencia: *expiar los pecados*. **2** Sufrir o cumplir la pena que se deriva de una falta o un delito cometidos: *expió su crimen en la cárcel*.
DER expiatorio.
OBS En su conjugación, la *i* se acentúa en algunos tiempos y personas, como en *desviar*.

expiatorio, -ria *adj.* Que sirve para expiar una falta o pecado cometidos: *sacrificó a los dioses un borrego y lo ofreció como víctima expiatoria*.

expirar *v. intr.* **1** Dejar de tener vida: *cuando llegó el médico ya había expirado*. **SIN** fallecer, fenecer, morir. **ANT** vivir. **2** Terminar un período de tiempo: *infórmate de cuándo expira el plazo de matrícula*. **SIN** vencer.
OBS No se debe confundir con *espirar*.

explanada *n. f.* Espacio de terreno llano o allanado: *han colocado el circo en una explanada que hay al lado de la estación*.

explayar *v. tr./prnl.* **1** Extender la vista o el pensamiento: *se subió a la peña y explayó la mirada para disfrutar del paisaje*. ◇ *v. prnl.* **2 explayarse** Extenderse en exceso al hablar: *se explayó en sus comentarios y sólo pudimos hacerle una pregunta*. **3** Distraerse o divertirse: *los niños necesitan explayarse y respirar aire puro*. **4** Expresar abiertamente un deseo, un dolor o una preocupación para encontrar consuelo: *necesitaba hablar con alguien y se explayó conmigo*. **SIN** desahogar.

explicación *n. f.* **1** Expresión con la que se enseña algo de forma clara o ejemplificada para hacerlo comprensible: *la explicación del profesor resolvió las dudas que tenía*. **2** Justificación de un comportamiento o un sentimiento que se da como disculpa: *no tengo por qué darte explicaciones*. **3** Exposición de la causa o la razón de algo: *la explicación de su mal humor es sencilla: le duele la cabeza*.

explicar *v. tr./prnl.* **1** Hacer que se conozca o entienda, generalmente un pensamiento o sentimiento: *explícanos todo lo que viste; todavía es pequeño y no se explica bien*. ◇ *v. tr.* **2** Enseñar o dar clase: *explica matemáticas en la facultad; dije que no lo comprendía y me lo explicó de nuevo*. **3** Justificar una conducta, especialmente cuando se pretende disculparla: *espero que me explique lo que nos ha hecho*. ◇ *v. prnl.* **4 explicarse** Llegar a comprender la razón de algo: *ahora me lo explico*.
DER explicable, explicación, explicaderas, explicativo.
ETIM Explicar procede del latín *explicare*, que tenía el mismo significado, voz con la que también está relacionada *explícito*.
OBS En su conjugación, la *c* se convierte en *qu* delante de *e*.

explicativo, -va *adj.* Que explica o que sirve para explicar o aclarar: *nota explicativa; oración explicativa*.

explícito, -ta *adj.* **1** Que está especificado de forma clara y patente: *esta condición quiero que aparezca explícita en el contrato*. **SIN** expreso. **ANT** implícito. **2** Que expresa algo con claridad: *habló de forma bastante explícita*. **ANT** implícito.
DER explícitamente, explicitar.

exploración *n. f.* **1** Reconocimiento exhaustivo de un terreno o lugar: *la exploración de la isla tenía la finalidad de encontrar agua potable*. **2** Examen y observación de una situación o circunstancia: *cada partido ha encargado una exploración sobre la intención de voto*. **3** Examen o reconocimiento médico: *los médicos no encontraron nada anormal en la primera exploración*.

explorador, -ra *n. m. y f.* **2** Persona que se dedica a explorar lugares lejanos y poco conocidos: *hicimos el viaje por la selva acompañados por el explorador*.

explorar *v. tr.* **1** Recorrer y examinar minuciosamente un territorio para tratar de descubrir lo que hay en él: *fuimos los primeros en explorar aquella isla*. **2** Intentar averiguar las circunstancias o las características de una cosa: *sería bueno explorar el mercado al que iría nuestro nuevo producto*. **3** Examinar el estado de una parte del cuerpo para ver si está enfermo o dañado: *antes de recetarle nada quiero explorarle la garganta*.
DER exploración, explorador.

explosión *n. f.* **1** Acción de reventar o romperse bruscamente una cosa por aumento de la presión interior, lanzando violentamente los fragmentos y el contenido y produciendo un gran ruido: *afortunadamente la explosión sólo ha causado daños materiales*. **2** Dilatación repentina del gas contenido en un dispositivo mecánico con el fin de conseguir un movimiento: *motor de explosión*. **3** Muestra viva y enérgica de un sentimiento o estado del ánimo: *el anuncio de las próximas vacaciones provocó en todos una explosión de alegría*. **4** Desarrollo rápido y espectacular: *el crecimiento repentino y espectacular de la población se denomina explosión demográfica*.
DER explosión, explosivo.

explosionar *v. intr.* **1** Hacer explosión: *la bomba explosionó en un lugar apartado y no produjo daños*. **SIN** explotar. ◇ *v. tr.* **2** Causar o provocar una explosión: *tuvieron que explosionar la bomba, ya que no podían desactivarla*.

explosivo, -va *adj.* **1** Que hace o es capaz de hacer

explotación

explosión: *la policía encontró un paquete con una carga explosiva.* **2** Impresionante, muy llamativo: *es una teoría explosiva, todos hablan de ella con gran excitación.* ◊ *adj./n. f.* **3** GRAM. [consonante oclusiva] Que se pronuncia haciendo salir con rapidez el aire retenido: *el sonido de la p es explosivo.* ◊ *n. m.* **4 explosivo** Sustancia química que se incendia con explosión y se emplea para producir explosiones: *la pólvora y la dinamita son explosivos.*

explotación *n. f.* **1** Conjunto de elementos o instalaciones destinados a sacar provecho de un producto natural: *es una zona con importantes explotaciones agrícolas.* **2** Conjunto de operaciones destinadas a sacar provecho de un producto natural: *desde que llegó sólo se dedica a la explotación de su mina.* Utilización de una persona en beneficio propio de forma abusiva, especialmente haciéndola trabajar mucho y pagándole poco: *no debes hacer los deberes de tu compañero, es una explotación.*

explotar *v. intr.* **1** Reventar o romperse una cosa de golpe por aumento de la presión interior, lanzando violentamente los fragmentos y el contenido y produciendo un gran ruido: *un nuevo artefacto ha explotado en las puertas de una sucursal bancaria.* **SIN** estallar, explosionar. **2** Mostrar viva y enérgicamente un sentimiento o estado del ánimo: *no pudo aguantar más y explotó dando gritos.* ◊ *v. tr.* **3** Sacar riqueza o provecho de algo poniendo los medios necesarios para ello: *ahora se dedica a explotar unos terrenos que ha heredado de sus padres.* **4** Utilizar a una persona en beneficio propio de forma abusiva, especialmente haciéndola trabajar mucho y pagándole poco: *están en huelga porque consideran que son explotados por su jefe.* **SIN** estrujar, exprimir.
DER explotación.

expoliar *v. tr.* Despojar injustamente o con violencia: *tras el asalto expoliaron la ciudad y yo perdí mis propiedades.*
DER expolio.
OBS En su conjugación, la *i* no se acentúa, como en *cambiar.*

expolio *n. m.* **1** Apropiación injusta o violenta de lo que pertenece a otro: *el expolio del yacimiento arqueológico supuso la pérdida de muchos objetos valiosos.* **2** *coloquial* Alboroto, escándalo o bronca: *sin importarle la gente, formó un tremendo expolio a la salida.*
OBS Se suele usar con verbos como *armar, organizar, montar o formar.*

exponente *n. m.* **1** Persona o cosa que sirve de modelo o ejemplo por representar lo más característico en un género: *Gandhi fue el máximo exponente del pacifismo.* **SIN** prototipo. **2** MAT. Número o expresión matemática colocado en la parte superior y a la derecha de otro número o expresión, para indicar las veces que debe multiplicarse por sí mismo: *en una potencia, la base se multiplica por sí misma tantas veces como indique el exponente.*

exponer *v. tr./intr.* **1** Presentar, mostrar o poner a la vista: *dime el nombre de la galería en la que expondrás tus pinturas.* ◊ *v. tr.* **2** Decir, explicar o manifestar alguna cosa: *todo el mundo tiene derecho a exponer sus opiniones.* ◊ *v. tr./prnl.* **3** Colocar una cosa para que reciba la acción o la influencia de un agente: *se expuso demasiado al sol y se quemó.* **4** Poner en peligro algo o correr el riesgo de que se dañe o se pierda: *con este frío y sin abrigo te expones a coger una pulmonía; con ese suspenso expones tu reputación de buen estudiante.*
DER exponente, exposición, expositivo, expósito, expositor, expuesto.
OBS Se conjuga como *poner.*

exportación *n. f.* **1** Transporte y venta en el extranjero de los productos del país: *esta empresa se dedica a la exportación de calzado.* **ANT** importación. ◊ *n. f. pl.* **2 exportaciones** Conjunto de cosas que se exportan: *para mejorar la economía es preciso aumentar las exportaciones y disminuir las importaciones.* **ANT** importaciones.

exportar *v. tr.* Transportar y vender en el extranjero los productos del país: *España exporta cítricos y hortalizas.*
ANT importar.
DER exportación, exportador; reexportar.

exposición *n. f.* **1** Presentación o muestra de algo para que sea visto: *una exposición de pintura; una exposición de maquinaria agrícola.* **2** Conjunto de obras o de productos que se exponen: *han trasladado la exposición a otra ciudad.* **3** Explicación o presentación de ideas o conocimientos: *les he hecho una exposición detallada de mi proyecto y lo han aceptado.* **4** Colocación de manera que reciba la acción o influencia de un agente: *la exposición a las radiaciones atómicas es muy peligrosa.* **5** Tiempo durante el cual recibe luz una película fotográfica para que se impresione: *la duración de la exposición se determina en función de la luz que recibe el objeto fotografiado.*
DER exposímetro.

expositor, -ra *adj./n. m. y f.* **1** [persona, entidad] Que concurre a una exposición pública con objetos de su propiedad o industria: *las empresas expositoras; en la feria de muestras los expositores hacen publicidad de su mercancía.* ◊ *n. m.* **2 expositor** Mueble que sirve para exponer algo a la vista del público: *robaron todas las joyas que había en el expositor.*

exprés *adj.* **1** [electrodoméstico] Que es rápido o funciona con rapidez utilizando una gran presión: *olla exprés; cafetera exprés.* ◊ *adj./n. m.* **2** [café] Que está hecho con una cafetera de este tipo: *después de las comidas me gusta tomar un café exprés; le he pedido al camarero un exprés y un té.*

expresar *v. tr./prnl.* Dar a conocer con palabras o con otros signos exteriores un pensamiento o sentimiento: *este niño se expresa muy bien para la edad que tiene; no sé qué quiso expresar el artista con esta obra.*
DER expresión, expresivo.

expresión *n. f.* **1** Comunicación con palabras o con otros signos exteriores de un pensamiento o un sentimiento: *la risa es una expresión de alegría.* **SIN** manifestación. **2** Palabras o conjunto de palabras: *este diccionario ofrece muchas expresiones coloquiales y frases hechas.* **3** Gesto o aspecto de una persona que da a conocer un sentimiento: *tenía una profunda expresión de dolor en su rostro.* **4** Forma o modo de expresarse o de hablar: *si quieres trabajar en la radio, tendrás que mejorar la expresión oral.*
DER expresionismo.

expresionismo *n. m.* Movimiento artístico de origen europeo surgido a principios del siglo XX que se caracteriza por la intensidad de la expresión de los sentimientos y las sensaciones: *el expresionismo se caracteriza por el desequilibrio y la fuerza de los colores y las formas.*
DER expresionista.

expresionista *adj.* **1** Del expresionismo o relacionado con este movimiento artístico: *Kafka es el representante del movimiento expresionista en literatura.* ◊ *adj./n. com.* **2** [persona] Que es partidario y seguidor del expresionismo: *he visto una exposición del pintor expresionista Munch; un expresionista manifiesta sinceramente en su obra sus sentimientos y su estado de ánimo.*

expresividad *n. f.* Capacidad para expresar con viveza los pensamientos o los sentimientos: *la expresividad de su cara siempre me indica su estado de ánimo.*

expresivo, -va *adj.* Que muestra con gran viveza los pensamientos o los sentimientos: *en este escritor destaca la gran fuerza expresiva de su lenguaje.* **ANT** inexpresivo.
DER expresividad; inexpresivo.

expreso, -sa *adj.* **1** Que está dicho o especificado de forma clara y patente, no sólo insinuado o dado por sabido: *éstas son órdenes expresas del jefe.* **SIN** explícito. **ANT** implícito. ◇ *adj./n. m.* **2** [tren] Que transporta personas y se detiene solamente en las estaciones principales: *el expreso Málaga-Madrid llegará a la hora prevista.* También se dice *tren expreso.*
DER expresamente, expresar.

exprimidor *n. m.* Utensilio o aparato eléctrico que sirve para sacar el zumo de las frutas: *he comprado un exprimidor eléctrico para hacerme zumos de naranja todas las mañanas.*

exprimir *v. tr.* **1** Retorcer o apretar con fuerza una cosa, especialmente una fruta, para sacarle el jugo que tiene dentro: *exprimiré unas naranjas y nos tomaremos un zumo.* **SIN** estrujar. **2** Sacar de alguien o de algo todo el partido posible: *no tenemos dinero y habrá que exprimir el coche hasta que no pueda más.* **SIN** estrujar. **3** Utilizar a una persona en beneficio propio de forma abusiva, especialmente haciéndola trabajar mucho y pagándole poco: *no permitas que tus jefes te expriman más.* **SIN** estrujar, explotar.
DER exprimidor.

expropiar *v. tr.* Quitar legalmente una propiedad a su dueño por motivos de interés público y previo pago de una indemnización: *expropiaron parte de sus tierras para construir la autopista y le dieron una buena indemnización.*
DER expropiación.
OBS En su conjugación, la *i* no se acentúa, como en *cambiar.*

expuesto, -ta *part.* Participio irregular de *exponer.* También se usa como adjetivo: *las obras están expuestas al público*; *es muy expuesto pasear por este barrio de noche.*

expulsar *v. tr.* Hacer salir a una persona o una cosa de un lugar: *lo han expulsado de clase por mal comportamiento*; *al soplar expulsamos el aire de los pulmones.*
DER expulsión, expulsor.

expulsión *n. f.* **1** Apartamiento forzoso de un grupo o de un lugar que sufre una persona: *todos los socios votaron su expulsión del club.* **2** Lanzamiento o salida hacia fuera de una cosa contenida en el interior: *el médico le dio un jarabe para la expulsión de las flemas.*

expurgar *v. tr.* **1** Limpiar o purificar una cosa quitando lo que se considera malo o inútil: *voy a expurgar el armario y tirar todo lo que no me sirva.* **2** Suprimir la autoridad competente lo que considera erróneo, molesto u ofensivo en un libro u otro escrito: *la censura se encargaba de expurgar todo lo que se leía.*
OBS En su conjugación, la *g* se convierte en *gu* delante de *e.*

exquisitez *n. f.* Calidad, refinamiento y buen gusto extraordinarios: *viste con gran exquisitez.*

exquisito, -ta *adj.* **1** Que es de una calidad, un refinamiento y un buen gusto extraordinarios: *tiene unos modales exquisitos.* **ANT** ordinario, vulgar. **2** Que es muy bueno y capaz de satisfacer el gusto más refinado: *una comida exquisita.*
DER exquisitez.

extasiar *v. tr./prnl.* Producir algo un sentimiento de placer o admiración tan intenso que impide apartar la atención de ello: *entré en la catedral y me extasié contemplando el retablo.* **SIN** embelesar.
OBS En su conjugación, la *i* se acentúa en algunos tiempos y personas, como en *desviar.*

éxtasis *n. m.* **1** Estado de la persona que siente un placer o una admiración tan intensos por algo que no puede apartar la atención de ello: *cuando ve una obra de arte se queda en éxtasis y ya no ve ni siente nada más.* **SIN** arrobamiento, embeleso. **2** Estado del alma que logra la unión mística con Dios por medio de la contemplación y del amor y que produce un sentimiento agradable y una disminución de todas las funciones orgánicas: *Santa Teresa describe sus éxtasis en sus obras.* **3** Droga química que causa falsos estados de alegría o de excitación sexual: *el éxtasis puede causar la locura o la muerte de la persona que la toma.*
DER extasiarse, extático.
OBS El plural también es *éxtasis.*

extemporáneo, -nea *adj.* **1** Impropio del tiempo en que se produce u ocurre: *estamos en enero y hace un calor extemporáneo.* **2** Que se hace u ocurre en un momento inadecuado o inoportuno: *hizo un comentario extemporáneo que estropeó el negocio.*

extender *v. tr.* **1** Abrir, desplegar o desenrollar una cosa aumentando su superficie: *extiende el mantel sobre la mesa*; *extiende bien la mantequilla en el pan.* **2** Poner por escrito y según indica la ley o la costumbre: *extender un cheque.* ◇ *v. tr./prnl.* **3** Hacer que se separen y ocupen más espacio cosas que estaban juntas o amontonadas: *el viento extendió las hojas por todo el jardín*; *el jarrón se rompió y los fragmentos se extendieron por toda la habitación.* **SIN** esparcir. **4** Propagar o hacer que llegue a muchos lugares especialmente una noticia o una influencia: *extendió la noticia de su matrícula de honor por todo el instituto*; *se ha extendido la moda del pelo corto.* **5** Ampliar o aplicar a más cosas algo originariamente más restringido, especialmente una autoridad, jurisdicción o derecho: *su autoridad se extiende por todo el territorio.* ◇ *v. prnl.* **6 extenderse** Ocupar una cantidad de espacio o de tiempo: *la ciudad se extiende a ambos lados del río*; *no te extiendas tanto en esta explicación, que ya es tarde.* **7** Alcanzar, llegar: *la deuda se extiende ya a más de un millón de pesetas.* **8** Mostrarse enteramente una gran extensión: *desde la cima, todo el valle se extendía a nuestros pies.*
DER extensible, extensión, extensivo, extenso, extensor.
OBS En su conjugación, la *e* se convierte en *ie* en sílaba acentuada, como en *entender.*

extensible *adj.* Que se puede extender: *las antenas de los aparatos de radio son extensibles.*

extensión *n. f.* **1** Aumento del espacio que ocupa una cosa: *el viento ayudó a la rápida extensión del incendio.* **2** Movimiento por el que se estira o extiende una cosa: *hago rehabilitación para lograr una perfecta extensión del brazo que me rompí.* **3** Alcance, importancia de una cosa: *es sorprendente la extensión de su poder.* **4** Difusión o propagación de una noticia, influencia o algo semejante: *la prensa del corazón se encargará de la extensión del rumor.* **5** Superficie, tamaño o espacio ocupado: *¿cuál es la extensión de esta finca?* **6** Línea de teléfono conectada a una centralita; número que corresponde a esta línea: *cada despacho dispone de una extensión*; *no me sé la extensión de nuestro departamento.* **7** Amplitud o duración en el tiempo: *se trata de un programa de gran extensión que ponen los domingos por la tarde.*

extensivo, -va *adj.* Que se extiende o puede extenderse a más cosas de las que en principio comprende: *hago mi invitación extensiva a los amigos que te acompañan.*

extenso, -sa *adj.* Que tiene mucha extensión: *una extensa llanura*; *escribió un extenso tratado sobre el tema.* **ANT** reducido.

extensor

por extenso Ampliamente o con mucho detalle: *me explicó la película por extenso y es como si ya la hubiera visto.*

extensor, -ra *adj.* Que extiende o hace que se extienda algo: *los músculos extensores permiten los ejercicios de estiramiento.*

extenuado, -da *adj.* [persona] Que está muy cansado o débil, especialmente después de hacer un gran esfuerzo físico: *con el traslado nos hemos quedado extenuados.* **SIN** agotado.

extenuar *v. tr./prnl.* Cansar al máximo o dejar muy débil: *este trabajo es tan agotador que extenúa a cualquiera; el partido ha sido muy duro y me ha extenuado.* **SIN** agotar.
DER extenuación, extenuado.
OBS En su conjugación, la *u* se acentúa en algunos tiempos y personas, como en *actuar*.

exterior *adj.* **1** Que está por la parte de fuera: *el muro exterior de la iglesia es de granito.* **2** [vivienda, habitación] Que las ventanas dan a la calle y no a un patio interior: *quiero alquilar una habitación exterior con vistas al mar.* **3** Que tiene relación con otros países o se desarrolla fuera del país: *Ministerio de Asuntos Exteriores; comercio exterior.* ◇ *n. m.* **4** Parte de fuera de una cosa, especialmente de un edificio: *el exterior de la catedral de Santiago es impresionante; salgamos al exterior a tomar un poco el aire.* ◇ *n. m. pl.* **5 exteriores** Espacios al aire libre y fuera de un estudio en los que se ruedan escenas: *el director ha encontrado magníficos exteriores en nuestro pueblo.* **6** Escenas de película rodadas fuera de los estudios y al aire libre: *la película ofrece buenos exteriores y bonitos paisajes.*
DER exteriorizar, exteriormente, externo.

exteriorización *n. f.* Muestra o manifestación hacia el exterior de un pensamiento o de un sentimiento: *es una persona sincera y se caracteriza por la continua exteriorización de sus sentimientos.*

exteriorizar *v. tr./prnl.* Mostrar o manifestar al exterior un pensamiento o un sentimiento: *no seas tímido y exterioriza todo lo que sientes.* **ANT** interiorizar.
DER exteriorización.
OBS En su conjugación, la *z* se convierte en *c* delante de *e*.

exterminación *n. f.* Destrucción total de algo, especialmente de una especie animal o vegetal: *buscaré un buen insecticida y conseguiré la exterminación de las cucarachas.* **SIN** exterminio.

exterminar *v. tr.* **1** Destruir totalmente, especialmente una especie animal o vegetal: *hay que exterminar las plagas que ataquen a nuestros campos.* **2** Destruir o devastar un lugar habitado en una batalla: *los invasores exterminaron los poblados que encontraron a su paso.*

exterminio *n. m.* Destrucción total de algo, especialmente de una especie animal o vegetal: *afortunadamente los nazis no consiguieron el exterminio de los judíos.* **SIN** exterminación.

externo, -na *adj.* **1** Que está, actúa o se manifiesta por fuera: *las pomadas son medicamentos de uso externo.* **ANT** interno. ◇ *adj./n. m. y f.* **2** [persona] Que no reside ni come en el mismo lugar en el que trabaja o estudia: *los alumnos externos llegan todos los días al colegio en autobús.* **ANT** interno.

extinción *n. f.* **1** Hecho de apagar un fuego, especialmente un incendio: *muchos civiles colaboraron con los bomberos en las tareas de extinción.* **2** Terminación de algo que ha ido disminuyendo o desapareciendo poco a poco: *cada vez son más las especies en peligro de extinción.*

extinguir *v. tr./prnl.* **1** Apagar un fuego: *los bomberos consiguieron extinguir el incendio.* **SIN** sofocar. **2** Terminar o dejar de existir algo después de haber ido disminuyendo o desapareciendo poco a poco: *la última discusión extinguió las posibilidades de reconciliación entre ellos; si no cuidamos la naturaleza muchas especies se extinguirán.* ◇ *v. prnl.* **3 extinguirse** Finalizar o concluir un plazo: *su contrato se extinguió y está en el desempleo.*
DER extinción, extinguible, extinguido, extintor.
OBS En su conjugación, la *gu* se convierte en *g* delante de *a* y *o*.

extintor *n. m.* Aparato que se usa para apagar un incendio arrojando sobre el fuego un chorro del líquido o fluido que contiene y así impedir la combustión: *un local público debe disponer de los extintores que marca la ley.*

extirpación *n. f.* **1** Operación para separar o sacar la parte dañada o enferma de un órgano: *la extirpación del quiste sebáceo no revestía importancia.* **2** Destrucción de algo perjudicial o peligroso: *entre todos conseguiremos la extirpación de los vicios en nuestro barrio.*

extirpar *v. tr.* **1** Quitar definitivamente algo perjudicial del lugar en el que ha crecido o se ha producido: *le han tenido que extirpar un riñón; el dentista me extirpó la muela del juicio.* **2** Destruir o acabar del todo con algo perjudicial o peligroso: *el nuevo alcalde ha prometido extirpar la pobreza del municipio.*
DER extirpación.

extorsión *n. f.* **1** Usurpación mediante el uso de la fuerza o la intimidación: *el chantajista está en la cárcel por un delito de extorsión.* **2** Alteración de la marcha o el estado normal de las cosas que causa trastorno o molestia: *es mejor que vengas tú a recogerlo, si no te causa mucha extorsión.*
DER extorsionar.

extorsionar *v. tr.* Arrebatar o usurpar mediante el uso de la fuerza o la intimidación: *el delincuente extorsionaba a sus víctimas exigiéndoles una suma de dinero bajo amenaza de muerte.*
DER extorsionista.

extorsionista *n. com.* Persona que causa o lleva a cabo una extorsión.

extra *adj.* **1** De calidad superior a la normal: *jamón cocido extra.* ◇ *adj./n. m.* **2** Que se añade a lo normal: *ha hecho muchas horas extras en su trabajo; además de la asignación semanal, recibe muchos extras de su abuelo.* ◇ *n. com.* **3** Persona que interviene en una película o una obra de teatro como comparsa o figurante: *contrataron a muchos extras para hacer de público en la película.* ◇ *n. f.* **4** Paga que se añade al sueldo: *en Navidad cobraré la extra.* **SIN** extraordinaria.

extra- Prefijo que entra en la formación de palabras con el significado de: a) 'Fuera de': *extramuros, extraordinario.* b) 'Sumamente, extremadamente': *extraplano.*

extracción *n. f.* **1** Colocación de una cosa fuera del lugar en el que estaba metida, incluida o situada: *en el sorteo de lotería cada niño se encarga de la extracción de un número.* **2** Obtención de una sustancia separándola del cuerpo o del compuesto que la contiene: *en esta fábrica se procede a la extracción del azúcar de la remolacha.* **3** Obtención del resultado de una operación: *uno de los ejercicios es hacer la extracción de una raíz cúbica.* **4** Origen o condición social heredada de la familia: *es una persona de baja extracción.* Suele tener sentido peyorativo.

extracto *n. m.* **1** Resumen o reducción de un escrito o documento a sus puntos esenciales: *he pedido al banco un extracto de los últimos movimientos de mi cuenta.* **2** Sustancia muy concentrada que se saca de otra a través de su cocción: *usa champú que contiene extracto de camomila.*

DER extractar.

extractor, -ra *adj.* **1** Que extrae o sirve para extraer una cosa: *campana extractora de humos.* ◇ *n. m.* **2 extractor** Aparato que sirve para sacar el humo o los olores y echarlos fuera de un lugar: *he comprado un extractor para la cocina.*

extradición *n. f.* Entrega de una persona refugiada o detenida en un país a las autoridades de otro que la reclama para juzgarla: *las autoridades españolas negociarán la extradición de los terroristas detenidos en Francia.*

extraditar *v. tr.* Entregar a una persona refugiada o detenida en un país a las autoridades de otro que la reclama para juzgarla: *el gobierno extraditó a los reos que se le reclamaban.*

extraer *v. tr.* **1** Poner una cosa fuera del lugar en el que estaba metida, incluida o situada: *extraer una muela.* **SIN** sacar. **2** Obtener una sustancia separándola del cuerpo o del compuesto que la contiene: *extraer el aceite de la aceituna.* **3** Averiguar el valor o resultado de una raíz matemática: *extraer una raíz cuadrada.*
DER extracción, extracto, extractor.

extralimitarse *v. prnl.* Ir más allá del límite aconsejado o autorizado en el comportamiento o en las atribuciones: *se extralimitó en sus funciones al tomar esa decisión porque no estaba autorizado para ello.*

extramuros *adv.* Fuera del recinto de una población: *San Pablo era una basílica extramuros de Roma.*

extranjería *n. f.* **1** Situación y condición legal de la persona que es extranjera en el país donde reside. **2** Conjunto de normas que regulan la condición y los intereses de los extranjeros en un país: *ley de extranjería.*

extranjerismo *n. m.* GRAM. Palabra o modo de expresión procedente de una lengua extranjera que no se halla totalmente incorporado a la lengua que los usa: *la palabra barman es un extranjerismo en español.* **SIN** barbarismo.

extranjero, -ra *adj./n. m. y f.* **1** Que es o viene de otro país: *durante el verano visitan nuestras costas muchos extranjeros.* **ANT** nativo. ◇ *n. m.* **2** País o países distintos del propio: *esta maquinaria se fabrica en el extranjero.* Siempre se usa con el artículo *el*.
DER extranjería, extranjerismo, extranjerizar.
ETIM Véase *extraño*.

extranjis *coloquial* Palabra que forma parte de la locución adverbial *de extranjis* y se usa para indicar que una determinada acción se realiza de manera oculta o en secreto: *salió de extranjis para que no le descubriera su hermana.*

extrañar *v. tr./prnl.* **1** Producir una cosa sorpresa, admiración o extrañeza a alguien: *me extraña que no haya venido todavía.* ◇ *v. tr.* **2** Echar de menos o sentir la falta de una persona o cosa: *durante el verano extrañé a mis compañeros de colegio.* **3** Encontrar rara una cosa por ser diferente de la que usamos comúnmente: *no he descansado bien porque he extrañado la cama.*

extrañeza *n. f.* **1** Conjunto de características que hacen que algo resulte extraño, raro o distinto de lo normal. **2** Sorpresa, admiración o asombro: *me miró lleno de extrañeza cuando le conté aquel caso tan inverosímil.*

extraño, -ña *adj.* **1** Que es raro o distinto de lo normal: *es extraño que tú me hagas esa pregunta; un ruido extraño; es una persona extraña y nunca sé lo que estará pensando.* **2** Que no tiene parte en lo que se expresa: *no participó en el asunto y permaneció extraño a los problemas que surgieron.* Se contruye con la preposición *a*. **3** [cosa] Que se desconoce o ignora y no se comprende su naturaleza y cualidades: *la química es una materia extraña para mí.* **SIN** desconocido,

ignoto. ◇ *adj./n. m. y f.* **4** [persona] Que pertenece a un grupo o círculo no conocido: *se me acercó un extraño y me preguntó la hora.* **SIN** desconocido.
DER extrañar, extrañeza.
ETIM *Extraño* procede del latín *extraneus*, 'ajeno, exterior', voz con la que también está relacionada *extranjero*.

extraoficial *adj.* Que no es oficial, que no procede de la autoridad competente: *noticia obtenida de fuentes extraoficiales.*

extraordinario, -ria *adj.* **1** Que destaca por sus buenas cualidades; que sobresale entre lo demás; que es admirable: *tu equipo de música ofrece un sonido extraordinario; es una persona de una amabilidad extraordinaria.* **SIN** estupendo, excelente, fenomenal, formidable, magnífico. **ANT** pésimo. **2** Que se aparta de lo normal: *sorteo extraordinario.* **ANT** ordinario. ◇ *adj./n. m.* **3 extraordinario** [publicación] Que aparece por una razón especial: *esta semana saldrá un extraordinario sobre los mundiales de fútbol.* ◇ *adj./n. f.* **4 extraordinaria** [pago] Que se añade al sueldo: *haremos un viaje con el dinero de la paga extraordinaria.* **SIN** extra.

extrapolación *n. f.* **1** Aplicación a un campo de las conclusiones conseguidas en otro: *los partidos políticos han hecho una extrapolación de los resultados de las elecciones municipales para predecir lo que va a ocurrir en las próximas generales.* **2** Separación de una frase o expresión del contexto en el que se produjo y obtención de un nuevo sentido al colocarla en otro. **3** MAT. Cálculo del valor de una variable en un momento determinado y en unas condiciones determinadas: *las calculadoras científicas hacen extrapolaciones.*

extrapolar *v. tr.* **1** Aplicar a un campo las conclusiones conseguidas en otro. **2** Sacar una frase o expresión del lugar en el que se ha dicho y darle un sentido distinto del que tiene al colocarla en otro contexto: *extrapoló intencionadamente las respuestas del político.* **3** MAT. Calcular el valor de una variable en un momento y en unas condiciones dadas.
DER extrapolación.

extrarradio *n. m.* Alrededores de un pueblo o una ciudad; zona de una población alejada del centro y tocando estos alrededores: *todas las fábricas deben ser trasladadas al extrarradio.* **SIN** afueras.

extrasensorial *adj.* Que se percibe o acontece sin la intervención de los órganos sensoriales o que queda fuera de su alcance: *fenómenos extrasensoriales.*

extraterrestre *adj.* **1** Del espacio exterior a la Tierra o relacionado con él: *sabemos poco de la vida extraterrestre.* ◇ *adj./n. com.* **2** Que procede de otro planeta: *nave extraterrestre; ¿crees en los extraterrestres?* **SIN** alienígena.

extraterritorial *adj.* Que está o se considera fuera de los límites territoriales de la propia jurisdicción.
DER extraterritorialidad.

extraterritorialidad *n. f.* Privilegio de estar sujeto a las leyes o derechos del país propio cuando se está en un país extranjero: *las sedes diplomáticas y los barcos se consideran territorio de la nación a que pertenecen porque gozan de extraterritorialidad.*

extravagancia *n. f.* Rareza u originalidad excesivas: *llama la atención la extravagancia de su vestido.* **SIN** excentricidad.

extravagante *adj.* Que es demasiado original o extraño y se aparta de lo común: *este coche pintado a cuadros de colores resulta muy extravagante.* ◇ *adj./n. com.* [persona] Que llama la atención por actuar o pensar de manera demasiado original o extraña: *deja de hacer cosas raras y no seas tan extravagante.* **SIN** estrafalario, estrambótico, excéntrico.
DER extravagancia.

extravertido, -da o **extrovertido, -da** adj./n. m. y f. [persona] Que es muy sociable y su atención, interés y actividad anímica se dirigen predominantemente al mundo exterior: *si quieres tener amigos debes procurar ser más extravertido*. **ANT** introvertido.
DER extraversión.

extraviar v. tr./prnl. **1** Perder alguien una cosa, no encontrarla en su sitio y no saber dónde está: *he extraviado las llaves y ahora no puedo entrar en casa*. **ANT** encontrar. **2** Perder o hacer perder el camino: *no vi las indicaciones y me extravié*. **ANT** encontrar. **3** Apartar de lo que es justo y razonable; desviarse de la vida normal y seguir una conducta desordenada: *las malas compañías lo han extraviado*. **SIN** descarriar. **4** No fijar la vista en un objeto determinado: *extraviar la mirada*.
DER extraviado, extravío.
OBS En su conjugación, la *i* se acentúa en algunos tiempos y personas, como en *desviar*.

extravío n. m. **1** Pérdida de algo que no se encuentra o no se sabe dónde está. **2** Conducta desordenada, que se sale de lo normal y razonable: *en aquellos años jóvenes cometió muchas locuras y extravíos*. Se usa más en plural.

extremado, -da adj. **1** Situado o llevado al extremo de una escala o gradación; sumamente bueno o malo en su género: *es una persona de extremada inteligencia*. **2** Exagerado, que se sale de lo normal: *en estas regiones hace un calor extremado*.

extremar v. tr. **1** Llevar una cosa al extremo o al grado máximo: *extremar las precauciones*. ◇ v. prnl. **2 extremarse** Esmerarse o poner mucho cuidado en la realización de una cosa.
DER extremado.

extremaunción n. f. Sacramento de la Iglesia católica que se administra a fieles que están a punto de morir y en el que el sacerdote les hace la señal de la cruz con óleo sagrado: *estaba herido de muerte y pidió la extremaunción*. **SIN** unción.

extremeño, -ña adj. **1** De Extremadura o relacionado con esta comunidad autónoma española: *Cáceres y Badajoz forman la comunidad extremeña*. ◇ adj./n. m. y f. **2** [persona] Que es de Extremadura. ◇ n. m. **3** Variedad del español hablado en Extremadura.

extremidad n. f. **1** Cada una de las partes que constituyen los extremos del cuerpo en el hombre y los animales, especialmente los brazos y las piernas o las patas: *los brazos son las extremidades superiores y las piernas las inferiores*. **2** Parte primera o última de una cosa: *colócate en aquella extremidad de la mesa*. **SIN** extremo. **3** Último estado o valor que puede alcanzar una cosa.

extremis Palabra que se utiliza en la expresión *in extremis*, que significa 'en el último momento de una situación o circunstancia que llega a su fin': *el equipo español logró empatar el partido in extremis*.

extremismo n. m. Tendencia hacia unas ideas o unas actitudes extremas o exageradas, especialmente en política: *tiene pocos seguidores debido al extremismo de su ideología*.
SIN maximalismo.
DER extremista.

extremista adj. **1** Del extremismo o que tiene relación con esta tendencia: *las posturas extremistas nunca son recomendables*. ◇ adj./n. com. **2** [persona] Que es partidario de unas ideas o unas actitudes extremas o exageradas, especialmente en política: *la policía ha tenido enfrentamientos con grupos extremistas*. **SIN** maximalista.

extremo, -ma adj. **1** Que es muy intenso o tiene una cualidad en mayor grado que los demás: *en esta zona hay días de extremo calor*. **2** Que está muy distante o lejano en el espacio o en el tiempo: *Extremo Oriente*. **3** Que es el último o que se encuentra en el límite: *la dimisión es un recurso extremo*. ◇ n. m. **4 extremo** Parte primera o última: *estaba en el otro extremo de la calle*. **SIN** extremidad. **5** Punto último al que puede llegar una cosa: *he llegado al extremo de tenerle miedo*. **6** Jugador de la línea delantera de un equipo de fútbol y de otros deportes que se coloca próximo a las bandas derecha e izquierda del campo. ◇ n. m. pl. **7 extremos** Muestras exageradas de un sentimiento: *los extremos de amabilidad no me parecen espontáneos*.
en extremo Demasiado, excesivamente: *se entregó en extremo a su trabajo*.
en último extremo Si no hay otra salida o remedio: *intenta venir en tren o en autobús y, en último extremo, iré yo a buscarte*.
DER extremar, extremidad, extremismo.

extrínseco, -ca adj. Que no es propio ni característico de una cosa o que es externo a ella: *no debes fijarte en los rasgos extrínsecos, sino en lo esencial de las cosas*. **ANT** intrínseco.

extrovertido, -da adj./n. m. y f. Extravertido. **ANT** introvertido.
OBS La Real Academia Española admite *extrovertido*, pero prefiere la forma *extravertido*.

exuberancia n. f. Abundancia o desarrollo extraordinario de una cosa.

exuberante adj. Que es muy abundante o que está extraordinariamente desarrollado: *exuberante vegetación; formas exuberantes*.
DER exuberancia.
ETIM Véase *ubre*.

exudación n. f. Salida de un líquido a través de los poros o las grietas del cuerpo que lo contiene: *la exudación del sudor se hace a través de los vasos pequeños y de los capilares*.

exudar v. intr./tr. Salir un líquido a través de los poros o las grietas del cuerpo que lo contiene: *hasta que la herida no deje de exudar, no cicatrizará; el árbol exuda goma*.
DER exudación.

exultar v. intr. Mostrar gran alegría o satisfacción con mucha excitación.

exvoto n. m. Ofrenda hecha a Dios, a la Virgen o a los santos en agradecimiento a un beneficio recibido: *los exvotos por curación suelen ser figuras que representan la parte del cuerpo sanada u otro objeto relacionado con la enfermedad*.

eyaculación n. f. Expulsión con fuerza del contenido de un órgano, cavidad o conducto, especialmente del semen: *el orgasmo del hombre culmina con la eyaculación*.

eyacular v. tr./intr. Expulsar con fuerza el contenido de un órgano, una cavidad o un conducto, especialmente el semen.
DER eyaculación.

eyectar v. tr./prnl. Lanzar con fuerza al exterior: *esa palanca sirve para eyectar al piloto en caso de accidente*.
DER eyector.

eyector n. m. **1** Bomba que sirve para expulsar un fluido a gran velocidad mediante la corriente de otro fluido. **2** Mecanismo que sirve para expulsar los cartuchos vacíos en las armas de fuego: *las armas de fuego automáticas llevan eyector*. **3** Mecanismo que sirve para dar velocidad a un vehículo espacial: *el eyector está compuesto por la cámara de combustión, el cabezal inyector y la tobera*.

-eza Sufijo que entra en la formación de sustantivos femeninos abstractos con el significado de 'cualidad': *alteza, aspereza, delicadeza, sutileza*.

F f

f *n. f.* Sexta letra del alfabeto español. Su nombre es *efe*: *la palabra feliz empieza con f*.

fa *n. m.* Cuarta nota de la escala musical: *el fa sigue al mi*. ☞ notación musical.
OBS El plural es *fas*.

fabada *n. f.* Comida típica de Asturias que se hace con judías, chorizo, tocino y morcilla.
ETIM Véase *haba*.

fábrica *n. f.* **1** Establecimiento que tiene máquinas y las instalaciones necesarias para crear o elaborar productos en gran número: *fábrica de coches; fábrica de zapatos*. **2** Obra o construcción hecha con ladrillos o piedras unidos con argamasa: *hemos quitado la mampara y hemos puesto un muro de fábrica para separar las habitaciones*.
DER fabricar, fabril.

fabricación *n. f.* Preparación de un producto a partir de la combinación de sus componentes, especialmente cuando es producción en serie y por medios mecánicos: *esta empresa trabaja en la fabricación de componentes eléctricos*. **SIN** confección, elaboración.

fabricante *adj./n. com.* [persona, empresa] Que se dedica a fabricar o elaborar productos en gran cantidad: *devolveremos la pieza defectuosa al fabricante*.

fabricar *v. tr.* **1** Preparar un producto a partir de la combinación de sus componentes, especialmente cuando se produce en serie y por medios mecánicos: *esta compañía fabrica aparatos de radio*. **SIN** confeccionar, elaborar. **2** Construir o hacer manualmente alguna cosa: *él mismo fabricó las herramientas que iba a necesitar; ha fabricado un muro que rodea toda la vivienda*. **3** Levantar, disponer o inventar una cosa no material: *tarde o temprano descubrirán la gran mentira que has fabricado*.
DER fabricación, fabricante; prefabricar.
OBS En su conjugación, la c se convierte en *qu* delante de e.

fabril *adj.* De la fábrica o que tiene relación con ella: *este invento facilita la transformación fabril de ciertas materias primas*.

fábula *n. f.* **1** Obra literaria en prosa o verso que cuenta una historia con contenido moral y cuyos protagonistas suelen ser animales: *las fábulas suelen resumir su enseñanza en una moraleja final; le explicó la fábula de la hormiga y la cigarra*. **2** Mito o historia basada en las acciones de dioses o seres superiores. **3** Historia inventada que no se ajusta a la realidad: *déjate de fábulas y cuéntanos la verdad*. **4** Comentario que corre entre la gente: *no me gustan los que suelen ir con fábulas y habladurías*. **SIN** rumor.
de fábula *coloquial* Estupendo, muy bien o muy bueno: *el partido del domingo fue de fábula*.
DER fabular, fabuloso.

fabulación *n. f.* Invención o imaginación de una historia: *este niño tiene una capacidad de fabulación increíble, se entretiene inventando historias sobre extraterrestres*.

fabular *v. tr.* Imaginar o inventar una historia o argumento: *he fabulado un cuento para el certamen de narrativa que ha organizado el instituto*.
DER fabulación, fabulista; confabular.

fabulista *n. com.* Persona que escribe fábulas literarias: *Iriarte y Samaniego fueron grandes fabulistas españoles*.

fabuloso, -sa *adj.* **1** Que es inventado y no se ajusta a la realidad: *en estos cuentos aparecen animales fabulosos*. **2** Que destaca por sus buenas cualidades: *ahora tiene un coche fabuloso*. **SIN** extraordinario, fantástico, maravilloso.

facción *n. f.* **1** Bando de gente que se separa de un grupo por no estar de acuerdo con sus ideas y se opone a ellas de modo violento: *una facción del ejército intentó un golpe de estado*. **2** Cada una de las partes de la cara humana: *el paso de los años no ha estropeado sus bellas facciones*. Se usa generalmente en plural.
DER faccioso.

faccioso, -sa *adj./n. m. y f.* **1** Que es miembro de un bando o facción y se opone de forma desaforada o violenta a ideas distintas de las suyas. **2** Que es rebelde y se levanta en armas contra el poder o la autoridad: *un grupo de facciosos tomó el centro de telecomunicaciones*. **3** Que causa disturbios y perturba el orden público.

faceta *n. f.* **1** Aspecto que puede ser considerado en un asunto o en la vida de una persona: *he descubierto una nueva faceta de mi personalidad*. **2** Cara de una figura sólida, especialmente cuando es de pequeño tamaño: *el joyero talló las facetas del diamante*.
DER polifacético.

facha *n. f.* **1** Manera de aparecer o de mostrarse a la vista: *no te he reconocido con esa facha que tienes*. **SIN** apariencia, aspecto. **2** Persona o cosa fea o ridícula: *no quiero salir porque estoy hecho una facha y me da vergüenza*. **SIN** mamarracho. ◇ *adj./n. com.* **3** *coloquial* [persona] Que es partidario del fascismo: *es un facha y no puedes esperar en él ideas democráticas*. Tiene sentido despectivo. **SIN** fascista.
DER fachada, fachoso. Son derivados de *facha*, 'apariencia'.

fachada *n. f.* **1** Pared exterior y principal de un edificio: *han decidido restaurar y pintar la fachada del edificio*. ☞ casa. **2** Apariencia externa de una persona o una cosa: *en la reunión mostraba una fachada tranquila y segura; no son tan ricos, todo es pura fachada*.

fachoso, -sa *adj./n. m. y f.* [persona] Que tiene mala facha, que resulta feo o ridículo: *usa una ropa tan ridícula que va hecho un fachoso*.

facial *adj.* De la cara o que tiene relación con ella: *los músculos faciales hacen que podamos mover la boca; crema facial*.

fácil *adj.* **1** Que se puede hacer, entender o conseguir con poca inteligencia, poco trabajo o poca habilidad: *nos ha puesto un examen muy fácil*. **ANT** arduo, difícil. **2** Que es muy probable o que hay muchas posibilidades de que suceda: *es fácil que venga hoy*. **ANT** difícil. **3** [persona, carácter] Que es agradable en el trato con la gente. **ANT** difícil. **4** [persona] Que se deja seducir sin oponer resistencia y se presta fácilmente a tener relaciones sexuales. Tiene valor despectivo.
DER facilidad, facilitar, fácilmente, facilongo.

facilidad *n. f.* **1** Disposición o capacidad para hacer, entender o conseguir una cosa sin esfuerzo o sin dificultad: *tiene gran facilidad para las matemáticas*. **2** Ausencia de dificultad o de esfuerzo en la ejecución de algo: *viene todos los domingos porque el viaje se realiza con facilidad*. ◊ *n. f. pl.* **3 facilidades** Condiciones o circunstancias que se proporcionan a alguien y le hacen fácil o posible conseguir o ejecutar una cosa: *necesitan vender y ofrecen muchas facilidades de pago*.

facilitar *v. tr.* **1** Hacer fácil o posible un proceso o una acción: *una grúa nos facilitó el trabajo*; *el guarda les facilitó la entrada al recinto*. **SIN** favorecer. **ANT** dificultar, entorpecer, obstaculizar. **2** Proporcionar o entregar a alguien una cosa o intervenir para que la tenga: *un amigo suyo nos facilitará alojamiento*.

facineroso, -sa *adj./n. m. y f.* **1** [persona] Que es un delincuente habitual: *todos saben que es un facineroso y que ha estado en la cárcel varias veces*. ◊ *n. m.* **2** Hombre que tiende a hacer el mal.

facsímil *n. m.* Perfecta imitación o reproducción de una cosa, especialmente de un escrito o un dibujo: *he encontrado un facsímil de un antiguo manuscrito*.
DER facsimilar.

factible *adj.* Que se puede hacer o ejecutar: *el proyecto es factible, pues no se sale de nuestro presupuesto*.
OBS No se debe confundir su uso con el de *posible*.

fáctico, -ca *adj.* Que está basado en los hechos y no en la teoría: *necesitaba pruebas fácticas que demostraran su teoría*.

factor, -ra *n. m.* **1** Elemento o circunstancia que contribuye, junto con otras cosas, a producir un resultado: *la mala suerte ha sido el factor decisivo en la derrota de nuestro equipo*. **2** MAT. Cada una de las cantidades que se multiplican para calcular su producto: *los factores de una multiplicación son el multiplicando y el multiplicador*. **3** MAT. Número que está contenido exactamente dos o más veces en otro: *el 2 es factor de todos los números pares porque todos lo contienen una cantidad exacta de veces*. **SIN** divisor, submúltiplo. ◊ *n. m. y f.* **4** Empleado de ferrocarril o de una empresa de transporte que se encarga de la recepción, envío y entrega de mercancías y equipajes.
DER factoría.
ETIM Véase *hacer*.

factoría *n. f.* **1** Fábrica o industria. **2** Establecimiento que un país tiene en otro para comerciar con los nativos: *en el primer milenio a.C., los fenicios crearon importantes factorías en las costas levantinas de la península ibérica*. **3** Oficina del factor.
DER factorial; piscifactoría.

factura *n. f.* **1** Cuenta en la que se detallan las mercancías compradas o los servicios recibidos y la cantidad de dinero que se pide por ellos: *no te olvides de pedir factura de todo lo que compres*. **2** Forma de una cosa o manera en la que está hecha: *realizó en mármol una estatua de bella factura*. **SIN** hechura.
pasar factura *a)* Pedir un favor como contraprestación de otro que se había hecho: *en cuanto tuvo ocasión me pasó factura por la ayuda que me prestó aquella vez*. *b)* Traer consecuencias negativas: *no te extrañes de tus malas notas si no has estudiado, el curso te pasa factura*.
DER facturar.
ETIM Véase *hacer*.

facturación *n. f.* **1** Entrega y registro en una estación de transportes de un equipaje o de una mercancía para que sea enviada a su lugar de destino. **2** Elaboración de una factura: *hay que hacer la facturación de estos ordenadores*.

facturar *v. tr.* **1** Entregar y registrar en una estación de transportes un equipaje o una mercancía para que sea enviada a su lugar de destino: *tenemos que llegar al aeropuerto con tiempo para facturar el equipaje*. **2** Hacer una factura, o detallar las mercancías compradas o los servicios recibidos y el importe que se pide por ellos: *a esta empresa le va bien el negocio y cada mes factura más*.
DER facturación.

facultad *n. f.* **1** Capacidad o aptitud física, intelectual o moral que tiene una persona para hacer una cosa o ejercer una función: *está recibiendo clases de tenis porque le han visto facultades*; *cuando dijo aquello seguramente tenía dañadas sus facultades mentales*. **2** Poder o derecho para hacer una cosa: *mi cargo me da facultad para elegir a mis ayudantes*. **3** Parte de una universidad que corresponde a una rama del saber y que organiza los estudios de varias carreras: *en la facultad de Filología puedes licenciarte en Filología Clásica*. **4** Edificio e instalaciones en que se encuentra esa parte de la universidad: *han construido nuevos aparcamientos junto a la facultad de letras*.
DER facultar, facultativo.

facultar *v. tr.* Conceder a alguien facultad, poder o derecho para hacer una cosa: *este título te faculta para ejercer como médico*.

facultativo, -va *adj.* **1** Que no es necesario y que puede hacerse u omitirse con total libertad: *es obligatorio, y no facultativo, llevar puesto el casco al conducir una motocicleta*. **SIN** potestativo. **2** De la facultad o relacionado con el poder o derecho para hacer algo: *informe facultativo*. ◊ *adj./n. m. y f.* **3** [persona] Que ha realizado estudios superiores o especializados y presta sus servicios al Estado: *personal facultativo*. ◊ *n. com.* **4** Persona que se dedica a la medicina o a la cirugía: *me atendió el facultativo de guardia en el servicio de urgencias*.

facundia *n. f.* Facilidad y abundancia en el hablar: *¡Qué bien se explica, tiene una facundia!* **SIN** locuacidad.

fado *n. m.* Canción popular portuguesa de carácter melancólico.

faena *n. f.* **1** Actividad, tarea o trabajo que requiere esfuerzo físico o mental: *lleva todo el día trabajando, pero aún le queda mucha faena*. **2** Labor del torero, especialmente en el último tercio de la corrida: *hizo una gran faena de muleta en el segundo toro*. **3** Obra o dicho que molesta, causa un daño o está hecho con mala intención: *si sigues haciendo faenas te vas a quedar sin amigos*. **SIN** jugarreta, marranada, perrería.
DER faenar.

faenar *v. intr.* **1** Pescar y hacer las faenas propias de la pesca marina: *los dos barcos fueron apresados cuando faenaban en aguas internacionales*. **2** Trabajar la tierra: *los jornaleros faenan durante la cosecha*.
DER faenero; enfaenado.

-fagia Elemento sufijal que entra en la formación de sustantivos femeninos con el significado de 'acción de comer o tragar': *antropofagia, disfagia*.

fago-, -fago, -faga Elemento prefijal y sufijal que entra en la formación de palabras con el significado de 'comedor, que se alimenta de'; 'devorador, que destruye': *fagocitosis, antropófago, fitófago*. **SIN** -voro.

fagocitar *v. tr.* BIOL. Absorber y digerir ciertas células las partículas nocivas o inútiles del organismo con fines de defensa o alimenticios.

fagocito *n. m.* Célula de la sangre y de muchos tejidos animales que tiene la propiedad de capturar y digerir partículas nocivas o inútiles para el organismo: *los glóbulos blancos de la sangre son los fagocitos más importantes*.
DER fagocitar, fagocitosis.

fagocitosis *n. f.* Proceso por el cual los fagocitos engloban y digieren otros cuerpos nocivos o inútiles del organismo: *la fagocitosis tiene gran importancia en la defensa contra las enfermedades infecciosas*.
OBS El plural también es *fagocitosis*.

fagot *n. m.* Instrumento musical de viento formado por un tubo de madera con llaves del que sale otro tubo de metal corto, fino y curvo, que termina en una boquilla de caña: *el grupo de instrumentos de madera está formado por la flauta, el oboe, el clarinete y el fagot*. ☞ instrumentos musicales.
OBS El plural es *fagotes*.

faisán *n. m.* Ave de la familia de la gallina con un penacho de plumas en la cabeza y un vistoso plumaje de color amarillo, verde y rojo con reflejos brillantes: *la carne del faisán es muy apreciada*.
OBS Para indicar el sexo se usa *el faisán macho* y *el faisán hembra*.

faja *n. f.* **1** Prenda interior de tejido elástico que cubre desde la cintura hasta la parte alta de las piernas: *con la faja pareces más delgada*. **2** Banda de tela o de punto con que se rodea el cuerpo por la cintura, dándole varias vueltas: *el traje de baturro incluye una faja roja*. **3** Zona de terreno más larga que ancha: *la faja del litoral mediterráneo*. **SIN** franja. **4** Tira de papel que envuelve o rodea un libro, un periódico o un paquete: *la revista llega por correo con una faja que lleva mi nombre y dirección*. **5** ARQ. Tira de piedra lisa donde se colocan pinturas o esculturas: *la pared estaba adornada con arcos ciegos y fajas de decoración floral*.
DER fajar, fajín; refajo.

fajar *v. tr./prnl.* Rodear o envolver a una persona o cosa con una faja.

fajín *n. m.* Faja o banda de seda, de unos colores y con unas señales, que se coloca alrededor de la cintura: *el fajín es usado como insignia o distintivo honorífico por militares y ciertos funcionarios civiles*.

fajo *n. m.* Conjunto de cosas, generalmente largas y estrechas, puestas unas sobre otras y atadas por su centro: *un fajo de billetes*. **SIN** fardo, haz.
DER fajina.

falacia *n. f.* Engaño o mentira, especialmente cuando con ello se intenta hacer daño: *con tales falacias sólo conseguirás que los demás te desprecien*.

falange *n. f.* **1** ANAT. Cada uno de los pequeños huesos que forman el esqueleto de los dedos: *cada dedo tiene tres falanges, excepto el pulgar que tiene dos*. ☞ esqueleto. **2** Conjunto de personas unidas para un mismo fin. **3** Cuerpo de tropas numeroso: *las falanges constituían la infantería del ejército griego*.
DER falangeta, falangina, falangismo.

falangeta *n. f.* ANAT. Hueso pequeño que está en la punta de cada uno de los dedos de manos y pies: *la falangeta también se llama* tercera falange.

falangina *n. f.* ANAT. Hueso pequeño que está en los dedos de manos y pies, entre la falange y la falangeta: *la falangina también se llama* segunda falange.

falangismo *n. m.* Movimiento político y social de Falange Española, fundado por José Antonio Primo de Rivera en 1933 y basado en el ideario del fascismo italiano: *el falangismo propugna la desaparición de los partidos políticos y la protección oficial de la tradición religiosa española*.
DER falangista.

falangista *adj.* **1** Del falangismo o relacionado con este movimiento político y social: *el ideario falangista es de tendencia nacionalista*. ◇ *adj./n. com.* **2** [persona] Que es partidario o seguidor del falangismo: *a los falangistas también se les llamaba* camisas azules *por alusión al color de su uniforme*.

falaz *adj.* **1** Que engaña o dice mentiras: *no seas falaz y dime la verdad*. **2** Que atrae o halaga con falsas y engañosas apariencias: *no debes creerte sus falaces promesas, pues nunca cumple lo que dice*.
DER falacia.

falda *n. f.* **1** Prenda de vestir, generalmente de mujer, que cae desde la cintura hacia abajo: *el uniforme se compone de una blusa blanca y una falda tableada y de cuadros*. **2** Parte que cae suelta de una prenda de vestir desde la cintura hacia abajo: *estás arrastrando las faldas del abrigo*. Se usa frecuentemente en plural. **3** Tela que cubre una mesa redonda y que suele llegar hasta el suelo. Se usa más en plural. **4** Carne que cuelga de la parte delantera de las reses sin pegarse ni al hueso ni a las costillas: *falda de ternera*. **5** Parte inferior del lado de una montaña: *acamparemos en la falda de aquella montaña*.

pegarse a las faldas Depender demasiado del cuidado y autoridad de una mujer: *este niño es muy tímido y se pega a las faldas de su madre*.
DER faldero, faldón; minifalda.

faldero *adj.* Que es muy aficionado a seducir a las mujeres: *es el hombre más faldero que conozco, siempre está rodeado de mujeres*. **SIN** mujeriego.

faldón *n. m.* **1** Parte inferior de una prenda de vestir que llega más abajo de la cintura: *ten cuidado de no arrugar los faldones del frac cuando te sientes*. **2** Falda larga y suelta que se pone a los bebés encima de las otras prendas.

faldriquera *n. f.* Bolsa pequeña que se ata a la cintura y se lleva colgando bajo la ropa. **SIN** faltriquera.

falla *n. f.* **1** Defecto material de una cosa: *la tela se había roto por una falla que traía*. **2** Fallo o mal cumplimiento de una obligación: *encontraron una falla en el balance de cuentas*. **3** GEOL. Fractura que se ha producido en un terreno a causa de un movimiento de tierra: *las fallas son lugares de actividad sísmica*. **4** Figura o conjunto de figuras de madera y cartón que representan de forma satírica y humorística personajes o escenas de actualidad y que han sido construidas para ser quemadas en las calles durante las fiestas valencianas: *la falla ganadora es la única que se salva del fuego la noche de la víspera de San José*. **5 Fallas** Fiestas populares de Valencia: *las Fallas se celebran en torno al día de San José*. Se escribe con letra mayúscula.
DER fallero.

fallar *v. intr.* **1** No llegar a buen fin o no conseguir lo que se espera: *tus padres esperan que apruebes y tú no puedes fallarles; han fallado nuestros cálculos*. **2** Perder una cosa su resistencia o su capacidad: *falló un cable y toda la carga se vino al suelo*. ◇ *v. tr./intr.* **3** Tomar una decisión un tribunal o un jurado: *todos los concursantes esperan impacientes a que falle el jurado*.
DER fallir, fallo.

fallecer   *v. intr.* Morir una persona: *siento comunicarle que su marido ha fallecido.* **SIN** expirar, fenecer, finar.
DER fallecimiento; desfallecer.
OBS En su conjugación, la *c* se convierte en *zc* delante de *a* y *o*, como en *agradecer*.

fallecimiento   *n. m.* Muerte o terminación de la vida de una persona: *no sabía nada del fallecimiento de tu madre.*

fallero, -ra   *adj.* **1** De las Fallas o relacionado con estas fiestas valencianas. ◇ *n. m. y f.* **2** Persona que se dedica a la construcción de las figuras de madera y cartón que se queman durante las Fallas: *los falleros dedican todo el año a la construcción de las fallas.* **3** Persona que interviene o participa en estas fiestas: *la fallera mayor presidía el acto.*

fallido, -da   *adj.* Que no da el resultado perseguido o esperado: *después de dos intentos fallidos, el atleta logró saltar el listón.*

fallo   *n. m.* **1** Equivocación o error: *cometer un fallo.* **2** Avería que impide el buen funcionamiento de una máquina o aparato: *se retiró de la carrera debido a un fallo en el motor.* **3** Decisión de un tribunal o de un jurado: *no todos estaban de acuerdo con el fallo del tribunal.* **4** Falta de un palo, en ciertos juegos de cartas: *tengo fallo a corazones.*

falo   *n. m.* *culto* Pene, órgano sexual masculino: *la imagen del dios egipcio Min se caracteriza por su falo erecto.*
DER falocracia.

falsario, -ria   *adj./n. m. y f.* Que tiene la costumbre de engañar o de inventar falsedades: *este periódico tiene fama de falsario.*

falsear   *v. tr.* **1** Cambiar o alterar una cosa para que deje de ser verdadera o auténtica: *falseó los hechos al contar sólo lo que le interesaba.* **SIN** mistificar. ◇ *v. intr.* **2** Perder fuerza, resistencia o firmeza: *los cimientos falsean y nadie quiere vivir en el edificio.*

falsedad   *n. f.* Falta de verdad o de autenticidad: *insiste en la falsedad de esos rumores.* **ANT** veracidad.

falsete   *n. m.* Voz más aguda que la natural: *cuando cantas en falsete vibran las cuerdas superiores de la laringe.*

falsificación   *n. f.* Copia o imitación de algo que se hace pasar por verdadera o auténtica: *ha cometido un delito de falsificación de moneda.*

falsificar   *v. tr.* Hacer una copia o una imitación de algo para hacerla pasar por verdadera o auténtica: *falsificó la firma de sus padres.*
DER falsificación.
OBS En su conjugación, la *c* se convierte en *qu* delante de *e*.

falsilla   *n. f.* Hoja de papel con líneas muy señaladas, que se pone debajo del papel en que se va a escribir para que sirva de guía: *la falsilla te ayudará a escribir las líneas rectas en un folio blanco.*

falso, -sa   *adj.* **1** Que no es verdadero o que no corresponde a la realidad: *es falso que ayer fuera al cine, no salí de casa en todo el día.* **ANT** verdadero. **2** Que imita o se parece a una cosa real: *un billete falso.* **ANT** genuino. **3** Que engaña por su aspecto o intención: *no te creas sus promesas, que es una persona muy falsa y seguro que no tiene intención de cumplirlas.* ◇ *n. m.* **4** Tira de tela que se pone en la parte interior de una prenda de vestir, donde la costura hace más fuerza o en los bordes.
en falso *a)* Con intención contraria a la que se expresa: *jurar en falso. b)* Sin seguridad o sin apoyo: *pisó en falso y se cayó.*
DER falsario, falsear, falsedad, falsete, falsificar, falsilla.

falta   *n. f.* **1** Error o equivocación: *este escrito tiene varias faltas de ortografía.* **2** Carencia o privación de una cosa necesaria o útil: *intentaron solucionar la falta de agua y de alimentos.* **3** Ausencia de una persona: *nadie notó tu falta en la fiesta.* **4** Apunte con el que se indica que una persona no está en el sitio que debe: *el profesor puso una falta a todos los alumnos que no asistieron a clase.* **5** Acción censurable o merecedora de un castigo que comete una persona: *falta de respeto; le han abierto expediente por ciertas faltas.* **6** Incumplimiento de una regla en un juego o en un deporte: *el árbitro pitó la falta cometida por el portero.* **SIN** infracción. **7** Ejecución o realización del castigo que corresponde a dicha falta: *el delantero lanzó la falta.* **8** Defecto o imperfección: *Juan tiene la falta de llegar siempre tarde; devolví el pantalón porque encontré una falta en la tela.* **9** Desaparición de la regla o menstruación en la mujer: *cree que puede estar embarazada porque ha tenido tres faltas.*
caer en falta No cumplir con una obligación: *has caído en falta al no acabar el trabajo a su debido tiempo.*
echar en falta Echar de menos: *durante las vacaciones, eché en falta a los amigos del colegio.*
hacer falta Ser necesario: *no hace falta que vengas.*
sin falta Con seguridad: *esta tarde sin falta te devuelvo lo que te debo.*

faltar   *v. intr.* **1** No estar en un lugar o no existir donde sería necesario: *faltó al trabajo porque estaba enfermo; a este libro le faltan hojas; me faltó valor para decirles lo que pensaba.* **SIN** carecer. **2** Tener que transcurrir para llegar a cierto punto o situación: *faltan tres días para las vacaciones; me faltan dos años para acabar la carrera.* **3** Quedar todavía por hacer: *ya sólo me faltan los ejercicios de inglés.* **4** Acabarse o no haber bastante: *no pudimos comprarlo porque nos faltaba dinero.* **5** No responder o no cumplir: *Juan faltó a su palabra y no cumplió lo prometido.* ◇ *v. intr./tr.* **6** Tratar sin respeto ni consideración a una persona: *perdí los nervios cuando comenzó a faltarme.*
¡no faltaba más! o **¡no faltaría más!** *a)* Expresión con que se enfatiza el rechazo de una petición o un hecho que se considera inadmisible: *quiere salir todos los días y tiene que estudiar, pues ¡no faltaría más! b)* Expresión de cortesía que significa 'desde luego, sin duda': —*¿me deja ver el periódico?* —*¡No faltaba más!*
DER falta, falto.

falto, -ta   *adj.* Carente o necesitado de la cosa que se expresa: *falto de recursos; falto de cariño.*
DER faltón.

faltriquera   *n. f.* Bolsa pequeña que se ata a la cintura y se lleva colgando bajo la ropa: *las mujeres llevaban la faltriquera debajo del delantal o de la falda.* **SIN** faldriquera.

falucho   *n. m.* Pequeña embarcación costera con una vela latina o triangular.

fama   *n. f.* **1** Opinión de la gente sobre una persona: *tiene fama de trabajador y de buena persona.* **2** Situación o estado de popularidad y admiración pública: *alcanzar la fama; llegar a la fama.* **SIN** celebridad.
DER famoso; afamar, difamar, infamar.

famélico, -ca   *adj.* **1** Hambriento, que tiene mucha hambre: *echó la mitad de su bocadillo a un famélico perrito.* **2** Que es delgado en exceso: *montaba en un caballo famélico y enfermizo.*
ETIM Véase *hambre*.

familia   *n. f.* **1** Grupo de personas emparentadas entre sí que viven juntas: *este fin de semana me quedo en casa con mi familia.* **2** Conjunto de ascendientes, descendientes y demás personas relacionadas entre sí por parentesco de sangre o legal: *mi familia se instaló en esta ciudad hace tres generaciones.* **3** Hijo o conjunto de hijos o descendientes de una per-

sona: *se casaron muy mayores y no tuvieron familia.* **4** Conjunto de personas o cosas que tienen una característica o condición común: *el español y el italiano son de la misma familia de lenguas.* **5** BIOL. Categoría de clasificación de los seres vivos inferior a la de orden y superior a la de género: *el gato pertenece a la familia de los félidos.*
de buena familia Que pertenece a una familia de clase social alta.
de la familia Que tiene una relación estrecha con las personas de una casa: *no es necesario que salgas, tú eres de la familia.*
en familia Sin gente extraña y con confianza: *ahora que estamos en familia hablaremos de nuevo del tema.*
DER familiar; subfamilia.

familiar *adj.* **1** De la familia o que tiene relación con ella: *estrechar los lazos familiares.* **2** Que es sencillo y llano: *estilo familiar y cariñoso.* **3** Que se conoce muy bien o se hace fácilmente: *esta labor le es familiar; su cara me resulta familiar.* **4** [lenguaje] Que se usa en la conversación normal y corriente: *el lenguaje familiar facilita a los interlocutores una comunicación más directa.* ◇ *n. m.* **5** Persona que pertenece a la misma familia que otra: *estuve visitando a un familiar enfermo.* SIN pariente.
DER familiaridad, familiarizar; unifamiliar.

familiaridad *n. f.* Sencillez y sinceridad en el trato, propia de la amistad o del parentesco: *después de tantos años trabajando juntos se hablan con gran familiaridad.* SIN confianza.

familiarizar *v. tr./prnl.* **1** Adaptar, acostumbrar o hacer familiar o común una cosa: *intenta familiarizarte con el nuevo ordenador.* ◇ *v. prnl.* **2 familiarizarse** Llegar a tener un trato familiar con una persona: *no tardará en familiarizarse con sus compañeros.*
OBS En su conjugación, la *z* se convierte en *c* delante de *e*.

famoso, -sa *adj./n. m. y f.* Que es muy conocido o tiene fama: *han aparecido nuevas pistas sobre el famoso atraco al banco; son las fotos de la famosa actriz; los famosos salen en televisión.* SIN célebre, conocido.

fámulo, -la *n. m. y f. culto* Persona que se dedica a la limpieza y servicio doméstico en una casa que no es la suya a cambio de dinero. SIN criado.

fan *n. com.* Persona que admira o apoya a una persona o una cosa con gran pasión: *el club de fans vitoreó con entusiasmo al famoso cantante; es un fan de la música rock.*
OBS Es de origen inglés. ◇ El plural es *fans*.

fanal *n. m.* Farol grande empleado a bordo de los barcos como insignia de mando y en los puertos como señal nocturna: *algunas embarcaciones de pesca emplean potentes fanales para atraer a los peces.*

fanático, -ca *adj./n. m. y f.* **1** [persona] Que defiende una creencia o una opinión con pasión exagerada: *eres una persona tan fanática que no permites que se te cuestione nada; los fanáticos suelen ser intolerantes con las creencias de los demás.* **2** [persona] Que se preocupa o está entusiasmada de forma desmesurada por algo: *es un fanático de los coches y cambia de modelo cada dos por tres.* SIN fan, furibundo.
DER fanatismo.

fanatismo *n. m.* Pasión exagerada al defender una creencia: *el fanatismo suele llevar a la intolerancia.*

fancine o **fanzine** *n. f.* Revista hecha por aficionados que no se vende en quioscos o librerías, y trata temas variados: *cada mes recogía el fancine que publicaban los alumnos de la universidad en un apartado de correos.*

fandango *n. m.* **1** Baile popular de movimiento vivo y apasionado: *el fandango es un baile típico andaluz.* **2** Canto y música que acompañan a este baile con un compás de tres por cuatro o de seis por ocho: *en los fandangos siempre intervienen la guitarra y las castañuelas.*
DER fandanguillo.

fanega *n. f.* **1** Medida de capacidad para el grano, las legumbres y otros frutos secos, de valor variable según las regiones: *la fanega equivale en Castilla a 55,5 litros, y en Aragón, a 22,4 litros.* **2** Medida agraria de superficie, de valor variable según las regiones: *la fanega equivale en Castilla a unas 64 áreas.*

fanerógamo, -ma *adj./n. f.* BOT. Planta que se reproduce por semillas formadas en las flores: *los órganos de reproducción de las plantas fanerógamas se presentan en forma de flor; el rosal es una fanerógama.*

fanfarria *n. f.* **1** Conjunto musical ruidoso y festivo formado principalmente por instrumentos de metal: *muchas fanfarrias recorren la ciudad durante las fiestas.* **2** Música interpretada por este conjunto musical: *la noche de fin de año se oyeron fanfarrias hasta el amanecer.* **3** *coloquial* Importancia excesiva que se da una persona a sí misma: *hazme una demostración y déjate de fanfarrias.*

fanfarrón, -rrona *adj./n. m. y f.* [persona] Que presume de lo que no es, especialmente de valiente, o de lo que tiene: *es un fanfarrón y se atribuye proezas increíbles.* SIN bravucón, fantasma.
DER fanfarria, fanfarronada, fanfarronear, fanfarronería.

fanfarronada *n. f.* Obra o dicho propio de una persona fanfarrona. SIN bravuconada, fantasmada.

fanfarronear *v. intr.* Hablar y comportarse con arrogancia presumiendo de lo que se tiene o de lo que no se es: *fanfarroneaba cuando te dije que podía pilotar el ultraligero, pues nunca lo he hecho y me da miedo.*

fanfarronería *n. f.* **1** Modo de hablar y de comportarse propios de un fanfarrón: *me desagrada su continua fanfarronería, cuando todos sabemos que es un cobarde.* **2** Obra o dicho propio de una persona fanfarrona: *es una fanfarronería decir que vas a ganar el premio porque sabes que no eres el mejor.*

fango *n. m.* **1** Barro espeso y pegajoso, especialmente el que se forma en el suelo que tiene agua estancada: *con la sequía, en la laguna sólo queda fango.* **2** Mala fama, descrédito o deshonra que cae sobre una persona por lo que se ha dicho de ella: *los periódicos lo cubrieron de fango.*
DER fangoso; enfangar.

fangoso, -sa *adj.* Que está lleno de fango o que, como él, es blando y viscoso: *terreno fangoso.*

fantasear *v. intr.* **1** Dejar libre la imaginación o la fantasía: *su mente infantil fantaseaba constantemente.* ◇ *v. tr.* **2** Imaginar algo fantástico o que no es real: *le gustaba fantasear las más increíbles heroicidades.*
DER fantaseador.

fantasía *n. f.* **1** Cualidad del ser humano para formar imágenes mentales, para inventar o crear ideas: *los niños tienen una enorme fantasía.* SIN imaginación. **2** Imagen mental irreal fruto de la imaginación: *los gigantes y encantadores eran fantasías de don Quijote.* Se usa más en plural. SIN ensueño, ilusión. **3** Imaginación creadora o facultad mental para inventar o producir obras literarias o de arte: *la fantasía es el rasgo más destacado en los escritores románticos.* **4** MÚS. Composición musical creada de forma libre: *el motivo de la fantasía suele tomarse de una ópera.*
de fantasía *a)* Se aplica a la prenda de vestir que lleva muchos adornos o dibujos imaginativos y poco corrientes: *llevaba una corbata de fantasía. b)* Se aplica al adorno que tie-

fantasioso

ne la apariencia de un material noble o lo imita: *llevaba pendientes y collar de fantasía porque los de oro son muy caros.*
DER fantasear, fantasioso, fantástico.

fantasioso, -sa *adj./n. m. y f.* [persona] Que tiene mucha fantasía y tiende a dejarse llevar por la imaginación: *su mente fantasiosa lo llevó a creer que triunfaríamos y seríamos famosos; es una fantasiosa y les improvisa cuentos continuamente.*

fantasma *adj.* **1** Que tiene una existencia dudosa o poco segura: *barco fantasma.* **2** [lugar] Que está abandonado: *en este pueblo fantasma no hay nadie.* ◊ *adj./n. com.* **3** [persona] Que presume de lo que no es o de tener lo que no tiene: *es un fantasma, se atribuye cosas que él nunca sería capaz de hacer.* **SIN** fanfarrón. ◊ *n. m.* **4** Imagen de una persona muerta que se aparece a los vivos: *¿tú crees en los fantasmas?* **SIN** aparecido, aparición. **5** Imagen o idea irreal creada por la imaginación, especialmente la que está impresa en la memoria de forma atormentadora: *todos tenemos que luchar contra el fantasma del hambre; debes superar el fantasma de los celos y seguir con tu novia.*
DER fantasmada, fantasmagoría, fantasmal, fantasmear, fantasmón.

fantasmada *n. f.* Obra o dicho de la persona que presume de lo que no es o de tener lo que no tiene. **SIN** fanfarronada.

fantasmagórico, -ca *adj.* Que es una ilusión de los sentidos: *tuve una pesadilla con seres fantasmagóricos.*

fantasmal *adj.* Del fantasma o que tiene relación con esta imagen irreal: *una imagen fantasmal.*

fantasmear *v. intr.* Presumir una persona de algo que no es o que no tiene: *venía fantasmeando con un deportivo que resultó no ser suyo.*

fantástico, -ca *adj.* **1** Que no es real o que es producto de la imaginación: *el unicornio no ha existido nunca: es un ser fantástico.* **2** Que sobresale entre los demás por sus buenas cualidades: *un coche fantástico; un pianista fantástico.* **SIN** extraordinario, fabuloso, maravilloso. **3** De la fantasía o que tiene relación con ella: *literatura fantástica.*

fantoche *n. m.* **1** Persona que presume de lo que no es o de tener lo que no tiene: *los fantoches se suelen jactar de cosas que son incapaces de hacer.* **SIN** fanfarrón, fantasma. **2** Persona de aspecto ridículo y grotesco: *estás hecho un fantoche con ese traje tan grande y ese sombrero de copa.* **3** Muñeco que se mueve por medio de hilos o metiendo la mano en su interior. **SIN** marioneta, títere.
DER fantochada.

fanzine *n. m.* Fancine, revista hecha por aficionados.

faquir *n. m.* **1** Religioso de la India y otros países orientales que lleva una vida de oración y gran austeridad, vive de la limosna y realiza actos de mortificación sorprendentes. **2** Persona que hace un espectáculo en el que se somete a pruebas que suelen causar daño sin que ello le produzca ningún tipo de dolor: *el faquir del circo camina sobre vidrios rotos o brasas ardiendo sin sentir dolor alguno.*

farad o **faradio** *n. m.* Unidad de capacidad eléctrica, en el Sistema Internacional: F es el símbolo del faradio.
DER microfaradio.
OBS *Farad* es la denominación internacional del faradio.

faralá *n. m.* **1** Pieza de tela doblada y cosida por la parte superior, y suelta por abajo, que sirve para adornar las prendas de vestir: *los faralaes adornan los trajes de sevillana y las batas de cola.* **SIN** volante. **2** Adorno exagerado y de mal gusto: *debes vestir de forma más sencilla y no colgarte tantos faralaes.*
OBS Se usa más en plural: *faralaes.*

farándula *n. f.* **1** Profesión y ambiente de las personas que se dedican al espectáculo, especialmente al teatro: *la vida de farándula era muy dura cuando los cómicos viajaban de pueblo en pueblo.* **2** *coloquial* Charla embrollada con la que se pretende engañar: *deja ya esa farándula que te he visto las intenciones.*
DER farandulero.

farandulero, -ra *n. m. y f.* **1** Persona que se dedicaba al espectáculo, especialmente al teatro: *los faranduleros llegaron al pueblo y representaron una comedia.* ◊ *adj./n. m. y f.* **2** [persona] Que habla de manera extensa y complicada para confundir o engañar: *no seas farandulero y dime claramente lo que quieres.*

faraón *n. m.* Soberano del antiguo Egipto: *el faraón era considerado como un dios.*
DER faraónico.

faraónico, -ca *adj.* **1** Del faraón o relacionado con él: *las pirámides egipcias constituyen la característica más emblemática de la época faraónica.* **2** Fastuoso, grandioso o que requiere mucho trabajo: *la construcción de la catedral supone una inversión económica y un esfuerzo faraónicos.*

fardar *v. intr.* **1** *coloquial* Presumir o alardear de una virtud o de una cosa que se posee: *le gusta fardar delante de sus amigos de todo lo que tiene.* **2** *coloquial* Resultar vistoso y atractivo: *ese vestido último modelo farda mucho.*
DER fardón.

fardo *n. m.* Lío o paquete de ropa u otra mercancía muy apretado y atado: *preparó un fardo con la ropa y se lo echó a la espalda.*
DER fardar.

fardón, -dona *adj./n. m. y f.* **1** [persona] Que farda o tiende a presumir de las virtudes o de las cosas que posee: *es muy fardón y le encanta darse importancia delante de las chicas.* ◊ *adj.* **2** Que farda por resultar vistoso y atractivo: *llevaba un reloj muy fardón.*

farero, -ra *n. m. y f.* Persona que se dedica al mantenimiento y vigilancia de un faro.

fárfara *n. f.* Telilla o piel delgada y delicada que recubre la parte interior de la cáscara de los huevos de ave.

farfullar *v. tr.* Decir una cosa muy deprisa y de manera atropellada y confusa: *estaba tan sorprendido y emocionado que sólo farfulló unas palabras de agradecimiento.*
DER farfullero.

farfullero, -ra *adj./n. m. y f.* [persona] Que farfulla o habla de forma atropellada y poco comprensible.

faringe *n. f.* ANAT. Parte del aparato digestivo en forma de tubo, de paredes musculosas y situada a continuación de la boca: *la faringe del hombre comunica las fosas nasales con la laringe y el esófago.* ☞ digestivo, aparato; respiratorio, aparato.
DER faríngeo, faringitis; nasofaríngeo.

faríngeo, -gea *adj.* ANAT. De la faringe o que tiene relación con esta parte del aparato digestivo: *las amígdalas son órganos faríngeos.*

faringitis *n. f.* Inflamación de la faringe: *tengo faringitis y no puedo tomar cosas frías.*
OBS El plural también es *faringitis.*

fariseo, -sea *adj./n. m. y f.* **1** [persona] Que es hipócrita y finge una moral, unos sentimientos o unas creencias religiosas que no tiene: *no puedes fiarte de su palabra: es un fariseo.* ◊ *n. m.* **2** Miembro de una secta judía de la época de Jesucristo que demostraba rigor y austeridad, pero sólo prestaba interés a la forma externa de los preceptos religiosos y no a

su esencia: *los fariseos se dedicaban al estudio de la Ley y controlaban las sinagogas y las escuelas rabínicas.*
DER farisaico, fariseísmo.

farmacéutico, -ca *adj.* **1** De la farmacia o que tiene relación con este establecimiento: *productos farmacéuticos.* ◇ *n. m. y f.* **2** Persona que tiene los estudios de farmacia o que se dedica a preparar o vender medicinas en una farmacia: *la farmacéutica me ha dicho que pase más tarde a recoger el preparado que me ha recetado el médico.* **SIN** boticario.

farmacia *n. f.* **1** Establecimiento donde se hacen o venden medicinas: *tengo que ir a la farmacia a comprar las pastillas para el estómago.* **SIN** botica. **2** Ciencia que trata de la preparación de medicamentos y de las propiedades de sus componentes como remedio o prevención contra las enfermedades.
DER farmacéutico.

fármaco *n. m.* Sustancia que sirve para curar, calmar o evitar enfermedades: *los fármacos se preparan con sustancias naturales o sintéticas.* **SIN** medicamento, medicina.
DER farmacia, farmacología; psicofármaco.

farmacología *n. f.* Rama de la medicina que se ocupa de los medicamentos y de su acción terapéutica.

faro *n. m.* **1** Torre alta en las costas y puertos que dispone de una luz potente en la parte superior para orientar de noche a los navegantes: *la luz del faro se divisa desde muy lejos.* **2** Foco de luz potente en la parte delantera de los vehículos automotores que sirve para iluminar el camino: *los faros de mi coche son halógenos y se ve muy bien toda la carretera.* ☞ automóvil; motocicleta. **3** Persona o cosa que sirve como guía o modelo: *él ha sido nuestro faro durante la realización del trabajo.*
DER farero, farol.

farol *n. m.* **1** Caja con una o más caras de cristal o de otro material transparente que contiene una luz para alumbrar: *los antiguos carruajes llevaban un farol para alumbrarse durante la noche.* **2** Obra o dicho exagerado o sin fundamento con el que se pretende presumir, sorprender o engañar: *no te marques otro de tus faroles y dime de verdad cuánto tienes.* **3** Jugada falsa hecha para desorientar al contrario en los juegos de naipes: *tenía muy malas cartas, pero fui de farol y aposté fuerte para que creyeran lo contrario.*
DER farola, farolillo.

farola *n. f.* Farol grande y colocado en alto, generalmente sobre un pie o un poste, que sirve para alumbrar las calles y algunos tramos de carretera: *en la última remodelación del alumbrado público colocaron unas farolas muy bonitas.*

farolero, -ra *adj./n. m. y f.* **1** *coloquial* [persona] Que tiende a decir cosas falsas y exageradas con la intención de presumir o de sorprender: *no me sorprende que dijera algo tan descabellado porque es muy farolero.* ◇ *n. m. y f.* **2** Persona que se encargaba del encendido y apagado de las farolas de gas que alumbraban las calles.

farolillo *n. m.* **1** Farol de papel, celofán o plástico de colores que se cuelga del techo y de las paredes como adorno en las fiestas: *la verbena estaba decorada con farolillos y luces de colores.* **2** Planta de jardín cuyas flores tienen forma de campanilla y están agrupadas en ramilletes piramidales y son de color azul o blanco: *el farolillo florece todo el verano.*
farolillo rojo Último puesto en una clasificación o en una competición deportiva: *si seguimos siendo el farolillo rojo de la liga descenderemos de categoría.*

farra *n. f.* Juerga o diversión muy animada y ruidosa: *estuvo de farra anoche con los amigos y hoy tiene sueño.* **SIN** jarana, parranda.

farragoso, -sa *adj.* Que es poco claro y contiene cosas o ideas sin relación: *me resulta imposible comprender un escrito tan farragoso.*

farruco, -ca *adj.* [persona] Que se muestra en actitud valiente y desafiante o insolente: *no te pongas farruco, que soy más fuerte que tú.*
ETIM *Farruco* es una forma familiar del nombre *Francisco* en Galicia y Asturias, que, en principio, denominó al gallego o asturiano recién salido de su tierra.
OBS Se suele usar con el verbo *ponerse.*

farsa *n. f.* **1** Obra de teatro cómica y de corta duración: *la compañía representó una farsa en la calle.* **2** Obra de teatro de poca calidad o de mal gusto: *esa comedia tan chabacana y grotesca no es más que una farsa.* Tiene valor despectivo. **3** Hecho o situación que es un engaño: *las votaciones fueron una farsa, pues los representantes fueron elegidos a dedo.*
DER farsante.

farsante, -ta *adj./n. m. y f.* **1** [persona] Que miente o engaña, especialmente que finge lo que no siente o se hace pasar por lo que no es: *es un farsante, y aunque lo veas llorar, no creas que tiene pena.* ◇ *n. com.* **2** Persona que se dedicaba a representar farsas: *se marchó con una compañía de farsantes que había llegado al pueblo.*

fasc. Abreviatura de *fascículo,* 'cuaderno'.

fascículo *n. m.* Cada una de las partes de un libro o de una colección que se publican periódicamente y de forma independiente: *cada semana se pone a la venta un fascículo de los cien que componen la enciclopedia.*
DER fasciculado.
ETIM Véase *haz.*

fascinación *n. f.* Atracción o seducción irresistible: *era una enamorada de las joyas, le causaban una auténtica fascinación.*

fascinante *adj.* Que atrae o seduce irresistiblemente: *tienes una mirada fascinante.*

fascinar *v. tr.* Atraer irresistiblemente la atención, simpatía o amor de una persona mediante algo que le resulta física o moralmente muy interesante: *me fascina todo lo relacionado con las culturas antiguas.*
DER fascinación, fascinante.

fascismo *n. m.* **1** Movimiento político y social fundado en Italia por Benito Mussolini después de la Primera Guerra Mundial: *los militantes del fascismo se denominaban camisas negras.* **2** Doctrina de carácter totalitario y nacionalista de este movimiento y otros similares en otros países: *el fascismo fue adoptado por partidos políticos de extrema derecha.*
DER fascista.
ETIM Véase *haz.*

fascista *adj.* **1** Del fascismo o que tiene relación con esta doctrina o movimiento político y social: *el régimen fascista italiano firmó un pacto con la Alemania nazi.* ◇ *adj./n. com.* **2** [persona] Que es partidario del fascismo: *los fascistas intervinieron en la guerra civil española.* **SIN** facha.

fase *n. f.* **1** Momento, período o estado que forma parte de una serie o de un proceso: *los que aprueben este examen pasarán a la siguiente fase.* **SIN** escalón, estadio, etapa. **2** ASTR. Aspecto con que se muestra un planeta en relación con su movimiento alrededor de un punto, especialmente cada una de las diversas apariencias que toma la Luna según la ilumina el Sol: *las fases de la Luna son cuatro: luna nueva, cuarto creciente, luna llena y cuarto menguante.*
DER anafase, bifásico, desfase, monofásico, polifásico, trifásico.

fastidiar *v. tr.* **1** Enfadar, disgustar o molestar, debido generalmente a un contratiempo sin importancia o una situación

ligeramente desagradable: *me fastidia tener que pedirle dinero*. **2** Causar a alguien un perjuicio no muy grave: *la lluvia nos fastidió el fin de semana*. ◇ *v. prnl*. **3 fastidiarse** Aguantarse o sufrir con paciencia un contratiempo que no se puede evitar: *si te ha salido mal, te fastidias*. **SIN** chincharse.
OBS En su conjugación, la *i* no se acentúa, como en *cambiar*.
fastidio *n. m*. Disgusto, molestia o cansancio, debido generalmente a un contratiempo de poca importancia o una situación ligeramente desagradable: *es un fastidio tener que empezar de nuevo después de las horas invertidas*.
DER fastidiar, fastidioso.
ETIM Véase *hastío*.
fastidioso, -sa *adj*. Que causa fastidio: *resultó un trabajo fastidioso porque cansaba y aburría enormemente; no seas fastidioso y deja de molestar*.
fasto, -ta *adj*. **1** [período] Que es muy favorable o feliz: *desde aquel fasto día mis penas desaparecieron*. **SIN** fausto. **ANT** nefasto. ◇ *n. m*. **2** Lujo extraordinario: *en aquel suntuoso palacete vivían con gran fasto y esplendor*. **SIN** fastuosidad, fausto.
DER nefasto.
fastuosidad *n. f*. Fasto o lujo extraordinario: *la gran pompa y fastuosidad del banquete deslumbró a los invitados*. **SIN** fausto.
fastuoso, -sa *adj*. Que tiene o muestra un lujo extraordinario: *es una casa fastuosa, muestra un gran derroche de riqueza*.
DER fastuosidad.
fatal *adj*. **1** Que es muy malo o no se puede soportar: *hace un día fatal*. **2** Que es desgraciado, infeliz o muy perjudicial: *maldigo el día fatal en el que nos conocimos; sufrió un accidente de fatales consecuencias*. **3** Inevitable o determinado por el destino: *el destino fatal del ser humano es la muerte*. ◇ *adv*. **4** Muy mal: *está triste porque piensa que lo hizo fatal*.
DER fatalidad, fatalismo, fatídico.
ETIM Véase *hado*.
fatalidad *n. f*. Desgracia o mala suerte: *tuvo la fatalidad de caer y romperse una pierna*.
fatalismo *n. m*. **1** FILOS. Doctrina filosófica que considera que los acontecimientos no se pueden evitar por estar sujetos a una fuerza superior que rige el mundo. **SIN** determinismo. **2** Actitud de la persona que se somete con resignación al curso de los sucesos porque cree que es imposible torcer el destino: *no actúes con tanto fatalismo y lucha por cambiar esta situación que no te satisface*.
fatídico, -ca *adj*. **1** Que es desgraciado, nefasto o muy negativo: *camina con muletas desde que tuvo aquel fatídico accidente*. **2** Que anuncia lo que sucederá en el futuro, generalmente desgracias: *tuvo un sueño fatídico que le avisaba de su muerte*.
fatiga *n. f*. **1** Sensación de cansancio que se experimenta después de un intenso y continuado esfuerzo físico o mental: *la fatiga le impedía continuar corriendo*. **2** Molestia o dificultad al respirar: *la obesidad te provoca fatiga al subir las escaleras*. **3** Molestia, sufrimiento o trabajo excesivo: *mis padres han tenido que pasar muchas fatigas para sacar el negocio adelante. Se usa más en plural*. **4** *coloquial* Miramiento, reparo o escrúpulo: *me da fatiga presentarme en tu casa sin avisar, pero es urgente*.
fatigar *v. tr./prnl*. Causar fatiga o cansancio: *este trabajo tan pesado fatiga a cualquiera; me fatigué mucho al subir cargado las escaleras*. **SIN** cansar.
DER fatiga, fatigado, fatigoso; infatigable.
OBS En su conjugación, la *g* se convierte en *gu* delante de *e*.

fatigoso, -sa *adj*. **1** Que causa fatiga o cansancio: *hacer zanjas en la tierra es un trabajo muy fatigoso*. **2** Que tiene o muestra fatiga o dificultad al respirar: *el enfermo habló con el médico con voz fatigosa*.
fatuo, -tua *adj./n. m. y f*. **1** [persona] Que es presuntuoso y engreído y presume de lo que no es o de tener lo que no tiene: *es un fatuo y por eso muestra ese convencimiento ridículo de superioridad*. **2** [persona] Que tiene poco entendimiento: *qué necio y qué fatuo es: no se entera de nada de lo que le decimos*.
DER fatuidad.
fauces *n. f. pl*. Parte posterior de la boca de los mamíferos que va desde el velo del paladar hasta el principio del esófago: *todos pensaron que el cazador había caído en las fauces del león*.
fauna *n. f*. Conjunto de las especies animales de un país o región o de un período geológico: *el autor describe con minuciosa pulcritud la flora y la fauna del territorio*.
fauno *n. m*. Divinidad de la mitología romana que habitaba en los campos y las selvas: *el fauno era un semidiós con las patas de macho cabrío*.
DER fauna.
fausto, -ta *adj*. **1** Afortunado, que causa alegría y felicidad: *nunca olvidaré aquel fausto acontecimiento*. **SIN** fasto. **ANT** nefasto. ◇ *n. m*. **2** Fasto o lujo extraordinario: *celebró su boda con gran fausto y esplendor*. **SIN** fastuosidad.
DER infausto.
favor *n. m*. **1** Ayuda o protección que se da o se concede: *se me estropeó el coche y me hizo el favor de llevarme a casa. Se suele usar con el verbo* hacer. **2** Confianza, apoyo o privilegio prestado a alguien, generalmente por una persona de autoridad, poder o influencia: *siempre trata de ganarse el favor del jefe*.
a favor de *a*) En beneficio o utilidad de alguien o algo: *voté a favor de nuestro representante*. *b*) Con la ayuda de o en la misma dirección: *nadar a favor de la corriente*.
en favor de En beneficio o utilidad de alguien o algo: *se ha convocado una manifestación en favor de los derechos humanos*.
hacer el favor de o **por favor** Expresión de cortesía que se usa para pedir o rogar alguna cosa, aunque también puede decirse con enfado: *¿me sirve un café, por favor?; ¡haz el favor de sentarte!*
tener a favor Tener de su parte a alguien o algo como ayuda o defensa: *tengo a mi favor a toda la familia; tienes a tu favor la suerte de dominar varios idiomas*.
DER favorable, favorecer, favorito.
favorable *adj*. **1** Que favorece o hace más fácil una cosa o una acción: *saldremos a navegar si las condiciones meteorológicas son favorables*. **ANT** desfavorable. **2** Inclinado a hacer una cosa o a conceder lo que se le pide: *se mostró favorable a cambiar el destino de las vacaciones*.
favorecer *v. tr*. **1** Dar o hacer un favor: *la favoreció mucho al ofrecerle ese trabajo*. **2** Hacer más fácil o posible la ejecución de una cosa o una acción: *el buen tiempo favorece la maduración de los frutos*. **SIN** facilitar. **ANT** dificultar. **3** Mostrar apoyo o confianza: *su intervención nos favoreció ante la comisión*. **4** Dar hermosura o sentar bien un adorno o una vestimenta: *esa blusa te favorece mucho y estas muy guapa con ella*. **ANT** desfavorecer.
OBS En su conjugación, la *c* se convierte en *zc* delante de *a* y *o*, como en *agradecer*.
favoritismo *n. m*. Tendencia o inclinación a favorecer más a unas personas que a otras que lo merecen tanto como las

primeras: *muestran un favoritismo descarado al conceder injustamente cargos y títulos a sus amigos.* **SIN** nepotismo.

favorito, -ta *adj./n. m. y f.* **1** Que es mejor considerado o más querido que los demás: *es una de mis películas favoritas; es injusto que seas su favorito y que te haga mejores regalos que a mí.* **2** Que tiene las mayores posibilidades de ganar una competición: *el caballo favorito va en cabeza; sólo los favoritos han llegado a la final.* ◇ *n. m. y f.* **3** Persona que goza de la confianza o del apoyo de un rey o de una persona con poder: *dejó el gobierno en manos de su favorito.*
DER favoritismo.

fax *n. m.* **1** Sistema de comunicación que permite mandar información escrita a través del teléfono: *te envié por fax toda la información que me pediste.* **2** Aparato que permite mandar y recibir mensajes a través de ese sistema de comunicación: *la utilización del fax es muy sencilla, sólo tienes que colocar el papel en su sitio, marcar el número y apretar un botón.* **3** Mensaje escrito que se ha comunicado a través de ese sistema de comunicación: *el fax decía que no podría asistir a la reunión.*

faz *n. f.* **1** Parte anterior de la cabeza de las personas, en la que están la boca, la nariz y los ojos: *su faz mostraba una profunda preocupación.* **SIN** cara, rostro, semblante. **2** Lado o superficie externa de una cosa: *lo he buscado por toda la faz de la tierra.* **3** Cara o lado principal de una moneda o una medalla: *en la faz de la medalla llevo grabado mi grupo sanguíneo.* **SIN** anverso.
DER faceta, facial.

fe *n. f.* **1** Virtud teologal del cristianismo que consiste en creer en la palabra de Dios y en la doctrina de la Iglesia: *las virtudes teologales son tres: fe, esperanza y caridad.* **2** Conjunto de ideas y creencias de una religión o doctrina: *la fe cristiana; la fe socialista.* **3** Confianza o creencia en personas o cosas de las que no se necesita demostrar que existan o que sean buenas o útiles: *es una noticia digna de fe; tengo mucha fe en mis hijos; tienes demasiada fe en la medicina y los médicos no hacen milagros.* **4** Palabra o documento que asegura que una cosa es cierta: *la fe de bautismo es el documento que certifica que te han bautizado.*

dar fe Afirmar la verdad de algo de manera legal: *el notario dio fe de la venta.*

de buena (o **mala**) **fe** Con buena o mala intención o deseo: *actuó de buena fe cuando intentó arreglar la radio.*

fe de erratas Lista que se añade a veces en un libro para señalar y corregir los errores que han aparecido en él: *este libro tiene tantos errores que le hace falta una fe de erratas.*
DER fedatario, fehaciente.
ETIM Fe procede del latín *fides*, que tenía el mismo significado, voz con la que también están relacionadas *fideicomiso, fidelidad, fiel.*

fealdad *n. f.* Falta de belleza en una persona o cosa: *gracias a su fealdad consiguió un papel de adefesio en el cine y ahora es un actor famoso.*

febrero *n. m.* Segundo mes del año: *febrero sólo tiene 28 días, excepto en los años bisiestos que tiene 29.*

febrífugo, -ga *adj./n. m.* MED. [sustancia, medicamento] Que sirve para reducir la fiebre: *el eucalipto y la manzanilla tienen propiedades febrífugas; la aspirina es un febrífugo.*
ETIM Véase *fiebre*.

febril *adj.* **1** De la fiebre o que tiene relación con este síntoma: *esta enfermedad presenta un largo proceso febril.* **2** Que tiene fiebre: *estaba febril y deliraba.* **3** Que es muy intenso, apasionado o agitado: *desbordaba pasión durante aquel dis-*

curso febril; tuve que llevar un ritmo febril para acabar el trabajo a tiempo.
ETIM Véase *fiebre*.

fecal *adj.* De las heces o relacionado con los excrementos intestinales: *este bajante del bloque es para las aguas fecales y este otro para las aguas residuales.*
ETIM Véase *hez*.

fecha *n. f.* **1** Momento en que se hace u ocurre una cosa: *no recuerdo la fecha exacta.* **2** Indicación del lugar y tiempo en que se hace u ocurre una cosa, especialmente la que figura al principio o al final de una carta o un documento: *la fecha del documento es Barcelona, 15 de noviembre de 1996.* **3** Cada día que pasa a partir de un momento determinado: *nos veremos dentro de unas fechas.*

hasta la fecha Hasta el momento actual: *estoy en último curso y hasta la fecha no he suspendido ningún examen.*
DER fechar.
ETIM Véase *hacer*.

fechar *v. tr.* **1** Poner la fecha en un escrito: *olvidaron fechar la factura y no sé en qué mes se hicieron esos gastos.* **SIN** datar. **2** Determinar la fecha de un escrito, un objeto o un acontecimiento: *los investigadores tratan de fechar el manuscrito descubierto.* **SIN** datar.
DER fechador.

fechoría *n. f.* Acción mala de cierta importancia: *fue detenido y acusado de robo, saqueo y otras muchas fechorías.*
ETIM Véase *hacer*.

fécula *n. f.* Sustancia de color más o menos blanco, que abunda en las semillas, tubérculos y raíces de ciertas plantas y que se puede convertir en harina: *estas galletas están hechas de fécula de maíz.*
DER feculento.
ETIM Véase *hez*.

fecundación *n. f.* Unión del elemento reproductor masculino con el femenino para dar origen a un nuevo ser. **fecundación artificial** La que se hace de modo artificial: *mediante la fecundación artificial, muchas parejas que no podían tener hijos tienen ahora la posibilidad de concebirlos.* **fecundación in vitro** La que se logra en un laboratorio: *tras la fecundación in vitro, el huevo es implantado en el útero de la hembra.*

fecundar *v. tr.* **1** Unir el elemento reproductor masculino al femenino para dar origen a un nuevo ser: *en la mayoría de las especies animales el macho fecunda a la hembra.* **2** Hacer fecunda o productiva una cosa: *el abono sirve para fecundar la tierra.*
DER fecundación.

fecundizar *v. tr.* Hacer fecunda o productiva una cosa, especialmente abonar la tierra: *fecundizaron el terreno con los abonos.*
OBS En su conjugación, la *z* se convierte en *c* delante de *e*.

fecundo, -da *adj.* **1** [terreno] Que produce en abundancia: *es un trozo de tierra muy fecundo.* **SIN** feraz, fértil. **ANT** infecundo. **2** [persona, cosa] Que produce una gran cantidad de obras o de resultados: *es un pintor muy fecundo que ha expuesto gran cantidad de cuadros; es una idea muy fecunda, pues no paramos de sacarle provecho.* **SIN** fértil. **3** [ser vivo] Que se reproduce por medios naturales o que es capaz de fecundar: *si el macho es fecundo no será necesario inseminar a la hembra.* **SIN** fértil.
DER fecundar, fecundidad, fecundizar.

federación *n. f.* **1** Unión o pacto entre grupos sociales o estados: *el alcalde ha pedido a los vecinos que establezcan una federación.* **SIN** confederación. **2** Organismo, entidad o

federal

estado resultante de esta unión o pacto: *la actual Federación Rusa es el mayor estado resultante de la disgregación de la antigua URSS; todos los clubes profesionales de baloncesto pertenecen a la Federación Española de Baloncesto*. **SIN** confederación.

federal *adj.* **1** Federativo, de la federación: *Canadá es un estado federal*. ◇ *adj./n. com.* **2** [persona] Que es federalista o partidario del federalismo: *el ejército federal era el ejército de los estados del norte, en la guerra de Secesión de Estados Unidos; los federales ganaron la guerra de Secesión norteamericana*.
DER federalismo.

federalismo *n. m.* Sistema político en el que hay varios estados asociados bajo el poder de una autoridad central: *el federalismo reparte el poder entre el estado central y los estados federados*.
DER federalista.

federalista *adj.* **1** Del federalismo o que tiene relación con él: *organización federalista*. ◇ *adj./n. com.* **2** [persona] Que es partidario del federalismo: *es un político federalista y debe defender los estados asociados*.

federarse *v. prnl.* **1** Establecerse una unión o pacto entre grupos sociales, estados o países: *los comerciantes del centro histórico han decidido federarse*. **SIN** confederarse. **2** Inscribirse en una federación: *si quieres jugar en el equipo tendrás que federarte*.

federativo, -va *adj.* **1** De la federación o que tiene relación con este tipo de organización o de alianza: *la violencia en un estadio deportivo puede ser causa de una sanción federativa al equipo de casa*. **SIN** confederado, confederal, federal. **2** [entidad, estado] Que está formado por grupos sociales o estados con autonomía y leyes propias, excepto para algunos casos o situaciones que están sujetos a normas y derechos comunes: *Alemania es un estado federativo*. **SIN** confederado, confederal, federal. ◇ *n. m. y f.* **3** Directivo de una federación, especialmente deportiva: *en la asamblea de federativos se aprobó el nuevo sistema de ascenso en liguilla*.

fehaciente *adj.* Que prueba o demuestra de forma clara e indudable una cosa o una acción: *su huida no es prueba fehaciente de su culpabilidad*.

feldespato *n. m.* Mineral compuesto principalmente por silicato de aluminio, de gran dureza y brillo nacarado y que forma parte de muchas rocas: *el feldespato se usa en la fabricación de vidrio y cerámica*.

felicidad *n. f.* **1** Estado de ánimo del que se encuentra satisfecho o contento: *dijo que la felicidad completa era inalcanzable para el hombre*. **SIN** alegría, dicha. **ANT** infelicidad. **2** Acontecimiento o situación que causa este sentimiento: *¡Qué mayor felicidad que obtener un excelente!* **SIN** dicha.

felicitación *n. f.* **1** Expresión de la alegría y satisfacción que se siente por una cosa agradable o feliz que le ha ocurrido a otra persona: *Recibe mi felicitación por tu gran éxito*. **2** Escrito o tarjeta con los que se felicita: *me dio mucha alegría recibir tu felicitación de Navidad*. **SIN** congratulación, enhorabuena, parabién.

felicitar *v. tr.* **1** Expresar a una persona la alegría y satisfacción que se siente por una cosa agradable o feliz que le ha ocurrido: *quiero felicitarte por el nacimiento de tu hijo*. **SIN** congratular. **2** Expresarle a una persona el deseo de que sea feliz: *el día de tu cumpleaños iré a visitarte para felicitarte y llevarte un regalo*. ◇ *v. prnl.* **3** felicitarse Alegrarse o mostrar alegría y satisfacción por un acontecimiento agradable o feliz: *al terminar un trabajo tan difícil no pudo menos que felicitarse*. **SIN** congratularse.

DER felicitación.

feligrés, -gresa *n. m. y f.* **1** Persona que pertenece a una parroquia determinada: *fue un cura muy querido por sus feligreses*. **SIN** parroquiano. **2** *coloquial* Persona que frecuenta un establecimiento público: *por la tarde acudía a una taberna que desde hacía años tenía los mismos feligreses*. **SIN** parroquiano.

felino, -na *adj.* **1** Del gato, relacionado con este animal o con alguna de sus características: *esquivó los golpes con movimientos felinos*. ◇ *adj./n. m.* **2** [mamífero] Que tiene uñas agudas y retráctiles, una gran agilidad y flexibilidad y es carnívoro: *el gato es el felino más común; los felinos pertenecen a la familia de los félidos*.

feliz *adj.* **1** Que siente o tiene felicidad: *me siento muy feliz de estar entre vosotros*. **2** Que produce felicidad: *he recibido la feliz noticia de tu llegada*. **3** Que es acertado o adecuado: *aprovechar este viaje para vernos ha sido una feliz idea*.
DER felicidad, felicitar, felizmente; infeliz.

felón, -lona *adj./n. m. y f.* [persona] Que engaña, traiciona o hace un mal a alguien: *el antiguo comerciante era un felón, traicionó a su socio y se escapó con el dinero*.
DER felonía.
OBS Se usa con sentido despectivo.

felonía *n. f.* Engaño, traición o mala acción: *era un canalla capaz de cometer grandes felonías*.

felpa *n. f.* Tejido muy suave al tacto que tiene pelo en una de sus caras: *usa camisetas de felpa para combatir el frío*. **SIN** velludo.
DER felpudo; afelpar.

felpudo *n. m.* Pieza pequeña de material áspero y resistente que se coloca en la entrada de un lugar para que en ella se limpie los pies la persona que quiere pasar: *frotó la suela de sus botas en el felpudo antes de pasar*. **SIN** alfombrilla, esterilla, ruedo.

femenino, -na *adj.* **1** De la mujer, relacionado con ella, o con rasgos o cualidades que se consideran característicos de ella: *asociación femenina; intuición femenina*. **ANT** masculino. **2** [ser vivo] Que tiene órganos para ser fecundado: *las flores femeninas son fecundadas por el polen que depositan en ellas los insectos o el viento*. **3** De los seres vivos que tienen órganos para ser fecundados o relacionado con ellos: *la célula sexual femenina de los animales se llama óvulo*. ◇ *adj./n. m.* **4** GRAM. [género gramatical] Que se aplica a los sustantivos que significan seres vivos de sexo femenino y a otros seres inanimados: *casa, luna y mujer son palabras femeninas; la -a es la desinencia o terminación habitual del género femenino*. **ANT** masculino. **5** Que tiene relación con el género gramatical femenino: *'felina' es el femenino de 'felino'*. **ANT** masculino.
DER feminidad, feminismo.

fémina *n. f. culto* Mujer, persona de sexo femenino: *la entrada a este club es sólo para féminas*.
DER femenino; afeminar.
ETIM Véase *hembra*.

feminidad *n. f.* **1** Conjunto de características que se consideran propias de la mujer o de lo femenino: *el llanto ya no se considera una manifestación de feminidad*. **2** MED. Estado de la persona de sexo masculino en que aparecen caracteres sexuales femeninos.

feminismo *n. m.* Doctrina y movimiento social que pide para la mujer el reconocimiento de unas capacidades y unos derechos que tradicionalmente han estado reservados a los hombres: *el feminismo defiende la igualdad entre el hombre y la mujer*.

DER feminista.

feminista *adj.* **1** Del feminismo o relacionado con esta doctrina y este movimiento: *la doctrina feminista se ha extendido por toda la sociedad con el paso de los años.* **ANT** machista. ◇ *adj./n. com.* **2** [persona] Que defiende las ideas del feminismo: *la dirigente feminista participó en un debate político; las feministas se manifestaron para reclamar los derechos de las mujeres.* **ANT** machista.

femoral *adj.* ANAT. Del fémur o que tiene relación con este hueso: *el toro le había seccionado la arteria femoral y no pudieron salvarle.*

fémur *n. m.* Hueso de la pierna que es el más largo del cuerpo humano: *el fémur se articula con la cadera, por un lado, y con la tibia y el peroné, por el otro.* ☞ esqueleto.
DER femoral.
OBS El plural es *fémures*.

fenecer *v. intr.* **1** *culto* Morir una persona. **SIN** expirar, fallecer, finar. **2** Acabarse o terminarse una cosa: *en poco tiempo feneció su esplendor.*
ETIM Véase *fin*.
OBS En su conjugación, la c se convierte en zc delante de a y o, como en *agradecer*.

fenicio, -cia *adj.* **1** De Fenicia o relacionado con este antiguo país asiático: *el territorio fenicio correspondía al actual Líbano.* ◇ *adj./n. m. y f.* **2** [persona] Que era de Fenicia: *los mercaderes fenicios fueron conocidos en la Antigüedad por sus tejidos de púrpura; los fenicios fundaron colonias y enclaves comerciales en las costas andaluzas y levantinas.* **3** Persona a la que le gusta hacer negocios y que tiene suerte en ellos: *este hombre es un fenicio: ha conseguido un frigorífico a cambio de cuatro trastos viejos.* ◇ *n. m.* **4** Lengua que se habló en Fenicia: *el fenicio tuvo influencia sobre el griego.*

fénix *n. m.* **1** Ave fabulosa, semejante a un águila, que según los antiguos era única en su especie y renacía de sus cenizas. **2** Persona o cosa exquisita o única en su especie por su genialidad.
OBS El plural también es *fénix*.

fenomenal *adj.* **1** Que destaca por sus buenas cualidades: *un chico fenomenal; una casa fenomenal.* **SIN** extraordinario, fenómeno, formidable. **2** Que es muy grande o enorme: *el cuello de esta camisa es fenomenal, parece de los años setenta.* ◇ *adv.* **3** Muy bien: *lo he pasado fenomenal.* **SIN** fenómeno.

fenómeno *n. m.* **1** Manifestación o apariencia material o espiritual que se produce: *las lluvias, la nieve y el granizo son fenómenos atmosféricos.* **2** Acontecimiento, suceso o cualidad poco corrientes, extraordinarios o sorprendentes: *están ocurriendo una serie de fenómenos inexplicables hasta el momento.* ◇ *adj./n. com.* **3** Que destaca por sus buenas cualidades: *es un cocinero fenómeno; es un fenómeno tocando la guitarra.* **SIN** fenomenal. ◇ *adv.* **4** *coloquial* Muy bien: *me parece fenómeno que quieras invitarme al cine.* **SIN** fenomenal, fetén.
DER fenomenal, fenomenología.

fenomenología *n. f.* FILOS. Método y doctrina filosóficos que trata de describir los contenidos de la conciencia en su origen y desarrollo: *la fenomenología es el marco teórico en que se desarrolla la filosofía de Hegel.*
DER fenomenológico.

fenomenológico, -ca *adj.* FILOS. De la fenomenología o relacionado con este método y doctrina filosóficos: *análisis fenomenológico de la conciencia sensible.*

feo, fea *adj.* **1** Que carece de belleza y causa una impresión desagradable: *se ha dejado la barba y esta muy feo; me han regalado una corbata muy fea.* **ANT** bonito, guapo. **2** [acción] Que es malo y va contra la moral o la justicia: *robar a un compañero es una acción muy fea.* **3** Que parece malo o no favorable: *el asunto se está poniendo feo.* ◇ *n. m.* **4** Desaire o desprecio hecho a una persona: *me hizo el feo de no venir sabiendo que estaba esperándolo.*
DER fealdad; afear.

feraz *adj.* [terreno] Que produce en abundancia: *el valle es la parte más feraz de la región y produce gran cantidad de frutos.* **SIN** fecundo, fértil.
DER feracidad.

féretro *n. m.* Caja en la que se coloca a una persona muerta para enterrarla: *el féretro iba cubierto con la bandera nacional.* **SIN** ataúd.

feria *n. f.* **1** Mercado que se celebra en un lugar público y en determinadas fechas para comprar y vender todo tipo de productos, especialmente agrícolas y ganaderos: *fueron a la feria a comprar unas mulas.* **2** Fiesta popular que se celebra en una localidad cada año en las mismas fechas: *el alcalde de la ciudad prometió que a la feria del próximo año vendría un famoso cantante.* **3** Lugar donde se montan las instalaciones recreativas y los puestos de venta con ocasión de estas fiestas: *en la feria de este año hay muchas atracciones nuevas.* **SIN** ferial. **4** Instalación en la que se exhiben cada cierto tiempo productos de un determinado ramo industrial o comercial para su promoción y venta: *la feria del libro.*
DER ferial, feriar.

ferial *n. m.* Lugar donde está instalada la feria. **SIN** feria.

feriar *v. tr./prnl.* Comprar o vender en la feria.
DER feriante.
OBS En su conjugación, la *i* no se acentúa, como en *cambiar*.

fermentación *n. f.* Proceso bioquímico por el que una sustancia orgánica se transforma en otra, generalmente más simple, por la acción de un fermento: *el vino es un producto de la fermentación del zumo de las uvas.*

fermentar *v. intr.* Transformarse químicamente una sustancia orgánica en otra, generalmente más simple, por la acción de un fermento.
DER fermentación.

fermento *n. m.* **1** Sustancia orgánica soluble en agua que interviene en diversos procesos de transformación química: *el fermento consiste en microorganismos o sistemas de enzimas; el fermento hizo que la leche se cuajara.* **2** Causa o motivo de agitación y descontento entre la gente que suele llevar a un cambio de situación: *muchos de sus escritos fueron considerados como un importante fermento revolucionario.*
DER fermentar.

fermio *n. m.* Elemento radiactivo artificial que pertenece al grupo de las tierras raras y cuyo número atómico es 100: Fm es el símbolo del fermio.

-fero, -fera Elemento sufijal que entra en la formación de palabras con el significado de 'que lleva', 'que produce': *aurífero, esporífero.*

ferocidad *n. f.* **1** Cualidad de lo que es cruel y violento: *el volcán manifestó su ferocidad durante la erupción.* **SIN** fiereza. **2** Crueldad y agresividad natural de ciertos animales: *el domador consigue dominar la ferocidad de sus leones.* **SIN** bravura, fiereza.

feroz *adj.* **1** Que es cruel, violento y agresivo: *una lucha feroz; el lobo feroz.* **SIN** fiero, sangriento, sanguinario. **2** *coloquial* Muy grande o intenso: *hambre feroz.*
DER ferocidad.

férreo, -a *adj.* **1** Que es muy duro o tenaz y se mantiene firme en sus ideas o intenciones: *se mantuvo férreo en sus*

ferretería

opiniones; es de voluntad férrea. **2** Que es de hierro o tiene alguna de sus características: *en su interior lleva una estructura férrea.* **3** Del ferrocarril o relacionado con este medio de transporte: *vía férrea.*
DER ferretero, ferroso.
ETIM Véase *hierro.*

ferretería   *n. f.* Establecimiento en el que se venden clavos, tornillos, herramientas y otros objetos de metal: *debes comprar la cerradura adecuada en una ferretería.*

ferretero, -ra   *n. m. y f.* Persona propietaria o encargada de una ferretería: *pregunta al ferretero el tipo de tornillo que te conviene poner y se los compras.*
DER ferretería.

ferrocarril   *n. m.* **1** Medio de transporte formado por varios vagones que son arrastrados por una locomotora y circulan sobre raíles: *prefiero viajar en ferrocarril porque no tengo que conducir.* **SIN** tren. **2** Conjunto de instalaciones, equipos, vehículos y personas que hacen funcionar ese medio de transporte: *hay huelga de ferrocarriles.*

ferroso, -sa   *adj.* QUÍM. De hierro o que contiene hierro: *es un compuesto ferroso y el cuerpo combinado con el hierro está en la menor de las proporciones posibles.*

ferroviario, -ria   *adj.* **1** Del ferrocarril o que tiene relación con él: *la red ferroviaria.* ◇ *n. m. y f.* **2** Persona que trabaja en el ferrocarril: *entre aquel grupo de ferroviarios había un interventor y un maquinista.*

ferruginoso, -sa   *adj.* Que contiene hierro o compuestos de hierro: *mineral ferruginoso; aguas ferruginosas.*

ferry   *n. m.* Embarcación de gran tamaño destinada al transporte de pasajeros, vehículos y cargas pesadas y que suele hacer siempre el mismo recorrido, generalmente entre las orillas de un río o de un estrecho: *el ferry que une la península con las islas sale cada media hora.* **SIN** transbordador.
OBS Es de origen inglés.

fértil   *adj.* **1** [terreno] Que produce en abundancia: *tiene la suerte de cultivar una tierra fértil.* **SIN** fecundo, feraz. **2** [ser vivo] Que es capaz de fecundar o de reproducirse: *una yegua fértil.* **SIN** fecundo. **3** [período de tiempo] Que da lugar a una producción grande: *ha sido una temporada muy fértil.* **4** [persona] Que produce una gran cantidad de obras: *es un escritor muy fértil, pues en pocos años ha publicado varias novelas.* **SIN** fecundo.
DER fertilidad, fertilizar.

fertilidad   *n. f.* **1** Capacidad de producir en abundancia: *la fertilidad de estas tierras nos garantiza una cosecha abundante.* **2** Capacidad de fecundar y de reproducirse: *las antiguas diosas de la fertilidad se caracterizaban por sus marcados atributos sexuales.*

fertilizante   *n. m.* Producto o sustancia que fertiliza o hace productiva la tierra: *existen medidas de protección ecológica contra el uso de fertilizantes químicos.*

fertilizar   *v. tr.* Hacer fértil o más fértil la tierra incorporándole sustancias que mejoran su calidad y facilitan el crecimiento de las plantas: *todas las temporadas fertilizamos la tierra con estiércol.*
DER fertilización, fertilizante.
OBS En su conjugación, la *z* se convierte en *c* delante de *e*.

férula   *n. f.* **1** MED. Tablilla flexible y resistente que se emplea en el tratamiento de las fracturas para mantener el hueso roto o dañado en una posición fija: *lleva la mano escayolada y con una férula en cada dedo.* **2** Abuso de autoridad o poder: *no quería continuar viviendo bajo la férula de aquel hombre.*

ferviente   *adj.* Que tiene o muestra fervor: *un ferviente admirador.* **SIN** fervoroso.

fervor   *n. m.* **1** Sentimiento religioso muy intenso y activo: *todos rezaban con gran fervor.* **SIN** devoción. **2** Gran entusiasmo y admiración hacia alguien o hacia alguna cosa: *todos le escuchan y le siguen con fervor.* **3** Entrega y dedicación grande e intensa que se ponen en una actividad: *se entrega a su trabajo con fervor.*
DER ferviente, fervoroso; enfervorizar.

fervoroso, -sa   *adj.* Que tiene o muestra fervor: *es un fervoroso defensor del movimiento ecologista.* **SIN** ferviente.

festejar   *v. tr.* **1** Celebrar o conmemorar alguna cosa con fiestas: *todos los años festejan su aniversario.* **2** Hacer festejos o fiestas en honor de alguien para agasajarle o para obtener algo de él: *festejaron al gran escritor cuando volvió del exilio.* **3** Tener novio o novia: *mis padres festejaron un año antes de casarse.*

festejo   *n. m.* **1** Fiesta que se realiza para celebrar algo: *muchos periodistas acudieron al festejo de la boda.* ◇ *n. m. pl.* **2 festejos** Cada uno de los actos de diversión o recreo que se celebran en unas fiestas populares: *el alcalde ha presentado para esta feria un excelente programa de festejos.*
DER festejar.
ETIM Véase *fiesta.*

festín   *n. m.* Banquete o comida espléndida por la calidad y gran variedad de platos, especialmente la que se organiza para celebrar alguna cosa y a veces se acompaña de baile y música: *para mi cumpleaños organizaremos un gran festín.*
ETIM Véase *fiesta.*

festival   *n. m.* **1** Conjunto de actuaciones o representaciones dedicadas a un arte o a un artista, a veces con carácter de competición: *festival de cine y teatro; el festival de Benidorm es un festival de música.* **2** Cosa que resulta o se convierte en un gran espectáculo: *el partido ha sido un festival de goles.*

festividad   *n. f.* Día en que se celebra una fiesta, especialmente la fijada por la Iglesia católica para conmemorar un santo o un hecho sagrado: *el nacimiento de mi hijo fue en la festividad del Pilar.*

festivo, -va   *adj./n. m. y f.* **1** [día] Que no es laborable por ser fiesta oficial o eclesiástica: *el día 1 de mayo es una de las jornadas festivas que marca el calendario laboral; si trabajas los festivos, cobrarás un sueldo más alto.* ◇ *adj.* **2** Que tiene o muestra alegría o buen humor: *charlaban y bromeaban en tono festivo.*
DER festival, festividad.
ETIM Véase *fiesta.*

festón   *n. m.* **1** Bordado, dibujo o recorte en forma de ondas o de puntas que adorna el borde de alguna cosa, especialmente una blusa con las mangas rematadas con festones. **2** ARQ. Adorno de las puertas de los edificios que imita figuras vegetales.
DER festoneado; afestonado.
ETIM Véase *fiesta.*

fetal   *adj.* Del feto o que tiene relación con él: *la posición fetal es la que adopta el feto en el vientre de la madre.*

fetén   *adj.* **1** *coloquial* Que destaca o llama la atención por sus buenas cualidades: *todos dicen de él que es un tío fetén.* **SIN** estupendo. ◇ *adv.* **2** *coloquial* Muy bien: *lo pasé fetén en aquella fiesta.* **SIN** fenómeno.

fetiche   *n. m.* **1** Objeto al que se atribuye la capacidad de traer buena suerte: *cree ciegamente en el poder de sus fetiches y los beneficios que estos le conceden.* **2** Figura o imagen que representa a un ser sobrenatural que tiene poder y gobierna una parte de las cosas o de las personas, y al que se adora y rinde culto como si fuera un dios: *los fetiches a los*

que daban culto los pueblos nativos solían tener formas de animales.
DER fetichismo.

fetichismo *n. m.* **1** Culto y adoración de los fetiches: *muchas culturas primitivas practicaban el fetichismo.* **2** Amor y admiración exagerados hacia una persona o una cosa a la que se otorgan unas virtudes extraordinarias: *el fetichismo de algunas personas hacia objetos que han pertenecido a mitos del cine.*
DER fetichista.

fetichista *adj.* **1** Del fetichismo o relacionado con este culto y adoración: *siente una veneración casi fetichista por los llaveros que colecciona.* ◊ *adj./n. com.* **2** [persona] Que practica el fetichismo: *es una persona muy fetichista*; *es un fetichista, siempre va a los exámenes cargado de fetiches.*

fetidez *n. f.* Mal olor intenso y desagradable: *la fetidez de estas aguas residuales es espantosa.* **SIN** hediondez, hedor.

fétido, -da *adj.* Que despide un mal olor intenso: *compró unas bombas fétidas en una tienda de artículos de broma.*
SIN hediondo.
DER fetidez.
ETIM Véase *hedor*.

feto *n. m.* **1** Embrión de los mamíferos placentarios y marsupiales desde que se implanta en el útero hasta el nacimiento: *le hicieron una ecografía para ver el feto.* **2** Animal mamífero que ha muerto antes de nacer. **3** *coloquial* Persona deforme o muy fea: *se cree muy guapo y para mí es un feto.* Se usa en sentido despectivo.
DER fetal.

fettuccini *n. m.* Tipo de pasta italiana cortada en tiras largas y planas: *los fettuccini a la boloñesa son un plato típico de la cocina italiana.*
OBS Es de origen italiano y se pronuncia aproximadamente 'fetuchini'.

feudal *adj.* Del feudo o del feudalismo o que tiene relación con ellos: *los vasallos estaban sometidos al señor feudal.*
DER feudalismo.

feudalismo *n. m.* **1** Sistema de gobierno y de organización económica, social y política propio de la Edad Media, basado en una serie de lazos y obligaciones que vinculaban a vasallos y señores: *el feudalismo se fundaba en el vasallaje y la fidelidad a cambio de protección.* **2** Período de la Edad Media en que estuvo vigente este sistema de gobierno y de organización social y económica: *durante el feudalismo se cultivaron géneros literarios como la épica y la novela cortés.*

feudo *n. m.* **1** Contrato por el cual el rey o un noble concedía tierras o rentas en usufructo a cambio de determinados servicios y obligaciones. **2** Tierra, bien o derecho que se concede por este contrato: *el vasallo guardaba fidelidad a cambio del feudo que se le permitía explotar.* **3** Propiedad, zona o parcela en las que se ejerce una influencia o un poder exclusivos: *esta región se ha convertido en el feudo del partido centrista.*
DER feudal; enfeudar.

fez *n. m.* Gorro de fieltro rojo y de figura de cubilete propio de moros y turcos: *el fez suele llevar una borla que cuelga de la parte superior.* ☞ sombrero.

fi *n. f.* Vigésima primera letra del alfabeto griego: *la fi equivale a la f del español.* **SIN** phi.
OBS La Real Academia Española sólo registra *phi*, pero se usa más *fi*.

fiabilidad *n. f.* **1** Confianza que inspira una persona: *confía en él, es de una fiabilidad absoluta.* **2** Probabilidad de que una máquina, un aparato o un dispositivo funcionen correctamente: *es un coche de gran fiabilidad debido a su buena suspensión y a la eficacia de sus frenos.*

fiable *adj.* **1** [persona] Que inspira confianza: *un asunto tan delicado es preciso ponerlo en manos de una persona fiable*; *yo respondo por ella, es una persona muy fiable.* **2** [cosa] Que inspira seguridad: *los últimos datos tomados no son fiables y ya no estoy seguro de los resultados.*
DER fiabilidad.

fiador, -ra *n. m. y f.* **1** Persona que responde por otra en el caso de que ésta no cumpla la obligación de pago que contrajo: *está buscando un fiador para solicitar un crédito.* ◊ *n. m.* **2** Pasador de metal que sirve para sujetar o asegurar una cosa, especialmente una puerta por dentro: *cuando estoy sola en casa pongo el fiador.*

fiambre *n. m.* **1** Carne o pescado que, una vez cocidos, salados o arreglados, se toman fríos: *los embutidos son fiambres.* **2** *coloquial* Cuerpo sin vida de una persona: *nadie sabía nada del fiambre encontrado en el río.* **SIN** cadáver.

fiambrera *n. f.* Recipiente con una tapa bien ajustada o hermética que sirve para llevar la comida: *para la excursión, llevaré las tortillas en una fiambrera.*

fianza *n. f.* **1** Cantidad de dinero u objeto de valor que se da para asegurar el cumplimiento de una obligación o un pago: *para alquilar un piso hay que pagar un mes de fianza.* **SIN** garantía. **2** Obligación de hacer lo que corresponde a otra persona en el caso de que ésta no lo cumpla.
DER afianzar.

fiar *v. tr.* **1** Vender una cosa a alguien sin exigir que pague en el momento en que hace la compra: *el panadero me fía el pan diariamente y a fin de mes se lo pago todo junto.* **2** Hacerse responsable una persona de que otra pagará o cumplirá lo que promete: *no creas que no hará su parte del trabajo, yo le fío.* ◊ *v. prnl.* **3 fiarse** Tener confianza en una persona o una cosa: *no seas tan desconfiado y fíate de tus amigos.* Se usa seguido de la preposición *de*. **SIN** confiar.

ser de fiar Merecer confianza una persona o cosa: *sube con cuidado, que la escalera está muy vieja y no es de fiar.*
DER fiable, fiado, fiador, fianza; desafiar.
OBS En su conjugación, la *i* se acentúa en algunos tiempos y personas, como en *desviar*.

fiasco *n. m.* Desengaño o gran decepción que causa un suceso adverso o contrario a lo que se esperaba: *pensaba hacerse rico, pero fue todo un fiasco.*

fibra *n. f.* **1** Filamento que forma parte de algunos tejidos orgánicos animales o vegetales o que se encuentra en algunos minerales: *la fibra muscular puede ser estriada o lisa.* **2** Hilo que se consigue de modo artificial y se emplea en la confección de tejidos. **fibra de vidrio** Filamento que tiene un origen químico y está formado por materia mineral: *la fibra de vidrio se emplea como aislante térmico.* **fibra óptica** Filamento de material muy transparente que sirve para conducir o transmitir impulsos luminosos y se utiliza en sistemas de telecomunicación. **fibra sintética** Filamento que tiene un origen químico y está formado por materia totalmente artificial: *se ha comprado una camisa de fibra sintética.*
DER fibrilar, fibrina, fibroma, fibrosis, fibroso.
ETIM Véase *hebra*.

fibrilar *adj.* De la fibra o relacionado con ella: *dice el médico que sufre una contracción fibrilar.*

fibroso, -sa *adj.* Que tiene mucha fibra: *el médico me ha aconsejado tomar alimentos fibrosos.*

fíbula *n. f.* Hebilla o broche de hierro, bronce o de algún metal precioso que se usaba para sujetar las prendas de vestir: *llevaba una túnica romana con una fíbula.*

-ficar Elemento sufijal que entra en la formación de verbos con el significado de 'hacer', 'producir', 'convertir en': *osificar, dulcificar*.

ficción *n. f.* **1** Presentación como verdadero o real de algo que no lo es: *su dolor de cabeza es una ficción para no tener que ir a clase; era incapaz de distinguir la ficción de la realidad*. **2** Obra literaria o género literario que cuenta en prosa historias imaginarias: *prefiero la novela de ficción a la novela histórica; literatura de ficción*.
ETIM Véase *fingir*.

ficha *n. f.* **1** Pieza pequeña y delgada de plástico, madera u otro material a la que se le asigna un valor convencional y se utiliza con distintos fines: *una ficha de parchís o de dominó; dejó el bolso en consigna y le entregaron una ficha con un número*. **2** Trozo rectangular de papel o cartón que sirve para anotar datos y poder archivarlos o clasificarlos después con otros que se han anotado de la misma forma: *busca la ficha del libro en el archivo de la biblioteca*. **3** Tarjeta o pieza similar que sirve para contabilizar el tiempo que ha estado trabajando un empleado. **4** Informe o conjunto de informes sobre una cosa: *la policía archivó la ficha del delincuente*.
ficha técnica Informe en el que se dan datos técnicos sobre alguna cosa: *la ficha técnica de una película*. **5** Cartulina u hoja de papel en que se propone al alumno una actividad escolar: *además de seguir el libro de texto, hacemos todos los días alguna ficha*.
DER fichar, fichero; microficha.

fichaje *n. m.* **1** Compra de los servicios de una persona para que entre a formar parte de un equipo, especialmente deportivo: *el club se ha gastado miles de millones en fichajes*. **2** Persona que entra a formar parte de un equipo, especialmente deportivo: *el último fichaje parece estar muy contento entre sus compañeros*.

fichar *v. tr.* **1** Hacer una ficha, anotar en ella una serie de datos sobre una persona o sobre una cosa para su clasificación: *te encargarás de fichar todo el material que tenemos; se lo llevaron a comisaría y lo ficharon*. **2** *coloquial* Considerar a una persona con prevención y desconfianza: *en este trabajo ya te tienen fichado y es mejor que te despidas*. ◊ *v. tr./intr.* **3** Entrar o hacer que alguien entre a formar parte de un equipo, especialmente deportivo: *hemos fichado a un jugador danés; ha fichado por un equipo extranjero*. En uso intransitivo se construye seguido de la preposición *por*. ◊ *v. intr.* **4** Marcar en un trozo de papel, cartón u otro material la hora de entrada y salida del trabajo: *cogí un atasco y llegué muy tarde a fichar*.
DER fichaje.

fichero *n. m.* **1** Conjunto de fichas ordenadas: *es una empresa antigua que cuenta con un amplio fichero de clientes*. **2** Mueble o lugar que sirve para guardar fichas de modo ordenado: *no encuentro su expediente en este fichero*. **3** INFORM. Conjunto ordenado de datos guardados con un mismo nombre: *tiene el número de teléfono de todos sus amigos en un fichero*. **SIN** archivo.

-fico, -fica Elemento sufijal que entra en la formación de palabras con el significado de 'que hace, produce o convierte en lo designado por el primer elemento al que se une': *benéfico, maléfico, calorífico*.

ficticio, -cia *adj.* Que es falso o fingido: *ofreció unos datos ficticios para engañar a los compradores*.
ETIM Véase *fingir*.

ficus *n. m.* Árbol de origen tropical, de hojas grandes, fuertes y ovaladas, que puede cultivarse como planta de interior.
OBS El plural también es *ficus*.

fidedigno, -na *adj.* Que es digno de fe y merece confianza: *la noticia ha llegado a través de fuentes fidedignas*.

fideicomiso *n. m.* DER. Disposición testamentaria por la cual una persona deja una herencia encomendada a alguien para que, en su momento, la transmita a otro o para que haga con ella lo que se le encarga: *ha heredado una propiedad en fideicomiso hasta que sus hijos sean mayores de edad*.
ETIM Véase *fe*.

fidelidad *n. f.* **1** Firmeza o constancia en los afectos, en las ideas o en las obligaciones: *prometieron guardarse fidelidad*. **SIN** lealtad. **2** Exactitud o conformidad con la veracidad de los hechos: *el testigo relató el suceso con la mayor fidelidad posible*. **3** Precisión en la ejecución de una cosa: *el pintor reprodujo el paisaje con fidelidad*. **alta fidelidad** Grabación y reproducción del sonido en los aparatos de música, de radio o de televisión con un alto nivel de perfección: *un equipo de música de alta fidelidad*.
DER infidelidad.
ETIM Véase *fe*.

fideo *n. m.* **1** Pasta de harina de trigo que tiene forma de hilos cortos y finos: *sopa de fideos*. Se usa frecuentemente en plural. **2** *coloquial* Persona que está muy delgada: *estás hecho un fideo*. **SIN** palillo.

fiebre *n. f.* **1** Síntoma de enfermedad que consiste en la elevación de la temperatura del cuerpo por encima de lo normal y el aumento del ritmo cardíaco y respiratorio: *se considera que tienes fiebre cuando tienes más de 37 grados*. **SIN** calentura. **2** Enfermedad infecciosa cuyo síntoma principal es el aumento de la temperatura corporal: *cogió unas fiebres en una zona tropical*. Se usa también en plural.
fiebre amarilla Enfermedad infecciosa propia de las zonas tropicales, muy contagiosa y que provoca epidemias: *la fiebre amarilla se transmite por la picadura de un mosquito*.
fiebre de Malta Enfermedad infecciosa transmitida por un producto animal y que se caracteriza por el cambio súbito de la temperatura corporal: *la leche de cabra es uno de los principales medios de contagio de la fiebre de Malta*. **fiebre del heno** Alergia propia de la primavera y el verano que se produce por la inhalación del polen de algunas plantas: *la fiebre del heno produce congestión e irritación de los ojos y de las mucosas nasales*. **fiebre tifoidea** Enfermedad infecciosa intestinal producida por un microbio y caracterizada por la ulceración de los intestinos: *la fiebre tifoidea se contagia con facilidad y produce fiebres altas y prolongadas*. **3** Agitación o alteración en el ánimo o en las ideas que provoca un aumento de la actividad: *la fiebre del dinero; la fiebre de las rebajas*.
DER enfebrecido.
ETIM *Fiebre* procede del latín *febris*, que tenía el mismo significado, voz con la que también están relacionadas *febrícula, febrífugo, febril*.

fiel *adj.* **1** [persona] Que es firme y constante en sus afectos, ideas y obligaciones: *los amigos fieles son los que nunca te abandonan; sospecha que su mujer no le es fiel*. **2** Que es exacto o conforme a la verdad: *un relato fiel de los hechos*. **3** Que cumple de forma exacta su función: *es un reloj fiel, nunca me falla*. **SIN** preciso. ◊ *adj./n. com.* **4** [persona] Que sigue una doctrina o religión: *el mensaje va dirigido a todos los fieles de la Iglesia*. ◊ *n. m.* **5** Aguja que marca el peso en una balanza.
DER infiel.
ETIM Véase *fe*.

fieltro *n. m.* Paño que no está tejido, sino que es una mezcla de lana o pelo prensados de manera artificial: *un sombrero de fieltro*.

fiera *n. f.* **1** Animal salvaje, especialmente el mamífero que se alimenta de otros animales a los que ataca y devora: *encendieron un fuego para ahuyentar a las fieras*. **2** Persona de carácter cruel o violento: *menuda fiera tienes de jefe, da miedo hablar con él*.
hecho una fiera *coloquial* Muy irritado o encolerizado: *se puso hecho una fiera cuando se lo contaron*. Se usa normalmente con los verbos *estar* o *ponerse*.
ser una fiera en una actividad *coloquial* Destacar en la realización de una actividad: *es una fiera en programación, sabe más que su profesor*.

fiereza *n. f.* **1** Carácter cruel y violento: *el volcán se manifestó con fiereza durante la erupción*. **SIN** ferocidad. **2** Crueldad y agresividad natural de ciertos animales: *es un animal de terrible fiereza*. **SIN** ferocidad.

fiero, -ra *adj.* **1** De las fieras o que tiene relación con ellas: *en esta sección del zoo están los animales fieros*. **2** Que es cruel, violento y agresivo: *una fiera mirada de odio*; *un perro guardián muy fiero*. **SIN** bravo, feroz. **3** Que es muy grande o excesivo: *no soporto más tus fieros ataques de envidia*.
DER fiera, fiereza; enfierecerse.

fiesta *n. f.* **1** Ocasión en que se reúnen varias personas para celebrar un acontecimiento o para divertirse: *nos conocimos en una fiesta de Nochevieja*. **2** Día en que no se trabaja por celebrarse una conmemoración religiosa o civil: *el 1 de mayo es fiesta, es el día del trabajo*. **3** Día en que la Iglesia católica celebra la memoria de un santo o de un acontecimiento religioso: *el 12 de octubre es la fiesta de la virgen del Pilar*.
fiesta de guardar o **fiesta de precepto** Día en que la Iglesia católica obliga a ir a misa: *es obligatorio oír misa todos los domingos y demás fiestas de guardar*. **4** Conjunto de actos preparados para que el público se divierta: *los pueblos de la costa suelen tener sus fiestas en el verano*. Se usa también en plural con el mismo significado. ◊ *n. f. pl.* **5 fiestas** Muestra de afecto o de alegría: *el perro hace fiestas a su amo*. **6** Vacaciones que se disfrutan por Navidad, Pascua y otras celebraciones: *la resolución se ha dejado para después de las fiestas*.
aguar la fiesta Estropear unos momentos de alegría o molestar a los que se están divirtiendo: *estábamos todos tan contentos y ha venido él a aguarnos la fiesta*.
guardar (o **santificar**) **las fiestas** Ocupar el día en actos religiosos y no trabajar: *la Iglesia católica obliga a sus fieles a guardar las fiestas*.
hacer fiesta Tomar como festivo un día laborable: *mañana no abren porque hacen fiesta*.
tengamos la fiesta en paz Expresión que se usa para pedir a una persona que no discuta o que no provoque un enfado: *no hablemos más del tema y tengamos la fiesta en paz*.
ETIM Fiesta procede del latín *festa*, que tenía el mismo significado, voz con la que también están relacionadas *festejo, festín, festivo, festón*.

figura *n. f.* **1** Forma o aspecto exterior de un cuerpo que permite diferenciarlo de otro: *practica algún deporte siempre que puede y mantiene una figura estupenda*. **2** Representación dibujada o hecha con cualquier material de una cosa, especialmente de una persona o de un animal: *dibujó la figura de un perro*; *se me rompió la figura de porcelana que me regalaste*. **3** Persona que destaca en una profesión o una actividad, especialmente en un deporte o en el arte: *en pocos años se ha convertido en una figura del toreo*. **SIN** astro, estrella. **4** Personaje de una obra literaria considerado como un conjunto de características o cualidades: *la figura de don Juan*. **5** Naipe que representa a una persona o a un animal: *las figuras de la baraja española son el rey, el caballo y la sota*. **6** En geometría, espacio cerrado por líneas o por superficies: *el triángulo, el cuadrado y el círculo son figuras geométricas*. **7** *culto* Cambio o desviación de la forma, el sentido o el significado original de una palabra o expresión: *el texto de este poeta es muy complicado porque está lleno de figuras retóricas*.
DER figurar, figurativo, figurín, figurón.

figuración *n. f.* Imaginación o representación de algo en la mente, especialmente una idea desprovista de fundamento: *te parecerá real, pero sólo son figuraciones tuyas*.

figurado, -da *adj.* [significado] Que tiene una palabra o una expresión que se aparta del originario o literal: *la expresión clavar los codos tiene el uso figurado de estudiar*. **ANT** recto.
OBS Es el participio de *figurar*.

figurante *n. com.* Persona que forma parte del acompañamiento o que tiene un papel poco importante y sin texto en una obra de teatro o una película de cine.

figurar *v. intr.* **1** Estar alguien o algo presente en un lugar o en un acto o negocio: *tu nombre no figura en la lista de los seleccionados*. **2** Destacar o sobresalir entre los demás: *es uno de los médicos que más figura en estos momentos*; *va a las fiestas sólo para figurar y para exhibir sus vestidos y joyas*. ◊ *v. tr.* **3** Fingir o representar como real alguna cosa: *figuró una enfermedad para no ir a clase*. ◊ *v. prnl.* **4 figurarse** Imaginar o suponer algo que no se conoce: *le gusta figurarse que es imprescindible en el equipo*; *me figuro que te habrá dolido su marcha*.
DER figuración, figurado, figurante; configurar, desfigurar, prefigurar, transfigurar.

figurativo, -va *adj.* **1** Que representa o figura otra cosa. **2** [arte, artista] Que representa personas y objetos reales y reconocibles: *el arte figurativo es completamente distinto al arte abstracto*. **ANT** abstracto.

figurín *n. m.* **1** Dibujo o modelo en papel que sirve de patrón para confeccionar una prenda de vestir: *el diseñador presentó sus figurines de la temporada*. **2** Revista que contiene estos dibujos: *buscaré en el figurín un tipo de cuello que me guste*. **3** *coloquial* Persona que se arregla mucho y sigue rigurosamente la moda en el vestir: *siempre va hecho un figurín*.
DER figurinista.

figurinista *n. com.* Persona que se dedica a hacer figurines: *los figurinistas se encargan del diseño de los trajes en el cine y en el teatro*.

figurón *n. m.* Hombre al que le gusta presumir o ser el centro de atención aparentando ser y tener más de lo que es y tiene: *a todas las reuniones va de figurón y ya no lo soporto más*.
OBS Tiene sentido despectivo.

fijación *n. f.* **1** Colocación de un objeto junto a otra cosa de forma que quede sujeto o seguro: *no es fácil la fijación de un tornillo tan pequeño a la pared*. **2** Estabilización de una cosa: *tienes que sintonizar bien la tele para conseguir una buena fijación de la imagen*. **3** Determinación o establecimiento de alguna cosa de forma definitiva o exacta: *nos reuniremos para la fijación de las fechas de los exámenes*. **4** Manía excesiva y permanente: *es un poco maniático y ahora tiene la fijación de mantener limpio su cuarto*. **SIN** obsesión.

fijador *n. m.* Líquido o sustancia que sirve para fijar: *el fijador del cabello mantiene el peinado*; *el fijador fotográfico fija la imagen*.

fijar *v. tr.* **1** Poner o dejar quieto, sujeto o seguro: *fijaron un anuncio con chinchetas*. **2** Determinar o establecer: *se ha fijado una nueva subida del carburante*. **3** Dirigir, poner o aplicar con intensidad: *fijar la mirada*. ◊ *v. tr./prnl.* **4** Dar una for-

fijeza

ma definitiva: *este líquido fija la imagen fotográfica en el papel.* ◇ *v. prnl.* **5 fijarse** Poner atención o cuidado: *no me fijé bien y ahora no me acuerdo.*
DER fijación, fijado, fijador.

fijeza *n. f.* **1** Insistencia o continuidad: *me miraba con fijeza.* **2** Firmeza o seguridad en la opinión: *defendió su opinión con fijeza.*

fijo, -ja *adj.* **1** Que está quieto, sujeto o seguro: *no intentes retirar la mesa, que está fija a la pared.* **ANT** móvil. **2** Que está determinado o establecido: *el pago sólo se puede hacer en un día fijo.* **3** Que es permanente o no está expuesto a cambios o alteraciones: *en la situación actual es muy difícil encontrar un trabajo fijo.* **4** Que se dirige o aplica con intensidad: *se quedó con la mirada fija en el suelo.*
de fijo Con toda seguridad: *sé de fijo que aprobaré el curso.*
DER fijar, fijeza; afijo, infijo, prefijo, sufijo.

fila *n. f.* **1** Serie de personas o cosas colocadas una tras otra en línea: *formaron una gran fila delante de la taquilla para sacar las entradas.* **SIN** hilera. **fila india** La que forman varias personas que están colocadas una tras otra en una sola línea: *todos los niños entraron en clase en fila india.* **2** Conjunto de cosas dispuestas una al lado de otra y formando una línea horizontal: *nuestra entrada correspondía a la tercera fila de butacas.* **3** Conjunto de soldados que, mirando al frente, están colocados uno al lado del otro: *los soldados más altos están colocados en la primera fila.* ◇ *n. f. pl.* **4 filas** Colectivo o agrupación de personas, especialmente si es de carácter político: *es uno de los políticos más activos de las filas de la oposición.* **5** Ejército o grupo militar: *en caso de guerra muchos jóvenes serían llamados a filas.*
en filas En el servicio militar: *terminó los estudios y ahora está en filas.*
DER desfilar, enfilar.

filamento *n. m.* **1** Cuerpo o elemento en forma de hilo que puede ser flexible o rígido: *el estambre de una flor está formado por el filamento y la antera.* **2** Hilo de metal conductor que se pone incandescente al paso de una corriente eléctrica y produce luz o calor: *el filamento de una bombilla.*
ETIM Véase *hilo.*

filantropía *n. f.* Tendencia a procurar el bien de las personas de manera desinteresada: *su filantropía lo lleva a hacer obras en bien de la humanidad.* **SIN** altruismo.

filántropo *n. com.* Persona que se dedica a ayudar a otras personas y procurar su bien de manera desinteresada: *por su amor desinteresado a sus semejantes no cabe duda de que es un filántropo.*
DER filantropía, filantropismo.

filarmonía *n. f.* Pasión por la música. **SIN** melomanía.
DER filarmónico.

filarmónico, -ca *adj./n. m. y f.* [persona] Que es un apasionado de la música. **SIN** melómano.
orquesta filarmónica Conjunto de músicos que toca bajo las órdenes de un director y que puede incluir instrumentos e interpretar obras que no son habituales en la sinfónica.

filatelia *n. f.* Afición a coleccionar y a estudiar sellos de correos: *comenzó con unos sellos y en pocos años se ha convertido en un especialista en filatelia.*
DER filatélico, filatelista.

filatélico, -ca *adj.* De la filatelia o relacionado con esta afición: *todos los viernes organizan en este barrio un mercadillo filatélico.*

filatelista *n. com.* Persona aficionada a coleccionar o a estudiar los sellos de correos: *es preciso promocionar el intercambio entre los filatelistas de todo el mundo.*

filete *n. m.* **1** Trozo ancho, alargado y de poco grosor de carne sin hueso o de pescado sin espinas: *el carnicero ha cortado los filetes gruesos y se pueden freír bien; cenaremos unos filetes de merluza.* **2** Dibujo o saliente en forma de línea larga y estrecha que sirve generalmente para adornar: *presentó su trabajo con unas bonitas tapas con filetes dorados.*

-filia Elemento sufijal que entra en la formación de sustantivos femeninos con el significado de 'simpatía', 'afición': *bibliofilia.* **ANT** -fobia.

filiación *n. f.* **1** Afiliación a una corporación o dependencia de una doctrina, un grupo o un partido: *se desconoce su filiación política.* **2** Relación de dependencia de una persona o una cosa con respecto a otras: *se da cierta filiación entre la falta de estudios y la falta de empleo.* **3** Conjunto de datos personales de un individuo: *este documento acredita mi filiación.*

filial *adj./n. f.* **1** [establecimiento] Que depende de otro más importante: *trabaja en la filial de una gran empresa japonesa.* ◇ *adj.* **2** Del hijo o que tiene relación con él: *amor filial.*
DER filiar.
ETIM Véase *hijo.*

filibustero *n. m.* Pirata que durante el siglo XVII operaba en el mar de las Antillas y atacaba a los barcos que comerciaban con las colonias españolas de América.

filigrana *n. f.* **1** Adorno hecho con hilos de oro o plata entrelazados con mucha perfección y delicadeza: *el joyero iba guarnecido con una preciosa filigrana.* **2** Marca o dibujo transparente hecho en el papel al fabricarlo: *si miras al trasluz un billete de mil pesetas verás su filigrana.* **3** Cosa hecha con gran perfección y muy delicada o que requiere mucha habilidad y trabajo: *tendrás que hacer filigranas para sacar adelante los estudios; el nuevo fichaje hace filigranas con el balón.*
DER afiligranar.
ETIM Véase *hilo.*

filípica *n. f.* Reprimenda o represión dura y extensa dirigida contra alguien: *no estoy dispuesto a soportar las filípicas que de vez en cuando suelta el jefe.*
ETIM *Filípica* procede del nombre de *Filipo,* que fue un rey de Macedonia contra el que Demóstenes pronunció muchos discursos.

filipino, -na *adj.* **1** De Filipinas o relacionado con este país asiático: *la capital filipina es Manila.* ◇ *adj./n. m. y f.* **2** [persona] Que es de las islas Filipinas: *los filipinos se dedican principalmente a la agricultura.*

filisteo, -a *adj.* **1** Del pueblo que habitó el sudoeste de Palestina hasta el siglo VII a.C. o relacionado con él: *el pueblo filisteo dio nombre a Palestina.* ◇ *adj./n. m. y f.* **2** [persona] Que perteneció a un antiguo pueblo que habitaba el sudoeste palestino y que era enemigo de los israelitas: *Goliat fue el guerrero filisteo que, según la Biblia, luchó cuerpo a cuerpo contra David y fue vencido por él; los filisteos fueron sometidos por el rey David.* **3** [persona] Que es vulgar, tiene escasos conocimientos y carece de sensibilidad artística o literaria: *era un filisteo: bárbaro y sin cultura.* Se usa más como nombre masculino. ◇ *n. m.* **4** Hombre alto y corpulento.

film *n. m.* Filme, película cinematográfica.
OBS La Real Academia Española admite *film,* pero prefiere la forma *filme.*

filmación *n. f.* Registro de imágenes o escenas en una película cinematográfica.

filmar *v. tr.* Registrar imágenes o escenas en película cinematográfica: *dejaremos de filmar cuando no tengamos la luz*

adecuada. **SIN** rodar.
DER filmación.

filme *n. m.* Película cinematográfica: *no me gusta el filme policíaco que ponen esta noche.*
DER film, filmar, fílmico, filmina, filmografía, filmología, filmoteca; microfilme, telefilme.
OBS Es de origen inglés. ◇ También se escribe *film*.

filmina *n. f.* Fotografía sacada directamente en positivo y en película u otro material transparente: *en la filmina los colores no van invertidos como en los negativos fotográficos.* **SIN** diapositiva.

filmografía *n. f.* **1** Lista o conjunto de películas cinematográficas que tienen una característica común, como pertenecer a un mismo actor o director, o tratar un mismo tema: *he reunido toda la filmografía de mi director favorito.* **2** Descripción, conocimiento o estudio de filmes o microfilmes.

filmoteca *n. f.* **1** Lugar donde se guardan ordenados para su conservación, exhibición y estudio filmes o películas que ya no suelen proyectarse comercialmente: *gracias a las filmotecas se pueden ver películas antiguas.* **SIN** cinemateca. **2** Colección de películas o filmes: *tiene una filmoteca muy extensa y variada, en la que guarda títulos de todos los géneros y autores.* **SIN** cinemateca.

filo *n. m.* **1** Borde agudo o afilado en el que termina una superficie, generalmente el de la hoja de un instrumento cortante: *el filo de la navaja.* **SIN** corte. **2** Punto o línea que divide una cosa en dos partes: *estamos justo en el filo entre los dos pueblos.*
al filo Muy cerca o alrededor: *salieron al filo de la medianoche.*
DER afilar, refilón.
ETIM Véase *hilo*.

filo-, -filo, -fila Elemento prefijal y sufijal que entra en la formación de palabras con el significado de 'amigo', 'amante de': *filosofía, cinéfilo.* **ANT** miso-, -fobo, -foba.

filología *n. f.* **1** Disciplina que estudia una cultura a través de su lengua y de su literatura, apoyándose fundamentalmente en los textos escritos: *la filología se ocupa de la estructura y los cambios de las lenguas, así como de su desarrollo histórico y literario.* **2** Técnica que se aplica para reconstruir, fijar o explicar textos escritos: *las técnicas de la filología nos permitirán hacer una edición crítica.*
DER filológico, filólogo.

filológico, -ca *adj.* De la filología o relacionado con esta disciplina o técnica: *haremos un comentario filológico de un texto medieval.*

filólogo, -ga *n. m. y f.* Persona que se dedica al estudio de la filología: *mi profesor de lengua y literatura es filólogo.*

filón *n. m.* **1** Masa mineral que llena un agujero o una fisura de una formación rocosa: *el pueblo cambió mucho cuando descubrieron el filón de oro.* **SIN** vena, veta. **2** Negocio o situación del que se saca o se espera sacar gran provecho: *el nuevo negocio puede ser un filón para todos.*

filosofar *v. intr.* **1** Pensar sobre una cosa con métodos filosóficos. **2** Pensar y considerar una cosa con atención y cuidado: *deja de filosofar y pon un poco de orden en lo que dices.* **SIN** meditar, reflexionar.

filosofía *n. f.* **1** Conjunto de razonamientos sobre la esencia, las propiedades, las causas y los efectos de las cosas naturales, especialmente sobre el hombre y el universo: *la filosofía griega se considera la base del pensamiento occidental.* **2** Sistema filosófico, conjunto sistemático de los razonamientos expuestos por un pensador: *la filosofía de Platón; la filosofía kantiana.* **3** Forma de pensar o de entender las cosas: *no entiendo la filosofía de nuestra empresa.* **4** Conjunto de los principios y las ideas básicas de una ciencia determinada: *la filosofía del derecho es fundamental para la redacción de leyes.* **5** Fuerza o ánimo para soportar situaciones o acontecimientos desagradables con serenidad: *aunque pienses que se equivocan, debes tomártelo con filosofía.*
DER filosofar, filosófico, filósofo.

filosófico, -ca *adj.* De la filosofía o que tiene relación con ella: *en los Diálogos Platón expone su doctrina filosófica.*

filósofo, -fa *n. m. y f.* Persona que se dedica a la filosofía, especialmente la que crea un sistema filosófico: *pocos filósofos han sido tan famosos como Sócrates.*

filoxera *n. f.* Insecto parecido al pulgón que ataca las hojas y los filamentos de las raíces de la vid: *la filoxera se multiplica con rapidez y puede destruir en poco tiempo una zona de viñedos.*

filtración *n. f.* **1** Paso de un líquido u otro elemento a través de un filtro: *la filtración del agua es necesaria antes de consumirla.* **2** Penetración de un líquido o de otro elemento a través de los poros o pequeñas aberturas de un cuerpo: *la filtración de la luz a través de los orificios de la persiana crea un ambiente de penumbra.* **3** Transmisión indebida de una información reservada o secreta: *llegó hasta el periódico la filtración de la noticia de su destitución.*

filtrar *v. tr.* **1** Hacer pasar un fluido u otro elemento por un filtro para retener alguno de sus componentes: *hay que filtrar el café para que no queden posos.* **2** Seleccionar lo que se considera mejor o más importante para configurar una información: *mi jefe me pide que filtre las llamadas antes de pasárselas.* **3** Comunicar secretos o asuntos reservados a un público o a un competidor: *el examen no fue una sorpresa porque alguien había filtrado las preguntas.* ◇ *v. intr./prnl.* **4** Penetrar un líquido en un cuerpo sólido a través de sus poros o de sus pequeñas aberturas: *el agua se ha filtrado por la pared.* ◇ *v. tr./prnl.* **5** Dejar un cuerpo sólido pasar un fluido a través de sus poros: *utiliza transparencias de colores para filtrar la luz.*
DER filtración; infiltrar.

filtro *n. m.* **1** Materia u objeto a través del cual se hace pasar un líquido para hacerlo más claro o puro: *uso una cafetera que lleva filtros de papel.* **2** Dispositivo que sirve para eliminar determinadas frecuencias en la corriente que lo atraviesa: *los aparatos de música disponen de filtros que eliminan los ruidos de la grabación y mejoran la calidad de la reproducción.* **3** Pantalla o cristal que refleja ciertos rayos de luz y deja pasar otros: *la lámpara del salón lleva filtros de colores.* **4** Sistema o proceso que sirve para seleccionar lo que se considera mejor o más importante: *las pruebas eliminatorias son un filtro para que sólo lleguen a la final los mejores corredores.* **5** Bebida elaborada con diversos ingredientes a la que se le atribuyen efectos mágicos, especialmente el de conseguir el amor de quien lo toma: *la vieja trotaconventos preparó un filtro de amor.*
DER filtrar.
ETIM *Filtro* procede del latín vulgar *filtrum*, 'fieltro', porque pueden hacerse de este material.

fimosis *n. f.* MED. Estrechez de la abertura de la piel que rodea el pene y que impide descubrir de forma completa su extremo: *la fimosis se corrige con un ligero corte en el prepucio que facilite la salida del glande.*
OBS El plural también es *fimosis*.

fin *n. m.* **1** Parte o momento en que termina alguna cosa: *el fin del mundo; trabajo de fin de carrera.* **SIN** final, terminación. **ANT** inicio, principio. **fin de año** Último día del año: *nos* reunimos todos en las fiestas de fin de año. **fin de fiesta** Acto con que se termina un espectáculo o una celebración: *presentaremos un número muy espectacular como fin de fiesta*. **fin de semana** Período de tiempo que comprende los días de la semana en que no se trabaja, generalmente el sábado y el domingo: *volveremos a vernos el próximo fin de semana*. **2** Objetivo o razón por el que se hace una cosa determinada: *el fin de la enseñanza es educar a los alumnos*. **SIN** finalidad.

a fin de Indica la razón por la que se hace una cosa: *invirtió sus ahorros a fin de obtener la mayor rentabilidad*.

a fin (o fines) de En la última parte del período de tiempo que se señala: *siempre cobramos a fin de mes*.

a fin de cuentas o **al fin y al cabo** Después de todo: *a fin de cuentas, da igual que protestes o no; todo me pareció bien; al fin y al cabo, él era quien pagaba*.

al fin o **por fin** Por último, después de vencer todos los obstáculos: *tuvimos que reclamar muchas veces pero al fin conseguimos que nos devolvieran el dinero; ¡por fin hemos acabado el trabajo!*

en fin En resumen o en definitiva: *en fin, que Manolo se salió, como siempre, con la suya*.

un sin fin Una gran cantidad de algo: *si no te preparas para el día de mañana tendrás un sin fin de problemas*.

DER final, finar, finito; afín, confín, definir.

ETIM *Fin* procede del latín *finis*, que tenía el mismo significado, voz con la que también está relacionada *fenecer*.

finado, -da *n. m. y f.* Persona muerta. **SIN** difunto.

final *adj.* **1** Del fin o lo último, o que tiene relación con ello: *fase final; toque final*. **ANT** inicial. ◇ *adj./n. f.* **2** GRAM. [oración] Que expresa un fin o una finalidad cuyo cumplimiento es posterior a la acción, el proceso o el estado expresado por otra oración: *en han venido todos para celebrar tu cumpleaños*, 'para celebrar tu cumpleaños' es *una oración final*. ◇ *n. m.* **3** Parte o momento en que termina una cosa: *te daré el regalo al final de la fiesta; es una película con final feliz*. **SIN** fin, terminación. **ANT** inicio, principio. ◇ *n. f.* **4** Parte última de una competición deportiva de la que sale un ganador: *el próximo domingo se celebrará la final*.

DER finalidad, finalísima, finalista, finalizar; semifinal.

finalidad *n. f.* Objetivo o razón por el que se hace una cosa determinada: *todos hemos venido con la finalidad de ayudarte*. **SIN** fin.

finalista *adj./n. com.* [persona, obra] Que llega a la final de una competición: *el autor de la novela finalista es un autor desconocido por la crítica; el atleta español quedó finalista en las competiciones europeas*.

finalizar *v. tr.* **1** Dar fin a una cosa: *haremos el viaje cuando finalicemos el curso*. **SIN** acabar, terminar. ◇ *v. intr.* **2** Terminarse o acabarse una cosa: *el plazo de presentación no ha finalizado todavía*.

DER finalización.

OBS En su conjugación, la *z* se convierte en *c* delante de *e*.

financiación *n. f.* Entrega del dinero necesario para hacer una cosa o para hacer frente a los gastos que genera: *el Ayuntamiento asume la financiación del servicio de limpieza*.

financiar *v. tr.* Poner el dinero necesario para pagar los gastos de una actividad o de una obra: *el propio colegio financió el viaje*.

DER financiación, financiera, financiero.

OBS En su conjugación, la *i* no se acentúa, como en *cambiar*.

financiera *adj./n. f.* [entidad] Que se hace cargo de los gastos de una actividad o de una obra: *una financiera nos concederá el préstamo para comprar el coche*.

financiero, -ra *adj.* **1** De la hacienda pública, de las cuestiones bancarias o bursátiles o de los negocios mercantiles, o que tiene relación con ellos: *la actividad financiera hace referencia a la inversión del dinero*. ◇ *n. m. y f.* **2** Persona que conoce y se dedica a la teoría y práctica de estas materias relacionadas con la inversión del dinero: *los financieros saben cómo reactivar la economía nacional*.

finanzas *n. f. pl.* **1** Bienes que se tienen, especialmente en forma de dinero: *lo compro porque mis finanzas me lo permiten*. **2** Conjunto de actividades que tienen relación con la inversión del dinero: *las finanzas del Estado*. **3** Hacienda pública.

DER financiar.

finar *v. intr.* culto Morir o dejar de vivir. **SIN** expirar, fallecer, fenecer.

DER finado.

finca *n. f.* Propiedad inmueble en el campo o en la ciudad: *las fincas rústicas suelen ser extensiones más o menos grandes de tierra; las fincas urbanas suelen ser viviendas y otras edificaciones*.

DER afincarse.

finés, -nesa *adj.* **1** De un pueblo antiguo que invadió el norte de Europa y dio nombre a Finlandia, o que tiene relación con él: *los territorios fineses incluían Laponia y la actual Finlandia*. **2** De Finlandia o relacionado con este país europeo: *parte del territorio finés está en el dominio ártico*. **SIN** finlandés. ◇ *adj./n. m. y f.* **3** [persona] Que perteneció al pueblo antiguo que invadió el norte de Europa. **4** [persona] Que es de Finlandia. **SIN** finlandés. ◇ *n. m.* **5** Lengua de Finlandia: *el nombre indígena del finés es suomi*. **SIN** finlandés.

fineza *n. f.* **1** Delicadeza o buena educación: *se presentó a todos con gran fineza y dio muestras de su exquisita formación*. **SIN** finura. **2** Obra o dicho con el que se manifiesta afecto o cariño hacia otra persona: *le dijo muchas finezas y la llenó de atenciones*.

fingimiento *n. m.* Simulación, presentación como cierto o real de algo falso o imaginado: *aquellas lágrimas resultaron ser puro fingimiento*.

fingir *v. tr.* Presentar como cierto o real lo que es falso o imaginado: *fingió un gran dolor de cabeza para no ir al colegio*. **SIN** aparentar, simular.

DER fingimiento.

ETIM *Fingir* procede del latín *fingere*, que tenía el mismo significado, voz con la que también están relacionadas *ficción*, *ficticio*.

OBS En su conjugación, la *g* se convierte en *j* delante de *a* y de *o*.

finiquitar *v. tr.* **1** Pagar completamente una deuda o una cuenta. **SIN** liquidar, saldar. **2** coloquial Acabar una cosa: *ese problema ya ha sido finiquitado*. **SIN** liquidar, saldar.

DER finiquito.

finiquito *n. m.* **1** Cantidad de dinero con la que se paga una cuenta o una deuda, especialmente cuando termina un contrato de trabajo: *ha recibido un finiquito pequeño porque llevaba poco tiempo en la empresa*. **SIN** liquidación. **2** Escrito que certifica que una empresa ha saldado las deudas con un trabajador que deja de trabajar en ella: *han despedido a otros compañeros, y temo que a mí me den también el finiquito*.

finisecular *adj.* Del fin de un siglo o que tiene relación con él: *según algunos críticos, la Generación del 98 es un movimiento típicamente finisecular*.

finito, -ta *adj.* Que tiene fin o límite: *las hojas caducas tienen una vida finita*. **ANT** infinito.

finlandés, -desa *adj.* **1** De Finlandia o que tiene relación con este país del norte de Europa: *la capital finlandesa es*

Helsinki. **SIN** finés. ◇ *adj./n. m. y f.* **2** [persona] Que es de Finlandia: *los finlandeses son vecinos de los suecos*. **SIN** finés. ◇ *n. m.* **3** Lengua hablada en Finlandia: *el finlandés no es una lengua indoeuropea*. **SIN** finés.

fino, -na *adj.* **1** Que es delgado o tiene poco grosor o espesor: *esta pared es tan fina que se oye lo que hablan en la otra habitación*. **ANT** gordo, grueso. **2** [persona, comportamiento] Que tiene o muestra mucha educación, cortesía o delicadeza: *se ha vuelto muy educado desde que se relaciona con amigos tan finos*. **3** [sentido] Que es agudo en percibir las sensaciones: *su fino olfato le permite distinguir al instante una comida en mal estado*. **4** Que es delicado y de buena calidad: *me han regalado un anillo finísimo*. **5** [superficie] Que es suave, liso y no tiene asperezas: *toca esta madera y verás lo fina que es*. **6** [metal] Que es puro o sin mezcla: *es una pulsera de plata fina*. **7** [persona] Que es muy lista, astuta o hábil: *había que ser fino para entender el sarcasmo del profesor*. ◇ *n. m.* **8** Vino blanco muy seco y de alta graduación alcohólica que se elabora en Andalucía: *fuimos a tomarnos unos finos antes de comer*.
DER fineza, finolis, finura; afinar, refinar.

finolis *adj./n. com.* coloquial [persona] Que muestra una delicadeza o educación exageradas: *¡mira qué finolis!, les besa la mano a todas las mujeres*.
OBS El plural también es *finolis*.

finta *n. f.* En algunos deportes, ademán o amago que se hace para engañar al contrario: *el delantero hizo una finta y consiguió despistar a su adversario llevándose la pelota*.
DER fintar.

fintar *v. tr./intr.* Hacer un movimiento rápido el jugador que lleva la pelota para engañar al defensa contrario y dejarlo atrás: *fintó a los dos pívots y consiguió la canasta*.

finura *n. f.* **1** Delgadez o poco grosor o espesor: *la finura de este papel lo hace poco resistente*. **2** Gran educación, cortesía o delicadeza en el trato que muestra una persona: *en una demostración de su finura, nos cedió a todos el paso*. **3** Agudeza de un sentido corporal en percibir las sensaciones: *la finura de su oído capta los ruidos más insignificantes*. **4** Delicadeza y buena calidad: *la finura del vestido lo hace muy apropiado para la fiesta*. **5** Suavidad y ausencia de asperezas: *la piel de los niños es de una gran finura*.

fiordo *n. m.* Antiguo valle glaciar invadido por el mar que se caracteriza por su gran estrechez y profundidad: *los fiordos más importantes se encuentran en las costas nórdicas de Europa y América*.

firma *n. f.* **1** Nombre y apellido de una persona escrito a mano por ella misma, generalmente acompañados de una rúbrica y que se coloca al pie de documentos o escritos: *tienes que poner tu firma y DNI al final de la solicitud*. **2** Acto de escribir a mano una persona su nombre y apellido en un documento o en un escrito: *a la firma de los documentos de compraventa del piso asistieron el comprador y el vendedor*. **3** Sociedad o empresa comercial: *una firma muy importante va a comprar la empresa en quiebra*.
DER antefirma.

firmamento *n. m.* Parte del espacio sobre la Tierra en el que están las nubes y donde se ven el Sol, la Luna y las estrellas: *le gusta dormir en el campo para contemplar el firmamento de noche*. **SIN** bóveda celeste, cielo.

firmante *adj./n. com.* [persona] Que firma un documento o un escrito: *la carta del periódico venía firmada por el representante y cien firmantes más*. **SIN** signatario.

firmar *v. tr.* Escribir a mano una persona su nombre y apellido en un documento o en un escrito: *firmó la carta y la metió en el sobre*.
DER firma, firmante; afirmar, confirmar.

firme *adj.* **1** Que es estable y seguro, no se mueve y difícilmente puede caerse: *no te preocupes: la estantería es tan firme que no se volcarán los libros*. **2** Que es constante o que es definitivo: *mi intención de casarme con él es muy firme: nada ni nadie me impedirán cumplirla*. ◇ *n. m.* **3** Capa sólida de terreno, natural o preparada, sobre la que se puede construir: *olvídate de ese terreno pantanoso: para edificar tu casa necesitas un firme que sea seguro*. ◇ *adv.* **4** Con valor, energía y constancia: *ha trabajado firme para tener unos ahorros*.

de firme *a)* Con energía y de forma constante: *llover de firme*. *b)* Con solidez o con seguridad: *estoy seguro, lo sé de firme*.

en firme Expresa el carácter definitivo de una cosa, especialmente un acuerdo: *acepté su propuesta en firme; hemos quedado en firme para vernos el lunes próximo*.

¡firmes! Expresión con que los militares ordenan cuadrarse o ponerse derecho: *fue arrestado por distraerse y seguir en posición de descanso ante la orden de ¡firmes!*
DER firmar, firmeza.

firmeza *n. f.* **1** Estabilidad y seguridad que tiene una cosa que no se mueve y difícilmente puede caerse: *la torre de Pisa va perdiendo firmeza con el paso de los siglos*. **2** Constancia, o carácter definitivo de una cosa, generalmente la voluntad o la decisión de una persona: *no cabe duda de la firmeza de su ideología: la ha mantenido contra viento y marea a lo largo de toda su vida*.

fiscal *adj.* **1** Del fisco o que tiene relación con él: *para ejercer ciertas actividades profesionales, es imprescindible la licencia fiscal*. **2** Del fiscal o que tiene relación con esta persona: *ministerio fiscal*. ◇ *n. com.* **3** Persona legalmente encargada de acusar de los delitos ante los tribunales de justicia: *el juez estuvo absolutamente de acuerdo con la pena que solicitaba el fiscal para el acusado*.
DER fiscalía, fiscalidad, fiscalizar.

fiscalía *n. f.* **1** Profesión del fiscal: *después de 40 años, se ha jubilado del desempeño de la fiscalía*. **2** Oficina o despacho del fiscal: *las diligencias de este proceso se encuentran ahora en la fiscalía*.

fiscalidad *n. f.* Conjunto de normas legales de la Hacienda Pública sobre tasas, impuestos y contribuciones: *antes de montar el negocio, consulta la fiscalidad*.

fiscalizar *v. tr.* **1** Controlar o inspeccionar fiscalmente a una persona o un grupo: *el Estado ha fiscalizado esa empresa porque sospechaba que no pagaba todos los impuestos que legalmente le correspondía abonar a la Hacienda Pública*. **2** Averiguar, controlar o criticar negativamente las acciones de una persona: *su madre le fiscaliza todo lo que hace y no para de preguntarle dónde va*.
OBS En su conjugación, la *z* se convierte en *c* delante de *e*.

fisco *n. m.* **1** Conjunto de bienes de un estado o Tesoro público: *es un país bastante pobre: su fisco es muy reducido*. **2** Administración de los bienes y riquezas de un Estado: *el fisco le exige que pague todos sus impuestos*. **SIN** hacienda.
DER fiscal; confiscar.

fisgar *v. intr.* Procurar enterarse con disimulo de una información, especialmente de datos referentes a la vida privada de las personas: *¡deja ya de fisgar en mis cuentas! ¿Qué te importa lo que gane o lo que gaste?* **SIN** curiosear, fisgonear.
DER fisga, fisgón.
OBS En su conjugación, la *g* se convierte en *gu* delante de *e*.

fisgón, -na *adj./n. m. y f.* [persona] Que fisga o tiende a fisgar: *conoce toda mi vida, porque es un fisgón.*
DER fisgonear.
OBS Tiene uso despectivo.

fisgonear *v. tr.* Fisgar.

física *n. f.* Ciencia que estudia la materia y la energía, estableciendo las leyes que explican los fenómenos naturales: *la física matemática es una rama de la física.*
DER físico; astrofísica, biofísica, geofísica, metafísica.

físico, -ca *adj.* **1** De la física o que tiene relación con esta ciencia: *la ley de la gravedad es un principio físico.* **2** Del cuerpo o de su naturaleza o que tiene relación con ellos: *debes hacer ejercicios físicos para mantenerte en forma.* ◇ *n. m. y f.* **3** Persona que se dedica a la ciencia de la física: *Newton fue un famoso físico.* ◇ *n. m.* **4** Aspecto exterior que muestra una persona: *su hermoso físico llama mucho la atención.*

fisiología *n. f.* BIOL. Disciplina que estudia los órganos de los seres vivos y su modo de funcionamiento: *la fisiología trata no sólo los organismos animales, sino también los vegetales.*
DER fisiológico, fisiólogo.

fisiológico, -ca *adj.* De la fisiología o que tiene relación con ella: *comer y dormir son necesidades fisiológicas.*

fisioterapeuta *n. com.* Persona que se dedica a la fisioterapia: *gracias al tratamiento del fisioterapeuta, ya puedo doblar totalmente la rodilla.*

fisioterapia *n. f.* MED. Tratamiento médico que se fundamenta en la aplicación, sobre todo, de agentes naturales como la luz, el calor, el frío y el ejercicio: *los traumatólogos suelen complementar sus tratamientos con sesiones de fisioterapia.*

fisonomía *n. f.* **1** Aspecto particular de la cara de una persona: *ha tomado tanto el sol que su fisonomía me resulta muy rara y casi no lo reconozco.* **2** Aspecto exterior que muestra una cosa: *me gusta la fisonomía de esa montaña con tantas subidas y bajadas.*
DER fisonómico, fisonomista.

fisonomista *adj./n. m. y f.* [persona] Que tiene facilidad para recordar y distinguir a las personas por el aspecto de sus caras: *soy muy mal fisonomista y olvido fácilmente la cara de las personas que no frecuento.*

fístula *n. f.* MED. Conducto anormal en la piel o en las membranas mucosas que comunica con el exterior o con otro órgano: *una fístula no se cierra espontáneamente.*

fisura *n. f.* **1** Abertura entre cuyos bordes hay una separación muy pequeña, que se hace en un cuerpo sólido, especialmente en un hueso: *el accidente de moto le produjo fisura de cráneo.* **SIN** grieta, hendidura, raja. **2** Defecto que puede empeorar: *la economía del país tiene graves fisuras.* **3** Separación o desunión que se produce en lo que parecía unido y homogéneo: *comienzan a detectarse las primeras fisuras entre los partidos que forman el gobierno de coalición.*

fito-, -fito, -fita Elemento prefijal y sufijal que entra en la formación de palabras con el significado de 'vegetal', 'planta': *fitología, briofito.*

flacidez *n. f.* **1** Blandura o falta de fuerza o dureza en una cosa: *si no inflas ese balón, su flacidez nos impedirá jugar a gusto con él.* **2** Debilidad muscular: *no tiene fuerzas para nada: me preocupa su flacidez y voy a llevarlo a un médico.*

flácido, -da o **fláccido, -da** *adj.* Blando y sin consistencia o sin fuerza: *si no haces ejercicio físico, tendrás el vientre flácido.*
DER flacidez.
OBS La Real Academia Española admite *fláccido*, pero prefiere la forma *flácido*.

flaco, -ca *adj.* **1** [persona, animal] Que está muy delgado: *como se ha sometido a un régimen alimenticio, ha perdido muchos kilos y se ha quedado muy flaco.* **SIN** enjuto. **ANT** gordo, grueso. **2** Que es débil, frágil y sin fuerzas: *su flaco entendimiento le impide enterarse de lo que ocurre aquí; tu decisión era muy flaca si ya la has abandonado.*
DER flaquear, flaqueza; enflaquecer.

flagelación *n. f.* Serie continuada de golpes, a modo de castigo, con un instrumento: *murió a consecuencia de una terrible flagelación.*

flagelado, -da *adj./n. m.* [protozoo] Que tiene uno o varios flagelos.

flagelar *v. tr./prnl.* **1** Dar golpes o azotar como castigo sirviéndose de un instrumento: *en el siglo pasado, los maestros flagelaban a los alumnos con una vara; se flagelaba como penitencia por sus pecados.* **SIN** fustigar. ◇ *v. tr.* **2** Criticar o reprender con dureza: *es un mal compañero, porque no para de flagelar a los demás ante los jefes; deja de flagelar mi buen nombre.* **SIN** fustigar, vituperar.
DER flagelación, flagelado.

flagelo *n. m.* **1** Azote o instrumento que se usa para flagelar: *usaban un palo como flagelo y lo golpeaban sin parar.* **2** Calamidad o desgracia continuadas: *los terremotos son el flagelo de algunos países.* **3** Extremidad muy fina que sirve para moverse en algunos protozoos: *muchos seres unicelulares están dotados de minúsculos flagelos.*
DER flagelar.

flagrante *adj.* **1** Que ocurre o se realiza en el momento presente: *delito flagrante.* **2** Que es muy claro y evidente: *la polución en las grandes ciudades es flagrante.*

flama *n. f.* Masa gaseosa que produce una cosa que está ardiendo y que desprende luz y calor: *fue un incendio tan grande que la flama se veía desde muy lejos.* **SIN** llama.
DER flamante, flamear; inflamar.
ETIM Véase *llama.*

flamante *adj.* **1** Que destaca por su buen aspecto: *ha hecho obras en su casa, y la verdad es que ha quedado flamante.* **2** Que es nuevo, reciente, o que se estrena: *llevaba un traje flamante que se había comprado el día anterior.*

flambear *v. tr.* Flamear o quemar un líquido inflamable sobre un alimento: *cubrió el bizcocho con merengue, y después lo flambeó con licor.*

flamear *v. intr.* **1** Despedir llamas: *la antorcha olímpica flameaba en el estadio.* **2** Moverse en el aire, generalmente una bandera o las velas de una embarcación: *desde el puerto veíamos flamear las velas de los barcos que participaban en la regata.* ◇ *v. tr.* **3** Quemar un líquido inflamable sobre una superficie, o pasar una llama por algún objeto: *flameó los alicates aplicándoles la llama de su mechero.*

flamenco, -ca *adj.* **1** De Flandes o que tiene relación con esta antigua región del norte de Europa: *el territorio flamenco está situado junto a las costas del Mar del Norte; pintura flamenca.* ◇ *adj./n. m. y f.* **2** [persona] Que es de Flandes: *aún hoy, a los niños flamencos se les dice que viene el duque de Alba para decirles que viene el coco; los flamencos se opusieron al dominio de Felipe II.* **3** [cante, baile] Que se caracteriza por la fusión de la expresión gitana con el orientalismo musical andaluz: *el cante flamenco tiene muchas modalidades; el flamenco es una manifestación musical de gran hondura.* **4** [persona] Que se comporta de un modo insolente y bravucón en una situación: *muy flamenca tú, llegas la última y quieres ser la primera; el conductor se puso flamenco y no apartaba el coche para que pasara el que le había pitado.* **5** [persona] Que tiene un aspecto robusto y sano: *desde que*

hace deporte y se broncea a menudo en la playa, mi hermano está hecho un flamenco. ◇ *n. m.* **6** Lengua que se habla en algunas zonas de Bélgica y Francia: *en la región de Dunkerke se habla flamenco.* **7** Ave zancuda que tiene la cabeza, la espalda y la cola de color rosa, el resto del cuerpo blanco, las patas largas, el pico fino y el cuello flexible: *los flamencos son de gran tamaño y viven agrupados en zonas acuáticas.* Para indicar el sexo se usa *el flamenco macho y el flamenco hembra.* ☞ aves.
DER flamencología.

flan *n. m.* Dulce elaborado con yemas de huevo, leche y azúcar que se cuaja al baño María en un molde: *el flan suele tomarse de postre.*

estar hecho un flan Estar muy nerviosa una persona: *antes de examinarse estaba hecha un flan.*

flanco *n. m.* Parte lateral de una cosa, especialmente de un barco o de una formación de tropa: *el torpedo golpeó contra el flanco izquierdo del buque; el flanco derecho del ejército se fue desplegando rápidamente.*
DER flanquear.

flanquear *v. tr.* Estar colocado a los flancos o a los lados: *dos guardias reales flanquean la entrada de palacio; dos guardaespaldas flanqueaban al ministro durante su paseo por el centro de la ciudad.*

flaquear *v. intr.* **1** Perder fuerza o resistencia progresivamente: *conforme avanzaba el partido, el tenista flaqueaba y ya no corría como al principio; el automóvil flaqueó al subir la cuesta.* **2** Saber una persona menos de una materia o disciplina que de otra u otras: *en griego estoy muy preparado, pero flaqueo en latín.* **3** Perder la fuerza moral o el ánimo: *no flaquees y continúa intentando resolver este problema matemático.*

flaqueza *n. f.* **1** Escasez de carne o de grasas, o abatimiento: *tu flaqueza se debe a que comes y duermes muy poco.* **SIN** delgadez. **2** Debilidad, falta de vigor o de resistencia: *su flaqueza de carácter le hace ceder ante los caprichos de todos.* **3** Acto que se comete por esta debilidad: *fue una flaqueza decirle que sí, no supe negarme.*

flas o **flash** *n. m.* **1** Luz intensa y de corta duración que se usa para hacer una fotografía cuando la iluminación es escasa o para que no aparezcan ciertas sombras: *como se estaba haciendo de noche, usó el flas para fotografiarme.* **2** Dispositivo que produce esa luz: *esta máquina de fotos lleva ya incorporado el flas.* **3** Información breve de una noticia importante que se acaba de recibir: *el flas sólo anunciaba que se acababa de suspender el acto.* **4** Plano muy corto de una película: *el flas del amanecer sobre la ciudad era muy hermoso.*
OBS Es de origen inglés. ◇ La Real Academia Española sólo admite la forma *flas*.

flato *n. m.* Acumulación de gases en el aparato digestivo que produce un dolor fuerte, pero que se alivia muy pronto: *si comes y bebes tan rápido, después tendrás flato y te quejarás.*
DER flatulento.

flatulencia *n. f.* Molestia o indisposición debida a la acumulación excesiva de gases en el intestino: *esa flatulencia se debe a que anoche tomaste muchas bebidas carbónicas.*

flatulento, -ta *adj.* **1** Que produce flato o una acumulación de gases en el intestino: *el potaje de garbanzos es una comida flatulenta.* ◇ *adj./n. m. y f.* **2** [persona] Que padece flato o una acumulación molesta de gases en el intestino: *como soy flatulento, procuro llevar un régimen adecuado de alimentos.*
DER flatulencia.

flauta *n. f.* **1** Instrumento musical de viento que consiste en un tubo con agujeros por el que se sopla a la vez que se van tapando y destapando los orificios con los dedos o con llaves: *las flautas emiten sonidos muy dulces.* ☞ instrumentos musicales. **flauta de Pan** La que está formada por varios tubos de desigual tamaño unidos en paralelo: *en una flauta de Pan se va soplando por los distintos tubos.* **flauta dulce** La que se toca en posición vertical y tiene la embocadura en forma de boquilla: *en el colegio, los alumnos aprendían a tocar la flauta dulce.* **flauta travesera** La que se toca en posición horizontal y tiene la embocadura lateral en un extremo en forma de agujero ovalado: *toca la flauta travesera en un grupo de música celta.* ☞ instrumentos musicales. **2** *coloquial* Barra de pan larga y delgada: *prefiero las flautas a las hogazas porque son más tiernas.* ◇ *n. com.* **3** Persona que toca este instrumento musical de viento: *para interpretar este concierto necesitamos varios flautas.* **SIN** flautista.

sonó la flauta (o **sonó la flauta por casualidad**) Indica que un hecho acertado ha ocurrido por casualidad: *compró un décimo de lotería y le tocó el premio, sonó la flauta.*
DER flautín, flautista; aflautar.

flautín *n. m.* **1** Flauta pequeña, de sonido más agudo y penetrante que la flauta ordinaria: *el flautín está afinado a una octava superior que la flauta.* **2** Persona que toca este instrumento: *estudia solfeo, porque su ilusión es llegar a ser un gran flautín.*

flautista *n. com.* Persona que toca la flauta: *el flautista de Hamelín.* **SIN** flauta.

flebitis *n. f.* MED. Inflamación de las venas: *esta flebitis te puede producir un coágulo en los vasos sanguíneos.*
OBS El plural también es *flebitis*.

flecha *n. f.* **1** Arma formada por una vara delgada y ligera, con la punta afilada en uno de sus extremos, que se lanza o dispara generalmente mediante un arco: *el tiro con arco es una modalidad deportiva en la que se disparan flechas contra una diana.* **SIN** saeta. **2** Signo que tiene la forma de esa arma y que sirve para indicar una dirección: *para encontrar la salida, sigue la dirección que apuntan las flechas de los paneles.* ☞ meteorología. **3** Remate apuntado de una torre o un campanario: *todas las torres de esta catedral están rematadas con flechas.* **SIN** aguja.
DER flechazo.

flechazo *n. m.* **1** Lanzamiento de una flecha. **2** Golpe, corte o herida que produce el lanzamiento de una flecha: *el protagonista de la película sobrevivió al flechazo que recibió en su espalda.* **3** *coloquial* Amor intenso y repentino: *no me pude explicar lo que de repente sentí por ella: fue un auténtico flechazo.*

fleco *n. m.* **1** Adorno formado por una serie de hilos o cordoncillos que cuelgan de una tela o de un vestido: *procura que el fleco de la colcha no toque el suelo.* **2** Borde de una tela que tiene algunos hilos colgando por haberse roto la costura en ese lugar: *el mendigo llevaba arrastrando unos mugrientos pantalones con flecos.* **3** Problema poco importante que falta por resolver para concluir un negocio o acuerdo que en lo fundamental ya está cerrado: *la firma del nuevo convenio laboral está a la espera de la negociación de los últimos flecos.*
DER flequillo.

fleje *n. m.* **1** Pieza alargada y curva de acero que sirve para sujetar los muelles de una máquina o de un objeto: *los flejes de este resorte están muy duros.* **2** Anilla grande de hierro con que se rodea un tonel u otra cosa semejante para que no se abra: *cuando embales esa mercancía, asegúrate de que los flejes la sujeten bien.*

flema *n. f.* **1** Calma excesiva, impasibilidad o frialdad en la manera de actuar: *todos estábamos nerviosísimos, menos él, que con su flema dominó la situación.* **2** Sustancia mucosa que se forma en las vías respiratorias y se expulsa por la boca: *la gripe me hizo arrojar flemas delante del médico.*
DER flemático, flemón.

flemático, -ca *adj.* Que actúa con una excesiva calma, impasibilidad o frialdad: *es tan flemático que se quedó sin trabajo y no se preocupó.*

flemón *n. m.* Bulto o hinchazón que aparece al infectarse las encías: *desde ayer me dolía una muela, y hoy ya me he despertado con un flemón en la cara.*

flequillo *n. m.* Porción de cabello que se deja caer sobre la frente: *el peluquero me dejó el flequillo a la altura de las cejas.*

fletar *v. tr.* **1** Alquilar una embarcación, un vehículo o una nave para transportar mercancías o personas: *tuvimos que fletar un avión para llegar a nuestro destino turístico.* **2** Subir mercancías o personas a una embarcación, un vehículo o una nave para su transporte: *después de hacer una escala en el puerto para arreglar la avería, el comandante volvió a fletar a todos los pasajeros del trasatlántico.*

flexibilidad *n. f.* **1** Capacidad de doblarse fácilmente sin que exista peligro de rotura: *el contorsionista tiene una gran flexibilidad; el alambre tiene una gran flexibilidad.* **ANT** rigidez. **2** Facilidad para adaptarse a las circunstancias o al parecer de otras personas: *su flexibilidad le proporciona muchos amigos, porque sabe adaptarse y nunca se expresa tajantemente.* **ANT** rigidez.

flexibilizar *v. tr.* Hacer que algo pueda doblarse fácilmente sin romperse: *hace ejercicios de estiramiento para flexibilizar sus músculos.*
OBS En su conjugación, la *z* se convierte en *c* delante de *e*.

flexible *adj.* **1** Que se puede doblar fácilmente sin romperse: *el papel es flexible y la madera rígida.* **ANT** rígido. **2** Que se adapta fácilmente a las circunstancias o al parecer de otras personas: *tus planes parecen ser flexibles para que puedan ir cambiando según los acontecimientos del viaje; es muy fácil hablar con él, porque aunque sea muy diferente a ti es una persona muy flexible.* **ANT** inflexible.
DER flexibilidad, flexibilizar, flexo.

flexión *n. f.* **1** Movimiento que consiste en doblar el cuerpo o uno de sus miembros: *en clase de educación física hemos hecho flexiones y tengo agujetas.* **2** GRAM. Cambio de forma que experimenta una palabra para expresar sus funciones y sus relaciones de dependencia mediante un afijo que indica la categoría gramatical: *el modo y el tiempo forman parte de la flexión verbal y se expresan mediante desinencias.*
DER flexible, flexionar, flexivo, flexor; genuflexión, inflexión, reflexión.

flexionar *v. tr.* Doblar el cuerpo o una parte de él: *flexionó las piernas para coger el lápiz del suelo.*

flexivo, -va *adj.* **1** GRAM. De la flexión gramatical o que tiene relación con ella: *en español, el género y el número se expresan mediante morfemas flexivos.* **2** GRAM. Que tiene flexión gramatical: *el latín es una lengua flexiva.*

flexo *n. m.* Lámpara de mesa con brazo flexible o articulado: *la luz del flexo no me molesta porque la dirijo sobre el libro.*

flexor, -ra *adj.* Que produce un movimiento de flexión: *el esternocleidomastoideo es el músculo flexor de la cabeza.*

flipar *v. intr.* **1** *coloquial* Gustar mucho o entusiasmar: *el helado de chocolate flipa un montón.* **2** Tener visiones o sensaciones que no son reales y que se deben a los efectos de una droga: *¿flipas o qué? ¿no ves que no es él?* **SIN** alucinar. ◊ *v. prnl.* **3 fliparse** *coloquial* Drogarse.

flirt *n. m.* **1** Coqueteo o relación amorosa que se establece de forma pasajera y superficial: *tiene un flirt con una niña muy guapa porque le gusta presumir cuando va con ella.* **SIN** flirteo. ◊ *n. com.* **2** Persona con la que se coquetea o se establece esa relación amorosa: *es un antiguo flirt de mi amiga.*
DER flirtear.
OBS Es de origen inglés.

flirtear *v. intr.* Coquetear o establecer una relación amorosa de forma pasajera y superficial: *es un coqueto y un seductor, siempre está flirteando.*
DER flirteo.

flirteo *n. m.* Coqueteo o relación amorosa que se establece de forma pasajera y superficial: *tiene varios flirteos, pero ningún novio formal.* **SIN** flirt.

flojear *v. intr.* **1** Perder fuerza o resistencia progresivamente una persona: *después del esfuerzo realizado le flojearon las piernas y tuvo que sentarse.* **2** Realizar una actividad con pereza, descuido y lentitud: *no flojees ahora que te queda tan poco para acabar el curso.*

flojedad *n. f.* **1** Debilidad y falta de resistencia o de ánimo: *ha estado enfermo y tiene flojedad; el calor le hizo sentir una flojedad que le impedía hacer cualquier cosa.* **SIN** flojera. **2** Pereza, descuido o lentitud al realizar una acción: *te ha suspendido porque el examen reflejaba tu gran flojedad.*

flojera *n. f. coloquial* Flojedad.

flojo, -ja *adj.* **1** Que está mal atado, poco apretado o poco tirante: *el lazo estaba flojo y el perro se ha escapado.* **2** Que es muy débil, que tiene poca fuerza o resistencia: *este vino es muy flojo, apenas tiene sabor; he dormido mal y hoy me siento flojo.* ◊ *adj./n. m. y f.* **3** Que es perezoso, descuidado y lento en realizar una acción: *es muy flojo, así que tendrás que animarle y ayudarle para que estudie.*
DER flojear, flojedad, flojera; aflojar.

flor *n. f.* **1** Parte de una planta, generalmente de colores vistosos, donde se encuentran los órganos reproductores de las plantas: *el almendro echa unas flores muy bonitas que después se convertirán en el fruto.* **2** Expresión con que se alaba o se piropea a una persona: *es muy creído, no para de echarse flores por todo lo que hace. Se usa más en plural.* **3** Parte mejor o más importante de una cosa.   **flor de la canela** Lo mejor o más bonito: *este niño es la flor de la canela.*   **flor y nata** Lo mejor o más escogido de su género: *la flor y nata de la sociedad.*

a flor de piel Sensible y que se nota o se muestra con facilidad: *no le lleves la contraria, que tiene los nervios a flor de piel.*

en flor Lleno de flores: *en la primavera los campos están en flor.*

estar en la flor de la vida Estar en plena juventud: *aprovecha que estás en la flor de la vida.*

ir de flor en flor No parar o no detenerse, especialmente en el trato con otras personas: *este chico va de flor en flor sin tomarse en serio ninguna relación.*

ni flores *coloquial* Ni idea o en absoluto: *no tengo ni flores de dónde vive; ¿invitarte al cine? ¡Olvídate, ni flores!*

ser flor de un día Durar poco tiempo: *la fama de este cantante ha sido flor de un día.*
DER flora, floral, florear, florecer, florero, florescencia, floresta, florete, floricultura, floripondio, florista, floritura; aflorar, desflorar.

flora *n. f.* **1** Conjunto de las plantas de un territorio o de una época determinados: *la flora depende del clima y de la naturaleza del suelo.* **2** Conjunto de microorganismos que están adaptados a un medio determinado: *el yogur regenera la flora intestinal.*

floración *n. f.* **1** Aparición o nacimiento de las flores de una planta: *la floración de los almendros es muy vistosa.* **SIN** florecimiento. **2** Época en que se produce la aparición de las flores: *iremos de excursión durante la floración para que podáis ver el campo en su máximo esplendor.* **3** Tiempo que duran abiertas las flores de las plantas de una misma especie: *la floración de los rosales es muy duradera.*

floral *adj.* De la flor o que tiene relación con ella: *en mayo se hacen ofrendas florales a la Virgen.*

florear *v. tr.* Adornar con flores: *en la imprenta nos han floreado el papel.*
DER floración, florido.

florecer *v. intr./tr.* **1** Echar flores una planta: *ya está floreciendo el jazmín.* ◇ *v. intr.* **2** Prosperar o aumentar la importancia o la riqueza: *la carrera del escultor empezó a florecer después de ganar un importante premio.* **3** Existir y desarrollarse en un tiempo o lugar determinados una persona o un acontecimiento importantes: *el realismo floreció en el s. XIX.* ◇ *v. prnl.* **4 florecerse** Enmohecerse o criar moho: *el pan se ha florecido y está verde.*
DER floreciente, florecimiento.
OBS En su conjugación, la c se convierte en zc delante de a y o, como en *agradecer.*

floreciente *adj.* Que es favorable o que cada vez es más importante o rico: *tiene un negocio floreciente.* **SIN** próspero.

florecimiento *n. m.* **1** Aparición o nacimiento de las flores de una planta. **SIN** floración. **2** Prosperidad o aumento de la importancia, la grandeza o la riqueza: *el florecimiento de una ciudad; el florecimiento de las artes.*

florero *n. m.* Recipiente que sirve para poner flores: *ha colocado un florero de cerámica en la entrada.*

floresta *n. f.* Terreno frondoso poblado de árboles: *en la floresta que circunda mi pueblo hay una gran variedad de animales y plantas.*

florete *n. m.* Espada de hoja estrecha que lleva un botón en la punta para bloquear el filo cortante: *el florete se utiliza en la práctica y en la competición de esgrima.*

floricultor, -ra *n. m. y f.* Persona que se dedica a cultivar flores.

floricultura *n. f.* Cultivo de las flores.
DER floricultor.

florido, -da *adj.* **1** Que tiene flores: *rosal florido.* **2** [lenguaje, estilo] Que tiene muchos adornos: *este autor tiene un estilo muy florido y difícil de entender.*

florilegio *n. m.* Conjunto de fragmentos de textos literarios escogidos: *en la Edad Media abundaban los florilegios.*

florín *n. m.* **1** Unidad monetaria de los Países Bajos: *la moneda de Holanda es el florín.* **2** Nombre genérico de la unidad monetaria de distintos países: *el florín austríaco y el florín holandés tienen distinto valor.*

floripondio *n. m.* **1** Adorno exagerado y de mal gusto, especialmente el que está formado por una flor o un conjunto de flores grandes: *ha puesto unas cortinas con unos floripondios espantosos.* **2** Arbusto de flores blancas muy olorosas y hojas grandes alargadas: *el floripondio procede del Perú.*

florista *n. com.* Persona que se dedica a vender flores y plantas y a hacer adornos florales: *llevó el coche al florista para que lo adornara para la boda.*
DER floristería.

floristería *n. f.* Establecimiento en el que se venden flores y plantas de adorno: *fue a la floristería a comprar un cactus.*

floritura *n. f.* **1** Adorno complejo que resulta innecesario:

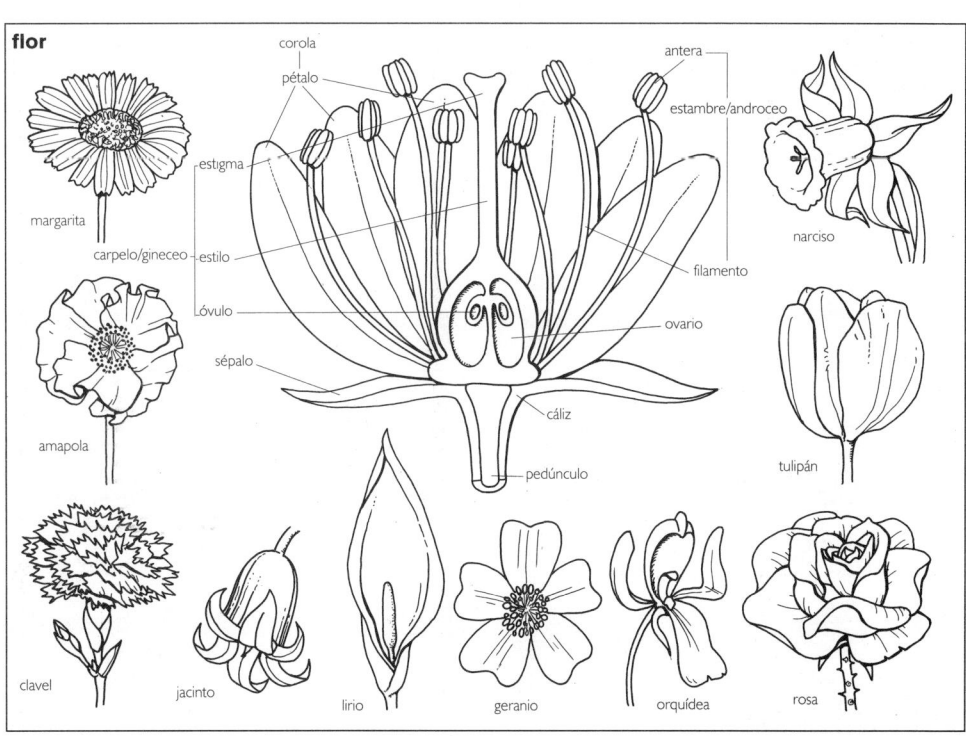

-floro se ha comprado un jersey cargado de florituras: tiene pasamanería, pieles y flecos. **2** MÚS. Adorno que se añade a la melodía en una obra musical: los compositores barrocos llenaban sus obras de florituras.

-floro, -flora Elemento sufijal que entra en la formación de palabras con el significado de 'flor': multifloro.

flota n. f. **1** Conjunto de barcos que pertenecen a una persona, un estado o una compañía de navegación: la compañía de su padre tiene una flota de barcos de recreo. **2** Conjunto de barcos o aviones que realizan juntos una acción determinada: la flota española partió para realizar una misión de paz; la flota pesquera que faena en el Mediterráneo va en aumento. **3** Conjunto de vehículos de una empresa: la empresa necesita ampliar la flota de autobuses.
DER flotar, flotilla.

flotación n. f. Mantenimiento de un cuerpo en equilibrio sobre la superficie de un líquido: la flotación del aceite en el agua se debe a su menor densidad.

flotador n. m. **1** Objeto que flota en el agua y se sujeta al cuerpo de una persona para evitar que ésta se hunda: el niño llevaba un flotador porque no sabía nadar; el bañista tuvo un calambre y el socorrista le lanzó un flotador. **2** Aparato que sirve para indicar la altura alcanzada por un líquido en un recipiente: el flotador del depósito está muy bajo, queda muy poca agua. **3** Objeto que flota en un líquido y que se usa con un fin determinado: cuando el flotador de la caña de pescar se hunda, significa que un pez ha picado el anzuelo; han colocado flotadores en el mar para señalar hasta dónde nos podemos bañar.

flotante adj. Que está sometido a variación o que no está fijo: población flotante; costillas flotantes.

flotar v. intr. **1** Mantenerse un cuerpo en equilibrio sobre la superficie de un líquido: en el mar flotaban trozos de madera. **2** Mantenerse un cuerpo suspendido en un medio gaseoso: el humo flotaba por encima de las chimeneas. **3** Notarse una sensación o un estado de ánimo en el ambiente: la preocupación flotaba en la sala del hospital.
DER flotación, flotador, flotante, flote; reflotar.

flote Palabra que se utiliza en la locución a flote, que significa 'flotando o en equilibrio sobre la superficie de un líquido': cada verano ponemos a flote nuestro velero.
sacar (o **salir**) **a flote** Salir de una situación difícil o de peligro: después de muchos problemas, consiguieron sacar a flote su pequeño negocio; superamos nuestra mala racha y salimos a flote.

flotilla n. f. MAR. Conjunto de barcos pequeños o ligeros destinados a un mismo fin: para la vigilancia de las costas se utiliza una flotilla de lanchas motoras.
OBS Es el diminutivo de flota.

fluctuación n. f. Aumento y disminución del valor de la moneda o de otra cosa de manera alternativa: la fluctuación del precio del petróleo ha repercutido en la bolsa.

fluctuar v. intr. Aumentar y disminuir el valor de la moneda o de alguna cosa de manera alternativa: fluctuar los precios.
SIN oscilar.
DER fluctuación.
OBS En su conjugación, la u se acentúa en algunos tiempos y personas, como en actuar.

fluidez n. f. **1** Facilidad o naturalidad en el uso del lenguaje: ha estado un año en París y habla francés con mucha fluidez. **2** Facilidad en la marcha o el desarrollo: la fluidez del tráfico se debe a que han puesto un carril adicional. **3** Propiedad característica de la sustancia que tiene sus moléculas muy separadas entre sí y toma fácilmente la forma del recipiente que la contiene: la fluidez del gas provoca su expansión inmediata por el medio en que se encuentra.

fluido, -da adj. **1** [lenguaje] Que es fácil de entender y natural: me gusta este autor porque tiene un estilo fluido y se lee con agilidad y rapidez. **2** Que marcha o se desarrolla con facilidad: hoy el tráfico está fluido, no hay atascos ni retenciones. ◇ adj./n. m. **3** [sustancia] Que tiene sus moléculas muy separadas entre sí y toma fácilmente la forma del recipiente que lo contiene: los líquidos y los gases son cuerpos fluidos; las moléculas de los fluidos no tienen cohesión. ◇ n. m. **4** Corriente eléctrica: ha habido un corte en el fluido a causa de una avería.
DER fluidez, fluidificar.

fluir v. intr. **1** Brotar un líquido o un gas de algún lugar o correr por él: la sangre fluía por la herida; el agua fluye del manantial. **2** Marchar algo sin dificultad, sin obstáculos: a pesar de haber una gran circulación, el tráfico fluía sin problemas. **3** Salir o brotar en gran abundancia las palabras o los pensamientos: le gusta tanto la literatura, que cuando habla de poesía las palabras fluyen de su boca.
DER fluido, flujo, flúor, fluxión; afluir, confluir, influir, refluir.
ETIM Fluir procede del latín fluere, que tenía el mismo significado, voz con la que también está relacionada superfluo.
OBS En su conjugación, la i se convierte en y delante de a, e y o, como en huir.

flujo n. m. **1** Brote de un líquido o de un gas al exterior o movimiento de estos por un lugar: el flujo del gas butano provocó un fuerte olor; le hicieron un torniquete porque la herida le causó un gran flujo de sangre. **2** Movimiento de subida de la marea causado por la atracción del Sol y de la Luna: tendremos que alejarnos de la orilla, porque a causa del flujo se están mojando las toallas. **ANT** reflujo. **3** Exceso en la cantidad o intensidad de una cosa: tiene un flujo de ideas impresionante: se le ocurre una detrás de otra. **4** Movimiento de personas o de cosas de un lugar a otro: se ha producido un importante flujo migratorio del campo a la ciudad.

flúor n. m. QUÍM. Elemento químico gaseoso de número atómico 9, de color amarillo verdoso y de olor fuerte: el símbolo del flúor es F.
DER fluorescencia, fluorita, fluorización.

fluorescente adj. **1** [sustancia] Que tiene la propiedad de emitir luz cuando recibe la acción de cierto tipo de radiaciones: los rayos ultravioletas hacen que los cuerpos fluorescentes produzcan luz. ◇ adj./n. m. **2** [tubo] Que es de cristal y contiene una sustancia que emite luz cuando recibe la acción de cierto tipo de radiaciones: han puesto en la cocina tubos fluorescentes porque dan más luz; los fluorescentes son más duraderos que las bombillas.

fluvial adj. De los ríos o que tiene relación con ellos: le encanta pasar el domingo entregado a la pesca fluvial.

fobia n. f. **1** Temor exagerado, irracional y obsesivo a determinadas personas o cosas: no vendrá al cine con nosotros porque le tiene fobia a las pantallas grandes. **2** Antipatía muy grande hacia una persona o a una cosa: desde que me gastaron esa broma tan pesada, tengo fobia a todos mis compañeros de trabajo y no soporto estar con ellos.

-fobia Elemento sufijal que entra en la formación de palabras con el significado de: a) 'Temor morboso': hidrofobia. b) 'Aversión', 'hostilidad': xenofobia. **ANT** -filia.

-fobo, -foba Elemento sufijal que entra en la formación de palabras con el significado de 'que siente aversión, horror o espanto a lo designado por el primer elemento al que se une': hidrófobo, xenófobo. **ANT** -filo, -fila.

foca n. f. **1** Mamífero carnívoro adaptado a la vida acuática que habita los mares fríos, mide hasta dos metros de longitud, tiene el cuerpo redondeado y las extremidades en forma de aleta: *las focas tienen el cuello muy corto.* Para indicar el sexo se usa *la foca macho* y *la foca hembra.* **2** *coloquial* Persona muy gruesa: *no comas tanto, que te vas a poner como una foca.* Tiene uso despectivo.

focalizar   *v. tr.*   Hacer ir a un punto común un haz de rayos de luz o de calor: *focalizaron el láser sobre la rodilla lesionada.*
OBS En su conjugación, la *z* se convierte en *c* delante de *e*.

foco   *n. m.*   **1** Punto donde se encuentran y juntan los rayos de luz o el calor que refleja un espejo curvo o una lente: *la hoja de papel ardió al colocarla en el foco de la lupa.* **2** Lámpara, generalmente dirigible, que emite una luz muy intensa: *cuando entró en el estadio, los focos deslumbraron al atleta.* **3** Punto o lugar donde se produce una cosa y desde donde se va extendiendo: *el médico localizó en el hígado el foco de la infección; el ateneo es un foco de cultura para la ciudad.*
DER focal; enfocar.
ETIM Véase *fuego.*

fofo, -fa   *adj.*   Que está blando y tiene poca consistencia: *dejó de practicar la halterofilia y se le han quedado los brazos fofos.*

fogarada   *n. f.*   Llama grande que se produce con intensidad: *ten cuidado con la fogarada que ha producido esa hoguera, porque puede incendiar el bosque.* **SIN** llamarada.
ETIM Véase *fuego.*

fogata   *n. f.*   Fuego de gran tamaño con llamas altas que se hace al aire libre: *estaban quemando rastrojos en una fogata.*
SIN hoguera.
ETIM Véase *fuego.*

fogón   *n. m.*   **1** Lugar de la cocina donde se hace el fuego y se cocina: *no dejes entrar al niño en la cocina, que hay una sartén caliente en el fogón.* **SIN** fuego. **2** Lugar de una máquina de vapor o de unos hornos donde se quema el combustible: *mi abuelo trabajaba en las calderas de un tren, echando el combustible en el fogón.*
DER fogonazo, fogonero.
ETIM Véase *fuego.*

fogonazo   *n. m.*   **1** Llama o fuego instantáneo que produce una explosión, generalmente un disparo: *al amanecer en el coto, brillaban los continuos fogonazos de las escopetas de los cazadores.* **2** Luz intensa e instantánea: *el fogonazo de la linterna en los ojos me despertó.*

fogonero, -ra   *n. m. y f.*   Persona que se dedica a echar el combustible y cuidar un fogón, especialmente en las máquinas de vapor.

fogosidad   *n. f.*   Apasionamiento y ardor que caracteriza y guía el pensamiento y las acciones de una persona: *su fogosidad le impulsa a escribirle a su novia varias cartas al día.*

fogoso, -sa   *adj.*   **1** Que tiene o muestra apasionamiento y ardor: *el abogado convenció a todos con su fogosa defensa de la justicia;* es tan *fogoso que se levantó entusiasmado de su asiento y comenzó a aplaudir fuertemente a la soprano.* **2** [animal] Que muestra gran energía e intensidad en su comportamiento: *hay que saber montarlo, porque es un caballo muy fogoso.*
ETIM Véase *fuego.*

foguear   *v. tr./prnl.*   Acostumbrar a alguien a realizar una actividad, o prepararlo para afrontar esfuerzos o responsabilidades mayores que las que tiene: *pese a su juventud, es un buen abogado, porque se fogueó durante la carrera estudiando algunos casos reales con su padre y viéndolo trabajar.*
DER fogueo.

ETIM Véase *fuego.*

fogueo   *n. m.*   Costumbre que va adquiriendo una persona a realizar una actividad, o preparación para afrontar esfuerzos y responsabilidades mayores: *pasado el período de fogueo con el director, ya puedes ejercer la subdirección de la empresa.*
de fogueo Indica que una munición no tiene bala o que un disparo se realiza con munición sin bala: *durante la primera sesión de entrenamiento, por precaución, los reclutas dispararán con munición de fogueo.*

foie-gras   *n. m.*   Pasta alimenticia que se prepara con el hígado de algunos animales: *el foie-gras se elabora con hígado de ganso, de oca o de cerdo.*
OBS Es de origen francés y se pronuncia aproximadamente 'fuagrás'.

folclore o **folclor**   *n. m.*   Conjunto de costumbres, creencias y elementos culturales de un pueblo: *los ritos religiosos son una parte fundamental del folclor de un país.*
OBS La Real Academia Española prefiere *folclor,* pero se usa más *folclore.*

folclórico, -ca   *adj.*   **1** Del folclor o que tiene relación con las costumbres de un pueblo: *la tradición folclórica española es muy rica.* ◇ *n. m. y f.* **2** Persona que canta y baila piezas musicales del flamenco: *la folclórica apareció en el escenario.*

foliación   *n. f.*   **1** BOT. Modo de estar colocadas las hojas en una planta: *la foliación del laurel es alterna sobre el tallo.* **2** BOT. Aparición y desarrollo de las hojas de una planta: *en primavera se produce la foliación de los árboles de hoja caduca.* **3** Numeración ordenada de las páginas de un escrito o impreso: *al añadir páginas en la nueva edición hay que rehacer la foliación del libro.*

foliar   *v. tr.*   Numerar ordenadamente las páginas de un escrito o impreso: *antes de encuadernar los pliegos del libro hay que foliar las páginas.*
DER foliación, foliado; exfoliar.
OBS En su conjugación, la *i* no se acentúa, como en *cambiar.*

folículo   *n. m.*   **1** BOT. Fruto sencillo y seco que se abre por una sutura o línea central y contiene muchas semillas. **2** ANAT. Glándula en forma de saco pequeño situado en la piel o en las mucosas que segrega alguna sustancia: *el acné se produce por la inflamación de los folículos de la piel.* ☞ piel.

folio   *n. m.*   **1** Hoja de papel que resulta de cortar por la mitad un pliego, y cuyo tamaño equivale a dos cuartillas: *un folio mide 21 cm de ancho y 29,7 de largo.* **2** Hoja de papel de un escrito o impreso: *cada folio de este cuaderno tiene dos caras, y a cada una le corresponde una página distinta.*
ETIM Véase *hoja.*

folk   *n. m.*   **1** Tipo de música perteneciente al folclore de un pueblo o inspirado en él: *las letras de la música folk están basadas en refranes y leyendas populares.* **2** Tipo de música pop originaria de Estados Unidos que se caracteriza por el contenido social de sus letras y la sencillez de su composición: *Joan Baez fue una estrella del folk.*
OBS Es una palabra de origen inglés.

folklore   *n. m.*   Es una palabra de origen inglés que se ha adaptado al español con la forma 'folclor' o 'folclore'.

follaje   *n. m.*   **1** Conjunto de hojas y ramas de un árbol o de una planta: *el abeto tiene un follaje perenne.* **SIN** fronda. **2** Conjunto de palabras que no aportan contenido alguno en un discurso hablado o escrito: *la mitad de las páginas de este libro es mero follaje.*
ETIM Véase *hoja.*

follar   *v. intr./tr.*   *malsonante* Copular, realizar el acto sexual.
SIN joder.

folletín   *n. m.*   **1** Escrito literario que se publica por partes en

folletinesco

un periódico o revista periódica y que constituye una novela o cuento por entregas: *Balzac obtuvo una gran popularidad con los numerosos folletines que escribió.* **2** Obra literaria o cinematográfica que busca conmover al público mediante una historia sentimental, complicada y, generalmente, poco creíble: *esa obra de teatro es un verdadero folletín: sólo tiene enredos y amoríos disparatados.* **3** Hecho o situación real poco común, con unas características similares a este tipo de obras: *su vida era un folletín, porque cada uno estaba enamorado de la mujer de su hermano y ninguno se atrevía a confesarlo.*
DER folletinesco.

folletinesco, -ca *adj.* **1** Del folletín como novela por entregas o relacionado con él: *Galdós consagró el género folletinesco en España.* **2** [obra literaria, película] Que busca conmover al público mediante una historia sentimental complicada y generalmente poco creíble: *el argumento folletinesco de esta película me aburre.*

folleto *n. m.* **1** Escrito impreso, no periódico y de corta extensión, que sirve para explicar brevemente algo: *el programa del concierto figura en el folleto que dan al entrar en la sala; cogí un folleto con las reseñas de cada obra de la exposición.* **2** Escrito que informa sobre un producto o da a conocer un servicio para conseguir compradores o clientes: *en el buzón nos han dejado un folleto de propaganda sobre un nuevo modelo de coche.* **3** Escrito que explica las características y el modo de empleo de un determinado aparato o servicio: *aunque he leído cien veces el folleto de instrucciones, no consigo poner en marcha la lavadora.*
DER folletín.
ETIM Véase hoja.

follón *n. m.* **1** Situación o suceso en que hay confusión y gran alboroto: *los aficionados de ambos equipos se enfrentaron a la entrada del estadio produciendo un gran follón.* **2** Asunto o situación difícil de aclarar, entender o resolver: *saber a quién hay que dirigirse en esa empresa es un follón.* **SIN** lío. **3** Conjunto de cosas desordenadas y revueltas: *en esta habitación hay tanto follón que no encuentro nada.* **4** Desorden muy grande: *tengo un auténtico follón en los apuntes de clase.*

follonero, -ra *adj./n. m. y f.* [persona]. Que organiza follones o participa en ellos: *no te juntes con ése, que es un follonero.*

fomentar *v. tr.* Hacer que se desarrolle una cosa, generalmente una actividad, o impulsarla y aumentar su intensidad: *preparan una campaña para fomentar el turismo; este libro fomentará tu interés por la botánica.*

fomento *n. m.* Impulso que recibe una actividad para desarrollarla o aumentar su intensidad: *presentaron un proyecto para el fomento de la industria textil en esta zona.*
DER fomentar.

fonación *n. f.* Proceso mediante el cual se emite la voz y se articulan o pronuncian las palabras: *acude a un logopeda porque tiene problemas de fonación.*

fonador, -ra *adj.* [órgano] Que interviene en la fonación o emisión de la voz: *las cuerdas vocales y la lengua son órganos fonadores.*

fonda *n. f.* Establecimiento de categoría inferior al hostal, que ofrece alojamiento y sirve comidas a cambio de dinero: *ésta es una fonda muy económica para estudiantes.*

fondeadero *n. m.* Lugar que tiene la profundidad necesaria para que pueda fondear en él una embarcación: *los fondeaderos están situados en los puertos, en las costas y en las rías.*

fondear *v. tr./intr.* **1** MAR. Hacer que una embarcación se quede quieta y sujeta por medio de anclas o de pesos: *el trasatlántico fondeó en la dársena; han fondeado la lancha en este puerto.* ◇ *v. tr.* **2** Registrar toda la carga de una embarcación, especialmente para comprobar si lleva productos de contrabando: *tardaron varias horas en fondear el buque, pero no encontraron nada.* **3** MAR. Examinar el fondo del agua: *los buzos de la policía fondearon el puerto en busca del arma del crimen.*
DER fondeadero.

fondillos *n. m. pl.* Parte trasera de los pantalones, de los calzoncillos o de los calzones: *este niño juega siempre en el suelo y rompe los fondillos de todos sus pantalones.*

fondista *n. com.* Atleta que participa en carreras de 5 000 o 10 000 metros o en la maratón.

fondo *n. m.* **1** Parte interior e inferior de una cosa hueca, especialmente si la parte superior está abierta: *encontraron el cubo en el fondo del pozo.* **2** Parte opuesta a la entrada de un lugar o al lugar desde el que se habla: *pasa a mi habitación y verás la cama nueva al fondo; al fondo se veía gente caminando.* **3** Profundidad de una cosa hueca: *mi bolso tiene tanto fondo que nunca encuentro lo que busco.* **4** Superficie sólida que está por debajo del agua del mar, de un río o de un lago: *el fondo del río está lleno de piedras.* **5** Parte principal o elemento clave de un asunto: *el fondo de su problema escolar es que no sabe estudiar.* **6** Carácter o modo de ser de una persona: *no se enfadará porque tiene buen fondo.* **7** Superficie de color de un cuadro o pintura, sobre la que se representan dibujos o figuras: *en el tenebrismo destacan los fondos oscuros.* **8** Cantidad de dinero, especialmente si es para destinarlo a un fin determinado: *tengo un fondo reservado para comprar los regalos de Navidad.* **9** Conjunto de libros, documentos u obras artísticas que posee una institución o entidad: *el fondo bibliográfico de esta editorial es amplio y variado.* **10** Capacidad que tiene un deportista para resistir un prolongado esfuerzo físico: *mediante el entrenamiento diario, ha adquirido un gran fondo.*
a fondo Indica que una acción se hace con profundidad, de manera exhaustiva o con todo detalle: *tiene que abordar a fondo el problema para poder solucionarlo.*
bajos fondos Barrios o sectores de una ciudad donde hay muchos delincuentes: *me da miedo pasear de noche por los bajos fondos.*
de fondo Prueba deportiva que consiste en recorrer una larga distancia y que está basada en la resistencia física del atleta: *los diez mil metros es una prueba olímpica de fondo.*
en el fondo Indica lo que por encima de las apariencias es esencial en un asunto: *en el fondo no quiere admitir que está aburrido; en el fondo me cae bien.*
tocar fondo Llegar al límite de una mala situación: *he tocado fondo: ya no me queda ni un duro en el bolsillo.*
DER fondear, fondillos, fondista, fondón; desfondar, trasfondo.
ETIM Véase hondo.
OBS Se usa también en plural: *pagar con un cheque sin fondos es un delito.*

fondón, -dona *adj.* coloquial [persona] Que ha perdido agilidad y prestancia por haber engordado: *quiero adelgazar para que no me digan que estoy fondón.*

fondue *n. f.* **1** Comida que se prepara en el mismo momento de comerla en un hornillo especial, que consiste en untar trozos de pan en queso fundido o friendo pequeños trozos de carne: *la fondue de carne suele tomarse con salsas picantes.* **2** Hornillo especial para elaborar esta comida.

OBS Es de origen francés y se pronuncia aproximadamente 'fondí'.

fonema *n. m.* Unidad fonológica mínima que puede oponerse a otra para diferenciar significados, como en *bata* y *lata*.
DER epifonema.

fonendoscopio *n. m.* Instrumento médico que sirve para oír los sonidos de un organismo y que está formado por dos tubos, con un auricular en cada extremo, que se unen en otro tubo terminado en una placa metálica: *el médico se colocó los auriculares del fonendoscopio en los oídos para auscultar al paciente*.

fonética *n. f.* **1** Disciplina lingüística que estudia los sonidos del lenguaje humano desde el punto de vista de la articulación y de la percepción: *la fonética está relacionada con la física*. **2** Conjunto de sonidos del lenguaje humano que se articulan o pronuncian en una lengua determinada: *la fonética del francés me resulta complicada*.
DER fonético.

fonético, -ca *adj.* **1** De los sonidos del lenguaje humano o que tiene relación con ellos: *hizo la transcripción fonética del texto*. **2** [alfabeto] Que representa los sonidos que, combinados, forman las palabras de una lengua: *hemos estudiado los símbolos del alfabeto fonético*.

fonio *n. m.* FÍS. Unidad acústica para medir la diferencia entre las sensaciones sonoras producidas por dos intensidades distintas: *el fonio es una unidad no dimensional*.

fono-, -fono, -fona Elemento prefijal y sufijal que entra en la formación de palabras con el significado de 'sonido', 'voz': *fonología, audífono*.

fonográfico, -ca *adj.* Del fonógrafo o relacionado con la grabación mecánica de sonidos: *con los avances técnicos, los sistemas fonográficos se han perfeccionado mucho*.

fonógrafo *n. m.* Aparato que graba y reproduce los sonidos mediante un procedimiento mecánico que recoge las distintas vibraciones.

fonología *n. f.* Disciplina lingüística que estudia los fonemas o descripciones teóricas de los sonidos de vocales y consonantes que forman una lengua: *el nacimiento de la fonología como disciplina diferente a la fonética se debe a la distinción que Soussure hizo entre lengua y habla*.
DER fonológico, fonólogo.

fonológico, -ca *adj.* De la fonología o que tiene relación con ella: *el sistema fonológico de una lengua es el conjunto de fonemas que la forman*.

fonólogo, -ga *n. m. y f.* Persona que se dedica a la fonología.

fonoteca *n. f.* **1** Lugar donde se guardan documentos sonoros para conservarlos y consultarlos: *en la fonoteca de la Diputación hay una cinta que tiene grabada una interpretación de García Lorca al piano*. **2** Conjunto o colección numerosa de estos documentos sonoros: *en la fonoteca de la emisora de radio tienen la grabación de esta entrevista*.

fontana *n. f.* **1** *culto* Corriente de agua que brota de la tierra: *en el interior de la cueva se oía el murmullo de la fontana*.
SIN fuente, manantial, venero. **2** *culto* Lugar donde brota esta corriente de agua: *el caballero detuvo su caballo en la fontana*. **SIN** alfaguara, fuente, manantial, venero. **3** *culto* Construcción en un lugar público con uno o más grifos por donde sale agua: *bebió y se lavó en la fontana de las afueras del pueblo*. **SIN** fuente. **4** *culto* Construcción artística con uno o varios caños por los que sale agua: *tenemos varias fotos junto a la fontana de la plaza de España*. **SIN** fuente.
ETIM Véase *fuente*.

fontanería *n. f.* **1** Técnica y oficio de colocar, conservar y arreglar los tubos e instalaciones que regulan, conducen y reparten el agua: *se dedica a la fontanería*. **2** Conjunto de tubos e instalaciones que regulan, conducen y reparten el agua en un edificio: *no quiere comprar un piso antiguo porque teme que tenga la fontanería en mal estado*. **3** Establecimiento en el que se venden estos aparatos: *compré los sanitarios del baño en esta fontanería*.
DER fontanero.

fontanero, -ra *n. m. y f.* Persona que se dedica a poner o a reparar los tubos e instalaciones que conducen, reparten y regulan el agua: *el fontanero ha cambiado la goma del grifo para que no gotee*.

footing *n. m.* Ejercicio físico que consiste en correr una distancia larga a un ritmo moderado y continuo: *cada mañana hace footing por el parque*.
ETIM *Footing* es una palabra de creación francesa a partir del inglés *foot* que significa 'pie'.
OBS Se pronuncia aproximadamente 'futin'.

foque *n. m.* MAR. Vela triangular de una embarcación, especialmente la principal que se apoya sobre el palo horizontal de la proa. ☞ velero.

forajido, -da *adj./n. m. y f.* [persona] Que comete delitos y vive huyendo continuamente de la justicia: *en las películas de vaqueros, los forajidos que son capturados mueren en la horca*.

foral *adj.* **1** Del fuero o que tiene relación con el conjunto de leyes o normas de una comunidad, territorio o estado. **2** [comunidad, territorio] Que tiene fueros propios: *Comunidad Foral de Navarra*.

foráneo, -nea *adj.* Que es propio de otro lugar: *aunque es español, tiene la costumbre foránea de cenar muy temprano*.
ETIM Véase *fuera*.

forastero, -ra *adj./n. m. y f.* [persona] Que ha venido o es de otro lugar: *los forasteros se sorprendían de las costumbres de aquel pueblo*.
ETIM Véase *fuera*.

forcejear *v. intr.* **1** Luchar o hacer esfuerzos para vencer la resistencia de una persona o de una cosa: *los deportistas de lucha libre forcejeaban en la pista; forcejeó con la cerradura y al final pudo abrir la puerta*. **2** Discutir con una persona u oponerse con fuerza a lo que dice para conseguir algo: *forcejearon durante varias horas acerca de quién debía trabajar al día siguiente*.
DER forcejeo.
ETIM Véase *fuerza*.

forcejeo *n. m.* **1** Lucha o esfuerzo para vencer la resistencia de una persona o de una cosa: *la policía, después de un intenso forcejeo, consiguió detener al delincuente*. **2** Discusión que se tiene con una persona para conseguir algo: *he tenido que forcejear con mi jefe para que me aumentaran el salario*.

fórceps *n. m.* **1** MED. Instrumento en forma de pinza que se utiliza para ayudar a salir a los bebés en determinados partos difíciles: *tuvieron que sacarlo con fórceps, pero el niño se encuentra perfectamente*. **2** Instrumento en forma de tenaza que se usa para extraer piezas dentales de la boca: *cuando la anestesia hizo su efecto, el odontólogo tomó el fórceps y le sacó la muela del juicio*.
OBS El plural también es *fórceps*.

forense *adj.* **1** De los tribunales de justicia o relacionado con ellos: *realizó las pruebas de balística en un laboratorio forense*. ◊ *adj./n. com.* **2** [médico] Que está encargado por

forestal

un juez de señalar el origen de las lesiones sufridas por un herido, o, especialmente, de determinar las causas que han provocado la muerte de una persona: *una vez finalizada la autopsia que está practicando el forense, se conocerá el motivo de la muerte de la víctima*.

forestal *adj.* De los bosques o que tiene relación con ellos: *no tires el cigarro encendido junto a los árboles o provocarás un incendio forestal*.

forja *n. f.* **1** Trabajo de un metal, por medio de golpes o por presión, para darle una forma definida: *Antonio Gaudí fue un artista de la forja*. **2** Taller donde se realiza este trabajo. **3** Creación o formación de una cosa, generalmente de algo no material: *la forja de un buen futuro exige estudio y trabajo*. **4** Mezcla de cal, arena y agua que se usa en la construcción: *cuando esté lista la forja empezaremos a levantar el muro*.
SIN argamasa, mortero.
DER forjar.

forjar *v. tr.* **1** Trabajar un metal y darle una forma definida cuando está caliente por medio de golpes o por presión: *el escultor forjó el bronce para hacer la estatua*. ◇ *v. tr./prnl.* **2** Crear o formar una cosa, generalmente no material, para el beneficio propio: *después de varios años, hemos forjado una gran amistad; forjarse un porvenir*. **3** Imaginar o inventar algo: *los habitantes de este pueblo han forjado una leyenda sobre sus antepasados; forjarse ilusiones*.

forma *n. f.* **1** Figura o conjunto de líneas y superficies que determinan el aspecto exterior de una cosa: *la forma de un folio es rectangular; este cojín tiene forma de media luna*. **2** Modo de ser, actuar o hacer una cosa: *tiene una forma de trabajar muy distinta a la mía; su forma de mirar es muy dulce; no ha habido forma de llegar a un acuerdo*. **SIN** manera. **3** Modo de aparecer o manifestarse una cosa: *hay distintas formas de energía*. **4** Modo de actuar y comportarse con las demás personas y en público, especialmente según ciertas reglas sociales: *comer haciendo ruido no es una forma educada de comportarse; descuidó las formas y comenzó a gritarle a todo el mundo*. Se usa frecuentemente en plural. **5** Modo de expresar el pensamiento o las ideas, especialmente en la escritura: *el contenido de esta obra desmerece de su forma*. **6** Pieza plana, redonda y muy fina de pan, consagrada por un sacerdote, que se toma en la misa durante el sacramento de la comunión: *el sacerdote levantó la forma y oró*. **SIN** hostia. También se dice *forma sagrada* o *sagrada forma*. **7** GRAM. Aspecto que presenta una palabra o unidad lingüística con una determinada información gramatical: *forma del plural; forma del masculino; forma del pretérito perfecto*.

de forma que Enlace gramatical entre dos oraciones que indica que lo que se dice en la segunda oración es un efecto, consecuencia o resultado de lo que se ha dicho en la primera: *conocían la manera de puntuar los exámenes, de forma que no pueden quejarse por los suspensos*.

de todas formas Indica que una cosa que se ha dicho antes o que se sabe, no impide lo que se dice a continuación: *está muy ocupado estos días, pero de todas formas vendrá*.

en forma Indica que una persona se encuentra en buenas condiciones físicas o mentales para hacer algo: *pese a su avanzada edad, está en forma y da un largo paseo cada tarde*.
DER formal, formar, formato, formón, fórmula.
ETIM *Forma* procede del latín *forma*, que tenía el mismo significado, voz con la que también está relacionada *horma*.

formación *n. f.* **1** Manera de estar configurado o dispuesto el aspecto exterior de algo: *la formación del terreno es abrupta*. **2** Creación o constitución de una cosa que no existía antes: *la formación de un glaciar; la formación de un partido político*. **3** Educación y conjunto de conocimientos de una persona: *tiene una formación lingüística y literaria muy sólida, por lo que llegará a ser un gran filólogo*. **4** Colocación de personas en fila: *los soldados desfilaban en formación ante el presidente del país*. **5** Grupo organizado de personas, especialmente de soldados dispuestos en fila: *el coronel ordenó que se creara una formación para vigilar el terreno; estaba en un partido político, pero ahora milita en otra formación*. **6** GEOL. Conjunto de rocas o minerales que se han depositado en un lugar durante el mismo período geológico.

formal *adj.* **1** [persona] Que tiene un comportamiento correcto y educado: *tengo unos alumnos muy formales que no alborotan en clase*. **2** [persona] Que cumple con sus obligaciones y compromisos: *llega siempre tarde a las citas porque es un tipo muy poco formal*. **ANT** informal. **3** Que cumple con las condiciones necesarias o con los requisitos establecidos para llevarla a cabo: *he presentado una protesta formal, rellenando el impreso correspondiente*. **4** Del aspecto exterior de una cosa o que tiene relación con él: *primero hizo el diseño formal del aparato y luego el diseño del mecanismo interior*. **5** Del modo de expresar el pensamiento o que tiene relación con él: *en un comentario de texto hay que hacer un análisis formal y del contenido*.
DER formalidad, formalismo, formalizar, formalote; informal.

formalidad *n. f.* **1** Condición necesaria o requisito establecido para que se haga o se cumpla una cosa: *no me han concedido la beca porque no cumplí la formalidad de solicitarla en el plazo fijado*. **2** Corrección y educación en el comportamiento de una persona: *en la entrevista de trabajo procura guardar la formalidad*. **3** Seriedad y responsabilidad de una persona en el cumplimiento de sus obligaciones y compromisos: *en esta empresa valoran mucho la formalidad de sus empleados*. **ANT** informalidad.

formalización *n. f.* **1** Hecho que da o aumenta seriedad y estabilidad a una cosa, especialmente a una relación entre personas: *la formalización de su noviazgo es síntoma de que quieren casarse pronto*. **2** Hecho de dar carácter legal a una cosa que reúne las condiciones necesarias o los requisitos establecidos: *la formalización del contrato se hace ante un notario*.

formalizar *v. tr.* **1** Dar o aumentar la seriedad y estabilidad de una cosa, especialmente en una relación entre personas: *formalizar un noviazgo*. **2** Hacer que una cosa cumpla las condiciones necesarias o los requisitos legales establecidos para llevarla a cabo: *no ejercerá el cargo hasta que no formalicen su nombramiento mediante la firma del presidente*.
DER formalización.

formar *v. tr.* **1** Hacer una cosa, dándole su forma o aspecto exterior: *con tres sábanas y un palo formó una bandera*. ◇ *v. tr./prnl.* **2** Crear o constituir una cosa que antes no existía: *hemos formado un estupendo grupo de amigos; se formó una borrasca en pocos minutos*. **3** Enseñar o dar una educación a alguien: *lo han formado desde niño para ser un buen abogado; se formó en los maristas*. ◇ *v. intr.* **4** Colocarse en filas o en determinado orden una o varias personas: *después del recreo, los alumnos formaron ante el profesor*.
DER formación, formativo; conformar, deformar, informar, reformar, transformar, uniformar.

formatear *v. tr.* INFORM. Preparar un disquete dándole una estructura que el ordenador pueda utilizar: *antes de grabar en el disquete nuevo el documento, formatéalo*.
DER formateo.

formateo *n. m.* INFORM. Operación que consiste en preparar un disquete dándole una estructura que el ordenador pueda utilizar: *si haces un nuevo formateo del disco, borrarás todos los archivos y documentos que contiene.*

formativo, -va *adj.* Que forma o sirve para enseñar: *estas conferencias tienen un interés formativo para el alumno.*

formato *n. m.* Forma y tamaño de una cosa, especialmente de un libro o publicación semejante: *han cambiado el formato de la revista y ahora es más manejable; amplió la foto a formato 15 por 18.*
DER formatear.

-forme Elemento sufijal que entra en la formación de adjetivos con el significado de 'forma': *multiforme.*

formica *n. f.* Tipo de laminado plástico y brillante con que se forran algunas maderas, especialmente el conglomerado de madera: *la formica es una resina artificial.*
OBS Es una marca registrada ◇ Es incorrecto pronunciar y escribir *fórmica.*

formidable *adj.* **1** Que destaca entre otros de su misma especie por su calidad o capacidad: *es un jugador formidable, capaz de marcar dos goles en cada partido; su formidable biblioteca contiene libros incunables.* **SIN** extraordinario, fenomenal. **2** [cosa] Que destaca y asombra por su gran tamaño: *se ha comprado una casa de cuatro plantas formidable.*

formol *n. m.* QUÍM. Solución líquida de fuerte olor y con propiedades desinfectantes, que se usa para conservar seres orgánicos muertos y evitar su descomposición: *metió la avispa en un tarro con formol para llevarla a la clase de ciencias naturales.*

formón *n. m.* Herramienta que sirve para cortar o trabajar la madera, y que tiene el corte más ancho y menos grueso que el escoplo: *si quieres que te arregle los cajones de esta mesa, necesito un formón.* ☞ herramientas.

fórmula *n. f.* **1** Escrito en el que se describe la composición de un producto y el modo de prepararlo: *lee la fórmula de esta pastilla.* **2** Modo o forma establecida para hacer o expresar una cosa: *leyó la fórmula de juramento para tomar posesión de su cargo.* **3** Modo o método que se propone para resolver un problema o conseguir una cosa: *creo que el ahorro es la única fórmula que tenemos para comprarnos algún día una casa.* **4** Expresión simbólica y general de una ley física o matemática: *con la fórmula b x h hallarás el área de cualquier rectángulo.* **5** QUÍM. Expresión simbólica de la composición química de un cuerpo o sustancia: *la fórmula del cloruro de sodio es ClNa.* **6** Categoría en que se dividen las competiciones de automovilismo según la potencia del motor y el peso del vehículo: *Fittipaldi fue campeón del mundo de coches de fórmula 1.*
DER formular, formulario, formulismo.

formulación *n. f.* **1** Expresión de una ley física, un principio matemático o una composición química mediante una fórmula. **2** Expresión de una cosa con palabras o por escrito, generalmente con claridad y exactitud: *esta formulación de su hipótesis es muy exacta, pero tiene que demostrarla.*

formular *v. tr.* **1** Expresar una ley física, un principio matemático o una composición química mediante una fórmula o combinación de números, letras y signos: *el profesor nos pidió que formuláramos la composición del anhídrido carbónico.* **2** Expresar una cosa con palabras o por escrito, generalmente con claridad y exactitud: *me formuló claramente su intención de dejar este trabajo.*
DER formulación.

formulario, -ria *adj.* **1** De la fórmula o que está relacionado con el modo establecido de hacer o expresar algo: *el lenguaje jurídico es muy formulario.* ◇ *n. m.* **2** Escrito impreso con espacios en blanco para que una persona anote los datos o responda las cuestiones que se solicitan: *tienes que rellenar el formulario y entregarlo en secretaría.* **3** Libro que contiene un conjunto de fórmulas: *busca en el formulario de física el principio de la relatividad.*

formulismo *n. m.* **1** Tendencia excesiva de una persona a usar las fórmulas o modos establecidos para hacer o expresar algo: *abusó del formulismo y resultó pedante.* **2** Conjunto de fórmulas o modos establecidos para hacer o expresar algo: *dejémonos de formulismos y centrémonos en la cuestión que nos ha reunido aquí.*

fornicar *v. intr.* Realizar el acto sexual, especialmente fuera del matrimonio.
OBS En su conjugación, la *c* se convierte en *qu* delante de *e*.

fornido, -da *adj.* [persona, parte del cuerpo] Que es fuerte o de gran corpulencia: *era un boxeador bajito, pero muy fornido; tiene una fornida espalda.*

foro *n. m.* **1** Plaza central en las ciudades de la antigua Roma donde estaban los principales edificios públicos y se celebraban las reuniones políticas y los juicios: *visitamos el foro de la antigua Tarraco.* **2** Reunión de personas para tratar un asunto ante un público que también puede expresar su opinión: *participará en el foro sobre desarme nuclear.* **3** Fondo del escenario de un teatro, que está más alejado de los espectadores: *el actor salió por el foro y volvió a entrar al escenario por la parte lateral.*
DER foral, forense; aforar.
ETIM Véase *fuero.*

-foro, -fora Elemento sufijal que entra en la formación de palabras con el significado de 'que lleva': *electróforo, semáforo.*

forofo, -fa *n. m. y f.* **1** Persona a la que le gusta mucho o practica con pasión una actividad determinada, especialmente un deporte: *juega al tenis cada día porque es un forofo de este deporte; es una forofa de los libros: lee varios cada semana.* **2** Persona aficionada a un deporte que anima con pasión y entusiasmo a su equipo o deportista favorito: *los forofos no dejaron de animar a su equipo durante todo el partido.* **SIN** hincha.

forraje *n. m.* Hierba que se da al ganado para alimentarlo: *en el granero hay forraje para las vacas.* **SIN** pasto.
DER forrajero.

forrajero, -ra *adj.* [planta] Que sirve como alimento para el ganado: *la alfalfa es la principal planta forrajera.*

forrar *v. tr.* **1** Cubrir un objeto por su parte exterior para protegerlo y conservarlo en buen estado: *forra todos los libros con papel; forró el sillón en piel sintética.* **2** Poner una pieza de tela en la superficie interior de una prenda de vestir: *he forrado el vestido para que no se transparente.* ◇ *v. prnl.* **3 forrarse** *coloquial* Ganar gran cantidad de dinero: *me he forrado con la venta de uno de los pisos que heredé.*

forro *n. m.* **1** Pieza con que se cubre un objeto para protegerlo y conservarlo en buen estado: *menos mal que la mancha de aceite no ha traspasado el forro del sofá.* **2** Pieza de tela que se cose en la superficie interior de una prenda de vestir: *se está descosiendo el forro de mi abrigo.*

ni por el forro *coloquial a)* Indica desconocimiento total o absoluto de una cosa: *por lo que ha dicho, no ha leído ni por el forro los apuntes de clase. b)* Se usa para negar de manera tajante una cosa: *ni por el forro tengo intención de acudir a su casa esta noche.*
DER forrar.

fortachón, -chona *adj. coloquial* [persona] Que tiene mucha fuerza física y corpulencia: *desde que levanta pesas, se ha convertido en un tipo fortachón.*
ETIM Véase *fuerte.*

fortalecer *v. tr./prnl.* **1** Hacer más fuerte a una persona o aumentar el vigor de su musculatura: *con este ejercicio fortaleces el bíceps; el médico le recetó vitaminas para fortalecerse.* **2** Hacer más intensa una relación o sentimiento entre dos personas o grupos: *el comercio fortalece la relación entre los países vecinos.*
DER fortalecimiento.
OBS En su conjugación, la c se convierte en zc delante de *a* y *o*, como en *agradecer*.

fortalecimiento *n. m.* **1** Aumento de la fuerza de una persona o del vigor de su musculatura: *para recuperarse de una lesión hay que trabajar el fortalecimiento del músculo dañado.* **2** Aumento de la intensidad de una relación o sentimiento entre dos personas o grupos: *los hijos contribuyeron al fortalecimiento de su amor.*

fortaleza *n. f.* **1** Fuerza física o moral de una persona para afrontar situaciones difíciles: *superó la enfermedad de su hija con gran fortaleza; para escalar este pico tan alto hay que tener mucha fortaleza física.* **ANT** debilidad. **2** Recinto protegido con murallas o construcciones de defensa para resguardarse de los enemigos: *en el centro de la fortaleza se alzaba el castillo.*
DER fortalecer.
ETIM Véase *fuerte*.

fortificación *n. f.* **1** Construcción de obras de defensa para proteger un lugar: *la fortificación de Itálica por parte de los soldados romanos duró decenas de años.* **2** Obra o conjunto de obras con que se protege un lugar: *tenía una pésima fortificación y fue tomada por los enemigos en pocas horas.*

fortificar *v. tr.* **1** Hacer más fuerte o aumentar la fuerza física o moral de una persona: *decía que la vida monacal fortificaba su espíritu.* ◇ *v. tr./prnl.* **2** Proteger con construcciones de defensa un lugar: *los romanos fortificaban las ciudades y plazas que conquistaban; la ciudad se fortificó ante el inminente ataque de las tropas enemigas.*
DER fortificación.
OBS En su conjugación, la c se convierte en qu delante de e.

fortín *n. m.* Fuerte o recinto de pequeño tamaño que sirve de defensa: *las ruinas de la casa sirvieron de fortín a los soldados acorralados.*
DER fortificar.
ETIM Véase *fuerte*.

fortuito, -ta *adj.* Que sucede inesperadamente y por casualidad: *aquel encuentro fortuito fue el inicio de una buena amistad.*
ETIM Véase *fortuna*.

fortuna *n. f.* **1** Causa inexplicable a la que se atribuyen sucesos buenos o malos: *la fortuna hizo que la conociese aquella tarde y que nos enamorásemos.* **SIN** azar. **2** Suerte favorable para alguien: *sin haberlo buscado, tuve la fortuna de que me ofreciesen un buen trabajo.* **3** Cantidad de dinero y bienes que posee una persona: *se estima que tiene una fortuna de miles de millones.* **SIN** hacienda. **4** Cantidad indeterminada pero muy grande de dinero que vale una cosa: *este coche deportivo debe de haberle costado una fortuna.* **SIN** dineral. Se usa generalmente con los verbos *costar, valer* o *pagar.* **5** Éxito o rápida aceptación de una cosa entre la gente: *este nuevo juguete no ha tenido mucha fortuna entre nuestros clientes.*
por fortuna Indica que un determinado hecho es debido a la buena suerte: *por fortuna no hubo ningún herido en el accidente.*
probar fortuna Intentar hacer o conseguir una cosa difícil: *voy a probar fortuna como piloto de carreras.*

DER afortunado; infortunado.
ETIM *Fortuna* procede del latín *fortuna*, que tenía el mismo significado, voz con la que también está relacionada *fortuito*.

fórum *n. m.* Foro, reunión de personas para tratar un asunto ante un público que puede también expresar su opinión.

forúnculo o **furúnculo** *n. m.* Inflamación localizada que se produce en la piel debida a la infección de un folículo o saquito de grasa: *un forúnculo suele ser muy doloroso; el médico le recetó antibióticos para curar el forúnculo.*
OBS La Real Academia Española admite *forúnculo*, pero prefiere la forma *furúnculo*.

forzado, -da *adj.* [acción] Que no se hace de manera espontánea o natural sino por obligación: *risa forzada; fui al teatro forzado porque me habían regalado la entrada, pero no lo pasé muy bien.*
trabajos forzados Pena con que se castiga a un preso, que consiste en realizar trabajos muy duros o que requieren mucha fuerza física: *lo condenaron a trabajos forzados en una cantera de piedra; en España no existe la condena a trabajos forzados.*

forzar *v. tr.* **1** Vencer la resistencia de una cosa mediante la fuerza o la violencia: *nos olvidamos la llave dentro del maletero del coche y tuvimos que forzar su cerradura con un alambre.* **2** Abusar sexualmente de una persona: *el violador forzó a su víctima en el portal de la casa.* **3** Obligar a una persona a que haga algo que no quiere hacer: *el médico dice que no lo fuerce a hacer ejercicio si no le apetece.* **4** Hacer o pretender que una cosa sea diferente a como es de un modo natural: *no fuerces la situación y espera a que todo ocurra como debe ocurrir.*
DER forzado, forzoso, forzudo; esforzar, reforzar.
ETIM Véase *fuerza*.
OBS En su conjugación, la o se convierte en ue en sílaba acentuada y la z en c delante de e.

forzoso, -sa *adj.* [cosa] Que es necesario, obligatorio o que no se puede evitar por ningún medio: *con esa fractura en el hombro, es forzoso que dejes de jugar al tenis.*

forzudo, -da *adj./n. m. y f.* [persona] Que tiene gran fuerza física: *es tan forzudo que me levanta con una mano; dos forzudos trasladaron la nevera.*

fosa *n. f.* **1** Hoyo que se hace en la tierra, especialmente para enterrar a los muertos: *sobre la fosa colocaron la lápida.* **fosa común** Lugar en el que se entierran juntos los cadáveres que no tienen sepultura particular: *Mozart fue enterrado en una fosa común.* **2** ANAT. Cavidad o hueco de un organismo humano o animal: *fosas nasales.* ☞ nariz; respiratorio, aparato. **3** GEOL. Depresión o zona hundida de la corteza terrestre o del fondo de los océanos: *las fosas tectónicas se encuentran entre dos fallas del terreno; las fosas oceánicas suelen estar cerca de los continentes.*
DER foso.

fosfatina **1** *coloquial* Palabra que se usa en la expresión *hacer fosfatina* que indica destrozar completamente una cosa o perjudicar mucho a una persona: *si das esos golpes con la puerta, la harás fosfatina; perder tanto dinero lo hizo fosfatina.* **2** *coloquial* Palabra que se usa en la expresión *hecho fosfatina* para indicar que una persona está muy cansada, muy enferma o tiene muy poco ánimo: *la pulmonía me ha dejado hecho fosfatina.*

fosfato *n. m.* Sal formada a partir del ácido fosfórico, que se emplea generalmente como fertilizante: *los fosfatos prolongan la vida de las plantas.*

fosforescencia *n. f.* Propiedad que tienen ciertas sustancias de emitir luz durante un tiempo después de haber esta

fotografía

forzar	
INDICATIVO	**SUBJUNTIVO**
presente	presente
fuerzo	fuerce
fuerzas	fuerces
fuerza	fuerce
forzamos	forcemos
forzáis	forcéis
fuerzan	fuercen
pretérito imperfecto	pretérito imperfecto
forzaba	forzara o forzase
forzabas	forzaras o forzases
forzaba	forzara o forzase
forzábamos	forzáramos o forzásemos
forzabais	forzarais o forzaseis
forzaban	forzaran o forzasen
pretérito indefinido	futuro
forcé	forzare
forzaste	forzares
forzó	forzare
forzamos	forzáremos
forzasteis	forzareis
forzaron	forzaren
futuro	
forzaré	
forzarás	
forzará	**IMPERATIVO**
forzaremos	
forzaréis	fuerza (tú)
forzarán	fuerce (usted)
	forzad (vosotros)
condicional	fuercen (ustedes)
forzaría	
forzarías	**FORMAS NO PERSONALES**
forzaría	
forzaríamos	infinitivo gerundio
forzaríais	forzar forzando
forzarían	participio
	forzado

do expuestas a una fuente luminosa: *la fosforescencia del cuerpo de la luciérnaga es de origen químico.*

fosforescente *adj.* [sustancia, cuerpo] Que tiene la propiedad de emitir luz durante un tiempo después de haber estado expuesto a una fuente luminosa: *puso pegatinas fosforescentes en el techo de la habitación.*

fosfórico, -ca *adj.* QUÍM. Del fósforo o que tiene relación con este elemento químico combustible y venenoso: *para la aniquilación de las ratas, se emplean productos fosfóricos.*

fósforo *n. m.* **1** QUÍM. Elemento químico sólido, muy combustible y venenoso, que emite luz en la oscuridad: *el fósforo descompone el vapor de agua.* **2** Trocito de papel enrollado y encerado o palito de madera u otro material combustible, recubierto de fósforo y azufre en un extremo, que prende al rozarlo con una superficie rugosa: *encendió el cigarrillo con un fósforo.* **SIN** cerilla, mixto.

DER fosfato, fosforado, fosforecer, fosfórico, fosforita, fosforito.

fósil *adj./n. m.* **1** [sustancia orgánica] Que se ha convertido en piedra formando parte de una capa terrestre: *los fósiles de animales marinos indican que en otro período geológico la zona* estuvo cubierta por el agua del mar. ◇ *n. m.* **2** *coloquial* Persona o cosa que es vieja o está anticuada: *esta máquina de escribir es un fósil; no le preguntes nada de informática a ese fósil.*

DER fosilizarse.

fosilizarse *v. prnl.* **1** Transformarse un organismo en fósil o sustancia petrificada: *la lava de los volcanes ha fosilizado a muchos animales.* **2** No evolucionar una persona en su pensamiento o manera de hacer las cosas: *se ha fosilizado y no quiere aprender nuevos métodos de trabajo.*

OBS En su conjugación, la *z* se convierte en *c* delante de *e*.

foso *n. m.* **1** Hoyo alargado y profundo en un terreno: *vigila al niño para que no caiga al foso.* **2** Hoyo alargado y profundo que rodea un castillo, una fortaleza u otra construcción similar: *en el foso de esta antigua torre cayeron muchos enemigos.* **3** Piso inferior de un escenario, situado entre éste y la platea, donde generalmente se coloca la orquesta: *del foso del teatro comenzó a subir una música maravillosa.* **4** Hoyo rectangular abierto en el suelo de un garaje o taller mecánico y que permite examinar y arreglar los vehículos por la parte de abajo: *desde el foso comprobó la transmisión del automóvil.* **5** Lugar con arena sobre el que caen los atletas de las dos modalidades deportivas de salto: *en el triple salto y en el salto de longitud, los deportistas caen en un foso.*

foto *n. f.* Forma abreviada de *fotografía*, imagen.

foto- Elemento prefijal que entra en la formación de palabras con el significado de: *a)* 'Luz', 'radiación luminosa': *fototerapia, fotomecánica. b)* 'Fotografía o relacionado con ella': *fototeca, fotonovela.*

fotocomposición *n. f.* Procedimiento de composición de textos que se hace con película o papel fotográfico en lugar de tipos o pequeñas piezas de metal con letras: *la fotocomposición sustituyó a la composición de textos con linotipias.*

fotocopia *n. f.* Copia fotográfica instantánea sobre papel de un escrito o dibujo, que se hace con una máquina eléctrica: *nos dio una fotocopia y se quedó el original.*

DER fotocopiadora, fotocopiar.

fotocopiadora *n. f.* Máquina eléctrica que sirve para hacer fotocopias: *esta fotocopiadora reduce o amplia la fotocopia al tamaño que se desee.*

fotocopiar *v. tr.* Hacer una o varias fotocopias de un escrito o dibujo original: *fotocopié los apuntes de un compañero porque no pude ir a clase.*

OBS En su conjugación, la *i* no se acentúa, como en *cambiar*.

fotoeléctrico, -ca *adj.* FÍS. De un fenómeno eléctrico originado por radiaciones luminosas, o relacionado con él.

célula fotoeléctrica Aparato que produce corriente eléctricas por medio de radiaciones luminosas: *la corriente de los satélites artificiales se obtiene mediante una célula fotoeléctrica.*

fotogénico, -ca *adj.* Que sale muy bien en las fotografías o en las películas: *este chico tiene una cara muy fotogénica.*

fotografía *n. f.* **1** Técnica y arte de obtener imágenes por la acción química de la luz sobre una superficie con unas características determinadas: *la fotografía comienza con la toma de vistas, continúa con el revelado y concluye con las copias positivas.* **2** Imagen sobre papel que se obtiene mediante esta técnica: *hizo una fotografía de la casa para enseñártela.* En esta acepción también se usa de forma abreviada: *foto.* **3** Descripción, narración o representación de una persona o de una cosa que se caracteriza por su exactitud: *en las obras de Azorín hay magníficas fotografías del paisaje español.* **SIN** retrato.

DER fotografiar, fotográfico, fotógrafo; aerofotografía, macrofotografía, microfotografía, telefotografía.

fotografiar *v. tr./prnl.* Reproducir la imagen de una persona o cosa por medio de la fotografía: *fotografió los jardines del palacio; me fotografié con mi perro.*
OBS En su conjugación, la *i* se acentúa en algunos tiempos y personas, como en *desviar*.

fotográfico, -ca *adj.* De la fotografía o que tiene relación con esta técnica: *cámara fotográfica; han publicado un libro el material fotográfico que tenía.*

fotógrafo, -fa *n. m. y f.* Persona que se dedica a la fotografía profesionalmente o como aficionado: *esta fotógrafa ha obtenido numerosos premios a lo largo de su carrera.*

fotograma *n. m.* Fotografía o imagen de una película cinematográfica: *cuando ves una película, pasan delante de tus ojos 24 fotogramas por segundo; este póster es un fotograma de la película.*

fotólisis *n. f.* Descomposición química que, durante el proceso de fotosíntesis, sufre una molécula de agua debido a la acción de los rayos ultravioletas.

fotomatón *n. m.* **1** Mecanismo que sirve para hacer fotografías en poco tiempo: *se ha estropeado el fotomatón, porque llevo media hora esperando y no salen las fotos.* **2** Cabina de uso público donde se hacen y obtienen fotografías mediante este mecanismo: *si te haces el retrato en un fotomatón, no podrás ampliarlo después.*

fotomecánica *n. f.* Impresión o reproducción de imágenes que se hace por medio de técnicas fotográficas: *en las artes gráficas, la fotomecánica ha sustituido a las planchas de plomo.*
DER fotomecánico.

fotómetro *n. m.* Aparato que sirve para medir la intensidad de una fuente de luz: *el director de la película comprobó la luz ambiental a través del fotómetro.*
DER fotometría.

fotomontaje *n. m.* Unión o combinación de varias fotografías para componer otra, generalmente con intención artística o publicitaria: *el folleto de propaganda de esta bebida se basa en un fotomontaje donde una botella tiene ojos y piernas de persona.*

fotonovela *n. f.* Narración sentimental, generalmente amorosa, que se cuenta mediante una serie de viñetas fotográficas acompañadas de textos muy cortos o de diálogos sobrepuestos a cada fotografía: *compró una fotonovela en el quiosco para entretenerse.*

fotosíntesis *n. f.* BOT. Proceso químico de las plantas verdes o con clorofila, mediante el cual se transforman en alimento ciertas sustancias inorgánicas utilizando la luz del sol: *durante la fotosíntesis, las plantas absorben y almacenan la energía de los rayos solares.*
DER fotosintético.

fotosintético, -ca *adj.* BOT. De la fotosíntesis o que tiene relación con este proceso químico de las plantas: *el fenómeno fotosintético es tan complejo y perfecto que distribuye el alimento por toda la planta.*

fototropismo *n. m.* Tendencia de moverse hacia la luz que tiene un organismo, especialmente vegetal: *el movimiento del girasol se debe al fototropismo.*

foxterrier *adj./n. m.* [perro] Que pertenece a una raza de tamaño mediano que tiene el cráneo ancho, la cara pequeña, las orejas caídas y el pelo blanco con manchas oscuras: *el foxterrier es un perro de caza de origen inglés.*

fox-trot *n. m.* **1** Composición musical de ritmo alegre en compás de cuatro por cuatro. **2** Baile de pasos rápidos y lentos que se ejecuta con esta composición y que se puso de moda en los años veinte: *el fox-trot se baila en pareja.*
OBS Es de origen inglés. ◇ También se escribe *foxtrot*.

frac *n. m.* Traje masculino de etiqueta y ceremonia, cuya chaqueta se caracteriza por llegar a la altura de la cintura por la parte de delante y prolongarse en dos faldones por detrás: *para recibir el Premio Nobel, el escritor vistió un elegante frac.*
OBS Es de origen francés. ◇ El plural es *fraques*.

fracasado, -da *adj./n. m. y f.* [persona] Que ha perdido la credibilidad, el buen nombre o la estima a causa de uno o de varios fracasos: *la falta de éxitos laborales la convirtieron en una mujer fracasada; aunque había triunfado se consideraba un fracasado en el amor.*

fracasar *v. intr.* **1** Salir mal una cosa: *el plan ha fracasado porque no nos apoyó lo suficiente.* **SIN** frustrarse. **2** No obtener una persona el resultado que pretendía en una actividad: *fracasó como cantante de ópera, pero ahora espera triunfar como cantautor.*
DER fracasado.

fracaso *n. m.* **1** Resultado adverso en una actividad: *mi proyecto ha sido un fracaso.* **ANT** logro. **2** Mala aceptación de una cosa: *la fiesta fue un rotundo fracaso porque todo el mundo se aburrió.* **ANT** éxito.
DER fracasar.

fracción *n. f.* **1** Parte dividida de un todo considerada por separado: *a cada hermano le corresponde una fracción de la herencia.* **2** MAT. Expresión que se representa con una barra oblicua u horizontal entre dos cantidades de las cuales, la primera o numerador indica la cantidad proporcional que se considera de la segunda o denominador, que es la unidad dividida en partes iguales: *5/9 es una fracción.* **SIN** quebrado. **3** Grupo de personas que pertenecen a una asociación, especialmente a un partido político, que tiene opiniones distintas a las del resto en determinados asuntos: *la fracción más conservadora del partido no acepta al nuevo representante.*
DER fraccionar, fraccionario; difracción, infracción, refracción.
ETIM Véase *fractura*.

fraccionar *v. tr./prnl.* Dividir en partes un todo: *se puede fraccionar el pago de la matrícula en dos plazos; el mineral se fraccionó al caer al suelo.*

fraccionario, -ria *adj.* De una parte de un todo o que tiene relación con ella: *un sistema fraccionario de compra es el pago a plazos.*

fractura *n. f.* **1** Rotura violenta de algo sólido, especialmente de un hueso del cuerpo: *el golpe le produjo una fractura múltiple en el brazo.* **2** Lugar por donde se rompe una cosa sólida y señal que deja: *señaló la fractura del hueso en la radiografía.* **3** Aspecto determinado que presenta la superficie de un mineral o roca cuando se rompe: *el cuarzo tiene una fractura irregular.* **4** GEOL. Grieta o rotura que se produce en un terreno: *la falla es una fractura en la que además se desplaza uno de los bloques de terreno.*
DER fracturar.
ETIM *Fractura* procede del latín *fractura frangere*, 'romper', voz con la que también están relacionadas *fracción, frangible, infringir.*

fracturar *v. tr./prnl.* Romperse violentamente algo sólido, especialmente un hueso del cuerpo: *se ha fracturó la tibia en un accidente de moto.*

fragancia *n. f.* Olor suave y muy agradable que desprende una cosa: *la fragancia de este perfume es de rosas.*
DER fragante.

fragante *adj.* [olor] Que es suave y muy agradable: *el olor fragante del jardín llegó hasta la casa.*

fraganti Palabra que se utiliza en la expresión *in fraganti*, que significa 'en el preciso instante en que se está cometiendo un delito o una falta': *el ladrón fue sorprendido in fraganti por la policía.* **SIN** infraganti.

fragata *n. f.* **1** MAR. Barco de guerra más pequeño que un destructor, ligero y rápido que se utiliza como patrulla o para la protección de otras embarcaciones: *dos fragatas escoltaron el yate del embajador hasta el puerto.* **2** Antiguo barco de guerra con tres palos y velas cuadradas.

frágil *adj.* **1** [cosa] Que se rompe con facilidad: *el cristal de Murano es muy fino y frágil.* **2** Que es débil o puede deteriorarse con facilidad: *aunque su salud es frágil no ha dejado de trabajar cada día.*
DER fragilidad.

fragilidad *n. f.* **1** Facilidad para romperse que tiene una cosa: *envolvió con muchos papeles los jarrones por su fragilidad.* **2** Debilidad o facilidad para deteriorarse: *la fragilidad de la paz en aquel país es debida a los continuos atentados terroristas.*

fragmentación *n. f.* División de un todo en partes o de una cosa homogénea en trozos pequeños: *la división de opiniones dentro del partido ha sido la causa de su fragmentación.*

fragmentar *v. tr./prnl.* Dividir un todo en partes o hacer trozos pequeños de una cosa homogénea: *estaba convencido de que el testamento fragmentaría a la familia; al aumentar la temperatura el iceberg se fragmentará.*
DER fragmentación.

fragmentario, -ria *adj.* **1** [cosa] Que está compuesto o formado por fragmentos o partes: *esta roca presenta una estructura fragmentaria.* **2** [cosa] Que no está completo o no está acabado: *con una información tan fragmentaria no consiguió enlazar los hechos.*

fragmento *n. m.* **1** Parte separada o dividida de un todo: *los fragmentos de cristal se esparcieron por todo el suelo.* **2** Parte breve de una obra literaria o musical: *tocó al piano un fragmento de una obra de Chopin.*
DER fragmentar, fragmentario.

fragor *n. m.* Ruido muy fuerte y prolongado: *desde mi casa se oía el fragor del público en el estadio durante el partido de fútbol.*
DER fragoso.

fragosidad *n. f.* Maleza que hay en un terreno, especialmente en un camino: *era difícil conducir el carruaje a través de la fragosidad del camino.*

fragua *n. f.* **1** Horno en el que se calientan metales para forjarlos o trabajarlos: *el herrero sacó la barra de hierro de la fragua y empezó a golpearla con un martillo.* **2** Taller donde se forjan o trabajan: *en esta fragua te harán la verja del jardín.*
DER fraguar.

fraguar *v. tr.* **1** Trabajar un metal y darle una forma definida por medio de golpes o por presión: *el herrero fraguó las herraduras del caballo.* **2** Planear la realización de algo: *durante años estuvo fraguando su huida.* ◇ *v. intr.* **3** Llegar a endurecerse el cemento u otra sustancia parecida en una obra de construcción: *cuando terminemos el muro hay que esperar a que fragüe el cemento.* **4** Tener el efecto deseado una idea o proyecto: *la campaña de publicidad no ha fraguado como esperábamos.* **SIN** cuajar.
OBS En su conjugación, la *u* no se acentúa, como en *adecuar*.

fraile *n. m.* Hombre que pertenece a una orden religiosa: *los frailes hacen votos solemnes.* **SIN** monje.
ETIM Véase *fraterno*.

frambuesa *n. f.* **1** Fruto silvestre comestible, de color rojo más oscuro que el de la fresa, olor suave y sabor agridulce: *comió tostadas con mermelada de frambuesa.* ◇ *adj.* **2** De color rojo claro, parecido al de este fruto: *lleva una blusa frambuesa.*

OBS No varía en plural: *tonos frambuesa.*

francachela *n. f.* Reunión muy divertida y amigable de personas, especialmente para comer: *nos divertimos mucho en la cena de anoche, así que repetiremos la francachela.*

francés, -cesa *adj.* **1** De Francia o que tiene relación con este país de Europa occidental que limita por el sur con España: *la torre Eiffel es un monumento francés.* **SIN** franco. ◇ *adj./n. m. y f.* **2** [persona] Que es de Francia: *nació en Burdeos y, por tanto, es francés.* ◇ *n. m.* **3** Lengua que se habla en este país y en otros del mundo, especialmente los que fueron colonias o formaron parte de él: *el francés es una lengua románica.*
DER franchute, francio; afrancesar.

franchute, -ta *n. m. y f.* coloquial Persona que es de Francia. Es un apelativo despectivo que se aplica generalmente a los turistas de este país. **SIN** gabacho.

francio *n. m.* QUÍM. Elemento químico metálico y líquido que neutraliza los ácidos y es muy radiactivo: *el símbolo del francio es Fr.*
ETIM El *francio* debe su nombre a *Francia*, país en el que fue descubierto.

franciscano, -na *adj./n. m. y f.* **1** [religioso] Que pertenece a una de las órdenes fundadas por San Francisco de Asís: *los primeros frailes franciscanos son del siglo XIII.* ◇ *adj.* **2** De la orden de los franciscanos o que tiene relación con ella: *un ideal franciscano es vivir humildemente.*

francmasonería *n. f.* Masonería, asociación secreta e internacional que aspira a la fraternidad y la ayuda entre todas las personas.

franco, -ca *adj.* **1** [persona] Que es sincero y habla con claridad: *prefiero ser franco contigo y decirte lo que pienso sin mentir.* **2** Que es tan claro que no ofrece duda alguna: *esta empresa está en franco retroceso: cada año obtiene menos beneficios.* **3** Que no presenta impedimentos o está libre de obstáculos: *buscaban una vía franca para pasar la frontera.* **4** Que está libre de un pago, especialmente de un impuesto: *en una zona franca no se cargan impuestos a los productos extranjeros.* **5** De Francia o que tiene relación con este país de Europa occidental que limita por el sur con España: *esta empresa es franco-alemana.* **SIN** francés. ◇ *adj./n. m. y f.* **6** Del pueblo germánico que estableció su reino en la antigua Galia romana, o que tiene relación con él: *los francos iniciaron la conquista de la Galia en el año 258.* ◇ *n. m.* **7** Lengua hablada por este pueblo germánico. **8** Unidad monetaria de Francia y de ciertos países, especialmente de los que han sido colonias francesas como Madagascar, Burundi o Ruanda: *en Andorra se puede pagar con francos o con pesetas.* **9** Unidad monetaria de varios países que tiene un valor diferente en cada uno de ellos: *franco belga; franco suizo.*
DER franquear, franqueza, franquía, franquicia.
OBS Se usa generalmente en palabras compuestas.

franco- Elemento prefijal que entra en la formación de palabras con el significado de 'francés': *francófilo.*

francófilo, -la *adj./n. m. y f.* [persona] Que siente admiración por la cultura y tradiciones de Francia o por los franceses: *es un francófilo: sólo lee a autores franceses.*

francotirador, -ra *n. m. y f.* Persona que dispara con un arma desde un lugar alejado donde se oculta: *el francotirador disparó a los manifestantes desde una azotea.*

franela *n. f.* Tejido fino de lana o algodón, con pelo en una de las caras de su superficie: *en invierno siempre lleva pantalones de franela.*

franja *n. f.* **1** Banda de tela que se usa para adornar una cosa, especialmente una prenda de vestir: *me gustaría más*

F / f

franquear *v. tr.* ese *vestido si no tuviera la franja de seda.* **2** Superficie alargada que destaca sobre el resto: *la camiseta de mi equipo es azul con una franja amarilla; plantó una franja de margaritas en el jardín.* **SIN** banda, lista.

franquear *v. tr.* **1** Apartar los obstáculos o impedimentos para poder pasar alguien o algo en movimiento: *los bomberos franquearon la entrada del edificio.* **2** Pasar de un lado a otro venciendo un obstáculo o una dificultad: *el jinete franqueó limpiamente la ría durante el concurso hípico.* **3** Pagar en sellos un envío que se hace por correo: *antes de enviar el paquete hay que franquearlo en correos.* ◊ *v. prnl.* **4 franquearse** Explicar a otra persona lo que se considera más íntimo de uno mismo: *se franqueó con su amigo para que no malinterpretara sus acciones.*
DER franqueo; infranqueable.

franqueo *n. m.* **1** Colocación de los sellos necesarios a una cosa para enviarla por correo: *me devolvieron el paquete con libros porque, con las prisas, me olvidé del franqueo.* **2** Cantidad de dinero que se paga en sellos para enviar una cosa por correo: *el franqueo de este enorme paquete a Estados Unidos debe de ser carísimo.*

franqueza *n. f.* Sinceridad y claridad al hablar: *se lo dijo con franqueza.*

franquicia *n. f.* Privilegio que se concede para no pagar impuestos por el uso de un servicio público o por determinadas actividades comerciales: *esta empresa tiene franquicia y no ha de pagar por introducir sus productos en el país.*

frasco *n. m.* Vaso o recipiente pequeño, generalmente de cristal, que tiene el cuello estrecho: *rellenó el frasco de colonia.*
DER enfrascarse.

frase *n. f.* Conjunto de palabras que tiene sentido por sí mismo sin llegar a formar una oración: *su frase de despedida fue breve, pero muy cariñosa.*
frase hecha Frase que se reproduce siempre de la misma manera sin alterar el orden de las palabras ni cambiar ninguna de ellas: *no hay dos sin tres es una frase hecha.*
DER frasear, fraseología.

fraseología *n. f.* Conjunto de expresiones y construcciones lingüísticas propias de una lengua o características de la escritura de un autor: *la fraseología de Valle-Inclán es muy original y rebuscada.*

fraternal *adj.* De los hermanos o que tiene relación con el afecto y la confianza entre ellos: *aunque no son hermanos de sangre, se han criado juntos y sienten un cariño fraternal.*
SIN fraterno.

fraternidad *n. f.* Relación de afecto y confianza entre personas que se considera propia de hermanos: *la base de nuestra asociación es la fraternidad.* **SIN** hermandad.

fraterno, -na *adj.* Fraternal, de los hermanos o que tiene relación con ellos.
DER fraternal, fraternidad, fraternizar, fratricidio.
ETIM *Fraterno* procede del latín *frater, -tris,* 'hermano', voz con la que también está relacionada *fraile.*

fratricida *adj./n. com.* [persona] Que mata a un hermano: *el fratricida fue condenado a 20 años de cárcel.*

fratricidio *n. m.* Muerte causada por una persona a un hermano suyo de manera intencionada: *la Biblia narra el fratricidio de Caín a Abel.*
DER fratricida.

fraude *n. m.* Engaño que se hace para sacar provecho o beneficio, especialmente si perjudica a alguien: *sospechaban que se había cometido un fraude electoral.*

fraude fiscal Engaño al hacer la declaración de la renta para intentar no pagar impuestos o menos de los obligados: *acusaron al empresario de fraude fiscal.*
DER fraudulento; defraudar.

fraudulento, -ta *adj.* Que encierra un fraude o es engañoso: *es un contrato fraudulento porque no existe una empresa con el nombre que figura en él.*

fray *n. m.* Forma abreviada de *fraile* que se usa delante del nombre de religiosos de ciertas órdenes: *fray Luis de León fue un erudito del siglo XVI.*

freático, -ca *adj.* **1** [agua] Que está bajo tierra acumulada sobre una capa de tierra impermeable: *las aguas freáticas se pueden aprovechar construyendo pozos.* **2** [estrato] Que está bajo tierra y no permite filtrar el agua: *al excavar descubrieron un estrato freático.*

frecuencia *n. f.* **1** Repetición de un acto o suceso de manera habitual: *viene a vernos con frecuencia.* **2** Número de veces que ocurre una cosa durante un período de tiempo determinado: *la frecuencia de esta línea urbana es de un autobús cada diez minutos.* **3** FÍS. Número de vibraciones, ondas o ciclos realizados en una unidad de tiempo determinada: *el frecuencímetro es un aparato para medir la frecuencia de un fenómeno eléctrico.*
DER frecuente.

frecuentar *v. tr.* **1** Ir a un mismo lugar a menudo: *aunque suele frecuentar este bar, hoy no ha venido.* **2** Tratar a una persona de manera frecuente: *frecuenta nuestra pandilla.*

frecuentativo, -va *adj./n. m.* GRAM. [verbo] Que expresa una acción que se repite: *la mayoría de los verbos acabados en -ear son frecuentativos; el verbo golpear es frecuentativo.*
SIN iterativo.

frecuente *adj.* **1** Que ocurre o se repite de manera habitual: *es frecuente que venga a visitarnos; no es frecuente que suceda esto.* **SIN** incesante. **2** Que es común o normal: *es frecuente que haga calor en esta época del año.* **ANT** infrecuente.
DER frecuentar, frecuentativo; infrecuente.

free lance *adj./n. com.* [persona] Que basa su trabajo en colaboraciones que luego vende a una o varias empresas sin que exista un contrato laboral: *trabaja para varios periódicos porque es free lance.*
OBS Es una palabra de origen inglés y se pronuncia aproximadamente 'frilans'.

fregadero *n. m.* Pila o recipiente que se usa para fregar la vajilla y los utensilios de cocina y que consta de un grifo y un desagüe: *enjuaga los vasos en el fregadero; algunos fregaderos tienen dos pilas.*

fregado *n. m.* **1** Limpieza de una cosa que se hace frotando con un estropajo u otro utensilio empapado en agua y jabón o cualquier producto de limpieza: *después de quitar el polvo todavía me queda el fregado del suelo.* **2** *coloquial* Asunto difícil o complicado en el que se ve envuelto una persona sin quererlo: *¡menudo fregado tiene el jefe en la oficina con la llegada de los directivos!*

fregar *v. tr.* Limpiar y lavar una cosa frotándola con un estropajo u otro utensilio empapado en agua y jabón o cualquier producto de limpieza: *fregar el suelo; fregar la vajilla.*
DER fregadero, fregado, fregona.
OBS En su conjugación, la e se convierte en *ie* en sílaba acentuada y la g en *gu* delante de e, como en *regar.*

fregona *n. f.* **1** Utensilio que consta de un palo largo y delgado terminado en una pieza que sujeta unas tiras de material absorbente y que sirve para fregar el suelo de pie: *desde que se inventó la fregona, ya no hay que arrodillarse para lim-*

piar el suelo. **2** Mujer que se dedica a fregar suelos y a cocinar. Tiene un valor despectivo.

fregotear v. tr. Fregar alguna cosa deprisa y sin que quede completamente limpia: *la portera fregoteaba con desgana el portal*.

freidora n. f. Aparato eléctrico que sirve para freír alimentos: *la freidora es muy práctica para freír congelados y hacer patatas fritas*.

freidura n. f. Manera de preparar o cocinar un alimento manteniéndolo durante un rato en aceite hirviendo: *tienes que tener cuidado con la freidura porque te puede saltar aceite*.
DER freiduría.

freiduría n. f. Establecimiento en el que se fríen alimentos, especialmente pescado, para consumirlos en él o venderlos: *no prepares cena, voy a la freiduría y traigo pescaditos fritos*.

freír v. tr./prnl. **1** Cocinar un alimento teniéndolo durante un tiempo en aceite hirviendo: *te enseñaré como se fríe un huevo; freír la carne*. ◇ v. tr. **2** *coloquial* Matar a alguien disparándole muchos tiros: *en la película el policía fríe a tiros a los ladrones*. **3** *coloquial* Molestar mucho y repetidamente a alguien: *me ha frito a preguntas*. ◇ v. prnl. **4 freírse** Pasar mucho calor: *en esta casa en verano te fríes y en invierno te congelas*.
ir (o mandar) a freír espárragos *coloquial* Se usa para despedir con enfado y de manera despectiva a una persona a la que no se quiere hacer caso o que molesta: *lo mandó a freír espárragos porque no paraba de preguntar; dile que se vaya a freír espárragos*.
DER freidora, freidura, frito; sofreír.
OBS Tiene un participio regular *freído*, que se usa en los tiempos compuestos, y un participio irregular *frito*, que se usa más como adjetivo. ◇ En su conjugación, la *i* de la desinencia se pierde y la *e* se convierte en *i* en algunos tiempos y personas, como en *reír*.

frenar v. tr./intr. **1** Hacer que un vehículo se pare o vaya más despacio utilizando el freno: *el automóvil frenó bruscamente delante del semáforo en rojo*. **2** Detener o disminuir una actividad o la intensidad de algo: *frena tu mal genio porque por las malas no se llega a ninguna parte*.
DER frenazo; desenfrenarse, refrenar.

frenazo n. m. Detención brusca de un vehículo: *el coche que iba delante nuestro dio un frenazo y chocamos con él*.

frenesí n. m. **1** Exaltación violenta del ánimo: *trabajaba con un frenesí casi enfermizo*. **SIN** delirio. **2** Manifestación exaltada de un sentimiento, especialmente amoroso: *lo que sentía por su marido era frenesí*.
DER frenético.
OBS El plural es *frenesíes*, culto, o *frenesís*, popular.

frenético, -ca adj. **1** Que muestra una exaltación violenta del ánimo: *estaba tan nervioso que empezó a saltar de forma frenética*. **2** Que tiene o muestra rabia, furia o enfado de manera exagerada: *los ruidos le ponen frenético*.

frenillo n. m. Membrana que se forma en ciertas partes del organismo y que limita el movimiento de un órgano: *el frenillo de la lengua; el frenillo del prepucio*.

freno n. m. **1** Mecanismo que sirve para disminuir la velocidad de un vehículo o pararlo: *el freno puede ser de disco o de tambor*. ☞ motocicleta. **2** Mando o pedal que acciona ese mecanismo: *se ha estropeado el freno de la bicicleta; puso el freno de mano y salió del coche*. **3** Cosa que modera o disminuye un proceso: *las previsiones de mal tiempo han sido un freno para el turismo*. **4** Pieza de hierro donde se atan las riendas y que se coloca en la boca de los caballos para sujetarlos y dirigirlos: *tiró del freno del caballo para que girara a la derecha*. ☞ arreos.
DER frenar, frenillo; servofreno.

frente n. f. **1** Parte superior de la cara por encima de los ojos hasta el nacimiento del cuero cabelludo y entre las dos sienes. ☞ cuerpo humano. ◇ n. m. **2** Parte delantera de una cosa: *el frente de la casa está decorado con vistosas macetas*. **3** Zona en la que se enfrentan los ejércitos en un combate o lucha: *los soldados fueron enviados al frente*. **4** Organización política en la que se agrupan distintos partidos que tienen un interés común. **5** Superficie teórica que separa dos masas de aire con características meteorológicas distintas, y que produce variaciones bruscas de temperatura y humedad: *el martes llegará el frente frío a la península*. ☞ meteorología.
al (o de) frente Indica dirección hacia delante: *dar un paso al frente; sigue de frente y encontrarás la cabina*.
con la frente alta Indica que una persona no debe sentir vergüenza por algo que ha hecho o que le ha sucedido: *salió con la frente alta a pesar de haberse equivocado*.
de frente Indica que algo se ha de hacer con decisión y sin rodeos: *debes hablar con él de frente y proponerle el trato*.
frente a *a)* Indica situación delante de lo que se expresa: *frente a tu casa está la mía; me coloqué frente a ella mirándola; estamos frente a un problema difícil de resolver*. **SIN** ante. *b)* Indica oposición: *frente a lo que opina la mayoría, yo creo que es un buen negocio*.
frente a frente *a)* Indica que dos personas están situadas de cara, una delante de la otra: *cuando nos encontramos frente a frente no supe qué decirle*. *b)* Indica que una cosa se trata sin ocultarse ninguna de las dos personas que están implicadas en ella: *si quiere que hablemos frente a frente del asunto, dile que venga*.
hacer frente *a)* Poner los medios o actuar de un modo determinado para que se resuelva una situación difícil: *hay que hacer frente a las pérdidas económicas trabajando duro*. *b)* Enfrentarse física o verbalmente a una persona: *nadie hace frente a ese chico porque es muy agresivo*.
ponerse (o estar) al frente Tomar el mando de una cosa o de un grupo de personas o dirigirlas en una determinada actividad: *se ha puesto al frente del equipo un nuevo entrenador*.
DER afrenta, enfrente.
ETIM *Frente* procede del latín *frons, -ntis*, que tenía el mismo significado, voz con la que también están relacionadas *afrontar, confrontar, frontal, frontera, frontis, frontón*.

fresa n. f. **1** Planta herbácea, con hojas dispuestas en grupos de tres y con flores blancas o amarillentas. **2** Fruto comestible de esa planta, casi redondo, carnoso y azucarado, de color rojo con pequeñas semillas negras o amarillas en la superficie. **3** Herramienta formada por cuchillas o dientes metálicos que, al girar rápidamente, hace agujeros en los metales o en materiales duros. ◇ adj. **4** De color rojo, parecido al del fruto de la fresa: *se pintó los labios de color fresa*. No varía en plural: *tonos fresa*.
DER fresón.

fresadora n. f. Máquina compuesta por varias cuchillas que, al girar, abren agujeros en el metal.

fresca n. f. Cosa desagradable que se dice a una persona para ofenderla o molestarla: *se enfadó con ella y le soltó una fresca*.

frescales n. com. Persona que habla o actúa sin mostrar vergüenza ni respeto: *este frescales siempre se cuela en todos los sitios donde hay que esperar*.

fresco

OBS El plural también es *frescales*.

fresco, -ca *adj.* **1** Que tiene una temperatura fría, pero que no es desagradable: *se lavó la cara con agua fresca; una noche fresca de primavera*. **2** Que acaba de ocurrir o suceder: *escucha los boletines de la radio para tener noticias frescas*. **3** [alimento] Que no está congelado o curado y conserva sus cualidades originales: *siempre compra verduras frescas; al cocinar se nota que es pescado fresco*. **4** [persona] Que se mantiene joven y sano: *tiene ochenta años, pero al verlo tan fresco nadie lo diría*. **5** [persona] Que está descansado o lo parece: *no entiendo como puede estar tan fresco después del partido de fútbol*. **6** [persona] Que está tranquilo o que no muestra preocupación: *se quedó tan fresco cuando se enteró que tenía que competir con el número uno*. **7** [tela, prenda de vestir] Que no produce calor, que es ligera: *el lino y el hilo son tejidos frescos para el verano*. **8** [colonia] Que tiene un olor agradable: *después del baño siempre se echa colonia fresca*. ◊ *adj./n. m. y f.* **9** [persona] Que habla u obra sin vergüenza ni respeto: *¡vaya hombre más fresco! se ha tomado un café en la barra y se ha ido sin pagar*. Se usa con valor despectivo. ◊ *n. m.* **10** Temperatura fría, pero que no es desagradable: *aquella noche hacía fresco*. **SIN** frescor, frescura. **11** Pintura hecha sobre paredes o en techos humedecidos con colores disueltos en agua de cal: *los frescos del Vaticano*.

estar fresco Indica que no se cumplirán las esperanzas de una persona: *estás fresco si crees que vas a venir con nosotros al cine*.

traer al fresco No importar ni preocupar una cosa a alguien: *le trae al fresco lo que diga la gente*.

DER fresca, frescales, frescor, fresquera, fresquilla; refrescar.

frescor *n. m.* Temperatura fría, pero que no es desagradable: *le encanta pasear bajo el frescor de la noche*. **SIN** fresco, frescura.

frescura *n. f.* **1** Temperatura fría, pero que no es desagradable: *ponte una rebeca que te puedes resfriar con la frescura de la mañana*. **SIN** fresco, frescor. **2** Propiedad de los alimentos recién obtenidos o que no han sufrido ningún proceso de curación: *se nota que este pescado ha perdido frescura por el color apagado*. **3** Falta total de vergüenza o respeto: *el chico habló a su madre con frescura y ésta le regañó*.

fresno *n. m.* **1** Árbol de tronco grueso, madera clara y corteza gris, con la copa espesa y las hojas caducas de forma alargada: *el fresno crece en lugares húmedos y templados*. **2** Madera que se obtiene de este árbol y que se caracteriza por su elasticidad: *con el fresno se fabrican mangos de herramientas*.

DER fresneda.

fresón *n. m.* Fruto comestible, muy parecido a la fresa, casi redondo pero con punta, de color rojo oscuro y con pequeñas semillas negras o amarillas en la superficie: *el fresón es más grande y más ácido que la fresa*.

fresquera *n. f.* Lugar o mueble que sirve para conservar frescos los alimentos: *sacó de la fresquera el queso*.

fresquilla *n. f.* Variedad del melocotón de tamaño más pequeño que éste: *la fresquilla es muy jugosa*.

freza *n. f.* **1** Desove de las hembras de los peces. **2** Época en que sueltan los huevos las hembras de los peces: *no debemos pescar durante la freza*.

DER frezar.

frezar *v. intr.* Desovar o soltar los huevos las hembras de los peces.

OBS En su conjugación, la *z* se convierte en *c* delante de *e*.

frialdad *n. f.* **1** Sensación de frío o de falta de calor: *la frialdad del ambiente; notaba frialdad en los pies*. **2** Falta total de interés o entusiasmo que demuestra una persona en lo que hace: *me habló con frialdad, sin mostrar ningún sentimiento*. **3** Indiferencia que muestra una persona al recibir una impresión o estímulo externo capaces de alterar el estado de ánimo: *el acusado recibió la noticia de su sentencia con frialdad*. **SIN** impasibilidad.

fricativo, -va *adj./n. f.* [consonante] Que se pronuncia acercando determinados órganos de la boca de manera que el aire pasa rozando entre ellos: *la f y la z son consonantes fricativas*.

fricción *n. f.* **1** Rozamiento de dos superficies cuando al menos una de ellas está en movimiento: *la fricción de estas dos piedras hará que salte una chispa*. **SIN** rozamiento. **2** Frotación que se aplica a una parte del cuerpo, especialmente para dar calor o aliviar una dolencia: *su madre le dio una fricción con alcohol en la espalda porque le dolía*. **SIN** friega. **3** Desacuerdo entre dos o más personas: *tendréis que solucionar esas fricciones que han surgido entre vosotros*.

DER friccionar.

friccionar *v. tr.* Frotar una parte del cuerpo, especialmente con las manos para dar calor o aliviar una dolencia: *le friccionó los brazos con colonia*.

friega *n. f.* Frotación sobre una parte del cuerpo, especialmente para curar o aliviar una dolencia: *el masajista le dio unas friegas al futbolista que tenía agarrotados los músculos*. **SIN** fricción.

friegaplatos *n. m.* Aparato eléctrico que sirve para lavar los platos, vasos, cubiertos y demás utensilios de cocina: *tengo que comprar detergente y abrillantador para el friegaplatos*. **SIN** lavaplatos, lavavajillas.

OBS El plural también es *friegaplatos*.

frigidez *n. f.* Falta total de deseo y placer sexual en la mujer: *el miedo al embarazo puede provocar frigidez*.

frígido, -da *adj./n. m. y f.* **1** Que no siente deseo o placer sexual: *la mujer frígida suele tener problemas psicológicos*. ◊ *adj.* **2** Que está muy frío: *las frígidas aguas del océano*. Es una palabra culta que se usa en el lenguaje poético.

DER frigidez.

ETIM Véase *frío*.

frigoría *n. f.* Unidad de medida para el frío: *el símbolo de la frigoría es fg*.

ETIM Véase *frío*.

frigorífico, -ca *adj.* **1** Que produce frío o lo mantiene de manera artificial: *en la carnicería hay una gran cámara frigorífica donde conservan la carne*. ◊ *n. m.* **2 frigorífico** Aparato eléctrico que sirve para conservar fríos los alimentos y las bebidas: *mete el pescado en el frigorífico para que no se estropee*. **SIN** nevera.

ETIM Véase *frío*.

fríjol o **frijol** *n. m.* **1** Planta leguminosa de tallo delgado y en espiral y con flores blancas y amarillas que es originaria de América: *el fríjol es una planta originaria de América*. **2** Fruto de esta planta, encerrado en una cáscara blanda, alargada y plana: *los frijoles parecen pequeños riñones*.

OBS La Real Academia Española prefiere *fríjol*, ya que la aguda, *frijol*, es propia solamente de Hispanoamérica.

frío, fría *adj.* **1** Que tiene una temperatura más baja o más baja de lo normal: *tomáte la comida antes de que se quede fría; esta ciudad tiene un clima frío*. **2** [persona] Que es tranquilo y no pierde la calma: *el ladrón era un hombre frío y calculador*. **3** Que no muestra afectos ni sentimientos pasionales: *la saludé, pero me hizo un gesto muy frío con la mano*. **ANT** cáli-

do. **4** Que produce sensación de temperatura baja en el cuerpo o que no retiene el calor: *esta casa es fría porque está muy mal orientada.* **ANT** cálido, caliente. **5** [color] Que pertenece a la escala del azul: *le gusta mucho vestir con colores fríos.* **ANT** cálido. ◇ *n. m.* **6** Temperatura baja del ambiente: *esta noche hace frío.* Se usa con el verbo *hacer.* **ANT** calor. **7** Sensación que experimenta un cuerpo al aproximarse o entrar en contacto con un cuerpo de temperatura más baja: *baja el aire acondicionado porque tengo frío.* Se suele usar con el verbo *tener.* **ANT** calor.
coger frío Resfriarse o constiparse una persona: *ha dormido destapada y ha cogido frío.*
en frío Indica que algo se hace sin estar bajo la influencia o presión de una circunstancia o del momento: *tendrás que analizar este problema en frío, cuando estés más calmado.*
quedarse frío Asustarse o quedarse sin capacidad de reacción a causa de un hecho inesperado: *se quedó frío cuando le comunicaron que había sido expulsado del centro.*
DER frialdad, friolero; enfriar, resfriarse.
ETIM *Frío* procede del latín *frigidus*, que tenía el mismo significado, voz con la que también están relacionadas *frígido, frigoría, frigorífico, refrigerar.*

friolera *n. f. coloquial* Gran cantidad de una cosa, especialmente de dinero: *ha cobrado la friolera de dos millones.*

friolero, -ra *adj.* [persona] Que tiende a sentir frío con facilidad: *es muy friolero y duerme en invierno con cuatro mantas.*
DER friolera.

frisar *v. intr./tr.* Acercarse o aproximarse a una edad determinada: *frisaba en los cincuenta años cuando se volvió a casar; ya frisa los noventa años.*

friso *n. m.* **1** Banda horizontal con que se adorna la parte inferior de las paredes: *puso un friso de azulejos a lo largo del pasillo; he pintado un friso azul en la habitación.* **SIN** rodapié, zócalo. **2** ARQ. Banda horizontal decorativa que se encuentra en el entablamento de los edificios clásicos: *el friso está entre el arquitrabe y la cornisa.*

frisón, -sona *adj./n. m. y f.* [caballo] Que es de una raza que se caracteriza por tener los pies y las patas anchos y fuertes, el pelo negro y las crines y la cola muy largas.

fritada *n. f.* Conjunto de cosas que se cocinan en aceite hirviendo: *hoy vamos a comer una fritada de pescado.* **SIN** fritura.

frito, -ta *part.* **1** Participio pasado irregular del verbo *freír.* ◇ *adj.* **2** Que ha sido cocinado durante un tiempo en aceite o mantequilla caliente: *pimientos fritos, pescadilla frita.* **3** *coloquial* Profundamente dormido: *apenas comenzó la clase, se quedó frito.* **4** *coloquial* Muerto: *le pegaron cuatro tiros y lo dejaron frito en el coche.* **5** *coloquial* Harto y cansado por las molestias que le provoca una persona o cosa: *estos mosquitos me tienen frito.* ◇ *n. m.* **6** Alimento que se cocina teniéndolo durante un tiempo en aceite o mantequilla caliente: *si quieres adelgazar, tendrás que renunciar a los fritos.*
DER fritada, fritura.

fritura *n. f.* Fritada.

frivolidad *n. f.* Falta de profundidad y seriedad en lo que se dice o hace: *la frivolidad de su carácter ha acabado con la fortuna familiar.* **SIN** ligereza.

frívolo, -la *adj.* **1** [persona] Que es poco serio o profundo en lo que dice o hace: *pensar que quien está en paro es porque no quiere trabajar es propio de personas frívolas y poco reflexivas.* **SIN** superficial. **ANT** profundo. **2** [persona] Que se comporta de manera caprichosa e irresponsable: *la actriz, con fama de frívola hasta ahora, ha decidido casarse y sentar la cabeza.* **3** Que tiene una idea alegre y despreocupada de la vida, y evita cualquier sentimiento de tristeza: *esta noche iremos al teatro para ver una obra frívola y divertida.*
DER frivolidad.

fronda *n. f.* Conjunto de hojas y ramas de los árboles o de las plantas: *la fronda del bosque no me dejaba ver con claridad la avioneta que planeaba.* **SIN** follaje.
DER frondoso.

frondosidad *n. f.* Abundancia de hojas y ramas en los árboles y las plantas: *llegaron a un bosque de gran espesura y frondosidad.*

frondoso, -sa *adj.* **1** [árbol] Que tiene gran cantidad de hojas y ramas: *se sentó a leer bajo un frondoso árbol.* **2** [lugar] Que tiene mucha vegetación: *el río estaba rodeado de un frondoso bosque.*
DER frondosidad.

frontal *adj.* **1** De la frente o la parte superior de la cara, o que tiene relación con ella: *se ha dado un golpe en la parte frontal de la cabeza.* **2** De la parte delantera de una cosa, o que tiene relación con ella: *por la parte frontal de la caja se puede ver lo que hay dentro.* ◇ *adj./n. m.* **3** ANAT. [hueso] Que forma la parte anterior y superior del cráneo: *el hueso frontal es uno de los ocho huesos del cráneo.* ☞ cráneo.
DER frontalera.
ETIM Véase *frente.*

frontenis *n. m.* Deporte parecido al frontón que se juega con pelota y raqueta de tenis.

frontera *n. f.* **1** Lugar o línea imaginaria que limita un Estado y lo separa de otro: *los Pirineos constituyen una frontera natural entre España y Francia.* **2** Límite imaginario que existe entre dos cosas muy próximas o parecidas: *la frontera entre el amor y el odio es muy pequeña.*
DER fronterizo, frontero.
ETIM Véase *frente.*

fronterizo, -za *adj.* **1** De la frontera o que tiene relación con este límite entre estados: *los Pirineos constituyen la línea fronteriza de España con Francia.* **2** [lugar] Que limita o tiene frontera con otro lugar: *dos pueblos fronterizos.*

frontis *n. m.* Fachada o parte delantera de una cosa, especialmente de un edificio: *muchas casas antiguas llevan en el frontis el escudo de la familia.*
DER frontispicio.
ETIM Véase *frente.*
OBS El plural también es *frontis.*

frontispicio *n. m.* **1** ARQ. Fachada delantera de un edificio: *el frontispicio de esta catedral es de estilo plateresco.* **2** ARQ. Construcción triangular que se coloca en la parte superior de una fachada, un pórtico, o una ventana. **SIN** frontón. **3** Página de un libro anterior a la portada, en la que suele haber algún dibujo: *un famoso pintor ha ilustrado el frontispicio de este libro.*

frontón *n. m.* **1** Pared principal sobre la que se lanza la pelota en determinados deportes: *la pelota vasca es un deporte que se practica en un frontón.* **2** Deporte que consiste en golpear una pelota con una raqueta lanzándola contra una pared principal, de modo que rebote en ella o en otra lateral y vuelva: *en este polideportivo podemos jugar al frontón.* **3** Edificio o lugar preparado para practicar ese deporte. **4** ARQ. Construcción triangular que se coloca en la parte superior de una fachada, un pórtico, o una ventana: *la fachada estaba rematada por un frontón.*
ETIM Véase *frente.*

frotar *v. tr./prnl.* Pasar repetidamente una cosa sobre otra con fuerza, generalmente para limpiar o sacar brillo: *frotó los muebles con un abrillantador.*

F / f

DER frotación, frotamiento.

fructífero, -ra *adj.* **1** Que produce fruto: *el huerto ha sido este verano muy fructífero.* **2** Que es de utilidad o produce buenos resultados: *hemos hecho un viaje fructífero: nos ha dado tiempo a ver todo lo que queríamos.* **SIN** fructuoso.
ETIM Véase *fruto*.

fructificar *v. intr.* **1** Dar fruto los árboles y otras plantas: *los árboles fructifican en verano.* **2** Ser una cosa de utilidad o producir buenos resultados: *este negocio fructificará con el esfuerzo de todos.*
DER fructificación, fructuoso.
ETIM Véase *fruto*.
OBS En su conjugación, la c se convierte en *qu* delante de *e*.

fructosa *n. f.* Azúcar que está presente en la miel y en muchas frutas: *la fructosa tiene forma de cristales blancos y se puede disolver en agua.*

fructuoso, -sa *adj.* Que es de utilidad o produce buenos resultados: *tus esfuerzos han sido fructuosos: has aprobado el curso.* **ANT** infructuoso.

frugal *adj.* **1** [comida] Que es escaso o poco abundante: *siempre hace una cena frugal para poder dormir bien.* **2** [persona] Que come o bebe muy poco: *es un hombre muy frugal: no come apenas nada.*
DER frugalidad.

frugalidad *n. f.* Moderación al comer o beber: *su secreto para mantenerse en tan buena forma es la frugalidad.*

fruición *n. f.* Placer o gozo intenso que siente una persona al hacer algo: *explicaba con fruición sus divertidas anécdotas.* **SIN** disfrute.

fruncido, -da *adj.* **1** [tela] Que tiene muchas arrugas o pliegues paralelos: *una tela fruncida.* ◊ *n. m.* **2** Conjunto de pliegues paralelos que se hacen en una tela o en parte de ella: *hizo un fruncido en el vestido para que ajustara bien a la cintura.*

fruncir *v. tr.* **1** Arrugar la frente o las cejas una persona para mostrar su enfado o preocupación: *cuando no le gusta algo frunce el ceño.* **2** Coser una tela haciendo pequeños pliegues paralelos para darle vuelo: *ha fruncido las cortinas.*
DER fruncido.
OBS En su conjugación, la c se convierte en *z* delante de *a* y *o*.

fruslería *n. f.* Cosa poco importante o de poco valor: *he traído unas fruslerías para después de la cena.* **SIN** bagatela, futilidad, nimiedad.

frustración *n. f.* **1** Imposibilidad de satisfacer una necesidad física o un deseo: *la muerte de su marido significó la frustración de todas sus esperanzas de felicidad.* **2** Sentimiento de tristeza o dolor que provoca esta imposibilidad: *un sentimiento prolongado de frustración puede llevar a la depresión.*

frustrar *v. tr./prnl.* **1** Impedir que una persona logre satisfacer una necesidad o un deseo: *la falta de trabajo frustra las esperanzas de independencia económica de muchos jóvenes.* **2** Impedir que una idea o un proyecto salga bien: *la protección policial frustró el atentado contra el rey.* **SIN** malograr.
DER frustración, frustrado.

fruta *n. f.* Fruto comestible de ciertas plantas y árboles: *la sandía y la manzana son frutas.*
  fruta del tiempo Fruta que se come en la misma estación en que madura: *este otoño hemos comido fruta del tiempo: batatas, chirimoyas y membrillos.*
  fruta de sartén Dulce hecho con masa frita, de nombres y formas diferentes: *el pestiño y las rosquillas son frutas de sartén.*
DER frutal, frutero; afrutado.

frutal *adj./n. m.* [árbol] Que da o produce fruta: *el peral, el manzano y el naranjo son árboles frutales.*

frutería *n. f.* Establecimiento o tienda en el que se vende fruta: *fue a la frutería a comprar algo de postre.*

frutero, -ra *n. m. y f.* **1** Persona que se dedica a vender fruta. ◊ *n. m.* **2** Plato o recipiente que sirve para contener o servir fruta.
DER frutería.

frutícola *adj.* De la fruta y su comercio o de la fruticultura o relacionado con ellos: *la producción frutícola ha descendido este año a causa del mal tiempo.*

fruticultura *n. f.* Técnica de cultivar plantas o árboles que producen fruto.

fruto *n. m.* **1** Parte de la planta que contiene las semillas, rodeada por piel o cáscara, procede del desarrollo del ovario y se separa de la planta cuando está madura: *la breva y el higo son frutos de la higuera.* **fruto seco** Fruto que no tiene humedad o la ha perdido y se puede conservar durante mucho tiempo: *la nuez y la almendra son frutos secos.* **2** Producto de la tierra que tiene una utilidad: *la tierra ya ha dado sus frutos.* **3** Producto de la mente o del trabajo humano: *tu aprobado es fruto del esfuerzo realizado a lo largo del curso.* **4** Persona en cuanto a sus padres: *tiene dos hijos, fruto de su matrimonio.*
  fruto prohibido Cosa o actividad que no están permitidas: *las golosinas son fruto prohibido para mí porque engordan.*
  sacar fruto Conseguir el efecto que se desea: *hay que aprender a sacar fruto de los desengaños.*
DER fruta, frutícola, fruticultura; disfrutar.
ETIM *Fruto* procede del latín *fructus*, 'disfrute', voz con la que también están relacionadas *fructífero*, *fructificar*.
OBS Se usa frecuentemente en plural.

fucsia *n. f.* **1** Planta tropical originaria de América, de hojas ovaladas y flores de color rosa fuerte: *las flores de la fucsia tienen forma acampanada.* ◊ *adj.* **2** De color rosa fuerte: *lleva un vestido fucsia.* ◊ *adj./n. m.* **3** [color] Que es rosa fuerte: *este verano se ha puesto de moda el fucsia.* Como adjetivo no varía en plural: *tonos fucsia.*

fuego *n. m.* **1** Luz y calor que se desprende al quemarse una cosa. **2** Materia combustible encendida en brasa o en llama: *echa leña al fuego.* **fuegos artificiales** o **fuegos de artificio** Cohetes y otros artificios de pólvora que producen ruido, luz y colores y se usan por la noche en fiestas y espectáculos como diversión: *inauguraron la feria con fuegos artificiales.* **3** Cada uno de los orificios por los que sale el fuego en una cocina o encimera: *aparta la olla del fuego.* **SIN** fogón. **4** Materia que arde de forma fortuita o provocada, de grandes proporciones y que destruye cosas que no deberían quemarse: *no tires colillas por la ventana del coche, puedes provocar un fuego.* **SIN** incendio. **5** Disparo o conjunto de disparos de un arma de fuego: *los soldados se metieron en la trinchera para resguardarse del fuego enemigo.* **6** Pasión o sentimiento muy fuerte: *el fuego de la envidia lo corroía.*
  abrir fuego Comenzar a disparar con un arma: *el policía abrió fuego contra los asaltantes.*
  alto el fuego Interrupción de una acción de guerra: *después de dos años de guerra se ordenó el alto el fuego.*
  atizar el fuego Hacer más vivo o intenso un enfado o lucha: *no le digas más cosas con lo enfadada que está, lo único que consigues es atizar el fuego.*
  echar fuego Mostrar o manifestar gran enfado o rabia: *estoy que echo fuego con la injusticia que han cometido conmigo.*
  estar entre dos fuegos Encontrarse en una situación peligrosa o difícil o entre dos bandos o personas enfrentadas

entre sí: *el jefe está entre dos fuegos porque le presionan los directivos y sus empleados.*
jugar con fuego Exponerse a un peligro sin necesidad: *no debes correr tanto con la moto, porque estás jugando con fuego.*
ETIM *Fuego* procede del latín *focus*, 'hogar, brasero', voz con la que también están relacionadas *foco, fogarada, fogata, fogón, fogoso, foguear; desfogar, hogar, hoguera.*

fuelle *n. m.* **1** Instrumento que sirve para soplar, recogiendo aire y expulsándolo con fuerza en una dirección determinada: *aviva el fuego con el fuelle antes de que se apague.* **2** Arruga o pliegue en la ropa: *no te queda bien ese vestido estrecho porque te hace un fuelle en la cadera.* **3** Pliegue de cuero: *el fuelle de un acordeón; este bolso no tiene fuelles y no me cabe nada.* **4** *coloquial* Capacidad para respirar que tiene una persona: *se queda sin fuelle después de correr.*

fuente *n. f.* **1** Corriente de agua que brota de la tierra: *fue a por agua de una fuente que sólo él conocía.* **SIN** alfaguara, fontana, manantial, venero. **3** ciclo del agua. **2** Lugar donde brota esta corriente de agua: *al morir Livingstone, Stanley resolvió el problema de las fuentes del Nilo.* **SIN** alfaguara, fontana, manantial, venero. **3** Construcción en un lugar público con uno o más grifos por donde sale agua: *llevó la burra a la fuente para que bebiera.* **SIN** fontana. **4** Origen o principio de una cosa: *Grecia es la fuente de la cultura clásica.* **SIN** manantial, venero. **5** Documento, obra o persona que proporciona información: *fuentes cercanas al presidente han desmentido su enfermedad.* **6** Recipiente en forma de plato grande, ovalado o redondo, generalmente hondo, que se usa para servir alimentos: *trae la fruta en la fuente de cristal.* **3** cocina. **7** Cantidad de comida que cabe en este recipiente: *se comió una fuente de gambas él solito.*
ETIM *Fuente* procede del latín *fons, -ntis*, que tenía el mismo significado, voz con la que también están relacionadas *fontana, fontanela, fontanería.*

fuera *adv.* **1** En la parte exterior o hacia la parte exterior: *salió fuera de la habitación; está fuera de la caja.* **ANT** dentro. **2** En un tiempo que no está comprendido entre dos momentos determinados: *entregó la solicitud fuera de plazo y no la han llamado.* **3** En el exterior de un espacio o período de tiempo que no es real o concreto: *me han dejado fuera de sus planes.* ◊ *n. m.* **4** Jugada que se produce al salir de los límites del terreno de juego la pelota o el objeto con que se juega: *el árbitro pitó fuera de banda.* ◊ *int.* **5 ¡fuera!** Indica desagrado o desaprobación con alguien que habla o actúa en público: *un grupo de seguidores le gritaba ¡fuera! al árbitro.* **6** Se usa para echar a alguien de un lugar: *tengo que estudiar así que ¡fuera!*
de fuera Indica que una persona o una cosa es de otro lugar: *viene de fuera; es de fuera.*
fuera de Indica que lo expresado a continuación no está incluido en lo que se dice después o es una excepción: *fuera de que se nos estropeó el coche, el viaje ha sido estupendo.*
fuera de combate Indica que una persona está vencida o derrotada, especialmente en boxeo: *el púgil dejó fuera de combate a su oponente con un derechazo.*
fuera de juego Posición que anula un gol o una jugada de ataque en fútbol o deportes semejantes, cuando el jugador que recibe el pase se encuentra más adelantado que todos los defensas del equipo contrario, en el momento justo en que el balón sale impulsado por el jugador que da el pase: *el árbitro pitó un fuera de juego muy discutible.*
fuera de sí Indica que una persona no tiene control sobre sus propios actos: *se enfadó tanto que estaba fuera de sí.*

DER afuera.
ETIM *Fuera* procede del latín *foras*, que tenía el mismo significado, voz con la que también están relacionadas *foráneo, forastero.*

fueraborda *n. m.* **1** Motor de gasolina instalado en la parte trasera y exterior de una embarcación, que la impulsa mediante una hélice: *he comprado un fueraborda para la barca de pescar.* **2** Embarcación de recreo o de carreras que lleva instalado este motor: *hay una competición de fuerabordas en el puerto.*

fuero *n. m.* **1** Ley o conjunto de privilegios que en la Edad Media un monarca concedía a los habitantes de un territorio o localidad: *el rey otorgó un fuero a la ciudad.* **2** Conjunto de leyes o normas que se conceden a un territorio o a una persona. **3** Libro que contiene el conjunto de leyes o normas de un territorio: *las leyes visigodas estaban contenidas en el Fuero Juzgo.* **4** Poder o autoridad de una persona o estamento para juzgar algo: *el fuero eclesiástico será el que conceda la nulidad del matrimonio.* **5** Orgullo excesivo de una persona: *hay que ser más humilde y no tener tantos fueros.* Se usa generalmente en plural.
fuero interno Conciencia de una persona para aprobar las buenas acciones y rechazar las malas: *en su fuero interno sabe que obra mal, pero es muy orgulloso y no lo reconocerá.*
ETIM *Fuero* procede del latín *forum*, 'tribunal', voz con la que también está relacionada *foro.*

fuerte *adj.* **1** Que tiene fuerza y resistencia: *necesito una persona fuerte que me ayude a transportar esta caja; la pana es un tejido fuerte.* **2** [persona] Que tiene fuerza o ánimo para soportar y afrontar desgracias o situaciones difíciles: *esa mujer tan fuerte crió sola a cuatro hijos.* **ANT** débil. **3** Que tiene gran intensidad: *el ajo tiene un sabor muy fuerte; sentí un fuerte dolor en el costado; ¡qué olor tan fuerte! * **4** Que es importante o tiene poder o solidez: *nuestro hombre fuerte es el administrador; es una empresa fuerte en el sector.* **5** Que tiene conocimientos o experiencia en una ciencia o arte: *está fuerte en matemáticas.* Se usa con el verbo *estar.* **6** Que causa gran impacto en el ánimo: *¡Qué fuerte! Lo ha suspendido todo; me dijo cosas muy fuertes; las imágenes de la guerra han sido muy fuertes.* **7** [carácter] Que es irritable: *tiene un carácter tan fuerte que no me atrevo a decirle nada por miedo a que se enfade.* ◊ *n. m.* **8** Ciencia o actividad en que destaca una persona o que le gusta especialmente: *su fuerte es la pintura.* **9** Lugar protegido por construcciones de defensa para resguardarse de los enemigos: *en el fuerte estaban los soldados del Séptimo de Caballería.* **SIN** fortaleza. ◊ *adv.* **10** En abundancia o con mucha intensidad: *no hables tan fuerte, que tu padre está durmiendo; llover fuerte.*
hacerse fuerte Resistirse una persona a ceder en algo: *intenté que me hiciera una rebaja en el precio del coche pero se hizo fuerte.*
DER fuerza.
ETIM *Fuerte* procede del latín *fortis*, que tenía el mismo significado, voz con la que también están relacionadas *confortar, fortachón, fortaleza, fortín, fortísimo.*

fuerza *n. f.* **1** Capacidad física para hacer un trabajo o mover una cosa: *las hormigas tienen mucha fuerza para soportar pesos muy superiores al suyo.* **2** Esfuerzo o aplicación de esta capacidad física sobre algo: *levantó la caja con fuerza.* **3** FÍS. Causa capaz de modificar el estado de reposo o movimiento de un cuerpo: *la fuerza se mide en newtons.* **fuerza de gravedad** FÍS. Fenómeno de atracción que todo cuerpo ejerce sobre aquellos otros que lo rodean: *los objetos caen al suelo por la fuerza de gravedad de la Tierra.* **4** Violencia físi-

fuet

ca contra una persona o animal: *la agarró con fuerza y no la dejó irse.* **fuerza bruta** Capacidad física para hacer algo, en oposición a la capacidad que da el derecho o la razón: *antes de utilizar la fuerza bruta hay que pensar un poco.* **5** Capacidad de una cosa material o inmaterial para producir un efecto: *su opinión tiene mucha fuerza en esta casa; la fuerza de los antibióticos.* **fuerza mayor** Suceso inevitable que, al no poderse prever, impide la realización de una obligación: *sólo a causa de una fuerza mayor se suspenderá el examen.* **6** Intensidad con que se manifiesta algo, especialmente un sentimiento: *superaron los problemas gracias a la fuerza de su amor.* **7** Capacidad de una cosa para sostener un cuerpo o resistir un empuje: *la fuerza de un dique.* ◊ *n. f. pl.* **8** Conjunto de tropas de un ejército y del material militar que emplean: *las fuerzas de defensa se situaron estratégicamente en la frontera.* **fuerzas armadas** Conjunto formado por los ejércitos de tierra, mar y aire de un país. **fuerzas de choque** Conjunto de militares preparados especialmente para el ataque en una guerra.
a fuerza de Indica la repetición de una cosa o acción de manera insistente: *a fuerza de repetírselo te hará caso; a fuerza de trabajo.*
a la fuerza o **por fuerza** *a)* Indica que algo se hace contra la propia voluntad y, generalmente, con violencia: *lo llevó al médico a la fuerza porque no quería ir. b)* Indica que algo se hace por necesidad: *tengo que comprar comida por fuerza o no cenaremos nada.*
fuerzas de orden público o **fuerza pública** Conjunto de personas encargadas de mantener el orden en un lugar: *las fuerzas de orden público en España están formadas por la guardia civil, el cuerpo superior de policía y la policía nacional.*
fuerzas vivas Conjunto de personas con poder o con capacidad de representación, que promueven y controlan la actividad y prosperidad de un lugar.
irse la fuerza por la boca Hablar mucho una persona sobre como se han de hacer las cosas, pero no hacer nada: *no cuentes con él para este trabajo porque aunque protesta mucho, se le va la fuerza por la boca.*
sacar fuerzas de flaqueza Hacer un esfuerzo extraordinario al realizar algo: *el ciclista tuvo que sacar fuerzas de flaqueza para subir el puerto.*
ETIM *Fuerza* procede del latín *fortia*, que tenía el mismo significado, voz con la que también están relacionadas *forcejear, forzar.*

fuet *n. m.* Embutido muy parecido al salchichón, pero más estrecho: *el fuet es típico de Cataluña.*
OBS Es de origen catalán.

fuga *n. f.* **1** Salida precipitada de un lugar cerrado, especialmente si se hace de manera oculta: *la fuga de una prisión.* **SIN** escapada, evasión, huida. **2** Salida o escape de un líquido o de un gas por una abertura a causa de una avería: *no enciendas ninguna cerilla en la cocina, porque huele mucho a gas y parece que hay una fuga.* **3** MÚS. Composición musical que se basa en la repetición de un tema corto en diferentes voces y tonos.
DER fugarse, fugaz, fugitivo, fuguillas; prófugo, refugio, subterfugio, tránsfuga.
ETIM Véase *huir.*

fugacidad *n. f.* Duración muy breve de una cosa, especialmente inmaterial: *la fugacidad del tiempo; el tema de la novela es la fugacidad de la juventud.*

fugarse *v. prnl.* Salir precipitadamente de un lugar cerrado; especialmente si es de manera oculta: *varios reclusos preparaban fugarse.* **SIN** escapar, evadirse, huir.

fugaz *adj.* **1** Que tiene una duración muy breve: *la felicidad es fugaz, así que hay que aprovecharla.* **SIN** fugitivo. **2** Que se mueve con mucha velocidad y se aleja y desaparece rápidamente: *una estrella fugaz.* **SIN** huidizo.
DER fugacidad.

fugitivo, -va *adj./n. m. y f.* **1** Que se fuga o se escapa de un lugar sin ser visto: *los fugitivos se ocultaron en el túnel.* ◊ *adj.* **2** Que tiene una duración muy breve. **SIN** fugaz.

-fugo, -fuga Elemento sufijal que entra en la formación de palabras con el significado de: *a)* 'Que huye', 'que se aleja': *centrífugo, lucífugo. b)* Con el valor de 'ahuyentar', aporta el sentido de 'que elimina, rechaza o neutraliza': *fumífugo, ignífugo.*

fulana *n. f.* Mujer que mantiene relaciones sexuales a cambio de dinero. Tiene valor despectivo. **SIN** furcia, prostituta, puta.

fulano, -na *n. m. y f.* **1** Persona imaginaria o sin determinar: *siempre pendiente de fulano y mengano y a nosotros ni caso.* Suele ir acompañada de *mengano* o *zutano.* **2** Persona cuyo nombre se desconoce, no se recuerda o no se quiere decir: *ha llamado un fulano pidiendo información sobre el piso que vendemos.* **SIN** individuo.

fular *n. m.* Pañuelo que se pone en el cuello o pequeña bufanda de tela fina: *llevaba al cuello un fular de gasa negra.*

fulcro *n. m.* Punto de apoyo en el que se coloca una barra no flexible para hacer de palanca: *tienes que poner el fulcro en el medio del tablón.*

fulgor *n. m.* Brillo o resplandor muy intenso de una cosa: *en el horizonte se veía el fulgor de los rayos.*
DER fulgurar.
ETIM *Fulgor* procede del latín *fulgor, -oris,* 'relámpago', voz con la que también está relacionada *fulminar.*

fulgurante *adj.* **1** Que brilla o resplandece con intensidad: *una luz fulgurante se veía a lo lejos.* **2** Que destaca por su rapidez o su calidad: *una carrera fulgurante.*

fulgurar *v. intr.* Brillar con intensidad: *el collar de diamantes fulguraba sobre su vestido negro.*
DER fulgurante.

fullero, -ra *adj./n. m. y f.* [persona] Que hace trampas en el juego: *es un fullero, se había escondido una carta.* **SIN** tramposo.
DER fullería.

fulminante *adj.* **1** Que destruye, causa daño o causa la muerte de forma rápida: *el infarto fue fulminante.* **2** Que es muy rápido y de efecto inmediato: *éxito fulminante.* ◊ *n. m.* **3** Materia que se usa para hacer estallar cargas explosivas.

fulminar *v. tr.* **1** Destruir o causar daño o la muerte de forma rápida, especialmente un rayo o un arma: *un rayo ha fulminado a una oveja; el cáncer de pulmón lo fulminó.* **2** Dejar admirada o impresionada a una persona, especialmente con una mirada o una voz que muestra odio o amor: *la madre fulminó a su hijo con la mirada por la impertinencia que había dicho.*
DER fulminante.
ETIM Véase *fulgor.*

fumadero *n. m.* Lugar donde van las personas a fumar: *este parque se ha convertido en un fumadero.*

fumador, -ra *adj./n. m. y f.* [persona] Que fuma tabaco por costumbre: *los fumadores tienen más posibilidades de contraer enfermedades respiratorias.*
fumador pasivo Persona que, sin tener la costumbre de fumar, aspira el humo de las personas que fuman y en consecuencia está sometida a los efectos nocivos del tabaco: *soy fumadora pasiva porque en mi oficina fuma todo el mundo durante todo el día.*

fumar *v. intr./tr.* **1** Aspirar y despedir el humo del tabaco o de otras sustancias herbáceas: *fuma puros y tabaco rubio*. ◇ *v. prnl.* **2 fumarse** Gastarse los bienes o el dinero con gran rapidez: *se fuma la paga del mes en una semana*. **SIN** derretir, fundir. **3** *coloquial* No cumplir con una obligación: *lleva varios días fumándose la clase de gimnasia*.
DER fumadero, fumador.
ETIM Véase *humo*.

fumarola *n. f.* **1** Emisión de gases o vapores de un volcán a través de una grieta o abertura: *el volcán ha dejado de expulsar lava, pero continúa la fumarola*. **2** Grieta o abertura de un volcán por la que salen estos gases o vapores.

fumata *n. f.* Columna de humo que sale de una chimenea de la capilla Sixtina, procedente de la combustión de las papeletas de votación de un cónclave o reunión de cardenales para elegir al nuevo Papa: *si la fumata es blanca es que ya ha sido elegido el nuevo Papa*.
OBS Es de origen italiano.

fumigar *v. tr.* Hacer que desaparezcan plagas de insectos u organismos que dañan utilizando productos químicos: *han fumigado los árboles frutales; una empresa fumigará la casa para hacer desaparecer la plaga de polillas*.
ETIM Véase *humo*.
OBS En su conjugación, la *g* se convierte en *gu* delante de *e*.

función *n. f.* **1** Actividad propia de los órganos de los seres vivos o uso o destino de una cosa: *la función del riñón es purificar la sangre; la función de los semáforos es regular el tráfico*. **2** Ejercicio de un cargo o empleo: *su función en la empresa es la de contable*. **3** Representación de un espectáculo o proyección de una película: *una función de teatro; fuimos al cine a la función de las cuatro*. **4** GRAM. Relación que se establece entre los elementos de una estructura gramatical: *el verbo hace la función de núcleo del sintagma verbal*. **5** MAT. Relación entre dos magnitudes de manera que los valores de una dependen de los de la otra: $y = f(x)$ *es una función*.
en función de Indica que una cosa depende de lo que se dice a continuación: *el tamaño de la sala debe elegirse en función del número de invitados*.
en funciones Indica que una persona está haciendo un trabajo en sustitución de otra o de forma temporal: *el presidente en funciones dejará el cargo en cuanto jure la Constitución el nuevo presidente*.
DER funcional, funcionalismo, funcionar, funcionario; disfunción.

funcional *adj.* **1** De la función biológica o psíquica, o que tiene relación con ellas: *tiene un problema funcional del aparato digestivo*. **2** [cosa] Que está pensado y creado para tener una utilidad práctica: *la decoración de la casa es funcional*.
DER funcionalidad.

funcionamiento *n. m.* **1** Realización por parte de una persona o cosa de la función que le es propia: *el funcionamiento de este hospital se debe a la buena gestión de su director*. **2** Uso o empleo de algo: *el friegaplatos trae un manual explicando su funcionamiento*. **SIN** manejo.

funcionar *v. intr.* **1** Realizar una persona o cosa la función que le es propia: *este coche no funciona bien, lo llevaré al mecánico*. **2** *coloquial* Marchar bien: *nuestra relación funciona porque nos respetamos*.
DER funcionamiento.

funcionario, -ria *n. m. y f.* Persona que ocupa un cargo o empleo en la Administración pública: *aprobó las oposiciones de funcionario de Hacienda; es funcionaria de Correos*.

funda *n. f.* Cubierta con la que se envuelve una cosa para guardarla o protegerla: *metió el teléfono móvil en la funda*.
DER enfundar.

fundación *n. f.* **1** Establecimiento o creación de una ciudad, un edificio, una empresa o una institución: *celebraron el centenario de la fundación de mi colegio*. **2** Sociedad u organización cuyos miembros se dedican a hacer obras sociales, culturales o humanitarias sin finalidad lucrativa: *pertenece a la fundación contra el cáncer*. **SIN** patronato.

fundador, -ra *adj./n. m. y f.* [persona] Que funda o crea una cosa: *ha sido el fundador de una importante empresa de cosméticos*.

fundamental *adj.* **1** Que es los más importante y necesario o sirve de principio: *para este trabajo es fundamental la atención*. **2** Que sirve de fundamento o principio: *la base fundamental del empirismo es la experiencia*. **SIN** básico, esencial. **ANT** secundario.

fundamentalismo *n. m.* Movimiento religioso, social y político, basado en la interpretación literal de los textos sagrados y en el estricto cumplimiento de sus leyes o normas: *el fundamentalismo es un movimiento integrista*.
DER fundamentalista.

fundamentalista *adj.* **1** Del fundamentalismo o que tiene relación con este movimiento religioso. ◇ *adj./n. com.* **2** [persona] Que es partidario del fundamentalismo.

fundamentar *v. tr.* **1** Poner una base para construir sobre ella algo: *después de fundamentar la casa empezarán a levantarla*. **SIN** cimentar. **2** Establecer los principios o la base de una cosa: *el conferenciante fundamentó su charla en la diferencia de clases*. **SIN** basar.
DER fundamentación.

fundamento *n. m.* **1** Parte de una construcción que está bajo tierra y le sirve de apoyo o base: *tras el terremoto revisaron los fundamentos del edificio*. Se usa con frecuencia en plural. **SIN** cimiento. **2** Principio u origen en que se asienta una cosa no material: *el fundamento de tu teoría no tiene validez*. **3** Formalidad, sensatez o seriedad que tiene una persona: *es una persona con fundamento, así que puedes encargarle ese trabajo*. ◇ *n. m. pl.* **4 fundamentos** Elementos básicos de cualquier arte o ciencia: *el primer curso de carrera estudiamos los fundamentos de la economía*.
DER fundamental, fundamentalismo, fundamentar.

fundar *v. tr.* **1** Establecer o crear una ciudad, una empresa, un edificio o una institución: *ha fundado una asociación para acoger a los niños abandonados; los romanos fundaron muchas ciudades*. ◇ *v. tr./prnl.* **2** Establecer los principios o la base de una cosa: *la teoría se funda en su propia experiencia*. **SIN** basar, fundamentar.
DER fundación, fundador, fundamento; infundado.
ETIM Véase *hondo*.

fundición *n. f.* **1** Paso de una sustancia sólida a líquida por la acción del calor: *para la fundición de los metales se requieren altas temperaturas*. **2** Fábrica donde se funden metales: *en esta fundición se fabrican lingotes*. **3** Mezcla de hierro y carbono que contiene más de un 2% de éste. **4** Conjunto de letras o moldes de una clase que se usan en imprenta.

fundir *v. tr./intr.* **1** Convertir una sustancia sólida en líquida por la acción del calor: *el joyero fundió el oro para hacer una sortija*. ◇ *v. tr.* **2** Dar forma en un molde a un metal derretido: *fundieron las campanas de la iglesia en esta fundición*. **3** *coloquial* Gastar los bienes o el dinero con gran rapidez: *funde la paga de un mes en una semana*. **SIN** derretir, fumar. ◇ *v. tr./prnl.* **4** Reducir a una sola cosa dos o más cosas diferentes: *fundieron sus ideas y surgió una nueva teoría; las dos*

fúnebre

empresas se han fundido. ◇ v. prnl. **5 fundirse** Dejar de funcionar un aparato eléctrico: *se ha producido una subida de tensión y se han fundido los plomos.*
DER fundición, fundido; confundir, difundir, infundir, refundir, transfundir.
ETIM *Fundir* procede del latín *fundere*, que tenía el mismo significado, voz con la que también están relacionadas *fusible, fusión.*

fúnebre *adj.* **1** Que tiene relación con los difuntos: *coche fúnebre; cortejo fúnebre.* **2** Que es muy triste o sombrío: *no sé por qué se viste con colores tan fúnebres, tiene un aspecto deprimente.*

funeral *adj.* **1** Del entierro de una persona muerta o que tiene relación con él: *el cortejo funeral siguió al coche fúnebre hasta el cementerio.* **SIN** funerario. ◇ *n. m.* **2** Ceremonia religiosa que se celebra para recordar la muerte de una persona y rezar por la salvación de su alma: *para los que no puedan asistir al entierro se celebrará un funeral la próxima semana.* **SIN** exequias. **funeral córpore insepulto** o **funeral de cuerpo presente** Ceremonia religiosa que se celebra ante el cadáver del muerto.
DER funerario.

funeraria *n. f.* Empresa que se encarga de organizar todo lo relacionado con el entierro de los muertos: *la funeraria traerá el ataúd para el difunto y lo trasladará hasta el cementerio.*

funerario, -ria *adj.* Del entierro de una persona muerta o que tiene relación con él: *el acto funerario se celebrará a las veinticuatro horas de su muerte.* **SIN** funeral.
DER funeraria.

funesto, -ta *adj.* **1** Que es origen de tristezas o de desgracias: *aquel funesto día perdió todo lo que tenía.* **2** Que es muy triste o desgraciado: *le vino a la mente el funesto recuerdo de su pasado.*

fungible *adj.* DER. Que se consume con el uso: *un coche es un bien fungible.*

fungicida *n. m.* Sustancia que sirve para destruir los hongos parásitos que causan enfermedades o daños: *tiene hongos en la planta del pie y el médico le ha recetado un fungicida.*

funicular *adj. n. m.* [vehículo] Que funciona arrastrado por medio de una cuerda o cable: *ferrocarril funicular; un funicular nos subirá a lo alto de la montaña.*

furcia *n. f.* Mujer que mantiene relaciones sexuales a cambio de dinero. Tiene valor despectivo. **SIN** fulana, prostituta, puta.

furgón *n. m.* **1** Vehículo automóvil de cuatro ruedas, con un espacio interior grande y que se usa para el transporte de mercancías: *hemos alquilado un furgón para hacer la mudanza; el furgón es más grande que la furgoneta.* **2** Vagón de un tren destinado al transporte de equipaje, correo o de mercancías. **furgón de cola** Vagón que va al final del tren.
DER furgoneta.

furgoneta *n. f.* Vehículo de cuatro ruedas que sirve para transportar mercancías: *la empresa de transportes tiene varias furgonetas para el reparto local.*

furia *n. f.* **1** Ira o violencia producida por un enfado muy grande y que no se puede controlar: *estaba tan enfadado que golpeó la mesa con furia; gritar con furia.* **SIN** furor. **2** Persona muy enfadada: *se puso hecho una furia.* **3** Fuerza, energía y prisa con que se hace una cosa: *trabajaba con furia para conseguir terminar en la fecha prevista.* **SIN** furor. **4** Agitación violenta con que se produce algo, especialmente la que causan los elementos de la naturaleza: *la furia de las olas; de lejos se veía la furia de las llamas arrasando el bosque.* **SIN** furor. **5** Momento de mayor intensidad de una moda o costumbre: *eran los tiempos de la furia de la música clásica.*
DER furibundo, furioso, furor; enfurecer.

furibundo, -da *adj.* **1** Que está enfurecido o tiende a enfadarse con facilidad: *la furibunda mujer se marchó dando un portazo; carácter furibundo.* **2** Que muestra rabia o furia: *le lanzó una furibunda mirada.* **3** [persona] Que admira o apoya a una persona o un grupo con pasión exagerada: *es una furibunda seguidora de las carreras de motos.* **SIN** fan, fanático.

furioso, -sa *adj.* **1** Que está enfurecido o muy enfadado: *se puso furioso cuando vio la pelea entre los dos amigos.* **2** Que tiene o muestra violencia: *sentía unos celos furiosos porque su mejor amiga salía con otras chicas.*

furor *n. m.* **1** Ira o violencia producida por un enfado muy grande y que no se puede controlar: *le sentó tan mal lo que le dijo que lo insultó con furor.* **SIN** furia. **2** Agitación violenta con que se produce algo, especialmente la que causan los elementos de la naturaleza: *el furor del viento.* **SIN** furia. **3** Fuerza, energía y prisa con que se realiza una actividad: *está haciendo sus deberes con furor para poder salir a jugar a la calle.* **SIN** furia. **4** Afición desordenada y excesiva: *le gustan las motos con furor.*
causar (o hacer) furor Indica que una cosa está muy de moda en un momento determinado: *este invierno causará furor la moda de los sesenta.*

furtivo, -va *adj.* **1** Que se hace a escondidas o de manera disimulada: *le dirigió una mirada furtiva para indicarle que se quería ir de aquel lugar.* ◇ *adj./n. m. y f.* **2** [cazador] Que caza o pesca sin tener permiso o cuando está prohibido: *el guardabosque vigilaba atento porque sabía que había cazadores furtivos en el coto.*
DER furtivismo.
ETIM Véase *hurto.*

fusa *n. f.* MÚS. Figura cuya duración equivale a la mitad de la semicorchea: *la fusa se representa con una negra y tres pequeños ganchos en el extremo superior de la barra.* ☞ notación musical.
DER semifusa.

fuselaje *n. m.* Cuerpo central del avión, donde van la tripulación, los pasajeros y las mercancías: *el fuselaje se hace de material ligero.*

fusible *n. m.* Hilo metálico que se coloca en una instalación eléctrica, que se rompe e interrumpe el paso de la corriente eléctrica cuando la intensidad es superior a la establecida: *al producirse el cortocircuito saltaron los fusibles.* **SIN** plomos.
ETIM Véase *fundir.*

fusil *n. m.* Arma de fuego automática compuesta por un cañón largo, con un cargador de balas y una culata de forma triangular que se apoya contra el hombro cuando se dispara: *el fusil forma parte del armamento básico de la infantería.* **fusil submarino** Arma que sirve para lanzar arpones a gran velocidad bajo la superficie del agua: *el buceador llevaba un fusil submarino para defenderse de los animales peligrosos.*
DER fusilar; subfusil.

fusilamiento *n. m.* Ejecución de una persona disparándole, especialmente con uno o varios fusiles: *durante la guerra civil española se produjeron numerosos fusilamientos.*

fusilar *v. tr.* **1** Ejecutar a una persona disparándole, especialmente con uno o varios fusiles. **2** *coloquial* Copiar una obra o partes de la obra de otro autor: *para dar la conferencia fusiló varias obras y fue abucheado por el público.* **SIN** plagiar.
DER fusilamiento.

fusión *n. f.* **1** Paso del estado sólido al líquido por la acción

del calor: *la fusión del hielo en agua líquida se produce a partir de los cero grados centígrados.* **fusión nuclear** FÍS. Reacción nuclear producida por la unión de dos o más átomos sometidos a muy altas temperaturas, que provoca un gran desprendimiento de energía. **2** Unión de intereses, ideas o partidos diferentes: *se ha producido la fusión de varios bancos.* **DER** fusionar; efusión, transfusión.
ETIM Véase *fundir*.

fusionar *v. tr./prnl.* Producir una unión entre intereses, ideas o partidos diferentes: *varias cajas de ahorros andaluzas se han fusionado en una.*

fusta *n. f.* Vara delgada y flexible con una correa en uno de sus extremos que se usa para golpear al caballo y darle órdenes: *el domador golpeaba con la fusta las patas de los caballos para que las levantaran.*

fuste *n. m.* **1** ARQ. Parte de la columna que tiene forma de cilindro alargado y está comprendida entre la base y el capitel: *el fuste de la columna dórica es acanalado.* **2** Madera del árbol sin considerar la corteza. **3** Pieza de madera que forma la silla del caballo. **4** Importancia o valor: *no desconfíes de esos productos porque son de una marca de fuste.*
DER fusta, fustigar.

fustigar *v. tr.* **1** Dar golpes o azotar como castigo sirviéndose de un instrumento: *fustigó al caballo para que corriera.* **2** Criticar o reprender con dureza a una persona o hablar mal de una cosa: *fustigó a sus alumnos cuando dio las notas de los exámenes y la mayoría habían suspendido.* **SIN** flagelar, vituperar.
ETIM Véase *hostigar*.
OBS En su conjugación, la g se convierte en gu delante de e.

fútbol *n. m.* Deporte que se juega entre dos equipos de once jugadores y que consiste en meter un balón en la portería del contrario, utilizando los pies, la cabeza o cualquier parte del cuerpo que no sean las manos o los brazos: *el campo de fútbol suele estar cubierto de hierba o arena fina; un partido de fútbol se divide en dos partes de 45 minutos cada una.* **SIN** balompié. **fútbol americano** Deporte que consiste en llevar un balón ovoide más allá de una línea protegida por el contrario o en meterlo en su meta, utilizando cualquier parte del cuerpo: *el fútbol americano es muy popular en Estados Unidos y se parece más al rugby que al fútbol.* **fútbol sala** Deporte que se practica en un terreno más pequeño que el del fútbol y con un balón también más pequeño: *en fútbol sala se enfrentan dos equipos de cinco jugadores cada uno.*
DER futbito, futbolín, futbolista, futbolístico.

futbolín *n. m.* **1** Juego que consiste en mover unas figuras de madera o metal para que golpeen una bola y la metan en un hueco, como en el fútbol. **2** Mesa con figuras, que imita un campo de fútbol con sus jugadores y se usa para ese juego: *el futbolín tiene unos ejes mediante los cuales se mueven los jugadores.*

futbolista *n. com.* Persona que juega al fútbol: *mi nieto quiere ser futbolista; los futbolistas se entrenan todos los días.*

futbolístico, -ca *adj.* Del fútbol o que tiene relación con este deporte de equipo: *escuchaba en la radio las retransmisiones futbolísticas.*

fútil *adj.* Que tiene poco valor e importancia por su naturaleza o por su falta de contenido: *tenemos mucho trabajo, así que no perdamos el tiempo en cosas fútiles.* **SIN** banal, vano.
DER futilidad.

futilidad *n. f.* Cosa poco importante o de poco valor: *le trajo del viaje bombones, alhajas y algunas futilidades.* **SIN** fruslería, nadería.

futón *n. m.* Cama de origen japonés que consta de una base de madera sobre la que se extiende un colchón de lana o algodón. ☞ cama.

futurismo *n. m.* **1** Actitud favorable hacia el futuro: *sólo conseguirán avanzar con una postura de progreso y futurismo.* **2** Movimiento artístico de principios del siglo XX que intenta romper con la tradición y revolucionar las ideas, costumbres, el arte, la literatura y el lenguaje: *el futurismo surge en 1909 con un manifiesto del poeta italiano Marinetti.*

futurista *adj.* **1** Que muestra una actitud favorable hacia el futuro: *2001, una odisea en el espacio es una película futurista.* ◇ *adj./n. com.* **2** [persona] Que es partidario del movimiento artístico del futurismo: *Boccioni y Carrá fueron pintores futuristas.*

futuro, -ra *adj.* **1** Que todavía no ha sucedido o que está próximo en el tiempo: *en un futuro viaje te iremos a visitar; planea con ilusión sus futuros proyectos.* ◇ *adj./n. m.* **2** GRAM. [tiempo verbal] Que indica que una acción todavía no se ha producido: *el verbo volveré está en futuro.* ◇ *n. m. y f.* **3** Persona que está comprometida con otra para casarse: *presentó a su futuro a sus padres.* ◇ *n. m.* **4** Tiempo que todavía no ha llegado: *hablaremos del asunto en el futuro.*
DER futura, futurismo, futurología.

futurología *n. f.* Conjunto de estudios para prever lo que va a ocurrir en el futuro.
DER futurólogo.

futurólogo, -ga *n. m. y f.* Persona que se dedica a prever lo que va a ocurrir en el futuro: *consultó con un futurólogo para saber si ganaría el premio.*

G | g

g *n. f.* **1** Séptima letra del alfabeto español. Su nombre es *ge*: *la palabra* guapa *empieza con* g. Delante de *e*, *i* representa el sonido consonántico velar fricativo sordo y se pronuncia como la letra *j*, como en *gente, colegio*. Delante de *a*, *o*, *u* o consonante representa el sonido consonántico velar fricativo sonoro, como en *gato, goma, guante, gris*. Este sonido sonoro se representa con la grafía *gu*, con *u* muda, delante de *e*, *i*, como en *Miguel, guisante*; por esta razón, cuando la *u* se pronuncia delante de *e*, *i* ha de llevar diéresis, como en *cigüeña, pingüino*. **2** Abreviatura de gramo, unidad de masa que equivale a la milésima parte de un kilogramo: *medio kilo son 500 g*.

g. p. o **g/p.** Abreviatura de *giro postal*, 'giro que se envía por correo'.

gabacho, -cha *n. m. y f. coloquial* Persona que es de Francia. **SIN** franchute. Es un apelativo despectivo.

gabán *n. m.* Prenda de vestir de abrigo de tela fuerte, larga y con mangas, que se pone sobre otras prendas: *se puso el gabán sobre la chaqueta porque hacía mucho frío*.

gabardina *n. f.* **1** Prenda de vestir larga de tela impermeable que sirve para protegerse de la lluvia. **2** Tejido fuerte de algodón que se usa para fabricar esa prenda u otras: *se ha hecho un traje de chaqueta de gabardina*. **3** Masa de harina o pan rayado y huevo con que se envuelven algunos alimentos antes de freírlos: *gambas con gabardina*.

gabarra *n. f.* **1** Embarcación pequeña y chata para la carga y descarga de los barcos. **2** Embarcación de gran tamaño que sirve para transportar mercancías: *esa gabarra transporta fruta en cámaras frigoríficas*.

gabinete *n. m.* **1** Habitación que sirve para estudiar o para recibir visitas: *se encierra en su gabinete a preparar sus clases*. **2** Local destinado al ejercicio de una profesión o a la investigación o estudio de algunas ciencias: *lleva a su hijo a un gabinete de psicología porque tiene problemas en el colegio*. **3** Conjunto de ministros que componen el gobierno de un país: *hoy se sabrán los cambios que va a introducir el jefe del gobierno en su gabinete*.

gacela *n. f.* Animal mamífero rumiante muy veloz, de patas largas y finas, cabeza pequeña, cuernos curvados, de color blanco en el vientre y marrón claro en el resto del cuerpo: *las gacelas viven en las estepas de África y Asia*.
OBS Para indicar el sexo se usa *la gacela macho* y *la gacela hembra*.

gaceta *n. f.* **1** Publicación periódica destinada a dar información de carácter cultural o científico: *estudia empresariales y compra la gaceta de economía para estar al día*. **2** Persona que se entera de casi todo lo que ocurre y lo cuenta: *este chico es la gaceta de la oficina porque sabe todo lo que pasa*.
DER gacetilla.

gacha *n. f.* **1** Masa blanda que debería ser espesa y consistente: *esta bechamel es una gacha, va a ser complicado liar las croquetas*. ◇ *n. f. pl.* **2 gachas** Comida que se hace con harina cocida con agua y sal y se puede aderezar con leche, miel o cualquier otra sustancia: *le gustan las gachas con pan frito y miel*. **3** Masa que resulta de mezclar tierra y agua: *el niño se dedicó a pisar las gachas de la calle y se puso perdido*.

gachí *n. f. coloquial* Mujer, generalmente joven.

gachó *n. m.* **1** *coloquial* Hombre, generalmente joven. **2** *coloquial* Hombre que es el amante de una mujer.

gacho, -cha *adj.* **1** Inclinado hacia tierra: *el perro se fue con las orejas gachas*. **2** [res] Que tiene un cuerno o los dos curvados hacia abajo: *esa cabra tiene los cuernos gachos*.
a gachas Con las manos y las rodillas apoyadas en el suelo: *lo encontré a gachas buscando el pendiente que se había perdido*.

gaditano, -na *adj.* **1** De Cádiz o relacionado con esta ciudad y provincia del sur de España: *hemos pasado unos días en las playas gaditanas*. ◇ *adj./n. m. y f.* **2** [persona] Que es de Cádiz: *los gaditanos tienen un deje muy especial*.

gaélico, -ca *adj./n. m.* [lengua] Que pertenece a un grupo de dialectos célticos que se hablan en ciertas comarcas de Irlanda y Escocia: *el irlandés procede del gaélico*.

gafar *v. tr. coloquial* Dar o traer mala suerte: *es mejor que no lo invites a la fiesta porque la va a gafar*.

gafas *n. f. pl.* Conjunto de dos cristales, con graduación óptica o sin ella, colocados en una montura que se apoya en la nariz y que se sujeta detrás de las orejas con unas patillas: *utiliza gafas porque tiene la vista cansada*; *siempre lleva gafas de sol porque le molesta mucho la luz*. **SIN** lentes.   **gafas submarinas** Gafas que sirven para poder ver bajo la superficie del mar, con un solo cristal grande o con dos, que se colocan en la cabeza con una cinta elástica: *algunas gafas submarinas también tapan la nariz*.

gafe *adj./n. com.* Que da o trae mala suerte: *no compro lotería con él porque es gafe y seguro que no nos toca*.
DER gafar.

gag *n. m.* Situación ridícula y cómica, especialmente en una película: *este gag nos hizo reír mucho*.
OBS El plural es *gags*.

gaita *n. f.* **1** Instrumento musical de viento formado por una bolsa que se llena de aire, un tubo por el que se sopla y dos o tres más por los que sale el aire: *la gaita es un instrumento típico de Galicia y de Asturias*. ☞ *instrumentos musicales*. **2** *coloquial* Actividad que resulta pesada o molesta: *es una gaita tener que desplazarse tantos kilómetros para venir a verte*.
templar gaitas *coloquial* Hacer que desaparezca un enfado: *tras la discusión, la llamó por teléfono para templar gaitas*.
DER gaitero.

gaitero, -ra *n. m. y f.* Persona que toca habitualmente la gaita por afición o como músico profesional.

gajes *coloquial* Palabra que se usa en la expresión *gajes del oficio* para indicar inconvenientes o consecuencias molestas que trae consigo un trabajo, profesión o actividad: *son gajes del oficio de médico no dormir por hacer guardia en el hospital.*

gajo *n. m.* **1** Parte diferenciada en que se divide la carne de algunas frutas: *gajos de naranja; gajos de mandarina; gajos de limón.* **SIN** casco. **2** Grupo de uvas en que se divide un racimo: *no cojas las uvas de una en una, corta un gajo.*
DER desgajar.

gala *n. f.* **1** Vestido y adornos elegantes: *se puso sus mejores galas para asistir al estreno de la ópera.* Se usa sobre todo en plural. **2** Fiesta o ceremonia de carácter extraordinario, elegante y con muchos invitados que se organiza para celebrar o conseguir una cosa: *celebraron una comida de gala en este hotel; han hecho una gala benéfica para ayudar a los afectados por el terremoto.* **3** Actuación de un artista: *durante el verano los cantantes realizan numerosas galas.*
hacer gala Presumir una persona de algo: *ha hecho gala de sus dotes de pianista.*
llevar (o tener) a gala Presumir o estar orgulloso de una cosa: *lleva a gala ser hijo del director del colegio.*
DER galán.

galáctico, -ca *adj.* De la galaxia o relacionado con este sistema formado por estrellas y cuerpos celestes: *coordenadas galácticas.*

galaico, -ca *adj.* **1** De un pueblo primitivo que habitaba en Galicia y en el norte de Portugal. ◊ *adj./n. m. y f.* **2** Gallego.

galaicoportugués, -guesa *n. m.* **1** Lengua derivada de uno de los dialectos romances en que se dividió el latín en la península ibérica y que se habla en Galicia y la parte norte de Portugal. ◊ *adj.* **2** De esta lengua o relacionado con ella.

galán *n. m.* **1** Hombre de aspecto agradable, elegante y educado: *ese chico tan apuesto es todo un galán.* **2** Hombre que corteja o pretende a una mujer: *el galán mandaba flores a su amada.* **3** Actor principal de cine o de teatro que representa el papel de hombre atractivo, elegante y conquistador: *Robert Redford ha hecho muchos papeles de galán.* **4** Mueble que sirve para colgar durante un breve tiempo la ropa y mantenerla sin arrugas, especialmente la masculina: *el galán puede ser de varias formas y tamaños, pero está formado principalmente por una barra horizontal y un pie que la sostiene; cuelga el traje de chaqueta en el galán para que no se te arrugue.*
DER galano, galante; engalanar.

galante *adj.* [persona] Que es muy educado y atento en el trato, especialmente con las mujeres: *un hombre muy galante me cedió su taxi.*
DER galantear, galantería.

galantear *v. tr.* Enamorar o tratar de enamorar a una persona del otro sexo, especialmente tratándola de manera muy educada y agradable: *galanteó con muchas mujeres pero no quiso casarse.*
DER galanteo.

galanteo *n. m.* Trato educado y agradable que da un hombre a una mujer, especialmente cuando es con la intención de enamorarla: *durante su juventud fue famoso por sus continuos galanteos con las chicas del pueblo.*

galantería *n. f.* Obra o dicho educados y agradables de un hombre hacia una mujer: *tuvo la galantería de venir desde muy lejos el día de mi cumpleaños.*

galápago *n. m.* Reptil muy parecido a la tortuga, pero adaptado a la vida acuática, provisto de una concha, bajo la cual es capaz de retraer completamente la cabeza y las extremidades: *el galápago vive en agua dulce y tiene los dedos unidos por una membrana.* ☞ reptiles.
OBS Para indicar el sexo se usa *el galápago macho* y *el galápago hembra.*

galardón *n. m.* Premio que se concede por méritos o por haber prestado determinados servicios: *hoy le conceden un importante galardón por su vida dedicada al cine.*
DER galardonar.

galardonar *v. tr.* Conceder un premio a una persona, especialmente por méritos o por haber prestado determinados servicios: *lo han galardonado por su labor en el campo de la medicina.*

galaxia *n. f.* ASTR. Agrupación de estrellas, cuerpos celestes, gas y polvo interestelar que gira en torno a un núcleo: *la galaxia tiene la forma de un disco hinchado por el centro.*

galbana *n. f. coloquial* Falta total de interés o de ganas de hacer algo: *después de comer me entra una galbana, que tengo que echar una pequeña siesta.*

galeno *n. m. coloquial* Médico: *está estudiando para galeno.*
ETIM De *Galeno*, que fue un médico griego que vivió en el siglo II.

galeón *n. m.* MAR. Barco antiguo de vela, grande y de tres o cuatro palos: *los galeones servían para transportar oro, plata y las mercancías que España traía de sus colonias.*

galera *n. f.* **1** Embarcación grande de vela y remo usada en las guerras: *las galeras eran usadas en el mar Mediterráneo hasta mediados del siglo XVIII.* ◊ *n. f. pl.* **2 galeras** Castigo consistente en realizar trabajos forzados remando en los barcos: *fue condenado a galeras durante cinco años.*
DER galerada.

galerada *n. f.* Prueba de composición sobre la que se corrige un texto compuesto: *trabajo como corrector de galeradas.*

galería *n. f.* **1** Habitación larga y amplia, generalmente con muchas ventanas y columnas: *por la galería saldrás al jardín.* **2** Pasillo abierto o con cristales que sirve para hacer llegar la luz a espacios interiores: *la casa tiene muy buena luz porque tiene una gran galería con enormes vidrieras.* ☞ casa. **3** Establecimiento en el que se exponen y venden obras de arte: *han abierto una nueva galería de arte moderno.* **4** Parte más alta de un teatro o cine: *desde la galería pudimos ver a todas las estrellas de cine.* **SIN** gallinero. **5** Conjunto de personas en general: *de cara a la galería se hace el simpático, pero en casa es bastante desagradable.* **6** Paso subterráneo, largo y estrecho: *la galería de una mina.* **7** Armazón de madera o metal donde van colgadas las cortinas: *hemos colocado una galería de madera en el salón.* ◊ *n. f. pl.* **8 galerías** Conjunto de establecimientos comerciales que están en un mismo lugar: *a primeros de mes vamos a unas galerías a comprar comida, artículos de limpieza y todo lo que necesitemos.*

galerna *n. f.* MAR. Viento frío que sopla en la costa del norte de España.

galés, -lesa *adj.* **1** De Gales o relacionado con este país del oeste de Gran Bretaña: *la región galesa es la más pequeña y despoblada de Gran Bretaña.* ◊ *adj./n. m. y f.* **2** [persona] Que es de Gales. ◊ *n. m.* **3** Lengua céltica hablada en Gales: *el galés es hablado aproximadamente por una cuarta parte de los habitantes de Gales.*

galgo, -ga *adj./n. m. y f.* [perro] Que pertenece a una raza de figura delgada, musculatura fuerte, muy rápido y que sirve para la caza: *le gusta mucho la cacería y tiene varios galgos.*

gálibo *n. m.* **1** Figura que marca en un túnel o un paso elevado las dimensiones máximas de un vehículo grande que puede de pasar por debajo de él. **2** Conjunto de luces que debe llevar un automóvil de grandes dimensiones para indicar su altura y su anchura y que están colocadas muy próximas a los bordes superiores traseros y delanteros: *las luces de gálibo son obligatorias para los vehículos que midan más de 2,10 m de ancho*.

galicismo *n. m.* Palabra o modo de expresión propios de la lengua francesa que se usa en otro idioma: *el término au pair es un galicismo*.
DER galicista.

galicista *adj.* **1** Del galicismo o que tiene relación con él: *en base a es una expresión galicista*. **2** [persona] Que usa muchos galicismos al hablar o escribir.

galimatías *n. m.* **1** *coloquial* Lenguaje poco claro y difícil de entender: *no entiendo lo que me estás diciendo, deja de hablar con galimatías*. **2** Cosa confusa o desordenada: *no encuentro lo que busco porque aquí hay un galimatías*.
OBS El plural también es *galimatías*.

galio *n. m.* QUÍM. Metal muy parecido al aluminio, de color gris azulado o blanco brillante, que se usa en odontología: *el símbolo del galio es Ga*.

gallardete *n. m.* Bandera pequeña, larga y rematada en punta, que se utiliza como insignia, adorno o como señal en buques y edificios.

gallardía *n. f.* **1** Valor y decisión en la forma de actuar: *nos sorprendió su gallardía a la hora de afrontar el problema*. **SIN** bizarría. **2** Elegancia y buen aspecto de una persona: *a todos gusta su gallardía al andar y moverse*.

gallardo, -da *adj.* **1** [persona] Que es valiente y noble en su manera de actuar: *el gallardo caballero defendió el honor de su dama*. **SIN** bizarro. **ANT** cobarde, mezquino. **2** Que tiene buen aspecto y es elegante en los movimientos: *su cuerpo gallardo destacaba entre el resto*.
DER gallardear, gallardía.

gallear *v. intr. coloquial* Pretender una persona sobresalir entre las demás, presumiendo excesivamente de sus cualidades: *deja de gallear, tienes que ser un poquito más humilde*.

gallego, -ga *adj.* **1** De Galicia o relacionado con esta comunidad autónoma del noroeste de España: *la comunidad gallega comprende las provincias de La Coruña, Lugo, Orense y Pontevedra*. ◊ *adj./n. m. y f.* **2** [persona] Que es de Galicia. ◊ *n. m.* **3** Lengua derivada del latín que se habla en Galicia: *el gallego se habla más en el ámbito rural que en las grandes poblaciones*.
DER galleguismo.

galleguismo *n. m.* Palabra o modo de expresión propio de la lengua gallega que se usa en otro idioma: *la palabra morriña es un galleguismo en español*.

galleta *n. f.* **1** Dulce seco hecho con una masa de harina, azúcar, huevos, leche u otros ingredientes, cocida al horno y con formas y tamaños diferentes, generalmente de poco grosor: *siempre desayuna leche con galletas; le encantan las galletas rellenas de chocolate*. **2** *coloquial* Golpe dado en la cara con la mano abierta: *se puso tan nervioso, que le dio una galleta*. **SIN** bofetada, torta, tortazo.

gallina *n. f.* **1** Hembra del gallo, de menor tamaño que éste, con la cresta más corta y sin espolones: *la gallina es un ave doméstica que pone huevos y suele vivir en corrales*. ◊ *adj./n. com.* **2** *coloquial* [persona] Que es cobarde o excesivamente miedoso o asustadizo: *eres un gallina, te asustas al menor ruido*.

acostarse con las gallinas Irse a dormir muy pronto: *se acuesta con las gallinas, porque tiene que levantarse muy temprano*.

como gallina en corral ajeno *coloquial* Se utiliza para indicar que una persona se encuentra incómoda o confusa por estar entre personas extrañas o estar tratando asuntos de otras personas: *se sentía como gallina en corral ajeno porque no conocía a nadie*.

la gallina (o **la gallinita**) **ciega** Juego infantil en el que uno de los participantes lleva los ojos vendados y debe tratar de coger a otro y adivinar de quién se trata: *se vendó los ojos y empezaron a jugar a la gallinita ciega*.

la gallina de los huevos de oro *coloquial* Persona o cosa de la cual se obtienen grandes ganancias o beneficios: *este negocio que parecía tan difícil al principio ha resultado ser la gallina de los huevos de oro*.
DER gallináceo, gallinaza, gallinero.

gallináceo, -a *adj./n. f.* **1** De la gallina o relacionado con esta ave doméstica. **2** [ave] Que pertenece a la misma familia que la gallina: *el faisán es una gallinácea*.

gallinaza *n. f.* Excremento o estiércol de las gallinas: *la gallinaza se suele emplear como abono*.

gallinero *n. m.* **1** Lugar en el que duermen los gallos, las gallinas y otras aves de corral: *durante el día saca a las gallinas del gallinero para que coman lo que encuentren por el campo*. **2** *coloquial* Lugar en el que hay mucho ruido, producido principalmente por el griterío de la gente: *esto es un gallinero, por favor, hablad de uno en uno*. **3** Conjunto de asientos que se encuentran en la parte más alta de un teatro o de un cine: *hemos venido tan tarde que ya sólo quedan entradas para el gallinero*. **SIN** galería.

gallito *adj./n. m.* [hombre] Que pretende sobresalir entre los demás, presumiendo o alardeando excesivamente de sus cualidades, especialmente de su fuerza o su valentía: *es un gallito y se enfrenta a todo el mundo que le lleve la contraria*.

gallo *n. m.* **1** Ave doméstica de pico corto y plumaje lustroso y abundante, que tiene una cresta roja en lo alto de la cabeza y espolones en las patas: *los gallos suelen cantar al amanecer*. ☞ aves. **2** Pez marino de cuerpo comprimido, boca grande y con los dos ojos en uno de los lados; es comestible: *el gallo vive en aguas atlánticas y mediterráneas. Para indicar el sexo se usa el gallo macho y el gallo hembra*. **3** *coloquial* Nota aguda o chillona que emite una persona al hablar o al cantar: *al presentador del programa le ha salido un gallo*. ◊ *adj./n. m.* **4** [hombre] Que pretende sobresalir entre los demás, presumiendo o alardeando excesivamente de sus cualidades, especialmente de su fuerza o su valentía: *es un gallo, siempre está dando órdenes*. **SIN** gallito.

en menos que canta un gallo *coloquial* Se utiliza para indicar que algo se hace o sucede en muy poco tiempo o con mucha rapidez: *este trabajo va a estar listo en menos que canta un gallo*.

otro gallo le cantara (o **cantaría**) *coloquial* Expresión que indica que, de haberse hecho una cosa, se habría conseguido un resultado mejor que el obtenido: *si me hubiera hecho caso, otro gallo le cantara*.
DER gallear, galliforme, gallina, gallito.

galo, -la *adj.* **1** De Francia o relacionado con este país del oeste de Europa: *el ministro galo visitó España el mes pasado*. **SIN** francés, franco. **2** De la Galia, actual Francia, o relacionado con esta antigua región. ◊ *adj./n. m. y f.* **3** [persona] Que es de Francia. **SIN** francés, franco. **4** [persona] Que es de la antigua Galia: *los galos fueron conquistados y sometidos por los romanos*. ◊ *n. m.* **5** Lengua celta que se hablaba en la antigua Galia.

galón *n. m.* **1** Cinta fuerte y estrecha que se coloca en las prendas de vestir para protegerlas o para adornarlas: *he adornado el borde de la camiseta con galones.* **2** Distintivo que se pone en la bocamanga o en el brazo del uniforme de un militar o de otro cuerpo uniformado para distinguir las distintas graduaciones: *el soldado raso no lleva galones.* **3** Medida de capacidad para líquidos que se usa en Gran Bretaña y en América del Norte: *el galón británico equivale a 4,5 litros aproximadamente y el norteamericano a 3,8.*

galopada *n. f.* Carrera a galope: *el jinete obligó al caballo a dar una larga galopada.*

galopante *adj.* [enfermedad] Que tiene un desarrollo o un desenlace muy rápido: *el enfermo tiene una infección galopante, así que habrá que operarle con carácter urgente.*

galopar *v. intr.* **1** Ir un caballo a galope. **2** Cabalgar una persona sobre un caballo que va a galope: *los jinetes galopaban por la pradera.*

galope *n. m.* Manera de andar una caballería, más rápida que el trote, en la cual el animal mantiene por un momento las cuatro patas en el aire: *el galope es la forma más rápida con la que marcha el caballo.*
  a galope tendido *a)* Velocidad máxima del galope de un caballo: *el caballo iba desbocado, a galope tendido por el prado. b) coloquial* Se utiliza para indicar que una cosa se hace muy rápidamente y con prisa: *fue a galope tendido para no perder el autobús.*
  DER galopar, galopín.

galvanismo *n. m.* **1** Corriente eléctrica producida por el contacto de dos metales diferentes sumergidos en un líquido. **2** Propiedad de la corriente eléctrica de provocar contracciones en los nervios y músculos de los seres vivos o de organismos muertos.
  DER galvánico, galvanizar.
  ETIM De *Galvani*, físico italiano que vivió en el siglo XVIII y describió por primera vez este fenómeno.

galvanización *n. f.* Acción que consiste en cubrir un metal con un baño de cinc para que no se oxide: *los mecánicos procedieron a la galvanización de la chapa del coche después de quitarle los bollos.*

galvanizar *v. tr.* Cubrir un metal con un baño de cinc para que no se oxide: *galvanizaron las rejas de las ventanas antes de pintarlas.*
  DER galvanización.
  OBS En su conjugación, la *z* se convierte en *c* delante de *e*.

gama *n. f.* **1** Escala de colores: *hoy vamos a practicar en clase de dibujo con la gama de marrones.* **2** Serie de cosas de la misma clase pero distintas en alguno de sus elementos constitutivos: *esta marca de vaqueros presenta una gran gama de pantalones.* **3** MÚS. Serie ordenada de las notas que componen un sistema musical. **SIN** escala.

gamba *n. f.* Crustáceo marino parecido al langostino, pero de menor tamaño; es comestible y su carne es muy apreciada: *gambas al ajillo; cóctel de gambas.* Para indicar el sexo se usa *la gamba macho* y *la gamba hembra.* ☞ crustáceos.
  meter la gamba *coloquial* Hacer o decir una persona algo inconveniente o inoportuno: *ha metido la gamba haciéndole esa pregunta tan impertinente.*

gamberrada *n. f.* Acción poco cívica que comete una persona y que produce molestias o perjuicios a otras personas: *destrozar las papeleras del parque es una gamberrada.*

gamberrismo *n. m.* Conducta de la persona que se divierte haciendo cosas pocos cívicas y molestando o causando perjuicios a otras personas: *en la manifestación se produjeron acciones aisladas de gamberrismo.*

gamberro, -rra *adj./n. m. y f.* [persona] Que se divierte haciendo cosas pocos cívicas y molestando y causando perjuicios a otras personas: *unos gamberros han volcado los contenedores de basura.*

gambito *n. m.* En el juego del ajedrez, jugada que consiste en sacrificar una pieza, generalmente un peón, al principio de la partida, para lograr una posición favorable.

gameto *n. m.* BIOL. Célula reproductora masculina o femenina de un ser vivo: *el gameto masculino es el espermatozoide y el femenino el óvulo.*

-gamia Elemento sufijal que entra en la formación de sustantivos femeninos con el significado de: *a)* 'Estado o condición de casado': *poligamia. b)* 'Actitud o postura ante el casamiento': *endogamia.*

gamma *n. f.* Nombre de la tercera letra del alfabeto griego: *la gamma equivale al sonido suave de la g española.*
  DER gama, gamada.

gammaglobulina *n. f.* Proteína del suero sanguíneo que actúa como soporte de los anticuerpos.

gamo, -ma *n. m. y f.* Mamífero rumiante de pelo rojo oscuro con pequeñas manchas blancas y los cuernos aplastados en su extremo en forma de palas: *los gamos viven aproximadamente veinticinco años.*

gamopétalo, -la *adj.* BOT. [flor, corola] Que tiene los pétalos unidos lateralmente, en mayor o menor extensión.
  SIN monopétalo.

gamosépalo, -la *adj.* BOT. [flor, cáliz] Que tiene los sépalos unidos lateralmente, en mayor o menor extensión.
  SIN monosépalo.

gamuza *n. f.* **1** Mamífero rumiante, parecido a la cabra, con pelo pardo, cola corta, patas fuertes y cuernos lisos y rectos, con las puntas curvadas hacia atrás en forma de ganchos: *las gamuzas habitan en zonas montañosas de Europa.* Para indicar el sexo se usa *la gamuza macho* y *la gamuza hembra.* **2** Piel curtida de este animal, fina y muy flexible, de aspecto aterciopelado: *se ha puesto una chaqueta de gamuza.* **3** Paño de tela que se usa para limpiar: *cogió una gamuza y se puso a pulimentar los muebles.*

gana *n. f.* **1** Deseo o voluntad que tiene una persona de hacer una cosa: *hoy tengo ganas de pasear.* Se usa sobre todo en plural. **2** Deseo de comer o apetito que tiene una persona: *está enfermo y no tiene ganas de comer.* Se usa sobre todo en plural.
  con ganas *coloquial a)* Se utiliza para indicar que una cosa se hace con agrado y ánimo: *hemos organizado la fiesta con ganas. b)* Se utiliza para intensificar un adjetivo o una expresión calificativa: *ese hombre es feo con ganas.*
  dar la gana *coloquial* Querer una persona hacer cierta cosa únicamente por el deseo de hacerla, aunque no se tenga razón para ello: *respecto a este asunto, haré lo que me dé la gana.*
  de buena gana Se utiliza para indicar que una cosa se hace con gusto y agrado: *de buena gana haré lo que me pides.*
  de mala gana Se utiliza para indicar que una cosa se hace sin gusto ni agrado: *todo lo que le mando lo hace de mala gana.*
  DER desgana.

ganadería *n. f.* **1** Cría de ganado para su explotación y comercio: *en esta finca se dedican a la ganadería.* **2** Clase o raza de ganado, especialmente el que pertenece a un mismo propietario, y particularmente hablando de toros: *los toros de la corrida de esta tarde son de una famosa ganadería.*

ganadero, -ra *adj.* **1** Del ganado o de la ganadería, o relacionado con el ganado o con la ganadería: *la industria gana-*

ganado

dera es una importante fuente de recursos de muchos países. ◊ *n. m. y f.* **2** Persona que se dedica a la cría, explotación y comercio del ganado: *el ganadero tiene una enorme finca donde pasta su ganado.*

ganado *n. m.* **1** Conjunto de animales de cuatro patas que son criados para su explotación y comercio: *el ganado está pastando en el campo.* **ganado mayor** Ganado formado por animales de gran tamaño: *el ganado mayor está formado por caballos, asnos, mulas y bovinos fundamentalmente.* **ganado menor** Ganado formado por animales de menor tamaño que los del ganado mayor: *las ovejas, cabras, cerdos y corderos son ganado menor.* **2** *coloquial* Conjunto numeroso de personas: *¡vaya ganado había anoche en la calle!* Tiene valor despectivo.
DER ganadería, ganadero.

ganador, -ra *adj./n. m. y f.* Que gana o vence: *el coche ganador fue el pilotado por los españoles; el atleta español ha sido el ganador de la carrera.*

ganancia *n. f.* **1** Cantidad de dinero que se obtiene como resultado de una inversión: *este año hemos tenido ganancias en el negocio.* **SIN** beneficio. **ANT** pérdida. **2** Bien moral o material que se recibe o que se obtiene gracias al trabajo: *si estudias durante el curso recogerás las ganancias en verano.* **SIN** beneficio, provecho.
no le arriendo la ganancia Expresión que se utiliza para dar a entender que una persona está en peligro o va a vivir una mala situación como consecuencia de sus propios actos: *después de lo que has hecho, no te arriendo la ganancia con la regañina que te van a dar.*
DER ganancial, ganancioso.
OBS Se usa más en plural.

ganancial *adj.* De la ganancia o relacionado con ella: *bienes gananciales.*

ganancioso, -sa *adj.* Que proporciona ganancias: *ésta ha sido una inversión gananciosa.*

ganapán *n. m.* *coloquial* Hombre rudo y tosco: *es un pobre ganapán sin educación ni modales.*

ganar *v. tr.* **1** Lograr o conseguir, generalmente dinero o cosas buenas, con el trabajo, el esfuerzo o por suerte: *ha ganado un premio en el sorteo.* **ANT** perder. **2** Lograr o conseguir una cosa por la que una persona mantiene un enfrentamiento, disputa o competición con otra: *ganar una medalla; ganar una plaza.* **ANT** perder. **3** Cobrar una cantidad de dinero por un trabajo: *ganaré poco con este trabajo; gana un buen sueldo en esa empresa.* **4** Llegar al lugar que se intenta alcanzar: *después de mucho esfuerzo, el atleta consiguió ganar la meta.* **5** Superar o llegar a ser mejor que otra persona en una cosa: *tú me ganas en el deporte, pero yo te gano a ti en manualidades.* ◊ *v. tr./intr.* **6** Conseguir la victoria en un enfrentamiento, disputa o competición que una persona mantiene con otra u otras: *ganar una batalla; ganar un partido; ganar un juicio; ganar sin esfuerzo.* **ANT** perder. ◊ *v. tr./prnl.* **7** Captar la voluntad de una persona: *ha ganado numerosos adeptos para su partido.* **8** Lograr o llegar a tener la confianza o el afecto de otras personas: *se ha ganado el respeto de todos nosotros con su actitud sincera.* **9** Merecer una persona cierta cosa por sus propios actos: *te has ganado una buena reprimenda por haber roto con el balón los cristales del vecino.* ◊ *v. intr.* **10** Llegar una persona o una cosa a tener unas condiciones o unas cualidades mejores: *con ese corte de pelo ganas mucho, pareces más joven.*
DER ganado, ganador, ganancia.

ganchillo *n. m.* **1** Aguja fuerte que se utiliza para hace labores de punto, de unos 20 centímetros de largo, y con un extremo más delgado y acabado en forma de gancho: *hay ganchillos de diversos grosores, según el hilo o la lana que se vaya a utilizar.* **2** Labor que consiste en tejer con esa aguja: *mi madre me ha hecho un paño de ganchillo para la mesa.* **SIN** croché.

gancho *n. m.* **1** Instrumento con forma curva y con punta en un extremo o en ambos, que sirve para sostener, colgar o sujetar una cosa: *el anzuelo es un pequeño gancho donde se coloca el cebo para que los peces piquen; detrás de la puerta hay unos ganchos para colgar las toallas.* **2** *coloquial* Persona que colabora con un estafador o timador para ayudarle a engañar a sus víctimas: *los timadores que intentan engañar vendiendo productos llevan un gancho que anima al público a comprar.* **3** *coloquial* Capacidad para gustar o atraer: *una canción con gancho; María es una persona con mucho gancho por su simpatía y atractivo personal.* **4** En boxeo, puñetazo dado de abajo arriba, arqueando el brazo: *el boxeador venció a su oponente después de propinarle un gancho de derecha.* **5** En baloncesto, tiro a canasta que se realiza arqueando el brazo por encima de la cabeza: *el público aplaudió el gancho tan espectacular del jugador.*
DER ganchillo; enganchar.

gandul, -dula *adj./n. m. y f.* [persona] Que no quiere trabajar, o no cumple con su trabajo por falta de atención e interés: *eres un gandul, llevas todo el día tumbado sin hacer nada de provecho.* **SIN** haragán, holgazán, vago. **ANT** trabajador.
DER gandulear, gandulería.

gandulear *v. intr.* Estar sin trabajar una persona por no querer hacerlo, o no cumplir con el trabajo al que está obligada por falta de atención e interés: *deja de gandulear y ayúdame a limpiar la casa.* **SIN** haraganear, holgazanear, vaguear.

gandulería *n. f.* Actitud y comportamiento de la persona que no quiere trabajar, o no cumple con su trabajo por falta de atención e interés: *la gandulería no te llevará a ninguna parte.* **SIN** haraganería, holgazanería, vaguería.

ganga *n. f.* **1** Cosa de buena calidad o de valor que se consigue a bajo precio o con poco esfuerzo: *en esa tienda puedes encontrar verdaderas gangas; este coche es una ganga.* **SIN** bicoca. **2** Materia que se separa de los minerales por no tener utilidad.

ganglio *n. m.* MED. Masa o bulto pequeño que se encuentra en un nervio o en una vía linfática y está formado por un conjunto de células nerviosas: *ganglio nervioso; ganglio linfático.*

gangoso, -sa *adj.* **1** [voz] Que tiene resonancia nasal a causa de un defecto en los conductos de la nariz: *está muy resfriado y tiene la voz gangosa.* ◊ *adj./n. m. y f.* **2** [persona] Que tiene esa voz o habla con esa voz: *muchos humoristas cuentan chistes de gangosos.*
DER ganguear.

gangrena *n. f.* Muerte de un tejido de una persona o un animal debido a la falta de riego sanguíneo o por infección de una herida: *la gangrena puede producirse por una herida infectada o por la obstrucción de una arteria.*
DER gangrenarse.

gangrenarse *v. prnl.* Sufrir gangrena un tejido de una persona o un animal: *se le ha gangrenado la pierna a causa de una herida infectada.*

gángster o **gánster** *n. com.* Persona que pertenece a un grupo organizado de delincuencia que se dedica a negocios ilegales, especialmente relacionados con el juego, el alcohol u otro tipo de drogas: *Al Capone fue un famoso gángster.*
OBS Es de origen inglés. ◊ La Real Academia Española admite *gángster*, pero también se usa *gánster*. ◊ El plural es *gángsteres* o *gánsteres*, respectivamente.

gansada *n. f.* Acción o dicho propio de la persona que hace o dice tonterías: *deja de decir gansadas, que estamos hablando de un tema serio.*

ganso, -sa *n. m. y f.* **1** Ave palmípeda doméstica de plumaje gris y pico anaranjado, casi negro en la punta, que se cría en ambientes húmedos y grazna fuertemente al menor ruido: *el ganso es apreciado por su carne y su hígado.* **SIN** ánsar, oca. ◇ *adj./n. m. y f.* **2** [persona] Que es lento o torpe en sus reacciones o movimientos: *¡qué ganso eres! has vuelto a caerte.*

hacer el ganso Hacer o decir tonterías una persona con la intención de hacer reír: *para de hacer el ganso y déjanos estudiar.*

DER gansada.

ganzúa *n. f.* Alambre fuerte y doblado en uno de sus extremos que sirve para abrir cerraduras cuando no se puede hacer con una llave: *los ladrones utilizaron una ganzúa para abrir la puerta del coche.*

gañán *n. m.* **1** Hombre que muestra poca cortesía y educación en su comportamiento: *tu amigo es un gañán, se marchó de mi casa sin despedirse.* **2** Hombre que trabaja en el campo a las órdenes de otra persona: *necesitas contratar varios gañanes para que recojan la cosecha.*

gañir *v. intr.* **1** Dar gritos agudos y repetidos un animal al ser maltratado, especialmente un perro: *el pobre perro gañía mientras su amo le golpeaba sin piedad.* **2** Emitir graznidos ciertas aves, como el cuervo, el grajo o el ganso: *los cuervos gañían en la montaña.* **SIN** graznar.

DER gañido; desgañitarse.

OBS En su conjugación, la *i* de la desinencia se pierde absorbida por la *ñ* en algunos tiempos y personas, como en gruñir.

gañote *n. m. coloquial* Parte interior de la garganta: *tomó un bocado de comida tan grande que apenas le pasaba por el gañote.* **SIN** gaznate.

garabatear *v. intr./tr.* Hacer garabatos en alguna parte: *en vez de tomar apuntes, el alumno se dedicaba a garabatear en el cuaderno.*

garabato *n. m.* Letra o rasgo mal formado o trazo que no representa nada: *mi hijo pequeño me pidió un lápiz y un papel para pintar garabatos; tu escritura no se entiende nada: sólo se ven garabatos en ella.*

DER garabatear.

garaje *n. m.* **1** Lugar donde se guardan uno o más vehículos: *este bloque de pisos tiene un garaje subterráneo para los vehículos de sus propietarios.* ☞ casa. **SIN** cochera. **2** Taller de reparación y mantenimiento de vehículos: *he llevado el coche al garaje para que el mecánico revise los frenos.*

garantía *n. f.* **1** Seguridad que se ofrece de que una cosa va a realizarse o suceder: *su palabra es la mejor garantía de que votará a favor de nuestra propuesta, ya que siempre cumple lo que promete.* Se usa sobre todo en plural. **2** Compromiso que adquiere el vendedor de un aparato de reparar gratuitamente las averías que tenga durante un período de tiempo determinado, como seguridad sobre su buen funcionamiento: *la garantía de este coche incluye las piezas de recambio pero no la mano de obra.* **3** Escrito en el que un vendedor se compromete a reparar gratuitamente, durante un período de tiempo determinado, las averías que tenga el aparato que ha vendido: *si la garantía no tiene el sello de la tienda que te lo vendió, tendrás que pagar la reparación de la lavadora.* **4** Cantidad de dinero u objeto de valor que se da para asegurar el cumplimiento de una obligación o un pago: *tuve que dejar mi abrigo en el restaurante como garantía de que iba a volver a abonarle la cuenta.* **SIN** fianza.

DER garantizar.

garantizar *v. tr.* **1** Dar garantía u ofrecer la seguridad de que una cosa va a realizarse o suceder: *el director de la empresa me ha garantizado la renovación de mi contrato.* **2** Comprometerse el vendedor de un aparato, mediante un escrito, a reparar gratuitamente las averías que tenga durante un período de tiempo determinado: *aquella tienda garantiza el televisor durante seis meses.*

OBS En su conjugación, la *z* se convierte en *c* delante de *e*.

garapiñar *v. tr.* Bañar un fruto seco o una golosina en azúcar hecha caramelo, de modo que ésta se solidifique formando grumos: *mis hijos me han pedido que garapiñe las almendras que he comprado.* **SIN** garrapiñar.

garbanzo *n. m.* **1** Planta herbácea de tallo duro y ramoso que produce unas legumbres ordenadas en hilera dentro de una cáscara fina y flexible: *el garbanzo es una planta de unos 50 cm de altura.* **2** Semilla comestible de esa planta, de pequeño tamaño, forma redondeada y color amarillento, que se consume generalmente hervida: *si prefieres los garbanzos refritos, échalos en la sartén con fuego vivo durante cinco minutos.*

garbanzo negro *coloquial* Persona que destaca negativamente en un grupo, especialmente una familia, por su carácter o por su comportamiento: *es tan holgazán que se ha convertido en el garbanzo negro de mi casa.*

DER garbancero.

garbeo *n. m. coloquial* Paseo de corta duración: *vendrá de un momento a otro, porque sólo fue a dar un garbeo por el jardín.*

garbo *n. m.* **1** Gracia y desenvoltura que muestra una persona o un animal en la manera de obrar o de moverse, especialmente al andar: *pese a su corta edad, el niño desfilaba con mucho garbo.* **2** Gracia, originalidad y elegancia que muestra una cosa, especialmente una manifestación artística: *el estilo de ese poeta tiene mucho garbo.*

DER garbeo, garboso; desgarbado.

garboso, -sa *adj.* [persona, animal] Que muestra garbo o gracia en la manera de obrar o de moverse, especialmente al andar: *el rejoneador llevaba un caballo muy garboso.*

garçon *n. m.* Muchacho.

a lo garçon Manera de llevar una mujer el pelo muy corto y como tradicionalmente lo llevaban los muchachos: *se ha cortado el pelo a lo garçon y le sienta muy bien.*

OBS Es de origen francés y se pronuncia aproximadamente 'garsón'.

gardenia *n. f.* **1** Arbusto de tallos espinosos, con las hojas grandes, lisas, ovaladas y de color verde brillante, que se cultiva principalmente por sus flores: *la gardenia es originaria de Asia oriental.* **2** Flor de este arbusto, grande y olorosa, generalmente blanca: *la gardenia es una flor de jardín de pétalos gruesos.*

garduña *n. f.* Mamífero carnívoro que vive en los bosques y suele atacar de noche los gallineros; tiene la cabeza pequeña, las patas cortas y el pelaje marrón grisáceo: *la garduña puede alcanzar los 50 cms de longitud, sin contar la cola.*

garfio *n. m.* Instrumento de forma curva y acabado en punta, generalmente de hierro, que sirve para coger o sujetar una cosa: *mediante un garfio largo, logró coger desde el barco la camisa que se le había caído al agua.*

gargajo *n. m.* Conjunto de saliva y moco que se expulsa con fuerza por la boca: *los gargajos proceden de las vías respiratorias.*

garganta *n. f.* **1** Parte delantera del cuello de una persona o de un animal: *a causa del golpe, le ha salido un cardenal en la garganta.* **2** Zona interna del cuello de una persona o de

gargantilla

un animal, entre el velo del paladar y el principio del esófago: *tiene picores en la garganta porque está resfriado*. **3** Valle o paso estrecho que está encajado entre montañas: *el río atraviesa una garganta antes de llegar al delta y desembocar en el mar*.
DER gargantilla; gargajo, gárgara.

gargantilla *n. f.* Collar de corta longitud que se coloca alrededor del cuello como adorno: *me ha traído del viaje una gargantilla egipcia*.

gárgara *n. f.* Mantenimiento de un líquido en la garganta con la boca abierta hacia arriba mientras se expulsa aire lentamente para que el líquido se mueva: *el médico le recetó un líquido para hacer gárgaras*.
mandar a hacer gárgaras a) *coloquial* Expresión con la que se echa de un lugar a una persona que resulta molesta: *no hacía más que pedirme dinero, así que lo mandé a hacer gárgaras*. b) *coloquial* Expresión que se usa para rechazar o despreciar a una persona: *si no quieres que vuelva, mándalo a hacer gárgaras*.
DER gargarizar.

gargarizar *v. intr.* Hacer gárgaras una persona: *para que esta medicina haga efecto tienes que gargarizar con ella dos veces al día*.
OBS En su conjugación, la *z* se convierte en *c* delante de *e*.

gárgola *n. f.* Elemento arquitectónico y decorativo de un edificio o de una fuente que está colocado en la parte final de la cornisa de un tejado o de un caño para que caiga o salga el agua de la lluvia o de la fuente; puede ser una escultura con forma humana o de animal: *muchas catedrales góticas están adornadas con gárgolas*.

garita *n. f.* Lugar o caseta pequeña que sirve para resguardar a una persona que vigila: *el centinela abandonó la garita para hacer el relevo*.
DER garito.

garito *n. m.* **1** Casa de juego ilegal, que no tiene autorización oficial: *en la película, los protagonistas se reunían en un garito para jugar al póquer*. **2** *coloquial* Establecimiento público, generalmente pequeño, al que la gente va para divertirse, especialmente el que tiene mala reputación: *no me gusta que vayas a ese garito del que todo el mundo habla mal*.

garra *n. f.* **1** Uña fuerte, curva y afilada que tienen en el extremo de los dedos algunos animales: *el tigre, el león y el águila tienen garras*. **2** Mano o pie del animal que tiene esas uñas: *algunas aves cazan atrapando a sus presas con las garras*. **SIN** zarpa. **3** *coloquial* Mano de una persona: *quita tus garras del pastel*. ◇ *n. f. pl.* **4 garras** Parte de la piel de un animal que se utiliza en peletería, que corresponde a las patas y que es menos apreciada que el resto: *se ha comprado una chaqueta de garras*.
tener garra Tener una persona o una cosa mucha capacidad para convencer, atraer o gustar: *esta película será un gran éxito, porque tiene mucha garra*.
DER agarrar; desgarrar.

garrafa *n. f.* Recipiente que se utiliza principalmente para contener o transportar líquidos, de cristal, de plástico o de otro material, con el cuerpo ancho y el cuello largo y estrecho: *he comprado una garrafa de vino que está revestida de mimbre*.
de garrafa *coloquial* [bebida alcohólica] Que procede de un envase de grandes proporciones y es de mala calidad: *no pidas ginebra en ese bar, porque es de garrafa y después te dolerá la cabeza*. **SIN** de garrafón.

garrafal *adj.* [error, falta] Que es muy grande o grave: *suspendí porque hice un fallo garrafal*.

garrafón *n. m.* Recipiente que se utiliza principalmente para contener o transportar líquidos, de la misma forma que una garrafa pero de mayor tamaño: *he comprado un garrafón de aceite de 25 litros*.
de garrafón [bebida alcohólica] Que procede de un envase de grandes proporciones y es de mala calidad: *hay que tener cuidado con los combinados que llevan alcohol de garrafón*. **SIN** de garrafa.

garrapata *n. f.* Ácaro que vive como parásito de ciertos mamíferos y aves, con forma ovalada y con las patas terminadas en dos uñas con las cuales se adhiere a algunos animales para chuparles la sangre: *no te acerques mucho al perro, que tiene garrapatas*. ☞ arácnidos.
DER garrapatear.

garrapiñar *v. tr.* Bañar un fruto seco o una golosina en azúcar hecha caramelo, de modo que ésta se solidifique formando grumos: *hemos garrapiñado piñones para adornar la tarta*.
OBS La Real Academia Española admite *garrapiñar*, pero prefiere la forma *garapiñar*.

garrocha *n. f.* Vara larga rematada con un hierro terminado en punta, que se utiliza para picar toros: *la punta de acero con que termina la garrocha se llama puya*.
DER agarrochar.

garrota *n. f.* **1** Palo grueso y fuerte que se usa principalmente como bastón o para golpear con él: *el viejo caminaba apoyándose en una garrota*. **SIN** garrote. **2** Bastón de madera que tiene la parte superior curvada: *el pastor llevaba una garrota para conducir el ganado*. **SIN** cayado.

garrotazo *n. m.* Golpe dado con un garrote.

garrote *n. m.* **1** Palo grueso y fuerte que se usa principalmente como bastón o para golpear con él: *aún guarda el garrote que utilizaba su abuelo en los paseos*. **SIN** garrota. **2** Instrumento con el que antiguamente se ajusticiaba a los condenados, que consistía en un palo al que se ataba al reo y un aro de hierro con el que se le aprisionaba el cuello y que se apretaba hasta causarle la muerte. **3** Instrumento con el que antiguamente se torturaba a algunas personas, consistente en un palo con el que se retorcía una cuerda que aprisionaba algún miembro o alguna parte del cuerpo.
DER garrota, garrotazo, garrotillo; agarrotar.

garrotillo *n. m. coloquial* Nombre que se daba a ciertas enfermedades graves de las vías respiratorias de carácter infeccioso.

garrucha *n. f.* Mecanismo que consiste en una rueda suspendida por la que se hace pasar una cuerda y que sirve para mover o levantar cosas pesadas: *los albañiles han colocado una garrucha en la terraza para subir el material de la obra*. **SIN** polea.

garrulo, -la *adj./n. m. y f. coloquial* [persona] Que se comporta con poca delicadeza y educación: *no seas garrulo y deja el asiento a las señoras embarazadas*.

garza *n. f.* Ave que vive en pantanos y en la orilla de lagos y ríos, con las patas y el cuello muy largos y el pico con forma cónica y muy puntiagudo: *la garza tiene un mechón de plumas en la cabeza y vuela con el cuello replegado entre los hombros*.
OBS Para indicar el sexo se usa *la garza macho* y *la garza hembra*.

gas *n. m.* **1** Cuerpo que se encuentra en el estado de la materia que se caracteriza por una gran separación de sus moléculas: *el gas es un fluido*. **2** Combustible en ese estado: *gas natural*. **gas ciudad** Combustible gaseoso que se canaliza y se distribuye mediante tuberías para uso doméstico o

industrial: *el gas ciudad se puede obtener destilando algunos productos derivados del petróleo.* **gas lacrimógeno** Gas tóxico que provoca irritación en los ojos y abundantes lágrimas: *la policía usó gases lacrimógenos para hacer salir a los asaltantes.* ◇ *n. m. pl.* **3 gases** Aire que se acumula en el aparato digestivo: *las coles producen gases.*
DER gasear, gaseiforme, gasificar, gasógeno, gasoil, gasóleo, gasometría; antigás.

gasa *n. f.* **1** Tejido de hilo o de seda, muy delgado y sutil: *le encantan los pañuelos de gasa.* **2** Tejido estéril y suave que se usa para fines médicos: *le tapó la quemadura con una gasa para que no se infectara.*

gasear *v. tr.* **1** Hacer que un líquido, generalmente agua, absorba cierta cantidad de gas: *la gaseosa es agua gaseada a la que se añaden ciertas sustancias.* **2** Someter una persona o una cosa a la acción de gases tóxicos: *el avión gaseó toda la zona enemiga.*
DER gaseoso.

gaseosa *n. f.* Bebida transparente azucarada, efervescente y sin alcohol, hecha con agua y ácido carbónico: *un vaso de tinto con gaseosa.*

gaseoso, -sa *adj.* **1** Que se encuentra en estado de gas: *la condensación es el proceso mediante el cual el vapor de agua cambia del estado gaseoso al de líquido.* **2** [líquido] Que contiene o desprende gases: *bebida gaseosa.*
DER gaseosa.

gasificar *v. tr./prnl.* **1** Convertir un líquido o un sólido en gas: *en esa fábrica se dedican a gasificar los combustibles.* **SIN** evaporar. **2** Mezclar gas carbónico en un líquido: *en esa parte de la fábrica gasifican las bebidas refrescantes.*
DER gasificación.

gasoducto *n. m.* Conducto de cierta anchura y de gran longitud para transportar gas combustible a grandes distancias: *el gasoducto transporta el gas desde el lugar en que se produce hasta donde se va a consumir.*

gasógeno *n. m.* Aparato que transforma en gas combustible ciertos materiales sólidos o líquidos mezclados con aire, oxígeno o vapor: *antiguamente había coches que utilizaban el gasógeno para producir el carburante necesario para funcionar.*

gasoil o **gas-oil** *n. m.* Gasóleo, combustible líquido.
OBS La Real Academia Española sólo admite la forma *gasóleo.*

gasóleo *n. m.* Producto líquido que se saca del petróleo crudo y que sirve como combustible: *los motores diesel funcionan con gasóleo.* **SIN** gas-oil, gasoil.
DER gasolina.

gasolina *n. f.* Líquido inflamable que se obtiene del petróleo y que se usa como combustible de coches, aviones y otros vehículos: *depósito de gasolina; surtidor de gasolina.*
DER gasolinera.

gasolinera *n. f.* Establecimiento en el que se suministra gasolina y otros combustibles para vehículos: *en las gasolineras no se puede fumar.*

gastado, -da *adj.* Que está viejo o deslucido por el uso, o que se ha terminado lo que contenía: *siempre lleva unos zapatos muy gastados; el bolígrafo se ha gastado.*

gastador *n. m.* Soldado encargado de cavar para abrir trincheras o de abrir camino en las marchas: *los gastadores llevan palas, hachas y picos.*

gastar *v. tr./prnl.* **1** Consumir o hacer desaparecer una cosa poco a poco por el uso: *algunos coches gastan mucha gasolina; las suelas de los zapatos se gastan con el tiempo.* ◇ *v. tr.* **2** Usar el dinero para comprar o para obtener alguna cosa: *es conveniente no gastar todo el dinero, sino ahorrar un poco; las familias numerosas gastan mucho en comer.* **ANT** ahorrar. **3** Tener una persona cierta actitud habitualmente; en especial si es negativa: *esta chica gasta muy mal genio.* **4** Usar, emplear o llevar habitualmente cierta cosa: *en invierno gasta botas y abrigo; es un chico que gasta bromas a todo el mundo.*
gastarlas *coloquial* Comportarse o proceder una persona habitualmente de una manera determinada: *tú no sabes cómo se las gasta el profesor cuando se enfada.*
DER gastado, gastador, gasto; desgastar, malgastar.
ETIM *Gastar* procede del latín *vastare,* 'destruir', voz con la que también están relacionadas *devastar, vasto.*

gasterópodo *adj./n. m.* **1** [molusco] Que tiene un pie carnoso que le sirve para arrastrarse, el cuerpo generalmente protegido por una concha de una sola pieza, y uno o dos pares de tentáculos en la cabeza: *el caracol es un gasterópodo.* ◇ *n. m. pl.* **2** Clase formada por estos moluscos.

gasto *n. m.* **1** Acción de usar el dinero para comprar o para obtener alguna cosa: *siempre lleva dinero de sobra para un gasto imprevisto.* **2** Cantidad de dinero que se gasta: *tuvo muchos gastos durante el mes de mayo; el gasto asciende a diez millones de pesetas.* Se emplea frecuentemente en plural. **gasto público** Cantidad de dinero que aporta la Administración para satisfacer las necesidades de los ciudadanos: *el gobierno intenta reducir el gasto público.* **3** Consumo o deterioro de una cosa debido a su uso continuado: *hay que intentar reducir el gasto de agua en las viviendas.*
correr con los gastos Encargarse de satisfacer el importe de ellos: *pedid la comida que más os apetezca, que yo corro con los gastos.*
cubrir gastos Proporcionar una cosa el beneficio mínimo para satisfacer los gastos que ha ocasionado: *la empresa no tenía grandes beneficios, pero daba para cubrir gastos.*

gástrico, -ca *adj.* Del estómago o que tiene relación con este órgano del cuerpo: *padece una úlcera gástrica; los jugos gástricos ayudan a hacer la digestión.*
DER gastritis; epigastrio, hipogastrio.

gastritis *n. f.* MED. Inflamación de las mucosas del estómago debida a la producción excesiva de ácido: *una gastritis puede producir úlcera.*
OBS El plural también es *gastritis.*

gastro-, gastr- Elemento prefijal que entra en la formación de palabras con el significado de 'estómago': *gastrointestinal, gastronomía.*

gastroenteritis *n. f.* MED. Inflamación de las mucosas del estómago y del intestino conjuntamente, debida a una infección: *la gastroenteritis provoca vómitos y diarrea.*
OBS El plural también es *gastroenteritis.*

gastrointestinal *adj.* MED. Del estómago y los intestinos conjuntamente, o relacionado con estos dos órganos del cuerpo: *problemas gastrointestinales.*

gastronomía *n. f.* **1** Arte y técnica de preparar una buena comida: *la gastronomía francesa y la española son muy diferentes.* **2** Afición de una persona a la buena comida: *la gastronomía es su pasión.*
DER gastronómico, gastrónomo.

gastronómico, -ca *adj.* De la gastronomía o que está relacionado con este arte o técnica: *comer en este restaurante es un deleite gastronómico.*

gastrónomo, -ma *n. m. y f.* **1** Persona que es especialista en gastronomía: *en el País Vasco hay grandes gastrónomos.* **2** Persona a la que le gusta la buena comida y sabe mucho de cocina y de buenos restaurantes: *como buen gastrónomo, sabe reconocer inmediatamente la cocina de calidad.*

gatear *v. intr.* Andar una persona apoyando las manos y las rodillas en el suelo: *cuando los niños no saben caminar, gatean.*

gatera *n. f.* Agujero hecho en la parte baja de una puerta o pared para que puedan entrar y salir los gatos: *el gato entró en la casa por una gatera.*

gatillo *n. m.* Pieza de un arma de fuego que se presiona con el dedo y sirve para poner en movimiento la palanca de disparo: *apretó el gatillo del revólver y se produjo un disparo.* **SIN** disparador.

gato, -ta *n. m. y f.* **1** Mamífero felino doméstico, de patas cortas, cabeza redonda, pelo espeso y suave y uñas retráctiles, que se distingue por su habilidad cazando ratones: *el gato es un mamífero carnívoro.* **gato de Angora** Gato de pelo muy largo que procede de Angora. **gato montés** Gato salvaje, de color amarillento con rayas negras que en la cola forman anillos, que se alimenta de pequeños animales. **gato siamés** Gato de pelo muy corto y de color amarillento o gris, más oscuro en la cara, las orejas y la cola que en el resto del cuerpo, que procede de Asia. **2** Instrumento que sirve para levantar grandes pesos a poca altura: *para cambiar la rueda de un coche hay que usar un gato.*
a gatas Manera de andar una persona apoyando las manos y las rodillas en el suelo: *el bebé aún no sabe andar, pero va a todas partes a gatas.* **SIN** a gachas.
como gato panza (o boca) arriba Se utiliza para expresar que una persona está en actitud de defensa: *después de la pelea no se podía hablar con él, estaba como gato panza arriba.*
cuatro gatos *coloquial* Muy poca cantidad de gente: *en la conferencia sólo estábamos cuatro gatos.*
dar gato por liebre *coloquial* Engañar una persona a otra haciéndole pasar una cosa de muy poco valor o calidad por otra parecida pero de mucho valor o gran calidad: *ten cuidado con ese comerciante, que siempre te da gato por liebre.*
haber gato encerrado *coloquial* Haber algo oculto o secreto en una situación o asunto: *dicen que el viaje es de placer, pero yo creo que hay gato encerrado.*
llevarse el gato al agua *coloquial* Conseguir un éxito o una victoria en un cosa: *íbamos empatados, pero al final me llevé el gato al agua.*
DER gatear, gatera, gatillo, gatuperio.

gauchesco, -ca *adj.* De los gauchos o relacionado con estos campesinos de las pampas suramericanas: *literatura gauchesca.*

gaucho, -cha *adj.* **1** Del gaucho o relacionado con este campesino de las pampas sudamericanas: *traje gaucho.* ◊ *n. m.* **2** Campesino que habitaba en las pampas de América del Sur y se dedicaba especialmente a trabajos ganaderos. **DER** gauchesco.

gauss *n. m.* Unidad de inducción magnética en el sistema cegesimal: *el gauss es la diezmilésima parte de la tesla.*

gaveta *n. f.* **1** Cajón corredizo que hay en algunos muebles, como los escritorios: *en la gaveta se guardan objetos y papeles que se quieren tener al alcance.* **2** Mueble que tiene uno o varios de estos cajones.

gavia *n. f.* En los barcos de vela, vela que se coloca en el mastelero mayor o en cualquiera de los otros dos masteleros.

gavilán *n. m.* Ave rapaz de unos 30 centímetros, de plumaje gris azulado en la parte superior y con bandas de color pardo rojizo en el resto, que se diferencia de otras rapaces por tener las alas cortas y redondeadas y la cola larga: *el gavilán se alimenta de pequeños mamíferos y aves.* **SIN** esparaván.

OBS Para indicar el sexo se usa *el gavilán macho y el gavilán hembra.*

gavilla *n. f.* Conjunto de ramas o tallos unidos o atados por su centro, más grande que un manojo y más pequeño que un haz: *gavilla de trigo; gavilla de hierba.*

gaviota *n. f.* Ave palmípeda marina, de plumaje gris en la espalda y con el resto del cuerpo blanco, de pico naranja y algo curvo, que vive en las costas y se alimenta esencialmente de peces: *las gaviotas acuden a veces a los vertederos de basura para alimentarse de desperdicios y carroña.* ☞ aves.
OBS Para indicar el sexo se usa *la gaviota macho y la gaviota hembra.*

gay *adj./n. m.* [hombre] Que es homosexual: *las parejas formadas por gays reivindican el derecho a ser equiparadas a las parejas de heterosexuales.*
OBS Es de origen inglés y se pronuncia aproximadamente 'guei'.

gazapo *n. m.* **1** Cría del conejo: *en la madriguera había dos gazapos.* **2** Error o equivocación que comete una persona al escribir o al hablar. **SIN** errata.

gazmoño, -ña *adj./n. m. y f.* [persona] Que finge que es muy devoto o cuidadoso en cuestiones de moral cuando en realidad no lo es: *esa chica es una gazmoña: nunca quiere ir a discotecas ni sitios así.*
DER gazmoñería.

gaznápiro, -ra *adj./n. m. y f.* [persona] Que es torpe, simple o tiene poca inteligencia: *eres un gaznápiro, mira que creerte todo lo que te dicen.*

gaznate *n. m. coloquial* Parte interior de la garganta: *voy a beber un poco de agua porque tengo seco el gaznate.* **SIN** gañote.

gazpacho *n. m.* Sopa fría que se hace principalmente con tomates, cebolla, pimiento, ajo, aceite, vinagre, sal y pan: *el gazpacho es una comida típica de Andalucía y Extremadura.*
DER gazpachuelo.

ge *n. f.* Nombre de la letra g: *la palabra gato empieza por ge.*

géiser *n. m.* Agujero de la corteza de la Tierra del que sale agua muy caliente a gran presión: *los géiseres abundan en Islandia.*
OBS El plural es *géiseres.*

geisha *n. f.* Joven japonesa que sabe bailar, cantar, recitar poesía y servir el té y cuyo trabajo es entretener y hacer compañía a los hombres.
OBS Es de origen japonés y se pronuncia aproximadamente 'gueisa'.

gel *n. m.* **1** Jabón líquido que se usa para el aseo personal: *hay que comprar gel para el baño.* **2** Producto que tiene una consistencia semejante a la de la gelatina: *para quitarte el dolor de la rodilla hay un gel muy bueno.*

gelatina *n. f.* **1** Sustancia sólida, transparente e incolora, que se obtiene cociendo en agua huesos y otros tejidos de animales: *la gelatina se usa en cocina y en farmacia; con la gelatina se fabrica pegamento.* **2** Alimento blando y dulce que se hace con esta sustancia, azúcar y zumo de frutas: *he hecho una gelatina de fresa para los niños.* **SIN** jalea.
DER gel, gelatinoso.
ETIM Véase *hielo.*

gelatinoso, -sa *adj.* **1** Que tiene el aspecto denso de la gelatina: *sustancia gelatinosa.* **2** Que tiene gelatina: *esta carne es muy gelatinosa.*

gélido, -da *adj.* Que es o está muy frío: *sopla un viento gélido.* **SIN** glacial, helado.
DER congelar.
ETIM Véase *hielo.*

gema *n. f.* **1** Piedra preciosa: *el diamante, la esmeralda, el rubí y el zafiro son gemas*. **2** BOT. Brote de los vegetales del que nacen las ramas, las hojas y las flores: *las primeras gemas nacen en el mes de febrero*. SIN yema.
DER gemación, gemología.

gemación *n. f.* **1** Forma de multiplicación de una célula en que ésta se divide en dos partes desiguales, cada una con un núcleo, que se separan. **2** Forma de multiplicación asexual, propia de algunos animales inferiores, en que el animal emite, en alguna parte de su cuerpo, una yema o protuberancia que se convierte en un nuevo individuo. **3** BOT. Desarrollo de una yema en una planta, a partir de la cual se forma una rama, una hoja o una flor.

gemelo, -la *adj.* **1** [cosa] Que es igual en su forma o función a otro objeto o elemento con el que forma un par: *las torres gemelas de una iglesia; camas gemelas*. **2** Que se parece mucho a otra cosa o es casi igual a ella: *son dos almas gemelas*. ◇ *adj./n. m. y f.* **3** [persona, animal] Que ha nacido a la vez que otro del mismo parto: *los gemelos nacen a partir de dos embriones que se desarrollan simultáneamente en el útero*. ◇ *adj./n. m.* **4** [músculo] Que está situado en la parte inferior de la pierna y que, con otro igual a él, se une al talón y sirve para mover el pie: *los gemelos son los músculos de la pantorrilla*. ◇ *n. m.* **5** Adorno formado por dos piezas unidas por una cadenita, que sirve para cerrar el puño de la camisa: *me han regalado unos gemelos de oro*. ◇ *n. m. pl.* **6 gemelos** Aparato que sirve para ver más cerca las cosas que están a bastante distancia, formado por dos cilindros unidos que se colocan delante de los ojos y que contienen una serie de prismas y lentes para aumentar la imagen: *desde su terraza miraba el mar a través de unos gemelos*. SIN anteojos, binoculares, prismáticos.
ETIM Véase mellizo.

gemido *n. m.* Sonido o voz que expresa dolor o pena: *el perrito no paraba de gemir porque estaba herido*.

geminado, -da *adj.* **1** Que está formado por dos elementos iguales o por elementos colocados por parejas: *órganos vegetales geminados*. ◇ *adj./n. f.* **2** GRAM. [consonante] Que se pronuncia en dos momentos sucesivos de tensión, de manera que cada parte de la geminada pertenece a una sílaba distinta: *la ene de ennegrecer es una consonante geminada*.

geminar *v. intr./prnl.* GRAM. Tender un sonido a pronunciarse en dos momentos distintos, pero seguidos, de modo que forman parte de dos sílabas distintas: *en esa lengua las consonantes dentales y labiales se geminan en algunos contextos*.
DER geminado.
ETIM Véase mellizo.

géminis *adj./n. com.* [persona] Que ha nacido entre el 20 de mayo y el 21 de junio, tiempo en que el Sol recorre aparentemente Géminis, tercer signo del Zodíaco.

gemir *v. intr.* Emitir sonidos o voces que expresan dolor o pena: *no para de gemir porque le duele mucho la cabeza*.
DER gemido; gimotear.
OBS En su conjugación, la e se convierte en *i* en algunos tiempos y personas, como en *servir*.

gemología *n. f.* Ciencia que estudia las gemas o piedras preciosas.
DER gemólogo.

gemólogo, -ga *n. m. y f.* Persona que es especialista en gemología.

gen *n. m.* BIOL. Partícula que se halla dispuesta a lo largo de un cromosoma junto con otras, y que hace que algunas características de los padres pasen a los hijos: *los genes determinan la aparición de los caracteres hereditarios; el color del pelo y de los ojos de las personas está determinado por un gen*.
ETIM *Gen* procede del latín *genus*, que tenía el mismo significado, voz con la que también están relacionadas *genealogía, geneantropía*.

gendarme *n. m.* Agente de policía de algunos países, especialmente Francia.
DER gendarmería.

gendarmería *n. f.* **1** Cuerpo de tropa formado por los gendarmes. **2** Cuartel o puesto de gendarmes: *llevaron el detenido a la gendarmería*.

genealogía *n. f.* **1** Conjunto de los antepasados de una persona: *este cuadro recoge la genealogía del último rey de Francia*. SIN ascendencia. **2** Escrito o gráfico en el que se recogen los antepasados de una persona: *mi padre ha producido una genealogía de nuestra familia desde 1732*.
DER genealógico, genealogista.
ETIM Véase *gen*.

genealógico, -ca *adj.* De la genealogía o relacionado con el conjunto de los antepasados de una persona: *árbol genealógico*.

genealogista *n. com.* Persona que es especialista en genealogías y linajes y escribe sobre ellos.

generación *n. f.* **1** Acción que consiste en producir o crear una cosa: *los aparatos de calefacción sirven para la generación de calor; el gobierno lucha por la generación de nuevos puestos de trabajo*. **2** Acción que consiste en crear nuevos seres vivos por medio de la reproducción: *para la generación de un mamífero se necesita un macho y una hembra*. **3** Conjunto de personas que han nacido en la misma época: *los padres, los hijos y los nietos de una familia pertenecen a tres generaciones distintas; es nuestro deber preservar el medio ambiente para las generaciones futuras*. **4** Conjunto de personas, generalmente dedicadas al arte o a la ciencia, cuya obra tiene características comunes: *Unamuno fue un escritor que perteneció a la generación del 98*. **5** Conjunto de aparatos construidos en un mismo período de tiempo y que tienen características comunes: *es un ordenador de la tercera generación*.
DER generacional.

generacional *adj.* De la generación o relacionado con una generación: *conflicto generacional*.

generador, -ra *adj./n. m. y f.* **1** Que genera, produce o crea una cosa: *central generadora*. ◇ *n. m.* **2** Aparato o pieza de una máquina que produce energía: *la dinamo que llevan algunas bicicletas es un generador de electricidad*.

general *adj.* **1** Que es común a todos o a la mayor parte de los individuos de un conjunto: *el código de circulación contiene normas generales para todos los vehículos y normas particulares para las motos; la idea general de un libro nos informa de su contenido*. **2** Que es poco preciso y no entra en detalles: *lo explicó de modo general, sin concretar*. **3** Que es muy frecuente o común: *es una costumbre muy general*. ◇ *n. m.* **4** Miembro del ejército o de la aviación que pertenece a la categoría más alta: *el grado de general es superior al de coronel*. **general de brigada** Miembro del ejército o de la aviación que pertenece a la categoría inmediatamente superior a la de coronel. **general de división** Miembro del ejército o de la aviación que pertenece a la categoría inmediatamente superior a la de general de brigada: *el general de división pasó revista a la división acorazada*.
en (o por) lo general a) Se utiliza para indicar que una cosa se expresa de forma global, sin tener en cuenta los detalles o los casos especiales: *las personas, en general, viven mejor ahora que hace cien años*. b) Se utiliza para expresar que una

generalidad

cosa es frecuente, normal o común: *en febrero, por lo general, hace mucho frío.*
DER generala, generalato, generalidad, generalizar, generalmente.

generalidad *n. f.* **1** Conjunto que incluye la mayoría o prácticamente la totalidad de las personas o cosas que componen un todo: *estoy hablando para la generalidad, no me refiero a nadie en particular; esta enfermedad afecta a la generalidad de los ancianos.* **2** Vaguedad o poca precisión en lo que una persona dice o escribe: *has tratado el tema con demasiada generalidad, no has profundizado.* **3** Idea general, poco precisa: *algunas personas cuando no saben la respuesta a una pregunta contestan con generalidades.* Se usa frecuentemente en plural. ◇ *n. f. pl.* **4 generalidades** Conocimientos básicos o fundamentales de una ciencia o materia: *el profesor nos explicó las generalidades de la fonética.*

generalización *n. f.* **1** Aplicación a un conjunto de lo que es propio de un individuo: *hay asuntos en los que puede resultar peligroso hacer generalizaciones.* **2** Acción de extender o hacer general o común una cosa: *en los últimos años se ha producido una generalización de la práctica del ciclismo.*

generalizar *v. tr./prnl.* **1** Extender o hacer general o común una cosa: *la ola de calor se ha generalizado a toda la Península; se ha generalizado el uso de ordenadores.* ◇ *v. intr.* **2** Aplicar a un conjunto lo que es propio de un individuo: *no debes generalizar diciendo que todo el mundo vive muy bien.*
DER generalización.
OBS En su conjugación, la *z* se convierte en *c* delante de *e*.

generar *v. tr.* Producir, crear alguna cosa: *su última película ha generado mucho interés; el frotamiento de dos cuerpos genera calor.* **SIN** originar.
DER generación, generador, generativo, generatriz, género, génesis; degenerar, regenerar.
ETIM *Generar* procede del latín *generare*, 'crear', voz con la que también están relacionadas *engendrar, genital, genitivo*.

generativismo *n. m.* GRAM. Disciplina lingüística que trata de formular las reglas y principios por medio de los cuales un hablante es capaz de producir y comprender todas las oraciones posibles y aceptables de su lengua: *el generativismo nació en Estados Unidos.* **SIN** gramática generativa.
DER generativista.

generativista *adj.* **1** GRAM. Del generativismo o relacionado con esta disciplina lingüística. ◇ *adj./n. com.* **2** GRAM. [persona] Que sigue las ideas del generativismo: *los generativistas celebraron un congreso en la Universidad de Stanford.*

generativo, -va *adj.* Que es capaz de generar, producir o crear una cosa nueva: *órganos generativos.*
DER generativismo.

generatriz *adj./n. m. y f.* MAT. [línea, superficie] Que engendra con su movimiento una figura o un sólido geométrico.

genérico, -ca *adj.* **1** Que es común o se refiere a un conjunto de elementos del mismo género: *perro es un nombre genérico que sirve para hablar de los distintos tipos de perros que hay.* **2** GRAM. Del género o relacionado con esta categoría gramatical: *los sustantivos del español llevan marcas genéricas y numéricas.*

género *n. m.* **1** Conjunto de personas o cosas que tienen unas características comunes: *el género humano.* **2** Conjunto de propiedades o características que distinguen a una persona o a una cosa: *espero que sobre esto no quede ningún género de duda; ese género de vida no es para mí.* **SIN** clase, tipo. **3** Mercancía o producto de cualquier tipo: *este supermercado tiene muy buen género.* **4** Clase de tela o tejido: *la seda es un género suave y agradable; el vestido está hecho en un géne-*ro de gran calidad. **5** Categoría o clase en que se pueden ordenar las obras artísticas, literarias o musicales según los rasgos comunes de forma y contenido: *la comedia y la tragedia son géneros literarios.* **género chico** Clase de obras de teatro cortas, generalmente musicales, y de estructura sencilla: *la zarzuela pertenece al género chico.* **6** Categoría gramatical que aparece en el sustantivo, el adjetivo, el pronombre y el artículo y que les permite concordar entre sí: *los géneros gramaticales en el español actual son masculino y femenino.* **género ambiguo** Género de los sustantivos que pueden llevar artículo masculino o femenino: *mar es una palabra de género ambiguo.* **género común** Género de los sustantivos de persona que pueden llevar artículo masculino o femenino según se refieran a hombres o a mujeres: *testigo es una palabra de género común.* **género femenino** Género de los sustantivos que se combinan con el determinante *esta* y con otros determinantes del mismo tipo: *la palabra casa tiene género femenino.* **género masculino** Género de los sustantivos que se combinan con el determinante *este* y con otros determinantes del mismo tipo: *la palabra cazo tiene género masculino.* **género neutro** Género de los sustantivos que no son masculinos ni femeninos: *la palabra aquello es de género neutro.* **7** BIOL. Categoría de clasificación de los seres vivos inferior a la de familia y superior a la de especie: *el gato es del género Felis.*
DER general, genérico, generoso, genocidio; subgénero.

generosidad *n. f.* **1** Cualidad de la persona que ayuda y da lo que tiene a los demás sin esperar nada a cambio: *sus amigos se aprovecharon de su generosidad, y permanecieron en su casa durante meses.* **ANT** cicatería, egoísmo. **2** Nobleza de carácter que tiene una persona: *la generosidad consiste en perdonar a los que te han ofendido.*

generoso, -sa *adj.* **1** [persona] Que ayuda y da lo que tiene a los demás sin esperar nada a cambio: *has sido muy generoso al prestarme el dinero.* **SIN** desprendido. **ANT** egoísta. **2** [persona] Que tiene o muestra un carácter noble: *has sido muy generoso ayudándome cuando te necesitaba y a pesar de que estuvieras enfadado conmigo.* **3** Que es abundante: *en este bar las raciones son bastante generosas.* **ANT** escaso.
DER generosidad.

génesis *n. f.* **1** Principio u origen de una cosa: *hay muchas teorías sobre la génesis del universo.* **SIN** nacimiento. **2** Proceso mediante el cual se ha originado o formado una cosa: *la génesis de la lluvia es la evaporación del agua del mar y de los ríos.* ◇ *n. p.* **3** Libro primero del Antiguo Testamento. En esta acepción se escribe con mayúscula.
DER genésico, genética.
OBS El plural también es *génesis*.

-génesis Elemento sufijal que entra en la formación de palabras con el significado de 'origen', 'principio', 'proceso de generación': *orogénesis*.

genética *n. f.* Parte de la biología que estudia los genes y los mecanismos que regulan la transmisión de los caracteres hereditarios: *Mendel es el padre de la genética.*
DER genético.

genético, -ca *adj.* **1** De los genes o relacionado con estas partículas: *el código genético de un ser vivo es la forma en que están dispuestos sus genes.* **2** De la genética o que tiene relación con esta rama de la biología: *el color de los ojos es una característica genética que los hijos heredan de los padres.* **3** De la génesis o relacionado con el principio u origen de una cosa: *no se sabe de manera segura cuál fue el proceso genético de la Tierra.*

GÉNERO GRAMATICAL EN LOS NOMBRES

El género gramatical de los nombres indica si, desde el punto de vista de la construcción de los sintagmas y frases, un nombre debe considerarse de género masculino o femenino, por lo que concordará con adjetivos y determinantes en masculino o femenino y será sustituido por pronombres de uno u otro género.

Cuando los nombres se refieren a seres sexuados (animales, personas, profesiones, etc.), es frecuente que el género del nombre se corresponda con el sexo: masculino para hombres o machos, femenino para mujeres o hembras. En estos casos se habla de género **motivado**, porque el género de un nombre depende de la realidad que describe.

Cuando los nombres que se refieren a realidades no sexuadas (es decir, a elementos de la realidad que no tienen sexo, como cosas, ideas, lugares, etc.), el género es **inmotivado**, es decir, el significado de una palabra no tiene nada que ver con su género gramatical (no hay ninguna razón para que *silla* sea femenino y *bolígrafo* masculino, por ejemplo) y no se puede adivinar por su significado.

Veamos los distintos tipos de género gramatical que existen en español:

Género gramatical motivado
El género gramatical se encuentra en muchos casos relacionado con la distinción de sexo.

Género gramatical	*Nombre masculino*	*Nombre femenino*
Heterónimo Hay dos nombres distintos, con distinta raíz, uno para el masculino y otro para el femenino	el yerno, el toro, el hombre, el padre, el caballo	la nuera, la vaca, la mujer, la madre, la yegua
Masculino/femenino Una misma raíz con morfema de género. En muchos casos, el masculino termina en -o o en consonante, y el femenino en -a. En otros, el femenino se forma añadiendo un sufijo especial al masculino (-triz, -ina, -isa, -esa)	gato, perro, león, conde, marqués, papa, poeta, gallo, rey, actor, emperador	gata, perra, leona, condesa, marquesa, papisa, poetisa, gallina, reina, actriz, emperatriz
Común Una sola forma sin morfema de género que indica la diferencia de sexo por el género de determinantes, adjetivos y pronombres	el cónyuge, el cantante, el estudiante	la cónyuge, la cantante, la estudiante
Epiceno Una sola forma de género gramatical masculino o femenino. En el caso de animales, para expresar la diferencia de sexo se utiliza *macho/hembra*	la jirafa macho, el alacrán, el grillo, el cachorro	la jirafa hembra, la araña, la serpiente, la víctima

Género gramatical no motivado
El género gramatical no supone distinción de sexo.

Género gramatical	*Nombre masculino*	*Nombre femenino*
Masculino Concuerda en masculino; la mayoría de los nombres masculinos tienen morfema -o o acaban en consonante	el lápiz, el sillón, el miedo, el tema, el pueblo	
Femenino Concuerda en femenino; la mayoría de los nombres femeninos tienen morfema -a o acaban en consonante		la casa, la pared, la idea, la crisis, la ciudad
Ambiguo Concuerda en masculino y femenino, según hablantes o zonas geográficas, sin que cambie la forma ni el significado	el mar, el esperma, el reuma	la mar, la esperma, la reuma

Se da el caso de nombres que se escriben igual pero tienen distinto género gramatical y distinto significado: el/la cólera, el/la corte, el/la capital, el/la cometa, el/la editorial, el/la frente, el/la lente, el/la margen, el/la radio.

También hay ocasiones en que una raíz origina dos nombres con distinto morfema y género gramaticales. Hay alguna relación de significado entre ellos, pero no diferencia de sexo. Así, los masculinos *el cerezo, el madero, el huerto, el caldero, el farol, el barco, el ramo* y los femeninos *la cereza, la madera, la huerta, la caldera, la farola, la barca, la rama*.

-genia Elemento sufijal que entra en la formación de palabras con el valor de 'proceso natural de formación': *criogenia*.

genial *adj.* **1** Que se considera propio de un genio o de la persona con gran inteligencia o capacidad para crear o inventar cosas nuevas y admirables: *este pintor es un artista genial*. **2** Que es muy bueno o extraordinario: *la actuación del cantante fue genial*. **SIN** excelente. **ANT** pésimo.
DER genialidad.

genialidad *n. f.* **1** Inteligencia o capacidad que tienen algunas personas para crear o inventar cosas nuevas y admirables: *la genialidad del artista no fue reconocida en su época*. **2** Cualidad de lo que es muy bueno o extraordinario: *hemos de reconocer la genialidad de tu investigación*. **3** Hecho o idea que resulta raro o extraño: *Dalí se divertía sorprendiendo a la gente con sus genialidades*. **SIN** excentricidad, extravagancia.

genio *n. m.* **1** Manera de ser, carácter de una persona: *las personas que tienen mal genio se enfadan con facilidad*. **2** Persona muy inteligente o con gran capacidad para crear o inventar cosas nuevas y admirables: *Einstein fue un genio de las matemáticas; tu idea es propia de un genio*. **3** Inteligencia o capacidad para crear o inventar cosas nuevas y admirables: *todos admiramos el genio creador de Falla*. **4** Personaje de los cuentos y leyendas que tiene poderes mágicos: *en el cuento de Aladino, aparece un genio cuando éste frota una lámpara por casualidad*.
DER genial; congeniar, ingenio.

genital *adj.* **1** Que sirve para la reproducción o está relacionado con los órganos reproductores: *aparato genital*. ◇ *n. m. pl.* **2 genitales** Órganos sexuales externos: *los genitales de los hombres son los testículos y el pene*.
ETIM Véase *generar*.

genitivo, -va *adj.* **1** *culto* Que puede producir una cosa o dar la vida: *los campos reciben el genitivo aliento de la lluvia*. ◇ *n. m.* **2** GRAM. Caso de la declinación de algunas lenguas, como el latín, en que se pone la palabra que expresa relación de posesión o pertenencia y de materia de que está hecha una cosa.
ETIM Véase *generar*.

genocidio *n. m.* Aniquilación o exterminio sistemático y deliberado de un grupo social por motivos raciales, políticos, religiosos: *los nazis llevaron a cabo el genocidio de la población judía*. **SIN** holocausto.

genoma *n. m.* BIOL. Conjunto de los cromosomas de una célula.

genotipo *n. m.* BIOL. Conjunto de los genes que existen en cada núcleo celular de los individuos pertenecientes a una determinada especie animal o vegetal.

gente *n. f.* **1** Conjunto de personas: *en verano suele haber mucha gente en la playa*. **2** Grupo o clase social en que se divide la sociedad: *le gusta codearse con la gente de dinero*. **gente de bien** Conjunto en el que se incluye a la persona que es honrada y tiene buenas intenciones: *sólo quiero que te juntes con gente de bien*. **gente de paz** Conjunto en el que se incluye a la persona que no tiene intención de comportarse de manera violenta: *no dispares, que somos gente de paz*. **gente menuda** *coloquial* Conjunto formado por los niños o las personas de corta edad: *este programa de televisión va dirigido a la gente menuda*. **3** *coloquial* Conjunto de personas del mismo grupo familiar: *tengo a mi gente aquí de vacaciones*. **SIN** familia. **4** *coloquial* Persona, en cuanto a su manera de ser: *no parece mala gente, sólo que tiene un poco de mal genio*.
DER gentil, gentilicio, gentío, gentuza.

gentil *adj.* **1** [persona] Que es amable, educado y atento con los demás: *has sido muy gentil al cederme tu asiento*. **SIN** cortés. **2** Que tiene muy buen aspecto o buena presencia: *gentil figura*.
DER gentileza.

gentileza *n. f.* **1** Cualidad de la persona que actúa o se comporta con amabilidad, educación o atención hacia los demás: *el dueño de la casa ha tenido la gentileza de invitarnos a comer*. **SIN** cortesía. **2** Regalo de poca importancia que se da como muestra de afecto y consideración: *esto es una gentileza del hotel*. **SIN** cortesía. **3** Garbo, gracia o gallardía con que una persona realiza una cosa: *cuando montaba a caballo se acentuaba la gentileza de su figura*.

gentilicio, -cia *adj./n. m.* [nombre, adjetivo] Que sirve para indicar de qué lugar es originaria o natural una persona: *malagueño es el gentilicio que se usa para referirse a la persona nacida en Málaga*.

gentío *n. m.* Gran cantidad de gente reunida en un mismo lugar: *en Navidad, no se puede entrar en las tiendas del gentío que hay*. **SIN** muchedumbre, multitud.

gentleman *n. m.* Hombre de gran distinción, elegancia y educación.
OBS Es de origen inglés y se pronuncia aproximadamente 'yéntelman'.

gentuza *n. f.* Gente despreciable: *en este bar no hay más que gentuza de mal vivir*.

genuino, -na *adj.* Que conserva sus características propias o naturales y no es falso ni de imitación: *esta cartera está hecha de piel genuina*. **SIN** auténtico, puro. **ANT** falso.

geo- Elemento prefijal que entra en la formación de palabras con el significado de 'tierra': *geografía, geología*.

geocéntrico, -ca *adj.* Que considera la Tierra como centro del Universo: *en 1543, Copérnico sustituyó el modelo geocéntrico del sistema solar por uno en que el Sol era el centro*.
DER geocentrismo.

geocentrismo *n. m.* Antigua teoría según la cual la Tierra era el centro del Universo, por lo que los planetas giraban alrededor de ella.

geodesia *n. f.* Ciencia matemática que tiene por objeto determinar la posición exacta de puntos en la superficie de la Tierra, y la figura y magnitud de esta superficie y de grandes extensiones de ella.
DER geodésico.

geodésico, -ca *adj.* De la geodesia o relacionado con esta ciencia: *análisis geodésico*.

geoestacionario, -ria *adj.* Que está en rotación sincrónica alrededor de la Tierra, por lo que parece que está siempre en el mismo sitio: *satélite geoestacionario*.

geofísica *n. f.* Ciencia que estudia la estructura y composición de la Tierra y los agentes físicos que la modifican: *la geofísica es una rama de la geología*.
DER geofísico.

geofísico, -ca *adj.* **1** De la geofísica o relacionado con esta ciencia: *estudio geofísico*. ◇ *n. m. y f.* **2** Persona que es especialista en geofísica: *sus investigaciones fueron presentadas en un congreso de geofísicos*.

geografía *n. f.* Ciencia que estudia y describe la Tierra, sus montañas, continentes, océanos, países y las personas que viven en ellos, así como los diferentes climas, las plantas, los animales y los productos naturales que se producen en ella: *los niños están estudiando la geografía de España*.
DER geográfico, geógrafo.

geográfico, -ca *adj.* De la geografía o relacionado con esta ciencia: *accidente geográfico*.

geógrafo, -fa *n. m. y f.* Persona que es especialista en

geografía o se dedica profesionalmente a su estudio: *es geógrafo, conoce perfectamente el relieve de este territorio.*

geología *n. f.* Ciencia que estudia el origen y formación de la Tierra, los materiales que la componen y su estructura actual: *este tratado de geología informa sobre la formación de los fósiles.*
DER geológico, geólogo.

geológico, -ca *adj.* De la geología o relacionado con esta ciencia: *período geológico.*

geólogo, -ga *n. m. y f.* Persona que es especialista en geología o se dedica profesionalmente a su estudio: *los geólogos pueden explicar las causas de los movimientos de la corteza terrestre.*

geómetra *n. com.* Persona que es especialista en geometría o se dedica profesionalmente a su estudio.

geometría *n. f.* Parte de las matemáticas que estudia las características del espacio, las relaciones entre puntos, líneas, ángulos, planos y figuras, y la manera como se miden: *la geometría estudia figuras como triángulos y cuadrados.*
DER geómetra, geométrico.

geométrico, -ca *adj.* De la geometría o relacionado con esta parte de las matemáticas: *figura geométrica.*

georgiano, -na *adj.* **1** De Georgia o relacionado con este país situado al sudoeste de la antigua Unión Soviética. ◇ *adj./n. m. y f.* **2** [persona] Que es de Georgia. ◇ *n. m.* **3** Lengua que se habla en Georgia.

geranio *n. m.* **1** Planta de jardín, de tallos ramosos y hojas grandes que se cultiva por sus flores, de vivos colores y reunidas en pequeñas cabezas: *el geranio es una planta ornamental.* **2** Flor de esta planta, de color rojo, rosa, lila o blanco principalmente. ☞ flores.

gerencia *n. f.* **1** Cargo de gerente: *comenzó como un simple empleado y ha conseguido la gerencia de la empresa.* **2** Oficina o lugar en el que trabaja el gerente: *fue a hacer una reclamación a la gerencia.* **3** Tiempo durante el cual el gerente desempeña su cargo: *su gerencia en el hotel duró cinco años.*

gerente *n. com.* Persona que dirige, gestiona o administra una sociedad, empresa u otra entidad: *el gerente del club de fútbol firmó el contrato con el jugador.* **SIN** director, jefe, mánager.
DER gerencia.

geriatra *n. com.* Médico especializado en el estudio y tratamiento de las enfermedades de la vejez, a partir de los sesenta y cinco años.

geriatría *n. f.* Parte de la medicina especializada en el estudio y tratamiento de las enfermedades de las personas que tienen sesenta y cinco o más años.
DER geriatra, geriátrico.

geriátrico, -ca *adj./n. m.* [lugar, centro] Que se dedica al cuidado de las personas que tienen sesenta y cinco o más años.

gerifalte *n. m.* **1** Ave rapaz de plumaje pardo que constituye el halcón de mayor tamaño que se conoce: *el gerifalte fue muy apreciado como ave de cetrería.* Para indicar el sexo se usa *el gerifalte macho* y *el gerifalte hembra.* **2** Persona que destaca o sobresale en cualquier actividad: *en la cabeza de la procesión iban los gerifaltes de la ciudad.*

GENTILICIOS

Un gentilicio es la palabra que se utiliza para referirse a las personas o cosas de un país, región, ciudad o lugar. Los gentilicios son adjetivos que se forman añadiendo al nombre del lugar alguno de los siguientes sufijos:

-aco, -aca	austriaco, polaca
-ano, -ana	valenciano, mexicano, coreana
-ense	ovetense, nicaragüense
-eño, -eña	malagueño, extremeño, brasileña
-és, -esa	barcelonés, francés, neozelandesa
-í	ceutí, marroquí, magrebí
-ino, -ina	santanderino, argentina
-o, -a	canario, rusa

Algunos gentilicios son bastante diferentes del nombre del lugar al que se refieren, porque son adjetivos formados a partir del nombre antiguo de ese lugar o no derivan de la forma actual del nombre de la ciudad. En esta lista hay algunos gentilicios de poblaciones españolas con esta característica.

Ávila (Abula):	avilés, abulense
Badajoz (Pax Augusta):	badajocense, badajoceño, pacense
Cádiz (Gades):	gaditano
Cuenca:	conquense
Guadalajara (Caraccea, Arriaca):	guadalajareño, caracense, carriacense, arriacense, alcarreño
Huelva (Onuba):	huelveño, onubense
Huesca (Osca):	oscense
Jaén:	jienense o jiennense
Lérida (Ilerda):	leridano, ilerdense
Lugo (Lucus Augusti):	lucense
Madrid (Matritum):	madrileño, matritense
Málaga (Málaca):	malagueño, malacitano
San Sebastián (Donostia, Oeason):	donostiarra
Sevilla (Hispalis):	sevillano, hispalense
Tarragona (Tarraco, Cessetani):	tarraconense
Teruel (Turba, Túrbula, Turbolium):	turolense
Valladolid (Vallisoletum):	vallisoletano

germanía *n. f.* Manera de hablar o jerga que usan entre sí ladrones y rufianes, formada por palabras del español a las que se da un significado diferente del que tienen y por otras voces de distinto origen: *los pícaros del siglo XVI utilizaban la germanía como lenguaje secreto.*

germánico, -ca *adj.* **1** De Alemania o relacionado con este país del centro de Europa: *es muy germánico en su eficiencia y puntualidad.* SIN alemán, germano. **2** De la Germania o de los germanos o relacionado con esta antigua región del centro de Europa o con los pueblos que la habitaban: *los pueblos germánicos invadieron el Imperio romano.* **3** [lengua] Que pertenece a un grupo de lenguas derivadas del antiguo germánico: *el alemán, el neerlandés y el inglés son lenguas germánicas.* ◇ *n. m.* **4** Lengua indoeuropea hablada por los antiguos pueblos germanos: *el alemán tiene su origen en el germánico.*

germanio *n. m.* Elemento químico sólido, metálico, de color blanco grisáceo, que se utiliza en la fabricación de transistores y otros dispositivos electrónicos: *el símbolo del germanio es Ge.*

germanismo *n. m.* Palabra o modo de expresión propio de la lengua alemana o del germánico que se usa en otro idioma: *la palabra guerra es un germanismo en español.*
DER germanista.

germanista *n. com.* Persona que es especialista en la lengua alemana, o en las lenguas, literaturas o culturas germánicas.

germano, -na *adj.* **1** De la antigua Germania o relacionado con esta antigua zona del centro de Europa habitada por pueblos de origen indoeuropeo. **2** De Alemania o relacionado con este país del centro de Europa. SIN alemán, germánico. ◇ *adj./n. m. y f.* **3** [persona] Que pertenecía a uno de los pueblos de la antigua Germania. **4** [persona] Que es de Alemania. SIN alemán.
DER germanía, germánico, germanismo, germanizar, germanófilo.

germanófilo, -la *adj./n. m. y f.* Que muestra una actitud de simpatía hacia todo lo que tiene relación con Alemania: *durante la guerra mundial, se llamó germanófilos a los partidarios de Alemania.*

germen *n. m.* **1** Organismo muy pequeño, formado por una sola célula, que es capaz de causar enfermedades: *limpió el suelo con lejía para hacer desaparecer los gérmenes.* **2** Célula o conjunto de células que cuando se desarrollan dan origen a un animal o a una planta: *los seres vivos se forman desde un germen.* **3** Parte de una semilla que crece y se convierte en una nueva planta: *dentro de unos meses este germen se habrá transformado en un rosal.* **4** Origen o principio de una cosa: *los conflictos sociales fueron el germen de la revolución popular.*
DER germicida, germinal, germinar.

germinación *n. f.* Acción de empezar a crecer y desarrollarse una semilla: *si mantienes una judía en agua durante unos días, verás cómo se produce su germinación.*

germinal *adj.* **1** Del germen o relacionado con esta parte de la semilla: *brote germinal.* **2** Del germen o relacionado con el origen o principio de una cosa: *estado germinal.*

germinar *v. intr.* **1** Empezar a crecer y a desarrollarse una semilla para dar una nueva planta: *las alubias sólo germinarán si la temperatura es lo suficientemente cálida.* **2** Empezar a desarrollarse una cosa: *su discurso hizo que germinase una idea en mi mente.*
DER germinación.

-gero, -gera Elemento sufijal que entra en la formación de palabras con el significado de 'que lleva': *flamígero.*

gerontocracia *n. f.* Sistema de gobierno en el que el poder está en manos de las personas de mayor edad: *en aquella tribu mantienen la gerontocracia como forma de gobierno desde tiempos inmemoriales.*

gerontología *n. f.* Ciencia que estudia la salud, la psicología y la integración social de las personas de sesenta y cinco o más años.

gerundense *adj.* **1** De Gerona o relacionado con esta provincia de Cataluña o con su capital. ◇ *adj./n. com.* **2** [persona] Que es de Gerona.

gerundio *n. m.* GRAM. Forma no personal del verbo que expresa duración de la acción verbal: *en la frase están tocando nuestra canción, tocando es un gerundio.*
OBS El gerundio en español termina en *-ndo.*

gesta *n. f.* Hecho o conjunto de hechos dignos de ser recordados, especialmente los que destacan por su heroicidad o trascendencia: *la primera vuelta al mundo es una gesta geográfica; el descubrimiento de la penicilina es una gesta científica.*

gestación *n. f.* **1** Período durante el cual se desarrolla el feto en el interior de la madre antes de su nacimiento: *la gestación de un niño dura nueve meses; el período de gestación de las ratas es de 21 días.* **2** Proceso de elaboración o formación de una cosa: *la gestación de un proyecto.*

gestante *adj./n. f.* [mujer] Que está embarazada: *el ginecólogo atendió a la gestante en su consulta.*

gestar *v. tr./prnl.* **1** Desarrollar la madre el feto en su interior hasta el momento del parto: *la perra gestó tres crías al mismo tiempo.* ◇ *v. prnl.* **2 gestarse** Concebirse y desarrollarse una idea, un proyecto o un sentimiento: *el argumento de una nueva novela se está gestando en su mente.*
DER gestación, gestante, gestatorio.

gesticulación *n. f.* Acción que consiste en hacer gestos, especialmente si son exagerados.

gesticular *v. intr.* Hacer gestos, especialmente cuando se hacen de manera exagerada: *hay personas que cuando hablan gesticulan mucho.*
DER gesticulación.

gestión *n. f.* **1** Cada una de las acciones o trámites que hay que llevar a cabo para conseguir o resolver una cosa: *para pedir una beca de estudios hay que hacer diversas gestiones.* **2** Conjunto de operaciones que se realizan para dirigir y administrar un negocio o una empresa: *una buena gestión hace que las empresas ganen dinero.*
DER gestionar, gestor; autogestión.

gestionar *v. tr.* **1** Hacer las acciones o los trámites necesarios para conseguir o resolver una cosa: *yo me ocuparé de gestionar los papeles en el Ayuntamiento.* **2** Dirigir y administrar un negocio o asunto: *el notario gestionó el asunto de la herencia.*

gesto *n. m.* **1** Movimiento de la cara, las manos u otra parte del cuerpo, con el que se expresa una cosa, especialmente un estado de ánimo: *cuando hablamos, acompañamos las palabras con gestos; hizo un gesto afirmativo con la cabeza.* **2** Acción realizada por un impulso o sentimiento, especialmente cuando con ella se muestra educación, delicadeza o cariño: *fue un gesto muy bonito por su parte enviarle una postal.* SIN detalle.
DER gesticular, gestual.

gestor, -ra *adj./n. m. y f.* **1** Que hace las gestiones necesarias para conseguir una cosa: *la empresa gestora se encargó de hacer todos los trámites.* ◇ *n. m. y f.* **2** Persona que realiza la gestión de una empresa o negocio o que se encarga de solucionar los asuntos de otra persona: *dos gestores administran los bienes de la empresa.*

gestoría *n. f.* Oficina donde el gestor desarrolla su actividad: *una gestoría me tramita el seguro del coche.*

gestual *adj.* **1** De los gestos o relacionado con estos movimientos de la cara. **2** Que se hace por medio de gestos: *lenguaje gestual.*

ghetto *n. m.* Gueto, conjunto de personas que viven aisladas de la sociedad, y lugar en que viven.

giba *n. f.* **1** Bulto que tienen en el lomo ciertos animales, formada por acumulación de grasas: *el camello y el dromedario tienen giba.* **SIN** joroba. **2** Deformación de la columna vertebral o de las costillas de una persona que provoca que su espalda y su pecho tengan una forma abultada o curvada anormal. **SIN** chepa, corcova, joroba.
DER gibar, giboso.

gibar *v. tr. coloquial* Molestar o fastidiar: *ino te giba: ahora se niega a dejarnos el coche!* **SIN** jorobar.

gibón *n. m.* Mono de pequeño tamaño, de brazos largos y desprovisto de cola, que vive en los árboles: *el gibón habita principalmente en Java y Borneo.*

giboso, -sa *adj./n. m. y f.* Que tiene giba. **SIN** corcovado, jorobado.

gibraltareño, -ña *adj.* **1** De Gibraltar o que tiene relación con esta ciudad y territorio del sur de la península ibérica asociado al Reino Unido. **SIN** llanito. ◇ *adj./n. m. y f.* **2** [persona] Que es de Gibraltar. **SIN** llanito.

giga- Elemento prefijal que entra en la formación de palabras con el significado de 'mil millones': *gigabyte.*

gigabyte *n. m.* INFORM. Mil millones de bytes o unidades que almacenan información: *el disco duro de un ordenador personal puede tener capacidad para uno o más gigabytes.*

gigante *adj.* **1** Que es de un tamaño mucho mayor que el normal: *el niño se está comiendo un helado gigante.* **SIN** gigantesco. **ANT** enano. ◇ *n. m.* **2** Personaje imaginario de los cuentos infantiles, semejante a un hombre, pero extremadamente alto y fuerte y, generalmente, cruel. **3** Persona de estatura mucho mayor que la normal: *aquellos gigantes que llegaron al hotel resultaron ser de un equipo de baloncesto.* **4** Figura de madera o de cartón que representa a una persona de gran altura y que recorre las calles en las fiestas populares: *una cabalgata de gigantes y cabezudos.* **5** Persona o grupo de personas que destacan mucho en una actividad: *la Unión Europea tiene que competir con uno de los mayores gigantes industriales del mundo, Japón; el partido de esta tarde es entre el Manchester y ese gigante de la Liga italiana, el Juventus.*
DER gigantesco, gigantismo; agigantar.

gigantesco, -ca *adj.* Que es de un tamaño mucho mayor que el normal: *ha construido un complejo de apartamentos gigantesco; el coste de la operación ha sido gigantesco.*

gigantismo *n. m.* MED. Trastorno del crecimiento de una persona caracterizado por un desarrollo excesivo de todo el cuerpo o de algunas partes: *las personas afectadas de gigantismo suelen tener una estatura mucho mayor que la que les correspondería por su edad; el gigantismo se debe a un exceso de hormonas del crecimiento.*

gigoló *n. m.* Hombre joven que es mantenido por una mujer, generalmente mayor que él, a cambio de tener con ella relaciones sexuales o de acompañarla: *en una ocasión fue el gigoló de una multimillonaria.*
OBS Es de origen francés y se pronuncia aproximadamente 'yigoló'.

gilí *adj. coloquial* Gilipollas, que es tonto o estúpido.

gilipollas *adj./n. com. malsonante* Que es tonto, estúpido o excesivamente lelo: *ino hagas más el gilipollas y compórtate como una persona!* **SIN** gilí, gilipuertas, jilipollas.
DER gilipollez; agilipollar.
OBS El plural también es *gilipollas.*

gilipollez *n. f. malsonante* Acción o dicho propio de un gilipollas: *deja de hacer gilipolleces, que pareces tonto.* **SIN** estupidez, tontería.

gilipuertas *adj./n. com. malsonante* Gilipollas, que es tonto o estúpido.

gimnasia *n. f.* **1** Conjunto de ejercicios físicos que sirven para desarrollar el cuerpo y darle flexibilidad: *si hicieras un poco de gimnasia todos los días, te encontrarías mejor.* **gimnasia deportiva** Conjuntos de ejercicios de gimnasia que se practican sobre aparatos fijos: *la gimnasia deportiva incluye diferentes modalidades, como las anillas, el potro o las paralelas.* **gimnasia rítmica** Conjunto de ejercicios gimnásticos que se realizan acompañados de música y generalmente con aparatos móviles, como la cinta, la cuerda o las mazas. **gimnasia sueca** Conjunto de ejercicios físicos que se practican sin aparatos: *la gimnasia sueca es buena para el mantenimiento del cuerpo.* **2** Práctica con la que se ejercita una facultad o se adquiere gran desarrollo en una actividad: *si quieres ser un buen matemático, debes hacer mucha gimnasia mental.*
DER gimnasio, gimnasta.

gimnasio *n. m.* Local o establecimiento dotado de las instalaciones y de los aparatos adecuados para hacer gimnasia y practicar ciertos deportes: *todas las tardes va a un gimnasio porque quiere mantenerse en forma.*

gimnasta *n. com.* Persona que practica algún tipo de gimnasia, especialmente la que participa en competiciones gimnásticas: *el gran gimnasta ruso.*
DER gimnástico.

gimnástico, -ca *adj.* De la gimnasia o relacionado con este conjunto de ejercicios físicos: *el atleta realizó varios ejercicios gimnásticos sobre la colchoneta.*

gimnospermo, -ma *adj./n. f.* [planta] Que tiene las semillas al descubierto porque sus carpelos no llegan a constituir una cavidad cerrada: *el pino y el ciprés son plantas gimnospermas.*

gimotear *v. intr.* Llorar o gemir de forma débil y sin una razón importante o hacer los gestos del llanto sin llegar a llorar: *el niño no dejaba de gimotear porque no le compraban lo que quería.*
DER gimoteo.

gimoteo *n. m.* Acción que consiste en llorar o gemir de forma débil y sin una razón importante: *la madre fue a la cuna porque oyó el gimoteo del bebé.*

gin *n. f.* Ginebra, bebida alcohólica.
gin tonic Bebida que se hace mezclando ginebra con tónica.
OBS Es de origen inglés y se pronuncia aproximadamente 'yin'.

ginebra *n. f.* Bebida alcohólica, transparente, que se obtiene de diferentes cereales y se aromatiza con las bayas del enebro: *la ginebra se suele mezclar con refrescos para hacer combinados.* **SIN** gin.

gineceo *n. m.* **1** BOT. Parte de la estructura reproductora femenina de una flor, compuesta por el estigma, el estilo y el ovario. **SIN** pistilo. ☞ flor. **2** En la antigua Grecia, habitación retirada dentro de la casa que estaba destinada a las mujeres.

gineco- Elemento prefijal que entra en la formación de palabras con el significado de 'mujer': *ginecología.*

ginecología *n. f.* Parte de la medicina especializada en el estudio y tratamiento de las enfermedades de los órganos de reproducción femeninos.

ginecológico

DER ginecológico, ginecólogo.

ginecológico, -ca *adj.* De la ginecología o relacionado con esta parte de la medicina.

ginecólogo, -ga *n. m. y f.* Médico especializado en el estudio y tratamiento de las enfermedades de los órganos de reproducción femeninos.

gineta *n. f.* Mamífero carnívoro de cuerpo delgado, cabeza pequeña, patas cortas y cola muy larga, con el pelo marrón con bandas negras. **SIN** jineta.
OBS Para indicar el sexo se usa *la gineta macho* y *la gineta hembra*.

ginger ale *n. m.* Bebida efervescente elaborada con jengibre, que se suele tomar como refresco y generalmente mezclada con otras bebidas.
OBS Es de origen inglés y se pronuncia aproximadamente 'yinyirel' o 'yinyerel'.

-gino, -gina Elemento sufijal que entra en la formación de palabras con el significado de 'mujer', 'hembra', 'femenino': *andrógino, misógino*.

gira *n. f.* **1** Serie de actuaciones sucesivas que un artista o grupo de artistas hacen por distintas poblaciones: *el famoso cantante está haciendo una gira por Europa*. **2** Excursión o viaje que una persona o grupo de personas realizan recorriendo distintos lugares: *estamos preparando una gira turística por el románico catalán*.

giralda *n. f.* Veleta de una torre, cuando tiene figura humana o de animal.

girar *v. tr./intr.* **1** Mover una persona o una cosa haciéndole dar vueltas sobre sí misma o alrededor de otra cosa: *la Tierra gira sobre sí misma; los planetas giran alrededor del Sol; si alguien nos llama en la calle, nos giraremos a ver quién es*. ◇ *v. intr.* **2** Cambiar una persona o una cosa la dirección que llevaba: *al llegar a la esquina, gira a la derecha*. **SIN** doblar, torcer. **3** Desarrollarse una conversación sobre un tema determinado: *la conversación giraba en torno a ti*. ◇ *v. tr.* **4** Mandar una cantidad de dinero por correo: *le hemos girado cinco mil pesetas a través de un giro postal*.
DER giratorio, giro.

girasol *n. m.* Planta de tallo grueso, alto y derecho, con las flores grandes y amarillas y el fruto con muchas semillas negruzcas comestibles: *de las semillas del girasol se obtiene aceite; estas pipas son de girasol*. **SIN** mirasol, tornasol.

giratorio, -ria *adj.* Que gira o da vueltas sobre sí mismo o alrededor de otra cosa: *silla giratoria*.

giro *n. m.* **1** Movimiento circular que da un cuerpo al moverse sobre sí mismo o alrededor de una cosa: *un giro de la Tierra alrededor del Sol dura 365 días, y alrededor de sí misma, 24 horas*. **2** Cambio de la dirección que llevaba una persona o una cosa: *el conductor hizo un giro brusco y el coche fue a parar a la cuneta*. **3** Dirección o aspecto que toma una conversación o un asunto: *la conversación tomó un giro inesperado*. **4** Envío por correo de una cantidad de dinero: *le he mandado un giro de veinte mil pesetas*. **5** GRAM. Manera especial en que están ordenadas las palabras de una frase: *esta persona utiliza giros muy extraños al hablar*.

girola *n. f.* Pasillo semicircular que rodea por detrás el altar mayor de las catedrales y algunas iglesias. **SIN** deambulatorio.

gitanería *n. f.* **1** Acción o expresión que se considera propia de los gitanos. **2** Conjunto de gitanos.

gitanismo *n. m.* **1** Forma de vida y cultura propia de los gitanos: *he visto una película que gira en torno al gitanismo*. **2** Palabra o expresión propia de la lengua gitana usada en otra lengua: *la palabra parné con el significado de 'dinero' es un gitanismo en el idioma español*.

gitano, -na *adj.* **1** De los gitanos o relacionado con esta raza: *la lengua gitana de la península ibérica se llama caló*. ◇ *adj./n. m. y f.* **2** [persona] Que pertenece a una raza nómada que probablemente tuvo su origen en la India y que se extendió por Europa: *los miembros del pueblo gitano suelen tener el pelo negro y la piel oscura; los gitanos tienen una lengua propia y unas costumbres características*. **3** *coloquial* [persona] Que tiene gracia para ganarse la simpatía o la voluntad de los demás: *es tan gitana que siempre consigue de mí todo lo que quiere*. **SIN** zalamero.

que no se lo salta un gitano *coloquial* Expresión que se usa para indicar que algo es muy bueno o extraordinario: *se está comiendo un bocadillo que no se le salta un gitano*.
DER gitanear, gitanería, gitanismo; agitanar.

glaciación *n. f.* Formación de glaciares en grandes superficies de la corteza terrestre durante determinadas épocas: *a lo largo de la historia geológica de la Tierra ha habido varios períodos de glaciaciones*.

glacial *adj.* **1** Que es extremadamente frío: *temperatu-*

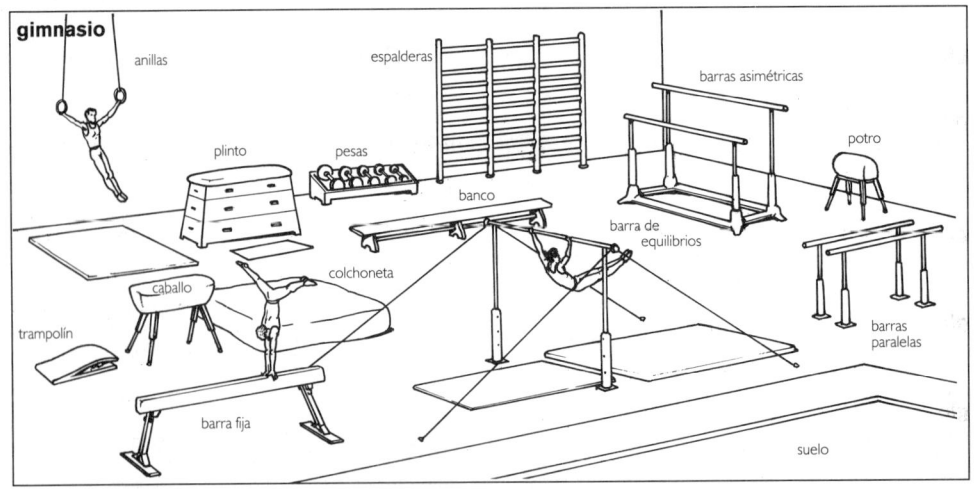

ras glaciales; viento glacial. **SIN** gélido, helado. **ANT** cálido. **2** [zona] Que está cubierta de hielo y constituye uno de los dos círculos polares de la Tierra.
DER glaciación, glaciar.
OBS No debe confundirse con *glaciar*.

glaciar *n. m.* **1** Masa grande de hielo que se forma en las partes más altas de las montañas y que va descendiendo lentamente, como si fuese un río de hielo: *los glaciares erosionan mucho el terreno, produciendo los valles.* ◇ *adj.* **2** De esa masa de hielo o que tiene relación con ella: *los valles glaciares tienen forma de U.*
OBS No debe confundirse con *glacial*.

gladiador *n. m.* Hombre que en la antigua Roma luchaba contra otro o contra una fiera en el circo: *los gladiadores se dividían en varias clases según el armamento que llevaban.*

gladiolo *n. m.* **1** Planta bulbosa de hojas alargadas y estrechas y flores de distintos colores que se reúnen en forma de espiga. **2** Flor de esta planta: *la mesa está adornada con un jarrón de gladiolos blancos.*

glamour *n. m.* Atractivo o encanto especial que posee una persona o una cosa: *París es una ciudad con mucho glamour para los turistas.*
OBS Es de origen inglés y se pronuncia aproximadamente 'glamur'.

glande *n. m.* Parte final del pene, de forma más abultada. **SIN** balano, bálano. ☞ reproductor, aparato.

glándula *n. f.* ANAT. Órgano de un organismo que se encarga de elaborar y segregar sustancias necesarias para su funcionamiento: *la glándula salival produce saliva; la glándula lacrimal produce lágrimas.* ☞ digestivo, aparato; piel. **glándula endocrina** ANAT. Órgano que produce sustancias que van directamente a la sangre: *el tiroides es una glándula endocrina.* **glándula exocrina** ANAT. Órgano que produce sustancias que van al exterior del organismo a través de unos conductos: *el sudor y las lágrimas son producidos por glándulas exocrinas.* ☞ piel.
DER glandular.

glandular *adj.* ANAT. De la glándula o relacionado con este órgano: *secreciones glandulares; problemas glandulares.*

glasear *v. tr.* **1** En pastelería, cubrir un pastel, un bizcocho u otro dulce con una capa de azúcar derretido o con mermelada, chocolate o almíbar, dándole un aspecto brillante. **2** Dar brillo a un asado sometiéndolo a un fuego vivo y rociándolo con el jugo de la cocción.

glauco, -ca *adj. culto* Que es de color verde claro: *ojos glaucos.*
DER glaucoma.

glaucoma *n. m.* MED. Enfermedad del ojo caracterizada por un aumento de la presión dentro del globo ocular que causa un daño progresivo en la retina y a veces pérdida de la visión: *el glaucoma recibe su nombre del color verdoso que toma la pupila.*

glicerina *n. f.* Líquido incoloro, espeso y de sabor dulce, que se obtiene de grasas y de aceites animales y vegetales y se usa mucho en farmacia y perfumería: *la glicerina se emplea sobre todo para fabricar nitroglicerina y otros explosivos.*

global *adj.* Que se refiere a todo un conjunto, y no a sus partes: *el precio global de un viaje lo incluye todo; el transporte, el alojamiento y la comida.* **ANT** parcial.
DER globalizar.

globo *n. m.* **1** Bolsa de goma o de otro material flexible que se llena de aire o de un gas menos pesado que el aire, y que utilizan los niños para jugar o se coloca como adorno en algún lugar: *en algunas fiestas se decora el lugar con globos de colores.* **2** Objeto que tiene forma esférica o redonda: *algunas lámparas llevan un globo de cristal que cubre la bombilla.* **3** Trozo de texto, generalmente rodeado por una línea, que se coloca junto a un dibujo saliendo de la boca del personaje que habla. **SIN** bocadillo. **4** Globo aerostático: *los personajes de Julio Verne viajaban en globo.* **5** Globo terráqueo: *la temperatura ha aumentado en todo el globo.*
globo aerostático Aerostato sin motor que tiene normalmente forma de esfera y lleva debajo una gran cesta para el transporte de personas y cosas: *el globo aerostático suele ir equipado con un quemador que calienta el aire que contiene la bolsa para hacer que se eleve.*
globo celeste Esfera en cuya superficie se representan los planetas y las principales constelaciones con una situación semejante a la que ocupan en el espacio: *tengo un telescopio y un globo celeste para estudiar astronomía.*
globo dirigible Aerostato que lleva motores, unas hélices y un sistema de dirección para ser conducido: *el globo dirigible tiene forma ovalada y está hecho con una armadura que da rigidez a la bolsa.* **SIN** dirigible, zepelín.
globo ocular ANAT. Parte esférica del ojo, que es la que recibe la luz: *el globo ocular está formado por el iris, la pupila, la retina y el cristalino.* ☞ ojo.
globo sonda Globo aerostático de pequeño tamaño que no lleva personas, sino aparatos para hacer mediciones: *los meteorólogos utilizan globos sonda para analizar las características de la atmósfera en las capas más altas.* ☞ meteorología.
globo terráqueo a) Planeta Tierra: *algunas personas creen que seres de otras galaxias han visitado el globo terráqueo.* b) Esfera que representa la Tierra, en cuya superficie se refleja la disposición de sus tierras y mares: *si no sabes dónde está Australia, búscala en un globo terráqueo.* **SIN** esfera terrestre.
DER global, globoso, glóbulo; englobar.

glóbulo *n. m.* **1** ANAT. Célula de forma redonda u ovalada que se encuentra en diversos líquidos del cuerpo de los animales, especialmente en la sangre: *en la sangre hay glóbulos blancos y glóbulos rojos.* **glóbulo blanco** ANAT. Célula incolora de la sangre de los animales vertebrados que se encarga de defender el organismo de las infecciones. **SIN** leucocito. **glóbulo rojo** ANAT. Célula de color rojo de la sangre de los animales vertebrados que contiene hemoglobina y se encarga de transportar el oxígeno a todas las partes del cuerpo. **SIN** hematíe. **2** Cuerpo de pequeño tamaño con forma esférica: *a través del microscopio se pueden ver los glóbulos del jugo de la remolacha.*
DER globular, globulina.

gloria *n. f.* **1** En la religión católica, estado de felicidad y gracia eterna que provoca estar en el cielo cerca de Dios: *los justos alcanzarán la gloria eterna.* **SIN** bienaventuranza. **2** Esplendor, grandeza o hermosura de una cosa: *el jardín, en toda su gloria, se abre ahora al público.* **3** Honor, admiración y prestigio que alguien consigue por haber hecho algo importante y reconocido por todos: *Cervantes ha alcanzado la gloria con sus novelas.* **4** Hecho o cosa que da honor y prestigio: *el descubrimiento de América es una de las glorias de España.* ◇ *n. m.* **5** En la religión católica, canto y oración de la misa con el que se alaba a Dios: *el gloria cantado en latín comienza con las palabras* Gloria in excelsis Deo.
estar en la gloria *coloquial* Estar una persona muy contenta o encontrarse muy bien: *aquí, tan calentito, se está en la gloria.*
que en gloria esté Expresión que se utiliza después del

glorieta

nombre de una persona que ha muerto: *don Joaquín, que en gloria esté, era muy bueno y amable*.
saber a gloria Gustar mucho o ser muy agradable una cosa: *la comida que has hecho nos ha sabido a gloria*.
DER gloriarse, glorieta, glorificar, glorioso.

glorieta *n. f.* **1** Plaza, generalmente redonda y pequeña, en la que desembocan varias calles: *en medio de la glorieta han construido una fuente*. **2** Espacio, generalmente redondo, cerrado por un enrejado y adornado con plantas trepadoras: *hemos estado paseando cerca de la glorieta del jardín*.

glorificación *n. f.* Alabanza que se da a una cosa digna de honor, admiración y aprecio.

glorificar *v. tr.* **1** Dar gloria a una persona o cosa o hacerla digna de honor o prestigio: *el poeta ha glorificado su ciudad natal en este libro de poemas*. **2** Alabar o dar muestras de gran admiración o aprecio hacia una persona o cosa: *en los cantares de gesta se glorifica a los héroes; no me gusta la manera en que la película glorifica la guerra*.
DER glorificación.
OBS En su conjugación, la *c* se convierte en *qu* delante de *e*.

glorioso, -sa *adj.* **1** Que merece admiración, alabanza y honor: *el equipo de fútbol vivió una jornada gloriosa; un monumento en memoria de los muertos gloriosos de las dos guerras mundiales*. **2** De la gloria eterna o relacionado con este estado de la religión católica: *estuvo rezando al Padre glorioso*.

glosa *n. f.* **1** Explicación, nota o comentario que se añade a un texto difícil de entender para aclararlo: *las expresiones difíciles de entender están explicadas en las glosas que aparecen en la parte inferior de la página*. **2** Composición poética elaborada a partir de unos versos que aparecen al principio y que se van desarrollando y explicando: *las glosas empezaron a aparecer en el siglo* XV.
DER glosar, glosario.

glosar *v. tr.* Incluir explicaciones, notas o comentarios en un texto para aclarar el significado de palabras o expresiones difíciles de entender: *hay una edición especial del libro para los estudiantes, donde las palabras antiguas o raras han sido glosadas*.
DER desglosar.

glosario *n. m.* Lista en orden alfabético de las palabras y expresiones de un texto que son difíciles de comprender, junto con su significado o con una explicación o comentario: *el libro habría resultado más útil si se hubiera incluido un glosario de términos técnicos y abreviaturas*.

glotis *n. f.* ANAT. Abertura superior de la laringe: *la glotis se abre al respirar*.
DER epiglotis.
OBS El plural también es *glotis*.

glotón, -tona *adj./n. m. y f.* [persona] Que come de manera excesiva y con ansia: *a pesar de ser tan glotona, consigue estar delgada*.
DER glotonear, glotonería.

glotonear *v. intr.* Comer una persona de manera excesiva y con ansia: *deja de glotonear, que vas a engordar demasiado*.

glotonería *n. f.* Actitud de la persona que come de manera excesiva y con ansia: *su glotonería le ocasionará más de un problema de gordura*.

gluco-, gluc- Elemento prefijal que entra en la formación de palabras con el significado de 'azúcar', 'glucosa': *glucógeno, glucemia*.

glucosa *n. f.* Azúcar que se encuentra en la miel, la fruta y la sangre de los animales y que proporciona energía al organismo: *el cuerpo convierte los hidratos de carbono en glucosa*.
DER glucósido, glucosuria.

gluten *n. m.* Sustancia formada por proteínas que se encuentra en la semilla del trigo y de otras gramíneas y que proporciona gran cantidad de energía al organismo: *hay personas que son alérgicas al gluten*.
DER aglutinar.
OBS El plural es *glútenes*.

glúteo, -tea *adj.* **1** ANAT. De la nalga o relacionado con esta parte del cuerpo: *región glútea*. **2** ANAT. [músculo] Que junto con otros dos forma la nalga: *cada nalga está formada por un glúteo menor, un glúteo mediano y un glúteo mayor; hace mucho ejercicio para fortalecer los glúteos*.

gneis *n. m.* Roca metamórfica de grano grueso, formada esencialmente por cuarzo feldespato y mica: *el gneis tiene una estructura parecida a la pizarra e igual composición que el granito*.
DER gnéisico.
OBS El plural también es *gneis*.

gnomo *n. m.* Personaje imaginario de los cuentos infantiles que tiene el aspecto de un enano, lleva una barba y un sombrero puntiagudo y tiene poderes mágicos: *la figura del gnomo procede de la mitología nórdica*.

gnomon *n. m.* En un reloj solar, barra que indica las horas.

gnosticismo *n. m.* Doctrina filosófica y religiosa de los primeros siglos de la Iglesia, que pretendía tener un conocimiento intuitivo y misterioso de las cosas divinas: *el gnosticismo era una mezcla de la doctrina cristiana con creencias judaicas y orientales*.
DER gnóstico; agnosticismo.

gnóstico, -ca *adj.* **1** Del gnosticismo o relacionado con esta doctrina filosófica y religiosa. ◊ *adj./n. m. y f.* **2** [persona] Que sigue la doctrina del gnosticismo o es partidario de ella.

gobernación *n. f.* Acción que consiste en desempeñar el control y la dirección de un estado, ciudad o colectividad: *las distintas fuerzas políticas pactaron entre sí para hacer posible la gobernación del país*. SIN gobierno.

gobernador, -ra *n. m. y f.* **1** Jefe superior de un territorio o provincia que ejerce una jurisdicción militar o política: *el gobernador civil de la provincia representa al gobierno del estado*. **2** Persona encargada de un determinado organismo y que es nombrada por el gobierno de la nación: *el gobernador del Banco de España*.

gobernanta *n. f.* **1** Mujer que se encarga de la limpieza y del servicio de un hotel o de otros establecimientos públicos: *la gobernanta revisó el trabajo de las nuevas empleadas*. **2** Mujer que se encarga de la administración de una casa o de un establecimiento público: *la gobernanta es la que lleva las cuentas de la pensión*.

gobernante *adj./n. com.* [persona, grupo de personas] Que gobierna o dirige un país o forma parte de un gobierno: *los gobernantes de este país son elegidos democráticamente por todos los ciudadanos*.

gobernar *v. tr./intr.* **1** Ejercer la dirección, la administración y el control de un estado, ciudad o colectividad: *el país ha sido gobernado por un partido de izquierda; el rector gobierna la universidad*. ◊ *v. tr.* **2** Conducir una embarcación o vehículo: *el capitán gobernó el barco durante toda la travesía*. **3** Guiar el comportamiento de una persona o influir mucho sobre ella: *tiene un carácter muy fuerte y no se deja gobernar por nadie*. ◊ *v. prnl.* **4 gobernarse** Desenvolverse una persona por sí misma y llevar su propia administración y control: *con la edad que tiene y no sabe gobernarse sin su madre*.
DER gobernabilidad, gobernación, gobernador, gobernanta, gobernante, gobierno; desgobernar, ingobernable.

ETIM *Gobernar* procede del latín *gobernare*, que tenía el mismo significado, voz con la que también están relacionadas *gubernamental, gubernativo*.
OBS En su conjugación, la e se convierte en ie en sílaba acentuada, como en *acertar*.

gobierno *n. m.* **1** Acción que consiste en desempeñar el control y la dirección de un Estado, ciudad o colectividad: *el partido ganador de las elecciones no tiene experiencia en el gobierno de un país*. **SIN** gobernación. **2** Conjunto de personas que gobiernan o dirigen un estado: *el gobierno está formado por el presidente y sus ministros; el ministro ha anunciado que no habrá ningún cambio en la política del gobierno*. **3** Modo de gobernar o dirigir un estado, una ciudad o una colectividad: *los países del Este han adoptado un gobierno democrático*.
DER autogobierno.

gobio *n. m.* Pez de pequeño tamaño y cuerpo alargado, con las aletas abdominales unidas formando un embudo, que vive en las aguas cercanas a la costa o en los cursos de los ríos próximos al mar: *el gobio es comestible*.

goce *n. m.* Sentimiento muy intenso de placer, satisfacción y alegría por el disfrute de una cosa: *es un goce tumbarse al sol en una playa desierta*. **SIN** gozo.

godo, -da *adj./n. m. y f.* De un antiguo pueblo germánico que invadió el Imperio romano o relacionado con este pueblo: *los visigodos eran un pueblo godo; los godos fundaron reinos en España e Italia*.

gofre *n. m.* Dulce hecho con harina y miel, formando una especie de relieves en forma de rejilla que le dan el aspecto de un panal: *los gofres se suelen cubrir con chocolate o mermelada*.

gogó *n. f.* Mujer que se dedica a bailar en un grupo musical o en una sala de fiestas o sitio parecido, para animar al público: *las gogós de esta discoteca están subidas en una especie de púlpito*.

gol *n. m.* **1** En el fútbol y otros deportes, acción de introducir la pelota en la portería contraria: *con este gol el equipo consigue empatar el partido*. **2** En el fútbol y otros deportes, punto que se consigue al introducir la pelota en la portería contraria: *el equipo nacional ganó el partido por tres goles a cero*.
DER golear.

gola *n. f.* **1** Golilla, adorno que se ponía alrededor del cuello. **2** Pieza de la armadura que cubría y protegía la garganta.
DER engolado.

goleada *n. f.* En el fútbol y otros deportes, cantidad grande de goles que un equipo mete a otro: *en el último partido perdimos por goleada*.

goleador, -ra *n. m. y f.* Persona que en determinados deportes de equipo mete más goles en un partido o en toda una liga: *fue el máximo goleador de la liga de hockey*. **SIN** pichichi.

golear *v. tr.* En el fútbol y otros deportes, marcar muchos goles un equipo al equipo contrario: *el partido de fútbol fue un desastre: nos golearon en el segundo tiempo*.
DER goleada, goleador.

goleta *n. f.* MAR. Embarcación de vela ligera, con dos o tres palos y con las bordas poco elevadas.

golf *n. m.* Deporte que consiste en dar una serie de golpes con un palo a una pelota pequeña para introducirla en los 18 hoyos que se encuentran en un campo cubierto de césped: *el golf suele estar considerado como un deporte para personas de alto nivel económico*.
DER golfista; minigolf.

golfa *n. f.* Mujer que mantiene relaciones sexuales a cambio de dinero. **SIN** prostituta.

golfante *adj./n. com.* [persona] Que es un poco golfo, pillo o sinvergüenza: *¡menudo golfante estás hecho: te acuestas todos los días cuando los demás nos levantamos!; he pillado a este par de golfantes registrándome los bolsillos*.

golfear *v. intr.* Vivir o comportarse una persona como un golfo: *no vas a conseguir nada en la vida si sólo piensas en golfear*.

golfería *n. f.* Acción propia de un golfo: *no quiere trabajar y sólo está pensando en golferías*.

golfista *n. com.* Persona que juega al golf por afición o como deportista profesional.

golfo, -fa *adj./n. m. y f.* **1** [persona] Que vive de manera desordenada, tiene costumbres poco formales y sólo se preocupa de divertirse y entregarse a los vicios: *el hijo les ha salido un buen golfo: no quiere trabajar, va cada día con una mujer distinta y se gasta el dinero de su familia en el juego*. ◇ *n. m.* **2** Porción de mar de gran extensión que entra en la tierra y que está situada entre dos cabos: *el golfo de Méjico es uno de los más grandes del mundo*.
DER engolfarse.

golilla *n. f.* Adorno que se ponía alrededor del cuello, hecho de tela blanca, tul o encaje, formando pliegues: *los miembros de la corte del siglo XVII llevaban golilla*. **SIN** gola.
DER engolillado.

gollería *n. f.* Cosa que es innecesaria y supone un exceso de delicadeza o refinamiento: *durante las maniobras, la comida se servía a la tropa sin demasiadas gollerías*.

gollete *n. m.* **1** Parte delantera y superior del cuello, por donde se une a la cabeza: *le amenazaron con clavarle un cuchillo en el gollete*. **2** Cuello estrecho de la botella: *como no podía abrir la botella, la rompió por el gollete*.

golondrina *n. f.* **1** Pájaro pequeño de color negro azulado por encima y blanco por el pecho y el vientre, alas acabadas en punta, pico corto y negro y cola larga con forma de horquilla: *las golondrinas hacen el nido en los tejados de las casas*. Para indicar el sexo se usa *la golondrina macho* y *la golondrina hembra*. **2** Barca pequeña de motor, usada para el transporte de viajeros en trayectos cortos: *en Barcelona hay golondrinas para pasear por el puerto*.
DER golondrino.

golosina *n. f.* Producto comestible de pequeño tamaño y sabor muy dulce que suelen comer los niños por su sabor agradable: *los caramelos y los chicles son golosinas; las golosinas se comen por sus sabor pero no por su alimento*. **SIN** chuchería.
DER engolosinar.

goloso, -sa *adj./n. m. y f.* **1** [persona] Que tiene mucha inclinación y afición a comer dulces o golosinas: *yo soy muy goloso, me gustan los pasteles, el chocolate, los caramelos y en general todo lo dulce*. **SIN** dulcero. **2** [cosa] Que es muy deseada o codiciada: *creo que habrá muchos aspirantes al trabajo porque el puesto es muy goloso*.
DER golosina.

golpazo *n. m.* Golpe fuerte que se da o se recibe: *se cayó al suelo y recibió un golpazo en la cabeza*. **SIN** golpetazo.

golpe *n. m.* **1** Choque repentino y violento de un cuerpo contra otro: *dio varios golpes con el puño en la puerta; le han dado un buen golpe al coche*. **golpe bajo** *a)* Golpe antirreglamentario que un boxeador da por debajo de la cintura de su oponente: *lo descalificaron por dar golpes bajos*. *b)* Hecho o dicho traicionero o malintencionado con el que se pretende perjudicar a alguien: *ha sido un golpe bajo no avisarnos a*

G g

tiempo. **2** Señal que deja este choque: *los futbolistas tienen las piernas llenas de golpes.* **3** Desgracia que ocurre de repente y causa una fuerte impresión en una persona: *la muerte de la madre ha sido un duro golpe para los hijos.* **4** Ocurrencia divertida que una persona expresa de improviso en el curso de una conversación: *tiene cada golpe que te tronchas de risa.* **5** Situación especialmente cómica en una obra teatral o cinematográfica: *la película tiene unos golpes muy buenos.* **6** Robo o atraco que se lleva a cabo con gran habilidad: *la policía atrapó a los ladrones cuando se preparaban para dar un golpe.*
de golpe Se utiliza para indicar que una cosa se hace de forma rápida, sin pensarla mucho tiempo: *se metió de golpe en la piscina; se ha bebido la copa de golpe.*
golpe de estado Acción que consiste en tomar un grupo de personas el gobierno de un país, con violencia y de forma ilegal: *generalmente un golpe de estado está realizado por militares o apoyado por un grupo armado.*
no dar golpe No hacer una persona un trabajo que tendría que hacer o no hacer nada por pereza: *lo van a echar del trabajo porque no da golpe.*
DER golpazo, golpear, golpetear, golpismo; agolparse, contragolpe.

golpear *v. tr./intr.* Dar uno o varios golpes: *el atracador golpeó al cajero en la cabeza.*

golpetazo *n. m.* Golpe fuerte: *no des esos golpetazos a la puerta.*

golpetear *v. tr./intr.* Dar golpes poco fuertes pero continuos: *la lluvia golpeteaba en los cristales.*
DER golpeteo.

golpeteo *n. m.* Sucesión de golpes poco fuertes pero continuos: *le gustaba sentir el golpeteo de la lluvia en los cristales.*

golpismo *n. m.* **1** Actitud política que busca el cambio de la forma de gobierno de un país por medio de un golpe de estado: *el golpismo es característico de los grupos de extrema derecha.* **2** Actividad que consiste en organizar y ejecutar golpes de estado: *el golpismo no triunfó porque la policía detuvo a los militares que lo habían preparado.*
DER golpista.

golpista *adj.* **1** Del golpe de estado o relacionado con esta acción: *intentona golpista.* ◇ *adj./n. com.* **2** [persona] Que participa en un golpe de estado o lo apoya: *los golpistas pusieron en peligro la democracia.*

goma *n. f.* **1** Sustancia viscosa que producen o se extrae de ciertas plantas y que se hace sólida en presencia del aire: *la goma se utiliza para pegar o adherir cosas, una vez disuelta en agua.* **goma arábiga** Sustancia que se obtiene de ciertos árboles de Arabia y es muy utilizada en farmacia y como cola para pegar: *busca la goma arábiga para pegar este sobre.* **goma de mascar** Golosina dulce que se mastica, pero no se traga: *he comprado un paquete de goma de mascar.* **SIN** chicle. **2** Material elástico y resistente que se obtiene por procedimientos químicos a partir de esta sustancia: *estos zapatos tienen la suela de goma.* **3** Tira elástica de caucho que suele usarse para sujetar juntos varios objetos: *se sujetó el pelo con una goma; puso una goma a la caja de zapatos.* **4** Utensilio hecho de caucho que se usa para borrar la tinta o el lápiz de un papel: *coge la goma y borra esa palabra.* **5** *coloquial* Preservativo, anticonceptivo masculino.
DER gomina, gomoso; engomar.

gomaespuma *n. f.* Caucho natural o sintético muy esponjoso y elástico.

gomero, -ra *adj.* **1** De La Gomera o relacionado con esta isla de las islas Canarias. ◇ *adj./n. m. y f.* **2** [persona] Que es de La Gomera.

gomina *n. f.* Producto viscoso que se aplica sobre el cabello para fijarlo: *se ha puesto mucha gomina para que no se le deshaga el peinado.*
DER engominarse.

gónada *n. f.* Glándula sexual masculina o femenina que elabora las células reproductoras: *las gónadas son los ovarios y los testículos.*

góndola *n. f.* Embarcación ligera, larga y estrecha, movida por un solo remo situado a popa, con el fondo plano y los extremos salientes y acabados en punta: *la góndola es típica de los canales de Venecia.*
DER gondolero.

gondolero *n. m.* Persona que se dedica a conducir una góndola: *el gondolero se ayudaba de un remo para mover la embarcación.*

gong *n. m.* Instrumento musical de percusión que consiste en un disco grande de bronce que está colgado en un soporte y vibra al ser golpeado por una maza: *el gong es un instrumento de origen chino.*

-gono, -gona Elemento sufijal que entra en la formación de palabras con el significado de 'ángulo': *polígono.*

gonococo *n. m.* BIOL. Bacteria que causa enfermedades en la uretra y que se transmite en el acto sexual: *la penicilina combate los gonococos.*

gonorrea *n. f.* MED. Enfermedad caracterizada por un flujo mucoso en las vías genitales debido a la inflamación de la uretra: *la gonorrea es una enfermedad de transmisión sexual.*
SIN blenorrea.

gordinflón, -flona *adj./n. m. y f. coloquial* [persona] Que está muy gordo: *el jefe es un señor simpático y gordinflón: debe de pesar más de cien kilos.*

gordo, -da *adj./n. m. y f.* **1** [persona, animal] Que tiene mucha grasa o carne, especialmente cuando su peso es excesivo en relación a su estatura: *yo creo que está bastante gordo porque pesa cien kilos y sólo mide 1,60 m.* **SIN** grueso, rollizo. **ANT** delgado, enjuto, flaco. ◇ *adj.* **2** Que es ancho, abultado o voluminoso: *el hilo es demasiado gordo y no cabe en la aguja; es un jersey muy gordo y me hace gruesa.* **ANT** fino. **3** Que es más grande o más importante de lo normal: *creo que pasa algo gordo; tenemos un problema gordo.* ◇ *n. m.* **4** Primer premio de la lotería, especialmente la de Navidad: *le tocó el gordo y se marchó a vivir a una isla del Pacífico.*
armarse una gorda *coloquial* Desencadenarse una pelea, una riña o un gran alboroto entre dos o más personas: *le tiró una cerveza a la cara y se armó una gorda en el bar.*
caer gordo *coloquial* No resultar agradable o simpática una persona a otra: *me cae gordo porque siempre contesta con estupidez.*
no tener una gorda o **estar sin gorda** No tener una persona absolutamente nada de dinero: *quiero hacer un viaje, pero no tengo una gorda.*
tocar el gordo Conseguir una persona una cosa de gran valor o muy beneficiosa por medio de la suerte: *si tu padre te ha regalado un coche, te ha tocado el gordo.*
DER gordinflas, gordinflón, gordura; engordar, regordete.

gordura *n. f.* Exceso de carne o grasa en el cuerpo: *a pesar de su gordura juega muy bien al fútbol; se ha puesto a régimen porque tiene problemas con su gordura.* **SIN** obesidad.

gorgojo *n. m.* Insecto coleóptero de pequeño tamaño, con la cabeza prolongada en un pico en cuyo extremo se encuentran las mandíbulas: *los gorgojos son muy perjudiciales* *porque atacan a ciertos frutos y semillas, especialmente a los cereales.*

gorgorito *n. m.* coloquial Quiebro que se hace en la garganta con la voz, especialmente al cantar: *el tenor estaba en su camerino haciendo gorgoritos.*
DER gorgoritear.
OBS Se usa sobre todo en plural.

gorgoteo *n. m.* Ruido producido por el movimiento de un líquido o de un gas en el interior de alguna cavidad: *se oía el gorgoteo del agua al pasar por las tuberías.*

gorila *n. m.* **1** Mono de gran tamaño, de estatura parecida a la del hombre, que camina sobre dos patas y se alimenta de vegetales: *los gorilas tienen el cuerpo cubierto de pelo, generalmente de color muy oscuro o negro. Para indicar el sexo se usa el gorila macho y el gorila hembra.* **2** coloquial Persona que se dedica a acompañar a otra para protegerla: *el ministro venía con dos gorilas.* **SIN** guardaespaldas.

gorjear *v. intr.* **1** Cantar los pájaros emitiendo una serie de sonidos cortos y agudos. **SIN** trinar. **2** Hacer una persona una serie de quiebros en la voz con la garganta: *los bebés suelen gorjear cuando aún no saben hablar o cuando se ríen.*
DER gorjeo.

gorjeo *n. m.* **1** Canto de algunos pájaros que consiste en una serie de sonidos cortos y agudos: *los gorjeos de los pájaros lo despertaron por la mañana.* **SIN** trino. **2** Quiebro de la voz hecho con la garganta: *los gorjeos del bebé despertaron a la madre.*

gorra *n. f.* Prenda de vestir que se lleva sobre la cabeza para cubrirla, sin copas ni alas, y generalmente con visera: *la gorra forma parte de muchos uniformes militares y civiles; me puse la gorra para que no me diera el sol en la cara.* ☞ sombrero.
de gorra Se utiliza para indicar que una cosa se hace gratis, sin pagar por ella porque lo paga otra persona: *siempre fuma tabaco de gorra.*
DER gorro, gorrón.

gorrino, -na *n. m. y f.* **1** Cerdo, especialmente el que tiene menos de cuatro meses: *este gorrino está muy gordito.* ◇ *adj./n. m. y f.* **2** [persona] Que no cuida su aseo personal o que produce asco por su falta de limpieza: *no te metas el dedo en la nariz, no seas gorrino.* **SIN** cerdo.
DER gorrinear.

gorrión, -rriona *n. m. y f.* Pájaro de pequeño tamaño, de plumaje marrón o pardo con manchas negras y rojizas y el pecho gris, que suele vivir en las poblaciones: *el gorrión es muy común en España.*

gorro *n. m.* Prenda de vestir que se lleva sobre la cabeza para cubrirla y abrigarla, generalmente hecha de tela, piel o lana, y especialmente la que tiene forma redonda y carece de alas y visera: *en invierno llevo guantes, bufanda y gorro; este gorro de lana está adornado con una borla roja.* ☞ sombrero.
estar hasta el gorro Estar una persona harta de una cosa: *estoy hasta el gorro de tus groserías.*

gorrón, -rrona *adj./n. m. y f.* [persona] Que consume o utiliza habitualmente una cosa de otra persona, sin pagar nada a cambio: *es un gorrón, siempre invitan los demás y él nunca invita.*
DER gorrear, gorronear.

gorronear *v. tr./intr.* Consumir o utilizar una cosa de otra persona, sin pagar nada a cambio: *¡deja de gorronearme el tabaco!*

gota *n. f.* **1** Partícula de un líquido que adopta una forma esférica al caer o desprenderse de algún lugar: *creo que va a llover porque me ha caído una gota de agua; le caían gotas de*

sudor de la frente. **2** Cantidad pequeña de cualquier cosa: *no nos queda más que una gota de vino.* **3** MED. Enfermedad que produce una inflamación muy dolorosa de algunas articulaciones: *la gota se debe a un exceso de ácido úrico en la sangre.*

cuatro gotas Lluvia de poca intensidad y duración: *sólo son cuatro gotas, enseguida parará de llover.*

gota fría Masa de aire muy frío que desciende de las capas altas de la atmósfera causando gran inestabilidad con fuertes lluvias: *en el litoral mediterráneo son frecuentes las inundaciones a causa de la gota fría.*

la gota que colma el vaso Cosa que acaba con la paciencia de una persona: *ese insulto de Juan es la gota que colma el vaso.*

ni gota Completamente nada de la cosa que se expresa: *no tengo ni gota de sueño.*

ser la última gota Ser una cosa lo que acaba con la paciencia de una persona: *esta gamberrada es la última gota.*
DER gotear, gotelé, gotera, gotoso; agotar.

gotear *v. intr.* **1** Caer un líquido gota a gota: *no cerraste bien el grifo y ha estado goteando toda la noche.* ◇ *v. impersonal* **2** Caer algunas gotas de manera poco intensa al empezar y al terminar de llover: *está empezando a gotear y no he cogido el paraguas.*
DER goteo.

gotelé *n. m.* Técnica para pintar paredes consistente en proyectar sobre ellas unas gotas de pintura, dándoles un aspecto granuloso: *hay que pintar la casa, el gotelé de las habitaciones está muy gastado.*

goteo *n. m.* Acción de caer un líquido gota a gota: *el goteo de los grifos provoca un gran despilfarro de agua.*

gotera *n. f.* **1** Filtración del agua a través de una grieta o agujero del techo: *cada vez que llueve hay goteras.* **2** Agujero o grieta por donde caen gotas de agua: *si no arreglas las goteras caerá agua siempre que llueva.*
DER goterón.

goterón *n. m.* Gota muy grande de agua de lluvia: *va a llover, porque me ha caído un goterón en la cabeza.*

gótico, -ca *adj.* **1** Del gótico o que tiene relación con este estilo artístico: *las iglesias góticas son altas y luminosas.* **2** De los godos o que tiene relación con ellos: *las costumbres góticas se fundieron con las romanas.* **3** [tipo de letra] Que tiene formas angulosas y rectilíneas: *la letra gótica se introdujo en España en el siglo* XII. ◇ *n. m.* **4** Estilo artístico que se desarrolló en Europa entre los siglos XII y XVI y que se caracteriza en arquitectura por la presencia del arco ojival, los pináculos y las elevadas agujas: *el gótico es un arte urbano de origen francés.* **gótico flamígero** o **gótico florido** Estilo artístico que se desarrolló en el último período del gótico que se caracteriza por una decoración exuberante y por los adornos en forma de llama. **5** Lengua germánica hablada por los godos.

gotoso, -sa *adj./n. m. y f.* [persona] Que padece la enfermedad de la gota: *las personas gotosas deben comer alimentos sin sal.*

gourmet *n. com.* Persona que sabe mucho de cocina y aprecia la buena comida y los vinos de calidad: *si quieres saber qué vinos servir en la cena, pregúntale a Juan, que es un gourmet.*
OBS Es de origen francés y se pronuncia aproximadamente 'gurmé'.

gozada *n. f.* coloquial Sentimiento de gozo o placer intensos: *es una gozada levantarse a las doce de la mañana.*

gozar *v. intr.* **1** Sentir placer, satisfacción o alegría con mucha

intensidad por el disfrute de una cosa: *los niños gozaron mucho durante la excursión*. **SIN** disfrutar. **2** Tener o disfrutar de una condición o una circunstancia buena: *goza de una buena posición social y económica; goza de buena salud*.
DER goce, gozada.
OBS En su conjugación, la *z* se convierte en *c* delante de *e*.

gozne *n. m.* Mecanismo que une una puerta o una ventana con el marco y que permite que se pueda abrir y cerrar; está formado por dos piezas articuladas entre sí por un eje sobre el que pueden girar: *hay que engrasar un poco los goznes de la puerta de entrada*. **SIN** bisagra.

gozo *n. m.* Sentimiento muy intenso de placer, satisfacción y alegría por el disfrute de una cosa: *su vuelta a casa nos ha llenado de gozo*. **SIN** goce.
DER gozar, gozoso; regocijar.

gozoso, -sa *adj.* **1** [persona] Que siente gozo por una cosa: *el niño estaba gozoso con su bicicleta nueva*. **2** Que produce gozo: *gozoso encuentro*.

grabación *n. f.* Acción que consiste en grabar o recoger imágenes y sonidos en un disco o en una cinta magnética para reproducirlos: *no puedo hacer la grabación de la película porque no tengo ninguna cinta virgen*.

grabado *n. m.* **1** Arte o técnica de grabar sobre una superficie: *el grabado sobre superficies duras se suele hacer con cinceles y otros objetos punzantes*. **grabado al agua fuerte** Procedimiento para grabar sobre una lámina en el que se emplea el ácido nítrico. **grabado en hueco** Arte o técnica en el que se usa un molde de piedra, metal o madera para grabar: *el grabado en hueco se usa para acuñar medallas o formar sellos*. **2** Dibujo o cuadro que ha sido obtenido por cualquiera de los procedimientos para grabar: *he encontrado unos grabados preciosos en una tienda de antigüedades; de la pared colgaba un grabado de una mujer muy hermosa*.
DER fotograbado, huecograbado, pirograbado.

grabadora *n. f.* Aparato portátil que sirve para grabar y reproducir sonidos en una casete o cinta magnética: *los periodistas llevan grabadoras para grabar las entrevistas que hacen*. **SIN** magnetofón, magnetófono.

grabar *v. tr.* **1** Tallar o labrar en relieve sobre metal, madera, piedra o cualquier superficie dura una figura, un dibujo o un texto: *los novios han grabado sus iniciales y la fecha de la boda en las alianzas*. **2** Tallar un dibujo en una plancha de metal o madera para poder reproducirlos después en copias en papel: *muchos artistas han grabado sus obras y las copias valen mucho dinero*. **3** Recoger imágenes, sonidos o informaciones en un disco, una cinta magnética o cualquier soporte que luego permite reproducirlos: *con los aparatos de vídeo podemos grabar las películas de la televisión; ha grabado en una cinta las mejores canciones de su grupo favorito; tienes que grabar una copia de seguridad en el disquete*. ◇ *v. tr./prnl.* **4** Fijar fuertemente en la memoria un hecho o un sentimiento: *tengo grabada en la mente la última entrevista que tuve con él*.
DER grabación, grabado, grabador, grabadora.

gracejo *n. m.* Gracia o desenvoltura que tiene una persona al hablar o escribir: *este escritor tiene mucho gracejo en sus obras*.

gracia *n. f.* **1** Capacidad que tiene una persona o una cosa de divertir o hacer reír: *me ha hecho gracia ese chiste; ese humorista tiene mucha gracia*. Suele usarse con los verbos *hacer* y *tener*. **2** Hecho o dicho divertido o que hace reír: *siempre está diciendo gracias*. **3** Conjunto de cualidades por las que las personas o las cosas que las poseen nos resultan atractivas o agradables: *no es guapa, pero tiene una gracia*

especial que cautiva a todos. **4** Elegancia, garbo y desenvoltura con que se mueve una persona: *lo que más me gusta es la gracia que tiene al andar*. **SIN** sal, salero. **5** En la religión cristiana, ayuda y asistencia gratuita que Dios da a los hombres para que consigan su salvación: *gracia divina*. **6** Perdón o indulto de una pena que concede el jefe del estado o quien tiene autoridad para ello a una persona condenada: *petición de gracia*. ◇ *n. f. pl.* **7 gracias** Expresión que se usa para agradecer alguna cosa a alguien: *tendrás que darle las gracias por haberte ayudado a conseguir el trabajo*.

caer en gracia Resultar agradable y producir simpatía una persona o una cosa: *el profesor ha caído en gracia a los alumnos*.

gracias a Se utiliza para indicar que una cosa se realiza o sucede mediante la persona o cosa que se expresa: *gracias a los ordenadores podemos hacer algunas tareas más rápidamente; he solucionado el problema gracias a mi hermano*. **SIN** merced a.
DER gracejo, gracioso; agraciar, congraciar, desgracia.
ETIM Gracia procede del latín *gratia*, que tenía el mismo significado, voz con la que también está relacionada *gratis*.

grácil *adj.* Que es delgado, delicado o ligero: *la bailarina bailaba moviendo su grácil figura*.

gracioso, -sa *adj.* **1** Que divierte y hace reír: *es un chico muy gracioso y ocurrente; es el chiste más gracioso que he oído*. **2** [persona] Que molesta o perjudica a los demás con sus acciones: *algún gracioso ha cerrado la puerta con llave y se ha marchado*. Se usa generalmente de forma irónica. **3** Que resulta atractivo o agradable: *esta chica tiene una sonrisa muy graciosa*. **SIN** salado. ◇ *n. m. y f.* **4** En la comedia clásica, actor que representa personajes que hacen reír: *han dado al actor más joven el papel de gracioso*.

grada *n. f.* **1** Asiento para gran cantidad de personas, a manera de escalón largo, que suele haber en teatros, estadios o lugares a los que acude gran cantidad de público: *me senté en la grada para ver mejor el partido*. **2** Conjunto de estos asientos: *las gradas del estadio estaban repletas porque el partido era muy importante*. **SIN** graderío. **3** Superficie elevada sobre la que está el altar: *la grada del altar era de mármol*. ◇ *n. f. pl.* **4 gradas** Conjunto de escalones que suelen tener los grandes edificios delante de su pórtico o fachada: *se hicieron las fotos en las gradas de la catedral*.
DER graderío.

gradación *n. f.* **1** Disposición o ejecución de una cosa en grados sucesivos, ascendentes o descendentes: *los ejercicios físicos requieren una gradación, no se puede empezar el primer día por los más duros*. **2** Serie de cosas ordenadas por grados: *esa gradación representa los diferentes sonidos vocálicos según la abertura bucal*. **3** *culto* Figura del lenguaje que consiste en acumular palabras o ideas que, con respecto a su significado, van aumentando o descendiendo por grados, de modo que cada una de ellas expresa algo más o menos que la anterior: *es un ejemplo de gradación la frase* sintió un miedo grande, enorme, terrible, sobrecogedor.
DER progradación.

graderío *n. m.* **1** Conjunto de gradas que suele haber en teatros, estadios o lugares a los que acude gran cantidad de público: *el público ha llenado la mitad del graderío en el partido de esta tarde*. **2** Público que ocupa este conjunto de gradas: *el graderío empezó a lanzar silbidos de desaprobación*.

grado **1** Unidad de medida de la temperatura: *esta noche el termómetro marcaba 11 grados bajo cero; el cuerpo humano tiene normalmente una temperatura de 36 o 37 grados; grado centígrado; grado Fahrenheit*. **2** Unidad de medida de la

cantidad de alcohol que contienen las bebidas alcohólicas: *algunos licores tienen más de 40 grados.* **3** Unidad de medida de ángulos que se define como cada una de las 360 partes iguales en que se divide la circunferencia: *un ángulo recto tiene 90 grados; la mitad de un círculo tiene 180 grados.* **4** Estado, valor o calidad que puede tener una persona o cosa en relación con otras y que puede ordenarse con otros estados, valores o calidades de mayor a menor o de menor a mayor: *este trabajo exige un grado muy alto de preparación; todos estamos implicados en esto, pero en diferentes grados.* **SIN** cota, nivel. **5** Cada una de las generaciones que marcan el parentesco entre las personas: *somos parientes en segundo grado.* **6** Lugar o nivel que ocupa una persona dentro de una organización jerárquica, especialmente en un escalafón militar: *quiere ascender al grado superior de la escala administrativa; tiene el grado de capitán.* **SIN** graduación, rango. **7** Título que se da al estudiante que ha completado sus estudios universitarios: *grado de licenciado; grado de doctor.* **8** GRAM. Forma que tienen los adjetivos de indicar la intensidad de una cualidad: *el adjetivo tiene tres grados: positivo, comparativo y superlativo; bueno está en grado positivo frente a buenísimo que está en grado superlativo.* **9** MAT. En un polinomio, el exponente más alto de los términos que lo forman: *el polinomio $4y^5 - 2y^3 + x^2$ es de grado 5.* **10** Voluntad o disposición para hacer una cosa: *te lo diré de buen grado; protestaba y barría de mal grado.*
DER agradar, agradecer.

-grado Elemento sufijal que entra en la formación de palabras con el significado de 'que marcha o camina': *plantígrado.*

graduación *n. f.* **1** Acción que consiste en dar a una cosa un grado, una calidad o intensidad determinada: *la graduación del volumen se hace con este mando.* **2** Acción que consiste en medir la intensidad o la calidad de una cosa en grados: *graduación de la vista.* **3** Obtención de un título universitario o militar: *el rey acude a la ceremonia de graduación en la Academia Militar de Zaragoza.* **4** Grado o categoría militar: *acudieron varios militares de alta graduación.* **SIN** rango. **5** Cantidad proporcional de alcohol que contienen algunas bebidas: *este brandy tiene mucha graduación.*

graduado, -da *n. m. y f.* Persona que ha alcanzado el grado de licenciado o doctor en una universidad.

graduado escolar Título que se obtiene al completar los estudios primarios.

gradual *adj.* Que se desarrolla o cambia en etapas sucesivas y no repentinamente: *ha habido un aumento gradual de las temperaturas en los últimos años; según vayas hacia el sur, notarás un cambio gradual del clima.*

graduar *v. tr.* **1** Marcar en un objeto o aparato los diferentes grados o divisiones que servirán para medir algunas cosa: *graduar un termómetro.* **2** Dividir u ordenar una cosa según diferentes grados o niveles: *estos ejercicios se han graduado según su dificultad: los primeros son fáciles, pero los últimos son muy difíciles.* **3** Dar a una cosa un grado, una calidad o intensidad determinada: *antes de entrar en la ducha, graduamos la temperatura del agua.* **4** Medir la intensidad o la calidad de una cosa en grados: *he ido a la óptica a que me gradúen la vista.* **5** Conceder a una persona un título universitario o un grado militar: *le han graduado en la Academia Militar.* ◇ *v. prnl.* **6** **graduarse** Obtener una persona un título universitario o un grado militar: *hace dos años que se graduó en medicina; está a punto de graduarse como alférez.*
DER graduación, graduado.
OBS En su conjugación, la *u* se acentúa en algunos tiempos y personas, como en *actuar.*

grafema *n. m.* GRAM. Unidad mínima e indivisible de la escritura de una lengua: *s, t o a son grafemas, no lo son ll o ch, ya que se pueden dividir en l y l, y c y h.*

graffiti *n. m.* Escrito o dibujo hecho en las paredes, puertas o muros de lugares públicos, con tema político, humorístico o grosero: *las paredes del metro están llenas de graffiti.*
OBS Es de origen italiano y se pronuncia aproximadamente 'grafiti'. ◇ El plural también es *graffitis.*

grafía *n. f.* Letra o signo gráfico con que se representa un sonido en la escritura: *el sonido [b] se representa mediante las grafías b y v; la ch es una grafía doble.*
DER gráfico, grafismo.

-grafía Elemento sufijal que entra en la formación de palabras con el significado de: *a)* 'Descripción', 'teoría', 'tratado': *geografía, cristalografía. b)* 'Escritura', 'expresión o reproducción gráfica': *caligrafía, telegrafía, cinematografía.*

gráfico, -ca *adj.* **1** De la escritura o la imprenta o que tiene relación con ellas: *un taller de artes gráficas; la tilde es el acento gráfico.* **2** Que representa o describe con mucha claridad la idea que se desea expresar: *su descripción de la guerra fue muy gráfica.* **3** Que se representa por medio de signos o dibujos: *en algunos libros de ciencias naturales hay una representación gráfica del cuerpo humano.* ◇ *n. m. y f.* **4** Representación de datos numéricos o de cantidades que se hace por medio de dibujos, coordenadadas, esquemas o líneas que reflejan la relación que existe entre dichos datos: *en este gráfico he ordenado los datos estadísticos del paro en este año; en la gráfica se contempla el aumento de población de la ciudad.*

grafismo *n. m.* Actividad que tiene como objeto el cuidado de la tipografía y de los dibujos y fotografías que aparecen en libros, revistas, películas y programas de televisión: *si supieras grafismo, sabrías cómo distribuir los dibujos y las fotos del mural.*
DER grafista.

grafista *n. com.* Persona que se encarga de los dibujos, fotografías y la tipografía que aparecen en libros, revistas, películas y programas de televisión: *el grafista que ha ideado la portada de esta revista tiene mucha imaginación.*

grafito *n. m.* Mineral de color negro o gris oscuro, blando y de tacto graso, compuesto casi exclusivamente de carbono: *el grafito se utiliza especialmente para hacer minas de lápiz.*

grafo-, -grafo, -grafa Elemento prefijal y sufijal que entra en la formación de palabras con el significado de 'escritura', 'expresión gráfica': *grafología.*

grafología *n. f.* Técnica que estudia las características psicológicas de las personas a través de la forma de su escritura: *un experto en grafología interpretó mi firma.*
DER grafológico, grafólogo.

grafológico, -ca *adj.* De la grafología o relacionado con esta técnica: *examen grafológico.*

grafólogo, -ga *n. m. y f.* Persona que es especialista en grafología o se dedica profesionalmente a esta técnica: *los grafólogos son capaces de determinar el carácter de una persona a partir de su escritura.*

gragea *n. f.* Medicamento con forma de píldora o tableta, que está recubierta por una capa de sabor agradable y que se traga sin deshacer: *tengo que tomar tres grageas al día para el dolor de cabeza.*

grajo, -ja *n. m. y f.* Pájaro parecido al cuervo, de color negruzco, pico y pies rojos y uñas grandes y negras.

grama *n. f.* Hierba silvestre que tiene las hojas cortas, planas y agudas y las flores en espiga: *la grama se usa como césped porque es de hoja perenne.*

ETIM Grama procede del latín *gramina*, que tenía el mismo significado, voz con la que también está relacionada *gramíneo*.

-grama Elemento sufijal que entra en la formación de sustantivos masculinos con el significado de: a) 'Línea': *pentagrama*. b) 'Esquema gráfico': *organigrama*. c) 'Registro de mensajes o de datos': *telegrama*.

gramaje *n. m.* Peso en gramos de un papel por metro cuadrado.

gramática *n. f.* **1** Ciencia que estudia la estructura y el funcionamiento de una lengua, los elementos que la componen y la manera en que éstos se combinan para formar oraciones: *la gramática incluye la morfología y la sintaxis*. **2** Libro que describe la estructura y el funcionamiento de una lengua, los elementos que la componen y la manera en que éstos se combinan para formar oraciones: *acabo de comprar una gramática del alemán*. **3** Conjunto de normas y reglas para hablar y escribir correctamente una lengua: *la gramática no recomienda ese uso*. **4** Libro que recoge y explica este conjunto de normas y reglas: *todas las gramáticas están de acuerdo en este punto*.
gramática comparada Gramática que estudia las relaciones de semejanzas o diferencias que pueden establecerse entre dos o más lenguas: *la gramática comparada se puede aplicar a la reconstrucción de lenguas desaparecidas*.
gramática descriptiva Gramática que estudia una lengua en un momento determinado sin considerar su pasado ni su evolución: *la gramática descriptiva trabaja con materiales de la lengua actual*.
gramática especulativa Gramática que trata de establecer principios permanentes o universales de las lenguas: *la gramática especulativa se cultivó durante la Edad Media*.
gramática estructural Gramática que trata de establecer relaciones sistemáticas entre los elementos de una lengua: *la gramática estructural ha tenido un importante desarrollo en Europa*. **SIN** estructuralismo.
gramática general Gramática que trata de establecer los principios comunes a todas las lenguas: *los especialistas en gramática general estudian varias lenguas*.
gramática generativa Gramática que trata de formular las reglas y principios por medio de los cuales un hablante es capaz de producir y comprender todas las oraciones posibles y aceptables de su lengua: *la gramática generativa se ha desarrollado en la segunda mitad del siglo XX*. **SIN** generativismo.
gramática histórica Gramática que estudia el proceso de evolución de una lengua a través del tiempo: *la gramática histórica estudia los cambios lingüísticos*.
gramática normativa Gramática que enseña a hablar y a escribir correctamente una lengua: *la gramática de la Real Academia Española es una gramática normativa*.
gramática parda Conjunto de conocimientos o habilidades que sirven para salir de una situación difícil o para conseguir un provecho: *a ése no hay manera de pillarlo, tiene mucha gramática parda*.
DER gramatical, gramático.

gramatical *adj.* **1** De la gramática o que tiene relación con esta ciencia: *estudio gramatical; análisis gramatical; estructura gramatical*. **2** Que se ajusta a las reglas de la gramática: *la oración yo estás cansado no es gramatical*.
DER gramaticalidad; agramatical.

gramaticalidad *n. f.* Adecuación de una oración a las reglas gramaticales: *una frase tiene gramaticalidad si las palabras están combinadas correctamente*.

gramático, -ca *n. m. y f.* Persona que se dedica profesionalmente al estudio de la gramática: *hoy dará una conferencia un importante gramático especializado en generativismo*.

gramíneo, -nea *adj./n. f.* **1** [planta] Que tiene el tallo cilíndrico, nudoso y generalmente hueco, las flores en espiga y el fruto formado por un solo cotiledón. ◇ *n. f. pl.* **2 gramíneas** Familia a la que pertenecen estas plantas.
ETIM Véase *grama*.

gramo *n. m.* Unidad de masa que equivale a la milésima parte de un kilogramo: *la abreviatura del gramo es g*.
DER centigramo, hectogramo, kilogramo, microgramo, miligramo, miriagramo, quilogramo.

gramófono *n. m.* Aparato que reproduce sonidos grabados en un disco mediante una aguja de metal situada en el extremo de un brazo móvil; tiene un altavoz en forma de trompa: *el gramófono es un aparato antiguo que funciona a cuerda*.

gramola *n. f.* **1** Gramófono eléctrico colocado en un mueble cerrado en forma de armario que hace sonar el disco seleccionado introduciendo dinero en una ranura. **2** Gramófono portátil que tiene la bocina en el interior.

gran *adj.* Apócope de *grande*: *volaba a gran altura; es un gran atleta*.
OBS Se usa delante de nombres masculinos y femeninos en singular.

grana *adj.* **1** Que es de color rojo oscuro: *el altar estaba cubierto por un manto grana*. **SIN** granate. ◇ *adj./n. m.* **2** [color] Que es rojo oscuro: *la camiseta de los jugadores del Barcelona es de color azul y grana*. **SIN** granate. ◇ *n. f.* **3** Semilla pequeña de algunos vegetales: *ha plantado grana de pimiento en el jardín de la casa*. **4** Colorante de color rojo oscuro que se obtiene de la cochinilla. **5** Cochinilla, insecto.

granada *n. f.* **1** Fruto del granado que es redondo, con corteza delgada de color entre amarillo y rojo, y tiene en su interior muchos granos rojos y jugosos: *la granada suele comerse con azúcar y vino*. **2** Proyectil de pequeño tamaño que contiene explosivos en su interior y está provisto de un dispositivo que al arrancarlo provoca la explosión de la carga: *un soldado lanzó una granada contra el carro de combate enemigo*.
DER granadina, granado.

granadina *n. f.* Bebida hecha con zumo de granada: *la granadina se suele beber mezclada con agua o con un refresco*.

granadino, -na *adj.* **1** De Granada o que tiene relación con esta provincia de Andalucía o con su capital: *quedaron en un céntrico barrio granadino*. ◇ *adj./n. m. y f.* **2** [persona] Que es de Granada.

granado, -da *adj.* **1** Que se considera lo mejor o más escogido entre otras cosas de su especie: *a la exposición acudió lo más granado de la sociedad que vivía en aquella ciudad*. ◇ *n. m.* **2** Árbol que tiene el tronco liso y nudoso, la copa extendida con muchas ramas delgadas, las hojas brillantes y las flores grandes de color rojo: *el fruto del granado es la granada*.

granar *v. intr.* Formarse y crecer el grano de los frutos en algunas plantas: *el trigo ha empezado a granar en el campo*.
DER granado; desgranar.

granate *adj.* **1** Que es de color rojo oscuro: *Miguel es aquel chico de la camiseta granate*. **SIN** grana. ◇ *adj./n. m.* **2** [color] Que es rojo oscuro: *el granate te sienta muy bien*. ◇ *n. m.* **3** Mineral formado por un compuesto de hierro, aluminio y silicio cuyo color más frecuente es el rojo oscuro: *el granate es muy utilizado en joyería*.

grande *adj.* **1** Que tiene un tamaño mayor de lo normal: *es una casa muy grande y cabe mucha gente*. **ANT** pequeño.

2 Que es muy intenso o fuerte: *tiene un dolor de estómago muy grande*. **3** Que es importante o destaca por alguna cualidad: *Ludwig van Beethoven fue un compositor muy grande*. ◇ *adj./n. com.* **4** [persona] Que es mayor o adulto: *cuando sea grande quiere ser bombero*.
a lo grande Con mucho lujo: *quiso celebrar su boda a lo grande y sin privarse de nada*.
en grande Muy bien: *lo pasamos en grande estas vacaciones*.
grande de España Persona que tiene el grado máximo de la nobleza española: *los duques de la casa de Alba son grandes de España*.
DER gran, grandeza, grandioso, grandullón; agrandar, engrandecer.

grandeza *n. f.* **1** Importancia o valor que tiene una persona o una cosa: *la grandeza del deporte es que el trabajo tiene su recompensa*. **2** Nobleza o bondad que tiene una persona: *con ese gesto nos demostró la grandeza de su carácter*. **ANT** mezquindad. **3** Dignidad nobiliaria de grande de España. **4** Conjunto de los grandes de España: *muchos miembros de la grandeza han asistido a la fiesta de cumpleaños del rey*.

grandilocuencia *n. f.* Manera de escribir o hablar que se caracteriza por el uso de palabras y construcciones demasiado cultas y rebuscadas y por dar un énfasis excesivo a aspectos del discurso que no lo merecen: *me disgustó la grandilocuencia de su discurso*. **SIN** altisonancia.

grandilocuente *adj.* **1** [estilo, expresión] Que se caracteriza por emplear palabras y construcciones demasiado cultas y rebuscadas y por dar un énfasis excesivo a aspectos del discurso que no lo merecen: *discurso grandilocuente*. **SIN** altisonante, pomposo. **2** [persona] Que escribe o se expresa con grandilocuencia: *es un orador muy grandilocuente*.
DER grandilocuencia.

grandiosidad *n. f.* Capacidad que tiene una cosa para impresionar a causa de su tamaño o alguna de sus cualidades: *bajaron del coche para admirar la grandiosidad del paisaje*.

grandioso, -sa *adj.* Que destaca o impresiona por su tamaño o alguna de sus cualidades: *en Asia hay montañas grandiosas, como el Himalaya*. **SIN** magnífico.
DER grandiosidad.

grandullón, -llona *adj./n. m. y f.* [niño, joven] Que está muy crecido para su edad: *¡con lo grandullón que eres y estás montado en el columpio!*

granel Palabra que se utiliza en la locución *a granel*, que significa: *a)* Sin envase o sin empaquetar: *aceite a granel*. *b)* En gran cantidad o abundancia: *en la boda de mi prima hubo flores a granel*.

granero *n. m.* **1** Lugar o sitio en el que se guarda el grano: *después de la cosecha los graneros están repletos*. **2** Territorio en el que abundan los cereales: *España era antes el granero de Europa*.

granítico, -ca *adj.* Del granito o que tiene relación o semejanza con esta roca: *roca granítica; masa granítica*.

granito *n. m.* Roca compacta y muy dura que está formada por cuarzo, feldespato y mica: *el granito se emplea como material de construcción y en decoración*.
DER granítico.

granívoro, -ra *adj.* [animal] Que se alimenta de grano: *las aves son granívoras*.

granizado, -da *adj./n. m. y f.* [bebida] Que se elabora con hielo picado y zumo de fruta, café u otra sustancia que le da sabor: *tomé una leche merengada granizada; quiero un granizado de limón*.

granizar *v. impersonal* Caer granizo: *si graniza se estropeará la cosecha*.
DER granizado.
OBS En su conjugación, la *z* se convierte en *c* delante de *e*.

granizo *n. m.* Agua congelada que cae de las nubes y tiene forma de bolas pequeñas, duras y blancas: *el granizo que ha caído ha estropeado las cosechas*. ☞ ciclo del agua; meteorología
DER granizar.

granja *n. f.* **1** Casa de campo con un terreno para cultivar y con otros edificios donde se crían vacas, cerdos, gallinas y otros animales domésticos: *mi abuelo tiene una granja en la que cría vacas*. **2** Conjunto de instalaciones dedicadas a la cría de aves y otros animales domésticos: *las granjas se dedican a la cría y explotación de animales para el consumo humano*. **3** Establecimiento en el que se vende leche y todos los productos derivados de ella: *compré queso y mantequilla en la granja*.
DER granjear, granjero.
ETIM Véase *grano*.

granjear *v. tr./prnl.* Conseguir o llegar a tener una cosa: *su simpatía le granjeó la amistad de todos*. **SIN** captar.

granjero, -ra *n. m. y f.* Persona que posee una granja o se dedica al cuidado de ella: *el granjero limpia cada día los establos y da de comer a las vacas*.

grano *n. m.* **1** Semilla y fruto de un cereal: *almacenaron los granos de trigo en el granero*. **2** Semilla pequeña de una planta o fruto: *grano de café*. **3** Cada una de las semillas o frutos que con otros iguales forma un conjunto: *la noche de fin de año se toman doce granos de uva; los granos de la granada*. **4** Parte pequeña y redonda de alguna cosa: *grano de arena*. **5** Bulto pequeño que aparece en la superficie de la piel: *te ha salido un grano en la nariz y dos en la frente*.
granito de arena Ayuda pequeña que una persona aporta y con la que contribuye para conseguir un fin determinado: *en las obras de caridad cada uno aporta su granito de arena*.
ir al grano Decir o explicar las cosas importantes sin entretenerse en contar los detalles: *déjate de rodeos y ve al grano*.
DER granar, granero, granito, granizo, granuja, gránulo.
ETIM *Grano* procede del latín *granum*, que tenía el mismo significado, voz con la que también está relacionada *granja*.

granuja *adj./n. com.* [persona] Que hace las cosas con astucia y engaña a los demás en su provecho: *no seas granuja y deja de estafar al prójimo*. **SIN** pillo.
DER granujiento; engranujarse.

granulado, -da *adj.* **1** [sustancia] Que está formada por pequeños granos: *azúcar granulado*. **SIN** granular, granuloso. ◇ *n. m.* **2** Preparado farmacéutico que está presentado en forma de granos: *debo tomar el granulado disuelto en un vaso de agua*.

granular *adj.* **1** Granuloso: *textura granular; superficie granular*. ◇ *v. tr.* **2** Desmenuzar una cosa en granos muy pequeños: *granular el azúcar*.

granuloso, -sa *adj.* [sustancia] Que está formada por pequeños granos. **SIN** granulado, granular.

grapa *n. f.* Pieza de metal pequeña y delgada cuyos extremos se clavan y se doblan para unir o sujetar papeles, tejidos y otras cosas: *estos documentos están unidos con una grapa*.
DER grapar.

grapadora *n. f.* Instrumento que sirve para poner grapas: *déjame la grapadora para unir todas estas facturas*.

grapar *v. tr.* Unir o sujetar con grapas: *grapa estas fotocopias*.
DER grapadora.

grasa *n. f.* **1** Sustancia animal o vegetal que se encuentra en los tejidos orgánicos y que forma las reservas de energía de

grasiento

los seres vivos: *debes practicar deporte para eliminar la grasa que te sobra.* ☞ piel. **2** Sustancia que se usa para engrasar: *pon un poco de grasa en la bisagra porque chirría.* **3** Manteca o sebo de un animal: *la grasa del cerdo se utiliza para hacer embutido.*
DER grasiento; engrasar.

grasiento, -ta *adj.* Que tiene mucha grasa: *esta comida te ha salido muy grasienta.*

graso, -sa *adj.* Que tiene grasa o está formado por ella: *cabellos grasos; alimentos grasos.*
DER grasa.

gratificación *n. f.* Cosa o cantidad de dinero que da una persona a otra como recompensa o agradecimiento por la realización de un servicio o un favor: *el propietario del perro perdido dio una gratificación a la persona que lo encontró.*

gratificar *v. tr.* Recompensar una persona a otra con una cosa o una cantidad de dinero por la realización de un servicio o un favor: *este señor gratificará generosamente a la persona que dé noticias del perro desaparecido.*
DER gratificación, gratificante.
OBS En su conjugación, la *c* se convierte en *qu* delante de *e*.

gratinar *v. tr./prnl.* Tostar o dorar en el horno la parte superior de un alimento: *los canelones se gratinan con queso rallado.*

gratis *adv.* **1** Sin pagar o sin cobrar dinero: *no creas que voy a trabajar gratis para ti.* ◇ *adj.* **2** Que no cuesta dinero: *estas entradas de teatro son gratis.* **SIN** gratuito.
ETIM Véase *gracia*.

gratitud *n. f.* Sentimiento de agradecimiento y reconocimiento que se tiene hacia una persona que nos ha hecho un favor, un servicio o un bien: *no sé cómo expresarle mi gratitud por la ayuda que me prestó.* **ANT** ingratitud.

grato, -ta *adj.* Que es muy agradable y produce mucho placer: *recuerdo las charlas tan gratas que solíamos tener.* **SIN** placentero.
DER gratitud, gratuito; gratificar, ingrato.

gratuidad *n. f.* **1** Uso que se hace de una cosa sin tener que pagar nada por ello: *en España está reconocida la gratuidad de la enseñanza pública.* **2** Falta o carencia de base o fundamento en una cosa o en un argumento: *me sorprendía la gratuidad de sus declaraciones.*

gratuito, -ta *adj.* **1** Que no cuesta dinero: *viajar en transporte público es gratuito para los jubilados.* **SIN** gratis. **2** Que no es necesario o carece de causa: *en la película había demasiado sexo y violencia gratuitos.*
DER gratuidad.

grava *n. f.* **1** Conjunto de piedras pequeñas que proceden de la erosión de las rocas: *el viento ha ido formando grava a los lados del camino.* **2** Piedra triturada que se usa para construir caminos y carreteras: *la grava se usa también para hacer hormigón.*

gravamen *n. m.* Impuesto que ha de pagar una persona por tener un bien inmueble: *al ser propietario paga cada año un gravamen.*
OBS El plural es *gravámenes*.

gravar *v. tr.* Imponer un impuesto u obligación económica: *el gobierno ha decidido gravar las importaciones de los artículos de lujo.* **ANT** desgravar.
DER gravamen, gravoso; desgravar.

grave *adj.* **1** Que tiene mucha importancia o dificultad: *padece una enfermedad muy grave; un conflicto grave entre dos países puede acabar en guerra.* **2** [persona] Que está muy enfermo: *está muy grave y lo han llevado al hospital.* **3** Que tiene o demuestra una gran seriedad: *llegó con el rostro grave porque traía malas noticias.* ◇ *adj./n. m.* **4** [sonido, voz] Que tiene una frecuencia de vibraciones pequeña: *las teclas de la derecha del piano tienen un sonido más grave que las de la izquierda.* **ANT** agudo. ◇ *adj./n. f.* **5** [palabra] Que lleva el acento en la sílaba anterior a la última: *camino y cárcel son palabras graves.* **SIN** llano, paroxítono.
DER gravar, gravedad, grávido, gravitar; agravar, agraviar.

gravedad *n. f.* **1** Importancia o dificultad que presenta una cosa grave: *aún no se ha dado cuenta de la gravedad de la situación; heridas de gravedad.* **2** Seriedad en la forma de obrar o comportarse una persona: *se dirigió a todos con un gesto de gravedad.* **3** Fuerza de atracción que ejerce un objeto con masa sobre otro objeto; especialmente, la que ejerce la Tierra sobre los cuerpos que están sobre ella o próximos a ella: *la gravedad hace que las cosas tengan peso y caigan al suelo.*

grávido, -da *adj.* *culto* Que está muy lleno o cargado: *el héroe se sentía grávido de fuerzas.* **2** [mujer] Que está embarazada.
DER gravidez; ingrávido.

gravilla *n. f.* Grava de pequeño tamaño: *los bordes del camino están llenos de gravilla.*

gravitación *n. f.* **1** Fuerza de atracción mutua que ejercen entre sí dos masas separadas por una determinada distancia: *Isaac Newton formuló la ley de la gravitación universal.* **2** Movimiento de un cuerpo por efecto de la atracción gravitatoria que otro cuerpo ejerce sobre él: *la gravitación de la Tierra se realiza alrededor del Sol.*

gravitar *v. intr.* **1** Moverse un cuerpo celeste alrededor de otro por efecto de la atracción gravitatoria: *la Luna gravita alrededor de la Tierra.* **2** Descansar o apoyarse un cuerpo pesado sobre otro: *los arcos gravitan sobre dos columnas o pilares.* **3** Caer o pesar sobre una persona o cosa un trabajo, una obligación o un peligro: *la amenaza de una guerra mundial gravitaba sobre las cabezas de todos.*

gravitatorio, -ria *adj.* De la gravitación o que tiene relación con esta fuerza de atracción: *fuerzas gravitatorias.*

gravoso, -sa *adj.* **1** Que ocasiona o produce mucho gasto: *mantener a tantos empleados resulta muy gravoso para la empresa.* **2** Que es molesto o pesado: *¿podría hacerme este favor si no le resulta muy gravoso?*

graznar *v. intr.* Emitir graznidos ciertas aves: *los cuervos, los grajos y los gansos graznan.*
DER graznido.

graznido *n. m.* Voz característica que emiten ciertas aves: *el cuervo, el grajo y el ganso emiten graznidos.*

greca *n. f.* Tira o franja de adorno, estampada o dibujada, en que se repite la misma combinación de elementos decorativos, y especialmente la compuesta por líneas que forman ángulos rectos: *las cortinas llevan una greca en el borde inferior.*

grecolatino, -na *adj.* De los griegos y los latinos o que tiene relación con estos pueblos o civilizaciones: *la cultura grecolatina se desarrolló en la época de la Roma clásica.*

grecorromano, -na *adj.* De los griegos y los romanos o que tiene relación con estos pueblos o civilizaciones: *arquitectura grecorromana.*

greda *n. f.* Arcilla arenosa de color blanquecino que se usa para quitar manchas.

gregario, -ria *adj.* **1** [animal] Que vive en rebaño o en grupo: *las ovejas son animales gregarios.* **2** [persona] Que no tiene ideas e iniciativas propias y sigue siempre las de los demás: *es un gregario y no hace nada por iniciativa propia.* ◇ *n. m.* **3** Corredor de ciclismo que ayuda al ciclista más

destacado de su equipo: *el gregario hizo todo lo posible para que su compañero de equipo ganara la etapa*.
DER gregarismo.
ETIM Véase *grey*.

gregoriano, -na *adj.* **1** De algunos de los papas llamados Gregorio o que tiene relación con ellos: *época gregoriana*. **2** [año, calendario, era] Que fue reformado por el papa Gregorio XIII en el siglo XIV: *en la actualidad seguimos el calendario gregoriano*. ◇ *adj./n. m.* **3** [canto religioso] Que se canta en latín a una sola voz y ha sido adoptado para la liturgia de la Iglesia: *el canto gregoriano es propio de la Iglesia católica*.

greguería *n. f.* Agudeza o imagen en prosa que presenta una visión personal, sorprendente y a veces humorística de algún aspecto de la realidad, y que fue creada por el escritor Ramón Gómez de la Serna: *los mejillones son las almejas de luto es una greguería de Ramón Gómez de la Serna*.

grelo *n. m.* Hoja comestible y tierna de la planta del nabo: *el lacón con grelos es una comida típicamente gallega*.

gremial *adj.* Del gremio o relacionado con esta asociación de personas que tienen el mismo oficio o profesión.
DER gremialismo.

gremio *n. m.* **1** Asociación o agrupación de personas que tienen el mismo oficio o profesión y defienden sus intereses según unos estatutos: *los gremios eran muy importantes en la Edad Media*. **2** Conjunto de personas que tienen el mismo oficio o profesión o pertenecen al mismo estado social: *el gremio de los médicos; el gremio de los actores*. **3** Conjunto de personas que se encuentran en la misma situación o tienen los mismos gustos: *el gremio de los parados; el gremio de los fumadores*.
DER gremial; agremiar.

greña *n. f.* Pelo mal peinado, revuelto o enredado: *dile que se peine porque tiene unas greñas impresentables*.
andar a la greña *coloquial* Reñir o discutir dos o más personas o estar siempre dispuestos para enfrentarse: *son compañeros de trabajo y siempre andan a la greña*.
DER desgreñar.

gres *n. m.* Pasta cerámica vitrificada que está compuesta por arcilla plástica y arena con cuarzo que cocida a temperaturas muy elevadas adquiere una gran resistencia y dureza: *el gres se utiliza para hacer baldosas y azulejos*.

gresca *n. f.* Alboroto o discusión muy ruidosas: *el profesor puso orden a la gresca que se había organizado en la clase*.
DER engrescar.

grey *n. f.* **1** Rebaño o manada: *el pastor condujo a la grey hacia los pastos*. **2** Conjunto de fieles cristianos agrupados bajo la dirección de un sacerdote: *el sacerdote invitó a todos los miembros de su grey a asistir a la misa del sábado*.
ETIM *Grey* procede del latín *grex, gregis*, 'rebaño', voz con la que también están relacionadas *agregar, congregar, egregio, gregario, segregar*.

grial *n. m.* Copa que, según una leyenda medieval, fue usada por Jesucristo durante la última cena en la ceremonia de la eucaristía: *la búsqueda del grial fue tema central de muchas historias medievales*.

griego, -ga *adj.* **1** De Grecia o que tiene relación con este país de Europa: *la capital griega es Atenas*. **SIN** heleno. ◇ *adj./n. m. y f.* **2** [persona] Que es de Grecia. **SIN** heleno. ◇ *n. m.* **3** Lengua que se habla en Grecia: *el griego utiliza un alfabeto distinto al latino*. ☞ *alfabetos*. **griego demótico** Modalidad del griego que está apartada de la lengua culta y constituye la lengua oficial de Grecia: *el griego demótico es de origen popular*.

grieta *n. f.* Abertura o hueco estrecho, largo e irregular, que se hace en la tierra o en otra superficie: *la sequía ha abierto grietas en todo el terreno*.
DER grietarse.

grifa *n. f.* Marihuana, especialmente la de origen marroquí: *los cogieron en la aduana con las maletas llenas de grifa*.
DER engrifar.

grifería *n. f.* Conjunto de grifos y llaves que sirven para regular el paso del agua: *he instalado una grifería de acero inoxidable en el baño*.

grifo *n. m.* Mecanismo provisto de una llave que sirve para abrir o cerrar el paso de un líquido: *si cierras el grifo del lavabo dejará de salir agua*.
DER grifería.

grill *n. m.* **1** Utensilio formado por un conjunto de barras metálicas en forma de rejilla y sujetas a un mango que se pone sobre el fuego y sirve para asar o tostar los alimentos. **SIN** parrilla. **2** Barra metálica situada en la parte superior del horno que se calienta a temperaturas muy altas y sirve para gratinar o dorar los alimentos: *enciende el grill del horno que quiero gratinar estos canelones*.

grillarse *v. prnl. coloquial* Volverse loco o perder el juicio una persona.

grillete *n. m.* Arco de hierro con un agujero en cada extremo por el que se pasa una pieza alargada metálica y que se utilizaba especialmente para asegurar una cadena en el tobillo de un presidiario: *los presos llevaban grilletes en los tobillos*.

grillo *n. m.* **1** Insecto de color negro, cabeza gruesa y redonda, ojos salientes, alas anteriores duras y patas posteriores adaptadas para saltar: *el grillo macho produce un sonido agudo frotando las alas*. Para indicar el sexo se usa *el grillo macho* y *el grillo hembra*. ☞ *insectos*. ◇ *n. m. pl.* **2 grillos** Conjunto de dos grilletes unidos por una cadena que se colocaba en los pies de los presidiarios para impedirles andar: *el presidiario de la película llevaba un traje a rayas blancas y negras y unos grillos en los tobillos*.
DER grillarse, grillete.
ETIM *Grillo* procede del latín *grillus*, que era un instrumento de hierro con el que se ataba los pies de los prisioneros, por comparación del ruido metálico que produce con el sonido que emite este insecto.

grima *n. f.* **1** Sensación desagradable que se produce en los dientes al comer sustancias agrias, oír sonidos chirriantes o tocar ciertos objetos: *me produce grima el sonido de las uñas al rozar con la pizarra*. **SIN** dentera. **2** Enfado, disgusto o pena producido por una cosa: *últimamente da grima escuchar las noticias del mundo*.

gringo, -ga *n. m. y f.* Persona que es de los Estados Unidos: *los sudamericanos llaman gringos a los estadounidenses de habla inglesa*.

gripal *adj.* De la gripe o que tiene relación con esta enfermedad: *los procesos gripales van acompañados de congestión, tos y fiebre*.
DER antigripal.

griparse *v. prnl.* Quedarse atascadas dos o más piezas de un mecanismo, especialmente de un motor, que están en contacto: *el aceite evita que el coche se gripe*.

gripe *n. f.* Enfermedad contagiosa que produce fiebre, dolor de cabeza y una sensación de malestar general: *la gripe es provocada por un virus*.
DER gripal, griposo.

griposo, -sa *adj.* Que padece gripe o tiene algunos de sus síntomas: *el niño no irá hoy al colegio porque está un poco griposo*.

gris *adj.* **1** Del color que resulta de la mezcla del blanco y el negro o azul: *en las fotos en blanco y negro hay muchos tonos grises.* ◇ *adj./n. m.* **2** [color] Que resulta de la mezcla del blanco y el negro o azul: *el gris es el color del acero y el cemento.* **gris marengo** Gris que es muy oscuro: *llevaba un traje gris marengo muy elegante.* **gris perla** Gris que es claro: *la tapicería del salón es gris perla.* ◇ *adj.* **3** [día, tarde] Que está nublado, frío o lluvioso: *el invierno trae muchos días grises.* **4** Que no se destaca del resto: *es un estudiante gris, no sobresale en ninguna materia.*
DER grisáceo.

grisáceo, -cea *adj.* De color parecido al gris o con tonalidades grises: *la camisa es grisácea y de manga larga.*

grisú *n. m.* Gas inflamable que está formado por una mezcla de metano y de otro hidrocarburo y gases como el oxígeno y el nitrógeno; se encuentra en las minas de carbón: *cuando el grisú entra en contacto con el aire se producen explosiones muy fuertes.*
OBS El plural es *grisúes*.

gritar *v. intr./tr.* **1** Hablar dando voces o levantando mucho la voz: *si todos gritan a la vez no se entiende nada.* **SIN** chillar, vocear. **2** Dar gritos una persona por alguna causa determinada: *cuando vio al atracador gritó y salió huyendo.* **SIN** chillar. ◇ *v. tr.* **3** Reñir o regañar a una persona o dar una orden levantando la voz: *no grites a los niños porque lo entienden mejor si les hablas razonadamente.*
DER griterío, grito, gritón.

griterío *n. m.* Conjunto de voces altas y poco claras que producen mucho ruido y confusión: *con el griterío que hay no puedo entender lo que me estás diciendo.* **SIN** vocerío.

grito *n. m.* **1** Sonido que se emite en voz muy alta y de manera fuerte o violenta: *cuando nos hacen daño damos gritos de dolor.* **2** Palabra o expresión que se emite en voz muy alta y manifiesta un sentimiento o una sensación: *sólo se oían los gritos de la multitud diciendo ¡viva!*
a grito pelado Dando voces al hablar o decir una cosa: *desde el balcón llamaba a su primo a grito pelado.*
pedir a gritos Necesitar una cosa con mucha urgencia: *este niño está pidiendo a gritos que le den un baño.*
poner el grito en el cielo Mostrar una persona gran enfado o indignación ante una cosa: *puso el grito en el cielo cuando se enteró de que su hijo se había marchado sin su permiso.*
ser el último grito Estar una cosa muy a la moda o ser muy nueva: *esos zapatos son el último grito.*

gritón, -tona *adj./n. m. y f.* coloquial [persona] Que habla en un tono de voz muy alto y suele dar gritos por cualquier cosa: *no soporto a los niños gritones.* **SIN** chillón.

grogui *adj.* **1** [boxeador] Que ha perdido el conocimiento o que está aturdido a causa de un golpe muy fuerte: *recibió un golpe en la nariz y se quedó grogui.* **2** [persona] Que no puede pensar con claridad a causa del sueño o cansancio: *las pastillas que estaba tomando la dejaban un poco grogui.*

grosella *n. f.* **1** Fruto en baya de pequeño tamaño, color rojo vivo y de sabor agridulce: *las grosellas se emplean para hacer bebidas y mermeladas.* ◇ *adj.* **2** De color rojo muy vivo: *me he comprado unos pantalones grosella.*
DER grosellero.

grosellero *n. m.* Arbusto que tiene el tronco muy ramoso, las hojas alternas y las flores amarillas verdosas en racimo: *el fruto del grosellero es la grosella.*

grosería *n. f.* Hecho o dicho descortés, maleducado o poco delicado: *deja de molestar a los demás con tus groserías.*

grosero, -ra *adj./n. m. y f.* [persona] Que se comporta con poca educación y delicadeza y hace o dice cosas de mal gusto: *eres un grosero y no tienes delicadeza con las personas que te rodean.*
DER grosería.

grosor *n. m.* Espesor o anchura de un cuerpo sólido: *la estantería no soportará el peso porque la tabla tiene poco grosor.* **SIN** grueso.
DER engrosar.
ETIM Véase *grueso*.

grosso modo De un modo aproximado o general y sin entrar en detalles: *cuéntame grosso modo lo que pasó y no entres en detalles.*
OBS No debe decirse *a grosso modo*.

grotesco, -ca *adj.* Que produce risa o burla por ser extraño, ridículo o absurdo: *una persona mayor vestida como un niño es grotesca.*
ETIM Véase *gruta*.

grúa *n. f.* **1** Máquina que sirve para elevar cosas muy pesadas y para transportarlas de un lugar a otro a distancias cortas; está formada por una estructura metálica con un brazo móvil horizontal del que cuelga un cable con un gancho: *han traído una grúa porque van a hacer obras en este solar.* **2** Camión provisto de una máquina de estas características que se usa para remolcar automóviles averiados o que han aparcado en un lugar prohibido: *la grúa del ayuntamiento se ha llevado el coche que estaba mal aparcado.* **3** Aparato provisto de un brazo móvil sobre el que se sitúa una cámara de cine o televisión para grabar o registrar imágenes desde una cierta altura.

grueso, -sa *adj.* **1** [persona] Que está gordo o tiene mucha grasa en el cuerpo: *es un hombre grueso y muy corpulento.* **ANT** delgado, enjuto. **2** Que tiene un grosor más grande del normal: *este lápiz es demasiado grueso para escribir; el hilo no entra por el ojo de la aguja porque es muy grueso.* **ANT** delgado, fino. **3** Que es muy grande o más grande de lo normal: *este año la empresa obtuvo gruesos beneficios.* ◇ *n. m.* **4** Grosor o espesor de un cuerpo sólido: *el grueso de la puerta blindada mide seis centímetros.* **SIN** anchura. **5** Parte mayor y más importante de una cosa: *el grueso de la población votó a favor del gobierno.*
ETIM *Grueso* procede del latín *grossus*, que tenía el mismo significado, voz con la que también está relacionada *grosor*.

grulla *n. f.* Ave zancuda de un metro de altura, de color gris, cuello largo y negro, alas grandes y redondas y cola pequeña, que tiene unas plumas largas en la parte superior de la cabeza: *la grulla vuela a gran altura durante sus migraciones.*
OBS Para indicar el sexo se usa *la grulla macho* y *la grulla hembra*.

grumete *n. m.* Muchacho que ayuda a la tripulación en las tareas de un barco para aprender a ser marinero: *los grumetes limpian el barco y colaboran en las demás faenas.*

grumo *n. m.* Parte de una masa líquida que se hace más densa o compacta en un alimento u otra sustancia y que suele tener forma de bola pequeña: *si las natillas no se remueven bien se forman grumos.*
DER grumoso.

grumoso, -sa *adj.* Que está lleno de grumos: *la bechamel me ha quedado grumosa.*

gruñido *n. m.* **1** Voz que emite el cerdo: *se oyen los gruñidos de los cerdos pidiendo comida.* **2** Voz que emite el perro y otros animales para amenazar o en señal de ataque: *el perro dio un gruñido y se abalanzó sobre sus piernas.* **3** Sonido no articulado o palabra murmurada entre dientes que emite una persona para expresar enfado o desagrado: *estaba de tan mal humor que sólo se le oían gruñidos.*

gruñir *v. intr.* **1** Emitir gruñidos el cerdo: *los cerdos gruñían en la pocilga.* **2** Emitir gruñidos el perro y otros animales para amenazar o en señal de ataque. **3** Emitir una persona sonidos no articulados o palabras murmuradas entre dientes en señal de enfado o desagrado: *no gruñas tanto y alegra esa cara.* **SIN** refunfuñar.
OBS En su conjugación, la *i* de la desinencia se pierde absorbida por la ñ en algunos tiempos y personas.

gruñir	
INDICATIVO	**SUBJUNTIVO**
presente	presente
gruño	gruña
gruñes	gruñas
gruñe	gruña
gruñimos	gruñamos
gruñís	gruñáis
gruñen	gruñan
pretérito imperfecto	pretérito imperfecto
gruñía	gruñera o gruñese
gruñías	gruñeras o gruñeses
gruñía	gruñera o gruñese
gruñíamos	gruñéramos o gruñésemos
gruñíais	gruñerais o gruñeseis
gruñían	gruñeran o gruñesen
pretérito indefinido	futuro
gruñí	gruñere
gruñiste	gruñeres
gruñó	gruñere
gruñimos	gruñéremos
gruñisteis	gruñereis
gruñeron	gruñeren
futuro	
gruñiré	**IMPERATIVO**
gruñirás	grune (tú)
gruñirá	gruña (usted)
gruñiremos	gruñid (vosotros)
gruñiréis	gruñan (ustedes)
gruñirán	
condicional	**FORMAS NO PERSONALES**
gruñiría	
gruñirías	infinitivo gerundio
gruñiría	gruñir gruñendo
gruñiríamos	participio
gruñiríais	gruñido
gruñirían	

gruñón, -ñona *adj./n. m. y f.* [persona] Que emite con mucha frecuencia gruñidos o sonidos no articulados en señal de enfado o desagrado: *eres un gruñón y siempre estás protestando por todo.*
grupa *n. f.* Parte posterior del lomo de una caballería: *me monté en la grupa del caballo.* **SIN** anca.
grupo *n. m.* **1** Conjunto de personas, animales o cosas que están juntos o reunidos o que tienen una característica común: *trabajar en grupo es bueno para los alumnos; las Baleares son un grupo de islas; el grupo de escritores firmaba libros en la feria.* **2** Conjunto de figuras pintadas, esculpidas o fotografiadas: *en el grupo escultórico aparecen la Virgen, Jesús y San José.* **3** Unidad del ejército que está formada por varios escuadrones y se encuentra bajo las órdenes de un comandante. **4** QUÍM. Cada una de las columnas del sistema periódico que contiene elementos de propiedades semejantes: *el helio forma parte del grupo de los gases nobles.*
 grupo electrógeno FÍS. Equipo formado por un motor de explosión y un generador que sirve para producir energía eléctrica: *necesitamos un grupo electrógeno para iluminar la plaza.*
 grupo sanguíneo Cada uno de los tipos en que se clasifica la sangre de las personas y que está en función del antígeno presente en los glóbulos rojos del plasma sanguíneo: *mi grupo sanguíneo es 0+.*
DER grupúsculo; agrupar.
grupúsculo *n. m.* Organización de tipo político formada por un reducido número de miembros y caracterizada por un fuerte activismo y una ideología extremista: *grupúsculos fascistas.*
gruta *n. f.* Cavidad natural profunda que está situada en un lugar subterráneo o entre rocas: *un equipo de espeleólogos está explorando la gruta.* **SIN** caverna, cueva.
ETIM Gruta procede del latín vulgar *crupta*, 'bóveda subterránea', voz con la que también están relacionadas *cripta, grotesco.*
gruyer *n. m.* Queso suave, de color amarillo pálido y con agujeros en su interior que se elabora con leche de vaca y cuajo triturado: *el gruyer es originario de Suiza.*
guacamayo *n. m.* Ave parecida al papagayo que tiene la cola muy larga y el plumaje de colores muy vivos y variados: *los guacamayos viven en América del Sur.*
OBS Para indicar el sexo se usa *el guacamayo macho* y *el guacamayo hembra.*
guache *n. m.* Técnica de pintura que se hace sobre papel o cartón con colores disueltos en agua y mezclados con goma arábiga: *la pintura al guache presenta unos colores más espesos que los de la acuarela.*
guadalajareño, -ña *adj.* **1** De Guadalajara o que tiene relación con esta provincia de Castilla-La Mancha o con su capital. ◇ *adj./n. m. y f.* **2** [persona] Que es de Guadalajara.
guadaña *n. f.* Herramienta formada por un mango largo y una cuchilla ancha, curva y puntiaguda, que se usa para segar a ras de tierra: *antes los labradores segaban las mieses con guadañas.* ☞ aperos.
guagua *n. f.* En Canarias, autobús de servicio urbano.
gualdo, -da *adj.* De color amarillo dorado: *la bandera española es roja y gualda.*
guanche *adj.* **1** De un pueblo que habitó las islas Canarias antes del siglo XV o que tiene relación con él. ◇ *adj./n. com.* **2** [persona] Que pertenecía a este pueblo: *los guanches se dedicaban a la ganadería y a la agricultura.* ◇ *n. m.* **3** Lengua que hablaba este pueblo: *en el español de Canarias se conservan algunas palabras del guanche.*
guano *n. m.* **1** Sustancia formada por los excrementos de ciertas aves marinas que se encuentra en gran cantidad en las costas del océano Pacífico de América del Sur: *el guano es muy rico en fosfatos y se utiliza como abono.* **2** Abono mineral que se fabrica imitando esta sustancia.
guantada *n. f.* Guantazo.
guantazo *n. m.* **1** Golpe que se da con la mano abierta: *se enfadó con él y le dio un guantazo en la cara.* **SIN** guantada. **2** Golpe muy fuerte: *se ha dado un guantazo con el coche.*
guante *n. m.* Prenda que cubre o protege la mano y que tiene una funda para cada uno de los dedos: *los guantes pueden estar fabricados en lana, piel o plástico.*

arrojar el guante Desafiar o retar a una persona para que luche o compita: *antiguamente los caballeros arrojaban el guante a la persona con la que se batían en duelo.*
colgar los guantes Abandonar un trabajo o una actividad, especialmente del boxeo: *el veterano boxeador ha anunciado que colgará los guantes la próxima temporada.*
como un guante o **más suave que un guante** Muy dócil y obediente: *riñeron a la niña y se quedó como un guante.*
de guante blanco [ladrón] Que es muy hábil y no usa la violencia: *las joyas fueron robadas por un ladrón de guante blanco.*
echar el guante *coloquial* Coger o atrapar a una persona: *la policía no ha podido echar el guante a los ladrones que atracaron el banco.*
DER guantada, guantazo, guantelete, guantera.

guantera *n. f.* Espacio cerrado situado en el salpicadero de un vehículo que sirve para guardar distintos objetos: *el mapa de carreteras está en la guantera.*

guaperas *adj./n. com.* [persona] Que es guapo y presume de ello: *ese tío es un guaperas y además lo sabe.*
OBS El plural también es *guaperas*.

guapo, -pa *adj./n. m. y f.* **1** [persona] Que tiene la cara muy bella o es muy atractivo: *es una chica muy guapa y además muy elegante.* **SIN** bello, hermoso. **ANT** feo. **2** [persona] Que es elegante y va bien vestido o arreglado: *te has puesto muy guapa para ir la la fiesta.* ◊ *adj.* **3** *coloquial* Que es bonito o de mucha calidad: *se ha comprado una casa muy guapa a las afueras del pueblo.*
DER guapear, guaperas, guapote, guapura.

guaraní *adj.* **1** De un pueblo indígena sudamericano que se extendía desde el Amazonas hasta el Río de la Plata o que tiene relación con él: *el pueblo guaraní vivía principalmente de la agricultura.* ◊ *adj./n. com.* **2** [persona] Que pertenece a este pueblo indígena: *los guaraníes fueron cristianizados por los jesuitas.* ◊ *n. m.* **3** Lengua que habla este pueblo indígena: *el guaraní es actualmente, junto con el español, el idioma oficial de Paraguay.* **4** Unidad monetaria de Paraguay.
OBS El plural es *guaraníes*.

guarda *n. com.* **1** Persona que se encarga de la vigilancia y la conservación de una cosa: *los guardas forestales vigilan los bosques.* **SIN** vigilante. **guarda jurado** Persona que se encarga de la vigilancia de una cosa y jura su cargo y sus responsabilidades ante la autoridad: *los guardas jurados pueden ser contratados por empresas particulares.* ◊ *n. f.* **2** Protección o cuidado de una cosa o una persona: *esta chica se encargará de la guarda de los bebés.* **3** Autoridad que se concede por ley a una persona adulta para cuidar de alguien que no puede hacerlo por sí mismo y de sus bienes: *después del divorcio el juez concedió la guarda y custodia de los hijos a la madre.* **SIN** tutela. **4** Hoja en blanco que se pone al principio y al final de un libro encuadernado. Esta acepción se usa más en plural.
DER guardés.

guardabarrera *n. com.* Persona que se encarga de la vigilancia de un paso a nivel en las líneas de ferrocarril: *el guardabarrera baja la barrera del paso a nivel cuando va a pasar un tren.*
OBS El plural también es *guardabarreras*.

guardabarros *n. m.* Pieza acanalada y curva que llevan los automóviles y bicicletas encima de las ruedas para protegerlos de las salpicaduras: *llevas el guardabarros derecho lleno de barro.* ☞ automóvil; motocicleta.
OBS El plural también es *guardabarros*.

guardabosque *n. com.* Persona que se dedica a vigilar y cuidar los bosques de una determinada zona: *los guardabosques se encargan de que no se cace en época de veda.*
OBS El plural es *guardabosques*.

guardacoches *n. com.* Persona que aparca y vigila los automóviles que están estacionados en un aparcamiento: *algunos establecimientos comerciales disponen de los servicios de un guardacoches.*
OBS El plural también es *guardacoches*.

guardacostas *n. m.* Barco ligero que está destinado a la vigilancia de las costas y a la persecución del contrabando: *los guardacostas impiden que se introduzcan mercancías de contrabando.*
OBS El plural también es *guardacostas*.

guardaespaldas *n. com.* Persona que se dedica a acompañar a otra para protegerla de posibles agresiones: *el ministro siempre va acompañado de sus guardaespaldas.*
OBS El plural también es *guardaespaldas*.

guardagujas *n. com.* Persona que se encarga de manejar las agujas en los cambios de vía de las líneas de ferrocarril.
OBS El plural también es *guardagujas*.

guardameta *n. com.* Jugador que se coloca en la portería para evitar que entre la pelota: *el guardameta paró uno de los penaltis.* **SIN** portero.
OBS El plural es *guardametas*.

guardamuebles *n. m.* Local que está destinado a guardar muebles: *mientras vivamos en el extranjero tendremos los muebles en un guardamuebles.*
OBS El plural también es *guardamuebles*.

guardapolvo *n. m.* **1** Prenda de vestir larga, de tela ligera, que se coloca sobre la ropa y que sirve para protegerse de la suciedad: *el anticuario llevaba puesto un guardapolvo.* **2** Funda que se pone sobre un objeto para impedir que se llene de polvo.
OBS El plural es *guardapolvos*.

guardar *v. tr./prnl.* **1** Poner o colocar una cosa en un sitio adecuado para que no se pierda o para que se conserve en buen estado: *guárdalo en el cajón; los alimentos frescos se han de guardar en la nevera.* **2** Vigilar a una persona o una cosa para protegerla y cuidarla: *los pastores guardan los rebaños en la montaña.* **3** Mantenerse una persona en una posición o situación durante un tiempo determinado: *tuvimos que guardar cola durante una hora; durante un examen se ha de guardar silencio.* **4** Cumplir o acatar una persona una regla o norma: *debes guardar las normas de comportamiento y respeto.* **5** Ahorrar dinero: *guarda la mitad de su sueldo para cuando se jubile.* ◊ *v. prnl.* **6 guardarse** Evitar hacer una determinada acción o cosa: *guárdate de hablar en ese tono a mi madre.* **7** Precaverse o prevenirse de una persona o de una cosa que encierra daño o peligro: *guárdate de esas malas amistades.*
guardársela o **guardarla** No olvidar un mal recibido y estar dispuesto a vengarse cuando se presente una ocasión: *ésa se la guardo porque lo que me ha hecho no se me va a olvidar.*
DER guarda, guardería, guardia; aguardar, resguardar.

guardarropa *n. m.* **1** Lugar de un establecimiento público en el que los clientes pueden dejar prendas de vestir y otros objetos: *tienes que dejar el abrigo y el bolso en el guardarropa de la biblioteca.* **2** Conjunto de las prendas de vestir que tiene una persona: *cada temporada renueva su guardarropa.* **SIN** vestuario. ◊ *n. com.* **3** Persona que cuida o se encarga de un guardarropa o un guardarropía.
DER guardarropía.
OBS El plural es *guardarropas*.

guardarropía *n. f.* **1** Conjunto de trajes, muebles y acce-

sorios que se emplean en las representaciones y rodajes de teatro, cine y televisión. **2** Lugar donde se guardan estos trajes, muebles y accesorios.
OBS Por analogía con *guardarropa* tiende a hacerse de género masculino.
guardería *n. f.* Establecimiento en el que se cuida a los niños que todavía no tienen edad de ir a la escuela: *mi hijo tiene un año y lo voy a llevar a una guardería.*
guardés, -desa *n. m. y f.* Persona encargada de guardar una casa o finca: *los guardeses viven en una casita a la entrada de la finca.*
guardia *n. com.* **1** Persona que pertenece a cualquiera de los cuerpos del estado que se encargan de las funciones de vigilancia y defensa: *guardia municipal; guardia civil.* ◇ *n. f.* **2** Conjunto de soldados o de personas armadas encargados de vigilar a una persona o una cosa: *la guardia real vigila a la entrada del palacio.* **guardia civil** *a)* Cuerpo de seguridad del estado español que se encarga de mantener el orden fuera de las ciudades: *la guardia civil es un cuerpo armado que se creó en el siglo XIX. b)* Persona que pertenece a este cuerpo: *un guardia civil me paró en la carretera porque sobrepasé el límite de velocidad.* **guardia suiza** Cuerpo de seguridad que da escolta al papa y se ocupa del mantenimiento del orden en el Vaticano. **3** Protección o cuidado de una cosa: *han confiado la guardia de las joyas a una empresa de seguridad.* **SIN** guarda. **4** Servicio especial que deben realizar algunos profesionales y que se hace fuera del horario normal de trabajo: *farmacia de guardia; médico de guardia.* **5** Servicio de vigilancia que hacen los cuerpos del estado que se dedican a la vigilancia y defensa: *los soldados hacen guardia a la entrada del cuartel.*
bajar la guardia Descuidar la vigilancia o dejar de prestar atención: *no bajes la guardia que todavía no ha pasado el peligro.*
en guardia En actitud de defensa o de desconfianza: *ante los rumores difundidos sobre él se puso en guardia.*
poner en guardia Llamar la atención o advertir a una persona sobre un daño o peligro: *el compañero de trabajo le puso en guardia advirtiéndole que el recién llegado era un trepa y que quería su puesto.*
DER guardián; retaguardia, vanguardia.
guardián, -diana *n. m. y f.* Persona que se dedica a vigilar o guardar un lugar: *el ladrido de los perros alertó a los guardianes del museo.*
guarecer *v. tr.* **1** Proteger de un daño o peligro: *la casa nos guareció de la lluvia.* ◇ *v. prnl.* **2 guarecerse** Refugiarse una persona o un animal en un lugar: *durante la nevada nos guarecimos en un refugio de montaña.*
DER guarida.
OBS En su conjugación, la *c* se convierte en *zc* delante de *a* y *o*, como en *agradecer.*
guarida *n. f.* **1** Lugar en el que se refugian los animales salvajes: *los cazadores se acercaron a la guarida de los osos.* **2** Lugar donde se refugian y esconden las personas que huyen de un daño o peligro: *en la película, la policía descubrió la guarida de los asesinos.*
guarismo *n. m.* Signo o conjunto de signos con que se representa una cantidad numérica: *el número 12 está formado por dos guarismos.* **SIN** cifra.
guarnecer *v. tr.* **1** Poner adornos u otras cosas que sirven de complemento: *podemos guarnecer el vestido con lazos y puntillas.* **2** Proteger o defender un lugar por medio de armas y personas: *enviaron más soldados para guarnecer el cuartel.* **3** Cubrir la parte exterior de un muro o pared con cemento u otro material: *están levantando un andamio para guarnecer la fachada del edificio.* **SIN** revestir, revocar.
DER guarnición; desguarnecer.
OBS En su conjugación, la *c* se convierte en *zc* delante de *a* y *o*, como en *nacer.*
guarnición *n. f.* **1** Adorno que se pone sobre una cosa y que está hecho de un material distinto: *compró un baúl de ébano con guarniciones de plata.* **2** Alimento o conjunto de alimentos que se sirven como complemento o acompañamiento de un plato más fuerte: *nos sirvieron un filete de ternera con una guarnición de patatas fritas y verduras hervidas.* **3** Conjunto de soldados que defiende una población o un lugar: *la guarnición estaba alerta para responder al ataque del enemigo.* **4** Parte de la espada o de cualquier arma blanca que se pone junto al puño para proteger la mano: *heredé de mi abuelo una espada con la guarnición de plata.* ◇ *n. f. pl.* **5 guarniciones** Conjunto de correas y otros objetos que se ponen a las caballerías para montarlas o engancharlas al carro.
DER guarnicionar.
guarrada *n. f.* **1** Acción sucia o asquerosa: *no hagas guarradas con la comida.* **SIN** cochinada, guarrería, marranada. **2** Circunstancia o acto que se considera indecoroso o contrario a la moral establecida: *mi madre piensa que en la televisión sólo ponen guarradas.* **SIN** cochinada, guarrería, marranada. **3** Acción que molesta o causa un perjuicio, especialmente si está hecha con mala intención: *nunca olvidaré la guarrada que me hizo en el trabajo.* **SIN** cochinada, marranada.
guarrear *v. intr./prnl.* Manchar o ensuciar una cosa o hacer guarradas con ella: *has guarreado el libro por comer mientras lees.*
guarrería *n. f.* **1** Guarrada. **2** Basura o cosa muy sucia: *después de la fiesta el salón quedó lleno de guarrerías.*
guarro, -rra *adj.* **1** Que está sucio o falto de limpieza: *no entiendo cómo puedes dormir en una cama tan guarra.* ◇ *adj./n. m. y f.* **2** [persona] Que no cuida su aseo personal ni la higiene o limpieza de las cosas que lo rodean: *no seas guarro y dúchate cada día.* **SIN** cerdo. ◇ *n. m. y f.* **3** Animal mamífero doméstico, de cuerpo grueso, patas cortas, hocico chato y redondeado y cola en espiral: *mataron un guarro para hacer embutido con la carne.* **SIN** cerdo.
DER guarrada, guarrazo, guarrear, guarrería.
guasa *n. f.* Burla irónica y disimulada: *no le hagas caso que está de guasa.*
guasón, -sona *adj./n. m. y f.* [persona] Que acostumbra a usar burlas irónicas y disimuladas: *no seas guasón y deja de tomarme el pelo.*
guata *n. f.* Lámina gruesa de algodón que se utiliza para acolchar o rellenar un tejido: *una bata de guata; tengo un edredón relleno de guata.*
DER guateado; enguatar.
guateado, -da *adj.* Que está relleno con guata: *bata guateada.*
guatemalteco, -ca *adj.* **1** De Guatemala o que tiene relación con este país de América Central o con su capital: *la moneda guatemalteca es el quetzal.* ◇ *adj./n. m. y f.* **2** [persona] Que es de Guatemala.
guateque *n. m.* Fiesta que se celebra en una casa particular, en la que se come, se bebe y se baila y a la que asisten personas jóvenes: *los guateques se pusieron muy de moda en los años sesenta.*
guau *n. m.* Onomatopeya de la voz del perro: *para imitar el ladrido de un perro decimos: guau, guau.*

iguau! *int.* Expresión que se usa para indicar admiración: *iguau, vaya coche!*

guay *adj. coloquial* Que es muy bueno o estupendo: *fuimos a una discoteca guay.*
OBS Se usa también como adverbio: *lo pasamos guay.*

guayaba *n. f.* Fruto del guayabo, de forma ovalada, con una carne dulce y llena de semillas pequeñas: *la guayaba se utiliza para hacer mermelada.*

guayabera *n. f.* Camisa de hombre que es suelta y de tela ligera y se lleva por encima de los pantalones.

guayabo *n. m.* Arbusto que tiene el tronco torcido y con muchas ramas, hojas puntiagudas, ásperas y gruesas, y flores blancas; su fruto es la guayaba: *el guayabo es propio de América Central.*
DER guayabera.

gubernamental *adj.* **1** Del gobierno del estado o que tiene relación con él: *decisión gubernamental; política gubernamental.* **2** Que es partidario del gobierno o está a favor de él: *partidos gubernamentales; políticos gubernamentales.*
ETIM Véase *gobernar.*

gubernativo, -va *adj.* [ley, norma, orden] Que procede del gobierno del estado: *el gobierno ha reformado la ley gubernativa en materia de educación.*
ETIM Véase *gobernar.*

gubia *n. f.* Herramienta formada por una barra de acero con la punta en bisel y unida a un mango de madera que se usa para labrar superficies curvas: *la gubia es una herramienta de carpinteros y ebanistas.* ☞ herramientas.

guedeja *n. f.* **1** Mechón de pelo de una persona. **2** Melena del león.

guepardo *n. m.* Mamífero felino carnívoro, de cuerpo esbelto, cabeza pequeña y pelo corto de color claro con manchas negras; se le considera el más rápido de los mamíferos: *el guepardo vive en algunos desiertos de la India y de África.*
OBS Para indicar el sexo se usa *el guepardo macho* y *el guepardo hembra.*

guerra *n. f.* **1** Enfrentamiento continuado entre dos o más ejércitos de distintos países o del mismo país: *las guerras son hechos crueles y funestos de la historia que deberían evitarse.* **SIN** conflicto, contienda. **ANT** paz. **guerra biológica** Enfrentamiento armado en el que se usan bacterias y armas químicas para causar enfermedades al enemigo: *escribió acerca de los horrores de una guerra biológica.* **guerra civil** Enfrentamiento armado en el que luchan entre sí personas y ejércitos de un mismo país: *la guerra civil española se desarrolló entre 1936 y 1939.* **guerra nuclear** Enfrentamiento armado en el que se usan armas atómicas: *una guerra nuclear podría acabar con gran parte del planeta.* **guerra química** Enfrentamiento armado en el que se usan sustancias venenosas para eliminar al enemigo. **guerra santa** Enfrentamiento armado que se hace por causas religiosas: *durante la Edad Media los cristianos y los musulmanes emprendieron diversas guerras santas.* **2** Situación tensa o problemática que se produce entre dos o más personas o naciones: *los agricultores franceses mantienen una guerra contra los productos españoles.* **guerra fría** Situación en la que dos naciones o grupos de naciones tienen una relación de gran hostilidad y tensión sin llegar a la lucha armada: *al terminar la segunda guerra mundial, Estados Unidos y la URSS mantuvieron durante muchos años una guerra fría.*
dar guerra Molestar o fastidiar: *a esta edad los niños dan mucha guerra.*
DER guerrear, guerrero, guerrilla; aguerrir, posguerra.

guerrear *v. intr.* Hacer la guerra: *en la época feudal, los señores guerreaban unos contra otros para defender sus intereses.*

guerrera *n. f.* Chaqueta ajustada y abrochada hasta el cuello que forma parte de algunos uniformes militares: *llevaba una guerrera roja con botones dorados.*

guerrero, -ra *adj.* **1** De la guerra o que tiene relación con ella: *danza guerrera; espíritu guerrero; pueblo guerrero.* **SIN** bélico. ◊ *n. m. y f.* **2** Persona que lucha o interviene en una guerra: *los guerreros de la tribu se pintaron la cara.* ◊ *adj./n. m. y f.* **3** [niño] Que es muy inquieto y revoltoso: *es un niño muy guerrero, por eso le conviene ir a una guardería.* **4** *coloquial* [persona] Que es un pendenciero y siempre está buscando peleas o líos con los demás.
DER guerrera.

guerrilla *n. f.* Grupo de personas armadas que no forman parte de un ejército organizado y que luchan contra el gobierno de un país o contra un ejército mediante los ataques por sorpresa y las emboscadas: *en algunos países sudamericanos hay guerrillas que pretenden hacer caer los gobiernos.*
DER guerrillero.

guerrillero, -ra *n. m. y f.* Persona que lucha o interviene en una guerrilla: *el presidente del país fue capturado por los guerrilleros.*

gueto *n. m.* **1** Barrio muy pobre de una ciudad en el que vive mucha gente hacinada y apartada del resto de la ciudad: *cuando era niño vivió en uno de los guetos más pobres de Nueva York.* **2** Conjunto de personas que tienen un mismo origen o condición y viven aisladas y marginadas por motivos raciales o culturales: *el gueto judío de Varsovia; el gueto negro de Nueva York.*
OBS También se escribe 'ghetto'.

guía *n. com.* **1** Persona que conduce y enseña a otras: *es muy peligroso andar por la montaña sin un guía.* **guía turístico** Persona que acompaña a las personas que visitan una ciudad y les da información sobre la historia, el arte, los edificios y los lugares de más interés. **2** Persona que enseña y dirige a otra para hacer o lograr una cosa: *su padre siempre fue su guía y su consejero.* ◊ *n. f.* **3** Cosa que ayuda a encontrar el camino que se ha de seguir para ir a un lugar o para conseguir una cosa: *las indicaciones de las carreteras sirven de guía.* **4** Libro donde se puede encontrar la información necesaria sobre una ciudad o un país: *cuando preparamos un viaje siempre consultamos una guía del país que vamos a visitar.* **5** Libro que contiene una serie de datos e informaciones acerca de una determinada materia: *la guía de teléfonos permite encontrar el número de teléfono que buscamos; buscamos el horario del cine en una guía de espectáculos.* **6** Libro en el que se da información y consejos sobre un oficio o una técnica: *la guía del automovilista es muy útil.* **7** Libro que contiene indicaciones acerca de la forma de utilizar o manejar un determinado aparato o mecanismo: *para poner en marcha la lavadora nuevo tengo que leer la guía de instrucciones.* **8** Palo o caña que se clava junto al tronco principal de una planta para que crezca recta: *he puesto una guía a la enredadera para que suba hacia arriba.* **9** Carril o ranura que tienen algunos mecanismos para que se deslicen por ella y recorran siempre una misma dirección: *la persiana se ha salido de la guía.*

guiar *v. tr.* **1** Indicar el camino a seguir o dirigir hacia un lugar determinado: *aquel muchacho nos guió a través de la galería de arte; para atravesar el bosque necesitamos algo que nos guíe.* **SIN** encaminar, orientar. **2** Dirigir u orientar la vida de una persona mediante consejos y enseñanzas: *mi tutor me ha guiado para escoger aquellas asignaturas que más se adap-*

tan a mis aptitudes. **3** Conducir un vehículo: *nunca he intentado guiar una barca.* ◇ *v. prnl.* **4 guiarse** Dejarse llevar o dirigir una persona por otra o por una cosa inmaterial: *no te dejes guiar por tus sentimientos y actúa con reflexión.*
DER guía, guión.
OBS En su conjugación, la *i* se acentúa en algunos tiempos y personas, como en *desviar.*

guijarro *n. m.* Piedra pequeña y con forma redonda a causa de la erosión: *en el cauce del río abundan los guijarros.*
DER enguijarrado.

guillotina *n. f.* **1** Máquina formada por una cuchilla que baja o se desliza por un armazón de madera y se usaba para cortar la cabeza a los condenados a muerte: *la guillotina fue creada en Francia.* **2** Máquina provista de una cuchilla muy afilada que sirve para cortar el papel.
DER guillotinar.
ETIM *Guillotina* toma el nombre de su inventor, *Guillotin*, médico francés.

guillotinar *v. tr.* Decapitar a una persona o cortarle la cabeza con una guillotina: *durante la Revolución Francesa guillotinaron a muchos nobles y aristócratas.*

guinda *n. f.* **1** Fruto del guindo, pequeño y redondo, de color rojo oscuro y con hueso, que tiene la pulpa más ácida que la cereza: *la guinda es una variedad de cereza.* **2** Detalle que acaba, culmina o remata una cosa: *la guinda de la fiesta fue la actuación de una orquesta de baile.*
DER guindilla, guindo.

guindilla *n. f.* Variedad de pimiento que es muy pequeño, alargado y picante: *la guindilla se utiliza para condimentar algunos alimentos.*

guindo *n. m.* Árbol que tiene las hojas dentadas de color oscuro, las flores blancas y el fruto redondo: *el fruto del guindo es la guinda.*

guineano, -na *adj.* **1** De Guinea o que tiene relación con este país de África: *la moneda guineana es el franco de Guinea.* ◇ *adj./n. m. y f.* **2** [persona] Que es de Guinea: *los guineanos profesan mayoritariamente la religión musulmana.*

guiñapo *n. m.* **1** Trozo de tela roto y sucio: *tira esos guiñapos y limpia el polvo con un trapo limpio.* **2** Prenda de vestir rota, sucia o estropeada: *has dejado el vestido por ahí tirado y ahora está hecho un guiñapo.* **3** Persona débil, enfermiza o muy decaída moralmente: *la bebida ha convertido a este hombre en un guiñapo.*

guiñar *v. tr./prnl.* **1** Cerrar y abrir con rapidez un ojo dejando el otro abierto, generalmente para hacer una señal: *me guiñó un ojo en señal de complicidad.* **2** Cerrar un poco los ojos a causa de una luz deslumbrante o molesta o por mala visión: *los miopes suelen guiñar los ojos para ver mejor.*
DER guiñada, guiño.

guiño *n. m.* **1** Gesto que consiste en cerrar y abrir con rapidez un ojo dejando el otro abierto, generalmente para hacer una señal: *le hizo un guiño de complicidad.* **2** Mensaje implícito que no se expresa claramente sino mediante algún tipo de signo: *la obra de teatro estaba llena de guiños dirigidos al espectador.*

guiñol *n. m.* Representación teatral que se hace con títeres o muñecos movidos con las manos por personas que están ocultas tras el escenario: *los domingos hay guiñol en el parque.*

guión *n. m.* **1** Texto escrito de manera esquemática en el que se recoge de forma breve y ordenada la información más importante acerca de un asunto o materia y que sirve como guía o ayuda para desarrollar una exposición: *las personas que dan conferencias suelen llevar un guión que resume las ideas principales de su discurso.* **2** Texto que contiene los diálogos y las indicaciones necesarias para la realización de una película, una obra de teatro o un programa de radio o televisión: *el guionista está preparando el guión de una nueva película.* **3** Signo gráfico de puntuación en forma de raya horizontal que se usa principalmente para indicar que una palabra termina en un renglón y continúa en el siguiente y para unir las dos partes de algunas palabras compuestas: *el guión se representa con el signo –.*
DER guionista.

guionista *n. com.* Persona que se dedica profesionalmente a escribir guiones de cine, radio o televisión: *su marido es guionista de un programa de televisión.*

guipuzcoano, -na *adj.* **1** De Guipúzcoa o que tiene relación con esta provincia del País Vasco: *la capital guipuzcoana es San Sebastián.* ◇ *adj./n. m. y f.* **2** [persona] Que es de Guipúzcoa.

guiri *n. com. coloquial* Persona que es extranjera: *las playas están llenas de guiris en verano.*

guirigay *n. m.* **1** Griterío y confusión que resulta cuando varias personas hablan a la vez o en voz muy alta: *en la clase sólo se oía el guirigay de los niños.* **2** Lenguaje oscuro o confuso y difícil de entender: *hablaba un guirigay incomprensible.*
OBS El plural es *guirigáis.*

guirlache *n. m.* Dulce que se elabora con almendras tostadas y caramelo: *el guirlache es un dulce de pasta muy dura.*

guirnalda *n. f.* Tira hecha con flores, hojas, papel u otro material entretejido que se usa como adorno: *en Navidad las casas se decoran con guirnaldas.*

guisa *n. f.* Modo o manera en que se lleva puesta una cosa: *llevaba una sábana a guisa de túnica; ¿adónde irá vestido de esta guisa?*
DER guisar; desaguisado.

guisado *n. m.* Comida que se elabora cociendo en una salsa trozos de carne, patatas, verduras y otros ingredientes: *al guisado de carne le echo alcachofas, zanahorias y guisantes.*
SIN guiso.

guisante *n. m.* **1** Planta leguminosa de tallo trepador que tiene las flores blancas y el fruto en legumbre: *las semillas del guisante están dispuestas en hilera dentro de una vaina.* **2** Semilla comestible de esta planta, de pequeño tamaño, forma redondeada y color verde: *los guisantes son muy apreciados en alimentación.*

guisar *v. tr./intr.* **1** Cocinar un alimento sometiéndolo a la acción del fuego, cociéndolo en una salsa y añadiéndole condimentos para darle mejor sabor: *tu madre guisa el bacalao de maravilla; este cocinero guisa muy bien.* ◇ *v. prnl.* **2 guisarse** Preparar u organizar una cosa de manera secreta: *en este asunto se está guisando algo gordo.* **SIN** cocerse.
DER guisado, guiso.

guiso *n. m.* Guisado: *este guiso está hecho con verduras y carne.*

güisqui *n. m.* Bebida alcohólica de color marrón claro o amarillento que tiene una graduación muy alta: *el güisqui se obtiene de la avena y la cebada.* **SIN** whisky.
OBS Se usa más la forma *whisky*, también registrada por la Real Academia Española. ◇ El plural es *güisquis.*

guita *n. f.* **1** Cuerda delgada de cáñamo: *ata todas esas revistas con un trozo de guita.* **2** *coloquial* Dinero: *necesito guita para comprarme la moto.*

guitarra *n. f.* Instrumento musical de seis cuerdas que está formado por una caja hueca de madera de formas redondeadas, con un agujero redondo en medio y un mango o mástil dividido en diferentes partes o trastes: *está aprendiendo*

a tocar la guitarra. ☞ *instrumentos musicales.* **guitarra eléctrica** Instrumento musical de seis cuerdas que no tiene la caja hueca y que se conecta a un amplificador y a unos altavoces para aumentar el sonido producido por la vibración de las cuerdas: *las guitarras eléctricas son muy utilizadas por los grupos de rock.*
DER guitarrero, guitarrista.

guitarrero, -ra *n. m. y f.* Persona que se dedica a fabricar, arreglar o vender guitarras.

guitarrista *n. com.* Persona que toca la guitarra por afición o como músico profesional.

gula *n. f.* Tendencia que tiene una persona a comer y beber en exceso: *si sigo comiendo es por gula no porque tenga hambre.*

gurriato *n. m.* Cría del gorrión: *encontré un nido lleno de gurriatos.*
OBS Para indicar el sexo se usa *el gurriato macho* y *el gurriato hembra*.

gurruño *n. m.* Cosa que está arrugada o encogida: *la sábana se hizo un gurruño al meterme en la cama.*
DER engurruñar.

gurú *n. m.* **1** Jefe espiritual que dirige un grupo religioso en la India. **2** Maestro o director espiritual que dirige un grupo religioso inspirado en la filosofía oriental.
OBS El plural es *gurúes,* culto, o *gurús,* popular.

gusanillo *n. m.* **1** Hilo, alambre o plástico que está enrollado en espiral: *algunas labores se confeccionan con gusanillo.* **2** *coloquial* Inquietud o curiosidad que tiene una persona acerca de una cosa que no conoce: *estaré con el gusanillo hasta que no me digan los resultados de los exámenes.*
matar el gusanillo Satisfacer el hambre u otra necesidad de manera momentánea: *mataremos el gusanillo con unas patatas fritas.*

gusano *n. m.* **1** Animal invertebrado de cuerpo alargado, plano o cilíndrico, blando y sin extremidades, que se mueve encogiendo y estirando el cuerpo: *el ciempiés y la lombriz son gusanos.* Para indicar el sexo se usa *el gusano macho* y *el gusano hembra.* **2** Larva de algunos insectos u oruga de ciertas mariposas: *algunos insectos son gusanos antes de convertirse en adultos.* **gusano de seda** Oruga de la mariposa de la seda que produce un hilo de seda con el que teje un capullo: *las mariposas de los gusanos de seda mueren a las pocas horas de nacer.* **3** *coloquial* Persona insignificante o despreciable: *para insultarme me dijo que era un gusano.*
DER gusanillo; agusanarse.

gusarapo *n. m.* Cualquier animal pequeño con forma de gusano que se cría en el agua: *el río está lleno de gusarapos.*

gustar *v. intr.* **1** Agradar una cosa o resultar agradable o atractiva: *me gusta mucho salir al campo de excursión; me gusta leer libros de historia.* **ANT** disgustar. **2** Parecer bien una cosa a una persona: *me gusta que seas amable con los clientes de la tienda.* **3** Sentir agrado o afición por una cosa: *gusta de salir por las noches a cenar fuera de casa.* **4** Se utiliza como fórmula de cortesía para ofrecer a una persona algo de lo que otra está comiendo o bebiendo: *este bocadillo está buenísimo, ¿gustas?* ◇ *v. intr./prnl.* **5** Caer bien una persona a otra o atraerse físicamente: *me gusta ese chico; Juan y Luisa se gustan.* ◇ *v. tr.* **6** Probar o catar un alimento: *gustó el asado para comprobar si estaba en su punto.* **SIN** degustar. **7** Probar o experimentar una determinada sensación: *cambió de trabajo para gustar distintos ambientes.*
DER degustar, disgustar.

gustativo, -va *adj.* Del sentido del gusto o que tiene relación con él: *las papilas gustativas permiten diferenciar los sabores salados, dulces, ácidos y amargos.*

gustazo *n. m.* Satisfacción grande que produce una cosa agradable: *hoy vamos a darnos el gustazo de comer en un restaurante caro.*

gusto *n. m.* **1** Sentido corporal mediante el cual se perciben y se reconocen los sabores: *el sentido del gusto está localizado en la lengua.* **2** Sabor de una cosa que se percibe a través de este sentido: *algunos medicamentos tienen mal gusto.* **3** Placer o satisfacción que produce una cosa: *tengo el gusto de invitarles a la boda de mi hijo; ahora que tiene dinero se podrá permitir todos los gustos.* **4** Agrado con el que se hace una cosa: *si tú me lo pides lo haré con gusto.* **5** Forma propia que tiene cada persona de valorar las cosas: *a la hora de elegir entre playa y montaña, cada cual tiene sus gustos.* **6** Capacidad que tiene una persona para distinguir entre lo que es bello y lo que no lo es: *viste con muy buen gusto; tiene mucho gusto para vestir.*
a gusto Cómodamente o sin problemas: *aquí trabajo muy a gusto; el niño está muy a gusto en los brazos de su madre.*
coger el gusto Aficionarse una persona a una cosa: *le he cogido el gusto a leer y ahora no puedo pasar un día sin hacerlo.*
con mucho gusto Expresión de cortesía que se utiliza cuando se accede a una petición: *¿podrías venir a buscarme a la estación?, con mucho gusto.*
dar gusto Hacer aquello que agrada a una persona: *su marido siempre le da gusto y hace lo que ella quiere.*
tanto gusto Expresión de cortesía que se usa como respuesta cuando se presenta a una persona: *te presento a mi marido. –Tanto gusto.*
DER gustar, gustativo, gustazo, gustoso; regusto, retrogusto.

gustoso, -sa *adj.* **1** [persona] Que hace una cosa con placer y agrado: *te acompañaré gustoso al aeropuerto.* **2** [alimento] Que está muy sabroso: *el guisado de hoy te ha salido muy gustoso.*

gutural *adj.* **1** De la garganta o que tiene relación con esta parte del cuerpo: *voz gutural; sonido gutural.* ◇ *adj./n. f.* **2** GRAM. [sonido] Que se pronuncia acercando la parte posterior de la lengua al velo del paladar o tocándolo: *la consonante k tiene un sonido gutural.* **SIN** velar. **3** GRAM. [consonante] Que representa este sonido: *la p, la j y la k son consonantes guturales.* **SIN** velar.

gymkhana *n. f.* Conjunto de pruebas de habilidad en las que los concursantes deben salvar una serie de obstáculos y dificultades realizando un determinado recorrido: *la pruebas de la gymkhana suelen realizarse con un automóvil.*
OBS Es de origen inglés y se pronuncia 'yimcana'.

H | h

h *n. f.* **1** Octava letra del alfabeto español. Su nombre es *hache*. El plural es *haches: la palabra* hombre *empieza con* h. No representa ningún sonido, excepto en algunas palabras de origen extranjero en las que se pronuncia como una aspiración parecida a la *j*. **2** Abreviatura de hora: *el avión sale a las 9.15* h.

haba *n. f.* **1** Planta leguminosa con las flores blancas o rosadas con manchas negras y el fruto en vaina larga y gruesa que encierra unas semillas anchas y bastante planas: *las habas y los guisantes pertenecen a la misma familia*. **2** Fruto de esta planta, que tiene forma de vaina grande, alargada y aplastada: *cuando las habas están tiernas también se come la vaina*. **3** Semilla comestible contenida en esta vaina, que es ancha, plana y de color verde: *las habas pueden comerse secas o frescas*.
ser habas contadas *a*) Ser o quedar muy pocos: *los días que nos quedan para las vacaciones son habas contadas*. *b*) Ser una cosa cierta o segura.
DER habichuela, habón.
ETIM Haba procede del latín *faba*, que tenía el mismo significado, voz con la que también está relacionada *fabada*.
OBS En singular se le antepone los determinantes *el, un*, salvo que entre el determinante y el nombre haya otra palabra: *el haba, la sabrosa haba*.

habanera *n. f.* **1** Baile de ritmo lento que procede de Cuba: *el grupo cubano bailó una habanera*. **2** Música y canto de este baile: *el grupo cantó unas habaneras junto a la playa*.

habanero, -ra *adj.* **1** De La Habana o que tiene relación con esta ciudad que es la capital de Cuba. ◊ *adj./n. m. y f.* **2** [persona] Que es de La Habana.
DER habanera, habano.

habano *n. m.* Cigarro puro elaborado en la isla de Cuba: *he comprado una caja de habanos en el estanco*.

haber *v. auxiliar* **1** Se usa para formar los tiempos compuestos e indica que la acción, el proceso o el estado expresado por el verbo ha terminado: *cuando él llegó, yo ya me había vestido; lo he hecho; ha dicho*. El verbo que expresa la acción, el proceso o el estado va siempre en participio. ◊ *v. impersonal* **2** Existir o estar presente en un lugar: *no hay quien te aguante hoy; habrá unas cuarenta personas; hay un gato en el tejado*. Se usa sólo en la tercera persona del singular y en infinitivo; el presente es *hay*; es incorrecto el uso plural. **3** Tener lugar o suceder una cosa: *habrá una fiesta; hubo un accidente*. ◊ *n. m.* **4** Conjunto de bienes, dinero o cosas que posee una persona o una comunidad: *mis haberes son pocos; tiene en su haber un gran patrimonio*. **5** Parte del balance o de la cuenta del banco en la que se suman los sumas o ingresos de los que se dispone: *el debe no ha de ser mayor que el haber*. **6** Dinero que se cobra periódicamente por la realización de un trabajo o un servicio: *hay que pagarle sus haberes al abogado*.

haber de + infinitivo Ser un deber o una obligación lo que se dice a continuación: *has de ser bueno; he de salir*.
haber que + infinitivo Ser necesaria u obligatoria una cosa: *no hay que pagar entrada; ahora hay que trabajar; hay que hacer más deporte*. Sólo se usa en frases impersonales.
habérselas Enfrentarse con una persona o situación o tra-

haber

INDICATIVO	SUBJUNTIVO
presente	**presente**
he	haya
has	hayas
ha	haya
hemos	hayamos
habéis	hayáis
han	hayan
pretérito imperfecto	**pretérito imperfecto**
había	hubiera o hubiese
habías	hubieras o hubieses
había	hubiera o hubiese
habíamos	hubiéramos o hubiésemos
habíais	hubierais o hubieseis
habían	hubieran o hubiesen
pretérito indefinido	**futuro**
hube	hubiere
hubiste	hubieres
hubo	hubiere
hubimos	hubiéremos
hubisteis	hubiereis
hubieron	hubieren
futuro	
habré	
habrás	
habrá	
habremos	
habréis	
habrán	

IMPERATIVO	
has	(tú)
ha	(usted)
habed	(vosotros)
han	(ustedes)

condicional	
habría	
habrías	
habría	
habríamos	
habríais	
habrían	

FORMAS NO PERSONALES	
infinitivo	**gerundio**
haber	habiendo
participio	
habido	

H h

tar con ella: *si quiere mi cargo tendrá que habérselas conmigo.*

habichuela *n. f.* **1** Planta leguminosa de tallo delgado y en espiral, hojas grandes y flores blancas o amarillas: *la habichuela necesita mucha humedad para desarrollarse.* **SIN** alubia, judía. **2** Fruto comestible de esta planta, que tiene forma de vaina alargada, estrecha y aplastada: *la habichuela se recoge cuando la vaina está seca.* **SIN** alubia, judía. **3** Semilla comestible contenida en esta vaina, que tiene pequeño tamaño y forma arriñonada: *las habichuelas pueden ser blancas o pintas.* **SIN** alubia, judía.

hábil *adj.* **1** Que puede hacer una cosa fácilmente y bien: *un mecánico ha de ser hábil montando las piezas.* **SIN** habilidoso. **ANT** torpe. **2** Que es apto legalmente para realizar una acción: *los domingos y demás fiestas no son días hábiles; algunas personas son declaradas no hábiles para el servicio militar.*
DER habilidad, habilitar.

habilidad *n. f.* Capacidad para hacer bien, con facilidad y rapidez algo que resulta difícil para los demás: *con su habilidad para los negocios, pronto sería millonario.* **ANT** impericia, torpeza.

habilidoso, -sa *adj.* [persona] Que tiene habilidad para hacer las cosas con facilidad y bien hechas: *mi marido es muy habilidoso y en casa arregla todo lo que se estropea.* **SIN** hábil. **ANT** torpe.

habilitación *n. f.* **1** Adaptación o adecuación de una cosa para desempeñar una determinada función: *mediante la habilitación del local consiguieron un bonito apartamento.* **2** Autorización legal que se da a una persona para realizar un acto jurídico, otorgándole capacidad para actuar. **3** Concesión de dinero que hace la administración pública para la realización de un determinado fin. **4** Conversión de un día festivo en laborable que se realiza a efectos jurídicos por petición expresa de los juzgados y tribunales: *la habilitación de un día de fiesta se realiza por motivos de urgencia.*

habilitado, -da *n. m. y f.* Persona autorizada legalmente para efectuar los pagos de cantidades de dinero asignadas por el estado: *el habilitado de la universidad ingresará el dinero en las cuentas corrientes de los funcionarios.*

habilitar *v. tr.* **1** Hacer que una persona o una cosa sirvan para una función que no es la que desempeña habitualmente: *si tenemos muchos invitados podemos habilitar el salón como comedor.* **2** Dar autorización legal a una persona para hacer una cosa: *el carné de conducir nos habilita para poder llevar un coche.* **3** Conceder una cantidad de dinero la administración pública para la realización de un fin determinado: *el estado habilitará los créditos para pagar las viviendas de protección oficial.*
DER habilitado; inhabilitar, rehabilitar.

habitable *adj.* Que tiene las condiciones necesarias para poder ser habitado: *algunas zonas del planeta son demasiado frías para ser habitables.* **ANT** inhabitable.

habitación *n. f.* **1** Parte del espacio de una casa o edificio separada de las demás por paredes: *hay apartamentos pequeños que sólo tienen una habitación.* **SIN** cuarto. **2** Parte del espacio de una vivienda que se usa para dormir: *vete a tu habitación y acuéstate ahora mismo.* **SIN** alcoba, cuarto, dormitorio.

habitáculo *n. m.* **1** Lugar que está destinado para poder ser habitado: *los habitáculos más corrientes son los casas y los pisos; la cuadra es el habitáculo de la caballería.* **2** Espacio disponible para las personas en el interior de un vehículo: *el habitáculo de mi coche es bastante amplio.*

habitante *n. m.* Persona que vive en un lugar determinado y forma parte de la población: *algunos pueblos tiene pocos habitantes.*

habitar *v. intr./tr.* Vivir o estar habitualmente en un lugar determinado: *los lapones habitan en tierras muy frías; los canguros habitan en Australia.* **SIN** morar, residir.
DER habitable, habitación, habitáculo, habitante, hábitat; cohabitar, deshabitar.

hábitat *n. m.* Medio natural con características específicas donde vive un animal o una planta: *hay animales que no pueden vivir fuera de su hábitat; el hábitat del pez es el agua.*
OBS El plural es *hábitats*.

hábito *n. m.* **1** Manera de actuar que se repite con frecuencia o con regularidad: *el hábito de la lectura es muy bueno.* **SIN** costumbre. **2** Facilidad para hacer algo que se adquiere con la práctica: *después del regimen, cogió el hábito de comer poco y no ha engordado nada.* **3** Traje que visten los miembros de una orden religiosa: *el hábito de los dominicos es marrón y blanco.* **colgar los hábitos** Abandonar la carrera eclesiástica o la actividad que se llevaba a cabo. **el hábito no hace al monje** Expresión que indica que la apariencia exterior de alguien no siempre se corresponde con lo que es en realidad. **4** MED. Dependencia física o mental de una sustancia: *el hábito de fumar es perjudicial para la salud.*
DER habitual, habituar.

habitual *adj.* **1** Que se hace a menudo o por costumbre: *ese gesto es habitual en él.* **2** [persona] Que va a un lugar o está en él con mucha frecuencia: *la gente joven es la clientela habitual de mi restaurante.*

habituar *v. tr./prnl.* Acostumbrar a una persona a hacer una cosa con frecuencia o regularidad: *si estudias y trabajas tendrás que habituarte a salir poco los fines de semana.*
DER deshabituar.
OBS En su conjugación, la *u* se acentúa en algunos tiempos y personas, como en *actuar*.

habla *n. f.* **1** Capacidad natural o facultad de hablar o de comunicarse con palabras que tienen las personas: *el habla nos permite exteriorizar lo que pensamos y lo que sentimos; perdió el habla debido a una lesión cerebral.* **2** Manifestación hablada de la lengua, en oposición a la lengua escrita: *en estas cintas están grabadas muchas conversaciones para estudiar el habla.* **3** Utilización particular e individual que cada persona hace de la lengua. **4** Variedad lingüística propia de una región o un lugar determinados que se caracteriza por ciertos rasgos peculiares: *dentro de un dominio lingüístico suele haber hablas regionales y hablas locales.* **5** Modo de hablar o expresarse que tiene una persona o un grupo de personas: *el habla de un niño.*
al habla *a)* Expresión que se usa como contestación telefónica e indica que la persona con la que se quiere hablar por teléfono ya está a la escucha: *¿es usted Juan? –Al habla. b)* En contacto o en comunicación: *déjennos su número de teléfono y nosotros nos pondremos al habla con usted.*
OBS En singular se le anteponen los determinantes *el, un,* salvo que entre el determinante y el nombre haya otra palabra: *el habla, la hermosa habla.*

hablador, -ra *adj./n. m. y f.* [persona] Que habla demasiado: *los alumnos del fondo de la clase son muy habladores.*
DER habladuría.

habladuría *n. f.* Rumor falso o sin fundamento que se va transmitiendo entre la gente: *lo de su divorcio son sólo habladurías.* **SIN** chisme, murmuración.
OBS Se usa más en plural.

hablante *n. com.* Persona que habla una determinada lengua o es usuaria de ella: *en el mundo hay muchos millones de hablantes de español.*

hablar *v. intr.* **1** Expresarse o comunicarse una persona mediante palabras: *los niños de un año no saben hablar.* **2** Pronunciar o articular sonidos una persona: *habla tan mal que no se le entiende.* **3** Conversar dos o más personas acerca de un asunto: *ayer hablé largamente con mi padre.* **4** Pronunciar una persona un discurso: *el ministro hablará mañana en el parlamento.* **5** Comunicarse dos o más personas mediante signos distintos de la palabra: *los sordomudos se hablaban por señas.* **6** Murmurar sobre un asunto o persona o criticarlos: *a la gente le gusta mucho hablar de los demás; estás dando que hablar.* **7** Decir la verdad o todo lo que se sabe acerca de un asunto: *el prisionero dice que no hablará aunque lo torturen.* **SIN** confesar, revelar. **8** Tratar de un asunto de palabra o por escrito: *hablaron de ir a París; no me hablaste de eso; tenemos que hablarlo con el jefe.* **9** Acordar o convenir una cosa entre dos o más personas: *lo hemos hecho tal y como lo hablamos en su momento.* **10** Dar a una persona un determinado tratamiento al dirigirse a ella: *hablar de usted; hablar de tú.* **SIN** tratar. ◊ *v. tr.* **11** Conocer y poder usar un idioma para expresarse o comunicarse: *los intérpretes tienen que saber hablar dos o más idiomas; habla inglés y alemán.* ◊ *v. prnl.* **12 hablarse** Tratarse o relacionarse dos o más personas: *llevamos meses sin hablarnos; no se hablan desde hace tiempo.*
hablar entre dientes Articular mal las palabras para protestar por lo bajo o por fastidio o enfado: *le dije que se callara y se quedó hablando entre dientes.*
hablar por hablar Decir algo sin tener un conocimiento exacto sobre ello o por no estar callado: *afirmar eso es hablar por hablar.*
hablar por los codos *coloquial* Hablar mucho una persona: *cómo te enrollas, hablas por los codos.*
¡ni hablar! Expresión que indica negación completa: *¿nos dejas ir al cine esta noche? ¡Ni hablar!*
DER habla, hablador, hablante; bienhablado, malhablado.

habón *n. m.* Bulto que sale en la piel a causa de una alergia o de la picadura de un insecto: *los habones producen mucho picor.* **SIN** picadura, roncha.

hacedor, -ra *adj./n. m. y f.* Que hace o causa una cosa determinada: *Dios es el supremo hacedor.*

hacendado, -da *adj./n. m. y f.* [persona] Que tiene muchas tierras y fincas: *nació en una familia hacendada y nunca ha tenido que trabajar; este joven es un rico hacendado.*

hacendista *n. com.* Persona que es experta en impuestos y en temas de la hacienda pública.

hacendoso, -sa *adj.* [persona] Que hace bien y con cuidado o esmero las tareas de la casa: *su marido es muy hacendoso y se ocupa de la casa mientras ella cuida del bebé.*

hacer *v. tr.* **1** Crear una cosa o darle existencia: *según la Biblia, Dios hizo al hombre y la mujer; hizo un poema.* **2** Construir o fabricar una cosa a partir de elementos materiales: *se hizo una casa junto al mar.* **3** Arreglar o preparar una cosa: *hacer la cama; hacer la comida.* **4** Causar o producir: *no hagas tanto ruido; los zapatos nuevos me han hecho una rozadura.* **5** Realizar una acción o tarea: *tengo que hacer el trabajo para mañana.* **SIN** ejecutar, obrar. **6** Conseguir o ganar una cosa: *ha hecho mucho dinero; le he mandado al campamento para que haga amigos.* **7** Creer o suponer una cosa: *te hacía en París; te hacía más joven.* **8** Ejercitar los miembros o los músculos del cuerpo para fomentar su desarrollo o agilidad: *el pianista está haciendo dedos; haz piernas para la carrera.* **9** Actuar una persona de una determinada manera: *hacer el tonto; hace que trabaja pero no pega golpe.* **10** Obligar a realizar una acción: *nos hizo venir aunque estábamos enfermos.* **11** Sumar en total: *ocho y dos hacen diez.* **12** Ocupar un lugar en una serie o fila: *yo hago el quinto.* **13** Dar o tener un determinado aspecto: *el negro le hace más delgado; este pantalón te hace gorda.* **14** Alcanzar un vehículo cierta velocidad: *este coche hace 250 kilómetros por hora.* **15** Recorrer una distancia o camino: *hice Madrid–París de un tirón.* **16** Emitir o producir un sonido: *el perro hace* guau. **17** *coloquial* Expulsar o expeler los excrementos: *hacer caca; hacer pis.* ◊ *v. tr./intr.* **18** Representar un personaje en una película o en una obra de teatro: *haré de bueno de la película; hizo de Blancanieves.* ◊ *v. intr.* **19** Convenir una cosa a un asunto o conversación: *eso que dices no hace al caso.* ◊ *v. tr./prnl.* **20** Adaptar a una persona a una situación o costumbre: *hizo madrugar mucho a su hija; enseguida me hago a todo.* **21** Fingir una persona ser una cosa que no es: *se hace el tonto para no adquirir responsabilidades.* ◊ *v. auxiliar* **22** Sustituye a un verbo aparecido anteriormente e indica que se ejecuta la acción señalada por él: *necesito descansar pero no puedo hacerlo.* ◊ *v. impersonal* **23** Estar el tiempo atmosférico de

hacer	
INDICATIVO	SUBJUNTIVO
presente	presente
hago	haga
haces	hagas
hace	haga
hacemos	hagamos
hacéis	hagáis
hacen	hagan
pretérito imperfecto	pretérito imperfecto
hacía	hiciera o hiciese
hacías	hicieras o hicieses
hacía	hiciera o hiciese
hacíamos	hiciéramos o hiciésemos
hacíais	hicierais o hicieseis
hacían	hicieran o hiciesen
pretérito indefinido	futuro
hice	hiciere
hiciste	hicieres
hizo	hiciere
hicimos	hiciéremos
hicisteis	hiciereis
hicieron	hicieren
futuro	IMPERATIVO
haré	
harás	haz (tú)
hará	haga (usted)
haremos	haced (vosotros)
haréis	hagan (ustedes)
harán	
condicional	FORMAS NO PERSONALES
haría	
harías	infinitivo gerundio
haría	hacer haciendo
haríamos	participio
haríais	hecho
harían	

hacha

una determinada forma: *hace calor; hace buen tiempo*. **24** Haber pasado un tiempo: *ocurrió hace tres años*. ◇ *v. prnl*.
25 hacerse Convertirse una persona o una cosa en algo diferente de lo que era: *se ha hecho sacerdote; se ha hecho viejo*. **26** Conseguir o poder alcanzar un objeto o fin: *se hizo con una pistola; se hará con la medalla de oro*. **27** Tener la impresión o parecer una cosa a una persona: *se me hace que va a llover; la vuelta se me hizo más corta*. **28** Apartarse o retirarse de un sitio: *hazte a un lado*.
hacerla buena Estropear una cosa o situación: *la hiciste buena ayer en la fiesta*.
no tener nada que hacer Ser muy inferior una cosa a otra: *tu coche no tiene nada que hacer con el mío*.
¡qué le vamos a hacer! Expresión que indica que hay que aguantar con resignación un mal momento o una situación contraria: *si no se puede ¡qué le vamos a hacer!*
DER hacedor, hacendoso, hacienda, hechizo, hecho, hechura; deshacer, quehacer, rehacer.
ETIM *Hacer* procede del latín *facere*, que tenía el mismo significado, voz con la que también están relacionadas *fáctico*, *factor*, *factótum*, *factura*, *fecha*, *fechoría*.

hacha *n. f.* **1** Herramienta para cortar madera compuesta de una pieza de metal plana y con filo y un mango en uno de cuyos extremos se coloca ésta: *coge el hacha y corta leña para la chimenea*. **2** Vela de cera grande y gruesa: *penetraron en la cripta alumbrados por un hacha*. **SIN** hachón.
enterrar (o **desenterrar**) **el hacha de guerra** Finalizar o comenzar, respectivamente, una enemistad, enfrentamiento o conflicto: *los sindicatos han decidido desenterrar el hacha de guerra y próximamente comenzarán las huelgas*.
ser un hacha Ser muy eficiente y destacar en una actividad: *es un hacha: cada vez que sale de cacería vuelve con una buena pieza*.
OBS En singular se le antepone los determinantes *el, un*, salvo que entre el determinante y el nombre haya otra palabra: *el hacha, la cortante hacha*.

hachazo *n. m.* Golpe dado con un hacha: *taló el árbol de un hachazo*.

hache *n. f.* Nombre de la letra h: *la palabra* huevo *comienza con hache*.
por hache o por be Por una causa o por otra: *por hache o por be siempre llegamos tarde*.

hachís *n. m.* Sustancia que se extrae de las hojas y flores secas de una planta llamada *cáñamo índico* y que se utiliza como droga. **SIN** chocolate, marihuana.

hachón *n. m.* Vela de cera grande y gruesa. **SIN** hacha.

hacia *prep.* **1** Indica dirección o destino: *hacia abajo; vamos hacia casa*. **2** Indica el tiempo o el lugar aproximado: *llegaré hacia las tres; terminaremos el trabajo hacia el mes de julio; vete hacia el centro de la ciudad, que allí nos encontraremos*.

hacienda *n. f.* **1** Finca que está dedicada a la agricultura: *su hacienda tenía una gran extensión*. **2** Conjunto de posesiones y riquezas que tiene una persona: *mi hacienda es muy limitada*. **3** Ministerio que se encarga de administrar los bienes y riquezas que posee un estado: *todos debemos pagar a Hacienda los impuestos que nos correspondan*. **SIN** fisco. **hacienda pública** Conjunto de bienes, rentas e impuestos que recauda el estado: *la hacienda pública ha crecido en los últimos años*. **SIN** erario.
DER hacendado, hacendista.

hacina *n. f.* Conjunto de haces que están colocados unos sobre otros formando un montón: *antes de trillar, los haces se amontonan formando una hacina*.
DER hacinar.

hacinamiento *n. m.* Amontonamiento o aglomeración de una gran cantidad de personas o animales en un espacio pequeño: *el hacinamiento de la población en las grandes ciudades es preocupante*.

hacinar *v. tr./prnl.* Acumular o amontonar cosas sin ningún orden: *hacina la leña junto a la pared; la gente se hacinaba junto a la taquilla*.
DER hacinamiento.

hada *n. f.* Ser imaginario o fantástico que está representado por una mujer y tiene poderes mágicos: *el hada madrina del cuento de Cenicienta convirtió la calabaza en un lujoso carruaje*.
OBS En singular se le antepone los determinantes *el, un*, salvo que entre el determinante y el nombre haya otra palabra: *el hada, la hermosa hada*.

hado *n. m.* **1** Fuerza supuesta y desconocida que determina lo que ha de ocurrir o suceder: *el hado ha hecho que volvamos a encontrarnos*. Su uso es poético. **SIN** destino, sino. **2** Divinidad o fuerza irresistible de la antigua Roma que regía o determinaba el destino de los hombres y los dioses.
DER hada.
ETIM *Hado* procede del latín *fatum*, 'fatalidad', voz con la que también está relacionada *fatal*.

hafnio *n. m.* Elemento químico metálico y sólido que es fácilmente deformable y poco abundante en la naturaleza: *el símbolo del hafnio es Hf*.

hagiografía *n. f.* Historia en la que se relata la vida de un santo: *La vida de Santa María Egipciaca es una hagiografía medieval*.
DER hagiográfico, hagiógrafo.

hagiográfico, -ca *adj.* De la hagiografía o que tiene relación con esta historia: *relato hagiográfico*.

haitiano, -na *adj.* **1** De Haití o que tiene relación con este país de América central: *la capital haitiana es Puerto Príncipe*. ◇ *adj./n. m. y f.* **2** [persona] Que es de Haití.

¡hala! *int.* **1** Expresión que se utiliza para meter prisa, dar ánimo o despedir a una persona: *¡hala, que nos vamos!* **SIN** ¡ale!, ¡ihale!. **2** Expresión que indica sorpresa o disgusto: *¡hala! ¡Hay que ver cómo me has puesto de agua!* **SIN** ¡ale!, ¡hale!.

halagador, -ra *adj.* Que halaga o satisface el orgullo o la vanidad: *me dirigió unas palabras muy halagadoras*. **SIN** halagüeño.

halagar *v. tr.* **1** Decir palabras de admiración o adulación a una persona para ganar su voluntad o conseguir su favor: *no hace más que halagar al jefe haciéndole la pelota*. **2** Satisfacer el orgullo o la vanidad de una persona: *me halaga tu propuesta*.
DER halagador, halago, halagüeño.
OBS En su conjugación, la *g* se convierte en *gu* delante de *e*.

halago *n. m.* **1** Muestra exagerada de admiración y adulación que se hace para conseguir el favor de una persona: *no te dejes embaucar por sus halagos, no suelen ser sinceros*. **2** Hecho o dicho con que se satisface el orgullo o la vanidad de una persona: *a los niños les gustan los halagos*.

halagüeño, -ña *adj.* **1** Que da muestras o indicios de que una cosa tendrá éxito o causará satisfacción: *tiene perspectivas de trabajo muy halagüeñas*. **2** Que halaga o satisface el orgullo o la vanidad: *habló de ti en términos muy halagüeños*. **SIN** halagador.

halcón *n. m.* Ave rapaz diurna, de color gris, con el pecho y el vientre casi blancos y con rayas, y pico fuerte y curvo: *el halcón se utiliza en la caza de cetrería*.
DER halconero.
OBS Para indicar el sexo se usa *el halcón macho* y *el halcón hembra*.

halconero, -ra *n. m. y f.* Persona que se dedica a cuidar halcones de caza.

¡hale! *int.* **1** Expresión que se utiliza para meter prisa, dar ánimo o despedir a una persona: *¡hale, hasta mañana!* **SIN** ¡ale!, ¡hala! **2** Expresión que indica sorpresa o disgusto: *¡hale! ¡Vaya golpe le has dado al coche!* **SIN** ¡ale!, ¡hala!

hálito *n. m.* **1** Aire que sale por la boca al respirar. **SIN** aliento. **2** Soplo suave y agradable del aire: *corría un cálido hálito.*
DER halitosis; exhalar, inhalar.

halitosis *n. f.* Mal olor del aliento de una persona: *una mala digestión puede producir halitosis.*
OBS El plural también es *halitosis*.

hall *n. m.* Parte de una casa, dependencia o edificio que está junto a la puerta principal y que se usa para recibir a los que llegan: *quedamos con unos amigos en el hall del hotel.* **SIN** entrada, recibidor, vestíbulo.
OBS Es de origen inglés y se pronuncia aproximadamente 'jol'.

hallar *v. tr.* **1** Encontrar o descubrir una cosa o a una persona que se está buscando: *halló a su hijo jugando en el parque.* **2** Descubrir o inventar una cosa: *muy pronto se hallará un remedio contra esa enfermedad.* **3** Observar o notar una cosa: *lo hallé muy cambiado.* ◇ *v. prnl.* **4 hallarse** Estar o encontrarse una persona en un lugar o en una situación determinada: *me hallaba de viaje; se halla enfermo.*
no hallarse Sentirse una persona molesta o a disgusto por alguna causa: *desde que dejo al niño en la guardería no me hallo sola en casa.*
DER hallazgo.

hallazgo *n. m.* **1** Descubrimiento o encuentro de una cosa que se está buscando: *la vacuna contra el sida supondrá uno de lo mayores hallazgos de la medicina; el hallazgo del cadáver ha dado un vuelco a la investigación policial.* **2** Cosa muy valiosa e importante que se descubre o se encuentra: *hallazgos arqueológicos.*

halo *n. m.* **1** Círculo luminoso que en ocasiones se ve alrededor de un astro: *la gente dice que cuando la luna tiene halo es que va a llover.* **SIN** cerco, corona. **2** Círculo luminoso que se representa encima o detrás de las cabezas de las imágenes religiosas como símbolo de la gracia de Dios. **SIN** aureola, corona. **3** Fama que rodea a una persona o un ambiente: *un halo de elegancia rodea al mundo de la moda; toda su vida estuvo rodeada por un halo de misterio.*

halógeno, -na *adj./n. m.* **1** [elemento químico] Que forma sales minerales al unirse directamente con un metal: *los elementos halógenos son el flúor, el cloro, el bromo, el yodo y el ástato.* **2** [lámpara o luz eléctrica] Que contiene alguno de estos elementos: *la luz de una lámpara halógena es muy blanca y brillante; hemos puesto un halógeno en la terraza.*

halterofilia *n. f.* Deporte que consiste en levantar pesos de acuerdo con unas categorías y normas: *la halterofilia es un deporte olímpico.*

hamaca *n. f.* **1** Pieza alargada de red o de tela resistente que se cuelga por los extremos y sirve para echarse en ella: *pon la hamaca entre esas dos palmeras que voy a adormir la siesta.* ☞ cama. **2** Asiento que consta de un armazón, generalmente en forma de tijera, al que se sujeta una tela fuerte que sirve de asiento y respaldo; el armazón abierto puede ponerse en posición horizontal: *al llegar a la playa abrí la hamaca y me tumbé.*

hambre *n. f.* **1** Gana o necesidad de comer: *esta mañana no he desayunado y ahora tengo mucha hambre.* **SIN** apetito. **ANT** desgana, inapetencia. **hambre canina** Deseo o necesidad muy fuerte de comer: *con la gripe no he comido nada en muchos días y ahora tengo un hambre canina.* **2** Situación en la que hay escasez de alimentos: *hay que buscar soluciones para erradicar el hambre en el mundo.* **SIN** hambruna. **3** Deseo fuerte o intenso que se siente por una cosa: *hambre y sed de justicia; hambre de libertad.*
más listo que el hambre Que es muy listo o más listo de lo normal: *tengo un perro más listo que el hambre.*
DER hambriento, hambrón, hambruna.
ETIM *Hambre* procede del latín *famen, -inis,* que tenía el mismo significado, voz con la que también está relacionada *famélico.*
OBS En singular se le anteponen los determinantes *el, un,* salvo que entre el determinante y el nombre haya otra palabra: *el hambre, la negra hambre.*

hambriento, -ta *adj./n. m. y f.* **1** [persona, animal] Que tiene hambre: *llevo todo el día sin comer y estoy hambrienta.* **2** [persona] Que tiene deseo o necesidad de una cosa: *este niño está hambriento de cariño.*

hambruna *n. f.* Situación generalizada de hambre o de escasez de alimentos: *las hambrunas fueron la causa de las masivas emigraciones de los irlandeses a América.*

hamburguesa *n. f.* **1** Filete que se hace con carne picada y al que se da una forma redonda y plana: *hay hamburguesas de ternera y de pollo.* **2** Bocadillo que se hace con un pan pequeño y redondo y se rellena con este filete de carne picada y otros ingredientes: *cenaremos hamburguesas con queso y cebolla.*
DER hamburguesería.

hamburguesería *n. f.* Establecimiento donde se sirven hamburguesas y otras clases de comida rápida: *podemos comer en la hamburguesería de la esquina.*

hampa *n. f.* Conjunto de personas que viven al margen de la ley o que se dedican a cometer delitos: *siempre se ha rumoreado de este cantante que tiene conexiones con el hampa.*
DER hampón.
OBS En singular se le anteponen los determinantes *el, un,* salvo que entre el determinante y el nombre haya otra palabra: *el hampa, la asesina hampa.*

hámster *n. m.* Mamífero roedor, parecido al ratón pero algo mayor, que tiene las orejas, las patas y la cola cortas: *el hámster se suele tener como animal de compañía.*
OBS Para indicar el sexo se usa *el hámster macho* y *el hámster hembra.*

hándicap *n. m.* **1** Dificultad u obstáculo. **2** Prueba deportiva en la que algunos participantes empiezan con desventaja.
OBS Es de origen inglés y se pronuncia aproximadamente 'jándicap'.

hangar *n. m.* Edificio cubierto que se usa para guardar aviones: *aparcaron en el hangar los aviones que no volarían aquella noche.*

happening *n. m.* Espectáculo teatral basado en la improvisación de los actores y en la participación directa y espontánea del público o los espectadores.
OBS Es de origen inglés y se pronuncia aproximadamente 'jápenin'.

haragán, -gana *adj./n. m. y f.* [persona] Que no quiere trabajar o no cumple con su trabajo por falta de atención e interés: *es una haragana que se pasa la tarde tumbada en el sofá viendo televisión.* **SIN** gandul, holgazán, vago.
DER haraganear.

haraganear *v. intr.* Estar sin trabajar una persona por propia voluntad o no cumplir con el trabajo asignado por falta de atención e interés: *te pasas el día haraganeando en vez de estudiar.* **SIN** gandulear, holgazanear.

haraganería *n. f.* Inactividad y falta de ganas de trabajar propias de la persona que es haragana. **SIN** gandulería, holgazanería, vaguería.

harakiri *n. m.* Haraquiri.
OBS Es de origen japonés.

harapiento, -ta *adj./n. m. y f.* [persona] Que viste ropas llenas de harapos: *con esa ropa tan vieja pareces un harapiento*. **SIN** andrajoso.

harapo *n. m.* Pedazo de tela muy vieja, rota o sucia: *el mendigo vestía sólo unos harapos*. **SIN** andrajo.
DER harapiento; desharrapado.
OBS Se usa más en plural.

haraquiri *n. m.* Suicidio ritual de origen japonés que se realiza por razones de honor y consiste en abrirse el vientre con un arma blanca. **SIN** harakiri.

hardware *n. m.* INFORM. Conjunto de elementos físicos o materiales que constituyen un ordenador o un equipo informático: *el hardware de un ordenador se compone de los circuitos, la memoria, el teclado, el monitor, la impresora, etc.*
OBS Es de origen inglés y se pronuncia aproximadamente 'járduer'.

harén *n. m.* **1** Conjunto de mujeres que dependen de un mismo jefe de familia en las sociedades musulmanas: *el sultán ha viajado con todo su harén*. **2** Lugar de una casa musulmana donde viven sólo las mujeres: *ningún hombre puede entrar en el harén*.

harina *n. f.* **1** Polvo blanco que se obtiene al moler granos de trigo o de otros cereales: *el pan se hace con harina.* **harina en flor** Harina que está tamizada y es muy blanca y pura: *en la receta dice que debe usar harina en flor para hacer el bizcocho*. **harina integral** Harina que está mezclada con el salvado: *la harina integral es muy buena para la salud porque es rica en fibra*. **2** Polvo al que quedan reducidas ciertas materias sólidas al ser trituradas, machacadas o molidas: *harina de pescado*.
estar metido en harina Estar haciendo una cosa o estar dedicado por completo a una actividad: *ya que estamos metidos en harina vamos a adelantar una parte del trabajo de mañana*.
ser harina de otro costal Ser un asunto diferente a otro o no tener nada que ver con el asunto de que se trata: *no me hables ahora de eso, que es harina de otro costal*.
DER harinero, harinoso; enharinar.
ETIM *Harina* procede del latín *farina*, que tenía el mismo significado, voz con la que también está relacionada *farináceo*.

harinero, -ra *adj.* **1** De la harina o que tiene relación con este polvo blanco: *varias empresas harineras se acaban de asociar*. ◇ *n. m. y f.* **2** Persona que se dedica a fabricar harina o comerciar con ella: *los harineros llegaron a un acuerdo con los panaderos para estabilizar el precio de sus productos.*

harinoso, -sa *adj.* **1** Que tiene mucha harina: *la bechamel te ha quedado demasiado harinosa*. **2** Que tiene el aspecto, la consistencia o la textura de la harina: *no me gustan las manzanas harinosas*.

harpía *n. f.* **1** Mujer que es mala y perversa: *es una harpía y siempre está hablando mal de todo el mundo*. **SIN** arpía. **2** Ser mitológico que tiene la cabeza de mujer y el cuerpo de ave de rapiña: *las harpías raptaban a los hombres y los llevaban al infierno*. **SIN** arpía.
OBS La Real Academia Española admite *harpía*, pero prefiere la forma *arpía*.

harpillera *n. f.* Tejido fuerte y áspero que se usa para hacer sacos y para embalar: *la harpillera protege del sol y del agua*. **SIN** arpillera.

OBS La Real Academia Española admite *harpillera*, pero prefiere la forma *arpillera*.

hartar *v. tr./intr./prnl.* **1** Saciar en exceso el apetito de comer o beber: *se hartó de queso y luego le sentó mal; tenía tanta hambre que comió hasta hartarse*. **SIN** atiborrar. ◇ *v. tr./prnl.* **2** Molestar o cansar una cosa a una persona: *me harta tanto viaje; los niños le hartan enseguida*. **3** Dar o recibir una cosa en abundancia: *le hartó a besos; lo hartaron a golpes.* ◇ *v. prnl.* **4 hartarse** Realizar una actividad con gran intensidad o dedicación durante un largo período de tiempo hasta quedar satisfecho o saciado: *en estas vacaciones no he hecho otra cosa que hartarme de ver cine*. **SIN** hincharse.
DER hartada.

hartazgo *n. m.* **1** Ingestión excesiva de comida o bebida: *ayer se dio un hartazgo de pasteles y hoy está empachado*. **SIN** hartazón, hartón. **2** Sensación que se produce al realizar la misma actividad de una manera repetitiva y excesiva y que suele causar cansancio o aburrimiento: *me he dado un hartazgo de andar y estoy cansadísima*. **SIN** hartazón, hartón.

hartazón *n. m.* Hartazgo.

harto, -ta *adj.* **1** Que está lleno o saciado de comida o bebida: *estoy harto, creo que no puedo comer más*. **SIN** ahíto. **2** Que está molesto o cansado: *me tienes harto con tanto entrar y salir de casa; estoy harto de ser amable con él*. ◇ *adv.* **3** Bastante o demasiado: *la situación es harto complicada*. **SIN** muy.
DER hartar, hartazgo, hartazón, hartón, hartura.

hartón *n. m. coloquial* Hartazgo.

hartura *n. f.* **1** Ingestión excesiva de comida o bebida: *pasó en un momento del hambre a la hartura*. **2** Abundancia excesiva de una cosa.

hasta *prep.* **1** Indica el término o el límite en cuanto al tiempo, el espacio o la cantidad: *el metro llega hasta mi ciudad; hasta el domingo; en este ascensor cabemos hasta seis personas; cuenta hasta diez.* **SIN** a. **2** Indica que lo que se dice a continuación es muy sorprendente: *hasta mi madre le ha perdonado lo que nos hizo*. **SIN** incluso.
hasta ahora o **hasta luego** Expresión que se usa para despedirse de una persona a quien se espera ver pronto o en el mismo día: *hasta luego y, si no te veo, hasta mañana*.
hasta que Expresa el momento en que acaba la acción, el proceso o el estado que expresa el verbo principal: *esperaré hasta que se vaya*.

hastiar *v. tr./prnl.* Causar disgusto, aburrimiento o asco una cosa: *estos culebrones de televisión hastían a cualquiera*.
OBS En su conjugación, la *i* se acentúa en algunos tiempos y personas, como en *desviar*.

hastío *n. m.* Sensación de cansancio, aburrimiento o asco que produce una cosa: *estas tardes largas sin nada que hacer me producen un gran hastío*.
DER hastiar.
ETIM *Hastío* procede del latín *fastidium*, 'repugnancia', voz con la que también está relacionada *fastidio*.

hatajo *n. m.* **1** Grupo pequeño de ganado: *llevó el hatajo de ovejas a pastar al monte*. **SIN** atajo, hato. **2** Conjunto o grupo de personas o cosas: *vaya hatajo de ineptos que has contratado; dijo un hatajo de estupideces*. Tiene sentido despectivo. **SIN** atajo.

hato *n. m.* **1** Paquete o envoltorio que se hace liando ropa y otros objetos personales: *el caminante hizo un hato con su ropa y se marchó*. **2** Grupo pequeño de ganado: *acabo de comprar un hato de cabras*. **SIN** hatajo.
DER hatajo.

hawaiano, -na *adj.* **1** De Hawai o que tiene relación con este archipiélago que está integrado como estado de los Estados Unidos de América: *la capital hawaiana es Honolulú; el archipiélago hawaiano es de origen volcánico.* ◇ *adj./n. m. y f.* **2** [persona] Que es de Hawai: *los hawaianos tienen una economía basada en la agricultura y el turismo.*

haya *n. f.* **1** Árbol de gran altura que tiene el tronco grueso, liso, de color gris y las ramas muy altas formando una copa redonda y espesa: *el haya puede llegar a medir treinta metros de altura.* ☞ árbol. **2** Madera de este árbol que es muy apreciada en ebanistería: *la madera de haya es ligera y muy resistente.*
OBS En singular se le anteponen los determinantes *el, un,* salvo que entre el determinante y el nombre haya otra palabra: *el haya, la alta haya.*

haz *n. m.* **1** Montón de hierba, plantas o palos que están atados con una cuerda por la parte central: *un haz de leña; un haz de trigo; los segadores hacían haces con la mies.* **2** Conjunto de cosas largas y estrechas atadas o unidas por el centro o en un punto determinado: *un haz de flechas.* **3** Conjunto de rayos de luz que tienen un mismo origen o parten de un mismo punto: *un haz de luz pasaba entre las cortinas del dormitorio.* ◇ *n. f.* **4** Cara superior o principal de la hoja de una planta: *el haz de las hojas es más brillante que el envés.* **SIN** anverso. **ANT** envés, reverso. ☞ hoja. **5** Cara que está del derecho en una tela u otro objeto que tenga anverso y reverso. En singular se le anteponen los determinantes *el, un,* salvo que entre el determinante y el nombre haya otra palabra: *el haz, la hermosa haz.*
DER hacinar.
ETIM *Haz* tiene dos orígenes etimológicos: las tres primeras acepciones proceden del latín *fascis*, que tenía el mismo significado, voz con la que también están relacionadas *fascículo, fascismo;* las acepciones 4 y 5 proceden del latín *facies,* que significa 'cara', voz de la que también procede *faz.*
OBS El plural es *haces.*

haza *n. f.* Trozo de terreno dedicado al cultivo: *he comprado otra haza de tierra.*
OBS En singular se le anteponen los determinantes *el, un,* salvo que entre el determinante y el nombre haya otra palabra: *el haza, la extensa haza.*

hazaña *n. f.* Hecho heroico e importante que exige esfuerzo y valor: *el romance canta las hazañas del caballero castellano frente a los moros.* **SIN** proeza.

hazmerreír *n. m.* Persona que provoca la risa o la burla de los demás debido a su aspecto o a su comportamiento: *si vas vestido así serás el hazmerreír de la oficina.*
OBS Se usa sólo en singular.

he *adv.* Palabra que, unida a los adverbios *aquí, ahí* y *allí* o a un pronombre personal átono, sirve para señalar o mostrar a una persona o cosa: *he aquí el problema; he ahí el dilema de la cuestión; hete aquí que aparece por sorpresa.*

heavy *adj./n. m.* **1** [música de rock duro] Que tiene un ritmo fuerte y repetitivo y se toca a un volumen muy elevado: *la música heavy se toca con instrumentos eléctricos; a mi hermano le encanta el heavy.* **heavy metal** Rock duro metálico. ◇ *n. m.* **2** Movimiento juvenil que surgió en los años setenta y que se caracteriza por la actitud de agresividad y rebeldía de sus miembros. ◇ *n. com.* **3** Persona que pertenece a este movimiento: *tengo un compañero de clase que es heavy.*
OBS Es de origen inglés y se pronuncia aproximadamente 'jebi'.

hebilla *n. f.* Pieza que sirve para unir los dos extremos de un cinturón o para ajustar una cinta a otra: *la hebilla sujeta el cinturón a la cintura; me he comprado unos zapatos que se abrochan con hebillas.*

hebra *n. f.* **1** Trozo de hilo que se usa para coser: *metió la hebra por el agujero de la aguja.* ☞ costurero. **2** Fibra o filamento de una materia que tiene forma de hilo: *este estropajo está hecho de hebras de aluminio.* **3** Fibra o filamento de una materia textil: *está blusa está confeccionada con hebras de seda.* **4** Fibra vegetal o animal en forma de hilo que tienen algunos alimentos sólidos: *las judías verdes tienen hebras.* **5** Estigma de la flor del azafrán: *la hebra del azafrán se utiliza como especia.*
pegar la hebra *coloquial* Entablar una conversación y alargarla demasiado: *estuve toda la tarde pegando la hebra con la vecina.*
DER enhebrar.
ETIM *Hebra* procede del latín *fibra*, 'filamento de las plantas', voz con la que también está relacionada *fibra.*

hebraico, -ca *adj.* Hebreo: *estudios hebraicos.* **SIN** judío.

hebraísmo *n. m.* **1** Religión basada en el Talmud, cuyos seguidores creen en un único Dios y en la venida futura de su hijo. **SIN** judaísmo. **2** Palabra o modo de expresión propio del hebreo que se usa en otro idioma: *la palabra rabí es un hebraísmo del español.*

hebraísta *n. com.* Persona que se dedica al estudio de la lengua, la literatura y la cultura hebreas: *este profesor de universidad es un eminente hebraísta.*

hebreo, -brea *adj.* **1** Perteneciente o relativo a una doctrina religiosa que se basa en el Talmud y cuyos seguidores creen en un único Dios y en la venida futura de su hijo. **SIN** judío, mosaico. ◇ *adj./n. m. y f.* **2** [persona] Que cree en esta doctrina religiosa. **SIN** judío. ◇ *adj.* **3** De Israel o que tiene relación con este país asiático. **SIN** judío. ◇ *n. m. y f.* **4** [persona] Que es de Israel. **SIN** judío. ◇ *n. m.* **5** Lengua de Israel.

hecatombe *n. f.* Suceso trágico en el que se produce una gran destrucción y muchas desgracias humanas y materiales: *el paso del huracán por estas tierras ha sido una hecatombe.*

hechicería *n. f.* **1** Conjunto de prácticas y técnicas que se usan para dominar el curso de los acontecimientos y la voluntad de las personas: *en la Edad Media se perseguía a las personas que practicaban la hechicería.* **2** Hechizo que se utiliza con el fin de dominar la voluntad de una persona o controlar los acontecimientos: *la bruja del cuento convirtió al príncipe en una rana con una hechicería.* **SIN** conjuro.

hechicero, -ra *n. m. y f.* **1** Persona que utiliza hechizos o encantamientos para dominar los acontecimientos o la voluntad de las personas: *las hechiceras pronunciaban las palabras mágicas.* **SIN** brujo. ◇ *n. m.* **2** Hombre de algunas culturas primitivas que tiene el poder de comunicar con los dioses y curar enfermedades usando poderes mágicos y hierbas. **SIN** brujo, chamán. ◇ *adj.* **3** Que atrae de una forma irresistible: *mirada hechicera; ojos hechiceros.*
DER hechicería.

hechizar *v. tr.* **1** Dominar o controlar mediante un hechizo la voluntad de una persona o el curso de los acontecimientos: *la bruja del cuento hechizó al príncipe y lo convirtió en rana.* **SIN** embrujar, encantar. **2** Atraer de una forma irresistible la atención, la simpatía o el amor de una persona mediante un rasgo físico o moral que resulta atractivo: *el cantante hechizó al público con su simpatía.* **SIN** cautivar, fascinar.
OBS En su conjugación, la *z* se convierte en *c* delante de *e.*

hechizo *n. m.* **1** Conjunto de cosas con poder mágico que se realizan con el fin de dominar la voluntad de una persona

o controlar los acontecimientos: *el mago pronunció su hechizo y el animal desapareció; en los cuentos infantiles, las brujas realizan hechizos.* **SIN** embrujo, encanto, hechicería. **2** Atracción irresistible que produce una persona y provoca admiración o fascinación: *este actor ejerce un gran hechizo sobre su público.*
DER hechicero, hechizar.

hecho, -cha *adj.* **1** Que ha llegado a la madurez o ha alcanzado el pleno desarrollo: *tu hijo es un hombre hecho y derecho; las naranjas no están hechas hasta septiembre u octubre.* **2** Que está acabado o terminado: *en la editorial nos pagan según el trabajo hecho y entregado.* **3** Que está acostumbrado o familiarizado con una cosa: *es una persona hecha a todo porque ha corrido mucho mundo.* ◇ *n. m.* **4** Acción u obra que realiza una persona: *se le acusa de un hecho delictivo.* **hecho consumado** Acción que se realiza antes de que algo pueda impedirla: *tu despido es ya un hecho consumado y yo no puedo hacer nada para ayudarte.* **5** Acontecimiento o suceso que ocurre o sucede: *este hecho tuvo lugar el 22 de julio de 1994.* **6** Asunto o materia sobre la que se trata: *este es el hecho del que tenemos que ocuparnos ahora.* ◇ *int.* **7** Indica que se acepta una cosa que se propone o se pacta: *–¿Vienes al cine esta tarde? –Hecho.*
de hecho En realidad: *me he llevado una sorpresa aunque de hecho lo esperaba.*
hecho y derecho [persona] Que ya es adulto: *tu hijo ya es un hombre hecho y derecho.*
DER contrahecho.

hechura *n. f.* **1** Confección de una prenda de vestir: *la hechura del traje me salió más cara que la tela.* **2** Imagen o forma exterior que tiene una cosa: *la hechura de tu traje es muy favorecedora.* **3** Forma y proporción que tiene el cuerpo de una persona: *los dos hermanos tienen unas hechuras robustas.*

hectárea *n. f.* Medida de superficie que equivale a 100 áreas o a 10 000 metros cuadrados: *el símbolo de la hectárea es ha.*

hecto- Elemento prefijal que entra en la formación de palabras con el significado de 'cien': *hectómetro, hectárea.*

hectogramo *n. m.* Medida de masa que equivale a 100 gramos: *el símbolo del hectogramo es hg.*

hectolitro *n. m.* Medida de capacidad que equivale a 100 litros: *el símbolo del hectolitro es hl o hL.*

hectómetro *n. m.* Medida de longitud que equivale a 100 metros: *el símbolo del hectómetro es hm.*

heder *v. intr.* Despedir muy mal olor: *las pocilgas hedían de una forma insoportable.*
DER hediondo.
OBS En su conjugación, la e se convierte en ie en sílaba acentuada, como en *entender.*

hediondez *n. f.* **1** Olor malo o desagradable que es muy intenso: *la hediondez del cadáver de un animal muerto llegaba hasta el pueblo.* **SIN** fetidez, hedor. **2** Cosa obscena que resulta repugnante o desagradable: *la gente se queja de la hediondez de ciertos programas de televisión.*

hediondo, -da *adj.* **1** Que despide o desprende un olor malo, desagradable e intenso: *el pescado podrido tiene un olor hediondo.* **SIN** fétido. **2** Que es muy obsceno y resulta repugnante o desagradable: *utiliza un lenguaje hediondo que ofende al oído.*
DER hediondez.

hedonismo *n. m.* Doctrina filosófica que considera que la obtención del placer y la satisfacción es el fin último y más importante de la vida: *el hedonismo da mucha importancia al placer que se obtiene mediante los sentidos.*
DER hedonista.

hedonista *adj.* **1** Del hedonismo o que tiene relación con esta doctrina filosófica: *actitud hedonista.* ◇ *adj./n. com.* **2** [persona] Que es partidario del hedonismo.

hedor *n. m.* Olor que es muy desagradable e intenso: *el frigorífico hace un terrible hedor a pescado.* **SIN** hediondez, peste.
DER heder.
ETIM Hedor procede del latín *foetor, -oris,* que tenía el mismo significado, voz con la que también está relacionada *fétido.*

hegemonía *n. f.* Dominio o supremacía que ejerce un país sobre otros: *ese país no recuperará nunca su hegemonía mientras dependa económicamente del país vecino.*
DER hegemónico.

hegemónico, -ca *adj.* De la hegemonía o que tiene relación con este tipo de dominio o supremacía: *los países hegemónicos imponían sus condiciones de paz sobre los vencidos.*

hégira o **héjira** *n. f.* Era de los musulmanes, que se cuenta desde la fecha en que Mahoma huyó de La Meca a Medina, y que se compone de años lunares de 354 días: *la hégira comienza en el año 622 de la era cristiana.*
OBS La Real Academia Española admite *héjira,* pero prefiere la forma *hégira.*

helada *n. f.* Fenómeno atmosférico que consiste en la congelación del agua debido a un descenso de la temperatura por debajo de los cero grados centígrados: *esta noche ha caído una helada muy grande.*

heladería *n. f.* Establecimiento en el que se venden helados: *en esa heladería fabrican helados artesanos.*

heladero, -ra *n. m. y f.* **1** Persona que se dedica a fabricar o vender helados: *en verano, el heladero instala un quiosco en la playa.* **2** Lugar donde hace mucho frío: *esta casa es un heladero.*
DER heladería.

helado, -da *adj.* **1** Que se ha convertido en hielo: *la nieve es agua helada.* **2** Que está muy frío o se ha quedado muy frío: *el agua estaba helada y no pudimos bañarnos.* **3** Que está muy sorprendido o asustado: *la noticia me dejó helado; cuando me lo contó me quedé helada.* ◇ *n. m.* **4** Alimento dulce que se elabora con leche, azúcar y otros ingredientes y se somete a un cierto grado de congelación para que adquiera una consistencia casi sólida: *hay helados de todos los sabores; tomaré un helado de turrón.*
DER heladero.

helar *v. tr./prnl.* **1** Pasar un líquido a estado sólido al bajar la temperatura unos determinados grados centígrados: *el agua se hiela a 0º centígrados; las bajas temperaturas de esta noche han helado los charcos del suelo.* **SIN** congelar. **ANT** fundir. **2** Asustar o sorprender una cosa a una persona: *el susto me heló por completo.* ◇ *v. impersonal* **3** Hacer una temperatura igual o inferior a 0 °C: *esta noche ha helado; en el centro de España hiela a menudo en invierno.* ◇ *v. prnl.* **4 helarse** Pasar una persona mucho frío: *se me olvidó el abrigo y casi me hielo cuando iba hacia tu casa.* **SIN** aterirse, congelarse. **5** Secarse o dañarse una planta por acción del frío: *este invierno se han helado los geranios de la terraza.*
DER helada, helado; deshelar.

helechal *n. m.* Lugar donde crecen muchos helechos: *en el norte de España hay muchos helechales.*

helecho *n. m.* Planta herbácea sin flores, con hojas compuestas y delicadas, que suele crecer en los lugares húmedos: *el helecho se reproduce mediante esporas.*
DER helechal.

helénico, -ca *adj.* **1** De Grecia o que tiene relación con este país de Europa. **SIN** griego, heleno. **2** De la Grecia antigua o que tiene relación con ella: *el mundo helénico dio grandes pensadores como Sócrates, Platón o Aristóteles.* ◇ *adj./n. m. y f.* **3** [persona] Que era de la Grecia antigua.

helenismo *n. m.* **1** Período de la historia y la cultura griegas que abarca desde la muerte de Alejandro Magno en el siglo IV hasta la dominación romana en el siglo I a. de C.: *el helenismo fue posterior al reinado de Alejandro Magno.* **2** Influencia ejercida por la cultura griega clásica en otras civilizaciones: *Roma extendió el helenismo por todo el imperio.* **3** Palabra o modo de expresión de la lengua griega que se usa en otro idioma: *hipnosis es un helenismo en español.*
DER helenista.

helenista *n. com.* Persona que se dedica al estudio de la lengua, cultura y literatura de la Grecia clásica: *mi profesor de griego es un importante helenista.*

helenístico, -ca *adj.* Del helenismo o que tiene relación con este período de la historia: *época helenística.*

helenización *n. f.* Adopción de la cultura y civilización de la Grecia antigua.

helenizarse *v. prnl.* Adoptar las costumbres, literatura y arte de la Grecia antigua: *la literatura latina se helenizó fuertemente tras la conquista de Grecia.*
OBS En su conjugación, la *z* se convierte en *c* delante de *e*.

heleno, -na *adj.* **1** De Grecia o que tiene relación con este país de Europa: *la capital helena es Atenas.* **SIN** griego, helénico. ◇ *adj./n. m. y f.* **2** [persona] Que es de Grecia. **SIN** griego.
DER helénico, helenismo, helenístico, helenizar.

helero *n. m.* Masa de hielo que se forma en la parte baja de algunas montañas y que sólo se deshace en los veranos de mucho calor: *los heleros están por debajo de las nieves perpetuas.*

hélice *n. f.* **1** Pieza de un motor compuesta por varias palas que giran alrededor de un eje y que sirve, especialmente, para dar impulso a barcos, aviones y helicópteros. **2** Línea curva que da vueltas en distintos planos sin llegar a cerrarse: *los muelles son hélices.*
DER helicoidal.
ETIM *Hélice procede del latín helix, -icis, 'espiral', voz con la que también está relacionada helicóptero.*

helicoidal *adj.* Que tiene forma de hélice: *la columna salomónica tiene el fuste de forma helicoidal.*

helicóptero *n. m.* Vehículo sin alas que vuela propulsado por una hélice horizontal de dos palas muy largas situadas en su parte superior y central que, al girar rápidamente, le permiten moverse vertical y horizontalmente, así como mantenerse quieto en el aire: *el helicóptero tiene una pequeña hélice vertical en la cola para dotarlo de estabilidad.*
ETIM Véase *hélice.*

helio *n. m.* Elemento químico gaseoso que no tiene olor ni color y es más ligero que el aire: *el símbolo del helio es He.*

helio- Elemento prefijal que entra en la formación de palabras con el significado de 'sol': *helioterapia.*

heliocéntrico, -ca *adj.* ASTR. Que tiene al Sol como centro de su movimiento o situación.

heliocentrismo *n. m.* ASTR. Teoría científica que consideraba al Sol como centro alrededor del cual giraba todo el universo.

heliotropismo *n. m.* Movimiento de una planta o un vegetal que consiste en reaccionar al estímulo producido por la luz del Sol orientando las hojas, los tallos o las flores hacia él: *el heliotropismo de los girasoles.*

heliotropo *n. m.* Planta de jardín que tiene las hojas de color verde oscuro y las flores pequeñas y blancas o violetas, de olor agradable: *el heliotropo se encuentra en Europa y América.*
DER heliotropismo.

helipuerto *n. m.* Lugar acondicionado para el despegue y aterrizaje de helicópteros: *en la azotea de algunos grandes rascacielos suele haber helipuertos.*

hematíe *n. m.* ANAT. Célula de la sangre de forma redonda u ovalada y de color rojo que contiene hemoglobina y se encarga de transportar el oxígeno a todas las partes del cuerpo. **SIN** glóbulo rojo.

hematites *n. f.* Mineral de hierro oxidado cuyo color varía del rojo al negro: *la hematites tiene gran dureza.*
OBS El plural también es *hematites.*

hemat-, hemato- Elemento prefijal que entra en la formación de palabras con el significado de 'sangre': *hematología; hematoma.* A veces toma la forma *hemo-*: *hemorragia.*

hematología *n. f.* MED. Parte de la medicina que estudia la sangre y los órganos que la producen, tanto en condiciones normales como patológicas: *los análisis de sangre los realizan especialistas en hematología.*

hematoma *n. m.* Mancha amoratada o amarillenta que aparece bajo la piel por la acumulación de sangre u otro líquido corporal a consecuencia de un golpe u otra causa.
SIN cardenal.

hematopatía *n. f.* MED. Enfermedad de la sangre.

hembra *n. f.* **1** Animal de sexo femenino: *la hembra del toro es la vaca.* Se usa en aposición a nombres de animales que no varían de forma al cambiar de género: *cachalote hembra.* **2** Planta que sólo tiene órganos reproductores femeninos: *las palmeras hembras dan los dátiles.* **3** *coloquial* Persona de sexo femenino: *dio a luz trillizos, dos varones y una hembra.* **SIN** mujer. **4** Pieza que tiene un hueco o un agujero en el que encaja otra pieza: *enchufe hembra.*
DER hembrilla.
ETIM *Hembra procede del latín femina, que tenía el mismo significado, voz con la que también está relacionada fémina.*

hembrilla *n. f.* Pieza pequeña que tiene un hueco o un agujero en el que se encaja otra pieza: *se ha descosido la hembrilla del corchete de mi falda.*

hemeroteca *n. f.* **1** Edificio o local en el que se tienen guardados y ordenados un conjunto de revistas, diarios y otras publicaciones periódicas para que el público pueda leerlos o consultarlos: *muchas hemerotecas comparten edificio con las bibliotecas.* **2** Conjunto de revistas, diarios y publicaciones periódicas que se guardan en este edificio o local: *para su trabajo sobre la reciente historia de España consultó hemerotecas y archivos privados.*

hemi- Elemento prefijal que entra en la formación de palabras con el significado de 'medio', 'mitad': *hemiciclo.* **SIN** semi-.

hemiciclo *n. m.* **1** Salón central de un edificio o recinto que está provisto de asientos colocados en filas escalonadas y dispuestas en forma de medio círculo, orientadas en dirección a una tribuna: *la sala del congreso de los diputados se llama hemiciclo.* **2** Conjunto de personas que ocupan los asientos de este salón: *el hemiciclo se puso en pie y aplaudió al presidente.* **3** Cada una de las dos mitades de un círculo divididas por un diámetro: *el diámetro de un círculo forma dos hemiciclos.* **SIN** semicírculo.

hemiplejía o **hemiplejia** *n. f.* Pérdida de la capacidad de movimiento de un lado del cuerpo producida por una lesión cerebral o de la médula espinal: *el derrame cerebral le provocó una hemiplejía.*

hemipléjico, -ca *adj.* **1** De la hemiplejía o relacionado

hemisférico

con esta dolencia. ◊ adj./n. m. y f. **2** Que padece hemiplejía: *como resultado del accidente quedó hemipléjico.*

hemisférico, -ca adj. Que tiene forma de hemisferio o media esfera: *las cúpulas son bóvedas que suelen tener una forma hemisférica.* **SIN** semiesférico.

hemisferio n. m. **1** Mitad de una esfera o de un objeto de forma redondeada que resulta de dividirlo en dos partes iguales. **2** Mitad del planeta Tierra que resulta de dividirlo imaginariamente por el Ecuador: *España se encuentra en el hemisferio norte y Argentina, en el hemisferio sur.* **3** Mitad lateral en que se divide el cerebro o el cerebelo: *el hemisferio derecho del cerebro se ocupa de regular unas funciones, y el izquierdo, otras distintas.*
DER hemisférico.

hemistiquio n. m. Cada una de las dos partes de un verso que está dividido en dos mitades separadas por una cesura o pausa interna: *el verso alejandrino de Iriarte en cierta ciudad / una campana había tiene dos hemistiquios.*

hemodiálisis n. f. MED. Técnica terapéutica de depuración artificial de la sangre que se aplica a la persona cuyo riñón no realiza la función de purificar de sustancias nocivas la sangre del organismo: *para muchas personas la única alternativa a la hemodiálisis es el transplante de riñón.* **SIN** diálisis.
OBS El plural también es *hemodiálisis*.

hemofilia n. f. MED. Enfermedad hereditaria que consiste en la dificultad de la sangre para coagular: *las mujeres no padecen hemofilia pero pueden transmitirla a sus hijos varones.*
DER hemofílico.

hemofílico, -ca adj. **1** De la hemofilia o que tiene relación con esta enfermedad: *los enfermos con problemas hemofílicos deben tener mucho cuidado con las heridas que provoquen hemorragias.* ◊ adj./n. m. y f. **2** [persona] Que padece hemofilia: *los hemofílicos no pueden ser donantes de sangre.*

hemoglobina n. f. Sustancia contenida en los hematíes o en el plasma de la sangre que sirve para transportar oxígeno a las células del organismo: *la hemoglobina da a la sangre su color rojo característico.*

hemorragia n. f. Salida de sangre de las arterias, venas o capilares por donde circula, especialmente cuando se produce en cantidades muy grandes: *tiene hemorragias por la nariz con mucha frecuencia.*

hemorroide n. f. Tumor sanguíneo de pequeño tamaño que se forma en la parte exterior del ano o en la parte final del intestino producido por una excesiva dilatación de las venas en esta zona: *las hemorroides pueden formarse a causa del estreñimiento.* **SIN** almorrana.

henchir v. tr. **1** Llenar por completo el espacio vacío de un cuerpo, aumentando así su volumen: *henchir los pulmones de aire.* ◊ v. prnl. **2** **henchirse** Satisfacer los deseos, las esperanzas o las aspiraciones de una persona: *henchirse de orgullo.* **SIN** colmar, llenar. **3** Hartarse o llenarse de comida o bebida.
OBS En su conjugación, la e se convierte en i en algunos tiempos y personas, como en *servir*.

hendedura n. f. Hendidura, abertura o hueco estrecho.
OBS La Real Academia Española admite *hendedura*, pero prefiere la forma *hendidura*.

hender v. tr./prnl. **1** Producir una abertura o hueco estrecho, largo y poco profundo en un cuerpo sólido: *para poder escribir, hendió la punta de una caña y la usó como pluma.* **SIN** hendir. ◊ v. tr. **2** Atravesar un fluido o un líquido: *la flecha hiende el aire; la barca hendía el agua.* **SIN** hendir.

hendidura n. f. Abertura o hueco estrecho, largo y poco profundo que se hace en un cuerpo sólido: *el alpinista logró sujetarse a una hendidura de la pared que escalaba.* **SIN** hendedura.

hendir v. tr. Hender.
OBS La Real Academia Española admite *hendir*, pero prefiere la forma *hender*.

heno n. m. **1** Planta herbácea de hojas estrechas y agudas que tiene el tallo en forma de caña delgada y las flores en racimo. **2** Hierba que se corta y se deja secar para alimentar al ganado.
ETIM *Heno* procede del latín *fenum*, que tenía el mismo significado, voz con la que también está relacionada *hinojo*.

henrio o **henry** n. m. Unidad básica de inductancia o inducción de la corriente eléctrica en el sistema internacional de unidades: *el símbolo del henrio es H.*

hepático, -ca adj. Del hígado o que tiene relación con este órgano: *la cirrosis es una enfermedad hepática.*

hepatitis n. f. Enfermedad causada por un virus que provoca la inflamación del hígado y cuyos síntomas son fiebre, coloración amarillenta de la piel y dolores abdominales: *para el tratamiento de la hepatitis se recomienda mucho reposo.*
DER hepático.
OBS El plural también es *hepatitis*.

hepta- Elemento prefijal que entra en la formación de palabras con el significado de 'siete': *heptasílabo.*

heptaedro n. m. Cuerpo sólido irregular que está limitado por siete caras.

heptagonal adj. Que tiene forma de heptágono: *mesa heptagonal.*

heptágono adj./n. m. [polígono] Que tiene siete lados y siete ángulos: *el heptágono es una figura plana.*
DER heptagonal.

heptasílabo, -ba adj./n. m. [verso, palabra] Que tiene siete sílabas: *si de mi baja lira es un verso heptasílabo.*
DER heptasilábico.

heráldica n. f. Disciplina que estudia las imágenes y figuras de los escudos de armas: *un especialista en heráldica hizo un estudio sobre el blasón que presidía la fachada del palacio.*

heráldico, -ca adj. De la heráldica o que tiene relación con esta disciplina: *los leones y las águilas suelen ser animales heráldicos.*
DER heráldica.

heraldo n. m. **1** Cortesano de la Edad Media encargado de llevar mensajes de cierta importancia, organizar las grandes ceremonias y llevar el registro de personas pertenecientes a la nobleza: *el heraldo era el encargado de dirigir los torneos entre caballeros.* **2** Persona encargada de llevar un mensaje importante o de mediar en una situación de conflicto: *el secretario general de la ONU se desplazó al lugar del conflicto como heraldo de la paz.* **3** Cosa que anuncia con su presencia la llegada de otra: *la caída de la hoja es el heraldo del otoño.*
SIN anuncio.
DER heráldico.

herbáceo, -cea adj. [planta] Que tiene el aspecto o las características de la hierba: *el lino es una planta herbácea.*
ETIM Véase *hierba*.

herbario n. m. Colección de plantas y hojas secas que están ordenadas y colocadas entre papeles para su conservación y estudio: *el museo botánico posee un herbario para el estudio de las plantas de la comarca.*
ETIM Véase *hierba*.

herbicida adj./n. m. [producto químico] Que impide el desarrollo de las hierbas perjudiciales que crecen en un terreno: *sustancia herbicida; el uso de herbicidas puede perjudicar a las plantas.*

ETIM Véase *hierba*.

herbívoro, -ra *adj./n. m. y f.* [animal] Que se alimenta solamente de vegetales, especialmente de hierba: *los rumiantes son animales herbívoros*.
ETIM Véase *hierba*.

herbolario, -ria *n. m. y f.* **1** Persona que se dedica a recoger o vender hierbas o plantas medicinales que se usan para curar enfermedades o calmar dolores. ◇ *n. m.* **2** Establecimiento donde se venden hierbas o plantas medicinales: *fui al herbolario a comprar hierbas laxantes*. **SIN** herboristería.
ETIM Véase *hierba*.

herboristería *n. f.* Establecimiento donde se venden hierbas o plantas medicinales. **SIN** herbolario.

herciano, -na *adj.* FÍS. [onda electromagnética] Que tiene una longitud de onda comprendida entre un milímetro y decenas de kilómetros: *las ondas hercianas se usan en telegrafía sin hilos, en radio y en televisión*. **SIN** hertziano.

hercio *n. m.* FÍS. Unidad de frecuencia del movimiento vibratorio en el sistema internacional que equivale a una vibración por segundo: *el símbolo del hercio es Hz*. **SIN** hertz.
DER herciano.
ETIM Del nombre de Heinrich Rudolf *Hertz*, físico alemán.

hercúleo, -lea *adj.* **1** [persona] Que tiene mucha fuerza: *un atleta hercúleo*. **2** [actividad, trabajo] Que requiere un esfuerzo muy grande: *él solo se encargó de la hercúlea tarea de llevar los escombros al camión*.

hércules *n. m.* Hombre que tiene mucha fuerza: *desde que va al gimnasio está hecho un hércules*.
DER hercúleo.
ETIM De *Hércules*, semidiós mitológico caracterizado por su fuerza.
OBS El plural también es *hércules*.

heredad *n. f.* **1** Terreno dedicado al cultivo que pertenece a un solo dueño: *el cura tiene una heredad a las afueras del pueblo*. **2** Conjunto de tierras y posesiones que pertenecen a una persona, a una familia o a una entidad.

heredar *v. tr.* **1** Recibir los bienes, el dinero o los derechos de una persona cuando ésta muere, en cumplimiento de la ley o de las disposiciones señaladas en un testamento: *los hijos heredaron la casa de su padre cuando éste murió*. **2** Recibir un hijo de sus padres algunas características genéticas físicas o relativas a su carácter y modo de ser: *heredó la belleza de su madre y las dotes de mando de su padre*. **3** Recibir principios, ideas o problemas derivados de personas o circunstancias anteriores: *Aristóteles heredó de su maestro Platón algunos planteamientos filosóficos; el gobierno ha heredado una cuantiosa deuda de los gobernantes anteriores*. **4** *coloquial* Recibir una cosa de otra persona cuando ésta ya no hace uso de ella: *el hermano pequeño suele heredar la ropa del mayor*.
DER heredad, heredero, hereditario; desheredar.

heredero, -ra *adj./n. m. y f.* **1** [persona] Que recibe los bienes, el dinero o los derechos de una persona cuando ésta muere, en cumplimiento de la ley o de las disposiciones señaladas en un testamento: *murió sin herederos y dejó su fortuna a una institución de beneficencia*. **2** Que ha recibido de sus padres o antecesores algunas características genéticas físicas o relativas al carácter y modo de ser: *es heredero de los ojos de su padre y del carácter de su madre*. **3** Que recibe principios, ideas o problemas derivados de personas o circunstancias anteriores: *muchos músicos actuales son herederos de la música de los Beatles*.
DER coheredero.

hereditario, -ria *adj.* De la herencia o que se transmite a través de ella: *la sucesión a la monarquía es hereditaria; el color de la piel es un carácter hereditario*.

hereje *n. com.* Persona que defiende ideas religiosas contrarias a los dogmas y a la fe de una doctrina religiosa: *la Inquisición se encargaba de perseguir y ejecutar a los herejes*.
DER herejía.
ETIM *Hereje* procede del latín *haereticus*, 'partidista', voz con la que también está relacionada *herético*.

herejía *n. f.* **1** Idea o conjunto de ideas religiosas contrarias a los dogmas y a la fe de una doctrina religiosa: *en la Edad Media se castigaba a los culpables de herejía*. **2** Postura o posición que se enfrenta a los principios y las reglas establecidas de una ciencia o un arte. **3** Disparate o tontería: *qué herejía acabas de decir*.

herencia *n. f.* **1** Derecho de heredar que tiene una persona por ley o por testamento: *estas tierras me corresponden por herencia*. **2** Conjunto de bienes, dinero y derechos que se reciben legalmente de una persona cuando ésta muere: *la herencia que le dejó su abuelo no era muy importante*. **3** Proceso mediante el cual se transmiten una serie de características de los padres a los hijos a través de los genes: *el color de los ojos se transmite por herencia*. **4** Conjunto de bienes espirituales, obras o ideas que se reciben de los antecesores: *Bach nos dejó con su música una herencia inmensa*.

heresiarca *n. m.* Autor de una herejía o jefe de una secta herética.

herético, -ca *adj.* De la herejía o que tiene relación con este conjunto de ideas religiosas: *la doctrina que negaba la existencia del purgatorio se consideró herética*.
ETIM Véase *herejía*.

herida *n. f.* **1** Daño o lesión que se produce en los tejidos del cuerpo provocados por un corte o un golpe: *me caí y me hize una herida en la rodilla; tiene una herida de bala en el brazo*. **2** Pena o daño moral que es causado por una ofensa: *esas palabras le causaron una profunda herida*.

hurgar en la herida Hablar sobre un tema que molesta o hace daño a una persona: *deja de hurgar en la herida con esos comentarios*.

herido, -da *adj./n. m. y f.* Que ha recibido una o más heridas: *llegó con la mano herida; los heridos del accidente fueron llevados al hospital*.

sentirse herido Ofenderse o enfadarse una persona con otra por lo que ha dicho o hecho: *cuando le habló de ese modo se sintió herido*.

herir *v. tr./prnl.* **1** Causar una herida en los tejidos del cuerpo mediante un corte o un golpe: *si te hieres con un cuchillo has de desinfectar la herida*. **2** Producir a una persona una pena o un daño moral a causa de una ofensa: *la ha herido que no la hayamos invitado*. **3** Producir una sensación desagradable y molesta en alguno de los cinco sentidos corporales: *el sol le hiere la vista*. **4** *culto* Pulsar o hacer sonar las cuerdas de un instrumento musical: *hería las cuerdas del laúd con infinita dulzura*.

herir de muerte Causar una o varias heridas lo bastante graves como para causar la muerte: *el toro hirió de muerte al torero*.
DER herida, herido, hiriente; malherir, zaherir.
OBS En su conjugación, la *e* se convierte en *ie* en sílaba acentuada o en *i* en algunos tiempos y personas, como en *hervir*.

hermafrodita *adj.* **1** [ser vivo] Que reúne en un mismo individuo los órganos sexuales masculinos y los femeninos: *muchas plantas son hermafroditas; los caracoles son hermafroditas*. ◇ *n. com./adj.* **2** Persona que tiene los órganos sexuales formados por tejido masculino y femenino a causa

hermanamiento

de una anomalía somática o física: *los hermafroditas tienen una anatomía que sale de lo normal.*

hermanamiento *n. m.* **1** Unión sincera y generosa entre personas que se consideran iguales: *esta ideología persigue el hermanamiento de todos los hombres.* **SIN** hermandad. **2** Vínculo establecido entre dos localidades o poblaciones que tienen una base cultural semejante.

hermanar *v. tr./prnl.* **1** Juntar o unir dos o más cosas haciéndolas compatibles: *nuestras naciones están hermanadas por la historia.* **2** Establecer un vínculo entre dos localidades o poblaciones que tienen una base cultural semejante: *los alcaldes hermanaron las dos ciudades.*
DER hermanado, hermanamiento.

hermanastro, -tra *n. m. y f.* Persona que es hermana de otra por parte de uno solo de los padres: *tiene un hermanastro que es hijo de su madre.*

hermandad *n. f.* **1** Relación de parentesco que existe entre hermanos: *la relación de hermandad debe estar llena de afecto y amistad.* **SIN** fraternidad. **2** Relación de afecto y solidaridad que existe entre un grupo de personas o pueblos: *se celebró una conferencia por la hermandad de las razas.* **SIN** confraternidad, confraternización. **3** Asociación autorizada que algunas personas religiosas forman con fines piadosos: *pertenece a una hermandad religiosa.* **SIN** cofradía. **4** Asociación de personas que tienen unos mismos intereses profesionales o altruistas: *la hermandad de agricultores ha organizado una fiesta; la hermandad de donantes de sangre realiza una importante labor humanitaria.* **5** Unión sincera y generosa entre personas que se consideran iguales: *perseguimos la hermandad de los hombres.* **SIN** hermanamiento.

hermano, -na *n. m. y f.* **1** Persona o animal que ha nacido del mismo padre y de la misma madre que otro: *los hijos únicos no tienen hermanos; tiene tres hermanos.* **hermano bastardo** Hermano que tiene en común con otro u otros el padre o la madre y que ha nacido fuera de un matrimonio legal: *lo despreciaban porque era hermano bastardo, hijo de una de las criadas de la casa.* **hermano de leche** Hijo de la nodriza respecto de otra persona a la que ésta amamantó, y viceversa: *Juan es mi hermano de leche porque su madre me dio de mamar cuando yo era pequeño.* **hermano de madre** o **hermano de padre** Hermano que sólo tiene en común con otro u otros la madre o el padre, respectivamente: *mi padre tuvo un hijo de cada matrimonio por eso Rosa y yo somos hermanos de padre.* **hermano gemelo** Persona que ha nacido a la vez que otra en el mismo parto y del mismo óvulo: *Rómulo y Remo eran hermanos gemelos.* **SIN** gemelo. **hermano mellizo** Persona que ha nacido a la vez que otra en el mismo parto pero de óvulos diferentes: *los hermanos mellizos no son idénticos como los gemelos.* **SIN** mellizo. **hermano político** Cuñado. **hermano siamés** Persona que nace a la vez que otra en el mismo parto y con el cuerpo unido por algún punto al de ésta: *han separado a los hermanos siameses mediante una operación quirúrgica.* **medio hermano** Hermano que sólo tiene en común con otro u otros uno de los padres: *un hermano de padre es un medio hermano.* **2** Persona que pertenece a un grupo religioso o a una hermandad: *las hermanas de la caridad hacen obras benéficas.* **3** Persona que está unida a otra por una gran amistad, por una fe religiosa común o por los mismos sentimientos u opiniones: *todos somos hermanos ante Dios; los hombres son hermanos en la adversidad.* **4** Cosa que tiene el mismo origen que otra o que suele ir acompañada de otra: *no encuentro el hermano de este calcetín; el catalán y el francés son dos lenguas hermanas, porque las dos proceden del latín.*

DER hermanar, hermanastro, hermandad.

hermenéutica *n. f.* Arte o técnica de interpretar textos sagrados o antiguos.

hermenéutico, -ca *adj.* De la hermenéutica o que tiene relación con este arte o técnica.

hermético, -ca *adj.* **1** Que cierra perfectamente y no deja pasar el aire ni el líquido: *las cápsulas espaciales de los astronautas son herméticas.* **2** Que es difícil de conocer o entender: *este texto es muy hermético, no he comprendido nada; es una persona hermética y reservada; rostro hermético.*
DER hermetismo.

hermetismo *n. m.* Cualidad que tienen las cosas que son difíciles de conocer o entender: *los dos embajadores llevan sus conversaciones con total hermetismo.*

hermoso, -sa *adj.* **1** [persona, cosa] Que tiene belleza o hermosura: *una mujer hermosa; una hermosa escultura.* **SIN** bello, bonito. **ANT** feo. **2** Que tiene o demuestra una gran humanidad y sensibilidad: *hizo un hermoso gesto de caridad.* **SIN** bello, bonito. **3** Que está fuerte, sano o gordo: *tiene un niño muy hermoso que pesa once kilos.* **4** Que es grande o abundante: *¡qué piso tan hermoso!*
DER hermosear, hermosura.

hermosura *n. f.* **1** Conjunto de características o cualidades que hacen que el aspecto físico de una persona resulte atractivo y agradable: *su madre es una mujer de gran hermosura.* **2** Conjunto de características de una cosa que provocan un placer sensorial o espiritual: *estoy contemplando la hermosura de este cuadro.* **3** Persona o cosa que destaca por ser hermosa: *¡qué hermosura de niño!*

hernia *n. f.* Bulto blando que aparece cuando un órgano del cuerpo sale fuera de su cavidad natural: *las hernias tienen tratamiento quirúrgico.*
DER herniarse.

herniarse *v. prnl.* **1** Producirse una hernia: *las personas pueden herniarse al realizar un esfuerzo.* **2** *coloquial* Trabajar mucho o hacer mucha fuerza: *ya lo haré yo, no vayas a herniarte.* Tiene valor irónico.

héroe *n. m.* **1** Hombre admirado por haber hecho algo que requería mucha valentía o por haber logrado algo muy difícil de conseguir: *un monumento a los héroes y heroínas de la segunda guerra mundial.* La forma femenina es *heroína.* **2** Personaje de mayor importancia en una obra literaria o una película, especialmente el que es admirado por sus buenas cualidades: *Harrison Ford siempre interpreta el papel de héroe en sus películas.* **3** En la mitología griega y romana, hijo de un dios y de un ser humano: *Hércules, Aquiles y Eneas eran héroes.*
DER heroico, heroína, heroísmo; antihéroe.

heroicidad *n. f.* **1** Cualidad extraordinaria o digna de admiración propia del héroe: *los supervivientes admiraron la heroicidad del bombero.* **2** Hecho extraordinario y admirable que exige esfuerzo y valor: *el soldado relató las heroicidades de sus compañeros.* **SIN** proeza.

heroico, -ca *adj.* **1** Que es extraordinario y admirable y requiere gran esfuerzo y valor: *acto heroico; comportamiento heroico; persona heroica.* **2** [poema] Que relata con mucho énfasis y entusiamo grandes hazañas y proezas: *la poesía heroica es propia de la Edad Media.*
DER heroicidad.

heroína *n. f.* **1** Mujer admirada por haber hecho algo que requería mucha valentía o esfuerzo o por haber logrado algo muy difícil de conseguir: *Agustina de Aragón fue una heroína española de la guerra de la Independencia.* Es la forma femenina de *héroe.* **2** Droga derivada de la morfina que suele presentarse en forma de polvo blanco de sabor amargo y

que se usa como calmante: *el consumo de heroína es muy peligroso porque crea adicción.* **3** Personaje femenino de mayor importancia en una novela, una película o una leyenda, que es admirado por sus buenas cualidades: *esta actriz interpreta el papel de la heroína en esta película.* Es la forma femenina de *héroe*.
DER heroinómano.

heroinómano, -na *adj./n. m. y f.* [persona] Que es adicto a la heroína: *hay hospitales donde los heroinómanos pueden hacer curas de desintoxicación.*

heroísmo *n. m.* Conjunto de cualidades propias de un héroe, como el valor y el esfuerzo: *ha recibido una condecoración por su gran heroísmo.*

herpes o **herpe** *n. amb.* Enfermedad de la piel causada por un virus que produce unos granitos o ampollas de color rojo y un picor fuerte: *le ha salido un herpes en la frente.*
OBS Se usa más como masculino. ◇ El plural también es *herpes*.

herrador, -ra *n. m. y f.* Persona que se dedica a poner las herraduras a los caballos y a otros animales de carga.

herradura *n. f.* Pieza de hierro en forma de U que se les clava a los caballos y a otros animales en los cascos de las patas para evitar que se hagan daño al andar: *el caballo perdió una herradura.*

herraje *n. m.* Conjunto de piezas de hierro con las que se decora o se refuerza la estructura de una puerta, una mesa u otro objeto: *restauraron la puerta y cambiaron todos los herrajes.*

herramienta *n. f.* **1** Instrumento que se usa con las manos para hacer o reparar algo: *en la caja de las herramientas tengo un martillo, destornilladores y una lijadora.* **2** Elemento necesario para desarrollar un trabajo de manera satisfactoria: *el nuevo programa dispone de avanzadas herramientas para el diseño gráfico.*

herrar *v. tr.* **1** Clavar las herraduras a los caballos y a otros animales en los cascos de las patas: *esta mañana he herrado todos los burros.* **2** Marcar la piel de un animal con un hierro candente: *los vaqueros hierran el ganado para identificarlo.*
DER herrador.
OBS No se debe confundir con *errar*. ◇ En su conjugación, la e se convierte en *ie* en sílaba acentuada, como en *acertar*.

herreño, -ña *adj.* **1** De Hierro o que tiene relación con esta isla del archipiélago canario: *el relieve herreño es muy montañoso.* ◇ *adj./n. m. y f.* **2** [persona] Que es de la isla de Hierro.

herrería *n. f.* **1** Lugar donde se fabrican o trabajan objetos de hierro: *me han hecho un juego de herraduras en la herrería.* **2** Oficio del herrero: *se dedica a la herrería desde que era joven.*

herrerillo *n. m.* Pájaro insectívoro de pequeño tamaño que tiene la parte superior de la cabeza, las alas y la cola de color azul cobalto, la parte inferior amarilla y el dorso verdoso.
OBS Para indicar el sexo se usa *el herrerillo macho* y *el herrerillo hembra*.

herrero, -ra *n. m. y f.* Persona que se dedica a fabricar o trabajar objetos de hierro: *el herrero me ha hecho una reja y una puerta de hierro.*
DER herrería, herrerillo.

herrete *n. m.* Pieza de metal que se utiliza para adornar el extremo de algunos objetos: *los cordones de las botas tienen herretes de oro.*

herrumbre *n. f.* **1** Capa de color rojo que se forma en la superficie del hierro y otros metales a causa de la humedad o del agua: *la reja está cubierta de herrumbre; la herrumbre está formada por óxido de hierro.* **SIN** orín. **2** Sabor que toman los alimentos que han estado en contacto con el hierro u otro metal: *el agua sabe a herrumbre.*
DER herrumbroso; aherrumbrar.

herrumbroso, -sa *adj.* Que cría o tiene herrumbre: *herradura herrumbrosa.*

hertz *n. m.* FÍS. Unidad de frecuencia de un movimiento vibratorio en el sistema internacional que equivale a una vibración por segundo: *el símbolo del hertz es Hz.* **SIN** hercio.
DER hertziano.

hertziano, -na *adj.* FÍS. De un tipo de ondas electromagnéticas cuya longitud de onda se halla comprendida entre un milímetro y decenas de kilómetros: *las ondas hertzianas son la base de la telegrafía sin hilos, la radio y la televisión.* **SIN** herciano.
OBS La Real Academia Española admite *hertziano*, pero prefiere la forma *herciano*.

hervidero *n. m.* **1** Cantidad grande de personas o animales en continuo movimiento: *el centro de la ciudad es un*

herramienta

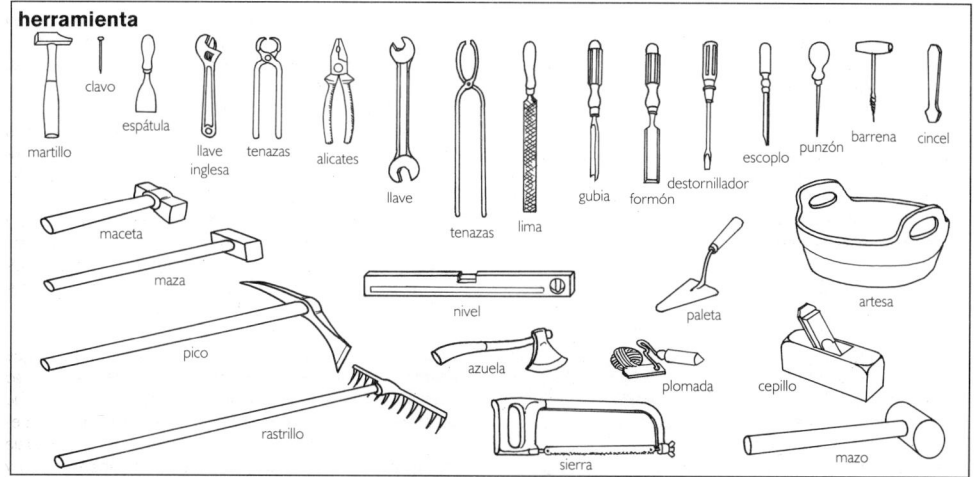

martillo, clavo, espátula, llave inglesa, tenazas, alicates, llave, tenazas, lima, gubia, formón, destornillador, escoplo, punzón, barrena, cincel, maceta, maza, nivel, paleta, artesa, pico, azuela, plomada, cepillo, rastrillo, sierra, mazo

hervidor

hervidero a las horas punta. **2** Lugar o situación en los que se dan o producen muchas cosas a la vez: *la sala entera era un hervidero de pasiones; con motivo de los ascensos, la empresa se convirtió en un hervidero de intrigas.*
hervidor *n. m.* Utensilio de cocina que sirve para hervir líquidos: *puso agua en el hervidor para hacerse una infusión.*
hervir *v. intr.* **1** Moverse agitadamente un líquido que está sometido a la acción del fuego cuando alcanza una temperatura determinada, formando burbujas: *el agua hierve aproximadamente a 100º centígrados.* **SIN** bullir, cocer. **2** Moverse un líquido formando burbujas por una reacción química, por fermentación o por otras causas: *el vino hierve en las barricas.* **SIN** bullir. **3** Estar en un lugar una cantidad grande de personas o cosas en continuo movimiento: *el mercado hervía de gente.* **SIN** bullir. ◇ *v. tr.* **4** Hacer que un líquido alcance la temperatura de ebullición: *hierve el agua para hacer el café.* **5** Poner un alimento o una cosa en un líquido muy caliente durante un tiempo para cocinarlo o esterilizarlo: *hierve ese biberón para esterilizarlo; herviré unas judías.*
hervir la sangre Enfadarse o excitarse mucho una persona: *cuando lo oigo quejarse sin motivo me hierve la sangre.*
DER hervidero, hervido, hervidor, hervor.

hervir	
INDICATIVO	SUBJUNTIVO
presente hiervo hierves hierve hervimos hervís hierven	**presente** hierva hiervas hierva hirvamos hirváis hiervan
pretérito imperfecto hervía hervías hervía hervíamos hervíais hervían	**pretérito imperfecto** hirviera o hirviese hirvieras o hirvieses hirviera o hirviese hirviéramos o hirviésemos hirvierais o hirvieseis hirvieran o hirviesen
pretérito indefinido herví herviste hirvió hervimos hervisteis hirvieron	**futuro** hirviere hirvieres hirviere hirviéremos hirviereis hirvieren
futuro herviré hervirás hervirá herviremos herviréis hervirán	IMPERATIVO
	hierve (tú) hierva (usted) hervid (vosotros) hiervan (ustedes)
condicional herviría hervirías herviría herviríamos herviríais hervirían	FORMAS NO PERSONALES
	infinitivo gerundio hervir hirviendo participio hervido

OBS En su conjugación, la e se convierte en ie en sílaba acentuada o en i en algunos tiempos y personas.
hervor *n. m.* **1** Movimiento agitado y burbujeante que se produce al hervir un líquido o por una reacción química: *oyó el hervor del agua en la cocina.* **SIN** ebullición. **2** Acción que consiste en hervir o cocer un alimento o una cosa en agua durante un breve espacio de tiempo: *dio un hervor a las espinacas y las sirvió.*
hetero- Elemento prefijal que entra en la formación de palabras con el significado de 'diferente', 'distinto': *heterodoxia, heterosexual.* **ANT** homo-.
heteróclito, -ta *adj.* **1** *culto* Que está formado por elementos de distinta clase o naturaleza: *algunos filósofos tienen un pensamiento heteróclito.* **SIN** heterogéneo. **2** GRAM. [palabra, locución] Que no sigue las reglas ordinarias de la morfología: *conjugación heteróclita.*
heterodoxia *n. f.* **1** Desacuerdo o disconformidad con los principios o las creencias de una religión, una doctrina política o una teoría: *estos religiosos son los representantes de la heterodoxia.* **ANT** ortodoxia. **2** Desacuerdo con una práctica o una norma que es aceptada de manera mayoritaria por un grupo de personas. **ANT** ortodoxia.
heterodoxo, -xa *adj./n. m. y f.* **1** [persona] Que está en desacuerdo o disconformidad con los principios o las creencias de una religión, una doctrina política o una teoría: *salieron del país para evitar la persecución a causa de sus opiniones heterodoxas.* **ANT** ortodoxo. **2** [persona] Que se aparta de una práctica o una norma que es aceptada de manera mayoritaria por un grupo de personas: *fue expulsado del partido por sus ideas heterodoxas.* **ANT** ortodoxo.
DER heterodoxia.
heterogeneidad *n. f.* Mezcla de elementos diferentes que se reúnen en un todo: *Nueva York sorprende por la heterogeneidad de sus habitantes.* **ANT** homogeneidad.
heterogéneo, -nea *adj.* Que está formado por elementos de distinta clase o naturaleza: *en un grupo heterogéneo hay personas de origen y costumbres diversas.* **SIN** heteróclito. **ANT** homogéneo.
DER heterogeneidad.
heteronimia *n. f.* GRAM. Fenómeno por el cual palabras de gran proximidad semántica tienen etimologías diferentes: *un ejemplo de heteronimia es pollo y gallo.*
DER heterónimo.
heterónimo *n. m.* GRAM. Palabra que tiene una gran proximidad semántica con otra pero procede de un étimo distinto: *toro y vaca son heterónimos.*
heterosexual *adj./n. com.* **1** [persona] Que siente atracción sexual por personas de sexo distinto al suyo. ◇ *adj.* **2** [atracción sexual, relación sexual] Que se da entre personas que tienen distinto sexo.
DER heterosexualidad.
heterosexualidad *n. f.* **1** Atracción sexual que siente una persona por otras de sexo distinto al suyo. **2** Práctica de relaciones sexuales que se da entre personas de distinto sexo.
heterótrofo, -fa *adj./n. m. y f.* [organismo] Que es incapaz de elaborar su propia materia orgánica a partir de sustancias inorgánicas y se nutre de sustancias elaboradas por otros seres vivos: *los animales y las plantas sin clorofila son organismos heterótrofos.*
hexa- Elemento prefijal que entra en la formación de palabras con el significado de 'seis': *hexasílabo.*
hexaedro *n. m.* Cuerpo geométrico que tiene seis caras: *el cubo es un hexaedro.*
hexagonal *adj.* Que tiene forma de hexágono.

hexágono *n. m.* Polígono de seis lados y seis ángulos: *las celdas de las abejas tienen forma de hexágono.*
DER hexagonal.

hexámetro *n. m.* Verso que está formado por seis pies métricos: *Virgilio utilizó el hexámetro.*

hexasílabo, -ba *adj./n. m.* [verso o palabra] Que tiene seis sílabas.

hez *n. f.* **1** Sedimento o residuo de una sustancia líquida que se deposita en el fondo del recipiente donde está contenida: *las heces del vino se posan en el fondo de las tinajas.* **SIN** poso. **2** Lo más vil y despreciable de un grupo o conjunto: *dijo que esos delincuentes eran la hez de la sociedad.* ◇ *n. f. pl.* **3 heces** Residuos de alimento que elimina el organismo por el ano tras haber hecho la digestión: *el médico solicitó un análisis de las heces del paciente.* **SIN** excrementos.
ETIM Hez procede del latín *fex, fecis*, que tenía el mismo significado, voz con la que también están relacionadas *defecar, fecal, fécula.*
OBS El plural es *heces.*

hiato *n. m.* Pronunciación en sílabas distintas de dos vocales que están juntas dentro de una palabra: *en había hay un hiato.*

hibernación *n. f.* **1** Estado de letargo que experimentan algunos animales en invierno por el cual la temperatura del cuerpo disminuye y entran en una especie de sueño: *la hibernación es característica de los osos y marmotas.* **2** Técnica que reduce la temperatura de un órgano o un cuerpo para curarlo o conservarlo mediante el uso de ciertos fármacos: *en los viajes espaciales del futuro quizás se emplee la hibernación.*

hibernar *v. intr.* **1** Pasar el invierno un animal en estado de hibernación: *los osos hibernan en cuevas.* ◇ *v. tr.* **2** Aplicar la técnica de la hibernación a un órgano o un cuerpo: *hibernaron un corazón procedente de un donante.*
DER hibernación.
ETIM Véase *invernar.*

híbrido, -da *adj./n. m.* **1** [animal, vegetal] Que procede de la unión de dos individuos de especies diferentes: *un mulo es un híbrido de caballo y burra o de yegua y burro.* **2** Que es producto de elementos de distinta naturaleza: *él es un híbrido muy raro: un académico muy respetado que, sin embargo, gusta a las masas.*

hidalgo, -ga *n. m. y f.* **1** Persona que pertenecía a la baja nobleza castellana: *Don Quijote era un hidalgo manchego.* ◇ *adj.* **2** Que el hidalgo o que tiene relación con esta persona: *era de familia hidalga.* **3** Que es generoso y noble: *su actitud siempre ha sido hidalga y valiente.*
DER hidalguía.

hidalguía *n. f.* **1** Condición social de hidalgo: *siempre presumió de la rancia hidalguía de su familia.* **2** Nobleza y generosidad: *con los más pobres y necesitados se comportaba con hidalguía.*

hidra *n. f.* **1** Pólipo de forma cilíndrica, parecido a un tubo cerrado por un extremo y con varios tentáculos en el opuesto, que se cría en agua dulce y se alimenta de gusanillos: *los tentáculos de la hidra son urticantes.* **2** Serpiente venenosa que vive en el agua de las costas del océano Pacífico y del Índico. **3** Monstruo de la mitología griega que tenía siete cabezas. En esta acepción se escribe con mayúscula.

hidratación *n. f.* **1** Tratamiento para restablecer el grado de humedad normal de la piel: *la hidratación es muy importante para combatir las arrugas.* **2** Combinación del agua con un cuerpo o sustancia: *en verano bebemos agua para la hidratación de los tejidos.*

hidratante *adj./n. m.* [producto cosmético] Que hidrata la piel y restablece el grado de humedad normal: *una crema hidratante hace que la piel no se seque; este hidratante te refrescará la cara.*

hidratar *v. tr.* **1** Restablecer el grado de humedad normal de la piel: *este producto sirve para limpiar e hidratar el cutis.* **2** Combinar el agua con un cuerpo o sustancia: *los ciclistas beben mucho líquido para hidratar su organismo.* **ANT** deshidratar.
DER hidratación, hidratante; deshidratar.

hidrato *n. m.* Sustancia química que contiene moléculas de agua en su composición.
hidrato de carbono Compuesto orgánico formado por carbono, hidrógeno y oxígeno: *los hidratos de carbono nos proporcionan energía; el azúcar, el pan y las patatas contienen hidratos de carbono.* **SIN** glúcido.
DER hidratar.

hidráulico, -ca *adj.* Que funciona o es movido por la acción del agua o de otro líquido: *la energía hidráulica es la que se obtiene de la fuerza del agua en los saltos de agua y en las presas.*

-hídrico Elemento sufijal adoptado en la terminología química para designar los ácidos que no contienen oxígeno: *clorhídrico.*

hídrico, -ca *adj.* Del agua o que tiene relación con esta sustancia: *los niveles de contaminación hídrica son cada vez más altos.*

hidro-, -hidro Elemento prefijal y sufijal que entra en la formación de palabras con el significado de: *a)* 'Agua o relacionado con esta sustancia': *hidroavión, anhidro. b)* 'Líquido orgánico o seroso': *hidrocefalia. c)* 'Hidrógeno': *hidrocarburo.*

hidroavión *n. m.* Avión provisto de unos flotadores que le permiten posarse en el agua y despegar de ella: *los hidroaviones se utilizan para apagar incendios forestales.*

hidrocarburo *n. m.* Compuesto químico formado por carbono e hidrógeno: *el gas butano y la gasolina son hidrocarburos.*

hidrocefalia *n. f.* MED. Enfermedad que consiste en una acumulación anormal de líquido cefalorraquídeo en las cavidades del cerebro: *la hidrocefalia es una enfermedad congénita.*
DER hidrocéfalo.

hidrocéfalo, -la *adj.* [persona] Que padece hidrocefalia: *los enfermos hidrocéfalos tienen la cabeza muy grande.*

hidrodinámico, -ca *adj.* Del movimiento de los fluidos y de los cuerpos sumergidos en ellos o que tiene relación con él.

hidroelectricidad *n. f.* Energía eléctrica que se consigue por la fuerza del movimiento del agua: *el agua almacenada en los embalses sirve para producir hidroelectricidad.*
DER hidroeléctrico.

hidroeléctrico, -ca *adj.* De la energía eléctrica conseguida por la fuerza del movimiento del agua o que tiene relación con ella: *central hidroeléctrica; compañía hidroeléctrica.*

hidrófilo, -la *adj.* **1** Que absorbe agua con facilidad: *algodón hidrófilo.* **2** [ser vivo] Que vive en ambientes húmedos: *las algas son plantas hidrófilas.*

hidrofobia *n. f.* **1** Temor excesivo al agua: *no le gusta ir a la playa porque tiene hidrofobia.* **2** Enfermedad infecciosa, producida por un virus, que ataca a ciertos animales y se transmite por mordedura: *uno de los síntomas de la hidrofobia es la dificultad de tragar.* **SIN** rabia.
DER hidrófobo.

hidrófugo, -ga *adj.* [sustancia] Que no deja pasar la humedad o el agua: *he aplicado sobre el cristal una sustancia hidrófuga.*

hidrógeno *n. m.* Elemento químico que se presenta en la naturaleza en forma de gas, sin color ni olor, y que arde fácilmente; forma, junto con el oxígeno, el agua: *el símbolo del hidrógeno es H.*
DER hidrogenar.

hidrografía *n. f.* **1** Parte de la geografía que estudia y describe los mares, los ríos, los lagos y otras corrientes de agua. **2** Conjunto de los mares, los ríos, los lagos y otras corrientes de agua de un país o lugar: *esta región tiene una hidrografía muy pobre.*
DER hidrográfico.

hidrográfico, -ca *adj.* De la hidrografía o que tiene relación con esta parte de la geografía: *hoy estudiaremos las características hidrográficas de nuestro país.*

hidrólisis *n. f.* QUÍM. Descomposición de una sustancia química por la acción del agua, de un ácido o de un fermento: *en el cuerpo humano, la hidrólisis de las proteínas produce los aminoácidos.*
DER hidrolizar.
OBS El plural también es *hidrólisis*.

hidrolizado, -da *adj.* [sustancia] Que ha sido descompuesta por la acción del agua, de un ácido o de un fermento: *cereales hidrolizados.*

hidrología *n. f.* Ciencia que estudia las propiedades, la distribución y la circulación del agua en la superficie de la Tierra, en el suelo y en la atmósfera: *los expertos en hidrología han estudiado el estado de las aguas subterráneas de la región.*

hidropesía *n. f.* MED. Acumulación excesiva de líquido en alguna cavidad o tejido del organismo.

hidrosfera *n. f.* Conjunto de todas las aguas que se hallan en la Tierra: *los mares, ríos, lagos y otras corrientes de agua forman la hidrosfera terrestre.*

hidrosoluble *adj.* [sustancia] Que puede disolverse en el agua: *las vitaminas B, C y D son hidrosolubles.*

hidrostático, -ca *adj.* Del equilibrio de los líquidos y los cuerpos sumergidos en ellos o que tiene relación con él.

hidroterapia *n. f.* Método de tratamiento de las enfermedades que consiste en beber aguas minerales y aplicar baños y masajes con chorros de agua: *los tratamientos de hidroterapia se llevan a cabo fundamentalmente en balnearios.*

hidrotropismo *n. m.* Movimiento de orientación de un organismo como reacción al estímulo producido por el agua o la humedad: *el hidrotropismo se produce en las raíces de una planta.*

hidróxido *n. m.* Compuesto químico que contiene al menos un átomo de oxígeno y otro de hidrógeno: *los hidróxidos de metales constituyen las bases que, combinadas con ácidos, forman sales.*

hiedra *n. f.* Planta de hojas brillantes y verdes que crece subiendo por paredes y árboles mediante pequeñas raíces que salen de su tallo y se adhieren a la superficie que le sirve de apoyo: *la hiedra tiene las hojas verdes todo el año.* SIN yedra.

hiel *n. f.* **1** Líquido de color amarillo verdoso y de sabor amargo que es segregado por el hígado: *la hiel ayuda a hacer la digestión y estimula los movimientos del intestino.* SIN bilis.
2 Sentimiento de intensa amargura que incita a hacer daño a otras personas: *la hiel de sus palabras mostraba un intenso resentimiento hacia sus amigos.*

hielo *n. m.* Agua en estado sólido por efecto de una temperatura muy baja: *el agua se convierte en hielo por debajo de los 0° C.* ☞ *ciclo del agua.*
hielo seco Dióxido de carbono en estado sólido que se utiliza para refrigerar y apagar incendios.
romper el hielo Acabar con una situación de indiferencia, desconfianza o tensión con otra persona, iniciando la conversación con ella y procurando crear un ambiente agradable: *para romper el hielo le preguntó por sus padres.*
DER helar.
ETIM Hielo procede del latín *gelu*, que tenía el mismo significado, voz con la que también está relacionada *gelatina*.

hiena *n. f.* **1** Animal mamífero salvaje que tiene el cuello largo y el pelo áspero y gris; caza en manada y se alimenta principalmente de carroña: *la hiena habita en África, Asia Menor e India.* **2** Persona despreciable que se comporta con crueldad y cobardía.
OBS Para indicar el sexo se usa *la hiena macho* y *la hiena hembra*.

hierático, -ca *adj.* **1** [figura] Que se caracteriza por la falta de expresividad en las facciones como señal de una gran solemnidad y majestuosidad: *el arte egipcio antiguo presenta figuras hieráticas.* **2** [persona] Que no exterioriza sus sentimientos y permanece habitualmente seria e inexpresiva: *el acusado escuchó hierático la condena a muerte.* **3** [escritura egipcia] Que es abreviación de la antigua escritura jeroglífica.
DER hieratismo.

hieratismo *n. m.* Severidad o rigidez en el aspecto exterior: *el hieratismo del arte gótico contrasta con el movimiento del barroco.*

hierba *n. f.* **1** Planta sin tronco cuyos tallos son hojas pequeñas y alargadas de color verde, generalmente, de pequeño tamaño: *la hierba crece de forma espontánea en los campos y jardines.* SIN yerba. **2** Planta sin tronco con hojas de color verde, finas, cortas y tupidas, que se planta en jardines por motivos ornamentales y en terrenos deportivos para facilitar la práctica de algunos deportes: *la hierba del campo de fútbol está en mal estado.* SIN césped. **3** Droga que se saca de las hojas y flores secas del cáñamo índico y que se fuma mezclada con tabaco. SIN hachís, marihuana.
finas hierbas Hierbas que están picadas muy menudas y sirven para condimentar los alimentos: *paté a las finas hierbas; queso a las finas hierbas.*
hierba luisa Planta sin tronco con hojas pequeñas y aromáticas que se toman como infusión.
mala hierba Conjunto de plantas perjudiciales que crecen de forma espontánea en un campo de cultivo: *la mala hierba arruinó el trigal.*
DER hierbabuena.
ETIM Hierba procede del latín *herba*, que tenía el mismo significado, voz con la que también están relacionadas *herbáceo, herbaje, herbario, herbicida, herbívoro, herbolario, herboso.*

hierbabuena *n. f.* Planta herbácea de hojas verdes y muy aromáticas que se emplea como condimento: *la hierbabuena también se toma en infusión.*

hierro *n. m.* **1** Metal duro y dúctil, de color gris, que abunda en la naturaleza y que sirve para hacer todo tipo de herramientas, estructuras y objetos. **hierro colado** Hierro fundido sin refinar que es enfriado en diversos moldes. **hierro dulce** Hierro que no tiene aleación con otros metales ni mezclado con minerales: *el hierro dulce se trabaja fácilmente.* **hierro forjado** Hierro que se trabaja a golpes, poniéndolo al rojo y enfriándolo, sucesivamente. **2** Elemento químico metálico que corresponde a este metal: *el símbolo del hierro es Fe.* **3** Objeto o instrumento hecho con este metal: *calienta los hierros de marcar el ganado.* **4** Marca o dibujo que se hace en la piel del ganado con un instrumento de metal calentado al rojo vivo, y que sirve para determinar el dueño del animal: *cada ganadería de toros bravos tiene un hierro diferente a las demás.*

de hierro a) [persona] Que tiene un carácter marcado por una gran fortaleza y voluntad: *la primera ministra inglesa Margaret Thatcher fue conocida como «la dama de hierro».* b) [salud] Que es muy buena y resistente a cualquier enfermedad: *a pesar de sus años disfruta de una salud de hierro.*

quitar hierro *coloquial* Tratar de hacer menos grave, tensa o difícil una situación: *a pesar del anuncio del próximo cierre de la empresa, trató de quitar hierro a la noticia.*

DER herradura, herraje, herramienta, herrar, herrero, herrete, herrumbre; aherrojar.

ETIM *Hierro* procede del latín *ferrum*, que tenía el mismo significado, voz con la que también están relacionadas *aferrar, férreo.*

hifa *n. f.* Cuerpo en forma de hilo, duro o flexible, que se encuentra en el extremo inferior del tallo de los hongos y que le sirve para nutrirse.

higadillo *n. m.* Hígado de un animal de pequeño tamaño, especialmente de un ave: *los higadillos de pollo me gusta comerlos fritos con ajo.*

hígado *n. m.* Órgano de forma oval y aplanada, tamaño grande y color marrón, que se encuentra junto al estómago; interviene en la función digestiva segregando la bilis, almacena sustancias nutrientes y sintetiza enzimas, proteínas y glucosa: *las principales enfermedades del hígado son la hepatitis y la cirrosis.* ☞ digestivo, aparato.

echar los hígados *coloquial* Hacer un esfuerzo muy grande: *echó los hígados para subir el armario hasta el piso en que vivía.*

DER higadillo.

higiene *n. f.* **1** Limpieza del cuerpo y de los objetos que rodean a las personas para mejorar la salud y prevenir enfermedades o infecciones: *antes de comer hay que lavarse las manos por higiene.* **2** Parte de la medicina que se ocupa de la conservación de la salud individual y colectiva.

DER higiénico, higienizar.

higiénico, -ca *adj.* De la higiene o que tiene relación con la limpieza: *es poco higiénico usar el mismo cepillo de dientes que otra persona.*

higienizar *v. tr.* Disponer o preparar una cosa conforme a las normas básicas de la higiene: *la ley obliga a higienizar cualquier local público en el que se sirvan comidas o bebidas.*

OBS En su conjugación, la *z* se convierte en *c* delante de *e*.

higo *n. m.* Fruto comestible de la higuera, que tiene una forma parecida a la pera, color verde o marrón y carne suave, dulce y con muchas semillas.

de higos a brevas *coloquial* En escasas ocasiones y muy distanciadas en el tiempo: *en casa comemos marisco de higos a brevas.*

hecho un higo Muy arrugado o estropeado: *guardó apresuradamente la ropa en la maleta y cuando la sacó estaba hecha un higo.*

higo chumbo Fruto de la chumbera; tiene la corteza de color verde y cubierta de espinas y la pulpa comestible, dulce y de color anaranjado. **SIN** chumbo.

DER higuera.

higro- Elemento prefijal que entra en la formación de palabras con el significado de 'humedad': *higrometría.*

higrometría *n. f.* FÍS. Parte de la física que mide y estudia el nivel de humedad de la atmósfera.

higrómetro *n. m.* Aparato que sirve para medir la humedad del aire de la atmósfera. ☞ meteorología.

DER higrometría, higrométrico.

higuera *n. f.* Árbol frutal de mediana altura y madera blanda que tiene las hojas verdes y grandes y cuyo fruto es el higo: *algunas variedades de higuera producen dos cosechas, una de higos en otoño y otra de brevas en primavera o verano.*

hijastro, -tra *n. m. y f.* Hijo de la persona con la que se está casado y que es fruto de una unión anterior de ésta: *soy hijastro de la segunda mujer de mi padre.*

hijo, -ja *n. m. y f.* **1** Persona o animal en relación con los padres que lo han engendrado. **hijo adoptivo** Persona que no ha sido procreada por ninguno de sus dos padres legales, pero que tiene los mismos derechos y vínculos con ellos que un hijo engendrado de forma natural. **hijo bastardo** Hijo nacido de una mujer que no es la esposa de su padre. **hijo ilegítimo** Hijo que no ha sido reconocido legalmente por su padre. **hijo legítimo** Hijo que ha sido reconocido legalmente por su padre. **hijo natural** Hijo cuyos padres no están legalmente casados. **2** Persona en relación al lugar o país en el que ha nacido: *Picasso es uno de los hijos más famosos de Málaga.* **hijo predilecto** Título honorífico que un municipio concede a una persona nacida en él en señal de gratitud y reconocimiento a sus valores profesionales y humanos. **3** Yema o tallo nuevo que le sale a una planta: *la planta que me regalaron está echando un hijo.* **SIN** brote, pimpollo. **4** Forma de tratamiento que se da normalmente a una persona más joven con la que se mantiene una relación de confianza o de superioridad de conocimientos y experiencia: *mira, hijo, hasta que aprendas a aparcar, tendrás que seguir viniendo a la autoescuela.*

cada hijo de vecino *coloquial* Expresión que indica que algo es aplicable a todo el mundo: *tú tienes que pagar impuestos como cada hijo de vecino.*

hijo de papá Persona que pertenece a una familia rica o acomodada y a la que sus padres pagan todos sus caprichos.

hijo de perra o **hijo de puta** *malsonante* Persona mala y despreciable. Se usa como insulto y ofensa muy graves.

hijo político Persona que está casada con el hijo o la hija de otra: *mi marido es el hijo político de mis padres.*

DER hijastro; ahijar, prohijar.

ETIM *Hijo* procede del latín *filius*, que tenía el mismo significado, voz con la que también están relacionadas *filial, filicidio.*

hilacha *n. f.* Trozo de hilo que cuelga de una tela o se desprende de ella: *tiró de una hilacha que tenía en la manga.* **SIN** hilacho.

hilacho *n. m.* Hilacha.

DER deshilachar.

hilada *n. f.* Conjunto de cosas colocadas una tras otra en línea: *este papel se construye superponiendo hiladas de ladrillos.* **SIN** hilera, fila.

hilado *n. m.* **1** Proceso mediante el que una fibra textil de origen vegetal o animal se transforma en un hilo homogéneo y continuo: *el hilado de la seda requiere un gran cuidado.* **2** Hilo o materia textil que resulta de este proceso: *una tienda de hilados.*

hilandería *n. f.* Hilatura.

hilandero, -ra *n. m. y f.* Persona que se dedica a hilar para fabricar hilo: *antes de que el proceso se industrializara había muchas hilanderas.*

DER hilandería.

hilar *v. tr.* **1** Transformar las fibras textiles de origen vegetal o animal en un hilo homogéneo y continuo: *hilar algodón; hilar seda; antiguamente la rueca y el huso eran los instrumentos empleados para hilar.* **2** Tejer un gusano su capullo o una araña su tela a partir de la fibra que estos mismos animales segregan. **3** Relacionar varias ideas entre sí para construir un pensamiento homogéneo o una conclusión: *a partir de unos pocos datos y de su gran cultura hiló una buena respuesta en el examen.*

hilarante

H h

hilar fino Pensar o actuar una persona con gran astucia, meticulosidad y exactitud: *los eurodiputados deben hilar fino para defender los intereses de la Unión Europea sin lesionar los de su propio país*.
DER hilada, hilado, hilandero; deshilar, sobrehilar.

hilarante *adj.* Que causa alegría y grandes risas: *fue al cine y vio una comedia hilarante*.

hilaridad *n. f.* Risa prolongada que es provocada por una cosa que se ve o se oye: *las muecas del humorista provocaban la hilaridad del público*.
DER hilarante.

hilatura *n. f.* **1** Arte, técnica o comercialización de los hilados: *antiguamente la hilatura se hacía a mano pero hoy está totalmente mecanizada*. **SIN** hilandería. **2** Taller o fábrica donde se hilan las materias textiles: *mi prima trabaja en una hilatura*. **SIN** hilandería.

hilera *n. f.* **1** Conjunto de personas o cosas colocadas una tras otra en línea: *el paseo está flanqueado por dos hileras de castaños*. **SIN** fila, hilada. **2** Máquina o instrumento que se usa en metalurgia y orfebrería para obtener hilos o alambres de un metal. ◊ *n. f. pl.* **3 hileras** Apéndice anal de las arañas que alberga la glándula encargada de segregar el hilo.

hilo *n. m.* **1** Hebra larga, delgada y flexible que se obtiene al entrelazar fibras textiles de origen vegetal o animal: *el hilo se utiliza para hacer tejidos o para coser*. ☞ costurero. **2** Material largo, delgado y flexible que se obtiene al entrelazar fibras textiles extraídas del tallo del lino: *mi abuela me regaló una mantelería de hilo*. **SIN** lino. **3** Fibra que segregan algunos gusanos o arañas para construir sus capullos o telas: *el capullo de un gusano de seda está construido con un único hilo*. **4** Material largo, delgado y flexible de cobre o de otro metal que es buen conductor de la electricidad: *hilo de cobre; hilo del teléfono*. **5** Chorro muy fino de líquido que cae o sale de un lugar de manera lenta y continua deslizándose a través de una superficie: *un hilo de sangre manaba de la nariz del herido*. **6** Relación que une varias ideas o sucesos entre sí y les da continuidad y sentido: *creo que con esta pausa he perdido el hilo de la película*.
al hilo de En referencia a una cosa con la que tiene relación lo que se dice: *durante el debate, al hilo del descubrimiento de América, se discutió sobre el papel colonizador de la lengua española*.
colgar (o pender) de un hilo Estar una cosa en una situación de gran inseguridad, riesgo o peligro: *los secuestradores del avión advirtieron que la vida de los pasajeros pendía de un hilo*.
hilo de voz Voz muy débil que apenas puede oírse: *el herido describió a la policía con un hilo de voz las circunstancias del accidente*.
hilo musical Sistema de transmisión de programas musicales mediante receptores conectados al cable del teléfono.
DER hilacho, hilar, hilatura, hilaza, hilera; ahilarse, enhilar.
ETIM Hilo procede del latín *filum*, que tenía el mismo significado, voz con la que también están relacionadas *filamento, filiforme, filigrana, filo*.

hilván *n. m.* **1** Costura hecha con puntadas largas y poco apretadas con la que se sujeta la tela antes de coserla de manera definitiva: *he hecho un hilván a los bajos del pantalón*. **2** Hilo que se usa para hacer esta costura: *el hilván se retira una vez acabado el cosido definitivo*.
DER hilvanar.

hilvanar *v. tr.* **1** Fijar la tela con un hilván antes de coserla de manera definitiva: *se probó la camisa para que su madre pudiera hilvanar el largo de las mangas*. **ANT** deshilvanar. **2** Elaborar las líneas generales de las que consta un plan o un proyecto: *durante la reunión con su abogado hilvanaron el planteamiento de su defensa en el juicio*. **3** Relacionar varias ideas entre sí para construir un pensamiento homogéneo o una conclusión: *el político quedó tan confundido por las preguntas del periodista que fue incapaz de hilvanar un mensaje con sentido*. **4** Elaborar los jugadores de un equipo una jugada: *durante la primera parte, el equipo local apenas hilvanó jugadas de peligro*.
DER deshilvanar.

himen *n. m.* Pliegue membranoso que cierra parcialmente el orificio externo de la vagina de una mujer: *el himen suele desgarrarse en la primera relación sexual*.

himenóptero *adj./n. m.* **1** [insecto] Que tiene dos pares de alas membranosas y transparentes y el aparato bucal adaptado para morder, lamer o chupar: *la abeja y la avispa son insectos himenópteros*. ◊ *n. m. pl.* **2 himenópteros** Orden o grupo al que pertenecen estos insectos: *el abdomen de las hembras de algunas especies de himenópteros lleva en su extremo un aguijón*.

himno *n. m.* Composición poética o musical de tono solemne que representa y exalta a una nación, país o región y en cuyo honor se interpreta en actos públicos: *el himno francés es La Marsellesa; durante la misa se rezó un himno a la Virgen*.

hincapié
hacer hincapié Insistir en una cosa para remarcar su importancia o para que quede clara: *el entrenador hizo hincapié en la necesidad de la victoria*.

hincar *v. tr.* **1** Clavar o meter una cosa con punta en otra ejerciendo una presión: *el gato hincó las uñas en la carne; hincó su cuchillo en un árbol*. **2** Apoyar una cosa en otra ejerciendo fuerza: *hincó la cabeza en el suelo al hacer la pirueta*.
hincar el diente *coloquial* Comer un alimento: *tengo tanta hambre que le voy a hincar el diente a lo primero que coja*.
hincarse de rodillas Apoyar las rodillas en el suelo: *se hincó de rodillas ante el altar*.
OBS En su conjugación, la c se convierte en *qu* delante de e.

hincha *n. com.* **1** Persona que es aficionada a un deporte y sigue con pasión y entusiasmo a su equipo o deportista favorito: *los hinchas llegaron al campo de fútbol para asistir al partido*. **SIN** forofo. ◊ *n. f.* **2** *coloquial* Sentimiento de rechazo o disgusto hacia una persona o cosa: *le contó a su padre que le habían suspendido porque el profesor le tenía hincha*. **SIN** manía, ojeriza, tirria.
DER hinchada.

hinchada *n. f.* Conjunto de hinchas de un equipo deportivo: *tras el gol sólo se oían los gritos de la hinchada*.

hinchar *v. tr./prnl.* **1** Aumentar el tamaño o volumen de un cuerpo al llenar su interior con un gas u otra sustancia: *hinché el globo con aire; se me hinchan los pies porque retengo líquido*. **SIN** inflar. **ANT** deshinchar, desinflar. ◊ *v. tr.* **2** Exagerar la importancia o el valor de una cosa: *este diario ha hinchado la noticia del robo*. **SIN** inflar. ◊ *v. prnl.* **3 hincharse** Aumentar el volumen de una parte del cuerpo por una acumulación excesiva de sangre o de otro líquido orgánico: *al no dormir se le hincharon los párpados; después del golpe se me ha hinchado la frente*. **SIN** inflamar. **4** *coloquial* Realizar una actividad con gran intensidad o dedicación durante un largo período de tiempo: *cuando nació su primer hijo se hinchó a hacerle fotos; hoy me he hinchado de comer*. **SIN** hartarse, inflarse. **5** *coloquial* Sentir y mostrar un gran orgullo de los propios actos o virtudes: *se hinchaba cuando alababan su novela*. **SIN** inflarse.

hinchar a golpes o **hinchar a palos** *coloquial* Golpear de manera violenta y prolongada: *se negó a dar la cartera a los atracadores y lo hincharon a palos*.

hinchar los cojones o **hinchar las narices** *malsonante* Hartarse una persona de que la molesten o fastidien.
DER hincha, hinchado, hinchazón; deshinchar.
ETIM Hinchar procede del latín *inflare*, que tenía el mismo significado, voz con la que también está relacionada *inflar*.

hinchazón *n. f.* Aumento del volumen de una parte del cuerpo por una acumulación excesiva de sangre o de otro líquido orgánico: *el puñetazo le produjo una gran hinchazón en el ojo*.

hindi *n. m.* Lengua procedente del sánscrito que se habla en la India: *el hindi es una de las lenguas oficiales de la India*.

hindú *adj.* **1** De la India o que tiene relación con este país del sur de Asia: *la capital hindú es Nueva Delhi*. ◊ *adj./n. com.* **2** [persona] Que es de la India: *la forma de gobierno de los hindúes es la república federal*. **3** [persona] Que profesa el hinduismo: *los hindúes creen en la transmigración de las almas*.
DER hinduismo.
OBS El plural es *hindúes*.

hinduismo *n. m.* Doctrina religiosa originaria de la India que cree en la reencarnación y en un sistema jerárquico de castas: *el hinduismo es la religión mayoritaria en la India*.
DER hinduista.

hinduista *adj.* **1** Del hinduismo o que tiene relación con esta doctrina religiosa. ◊ *adj./n. com.* **2** [persona] Que cree en esta doctrina religiosa.

hinojo *n. m.* Planta herbácea silvestre de hojas partidas en muchas secciones y flores amarillas que se emplea como condimento por su sabor dulce: *el hinojo se usa para aliñar las aceitunas*.
de hinojos De rodillas: *cayó de hinojos ante la imagen de la Virgen*.
ETIM Véase *heno*.

hipar *v. intr.* **1** Tener hipo una persona: *le dijeron que para dejar de hipar aguantara la respiración cuanto pudiera*. **2** Llorar emitiendo sollozos y gemidos entrecortados: *el bebé hipaba en la cuna*.
DER hipo.

híper *n. m. coloquial* Hipermercado.

hiper- Prefijo que entra en la formación de palabras con el sentido de exceso, superioridad: *hipermercado, hipertensión*.
ANT hipo–.

hipérbaton *n. m.* Figura del lenguaje que consiste en alterar el orden habitual y lógico de las palabras o de las oraciones: *en del rincón en el ángulo oscuro, de Bécquer, hay un hipérbaton*.
OBS El plural es *hipérbatos*.

hipérbola *n. f.* Curva plana y simétrica que resulta de cortar una superficie cónica por un plano paralelo a su eje: *una hipérbola puede ser la representación gráfica de una ecuación matemática*.

hipérbole *n. f.* Figura del lenguaje que consiste en exagerar lo que se expresa: *érase un hombre a una nariz pegado es una hipérbole que se refiere al desmesurado tamaño de la nariz de una persona*.
DER hiperbólico, hiperbolizar.

hiperbólico, -ca *adj.* **1** De la hipérbole o que tiene relación con esta figura del lenguaje: *comparación hiperbólica*. **2** De la hipérbola o que tiene relación con esta curva: *figura hiperbólica*.

hiperespacio *n. m.* Supuesta región del espacio exterior en la que existen más de tres dimensiones.

hipermercado *n. m.* Establecimiento comercial que ocupa una gran superficie en el que se venden toda clase de productos y en el que el cliente elige o coge lo que quiere comprar y lo paga a la salida: *los grandes hipermercados están situados a las afueras de las ciudades*.
OBS A veces se abrevia como *híper*.

hipermétrope *adj./n. com.* [persona] Que padece hipermetropía: *los hipermétropes no ven bien los objetos cercanos*.

hipermetropía *n. f.* Defecto de la visión que impide ver con claridad los objetos cercanos: *la hipermetropía es causada por un defecto en la convergencia del cristalino que hace que las imágenes de los objetos se formen más allá de la retina*.
DER hipermétrope.

hiperónimo *n. m.* GRAM. Palabra cuyo significado engloba la significación de otro u otros términos: *insecto es hiperónimo de mosquito, hormiga o escarabajo*. **ANT** hipónimo.

hipersensibilidad *n. f.* **1** Tendencia de una persona a sentirse afectada en sus sentimientos por cosas que para los demás resultan poco importantes: *durante todo el rodaje el director intentó no alterar la hipersensibilidad de la diva*. **2** Reacción anormalmente sensible del organismo de una persona que se produce como rechazo a una sustancia que se le administra o con la que tiene contacto: *este paciente tiene hipersensibilidad a los antibióticos*.

hipersensible *adj.* [persona] Que tiende a sentirse afectada en sus sentimientos por cosas que para los demás resultan poco importantes: *era una persona muy insegura e hipersensible a cualquier crítica*.
DER hipersensibilidad.

hipertensión *n. f.* Presión excesivamente alta de la sangre sobre la pared de las arterias: *la hipertensión arterial puede provocar infartos y hemorragias cerebrales*. **ANT** hipotensión.
DER hipertenso.

hipertenso, -sa *adj./n. m. y f.* [persona] Que padece hipertensión: *las personas hipertensas deben someterse a un estricto régimen de alimentos*. **ANT** hipotenso.

hipertrofia *n. f.* **1** Crecimiento excesivo y anormal de un órgano del cuerpo: *la hipertrofia de la próstata es frecuente en los varones adultos*. **2** Desarrollo o aumento desmesurado y perjudicial de una cosa: *la hipertrofia de la burocracia entorpece el funcionamiento administrativo de empresas e instituciones*.
DER hipertrofiarse.

hípica *n. f.* Conjunto de deportes en los que un jinete y su caballo participan junto con otros en una competición: *las pruebas de salto o las carreras de caballos son las disciplinas más conocidas de la hípica*.

hípico, -ca *adj.* Del conjunto de deportes que se practican a caballo o que tiene relación con ellos: *competición hípica*.
DER hípica.

hipido *n. m.* Sollozo o gemido entrecortado que da una persona al llorar: *lloraba con hipidos y suspiros*.

hipnosis *n. f.* Estado de inconsciencia semejante al sueño que se logra por sugestión y que se caracteriza por la sumisión absoluta de la voluntad de la persona a las órdenes de quien se lo ha provocado: *mediante la hipnosis es posible recordar circunstancias olvidadas del pasado*.

hipnótico, -ca *adj.* **1** De la hipnosis o que tiene relación con este estado de inconsciencia parecido al sueño: *el psiquiatra llevó a su paciente a un estado hipnótico para conocer el origen de su fobia a los animales*. ◊ *adj./n. m.* **2** [sustancia, medicamento] Que produce un estado de sueño: *el uso de sustancias hipnóticas debe tener un estrecho seguimiento médico*. ◊ *adj.* **3** Que causa una gran fascinación y atrae la aten-

ción de una manera irresistible: *la danza tribal de los nativos ejercía en él un poder hipnótico*.
DER hipnología, hipnosis, hipnotismo, hipnotizar.

hipnotismo *n. m.* Conjunto de técnicas y teorías relacionadas con los procedimientos para provocar la hipnosis y con los procesos mentales que sufre la persona que se somete a esta práctica: *en Gran Bretaña está prohibida desde 1952 la práctica del hipnotismo en espectáculos públicos*.

hipnotizador, -ra *n. m. y f.* Persona que se dedica a practicar la hipnosis: *en el espectáculo de televisión salió un hipnotizador*.

hipnotizar *v. tr.* **1** Producir en una persona un estado de hipnosis: *el mago hipnotizó a varias personas del público y les hizo creer que estaban desnudas*. **2** Causar una gran fascinación y atraer la atención de una manera irresistible: *la belleza del paisaje que se divisaba desde la cima hipnotizó a los montañeros*.
DER hipnotizador.
OBS En su conjugación, la *z* se convierte en *c* delante de *e*.

hipo *n. m.* Movimiento violento e involuntario del diafragma que fuerza a los pulmones a expulsar aire de manera brusca y entrecortada produciendo un sonido característico: *después de comer me entró hipo; la risa hizo que al niño le entrara hipo*.

quitar el hipo *coloquial* Causar un gran asombro o sorpresa: *se ha comprado un cochazo que quita el hipo*.
DER hipido.

hipo- **1** Prefijo que entra en la formación de palabras con el sentido de: *a*) inferioridad , subordinación: *hipotensión, hipocentro*. **2** *b*) caballo: *hipódromo, hipopótamo*. **ANT** hiper-.

hipoalergénico, -ca o **hipoalérgico, -ca** *adj.* [sustancia, producto] Que tiene un riesgo bajo de producir reacciones alérgicas: *gel de baño hipoalergénico*.

hipocalórico, -ca *adj.* [alimento, bebida] Que contiene o proporciona un número bajo de calorías: *las zanahorias son hipocalóricas*.

hipocampo *n. m.* Pez marino de muy pequeño tamaño, con la cola prensil y el hocico largo y tubular, cuya cabeza recuerda la de un caballo: *hay unas 35 especies distintas de hipocampos en el mundo*. **SIN** caballito de mar.
OBS Para indicar el sexo se usa *el hipocampo macho y el hipocampo hembra*.

hipocondría *n. f.* MED. Depresión anímica que se caracteriza por un temor morboso y obsesivo a padecer enfermedades: *por los síntomas que presenta, el enfermo sólo padece hipocondría*.

hipocondriaco, -ca o **hipocondríaco, -ca** *adj./n. m. y f.* [persona] Que se preocupa de manera obsesiva por su salud y siente un miedo anormal a contraer enfermedades: *las personas hipocondríacas piensan que siempre padecen algún tipo de enfermedad*.

hipocorístico, -ca *adj./n. m. y f.* [nombre] Que procede de la forma diminutiva, abreviada o infantil de otro, y que se usa como apelativo afectivo, familiar o eufemístico: *Paco es un hipocorístico de Francisco*.

hipocresía *n. f.* Actitud de la persona que finge en público tener unas ideas o sentimientos, pero en realidad tiene otros contrarios: *primero hizo cuanto pudo para que yo no ganara y luego tuvo la hipocresía de felicitarme*.
DER hipócrita.

hipócrita *adj./n. com.* [persona] Que finge en público tener unas ideas o sentimientos, pero en realidad tiene otros contrarios: *fue su mayor enemigo en vida, y ahora, el muy hipócrita, asiste compungido a su entierro*.

hipodérmico, -ca *adj.* Que está o se pone debajo de la piel: *le extrajeron sangre mediante una aguja hipodérmica*.

hipodermis *n. f.* Capa más profunda de la piel de los animales vertebrados y de los invertebrados: *la hipodermis está situada bajo la dermis*.
DER hipodérmico.
OBS El plural también es *hipodermis*.

hipódromo *n. m.* Instalación pública en la que se practican distintos deportes hípicos: *en el hipódromo se celebran carreras de caballos*.

hipófisis *n. f.* ANAT. Glándula de secreción interna del organismo situada en la base del cráneo que se encarga de controlar la actividad de otras glándulas y de regular el funcionamiento del cuerpo: *la hipófisis segrega las hormonas que regulan el crecimiento, la actividad sexual*. ☞ cerebro.
OBS El plural también es *hipófisis*.

hipogastrio *n. m.* ANAT. Parte inferior del vientre o del abdomen.
DER hipogástrico.

hipogeo *n. m.* **1** Construcción subterránea o excavada en una roca que ha sido utilizada por algunas civilizaciones antiguas como lugar de enterramiento: *en mi viaje quiero visitar los hipogeos del Valle de los Reyes que están en el sur de Egipto*. **2** Capilla o edificio subterráneo.

hipogrifo *n. m.* Animal fabuloso o imaginario que se representa con cabeza y alas de águila y cuerpo de caballo.

hipónimo *n. m.* GRAM. Palabra cuyo significado está englobado en la significación de otro término: *lenguado, tiburón o salmón son hipónimos de pez*. **ANT** hiperónimo.

hipopótamo *n. m.* Animal mamífero de gran tamaño que tiene el cuerpo grande y gordo, la piel gruesa y casi sin pelo, las patas cortas, la cabeza y la boca enormes y las orejas pequeñas: *los hipopótamos se alimentan de vegetales y viven en los ríos de África*.
OBS Para indicar el sexo se usa *el hipopótamo macho y el hipopótamo hembra*.

hipotálamo *n. m.* ANAT. Parte del encéfalo situada en la base del cerebro que controla el funcionamiento del sistema nervioso y la actividad de la hipófisis. ☞ cerebro.

hipotaxis *n. f.* GRAM. Relación gramatical que une dos elementos sintácticos de distinto nivel o función y en la que uno es dependiente del otro; especialmente la que se establece entre dos oraciones cuando una depende de otra: *en la oración habló cuando le dejaron hay una hipotaxis de cuando le dejaron a habló*. **SIN** subordinación.

hipoteca *n. f.* **1** Derecho de propiedad sobre una casa, un terreno u otro bien inmueble que su dueño da a otra persona, banco o sociedad, para asegurar o avalar una deuda que ha contraído con ellos: *firmó la hipoteca con una caja de ahorros para poder comprarse el piso*. **2** Cantidad de dinero que constituye esta deuda: *para comprar el piso debes pagar al banco una hipoteca de cinco millones*.
DER hipotecar, hipotecario.

hipotecar *v. tr.* **1** Poner la propiedad de una casa, un terreno u otro bien inmueble bajo una hipoteca para obtener a cambio el préstamo de una cantidad de dinero o como garantía de un pago: *tuvo que hipotecar su casa para poder pagar la operación de su hijo*. **ANT** deshipotecar. **2** Arriesgar la seguridad o la existencia de una cosa haciendo depender su futuro de factores o elementos extraños: *debes dejar el tabaco si no quieres hipotecar tu salud*. ☞ deshipotecar.
DER deshipotecar.
OBS En su conjugación, la *c* se convierte en *qu* delante de *e*.

hipotecario, -ria *adj.* De la hipoteca o que tiene relación con este derecho de propiedad: *crédito hipotecario; préstamo hipotecario.*

hipotensión *n. f.* Presión excesivamente baja de la sangre sobre la pared de las arterias: *la hipotensión puede provocar desmayos.* **ANT** hipertensión.
DER hipotenso.

hipotenso, -sa *adj./n. m. y f.* [persona] Que padece hipotensión: *las personas hipotensas no deben dormir en exceso.* **ANT** hipertenso.

hipotenusa *n. f.* Lado opuesto al ángulo recto de un triángulo rectángulo: *la hipotenusa es el lado más largo de un triángulo rectángulo.*

hipótesis *n. f.* Idea, juicio o teoría que se supone verdadera, aunque no se haya demostrado o confirmado, y a partir de la cual se extrae una consecuencia o una conclusión: *la policía especula con la hipótesis de que el industrial desaparecido ha sido secuestrado.*
DER hipotético.
OBS El plural también es *hipótesis*.

hipotético, -ca *adj.* **1** De la hipótesis o que está relacionado con esta idea que se supone verdadera sin haberse demostrado: *la vida inteligente extraterrestre nunca ha pasado de ser una idea hipotética.* **2** Que está basado o fundamentado en una hipótesis o en una suposición: *cálculo hipotético.*

hippie o **hippy** *adj.* **1** [movimiento cultural juvenil] Que tuvo su origen en Estados Unidos en los años sesenta y que se caracteriza por la rebeldía hacia el sistema social establecido, la libertad sexual, el pacifismo, la vida en comunas, el amor a la naturaleza y el uso de drogas alucinógenas: *el movimiento hippie surge como rechazo a la sociedad de consumo capitalista.* ◊ *adj./n. com.* **2** [persona] Que pertenecía a ese movimiento: *vivió durante un tiempo en una comuna de hippies.* ◊ *adj.* **3** Del movimiento cultural juvenil hippie o que tiene relación con él: *forma de vida hippie.*
OBS Es de origen inglés y se pronuncia aproximadamente 'jipi'. ◊ El plural es *hippies*.

hiriente *adj.* Que hiere u ofende: *sus palabras son muy hirientes.*

hirsuto, -ta *adj.* **1** [pelo] Que es fuerte, áspero y duro: *el pelo de la barba es hirsuto.* **2** Que está cubierto de este tipo de pelo: *tenía el pecho hirsuto.*

hisopo *n. m.* **1** Planta herbácea que tiene el tallo leñoso, las hojas pequeñas en forma de punta de lanza y las flores en espiga: *el hisopo se utiliza en perfumería y medicina.* **2** Instrumento de metal que está formado por una bola hueca agujereada y provista de un mango y que usan los sacerdotes para esparcir agua bendita al bendecir un objeto o un lugar.

hispalense *adj.* **1** De Sevilla o que tiene relación con esta provincia de Andalucía o con su capital: *la ciudad hispalense recibió con grandes honores la celebración de la boda real.* **SIN** sevillano. ◊ *adj./n. com.* **2** [persona] Que es de Sevilla. **SIN** sevillano.
ETIM De *Hispalis*, antigua ciudad romana que corresponde a la actual Sevilla.

hispánico, -ca *adj.* **1** De España o que tiene relación con este país del sur de Europa: *es partidario de la defensa de las tradiciones hispánicas frente a la colonización cultural norteamericana.* **SIN** español, hispano. **2** De Hispania o que tiene relación con este antiguo territorio romano que corresponde a la actual península ibérica: *celtas e íberos eran pueblos hispánicos.* **SIN** hispano. **3** Del español o que tiene relación con esta lengua: *ha realizado estudios de filología hispánica.*

hispanidad *n. f.* **1** Conjunto de países o pueblos formado por España y por los pueblos colonizados por España y cuya lengua oficial o más hablada es el español: *el 12 de octubre es la fiesta de la hispanidad.* **2** Conjunto de características culturales comunes a estos países o pueblos: *la hispanidad es una consecuencia del descubrimiento de América.* **SIN** hispanismo.

hispanismo *n. m.* **1** Estudio de la lengua y la cultura hispánicas: *Gerald Brenan fue un destacado representante del hispanismo británico.* **2** Conjunto de características culturales comunes a los países y pueblos que forman la hispanidad: *la mayoría de los territorios americanos colonizados por España conservaron su hispanismo una vez lograda la independencia.* **SIN** hispanidad. **3** Palabra o modo de expresión que son propios de la lengua española y que se usan en otro idioma: *sieste es un hispanismo en francés procedente del español siesta.*
DER hispanista.

hispanista *n. com.* Persona que se dedica al estudio de la lengua y la cultura hispánica: *hispanistas de todo el mundo se dieron cita en el congreso sobre Cervantes.*

hispanizar *v. tr./prnl.* Comunicar o adquirir formas, características o costumbres que se consideran propias de la cultura española.
OBS En su conjugación, la *z* se convierte en *c* delante de *e*.

hispano, -na *adj.* **1** De Hispanoamérica o que tiene relación con el conjunto de países y pueblos colonizados por España en América cuya lengua oficial o más hablada es el español: *a los emigrantes hispanoamericanos que viven en Estados Unidos se les llama hispanos.* **SIN** hispanoamericano. **2** De España o que tiene relación con este país del sur de Europa: *los representantes hispanos en las competiciones europeas de fútbol han obtenido resultados desiguales.* **SIN** español, hispánico. **3** De Hispania o que tiene relación con este antiguo territorio romano que corresponde a la actual península ibérica: *la sociedad hispana se vio sensiblemente alterada con la llegada de los visigodos.* **SIN** hispánico. ◊ *adj./n. m. y f.* **4** [persona] Que es de un país de Hispanoamérica: *los hispanos forman una de las minorías culturales más importantes de Estados Unidos.* **SIN** hispanoamericano.
DER hispánico, hispanidad, hispanismo, hispanizar.

hispano- Elemento prefijal que entra en la formación de palabras con el significado de español, hispano: *hispanófilo.*

hispanoamericano, -na *adj.* **1** De Hispanoamérica o que tiene relación con el conjunto de países y pueblos colonizados por España en América cuya lengua oficial o más hablada es el español: *Gabriel García Márquez es uno de los máximos representantes de la literatura hispanoamericana.* **SIN** hispano. **2** De la colectividad cultural, social y económica formada por España e Hispanoamérica o que tiene relación con ella: *se ha firmado un tratado hispanoamericano de colaboración.* ◊ *adj./n. m. y f.* **3** [persona] Que es de un país de Hispanoamérica. **SIN** hispano.

hispanoárabe *adj.* **1** Del territorio de la península ibérica que estuvo bajo dominio musulmán hasta el final de la Reconquista o que tiene relación con él: *el arte mudéjar y mozárabe son manifestaciones de la cultura hispanoárabe.* **2** De los aspectos que unen a España con los países árabes o que tiene relación con ellos: *los intereses hispanoárabes en cuestiones económicas y políticas son muy importantes.* ◊ *adj./n. m. y f.* **3** [persona] Que tenía origen y religión musulmanes y vivía en la península ibérica.

hispanófilo, -la *adj./n. m. y f.* [persona extranjera] Que siente admiración y simpatía por lo español: *la conferencia estará a cargo de una destacada hispanófila.*

hispanohablante *adj./n. com.* **1** [persona] Que habla es-

histeria

pañol como lengua materna: *el número de hispanohablantes en el sur de Estados Unidos es muy importante.* SIN castellanohablante. ◇ *adj.* **2** [país, comunidad] Que tiene como lengua oficial o materna el español: *los países de América del Sur son hispanohablantes.* SIN castellanohablante.

histeria *n. f.* **1** Enfermedad nerviosa que se caracteriza por frecuentes cambios emocionales que pueden ir de la ansiedad a ataques agudos y convulsivos: *el psiquiatra le está tratando porque padece histeria.* **2** Estado de intensa excitación nerviosa en el que se producen reacciones exageradas y que hace que la persona que lo padece llore o grite de una forma descontrolada: *la histeria con frecuencia es provocada por un suceso que causa una fuerte impresión y sorpresa.* SIN histerismo.
DER histérico, histerismo.

histérico, -ca *adj.* **1** De la histeria o que tiene relación con esta enfermedad o este estado nervioso: *reacción histérica; comportamiento histérico.* ◇ *adj./n. m. y f.* **2** [persona] Que padece histeria: *las personas histéricas tienen estados de ansiedad y nerviosismo muy exagerados.*

histerismo *n. m.* Histeria.

histología *n. f.* Parte de la anatomía que estudia la estructura y características de los tejidos de los seres vivos: *Santiago Ramón y Cajal obtuvo el premio Nobel de medicina gracias a sus estudios de histología sobre los tejidos nerviosos.*
DER histológico.

histológico, -ca *adj.* De la histología o que tiene relación con esta parte de la anatomía: *estudios histológicos.*

historia *n. f.* **1** Disciplina que estudia los acontecimientos y hechos que pertenecen al tiempo pasado; especialmente, los que han tenido una especial importancia y han afectado a un grupo amplio de personas: *historia medieval; historia del arte; historia de España.* **2** Conjunto de acontecimientos y hechos que pertenecen al tiempo pasado; especialmente, los vividos por una persona, por un grupo o por los miembros de una comunidad social: *la historia de la Tierra tiene su origen hace 4700 millones de años; el matrimonio de Isabel I de Castilla y Fernando II de Aragón fue un suceso crucial en la historia de España.* **3** Narración o exposición ordenada y detallada de estos acontecimientos y hechos: *le regaló un libro sobre la historia de su pueblo natal.* **historia sagrada** Conjunto de acontecimientos que se cuentan en la Biblia. **4** Narración que hace una persona de un acontecimiento o hecho especialmente importante o curioso que conoce o que le ha ocurrido en su vida: *le contaba a todo el mundo la historia de la vez que se estrelló el avión en el que viajaba.* **5** Conjunto de acontecimientos o hechos inventados que se narran, generalmente, con la intención de divertir o entretener: *cuando era pequeño le encantaba la historia de Juan Sin Miedo.* ◇ *n. f. pl.* **6 historias** Acontecimientos o hechos inventados que cuenta una persona con la intención de engañar a otra: *estoy harto de que me cuentes historias para justificar tus ausencias del trabajo.*
hacer historia Llevar a cabo una hazaña de una gran importancia que merece ser recordada: *el equipo español de waterpolo hizo historia en las Olimpiadas de Atlanta.*
historia clínica Conjunto de datos e informaciones referidas a la evolución de la salud o la enfermedad de un paciente a lo largo de un período largo de tiempo.
historia natural Conjunto de las ciencias que estudian la naturaleza: *la historia natural comprende el estudio de los reinos animal, vegetal y mineral.*
pasar a la historia Ser recordado un acontecimiento, un hecho o una persona por su gran importancia o por su carácter único: *las Olimpiadas de Munich pasaron a la historia por la matanza perpetrada por el grupo terrorista Septiembre Negro.*
ser historia Pertenecer al pasado y no tener importancia o consecuencias en el momento actual: *las desavenencias en su matrimonio ya son historia.*
tener una historia *a)* Enfrentarse o tener un problema una persona con otra: *cuando era joven tuvo una historia con la policía. b)* Tener una relación amorosa con una persona: *tuvo una historia con el novio de una amiga.*
DER historial, historiar, histórico, historieta, historión; prehistoria, protohistoria.

historiado, -da *adj.* Que está muy recargado de adornos o colores, generalmente mal combinados: *lleva un vestido muy historiado.*

historiador, -ra *n. m. y f.* Persona que se dedica al estudio de la historia y a escribir obras de análisis sobre ella: *los historiadores no se ponen de acuerdo sobre el lugar de nacimiento de Cristóbal Colón.*

historial *n. m.* Conjunto de datos e informaciones referidas a las actividades desarrolladas por una persona, una empresa o una institución: *historial de servicios; historial académico; historial delictivo.*

historiar *v. tr.* **1** Exponer o contar los acontecimientos y hechos que constituyen una historia real o inventada con orden y detalle: *la Crónica general de Alfonso X el Sabio es uno de los primeros intentos de historiar el origen de España.* **2** Decorar un libro con dibujos que representan hechos históricos: *historiar un tapiz; historiar un códice.*
DER historiado, historiador.

historicidad *n. f.* **1** Existencia real y comprobada de un acontecimiento pasado que se pretende que sea histórico: *la historicidad de los hechos relatados por* La Odisea *de Homero es muy dudosa.* **2** Importancia y trascendencia de un acontecimiento o hecho que le permite formar parte de la historia: *la historicidad de la caída del muro de Berlín es indiscutible.*

historicismo *n. m.* Corriente de pensamiento que sostiene que la naturaleza de las personas y de sus actos sólo es comprensible si se los considera como parte integrante de un proceso histórico continuo.

histórico, -ca *adj.* **1** De la historia o que tiene relación con esta disciplina: *durante 1992 se publicaron numerosos análisis históricos sobre el descubrimiento de América.* **2** [acontecimiento, persona] Que ha ocurrido o existido realmente: *el Cid fue un personaje histórico.* **3** [acontecimiento] Que tiene la suficiente importancia y trascendencia como para formar parte de la historia: *la entrada de España en la Comunidad Económica Europea fue un acontecimiento histórico.* **4** [obra literaria, película] Que fundamenta su trama en acontecimientos históricos: Memorias de Adriano *es una novela histórica.*
DER historicidad, historicismo.

historieta *n. f.* **1** Serie o secuencia de viñetas con dibujos que cuentan una historia: *lo primero que leía del periódico era la historieta de la última página.* **2** Relato breve e informal en el que una persona cuenta acontecimientos de su vida que considera especialmente importantes o por los que siente un gran cariño: *el abuelo me había contado mil veces las historietas de su juventud.*

historiografía *n. f.* **1** Conjunto de técnicas y teorías relacionadas con el estudio y el análisis de la historia: *la historiografía moderna persigue un estudio objetivo de la historia.* **2** Estudio del conjunto de textos de temas históricos en el que se analizan las fuentes utilizadas por los autores y el me-

tódo crítico que han seguido en su trabajo: *estoy investigando en la historiografía sobre la guerra de la Independencia.*
DER historiográfico, historiógrafo.

historiográfico, -ca *adj.* De la historiografía o que tiene relación con este conjunto de técnicas: *el historiador debe sobreponer el rigor historiográfico a un enfoque subjetivo de la materia que trata.*

histrión *n. m.* **1** Actor del antiguo teatro grecolatino que salía a escena con una máscara que representaba a su personaje. **2** Actor que interpreta a su personaje exagerando de manera ridícula sus reacciones y sentimientos. **3** Persona que se comporta y expresa sus sentimientos de manera teatral, exagerada y ridícula.
DER histriónico, histrionismo.

histriónico, -ca *adj.* **1** [persona, actor] Que se comporta o actúa como un histrión: *orador histriónico.* **2** [gesto, actitud] Que es teatral, exagerada y ridícula: *risa histriónica.*

histrionismo *n. m.* Exageración teatral y ridícula con la que se comporta una persona: *el histrionismo del vendedor hacía que pocos confiaran en sus palabras.*
DER histrionista.

hit *n. m.* Canción o tema musical que obtiene de forma muy rápida un gran éxito de popularidad y venta: *la mayor parte de los temas que saca al mercado Michael Jackson se convierten al instante en hits.* Es de origen inglés y se pronuncia aproximadamente 'jit'.
hit parade Lista o clasificación en la que figuran por orden de popularidad y venta las canciones y temas musicales de más éxito. Es de origen inglés, significa 'lista de éxitos' y se pronuncia aproximadamente 'jit pareid'.

hitita *adj.* **1** De un pueblo indoeuropeo que en el segundo milenio a. C. constituyó un poderoso imperio en Asia Menor y Siria o que está relacionado con él. ◇ *adj./n. com.* **2** [persona] Que pertenecía a este pueblo. ◇ *n. m.* **3** Lengua indoeuropea hablada por este pueblo: *el hitita está extinguido en la actualidad.*

hito *n. m.* **1** Señal en forma de poste que sirve para marcar los límites de un terreno o las partes de una vía o camino: *esperó a que pasara el autobús junto a un hito del camino.* **SIN** jalón, mojón. ☞ signos y señales. **2** Acontecimiento muy importante y significativo en el desarrollo de un proceso o en la vida de una persona: *el Oscar obtenido por José Luis Garci supuso un hito en la historia del cine español.*
mirar de hito en hito Mirar una cosa con mucha atención y sin perder ni un detalle: *el púgil miraba de hito en hito a su oponente.*

hobby *n. m.* Actividad u ocupación que se realiza meramente por placer durante el tiempo libre: *su gran hobby es la restauración de coches antiguos.* **SIN** pasatiempo, afición, distracción.
OBS Es de origen inglés y se pronuncia aproximadamente 'jobi'. ◇ El plural es *hobbies.*

hocicar *v. tr.* Escarbar un animal con el hocico en la tierra o en otra materia: *los jabalíes hocicaban en la basura de los excursionistas en busca de comida.* **SIN** hozar.
DER ahocicar.
OBS En su conjugación, la *c* se convierte en *qu* delante de *e.*

hocico *n. m.* **1** Parte saliente y prolongada de la cabeza de algunos animales en la que está situada la boca y los orificios nasales: *el cerdo tiene hocico; los osos hormigueros tienen un hocico largo y estrecho.* **SIN** morro. **2** *coloquial* Boca de una persona: *no pongas el hocico en la botella para beber.*
meter el hocico o **meter los hocicos** *coloquial* Intentar una persona enterarse de asuntos ajenos que no le afectan ni son de su incumbencia: *el portero metía los hocicos en la vida privada de todos los vecinos.*
DER hocicar, hociquear.

hockey *n. m.* Deporte que se juega entre dos equipos y consiste en meter una pequeña bola o disco en la portería contraria ayudándose de un bastón largo y plano en forma de L. **hockey sobre hielo** Hockey que se practica con un pequeño disco y sobre una pista rectangular de hielo en la que los jugadores se deslizan sobre patines de cuchillas: *el hockey sobre hielo se juega con dos equipos de seis jugadores cada uno.* **hockey sobre hierba** Hockey que se practica con una pequeña bola en un campo de césped rectangular en el que juegan dos equipos de once jugadores cada uno. **hockey sobre patines** Hockey que se practica con una pequeña bola en una pista rectangular en la que los jugadores se deslizan sobre patines de ruedas: *el hockey sobre patines se juega con dos equipos de seis jugadores cada uno.*

hogar *n. m.* **1** Casa o lugar donde vive habitualmente una persona y donde tiene la mayor parte de sus objetos personales y demás posesiones: *cuando viajaba siempre echaba de menos las comodidades de su hogar.* **2** Conjunto de personas que viven juntas en este lugar y que generalmente están unidas por lazos de parentesco: *emigró a Alemania y allí fundó un hogar.* **3** Lugar de una casa donde se enciende fuego o donde se hace lumbre: *le gustaba sentarse a leer al calor del hogar.* **hogar del jubilado** u **hogar del pensionista** Edificio o recinto destinado a acoger a personas de la tercera edad para que pasen su tiempo libre o desarrollen diversas actividades.
DER hogareño.
ETIM Véase *fuego.*

hogareño, -ña *adj.* **1** Del hogar o que está relacionado con este lugar o casa en el que vive habitualmente una persona: *tareas hogareñas.* **2** [persona] Que gusta de pasar la mayor parte del tiempo libre en su hogar y con la familia: *es un hombre de carácter apacible y hogareño.* **SIN** casero.

hogaza *n. f.* Pan redondo de tamaño grande: *las hogazas tienen mucha miga.* ☞ pan.

hoguera *n. f.* Fuego de gran tamaño y con mucha llama que se hace en el suelo al aire libre con leña u otro material: *es típico hacer hogueras en la noche de San Juan.* **SIN** fogata.

hoja *n. f.* **1** Órgano de las plantas que crece de las ramas o del tallo; generalmente, es de color verde, ligero, plano y delgado, y puede tener diversas formas dependiendo de la especie vegetal a la que pertenezca la planta: *la hoja del avellano tiene forma de corazón; la hoja del pino tiene forma de aguja.* ☞ árbol. **hoja caduca** Hoja de una planta que en otoño pierde su color verde, muere y cae: *la acacia es un árbol de hoja caduca.* **hoja perenne** Hoja de una planta que no muere ni cae de la planta con la llegada del otoño, sino que se renueva paulatinamente a lo largo del año: *el pino es un árbol de hoja perenne.* **2** Pétalo de las flores: *la margarita tiene hojas blancas.* **3** Lámina lisa y delgada de un material: *las hojas de un periódico; una hoja de aluminio; una hoja de papel.* **hoja de lata** Hojalata. **4** Lámina de metal, generalmente de acero, que forma la parte cortante de un instrumento o de un arma blanca: *la hoja de una maquinilla de afeitar; la hoja de un cuchillo.* **SIN** cuchilla. **5** Parte de una puerta o de una ventana que está sujeta al marco mediante goznes o bisagras y que se abre y se cierra: *abre sólo una hoja de la ventana para que corra un poco el fresco.*
hoja de cálculo Programa informático que sirve para hacer operaciones matemáticas y presentar los resultados de formas diferentes.

hoja de servicios Documento oficial en el que se recoge toda la información profesional de un funcionario público: *el coronel consultó la hoja de servicios del cabo.*

hoja parroquial Publicación de una parroquia en la que se da cuenta de las actividades sociales y religiosas desarrolladas en ella y se opina sobre temas de interés para los feligreses.

no tener (o **no haber**) **vuelta de hoja** Expresión que indica que una cosa sólo puede hacerse o entenderse de un único modo: *ese es un asunto que no tiene vuelta de hoja.*

DER hojarasca, hojear, hojoso, hojuela; deshojar.

ETIM *Hoja* procede del latín *folia*, que tenía el mismo significado, voz con la que también están relacionadas *defoliación, foliáceo, folio, follaje, folleto.*

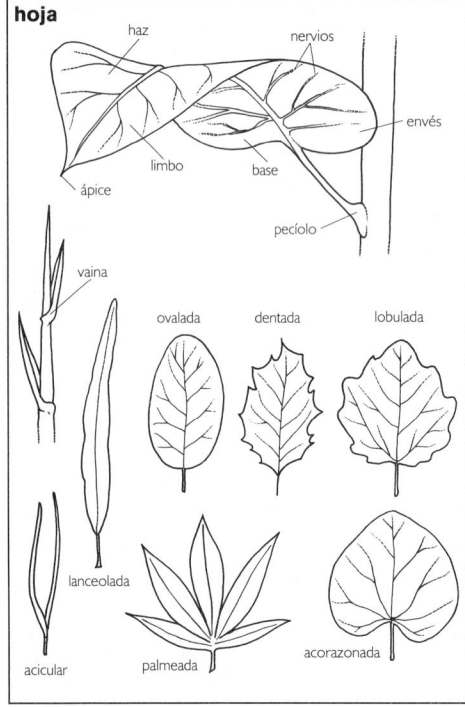

hoja — haz, nervios, envés, limbo, base, ápice, pecíolo, vaina, ovalada, dentada, lobulada, lanceolada, acorazonada, acicular, palmeada

hojalata *n. f.* Lámina delgada y lisa de hierro o acero que está cubierta por las dos caras por una capa fina de estaño: *la hojalata se usa con frecuencia para la fabricación de botes y envases.*

hojaldrado, -da *adj.* [alimento] Que está elaborado con hojaldre o envuelto en él: *perdices hojaldradas; mantecado hojaldrado.*

hojaldrar *v. tr.* Dar a una masa de harina forma de capas de hojaldre.
DER hojaldrado.

hojaldre *n. m.* **1** Masa hecha con harina, agua y manteca que se cocina en el horno y que crece formando capas muy finas que se separan entre sí: *hizo un pastel de carne a base de masa de hojaldre.* **2** Dulce hecho con esta masa: *quiero un hojaldre con nata.*
DER hojaldrar.

hojarasca *n. f.* **1** Conjunto de hojas secas que han caído de los árboles y que cubren el suelo: *el jardinero recogió la hojarasca del paseo del parque.* **2** Exceso de hojas que tiene una planta: *es bueno para los árboles podarles la hojarasca.* **3** Conjunto de cosas que se usan de adorno o relleno y que tienen poco valor e importancia por su naturaleza o por su falta de contenido: *suspendí porque la mayor parte del examen era hojarasca.*

hojear *v. tr.* **1** Pasar las hojas de un periódico, revista, libro u otra publicación de manera rápida, observando o leyendo su contenido de modo superficial: *solía hojear las revistas del corazón cuando iba a la peluquería.* **SIN** ojear.

hojuela *n. f.* Dulce que se elabora con una hoja fina de masa de harina frita en aceite: *las hojuelas suelen servirse cubiertas de miel.*

miel sobre hojuelas Expresión que indica que una cosa o situación es todavía mejor de lo que se había previsto: *me conformo con aprobar, pero si además es con nota, miel sobre hojuelas.*

¡hola! *int.* **1** Expresión que se usa para saludar: *¡hola! ¿Cómo estás?* **ANT** ¡adiós! **2** Expresión que indica sorpresa o extrañeza: *¡hola, hola!; ¿así que te casas?*

holandés, -desa *adj.* **1** De Holanda o que tiene relación con este país. ◇ *adj./n. m. y f.* **2** [persona] Que es de Holanda. **SIN** neerlandés. ◇ *n. m.* **3** Lengua que se habla en Holanda.

holandesa *n. f.* Hoja de papel que es un poco más pequeña que el folio: *la holandesa mide 27,50 centímetros de largo por 21,50 centímetros de ancho.*

holding *n. m.* Sociedad financiera que posee las acciones y lleva la administración de un conjunto de empresas que se dedican a diversas actividades económicas o industriales: *el Gobierno decretó la expropiación del holding Rumasa en 1985.*
OBS Es de origen inglés y se pronuncia aproximadamente 'joldin'.

holgado, -da *adj.* **1** Que es ancho o muy amplio: *le gustan las chaqueta holgadas.* **ANT** ceñido. **2** Que tiene una ventaja superior a la necesaria: *el partido busca una mayoría holgada en el parlamento.*

holganza *n. f.* Descanso y tranquilidad que disfruta la persona que no tiene nada que hacer: *echaba de menos los días de holganza del verano.* **SIN** ociosidad.

holgar *v. intr.* **1** Ser una cosa innecesaria o estar de sobra: *si trae consigo una lijadora eléctrica, huelga que tú me dejes la tuya.* **2** Ser innecesario aclarar o precisar una cosa por ser conocida y aceptada por la mayoría: *huelga decir cuál es el país extranjero cuya cinematografía acapara casi por completo las carteleras españolas.* **3** Disfrutar de descanso y tranquilidad una persona que no tiene nada que hacer, especialmente si es por propia voluntad: *trabajaba en un bar durante el verano y holgaba el resto del año.*
DER holgado, holganza, holgazán, holgorio, holgura, huelga.
OBS En su conjugación, la *o* se convierte en *ue* en sílaba acentuada y la *g* en *gu* delante de *e*, como en *colgar.*

holgazán, -zana *adj./n. m. y f.* [persona] Que no quiere trabajar o no cumple con su trabajo por falta de atención e interés. **SIN** gandul, vago.
DER holgazanear, holgazanería.
OBS Se suele usar como apelativo despectivo.

holgazanear *v. intr.* Estar sin trabajar por propia voluntad o no cumplir con el trabajo asignado por falta de atención e interés: *le encantaba holgazanear los domingos; holgazaneaba en cuanto el jefe se daba la vuelta.* **SIN** gandulear, vaguear.

holgazanería *n. f.* Inactividad y falta de ganas de trabajar propias de la persona holgazana. **SIN** gandulería, vaguería.

holgura *n. f.* **1** Amplitud o anchura superior a la necesaria o conveniente: *los libros de clase le cabían en la mochila con holgura*. **2** Espacio vacío que queda entre dos cosas que están encajadas una dentro de la otra: *la holgura de la tuerca le impedía apretar el tornillo*. **3** Desahogo o bienestar económico: *su sueldo le permite vivir con holgura*.

hollar *v. tr.* **1** Pisar con el pie una superficie o un lugar: *ningún hombre ha hollado la superficie de Marte*. **2** Comprimir o apretar una cosa con los pies.
DER huella.
OBS En su conjugación, la *o* se convierte en *ue* en sílaba acentuada, como en *contar*.

hollejo *n. m.* Piel fina de algunas frutas, legumbres y cereales: *el orujo es un aguardiente que se hace a partir del hollejo de la uva*.

hollín *n. m.* Polvo negro, muy fino y grasiento que deja el humo en una superficie: *las paredes interiores de las chimeneas suelen estar cubiertas de hollín*.
DER deshollinar.

holmio *n. m.* Elemento químico, metálico y sólido que se encuentra en otros minerales y se emplea en la industria metalúrgica y nuclear: *el símbolo del holmio es Ho*.

holo- Elemento prefijal que entra en la formación de palabras con el significado de 'todo , entero': *holografía, holocausto*.

holocausto *n. m.* **1** Ceremonia religiosa antigua en la que se ofrecía en sacrificio una persona o un animal. **2** Masacre en la que mueren asesinadas un gran número de personas por razones de raza o religión: *el holocausto del pueblo judío a manos del ejército nazi fue un episodio terrible de la historia*. **3** Sacrificio o entrega que hace una persona por el bien o el beneficio de otras.

holoceno *adj./n. m.* [época geológica] Que forma parte del período cuaternario y en la que se producen las últimas glaciaciones y el género humano inicia su mayor evolución; su continuidad llega hasta nuestros días: *el holoceno está precedido por el pleistoceno*.

holografía *n. f.* **1** Técnica fotográfica que permite obtener una imagen con un efecto óptico tridimensional mediante el uso de un rayo láser. **2** Imagen óptica tridimensional que se obtiene mediante esta técnica. **SIN** hologuama.
DER holográfico, hológrafo.

holográfico, -ca *adj.* De la holografía o que tiene relación con esta técnica fotográfica: *imagen holográfica*.

holograma *n. m.* **1** Imagen con un efecto óptico tridimensional obtenida mediante una técnica fotográfica basada en el uso del rayo láser. **SIN** holografía. **2** Placa fotográfica impresionada con rayos láser que permite reproducir imágenes con tres dimensiones.

holoturia *n. f.* Animal invertebrado marino de pequeño tamaño, con forma alargada y cilíndrica, que vive en el fondo del mar y se alimenta principalmente de materia en descomposición: *la holoturia tiene unos tentáculos retráctiles alrededor de la boca*.

hombrada *n. f.* Acción que se lleva a cabo gracias al valor y al esfuerzo de una o varias personas: *lograron la hombrada de ganar un partido que iban perdiendo por tres a cero*.

hombre *n. m.* **1** Individuo adulto de sexo masculino que pertenece a la especie humana: *en la mayoría de los deportes, hombres y mujeres compiten por separado*. **2** Individuo de la especie humana: *todos los hombres debieran ser iguales ante la ley; el hombre se distingue de los animales por su capacidad para razonar*. **SIN** persona, humano. **3** Persona de sexo masculino que está, junto a otras, bajo las órdenes de un jefe: *el capitán del barco ordenó a sus hombres que se prepararan para atracar en el puerto*. **4** Persona de sexo masculino con la que se mantiene una relación amorosa: *tras sus continuas infidelidades decidió abandonar a su hombre*. Suele usarse con un determinante posesivo. ◇ *int.* **5** ¡hombre! Expresión que indica admiración, sorpresa, extrañeza o disgusto: *¡hombre! ¡Cómo no me has avisado del nacimiento de tu hijo!*

de hombre a hombre Expresión que se utiliza para indicar que una cosa se dice con la mayor confianza y franqueza: *el sargento me preguntó, de hombre a hombre, si yo sabía quién era el ladrón*.

hombre de Cromañón Raza de seres humanos que vivieron al final del paleolítico y se caracterizaron por tener el cráneo alargado, la frente ancha y una estatura media de 170 cm.

hombre de Neanderthal Raza de seres humanos que vivieron a mediados del paleolítico y se caracterizaron por tener una complexión robusta, las mandíbulas muy desarrolladas, poca frente y estatura baja.

hombre de paja Persona que actúa en secreto bajo las órdenes de otra y cuyos intereses defiende: *el narcotraficante tenía a un hombre de paja a cargo de una importante cadena de restaurantes*.

hombre fuerte Persona que ostenta el mayor poder y responsabilidad dentro de un grupo, empresa o partido político: *durante muchos años Santiago Carrillo fue el hombre fuerte del movimiento comunista español*.

hombre orquesta Músico que lleva varios instrumentos sujetos a diversas partes de su cuerpo y los toca todos al mismo tiempo.

hombre rana Persona que va equipada con un traje de goma, gafas, aletas y bombonas de oxígeno y realiza diversas actividades debajo de la superficie del mar, de un río o de un lago: *varios hombres rana buscan en el pantano a una de las víctimas de la riada*. El plural es *hombres rana*. **SIN** buzo, submarinista.

ser un hombre hecho y derecho Expresión que se utiliza para indicar que una persona de sexo masculino es ya un adulto con plena conciencia de los actos que realiza y de las responsabilidades que debe asumir: *cuando acabó sus estudios universitarios era ya un hombre hecho y derecho*.
DER hombrada, hombría, hombrón, hombruno; prohombre, superhombre.
ETIM *Hombre* procede del latín *homo, -inis*, que tenía el mismo significado, voz con la que también están relacionadas *homicidio, homínido*.

hombrera *n. f.* **1** Pieza de tela, gomaespuma u otro material que se coloca bajo la tela de una prenda de vestir a la altura de los hombros para realzar su forma o como protección y defensa de posibles golpes: *voy a poner hombreras a mi chaqueta; los jugadores de fútbol americano llevan hombreras en su conjunto deportivo*. **2** Parte de una prenda de vestir que cubre los hombros: *tienes una mancha en la hombrera*. **SIN** hombro. **3** Pieza de tela pequeña y estrecha que, sobrepuesta en los hombros de los uniformes militares, sirve para sujetar las correas que pasan por el hombro o para llevar las insignias con galones o estrellas representativas de la graduación.

hombría *n. f.* Conjunto de virtudes morales que se consideran propias de un hombre de bien: *el valor, la firmeza y la honradez son características propias de la hombría*.

hombro *n. m.* **1** Parte del cuerpo de algunos vertebrados en la que se unen al tronco las extremidades superiores o delanteras: *los soldados desfilan con el fusil apoyado en el hombro*. ☞ cuerpo humano. **2** Porción de una prenda de vestir que cubre esta parte del cuerpo de las personas: *procura*

plancharme bien los hombros de la camisa. **SIN** hombrera.
arrimar el hombro Colaborar unas personas con otras en un trabajo o actividad: *todos debemos arrimar el hombro para restaurar la catedral.*
encogerse de hombros Mover una persona los hombros hacia arriba en señal de extrañeza o indiferencia: *se encogió de hombros para darme a entender que le daba igual.*
hombro por hombro Expresión que indica que una cosa se hace en estrecha colaboración con otra persona: *trabajó hombro con hombro con sus compañeros para ayudar a levantar la empresa.*
mirar por encima del hombro Tratar con menosprecio y superioridad a una persona: *es muy soberbio y suele mirar a todo el mundo por encima del hombro.*
DER hombrera.
hombruno, -na *adj.* [mujer, característica de mujer] Que tiene características físicas o actitudes y modales que se consideran más propios de un hombre.
homenaje *n. m.* **1** Celebración pública que se hace en señal de respeto, admiración y estima hacia una persona: *en el aniversario de su muerte se celebró un homenaje en su memoria.* **2** Muestra de veneración o sumisión que realiza una persona: *el soldado que jura bandera hace un homenaje a la patria.* **3** Juramento solemne de fidelidad que un vasallo hacía a su señor en el sistema feudal de la Edad Media.
DER homenajear.
homenajear *v. tr.* Dedicar o rendir un homenaje a una persona o a su memoria en señal de respeto, admiración y estima: *el ayuntamiento de su pueblo homenajeó al atleta ganador de una medalla de oro en las Olimpiadas.*
homeo- Elemento prefijal que entra en la formación de palabras con el significado de 'semejante, parecido': *homeopatía.*
homeópata *adj./n. com.* [persona] Que está especializado en homeopatía: *los homeópatas consideran que la prevención de las enfermedades es muy importante.*
homeopatía *n. f.* Técnica de tratamiento y curación de enfermedades por medio de pequeñas cantidades de sustancias que, aplicadas en grandes proporciones, producirían el mismo mal que el que padece un individuo: *las autoridades sanitarias oficiales no reconocen la capacidad curativa de la homeopatía.*
DER homeópata, homeopático.
homeopático, -ca *adj.* De la homeopatía o que tiene relación con esta técnica de tratamiento y curación de enfermedades: *tratamiento homeopático.*
homicida *adj./n. com.* [persona, cosa] Que ha causado la muerte de una persona: *el homicida arrolló al ciclista que circulaba por el arcén; la policía encontró el arma homicida.*
homicidio *n. m.* Muerte que una persona causa a otra: *el homicidio puede ser involuntario o intencionado, en cuyo caso se denomina asesinato.*
DER homicida.
ETIM Véase *hombre.*
homilía *n. f.* Discurso de contenido moral pronunciado por el sacerdote durante la misa para explicar los textos bíblicos u otro tema religioso o social: *durante la homilía, el obispo se refirió al clima de violencia que se respiraba en la ciudad.*
SIN sermón.
homínido *adj./n. m.* **1** [mamífero primate] Que anda sobre dos pies en posición erguida y está dotado de inteligencia y gran habilidad manual. ◇ *n. m. pl.* **2** Orden o grupo al que pertenecen estos mamíferos primates: *el hombre es el único representante de los homínidos.*

ETIM Véase *hombre.*
homo erectus *n. m.* Especie de homínidos que vivieron al principio del paleolítico y se caracterizan por caminar erguidos sobre dos pies, tener la frente inclinada hacia atrás y carecer de mentón: *el homo erectus era cazador.*
homo sapiens *n. m.* Especie de homínidos a la que corresponden el hombre de Neandertal, el hombre de Cromañón y el hombre actual.
homo- Elemento prefijal que entra en la formación de palabras con el significado de 'igual, el mismo, idéntico': *homosexual.* **ANT** hetero-.
homofonía *n. f.* GRAM. Característica en común que tienen varias palabras que se pronuncian de la misma manera pero tienen significados distintos: *las palabras vaca y baca tienen una relación de homofonía.*
homófono, -na *adj./n. m.* GRAM. [palabra] Que se pronuncia exactamente igual que otra palabra, pero tiene distinto significado: *hola, saludo, y ola, de agua, son palabras homófonas.*
DER homofonía.
homogeneidad *n. f.* **1** Conjunto de características comunes a la clase o naturaleza de dos o más cosas que permite establecer entre ellas una relación de semejanza: *la concejalía de urbanismo apuesta por la homogeneidad de las nuevas contrucciones que se hagan en el centro histórico.* **ANT** heterogeneidad. **2** Uniformidad en la composición y estructura de una sustancia: *debes batir la masa del pastel hasta que logres una perfecta homogeneidad.*
homogeneización *n. f.* **1** Acción que consiste en dotar de carácter homogéneo o semejante a dos o más cosas: *la Unión Europea propugna la homogeneización de las políticas económicas de los países en ella integrados.* **2** Proceso químico o mecánico al que se somete una sustancia para evitar que se disgreguen los elementos que la integran: *la homogeneización de la leche evita que se formen coágulos de grasa y sedimentos.*
homogeneizar *v. tr.* **1** Adaptar las características referentes a la clase o naturaleza de dos o más cosas para hacer posible que se establezca entre ellas una relación de semejanza: *es necesario homogeneizar el nivel de desarrollo industrial de los países del mundo.* **2** Someter una sustancia a un proceso de homogeneización: *homogeneizar la mantequilla; homogeneizar la leche.*
DER homogeneización.
OBS En su conjugación, la *i* se acentúa en algunos tiempos y personas y la *z* se convierte en *c* delante de *e.*
homogéneo, -nea *adj.* **1** [conjunto, grupo] Que está formado por elementos con una serie de características comunes referidas a su clase o naturaleza que permiten establecer entre ellos una relación de semejanza: *los alumnos que integran una clase suelen tener en su mayoría una formación académica homogénea.* **ANT** heterogéneo. **2** [sustancia] Que se caracteriza por la uniformidad de su composición y estructura: *antes de aplicar el cemento debes conseguir una masa homogénea.*
DER homogeneidad, homogeneizar.
homógrafo, -fa *adj./n. m.* GRAM. [palabra] Que se escribe y se pronuncia exactamente igual que otra pero tiene distinto significado: *haya, árbol, y haya, del verbo haber, son palabras homógrafas.*
homologación *n. f.* **1** Consideración de una cosa semejante a otra por tener ambas en común una amplia serie de características referidas a su naturaleza, función o clase: *los sindicatos piden la homologación de los diversos convenios*

homogeneizar	
INDICATIVO	SUBJUNTIVO
presente	presente
homogeneízo	homogeneíce
homogeneízas	homogeneíces
homogeneíza	homogeneíce
homogeneizamos	homogeneicemos
homogeneizáis	homogeneicéis
homogeneízan	homogeneícen
pretérito imperfecto	pretérito imperfecto
homogeneizaba	homogeneizara o
homogeneizabas	homogeneizase
homogeneizaba	homogeneizaras o
homogeneizábamos	homogeneizases
homogeneizabais	homogeneizara o
homogeneizaban	homogeneizase
pretérito indefinido	homogeneizáramos o
homogeneicé	homogeneizásemos
homogeneizaste	homogeneizarais o
homogeneizó	homogeneizaseis
homogeneizamos	homogeneizaran o
homogeneizasteis	homogeneizasen
homogeneizaron	futuro
futuro	homogeneizare
homogeneizaré	homogeneizares
homogeneizarás	homogeneizare
homogeneizará	homogeneizáremos
homogeneizaremos	homogeneizareis
homogeneizaréis	homogeneizaren
homogeneizarán	
condicional	IMPERATIVO
homogeneizaría	homogeneíza (tú)
homogeneizarías	homogeneíce (usted)
homogeneizaría	homogeneizad (vosotros)
homogeneizaríamos	homogeneícen (ustedes)
homogeneizaríais	
homogeneizarían	FORMAS NO PERSONALES
	infinitivo gerundio
	homoge- homoge-
	neizar neizando
	participio
	homogeneizado

colectivos. **SIN** equiparación. **2** Registro o comprobación oficial de las características de categoría y calidad de una cosa por parte de un organismo autorizado: *los juguetes deben tener el sello de homologación de la Unión Europea*. **3** Registro o comprobación oficial del resultado de una prueba deportiva de acuerdo con la normativa adecuada: *la homologación de una marca en un deporte compete a la federación nacional de dicha disciplina deportiva*. **4** Proceso legal que permite dar validez a los estudios realizados y aprobados en otro país, centro docente o especialidad académica.

homologar *v. tr.* **1** Considerar una cosa semejante a otra por tener ambas en común una amplia serie de características referidas a su naturaleza, función o clase: *es deseable homologar las categorías y retribuciones profesionales entre profesores de enseñanza pública y privada*. **SIN** equiparar. **2** Re-
gistrar o comprobar de manera oficial que las características de categoría y calidad de una cosa se adaptan a la legislación que existe sobre ella: *no está permitido conducir motocicletas usando un casco sin homologar*. **3** Registrar o comprobar de manera oficial el resultado de una prueba deportiva de acuerdo con la normativa adecuada: *la marca del saltador no fue homologada por tener un viento a favor superior al permitido*. **4** Dar validez legal a los estudios realizados y aprobados en otro país, centro docente o especialidad académica. **SIN** convalidar.
DER homologable, homologación.
OBS En su conjugación, la g se convierte en *gu* delante de e.
homólogo, -ga *adj.* **1** Que es semejante a otra cosa por tener en común con ella una amplia serie de características referidas a su naturaleza, función o clase: *simios y humanos tienen una morfología anatómica homóloga*. ◇ *adj./n. m. y f.* **2** [persona, grupo] Que realiza una función o un trabajo similar a otro de una empresa, institución o país diferente: *el ministro español solicitó a su homólogo francés una mayor colaboración en la lucha antiterrorista*.
DER homologar.
homonimia *n. f.* GRAM. Característica en común que tienen varias palabras que se escriben o se pronuncian exactamente igual, pero tienen significados distintos: *hay una relación de homonimia entre* banco, *para sentarse, y* banco, *para guardar el dinero*.
homónimo, -ma *adj./n. m.* **1** GRAM. [palabra] Que se escribe y se pronuncia exactamente igual que otra, pero tiene distinto significado y distinto origen etimológico: *vela, de barco, y* vela, *de cera, son palabras homónimas*. **2** [persona, cosa] Que tiene el mismo nombre propio que otra: *la capital de la provincia de Sevilla es la ciudad homónima*.
DER homonimia.
homosexual *adj./n. com.* **1** [persona] Que siente atracción sexual por personas de su mismo sexo. ◇ *adj.* **2** [relación sexual, atracción sexual] Que se da entre personas que tienen el mismo sexo.
DER homosexualidad.
homosexualidad *n. f.* **1** Atracción sexual que siente una persona por otras del mismo sexo. **2** Práctica de relaciones sexuales que se da entre personas del mismo sexo.
honda *n. f.* Tira de cuero, esparto u otro material flexible que, doblada sobre sí misma, se hace girar para lanzar piedras a distancia aprovechando la fuerza centrífuga: *los pastores suelen llevar una honda para controlar al rebaño*.
OBS No se debe confundir con *onda*.
hondo, -da *adj.* **1** [lugar] Que está alejado de la superficie de una cosa o de la parte superior o exterior: *el pesquero que naufragó estaba hundido en una zona demasiado honda para intentar un rescate; el pueblo estaba enclavado en un hondo valle*. **SIN** profundo. **2** [recipiente] Que tiene mucha distancia entre el fondo y el borde superior: *las soperas suelen ser recipientes hondos*. **SIN** profundo. **3** [mar, río, lago] Que tiene mucha distancia entre el fondo y la superficie: *los niños no deben nadar solos en la parte honda de las piscinas*. **SIN** profundo. **4** Que llega hasta muy adentro: *se hizo un corte bastante hondo mientras se afeitaba*. **SIN** profundo. **5** [sensación, sentimiento] Que es muy intenso y provoca una gran alteración del ánimo: *el atentado que sufrió el Papa causó una honda impresión en todo el orbe cristiano*. **SIN** profundo. **6** [pensamiento, comunicación] Que es de difícil comprensión: *sólo sus amigos más íntimos sabían descifrar el significado más hondo de sus canciones*. **SIN** profundo.
DER hondonada, hondura; ahondar.

hondonada

H h

ETIM *Hondo* procede del latín *[pro]fundus*, que tenía el mismo significado, voz con la que también están relacionadas *fondo*, *fundar*.

hondonada *n. f.* Parte de un terreno más baja que las zonas que la rodean: *al llover se formaba en la hondonada un pequeño lago*.

hondura *n. f.* **1** Distancia que hay desde la superficie o la parte superior de una cosa hasta su parte inferior: *la hondura de este río es muy grande*. **SIN** profundidad. **2** Intensidad de una sensación o sentimiento que provoca una gran alteración del ánimo: *la hondura de la tristeza se hacía patente en el rostro de los asistentes al entierro*. **SIN** profundidad. **3** Complejidad de un pensamiento o comunicación que hace difícil su comprensión: *la hondura de los pensamientos de un filósofo*. **SIN** profundidad.

hondureño, -ña *adj.* **1** De Honduras o que tiene relación con este país de América Central: *la capital hondureña es Tegucigalpa*. ◇ *adj./n. m. y f.* **2** [persona] Que es de Honduras.

honestidad *n. f.* **1** Cualidad de una persona que actúa de acuerdo con la justicia, la verdad y el honor: *el funcionario consideró un insulto a su honestidad que aquella persona quisiera sobornarlo*. **SIN** honor, honorabilidad, honradez. **2** Respeto a las normas morales socialmente establecidas, especialmente de carácter sexual: *algunos críticos tacharon su película de pornográfica y contraria a la más mínima honestidad*. **SIN** decencia, decoro. **ANT** indecencia, inmoralidad.

honesto, -ta *adj.* **1** [persona] Que actúa con honestidad: *aunque su amigo quería comprarle el coche, fue honesto con él y le advirtió de los muchos problemas de motor que tenía*. **SIN** cabal, honrado. **ANT** deshonesto. **2** Que se hace de acuerdo con la justicia, la verdad y el honor: *tenía un honesto negocio de compraventa de automóviles*. **SIN** honrado.
DER honestidad; deshonesto.
ETIM Véase *honor*.

hongo *n. m.* **1** Organismo vivo que vive fijo en la tierra o en la superficie en la que crece, carece de clorofila y se reproduce de forma sexual o asexual: *el champiñón, el moho o la levadura son hongos*. ◇ *n. m. pl.* **2 hongos** Grupo al que pertenecen estos organismos.
crecer como hongos Desarrollarse o extenderse mucho y muy rápidamente una cosa: *desde que se hizo famoso, sus amigos crecieron como hongos*.

honor *n. m.* **1** Actitud moral que impulsa a una persona a actuar de acuerdo con la justicia, la verdad y el honor y a cumplir con sus deberes u obligaciones: *el honor obligó al capitán a permanecer en su barco mientras se hundía*. **SIN** honestidad, honorabilidad, honradez. **2** Respeto y buena opinión que se tiene hacia las cualidades morales y la dignidad de una persona: *retó en duelo al caballero que había puesto en duda su honor llamándolo traidor*. **SIN** honra. **ANT** deshonor, deshonra. **3** Satisfacción que siente una persona al recibir de los demás una prueba pública de respeto, admiración y estima: *el premio Cervantes es el mayor honor que puede recibir un escritor en lengua castellana*. ◇ *n. m. pl.* **4 honores** Manifestación pública de respeto, admiración y estima que se ofrece a una persona en razón de su cargo o de su personalidad: *el Papa recibe honores de jefe de Estado en los países que visita*.
dama de honor Mujer que acompaña a otra que es la más importante de una ceremonia pública: *fui dama de honor de una novia; es la dama de honor de la ganadora de un concurso de belleza*.
división de honor Categoría en la que se agrupan los mejores equipos de un deporte: *la división de honor del fútbol español es la primera división*.
hacer honor a Poner de manifiesto una cosa o dejarla en buen lugar: *el actual campeón del mundo hizo honor a su nombre y se adjudicó el primer premio*.
hacer los honores Tratar con atención y esmero a los invitados a un acto, reunión o fiesta: *hizo los honores a todos los invitados al banquete*.
palabra de honor Prueba que ofrece una persona de la verdad de lo que dice mediante la cual pone en juego su dignidad y consideración pública si esto resulta ser mentira: *dio su palabra de honor a sus amigos de que no había tenido nada que ver en el robo*.
saque de honor Ceremonia en la que se simula el inicio de un partido por parte de una persona a la que se le quiere rendir un homenaje público de respeto, admiración y estima: *el saque de honor del partido de fútbol estuvo a cargo del presidente del Gobierno*.
tener el honor Disfrutar de la satisfacción de hacer una cosa importante y agradable: *tuvo el honor de representar a España en las Olimpiadas*.
DER honorable, honorario, honorífico; deshonor.
ETIM *Honor* procede del latín *honos, -oris*, que tenía el mismo significado, voz con la que también está relacionada *honesto*.

honorabilidad *n. f.* Cualidad de una persona que actúa de acuerdo con la justicia, la verdad y el honor y es digna de ser honrada y respetada por sus virtudes: *su honorabilidad no le permitía recibir regalos de sus clientes*. **SIN** honor, honestidad, honradez.

honorable *adj.* **1** [persona] Que actúa con honorabilidad: *toda su vida fue un honorable funcionario que cumplió con su trabajo a la perfección*. **SIN** cabal, honesto, honrado. **ANT** deshonesto. **2** Que merece el respeto, la admiración y la estima de las demás personas: *hizo un honorable intento por ayudar a sus compañeros en el trabajo*. **SIN** honroso. **3** [hecho, acción] Que permite conservar a una persona la dignidad, el respeto y la buena opinión de los demás: *presentar la dimisión era la única salida honorable para el ministro acusado de corrupción*. **SIN** honroso. **4** Forma de tratamiento honorífico que tienen determinados cargos o dignidades: *el presidente de la Generalitat tiene el tratamiento de honorable*.
DER honorabilidad.

honorario, -ria *adj.* **1** [persona] Que posee el título de un cargo como prueba pública de respeto, admiración y estima, pero no tiene el derecho de ejercerlo: *Fidel Castro fue nombrado concejal honorario del pueblo gallego de Oleiros*. **2** Que se otorga como prueba pública de respeto, admiración y estima, pero no tiene remuneración económica: *era un catedrático de gran prestigio que recibió diversos cargos honorarios en las instituciones de la ciudad*. **SIN** honorífico. ◇ *n. m. pl.* **3 honorarios** Cantidad de dinero que cobra una persona por realizar un trabajo: *su trabajo le proporciona unos elevados honorarios*.

honorífico, -ca *adj.* Que supone una prueba pública de respeto, admiración y estima, aunque no tiene remuneración económica: *la prensa le concedió el título honorífico de mejor jugador de la liga*. **SIN** honorario.

honoris causa Locución latina que significa 'por razón o causa de honor' y que se utiliza en la expresión *doctor honoris causa*, título honorífico que concede una universidad a una persona en reconocimiento a sus méritos personales y profesionales: *nuestro rey es doctor honoris causa por varias universidades europeas*.

honra *n. f.* **1** Respeto y buena opinión que se tiene de las

cualidades morales y de la dignidad de una persona: *intentó mantener ocultos los problemas económicos y no arruinar la honra de su familia*. SIN honor. ANT deshonor, deshonra. **2** Satisfacción que siente una persona al recibir de los demás una prueba pública de respeto, admiración y estima: *tuvo la honra de recibir un premio por su trabajo*. SIN honor. **3** Buena fama que tiene una persona que se comporta con honestidad moral: *el teatro del Siglo de Oro tiene en la honra de la mujer uno de sus temas fundamentales*.
a mucha honra Expresión con la que se muestra satisfacción y orgullo por una condición o situación: *soy del Betis y a mucha honra*.
honras fúnebres Ceremonia religiosa que se celebra en honor de una persona ya ha muerto para rezar por la salvación de su alma: *a las honras fúnebres del presidente asesinado asistieron personalidades de todo el mundo*. SIN exequias, funeral.
DER honrilla.

honradez *n. f.* Cualidad de una persona que actúa de acuerdo con la justicia, la verdad y el honor y se comporta con rectitud e integridad: *agradeció la honradez del basurero que le devolvió la cartera que había perdido*. SIN honor, honestidad, honorabilidad.

honrado, -da *adj.* **1** [persona] Que actúa con honradez: *tenía fama entre sus clientes de ser un comerciante honrado*. SIN cabal, honesto. **2** Que se hace de acuerdo con la justicia, la verdad y el honor: *el detenido aseguró a la policía que sus negocios eran honrados*. SIN honesto.

honrar *v. tr.* **1** Realizar una prueba pública de respeto, admiración y estima hacia una persona: *inauguraron un monumento para honrar la memoria del escritor en el aniversario de su muerte*. **2** Reconocer o premiar las cualidades morales y la dignidad de una persona: *honraron al héroe con aclamaciones de alabanza*. ◇ *v. prnl.* **3 honrarse** Sentirse orgullosa una persona de una condición o situación: *el famoso cirujano se honraba de haber operado a importantes personalidades*.
DER honra, honradez, honrado, honroso; deshonrar.

honrilla *n. f.* Consideración y estima que siente una persona por sí misma que le lleva a defender su dignidad y buena fama: *aunque era un partido amistoso, ambos equipos luchaban por la honrilla de la victoria*.
OBS Tiene connotación humorística.

honroso, -sa *adj.* **1** Que merece respeto, admiración y estima: *el tenista español logró una honrosa victoria ante el número uno del mundo*. SIN honorable. **2** [acto, acción] Que permite conservar a una persona la dignidad, el respeto y la buena opinión de los demás: *no ganó, pero logró un honroso segundo puesto*. SIN honorable.

hontanar *n. m.* **1** Corriente de agua que brota de la tierra. SIN manantial. **2** Lugar donde tiene el nacimiento esta corriente de agua. SIN manantial.

hooligan *n. m.* Hincha de fútbol de nacionalidad inglesa que se caracteriza por su actitud violenta y su comportamiento destructivo.
OBS Es de origen inglés y se pronuncia aproximadamente 'júligan'.

hora *n. f.* **1** Medida de tiempo que equivale a 60 minutos: *un día tiene 24 horas; trabajo diez horas al día*. **2** Momento del día determinado por el tiempo que marca un reloj: *¿qué hora es?; ¿tienes hora?* **3** Momento oportuno y determinado para hacer una cosa: *estudió mucho para estar preparado cuando llegara la hora del examen*. **4** Cita que se fija para un día y momento determinado en la que una persona recibe a otra por motivos profesionales: *tengo hora con el médico; tie-*ne hora en la peluquería. **5** Instante final de la vida de una persona: *cuando se jubiló, decidió vivir en el campo hasta que le llegara la hora*.
a buenas horas Expresión que indica que una cosa sucede cuando es demasiado tarde y ya no sirve para nada: *a buenas horas vienes a ayudarme, ya lo tengo todo hecho*.
a primera hora Al principio del día o al principio del tiempo dedicado al trabajo o a otra actividad: *tengo que presentar el informe a primera hora*.
a todas horas Continuamente: *está hablando de fútbol a todas horas*.
a última hora Al final del día o al final del tiempo dedicado al trabajo o a otra actividad: *lograron empatar el partido a última hora*.
entre horas Entre las horas de las comidas principales del día: *siempre está picando entre horas; no comas entre horas, que dicen que engorda mucho*.
hacer horas Trabajar después de la jornada laboral marcada u obligatoria: *trabaja por la mañana, y por la tarde se queda a hacer horas*.
hora punta Momento del día en que hay en las calles de una ciudad mayor presencia y movimiento de personas o vehículos: *en las horas punta son frecuentes los atascos*.
horas muertas Período largo de tiempo que una persona dedica a una actividad de forma que llega a aislarse de todo lo demás: *pasaba las horas muertas con su ordenador*.
la hora de la verdad Momento más importante y decisivo en el que se hace una cosa u ocurre un hecho: *cuando llegó la hora de la verdad, se encontraba preparado para intentar batir el récord*.
poner en hora Ajustar el reloj para que marque el tiempo oficial correcto: *antes de acostarnos pusimos en hora el despertador*.
ya era hora Expresión que indica que una cosa que ocurre en ese momento ya tendría que haber sucedido con anterioridad: *por fin ha llegado la pizza que encargaste, ya era hora*.
DER horario; ahora, deshora, enhorabuena, enhoramala.

horadar *v. tr.* Hacer un agujero, túnel o galería en un cuerpo atravesándolo de parte a parte: *horadar la madera con un taladro; horadar la fruta un gusano; horadar la roca el hombre*.

horario, -ria *adj.* **1** Del tiempo que marca un reloj o que tiene relación con él: *entre Canarias y la península ibérica hay una diferencia horaria de 60 minutos*. ◇ *n. m.* **2** Distribución de los días y las horas en que se presta un servicio o se debe realizar una actividad o trabajo: *con el horario de clases de este año tengo todas las tardes libres*. **3** Cuadro, panel o publicación que recoge esta distribución: *consultó el horario de autobuses para ver cuándo salía el siguiente*.

horca *n. f.* **1** Armazón de madera del que cuelga una cuerda con un nudo corredizo que sirve para ejecutar a una persona colgándola por el cuello hasta que muere: *antiguamente, la horca se levantaba en lugares públicos para que el pueblo pudiera asistir a la ejecución del condenado a muerte*. **2** Pena de muerte que se ejecuta colgando a las personas por el cuello hasta que mueren: *los principales líderes nazis fueron condenados a la horca en el juicio de Nuremberg*. **3** Instrumento de labranza formado por un palo largo terminado en dos o más puntas que se usa para mover hierba o paja cortada y para otros trabajos agrícolas. ☞ aperos. **4** Instrumento formado por una vara con dos puntas que sirve para sujetar, colgar o descolgar una cosa: *el carnicero descolgó los chorizos que colgaban del techo con una horca*. SIN horquilla.
DER horqueta, horquilla; ahorcar.

OBS No se debe confundir con *orca*.

horcajadas Palabra que se utiliza en la locución *a horcajadas*, que se aplica a una manera de sentarse con una pierna a cada lado del objeto o lugar en el que se está sentado: *los caballos suelen montarse a horcajadas*.
DER ahorcajarse.

horchata *n. f.* Bebida de color blanco que se hace con chufas o almendras molidas mezcladas con agua y azúcar: *la horchata se toma fría*.
DER horchatería.

horchatería *n. f.* Establecimiento donde se elabora o se vende horchata: *en las horchaterías se sirven helados y otras bebidas refrescantes*.

horda *n. f.* **1** Grupo numeroso de personas que actúan de manera violenta destruyendo todo lo que encuentran a su paso: *una horda de aficionados furiosos arrasó los aledaños del estadio*. **2** Grupo numeroso de personas pertenecientes al mismo pueblo o tribu que tienen costumbres nómadas y guerreras: *las hordas bárbaras comenzaron a invadir el Imperio romano en el siglo v*.

horizontal *adj.* **1** Que es paralelo a la línea imaginaria del horizonte: *las personas duermen en posición horizontal*. ◇ *adj./n. f.* **2** [línea, recta] Que es perpendicular a la vertical o está trazada de derecha a izquierda. ☞ línea.
DER horizontalidad.

horizontalidad *n. f.* Posición paralela a la línea imaginaria del horizonte: *comprobó con un nivel la horizontalidad de los estantes de la librería*.

horizonte *n. m.* **1** Línea imaginaria que parece separar el firmamento de la tierra o el mar cuando se observan desde una perspectiva alejada: *el sol se oculta tras el horizonte*. **2** Espacio encerrado en esa línea. **3** Conjunto de posibilidades o perspectivas que ofrece una cosa: *el uso de la fibra óptica ha abierto un nuevo horizonte en el campo de las telecomunicaciones*. **4** Campo que abarcan las inquietudes y las ambiciones de una persona: *está continuamente estudiando y formándose porque tiene una gran amplitud de horizontes*.
DER horizontal.

horma *n. f.* **1** Instrumento de metal o madera que sirve para dar forma a un material o a un objeto: *la horma de un zapatero sirve para ensanchar los zapatos*. **2** Forma del interior de un zapato: *le gustaban los zapatos de horma alargada y en punta*.
la horma de su zapato *coloquial* Expresión que se aplica a la persona o cosa capaz de competir, hacer frente o someter a otra: *era el matón de la clase, pero al llegar el nuevo profesor topó con la horma de su zapato*.
ETIM Véase *forma*.
DER ahormar.

hormiga *n. f.* Insecto de cuerpo pequeño y alargado, color oscuro o rojizo, y dotado de antenas y fuertes mandíbulas que vive formando grandes colonias en galerías subterráneas o en los árboles: *las colonias de hormigas están formadas por una reina, los machos y las obreras*. ☞ insectos.
como una hormiga o **como una hormiguita** Expresión que se usa para resaltar el carácter trabajador, modesto y ahorrativo de una persona: *trabajando como una hormiguita, fue amasando una gran fortuna*.
DER hormiguear, hormiguero, hormiguilla, hormiguillo, hormiguita.
ETIM *Hormiga* procede del latín *formica*, que tenía el mismo significado, voz con la que también está relacionada *fórmico*.

hormigón *n. m.* Masa formada por la mezcla de grava, arena, cal y cemento que se emplea en la construcción: *el hormigón se transforma en un material muy resistente al endurecerse*. **hormigón armado** Mezcla compacta hecha con grava, arena, cemento y agua que va reforzada con varillas de acero o tela metálica en su interior: *el hormigón armado se emplea para hacer los cimientos de las edificaciones*. **SIN** cemento armado.
DER hormigonera.

hormigonera *n. f.* **1** Máquina que sirve para mezclar los materiales con los que se hace el hormigón: *la hormigonera está provista de un recipiente giratorio*. **2** Camión provisto de un gran recipiente cilíndrico giratorio que sirve para transportar hormigón.

hormiguear *v. intr.* **1** Tener una sensación parecida a las cosquillas o al picor en una parte del cuerpo provocada por una anomalía circulatoria: *se me ha quedado dormida la pierna y me hormiguea*. **2** Moverse una gran cantidad de personas con rapidez y en todas direcciones: *una multitud hormigueaba en el centro de la ciudad*.
DER hormigueo.

hormigueo *n. m.* **1** Sensación parecida a las cosquillas o al picor que se tiene en una parte del cuerpo y está provocada por una anomalía circulatoria: *después de la anestesia sólo sentía un leve hormigueo en el brazo*. **2** Movimiento rápido y en todas direcciones de una gran cantidad de personas: *le llamó la atención el hormigeo de agentes y empleados en la sala de la bolsa*.

hormiguero *n. m.* **1** Lugar en el que viven las hormigas: *algunos hormigueros son subterráneos y están formados por multitud de galerías*. **2** Conjunto de hormigas que viven en este lugar: *cada día todo el hormiguero sale en busca de alimento*. **3** Lugar en el que hay una cantidad grande de personas que se mueven con rapidez y en todas direcciones: *el metro es un hormiguero en las horas punta*.

hormona *n. f.* Sustancia que segregan algunas glándulas animales y vegetales y que sirve para regular el crecimiento o la actividad de un órgano: *la insulina es una hormona que regula el nivel de concentración de azúcar en la sangre*.
DER hormonal.

hormonal *adj.* De la hormona o que tiene relación con esta sustancia: *la diabetes es una enfermedad de naturaleza hormonal*.

hornacina *n. f.* Hueco en forma de arco hecho en una pared, un muro u otra superficie en el que se coloca una estatua, una figura o un adorno: *en el pórtico de la catedral había doce hornacinas ocupadas por las imágenes de los apóstoles*.

hornada *n. f.* **1** Conjunto de cosas que se cuecen a la vez en un horno: *una hornada de pan; una hornada de objetos de cerámica*. **2** Conjunto de personas que han estudiado o han conseguido un cargo o trabajo al mismo tiempo: *la promoción del año noventa fue una buena hornada de estudiantes*. **3** Conjunto de cosas que se han desarrollado o se han hecho al mismo tiempo: *cada temporada llega a nuestros cines una nueva hornada de películas norteamericanas*.

hornear *v. tr.* Cocer o cocinar un alimento o un objeto dentro de un horno: *hay que hornear el pastel durante media hora; los objetos de cerámica se hornean para dotarlos de dureza y resistencia*.

hornillo *n. m.* Horno de pequeño tamaño que es portátil y se usa para cocinar: *cuando vayamos al campo me llevaré el hornillo para poder hacer la comida*.

horno *n. m.* **1** Construcción hecha con ladrillos que se calienta con leña y que sirve para cocer las cosas que se colocan en su interior: *aún hacen el pan en mi pueblo con un* horno de leña; tengo que meter en el horno los cántaros de barro que hice esta mañana. **2** Aparato doméstico que funciona mediante electricidad o gas y que sirve para calentar, cocer o cocinar los alimentos: *encastró el horno en el mueble de cocina*. **horno microondas** Horno que funciona con electricidad y que sirve para cocinar los alimentos mediante la emisión de un tipo de ondas llamadas microondas: *el horno microondas descongela los alimentos en pocos minutos*. **3** Establecimiento donde se hace y se vende pan y productos de pastelería: *acércate al horno y compra dos barras de pan*. **SIN** panificadora, tahona. **4** Lugar en el que hace mucho calor: *la gran asistencia de público convirtió la sala de conferencias en un horno*.

alto horno Contrucción vertical de forma cilíndrica y gran altura que se calienta con carbón y en cuyo interior se funde el hierro.

horno crematorio Construcción destinada a incinerar cadáveres.

horno de carbón Pila de leña cubierta de tierra y preparada a manera de horno para convertirla en carbón. **SIN** carbonera.

no estar el horno para bollos Expresión que indica que una determinada situación o momento no son los más apropiados para hacer una cosa: *déjame tranquilo, que hoy no está el horno para bollos*.

DER hornada, hornazo, hornear, hornilla, hornillo.

horóscopo *n. m.* **1** Predicción de los hechos futuros que hace una persona a partir de la situación de los planetas del sistema solar y de su relación con los signos del zodíaco: *algunos periódicos tienen una sección destinada al horóscopo*. **2** Escrito que recoge esta predicción: *hoy mi horóscopo dice que tendré un buen día*. **3** Signo del zodíaco al que pertenece una persona: *mi horóscopo es Virgo*.

horqueta *n. f.* Parte de un árbol donde se juntan el tronco y una rama gruesa formando un ángulo agudo: *contempló el desfile encaramado a la horqueta de uno de los castaños del paseo*.

horquilla *n. f.* **1** Pieza pequeña y alargada de metal flexible doblada por la mitad que se usa para sujetar el pelo: *la novia llevaba un moño sujeto con horquillas*. **2** Parte del armazón de una bicicleta o de una motocicleta que une la rueda delantera al manillar. **3** Palo o vara alargado terminado en dos puntas en forma de V que sirve para colgar, descolgar o sujetar una cosa: *utilizó una horquilla para sujetar una de las ramas más cargadas del peral*.

DER ahorquillar.

horrendo, -da *adj.* **1** Que produce horror o miedo: *cometió un crimen horrendo; fue una muerte horrenda*. **SIN** espantoso, horrible, horroroso. **2** *coloquial* Que es muy feo o desagradable: *se ha comprado un vestido horrendo; se puso a cantar una canción horrenda*. **SIN** espantoso, horrible, horroroso. **3** *coloquial* Que es muy grande o intenso: *la explosión causó un ruido horrendo; hoy hace un calor horrendo*. **SIN** espantoso, horrible, horroroso.

hórreo *n. m.* Construcción de madera levantada sobre cuatro columnas pequeñas que sirve para aislar de la humedad el grano y otros productos agrícolas que se guardan en ella: *los hórreos son típicos del norte de España*.

horrible *adj.* **1** Que produce horror o miedo: *tuvieron un accidente horrible*. **SIN** espantoso, horrendo, horroroso. **2** *coloquial* Que es muy feo o desagradable: *lleva un peinado horrible; ha pintado un cuadro horrible*. **SIN** espantoso, horrendo, horroroso. **3** Que es muy grande o intenso: *tengo un dolor de cabeza horrible*. **SIN** espantoso, horrendo, horroroso.

horripilante *adj.* **1** Que produce horror o miedo: *vimos en televisión las horripilantes escenas del documental sobre el genocidio judío*. **SIN** horrendo, horrible, horroroso. **2** *coloquial* Que es muy feo o desagradable: *tiene una chaqueta horripilante*. **SIN** horrendo, horrible, horroroso.

horripilar *v. tr./prnl.* Producir una cosa horror o miedo a una persona: *me horripila la idea de que el asesino ande suelto*. **SIN** horrorizar.

DER horripilación, horripilador, horripilante.

horrísono, -na *adj.* Que tiene un sonido que causa horror: *se sobresaltó con el sonido horrísono del despertador*.

horror *n. m.* **1** Miedo muy intenso: *las fechorías del atracador han sembrado el horror en todo el barrio*. **2** Sentimiento intenso de rechazo y repugnancia: *dio un grito de horror cuando un ratón pasó junto a sus pies*. **3** Acto cruel, violento o sangriento: *muchas películas han reflejado los horrores de la guerra*. **4** Persona o cosa que es muy fea o desagradable: *el sofá nuevo que has comprado me parece un horror*. ◊ *adv.* **5** *coloquial* Muchísimo o en gran cantidad: *los ruidos me molestan horrores; aprobar el curso le había costado un horror*.

¡qué horror! Expresión que muestra sorpresa o rechazo: *¡qué horror!, se me ha manchado el traje nuevo*.

DER horrendo, horrible, horripilar, horrísono, horrorizar, horroroso.

horrorizar *v. tr.* **1** Producir una cosa horror o miedo: *el saber que uno de los vecinos había sido el asesino horrorizó a todo el barrio*. **SIN** horripilar. **2** Producir una cosa rechazo o aversión: *se horrorizó al ver los precios de los zapatos que se estaba probando*.

OBS En su conjugación, la *z* se convierte en *c* delante de *e*.

horroroso, -sa *adj.* **1** Que produce horror o miedo: *vio unas imágenes horrorosas del atentado*. **SIN** horrendo, horrible, horripilante. **2** Que es muy feo o desagradable: *vestía una chaqueta horrorosa*. **SIN** espantoso, horrendo, horrible. **3** Que es muy grande o intenso: *en mi casa hace un calor horroroso en verano*. **SIN** espantoso, horrendo, horrible.

hortaliza *n. f.* Planta comestible que se cultiva en un huerto: *el melón, la cebolla y el tomate son hortalizas*. **SIN** verdura.

ETIM Véase *huerto*.

hortelano, -na *adj.* **1** De la huerta o que tiene relación con este terreno: *estos labradores se dedican al trabajo hortelano*. **SIN** hortense, huertano. ◊ *n. m. y f.* **2** Persona que se dedica a cultivar y cuidar una huerta: *el hortelano cuida cada día de sus sembrados*. **SIN** horticultor, huertano.

ETIM Véase *huerto*.

hortense *adj.* De la huerta o que tiene relación con este terreno: *los tomates son productos hortenses*. **SIN** hortelano, huertano.

ETIM Véase *huerto*.

hortensia *n. f.* **1** Arbusto de jardín de mediana altura que tiene hojas abundantes y dentadas, fruto en cápsula y flores muy vistosas: *la hortensia se cultiva como planta ornamental*. **2** Flor de esta planta de color rosa, azulado o blanco que crece en tallos agrupados en torno a un eje principal: *la hortensia es muy olorosa*.

hortera *adj./n. com.* Que pretende ser elegante y es vulgar, ordinario y de mal gusto: *se presentó en la boda con un pantalón a cuadros muy hortera; este chico es un hortera*.

DER horterada.

horterada *n. f.* Acción o cosa que pretende ser elegante y es vulgar, ordinaria y de mal gusto: *eso de llevar en el coche un cojín en forma de corazón le parece una horterada*.

hortícola *adj.* De la horticultura o que tiene relación con

horticultor

esta rama de la agricultura: *el Ejido es una importante zona de cultivos hortícolas de invernadero.*

horticultor, -ra *n. m. y f.* Persona que se dedica a cultivar y cuidar una huerta y conoce las técnicas de este tipo de terreno de cultivo. **SIN** hortelano, huertano.

horticultura *n. f.* **1** Rama de la agricultura que se ocupa de las técnicas que se emplean en el cultivo de las huertas: *impartió un curso de horticultura para jóvenes agricultores.* **2** Cultivo de las huertas y los huertos.
DER hortícola, horticultor.
ETIM Véase *huerto.*

hosco, -ca *adj.* **1** Que tiene malos modos o es poco agradable en el trato con los demás: *tiene un carácter hosco y arisco; es una chica hosca y antipática.* **SIN** áspero, intratable. **ANT** agradable. **2** [lugar, tiempo] Que resulta desagradable y poco acogedor: *entramos en un lugar del bosque muy hosco y oscuro.*
DER hosquedad.
ETIM *Hosco* procede del latín *fuscus,* 'oscuro', voz con la que también está relacionada *ofuscar.*

hospedaje *n. m.* **1** Alojamiento que se da a una persona de forma temporal: *durante las fiestas no encontraron hospedaje en toda la ciudad.* **SIN** albergue. **2** Acogida o instalación de una persona en una casa o en un establecimiento: *el ayuntamiento procuró hospedaje a los afectados por las inundaciones.* **SIN** albergue, alojamiento. **3** Cantidad de dinero que se paga por vivir durante un tiempo en un lugar que pertenece a otra persona: *la empresa nos pagó el traslado y el hospedaje cuando tuvimos que viajar.* **SIN** alojamiento.

hospedar *v. tr.* **1** Dar hospedaje a una persona: *en verano solía hospedar a excursionistas en el piso superior de su casa.* **SIN** albergar, alojar. ◊ *v. prnl.* **2 hospedarse** Vivir una persona de forma temporal en un lugar que pertenece a otra persona: *cuando iba a Madrid solía hospedarse en casa de su hermano.* **SIN** alojarse.
DER hospedador, hospedaje, hospedería, hospedero.
ETIM Véase *huésped.*

hospedería *n. f.* **1** Establecimiento público donde se acogen huéspedes que pagan por su alojamiento y por los servicios que allí reciben: *a lo largo del Camino de Santiago abundan los albergues y hospederías.* **2** Conjunto de habitaciones de un edificio ocupado por una comunidad religiosa que están destinadas a hospedar a visitantes y peregrinos: *este monasterio tiene una preciosa hospedería.*

hospiciano, -na *adj./n. m. y f.* **1** [niño] Que vive en un hospicio. **SIN** inclusero. **2** [persona] Que se ha criado en un hospicio. **SIN** inclusero.

hospicio *n. m.* Establecimiento o institución que se dedica a recoger, criar y educar niños cuyos padres han muerto, los han abandonado o no pueden hacerse cargo de ellos: *las guerras llenan los hospicios de víctimas inocentes.* **SIN** inclusa, orfanato.
DER hospiciano.
ETIM Véase *huésped.*

hospital *n. m.* Establecimiento público o privado dotado de habitaciones con camas para la estancia de personas enfermas o heridas, y provisto de dependencias con material técnico y quirúrgico donde los enfermos son sometidos a examen, diagnóstico, tratamiento y curación por parte del personal médico: *estuvo más de dos meses ingresado en un hospital a causa de un accidente de tráfico.* **SIN** residencia, sanatorio.
DER hospitalario, hospitalidad, hospitalizar.
ETIM Véase *huésped.*

hospitalario, -ria *adj.* **1** Del hospital o que tiene relación con este establecimiento: *este enfermo requiere un ingreso hospitalario.* **2** [persona] Que recibe y acoge en su casa o en su tierra a los visitantes o extranjeros con amabilidad y toda clase de atenciones: *los andaluces tienen fama de ser muy hospitalarios.* **SIN** acogedor. **3** [lugar] Que resulta agradable y acogedor para la persona que vive o está en él de una forma temporal: *este es un país muy hospitalario.*

hospitalidad *n. f.* Amabilidad y atención con que una persona recibe y acoge a los visitantes o extranjeros en su casa o en su tierra: *pasó unas Navidades inolvidables en Suecia gracias a la hospitalidad de sus amigos suecos; nos recibió en su casa con gran hospitalidad.*

hospitalización *n. f.* **1** Ingreso de una persona enferma o herida en un hospital para su examen, diagnóstico, tratamiento y curación por parte del personal médico: *el médico ordenó la hospitalización inmediata del herido en el accidente.* **2** Período de tiempo que una persona enferma o herida pasa en un hospital hasta obtener el alta médica: *los trasplantes de corazón requieren de una larga hospitalización del paciente.*

hospitalizar *v. tr.* Ingresar en un hospital a una persona enferma o herida para su examen, diagnóstico, tratamiento y curación por parte del personal médico: *la medicina ambulatoria procura evitar la necesidad de hospitalizar a los pacientes.*
DER hospitalización.
OBS En su conjugación, la *z* se convierte en *c* delante de *e.*

hostal *n. m.* Establecimiento público de categoría inferior al hotel que proporciona alojamiento y comida a los huéspedes a cambio de dinero: *al llegar a la ciudad nos alojamos en un hostal de las afueras que era muy económico.* **SIN** hostería.
DER hostelería, hostelero.

hostelería *n. f.* Conjunto de servicios que dan las empresas y personas que se dedican a proporcionar alojamiento y comidas a otras personas a cambio de dinero: *la hostelería es una de las mayores fuentes de ingresos de la economía española.*

hostelero, -ra *adj.* **1** De la hostelería o que tiene relación con ella: *el sector hostelero comprende hoteles, bares y restaurantes.* ◊ *n. m. y f.* **2** Persona que trabaja en el ramo de la hostelería.

hostería *n. f.* Hostal.

hostia *n. f.* **1** Pieza plana de pan ázimo, redonda y muy fina, que el sacerdote consagra durante la misa y da a los fieles en la comunión. **SIN** forma sagrada, pan bendito. **2** *malsonante* Golpe violento y fuerte: *se dio una hostia con el coche y está en el hospital.* ◊ *int.* **3 ¡hostia!** *malsonante* Expresión que indica sorpresa, admiración o disgusto; en general añade intensidad a lo que se dice.
ser la hostia *malsonante* Impresionar mucho, de forma positiva o de forma negativa: *el examen fue la hostia de difícil; montarse en un Ferrari debe ser la hostia.*
DER hostiar.

hostiar *v. tr./prnl. malsonante* Golpear a una persona de manera violenta y repetida.

hostigamiento *n. m.* **1** Acoso al que se somete a una persona con la intención de molestarla y provocarla para que haga lo que se desea: *abandonó la política debido al hostigamiento al que le sometían los miembros del partido.* **2** Conjunto de ataques continuados pero poco importantes con los que se pretende inquietar al enemigo: *el ejército israelí sufre el hostigamiento de grupos guerrilleros palestinos.* **3** Golpe que se da con una vara o fusta a un animal de tiro.

hostigar *v. tr.* **1** Acosar a una persona con la intención de molestarla y provocarla para que haga lo que se desea: *el abogado hostigó al testigo para que culpara al acusado*. **SIN** asediar, hostilizar. **2** Inquietar la seguridad del enemigo con ataques continuados pero de poca importancia: *la guerra de guerrillas consiste en hostigar al enemigo para minar su resistencia y su moral*. **SIN** hostilizar. **3** Golpear con una vara o fusta un caballo o animal de tiro para conseguir de él un mayor esfuerzo: *en la recta final la mayoría de los jinetes hostigaron con la fusta a sus caballos*.
DER hostigamiento.
ETIM *Hostigar* procede del latín *fustigare*, 'azotar con bastón', voz con la que también está relacionada *fustigar*.
OBS En su conjugación, la *g* se convierte en *gu* delante de *e*.

hostil *adj.* Que muestra una actitud de enemistad o aversión hacia el otro: *el equipo de baloncesto español encontró en la cancha griega a un público abiertamente hostil*.
DER hostilidad, hostilizar.

hostilidad *n. f.* **1** Enemistad o aversión hacia otro individuo que una persona o animal muestra en su comportamiento: *existe una gran hostilidad entre las comunidades católicas y protestantes de Irlanda del Norte*. **2** Ataque o acción militar que se produce entre los ejércitos que combaten en una guerra: *la invasión de Kuwait por las tropas iraquíes fue el detonante de las hostilidades de la guerra del Golfo*.

hostilizar *v. tr.* **1** Acosar a una persona con la intención de molestarla y provocarla para que haga lo que se desea: *la continua presencia policial pretende hostilizar a los maleantes del barrio para que se marchen*. **SIN** hostigar. **2** Inquietar la seguridad del enemigo con ataques de poca importancia pero continuados: *la milicia vietnamita hostilizó durante años al ejército norteamericano en la guerra del Vietnam*. **SIN** hostigar.
OBS En su conjugación, la *z* se convierte en *c* delante de *e*.

hotel *n. m.* Establecimiento preparado para dar alojamiento y comidas a cambio de dinero: *los hoteles suelen tener uso exclusivo de entrada, ascensores o escaleras; se aloja en un hotel de tres estrellas.* **hotel residencia** Hotel que no dispone de servicio de comedor.
DER hotelero.
ETIM Véase *huésped*.

hotelero, -ra *adj.* **1** Del hotel o que tiene relación con este establecimiento: *en verano se producen los mayores índices de ocupación hotelera*. ◊ *n. m. y f.* **2** Persona que es propietaria de un hotel o lo dirige.

hovercraft *n. m.* Vehículo que se desliza sobre el agua o sobre la tierra suspendido de la superficie por una capa de aire a presión y propulsado mediante hélices o por un motor de reacción. **SIN** aerodeslizador.

hoy *adv.* **1** En el día actual: *si ayer fue martes, hoy es miércoles*. **2** En la actualidad: *gracias a la ciencia, hoy sabemos que el universo está en expansión*. ◊ *n. m.* **3** Tiempo actual: *asistí a una conferencia sobre el hoy y el mañana de la lucha contra el sida*.
hoy en día En la actualidad: *hoy en día, aún miles de personas mueren en el mundo por falta de alimento*.
hoy por hoy En el presente, aunque en el futuro pueda ser de otra manera: *hoy por hoy no existe respuesta científica para los ovnis*.
hoy por ti, mañana por mí Expresión con la que se señala que un favor hecho a una persona en el presente puede ser correspondido por ella con otro favor en el futuro: *si tienes que marcharte temprano, yo haré tu trabajo: hoy por ti, mañana por mí*.

hoya *n. f.* **1** Agujero grande hecho en la tierra de manera natural o artificial: *se bañaron en una hoya del cauce del río*. **SIN** hondura. **2** Terreno llano rodeado de montañas: *la hoya del Bierzo*. **3** Agujero que se hace para enterrar un cadáver. **SIN** fosa.
DER hoyanca, hoyo.

hoyo *n. m.* **1** Agujero hecho en la tierra de manera natural o artificial: *la riada dejó la carretera llena de hoyos; hacer un hoyo para plantar un árbol*. **2** En el juego del golf, agujero pequeño de forma circular hecho en el campo en el que hay que introducir la pelota.
DER hoyuelo.

hoyuelo *n. m.* Concavidad pequeña que tienen algunas personas en mitad de la barbilla o en las mejillas: *cuando ríe se le marca un hoyuelo en cada mejilla*.

hoz *n. f.* **1** Herramienta compuesta por una hoja curva de metal con filo unida a un mango de madera; sirve para segar. ☞ aperos. **2** Cauce de un río o valle muy estrecho limitado por paredes altas de roca: *las hoces del río Cabriel*.

hozar *v. tr./intr.* Escarbar un animal con el hocico en la tierra o en otra materia: *los cerdos y los jabalís tienen costumbre de hozar la tierra*. **SIN** hocicar.
OBS En su conjugación, la *z* se convierte en *c* delante de *e*.

hucha *n. f.* **1** Recipiente cerrado con una ranura estrecha y alargada por donde se echa dinero para guardarlo: *la representación de una hucha suele ser empleada como símbolo del ahorro*. **SIN** alcancía. **2** Cantidad de dinero que se tiene guardado: *tiene una hucha considerable y piensa irse de viaje*.

hueco, -ca *adj.* **1** Que está vacío por dentro: *los huevos de chocolate están huecos y suelen tener dentro un pequeño regalo*. **2** Que tiene el interior esponjoso y blando: *cabello hueco; colchón hueco*. **3** [tela, prenda de vestir] Que no está pegado a la superficie que cubre: *le gustaba que las camisas le quedaran huecas por la cintura*. **4** [modo de hablar o escribir] Que usa palabras y construcciones grandilocuentes, pero está vacío de contenidos y conceptos. **SIN** pedante. **5** [sonido] Que es profundo y retumba: *si golpeas la pared y oyes un sonido hueco, es que no es una pared maestra*. **SIN** resonante. **ANT** macizo. ◊ *n. m.* **6** Agujero o abertura en una superficie: *la cucaracha se coló por un hueco del mueble de cocina*. **7** Porción de espacio o sitio que queda por ocupar: *encontró un hueco en el centro para aparcar*. **8** Período de tiempo breve que queda libre: *esta mañana buscaré un hueco para acercarme al banco*. **9** Cargo, empleo o puesto que queda por ocupar: *gracias a un amigo, le hicieron a mi hijo un hueco en el colegio*.
DER ahuecar.
ETIM *Hueco* procede del latín *occare*, 'rastrillar la tierra', voz con la que también está relacionada *oquedad*.

huecograbado *n. m.* **1** Procedimiento de impresión con grabados en hueco, generalmente en máquinas rotativas de papel continuo: *este diario imprime algunas páginas en huecograbado*. **2** Impresión o estampa obtenida por este procedimiento: *esta página es un huecograbado*.

huelga *n. f.* Interrupción del trabajo que llevan a cabo de común acuerdo los trabajadores como medida de protesta ante el patrón o el gobierno: *la huelga de la minería asturiana pedía la revisión de las normas de seguridad laboral en los pozos*.
huelga de brazos caídos Interrupción de la actividad laboral sin abandonar el lugar de trabajo.
huelga de celo Actividad de protesta de los trabajadores que consiste en el cumplimiento de las obligaciones y normas laborales con la máxima meticulosidad y lentitud.

huelga de hambre Negativa a comer por parte de una o varias personas como medida de protesta o reivindicación.

huelga general Huelga que llevan a cabo todos los trabajadores de una población, región o país como protesta contra la autoridad competente: *la huelga general se convocó contra la política económica del gobierno.*

DER huelguista, huelguístico.

huelguista *n. com.* Persona que participa en una huelga: *los huelguistas convocaron una manifestación de protesta.*

huelguístico, -ca *adj.* De la huelga o que tiene relación con ella.

huella *n. f.* **1** Señal que queda en una superficie por el contacto que ha tenido con ella una persona, animal o cosa: *las huellas de un oso en la nieve; la huella del frenazo de un automóvil.* **2** Señal que queda de una cosa pasada o antigua: *cuando volvió al pueblo de sus padres, apenas encontró huellas de su familia.* **SIN** vestigio, rastro. **3** Conjunto de características culturales o humanas que son consecuencia del contacto con una persona o grupo social: *el mundo árabe dejó una huella importantísima en España.* **SIN** impronta.

huella dactilar o **huella digital** Señal que deja en una superficie la yema de un dedo: *la policía busca posibles huellas dactilares del asesino en el lugar del crimen.*

seguir las huellas Seguir la actitud, teoría o profesión de una persona: *pretende seguir las huellas de su padre y ser también un gran médico.*

huérfano, -na *adj./n. m. y f.* **1** [persona] Que no tiene padre, madre o ninguno de los dos, porque han muerto: *Quedó huérfano a los diez años.* ◊ *adj.* **2** Que no tiene una cualidad o característica necesaria; especialmente, que carece de protección o ayuda: *disolvió el partido que presidía cuando vio que quedaba huérfano de apoyo social.*

ETIM *Huérfano* procede del latín *orphanus*, que tenía el mismo significado, voz con la que también están relacionadas *orfanato, orfandad.*

huero, -ra *adj.* **1** [huevo] Que no ha producido cría por no haber sido fecundado por el macho. **2** *culto* Que tiene poco valor e importancia por su naturaleza o por su falta de contenido: *un libro huero y aburrido.* **SIN** banal, fútil, vano.

DER enhuerar.

huerta *n. f.* **1** Terreno de regadío mayor que el huerto, destinado al cultivo de verduras, legumbres y árboles frutales: *la sequía acabó con muchas huertas.* **2** Zona agrícola compuesta en su mayoría por terrenos de esta naturaleza: *las naranjas de más calidad proceden de la huerta valenciana.*

DER huertano.

huertano, -na *adj.* **1** De la huerta o que tiene relación con ella: *admiró desde una colina el paisaje huertano de la vega de Murcia.* **SIN** hortelano, hortense. ◊ *n. m. y f.* **2** Persona que se dedica a cultivar y cuidar una huerta. **SIN** hortelano, horticultor.

huerto *n. m.* Terreno de regadío de pequeña extensión destinado al cultivo de verduras, legumbres y árboles frutales: *tengo un huerto en la parte trasera del chalé.*

llevar (o llevarse) al huerto *coloquial a)* Convencer o engañar a una persona para que haga algo que no quiere o no le conviene: *iba a comprar un modelo de automóvil, pero el vendedor me llevó al huerto para que me llevara una versión más cara. b)* Tener una relación sexual con una persona.

ETIM *Huerto* procede del latín *hortus*, que tenía el mismo significado, voz con la que también están relacionadas *hortaliza, hortelano, hortense, horticultura.*

DER huerta, huertano.

hueso *n. m.* **1** Pieza del esqueleto de los animales vertebrados, de naturaleza dura y resistente y color blanco, que tiene diversos tamaños, formas y funciones: *el ser humano adulto tiene 208 huesos.* **2** Materia de la que están constituidas estas piezas: *los huesos están formados fundamentalmente por calcio, fósforo y colágeno.* **3** Parte dura y leñosa del fruto de los vegetales que contiene el embrión de la nueva planta: *no escupas los huesos de las uvas al suelo.* **SIN** semilla, simiente. **4** *coloquial* Persona exigente e inflexible que no muestra comprensión o piedad hacia los demás: *me ha caído un sargento que es un hueso.* **5** *coloquial* Asunto o materia que causa muchos problemas por ser difícil de desarrollar o resolver: *las matemáticas siempre fueron un hueso para ella.* ◊ *n. m. pl.* **6 huesos** *coloquial* Cuerpo de una persona: *el ladrón intentó robar una gasolinera y acabó dando con sus huesos en la cárcel.*

estar (o quedarse) en los huesos Quedarse una persona o animal muy delgado.

hueso de santo Dulce de forma cilíndrica hecho de mazapán y relleno de yema.

ETIM *Hueso* procede del latín *os, ossis*, que tenía el mismo significado, voz con la que también están relacionadas *osamenta, osario, óseo, osificarse.*

DER huesudo; deshuesar.

huésped, -da *n. m. y f.* **1** Persona que se aloja en un hotel o en casa de otra persona: *la policía desalojó a todos los huéspedes del hotel.* **2** Persona que aloja a otra u otras en su casa: *la huéspeda les enseñó la habitación.* **3** Animal o vegetal a cuya costa vive, temporal o permanentemente, un parásito: *el perro es, a veces, huésped de pulgas.*

ETIM *Huésped* procede del latín *hospes, -itis*, 'hospedador', voz con la que también están relacionadas *hospedar, hospicio, hospital, hotel.*

hueste *n. f.* **1** Conjunto de personas armadas que forman un ejército: *las huestes musulmanas invadieron la Península Ibérica en el siglo VIII.* **2** Conjunto de partidarios de una persona o de una causa: *las huestes del partido aclamaron a su líder el último día del congreso.*

OBS Se suele usar en plural.

huesudo, -da *adj.* [persona o animal] Que tiene poca masa muscular o poca grasa y se le marcan mucho los huesos, generalmente por estar muy delgado: *los maratonianos suelen ser atletas muy huesudos.*

hueva *n. f.* Conjunto de huevos que algunas especies de peces conservan en el interior de su cuerpo formando una masa encerrada en una bolsa o membrana oval: *el caviar se elabora a partir de las huevas del esturión.*

OBS Se suele usar en plural.

huevera *n. f.* **1** Recipiente pequeño, parecido a una copa, en el que se coloca de pie un huevo cocido o pasado por agua para comerlo en la mesa: *sirvió los huevos pasados por agua en hueveras.* **2** Recipiente de cartón o plástico con diversas cavidades con la forma de un huevo que sirve para transportarlos o conservarlos.

huevería *n. f.* Establecimiento donde se venden huevos.

huevero, -ra *n. m. y f.* Persona que vende huevos.

huevo *n. m.* **1** Cuerpo redondo u ovalado, con una membrana o cáscara exterior, que contiene en su interior el embrión de la cría de un animal y el alimento necesario para que lo tome y crezca hasta salir de él: *los insectos, los anfibios, los reptiles, los peces o las aves nacen de huevos.* **2** Alimento constituido por la clara y la yema del cuerpo ovalado que pone la gallina. **huevo al plato** Comida que se hace cocinando al calor suave este alimento con mantequilla o aceite, jamón y tomate, y se sirve en el mismo recipiente en el que

ha sido preparado. **huevo duro** El que se cuece en agua hirviendo hasta que cuaje completamente la yema y la clara. **huevo frito** Comida que se hace friendo este alimento sin batir en una sartén. **huevo pasado por agua** El que se cuece en agua hirviendo sin que cuaje completamente la yema y la clara. **huevos revueltos** Comida que se hace friendo este alimento sin batir en una sartén con mantequilla o poco aceite y removiéndolo hasta que cuaje. **3** BIOL. Célula a partir de la cual se desarrolla el embrión de un ser vivo, que resulta de la unión de las células sexuales masculina y femenina: *el huevo es el primer paso en el desarrollo del feto humano*. SIN cigoto, zigoto. **4** *malsonante* Testículo.
a huevo *coloquial* En las condiciones más fáciles o favorables: *le preguntaron el tema que mejor se sabía y le pusieron a huevo aprobar el examen*.
costar un huevo *a) malsonante* Suponer un gran esfuerzo o trabajo: *subir la pendiente en bicicleta me ha costado un huevo. b) malsonante* Valer mucho dinero: *se ha comprado un chalé que le debe haber costado un huevo*.
estar hasta los huevos *malsonante* No poder soportar más una situación.
pisando huevos *coloquial* Muy despacio: *se fueron al cine pisando huevos y llegaron con la película empezada*.
tener huevos *malsonante* Ser muy valiente y atrevido.
ETIM Huevo procede del latín *ovum*, que tenía el mismo significado, voz con la que también están relacionadas *aovar, desovar, óvulo*.
DER hueva, huevera, huevería, huevero, huevón.

huevón, -vona *adj./n. m. y f. malsonante* [persona] Que actúa con parsimonia y falta de preocupación.

hugonote *adj./n. com.* Seguidor francés de la doctrina protestante calvinista, según la denominación dada por los católicos de Francia: *católicos y hugonotes se enfrentaron en varias guerras a lo largo de los siglos XVI y XVII*.

huida *n. f.* **1** Alejamiento de un lugar que se realiza de manera rápida para evitar un daño o un peligro: *el ciervo emprendió la huida al detectar la presencia del cazador*. **2** Salida precipitada de un lugar cerrado; especialmente, si se hace de manera oculta: *los funcionarios abortaron el intento de huida de varios reclusos de la cárcel*. SIN escapada, evasión, fuga.

huidizo, -za *adj.* **1** [persona o animal] Que evita el trato por ser muy tímido y receloso: *era un vecino huidizo que nunca cruzaba palabra con los demás habitantes del bloque*. **2** Que se mueve con mucha velocidad y se aleja y desaparece rápidamente: *saludó a su oponente con un gesto huidizo antes de comenzar el partido*. SIN fugaz.

huido, -da *adj.* [persona, animal] Que se ha escapado de un lugar: *el peligroso violador anda huido de la justicia*.

huir *v. intr.* **1** Alejarse de un lugar o de una persona de manera rápida para evitar un daño o un peligro: *huyó del estrés de la ciudad y se fue a vivir al campo*. **2** Salir precipitadamente de un lugar cerrado; especialmente, si es de manera oculta: *el detenido huyó de los juzgados por una ventana de los servicios*. SIN escaparse, evadirse, fugarse.
DER huida, huidizo, huido; rehuir.
ETIM Huir procede del latín *fugere*, que tenía el mismo significado, voz con la que también están relacionadas *ahuyentar, fuga*.
OBS En su conjugación, la *i* se convierte en *y* delante de *a, e* y *o*.

hule *n. m.* **1** Tela que tiene una de sus superficies cubierta de una capa de material plástico o pintura resistente al agua: *el hule es impermeable*. **2** Pieza de este tipo de tela: *para comer colocada un hule sobre la mesa para protegerla*.

huir	
INDICATIVO	**SUBJUNTIVO**
presente	presente
huyo	huya
huyes	huyas
huye	huya
huimos	huyamos
huís	huyáis
huyen	huyan
pretérito imperfecto	pretérito imperfecto
huía	huyera o huyese
huías	huyeras o huyeses
huía	huyera o huyese
huíamos	huyéramos o huyésemos
huíais	huyerais o huyeseis
huían	huyeran o huyesen
pretérito indefinido	futuro
huí	huyere
huiste	huyeres
huyó	huyere
huimos	huyéremos
huisteis	huyereis
huyeron	huyeren
futuro	
huiré	**IMPERATIVO**
huirás	huye (tú)
huirá	huya (usted)
huiremos	huid (vosotros)
huiréis	huyan (ustedes)
huirán	
condicional	**FORMAS NO PERSONALES**
huiría	
huirías	infinitivo gerundio
huiría	huir huyendo
huiríamos	participio
huiríais	huido
huirían	

hulla *n. f.* Carbón mineral rico en carbono que es de color negro y brillo mate; se usa como combustible y para la obtención de gas: *la hulla procede del enterramiento de grandes masas vegetales durante la segunda mitad de la era primaria*.
DER hullero.

humanidad *n. f.* **1** Conjunto de todos los seres humanos que habitan la Tierra: *el hambre es uno de los problemas más sangrantes de la humanidad*. **2** Capacidad para sentir afecto, comprensión o compasión hacia las demás personas: *los que trabajan para el Tercer Mundo demuestran tener gran humanidad*. SIN humanitarismo. **3** *coloquial* Tamaño o fortaleza grande de un cuerpo: *cuando por fin llegó a casa, dejó caer toda su humanidad en la cama*. SIN corpulencia. ◇ *n. f. pl.* **4 humanidades** Conjunto de estudios y disciplinas referentes a la literatura, el arte o las ciencias humanas: *la historia o la filosofía forman parte de las humanidades*. SIN letras.

humanismo *n. m.* **1** Conjunto de ideas, doctrinas y sentimientos que toman como modelos a los clásicos de la Grecia y de la Roma antiguas y que consideran más importante al hombre como individuo que como objeto de la creación o

humanista

elemento de la sociedad, y, por tanto, conceden una especial importancia a su educación y formación cultural: *el humanismo se extendió por Europa durante los siglos XIV, XV y XVI*. **2** Corriente de pensamiento que tiene como objeto último y principal de sus ideas el ser humano y la humanidad: *el humanismo de la mayor parte de los partidos políticos*. **3** Formación intelectual de una persona basada en el estudio de las disciplinas que son propias de las humanidades: *aunque es médico, su humanismo le permite tener una extensa formación cultural*.
DER humanista.

humanista *adj.* **1** Del humanismo o que tiene relación con él: *El Renacimiento es una consecuencia del movimiento humanista; el espíritu humanista movió a los grandes exploradores del siglo XIX*. ◊ *adj./n. com.* **2** [persona] Que se dedica al estudio y cultivo de las disciplinas propias de las humanidades: *Gregorio Marañón es el paradigma del científico humanista*.

humanístico, -ca *adj.* **1** Del humanismo o que tiene relación con él: *la Italia del Renacimiento es el centro humanístico más importante de la época*. **2** De las disciplinas propias de las humanidades o que tiene relación con ellas: *la filosofía, la filología y la historia son disciplinas humanísticas*.

humanitario, -ria *adj.* **1** Que se dedica a prestar auxilio y ayuda a grupos de personas especialmente necesitadas: *la Cruz Roja es una organización humanitaria*. **2** [persona] Que tiene la capacidad de sentir afecto, comprensión o compasión hacia las demás personas: *era un médico muy querido por sus pacientes por su talante amable y humanitario*. **SIN** humano. **ANT** inhumano.
DER humanitarismo.

humanitarismo *n. m.* Capacidad para sentir afecto, comprensión o compasión hacia las demás personas: *el impacto de las imágenes suscitó el humanitarismo de los europeos hacia el hambre en África*. **SIN** humanidad.

humanización *n. f.* **1** Tendencia a sentir afecto, comprensión o compasión hacia las demás personas: *la cultura y la educación son el mejor medio para la humanización de las sociedades violentas y crueles*. **2** Adaptación a las características y necesidades propias del ser humano: *la humanización del progreso es la única alternativa a la alienación del hombre*.

humanizar *v. tr.* **1** Adaptar a las características y necesidades propias del ser humano: *es necesario humanizar el trabajo para hacerlo más cómodo y agradable a las personas*. ◊ *v. tr./prnl.* **2** Sentir afecto, comprensión o compasión hacia las demás personas: *el roce con sus nietos contribuyó a que se humanizara aún más*.
DER humanización; deshumanizar.
OBS En su conjugación, la *z* se convierte en *c* delante de *e*.

humano, -na *adj.* **1** Del hombre o que tiene relación con él: *el ojo humano; las relaciones humanas; la especie humana*. **2** Que es propio de los defectos o limitaciones del hombre: *equivocarse es humano*. **3** [persona] Que tiene la capacidad de sentir afecto, comprensión o compasión hacia las demás personas: *la mujer del secuestrado pidió a sus captores que le dieran un trato humano*. **ANT** inhumano.
ser humano Hombre, persona: *¿llegará un día en que los humanos vivan en la Luna o en Marte?*
DER humanidad, humanismo, humanístico, humanitario, humanizar, humanoide; infrahumano, inhumano, sobrehumano.

humanoide *n. com.* Ser vivo que tiene un aspecto físico parecido al del hombre: *uno de los testigos afirmaba haber visto a dos humanoides descender del ovni*.

humareda *n. f.* Cantidad grande de humo: *avisó a los bomberos al ver salir una humareda del piso de los vecinos*.

humeante *adj.* **1** Que echa o despide humo: *varios científicos se aproximaron al cráter humeante del volcán*. **2** Que echa o despide vapor: *le trajeron un caldito humeante para que entrara en calor*.

humear *v. intr.* **1** Echar o despedir humo: *al ver humear la chimenea de la casa, supo que sus padres ya habían llegado*. **2** Echar o despedir vapor: *la tetera humeaba*.
DER humeante.

humedad *n. f.* **1** Presencia de agua u otro líquido en la superficie o en el interior de un cuerpo o en el aire: *en las zonas próximas al mar o a los ríos suele haber bastante humedad en el ambiente*. **2** Agua u otro líquido que está en la superficie o en el interior de un cuerpo o en el aire: *la humedad oxida el hierro*. **humedad relativa** Relación entre la cantidad de vapor de agua que tiene una masa de aire y la máxima que podría tener: *la humedad relativa en el desierto suele estar en torno al 20 %*.

humedecer *v. tr.* Poner un cuerpo húmedo o mojarlo ligeramente: *humedeció la punta del lápiz antes de comenzar a escribir*.
OBS En su conjugación, la *c* se convierte en *zc* delante de *a* y *o*, como en *agradecer*.

húmedo, -da *adj.* **1** Que tiene en su superficie o contiene en su interior agua u otro líquido: *se limpió las manos con una toallita húmeda*. **2** [lugar, clima] Que se caracteriza por tener frecuentes lluvias: *Galicia es la zona más húmeda de España*. **ANT** árido.
ETIM *Húmedo* procede del latín *humidus*, que tenía el mismo significado, voz con la que también está relacionada *humor*.
DER humedad, humedecer.

húmero *n. m.* ANAT. Hueso largo de la parte superior del brazo que une el codo con el hombro: *el húmero es el hueso más fuerte de las extremidades superiores*. ☞ esqueleto.
DER humeral.

humidificador *n. m.* Aparato que contiene agua y, periódicamente, la convierte en vapor para mantener constante la humedad relativa del ambiente de una habitación o lugar cerrado: *el humidificador sirve para que las vías respiratorias no se resequen en exceso*.

humidificar *v. tr./prnl.* Aumentar el nivel de humedad relativa del ambiente de una habitación o lugar cerrado.
DER humidificador; deshumidificar.
OBS En su conjugación, la *c* se convierte en *qu* delante de *e*.

humildad *n. f.* **1** Cualidad del carácter de una persona que le hace restar importancia a sus propias virtudes y logros y reconocer sus defectos y errores: *el científico reconoció con humildad que la gloria del descubrimiento debía ser para su equipo de colaboradores*. **SIN** modestia. **ANT** soberbia, vanidad. **2** Falta de importancia social o de medios económicos: *a pesar de la humildad del equipo rival, les costó mucho ganar el partido*. **SIN** modestia.

humilde *adj./n. com.* **1** [persona] Que resta importancia a las propias virtudes y logros y reconoce sus defectos y errores: *el escritor premiado se declaró un humilde poeta de provincias que nunca soñó con la fama*. **SIN** modesto. **ANT** creído, engreído, presuntuoso, vanidoso. **2** [acto, actitud] Que demuestra humildad por parte de la persona que lo realiza: *con unas humildes palabras agradeció a sus amigos lo mucho que lo habían ayudado*. **3** Que es de poca importancia social o carece de medios económicos: *muchos grandes magnates nacieron en el seno de familias humildes*. **SIN** modesto.
DER humildad.

ETIM *Humilde* procede del latín *humilis*, que tenía el mismo significado, voz con la que también está relacionada *humillar*.

humillación *n. f.* **1** Desprecio público del orgullo o el honor de una persona: *sometieron a los prisioneros a la humillación de pasearlos en fila por las calles de la ciudad*. **SIN** degradación. **2** Vergüenza que siente una persona al sufrir este desprecio: *la humillación le hizo llorar*.

humillante *adj.* Que humilla o envilece: *esas palabras son humillantes para muchas personas sencillas*.

humillar *v. tr.* **1** Despreciar públicamente el orgullo o el honor de una persona avergonzándola por ello: *humilló a su amigo cuando lo echó de su casa sin motivos ni explicaciones*. **SIN** degradar, pisar. **2** Bajar la cabeza u otra parte del cuerpo en señal de respeto y sumisión: *los cardenales humillaron la cabeza cuando el Papa entró en la sala*. ◇ *v. prnl.* **3** humillarse Adoptar una actitud de excesiva humildad en una situación o ante una persona: *no debes humillarte ante tu jefe, sino comportarte con naturalidad*.

DER humillación, humilladero, humillante.

humo *n. m.* **1** Conjunto de gases y polvo muy fino que desprende una cosa cuando se quema: *el humo, en la mayoría de los casos, está compuesto fundamentalmente por vapor de agua y óxido carbónico*; *el humo de un cigarrillo, de un incendio, del tubo de escape de un automóvil*. **2** Vapor de agua que despide un líquido al alcanzar una temperatura alta o un cuerpo al sufrir una reacción química: *el agua ya hierve porque echa humo*. ◇ *n. m. pl.* **3 humos** Arrogancia o soberbia que muestra una persona con sus actos: *después de recibir el premio tenía unos humos que lo hacían insoportable*.

bajar los humos Hacer que una persona pierda su arrogancia o soberbia: *el nuevo entrenador le bajó los humos a la figura del equipo*.

cortina de humo Conjunto de hechos o circunstancias con las que se pretende ocultar las verdaderas intenciones o desviar la atención de los demás: *su tristeza es sólo una cortina de humo que esconde una profunda depresión*.

echar humo *coloquial* Estar muy enfadado: *después de que el jefe le llamara la atención por su negligencia, entró en la sala echando humo*.

DER humareda, humear; ahumar.

ETIM *Humo* procede del latín *fumus*, que tenía el mismo significado, voz con la que también están relacionadas *esfumar*, *esfumino*, *fumar*, *fumigar*.

humor *n. m.* **1** Estado de ánimo de una persona que se manifiesta en una actitud de alegría o enfado ante los acontecimientos de la vida: *antes de pedirle un día libre al jefe, mira antes de qué humor anda*. Se usa, generalmente, con los verbos *tener*, *estar* o *ponerse*. **humor de perros** *coloquial* Estado de ánimo de la persona que está muy enfadada: *cuando tenía que madrugar, se levantaba con un humor de perros*. Se usa, generalmente, con los verbos *tener*, *estar* o *ponerse*. **buen humor** Estado de ánimo que supone una actitud de alegría. Se usa, generalmente, con los verbos *tener*, *estar* o *ponerse*. **mal humor** Estado de ánimo que supone una actitud de enfado. Se usa, generalmente, con los verbos *tener*, *estar* o *ponerse*. **SIN** malhumor. **2** Manera de actuar, hablar o representar la realidad dirigida a divertir y hacer reír a las personas: *una película de humor*; *el humor de Chaplin*. **SIN** humorismo. **humor negro** Diversión o risa producida por situaciones que debieran provocar compasión, pena o terror: *la comicidad con la que presentaban el asesinato daba un tono de humor negro a la película*. **3** Actividad profesional de la persona que se dedica a divertir y hacer reír a los demás: *el mejor número del espectáculo es el de humor*. **SIN** humorismo. **4** Nombre con que antiguamente se denominaba cualquier líquido del interior del organismo de los seres vivos: *los médicos de la Antigüedad atribuían la enfermedad a la presencia en el cuerpo de humores malignos*.

estar de humor Mostrarse una persona dispuesta a realizar una actividad o trabajo con buen ánimo: *cuando supo que lo iban a despedir, les dijo a sus amigos que no estaba de humor para salir*.

humor vítreo Sustancia gelatinosa y transparente encerrada en una fina membrana que se halla entre la retina y el cristalino del ojo. ☞ ojo.

sentido del humor Capacidad de una persona para reírse de sí misma y para desdramatizar los problemas: *hizo gala de un gran sentido del humor al bromear sobre su propio aspecto físico*.

humorada *n. f.* Acción o dicho que no tiene más finalidad que divertir o hacer reír: *hizo la humorada de presentarse al examen vestido de futbolista*. **SIN** broma.

humorado, -da 1 Palabra que se utiliza en la expresión *bien humorado*, que indica que una persona tiene buen humor. **2** Palabra que se usa en la expresión *mal humorado*, que indica que una persona tiene mal humor. **SIN** malhumorado.

humorismo *n. m.* **1** Manera de actuar, hablar o representar la realidad dirigida a divertir y hacer reír a las personas: *el fino humorismo crítico de la película le supuso algunos problemas con la censura*. **SIN** humor. **2** Actividad profesional de la persona que se dedica a divertir y hacer reír a los demás: *el humorismo moderno se centra sobre todo en los chistes de los periódicos y los cómics*. **SIN** humor.

DER humorista.

ETIM Véase *húmedo*.

humorista *n. com.* Persona que se dedica a divertir y hacer reír a los demás: *Martes y Trece forman una conocida pareja de humoristas*.

DER humorístico.

humorístico, -ca *adj.* **1** Que expresa o contiene humor: *los comentarios humorísticos de su amigo sobre su hermana no le hicieron ninguna gracia*. **2** Que tiene relación con la actividad profesional del humorista: *El Jueves es una conocida revista humorística*.

humus *n. m.* BIOL. Capa superior del suelo de un terreno constituida por tierra y restos animales o vegetales en descomposición: *la deforestación supone la desaparición del humus del terreno*; *el humus se usa como abono*. **SIN** mantillo.

DER exhumar, inhumar, trashumar.

OBS El plural también es *humus*.

hundimiento *n. m.* **1** Acción de sumergirse completamente una cosa: *el hundimiento del barco*. **2** Caída de una construcción: *el hundimiento del edificio*. **3** Deformación de una superficie de arriba a abajo o de fuera hacia dentro: *el puñetazo le provocó el hundimiento del pómulo*. **4** Fracaso físico o moral: *el abuso del alcohol fue la causa de su hundimiento y de su enfermedad*. **SIN** abatimiento. **5** Pérdida de poder: *Las malas noticias sobre la economía nacional han propiciado el hundimiento de la bolsa*.

hundir *v. tr./prnl.* **1** Sumergir completamente una cosa: *el Titanic se hundió cuando hacía su viaje inaugural*; *hundió la cabeza en el río para refrescarse*. **2** Introducir parte de un cuerpo en el interior de otro: *hundir la espada en el pecho del enemigo*. **3** Caer una construcción: *el terremoto hundió el edificio*. **SIN** derrumbar. **4** Deformar una superficie o terreno de arriba abajo o de fuera hacia dentro: *la riada hundió la carretera*; *el choque hundió parte de la chapa lateral del*

coche. **5** Destruir física o moralmente: *el corredor se hundió a falta de dos vueltas para el final; las dificultades para encontrar trabajo hunden las esperanzas de muchos jóvenes.* **SIN** abatir, agobiar. **6** Hacer fracasar algo o hacer que pierda poder: *la empresa se hundió por falta de planificación económica.* **SIN** arruinar.
DER hundido, hundimiento.

húngaro, -ra *adj.* **1** De Hungría o que tiene relación con este país del centro de Europa. ◇ *adj./n. m. y f.* **2** [persona] Que es de Hungría. ◇ *n. m.* **3** Lengua de Hungría.

huno, -na *adj.* **1** De un antiguo pueblo bárbaro de origen asiático que invadió el Imperio romano en el siglo IV: *las invasiones hunas; las conquistas hunas.* ◇ *adj./n. m. y f.* **2** [persona] Que pertenece a este pueblo: *Atila fue el caudillo más famoso de los hunos.*

huracán *n. m.* **1** Viento extremadamente fuerte que avanza girando sobre sí mismo de forma muy rápida: *los huracanes suelen formarse en zonas próximas al mar Caribe.* **SIN** ciclón. **2** Viento muy fuerte: *antes de la lluvia, un breve huracán barrió las calles de la ciudad.* **SIN** vendaval. **3** Persona inquieta e impetuosa: *el niño de los vecinos es un huracán, que cuando nos visita nos lo desordena todo.* **SIN** torbellino.
DER huracanado.

huracanado, -da *adj.* [viento] Que tiene una intensidad similar a la de un huracán: *los vientos huracanados en el mar pueden provocar olas de grandes dimensiones.*

huraño, -ña *adj.* [persona] Que rehúye el trato de otras personas y rechaza las atenciones y muestras de cariño: *tras la muerte de su mujer, se volvió una persona huraña y amargada que pocas veces salía de su casa.*

hurgar *v. tr./intr./prnl.* **1** Remover o tocar de manera repetida una cosa con los dedos o con un instrumento: *es una falta de educación hurgarse la nariz con los dedos.* **2** Procurar enterarse con disimulo de una información, especialmente de datos referentes a la vida privada de las personas: *el periodista anduvo hurgando entre los vecinos datos sobre la vida del presunto asesino.* **SIN** curiosear, fisgar, fisgonear.
hurgar en la herida Hablar sobre un tema que resulta molesto o doloroso: *deja de hurgar en la herida y no le hables más de su antigua novia.*
OBS En su conjugación, la g se convierte en gu delante de e.

hurí *n. f.* En la religión islámica, mujer de gran belleza que habita en el paraíso y acompaña a los creyentes cuando mueren y llegan a él.
OBS El plural es *huríes,* culto, o *hurís,* popular.

hurón *n. m.* Animal mamífero de pequeño tamaño, de cuerpo alargado, patas cortas y pelo áspero y largo: *el hurón es un animal carnívoro muy feroz que, a veces, se emplea en la caza de conejos.*
DER huronear, huronera.
OBS Para indicar el sexo se usa *el hurón macho* y *el hurón hembra.*

huronear *v. intr.* coloquial Procurar enterarse con disimulo de una información, especialmente de datos referentes a la vida privada de las personas. **SIN** curiosear, hurgar.

¡hurra! *int.* Exclamación que indica alegría y entusiasmo: *¡hurra, empezaron las vacaciones!*

hurtadillas Palabra que se utiliza en la locución adverbial *a hurtadillas,* que indica que algo se hace de manera secreta para no ser visto por otras personas: *en un descuido, el ladrón penetró a hurtadillas en el edificio y robó en algunos despachos.*

hurtar *v. tr.* Apoderarse de cosas ajenas sin violencia o intimidación: *lo detuvieron en los grandes almacenes por intentar hurtar unos pantalones.* **SIN** sustraer.

hurto *n. m.* Acción de apoderarse de las cosas ajenas sin violencia o intimidación: *en los supermercados se cometen numerosos hurtos.*

húsar *n. m.* Soldado que pertenecía antiguamente a un cuerpo de caballería caracterizado por vestir un uniforme militar típico húngaro.

husmear *v. tr./intr.* **1** Aspirar aire de manera reiterada para sentir un olor: *el perro husmea el rastro de su presa.* ◇ *v. intr.* **2** Procurar enterarse con disimulo de una información, especialmente de datos referentes a la vida privada de las personas: *la prensa del corazón anda siempre husmeando en la vida de los famosos.* **SIN** hurgar, fisgar.
DER husmeo.

huso *n. m.* **1** Instrumento de madera o hierro, de forma cilíndrica y alargada, más estrecho en los extremos, que, en el hilado manual, sirve para enrollar el hilo que va hilando la rueca. **2** Bobina o carrete de una máquina de hilar en el que se va enrollando el hilo.
huso horario Cada una de las veinticuatro partes en que se divide la Tierra y que sirven para determinar la hora: *en cada huso horario rige la misma hora.*
DER husillo; ahusar.

¡huy! *int.* Exclamación que indica sorpresa, dolor o miedo: *¡huy, qué tarde es!*

i *n. f.* **1** Novena letra del alfabeto español. El plural es *íes: la i es la tercera de las cinco vocales del español.* **2** Letra que representa el valor de 1 en el sistema de numeración romana: *en la numeración romana la* I *se repite tres veces para representar el valor de 3.* Siempre se escribe con letra mayúscula.
i griega Nombre de la letra *y: la palabra* yunque *empieza por i griega.*
i latina Nombre de la letra *i: la palabra* imagen *empieza por i latina.*
poner los puntos sobre las íes Señalar o explicar con claridad los detalles de un asunto sobre los que podría haber duda: *cuando sus colaboradores empezaron a discutir, el jefe puso los puntos sobre las íes y le dijo a cada uno cuál era su obligación.*

-ía Sufijo que entra en la formación de nombres abstractos con el significado de: a) 'Dignidad' o 'empleo' y, por extensión, el territorio sobre el que se extiende o lugar donde se realiza: *alcaldía, abadía, astronomía, capitanía, notaría.* b) 'País o nación donde vive el pueblo designado por la palabra a la que se une': *Normandía, Lombardía.* c) 'Acción': *tropelía, habladuría, bellaquería.* d) 'Cualidad' o 'estado': *alevosía, cortesía, fantasía.* e) 'Colectividad', 'reunión', 'multitud': *morería, algarabía.*

-iatra Elemento sufijal que entra en la formación de palabras que designan al médico dedicado a determinadas especialidades: *pediatra, psiquiatra, geriatra.*

-iatría Elemento sufijal que entra en la formación de palabras que indican 'especialidad médica para la curación de lo que designa el primer elemento al que se une': *pediatría, psiquiatría, geriatría.*

ib. Abreviatura de *ibídem*, 'en el mismo lugar'.

ibérico, -ca o **iberio, -ria** *adj.* **1** De Iberia o que tiene relación con esta antigua demarcación geográfica que actualmente comprende los territorios continentales de España y Portugal: *los pueblos ibéricos habitaban la Hispania romana.* ◇ *adj./n. m. y f.* **2** [persona] Que es de Iberia. **SIN** ibero.
península Ibérica Zona del sur de Europa que comprende los territorios continentales de España y Portugal: *la península Ibérica está situada al sur de Francia y al norte de África, de la que está separada por el Estrecho de Gibraltar.*

ibero, -ra o **íbero, -ra** *adj.* **1** De un antiguo pueblo que vivía en Iberia o que tiene relación con él. ◇ *adj./n. m. y f.* **2** [persona] Que formaba parte de este pueblo. **SIN** ibérico. ◇ *n. m.* **3** Lengua hablada por este pueblo.
DER ibérico.

iberoamericano, -na *adj.* **1** De Iberoamérica o que tiene relación con el conjunto de países y pueblos colonizados por España y Portugal en América, cuya lengua oficial o más hablada es el español o el portugués: *Brasil o Argentina son países iberoamericanos.* **2** De la colectividad cultural, social y económica formada por España, Portugal e Iberoamérica: *la cumbre iberoamericana fue presidida por el Rey de España.* ◇ *adj./n. m. y f.* **3** [persona] Que es de un país de Iberoamérica: *los iberoamericanos hablan español o portugués.*

ibicenco, -ca *adj.* **1** De Ibiza o que tiene relación con esta isla del sur de las Baleares. ◇ *adj./n. m. y f.* **2** [persona] Que es de Ibiza.

ibídem *adv.* Indicación que se usa para señalar que el título de la obra y el lugar citados coinciden con los indicados en la referencia, nota o cita inmediatamente anterior.

ibis *n. f.* Ave parecida a la cigüeña, de pico largo y encorvado, plumaje blanco en el cuerpo y negro en la cabeza, cola y extremidad de las dos alas: *el ibis se alimenta de moluscos de río.*
OBS El plural también es *ibis.*

iceberg *n. m.* Bloque grande de hielo desprendido de un glaciar o de una costa helada que flota a la deriva en los mares de los polos Norte y Sur: *sólo emerge sobre las aguas una novena parte del volumen de un iceberg.*
la punta del iceberg Parte pequeña que se ve o se conoce de un asunto que en realidad es mucho más grande o importante: *las aprehensiones de droga sólo son la punta del iceberg del tráfico real de estupefacientes.*
OBS El plural es *icebergs.*

-ico, -ica Sufijo que entra en la formación de nombres y adjetivos con el significado de: a) 'Relación': *gráfica, gramática, heroico.* b) En química indica generalmente que uno de los componentes se halla en su valencia máxima: *sulfúrico, oxálico.*

icónico, -ca *adj.* Del icono o que tiene relación con el signo que representa un objeto o idea con los que guarda cierta relación de parecido: *los signos icónicos se fundamentan en imágenes figurativas.*

icono *n. m.* **1** Imagen que representa a Jesucristo, a la Virgen o a un santo, pintada en una tabla de madera según el antiguo estilo bizantino: *los iconos se caracterizan por tener recubiertas algunas zonas con láminas de oro.* **2** Signo que representa un objeto o idea con los que guarda cierta relación de parecido: *los iconos que representan los diversos deportes olímpicos.* ☞ signos y señales.

icono- Elemento prefijal que entra en la formación de palabras con el significado de 'icono': *iconografía.*

iconoclasta *adj.* **1** De un antiguo movimiento religioso que rechazaba la adoración de imágenes sagradas y las destruía: *el movimiento iconoclasta se desarrolló en Bizancio durante los siglos* VIII *y* IX. ◇ *adj./n. com.* **2** [persona] Que era partidaria de este movimiento: *los iconoclastas destruían o cu-*

i

brían de cal las imágenes sagradas. ◇ adj. **3** Que no respeta los valores, las normas o las formas tradicionales y trata de destruirlos o ponerlos en ridículo: *las vanguardias artísticas de principios del siglo XX fueron movimientos iconoclastas.*

iconografía *n. f.* **1** Conjunto de imágenes relacionadas con un personaje o tema artístico: *la iconografía de San Sebastián suele representarlo desnudo y con el cuerpo cubierto de flechas.* **2** Estudio u obra que describe y analiza las imágenes relacionadas con un personaje o tema artístico y sus características: *una iconografía de las imágenes sacras del Románico.*
DER iconográfico.

iconográfico, -ca *adj.* De la iconografía o que tiene relación con ella: *el Pantocrátor es el motivo iconográfico principal de la portada de muchas iglesias.*

icosaedro *n. m.* MAT. Cuerpo sólido limitado por veinte caras: *las caras del icosaedro regular son triángulos equiláteros.*

ictericia *n. f.* MED. Color amarillento que toma la piel y los ojos de una persona como síntoma de una enfermedad; generalmente, por un mal funcionamiento del hígado.

ictio- Elemento prefijal que entra en la formación de palabras con el significado de 'pez': *ictiología.*

ictiófago, -ga *adj./n. m. y f.* [animal] Que se alimenta fundamentalmente de peces: *las focas son ictiófagas.*

ictiología *n. f.* Parte de la zoología que se dedica al estudio de los peces.

ictiosaurio *n. m.* ZOOL. Reptil dinosaurio marino de la era secundaria parecido al delfín, con la cabeza pequeña, el cuello, la cola y el hocico muy largos.

ida *n. f.* Movimiento por el que una persona, animal o cosa se dirige hacia un punto, lugar o término: *trabajo en el centro, y a la ida aproveché para dejar a los niños en el colegio.*
ANT regreso, vuelta.

idea *n. f.* **1** Representación abstracta de algo real o irreal que se forma en la mente de una persona: *mi idea del infierno es la de una cueva espantosa en la que penan las almas entre fuegos y gritos.* **SIN** concepto. **2** Opinión o juicio que se tiene de una persona o cosa: *usted tiene una idea equivocada de mí.* **SIN** concepto, criterio. **3** Proyecto o plan para hacer una cosa: *durante el viaje por Marruecos tuve la idea de escribir una novela; tengo idea de pedir un préstamo y comprarme una casa.* **4** Tema principal de algo: *su idea es pasar las vacaciones en el extranjero pero no sabe exactamente dónde.* **5** Ocurrencia ingeniosa u original: *tiene ideas muy buenas pero no sabe llevarlas a la práctica.* ◇ *n. f. pl.* **6 ideas** Conjunto de conceptos y opiniones que una persona tiene sobre los diversos aspectos del mundo y la vida: *ideas políticas, ideas religiosas.* **SIN** ideales, ideario, ideología.
hacer una idea Indicar de modo aproximado y general cómo va ser una cosa: *nos pusieron un examen para que nos hiciéramos una idea de cómo sería el de selectividad.*
hacerse a la idea Aceptar una situación desagradable o con la que no se está de acuerdo: *estás castigado, así que hazte a la idea de que no vas a ir al cine.*
idea de bombero *coloquial* Proyecto o intención poco común y muy difícil de llevar a cabo: *querer dar la vuelta al mundo en patines me parece una idea de bombero.*
idea fija Proyecto o deseo que una persona desea llevar a cabo por encima de cualquier cosa y en el que está pensando continuamente: *desde niño tenía la idea fija de ser futbolista.*
mala idea Intención de hacer daño: *jugando, me dio un empujón a mala idea y me tiró al suelo.*
no tener ni idea No saber nada de algo o no recordar alguna cosa: *no tengo ni idea de dónde he puesto las llaves del coche.*
DER ideal, idear, ideología.

ideal *adj.* **1** Que es lo más adecuado que se podía pensar: *encontró plaza en un colegio ideal porque era de gran prestigio y estaba al lado de su casa.* **2** De las ideas o que tiene relación con ellas: *la existencia ideal de los personajes de una novela.* ◇ *n. m.* **3** Ejemplo o modelo de perfección que se adapta a lo más adecuado que se podía pensar: *los griegos intentaron representar en sus obras el ideal de belleza femenina y masculina.* **4** Conjunto de conceptos y opiniones que una persona tiene sobre los diversos aspectos del mundo y la vida: *Marx volcó su ideal social, político y económico en su obra más conocida,* El capital. **SIN** ideas, ideario, ideología.
DER idealismo, idealizar.

idealismo *n. m.* **1** Tendencia a considerar el mundo y la vida de acuerdo con unos modelos de armonía y perfección ideal que no se corresponden con la realidad: *su proyecto de carrera artística rápida y triunfante era fruto de su idealismo y de su inexperiencia.* **2** En filosofía, sistema que considera la idea como el elemento más importante de la realidad.
DER idealista.

idealista *adj.* **1** Del idealismo o que tiene relación con él: *sus planteamientos políticos y sociales fueron tachados de idealistas por sus opositores.* ◇ *adj./n. com.* **2** [persona] Que tiene una concepción del mundo y de la vida dominada por el idealismo, o que actúa conforme a él: *el idealista piensa que es posible una sociedad sin guerras y sin injusticias.*

idealización *n. f.* Consideración de una persona o cosa como un modelo de perfección ideal que no se corresponde con la realidad: *la idealización del progreso tecnológico choca con las diferencias sociales que éste provoca.*

idealizar *v. tr.* Considerar que una persona o cosa se adapta a un modelo de perfección ideal aunque no se corresponda con la realidad: *la afición suele idealizar a sus ídolos deportivos.*
DER idealización.
OBS En su conjugación, la *z* se convierte en *c* delante de *e*.

idear *v. tr.* Formar en la mente una idea, especialmente si es útil para resolver un problema o como punto de partida para un proyecto o plan: *Henry Ford ideó el sistema de producción en serie de automóviles.*
DER ideación, ideario.

ideario *n. m.* Conjunto de conceptos y opiniones que una persona, grupo o empresa tiene sobre un tema: *el ideario de un partido político.* **SIN** ideas, ideal, ideología.

ídem *adv.* Lo mismo: *el portero del equipo local hizo un buen partido, y el del visitante, ídem.* Es un pronombre latino que se usa para no repetir algo que se ha dicho antes.
ídem de ídem Lo mismo: *si está dispuesto a limpiar el jardín, yo ídem de ídem.*
DER idéntico, identidad.

idéntico, -ca *adj.* **1** Que es exactamente igual: *una fotocopiadora permite obtener copias idénticas de documentos.* **2** Que es muy parecido o casi igual: *hay hermanos gemelos que son idénticos.*
DER identificar.

identidad *n. f.* **1** Conjunto de características, datos o informaciones que permiten distinguir a un individuo o un elemento entre un conjunto: *gracias a testigos, la policía ha logrado establecer la indentidad de los autores del atentado.* **2** Conjunto de características culturales y sociales que son propias de una persona o de un grupo de personas: *algunos partidos políticos luchan por reivindicar la identidad nacional de*

las comunidades a las que representan. **3** Igualdad o parecido que existe entre dos o más cosas idénticas entre sí: *los jugadores de un mismo equipo mantienen una identidad en la indumentaria que usan en el campo de juego.*
carné de identidad Documento oficial en el que consta el nombre, la fotografía, la firma y otras informaciones de una persona, y que sirve para identificarla: *todo español mayor de edad tiene obligación de tener su carné de identidad.*

identificable *adj.* Que se puede identificar: *a tanta distancia no es identificable.*

identificación *n. f.* **1** Característica o conjunto de características que permiten reconocer que una persona o cosa es la que se supone que es: *varios testigos coincidieron en la identificación del sospechoso.* **2** Documento en el que consta el nombre y otras informaciones de una persona, y que sirve para identificarla: *el policía mostró su identificación antes de interrogarle.* **3** Consideración de dos o más cosas como idénticas cuando no lo son: *la identificación del progreso industrial con el bienestar social.* **4** Coincidencia en el modo de pensar o sentir con el de otra u otras personas: *la identificación de los seguidores de fútbol con sus ídolos.*

identificar *v. tr./prnl.* **1** Reconocer o probar que una persona o cosa es la que se supone que es: *identificó el reloj que le habían sustraído entre los objetos robados recuperados por la policía.* ◇ *v. tr.* **2** Considerar dos o más cosas como idénticas cuando no lo son: *no es justo identificar las virtudes humanas de las personas por el dinero que tienen.* ◇ *v. prnl.* **3 identificarse** Estar de acuerdo con el modo de pensar o sentir de otra u otras personas: *suelo identificarme con los héroes de las novelas que leo.*
DER identificable, identificación.
OBS En su conjugación, la *c* se convierte en *qu* delante de *e*.

ideo- Elemento prefijal que entra en la formación de palabras con el significado de 'idea': *ideología, ideograma.*

ideografía *n. f.* Sistema de escritura en el que los signos empleados no representan sonidos, sino morfemas, palabras o frases: *la escritura jeroglífica es una forma de ideografía en la que los signos son dibujos de personas, animales y objetos.*
DER ideográfico.

ideográfico, -ca *adj.* De la ideografía o que tiene relación con ella: *el chino utiliza escritura ideográfica.*

ideograma *n. m.* Signo escrito que no representa sonidos, sino morfemas, palabras o frases: *la escritura del japonés utiliza ideogramas.*

ideología *n. f.* Conjunto de conceptos y opiniones que una persona o grupo tiene sobre diversos temas que afectan al hombre: *la ideología socialista.* **SIN** ideas, ideal, ideario.
DER ideológico, ideólogo.

ideológico, -ca *adj.* De la ideología o que tiene relación con ella: *los valores ideológicos del partido gobernante condicionan su política.*

ideólogo, -ga *n. m. y f.* Persona que se dedica al análisis y difusión de una ideología política, social o religiosa: *Pablo Iglesias fue el gran ideólogo del socialismo español de principios del siglo XX.*

idílico, -ca *adj.* Que es hermoso y produce sensación de paz y tranquilidad: *en el Pirineo aragonés la naturaleza ofrece rincones idílicos.* **SIN** paradisíaco.

idilio *n. m.* Relación amorosa entre dos personas, generalmente breve e intensa.
DER idílico.

idiolecto *n. m.* GRAM. Modo característico en que cada persona utiliza su lengua: *esa palabra no forma parte de mi idiolecto.*

idioma *n. m.* Lengua que utiliza una nación, país o comunidad para comunicarse: *el idioma oficial de Alemania es el alemán.* **SIN** lenguaje.
DER idiomático.

idiomático, -ca *adj.* **1** Del idioma o que tiene relación con él: *la unidad idiomática es uno de los factores determinantes para la unidad cultural de un territorio.* **2** GRAM. [palabra, expresión] Que es propio de un idioma y diferente de otros: *un rasgo idiomático del euskera es que la declinación funciona a base de sufijos.*

idiosincrasia *n. f.* Manera característica de pensar, sentir o actuar de una persona o de una comunidad que la distingue de otros: *la idiosincrasia de los pueblos del Caribe es muy distinta a la de los pueblos del norte de Europa.*

idiota *adj./n. com.* **1** [persona] Que es poco inteligente y posee escaso entendimiento sin padecer ninguna enfermedad o retraso mental: *eres idiota si conduces a más velocidad de la permitida.* **SIN** estúpido, tonto, imbécil. **2** [expresión, acción] Que es propia de una persona poco inteligente e ignorante: *una pregunta idiota.* **SIN** estúpido, tonto.
DER idiotez, idiotismo, idiotizar.

idiotez *n. f.* **1** Conjunto de características propias de la personalidad de una persona idiota: *la idiotez del novio de su amiga la desesperaba.* **SIN** estupidez, imbecilidad. **2** Obra o dicho propio de una persona idiota: *es una idiotez ir en moto sin llevar la cabeza protegida con un casco.* **SIN** estupidez, imbecilidad, tontería.
OBS El plural es *idioteces.*

idiotizar *v. tr./prnl.* Hacer que una persona tenga el comportamiento propio de un idiota: *la televisión idiotiza a los espectadores que pasan demasiado tiempo frente a ella.*
OBS En su conjugación, la *z* se convierte en *c* delante de *e*.

ido, -da *adj./n. m. y f.* **1** [persona] Que no tiene completas sus facultades mentales: *mi padre anda ido desde que lo despidieron de la fábrica.* **SIN** loco. **2** [persona] Que está muy distraída y no presta atención a lo que ocurre a su alrededor: *durante toda la tarde estuvo como ido y no ganó ni una partida de ajedrez de las que jugamos.*
OBS Es el participio de *ir.*

idólatra *adj./n. com.* **1** [persona] Que adora o rinde culto a un ídolo: *los conquistadores españoles consideraron idólatras a los pueblos americanos que colonizaron.* **2** [persona] Que ama y admira con exceso a otra: *fans idólatras del cantante permanecieron toda la noche bajo la ventana del hotel donde dormía.*
DER idolatrar, idolatría.

idolatrar *v. tr.* **1** Adorar o rendir culto a un ídolo: *los nativos idolatraban un meteorito que cayó en la isla.* **2** Amar y admirar con exceso a una persona: *el actor era idolatrado por millones de seguidores.*

idolatría *n. f.* **1** Adoración o culto de un ídolo: *la idolatría fue condenada y perseguida por la Inquisición.* **2** Amor y admiración exagerados: *sentía idolatría por su tío el aviador.*

ídolo *n. m.* **1** Imagen o representación de una divinidad a la que se adora y rinde culto: *robaron del museo una valiosa estatuilla de oro de un antiguo ídolo maya.* **2** Persona a la que se ama y admira en exceso: *Maradona fue un ídolo para millones de aficionados al fútbol.*
DER idólatra.

idoneidad *n. f.* Adecuación que existe entre las características de una persona o cosa y la función, actividad o trabajo que debe desempeñar: *todos están de acuerdo con la idoneidad del famoso arquitecto para realizar el proyecto del palacio de congresos.*

idóneo, -nea *adj.* **1** Que tiene un conjunto de características adecuadas para desempeñar una función, actividad o trabajo: *un todoterreno es el vehículo idóneo para desplazarse campo a través.* **2** Oportuno: *le llegó el dinero en un momento idóneo porque pensaba casarse.*
DER idoneidad.

iglesia *n. f.* **1** Edificio donde una comunidad cristiana se reúne para rezar o realizar ceremonias religiosas. **SIN** templo. **2** Conjunto de personas que creen en la doctrina religiosa cristiana. En esta acepción se escribe con letra mayúscula: *la Iglesia católica; la Iglesia evangélica.* **3** Conjunto de obispos, sacerdotes y demás personas que pertenecen a una orden o congregación religiosa cristiana. En esta acepción se escribe con letra mayúscula: *la figura del papa preside la Iglesia católica.*

iglú *n. m.* Pequeño habitáculo en forma de media esfera hecho con bloques de hielo: *el iglú es una construcción propia de los esquimales.*
OBS El plural es *iglúes,* culto, o *iglús,* popular.

ígneo, -nea *adj.* De fuego o que tiene relación con él: *la materia ígnea es expulsada por la boca del volcán.*
DER ignición, ignífugo.

igni- Elemento prefijal que entra en la formación de palabras con el significado de 'fuego': *ignífugo.* **SIN** piro-.

ignición *n. f.* **1** Proceso en el que una sustancia arde y se quema: *la ignición de un combustible se produce cuando éste alcanza una temperatura determinada.* **2** Mecanismo que produce la chispa en los motores de explosión. **SIN** encendido.

ignífugo, -ga *adj. culto* [material, objeto] Que protege contra el fuego porque no puede quemarse o porque arde con mucha dificultad: *el amianto es ignífugo; el traje de los bomberos es ignífugo.*

ignominia *n. f.* Ofensa pública que sufre el honor o la dignidad de una persona: *la ignominia de ser degradado ante los compañeros de armas.*
DER ignominioso.

ignominioso, -sa *adj.* Que es causa de ignominia: *algunos presos reciben un trato ignominioso en cárceles de países subdesarrollados.*

ignorancia *n. f.* **1** Falta de conocimiento sobre un asunto o materia: *la ignorancia de las leyes no exime de su cumplimiento.* **SIN** desconocimiento. **2** Falta de cultura, educación o formación: *la ignorancia de los que no han tenido derecho a la educación.* **SIN** incultura.

ignorante *adj./n. com.* **1** [persona] Que no tiene conocimiento sobre un asunto o materia: *se confesó ignorante de los problemas que habían provocado que su amigo huyera de casa.* **2** [persona] Que no tiene cultura, educación o formación: *fue un ignorante que vivió siempre en la montaña y nunca fue al colegio.* **SIN** inculto.

ignorar *v. tr.* **1** No tener idea de una cosa o no comprender su naturaleza, cualidades y relaciones: *el médico ignoraba el origen del mal que aquejaba al paciente.* **SIN** desconocer. **ANT** conocer, saber. **2** No hacer caso o no tener en cuenta: *ignorar las señales de control de la velocidad puede tener funestas consecuencias; sabía que quería hablarle de un aumento de sueldo por esto me ignoró todo el rato.* **SIN** desatender.
DER ignorancia, ignorante.

ignoto, -ta *adj. culto* Que no se tiene idea de una cosa o no se comprende su naturaleza, cualidades y relaciones: *los expedicionarios se perdieron en una zona ignota del Amazonas.*
SIN desconocido, extraño.

igual *adj.* **1** [persona, animal, cosa] Que tiene características de naturaleza, cantidad o cualidad comunes con las de otra persona, animal o cosa: *no existen dos personas con las huellas dactilares iguales.* **SIN** idéntico. **2** [persona, animal, cosa] Que tiene características de naturaleza, cantidad o cualidad parecidas: *los dos hermanos son muy iguales.* **3** Que mantiene relación de proporción o correspondencia: *cobra un sueldo igual a su nivel de responsabilidad en la empresa.* **4** Constante: *mantuvieron un ritmo igual durante toda la carrera.* **5** [terreno, superficie] Sin relieves. ◇ *adj./n. com.* **6** [persona] Que tiene la misma clase o nivel que otra u otras: *es un soberbio que sólo acostumbra conversar con sus iguales.* ◇ *n. m.* **7** MAT. Signo que representa la equivalencia entre dos cantidades o funciones matemáticas: *el igual se escribe así:* =. ◇ *adv.* **8** De la misma manera: *en privado no se comporta igual que en público.* **9** La misma cantidad: *estos tres bolígrafos cuestan igual.* **10** *coloquial* Indica la posibilidad de que ocurra o sea cierto lo que se expresa: *si llueve, igual esta tarde me voy al cine.* **SIN** quizá. ◇ *n. m. pl.* **11 iguales** Cupones o décimos de lotería que llevan el mismo número.
al igual De la misma manera; del mismo modo: *mi hermano, al igual que sus compañeros de clase, se marcha de viaje.*
dar (o ser) igual No importar, ser indiferente: *se va al campo y le es igual que llueva o no.*
sin igual Que no puede compararse con nada en su género por su belleza o su calidad: *la catedral de Burgos es de una belleza sin igual.*
DER igualar, igualdad, igualmente; desigual.

iguala *n. f.* **1** Convenio o ajuste entre médico y cliente por el que aquél presta a éste sus servicios durante determinado tiempo por un precio establecido: *en casa todos tenemos iguala con el médico del pueblo.* **2** Precio que se paga por este convenio: *el médico dice que tiene que subirnos la iguala.* **3** Listón de madera que utilizan los albañiles para comprobar la llanura de una superficie: *para enlosar la plaza los obreros emplearon una iguala.*

igualar *v. tr./prnl.* **1** Hacer iguales dos o más personas, animales o cosas: *el cerrajero acabó de igualar la copia de la llave con una pequeña lima; la ley iguala a ricos y pobres.* ◇ *v. tr.* **2** Hacer que una cosa llegue a alcanzar una relación de proporción o correspondencia con otra: *estamos intentando igualar nuestros niveles educativos con los del extranjero.* **3** Allanar un terreno para poner toda su superficie al mismo nivel: *igualar el firme de una carretera.* **SIN** nivelar. **4** Relacionar dos cantidades o funciones matemáticas con el signo igual: *igualar dos ecuaciones.* ◇ *v. tr./intr.* **5** En deporte, empatar a puntos: *el equipo español logró igualar el marcador del partido en la segunda mitad.* ◇ *v. intr./prnl.* **6** Ser una cosa igual a otra: *en este lienzo el color marrón se iguala al pardo.*
DER iguala, igualación; inigualable.

igualdad *n. f.* **1 2** Semejanza o parecido entre las características de naturaleza, cantidad y cualidad de dos o más personas o cosas: *igualdad de oportunidades.* **3** Proporción o correspondencia que existe entre dos más cosas: *la empresa subsiste gracias a la igualdad entre ingresos y gastos.* **4** Expresión matemática de la equivalencia que existe entre dos cantidades o funciones: *la expresion* $x - y = 32$ *es una igualdad.*
DER igualitario.

igualitario, -ria *adj.* Que se fundamenta en la igualdad social o pretende conseguirla: *hoy en día nadie pone en cuestión un régimen igualitario de derechos y obligaciones entre hombre y mujeres.*
DER igualitarismo.

igualmente *adv.* **1** Del mismo modo y manera: *todas las normas de seguridad para la conducción de vehículos son igualmente importantes*. Se usa también como respuesta cortés en frases como *—¡Que pases un buen día! —Igualmente*. **SIN** también. **2** Por añadidura: *debes estudiar todos los temas del examen, e, igualmente, comprender sus contenidos*. **SIN** además.

iguana *n. f.* Reptil de gran tamaño que posee cuatro patas, parecido al lagarto; tiene una pequeña cresta en la papada y otra más larga que recorre su cuerpo desde el lomo hasta el principio de la cola: *la iguana habita en las regiones cálidas de América y se alimenta de vegetales e insectos*. ☞ reptiles.
OBS Para indicar el sexo se usa *la iguana macho* y *la iguana hembra*.

iguanodonte *n. m.* Reptil dinosaurio de la era secundaria, que caminaba erguido, con una larga cola que le servía de contrapeso: *el iguanodonte era herbívoro*.

ijada o **ijar** *n. f.* Parte situada a cada lado del cuerpo del hombre y de algunos animales vertebrados que comprende el espacio que existe entre las últimas costillas y cada uno de los dos huesos de las caderas: *los jinetes clavan las espuelas en las ijadas de los caballos*.
DER ijar.
OBS La forma *ijar* es masculina.

ikastola *n. f.* Escuela de enseñanza primaria en la que las materias educativas se imparten en euskera.

ikurriña *n. f.* Bandera oficial del País Vasco: *la ikurriña está compuesta por un aspa verde y una cruz blanca sobre fondo rojo*.

ilegal *adj.* **1** Que no está permitido por la ley: *el tráfico de drogas es ilegal*. **SIN** prohibido, ilegítimo, ilícito. **ANT** legal, legítimo, lícito. **2** [persona] Que realiza una actividad que no está permitida por la ley: *varios inmigrantes ilegales fueron detenidos por la Guardia Civil*.
DER ilegalidad.

ilegalidad *n. f.* Falta de conformidad o acuerdo con la ley: *los trabajadores demandaron al empresario por la ilegalidad del despido*. **ANT** legalidad.

ilegible *adj.* **1** [texto, papel, documento] Que no se puede leer: *la fotocopiadora no funciona bien y las copias son ilegibles*. **SIN** ininteligible. **ANT** legible. **2** [texto] Que es de muy baja calidad literaria o tiene muchas faltas de ortografía: *varios editores rechazaron su novela, a la que calificaron de ilegible*.

ilegítimo, -ma *adj.* Que no está permitido por la ley o por la moral: *es ilegítimo que una persona se tome la justicia por su mano*. **SIN** ilegal, ilícito. **ANT** legal, legítimo, lícito.
hijo ilegítimo Persona que es hijo de alguien que no le reconoce legalmente.
DER ilegitimar.

íleon *n. m.* **1** Parte final del intestino delgado situada entre el yeyuno y el ciego. ☞ digestivo, aparato. **2** Ilion, hueso de la cadera.

ilerdense *adj.* **1** De Lérida o que tiene relación con esta ciudad y provincia catalana. **SIN** leridano. ◇ *adj./n. com.* **2** [persona] Que es de Lérida. **SIN** leridano.

ileso, -sa *adj.* [persona] Que ha estado en peligro o ha sufrido un accidente y no ha recibido ningún daño físico: *el dirigente político había logrado salir ileso de varios atentados*. **SIN** indemne.

iletrado, -da *adj./n. m. y f.* **1** [persona] Que no sabe leer ni escribir: *las campañas de alfabetización intentan disminuir el número de adultos iletrados*. **SIN** analfabeto. **2** [persona] Que no tiene cultura o conocimientos elementales: *un pueblo iletrado está más expuesto a la manipulación de los gobernantes*. **SIN** analfabeto, inculto. **ANT** culto.

ilícito, -ta *adj.* Que no está permitido por la ley o la moral: *el comercio con órganos humanos es ilícito*; *es ilícito aprovecharse con engaños del trabajo de los demás*. **SIN** ilegal, ilegítimo. **ANT** legal, lícito.

ilicitud *n. f.* Falta de conformidad con la justicia o la razón: *protestó por la ilicitud de la expropiación de su casa*. **ANT** licitud.

ilimitado, -da *adj.* **1** Que no tiene límites, o que si los tiene, son desconocidos: *durante un partido de balonmano, cada equipo puede hacer un número ilimitado de cambios; el sol es una fuente ilimitada de energía*. **ANT** limitado. **2** Que es muy numeroso y grande: *la atmósfera contiene una cantidad ilimitada de oxígeno*. **SIN** interminable.

ilion *n. m.* Hueso saliente de forma ancha y curvada que unido al pubis y al isquion forma la parte lateral de la pelvis. **SIN** íleon. ☞ esqueleto.

-illo, -illa Sufijo que entra en la formación de palabras con valor: *a)* Diminutivo o afectivo: *librillo, mentirosilla. b)* Despectivo o poco importante: *maestrillo, asuntillo; organillo, bocadillo*.
OBS A veces no se percibe el valor diminutivo y adquiere significado propio.

-ilo Elemento sufijal que entra en la formación de palabras designando radical químico: *acetilo, etilo*.

ilógico, -ca *adj.* Que no responde a la razón o la lógica: *es ilógico que abandones la carrera si sólo te queda una asignatura para acabarla*. **SIN** incoherente, irrazonable. **ANT** lógico.

Iltre. Abreviatura de *ilustre*, tratamiento de cortesía.

iluminación *n. f.* **1** Cantidad de luz que hay en un lugar: *el gran ventanal hace que la sala tenga una iluminación magnífica*. **2** Conjunto de luces eléctricas que dan luz a un lugar, especialmente a una vía pública, un edificio o una habitación: *la iluminación de una habitación, de un centro comercial, de una calle*. **SIN** alumbrado. **3** En cine y teatro, técnica de iluminar la escena. **4** Saber o conocimiento que, según ciertas creencias, se alcanza por intervención divina: *la idea de escribir una novela fue como una iluminación divina*. **5** Ilustración de un manuscrito.

iluminado, -da *adj./n. m. y f.* [persona] Que cree estar en posesión de la verdad absoluta y tener conocimientos superiores a los de los demás: *uno de esos iluminados que suele asistir a las asambleas se levantó y nos dijo que todos estábamos equivocados*.
OBS Es el participio de *iluminar*.

iluminar *v. tr./intr.* **1** Dar luz: *iluminar un objeto con una linterna; este foco ilumina mal*. **SIN** alumbrar. ◇ *v. tr.* **2** Poner luz o luces en un lugar especialmente en una vía pública, un edificio o una habitación: *iluminar una habitación con una lámpara*. **SIN** alumbrar. **3** Explicar y hacer comprender una idea o un concepto confuso: *el método de enseñanza del profesor lograba iluminar el texto de la lección y hacerlo asequible a los alumnos*. **4** Adornar con dibujos en color: *los monjes medievales solían iluminar los manuscritos que copiaban*.
DER iluminación, iluminado, iluminancia, iluminaria.
ETIM Véase *lumbre*.

ilusión *n. f.* **1** Confianza en que ocurra o en lograr una cosa que se desea: *le hacía mucha ilusión visitar París*. **SIN** esperanza. **2** Sentimiento de alegría y satisfacción que produce conseguir una cosa que se desea mucho: *sintió una gran ilusión cuando le concedieron a su cuento el primer premio del concurso*. **3** Imagen mental engañosa provocada en la mente por la imaginación o por la interpretación errónea de lo

que perciben los sentidos: *la extenuación hizo que los marineros tuvieran la ilusión de que ante ellos había tierra firme*. **SIN** espejismo.   **ilusión óptica** Representación engañosa de la realidad provocada por una interpretación errónea de lo que perciben los sentidos: *la proyección de fotogramas a una cierta velocidad provoca la ilusión óptica de movimiento en el cine*.
DER ilusionar, ilusionismo, ilusorio; desilusión.

ilusionar   *v. tr./prnl.* **1** Hacer que una o varias personas tengan la confianza de que ocurra o de lograr una cosa que se desea: *la idea de llegar a ser estrellas ilusiona a todos los jugadores jóvenes*. **2** Sentir una gran alegría y satisfacción al conseguir una cosa que se desea mucho: *la beca que logró su hijo ilusionó a toda la familia*.
DER ilusionado.

ilusionismo   *n. m.* Conjunto de técnicas y juegos que permiten realizar trucos de magia: *mediante el ilusionismo es posible hacer desaparecer, aparecer y desplazarse toda clase de cosas, animales y personas*.
DER ilusionista.

ilusionista   *adj./n. com.* [persona] Que se dedica al ilusionismo: *los ilusionistas se especializan en trabajar con cartas, aros y otros muchos objetos*. **SIN** mago, prestidigitador.

iluso, -sa   *adj./n. m. y f.* **1** [persona] Que se deja engañar con facilidad porque cree que todo el mundo actúa con buena voluntad: *no seas iluso, si te venden un coche tan barato es porque no debe estar muy bien de motor*. **2** [persona] Que tiende a sentir con facilidad una confianza injustificada en que ocurra o en lograr una cosa que se desea: *eres un iluso si piensas que aprobarás sin estudiar*.

ilusorio, -ria   *adj.* **1** Que puede producir una imagen o idea falsa y engañosa: *es ilusorio pensar que el éxito se consigue sin esfuerzo*. **2** Que no existe o no es real: *caminar por el fondo de una piscina llena de agua da un sensación ilusoria de ingravidez*.

ilustración   *n. f.* **1** Colocación de fotografías, dibujos o láminas en un texto o un impreso con la intención de hacerlo más atractivo a la vista o de explicar y ampliar su contenido: *la ilustración de cuentos infantiles*. **2** Fotografía, dibujo o lámina que se coloca en un texto o impreso con esta intención: *las ilustraciones del cuento de Caperucita roja*. **3** Explicación de una idea o concepto por medio de ejemplos: *el desarrollo de casos prácticos sirve a los estudiantes de derecho de ilustración de las normas legales que estudian*. **4** Movimiento filosófico y literario que se desarrolló en Europa y América durante el siglo XVIII y que defendía la razón y la educación como base del progreso social: *la Ilustración culminó con la Revolución Francesa. En esta acepción se suele escribir con mayúscula*. **5** Período histórico durante el que se desarrolló ese movimiento: *Carlos III reinó durante la Ilustración. En esta acepción se suele escribir con mayúscula*.

ilustrado, -da   *adj.* **1** [texto, impreso] Que tiene ilustraciones: *una edición ilustrada de El Quijote*. **2** Del movimiento de la Ilustración o que tiene relación con él: *el movimiento ilustrado fue el impulsor de la creación de la Academia Española de la Lengua*. ◇ *adj./n. m. y f.* **3** [persona] Que tiene un nivel cultural y erudito muy alto: *es un hombre muy ilustrado que tiene varias carreras y domina cuatro lenguas*.

ilustrador, -ra   *adj./n. m. y f.* [persona] Que se dedica a hacer dibujos y láminas para ilustrar textos o impresos.

ilustrar   *v. tr.* **1** Colocar fotografías, dibujos o láminas en un texto o un impreso con la intención de hacerlo más atractivo a la vista o de explicar y ampliar su contenido: *es dibujante y se dedica a ilustrar cuentos para niños*. **2** Explicar y hacer comprender una idea o concepto por medio de ejemplos: *el relato de un suceso real sirvió al policía para ilustrar el modo de actuación de muchos atracadores*. ◇ *v. tr./prnl.* **3** Dar a una persona diversos conocimientos para procurar aumentar su nivel cultural: *el profesor ilustra a sus alumnos*.
DER ilustración, ilustrado, ilustrador.

ilustre   *adj.* **1** [persona, grupo] Que tiene un origen familiar noble o distinguido: *los Kennedy son una de las más ilustres familias norteamericanas*. **SIN** egregio. **2** [persona, grupo, institución] Que es muy conocido por haber hecho una cosa importante o por poseer unas grandes virtudes: *Cambridge es una ilustre universidad británica*. **SIN** famoso, renombrado. **3** Forma de tratamiento que se usa hacia cargos, personas o instituciones de especial importancia y significación: *el Ilustre Colegio de Abogados de Barcelona*.
DER ilustrísimo.

ilustrísimo, -ma   *adj.* Superlativo de *ilustre*: *a los obispos se les debe el tratamiento de ilustrísimos*.
OBS Se aplica como forma de tratamiento hacia cargos o personas de especial importancia y significación.

imagen   *n. f.* **1** Representación o figura de una cosa: *La Gioconda muestra la imagen de una joven sonriendo ligeramente; la imagen del santo*. **2** Visión de una cosa o hecho captada por el ojo, por un espejo o por un aparato óptico, de fotografía, de cine o de vídeo: *una persona con cataratas sólo puede percibir imágenes borrosas de los objetos; la imagen deforme que refleja un espejo curvo; la imagen del hombre pisando la Luna*. **3** Aspecto externo de una persona: *ha hecho un cambio de imagen cortándose el pelo; la imagen del político es importante para conseguir seguidores*. **4** Representación mental, idea u opinión que se tiene de una cosa material o abstracta: *solemos tener una imagen idílica de la vida en el campo que no corresponde a la realidad*. **5** Expresión que mediante el lenguaje nos sugiere una sensación o una vivencia: *la imagen de la batalla contra los molinos de viento del Quijote*.
ser la viva imagen a) Parecerse mucho dos o más personas o cosas: *era la viva imagen del padre*. b) Ser una persona o cosa la representación real de una idea o estado de ánimo: *la afición del equipo ganador es la viva imagen del éxito*.
DER imaginar, imaginero.

imaginación   *n. f.* **1** Capacidad de formar en la mente ideas, relaciones y representaciones de cosas materiales o abstractas: *los niños suelen tener una gran imaginación*. **SIN** imaginativa. **2** Sensación o idea falsa que no existe sino en la mente de quien la tiene: *esa supuesta subida de sueldo inminente creo que es una imaginación tuya*.
pasarse por la imaginación Pensar o tener una idea: *cuando el profesor le mandó salir a la pizarra, se le pasó por la imaginación salir corriendo*.

imaginar   *v. tr./prnl.* **1** Formar en la mente ideas, relaciones y representaciones de cosas materiales o abstractas: *Julio Verne imaginó un viaje a la Luna en su novela* De la Tierra a la Luna. **2** Suponer o formar un juicio a partir de ciertas informaciones o señales: *imaginó que su amigo se marchaba de viaje cuando lo vio haciendo el equipaje*. **SIN** figurarse, sospechar.
DER imaginación, imaginario, imaginativo; inimaginable.

imaginaria   *n. f.* **1** Vigilancia que realiza uno o varios soldados del lugar donde duermen sus compañeros: *cada imaginaria suele ocupar dos horas de la noche*. ◇ *n. m.* **2** Soldado que realiza esta vigilancia: *un recluta se sintió mal a media noche y avisó a un imaginaria*.

imaginario, -ria   *adj.* Que sólo existe en la mente de la

persona que lo piensa: *solía pasarse muchas tardes jugando a las muñecas con una amiga imaginaria*.
DER imaginaria.

imaginativa *n. f.* Capacidad de formar en la mente ideas, relaciones y representaciones de cosas materiales o abstractas: *su gran imaginativa le hacía escribir novelas que tenían un inmediato éxito de ventas*. **SIN** imaginación.

imaginativo, -va *adj.* **1** De la imaginación o que tiene relación con ella: *su viveza imaginativa le había llevado a realizar diversos inventos*. **2** [persona] Que tiene una gran capacidad de imaginación: *un escritor muy imaginativo*. **3** Que no es copiado ni imitado, sino fruto de la creación: *la decoración de la nueva discoteca del barrio era muy imaginativa*. **SIN** original.
DER imaginativa.

imaginería *n. f.* **1** Arte y técnica de tallar o pintar imágenes de personas, animales o cosas; especialmente figuras religiosas: *la imaginería medieval es rica en representaciones de la muerte*. **2** Conjunto de imágenes talladas o pintadas que representan personas, animales o cosas; especialmente figuras religiosas: *la imaginería de Cristo crucificado*.

imaginero, -ra *n. m. y f.* Persona que se dedica a la imaginería: *Alonso Cano y Pedro de Mena son dos importantes imagineros del siglo XVII*.
DER imaginería.

imán *n. m.* **1** Pieza de mineral, metal u otro material que tiene la propiedad de atraer el hierro, el acero y otros cuerpos: *todo imán posee dos polos llamados norte y sur*. **2** Capacidad de atraer y ganar la confianza y el interés de otras personas: *era un gran vendedor porque tenía un especial imán para ganarse la simpatía de los compradores*. **SIN** magnetismo. **3** En la religión islámica, jefe religioso encargado de la dirección espiritual de una comunidad de creyentes. **4** En la religión islámica, persona encargada de dirigir la oración en la mezquita.
DER imanar, imantar; electroimán. Son derivados del mineral.

imanar *v. tr./prnl.* Comunicar a un metal o a una sustancia las propiedades que tiene el imán de atraer el hierro, el acero y otros cuerpos. **SIN** imantar, magnetizar.

imantación *n. f.* Comunicación de las propiedades del imán a un metal o a una sustancia: *la imantación puede estropear un reloj*. **SIN** magnetización.

imantar *v. tr./prnl.* Comunicar a un metal o a una sustancia las propiedades que tiene el imán de atraer el hierro, el acero y otros cuerpos: *las tijeras se han imantado*. **SIN** imanar, magnetizar.

imbatido, -da *adj.* [persona, equipo, grupo social] Que no ha sido vencido nunca por otro o que lleva mucho tiempo sin perder: *un equipo de fútbol imbatido tras varias jornadas de liga; un alcalde imbatido tras varias elecciones*.

imbécil *adj./n. com.* [persona] Que es poco inteligente: *adelantando con el coche por donde no debes te comportas como un imbécil*. **SIN** bobo, idiota, tonto. Tiene un sentido peyorativo.
DER imbecilidad.

imbecilidad *n. f.* **1** Conjunto de características propias de la personalidad de una persona imbécil: *la imbecilidad del dirigente político desprestigia a su partido*. **SIN** estupidez, idiotez. **2** Obra o dicho propio de una persona imbécil: *ha sido una imbecilidad vender el coche si te hace falta para tu trabajo*. **SIN** estupidez, idiotez.

imberbe *adj./n. m.* [hombre] Que no le crece pelo abundante en la barba o en el bigote. **SIN** lampiño.

imborrable *adj.* **1** Que está escrito o dibujado con una tinta que no se puede borrar: *la impresión del papel moneda es imborrable*. **SIN** indeleble. **2** Que no puede o no debe olvidarse: *de las Olimpiadas de Barcelona siempre quedará un recuerdo imborrable*. **SIN** indeleble, inolvidable.

imbricar *v. tr./prnl.* Colocar una serie de cosas de forma y tamaño similar de manera que unas se superpongan parcialmente a otras formando capas sucesivas: *imbricar las tejas de un tejado; las escamas de los peces están imbricadas*.
DER imbricado.
OBS En su conjugación, la c se convierte en qu delante de e.

imbuir *v. tr.* Hacer que una persona piense y actúe de un modo distinto al habitual por propio convencimiento o por la influencia de razones y motivos dados por otros: *pasó una semana en un monasterio y el ambiente que respiró lo imbuyó de una paz interior que sosegó su vida*. **SIN** inculcar, infundir.
OBS En su conjugación, la i se convierte en y delante de a, e y o, como en *huir*.

imitación *n. f.* **1** Actuación que una persona o animal lleva a cabo para hacer semejante su comportamiento al del un modelo: *sus amigos solían reírse cuando hacía la imitación de los movimientos del famoso cantante*. **2** Proceso mediante el que una cosa adquiere el mismo aspecto exterior que un modelo: *la imitación de cuadros famosos le ayudaba a perfeccionar su técnica pictórica*. **3** Cosa que tras este proceso tiene el mismo aspecto exterior que su modelo: *este modelo es más barato porque es una imitación del original*.

imitador, -ra *n. m. y f.* Persona que se dedica a imitar los gestos y el modo particular de hablar de un personaje famoso para hacer reír a un público.

imitar *v. tr.* **1** Actuar una persona o animal de modo que su comportamiento sea semejante al de un modelo: *los nativos imitaban con su danza el movimiento de los animales de la sabana*. **2** Ser parecido el aspecto exterior de una cosa a otra: *algunas formaciones rocosas imitan figuras de animales o formas humanas*.
DER imitable, imitación, imitador, imitativo.

imitativo, -va o **imitatorio, -ria** *adj.* De la imitación o que tiene relación con ella: *la actuación imitativa es el paso inicial para adquirir una habilidad manual o técnica*.

impaciencia *n. f.* Falta de tranquilidad para esperar una cosa que tarda: *hacia el final del partido, el entrenador miraba a cada instante el reloj con impaciencia*. **ANT** paciencia.
DER impaciente.

impacientar *v. tr./prnl.* Causar intranquilidad o nerviosismo la espera de una cosa que tarda: *la tardanza en comenzar la película impacientó a los espectadores*.

impaciente *adj.* [persona] Que muestra intranquilidad o nerviosismo por esperar una cosa que tarda: *todos los niños suelen acostarse impacientes la noche de Reyes*.
DER impacientar.

impactar *v. intr.* **1** Chocar violentamente una cosa con otra; especialmente si una de ellas es de mucho menor tamaño que la otra: *un meteorito impactó en un campo cercano; una bala impactó en el depósito de combustible del avión*. **2** Causar una intensa impresión emocional: *muchas campañas de publicidad pretenden impactar en la opinión pública para ganar su atención*.

impacto *n. m.* **1** Choque violento de una cosa con otra; especialmente si una de ellas es de mucho menor tamaño que la otra: *el impacto de cóctel molotov contra el vehículo policial provocó su incendio*. **2** Marca o señal que produce este choque: *el muro aún conserva los impactos de las balas del pelotón de fusilamiento*. **3** Impresión emocional intensa: *las imágenes del linchamiento causaron un fuerte impacto*

impago *n. m.* Falta de pago de una cantidad de dinero que se debe: *les cortaron el teléfono por impago.* **ANT** pago.

impala *n. m.* Mamífero rumiante salvaje de cuerpo esbelto parecido al antílope, de pelaje castaño rojizo y cuernos en forma de lira.

impar *adj./n. m.* **1** [número] Que no se puede dividir exactamente por dos: *1, 3, 5 y 7 son números impares.* **SIN** non. **ANT** par. ◇ *adj.* **2** Que no tiene igual o parecido con nada, generalmente, por sus excelentes cualidades: *es un novelista de impar ingenio.* **SIN** sin par.

imparable *adj.* Que no se puede parar o detener: *la popularización del uso de ordenadores personales parece imparable.*

imparcial *adj.* Que no se inclina en favor o en contra de una persona o cosa al obrar o al juzgar un asunto: *un juez debe ser imparcial.* **ANT** parcial.
DER imparcialidad.

imparcialidad *n. f.* Falta de inclinación en favor o en contra de una persona o cosa al obrar o al juzgar un asunto: *la imparcialidad de una sentencia judicial.* **ANT** parcialidad.

impartir *v. tr.* Dar o comunicar conocimientos, ideas o juicios: *fray Luis de León impartió clases de teología en la Universidad de Salamanca.*

impasibilidad *n. f.* **1** Capacidad de una persona para impedir que una impresión o estímulo externo altere su estado de ánimo: *la impasibilidad de un entrenador cuando su equipo mete un gol.* **SIN** frialdad. **2** Incapacidad de una persona para tener sentimientos o emociones que afecten a su estado de ánimo: *la impasibilidad con que confesó el asesino cuando fue detenido asombró a la policía.* **SIN** frialdad.

impasible *adj.* [persona] Que no experimenta o no muestra ningún sentimiento o emoción que afecte a su estado de ánimo por lo que sucede: *el profesor se mostró impasible ante los ruegos del alumno para que le aprobara el examen.* **SIN** imperturbable, inalterable.
DER impasibilidad.
ETIM Véase *pasivo*.

impasse *n. m.* Situación en la que se encuentra un asunto o problema que no progresa o al que no se le encuentra solución: *la negociaciones se encuentran en un impasse ante la negativa de ambas partes a ceder en sus planteamientos.* **SIN** punto muerto.
OBS Es de origen francés y se pronuncia aproximadamente 'impás'.

impavidez *n. f.* Capacidad de autodominio que tiene una persona para impedir que el miedo o la angustia ante un peligro altere su estado de ánimo: *la impavidez de un torero ante el toro.*

impávido, -da *adj.* [persona] Que no experimenta o no muestra ante un peligro o problema ningún temor o angustia: *el rehén permaneció impávido cuando el secuestrador lo encañonó.* **SIN** impertérrito.
DER impavidez.

impecable *adj.* **1** [actuación de una persona] Que no tiene ningún fallo o error: *hizo un examen impecable y aprobó con nota.* **2** Que no tiene ningún defecto, mancha o imperfección: *el novio iba vestido con un esmoquin impecable.*

impedancia *n. f.* Resistencia que presenta un circuito eléctrico al paso de una corriente alterna.

impedido, -da *adj./n. m. y f.* [persona] Que tiene una discapacidad o problema físico que le impide mover por sí mismo una parte de su cuerpo con total libertad: *se rompió la pierna y quedó un par de meses impedido.* **SIN** imposibilitado.

impedimenta *n. f.* Conjunto de objetos y prendas que una persona debe llevar consigo para desarrollar una actividad o un trabajo: *la impedimenta de un soldado.*

impedimento *n. m.* Situación o circunstancia que dificulta o imposibilita hacer una cosa: *la presencia de niebla puede llegar a suponer un impedimento para que un avión aterrice.*

impedir *v. tr.* Hacer que una actividad o proceso sea difícil o imposible de realizar: *la falta de luz impidió acabar el partido.* **SIN** imposibilitar.
DER impedimenta, impedido, impedimenta, impedimento.
OBS En su conjugación, la *e* se convierte en *i* en algunos tiempos y personas, como en *servir*.

impeler *v. tr.* **1** *culto* Hacer fuerza contra una persona o cosa para moverla o desplazarla: *la pólvora de una bala la impele a través del cañón de una arma.* **SIN** impulsar. **2** *culto* Presionar o influir sobre una persona para que haga cierta cosa: *la pobreza impele a muchos a emigrar en busca de oportunidades.* **SIN** impulsar.

impenetrable *adj.* **1** [objeto, cuerpo] Que no puede ser atravesado o penetrado por otro: *el blindaje de un automóvil lo hace impenetrable a las balas.* **ANT** penetrable. **2** [persona] Que no muestra ningún sentimiento o emoción que permita conocer su estado de ánimo o su pensamiento: *el rostro impenetrable de un tahúr.* **3** Que es difícil de llegar a conocer o comprender: *los secretos impenetrables de la mafia; un tratado de neurología es impenetrable para la mayoría de las personas.* **ANT** penetrable.
DER impenetrabilidad.

impenitente *adj.* [persona] Que no puede abandonar un hábito o costumbre que puede causarle incomodidades, problemas o peligros: *un viajero impenitente; un fumador impenitente.*

impensable *adj.* **1** Que no se puede pensar o considerar desde un punto de vista lógico o racional: *es del todo impensable que aún existan dinosaurios vivos en alguna parte del planeta.* **SIN** inconcebible. **2** Que es difícil o casi imposible que suceda: *es impensable que España abandone su espíritu europeísta.* **SIN** inconcebible.

impensado, -da *adj.* Que sucede sin que se haya planeado o pensado en ello con anterioridad: *hizo una visita impensada a su casa de campo para comprobar su estado.*

impepinable *adj. coloquial* Que es seguro y no admite duda ni discusión: *el paso del tiempo es un fenómeno impepinable.*

imperante *adj.* [cosa] Que ejerce dominio en un aspecto determinado: *el buen gusto imperante; sistema imperante; factores imperantes.*

imperar *v. intr.* **1** Ejercer el mando un emperador. **SIN** reinar. **2** Tener una cosa una mayor importancia y dominio sobre las demás: *en Navidad impera entre las personas la cordialidad y las buenas intenciones.* **SIN** reinar, dominar.
DER imperante, imperativo.
ETIM *Imperar* procede del latín *imperare*, 'ordenar', voz con la que también está relacionada *emperador*.

imperativo, -va *adj.* **1** Que supone una exigencia, orden o mandato: *el guardia de seguridad nos dijo que saliéramos del edificio en tono imperativo.* ◇ *adj./n. m.* **2** GRAM. [modo verbal] Que expresa orden, ruego o mandato: *la forma verbal salid está en modo imperativo.*

imperceptible *adj.* Que no se puede percibir por los sentidos: *un sonido casi imperceptible llegaba a sus oídos; el terremoto ha sido imperceptible en nuestro país.* **ANT** perceptible.

imperdible *n. m.* Alfiler doblado sobre sí mismo que se abrocha encajando el extremo puntiagudo en un cierre colocado en el otro extremo para que no se abra de modo accidental: *se prendió la credencial del congreso en la solapa de la chaqueta con un imperdible.* ☞ costurero.

imperdonable *adj.* [actitud, comportamiento, hecho] Que no se puede o no se debe perdonar: *es imperdonable que mientas a tus padres sobre las notas.*

imperecedero, -ra *adj.* **2** [producto] Que conserva sus propiedades durante un período largo de tiempo antes de estropearse: *los productos imperecederos suelen estar envasados al vacío.* **ANT** perecedero. **3** Que está destinado a permanecer siempre presente y no desaparecer nunca: *los árabes dejaron en nuestro país un legado imperecedero.* **SIN** inmortal.

imperfección *n. f.* **1** Existencia de fallos, errores o defectos en una cosa, proceso o modo de ser de una persona: *la imperfección de los billetes falsos hacía que fueran fácilmente reconocibles.* **ANT** perfección. **2** Fallo, error o defecto que tiene una cosa, proceso o modo de ser de una persona: *una imperfección de la talla de un diamante puede disminuir sensiblemente su valor; reconoció ante sus amigos las imperfecciones de su carácter.*

imperfectivo, -va *adj.* [verbo, forma verbal] Que expresa la acción verbal en su desarrollo, cuando aún no ha acabado: *el verbo querer es imperfectivo.* **ANT** perfectivo.

imperfecto, -ta *adj.* Que no es perfecto por tener fallos, errores o defectos: *un diseño imperfecto en los planos supuso que el edificio tuviera problemas en su estructura.*
pretérito imperfecto GRAM. Tiempo verbal que expresa una acción anterior al presente cuyo desarrollo aún no ha acabado: *creía es pretérito imperfecto de creer.*
DER imperfección, imperfectivo.

imperial *adj.* Del imperio o que tiene relación con él: *la Francia imperial de Napoleón.*
DER imperialismo.

imperialismo *n. m.* Sistema político y económico por el cual un país dotado de una fuerte industria y ejército, domina y explota a otro: *el imperialismo es una forma moderna de colonialismo.*
DER imperialista.

imperialista *adj.* **1** Del imperialismo o que tiene relación con él: *la expansión imperialista de la Alemania nazi fue el origen de la Segunda Guerra Mundial.* ◇ *adj./n. com.* **2** [persona] Que es partidario del imperialismo.

impericia *n. f.* Falta de preparación o habilidad para hacer algo: *la impericia de algunos conductores explica la existencia de ciertos accidentes automovilísticos.* **ANT** pericia.

imperio *n. m.* **1** Estado formado por varios países unidos por la fuerza de las armas que cuentan con diversos niveles de independencia; son gobernados por una única persona que ha sido investida solemnemente para este cometido llamada emperador: *el Imperio Bizantino.* **2** Período histórico durante el que un territorio o Estado tiene esta forma de gobierno: *el Imperio Romano fue una época fundamental para la cultura occidental.* **3** Período histórico durante el que un territorio o Estado es gobernado por un emperador: *el imperio de Julio César.* **4** País o Estado dotado de una fuerte industria y ejército que ejerce una gran influencia política y económica sobre otras naciones, a las que domina y explota: *Hitler soñaba con convertir a Alemania en un imperio que gobernara Europa.* **5** Empresa o conjunto de empresas pertenecientes a un único propietario que tienen un gran poder económico y una especial influencia comercial: *el imperio naviero de Onassis.* **6** Dominio o influencia que ejerce una cosa sobre las demás: *el imperio del dinero.*

valer un imperio Ser de gran valor o utilidad: *el nuevo secretario vale un imperio.*
DER imperial, imperioso.

imperioso, -sa *adj.* **1** Que es muy necesario y urgente: *se levantó a media noche con una imperiosa necesidad de beber.* **2** Que supone un uso exclusivo y exagerado de la autoridad: *el guardia se dirigió al conductor con voz imperiosa.* **SIN** despótico.

impermeabilizar *v. tr.* Cubrir una superficie con una sustancia o material impermeable para impedir que penetre en ella la humedad, el agua u otro líquido: *impermeabilizar la azotea de un edificio.*
OBS En su conjugación, la *z* se convierte en *c* delante de *e*.

impermeable *adj.* **1** [sustancia, material] Que no permite el paso de la humedad, el agua u otro líquido: *el plástico es impermeable.* **ANT** permeable. ◇ *n. m.* **2** Prenda de vestir amplia y larga que se pone sobre las otras y que está hecha de un tejido o material que no deja pasar la lluvia o el agua.
DER impermeabilizar.

impersonal *adj.* **1** Que no posee ninguna característica que haga referencia a la personalidad de una persona, sus ideas o sus sentimientos: *el estilo impersonal de los documentos oficiales o legales.* **2** Que no hace alusión a ninguna persona en concreto: *habló de forma impersonal sin nombrar a nadie en particular.* ◇ *adj.* **3** GRAM. [oración, verbo] Que no tiene un sujeto explícito determinado: *la oración se vende piso es impersonal.*
DER impersonalizar.

impertérrito, -ta *adj.* [persona] Que no experimenta o no muestra ante un peligro o problema ningún temor o angustia que afecten a su estado de ánimo: *el acusado permaneció impertérrito cuando escuchó la sentencia de muerte.* **SIN** impávido.

impertinencia *n. f.* Acción o dicho inoportuno que afecta al respeto, dignidad u honor de una persona: *es una impertinencia preguntarle a una persona desconocida por su vida íntima.*

impertinente *adj.* **1** Que resulta inoportuno porque afecta al respeto, dignidad u honor de una persona: *los periodistas hacen a menudo preguntas impertinentes.* ◇ *adj./n. com.* **2** [persona] Que resulta molesto por las impertinencias que hace o dice: *un alumno impertinente le dijo que el peluquín le quedaba fatal.* ◇ *n. m. pl.* **3 impertinentes** Conjunto de dos cristales colocados en una montura dotada de una varilla lateral vertical que se sujeta con la mano para ponerlos delante de los ojos.
DER impertinencia.

imperturbable *adj.* [persona] Que no experimenta o no muestra ningún sentimiento o emoción que afecte a su estado de ánimo por lo que sucede: *el árbitro permaneció imperturbable a pesar de los insultos del público.* **SIN** impasible, inalterable.

ímpetu *n. m.* Fuerza intensa con la que se hace o sucede una cosa: *el ímpetu con que expresó sus proyectos gustó a sus jefes; el ímpetu con que empezó a jugar el equipo contrario sorprendió a todos.*
DER impetuoso.

impetuoso, -sa *adj.* **1** Que tiene ímpetu: *un caballo impetuoso.* ◇ *adj./n. m. y f.* **2** [persona] Que se comporta de forma irreflexiva y precipitada: *era un jugador muy impetuoso pero poco inteligente para desarrollar un juego de equipo.*
DER impetuosidad.

impío, -pía *adj./n. m. y f.* [persona] Que no muestra res-

implacable

peto hacia la religión: *la burla de símbolos religiosos es un acto impío*. **ANT** pío.

implacable *adj.* **1** Que no se puede calmar o satisfacer: *a menudo sentía un deseo implacable de abandonar su trabajo*. **2** [persona] Que no se aparta de su punto de vista o de lo que considera justo o razonable: *un juez implacable*. **SIN** inflexible.

implantación *n. f.* **1** Establecimiento de algo nuevo en un lugar; generalmente, que ya existía o funcionaba con continuidad en otro sitio o en otro tiempo: *la implantación de cajeros automáticos; la implantación de la democracia en los antiguos países comunistas*. **2** MED. Colocación en el cuerpo de un órgano o un aparato que sustituye a otro órgano o a una parte de él: *la implantación de una válvula cardíaca*.

implantar *v. tr.* **1** Establecer algo nuevo en un lugar; generalmente, lo que ya existía o funcionaba con continuidad en otro sitio o en otro tiempo: *la caña de azúcar fue uno de los primeros cultivos de exportación que se implantó en Canarias*. **SIN** establecer. **2** MED. Colocar en el cuerpo un órgano o un aparato que sustituye a otro órgano o a una parte de él: *implantar un riñón en un enfermo con problemas renales*. **DER** implantación; reimplantar.

implicación *n. f.* **1** Hecho o acontecimiento que es consecuencia o efecto de otro: *la subida de los impuestos tiene graves implicaciones*. **2** Participación en un asunto o circunstancia: *los sindicatos han solicitado la implicación del ministro en la negociación con los empresarios*.

implicar *v. tr.* **1** Tener por resultado o producir como consecuencia directa: *obtener un crédito bancario implica necesariamente tener que devolverlo*. **SIN** comportar, conllevar, ofrecer, suponer. ◊ *v. tr./prnl.* **2** Tener algún tipo de relación o participación en un asunto o circunstancia: *implicarse en la lucha contra la pobreza*. ◊ *v. tr.* **3** DER. Acusar o decir que una persona ha participado en un crimen o acción contra la ley: *uno de los detenidos lo implicó en el robo*.
DER implicación, implícito.
ETIM Véase *plegar*.
OBS En su conjugación, la *c* se convierte en *qu* delante de *e*.

implícito, -ta *adj.* Que se entiende incluido en una cosa, aunque no se diga o se explique: *la vida en sociedad lleva implícita una serie de derechos y obligaciones*. **ANT** explícito, expreso.

implorar *v. tr.* Pedir o rogar con gran humildad y sentimiento, tratando de provocar compasión: *la madre del niño secuestrado imploró a sus captores que lo pusieran en libertad*.
ETIM Véase *llorar*.

implosivo, -va *adj.* **1** GRAM. [sonido consonántico oclusivo] Que no se pronuncia con una abertura final brusca por estar situado en la última posición de una sílaba: *la p de la palabra rapto es un sonido implosivo*. **2** GRAM. Del sonido consonántico que está situado en la última posición de una sílaba: *la s de la palabra basta es un sonido implosivo*.
DER implosión.

impoluto, -ta *adj.* culto Que no tiene ninguna mancha y está absolutamente limpio: *un mantel impoluto*.

imponderable *adj./n. m.* [elemento, circunstancia, hecho] Que sucede de manera inesperada e inevitable y tiene consecuencias que no se pueden conocer o precisar: *un pinchazo en una rueda es una circunstancia imponderable en un viaje en automóvil*.

imponente *adj.* Que causa una intensa impresión de admiración, sorpresa o miedo: *un precipicio imponente; un chalé imponente*.

imponer *v. tr.* **1** Obligar a cumplir o a aceptar una cosa: *el actor impuso una serie de condiciones antes de firmar el contrato; el juez le impuso la pena máxima*. ◊ *v. tr./intr.* **2** Causar una intensa impresión de admiración, sorpresa o miedo: *le impuso un gran respeto estar tan cerca de su ídolo; la mera visita a un cementerio le impone*. ◊ *v. tr.* **3** Poner o dar un nombre: *le impusieron el nombre de Alberto*. **4** Colocar o poner a una persona una condecoración u otro símbolo de manera solemne: *imponer una medalla a un héroe de guerra*. ◊ *v. prnl.* **5 imponerse** Hacer uso de la autoridad o de un mayor poder sobre los demás: *el jefe impuso su opinión*. **6** Superar a las demás personas en una competición o prueba: *el tenista español se impuso en la final*. **7** Hacerse popular o general una costumbre, una moda u otra circunstancia: *en los sesenta se impuso la minifalda*. **8** Ser necesaria, obligatoria o imprescindible una acción o decisión: *ante la sequía se impone ahorrar agua*.
DER imponente, imponible, imposición, impositor, impuesto.
OBS Se conjuga como *poner*.

impopular *adj.* **1** Que no tiene buena fama en una comunidad: *es un vecino muy impopular porque siempre está quejándose*. **2** Que no tiene una buena acogida por parte de la opinión pública: *el aumento del precio de los carburantes es una medida impopular*. **ANT** popular.

importación *n. f.* **1** Entrada en un país de materias o productos obtenidos, elaborados o fabricados en el extranjero: *España está obligada a la importación de petróleo*. **ANT** exportación. ◊ *n. f. pl.* **2 importaciones** Materia o producto que entra en un país de este modo: *las importaciones se pagan en divisas*. **ANT** exportaciones.

importancia *n. f.* Cualidad que hace a una persona o cosa tener una influencia, valor o interés superior a las demás: *una avería de importancia; un cargo de importancia*.
darse importancia Hablar una persona de sí misma en términos muy elogiosos y presumiendo de ser superior a las demás: *tenía un papel secundario, pero se daba tanta importancia, que parecía que ella había protagonizado la película*.

importante *adj.* Que tiene importancia: *un libro importante; una persona importante*.

importar *v. intr.* **1** Tener una persona o cosa una influencia, valor o interés superior a las demás: *lo que más le importa es su familia y sus amigos*. **2** Ser motivo de preocupación o molestia: *el escritor afirmó que no le importaba la opinión de la crítica; ¿le importa que entre?* **SIN** afectar. ◊ *v. tr.* **3** Introducir en un país productos extranjeros: *España importa gas de Argelia*. **ANT** exportar. **4** Costar una cantidad de dinero: *la minuta del abogado importa una cantidad de la que no dispongo*. **SIN** ascender.
¿qué importa? Expresión que indica rechazo o falta de atención o interés por parte del hablante: *si tus amigos no quieren venir al cine, a mí ¿qué me importa?* Se usa generalmente con el pronombre: *¿qué me importa?, ¿qué te importa?*
DER importación, importancia, importante, importe; reimportar.

importe *n. m.* Cantidad de dinero que se debe pagar: *el importe de la factura del teléfono es de 12 000 pesetas*.

importunar *v. tr.* Molestar con insistencia a una persona requiriendo su atención y haciéndole perder el tiempo: *las continuas llamadas de teléfono me han importunado toda la tarde*.

importuno, -na *adj.* **1** Que se hace u ocurre en un momento, lugar o situación inadecuada: *una llamada importuna interrumpió nuestra conversación*. **SIN** inoportuno. **ANT** oportuno. **2** Que causa molestia con insistencia a una persona

requiriendo su atención y haciéndole perder el tiempo: *una importuna reunión de última hora hizo que perdiera el tren*.
DER importunar.

imposibilidad *n. f.* Falta de ocasión o medios para que una cosa exista, ocurra o pueda realizarse: *los científicos luchan contra la imposibilidad de poder prever los terremotos*.
ANT posibilidad.

imposibilitado, -da *adj.* [persona] Que tiene una discapacidad o problema físico que le impide mover por sí misma una parte de su cuerpo con total libertad: *tuvo un accidente de moto y quedó imposibilitado de cintura para abajo de por vida por no llevar el casco puesto*. **SIN** impedido.
OBS Es el participio de *imposibilitar*.

imposibilitar *v. tr.* **1** Impedir que algo exista, ocurra o pueda realizarse: *la lluvia imposibilita la celebración del concierto*. **2** Producir a una persona una discapacidad o problema físico que le impida mover por sí misma una parte de su cuerpo con total libertad: *los accidentes de circulación imposibilitan a muchas personas para el resto de su vida*. **SIN** incapacitar.
DER imposibilitado.

imposible *adj./n. m.* **1** Que no puede existir, ocurrir o realizarse: *es imposible que un vehículo alcance la velocidad de la luz; me es imposible abandonar mi oficina durante las horas de trabajo*. **ANT** posible. ◊ *adj.* **2** [persona] Que tiene un carácter o una manera de comportarse insoportable para los demás: *es una niña muy caprichosa que se pone imposible cuando no se hace su voluntad*. **3** *coloquial* Que está en mal estado o en malas condiciones: *el tráfico está imposible a la hora punta*.
hacer lo imposible *coloquial* Utilizar todos los medios para que una cosa ocurra o se realice: *haré lo imposible para poder estar en tu fiesta de cumpleaños*.
DER imposibilidad, imposibilitar.
OBS En las acepciones 2 y 3 se suele usar con los verbos *estar, ponerse* o *ser*.

imposición *n. f.* **1** Obligación que se le exige a una persona que cumpla o acepte: *el director no estaba dispuesto a aceptar ninguna imposición por parte del famoso actor*. **2** Colocación a una persona de una condecoración o de otro símbolo de manera solemne: *la imposición de medallas tras una prueba olímpica*. **3** Cantidad de dinero que se ingresa en una cuenta de un banco o de una caja de ahorros: *abrió una cuenta para su hijo con una imposición de 100 000 pesetas*. **4** ECON. Obligación de pagar una cantidad de dinero al Estado, comunidad autónoma o ayuntamiento para que haga frente al gasto público: *todas las rentas salariales están sujetas a una imposición fiscal*. **SIN** impuesto, tributo.

impositivo, -va *adj.* De los impuestos: *los fabricantes de coches han solicitado una baja del tipo impositivo de IVA sobre los turismos*.

impositor, -ra *adj./n. m. y f.* [persona] Que ingresa dinero en una cuenta de un banco o de una caja de ahorros.

impostar *v. tr.* MÚS. Controlar el nivel y la intensidad de la voz para poder emitir un sonido uniforme, sin vacilación ni temblor.

impostor, -ra *adj./n. m. y f.* **1** [persona] Que se hace pasar por otra persona o que dice tener unos conocimientos, capacitación o cargo que no posee en realidad: *era un impostor que se hacía pasar por médico sin tener el título*. **2** [persona] Que dice mentiras o embustes para perjudicar o acusar a otra persona: *el abogado defensor acusó al testigo de ser un impostor pagado por la acusación*.
DER impostura.

impostura *n. f.* **1** Engaño que comete la persona que se hace pasar por otra persona o que dice tener unos conocimientos, una capacitación o un cargo que no posee en realidad: *una llamada anónima descubrió la impostura del individuo que se hacía pasar por médico*. **2** Falta a la verdad que se comete cuando se hace creer a una persona algo que en realidad es mentira para obtener un beneficio: *estaban arruinados pero vivían en la impostura de que aún eran ricos*.
SIN engaño.

impotencia *n. f.* **1** Falta de fuerza, poder o competencia para realizar una cosa o hacer que suceda: *sintió una terrible impotencia cuando vio que su casa se quemaba y no podía hacer nada*. **2** Imposibilidad del hombre para consumar el acto sexual.
DER impotente.

impotente *adj.* **1** [persona, grupo] Que carece de fuerza, poder o competencia para realizar una cosa o hacer que suceda: *la policía se mostró impotente para contener a los manifestantes*. ◊ *adj./n. m.* **2** [hombre] Que padece impotencia sexual.

impr. Abreviatura de *imprenta*, 'lugar donde se imprime'.

impracticable *adj.* **1** Que no puede ocurrir o realizarse: *las dificultades económicas hacen impracticable el proyecto*.
SIN inviable. **2** [terreno, camino] Que está en muy malas condiciones y no es posible andar o circular por él: *se suspendió el partido porque el aguacero había dejado el terreno de juego impracticable*. **SIN** inviable.

imprecación *n. f.* Expresión con la que se muestra deseo intenso de que reciba un mal o un daño una persona o un grupo: *los huelguistas proferían imprecaciones contra los trabajadores que entraban en la fábrica para trabajar*.

imprecar *v. tr.* Pronunciar o expresar imprecaciones contra una persona o un grupo: *el público imprecó al árbitro por no señalar un claro penalti*.
DER imprecación.
OBS En su conjugación, la *c* se convierte en *qu* delante de *e*.

imprecisión *n. f.* Falta de exactitud o detalle: *la imprecisión de un disparo; la imprecisión de la descripción de un sospechoso*. **ANT** exactitud, precisión.

impreciso, -sa *adj.* Que no es exacto o detallado: *me han dado una dirección imprecisa y no acabo de encontrar la casa*.
ANT exacto, preciso.
DER imprecisión.

impredecible *adj.* Que no se puede prever o predecir: *lo que te ocurrirá en el futuro es impredecible*.

impregnar *v. tr./prnl.* **1** Mojar la capa más superficial de un cuerpo con un líquido o con una sustancia espesa o pegajosa: *impregnó de pegamento las dos piezas que pretendía unir*.
2 Mojar completamente, llegando la humedad hasta el interior: *impregnar un tampón de tinta*. **SIN** empapar. **3** Transmitir una forma de pensar o sentir característico y particular: *el Quijote está impregnado de una intensa ironía hacia los libros de caballerías*.

imprenta *n. f.* **1** Técnica de imprimir textos escritos y dibujos sobre papel: *la imprenta tiene su origen en el grabado*.
2 Taller o lugar donde se desarrolla esta técnica: *acudió a una imprenta para encargar las invitaciones de boda*.

imprescindible *adj.* Que es muy necesario porque sin su presencia no es posible lo que se pretende: *para subir al avión es imprescindible que tengas el billete*. **SIN** indispensable.

impresentable *adj.* **1** Que no es apto para ser mostrado públicamente: *entregó un informe impresentable, escrito a mano y lleno de tachaduras*. **ANT** presentable. **2** [persona] Que no tiene educación y no sabe comportarse en público:

impresión

es *un impresentable que ha venido a la cena de gala en pantalones cortos*. **3** [persona] Que no cumple con su obligación o con lo que ha prometido: *el fontanero es un impresentable que lleva un mes diciendo que va a arreglarme la avería*.

impresión *n. f.* **1** Efecto o alteración del ánimo causada por un estímulo externo: *la noticia del accidente causó una viva impresión en todo el pueblo*. **2** Idea u opinión general y poco precisa que una persona tiene sobre un asunto o materia: *cuando habló con él, tuvo la impresión de que lo engañaba*. **3** Reproducción de un texto escrito o dibujo en un papel por medio de procedimientos mecánicos o eléctricos: *antiguamente la impresión de un libro se hacía mediante una prensa*. **4** Conjunto de características del texto escrito o dibujo referidas al modo en que se ha realizado esta reproducción: *la impresión era muy borrosa por la mala calidad de la tinta*.
DER impresionar, impresionismo.

impresionable *adj.* [persona] Que se altera con facilidad ante cualquier suceso: *era muy impresionable y se desmayó al ver que su marido tenía sangre en la cabeza*.

impresionante *adj.* Que causa una impresión muy intensa de admiración, sorpresa o miedo: *un gol impresionante; una explosión impresionante*.

impresionar *v. tr./prnl.* **1** Provocar una gran alteración en el ánimo de una persona; generalmente, fruto de una sensación intensa de admiración, sorpresa o miedo: *la aparición de los cadáveres impresionó a toda la opinión pública*. **2** Hacer que una imagen o sonido quede recogido en una superficie preparada para ello, para poder luego reproducirlo por medios fotográficos o eléctricos: *impresionar una película fotográfica*.
DER impresionable, impresionante.

impresionismo *n. m.* Movimiento artístico, especialmente referido a la pintura, que intenta reflejar en las obras las sensaciones e impresiones particulares que el artista experimenta: *el impresionismo surgió en Francia a finales del siglo XIX y se extendió a Europa a principios del XX*.
DER impresionista.

impresionista *adj.* **1** Del impresionismo o que tiene relación con él: *el movimiento impresionista influyó en músicos como Debussy o Ravel*. ◇ *adj./n. com.* **2** [persona] Que sigue la tendencia artística del impresionismo: *Joaquín Sorolla fue un pintor impresionista*.

impreso *n. m.* **1** Hoja o conjunto de hojas de papel con un texto que ha sido reproducido mediante la técnica de la imprenta. **2** Texto escrito preparado para que se rellene: *un policía le ayudó a rellenar un impreso de denuncia por el robo*.
DER impresor, impresora.

impresor, -ra *adj./n. m. y f.* [persona] Que se dedica a imprimir textos o dibujos: *Gutenberg fue el primer y más conocido impresor*.

impresora *n. f.* INFORM. Máquina que se conecta a un ordenador electrónico y que sirve para imprimir en papel la información contenida en él que se desea: *las impresoras funcionan con agujas, a chorro de tinta o por medio de un rayo láser*. ☞ ordenador.

imprevisible *adj.* Que no se puede conocer, intuir o esperar antes de que realmente suceda: *las acciones futuras del psicópata eran imprevisibles para la policía*. **ANT** previsible.
DER imprevisión, imprevisto.

imprevisto, -ta *adj./n. m.* [acontecimiento, situación, gasto] Que no se ha previsto: *una avería imprevista en uno de los motores abortó el despegue del transbordador espacial*. **SIN** contingencia, eventualidad.

imprimir *v. tr.* **1** Reproducir un texto escrito o dibujo en un papel por medio de procedimientos mecánicos o eléctricos: *en 1456 Gutenberg imprimió su primera Biblia*. **2** Fijar en el carácter de una persona un modo de ser, de pensar o de sentir particular: *la estancia en el internado le imprimió un profundo sentido de la disciplina y el autodominio*. **3** Transmitir una fuerza o impulso a un cuerpo: *el delantero imprimió un gran efecto a su disparo*.
DER imprenta, impresión, impreso, imprimátur; reimprimir, sobreimprimir.
OBS Los participios son *imprimido* e *impreso*; el primero se usa en la conjugación; el segundo se usa más como adjetivo.

improbable *adj.* Que es difícil que exista, ocurra o se realice: *es improbable que vuelva a hablarte después de haberlo insultado*. **ANT** probable.

ímprobo, -ba *adj.* [esfuerzo] Que es enorme o excesivo: *el ciclista hizo un ímprobo esfuerzo por mantenerse en la carrera, pero finalmente abandonó*.

improcedente *adj.* **1** Que no es adecuado u oportuno a las circunstancias del momento: *es improcedente tratar asuntos privados en reuniones con otras personas que nada tienen que ver con ellos*. **SIN** desafortunado, impropio, inadecuado. **2** DER. Que no se ajusta a la ley o al procedimiento judicial: *el juez determinó improcedente volver a realizar una nueva autopsia al cadáver del asesinado*.

improductivo, -va *adj.* Que no produce el resultado, fruto o ganancia deseada: *el esfuerzo y el ingenio de los agricultores hace fértiles terrenos aparentemente improductivos*. **ANT** productivo.

impronta *n. f.* **1** Conjunto de características culturales o humanas que son consecuencia del contacto con una persona o grupo social: *la impronta de la música de los Beatles es palpable en la música pop actual*. **SIN** huella. **2** Reproducción de una imagen en hueco o en relieve sobre una materia blanda: *la impronta en barro de la figura de un animal*.

improperio *n. m.* Palabra o expresión con la que se insulta a una persona: *el debate acabó siendo un cruce de improperios entre los participantes*.

impropiedad *n. f.* Uso de las palabras o frases con sentidos que no son los que propiamente les corresponden: *está muy extendida la impropiedad en el uso del lenguaje*.

impropio, -pia *adj.* **1** Que no se corresponde con las características propias de una persona o cosa: *es impropio de una persona educada insultar a otra en público*. **2** Que no es adecuado u oportuno a las circunstancias del momento: *regañó a su hijo porque tuvo un comportamiento impropio durante la misa y no dejó de corretear por la iglesia*. **SIN** improcedente, inadecuado.
DER impropiedad.

improrrogable *adj.* Que no se puede retrasar o prorrogar: *el pago de la deuda al banco es improrrogable*. **SIN** inaplazable. **ANT** prorrogable.

improvisación *n. f.* **1** Realización de una cosa que no estaba prevista o preparada: *la capacidad de improvisación del presentador le permitió entretener al público mientras esperaba la aparición del cantante*. **2** Poema, canción o pieza musical que se desarrolla a medida que se va recitando, cantando o tocando: *el pianista interpretó una improvisación sobre un nocturno de Chopin*.

improvisar *v. tr.* **1** Hacer una cosa que no estaba prevista o preparada: *uno de sus compañeros se rompió una pierna y tuvieron que improvisar una camilla para transportarlo*. **2** Componer o desarrollar un poema, canción o tema musical a medida que se va recitando, cantando o tocando: *los*

intérpretes de jazz suelen improvisar a partir de una melodía inicial.
DER improvisación, improviso.

improviso, -sa Palabra que se usa en la locución adverbial *de improviso* que significa de repente: *se levantó de improviso y abandonó el aula a mitad de examen.*

imprudencia *n. f.* **1** Falta de juicio, sensatez y cuidado que una persona demuestra en sus acciones: *la imprudencia es la principal causa de accidentes de tráfico.* **SIN** inconsciencia. **2** Acción que se realiza con esta falta de juicio, sensatez y cuidado: *cometió la imprudencia de dejar el coche abierto un instante y cuando volvió, se lo habían robado.*
imprudencia temeraria DER. Delito que comete una persona cuando por sus acciones pone en peligro la vida o la seguridad de otros: *acusaron al médico de imprudencia temeraria por no atender urgentemente al herido.*

imprudente *adj./n. com.* Que tiene o muestra imprudencia: *es un conductor imprudente que suele sobrepasar el límite máximo de velocidad permitido; fue imprudente de tu parte dejar el radiocasete puesto a la vista en el coche.* **SIN** incauto. **ANT** cauto, prudente.
DER imprudencia.

impúber *adj./n. com.* [persona] Que aún no ha llegado a la edad de la pubertad: *un niño o niña impúber aún no tiene desarrollados plenamente los órganos sexuales.*

impudicia *n. f.* Deshonestidad, falta de pudor o de vergüenza: *es un descarado que actúa con impudicia.* **SIN** impudor.

impúdico, -ca *adj.* Que tiene o muestra impudicia: *el cantante fue acusado de impúdico por actuar casi desnudo.* **ANT** púdico, pudoroso.

impudor *n. m.* Deshonestidad, falta de pudor o de vergüenza: *el impudor de la actriz porno escandalizó a toda la audiencia.* **SIN** impudicia. **ANT** pudor.
DER impudicia, impúdico.

impuesto *n. m.* Cantidad de dinero que se da al Estado, comunidad autónoma o ayuntamiento obligatoriamente para que haga frente al gasto público: *los impuestos son cada vez más altos; el IVA es el impuesto sobre el valor añadido.* **SIN** tributo. **impuesto directo** ECON. Tributo que se aplica de manera periódica e individual a las personas sobre sus bienes e ingresos económicos: *el impuesto sobre la renta es un impuesto directo.* **impuesto indirecto** ECON. Tributo que se aplica a las cosas que se consumen o a los servicios que se usan: *los impuestos indirectos gravan la gasolina, el alcohol o el tabaco.*
impuesto revolucionario Cantidad de dinero que exige un grupo de terroristas a un empresario o persona adinerada bajo la amenaza de muerte.

impugnación *n. f.* Oposición a la validez o legalidad de una opinión o decisión por considerarla falsa, injusta o ilegal: *la impugnación de unas elecciones por la sospecha de manipulación del censo.*

impugnar *v. tr.* Negar la validez o legalidad de una opinión o decisión por considerarla falsa, injusta o ilegal: *un opositor impugnó la decisión del tribunal de oposiciones.*
DER impugnación.

impulsar *v. tr.* **1** Aplicar la fuerza necesaria para que una cosa se mueva: *la fuerza del motor impulsa al coche.* **SIN** impeler. **2** Dotar de la fuerza o ayuda necesaria para que una cosa crezca, se desarrolle y tenga éxito: *impulsar la creación de empleo.* **SIN** estimular. **3** Proporcionar a una persona el ánimo y la fuerza necesaria para que haga una cosa: *su facilidad para la música le impulsó a componer.* **SIN** animar.

DER impulsivo, impulso, impulsor.

impulsivo, -va *adj./n. m. y f.* **1** [persona] Que se deja llevar por sus emociones o impulsos sin pensar en las consecuencias de sus actos: *era una persona impulsiva que decidió abandonar su trabajo y dedicarse a recorrer el mundo.* ◇ *adj.* **2** [acción, comportamiento] Que es propio de este tipo de personas: *el jugador, con un gesto impulsivo, golpeó en la cara al oponente.*

impulso *n. m.* **1** Fuerza que aplicada a una cosa hace que se mueva. **SIN** los veleros navegan gracias al impulso del viento en las velas. **2** Fuerza o ayuda que se le presta a una cosa para que crezca, se desarrolle y tenga éxito: *su última película ha supuesto un nuevo impulso a su carrera de actor.* **SIN** estímulo. **3** Deseo intenso que lleva a hacer una cosa de manera inesperada y sin pensar en las consecuencias: *sintió un irrefrenable impulso de abandonar la cena cuando se burlaron de él.*
coger impulso o **tomar impulso** Iniciar una carrera o mover el cuerpo de modo que se facilite y se haga más intenso un movimiento, golpe o salto: *flexionó las rodillas para coger impulso y subir la valla.*

impulsor, -ra *adj./n. m. y f.* [persona] Que ha aportado la ayuda o la fuerza necesaria para hacer que una cosa crezca, se desarrolle y tenga éxito: *el presidente Kennedy fue uno de los principales impulsores de que el hombre llegara a la Luna.*

impune *adj.* [delito, autor de delito] Que queda sin castigo: *en las novelas de Ágata Christie ningún crimen queda impune.*
DER impunidad.

impunidad *n. f.* Falta de castigo merecido: *la impunidad de las acciones ilegales que cometen los servicios secretos de algunos países.*

impuntual *adj.* Que no es puntual.

impuntualidad *n. f.* Característica de la persona o cosa que no es puntual: *la impuntualidad de un autobús.* **ANT** puntualidad.

impureza *n. f.* **1** Sustancia o conjunto de sustancias extrañas a un cuerpo o materia y que están mezcladas con ella: *las impurezas del petróleo son eliminadas en las refinerías.* **2** Falta de virtudes morales, especialmente las de carácter sexual.

impuro, -ra *adj.* **1** Que tiene mezcla de sustancias extrañas que alteran su pureza: *los minerales impuros se purifican en los altos hornos.* **2** Que va contra la moral establecida, especialmente en el aspecto sexual. **SIN** indecente. **ANT** puro.
DER impureza, impurificar.

imputación *n. f.* Atribución a una persona de un delito, una culpa o una falta: *lo acusaron de calumnia por la falsa imputación de un delito a uno de sus compañeros de trabajo.* **SIN** acusación.

imputar *v. tr.* **1** Atribuir la responsabilidad de un delito a alguien: *el fiscal imputa la autoría del asesinato al detenido.* **SIN** acusar, culpar. **2** Atribuir el fracaso de algo a una cosa concreta. **3** ECON. Dar un destino determinado a una cantidad de dinero: *los gastos se imputaron al mantenimiento del edificio.*
DER imputación.

in *adj.* Que está de moda y actualidad: *la fiesta se celebró en una de las discotecas más in de la costa.*

in- Prefijo que entra en la formación de palabras con el significado de 'privación o negación': *inacabable, incomunicar, inacción.* Se convierte en: *a)* im- antes de b o p: *imbatido, imponer, imposible. b)* i- antes de l: *ilegal. c)* ir- antes de r: *irrumpir, irreflexivo.*

inabarcable *adj.* [asunto, materia] Que tiene unos contenidos tan extensos, que no se pueden conocer o comprender con facilidad: *el conjunto de estudios sobre la Biblia es inabarcable.*

inacabable *adj.* **1** Que tiene un volumen o una extensión tan grande, que parece que no se puede acabar o terminar: *le maravillaban las llanuras inacabables del desierto.* **SIN** interminable. **2** Que es tan pesado o molesto, que parece que no acaba o no tiene fin: *la ópera se me hizo inacabable.* **SIN** interminable.

inacabado, -da *adj.* Que no ha sido acabado o completado: *Miguel Ángel dejó a su muerte algunas esculturas inacabadas.* **SIN** incompleto, inconcluso. **ANT** acabado, completo. **DER** inacabable.

inaccesible *adj.* **1** [lugar] Que no tiene acceso o entrada, o que es muy difícil llegar hasta él: *los buitres anidan en acantilados inaccesibles.* **ANT** accesible. **2** [persona] Que es muy difícil poder llegar hasta ella: *el famoso cantante se mantuvo en todo momento inaccesible para la prensa.* **3** [persona] Que tiene un trato difícil y poco amable: *tengo un vecino que es una persona huraña e inaccesible.* **ANT** accesible. **4** Que no se puede entender por ser muy difícil: *el griego es una lengua que me resulta inaccesible.* **ANT** accesible.

inacción *n. f.* Falta de actividad o movimiento. **SIN** inactividad. **ANT** acción.

inacentuado, -da *adj.* GRAM. [vocal, palabra, sílaba] Que no lleva acento y se pronuncia sin acentuar: *en la palabra casa, la sílaba sa es inacentuada.* **SIN** átono. **ANT** tónico.

inaceptable *adj.* Que no se puede aceptar como bueno o válido: *el representante sindical calificó de inaceptable la propuesta salarial de la empresa.* **ANT** aceptable.

inactividad *n. f.* Falta de actuación, trabajo o movimiento: *tras la inactividad de las vacaciones, siempre le costaba cogerle el ritmo al trabajo.* **SIN** inacción. **ANT** acción, actividad.

inactivo, -va *adj.* Que no desarrolla ninguna actividad, trabajo o movimiento: *el médico ha dicho que el futbolista estará tras la operación dos meses inactivo.* **ANT** activo. **DER** inactividad.

inadaptación *n. f.* Falta de adaptación o acomodación de un ser vivo al medio en que vive y a sus cambios: *la inadaptación de un animal a la vida en cautividad.* **ANT** adaptación.

inadaptado, -da *adj./n. m. y f.* [persona] Que no se adapta o acomoda a las condiciones en que vive o a las circunstancias que le rodean: *el fracaso escolar suele ser un síntoma común de los jóvenes inadaptados.* **SIN** desplazado. **DER** inadaptación.

inadecuado, -da *adj.* Que no es adecuado u oportuno a las circunstancias del momento: *una señal de tráfico colocada en un lugar inadecuado puede llegar a ser peligrosa.* **SIN** improcedente, impropio. **DER** inadecuación.

inadmisible *adj.* Que no puede permitirse o aceptarse: *resulta inadmisible discriminar a una persona por el color de su piel.* **ANT** admisible.

inadvertido, -da *adj.* Que no ha sido percibido, notado o advertido: *la presencia del famoso actor en el restaurante pasó inadvertida para todos.* **SIN** desapercibido.

inagotable *adj.* Que no se puede acabar o agotar: *el tema de los extraterrestres ha sido una fuente inagotable de guiones cinematográficos.*

inaguantable *adj.* Que no se puede sobrellevar: *los hijos de los vecinos hacen un ruido inaguantable.* **SIN** insoportable. **ANT** aguantable, soportable.
OBS Se suele usar con verbos como *estar, ponerse o ser.*

inalámbrico, -ca *adj.* [medio de comunicación eléctrica] Que no usa hilos o cables para recibir y enviar mensajes: *un teléfono inalámbrico; un micrófono inalámbrico.*

inalcanzable *adj.* Que no se puede alcanzar o conseguir: *la paz parece un objetivo inalcanzable en Oriente Medio.*

inalienable *adj.* [derecho, propiedad] Que no se puede negar o quitar a una persona: *la libertad es un derecho inalienable del ser humano.*

inalterable *adj.* **1** Que no se puede alterar o cambiar: *el horario de clases es inalterable.* **ANT** alterable. **2** [persona] Que no experimenta o no muestra ningún sentimiento o emoción que afecte a su estado de ánimo: *el prisionero permaneció inalterable ante las amenazas de los enemigos.*

inamovible *adj.* Que no se puede mover o cambiar: *a pesar de los ruegos de su familia, permaneció inamovible en su decisión de no ir a la boda de su amigo.*

inane *adj.* culto Que no sirve para nada porque no produce provecho, resultado o interés: *tenía la inane esperanza de aprobar sin estudiar.* **SIN** inútil. **ANT** útil. **DER** inanición.

inanición *n. f.* Extrema debilidad física provocada por la falta de alimento: *millones de seres humanos mueren en este planeta cada año por inanición.*

inanimado, -da *adj.* [objeto, cuerpo] Que no tiene vida: *en las películas de la factoría Disney suelen cobrar vida objetos inanimados.*

inánime *adj.* Que está sin vida: *encontraron el cuerpo inánime en la falda de la montaña.* **SIN** exánime. **DER** inanimado.

inapelable *adj.* **1** DER. [sentencia, fallo] Que no se puede apelar. **2** Que no se puede evitar o remediar: *un gol inapelable.*

inapetencia *n. f.* Falta de ganas de comer: *la depresión suele provocar inapetencia y debilidad física.* **SIN** desgana. **ANT** apetito, hambre.

inapetente *adj.* [persona] Que no tiene ganas de comer: *el médico regañó al enfermo inapetente y le advirtió de los peligros de su actitud.* **DER** inapetencia.

inaplazable *adj.* Que no se puede retrasar o aplazar: *el mecánico le dijo que era inaplazable un cambio de neumáticos en el vehículo.* **SIN** improrrogable. **ANT** prorrogable.

inapreciable *adj.* **1** Que no se puede apreciar por ser de una gran importancia o valor: *el Sol es una inapreciable fuente de energía.* **2** Que no se puede apreciar o percibir por ser muy pequeño o poco importante: *los dos primeros clasificados llegaron a la meta con una diferencia inapreciable.* **ANT** apreciable.

inarticulado, -da *adj.* [sonido, voz] Que no forma una palabra perteneciente a la lengua: *un grito inarticulado.* **ANT** articulado.

inasequible *adj.* Que es imposible de conseguir o alcanzar: *conseguir la inmortalidad es algo totalmente inasequible.* **ANT** asequible.

inasistencia *n. f.* Ausencia de un lugar o acto: *lo echaron del trabajo por su inasistencia continuada a la fábrica.* **ANT** asistencia.

inaudible *adj.* [sonido] Que es emitido con una intensidad insuficiente para ser oído: *un frigorífico funciona de un modo prácticamente inaudible.* **ANT** audible.

inaudito, -ta *adj.* **1** Que es tan particular o poco frecuente que cuando ocurre causa sorpresa y extrañeza: *un barrio de la ciudad ha sufrido una inaudita plaga de chinches.* **SIN** excepcional, inusual. **2** Que no se puede admitir o tolerar y merece ser rechazado: *es inaudito que grandes multinaciona-*

les se aprovechen del trabajo de los niños en el Tercer Mundo. **SIN** intolerable, incalificable.
ETIM Véase *oír*.

inauguración *n. f.* **1** Momento en que da comienzo el desarrollo de una actividad o de un acto: *las riadas han retrasado la inauguración de la autovía.* **2** Ceremonia formal con la que se celebra este momento: *han invitado al ministro de cultura a la inauguración del nuevo teatro.*

inaugural *adj.* De la inauguración o que tiene relación con ella: *ceremonia inaugural; acto inaugural.*

inaugurar *v. tr.* **1** Dar principio o comienzo de una cosa, especialmente si se hace de manera solemne: *el rector inauguró el nuevo curso; el jugador brasileño inauguró el marcador con un gol espectacular.* **2** Celebrar la apertura de un local o edificio: *la Reina inauguró el nuevo museo; inaugurar una cafetería.* **3** Comenzar a introducir una nueva idea o moda: *el autor de esta novela inauguró una nueva corriente artística.*
DER inauguración, inaugural.

inca *adj.* **1** De un antiguo pueblo indígena que habitaba en el continente americano o que tiene relación con él: *el pueblo inca tenía una cultura y un sistema social muy desarrollados; Perú, Ecuador y Chile eran antiguamente territorios incas.* ◇ *adj./n. com.* **2** [persona] Que pertenecía a este pueblo: *Machu Picchu fue la última ciudad habitada por los incas.*
DER incaico.

incaico, -ca *adj.* Del pueblo inca o que tiene relación con él: *el imperio incaico terminó con la llegada de los conquistadores españoles.*
DER preincaico.

incalculable *adj.* Que no se puede calcular: *han sufrido pérdidas incalculables; las obras de Velázquez tienen un valor incalculable.* **ANT** calculable.

incalificable *adj.* Que no se puede admitir o tolerar y merece ser rechazado: *un crimen incalificable; un comportamiento incalificable.* **SIN** inaudito, intolerable.

incandescencia *n. f.* Brillo de color rojo o blanco que toma un cuerpo, especialmente un metal, al aumentar la temperatura: *la incandescencia del filamento de una bombilla.*

incandescente *adj.* [metal] Que adquiere color rojo o blanco al aumentar la temperatura: *el hierro incandescente con el que se marca al ganado.* **SIN** candente.
DER incandescencia.

incansable *adj.* Que no se cansa o que resiste mucho sin descansar: *un trabajador incansable; un viajero incansable.* **SIN** infatigable.

incapacidad *n. f.* **1** Falta de conocimiento, preparación o medios para realizar una acción o una función: *la incapacidad de los asesores hizo fracasar la empresa; su incapacidad para enfrentarse a los problemas le hizo abandonar.* **2** Falta de espacio en un lugar para que quepa algo: *la incapacidad de los depósitos hace que nos quedemos sin agua por la tarde.* **ANT** cabida, capacidad. **3** **DER**. Falta de aptitudes físicas o mentales de una persona para ejercer determinados derechos: *el fiscal alegó la incapacidad del testigo para declarar.*
incapacidad laboral Pérdida de la posibilidad de trabajar a causa de un daño físico o mental permanente provocado por una enfermedad o un accidente: *le concedieron una pensión a raíz de su incapacidad laboral.*

incapacitado, -da *adj./n. m. y f.* **1** [persona] Que tiene disminuidas sus facultades físicas o psíquicas: *el accidente lo dejó incapacitado; cabina especial para incapacitados.* **SIN** deficiente, discapacitado, minusválido. **2** [persona] Que ha sido privada legalmente de sus derechos civiles y sometida a tutela.

incapacitar *v. tr.* **1** Hacer que una persona no tenga capacidad para realizar una acción o desempeñar una función: *su mal pulso lo incapacitaba para ser relojero.* **SIN** imposibilitar. **2** Quitar o perder un estado o condición legal: *el tribunal lo condenó por fraude y lo incapacitó para volver a desempeñar cargos públicos.*
DER incapacitación, incapacitado.

incapaz *adj.* **1** Que no no tiene capacidad para hacer una cosa: *soy incapaz de subir hasta la cima; es incapaz de hacer daño a nadie.* Se suele usar seguido de la preposición *de* y un infinitivo. **ANT** capaz. **2** Que no puede desarrollar una actividad debido a la falta de conocimiento, preparación o medios: *se demostró que era incapaz para ocupar ese puesto.* **SIN** inepto. **ANT** capaz, apto. **3** [persona] Que es idiota o tonto. Se usa como apelativo despectivo. **SIN** inepto. **4** Que no tiene la capacidad necesaria para un fin determinado: *esta sala es incapaz para acoger a tanta gente.*
DER incapacidad, incapacitar.

incautación *n. f.* Apropiación por parte de la autoridad competente de un objeto, mercancía o bien propiedad de una persona: *la policía procedió a la incautación de la droga hallada en el yate de los traficantes.*

incautarse *v. prnl.* Tomar posesión legal la autoridad competente de un objeto, mercancía o bien propiedad de una persona: *la policía se incautó de las armas de los terroristas.*
DER incautación.

incauto, -ta *adj./n. m. y f.* **1** [persona] Que tiene o muestra una gran falta de juicio, sensatez y cuidado en sus acciones: *deja el coche abierto porque es un incauto.* **SIN** imprudente. **ANT** cauto, prudente. **2** [persona] Que se deja engañar fácilmente por no pensar mal de los demás: *una persona incauta es el objetivo de los timadores.* **SIN** cándido, ingenuo, inocente.
DER incautarse.

incendiar *v. tr./prnl.* Prender fuego a una cosa que no estaba originalmente destinada a arder: *incendiar un coche, una casa, un bosque.*
DER incendiario.
OBS En su conjugación, la *i* no se acentúa, como en *cambiar.*

incendiario, -ria *adj./n. m. y f.* **1** [persona] Que provoca un incendio de forma voluntaria. ◇ *adj.* **2** [artefacto, arma] Que sirve para quemar algo: *una bomba incendiaria.* **3** Que incita a la violencia y al desorden: *pronunció unas palabras incendiarias ante la muchedumbre.*

incendio *n. m.* Fuego grande en el que resulta destruida una cosa que no estaba originalmente destinada a arder: *el incendio de un edificio, de un barco, de un motor.*
DER incendiar.
ETIM Véase *encender*.

incensario *n. m.* Recipiente de metal que pende de cadenas y que sirve para quemar incienso y esparcir su olor en algunos actos y ceremonias religiosas: *el monaguillo balanceaba el incensario.*

incentivar *v. tr.* **1** Animar a una persona por medio de un premio o gratificación económica para que trabaje más o consiga un mejor resultado en una acción o en una actividad: *la empresa incentivó a sus empleados con una paga extraordinaria.* **2** Dar fuerza o empuje a una actividad para que crezca, se desarrolle y tenga éxito: *se ha hecho una reforma para incentivar la inversión de capital.*
DER incentivo.

incentivo *adj./n. m.* **1** Que impulsa a hacer o desear una cosa: *ofrecen incentivos para agilizar los trámites burocráticos; las excursiones son un incentivo para conocer la naturaleza.*

incertidumbre

◇ *n. m.* **2** Premio o gratificación económica que se le ofrece o entrega a una persona para que trabaje más o consiga un mejor resultado en una acción o en una actividad: *el patrón prometió un incentivo económico si los empleados acababan el trabajo en la fecha fijada.*

incertidumbre *n. f.* Falta de conocimiento seguro o fiable sobre una cosa, especialmente cuando crea inquietud en alguien: *no sabía si había aprobado o no y esa incertidumbre lo angustiaba.* **ANT** certeza, certidumbre.

incesante *adj.* **1** Que no se detiene: *una incesante lluvia cayó sobre el pueblo durante todo el día.* **2** Que se repite de manera habitual: *cuando operaron a su padre, fueron incesantes su idas y venidas al hospital.*

incesto *n. m.* Relación sexual entre familiares directos: *Edipo cometió incesto con su madre sin saberlo.*
DER incestuoso.

incestuoso, -sa *adj.* Del incesto o que tiene relación con este tipo de relación.

incidencia *n. f.* **1** Influencia o efecto que tiene una cosa sobre otra: *la incidencia de la droga en la delincuencia es muy importante.* **2** Circunstancia o suceso secundarios que ocurre en el desarrollo de un asunto o negocio, pero que puede influir en el resultado final: *las incidencias del día están detalladas en el informe.*

incidental *adj.* **1** [circunstancia, suceso] Que sucede de manera inesperada y puede afectar al desarrollo de un asunto o negocio, aunque no forme parte de él: *la avería incidental de uno de los motores no impidió el aterrizaje.* **2** [circunstancia, suceso] Que tiene relación con un asunto o negocio aunque le afecta de un modo muy poco importante: *es una cuestión incidental para el tema que nos ocupa.*

incidente *n. m.* **1** Circunstancia o suceso que sucede de manera inesperada y que puede afectar al desarrollo de un asunto o negocio, aunque no forma parte de él: *la celebración se desarrolló sin incidentes.* **2** Enfrentamiento violento e inesperado que se produce entre dos o más personas: *un incidente entre dos comensales interrumpió la cena.*
DER incidental.

incidir *v. intr.* **1** Influir en un asunto o negocio o causar un efecto en él: *la alimentación incide de modo decisivo en la salud de las personas.* **SIN** repercutir. **2** Resaltar el interés de una característica, circunstancia o hecho para llamar la atención sobre su importancia: *el prestigioso médico incidió sobre el valor de la medicina preventiva.* **3** Caer una cosa sobre una superficie: *incidir un rayo de luz en un espejo.*
DER incidencia, incidente; coincidir, reincidir.

incienso *n. m.* Mezcla de resinas vegetales de árboles asiáticos o africanos que al arder despiden olor: *en algunas ceremonias religiosas se quema incienso.*
DER incensario.

incierto, -ta *adj.* **1** Que no es verdadero o cierto: *su afirmación es incierta.* **SIN** falso. **ANT** cierto, verdadero. **2** Que no es o no está seguro: *el resultado del partido de tenis es todavía incierto.* **3** Que no se conoce: *le preocupaba el futuro incierto de sus hijos.*

incineración *n. f.* Quema de una cosa material o de un cadáver para reducirlo a cenizas: *la incineración de basuras.*

incinerar *v. tr.* Quemar una cosa material o un cadáver hasta reducirlo a cenizas: *dejó escrito que cuando muriera lo incineraran.*
DER incineración, incinerador.
ETIM Véase *ceniza*.

incipiente *adj.* Que empieza a desarrollarse, especialmente si es con fuerza y energía: *una barba incipiente.*

incisión *n. f.* Raja o corte poco profundo hecho en un cuerpo o en una superficie con un instrumento cortante: *logró extraer la espina con una pequeña incisión.*

incisivo, -va *adj.* **1** [instrumento] Que sirve para cortar o abrir: *el asesinó mató a su víctima con un arma incisiva.* ◇ *adj./n. m.* **2** [diente] Que está situado en la parte delantera de la boca, es plano y cortante y tiene una sola raíz: *los roedores tienen los dientes incisivos muy desarrollados; el hombre tiene ocho dientes incisivos.* ☞ diente. **3** Que critica con ironía de forma cruel o con mala intención: *el comentarista deportivo es conocido por sus comentarios incisivos hacia los árbitros.* **SIN** corrosivo, mordaz.

inciso, -sa *adj.* **1** [estilo] Que es cortado. ◇ *n. m.* **2** Pausa o comentario que se intercala en un discurso o conversación y que no está relacionado con el tema que se trata: *el conferenciante hizo un inciso para recordar una anécdota personal.* **SIN** paréntesis. **3** Parte de una oración que se intercala en ella con un sentido parcial y que, generalmente, se coloca entre comas o entre paréntesis: *en la oración tu premio, para ser justos, debes compartirlo con tus colaboradores, para ser justos es un inciso.*
DER incisión, incisivo.

incitación *n. f.* Estímulo o motivo que provoca en una persona las ganas de hacer algo: *su actitud era una incitación a la violencia.*

incitar *v. tr.* Estimular o animar a una persona para que haga una cosa: *un piquete de huelga incitó a los trabajadores a que abandonaran la fábrica.* **SIN** espolear.
DER incitación.

inclemencia *n. f.* **1** Fenómeno atmosférico desagradable y difícil de soportar que provoca el mal tiempo: *las inclemencias invernales son muy duras en el norte de Europa.* Se usa sobre todo en plural. **2** Falta de compasión en la manera de obrar: *el fiscal tuvo demasiada inclemencia con el acusado.* **ANT** clemencia, compasión.
DER inclemente.

inclinación *n. f.* **1** Desviación de la posición vertical u horizontal que ocupa una cosa: *la inclinación de una embarcación por efecto del oleaje.* **2** Situación de una cosa que no ocupa una posición vertical u horizontal: *la inclinación de un tejado.* **3** Estado anímico o actitud con la que una persona indica su intención o el deseo de hacer una cosa: *desde muy pequeño mostró su inclinación por estudiar medicina.* **SIN** propensión, tendencia. **4** Gesto que hace una persona inclinando la cabeza o el cuerpo hacia adelante en señal de respeto o saludo: *el sacerdote hizo una inclinación ante el sagrario.* **SIN** reverencia.

inclinar *v. tr./prnl.* **1** Desviar de la posición vertical u horizontal que ocupa una cosa: *inclinar una botella para verter su contenido.* ◇ *v. tr.* **2** Convencer a una persona para que haga o diga una cosa de la que no estaba segura: *inclinó a todos en favor de su propuesta.* **SIN** convencer, persuadir. ◇ *v. prnl.* **3 inclinarse** Tener una persona la intención o el deseo de hacer una cosa: *me inclino a creerlo.* **SIN** tender.
DER inclinación.

ínclito, -ta *adj.* **1** [persona] Que es ilustre por haber hecho una cosa importante o por poseer unas grandes virtudes: *el ínclito escritor ha recibido un nuevo premio por toda su obra.* **2** [persona] Que es muy famosa y aparece con mucha frecuencia en los medios de comunicación: *la ínclita cantante ha desmentido los rumores que corren sobre su ruptura matrimonial.*
OBS Tiene un uso literario o jocoso.

incluir *v. tr.* **1** Poner una cosa en el interior de otra o den-

tro de sus límites: *el vendedor incluyó un secador de pelo en el lote; te incluyen entre los buenos.* **2** Contener una cosa a otra o llevarla consigo formando un todo: *el libro incluye un capítulo sobre anatomía.* **ANT** excluir. **3** Hacer referencia a un tema o asunto a lo largo de una exposición: *el editorial del periódico incluía importantes acusaciones al gobierno.*
DER inclusión, inclusive, incluso.
OBS En su conjugación, la *i* se convierte en *y* delante de *a, e* y *o,* como en *huir.*

inclusa *n. f.* Establecimiento dedicado a recoger, criar y educar niños cuyos padres han muerto, los han abandonado o no pueden hacerse cargo de ellos. **SIN** hospicio.
DER inclusero.

inclusero, -ra *adj./n. m. y f.* [persona] Que se cría o se ha criado en una inclusa. **SIN** hospiciano.
OBS Se usa como apelativo despectivo.

inclusión *n. f.* **1** Introducción de una cosa en el interior de otra o dentro de sus límites: *es obligatoria la inclusión de un prospecto explicativo en cualquier recipiente de medicamentos.* **2** Proceso mediante el cual una persona o cosa pasa a formar parte de un conjunto: *el entrenador ha anunciado la inclusión del portero alemán en el once inicial.* **ANT** exclusión.

inclusive *adv.* **1** Indica que se incluyen los límites que se nombran en el conjunto total: *el juez aplicó en su resolución los artículos 51 al 54, ambos inclusive.* **ANT** exclusive. **2** Inclusive, incluyendo la persona o cosa que se nombra: *vinieron todos, sus padres inclusive.*

incluso *adv.* **1** Indica que se incluye la persona o cosa que se nombra dentro de un conjunto: *vendió todas sus pertenencias, incluso sus libros más queridos.* **SIN** inclusive. ◇ *conj.* **2** Indica una dificultad o hecho que no impide que se realice o produzca una acción: *quedó el primero en la carrera, incluso con la lesión de la rodilla.* **SIN** inclusive. ◇ *prep.* **3** Indica sorpresa o admiración: *incluso los críticos más severos alabaron su obra; incluso él puede hacerlo.* **SIN** hasta. **4** Indica mayor fuerza o grado en una comparación: *la calidad de la televisión era mala antes, pero ahora es incluso peor.*

incoar *v. tr.* **DER**. Comenzar un proceso judicial que puede llevar al castigo de una falta: *incoar un juzgado un pleito contra una empresa; incoar un comité de competición un expediente contra un jugador.*
DER incoativo.
OBS No se suele usar en la primera persona singular del presente de indicativo.

incoativo, -va *adj.* [verbo] Que indica el principio de una cosa o de una acción que progresa: *los verbos como* florecer *o* amanecer *son incoativos.*

incógnita *n. f.* **1** MAT. En una expresión o ecuación matemática, cantidad que no se conoce y se debe averiguar, que, generalmente, se representa por una de las letras iniciales o finales del alfabeto: *en la ecuación $2x + 3y = 43$, las incógnitas son x e y.* **2** Cosa que se desconoce: *el nombre del nuevo director es una incógnita.*

incógnito, -ta Que no es conocido: *tierra incógnita.*
de incógnito Indica que una persona se oculta o disimula para no dar a conocer su verdadera identidad: *la famosa cantante visitó la ciudad de incógnito para evitar a los fans.*
DER incógnita.

incoherencia *n. f.* **1** Falta total de unión o relación adecuada de todas las partes que forman un todo: *hablaba mucho, pero no se le entendía por su incoherencia.* **SIN** incongruencia. **ANT** coherencia. **2** Cosa que contradice a otra, o no guarda con ella una relación lógica: *su conferencia estaba plagada de incoherencias.* **SIN** incongruencia.
DER incoherente.

incoherente *adj.* **1** Que no guarda una relación adecuada entre sus partes: *la película parecía enrevesada e incoherente.* **SIN** incongruente. **ANT** coherente. **2** Que no mantiene una correspondencia lógica entre las ideas y el comportamiento: *mantenía una actitud incoherente con lo que había dicho.* **SIN** incongruente. **ANT** coherente.

incoloro, -ra *adj.* [cuerpo, sustancia] Que no tiene color: *el agua es incolora.*

incólume *adj.* [persona, cosa] Que ha estado en peligro o ha sufrido un accidente y no ha recibido ningún daño físico: *la mayor parte de la porcelana quedó incólume después del traslado.* **SIN** ileso, indemne.

incombustible *adj.* **1** Que no puede arder o que arde con dificultad: *el amianto es un material icombustible.* **ANT** combustible. **2** [persona] Que no se ve afectado por el paso del tiempo o por problemas y dificultades: *es incombustible, lleva veinte años dirigiendo la empresa.*

incomodar *v. tr./prnl.* Provocar o sentir enfado o disgusto: *sus constantes elogios me incomodan; ¿te has incomodado por lo que te dije?*
DER incomodado.

incomodidad *n. f.* **1** Estado de malestar físico y cansancio: *la incomodidad de coger el metro a hora punta.* **ANT** comodidad, confort. **2** Alteración del bienestar o de la tranquilidad del ánimo causada por un enfado, un esfuerzo o una agitación excesiva: *la incomodidad de una visita que no acaba de irse de casa nunca.* **ANT** comodidad.

incómodo, -da *adj.* **1** Que provoca malestar físico y cansancio: *una silla incómoda; un trabajo incómodo.* **ANT** cómodo, confortable. **2** Que causa en el ánimo de una persona malestar e intranquilidad: *le hicieron al político algunas preguntas incómodas; fue una situación incómoda cuando me encontré con mi ex mujer.* **ANT** cómodo. **3** [persona] Que tiene el ánimo alterado a causa de una molestia que le ha hecho perder el bienestar y la tranquilidad: *solía sentirse incómodo en las cenas de gala.* **ANT** cómodo.
DER incomodidad, incomodar.

incomparable *adj.* **1** Que no se puede comparar para establecer un parecido o relación: *estos dos coches son absolutamente distintos e incomparables.* **ANT** comparable. **2** Que es muy bueno o tiene una cualidades muy superiores a otros de la misma especie: *desde la colina se puede ver un paisaje incomparable.*

incompatibilidad *n. f.* **1** Imposibilidad que tiene una cosa de existir, ocurrir o hacerse junto con otra cosa al mismo tiempo o de una manera conjunta: *alegaron incompatibilidad de caracteres para divorciarse.* **ANT** compatibilidad. **2** Imposibilidad legal para ejercer una función determinada o dos o más cargos a la vez: *no lo han nombrado director por la incompatibilidad de este cargo con el que ya tiene.*

incompatible *adj.* **1** Que no puede existir, ocurrir o hacerse junto con otra cosa al mismo tiempo o de manera conjunta: *la bondad es incompatible con el egoísmo.* **ANT** compatible. **2** [cargo, función] Que no puede ejercerse legalmente a la vez que otro: *su actual posición en la empresa es incompatible con este cargo de directivo.*
DER incompatibilidad.

incompetencia *n. f.* Falta total de aptitud o de preparación para pensar y ejecutar una acción o desempeñar un cargo con acierto: *la incompetencia del alcalde perjudicó a los ciudadanos.* **ANT** aptitud, capacidad, competencia.

incompetente *adj.* Que no posee las aptitudes o la preparación necesarias para desarrollar una actividad: *el incom-*

petente fiscal no logró reunir pruebas para encarcelar a los culpables. **ANT** competente.
DER incompetencia.

incompleto, -ta *adj.* Que no ha sido acabado o completado: *la obra quedó incompleta por falta de presupuesto*. **SIN** inacabado, inconcluso. **ANT** acabado, completo.

incomprendido, -da *adj./n. m. y f.* [persona] Que no recibe de los demás la aceptación o el reconocimiento que merece: *Van Gogh fue un pintor incomprendido que no vendió ni un solo cuadro en vida*.
DER incomprensible, incomprensión.

incomprensible *adj.* **1** Que no se puede entender el significado: *habían grabado en la piedra unos símbolos incomprensibles*. **ANT** comprensible. **2** Que no se puede justificar o razonar de ningún modo: *es incomprensible que un jugador de su experiencia cometiera ese fallo*. **ANT** comprensible.

incomprensión *n. f.* Actitud poco tolerante de la persona que no respeta los sentimientos o actos de otras: *decidió ser artista a pesar de la incomprensión de su familia*. **ANT** comprensión.

incomunicación *n. f.* **1** Falta total de relación, trato o comunicación con otra u otras personas: *la incomunicación entre marido y mujer suele provocar la ruptura del matrimonio*. **ANT** comunicación. **2** Aislamiento de una persona por el que se le priva del contacto y relación con otras: *la incomunicación de un secuestrado*.

incomunicar *v. tr.* **1** Aislar a una persona para impedir que tenga contacto o relación con otros: *el juez mandó incomunicar a los detenidos para que no elaboraran una coartada conjunta*. ◊ *v. prnl.* **2 incomunicarse** Aislarse o separarse del trato con otras personas: *cuando prepara un proyecto se aísla en este estudio*.
DER incomunicación.
OBS En su conjugación, la *c* se convierte en *qu* delante de *e*.

inconcebible *adj.* **1** Que no se puede pensar o considerar desde un punto de vista lógico o racional: *para algunas personas era inconcebible que el hombre fuese una evolución del mono*. **SIN** impensable. **2** Que es muy difícil o casi imposible que suceda: *es inconcebible que el actual campeón del mundo pueda perder este partido*. **SIN** impensable.

inconcluso, -sa *adj.* Que no ha sido acabado o completado: *la catedral quedó inconclusa a la muerte del arquitecto*. **SIN** inacabado, incompleto. **ANT** acabado, completo.

incondicional *adj.* **1** Que no tiene limitaciones ni condiciones: *el general exigió el rendimiento incondicional de las tropas enemigas*. **ANT** condicional. ◊ *adj./n. com.* **2** [persona] Que sigue fielmente a una persona, sin limitación o condición ninguna o que es muy aficionado a una cosa: *los fans incondicionales esperaban la llegada del actor en el aeropuerto; soy una incondicional de la ópera*. **SIN** adepto, fan, forofo.

inconexo, -xa *adj.* Que no tiene unión o no guarda una relación adecuada entre sus partes: *estaba tan aturdido que sólo fue capaz de decir frases inconexas*. **ANT** conexo.
DER inconexión.

inconfesable *adj.* Que no puede darse a conocer por ser especialmente vergonzoso, inmoral o ilegal: *el asunto era tan repugnante que resultaba inconfesable*.

inconfeso, -sa *adj.* [persona] Que no reconoce ser culpable del delito del que se le acusa: *a pesar de la sentencia, el acusado se mantuvo inconfeso*. **ANT** confeso.

inconformismo *n. m.* Actitud de no aceptar fácilmente una circunstancia determinada, especialmente cuando es impuesta o injusta: *su inconformismo le llevó a repetir el examen para obtener mejor nota*. **ANT** conformismo.

DER inconformista.

inconformista *adj./n. com.* Que no acepta fácilmente una circunstancia determinada, especialmente cuando es impuesta o injusta: *los sindicatos mantienen una actitud inconformista ante las propuestas de la patronal*.

inconfundible *adj.* Que no se puede confundir con otro de la misma especie: *la voz inconfundible de Sinatra*.

incongruencia *n. f.* **1** Falta total de unión o relación adecuada de todas las partes que forman un todo: *la incongruencia de las palabras de un enfermo*. **SIN** incoherencia. **ANT** congruencia. **2** Cosa que contradice a otra, o no guarda con ella una relación lógica: *es una incongruencia casarse por la Iglesia si no se es católico*. **SIN** incoherencia. **ANT** congruencia.

incongruente *adj.* **1** Que no guarda una relación adecuada entre sus partes: *no sabía la respuesta del examen y sólo escribió cosas incongruentes*. **SIN** incoherente. **ANT** congruente. **2** Que no mantiene una correspondencia lógica entre las ideas y el comportamiento: *si te gusta la playa, es incongruente que pases siempre las vacaciones en la montaña*. **SIN** incoherente. **ANT** congruente.
DER incongruencia.

inconmensurable *adj.* Que no puede ser medido o valorado: *tenía joyas de un valor inconmensurable*. **ANT** conmensurable.

inconsciencia *n. f.* **1** Estado de la persona que ha perdido el conocimiento y generalmente también la capacidad de moverse y de sentir: *se dio un fuerte golpe en la cabeza y por unos instantes quedó en total inconsciencia*. **ANT** consciencia. **2** Falta total de juicio, sensatez y cuidado que una persona demuestra en sus acciones: *cometió la inconsciencia de conducir con sueño y tuvo un grave accidente*. **SIN** imprudencia. **ANT** prudencia.
DER inconsciente.

inconsciente *adj.* **1** [persona] Que ha perdido el conocimiento y generalmente también la capacidad de moverse y de sentir: *el enfermo sigue inconsciente por efecto de la anestesia*. **ANT** consciente. ◊ *adj./n. com.* **2** [persona] Que tiene o muestra una gran falta de juicio, sensatez y cuidado en sus acciones: *es un inconsciente: hace las cosas a lo loco y sin pensar*. **SIN** imprudente. ◊ *n. m.* **3** Conjunto de procesos mentales de los que no es consciente la persona que los tiene, pero que afectan a su manera de obrar o a su carácter.

inconsecuente *adj./n. com.* Que no mantiene una correspondencia lógica entre las ideas y el comportamiento: *es inconsecuente que si no le gusta el fútbol, se haga socio de un club*. **ANT** consecuente.

inconsistencia *n. f.* **1** Cualidad de la materia que no resiste sin romperse o que se deforma fácilmente: *la inconsistencia de la madera podrida provocó el derrumbe de las vigas de la casona*. **ANT** consistencia. **2** Falta total de unión y relación adecuada de todas las partes que forman un todo: *el fiscal puso de manifiesto la inconsistencia de la coartada del acusado*. **ANT** consistencia.
DER inconsistente.

inconsistente *adj.* **1** Que se rompe o deforma con facilidad: *una pieza de cerámica mal horneada es inconsistente*. **ANT** consistente. **2** Que carece de relación lógica y de contenidos: *el alumno dio una serie de excusas inconsistentes para explicar sus repetidas faltas*. **ANT** consistente.

inconsolable *adj.* [persona] Que no puede ser consolado o que es difícil de consolar: *la inconsolable viuda lloraba la muerte de su marido*.

inconstancia *n. f.* Actitud de la persona que no tiene una voluntad firme y continuada en la determinación de hacer una cosa o en el modo de realizarla: *su inconstancia en los estudios lo condujeron al fracaso en la universidad*. **ANT** constancia, perseverancia.

inconstante *adj.* **1** [persona] Que no tiene una voluntad firme y continuada en la determinación de hacer una cosa o en el modo de realizarla: *es un deportista inconstante al que le cuesta mucho entrenar*. **SIN** voluble. **ANT** constante. **2** Que no es continuado y se prolonga mucho tiempo con la misma intensidad: *un viento inconstante*. **ANT** constante. **3** Que no se repite con una frecuencia determinada manteniendo la misma intensidad: *sólo podía alumbrarse con los destellos inconstantes de los coches que pasaban a su lado*. **ANT** constante.
DER inconstancia.

inconstitucional *adj.* Que no está de acuerdo con ninguna de las leyes que forman la Constitución de un estado: *varios artículos de la ley han sido declarados inconstitucionales*. **SIN** anticonstitucional. **ANT** constitucional.
DER inconstitucionalidad.

incontable *adj.* **1** Que no puede ser contado: *el sustantivo respeto es incontable*. **2** Que es muy numeroso o existe en una cantidad enorme: *los incontables monumentos árabes de Andalucía*. **SIN** innumerable.

incontinencia *n. f.* **1** Alteración del organismo que consiste en expulsar involuntariamente la orina o los excrementos: *le operaron de las vías urinarias y hasta que no baje la inflamación tendrá incontinencia*. **2** Falta total de control sobre un sentimiento o impulso para moderar su intensidad: *su incontinencia verbal lo lleva a insultar a los demás con frecuencia*. **ANT** contención.

incontrolable *adj.* Que no se puede controlar: *cuando supo que había aprobado, sintió una euforia incontrolable*.

inconveniencia *n. f.* **1** Falta total de comodidad o de conveniencia de algo: *la inconveniencia de no poder recibir llamadas por tener el teléfono roto*. **ANT** conveniencia. **2** Obra o dicho inoportuno o inadecuado en el trato social: *es un bocazas y se pasó toda la cena diciendo inconveniencias*.

inconveniente *adj.* **1** Que no resulta adecuado por sus características o por el momento en que sucede: *esas palabras fueron inconvenientes en aquel momento*. **ANT** conveniente. ◇ *n. m.* **2** Situación, circunstancia o razón que dificulta o imposibilita hacer una cosa: *le puso un montón de inconvenientes para dejarle el coche*. **3** Perjuicio o molestia que provoca una cosa: *el no saber conducir fue uno de los inconvenientes para que le dieran ese trabajo*. **SIN** inconveniencia.
DER inconveniencia.

incordiar *v. tr./intr.* Cansar, disgustar o molestar a una persona cierta cosa, generalmente un contratiempo sin importancia o una situación ligeramente desagradable: *paseando por el zoco no dejaron de incordiarlos los vendedores ambulantes*. **SIN** fastidiar.
OBS En su conjugación, la *i* no se acentúa, como en *cambiar*.

incordio *n. m. coloquial* Persona o cosa que causa cansancio, disgusto o molestia: *es un incordio buscar aparcamiento en el centro de la ciudad*.
DER incordiar.

incorporación *n. f.* **1** Suma o unión de una cosa a un todo: *el político decidió en el último momento su incorporación a la lista electoral*. **2** Comienzo de una actividad en un momento determinado: *su incorporación a la universidad se producirá en enero*.

incorporar *v. tr.* **1** Sumar o unir una cosa a un todo: *en el próximo fascículo incorporarán el disquete*. **SIN** agregar, añadir.
◇ *v. tr./prnl.* **2** Levantar y poner derecho el cuerpo o una parte de él: *incorporó a su hijo que estaba en la cama para darle un consomé; después de hacer unas flexiones, se incorporó y continuó la carrera*. **SIN** erguir. ◇ *v. prnl.* **3** Incorporarse Presentarse en un lugar por primera vez para comenzar a desarrollar una actividad o después de un tiempo para continuarla: *tras ser contratado, se incorporó inmediatamente a su puesto; me incorporaré a la oficina tras las vacaciones*.
DER incorporación; reincorporar.
ETIM Véase *cuerpo*.

incorpóreo, -rea *adj.* **1** Que no tiene cuerpo, volumen o consistencia: *la presencia incorpórea de un fantasma*. **ANT** corpóreo. **2** Que pertenece al espíritu o que no se puede percibir por los sentidos: *los sentimientos son incorpóreos*. **SIN** inmaterial. **ANT** material.

incorrección *n. f.* **1** Falta, error o defecto, especialmente si es de poca importancia o no tiene consecuencias: *cometió algunas incorrecciones, pero aprobó el examen*. **ANT** corrección. **2** Comportamiento no adecuado a las normas sociales: *cometió la incorrección de saludar a los reyes sin el debido protocolo*. **ANT** corrección, educación.
DER incorrecto, incorregible.

incorrecto, -ta *adj.* **1** Que presenta faltas, errores o defectos: *has adelantado de un modo incorrecto*. **ANT** correcto. **2** Que no es acertado o adecuado: *la solución del problema es incorrecta*. **ANT** correcto. **3** Que no es adecuado y respetuoso con las normas sociales: *es incorrecto que un hombre se presente sin corbata a una cena de etiqueta*. **ANT** correcto.

incorregible *adj.* [persona] Que no puede abandonar un hábito o costumbre que puede causarle incomodidades, problemas o peligros: *es un bromista incorregible*. **SIN** impenitente.

incorruptible *adj.* Que no puede corromperse o viciarse: *se presentó como un político incorruptible*.

incredulidad *n. f.* Imposibilidad o reserva que tiene una persona para creer lo que ve o lo que otros le cuentan: *el capataz escuchó con incredulidad las excusas que le daba el obrero sobre sus continuos retrasos*. **ANT** credulidad.

incrédulo, -la *adj./n. m. y f.* [persona] Que tiene dificultades para creer lo que ve o lo que otros le cuentan: *el joven contempló incrédulo el coche que le acababa de regalar su padre*. **ANT** crédulo.
DER incredulidad.

increíble *adj.* **1** Que causa admiración o sorpresa: *un gol increíble; un mago con una habilidad increíble en las manos*. **SIN** admirable, asombroso, sorprendente. **2** Que parece mentira o es muy difícil de creer: *todas aquellas historias de ovnis y extraterrestres le parecían increíbles*. **SIN** inverosímil. **ANT** creíble, verosímil.

incrementar *v. tr./prnl.* Añadir una parte a un conjunto de elementos o a un todo y aumentar su cantidad, tamaño o volumen: *el cierre de empresas incrementa el número de parados; el ejercicio físico incrementa el volumen de la masa muscular*.

incremento *n. m.* **1** Crecimiento en tamaño, en cantidad, en calidad o en intensidad: *preocupa a las autoridades el incremento de la delincuencia*. **SIN** aumento. **ANT** disminución. **2** Cantidad que se aumenta: *aún no se ha fijado el incremento de los salarios en la empresa para el próximo año*. **SIN** aumento. **ANT** disminución.
DER incrementar.
ETIM Véase *crecer*.

increpar *v. tr.* Corregir o llamar la atención con violencia a

incriminar

una persona por haber cometido un error o por su mal comportamiento: *el jugador increpó al árbitro por no haber señalado penalti*. **SIN** recriminar.
ETIM Véase *quebrar*.

incriminar *v. tr.* Acusar a una persona de un delito o crimen: *me incriminan de algo que yo no he hecho*.

incruento, -ta *adj.* Que no es cruel ni violento o que no causa perjuicios físicos a las personas: *una incruenta batalla con bolas de nieve*. **ANT** cruento.

incrustación *n. f.* **1** Introducción de pequeñas partes o elementos de una materia en otra de manera que queden unidas perfectamente formando un solo cuerpo: *una roca con incrustaciones de cuarzo*. **2** Introducción de pequeños adornos de piedra, madera, metal u otro material de valor en una superficie de manera que queden ajustados perfectamente, generalmente formando formas geométricas: *la incrustación de piedras preciosas en objetos de oro*. **3** Pequeña pieza de piedra, madera, metal u otro material de valor que se emplea para estos adornos: *una mesa de caoba con incrustaciones de marfil*.

incrustar *v. tr./prnl.* **1** Penetrar pequeñas partes o elementos de una materia en otra hasta quedar unidas perfectamente formando un solo cuerpo: *la metralla de la bomba se incrustó en la carrocería de los vehículos cercanos*. ◊ *v. tr.* **2** Introducir pequeños adornos de piedra, madera, metal u otro material de valor en una superficie de manera que queden ajustados perfectamente, generalmente formando formas geométricas: *el artesano incrusta láminas de bronce en la tapa del arcón*.
DER incrustación; desincrustar.
ETIM Véase *costra*.

incubación *n. f.* **1** Desarrollo de una enfermedad en un organismo desde el momento del contagio hasta cuando aparecen los primeros síntomas: *la incubación de la legionella dura unos diez días hasta que se presentan los síntomas de la neumonía*. **2** Desarrollo oculto o poco conocido de un movimiento político, cultural, religioso o social, antes de que comience a cobrar importancia y a manifestarse en su totalidad: *durante los últimos años de la dictadura comenzó la incubación del movimiento democrático*. **3** Desarrollo de un embrión contenido en un huevo puesto por un animal ovíparo mediante su mantenimiento a una temperatura de calor constante por medios naturales o artificiales: *en muchas especies de aves el macho y la hembra comparten la incubación de los huevos; en las granjas avícolas se lleva a cabo la incubación mediante fuentes eléctricas de calor*.

incubadora *n. f.* **1** Cámara estéril donde se mantiene a los niños recién nacidos prematuros o con graves problemas de salud para mantenerlos aislados del exterior y en unas condiciones específicas de calor, nivel de oxígeno, alimentación y control médico: *las incubadoras de un hospital materno-infantil*. **2** Aparato que mantiene los huevos puestos por animales ovíparos a una temperatura de calor constante para lograr el desarrollo de los embriones: *la incubadora de una granja avícola*.

incubar *v. tr./prnl.* **1** Desarrollar el organismo una enfermedad desde el momento del contagio hasta cuando aparecen los primeros síntomas: *durante el tiempo en que la niña estuvo incubando la rubeola no supo que estaba enferma*. ◊ *v. tr.* **2** Mantener a una temperatura de calor constante el embrión contenido en un huevo puesto por un animal ovíparo por medios naturales o artificiales: *las aves suelen colocarse sobre sus huevos para incubarlos*. **SIN** empollar. ◊ *v. prnl.* **3 incubarse** Desarrollarse de manera oculta o poco conocida un movimiento político, cultural, religioso o social, antes de que comience a cobrar importancia y a manifestarse en su totalidad: *a partir de la subida del pan comenzó a incubarse la revolución de las capas humildes de la población*.
DER incubación, incubadora, íncubo.

incuestionable *adj.* Que es tan claro para los sentidos o para la inteligencia, que no se puede cuestionar: *la influencia de Picasso en el arte contemporáneo es incuestionable*. **SIN** indiscutible, indudable. **ANT** cuestionable, discutible.

inculcar *v. tr.* Hacer que una persona piense y actúe de un modo distinto al habitual por propio convencimiento o por la influencia de razones y motivos dados por otros: *sus padres le inculcaron desde pequeño tolerancia y respeto a los demás*. **SIN** imbuir, infundir.
DER inculcación.
ETIM Véase *calcar*.
OBS En su conjugación, la *c* se convierte en *qu* delante de *e*.

inculpación *n. f.* **DER** Atribución a una persona de un delito, una culpa o una falta: *nuevas investigaciones pueden ampliar la inculpación a familiares del detenido*. **SIN** acusación, imputación.

inculpar *v. tr.* Atribuir la responsabilidad de un hecho que va en contra de la ley o la moral: *uno de los testigos lo inculpó y fue inmediatamente detenido por la policía*. **SIN** acusar, culpar, imputar.
DER inculpación.

inculto, -ta *adj.* [persona] Que no tiene cultura o conocimientos elementales: *fue toda su vida una persona inculta porque nunca tuvo posibilidad de estudiar*. **SIN** analfabeto, iletrado. **ANT** culto.
DER incultura.

incultura *n. f.* Falta de cultura o conocimientos elementales: *la incultura de los pueblos impide su desarrollo económico y social*. **SIN** analfabetismo. **ANT** cultura.

incumbencia *n. f.* Obligación que corresponde a una persona o institución, especialmente por su cargo o condición: *el director le dijo al empleado que no interfiriera en el trabajo de sus compañeros y que se preocupara de los asuntos de su incumbencia*. **SIN** competencia.

incumbir *v. intr.* Corresponder o tener como obligación por razón de un cargo o empleo: *sólo al juez le incumbe la decisión de enviar a una persona a la cárcel*. **SIN** atañer, competer, concernir.
DER incumbencia.

incumplimiento *n. m.* Falta que comete una persona, empresa o institución cuando no realiza o hace mal una actuación que debía llevar a cabo como consecuencia de una obligación, una promesa o una orden: *el sargento fue arrestado por el incumplimiento de las órdenes dadas por el capitán*. **ANT** cumplimiento.

incumplir *v. tr.* Dejar de actuar con rigor y seriedad de acuerdo con una obligación, una promesa o una orden: *incumplió su promesa de dejar de fumar*. **ANT** cumplir.
DER incumplimiento.

incunable *adj./n. m.* [libro, texto] Que fue impreso antes del año 1500: *el primer ejemplar incunable español se imprimió en Zaragoza en 1475*.

incurable *adj.* Que no se puede curar: *un enfermo incurable; algunas enfermedades son incurables*.

incurrir *v. intr.* Hacer o ejecutar una acción equivocada, incorrecta o ilegal: *la avaricia lo condujo a incurrir en numerosos delitos; el delantero incurrió en varios fueras de juego*. **SIN** cometer.
ETIM Véase *correr*.

incursión *n. f.* **1** Ataque rápido cuyo propósito principal es causar daño más que ocupar el territorio enemigo: *una escuadra de soldados hizo una incursión en el campo enemigo para volar el arsenal*. **SIN** raid, razia. **2** Entrada rápida en un lugar en el que se está muy poco tiempo: *cada mañana, tras una breve incursión en el bar para tomarse un café, llegaba el primero a la oficina*. **3** Dedicación de una persona durante un breve período de tiempo a una actividad o trabajo que no realiza habitualmente: *era un gran actor de teatro que había hecho algunas incursiones en el cine con poco éxito*.
ETIM Véase *curso*.

indagación *n. f.* Conjunto de preguntas e investigaciones que se llevan a cabo para conocer datos o informaciones; especialmente si son referentes a un asunto oculto o secreto: *las indagaciones del detective le condujeron a la casa de uno de los sospechosos*.

indagar *v. tr.* Preguntar e investigar para procurar enterarse de datos o informaciones; especialmente si son referentes a un asunto oculto o secreto: *la policía indagó en el entorno de la víctima del asesinato*.
DER indagación.
OBS En su conjugación, la g se convierte en gu delante de e.

indebido, -da *adj.* Que no se debe hacer por no ser conveniente, legal o justo: *le impusieron una fuerte multa por realizar un adelantamiento indebido*. **ANT** debido.

indecencia *n. f.* **1** Falta de respeto a las normas morales socialmente establecidas, especialmente a las de carácter sexual: *la indecencia de pasear desnudo por la calle*. **ANT** decencia, decoro, honestidad. **2** Acción o dicho que pone de manifiesto esta falta de respeto a las normas morales: *escribió una carta al periódico quejándose de las indecencias que ponían por televisión*. **3** Falta de respeto de una persona a la justicia, a la verdad y al honor: *la indecencia de un estafador*.
ANT decencia.

indecente *adj.* **1** Que está en contra de las normas morales socialmente establecidas, especialmente a las de carácter sexual: *la cantante fue muy criticada por adoptar posturas y actitudes indecentes durante su actuación*. **ANT** decente. **2** [persona] Que se comporta de una manera contraria a la justicia, a la verdad y al honor: *acusaron de indecente al empresario que despidió a parte de su plantilla para ganar más dinero*. **ANT** decente. **3** Que está muy sucio, desarreglado o desordenado: *protestó en la recepción del hotel porque las sábanas de su habitación estaban indecentes*. **ANT** decente. **4** Que tiene una mínima calidad o es excesivamente pequeño o escaso: *presentó un trabajo indecente y lo suspendieron; un sueldo indecente*. **ANT** decente.
DER indecencia.

indecible *adj.* Que no se puede decir o explicar: *los sufrimientos en aquella mazmorra son indecibles*.

indecisión *n. f.* **1** Falta de determinación a la hora de actuar en una situación; especialmente si se tiene duda en los posibles resultados: *por su indecisión perdió la oportunidad de comprar el piso que le ofrecía su amigo*. **ANT** decisión. **2** Falta de valor o firmeza en el carácter y en la manera de actuar: *se aprovechaban de su indecisión para obligarlo a hacer siempre lo que a ellos les apetecía*. **SIN** inseguridad. **ANT** decisión.

indeciso, -sa *adj.* **1** [persona] Que aún no ha tomado una decisión: *cuando su amiga le preguntó por la película que quería ver, se mostró indeciso*. **2** [persona] Que carece del valor y la firmeza para tomar decisiones por sí misma: *era un chico tímido e indeciso que se dejaba manipular por los demás*.
ANT decidido.
DER indecisión.

indecoroso, -sa *adj.* Que no muestra el respeto que merece una persona o una situación: *hizo algunos chistes indecorosos durante el funeral de su amigo*. **ANT** decoroso.

indefectible *adj.* Que no puede faltar o dejar de ser o que tiene que ocurrir de manera necesaria: *de modo indefectible, el sol sale cada día por el este*.

indefensión *n. f.* Falta de ayuda o de protección que sufre una persona o animal que la necesita. La indefensión de las ballenas ante las grandes flotas de balleneros. **SIN** desabrigo, desamparo.

indefenso, -sa *adj.* [persona, animal] Que carece de ayuda o protección: *tras la evacuación de las tropas de la ONU, la población civil quedó indefensa ante el avance del enemigo*.
DER indefensión.

indefinido, -da *adj.* Que no está fijado de manera clara y exacta o que no tiene unos límites concretos: *la empresa ha anunciado que no subirá los salarios durante un plazo de tiempo indefinido*. **SIN** indeterminado. **ANT** definido.
pretérito indefinido GRAM. Tiempo verbal que expresa una acción anterior al presente cuyo desarrollo ya ha acabado: *cayó es pretérito indefinido de caer*. **SIN** pretérito simple.

indeformable *adj.* Que no puede perder su forma original: *las barras de protección hacen indeformable el habitáculo de algunos automóviles*.

indeleble *adj.* [tinta] Que no se puede borrar: *escribió sus iniciales en el mono de trabajo con un rotulador de tinta indeleble*. **SIN** imborrable.

indemne *adj.* Que ha estado en peligro o ha sufrido un accidente y no ha recibido ningún daño: *se le cayó al suelo la caja, pero la vajilla que iba dentro quedó indemne*. **SIN** ileso, incólume.
DER indemnizar.
ETIM Véase *daño*.

indemnización *n. f.* **1** Compensación que recibe una persona por un daño o perjuicio que ha recibido ella misma o sus propiedades: *los afectados por la riada recibirán indemnizaciones del estado*. **2** Cantidad de dinero con la que se compensa por un daño o perjuicio: *la compañía de seguros le pagó una indemnización proporcional a los días que estuvo sin poder ir a trabajar*.

indemnizar *v. tr.* Satisfacer o compensar a una persona por un daño o perjuicio que ha recibido ella misma o sus propiedades: *el seguro indemnizó al joyero que había sido atracado*.
DER indemnización.
OBS En su conjugación, la z se convierte en c delante de e.

independencia *n. f.* **1** Capacidad para elegir y actuar con libertad y sin depender de un mando o autoridad extraña: *cuando se fue a vivir solo, logró una cierta independencia de sus padres*. **ANT** dependencia. **2** Proceso político mediante el que un territorio se separa del estado al que pertenece o del que depende para establecer uno por sí mismo y poder gobernarse de manera autónoma: *en 1947 la India obtuvo la independencia de Gran Bretaña*. **SIN** soberanía. **ANT** dependencia.
con independencia de Indica que no se tomará en consideración lo que se dice para tomar una determinada decisión o hacer algo que se ha decidido: *con independencia del tiempo que haga, pensamos salir al campo*.

independentismo *n. m.* Movimiento político que propugna la independencia de un territorio del estado al que pertenece: *el independentismo radical suele utilizar la violencia contra el estado como forma de presión para lograr sus propósitos*.

DER independentista.

independentista *adj.* **1** Del independentismo o que tiene relación con este movimiento político: *los movimientos independentistas provocaron la disolución de la antigua Unión Soviética en una serie de repúblicas autónomas.* ◇ *adj./n. com.* **2** [persona] Que es partidaria del independentismo: *Simón Bolívar fue el más significado líder independentista hispanoamericano.*

independiente *adj.* **1** Que tiene la capacidad de elegir y actuar con libertad y sin depender de un mando o autoridad extraña: *cuando empezó a trabajar, alquiló un apartamento y empezó a llevar una vida independiente.* **SIN** autónomo. **2** [territorio] Que tiene independencia política del estado al que pertenecía: *Bosnia es un estado independiente que formaba parte de la antigua Yugoslavia.* **ANT** dependiente. **3** Que carece de una relación que haga depender una cosa de otra: *mi decisión de abandonar la empresa es independiente de mi mala relación personal con los compañeros de trabajo.* **4** [habitación] Que está separada del resto de las que componen un piso, vivienda o local por una puerta o por un tabique: *se compró un piso con el salón independiente.* ◇ *adj./n. com.* **5** [persona] Que tiene un trabajo no sujeto al mando o autoridad de otra u otras personas: *es un asesor fiscal independiente que trabaja en su propio despacho.* **SIN** autónomo.

DER independencia, independentismo, independizar.

independizar *v. tr./prnl.* **1** Dejar o quedar libre respecto de un poder, una autoridad, una tutela o cualquier otro tipo de subordinación o dependencia: *trabajaba en una ferretería hasta que decidió independizarse y montar su propio negocio.* **SIN** emancipar. **2** Obtener un territorio la independencia política del estado al que pertenecía: *Estados Unidos se independizó de Gran Bretaña en 1783.*

OBS En su conjugación, la *z* se convierte en *c* delante de *e*.

indescifrable *adj.* Que es muy difícil de descifrar o comprender: *la caligrafía de algunos alumnos hace que sus exámenes sean indescifrables.*

indescriptible *adj.* Que provoca tal admiración, asombro o conmoción que no se puede decir, explicar o describir: *cuando tocó el gordo en el pueblo, se produjeron escenas de indescriptible alegría.* **SIN** inenarrable.

indeseable *adj./n. com.* [persona] Que no es recomendable tratar con ella por ser despreciable y actuar con maldad: *algún vecino indeseable acostumbra tirar la basura a la calle por el balcón.*

indestructible *adj.* Que no se puede destruir: *el blindaje de los carros de combate los hace prácticamente indestructibles.*

indeterminado, -da *adj.* Que no está fijado de manera clara y exacta o que no tiene unos límites concretos: *en el accidente del autobús ha habido un número de muertos aún indeterminado.* **SIN** indefinido.

DER indeterminable, indeterminación.

indexación *n. f.* Ordenación de una serie de datos o informaciones de acuerdo a un criterio común a todas ellas para facilitar su consulta y análisis: *la indexación de los registros de una base de datos según su fecha de entrada.*

indexar *v. tr.* Ordenar una serie de datos o informaciones de acuerdo a un criterio común a todas ellas para facilitar su consulta y análisis: *indexar las informaciones de la guía telefónica según el segundo apellido de los abonados.*

DER indexación.

ETIM Véase *índice*.

indiano, -na *adj.* **1** De los territorios que formaron las colonias españolas en América o que tiene relación con ellos: *Sevilla fue el principal núcleo comercial indiano.* ◇ *adj./n. m. y f.* **2** [persona] Que emigró a América en busca de fortuna y allí se hizo rica.

indicación *n. f.* **1** Información o conjunto de instrucciones que se dan a una persona para explicarle lo que debe hacer para obtener el objetivo que desea: *por indicación de un amigo invirtió todo su dinero en la bolsa.* **2** Cartel, señal o soporte con la que se le da esta información a una persona: *seguí las indicaciones y encontré la calle que buscaba.* ☞ signos y señales. **SIN** instrucciones. Se usa generalmente en plural. **3** Orden o instrucción dada a una persona para decirle cómo debe actuar o comportarse: *durante su boda fue siguiendo las indicaciones del sacerdote durante la ceremonia.* **SIN** instrucciones. Se usa generalmente en plural.

indicador *n. m.* **1** Señal que sirve para aportar un dato o información sobre una cosa: *siguió los indicadores que había en la autovía para encontrar una gasolinera.* **SIN** indicativo. **2** Parte de un instrumento de medida que informa del estado de funcionamiento de un mecanismo en un panel de control: *el indicador de las luces intermitentes del coche se ha estropeado.* **3** Dato o información que sirve para conocer las características o la intensidad de un hecho o para determinar su evolución futura: *el número de desempleados de un país es un claro indicador del estado de su economía.* **SIN** índice, indicio.

indicar *v. tr.* **1** Dar una señal, dato o información a una persona para explicarle lo que debe hacer para obtener el objetivo que desea: *le indicó a unos turistas dónde estaba la catedral.* **SIN** enseñar. **2** Dar una orden o instrucción a una persona para decirle cómo debe actuar o comportarse: *el juez indicó al acusado que se pusiera en pie para oír la sentencia.*

DER indicación, indicador, indicativo; contraindicar.

OBS En su conjugación, la *c* se convierte en *qu* delante de *e*.

indicativo, -va *adj.* **1** Que indica o sirve para indicar algo: *un cartel indicativo.* ◇ *adj./n. m.* **2** GRAM. [modo verbal] Que expresa una acción, un proceso o un estado como algo real y objetivo: *la forma canta está en modo indicativo.* ◇ *n. m.* **3** Señal que sirve para aportar un dato o información sobre una cosa: *compró un juguete que tenía el indicativo de conformidad con las normas de seguridad infantil de la Unión Europea.* **SIN** indicador.

índice *n. m.* **1** Lista ordenada de las materias o de las partes de un libro o de una publicación que aparece al principio o al final de éstos: *buscó en el índice del libro la página en que comenzaba el capítulo que le interesaba consultar.* **2** Lista en la que se registran, describen y ordenan, siguiendo determinadas normas, personas, cosas o sucesos que tienen algún punto en común: *el índice de libros publicados por una editorial; el índice de todos los abogados en activo de una ciudad.* **SIN** catálogo. **3** Dato o información que sirve para conocer las características o la intensidad de un hecho o para determinar su evolución futura: *el número de delitos resueltos es un buen índice para conocer la eficacia policial.* **SIN** indicador, indicio. **4** Valor numérico que expresa la relación estadística entre varias cantidades referentes a un mismo fenómeno: *el índice de precios al consumo indica las variaciones que experimentan los precios a lo largo de un período de tiempo.* **índice de mortalidad** Valor numérico que expresa la relación entre el número de muertes que se producen en un período de tiempo y el número total de individuos de una población. **índice de natalidad** Valor numérico que expresa la relación entre el número de nacimientos que se producen

en un período de tiempo y el número total de individuos de una población. **5** MAT. Número o letra que indica el grado de una raíz: *el índice de una raíz cúbica es tres.* ◇ *adj./n. m.* **6** [dedo] Que es el segundo de la mano, contando desde el pulgar: *el índice normalmente se usa para señalar.*
DER indicar, indicio; subíndice.
ETIM *Índice* procede del latín *index, -icis,* 'indicador', voz con la que también está relacionada *indexar.*

indicio *n. m.* **1** Dato o información que sirve para conocer las características o la intensidad de un hecho o para determinar su evolución futura: *las contradicciones de su declaración sirvieron de indicio a la policía para considerarlo sospechoso del crimen.* **SIN** indicador, índice. **2** Hecho o circunstancia que permite deducir la existencia de una cosa o la realización de una acción de la que no se tiene un conocimiento directo: *el humo es indicio de fuego.*

indiferencia *n. f.* Falta de interés, atracción o repulsión hacia una cosa: *solía pasar la tarde mirando la tele con indiferencia.*
DER indiferenciado.

indiferenciado, -da *adj.* Que carece de características o rasgos particulares que lo hagan diferente: *pudo ver un boceto del dibujante en el que aparecía un personaje de rasgos aún indiferenciados.*

indiferente *adj.* **1** [persona] Que no muestra interés, atracción o repulsión hacia una cosa: *varios viandantes contemplaron indiferentes cómo un joven era agredido por varios encapuchados.* **2** Que carece de interés o importancia por no tener consecuencias ni afectar a otra cosa: *me apetece cenar fuera, pero me es indiferente el restaurante al que vayamos.*
DER indiferencia.

indígena *adj./n. com.* [persona, pueblo] Que es originario del lugar en el que vive; especialmente si no ha tenido contacto con otros pueblos y otras razas o pertenece a una civilización primitiva: *los guanches eran los pobladores indígenas de las islas Canarias.* **SIN** aborigen, autóctono.
DER indigenismo.

indigencia *n. f.* Falta de los mínimos recursos económicos para poder vivir: *vivía en la indigencia, durmiendo en el metro y pidiendo limosna.*

indigenismo *n. m.* **1** Estudio de los caracteres y la cultura de los pueblos indígenas que habitaban en los territorios que fueron colonizados por las naciones europeas: *el indigenismo americano pretende recuperar la cultura original de los pueblos de Hispanoamérica.* **2** Doctrina política que defiende la identidad política y social y el valor de la cultura de indios y mestizos: *el indigenismo defiende el derecho de los indios a conservar su hábitat frente al progreso y a la modernidad.* **3** Palabra o modo de expresión procedente de una lengua indígena y que se usa en otro idioma: *la palabra* coca *es un indigenismo aimara.*
DER indigenista.

indigenista *adj.* **1** Del indigenismo o que tiene relación con esta doctrina política: *una novela indigenista.* ◇ *n. com.* **2** Persona que se dedica al estudio de la cultura indígena de un pueblo: *un congreso de indigenistas iberoamericanos.*

indigente *adj./n. com.* [persona] Que carece de los mínimos recursos económicos para poder vivir: *el ayuntamiento presta ayuda a los indigentes en albergues sociales.*
DER indigencia.

indigestarse *v. prnl.* **1** Sufrir una alteración del aparato digestivo por comer en exceso o por no haber digerido bien un alimento: *se indigestó después de un abundante banquete.*

SIN empachar. **2** *coloquial* Resultar especialmente antipática y desagradable una persona o cosa que con anterioridad no era tan molesta: *a fuerza de escucharle siempre lo mismos chistes se le acabó indigestando el sentido del humor de su amigo.*
DER indigestión.

indigestión *n. f.* Alteración del aparato digestivo por comer en exceso o por no haber digerido bien un alimento: *el niño pasó mala noche por la indigestión que le produjo comer demasiados pasteles.* **SIN** empacho.

indigesto, -ta *adj.* [alimento] Que se digiere con dificultad o causa indigestión: *la comida con mucho picante me resulta indigesta.*
DER indigestarse.

indignación *n. f.* Sentimiento de intenso enfado que provoca un acto que se considera injusto, ofensivo o perjudicial: *la demora de las autoridades en la colocación del alumbrado público levantó la indignación del vecindario.*

indignante *adj.* Que causa indignación: *es indignante que hayamos pagado el viaje y nos dejen en tierra.*

indignar *v. tr./prnl.* Producir indignación: *la negativa del jugador a formar parte de la selección nacional indignó a la afición.*
DER indignación, indignado, indignante, indigno.

indignidad *n. f.* **1** Falta de respeto y consideración hacia el honor y la dignidad de una persona: *la indignidad a la que le había llevado la bebida le hizo recapacitar.* **ANT** dignidad. **2** Acción o circunstancia que provoca esta falta de respeto y consideración: *los prisioneros tuvieron que soportar la indignidad de ser paseados por la calles de la ciudad liberada.*

indigno, -na *adj.* **1** Que tiene unas características de inferior calidad y categoría de las que se podría esperar del honor, dignidad o fama de una persona o cosa: *para ser un hotel de gran lujo, le dieron una habitación indigna del nivel del establecimiento.* **ANT** digno. **2** Que supone un desprecio público del honor y la dignidad de una persona: *el conferenciante tuvo que aguantar algunos gestos y comentarios indignos de una parte de los asistentes.* **3** Que es despreciable, bajo y malo: *descubrió las indignas maniobras de su socio para quedarse con todo el negocio.* **SIN** vil.
DER indignidad.

indio, -dia *adj.* **1** De la India o que tiene relación con este país del sur de Asia: *Ghandi fue un carismático líder indio.* ◇ *n. m. y f.* **2** Persona que es de la India. ◇ *adj.* **3** De los pueblos que originariamente habitaban el continente americano; especialmente, los territorios que actualmente ocupan Estados Unidos y Canadá: *Toro Sentado fue uno de los más conocidos jefes indios.* ◇ *n. m. y f.* **4** Persona que pertenece a estos pueblos. ◇ *n. m.* **5** QUÍM. Elemento químico, metal blanco y brillante, blando y muy escaso en la naturaleza: *el símbolo del indio es* In.

hacer el indio *a)* Hacer tonterías y payasadas, generalmente para hacer reír a los demás: *el profesor le dijo al alumno que no hiciera el indio durante la clase.* *b)* Comportarse de modo equivocado y con poco juicio: *hizo el indio no aceptando aquel trabajo que le ofrecían.*
DER indiano.

indirecta *n. f.* Expresión o comunicación que sirve para dar a entender una cosa pero sin decirla de manera clara y precisa: *no entendió las indirectas que le lanzaba la chica y él insistió en obtener de ella una cita.* **SIN** insinuación.

indirecto, -ta *adj.* **1** Que se desvía de un recorrido, camino o rumbo directo: *el corte de la carretera le obligó a seguir un intinerario indirecto para llegar al pueblo.* **ANT** directo.

2 Que ha sido producido por una causa que tenía otro fin: *dejar de fumar provoca un ahorro indirecto de dinero*. **DER** indirecta.

indisciplina *n. f.* **1** Falta de reglas para guardar el orden entre los miembros de un grupo: *la falta de entrenador y la indisciplina en el campo hundió al equipo*. **ANT** disciplina. **2** Falta de obediencia y respeto a las reglas establecidas para mantener el orden entre los miembros de un grupo: *la indisciplina del soldado fue castigada con un severo arresto*. **DER** indisciplinado.

indisciplinado, -da *adj./n. m. y f.* [persona] Que no obedece ni respeta las reglas establecidas para mantener el orden entre los miembros de un grupo: *el jugador indisciplinado fue apartado del equipo por el entrenador*.

indiscreción *n. f.* **1** Incapacidad para guardar un secreto o para no contar lo que sabe y no hay necesidad de que conozcan los demás: *por la indiscreción de su amiga conocía todos los secretos de su novio*. **ANT** discreción. **2** Acción o dicho por el que se da a conocer un secreto o aquello que no hay necesidad que conozcan los demás: *alguien cometió la indiscreción de revelar el embarazo de la famosa actriz*. **3** Falta de prudencia y sensatez en el modo de comportarse o hablar una persona: *durante la cena de gala temía alguna indiscreción de su marido, que no estaba acostumbrado a tales situaciones protocolarias*. **ANT** discreción. **4** Acción o dicho imprudente e inadecuado: *fue una indiscreción preguntarle la edad*.

indiscreto, -ta *adj./n. m. y f.* **1** [persona] Que no es capaz de guardar un secreto o suele contar lo que sabe y no hay necesidad de que conozcan los demás: *no hables demasiado con tu vecina, que es muy indiscreta*. **ANT** discreto. **2** [persona, conducta] Que se caracteriza por su falta de moderación, prudencia y sensatez: *es un buen chico, pero muy indiscreto y no sabe aún comportarse en reuniones formales*. **ANT** discreto. ◊ *adj.* **3** Que es imprudente e inadecuado: *el actor pidió al periodista que no le hiciera preguntas indiscretas sobre su vida privada*. **DER** indiscreción.

indiscriminado, -da *adj.* Que no distingue unas personas o cosas de otras ni establece diferencias entre ellas: *el psicópata disparó de manera indiscriminada contra las personas que había en el restaurante*.

indiscutible *adj.* Que es tan claro para los sentidos o para la inteligencia, que no se puede cuestionar o poner en duda: *es indiscutible la importancia que tiene la cultura española en América*. **SIN** incuestionable, indudable. **ANT** cuestionable, discutible.

indisoluble *adj.* [relación] Que no se puede romper o separar: *la Constitución se fundamenta en la indisoluble unidad de España*.

indispensable *adj.* Que es muy necesario porque sin su presencia no es posible lo que se desea: *para jugar al tenis es indispensable tener una raqueta apropiada*. **SIN** imprescindible.

indisponer *v. tr./prnl.* **1** Hacer que dos o más personas se enfaden o rompan la relación de respeto o simpatía que las unía: *los hermanos se han indispuesto unos con otros a causa de la herencia*. **2** Sufrir una persona una alteración de su salud ligera e inesperada que le impide hacer una cosa: *el mal estado de una salsa indispuso a algunos invitados al banquete*. **DER** indisposición, indispuesto. **OBS** Se conjuga como *poner*.

indisposición *n. f.* Alteración ligera e inesperada de la salud de una persona que le impide hacer una cosa: *sufrió una indisposición de última hora que obligó a retrasar su viaje al extranjero*.

indispuesto, -ta *part.* **1** Participio irregular de *indisponer*. También se usa como adjetivo: *el alcalde ha dispuesto que no se celebre la fiesta; no asistió a la sesión porque estaba indispuesto*. **2** [persona] Que sufre un ligero malestar o una indisposición pasajera.

indistinto, -ta *adj.* **1** Que carece de unas características propias que lo hagan tener consecuencias ni afectar a otra cosa de manera particular: *para entrar en el museo está permitido el uso indistinto de pantalón largo o corto*. **2** [cuenta corriente, depósito] Que abren dos o más personas conjuntamente, del cual puede disponer cualquiera de ellas: *mi marido y yo tenemos una cartilla de ahorro indistinta*.

individual *adj.* **1** Del individuo o que tiene relación con él: *todos los ciudadanos de un país tienen una serie de derechos y obligaciones individuales*. **2** Que corresponde a una sola persona: *la tribuna del estadio está dotada de asientos individuales*. **SIN** personal. **3** Que es característico de la personalidad de un individuo: *su característica individual más destacada es la fuerza de voluntad*. **SIN** personal. **DER** individualidad, individualismo, individualizar.

individualidad *n. f.* **1** Característica particular de la personalidad de un individuo que lo distingue especialmente de los demás: *con sus cuadros pretendía imitar a los grandes maestros sin perder su individualidad*. **2** Individuo que se distingue especialmente de los demás: *el equipo cuenta con grandes individualidades, capaces de resolver el partido en una jugada*.

individualismo *n. m.* **1** Tendencia de una persona a obrar según su propia voluntad, sin contar con la opinión de los demás individuos que pertenecen al mismo grupo y sin atender a las normas de comportamiento que regulan sus relaciones: *al no consultar sus decisiones con los órganos directivos fue expulsado del partido por su individualismo*. **2** Tendencia de una persona a obrar según su propio interés, sin tener en cuenta el de los demás: *el individualismo provoca la insolidaridad y perjudica la armonía social*. **SIN** egoísmo. **ANT** altruismo, filantropía. **DER** individualista.

individualista *adj./n. com.* **1** [persona] Que obra según la propia voluntad, sin contar con la opinión de los demás individuos que pertenecen al mismo grupo y sin atender a las normas de comportamiento que regulan sus relaciones: *es un director muy individualista que jamás atiende a las ideas de sus colaboradores*. **2** [persona] Que obra según su propio interés, sin tener en cuenta el de los demás: *la persona individualista busca el éxito personal, aun a costa del perjuicio del grupo*. **SIN** egoísta. **ANT** altruista.

individualizar *v. tr.* Señalar las características particulares que hace que un individuo o un grupo sea diferente de los demás de su especie o clase: *la lengua y la cultura individualizan a los pueblos*. **SIN** especificar. **OBS** En su conjugación, la *z* se convierte en *c* delante de *e*.

individuo *n. m.* **1** Persona perteneciente a una clase o grupo, considerada independientemente de las demás: *sólo un 1% de los individuos encuestados se negaron a contestar a las preguntas*. **2** Persona cuya identidad se desconoce o no se expresa: *tres individuos armados perpetraron el atraco a la entidad bancaria*. **SIN** tipo. **3** Ser vivo, animal o vegetal, perteneciente a una especie, considerado independientemente de los demás: *la caza incontrolada del lince ibérico ha provocado que actualmente existan muy pocos individuos de esta especie en libertad*.

DER individual.
ETIM Véase *dividir*.

indivisible *adj.* Que no se puede dividir: *tradicionalmente se ha considerado al átomo como una partícula indivisible.*

indocumentado, -da *adj.* **1** [persona] Que carece de los documentos legales de identificación personal necesarios para acreditar su identidad: *la policía detuvo a varios inmigrantes indocumentados.* **2** [dato, información] Que carece de documentos o testimonios válidos que lo demuestren: *la existencia de algunos personajes fantásticos, tales como gigantes, dragones o sirenas, siempre ha permanecido indocumentada.* ◇ *adj./n. m. y f.* **3** [persona] Que carece de los conocimientos y de la preparación necesaria para llevar a cabo una actividad o trabajo determinado: *el periodista llamó indocumentados a algunos dirigentes deportivos.*

indoeuropeo, -pea *adj.* **1** De un antiguo pueblo procedente de Asia que se extendió desde la India hasta Europa a finales del neolítico. ◇ *n. m.* **2** Lengua hablada por este pueblo que es el tronco común del que se derivan muchas familias de lenguas europeas y asiáticas.

índole *n. f.* **1** Manera de ser que es resultado de un conjunto de cualidades y circunstancias por las que una persona se distingue de las demás: *todos sus amigos eran de índole abierta y tolerante.* **SIN** carácter, condición, naturaleza. **2** Conjunto de características particulares que determinan la naturaleza de una cosa y la distinguen de las demás: *la empresa acabó desapareciendo por problemas de índole económica.* **SIN** carácter, naturaleza.

indolencia *n. f.* Falta de voluntad, energía o ánimo: *la indolencia del joven estaba propiciada por la vida cómoda y segura que había obtenido de la riqueza de sus padres.* **SIN** abulia.

indolente *adj.* [persona] Que no tiene voluntad, energía o ánimo: *pasaba los días indolente, encerrado en su casa viendo la televisión.* **SIN** abúlico.
DER indolencia.

indoloro, -ra *adj.* Que no causa dolor: *la acupuntura es un método indoloro de tratamiento.*

indomable *adj.* **1** Que no puede ser domado o controlado por el hombre: *el tiburón es un animal indomable.* **SIN** indómito. **2** [persona] Que no se deja someter o controlar por nada ni nadie: *la energía indomable del atleta hizo que saliera a competir aun estando lesionado.*

indómito, -ta *adj.* **1** [animal] Que no está domado: *un león indómito.* **2** Que no puede ser domado o controlado por el hombre: *la fuerza indómita de una tempestad.* **SIN** indomable. **3** Que no se puede contener o reprimir: *desde que era muy joven sintió un deseo indómito de escribir.* **SIN** irreprimible.

indonesio, -sia *adj.* **1** De Indonesia o que tiene relación con este país del sur de Asia. ◇ *n. m. y f.* **2** Persona que es de Indonesia.

inducción *n. f.* **1** Influencia que se ejerce sobre una persona para que realice una acción o piense del modo que se desea; especialmente si es con el objetivo de que haga algo malo o perjudicial para otro: *fue acusado de inducción al delito porque convenció a su amigo para que lo cometiera.* **2** Razonamiento que establece una ley general desconocida a partir de la observación de hechos particulares o concretos conocidos: *al ver varias plantas enfermas llegó a la conclusión por inducción de cuál era la plaga que afectaba a la huerta.* **ANT** deducción. **3** FILOS. Forma de pensamiento que consiste en estudiar casos particulares para obtener una conclusión general: *la inducción se emplea como método científico para formar una teoría.* **SIN** deducción. **4** Proceso por el cual el campo magnético creado por un conductor eléctrico provoca una fuerza eléctrica en otro conductor: *los transformadores eléctricos están basados en la inducción electromagnética.*

inducir *v. tr.* **1** Influir en una persona para que realice una acción o piense del modo que se desea; especialmente si es con el objetivo de que haga algo malo o perjudicial para otro. **SIN** instigar. **2** Establecer una ley general a partir del conocimiento de unos hechos particulares por medio de un razonamiento: *en la antigüedad, la observación de la naturaleza inducía a los filósofos y sabios a establecer principios físicos generales.* **ANT** deducir.
DER inducción, inducido, inductancia, inductivo, inductor.
OBS En su conjugación, la *c* se convierte en *zc* delante de *a* y *o* y el pretérito indefinido es irregular, como en *conducir*.

inductancia *n. f.* Capacidad de un circuito eléctrico para generar corrientes por medio de la inducción electromagnética.

inductivo, -va *adj.* [razonamiento] Que a partir de una serie de hechos particulares establece una ley general: *la lógica inductiva suele partir de la experimentación y de la observación.* **ANT** deductivo.

inductor, -ra *adj./n. m. y f.* [persona] Que influye en una persona para que realice una acción o piense del modo que se desea, especialmente si es con el objetivo de que haga algo malo o perjudicial para otro: *el ministro acusó al líder sindical de ser el inductor de los desórdenes públicos.* **SIN** instigador.

indudable *adj.* Que es tan claro para los sentidos o para la inteligencia, que no se puede cuestionar o poner en duda: *es indudable que el hombre posee los medios técnicos para llegar a Marte.* **SIN** incuestionable, indiscutible. **ANT** cuestionable, discutible.

indulgencia *n. f.* **1** Tendencia a juzgar con benevolencia y castigar sin demasiado rigor: *el juez lo condenó con indulgencia por ser su primer delito.* **SIN** clemencia. **2** Perdón que concede una autoridad de la Iglesia a los fieles por los pecados cometidos: *el Papa tiene la potestad de conceder indulgencia plenaria con su bendición.*

indulgente *adj.* [persona] Que muestra indulgencia: *el emperador fue indulgente con los enemigos cautivos.*
DER indulgencia.

indultar *v. tr.* Retirar la autoridad competente la obligación que tiene una persona de cumplir una pena impuesta por un juez o un tribunal: *el Consejo de Ministros indultó al preso por su colaboración con la policía.*
DER indulto.

indulto *n. m.* Orden dada por la autoridad competente para que se retire la obligación de cumplir una pena que tiene una persona por imposición de un juez o un tribunal: *autoridades de todo el mundo solicitaron el indulto de los presos por razones políticas.*

indumentaria *n. f.* Conjunto de las prendas que una persona viste: *la indumentaria de gala de la Guardia Civil es vistosa y colorista.* **SIN** ropa, vestido, vestimenta.

industria *n. f.* **1** Actividad económica y técnica que consiste en transformar las materias primas hasta convertirlas en productos adecuados para satisfacer las necesidades del hombre: *la industria editorial produce libros; la industria informática produce ordenadores y programas.* **2** Fábrica o empresa que se dedica a esa actividad: *lo contrataron para trabajar en una industria de fabricación de recipientes de vidrio.* **3** Conjunto de fábricas o empresas que se dedican a la realización de los mismos productos o de sus componentes: *Cádiz es un importante núcleo de la industria naval.*

DER industrial.

industrial *adj.* **1** De la industria o que tiene relación con esta actividad económica y técnica: *la crisis del petróleo supuso un importante freno industrial.* ◇ *n. com.* **2** Director o propietario de una industria: *el importante industrial ha sido detenido y acusado de fraude fiscal.*
DER industrialismo, industrializar.

industrialismo *n. m.* Tendencia a conceder excesiva importancia a los intereses industriales en la actividad económica: *el industrialismo desmedido puede resultar perjudicial para la humanidad.*

industrialista *adj.* Partidario del industrialismo.

industrialización *n. f.* **1** Desarrollo del sistema económico y técnico necesario para transformar las materias primas hasta convertirlas en productos adecuados para satisfacer las necesidades de un grupo de personas: *la industrialización de la fabricación de automóviles abarató su precio final de venta.* **2** Desarrollo de la actividad industrial en una región o país implantando en él industrias o desarrollando las que ya existen: *la industrialización de los países del Tercer Mundo es el único modo de procurar su progreso.*

industrializar *v. tr.* **1** Establecer el sistema económico y técnico necesario para transformar las materias primas hasta convertirlas en productos adecuados para satisfacer las necesidades de un grupo de personas: *industrializar la fabricación de muebles.* **2** Hacer que aumente la actividad industrial en una región o país implantando en él industrias o desarrollando las que ya existen: *las ayudas de la Unión Europea contribuirán a industrializar las regiones más deprimidas.*
DER industrialización.
OBS En su conjugación, la *z* se convierte en *c* delante de *e*.

inédito, -ta *adj./n. m. y f.* **1** [obra] Que no ha sido nunca publicado o dado a conocer al público: *se ha descubierto entre los papeles del escritor recientemente fallecido una novela inédita; en un viejo almacén se han encontrado inéditos de Velázquez.* ◇ *adj.* **2** [escritor] Que no ha publicado nada. **3** Que es nuevo y desconocido: *la informática ha supuesto un modo inédito de comunicación entre las personas.*

inefable *adj.* Que no se puede decir, explicar o describir con palabras: *los inefables sentimientos que provoca el amor en las personas.*

ineficacia *n. f.* Falta del provecho, resultado o interés adecuado al que era de esperar: *algunos comerciantes que han sufrido atracos se han quejado de la ineficacia policial.* **ANT** eficacia.

ineficaz *adj.* Que no produce el provecho, resultado o interés adecuado al que era de esperar: *compré un nuevo insecticida contra las cucarachas que ha resultado ineficaz.* **SIN** infructuoso. **ANT** eficaz.
DER ineficacia.

ineficiencia *n. f.* Falta de virtud o facultad para conseguir un efecto determinado: *la ineficiencia de este director general es patente.*

ineficiente *adj.* Que no tiene virtud o facultad para conseguir un efecto determinado: *este director general es ineficiente.*

ineludible *adj.* [obligación, dificultad, problema] Que no se puede evitar o rehuir: *esta tarde tengo que ir al trabajo de modo ineludible.* **SIN** inexcusable, insoslayable.

inenarrable *adj.* Que provoca tal admiración, asombro o conmoción que no se puede decir, explicar o describir: *el aterrizaje forzoso del avión en el que viajaban fue una aventura inenarrable para todo el pasaje.* **SIN** indescriptible.

-íneo, -ínea Sufijo que entra en la formación de adjetivos con el significado de 'condición', 'carácter', 'forma': *sanguíneo.*

ineptitud *n. f.* Falta de aptitud o conocimientos para pensar y ejecutar una acción o desempeñar un cargo con acierto: *despidieron al portero por su ineptitud al permitir que se quemara la caldera del edificio.* **SIN** incapacidad, incompetencia. **ANT** aptitud, capacidad, competencia.

inepto, -ta *adj./n. m. y f.* Que no posee la inteligencia o preparación necesaria para desarrollar una actividad: *lo despidieron porque era un inepto.* **SIN** incapaz, incompetente. **ANT** apto, capaz, competente.
DER ineptitud.

inequívoco, -ca *adj.* Dicho del comportamiento de una persona, de un mensaje o de una comunicación, que sólo puede entenderse o explicarse de un modo: *su actitud ante el rey se interpretó como un gesto inequívoco de respeto y aceptación de la monarquía.* **ANT** equívoco.

inercia *n. f.* **1** Fís. Propiedad de los cuerpos que les hace resistir la fuerza que pretende moverlos, si están en reposo, detenerlos, si están en movimiento, o cambiar su dirección: *a pesar de frenar el conductor, no pudo evitar que la inercia del vehículo lo hiciera salirse de la carretera.* **2** Falta de energía física o moral para alterar una costumbre o un modo de actuación: *salía con sus amigos por inercia, aunque en muchas ocasiones no le apeteciera.*

inerme *adj.* [persona] Que no dispone de medios o de armas para defenderse: *el hombre se halla, a menudo, inerme ante la fuerza de la naturaleza.*

inerte *adj.* **1** Que no tiene vida: *la estatua inerte de un héroe; el cuerpo inerte de un muerto.* **2** QUÍM. [sustancia, materia] Que carece de la capacidad de provocar reacciones químicas: *los gases nobles son inertes.*
DER inercia.

inescrutable *adj.* [persona, cosa] Que no presenta ninguna característica visible que permita saber o averiguar algo sobre ella: *decidió vender todas sus posesiones con fines inescrutables; el policía lo observó durante un rato con una mirada inescrutable.*

inesperado, -da *adj.* Que ocurre sin haberlo esperado o previsto: *la inesperada muerte de su amigo lo sumió en una profunda tristeza.*

inestabilidad *n. f.* **1** Incapacidad de un cuerpo para mantener o recuperar el equilibrio: *la inestabilidad del barco durante la tormenta hizo que muchos pasajeros se marearan.* **ANT** estabilidad. **2** Alteración constante o frecuente de las condiciones y características de un fenómeno: *la inestabilidad atmosférica es propia del otoño; la situación en Oriente Medio provoca la inestabilidad económica de las bolsas europeas.* **ANT** estabilidad. **3** Alteración constante o frecuente del carácter, el humor y la tranquilidad de una persona: *la inestabilidad de su carácter hacía que sus reacciones fueran siempre imprevistas.*

inestable *adj.* **1** [cuerpo] Que es incapaz de mantener o recuperar el equilibrio: *colocó el jarrón en una vitrina inestable que acabó cayendo al suelo.* **ANT** estable. **2** [fenómeno] Que sufre continuas o frecuentes alteraciones de sus condiciones y caracterísiticas: *el anuncio de huelga general ha creado un clima social inestable.* **ANT** estable. **3** [persona] Que sufre constantes o frecuentes alteraciones del carácter, el humor y la tranquilidad: *era un niño caprichoso de humor inestable.*
DER inestabilidad.

inestimable *adj.* Que tiene un valor tan grande, que es imposible calcularlo: *pude acabar mi trabajo gracias a la ayuda inestimable de un ordenador.*

inevitable *adj.* Que no se puede evitar, eludir o detener: *cuando se habla de españoles ilustres de este siglo, es inevitable recordar a Picasso.* **SIN** inexorable.

inexactitud *n. f.* Falta de precisión o ajuste con otra cosa: *las inexactitudes del mapa que manejaban les llevó a perderse en la sierra.* **ANT** exactitud, precisión.

inexacto, -ta *adj.* Que no es preciso o exacto o que no se ajusta a otra cosa: *sus instrumentos de medida eran muy primitivos y sus cálculos muy inexactos.* **SIN** impreciso.
DER inexactitud.

inexcusable *adj.* **1** [actitud, comportamiento, hecho] Que no se puede o no se debe perdonar: *sus continuas faltas de asistencia a clase eran inexcusables.* **SIN** imperdonable. **2** [obligación, dificultad, problema] Que no se puede evitar o rehuir: *tengo que acudir de modo inexcusable al bautizo de la hija de mi amigo.* **SIN** ineludible, insoslayable.

inexistencia *n. f.* Falta o desaparición de una cosa de un lugar o de una situación determinada: *vive en una región pobre marcada por la inexistencia de industria.* **ANT** existencia.

inexistente *adj.* **1** Que no tiene existencia real o material: *la vida en la Luna es inexistente.* **2** Que no tiene valor, validez o capacidad: *sus conocimientos de álgebra son casi inexistentes.* **SIN** nulo.
DER inexistencia.

inexorable *adj.* **1** Que no se puede evitar, eludir o detener: *el inexorable paso del tiempo.* **SIN** inevitable. **2** Que no se deja convencer o ablandar por ruegos y súplicas: *la decisión inexorable de un juez.*

inexperiencia *n. f.* Falta de los conocimientos que se consiguen con el uso, la práctica o las propias vivencias: *la inexperiencia del cirujano hizo que se pusiera nervioso a mitad de la operación.* **ANT** experiencia.

inexperto, -ta *adj./n. m. y f.* Que tiene poca experiencia y práctica: *un nadador inexperto debe tener mucho cuidado con las corrientes del mar.* **ANT** experto.

inexplicable *adj.* Que no tiene explicación: *la telepatía es un fenómeno inexplicable desde un punto de vista científico.*

inexpresivo, -va *adj.* [persona] Que no revela con su rostro, con su comportamiento o con sus palabras lo que siente o lo que piensa: *el rostro inexpresivo del juez impresionó al acusado.* **ANT** expresivo.

inexpugnable *adj.* [lugar] Que no se puede alcanzar o conquistar por la fuerza: *un castillo inexpugnable.*

infalibilidad *n. f.* Imposibilidad de equivocarse o de cometer un error: *la infalibilidad del papa; no tienes el don de la infalibilidad.*

infalible *adj.* **1** [persona] Que no se equivoca nunca o que jamás comete un error: *te crees infalible, pero ahora has cometido una equivocación.* **2** Que nunca deja de funcionar correctamente y siempre proporciona el resultado deseado: *no existen remedios infalibles contra la caída del cabello.*
DER infalibilidad.

infamar *v. tr.* Quitar la fama, el honor o la dignidad a una persona: *acusó a sus compañeros de trabajo de infamarlo ante su jefe contando mentiras sobre él para perjudicarlo.*
DER infamatorio, infame.

infamatorio, -ria *adj.* Que quita la fama, el honor o la dignidad a una persona: *libelo infamatorio.*

infame *adj.* **1** Que es muy malo y despreciable en su especie: *de primer plato me pusieron una sopa infame.* ◇ *adj./n. com.* **2** [persona] Que tiene muy mala fama y carece de honor o dignidad: *el vendedor era un individuo infame que sólo pretendía engañarme.*
DER infamia.

infamia *n. f.* **1** Ofensa pública que sufre la fama, el honor o la dignidad de una persona: *sufrió la infamia de que lo acusaran de robo cuando era en realidad inocente.* **2** Acción mala y despreciable: *las infamias cometidas en la guerra contra los civiles indefensos.*

infancia *n. f.* **1** Edad que está entre la del recién nacido y la del adolescente: *durante la infancia el niño depende, casi por completo, de sus padres.* **SIN** niñez. **2** Conjunto de niños que se hallan en esta edad: *la Unicef es el organismo internacional encargado de la protección de la infancia.*

infante, -ta *n. m. y f.* **1** Niño que tiene pocos días, meses o años de vida: *por las tardes los padres pasean a sus infantes por la plaza del pueblo.* **SIN** crío. **2** Hijo de un rey que no tiene la condición de príncipe o princesa heredera de la corona: *el príncipe y las infantas asistieron a la ceremonia.* **3** Título honorífico que un rey concede a un miembro de su familia: *el infante don Juan Manuel era sobrino de Alfonso X.*
infante de marina Soldado que pertenece al cuerpo de infantería de marina.
DER infancia, infantería, infanticidio, infantil.

infantería *n. f.* Sección del ejército de tierra integrada por tropas que se desplazan a pie: *la misión de la infantería es la de ocupar y mantener las posiciones sobre el terreno.*

infanticida *adj./n. com.* [persona] Que ha asesinado o intenta asesinar a un niño.

infanticidio *n. m.* Asesinato o intento de asesinato de un niño.
DER infanticida.

infantil *adj.* **1** De la infancia o que tiene relación con esta edad: *este verano llevaré a los niños a un campamento infantil.* **2** Que es característico del comportamiento y la sensibilidad propia de un niño: *fue un tanto infantil que tu jefe se enfadara porque no lo invitaras a tu boda.*
DER infantilismo.

infantilismo *n. m.* Presencia en la personalidad de un adolescente o un adulto de características del comportamiento y la sensibilidad propia de un niño.

infarto *n. m.* MED. Muerte de los tejidos que forman parte de un órgano por la interrupción del riego sanguíneo y la falta de suministro de oxígeno a las células que lo constituyen. Se usa frecuentemente *infarto* para referirse al del corazón.
infarto de miocardio Parada del corazón o grave alteración del ritmo de sus latidos producida por la obstrucción de una arteria.

infatigable *adj.* Que no se cansa o que resiste mucho sin descansar: *Juan es un viajero infatigable; mi hermana es una lectora infatigable.* **SIN** incansable.

infausto, -ta *adj.* [hecho, situación] Que trae desgracia y causa tristeza, dolor o sufrimiento moral: *nadie quiere hablar del infausto día en que fueron derrotados.* **SIN** desgraciado.

infección *n. f.* **1** Transmisión de una enfermedad por contacto con el germen o virus que la causa: *el contacto con la sangre de algunos enfermos puede provocar la infección de la enfermedad que padecen.* **SIN** contagio, contaminación. **2** Enfermedad causada por esta transmisión: *el niño tiene una infección de garganta que se la deben haber contagiado en la guardería.*
DER infeccioso.

infeccioso, -sa *adj.* **1** De la infección o que tiene relación con la transmisión de una enfermedad: *el bacilo de Koch es el agente infeccioso de la tuberculosis.* **SIN** contagioso. **2** [enfermedad] Que se produce por el contacto con el germen o virus que la causa: *el cólera es una enfermedad infecciosa.*

infectar *v. tr.* **1** Transmitir una enfermedad un ser vivo a

otro por contacto con el germen o virus que la causa: *un solo mosquito es capaz de infectar el paludismo a varias personas.* **SIN** contagiar, contaminarse. ◇ *v. prnl.* **2 infectarse** Contraer una enfermedad por contacto con el germen o virus que la causa: *se infectó de tifus al beber aguas residuales.* **SIN** contagiarse, contaminarse. **3** Desarrollar gérmenes una herida: *se me ha infectado el corte que me hice en la rodilla.*
DER infección, infecto; desinfectar.

infecto, -ta *adj.* Que está tan sucio y descuidado que puede perjudicar la salud y provocar infecciones: *el cuartucho infecto de una pensión de mala muerte; el agua infecta de un charco.*

infelicidad *n. f.* Estado de ánimo de la persona que se siente desgraciada y se encuentra triste por causa de un gran dolor o aflicción: *la infelicidad le condujo a una fuerte depresión.* **ANT** dicha, felicidad.

infeliz *adj./n. com.* **1** [persona] Que se siente desgraciada y se encuentra triste por causa de un gran dolor o aflicción: *era un hombre infeliz que había perdido a su familia por su afición a la bebida.* **SIN** desventurado, malaventurado. **2** *coloquial* [persona] Que se deja engañar por los demás con facilidad por tener un carácter afable, bondadoso y confiado.
DER infelicidad.

inferencia *n. f.* Deducción de un juicio por medio de un razonamiento a partir de una situación anterior o de un principio general: *la frase pienso, luego existo es una inferencia.*

inferior *adj.* **1** Que está debajo o más bajo: *se hizo una herida en el labio inferior afeitándose.* **ANT** superior. **2** Que es menor en cantidad, calidad o importancia: *la fruta de calidad inferior es más barata.* **ANT** superior. ◇ *n. com.* **3** [persona] Que trabaja a las órdenes de otra que ocupa un cargo más importante: *el jefe suele ser bastante exigente con sus inferiores en la empresa.* **SIN** subordinado. **ANT** superior.
DER inferioridad.

inferioridad *n. f.* Estado o situación que ocupa una cosa que es menor en cantidad, calidad o importancia que otra: *tras la expulsión del portero, el equipo tuvo que jugar en inferioridad numérica.*

inferir *v. tr.* **1** Sacar una conclusión por medio de un razonamiento, a partir de una situación anterior o de un principio general: *cabe inferir que un aumento desmesurado del precio de los combustibles repercutirá en el costo de otros productos.* **SIN** argüir, colegir, deducir. **2** *culto* Causar un grave daño u ofensa: *el asesino infirió a su víctima varias puñaladas en la espalda; el banquero no comentó los insultos que le había inferido su antiguo socio.*
DER inferencia.
OBS En su conjugación, la e se convierte en *ie* en sílaba acentuada o en *i* en algunos tiempos y personas, como en *hervir*.

infernal *adj.* **1** Del infierno o que tiene relación con él: *vio una película sobre una casa habitada por criaturas infernales.* **2** Que causa gran disgusto o enfado o es muy desagradable: *un ruido infernal; un tiempo infernal; un tráfico infernal.*

infestar *v. tr.* Invadir o llenar por completo un lugar; especialmente animales o plantas dañinas: *las cucarachas infestan la casa abandonada.*
DER desinfestar.

infidelidad *n. f.* **1** Engaño que consiste en tener relaciones sexuales con una persona distinta de la pareja habitual: *muchos divorcios tienen como origen la infidelidad conyugal.* **SIN** cuernos. **2** Incumplimiento de un juramento o de una promesa: *el funcionario fue acusado de infidelidad en la custodia de documentos por filtrarlos a la prensa.* **SIN** deslealtad.

infiel *adj.* **1** [persona] Que ha incumplido un juramento o una promesa o que no ha sido constante en unas ideas o sentimientos: *el sindicalista fue infiel a sus compañeros y acabó apoyando al patrón en contra de ellos.* **SIN** desleal. **ANT** fiel. **2** [persona] Que engaña a su pareja habitual al tener relaciones sexuales con otra persona: *pidió el divorcio acusando a su mujer de serle infiel con su mejor amigo.* ◇ *adj./n. com.* **3** [persona] Que defiende ideas religiosas contrarias a los dogmas o a la fe de una doctrina religiosa: *en la Edad Media se hicieron cruzadas contra los infieles.*

infiernillo *n. m.* Utensilio eléctrico o a gas, pequeño y fácil de transportar, que sirve para dar calor o calentar la comida: *en el camping cocinaban con un infiernillo.*

infierno *n. m.* **1** Según algunas religiones, lugar al que van las almas de las personas que mueren en pecado para sufrir toda clase de tormentos y penalidades a lo largo de la eternidad: *el diablo habita en el infierno.* **SIN** abismo, averno. **ANT** alturas, cielo, paraíso. **2** Lugar en el que es insoportable permanecer por mucho tiempo: *el fuego se declaró en la primera planta, y, pronto, todo el edificio se convirtió en un infierno.*
en el quinto infierno Indica un lugar remoto o muy alejado: *se ha comprado una casa en el quinto infierno.*
irse al infierno Fracasar un proyecto o un asunto: *al denegarnos el crédito se ha ido al infierno nuestro plan de abrir un negocio.*
mandar al infierno Poner fin a una situación que molesta o causa disgusto: *harto de lesiones, mandó al infierno su carrera de deportista.*
¡vete al infierno! *malsonante* Expresión que se dirige a la persona que molesta o causa disgusto con la intención de perderla de vista: *estoy harto de tus estupideces, ¡vete al infierno!*
DER infernal, infiernillo.
OBS Se usa frecuentemente en plural.

infijo, -ja *adj./n. m.* GRAM. Afijo introducido en el interior de una palabra o de su lexema o raíz: *el elemento ar de polvareda es un infijo.* **SIN** interfijo.

infiltrado, -da *adj./n. m. y f.* [persona] Que se introduce de modo secreto en un grupo u organización con la intención de conocer sus actividades y denunciarlas o comunicarlas a aquellos para quienes trabaja: *gracias a un policía infiltrado se pudo desmantelar la organización de tráfico de drogas.*

infiltrar *v. tr./prnl.* **1** Introducir un líquido a presión en el interior de un cuerpo: *le infiltraron un antiinflamatorio en la rodilla donde se había dado un golpe.* ◇ *v. prnl.* **2 infiltrarse** Introducirse de modo secreto una persona en un grupo u organización con la intención de conocer sus actividades y denunciarlas o comunicarlas a aquellos para quienes trabaja: *se infiltró en la empresa rival para conocer su proyectos comerciales de futuro.*
DER infiltración, infiltrado.

ínfimo, -ma *adj.* Que es lo más bajo o lo último en cantidad, calidad o importancia: *la Tierra es un planeta ínfimo en la grandiosidad del Universo; la comida de esta cafetería es de una calidad ínfima.*

infinidad *n. f.* Número o cantidad muy grande, enorme o imposible de calcular o limitar: *España tiene infinidad de monumentos artísticos.* **SIN** sinfín, sinnúmero.

infinitesimal *adj.* [cantidad] Que es tan pequeña que está muy próxima al 0: *el ángstron es una medida de longitud infinitesimal.*

infinitivo *n. m.* GRAM. Forma no personal del verbo que expresa una idea verbal de forma abstracta, sin concretar las variaciones gramaticales de voz, modo, tiempo, aspecto, número y persona: *los verbos aparecen en infinitivo en los diccionarios; los infinitivos en español acaban en -ar, -er e -ir.*

OBS El infinitivo puede hacer las funciones del nombre.

infinito, -ta *adj.* **1** Que no tiene límites ni fin: *durante mucho tiempo se ha creído que el Universo era infinito.* **ANT** finito. **2** Que es muy numeroso y grande: *con las palabras de un idioma se pueden construir un conjunto infinito de mensajes.* **SIN** ilimitado. ◇ *n. m.* **3** Punto lejano e indeterminado del espacio: *desde la cima fijó la vista en el infinito.* **4** MAT. Signo en forma de un ocho tendido que expresa un valor mayor que cualquier cantidad. ◇ *adv.* **5 infinito** De modo excesivo, mucho, sin límite: *me gusta infinito el cine.*
DER infinidad, infinitesimal, infinitivo.

inflación *n. f.* ECON. Proceso económico provocado por el desequilibrio existente entre la producción y la demanda; causa una subida continuada de los precios a lo largo del tiempo de la mayor parte de los productos y servicios, y una pérdida del valor del dinero para poder adquirirlos o hacer uso de ellos.
DER inflacionario, inflacionismo.

inflacionario, -ria *adj.* De la inflación económica o que tiene relación con ella: *el aumento del precio del petróleo supone un elemento inflacionario en la economía de cualquier país.* **SIN** inflacionista.

inflacionismo *n. m.* Tendencia a la inflación en el campo de la economía: *no es buena política provocar el inflacionismo.*

inflacionista *adj.* Inflacionario.

inflamable *adj.* Que arde con facilidad: *el butano es un gas altamente inflamable.*

inflamación *n. f.* Alteración anormal de una parte del cuerpo o de los tejidos de un órgano, caracterizada por el enrojecimiento de la zona, el aumento de su volumen y temperatura, y la sensación de dolor: *un golpe en la cara le produjo una gran inflamación; una infección le provocó la inflamación del hígado.*

inflamar *v. tr./prnl.* **1** Encender y hacer arder con llamas una materia o una sustancia: *el contacto con una fuente de calor inflama la gasolina.* **2** Excitar los ánimos, los deseos o las pasiones: *las desigualdades sociales acaban por inflamar los odios entre las personas.* ◇ *v. prnl.* **3 inflamarse** Producirse una inflamación en una parte del cuerpo o en los tejidos de un órgano: *tras doblarse el tobillo, comenzó a inflamársele rápidamente.* **ANT** desinflamar.
DER inflamable, inflamación, inflamatorio.

inflamatorio, -ria *adj.* De la inflamación de una parte del cuerpo o de los tejidos de un órgano, o que tiene relación con ella: *la artritis es una enfermedad reumática de las articulaciones de tipo inflamatorio.*
DER antiinflamatorio.

inflar *v. tr./prnl.* **1** Aumentar el tamaño o volumen de un cuerpo al llenar su interior con un gas: *inflar un globo; inflar un balón; inflar un flotador.* **SIN** hinchar. **ANT** desinflar. **2** Exagerar la importancia o el valor de una cosa: *el periodista infló la noticia para llamar la atención de la opinión pública.* **SIN** hinchar. ◇ *v. prnl.* **3 inflarse** *coloquial* Realizar una actividad con gran intensidad o dedicación durante un largo período de tiempo, especialmente comer en exceso: *durante todo el verano se infló de trabajar en una gasolinera; la primera vez que fue a un bufé se infló de comer.* Si se indica la comida o bebida, se hace con las preposiciones *a* o *de*. **SIN** hartarse, hincharse. **4** Sentir un gran orgullo de los propios actos o virtudes: *se iba inflando a medida que sus compañeros lo elogiaban.* **SIN** hincharse.
DER inflación, inflado; desinflar.
ETIM Véase *hinchar*.

inflexible *adj.* [persona] Que no se aparta de su punto de vista o de lo que considera justo o razonable: *el profesor se mostró inflexible y no accedió a aprobar al alumno a pesar de sus ruegos.* **SIN** implacable.
DER inflexibilidad.

inflexión *n. f.* **1** Cambio de tono de la voz que da un carácter particular a la entonación: *con una inflexión de súplica le pidió permiso a su padre para salir.* **2** Inclinación de la cabeza o de una parte del cuerpo: *antes de salir de la sala, se despidió de la dama con una leve inflexión de su cabeza.* **3** GRAM. Cambio de forma que experimenta una palabra para expresar sus funciones y sus relaciones de dependencia mediante un afijo que indica la categoría gramatical: *el género y el número forman parte de la inflexión de sustantivos y adjetivos.* **SIN** flexión.

punto de inflexión MAT. *a)* Lugar de una curva en el que cambia el sentido de su curvatura. *b)* Cambio en la tendencia o en el sentido que seguía un proceso: *la explosión atómica de Hiroshima supuso un punto de inflexión en la concepción de la guerra moderna.*
DER inflexible.

infligir *v. tr.* **1** Causar o producir un daño: *el púgil español infligió un duro castigo a su rival.* **2** Imponer o aplicar un castigo: *la junta directiva decidió infligir un castigo ejemplar al jugador que agredió a un espectador.*
OBS No se debe confundir con *infringir*. ◇ En su conjugación, la *g* se convierte en *j* delante de *a* y *o*.

inflorescencia *n. f.* BOT. Conjunto de flores que nacen agrupadas de un mismo tallo: *el racimo o la espiga son algunas de las formas que pueden adoptar las inflorescencias.*

influencia *n. f.* **1** Capacidad que tiene una persona de determinar o alterar la forma de pensar o de actuar de otra u otras: *el entrenador tiene una gran influencia sobre la mayor parte de sus jugadores.* **SIN** influjo. **2** Efecto, consecuencia o cambio que produce una cosa en otra: *la influencia de la contaminación en el agujero de la capa de ozono de la atmósfera.* **SIN** influjo. ◇ *n. f. pl.* **3 influencias** Relaciones de amistad o interés con otras personas que sirven para obtener favores personales: *recurrió a sus influencias para conseguir una entrada para el concierto.* **SIN** agarraderas.

influenciar *v. intr.* Influir.
DER influencia.
OBS En su conjugación, la *i* no se acentúa, como en *cambiar*.

influir *v. intr.* **1** Determinar o alterar una persona la forma de pensar o de actuar de otra u otras personas: *se dejó influir por amigos interesados y perdió todo su dinero en malos negocios.* **SIN** influenciar. **2** Producir una cosa en otra un determinado efecto, consecuencia o cambio: *el clima influye en el carácter de las personas.* **SIN** influenciar.
DER influenciar, influjo, influyente.
OBS En su conjugación, la *i* se convierte en *y* delante de *a, e* y *o*, como en *huir*.

influjo *n. m.* Influencia.

influyente *adj.* Que tiene la capacidad de determinar o alterar la forma de pensar o de actuar de otra u otras: *el político se entrevistó con los empresarios más influyentes del país; Estados Unidos es uno de los países más influyentes del mundo.*

información *n. f.* **1** Noticia o conjunto de noticias que se comunica o se conoce: *un periódico de información deportiva.* **2** Proceso por el que este conjunto de noticias se da a conocer a las personas: *cualquier país democrático tiene leyes que garantizan la libertad de información.* **3** Lugar, establecimiento u oficina donde se dan noticias o explicaciones sobre una cosa a la persona que lo solicita: *cuando llegaron a Sevilla, buscaron la oficina de información turística.*

DER informática.

informador, -ra *adj./n. m. y f.* [persona] Que se dedica a la comunicación o difusión de la información: *a la rueda de prensa acudieron muchos informadores.* **SIN** periodista.

informal *adj.* **1** [persona, grupo] Que no acostumbra cumplir con sus obligaciones o compromisos: *es un fontanero muy informal al que hay que insistir mucho para que acuda a casa.* **ANT** formal. **2** Que no se ajusta a normas legales, sino que se fundamenta en la confianza entre las personas: *llegó con su amigo a un acuerdo informal para comprarle la casa.* **3** Que no está sujeto a reglas protocolarias, ceremoniales o solemnes, sino que es propio del trato entre amigos o familiares: *esta noche tengo una cena informal con algunos compañeros del trabajo.* **4** [prenda, ropa] Que es adecuada para la vida privada o familiar y se viste más por comodidad que por elegancia: *a la oficina iba con un traje impecable, pero los fines de semana usaba ropa informal.*
DER informalidad.

informalidad *n. f.* **1** Falta de seriedad y responsabilidad de una persona o de un grupo en el cumplimiento de sus obligaciones y compromisos: *fue perdiendo clientes por su informalidad a la hora de atender sus pedidos.* **ANT** formalidad. **2** Falta de ceremonia, solemnidad o protocolo en el trato con las personas: *le sorprendió la informalidad con la que le trató el director del banco.*

informante *adj./n. com.* [persona] Que informa: *el informante no quiso identificarse.*

informar *v. tr.* Comunicar una noticia o un conjunto de noticias a quien las desconoce: *la mayor parte de las cadenas de radio informan cada hora sobre la actualidad del día.*
DER información, informado, informador, informante, informativo, informe; desinformar.

informática *n. f.* Conjunto de conocimientos científicos y técnicos que se ocupan del tratamiento de la información por medio de ordenadores electrónicos.
DER informático, informatizar; teleinformática.

informático, -ca *adj.* **1** De la informática o que tiene relación con ella: *los cajeros automáticos son, en realidad, terminales informáticas de un banco.* ◊ *n. m. y f.* **2** Persona que se dedica a la informática: *contrataron a un informático para que elaborara un programa capaz de gestionar la administración de la empresa.*

informativo, -va *adj.* **1** De la información o que tiene relación con ella: *el silencio informativo rodea el estado de salud del dirigente ruso.* ◊ *n. m.* **2** Programa de radio o televisión en que se dan noticias sobre hechos de la actualidad del interés del público en general: *siempre procuro ver el informativo de las tres de la tarde.* **SIN** noticiario.

informatización *n. f.* Implantación de medios informáticos para el desarrollo de una actividad o trabajo: *la informatización del fichero de la biblioteca facilitará la consulta de los libros.*

informatizar *v. tr./prnl.* Implantar o aplicar medios informáticos para el desarrollo de una actividad o trabajo: *el videoclub informatizó su sistema de registro de socios y alquiler.*
DER informatización.
OBS En su conjugación, la *z* se convierte en *c* delante de *e*.

informe *n. m.* **1** Comunicación escrita u oral en la que se dan informaciones, explicaciones y opiniones sobre una persona, asunto o negocio: *el ministro presentó un informe sobre la violencia juvenil elaborado por expertos.* **2** Noticia o conjunto de noticias que se conocen sobre una persona, asunto o negocio: *hemos contratado a una niñera de la que tenemos muy buenos informes.* ◊ *adj.* **3** Que no tiene una forma determinada o propia: *la tarta cayó al suelo y quedó hecha una masa informe.* **SIN** amorfo.

infortunado, -da *adj./n. m. y f.* Que no tiene suerte o fortuna: *perdió la mano en un infortunado accidente de trabajo.* **SIN** desafortunado, desgraciado. **ANT** afortunado.
DER infortunio.

infortunio *n. m.* **1** Mala suerte: *el infortunio presidió el primer viaje del Titanic.* **2** Hecho provocado por la mala suerte que causa un gran dolor e infelicidad: *una serie encadenada de infortunios condujeron su empresa a la ruina.*

infra- Prefijo que entra en la formación de palabras con el significado de 'inferior', 'por debajo de': *infrahumano, infraestructura.*

infracción *n. f.* Acción u omisión que va en contra de una ley, norma o pacto: *el jugador cometió una infracción del reglamento al agredir a un contrario; el médico cometió una grave infracción al negarse a atender al herido.*
DER infractor.

infractor, -ra *adj./n. m. y f.* [persona] Que comete una infracción: *el conductor infractor debe pagar un fuerte multa por exceso de velocidad.*

infraestructura *n. f.* Conjunto de medios técnicos, servicios e instalaciones necesarios para el desarrollo de una actividad o para que un lugar pueda ser habitado: *el ayuntamiento debe desarrollar la infraestructura de alumbrado, calles y saneamiento del polígono industrial.* **SIN** equipamiento.

infraganti *adv.* En el preciso instante en que se está cometiendo un delito o una falta: *sorprendió infraganti a su hijo viendo la televisión de madrugada.*
OBS También se escribe *in fraganti.*

infranqueable *adj.* **1** [obstáculo] Que no es posible de atravesar o salvar: *el chalé estaba rodeado por un muro infranqueable.* **2** [problema, dificultad] Que es imposible de solucionar o vencer: *durante muchos años Estados Unidos y Rusia han estado separados por diferencias infranqueables.*

infrarrojo, -ja *adj.* [tipo de radiación] Que es emitida por una fuente de calor y no es visible por el ojo humano por tener una longitud de onda mayor que la del color rojo: *algunos mandos a distancia funcionan con rayos infrarrojos.*

infravalorar *v. tr.* Dar a una persona o cosa una importancia menor de la que verdaderamente tiene o le corresponde: *piensa que su jefe lo infravalora y nunca le encarga trabajos de responsabilidad.*

infrecuente *adj.* **1** Que no ocurre de manera habitual o que apenas se repite: *cuando se casó, sus visitas al bar de sus amigos fueron cada vez más infrecuentes.* **ANT** frecuente. **2** Que no es común ni normal: *es infrecuente que llueva en el desierto.* **ANT** frecuente.

infringir *v. tr.* Actuar en contra de una ley, norma o pacto: *infringir el código de la circulación puede llegar a suponer perder el carné.* **SIN** contravenir, transgredir, vulnerar.
ETIM Véase *fractura.*
OBS No se debe confundir con *infligir.* ◊ En su conjugación, la *g* se convierte en *j* delante de *a* y *o*.

infructuoso, -sa *adj.* Que no produce el provecho, resultado o interés adecuado al que era de esperar: *la cerrazón de obreros y patronal hizo que los intentos de evitar la huelga fueran infructuosos.* **SIN** ineficaz. **ANT** fructuoso.

infrutescencia *n. f.* BOT. Conjunto de frutos procedentes de las flores que nacen agrupadas de un mismo tallo formando una inflorescencia: *un racimo de uvas es una infrutescencia.*

ínfulas *n. f. pl.* Muestra excesiva de orgullo que hace una persona de lo que considera que son sus virtudes o bienes propios: *tras ascender en la empresa, empezó a comportarse con muchas ínfulas ante sus antiguos compañeros.* **SIN** jactancia, presunción.

infundado, -da *adj.* [idea, opinión, juicio] Que carece de fundamentos y razones para haberse elaborado o establecido: *cuando era pequeño, tenía un temor infundado a los ascensores.*
DER infundio.

infundio *n. m.* Mentira que se difunde, generalmente, con la intención de perjudicar a una persona: *la actriz calificó de infundios los rumores que circulan sobre su próximo divorcio.*

infundir *v. tr.* Hacer que una persona piense y actúe de un modo distinto al habitual por propio convencimiento o por la influencia de razones y motivos dados por otros: *las felicitaciones que recibió de su profesor le infundieron ánimos para seguir escribiendo cuentos.* **SIN** imbuir, inculcar.
DER infusión, infuso.
OBS Tiene un participio irregular culto, *infuso*, y otro regular, *infundido*, que se usa en la conjugación.

infusión *n. f.* Bebida que se hace hirviendo o echando en agua muy caliente algunas partes de una planta, especialmente sus hojas o semillas: *el té es una infusión que se hace con las hojas secas de la planta del mismo nombre.*

infuso, -sa *part.* Participio irregular de *infundir*. Sólo se usa, como adjetivo, referido a gracias y dones que Dios infunde en el alma: *la ciencia infusa.*

ingeniar *v. tr.* Crear una cosa útil o práctica combinando con inteligencia y habilidad los conocimientos que se poseen y los medios técnicos de los que se dispone: *ingenió un sistema casero para recoger y almacenar el agua de lluvia y regar con ella su pequeño huerto.*
ingeniárselas Solucionar un problema o salvar una dificultad con inteligencia y habilidad: *el preso se las ingenió para escapar de la prisión sin ser visto.*
OBS En su conjugación, la *i* no se acentúa, como en *cambiar*.

ingeniería *n. f.* Conjunto de conocimientos científicos y técnicos que permiten el uso de las fuentes de energía y el trabajo para modificar la materia y adaptarla a las necesidades de las personas: *el túnel bajo el Canal de la Mancha es una gran obra de ingeniería.*
ingeniería genética Parte de la bioquímica que estudia los genes de los seres vivos y el modo de modificar su estructura y composición: *muchas vacunas se fabrican actualmente por medio de la ingeniería genética.*
DER ingeniero.

ingeniero, -ra *n. m. y f.* Persona que se dedica a la ingeniería. **ingeniero aeronáutico** Persona que se dedica al diseño y construcción de aviones y helicópteros. **ingeniero agrónomo** Persona que se dedica al estudio y aplicación de medios técnicos de explotación agrícola. **ingeniero de caminos, canales y puertos** Persona que se dedica al diseño y construcción de obras públicas, como autovías, puentes o embalses. **ingeniero de minas** Persona que se dedica a la detección, construcción y explotación de minas y yacimientos minerales. **ingeniero de montes** Persona que se dedica al estudio y aplicación de medios técnicos para la conservación y explotación de los montes. **ingeniero de telecomunicaciones** Persona que se dedica al diseño, construcción y mantenimiento de sistemas y aparatos de comunicación a distancia. **ingeniero industrial** Persona que se dedica al diseño y construcción de maquinaria industrial. **ingeniero naval** Persona que se dedica al diseño y construcción de barcos. **ingeniero técnico** Técnico de grado medio en ingeniería. **SIN** perito.

ingenio *n. m.* **1** Capacidad que tiene una persona para imaginar o crear cosas útiles combinando con inteligencia y habilidad los conocimientos que posee y los medios técnicos de que dispone: *el ingenio de Leonardo da Vinci le llevó a diseñar numerosas máquinas para volar.* **2** Capacidad que tiene una persona para pensar con rapidez y claridad: *ese político tiene mucho ingenio y responde con brillantez a preguntas muy comprometidas.* **3** Capacidad que tiene una persona para crear una obra a partir de su imaginación y de su inteligencia: *el ingenio de Lope de Vega le llevó a escribir docenas de piezas de teatro.* **4** Aparato o mecanismo que desarrolla un trabajo útil o una función práctica: *la cocina moderna está repleta de ingenios eléctricos.*
DER ingeniar, ingeniería, ingenioso.

ingenioso, -sa *adj.* **1** [persona] Que es capaz de pensar con rapidez y claridad: *es un periodista muy ingenioso, que siempre encuentra un comentario irónico para cada noticia.* **2** [cosa, obra] Que ha sido creada con ingenio: *Arquímedes inventó varios ingeniosos relojes de agua; los ingeniosos relatos de Ágata Christie.*

ingente *adj.* Que es muy grande o numeroso: *una fortuna ingente; un trabajo ingente; una cantidad ingente de personas.*

ingenuidad *n. f.* **1** Desconocimiento del mal: *la ingenuidad de un niño.* **SIN** candidez, candor, inocencia. **ANT** malicia. **2** Falta de malicia, astucia o doblez al actuar: *los timadores suelen aprovecharse de la ingenuidad de las personas.* **SIN** candidez, inocencia. **3** Acción o dicho que demuestra falta de malicia o de experiencia: *darle dinero ha sido una ingenuidad porque nunca lo devuelve.*

ingenuo, -nua *adj.* **1** Que desconoce el mal y tiene sentimientos puros: *es un chico muy ingenuo incapaz de hacerle daño a nadie.* **SIN** cándido, inocente. ◇ *adj./n. m. y f.* **2** [persona] Falto de malicia, astucia o doblez al obrar: *el muy ingenuo pensaba que le devolverían el radiocasete que había desaparecido de su coche.* **SIN** cándido, incauto, inocente.
DER ingenuidad.

ingerir *v. tr.* Hacer o dejar pasar una cosa desde la boca al estómago: *un ciclista debe ingerir alimentos sólidos y líquidos mientras disputa una etapa de una carrera.* **SIN** tragar.
DER ingestión.
OBS En su conjugación, la *e* se convierte en *ie* en sílaba acentuada o en *i* en algunos tiempos y personas, como en *hervir*.

ingesta o **ingestión** *n. f.* Proceso fisiológico por el que una cosa pasa desde la boca al estómago: *la digestión de alimentos comienza inmediatamente después de su ingesta; el niño sufrió graves quemaduras internas por la ingestión de lejía.*

ingle *n. f.* Parte del cuerpo en la que se une la parte superior de la pierna con el vientre: *el paracaídas iba fuertemente sujeto al cuerpo por correas que pasaban por los hombros y las ingles.* ☞ cuerpo humano.
ETIM *Ingle* procede del latín *inguen, -inis*, que tenía el mismo significado, voz con la que también está relacionada *inguinal*.

inglés, -glesa *adj.* **1** De Inglaterra o que tiene relación con este territorio que forma parte de Gran Bretaña. ◇ *n. m. y f.* **2** Persona que es de Inglaterra. ◇ *n. m.* **3** Lengua de Gran Bretaña, Estados Unidos, Australia y otros países.

ingratitud *n. f.* Falta de agradecimiento hacia una persona que nos ha hecho un favor, un servicio o un bien: *la ingratitud de un hijo que abandona a sus padres cuando son mayores.* **ANT** gratitud.

ingrato, -ta *adj./n. m. y f.* **1** [persona] Que no reconoce el valor de un beneficio o favor recibido: *es una persona ingrata que nunca agradeció a sus tíos que le costearan los estudios.* **SIN** desagradecido. **ANT** agradecido. ◇ *adj.* **2** Que es desa-

gradable y produce mucho disgusto: *tuvo que hacerse cargo de la ingrata tarea de reconocer el cadáver de su amigo.* **ANT** grato.
DER ingratitud.

ingravidez *n. f.* Estado en el que se encuentra un cuerpo que no está sujeto a una fuerza de atracción ejercida por otro cuerpo con una masa inmensamente mayor: *la ingravidez de un astronauta que viaja en una nave por el espacio.*

ingrávido, -da *adj.* **1** [cuerpo] Que no está sometido a una fuerza de atracción ejercida por otro cuerpo con una masa inmensamente mayor: *los satélites giran ingrávidos alrededor de la Tierra.* **2** [cuerpo] Que tiene muy poco peso: *la ingrávida niebla iba cubriendo todo el valle.*
DER ingravidez.

ingrediente *n. m.* **1** Componente o sustancia que se combina con otras para formar un compuesto: *el ingrediente fundamental de la paella es el arroz.* **2** Elemento que forma parte de las características generales de una cosa: *es una película de terror que tiene algunos ingredientes propios de la comedia.*

ingresar *v. intr.* **1** Entrar en un hospital o en otro establecimiento sanitario para someterse a un tratamiento médico: *uno de los heridos en el accidente ingresó ya cadáver en el centro hospitalario.* **2** Comenzar a formar parte de un grupo, conjunto o institución: *una vez aprobada la selectividad, ingresó en la facultad que había elegido.* ◇ *v. tr.* **3** Entregar a un banco o caja de ahorros una cantidad de dinero para que la guarde: *cada mes ingresaba en su cuenta corriente la mayor parte de su paga.* **4** Ganar dinero: *con la taquilla del domingo el club ingresó un buen montón de millones.*
DER reingresar.

ingreso *n. m.* **1** Entrada de una persona en un hospital o en otro establecimiento sanitario para someterse a un tratamiento médico: *el brote de cólera ha disparado el número de ingresos hospitalarios.* **2** Entrada de una persona o cosa en un grupo, conjunto o institución: *recurrió a todos sus contactos para lograr el ingreso de su hijo en la academia militar.* **3** Entrega a un banco o caja de ahorros de una cantidad de dinero para que la guarde: *un guardia de seguridad acompañó al empresario para el ingreso de la recaudación del mes.* **4** Cantidad de dinero que se entrega con este motivo: *el cajero le pidió que firmara el recibo donde constaba el ingreso que había hecho.* ◇ *n. m. pl.* **5 ingresos** Cantidad de dinero que gana una persona, grupo o empresa de manera periódica y regular: *los ingresos familiares se vieron mermados cuando despidieron a la mujer de su trabajo.*
DER ingresar.

inguinal *adj.* De la ingle o que tiene relación con esta parte del cuerpo humano: *para ver si un bebé tiene fiebre, el termómetro suele colocarse en la zona inguinal.*
ETIM Véase *ingle*.

inhabilitar *v. tr.* **1** Evitar la ocasión o eliminar los medios para que una cosa exista, ocurra o pueda realizarse: *una avería eléctrica inhabilitó los semáforos de gran parte de la ciudad.* **SIN** imposibilitar. **2** DER. Prohibir de modo legal a una persona el ejercicio de un cargo o el uso de un derecho: *condenaron al alcalde por estafa y lo inhabilitaron por diez años para el ejercicio de un cargo público.*
DER inhabilitación.

inhabitable *adj.* [lugar] Que carece de las condiciones necesarias para poder ser habitado: *la atmósfera de Marte hace que sea un planeta inhabitable para el hombre.* **ANT** habitable.

inhalación *n. f.* Aspiración por parte de una persona o animal de un gas o de una sustancia pulverizada; especialmente si se hace por la nariz: *la inhalación de gas butano puede provocar la muerte.*

inhalador *n. m.* Aparato que sirve para que una persona pueda aspirar un gas o una sustancia medicinal de manera cómoda y efectiva: *es asmático y siempre lleva un inhalador en el bolsillo.*

inhalar *v. tr.* Aspirar una persona o animal un gas o una sustancia pulverizada, especialmente si lo hace por la nariz: *se mareó al inhalar el humo del puro que fumaba su amigo.*
DER inhalación, inhalador.

inherencia *n. f.* Unión de cosas que son inseparables por su naturaleza o que sólo son separables mentalmente.

inherente *adj.* Que es esencial y permanente en un ser o en una cosa o no se puede separar de él por formar parte de su naturaleza y no depender de algo externo: *el riesgo es inherente a las carreras de automóviles.* **SIN** inmanente.
DER inherencia.

inhibición *n. f.* **1** Vergüenza, miedo o freno que impide a una persona actuar de acuerdo a sus sentimientos, deseos o capacidades: *la actriz porno declaró que estaba liberada de cualquier inhibición sexual.* **2** Renuncia a intervenir en un asunto o en una actividad: *la inhibición de la policía durante la manifestación evitó enfrentamientos violentos.* **3** Disminución o detención de las funciones normales de una parte del organismo por medios mentales o químicos: *el faquir consigue la inhibición de los centros nerviosos del dolor.*

inhibir *v. tr./prnl.* **1** Impedir la vergüenza, el miedo u otro freno a una persona actuar de acuerdo a sus sentimientos, deseos o capacidades: *la férrea disciplina militar inhibe a los cadetes de cualquier muestra de debilidad.* **2** Disminuir o suspender las funciones normales de una parte del organismo por medios mentales o químicos: *el abuso de algunos tranquilizantes puede provocar la inhibición del aparato respiratorio.* ◇ *v. prnl.* **3 inhibirse** Renunciar a intervenir en un asunto o en una actividad: *el árbitro se inhibió ante una clara jugada de penalti.* **SIN** desentenderse, despreocuparse.
DER inhibición; desinhibir.

inhóspito, -ta *adj.* [lugar] Que carece de las condiciones necesarias para resultar agradable y acogedor: *aquel edificio estaba tan automatizado que resultaba inhóspito.*

inhumación *n. f.* Operación de depositar de manera solemne el cadáver de una persona en una fosa o en un nicho para, posteriormente, cubrir la cavidad con tierra o cerrarla con una lápida o losa. **SIN** enterramiento, entierro, sepultura.

inhumano, -na *adj.* Que causa un gran sufrimiento y dolor: *es inhumano que una persona permanezca secuestrada.* **SIN** cruel. **ANT** humanitario, humano.

inhumar *v. tr.* Depositar de manera solemne el cadáver de una persona en una fosa o en un nicho para, posteriormente, cubrir la cavidad con tierra o cerrarla con una lápida o losa. **SIN** enterrar, sepultar.
DER inhumación.

iniciación *n. f.* **1** Proceso mediante el cual una persona adquiere los primeros conocimientos de una faceta de la vida o actividad que desconoce: *su abuelo le ayudó en su iniciación en la carpintería.* **2** Origen y principio de una cosa: *el juez ordenó la iniciación de un expediente de cierre contra la discoteca.* **SIN** comienzo, inicio. **ANT** fin, final, terminación. **3** Ritual al que se somete una persona que va a entrar en un grupo, secta o sociedad secreta: *la compleja ceremonia de iniciación en la masonería.*

iniciado, -da *adj./n. m. y f.* **1** [persona] Que participa de las prácticas o de los conocimientos de algo secreto: *sólo los* *iniciados podrán tomar parte en los ritos mágicos.* **2** [persona] Que tiene suficiente experiencia y capacidad para hacer o entender algo: *su estilo de hacer cine es sólo comprensible para iniciados.* **SIN** advertido.

inicial *adj.* **1** Del principio u origen de una cosa o que tiene relación con él: *durante la fase inicial del partido ambos equipos actuaron con mucha cautela.* **ANT** final. ◇ *adj./n. f.* **2** [letra] Que es la primera de una palabra: *la letra inicial de los nombres propios se escribe con mayúscula.*

iniciar *v. tr.* **1** Comenzar a hacer algo: *ha sido enviado para iniciar las negociaciones.* ◇ *v. tr./prnl.* **2** Proporcionar a alguien el conocimiento o los primeros conocimientos de una faceta de la vida o actividad que desconoce: *aquel profesor me inició en la informática.* **3** Admitir a una persona en un grupo, secta o sociedad secreta mediante una serie de pruebas: *el padre inició a su hijo en la masonería.*
DER iniciación, iniciado, iniciativa.
OBS En su conjugación, la *i* no se acentúa, como en *cambiar*.

iniciativa *n. f.* **1** Proposición o idea que sirve para iniciar alguna cosa: *lo hicimos entre todos, pero la iniciativa fue totalmente suya.* **2** Capacidad para idear, inventar o emprender cosas: *encontró pronto trabajo porque es un joven con mucha iniciativa.*
tomar la iniciativa Adelantarse a los demás en la realización de algo: *no esperes que te hagan las cosas los demás, toma tú la iniciativa.*

inicio *n. m.* Principio u origen de una cosa: *habrá grandes atascos en el inicio de las vacaciones.* **SIN** comienzo, iniciación. **ANT** fin, final, terminación.
DER inicial, iniciar.

inicuo, -cua *adj.* **1** *culto* Que no es justo o no obra con justicia: *denunció a la empresa por el comportamiento inicuo que había mostrado al despedir al empleado que estaba enfermo.* **SIN** injusto. **2** *culto* Que es muy malo o cruel: *tenía una actitud inicua con los animales.*
DER iniquidad.

inigualable *adj.* Que no se puede igualar por extraordinario o bueno: *quedó prendado ante su inigualable belleza.*

inimaginable *adj.* **1** Que no se puede imaginar, especialmente por la magnitud o la intensidad de lo que se expresa: *no duerme bien porque sueña con monstruos de aspecto inimaginable.* **SIN** insospechable. **2** Que es difícil o casi imposible que suceda: *las modas actuales eran inimaginables hace unos años.* **SIN** insospechable.

ininteligible *adj.* Que no se puede entender o comprender: *no he podido corregir tu examen porque la escritura es ininteligible.* **ANT** inteligible.

iniquidad *n. f.* Injusticia o gran maldad en el modo de obrar: *murió arrepentido de la iniquidad de sus acciones.*

injerencia *n. f.* Intervención de una persona en asuntos ajenos o en cuestiones que no son de su incumbencia: *es inadmisible su injerencia en nuestras relaciones personales.* **SIN** intromisión.

injertar *v. tr.* **1** Introducir en la rama o tronco de una planta un trozo de otra con alguna yema para que brote y pueda crecer en ella o unirlas por la zona de corte: *injertó rosales de diversas clases y han brotado rosas de varios colores.* **2** MED. Implantar un trozo de tejido vivo tomado de una parte del cuerpo en otra distinta de la misma persona o en el cuerpo de otro individuo: *tomaron un trozo de piel de la espalda para injertarlo en el brazo quemado.*
DER injerto.
OBS El participio irregular *injerto* sólo se usa como sustantivo.

injerto *n. m.* **1** Unión de un trozo de planta provisto de yemas a la rama o tronco de otra para que brote: *experimentó varios injertos con los limoneros.* **2** Fragmento de una planta provisto de yemas que se une a otra para que brote: *he comprado estos injertos para ponérselos a los rosales.* **3** Planta o fruto que resulta al unir un trozo de planta con otra. **4** MED. Implantación de un trozo de tejido vivo tomado de una parte del cuerpo en otra parte distinta o en otro individuo: *le hicieron un injerto de piel en la cara.*

injuria *n. f.* Insulto u ofensa contra la dignidad o el honor de una persona, especialmente mediante acusaciones injustas: *decir que se quedaba con parte del dinero fue una injuria porque luego se demostró que era falso.* **SIN** agravio.

injuriar *v. tr.* Insultar u ofender la dignidad o el honor de una persona, especialmente mediante acusaciones injustas: *la había injuriado al intentar chantajearla porque era una persona muy íntegra.*
DER injuria, injurioso.
OBS En su conjugación, la *i* no se acentúa, como en *cambiar*.

injurioso, -sa *adj.* Que injuria u ofende: *se sintió muy ofendido por sus injuriosas palabras.*

injusticia *n. f.* **1** Acción contraria a la justicia: *es una injusticia que no todos tengamos las mismas oportunidades.* **2** Falta de justicia: *los alumnos suspensos se quejaban de la injusticia del sistema de calificación.* **ANT** justicia.

injustificable *adj.* Que no se puede explicar o disculpar: *es injustificable que me digas ahora que no sé hacer las cosas, después de tantos años trabajando para ti.*

injusto, -ta *adj.* Que no es justo o no obra con justicia: *todos creen que la decisión ha sido injusta; era un hombre injusto con sus empleados.* **SIN** inicuo.
DER injustamente, injusticia, injustificable, injustificado.

inmaculado, -da *adj.* Que está completamente limpio o no tiene ninguna mancha: *lleva siempre las camisas con un blanco inmaculado.* **SIN** impoluto.

inmadurez *n. f.* Falta de juicio al obrar que se considera propia de una persona no adulta: *demostraba gran inmadurez al no responsabilizarse de sus acciones.* **ANT** madurez.

inmaduro, -ra *adj.* **1** [fruta] Que todavía no tiene la maduración que la hace adecuada para ser cogida y comida. **SIN** verde. **ANT** maduro. **2** [proyecto] Que no está completamente pensado: *volveremos a reunirnos la próxima semana, pues el proyecto aún está inmaduro.* ◇ *adj./n. m. y f.* **3** [persona] Que no ha alcanzado la madurez de juicio propia de la edad adulta o de la edad que tiene: *no pueden dar un puesto de esa responsabilidad a una persona tan inmadura.* **ANT** maduro. **4** [pez] Que es pequeño y aún no ha alcanzado el estado adulto: *está prohibida la pesca de inmaduros.*
DER inmadurez.

inmanencia *n. f.* Unión en un ser de cosas inseparables por naturaleza y no dependientes de algo externo: *creemos que en todas las personas existe la inmanencia de un sentido de justicia.*

inmanente *adj.* Que es esencial y permanente en un ser o en una cosa o que no se puede separar de él por formar parte de su naturaleza y no depender de algo externo: *no creo que la maldad sea inmanente al ser humano.* **SIN** inherente.
DER inmanencia.

inmaterial *adj.* Que pertenece al espíritu y no al mundo físico o que no se puede percibir por los sentidos: *es tan práctico y materialista que no cree en los valores inmateriales.* **SIN** incorpóreo. **ANT** material.

inmediaciones *n. f. pl.* Territorio o terreno que rodea un

inmediatez

lugar: *la policía buscó alguna pista por las inmediaciones del lugar del atentado.*
inmediatez *n. f.* Proximidad en el espacio o en el tiempo de alguna cosa: *a todos nos sorprendió la inmediatez con que fue llevada a cabo la orden.*
inmediato, -ta *adj.* **1** Que está próximo a otra cosa, a su lado o muy cerca, sin nada en medio: *vive en una calle inmediata a la mía.* **SIN** cercano. **ANT** mediato. **2** Que ocurre en seguida, justo después de otra cosa: *dio una respuesta inmediata a su pregunta.*
de inmediato Indica que algo sucede enseguida o justo después de otra cosa, sin pasar tiempo entre ellas: *lo llamé y vino de inmediato.*
DER inmediaciones, inmediatez.
inmejorable *adj.* Que es tan excelente y bueno que no se puede mejorar: *nuestro atleta parece encontrarse en un estado de forma inmejorable.* **SIN** insuperable.
inmemorial *adj.* Que es tan antiguo que no hay memoria de cuándo comenzó: *muchas costumbres de mi pueblo están implantadas desde tiempos inmemoriales.*
inmensidad *n. f.* **1** Extensión o tamaño muy grande que resulta imposible limitar: *la inmensidad del mar.* **2** Cantidad muy grande de algo: *una inmensidad de gente se manifestaba por la calle rechazando el terrorismo.*
inmenso, -sa *adj.* Que es tan grande en tamaño, número o intensidad que no puede medirse ni contarse: *sentí una inmensa alegría al saber que estaba bien.* **SIN** enorme. **ANT** mínimo.
DER inmensidad, inmensurable.
inmerecido, -da *adj.* Que no se merece: *nadie podrá decir que el premio otorgado es inmerecido.*
inmersión *n. f.* **1** Introducción completa de una cosa en un líquido: *la inmersión de un submarino.* **2** Profundizar en algo que se quiere aprender de modo que se pone toda la atención en ello: *el mejor método de aprender una lengua es la inmersión en el lugar en que se habla.*
inmerso, -sa *adj.* **1** Que está sumergido en un líquido. **2** [persona] Que tiene la atención puesta intensamente en un pensamiento o en una acción, con descuido de cualquier otra cosa: *está tan inmerso en sus meditaciones, que no te ha oído.* **SIN** absorto.
DER inmersión.
inmigración *n. f.* Movimiento de población que consiste en la llegada de personas a un país o región diferente de su lugar de origen para establecerse en él: *las grandes ciudades deben atender a la inmigración procedente de los pueblos.*
inmigrante *n. com.* Persona que llega a un país o región diferente de su lugar de origen para establecerse en él: *ha nacido aquí, pero desciende de inmigrantes.* **ANT** emigrante.
inmigrar *v. intr.* Establecerse en un país o región diferente del lugar de origen: *cada vez son más los africanos que inmigran al continente europeo.* **ANT** emigrar.
DER inmigración, inmigrante, inmigratorio.
inminencia *n. f.* Extrema proximidad de un suceso: *el edificio fue evacuado ante la inminencia de su derrumbamiento.*
inminente *adj.* Que va a ocurrir en seguida: *el cierre de la empresa es inminente, ya nos han avisado a todos.*
DER inminencia.
inmiscuirse *v. prnl.* Dar opiniones, consejos o indicaciones sobre un asunto ajeno sin el permiso de los implicados: *no me gusta que te inmiscuyas en mis problemas, no es asunto tuyo.* **SIN** entremeterse, entrometerse, meterse.
OBS En su conjugación, la *i* se convierte en *y* delante de *a, e* y *o*, como en *huir.*

inmobiliaria *n. f.* Sociedad o empresa que se dedica a construir, vender, alquilar y administrar viviendas: *fuimos a una inmobiliaria porque buscábamos un piso en alquiler.*
inmobiliario, -ria *adj.* De los bienes inmuebles o bienes que no son transportables, o que tiene relación con ellos: *las últimas viviendas y locales que ha comprado enriquecen en gran medida su patrimonio inmobiliario.*
DER inmobiliaria.
inmolación *n. f.* **1** Sacrificio de una víctima como ofrenda a una divinidad: *todos los años se celebra la inmolación de un cordero.* **2** Entrega de la vida o sacrificio de alguna cosa para beneficio de una persona o de una causa.
inmolar *v. tr.* **1** Sacrificar una víctima a un dios como signo de reconocimiento u obediencia: *Abraham tomó el cuchillo dispuesto a inmolar a su propio hijo.* ◇ *v. prnl.* **2 inmolarse** Dar la vida o los bienes en provecho u honor de una persona o de una causa: *muchos jóvenes se inmolaron luchando por la libertad de las ideas.*
DER inmolación.
inmoral *adj.* [persona, acción] Que se opone a la moral establecida o no guarda las normas éticas: *me parece inmoral copiar en los exámenes.* **ANT** moral.
DER inmoralidad.
inmoralidad *n. f.* **1** Alejamiento en la opinión, el comportamiento o los hechos de las reglas de la moral establecida: *al enriquecerse mediante fraudes y engaños sin escrúpulos, dio muestras de su inmoralidad.* **ANT** moralidad. **2** Obra o dicho inmoral: *tratar ciertos temas sexuales en público puede parecer una inmoralidad.*
inmortal *adj.* **1** Que no puede morir: *el alma es inmortal.* **ANT** mortal. **2** Que dura indefinidamente en la memoria de las personas: *la creación literaria de Cervantes es inmortal.* **SIN** imperecedero.
DER inmortalidad, inmortalizar.
inmortalidad *n. f.* **1** Cualidad de inmortal: *las leyendas de Transilvania aseguran la inmortalidad de Drácula.* **ANT** mortalidad. **2** Duración indefinida de una cosa en la memoria de los hombres: *cuando comenzó a pintar, nunca creyó que alcanzaría la inmortalidad.*
inmortalizar *v. tr./prnl.* Hacer que se conserve para siempre una persona o una cosa en la memoria de los hombres: *un famoso pintor inmortalizó su imagen como bailarina; este escritor se inmortalizó con su obra y hoy todos los niños lo estudian en el colegio.*
OBS En su conjugación, la *z* se convierte en *c* delante de *e*.
inmóvil *adj.* **1** Que no se mueve: *los astros se ven como puntos inmóviles en el espacio; no es fácil permanecer inmóvil, como si fueras una estatua.* **SIN** estático, quieto. **ANT** móvil. **2** Que es firme y constante: *a pesar de todas las explicaciones, sigue inmóvil en su actitud.*
DER inmovilidad, inmovilismo, inmovilizar.
inmovilidad *n. f.* Falta de movimiento o de capacidad para moverse: *le pusieron un fuerte vendaje para procurar la inmovilidad del brazo.* **ANT** movilidad.
inmovilismo *n. m.* Actitud en la que se defiende la tradición y se rechazan los cambios que afecten a lo ya establecido: *el inmovilismo de esta empresa le ha provocado importantes pérdidas porque no se ha adaptado a las tendencias actuales del mercado.*
DER inmovilista.
inmovilización *n. f.* Hecho de imposibilitar el movimiento: *el agente ordenó la inmovilización del vehículo que estaba mal aparcado.*
inmovilizar *v. tr./prnl.* Imposibilitar el movimiento: *los*

ladrones llevaban unas cuerdas para inmovilizar al banquero; el susto fue tal que se me inmovilizaron las piernas y no pude reaccionar. **ANT** movilizar.
DER inmovilización.
OBS En su conjugación, la z se convierte en c delante de e.

inmueble *adj.* **1** DER. [propiedad] Que no puede separarse del lugar en el que está: *las fincas y las viviendas son bienes inmuebles.* **ANT** mueble. ◇ *n. m.* **2** Edificio o vivienda: *concedieron una ayuda a los dueños del inmueble para restaurar la fachada.*

inmundicia *n. f.* **1** Suciedad o basura: *debes limpiar tu habitación, que la tienes llena de inmundicias.* Se usa frecuentemente en plural. **2** Deshonestidad: *este asunto de engañar a nuestros amigos no me gusta nada, es una inmundicia.*

inmundo, -da *adj.* **1** Que está muy sucio y asqueroso: *muchos vertederos tienen un aspecto inmundo.* **2** Que es muy indecente y deshonesto: *su actitud es inmunda porque no le importa traicionarnos; utiliza un lenguaje inmundo, lleno de insultos y palabras malsonantes.*
DER inmundicia.

inmune *adj.* **1** [persona, lugar] Que no se encuentra sometido a los procedimientos legales normales y está libre de ciertos cargos u obligaciones: *los parlamentarios son inmunes y no pueden ser sometidos a juicio sin autorización de las cámaras; las ciudades inmunes quedaban libres del pago de ciertos impuestos.* **2** Que no puede ser atacado por cierta enfermedad: *lo vacunaron y es inmune al sarampión.* **3** [persona] Que no le afecta o altera algo que se considera negativo: *se siente tan seguro de sí mismo que es inmune a las críticas.*
DER inmunidad, inmunitario, inmunizar.

inmunidad *n. f.* **1** Privilegio por el que ciertas personas y lugares no se someten a los procedimientos legales normales y quedan libres de determinadas obligaciones, penas o cargos: *no fue sometido a juicio porque gozaba de inmunidad parlamentaria.* **2** Protección o resistencia contra una enfermedad: *muchos medicamentos sirven para fortalecer la inmunidad orgánica.*

inmunitario, -ria *adj.* De la inmunidad o relacionado con esta resistencia del organismo a las enfermedades: *el organismo desarrolla su propio sistema inmunitario.*

inmunizar *v. tr./prnl.* **1** Proteger o hacer resistente a alguien frente a una enfermedad: *esta vacuna te inmuniza contra los resfriados.* **2** Fortalecer o hacer resistente a alguien frente a un mal o un daño: *ha visto tantas desgracias, que se ha inmunizado contra el dolor.*
DER inmunización.
OBS En su conjugación, la z se convierte en c delante de e.

inmunodeficiencia *n. f.* MED. Estado del organismo que consiste en la pérdida de gran parte de sus defensas inmunitarias: *no resistirá a una infección debido a su inmunodeficiencia.*

inmunología *n. f.* Parte de la medicina que estudia los fenómenos de inmunidad del organismo: *la inmunología se ocupa de la resistencia del organismo frente a las enfermedades y de las vacunas.*
DER inmunológico, inmunólogo.

inmunológico, -ca *adj.* De la inmunología o relacionado con esta parte de la medicina: *se ha progresado mucho en los estudios inmunológicos y, por tanto, en el tratamiento de las enfermedades inmunitarias.*

inmunólogo, -ga *n. m. y f.* MED. Médico especialista en inmunología.

inmutable *adj.* **1** Que no cambia o no puede cambiar: *el reglamento de la asociación es inmutable.* **2** [persona] Que no siente o no muestra alteración del ánimo: *permaneció inmutable ante sus duras palabras.* **SIN** inalterable.

inmutar *v. tr./prnl.* Alterar o impresionar de forma visible el ánimo de alguien: *el fantasma no consiguió inmutar a los huéspedes de aquella mansión; quise darle un susto, pero ni se inmutó.*
DER inmutable.
OBS Se usa más en forma pronominal y en frases negativas.

innato, -ta *adj.* Que no es aprendido y pertenece a la naturaleza de un ser desde su origen o nacimiento: *sus aptitudes para el dibujo son innatas y no se las ha enseñado nadie; la bondad es innata al ser humano.*

innecesario, -ria *adj.* Que no es necesario: *es innecesario que vengas tan pronto porque no empezaremos hasta la noche.*

innegable *adj.* Que no se puede negar: *no lo ha conseguido, pero es innegable que ha hecho todo lo que ha podido.* **SIN** incuestionable, indiscutible, indudable.

innoble *adj.* Que muestra bajeza, maldad o falsedad: *me parece una actitud innoble que no quieras ayudar a los que tanto han hecho por ti.*

innovación *n. f.* Cambio que supone una novedad: *en el nuevo vehículo se han introducido importantes innovaciones.*

innovador, -ra *adj./n. m. y f.* Que cambia las cosas introduciendo novedades: *la nueva campaña presenta ideas muy innovadoras; los innovadores no son bien vistos en ambientes conservadores.*

innovar *v. tr.* Cambiar las cosas introduciendo novedades: *Darwin innovó las ciencias naturales con la formulación de la teoría de la evolución.*
DER innovación, innovador.
ETIM Véase *nuevo*.

innumerable *adj.* **1** Que es tan numeroso que no puede ser contado o numerado: *la innumerable cantidad de estrellas.* **SIN** incalculable, incontable. **2** Que es muy numeroso o abundante: *este modelo de frigorífico te ofrece innumerables ventajas.* **SIN** incontable.
OBS Se usa sólo con sustantivos en plural, excepto cuando se trata de colectivos: *ejército innumerable; soldados innumerables.*

inocencia *n. f.* **1** Ausencia de culpabilidad: *no será difícil demostrar la inocencia del acusado.* **2** Simplicidad o falta de malicia, astucia o doblez al actuar: *lo ha hecho con inocencia, sin ocultar o disimular sus intenciones; aún conserva la inocencia de cuando era niño.* **SIN** candidez, ingenuidad.

inocentada *n. f.* Broma o engaño en los que uno cae por descuido o por falta de malicia, especialmente los que se hacen el día 28 de diciembre (día de los Santos Inocentes): *le han gastado una inocentada: le dijeron que hoy teníamos examen de matemáticas y no es verdad.*

inocente *adj.* **1** Que no daña o que no tiene malicia: *no hay mala intención en sus inocentes bromas; la sidra es una bebida inocente.* ◇ *adj./n. com.* **2** [persona] Que está libre de culpa o de pecado: *el jurado lo declaró inocente; santos inocentes se les llama a los niños que murieron en la matanza ordenada por el rey Herodes, cuyo propósito era matar al recién nacido Jesús.* **ANT** culpable. **3** [persona] Que no merece un castigo o una pena: *en las guerras mueren muchos inocentes.* **4** [persona] Que es simple, fácil de engañar y está falto de malicia: *es un inocente: se lo cree todo; es tan inocente que podrías venderle la Luna.* **SIN** cándido, ingenuo.
DER inocencia, inocentada, inocentón.

inocentón, -tona *adj./n. m. y f.* [persona] Que es muy inocente, muy fácil de engañar y no tiene ninguna malicia: *¡Qué inocentón eres! Mira que creerte que se había encontrado vida en el centro de la Tierra.*

inocuidad *n. f.* Incapacidad para hacer daño: *los juegos infantiles deben asegurar su total inocuidad.*

inoculación *n. f.* MED. Introducción de bacterias o virus en un organismo: *la inoculación de una vacuna.*

inocular *v. tr.* Introducir en el organismo por medios artificiales el virus o la bacteria de una enfermedad contagiosa: *vacunar es inocular los virus que producen la enfermedad, para que el organismo cree anticuerpos.*
DER inoculación.

inocuo, -cua *adj.* Que no hace daño: *es un medicamento totalmente inocuo, que pueden tomar hasta las embarazadas.*
SIN inofensivo. **ANT** nocivo.
DER inocuidad.
ETIM Véase *nocivo*.

inodoro, -ra *adj.* **1** Que no tiene olor: *el agua es un líquido inodoro.* ◇ *n. m.* **2** Recipiente conectado con una tubería de desagüe y provisto de una cisterna con agua, que sirve para orinar y evacuar los excrementos en él: *acuérdate de bajar la tapa del inodoro antes de salir del cuarto de baño.*
SIN retrete, váter.

inofensivo, -va *adj.* **1** Que no puede causar daño ni molestia: *¿cómo puede molestarte un escrito tan inofensivo?; no tengas miedo, es un perro inofensivo.* **2** Que no hace daño: *este producto no puede dañarte, es totalmente natural e inofensivo.* **SIN** inocuo. **ANT** dañino.

inolvidable *adj.* Que no puede olvidarse: *algunas escenas de esa película son inolvidables porque tienen una gran calidad.*
SIN imborrable.

inoperante *adj.* Que es ineficaz o no produce el efecto deseado: *los remedios caseros contra el resfriado han sido inoperantes porque todavía no me he curado.*

inopia *n. f.* Pobreza: *desgraciadamente, millones de personas viven en la inopia más absoluta.*
estar en la inopia Estar distraído o ajeno a lo que sucede alrededor: *no se enteró de lo que el profesor había preguntado porque estaba en la inopia.*

inopinado, -da *adj.* Que sucede sin haber pensado en ello o de forma inesperada: *se marchó de la fiesta de forma inopinada.*

inoportuno, -na *adj.* [persona, cosa] Que actúa o sucede en un momento, lugar o situación inadecuados o que no convienen: *no seas inoportuno y no hables de su antiguo novio, que todavía no lo ha olvidado; ha sido una visita inoportuna, porque llegó justo cuando iba a salir.* **ANT** oportuno.

inorgánico, -ca *adj.* **1** [elemento] Que no tiene vida ni puede tenerla: *los minerales son inorgánicos; los plásticos y los metales son materiales inorgánicos.* **2** Que no está organizado u ordenado: *aquel suburbio es un conjunto inorgánico de chabolas.* **ANT** orgánico.

inoxidable *adj.* Que no se puede oxidar: *una cubertería de acero inoxidable.*

input *n. m.* INFORM. Conjunto de dispositivos y señales que permiten la introducción de información en un sistema y los datos y programas que se introducen.
OBS Es de origen inglés y se pronuncia aproximadamente 'ímput'.

inquebrantable *adj.* Que no se puede quebrantar por su gran firmeza y solidez: *sus promesas son inquebrantables; tiene una salud inquebrantable.*

inquietante *adj.* Que causa preocupación o altera los nervios: *resulta inquietante que aún no hayamos tenido noticias de él.*

inquietar *v. tr./prnl.* Causar preocupación e intranquilidad o alterar los nervios: *el suspenso inquietó a mis padres; sus palabras pronosticando un futuro negativo nos inquietaron a todos.*
DER inquietante.

inquieto, -ta *adj.* **1** [persona] Que no puede estar quieto: *es un niño muy inquieto y suele alborotar mucho.* **2** Que no está tranquilo por una agitación del ánimo: *estoy un poco inquieto porque ya es muy tarde y aún no han llegado.* **3** [cosa] Que no se tiene con calma o tranquilidad: *un sueño inquieto.* **4** Que está siempre dispuesto a conocer o emprender cosas nuevas: *es una persona muy inquieta y siempre está creando nuevos proyectos.*
DER inquietar, inquietud.

inquietud *n. f.* **1** Falta de quietud o de sosiego: *las escasas posibilidades de futuro están causando gran inquietud entre los jóvenes.* **2** Tendencia o inclinación hacia una actividad o estudio, especialmente en el campo de las artes: *desde pequeño mostró inquietud por la pintura; este niño tiene muchas inquietudes, se interesa por todo y disfruta mucho.* Se usa más en plural.

inquilino, -na *n. m. y f.* Persona que alquila una vivienda o parte de ella para habitarla: *los inquilinos de este antiguo edificio pagan un pequeño alquiler.*

inquina *n. f.* Antipatía o mala voluntad hacia una persona: *le ha tomado verdadera inquina a su compañero.* **SIN** odio.

inquirir *v. tr.* Indagar o tratar de llegar a conocer una cosa haciendo preguntas y gestiones para conseguir una información: *el motivo de las investigaciones es inquirir la causa del asesinato.*
DER inquisición, inquisitivo.
OBS En su conjugación, la *i* se convierte en *ie* en sílaba acentuada, como en *adquirir*.

inquisición *n. f.* **1** Indagación o investigación para conseguir una información: *las inquisiciones de la policía consiguieron resolver el caso.* **2** Antiguo tribunal eclesiástico establecido para descubrir y castigar las faltas contra la fe o las doctrinas de la Iglesia: *en el siglo XVI, muchas personas murieron en la hoguera porque la Inquisición los condenaba por herejes.* En esta acepción se escribe con mayúscula.
DER inquisidor, inquisitorial.

inquisidor, -ra *adj./n. m. y f.* **1** Que indaga o trata de averiguar de forma apremiante y exigente: *no soporto sus preguntas inquisidoras.* ◇ *n. m.* **2** Juez del tribunal de la Inquisición: *el inquisidor sentenciaba los procesos de herejía y asistía a los tormentos.*

inquisitivo, -va *adj.* Que indaga o trata de averiguar de forma apremiante y exigente: *me dirigió una mirada inquisitiva, pero no le dije nada.*

inri *n. m.* Nombre que resulta de leer como una palabra las iniciales de *Iesus Nazarenus, Rex Iudaeorum*, rótulo latino de la cruz en que fue crucificado Jesucristo.
para más (o mayor) inri Por si fuera poco: *nos han despedido y para más inri no nos han dado el finiquito.*
ETIM *Inri* procede de las iniciales de *Iesus Nazarenus, Rex Iudeorum*, que es la frase latina que colocaron en la cruz donde murió Jesucristo.

insaciable *adj.* Que no se puede saciar o satisfacer: *prepara mucha comida porque tus invitados son insaciables.*

insalubre *adj.* Que es malo para la salud: *cogen muchas enfermedades porque viven en terrenos pantanosos e insalubres.* **SIN** insano, malsano. **ANT** salubre.
DER insalubridad.

insalubridad *n. f.* Estado de lo que es perjudicial para la salud: *la insalubridad de las aguas ha disparado la venta de agua embotellada*. **ANT** salubridad.

insalvable *adj.* Que no se puede o es muy difícil de salvar o de superar: *hay diferencias insalvables entre nosotros*. **SIN** insuperable.

insano, -na *adj.* **1** Que es malo para la salud: *trasnochar mucho y dormir poco son costumbres insanas*. **SIN** insalubre, malsano. **ANT** sano. **2** Que es inmoral o hace daño al espíritu: *una relación tan destructiva es insana*. **SIN** malsano. **ANT** sano.

insatisfecho, -cha *adj.* Que no está satisfecho o saciado: *me he quedado insatisfecho y voy a ponerme un poco más de patatas*; *estoy muy insatisfecho con el resultado de nuestro trabajo, creo que tiene carencias*. **ANT** satisfecho.
DER insatisfacción.

inscribir *v. tr./prnl.* **1** Apuntar en una lista para un fin determinado: *inscribió a su amigo en la lista de socios del club*; *me he inscrito en el campeonato de ajedrez que organiza el colegio.* ◇ *v. tr.* **2** Grabar o dejar marcado en metal, en piedra o en otra materia dura: *ha inscrito sus iniciales y un corazón en el árbol del jardín.* **3** Escribir algo o el nombre de alguien en un registro: *hay que ir a inscribir a su hijo recién nacido en el registro civil.* **4** MAT. Trazar una figura geométrica dentro de otra de manera que estén en contacto por varios puntos de sus perímetros, pero sin cortarse: *debes inscribir un triángulo dentro de una circunferencia de forma que ésta toque cada uno de sus vértices.* **SIN** circunscribir.
DER inscripción, inscrito.
OBS El participio es *inscrito*.

inscripción *n. f.* **1** Inclusión de un nombre en una lista para un fin determinado: *tengo que ir a matricularme antes de que finalice el plazo de inscripción.* **2** Escrito grabado en una superficie dura: *las inscripciones en las tumbas egipcias*; *la medalla lleva una inscripción.*

inscrito, -ta *part.* Participio irregular de *inscribir*. También se usa como adjetivo: *en la piedra de Rosetta está inscrito el nombre de Ptolomeo, rey de Egipto*; *sólo han llamado a los alumnos inscritos en el cursillo de informática.*

insecticida *adj./n. m.* [sustancia] Que sirve para matar insectos: *vimos una avioneta que fumigaba una plantación con un producto insecticida*; *ha echado insecticida por toda la casa porque había muchos mosquitos.*

insectívoro, -ra *adj./n. m. y f.* **1** [animal, planta] Que se alimenta de insectos: *muchas aves son insectívoras.* ◇ *adj./n. m.* **2** ZOOL. Mamífero pequeño plantígrado que tiene el hocico acabado en punta y los dientes especializados para masticar insectos: *el topo y el erizo son animales insectívoros.* ◇ *n. m. pl.* **3** ZOOL. Orden de estos mamíferos: *la musaraña pertenece al orden de los insectívoros.*

insecto *adj./n. m.* **1** [animal invertebrado] Que es pequeño y tiene el cuerpo dividido en cabeza, tórax y abdomen, tres pares de patas, dos antenas y dos o cuatro alas; sufre transformaciones en su desarrollo y respira por tráqueas comunicadas con el exterior: *las hormigas, las abejas, los escarabajos y las mariposas son insectos.* Se usa más como nombre masculino. **insecto social** El que vive formando parte de una comunidad con numerosos individuos de la misma especie que de manera jerarquizada cumplen las funciones que les corresponden: *las abejas son insectos sociales que viven juntos en colmenas.* Se usa más en plural. ◇ *n. m. pl.* **2** ZOOL. Clase de estos pequeños animales invertebrados.
DER insecticida, insectívoro; desinsectar.

inseguridad *n. f.* **1** Presencia de peligro o riesgo: *las autoridades reconocieron la inseguridad del inmueble al ver el mal estado de la construcción*; *la policía pretende erradicar la inseguridad ciudadana.* **ANT** seguridad. **2** Falta de valor o firmeza en el carácter y en la manera de actuar: *debes tener una voluntad firme en tus determinaciones y vencer tu inseguridad.* **SIN** indecisión. **ANT** seguridad.

inseguro, -ra *adj.* **1** Que no está libre de peligro o daño, o que es incierto: *me preocupa que lleves un coche tan viejo e inseguro.* **ANT** seguro. **2** [persona] Que tiene dudas sobre sí mismo y su propia capacidad: *es muy inseguro y siempre desconfía de sus propias posibilidades.*
DER inseguridad.

inseminación *n. f.* Llegada del semen del macho al óvulo de la hembra para fecundarlo: *la inseminación es el primer paso necesario para la fecundación.* **inseminación artificial** Procedimiento que consiste en hacer llegar el semen al óvulo mediante un instrumento o artificio: *la inseminación artificial permite cruzar razas diferentes de animales.*

inseminar *v. tr.* Poner semen masculino en las vías genitales femeninas para que llegue hasta el óvulo y lo fecunde: *el*

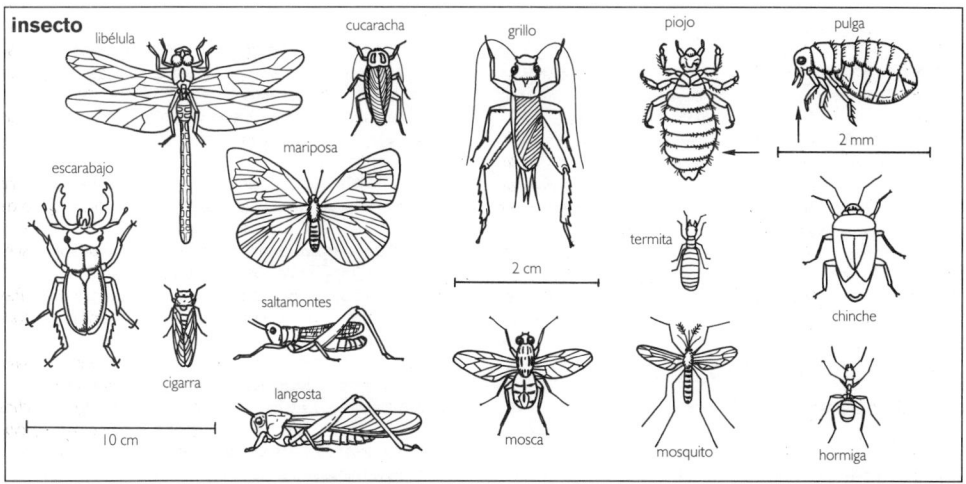

insensatez

veterinario ha inseminado artificialmente algunas vacas del establo.
DER inseminación.

insensatez *n. f.* **1** Falta de buen juicio y de reflexión antes de actuar: *debido a tu insensatez estuvimos a punto de estrellarnos.* **ANT** sensatez. **2** Obra o dicho insensato: *salir a la calle con esta tormenta es una insensatez.*

insensato, -ta *adj./n. m. y f.* Que no muestra buen juicio o madurez en sus actos: *siempre ha sido un insensato y no puedes pedirle que sea juicioso y prudente.* **ANT** sensato.
DER insensatez.

insensibilizar *v. tr./prnl.* **1** Quitar la sensibilidad a una parte del cuerpo de una persona o animal o a todo él: *el anestesista le insensibilizó la zona de la herida para que no sintiera dolor al curarla.* **2** Hacer insensible física o afectivamente: *perder a alguien muy querido puede insensibilizarte; después de aquella enfermedad, se me ha insensibilizado la parte anterior del brazo.*
OBS En su conjugación, la *z* se convierte en *c* delante de *e*.

insensible *adj.* **1** Que no puede sentir o que ha perdido la sensibilidad: *desde el accidente, tiene los dedos insensibles.* **2** Que no tiene sentimientos o sensibilidad: *es insensible al sufrimiento humano.* **3** Que no se nota o es difícil de notar: *se ha registrado un crecimiento insensible de la economía.*
DER insensibilidad, insensibilizar.

inseparable *adj.* **1** Que no se puede separar o que es muy difícil hacerlo: *este mueble está formado por módulos inseparables.* **ANT** separable. **2** [persona] Que está muy unido a una persona con vínculos muy estrechos de amistad o de amor: *son dos amigos inseparables y siempre van juntos a todas partes.* **3** GRAM. [partícula] Que no tiene valor por sí mismo y siempre va unido a una palabra: *in o per son partículas inseparables que entran en la formación de palabras compuestas.*

inserción *n. f.* **1** Inclusión o introducción de una cosa en otra: *la inserción de un nuevo capítulo ha alterado la estructura de la novela.* **2** Introducción de un elemento anatómico o de un órgano entre las partes de otro, o adhesión a su superficie: *la inserción de un diente en la encía.*

insertar *v. tr.* **1** Incluir o meter una cosa en otra: *insertó varias fotografías en el texto; si quiere jugar, inserte una moneda.* ◇ *v. prnl.* **2** Introducirse un elemento anatómico o un órgano entre las partes de otro o adherirse a su superficie: *los músculos se insertan en los huesos.*
DER inserción, inserto; reinsertar.
OBS Tiene dos participios: *insertado* e *inserto*. El segundo es irregular y se utiliza más como adjetivo.

inserto, -ta Participio pasado irregular del verbo *insertar*.

inservible *adj.* Que no sirve o no está en condiciones para ser usado: *la cámara se ha mojado y ha quedado inservible.*

insidia *n. f.* Engaño oculto o disimulado para perjudicar: *es intolerable que pueda haber insidias entre compañeros de clase.* **SIN** asechanza.
DER insidioso.

insidioso, -sa *adj.* **1** Que contiene un engaño oculto o disimulado para perjudicar: *a pesar de su apariencia inofensiva, sus palabras eran insidiosas.* ◇ *adj./n. m. y f.* **2** [persona] Que engaña de modo oculto o disimulado para perjudicar: *te habrá parecido una buena persona, pero, en el fondo, es un insidioso.*

insigne *adj.* [persona, cosa] Que es muy conocido y admirado por tener características que lo distinguen de los demás: *el insigne escritor ha sido distinguido con un importante premio.* **SIN** afamado, renombrado.

insignia *n. f.* **1** Señal o figura distintiva, especialmente cuando es pequeña y puede llevarse sujeta a la ropa: *el general lleva varias insignias y medallas que ganó en la última guerra*; *no dejaron pasar al agente hasta que mostró su insignia.* **2** Bandera o enseña que toma una asociación o grupo social como distintivo: *la mujer del alcalde encabezaba la procesión portando la insignia de la cofradía.* **SIN** emblema, estandarte.

insignificancia *n. f.* Pequeñez, falta de importancia o ausencia de valor: *no todo el mundo comprende la insignificancia del hombre en medio del Universo.*

insignificante *adj.* Que es muy pequeño, poco importante o que carece de valor: *se lo vendo por una cantidad insignificante.*
DER insignificancia.

insinuación *n. f.* Obra o dicho que sirve para dar a entender una cosa de manera sutil o disimulada sin decirla claramente.

insinuar *v. tr.* **1** Dar a entender una cosa de manera sutil o disimulada sin decirla claramente: *me insinuó que le ayudara, pero no me lo dijo abiertamente.* ◇ *v. prnl.* **2 insinuarse** Dar a entender de manera sutil o disimulada el deseo de establecer relaciones amorosas: *no paró de insinuársele hasta que consiguió una cita con ella.*
DER insinuación.
OBS En su conjugación, la *u* se acentúa en algunos tiempos y personas, como en *actuar*.

insipidez *n. f.* **1** Escasez o falta de sabor: *hay que condimentar más este plato porque es una insipidez.* **2** Falta de gracia y viveza o de interés: *no soporto la insipidez de sus conversaciones, son aburridísimas.*

insípido, -da *adj.* **1** [alimento] Que tiene poco o ningún sabor: *pondré un poco de sal en la sopa, me ha quedado un poco insípida.* **SIN** insulso. **2** Que no tiene gracia o interés: *no entiendo cómo te diverten unos programas tan insípidos.* **SIN** desaborido, insulso, soso.
DER insipidez.

insistencia *n. f.* **1** Repetición reiterada: *perdone mi insistencia, pero necesitamos saberlo ya.* **2** Firmeza y porfía acerca de una cosa: *logró saber del tema gracias a su insistencia.*

insistente *adj.* Que insiste: *la gente reclamaba una solución de forma insistente; fue muy insistente y consiguió lo que pretendía.*
DER insistencia.

insistir *v. intr.* **1** Repetir varias veces una petición o una acción: *llama a la puerta, y si no te abren insistes.* **2** Destacar la importancia de una cosa repitiéndola: *el profesor insistió en cómo debíamos prepararnos el examen.* **3** Persistir o mantenerse firme en una cosa, generalmente en una opinión o idea: *a pesar de sus críticas, yo insistí en mi postura.*
DER insistente.

insobornable *adj.* **1** Que no puede ser sobornado: *un juez debe ser una persona íntegra y, por supuesto, insobornable.* **2** Que no se deja llevar por ninguna influencia ajena: *no intentes cambiar sus ideas, que es un militante insobornable.*

insolación *n. f.* Trastorno o malestar producidos por una exposición prolongada a los rayos del sol: *si sigues tomando sol, vas a coger una insolación.*

insolencia *n. f.* **1** Atrevimiento o falta de respeto en el trato: *me trató con insolencia cuando me dijo que no quería relacionarse conmigo.* **2** Obra o dicho ofensivos o insultantes: *no estoy dispuesto a soportar tus insolencias.*

insolente *adj./n. com.* **1** [persona] Que falta al respeto o se muestra orgulloso, soberbio y desvergonzado: *jovencito, no sea usted insolente y no replique a los adultos; es un inso-*

lente, que no se corta delante de nadie. ◇ *adj.* **2** [cosa] Que implica falta de respeto: *dio una contestación insolente a una pregunta insolente.*
DER insolencia.

insólito, -ta *adj.* Que es muy particular o poco frecuente: *como lo habitual es que llegue tarde, resulta insólito que haya tenido que esperarnos.* **SIN** excepcional, inaudito, inusitado.

insoluble *adj.* **1** Que no se puede disolver: *esta sustancia es insoluble en el agua.* **SIN** disoluble. **ANT** soluble. **2** Que no se puede resolver o que no tiene solución: *la contaminación ambiental no es un problema insoluble.* **SIN** irresoluble. **ANT** soluble.

insolvencia *n. f.* **1** Incapacidad para hacer frente a unos gastos o para pagar unas deudas: *la empresa quebró por insolvencia.* **ANT** solvencia. **2** Incapacidad para garantizar que el cargo o la misión que se asigna se desempeñará o se llevará a cabo favorablemente: *es la insolvencia de los directivos la que perjudica la buena marcha del club.* **ANT** solvencia.

insolvente *adj./n. com.* **1** Que no dispone de fondos para pagar deudas: *como no puede hacer frente a sus deudas se ha declarado insolvente.* **ANT** solvente. **2** Que no ofrece garantías para confiarle un cargo o una misión: *no confío en que pueda llevar a cabo esta misión porque en otra ocasión se mostró insolvente.* **ANT** solvente.
DER insolvencia.

insomne *adj.* Que no duerme o tiene dificultad para conciliar el sueño: *estaba tan excitado que pasé la noche insomne, apenas dormí unos minutos.*

insomnio *n. m.* Dificultad para conciliar el sueño cuando se debe dormir: *las sustancias excitantes producen insomnio.*
SIN desvelo.
DER insomne.
ETIM Véase sueño.

insondable *adj.* **1** Que es tan difícil e impenetrable, que no se puede llegar a conocer o comprender: *es tan introvertido que sus pensamientos nos resultan insondables.* **2** Que es tan profundo, que no se puede alcanzar su fondo: *en esta zona del océano hay un abismo insondable.*

insonorización *n. f.* Acondicionamiento de un lugar para aislarlo de sonidos y ruidos: *han cerrado la discoteca por tener una insonorización defectuosa.*

insonorizar *v. tr.* Acondicionar un lugar para aislarlo de sonidos y ruidos: *quiero insonorizar mi habitación para escuchar música sin molestar a nadie.*
DER insonorización.
OBS En su conjugación, la z se convierte en c delante de e.

insoportable *adj.* Que no se puede soportar o sufrir: *salgamos fuera, aquí hace un calor insoportable; tiene tan mal carácter que a veces resulta insoportable.* **SIN** inaguantable. **ANT** aguantable, soportable.

insoslayable *adj.* Que no se puede evitar o rehuir: *es un problema insoslayable que tendrás que afrontar tarde o temprano.* **SIN** ineludible, inexcusable.

insospechable *adj.* Que no se puede sospechar o imaginar: *las negociaciones han tomado giros insospechables.* **SIN** inimaginable.

insostenible *adj.* **1** Que no se puede soportar o tolerar más: *hemos llegado a una situación insostenible.* **2** Que no se puede mantener o defender con razones: *su teoría es insostenible, está completamente equivocada.*

inspección *n. f.* **1** Examen y observación atentos y cuidadosos: *han hecho una inspección sanitaria en el colegio.* **SIN** control, supervisión. **2** Oficina o dependencias del inspector: *la inspección está en el tercer piso.*

inspeccionar *v. tr.* Examinar y observar con atención y cuidado: *la policía inspeccionó el recinto y reconoció que todo estaba en regla.*
DER inspección, inspector.

inspector, -ra *adj.* **1** Que reconoce y examina una cosa: *han enviado una comisión inspectora a la zona.* ◇ *n. m. y f.* **2** Persona que se dedica a examinar, controlar y vigilar las actividades que se realizan en el campo al que pertenece: *inspector de hacienda; inspector sanitario.*
DER subinspector.

inspiración *n. f.* **1** Introducción de aire u otra sustancia gaseosa en los pulmones: *la inspiración es una de las fases de la respiración.* **SIN** aspiración. **ANT** espiración. **2** Estado en el que se siente una especial facilidad para la creación: *me vino la inspiración y escribí el poema en un momento.* **3** Estímulo que favorece este estado y hace producir obras de arte de modo fácil y rápido: *su mujer fue la inspiración de sus cuadros.* **SIN** musa. **4** Cualidad que da a una obra valor artístico: *está escrito correctamente, pero sin inspiración.* **5** Influencia sobre una obra de arte u otra creación: *construye edificios de inspiración neoclásica.*

inspirar *v. tr./intr.* **1** Atraer el aire exterior e introducirlo en los pulmones: *inspiró todo el aire que pudo antes de sumergirse en el agua.* **SIN** aspirar. **ANT** espirar. ◇ *v. tr.* **2** Causar un sentimiento, una sensación o una idea: *ese tipo no me inspira ninguna confianza.* ◇ *v. tr./prnl.* **3** Sugerir ideas para la producción artística: *este paisaje inspiró al poeta para componer aquella oda; se inspiraba en el canto de los pájaros para componer sus melodías.* **4** Influir sobre una persona, especialmente sobre un artista: *la arquitectura griega inspiró toda su obra; Picasso se inspiró en el arte africano para sus creaciones cubistas.*
DER inspiración, inspiratorio.

inspiratorio, -ria *adj.* ANAT. De la inspiración respiratoria, que la permite o que está relacionado con ella: *músculo inspiratorio.*

instalación *n. f.* **1** Colocación en el lugar y la forma adecuados de cosas necesarias para un servicio: *yo me encargo de la instalación de la lavadora.* **2** Establecimiento o acomodo de una persona, especialmente si es para fijar su residencia: *no fue fácil la instalación de los damnificados en barracones.* **3** Conjunto de aparatos y cosas instaladas: *hay que revisar toda la instalación eléctrica del edificio.* **4** Recinto o lugar acondicionado con todas las cosas necesarias para cumplir un servicio: *hoy han inaugurado las nuevas instalaciones deportivas.*

instalar *v. tr.* **1** Colocar en el lugar y la forma adecuados las cosas necesarias para un servicio: *vienen a instalar la antena parabólica.* **2** Poner en el lugar destinado a un servicio todo lo necesario para que pueda ser utilizado: *han instalado un nuevo supermercado en el barrio.* ◇ *v. tr./prnl.* Establecer o acomodar a una persona, especialmente si es para fijar su residencia: *instalaron a sus familiares en el piso de arriba; he comprado un piso, pero aún no me he instalado.*
DER instalación, instalador; reinstalar.

instancia **1** Petición por escrito redactada siguiendo determinadas fórmulas: *para concursar a esta plaza tengo que presentar una instancia solicitándolo y un curriculum vitae.* **2** Documento oficial en el que se solicita una cosa: *tiene usted que rellenar esta instancia para reclamar el dinero.* **SIN** solicitud. **3** DER. Grado establecido por la ley para solucionar asuntos legales: *el Ministerio de Justicia va a crear seis nuevos tribunales de primera instancia.*
a instancias de A petición de o por ruego de una persona: *a instancias de su padre hizo un curso en el extranjero.*

en última instancia Como último recurso: *intentaré hacerlo yo, y sólo en última instancia acudiré a él.*

instantánea *n. f.* Fotografía que se impresiona en un instante y se obtiene en el momento: *tengo las instantáneas de tu cumpleaños.*

instantáneo, -nea *adj.* **1** Que sólo dura un instante: *el relámpago es un fulgor instantáneo.* **2** Que se produce o se consigue en un instante: *este medicamento es de efecto instantáneo.* **3** [alimento] Que se disuelve con facilidad en un líquido sin necesidad de cocerlo: *pon un sobre de café instantáneo en cada taza y luego le echas el agua o la leche caliente.*

instante *n. m.* Período de tiempo muy breve: *te han llamado hace un instante.* **SIN** momento.

a cada instante Continuamente: *es un pesado, me llama por teléfono a cada instante.*

al instante Inmediatamente: *le pedí un favor y me lo hizo al instante.*

por instantes Rápidamente: *la serie está en un momento muy interesante, el suspense crece por instantes.*

instar *v. tr./intr.* Obligar mediante la fuerza o la autoridad a que se haga algo con rapidez: *la dirección le instaba a que resolviera cuanto antes el asunto.* **SIN** apremiar, urgir.
DER instante.

instauración *n. f.* Establecimiento o fundación de algo que no existía, especialmente de costumbres, de leyes o de formas de gobierno: *la instauración borbónica en España se produjo tras la Guerra de Sucesión a principios del siglo* XVIII.

instaurar *v. tr.* Establecer o fundar una cosa que no existía, especialmente costumbres, leyes o formas de gobierno: *han dado un golpe de estado y han instaurado un nuevo régimen.*
DER instauración; reinstaurar.

instigador, -ra *adj./n. m. y f.* [persona] Que influye en una persona para que realice una acción o piense de un modo, especialmente si es negativo: *no seas instigador y déjame actuar con libertad; sus compañeros fueron los instigadores del robo.* **SIN** inductor.

instigar *v. tr.* Influir en una persona para que realice una acción o piense de un modo, especialmente si es negativo: *un grupo de ellos se ocupó de instigar a la revuelta.* **SIN** inducir.
DER instigación, instigador.
OBS En su conjugación, la g se convierte en gu delante de e.

instintivo, -va *adj.* Que es obra o resultado de un instinto y no de la reflexión o de la razón: *antes de chocar se protegió la cara de forma instintiva.*

instinto *n. m.* **1** Conducta innata y no aprendida que se transmite genéticamente entre los seres vivos de la misma especie y que les hace responder de una misma forma ante una serie de estímulos: *estos animales atacan a sus presas por instinto de conservación.* **2** Impulso natural e interior que provoca una acción o un sentimiento sin que se tenga conciencia de la razón a la que obedece: *no cogí el avión siniestrado por instinto, afortunadamente algo en mi interior me lo impidió.* **3** Capacidad natural para percibir y valorar con rapidez y facilidad una cosa: *triunfará porque tiene instinto para los negocios.*
DER instintivo.

institución *n. f.* **1** Establecimiento o fundación de algo que antes no existía: *todos acordaron la institución de una comisión permanente.* **2** Organismo que ha sido fundado para un fin, especialmente el que desempeña una función de interés público: *la Universidad es una institución de enseñanza.* **3** Ley u organización fundamental de un Estado, una nación o una sociedad: *las instituciones están al servicio del ciudadano.*
DER institucional.

institucional *adj.* De la institución o que tiene relación con ella: *todos esperamos recibir una ayuda institucional.*
DER institucionalizar.

institucionalización *n. f.* Acción y hecho de convertir una cosa en institucional o de darle carácter legal o de institución: *todos pedían la institucionalización del divorcio.*

institucionalizar *v. tr./prnl.* Convertir una cosa en institucional o darle carácter legal o de institución: *es preciso institucionalizar las reuniones generales de los grupos de defensa del medio ambiente.*
DER institucionalización.
OBS En su conjugación, la z se convierte en c delante de e.

instituir *v. tr.* Fundar o establecer una cosa que no existía: *instituyó una fundación benéfica; el modelo que lució vino a instituir una moda.* **SIN** instaurar.
DER institución, instituto, institutriz.
OBS En su conjugación, la i se convierte en y delante de a, e y o, como en *huir*.

instituto *n. m.* **1** Centro estatal de enseñanza donde se imparte educación secundaria: *este año mi hijo deja el colegio y pasa al instituto.* **2** Organización científica, social o cultural: *el Instituto Cervantes me ha concedido una beca.* **instituto de belleza** Establecimiento comercial donde se proporcionan servicios de embellecimiento al público: *fui a un instituto de belleza a hacerme la manicura.* **3** Regla que ordena cierta forma y método de vida o de enseñanza, especialmente el de las órdenes religiosas: *el instituto de esta orden religiosa no permite visitas.*

institutriz *n. f.* Mujer que se dedica a educar y enseñar a uno o más niños en la casa de éstos: *como viajan mucho con los niños y faltan mucho a la escuela, han decidido ponerles una institutriz.*

instrucción *n. f.* **1** Enseñanza de los conocimientos necesarios para una actividad: *recibió su primera instrucción en la escuela de su pueblo.* **2** Conjunto de conocimientos adquiridos: *es una persona con una gran instrucción y puedes preguntarle lo que quieras.* **instrucción militar** Conjunto de conocimientos y prácticas necesarios para la formación del soldado: *durante los primeros meses de servicio militar los soldados hacen mucha instrucción.* **3** **DER** Inicio y desarrollo de un proceso o expediente: *he conocido al juez que llevará la instrucción del caso.* ◇ *n. f. pl.* **4 instrucciones** Conjunto de reglas o indicaciones que se dan para hacer una actividad o para manejar un objeto: *antes de instalarlo debes consultar el manual de instrucciones.*

instructivo, -va *adj.* Que sirve para enseñar o instruir: *es mejor regalar juguetes instructivos.*

instructor, -ra *adj.* **1** Que enseña o instruye: *un juez instructor.* ◇ *n. m. y f.* **2** Persona que se dedica a enseñar o instruir, especialmente en actividades deportivas o militares: *el instructor de hípica me enseña a montar correctamente.*

instruido, -da *adj.* [persona] Que tiene un buen caudal de conocimientos adquiridos: *no se trata de un analfabeto, sino de un hombre instruido.*

instruir *v. tr./prnl.* **1** Comunicar conocimientos, habilidades, ideas o experiencias a una persona que no las tiene con la intención de que las aprenda: *el profesor instruye a sus alumnos; se instruyó sobre primeros auxilios antes de iniciar la travesía.* **SIN** enseñar. **2** **DER** Realizar las acciones necesarias para ejecutar un proceso: *la jueza que instruyó el caso no hizo declaraciones a la prensa.*
DER instrucción, instructivo, instructor, instruido.

OBS En su conjugación, la *i* se convierte en *y* delante de *a*, *e* y *o*, como en *huir*.

instrumentación *n. f.* **1** Preparación de una pieza musical para que pueda ser interpretada con varios instrumentos a la vez: *si tú te ocupas de la composición de la canción, yo me encargaré de su instrumentación*. **2** MÚS. Estudio de los diferentes instrumentos en función de sus características: *estudia música y ahora está haciendo un curso de instrumentación*. **3** Disposición u organización de los medios necesarios para llevar a cabo un plan o llegar a una solución: *los alumnos piden la instrumentación de un plan que garantice el acceso a la facultad deseada*.

instrumental *adj.* **1** Del instrumento o que tiene relación con él: *debemos dotar al centro de los medios instrumentales necesarios*. **2** [música] Que se ha escrito para ser tocado con instrumentos y no para ser cantado: *Las cuatro estaciones de Vivaldi es una obra instrumental*. **ANT** vocal. ◇ *n. m.* **3** Conjunto de instrumentos necesarios para realizar una actividad: *los alumnos deben cuidar el instrumental del laboratorio; instrumental quirúrgico*. **SIN** aparejo.

instrumentar *v. tr.* **1** MÚS. Preparar una obra musical para que pueda ser interpretada con varios instrumentos a la vez. **SIN** orquestar. **2** Disponer u organizar los medios necesarios para llevar a cabo un plan o llegar a una solución: *el comité ha decidido instrumentar una protesta*.
DER instrumentación.

instrumentista *n. com.* Músico que toca un instrumento: *el cantautor iba acompañado de cuatro excelentes instrumentistas*.

instrumento *n. m.* **1** Objeto simple o formado por una combinación de piezas y que es adecuado para un uso concreto, especialmente el que se usa para realizar operaciones manuales técnicas o delicadas: *dice que no puede arreglar el avión porque no dispone de ciertos instrumentos*. **2** Objeto formado por una o varias piezas que se usa para producir música: *es un gran músico que sabe tocar varios instrumentos*. **instrumento de cuerda** Instrumento que produce música mediante la vibración de las cuerdas que posee: *el violín, la guitarra y el piano son instrumentos de cuerda*. **instrumento de percusión** Instrumento que produce música al ser golpeado: *el tambor y el xilófono son instrumentos de percusión*. **instrumento de viento** Instrumento que produce música al soplar por él: *la trompeta y la flauta son instrumentos de viento*. **3** Medio que sirve para alcanzar un fin: *sólo he sido un instrumento para lograr sus ambiciones*.
DER instrumental, instrumentar, instrumentista.

insubordinación *n. f.* Desobediencia o negativa a someterse a una autoridad superior: *la insubordinación de la tropa fue castigada por los mandos*. **ANT** subordinación.

insubordinar *v. tr./prnl.* Hacer tomar una actitud rebelde y de desobediencia a los superiores: *las malas condiciones de vida insubordinaron a los presos y se organizó un motín*. **SIN** sublevar.
DER insubordinación, insubordinado.

insubstancial *adj.* **1** [alimento] Que está insípido o falto de sabor. **2** Que no tiene importancia o interés: *es una investigación insubstancial: no aporta nada nuevo*. **ANT** substancial.
OBS La Real Academia Española admite *insubstancial*, pero prefiere la forma *insustancial*.

insubstituible *adj.* Que es muy adecuado o bueno en su función y no se puede sustituir o es muy difícil sustituirlo: *no te creas insubstituible, que cualquiera podría hacer tu trabajo*.
OBS La Real Academia Española admite *insubstituible*, pero prefiere la forma *insustituible*.

insuficiencia *n. f.* **1** Escasez o falta de la cantidad que se necesita de una cosa: *la insuficiencia de la alimentación puede provocar trastornos en el metabolismo*. **ANT** suficiencia. **2** Incapacidad o inadecuación de una persona para desempeñar un trabajo: *reconoció su insuficiencia en este tema y presentó su dimisión*. **ANT** suficiencia. **3** MED. Incapacidad de un órgano para realizar adecuadamente sus funciones: *padece una grave insuficiencia renal*.

insuficiente *adj.* **1** Que no es bastante para lo que se necesita: *la ayuda conseguida es insuficiente para paliar el problema*. **ANT** suficiente. ◇ *n. m.* **2** Nota o calificación académica que indica que no se ha llegado al nivel mínimo exigido para aprobar: *este trimestre tienes dos insuficientes y tendrás que hacer los exámenes de recuperación*. **SIN** suspenso. **ANT** aprobado, suficiente.
DER insuficiencia.

insuflar *v. tr.* **1** Introducir, a soplos o inyectados, un gas, un vapor o una sustancia en polvo dentro de una cavidad u órgano del cuerpo: *insuflaron aire en sus pulmones para que recuperara el ritmo respiratorio*. **2** Comunicar o transmitir ideas, estímulos o sentimientos: *tu amistad me ha insuflado mucho afecto y amor*.

insufrible *adj.* Que es tan molesto, tan pesado o tan antipático, que no se puede soportar o sufrir: *tiene tan mal genio que a veces se pone insufrible*.

insular *adj.* **1** De la isla o que tiene relación con ella: *el gobierno insular de Gran Canaria*. **SIN** isleño. ◇ *adj./n. com.* **2** [persona] Que es de una isla: *el presidente insular favorece la política autonómica del archipiélago; los insulares disfrutan de descuentos en los vuelos hasta el continente*. **SIN** isleño.

insulina *n. f.* **1** Hormona producida por el páncreas y encargada de regular la cantidad de glucosa en la sangre: *los diabéticos no producen suficiente insulina*. **2** Medicamento hecho con esta hormona y que se emplea en el tratamiento contra la diabetes: *es diabético y necesita inyectarse insulina periódicamente*.

insulso, -sa *adj.* **1** [alimento] Que tiene poco o ningún sabor: *no le has puesto sal a la tortilla y la encuentro insulsa*. **SIN** insípido, insustancial. **2** Que no tiene gracia o interés: *esta película me aburre mucho y me resulta insulsa*. **SIN** desaborido, insípido, soso.
DER insulsez.

insultante *adj.* Que constituye un insulto o una ofensa o se interpreta como tal: *me parece insultante que después de tantos años me traten como a un desconocido*.

insultar *v. tr.* Ofender a alguien con palabras o acciones que hieren sus sentimientos o su dignidad: *no me insultes y trátame con el respeto y la consideración debidos*.
DER insultante, insulto.

insulto *n. m.* **1** Palabra o expresión que se emplea para insultar: *está muy mal educado y tiene un amplio repertorio de insultos*. **2** Acción que ofende o humilla a alguien: *no dudes de su capacidad porque se lo tomará como un insulto*.

insumisión *n. f.* **1** Desacatamiento o desobediencia: *el soldado fue arrestado por insumisión*. **ANT** sumisión. **2** Negativa a hacer el servicio militar o el servicio social a que obligan las leyes del estado: *los grupos pacifistas apoyan la insumisión*.

insumiso, -sa *adj.* **1** [persona] Que no obedece o no se somete: *es un chico insumiso y conflictivo*. **SIN** desobediente, rebelde. **ANT** sumiso. ◇ *adj./n. m.* **2** [hombre] Que se niega a hacer el servicio militar o el servicio social a que obligan las leyes del estado: *el joven insumiso fue detenido y obligado a cumplir el servicio militar; los insumisos defienden el de-*

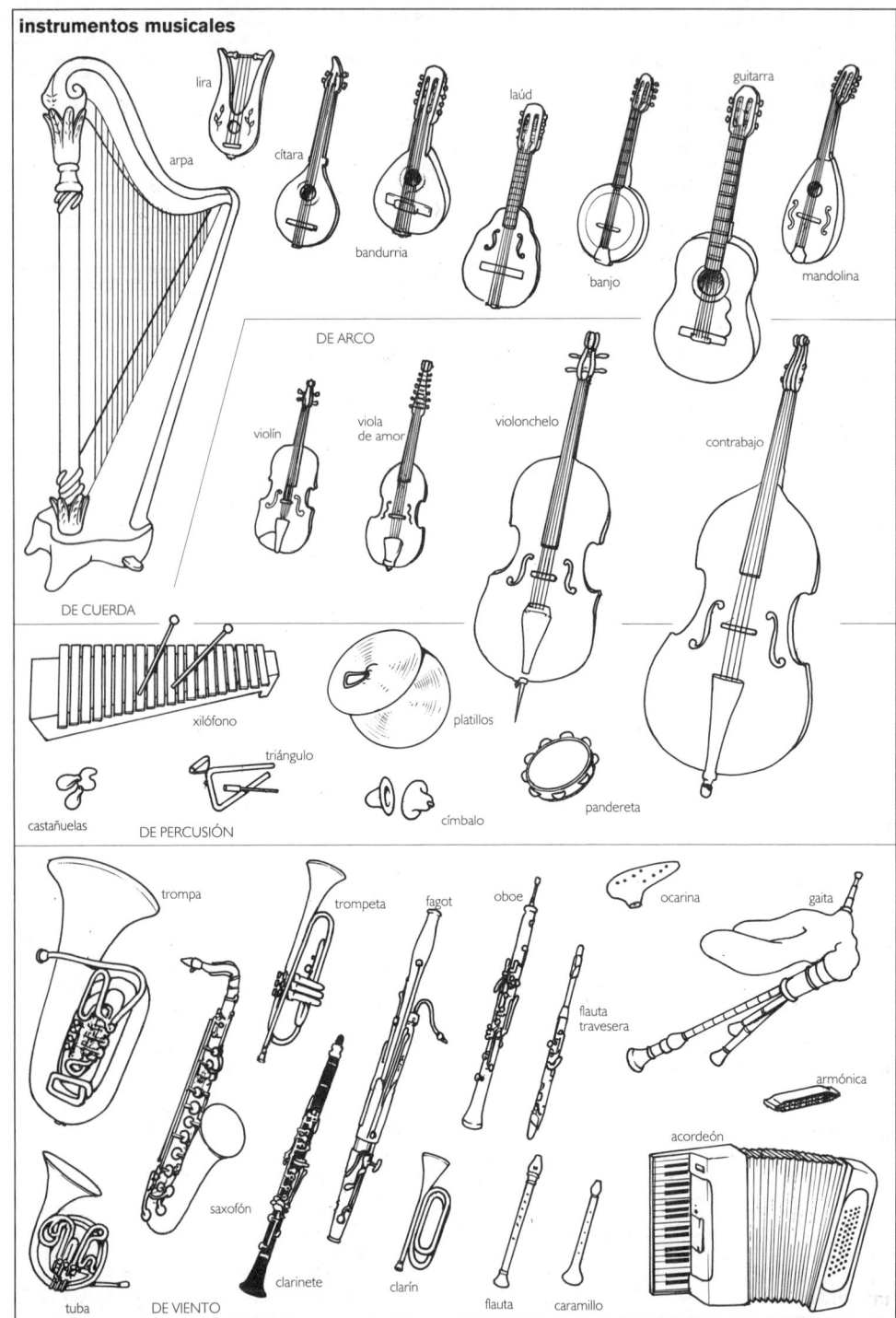

recho a no cumplir el servicio militar ni ningún otro servicio sustitutorio.
DER insumisión.

insuperable *adj.* **1** Que es insalvable o no se puede superar: *creo que nos encontramos ante una dificultad insuperable.* **2** Que es tan excelente o bueno que no cabe otro superior: *la blancura de este detergente es insuperable.* **SIN** inmejorable.

insurrección *n. f.* Levantamiento o sublevación de una colectividad contra la autoridad: *los altos cargos consiguieron sofocar la insurrección.* **SIN** rebelión.
DER insurreccionar, insurrecto.

insurrecto, -ta *adj./n. m. y f.* [persona] Que se levanta o subleva contra la autoridad: *los militares insurrectos fueron degradados y enviados a prisión; los insurrectos tomaron el palacio presidencial.* **SIN** rebelde.

insustancial *adj.* **1** [alimento] Que está insípido o falto de sabor. **2** Que no tiene importancia o interés: *toda su obra me parece insustancial y aburrida.* **ANT** sustancial.
OBS También se escribe *insubstancial.*

insustituible *adj.* Que es muy adecuado o bueno en su función y no se puede sustituir o es muy difícil sustituirlo: *se trata de una pieza insustituible, si se estropea habrá que tirar todo el equipo.*
OBS También se escribe *insubstituible.*

intachable *adj.* [persona, conducta] Que es tan perfecta y sin tacha que no admite ni el más pequeño reproche: *siempre ha sido una persona de conducta intachable.* **SIN** irreprochable.

intacto, -ta *adj.* **1** Que no se ha tocado: *nadie probó la tarta y quedó intacta.* **2** Que no ha sufrido alteración o daño: *te dejaré mi coche, pero espero que me lo devuelvas intacto.* **3** Que no se ha tratado o estudiado: *es un campo de investigación que aún está intacto.*

intangible *adj.* **1** Que merece extraordinario respeto y no puede o no debe ser alterado o dañado: *la libertad de expresión es intangible.* **SIN** intocable. **2** Que no tiene realidad física: *las alucinaciones son intangibles.* **SIN** intocable. **ANT** tangible.

integración *n. f.* **1** Formación o composición de un todo: *pretende la integración de todos los partidos de izquierda.* **ANT** desintegración. **2** Incorporación de una persona a un todo y adaptación a él: *se ha puesto en práctica un plan de integración de discapacitados.*
DER integracionista.

integral *adj.* **1** Que está completo o es global: *el pan integral es el que se hace sin quitar el salvado.* ◇ *n. f.* **2** MAT. Función que se obtiene por una operación a partir de la derivada: *el problema consiste en hallar la integral de la función dada.* **3** MAT. Operación por la que se calcula el área de una función: *hoy nos han enseñado a hacer integrales.*

integrante *adj./n. com.* Que forma, junto con otros elementos, un conjunto: *los países integrantes de la Unión Europea; los integrantes de una asociación.*

integrar *v. tr.* **1** Formar o componer un conjunto: *aún no sabemos qué jugadores integrarán el equipo.* **2** MAT. Determinar mediante cálculo una cantidad, conociendo sólo la expresión derivada: *en el problema me piden integrar una función.* ◇ *v. tr./prnl.* **3** Incorporar a una persona a un todo y hacer que se adapte a él: *esta asociación pretende integrar a los marginados; es muy tímido y le cuesta integrarse en clase.*
DER integración, integrante; reintegrar.

integridad *n. f.* **1** Estado de lo que está completo o tiene todas sus partes: *luchan por la integridad de sus territorios.* **2** Honradez y rectitud en la conducta: *los políticos deben ser personas de gran integridad.*

integrismo *n. m.* Tendencia al mantenimiento estricto de una tradición, especialmente religiosa, y a su defensa frente a cualquier tipo de cambio o renovación: *el integrismo se opone a todo tipo de renovación.*
DER integrista.

integrista *adj.* Del integrismo o relacionado con esta tendencia: *las actitudes integristas son muy rígidas e inflexibles.* ◇ *adj./n. com.* [persona] Que es partidario o seguidor del integrismo: *a menudo la actitud de los integristas islámicos es considerada fanática.*

íntegro, -gra *adj.* **1** Que está completo o tiene todas sus partes: *entrega el sueldo íntegro a sus padres.* **2** [persona] Que se comporta con honradez y rectitud: *una persona íntegra no admite sobornos.*
DER integral, integrar, integridad, integrismo.
ETIM Véase *entero.*

intelecto *n. m.* Facultad humana de aprender, comprender y razonar: *es el intelecto lo que distingue a las personas de los animales.* **SIN** entendimiento, inteligencia.
DER intelectivo, intelectual.

intelectual *adj.* **1** Del intelecto o relacionado con esta facultad humana: *debes practicar algún deporte y no limitarte a las actividades intelectuales.* ◇ *adj./n. com.* **2** [persona] Que se dedica al estudio o al cultivo de las ciencias y las letras: *entre los intelectuales del país se encuentran escritores y científicos de fama internacional.*
DER intelectualidad, intelectualismo, intelectualizar.

intelectualidad *n. f.* Conjunto de los intelectuales de un país o de un lugar: *apareció rodeado de la intelectualidad de la ciudad.*

inteligencia *n. f.* **1** Facultad humana de aprender, comprender y razonar: *es un hombre de inteligencia privilegiada.* **SIN** entendimiento, intelecto, razón. **inteligencia artificial** Aplicación de los conocimientos sobre la inteligencia humana al desarrollo de sistemas informáticos que reproduzcan o aventajen su funcionamiento: *muchos robots se fabrican gracias a la inteligencia artificial.* **2** Habilidad, destreza: desempeña sus funciones con gran inteligencia y acierto.* **3** Sustancia espiritual, en oposición a cuerpo: *algunos creen que una inteligencia superior rige el universo.* **4** Trato y correspondencia secreta de dos o más personas o naciones entre sí: *pertenece al servicio de inteligencia.* En esta acepción es un anglicismo ya admitido por la Real Academia Española.
DER inteligente, inteligible; intelecto.

inteligente *adj.* **1** Que está dotado de inteligencia: *muchas personas creen que existe vida inteligente en otros planetas.* **2** [cosa] Que manifiesta inteligencia: *su actitud fue muy inteligente y consiguió lo que quería.* ◇ *adj./n. com.* **3** [persona] Que tiene mucha inteligencia: *tú eres inteligente y te lo sabrás en seguida; en ocasiones, los más inteligentes fracasan en la escuela por falta de motivación.*

inteligible *adj.* Que se puede comprender o entender: *te ha quedado un escrito complicado, pero inteligible.* **ANT** ininteligible.

intemperie *n. f.* Ambiente atmosférico considerado como las variaciones e inclemencias del tiempo que afectan a los lugares o cosas no cubiertos o protegidos: *debes resguardar estas plantas de la intemperie porque sufren cambios de temperatura muy bruscos.*
a la intemperie Al aire libre, sin techo ni otra protección: *en el campamento, pasamos una noche a la intemperie y pudimos contemplar el cielo estrellado.* **SIN** raso.

intempestivo

DER intemperante.

intempestivo, -va *adj.* Que se hace u ocurre fuera del tiempo adecuado o conveniente: *perdona que te llame a horas tan intempestivas, pero es muy urgente.*

intención *n. f.* Determinación o voluntad de hacer cierta cosa: *tenía la intención de volver pronto, pero me han entretenido.* **SIN** propósito. **segunda intención** Propósito que está oculto y no se nota a primera vista: *cuando digo que eres muy listo, no lo digo con segunda intención.*
DER intencionado, intencional.

intencionado, -da *adj.* **1** Que ha sido hecho o dicho con cierta intención: *aunque no lo parezca, su acto ha sido bien intencionado.* Se usa con los adverbios *bien, mal, mejor* y *peor.* **2** Que ha sido hecho a propósito, de forma voluntaria: *la falta cometida por el defensa había sido intencionada, y por eso lo expulsaron.* **SIN** deliberado.
DER bienintencionado, malintencionado.

intencionalidad *n. f.* Premeditación o carácter intencionado o deliberado con los que se realiza una cosa: *la planificación del delito es una prueba de su intencionalidad.*

intendencia *n. f.* **1** Control y administración de algún servicio o del abastecimiento de alguna colectividad: *fuimos encargados de la intendencia y tuvimos que buscar todo el material necesario para el viaje.* **2** Cuerpo del ejército encargado de proporcionar y organizar todo lo que necesitan las fuerzas armadas a los campamentos para funcionar de forma adecuada: *la intendencia se ocupa de pagar a los soldados, de la ropa y del equipo, entre otras cosas.* **3** Cargo de intendente. **4** Lugar de trabajo u oficina del intendente.

intendente *n. m.* **1** Jefe superior de los servicios de administración militar: *el intendente tiene una categoría similar a la de general.* **2** Jefe de algunos servicios económicos o de empresas dependientes del estado.
DER intendencia; superintendente.

intensidad *n. f.* **1** Grado de fuerza o de energía con que se manifiesta un fenómeno o se realiza una acción: *está lloviendo con mucha intensidad.* **2** Fuerza o vehemencia con que se manifiestan los sentimientos: *la intensidad de su odio crecía cada vez más.* **3** Cualidad de un sonido que condiciona su audición y que depende del grado de amplitud de sus ondas: *la intensidad de los sonidos vocales depende de la fuerza espiratoria con que se pronuncian.* **4** Cantidad de electricidad que pasa por un conductor en una unidad de tiempo: *la intensidad se mide en amperios por segundo.*

intensificación *n. f.* Aumento de la intensidad: *será precisa una intensificación de los trabajos, si queremos terminar a tiempo.*

intensificar *v. tr./prnl.* Aumentar la intensidad: *vamos a intensificar las protestas contra la contaminación del medio ambiente; la polución se ha intensificado alarmantemente en los núcleos urbanos.*
DER intensificación.
OBS En su conjugación, la *c* se convierte en *qu* delante de *e*.

intensivista *n. com.* Médico especializado en el cuidado de enfermos graves que para mantener sus funciones vitales básicas necesitan de medios técnicos complejos.

intensivo, -va *adj.* Que se hace de forma intensa y en un espacio de tiempo inferior a lo normal: *hizo un curso intensivo de inglés durante las vacaciones.*
jornada intensiva Período de trabajo diario que se lleva a cabo sin interrupción ni descanso prolongado para comer. **SIN** jornada continua.

intenso, -sa *adj.* **1** Que se manifiesta o se realiza con mucha fuerza o energía: *se avecinan lluvias intensas.* **2** [sentimiento] Que es muy fuerte o vivo: *siente un intenso amor por su pareja.*
DER intensidad, intensificar; intensivo.

intentar *v. tr.* Hacer el esfuerzo o las acciones necesarias para realizar una cosa, aunque no se tenga la certeza de conseguirlo: *alguien ha intentado abrirme el coche.* **SIN** pretender, procurar.

intento *n. m.* **1** Propósito o voluntad de hacer algo, aunque no se tenga la certeza de conseguirlo: *está acusado de intento de asesinato.* **2** Acción de intentar una cosa: *lo consiguió al segundo intento.*
DER intentar, intentona.

intentona *n. f.* Intento de hacer una cosa, especialmente si no se ha conseguido el fin deseado: *ha fracasado la última intentona golpista.*
OBS Suele emplearse cuando las intenciones son delictivas o temerarias.

inter- Prefijo que entra en la formación de palabras con el significado de 'entre', 'en medio': *intercutáneo, interponer, intercambio.*

interacción *n. f.* Acción, relación o influencia recíproca entre dos o más personas o cosas: *en la enseñanza es importante la interacción entre el profesor y los estudiantes; la interacción entre algunos medicamentos es perjudicial para la salud.*

intercalar *v. tr.* Colocar una cosa entre otras: *el autor intercaló nuevos episodios en la parte central de la obra cuando ya estaba finalizada.*
DER intercalado.

intercambiar *v. tr./prnl.* Cambiar una cosa entre sí dos o más personas o grupos: *durante la reunión intercambiaron opiniones.*
DER intercambio.
OBS En su conjugación, la *i* no se acentúa, como en *cambiar.*
◇ En la forma pronominal tiene valor recíproco.

intercambio *n. m.* Cambio mutuo o recíproco, especialmente el de actividades o servicios entre organismos, entidades o países: *tuvimos un intercambio de ideas; hay que potenciar el intercambio cultural europeo.*

interceder *v. intr.* Hablar ante alguien en favor de otra persona para conseguirle un bien o librarla de un mal: *intercedió por su hermano ante el juez.* **SIN** mediar.

interceptar *v. tr.* **1** Detener o apoderarse de una cosa antes de que llegue a su destino: *un defensa interceptó el balón lanzado por el delantero; interceptar un mensaje.* **2** Obstruir, dificultar o interrumpir el paso en una vía de comunicación: *un camión averiado interceptó el carril derecho.* **3** MAT. Cortar una línea o superficie a otra línea o superficie: *la secante de una circunferencia intercepta a ésta en dos puntos.*

intercesión *n. f.* Intervención en favor de alguien: *fue perdonado gracias a su intercesión.*
DER intercesor.

intercesor, -ra *adj./n. m. y f.* Que interviene en favor de alguien: *consiguió el trabajo gracias a sus intercesores.*

intercostal *adj.* ANAT. Que está situado entre las costillas: *tras el accidente sufre fuertes dolores en la zona intercostal.*

interdental *adj./n. f.* **1** GRAM. [sonido] Que se articula poniendo la punta de la lengua entre los dientes incisivos superiores y los inferiores: *el sonido de la c en cenicero es interdental.* **2** GRAM. Letra que representa este sonido: *la letra z es interdental en español.*

interdependencia *n. f.* Relación por la que dos o más personas o cosas dependen unas de otras: *será suficiente con convencer a uno de los dos, pues entre ellos existe una fuerte interdependencia.*

interés *n. m.* **1** Provecho o bien buscado: *debe cambiar por su propio interés; dice que habla en interés de los trabajadores*. **ANT** desinterés. **2** Valor o utilidad que en sí tiene una cosa: *es un monumento de gran interés*. **3** Atracción o inclinación hacia algo: *pusimos un interés especial en este trabajo, por eso salió tan bien*. **4** Cantidad que cada cierto tiempo da el banco por tener el dinero depositado en él: *en una cuenta a plazo fijo obtendrás un mayor interés*. **5** Cantidad que se ha de pagar, generalmente al banco, por el uso de un dinero recibido en calidad de préstamo: *para comprar la casa ha conseguido un préstamo a un interés muy bajo*. ◇ *n. m. pl.* **6 intereses** Bienes y propiedades que se poseen: *tiene intereses en una empresa de servicios*. **7** Conveniencias o necesidades de una persona o de un colectivo: *todos los padres miran por los intereses de sus hijos*. **DER** interesar; desinterés.

interesado, -da *adj./n. m. y f.* **1** Que tiene interés en una cosa: *gracias, pero no estoy interesado en comprarlo; la conferencia de mañana es sólo para los interesados en el tema*. **2** Que se deja llevar por el interés propio o que sólo se mueve por él: *es un interesado y nunca te hará un favor sin pedirte algo a cambio*.

interesante *adj.* Que interesa o que es digno de interés: *un tema interesante; un precio interesante*.

interesar *v. tr.* **1** Atraer, gustar o producir interés: *este artículo me interesa*. **2** Despertar en alguien el interés por una cosa: *quiero interesar a mis hijos en el mundo de los animales*. **3** Ser útil o bueno: *te interesa llevarte bien con tus compañeros*. ◇ *v. prnl.* **4 interesarse** Manifestar interés o inclinación: *llamó para interesarse por el estado del paciente; se equivocan quienes creen que la juventud no se interesa por nada*. **DER** interesado, interesante.

interestelar *adj.* Que está situado entre las estrellas: *en la película, las naves espaciales viajaban por el espacio interestelar*.

interfecto, -ta *adj./n. m. y f.* **DER**. [persona] Que ha muerto de forma violenta, especialmente si ha sido víctima de una acción delictiva: *el ciudadano interfecto yacía en la calzada mientras la policía perseguía a los asaltantes, el asesino permanecía inmóvil junto al cuerpo del interfecto*.

interferencia *n. f.* **1** Alteración o perturbación del desarrollo normal de una cosa mediante la interposición de un obstáculo: *no admito las interferencias de nadie en mis problemas familiares*. **2** Alteración en la recepción de una señal mediante la introducción de otra extraña o perturbadora: *no pudimos ver el festival en la televisión porque había interferencias*.

interferir *v. tr./prnl.* **1** Cruzar o interponer una cosa u otra acción en el desarrollo normal de otra: *los consejos de sus amigos han interferido sus planes iniciales; no te interfieras en nuestros asuntos*. ◇ *v. tr./intr.* **2** Causar interferencias o perturbaciones en la recepción de una señal: *un radioaficionado interfirió la retransmisión del programa*. **DER** interferencia.

OBS En su conjugación, la e se convierte en ie en sílaba acentuada o en i en algunos tiempos y personas, como en hervir.

interfijo *adj./n. m.* GRAM. Afijo introducido en el interior de una palabra o de su lexema o raíz. **SIN** infijo.

interfono *n. m.* **1** Red telefónica que se utiliza para las comunicaciones internas, especialmente en los edificios de viviendas: *todos los despachos están conectados por el interfono*. **2** Aparato empleado para hablar y oír en dicho sistema telefónico: *pulsó el interfono para llamar a su secretaria*.

ínterin *n. m.* Intervalo de tiempo que transcurre entre dos acciones o etapas: *aprovecharemos el ínterin entre actuación y actuación para intercalar publicidad*. **DER** interino. **OBS** El plural es *ínterines*.

interinidad *n. f.* **1** Tiempo durante el cual una persona desempeña un cargo o una función sustituyendo a otra: *me han asignado una interinidad de tres meses en el ayuntamiento de mi municipio*. **2** Cargo de la persona que trabaja en la Administración pública y ocupa el puesto de un funcionario de carrera sin serlo: *ejerce una interinidad en el departamento de lengua española*.

interino, -na *adj./n. m. y f.* [persona] Que desempeña una función o trabajo por cierto tiempo en sustitución de una persona: *un profesor interino me sustituirá durante el permiso por maternidad; los interinos de la Administración pública no gozan de los privilegios de los funcionarios*. **DER** interinidad.

interior *adj.* **1** Que está o queda dentro: *la parte interior de una fruta; una prenda interior*. **2** Del país al que pertenece o que tiene relación con él: *es un asunto de política interior que no afecta al Ministerio de Asuntos Exteriores*. **3** Que pertenece a los pensamientos o sentimientos íntimos de una persona: *nunca cuenta nada de su vida interior*. ◇ *adj./n. m.* **4** [vivienda, habitación] Que sus ventanas no dan a la calle, sino a un patio o a la parte trasera: *las habitaciones de mi casa son interiores; mi interior da a un patio de manzana*. ◇ *n. m.* **5** Parte de dentro de una cosa: *sólo se come el interior de la fruta; ella se encarga de la decoración del interior*. **6** Parte de un país situada en el centro y que se opone a la zona costera o fronteriza: *la gente emigra al interior del país*. **7** Conjunto de pensamientos y de sentimientos íntimos de alguien: *sintió cierta envidia en su interior*. **8** Jugador de la línea delantera de un equipo de fútbol y de otros deportes que se coloca entre el delantero centro y el extremo. ◇ *n. m. pl.* **9 interiores** Parte de una película que se rueda dentro de un estudio o edificio: *los interiores los filmaron en Londres y los exteriores en Castilla*. **DER** interioridad, interiorismo, interiorizar.

interioridad *n. f.* **1** Cualidad de interior: *nadie pueda llegar a la interioridad de su pensamiento*. ◇ *n. f. pl.* **2 interioridades** Asuntos privados, generalmente secretos, de las personas, familias o grupos: *es un gran amigo al que puedo contar mis interioridades*.

interiorizar *v. tr.* Hacer propio o asentar de manera profunda e íntima en la mente, especialmente un pensamiento o un sentimiento: *los niños, en la escuela, interiorizan pautas de comportamiento social*. **OBS** En su conjugación, la z se convierte en c delante de e.

interjección *n. f.* Palabra o expresión que, pronunciada en tono exclamativo, expresa por sí sola un estado de ánimo o capta la atención del oyente: *al decir ¡viva!, ¡olé! o ¡ay! estamos empleando interjecciones*. **DER** interjectivo. **OBS** Las interjecciones se escriben entre signos de admiración o exclamación.

interjectivo, -va *adj.* **1** De la interjección o relacionado con ella: *es muy teatral y suele dar a sus frases una entonación interjectiva para llamar la atención*. **2** [expresión] Que tiene carácter de interjección: *¡Ay qué dolor! es una locución interjectiva*.

interlineal *adj.* Que está entre dos líneas escritas: *si reduces el espacio interlineal, lograrás que quepa todo el texto en una página*.

interlocutor, -ra *n. m. y f.* Persona que toma parte en

interludio

una conversación: *debes dejar hablar y escuchar a tus interlocutores.*
DER interlocución.

interludio *n. m.* MÚS. Composición musical corta que sirve de intermedio en la música instrumental: *abandonamos el concierto en uno de los interludios.*

intermediario, -ria *adj./n. m. y f.* **1** [persona] Que media entre dos o más partes para comerciar con unas mercancías que no ha producido: *la empresa intermediaria encarece el precio de venta del producto; todo comerciante por el que pasa una mercancía desde que sale del productor hasta llegar al consumidor es un intermediario.* **2** [persona] Que media entre dos o más partes para que lleguen a un acuerdo en un negocio o problema: *el grupo intermediario elegido por su imparcialidad consiguió resolver el conflicto entre las partes; le pidieron que hiciera de intermediario y negociara una solución del conflicto.* **SIN** mediador.

intermedio, -dia *adj.* **1** Que está entre dos o más puntos, en el espacio o en el tiempo: *quedaremos en un lugar intermedio entre tu casa y la mía.* **2** Que está entre los extremos de una escala: *el gris es un tono intermedio entre el blanco y el negro.* ◇ *n. m.* **3 intermedio** Período de tiempo que hay entre dos acciones o dos momentos: *a media mañana hicimos un intermedio para tomar un bocadillo.* **4** Período de tiempo durante el que se interrumpe un espectáculo o una competición deportiva: *durante los intermedios de este programa ponen mucha publicidad.* **SIN** descanso.
DER intermediar.

interminable *adj.* Que no se puede acabar o que así lo parece: *vivía tan lejos que el viaje fue interminable; cuando estuve en el hospital los días se me hacían interminables.*

interministerial *adj.* Que se refiere a varios ministerios o que los relaciona entre sí: *el presidente ha convocado una reunión interministerial.*

intermitencia *n. f.* Interrupción y continuación sucesivas a intervalos regulares: *el doctor diagnosticó la enfermedad debido a la intermitencia de la fiebre.*

intermitente *adj.* **1** Que se interrumpe y prosigue cada cierto tiempo: *llevamos toda la semana con lluvias intermitentes.* ◇ *n. m.* **2** Luz lateral de un vehículo que se enciende y apaga con periodicidad constante y frecuente para señalar un cambio de dirección o una avería: *enciende el intermitente derecho si vas a girar a la derecha.* ☞ motocicleta. **3** Dispositivo que enciende y apaga con periodicidad constante y frecuente una o varias luces: *los luminosos de estos comercios funcionan con intermitentes.*
DER intermitencia.

internacional *adj.* **1** De dos o más naciones o que tiene relación con ellas: *este congreso no es nacional, sino internacional; asiste gente de varios países.* ◇ *adj./n. com.* **2** [deportista] Que toma parte en competiciones en las que participan varias naciones: *los deportistas internacionales se cotizan más que los demás; si forma parte del equipo nacional en el próximo encuentro mundial será internacional.*
DER internacionalizar.

internacionalizar *v. tr.* Convertir en internacional lo que era de una sola nación: *al internacionalizar un puerto, éste queda sometido a la autoridad de varias naciones o de un organismo que las represente.*
OBS En su conjugación, la *z* se convierte en *c* delante de *e*.

internado *n. m.* **1** Conjunto de estudiantes internos de un centro educativo: *el internado quiere organizar una fiesta para fin de curso.* **2** Estado y régimen del estudiante interno en un centro educativo o de la persona interna en un centro sanitario o benéfico: *en sus años de internado echaba de menos a su familia.* **3** Edificio en el que viven los estudiantes internos de un centro educativo u otras personas internas: *los fines de semana salía del internado para ir a casa de sus padres.* ◇ *n. f.* **4** Acción individual de un jugador de fútbol u otro deporte que penetra en el campo contrario rápidamente. **SIN** colada.

internar *v. tr.* **1** Meter o dejar a una persona en un lugar, especialmente en una institución, para que permanezca en ella o para someterla a un tratamiento: *han internado al abuelo en una residencia de ancianos.* ◇ *v. tr./prnl.* **2** Trasladar o llevar al interior de un lugar: *el general internó a sus hombres en la zona enemiga; se internaron en el bosque y se perdieron.* ◇ *v. prnl.* **3 internarse** Profundizar en una materia o introducirse en la intimidad de una persona: *nos decidimos a internarnos en aquella rama de la medicina.*
DER internado, internamiento.

internista *n. com.* Médico especializado en el estudio y tratamiento de las enfermedades que afectan a los órganos internos del cuerpo humano.

interno, -na *adj.* **1** Que está o queda dentro: *alguna pieza de su mecanismo interno está estropeada.* **ANT** externo. **2** Del interior o que tiene relación con él: *medicina interna; un departamento de asuntos internos.* **3** Del país al que pertenece o que tiene relación con él: *la política interna le preocupa menos que los asuntos exteriores.* ◇ *adj./n. m. y f.* **4** [persona] Que vive en el mismo lugar en el que trabaja o estudia: *en casa hay una enfermera interna que atiende a la abuela durante la semana; los internos del colegio sólo vuelven a casa en vacaciones.* **ANT** externo. **5** [médico] Que realiza su especialización o sus prácticas en un hospital o en una cátedra: *el enfermo pensaba que un médico interno no podría curarle; el interno observó con atención la intervención del cirujano.* ◇ *n. m. y f.* **6** Persona que cumple condena en un establecimiento penitenciario: *varios internos del penal se han amotinado.*
DER internar, internista.

interparlamentario, -ria *adj.* Que se establece entre los parlamentos de distintos países: *los órganos legislativos han creado una comisión interparlamentaria.*

interpelación *n. f.* Exigencia de explicaciones sobre un asunto, especialmente si se hace con autoridad o con derecho: *nuestro diputado hizo una interpelación al gobierno sobre las últimas detenciones.*

interpelar *v. tr.* **1** Exigir explicaciones sobre un asunto, especialmente si se hace con autoridad o con derecho: *el fiscal interpeló al testigo.* **2** Plantear un diputado o un senador al gobierno o a la mesa una discusión ajena a los proyectos de ley y a las proposiciones: *el gobierno fue interpelado con dureza por la oposición sobre los últimos acontecimientos.*
DER interpelación.

interpolación *n. f.* Situación o colocación de una cosa entre otras, especialmente de palabras o fragmentos en un texto ajeno: *el texto presenta cinco interpolaciones de diferentes autores.*

interpolar *v. tr.* **1** Poner o colocar una cosa entre otras: *en medio del libro podemos interpolar algunas láminas.* **2** Introducir palabras o fragmentos en un texto ya terminado: *no conocemos quién interpoló este poema en el manuscrito.*
DER interpolación.

interponer *v. tr./prnl.* **1** Poner entre dos cosas o entre dos personas o grupos: *hemos interpuesto una mesa entre los dos muebles; se interpuso en su carrera.* ◇ *v. tr.* **2** DER. Formalizar un recurso mediante un escrito que se presenta ante el juez: *interponer una demanda de divorcio.*

DER interposición, interpuesto.
OBS Se conjuga como *poner*.

interposición *n. f.* **1** Colocación de una cosa o una persona en medio de otras dos: *la ONU ha decidido aprobar la interposición de sus tropas entre los dos bandos en conflicto.* **2** DER. Formalización de un recurso mediante un escrito que se presenta ante el juez: *la interposición del recurso de nulidad ha sido aceptada.*

interpretación *n. f.* **1** Explicación del significado de algo: *la discusión se basa en una interpretación diferente de la misma ley; ¿qué interpretación le darías tú a su negativa a asistir a la reunión?* **2** Representación de un papel o de un texto dramático: *su interpretación de Romeo y Julieta es una de las mejores que he visto.* **SIN** actuación. **3** Ejecución de una pieza musical o de un baile: *la soprano realizó una magnífica interpretación.* **SIN** actuación.

interpretar *v. tr.* **1** Explicar el significado de algo, especialmente un texto que está poco claro: *los juristas interpretan las leyes.* **2** Dar a una cosa un significado determinado: *no quiero que interpretes mal mis palabras; hay personas que saben interpretar los sueños.* **3** Representar un papel o un texto dramático: *no todos los actores se atreven a interpretar a Hamlet.* **4** Ejecutar una pieza musical o un baile: *las grandes orquestas interpretan a menudo las sinfonías de Beethoven.*

DER interpretación, interpretativo; malinterpretar.

intérprete *n. com.* **1** Persona que se dedica a traducir la conversación entre personas de lenguas diferentes: *en la ONU hay muchos intérpretes.* **2** Persona que se dedica a interpretar papeles o textos dramáticos: *no me gustó la obra de teatro porque los intérpretes actuaban muy mal.* **3** Persona que se dedica a interpretar piezas musicales o de baile: *además de intérprete, es autor de sus propias canciones.*

DER interpretar.

interpuesto, -ta *part.* Participio irregular de *interponer*.

interrogación *n. f.* **1** Pregunta que se hace para conocer una información: *el diputado de la oposición pedía respuestas a sus interrogaciones.* **2** Signo de ortografía que se pone al principio y al final de un enunciado interrogativo: *la interrogación se representa con los signos ¿?* **SIN** interrogante.

interrogante *n. amb.* **1** Pregunta que se hace para conocer una información: *le planteó una interrogante difícil y el pobre hombre no supo contestar.* Se usa con los artículos *el* o *la*, aunque la Real Academia Española prefiere *la interrogante*. **2** Cuestión que se desconoce o que sigue produciendo dudas: *la energía nuclear sigue planteando numerosas interrogantes; todavía es una interrogante si Cristóbal Colón era italiano o portugués.* Se usa con los artículos *el* o *la*, aunque la Real Academia Española prefiere *la interrogante*. ◊ *n. m.* **3** Signo de ortografía que se pone al principio y al final de un enunciado interrogativo. **SIN** interrogación.

interrogar *v. tr.* Hacer muchas preguntas para aclarar un hecho o sus circunstancias: *la policía interrogó al detenido sobre los hechos que se le imputaban; el abogado interrogó a las personas que fueron llamadas a declarar en el juicio.*

DER interrogación, interrogante, interrogativo, interrogatorio.
OBS En su conjugación, la g se convierte en gu delante de e.

interrogativo, -va *adj.* Que indica o expresa una pregunta: *¿quién ha venido? es una oración interrogativa; qué, cuál y quién son pronombres interrogativos.*

interrogatorio *n. m.* Serie de preguntas que la policía o un juez hace a una persona para aclarar un hecho o sus circunstancias: *la policía sometió al detenido a un interrogatorio para esclarecer los hechos; sala de interrogatorios.*

interrumpir *v. tr.* **1** Hacer que una cosa no pueda continuar: *ha tenido que interrumpir sus vacaciones y volver antes de lo previsto; un árbol caído está interrumpiendo el tráfico.* **2** Cortar una conversación porque se habla mientras otra persona está hablando: *es de mala educación interrumpir a quien está hablando.*

DER interrupción, interruptor; ininterrumpido.

interrupción *n. f.* Detenimiento de una cosa que se está realizando: *si un jugador se lesiona, se produce una interrupción del partido.*

interruptor *n. m.* Mecanismo que sirve para abrir o cerrar el paso de corriente eléctrica en un circuito: *pulsó el interruptor y apagó la luz.* **SIN** conmutador.

intersección *n. f.* Encuentro de dos líneas, dos superficies o dos sólidos que se cortan: *la intersección de dos líneas es un punto; la de dos superficies, una línea, y la de dos sólidos, una superficie; en la intersección de dos calles hay señales de tráfico que indican quién ha de ceder el paso.*

intersticio *n. m.* Espacio pequeño entre dos cuerpos o entre dos partes de un mismo cuerpo: *en el viejo muro crecían las plantas entre los intersticios que dejaban los ladrillos.*

interurbano, -na *adj.* [servicio] Que comunica poblaciones distintas: *un autobús interurbano; una llamada telefónica interurbana.*

intervalo *n. m.* **1** Espacio o distancia que hay entre dos momentos o entre dos puntos: *en los márgenes de algunas carreteras hay árboles separados por un intervalo de unos cuantos metros; nos vemos a intervalos regulares: generalmente, una vez al mes.* **2** Conjunto de valores entre dos límites determinados: *el intervalo entre 16 y 22 grados de temperatura es el más adecuado para estudiar.* **3** MÚS. Distancia de tono que existe entre dos notas de la escala natural: *entre la nota do y la nota re hay un intervalo de un tono.*

intervención *n. f.* **1** Participación en un asunto o situación: *gracias a su intervención hemos conseguido el crédito; la mayoría de la gente encuestada se ha manifestado contraria a una intervención militar.* **2** Operación quirúrgica: *la intervención ha sido un éxito.* **3** Control que una autoridad ejerce sobre la comunicación privada de alguien: *la policía ha solicitado al juez la intervención del teléfono del sospechoso.* **4** Apropiación por parte de una autoridad de una mercancía ilegal: *una intervención de un cargamento de tabaco de contrabando.*

DER intervencionismo.

intervencionismo *n. m.* **1** Tendencia política que defiende la intervención de un país en los asuntos internos de otro: *las grandes potencias practican el intervencionismo en los asuntos políticos y económicos de los países subdesarrollados.* **2** Sistema económico que defiende la intervención del Estado en la economía del país: *en el intervencionismo el Estado se hace cargo de actividades de iniciativa privada.* **ANT** liberalismo.

DER intervencionista.

intervencionista *adj.* **1** Del intervencionismo o que tiene relación con él: *el presidente ha decidido concentrarse en la política de su país y jugar un papel menos intervencionista en los asuntos extranjeros; el nuevo gobierno tiene una política económica intervencionista y está decidido a reducir el desempleo en un 50 %.* ◊ *adj./n. com.* **2** [persona] Que es partidario del intervencionismo: *los intervencionistas contaron con el apoyo del gobierno.*

intervenir *v. intr.* **1** Tomar parte en un asunto o situación: *en una película interviene mucha gente; no me gustaría tener que intervenir en una disputa familiar; el presidente aseguró que su país no intervendría en el conflicto.* ◊ *v. tr.* **2** MED.

interventor

Operar quirúrgicamente: *el parte médico informa que el paciente ha sido intervenido y que la operación ha sido un éxito*. **3** Controlar una autoridad la comunicación privada de alguien: *la policía necesita una orden judicial para poder intervenir el teléfono de una persona*. **4** Apoderarse una autoridad de una mercancía ilegal: *la policía ha intervenido un cargamento de cocaína*.
DER intervención, interventor.
OBS Se conjuga como *venir*.

interventor, -ra *n. m. y f.* **2** Persona que interviene en un asunto vigilando que se haga bien y que se cumplan las normas: *en las votaciones hay interventores de los partidos políticos para vigilar que se realizan con legalidad; los revisores de tren son interventores*.

interviú *n. amb.* Entrevista que hace un medio de comunicación: *la periodista hizo una interviú al cantante durante su gira por España*.
OBS Es de origen inglés. ◇ La Real Academia Española admite *interviú*, pero prefiere la forma *entrevista*. ◇ Se usa más como femenino. ◇ El plural es *interviús*.

intestinal *adj.* Del intestino o que tiene relación con este conducto: *la flora intestinal es el conjunto de bacterias que acaban de transformar los restos de la digestión que llegan al intestino*.
DER gastrointestinal.

intestino, -na *adj.* **1** [oposición, lucha] Que está o se produce en el interior: *las luchas intestinas por el poder desmembraron el partido*. ◇ *n. m.* **2** Conducto membranoso que forma parte del aparato digestivo y que va del estómago hasta el ano: *el intestino humano tiene varios metros de longitud y está plegado en varias vueltas*. Se usa también el plural *intestinos*. **intestino delgado** Parte menos ancha y más larga de este conducto que comienza en el estómago y acaba en el intestino grueso: *en el intestino delgado hay jugos que ayudan a realizar la digestión; el intestino delgado se divide en tres partes: duodeno, yeyuno e íleon*. ☞ digestivo, aparato. **intestino grueso** Parte más ancha y menos larga de este conducto que comienza en el intestino delgado y termina en el ano: *el intestino grueso se divide en tres partes: ciego, colon y recto*. ☞ digestivo, aparato.
DER intestinal.

intimar *v. intr.* Establecer una amistad íntima: *desde que trabajan juntos han intimado mucho y se han hecho grandes amigos*.

intimidación *n. f.* Provocación o inspiración de miedo: *el robo con intimidación se realiza bajo amenazas y coacciones*.

intimidad *n. f.* **1** Amistad muy estrecha o íntima: *se conocen hace poco tiempo, pero se tratan con gran intimidad*. **2** Parcela privada de la vida de una persona: *los periodistas no respetan la intimidad de los famosos*. **3** Carácter privado o reservado: *celebramos la boda en la intimidad: sólo asistieron la familia y los amigos más allegados*. ◇ *n. f. pl.* **4 intimidades** Asuntos o sentimientos de la vida privada de una persona: *yo sólo cuento mis intimidades a mis amigos*. **5** Órganos sexuales externos de una persona.
DER intimidación.

intimidar *v. tr.* Causar miedo: *un perro grande que ladra y enseña los dientes nos intimida*. **SIN** asustar, atemorizar.

intimismo *n. m.* Tendencia artística en la que se da mucha importancia a los temas privados y personales: *no me gustan los escritores que practican el intimismo, prefiero los que se ocupan de temas sociales*.
DER intimista.

intimista *adj.* Que expresa sentimientos íntimos o representa temas de la vida familiar: *es una novela intimista en la que el autor expresa sus sentimientos e inquietudes; en un cuadro intimista se representan escenas familiares*.

íntimo, -ma *adj.* **1** Que es privado, reservado o profundo: *todos tenemos pensamientos íntimos que nadie conoce; a una boda íntima sólo asisten los familiares y los amigos más allegados; la atmósfera de este restaurante es muy íntima y adecuada para una cena romántica*. ◇ *adj./n. m. y f.* **2** [amigo] Que es de mucha confianza: *sólo se lo conté a una amiga íntima; a la boda sólo asistieron los íntimos*.
DER íntimamente, intimar, intimidad, intimidar, intimismo.

intocable *adj.* Que no se puede tocar: *sus principios morales son intocables; los cuadros del museo son intocables*.

intolerable *adj.* Que no se puede o no se debe admitir o tolerar: *las imprudencias de algunos conductores son intolerables*.

intolerancia *n. f.* **1** Incapacidad de aceptar las opiniones o ideas de los demás que no coinciden con las propias: *muchas comunidades han sufrido la intolerancia religiosa y racial*. **ANT** tolerancia. **2** Incapacidad para tolerar o resistir, especialmente alimentos o medicamentos: *la intolerancia a la penicilina complicaba el tratamiento*. **ANT** tolerancia.

intolerante *adj./n. com.* Que es incapaz de aceptar las opiniones o ideas de los demás si no coinciden con las propias: *es muy difícil convivir con los intolerantes; es demasiado intolerante para trabajar bien con otras personas*. **ANT** tolerante.
DER intolerable, intolerancia.

intoxicación *n. f.* Enfermedad causada por un veneno o por una sustancia tóxica o en mal estado: *podemos tener una intoxicación si comemos setas que no son comestibles*. **ANT** desintoxicación.

intoxicar *v. tr./prnl.* **1** Causar daño en el organismo con un veneno o con una sustancia tóxica o en mal estado: *la mayonesa intoxicó a veinte personas; se intoxicó con lejía*. **ANT** desintoxicar. ◇ *v. tr.* **2** Dar una información manipulada o falsa para crear un estado de opinión propicio para un fin: *publicaron la noticia para intoxicar a la opinión pública*.
DER intoxicación.
OBS En su conjugación, la *c* se convierte en *qu* delante de *e*.

intra- Prefijo que entra en la formación de palabras con el significado de 'dentro de', 'en el interior': *intramuscular*.

intradós *n. m.* Superficie cóncava o interior de un arco o de una bóveda. ☞ arco.
OBS El plural es *intradoses*.

intraducible *adj.* Que no se puede traducir o que es muy difícil de traducir: *esa frase es intraducible al español*.

intramuscular *adj.* Que está o se pone directamente en el interior de un músculo: *le pusieron una inyección intramuscular en la nalga*.

intranquilidad *n. f.* Estado de agitación, preocupación o nervios: *no tiene trabajo fijo y vive siempre con mucha intranquilidad*.

intranquilizar *v. tr./prnl.* Producir un estado de agitación, preocupación o nervios: *la falta de noticias nos intranquilizó; me intranquilizo fácilmente cuando se retrasa*. **ANT** tranquilizar.
OBS En su conjugación, la *z* se convierte en *c* delante de *e*.

intranquilo, -la *adj.* Que tiene agitación, preocupación o nervios: *como no has llamado, estaba intranquila*. **ANT** tranquilo.
DER intranquilidad, intranquilizar.

intransferible *adj.* Que no se puede dar o transferir a otra persona: *el Documento Nacional de Identidad es personal e intransferible*.

intransigencia *n. f.* Incapacidad para cambiar las opiniones o ideas o para ser persuadido de algo: *se achaca la ruptura de las negociaciones a la intransigencia de las partes en conflicto*.
DER intransigente.

intransigente *adj.* Que es incapaz de cambiar sus opiniones o ideas o de ser persuadido de algo: *un portavoz ha manifestado que las negociaciones tendrán poco futuro si las partes en conflicto siguen manteniendo una posición tan intransigente*.

intransitable *adj.* [lugar] Que no se puede pasar a través de él: *la carretera ha quedado intransitable a causa de las últimas lluvias*.

intransitivo, -va *adj./n. m. y f.* GRAM. [oración, verbo] Que se construye sin objeto directo: *el verbo crecer es intransitivo; la oración las plantas crecen de prisa es intransitiva*. **ANT** transitivo.

intrascendencia *n. f.* Trivialidad o carencia de importancia: *la intrascendencia de las películas de aventuras*. **ANT** trascendencia.

intrascendente *adj.* Que es trivial o carece de importancia: *no vamos a discutir por cosas intrascendentes*.
DER intrascendencia.

intratable *adj.* **1** Que no se puede tratar o que es muy difícil de tratar: *es un problema intratable, no sé cómo afrontarlo*. **2** [persona] Que tiene mal genio o que es muy difícil de tratar: *hoy estás intratable: ¿por qué tienes tan mal humor?*

intravenoso, -sa *adj.* Que está o se pone directamente en el interior de una vena: *estamos alimentando al enfermo por vía intravenosa*.

intrepidez *n. f.* Valor o determinación de la persona que no teme el peligro: *la intrepidez le ayudó a superar los obstáculos y llegar a la cima*. **SIN** arrojo.

intrépido, -da *adj.* Que es valiente, decidido y no teme el peligro: *los primeros descubridores de América eran muy intrépidos*. **SIN** arrojado.
DER intrepidez.

intriga *n. f.* **1** Acción o plan, generalmente malintencionado, preparado en secreto y con astucia para conseguir un fin: *con sus intrigas y enredos consiguió ser nombrado para el cargo*. **SIN** maquinación, trama. **2** Sentimiento o sensación de intranquilidad que produce la espera o el interés por conocer una cosa: *es una película de intriga: el asesino no se descubre hasta el final*. **SIN** suspense.

intrigante *adj./n. com.* [persona] Que intriga o que participa en una intriga: *si no fueras tan intrigante, confiaría más en ti; descubrimos al intrigante porque no disimulaba en absoluto sus propósitos*.

intrigar *v. intr.* **1** Actuar con astucia y en secreto para conseguir un fin: *déjate de intrigar contra tus compañeros y trabaja con honradez*. **SIN** maquinar, tramar. ◇ *v. tr.* **2** Excitar la curiosidad o el interés de alguien: *con tantos misterios has conseguido intrigarme*.

intrincado, -da *adj.* [asunto] Que es complicado o confuso: *este asunto tan intrincado es muy difícil de resolver*.

intrincar *v. tr./prnl.* Complicar y dificultar la solución o la comprensión de un asunto: *el asunto se está intrincando cada vez más*.
DER intrincado.
ETIM *Intrincar* procede del latín *intricare*, 'enredar', voz con la que también está relacionada *intrigar*.
OBS En su conjugación, la *c* se convierte en *qu* delante de *e*.

intrínseco, -ca *adj.* Que es propio o característico de una cosa por sí misma y no por causas exteriores: *la blancura es una característica intrínseca de la nieve*. **ANT** extrínseco.

introducción *n. f.* **1** Colocación en el interior de algo: *la policía vigila la introducción de droga en el país*. **2** Aparición de algo que no había o de algo nuevo: *la introducción de un nuevo producto en el mercado necesita ser planeada cuidadosamente*. **3** Todo aquello que se hace, se escribe o se dice al comienzo de un escrito, un discurso o una obra musical: *en la introducción del libro aparece una información muy útil acerca de cómo debe utilizarse; la sinfonía tiene una introducción un poco larga*. **4** Preparación para un estudio: *este texto es una buena introducción a la astronomía*.

introducir *v. tr./prnl.* **1** Hacer que una persona o cosa entre dentro de un lugar: *para abrir una puerta hemos de introducir la llave en la cerradura; se introdujeron en el coche*. **2** Hacer que una persona entre a formar parte de una sociedad o comunidad: *lo introdujo en la alta sociedad; se ha introducido en el ambiente del club y ya tiene muchos amigos*. **3** Poner en uso algo nuevo o que no se conocía: *no se sabe exactamente cuándo se introdujo la patata en Europa, pero probablemente fue alrededor de 1565; introdujeron un nuevo sistema de trabajo*.
DER introducción, introductor.
OBS En su conjugación, la *c* se convierte en *zc* delante de *a*, *o* y *o* y el pretérito indefinido es irregular, como en *conducir*.
◇ Es incorrecta la forma *introduciste* por *introdujiste*.

introductor, -ra *adj./n. m. y f.* Que introduce: *este diseñador fue el introductor del estilo italiano en la moda española*.
DER introductorio.

introductorio, -ria *adj.* Que sirve para introducir: *tu trabajo debe incluir un capítulo introductorio que explique los objetivos de tu investigación; antes de empezar la conferencia, me gustaría decir algunas palabras introductorias*.

intromisión *n. f.* Intervención de una persona en asuntos ajenos o en cuestiones que no son de su incumbencia: *la intromisión de un país en la política de otro origina muchos conflictos*. **SIN** injerencia.

introspección *n. f.* Observación y examen que una persona hace de sus propias ideas, pensamientos y sentimientos: *su derrota en el campeonato del mundo le condujo a un largo período de introspección*.
DER introspectivo.

introspectivo, -va *adj.* De la introspección o que tiene relación con ella: *el psiquiatra ayuda a sus pacientes a hacer un análisis introspectivo para conocer e intentar solucionar los conflictos que padece*.

introvertido, -da *adj./n. m. y f.* [persona] Que tiende a encerrarse en sí mismo y tiene dificultades para expresar su mundo interior: *las personas introvertidas suelen ser muy tímidas; los introvertidos no suelen hablar de sus sentimientos*.
SIN cerrado. **ANT** extrovertido.

intrusión *n. f.* Intervención en un asunto sin tener derecho o autorización para ello: *esta famosa cantante no permite ninguna intrusión en su vida privada*.

intruso, -sa *adj./n. m. y f.* [persona] Que se ha introducido en un lugar sin derecho o autorización: *en una fiesta, una persona que no ha sido convidada es una intrusa*.
DER intrusión.

intubar *v. tr.* MED. Introducir un tubo en un conducto del organismo, especialmente en la tráquea para permitir la entrada de aire en los pulmones: *tuvieron que intubarle porque no podía respirar*.

intuición *n. f.* **1** Habilidad para comprender algo rápidamente sin pensar sobre ello o estudiarlo: *siempre se dice que*

las mujeres tienen más intuición que los hombres. **2** Conocimiento inmediato de una realidad o una idea sin la intervención del pensamiento o la razón: *no puedo explicar cómo lo sabía, sólo sé que tuve la intuición de que estabas metido en problemas.*
DER intuicionismo.

intuir *v. tr.* Conocer o comprender de manera inmediata una realidad o una idea sin la intervención del pensamiento o la razón: *no me has dicho nada, pero intuyo que estás preocupado por algo.*
DER intuición, intuitivo.
OBS En su conjugación, la *i* se convierte en *y* delante de *a*, *e* y *o*, como en *huir*.

intuitivo, -va *adj.* **1** De la intuición o que tiene relación con ella: *la mayoría de la gente tiene un conocimiento intuitivo del bien y del mal.* **2** [persona] Que usa más la intuición que el razonamiento: *es muy intuitiva y se guía por sus primeras impresiones.*

inundación *n. f.* **1** Cubrimiento de un lugar con agua: *las lluvias torrenciales producen graves inundaciones.* **2** Abundancia excesiva de algo: *hemos recibido una inundación de felicitaciones.*

inundar *v. tr./prnl.* **1** Cubrir el agua un lugar: *el río se ha desbordado y ha inundado los campos vecinos; durante las últimas lluvias se nos inundó el garaje.* **SIN** anegar. **2** Llenar un lugar: *los turistas inundan en verano las costas españolas; el primer día de rebajas, los grandes almacenes se inundan de gente.*
DER inundación.
ETIM Véase *onda*.

inusitado, -da *adj.* Que es muy particular o poco frecuente: *me recibió con una frialdad inusitada, no suele tratarme así.* **SIN** inaudito, insólito, inusual.

inusual *adj.* Inusitado.

inútil *adj.* **1** Que no sirve para nada: *es inútil que llores, no vas a conseguirlo.* **SIN** inane. **ANT** útil. ◇ *adj./n. com.* **2** [persona] Que no puede trabajar o moverse por impedimento físico: *tuvo un accidente de automóvil y se quedó inútil.* **3** [persona] Que hace mal una cosa que es fácil: *es un inútil: sólo tiene que copiar lo que le dan escrito y encima se equivoca.*
DER inutilidad, inutilizar, inútilmente.

inutilidad *n. f.* Cualidad de inútil: *se dio cuenta tarde de la inutilidad de su esfuerzo, estaba agotado y no había conseguido nada.* **ANT** utilidad.

inutilizable *adj.* Que no se puede usar o que no sirve: *el coche ha quedado inutilizable después de la avería y tendremos que comprar otro.*

inutilizar *v. tr./prnl.* Hacer que una cosa no se pueda utilizar para lo que estaba previsto: *la descarga eléctrica de la tormenta inutilizó el alumbrado de la ciudad.*
DER inutilizable.
OBS En su conjugación, la *z* se convierte en *c* delante de *e*.

invadir *v. tr.* **1** Entrar por la fuerza en un lugar para ocuparlo: *tropas concentradas en la frontera esperan la orden para invadir el país vecino.* **2** Llenar un lugar una cosa que resulta perjudicial o molesta: *una plaga de langostas invadió los campos y destrozó los cultivos.* **3** Introducirse sin derecho: *algunos periodistas son acusados de invadir la intimidad de los famosos.* **4** Apoderarse un estado de ánimo de una persona dominándola por completo: *los domingos me invade la tristeza.*
DER invasión, invasor.

invalidar *v. tr.* Quitar la validez o dejar sin efecto una cosa: *yo reconozco la necesidad de la industrialización, pero eso no invalida mi argumento de que hay que proteger el medio ambiente.*

invalidez *n. f.* Incapacidad de una persona para realizar determinadas actividades debido a una deficiencia física o psíquica: *se quedó incapacitado por un accidente laboral y ahora cobra un subsidio por invalidez.*

inválido, -da *adj./n. m. y f.* **1** [persona] Que tiene una deficiencia física o psíquica que le impide realizar ciertas actividades: *cuidó de su madre inválida durante muchos años; a causa de un accidente se convirtió en un inválido.* ◇ *adj.* **2** [argumento] Que no es correcto por no estar bien pensado o por no reunir las condiciones que exigen las leyes: *tu línea de razonamiento es inválida en algunos puntos; declararon el acuerdo inválido.*
DER invalidar, invalidez.

invariable *adj.* **1** Que no cambia o varía: *el menú es invariable, pero la comida está siempre buena.* **2** GRAM. [palabra] Que no tiene diferentes formas según el género, el número, el modo, el tiempo o la persona: *las preposiciones, los adverbios, las conjunciones y las interjecciones son invariables; el adjetivo azul es invariable en género:* cielo azul, camisa azul.

invasión *n. f.* **1** Entrada en un lugar por la fuerza para ocuparlo: *durante la Segunda Guerra Mundial, la invasión de Francia por los aliados se hizo a través de Normandía.* **2** Ocupación total de un lugar por algo que resulta perjudicial o molesto: *esta playa tan tranquila padece cada año la invasión de los turistas.*

invasor, -ra *adj./n. m. y f.* Que invade: *el ejército invasor se apoderó de los puntos estratégicos del país; los invasores asolaron la ciudad.*

invectiva *n. f.* Discurso o escrito crítico y violento contra personas o cosas: *los periódicos continúan lanzando invectivas contra el gobierno.*

invencible *adj.* Que no se puede vencer: *Felipe II creía que su armada era invencible.*

invención *n. f.* **1** Creación o diseño de una cosa nueva o que no se conocía: *en cuanto a la cocina, su poder de invención es sorprendente.* **SIN** invento. **2** Cosa inventada: *invenciones como la radio y el lavaplatos significaron la entrada de las comunicaciones y la automatización en los hogares.* **SIN** invento. **3** Creación de una historia o una excusa que no es verdadera para engañar a alguien: *ten cuidado con lo que te crees: su capacidad de invención es bien conocida.* **4** Hecho o dicho falso o que engaña: *mi viaje al extranjero fue una invención para estar a solas con mi familia: pasamos las vacaciones en casa.* **SIN** mentira.

inventar *v. tr.* **1** Crear o diseñar una cosa nueva o no conocida: *la primera cuchilla de afeitar fue inventada por el fundador de la compañía King C. Gillette en 1903; la imprenta se inventó en el siglo XV.* ◇ *v. tr./prnl.* **2** Crear una historia o una excusa que no es verdadera para engañar a alguien: *no tiene credibilidad porque siempre anda inventando historias; yo no me he inventado la historia, todo lo que te dije es cierto.*
DER invención, inventario, inventivo, invento, inventor.

inventariar *v. tr.* Hacer inventario: *inventarió el contenido de la casa antes de alquilarla.*
OBS En su conjugación, la *i* se acentúa en algunos tiempos y personas, como en *desviar*.

inventario *n. m.* **1** Lista ordenada de los bienes y demás cosas que pertenecen a una persona, a una empresa o a una asociación: *algunas tiendas cuando hacen inventario tienen que cerrar durante varios días para contabilizarlo todo.* **2** Libro o documento en el que está escrita esta lista.
DER inventariar.

inventiva *n. f.* Capacidad y facilidad para inventar o crear: *para ser novelista hay que tener mucha inventiva.* **SIN** creatividad.

invento n. m. **1** Creación o diseño de una cosa nueva o que no se conocía: *el invento del ordenador portátil tuvo una aceptación masiva e inmediata*. **SIN** invención. **2** Cosa inventada: *la máquina de vapor fue un gran invento que revolucionó los sistemas de producción*. **SIN** invención.

inventor, -ra adj./n. m. y f. Que inventa o se dedica a inventar: *Graham Bell fue el inventor del teléfono*.

invernadero n. m. Lugar acondicionado para mantener una temperatura regular y en el que se cultivan plantas fuera de su ámbito natural: *cría tomates en el invernadero*.
efecto invernadero Aumento de la cantidad de dióxido de carbono y otros gases en la atmósfera que se cree que es la causa del calentamiento gradual de la superficie de la Tierra.

invernal adj. Del invierno o que tiene relación con esta estación del año: *en el polo siempre hace un frío invernal*.
ETIM *Invernal* procede del latín *hibernalis*, que tenía el mismo significado, voz con la que también está relacionada *hibernal*.

invernar v. intr. Pasar el invierno en cierto lugar: *al final del otoño, las aves llegan a la laguna a invernar*.
DER invernadero.
ETIM *Invernar* procede del latín *hibernari*, que tenía el mismo significado, voz con la que también está relacionada *hibernar*.
OBS En su conjugación, la e se convierte en *ie* en sílaba acentuada, como en *acertar*.

inverosímil adj. Que es muy difícil de creer y no parece verdadero: *tu historia es completamente inverosímil: deberías buscar un argumento más creíble*. **SIN** increíble. **ANT** creíble, verosímil.

inversión n. f. **1** Cambio del orden, la dirección o la posición de algo por sus opuestos: *en inglés, en las oraciones interrogativas se produce una inversión del orden sujeto-verbo en verbo-sujeto, que no se da en español*. **2** Empleo de una cantidad de dinero en una cosa para conseguir ganancias: *las inversiones más seguras son las de las empresas públicas; la compra de la vivienda es una inversión porque su valor crece con el tiempo*. **3** Empleo de tiempo o esfuerzo: *la preparación de los exámenes exige una gran inversión de tiempo y esfuerzo*.
DER inversionista, inversor.

inversionista adj./n. com. [persona] Que invierte una cantidad de dinero para conseguir ganancias: *los inversionistas deben conocer la situación económica*. **SIN** inversor.

inverso, -sa adj. Que es opuesto o contrario en el orden, la dirección o el sentido: *en una carretera, los coches que vienen de frente van en dirección inversa a la nuestra*.
a la inversa De forma totalmente opuesta: *a la inversa de lo que acordamos, hoy no celebraremos la reunión*. **SIN** al contrario.

inversor, -ra adj./n. m. y f. Que invierte una cantidad de dinero para conseguir ganancias: *busco un socio inversor para ampliar la empresa; los inversores esperan que el mercado mejore para recuperar algo de lo que perdieron el último año*. **SIN** inversionista.

invertebrado, -da adj./n. m. y f. [animal] Que no tiene columna vertebral: *los insectos son invertebrados; el cuerpo de los invertebrados suele estar estructurado en distintos segmentos*. **ANT** vertebrado. ◊ n. m. pl. **invertebrados** Tipo de estos animales en la antigua clasificación zoológica.

invertido adj./n. m. [hombre] Que siente atracción sexual por individuos de su mismo sexo. **SIN** homosexual.
OBS Su uso tiene un matiz despectivo.

invertir v. tr. **1** Cambiar el orden, la dirección o la posición de algo por sus opuestos: *si quieres que funcione el reloj de arena, tienes que invertirlo; si invertimos 3 + 4, obtenemos 4 + 3*. **2** Emplear una cantidad de dinero en una cosa para conseguir ganancias: *he invertido la mitad de mis bienes en acciones; es un buen momento para invertir en esta empresa*. **SIN** colocar. **3** Dedicar tiempo o esfuerzo: *invirtió muchos años de su vida en formarse y se convirtió en un buen ingeniero*.
DER inversión, invertido, inverso.
OBS En su conjugación, la e se convierte en *ie* en sílaba acentuada o en *i* en algunos tiempos y personas, como en *hervir*.

investidura n. f. Acto por el que se concede un cargo importante o un honor: *mañana es la ceremonia de investidura del nuevo presidente del gobierno*.

investigación n. f. Hecho de investigar: *los países dedican mucho dinero a la investigación; tras una larga investigación, la policía dio con el culpable*.

investigador, -ra adj./n. m. y f. [persona] Que investiga: *se celebra en Salamanca un congreso de jóvenes investigadores; contrató a un investigador privado para descubrir el paradero de la joven desaparecida*.

investigar v. tr. **1** Tratar de llegar a saber o conocer una cosa examinando atentamente todos los detalles o preguntando: *un detective privado investiga la vida privada del empresario*. **SIN** indagar. **2** Estudiar y experimentar una materia o ciencia para aumentar los conocimientos sobre ella: *los científicos investigan los fenómenos naturales*.
DER investigación, investigador.
ETIM Véase *vestigio*.
OBS En su conjugación, la g se convierte en *gu* delante de e.

investir v. tr. Dar un cargo importante o de honor: *el rey lo invistió con el cargo de canciller*.
DER investidura.
OBS En su conjugación, la e se convierte en *i* en algunos tiempos y personas, como en *servir*.

inveterado, -da adj. Muy antiguo o arraigado: *una costumbre inveterada; en política internacional, enemigos inveterados pueden ser aliados de la noche a la mañana*.

inviable adj. **1** Que no puede ocurrir o realizarse: *el proyecto de trabajo que has planteado es inviable porque exige mucho más tiempo del que disponemos*. **SIN** impracticable. **ANT** viable. **2** [camino] Que está en muy malas condiciones y no es posible andar, circular o practicar en él una actividad o trabajo: *la carretera que va a mi pueblo es inviable*. **SIN** impracticable. **ANT** viable.

invicto, -ta adj./n. m. y f. Que no ha sido vencido: *el equipo permanece invicto después de siete jornadas de liga*.
ETIM Véase *vencer*.

invidente adj./n. com. Que está privado de la vista: *ayudó a un invidente a cruzar la calle*. **SIN** ciego. **ANT** vidente.

invierno n. m. Estación del año comprendida entre el otoño y la primavera: *en el hemisferio norte, el invierno se sitúa aproximadamente entre el 21 de diciembre y el 21 de marzo; en invierno los días son más cortos que las noches*.
DER invernal, invernar.

inviolabilidad n. f. Calidad de inviolable: *un principio básico es la inviolabilidad de las fronteras nacionales*.

inviolable adj. Que no se debe o no se puede violar, dañar o poner en duda: *cada persona tiene el derecho inviolable a ser protegido por un sistema legal; ambas comunidades consideran inviolable su derecho a venerar este lugar sagrado*.
DER inviolabilidad.

invisible adj. Que no se puede ver: *no hay personas invisibles*. **ANT** visible.

invitación n. f. **1** Petición que se hace a una persona de que participe en un acontecimiento o una celebración: *gracias por tu invitación a tu fiesta de cumpleaños; estoy encan-*

invitado

tado de aceptar tu invitación. **2** Pago de lo que otra persona consume: *no puedo aceptar otra vez tu invitación, hoy deja que pague yo.* **3** Incitación a hacer algo: *dejar la casa abierta es una invitación a los ladrones.* **4** Tarjeta o carta con que se invita: *Pedro nos invitó a su boda la semana pasada, y hoy hemos recibido la invitación.*

invitado, -da *n. m. y f.* Persona que ha sido invitada: *en la boda había cuatrocientos invitados.*

invitar *v. tr.* **1** Pedir a una persona que participe en un acontecimiento o una celebración: *te invito a comer en mi casa; nos han invitado a la boda, así que tendremos que hacerle un regalo.* **SIN** convidar. **2** Pagar lo que otra persona consume: *me invitó a una copa.* **SIN** convidar. **3** Pedir a una persona que haga una cosa, especialmente cuando se pide con firmeza y educación: *el guía nos invitó cortésmente a guardar silencio.* ◊ *v. intr.* **4** Incitar, animar o convencer a una persona para que haga una cosa: *esta música invita a bailar.* **SIN** convidar, incitar, espolear.
DER invitación, invitado.
ETIM *Invitar* procede del latín *invitare*, que tenía el mismo significado, voz con la que también está relacionada *envite*.

invocación *n. f.* Apelación que se hace a un poder superior, especialmente una ley o a Dios, como ayuda o defensa en una mala situación: *los hombres de esta tribu hacen invocaciones para pedir buen tiempo y una buena cosecha.*

invocar *v. tr.* Apelar a un poder superior, especialmente una ley o a Dios, como ayuda o defensa en una mala situación: *en la película, el protagonista invocó la Quinta Enmienda, que afirma que un testigo no puede testificar contra sí mismo, y se negó a hablar; invocar la moralidad en esta ocasión no sería apropiado; esta danza sagrada se baila para invocar a los antiguos dioses.*
DER invocación.
ETIM Véase *voz*.
OBS En su conjugación, la *c* se convierte en *qu* delante de *e*.

involución *n. f.* Retroceso en la marcha o evolución de un proceso: *en un país con un incipiente gobierno democrático se produce una involución política cuando hay un golpe de estado.*
ANT evolución.
DER involucionar, involucionismo.

involucrar *v. tr./prnl.* Hacer participar a alguien en un asunto comprometiéndole en él: *los estafadores involucran a mucha gente inocente en sus negocios sucios; sin querer, me he involucrado en un negocio que no me gusta nada y no sé cómo salir de él.*

involuntario, -ria *adj.* Que no se hace de manera voluntaria: *un golpe rápido en la rodilla generalmente causa un movimiento involuntario de la pierna.* **ANT** voluntario.

involutivo, -va *adj.* De la involución o que tiene relación con ella: *el enfermo sufre un proceso involutivo y ha sido ingresado en cuidados intensivos.*

invulnerable *adj.* **1** Que no puede ser dañado o herido: *el búnker es virtualmente invulnerable incluso a un ataque nuclear; Superman es invulnerable.* **ANT** vulnerable. **2** Que no resulta afectado por lo que se hace o dice contra él: *es invulnerable: ha recibido muchas críticas y se mantiene tan firme como al principio.* **ANT** vulnerable.

inyección *n. f.* **1** Introducción a presión de una sustancia, especialmente de un gas o un líquido, en el interior de un cuerpo: *algunos diabéticos necesitan inyecciones diarias de insulina; en los motores de inyección se introduce a presión el combustible en el cilindro.* **2** Sustancia que se inyecta: *el médico me ha recetado unas inyecciones para curar la gripe.* **3** Aportación que puede servir de estímulo: *una beca es una inyección para la debilitada economía de un alumno.*

inyectable *adj./n. m.* [medicina] Que se introduce en un cuerpo vivo por medio de una inyección: *le han recetado unos inyectables para curarle la bronquitis.*

inyectar *v. tr./prnl.* **1** Introducir un gas o un líquido a presión en el interior de un cuerpo: *el doctor le inyectó la anestesia antes de la intervención; algunos diabéticos deben inyectarse insulina una vez al día.* ◊ *v. tr.* **2** Aportar algo que puede servir de estímulo: *si queremos que la empresa sobreviva, tendremos que inyectarle grandes cantidades de dinero.*
DER inyección, inyectable, inyector.

inyector *n. m.* Dispositivo que permite introducir a presión un líquido o un gas en una cavidad: *los motores de inyección llevan un inyector.*

-ío, -ía Sufijo que entra en la formación de adjetivos para denotar: *a)* 'Valor intensivo': *bravío, sombrío. b)* 'Relación o pertenencia': *cabrío, labrantío. c)* En los sustantivos, 'conjunto': *gentío, caserío.*

ion *n. m.* En la electrólisis, sustancia que aparece, cada una en un polo, como resultado de la descomposición del electrólito: *el ion que aparece en el cátodo se llama catión, y el que aparece en el ánodo, anión.*
DER ionizar.
OBS El plural es *iones*.

ionizar *v. tr./prnl.* QUÍM. Convertir los átomos de un compuesto en átomos cargados eléctricamente: *el rayo se produce al ionizarse las nubes.* **SIN** electrizar.
DER ionización.
OBS En su conjugación, la *z* se convierte en *c* delante de *e*.

ionosfera *n. f.* Capa de la atmósfera terrestre situada entre los 80 y los 600 kilómetros de altura, que se caracteriza por la abundancia de iones.

iota *n. f.* Novena letra del alfabeto griego clásico equivalente a la *i* del español.

ípsilon *n. f.* Vigésima letra del alfabeto griego clásico equivalente a la *u* del francés.

ipso facto Expresión latina que se usa para indicar que una cosa se hace inmediatamente, en seguida: *ve ipso facto a la nevera y tráeme hielo.*

ir *v. intr./prnl.* **1** Dirigirse a un lugar o moverse de un sitio a otro: *fuimos a Madrid en tren; nos vamos a Bilbao esta tarde.* ◊ *v. intr.* **2** Asistir a un lugar: *no puedo ir a la fiesta; ¿irás a la conferencia?* **3** Funcionar o marchar: *el ascensor no va.* **4** Actuar o desenvolverse: *¿cómo te va en el nuevo trabajo?* **5** Vestir, llevar puesto: *en el colegio siempre tengo que ir con falda.* **6** Convenir, combinar o armonizar: *el verde te va mucho, te sienta muy bien; el rojo no va muy bien con el verde.* **7** Importar, gustar o concernir: *a mí ni me va ni me viene; eso va por ti también.* **8** Existir diferencia entre dos términos que se comparan: *de 2 a 8 van cuatro.* **9** Extenderse desde un punto a otro: *el capítulo tercero va desde la página 90 hasta la 130.* ◊ *v. prnl.* **10** *irse* Abandonar un lugar, marcharse: *no aguanto más en este trabajo, me voy.* **11** Desaparecer o borrarse: *al lavarlo, se me ha ido la mancha que tenía en el pantalón.* **12** Morirse: *durante la operación, pensé que me iba, pero conseguí superar el diagnóstico.* **13** Gastarse o consumirse: *el dinero se me va de las manos sin darme cuenta.*
a eso iba (o **voy**) Expresión que se usa para indicar que se tiene intención de hablar de un tema: *—¿Y no me cuentas nada de lo que te han ofrecido en la reunión? —A eso iba.*
el no va más Lo mejor que puede existir: *se ha comprado un coche que es el no va más.*
estar ido Haber perdido el juicio: *desde que sufrió el accidente está un poco ido.*

ir + *gerundio* Indica que la acción que se expresa se está realizando: *el enfermo va mejorando poco a poco*.
ir a + *infinitivo* Indica intención de realizar la acción que se expresa o inicio de ésta: *iba a decirte que sería mejor que no la llamaras; creo que va a llover; ten cuidado, vas a caerte*.
ir y + *verbo* Indica que la acción que se expresa ocurre de pronto o no se espera: *como el niño lloraba sin parar, fue y le trajo unos caramelos*.
qué va Expresión que se usa para negar: —*¿Vas a ir de vacaciones?* —*Qué va, no tengo dinero*.
DER ida, ido.
OBS Es incorrecta la forma *ves* por el imperativo *ve*.

ir	
INDICATIVO	**SUBJUNTIVO**
presente	presente
voy	vaya
vas	vayas
va	vaya
vamos	vayamos
vais	vayáis
van	vayan
pretérito imperfecto	pretérito imperfecto
iba	fuera o fuese
ibas	fueras o fueses
iba	fuera o fuese
íbamos	fuéramos o fuésemos
ibais	fuerais o fueseis
iban	fueran o fuesen
pretérito indefinido	futuro
fui	fuere
fuiste	fueres
fue	fuere
fuimos	fuéremos
fuisteis	fuereis
fueron	fueren
futuro	**IMPERATIVO**
iré	
irás	ve (tú)
irá	vaya (usted)
iremos	id (vosotros)
iréis	vayan (ustedes)
irán	
condicional	**FORMAS NO PERSONALES**
iría	
irías	infinitivo gerundio
iría	ir yendo
iríamos	participio
iríais	ido
irían	

ira *n. f.* Enfado muy grande o violento: *no debes descargar tu ira con la familia; tuvo un arrebato de ira*.
DER iracundia, irascible; airar.
iracundo, -da *adj./n. m. y f.* Que siente ira con facilidad o que está dominado por ella: *se puso iracundo cuando le dieron la terrible noticia; eres un iracundo; te pones terriblemente violento por nada*.
iraní *adj.* **1** De Irán o que tiene relación con este país del sudoeste de Asia: *la moneda iraní es el rial*. ◊ *adj./n. com.* **2** [persona] Que es de Irán: *los actuales iraníes son descendientes de los antiguos persas*.
OBS El plural es *iraníes*.
iraquí *adj.* **1** De Irak o que tiene relación con este país del sudoeste de Asia: *el territorio iraquí corresponde a la antigua Mesopotamia*. ◊ *adj./n. com.* **2** [persona] Que es de Irak: *muchos soldados iraquíes murieron en la Guerra del Golfo; los iraquíes son musulmanes*.
OBS El plural es *iraquíes*.
irascible *adj.* Que se enfada fácilmente: *a medida que se hace mayor se vuelve más irascible y resulta mucho más difícil de tratar*.
iridio *n. m.* Elemento químico metálico, de color blanco grisáceo y de número atómico 77, que unido al platino sirve para fabricar la punta de las estilográficas y los instrumentos de cirugía: *Ir es el símbolo del iridio*.
iris *n. m.* Disco situado en la parte central del ojo que puede tener distintas coloraciones y en cuyo centro está la pupila: *el iris se encuentra entre la córnea y el cristalino*. ☞ ojo.
DER irisar.
irisado, -da *adj.* Que brilla o destella como los colores del arco iris: *el nácar es apreciado por su aspecto irisado*.
irlandés, -desa *adj.* **1** De Irlanda o que tiene relación con esta isla europea del océano Atlántico: *el café irlandés se prepara con güisqui y nata*. ◊ *adj./n. m. y f.* **2** [persona] Que es de Irlanda: *Oscar Wilde era irlandés; la mayoría de los irlandeses son católicos*. ◊ *n. m.* **3** Lengua céltica de Irlanda: *el irlandés está emparentado con el escocés*.
ironía *n. f.* **1** Modo de expresión o figura retórica que consiste en dar a entender lo contrario de lo que se dice: *la ironía es una forma ingeniosa y disimulada de burla; la ironía es uno de los rasgos característicos de la obra de Ramón del Valle-Inclán*. **2** Tono burlón que se utiliza en este modo de expresión: *sé que el trabajo no lo hice bien y, cuando se lo di, me dijo con ironía que no esperaba menos de mí*. **3** Situación o hecho inesperado, opuesto o muy diferente al que se esperaba y que parece una broma pesada: *siempre dije que no trabajaría en su empresa y ahora tengo un cargo directivo: ironías del destino*.
DER irónico, ironizar.
irónico, -ca *adj.* Que muestra, expresa o implica ironía: *sus elogios eran completamente irónicos, pues sé que no le inspiro mucha simpatía; has sido muy irónico con él y tus burlas le han herido*.
ironizar *v. intr.* Hablar con ironía o ridiculizar: *no ironices sobre mis problemas, que son muy serios*.
OBS En su conjugación, la *z* se convierte en *c* delante de *e*.
irracional *adj.* **1** Que no es racional o que no tiene capacidad de pensar o razonar: *las personas son animales racionales, los demás animales se llaman irracionales*. **2** Que es absurdo o que no tiene sentido: *que la gente se mate en una guerra es irracional*. **3** MAT. [número] Que no puede expresarse exactamente con un número entero o fraccionario: *la raíz cuadrada de 2 es un número irracional*.
DER irracionalidad, irracionalismo.
irradiación *n. f.* **1** Emisión y propagación de luz, calor u otro tipo de energía: *la irradiación solar*. **2** Transmisión del influjo, cualidades o sentimientos de una cosa o persona: *Roma fue el centro de irradiación de la cultura grecolatina*.
irradiar *v. tr.* **1** Despedir o emitir un cuerpo rayos de luz, calor u otro tipo de energía: *el sol irradia luz y calor*. **2** Someter un cuerpo a la acción de determinados rayos. **3** Transmitir una cosa o persona su influjo, cualidades o sentimientos: *es una chica que irradia alegría y optimismo*.

DER irradiación.
OBS En su conjugación, la *i* no se acentúa, como en *cambiar*.

irreal *adj.* Que no es real: *la película está basada en una historia irreal.* **ANT** real.
DER irrealidad.

irrealidad *n. f.* Cualidad de lo que no es real: *los cuentos infantiles se caracterizan por su fantasía e irrealidad.* **ANT** realidad.

irrealizable *adj.* Que no se puede hacer o realizar: *tu proyecto es irrealizable porque exige una inversión que no nos podemos permitir.*

irrebatible *adj.* Que no se puede rechazar, negar o rebatir: *tu argumento es tan sólido y consistente que resulta irrebatible.* **SIN** irrefutable.

irreconciliable *adj.* Que no puede existir acuerdo entre dos personas o dos ideas: *la pareja se ha divorciado porque sus posturas eran irreconciliables.*

irrecuperable *adj.* Que no se puede recuperar: *los datos del ordenador que se han perdido son irrecuperables.*

irreductible *adj.* Que no se puede reducir a cantidades más pequeñas o más simples. **SIN** irreducible.

irreemplazable *adj.* Que no puede ser reemplazado o sustituido: *¡nadie es irreemplazable!*; *esta porcelana es única en su estilo: es irreemplazable.*

irreflexivo, -va *adj.* **1** Que se dice o hace sin reflexionar o sin pensar: *fue un acto irreflexivo: lo hice sin pensarlo.* ◊ *adj./n. m. y f.* **2** [persona] Que no reflexiona y actúa sin juicio ni prudencia: *dilapidó toda su fortuna comportándose como un muchacho irreflexivo.*

irrefutable *adj.* Que no se puede rechazar, negar o refutar: *el argumento es tan sólido que resulta irrefutable; la evidencia es tan clara y diáfana que resulta irrefutable.* **SIN** irrebatible.

irregular *adj.* **1** Que no es regular en su forma: *el diseño de la casa obedece a la forma irregular del terreno sobre el que fue construida; a causa de los efectos del tiempo, la roca tiene una forma irregular.* **ANT** regular. **2** Que sufre irregularidades: *sufre de un pulso irregular, pero toma medicinas para regularlo.* **SIN** anómalo, anormal. **3** Que no se ajusta a la ley, a las reglas o a lo que se espera normalmente: *está metido en negocios bastante irregulares.* **4** GRAM. [palabra] Que tiene una forma que no sigue la regla general: *el verbo ir es un verbo irregular.*
DER irregularidad.

irregularidad *n. f.* Cambio o falta respecto a lo que es normal, regular, natural o legal: *el inspector ha encontrado algunas irregularidades en las cuentas de la empresa; el oeste de la isla es famoso por la irregularidad de su costa.* **SIN** anomalía, anormalidad.

irrelevante *adj.* Que no es importante o que no merece ser tenido en cuenta: *estos documentos son irrelevantes para nuestra investigación.*

irreligioso, -sa *adj./n. m. y f.* [persona] Que no tiene interés en ninguna religión: *no es que sean personas irreligiosas, sino que la religión no es para ellos la primera preocupación de su vida.*

irremediable *adj.* Que no se puede remediar, corregir o solucionar: *los ciudadanos sienten la pérdida irremediable de su presidente.*
OBS No se debe confundir con *irremisible*.

irremisible *adj.* Que no se puede o no se debe perdonar: *la pena impuesta por el juez es irremisible.* **SIN** imperdonable.
OBS No se debe confundir con *irremediable*.

irreparable *adj.* Que no se puede reparar o compensar:

si no se frena el vertido de crudo, los daños causados en la costa serán irreparables.

irrepetible *adj.* Que no puede ser repetido: *la función que hemos visto esta noche es irrepetible: la actuación ha sido extraordinaria.*

irreprimible *adj.* Que no se puede contener o reprimir: *cuando lo veo, me entran unas ganas irreprimibles de darle un beso.*

irreprochable *adj.* Que no merece reproche porque no tiene ninguna falta ni defecto: *siempre se ha comportado correctamente, su conducta es irreprochable.* **SIN** intachable.

irresistible *adj.* **1** Que no se puede rechazar o evitar porque es demasiado placentero, atractivo o fuerte: *una oferta irresistible; me dirigió una de esas sonrisas irresistibles.* **2** Que no se puede soportar, aguantar o resistir: *el ruido de esta fábrica es irresistible.* **SIN** insoportable.

irresoluble *adj.* Que no se puede resolver: *este problema no tiene solución: es irresoluble.*

irrespetuoso, -sa *adj.* Que no muestra respeto o consideración: *no se debe ser irrespetuoso con las personas mayores.* **ANT** respetuoso.

irrespirable *adj.* **1** Que no puede respirarse: *los vapores de mercurio son irrespirables.* **2** Que difícilmente puede respirarse: *el aire de las ciudades contaminadas es irrespirable.* **3** [ambiente social] Que hace sentirse molesto o a disgusto: *había tanta tensión, que el ambiente era irrespirable.*

irresponsabilidad *n. f.* **1** Cualidad de irresponsable: *los compañeros vigilan su trabajo porque conocen su irresponsabilidad.* **2** Hecho o dicho irresponsable: *ha sido una irresponsabilidad dejar a los niños solos en el parque durante tantas horas.*

irresponsable *adj./n. com.* **1** [persona] Que no es responsable: *los niños son legalmente irresponsables.* **2** [persona] Que obra o toma decisiones sin pensar en las consecuencias: *sólo un irresponsable puede conducir después de haber bebido.* ◊ *adj.* **3** [acto] Que no ha sido pensado cuidadosamente y calculadas sus consecuencias: *una conducción irresponsable puede ser la causa de muchos accidentes.*
DER irresponsabilidad.

irreverencia *n. f.* **1** Falta de respeto a las cosas oficiales, importantes o sagradas: *su grosera actitud ante el obispo rayó la irreverencia.* **2** Hecho o dicho irreverente: *lo que le dijo al presidente fue una irreverencia.*

irreverente *adj./n. com.* Que no muestra el respeto debido a las cosas oficiales, importantes o sagradas: *no se puede mantener una actitud irreverente en la iglesia; es un irreverente: se mofa de todas las autoridades.*
DER irreverencia.

irreversible *adj.* Que no se puede volver a un estado o situación anterior: *los efectos del envejecimiento son irreversibles.* **ANT** reversible.

irrevocable *adj.* Que no se puede revocar: *presentó su dimisión irrevocable.*

irrigación *n. f.* **1** Riego de un terreno: *el nuevo sistema de irrigación podría revitalizar la zona de cultivo.* **2** MED. Aporte de sangre a los tejidos del organismo. **3** MED. Introducción de un líquido en una cavidad, especialmente en el intestino a través del ano. **4** MED. Líquido introducido de esta manera.

irrigar *v. tr.* **1** Regar un terreno: *el nuevo pantano proporcionará agua suficiente para irrigar los campos de cultivo.* **2** MED. Llevar la sangre a todas las partes del cuerpo a través de los vasos y conductos sanguíneos: *si la sangre no irriga el cerebro, la persona puede perder el conocimiento y morir.* **3** MED. Introducir un líquido en una cavidad, especialmente en el intesti-

no a través del ano: *le irrigaron el intestino para hacerle unas radiografías*.
DER irrigación.
ETIM Véase *regar*.
OBS En su conjugación, la g se convierte en gu delante de e.

irrisorio, -ria *adj*. **1** Que provoca risa y burla: *tenía un aspecto irrisorio y todos se reían de él*. **2** Que es muy pequeño, insignificante o de poco valor: *tres pesetas es una cantidad irrisoria hoy en día; le pagan muy poco: cobra un sueldo irrisorio*.

irritable *adj*. Que se enfada o irrita fácilmente: *ten cuidado con lo que dices, está muy irritable*.
DER irritabilidad.

irritación *n. f.* **1** Enfado muy grande: *el ruido es una de las cosas que me producen más irritación*. **2** Reacción de un órgano o de una parte del cuerpo, caracterizada por inflamación, enrojecimiento o dolor: *las anginas son una irritación en la garganta*.

irritante *adj*. **1** Que molesta o enfada mucho: *era una persona irritante e insoportable*. **2** Que causa o produce inflamación, enrojecimiento o dolor en una parte del cuerpo: *el polen es irritante: causa el enrojecimiento de los ojos en las personas sensibles a él*.

irritar *v. tr./prnl*. **1** Causar un enfado muy grande: *las bromas pesadas irritan a la gente; hay personas que se irritan por cualquier cosa*. **SIN** exacerbar, exasperar. **2** Causar una reacción en un órgano o una parte del cuerpo, caracterizada por inflamación, enrojecimiento o dolor: *las ortigas irritan la piel; al principio, las lentes de contacto me irritaban los ojos*.
DER irritable, irritación, irritado, irritante.

irrompible *adj*. Que no se rompe: *me aseguraron que este cristal era irrompible, pero se ha roto*.

irrumpir *v. intr*. **1** Entrar violentamente en un lugar: *algunas veces, la policía irrumpe en una casa para detener a un delincuente*. **2** Aparecer con fuerza o de pronto: *la moda de la minifalda irrumpió con fuerza en la Europa de los años cincuenta*.
DER irrupción.
ETIM Véase *romper*.

irrupción *n. f.* **1** Entrada violenta en un lugar: *denunció la irrupción de la policía en su casa sin orden judicial*. **2** Aparición de algo que se produce con fuerza o de pronto: *la irrupción de un nuevo peinado ha provocado un cambio súbito en el aspecto de la gente*.

isabelino, -na *adj*. De cualquiera de las reinas españolas o inglesas que se llamaron Isabel o que tiene relación con ellas: *los muebles de estilo isabelino corresponden a la época de Isabel II; la época isabelina se caracterizó por la alternancia en el poder de moderados y progresistas*.

isla *n. f.* **1** Porción de tierra que está rodeada de agua por todas partes: *a una isla sólo podemos ir por mar o por aire*. **2** Zona aislada o bien diferenciada del espacio que la rodea: *en una ciudad tan bulliciosa, este parque es una isla de paz*.
DER isleño, isleta, islote; aislar.
ETIM *Isla* procede del latín *insula*, 'casa aislada', voz con la que también está relacionada *ínsula*.

islam *n. m.* **1** Doctrina religiosa que se basa en el Corán y cuyos seguidores creen que Mahoma es el único profeta de Dios. **SIN** islamismo, mahometismo. **2** Conjunto de los pueblos y naciones en los que esta doctrina es la religión mayoritaria: *el islam se extiende por el norte de África, el oeste de Asia y parte del sur de Europa*.

islámico, -ca *adj*. Del islam o relacionado con esta doctrina religiosa. **SIN** mahometano, musulmán.

islamismo *n. m.* Doctrina religiosa que se basa en el Corán y cuyos seguidores creen que Mahoma es el único profeta de Dios. **SIN** islam, mahometismo.

islandés, -desa *adj*. **1** De Islandia o que tiene relación con este país de Europa: *el país islandés es una isla y su capital es Reikiavik*. ◇ *adj./n. m. y f.* **2** [persona] Que es de Islandia: *los islandeses se relacionan mucho con los daneses y los noruegos*. ◇ *n. m.* **3** Lengua germánica que se habla en Islandia.

isleño, -ña *adj*. **1** De la isla o que tiene relación con ella: *creció en un pequeño país isleño*. **SIN** insular. ◇ *adj./n. m. y f.* **2** [persona] Que es de una isla: *los isleños canarios llaman godos a los habitantes de la Península*. **SIN** insular.

isleta *n. f.* Espacio señalado en una carretera o calzada que sirve para determinar la dirección de los vehículos o como refugio para los peatones: *si pisas la isleta con el coche, te multarán*.

islote *n. m.* **1** Isla pequeña y desierta: *en aquel islote los náufragos no podrían sobrevivir mucho tiempo*. **2** Roca muy grande rodeada de mar: *durante la tormenta el barco chocó con un islote*.

ismo *n. m.* Tendencia o movimiento de orientación innovadora, principalmente en las artes, que se opone a lo ya existente: *el futurismo fue uno de los ismos más revolucionarios de las vanguardias de principios del siglo XX*.

-ismo Sufijo que entra en la formación de sustantivos masculinos con el sentido de *a*) 'Doctrina, sistema o escuela': *animismo, platonismo*. *b*) 'Actitud': *egoísmo, puritanismo*. *c*) 'Actividad deportiva': *alpinismo, atletismo*. *d*) En nombres abstractos de tipo científico significa 'condición': *isomorfismo, tropismo*.

iso- Elemento prefijal que entra en la formación de palabras con el significado de 'igual': *isomorfo*.

isobara o **isóbara** *n. f.* Línea que en los mapas meteorológicos une los puntos de la Tierra que tienen la misma presión atmosférica: *cuando estamos bajo el influjo de un anticiclón, las isobaras están muy separadas*. ☞ meteorología.
OBS La Real Academia Española admite *isobara*, pero prefiere la forma *isóbara*.

isomorfo, -fa *adj*. [cuerpo] Que tiene diferente composición química e igual forma cristalina que otro con el que puede cristalizar: *para que dos sustancias se consideren isomorfas deben reunir una serie de cualidades*.

isósceles *adj*. [triángulo] Que tiene iguales dos de sus tres lados.

isotérmico, -ca *adj*. [proceso, recipiente] Que mantiene una temperatura constante: *cogió los congelados de la vitrina y los colocó en una bolsa isotérmica; la evaporación del agua es un proceso isotérmico*.

isotermo, -ma *adj*. **1** FÍS. De igual temperatura. ◇ *n. f.* **2** Línea que en los mapas meteorológicos une los puntos de la Tierra que tienen la misma temperatura media anual.

isótopo *n. m.* QUÍM. Átomo que pertenece al mismo elemento químico que otro, que tiene su mismo número atómico, pero distinta masa atómica: *los isótopos tienen el mismo número de protones que los átomos normales, pero diferente número de neutrones*.
DER radioisótopo.

isquion *n. m.* Hueso de forma plana, estrecha y curva que está unido al pubis y al ilion, y forma la parte inferior de la cadera. ☞ esqueleto.

israelí *adj*. **1** De Israel o que tiene relación con este país de Oriente Medio: *la capital israelí es Jerusalén*. **SIN** hebreo, judío, israelita. ◇ *adj./n. com.* **2** [persona] Que es de Israel:

I - i

los ciudadanos israelíes proceden de todos los rincones del mundo; los israelíes son un pueblo muy respetuoso con su patrimonio arqueológico. **SIN** hebreo, judío, israelita.
DER israelita.
OBS El plural es *israelíes*.

israelita *adj.* **1** Del judaísmo o relacionado con esta religión: *la doctrina israelita está recogida en el Talmud.* **SIN** hebreo, judío, mosaico. ◊ *adj./n. com.* **2** [persona] Que practica el judaísmo: *las mujeres israelitas tienen un lugar reservado en la sinagoga; los israelitas van a orar al Muro de las Lamentaciones.* **SIN** hebreo, judío. ◊ *adj.* **3** De un antiguo pueblo semita que habitó Palestina en la Antigüedad o relacionado con él: *las tribus israelitas eran doce.* **SIN** hebreo, judío. ◊ *adj./n. com.* **4** [persona] Que pertenecía a este pueblo semita: *los israelitas fueron liderados por Moisés en su éxodo hacia la Tierra Prometida.* **SIN** hebreo, judío. ◊ *adj.* **5** De Israel o que tiene relación con este país de Oriente Medio. **SIN** hebreo, judío, israelí. ◊ *adj./n. com.* **6** [persona] Que es de Israel. **SIN** hebreo, judío, israelí.

-ista Sufijo que entra en la formación de nombres con el significado de *a)* 'Oficio, profesión': *dentista. b)* 'Partidario de una escuela, movimiento o doctrina': *absolutista, socialista.*

istmo *n. m.* Franja alargada y estrecha de terreno que une dos continentes, dos partes diferenciadas de un continente o una península y un continente: *el istmo de Panamá está situado entre América del Norte y América del Sur.*

italianismo *n. m.* **1** Amor o admiración por la cultura y las tradiciones de Italia: *el italianismo de Garcilaso marcó su poesía.* **2** GRAM. Palabra o modo de expresión del italiano que se usa en otro idioma: *las palabras aria y arlequín son italianismos del español.*

italiano, -na *adj.* **1** De Italia o que tiene relación con este país del sur de Europa: *la moda italiana goza de un reconocimiento internacional.* ◊ *adj./n. m. y f.* **2** [persona] Que es de Italia: *los italianos comen pasta casi cada día.* ◊ *n. m.* **3** Lengua hablada en Italia y en otros lugares: *el italiano es una lengua románica.*
DER italianismo, italianizar.

itálico, -ca *adj.* **1** De Italia o que tiene relación con esta península del sur de Europa cuando era el centro de la cultura romana: *los pueblos itálicos fueron absorbidos por Roma.* ◊ *adj./n. f.* **2** [letra] Que tiene el trazo inclinado hacia la derecha: *la letra itálica se utiliza para destacar una palabra o una serie de ellas en un texto.* **SIN** bastardilla, cursiva.

iteración *n. f.* Repetición: *hay excesiva iteración de conceptos en tu discurso.*

iterativo, -va *adj.* **1** Que se repite o se ha repetido muchas veces. **SIN** reiterativo, repetitivo. ◊ *adj./n. m.* **2** GRAM. [palabra] Que denota repetición: *el verbo replicar y el nombre goteo son iterativos.*

iterbio *n. m.* Elemento químico, metal sólido, de número atómico 70, blanco, brillante y blando: Yb es *el símbolo del iterbio.*

itinerante *adj.* Que va de un lugar a otro sin permanecer fijo en ninguno: *ha llegado a nuestra ciudad la exposición itinerante de Goya.*

itinerario *n. m.* **1** Camino previsto por donde debe discurrir un recorrido o viaje: *el Camino de Santiago es uno de los itinerarios turísticos más visitados de España.* **SIN** ruta. **2** Plano o mapa en el que se describen las características principales de este camino: *el cartero consultó su itinerario antes de comenzar el reparto.*
DER itinerante.

-itis Sufijo que entra en la formación de sustantivos femeninos con el significado de 'inflamación': *encefalitis, amigdalitis.*

-ito Sufijo que se usa en química para indicar que el cuerpo proviene de un ácido en *-oso: sulfito.*

-ito, -ita Sufijo que entra en la formación de palabras con significación diminutiva y, frecuentemente, con matices especiales de cariño, estimación, menosprecio o ironía: *Pepito, morita, papelito.* Se combina con *-ec, -ecec: piececito, genietico, gentecita.*

itrio *n. m.* Elemento químico, metal sólido, de número atómico 39, de color gris brillante y fácilmente inflamable: Y es *el símbolo del itrio.*

-ivo, -iva Sufijo que entra en la formación de adjetivos para denotar capacidad para lo designado por la base verbal a la que se une o inclinación a ello: *nutritivo, reflexivo.*

izar *v. tr.* Subir una bandera a lo largo de su mástil o la vela de una embarcación a lo largo de su palo: *cada mañana se izaba la insignia nacional en el campamento.* **ANT** arriar.
OBS En su conjugación, la *z* se convierte en *c* delante de *e*.

-izo, -iza Sufijo que entra en la formación de adjetivos con el significado de 'propensión o semejanza': *enfermizo.*

izqda. Abreviatura de *izquierda.*

izquierda *n. f.* Conjunto de personas que defienden una ideología que propugna transformaciones sociales y económicas contrarias a las ideas conservadoras: *la izquierda es partidaria de que el estado proporcione una amplia cantidad de servicios sociales a todos los ciudadanos.* **ANT** derecha.
DER izquierdismo.

izquierdismo *n. m.* Tendencia política que defiende una ideología que propugna transformaciones sociales y económicas contrarias a las ideas conservadoras: *el izquierdismo defiende transformaciones sociales que favorezcan principalmente a la clase trabajadora.* **ANT** derechismo.
DER izquierdista.

izquierdista *adj.* **1** Del izquierdismo o que tiene relación con él: *los partidos comunistas tienen una ideología izquierdista.* **ANT** derechista. ◊ *adj./n. com.* **2** [persona] Que es partidario del izquierdismo político: *los candidatos izquierdistas son partidarios de la nacionalización de algunas industrias.* **ANT** derechista.

izquierdo, -da *adj.* **1** [parte, órgano] Que está situado en el mismo lado del cuerpo que el corazón: *es zurdo porque lo vi escribiendo con la mano izquierda.* **ANT** derecho. **2** [parte] Que está situado, en relación con la posición de una persona, en el mismo lado en el que ésta tiene el corazón: *el pedal izquierdo de un automóvil corresponde al embrague.* **ANT** derecho. **3** [lugar, objeto] Que, respecto de su parte delantera, está situado en el mismo lado que correspondería al del corazón de un hombre: *ha abierto una pequeña tienda de recuerdos frente al lado izquierdo de la catedral.* **ANT** derecho. ◊ *n. f.* **4** Mano o pierna de una persona situada en el mismo lado del corazón: *los diestros llevan el reloj en la izquierda.* **ANT** derecha. **5** Dirección o situación de una cosa que se halla al mismo lado que correspondería al del corazón de una persona: *se debe adelantar a los vehículos por la izquierda.*
DER izquierda.
ETIM *Izquierdo* procede del vasco *esku*, 'mano', y del céltico *kerros*, 'izquierda'.

J | j

j *n. f.* Décima letra del alfabeto español. Su nombre es *jota*. El plural es *jotas*: *la palabra jaleo comienza con j*.
OBS Representa el sonido consonántico velar fricativo sordo. En Andalucía, Extremadura, Canarias y algunas zonas de Hispanoamérica se pronuncia como la *h* aspirada.

jabalí, -lina *n. m. y f.* Mamífero salvaje parecido al cerdo, de cuello robusto y hocico agudo, con el pelo fuerte de color marrón o gris y con dos colmillos curvos que le sobresalen de la boca: *el cazador salió al bosque a cazar jabalíes*.
DER jabato.
OBS El plural es *jabalíes*, culto, o *jabalís*, popular.

jabalina *n. f.* Barra de fibra o metal acabada en punta, parecida a una lanza, que se emplea para competir en atletismo lanzándola por encima del hombro a la mayor distancia posible.

jabato, -ta *n. m. y f.* **1** Cría del jabalí: *los jabatos suelen tener el pelo rojizo con rayas amarillentas*. ◊ *adj./n. m. y f.* **2** *coloquial* [persona] Que es valiente y atrevido: *se defendió de sus agresores como un jabato*.

jabón *n. m.* Sustancia sólida, en polvo o líquida, que se mezcla con agua para limpiar la piel o la ropa.
dar jabón *coloquial* Mostrar una admiración exagerada por una persona o decirle cosas agradables con fines interesados: *si quieres que te haga una rebaja, procura darle jabón al vendedor*. **SIN** jabonadura.
DER jabonar, jaboncillo, jabonera, jabonero, jabonoso.

jabonar *v. tr.* Aplicar y extender agua y jabón sobre una superficie: *jabónate bien las manos, que las tienes llenas de grasa*. **SIN** enjabonar.
DER jabonadura.

jabonera *n. f.* Recipiente en el que se coloca o se guarda una pieza de jabón para el aseo corporal.

jabonoso, -sa *adj.* **1** Que está impregnado de jabón: *aclara mejor la camisa porque aún está jabonosa*. **2** [cuerpo] Que posee el tacto suave y resbaladizo propio del jabón: *el jade es una piedra jabonosa*.

jaca *n. f.* **1** Hembra del caballo: *la jaca ha parido un potrillo*. **SIN** yegua. **2** Caballo o yegua de poca altura: *montaba una jaca árabe, muy adecuada para el salto por su poco peso*.
DER jaco.

jacinto *n. m.* **1** Planta de jardín, de hojas largas, gruesas y brillantes, con flores olorosas en forma de espiga: *el jacinto procede de Asia Menor*. **2** Flor de esta planta: *los jacintos pueden ser de color blanco, amarillo, rosa o azul*. ☞ flores.

jaco *n. m.* Caballo pequeño, débil y de mal aspecto.

jacobeo, -a *adj.* Del apóstol Santiago o que tiene relación con él: *los peregrinos recorren los diversos caminos jacobeos hasta llegar a Santiago de Compostela*.

jacobinismo *n. m.* Tendencia política surgida durante la Revolución francesa que defendía el radicalismo violento y extremista: *fue acusado de jacobinismo por sus métodos revolucionarios y violentos*.

jacobino, -na *adj.* **1** Del jacobinismo o que tiene relación con esta tendencia política: *el movimiento jacobino propugnaba una política de igualdad social muy avanzada para su época*. ◊ *adj./n. m. y f.* **2** [persona] Que es partidario del jacobinismo: *durante la Revolución Francesa, los jacobinos intentaron imponer sus ideales por medio de una extrema violencia*.
DER jacobinismo.

jactancia *n. f.* Muestra excesiva de orgullo que hace una persona de lo que considera que son sus virtudes o bienes propios: *se pasa todo el día hablando con jactancia del dinero que tiene su padre*. **SIN** presunción.
DER jactancioso.

jactancioso, -sa *adj.* [persona] Que habla o presume en exceso de sus virtudes o bienes propios: *me estuvo explicando jactancioso cómo era su nuevo deportivo*. **SIN** presuntuoso.

jactarse *v. prnl.* Hablar o presumir una persona en exceso de sus virtudes o bienes propios: *se jactó ante sus amigos del dinero que estaba ganando con su nuevo trabajo*.
DER jactancia.

jaculatoria *n. f.* Oración breve y fervorosa: *siempre reza una jaculatoria a Santa Bárbara cuando hay tormenta*.

jacuzzi *n. m.* Piscina o bañera dotada de un sistema de corrientes de agua que se utiliza para hidromasajes: *en el gimnasio hay un jacuzzi*.
OBS Es de origen japonés y se pronuncia aproximadamente 'yacudsi' o 'yacusi'.

jade *n. m.* Mineral muy duro, de color blanco o verde y muy usado en joyería: *el jade es muy usado en el arte oriental, especialmente el chino*.

jadear *v. intr.* Respirar con dificultad y de forma entrecortada a causa del cansancio o por una enfermedad: *llegó jadeando porque se le había hecho tarde y había venido corriendo; jadea porque tiene un ataque de asma*.
DER jadeo.

jadeo *n. m.* Respiración dificultosa y entrecortada a causa del cansancio o por una enfermedad: *ese jadeo es por haber subido los diez pisos andando*.

jaez *n. m.* **1** Adorno que se pone a las caballerías: *los caballos que tiran de los carruajes llevan las crines adornadas con jaeces*. Se usa más en plural. **2** Clase o condición de personas o cosas: *no quiero que te relaciones con gente de ese jaez*. Se usa con matiz despectivo.
DER enjaezar.
OBS El plural es *jaeces*.

jaguar *n. m.* Mamífero parecido al gato, pero más grande, generalmente de color amarillo con pequeñas manchas os-

J j

jalar *v. tr./prnl. coloquial* Comer con mucho apetito: *da gusto ver como jala este niño; se jaló todo lo que le puse, a pesar de que era mucho.* **SIN** jamar.

jalea *n. f.* Conserva transparente y dulce que se hace con gelatina, azúcar y zumo de frutas: *la jalea es un postre muy rico.* **jalea real** Sustancia fluida de color blanco que elaboran las abejas para alimentar a las larvas y a las abejas reinas: *la jalea real se utiliza como reconstituyente.*

jalear *v. tr.* **1** Animar dando voces o palmadas: *el público jaleó con entusiasmo a los bailaores.* **2** Incitar a los perros dando voces para que sigan a la caza: *el cazador jaleaba a sus perros para que persiguieran a las liebres.*
DER jaleo.

jaleo *n. m.* **1** Alteración o pérdida de la tranquilidad, el silencio o el orden: *salió al balcón para pedir a los niños que no armaran tanto jaleo; en la calle hay un jaleo de coches enorme; tiene un jaleo de nombres y fechas en la cabeza, que no se aclara.* **2** Ambiente alegre y ruidoso producido por mucha gente reunida: *en la fiesta había un gran jaleo de música y risas.* **SIN** ambientación, animación, bullicio.

jalón *n. m.* **1** Palo con punta metálica que se clava en la tierra para marcar los límites de un terreno o las partes de una vía o camino: *colocó jalones a lo largo del jardín para que los niños no pisaran las plantas recién sembradas.* **2** Acontecimiento muy importante y significativo en el desarrollo de un proceso o en la vida de una persona: *el descubrimiento de América fue un jalón importante de la historia.* **SIN** hito.
DER jalonar.

jalonar *v. tr.* **1** Señalar un terreno con jalones: *los albañiles jalonaron el terreno donde iban a poner los cimientos de la casa.* **2** Marcar un acontecimiento importante y significativo la vida de una persona o el desarrollo de un proceso: *mi decisión de estudiar medicina jalonó toda mi vida.*

jamaicano, -na *adj.* **1** De Jamaica o que tiene relación con este país centroamericano: *la capital jamaicana es Kingston.* ◇ *adj./n. m. y f.* **2** [persona] Que es de Jamaica: *los jamaicanos son vecinos de los cubanos.*

jamar *v. tr./prnl. coloquial* Comer con mucho apetito: *se lo ha jamado todo en un minuto.* **SIN** jalar.

jamás *adv.* Nunca: *jamás había escuchado esa barbaridad; no lo olvidaré jamás.*
OBS Se puede usar después de *nunca* o de *siempre* para reforzar el sentido de estas palabras: *nunca jamás suspenderé un examen; seremos amigos para siempre jamás.*

jamba *n. f.* Pieza vertical que sostiene el arco o el dintel de una ventana o una puerta: *la jamba puede ser de diversos materiales: mampostería, ladrillo o madera.* ☞ arco; puerta; ventana.

jamelgo *n. m.* Caballo delgado, débil y mal proporcionado: *el jamelgo de Don Quijote de la Mancha se llamaba Rocinante.* **SIN** penco.

jamón *n. m.* **1** Pata trasera del cerdo: *ese cerdo tiene dos buenos jamones.* **2** Carne de la pata trasera del cerdo curada con sal: *para salar los jamones hay que tenerlos unos veinte días metidos en sal y, después de quitársela, dejarlos secar al aire.* **jamón de pata negra** Jamón del cerdo que ha sido criado en el campo y alimentado con bellotas: *el jamón de pata negra es de una calidad exquisita.* **jamón en dulce** o **jamón de york** o **jamón york** Jamón que ha sido cocido y se come como fiambre. **jamón serrano** Jamón que ha sido curado y no cocido. **3** *coloquial* Parte superior de la pierna de una persona, especialmente si es gruesa: *no me puedo poner pantalones muy estrechos porque se me marcan los jamones.*
estar jamón *coloquial* Ser físicamente muy atractivo: *¡vaya chico, está jamón!*
¡y un jamón! o **¡y un jamón con chorreras!** Expresión con la que se niega o rechaza una cosa: *¡y un jamón!, a mí no me mandes hacer lo que te han encargado a ti.*
DER jamona.

jamona *adj./n. f. coloquial* [mujer] Que está un poco gruesa y es de edad madura: *a ver si te mueves un poco, que te estás poniendo jamona.*

jansenismo *n. m.* Doctrina religiosa propagada por Cornelio Jansen (1585-1638), según la cual el hombre sólo puede alcanzar la salvación a través de la gracia divina: *el jansenismo surgió en el siglo XVII.*
DER jansenista.

jansenista *adj.* **1** Del jansenismo o que tiene relación con esta doctrina religiosa: *la doctrina jansenista apenas tuvo repercusión en España.* ◇ *adj./n. com.* **2** [persona] Que es partidario del jansenismo: *los jansenistas propugnaban la autoridad de los obispos y la limitación del poder papal.*

japonés, -nesa *adj.* **1** De Japón o que tiene relación con este país asiático: *la capital japonesa es Tokyo.* **SIN** nipón. ◇ *adj./n. m. y f.* **2** [persona] Que es de Japón: *antiguamente, el emperador japonés era considerado un dios; los japoneses tienen los ojos rasgados.* **SIN** nipón. ◇ *n. m.* **3** Lengua oficial de Japón: *el japonés presenta una gran variedad de dialectos.*

jaque *n. m.* Jugada del ajedrez en la que el rey o la reina de uno de los jugadores está amenazado por una pieza del otro jugador: *una regla del ajedrez es avisar al jugador contrario del jaque.* **jaque mate** Jugada del ajedrez que pone fin a una partida por estar amenazado el rey y no haber ninguna posibilidad de salvación: *jaque mate, has perdido.* **SIN** mate.
tener (o **traer**) **en jaque** Molestar continuamente a una persona inquietándola o no dejándole realizar lo que quiere: *estos niños traen en jaque a sus padres con los estudios.*

jaqueca *n. f.* Dolor fuerte de cabeza que afecta a un lado o una parte de ella: *no te conviene tomar café si tienes jaqueca.*
SIN migraña.

jara *n. f.* Arbusto de hojas alargadas, olorosas y pegajosas, con flores grandes de corola blanca y fruto en cápsula: *la jara es muy abundante en la zona mediterránea.*
DER jaral.

jarabe *n. m.* **1** Medicina líquida, generalmente espesa y dulce: *toma jarabe para la tos porque está muy resfriado.* **2** Bebida muy dulce hecha con agua hervida con azúcar y alguna esencia o zumo: *le gusta la leche con jarabe de fresa.*
jarabe de palo *coloquial* Conjunto de golpes o paliza: *ese bruto necesita jarabe de palo para calmarse.*

jaral *n. m.* Lugar donde crecen muchas jaras: *me metí en un jaral y la ropa se me manchó.*

jarana *n. f.* **1** *coloquial* Diversión muy animada, con ruido y desorden: *ayer estuve de jarana y hoy estoy muy cansado.*
SIN farra, parranda. **2** *coloquial* Enfrentamiento o pelea entre dos o más personas: *ha habido un choque en la calle y por poco hay jarana.*
DER jaranero.

jaranero, -ra *adj.* [persona] Que es muy aficionado a las jaranas o las diversiones: *eres muy jaranero, siempre estás de fiesta.*

jarcha *n. f. culto* Versos escritos en mozárabe y de carácter popular que se encuentran al final de algunos poemas árabes o hebreos llamados moaxajas: *las jarchas son la primera manifestación literaria en lengua castellana.*

jarcia *n. f.* Conjunto de los aparejos y cabos de una embarcación: *nos mostraron las jarcias de un velero.*
OBS Se usa más en plural.

jardín *n. m.* Terreno en el que se cultivan plantas y flores ornamentales para hacerlo agradable: *la casa tiene un pequeño jardín delante de la puerta principal.* **jardín botánico** Lugar donde se cultivan plantas de muchas clases para que el público pueda verlas o estudiarlas: *hemos visitado el jardín botánico para conocer algunas plantas exóticas.*
jardín de infancia Establecimiento en el que se cuida a los niños que todavía no tienen edad de ir a la escuela: *llevé a mi hija al jardín de infancia cuando era muy pequeñita.*
SIN guardería.
DER jardinera, jardinero; ajardinar, enjardinar.

jardinera *n. f.* Recipiente alargado en el que se siembran plantas o donde se meten tiestos como adorno: *ha puesto en su terraza dos jardineras con geranios.*
a la jardinera [comida] Que se cocina o complementa con distintos tipos de verduras: *sopa a la jardinera.*

jardinería *n. f.* Arte y oficio que consiste en cuidar y cultivar los jardines: *María entiende mucho de jardinería, así que pregúntale cómo debes cuidar esas plantas.*

jardinero, -ra *n. m. y f.* Persona que se dedica a cuidar y cultivar un jardín: *en enero viene un jardinero a casa a podar los rosales y los árboles.*
DER jardinería.

jareta *n. f.* **1** Dobladillo ancho que se hace en una prenda de vestir por donde se introduce una cinta, un cordón o una goma para poder fruncirla: *se ha roto la goma del pantalón del pijama y tengo que descoser la jareta para ponerle una nueva.* **2** Pliegue de una prenda de vestir, cosido con un pespunte paralelo y que sirve de adorno: *la blusa lleva jaretas en el pecho.*

jarra *n. f.* Recipiente de boca y cuello anchos, con una o dos asas, que se usa para contener líquidos o de adorno: *¡camarero! una jarra de cerveza, por favor; las jarras grandes suelen tener un pequeño pico en la boca para verter cómodamente el líquido.*
en jarras Con los brazos arqueados, separados del cuerpo y las manos apoyadas en la cintura: *se puso en jarras, mostrándose muy seguro de sí mismo.*
DER jarrear, jarro.

jarro *n. m.* Jarra de una sola asa: *trajo agua a la mesa en un jarro de vidrio.*
a jarros *coloquial* Con intensidad o en abundancia: *llover a jarros.* **SIN** a cántaros.
echar un jarro de agua fría *coloquial* Quitar la ilusión o la esperanza: *me echó un jarro de agua fría cuando me dijo que no vendría a mi fiesta de cumpleaños.*
DER jarrón.

jarrón *n. m.* Recipiente más alto que ancho que sirve para contener flores o de adorno: *voy a colocar las flores en el jarrón de cristal.*

jaspe *n. m.* Piedra de grano fino, variedad del cuarzo, de colores vivos entremezclados y que se usa como adorno: *el jaspe es muy empleado en joyería.*
DER jaspeado.

jaspeado, -da *adj.* Que tiene varios colores entremezclados como el jaspe: *esta lana es jaspeada, en la hebra mezcla el verde y el amarillo.*

jauja *n. f.* Lugar o situación imaginarios donde reina la prosperidad y la abundancia: *deja de pedir imposibles, que esto no es jauja.*

jaula *n. f.* **1** Caja hecha con barrotes o listones separados entre sí que sirve para encerrar o transportar animales: *se ha roto un barrote de la jaula y el hámster se ha salido.* **2** *coloquial* Cárcel: *está en la jaula por estafar a varias personas.*
DER enjaular.

jauría *n. f.* Conjunto de perros que cazan juntos: *la jauría perseguía a su presa sin parar de ladrar.*

jazmín *n. m.* **1** Arbusto de tallos trepadores y muy flexibles con flores pequeñas, blancas o amarillas, y muy olorosas: *el jazmín es originario de Asia.* **2** Flor de este arbusto: *el jazmín se utiliza mucho en perfumería.*

jazz *n. m.* Género musical que se caracteriza por tener un ritmo base sobre el que los músicos suelen hacer cambios a medida que van tocando: *el jazz nació en las comunidades negras de Estados Unidos a finales del siglo XIX.* **SIN** yaz.
OBS Es de origen inglés y se pronuncia aproximadamente 'yas'. ◇ La Real Academia Española sólo registra la forma *yaz*, muy poco usada.

¡je! *int.* Expresión con que se denota risa: *¡je, je, je! ¡pero qué risa!*

jeans *n. m. pl.* Pantalón hecho de una tela fuerte de algodón, generalmente azul, y de uso informal: *lleva jeans de colores atrevidos, como naranja o verde.* **SIN** tejanos, vaqueros.
OBS Es de origen inglés y se pronuncia aproximadamente 'yins'.

jeep *n. m.* Vehículo resistente que se adapta a todo tipo de terreno: *como vive en la montaña, se ha comprado un jeep.*
SIN todoterreno.
OBS Es de origen inglés y se pronuncia aproximadamente 'yip'.

jefatura *n. f.* **1** Cargo de jefe: *dimitió de su jefatura porque se encontraba cansado.* **2** Oficina o edificio de determinados cuerpos oficiales: *jefatura de tráfico; jefatura de policía.*

jefe, -fa *n. m. y f.* **1** Persona que tiene poder o autoridad sobre un grupo para dirigir su trabajo o sus actividades: *el jefe ha convocado una reunión para tratar unos asuntos que atañen a la empresa.* **2** Representante o líder de un grupo: *en la sesión de ayer, intervino el jefe de la oposición.* **jefe de Estado** Persona que tiene la mayor autoridad en un país: *el Rey es el jefe del Estado español.* **jefe del Gobierno** Persona que preside y gobierna el Consejo de Ministros de un país: *en 1996, Felipe González dejó de ser el jefe del Gobierno español.* **3** Miembro del ejército y de la marina de categoría superior a la de capitán e inferior a la de general. **4** *coloquial* Tratamiento hacia personas que tienen algún tipo de autoridad y que indica respeto y confianza: *¡jefe!, me dice cuánto le debo.*
DER jefatura; subjefe.

jengibre *n. m.* **1** Planta herbácea de flores amarillas y rojas, y de tallo subterráneo horizontal, aplastado, de carne blanca, olorosa y sabor agrio y picante: *el jengibre procede de Asia.* **2** Sustancia de sabor picante que se saca del tallo subterráneo de esta planta: *el jengibre se usa en farmacia y como especia.*

jeque *n. m.* Jefe de un territorio en algunos países musulmanes: *un jeque árabe.*

jerarca *n. com.* Persona de una categoría superior y principal dentro de una organización, especialmente en el orden de la Iglesia: *los jerarcas de la Iglesia española se reunieron para recibir al Papa.*

jerarquía *n. f.* **1** Organización o clasificación de categorías

jerárquico

o poderes, siguiendo un orden de importancia: *la cabeza de la jerarquía eclesiástica es el Papa*. **2** Conjunto de personas que están al frente de una organización: *la jerarquía del partido ha mostrado su repulsa ante el atentado terrorista*.
DER jerarca, jerárquico, jerarquizar.

jerárquico, -ca *adj.* De la jerarquía o que tiene relación con este tipo de organización: *la sociedad medieval seguía una rígida organización jerárquica*.

jerarquizar *v. tr.* Organizar o clasificar en rangos de distintas categorías: *no jerarquices tanto, y trátanos a todos por igual*.
OBS En su conjugación, la *z* se convierte en *c* delante de *e*.

jerez *n. m.* Vino blanco muy seco y de alta graduación alcohólica que se elabora en la zona de Jerez de la Frontera, en la provincia de Cádiz. **SIN** sherry.

jerga *n. f.* **1** GRAM. Variedad de lengua que utilizan para comunicarse entre sí las personas que pertenecen a un mismo oficio o grupo social: *Juan le ha pedido a su médico que le hable en lenguaje vulgar, porque no entiende su jerga*. **SIN** argot. **2** Lenguaje difícil de entender: *este niño habla mucho, pero en su jerga, así que casi no lo entendemos*. **SIN** jerigonza. **3** Tejido grueso y áspero: *la jerga se usaba para hacer colchones*.
DER jergal, jerigonza.

jergón *n. m.* Colchón de forma plana y rectangular lleno de paja, hierba u otros materiales y que no lleva ataduras que sujeten el relleno: *el pastor echó una siesta en un jergón mientras el ganado pastaba*. ☞ cama.

jerigonza *n. f.* Lenguaje difícil de entender: *podrías hablar más claro, porque con esa jerigonza no hay nadie que te entienda*. **SIN** jerga.
OBS También se puede escribir *jeringonza*.

jeringa *n. f.* Instrumento que consiste en un tubo hueco con un émbolo en su interior y con un extremo muy estrecho por el que se expulsan o aspiran líquidos o sustancias blandas: *la enfermera le sacó sangre con la jeringa*.
DER jeringar, jeringuilla.
ETIM *Jeringa* procede del latín *syringa*, que tenía el mismo significado, voz con la que también están relacionadas *siringa*, *siringe*.

jeringar *v. tr./prnl. coloquial* Molestar o enfadar: *me jeringa que esté todo el día sonando el teléfono*.
OBS En su conjugación, la *g* se convierte en *gu* delante de *e*.

jeringonza *n. f.* Jerigonza, lenguaje difícil de entender.

jeringuilla *n. f.* Jeringa pequeña en la que se coloca una aguja hueca de punta aguda cortada a bisel que se usa para poner inyecciones: *tengo que comprar una jeringuilla para que me pongan la inyección*.

jeroglífico, -ca *adj.* **1** [escritura] Que emplea signos que representan seres y objetos de la realidad y tienen un valor ideográfico o fonético: *la escritura egipcia era una escritura jeroglífica monumental*. ◊ *n. m.* **2** Signo de este tipo de escritura: *el jeroglífico egipcio que designaba la divinidad tenía la forma de una banderola*. **3** Pasatiempo que consiste en adivinar una palabra o frase a partir de cifras, signos o símbolos: *le gusta mucho resolver todos los días el jeroglífico del periódico*. **4** Expresión o asunto difícil de entender: *escribe más claro, porque lo que me has dado es un jeroglífico*.

jerónimo, -ma *adj./n. m. y f.* [religioso] Que pertenece a la orden de San Jerónimo, fundada por unos ermitaños en el siglo XIV: *El Escorial fue uno de los monasterios fundados por los monjes jerónimos*.

jersey *n. m.* Prenda de vestir de punto de lana o algodón, de manga larga, que cubre desde el cuello hasta la cintura: *tengo un jersey con cuello de pico que me pongo encima de la camisa*. **SIN** suéter.
OBS El plural es *jerséis*.

jesuita *adj./n. m.* [religioso] Que pertenece a la Compañía de Jesús, orden fundada por san Ignacio de Loyola en el siglo XVI: *los jesuitas fueron expulsados de España en 1767 por Carlos III*.
DER jesuítico.

jet *n. m.* Avión que usa motor de reacción: *algunas estrellas de la canción tienen jet privado*. **SIN** reactor.
OBS Es de origen inglés y se pronuncia aproximadamente 'yet'.

jet set *n. f.* Grupo social económicamente fuerte, que frecuenta los lugares que están de moda y que por ello puede convertirse en noticia: *las fiestas de la jet set suelen describirse en las revistas del corazón*.
OBS Es de origen inglés y se pronuncia aproximadamente 'yet set'.

jeta *n. f.* **1** *coloquial* Cara o parte anterior de la cabeza: *lávate la jeta antes de salir a la calle, que la llevas llena de tomate*. **2** Hocico del cerdo: *del cerdo se aprovecha todo, hasta la jeta y las orejas*. **3** *coloquial* [persona] Que es desvergonzada o descarada: *eres un jeta, llegas el último y te pones el primero*. **4** *coloquial* Desfachatez o descaro: *¡qué jeta tiene, otra vez ha faltado a clase sin motivo!*

ji *n. f.* Vigésima segunda letra del alfabeto griego: *la ji equivale a la j y a la g seguida de e, i en español*.

jíbaro, -ra *adj.* **1** Del pueblo que habita en la zona oriental de Ecuador o que tiene relación con él: *la economía jíbara se basa en la agricultura*. ◊ *adj./n. m. y f.* **2** [persona] Que es de este pueblo de América del Sur: *los jíbaros viven en grandes casas comunales*.

jibia *n. f.* **1** Molusco marino de cuerpo oval, muy parecido al calamar, pero con la cabeza más grande: *la jibia es comestible*. **SIN** choco, sepia.
OBS Para indicar el sexo se usa *la jibia macho y la jibia hembra*.

jícara *n. f.* Taza pequeña que se usa para tomar chocolate.

jienense o **jiennense** *adj.* **1** De Jaén o que tiene relación con esta ciudad y provincia andaluza: *Linares es una ciudad jienense*. ◊ *adj./n. com.* **2** [persona] Que es de Jaén: *los jienenses se dedican fundamentalmente al cultivo de olivos*.
OBS La Real Academia Española admite *jienense*, pero prefiere la forma *jiennense*.

jilguero *n. m.* Pájaro cantor de color marrón en la espalda, con una mancha roja en la cara, otra negra en la parte superior de la cabeza, cola y alas negras y amarillas con las puntas blancas, y cuello blanco: *el jilguero es muy apreciado por su canto y puede cruzarse con el canario*. **SIN** colorín. ☞ aves.
OBS Para indicar el sexo se usa *el jilguero macho y el jilguero hembra*.

jineta *n. f.* Mamífero carnívoro de cuerpo delgado, cabeza pequeña, patas cortas y cola muy larga, con el pelo marrón con bandas negras: *la jineta vive en Europa y África*. **SIN** gineta.
OBS Para indicar el sexo se usa *la jineta macho y la jineta hembra*.

jinete *n. m.* Hombre que monta a caballo: *en la carrera participarán 35 jinetes*.
DER jinetear.

jipijapa *n. m.* Sombrero de ala ancha tejido con una hoja muy fina y flexible.

jipío *n. m.* Lamento o gemido que se intercala en las coplas del cante flamenco.

jirafa *n. f.* **1** Mamífero rumiante muy alto, con el cuello muy largo y delgado, las patas delgadas y el pelo de color amarillento con manchas marrones: *la jirafa habita en África*. Para indicar el sexo se usa *la jirafa macho* y *la jirafa hembra*. **2** Brazo articulado que sostiene un micrófono, permite moverlo y ampliar su alcance y puede aproximarse desde arriba: *hay que repetir otra vez la toma, porque la jirafa ha entrado en el encuadre*.

jirón *n. m.* **1** Trozo desgarrado de una tela o de una prenda de vestir: *se ha hecho un jirón en el pantalón, así que habrá que remendarlo*. **2** Parte pequeña de un todo: *sólo nos recitó unos jirones de su extensa obra*.
DER jironado.

jiu-jitsu *n. m.* Deporte de origen japonés que consiste en un sistema de defensa personal sin armas: *las reglas del jiu-jitsu son menos estrictas que las del judo*.
OBS Es de origen japonés y se pronuncia aproximadamente 'yiu yitsu'.

¡jo! *int. coloquial* Expresión que denota sorpresa, admiración o fastidio: *ijo, qué aburrimiento!*

¡jobar! *int. coloquial* Expresión que denota sorpresa, admiración o fastidio: *¡jobar, menuda casa tienes!*

jockey *n. com.* Persona que se dedica profesionalmente a montar caballos de carreras: *un jockey debe pesar muy poco*.
SIN yóquey, yoqui.
OBS Es de origen inglés y se pronuncia aproximadamente 'yoquei'. ◊ La Real Academia Española sólo admite las formas *yóquey* y *yoqui*.

jocosidad *n. f.* **1** Capacidad para hacer reír o divertir: *la jocosidad de sus ocurrencias animó la fiesta*. **2** Hecho o dicho gracioso o divertido: *siempre nos divierte con sus jocosidades*.

jocoso, -sa *adj.* Que es gracioso y divertido: *Quevedo escribió muchos poemas jocosos*.
DER jocosidad.
ETIM Véase *juego*.

jocundo, -da *adj.* Que es alegre, gracioso y tiene buen humor: *tiene un carácter jocundo y anima a cualquiera*.

joder *v. intr./tr.* **1** *malsonante* Hacer el amor. ◊ *v. tr./intr./prnl.* **2** *malsonante* Molestar o fastidiar: *me está jodiendo tanta risa; ¡deja de joder con tanto ruido!; ¡jódete!* **SIN** jorobar. ◊ *v. tr./prnl.* **3** *malsonante* Estropear una cosa o impedir que un proyecto salga bien: *acabo de joder el mando de la tele: ahora no funciona*. **SIN** jorobar. ◊ *int.* **4 ¡joder!** *malsonante* Expresión que denota enfado o sorpresa: *¡joder, qué porrazo acabo de darme!*
DER jodienda.

jodienda *n. f. malsonante* Incomodidad o molestia: *es una jodienda que para llamar por teléfono tengamos que recorrer varias calles*.

jofaina *n. f.* Vasija en forma de taza muy ancha y poco profunda que sirve para lavarse la cara y las manos: *en casa de mis abuelos hay una jofaina y una jarra de porcelana antiguas*.

jolgorio *n. m.* Diversión muy animada, con ruido y desorden: *con motivo de su treinta cumpleaños ha organizado un buen jolgorio en su casa*. **SIN** farra, jarana, juerga.

¡jolín! *int.* Expresión que denota enfado o sorpresa: *¡jolín, qué tarde se nos ha hecho!*
OBS Se usa también la forma plural *jolines*.

jondo *adj.* [cante] Que combina elementos andaluces, árabes y gitanos y tiene tono de queja: *la seguiriya es un cante jondo*.

jónico, -ca *adj.* **1** ARQ. [orden] Que adorna la parte superior de las columnas con volutas: *la columna jónica tiene base, su fuste es acanalado y su capitel está provisto de volutas*. **2** De Jonia o que tiene relación con esta región de la antigua Grecia. **SIN** jonio. ◊ *adj./n. m. y f.* **3** [persona] Que era de Jonia. **SIN** jonio.

jonio, -nia *adj.* **1** De Jonia o que tiene relación con esta región de la antigua Grecia: *Mileto fue una ciudad jonia*. **SIN** jónico. ◊ *adj./n. m. y f.* **2** [persona] Que era de Jonia: *los jonios se enfrentaron al imperio persa por su independencia*.
DER jónico.

¡jopé! *int.* Expresión que denota enfado o sorpresa: *¡jopé, he vuelto a perder las gafas!*

jordano, -na *adj.* **1** De Jordania o que tiene relación con este país del próximo oriente asiático: *la capital jordana es Amman*. ◊ *adj./n. m. y f.* **2** [persona] Que es de Jordania: *los jordanos son vecinos de los israelíes*.

jornada *n. f.* **1** Tiempo que se dedica al trabajo en un día o en una semana: *su jornada laboral se reduce a cuatro horas diarias, porque trabaja la mitad de la jornada*. **jornada continua** o **jornada intensiva** Período de trabajo diario que se lleva a cabo sin interrupción ni descanso prologado para comer. **jornada partida** Período de trabajo diario que se lleva a cabo con una interrupción o descanso prolongado para comer. **2** Período de tiempo de 24 horas: *me gusta escuchar la radio por la noche para saber las noticias de la jornada*. **3** Distancia que se recorre en un día de viaje: *en una jornada es capaz de hacer 40 kilómetros a pie*. **4** Parte en la que se divide una obra de teatro clásico español y que generalmente abarca un día en la vida de los personajes: *este drama se desarrolla en tres jornadas*.
DER jornal.

jornal *n. m.* Cantidad de dinero que gana un trabajador por cada día de trabajo: *no puede faltar al trabajo aunque esté enfermo, porque pierde el jornal del día que falte*.
DER jornalero.

jornalero, -ra *n. m. y f.* Persona que trabaja a jornal, especialmente en el campo: *ha contratado unos jornaleros para que le recojan el trigo*. **SIN** bracero.

joroba *n. f.* **1** Bulto que tienen en el lomo ciertos animales formado por acumulación de grasas: *el camello tiene dos jorobas y el dromedario sólo una*. **SIN** giba. **2** Deformación de la columna vertebral o de las costillas que provoca que la espalda y el pecho tengan una forma abultada y curva anómala. **SIN** chepa, corcova, giba. ◊ *int.* **3 ¡joroba!** *coloquial* Expresión que denota enfado o molestia: *¡joroba, otra vez se me ha ido el autobús!*
DER jorobar.

jorobado, -da *adj./n. m. y f.* Que tiene joroba: *para carnaval, voy a disfrazarme de jorobado de Notre Dame*. **SIN** corcovado, giboso.

jorobar *v. tr./prnl.* **1** *coloquial* Molestar o fastidiar: *no me jorobes y déjame en paz*. **2** *coloquial* Estropear una cosa o impedir que un proyecto salga bien: *nos ha jorobado la fiesta con su actitud*.
DER jorobado.

jota *n. f.* **1** Nombre de la letra *j*: *jamaicano se escribe con jota*. **2** Baile popular de varias regiones de España: *la jota aragonesa*. **3** Canción y música que acompaña a este baile: *la jota ha sido muy utilizada en el teatro musical hispánico como en Gigantes y cabezudos*.
ni jota Nada o casi nada: *voy a ponerme las gafas porque no veo ni jota*. **SIN** ni papa.

jotero -ra *adj.* **1** Que está relacionado con el baile de la jota o con su música: *asociación jotera*. ◊ *adj./n. m. y f.* **2** [persona] Que canta, baila o toca jotas.

joule *n. m.* FÍS. Unidad de trabajo y de energía en el sistema

J j

internacional de unidades: *joule es la denominación internacional del julio.*
OBS Es de origen francés y se pronuncia aproximadamente 'yul'.

joven *adj./n. com.* **1** [persona] Que está en el período situado entre la niñez y la edad adulta: *no digas más que te duelen las piernas, que aún eres muy joven, sólo tienes dieciocho años.* ◊ *adj.* **2** De la juventud o que tiene relación con este período de la vida de una persona: *siempre va a una tienda de moda joven a comprarse la ropa.* **3** Que está en las primeras etapas de su existencia o de su desarrollo: *el cine de este director es aún muy joven, sólo ha hecho dos películas.*
ANT viejo.
ETIM *Joven* procede del latín *juvenis*, que tenía el mismo significado, voz con la que también están relacionadas *juvenil, juventud.*

jovial *adj.* Que es alegre, divertido y tiene buen humor: *siempre mantiene una actitud jovial con todos; María es una persona jovial con la que da gusto hablar.*
DER jovialidad.

jovialidad *n. f.* Alegría y buen humor: *me encanta hablar con él por su jovialidad, siempre transmite optimismo.*

joya *n. f.* **1** Objeto hecho con piedras y metales preciosos que suele usarse como adorno: *sólo tengo una joya de gran valor: un anillo de oro con un diamante rodeado de brillantes.* **2** Persona o cosa que tiene muy buenas cualidades o un gran valor: *tiene un hijo que es una joya; tiene una colección de coches antiguos que es una joya, alguno de ellos son únicos.*
DER joyel, joyero; enjoyar.

joyería *n. f.* **1** Establecimiento en el que se fabrican, arreglan o venden joyas: *me han arreglado los pendientes en la joyería.* **2** Arte, técnica y comercio de las joyas: *se dedica a la joyería.*

joyero, -ra *n. m. y f.* **1** Persona que se dedica profesionalmente a fabricar, arreglar o vender joyas: *la joyera me ha recomendado que no me eche colonia con las perlas puestas porque se estropean.* ◊ *n. m.* **2** Caja o estuche en el que se guardan las joyas: *tiene sus cosas guardadas en un joyero de madera.* ☞ equipaje.
DER joyería.

juanete *n. m.* Deformidad o bulto en el hueso del dedo gordo del pie: *no se puede poner zapatos apretados porque tiene juanetes.*

jubilación *n. f.* **1** Retirada definitiva de un trabajo por haber cumplido la edad determinada por la ley o por enfermedad: *le han ofrecido la jubilación anticipada por haber cotizado los años fijados por la ley.* **2** Cantidad de dinero que cobra una persona cuando se produce esa retirada definitiva del trabajo: *le ha quedado una buena jubilación.*

jubilado, -da *adj./n. m. y f.* [persona] Que está retirado de su trabajo por haber cumplido la edad determinada por la ley o por enfermedad.

jubilar *v. tr./prnl.* **1** Retirar a una persona de su trabajo por haber cumplido la edad determinada por la ley o por enfermedad: *la empresa jubiló a los que ya habían cumplido sesenta años; se jubiló después de trabajar 45 años en la misma empresa.* ◊ *v. tr.* **2** *coloquial* Dejar de usar o abandonar una cosa que ya no es útil: *voy a jubilar este traje porque está muy estropeado.*
DER jubilación, jubilado, jubileo, júbilo.

jubileo *n. m.* **1** En la religión católica, perdón que concede el Papa: *los peregrinos viajaron a Roma para ganar el jubileo.* **2** Entrada y salida frecuente de muchas personas de un lugar: *el día del concierto, la plaza de toros era un jubileo.*

júbilo *n. m.* Alegría grande que se manifiesta exteriormente: *nos abrazamos con júbilo al vernos después de tanto tiempo de estar separados.*
DER jubiloso.

jubiloso, -sa *adj.* Que tiene una gran alegría y la manifiesta exteriormente: *nos anunció jubiloso que había aprobado las oposiciones.*

jubón *n. m.* Prenda antigua de vestir ajustada al cuerpo que cubre desde los hombros a la cintura: *el jubón puede tener o no tener mangas.*

judaico, -ca *adj.* De los judíos o que tiene relación con ellos: *los ritos de la pascua judaica no coinciden con los de la cristiana.*

judaísmo *n. m.* Religión basada en el Talmud cuyos seguidores creen en un único Dios y en la venida futura de su hijo. **SIN** hebraísmo.

judas *n. m.* Persona traidora y malvada: *no te fíes de él, es un judas y puede traicionarte cuando menos lo esperes.*
ETIM *Judas* toma su significado de 'traidor' del personaje bíblico del mismo nombre que fue apóstol de Jesucristo y lo delató por treinta monedas de plata.
OBS El plural también es *judas*.

judeocristianismo *n. m.* Conjunto de creencias y doctrinas religiosas que tenía el cristianismo en sus orígenes, en gran parte comunes con el judaísmo.

judeocristiano, -na *adj.* Que se deriva de la tradición judía y de la cristiana, religiones que compartían gran parte de sus ideas y creencias.

judeoespañol, -la *adj.* **1** De los descendientes de los judíos expulsados de España en 1492 o que tiene relación con ellos: *las comunidades judeoespañolas perviven en el norte de África, en los Balcanes y en Asia menor.* **SIN** sefardí. ◊ *n. m. y f.* **2** Descendiente de los judíos expulsados de España en 1492 que conserva la lengua y las tradiciones de sus antepasados: *los judeoespañoles actuales suelen conservar las llaves de las casas de sus antepasados hispanos del siglo XV.* **SIN** sefardí. ◊ *n. m.* **3** Variedad del español hablada por estos judíos y por sus descendientes: *el judeoespañol conserva rasgos del castellano del siglo XVI.* **SIN** ladino, sefardí.

judería *n. f.* Barrio en que vivían los judíos en la Edad Media: *la judería de Gerona es de las más importantes de España.*

judía *n. f.* **1** Planta leguminosa de tallo delgado y en espiral, hojas grandes y flores blancas o amarillas: *la judía es una planta originaria de América.* **SIN** alubia, habichuela. **2** Fruto comestible de esta planta de color verde en forma de vaina alargada, estrecha y aplastada: *para cocinar las judías verdes hay que cortarlas y lavarlas.* **SIN** alubia, habichuela. **3** Semilla comestible contenida en este fruto en forma de vaina, de pequeño tamaño y forma arriñonada: *hay judías blancas y judías marrones que se llaman judías pintas.* **SIN** alubia, habichuela.
DER judión.

judiada *n. f.* Acción injusta o malintencionada hecha contra alguien: *lo que le has hecho es una judiada, sabes que le da miedo la oscuridad y le apagas la luz.*

judicatura *n. f.* **1** DER. Profesión de juez: *se dedicó a la judicatura, después de aprobar las oposiciones.* **2** DER. Tiempo durante el cual un juez ejerce su cargo: *durante su judicatura dictó miles de sentencias.* **3** DER. Cuerpo formado por los jueces de un país: *la judicatura ha mostrado su acuerdo con las últimas decisiones tomadas por el Gobierno.*
ETIM Véase *juez*.

judicial *adj.* Del juicio, de la administración de justicia o de la judicatura, o que tiene relación con ellos: *el poder judicial lo ejercen los órganos de la administración de justicia.*

DER extrajudicial.
ETIM Véase *juez*.

judío, -día *adj.* **1** Del judaísmo o relacionado con esta doctrina religiosa que se basa en el Talmud. **SIN** hebreo, mosaico. ◊ *adj./n. m. y f.* **2** [persona] Que cree en esta doctrina religiosa. **SIN** hebreo. ◊ **3** *adj.* De Israel o que tiene relación con este país asiático. **SIN** hebreo. ◊ *adj./n. m. y f.* **4** [persona] Que ha nacido en Israel. **SIN** hebreo.

judo *n. m.* Deporte de origen japonés que consiste en luchar cuerpo a cuerpo para vencer aprovechando la fuerza y el impulso del contrario: *el judo surgió del sistema de defensa personal jiu-jitsu en 1882.* **SIN** yudo.
DER judoca.
OBS Es de origen japonés y se pronuncia aproximadamente 'yudo'. ◊ La Real Academia Española admite *judo,* pero prefiere la forma *yudo.*

judoca *n. com.* Persona que practica el judo. **SIN** yudoca.
OBS Es de origen japonés y se pronuncia aproximadamente 'yudoca'. ◊ La Real Academia Española sólo admite la forma *yudoca.*

juego *n. m.* **1** Acción que se realiza para divertirse o entretenerse: *el juego es fundamental para el desarrollo de los niños.* **2** Actividad recreativa que se realiza bajo unas reglas que los participantes deben respetar: *recuérdame las reglas del juego del julepe antes de empezar la partida.* **juego de azar** Juego que depende de la suerte: *los dados es un juego de azar.* **juego de manos** Juego que se basa en la habilidad y agilidad de las manos para hacer aparecer y desaparecer objetos: *es un gran prestidigitador que hace unos juegos de manos increíbles.* **3** Práctica de actividades recreativas en las que se apuesta dinero: *es ludópata y el juego lo ha arruinado.* **4** Movimiento de cosas que están articuladas: *ha sufrido una fractura de tibia y tiene que hacer rehabilitación para recuperar el juego de la rodilla.* **5** Conjunto de cosas que se usan y complementan con un fin: *un juego de café; un juego de sábanas.* ☞ equipaje. **6** Combinación de elementos para conseguir un efecto estético: *este espectáculo tiene un montaje muy original basado en el juego de luces.* **7** Parte en que se divide un partido en algunos deportes: *el tenista ha ganado dos juegos del primer set.* **8** Intriga o plan para conseguir algo, especialmente si es malo o secreto: *descubrieron su juego y no pudo estafarlos.* ◊ *n. m. pl.* **9 juegos** Conjunto de competiciones que se celebraban en la Antigüedad clásica: *los romanos asistían a los juegos en el circo.* **Juegos Olímpicos** Conjunto de competiciones deportivas que se celebran cada cuatro años en una ciudad determinada: *en 1992 se celebraron los Juegos Olímpicos en Barcelona.* Se escribe con letra mayúscula. **juegos florales** Concurso poético en el que se premia al vencedor con una flor natural: *los juegos florales se instituyeron en 1323 en Toulouse.*
dar juego Ofrecer muchas posibilidades: *una camisa blanca da mucho juego porque combina con todos los colores.*
hacer el juego Favorecer o apoyar a una persona en un asunto o punto de vista: *deja de hacerle el juego y si no estás de acuerdo dínoslo.*
hacer juego Combinar bien una cosa con otra: *esa corbata no te hace juego con la camisa.*
juego de niños Actividad o asunto que es fácil de hacer o resolver: *freír un huevo es un juego de niños.*
juego de palabras Figura del lenguaje que consiste en usar y combinar palabras que tienen una forma parecida o que pueden ser interpretadas de varias formas: *si dices 'no estoy cansado, sino casado', estás haciendo un juego de palabras.*
juegos malabares Ejercicios de equilibrio y habilidad que se hacen lanzando al aire y recogiendo diversos objetos o manteniéndolos en equilibrio. **SIN** malabarismo.
poner en juego Arriesgar algo con una finalidad: *en esta empresa hemos puesto en juego todos nuestros ahorros y hemos de intentar no perderlos.*
DER jugar, juguete; telejuego.
ETIM *Juego* procede del latín *jocus,* 'diversión', voz con la que también están relacionadas *jocoso, juglar.*

juerga *n. f.* Diversión muy animada, con ruido y desorden: *es muy casero y no le gustan nada las juergas.* **SIN** farra, jarana, parranda.
DER juerguista.

juerguista *adj./n. com.* [persona] Que es muy aficionado a las juergas o las diversiones: *vaya juerguista que estás hecho, te pasas el día en la calle.*

jueves *n. m.* Cuarto día de la semana: *el jueves está entre el miércoles y el viernes.*
no ser nada del otro jueves No ser nada especial o fuera de lo normal: *este traje es bonito, pero no es nada del otro jueves.*
OBS El plural también es *jueves.*

juez, -za *n. m. y f.* **1** Persona que tiene capacidad para juzgar y sentenciar y que es responsable de la aplicación de las leyes: *el juez absolvió al acusado del delito que se le imputaba.* **juez de instrucción** o **juez de primera instancia** Juez que se encarga de los asuntos penales: *ha denunciado el caso ante la jueza de instrucción.* **2** Persona que tiene autoridad para juzgar en un concurso público y hacer que se cumplan las reglas que lo rigen: *el juez lo ha descalificado porque su libro era más extenso de lo que permitían las bases del concurso.* **3** Persona que resuelve una duda o una discusión: *te ha tocado ser el juez en este dilema, tienes que decirnos quién crees que tiene razón.* **4** Persona que en una competición deportiva se encarga de hacer cumplir el reglamento: *el juez descalificó al corredor de marcha por apoyar los dos pies en el suelo.* **juez de línea** Auxiliar del árbitro principal que vigila el juego por las líneas laterales del campo, en el fútbol y otros deportes: *el juez de línea avisó al árbitro del penalti con la bandera.* **SIN** árbitro asistente, linier. **juez de silla** Juez que, en algunos deportes de red, vigila que se cumplan las reglas: *el juez de silla dijo que la pelota que había golpeado el tenista había dado en la línea.*
ser juez y parte Juzgar una cosa en la que no se puede ser neutral por estar de algún modo implicado: *no puedo dar mi opinión objetiva sobre este tema porque soy juez y parte.*
DER juicio; juzgar.
ETIM *Juez* procede del latín *judex, –icis,* que tenía el mismo significado, voz con la que también están relacionadas *judicatura, judicial.*

jugada *n. f.* **1** Intervención de un jugador cuando llega su turno o tiene oportunidad: *has caído en la posada, así que tendrás que estar dos jugadas sin moverte.* **2** Acción destacada de un juego: *ha sido un partido aburrido con pocas jugadas.* **SIN** lance. **3** Hecho o dicho con mala intención contra una persona: *me ha hecho una jugada que no sé si podré perdonársela.*

jugador, -ra *adj./n. m. y f.* **1** [persona] Que se dedica profesionalmente a jugar, especialmente en el deporte: *han fichado a un jugador muy conocido en el mundo del fútbol.* **2** [persona] Que es muy aficionado a los juegos de azar: *es un jugador empedernido y pasa noches enteras en el casino.*

jugar *v. intr.* **1** Realizar una actividad para divertirse o entretenerse: *le gusta jugar con los puzzles.* **2** Tratar a una persona o una cosa sin la consideración, el respeto o la importancia que merecen: *no juegues conmigo y trátame como*

jugarreta

merezco; *estás jugando con tu puesto de trabajo faltando tanto*. **3** Tomar parte en un asunto o negocio: *no juego en este negocio que me propones porque me parece muy arriesgado*. **jugar limpio** Proceder honradamente o con buena intención: *fíate de él, jugará limpio y no te engañará*. **jugar sucio** Proceder sin honradez o con mala intención: *ha jugado sucio para conseguir ese premio*. ◇ *v. tr./intr.* **4** Participar en una actividad recreativa que se realiza bajo unas reglas que los participantes deben respetar: *ayer jugamos al parchís y después a las cartas*. **5** Intervenir un jugador cuando le corresponde o llega su turno: *te toca jugar a ti, así que echa de una vez la carta*. ◇ *v. tr./prnl.* **6** Participar en un sorteo o en un juego de azar con la finalidad de ganar dinero: *le gusta jugar y pierde mucho dinero en el bingo*. **jugar fuerte** Exponer una cantidad grande de dinero: *aquí no apuesto yo, porque se juega fuerte y no dispongo de tanto dinero*. ◇ *v. prnl.* **7 jugarse** Llevarse a cabo un partido o un juego: *el partido se jugó el fin de semana*. **8** Arriesgar o poner en peligro: *no debes correr tanto con el coche porque te juegas la vida*. **9** Apostar sobre una cosa: *Me juego lo que quieras a que acabo el trabajo antes que tú*.

jugar	
INDICATIVO	**SUBJUNTIVO**
presente	presente
juego	juegue
juegas	juegues
juega	juegue
jugamos	juguemos
jugáis	juguéis
juegan	jueguen
pretérito imperfecto	pretérito imperfecto
jugaba	jugara o jugase
jugabas	jugaras o jugases
jugaba	jugara o jugase
jugábamos	jugáramos o jugásemos
jugabais	jugarais o jugaseis
jugaban	jugaran o jugasen
pretérito indefinido	futuro
jugué	jugare
jugaste	jugares
jugó	jugare
jugamos	jugáremos
jugasteis	jugareis
jugaron	jugaren
futuro	**IMPERATIVO**
jugaré	juega (tú)
jugarás	juegue (usted)
jugará	jugad (vosotros)
jugaremos	jueguen (ustedes)
jugaréis	
jugarán	
condicional	**FORMAS NO PERSONALES**
jugaría	infinitivo gerundio
jugarías	jugar jugando
jugaría	participio
jugaríamos	jugado
jugaríais	
jugarían	

jugarla o **jugársela a alguien** Engañar a una persona con la intención de perjudicarla: *se la has jugado diciéndole que habían cambiado la hora del examen: cuando ha llegado, habíamos terminado*.
DER jugada, jugador, jugarreta.
OBS En su conjugación, la *u* se convierte en *ue* en sílaba acentuada y la *g* en *gu* delante de *e*.

jugarreta *n. f.* Acción que causa un daño o encierra mala intención: *otra jugarreta como esta de dejarme fuera de la lista y no vuelvo a hablarte en la vida*. **SIN** cochinada, faena, marranada.

juglar *n. m.* **1** Persona que en la Edad Media divertía a la gente con sus canciones, bailes o juegos: *el juglar iba de pueblo en pueblo haciendo reír a la gente que se congregaba a su alrededor*. **2** En la Edad Media, artista que recitaba poemas de los trovadores y que actuaba en ambientes cortesanos: *el juglar formaba parte de la vida de la corte, donde contaba historias*.
DER juglaresco, juglaría.
ETIM Véase *juego*.

juglaresco, -ca *adj*. Del juglar o que tiene relación con este artista medieval: *ese poema anónimo y de temática heroica es juglaresco*.

juglaría *n. f.* Actividad y oficio del juglar: *el mester de juglaría es el género literario al que pertenecen las primeras creaciones épicas castellanas*.

jugo *n. m.* **1** Líquido que se extrae de sustancias animales y vegetales al ser calentadas o exprimidas: *me gusta asar la carne sólo con el jugo que desprende; este limón no tiene nada de jugo*. **2** Líquido orgánico que segrega una célula o una glándula: *el jugo pancreático contiene enzimas que son útiles para la digestión*. **jugo gástrico** Líquido ácido que segregan las glándulas del estómago para digerir los alimentos: *los jugos gástricos contienen, entre otras sustancias, sales minerales*. **3** Utilidad o provecho que se saca de una cosa: *he vuelto a ver la película para sacarle todo su jugo*.
DER jugoso; enjugar.
ETIM *Jugo* procede del latín *sucus*, que tenía el mismo significado, voz con la que también está relacionada *suculento*.

jugosidad *n. f.* **1** Abundancia de jugo o de sustancia y sabor: *la naranja es muy apreciada por su jugosidad; la jugosidad de esta carne la hace exquisita*. **2** Valor o cantidad importantes: *no puedes rechazar esta propuesta, su jugosidad la hace inestimable*.

jugoso, -sa *adj.* **1** [sustancia] Que tiene jugo: *el melón es una fruta jugosa; el muslo de pollo es más jugoso que la pechuga*. **ANT** seco. **2** [alimento] Que tiene sustancia y sabor: *la carne de ternera poco hecha está muy jugosa*. **ANT** seco. **3** Que tiene mucho valor, es cuantioso o se puede sacar provecho: *se merece un excelente porque ha hecho un comentario de texto muy jugoso*.
DER jugosidad.

juguete *n. m.* **1** Objeto que sirve para jugar: *este niño recoge siempre los juguetes después de jugar*. **2** Persona o cosa dominada o manejada por una fuerza material o moral que la mueve a su gusto: *José es un juguete de María, hace con él lo que quiere; los árboles eran juguete del vendaval*. **3** Pieza musical o teatral breve y desenfadada: *durante el Siglo de Oro español se compusieron muchos juguetes escénicos*.
DER juguetear, juguetería, juguetón.

juguetear *v. intr.* Entretenerse jugando o haciendo cosas sin importancia: *mientras hablaba por teléfono, jugueteaba con el bolígrafo; la niña jugueteaba con las cucharas*.
DER jugueteo.

juguetería *n. f.* **1** Establecimiento o tienda en el que se venden juguetes: *han abierto una nueva juguetería donde puedes encontrar cualquier juguete.* **2** Fabricación y comercio de juguetes: *se dedica a la juguetería didáctica.*

juguetón, -tona *adj.* [persona, animal] Que le gusta mucho jugar y lo hace con frecuencia: *este perro es muy juguetón.*

juicio *n. m.* **1** Capacidad de pensar y considerar las situaciones y circunstancias para distinguir lo positivo de lo negativo: *no te preocupes, a pesar de su edad, es una persona con mucho juicio y se tomará muy en serio tu encargo.* **SIN** cordura. **2** Opinión razonada sobre un asunto o persona: *no debes hacer juicios sobre nadie sin conocerlo.* **a mi juicio** Según mi opinión: *a mi juicio, no debemos hacerlo.* **3** Sensatez en la manera de actuar: *si tuvieras juicio, estudiarías más.* **estar en su sano juicio** Estar en posesión de sus facultades mentales y actuar de manera sensata: *a pesar de las locuras que hace, te aseguro que está en su sano juicio.* **perder el juicio** Volverse loco: *lo han llevado al psiquiátrico porque ha perdido el juicio.* **4** DER. Proceso legal por el que se resuelve un asunto: *voy a declarar como testigo en el juicio de un accidente de tráfico.* **juicio penal** o **juicio criminal** DER. Juicio que tiene por objeto establecer la responsabilidad penal de una persona en un delito. **juicio sumario** DER. Juicio civil en el que, para hacerlo más rápido, intervienen sólo los abogados y se eliminan algunas formalidades. **juicio sumarísimo** DER. Juicio militar que se celebra de la forma más breve posible por la gravedad de los hechos o la claridad del delito. **juicio final** Juicio que, según la religión cristiana, celebrará Dios al final de los tiempos: *el día del juicio final todos los hombres serán iguales ante Dios y éste juzgará sus faltas.*
DER juicioso; enjuiciar.

juicioso, -sa *adj./n. m. y f.* [persona] Que muestra juicio y sensatez en sus actos: *María es muy juiciosa y no hará ninguna tontería.* **SIN** sensato.

julepe *n. m.* **1** Bebida medicinal hecha con una mezcla de agua destilada, jarabe y otras sustancias: *cuando tengo tos, mi madre me prepara un julepe con eucalipto para calmarla.* **2** Juego de naipes de seis jugadores que consiste en hacer como mínimo dos bazas de las cinco posibles: *para jugar al julepe tienes que repartir cinco cartas a cada jugador y dejar una sobre la mesa como triunfo.* **3** *coloquial* Esfuerzo o trabajo excesivo: *estoy pintando las paredes de la casa y me he dado un buen julepe.*

julio *n. m.* **1** Séptimo mes del año: *julio tiene 31 días.* **2** FÍS. Unidad de trabajo y de energía: J *es el símbolo del julio; el julio equivale a diez millones de ergios.* **SIN** joule.

jumbo *n. m.* Avión de pasajeros de gran capacidad.
OBS Es de origen inglés y se pronuncia aproximadamente 'yumbo'.

jumento, -ta *n. m. y f.* Mamífero cuadrúpedo doméstico, parecido al caballo aunque más pequeño, con grandes orejas, cola larga y pelo áspero y grisáceo, que se usa para trabajos en el campo y para la carga por ser muy fuerte: *Sancho Panza iba montado en un jumento.* **SIN** asno, borrico, burro.

jumilla *n. m.* Vino que se elabora en la zona de Jumilla, en la provincia de Murcia.

juncal *adj.* **1** Que es delgado, bello y elegante: *tiene una juncal figura.* ◇ *n. m.* **2** Lugar donde crecen juncos: *los juncales suelen estar a la orilla de los ríos.*

junco *n. m.* **1** Planta herbácea silvestre con muchos tallos rectos, largos y flexibles de color verde oscuro y acabados en una punta dura: *el junco crece en sitios húmedos.* **SIN** junquera. **2** MAR. Embarcación ligera de vela usada en Oriente: *las velas del junco van cosidas a listones de bambú para mantenerlas tiesas.*
DER juncal, junquera, junquillo.

jungla *n. f.* Bosque tropical formado por una vegetación muy abundante y una fauna muy variada: *el tigre es el animal característico de la jungla.* **SIN** selva.

junio *n. m.* Sexto mes del año: *el mes de junio tiene 30 días.*

júnior *adj.* **1** [persona] Que es más joven que una persona de la misma familia que tiene el mismo nombre: *aquí viene Antonio García júnior.* ◇ *adj./n. com.* **2** [deportista] Que se incluye, por tener una edad entre los 18 y 21 años, en la categoría comprendida entre la de juvenil y la de sénior.
OBS Es de origen inglés (tomado del latín) y se pronuncia aproximadamente 'yúnior'.

junquera *n. f.* Planta herbácea silvestre con muchos tallos rectos, largos y flexibles de color verde oscuro y acabados en una punta dura: *la junquera forma matas muy compactas.* **SIN** junco.

junquillo *n. m.* **1** Planta de jardín de tallo liso y largo y de flores amarillas muy olorosas: *el junquillo se utiliza en perfumería.* **2** Tira larga y estrecha de madera que se pone como adorno en el borde de un mueble o de otros objetos de madera a modo de moldura: *el armario está rematado con junquillos.*

junta *n. f.* **1** Reunión de personas para tratar un asunto: *la junta de vecinos ha decidido pintar la fachada del edificio.* **2** Conjunto de personas elegidas para dirigir y gobernar los asuntos de una colectividad: *la junta de accionistas del banco elegirá hoy al nuevo presidente.* **3** Parte por donde se unen dos o más cosas: *las juntas de las tuberías deben estar bien limpias y secas para poder soldarlas.* **SIN** juntura. **4** Pieza de goma u otro material flexible que se coloca en la unión de dos tubos o partes de un aparato para asegurar su unión: *los grifos llevan una junta de goma para que no pierdan agua.* **SIN** juntura. **5** Espacio que queda entre las piedras o los ladrillos de una pared y que se rellena con una masa de material elástico, mortero o yeso: *la junta de dilatación permite que la pared se contraiga o se dilate en función de su temperatura.*

juntar *v. tr./prnl.* **1** Reunir o formar un grupo de cosas o personas: *junta toda la ropa de verano encima de la cama, que la guardaremos en el otro armario; nos juntamos todos los amigos a cenar para celebrar su cumpleaños.* **ANT** separar. **2** Acercar una cosa a otra: *hemos juntado todos los muebles en el centro de la habitación para pintarla.* **ANT** alejar, separar. ◇ *v. prnl.* **3 juntarse** Tener amistad o relacionarse con alguien: *¿con quién te juntas ahora que no hay quien te vea?* **4** Acercarse mucho a una persona: *júntate más para que quepáis todos en el coche.* **ANT** alejar, separar. **5** Ir a vivir con una persona y mantener relaciones sexuales sin estar casado con ella. **SIN** amancebarse.
DER juntura, adjuntar, ajuntar, conjuntar, rejuntar.
OBS El participio *juntado* se usa en la conjugación verbal y el participio irregular *junto* se usa como adjetivo y adverbio.

junto, -ta *adj.* **1** Que está cercano, reunido o unido: *pusimos dos mesas juntas para caber todos.* **2** Que obra en compañía o en colaboración con alguien: *llegaron juntos a la reunión.* Se usa más en plural. ◇ *adv.* **3 junto** En una posición inmediata o cercana: *te esperaré junto a tu casa.* **4** Al mismo tiempo o a la vez: *junto al aparato te envío las instrucciones.*
DER junta, juntar.
ETIM *Junto* procede del latín *junctus,* que tenía el mismo significado, voz con la que también están relacionadas *coyuntura, yunta.*

juntura *n. f.* **1** Parte por donde se unen dos o más cosas: *hay que poner algo en las ventanas, porque por las junturas entra agua.* **SIN** junta. **2** Pieza de goma u otro material flexible que se coloca en la unión de dos tubos o partes de un aparato para asegurar su unión: *ha ido a comprar una juntura para la puerta de la lavadora, porque la que tiene está muy gastada y ya no cierra herméticamente.* **SIN** junta.

jura *n. f.* Hecho y ceremonia por los que una persona se compromete a cumplir con fidelidad los deberes de un cargo o servicio: *a la jura del nuevo presidente de Gobierno y los nuevos ministros asistirá el Rey.* **jura de bandera** Hecho y ceremonia por los que una persona se compromete a servir y ser fiel a la nación: *los reclutas tienen la jura de bandera después del período de campamento.*

jurado, -da *adj.* **1** [persona] Que ha prestado juramento para desempeñar su cargo o su función: *es un intérprete jurado.* **2** [declaración] Que se hace bajo juramento: *he tenido que presentar una declaración jurada para la solicitud del nuevo trabajo.* ◇ *n. m.* **3** Tribunal formado por un conjunto de ciudadanos que tiene la función de determinar la inocencia o la culpabilidad del acusado en un proceso judicial: *en España se implantó el jurado en 1996.* **4** Ciudadano que forma parte de este tribunal: *él ha sido jurado en este proceso.* **5** Tribunal formado por un conjunto de personas especialistas en una materia que examina y califica en un concurso o en una competición deportiva: *el jurado del festival de música ha decidido dar el premio a una cantante desconocida.*

juramentar *v. tr.* **1** Tomar juramento a una persona: *juramentó al testigo antes de tomarle la declaración.* ◇ *v. prnl.* **2 juramentarse** Obligarse varias personas con juramento a hacer algo: *se han juramentado para acabar a tiempo su trabajo.*
DER juramento.

juramento *n. m.* **1** Acto y expresión con los que una persona asegura una cosa de forma rotunda, poniendo por testigo a Dios o a personas o cosas muy respetadas: *si ha hecho un juramento lo cumplirá, porque es una persona de palabra.* **2** Palabra o expresión malsonante u ofensiva: *es muy mal hablado, de cada dos palabras tres son juramentos.* **SIN** palabrota, taco.

jurar *v. tr.* **1** Asegurar una cosa de forma rotunda poniendo por testigo a Dios o a personas o cosas muy respetadas: *te juro por mi hijo que no volveré a hacerlo.* **2** Comprometerse a cumplir con fidelidad los deberes de un cargo o servicio: *el nuevo ministro juró su cargo.* ◇ *v. intr.* **3** Decir palabras o expresiones malsonantes y ofensivas: *se ha dado un golpe y ha empezado a jurar de manera incontrolada.*
jurar bandera Comprometerse a servir y ser fiel a la nación: *ha jurado bandera y ahora tendrá unos días de vacaciones.*
jurársela o **jurárselas a alguien** *coloquial* Asegurar una persona que se vengara de otra: *te la tiene jurada desde que le gastaste aquella mala pasada.*

jurásico, -ca *adj./n. m.* **1** GEOL. [período] Que forma parte de la era secundaria o mesozoica de la historia de la Tierra y durante el cual los dinosaurios experimentaron una gran expansión y diversificación: *la era secundaria está formada por los períodos triásico, jurásico y cretácico.* ◇ *adj.* **2** GEOL. De este período geológico o que tiene relación con él: *un terreno jurásico.*

jurel *n. m.* Pez marino comestible de cuerpo carnoso y espinas fuertes y agudas a los lados que tiene la parte superior de color azul: *vamos a asar en la barbacoa sardinas y jureles.* **SIN** chicharro.

OBS Para indicar el sexo se usa *el jurel macho* y *el jurel hembra*.

jurídico, -ca *adj.* Del derecho o sus leyes o que tiene relación con él: *voy a consultar con mi abogado algunas cuestiones jurídicas.*
DER jurisconsulto, jurisdicción, jurisperito, jurisprudencia, jurista.

jurisconsulto, -ta *n. m. y f.* Persona especializada en la ciencia del derecho que se dedica a la teoría y a resolver consultas legales. **SIN** jurisperito.

jurisdicción *n. f.* **1** Autoridad o poder para juzgar y aplicar las leyes: *este asunto es de la jurisdicción del gobernador civil, no del alcalde.* **2** Territorio en el que se ejerce esa autoridad o poder.
DER jurisdiccional.

jurisdiccional *adj.* De la jurisdicción o que tiene relación con ella: *por una cuestión jurisdiccional debe llevar el caso un abogado de la ciudad donde se produjo el accidente.*

jurisperito, -ta *n. m. y f.* Persona especializada en la ciencia del derecho que se dedica a la teoría y a resolver consultas legales. **SIN** jurisconsulto.

jurisprudencia *n. f.* **1** DER. Estudio y ciencia del derecho: *es un experto en jurisprudencia y todo el mundo le consulta dudas.* **2** DER. Doctrina o enseñanza que se extrae de las sentencias de los tribunales: *el profesor nos explicó la jurisprudencia sobre ciertos delitos.* **3** DER. Norma que sustituye la falta de una ley y que se basa en las prácticas seguidas en casos iguales o parecidos: *esta nueva sentencia sentará jurisprudencia, puesto que no había ningún delito parecido.*

jurista *n. com.* Persona que se dedica a estudiar o ejercer el derecho: *los juristas del banco están estudiando si la fusión es legal.*

justa *n. f.* **1** Combate entre dos personas montadas a caballo y armadas con lanza que se realizaba como entrenamiento o como exhibición en un festejo durante la Edad Media: *la justa se diferencia de los torneos en que en éstos luchaban dos grupos de caballeros.* **2** Competición literaria: *en la semana cultural del colegio habrá una justa en la que participarán alumnos de diversos centros.*

justamente *adv.* **1** Exactamente: *has hecho justamente lo que esperaba de ti; es el que está justamente detrás de mí en la foto.* **SIN** justo. **2** De manera justa o con justicia: *has obrado justamente defendiendo a quien tenía razón.*

justicia *n. f.* **1** Cualidad o virtud de proceder o juzgar respetando la verdad y dando a cada uno lo que le corresponde: *debes decidir con justicia quién se merece el puesto de trabajo, sin dejarte llevar por tu relación de amistad con uno de ellos.* **ANT** injusticia. **2** Acción de proceder o juzgar respetando la verdad y dando a cada uno lo que le corresponde: *los damnificados pedían justicia ante el tribunal.* **3** Organismo oficial que se encarga de juzgar y de aplicar las leyes: *los estafadores han caído en manos de la justicia.* **4** Aplicación de una pena tras un juicio: *recibieron justicia a los pocos días.*
hacer justicia Proceder o juzgar respetando la verdad y dando a cada uno lo que le corresponde: *los jueces deben hacer justicia; finalmente, ha conseguido que le hagan justicia: le han dado el primer premio.*
DER justiciero; ajusticiar, injusticia.

justiciero, -ra *adj.* **1** [persona] Que respeta y hace respetar la justicia con severidad y rigor: *es un abogado justiciero y si cree que tienes razón defenderá tu caso hasta el final.* **2** [persona] Que es muy riguroso y severo en los castigos de las faltas: *es una persona muy justiciera y no parará hasta que el criminal vaya a la cárcel.*

justificación n. f. **1** Explicación de la causa o del motivo razonable de una cosa: *la justificación de su durísima respuesta es obvia: lo habían insultado repetidamente.* **2** Demostración con pruebas de una cosa: *el jefe me ha exigido la justificación de los gastos del último viaje mediante las facturas correspondientes.*

justificante adj. **1** Que justifica o es la causa, la explicación o el motivo razonable de una cosa: *el vino que había tomado no es un justificante válido de su conducta grosera.* ◇ n. m. **2** Documento o recibo que da constancia de la realización de algo: *el alumno trajo un justificante del médico, para demostrar que había estado enfermo.* **SIN** comprobante.

justificar v. tr. **1** Ser la causa, la explicación o el motivo razonable de una cosa: *la grave enfermedad de su madre justifica que ande nervioso y de mal humor; la ausencia de casi todos los titulares justifica la derrota del equipo.* **2** Demostrar o probar una cosa, especialmente con documentos escritos: *justificó su enfermedad con un certificado médico.* **3** En tipografía, igualar la longitud de las líneas de un texto impreso: *los procesadores de texto te permiten justificar un texto por ambos lados y escoger el margen deseado.* ◇ v. tr./prnl. **4** Defender o demostrar la inocencia de una persona: *aunque se muestre tan arrepentido, no puedo justificarlo, porque me ha hecho mucho daño con su acción; no ha venido, pero se ha justificado diciendo que ha tenido un imprevisto.*
DER justificación, justificante.
OBS En su conjugación, la c se convierte en qu delante de e.

justipreciación n. f. Valoración o tasación rigurosa: *vamos a proceder a la justipreciación de la empresa para venderla.*

justipreciar v. tr. Valorar o tasar de forma rigurosa: *habrá que avisar a un técnico para justipreciar el valor del terreno.*
DER justipreciación, justiprecio.
OBS En su conjugación, la i no se acentúa, como en *cambiar*.

justiprecio n. m. Valor o tasa rigurosa: *el perito fijará el justiprecio de la finca.*

justo, -ta adj./n. m. y f. **1** [persona] Que actúa con objetividad y justicia: *es una persona muy justa y te dará lo que te mereces; los justos no pueden estar impasibles ante las injusticias.* ◇ adj. **2** Que respeta las leyes: *ha sido una sentencia justa.* **3** Que es exacto: *tienes que decirme las medidas justas de tu cama para hacerte la colcha; tengo que dar con las palabras justas para que me entiendan.* **4** Que está apretado o ajustado: *el pantalón me está justo, si engordo un poco no podré ponérmelo.* ◇ adv. **5 justo** Exactamente: *es justo lo que quería oírte decir; justo cuando me iba, sonó el teléfono.*
SIN justamente.
DER justicia, justificar, justipreciar; ajustar, injusto.

juvenil adj. **1** De la juventud o que tiene relación con ella: *a pesar de su edad, le gusta vestirse de forma juvenil.* ◇ adj./n. com. **2** [deportista] Que se incluye, por tener una edad entre los 15 y 18 años, en la categoría comprendida entre la de cadete y la de júnior: *mañana iremos al partido de fútbol de juveniles.*
ETIM Véase *joven*.

juventud n. f. **1** Período de la vida que está entre la niñez y la edad adulta: *durante su juventud hizo muchas locuras.* **SIN** mocedad. **ANT** senectud, vejez. **2** Energía y vitalidad propias de este período de la vida: *aunque tiene sesenta años, está en plena juventud.* **3** Conjunto de personas jóvenes: *cada vez son más frecuentes los accidentes de tráfico entre la juventud.* **4** Primera etapa en la existencia o el desarrollo de algo: *esta galería de arte está en su juventud, sólo hace dos meses que está abierta y aún no está consolidada.* ◇ n. f. pl. **5 juventudes** Conjunto de jóvenes que forman parte de un partido político: *las juventudes del partido se reúnen este fin de semana para decidir cuál será su participación en la organización de las elecciones.*
DER rejuvenecer.
ETIM Véase *joven*.

juzgado n. m. **1** Tribunal de un solo juez: *tu asunto lo llevará el juzgado número seis.* **2** Edificio o local donde se juzga: *el detenido llegó al juzgado esposado.* **3** Territorio en el que un juez tiene autoridad: *este asunto no es competencia de este juzgado.* **4** Conjunto de jueces que forman un tribunal: *el juzgado se reunirá para tomar la decisión.*

juzgar v. tr. **1** Deliberar, quien tiene autoridad para ello, acerca de las acciones o las condiciones de una persona y emitir sentencia o dictamen sobre ellas: *lo van a juzgar por un caso de racismo.* **2** Formar una opinión razonada sobre un asunto o persona: *no se debe juzgar a nadie por la primera impresión; juzgó necesario avisar a la familia para comunicarle la noticia.* **SIN** considerar.
DER juzgado; prejuzgar.
ETIM *juzgar* procede del latín *judicare*, que tenía el mismo significado, voz con la que también está relacionada *adjudicar*.
OBS En su conjugación, la g se convierte en gu delante de e.

K | k

k *n. f.* Undécima letra del alfabeto español. Su nombre es *ka*. El plural es *kas*: *las palabras que se escriben con k son de origen griego, como kilo, o extranjero, como kárate*.
OBS Representa ante las cinco vocales el mismo sonido consonántico velar oclusivo sordo que tiene la c ante *a, o, u*.

ka *n. f.* Nombre de la letra *k*: *la palabra kafkiano tiene dos kas*.

kabuki *n. m.* Modalidad teatral japonesa de carácter popular en la que se alterna el diálogo con partes recitadas o cantadas: *en los intermedios de los kabukis el público disfruta con algunos bailes*.
OBS Es de origen japonés.

kafkiano, -na *adj.* [situación] Que resulta inquietante, angustioso y falto de lógica y se asemeja a las situaciones que describe el escritor checo Franz Kafka (1883-1924) en su obra: *haberme confundido de entierro me resulta kafkiano*.
ETIM De *Kafka*, escritor checo.

káiser *n. m.* Emperador del II Reich o Imperio germánico de finales del siglo XIX y principios del XX: *Guillermo II fue el káiser más popular de los tres que hubo*.

kamikaze *n. m.* **1** Avión japonés cargado de explosivos que en la segunda guerra mundial se estrellaba intencionadamente contra los objetivos enemigos: *en 1944, los kamikazes sorprendieron a todo el mundo*. **2** Piloto suicida de este avión: *los kamikazes están considerados en Japón como héroes de guerra*. ◊ *adj./n. com.* **3** [persona, acción] Que es muy temeraria y arriesgada: *mi amigo es un kamikaze, porque conduce a toda velocidad por todas las carreteras*; *burlarte del jefe es un acto kamikaze, porque te quedarás sin empleo*.
OBS La Real Academia Española sólo admite la forma *camicace*.

kantiano, -na *adj.* **1** De Immanuel Kant (1724-1804) o que tiene relación con las ideas filosóficas de este pensador alemán: *la ética kantiana está fundamentada en el deber*. ◊ *adj./n. m. y f.* **2** [filósofo] Que se funda en el sistema filosófico de Kant.
ETIM De *Kant*, filósofo alemán del siglo XVIII.

kappa *n. f.* Décima letra del alfabeto griego: *la kappa equivale a la k o a la c ante a, o, u del español*.
OBS También se escribe *cappa*.

karaoke *n. m.* **1** Sistema audiovisual que reproduce la música y, a la vez, la letra escrita de una canción para que sea interpretada por un cantante no profesional: *le hemos regalado un karaoke a mi hijo, porque se divierte mucho cantando en casa*. **2** Establecimiento público en el que se halla instalado este sistema, generalmente un bar, un pub o una discoteca: *creíamos que era una persona tímida, pero estuvimos anoche en un karaoke y no paró de cantar ante decenas de personas*.
OBS Es de origen japonés.

kárate o **karate** *n. m.* Técnica de lucha sin armas procedente de Japón que consiste en intentar derribar al contrario mediante golpes secos realizados con los bordes de las manos, con los codos y con los pies: *el kárate es un arte marcial y fundamentalmente un sistema de defensa personal*.
OBS Es de origen japonés. ◊ La Real Academia Española sólo admite la forma *kárate*.

karateca *n. com.* Persona que practica el kárate: *los karatecas deben dirigir sus golpes a los puntos más vulnerables del cuerpo del contrario*.
OBS Es de origen japonés.

karma *n. m.* En algunas religiones de la India, creencia en que el comportamiento de un ser en una vida influye en sus vidas sucesivas: *según el karma, los actos que realices hoy condicionan tus próximas existencias*.

karst *n. m.* Paisaje calcáreo lleno de grietas, galerías y formas modeladas por la acción erosiva y disolvente del agua: *este terreno lleno de piedras calizas es un karst*.
DER kárstico.
ETIM Alude a una región de la antigua Yugoslavia que se llama *Karst* y se caracteriza por este paisaje.
OBS También se escribe *carst*.

kárstico, -ca *adj.* Del karst o con las características de este relieve: *el Torcal de Antequera es una bellísima formación kárstica*.
OBS La Real Academia Española sólo admite la forma *cárstico*.

kart *n. m.* Automóvil de pequeño tamaño, con motor de dos tiempos y embrague automático, que carece de caja de velocidades, carrocería y suspensión: *el kart es un coche de carreras de una sola plaza*.
OBS Es de origen inglés. ◊ El plural es *karts*.

katiuska *n. f.* Bota de goma que llega hasta media pierna o hasta la rodilla y que sirve para proteger los pies de la lluvia: *está lloviendo mucho, por lo que no deberías ponerte esos zapatos, sino las katiuskas*. ☞ *calzado*.
OBS Es de origen ruso. ◊ También se escribe *catiusca*. ◊ Se usa más en plural.

kayak *n. m.* Embarcación pequeña muy ligera, estrecha, alargada y casi cerrada, con una o más aberturas centrales para los tripulantes; navega propulsada por remos de pala muy ancha que no están sujetos al casco de la nave.

kéfir *n. m.* Alimento líquido y espeso, parecido al yogur, que se hace con leche fermentada mediante bacterias y levaduras: *el kéfir tiene un sabor fuerte y agridulce*.

kelvin *n. m.* Unidad básica de temperatura en el Sistema Internacional que mide el calor producido por una acción mecánica: *k es el símbolo del kelvin, denominación internacional del kelvinio*.

kendo *n. m.* Técnica de lucha de origen japonés, parecida a la esgrima, que se practica con sables de bambú.

keroseno *n. m.* Líquido inflamable que se obtiene del petróleo por refinación y destilación y que se usa como combustible de los aviones reactores: *el keroseno es una mezcla de hidrocarburos líquidos.* **SIN** queroseno.
OBS La Real Academia Española sólo admite la forma *queroseno*.

ketchup *n. m.* Salsa de tomate sazonada con vinagre, azúcar y especias: *los productos de las hamburgueserías suelen llevar mucho ketchup.*
OBS Es de origen inglés y se pronuncia aproximadamente 'cádchup' o 'quétchup'.

kiko *n. m.* Grano de maíz tostado y salado: *compra un paquete de kikos en ese quiosco.*
OBS También se escribe *quico.*

kilim *n. m.* Alfombra o tapiz de origen turco con motivos geométricos y vivos colores: *el kilim de tu sala de estar llama la atención por su colorido.*

kilo *n. m.* **1** Unidad básica de masa en el Sistema Internacional: *kilo es la abreviatura de kilogramo.* **SIN** kilogramo, quilogramo. **2** *coloquial* Millón de pesetas: *aún no me creo que te hayan tocado cien kilos en la lotería.*
OBS También se escribe *quilo.*

kilo- Elemento prefijal que entra en la formación de palabras con el significado de 'mil': *kilogramo.*
OBS En algunas palabras también adopta la forma *quilo-.*

kilocaloría *n. f.* Unidad de energía térmica que equivale a 1000 calorías: *kcal es el símbolo de la kilocaloría.*

kilogramo *n. m.* Unidad básica de masa en el Sistema Internacional: *no levantes ese saco, porque debe pesar, como mínimo, 60 kilogramos; kg es el símbolo de kilogramo.* **SIN** kilo.
kilogramo fuerza Unidad de fuerza que equivale al peso de un kilogramo sometido a la gravedad normal: *9,8 newton corresponden a un kilogramo fuerza.* **SIN** kilopondio.
OBS También puede escribirse *quilogramo.*

kilometraje *n. m.* Número de kilómetros que hay o se recorren entre dos puntos: *no te olvides de medir el kilometraje para facturar los gastos de este viaje.*

kilometrar *v. tr.* Medir en kilómetros una distancia con ayuda de postes, estacas y otras señales: *cuando acaben de kilometrar esta carretera, sabremos exactamente los kilómetros que nos separan de la ciudad vecina.*
DER kilometraje.

kilométrico, -ca *adj.* **1** Del kilómetro o que tiene relación con esta unidad de longitud: *punto kilométrico.* **2** *coloquial* Que es muy largo: *el orador pronunció un discurso kilométrico: se hizo de noche y seguía hablando.*
OBS También se escribe *quilométrico.*

kilómetro *n. m.* Medida de longitud que equivale a 1000 metros: *desde el norte hasta el sur de España hay más de 1000 kilómetros de distancia; km es el símbolo de kilómetro.*
kilómetro cuadrado Medida de superficie que equivale a un millón de metros cuadrados: *su finca tiene 5 kilómetros cuadrados; km² es el símbolo de kilómetro cuadrado.* **kilómetro cúbico** Medida de volumen que equivale a mil millones de metros cúbicos: *km³ es el símbolo de kilómetro cúbico.* **kilómetro por hora** Medida de velocidad que equivale a 1/3,6 metros por segundo: *este coche alcanza los 200 kilómetros por hora; km/h es el símbolo de kilómetro por hora.*
DER kilometrar, kilométrico.
OBS También se escribe *quilómetro.*

kilopondio *n. m.* Unidad de fuerza en el Sistema Internacional que equivale al peso de 1 kilogramo sometido a la gravedad normal: *kp es el símbolo del kilopondio.* **SIN** kilogramo fuerza.

kilovatio *n. m.* FÍS. Unidad de potencia eléctrica en el Sistema Internacional que equivale a 1000 vatios: *kW es el símbolo del kilovatio.* **kilovatio hora** FÍS. Unidad de trabajo o energía equivalente a la energía producida o consumida por una potencia de un kilovatio en una hora: *el símbolo del kilovatio hora es kWh.*

kimono *n. m.* **1** Prenda de vestir japonesa que llega hasta los pies, está cruzada y ceñida por delante y tiene mangas largas y anchas: *es muy original: en vez de un batín, usa un kimono.* **2** Prenda deportiva compuesta por una chaqueta y un pantalón, ancha, de tejido resistente y con la que se practican diversas artes marciales: *el karateca se ajustó el kimono con el cinturón.*
OBS Es de origen japonés. ◇ La Real Academia Española sólo admite la forma *quimono.*

kiosco *n. m.* **1** Caseta de pequeño tamaño, generalmente de material ligero, que está colocada en las calles y otros lugares públicos para vender periódicos, flores, golosinas y otros artículos: *no he podido comprar el periódico, porque el kiosco de la plaza está cerrado; en ese kiosco venden avellanas.* **2** Construcción de pequeño tamaño con forma de templete, cubierta y abierta por todos los lados, que se instala en parques o jardines: *el pasado domingo hubo teatro para niños en el kiosco de la alameda.*
OBS La Real Academia Española admite *kiosco*, pero prefiere la forma *quiosco.*

kit *n. m.* Conjunto de las piezas de un objeto o aparato que se venden sueltas y con un folleto de instrucciones para que sea montado con facilidad: *si has comprado ya el kit, mañana iré a tu casa y montaré la estantería.*
OBS Es de origen inglés.

kitsch *adj./n. m.* Que resulta de mal gusto, pero pretende ser elegante, distinguido y moderno: *no me gusta nada esa lámpara tan kitsch: pretende llamar la atención al gran público y simplemente es hortera; la estética kitsch se caracteriza por la mezcla de objetos desfasados y de mal gusto.*
OBS Es de origen alemán y se pronuncia aproximadamente 'kich'.

kiwi *n. m.* **1** Fruto comestible, de forma redonda, con la cáscara fina y de color marrón y con el interior verde y jugoso: *la corteza del kiwi es pilosa; el kiwi es una de las frutas que tiene más vitamina C.* **2** Arbusto trepador de flores blancas o amarillas que da ese fruto: *el kiwi es originario de China.* **3** Ave originaria de Nueva Zelanda, de plumas largas y parduscas, alas muy poco desarrolladas y pico largo y curvado: *el kiwi es un ave nocturna que se alimenta de gusanos, insectos y diversos vegetales.* Para indicar el sexo se usa *el kiwi macho* y *el kiwi hembra.*
OBS La Real Academia Española prefiere las formas *kivi* para el ave y *quivi* para el fruto y el arbusto.

kleenex *n. m.* Pañuelo de papel: *limpié el cristal del coche con un kleenex empapado en agua.* **SIN** clínex.
OBS Es de origen inglés y se pronuncia aproximadamente 'clínex'. ◇ Se deriva del nombre de una marca comercial.

koala *n. m.* Mamífero parecido a un oso pequeño, con grandes orejas y pelo gris, cuya hembra tiene una bolsa en el vientre donde guarda a sus hijos los primeros meses de vida: *el koala es originario de Australia, vive en los árboles y se alimenta de vegetales.* **SIN** coala.
OBS Para indicar el sexo se usa *el koala macho* y *el koala hembra.*

koiné *n. f.* Lengua común que se establece unificando los

krausismo

rasgos de diversas lenguas o dialectos, especialmente la que adoptaron los griegos en las épocas helenística y romana: *la koiné establecida en el siglo IV a.C. es el origen inmediato del griego clásico.*
OBS La Real Academia Española sólo admite la forma *coiné*.

krausismo *n. m.* FILOS. Movimiento filosófico caracterizado por el intento de conciliar el racionalismo con la moral religiosa que se desarrolló durante la segunda mitad del siglo XIX, sobre todo en España, tomando como base el pensamiento de Friedrich Krause (1781-1832): *el krausismo propugnaba una profunda renovación de los métodos de enseñanza.*
DER krausista.
ETIM De *Krause*, filósofo alemán.

krausista *adj.* Del krausismo o que tiene relación con este movimiento filosófico: *el espíritu krausista era anticlerical, pero no ateo.* ◇ *adj./n. com.* [persona] Que sigue las ideas del krausismo: *ese gobierno estaba lleno de krausistas.*

kril *n. m.* Conjunto de varias especies de pequeños crustáceos marinos que tienen un alto poder nutritivo: *el kril forma parte del plancton y, por consiguiente, sirve de alimento a otros animales marinos.*

kung fu *n. m.* Técnica de lucha de origen chino que se basa tanto en los golpes con las manos y los pies como en la concentración mental del luchador: *el kung fu es un sistema de defensa personal de origen budista.*
OBS Es de origen chino y se pronuncia aproximadamente 'cunfú'.

kurdo, -da *adj.* **1** Del Kurdistán o que tiene relación con esta región del Oriente Medio que abarca zonas de Turquía, Armenia, Irak e Irán. ◇ *adj./n. m. y f.* **2** [persona] Que es del Kurdistán: *los kurdos viven en pequeñas comunidades repartidas por varios países asiáticos.* ◇ *n. m.* **3** Lengua hablada en esta región: *el kurdo es una lengua indoeuropea.*
OBS También se escribe *curdo*.

kuwaití *adj.* **1** De Kuwait o que tiene relación con este país del Golfo Pérsico: *la fuente de riqueza kuwaití es el petróleo.* ◇ *adj./n. com.* **2** [persona] Que es de Kuwait.
OBS El plural es *kuwaitíes*.

L l

l *n. f.* **1** Duodécima letra del alfabeto español. Su nombre es *ele*. El plural es *eles*: *la palabra* leal *empieza y termina con* l. **2** Letra que tiene el valor de 50 en la numeración romana: *una* L *y una* X *juntas valen 60*. Se escribe con letra mayúscula. **3** Abreviatura de litro: *en esa piscina caben 2 000* L *de agua*. Se puede escribir con letra minúscula o mayúscula, pero se prefiere esta última.

la *det.* **1** Forma femenina singular del artículo determinado: *la casa*; *la amistad*. Véase *él*. ◇ *pron. pers.* **2** Forma femenina del pronombre de complemento directo: —¿Y *mi regla?* —*La he visto encima de tu mesa*. El plural es *las*. ◇ *n. m.* **3** Sexta nota de la escala musical: *el* la *sigue al* sol. ☞ notación musical.
DER laísmo.

laberíntico, -ca *adj.* [asunto, situación] Que es difícil de resolver o entender por tener diversos aspectos que provocan confusión.

laberinto *n. m.* **1** Conjunto de calles y caminos que se entrecruzan y disponen de tal manera que es muy difícil hallar la salida; suelen construirse con paredes de ladrillos o bien con un cercado de matas y arbustos vivos: *en la feria estuvimos en un laberinto y tardamos un buen rato en salir*. **2** Problema o situación difícil por presentar diferentes posibilidades o aspectos que confunden: *el detective ha conseguido pistas para aclarar el laberinto que debía resolver*. **3** Entretenimiento gráfico que consiste en un conjunto de espacios entre líneas impresas combinadas de manera que todas cierran el paso menos una, que permite hallar la salida o llegar al objetivo. **4** ANAT. Parte del oído interno de los vertebrados compuesta por un conjunto de pequeños conductos y cavidades.

labia *n. f.* Facilidad de palabra empleada con habilidad y gracia para convencer o agradar: *la labia del timador estuvo a punto de convencerlo*.

labiado, -da *adj.* **1** [flor] Que presenta los pétalos formando dos grupos desiguales, dos en la parte superior y tres en la inferior, unidos en forma de labios. ◇ *adj./n. f.* **2** [planta] Que pertenece a la familia de las labiadas: *el espliego es una planta labiada*. ◇ *n. f. pl.* **3** labiadas BOT. Familia de plantas herbáceas o arbustivas de flores con los pétalos unidos en forma de labios y de hojas que desprenden aromas característicos: *dentro de las labiadas se encuentran el tomillo, el romero y la albahaca*.

labial *adj.* **1** Que está relacionado con los labios: *me he comprado un lápiz labial*. ◇ *adj./n. f.* **2** [sonido consonántico] Que se pronuncia con intervención de los labios: *los sonidos labiales pueden ser bilabiales o labiodentales; las labiales son la* p, *la* b *y la* f.
DER bilabial.

lábil *adj.* **1** Que resbala o se desliza con facilidad. **2** Que es débil o se puede romper con facilidad. **SIN** frágil. **ANT** resistente. **3** [persona] Que es cambiante y poco firme en sus decisiones. **SIN** inconstante, inestable, voluble. **4** QUÍM. [compuesto] Que es fácil de transformar en otro más estable.

labio *n. m.* **1** Cada una de las dos partes exteriores, carnosas y movibles de la boca de los mamíferos: *labio superior; labio inferior; labios gruesos; labios finos; pintarse los labios*. ☞ boca. **labio leporino** Labio superior de una persona cuando está partido por una malformación del paladar: *Carlos nació con el labio leporino, pero le operaron de pequeño*. **2** Borde exterior de algunas cosas, especialmente si su forma recuerda a un labio: *los labios de la vulva; los labios de una herida*. Suele usarse en plural. **3** Órgano que sirve para hablar, sobre todo cuando quiere expresarse que no se utiliza: *juro que de mis labios no han salido tales acusaciones*.

morderse los labios Hacer esfuerzos por no hablar o por no reír, aun teniendo motivos sobrados para hacerlo: *me tuve que morder los labios para no discutir con él*.

no despegar los labios No hablar, sobre todo cuando se hace con obstinación: *debe pasarle algo a Miguel, no ha despegado los labios en toda la tarde*.
DER labia, lablado, labial.

labiodental *adj./n. f.* [sonido consonántico] Que se pronuncia acercando el labio inferior a los dientes superiores: *la* f *es un sonido labiodental*.

labor *n. f.* **1** Trabajo o actividad que una persona lleva a cabo: *después de su enfermedad volvió a sus labores periodísticas*. **2** Operación que se realiza en el trabajo agrícola, especialmente la del cultivo de la tierra: *el agricultor pasó el año entero dedicado a las labores del campo*. **3** Trabajo que se hace cosiendo, bordando o tejiendo: *las sábanas llevaban una rica labor; se compró una revista de labores para aprender a hacer ganchillo*.

estar por la labor Estar interesado y atento al realizar una actividad: *le dije que teníamos que acabar el trabajo, pero no estaba por la labor*. Suele usarse en frases negativas.

hacer labor o **hacer labores** Coser o realizar un trabajo manual con hilo, lana o tela: *los domingos por la tarde hace labor frente a la ventana*.

sus labores Dedicación de la persona que no tiene una profesión remunerada y que se dedica a hacer los trabajos de su propia casa: *tradicionalmente se dice que* sus labores *es la profesión de las amas de casa*.
DER laboral, laborar, laborear, laborioso, laborismo.

ETIM *Labor* procede del latín *labor, -oris*, que tenía el mismo significado, voz con la que también está relacionada *labrar*.

laborable *adj.* **1** [día] Que se dedica al trabajo: *en este mes*

laboral

hay pocos días festivos: casi todos son laborables. **ANT** *festivo.* **2** [terreno] Que se puede trabajar o laborar: *estas montañas tienen poca tierra laborable.*

laboral *adj.* Que tiene relación con el trabajo o con los trabajadores, especialmente en los aspectos económicos, jurídicos y sociales: *pidieron la reducción de la jornada laboral; están en contra de la nueva reforma laboral.*
DER laboralista.

laboralista *adj./n. com.* [abogado] Que está especializado en asuntos relacionados con el mundo del trabajo: *contrató a un abogado laboralista para que defendiera sus intereses.*

laborar *v. intr.* **1** *culto* Esforzarse para conseguir un fin determinado, especialmente si es algo de mucho interés: *los representantes de ambos países laboran por llegar a un acuerdo.* ◊ *v. tr.* **2** Cultivar la tierra o prepararla para el cultivo: *esta tierra se puede laborar, aunque ahora esté abandonada.*
SIN labrar.
DER laborable, laboratorio; colaborar, elaborar.

laboratorio *n. m.* **1** Local equipado para realizar experimentos científicos o trabajos técnicos: *los alumnos fueron a visitar un laboratorio farmacéutico.* **2** Local dispuesto técnicamente para revelar negativos de filmaciones y fotografías: *María del Mar trabajó durante varios años en un laboratorio fotográfico.*
laboratorio de idiomas Aula dotada de medios audiovisuales para la enseñanza de idiomas: *los estudiantes de traducción hacen prácticas en el laboratorio de idiomas.*

laboriosidad *n. f.* **1** Dedicación y constancia en el trabajo: *de vuestra laboriosidad depende el éxito de este empeño.* **2** Grado de dificultad o complejidad que supone la realización de algo: *la obtención de este producto exige una enorme laboriosidad.*

laborioso, -sa *adj.* **1** Que trabaja mucho y de manera constante y aplicada: *las hormigas son animales muy laboriosos.* **SIN** afanoso. **2** [actividad, trabajo] Que exige mucho esfuerzo y dedicación: *la talla a mano de la madera es un trabajo muy laborioso.* **SIN** afanoso.

laborismo *n. m.* Movimiento reformista y moderado basado en el programa político, social y económico del Partido Laborista, representante en Gran Bretaña y en otros países (Australia, Israel) de la ideología socialista: *el laborismo está muy ligado a los sindicatos.*
DER laborista.

laborista *adj.* **1** Del laborismo o que tiene relación con este movimiento político: *el partido laborista fue fundado por obreros.* ◊ *adj./n. com.* **2** [persona] Que es partidaria del laborismo: *los sindicatos laboristas comenzaron a funcionar a principios del siglo XX; los laboristas ganaron el poder en varias ocasiones.*

labra *n. f.* Labrado, trabajo que se realiza en algún material.

labrado, -da *adj.* **1** Que ha sido grabado, esculpido o tallado: *es un precioso estuche en madera labrada.* ◊ *n. m.* **2** Trabajo que se realiza en algún material, generalmente madera, metal, piedra o mármol, para darle forma o grabar en él. **SIN** labra. **3** Campo arado y preparado para sembrar en él.

labrador, -ra *n. m. y f.* Persona que se dedica a las labores del campo, especialmente si cultiva sus propias tierras: *cada vez hay menos labradores en el país.* **SIN** campesino.

labrantío, -tía *adj./n. m.* [campo, tierra] Que es de cultivo o se puede cultivar.

labranza *n. f.* **1** Cultivo de los campos: *antes de la aparición de las industrias, casi todo el mundo se dedicaba a la labranza.* **2** Hacienda de campo o tierra de labor: *hay muchas labranzas en las afueras del pueblo.*

labrar *v. tr.* **1** Cultivar la tierra o prepararla para el cultivo: *los campesinos labraban los campos de sol a sol.* **2** Abrir surcos en la tierra para sembrarla después: *labraron la tierra con el arado y luego plantaron las simientes.* **SIN** arar. **3** Trabajar un material, generalmente madera, piedra, metales, cuero o materias textiles, para elaborar un producto o para hacer adornos en relieve: *los canteros labraban la piedra; labra la madera a martillo.* **4** Cultivar una tierra ajena, por ejemplo una tierra por la que se ha pagado en concepto de arrendamiento o alquiler. **5** Fabricar o construir un edificio. **SIN** edificar. ◊ *v. tr./prnl.* **6 labrarse** Trabajar o esforzarse para conseguir una cosa: *está labrándose su fortuna; se labraron su perdición.* Se utiliza con palabras como *desgracia, felicidad, fortuna, perdición, porvenir, ruina.*
DER labrado, labrador, labrantío, labranza, labriego.
ETIM Véase *labor.*

labriego, -ga *n. m. y f.* Persona que cultiva los campos y vive en el medio rural: *los labriegos ofrecieron la cosecha a la santa patrona.*

laca *n. f.* **1** Sustancia que se aplica al cabello en aerosol y que sirve para fijarlo y conservar el peinado: *le hicieron un moño y le echaron un poco de laca.* **2** Sustancia resinosa que se forma en la tierra para sembrarla después en ciertos vegetales asiáticos y que está producida por insectos parecidos a la cochinilla; se utiliza en la fabricación de barnices y colorantes: *la laca se obtiene de incisiones hechas en la corteza de los árboles y se guarda en la oscuridad hasta su uso; hoy en día la laca natural suele sustituirse por productos artificiales.* **3** Barniz duro y brillante, hecho con laca natural o con productos sintéticos, que se usa en la decoración de objetos: *estos muebles llevan una película de laca para que no se estropeen.* **laca de uñas** Laca que, extendida sobre las uñas, les da color y brillo: *se compró un lápiz de labios y laca de uñas.* **4** Objeto cubierto o decorado con laca, como un estuche, un jarrón o una figura: *mañana se inaugura una exposición de lacas.*
DER lacar.

lacado, -da *adj.* Que tiene la superficie pintada o barnizada con laca: *las puertas van en madera lacada.*

lacar *v. tr.* Pintar o barnizar con laca un objeto: *ha lacado en blanco su escritorio.*
OBS En su conjugación, la *c* se convierte en *qu* delante de *e.*

lacayo *n. m.* **1** Criado que acompañaba a su señor a pie, a caballo o en el coche: *los lacayos llevaban un elegante uniforme llamado librea.* **2** Cada uno de los dos soldados de a pie que acompañaban a los caballeros en la guerra armados con una ballesta. **3** Persona aduladora y servil: *el ministro estaba rodeado de lacayos; el mafioso y sus lacayos se presentaron en el restaurante.*

lacerante *adj.* **1** Que provoca gran ofensa, dolor u otro daño moral: *aquellas lacerantes palabras la hicieron llorar.* **2** [dolor] Que es intenso o fuerte, semejante al que produciría un latigazo. **SIN** agudo, lancinante.

lacerar *v. tr./prnl.* **1** *culto* Producir un daño en el cuerpo: *el látigo laceraba las carnes de los caballos.* **SIN** herir, lastimar. **2** Producir un perjuicio o un daño moral: *sus abusos laceraron la reputación de toda la familia.* **SIN** lastimar.
DER lacerante.

lacería *n. f.* Adorno o decoración mediante molduras, líneas y motivos vegetales que se enlazan o cruzan entre sí formando figuras geométricas: *la bóveda está formada por una artística lacería de estilo árabe.*

lacero, -ra *n. m. y f.* Persona que se encarga de atrapar los perros vagabundos o abandonados en las calles y de llevarlos a la perrera municipal.

lacio, -cia *adj.* **1** [cabello] Que cae sin formar ondas ni rizos: *tenía el pelo negro y lacio.* **SIN** liso. **2** [planta, flor] Que no tiene buen aspecto porque ha perdido su frescura, su verdor o su abundancia de hojas: *tus plantas están lacias porque las riegas poco.* **SIN** marchito, mustio. **3** Que no tiene o no hace fuerza: *estrechó su mano lacia.* **SIN** débil, flojo.

lacón *n. m.* Parte de la pata delantera del cerdo, especialmente la que está cocida o curada y salada como el jamón: *el lacón con grelos es un plato muy conocido de la gastronomía gallega.*

lacónico, -ca *adj.* **1** Que utiliza pocas palabras al hablar o al escribir: *es un novelista lacónico.* **2** Que es breve o conciso: *me respondió de forma lacónica.*

laconismo *n. m.* Brevedad o concisión, especialmente en la expresión con palabras: *el laconismo de sus respuestas aburría a los oyentes.*
DER lacónico.

lacra *n. f.* **1** Señal que deja en una persona una enfermedad o un daño físico: *el accidente de coche le dejó numerosas lacras.* **2** Defecto o vicio que marcan a una persona o a la sociedad: *el hambre y la miseria son lacras que debemos erradicar.*
DER lacrar.

lacrar *v. tr.* Cerrar o sellar una carta o documento con lacre: *el escribano cerró el sobre, lo lacró y le puso su sello.*

lacre *n. m.* Pasta sólida, semejante a la cera y preparada en barritas, normalmente de color rojo, que se derrite con facilidad y vuelve a solidificarse rápidamente; se utiliza para cerrar una carta, documento o paquete, o para sellarlo y garantizar su autenticidad: *el lacre se calienta y se deja caer sobre la carta; puso su sello sobre el lacre.*
DER lacra.

lacrimal *adj.* De las lágrimas o que tiene relación con estas gotas de líquido que salen por los ojos: *el ojo tiene un aparato lacrimal para mantenerse húmedo y limpio; conducto lacrimal; glándula lacrimal.*
ETIM Véase *lágrima*.

lacrimógeno, -na *adj.* **1** Que produce lágrimas: *la policía utilizó gases lacrimógenos para disolver la manifestación.* **2** [narración] Que provoca el llanto. **SIN** lacrimoso.

lacrimoso, -sa *adj.* **1** [ojo] Que llora o que tiene lágrimas: *tenía los ojos lacrimosos.* **SIN** lagrimoso, lloroso. **2** [hecho, narración] Que provoca el llanto: *es una película lacrimosa; se produjo un silencio lacrimoso entre ellos.* **SIN** lacrimógeno, lagrimoso. **3** [persona] Que llora o se lamenta con frecuencia. **SIN** llorón.
ETIM Véase *lágrima*.

lactancia *n. f.* **1** Período de la vida de las crías de los mamíferos durante el cual se alimentan básicamente de leche, especialmente de la que maman de su madre: *la madre debe cuidar su alimentación durante la lactancia de los niños.* **2** Forma de alimentación que se da durante este período de vida: *la lactancia materna es muy beneficiosa para el bebé.*

lactante *adj./n. com.* **1** [cría] Que mama o se alimenta de leche. ◇ *adj./n. f.* **2** [madre] Que da de mamar.
DER lactancia.

lactar *v. tr.* Dar de mamar a las crías: *las mamas de las hembras de los mamíferos sirven para lactar a sus cachorros.*
SIN amamantar.

lácteo, -tea *adj.* De la leche o que tiene relación con este producto alimenticio de color blanco: *existen muchas industrias lácteas en el norte de España; la mantequilla y el yogur son productos lácteos.*

láctico, -ca *adj.* **1** De la leche o que tiene relación con este producto alimenticio de color blanco: *Pasteur investigó la fermentación láctica.* **2** QUÍM. [ácido] Que se forma al agriarse la leche o al fermentar determinadas frutas u hortalizas por la acción de ciertas bacterias: *el ácido láctico se emplea en la industria alimentaria y en medicina.*

lactosa *n. f.* QUÍM. Azúcar que está presente en la leche de los mamíferos: *la lactosa da un sabor dulce a la leche.*

lacustre *adj.* **1** De los lagos o que tiene relación con estas acumulaciones de agua. **2** [ser vivo] Que tiene como hábitat los lagos y sus orillas: *las aves lacustres son grandes nadadoras.*

ladear *v. tr./prnl.* **1** Inclinar o desviar una cosa hacia un lado: *ladeó la cabeza para mirar a su hermano; evitó el golpe ladeando el cuerpo; con el viento se ha ladeado el poste.* ◇ *v. intr.* **2** Andar por las laderas de las montañas o fuera del camino derecho. ◇ *v. prnl.* **3 ladearse** Tender o inclinarse una persona hacia una cosa: *se ha ladeado hacia el partido de la oposición.*
DER ladeo.

ladera *n. f.* Pendiente de una montaña por cualquiera de sus lados: *el ganado se alimenta en las laderas; subimos por la ladera del monte hasta llegar a la cima.*

ladilla *n. f.* Insecto muy pequeño, chupador, sin alas y de cuerpo casi redondo, similar al piojo, que parasita en las zonas vellosas de los órganos genitales de los seres humanos: *la ladilla es un parásito que se reproduce con mucha rapidez.*

ladino, -na *adj./n. m. y f.* **1** [persona] Que actúa con astucia y disimulo para conseguir lo que se propone: *el muy ladino de tu hijo ha conseguido que todos le diéramos caramelos diciendo que no tenía.* ◇ *n. m.* **2** Dialecto del español, reflejo del que se hablaba en los siglos XIV y XV; lo utilizan las comunidades judías descendientes de las expulsadas de España en 1492: *todavía se puede oír hablar ladino en muchos rincones del Mediterráneo.* **SIN** judeoespañol, sefardí.

lado *n. m.* **1** Parte izquierda o derecha del tronco o del cuerpo de una persona o animal: *se dio un fuerte golpe en el lado izquierdo; tiene una parálisis en el lado derecho.* **SIN** costado. **2** Parte izquierda o derecha de un todo: *los dos lados de una mesa; iremos al otro lado del río; se colocaron a ambos lados de la cama.* **3** Parte situada junto a una persona o una cosa: *se sentó al lado de su madre; el lado norte de la ciudad.* **4** Parte próxima a los extremos de un cuerpo o un espacio determinado: *se agruparon a los lados del salón para dejar más espacio.* **5** Cara de un objeto: *los dos lados de una moneda; los dos lados de una hoja; los dos lados de una medalla.* **6** Lugar o sitio inconcreto en un espacio: *va con su perro a todos lados; tiene que estar en algún lado; vámonos a otro lado.* **7** Aspecto concreto de un asunto general o punto de vista de un asunto al que se hace referencia como distinto de otro: *sólo te han enseñado el lado malo de la ciudad; trabajar por libre tiene sus lados buenos; por un lado me pareció muy listo y por otro demasiado presuntuoso.* **8** Cada una de las dos líneas rectas que forman un ángulo: *los lados de un ángulo recto forman 90°.* **9** Cada uno de los segmentos que, junto con otros, limitan un polígono o una superficie: *los tres lados de un triángulo; un hexágono es un polígono que tiene seis lados.* **10** Medio que se toma para lograr un fin determinado: *si no lo consigues así, prueba de hacerlo por otro lado.* **11** Generatriz de la superficie lateral del cono y del cilindro.
al lado Muy cerca de una cosa o una persona: *mi casa está al lado de la estación.*

dar de lado Rechazar o excluir de una relación o del trato a una persona: *le dieron de lado y no quisieron llamarle para ir a la cena que habían organizado.*

de lado Que no es o que no está recto sino que está inclinado sobre una de sus partes: *el sombrero te quedará mejor si te lo pones de lado.*

de medio lado Que no es o que no está recto, especialmente por descuido o negligencia: *ponte derecho, que siempre vas de medio lado; llevas la corbata de medio lado.*

dejar de (o **a un**) **lado** No tener en cuenta el asunto o persona que se menciona: *dejemos a un lado los intereses económicos y consideremos por un momento la satisfacción personal; cuando llega el momento de repartir los beneficios siempre le dejan de lado.*

echarse (o **hacerse**) **a un lado** Apartarse para dejar paso o sitio libre o para evitar una cosa: *se echó a un lado justo a tiempo y la moto no le atropelló.*

estar (o **ponerse**) **del lado de** Estar a favor o ser partidario de una persona, un grupo, una ideología u otra cosa: *la suerte no está de nuestro lado; siempre se ha puesto de su lado.*

ir cada uno por su lado Seguir cada uno su camino por no estar de acuerdo con el otro o los otros: *ya que no piensas como yo, mejor será que vayamos cada uno por nuestro lado.*

ir de lado Estar equivocado o no seguir el camino adecuado en un determinado propósito: *como no sigas mi consejo, irás de lado.*

mirar de (o **de medio**) **lado** *a)* Mirar a alguien con desprecio: *no me gusta ir a ese bar, hasta los camareros nos miran de lado. b)* Mirar con disimulo: *me miró de lado y al final cruzó la calle para no saludarme.*

DER ladear, ladera.

ETIM *Lado* procede del latín *latus, -eris*, que tenía el mismo significado, voz con la que también está relacionada *lateral*.

ladrar *v. intr.* **1** Dar ladridos el perro. ◊ *v. tr./intr.* **2** *coloquial* Hablar gritando o de manera poco agradable o educada: *ladrar insultos; ladrar órdenes; ése sólo abre la boca para ladrar.* ◊ *v. intr.* **3** *coloquial* Amenazar a una persona sin actuar contra ella: *si el jefe ladra, tú piensa que ya se le pasará.*

DER ladrido.

ladrido *n. m.* **1** Voz característica del perro. **2** *coloquial* Grito o expresión desagradable o poco educada: *fue a pedirle un favor y ella le respondió con ladridos.*

ladrillazo *n. m.* Golpe dado con un ladrillo.

ladrillo *n. m.* **1** Pieza de barro cocido, generalmente con forma de prisma rectangular, que se usa en la construcción: *el albañil une los ladrillos con cemento para hacer un muro.* **2** *coloquial* Cosa muy aburrida y difícil de soportar: *esa asignatura era un ladrillo; la última novela que he leído es un ladrillo.*

DER ladrillazo; enladrillar.

ladrón, -drona *adj./n. m. y f.* **1** [persona, animal] Que roba: *los ladrones desvalijaron la casa; los gatos son muy ladrones.* Se usa como apelativo afectivo en el lenguaje familiar: *ven aquí, ladrón, granuja, no te escapes.* Se usa también como apelativo despectivo. ◊ *n. m.* **2** Pieza que se coloca en una toma de corriente para poder enchufar varios aparatos a la vez: *la televisión, el vídeo y la radio estaban conectados al mismo enchufe gracias a un ladrón.* **3** Paso abierto en un cauce o una presa para desviar parte del agua.

ladronzuelo, -la *n. m. y f.* Ladrón que roba con habilidad y sin violencia. **SIN** mangui, ratero.

lady *n. f.* Título honorífico que se da a las señoras de la nobleza inglesa.

lagar *n. m.* **1** Recipiente en que se pisan, prensan o trituran las uvas, las aceitunas o las manzanas para obtener el mosto, el aceite o la sidra: *visitamos los grandes lagares del monasterio.* **2** Edificio o lugar donde se realizan las labores de pisado,

prensado y triturado de la uva, la aceituna o la manzana: *construyeron el lagar entre los olivares.*

lagartija *n. f.* Reptil terrestre pequeño y huidizo, con cuatro patas cortas y cola y cuerpo largos, de colores muy variados, aunque las más comunes son verdes o pardas; en muchos casos frecuentan lugares habitados por el hombre: *en la península ibérica viven diversas especies de lagartijas; algunas lagartijas viven en los huecos de las paredes.* ☞ reptiles.

OBS Para indicar el sexo se usa *la lagartija macho* y *la lagartija hembra*.

lagarto, -ta *n. m. y f.* **1** Reptil terrestre de tronco fuerte, generalmente de color verde, con cuatro patas cortas y robustas y cola larga; se considera útil para la agricultura por los muchos insectos que devora: *el lagarto vive en las zonas cálidas y templadas; los lagartos son mucho más grandes que las lagartijas.* ☞ reptiles. ◊ *adj./n. m. y f.* **2** *coloquial* [persona] Que actúa con listeza o que es hábil para engañar a otros: *al muy lagarto de Fermín no hay quien le engañe; es una lagarta y hasta su padre desconfía de ella.* **SIN** astuto, taimado, pícaro. ◊ *int.* **3** **¡lagarto!** Expresión que los supersticiosos usan cuando ocurre una cosa que creen que trae mala suerte, para ahuyentarla: *después de romper el espejo gritó: ¡lagarto, lagarto!* Se suele usar de manera repetida.

DER lagartija.

lago *n. m.* Acumulación grande y permanente de agua, generalmente dulce, en una depresión del terreno: *los lagos alpinos constituyen un ecosistema de equilibrio muy frágil.* ☞ ciclo del agua.

ETIM *Lago* procede del latín *lacus*, que tenía el mismo significado, voz con la que también está relacionada *lacustre*.

lágrima *n. f.* **1** Cada una de las gotas de líquido que se vierten por los ojos; las lágrimas se producen en las glándulas lagrimales, situadas entre el globo ocular y la órbita, y aparecen por una emoción intensa o por irritación del ojo: *una lágrima resbaló por su rostro; de tanto reír nos caían lágrimas.*

lágrimas de cocodrilo Lloro fingido de una persona: *cuando lo castigó, empezó a lamentarse con lágrimas de cocodrilo.* **2** Objeto que tiene forma de lágrima: *limpió una por una las lágrimas de la lámpara; tenía un collar de lágrimas de cristal.* **3** Pequeña cantidad de una bebida, especialmente de un licor: *se tomó una lágrima de anís.* **4** Gota de líquido que segregan algunas plantas al ser podadas: *la vid segrega lágrimas cuando cortas sus ramas.* ◊ *n. f. pl.* **5 lágrimas** Dolores, penas o sufrimientos: *en su matrimonio todo fueron lágrimas; le costó sudor y lágrimas llegar hasta donde está.*

llorar a lágrima viva Llorar mucho y con gran pena: *hicieron las paces y acabaron llorando a lágrima viva.*

saltársele las lágrimas Asomar las lágrimas en los ojos de una persona, generalmente por un sentimiento o una impresión muy fuerte: *no puede ver películas tristes, porque en seguida se le saltan las lágrimas; el dolor de la pierna era tan insoportable que se le saltaron las lágrimas.*

lagrimal *adj.* **1** Que segrega lágrimas: *la niña nació con las glándulas lagrimales obstruidas.* ◊ *n. m.* **2** Zona del ojo formada por el ángulo que forman los párpados y la nariz: *se limpió el lagrimal con la punta del pañuelo.* ☞ ojo.

lagrimear *v. intr.* Echar lágrimas con facilidad y frecuencia: *me lagrimean los ojos con el humo del tabaco.*

lagrimoso, -sa *adj.* **1** Que tiene lágrimas: *el polvo hacía que tuviera los ojos lagrimosos.* **SIN** lacrimoso. **2** Que provoca el llanto: *no pudo soportar el final lagrimoso de la película.* **SIN** lacrimógeno, lacrimoso.

laguna *n. f.* **1** Acumulación natural de agua, generalmente dulce, menos extensa y profunda que un lago: *cerca del pue-*

blo hay una laguna donde la gente va a bañarse. **2** Parte de un escrito o una exposición que falta o que se omite: *este manuscrito no está completo, tiene bastantes lagunas.* **3** Parte de una cosa que se desconoce o que se ha olvidado: *mi abuela cada vez tenía más lagunas en la memoria; todavía se sabe poco sobre la vida de aquel emperador, hay muchas lagunas.* **4** Espacio que está sin ocupar en una lista, conjunto o serie: *en el registro de nacimientos encontró una laguna inexplicable.*

laicado *n. m.* Conjunto de miembros del estamento eclesiástico que no han recibido órdenes religiosas.

laicismo *n. m.* Doctrina que defiende la independencia del hombre o de la sociedad, y especialmente la del estado, de toda influencia religiosa o eclesiástica: *los gobiernos progresistas suelen ser partidarios del laicismo.*

laicista *adj.* **1** Del laicismo o que tiene relación con esta doctrina. ◇ *adj./n. com.* **2** [persona] Que es partidario o seguidor del laicismo.

laicizar *v. tr./prnl.* culto Hacer laico o no religioso e independiente de la iglesia: *laicizar la enseñanza; laicizarse un estado.*
OBS En su conjugación, la *z* se convierte en *c* delante de *e*.

laico, -ca *adj./n. m. y f.* **1** [cristiano] Que no ha recibido órdenes religiosas: *los laicos son la base de la Iglesia; aquella institución estaba formada por laicos y clérigos.* **SIN** lego, seglar. ◇ *adj.* **2** Que es independiente de toda confesión religiosa: *Diego estudió en una escuela laica y Francisco en un colegio de frailes.*
DER laicado, laicismo, laicizar.

laísmo *n. m.* GRAM. Fenómeno que consiste en usar las formas *la* y *las* del pronombre personal como objeto indirecto, en lugar de *le* y *les*; es un uso incorrecto: *un ejemplo de laísmo es decir la dije que viniera en lugar de le dije que viniera.*

laísta GRAM. *adj./n. com.* [persona] Que usa las formas *la* y *las* del pronombre personal como objeto indirecto, en lugar de *le* y *les*: *muchas personas de Castilla son laístas.*

laja *n. f.* Piedra grande, lisa, plana y no muy gruesa: *un muro hecho de lajas de pizarra.* **SIN** lancha, lastra.

lama *n. m.* **1** Sacerdote budista del Tíbet: *el lama meditaba en silencio.* ◇ *n. f.* **2** Barro blando y oscuro que hay en el fondo de algunos mares, ríos, lagos y de lugares donde hay agua acumulada: *si tocas la lama del pantano toda el agua se enturbia.* **3** Tira lisa y delgada de una materia dura, especialmente madera, metal o cristal: *la ventana del baño es de lamas de cristal.* **4** En minería, lodo de mineral molido que se deposita en los canales por donde corren las aguas procedentes de los aparatos trituradores. **5** Tela hecha de hilos de oro y plata. **6** Capa sólida en forma de tela fina que se forma en la superficie de algunos líquidos.
DER lamaísmo.

lamaísmo *n. m.* Rama del budismo extendida en el Tíbet, influida por las supersticiones locales y de carácter eminentemente sacerdotal.

lambda *n. f.* Undécima letra del alfabeto griego: *la lambda equivale a la l.*

lameculos *n. com.* malsonante Persona de comportamiento servil y adulador ante otra, para ganarse su voluntad o para conseguir un favor. **SIN** pelotillero.
OBS El plural también es *lameculos.*

lamelibranquio *adj./n. m.* **1** [molusco] Que pertenece a la clase de los lamelibranquios. ◇ *n. m. pl.* **2** lamelibranquios ZOOL. Clase de moluscos acuáticos cubiertos por dos conchas articuladas y simétricas: *la ostra, la almeja y el mejillón pertenecen a los lamelibranquios.*

lamentable *adj.* **1** [acontecimiento, acto] Que produce pena o dolor: *su pérdida fue lamentable para todos nosotros; es lamentable que tengas que marcharte tan pronto.* **2** [acontecimiento, acto] Que causa mala impresión porque es inoportuno o desacertado: *es lamentable que tenga una actitud tan interesada; aquella pelea en público fue un espectáculo lamentable.* **SIN** deplorable. **3** [aspecto, estado] Que produce mala impresión porque está desmejorado o maltrecho: *pasó la noche en vela y al día siguiente tenía una cara lamentable.* **SIN** lastimoso, penoso.

lamentación *n. f.* Expresión del dolor, pena o disgusto que se siente: *no debería pasar el día entre lamentaciones inútiles.* **SIN** lamento, queja.
OBS Suele usarse en plural.

lamentar *v. tr.* **1** Sentir pena, disgusto o arrepentimiento por una cosa: *lamento que tuvieran que marcharse tan pronto; todos lamentaron la pérdida del gobernador.* **SIN** sentir, deplorar. ◇ *v. prnl.* **2** lamentarse Expresar con palabras la pena, el dolor o la contrariedad que se siente: *pasaba el día lamentándose por la desaparición de su hijo.* **SIN** quejarse.

lamento *n. m.* Expresión del dolor, pena o disgusto por algo que se siente: *desde que la abandonó su novio, de su boca sólo salen lamentos y suspiros.*
DER lamentar, lamentoso.

lamentoso, -sa *adj.* [palabra, tono] Que se emplea para lamentarse o quejarse: *no entiendo por qué pones esa voz lamentosa cada vez que hablas.*

lamer *v. tr./prnl.* **1** Pasar la lengua por una cosa: *el perro lamió la mano de su amo; el gato lamía la leche con avidez; se lamía la herida una y otra vez.* ◇ *v. tr.* **2** culto Tocar o rozar, especialmente un líquido, algún lugar con suavidad: *el mar lame las costas levantinas; los bomberos llegaron cuando las llamas lamían los muros de la casa.*
DER lametada, lametazo, lametón, lamido; relamer.

lametada *n. f.* Lametón, roce de la lengua al lamer.

lametazo *n. m.* Lametón, roce de la lengua al lamer.

lametón *n. m.* Roce de la lengua al lamer, especialmente si se hace con fuerza: *el caballo le dio un lametón en la cara.* **SIN** lametada, lametazo, lengüetazo.

lamido, -da *adj.* **1** [persona, parte del cuerpo] Que es excesivamente delgado. **2** [persona] Que es excesivamente aseado y de modales afectados o rebuscados: *la naturalidad es imposible para esa gente tan lamida.*

lámina *n. f.* **1** Pieza plana y delgada de cualquier materia: *no se puede estirar porque unas láminas de madera tapan la puerta; tuvo el detalle de regalarme una caja de láminas de chocolate; déjame una lámina de papel.* **2** Plancha de metal, especialmente de cobre, en la que está grabado un dibujo que se va a reproducir después sobre una superficie: *el dibujo del escudo ya está preparado en la lámina y sólo queda estamparlo.* **3** Imagen o figura que está impresa en un papel: *sobre la mesa hay láminas con motivos florales; estas láminas reproducen algunos de los cuadros más famosos de Murillo; me regaló una lámina con las mejores fotografías deportivas del año.* **SIN** estampa, grabado. **4** Parte de las hojas de las plantas: *las láminas de las hojas del ficus son muy anchas.* **5** Aspecto o figura total de un animal: *este caballo es el de mejor lámina de la cuadra.* **SIN** estampa. **6** Parte más ancha de un hueso o de un cartílago.

laminación *n. f.* **1** Operación para dar forma de lámina a un material: *laminación de metales; laminación de plásticos.* **2** Técnica de cobertura mediante la superposición de capas: *para restaurar este mueble solamente resultará bien una laminación de barnices.*

laminado *n. m.* Laminación.

laminador, -ra *adj./n. m. y f.* **1** [persona] Que hace láminas. ◇ *n. m.* **2** Máquina que sirve para dar forma de lámina, chapa o barra a los metales o a otros materiales maleables, haciéndolos pasar en caliente y a presión entre dos cilindros que giran en sentido contrario: *para hacer alambre, traviesas, raíles o placas se pasa el metal por el laminador.*

laminar *v. tr.* **1** Reducir o transformar un metal u otro material maleable para darle forma de lámina, chapa o barra. **2** Recubrir una cosa con láminas: *lamina esa cajita con estaño y verás qué bien queda.* ◇ *adj.* **3** [cuerpo] Que tiene forma de lámina: *cubren el metal con una capa laminar de zinc para protegerlo de la corrosión.* **4** [cuerpo] Que tiene una estructura formada por láminas superpuestas y paralelas: *la estructura laminar del grafito.*
DER laminación, laminado, laminador.

lampar *v. intr.* Tener ansiedad por el logro de una cosa: *muchos jóvenes están lampando por que llegue el fin de semana para salir.*

lámpara *n. f.* **1** Instrumento que sirve para iluminar artificialmente: *hoy en día todas las lámparas son eléctricas; sobre la mesa había una antigua lámpara de gas.* **2** Objeto que sirve de soporte para una o varias luces: *la lámpara del comedor era preciosa; encendió la lámpara de la mesita para poder leer.* **3** Bombilla eléctrica: *llevo un juego de lámparas de repuesto en el coche.* **4** Dispositivo eléctrico parecido a una bombilla que llevan los televisores y algunos aparatos de radio: *el técnico cambió la lámpara de la televisión que se había fundido.* **5** Mancha en la ropa: *se comió un helado y dejó la camiseta llena de lámparas.* **SIN** lamparón.

lamparero, -ra *n. m. y f.* Persona que tiene por oficio fabricar, vender o reparar lámparas.

lamparilla *n. f.* **1** Lámpara pequeña que se pone en la mesilla de noche. **2** Mecha pequeña que, atravesada en una rodaja de corcho, se enciende y flota en un recipiente con agua y una capa de aceite; una vez encendida sirve para dar un punto de luz duradero: *las lamparillas se encienden como símbolo de devoción ante las imágenes religiosas.* **SIN** mariposa. **3** Recipiente en que se pone esta mecha: *el aceite de las lamparillas sirve como combustible para que la mecha dure encendida mucho rato.*

lamparón *n. m.* Mancha en la ropa, especialmente cuando es muy visible y está producida por aceite o grasa: *se cambió de blusa porque la llevaba llena de lamparones.*

lampiño, -ña *adj.* **1** [hombre, muchacho] Que no tiene barba o que todavía no le ha salido: *era un chico lampiño cuando se marchó de casa.* **SIN** barbilampiño, imberbe. **ANT** barbudo. **2** [persona, cosa] Que tiene poco pelo o vello: *brazos lampiños.* **ANT** peludo. **3** BOT. [planta] Que no tiene pelos: *tallo lampiño; hojas lampiñas.* **ANT** piloso.

lampista *n. com.* Persona que se dedica a colocar o reparar los tubos e instalaciones que conducen, reparten y regulan el agua de una casa o de un edificio: *habrá que llamar al lampista porque la cisterna sigue tirando agua.* **SIN** fontanero.

lamprea *n. f.* Pez de cuerpo en forma de serpiente que vive asido a las rocas mediante su boca en forma de ventosa circular: *la lamprea es muy apreciada en gastronomía.* ☞ pez.

lana *n. f.* **1** Pelo de las ovejas y carneros, así como de otros animales que lo tienen parecido: *la lana de las llamas y de las vicuñas es muy apreciada.* **2** Hilo elaborado con este pelo: *compró lana para hacerse un jersey; en invierno llevamos ropa de lana.* **3** Tela elaborada con hilo de lana. **lana virgen** Lana empleada directamente y sin mezclas después de cortarla del animal. **4** *coloquial* Pelo de las personas, especialmente si lo llevan largo y revuelto: *recógete esas lanas que no se te ve la cara.* **SIN** pelambrera, greña. Normalmente se usa en plural.

ir por lana y volver (o salir) trasquilado *a)* Llevar la intención de sacar provecho de un asunto o salir perdiendo: *si pretendes ganar dinero en el casino, irás por lana y volverás trasquilado.* *b)* Querer perjudicar a alguien y salir perjudicado uno mismo: *Quería hundirla, pero al final tuvo que implorar su ayuda: iba por lana y salió trasquilado.*
DER lanar, lanero, lanoso, lanudo.

lanar *adj.* [res, especie] Que tiene lana: *las ovejas y los corderos forman el ganado lanar.*

lance *n. m.* **1** Suceso real o imaginario que constituye una acción completa e interesante: *fue un viaje lleno de lances divertidos; lo mejor de esta obra teatral son sus lances amorosos.* **2** Situación crítica, muy difícil o decisiva: *debemos ser fuertes para superar este lance.* **3** Enfrentamiento entre dos personas: *el lance entre los dos candidatos acabó amistosamente.* **lance de honor** Combate entre dos personas, provocado por una ofensa inferida por una de ellas a la otra y ejecutado según ciertas normas caballerescas. **SIN** desafío, duelo. **4** Acción destacada que se produce en el transcurso de un juego de cartas o de un enfrentamiento deportivo: *explicaba entusiasmado algunos lances del partido de fútbol; en la partida de mus, él llevaba ventaja en todos los lances.* **5** Acción que consiste en lanzar una cosa despidiéndola con fuerza: *el lance de las redes.* **6** Pase que el torero da con la capa: *la verónica es uno de los lances más apreciados en el toreo.*

lancear *v. tr.* Herir con lanza. **SIN** alancear.

lanceolado, -da *adj.* BOT. [hoja de una planta] Que tiene la forma de una punta de lanza: *el ciruelo y el laurel tienen las hojas lanceoladas.* ☞ hoja.
ETIM Véase *lanza.*

lancero *n. m.* **1** Soldado armado con una lanza: *un escuadrón de lanceros.* **2** Persona que fabrica lanzas.

lanceta *n. f.* MED. Instrumento de acero con una hoja triangular con corte en ambos lados y punta muy aguda que se usa para hacer pequeñas incisiones: *la lanceta sirve para abrir pequeños tumores.*

lancha *n. f.* **1** Barca grande de motor que se usa para servicios auxiliares en buques, puertos y lugares costeros. **lancha rápida** Barca grande de vigilancia costera o al servicio de buques de guerra: *la lancha rápida perseguía la embarcación de los contrabandistas.* **2** Embarcación pequeña de remo o de motor, sin mástiles y con la popa cortada, cuyo suelo está formado normalmente por unas tablas atravesadas. **lancha neumática** Embarcación plegable e hinchable, de goma o de plástico, que se utiliza en rescates, desembarcos y en la navegación deportiva: *los náufragos fueron rescatados por una lancha neumática de la Cruz Roja.* **3** Embarcación auxiliar que va a bordo de un buque: *anclaron el yate y se acercaron a la playa con la lancha.* **4** Barca utilizada para el transporte de pasajeros o carga, o para la pesca, en un río o en una zona costera: *pasamos al otro lado de la ría en la lancha.* **5** Piedra grande, lisa, plana y no muy gruesa: *en los Pirineos hay muchas casas que tienen el tejado hecho de lanchas de pizarra.* **SIN** laja, lastra.

lancinante *adj.* [dolor] Que es intenso o fuerte, semejante al que produciría una herida de lanza. **SIN** agudo, lacerante.

land rover *n. m.* Coche capaz de circular en cualquier tipo de terreno, especialmente el campo y la montaña. **SIN** todoterreno.

landa *n. f.* Llanura extensa en la que sólo crecen plantas silvestres: *las landas son características de las regiones templadas de clima oceánico.*

landó *n. m.* Coche de caballos de cuatro ruedas con capota plegable por delante y por detrás, la cual puede unirse para que quede cubierto: *el concurso de carruajes y enganches lo ganó un precioso landó.*

lanero, -ra *adj.* **1** De la lana o relacionado con su producción y comercio: *la industria textil lanera floreció en la España medieval.* ◇ *n. m. y f.* **2** Persona que se dedica al comercio de la lana.

langosta *n. f.* **1** Crustáceo marino de color pardo oscuro, de ojos prominentes, cuerpo cilíndrico, cola larga y gruesa y cabeza grande, con cinco pares de patas y antenas muy desarrolladas; su carne, comestible, es muy apreciada: *las langostas se vuelven de color rojo una vez cocidas.* ☞ crustáceos. **2** Insecto de cuerpo alargado, ojos salientes, patas posteriores fuertes y muy largas con las que da saltos; se alimenta de vegetales y se reproduce con gran rapidez, por lo que algunas especies de costumbres migratorias llegan a constituir plagas para la agricultura: *el saltamontes es una de las langostas más habituales en España.* ☞ insectos.
DER langostino.
OBS Para indicar el sexo se usa *la langosta macho* y *la langosta hembra.*

langostino *n. m.* Crustáceo marino semejante a la langosta pero más pequeño, de cuerpo alargado y comprimido lateralmente; su carne, comestible, es muy apreciada: *los langostinos viven en aguas ricas en materia orgánica.*
OBS Para indicar el sexo se usa *el langostino macho* y *el langostino hembra.*

languidecer *v. intr.* **1** Perder la fuerza o la intensidad una persona o cosa: *la salud del enfermo languidecía; las plantas languidecieron a causa del calor excesivo.* **2** Perder el ánimo o la alegría una persona o cosa: *la tertulia era muy animada, pero languideció rápidamente.*
OBS En su conjugación, la *c* se convierte en *z* delante de *a* y *o,* como en *agradecer.*

languidez *n. f.* **1** Falta de fuerza o intensidad de una persona o cosa: *quizá tenga que tomar vitaminas, porque a media mañana le entra una languidez terrible.* **2** Falta de ánimo o alegría de una persona o cosa: *se dejó arrastrar por la languidez de la tarde lluviosa.*

lánguido, -da *adj.* **1** [persona, cosa] Que no tiene fuerza o energía: *su lánguido monólogo nos aburría; era una muchacha alta, delgada y lánguida.* **2** [persona, cosa] Que no tiene ánimo o alegría: *su mirada lánguida y triste daba lástima.*

lanolina *n. f.* Sustancia grasa obtenida de la lana del cordero o del carnero que se emplea en farmacia y cosmética como excipiente por ser fácilmente absorbida por la piel: *el médico me recomendó una crema suavizante con lanolina.*

lanoso, -sa *adj.* Que tiene mucha lana o que posee sus características: *su mascota era de pelaje lanoso.*

lantánido *adj./n. m.* **1** [elemento químico] Que pertenece al grupo de los lantánidos: *los elementos lantánidos se utilizan en la fabricación de componentes cerámicos.* ◇ *n. m. pl.* **2 lantánidos** Grupo de elementos químicos, metales, cuyo número atómico está comprendido entre el 57 y el 71: *el lantano y el cerio pertenecen a los lantánidos.*

lantano *n. m.* Elemento químico del grupo de los lantánidos, metal maleable y muy reactivo de número atómico 57: *el símbolo del lantano es La.*

lanudo, -da *adj.* Que tiene mucha lana o vello: *perro lanudo.* **SIN** lanoso.

lanza *n. f.* **1** Arma formada por una vara muy larga con una punta de hierro aguda y cortante en su extremo: *el caballero pidió la lanza y espoleó al caballo.* **2** Vara larga de madera que sale de la parte delantera de un carruaje que sirve para darle dirección y para sujetar en ella los animales de tiro. **3** Tubo de metal colocado como remate de las mangueras para dirigir el chorro de líquido: *la lanza del fumigador se ha embozado.*
a punta de lanza Con severidad y exigencia: *lleva la dirección de su empresa a punta de lanza.*
con la lanza en ristre Preparado para trabajar o enfrentarse a algo: *no nos podemos relajar nunca, siempre tenemos que estar con la lanza en ristre.*
romper una lanza Salir en defensa de algo o de alguien: *¿es que nadie va a romper una lanza por el acusado?*
DER lancero, lanceta, lanzada, lanzar.
ETIM *Lanza* procede del latín *lancea,* que tenía el mismo significado, voz con la que también están relacionadas *lancear, lanceolado.*

lanzacohetes *adj./n. m.* **1** [arma ligera] Que tiene forma de tubo abierto por los dos extremos, se apoya sobre el hombro y permite disparar proyectiles de gran calibre. **2** [arma pesada] Que consiste en un conjunto de tubos lanzadores instalados sobre una plataforma móvil y que sirve para disparar cohetes de gran calibre muy rápidamente: *desplegaron los lanzacohetes a lo largo de la frontera.*
OBS El plural también es *lanzacohetes.*

lanzada *n. f.* Golpe dado con una lanza o herida producida por esta arma.
lanzada a moro muerto Frase figurada con que se alude al ataque u ofensa que se hace contra enemigos, obstáculos o situaciones que ya no existen.

lanzadera *n. f.* **1** Pieza del telar que lleva un carrete de hilo en su interior y que utilizan los tejedores haciéndola correr a uno y otro lado del telar para formar el tejido; también existe en las máquinas de coser aunque tiene forma diferente: *la lanzadera sirve para insertar el hilo de la trama en la urdimbre.* **2** Aeronave capaz de transportar una carga al espacio y que puede regresar a la Tierra para volver a ser utilizada: *las lanzaderas despegan como un cohete y aterrizan como un avión.*

lanzado, -da *adj.* **1** *coloquial* [persona] Que es muy decidido y se atreve a todo: *es muy lanzado y no se piensa las cosas dos veces.* **2** Muy rápido o veloz: *el coche no pudo frenar a tiempo porque venía lanzado.*

lanzador, -ra *n. m. y f.* Deportista que practica alguna de las pruebas atléticas de lanzamiento: *la jabalina debe salir por encima del hombro del lanzador.*

lanzagranadas *n. m./adj.* Arma portátil que consiste en un tubo abierto por los dos extremos que se apoya en el hombro de la persona y que lanza granadas a corta distancia: *el lanzagranadas se utilizó en las guerras mundiales contra los carros blindados.* **SIN** bazuca, bazooka.
OBS El plural también es *lanzagranadas.*

lanzallamas *n. m.* Arma ligera que consiste en una manguera conectada a un depósito de un sólido o líquido inflamable y que sirve para arrojar a presión un chorro de fuego: *los lanzallamas se emplearon en las dos guerras mundiales contra recintos fortificados.*
OBS El plural también es *lanzallamas.*

lanzamiento *n. m.* **1** Impulso fuerte que se da a una cosa para enviarla o proyectarla en una dirección, generalmente al aire: *retransmitieron por televisión el lanzamiento del cohete.* **2** Campaña publicitaria acerca de un producto que se pone a la venta: *el lanzamiento del nuevo diccionario ha sido todo un éxito editorial.* **3** Acción de lanzar la pelota en los diversos deportes que la utilizan, especialmente para volverla a poner en juego o para castigar una falta: *lanzamiento de*

lanzar

un córner; lanzamiento de penaltis. **4** Prueba de atletismo que consiste en lanzar un determinado objeto: *el lanzamiento de peso, el de jabalina, el de disco y el de martillo son modalidades atléticas.* **5** DER. Procedimiento judicial que obliga al ocupante de una vivienda a abandonarla: *el lanzamiento se decidió porque el inquilino no pagaba su deuda.*

lanzar *v. tr./prnl.* **1** Dar un impulso fuerte a una cosa para enviarla o proyectarla en una dirección, generalmente al aire: *mañana lanzarán el cohete; el atleta alemán lanzó el disco más lejos que nadie; los aviones lanzaron bombas sobre la ciudad; los niños se lanzaron al agua.* **2** Dirigir palabras o expresiones contra alguien, especialmente cuando se hace con enfado: *le lanzó una mirada de odio; los candidatos no dejaban de lanzarse acusaciones.* ◊ *v. tr.* **3** Emitir sonidos o palabras, generalmente con violencia o súbitamente: *la película de terror le hacía lanzar gritos histéricos.* **4** Dar a conocer al público alguna cosa, especialmente un nuevo producto, haciendo publicidad de él: *su empresa ha lanzado un nuevo perfume al mercado; ese periódico tiene fama de lanzar falsos rumores a menudo.* ◊ *v. prnl.* **5 lanzarse** Dirigirse o precipitarse con rapidez o violencia hacia algo: *los policías se lanzaron contra la cabeza de la manifestación; el halcón se lanzó sobre su presa.* SIN abalanzarse. **6** Decidirse a emprender una acción o actividad con energía, valor o violencia: *no tiene ningún miedo a lanzarse al mundo de los negocios.*
DER lance, lanzada, lanzadera, lanzado, lanzador, lanzamiento; relanzar.
OBS En su conjugación, la *z* se convierte en *c* delante de *e*.

lanzatorpedos *n. m.* Tubo metálico que sirve para lanzar torpedos y dirigirlos hacia su objetivo; tiene el mismo calibre que el proyectil que arroja.

laña *n. f.* Pieza pequeña de alambre fino que sirve para unir o sujetar cosas, especialmente los trozos de un cacharro de barro o porcelana roto: *puso unas lañas en la figurita de cerámica que se había roto; el médico me ha puesto una laña en la herida.* SIN grapa.

lapa *n. f.* **1** Molusco marino con una concha en forma de cono aplastado, lisa o con estrías, que vive adherido a las rocas de la costa; es comestible: *las lapas viven en el nivel superior de las mareas.* **2** Persona demasiado insistente y pesada, de la que es difícil librarse: *tu hermano es una lapa, a ver si nos deja ya en paz.*

lapicero *n. m.* Instrumento en forma de barra delgada y larga, con un cilindro fino de grafito u otra sustancia mineral en el interior, que sirve para escribir, dibujar o pintar: *se quitó el lapicero de la oreja para hacer la cuenta.* SIN lápiz.

lápida *n. f.* Piedra lisa, plana y delgada en la que se graban unas palabras en memoria de una persona o de un hecho: *las lápidas del cementerio eran de mármol o de granito; para el décimo aniversario han preparado una lápida que dice: «Este edificio fue inaugurado por el alcalde en 1987».*

lapidación *n. f.* Lanzamiento de piedras contra una persona hasta conseguir su muerte: *los judíos condenaban con la lapidación a la mujer adúltera.*

lapidar *v. tr.* **1** Matar a pedradas: *en los antiguos pueblos hebreos se lapidaba a los condenados a muerte.* SIN apedrear. **2** Lanzar piedras contra una persona. SIN apedrear.
DER lapidación; dilapidar.

lapidario, -ria *adj.* **1** De las lápidas o que tiene relación con estas piedras. **2** [expresión, escrito] Que por su sobriedad y vigor evoca las inscripciones grabadas en una lápida: *texto lapidario; estilo lapidario.* **3** De las piedras preciosas o que tiene relación con ellas: *joyas lapidarias; círculo lapidario.* ◊ *n. m. y f.* **4** Persona que talla piedras preciosas o comercia con ellas. **5** Persona que fabrica y graba lápidas. ◊ *n. m.* **6** Libro que trata de las características y virtudes de las piedras preciosas: *los lapidarios de la Edad Media atribuyen cualidades medicinales y mágicas a las piedras preciosas.*

lapislázuli *n. m.* Mineral de color azul intenso, tan duro como el acero, que suele usarse en objetos de adorno.

lápiz *n. m.* **1** Instrumento en forma de barra delgada y larga, con un cilindro fino de grafito u otra sustancia mineral en el interior, que sirve para escribir, dibujar o pintar: *sacó punta al lápiz; subráyalo con lápiz rojo; mi madre me regaló una caja de lápices de colores.* SIN lapicero. **lápiz óptico** Dispositivo electrónico que tiene forma de lápiz y que puede captar señales y transmitirlas a un aparato electrónico, como un vídeo o un ordenador: *el lápiz óptico es muy útil para el diseño por ordenador.* **2** Barra de tamaño pequeño que contiene una sustancia para maquillar los ojos o los labios: *la joven se miraba al espejo para hacerse la raya con el lápiz de ojos; sacó un lápiz de labios de su bolso.*
a lápiz Dibujado con ese instrumento: *el artista presentó también unos bocetos a lápiz de sus cuadros.*

lapo *n. m.* Saliva y flema que se escupe de una vez por la boca. SIN esputo.

lapso *n. m.* **1** Período de tiempo entre dos límites: *transcurrió un lapso de cinco años hasta que volvieron a verse.* **2** Lapsus, equivocación.
DER colapso, prolapso, relapso.

lapsus *n. m.* Equivocación que se comete por olvido o falta de atención: *lo siento, ha sido un lapsus: no volveré a suceder.* **lapsus linguae** Equivocación que se comete al hablar, especialmente al decir mal una palabra o decirla en lugar de otra: *tuvo un lapsus linguae y dijo cachalote en vez de chocolate.*
OBS El plural también es *lapsus*.

lar *n. m.* **1** Lugar de la casa o de la cocina donde se enciende el fuego: *la mujer atizaba el fuego del lar.* SIN hogar. **2** Divinidad de la casa o del hogar en la antigua Roma: *se creía que los lares protegían a la familia.* ◊ *n. m. pl.* **3 lares** Lugar de origen de una persona o casa en la que vive con su familia: *es un honor para mí que vengan a visitar mis lares; ¡hombre, Rogelio! ¿Qué haces tú por estos lares?*

largamente *adv.* Con abundancia y generosidad o con suficiencia y sin estrechez: *los objetivos del curso han sido largamente cumplidos.*

largar *v. tr.* **1** *coloquial* Decir algo con insolencia y malas maneras: *le largó que no le daba la gana de ir a su fiesta.* **2** *coloquial* Dar o propinar un golpe: *se ha enfadado y le ha largado un sopapo.* **3** *coloquial* Hablar demasiado o inoportunamente: *no se lo cuentes, que siempre lo larga todo; por mucho que le digas que tienes prisa, te larga rollos de media hora.* **4** Dar algo con desprecio o deprisa: *en el bar lleno de gente el camarero le largó el vaso de agua que pedía; le largó veinte duros para que se callara.* **5** *coloquial* Echar a una persona de un lugar o de un empleo: *sus padres le han largado de casa.* **6** MAR. Soltar o dejar libre poco a poco una cuerda o un cable: *le largaron un cabo para que pudiese subir a bordo; los marineros largaron amarras.* ◊ *v. intr.* **7** *coloquial* Hablar sin un fin determinado o sobre temas poco importantes: *se pasan el día largando.* ◊ *v. prnl.* **8 largarse** *coloquial* Irse o marcharse de un lugar: *se ha largado sin decir adiós; cuando vimos que había pelea, nos largamos; en agosto me largo de vacaciones.*
OBS En su conjugación, la *g* se convierte en *gu* delante de *e*.

largo, -ga *adj.* **1** Que tiene mucha longitud o duración: *necesitamos una cuerda más larga; en verano los días son largos; la carrera es larga y no hay que correr demasiado al prin-*

cipio. **ANT** breve, corto. **2** Que tiene demasiada longitud o duración: *esa estantería es larga para esa pared; la película se me ha hecho larga.* **3** [tiempo, medida] Que pasa de lo justo o indicado: *te esperé una hora larga; su padre mide dos metros largos.* **4** [tiempo, período] Que es muy grande o dilatado: *pasó largo tiempo antes de que volviera a verla; trabajó largos años en aquella empresa.* En esta acepción el adjetivo se antepone siempre al sustantivo. **5** [persona] Que es muy alto: *es tan largo que tiene que agacharse para pasar por la puerta.* **6** [persona] Que es inteligente o tiene habilidad: *es muy largo y lo resuelve todo rápidamente.* **SIN** espabilado. **7** [persona] Que da con generosidad lo que tiene: *es cariñosa y larga en atenciones.* **8** [prenda] Que llega hasta los pies: *lucía un vestido largo; en verano casi no se pone los pantalones largos.* **ANT** corto. ◇ *adj./n. f.* **9** [vocal, sílaba] Que tiene mayor duración: *en la métrica del latín y el griego se cuentan las sílabas largas y breves.* **ANT** breve. ◇ *n. m.* **10** Longitud total de una cosa: *midió el largo del pantalón y se dio cuenta de que lo había cortado mal; mide siete metros y medio de largo.* **11** Distancia que se nada en una piscina al atravesarla por el lado de mayor longitud: *todos los días hacía veinte largos.* **12** Longitud de un animal que corre en una carrera con otros: *mi caballo ganó por un largo.* **13** MÚS. Composición o parte de una composición que se toca a un ritmo muy lento: *me gusta el largo de la sonata; el largo es más lento que el adagio.* **SIN** lento. **14** Trozo de tela o de tejido de determinada longitud: *para hacerte ese vestido necesitarás tres largos de tela.* ◇ *int.* **15** ¡largo! Expresión que se usa para echar violentamente a alguien: *¡largo de aquí! ¡Marchaos con el balón a otra parte!*

a la larga Después de haber pasado cierto tiempo: *trabajar así sólo te resultará rentable a la larga; a la larga te arrepentirás de no haberte esforzado lo suficiente.*

a lo largo Siguiendo una longitud o duración: *a lo largo del río hay embarcaderos y balsas; desarrolló esa profesión a lo largo de toda su vida.*

dar largas Retrasar un hecho o acontecimiento de manera intencionada: *cuando le digo que me devuelva el dinero, siempre me da largas.*

de largo a) Con vestido hasta los pies: *Teresa dice que irá a esa boda de largo.* b) Desde mucho tiempo antes: *es un problema que arrastra de largo.*

largo y tendido Con detenimiento y durante mucho rato: *hablaremos largo y tendido sobre este asunto otro día.*

DER largamente, largar, larguero, largueza, larguirucho, largura; alargar.

largometraje *n. m.* Película cinematográfica cuya proyección dura más de 60 minutos: *el primer largometraje de este joven director ha sorprendido gratamente a la crítica.*

larguero *n. m.* **1** En el fútbol y en otros deportes, palo superior y horizontal de la portería: *el delantero chutó y envió la pelota por encima del larguero.* **SIN** travesaño. **2** Palo de madera que en número de dos se ponen a lo largo de un mueble o de otra obra de carpintería: *tendremos que cambiar el larguero de la cama porque se ha roto.* ☞ ventana.

largueza *n. f.* Cualidad de la persona que da las cosas propias sin esperar nada a cambio: *aquel hombre destacaba por su largueza y su sencillez.* **SIN** generosidad, esplendidez.

larguirucho, -cha *adj./n. m. y f. coloquial* [persona] Que es alto y delgado pero desgarbado.

largura *n. f.* Longitud máxima de una cosa: *cogió un metro para medir la largura del pasillo.*

laringe *n. f.* ANAT. Órgano del aparato respiratorio en forma de tubo, de paredes musculosas y situado entre la faringe y la tráquea: *en la laringe se encuentran las cuerdas vocales que, al vibrar, producen la voz.* ☞ respiratorio, aparato.

DER laríngeo, laringitis, laringología, laringotomía.

laríngeo, -gea *adj.* ANAT. De la laringe o que tiene relación con este órgano: *el tiroides es una glándula laríngea; las paredes laríngeas se abultan formando la nuez.*

laringitis *n. f.* MED. Inflamación de la laringe: *estuvo afónico por culpa de una laringitis.*

OBS El plural también es *laringitis.*

laringología *n. f.* Parte de la medicina especializada en el estudio y tratamiento de las enfermedades de la laringe.

laringólogo, -ga *n. m. y f.* Médico especializado en el estudio y tratamiento de las enfermedades de la laringe.

larva *n. f.* ZOOL. Animal en estado de desarrollo en la fase posterior a la salida del huevo y anterior a su forma adulta, entre los seres vivos que pasan por diversas transformaciones, como la mayoría de los invertebrados o los anfibios: *las larvas pasan por una metamorfosis para convertirse en animales adultos; el renacuajo es la larva de la rana; la oruga es la larva de la mariposa.*

DER larvado, larvario.

larvado, -da *adj.* **1** [fenómeno, emoción] Que no se manifiesta abiertamente: *su larvado sentimiento racista afloró cuando supo que era judío.* **2** [enfermedad] Que se presenta con síntomas que ocultan su verdadera naturaleza al no ser los característicos: *la enfermedad larvada que sufre no permite que los médicos determinen de qué se trata.*

larvario, -ria *adj.* De la larva o relacionado con ella o con sus fases de desarrollo: *la mayor parte de los insectos tienen un estadio larvario.*

lasaña *n. f.* Plato de origen italiano consistente en capas generalmente de carne picada, queso y besamel, separadas con cuadrados o tiras de pasta cocinada: *la lasaña de pescado está muy rica.*

lasca *n. f.* Fragmento plano y delgado desprendido de una piedra.

lascivia *n. f.* Inclinación exagerada al deseo sexual. **SIN** lujuria, voluptuosidad.

lascivo, -va *adj.* **1** [gesto, palabra] Que manifiesta una inclinación exagerada al deseo sexual: *dirigió a la mujer una mirada lasciva.* **SIN** libidinoso, lujurioso. ◇ *adj./n. m. y f.* **2** [persona] Que siente una inclinación exagerada al deseo sexual: *¿esa película quieres ver? ¡Qué lasciva!* **SIN** libidinoso, lujurioso.

DER lascivia.

láser *n. m.* **1** Rayo de luz de un solo color, de luz intensa y de gran energía: *en la discoteca hay un juego de luces con láser; en esta película de ciencia ficción las armas disparan rayos láser.* **2** Aparato electrónico que produce este tipo de rayos: *este láser funciona excitando los átomos de un gas; el láser se utiliza en medicina, en las telecomunicaciones y en la industria.*

OBS Deriva de una sigla inglesa, *Light Amplification by Stimulated Emission of Radiation,* que significa 'amplificación de la luz por emisión estimulada de radiación'. ◇ Su plural es *láseres*, pero si acompaña a otro nombre en aposición, es invariable: *rayos láser.*

lasitud *n. f.* Estado de debilidad y cansancio próximo al desfallecimiento: *se apoderó de él tal lasitud que no pudo dar un paso más.*

OBS No debe confundirse con *laxitud.*

laso, -sa *adj.* **1** [hilo, pelo] Que no es o no está rizado. **2** *culto* Que está cansado o que no tiene fuerzas: *se sentía laso después de aquella noche sin dormir.*

lástima

DER lasitud.

lástima *n. f.* **1** Sentimiento de pena o dolor que se tiene hacia una persona que sufre o hacia una cosa que ha sufrido un mal: *¿no te produce lástima ver tanta miseria?* **SIN** compasión. **2** Cosa que causa pena o dolor: *fue una lástima que no pudieras venir a la fiesta.* ◇ *int.* **3** ¡lástima! Se usa para lamentarse porque una cosa no ha sucedido como se esperaba: *¡lástima!, hemos vuelto a perder por un solo punto.*

dar lástima Causar una cosa o persona compasión en alguien: *me da lástima ese chico; me da lástima ver tanta pobreza.*

lastimar *v. tr./prnl.* **1** Herir o causar dolor físico: *el sol y el agua lastiman el pelo en verano; se lastimó una mano haciendo gimnasia.* ◇ *v. tr.* **2** Ofender o producirle un daño moral a una persona: *las críticas negativas lastimaron su orgullo.*

DER lástima, lastimero, lastimoso.

lastimero, -ra *adj.* [expresión, queja] Que provoca lástima o compasión: *se oía la voz lastimera de un niño abandonado; nos estremeció aquel grito lastimero.* **SIN** lastimoso.

lastimoso, -sa *adj.* **1** Que produce pena o dolor: *llegaron a una situación lastimosa y decidieron separarse.* **2** [aspecto, estado] Que produce mala impresión porque está desmejorado o maltrecho: *le llevaron a casa en un estado lastimoso.* **SIN** deplorable, lamentable.

lastra *n. f.* Piedra lisa, plana y delgada. **SIN** laja, lancha.

lastrar *v. tr.* **1** Poner peso en una embarcación para hacer que baje su línea de flotación y darle mayor estabilidad: *las bodegas o los dobles fondos de los barcos se lastran con materiales pesados para bajar su centro de gravedad.* **2** *culto* Poner obstáculos o impedimentos a algo: *graves limitaciones ideológicas lastraban sus investigaciones.*

lastre *n. m.* **1** Peso que se pone en el fondo de una embarcación para hacer que baje su línea de flotación y aumente su estabilidad: *la falta de lastre repercutió en la inestabilidad del buque.* **2** Peso que llevan los globos aerostáticos en un conjunto de sacos de tierra para desprenderse de ellos cuando quieren ganar altura o ralentizar el descenso: *debemos soltar lastre para evitar un mal aterrizaje.* **3** Obstáculo físico o moral que hace difícil llevar a buen fin lo que se intenta: *esas malas costumbres son un lastre para sus relaciones sociales.* **4** Piedra de mala calidad que queda en la superficie de una cantera.

DER lastrar.

lata *n. f.* **1** Lámina delgada de metal cubierta con una capa de estaño por las dos caras: *forró la puerta con lata para protegerla en invierno.* **SIN** hojalata. **2** Recipiente hecho con este material; se usa para guardar y conservar sólidos o líquidos: *las latas de conservas están herméticamente cerradas; compró una lata de aceite para el coche.* **3** Asunto que cansa o que molesta, por ser muy pesado: *la película fue una lata; su conversación me resulta una auténtica lata.*

dar la lata Molestar o hacerse pesado con cosas inoportunas o con exigencias: *por favor, deja de darnos la lata; te voy a dar la lata hasta que me hagas caso.*

DER latazo, latón, latoso; enlatar.

latazo *n. m. coloquial* Persona o cosa pesada, fastidiosa y molesta: *las clases de filosofía son un latazo.*

latencia *n. f.* Estado de lo que permanece oculto, sin manifestarse: *la crisis estalló tras un largo período de latencia.*

latente *adj.* Que está oculto o que existe sin mostrarse al exterior: *se comportaba con amabilidad, pero un odio latente crecía en su pecho.*

DER latencia.

lateral *adj.* **1** Que está o pertenece al lado de una cosa: *el camión descargó las mercancías ante la puerta lateral del edificio.* **2** [asunto] Que tiene una importancia menor: *siempre estamos discutiendo por problemas laterales y nos olvidamos de lo más importante.* **SIN** secundario. **3** [genealogía, herencia] Que no es directo: *Carmen tiene conmigo un parentesco lateral, ya que es la mujer de mi hermano; la sucesión lateral de un rey sin descendencia.* ◇ *adj./n. f.* **4** [sonido] Que se pronuncia dejando salir el aire por los lados de la lengua: *el sonido de la l es lateral.* **5** [letra] Que representa este sonido: *la ll es una letra lateral.* ◇ *n. m.* **6** Parte de un objeto que está cerca del extremo: *el balcón está en un lateral de la casa.* ◇ *n. com.* **7** Jugador que habitualmente se mueve por los lados del campo en deportes de equipo como el balonmano o el fútbol: *el ariete remató el centro del lateral izquierdo.*

DER lateralizar; bilateral, colateral, unilateral.

ETIM Véase *lado.*

látex *n. m.* Jugo vegetal de aspecto lechoso que se obtiene de los cortes hechos en el tronco de algunos árboles y que se emplea en la fabricación de gomas y resinas: *el látex coagula al contacto con el aire.*

OBS El plural también es *látex.*

latido *n. m.* **1** Movimiento rítmico del corazón al contraerse y dilatarse: *el enfermo sufría del corazón y sus latidos eran anormales.* **2** Golpe producido por este movimiento: *le puso una mano en el pecho para notar mejor los latidos.* **3** Sensación intermitente de dolor: *notaba unos latidos en la sien muy molestos.*

latifundio *n. m.* Propiedad de tierra de cultivo de gran extensión que pertenece a una sola persona: *en el sur de España abundan los latifundios poco explotados.* **ANT** minifundio.

DER latifundismo.

latifundismo *n. m.* Distribución de la propiedad de la tierra en fincas de gran extensión y sistema de explotación agraria de éstas: *el latifundismo ha provocado sublevaciones campesinas.*

latifundista *adj.* **1** Del latifundio o que tiene relación con este tipo de propiedad de la tierra: *la agricultura sigue siendo latifundista en muchas partes del mundo.* ◇ *n. com.* **2** Persona que posee uno o más latifundios: *los latifundistas contratan a jornaleros y arrendatarios para cultivar sus tierras.*

latigazo *n. m.* **1** Golpe dado con un látigo u otro objeto parecido: *recibió como castigo una serie de latigazos.* **2** Sonido del látigo al golpear o al restallar en el aire: *la fiera se amilanó al oír los latigazos.* **3** Dolor agudo, breve y repentino: *creía que no me había hecho daño al caer, pero al levantarme sentí un latigazo en la rodilla.* **4** *coloquial* Sacudida que se siente al recibir una pequeña descarga eléctrica: *al intentar arreglar el enchufe me dio un latigazo.* **5** Hecho inesperado que produce un gran daño moral o que sirve de estímulo a alguien: *la noticia del accidente fue un latigazo para toda la familia; los latigazos de la crítica le animaron a esforzarse más en su trabajo.* **6** *coloquial* Trago de una bebida alcohólica. **SIN** lingotazo, pelotazo.

látigo *n. m.* **1** Instrumento que consiste en una cuerda o correa larga y flexible, unida por un extremo a una vara y que sirve para castigar o para que los animales se muevan o realicen un trabajo: *golpeó suavemente al caballo con su látigo para que corriera; el domador de fieras suele utilizar un látigo para que las fieras le obedezcan.* **2** Atracción de feria que consiste en una serie de coches o vagonetas que van unidos manteniendo cierta distancia entre sí; impulsados eléctricamente, recorren un circuito en el que hay curvas, en las cuales se producen fuertes sacudidas al aumentar la velocidad: *no quisieron subir ni en el látigo ni en la montaña rusa.* **3** Cuerda o correa que sirve para apretar o asegurar la cincha de la cabalgadura.

usar el látigo Actuar severamente o con gran dureza: *dice el jefe que si no acabamos hoy el informe usará el látigo.*

latiguillo *n. m.* **1** Palabra o expresión que se repite constantemente al hablar: *no para de utilizar el latiguillo ¿me entiendes?, como si lo que dice fuera muy difícil de comprender.* **SIN** muletilla. **2** Expresión efectista de la que se abusa hasta tal punto que pierde su fuerza y su significado y que demuestra pobreza de vocabulario: *la expresión españolito de a pie se ha convertido en un latiguillo.* **3** Frase altisonante o recurso dramático forzado al que recurren los actores o los oradores buscando el aplauso fácil.

latín *n. m.* **1** Lengua que los antiguos romanos hablaron y extendieron por todo el Imperio romano y de la que proceden las lenguas románicas: *el español, el gallego y el catalán proceden del latín vulgar, que es el que se hablaba en las clases populares de Roma y en los pueblos romanizados.* ◇ *n. m. pl.* **2 latines** Palabra o frase en lengua latina empleada en español: *el anciano empezó a decir latines y muy pocas personas lo entendieron.*

saber latín Ser muy inteligente y astuto: *ten cuidado, que ese gato sabe latín.*

latinajo *n. m.* Palabra o frase latina empleada en español: *el joven replicó minus quam muscae sumus y la mujer le pidió que se dejara de latinajos y que hablara claro.*

OBS Se usa con valor despectivo.

latinidad *n. f.* **1** Cultura basada en la calidad o carácter de lo latino. **2** Conjunto de pueblos de origen latino que tienen en común aspectos étnicos, geográficos, culturales o lingüísticos.

latinismo *n. m.* Palabra o modo de expresión propio de la lengua latina que se usa en otro idioma: *las expresiones statu quo y ad hoc son latinismos.*

DER latinista.

latinista *n. com.* Persona que se dedica a estudiar la lengua, la literatura y la cultura latinas: *Antonio de Nebrija fue un experto latinista y gramático de finales del siglo XV.*

latinización *n. f.* Difusión de las costumbres, lengua y cultura latinas: *la latinización del territorio español llegó con la expansión del Imperio romano.*

latinizar *v. tr./prnl.* **1** Extender o propagar en un lugar la lengua y la cultura del Imperio romano o lo que se considera propio de él: *el pensamiento renacentista latinizó la cultura de la época; durante la dominación romana se latinizó todo el Mediterráneo.* **2** Dar forma latina a una palabra o a un texto que no lo son: *los humanistas antiguos solían latinizar su apellido.*

DER latinización.

OBS En su conjugación, la *z* se convierte en *c* delante de *e*.

latino, -na *adj.* **1** Del latín o que tiene relación con esta lengua: *necesitarás una gramática latina para ese trabajo de lengua; he empezado una colección de clásicos latinos.* **2** De los lugares en los que se habla una lengua procedente del latín o que tiene relación con ellos: *España, Francia, Italia y Portugal son naciones latinas; los pueblos latinos de América.* **3** De la Iglesia romana o que tiene relación con ella: *los ritos latinos son diferentes de los de la Iglesia ortodoxa.* ◇ *n. m. y f.* **4** Persona que ha nacido en uno de estos países o que vive habitualmente en uno de ellos: *de los latinos se dice que somos gente sociable.*

DER grecolatino, neolatino.

latinoamericano, -na *adj.* **1** [país americano] Que fue colonizado por las naciones latinas de Europa: *los representantes de los países latinoamericanos estuvieron presentes en la última reunión.* **2** De estos países o que tiene relación con ellos: *estamos estudiando la geografía y la historia latinoamericanas.* ◇ *n. m. y f.* **3** Persona nacida en uno de estos países o que vive habitualmente en uno de ellos: *los mexicanos son los latinoamericanos del norte.*

latir *v. intr.* **1** Moverse con ritmo el corazón o las arterias por sus movimientos de contracción y dilatación: *subió las escaleras corriendo y su corazón latía muy deprisa.* **2** Estar muy vivo y presente, pero sin mostrarse al exterior: *un fuerte deseo latía en su pecho; la violencia latía en lo más hondo de la ciudad.*

DER latido.

latitud *n. f.* **1** Distancia que hay desde un punto de la superficie de la Tierra hasta el paralelo del ecuador; se mide en grados, minutos y segundos sobre los meridianos: *Lugo está a 43 grados de latitud norte.* **2** Distancia astronómica desde el plano de la órbita hasta un punto de la esfera celeste o del círculo galáctico: *la latitud es positiva si la estrella se encuentra en el hemisferio norte y negativa si se encuentra en el hemisferio sur.* **3** Región o localidad, considerados respecto a su distancia con el ecuador: *la vegetación varía según la latitud.* En este sentido se usa también en plural para referirse a un lugar desacostumbrado o alejado: *¿qué haces por estas latitudes?* **4** En un cuerpo de dos dimensiones, la menor. **SIN** anchura. **ANT** longitud.

lato, -ta *adj.* **1** *culto* Que es extenso: *era dueño de un lato territorio.* **2** [sentido] Que se da a una palabra, frase o texto por extensión de su significado y que no es el que estricta y literalmente le corresponde: *en la frase hemos organizado un banquete de ochenta cubiertos, la palabra cubierto se utiliza en sentido lato para referirse a los comensales.*

DER latitud.

latón *n. m.* Metal de color amarillo, mezcla de cobre y cinc; es dúctil y maleable, y se pule y brilla con facilidad: *los apliques de ese mueble son de latón; en el pasamanos de la escalera brillaban las bolas de latón.*

latoso, -sa *adj./n. m. y f.* Que cansa o que molesta por ser muy pesado: *¡qué chico más latoso, déjame en paz!*

latrocinio *n. m.* Hurto o fraude, especialmente el que se comete contra bienes públicos: *el fraude fiscal es una forma de latrocinio.*

laúd *n. m.* Instrumento musical de cuerda más pequeño que una guitarra y con caja de forma ovalada; las cuerdas, seis o más, son dobles, y la tablilla de las clavijas forma un ángulo muy pronunciado con el mango, que es corto: *los árabes introdujeron el laúd en Europa; el laúd fue un instrumento muy importante en la música barroca.* ☞ *instrumentos musicales.*

laudable *adj. culto* Que merece ser alabado: *en su discurso mencionó los laudables esfuerzos de sus predecesores.* **SIN** loable, encomiable.

láudano *n. m.* Preparación farmacéutica compuesta de opio, azafrán, vino blanco y otras sustancias que se utilizaba como calmante.

laudatorio, -ria *adj. culto* Que alaba algo o a alguien: *tuvo palabras laudatorias para su maestro.*

laudes *n. f. pl.* Conjunto de oraciones que se dicen después de maitines; constituyen una de las partes en que se divide el rezo diario a que están obligados algunos eclesiásticos: *laudes y maitines forman las primeras horas canónicas.*

laudo *n. m.* DER. Sentencia o decisión que dicta el árbitro o

laureado

juez mediador en un conflicto: *con el laudo finalizan muchas de las discordias entre empresarios y trabajadores.*

laureado, -da *adj./n. m. y f.* Que ha recibido un honor o un premio: *se convirtió en el escritor más laureado de su generación.* **SIN** premiado, galardonado.

laurear *v. tr.* **1** Conceder a alguien un honor o un premio como reconocimiento de un mérito: *la Academia laureó a Miguel Delibes.* **SIN** premiar. **2** Poner una corona de laurel a alguien como honor o como premio: *en aquella pintura los ángeles laureaban al héroe.*
DER laureado.

laurel *n. m.* **1** Árbol con el tronco liso, de corteza delgada y con las hojas duras, permanentes, lanceoladas, de color verde oscuro, brillantes y de olor agradable: *el laurel tiene propiedades medicinales; las hojas de laurel se usan para dar sabor a la comida.* **2** Premio o fama que resulta de un éxito o un triunfo: *los laureles de la victoria.* Se usa más en plural.
dormirse en los laureles No esforzarse lo suficiente en conseguir algo por estar satisfecho con los resultados ya obtenidos y confiar demasiado en el éxito: *un campeón no debe dormirse en los laureles, pues siempre hay aspirantes dispuestos a arrebatarle el título.*
DER laurear.

laurencio *n. m.* Elemento químico del sistema periódico que es metálico y muy radiactivo y cuyo número atómico es 103: *el símbolo del laurencio es Lr o Lw.* **SIN** lawrencio.

lava *n. f.* Materia fundida e incandescente que surge de un volcán en erupción y forma corrientes por sus laderas: *la lava, al enfriarse, se solidifica y forma rocas.*

lavable *adj.* **1** Que se puede lavar. **2** [prenda, tejido] Que se puede lavar sin riesgo de que se encoja o de que pierda color: *no te preocupes por esa camisa, es lavable y no encogerá.*

lavabo *n. m.* **1** Pila fija, normalmente de porcelana o cerámica, con uno o más grifos y un desagüe, que suele instalarse en los cuartos de baño y se usa sobre todo para lavarse las manos, la cara y los dientes: *su lavabo tiene un grifo para el agua caliente y otro para el agua fría.* **2** Habitación de aseo personal equipada con una de estas pilas y un retrete: *el lavabo está al fondo del pasillo.* **SIN** aseo, servicio, váter.

lavadero *n. m.* **1** Lugar o habitación en donde se lava la ropa: *a las afueras del pueblo había un lavadero donde las mujeres se reunían; el lavadero de mi casa da a un patio interior.* **2** Pila, normalmente de cemento, para lavar ropa: *esa prenda la tendrás que lavar a mano en el lavadero.* **3** Lugar de una mina donde se lavan los minerales, especialmente las arenas que contienen oro: *los lavaderos de oro estaban situados al pie de la montaña.*

lavado *n. m.* **1** Acción que consiste en limpiar una cosa mojándola con agua u otro líquido: *después del lavado va el aclarado; me ha salido gratis el lavado del coche.* **2** Limpieza o reparación de manchas morales como las culpas y las ofensas: *confesando sus pecados consiguió un lavado de conciencia.*
lavado de cerebro Acción psicológica sistemática que se ejerce sobre una persona para imponerle unas ideas y transformar su mente de una manera determinada: *sufrió un lavado de cerebro mientras estuvo en aquella secta.*
lavado de estómago Limpieza del estómago haciendo pasar por él agua con medicamentos que eliminan las sustancias dañinas: *el niño tragó detergente y tuvieron que hacerle un lavado de estómago en el hospital.*
DER prelavado.

lavadora *n. f.* Electrodoméstico para lavar la ropa: *he echado la ropa sucia a la lavadora.*

lavafrutas *n. m.* Recipiente con agua que se pone en la mesa para lavar las frutas que se comen con piel: *junto al plato de cerezas había un lavafrutas.*
OBS El plural también es *lavafrutas.*

lavamanos *n. m.* **1** Recipiente, generalmente en forma de bol, que se llena con agua y limón y que se pone en la mesa para lavarse los dedos: *después de comer marisco, se lavó los dedos en el lavamanos.* **2** Pequeño lavabo que sirve para lavarse las manos; está formado por un depósito de agua con un caño, una llave y una pila: *compraron un precioso lavamanos de cerámica.* **SIN** lavatorio.
OBS El plural también es *lavamanos.*

lavanda *n. f.* **1** Arbusto de tallo leñoso, hojas pequeñas y finas de color verde grisáceo y flores azules en espiga muy aromáticas: *la lavanda crece en lugares secos.* **SIN** espliego. **2** Líquido elaborado con la esencia de las flores y las hojas de ese arbusto que se utiliza como perfume: *compró un frasco de lavanda en una perfumería; agua de lavanda; colonia de lavanda.*

lavandería *n. f.* Establecimiento comercial donde se dedican a lavar ropa: *no tengo lavadora en casa y llevo la ropa a una lavandería; lleva el traje a la lavandería porque es muy delicado.*

lavandero, -ra *n. m. y f.* Persona que se dedica profesionalmente a lavar ropa: *la despidieron y ahora está de lavandera en un hotel.*
DER lavandería.

lavaplatos *n. m.* **1** Electrodoméstico que sirve para lavar los platos, los vasos y otros utensilios de cocina: *al acabar la cena, metimos la vajilla en el lavaplatos.* **SIN** lavavajillas. ◇ *n. com.* **2** Persona que se dedica profesionalmente a lavar platos: *el lavaplatos del restaurante era un chico muy joven.*
OBS El plural también es *lavaplatos.*

lavar *v. tr./prnl.* **1** Limpiar una cosa mojándola con agua u otro líquido: *lávate las manos con agua y jabón antes de comer; hay que lavar la herida con agua oxigenada para que no se infecte.* **2** Limpiar manchas morales, del honor o de la conciencia, como una culpa o un agravio: *el caballero quería lavar la ofensa con sangre; perdieron muchos votos y han comenzado una campaña de publicidad para lavar su mala imagen.* **3** Dar color o sombras a un dibujo con aguadas o con tinta diluida en agua: *el pintor lavó el dibujo para difuminar algunos detalles.* ◇ *v. intr.* **4** Resistir un tejido el lavado: *las prendas de algodón lavan muy bien; ten cuidado: esta tela lava fatal.*
DER lavable, lavabo, lavadero, lavado, lavadora, lavandero, lavativa, lavatorio, lavazas, lavotear.

lavativa *n. f.* **1** Líquido que se inyecta por el ano en el intestino para provocar la defecación o con otros fines terapéuticos o analíticos: *tuvo que ponerse una lavativa para terminar con su estreñimiento.* **SIN** enema. **2** Instrumento manual que se utiliza para inyectar ese líquido: *la lavativa tiene la forma de una pera de goma.*

lavatorio *n. m.* **1** Limpieza que se hace con agua u otro líquido. **2** Ceremonia católica del Jueves Santo que recuerda a Jesucristo lavando los pies a sus apóstoles: *en el lavatorio, el sacerdote lava los pies a doce hombres como símbolo de humildad predicada por Jesús.* **3** Líquido hervido con sustancias medicinales que se usa para limpiar una parte exterior del cuerpo: *el boticario preparó un lavatorio y limpió las llagas del herido.* **4** Pequeño lavabo que sirve para lavarse las manos; está formado por un depósito de agua con un caño, una llave y una pila: *compraron un precioso lavatorio de cerámica.* **SIN** lavamanos.

lavavajillas *n. m.* **1** Electrodoméstico que sirve para lavar los platos, los vasos y otros utensilios de cocina: *al terminar de comer, llenó el lavavajillas y lo puso en marcha.* **SIN** lavaplatos. **2** Detergente que sirve para lavar los platos, los vasos y otros utensilios de cocina: *tengo las manos resecas por culpa del lavavajillas.*
OBS El plural también es *lavavajillas*.

lavazas *n. f. pl.* Agua mezclada con la suciedad de lo que se ha lavado en ella.

lavotear *v. tr.* Lavar alguna cosa deprisa y sin intención de que quede completamente limpia: *si sólo lavoteas esa ropa, no te quedará bien.*

lawrencio *n. m.* Laurencio, elemento químico.

laxante *adj./n. m.* [medicamento, alimento] Que facilita la expulsión de los excrementos: *las verduras son laxantes; compró un laxante en la farmacia.* **ANT** astringente.

laxar *v. tr./prnl.* **1** Aflojar o soltar una cosa tensa: *después de lanzar la flecha, laxó el arco; un masaje será bueno para laxarte los músculos.* **2** Aflojar el vientre, de modo que se facilite la expulsión de los excrementos: *las ciruelas son buenas para laxar el vientre.*
DER laxante, laxismo, laxo.
ETIM Véase *dejar*.

laxitud *n. f.* **1** Cualidad de lo que está flojo o no tiene la tensión adecuada: *después del baño me invadió una gran laxitud.* **2** Actitud o comportamiento falto de firmeza y con excesiva relajación moral: *la laxitud de su conducta es fruto de la actual crisis de valores.*
OBS No debe confundirse con *lasitud*.

laxo, -xa *adj.* **1** Que está flojo o que no tiene la tensión adecuada: *después del ejercicio, dejad los músculos laxos y relajaos; los cabos están laxos: hay que tensarlos o las velas se caerán.* **ANT** tenso, tirante. **2** [moral, costumbre] Que es demasiado libre y relajado o que no es firme ni severo: *su conducta revela una disciplina laxa.*
DER laxitud.

lazada *n. f.* **1** Atadura que se deshace fácilmente tirando de una de las puntas: *se ató los zapatos con doble lazada para que no se le aflojaran.* **2** Cada uno de los círculos o anillas que quedan al hacer ese nudo. **3** Lazo de adorno: *envuelve el paquete con papel de regalo y ponle esta lazada.*

lazar *v. tr.* Coger o sujetar una cosa con un lazo: *preparó la cuerda para lazar conejos.*
DER lazada; enlazar, entrelazar.
OBS En su conjugación, la *z* se convierte en *c* delante de *e*.

lazareto *n. m.* **1** Recinto sanitario que se dedica a la desinfección de personas que han contraído o pueden haber contraído una enfermedad contagiosa. **2** Hospital dedicado exclusivamente a leprosos. **SIN** leprosería.

lazarillo *n. m.* **1** Persona o perro que acompaña a un ciego para guiarle: *en el autobús no pueden entrar animales, excepto los perros lazarillos.* **2** Persona que acompaña a otra para ofrecerle su ayuda: *voy a hacer de lazarillo para un amigo extranjero que tiene que arreglar unos documentos.*
ETIM Del nombre propio *Lazarillo de Tormes*, que es el protagonista de la novela picaresca del mismo nombre publicada en 1554.

lazo *n. m.* **1** Atadura que se deshace fácilmente tirando de una de las puntas: *la dependienta cerró el paquete y lo ató haciendo un lazo con la cuerda.* **SIN** lazada. **2** Adorno de cinta que imita este nudo u otro más elaborado, especialmente el que sirve para sujetar o adornar el pelo: *se cambió la diadema por un bonito lazo de terciopelo; adornaron el árbol con lazos y bolas de colores; el traje de novia llevaba un enorme lazo en la espalda.* **3** Cosa que imita la forma de este nudo: *lazo de hojaldre; lazo de flores.* **4** Unión o relación con una persona o cosa: *lazos de amistad; el director quiso establecer un lazo entre su película y el espectador.* **SIN** vínculo. **5** Corbata ancha que se anuda con dos lazadas junto al cierre del cuello: *el lazo se utilizaba mucho antiguamente.* **6** Nudo corredizo de alambre que sirve como trampa para animales, sobre todo conejos: *la caza con lazos está prohibida.* **7** Cuerda gruesa con un nudo corredizo en un extremo que sirve para cazar o sujetar animales: *utilizó el lazo para coger y derribar a los caballos y toros salvajes.* **8** Trampa o acción que tiene como fin llevar a alguien a una situación que le perjudica: *sus enemigos le tendieron un lazo.*

echar (o **tender**) **el lazo** Atrapar a alguien contra su voluntad: *no pensabas casarte pero María te echó el lazo, ¿eh?*
DER lacería, lacero, lazar.

le *pron. pers.* Forma del pronombre de tercera persona para el objeto indirecto, en género masculino y femenino y en número singular: *le entregó la carta; le compró unos zapatos nuevos.*
OBS Se escribe unido al verbo cuando va detrás: *dile que venga.* ◇ La Real Academia Española no rechaza su uso como objeto directo cuando se refiere a una persona en masculino y en singular: *—¿Visteis ayer a mi hijo? —Sí, le vimos.*

leal *adj.* **1** [persona] Que merece confianza porque es firme en sus afectos e ideas y no engaña ni traiciona: *siempre ha sido una amiga leal.* **SIN** fiel. **ANT** desleal. **2** [palabra, acto] Que se dice o se hace con firmeza y sinceridad: *lo consoló con palabras leales.* **ANT** falso, hipócrita, desleal. **3** [animal] Que muestra obediencia a su dueño y le sigue fielmente: *el perro y el caballo son animales leales.* **SIN** fiel. **ANT** desleal. ◇ *adj./n. com.* **4** [persona] Que es partidario de una persona, grupo o institución: *los soldados leales al presidente defendieron el palacio; los leales a la causa se mantuvieron siempre fieles a sus convicciones.* **ANT** desleal, traidor.
DER lealtad; desleal.

lealtad *n. f.* **1** Firmeza en los afectos y en las ideas que lleva a no engañar ni traicionar a los demás: *la lealtad de una conducta; la lealtad es una gran virtud.* **SIN** fidelidad. **ANT** deslealtad. **2** Gratitud y obediencia incondicional que muestra un animal hacia su dueño: *la lealtad de las perras está más comprobada que la de los perros.* **SIN** fidelidad. **ANT** deslealtad.

leasing *n. m.* Sistema de arrendamiento de bienes de equipo que consiste en cederlos las empresas financieras mediante contrato en el que se prevé la opción de compra por parte del arrendatario: *muchas empresas comienzan con la maquinaria y el local contratado en leasing.*
OBS Es de origen inglés, se pronuncia aproximadamente 'lisin'.

lebrato *n. m.* Cría de la liebre o liebre de corta edad.

lebrel *adj./n. m.* [perro] Que pertenece a una raza de talla alta y extremadamente delgada, con el labio superior y las orejas caídas y las patas retiradas hacia atrás: *los lebreles son muy veloces y se usan para la caza; lebrel afgano; lebrel árabe.*

lebrillo *n. m.* Recipiente de barro o metal, más ancho por el borde que por el fondo, que se usa sobre todo para lavar y fregar: *lavaba la ropa en un lebrillo.*

lección *n. f.* **1** Parte de un libro de texto o manual que forma una unidad independiente: *la lección tercera trataba de las fuentes de energía; en el examen entra hasta la lección siete.* **SIN** tema. **2** Conjunto de conocimientos que un maestro imparte de una vez: *la lección de hoy tratará de la generación del 27; hoy no hemos tenido lección de sociales.* **SIN** clase.

3 Parte de una materia que se aprende de una vez: *la profesora nos ha puesto mucha lección para mañana*. **4** Explicación oral sobre un tema que da una persona: *todos alabaron su lección sobre Cervantes al ingresar en la Real Academia; han publicado sus lecciones de gramática*. **lección magistral** *a*) Lectura solemne y pública de un trabajo sobre un tema concreto que tiene lugar con motivo de un acontecimiento señalado: *los científicos escucharon la lección magistral de su colega en la inauguración del congreso*. *b*) Lección impartida por un profesor o por otra persona, sin ninguna participación de los alumnos o de la audiencia: *viene aquí a darnos sus lecciones magistrales, y nosotros a callar y a tomar apuntes*. **5** Experiencia o ejemplo que sirve de enseñanza o de escarmiento: *aquel suceso le sirvió de lección; su obra es una lección de sinceridad*. **dar una lección** Hacerle comprender a una persona un defecto que tiene o un error que ha cometido, corrigiéndolo hábil o duramente: *la vida se encargará de darle una lección a ese egoísta; nos dio una lección de humildad que no olvidaremos jamás*. **tomar la lección** Escuchar la lección el maestro al alumno para comprobar si ha aprendido lo que debía: *el profesor siempre nos tomaba la lección con el libro delante*.

lechada *n. f.* Masa fina de cal, yeso o cemento disuelta en agua que se usa para pintar las paredes o como argamasa en trabajos de construcción: *blanqueó la pared del jardín con lechada*.

lechal *adj./n. m.* [cría de la oveja o de la vaca] Que todavía mama: *ternera lechal; cordero lechal; carne de lechal*. **SIN** recental.

leche *n. f.* **1** Líquido blanco que producen las hembras de los mamíferos para alimentar a sus hijos, especialmente el que producen las vacas: *la leche materna es un alimento muy equilibrado; la leche y sus derivados son la principal fuente de calcio alimentario*. **leche condensada** Líquido blanco y espeso que se obtiene industrialmente evaporando leche y azúcar y que se reconstituye como leche al añadirle agua: *la leche condensada se ideó para obtener una leche de larga conservación*. **leche entera** Leche que conserva todas sus sustancias nutritivas, incluidas las grasas, después de tratarla industrialmente: *te pedí leche entera y la has traído desnatada*. **leche frita** Dulce que se prepara mezclando leche con harina y friéndola en la sartén: *tomaré leche frita de postre*. **leche merengada** Bebida refrescante que se prepara con leche, huevo, azúcar y canela: *la leche merengada y la horchata me gustan bien frías*. **2** Líquido blanco que segregan algunos vegetales: *el árbol echaba una leche pegajosa*. **3** Líquido más o menos concentrado que se obtiene macerando determinadas semillas en agua y luego machacándolas: *la leche de almendras se usa en alimentación y cosmética*. **4** Crema líquida de color blanco que se utiliza como cosmético: *me he comprado un frasco de leche limpiadora; la leche hidratante es buena para las pieles resecas*. **5** coloquial Golpe que recibe o da una persona: *menuda leche le arreó su padre por levantarle la voz*. **6** coloquial Cosa muy molesta o fastidiosa: *es una leche tener que trabajar los fines de semana*. **SIN** rollo. **7** malsonante Semen. ◇ *int.* **8** **¡leche!** Expresión que se usa para expresar asombro o fastidio: *¡leche!, ya me he olvidado otra vez las llaves*. **a toda leche** coloquial A toda velocidad o con mucha prisa: *tomó la curva a toda leche y se salió de la carretera; siempre vienes a toda leche y te largas sin decir ni adiós*. **de leche** *a*) [animal] Que es criado por los seres humanos para aprovechar su leche: *tenían muchas vacas de leche*. **SIN** lechero. *b*) [animal] Que todavía mama: *en el establo vimos varios terneros de leche*. **mala leche** coloquial *a*) Intención de hacer un daño físico o moral: *le dio un sopapo con toda su mala leche*. *b*) Mal humor de una persona: *tu hermano es un amargado, siempre está de mala leche*. **ser la leche** coloquial Ser un hecho o una persona asombroso o indignante: *es la leche: ha vuelto a subir el paro*. **tener leche** coloquial Ser muy afortunado: *¡qué leche tienes, te han vuelto a salir tres comodines!* **DER** lechada, lechal, lechazo, lechera, lechero, lechón, lechoso. **ETIM** Leche procede del latín vulgar *lacte*, que tenía el mismo significado, voz con la que también está relacionada *lactar*.

lechera *n. f.* Recipiente que se usa para guardar, servir o transportar la leche: *el hijo del vaquero salió del establo con una lechera llena*.

lechería *n. f.* Establecimiento donde se vende leche: *en las lecherías se pueden encontrar también productos lácteos como la mantequilla, el yogur o la nata*.

lechero, -ra *adj.* **1** De la leche o que tiene relación con este producto: *la industria lechera es muy importante en Asturias y Galicia*. **2** Que tiene leche o alguna de sus propiedades: *el cardo lechoso es una planta muy alta que está cubierta de leche*. **3** [animal] Que es criado por los seres humanos para aprovechar su leche: *tengo una vaca lechera; han comprado una cabra lechera*. ◇ *n. m. y f.* **4** Persona que se dedica a vender o repartir leche: *el lechero dejó dos botellas en la puerta de la casa*.
DER lechería.

lecho *n. m.* **1** culto Cama con colchón y sábanas dispuesta para dormir o descansar: *el matrimonio dormía en un magnífico lecho; lecho conyugal; lecho de muerte*. **2** Capa de un material preparada sobre el suelo para que el ganado duerma o descanse: *el buey se recostó sobre un lecho de paja; durmieron sobre un lecho de hojas*. **3** Depresión del terreno por donde corre un curso de agua: *el lecho del río contenía diminutas pepitas de oro*. **SIN** cauce. **4** Superficie sobre la que se asienta una masa de agua, como la del mar o la de un lago: *limpiaron el lecho del pantano*. **SIN** fondo. **5** Superficie plana de una materia determinada que cubre otra superficie y que puede servir para poner otras cosas encima: *un lecho de pétalos de rosa cubría toda la plaza; he puesto la carne sobre un lecho de verdura*. **6** GEOL. Masa mineral en forma de capa que forma los terrenos sedimentarios. **SIN** estrato. **7** Especie de banco en que los romanos y los orientales se reclinaban para comer.

lechón, -chona *n. m.* **1** Cría del cerdo que todavía mama: *comimos lechón asado*. **SIN** cochinillo. ◇ *n. m. y f.* **2** Cerdo de cualquier edad: *tenía una granja en la que criaba lechones y gallinas; vendieron la lechona más grande que tenían*. **SIN** gorrino, marrano, puerco.

lechoso, -sa *adj.* **1** Que se parece a la leche: *las cremas hidratantes son lechosas; la contaminación ha vuelto las aguas lechosas*. **2** [vegetal] Que contiene un jugo blanco semejante a la leche: *los higos son frutos lechosos*.

lechuga *n. f.* Hortaliza que tiene unas hojas grandes y verdes que se unen en un tronco y que suele comerse en ensalada: *vamos a hacer una ensalada con tomate y lechuga*. **más fresco que una lechuga** *a*) Muy sano y fresco, con la energía propia de la salud: *se ha pasado la noche estudiando, pero está más fresco que una lechuga*. *b*) Muy fresco o desvergonzado: *Luis es más fresco que una lechuga: trata a todo el mundo de tú*.
DER lechuguino.

lechuguino, -na *adj./n. m. y f.* **1** [persona joven] Que presume de madurez y que para hacerlo se viste y comporta afectadamente: *se cree que todo el mundo lo admira y no es más que un lechuguino*. **SIN** petimetre. ◇ *n. m.* **2** Lechuga pequeña, antes de ser trasplantada: *este año los lechuguinos se han secado*.

lechuza *n. f.* Ave rapaz de ojos grandes, con la cabeza redonda y la cara en forma de corazón, de pico pequeño y curvo y grandes alas; es de costumbres nocturnas y se alimenta principalmente de roedores: *la lechuza es de menor tamaño que el búho*.
OBS Para indicar el sexo se usa *la lechuza macho* y *la lechuza hembra*.

lectivo, -va *adj.* Que se destina a dar clases en las escuelas y en otros centros de enseñanza: *esta semana tiene sólo tres días lectivos; el período lectivo no incluye Navidad, Semana Santa ni las vacaciones de verano*.

lector, -ra *adj./n. m. y f.* **1** [persona] Que lee o que tiene afición por la lectura: *desde pequeño fue un lector entusiasta de novelas de terror; en las cartas al director se expresa la opinión de los lectores del diario*. ◇ *n. m. y f.* **2** Persona que ayuda en la enseñanza de su lengua materna en una universidad o escuela extranjeras: *Luisa pasó un año como lectora de español en una universidad inglesa*. **3** Persona que lee los textos enviados a una editorial y cuya opinión se valora a la hora de publicarlos o no: *el lector eligió estos cinco originales entre todos los que se recibieron*. ◇ *n. m.* **4** Aparato electrónico que permite reproducir o transformar las señales grabadas en bandas o discos magnéticos: *un lector de discos compactos; el lector de un disco duro*. **lector óptico** Aparato electrónico que permite la lectura automática de caracteres escritos: *el lector óptico sirve para leer los códigos de barras*. **5** Aparato electrónico que proyecta en una pantalla lo que está escrito en microfilmes o microfichas: *el lector reproductor permite ver los documentos almacenados en microfilmes y obtener copias de las partes que interesen*.
DER lectorado, lectura.

lectorado *n. m.* Cargo docente y plaza del lector o profesor que enseña su lengua materna en una universidad o en un instituto extranjeros: *ocupó un lectorado durante dos años en una universidad inglesa; cuando terminó la carrera, solicitó un lectorado en Francia*.

lectura *n. f.* **1** Actividad que consiste en interpretar el significado de una serie de signos escritos: *los niños disfrutan con la lectura de historias fantásticas; la lectura es su pasión; lo que más me gustó de la velada fue la lectura de narraciones breves*. **2** Texto u obra que se lee o que ha de leerse: *los periódicos son parte importante de sus lecturas; este mes el profesor nos ha puesto muchas lecturas*. **3** Interpretación del sentido de una obra o de un hecho concreto: *el crítico hizo una lectura muy particular de la obra completa de Cervantes; la lectura de una pieza musical; sus actos tienen más de una lectura*. **4** Actividad que consiste en descifrar e interpretar, o en registrar, cualquier tipo de signo: *la adivina hizo una lectura pesimista de los presagios; ¿han pasado ya a hacer la lectura del contador de la luz?* **5** Exposición oral ante un tribunal de un trabajo escrito anteriormente: *la lectura de la tesis es el último paso antes de obtener el título de doctor*. **6** Reproducción o visualización de los datos almacenados informáticamente: *el disco duro está estropeado y no permite la lectura de los archivos*.

leer *v. tr.* **1** Interpretar el significado de una serie de signos escritos: *mi hijo está aprendiendo a leer; le gusta leer en la cama; en clase de solfeo aprendí a leer partituras*. **leer de corrido** Leer algo de una vez y rápidamente: *me he leído el periódico de corrido porque no tenía tiempo*. **2** Pronunciar en voz alta un texto escrito: *ahora te toca leer a ti; nos leyó un fragmento de la novela*. **3** Descifrar e interpretar cualquier tipo de signo: *dice que sabe leer las líneas de la mano; ha aprendido a leer los labios*. **4** Adivinar una intención o el significado de algo a partir de determinadas señales: *aunque dices que no me quieres, lo puedo leer en tu mirada; me gustaría aprender a leer el futuro*. **5** Exponer y defender en público un trabajo de investigación o un ejercicio: *mañana leerá la tesis doctoral*. **6** Reproducir o visualizar los datos almacenados informáticamente: *sólo se pueden leer los datos desde el disco duro porque la disquetera no funciona*.

leer el pensamiento Adivinar la intención de una persona sin que ella la exprese: *sabía lo que iba a decir: le estaba leyendo el pensamiento*.

leer entre líneas Deducir algo que no se explica abiertamente en un escrito: *en la noticia del periódico se podía leer entre líneas que el presidente no tenía intención de asistir a la reunión*.
DER lectivo, lector, leído; releer.

leer	
INDICATIVO	SUBJUNTIVO
presente	presente
leo	lea
lees	leas
lee	lea
leemos	leamos
leéis	leáis
leen	lean
pretérito imperfecto	pretérito imperfecto
leía	leyera o leyese
leías	leyeras o leyeses
leía	leyera o leyese
leíamos	leyéramos o leyésemos
leíais	leyerais o leyeseis
leían	leyeran o leyesen
pretérito indefinido	futuro
leí	leyere
leíste	leyeres
leyó	leyere
leímos	leyéremos
leísteis	leyereis
leyeron	leyeren
futuro	IMPERATIVO
leeré	
leerás	lee (tú)
leerá	lea (usted)
leeremos	leed (vosotros)
leeréis	lean (ustedes)
leerán	
condicional	FORMAS NO PERSONALES
leería	
leerías	infinitivo gerundio
leería	leer leyendo
leeríamos	participio
leeríais	leído
leerían	

legación

ETIM *Leer* procede del latín *legere*, que tenía el mismo significado, voz con la que también están relacionadas *legible, leyenda, legendario*.

OBS En su conjugación, la *i* de la desinencia se convierte en *y* delante de *o* y *e*.

legación *n. f.* **1** Cargo del legado o persona enviada por una autoridad para que actúe en su nombre con un fin determinado: *le enviaron en legación para negociar con las autoridades militares*. **2** Misión o mensaje que lleva este legado: *el presidente había enviado una legación pidiendo la paz*. **3** Conjunto de personas elegidas por un gobierno para representarlo en otro país o para resolver un asunto temporal, y que trabajan a las órdenes del legado: *la legación tenía el objetivo de localizar a todos los ciudadanos de su nacionalidad en el país en guerra*. **4** Edificio donde trabajan esas personas: *la policía aumentó la vigilancia en la legación británica*. **5** Conjunto de personas que representan a un estado o a una entidad en una reunión, en un congreso o en una ocasión determinada: *la legación europea evaluó en Groenlandia los daños a la capa de ozono*.

legado *n. m.* **1** Bien material que una persona hereda de otra: *el hijo quiso conservar el legado de su padre*. **SIN** herencia. **2** Cosa espiritual o material que se recibe de los que vivieron antes: *el legado del Imperio romano ha marcado la cultura occidental*. **SIN** herencia. **3** Persona enviada por una autoridad para que actúe en su nombre con un fin determinado: *el príncipe acudió a la ceremonia como legado del rey*.

legajo *n. m.* Conjunto de papeles, generalmente atados, que tratan de un mismo asunto: *el abogado examinó los legajos sobre el contencioso en la biblioteca*.

legal *adj.* **1** Que es ordenado por la ley y se ajusta a ella: *para hacer la declaración de la renta has de cumplir unos requisitos legales; el curso legal de una moneda*. **ANT** ilegal. **2** De la ley, del derecho o que tiene relación con ellos: *el fiscal emprendió una acción legal contra los estafadores; esa ley no se registra en el código legal*. **3** [persona] Que es responsable y puntual en el cumplimiento de un deber: *los acusados aseguran haber sido siempre legales trabajadores*. **4** *coloquial* [persona] Que merece confianza porque es firme en sus afectos e ideas y no engaña ni traiciona: *no te preocupes, Jaime es un tío legal*.

DER legalidad, legalismo, legalizar; ilegal.

legalidad *n. f.* **1** Conformidad o adecuación con lo que la ley establece: *investigaron la legalidad de sus actos; los negocios del banquero estaban fuera de la legalidad*. **SIN** licitud. **ANT** ilegalidad, ilicitud. **2** Sistema de leyes vigente en un país: *el ministerio fiscal tiene por misión promover la acción de la justicia en defensa de la legalidad vigente*.

legalismo *n. m.* **1** Tendencia o actitud de quien antepone a todo la aplicación estricta de las leyes: *por su extremado legalismo odiaba las recomendaciones*. **2** Formalidad o detalle legal que obstaculiza o condiciona la plena resolución de una cosa: *los legalismos son una gran traba para el desarrollo de las iniciativas privadas*.

legalista *adj./n. com.* Que antepone a todo la aplicación literal de las leyes: *los modelos legalistas no atienden a las situaciones personales*.

legalización *n. f.* **1** Acción que consiste en hacer legal una cosa: *el parlamento debatió la legalización del aborto*. **2** Confirmación de la autenticidad de una firma o de un documento: *los notarios son los encargados de la legalización de los testamentos*.

legalizar *v. tr.* **1** Hacer legal una cosa: *muchos inmigrantes intentan legalizar su situación*. **2** Confirmar la autenticidad de una firma o documento: *el notario legalizó la firma de los herederos*.

DER legalización.

OBS En su conjugación, la *z* se convierte en *c* delante de *e*.

légamo *n. m.* Barro blando que se encuentra en los lugares donde hay agua: *se agachó para tocar el légamo de la charca*. **SIN** cieno, limo, lodo.

legaña *n. f.* Sustancia blanda o endurecida de color amarillo que se acumula en los ángulos internos de los ojos o en las pestañas, generalmente durante el sueño; la producen las glándulas sebáceas de los párpados: *se levantó con los ojos llenos de legañas*.

legañoso, -sa *adj./n. m. y f.* [persona, animal] Que tiene muchas legañas: *se lavó los ojos legañosos; eres un dormilón y un legañoso*.

legar *v. tr.* **1** Dejar en herencia un bien, un derecho o una obligación mediante un testamento: *le legó todas sus propiedades a él solo*. **2** Dejar o transmitir una cosa, especialmente cultura, ideas o tradiciones, a los que siguen en el tiempo: *legó su obra a la posteridad; los romanos legaron su cultura a las naciones latinizadas*. **3** Enviar a una persona como legado o representante: *el presidente legó al ministro para que le sustituyera en la reunión*.

DER legación, legado, lejajo, legal, legatario; relegar.

ETIM Véase *ley*.

OBS En su conjugación, la *g* se convierte en *gu* delante de *e*.

legatario, -ria *n. m. y f.* Persona a la que se deja algo en testamento: *el legatario es el beneficiario del legado otorgado por el testador*.

legendario, -ria *adj.* **1** De las leyendas o que tiene relación con estas narraciones populares: *Ulises es un héroe legendario; Marco Polo viajó por tierras legendarias*. **2** [persona, suceso, cosa] Que fue muy famoso y que sigue siendo muy comentado: *la capacidad de trabajo de Lope de Vega es legendaria; hicieron una plaza en honor del legendario guardameta Ricardo Zamora*. ◇ *n. m.* **3** Libro en el que se reúnen varias leyendas o varias vidas de santos: *mi profesora de literatura tiene un legendario auténtico del siglo XVI*.

ETIM Véase *leer*.

legible *adj.* Que se puede leer: *tiene una letra legible: se entiende muy bien*. **ANT** ilegible.

DER legibilidad; ilegible.

ETIM Véase *leer*.

legión *n. f.* **1** Cuerpo especial del ejército, formado por soldados profesionales, que actúa como fuerza de choque: *la legión es propia de los ejércitos español y francés*. **2** Cuerpo del ejército compuesto de infantería y caballería en el Imperio romano: *Julio César conquistó las Galias al mando de las legiones*. **3** Cantidad grande de personas o animales, especialmente cuando persiguen un mismo fin: *una legión de adolescentes corría hacia el aeropuerto para recibir al famoso cantante*.

legionario, -ria *adj.* **1** De la legión o que tiene relación con este cuerpo militar: *el general legionario dirigía la misión*. ◇ *n. m. y f.* **2** Soldado de una legión moderna o de las legiones romanas: *los legionarios participaron en las tareas de pacificación*.

legionela *n. f.* Enfermedad contagiosa causada por una bacteria de este nombre que provoca fiebre, neumonía, congestión y a veces la muerte: *la legionela se conoce también como enfermedad del legionario*.

ETIM *Legionela* viene del latín científico *Legionella pneumophila*, especie bacteriana identificada en 1976 a consecuencia de una epidemia de neumonía que afectó a numerosos participantes en la convención de la Legión Americana en un hotel de Filadelfia.

legislación *n. f.* **1** Conjunto de leyes por las cuales se regula un estado o una actividad determinada: *legislación laboral; legislación criminal; legislación francesa*. **2** Ciencia y conocimiento de las leyes: *asiste a un curso de legislación financiera*. **3** Acción que consiste en legislar: *la legislación es la tarea propia de los parlamentos*.

legislador, -ra *adj./n. m. y f.* [persona, organismo] Que legisla o puede legislar: *los legisladores se reunieron para redactar la nueva constitución*.

legislar *v. intr.* Elaborar o establecer una o varias leyes: *los órganos encargados de legislar en España son el Congreso y el Senado*.
DER legislación, legislador, legislativo, legislatura.
ETIM Véase *ley*.

legislativo, -va *adj.* **1** [organismo] Que tiene la misión o la facultad de hacer leyes: *los parlamentos de las comunidades autónomas son asambleas legislativas*. **2** Que está relacionado con los organismos que legislan y especialmente con el parlamento: *elecciones legislativas; poder legislativo*. **3** Que está relacionado con la legislación o con las personas que legislan: *cuerpo legislativo; reforma legislativa*.

legislatura *n. f.* **1** Período de tiempo durante el cual el gobierno y el parlamento de un estado ejercen sus poderes; se inicia con la elección de sus miembros y acaba con su disolución, antes de unas nuevas elecciones: *según la Constitución española, la duración máxima de una legislatura es de cuatro años*. **2** Conjunto de órganos legislativos que actúan durante este período: *la anterior legislatura no abordó ninguna reforma constitucional*.

legista *n. com.* Persona que se dedica al estudio y enseñanza de las leyes o el derecho: *la legalidad del procedimiento ha sido criticada por los legistas*.

legitimación *n. f.* **1** Adquisición del carácter o condición de legítimo: *tras la dictadura vino la legitimación democrática*. **2** Certificación de la autenticidad de un documento o la correspondencia de un acto con lo que indica la ley: *fue precisa la legitimación de aquel documento para que se admitiese como prueba*. **3** Capacitación legal que se concede a una persona para ejercer un cargo o desempeñar una función. **4** Acto jurídico por el cual el hijo natural es equiparado en todo o en parte al hijo legítimo.

legitimar *v. tr.* **1** Convertir en legítima una cosa que no lo era: *no se pueden legitimar esas acciones violentas*. **2** Confirmar la autenticidad de un documento o firma: *el notario legitimó el contrato*. **SIN** legalizar. **3** Autorizar a una persona para ejercer una función o un cargo: *la licenciatura te legitima para presentarte a esas oposiciones; su victoria electoral le legitima como nuevo presidente*. **4** Reconocer como legítimo un hijo que no lo era: *al contraer matrimonio legitimaron al hijo que habían tenido unos años antes*.
DER legitimación.

legitimidad *n. f.* Carácter o condición de lo que está conforme con la ley: *todas sus actuaciones rozaban los límites de la legitimidad*.

legitimista *adj./n. com.* Partidario de una persona o dinastía distinta de la que reina, por considerarla con más derecho a ocupar el trono.

legítimo, -ma *adj.* **1** Que es conforme a las leyes: *el heredero exigió sus legítimos derechos*. **SIN** legal, lícito. **ANT** ilegal, ilegítimo, ilícito. **2** Que es auténtico y verdadero: *un equipo de especialistas está comprobando si es un Goya legítimo*. **ANT** falso, ilegal, ilegítimo. **3** Que es como tiene que ser y no se puede censurar: *todos reconocieron que sus peticiones eran legítimas*. **SIN** justo, lícito.

lego, -ga *adj.* **1** Que no tiene experiencia o conocimientos de determinada materia: *no me lo preguntes a mí, soy lego en matemáticas*. ◊ *adj./n. m. y f.* **2** [persona] Que no ha recibido órdenes religiosas. **SIN** laico, seglar. ◊ *adj./n. m.* **3** [religioso de un convento] Que no ha recibido las órdenes sagradas. ◊ *adj./n. f.* **4** [religiosa de un convento] Que se dedica a faenas domésticas.

legrado *n. m.* MED. Operación quirúrgica que consiste en raer ciertos tejidos enfermos, especialmente el útero o los huesos, para limpiarlos de sustancias extrañas o para obtener muestras del tejido: *debido al aborto tuvieron que practicarle un legrado*. **SIN** raspado.

legrar *v. tr.* MED. Raspar la superficie de un hueso o una cavidad orgánica para eliminar sustancias adheridas o extraer muestras para su análisis.

legua *n. f.* Medida de longitud que equivale a 5 572,7 metros: *en una novela de Julio Verne, el capitán Nemo hizo 20 000 leguas de viaje submarino*.
a la legua o **a una legua** o **a cien leguas** De lejos, a gran distancia y de forma muy evidente: *se nota a la legua que no tienes idea de lo que dices*.

leguleyo, -ya *n. m. y f.* Persona que se ocupa de cuestiones legales sin tener los conocimientos o la especialización suficientes: *menos mal que me defendía un gran abogado y no un simple leguleyo*.

legumbre *n. f.* **1** Fruto o semilla que crece formando una hilera con otras iguales en el interior de una vaina: *las lentejas, las judías, los garbanzos y los guisantes son legumbres; en la tienda venden legumbres cocidas y secas*. **SIN** leguminoso. **2** Planta que se cultiva en un huerto para su consumo, especialmente las de fruto en forma de vaina que se consumen frescas, como la judía o el guisante. **SIN** hortaliza.
ETIM *Legumbre* procede del latín *legumen, –inis*, que tenía el mismo significado, voz con la que también está relacionada *leguminoso*.

leguminoso, -sa *adj./n. f.* **1** BOT. [planta] Que tiene fruto en legumbre o vaina, con varias semillas en su interior, y flores en forma de mariposa: *la acacia y la retama son plantas leguminosas como los garbanzos y los guisantes, pero sus frutos no se comen; la judía es una leguminosa*. ◊ *n. f. pl.* **2 leguminosas** Familia que forman estas plantas: *las leguminosas pertenecen a la clase de las dicotiledóneas*.
ETIM Véase *legumbre*.

lehendakari *n. m.* Presidente del gobierno autónomo vasco: *el candidato socialista a lehendakari inició su campaña en Bilbao*.
OBS Es de origen vasco.

leído, -da *adj.* [persona] Que ha leído mucho y tiene gran cultura y erudición: *es una mujer muy leída y puedes hablar con ella de cualquier tema*.

leísmo *n. m.* GRAM. Fenómeno que consiste en usar las formas *le* y *les* del pronombre personal como objeto directo, en lugar de *lo* y *los*; es un uso incorrecto: *si se dice* me he comprado un cuadro, mírale, *se está cometiendo un leísmo, porque se debería decir* míralo.
OBS El leísmo se admite generalmente como correcto cuando *le* se refiere a personas del género masculino: *a Álex, le vi ayer*.

leísta *adj./n. com.* GRAM. [persona] Que usa las formas *le* y *les* del pronombre personal como objeto directo, en lugar de *lo* y *los*; es un uso incorrecto: *muchas personas del cen-*

tro de España son leístas; durante el Siglo de Oro había escritores leístas.

leitmotiv *n. m.* Idea o motivo central de un escrito o discurso que se repite a lo largo de él: *el leitmotiv del relato es la crisis de valores*.
OBS Es de origen alemán.

lejanía *n. f.* **1** Parte o lugar que está o se ve lejos: *el jinete se perdió en la lejanía*. **2** Distancia grande entre dos puntos: *la lejanía entre nuestras ciudades impide que nos veamos más a menudo*. **ANT** cercanía, vecindad.

lejano, -na *adj.* **1** Que está lejos o a gran distancia en el espacio o en el tiempo: *aquello ocurrió en tiempos lejanos; llegó de una ciudad lejana*. **SIN** distante. **ANT** cercano. **2** [parentesco, semejanza] Que no tiene vínculos directos o firmes: *en un pueblo tan pequeño todos deben de ser parientes, aunque lejanos; aquel hombre tiene un parecido lejano con mi hermano mayor*.
DER lejanía.

lejía *n. f.* Sustancia química líquida, transparente y de olor muy fuerte, compuesta generalmente de agua, sales alcalinas y sosa cáustica, que se usa para poner blanca la ropa y para desinfectar: *cierto tipo de lejía también sirve para hacer potable el agua que no lo es*.

lejos *adv.* A gran distancia en el espacio o en el tiempo: *Australia está muy lejos de España; los días de la infancia están ya lejos*.
a lo lejos A mucha distancia en el espacio o en el tiempo: *el cielo estaba raso y sólo una nube se veía a lo lejos*.
de (o desde) lejos Desde bastante o mucha distancia: *no veo bien de lejos; de lejos parecía otra cosa*.
lejos de + infinitivo Sirve para introducir una expresión que indica que lo que sucede o lo que se hace es todo lo contrario a lo que ese infinitivo expresa: *lejos de huir, se enfrentó a la fiera cara a cara*.
DER lejano; alejar.

lelo, -la *adj./n. m. y f.* **1** [persona] Que es torpe o poco inteligente: *vaya novia más lela que tiene; sus hermanos son dos lelos que no se enteran de nada*. **SIN** bobo, tonto. ◊ *adj.* **2** [persona] Que está pasmado por un golpe, una sensación u otra causa: *el beso me dejó lelo; está lelo y no presta atención a nada de lo que le dicen*. **SIN** atontado.

lema *n. m.* **1** Frase que expresa un pensamiento que sirve de guía al comportamiento de una persona: *su lema fue siempre «divide y vencerás»*. **SIN** regla. **2** Frase de un escudo o de un emblema: *en el escudo de los García se lee el siguiente lema: «de García arriba nadie diga»; el lema de la bandera brasileña es «ordem y progresso»*. **3** Texto corto que se coloca delante de ciertas obras literarias para subrayar su idea central o resumir su contenido: *cada capítulo del Quijote empieza con unos lemas muy divertidos*. **4** Palabra que encabeza cada artículo de un diccionario y que es la que se define: *el lema aparece siempre en un tipo de letra distinto, para que resalte*. **SIN** entrada. **5** Palabra o conjunto de palabras que sirven para mantener en secreto el nombre del autor de una obra que se presenta a un concurso o a un examen; dicho secreto se mantiene hasta después del fallo del jurado: *presentó su novela bajo el lema «Rosa del desierto» y luego resultó ser un famoso escritor*. **6** Tema de un discurso o de un acto social: *el lema de la reunión era la ayuda al Tercer Mundo*. **7** MAT. Proposición que hay que demostrar antes de establecer un teorema matemático.
DER dilema.

lencería *n. f.* **1** Ropa interior y ropa para dormir femenina: *llevaba sus iniciales bordadas en todas las prendas de lencería; lencería fina*. **2** Ropa para la mesa, la cama o el baño: *para la lencería del hogar prefiero el algodón a los tejidos acrílicos*. **3** Establecimiento donde se venden estos tipos de ropa: *voy a la lencería a comprarme unas medias; la lencería de la esquina tiene unos albornoces preciosos*. **4** Industria y comercio de estos tipos de ropa: *la lencería aporta grandes beneficios a estos almacenes*.

lengua *n. f.* **1** Órgano muscular blando, carnoso y movible que se encuentra en el interior de la boca de los seres humanos y de algunos animales; interviene en la masticación y la deglución de los alimentos y en la articulación de sonidos: *una niña me sacó la lengua; la posición de la lengua en la boca hace pronunciar unos sonidos u otros; el perro venía corriendo con la lengua fuera*. ☞ boca. **lengua afilada (o viperina)** Manera de hablar de las personas aficionadas a criticar y a hablar mal de los demás: *con su lengua viperina no dejó títere con cabeza*. **lengua de trapo (o de estropajo) o media lengua** Persona que no pronuncia correctamente: *de pequeña le llamaban lengua de trapo porque no sabía hablar bien*. Se aplica sobre todo a los niños pequeños. **malas lenguas** Personas que critican y hablan mal de los demás: *las malas lenguas dicen que mis vecinos se van a divorciar*. **2** Cosa que tiene la forma de ese órgano: *unas lenguas de fuego descendieron sobre los apóstoles*. **lengua de gato** Galleta o trozo de chocolate en forma de lengua: *me han regalado una caja de lenguas de gato*. **3** Sistema de palabras que utiliza una comunidad de hablantes para comunicarse: *muchas lenguas africanas no tienen un código escrito*. **SIN** idioma. **lengua extranjera** Lengua que no es propia del país del hablante: *el estudio de las lenguas extranjeras es beneficioso para conocer otras culturas*. **SIN** segunda lengua. **lengua madre** Lengua de la que derivan otras lenguas: *el latín es la lengua madre de las lenguas romances*. **lengua materna** *a)* Lengua que, aprendida de los padres, se habla como propia: *el español es su lengua materna, pero habla otros cuatro idiomas*. *b)* Lengua que es propia del país en que ha nacido el hablante: *la lengua materna de los franceses es el francés*. **lengua muerta** Lengua que ya no se habla: *el latín es una lengua muerta*. **lengua viva** Lengua que se habla actualmente en un país o conjunto de países: *el ruso y el japonés son lenguas vivas*. **lenguas hermanas** Lenguas que derivan de una misma lengua: *el castellano, el italiano, el francés y el portugués son lenguas hermanas, porque derivan todas ellas del latín*. **segunda lengua** *a)* Lengua que se aprende en segundo lugar y no se usa como propia o principal: *el inglés es mi segunda lengua*. *b)* Lengua que no es propia del país del hablante: *estudiaba los problemas de adquisición de segundas lenguas*. **SIN** lengua extranjera. **4** Forma de hablar o de escribir característica de un grupo de personas, de un autor, de una región o de un período determinados: *la lengua de Berceo tiene rasgos riojanos; hizo su tesis sobre la lengua de los poetas de la generación del 27*. **SIN** habla, lenguaje. **5** Badajo o pieza móvil que cuelga en el interior de una campana y que hace que suene: *desde aquí arriba no se ve la lengua de la campana*.
con la lengua fuera Con gran cansancio o atropelladamente por las prisas y el esfuerzo realizado: *subió las escaleras a toda prisa y llegó con la lengua fuera*.
darle a la lengua *coloquial* Hablar demasiado o hablar de cosas sin importancia: *se pasaron toda la mañana dándole a la lengua y no hicieron nada de provecho*.
haber comido lengua *coloquial* Expresión con la que se indica que alguien tiene mucha disposición para hablar: *hoy no para de hablar, parece que haya comido lengua*.

hacerse lenguas Alabar mucho una cosa: *no para de hacerse lenguas de lo bien que le trataron allí.*

irse de la lengua *coloquial* Decir una persona un secreto o algo que no tenía que decir: *Ana se fue de la lengua y desveló que le estábamos preparando una fiesta de cumpleaños a Pedro.*

morderse la lengua Contenerse una persona para no decir algo que le gustaría poder decir: *tuve que morderme la lengua para no recordarle que había sido él quien se había equivocado.*

tener la lengua muy larga *coloquial* Tener facilidad en hablar de más, en decir inconveniencias o en ser poco discreto: *tu hermana tiene la lengua muy larga, y no le pienso contar ningún secreto más.*

tirar de la lengua *coloquial* Hacer que una persona cuente un secreto o alguna cosa que en principio no quería contar: *le tiró de la lengua y él acabó explicándole el problema que tenía.*

DER lenguado, lenguaje, lenguaraz, lengüeta; deslenguado.

ETIM Lengua procede del latín *lingua*, que tenía el mismo significado, voz con la que también están relacionadas *bilingüe, lingual, lingüística, monolingüe, plurilingüe, trilingüe.*

lenguado *n. m.* Pez marino de cuerpo oval y muy aplanado, de boca lateral y ojos muy juntos en uno de sus lados cuya carne es muy apreciada: *el lenguado es del mismo color que los fondos fangosos y arenosos en los que busca alimento.* ☞ pez.

OBS Para indicar el sexo se usa *el lenguado macho* y *el lenguado hembra.*

lenguaje *n. m.* **1** Capacidad propia del ser humano para expresar pensamientos y sentimientos por medio de la palabra: *últimamente se están haciendo muchas investigaciones sobre la adquisición del lenguaje.* **2** Conjunto de señales que usan los miembros de una misma especie animal para comunicarse: *el biólogo estudió el lenguaje de los delfines.* **3** Sistema de símbolos y señales que sustituye a las palabras y que permite componer y comprender un mensaje: *mi amigo aprendió el lenguaje de los sordomudos; tengo un libro que habla sobre el lenguaje de las flores; los lenguajes artificiales son imprescindibles para la comunicación con los ordenadores.* **4** Manera de expresarse que es característica de una persona o de un grupo: *el lenguaje periodístico; el lenguaje médico; el lenguaje estudiantil.* **5** Medio que sirve para hacer comprender algo: *tuvieron que utilizar el lenguaje de las armas; sólo me vale el lenguaje del amor.* **6** Sistema de caracteres y símbolos informáticos que se utiliza para dar instrucciones a un ordenador: *es informático y sabe varios lenguajes de programación.*

DER metalenguaje.

lenguaraz *adj./n. com.* [persona] Que habla con descaro e insolencia: *las personas lenguaraces a menudo dicen lo que no deben.*

lengüeta *n. f.* **1** Tira de cuero que llevan los zapatos con cordones, que sirve para atarlos sin dañar el pie y para reforzar el empeine: *la lengüeta protege todo el empeine; siempre lleva torcidas las lengüetas de los botines.* ☞ calzado. **2** Pieza plana y pequeña, generalmente de caña o de metal, que, colocada en la boca de determinados instrumentos de viento, produce sonidos al vibrar: *no le sonaba el saxofón porque se le había roto la lengüeta.* **3** Objeto, mecanismo o instrumento delgado y alargado o parecido a una lengua: *la lengüeta de un cepo; este edificio tiene lengüetas de yeso en su fachada.*

lengüetazo *n. m.* Movimiento hecho con la lengua para lamer o para coger algo con ella, especialmente el que hacen los animales de lengua grande o las personas hambrientas: *el camaleón cazó a la mosca de un lengüetazo; se comió el helado en un par de lengüetazos.* **SIN** lametada, lametazo, lametón.

lenidad *n. f.* Blandura en exigir el cumplimiento de los deberes o en castigar las faltas: *la lenidad policial contribuye al aumento de los delitos callejeros.*

lenificar *v. tr.* **1** Hacer más blando, suave o moderado el nivel de rigor previamente mantenido: *lenificar los castigos.* **2** Aliviar o mitigar un padecimiento: *es la lectura apropiada para lenificar tus penas.*

OBS En su conjugación, la c se convierte en *qu* delante de e.

leninismo *n. m.* Doctrina política que aportó Lenin (1870-1924) al marxismo y constituyó la rama ortodoxa del comunismo soviético.

leninista *adj.* **1** Del leninismo o relacionado con esta doctrina política. ◊ *adj./n. com.* **2** Partidario del leninismo: *el partido comunista acoge a los leninistas.*

lenitivo, -va *adj./n. m. y f.* **1** [medicamento] Que mitiga el dolor o que alivia una irritación: *le recetaron una crema lenitiva; compró un lenitivo en la farmacia para los picores.* **2** *culto* [actividad, pensamiento] Que sirve para aliviar un sufrimiento o una inquietud: *necesitaba la presencia lenitiva de su amada; escuchar buena música le sirve de lenitivo para aliviar sus penas.*

lenocinio *n. m. culto* Actividad que consiste en mediar para hacer posibles relaciones amorosas o sexuales ocultas: *en la Tragicomedia de Calixto y Melibea la Celestina practica el lenocinio.*

lente *n. amb.* **1** Cristal transparente con sus dos caras curvas o con una curva y otra plana, que cambia la dirección de la luz, consiguiendo así un determinado efecto óptico: *los microscopios, los telescopios y las cámaras fotográficas funcionan con lentes.* ◊ *n. f.* **2** Cristal transparente con sus dos caras curvas y sujeto en un soporte para facilitar su manejo: *la lupa es una lente de aumento; tuve que cambiar una lente de las gafas.* ◊ *n. m. pl.* **3 lentes** Conjunto de dos cristales colocados en una montura que se apoya en la nariz y que se sujeta detrás de las orejas: *el anciano se puso los lentes para leer el periódico.* **SIN** gafas.

lente de contacto Disco pequeño y transparente, que se aplica directamente sobre el ojo y sirve para corregir los defectos de la vista: *llevo lentes de contacto porque son muy cómodas.* **SIN** lentilla.

DER lentilla.

lenteja *n. f.* **1** Planta leguminosa con tallos débiles y ramosos, hojas compuestas y flores blancas, que produce unas vainas alargadas y aplastadas con semillas ordenadas en hilera en su interior: *la lenteja es una planta anual que se cultiva desde la antigüedad.* **2** Fruto de esta planta, compuesto por una vaina alargada y aplastada: *la lenteja se recoge cuando su vaina está seca.* **3** Semilla de esta planta, que es pequeña, marrón, redonda y aplastada, y que es comestible: *en invierno solemos comer muchas lentejas; las lentejas tienen mucho hierro.*

DER lentejuela, lenticular.

lentejuela *n. f.* Laminilla redonda de material brillante que se cose como adorno en algunos vestidos: *la cantante apareció con grandes plumas y un ceñido vestido de lentejuelas.*

lenticular *adj.* **1** Que tiene forma convexa por ambos lados, como la de una lenteja: *ha cambiado los cristales lenticulares de sus gafas.* ◊ *n. m.* **2** ANAT. Hueso del oído medio, muy pequeño, situado detrás del tímpano: *el lenticular se articula con el yunque y el estribo.*

lentilla *n. f.* Disco pequeño y transparente que se aplica directamente sobre el ojo y sirve para corregir los defectos de la vista: *hay que lavar bien las lentillas antes de ponérselas de nuevo*. **SIN** lente de contacto.
DER microlentilla.

lentisco *n. m.* Arbusto de hojas perennes y madera rojiza utilizada en ebanistería: *el lentisco abunda en los matorrales mediterráneos*.

lentitud *n. f.* Ritmo poco veloz con que se lleva a cabo una acción o un movimiento: *pedaleaba con lentitud para disfrutar del paisaje; la lentitud exasperante de un atasco*. **ANT** rapidez.

lento, -ta *adj.* **1** Que va despacio o que invierte mucho tiempo en realizar algo: *andaban con paso lento; repitieron las imágenes a cámara lenta; eres más lento que un caracol.* **ANT** rápido. **2** [persona] Que no es rápido para comprender o que hace las cosas con mucha tranquilidad: *es muy lenta para tomar decisiones, dale tiempo; el niño es algo lento: ten paciencia y explícaselo otra vez.* **3** [acción, suceso] Que tarda mucho o demasiado en llegar a su desenlace: *tuvo una muerte lenta; es una película demasiado lenta*. **ANT** rápido. **4** [calor] Que actúa con poca intensidad o fuerza: *has de cocer el arroz a fuego lento para que no se pegue*. ◇ *n. m.* **5** MÚS. Composición o parte de una composición que se toca a un ritmo muy lento: *el lento de la sinfonía me produce mucha tristeza*. **SIN** largo. ◇ *adv.* **6 lento** *coloquial* De manera lenta: *la comitiva caminaba muy lento; come más lento o te vas a atragantar*. **SIN** despacio, lentamente.
DER lentitud.

leña *n. f.* **1** Conjunto de troncos, ramas y trozos de madera cortados de manera que sirven para hacer fuego: *tengo que cortar leña para la chimenea*. **2** *coloquial* Conjunto de golpes que se dan como castigo o en una pelea: *en la manifestación hubo mucha leña; ese defensa da mucha leña pero los árbitros no lo expulsan nunca.*
echar leña al fuego Hacer que una situación conflictiva lo sea todavía más: *la discusión se iba haciendo cada vez más violenta, porque los vecinos no dejaban de echar leña al fuego*.

leñador, -ra *n. m. y f.* Persona que se dedica a cortar leña del bosque o a venderla: *los leñadores de Canadá llevan los troncos a los pueblos aprovechando las corrientes de los ríos*.

leñazo *n. m. coloquial* Golpe o choque muy fuerte: *es un inconsciente y un día se va a dar un leñazo con el coche*. **SIN** castañazo, trompazo.

¡leñe! *int. coloquial* Expresión que indica enfado, sorpresa o disgusto: *¡leñe!, ¡que me quemo!*

leñera *n. f.* Lugar donde se guarda la madera para el fuego: *junto a la casa había una vieja leñera*.

leñero, -ra *adj./n. m. y f.* [jugador] Que suele dar patadas y hacer entradas violentas a los jugadores contrarios en el desarrollo de los partidos: *si se pretende un fútbol espectacular, no puede haber defensas leñeros*.

leño *n. m.* **1** Trozo grueso de árbol cortado y limpio de ramas, listo para su uso como leña: *trae un par de leños, que el fuego se apaga*. **2** Parte sólida y consistente del tronco de los árboles que está debajo de la corteza: *el pino tiene un leño de color marrón claro*. **3** Tejido vegetal formado por el conjunto de los vasos leñosos de una planta: *por el leño sube la savia desde las raíces hacia las hojas*. **4** Persona torpe y poco inteligente: *este hijo mío es un leño*. **SIN** ceporro, zoquete, zote.
dormir como un leño *coloquial* Dormir profundamente: *duerme como un leño y no se entera de nada*.

leñoso, -sa *adj.* Que tiene la dureza y consistencia propias de la madera: *el tallo de algunas plantas es leñoso; retira las partes leñosas de la piña antes de comértela*.

leo *adj./n. com.* [persona] Que ha nacido entre el 23 de julio y el 22 de agosto, tiempo en que el Sol recorre aparentemente Leo, el quinto signo del Zodíaco.

león, leona *n. m. y f.* **1** Mamífero felino muy fiero, grande y fuerte, con el pelo de color marrón claro, la cabeza grande, la cola larga y con uñas fuertes que usa para cazar a otros animales; el macho tiene una larga melena: *los leones son propios de África; el león es más grande que la leona; el león es el rey de la selva*. **2** Persona valiente y decidida: *es un león para los negocios*.

león marino Mamífero carnívoro marino semejante a la foca, pero más grande, y que vive generalmente en grandes manadas en los mares fríos y se alimenta de peces: *el león marino macho tiene una larga cabellera en el cogote*. Para indicar el sexo se usa *el león marino macho* y *el león marino hembra*.

leonado, -da *adj.* De color marrón claro o rubio oscuro, como el del pelo de los leones: *esa chica tiene el cabello leonado*.

leonera *n. f.* **1** *coloquial* Casa o habitación que está muy desordenada: *ordena tu cuarto, que está hecho una leonera*. **2** Jaula o sitio en el que se tienen encerrados los leones: *las leoneras de un circo*.

leonés, -nesa *adj.* **1** De León o que tiene relación con esta provincia de Castilla y León o con su capital: *Astorga es una población leonesa; la catedral leonesa es una maravilla del gótico*. **2** Del antiguo reino de León o que tiene relación con él: *León, Palencia, Salamanca, Valladolid y Zamora son provincias leonesas*. ◇ *adj./n. m. y f.* **3** [persona] Que es de la provincia o de la ciudad de León: *mis padres son gallegos y yo soy leonés*. ◇ *n. m.* **4** Variedad lingüística medieval derivada del latín y usada en Asturias y el antiguo reino de León: *hizo un estudio sobre el leonés en el siglo XIII; el fuero de Béjar es un texto jurídico que tiene rasgos del leonés*. **SIN** asturleonés. **5** Variedad del castellano hablado en territorio leonés.

leonino, -na *adj.* [contrato] Que es injusto y abusivo por favorecer sólo a una de las partes y exigir el cumplimiento de condiciones particularmente duras a la otra: *es un contrato leonino, pero no podemos elegir*.

leopardo *n. m.* Mamífero felino, generalmente de color amarillento con manchas oscuras y el vientre claro, muy rápido y fiero, con uñas fuertes que usa para cazar animales: *el leopardo habita en África y Asia; el leopardo es más pequeño que un tigre*.
OBS Para indicar el sexo se usa *el leopardo macho* y *el leopardo hembra*.

leotardo *n. m.* **1** Prenda de vestir muy ajustada, hecha de punto de lana o algodón, que cubre las piernas desde los pies hasta la cintura: *en invierno llevo leotardos*. **2** Prenda de vestir sin mangas de tejido muy delgado y elástico que se ajusta mucho al cuerpo: *el bailarín llevaba unos leotardos negros*.
OBS Se usa más el plural *leotardos*.

lepidóptero *adj./n. m.* **1** [insecto] Que pertenece al orden de los lepidópteros: *la polilla es un insecto lepidóptero*. ◇ *n. m. pl.* **2 lepidópteros** ZOOL. Orden de insectos con dos pares de alas membranosas cubiertas de escamas, boca chupadora en forma de espiral, un par de antenas y ojos compuestos: *las mariposas pertenecen a los lepidópteros*.

leporino, -na *adj.* De la liebre o que tiene relación con este animal.

lepra *n. f.* **1** Enfermedad grave provocada por una bacteria

que infecta la piel y los nervios, produciendo manchas y heridas que no se cierran: *la lepra es una enfermedad infecciosa; la lepra existe en estado endémico en muchos países tropicales y subtropicales.* **2** Mal moral que se extiende con rapidez y es difícil de controlar: *el racismo es una lepra que hay que exterminar.*
DER leprosería, leproso.

leprosería *n. f.* Hospital de leprosos. **SIN** lazareto.

leproso, -sa *adj./n. m. y f.* [persona] Que padece lepra: *durante las cruzadas hubo muchos soldados leprosos; antiguamente, los leprosos eran expulsados de las ciudades.*

lerdo, -da *adj.* **1** [persona] Que es lento y torpe para hacer o comprender una cosa: *¡pero qué lerdo es!* **2** [animal] Que es lento y torpe: *la yegua parió un potrillo lerdo y escuálido.*

leridano, -na *adj.* **1** De Lérida o que tiene relación con esta provincia de Cataluña o con su capital: *hicieron un viaje por tierras leridanas.* **SIN** ilerdense. ◊ *adj./n. m. y f.* **2** [persona] Que es de Lérida: *sus padres son leridanos; los leridanos y los gerundenses son catalanes.* **SIN** ilerdense.

lesbianismo *n. m.* Atracción que siente una mujer por personas de su mismo sexo en sus relaciones sexuales o amorosas: *algunas personas no son tolerantes con el lesbianismo.*

lesbiano, -na *adj.* Del lesbianismo o que tiene relación con este tipo de atracción sexual.

lésbico, -ca *adj.* Lesbiano.

lesión *n. f.* **1** Daño físico causado por una herida, golpe o enfermedad: *tiene una lesión de espalda y no puede trabajar; el accidente le provocó lesiones múltiples.* **2** Ofensa o daño moral: *cuando lo expulsaron de la asociación, lo consideró una grave lesión a su honor.* **SIN** agravio, perjuicio.

lesionado, -da *adj.* Que sufre un daño físico causado por una herida, golpe o enfermedad: *los jugadores que se lesionaron durante el partido de la semana pasada no podrán salir al terreno de juego.*

lesionar *v. tr./prnl.* **1** Producir un daño o lesión: *el golpe lesionó la rodilla izquierda del tenista; se ha lesionado un brazo, pero no es grave; si no haces los ejercicios de calentamiento es fácil que te lesiones.* ◊ *v. tr.* **2** Hacer una ofensa o producir un daño moral: *esa publicación lesiona el derecho a la intimidad de los famosos.*
DER lesionado.

lesivo, -va *adj.* Que produce o puede producir daño o lesión: *la decisión del director es lesiva para mis intereses personales.* **SIN** perjudicial.

leso, -sa *adj.* **DER.** [persona, institución] Que ha sido dañado u ofendido: *el atentado contra el rey supuso un delito de lesa majestad; crimen de lesa patria.* **ANT** ileso.
DER lesivo; ileso.
OBS Se usa delante del sustantivo y como complemento de *crimen* o *delito*.

letal *adj.* Que causa o puede causar la muerte: *ajusticiaron al condenado con una inyección letal; los nazis utilizaban gases letales.* **SIN** mortífero.

letanía *n. f.* **1** Oración formada por una serie de súplicas y llamadas, cada una de las cuales es dicha o cantada por una persona y repetida o completada por los demás: *en la iglesia están rezando la letanía de la Virgen.* **2** Lista o relación larga y aburrida: *empezó con la letanía de sus desgracias.* **SIN** retahíla.

letargo *n. m.* **1** Estado de adormecimiento e inactividad en que quedan algunos animales en determinadas épocas del año. **SIN** aletargamiento. **2** Estado de cansancio y torpeza de los sentidos en el que se encuentra una persona por causa del sueño o de una enfermedad. **SIN** aletargamiento.

letífico, -ca *adj.* Que produce alegría. **SIN** alegre, festivo.

letón, -tona *adj.* **1** De Letonia o que tiene relación con este país báltico: *Riga es la capital letona.* ◊ *adj./n. m. y f.* **2** [persona] Que es de Letonia: *los letones son vecinos de los lituanos y de los rusos.* ◊ *n. m.* **3** Lengua hablada en Letonia: *el letón es una lengua báltica.*

letra *n. f.* **1** Signo escrito que, solo o unido a otros, representa un sonido: *la palabra* mosca *tiene cinco letras.* **letra de imprenta** Letra que es mayúscula y está escrita a mano de la manera más clara posible: *por favor, rellene este impreso con letra de imprenta.* **letra de molde** Letra que ha sido impresa: *le gusta ver su nombre en letras de molde.* **letra pequeña** (o **menuda**) Cláusula de un contrato que puede pasar desapercibida, como las escritas en un tipo menor que el texto principal: *tienes que fijarte bien en la letra pequeña antes de firmar.* **2** Forma de trazar los signos escritos propia de una persona, época o lugar: *tiene una letra horrible y no se entiende nada de lo que pone; este documento está escrito con una letra del siglo XIV.* **3** Texto de una pieza musical cantada: *¿puedes copiarme la letra de esta canción?; me gustan mucho los grupos ingleses aunque no entiendo las letras.* **4** Documento por el que se debe hacer un pago en una fecha determinada: *todavía me quedan por pagar tres letras del piso.* También se dice *letra de cambio.* **5** Sentido exacto y literal de las palabras de un texto: *no te ciñas a la letra y busca también el sentido figurado; siempre va a la letra.* **6** Pieza de imprenta que lleva una letra u otra figura que puede estamparse: *tienes que limpiar tu máquina de escribir, las letras están grasientas.* ◊ *n. f. pl.* **7 letras** Conjunto de estudios y disciplinas dedicados a la literatura, el arte o las ciencias humanas: *es un hombre de letras; aún no sabe si estudiar letras o ciencias.* **primeras letras** Primera educación de los niños o período en el que se les enseña a leer y a escribir: *aprendí mis primeras letras en una escuela rural.*

a la letra o **al pie de la letra** De forma completa y fiel: *es un chico consecuente y cumple sus promesas a la letra.*
DER letrado, letrero, letrilla; deletrear.
ETIM *Letra* procede del latín *littera,* que tenía el mismo significado, voz con la que también están relacionadas *literal, literatura.*

letrado, -da *adj.* **1** Que es sabio y tiene muchos conocimientos culturales: *la burguesía letrada dio un gran impulso a las artes.* **ANT** iletrado. ◊ *n. m. y f.* **2** Persona licenciada en derecho, que da consejo en temas legales y representa a las partes afectadas en los juicios: *el letrado de la acusación puede empezar.* **SIN** abogado.
DER iletrado.

letrero *n. m.* Indicación escrita que se pone en un lugar destacado para dar aviso o noticia de una cosa: *no veo bien el letrero de esa calle; han puesto los letreros con el precio de la fruta.* **SIN** rótulo.

letrilla *n. f.* Poema satírico o lírico con versos de ocho o seis sílabas y con unos estribillos que se repiten al final de cada estrofa: *Góngora escribió letrillas muy divertidas.*

letrina *n. f.* **1** Lugar acondicionado para evacuar los excrementos, sobre todo en campamentos o cuarteles: *montaron el campamento y, lejos de él, cavaron las letrinas.* Normalmente se usa en plural. **2** Lugar sucio y repugnante: *toda la casa era una letrina.*

leucemia *n. f.* Enfermedad de la sangre provocada por un exceso anormal de leucocitos o glóbulos blancos: *la leucemia se puede curar con trasplantes de médula ósea.*

leucémico

DER leucémico.

leucémico, -ca *adj.* **1** De la leucemia o que tiene relación con esta enfermedad: *hoy día las enfermedades leucémicas se pueden curar.* ◊ *adj./n. m. y f.* **2** [persona] Que padece leucemia: *hay leucémicos que esperan un donante de médula ósea.*

leucocito *n. m.* Célula de la sangre de los vertebrados, esférica e incolora, que se encarga de combatir a los microbios: *en la sangre hay millones de leucocitos.* **SIN** glóbulo blanco.

leva *n. f.* **1** En mecánica, pieza que sirve para transformar el movimiento circular continuo en movimiento rectilíneo alternativo: *la rotación de la leva provoca el vaivén de la varilla.* **2** Reclutamiento de gente para un servicio, especialmente el que se hacía para servir en el ejército.

levadizo, -za *adj.* Que se puede levantar mediante un dispositivo: *los castillos medievales tenían foso y puente levadizo.*

levadura *n. f.* **1** Sustancia que hace fermentar los cuerpos con los que se mezcla: *la levadura se emplea para hacer el pan, los pasteles y la cerveza.* **2** BOT. Hongo que forma esa sustancia: *el biólogo estudiaba la fermentación de las levaduras.*

levantamiento *n. m.* **1** Acción que consiste en mover o moverse una cosa de abajo hacia arriba: *la prueba de levantamiento de pesos fue muy disputada; los montes se formaron por el levantamiento del terreno; el suelo se ha agrietado por el levantamiento de las baldosas.* **2** Construcción de una obra, especialmente de un edificio o de un monumento: *fueron necesarios cientos de años para el levantamiento de esta catedral.* **3** Rebelión de un grupo numeroso de personas contra una autoridad: *las clases obreras organizaron un levantamiento; en los años 70 se produjeron muchos levantamientos militares en ese país.* **SIN** alzamiento, motín, sublevación. **4** Suspensión de una pena o prohibición que es llevada a cabo por una persona autorizada para ello: *el juez ha decidido que se proceda al levantamiento del castigo.*

levantamiento de un cadáver Reconocimiento de un cadáver por el juez y el médico forense que permite su traslado a un depósito; es una diligencia legal que se lleva a cabo tras los accidentes mortales: *el juez procedió al levantamiento del cadáver.*

levantar *v. tr./prnl.* **1** Mover de abajo hacia arriba: *levantó la mano porque quería hacer una pregunta; la persiana se levanta al tirar de la correa.* **2** Poner en un lugar más alto: *han levantado un poco la mesa; levantó al niño para darle un beso; se levantó la falda para cruzar el arroyo.* **SIN** alzar, subir. **3** Poner en posición vertical una cosa que estaba caída, inclinada o en posición horizontal: *por favor, levanta la silla que se ha caído; el profesor de gimnasia les ordenó que se levantaran del suelo.* **SIN** incorporar. **4** Fortalecer o dar vigor a una cosa, especialmente el ánimo: *¡levanta ese ánimo!, no te vayas a hundir ahora.* **5** Hacer que se separe una cosa de una superficie: *el agua ha levantado el parqué del suelo; la pintura se ha levantado a causa de la humedad del apartamento.* **6** Ocasionar o producir una cosa: *se me ha levantado una ampolla en el talón; sus actividades nocturnas levantaron sospechas entre los vecinos; sus declaraciones han levantado mucha polémica.* **7** Crear un negocio o una empresa, o hacer que vuelva a funcionar después de una crisis: *entre todos los socios levantaron la empresa.* ◊ *v. tr.* **8** Hacer un edificio, un monumento u otra obra de construcción: *han levantado esa casa en menos de dos meses; levantaron una pared alrededor del patio.* **SIN** construir. **9** Aumentar la intensidad de una cosa, especialmente de la voz: *no le levantes la voz a tu abuelo, que se merece un respeto.* **SIN** alzar. **10** Desmontar y recoger lo que estaba montado en un lugar: *levantaron el campamento y se marcharon de ahí.* **11** Hacer que un animal salga del lugar donde se esconde para cazarlo: *el perro levantó una liebre.* **12** *coloquial* Robar una cosa a una persona: *esos deben de ser los chorizos que le han levantado la cartera a tu hermano.* **13** Cortar o dividir la baraja de cartas en dos o más partes: *tú levantas la baraja y yo reparto.* **14** Superar el valor de una carta que está en juego: *no creo que puedas levantar mi rey de corazones.* **15** Suspender un castigo, una pena o prohibición una persona autorizada para ello: *le levantaron la pena de muerte por intervención del rey.* **SIN** conmutar. **16** Hacer que una acción conste sobre papel: *el notario levantó acta.* **17** Hacer que se extienda una opinión o creencia: *no levantes falsos testimonios; levantó el rumor de que había estado en la cárcel.* **18** Hacer terminar una reunión de personas: *levantó la sesión hasta el día siguiente.* **19** Realizar o trazar un mapa o un plano: *levantaron el plano del pueblo y sus alrededores.* ◊ *v. tr./prnl.* **20** Provocar un estado de rebelión contra una autoridad: *con sus mensajes consiguieron levantar a todos los obreros contra el patrón; la muchedumbre se levantó pidiendo pan.* **SIN** amotinar, rebelar, sublevar. **21** Dirigir una cosa hacia arriba, especialmente la vista, la mirada, los ojos, la puntería o el espíritu: *aunque le llamábamos, no quiso levantar la vista del libro que estaba leyendo.* **22** Aclararse el día o las nubes: *las nubes se levantaron y brilló el sol.* ◊ *v. prnl.* **23** **levantarse** Dejar la cama tras el descanso habitual o después de una enfermedad: *se levantó a las seis de la mañana; todavía no se ha levantado de la siesta.* **24** Ponerse en pie: *al verla se levantó de la silla; no es necesario que se levante.* **25** Sobresalir una cosa en altura sobre una superficie: *en el horizonte se levantaban las cumbres nevadas.* **26** Agitarse el mar o el viento: *se ha levantado viento sur.* **27** Aparecer el sol o un cuerpo celeste por el horizonte: *el sol se levanta por el este.*

levantar el vuelo *a)* Separarse del suelo y comenzar a volar: *cuando salió al jardín, los gorriones levantaron el vuelo.* *b)* Empezar a funcionar o a salir bien un asunto o negocio: *después de la crisis, la empresa ha levantado el vuelo.*

DER levantamiento, levante, levantisco.

levante *n. m.* **1** Punto del horizonte situado donde nace el Sol: *pronto la niebla que entra por levante estará encima de nosotros.* **SIN** este, oriente. **2** Lugar situado hacia ese punto: *Alicante está en el levante andaluz.* **SIN** este, oriente. **3** Viento que viene de ese punto. **SIN** solano. **4** Conjunto de los territorios de las regiones de Valencia y Murcia: *iremos a Levante a ver las fallas.* En esta acepción se escribe con mayúscula inicial.

levantino, -na *adj.* **1** De Levante o que tiene relación con esta zona oriental de la península ibérica: *las costas levantinas tienen playas magníficas.* ◊ *adj./n. m. y f.* **2** [persona] Que es de Levante: *unos amigos levantinos me han invitado a su casa; mi amigo dice que los levantinos son muy alegres.*

levantisco, -ca *adj.* Que no se somete al poder establecido y tiende a la rebelión: *tribu levantisca.* **SIN** rebelde, indómito, insumiso. **ANT** dócil, sumiso.

levar *v. tr.* MAR. Arrancar y levantar el ancla o las anclas del fondo: *el capitán mandó levar anclas y zarpar rápidamente.*
DER leva, levadizo, levadura, levantar; elevar, relevar, sublevar.

leve *adj.* **1** [daño, falta] Que tiene poca importancia o gravedad: *le perdonó porque había sido una falta leve; era un dolor leve.* **ANT** grave. **2** Que pesa poco: *es leve como una pluma.* **SIN** ligero, liviano. **ANT** pesado. **3** [movimiento] Que

es poco evidente o marcado: *me dirigió una sonrisa leve; su cojera es muy leve, casi nadie lo nota.* **4** [perfume, sabor, viento] Que es suave y sutil: *a su paso dejaba una leve fragancia a rosas; una leve brisa entraba por la ventana.* **5** [trance] Que es soportable y llevadero: *la lectura hizo más leve su convalecencia.*
DER levar, levedad, levemente.
ETIM *Leve* procede del latín *levis*, que significaba 'ligero', voz con la que también están relacionadas *aliviar, levitar, liviano*.

levedad *n. f.* **1** Cualidad de leve o ligero de una cosa o una persona: *flotaba con la levedad de una pluma.* **SIN** ligereza, liviandad. **2** Poca importancia o escasa gravedad: *está en libertad por la levedad de sus delitos.* **SIN** liviandad.

levemente *adv.* Indica que la acción del verbo al que acompaña se realiza sin intensidad: *sus labios sonreían levemente.*

leviatán *n. m.* Monstruo marino bíblico, inhumano y destructor, que se toma como representación del demonio: *el leviatán se describe en el libro de Job.*

levita *n. f.* Chaqueta ceñida al cuerpo con faldones amplios y largos hasta las rodillas, que podían llegar a cruzarse por delante: *la levita fue una prenda masculina muy en boga durante el siglo XIX.*
DER enlevitado.

levitación *n. f.* Elevación y mantenimiento en el aire de una persona u objeto sin la ayuda de medios físicos conocidos: *este mago realiza un excelente número de levitación.*

levitar *v. intr.* Levantarse en el aire personas, animales o cosas sin que intervenga ningún fenómeno físico conocido: *dicen que los monjes budistas pueden levitar.*

lexema *n. m.* GRAM. Parte de la palabra que tiene significado propio y se define por el diccionario y no por la gramática: *el lexema de pato es pat-.* **SIN** morfema léxico, raíz.

lexicalización *n. f.* Conversión de una interjección, una onomatopeya o un grupo sintagmático en una unidad léxica que funciona como una sola palabra: *en la frase se oyó un miau en la noche se ha dado una lexicalización.*

lexicalizar *v. tr.* Convertir una interjección, una onomatopeya o una expresión compuesta en unidad léxica que funciona gramaticalmente como una palabra: *muchas siglas como láser o sida se han lexicalizado.*
OBS En su conjugación, la *z* se convierte en *c* delante de *e*.

léxico, -ca *adj.* **1** Del vocabulario o que tiene relación con él: *se propuso realizar un estudio léxico del español de América; encontraron algunas diferencias léxicas entre los dos textos.*
◇ *n. m.* **2** Conjunto de las palabras de una lengua: *el léxico del español es muy abundante; aunque sé mucha gramática, debo mejorar en el léxico para dominar el inglés.* **SIN** vocabulario. **3** Conjunto de palabras y expresiones que utiliza un grupo de personas de una región o un período determinado, o que comparten la misma profesión: *el léxico de Quevedo es muy culto; el léxico de la medicina tiene muchos cultismos y tecnicismos.* **SIN** vocabulario.

lexicografía *n. f.* **1** Técnica de componer diccionarios: *se dedicó toda su vida a la lexicografía.* **2** Parte de la lingüística que estudia los principios teóricos para la composición de diccionarios: *los redactores consultaban un manual de lexicografía.*

lexicográfico, -ca *adj.* De la lexicografía o que tiene relación con esta parte de la lingüística: *algunas técnicas lexicográficas se emplean desde hace siglos.*

lexicógrafo, -fa *n. m. y f.* **1** Persona que se dedica a la confección de diccionarios: *un equipo de lexicógrafos está preparando un diccionario ideológico de la lengua española.*
SIN diccionarista. **2** Persona experta en lexicografía: *los lexicógrafos estudian los principios teóricos para la confección de diccionarios.*

lexicología *n. f.* Parte de la lingüística que estudia el léxico, sus unidades y las relaciones entre ellas dentro del sistema de la lengua: *en la lexicología es muy importante concretar el momento de uso de una lengua.*

lexicológico, -ca *adj.* De la lexicología o que tiene relación con ella: *los estudios lexicológicos son necesarios para el conocimiento de una lengua.*

lexicólogo, -ga *n. m. y f.* GRAM. Persona que es experta en lexicología o se dedica a ella: *en el congreso hablaron varios lexicólogos que están estudiando los sustantivos que se derivan de verbos.*

lexicón *n. m.* Diccionario, especialmente de una lengua antigua: *consultó el lexicón de griego para hacer sus traducciones.*

ley *n. f.* **1** Regla o norma establecida por una autoridad superior para mandar, prohibir o regular alguna cosa: *todos los ciudadanos deben respetar la ley; esa ley prohíbe utilizar productos tóxicos en este tipo de empresas.* **ley del talión** Ley que castiga a la persona que ha causado un daño con el mismo daño que ella provocó: *le aplicaron la ley del talión: ojo por ojo, diente por diente.* **ley marcial** Ley de orden público que se establece en caso de guerra: *la ley marcial prohíbe reunirse en grupos por la noche.* **ley orgánica** Ley que se deriva directamente de la Constitución y la desarrolla: *la enseñanza pública se rige por una ley orgánica.* **ley sálica** Ley que impedía reinar a las mujeres: *en este país, las hijas de los reyes quedan excluidas del trono por la ley sálica.* **ley seca** Ley que prohíbe consumir bebidas alcohólicas y comerciar con ellas: *la acción de la película se desarrolla en la época en que estaba en vigor la ley seca.* **2** Regla o norma constante e invariable a la que está sujeta una cosa, especialmente un fenómeno de la naturaleza, por sus propias características o por la relación con otros elementos: *Newton descubrió la ley de la gravedad; a causa de la ley de la oferta y la demanda, los productos escasos son más caros.* **3** Manera de proceder o de tomar una decisión: *allá donde vi intenta imponer su ley.* **ley de la ventaja** Ley que, en una competición deportiva, no impone un castigo que pueda resultar favorable al equipo que comete la falta: *el árbitro aplicó la ley de la ventaja porque el jugador al que le habían hecho falta consiguió recuperar el balón rápidamente.* **ley del embudo** *coloquial* Ley que se emplea con desigualdad, siendo muy estricto con unas personas y muy permisivo con otras: *estoy harto de que el jefe aplique la ley del embudo, ellos no hacen nada y nosotros a apechugar.* **ley del más fuerte** Ley que no tiene en cuenta los intereses de los débiles: *entre los animales rige la ley del más fuerte.* **4** Conjunto de reglas y normas propias de una religión: *los judíos siguen la ley de Moisés.*
con todas las de la ley Con todos los requisitos necesarios: *actuaron con todas las de la ley y no se les puede culpar.*
de buena (o mala) ley De buena (o mala) calidad material o espiritual: *tú eres un amigo de buena ley.*
de ley *a)* Que tiene la cantidad de metal precioso que, según unas normas oficiales, ha de tener: *le compramos una pulsera de oro de ley.* *b)* Que tiene las cualidades que se consideran las debidas: *es un amigo de ley; es de ley y puedes confiar en ella.*
hecha la ley, hecha la trampa Expresión con la que se indica que siempre se pueden encontrar medios para no respetar una regla o norma sin que le pillen a uno: *alguna manera habrá de no pagar esa multa, porque hecha la ley, hecha la trampa.*

leyenda

ETIM Ley procede del latín *lex, legis*, que tenía el mismo significado, voz con la que también están relacionadas *legar, legislar, legista, legítimo*.

leyenda *n. f.* **1** Narración popular que cuenta hechos fantásticos e imaginarios pero está basada en un hecho real que la tradición ha transmitido y elaborado: *pasaron la noche narrando leyendas de dioses y héroes; dice la leyenda que en una noche de luna llena se convirtió en lobo*. **leyenda negra** Opinión negativa sobre un país, una persona o una cosa basada en una serie de hechos que se dan por ciertos, aunque puedan no serlo: *hay quien piensa que todas las barbaridades que cometieron los colonizadores son invenciones de la leyenda negra*. **2** Composición literaria que recrea una narración popular de ese tipo: *ese escritor se dedica a publicar leyendas populares; son famosas las leyendas de Bécquer*. **3** Persona convertida en ídolo, sobre todo en el mundo del espectáculo o del deporte: *es una leyenda viva del ciclismo español*. **4** Idea o concepto que se considera inalcanzable: *la leyenda de la igualdad*. **SIN** utopía. **5** Texto que aparece en las monedas o al pie de un cuadro, un mapa o un escudo: *la leyenda de la medalla estaba muy borrosa; para saber lo que significan los símbolos del mapa, consulte la leyenda*.
ETIM Véase *leer*.

lezna *n. f.* Instrumento semejante a un destornillador pequeño acabado en punta que sirve para perforar el cuero o la madera: *los zapateros usan la lezna para coser; el carpintero perforó la tabla con la lezna*.

lía *n. f.* Soga o cuerda gruesa hecha de esparto que se usa para atar cosas: *aseguraron los fardos con una lía*.

liado, -da *adj.* coloquial [persona] Que está muy ocupado y tiene muchas cosas que hacer: *estaba tan liado que no me escuchó*.

liana *n. f.* **1** Enredadera de la selva tropical de tallos largos y leñosos que crece y sube sujetándose a los árboles hasta que se ramifica: *Tarzán viajaba por la selva de liana en liana*. **2** Planta cuyo tallo crece y sube sujetándose a los árboles, varas u otros objetos: *las lianas habían inundado el jardín*.
SIN enredadera.

liante, -ta *adj./n. m. y f.* [persona] Que hace que un asunto o una situación resulten más complicados de lo normal: *sois unos verdaderos liantes; siempre me estáis engañando*.

liar *v. tr.* **1** Atar y asegurar un fardo o un paquete con una cuerda o algo parecido: *lió los libros para poderlos llevar en la moto*. **ANT** desliar. **2** Envolver una cosa, sujetándola con papel, cuerda, cinta u otra cosa parecida: *está liando el paquete para enviarlo por correo*. **ANT** desliar. **3** Hacer un cigarrillo envolviendo la picadura en el papel de fumar: *mi abuelo sabe liar los cigarrillos muy bien*. ◇ *v. tr./prnl.* **4** Hacer que un asunto o una situación resulte más complicado de lo normal: *no vengas aquí a liar más las cosas; las cosas se han liado últimamente*. **SIN** complicar, enredar. **5** Hacer que una persona entre a formar parte de un asunto o de una situación complicados: *lo liaron para que organizase la fiesta; se había liado en la compra ilegal de alcohol*. **6** Mezclar una cosa de manera desordenada: *has liado los hilos de la cometa; se ha liado el cable de los auriculares*. **7** Confundir o hacer que una persona se equivoque por tener las ideas poco claras: *no los líes con explicaciones que no vienen a cuento*. ◇ *v. prnl.* **8 liarse** coloquial Establecer dos personas una relación amorosa o sexual sin estar casados: *se liaron en la fiesta de la universidad*. **SIN** enrollarse. **9** Empezar a dar golpes: *se lió a bofetadas con un chico de la otra clase*.

liarla Originar una situación comprometida: *como la vuelvas a liar te van a despedir*.

liarse a + infinitivo coloquial Ponerse a hacer una cosa con fuerza o determinación: *se lió a darle tortas; cuando me lío a comer no sé parar*.
DER lía, liado, liante, lío; aliar, desliar.
ETIM Véase *ligar*.
OBS En su conjugación, la *i* se acentúa en algunos tiempos y personas, como en *desviar*.

libación *n. f.* **1** Acción de libar o chupar los insectos el néctar de las flores. **2** Prueba o degustación de un líquido, especialmente de un licor.

libanés, -nesa *adj.* **1** Del Líbano o que tiene relación con este país asiático. ◇ *adj./n. m. y f.* **2** [persona] Que es del Líbano.

libar *v. tr.* **1** Chupar un insecto el néctar de las flores: *las abejas liban las flores*. **2** culto Probar o degustar una bebida, especialmente si contiene alcohol: *acercó sus labios a la copa para libar el exquisito licor*.
DER libación.

libelo *n. m.* Escrito en que se calumnia o denigra a personas, ideas o instituciones; también se dice *libelo infamatorio*.

libélula *n. f.* Insecto grande de cuerpo muy alargado y ojos prominentes y esféricos, con dos pares de alas largas y transparentes: *las libélulas viven cerca de los ríos y los estanques*. ☞ insectos.
OBS Para indicar el sexo se usa *la libélula macho* y *la libélula hembra*.

líber *n. m.* BOT. Parte interior de la corteza de los vegetales constituida por los vasos o conductos que transportan la savia.

liberación *n. f.* **1** Acción que consiste en liberar o poner en libertad: *exigen la liberación de los presos políticos*. **2** Desaparición de una situación de dependencia o de sometimiento: *la liberación de la mujer; la liberación de un país ocupado; la liberación de las costumbres*. **3** Cancelación de las hipotecas y de las cargas de un inmueble: *ha tardado quince años en conseguir la liberación de la hipoteca de la casa*.

liberado, -da *adj.* **1** [persona] Que no se siente obligado por las trabas impuestas por la sociedad o la moral: *mujer liberada*. ◇ *adj./n. m. y f.* **2** [persona] Que está afiliado a un partido o sindicato y recibe un sueldo por su dedicación exclusiva a ellos.

liberal *adj.* **1** Del liberalismo o que tiene relación con esta doctrina política: *el partido liberal ganó las elecciones*. **2** [persona] Que da con generosidad lo que tiene: *es más liberal en promesas que en dinero*. **SIN** generoso, largo. **ANT** tacaño. **3** [profesión] Que es intelectual y puede ejercerse privadamente y sin subordinación: *la arquitectura, la medicina y la abogacía son profesiones liberales*. ◇ *adj./n. com.* **4** [persona] Que es partidario del liberalismo: *no se avenía con los candidatos liberales; liberales y conservadores hicieron un pacto*. **5** [persona] Que es abierto y respetuoso con otras opiniones y costumbres: *fue siempre muy liberal, nunca le oí criticar a nadie*. **SIN** tolerante. **6** [persona] Que tiene costumbres e ideas libres y sin prejuicios, especialmente en lo referido a la sexualidad: *parece muy liberal, pero es un machista; es un verdadero liberal y no le molesta que su novia salga con otros chicos*. **7** [persona] Que ejerce una profesión intelectual que puede ejercerse privadamente y sin subordinación: *los profesionales liberales trabajan por cuenta propia*.
DER liberalidad, liberalismo, liberalizar.
ETIM Véase *libre*.

liberalidad *n. f.* **1** Generosidad en dar lo que se tiene: *se repartieron subvenciones con liberalidad*. **SIN** largueza, esplendidez. **ANT** tacañería. **2** Respeto y tolerancia con otras opiniones y costumbres: *teniendo en cuenta su liberalidad, es de esperar que lo entienda y no se enfade.* **ANT** mojigatería.

liberalismo *n. m.* **1** Doctrina política, económica y social, nacida a finales del siglo XVIII, que defiende la libertad del individuo y una intervención mínima del estado en la vida social y económica: *el liberalismo confía en la libre competencia como motor de la sociedad; el liberalismo económico defiende la libertad de precios en el mercado.* **ANT** intervencionismo. **2** Actitud de la persona que es tolerante y abierta: *el liberalismo de la nueva gobernadora aún está por demostrar.*

liberalización *n. f.* Transformación o cambio hacia una mayor libertad, especialmente en la economía y el comercio: *la liberalización en la importación de maquinaria ha permitido el despegue de la industria.*

liberalizar *v. tr./prnl.* Hacer que una persona o una cosa sea más liberal, especialmente la economía y el comercio: *quisieron liberalizar el comercio de la pesca en la zona costera; el comercio internacional se liberalizó cuando se suprimieron las aduanas.*
DER liberalización.
OBS En su conjugación, la z se convierte en c delante de e.

liberar *v. tr.* **1** Poner en libertad: *los atracadores han liberado al rehén esta mañana; la ley obligaba a liberar a todos los esclavos.* **SIN** libertar. ◊ *v. tr./prnl.* **2** Quitar una obligación, una carga o un compromiso: *su nuevo puesto en la empresa le libera de toda responsabilidad; se liberó de sus obligaciones.* **3** Superar un obstáculo moral o social: *el psicólogo puede liberarte de tus traumas infantiles; no conseguía liberarse de la sensación de culpabilidad.* **4** Hacer que un país o un territorio deje de estar dominado u ocupado militarmente: *querían liberar su país de la dominación extranjera.* **5** Desprender una cosa una sustancia o producirla: *las basuras orgánicas liberan metano.* **SIN** desprender.
DER liberación, liberado.
ETIM Véase *libre*.

liberiano, -na *adj.* **1** De Liberia o que tiene relación con este país africano. ◊ *adj./n. m. y f.* **2** [persona] Que es de Liberia. ◊ *adj.* **3** BOT. [vaso o conducto del tejido vegetal] Que transporta la savia elaborada.

líbero *n. m.* En fútbol, jugador que no tiene encomendado marcar a otro del equipo contrario ni mantenerse en una zona determinada del campo: *el líbero refuerza la defensa al igual que colabora en el contraataque.*
OBS Es de origen italiano.

libérrimo, -ma *adj.* Muy libre.
OBS Es superlativo irregular de *libre*.

libertad *n. f.* **1** Facultad de las personas para actuar según su propio deseo en el seno de una sociedad organizada y dentro de los límites de reglas definidas: *la libertad es un derecho que deberían tener todos los seres humanos.* **2** Derecho que tienen las personas para hacer una cosa sin que intervenga una autoridad. **libertad de culto** Facultad de practicar públicamente la religión que uno tiene: *en esta ciudad hay iglesias, mezquitas y sinagogas, porque hay libertad de culto.* **libertad de opinión** Facultad de pensar y expresar ideas sin ninguna presión del poder: *el ejercicio del periodismo requiere libertad de opinión.* **3** Estado o condición de la persona o animal que no está en la cárcel ni sometido a la voluntad de otro: *a los presos se les priva de la libertad.* **libertad condicional** Permiso que se le concede a un condenado en la última parte de la pena por haber mostrado buen comportamiento: *el ladrón salió de la cárcel en libertad condicional.* **libertad provisional** Permiso que se le da a un procesado para que no ingrese en prisión mientras no se establezca una sentencia: *no quisieron pagar la fianza exigida para la libertad provisional del acusado.* **4** Permiso para hacer una cosa: *tenéis libertad para entregar el ejercicio cuando queráis.* **5** Desenvoltura o naturalidad en los movimientos: *se mueve con gran libertad sobre el escenario.* **6** Confianza para tratar con las personas: *estamos en familia: puedes hablar con entera libertad.*

tomarse la libertad Actuar una persona en un asunto sin pedir la opinión o el consentimiento de alguien relacionado con el propio asunto: *como no estabas me he tomado la libertad de abrir tu cajón.*

tomarse libertades Comportarse con una familiaridad excesiva: *para ser su primer día de trabajo, se toma muchas libertades con el jefe.*
DER libertario.
ETIM Véase *libre*.

libertador, -ra *adj./n. m. y f.* [persona] Que pone en libertad: *los prisioneros dieron las gracias a sus libertadores.*

libertar *v. tr.* Poner en libertad: *los delincuentes libertaron a los rehenes.* **SIN** liberar.
DER libertador.

libertario, -ria *adj.* [ideología, persona] Que defiende la libertad absoluta del individuo y la desaparición del estado y las leyes: *los guerrilleros creían en el movimiento libertario.* **SIN** ácrata, anarquista.

libertinaje *n. m.* **1** Abuso de la libertad propia que va contra la libertad y los derechos de los demás: *no debes confundir la libertad con el libertinaje.* **2** Conducta inmoral y viciosa: *fue un trauma para la familia que él se entregara a los vicios y al libertinaje.*

libertino, -na *adj./n. m. y f.* **1** [persona, actitud] Que actúa con libertinaje y va contra la libertad y los derechos de los demás: *con esas ideas tan libertinas acabarás perjudicando a tu propia familia.* **2** [persona] Que es de costumbres viciosas o que no pone freno ni orden a sus impulsos y antojos: *era un hombre lujurioso y libertino.* **SIN** disoluto.
DER libertinaje.

liberto, -ta *adj./n. m. y f.* [esclavo de la antigua Roma] Que había sido liberado por su amo: *los libertos generalmente seguían con sus antiguos amos.*

libidinoso, -sa *adj.* **1** [gesto, palabra] Que manifiesta una inclinación exagerada al deseo sexual: *me hizo un gesto libidinoso con los labios.* **SIN** lascivo, lujurioso. ◊ *adj./n. m. y f.* **2** [persona] Que siente una inclinación exagerada al deseo sexual: *es un libidinoso que se excita con cualquier cosa.* **SIN** lascivo, lujurioso.

libido *n. f.* Deseo o impulso de placer sexual: *según el psicoanálisis, la libido es la fuerza creadora y el impulso fundamental.*
DER libidinoso.
OBS Es incorrecta, aunque frecuente, la acentuación esdrújula.

libio, -bia *adj.* **1** De Libia o que tiene relación con este país del norte de África. ◊ *adj./n. m. y f.* **2** [persona] Que es de Libia.

libra *n. f.* **1** Unidad monetaria del Reino Unido y de otros países. **2** Medida de peso antigua que equivale a 460 gramos. ◊ *adj./n. com.* **3** [persona] Que ha nacido entre el 23 de septiembre y el 23 de octubre, tiempo en que el Sol recorre aparentemente Libra, séptimo signo del Zodíaco.

librador, -ra *adj./n. m. y f.* [persona, entidad] Que extiende una letra de cambio u otro documento de orden de pago: *el librador recibe dinero por estar en posesión del documento que le da este derecho.*

libramiento n. m. Escrito en el que se ordena el pago de una cantidad de dinero.

librar v. tr./prnl. **1** Evitar un problema, una obligación o una situación desagradable: *de buena te has librado; se libró de la mili por tener los pies planos.* ◇ v. tr. **2** Sostener una lucha: *los dos caballeros libraron una larga batalla.* **3** Extender una letra de cambio u otro documento de orden de pago: *la empresa ha librado una letra de cambio en lugar de pagar en efectivo.* **4** Dar a conocer o comunicar una sentencia o una comunicación oficial: *el juez librará sentencia mañana.* ◇ v. intr. **5** Tener un trabajador un día de descanso: *trabajo los domingos pero los lunes libro.*
DER librador, libramiento, libranza.

libre adj. **1** [persona] Que tiene la capacidad de elegir una forma de actuación o de pensamiento: *eres libre para venir con nosotros o quedarte; creo que, a su edad, ya es libre de hacer lo que crea conveniente.* **2** [persona] Que tiene la capacidad de hacer y decir cualquier cosa que no se oponga a la ley ni a la costumbre: *soy libre de expresar mis ideas políticas.* **3** [persona, animal] Que vive en libertad: *cuando termine mi condena volveré a ser un hombre libre; es agradable ver los animales correr libres por el bosque.* **4** [lugar] Que no está ocupado o usado: *aquí quedan dos sitios libres; ese taxi está libre.* **5** [acceso] Que no tiene impedimentos o límites: *el concierto empieza a las ocho y la entrada es libre; salimos a pasear al aire libre.* **6** [persona, beneficio] Que no está obligado o sujeto: *dentro de un mes estaré libre de preocupaciones; está libre del servicio militar; estas ganancias están libres de impuestos.* **7** [espacio de tiempo] Que no se dedica al trabajo: *llámame por las mañanas, que las tengo libres.* **8** [alumno] Que no está obligado a asistir a clase pero ha de hacer los exámenes: *los alumnos libres vinieron sólo el día del examen.* **9** [entrada, camino] Que no tiene obstáculos que impidan el paso: *en cuanto la carretera quede libre, podremos seguir.* **10** [estilo] Que no tiene en cuenta normas o imposiciones: *bailan de manera muy libre; dibujo libre.* **11** [traducción, versión] Que no refleja literalmente el original: *han hecho una versión libre de una obra de Shakespeare.* **12** [prueba deportiva] Que no tiene una norma de ejecución definida: *en los cien metros libres todos nadan a crol porque es el estilo más rápido.*
por libre Sin tener en cuenta la opinión o la costumbre de los demás: *este chico es muy independiente y siempre va por libre.*
DER librar, libremente.
ETIM Libre procede del latín *liber*, *-era*, *-erum*, que tenía el mismo significado, voz con la que también están relacionadas *liberal, liberar, libérrimo, libertad, liberto.*
OBS El superlativo es irregular: *libérrimo.*

librea n. f. Traje o uniforme de gala que usan algunos trabajadores, generalmente porteros, conserjes o ujieres: *los príncipes y grandes señores tenían criados de librea.*

librecambio n. m. ECON. Sistema económico que se basa en la libre circulación de mercancías entre estados y la desaparición de las aduanas en el comercio internacional: *el librecambio acabó con las aduanas entre los países de la comunidad.*
DER librecambismo.

librecambismo n. m. ECON. Doctrina económica que defiende la libre circulación de mercancías entre estados y la desaparición de las aduanas en el comercio internacional: *la doctrina del librecambismo empezó a formularse en el siglo XVIII.* **ANT** proteccionismo.
DER librecambista.

librecambista adj. **1** ECON. Del librecambismo o que tiene relación con esta doctrina económica: *según las teorías librecambistas, cada pueblo se especializa en las producciones para las que tiene más aptitudes y capacidad.* **ANT** proteccionista. ◇ adj./n. com. **2** ECON. [persona] Que es partidario del librecambismo: *los políticos librecambistas se oponían a la intervención del estado en los asuntos económicos.* **ANT** proteccionista.

libremente adv. Indica que la acción del verbo al que acompaña se realiza con libertad, sin trabas de ningún tipo: *los hijos deciden libremente su futuro.*

librepensador, -ra adj./n. m. y f. [persona] Que es partidario del librepensamiento: *los librepensadores no admiten más autoridad que la propia razón.*
DER librepensamiento.

librepensamiento n. m. Doctrina que se basa en la independencia individual de toda sujeción religiosa y de toda creencia en cualquier dogma: *el librepensamiento comenzó a desarrollarse en los siglos XVII y XVIII.*

librería n. f. **1** Establecimiento comercial en que se venden libros: *han puesto una librería nueva en la calle Mayor.* **2** Mueble o estantería para colocar libros: *compraron una preciosa librería para la biblioteca de su casa.*

librero, -ra n. m. y f. Persona que se dedica a vender libros: *ha llamado el librero para comunicarnos que ya están en la tienda nuestros encargos.*
DER librería.

libresco, -ca adj. Que se basa sólo en lo que dicen los libros y no tiene en cuenta la realidad: *eso que dices son teorías librescas; tiene una mentalidad libresca.*
OBS Tiene un matiz despectivo.

libreta n. f. Cuaderno pequeño que se usa para hacer apuntes o cuentas: *sacó la libreta del bolsillo y anotó todo lo que iba diciendo el orador; apuntaré tu dirección y tu número de teléfono en mi libreta.* **libreta de ahorros** Libreta que registra los movimientos de dinero que una persona realiza en el banco: *iré al banco a sacar dinero de la libreta de ahorros.* **SIN** cartilla.

libretista n. com. Autor del texto escrito de una obra musical: *Martínez Sierra fue el libretista de El Amor Brujo de Manuel de Falla.*

libreto n. m. Texto escrito de una obra musical: *fue autor de libretos de ópera y zarzuela.* **SIN** libro.
DER libretista.

librillo n. m. Pequeño paquete o cajita de hojas de papel de fumar: *cuando se saca una hoja del librillo queda otra preparada para tirar de ella.*

libro n. m. **1** Conjunto de hojas impresas o escritas colocadas en el orden en que se han de leer, unidas por uno de sus lados y cubiertas con unas tapas: *puso los libros en la estantería; fue a la biblioteca a devolver un libro.* **libro de bolsillo** Libro que es ligero, pequeño y generalmente flexible: *los libros de bolsillo son baratos.* **2** Texto o conjunto de textos o de imágenes que ocupan las páginas de un libro: *escribió su último libro hace dos años.* **libro de caballerías** Libro que trata sobre las aventuras amorosas y guerreras de uno o varios caballeros: *en el Quijote se parodian los libros de caballerías.* **libro de cabecera** Libro preferido por una persona o en el que se basa su manera de pensar: *su libro de cabecera es el Ulises de James Joyce.* **libro de texto** Libro usado en las escuelas como guía de estudio: *la maestra dijo que abrieran el libro de texto por la página 120.* **3** Conjunto de hojas en que se anotan los datos de determinadas personas. **libro de cuentas** Libro que recoge operaciones eco-

nómicas: *el inspector de Hacienda nos ha pedido el libro de cuentas*. **libro de escolaridad** Libro que recoge las calificaciones que ha obtenido un alumno en cada curso: *todavía guarda el libro de escolaridad y los libros de texto de cuando iba al colegio*. **libro de familia** Libro que recoge los datos personales de un matrimonio y de sus hijos: *para conseguir la ayuda económica debo presentar el libro de familia*. **libro de oro** Libro en el que se recogen los nombres de los visitantes importantes de un lugar: *el príncipe firmó en el libro de oro de nuestra institución*. **4** Cada una de las partes de una obra de larga extensión: *en el libro tercero habla de la llegada a Asia*. **5** Tercera de las cuatro partes del estómago de los rumiantes: *el libro tiene pliegues en su pared interna*. **6** Texto escrito de una obra musical: *no sabe quién es el autor del libro de esta zarzuela*. **SIN** libreto.
colgar los libros Dejar los estudios durante un tiempo o para siempre: *después de tres años, colgó los libros*.
como un libro abierto Actitud de quien se expresa con claridad o de quien se comporta sin ocultar nada y con sinceridad.
DER librero, libresco, libreta, libreto, librillo.
ETIM *Libro* procede del latín *liber*, *-bris*, que tenía el mismo significado, voz con la que también está relacionada *líber*.

licantropía *n. f.* Trastorno mental en que el enfermo se figura que está convertido en lobo: *en la licantropía se basan las películas del hombre lobo*.

licencia *n. f.* **1** Permiso para hacer algo: *le dieron licencia para que se retirara*. **2** Autorización legal otorgada por la Administración para hacer o utilizar algo: *para cazar se necesita una licencia de armas*. **SIN** permiso. **3** Documento en que consta esta autorización: *el guarda le pidió que le enseñara la licencia de pesca*. **SIN** permiso. **licencia fiscal** *a)* Impuesto que pagan a la Administración las empresas o los trabajadores por cuenta propia para poder ejercer sus actividades. *b)* Documento que certifica el pago de este impuesto. **4** Permiso para ausentarse de un empleo temporalmente: *ha obtenido una licencia de un mes alegando agotamiento*. **licencia absoluta** Permiso que se le concede a una persona al concluir el servicio militar, por el cual queda liberada de las obligaciones militares. También se dice únicamente *licencia*: *sólo queda un mes para que le den la licencia*. **5** Abuso de libertad, que lleva al desorden moral: *mi abuela siempre decía que tanta libertad degeneraría en licencia*. **SIN** libertinaje. ◊ *n. f. pl.* **6 licencias** Permiso que reciben los eclesiásticos de sus superiores para celebrar y predicar durante un tiempo indefinido: *los nuevos sacerdotes recibieron las licencias*.
licencia poética Libertad que un autor se permite por necesidades de la expresión, aunque comporte una incorrección en el lenguaje o en el estilo: *se permite algunas licencias poéticas que caracterizan su poesía*.
tomarse la licencia Hacer algo sin pedir permiso: *me he tomado la licencia de invitarla aunque sé que no te cae bien*.
DER licenciar, licenciatura, licencioso.

licenciado, -da *n. m. y f.* **1** Persona que ha obtenido el título universitario de licenciatura: *Mar es licenciada en filología catalana y ahora está realizando el doctorado*; *esa empresa busca licenciados en económicas*. **2** Soldado que ha cumplido el servicio militar y ha obtenido la licencia absoluta: *los licenciados pasan a la reserva y no vuelven a filas a menos que haya guerra*.

licenciar *v. tr.* **1** Dar el título de licenciado a la persona que ha terminado una carrera universitaria: *aquel curso, la facultad de letras licenció a doscientos alumnos*. **2** Dar permiso a un soldado para que abandone el servicio militar: *licenciaron al recluta por su enfermedad*. ◊ *v. prnl.* **3 licenciarse** Terminar una carrera universitaria y conseguir el título de licenciado: *se licenciaron en el mismo año*; *ya salían juntos antes de licenciarse*. **4** Terminar el servicio militar: *se licenció tras cumplir diez meses de servicio*.
DER licenciado.
OBS En su conjugación, la *i* no se acentúa, como en *cambiar*.

licenciatura *n. f.* **1** Título académico que se obtiene al acabar una carrera universitaria de más de tres años: *consiguió su licenciatura en medicina en sólo cinco años*. **2** Conjunto de estudios necesarios para conseguir ese grado: *en mi universidad, la licenciatura en filología consta de cuatro años y veinticinco asignaturas*.

licencioso, -sa *adj.* Que tiene costumbres poco morales, especialmente en lo relacionado con el sexo: *se casó con un hombre de vida licenciosa*. **SIN** disoluto, libertino.

liceo *n. m.* **1** Sociedad o institución en que las personas se reúnen para participar en actividades culturales y para pasar su tiempo libre: *hoy se celebra una conferencia sobre literatura en el liceo*; *los niños acuden al liceo de la ciudad para aprender canto*. **2** Centro de enseñanza media de algunos países, como Francia, Italia y algunos países hispanoamericanos: *en mi ciudad hay un liceo francés*; *estudió en un liceo y luego fue a la Universidad de la Sorbona*.

licitar *v. tr./intr.* Ofrecer dinero por un objeto en una subasta: *la marquesa licitó una gran cantidad de dinero*; *el conde licitó en la subasta hasta conseguir el cuadro*.

lícito, -ta *adj.* Que está permitido por la ley o por la moral: *nunca es lícito el uso de la violencia*. **SIN** legal, legítimo, justo. **ANT** ilícito.

licitud *n. f.* Calidad de lo que está conforme o acorde con la ley: *negó la licitud de la violencia empleada por la policía*. **SIN** legalidad. **ANT** ilegalidad, ilicitud.

licor *n. m.* **1** Bebida con mucho alcohol obtenida por destilación: *el aguardiente, el coñac y el whisky son licores*. **2** Bebida alcohólica de sabor dulce que se consigue por destilación, con frutas o hierbas maceradas en él: *los monjes del monasterio elaboraban licores de hierbas*.
DER licorera, licorero.
ETIM Véase *líquido*.

licorera *n. f.* **1** Botella, generalmente decorada, que se usa para guardar y servir el licor y los vinos de aperitivo: *sacó una licorera con vino de Jerez y sirvió dos copas*. **2** Mueble o lugar que se utiliza para guardar licores y otras bebidas: *guardó una botella de ron en la licorera*.

licorería *n. f.* **1** Fábrica en la que se elaboran licores: *a las afueras de la ciudad había una licorería*. **SIN** destilería. **2** Establecimiento donde se venden licores y vinos: *entró en una licorería a comprar oporto*.

licuación *n. f.* Cambio de estado de una sustancia sólida o gaseosa a líquida: *en la empresa construirán una planta de licuación de gas natural*. **SIN** licuefacción.

licuadora *n. f.* Aparato de cocina que sirve para extraer el líquido de frutas o verduras, separándolo de la materia sólida: *preparó un zumo de zanahoria con la licuadora*.

licuar *v. tr./prnl.* Convertir un sólido o un gas en líquido.

licuefacción *n. f.* Cambio de un sólido o un gas al estado líquido. **SIN** licuación.

lid *n. f.* **1** culto Acción que consiste en luchar o emplear entre sí dos o más personas o animales la fuerza, las armas o cualquier otro recurso con la intención de hacerse daño, matarse o imponer su voluntad: *el rey presenció la lid de los caballeros*. **SIN** liza, lucha, pelea. ◊ *n. f. pl.* **2 lides** Actividad o

líder

asunto que requiere cierta habilidad o conocimiento: *nunca me había visto en estas lides; es un experto en esas lides.* **en buena lid** De manera legal, sin hacer trampas: *ha ganado en buena lid.* **DER** lidiar. **OBS** El plural es *lides*.

líder *n. com.* **1** Persona que dirige un grupo o una sociedad, especialmente cuando influye en su forma de pensar o de actuar: *el líder del partido habló ante los afiliados; el líder del grupo es el cantante*. **2** Persona o grupo de personas que ocupa el primer lugar en una clasificación o en una competición deportiva: *el ciclista español fue el líder durante tres etapas; esta empresa es líder en el sector electrónico*. Se usa en aposición a otros sustantivos: *empresa líder, producto líder*. **OBS** El plural es *líderes*.

liderar *v. tr.* **1** Dirigir un partido, grupo o movimiento: *fue elegido para liderar la expedición*. **2** Ir en cabeza de una clasificación, generalmente de tipo deportivo: *su equipo lidera la clasificación por etapas*.

liderato *n. m.* Liderazgo.

liderazgo *n. m.* **1** Condición de líder o persona que dirige o influye especialmente en los demás: *el joven político obtuvo el liderazgo de su partido*. **SIN** liderato. **2** Primer lugar en una clasificación o en una competición deportiva: *tras la quinta jornada, el equipo catalán conserva el liderazgo de la Liga*. **SIN** liderato.

lidia *n. f.* Conjunto de acciones que se llevan a cabo en las plazas de toros desde que sale el toro al ruedo hasta que muere, siguiendo las artes del toreo: *el rejoneador era un experto en la lidia a caballo*.

lidiar *v. intr./tr.* **1** Intentar el torero o el rejoneador dominar la conducta de un toro en la plaza para realizar la labor correspondiente. **SIN** torear. **2** Conducir hábilmente un asunto que se presenta difícil: *lidió durante horas con el jefe hasta que consiguió el aumento de sueldo*.

liebre *n. f.* **1** Mamífero roedor parecido al conejo pero más grande, de color marrón grisáceo, con las orejas largas, las patas traseras mucho más largas que las delanteras y la cola corta; es muy veloz y vive en las llanuras sin hacer madrigueras: *las crías de liebre ya corren a los pocos minutos de nacer; la carne de la liebre es muy apreciada*. **2** Atleta que en las carreras de velocidad corre muy rápido sin pretender ganar, para hacer más vivo el ritmo y favorecer así a otro corredor: *las liebres siempre se retiran antes de acabar la carrera, pues no compiten para ganar*.
levantar la liebre Sacar a la luz o atraer la atención sobre algo que ha estado oculto o no se conoce: *esos dos periodistas levantaron la liebre sobre el tema de la corrupción*.
saltar la liebre Ocurrir algo de manera inesperada: *cuando menos lo esperas, salta la liebre*.
DER lebrato, lebrel.
ETIM *Liebre* procede del latín *lepus, -oris*, que tenía el mismo significado, voz con la que también está relacionada *leporino*.
OBS Para indicar el sexo se usa *la liebre macho* y *la liebre hembra*.

liendre *n. f.* Huevo que ponen algunos parásitos, especialmente el piojo: *las liendres del piojo son de color blanco y se sujetan fuertemente al pelo*.

lienzo *n. m.* **1** Tela fuerte preparada para pintar sobre ella: *colocó el lienzo en el caballete y empezó a pintar un retrato*. **2** Pintura hecha sobre esa tela: *en el museo se exponen lienzos de Murillo*. **3** Tela de lino, cáñamo o algodón: *puso en la habitación unas cortinas blancas de lienzo*. **4** ARQ. Trozo continuo y recto de una pared o un muro.

DER lencería.

lifting *n. m.* Operación de cirugía estética que consiste en el estiramiento de la piel para eliminar arrugas: *parece más joven porque acaba de someterse a un lifting*.
ETIM Es de origen inglés y se pronuncia aproximadamente 'liftin'.

liga *n. f.* **1** Tira de tela, normalmente elástica, que impide que las medias o los calcetines se caigan: *al subirse la falda se le vieron las ligas; la liga puede rodear el muslo por fuera de la media o sujetarla con unas hebillas al liguero que se pone en torno a la cintura*. **2** Competición deportiva en la que participan equipos de una misma categoría y en la que se enfrentan todos entre sí: *el vencedor de una liga es el equipo que consigue mayor número de puntos; el campeón de la liga de fútbol jugará la copa de Europa*. **3** Conjunto de personas u organismos unidos por unos mismos intereses: *diez naciones formaron una liga para defenderse de su enemigo*. **SIN** alianza, coalición, confederación. **4** Sustancia muy pegajosa que se extrae de algunas semillas y que sirve para untar las trampas para cazar: *el pájaro se debatía desesperadamente para desengancharse de la liga*. **5** Mezcla de dos o más metales fundidos, en especial cobre u otro metal con el oro y la plata para hacer alhajas o monedas: *el bronce es el producto de la liga de cobre y estaño*. **SIN** aleación. **6** Cobre o metal inferior que se mezcla con el oro y la plata para hacer alhajas o monedas.

ligadura *n. f.* **1** Sujeción hecha con cuerda u otra cosa: *el secuestrado consiguió librarse de las ligaduras que lo ataban y pudo huir*. **SIN** atadura. **2** Cuerda o correa que se usa para atar: *unas gruesas ligaduras rodeaban su cuerpo y lo unían al poste*. **3** Impedimento moral que dificulta la realización de algo: *hasta que no rompió las ligaduras paternas no logró descubrirse a sí mismo*. **SIN** atadura. **4** Operación quirúrgica que consiste en obstruir un vaso sanguíneo u otro conducto mediante un nudo: *se sometió a una ligadura de trompas porque no quiere tener más hijos*. **5** MÚS. Línea que une dos o más notas que se han de ejecutar como una sola sumando su duración: *hay una ligadura y no debes separar esas tres corcheas*.

ligamento *n. m.* Cordón fibroso y resistente que une los huesos de las articulaciones: *cuando jugaba al baloncesto se cayó y se rompió el ligamento de la rodilla*.

ligar *v. tr./prnl.* **1** Unir o poner en relación dos o más cosas o personas: *los liga una estrecha amistad; las ventas están ligadas a la publicidad; se ligó a esa asociación hace muchos años*. **2** Imponer una obligación o un compromiso: *el contrato del jugador lo liga a su nuevo club por un período de tres años*. ◇ *v. intr./prnl.* **3** *coloquial* Establecer relaciones amorosas o sexuales pasajeras: *fueron a la discoteca a ligar; sin conocerla de nada, se la ligó en unas pocas horas*. ◇ *v. tr.* **4** Unir o sujetar con cuerda, hilo o venda: *ligó bien la carga en la parte trasera*. **5** Mezclar dos metales fundidos para conseguir una aleación: *ligaron cobre y cinc para hacer latón*. **SIN** alear. ◇ *v. tr./intr.* **6** Hacer que un alimento líquido se vuelva más denso: *añadió harina para ligar la salsa; la mayonesa no liga-ba bien*. **7** MÚS. Unir la duración de dos o más notas musicales: *no puedo ligar tantas notas seguidas; me quedo sin aire*.
DER liga, ligadura, ligamaza, ligamento, ligazón, ligón, ligue, liguero, liguilla; coligarse, desligar, obligar.
ETIM *Ligar* procede del latín *ligare*, que tenía el mismo significado, voz con la que también está relacionada *liar*.
OBS En su conjugación, la *g* se convierte en *gu* delante de *e*.

ligazón *n. f.* Unión estrecha entre dos o más cosas: *existía una ligazón evidente entre ambos sucesos*.

ligereza *n. f.* **1** Cualidad de las cosas que pesan poco: *las plumas tienen una gran ligereza.* **SIN** levedad, liviandad. **2** Rapidez y agilidad en los movimientos: *es mayor, pero deberías ver con qué ligereza juega al frontón.* **3** Falta de responsabilidad en la manera de actuar: *la ligereza con la que actúa le traerá problemas graves.* **SIN** frivolidad, irresponsabilidad. **ANT** sensatez. **4** Obra o dicho poco pensados o poco responsables: *la familia se sentía abochornada ante tantas ligerezas.*

ligero, -ra *adj.* **1** Que pesa poco: *mi maleta es ligera como una pluma; el helio es más ligero que el aire.* **SIN** liviano. **ANT** pesado. **2** Que es poco fuerte, poco intenso, poco importante o poco consistente: *tengo el sueño muy ligero; ha pillado un ligero resfriado; tengo la ligera impresión de que nos ha engañado.* **SIN** leve. **3** Que es rápido y veloz: *un caballo ligero como el viento.* **ANT** lento. **4** [alimento] Que se puede digerir fácilmente: *te conviene tomar comidas ligeras.* **ANT** pesado. **5** [prenda de vestir] Que abriga poco: *me puse una rebeca demasiado ligera y pasé un poco de frío.* **6** [persona, conversación] Que no es serio ni formal: *una conversación ligera; una chica ligera.* **SIN** liviano.
a la ligera De manera irreflexiva o superficial: *no debes hablar tan a la ligera; no te lo tomes tan a la ligera y pon un poco más de ganas.*
DER ligereza; aligerar, ultraligero.
OBS Seguido de la preposición *de* significa 'con poco de lo que se expresa': *ligera de ropa, ligero de equipaje.*

light *adj.* **1** [alimento, bebida] Que tiene menos calorías de las habituales: *las bebidas light tienen poco azúcar.* **2** Ligero, suave, con sus características poco acentuadas: *el tabaco light tiene menos nicotina y alquitrán.*
ETIM Es de origen inglés y se pronuncia aproximadamente 'lait'.

lignito *n. m.* Carbón mineral con menor poder calorífico que la hulla: *en el lignito es apreciable la textura de la madera de que procede.*

lignívoro, -ra *adj.* [animal] Que se alimenta de madera: *la carcoma es un insecto lignívoro.*

ligón, -gona *adj./n. m. y f.* coloquial [persona] Que establece relaciones amorosas o sexuales fácilmente: *¡menudo ligón estás hecho, tío!* **2** coloquial [persona] Que intenta con frecuencia establecer relaciones amorosas o sexuales.

ligotear *v. intr.* Tratar de establecer relaciones amorosas y sexuales pasajeras: *en realidad, fuimos al baile a ligotear.*

ligoteo *n. m.* Intento de establecer relaciones amorosas y sexuales pasajeras: *han abierto nuevos locales de ligoteo.*

ligue *n. m.* **1** coloquial Relación amorosa o sexual que se establece de forma pasajera: *no le gusta comprometerse, prefiere los ligues de fin de semana.* **2** coloquial Persona con la que se establece esta relación: *todavía no conocemos a su nuevo ligue.*

liguero, -ra *adj.* **1** De la liga o que tiene relación con ella: *calendario liguero; temporada liguera.* ◊ *n. m.* **2** Prenda de ropa interior femenina que consiste en una especie de faja estrecha que se coloca en la cintura y que sirve para sujetar con ligas las medias: *en el escaparate hay un liguero negro bordado.*

liguilla *n. f.* Competición deportiva o fase de ella en que interviene un reducido número de equipos que juegan todos contra todos: *los cuatro primeros se juegan en liguilla el ascenso a la división de honor.*

ligur *adj.* **1** De Liguria o que tiene relación con esta región del norte de Italia, o del antiguo pueblo europeo que se estableció en ella. ◊ *adj./n. com.* **2** [persona] Que es de Liguria.

lija *n. f.* **1** Papel fuerte que lleva granos pequeños de vidrio o arena en una de sus caras y que sirve para pulir madera o metales: *el carpintero alisó la tabla de madera con lija.* **2** Pez marino comestible, de cuerpo alargado, cabeza pequeña, con muchos dientes y la piel muy áspera: *la piel de la lija se empleaba para pulir; la lija es un animal carnicero y muy voraz.* Para indicar el sexo se usa *la lija macho* y *la lija hembra.*
DER lijar.

lijadora *n. f.* Máquina para lijar o poner lisa y pulida una superficie: *pasé la lijadora a la puerta antes de pintarla.*

lijar *v. tr.* Pulir, desgastar o alisar una superficie con lija: *lijaron las puertas para pintarlas de nuevo.*
DER lijadora.

lila *n. f.* **1** Flor en forma de racimo morado o blanquecino, con un olor intenso y agradable: *cogió las lilas y las puso en un jarrón.* **2** Arbusto muy ramoso, con las hojas blandas en forma de corazón, que da esa flor: *la lila procede de Persia.* ◊ *n. m./adj.* **3** Color morado claro, como el de estas flores: *el lila y el blanco combinan muy bien; el lila es el color de las feministas.* ◊ *adj./n. com.* **4** coloquial [persona] Que es tonto e ingenuo: *siempre la están engañando porque es una lila.*

liliputiense *adj./n. com.* [persona] Que tiene escasa estatura: *los jugadores de baloncesto nos hacen parecer liliputienses.*

lima *n. f.* **1** Herramienta alargada de acero, con la superficie rugosa, que se usa para desgastar o alisar materias duras: *estuvo igualando con la lima las patas de la mesa del comedor.* ☞ herramientas. **2** Instrumento alargado de superficie rugosa, que se usa para pulir y dar forma a las uñas: *llevo una lima en el bolso para arreglarme las uñas.* **3** Fruta de corteza lisa y amarilla, de pulpa verdosa y más pequeña que el limón: *la forma de la lima se parece a la de la naranja, pero es más pequeña y un poco aplanada.* **4** Árbol de tronco liso y flores blancas y olorosas que da esa fruta: *las limas crecen en climas cálidos.* **SIN** limero. **5** Corrección o perfeccionamiento de una obra: *sus escritos necesitan una buena lima.* **6** Persona que come mucho: *este niño es una lima, siempre tiene hambre.*
DER limero.

limaduras *n. f. pl.* Trozos pequeños que se desprenden al pulir o desgastar un objeto: *el imán atrae las limaduras de hierro.*

limar *v. tr.* **1** Pulir o desgastar un objeto con una lima para alisarlo: *después de cortarse las uñas de las manos, se las limó; el carpintero limó el borde de la mesa y la barnizó.* **2** Corregir una cosa para hacerla más perfecta: *el poeta limaba sus versos una y otra vez.* **SIN** pulir. **3** Corregir o hacer más agradable o adecuada una cosa, especialmente un defecto o un comportamiento: *debería usted limar sus modales; son demasiado bruscos.*
DER limadora, limadura, limatón.

limbo *n. m.* **1** Parte más ancha y aplanada de las hojas de los vegetales: *la comparación de los limbos permite clasificar las plantas.* ☞ hoja. **2** Lugar al que van las almas de los niños que mueren sin bautizar, según la doctrina cristiana. **3** En astronomía, círculo brillante que se ve a veces alrededor de una estrella: *las estrellas se aprecian mejor cuando se ve el limbo.*
estar en el limbo Estar distraído y no enterarse de lo que ocurre alrededor: *¡eh, escúchame, que estás en el limbo!*

limero *n. m.* Árbol de tronco liso y flores blancas que da un fruto esférico de corteza amarilla y pulpa jugosa: *el limero es originario de Persia y se cultiva en España.* **SIN** lima.

limícola *adj.* **1** [organismo] Que vive en el limo o lodo del fondo del mar o de los ríos y lagos: *en el cieno del río se*

limitación

encuentran miles de pequeños seres limícolas. ◇ *n. f. pl.* **2 limícolas** Grupo de aves que viven en las costas y riberas y se alimentan de los pequeños animales que encuentran entre el lodo o cieno.

limitación *n. f.* **1** Acción que consiste en establecer o fijar límites físicos o morales: *limitación de un campo; limitación de competencias.* **SIN** delimitación. **2** Circunstancia o condición que limita o dificulta el desarrollo de una cosa: *el ser humano tiene unas limitaciones que debe vencer.* **3** Restricción de algún bien o de tiempo: *aún no se han acostumbrado a las limitaciones de agua; algunos imprudentes sobrepasan el límite de velocidad en las autopistas; trabaja sin limitaciones horarias.*

limitado, -da *adj.* **1** Que tiene límites: *campo limitado; oferta limitada; plazas limitadas.* **ANT** ilimitado. **2** [persona] Que es corto de entendimiento: *no intentes que lo comprenda, es un chico muy limitado.*
DER ilimitado.

limitar *v. tr.* **1** Poner límites a una cosa, especialmente una superficie o un territorio: *los obreros limitaron el terreno con estacas.* **2** Reducir la cantidad de una cosa, estableciendo unos límites o con otras medidas: *quieren limitar el consumo de agua.* **SIN** restringir. ◇ *v. intr.* **3** Tener dos territorios un límite o frontera común: *Andorra limita con Francia y España.* ◇ *v. prnl.* **4 limitarse** Hacer una cosa únicamente: *desde ahora te limitarás a tus obligaciones; se limitaba a mover la cabeza para decir sí o no.*
DER limitación, limitado; delimitar, extralimitarse.

límite *n. m.* **1** Línea real o imaginaria que marca un territorio y lo separa de otros: *los niños aprendían los límites de España en un mapa; el ganadero valló su finca para que nadie pudiera traspasar los límites.* **2** Fin o grado máximo de una cosa que no se puede o no se debe superar: *la paciencia de su padre estaba llegando a su límite; estaba al límite de sus fuerzas; en algunos países no hay límite de velocidad en las autopistas.* Se usa en aposición a otros sustantivos como *hora límite, velocidad límite o situación límite*; en este caso el plural también es *límite: situaciones límite*. **3** MAT. Magnitud fija a la cual se acercan cada vez más los términos de una secuencia infinita de magnitudes: *la secuencia de los números 2n/(n + 1) tiene como límite el número 2.*

limítrofe *adj.* [lugar] Que está al lado o que limita con otro lugar: *el autobús iba de la capital a los pueblos limítrofes; Italia y Austria son países limítrofes.* **SIN** lindante, vecino.

limo *n. m.* Barro del fondo de las aguas o que se forma en el suelo cuando llueve: *el limo que dejan las crecidas de los ríos es rico en materia orgánica.* **SIN** cieno, lodo.

limón *n. m.* **1** Fruto comestible de color amarillo y de forma ovalada, de sabor ácido y muy aromático: *el zumo de limón quita la sed.* **2** Árbol con el tronco liso y ramoso, copa abierta, hojas duras, permanentes y de color verde brillante y flores olorosas de color blanco y rosa, que da ese fruto. **SIN** limonero.

limonada *n. f.* Bebida refrescante hecha con zumo de limón, agua y azúcar: *la tía preparaba siempre limonada para los niños.*

limonar *n. m.* Terreno plantado de limoneros: *la finca tiene una gran casa y un pequeño limonar.*

limonero, -ra *adj.* **1** Árbol con el tronco liso y ramoso, copa abierta, hojas duras, permanentes y de color verde brillante y flores olorosas de color blanco y rosa; su fruto es el limón: *el patio tenía un limonero y un naranjo.* **SIN** limón. ◇ *n. m. y f.* **2** Persona que se dedica a vender limones: *el limonero nos vendió limones y pomelos.*

limonita *n. f.* Mineral blando de color pardo amarillento constituido por óxidos de hierro hidratados: *la limonita se utiliza como pigmento.*

limosna *n. f.* **1** Ayuda o auxilio que se da a los necesitados, generalmente dinero: *un mendigo pedía limosna a la puerta de la iglesia.* **SIN** caridad. **2** Cantidad demasiado pequeña de dinero que se da como pago de un trabajo: *cuando vi lo que me pagaba le dije que no quería sus limosnas.*
DER limosnear, limosnero.

limosnear *v. intr.* Pedir ayuda o auxilio, generalmente en forma de dinero o alimentos. **SIN** mendigar.

limosnero, -ra *adj.* Que ayuda con frecuencia a los necesitados, generalmente dándoles dinero: *la señora y su hija eran muy limosneras.*

limpia *n. f.* Acción enérgica de limpieza de una cosa: *hizo una limpia del armario y tiró muchas cosas; he hecho una limpia de libros y los he llevado a vender.*

limpiabotas *n. com.* Persona que se dedica a limpiar y dar brillo al calzado de otras personas: *la gente no se quita los zapatos cuando se los lustra el limpiabotas; en la estación de tren aún puede verse algún limpiabotas buscando clientes.*
OBS El plural también es *limpiabotas.*

limpiacristales *n. com.* **1** Persona que se dedica a limpiar los cristales: *el dueño de la tienda contrató a un limpiacristales para que limpiara los escaparates.* ◇ *n. m.* **2** Líquido que sirve para limpiar cristales y espejos: *aplique un poco de limpiacristales y frote con un paño hasta eliminar la suciedad.*
OBS El plural también es *limpiacristales.*

limpiador, -ra *adj./n. m. y f.* **1** [producto, instrumento] Que sirve para limpiar: *necesito un producto limpiador para la moqueta; el limpiador de plata es muy útil.* ◇ *n. m. y f.* **2** Persona que se dedica a limpiar: *el servicio de limpiadores se declaró en huelga.*

limpiaparabrisas *n. m.* Varilla articulada y provista de una goma que se sitúa en los cristales delantero y trasero del automóvil para limpiar la lluvia o la nieve que cae sobre ellos: *el limpiaparabrisas arrastra y expulsa el agua y seca el cristal.*
☞ automóvil.
OBS El plural también es *limpiaparabrisas.*◇ En el habla informal, se usa también la forma abreviada *limpia: dale al limpia, que está lloviendo.*

limpiar *v. tr./prnl.* **1** Quitar o eliminar la suciedad: *va a limpiar la broza del jardín; se limpió la mancha de salsa con el pañuelo.* **ANT** ensuciar, manchar. ◇ *v. tr.* **2** Quitar o eliminar lo que estorba o no sirve: *has de limpiar bien el pescado antes de rebozarlo; limpiamos el terreno de malas hierbas.* **3** Quitar o eliminar las manchas morales: *se confesó para limpiar sus culpas.* **SIN** purificar. **ANT** ensuciar, manchar. **4** Expulsar de un lugar a las personas que se consideran molestas o dañinas: *se ha propuesto limpiar de maleantes la ciudad.* **5** *coloquial* Dejar a una persona sin dinero o riquezas mediante un timo o un robo: *los ladrones sabían que estaba de viaje y le limpiaron la casa.* **6** *coloquial* Dejar sin dinero en un juego de azar: *decía que no sabía jugar al póquer y nos ha limpiado a todos.*
DER limpia, limpiador.
OBS En su conjugación, la *i* no se acentúa, como en *cambiar.*

limpiaúñas *n. m.* Utensilio para limpiar las uñas: *mi estuche de manicura trae dos limpiaúñas.*

límpido, -da *adj.* Que es puro y sin mancha: *el límpido aire serrano ensanchaba sus oprimidos pulmones.*

limpieza *n. f.* **1** Cualidad de lo que está limpio: *está muy pendiente de la limpieza de su casa.* **ANT** suciedad. **limpieza de sangre** Cualidad que antiguamente se derivaba de no haberse mezclado una familia con personas, razas o religiones que se consideraban deshonrosas: *la limpieza de sangre* era condición indispensable para acceder a diversos cargos. **2** Eliminación de la suciedad, de lo superfluo o de lo perjudicial: *a tu habitación le hace falta una buena limpieza; iniciaron la limpieza de delincuentes de la ciudad.* **limpieza en seco** Eliminación de la suciedad de los tejidos por medio de compuestos químicos no líquidos que la disuelven: *llevaremos esa prenda a la tintorería para que le hagan una limpieza en seco.* **3** Destreza y habilidad en la realización de un ejercicio físico: *esquivó con limpieza al contrario.* **4** *coloquial* Acción que consiste en dejar a una persona sin dinero o riquezas mediante un timo o un robo o en un juego de azar: *le hicieron una buena limpieza en el casino.* **5** Honradez e integridad con que se comporta una persona: *los dos contrincantes jugaron con limpieza.*

limpio, -pia *adj.* **1** Que no tiene ninguna mancha o suciedad: *quítate esa camisa y ponte otra limpia; no te pongas en el suelo, que no está limpio.* **ANT** sucio. **2** Que está libre de impurezas o de cosas accesorias: *esa escritora tiene un estilo muy limpio.* **3** Que no tiene mezclas consideradas dañinas: *en el pueblo aún se puede respirar aire limpio.* **ANT** impuro. **4** [persona, animal] Que cuida de su higiene y su aspecto exterior: *Rafael es un chico muy limpio; los gatos son animales muy limpios.* **SIN** aseado, pulcro. **5** [dinero] Que resulta una vez que se han restado los gastos o los impuestos: *en ese negocio he conseguido un millón de pesetas limpio.* **SIN** neto. **6** [persona] Que es bueno y honrado: *te puedo asegurar que Miguel es limpio e incapaz de engañar a nadie.* **SIN** noble. **7** [persona] Que no tiene culpa: *después de tantas acusaciones salió limpio del juicio.* **8** [persona] Que se ha quedado sin dinero: *jugó con ellos a las cartas y lo dejaron limpio.* **9** *coloquial* [persona] Que carece de conocimientos de una materia: *las preguntas sobre literatura ya las responderás tú, que yo estoy limpio.* ◇ *adv.* **10** **limpio** De manera honrada y sin trampas: *el árbitro pidió a los jugadores que jugaran limpio.*
en limpio Sin errores y bien presentado: *ha puesto las cuentas en limpio.*
pasar a limpio Escribir un texto en su forma definitiva y sin errores ni tachaduras, utilizando un borrador: *todavía tengo que hacer los ejercicios de inglés y pasar la redacción a limpio.*
sacar en limpio Obtener una idea clara o una conclusión concreta de una conversación: *aunque discutimos mucho, no sacamos nada en limpio.*
ETIM *Limpio* procede del latín *limpidus*, que tenía el mismo significado, voz con la que también está relacionada *límpido*.

limusina *n. f.* Automóvil de lujo y de grandes dimensiones que se usa en ocasiones importantes: *el presidente fue al aeropuerto en una limusina negra; muchas limusinas tienen un cristal que separa los asientos delanteros de los traseros.*

linaje *n. m.* Conjunto de antepasados y descendientes de una persona, especialmente si es noble: *al casarse con ella se emparentó con un linaje muy antiguo.* **SIN** estirpe.
DER linajudo.

linaza *n. f.* Semilla del lino, de la que se hace un aceite que se usa para fabricar pinturas y barnices: *el aceite de linaza tiene un olor muy fuerte.*

lince *n. m.* **1** Mamífero felino parecido al gato, pero más grande, de color pardo, con pelos largos en las puntas de las orejas y con fuertes uñas que usa para cazar animales: *los linces viven en los bosques de pinos de Europa; los linces tienen muy buena vista.* Para indicar el sexo se usa *el lince macho* y *el lince hembra.* **2** Persona muy astuta, inteligente y rápida de mente: *este chico es un lince, lo comprende todo a la primera.*

linchamiento *n. m.* Acción que consiste en matar a una persona sospechosa de algún crimen a manos de una muchedumbre que se toma la justicia por su mano: *el pueblo entero pedía el linchamiento del asesino.*

linchar *v. tr.* Matar una muchedumbre a una persona sospechosa de algún crimen sin hacer antes un juicio: *una multitud histérica se tomó la justicia por su mano y linchó al ladrón en la plaza del pueblo.*
DER linchamiento.

lindar *v. intr.* **1** Estar al lado o tener límite o frontera: *esas casas lindan con el campo; España linda con Portugal por el oeste.* **2** Estar muy cerca de lo que se expresa: *tus palabras lindan con la grosería; su escrito linda con la perfección.*
DER colindar, deslindar.
OBS Se construye con la preposición *con.*

linde *n. amb.* Línea real o imaginaria que marca un territorio o una finca y lo separa de otros: *el agricultor marcó las lindes de sus tierras con piedras.* **SIN** límite, lindero.
DER lindar, lindero.

lindero, -ra *adj.* **1** [lugar] Que limita con otra cosa: *la casa lindera con la suya era una enorme mansión.* ◇ *n. m.* **2** Línea real o imaginaria que marca un territorio o una finca y lo separa de otros: *caminó hasta los linderos de la finca.* **SIN** límite, linde. Se usa más en plural.

lindeza *n. f.* **1** Dicho o detalle gracioso y halagador: *la cantante agradeció las lindezas de sus incondicionales.* **2** Dicho desagradable u ofensivo: *me llamó tonto, inútil y algunas lindezas más.* **3** *culto* Belleza o agrado para los sentidos: *la pintura barroca veneciana es de gran lindeza.*

lindo, -da *adj.* Que es muy bello y agradable a la vista: *una linda casa se levantaba junto a la playa; ¡qué vestido tan lindo!* **SIN** bonito.
de lo lindo Mucho o en exceso: *disfrutamos de lo lindo en el zoo; le maltrataron de lo lindo.*
DER lindeza.

línea *n. f.* **1** Sucesión continua de puntos en el espacio: *la extensión de una línea es la longitud.* **línea curva** Línea que está formada por elementos que cambian de dirección sin formar ángulo: *el círculo es una línea curva cerrada; la letra S está formada por una línea curva.* **línea quebrada** Línea que no es recta pero está compuesta por rectas que, al unirse en determinados puntos, forman ángulos: *la verja de la ventana hacía líneas quebradas; la letra M está formada por una línea quebrada.* **línea recta** Línea más corta entre dos puntos, que sigue siempre la misma dirección: *traza una línea recta, sin torcerte.* **2** Señal o marca larga y estrecha que se hace sobre un cuerpo o superficie: *sigue la línea que hay en el suelo; la línea discontinua de la calzada.* **SIN** raya. **3** Serie de letras dispuestas horizontalmente en una página: *he escrito 20 líneas; en la línea 17 hay un error ortográfico.* **SIN** renglón. **4** Serie de personas o de cosas colocadas unas tras otras o unas junto a otras: *hizo una línea de cajas; he hecho tres líneas pero ningún bingo; se veía una línea de árboles.* **línea de combate** Franja de terreno donde los soldados combaten: *tuvo que luchar en la primera línea de combate.* **5** En el fútbol y otros deportes de equipo, conjunto de jugadores que desempeñan una función igual o semejante: *la línea defensiva estuvo muy bien y evitó la derrota del equipo.* **6** Dirección que sigue una conducta o un comportamiento: *todos valoraron positivamente la línea que llevaba la empresa.* **7** Servicio de transporte que con regularidad une dos o más lugares: *existe una línea de autobuses entre la capital y el pueblo; coge el metro en la línea 3 y haz trasbordo a la 5.* **línea aérea** Línea que se sirve de aviones para comunicar dos o más lugares: *han aumentado el número de vuelos en la línea aérea Madrid-Valencia.* **línea férrea** Línea que se sirve

de trenes para comunicar dos o más lugares: *ese tren cubre el servicio de la línea férrea Madrid-Sevilla*. **8** Estilo o carácter propio de una cosa: *me gusta la ropa de línea deportiva; sus malos actos no son compatibles con mi línea de pensamiento*. **9** Relación de parentesco entre personas: *es mi tío por línea materna*. **10** Figura o contorno de un objeto: *la línea de este deportivo es muy aerodinámica*. **11** Figura esbelta y delgada que se considera adecuada para las personas: *si quieres guardar la línea, no comas tantos bombones*. **SIN** silueta. **12** Serie de productos con características iguales o parecidas y que ofrece una cierta variedad: *es el diseñador de la línea de baño; la nueva línea de cosméticos*. **13** Sistema y conjunto de los aparatos e hilos conductores necesarios para comunicarse por medio del teléfono o del telégrafo: *ya nos han conectado la línea telefónica; en algunos pueblos carecen de línea telefónica*. **14** Comunicación por medio del teléfono o del telégrafo: *no podemos llamar por teléfono, porque han cortado la línea*. **15** Raya que señala los límites de un terreno de juego: *la pelota no llegó a rebasar la línea*. **línea de fondo** Línea que marca el límite de un extremo del terreno: *el balón salió por la línea de fondo*. **línea de meta** Línea que está bajo la portería: *el balón cruzó la línea de meta, así que fue gol*. **16** Categoría o clase a la que pertenece una persona o una cosa: *fue derrotado por un tenista de tercera línea*. ◇ *n. f. pl.* **17 líneas** Texto de corta extensión: *sólo pude escribirte unas líneas*.
en líneas generales Desde un punto de vista general, sin entrar en aspectos particulares: *en líneas generales, el clima de las costas es muy agradable*.
leer entre líneas Deducir algo que no se explica abiertamente en un escrito: *en la noticia del periódico se podía leer entre líneas que el presidente no tenía intención de asistir a la reunión*.

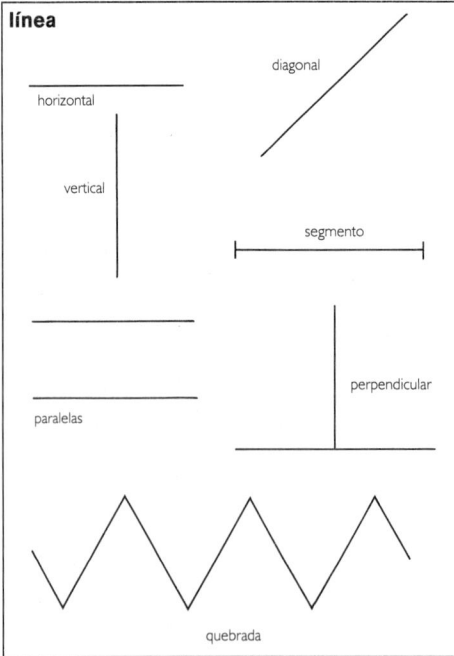

línea

horizontal
diagonal
vertical
segmento
paralelas
perpendicular
quebrada

lineal *adj.* **1** De la línea, con líneas o que está relacionado con ella: *su asignatura preferida es el dibujo lineal*. **2** Que tiene una forma semejante a una línea: *revisaron el trazado lineal del metro; las hojas del pino son lineales*. **3** Que sigue un desarrollo constante, sin alteraciones: *un aumento lineal y progresivo; la película tiene un argumento lineal, la historia se desarrolla sin saltos en el tiempo*.

linfa *n. f.* BIOL. Líquido claro y sin color compuesto por células esféricas que defienden al organismo de las enfermedades: *los leucocitos de la linfa se encargan de la formación de anticuerpos; la linfa contiene agua y proteínas*.
DER linfático, linfatismo, linfocito; endolinfa.

linfático, -ca *adj.* BIOL. De la linfa o que tiene relación con este líquido del organismo: *las células linfáticas se producen en la médula ósea; la linfa va por los vasos linfáticos*.

linfocito *n. m.* Leucocito o glóbulo blanco de pequeño tamaño que se halla en la linfa o en la sangre y cuya función es formar anticuerpos: *los linfocitos mantienen activas las reacciones inmunitarias*.

lingotazo *n. m.* Trago de una bebida alcohólica: *solía tomar en ayunas un lingotazo de ginebra*.

lingote *n. m.* Trozo o barra de metal limpio y fundido, generalmente de hierro o de un metal noble, como el oro, la plata o el platino: *guardan los lingotes de oro en la cámara acorazada del banco*.

lingual *adj.* De la lengua o que tiene relación con este órgano de la boca: *los sonidos son linguales cuando en su articulación participa la lengua*.

lingüista *n. com.* Persona que estudia el lenguaje humano y las lenguas, especialmente si se dedica profesionalmente a ello: *los lingüistas europeos se reunieron en un congreso de lingüística aplicada*.

lingüística *n. f.* Ciencia que estudia el lenguaje en general y las distintas lenguas: *la lingüística se ha desarrollado en los dos últimos siglos*. **lingüística aplicada** Rama de la lingüística que se ocupa de dar un fin práctico a los conocimientos sobre las lenguas: *la elaboración de manuales de español para extranjeros es labor de la lingüística aplicada*. **lingüística contrastiva** Rama de la lingüística que se ocupa de estudiar y comparar dos o más lenguas: *la lingüística contrastiva permite identificar los elementos comunes a varias lenguas*. **lingüística diacrónica** (o **histórica**) Rama de la lingüística que se ocupa del estudio de la transformación y el cambio de las lenguas a través del tiempo: *la lingüística diacrónica estudia la lengua de épocas antiguas*. **lingüística general** Rama de la lingüística que trata de establecer principios comunes a todas las lenguas: *la lingüística general hace un estudio teórico del lenguaje*. **lingüística sincrónica** Rama de la lingüística que se ocupa del estudio de la lengua en un determinado estado, sin tener en cuenta el cambio: *los estudios de lingüística sincrónica se centran en el siglo XX*.

lingüístico, -ca *adj.* **1** De la lengua o que tiene relación con este sistema de palabras: *competencia lingüística; sistema lingüístico*. **2** De la lingüística o que tiene relación con esta ciencia que estudia el lenguaje y las lenguas: *el investigador hizo un riguroso estudio lingüístico*.

linier *n. m.* Árbitro de fútbol que vigila el juego desde fuera de las líneas laterales del campo: *desde su posición, el linier ve mejor si hay fuera de juego*. **SIN** juez de línea.

linimento *n. m.* Preparación farmacéutica hecha de aceite y extractos vegetales que se aplica frotando sobre una parte del cuerpo: *el masajista del equipo aplicó un linimento al jugador lesionado*.

lino *n. m.* **1** Planta herbácea de flores azules, de cuyo tallo

recto y hueco se saca una fibra que sirve para hacer tejidos: *el lino se cultiva para su aprovechamiento en la industria textil; de las semillas del lino se extrae el aceite de linaza.* **2** Fibra que se saca de los tallos de esta planta: *para obtener el lino las plantas pasan primero por un proceso biológico y después por un proceso mecánico.* **3** Tejido hecho de esa fibra: *el lino es suave y resistente; las prendas de lino son frescas en verano y cálidas en invierno.*
DER linácea, linaza, linóleo, linóleum.

linóleo *n. m.* Tela impermeable hecha con fibra de yute cubierta con una capa de corcho en polvo amasado con aceite de linaza: *el linóleo en láminas se utiliza para cubrir el suelo.*

linotipia *n. f.* **1** Máquina de componer textos tipográficos de la que salía la línea en una sola pieza: *la fotocomposición desplazó por completo a la linotipia.* **2** Técnica de componer textos con esta máquina.

linterna *n. f.* **1** Aparato manual y portátil que sirve para dar luz y que funciona con pilas eléctricas: *nos metimos en la cueva con una linterna.* **2** ARQ. Torre pequeña con ventanas que se construye en lo alto de algunos edificios y que permite que pase la luz al interior: *sobre la cúpula hay una linterna octogonal.*
DER linternón.

lío *n. m.* **1** Desorden de objetos: *menudo lío tiene en su habitación.* **SIN** barullo. **2** Asunto o situación difícil de resolver, especialmente si va acompañado de alboroto: *se ha metido en un buen lío; menudo lío se va a armar cuando se enteren de la verdad.* **SIN** barullo, embrollo, enredo. **3** Conjunto de cosas atadas, especialmente de ropa: *haz un lío con la ropa sucia y llévalo a la lavandería.* **4** Relación amorosa o sexual entre dos personas que no forman pareja estable: *en el pueblo se decía que esa mujer tenía un lío con el vecino.* **SIN** aventura, enredo.

liofilización *n. f.* Método de deshidratación que consiste en congelar una sustancia y eliminar su agua haciéndola pasar al estado de vapor mediante presiones cercanas al vacío: *con la liofilización se asegura la conservación de los alimentos.*

liofilizar *v. tr.* Deshidratar una sustancia congelándola y eliminando su agua por vaporización mediante presiones cercanas al vacío: *los alimentos liofilizados son fácilmente solubles.*
OBS En su conjugación, la z se convierte en c delante de e.

lioso, -sa *adj.* **1** [asunto, situación] Que es confuso o complicado: *se lo explicó muy despacio, porque el tema era un poco lioso.* ◇ *adj./n. m. y f.* **2** [persona] Que hace que un asunto o una situación resulten más complicados de lo normal: *es un hombre tan lioso que es preferible que no le consultes su opinión.*

lípido *n. m.* Sustancia orgánica, comúnmente llamada grasa, que almacena y transporta las reservas energéticas de los seres vivos: *una característica de los lípidos es que no son solubles en agua.*

liposoluble *adj.* [sustancia orgánica] Que es soluble en las grasas o aceites: *las grasas llevan disueltas vitaminas liposolubles.*

liposoma *n. m.* Pequeña acumulación de determinados compuestos químicos, generalmente proteínas, enzimas y medicamentos, mantenida en emulsión en los tejidos en forma de grasa invisible: *las cremas de cosmética llevan liposomas difusores que liberan sus principios activos a lo largo del día.*

lipotimia *n. f.* Pérdida repentina y pasajera del sentido que se produce por falta de riego sanguíneo en el cerebro: *el calor excesivo le produjo una lipotimia.*

liquen *n. m.* Planta formada por la simbiosis de un hongo y un alga, que crece en los lugares húmedos, sobre las rocas y las cortezas de los árboles: *la presencia de líquenes garantiza la pureza del aire; los líquenes carecen de hojas, flores y raíces.*
OBS El plural es *líquenes.*

liquidación *n. f.* **1** Pago del total de una deuda o de una cuenta: *no puedo hacer la liquidación del pedido hasta principios del mes próximo.* **2** Venta a un precio muy bajo de las mercancías de un comercio debida a un traslado, a una quiebra o a un traspaso: *aprovecha para comprar todo lo que necesites, que están de liquidación en la tienda de ropa.* **3** Finalización definitiva de algo: *la liquidación de nuestros problemas no será posible hasta que nos sentemos a hablar.* **4** Dinero que una empresa le paga a un trabajador cuando deja de prestar sus servicios: *obtuvo menos de lo que esperaba de la liquidación.* **SIN** finiquito.

liquidar *v. tr.* **1** Pagar completamente una deuda o una cuenta: *se marchó del país sin liquidar las deudas que había contraído.* **SIN** finiquitar, saldar. **2** Acabar una cosa: *esta cuestión está liquidada, así que no quiero oír nada más al respecto.* **SIN** finiquitar, saldar. **3** Vender a un precio muy bajo las mercancías de un comercio: *al final de la temporada de verano, las tiendas liquidan las existencias que han sobrado.* **4** Gastar completamente una cantidad de dinero: *no es nada previsor, liquidó en un mes lo que su abuelo le dejó en herencia.* **5** *coloquial* Matar a una persona: *pagaron a un asesino para que liquidara al presidente.* **SIN** eliminar.
DER liquidación.

liquidez *n. f.* En economía, capacidad para hacer frente a las obligaciones financieras: *no pudo pagar las facturas por falta de liquidez.*

líquido, -da *adj./n. m.* **1** [sustancia] Que está en un estado que no es sólido ni gaseoso y que, debido a la poca cohesión de las moléculas que lo componen, se adapta a la forma del recipiente que lo contiene: *el agua deja de ser líquida a partir de los 0°; el médico me ha aconsejado que tome muchos líquidos.* ◇ *adj./n. f.* **2** [sonido consonántico] Que forma sílaba con la consonante sorda que va delante o detrás: *la s de la palabra latina* spectaculum *es una líquida.* **3** [sonido consonántico] Que puede ir detrás de otro sonido consonántico y delante de uno vocálico para formar una sílaba, como en clave y drama: *la l y la r son las únicas consonantes líquidas del castellano.* ◇ *adj./n. m.* **4** ECON. [cantidad de dinero] Que queda tras comparar lo que se tiene con lo que se debe: *había un saldo líquido de ochenta mil pesetas.* **5** MED. Sustancia fluida del organismo: *tiene una fuerte insolación y ha perdido muchos líquidos; el cuerpo humano tiene un alto porcentaje de líquidos.* **líquido amniótico** MED. Líquido que está dentro de la placenta y que protege y envuelve las crías de los mamíferos: *esta mujer ha comenzado a perder líquido amniótico.*

lira *n. f.* **1** Unidad de moneda de Italia, Turquía y otros países: *en el banco puedes cambiar las pesetas por liras.* **2** Instrumento musical antiguo semejante al arpa pero más pequeño, con las cuerdas tensadas sobre una caja de la que salen dos brazos de forma curva: *en el libro aparece un grabado del dios Apolo tocando la lira.* ☞ instrumentos musicales. **3** Poema en el que se combinan cinco versos, de siete sílabas el primero, tercero y cuarto y de once los otros dos, en el que riman el primero con el tercero y el segundo con el cuarto y el quinto: *el esquema de la lira es aBabB; Garcilaso de la Vega compuso hermosas liras.*
DER lírica, lírico.

lírica *n. f.* Género literario de las obras, generalmente escritas en verso, que se caracterizan por expresar las ideas y los

lírico

sentimientos íntimos del autor y que provocan ideas y sentimientos parecidos: *ese poeta, en su juventud, cultivó la lírica*.

lírico, -ca *adj.* **1** De la lírica o que tiene relación con este género literario: *el relato es de tono lírico y se encuentra impregnado por el sentimiento de la nostalgia*. **2** [escritor] Que cultiva el género de la lírica: *Quevedo fue un gran poeta lírico*. **3** [obra de teatro] Que se canta total o parcialmente: *escribió óperas y otras obras líricas*. **4** De este tipo de obras o que tiene relación con ellas: *esta soprano es una gran cantante lírica*.

lirio *n. m.* **1** Planta con hojas largas y duras, alrededor de un tallo central ramoso, con flores grandes, de seis pétalos azules, morados o blancos: *el lirio es silvestre en las zonas cálidas; el lirio se utiliza como planta de adorno*. **2** Flor de esta planta: *los lirios son muy vistosos*. ☞ flores.
lirio blanco Planta de tallo alto y hojas largas y estrechas, que da una flor grande, blanca y olorosa. **SIN** azucena.
ETIM Lirio procede del latín *lilium*, que tenía el mismo significado, voz con la que también está relacionada *liliáceo*.

lirismo *n. m.* Expresión profunda e íntima de sentimientos y emociones, generalmente en la literatura: *este escritor se caracteriza por el lirismo de sus poesías*.

lirón *n. m.* **1** Mamífero roedor parecido al ratón, de color marrón y con grandes orejas y cola larga y peluda, que vive en los árboles y pasa el invierno oculto y alimentándose de los frutos que ha almacenado: *vimos un lirón en un bosque de Asturias*. Para indicar el sexo se usa *el lirón macho* y *el lirón hembra*. **2** Persona que duerme mucho: *levántate, lirón, que son las doce de la mañana*. **SIN** dormilón, marmota.

lis *n. f.* **1** Planta con hojas largas y duras, alrededor de un tallo central ramoso, con flores grandes, de seis pétalos azules, morados o blancos. **SIN** lirio. También se usa en género masculino. **2** Flor de esta planta: *la flor de lis es la forma heráldica de la flor del lirio*.

lisa *n. f.* Pez marino de cuerpo rechoncho y labio superior muy grueso, que suele habitar en mares templados: *la lisa suele formar bancos*.

lisboeta *adj.* **1** De Lisboa o que tiene relación con esta ciudad de Portugal. ◇ *adj./n. com.* **2** [persona] Que ha nacido en esta ciudad de Portugal.

lisiado, -da *adj./n. m. y f.* **1** [persona] Que tiene una lesión permanente, especialmente una amputación o defecto en las extremidades: *durante la guerra, los lisiados colmaban los hospitales*. **SIN** tullido. **2** *coloquial* Que está muy cansado por haber realizado un gran esfuerzo: *vengo lisiado del trabajo*.

lisiar *v. tr.* Producir una lesión permanente en alguna parte del cuerpo: *una bomba le lisió los dos brazos en el atentado terrorista*.
DER lisiado.
OBS En su conjugación, la *i* no se acentúa, como en *cambiar*.

liso, -sa *adj.* **1** [superficie] Que no tiene asperezas, salientes ni arrugas: *planché la tela hasta dejarla lisa*. **SIN** llano, plano. **ANT** rugoso. **2** [pelo] Que no tiene rizos: *Rocío es aquella chica de pelo negro y liso*. **SIN** lacio. **3** [tejido, papel] Que es de un solo color o que no tiene dibujos o adornos: *necesito una tela para hacerme un vestido*. **ANT** estampado. **4** Que no tiene obstáculos: *Julio es especialista en la carrera de cien metros lisos*.
DER lisura.

lisonja *n. f.* Alabanza exagerada e hipócrita para conseguir un favor o para ganar la voluntad de una persona: *con sus lisonjas consiguió que le subieran el sueldo*. **SIN** adulación.
DER lisonjear, lisonjero.

lisonjear *v. tr.* **1** Alabar hipócrita y exageradamente a una persona para conseguir un favor o para ganar su voluntad: *no hacía más que lisonjearla para seducirla*. **SIN** adular. ◇ *v. tr./prnl.* **2** Llenar de orgullo o satisfacción: *era el único que podía lisonjearse de haber descubierto una nueva tierra*. **SIN** deleitar.

lisonjero, -ra *adj./n. m. y f.* [persona] Que alaba hipócrita y exageradamente a una persona para conseguir un favor o para ganar su voluntad: *no soporta a las personas lisonjeras; era un lisonjero, un adulador y un falso*.

lista *n. f.* **1** Serie ordenada de nombres o de datos, generalmente dispuestos en columna: *el secretario elaboró una lista con los datos de los alumnos; fue a comprobar la lista del censo*. **SIN** listado. **lista de bodas** Lista que elaboran los novios indicando los objetos de un comercio que desean recibir como regalo de boda: *tienen su lista de bodas en una tienda muy bonita*. **lista de espera** Lista que contiene los asuntos o los nombres de las personas que deben guardar un turno: *los hospitales tienen listas de espera para los enfermos que han de operarse*. **lista de pasajeros** Lista de las personas que viajan en un medio de transporte: *el sobrecargo tiene la lista de pasajeros*. **lista negra** Lista que contiene los nombres de personas o grupos que se consideran peligrosos o enemigos: *decían que su nombre figuraba en la lista negra del régimen totalitario*. **2** Raya o línea larga y delgada que decora una tela o un tejido: *la camiseta llevaba dos listas verticales de color morado*. **SIN** franja, raya. **3** Tira de papel, tela o cualquier material: *de la pared colgaban unas cuantas listas de papel de colores*.
pasar lista Leer en voz alta una relación de nombres de personas para saber cuáles están presentes: *el maestro pasaba lista todas las mañanas antes de empezar la clase*.
DER listado, listín, listón; alistar.

listado, -da *adj.* **1** [tejido] Que tiene listas o franjas: *llevaba una camiseta listada*. ◇ *n. m.* **2** Serie ordenada de nombres o de datos, generalmente dispuestos en columna: *el jefe pidió un listado de todos los empleados de la empresa; en la pantalla del ordenador tienes el listado de todos los directorios*. **SIN** lista.

listeza *n. f.* Capacidad para entender las cosas con facilidad y rapidez: *gracias a su listeza, le van bien los negocios*.

listillo, -lla *adj./n. m. y f.* [persona] Que tiene habilidad para ver con rapidez lo que le conviene y sacar provecho de ello: *siempre hay algún listillo que se marcha sin pagar*. Tiene cierto matiz despectivo.

listín *n. m.* Libro en que aparecen los números de teléfono de todas las personas de una población: *consultó el listín telefónico para buscar el número del aeropuerto*.

listo, -ta *adj.* **1** Que entiende las cosas con facilidad y rapidez: *es el niño más listo del colegio y por eso le ponen las mejores notas*. **SIN** inteligente. **2** Que es muy hábil para afrontar y resolver problemas: *es muy listo y sabrá arreglárselas él solo; se cree muy listo, pero a nosotros no nos engañará*. **3** [persona, cosa] Que está dispuesto o preparado para algo: *los pisos han quedado listos para ser ocupados; ¿estás listo para salir?* ◇ *int.* **4 ¡listo!** Expresión para indicar que se ha acabado de hacer algo o que algo ya está preparado: *¡listo!, ¡ya podemos empezar a buscar!*
andar listo Estar bien atento o dispuesto: *ya puede andar listo para no volver a cometer un error como ése*.
estar (o ir) listo *coloquial* Estar equivocado en cuanto a una opinión o deseo: *si se cree que vamos a permitir que lo haga, va listo*.
pasarse de listo *coloquial* Intentar mostrarse más inteligente o

hábil que los demás y estar equivocado: *hazme caso a mí y no te pases de listo*.
DER listeza, listillo.

listón *n. m.* **1** Pieza de madera larga y delgada: *hizo el marco del cuadro con cuatro listones*. **2** Barra que se coloca horizontalmente para marcar la altura que se debe superar en las pruebas deportivas de salto: *el saltador de pértiga pasó rozando el listón, pero no lo derribó*.

dejar (o poner) el listón alto Hacer algo muy bien, de modo que sea difícil de superar o exigir mucho: *con esta película el director ha dejado el listón muy alto para los futuros cineastas españoles*.

lisura *n. f.* **1** Ausencia de asperezas, de salientes o de obstáculos: *la lisura del terreno hace más fácil la construcción de carreteras*. **2** Sinceridad, sencillez o falta de fingimiento: *la lisura de sus palabras nos convenció*.

litera *n. f.* **1** Mueble formado por dos o más camas superpuestas: *compraron una litera para la habitación de los niños*. ☞ cama. **2** Cada una de las camas que forman parte de ese mueble: *mi hermano duerme en la litera de arriba y yo en la de abajo*. **3** Cama fija de los camarotes de un barco y de ciertos vagones de tren: *¿prefiere coche cama o litera?; el joven se mareaba en cubierta y se fue a su litera*. **4** Vehículo antiguo formado por una caja de la que salen dos varas largas hacia adelante y otras dos hacia atrás para ser transportado por dos personas o, a veces, dos animales: *en las literas viajaban una o dos personas*.

literal *adj.* **1** Que sigue fielmente el significado exacto de las palabras, sin buscar interpretaciones o sentidos figurados: *no te debes tomar esa amenaza en sentido literal*. **ANT** figurado. **2** Que respeta exactamente las palabras del modelo o la fuente original: *no debes hacer una traducción literal palabra por palabra*.
ETIM Véase *letra*.

literario, -ria *adj.* De la literatura o que tiene relación con este arte: *don Quijote es un personaje literario; dejó de escribir porque no tenía vocación literaria; la poesía, la novela y el teatro son los principales géneros literarios*.

literato, -ta *n. m. y f.* Persona que se dedica a escribir literatura o a estudiarla: *los jóvenes literatos se reunían en un viejo café*. **SIN** escritor.

literatura *n. f.* **1** Arte que se expresa por medio de la palabra escrita y hablada: *la lírica, la narrativa y el teatro forman parte de la literatura*. **2** Conjunto de teorías que tratan del arte literario, de sus obras y de sus autores: *el profesor de literatura era un gran erudito; el crítico literario se dedica a la literatura*. **3** Conjunto de las obras literarias de un género, de un país o de un período determinados: *la literatura del Siglo de Oro es muy importante; es un gran conocedor de la literatura griega*. **4** Conjunto de libros que tratan sobre un tema determinado: *hay mucha literatura sobre medicina; literatura jurídica*. **SIN** bibliografía.

hacer literatura Darle vueltas teóricamente a un problema sin ofrecer soluciones prácticas: *se hace mucha literatura con el problema del racismo, pero hacen falta más soluciones prácticas*.
DER literario, literato.
ETIM Véase *letra*.

litigante *adj./n. com.* **1** [persona, institución] Que se enfrenta a otra persona o institución en un juicio: *el juez citó a los litigantes a las nueve de la mañana*. **2** *culto* [persona] Que discute o se enfrenta a otro por una diferencia de opiniones o intereses: *en el debate televisivo participaron tres litigantes*.

litigar *v. tr./intr.* **1** Disputar sobre una cosa en un juicio: *liti-

gar una herencia; no se atrevió a litigar contra la empresa que le había despedido*. **SIN** pleitear. ◇ *v. intr.* **2** Discutir o enfrentarse por una diferencia de opiniones o de intereses: *esos dos se pasan el día litigando*. **SIN** pleitear.
DER litigante, litigio.
OBS En su conjugación, la g se convierte en gu delante de e.

litigio *n. m.* **1** Discusión y resolución en juicio de un problema o diferencia entre dos o más personas: *el litigio se resolvió a nuestro favor*. **SIN** pleito. **2** Discusión o enfrentamiento por una diferencia de opiniones o de intereses: *no quiero litigios contigo, así que no hablemos de política*.

en litigio Expresión que se aplica a aquello que se discute o que se disputa en juicio: *el asunto en litigio entre esos dos diarios siempre es el mismo*.

litio *n. m.* Elemento químico del grupo de los alcalinos, metal blanco y ligero de número atómico 3: *el símbolo del litio es Li*.

litografía *n. f.* **1** Arte de trazar o grabar, antiguamente en piedra calcárea y hoy en planchas metálicas, dibujos, escritos o fotografías. **2** Técnica para imprimir textos o imágenes previamente grabados en piedra calcárea o plancha metálica: *en la litografía el artista dibuja directamente sobre la piedra e imprime las copias que desea*. **3** Reproducción obtenida mediante esta técnica: *esta galería de arte sólo expone litografías y grabados*.

litográfico, -ca *adj.* De la litografía o relacionado con este arte o técnica: *escasean los libros lujosos con ilustraciones litográficas*.

litoral *adj.* **1** De la costa del mar o que tiene relación con ella: *el clima litoral es muy húmedo; dejaron la autopista y tomaron una carretera litoral*. **SIN** costero. ◇ *n. m.* **2** Franja de tierra que está tocando con el mar: *el litoral cantábrico es muy hermoso; hicimos una excursión por el litoral mediterráneo*. **SIN** costa.

litosfera *n. f.* Capa exterior y sólida de la Tierra: *la litosfera está formada por la corteza y parte del manto terrestre*.

lítotes o **litotes** o **litote** o **lítote** *n. f.* Figura retórica o procedimiento del lenguaje en el que se atenúa una opinión o afirmación generalmente negando lo contrario de lo que se quiere afirmar: *'no es muy listo' es un ejemplo de lítotes*.
OBS La Real Academia Española no admite *lítote*.

litro *n. m.* Medida de capacidad que equivale a 0,001 metros cúbicos: *un litro equivale a un decímetro cúbico, o a un kilogramo de agua aproximadamente; compró una garrafa de cinco litros*.
DER litrona; centilitro, decalitro, decilitro, hectolitro, mililitro, mirialitro.

litrona *n. f. coloquial* Botella de cerveza de un litro: *los dos jóvenes compartían una litrona sentados en la acera*.

lituano, -na *adj.* **1** De Lituania o que tiene relación con este país báltico europeo: *la capital lituana es Vilna*. ◇ *adj./ n. m. y f.* **2** [persona] Que es de Lituania: *los lituanos son vecinos de los polacos*. ◇ *n. m.* **3** Lengua de Lituania: *el lituano es una lengua eslava*.

liturgia *n. f.* Conjunto de prácticas y reglas de las ceremonias religiosas: *la lectura del Nuevo Testamento ya estaba contemplada en la liturgia de la primitiva Iglesia católica*. **SIN** rito.
DER litúrgico.

litúrgico, -ca *adj.* De la liturgia o relacionado con ella: *a cada domingo del año litúrgico le corresponde una determinada lectura del evangelio*.

liviandad *n. f.* **1** Cualidad de las cosas que pesan poco. **SIN** levedad, ligereza. **2** Cualidad de los asuntos que tienen poca importancia o escasa gravedad. **SIN** levedad. **3** Incons-

liviano

tancia, facilidad para el cambio de ideas o de conducta: *la liviandad de su carácter hace que no tenga amigos*.

liviano, -na *adj.* **1** Que pesa poco: *esas gafas son muy livianas*. **SIN** leve, ligero. **ANT** pesado. **2** [asunto] Que es poco importante o serio: *el empleado tuvo una distracción liviana; una deuda liviana*. **SIN** leve, ligero. **3** [asunto] Que supone poco esfuerzo, dificultad o molestia: *el viaje en tren se me hizo muy liviano*. **SIN** llevadero. **ANT** pesado. **4** Que cambia de ideas o de comportamiento con demasiada facilidad: *tu hermana tiene un carácter muy liviano*. **SIN** inconstante, voluble.
DER liviandad.
ETIM Véase *leve*.

lividecer *v. intr.* Ponerse lívido o pálido al recibir una fuerte impresión: *al saber que estaba detenido livideció*.
OBS Se conjuga como *agradecer*.

lividez *n. f.* **1** Palidez extrema: *la lividez de su cara nos hizo pensar lo peor*. **2** Color morado que toma la carne por un golpe, por una herida o por el frío: *la lividez de la herida indica que hay infección*.

lívido, -da *adj.* **1** Que está de color morado, debido al frío, a un golpe o a una herida: *tenía la cara lívida y los ojos hinchados*. **2** Que está muy pálido: *al recibir la noticia se quedó lívido del susto*.

liza *n. f.* **1** *culto* Acción que consiste en luchar o emplear entre sí dos o más personas o animales la fuerza, las armas o cualquier otro recurso con la intención de hacerse daño, matarse o imponer su voluntad: *los caballeros medievales eran muy diestros en las lizas; los candidatos mantuvieron una dura liza ante las cámaras*. **SIN** lid, lucha, pelea. **2** Campo dispuesto antiguamente para el combate de los caballeros: *en los torneos medievales, los caballeros se enfrentaban en la liza*. **SIN** palestra.
entrar en liza Intervenir en una lucha o una competición: *durante la reunión entraron en liza intereses contrapuestos*.

ll *n. f.* Dígrafo de la escritura española que representa el sonido consonántico lateral y palatal. Su nombre es *elle*. El plural es *elles*: *caballo y lluvia se escriben con ll; antes la ll ocupaba el lugar que va detrás de la l en el alfabeto español*.

llaga *n. f.* **1** Herida abierta en alguna parte interior o exterior del cuerpo de una persona o animal, que puede segregar pus: *el roce de los zapatos nuevos le ha producido llagas en los pies; tenía una llaga en el estómago y el médico le recomendó beber leche*. **SIN** úlcera. **2** Pena o dolor moral que se siente por una desgracia: *le será difícil curar la llaga de la muerte de su hijo*. **3** ARQ. Junta vertical entre dos ladrillos de una misma serie horizontal.
poner el dedo en la llaga Señalar el punto más importante o la causa principal de un problema que afecta a alguien: *los escritos de este poeta fueron censurados porque ponían el dedo en la llaga de los problemas sociales*.
DER llagar.
ETIM *Llaga* procede del latín *plaga*, 'golpe, herida', voz con la que también está relacionada *plaga*.

llagar *v. tr.* Producir llagas: *estos zapatos me han llagado los pies*.
OBS En su conjugación, la *g* se convierte en *gu* delante de *e*.

llama *n. f.* **1** Masa de gas ardiendo que desprende un cuerpo que se quema; tiene forma de lengua puntiaguda y emite luz y calor: *el edificio en llamas se veía desde cualquier punto de la ciudad; encendió el mechero y salió una pequeña llama*. **2** Fuerza o intensidad de una pasión o deseo: *se encendió en su corazón la llama del amor*. **3** Animal mamífero rumiante doméstico, con pelo largo y marrón y orejas largas y erguidas: *la llama es originaria de América del Sur; la llama se usa como animal de carga*. Para indicar el sexo se usa *la llama macho* y *la llama hembra*.
DER llamarada, llamear.
ETIM La palabra *llama* tiene dos orígenes etimológicos. Su significado de 'masa ardiendo' procede del latín *flamma*, que tenía el mismo significado, voz con la que también están relacionadas *flama, flamígero*; el nombre del animal, sin embargo, es de origen quechua.

llamada *n. f.* **1** Voz, sonido o gesto que sirven como señal para atraer la atención de una persona o animal: *yo daba gritos desde la montaña, pero tú no oías mi llamada*. **2** Comunicación a través del teléfono: *señorita, páseme la llamada a mi despacho; esperaba una llamada importante*. **3** Señal en los textos escritos que sirve para enviar al lector de una parte del texto a otra con el fin de relacionar conceptos o de ampliar información: *las llamadas suelen hacerse con asteriscos o con números que remiten a notas escritas al pie de la página o al final del capítulo*. **4** Invitación o convocatoria que hace una persona a un grupo para que éste actúe de un modo determinado: *el alcalde hizo una llamada a la calma*. **5** Impulso o atracción que ejerce una cosa sobre una persona: *sintió la llamada de la naturaleza y se marchó a vivir a la montaña*.

llamador *n. m.* **1** Instrumento que se pone en las puertas para llamar: *la puerta tenía un llamador en forma de mano de mujer; dejó caer el llamador sobre la puerta*. **2** Botón del timbre que activa eléctricamente un sonido si se presiona: *utiliza este llamador cuando quieras avisar a la enfermera*.

llamamiento *n. m.* **1** Invitación o convocatoria que hace una persona a un grupo para que éste actúe de un modo determinado: *las organizaciones humanitarias han hecho un llamamiento a la generosidad y la buena voluntad de la población*. **SIN** llamada. **2** Aviso que exige la presencia de una persona para hacer el servicio militar: *se incorporará al ejército en el próximo llamamiento*. **SIN** convocatoria.

llamar *v. tr.* **1** Emitir sonidos o palabras, o hacer gestos para captar la atención de una persona o un animal: *andaba por la calle, cuando oí que alguien me llamaba; baja a la calle y llama a tu hermano*. **2** Comunicar a través del teléfono: *tu hermana te llama desde Bilbao; han llamado tres veces preguntando por ti*. **SIN** telefonear. **3** Dar un nombre a una persona, animal o cosa: *si es niño le llamarán Luis; a este tipo de construcción le llaman «fortaleza»*. **4** Aplicar un sobrenombre o un adjetivo calificativo a una persona: *lo llamaban «el Divino»; nos llamó estúpidos en presencia de todos*. **5** Gustar o atraer cierta cosa a una persona: *viaja mucho porque le llama la aventura; el fútbol no le llama*. **6** Usar una forma de tratamiento hacia una persona: *puedes llamarme de tú, porque somos colegas; a mis jefes siempre les llamo de usted*. **SIN** tratar. **7** Citar o convocar a una persona: *¿todavía no te han llamado a filas?; me llamaron a declarar en aquel juicio*. ◇ *v. intr.* **8** Golpear una puerta o hacer sonar un timbre: *abre la puerta, que están llamando; no llames al timbre, quizás están durmiendo*. ◇ *v. prnl.* **9 llamarse** Tener el nombre o título que se expresa: *me llamo Eduardo Pérez, ¿y usted?; mi perra se llamaba Neffer; esta canción se llama A mi manera*. **10** Se utiliza para expresar que algo es como uno piensa que ha de ser verdaderamente: *a eso se le llama vivir; eso es lo que se llama todo un caballero*.
llamar la atención *a)* Atraer la curiosidad o el interés de una persona o animal: *me llama la atención la forma de escribir que tienes; los pendientes que llevo le llaman la atención al gato*. *b)* Regañar a una persona por haber cometido una falta: *le llamó la atención por mascar chicle en clase*.

DER llamada, llamador, llamamiento, llamativo.
ETIM *Llamar* procede del latín *clamare*, que tenía el mismo significado, voz con la que también está relacionada *clamar*.

llamarada *n. f.* **1** Llama grande que se forma de manera repentina y violenta, y que se apaga o pierde intensidad rápidamente: *el fuego reventó los cristales y salió formando llamaradas; del mechero salió una fuerte llamarada que me chamuscó el flequillo.* **2** Enrojecimiento brusco y de poca duración de la cara, que suele producirse por un sentimiento de vergüenza: *una llamarada cubrió todo su rostro cuando le dije que era la chica más guapa.* **3** Manifestación brusca y repentina de un sentimiento o un estado de ánimo: *en una llamarada de ira le tiró un jarrón a la cabeza.*

llamativo, -va *adj.* Que llama mucho la atención, especialmente por ser muy bello o muy exagerado o excéntrico: *llevaba una blusa de colores llamativos.*

llamear *v. intr.* Echar llamas un objeto que arde: *la madera ya ha prendido y llamea.*

llana *n. f.* Herramienta de albañilería compuesta por una pieza plana de metal con un asa de madera que sirve para extender y dejar lisa la masa: *el albañil usaba la llana para tapar con yeso los huecos de la pared.* **SIN** plana.

dar de llana Extender y dejar liso el yeso o la argamasa utilizando la llana.

llanear *v. intr.* Ir por terreno llano, evitando los desniveles e irregularidades.

llanero, -ra *n. m. y f.* Persona que vive en las llanuras: *un grupo de llaneros llegó a la ciudad para vender ganado.*

llaneza *n. f.* **1** Cualidad de la persona que tiene un comportamiento sencillo y natural con los demás: *aunque lo hemos conocido ahora mismo, nos ha tratado con llaneza.* **SIN** sencillez. **2** Sencillez y claridad de estilo: *los escritores de aquella época se destacaban por escribir con gran llaneza.*

llanito, -ta *adj.* **1** De Gibraltar o que tiene relación con esta ciudad y territorio asociado al Reino Unido. **SIN** gibraltareño. ◇ *adj./n. m. y f.* **2** [persona] Que es de Gibraltar. **SIN** gibraltareño.

llano, -na *adj.* **1** [superficie] Que tiene el mismo nivel en todas sus partes, sin desniveles o desigualdades: *quiere comprar un terreno llano para edificar en él.* **SIN** liso, plano. **2** Que es sencillo, claro y comprensible: *le gusta escribir en un estilo llano; explícame cómo funciona esto con un vocabulario llano que yo pueda entender.* **3** [persona] Que tiene un comportamiento sencillo y natural con los demás: *nuestro director es una persona llana y honrada.* **4** [persona, pueblo] Que no pertenece a las clases sociales importantes o privilegiadas: *la aristocracia gozaba de muchos privilegios mientras el pueblo llano luchaba por defender sus derechos.* **SIN** plebeyo. **5** [palabra] Que lleva el acento en la penúltima sílaba: *las palabras examen, mudéjar y casa son llanas; las palabras llanas llevan tilde si no terminan en -n, -s o vocal.* **SIN** grave, paroxítono. ◇ *n. m.* **6** Extensión grande de terreno que tiene el mismo nivel en todas sus partes: *descendieron de la montaña al llano.* **SIN** llanura, planicie.
DER llana, llanear, llanero, llaneza, llanura; allanar, arrellanarse, rellano.
ETIM *Llano* procede del latín *planus*, que tenía el mismo significado, voz con la que también están relacionadas *planear*, *planicie*, *plano*.

llanta *n. f.* **1** Pieza circular de metal de una rueda que sirve para montar o sujetar el neumático: *los coches más lujosos llevan las llantas de aluminio; el neumático se salió de la llanta.* ☞ motocicleta. **2** Aro de metal que protege la parte exterior de una rueda, especialmente en las ruedas de madera de los carros, para que no se desgasten con el roce: *la rueda del carruaje se partió porque había saltado la llanta.*

llantén *n. m.* Hierba con hojas gruesas, anchas y ovaladas y con flores pequeñas y verdosas reunidas en una espiga larga y apretada: *el llantén crece en lugares húmedos; las hojas del llantén se utilizan en medicina.*

llantera *n. f.* Llantina.

llantina *n. f.* Llanto fuerte y continuado: *cogió una gran llantina ante el escaparate de juguetes.* **SIN** llorera.

llanto *n. m.* **1** Derramamiento de lágrimas, generalmente acompañado de lamentos y quejas que expresan dolor o tristeza: *el llanto del niño se oía desde la calle.* **SIN** lloro. **2** Expresión de una queja por una pena o una necesidad, generalmente para despertar compasión o conseguir un fin: *todos los días viene con su llanto para que le conceda una semana de vacaciones.* **SIN** lloro.
DER llantera, llantina.
ETIM *Llanto* procede del latín *planctus*, derivado del verbo *plangere*, que significaba 'golpearse en señal de dolor', voz con la que también está relacionada *plañir*.

llanura *n. f.* Extensión grande de terreno que tiene el mismo nivel en todas sus partes: *el caballero cabalga por la llanura castellana; las llanuras están sembradas de trigo.* **SIN** planicie, llano.
DER penillanura.

llave *n. f.* **1** Objeto que sirve para abrir y cerrar una cerradura: *he perdido las llaves del coche y no puedo arrancarlo; ¿tienes la llave del portal?; la llave magnética de esta puerta es como una tarjeta de crédito.* **llave maestra** Llave que abre y cierra distintas cerraduras: *el conserje del hotel tiene una llave maestra que puede abrir las puertas de todas las habitaciones.* **2** Pieza que abre y cierra el paso de una corriente eléctrica: *la llave general de la luz está en el portal.* **3** Pieza que regula el paso de un fluido, ya sea gas o líquido: *está limpiando las llaves de su trompeta; sale poco chorro de agua porque no he abierto completamente la llave.* **llave de paso** Pieza que se coloca en un punto de la cañería del gas o del agua para regular la cantidad de fluido: *para cambiar los grifos, cierra la llave de paso.* **4** Herramienta que sirve para apretar o aflojar una tuerca: *necesito una llave para quitar la rueda del coche.* ☞ herramientas. **llave inglesa** Llave que dispone de un mecanismo que permite adaptarla a tuercas de diferentes medidas: *ajusta bien la llave inglesa antes de hacer fuerza.* ☞ herramientas. **5** Instrumento que sirve para dar cuerda a un reloj o a un objeto con clavijas: *los relojes de pared antiguos tienen una llave para poder darles cuerda; afinó el piano ajustando las clavijas con la llave.* **6** Signo de ortografía que sirve para encerrar un conjunto de números o de letras: *las llaves se representan con estos signos:* { }. **7** En algunos deportes de lucha como el judo, movimiento que sirve para sujetar al contrario y tirarlo al suelo o inmovilizarlo: *le hizo una llave y lo dejó fuera de combate.* **8** Medio que permite conseguir o descubrir una cosa: *la calidad de la obra ha sido la llave de su éxito.* **SIN** clave. **9** En un instrumento musical de viento, pieza que, al ser apretada, abre o cierra el paso del aire para producir sonidos diferentes: *la trompeta y la flauta llevan llaves.*

guardar (o poner) bajo siete llaves Guardar un objeto en un lugar seguro para que otros no lo puedan encontrar: *tengo esa fotografía guardada bajo siete llaves.*

poner bajo llave Guardar una cosa importante en un sitio que cuenta con cerradura: *hay que poner bajo llave estos papeles.*
DER llavero, llavín.

llavero

ETIM *Llave* procede del latín *clavis*, que tenía el mismo significado, voz con la que también está relacionada *clave*.

llavero *n. m.* Objeto que sirve para guardar y llevar juntas las llaves: *le regaló un llavero con el escudo de su ciudad.*

llavín *n. m.* Llave pequeña, generalmente delgada y plana: *entre las llaves de la casa también encontrarás el llavín del buzón.*

llegada *n. f.* **1** Aparición de una persona o una cosa en un lugar: *no esperábamos tu llegada.* **2** Momento en el que una persona o cosa llega a un lugar: *el avión tiene prevista la llegada a las diez; esperamos ansiosos la llegada de los Reyes Magos; las golondrinas anuncian la llegada de la primavera.* **3** En los deportes en que se debe recorrer un trayecto, lugar o punto donde termina éste: *los corredores se aproximan a la línea de llegada.* **SIN** meta. **ANT** salida.

llegar *v. intr.* **1** Pasar a estar en un lugar al cual se va desde otro lugar: *cuando lleguemos a casa, cenaremos; ¿a qué hora llegaréis al aeropuerto?; se enfadó porque llegamos media hora tarde.* **2** Alcanzar una etapa tras haber pasado otras: *ya ha llegado a la pubertad; llegaremos a la primavera después del invierno.* **3** Alcanzar un objetivo determinado, especialmente un cargo o profesión: *nunca llegué a entender su manera de ser; llegó a ser general; ese chico llegará a presidente.* **4** Alcanzar el final de un recorrido: *el atleta belga llegó en tercer lugar; el tren llega a las seis y media.* **5** Conseguir que se produzca la acción que expresa el verbo en infinitivo: *no llegó a oírnos; llegó a reunir más de cien obras de arte.* **6** Durar hasta un tiempo determinado: *siempre dice que no llegará a vieja.* **7** Producirse un suceso o circunstancia: *llegará la primavera; llegará el momento en que tengamos que decidir qué hacemos.* **8** Alcanzar una longitud o nivel determinados: *el agua nos llegaba a las rodillas; el término llega hasta el pueblo de al lado; la vista no me llega tan lejos.* **9** Alcanzar una cantidad determinada: *los gastos no llegan a tres millones de pesetas.* **10** Producir una profunda impresión: *esa obra de teatro lleva tanto tiempo en cartelera porque llega a todos los públicos.* ◊ *v. tr.* **11** Ser suficiente la cantidad de una cosa para hacer algo: *el dinero que tengo no nos llega para pasar el mes; este trozo de papel me llegará para forrar el libro.* ◊ *v. prnl.* **12 llegarse** Ir hasta un lugar que está a corta distancia: *llégate a la tienda y compra una barra de pan; me llegaré hasta su casa y le devolveré su libro.*

llegar a las manos Pelear físicamente empleando la fuerza tras haber discutido: *después de insultarse, llegaron a las manos.*

llegar al alma Causar una impresión muy fuerte en el ánimo de una persona: *sus lamentos me llegaron al alma.*

llegar lejos Conseguir hacer lo que una persona se ha propuesto por tener buenas cualidades: *este chico llegará lejos en el mundo de la música.*

DER llegada; allegar.

OBS En su conjugación, la g se convierte en gu delante de e.

llenado *n. m.* Acción que consiste en llenar un espacio o un recipiente: *esta industria se ocupa del llenado de las botellas.*

llenar *v. tr./prnl.* **1** Ocupar un espacio vacío con una cosa: *la madre llenó el vaso de leche; llenaron los sacos con arena de la playa; la habitación se llenó de humo.* **2** Poner en un lugar una gran cantidad de cosas: *llenó la mesa de libros; ha llenado la pared de fotos de su cantante favorito; la tarta se llenó de moscas en un momento.* ◊ *v. tr.* **3** Dedicar un tiempo determinado a una actividad: *llena sus horas libres ayudando a los más pobres.* **SIN** emplear, ocupar. **4** Dar a una persona gran cantidad de algo: *la vida lo ha llenado de alegrías; en un momento, nos llenó de insultos; nos llenaban de regalos.* **SIN** colmar. **5** Satisfacer un deseo, una esperanza o una aspiración: *no encuentra nada en el mundo que llene su ansia de riqueza.* **SIN** colmar. **6** Escribir datos o signos en los huecos de un impreso: *llena el formulario para pedir información; ¿has llenado ya el boleto de la primitiva?* **SIN** rellenar. ◊ *v. intr./prnl.* **7** Dejar harto de comida o de bebida: *las patatas llenan mucho; me he llenado con el refresco y ahora no tengo hambre.* ◊ *v. tr./intr.* **8** Conseguir que el público abarrote un recinto: *el cantante llenó el estadio de fútbol; la obra de teatro tuvo mucho éxito y todas las noches llenaba.*

DER llenado.

llenazo *n. m.* Presencia de gran número de personas en un espectáculo público: *el nuevo estadio experimentó un llenazo ante la importancia del partido.* **SIN** lleno.

lleno, -na *adj.* **1** [recipiente] Que contiene todo lo que su capacidad permite: *los vasos están llenos de leche; coge otra caja porque ésta está llena.* **ANT** vacío. **2** Que está cubierto total o parcialmente por una cosa: *este mueble está lleno de polvo; llevas los zapatos llenos de barro.* **3** [lugar] Que está repleto de gente: *el cine está lleno: no hay sitios libres; el salón estuvo lleno toda la noche.* **ANT** vacío. **4** [persona] Que está harto de comida o de bebida: *no quiero tomar postre: estoy muy lleno.* Se utiliza generalmente con los verbos *estar* y *sentirse*. **5** [persona] Que está un poco gordo: *se puso a régimen porque estaba un poco lleno.* ◊ *n. m.* **6** Presencia de personas en un espectáculo público que ocupan todo el espacio o los asientos disponibles: *hubo un lleno total en el estreno de la película; el lleno de la plaza de toros era impresionante.*

de lleno Enteramente, totalmente: *el golpe le dio de lleno en el pecho; has acertado de lleno.*

DER llenar, llenazo; relleno.

ETIM *Lleno* procede del latín *plenus*, que tenía el mismo significado, voz con la que también está relacionada *pleno*.

llevadero, -ra *adj.* [actividad, sentimiento] Que se puede soportar sin mucho esfuerzo: *el trabajo es duro, pero llevadero.*

llevar *v. tr.* **1** Mover o trasladar una cosa de un lugar a otro: *lleva estos platos a la cocina; tenemos que llevar la compra a casa.* **2** Conducir o guiar un medio de transporte: *llevaron la barca hasta la orilla; llevas el coche muy bien.* **3** Vestir una prenda o transportar un objeto consigo: *lleva una chaqueta gris; ¿qué llevas en la mano?; llevas un reloj muy bonito.* **4** Ser necesario o haber sido necesario invertir un tiempo o esfuerzo en la realización de algo: *este tapiz lleva mucho trabajo; le llevó muchos años aprender a tocar el arpa.* **5** Haber pasado un período de tiempo haciendo algo que todavía se hace: *llevo tres días buscando a mi perro; lleva dos años trabajando en Jaén.* **6** Tener una cosa o disponer de ella: *no llevo dinero suelto; esos zumos no llevan colorantes ni conservantes; este juego no llevaba el manual de instrucciones; llevo el intermitente estropeado; no lleva malas intenciones.* **7** Soportar una cosa, generalmente una actividad o una pena: *lleva muy bien su trabajo; llevaba una pena en el corazón.* **8** Tratar con habilidad a una persona para que actúe u opine como uno quiere: *aunque ella tiene un carácter muy fuerte, él sabe llevarla; un buen profesor ha de saber llevar a sus alumnos.* **9** Acompañar a una persona a un lugar, especialmente para guiarla o protegerla: *nos llevó a visitar la ciudad; cada mañana lleva a sus hijos a la escuela.* **10** Seguir acompasadamente un ritmo o una acción: *el batería lleva el ritmo de la canción; los soldados desfilaban llevando el paso.* **11** Haber conseguido una cantidad determinada haciendo algo: *llevo escritas dos páginas.* **12** Cobrar una cantidad de dinero: *el sastre me ha llevado mucho dinero por el traje.* **13** Encargar-

se de un asunto o actividad; especialmente de un negocio: *lleva la empresa porque su padre está de viaje; ¿quién lleva la organización de la fiesta?* **14** Haber realizado la acción que se indica mediante el participio de un verbo transitivo: *ya llevo contados dieciséis coches rojos; llevo vistas ocho películas de este director.* ◇ *v. tr./intr.* **15** Dirigir o conducir hacia un destino o fin: *esta carretera lleva a Barcelona; esos razonamientos la llevaron lejos.* ◇ *v. tr./prnl.* **16** Superar o haber una diferencia en una cantidad determinada de tiempo o espacio: *le lleva dos minutos de ventaja; nos lleva tres kilómetros de ventaja; tu hermana y yo nos llevamos dos años.* ◇ *v. prnl.* **17 llevarse** En operaciones aritméticas, cuando se suman o multiplican cifras de dos o más dígitos, pasar las decenas de la suma o multiplicación a la que sigue por orden: *ocho y cuatro suman doce, escribo el dos y me llevo una.* **18** Entenderse en una relación o trato dos o más personas: *se lleva mal con su padre; todos los hermanos nos llevamos muy bien.* Se usa con un adverbio o una locución adverbial. **19** Estar de moda una cosa: *el año que viene se llevarán los colores chillones; ya no se lleva dejarse el pelo largo.* **20** Sentir o experimentar una emoción o sensación: *se llevó una alegría muy grande al conocer la noticia; se llevará una sorpresa cuando te vea; se llevó un buen susto.* **21** Obtener o conseguir una cosa, especialmente un premio: *se llevó el premio a la mejor actriz secundaria.* **22** Hurtar o robar una cosa: *los ladrones se llevaron todo lo que teníamos; no podemos jugar a ping-pong porque algún gracioso se ha llevado la red.*
dejarse llevar *a)* Actuar influido por un sentimiento o por una sensación: *no debes dejarte llevar por el odio; el policía se dejó llevar por su instinto y descubrió al asesino. b)* Dejarse influir por una persona: *se deja llevar por sus amigos.*
llevar adelante Hacer que un asunto, proyecto o iniciativa funcione bien: *me he propuesto llevar adelante la empresa familiar.*
llevar la contraria *a)* Decir o tener una opinión opuesta a la de otra persona: *siempre está llevando la contraria a su madre. b)* Hacer lo opuesto a lo que se dice o se espera: *no se ha puesto corbata sólo por llevarle la contraria a su mujer.*
llevar la corriente Decir o hacer lo que propone una persona para no discutir con ella: *vendrá diciendo tonterías, pero tú llévale la corriente.*
llevar las de ganar (o perder) Prever que en una discusión, pelea o competición una persona tiene ventaja (o desventaja) sobre otra: *mejor que no juegues con esos pillos, porque llevarías las de perder.*
llevarse a matar Tener muy malas relaciones: *Pedro y Luis se llevan a matar, ni siquiera se hablan; los gatos y los perros se llevan a matar.*
llevarse por delante Atropellar o destruir lo que se interpone en el trayecto de una persona o cosa en movimiento: *entró tan deprisa que se llevó por delante al conserje; la corriente se llevó por delante el puente.*
DER llevadero; conllevar, inllevable, sobrellevar.

llorar *v. tr./intr.* **1** Derramar lágrimas en señal de dolor, tristeza, alegría o necesidad: *el niño lloraba porque le dolía mucho el estómago.* ◇ *v. intr.* **2** Fluir lágrimas de los ojos: *al cortar la cebolla me lloran los ojos; estaba congestionado y no dejaba de llorar.* ◇ *v. tr./intr.* **3** Quejarse de las penas o de las necesidades propias, generalmente para despertar compasión o conseguir un fin: *empezó a llorarle a su madre para que la dejara salir; siempre iba a la iglesia a llorar sus penas.* **4** Echar una cosa pequeñas gotas de líquido parecidas a las lágrimas: *los pinos lloraban resina; la grasa del jamón lloraba abundantemente.* ◇ *v. tr.* **5** Sentir profundamente una desgracia: *lloraba su mala suerte; el país entero lloró la muerte de su rey.*
llorar a moco tendido Llorar intensa y desconsoladamente: *al recibir la mala noticia, se puso a llorar a moco tendido.*
DER llorera, llorica, lloriquear, lloro.
ETIM *Llorar* procede del latín *plorare*, que tenía el mismo significado, voz con la que también están relacionadas *deplorar, implorar.*

llorera *n. f.* Llanto fuerte y continuado: *le dio una gran llorera cuando supo que su mamá se marchaba.* **SIN** llantera, llantina.

llorica *n. com.* Persona que llora fácilmente y por cualquier motivo, a menudo sin causa justificada: *es un llorica: no aguanta las bromas.* **SIN** llorón. Se usa como apelativo despectivo.

lloriquear *v. intr.* Llorar y quejarse débilmente, generalmente sin causa justificada: *el niño lloriqueaba para que lo cogieran en brazos.* **SIN** gimotear.
DER lloriqueo.

lloriqueo *n. m.* Lloro débil, generalmente sin causa justificada. **SIN** gimoteo.

lloro *n. m.* **1** Derramamiento de lágrimas, generalmente acompañado de lamentos y quejas que expresan dolor o tristeza: *el lloro de su amiga la conmovió.* **SIN** llanto. **2** Expresión de una queja por una pena o una necesidad, generalmente para despertar compasión o conseguir un fin: *con sus lloros ha conseguido un aumento de sueldo.* **SIN** llanto.
DER llorón, lloroso.

llorón, -rona *adj./n. m. y f.* **1** [persona] Que llora fácilmente y por cualquier motivo, a menudo sin causa justificada: *este niño es un llorón; no he visto niña más llorona que ésta.* **SIN** llorica. **2** [persona] Que se queja frecuentemente: *su primo era un llorón que venía a visitarlo sólo para pedirle dinero.* **SIN** quejica.
OBS Se usa en sentido despectivo.

lloroso, -sa *adj.* Que tiene apariencia de haber llorado o de estar a punto de llorar: *su mirada llorosa nos conmovió a todos; el hijo estaba lloroso a su lado; tenía los ojos llorosos a causa del resfriado.*

llovedizo, -za *adj.* [techo o cubierta de una construcción] Que deja pasar el agua cuando llueve.

llover *v. impersonal* **1** Caer agua de las nubes en forma de gotas: *el cielo se ha llenado de nubes negras y esta tarde lloverá; estaba lloviendo y nos mojamos todos.* Sólo se usa en tercera persona de singular. ◇ *v. intr.* **2** Caer o venir gran abundancia de una cosa sobre alguien: *le llovieron tortas; sólo llovían desgracias sobre ellos; si trabajamos bien, nos lloverán los contratos.*
como quien oye llover Sin hacer caso o sin prestar atención a lo que otra persona dice o hace: *le dije lo que yo opinaba, pero él estaba como quien oye llover.*
haber llovido Haber transcurrido mucho tiempo: *ha llovido mucho desde entonces; ha llovido desde la última vez que nos vimos.*
llover a cántaros Caer agua de las nubes en gran cantidad: *no salgas ahora, porque está lloviendo a cántaros.*
llover sobre mojado Suceder alguna cosa que empeora una situación que ya era mala o desgraciada: *no te preocupes, llueve sobre mojado, ya lo solucionaremos.*
DER llovedizo, lloviznar, lluvia.
OBS En su conjugación, la *o* se convierte en *ue* en sílaba acentuada, como en *mover.*

llovizna *n. f.* Lluvia muy fina que cae suavemente: *sólo es una llovizna, pero llévate el paraguas.* ☞ meteorología.

lloviznar *v. impersonal* Caer una lluvia muy fina: *ha caído un*

llueca

buen chaparrón, pero ahora sólo llovizna. **SIN** chispear. Sólo se usa en tercera persona de singular.
DER llovizna.

llueca adj./n. m. y f. [gallina, ave] Que se sienta sobre los huevos para darles calor: *la gallina llueca empollaba sus huevos*. **SIN** clueca.

lluvia n. f. **1** Fenómeno atmosférico que consiste en la caída de agua de las nubes en forma de gotas: *la lluvia hizo que el río se desbordara; la lluvia refrescó la ciudad*. ☞ ciclo del agua; meteorología. **lluvia ácida** Lluvia que tiene un alto contenido de sustancias contaminantes procedentes de la polución que provocan ciertas industrias: *la lluvia ácida ataca la vegetación y el medio ambiente; en la lluvia ácida hay óxidos metálicos y óxidos de azufre y de nitrógeno*. **lluvia meona** Lluvia muy fina que cae suavemente: *la lluvia meona te moja casi sin que te des cuenta*. **SIN** calabobos, llovizna. **2** Agua que cae al llover: *las lluvias han desbordado el río; cierra bien la ventana para que no entre la lluvia*. **3** Abundancia o gran cantidad de una cosa: *una lluvia de arroz cayó sobre los recién casados*.

lluvia de estrellas Fenómeno que consiste en la aparición de gran cantidad de estrellas fugaces; suele suceder en determinadas épocas del año: *fueron al mirador a contemplar la lluvia de estrellas*.
DER lluvioso.
ETIM *Lluvia* procede del latín *pluvia*, que tenía el mismo significado, voz con la que también están relacionadas *pluvial, pluviómetro, pluvioso*.

lluvioso, -sa adj. [clima, lugar, tiempo] De abundantes lluvias: *la tarde está lluviosa; los días de abril suelen ser lluviosos; Galicia tiene un clima muy lluvioso*. **SIN** pluvioso.

lo det. **1** Forma del artículo determinado en género neutro; se usa *a*) delante de adjetivos calificativos para convertirlos en sustantivos abstractos: *has de saber distinguir lo bueno de lo malo*. *b*) delante de una oración subordinada adjetiva para convertirla en sustantivo: *lo que yo te dije*. *c*) delante de pronombres posesivos o de la preposición *de* para indicar la relación de posesión de una cosa, que no se menciona porque ya se sabe, con una persona: *esto es lo tuyo; ¿todavía no sabes lo de María?* El artículo determinado en género neutro no tiene plural. ◇ *pron. pers.* **2** Forma masculina del pronombre de tercera persona de objeto directo: *lo cogió y se lo llevó; lavó el jersey y lo tendió*. Se escribe unida al verbo cuando va detrás: *cógelo*. El femenino es *la*.
DER loísmo.

loa n. f. **1** Expresión o discurso con que se alaban las cualidades o los méritos de una persona o cosa: *el padrino hizo una loa de los novios*. **SIN** alabanza, elogio. **2** Poema breve en el que se alaba a una persona o a un acontecimiento: *los poetas del Renacimiento escribían loas a sus mecenas*. **3** Composición dramática breve que servía de introducción a las obras teatrales en el teatro antiguo: *las loas eran discursos o diálogos, y en ellas se alababa al público presente*.
DER loable.

loable adj. [acción, actitud] Que merece ser alabado: *es muy loable que te ofrezcas a ayudarnos; su buena disposición para el trabajo es loable*. **SIN** laudable.

loar v. tr. *culto* Alabar o elogiar con palabras a una persona o una cosa dando muestras de admiración: *loaron la calidad de sus obras*.
DER loa, loor.
ETIM *Loar* procede del latín *laudare*, 'alabar', voz con la que también está relacionada *laudo*.

lob n. m. En el tenis, pelota lanzada por alto y describiendo una curva para que pase por encima del adversario: *aunque corrió hacia atrás, no pudo llegar al lob*.

lobanillo n. m. Tumor que se forma debajo de la piel y que generalmente no duele: *los lobanillos suelen formarse con tejido adiposo*.

lobato n. m. Cría del lobo: *los pastores rescataron a un lobato herido*. **SIN** lobezno.
OBS Para indicar el sexo se usa *el lobato macho* y *el lobato hembra*.

lobby n. m. Grupo de personas influyentes con capacidad para presionar sobre un gobierno en lo relativo a las decisiones políticas y económicas: *un lobby norteamericano influye en las acciones estadounidenses relacionadas con el comercio exterior*.
OBS Es de origen inglés y se pronuncia aproximadamente 'lobi'.

lobera n. f. Lugar en el que viven los lobos: *tras las rocas había una lobera*. **SIN** guarida.

lobezno n. m. Cría del lobo: *la loba amamantaba a sus lobeznos*. **SIN** lobato.
OBS Para indicar el sexo se usa *el lobezno macho* y *el lobezno hembra*.

lobo, -ba n. m. y f. Animal mamífero salvaje parecido al perro, que tiene el hocico alargado y puntiagudo, pelo gris oscuro, orejas rectas, cola larga y mucho pelo; se alimenta de otros animales: *el lobo suele vivir formando grupos familiares*.
lobo de mar Marinero que tiene mucha experiencia de la vida en el mar y de la navegación: *el capitán de este barco es un viejo lobo de mar*.
lobo marino Animal mamífero que tiene el cuerpo voluminoso y redondeado, el pelaje corto y las extremidades en forma de aletas; vive generalmente en mares fríos y se alimenta de peces y pequeños animales: *el lobo marino tiene el cuerpo adaptado para la vida acuática*. Para indicar el sexo se usa *el lobo marino macho* y *el lobo marino hembra*. **SIN** foca.
¡menos lobos! *coloquial* Expresión que indica que lo que se dice es muy exagerado: *así que te defendiste tú solo de diez atracadores, ¡menos lobos!*
DER lobanillo, lobato, lobera, lobezno.
ETIM *Lobo* procede del latín *lupus*, que tenía el mismo significado, voz con la que también están relacionadas *lupino, lúpulo*.

lóbrego, -ga adj. **1** Que está muy oscuro: *nos hizo bajar hasta la lóbrega bodega*. **SIN** tenebroso. **2** Que está triste o melancólico: *llevó una vida lóbrega*.
DER lobreguez; enlobreguecer.

lobulado, -da adj. Que tiene lóbulos: *hoja lobulada, arco lobulado*. ☞ hoja.

lóbulo n. m. **1** Parte inferior, carnosa, blanda y redondeada, de la oreja: *muchas personas se hacen agujeros en los lóbulos para adornar las orejas con pendientes*. ☞ oído. **2** Parte redondeada y saliente de un órgano de un ser vivo que está separada de las demás partes por un pliegue o hendidura: *los pulmones y el cerebro tienen lóbulos*. ☞ nariz. **3** Parte saliente del borde de una cosa: *el interior de ese arco árabe está rematado con lóbulos en forma de ondas*.
DER lobulado.

loc. cit. Abreviatura de *loco citato*, 'en el lugar citado', que se usa en los libros para referirse a una obra ya citada.

local adj. **1** De un territorio, municipio o región o que tiene relación con estos lugares: *fiestas locales; diario local*. **2** Que sólo afecta a una parte de un todo: *anestesia local*. ◇ n. m. **3** Lugar o espacio cubierto y cerrado que suele usarse para poner en él un establecimiento o negocio: *ha*

alquilado un local para abrir una cafetería; la avenida está llena de locales comerciales.
DER localidad, localismo, localizar, locativo; dislocar.
ETIM Véase *lugar.*

localidad *n. f.* **1** Pueblo o ciudad en los que habitan las personas: *el viajero visitó la localidad de Cifuentes; por favor, anote la localidad en la que usted vive.* **2** Plaza o asiento de un cine, teatro u otro lugar en el que se celebran espectáculos: *las primeras localidades estaban reservadas; el acomodador los condujo hasta sus localidades.* **3** Billete que da derecho al espectador a ocupar una de estas plazas o asientos: *compró dos localidades para el partido de fútbol del domingo.*

localismo *n. m.* **1** Interés y amor por lo que es propio de un determinado lugar, en especial del lugar donde uno ha nacido. **2** Palabra o modo de expresión propio de una determinada localidad o lugar: *la lengua de este pueblo tiene muchos localismos.*
DER localista.

localista *adj.* **1** Del localismo o relacionado con él: *este poeta hace un uso localista del lenguaje.* ◇ *adj./n. com.* **2** Que siente interés y amor por lo que es propio de un determinado lugar: *diario localista.* **3** [artista] Que trata en sus obras sobre temas locales: *a principios de siglo había muchos escritores localistas.*

localización *n. f.* **1** Determinación del lugar en el que se encuentra una persona o una cosa: *perdí las llaves y su localización me llevó varias horas.* **2** Reducción de una cosa a unos límites determinados: *una vez que se consiga la localización de la epidemia, su tratamiento será más fácil.*

localizar *v. tr.* **1** Determinar el lugar en el que se encuentra una persona o una cosa: *no lograba localizar a su padre; localizó el teléfono del médico y llamó; los niños tenían que localizar España en un mapa.* **SIN** encontrar, situar. ◇ *v. tr./prnl.* **2** Fijar o determinar una cosa dentro de unos límites determinados: *los bomberos localizaron el fuego y consiguieron detenerlo.*
DER localización.
OBS En su conjugación, la *z* se convierte en *c* delante de *e*.

locatis *adj./n. com. coloquial* Persona alocada o con poco juicio que no pone cuidado o atención en lo que hace: *tu hermana es una locatis y cruza la calle sin mirar.*
OBS El plural también es *locatis.*

locativo, -va *adj./n. m.* **1** [caso de la declinación] Que expresa el lugar en que ocurre la acción en algunas lenguas: *ablativo locativo.* ◇ *adj./n. f.* **2** [oración] Que expresa una circunstancia de lugar en relación a la acción, el proceso o el estado expresado por otra oración: *en coloqué los libros donde me habías indicado, donde me habías indicado es una oración locativa.*

loción *n. f.* **1** Producto medicinal o cosmético que se usa para el cuidado de la piel o el pelo: *usaba una loción para después del afeitado; es una loción muy buena para la caspa.* **2** Masaje o lavado que se hace en una parte del cuerpo con un producto medicinal o cosmético: *date una loción diaria con este producto para prevenir la calvicie.*

lock-out *n. m.* Cierre de una fábrica u otro lugar de trabajo por orden de los patronos para obligar a los trabajadores a aceptar las condiciones empresariales: *mientras el arma negociadora de los sindicatos es la huelga, la de los empresarios es el lock-out.*
OBS Es de origen inglés y se pronuncia aproximadamente 'locaut'.

loco, -ca *adj./n. m. y f.* **1** [persona] Que ha perdido la razón o tiene perturbadas las facultades mentales. **SIN** demente, perturbado. **2** [persona] Que tiene poco juicio o se comporta de forma imprudente: *ese motorista es un loco de la carretera.* Se usa como apelativo despectivo. **3** [persona] Que experimenta un sentimiento de una forma muy intensa: *Otelo estaba loco de celos; están locos de alegría con su nieto.* Se construye seguido de la preposición *de.* **4** [persona] Que desea intensamente hacer una cosa o que ésta ocurra: *estamos locos por verte; estoy loca por salir de aquí.* Se construye seguido de la preposición *por* y de un infinitivo. **5** *coloquial* Que es muy agitado y movido: *fue una noche loca la de aquella fiesta.* **6** Que sobresale mucho o es extraordinario o excesivo: *ha tenido una suerte loca con ese trabajo.*
a lo loco *coloquial* Sin pensar o sin razonar con tranquilidad: *te ha salido mal porque lo hiciste a lo loco.*
cada loco con su tema Expresión que indica que cada persona tiende a lo que le gusta, hace lo que le interesa o habla de lo que le preocupa.
hacer el loco *coloquial* Divertirse haciendo cosas que no son normales o armando mucho ruido: *un grupo de jóvenes salió del bar haciendo el loco.*
hacerse el loco *coloquial* Fingir que no se ve o no se entiende una cosa aparentando estar distraído: *lo llamó para regañarle, pero él se hizo el loco.*
loco de atar o **loco perdido** o **loco de remate** [persona] Que se comporta como si hubiera perdido la razón: *no le hagas ni caso: está loco perdido.*
ni loco *coloquial* Nunca o de ningún modo: *no pienso ir contigo ni loco.*
volver loco *a)* Molestar mucho una cosa a una persona: *deja ya de hacer ruido, porque me estás volviendo loco. b)* Gustar mucho una persona o una cosa: *el cava y el salmón me vuelven loco.*
DER locatis, locuelo, locura, locuelo, loquero; alocado, enloquecer.

locomoción *n. f.* **1** Movimiento de un lugar a otro: *el barco es un medio de locomoción.* **2** Facultad que tienen algunos seres vivos para trasladarse de un lugar a otro: *la locomoción es característica del hombre y los animales.*

locomotor, -ra *adj.* Que sirve para mover una cosa o para moverse de un lugar a otro: *los huesos y los músculos forman parte del aparato locomotor.* **SIN** locomotriz.
DER locomotora, locomotriz.

locomotora *n. f.* Máquina provista de un motor y montada sobre ruedas que mueve o arrastra los vagones de un tren enganchados a ella: *las antiguas locomotoras se movían por vapor; las locomotoras modernas funcionan con electricidad o gasoil.*

locomotriz *adj.* Que sirve para mover una cosa o moverse de un lugar a otro: *esta máquina produce una fuerza locomotriz.* **SIN** locomotor.
OBS Es la forma femenina de *locomotor.*

locomóvil *adj./n. f.* [máquina] Que puede llevarse de un sitio a otro, generalmente por tener ruedas o ir sobre raíles: *las grúas del muelle de carga son locomóviles.*

locuacidad *n. f.* Tendencia que tiene una persona a hablar mucho: *la locuacidad de aquel vendedor era increíble, no paraba de hablar.*

locuaz *adj.* Que habla mucho o demasiado: *la tía de mi amigo era una mujer muy locuaz.* **SIN** hablador.
DER locuacidad, locución.
ETIM *Locuaz* procede del latín *loquaz, -acis,* hablador, voz con la que también está relacionada *elocuente.*

locución *n. f.* Conjunto de palabras que presentan un orden fijo y que funcionan como un elemento único: *la fra-*

locuelo 768

se al pie de la letra es *una locución*. **locución adjetiva** Locución que califica a un nombre y funciona como un adjetivo: *en es una mujer de armas tomar, de armas tomar es una locución adjetiva*. **locución adverbial** Locución que funciona como un adverbio: *en le gusta comer a deshora, a deshora es una locución adverbial*. **locución conjuntiva** Locución que funciona como una conjunción: *por consiguiente y a pesar de que son locuciones conjuntivas*. **locución nominal** Locución que funciona como un nombre o sustantivo: *en no me hablo con esa mosquita muerta, mosquita muerta es una locución nominal*. **locución prepositiva** Locución que funciona como una preposición: *en pos de y en torno a son locuciones prepositivas*. **locución verbal** Locución que funciona como un verbo: *en mi hermana nos pidió que le echáramos una mano, echáramos una mano es una locución verbal*. **SIN** modismo.
DER locutor; alocución, circunlocución, elocución.

locuelo, -la *adj./n. m. y f.* [persona] Que es joven y suele comportarse de manera viva y alocada: *no puedo ir a ningún sitio con unos niños tan locuelos.*

locura *n. f.* **1** Trastorno o perturbación de las facultades mentales de una persona: *lo han internado en un sanatorio mental para curarle su locura.* **2** Acción imprudente o temeraria que realiza una persona de forma irreflexiva: *es una locura coger el coche con la nevada que está cayendo.* **3** Entusiasmo grande o amor excesivo que siente una persona por alguien o algo: *siente auténtica locura por sus amigos; sentía locura por los coches de carreras.* **SIN** pasión.
con locura Muchísimo o en extremo: *te quiero con locura.*
de locura Que es exagerado o está fuera de lo normal: *hacía un viento de locura.*

locutor, -ra *n. m. y f.* Persona que se dedica a dar las noticias o informar en radio o televisión o presenta un programa: *Nuria era locutora de informativos en una emisora de radio.*
DER locutorio; interlocutor.

locutorio *n. m.* **1** Habitación o local dividido por una reja o un cristal donde se recibe a las visitas en los monasterios y en las cárceles: *el funcionario acompañó al preso hasta el locutorio, donde lo esperaba su esposa.* **2** Habitación o espacio pequeño en el que hay un teléfono público de uso individual: *en las estaciones, aeropuertos y grandes almacenes hay locutorios para uso público.* **SIN** cabina. **3** Estudio de una emisora de radio que está preparado para realizar la emisión de un programa: *el locutorio de este programa de radio está acondicionado para albergar al público durante su emisión.*

lodazal *n. m.* Terreno lleno de lodo o barro: *se perdieron en el campo y acabaron en un lodazal.* **SIN** barrizal, ciénaga.

loden *n. m.* Prenda de abrigo confeccionada con un tejido de lana tan tupido que impide el paso del agua: *el loden es muy apropiado para la montaña.*
OBS Es de origen alemán y se pronuncia aproximadamente 'loden'.

lodo *n. m.* **1** Barro blando que se forma en los lugares donde hay agua o cuando llueve: *los caminos estaban llenos de lodo; se ha formado lodo en la orilla del río.* **SIN** cieno, lama, limo. **2** Deshonra o mala fama: *su comportamiento cubrió de lodo nuestro apellido.*
DER lodazal; enlodar.

logarítmico, -ca *adj.* MAT. Del logaritmo o que tiene relación con él: *aplicó una escala logarítmica a los gastos publicitarios.*

logaritmo *n. m.* MAT. Exponente al que hay que elevar un número o una base positivos para conseguir una cantidad determinada: *se llama logaritmo en base a de un número n al exponente al que hay que elevar la base a para obtener el número n.*
DER logarítmico.

logia *n. f.* **1** Asamblea o reunión de la sociedad secreta de los masones: *una logia clandestina fue interrumpida por la policía.* **2** Local donde se celebran las asambleas de masones: *en los sótanos de aquel edificio estaba la logia.*

lógica *n. f.* **1** Ciencia que estudia las formas y las leyes generales que rigen el conocimiento humano y científico: *Aristóteles y Bertrand Russell fueron grandes conocedores de la lógica.* **lógica matemática** Lógica que utiliza el método y los símbolos de las matemáticas. **2** Método o razonamiento que se hace una cosa: *su modo de hacer las cosas carece de toda lógica.* **3** Capacidad de razonar o actuar con sentido común que tiene una persona: *usa la lógica para resolver esta contradicción.*

lógico, -ca *adj.* **1** De la lógica o que tiene relación con esta ciencia: *planteamiento lógico; leyes lógicas.* **ANT** ilógico. **2** Que responde a la razón o al sentido común: *resolvió el dilema de una forma lógica y sin contradicciones.* **ANT** ilógico. ◊ *adj./n. m. y f.* **3** [persona] Que se dedica al estudio de la lógica: *Aristóteles fue un gran lógico de la antigüedad.*
DER lógica, lógicamente, logística; ilógico.

logística *n. f.* **1** Técnica militar que se ocupa del movimiento de los ejércitos, de su transporte y de su mantenimiento: *en esa batalla, el general demostró sus grandes conocimientos de logística.* **2** Organización y conjunto de los medios necesarios para llevar a cabo un fin determinado: *el guía se encargará de toda la logística del viaje.* **3** Lógica que emplea en sus operaciones los métodos y el simbolismo de las matemáticas: *nuestro profesor de lógica ha escrito varios libros de logística.*
DER logístico.

logístico, -ca *adj.* De la logística o que tiene relación con ella: *el apoyo logístico es imprescindible en una batalla; la lógica matemática utiliza símbolos logísticos.*

logo *n. m.* Logotipo, dibujo o símbolo.

-logo, -loga sufijal que entra en la formación de palabras con el significado de: a) 'Estudioso', 'especialista': *geólogo, neurólogo.* b) 'Discurso', 'lenguaje': *monólogo, epílogo.*

logopeda *n. com.* Persona especialista en logopedia.

logopedia *n. f.* Reeducación y tratamiento de los trastornos del lenguaje, especialmente de los defectos de pronunciación: *ha necesitado varias clases de logopedia para superar su tartamudez.*

logotipo *n. m.* Dibujo o símbolo que distingue a una empresa, institución o sociedad y a las cosas que tienen relación con ella: *el logotipo de la empresa automovilística Mercedes es una estrella de tres puntas inscrita en un círculo.* **SIN** distintivo, logo. ☞ signos y señales.

logrado, -da *adj.* Que está bien hecho o tiene buena apariencia: *los cuadros de ese pintor están muy logrados.*

lograr *v. tr.* **1** Conseguir u obtener una cosa que se intenta o se desea: *logró ser presidente; logró el triunfo en el partido.* ◊ *v. prnl.* **2 lograrse** Alcanzar una cosa el máximo desarrollo o perfección: *el embarazo se logró con éxito; el mal tiempo ha hecho que no se logre la cosecha.*
DER logrado, logro; malograr.
ETIM Lograr procede del latín *lucrare*, que tenía el mismo significado, voz con la que también está relacionada *lucrarse*.

logro *n. m.* **1** Obtención de una cosa que se intenta o se desea: *están muy contentos por el logro de lo que siempre habían deseado.* **SIN** consecución. **2** Éxito o resultado muy satisfactorio: *ha sido todo un logro que acabase la carrera*; es una eminencia, su vida está llena de logros. **ANT** fracaso.

logroñés, -ñesa *adj.* **1** De Logroño o que tiene relación con esta ciudad de La Rioja: *fuimos a cenar a un restaurante típico logroñés.* ◇ *adj./n. m. y f.* **2** [persona] Que es de Logroño: *los logroñeses acudieron a animar a su equipo de fútbol.*

loísmo *n. m.* Uso que se hace de las formas *lo* y *los* del pronombre personal como objeto indirecto, en lugar de *le* y *les*: *el loísmo se produce al decir* lo vi las manos sucias, *en vez de* le vi las manos sucias.
DER loísta.

loísta *adj./n. com.* [persona] Que usa las formas *lo* y *los* del pronombre personal como objeto indirecto, en lugar de *le* y *les*: *una persona loísta diría* lo regalaron un coche en *lugar de* le regalaron un coche.

loma *n. f.* Elevación del terreno que tiene poca altura y bordes suaves: *en aquella loma se ven las ruinas de un castillo.*
SIN colina.

lombarda *n. f.* Hortaliza parecida a la col que tiene las hojas moradas, grandes, firmes, muy apretadas y unidas por la base: *la lombarda puede tomarse cruda o hervida.*
DER lombricida.

lombriz *n. f.* Gusano de color blanco o rosa, de cuerpo blando, cilíndrico y muy alargado que vive en la tierra: *la lombriz se alimenta de los principios orgánicos de la tierra.* **lombriz de tierra** Lombriz que vive en las zonas húmedas del suelo: *el pescador usa lombrices de tierra como cebo.* **lombriz intestinal** Parásito parecido a un gusano que vive en el intestino del hombre y de algunos animales: *la lombriz intestinal tiene forma cilíndrica.*
DER lombricida.
OBS El plural es *lombrices.* ◇ Para indicar el sexo se usa *la lombriz macho* y *la lombriz hembra*.

lomo *n. m.* **1** Parte superior del cuerpo de un animal de cuatro patas que va desde el cuello a las patas traseras: *acarició el lomo de su perro*; *puso la silla de montar en el lomo del caballo.* **2** Carne que forma la parte superior del cuerpo del cerdo: *el lomo es muy apreciado en alimentación.* **lomo embuchado** Lomo aderezado con sal y pimentón que está embutido en una tripa y se consume como fiambre. *el lomo embuchado tiene un proceso de curación de aproximadamente un año.* **3** Parte del libro opuesta al corte de las hojas por donde se pegan o se cosen los pliegos: *la mayoría de los libros tienen el título inscrito en el lomo.* **4** Parte de un instrumento cortante opuesta al filo: *el lomo de un cuchillo es más grueso que el filo.* **5** Tierra que queda entre dos surcos: *este terreno tiene unos lomos muy anchos.* **6** *coloquial* Parte inferior y central de la espalda de una persona: *cuando se agacha se le sale la camisa y se le ve el lomo.*
a lomos de Expresión que indica que se va montado sobre la parte superior del cuerpo de un animal de cuatro patas, en especial de una caballería: *corría campo a través a lomos de su caballo.*
DER loma; deslomar.

lona *n. f.* **1** Tejido fuerte e impermeable que es de algodón o cáñamo: *la lona se emplea para hacer toldos y tiendas de campaña.* **2** Suelo sobre el que se disputa una competición deportiva de boxeo o lucha libre: *los dos boxeadores están ya sobre la lona.*
besar la lona Caer un boxeador o un luchador fuera de combate o ser derrotado por su contrincante.
DER loneta.
ETIM *Lona* procede de *Olonne*, ciudad de Francia donde se fabricaba esta tela.

loncha *n. f.* Trozo ancho, alargado y muy delgado que se corta de un alimento sólido: *una loncha de jamón.* **SIN** rebanada, rodaja.

londinense *adj.* **1** De Londres o que tiene relación con esta ciudad que es capital del Reino Unido: *los grandes almacenes londinenses tienen mucha fama.* ◇ *adj./n. com.* **2** [persona] Que es de Londres: *este verano nos visitarán unos amigos londinenses que conocimos el año pasado.*

loneta *n. f.* Tejido grueso y resistente, más delgado que la lona, empleado en tapicerías y prendas de vestir para el trabajo: *el mono que usan muchos obreros suele estar confeccionado con loneta.*

longaniza *n. f.* Embutido de forma cilíndrica, alargada y delgada que se elabora con carne de cerdo cruda picada y adobada: *la longaniza suele tomarse frita o asada.*
ETIM *Longaniza* procede del latín *lucanica*, que tenía el mismo significado; se llamó así por fabricarse en Lucania, que era una región del sur de Italia.

longevidad *n. f.* Larga duración de la vida: *el índice de longevidad de las personas en nuestro país ha aumentado en los últimos tiempos.*

longevo, -va *adj.* **1** Que tiene mucha edad o ya es muy viejo: *era un escritor longevo.* **2** Que vive mucho tiempo: *la tortuga es un animal longevo.*
DER longevidad.

longitud *n. f.* **1** Dimensión o extensión máxima de una superficie: *esta habitación tiene diez metros de longitud y cinco de anchura.* **2** Distancia que hay desde un punto cualquiera de la superficie de la Tierra hasta el meridiano de Greenwich o meridiano cero: *la longitud se mide de este a oeste o viceversa en grados, minutos y segundos.* **SIN** latitud. **3** Magnitud que expresa la distancia entre dos puntos o cada una de las dimensiones de un cuerpo: *mide la longitud de la pared porque creo que el mueble que quieres poner es más grande.* **longitud de onda** Distancia mínima que separa dos puntos consecutivos que están en el mismo estado de vibración en un movimiento ondulatorio.
DER longitudinal.
ETIM Véase *luengo*.

longitudinal *adj.* **1** De la longitud o que tiene relación con esta dimensión o extensión: *el kilómetro es una medida longitudinal.* **2** Que está colocado en el sentido de la longitud: *las rayas de los pasos de cebra son longitudinales.*
ANT transversal.

longuis Palabra que se utiliza en la locución *hacerse el longuis* que significa 'que una persona pretende parecer distraída y disimulando que no se da cuenta de lo que sucede a su alrededor': *no te hagas el longuis y ponte a trabajar de una vez.*

lonja *n. f.* **1** Edificio público donde se compran y venden mercancías en grandes cantidades: *los pescaderos madrugan mucho para estar en la lonja cuando se subasta el pescado.* **2** Loncha que se corta de un alimento: *lonja de jamón.*

lontananza *n. f.* **1** Parte más alejada de un lugar: *vio que el caballo se acercaba por la lontananza.* **SIN** lejanía. **2** Parte o sección de un cuadro que está más alejada del plano principal: *la lontananza de esta pintura representa un espeso bosque.* **SIN** fondo.
en lontananza A lo lejos: *en lontananza se veían venir tres coches.*

look *n. m.* Aspecto exterior, imagen o estilo propio: *en su última película aparece con un nuevo look.*
OBS Es de origen inglés y se pronuncia aproximadamente 'luc'.

looping *n. m.* **1** Acrobacia aérea en la que el avión describe un círculo completo en sentido vertical. **SIN** rizo. **2** Ejercicio similar realizado con otro vehículo: *un especialista realiza con su coche un looping espectacular.*

OBS Es de origen inglés y se pronuncia aproximadamente 'lupin'.

loor *n. m.* Alabanza y elogio público de los méritos y cualidades de una persona o de una cosa: *recogió su premio entre loores y vítores.*

loquero, -ra *n. m. y f.* **1** Persona que se dedica a cuidar y vigilar a los locos o enfermos mentales: *los loqueros traían una camisa de fuerza para el enfermo.* ◇ *n. m.* **2** *coloquial* Centro médico donde se interna y se cuida a los locos o enfermos mentales: *su familia la metió en el loquero.* **SIN** manicomio.

lord *n. m.* Título honorífico dado a los individuos de la primera nobleza inglesa y a algunos altos cargos: *los arzobispos ingleses tienen el título de lord.*

OBS El plural es *lores*.

loriga *n. f.* Armadura formada por pequeñas chapas de acero que servía para proteger el pecho y la espalda de los soldados: *la lanza no pudo traspasar la loriga.*

loro *n. m.* **1** Ave trepadora de pico fuerte, grueso y curvo y plumas de vistosos y variados colores que es capaz de repetir sonidos propios del lenguaje humano: *el loro es un animal tropical.* **SIN** papagayo. Para indicar el sexo se usa *el loro macho* y *el loro hembra*. **2** *coloquial* Persona que es muy fea y de aspecto extraño o estrafalario: *no sé cómo te puede gustar ese loro.* **3** *coloquial* Persona que habla mucho sin decir nada interesante: *es un loro, no dejó de hablar en toda la tarde.* **SIN** cotorra. **4** *coloquial* Aparato de radio o radiocasete: *ayer le robaron el loro del coche.*

estar al loro *coloquial* Expresión que indica que una persona está atenta a lo que pasa o se dice o está al corriente de lo que ocurre: *estate al loro, que nos pueden ver.*

losa *n. f.* **1** Piedra lisa, plana y delgada que se usa para pavimentar suelos y alicatar paredes: *solaron la plaza con enormes losas de granito.* **2** Piedra plana y delgada que cubre una tumba: *sellaron el sepulcro con una losa de mármol blanco.* **SIN** lápida. **3** *coloquial* Cosa que resulta una carga dura y difícil de soportar para el ánimo de una persona: *aquel suceso fue para él una losa sobre su conciencia.*

DER loseta; enlosar.

loseta *n. f.* Piedra lisa, plana y delgada que es más pequeña que una losa y se usa para cubrir suelos y muros: *las paredes de la cocina están alicatadas con losetas.* **SIN** baldosa, losa.

lote *n. m.* **1** Conjunto de cosas que tienen unas características comunes: *en esta tienda regalan un lote de productos de belleza por la compra de un secador.* **2** Cada una de las partes en que se divide o se reparte una cosa: *dividieron la tierra que heredaron en seis lotes iguales.*

darse (o **pegarse**) **el lote** *coloquial* Besarse y acariciarse una pareja: *en el parque había una pareja dándose el lote.*

DER lotería.

lotería *n. f.* **1** Juego público de azar que consiste en sacar unos números de un bombo y premiar con dinero a las personas que posean los billetes cuyos números coincidan con los extraídos en el sorteo: *he comprado un décimo de lotería para este sábado.* **lotería primitiva** Juego público que consiste en sortear diversas cantidades de dinero entre los acertantes de un máximo de seis números y un mínimo de tres elegidos entre cuarenta y nueve cifras; un número más, llamado *complementario*, se suma a los cinco aciertos y aumenta el premio que a esta categoría corresponde; el acierto de otro número, llamado *reintegro*, trae consigo la devolución del importe de la apuesta: *la lotería primitiva está administrada por el estado.* **SIN** loto, primitiva. **2** *coloquial* Asunto en el que interviene la suerte o el azar: *la vida es una lotería.* **3** *coloquial* Cosa que es muy buena o beneficiosa: *este horario de trabajo es una lotería.*

tocar la lotería *a*) Ganar dinero con este juego público de azar: *le ha tocado la lotería y se ha ido a vivir junto al mar.* *b*) Tener mucha suerte una persona: *le tocó la lotería al casarse con ese hombre.*

DER lotero.

lotero, -ra *n. m. y f.* Persona que se dedica a vender lotería, especialmente la que tiene a su cargo un establecimiento autorizado: *el lotero de la esquina es ciego.*

loto *n. m.* **1** Planta acuática que tiene las hojas muy grandes y duras y las flores blancas y de olor muy intenso: *el loto abunda en las orillas del Nilo.* **2** Flor de esta planta que es de color blanco y tiene un olor muy intenso: *el loto tiene un uso ornamental.* **3** Fruto de esta planta que tiene forma de globo: *el loto es comestible.* ◇ *n. f.* **4** Lotería primitiva: *le han tocado 200 millones en la loto.*

DER lotiforme.

loza *n. f.* **1** Barro fino, cocido y barnizado que se usa para hacer platos, tazas y vajillas: *la vajilla de la abuela era de loza blanca.* **SIN** china, porcelana. **2** Conjunto de objetos hechos con este barro: *voy a limpiar la loza que hemos ensuciado al comer.*

lozanía *n. f.* **1** Salud y buen aspecto que tiene una persona o un animal: *la lozanía de la joven se reflejaba en su cara.* **2** Verdor y frondosidad que tiene una planta: *desde que tu madre cuida las plantas han recuperado la lozanía.*

lozano, -na *adj.* **1** [persona, animal] Que tiene salud y buen aspecto: *tus hijos son unos niños lozanos y sonrosados.* **2** [planta] Que tiene verdor y frondosidad: *tiene un jardín lleno de plantas verdes y lozanas.*

DER lozanía.

lubina *n. f.* Pez marino de color gris metálico, cola recta y aletas espinosas; es comestible y muy apreciado en alimentación: *la lubina habita en las costas de Europa y África.*

OBS Para indicar el sexo se usa *la lubina macho* y *la lubina hembra.*

lubricación *n. f.* Aplicación de una sustancia aceitosa que facilita que una superficie se deslice sobre otra con el mínimo rozamiento: *la lubricación de las partes móviles de un motor prolonga su vida.* **SIN** lubrificación.

lubricán *n. m.* Primera luz del día, antes de salir el Sol: *las montañas se bañan en el resplandor del lubricán matutino.* **SIN** alba, albor.

lubricante *adj./n. m.* [sustancia aceitosa] Que se aplica a las piezas de un mecanismo para facilitar el deslizamiento de unas sobre otras con el mínimo rozamiento: *compró una lata de lubricante para el motor del coche.* **SIN** lubrificante.

lubricar *v. tr.* Aplicar una sustancia aceitosa a una superficie para facilitar su deslizamiento sobre otra con el mínimo rozamiento: *hay que lubricar los motores para que funcionen bien.* **SIN** engrasar, lubrificar.

DER lubricación, lubricante, lúbrico, lubrificar.

OBS En su conjugación, la *c* se convierte en *qu* delante de *e*.

lubricidad *n. f.* **1** Capacidad de deslizamiento de una superficie sobre otra a causa del estado resbaladizo de las piezas de un mecanismo: *la lubricidad de las piezas es insuficiente.* **2** Propensión o tendencia a la lujuria que tiene una persona.

lúbrico, -ca *adj.* **1** Que resbala o se desliza con facilidad: *también se usan sustancias lúbricas sólidas como el grafito y el* *talco.* **2** Que es propenso a la lujuria o que provoca este deseo sexual: *durante toda la película el personaje mostraba un comportamiento lúbrico.*

lubrificación *n. f.* Aplicación de una sustancia aceitosa que facilita que una superficie se deslice sobre otra con el mínimo rozamiento: *dedicó un buen rato a la lubrificación de todas las partes de la máquina.* **SIN** lubricación.

lubrificante *adj./n. m.* [sustancia aceitosa] Que facilita que una superficie se deslice sobre otra con el mínimo rozamiento: *se puso un líquido lubrificante en el dedo para poder extraer el anillo.* **SIN** lubricante.

lubrificar *v. tr.* Aplicar una sustancia aceitosa a una superficie para facilitar su deslizamiento sobre otra con el mínimo rozamiento: *lubrifica la máquina si quieres escribir con comodidad.* **SIN** engrasar, lubricar.
DER lubrificación, lubrificante.
OBS En su conjugación, la c se convierte en *qu* delante de e.

lucense *adj.* **1** De Lugo o que tiene relación con esta provincia de Galicia o con su capital: *las fiestas lucenses son muy vistosas.* ◇ *adj./n. com.* **2** [persona] Que es de Lugo: *todos mis amigos de la infancia son lucenses.*

lucerna *n. f.* Abertura en un techo o en la parte alta de las paredes para que entren el aire y la luz en una habitación: *al pie de la fachada había una lucerna que daba luz al sótano.* **SIN** lumbrera. ☞ ventana.

lucernario *n. m.* Ventana o claraboya abierta en el techo de un edificio para iluminar y ventilar su interior: *la bóveda estaba iluminada por un lucernario.*

lucero *n. m.* **1** Cuerpo celeste que se ve en el cielo y que brilla de forma muy intensa: *aquel lucero que ves es una estrella muy lejana.* **lucero del alba** o **lucero de la mañana** Planeta que es el segundo del sistema solar: *el planeta Venus es el lucero del alba.* **2** Mancha blanca y grande que tienen en la frente algunos animales de cuatro patas: *esa vaca tiene un lucero.*

lucha *n. f.* **1** Enfrentamiento o combate que se realiza mediante la fuerza física o las armas: *los dos ejércitos se enzarzaron en una sangrienta lucha.* **2** Disputa o pelea que se produce entre dos o más personas de forma verbal: *lo que empezó siendo un simple debate acabó en lucha.* **3** Deporte en el que dos personas se enfrentan cuerpo a cuerpo: *la lucha es uno de los deportes olímpicos más antiguos.* **lucha grecorromana** Deporte en el que vence el participante que consigue que el contrincante tenga la espalda en el suelo durante unos segundos: *los luchadores de lucha grecorromana son muy fuertes.* **lucha libre** Deporte en el que están permitidos ciertos golpes y en el que vence el participante que consigue que el contrincante quede de espaldas y no se pueda mover: *ese deportista fue campeón mundial de lucha libre.*

luchador, -ra *n. m. y f.* **1** Persona que lucha para someter o destruir aquello que considera perjudicial: *es un infatigable luchador contra la injusticia social.* **2** Persona que lucha o se esfuerza por vencer los obstáculos que encuentra y por conseguir el fin que se propone: *es un luchador y terminará la carrera a pesar de estar cojo.* **3** En deportes, persona que se dedica a practicar alguna de las modalidades de lucha.

luchar *v. intr.* **1** Enfrentarse o combatir usando la fuerza física o las armas: *los dos ciervos luchaban violentamente por el territorio; los dos ejércitos empezaron a luchar en el campo de batalla.* **SIN** contender, pelear. **2** Trabajar o esforzarse mucho una persona para vencer los obstáculos y conseguir un fin determinado: *mi padre ha luchado mucho en la vida para sacar adelante a la familia; la sociedad lucha contra la droga.*

DER lucha, luchador.

lucidez *n. f.* Claridad y rapidez mental que tiene una persona para exponer o comprender las cosas: *expuso su teoría con gran lucidez.*

lucido, -da *adj.* **1** Que da buena impresión o apariencia: *tu jefe lleva siempre unas corbatas muy lucidas; te ha quedado un trabajo muy lucido.* **2** Que destaca o permite mostrar una habilidad o capacidad: *ese actor tiene un papel lucido en la obra de teatro.*

lúcido, -da *adj.* **1** [persona] Que expone o comprende las ideas y los hechos de forma clara y rápida: *es un estudiante lúcido y aprende muy bien.* **2** Que es inteligente: *todos se asombraron del lúcido razonamiento de la niña.* **3** Que se encuentra en un estado mental normal: *el enfermo estuvo lúcido toda la mañana, pero después perdió la conciencia de la realidad.*
DER lucidez.

luciérnaga *n. f.* Insecto volador que desprende una luz verdosa de la parte posterior de su cuerpo y cuya hembra carece de alas y tiene el abdomen formado por anillos: *la luciérnaga hembra es mayor que el macho.*
OBS Para indicar el sexo se usa *la luciérnaga macho* y *la luciérnaga hembra.*

lucimiento *n. m.* **1** Muestra de habilidad o capacidad que realiza una persona en un trabajo o una actividad: *la calidad de la obra permite el lucimiento del artista.* **2** Esplendor o brillo que tiene una cosa: *su presencia dio lucimiento a la fiesta.*

lucio *n. m.* Pez de agua dulce que tiene el cuerpo alargado y algo plano, de color verdoso y la cabeza en forma de punta, con la boca grande y muchos dientes afilados; es comestible: *los lucios son peces muy voraces que se alimentan de otros peces; la carne del lucio es grasa y blanca.*
OBS Para indicar el sexo se usa *el lucio macho* y *el lucio hembra.*

lucir *v. intr.* **1** Dar o producir luz: *esa bombilla ya no luce.* **2** Brillar con suavidad una cosa: *las estrellas lucen por la noche.* **3** Aparecer o mostrarse el resultado de un trabajo o un esfuerzo: *después de tres días, ya empieza a lucirle el trabajo.* **4** Dar una cosa prestigio o importancia a una persona: *tener un buen coche luce mucho en mi entorno social.* ◇ *v. intr./prnl.* **5** Sobresalir o destacar una persona o una cosa entre otras: *ella era la persona que más lució en la fiesta; mi hermana se luce en todo lo que hace.* ◇ *v. tr.* **6** Mostrar una cosa presumiendo de ella: *la reina lució todas sus joyas en la fiesta.* ◇ *v. prnl.* **7 lucirse** Mostrar habilidad o capacidad en un trabajo o una actividad presumiendo de ello: *salió a la pista a lucirse delante de sus amigos.* **8** Salir una cosa mal a una persona: *te luciste ayer hablando de ese modo.*
DER lucido, lucimiento; deslucir, enlucir, relucir, traslucir.
OBS En su conjugación, la c se convierte en zc delante de a y o.

lucrarse *v. prnl.* Conseguir una persona ganancias o beneficios en un asunto o en un negocio: *con la venta de los terrenos se han lucrado los propietarios.*
DER lucrativo, lucro.
ETIM Véase lograr.

lucrativo, -va *adj.* Que produce muchas ganancias o beneficios: *se dedica a una actividad muy lucrativa.*

lucro *n. m.* Ganancia o beneficio que se consigue en un asunto o en un negocio: *se presentó para alcalde sin ningún ánimo de lucro.*

luctuoso, -sa *adj.* Que produce tristeza y dolor o es digno de ser llorado: *los noticiarios dan cuenta de muchos sucesos luctuosos.*

lucubración

lucir	
INDICATIVO	**SUBJUNTIVO**
presente	presente
luzco	luzca
luces	luzcas
luce	luzca
lucimos	luzcamos
lucís	luzcáis
lucen	luzcan
pretérito imperfecto	pretérito imperfecto
lucía	luciera o luciese
lucías	lucieras o lucieses
lucía	luciera o luciese
lucíamos	luciéramos o
lucíais	luciésemos
lucían	lucierais o lucieseis
	lucieran o luciesen
pretérito indefinido	
lucí	futuro
luciste	luciere
lució	lucieres
lucimos	luciere
lucisteis	luciéremos
lucieron	luciereis
	lucieren
futuro	
luciré	**IMPERATIVO**
lucirás	
lucirá	luce (tú)
luciremos	luzca (usted)
luciréis	lucid (vosotros)
lucirán	luzcan (ustedes)
condicional	
luciría	**FORMAS**
lucirías	**NO PERSONALES**
luciría	
luciríamos	infinitivo gerundio
luciríais	lucir luciendo
lucirían	participio
	lucido

lucubración *n. f.* **1** Pensamiento o reflexión acerca de una cuestión. **SIN** elucubración. **2** Hipótesis o especulación no fundamental y producto de la imaginación: *sus últimos trabajos son meras lucubraciones carentes de sustentación real*. **SIN** elucubración.

lucubrar *v. tr./intr.* **1** Reflexionar acerca de una cuestión: *se pasaba el día entero lucubrando cómo podría construir su propio avión*. **SIN** elucubrar, meditar. **2** Pensar o imaginar cosas sin mucho fundamento: *lucubraba qué compraría si le tocaran unos millones en la lotería*. **SIN** elucubrar.
DER lucubración; elucubrar.

lúdico, -ca *adj. culto* Del juego o que tiene relación con esta actividad: *ocupa su tiempo libre en actividades lúdicas*. **SIN** lúdicro.
DER ludibrio, lúdrico, ludopatía.

lúdicro, -cra *adj.* Lúdico.
 OBS La Real Academia Española admite *lúdicro*, pero prefiere la forma *lúdico*.

ludir *v. tr.* Frotar o rozar una cosa contra otra.

ludópata *adj./n. com.* [persona] Que padece ludopatía: *el ludópata necesita ayuda psicológica para su curación*.

ludopatía *n. f.* Inclinación patológica a los juegos de azar: *muchas personas se han arruinado a causa de su ludopatía*.

luego *adv.* **1** Después o más adelante en el tiempo: *primero comieron y luego se echaron la siesta; ahora no puedo, luego iré*. ◇ *conj.* **2** Introduce una oración que es resultado o consecuencia de la oración anterior: *pienso, luego existo*.
desde luego *a)* Expresión que indica afirmación o entendimiento: *desde luego que iré a tu fiesta; ¿lo harás? –Desde luego*. *b)* Expresión que se usa para dar énfasis a lo que se dice: *desde luego, no entiendo nada*.
hasta luego Expresión que se usa como despedida o adiós: *nos veremos dentro de un rato, hasta luego*.

luengo, -ga *adj. culto* Que tiene mucha longitud: *era un anciano de luengas barbas*. **SIN** largo.

lugar *n. m.* **1** Parte o punto de un espacio que puede estar ocupado o se puede ocupar: *están buscando un lugar para hacer su nueva casa; se esconde en algún lugar del bosque*. **SIN** sitio. **2** Posición que tiene una persona o una cosa en una serie o un conjunto: *llegó en quinto lugar; todo el mundo tiene su lugar en la sociedad*. **3** Espacio que está libre o disponible: *buscaba un lugar donde sentarse*. **SIN** sitio. **4** Pueblo o población pequeña: *era el más listo del lugar*.
dar lugar a Producir o provocar una cosa: *tu comportamiento da lugar a muchos enfados*.
en lugar de En sustitución de o en vez de: *he venido a trabajar en lugar de mi hermano; en lugar de cantar toca la guitarra*.
estar fuera de lugar No ser una cosa o una persona adecuada u oportuna: *tus gritos están fuera de lugar*.
lugar común Expresión que indica que lo que se está diciendo ha sido muy repetido anteriormente y carece de originalidad. **SIN** tópico.
sin lugar a dudas Sin posibilidad de error o de forma cierta: *sin lugar a dudas, eres el mejor amigo que tengo*.
tener lugar Ocurrir o producirse una cosa en un determinado sitio o momento: *la conferencia tuvo lugar en el salón de actos; el eclipse tuvo lugar a las 11 de la mañana*.
DER lugareño.
ETIM *Lugar* procede del latín *locus*, que tenía el mismo significado, voz con la que también está relacionada *local*.

lugareño, -ña *adj.* **1** De un lugar o población pequeña o que tiene relación con ellos: *la música lugareña le pareció muy interesante al forastero*. ◇ *adj./n. m. y f.* **2** [persona] Que es de un lugar o una población pequeña: *pararon junto a la carretera y preguntaron a un lugareño*.

lugarteniente *n. com.* Persona que puede sustituir a otra en su cargo o empleo: *el general nos presentó a su lugarteniente*.

lúgubre *adj.* **1** Que es triste y oscuro: *la escasa luz daba a la iglesia un aspecto lúgubre*. **2** Que es fúnebre o tétrico: *tuvo la lúgubre idea de visitar el cementerio de noche*.

luisa *n. f.* Planta de jardín de olor agradable cuyas hojas se usan en infusión con propiedades tonificantes y digestivas: *la luisa también se conoce como hierba luisa*.

lujo *n. m.* **1** Abundancia u ostentación de riqueza y grandes comodidades que tiene una persona: *lleva una vida de lujo; la habitación estaba decorada con lujo*. **2** Gasto que se realiza en bienes de consumo que no son necesarios o imprescindibles para vivir: *tener tres coches es un lujo que no nos podemos permitir*. **impuesto de lujo** Tasa o cantidad de dinero que debe pagarse al adquirir artículos o propiedades que no se consideran necesarios o imprescindibles para vivir: *el impuesto de lujo que hay que pagar al comprar algunos coches es muy alto*. **3** Abundancia o gran cantidad de una cosa: *me contó la historia con todo lujo de detalles*. **4** Cosa que es muy buena o extraordinaria: *tu trabajo es un verdadero lujo*.

permitirse el lujo Atreverse una persona a hacer una cosa sin solicitar permiso para ello: *me he permitido el lujo de adelantar tu trabajo durante el tiempo que has estado fuera*.
DER lujoso.

lujoso, -sa *adj*. Que muestra u ostenta riqueza y abundancia de dinero: *llevaba un lujoso collar de diamantes; su casa es muy lujosa y está llena de objetos de arte*.

lujuria *n. f.* Deseo o actividad sexual desenfrenados o inmoderados: *los habitantes de Sodoma y Gomorra fueron castigados por su lujuria*. **SIN** lascivia. **ANT** castidad.
DER lujurioso.

lujurioso, -sa *adj*. **1** De la lujuria o que tiene relación con este deseo o actividad sexual: *lo miró con ojos lujuriosos*. **2** Que tiene un deseo o una actividad sexual desenfrenada o inmoderada: *tiene un comportamiento lujurioso con cualquier mujer que conoce*. **SIN** lascivo, libidinoso.

lumbago *n. m.* Dolor reumático de los huesos o de los músculos de la parte baja de la espalda: *le ha dado un ataque de lumbago y no puede levantarse de la cama*. **SIN** lumbalgia.

lumbalgia *n. f.* Lumbago.

lumbar *adj*. **1** [zona del cuerpo] Que está situada entre la última costilla y los glúteos: *va a recibir unos masajes terapéuticos en la región lumbar*. **2** De la zona del cuerpo situada entre la última costilla y los glúteos o que tiene relación con ella: *dolor lumbar*.

lumbre *n. f.* **1** Fuego encendido que proporciona luz y calor: *acércate a la lumbre para calentarte; cenamos en el campo a la luz de la lumbre*. **SIN** candela. **2** Materia combustible que está encendida: *atiza la leña para que no se apague la lumbre de la chimenea*. **SIN** candela.

dar lumbre Dar fuego para encender un cigarro: *necesito lumbre para encender el cigarro*.
DER lumbrera; alumbrar, columbrar, deslumbrar, relumbrar, vislumbrar.
ETIM *Lumbre* procede del latín *lumen, -inis*, que tenía el mismo significado, voz con la que también están relacionadas *iluminar, lumen, luminar*.

lumbrera *n. f.* **1** *coloquial* Persona que es muy inteligente y culta: *este alumno es una lumbrera*. **2** Abertura que se hace en el techo para dejar pasar el aire y la luz: *la lumbrera hace que esta habitación sea la más luminosa de la casa*.

lumen *n. m.* Unidad de flujo luminoso en el Sistema Internacional de unidades: *el símbolo del lumen es lm*.

luminaria *n. f.* **1** Luz que se pone como adorno en los balcones, calles y monumentos: *las luminarias de las fiestas públicas adornan el pueblo*. **SIN** iluminaria. **2** Luz que alumbra de forma permanente el sagrario de una iglesia católica: *cuando entró en la iglesia sólo estaba encendida la luminaria*.

lumínico, -ca *adj*. De la luz o que tiene relación con esta forma de energía: *los cristales de mis gafas cambian de color en función de la intensidad lumínica*.

luminiscencia *n. f.* Propiedad de algunos cuerpos de emitir una luz muy débil, pero visible en la oscuridad, sin que se produzca aumento de la temperatura: *la luminiscencia puede observarse en las luciérnagas y en el pescado putrefacto*.

luminiscente *adj*. Que tiene la capacidad de emitir luz no acompañada de calor: *varios sulfuros metálicos son luminiscentes*.

luminosidad *n. f.* **1** Abundancia de luz que tiene una cosa o un lugar: *la oscuridad de los templos románicos se opone a la luminosidad de las iglesias góticas*. **2** Claridad o brillantez: *es notable la luminosidad de las ideas de este filósofo; el color blanco da sensación de luminosidad*.

luminoso, -sa *adj*. **1** Que despide o emite luz: *las estrellas son luminosas*. **2** Que tiene mucha luz natural o está bien iluminado: *el salón y la cocina de la casa son muy luminosos*. **3** [color] Que es claro y brillante: *llevaba un vestido en tonos verdes muy luminosos*. **4** Que es muy acertado o excelente: *tenía ideas luminosas para el proyecto; con una explicación luminosa nos sacó de dudas*. ◊ *adj./n. m.* **5** [cartel, letrero] Que emite luz artificial: *la ciudad se iluminaba de noche con las farolas y los luminosos de los comercios*.
DER lumínico, luminiscente, luminosidad.
ETIM Véase *lumbre*.

luminotecnia *n. f.* **1** Técnica de la iluminación artificial que consiste en colocar luces eléctricas con fines industriales o artísticos: *es un experto en luminotecnia y trabaja en la televisión*. **2** Conjunto de luces artificiales que se colocan con fines industriales o artísticos: *esa empresa pondrá la luminotecnia del teatro*.
DER luminotécnico.

luminotécnico, -ca *adj*. **1** De la luminotecnia o que tiene relación con esta técnica: *el montaje luminotécnico de este plató es excepcional*. ◊ *n. m. y f.* **2** Persona que se dedica de forma profesional a la luminotecnia: *el luminotécnico supervisó la colocación de las luces del teatro*.

lumpen *n. m.* Grupo social urbano formado por los individuos más marginados: *indigentes, mendigos y prostitutas forman parte del lumpen*.
OBS Es de origen alemán, abreviación de *Lumpenproletariat*, 'proletariado andrajoso'.

luna *n. f.* **1** Satélite de la Tierra que gira alrededor de ella y que se ve porque refleja la luz del Sol: *la Luna tarda 28 días en dar la vuelta a la Tierra*. En esta acepción se escribe con mayúscula. **luna creciente** Fase lunar en la que la Luna se hace visible cuando sólo refleja luz su parte derecha: *la luna creciente aparece entre la luna nueva y la luna llena*. **luna llena** Fase lunar en la que la Luna se hace visible cuando refleja luz toda entera y se percibe como un disco iluminado: *la luna llena aparece entre la luna creciente y la luna menguante*. **SIN** plenilunio. **luna menguante** Fase lunar en la que la Luna se hace visible cuando sólo refleja luz su parte izquierda: *la luna menguante aparece entre la luna llena y la luna nueva*. **luna nueva** Fase lunar en la que la Luna no refleja luz y no es visible desde la Tierra: *la luna nueva se da entre la luna menguante y la luna creciente*. **SIN** novilunio. **2** Cuerpo celeste que gira alrededor de un planeta: *Ganímedes es una luna del planeta Júpiter*. **3** Luz del Sol que es reflejada por el satélite de la Tierra y se hace visible por la noche: *la luna entra por los resquicios de la ventana*. **4** Período de tiempo que tarda el satélite de la Tierra en dar una vuelta completa al planeta: *una luna equivale a 28 días*. **SIN** lunación. **5** Cristal grande y grueso que forma un espejo, un escaparate o una vitrina: *al abrir la puerta del armario se ha caído la luna del espejo*.

estar en la luna *coloquial* Estar una persona despistada o no prestar atención a lo que ocurre o se dice alrededor: *siempre estás en la luna y no te enteras de nada*.

luna de miel *a)* Viaje de placer que hace una pareja de recién casados después de la boda: *mis primos se han ido a París de luna de miel*. *b)* Período inicial de la vida de un matrimonio: *si sólo hace unos meses que te casaste aún estás en la luna de miel*.

media luna Figura semejante a la de la Luna cuando sólo tie-

lunación

ne iluminada una de sus dos mitades: *la media luna es el símbolo del Islam*.

pedir la luna *coloquial* Pedir una persona una cosa imposible de realizar o conseguir: *dime qué quieres que te regale pero no me pidas la luna*.

DER lunación, lunar, lunaria, lunático, lunatismo, luneta, lúnula; alunizar.

lunación *n. f.* Período de tiempo que transcurre entre dos lunas nuevas: *la duración media de la lunación es de 29 días, 12 horas, 44 minutos y 2,9 segundos*.

lunar *adj.* **1** De la Luna o que tiene relación con este satélite de la Tierra: *las fases lunares son cuatro.* ◇ *n. m.* **2** Mancha pequeña, redondeada y de color marrón que sale en la piel del cuerpo humano: *los lunares salen en cualquier parte del cuerpo por una acumulación de pigmentos.* **3** Punto o dibujo en forma de círculo con que se adorna una tela: *los visillos son de lunares; el traje de sevillana llevaba lunares rojos y negros*.

lunático, -ca *adj./n. m. y f.* [persona] Que tiene cambios bruscos de carácter o humor: *las personas lunáticas tienen el carácter muy variable*.

lunatismo *n. m.* Influencia de los cambios de luna en la evolución de algunas enfermedades psíquicas: *la transformación del hombre lobo se presenta como fruto del lunatismo*.

lunch *n. m.* Comida ligera, generalmente de platos fríos, en especial la que se ofrece a los asistentes a algún acontecimiento social: *después de la ceremonia habrá un lunch para los invitados*.

OBS Es de origen inglés y se pronuncia aproximadamente 'lanch'.

lunes *n. m.* Día que es el primero de la semana: *el lunes sigue al domingo*.

OBS El plural también es *lunes*.

luneta *n. f.* **1** Cristal trasero de un automóvil: *se ha roto el limpiaparabrisas de la luneta.* **luneta térmica** Cristal trasero de un automóvil que lleva unos hilos conductores que producen calor y hacen desaparecer el vapor: *conecta la luneta térmica porque el vaho no me deja ver.* **2** Cristal de las gafas: *fui a la óptica a que me cambiaran la luneta rota.* **3** ARQ. Hueco abierto en una cúpula o bóveda que sirve para iluminar: *el crucero se ilumina con la luz que entra por la luneta*.

lunfardo *n. m.* Jerga que era hablada originariamente entre los delincuentes de Buenos Aires y sus alrededores: *algunas palabras del lunfardo pasaron al español de Buenos Aires*.

lúnula *n. f.* Espacio blanquecino en forma de media luna de la raíz de las uñas.

lupa *n. f.* Cristal transparente que tiene las dos caras curvas, está sujeto en un soporte y sirve para aumentar la imagen de los objetos: *acercó la lupa al sello para poder leer lo que había escrito; cogió la lupa por el mango y se la acercó al ojo.* **SIN** lente.

con lupa Expresión que indica que una cosa se hace o se examina detenidamente o con mucha atención y cuidado: *este es un asunto que hay que mirarlo con lupa*.

lupanar *n. m.* Establecimiento público en el que se ejerce la prostitución: *en esa calle había varios lupanares.* **SIN** burdel, prostíbulo.

lúpulo *n. m.* Planta herbácea de tallo largo y nudoso, hojas permanentes y flores con sexos separados: *el fruto del lúpulo contiene una sustancia amarillenta que se usa para dar sabor amargo a la cerveza*.

ETIM Véase *lobo*.

lusitanismo *n. m.* Palabra o modo de expresión propio de la lengua portuguesa que se usa en otro idioma. **SIN** portuguesismo.

lusitano, -na *adj.* **1** De Portugal o que tiene relación con este país del sur de Europa. **SIN** portugués. ◇ *adj./n. m. y f.* **2** [persona] Que es de Portugal. **SIN** portugués.

luso, -sa *adj.* **1** De Portugal o que tiene relación con este país del sur de Europa: *la literatura lusa del siglo XVI fue brillante.* **SIN** portugués. ◇ *adj./n. m. y f.* **2** [persona] Que es de Portugal: *los lusos y los españoles son vecinos.* **SIN** portugués.

DER lusitano.

lustrar *v. tr.* Dar brillo a una cosa frotando con fuerza: *me he pasado la mañana entera lustrando la plata*.

lustre *n. m.* **1** Brillo que tiene una cosa después de limpiarla o frotarla con fuerza: *la vecina admiró el lustre del suelo recién encerado.* **2** Aspecto sano que tiene una persona o una cosa: *la vendedora alababa el lustre de los melocotones; todos coincidían en que la niña tenía un lustre precioso.* **3** Distinción o prestigio social: *los negocios le salieron bien y en poco tiempo consiguió cierto lustre*.

DER lustrar, lustroso; deslustre, ilustre.

lustro *n. m.* Período de tiempo que comprende cinco años: *su ausencia de España duró varios lustros.* **SIN** quinquenio.

lustroso, -sa *adj.* **1** Que tiene lustre o brillo: *dejó los zapatos lustrosos después de limpiarlos.* **SIN** brillante. **2** Que tiene un aspecto sano debido al color y la limpieza de la piel: *le ofreció una lustrosa manzana; tu hijo está muy lustroso*.

lutecio *n. m.* Elemento químico metálico del grupo de los lantánidos, cuyo número atómico es 71: *el símbolo del lutecio es Lu*.

luteranismo *n. m.* Doctrina religiosa protestante que defiende la libre interpretación de los textos de la Biblia y sostiene que la fe es la única vía de salvación del hombre: *el luteranismo está basado en las teorías de Lutero*.

luterano, -na *adj.* **1** De Lutero o del luteranismo o que tiene relación con esta doctrina religiosa o con este reformador alemán: *la reforma luterana nació en el siglo XVI.* ◇ *adj./n. m. y f.* **2** [persona] Que es seguidor o partidario de la doctrina de Lutero: *los luteranos son cristianos protestantes.*

DER luteranismo.

luto *n. m.* **1** Dolor y pena causados por la muerte de una persona: *el ayuntamiento izó la bandera a media asta en señal de luto.* **2** Muestra exterior de dolor y pena causados por la muerte de una persona que se manifiesta en el uso de ropa negra y determinados objetos y adornos: *viste de negro porque lleva luto por la muerte de su marido.* **3** Período de tiempo que dura esta muestra exterior de dolor: *el alcalde ha decretado una semana de luto; el luto duró siete años*.

DER enlutar.

ETIM *Luto* procede del latín *luctus*, 'llanto', voz con la que también está relacionada *luctuoso*.

lux *n. m.* Unidad de intensidad de iluminación en el sistema internacional de unidades: *el símbolo del lux es lx*.

luxación *n. f.* Daño que se produce cuando un hueso se sale de su articulación: *una luxación en la muñeca le impidió participar en el partido de tenis.* **SIN** dislocación.

luxemburgués, -guesa *adj.* **1** De Luxemburgo o que tiene relación con este país del centro de Europa: *el río Mosela atraviesa el territorio luxemburgués.* ◇ *adj./n. m. y f.* **2** [persona] Que es de Luxemburgo: *los luxemburgueses son vecinos de los belgas y de los alemanes.* ◇ *n. m.* **3** Lengua que se habla en Luxemburgo, junto al alemán y al francés: *el luxemburgués es una lengua germánica*.

luz *n. f.* **1** Forma de energía que ilumina las cosas y las hace visibles y que se propaga mediante partículas llamadas fotones: *la luz impresiona la retina del ojo*. **luz artificial** Luz eléctrica: *si puedes estudiar con luz del sol no lo hagas con luz artificial*. **luz eléctrica** Luz producida mediante energía eléctrica: *la luz eléctrica es limpia y cómoda*. **luz natural** Luz producida por el Sol: *los colores se ven mejor con la luz natural*. **2** Claridad que desprende un cuerpo que está en combustión: *la luz de las llamas es amarillenta*. **3** Objeto o aparato que sirve para alumbrar: *se ha fundido la luz del cuarto de baño; apaga las luces del coche*. **luz corta** o **luz de cruce** Luz de un vehículo que debe iluminar como mínimo unos 40 metros de vía: *al circular por un túnel es obligatorio poner la luz corta*. **luz de posición** Luz de un vehículo que sirve para ser visto en lugares que tienen poca iluminación: *para circular por ciudad basta con llevar puesta la luz de posición*. **luz larga** o **luz de carretera** Luz de un vehículo que debe iluminar como mínimo unos 100 metros de vía: *la luz larga no debe utilizarse cuando viene un vehículo de frente*. **4** Corriente eléctrica: *el precio de la luz ha vuelto a subir este año*. **5** Espacio abierto en una pared que deja pasar la claridad: *esta casa tiene pocas luces*. **luz cenital** Luz que entra por un espacio abierto en el techo: *este estudio tiene una luz cenital*. **6** Modelo que marca un camino o una guía: *ese filósofo fue la luz de los jóvenes de mi generación*. ◇ *n. f. pl.* **7 luces** Inteligencia o entendimiento de una persona: *es un profesor con muchas luces; es una persona con pocas luces*.

arrojar luz Aclarar un asunto: *las nuevas pruebas arrojan luz sobre el misterioso asesinato*.

a todas luces De manera clara y segura: *ha sido a todas luces una injusticia*.

dar a luz Expulsar el feto la mujer: *no tuvo tiempo de llegar al hospital y dio a luz en el taxi*. **SIN** parir.

sacar a la luz Publicar un texto u obra: *ese año sacó a la luz la que sería su obra más famosa*.

DER lucerna, lucero, lúcido, luciérnaga, lucífilo, lucífugo, lucir, lux; contraluz, parteluz, tragaluz.

ETIM Luz procede del latín *lux, lucis*, que tenía el mismo significado, voz con la que también están relacionadas *dilucidar, elucidar, lucerna*.

lycra *n. f.* Tejido sintético elástico y brillante, especialmente usado en la confección de prendas de vestir como bañadores o medias.

OBS Es marca registrada y se pronuncia 'licra'.

M | m

m *n. f.* **1** Decimotercera letra del alfabeto español: *en la frase mi mamá me mima la única consonante es la m*. **2** Letra que representa el valor de 1000 en la numeración romana: *MC son mil cien en números romanos. Se escribe con letra mayúscula*. **3** Abreviatura de metro: *la barra medía 1,5 m*.

macabro, -bra *adj.* Que tiene relación con el aspecto más repulsivo y desagradable de la muerte: *nos contó una historia macabra de unos perros que descuartizaron un cadáver recién enterrado*.

macaco *n. m.* **1** Mono pequeño de hocico saliente, cola corta y callosidades glúteas: *el macaco vive en los bosques asiáticos y africanos*. **2** Persona pequeña y poco importante: *serás siempre un macaco si no comes lo suficiente*. Tiene matiz afectuoso referido a niños, y carácter despectivo referido a adultos.

macanudo, -da *adj.* *coloquial* [persona, cosa] Que destaca por sus buenas cualidades o que es admirable. **SIN** extraordinario.

macarra *adj.* **1** *coloquial* Que es vulgar y de mal gusto: *siempre viste con ropa macarra*. **SIN** hortera. ◇ *adj./n. com.* **2** [persona] Que se comporta de manera vulgar y agresiva: *un grupo de macarras llegó en sus motos levantando polvo y haciendo ruido*. ◇ *n. m.* **3** Hombre que vive de lo que ganan las prostitutas que él protege o controla. **SIN** chulo.
OBS Tiene valor despectivo.

macarrón *n. m.* **1** Pasta de harina de trigo que tiene forma de tubo. Se usa en plural. **2** Tubo de plástico delgado y flexible que se usa para recubrir hilos eléctricos o alambres: *el cable de la luz está recubierto por un macarrón que lo protege de la humedad*.
DER macarrónico.

macarrónico, -ca *adj.* [idioma] Que se usa incorrectamente, en el que se mezclan palabras de la propia lengua con otras de la lengua que se pretende usar o en el que se inventan palabras con sonidos o terminaciones de esa lengua: *el taxista hablaba un inglés macarrónico, pero se hizo entender por el turista; los soldados del Imperio romano hablaban un latín macarrónico*.

macartismo *n. m.* Conjunto de acciones emprendidas contra un grupo de personas por sus ideas políticas y sociales, generalmente progresistas.
ETIM Macartismo procede del apellido de J. R. McCarthy, senador estadounidense que impulsó acciones anticomunistas en su país durante la guerra fría.

macedonia *n. f.* Postre que consiste en frutas cortadas en trozos, aliñadas con su zumo o el de otras frutas y al que puede añadirse azúcar o licor: *esta macedonia tiene trocitos de piña y manzana y zumo de naranja*.

macedónico, -ca *adj.* Macedonio.

macedonio, -nia *adj.* **1** De Macedonia o relacionado con este estado europeo de los Balcanes: *Skopje es la capital macedonia*. **SIN** macedónico. ◇ *adj./n. m. y f.* **2** [persona] Que es de Macedonia: *los macedonios son vecinos de los búlgaros y de los albaneses*. **SIN** macedónico.

maceración *n. f.* Ablandamiento de una sustancia golpeándola, apretándola o sumergiéndola en un líquido. **SIN** maceramiento.

maceramiento *n. m.* Maceración.

macerar *v. tr./prnl.* **1** Poner blanda una cosa dándole golpes o apretándola: *macera bien el barro antes de ponerte a modelarlo*. **2** Echar un alimento en un líquido y algunas especias y dejarlo en reposo un tiempo, antes de cocinarlo, para ablandarlo y mejorar su sabor: *dejó la carne macerándose con aceite, limón y pimienta un día entero antes de cocinarla*. **3** Sumergir una sustancia sólida en un líquido durante un tiempo para extraer de ella las partes solubles: *puso a macerar romero en alcohol para preparar una loción*.
DER maceración, maceramiento.

macero *n. m.* Empleado de un ayuntamiento u otra corporación que en determinadas celebraciones lleva una maza delante de las personas que usan esta señal de dignidad: *dos maceros de librea abrían el cortejo*.

maceta *n. f.* **1** Recipiente de barro cocido o material plástico que, lleno de tierra, se usa para cultivar plantas: *las macetas tienen un agujero en la base para eliminar el agua sobrante*. **SIN** tiesto. **2** Conjunto del recipiente, la tierra y la planta: *puso las macetas de geranios en el balcón para adornarlo*. **3** Martillo con cabeza de dos bocas iguales y mango corto que usan los canteros para golpear el cincel. ☞ herramientas.
DER macetero.

macetero *n. m.* Soporte o recipiente que sirve para colocar macetas con plantas: *en la terraza de la casa había varios maceteros; le regalaron un bonito macetero de cerámica*.

machaca *n. com.* Persona subordinada encargada de los trabajos más pesados: *este mes se ha alistado y dentro de poco estará de machaca en el ejército*.

machacar *v. tr.* **1** Deshacer o aplastar algo dándole golpes: *machacó ajo y perejil en el mortero*. **SIN** majar. **2** Trabajar algo a fondo, especialmente si se trata del estudio de alguna materia: *el profesor nos machacó la lección y por eso aprobamos todos*. **3** Ganar o vencer al contrario con mucha ventaja o con facilidad: *el aspirante machacó al campeón durante todo el combate*. ◇ *v. intr.* **4** Insistir mucho en algún asunto o tema hasta llegar a molestar y cansar: *deja ya de machacar, hombre, que estás siempre con la misma canción*.
DER machaca, machacón, machaqueo.
OBS En su conjugación, la c se convierte en qu delante de e.

machacón, -cona *adj./n. m. y f.* Que repite algo hasta el punto de cansar o molestar: *no aguanto esta música machacona que ahora está de moda*. **SIN** pesado.
DER machaconería.

machaconería *n. f.* Insistencia excesiva: *si le han dado la subvención es por su machaconería, se hacía pesado y querían quitárselo de encima*. **SIN** pesadez.

machada *n. f.* Acto que pretende demostrar valentía, pero que resulta imprudente y poco oportuno: *es un fanfarrón y se pasa el día haciendo machadas para demostrar lo fuerte que es*.

machamartillo Palabra que se utiliza en la locución adverbial *a machamartillo*, que indica que algo se hace con firmeza y con solidez: *ha adelgazado diez kilos en un mes, porque lleva el régimen a machamartillo*.
OBS También se escribe *a macha martillo*.

machaqueo *n. m.* **1** Acción de golpear o aplastar algo con golpes repetidos: *ese machaqueo continuo de las gotas de agua sobre los cristales me pone nerviosa*. **2** Insistencia que se pone en un tema o en la realización de alguna cosa: *¡qué machaqueo de preguntas sobre el mismo tema!* **3** Derrota arrolladora de un equipo frente a otro.

machete *n. m.* Cuchillo grande con la hoja ancha: *los montañeros llevaban un machete para cortar las ramas y abrirse paso entre la maleza; los soldados iban armados sólo con el machete*.

machismo *n. m.* Actitud o tendencia que considera que el hombre es superior a la mujer: *negar el derecho al voto a las mujeres fue una manifestación más del dominio del machismo en la sociedad*.
DER machista.

machista *adj.* **1** Del machismo o que tiene relación con esta actitud: *vivimos en una sociedad machista pero cada vez la igualdad de sexos es más evidente*. ◇ *adj./n. com.* **2** [persona] Que considera que el hombre es superior a la mujer: *es un machista y no soporta tener como jefe a una mujer*.

macho *n. m.* **1** Ser vivo de sexo masculino: *los machos han desarrollado fascinantes comportamientos de cortejo para atraer a las hembras; el faisán macho tiene la cola más larga que la de la hembra; la palmera hembra da dátiles si se fecunda con el polen de la palmera macho*. Se usa en aposición a los nombres de animales y plantas que no varían de género. **2** Pieza que se introduce en otra con la que encaja: *en los enchufes, el macho es la pieza que va al final del cable, y la hembra la que se clava en la pared y tiene dos agujeros*. **3** *coloquial* Se usa como apelativo dirigido a un amigo: *hombre, macho, ¿qué es de tu vida?* **SIN** tío. ◇ *adj.* **4** [hombre] Que tiene o cree tener las cualidades consideradas tradicionalmente como propias del género masculino: *esto de torear lo hace sentirse más macho; es muy macho y muy valiente*. **5** Mazo grande y pesado que usa el herrero.
DER machote.

ETIM *Macho* procede del latín *masculus*, que tenía el mismo significado, voz con la que también está relacionada *masculino*.

machón *n. m.* ARQ. Columna vertical que sujeta parte de un edificio o se incrusta en la pared para reforzarla: *el albañil colocó dos machones para sostener el techo de la terraza*.

machorra *n. f.* **1** Hembra estéril, que no puede tener hijos: *en el pueblo mataron una machorra de oveja para el banquete de boda*. **2** *coloquial* Mujer que tiene movimientos y actitudes que se consideran propios de los hombres: *una machorra salió de detrás del mostrador y se lió a puñetazos con el cliente*. Tiene valor despectivo.

machorro, -rra *adj.* Que es estéril o que no puede dar fruto: *planta machorra; terreno machorro*.

machote *adj./n. m. y f. coloquial* Se usa como apelativo para referirse a una persona, generalmente a un joven, al que se considera fuerte o valiente: *¡qué machotes son estos niños bañándose en el río con el frío que hace!*

maciento, -ta *adj.* [persona] Que ha perdido el color rosado habitual de la cara y se muestra demacrado y falto de vigor: *su rostro maciento nos hizo pensar que estaba enfermo*.

macizo, -za *adj.* **1** Que es sólido, que está lleno y no tiene hueco en su interior: *ese bloque de piedra maciza pesa demasiado; la pulsera es de oro macizo*. **SIN** compacto. **2** Que es fuerte y con las carnes duras: *los futbolistas tienen unas piernas macizas; es un bebé sano y macizo*. **SIN** recio. **ANT** fofo. **3** *coloquial* Que tiene un cuerpo muy bien formado y carne dura: *mira qué tío macizo, es guapísimo*. ◇ *n. m.* **4** Grupo de alturas o montañas o elevación del terreno generalmente rocosa: *hicieron una excursión por un hermoso macizo de la sierra de Gredos; desde aquel macizo se divisa un hermoso paisaje*. **5** Conjunto de plantas cultivadas con el que se decoran los cuadros de los jardines o parques: *en el parque destacaba la combinación de macizos de tulipanes y margaritas*. **SIN** parterre. **6** ARQ. Parte de una pared que está entre dos huecos: *vamos a recubrir los macizos con madera*.
ETIM Véase *masa*.

macro *n. f.* INFORM. Instrucción u orden preparada para que, cuando se active, origine en el ordenador la ejecución de una secuencia o serie de operaciones: *todo el trabajo lo ha realizado gracias a un par de macros bien pensadas*.

macrobiótica *n. f.* Forma de alimentación basada en el consumo de productos vegetales no manipulados industrialmente que busca mejorar y alargar la vida.
DER macrobiótico.

macrobiótico, -ca *adj.* [alimento] Que no ha sido manipulado industrialmente y que forma parte de una dieta encaminada a mejorar y alargar la vida: *los cereales integrales, las legumbres y las verduras son los alimentos macrobióticos básicos*.

macrocéfalo, -la *adj./n. m. y f.* **1** [animal] Que tiene la cabeza muy grande con relación al cuerpo o a la especie a que pertenece: *hay pocos estudios sobre macrocéfalos congénitos*. **2** [sociedad, grupo, entidad] Que tiene un número de dirigentes excesivamente grande: *es un grupo de empresas macrocéfalo, casi hay más directores y subdirectores que empleados*.

macroconcierto *n. m.* Concierto celebrado en un lugar que permite la asistencia de muchos espectadores, como un estadio o una plaza de toros, y en el que actúan numerosos artistas o un solo artista durante más tiempo del habitual: *el próximo macroconcierto de rock se celebrará en la plaza de toros*.

macrocosmo o **macrocosmos** *n. m.* Universo o conjunto de todo lo que existe en la Tierra y fuera de ella, especialmente cuando se compara con el hombre o microcosmo: *los filósofos describen las relaciones dinámicas que se establecen entre el microcosmo y el macrocosmo*.
OBS La Real Academia Española admite *macrocosmos*, pero prefiere la forma *macrocosmo*.

macroeconomía *n. f.* Estudio de la economía de una zona, país o grupo de países, considerada en su conjunto y empleando datos colectivos o globales como la renta nacional, el empleo o las importaciones y exportaciones: *los tratados de macroeconomía estudian la política económica que es conveniente seguir*.

macromolécula *n. f.* Molécula de gran tamaño, generalmente formada por gran número de átomos: *las macromoléculas pueden ser naturales o sintéticas.*

macroscópico, -ca *adj.* Que se ve a simple vista sin ayuda del microscopio: *el biólogo estudiaba los caracteres macroscópicos de los tejidos vegetales.* **ANT** microscópico.

macruro *adj./n. m.* **1** Animal crustáceo del suborden de los macruros. ◇ *n. m. pl.* **2 macruros** ZOOL. Suborden de crustáceos decápodos de abdomen muy desarrollado que les sirve para nadar: *la langosta y el bogavante pertenecen a los macruros.*

mácula *n. f.* **1** *culto* Cosa que desprestigia o afecta la fama o el honor de una persona: *este fracaso es una mácula en la marcha de esta empresa.* **SIN** mancha. **2** Mancha o zona oscura que se observa en el disco del Sol.

macuto *n. m.* Saco o mochila de tela fuerte o piel que se cuelga a la espalda: *el soldado llevaba ropa para cambiarse dentro del macuto.*

madama *n. f.* Madame.

madame *n. f.* **1** Tratamiento afectado de cortesía o título de honor dado a las señoras. La Real Academia Española prefiere la forma españolizada *madama*. **2** Dueña o encargada de un prostíbulo: *la madame controla el trabajo de las chicas.*

madeira *n. m.* Vino dulce que se elabora en la isla portuguesa de Madeira.

madeja *n. f.* Hilo recogido en vueltas iguales y grandes: *mi madre colocó la madeja entre los brazos de mi hermano y fue tirando del hilo para hacer un ovillo.* ☞ costurero.

enredar la madeja Hacer difícil o más difícil un asunto: *intentó enredar la madeja aún más malmetiendo a unos amigos con otros.* **SIN** complicar, liar.

DER desmadejar.

madera *n. f.* **1** Material duro y fibroso que forma el tronco y las ramas de los árboles: *el tronco tiene la madera más gruesa que las ramas.* **2** Material duro y fibroso que procede de los árboles: *necesitamos un poco de madera para el fuego; este armario es de madera de nogal.*

tener madera Tener talento o capacidad innata para hacer algo: *este niño toca muy bien el piano, tiene madera de músico.* En esta locución siempre va seguido de la preposición de.

tocar madera Expresión que se utiliza para alejar un mal que no se desea que llegue: *toca madera para que no nos pregunten los temas que no hemos estudiado.*

DER maderar, maderero, madera.

ETIM *Madera* procede del latín *materia*, que tenía el mismo significado, voz con la que también está relacionada *materia*.

maderar *v. tr.* Convertir árboles en madera: *maderar un bosque.*

maderero, -ra *adj.* **1** De la madera o que tiene relación con este material: *la producción maderera aumentó el año pasado.* ◇ *n. m. y f.* **2** Persona que se dedica a comerciar con maderas. **3** Persona que se dedica a transportar madera por el río: *fue maderero en el río Tajo, pero era un oficio duro.*

madero *n. m.* **1** Tabla larga de madera: *atrancó la puerta del corral con un madero; sólo se encontraron algunos maderos del bote abandonado.* **2** Árbol cortado y sin ramas. ◇ *n. com.* **3** *coloquial* Agente de policía: *los estudiantes siguieron encerrados en el aula hasta que llegaron los maderos.*

madrastra *n. f.* **1** Nueva mujer del padre respecto a los hijos que éste tiene de un matrimonio anterior: *sus padres se divorciaron hace tiempo y en realidad se relaciona más con su madrastra que con su madre.* **2** Mala madre, que trata mal a sus hijos: *aunque parecía buena persona, era una madrastra con su hijo.*

madraza *n. f.* Madre que mima mucho a sus hijos: *es una madraza: le da todos los caprichos a su hija.*

madre *n. f.* **1** Mujer o hembra de animal que ha parido: *la madre de los cachorros no deja que nadie se acerque a ellos; fue madre por primera vez a los 25 años.* **2** Mujer o hembra con respecto a su hijo o hijos. **madre adoptiva** Mujer que hace todas las funciones de madre sin haber dado a luz a sus hijos legales: *este niño es hijo de madre adoptiva, la suya murió cuando él nació.* **madre de alquiler** Mujer que concibe un hijo para otra que no puede gestarlo. **madre de familia** Mujer que se dedica al cuidado de sus hijos y a los trabajos de la casa. **madre de leche** Mujer que da el pecho a uno o a varios niños sin ser suyos: *la madre del bebé estaba enferma y buscaron una madre de leche para que lo amamantara.* **SIN** nodriza. **madre política** La madre de la persona con la que se está casado o se convive en pareja: *mi madre política tiene cuatro hijos, pero mi marido es el único hijo varón.* **SIN** suegra. **madre soltera** Mujer que forma una unidad familiar con su hijo o hijos sin la participación del padre. **3** Mujer que pertenece a una orden religiosa: *las madres de mi colegio eran teresianas.* **madre superiora** Religiosa de mayor autoridad en el convento: *las monjas están bajo las órdenes de la madre superiora.* **4** Causa u origen más importante de una cosa: *este desacuerdo fue la madre de todos los problemas que después surgieron.* **madre patria** País que ha dado origen a otros: *los países hispanoamericanos consideran a España como su madre patria.* **5** Parte del terreno por donde va una corriente de agua: *ha llovido tanto que el río se ha salido de su madre.* **SIN** cauce, lecho. **6** Heces del vino o vinagre: *la tinaja está casi vacía, por eso sale el vino con tantas madres.* En esta acepción se usa generalmente en plural.

ciento y la madre *coloquial* Gran cantidad de gente: *era casi imposible entrar en la cafetería, había ciento y la madre.*

como su madre lo trajo al mundo *coloquial* Completamente desnudo, sin ropa alguna: *se bañó en la fuente como su madre lo trajo al mundo.*

la madre del cordero Razón real de un hecho o asunto: *en esa familia están todos en el paro, ésa es la madre del cordero de todos sus problemas.*

¡la madre que te parió! *malsonante* Expresión que indica enfado o disgusto contra la persona o cosa a la que se le dirige: *¡la madre que te parió!, ¡qué daño me has hecho!*

¡madre mía! Expresión que indica sorpresa o admiración: *¡madre mía!, casi nos matamos.*

salirse de madre Perder el dominio, la tranquilidad o la paciencia: *en la fiesta todo el mundo se salió de madre.*

DER madrastra, madraza, madrina; comadre, desmadre, enmadrarse.

ETIM *Madre* procede del latín *mater, –tris*, que tenía el mismo significado, voz con la que también están relacionadas *materno, matriarca, matricidio, matriz, matrona.*

madreperla *n. f.* Molusco de concha oscura, rugosa y casi circular que vive en las aguas de los mares tropicales; se pesca para recoger las perlas que se forman en su interior: *las perlas cultivadas se obtienen a partir de las madreperlas.*

madrépora *n. f.* Pólipo con esqueleto exterior calcáreo que vive en colonias formando barreras de coral o atolones: *la madrépora es propia de los mares intertropicales.*

madreselva *n. f.* Arbusto de tallos largos y nudosos, hojas ovaladas y flores olorosas: *la madreselva se utiliza como planta decorativa.*

madrigal *n. m.* **1** Poema corto de tema amoroso en el que se combinan versos de siete y once sílabas: *Gutierre de Cetina, un poeta del s. XVI, escribió un madrigal que comienza: Ojos claros, serenos.* **2** MÚS. Composición musical para varias voces de tema no religioso: *el madrigal es característico de la música renacentista.*

madriguera *n. f.* **1** Cueva o túnel que excavan algunos animales para usarlo como refugio: *el conejo construye madrigueras con una compleja red de túneles y cámaras.* **2** Escondrijo en el que se refugian una o varias personas buscadas por realizar actividades delictivas: *los ladrones tenían su madriguera en un piso de las afueras de la ciudad.* **3** Lugar generalmente pequeño y recogido en el que alguien puede estar solo o tranquilo: *cuando estaba deprimido y triste se refugiaba en su madriguera.*

madrileño, -ña *adj.* **1** De Madrid o relacionado con esta comunidad autónoma, con su provincia o con su capital: *el cocido madrileño es muy famoso.* ◇ *adj./n. m. y f.* **2** [persona] Que es de Madrid: *muchos madrileños proceden de otras zonas de España.*

madrina *n. f.* **1** Mujer que presenta o acompaña a una persona cuando ésta recibe un sacramento: *la madrina del bautismo; la madrina de bodas.* **2** Mujer que preside un acto público determinado: *la reina fue la madrina de la ceremonia de la Cruz Roja.* **3** Mujer elegida para botar un barco: *la madrina rompió la botella de cava contra el casco del velero.* **4** Mujer que favorece a una persona para que ésta consiga sus deseos o pretensiones: *consiguió con facilidad el puesto, porque tenía como madrina a la mujer del jefe.*
DER amadrinar.

madroño *n. m.* **1** Arbusto de flores blancas y hojas perennes que da un fruto comestible: *el oso y el madroño son los símbolos de Madrid.* **2** Fruto del madroño de forma redonda, rojo por fuera y amarillo por dentro y con la superficie áspera; es comestible y tiene un sabor dulce: *el licor de madroños es digestivo.* **3** Borla pequeña que tiene la forma de este fruto: *la mesa camilla tenía unas faldillas que acababan rematadas con madroños.*

madrugada *n. f.* **1** Parte del día que va desde las doce de la noche hasta el amanecer: *cuando llegué a casa a las tres de la madrugada mi madre me estaba esperando.* **2** Tiempo durante el cual sale el Sol. **SIN** alba, aurora, amanecer.
de madrugada Al amanecer: *se levantó de madrugada para ir a esquiar.*

madrugador, -dora *adj./n. m. y f.* **1** [persona] Que tiene por costumbre levantarse muy temprano: *es un hombre madrugador, incluso los fines de semana se levanta a las siete.* **SIN** tempranero. **2** Que ocurre antes de tiempo o que tiene lugar muy pronto: *¡qué madrugadora ha sido tu petición de la plaza! El plazo se abría ese mismo día.*

madrugar *v. intr.* **1** Levantarse muy pronto, especialmente al amanecer: *madrugaban para ir al trabajo.* **2** Ganar tiempo en un asunto o negocio: *sabía que le pediría la licencia, así que madrugó entregándosela de antemano.* **SIN** adelantarse, anticiparse. **ANT** tardar, retrasarse.
DER madrugada, madrugador, madrugón.
OBS En su conjugación, la g se convierte en gu delante de e.

madrugón *n. m.* Hecho de levantarse muy pronto, especialmente antes de la salida del Sol: *cuando iban a pescar se daban un buen madrugón.*

maduración *n. f.* **1** Proceso por el cual un fruto llega al momento justo y adecuado para ser cogido o comido: *muchas veces las frutas y verduras se cogen verdes, con lo que su maduración termina en cámaras frigoríficas.* **2** Proceso de desarrollo intelectual y físico de la persona en relación con sus condicionantes hereditarios, el contexto social en el que vive y sus circunstancias personales. **SIN** madurez. **3** Etapa en la elaboración del vino y algunos licores, durante la cual se mantienen en cubas especiales antes de ser embotellados.

madurar *v. tr.* **1** Hacer alcanzar a un fruto el desarrollo completo: *el sol maduró las frutas del huerto.* **2** Meditar sobre una idea, un proyecto o un asunto antes de llevarlo a cabo: *la idea para la película es buena, pero hay que madurarla antes de hacer el guión.* ◇ *v. intr.* **3** Alcanzar un fruto su desarrollo completo: *las uvas maduran lentamente.* **SIN** sazonar. **4** Crecer y desarrollarse una persona en relación con sus condicionantes hereditarios, el contexto social en el que vive y sus circunstancias personales: *Ana es muy niña, le falta madurar.*
DER maduración.

madurez *n. f.* **1** Estado de un fruto que ha alcanzado un desarrollo completo: *las uvas se cogen en verano, cuando llegan a su madurez.* **2** Culminación del proceso de desarrollo de una persona en relación con sus condicionantes hereditarios, el contexto social en el que vive y sus circunstancias personales: *una prueba de su madurez fue su decisión de dejar de fumar al saber que le perjudicaba.* **SIN** sensatez. **ANT** inmadurez. **3** Edad adulta, entre la juventud y la vejez: *la madurez trajo serenidad y experiencia a su vida.*

maduro, -ra *adj.* **1** [fruto] Que ha alcanzado su desarrollo completo: *por favor, déme un kilo de tomates bien maduros.* **ANT** verde. **2** [persona] Que obra con juicio: *tiene treinta años, pero aún no es una persona madura.* **SIN** sensato. **ANT** inmaduro. **3** [persona] Que tiene una edad avanzada, pero que todavía no ha entrado en la vejez: *se casó con un hombre maduro; era una mujer ya madura, pero se conservaba todavía muy atractiva.* **4** [idea, proyecto] Que está meditado y preparado por completo: *cuando el plan estuvo maduro, el grupo lo llevó a cabo.*
DER madurar, madurez; inmaduro.
ETIM Maduro procede del latín *maturus*, que tenía el mismo significado, voz con la que también está relacionada *prematuro*.

maese *n. m. culto* Tratamiento de respeto que se anteponía al nombre propio de hombres que tenían determinados oficios: *maese Pedro el organista.*

maestranza *n. f.* **1** Establecimiento militar donde se almacenan, distribuyen y reparan piezas de artillería y otro material de guerra. **2** Conjunto de operarios que trabajan en estos establecimientos. **3** Sociedad de caballeros que se ejercitaban en la equitación.

maestrazgo *n. m.* **1** Dignidad o cargo de maestre de cualquiera de las órdenes militares: *Don Enrique de Villena ejerció el maestrazgo de Calatrava.* **2** Territorio de la jurisdicción del maestre de una orden militar: *aquella ciudad pasó a pertenecer al maestrazgo de la orden de Santiago.*

maestre *n. m. culto* Persona que ocupa el cargo superior de una orden militar: *el maestre de la orden de Calatrava presidió la reunión.*
DER maestranza, maestrazgo; contramaestre.

maestría *n. f. culto* Gran habilidad y perfección: *ejecutó una pieza al piano con gran maestría; el crítico destacó la maestría del joven pintor.* **SIN** destreza. **2** Oficio y título de maestro especialmente en una profesión técnica o manual: *se preparó unas oposiciones de maestría industrial.*

maestro, -tra *adj.* **1** [cosa] Que destaca entre los del mismo tipo o clase por su perfección: *con tan sólo veinte años de edad, escribió una obra maestra.* **SIN** magistral. **ANT** corrien-

mafia

te. ◇ n. m. y f. **2** Persona que se dedica a la enseñanza y que tiene título para ello, especialmente la que enseña en la escuela primaria: *es maestra y da clase a niños de cinco años.* **SIN** profesor, educador. **3** Persona de gran experiencia en una materia: *es un maestro del balón.* **4** Persona o cosa que enseña o forma: *no hay mejor maestro que la experiencia.* **5** Persona que dirige el personal o las actividades de un servicio: *es maestro de cocina en un conocido restaurante.* **maestro de ceremonias** Persona que dirige los actos públicos en lugares oficiales o importantes: *el maestro de ceremonias ordenó servir la cena.* **6** Persona que compone música o que dirige un conjunto musical: *el maestro ya había dirigido esa orquesta en varias ocasiones.* **SIN** torero. **7** Persona que se dedica a torear: *el maestro cortó dos orejas al primer toro de la tarde.* ◇ n. f. **8** ARQ. Pieza larga de madera o fila de piedras que se coloca verticalmente y sirve de guía a los albañiles para construir una pared.
DER maestre, maestría; amaestrar.
ETIM *Maestro* procede del latín *magister*, que tenía el mismo significado, voz con la que también están relacionadas *magisterio, magistrado*.

mafia n. f. **1** Organización secreta e ilegal nacida en Sicilia que ejerce su poder a través de la fuerza, el crimen y el chantaje: *la Mafia nació en Italia pero está muy extendida en Estados Unidos.* En esta acepción se escribe con mayúscula. **2** Organización secreta e ilegal que se dedica al crimen: *las autoridades temen que una mafia de contrabandistas esté actuando en la costa.* **3** Organización que emplea métodos ilegales o poco claros en sus negocios: *han fundado un grupo de empresas que controla el mercado como una mafia.*
DER mafioso.

mafioso, -sa adj. **1** De la mafia o que tiene relación con este tipo de organización: *el contrabando de droga es un negocio mafioso.* ◇ adj./n. m. y f. **2** [persona] Que pertenece a la Mafia: *se han hecho muchas películas sobre el tema de los mafiosos sicilianos.* **3** [persona] Que emplea métodos ilegales o poco claros en sus negocios: *es un tipo mafioso, algunos dicen que se dedica a la venta de armas.*

magacín, magazín o **magazine** n. m. **1** Programa de televisión o radio en que se mezclan reportajes, entrevistas y actuaciones artísticas: *los magacines matinales están especialmente ideados para las amas de casa.* **2** Revista periódica ilustrada con artículos de información general muy variados: *este magacín ha sido denunciado por calumnias.*
OBS La Real Academia Española sólo registra las formas *magacín* y *magazín*. ◇ La forma *magazine* es de origen inglés y se pronuncia aproximadamente 'magasín'.

magdalena n. f. **1** Bollo pequeño hecho con harina, leche, huevo, azúcar y aceite que se cuece al horno dentro de un molde de papel. **2** Mujer que está muy arrepentida de alguna cosa mala que ha hecho.
llorar como una Magdalena *coloquial* Llorar mucho: *cuando veo una película romántica lloro como una Magdalena.*

magdaleniense n. m. Período prehistórico del paleolítico caracterizado por el pulimento de huesos y las pinturas rupestres: *los restos prehistóricos descubiertos son del magdaleniense.*

magenta adj./n. m. Color carmesí oscuro: *el magenta se emplea en las emulsiones de fotografía.*

magia n. f. **1** Conjunto de trucos y técnicas con los que se hacen cosas sorprendentes que parecen reales aunque no lo son: *el espectáculo cuenta con varios números de magia; aprendió el truco de magia de hacer salir un conejo de un sombrero.* **SIN** ilusionismo, prestidigitación. **2** Conjunto de conocimientos y técnicas que se proponen conseguir algo extraordinario con ayuda de seres o fuerzas sobrenaturales: *las brujas son las que conocen mejor la magia.* **SIN** ocultismo. **magia blanca** Tipo de magia que por medio de causas naturales obra efectos sobrenaturales: *la hipnosis es una forma de magia blanca.* **magia negra** Tipo de magia que pretende hacer cosas sobrenaturales, perjudiciales para alguien, con la ayuda del demonio: *la bruja utilizó la magia negra para dejarlo ciego.* **SIN** brujería. **3** Encanto de una persona o cosa que la hace atractiva para alguien: *los amaneceres junto al mar tienen magia; me gusta ese chico porque hay magia en sus ojos.* **SIN** atractivo.
como por arte de magia Sin explicación lógica y de una forma que sorprende: *desapareció del local como por arte de magia.*
DER mágico, mago.

mágico, -ca adj. **1** De la magia o que tiene relación con ella: *el hada madrina tenía poderes mágicos; la bruja le aseguró que la pócima mágica la haría más bella.* **2** Que se sale de lo normal y causa un efecto positivo: *aquel paisaje mágico me inspiraba tranquilidad.* **SIN** fantástico, maravilloso.

magisterio n. m. **1** Conjunto de estudios universitarios que deben cursarse para conseguir el título de maestro: *cursó magisterio en Guadalajara y ahora ejerce en Madrid.* **2** Actividad del maestro y del que enseña en general: *se dedica al magisterio desde hace años; su magisterio dejó huella en sus alumnos.* **SIN** enseñanza. **3** Conjunto de maestros de una zona determinada: *el magisterio de la escuela pública se organiza independientemente en cada comunidad autónoma.*
SIN profesorado.
DER magistral.
ETIM Véase *maestro.*

magistrado, -da n. m. y f. Juez que forma parte de un tribunal: *magistrado de una audiencia provincial; magistrado del Tribunal Superior de Justicia.*
DER magistratura.
ETIM Véase *maestro.*

magistral adj. **1** [cosa] Que está hecho con perfección y maestría: *toreó de manera magistral; las magistrales pinturas de Goya pueden verse en El Prado.* **SIN** maestro, genial. **2** Que se relaciona con la actividad del maestro o con el magisterio: *el rector de la universidad dará una clase magistral para inaugurar el curso.*

magistratura n. f. **1** Cargo o profesión de magistrado: *obtuvo la magistratura de la audiencia provincial de Ávila.* **2** Tiempo durante el cual un magistrado ejerce su cargo: *el juicio ocurrió en 1988, durante la magistratura del juez Martínez.* **3** Conjunto de los magistrados: *la magistratura dio a conocer su opinión a través de la prensa.*

magma n. m. Masa de rocas fundidas que se encuentra en el interior de la Tierra y que sale al exterior a través de los volcanes o las grietas: *el magma se convierte en lava y la lava en roca.*
DER magmático.

magmático, -ca adj. Del magma o relacionado con esta materia fundida del interior de la Tierra: *las rocas magmáticas se forman por solidificación del magma.*

magnanimidad n. f. *culto* Bondad y comprensión: *su magnanimidad hace que perdone siempre las ofensas.*

magnánimo, -ma adj. *culto* Que es bondadoso y comprensivo: *fue un rey magnánimo y justo.*
DER magnanimidad.

magnate n. com. Persona rica y muy importante, por su cargo o su poder, en el mundo de los negocios, la industria o las finanzas: *entrevistaron al magnate de los medios de comunicación; los magnates del petróleo se reunieron en El Cairo.*

magnesia *n. f.* Sustancia blanca y ligeramente alcalina, suave, insípida e inodora que, combinada con ciertos ácidos, forma sales utilizadas como purgante y para combatir el ardor de estómago: *la magnesia es terrosa y resistente al calor.*

magnesio *n. m.* Elemento químico del grupo de los alcalinos; metal de color blanco, maleable, ligero y de número atómico 12: *el símbolo del magnesio es Mg.*

magnético, -ca *adj.* **1** Que tiene las cualidades propias del imán: *la brújula se construye con una aguja magnética.* **2** Del magnetismo o que tiene relación con esta propiedad: *quiso profundizar en el estudio del campo magnético terrestre.* **3** [persona, cosa] Que posee capacidad de atracción: *su forma de hablar es magnética, acabas escuchando aunque no quieras hacerlo.*

magnetismo *n. m.* **1** Propiedad que tiene el imán para atraer el hierro: *el magnetismo hace posible encontrar objetos metálicos perdidos.* **2** Conjunto de fenómenos producidos por los imanes y las cargas en movimiento y, por tanto, por las corrientes eléctricas: *el físico quiso estudiar el magnetismo y su influencia en los metales.* **3** Disciplina que estudia esos fenómenos. **4** Atractivo que una persona o una cosa ejerce sobre otras personas: *aquel hombre era un gran seductor: poseía un magnetismo especial para gustar a las mujeres.* **SIN** atractivo.
DER magnético, magnetizar, magneto; electromagnetismo, ferromagnetismo, geomagnetismo.

magnetización *n. f.* Comunicación de las propiedades del imán a un metal o a una sustancia: *perdimos el rumbo por la magnetización de la brújula.* **SIN** imantación.

magnetizar *v. tr.* **1** Comunicar a un metal o a una sustancia las propiedades que tiene el imán de atraer el hierro, el acero y otros cuerpos. **SIN** imanar, imantar. **2** Ganar o conseguir el interés o la voluntad de una persona: *la belleza de la joven magnetizó a los presentes.* **SIN** atraer.

magneto *n. f.* Mecanismo generador de corriente eléctrica usado especialmente en los motores de explosión de algunos automóviles y motocicletas: *la magneto está formada por uno o más imanes que inducen la corriente en una bobina.*

magnetofónico, -ca *adj.* Del magnetófono o que tiene relación con este aparato eléctrico: *una cinta magnetofónica.*

magnetófono o **magnetofón** *n. m.* Aparato eléctrico que sirve para grabar y reproducir sonidos por medio de una cinta cubierta de óxido de hierro: *un micrófono capta el sonido y el magnetófono lo convierte en impulsos eléctricos que se graban en la cinta; puso en marcha el magnetófono y grabó toda la conversación.*
DER magnetofónico.

magnetoscopio *n. m.* Aparato que sirve para grabar y reproducir las imágenes en televisión: *el magnetoscopio registra las imágenes en una cinta magnética.* **SIN** vídeo.

magnetosfera *n. f.* Parte exterior de la atmósfera terrestre donde son frecuentes los fenómenos magnéticos: *la magnetosfera comienza a partir de los 100 km.*

magnicida *adj./n. com.* [persona] Que asesina a otra muy importante por su cargo o poder: *el magnicida fue rápidamente abatido por la policía.*

magnicidio *n. m.* **1** Asesinato de una persona muy importante por su cargo o poder: *el magnicidio del presidente provocó una gran conmoción.* **2** Asesinato de grandes masas: *el magnicidio judío.* **SIN** genocidio.

magnificar *v. tr.* **1** *culto* Alabar o ensalzar a alguien: *el director del museo magnificó la figura de sus benefactores.* **SIN** elogiar, loar. **2** *culto* Exagerar o dar excesiva importancia a algo: *aunque nuestra situación económica es grave, no debes magnificar los hechos ni las cifras.*
OBS En su conjugación, la c se convierte en qu delante de e.

magníficat *n. m.* Cántico al Señor que pronunció la Virgen cuando visitó a su prima santa Isabel; se reza o canta al final de las vísperas: *el magníficat toma su nombre de la primera palabra con que comienza el himno.*

magnificencia *n. f.* **1** *culto* Gran suntuosidad y lujo: *la magnificencia de las pinturas barrocas.* **SIN** fastuosidad. **ANT** modestia. **2** Generosidad para realizar grandes gastos o para emprender grandes empresas: *su magnificencia se puso de manifiesto cuando mandó construir casas para los pobres.*

magnífico, -ca *adj.* **1** Que destaca por sus buenas cualidades: *su última novela es magnífica; es un chico magnífico.* **SIN** excelente. **2** Que causa admiración por su grandeza, lujo o perfección: *vive en una magnífica mansión.* **SIN** espléndido. **3** Tratamiento honorífico que se aplica a los rectores de las universidades: *acto seguido pronunciará unas palabras el magnífico rector de la Universidad de Madrid.* El adjetivo se coloca antes del nombre al que acompaña.
DER magnificencia.

magnitud *n. f.* **1** Aspecto de la realidad que puede ser medido, como la longitud, la superficie o el peso: *la temperatura es una magnitud.* **2** Grandeza o importancia: *no se sabe el número total de víctimas, pero la magnitud de la tragedia es evidente.* **SIN** dimensión, alcance.

magno, -na *adj. culto* Que es grande o importante: *todos alabaron el magno esfuerzo de los voluntarios; el Gobierno emprendió una magna obra de reformas.*
DER magnate, magnicidio, magnificar, magnitud.
OBS Suele colocarse antes del sustantivo al que acompaña.

magnolia *n. f.* **1** Árbol de tronco liso y copa siempre verde, con las hojas alargadas, grandes y duras, que da como flor la magnolia: *la magnolia procede de América y Asia.* Este árbol también se llama *magnolio*. **2** Flor de la magnolia de pétalos blancos, alargados y grandes y de olor intenso: *el olor de las magnolias impregnaba todo el jardín.*

mago, -ga *n. m. y f.* **1** Persona que, usando ciertas técnicas y trucos, hace cosas sorprendentes que parecen reales: *el mago hizo unos trucos con una baraja de cartas.* **SIN** ilusionista, prestidigitador. **2** Persona que emplea unos conocimientos y técnicas para conseguir algo extraordinario con ayuda de seres o fuerzas sobrenaturales: *una maga le predijo que se casaría con un rey.* **SIN** adivino, brujo. **3** Persona que está especialmente capacitada para una actividad determinada: *es un mago de las finanzas.*

magrear *v. tr. coloquial* Manosear o sobar una persona a otra con la intención de obtener o provocarle placer sexual.

magrebí *adj.* **1** Del Magreb o que tiene relación con esta región del norte de África que se extiende por Argelia, Marruecos y Tunicia. ◊ *adj./n. com.* **2** [persona] Que es del Magreb: *miles de magrebíes cruzan la península todos los veranos para visitar su tierra.*

magro, -gra *adj.* **1** [carne] Que no tiene grasa: *está a régimen y sólo puede comer carne magra.* ◊ *n. m.* **2** Carne de cerdo cercana al lomo que tiene poca grasa: *pidieron unas raciones de magro con tomate.*

magulladura *n. f.* Lesión de los tejidos orgánicos de alguna parte del cuerpo sin herida exterior que se ha producido como consecuencia de un golpe: *la caída le produjo algunas magulladuras.* **SIN** contusión.

magullamiento *n. m.* Magulladura.

magullar *v. tr./prnl.* Causar a un cuerpo lesiones, pero sin herirlo, comprimiéndolo o golpeándolo violentamente: *al saltar la tapia se magulló una rodilla.* **SIN** contusionar.
DER magulladura, magullamiento.

maharajá *n. m.* Título que se aplica a casi todos los príncipes de la India: *el maharajá es soberano de su principado.*
OBS También se escribe *marajá.* ◊ El femenino es *maharaní.* ◊ El plural es *maharajás* o *maharajaes.*

mahometano, -na *adj./n. m. y f.* **1** [persona] Que sigue la religión del Islam que fundó Mahoma: *el libro sagrado de los mahometanos es el Corán.* **SIN** moro, musulmán. ◊ *adj.* **2** De Mahoma o de la religión por él fundada: *muchas costumbres mahometanas son extrañas para los cristianos.* **SIN** islámico, musulmán.
DER mahometismo.

mahometismo *n. m.* Doctrina religiosa que se basa en el Corán; sus seguidores creen que Mahoma es el único profeta de Dios. **SIN** islam, islamismo.

mahonesa *adj./n. f.* [salsa] Que se hace mezclando huevo crudo, aceite, vinagre o limón y sal: *me gusta más la salsa mahonesa que la tártara; se le cortó la mahonesa y tuvo que arreglarla con más huevo.*
OBS Como sustantivo, la Real Academia Española admite *mahonesa*, pero prefiere la forma *mayonesa.*

maicena *n. f.* Harina muy fina de maíz: *las papillas de maicena engordan mucho.*

mailing *n. m.* Envío por correo de información comercial a un gran número de personas que han sido seleccionadas por su probable interés en la adquisición del producto: *la publicidad del nuevo vehículo ha llegado mediante un mailing a las casas de todos los compradores del anterior modelo.*
OBS Es de origen inglés y se pronuncia aproximadamente 'meilin'.

maillot *n. m.* **1** Prenda de vestir deportiva de tela fina y elástica que se ajusta al cuerpo: *en la clase de aerobic las chicas suelen usar maillot y medias gruesas.* **2** Camiseta ajustada que llevan los ciclistas: *el ciclista que ha ganado más etapas lleva el maillot amarillo.*
OBS El plural es *maillots.*

mainel *n. m.* ARQ. Columna delgada que divide en dos partes el hueco de una puerta o ventana: *sobre algunos maineles se adosan estatuas.* **SIN** montante, parteluz.

maitines *n. m. pl.* Conjunto de oraciones que se dicen antes de amanecer; constituyen la primera de las partes en que se divide el rezo diario a que están obligados algunos eclesiásticos.

maître *n. m.* Jefe de comedor y encargado de dirigir a los camareros en un restaurante.
OBS Es de origen francés y se pronuncia aproximadamente 'métre'.

maíz *n. m.* **1** Semilla de color amarillo, pequeña y abultada que crece agrupada en una especie de racimo compacto que se llama mazorca; es comestible y de él se extrae también aceite: *las palomitas se hacen tostando maíz.* **2** Planta de tallos rectos y largos, con las hojas grandes y las flores agrupadas en racimo que da como fruto el maíz: *el maíz procede de América.* ☞ cereales.
DER maicena, maizal.
OBS El plural es *maíces.*

maizal *n. m.* Terreno sembrado de maíz: *había un espantapájaros en medio del maizal.*

majada *n. f.* **1** Lugar donde se refugian el ganado y los pastores por la noche: *en la majada había un pilón donde bebían las ovejas y una cabaña para los pastores.* **2** Excremento del ganado: *utilizaron la majada como abono para el campo.*
SIN estiércol.

majadería *n. f.* Obra o dicho poco adecuado, molesto o imprudente: *por favor, deja de decir majaderías.* **SIN** chorrada, tontería.

majadero, -ra *adj./n. m. y f.* **1** [persona] Que hace o dice cosas poco adecuadas o alocadas: *es un majadero que sólo sabe decir tonterías.* **SIN** tonto, loco. Se usa como apelativo despectivo. ◊ *n. m.* **2** Herramienta parecida a un mazo, que se usa para romper piedra o ladrillo: *destruyeron todo el muro con un majadero.*
DER majadería.

majar *v. tr.* Golpear algo hasta triturarlo o reducirlo a trozos muy pequeños: *el mortero se usa para majar el ajo, la nuez moscada y otros condimentos.* **SIN** machacar.
DER majadero.

majara *adj./n. com.* Majareta.

majareta *adj./n. com. coloquial* [persona] Que actúa como si estuviera un poco loco: *tú estás majareta perdido.* **SIN** chiflado, loco, majara.

majestad *n. f.* **1** Solemnidad o elegancia que infunde admiración y respeto: *el caballero cabalgaba con majestad.* **SIN** majestuosidad. **2** Forma de tratamiento que se aplica a Dios, a un rey o a un emperador: *el documento fue firmado por Su Majestad el Rey; sus Majestades los Reyes Magos de Oriente.* En esta acepción se escribe con mayúscula.
en majestad Indica en pintura y escultura la imagen de Cristo o de la Virgen sentados en un trono: *el Cristo en majestad es propio del arte medieval; en uno de los pórticos de la catedral aparece la Virgen en majestad, rodeada de ángeles.*
DER majestuoso.
ETIM Véase *mayor.*

majestuosidad *n. f.* Solemnidad o elegancia que infunde admiración y respeto: *me cautivó la majestuosidad de la catedral.* **SIN** majestad.

majestuoso, -sa *adj.* Que impresiona por su solemnidad o elegancia: *al entrar al palacio nos deslumbró la majestuosa escalera; caminaba con un porte majestuoso.*
DER majestuosidad.

majo, -ja *adj.* **1** [persona] Que es simpático o agradable en el trato: *mi vecina es una señora muy maja.* **2** [persona] Que es guapo: *tiene un novio muy majo: es alto, moreno y atlético.*
SIN hermoso. **3** [cosa] Que es bonito, pero no lujoso o excesivo: *se ha comprado un coche pequeño muy majo.* **SIN** coqueto. ◊ *n. m. y f.* **4** Se usa como apelativo afectivo: *hola, maja, ¿cómo te han ido los exámenes?* **5** Personaje típico del Madrid de los siglos XVIII y XIX que se caracterizaba por sus trajes vistosos y sus modales un poco descarados: *en los cartones de Goya se puede ver a los majos en las romerías y en las fiestas.*

majorette *n. f.* Muchacha joven vistosamente uniformada que desfila junto con otras en los festejos públicos realizando movimientos rítmicos con un bastón.
OBS Es de origen inglés y se pronuncia aproximadamente 'mayoret'.

mal *adv.* **1** De un modo que no es adecuado o correcto: *has resuelto mal el problema; oigo mal.* **SIN** incorrectamente.
ANT bien, correctamente. **2** De manera contraria a la debida: *se portó mal con nosotros, esto de no avisarnos de su boda no se hace.* **ANT** bien, correctamente. **3** En un estado de enfermedad o incomodidad física: *me encuentro mal de salud; estoy muy mal en esta silla.* **ANT** bien. **4** Contrariamente a lo que se espera o desea: *lo pasamos mal en la fiesta*

malcriado

de Alberto; lleva mal su enfermedad. **ANT** bien. **5** Con dificultad: *mal puedo creer en tu palabra, si siempre me engañas*. **SIN** difícilmente. En esta acepción suele colocarse delante del verbo. ◇ *n. m.* **6** Cosa que produce un daño físico o moral: *la droga es uno de los males de nuestra sociedad actual*. **ANT** bien. **mal de ojo** Maleficio que se transmite, según la superstición, con la mirada de una persona con poder especial a la persona que se desea perjudicar: *tiene mala suerte, parece que le han echado mal de ojo*. **7** Enfermedad o dolencia: *siempre se está quejando de sus males; tiene un mal incurable*. **mal de montaña** o **mal de altura** Malestar físico que se siente en alturas elevadas debido a la disminución de la presión atmosférica. **8** Idea abstracta de todo lo que se aparta de lo bueno o justo: *tradicionalmente el demonio representa el mal*. **ANT** bien. ◇ *adj.* **9** Apócope de la forma masculina del adjetivo *malo* cuando éste va delante del sustantivo: *no es mal chico, pero es un poco ambicioso*.
ir de mal en peor Avanzar hacia una situación cada vez más difícil o más grave: *esto va de mal en peor, primero llovía y ahora cae nieve*.
mal que Locución que significa lo mismo que *aunque*: *seguiré haciéndolo, mal que te pese*.
menos mal Locución que significa 'por suerte': *menos mal que el jarrón no se ha roto al caer*.
DER malear.

malabar *adj.* [juego] Que consiste en mantener objetos en equilibrio inestable, lanzarlos al aire y recogerlos: *el artista hacía juegos malabares*.

malabarismo *n. m.* **1** Ejercicio de equilibrio y habilidad que se hace lanzando al aire y recogiendo diversos objetos o manteniéndolos en equilibrio inestable: *en el número de malabarismo, dos payasos se tiraban platos sin romperlos*. **SIN** juegos malabares. **2** Solución inteligente y hábil a cuestiones de gran dificultad y complicación: *hace malabarismos con el dinero para llegar a final de mes*.

malabarista *n. com.* Persona que se dedica a practicar ejercicios de equilibrio y habilidad lanzando al aire y recogiendo diversos objetos o manteniéndolos en equilibrio inestable.

malacitano, -na *adj.* **1** *culto* De Málaga o relacionado con esta provincia de Andalucía: *las costas malacitanas son muy turísticas*. **SIN** malagueño. ◇ *adj./n. m. y f.* **2** *culto* [persona] Que es de Málaga. **SIN** malagueño.

malaconsejado, -da *adj./n. m. y f.* [persona] Que obra de manera equivocada siguiendo malos consejos que le ha dado alguien: *estaba malaconsejado, por lo que provocó muchas enemistades*.

malacostumbrado, -da *adj.* **1** [persona] Que está acostumbrado a hacer siempre su voluntad sin que nadie lo corrija o castigue por sus malas acciones. **SIN** consentido, malcriado. **2** [persona] Que ha adquirido malos hábitos y costumbres: *ahora es un joven malacostumbrado debido a los ambientes que frecuenta*.

malacostumbrar *v. tr./prnl.* **1** Permitir que una persona haga su voluntad sin corregirla o castigarla: *está malacostumbrando a sus niños y conseguirá que sean unos maleducados*. **SIN** consentir, malcriar. **2** Hacer una persona tenga malos hábitos o costumbres: *aquellas amistades lo malacostumbraron*.
DER malacostumbrado.

málaga *n. m.* Vino dulce que se elabora en la provincia española de Málaga: *el málaga tiene un color rojizo*.

malagueña *n. f.* **1** Cante flamenco de coplas de cuatro versos de ocho sílabas cada uno que se acompaña con guitarra y que es propio de la provincia de Málaga: *una muchacha cantó una malagueña*. **2** Baile que se realiza cuando se cantan malagueñas: *las bailaoras se arrancaron por malagueñas*.

malagueño, -ña *adj.* **1** De Málaga o que tiene relación con esta provincia de Andalucía: *viajaron por los pueblos malagueños de la costa*. **SIN** malacitano. ◇ *adj./n. m. y f.* **2** [persona] Que es de Málaga. **SIN** malacitano.

malandrín, -drina *adj./n. m. y f.* **1** [persona] Que es malvado o perverso: *aquellos personajes malandrines secuestraron a la princesa*. **SIN** granuja, malintencionado. **ANT** bueno. ◇ *n. m. y f.* **2** Se usaba antiguamente como grave insulto o apelativo para designar al enemigo: *¡ven acá, malandrín, rufián!*

malaquita *n. f.* Mineral de cobre de color verde brillante usado como piedra ornamental y en joyería: *la malaquita es pesada y frágil*.

malar *adj.* **1** De la mejilla o relacionado con esta parte de la cara. ◇ *n. m.* **2** Hueso saliente de la cara, situado bajo los ojos y a ambos lados de la nariz: *los malares pueden ser reducidos mediante cirugía plástica*. **SIN** pómulo. ☞ cráneo.

malaria *n. f.* Enfermedad caracterizada por ataques intermitentes de fiebre muy alta, transmitida por la picadura del mosquito anofeles hembra: *la malaria es endémica en los lugares pantanosos*. **SIN** paludismo.

malasangre *adj./n. com.* [persona] Que es de carácter irritable y suele actuar con perversidad y mala intención: *es tan malasangre que se enfada terriblemente por una tontería*.

malasombra *n. com.* Persona que intenta ser graciosa y chistosa sin conseguirlo: *a ti te parecerá simpático, pero para mí es un malasombra*.

malaventurado, -da *adj./n. m. y f.* **1** Que es desgraciado e infeliz. **SIN** desdichado. **ANT** bienaventurado. **2** Que no tiene suerte. **SIN** desafortunado.

malaventurado, -da *adj.* **1** Que padece una o más desgracias que le causan gran dolor o aflicción: *fue toda su vida un hombre malaventurado y sin fortuna*. **SIN** desdichado, desgraciado, desventurado. **ANT** bienaventurado. **2** Que no tiene suerte o fortuna. **SIN** desafortunado, desgraciado, desventurado. **ANT** afortunado.

malayo, -ya *adj./n. m. y f.* **1** [persona] Que es de una raza caracterizada por estatura baja, piel oscura, nariz aplastada y labios prominentes: *la mayor parte de la población malaya está esparcida por la Oceanía occidental*. **2** De Malaca y de Malaisia o que tiene relación con estas zonas orientales. ◇ *n. m.* **3** malayo Lengua del grupo de las indonesias hablada en Malaca, Malaisia y otras zonas asiáticas.

malbaratar *v. tr.* **1** Vender una cosa por un precio más bajo del que le corresponde: *necesitaba dinero y tuvo que malbaratar su coche*. **2** Gastar los bienes o el dinero sin orden ni cuidado: *llegó a la ruina malbaratando su hacienda*. **SIN** disipar.

malcasado, -da *adj./n. m. y f.* [persona] Que no es feliz en el matrimonio: *toda su vida fue una mujer malcasada por culpa de una boda de conveniencia*.

malcasar *v. tr.* Casar a una persona sin que existan las circunstancias apropiadas para que sea feliz en el matrimonio: *malcasarás a tu hija si sólo te preocupas de los bienes del novio*.

malcomer *v. intr.* Comer poca cantidad o comer alimentos de mala calidad: *son tan pobres que no tienen dinero ni para malcomer, ni bien*.

malcriado, -da *adj./n. m. y f.* Que hace su voluntad sin que ninguna persona le corrija o castigue: *¡vaya hijo más malcriado que tiene!* **SIN** consentido, maleducado.

malcriar

OBS También se escribe *mal criado*.

malcriar *v. tr.* Educar mal; permitir que una persona, especialmente un niño, haga siempre su voluntad sin corregir o castigar sus malas acciones: *si sigues malcriando a los niños, luego serán insoportables.* **SIN** consentir, malacostumbrar, maleducar, mimar.

maldad *n. f.* **1** Característica de la persona que tiene siempre malas intenciones o propósitos: *la madrastra de Blancanieves se caracteriza por su maldad.* **ANT** bondad. **2** Acción mala e injusta que cometen las personas que actúan con mala intención: *todo el pueblo sufría las maldades de aquellos criminales.*

maldecir *v. tr.* **1** Pedir y desear que le ocurra un mal a alguien, sobre todo si para hacerlo se usan supuestos poderes sobrenaturales: *la bruja le dijo: —yo te maldigo y ojalá seas un desgraciado en esta vida.* **ANT** bendecir. ◇ *v. tr./intr.* **2** Mostrar odio o enfado hablando mal de algo o de alguien: *maldigo la hora en que la conocí; se pasa el día maldiciendo y renegando.* **SIN** despotricar. **ANT** alabar.
DER maldiciente, maldición, maldito.
OBS Se conjuga como *predecir*.

maldiciente *adj./n. com.* [persona] Que tiene por costumbre maldecir o hablar mal de los demás: *los maldicientes terminan quedándose sin amigos.*

maldición *n. f.* **1** Palabra o frase con la que una persona muestra odio o enfado contra una persona o contra una cosa: *se puso como una fiera y empezó a soltar maldiciones contra todo el mundo.* **2** Deseo de que a una persona le ocurra algo malo: *la bruja le echó una maldición y, poco después, el joven tenía la cara llena de granos.* **3** Castigo o mal producido por una fuerza sobrenatural: *la destrucción de la torre de Babel fue una maldición del cielo.* **ANT** bendición. ◇ *int.* **3 ¡maldición!** Expresión que indica disgusto o enfado: *¡maldición, se me han escapado esos rufianes!*

maldito, -ta *adj./n. m. y f.* **1** [persona, cosa] Que ha sido castigado o condenado por la justicia divina o por una maldición: *según la leyenda, éste es un lugar maldito y todos los que se instalan aquí acaban locos; los malditos sufren las penas del infierno.* **ANT** bendito. **2** [persona] Que hace el mal voluntariamente: *los malditos del cuento se escondieron en una cueva para que el pueblo no los castigara.* **SIN** malvado. **ANT** bendito. ◇ *adj.* **3** Se usa para indicar que algo causa enfado o contrariedad: *ese maldito ruido me está dejando sordo.* En esta acepción el adjetivo se antepone al sustantivo al que acompaña.
¡maldita sea! *int.* Expresión que se utiliza para expresar enojo: *¡maldita sea!: he vuelto a olvidar las llaves.*

maleabilidad *n. f.* **1** Propiedad que tienen algunos metales de poder ser sometidos a grandes deformaciones sin romperse, por lo que se pueden modelar o trabajar con facilidad: *el aluminio es un metal de gran maleabilidad.* **SIN** ductilidad. **2** Capacidad de algunas personas para adaptarse o cambiar de opinión con facilidad: *debes ir dejando esa maleabilidad y adoptar mayor firmeza de carácter.* **SIN** ductilidad.

maleable *adj.* **1** [metal] Que puede descomponerse en planchas o láminas delgadas: *el estaño es un metal maleable.* **SIN** dúctil. **ANT** duro. **2** [material] Que puede trabajarse con facilidad: *la plastilina es un muy maleable.* **SIN** dúctil. **ANT** rígido. **3** [persona] Que se deja influir fácilmente por los demás: *es todavía muy joven, por lo que tiene un carácter maleable.* **SIN** dúctil.
DER maleabilidad.

maleante *adj./n. com.* [persona] Que comete de forma habitual robos y otros delitos no permitidos por la ley: *una pandilla de maleantes entró en el bar y lo destrozó.* **SIN** delincuente, malhechor.

malear *v. tr./prnl.* **1** Dañar o echar a perder una cosa: *las fuertes lluvias malearon las cosechas.* **SIN** estropear. **2** Enseñar malas costumbres o un mal comportamiento a una persona: *aquellas malas compañías malearon al joven estudiante y comenzó a ir mal en sus estudios.* **SIN** corromper, pervertir. **ANT** formar.
DER maleante.

malecón *n. m.* Muro que se construye en los puertos para protegerlos de la fuerza del agua: *las olas se estrellaban contra el malecón.* **SIN** rompeolas.

maledicencia *n. f. culto* Hecho de murmurar y hablar mal sobre la conducta de los demás: *procuraba que no le afectaran la envidia y la maledicencia.*

maleducado, -da *adj./n. m. y f.* Que se comporta de forma molesta y no muestra respeto a los demás: *no saludar a los conocidos es de persona maleducada.* **SIN** descortés, malcriado. **ANT** educado.

maleducar *v. tr.* Educar mal a una persona, generalmente a un niño, no consiguiendo que aprenda y cumpla las normas sociales de comportamiento: *si sigues condescendiendo con la conducta del niño, lo maleducarás.* **SIN** malcriar. **ANT** educar.
OBS En su conjugación, la c se convierte en qu delante de e.

maleficio *n. m.* **1** Daño provocado por medio de la magia o la brujería: *la enfermedad de nuestra hija es un maleficio, dijo la reina.* **SIN** embrujamiento, sortilegio. **2** Conjunto de palabras o acciones mágicas o de brujería que se dicen o hacen para causar daño: *la bruja mezcló unas hierbas e invocó al demonio con palabras extrañas, para hacer el maleficio que convertiría al príncipe en rana.* **SIN** hechizo.
DER maléfico.

maléfico, -ca *adj.* **1** Que ocasiona o puede ocasionar daño: *descubrieron sus maléficas intenciones antes de que pudiera causar ningún daño.* **2** Que perjudica y hace daño a otro mediante maleficios: *la maléfica bruja.*
OBS Suele anteponerse al nombre al que acompaña.

malencarado, -da *adj./n. m. y f.* **1** Que tiene un aspecto que no anima a la confianza: *un tipo malencarado se acercó a la cabina.* **2** Que tiene cara de enfado: *¿dónde vas tan malencarado?*
OBS La Real Academia Española sólo registra la forma *mal encarado.*

malentendido *n. m.* Error que alguien comete, bien por entender mal una cosa o bien por interpretar incorrectamente una situación que puede entenderse de varias maneras: *hubo un malentendido y el camarero les sirvió vino blanco en lugar de vino tinto.*
OBS El plural es *malentendidos.*

malestar *n. m.* **1** Sensación física de no encontrarse muy bien: *tengo un malestar general que no sé si terminará en gripe.* **SIN** molestia. **2** Sensación de inquietud y desazón: *con el anuncio del posible cierre de la empresa, creció el malestar entre los trabajadores.*

maleta *n. f.* **1** Caja rectangular, de tela, cuero o plástico, con un asa, que sirve para llevar la ropa y otros objetos necesarios en un viaje: *antes de subir al avión hay que facturar las maletas.* ◇ *n. com.* **2** *coloquial* Persona que practica con torpeza el trabajo a que se dedica: *es un maleta jugando al fútbol, no sé cómo lo han contratado en este equipo.*
DER maletero, maletilla, maletín.

maletero *n. m. y f.* **1** Persona que transporta maletas y objetos de viaje de otras personas: *los maleteros trabajan en* los hoteles, en las estaciones y en los aeropuertos. ◇ n. m. **2** Espacio cerrado en un vehículo destinado al equipaje: *los coches suelen llevar el maletero en la parte de atrás; mete la compra en el maletero y vámonos.* ☞ automóvil. **3** Parte alta de un armario o armario empotrado cerca del techo que sirve para guardar objetos que se usan poco: *en verano guardo las mantas en el maletero.*

maletilla *n. com.* Persona joven que aspira a abrirse camino en el mundo del toreo por su cuenta; para ello, comienza a practicar toreando en las ganaderías o participando en capeas o tientas: *el maletilla saltó al ruedo y dio algunos pases al toro para darse a conocer.*

maletín *n. m.* **1** Caja pequeña, de tela, cuero o plástico, con un asa, que sirve para llevar documentos y objetos pequeños: *el maletín del médico; el maletín del representante.* **2** Maleta pequeña. ☞ equipaje.

malévolo, -la *adj.* Inclinado a hacer daño o que no tiene buena intención: *aleja de ti esos malévolos pensamientos: no debes robar dinero para pagar tus deudas.* **SIN** malvado, perverso.

maleza *n. f.* **1** Conjunto de árboles, arbustos y otras plantas que crecen muy juntas y de forma salvaje: *no podían avanzar entre la maleza y se abrían camino con un machete.* **SIN** espesura. **2** Conjunto de malas hierbas que causan daño a las tierras de cultivo: *los campesinos limpiaron el campo de malezas y las quemaron.*

malformación *n. f.* Irregularidad o defecto de nacimiento en alguna parte del cuerpo: *hoy día es posible corregir casi todas las malformaciones.*

malgache *adj.* **1** De Madagascar o que tiene relación con esta isla y país del sur de África: *gran parte de la población malgache vive de la agricultura.* ◇ *adj./n. com.* **2** [persona] Que es de Madagascar: *los malgaches lograron en 1960 su independencia.* ◇ *n. m.* **3** Lengua del grupo de las indonesias hablada en esta isla.

malgastar *v. tr.* Gastar algo sin sacar provecho o de forma inadecuada: *no malgastes el tiempo y ponte a estudiar; malgastó el dinero en cosas inútiles.* **SIN** derrochar.

malhablado, -da *adj./n. m. y f.* [persona] Que usa muchas expresiones malsonantes al hablar: *es un malhablado: se pasa el día diciendo tacos.* **SIN** grosero.

malhadado, -da *adj.* Que no tiene suerte o fortuna. **SIN** desafortunado, desgraciado, desventurado. **ANT** afortunado.

malhechor, -chora *adj./n. m. y f.* [persona] Que comete de forma habitual robos y otros delitos: *una banda de malhechores asaltaba los caminos.* **SIN** maleante.

malherir *v. tr.* Herir gravemente: *el toro malhirió al torero.* **OBS** En su conjugación, la e se convierte en ie en sílaba acentuada o en i en algunos tiempos y personas, como en *hervir*.

malhumor *n. m.* Estado de enojo o enfado con o sin causa aparente: *está de muy malhumor porque su novia no le ha dejado.* **DER** malhumorado.
OBS También se escribe *mal humor*.

malhumorado, -da *adj.* Que está enojado, enfadado o de mal humor con o sin causa aparente: *hoy estoy malhumorado, así que no me molestes.*

malicia *n. f.* **1** Característica de la persona que tiene siempre malas intenciones o propósitos: *actuaba siempre con malicia y con odio hacia los que lo rodeaban, era muy mala persona.* **SIN** maldad. **ANT** bondad. **2** Actitud mental de la persona que atribuye mala intención a las palabras o a los hechos de los demás: *este tío nos quiere engañar —dijo Felipe con malicia.* **ANT** ingenuidad, inocencia. **3** Habilidad de

algunas personas para sacar provecho de los otros o convencerlos: *tienes que tener cuidado con este tipo, tiene mucha malicia y acabarás haciendo lo que te pida.* **SIN** picardía, astucia, sagacidad.
DER maliciar, malicioso.

maliciar *v. tr./prnl.* Sospechar o pensar mal de una persona o de un hecho: *no confiaba en él y se maliciaba que no iba a hacer nada bueno.*
OBS En su conjugación, la *i* no se acentúa, como en *cambiar*.

malicioso, -sa *adj.* **1** Que tiene siempre malas intenciones y propósitos: *era una mujer maliciosa y cruel.* **2** [persona] Que atribuye mala intención a lo que dicen o hacen los demás: *es muy malicioso, por eso cree que lo que digo tiene una doble intención.*

malignidad *n. f.* **1** Inclinación o tendencia a hacer el mal o a pensar mal: *la malignidad de sus comentarios es propia de una persona malvada.* **ANT** benignidad. **2** Naturaleza dañina o perjudicial de alguna cosa: *es increíble la malignidad de estos insectos para las plantas.* **ANT** benignidad. **3** Gravedad de una enfermedad, especialmente cuando se trata de un tumor incurable: *los resultados de la biopsia confirmaron la malignidad del tumor.* **ANT** benignidad.

maligno, -na *adj.* **1** Que tiende a hacer el mal o a pensar mal: *es maligno por naturaleza, siempre hace cosas horribles.* **SIN** malo, malvado. **ANT** bueno, bondadoso. **2** Que tiene mala intención: *le lanzó una mirada maligna llena de segundas intenciones.* **SIN** malicioso, malvado. **ANT** inocente, ingenuo. **3** Que causa o puede causar un daño: *las plagas son malignas para las cosechas.* **SIN** perjudicial, nocivo, malo. **ANT** beneficioso. **4** [enfermedad] Que es grave y que tiene pocas esperanzas de curación: *le extirparon dos tumores malignos.* **ANT** benigno. **5** [fuerza, espíritu] Del mal entendido como representación del Diablo: *el sacerdote exorcizó a la niña y alejó a los espíritus malignos.* ◇ *n. m.* **6** Espíritu del mal: *el Maligno se apoderó de su espíritu.* Con este significado siempre se dice y se escribe *el Maligno*. **SIN** diablo.
DER malignidad.

malintencionado, -da *adj./n. m. y f.* Que tiene mala intención y actúa con maldad para conseguir sus propósitos: *con esa acción tan malintencionada, intentó enemistar a los dos amigos.* **SIN** malicioso, malévolo. **ANT** bienintencionado.

malinterpretar *v. tr.* Interpretar o entender de forma incorrecta alguna cosa: *no malinterpretes mis palabras, en las que no hay ánimo de crítica.*

malla *n. f.* **1** Prenda de vestir de tejido muy delgado y elástico, que se ajusta mucho al cuerpo: *los bailarines usan mallas.* **2** Tejido parecido a una red: *quiero aquellas naranjas que están dentro de una bolsa de malla roja.* **3** Tejido formado por anillos de metal unidos entre sí: *el guerrero llevaba una cota de malla bajo la armadura.* ◇ *n. f. pl.* **4 mallas** Prenda de vestir que cubre de los pies hasta la cintura hecha de tejido elástico que se adapta al cuerpo: *para estar por casa siempre visto unas mallas y una camiseta.*

mallorquín, -quina *adj.* **1** De Mallorca o que tiene relación con esta isla del Mediterráneo: *el paisaje mallorquín es muy variado.* ◇ *adj./n. m. y f.* **2** [persona] Que es de Mallorca. ◇ *n. m.* **3** Variedad del catalán que se habla en las Islas Baleares: *su habla familiar es el mallorquín.*

malmeter *v. tr.* **1** Poner a una persona en contra de otra u otras con la intención de enemistarlas: *trató de malmeter a los dos amigos haciéndoles creer que la novia de uno se entendía con el otro.* **SIN** encizañar, enfrentar. **ANT** unir. **2** Tentar a alguien para que cometa malas acciones: *déjalo, no lo malmetas diciéndole que se pelee con su hermano.*

malmirado, -da *adj.* [persona] Que está mal considerado por los demás: *desde que estuvo en la cárcel es un hombre malmirado por todos.* **SIN** malquisto.

malnacido, -da *adj./n. m. y f.* [persona] Que es muy malo o perverso; que es despreciable y no tiene honor: *su marido es un malnacido que les pegaba a ella y a sus hijos.* **SIN** miserable.

malo, -la *adj./n. m. y f.* **1** Que tiende a hacer el mal o a pensar mal: *tiene cara de hombre malo; el malo de la película al final se muere.* **SIN** malvado. **ANT** bueno. **2** Que se porta mal o que causa problemas: *es un niño muy malo y no hace caso a sus padres.* **SIN** travieso. **ANT** bueno, formal. ◇ *adj.* **3** Que es molesto o desagradable a los sentidos: *este ambientador quita los malos olores.* **ANT** bueno, agradable. **4** Que es dañino para la salud: *fumar es malo.* **SIN** perjudicial, nocivo. **ANT** beneficioso. **5** [persona] Que no es hábil o no realiza sus tareas tal como se exige: *es muy malo tocando el piano; es un jugador demasiado malo para jugar con este equipo de primera división.* **SIN** torpe. **ANT** bueno. **6** [cosa] Que no tiene calidad: *es una máquina mala, por eso siempre está estropeada.* **ANT** bueno. **7** Que tiene un efecto negativo: *la mala gestión llevó el banco a la quiebra.* **ANT** bueno, acertado. **8** Que está enfermo o que tiene mala salud: *hoy no ha podido venir porque se ha puesto malo; de pequeño siempre estaba malo.* **ANT** sano. En esta acepción se suele usar con los verbo *estar* y *ponerse*. **9** [situación] Que hace padecer moralmente: *con la crisis económica muchas familias pasaron por un mal momento.* **10** [comida] En estado deteriorado: *todas las manzanas estaban malas y no nos las pudimos comer.* Se suele usar con el verbo *estar*. **11** [tiempo] Que es desapacible: *hace un día muy malo para ir de excursión.* ◇ *int.* **12** Expresión con la que se indica que no se tiene una buena impresión de algo: *cuando vi que venía muy serio me dije ¡malo!*

estar de malas *coloquial* Estar de mal humor o no tener buena disposición: *el jefe está de malas, así que no le pidas hoy el aumento.*

lo malo Seguido del verbo *ser* introduce algo que puede ser un obstáculo o dificultad para algún fin: *me gustaría ir, lo malo es que el mismo día tengo una boda.*

por las malas Indica que una cosa se hace usando la fuerza: *lo sacaron del bar por las malas.*

DER mal, maldad, malear, malévolo, malicia, maligno, malucho.

OBS El comparativo es *peor*, y el superlativo, *el peor*. ◇ En la acepción adjetiva de 1 y en las acepciones 3, 4, 5, 6, 7, 9 y 11, cuando va delante de un sustantivo masculino en singular se usa la forma *mal*.

malogrado, -da *adj./n. m. y f.* **1** [persona] Que ha muerto muy joven o antes de lo esperado: *la viuda del malogrado actor recibió ayer a la prensa.* **2** [cosa] Que no llega a su desarrollo completo o esperado: *fue un malogrado intento de reconciliarse con su familia.* **SIN** frustrado, desaprovechado.

malograr *v. tr./prnl.* **1** Impedir que una idea o un proyecto salga bien: *un terrible accidente de coche malogró su prometedora carrera deportiva.* **SIN** frustrar. **2** No llegar a alcanzar una persona o cosa el estado de desarrollo o perfección que le era propio o natural: *la carrera del brillante escritor se malogró con la temprana muerte de éste; las últimas heladas han malogrado toda la cosecha de naranjas.* **SIN** arruinar, estropear.

maloliente *adj.* Que despide mal olor: *entraron en un lugar maloliente donde había restos de basura por todas partes.*

malparado, -da *adj.* Que ha resultado perjudicado o dañado en algún asunto: *salió bastante malparada de la discusión con sus compañeros porque todos razonaban mejor que ella; el caniche salió malparado de la pelea con el mastín.* **SIN** maltrecho.

malparir *v. intr.* Parir antes de tiempo, antes de que el feto esté desarrollado del todo. **SIN** abortar.

malpensado, -da *adj./n. m. y f.* [persona] Que siempre considera las acciones o las palabras de otra persona como malas o de mala intención: *es tan malpensada que no se fía de nadie.* **SIN** malicioso.

malquerencia *n. f. culto* Odio, antipatía o enemistad hacia una persona: *se prometieron que, por encima de cualquier malquerencia, siempre serían socios.*

malquistar *v. tr.* Poner a una persona en contra de otra u otras: *le malquistaron con el rey y perdió sus privilegios.* **SIN** malmeter.

malquisto, -ta [persona] Que está mal considerado por los demás: *desde que estuvo en la cárcel es un hombre malquisto por todos.* **SIN** malmirado.

malsano, -na *adj.* **1** Que hace daño a la salud: *vivían en un sótano húmedo y malsano; un clima malsano.* **SIN** nocivo, perjudicial. **ANT** beneficioso, sano. **2** Que parece de un enfermo o de un loco: *siente una pasión casi malsana por los libros viejos.* **SIN** enfermizo. **ANT** sano.

malsonante *adj.* [palabra, expresión] Que es vulgar y grosero y puede molestar a algunas personas: *los tacos y palabrotas son palabras malsonantes.*

malta *n. f.* Cebada tostada que se usa para hacer cerveza y también para hacer un tipo de infusión: *la malta es cebada germinada; la infusión de malta es un sucedáneo del café.*

maltés, -tesa *adj.* **1** De Malta o que tiene relación con esta isla del sur de Italia: *la capital maltesa es La Valleta.* ◇ *adj./n. m. y f.* **2** [persona] Que es de Malta: *los malteses son vecinos de los italianos.* ◇ *n. m.* **3 maltés** Lengua de Malta: *el maltés se habla poco y es una lengua parecida al árabe.*

maltraer *v. tr.* Maltratar o molestar: *las huelgas maltraen a muchos empleados.*

llevar (o traer) a maltraer Molestar de modo constante: *mis hijos me traen a maltraer.*

OBS Se conjuga como *traer*.

maltratar *v. tr.* **1** Causar daño físico o moral a una persona o a un animal: *le acusaron de maltratar a su esposa; maltrataba tanto a su perro que éste acabó mordiéndole.* **SIN** mortificar, molestar. **ANT** mimar. **2** Cuidar poco de las cosas: *no maltrates así el abrigo nuevo, cuélgalo de una vez.* **SIN** mancillar.

DER maltrato.

maltrato *n. m.* Comportamiento violento que causa daño físico o moral: *hay un teléfono para denunciar cualquier maltrato que se haga a los niños.*

maltrecho, -cha *adj.* **1** Que ha sufrido un daño físico: *la caída lo dejó maltrecho; el coche salió maltrecho del accidente.* **2** Que ha sufrido un daño moral: *salió maltrecho de la entrevista de trabajo porque notó que sus conocimientos no eran suficientes para el puesto.* **SIN** malparado.

maltusianismo *n. m.* Doctrina política y económica que defiende el control de natalidad para intentar adecuar la población, que crece en progresión geométrica, con los medios de subsistencia, que sólo crecen en progresión aritmética: *el maltusianismo está basado en las teorías del economista Thomas R. Malthus (1766–1834).*

malucho, -cha *adj.* [persona] Que está algo enfermo y sufre malestar físico: *hoy no irá a clase porque está malucho.* **SIN** pachucho.

malva *adj./n. m.* **1** Morado claro, parecido al rosa pero más intenso: *llevó un vestido malva a la reunión; el malva no te favorece.* ◇ *n. f.* **2** Planta de tallo ramoso, con las hojas de color verde intenso y las flores grandes de color morado claro: *las malvas crecen en terrenos húmedos y tierras sin cultivar.*
criar malvas *coloquial* Estar muerto y enterrado: *los matones lo enviaron a criar malvas.*
ser una malva Ser bueno, tranquilo y agradable en el trato: *ese marido tuyo es una malva.*

malvado, -da *adj./n. m. y f.* Que es muy malo; que su intención es perjudicar o hacer daño a alguien: *la madrastra de Blancanieves era malvada.* **SIN** perverso.

malvavisco *n. m.* Planta herbácea de hojas blanquecinas y flores de color rosa dispuestas en grupos de tres.

malvender *v. tr.* Vender una cosa por un precio más bajo del que le corresponde: *tuvo que malvender su casa y sus bienes para pagar el hospital.*

malversación *n. f.* Acción ilegal que se da cuando alguien encargado de administrar dinero o bienes de otra persona o del Estado los emplea en cosas diferentes a las que iban destinados, generalmente en beneficio propio: *la malversación de fondos del Estado es un delito grave, castigado con penas de cárcel.*

malversar *v. tr.* Gastar o negociar de forma ilegal con los bienes o el dinero de otra persona o del Estado que se administran por encargo: *el director de ese banco malversaba los fondos públicos invirtiendo en bolsa y en terrenos puestos a nombre de su esposa.*
DER malversación.

malvivir *v. intr.* Vivir pobremente sin tener cubiertas las necesidades elementales: *encontraron a una pareja en una choza, malviviendo entre tanta pobreza y suciedad.*

mama *n. f.* **1** Órgano glandular de las hembras de los mamíferos que produce la leche que sirve para alimentar a las crías. **SIN** pecho, teta. **2** Nombre que le dan los niños a la madre en algunos sitios: *imama, mira mi hermano, no me deja en paz!* Se usa como apelativo afectivo. **SIN** mamá.
DER mamá, mamar, mamario, mamífero, mamografía; amamantar.

mamá *n. f.* Nombre que le dan los hijos a la madre: *mamá, ¿puede venir Laura a comer?* **SIN** mama.
DER premamá.
OBS Se usa como apelativo afectivo. ◇ El plural es *mamás.*

mamado, -da *adj. coloquial* Que ha bebido mucho alcohol: *ya está mamado otra vez, no para de darle a la botella.* **SIN** borracho.

mamar *v. tr./intr.* **1** Chupar con los labios y la lengua la leche de las mamas: *la madre dio de mamar al bebé; el cachorro mamaba la leche con ansia.* **2** *coloquial* Tomar licores y bebidas alcohólicas en abundancia: *se pasan el día mamando en el bar.* **SIN** beber. ◇ *v. tr.* **3** Aprender algo desde niño por estar en contacto con ello: *habla bien el francés porque lo ha mamado desde niño, ha ido a la escuela francesa.* ◇ *v. prnl.* **4 mamarse** *coloquial* Emborracharse.

mamario, -ria *adj.* ANAT. De las mamas de las hembras o de las tetillas de los machos o relacionado con ellas: *padece una importante inflamación de las glándulas mamarias.*

mamarrachada *n. f.* **1** Cosa defectuosa o mal hecha que resulta fea o ridícula: *yo he pagado para que me hagan un buen trabajo y no esta mamarrachada.* **2** Acción que resulta ridícula o extravagante: *su mamarrachada mayor fue ir a la playa con traje y corbata.*

mamarracho *n. m.* **1** Persona que viste o se comporta de forma ridícula: *con este sombrero tan raro vas hecho un mamarracho.* **SIN** adefesio. **2** Persona que no merece respeto: *es un mamarracho sin oficio ni beneficio.* **SIN** desgraciado. **3** Figura o cosa fea o mal hecha: *aunque digas que este cuadro es muy bueno a mí me parece un mamarracho.* **SIN** birria. **ANT** maravilla.
DER mamarrachada.

mambo *n. m.* **1** Baile de ritmo alegre procedente de Cuba: *estuvieron toda la noche bailando mambo y rumba en la playa.* **2** Música y canto de ese baile: *la orquesta interpretó un mambo.*

mameluco *n. m.* **1** Soldado de una milicia egipcia que terminó gobernando entre los siglos XIII y XIV: *los mamelucos se crearon como guardia personal de los sultanes egipcios.* **2** Hombre torpe y de poca inteligencia: *un mameluco no sabe bien lo que debe hacer.*

mamífero, -ra *adj./n. m.* ZOOL. [animal] Que es vertebrado y de temperatura constante, cuyo embrión se desarrolla dentro de la madre; las hembras alimentan a sus crías con la leche de las mamas: *hay mamíferos de formas muy diversas, como el hombre, el caballo, la ballena y el murciélago.*

mamografía *n. f.* MED. Radiografía de la mama de la mujer.

mamola *n. f.* Caricia o broma que se hace tocando con la mano debajo de la barbilla de otra persona: *la abuela tenía la costumbre de hacernos mamolas mientras comíamos.*

mamón, -mona *adj./n. m. y f.* **1** [persona, animal] Que todavía mama: *el mamón se despertó llorando porque tenía hambre.* **2** Que mama más cantidad o más tiempo de lo normal: *mi hijo fue un mamón, estuvo mamando hasta los once meses.* **3** *coloquial* Apelativo despectivo que se usa para indicar que una persona es despreciable: *ten cuidado con él, es un auténtico mamón que se aprovecha de todo el mundo.* **SIN** cabrito.

mamotreto *n. m.* **1** Libro o conjunto de papeles muy abultado: *el libro de filosofía es un mamotreto de mil páginas.* **2** Objeto, generalmente una máquina o un mueble, muy grande y pesado y mal hecho o poco útil. **SIN** armatoste.
OBS Las dos acepciones tienen sentido despectivo.

mampara *n. f.* Plancha movible de madera, cristal u otro material que se coloca para dividir una habitación o aislar un espacio: *en la bañera había una mampara de cristal; una mampara dividía el despacho del jefe del resto de la oficina.*

mamporro *n. m. coloquial* Golpe, en particular el que se da con la mano o el puño: *los dos borrachos se liaron a mamporros.* **SIN** puñetazo.

mampostería *n. f.* ARQ. Obra o construcción que se hace con piedras de distintos tamaños colocadas sin orden establecido y unidas con argamasa: *una pared de mampostería limita la finca.*

mamut *n. m.* Animal mamífero prehistórico con dos dientes muy largos y curvados hacia arriba y de pelo áspero y largo, parecido al elefante, pero más grande: *los mamuts vivieron en el hemisferio norte hace un millón de años.*
OBS Para indicar el sexo se usa *el mamut macho* y *el mamut hembra.*

maná *n. m.* **1** En el Antiguo Testamento, alimento, a modo de escarcha, que Dios envió a los israelitas desde el cielo para socorrerlos en el desierto. **2** Bienes que se reciben sin trabajo alguno y de manera inesperada: *aquellos libros me vinieron como maná caído del cielo.* **3** Líquido azucarado que fluye de ciertos vegetales, como el fresno y el eucalipto, y que se solidifica rápidamente: *el maná fluye espontáneamente o se extrae por incisión.*

manada *n. f.* **1** Grupo de ganado, especialmente de ani-

mánager

males de cuatro patas: *el pastor cuidaba de la manada de ovejas.* **2** Conjunto de animales de la misma especie que andan reunidos: *una manada de lobos mataba las ovejas.* **3** Grupo grande de personas: *los motoristas llegaban en manada.* **SIN** tropel.

mánager *n. com.* **1** Persona que dirige, gestiona o administra una sociedad, empresa u otra entidad. **SIN** gerente. **2** Persona que se ocupa de los intereses de un deportista o de un artista profesional: *el mánager de este grupo musical programa pocas actuaciones en directo.* También se puede decir *representante*.
OBS Se deriva de la palabra inglesa *manager* y en ese idioma se pronuncia aproximadamente 'mánayer'.

manantial *n. m.* **1** Corriente de agua que brota de la tierra: *llenaron las cantimploras con agua del manantial.* **SIN** alfaguara, fontana, fuente, venero. **2** Lugar donde brota esta corriente de agua: *han vallado el manantial para protegerlo de los excursionistas.* **SIN** alfaguara, fontana, fuente. **3** Origen o principio de una cosa: *el sol es manantial de salud.* **SIN** fuente, venero.

manar *v. intr./tr.* **1** Brotar o salir un líquido: *el agua manaba de una roca; la herida mana sangre.* ◊ *v. intr.* **2** Aparecer o surgir abundancia de una cosa con facilidad: *las ideas manaban rápidamente de su mente; de su boca manaban las palabras con claridad.* **SIN** brotar.
DER manantial; dimanar, emanar.

manatí *n. m.* Mamífero acuático de gran tamaño, piel grisácea y gruesa, labio superior muy desarrollado y cola larga: *el manatí es herbívoro y también se conoce como vaca marina.*

manazas *adj./n. com.* coloquial [persona] Que es torpe, especialmente con las manos: *hijo, ¡qué manazas eres: todo lo que tocas lo rompes!* **ANT** manitas.
OBS El plural también es *manazas*.

mancebía *n. f.* Establecimiento en el que se ejerce la prostitución: *las mancebías fueron prohibidas en 1956.* **SIN** burdel, lupanar, prostíbulo.

mancebo *n. m.* **1** culto Hombre joven. **SIN** mozo, muchacho. **2** Dependiente o empleado de una farmacia.
DER mancebía; amancebarse.

mancha *n. f.* **1** Señal o marca, especialmente de suciedad: *se me ha caído café en la blusa y me ha quedado una mancha.* **SIN** lámpara. **2** Zona de una superficie que tiene un color diferente al del resto: *los dálmatas son perros blancos con manchas negras.* **3** Cosa que afecta o hace daño a la fama o al honor de una persona: *este suspenso es una mancha en tu expediente.* **SIN** deshonor.
ETIM Mancha procede del latín *macula*, que tenía el mismo significado, voz con la que también está relacionada *mácula*.
DER manchar.

manchar *v. tr./prnl.* **1** Ensuciar algo dejando una señal o una marca: *el vino manchó el mantel; Ramón se manchó la camisa comiendo.* **SIN** pringar, tiznar. ◊ *v. tr.* **2** Dañar la honra o el honor: *su vinculación con el narcotráfico manchó su reputación.* **SIN** mancillar.

manchego, -ga *adj.* **1** De La Mancha o que tiene relación con esta región: *Albacete, Toledo, Cuenca y Ciudad Real son las provincias manchegas.* ◊ *adj./n. m. y f.* **2** [persona] Que es de La Mancha: *muchos manchegos se dedican a la producción de vino.* ◊ *adj./n. m.* **3** [queso] Que se produce en esta zona, es de oveja y tiene un sabor salado.

manchú *adj./n. com.* **1** De un pueblo mongólico establecido en Manchuria o que tiene relación con esta región del noreste de China. ◊ *n. m.* **2** Lengua hablada por muchos habitantes de esta región.

-mancia Elemento sufijal que entra en la formación de sustantivos femeninos con el valor de 'adivinación': *nigromancia.*

mancillar *v. tr.* Dañar o manchar la honra o el honor: *con sus vicios mancilló el buen nombre de su familia.* **SIN** manchar.

manco, -ca *adj./n. m. y f.* **1** [persona, animal] Que está falto de un brazo o una mano o que no lo puede usar por tener un defecto físico: *se enganchó un brazo en una máquina y se ha quedado manco.* ◊ *adj.* **2** Que está incompleto: *esa obra le ha quedado manca, le falta un final.*

mancomunadamente *adv.* Indica que la acción verbal se realiza estando de acuerdo dos o más personas: *la decisión fue tomada mancomunadamente.*

mancomunar *v. tr./prnl.* culto Unir fuerzas o bienes para un fin: *los estados miembros mancomunaron sus esfuerzos para hacer frente a la guerra.* **SIN** aliar.
DER mancomunadamente, mancomunidad.

mancomunidad *n. f.* **1** culto Unión de personas o empresas para conseguir un fin común. **2** Unión o relación legal de varias poblaciones con intereses comunes: *el consejo de la mancomunidad de la Alta Alcarria se reunió para elegir presidente.*

mancuerna *n. f.* Barra con un peso igual en cada extremo que sirve para hacer ejercicios gimnásticos con una mano: *practica aeróbic con una mancuerna en cada mano.*

mandado, -da *n. m. y f.* **1** Persona a la que se encarga una labor o un trabajo especial: *el banquero envió a un mandado en su nombre.* ◊ *n. m.* **2** Mensaje que se da o compra que se realiza siguiendo las órdenes de otra persona: *el jefe le envía un mandado y espera pronto la respuesta.* **SIN** recado.
ser un mandado coloquial Limitarse a obedecer la orden de un superior y sin autoridad para hacer otra cosa: *no vengas a quejarte a mí, yo soy un mandado.*

mandamás *n. com.* **1** Persona que desempeña una función de mando: *desde que es la mandamás se le han subido los humos.* Tiene un valor irónico. **SIN** jefe. **2** Persona a la que le gusta mandar en exceso: *¡menudo mandamás está hecho! No para de dar órdenes.* **SIN** mandón, marimandón.
OBS El plural también es *mandamás*.

mandamiento *n. m.* **1** Orden o indicación de un superior a un inferior: *recibió el mandamiento de no dejar salir a nadie.* **SIN** mandato. **2** Regla de la ley de Dios y de la Iglesia católica: *los mandamientos de la ley de Dios son diez y los de la Iglesia son cinco.* **3** DER. Orden de un juez que se da por escrito mandando ejecutar una cosa: *recibió un mandamiento judicial en el que se le decía que tenía que demoler el edificio.*

mandanga *n. f.* **1** Pereza o falta de rapidez y de energía: *¡menuda mandanga tiene ése cuando hay que trabajar duro!* **SIN** holgazanería, pachorra. ◊ *n. f. pl.* **2 mandangas** coloquial Comentarios que no interesan al que los oye: *no me vengas con mandangas y ponte a trabajar.* **SIN** tonterías, cuentos.

mandar *v. tr.* **1** Dar una orden u obligar a hacer una cosa: *nos mandó callar; mandó que se limpiara la habitación.* **SIN** ordenar. **2** Enviar o hacer llegar algo a alguien: *nos mandó una postal desde Tenerife; mándale el paquete por correo.* **SIN** expedir, remitir. **3** Hacer que una persona se traslade a otro lugar: *al cerrar la oficina de la ciudad, lo mandaron a otra de la ciudad vecina.* **SIN** enviar. **4** Encargar algo a una persona: *por favor, manda a Pepe que venga con los archivos.* ◊ *v. tr./intr.* **5** Dirigir o estar al mando de algo o alguien: *el general mandaba los ejércitos de tres países; el rey mandaba sobre sus súbditos; ese muchacho tiene dotes para mandar.* ◊ *int.* **6 ¡mande!** coloquial Expresión que se usa para contestar a una llamada o para pedir que se repita una palabra o una frase que no se ha entendido: *vente conmigo a la cocina. ¡Mande! Que te vengas conmigo a la cocina.* **SIN** ¿qué?

¡a mandar! Expresión que indica que una persona está preparada para obedecer: *llamaron a uno de los criados y éste, al entrar, dijo: ¡a mandar, señor conde!*

mandar al otro barrio *coloquial* Matar: *en aquella película del oeste los mandaban a todos al otro barrio con una facilidad increíble.*

DER mandado, mandamás, mandamiento, mandato, mando; comandar, demandar, desmandarse.

mandarín *n. m.* **1** Nombre que dan los europeos a la persona que poseía un alto cargo civil o militar en la China imperial: *los mandarines controlaban la administración pública.* **2** Dialecto del chino, originario de Pekín, hablado en la mayor parte de China. **3** Persona que tiene poder e influencia en la vida pública: *su dinero lo ha convertido en el mandarín de la economía.*

DER mandarina.

mandarina *n. f.* Fruto del mandarino, parecido a la naranja, de carne dulce y cuya cáscara es fácil de quitar: *la mandarina es más pequeña que la naranja; la mandarina es un cítrico.*

DER mandarino.

mandarino *n. m.* Árbol frutal de hojas perennes y flores blancas y olorosas, cuyo fruto es la mandarina: *el mandarino es originario de China.*

mandatario, -ria *n. m. y f.* **1** Persona que acepta de otra el encargo de representarla o de llevar sus negocios: *el presidente de la Compañía del Té de la China en España vive en Madrid.* **2** Persona que gobierna un país o desempeña un alto cargo político: *Madrid fue sede de la reunión de los altos mandatarios.*

mandato *n. m.* **1** Orden que da un superior a sus subordinados para que sea obedecida, observada o ejecutada: *el soldado cumplió fielmente el mandato de su sargento.* **SIN** mandado. **2** Período de tiempo durante el cual una autoridad manda o gobierna: *durante el mandato del antiguo alcalde se plantaron 10000 árboles en el municipio.*

DER mandatario.

mandíbula *n. f.* **1** Cada una de las dos piezas óseas o cartilaginosas que forman la boca de los vertebrados y de las que salen los dientes: *en los seres humanos, la mandíbula es el maxilar inferior; movemos la mandíbula para triturar los alimentos y para hablar.* ☞ cuerpo humano. **2** Cada una de las dos piezas córneas que forman el pico de las aves: *el águila cogió un ratón con sus fuertes mandíbulas.* **3** Cada una de las dos piezas duras que forman la boca de algunos insectos: *los insectos masticadores mueven lateralmente las mandíbulas para triturar los alimentos.*

reír a mandíbula batiente Reír con ganas y de manera ruidosa: *era una obra muy divertida, todos los espectadores reían a mandíbula batiente.*

mandil *n. m.* Prenda que se cuelga del cuello, tapa la parte delantera del cuerpo, se ata a la cintura y sirve para no mancharse la ropa o para protegerse en un trabajo: *ponte el mandil si vas a cocinar; el médico se puso un mandil para protegerse de la radiación.* **SIN** delantal.

DER mandilón.

mandilón *n. m.* Mandil.

mandioca *n. f.* **1** Arbusto tropical originario de América con una raíz muy grande y carnosa, hojas muy divididas y flores en forma de racimo: *de la raíz de la mandioca se extrae almidón y tapioca.* **2** Sustancia granulada que se extrae de la raíz de ese arbusto y se usa en alimenta-

ción: *la mandioca se suele utilizar para hacer sopas.* **SIN** tapioca.

mando *n. m.* **1** Autoridad o poder que tiene una persona o un organismo para dirigir o gobernar: *el mando de la expedición recayó en el hombre con más experiencia; el capitán pidió el mando de la tercera compañía.* **2** Botón, llave o mecanismo que sirve para controlar el funcionamiento de un aparato o una máquina: *el mando verde pone en marcha el ventilador y el mando rojo lo para; el piloto revisó los mandos del avión antes de iniciar el vuelo.* Se usa también en plural. **mando a distancia** Dispositivo que sirve para manejar el funcionamiento de un aparato electrónico que está alejado de la persona que lo usa: *la puerta del garaje se abre con un mando a distancia; los nuevos televisores sólo pueden manejarse con mando a distancia.* **3** Persona u organismo que tiene autoridad y poder para dirigir y gobernar: *Felipe es un mando de la policía; los mandos pasaron revista en el cuartel.* Se usa también en plural. **alto mando** Persona o conjunto de personas que dirigen un ejército: *el alto mando planeó el ataque.*

DER mandón; telemando.

mandoble *n. m.* **1** Golpe fuerte dado con la mano abierta. **SIN** bofetada. **2** Golpe o corte que se da con un arma blanca agarrándola con las dos manos: *don Quijote le cortó la cabeza al gigante Caraculiambro en un mandoble.*

mandolina *n. f.* Instrumento musical de cuerda, con una caja de forma ovalada y cuatro pares de cuerdas que se tocan con una púa: *en el concurso de disfraces, el arlequín salió tocando la mandolina.* **SIN** bandolina. ☞ instrumentos musicales.

mandón, -dona *adj./n. m. y f.* [persona] Que tiene tendencia a mandar más de lo que le toca en los demás: *es una niña tan mandona que los amigos hacen todo lo que ella dice sin rechistar.* **SIN** mandamás, marimandón.

DER marimandona.

mandorla *n. f.* En el arte medieval, óvalo o marco en forma de almendra que rodeaba algunas imágenes religiosas: *la mandorla también se conoce como almendra mística.*

mandrágora *n. f.* Planta sin tallo, de hojas anchas y rugosas, flores malolientes en figura de campanilla y fruto en baya: *la mandrágora es narcótica y ha sido objeto de superstición.*

mandril *n. m.* **1** Mono con pelo espeso de color marrón, hocico largo, nariz roja con aletas azules, cola corta y trasero rojo: *el mandril vive cerca de las costas occidentales de África.* Para indicar el sexo se usa *el mandril macho* y *el mandril hembra.* **2** Pieza cilíndrica de la máquina en la que se asegura el objeto que se ha de tornear. **3** Herramienta que sirve para agrandar los agujeros en las piezas de metal. **4** Pieza de metal o de madera que se introduce en algunos instrumentos huecos y sirve para facilitar la penetración de éstos en determinadas cavidades del cuerpo; se usa en cirugía.

manducar *v. tr./intr. coloquial* Comer.

OBS En su conjugación, la *c* se convierte en *qu* delante de *e*.

manecilla *n. f.* **1** Varilla delgada y larga que señala las medidas en algunos instrumentos de medición: *manecillas del reloj.* **SIN** aguja, saeta. **2** Broche metálico que se usa para cerrar ciertos libros: *el misal de mi abuela tenía una manecilla de oro.* **3** Signo que representa la figura de una mano con el índice extendido y que suele ponerse en un impreso para llamar la atención sobre alguna parte del texto.

manejable *adj.* **1** Que se maneja con facilidad: *los teléfonos portátiles son muy manejables porque pesan poco y son pequeños.* **2** [persona, carácter] Que es dócil y fácil de convencer.

manejar *v. tr.* **1** Usar o mover una cosa con las manos: *el sastre maneja con soltura la máquina de coser; manejaban los remos al unísono.* **2** Usar o emplear una cosa con un fin determinado: *el informático maneja varios programas de ordenador; María maneja muy bien el inglés.* **3** Gobernar, dirigir o administrar un asunto: *mi jefe maneja varios negocios importantes.* **4** Tener dominio sobre una persona: *mi madre nos maneja a todos a su voluntad.* **SIN** manipular. ◇ *v. prnl.* **6 manejarse** Moverse con agilidad después de haber padecido algún impedimento: *a pesar de su caída, el anciano se ha recuperado y ya puede manejarse por sí mismo.* **7** Actuar con desenvoltura y habilidad en un asunto: *se maneja muy bien con los niños; el detective se maneja muy bien en ambientes de delincuentes.* **SIN** desenvolver, valer.
DER manejable, manejo.

manejo *n. m.* **1** Uso o utilización de una cosa, especialmente si se hace con las manos: *es un experto en el manejo del bisturí.* **2** Uso o empleo de una cosa con un fin determinado: *el manejo de este diccionario es muy sencillo.* **SIN** funcionamiento. **3** Gobierno, dirección y administración de un asunto: *está cansado del manejo de las finanzas familiares.* **4** Habilidad y desenvoltura para realizar una cosa o tratar un asunto: *el presidente salió airoso en la rueda de prensa demostrando un gran manejo de la situación.* ◇ *n. m. pl.* **5 manejos** Actividad engañosa o fraudulenta que se realiza de manera oculta en un asunto o negocio: *no sé qué manejos se trae, pero no debe ser nada claro.* **SIN** chanchullo, tejemaneje.

manera *n. f.* **1** Forma o modo de ser o suceder una cosa: *tiene una manera de decir las cosas muy agradable; están buscando la manera de llegar a un acuerdo.* ◇ *n. f. pl.* **2 maneras** Forma o modo de comportarse una persona: *no debería ser tan brusco, debería cuidar más sus maneras; te voy a regalar un manual de buenas maneras para que aprendas a comportarte.* **SIN** formas, modales.
a la manera de A semejanza de, como lo hace otra persona: *escribió un soneto a la manera de Góngora.*
a manera de Como si fuera: *se enrolló una tela en la cabeza a manera de turbante.*
de cualquier manera Indica que una cosa se hace con descuido y desinterés: *últimamente va muy desaliñado, se viste de cualquier manera.*
de manera que Indica el efecto, el resultado o la consecuencia: *te avisaron a tiempo, de manera que ahora no te quejes.*
de ninguna manera Indica una negación absoluta y tajante: *de ninguna manera admito que me trates de ese modo.*
de todas maneras En cualquier caso o cualquiera que sea la circunstancia: *quizás no esté yo, pero, de todas maneras, puedes venir a mi casa.*
en gran manera Mucho, en exceso: *me preocupa en gran manera quedar bien en mi trabajo.*
sobre manera Mucho, en exceso, en gran manera: *me agradó sobre manera su forma de comportarse con todos.*
DER amanerar, sobremanera.

manga *n. f.* **1** Parte de la prenda de vestir que cubre el brazo, en parte o por completo. **manga corta** Manga que cubre como máximo hasta el codo: *las camisas de manga corta son ideales para el verano.* **manga larga** Manga que cubre hasta la muñeca: *se compró dos camisas de manga larga para el invierno.* **2** Manguera, tubo largo y flexible: *coge la manga más larga para regar el final del jardín.* **manga pastelera** Utensilio de cocina de tela o plástico y en forma de cono, que tiene una boquilla en uno de sus extremos, se llena con algún alimento cremoso y se usa para adornar alimentos: *el pastelero usó la manga pastelera para adornar la tarta con nata montada y crema de chocolate.* **3** Objeto de tela con forma de cono que se usa para señalar la dirección y la intensidad del viento: *en las autopistas suele haber mangas en las zonas de mucho viento.* **4** Parte de una competición deportiva: *tan sólo cuatro jugadores han pasado a la segunda manga; esta carrera de esquí consta de dos mangas.* **5** Anchura máxima de una embarcación: *compró un yate que medía diez metros de manga.* **6** Filtro de tela en forma de cono que sirve para colar líquidos: *antes el café se hacía en un puchero y se usaba una manga para colar los posos.*
en mangas de camisa Indica que una persona no lleva chaqueta ni otra prenda similar sobre la camisa: *la americana me estorba para trabajar, prefiero estar en mangas de camisa.*
manga ancha Tolerancia que se manifiesta ante los fallos de una persona: *cuando cometimos aquel tremendo error demostró tener con nosotros mucha manga ancha.*
manga de agua Lluvia fuerte y de corta duración: *cayó una manga de agua que inundó la calle.*
manga por hombro *coloquial* Indica que algo está desordenado y abandonado: *la habitación era una pena, todo estaba manga por hombro.*
sacarse de la manga Decir o hacer una cosa de manera improvisada y sin mucho fundamento: *se sacó de la manga que yo me había ido de viaje, no era cierto.*
tener (o guardar) en la manga Tener una cosa oculta para poder usarla en el momento más oportuno: *sabíamos que aún tenía en la manga la prueba de nuestra culpabilidad en la estafa.*
DER manguera, manguito; remangar.

manganeso *n. m.* QUÍM. Metal brillante, duro y quebradizo, resistente al fuego y muy oxidable, de color gris claro y muy abundante en la naturaleza: *el símbolo del manganeso es Mn; el manganeso se usa para teñir el vidrio.*

mangante *n. com. coloquial* Persona que roba con engaño y pretende aprovecharse de los demás: *cuando se descubrió la estafa, el empresario resultó ser un auténtico mangante.* **SIN** ladrón, mangui.

mangar *v. tr. coloquial* Robar una cosa con engaño y con la intención de aprovecharse de los demás: *a pesar de la desconfianza del director del museo, los vigilantes acabaron mangando todas las obras de arte.* Tiene valor despectivo.
DER mangante.
OBS En su conjugación, la g se convierte en gu delante de e.

mango *n. m.* **1** Parte estrecha y alargada de un objeto por donde se coge con la mano: *el mango de la cuchara; el mango del martillo.* **SIN** asidero. **2** Fruto carnoso de forma ovalada, de piel gruesa y rojiza y de pulpa anaranjada, amarilla o rojiza, y muy aromático: *el mango se come como postre o en ensaladas.* **3** Árbol de grandes dimensiones de tronco recto y corteza negra y rugosa que da ese fruto: *el mango es originario de la India.*

mangonear *v. tr./intr.* **1** *coloquial* Intervenir una persona en un asunto de otra, tratando de dirigirlo o de imponer su voluntad: *no le pedimos ayuda, pero ella se presentó a mangonear la mudanza.* Tiene valor despectivo. **2** Manejar, dirigir o dominar a una persona: *ella ha mangoneado a su marido y a sus hijos toda la vida.* **SIN** manipular. Tiene valor despectivo.
DER mangoneo, mangui.

mangoneo *n. m. coloquial* Intervención de una persona en un asunto de otra, para tratar de dirigirlo o de imponer la voluntad propia. Tiene valor despectivo.

mangosta *n. f.* Mamífero carnívoro de pequeño tamaño,

pelaje rojizo o gris, cola larga y patas cortas: *la mangosta es ágil y se alimenta de ratones y serpientes.* **SIN** meloncillo.

manguera *n. f.* Tubo largo y flexible que conduce un líquido, tomándolo por uno de sus extremos y expulsándolo por el opuesto: *el bombero dirigió la manguera hacia el fuego; para regar los jardines utilizan una manguera.* **SIN** manga.

mangui *n. com.* Ladrón que roba con habilidad y sin violencia: *en estas barriadas hay muchos manguis.* **SIN** caco, ladronzuelo, ratero.

manguito *n. m.* **1** Prenda de abrigo en forma de tubo en la que se meten las manos para mantenerlas calientes: *antes estaba de moda entre las señoras llevar manguitos de piel.* **2** Prenda de tela que cubre desde la muñeca hasta el codo y que se pone encima de la manga para evitar que se ensucie: *el oficinista llevaba unos manguitos para no manchar su camisa de tinta.* **3** Pieza pequeña y hueca en forma de tubo que sirve para unir o empalmar dos objetos cilíndricos iguales: *el fontanero unió las dos tuberías con un manguito.* **4** Pieza en forma de aro o anillo que sirve para reforzar un tubo.

maní *n. m.* **1** Planta de tallo rastrero con flores amarillas cuyos pedúnculos se introducen bajo tierra para que madure su fruto: *el maní es originario de América.* **2** Fruto de esta planta, de tamaño pequeño y alargado y cáscara dura, cuyas semillas se comen secas y tostadas. **SIN** cacahuete.
OBS El plural es *manises*.

manía *n. f.* **1** Trastorno mental que se caracteriza por la presencia obsesiva de una idea fija y produce en el enfermo un estado anormal de agitación: *las personas que sufren manía se niegan a aceptar sus conflictos internos y se vuelcan en el exterior.* **SIN** psicosis, obsesión. **manía persecutoria** Trastorno mental que sufre una persona que cree ser siempre objeto de persecución y mal trato de alguien: *cree que sus compañeros le hacen faenas continuamente porque sufre manía persecutoria.* **2** Costumbre o comportamiento raro o poco corriente: *tiene la manía de cerrar siempre todas las puertas que encuentra abiertas.* **3** Sentimiento de odio o antipatía hacia una persona: *el niño creía que su profesor le tenía manía.* **SIN** ojeriza. **4** Pasión grande o afición exagerada hacia una cosa: *tiene la manía de coleccionar posavasos.*
DER maniaco, maníaco, maniático, manicomio.

-manía Elemento sufijal que entra en la formación de sustantivos femeninos con el significado de 'manía', 'gusto particular, extremo o patológico': *bibliomanía, toxicomanía.*

maníaco, -ca o **maniaco, -ca** *adj./n. m. y f.* [persona] Que padece una manía o trastorno mental: *los enfermos maníacos desfiguran totalmente la realidad.* **SIN** obseso, psicópata.

maniatar *v. tr.* Atar las manos a una persona: *los secuestradores amordazaron al rehén y lo maniataron.*

maniático, -ca *adj./n. m. y f.* [persona] Que tiene costumbres o comportamientos raros o poco corrientes: *siempre está con la fregona en la mano, es una maniática de la limpieza.*

manicomio *n. m.* **1** Centro hospitalario en el que ingresan los enfermos mentales para curarse o mejorar de su enfermedad: *tras sufrir varias crisis de esquizofrenia, ingresó en un manicomio para recuperarse.* **2** Lugar donde hay mucho ruido y confusión: *con tal alboroto y desorden la casa parecía un manicomio.*

manicura *n. f.* Cuidado y arreglo de las manos, especialmente de las uñas: *acostumbro hacerme la manicura en el centro de belleza de mi barrio.*
DER manicuro.

manicuro, -ra *n. m. y f.* Persona que se dedica al cuidado y arreglo de las manos y de las uñas de otras personas: *pidió cita con la manicura del hotel.*

manido, -da *adj.* **1** [asunto] Que es muy común y conocido y, por tanto, puede resultar vulgar y poco original: *el orador empleó unos argumentos tan manidos que no convenció al auditorio.* **2** Que está muy gastado o estropeado por el uso: *no te pongas esa chaqueta tan manida.* **SIN** manoseado, sobado.

manierismo *n. m.* Estilo artístico que surgió en Italia a comienzos del siglo XVI y que se caracteriza por la abundancia de las formas difíciles y poco naturales: *el primer manierismo apareció como reacción al equilibrio de formas del Renacimiento.*
DER manierista.

manierista *adj.* **1** Del manierismo o relacionado con este estilo artístico: *las obras de El Greco pertenecen al estilo manierista; la tendencia manierista precedió en el tiempo al barroco.* ◊ *adj./n. com.* **2** [persona] Que practica el manierismo: *Tiziano y Tintoretto son pintores manieristas.*

manifestación *n. f.* **1** Concentración pública de gran número de personas que recorren las calles para reclamar algo o protestar por alguna cosa: *los sindicatos han convocado una manifestación de estudiantes para el próximo mes.* **2** Comunicación o exteriorización de una opinión, un estado de ánimo o un sentimiento: *las manifestaciones de la artista sobre su vida personal escandalizaron a la opinión pública.* **3** Cosa que es muestra o reflejo de otra: *la expresión de su cara es una clara manifestación de su alegría.*

manifestante *n. com.* Persona que participa en una manifestación o concentración pública: *los manifestantes se enfrentaron con la policía; los manifestantes se sentaron en la calle y cortaron el tráfico.*

manifestar *v. tr./prnl.* **1** Dar a conocer una persona una opinión o un sentimiento: *el escritor que recibió el premio manifestó su agradecimiento públicamente; el ministro se ha manifestado en desacuerdo con las nuevas medidas de seguridad.* **SIN** declarar, expresar. **2** Mostrar o hacer evidente una cosa: *la huelga general manifiesta el malestar de la clase obrera; su gran altruismo se manifiesta en sus obras de caridad.* ◊ *v. prnl.* **3 manifestarse** Organizar una manifestación o concentración pública o participar en ella: *los trabajadores se manifestaron ante las puertas del ministerio.*
DER manifestación, manifestante.
OBS En su conjugación, la e se convierte en ie en sílaba acentuada, como en *acertar.*

manifiesto, -ta *adj.* **1** Que es muy claro y evidente: *los celos por su mujer eran manifiestos.* **SIN** palpable, patente. ◊ *n. m.* **2** Escrito que una persona o grupo de personas hacen público y en el que exponen su concepción ideológica; generalmente es de carácter político o artístico: *los surrealistas publicaron un manifiesto para exponer sus ideas; el manifiesto del comunismo fue creado por Marx y Engels.*
poner de manifiesto Dar a conocer una opinión o hacer evidente una cosa: *el presidente puso de manifiesto su preocupación por la paz mundial; el triunfo obtenido pone de manifiesto su gran esfuerzo.*
DER manifiestamente, manifestar.

manigero *n. m.* Manijero.
OBS La Real Academia Española admite *manigero*, pero prefiere la forma *manijero.*

manija *n. f.* Palanca pequeña que sirve para accionar la cerradura de una puerta o de una ventana: *para abrir la puerta hay que hacer girar la manija hacia la derecha.* **SIN** manilla.

manijero *n. m.* Persona que dirige a un grupo de trabaja-

manilla

dores del campo: *el manijero distribuye las distintas faenas entre sus trabajadores.* **SIN** mayoral.
OBS También se escribe *manigero*.

manilla *n. f.* **1** Aguja del reloj que señala las horas, los minutos o los segundos: *la manilla del reloj que marca los minutos se ha estropeado.* **SIN** manecilla. **2** Palanca pequeña que sirve para accionar la cerradura de una puerta o de una ventana. ☞ puerta; ventana. **SIN** manija. **3** Pulsera, brazalete de metal para las muñecas.
DER manillar.

manillar *n. m.* Parte delantera de la bicicleta o de la motocicleta en la que se apoyan las manos al conducir y que sirve para controlar la dirección: *los frenos de una bicicleta están en el manillar.* **SIN** guía. ☞ motocicleta.

maniobra *n. f.* **1** Movimiento u operación que se hace con cualquier tipo de vehículo para dirigir su marcha: *el piloto del avión inició la maniobra de aterrizaje; tuvo que hacer muchas maniobras para aparcar el coche en un sitio tan pequeño; el capitán del barco realizó la maniobra de aproximación al puerto.* **2** Movimiento u operación que se hace con una máquina para dirigir su funcionamiento: *el jefe ordenó al operario de la grúa que realizase con cuidado la maniobra de descarga.* **3** Operación que se hace en un asunto con habilidad y astucia para conseguir un fin determinado: *consiguió quitarle el puesto mediante sucias maniobras.* **SIN** manejo. **4** Ejercicio militar que se realiza en el ejército para adiestrar a los soldados: *el batallón realizó una maniobra envolvente; la tropa estuvo de maniobras durante todo el mes de julio.* Se usa más en plural.
DER maniobrar.

maniobrar *v. intr.* **1** Realizar maniobras, especialmente para dirigir un vehículo o una máquina: *tuvo que maniobrar cuidadosamente para poder sacar el coche del aparcamiento.* **2** Realizar maniobras militares un ejército: *los soldados están maniobrando en el campo de entrenamiento.*

manipulación *n. f.* **1** Acción que consiste en manejar una cosa con las manos: *la manipulación de los alimentos debe hacerse en condiciones de máxima higiene; la manipulación de aquel aparato de precisión requería una gran preparación técnica.* **2** Acción que consiste en influir en una persona o intervenir en un asunto para conseguir un fin determinado: *los socios de la empresa denunciaron la manipulación a la que se ven sometidos por parte del gerente; las autoridades no deben consentir la manipulación de la información en los medios de comunicación.*

manipulador, -ra *n. m. y f.* **1** Persona que en su trabajo maneja las cosas con las manos: *los manipuladores de alimentos deben ser escrupulosamente limpios.* **2** Persona que influye en otra o interviene en un asunto para conseguir un fin determinado: *el vendedor era un gran manipulador, captaba clientes con falsas promesas.*

manipular *v. tr.* **1** Manejar una cosa con las manos: *para manipular los productos químicos del laboratorio hay que ponerse unos guantes; la bomba estalló al intentar manipularla.* **2** Manejar a una persona o un asunto de forma solapada y poco honesta para conseguir un fin determinado: *se cree que accedió al cargo manipulando a las personas que lo votaron; fue acusado de manipular las cuentas del banco.* **3** Controlar la conducta de una persona impidiendo que actúe con libertad: *aquel hombre manipula los actos de toda su familia.* **SIN** dominar, manejar. **4** Mezclar o combinar un producto con otra sustancia para alterar su composición o para crear un nuevo producto: *fue detenido por manipular el aceite al que había añadido sustancias tóxicas; si se manipulan algunos*

componentes de la leche se obtienen sus diferentes derivados.
DER manipulación, manipulador.

maniqueísmo *n. m.* **1** Doctrina religiosa que se basa en la existencia de dos principios contrarios y eternos que luchan entre sí, el bien y el mal: *el maniqueísmo fue fundado por el filósofo persa Manes en el siglo III.* **2** Actitud o interpretación de la realidad que tiende a valorar las cosas como buenas o malas, sin términos medios: *la película nos ofrecía una visión de la realidad en la que primaban el maniqueísmo y la simplicidad.*

maniqueo, -quea *adj.* **1** Del maniqueísmo o relacionado con esta doctrina religiosa y sus seguidores: *la doctrina maniquea pedía a sus seguidores que practicasen la oración y el ayuno; los creyentes maniqueos fueron perseguidos en todo el Imperio Romano.* ◇ *adj./n. m. y f.* **2** [persona] Que que tiende a valorar las cosas como buenas o malas, sin términos medios: *los niños son maniqueos en su concepción del mundo: para los maniqueos las personas se dividen en buenas y malas.*
DER maniqueísmo.

maniquí *n. m.* **1** Figura con forma humana que sirve para mostrar o exhibir prendas de vestir: *las tiendas de ropa tienen maniquíes en sus escaparates.* **2** Armazón con figura de cuerpo humano sin extremidades, que sirve para probar y arreglar prendas de vestir: *la modista probaba los patrones sobre el maniquí.* **3** Persona que cuida mucho su aspecto y siempre va muy bien vestida: *esta chica siempre va hecha un maniquí.* ◇ *n. com.* **4** Persona que se dedica profesionalmente a mostrar o exhibir prendas de vestir: *la maniquí lució en la pasarela la nueva colección de ropa del moderno diseñador.* **SIN** modelo.
OBS El plural es *maniquíes*.

manirroto, -ta *adj./n. m. y f.* [persona] Que gasta el dinero en exceso y sin medida: *era un manirroto y derrochó la fortuna de su familia en frivolidades.* **SIN** despilfarrador.

manitas *n. com. coloquial* Persona que tiene mucha habilidad para hacer cualquier tipo de trabajo con las manos: *su esposo es un manitas, arregla todo lo que se rompe en casa.* **SIN** mañoso. **ANT** manazas.
hacer manitas *coloquial* Cogerse y acariciarse las manos una pareja: *los novios hacían manitas en la cafetería.*
OBS El plural también es *manitas*.

manivela *n. f.* Pieza, generalmente de hierro, con forma de ángulo recto que se usa para dar vueltas a una rueda o al eje de un mecanismo: *los primeros automóviles se ponían en marcha con una manivela que llevaban en la parte delantera.* **SIN** manubrio.

manjar *n. m.* **1** Cualquier alimento o comida: *nos sirvieron una comida formada por diversos manjares.* **2** Alimento o comida muy buena y preparada con esmero: *la mesa estaba repleta de ricos y apetitosos manjares.*
ETIM *Manjar* procede del latín *manducare*, 'comer', voz con la que también está relacionada *manducar*.

mano *n. f.* **1** Parte del cuerpo humano que va desde la muñeca hasta la punta de los dedos: *la mano está provista de cinco dedos articulados.* ☞ cuerpo humano. **2** Pata delantera de un animal cuadrúpedo: *en los animales de cuatro patas las dos delanteras se llaman manos.* **3** Lado en el que está situada una cosa, respecto de una persona: *los servicios están a mano derecha.* **4** Capa de pintura que se da a una superficie: *hay que darle otra mano de barniz a la puerta de la entrada.* **5** Habilidad que tiene una persona para hacer una cosa o resolver un asunto: *tú no tienes mano para solucionar este problema; Juan tiene mano para la ebanistería.*
buena mano Habilidad que tiene una persona para hacer

una cosa o resolver un asunto: *tiene buena mano para los negocios; tiene buena mano para la pintura*. **mano dura** Severidad o exigencia que tiene una persona para tratar a otras o dirigir un asunto: *ese jefe usa mano dura con sus empleados*. **mano izquierda** Habilidad que tiene una persona para manejar o resolver un asunto con tacto: *en el mundo de los negocios se necesita tener mucha mano izquierda*. **6** Mazo del mortero o del almirez: *machaca los ajos y el perejil con la mano del mortero*. **7** Partida de cartas: *vamos a jugar otra mano a ver si puedo ganaros de una vez*. **8** Persona que empieza una partida de cartas: *en muchos juegos, es mano el jugador que se sienta a la derecha del que ha repartido las cartas*. **9** Conjunto de cinco cuadernillos de papel: *compra en la papelería una mano de papel de seda*.
a mano *a*) Sin ayuda de ninguna máquina: *tengo que lavar esta ropa a mano; escribe a mano la carta*. *b*) Cerca o al alcance de una persona: *¿tienes a mano un bolígrafo?*
a mano armada Usando armas: *se produjo un robo a mano armada en el banco*.
a manos llenas Con mucha generosidad: *repartió todo su dinero a manos llenas*.
alzar (o **levantar**) **la mano** Pegar o amenazar con pegar a una persona: *nunca vuelvas a levantarme la mano*.
bajo mano De manera encubierta: *hizo por él todo lo que pudo, pero bajo mano, sin que nadie se enterara*.
coger (o **pillar**) **con las manos en la masa** *coloquial* Sorprender a alguien haciendo una mala acción durante su desarrollo: *estaba robando y lo cogieron con las manos en la masa*.
con las manos vacías Sin ninguna posesión material: *llegó con las manos vacías y ahora es dueño de media ciudad*.
con una mano detrás y otra delante Sin dinero o sin empleo u ocupación: *cuando se incorporó a esta empresa vino con una mano detrás y otra delante*.
darse la mano Saludarse dos personas estrechándose la mano: *se dieron la mano cuando los presentaron*.
de primera mano *a*) Directamente; de la fuente original: *he conseguido la noticia de primera mano*. *b*) Sin estrenar: *se compraron un coche de primera mano*.
de segunda mano Que ya ha sido usado: *nos compramos un piso de segunda mano*.
echar una mano Ayudar a una persona: *si tienes que mudarte de casa, yo te echaré una mano*.
estar en manos de una persona Depender de una persona para hacer una cosa o resolver un asunto: *la solución de mi problema está en manos del juez*.
irse de las manos Perder el control sobre una cosa o una acción: *la inflación se le ha ido de las manos al gobierno*.
irse la mano Realizar con exceso una acción determinada: *el guiso está muy salado, al cocinero se le ha ido la mano al salar el pescado*.
lavarse las manos Desentenderse una persona de un asunto: *yo me lavo las manos, no tuve nada que ver en eso*.
llegar a las manos Llegar a pegarse dos o más personas en una disputa.
llevarse las manos a la cabeza Asustarse o asombrarse una persona por algo: *no sé por qué te llevas las manos a la cabeza, eso le pasa a cualquiera*.
mano a mano Entre dos personas solamente: *los dos invitados discutieron mano a mano en la tertulia dejando a los demás sin participar*.
mano de obra *a*) Trabajo que realiza un obrero: *es más cara la mano de obra que las piezas que te van a cambiar en el coche*. *b*) Conjunto de obreros: *tenemos que conseguir mano de obra para comenzar a construir la casa*.

mano de santo Solución o remedio rápido y adecuado: *este jarabe es mano de santo para la tos*.
mano sobre mano Sin hacer nada: *se pasa el día en su casa mano sobre mano*.
meter mano Tocar las partes íntimas del cuerpo de una persona: *acusó al chico por querer meterle mano*.
pedir la mano Pedir autorización a los padres para casarse con su hija: *esta tarde vendrán Jesús y sus padres para pedir la mano de mi hija*.
poner la mano en el fuego Asegurar o dar fe de alguna cosa: *yo pongo la mano en el fuego por mi amigo, él no ha hecho eso de lo que le acusan*.
poner la mano encima Pegar o golpear a una persona: *a mi hijo nadie le pone la mano encima*.
tender la mano Ayudar a una persona: *cuando tuve tantos problemas todos mis amigos me tendieron la mano*.
tener las manos libres Tener libertad para hacer una cosa: *tienes las manos libres para disponer del dinero como quieras*.
traer entre manos Estar tramando un asunto: *están muy raros, creo que algo se traen entre manos*.
DER manecilla, manija, manilla, manojo, manopla, manosear, manotazo, manotear, manual; antemano, contramano, trasmano.

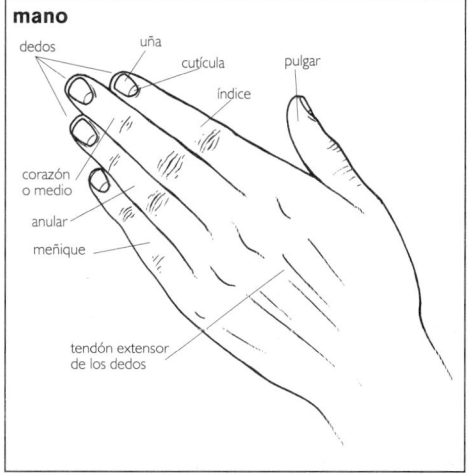

mano — dedos, uña, cutícula, pulgar, índice, corazón o medio, anular, meñique, tendón extensor de los dedos

-mano, -mana Elemento sufijal que entra en la formación de palabras con el significado de: *a*) 'Apasionado, inclinado excesivamente': *melómano*. *b*) 'Hábito patológico': *heroinómano*.
manojo *n. m.* **1** Conjunto de cosas que están agrupadas en forma de haz y se pueden coger de una vez con la mano: *manojo de flores*. **2** Conjunto de cosas agrupadas que son de la misma clase: *compra un manojo de espárragos en el mercado; el portero lleva colgado del pantalón un gran manojo de llaves*.
ser (o **estar hecho**) **un manojo de nervios** Ser una persona muy nerviosa o ponerse nerviosa ante una situación determinada: *antes de la entrevista de trabajo estaba hecho un manojo de nervios*.
manómetro *n. m.* Aparato usado en física que sirve para medir la presión de un fluido: *el manómetro mide la presión de los líquidos y los gases contenidos en un recinto cerrado, por ejemplo, el aire de las ruedas de los coches*.

manopla *n. f.* **1** Prenda que cubre la mano y no tiene separaciones para los dedos o sólo tiene una para el pulgar: *el niño lleva unas manoplas de lana en invierno; algunas manoplas se utilizan en el baño para la higiene corporal.* **SIN** guante. **2** Pieza de la armadura que protege la mano: *el casco, la coraza y las manoplas formaban parte de la armadura de los caballeros.*

manosear *v. tr.* Tocar repetidamente a una persona o cosa con las manos: *deja de manosear el pan.* **SIN** sobar.
DER manoseo.

manoseo *n. m.* Acción de tocar repetidamente con las manos: *este libro está muy estropeado de tanto manoseo.*

manotazo *n. m.* Golpe que se da con la mano abierta: *el jugador recibió un manotazo en la cara al intentar arrebatar el balón al equipo contrario.* **SIN** bofetada.

manotear *v. tr.* Mover repetida y desordenadamente los brazos y las manos abiertas, en especial golpeando una superficie: *el niño manoteaba el agua durante el baño.*

manoteo *n. m.* Movimiento continuo de las manos, especialmente cuando se hace a la vez que se habla.

mansalva Palabra que se utiliza en la locución *a mansalva*, que significa 'en abundancia o en gran cantidad': *cuando acabé la carrera me llovieron felicitaciones a mansalva.*

mansamente *adv.* **1** Con mansedumbre o mostrando bondad o docilidad: *el perro se nos acercó mansamente y moviendo la cola.* **2** Con suavidad o lentitud y sin fuerza: *la lluvia de otoño caía mansamente.*

mansedumbre *n. f.* Docilidad y suavidad que se muestra en el carácter o se manifiesta en el trato: *el caballo mostró su mansedumbre al ser montado por el jinete.*

mansión *n. f.* Casa o vivienda que es muy grande y lujosa: *el conde vive en una mansión que heredó de sus antepasados.*

manso, -sa *adj.* [animal] Que se muestra dócil y no actúa con fiereza: *las ovejas son animales mansos; después de domarlos, los caballos se vuelven mansos y se dejan montar.* **ANT** bravo, fiero. ◊ Que es sosegado y tranquilo y se mueve lentamente: *mirábamos el manso discurrir de las aguas del río.* ◊ *n. m.* **4** Animal macho que conduce un rebaño de ganado de su misma especie: *los mansos conducen a los toros a los corrales.* **SIN** buey, cabestro.
DER mansamente, mansedumbre, mansurrón; amansar.

mansurrón, -rrona *adj.* [animal] Que se muestra excesivamente manso: *se devolvió a los corrales al tercer toro por mansurrón.*

manta *n. f.* **1** Pieza de tejido grueso que sirve para abrigar y suele ponerse en la cama: *en invierno se suelen poner mantas en la cama para protegerse del frío; se cubrió las piernas con una manta.* **2** Pez marino de cuerpo ancho, muy plano, forma de rombo y cola larga y delgada: *las mantas pueden llegar a medir seis metros de envergadura. Para indicar el sexo se usa manta macho y manta hembra.* **3** Serie de golpes que puede dar o recibir una persona: *manta de palos; manta de azotes.* **SIN** paliza, zurra. ◊ *n. com.* **4** Persona que es perezosa en su trabajo u otra actividad: *es muy listo, pero ha suspendido porque es un manta.*

a manta *coloquial* De forma muy abundante o copiosa: *desde que hemos vuelto de vacaciones no ha dejado de llover a manta.*

liarse la manta a la cabeza *coloquial* Tomar una decisión o iniciar una acción y llevarla hacia delante a pesar de las consecuencias que pueda tener: *había perdido su trabajo, pero se lió la manta a la cabeza y se compró el piso que tanto necesitaba.*

tirar de la manta *coloquial* Revelar una persona un asunto que se mantenía en secreto y que puede comprometer a otras personas: *los acusados decidieron tirar de la manta y dar a conocer el nombre de sus cómplices.*
DER mantear.

mantear *v. tr.* Lanzar al aire a una persona impulsándola con una manta que es sostenida por las orillas entre varias personas: *los mozos de la venta mantearon a Sancho Panza.*
DER manteo.

manteca *n. f.* **1** Grasa del cerdo y de algunos otros animales: *la manteca de cerdo se usa mucho para los asados.* **2** Sustancia grasa de la leche y de la semilla de algunos frutos: *el chocolate se elabora con manteca de cacao.*
DER mantecada, mantecado, mantecoso, mantequera, mantequería, mantequilla.

mantecada *n. f.* Bollo pequeño hecho con manteca de leche de vaca, harina, huevos y azúcar, que se cocina al horno: *las mantecadas de Astorga suelen cocerse en moldes cuadrados.*

mantecado *n. m.* **1** Bollo pequeño hecho con manteca de cerdo, harina y azúcar: *es típico comer mantecados en Navidad.* **2** Helado o sorbete que se prepara con leche, huevos y azúcar: *pidió una copa con dos bolas de helado, una de mantecado y otra de chocolate.*

mantecoso, -sa *adj.* [alimento] Que es graso, tierno y suave al paladar: *el queso mantecoso tiene un sabor más suave que el queso duro.*

mantel *n. m.* Pieza de tela, papel o plástico que se coloca sobre la mesa para comer: *pon el mantel en la mesa que después colocaré los vasos y los cubiertos.*
DER mantelería.
ETIM *Mantel* procede del latín *mantele*, toalla.

mantelería *n. f.* Conjunto formado por un mantel de tela y varias servilletas que hacen juego o combinan entre sí: *compró una preciosa mantelería de hilo que estaba bordada a mano.*

mantener *v. tr./prnl.* **1** Conservar una cosa en su estado para que no se degrade: *el frigorífico mantiene los alimentos en buenas condiciones; el ejercicio físico ayuda a mantener la salud; mi piel se mantiene tersa gracias a las cremas de belleza.* **2** Dar o proporcionar a una persona el alimento, el dinero y todo lo necesario para vivir: *como es el único que trabaja en la casa mantiene a toda su familia; se mantiene sólo con trabajos esporádicos.* **SIN** sustentar. **3** Sostener o sujetar una cosa para que no se caiga o no se tuerza: *mantén bien sujeto el cuadro mientras voy a buscar el martillo; los muros se mantienen en pie gracias a los contrafuertes.* **4** Afirmar o defender una idea u opinión con convicción: *mantengo lo que dije el mes pasado; se ha mantenido firme en sus creencias.* ◊ *v. tr.* **5** Realizar o continuar con una acción o una situación: *mantienen una estrecha amistad; mantuvieron correspondencia durante muchos años.*
DER mantenido, mantenimiento.
ETIM *Mantener* procede del latín *manus* + *tenere*, que tenía el mismo significado, voz con la que también está relacionada *manutención.*
OBS Se conjuga como *tener.*

mantenido, -da *n. m. y f.* **1** Persona que vive a expensas del dinero de otra: *ni tiene trabajo ni lo busca, es un mantenido y un vago.* **2** Persona que tiene relaciones sexuales con otra y vive a expensas del dinero de ésta: *está casado, pero tiene una mantenida en la capital.* **SIN** amante.

mantenimiento *n. m.* **1** Conservación de una cosa en buen estado o en una situación determinada para evitar su degradación: *el mantenimiento de la naturaleza es cosa de* *todos; los operarios se encargan a diario del mantenimiento de las máquinas.* **2** Conjunto de alimentos, dinero y medios necesarios para vivir: *los padres se encargan del mantenimiento de los hijos.* **SIN** manutención.

manteo *n. m.* **1** Lanzamiento por los aires de una persona mediante el impulso que recibe con una manta sostenida entre varios; la operación se repite varias veces seguidas. **2** Capa larga con cuello estrecho que solían llevar los eclesiásticos sobre la sotana; antiguamente también la usaban los estudiantes.

mantequera *n. f.* **1** Recipiente que se usa para guardar la mantequilla o servirla en la mesa: *compré una mantequera de porcelana para servir a la mesa, porque la del frigorífico era más fea.* **2** Vasija en la que se elabora la mantequilla.

mantequería *n. f.* Establecimiento en el que se venden principalmente mantequilla y productos derivados de la leche: *en una mantequería también se pueden comprar embutidos y fiambres.*

mantequilla *n. f.* Alimento graso de consistencia blanda que se obtiene batiendo la nata de la leche de vaca: *la mantequilla se utiliza mucho en la cocina francesa como sustituto del aceite.*

mantilla *n. f.* **1** Prenda femenina de tejido muy fino que cubre la cabeza y cae sobre los hombros: *muchas mujeres se ponen una mantilla de blonda sobre una peineta para salir en las procesiones de Semana Santa, sobre todo en Andalucía.* **2** Prenda que se pone encima de la ropa del bebé para protegerlo del frío: *la mantilla de un niño tiene forma de manta pequeña.*
estar en mantillas a) Tener una persona pocos conocimientos sobre una cosa o un asunto: *acabé ayer mis estudios de contabilidad, para trabajar aún estoy en mantillas.* b) Estar una cosa en sus comienzos: *el proyecto sobre la construcción de la nueva biblioteca está todavía en mantillas.*

mantillo *n. m.* **1** Capa superior del suelo formada por tierra y restos de animales y de vegetales en descomposición: *el mantillo se utiliza para abonar un terreno.* **SIN** humus. **2** Abono que se obtiene de la descomposición del estiércol: *suelo usar mantillo para abonar las plantas del jardín.*

mantis *n. f.* Insecto de cuerpo alargado y estrecho, de color verde o amarillo, que tiene las patas delanteras largas, erguidas y juntas, y que se alimenta de otros insectos: *la mantis hembra devora al macho tras la cópula.*
OBS También se dice *mantis religiosa.* ◇ El plural también es *mantis.*

manto *n. m.* **1** Prenda de vestir parecida a la capa, muy ancha, sin mangas y abierta por delante, que cubre desde los hombros hasta los pies y se lleva sobre la ropa: *el día de la coronación, el rey llevaba manto; algunas imágenes religiosas van ataviadas con un manto.* **2** Cosa que cubre u oculta algo: *un oscuro manto de nubes cubre el cielo.* **3** GEOL. Capa sólida de la Tierra que está entre el núcleo y la corteza: *el manto está formado por rocas básicas y alcanza temperaturas muy altas.* **4** ZOOL. Repliegue de la piel de los moluscos y algunos crustáceos que es segregado por la concha o el caparazón.
DER manta, mantilla, mantillo, mantón; desmantelar.

mantón *n. m.* Prenda de vestir femenina de forma cuadrada que generalmente se dobla en diagonal y se lleva sobre los hombros y los brazos: *el mantón puede servir de abrigo si es de lana o de adorno si es de seda.* **SIN** chal, pañoleta.
mantón de Manila Mantón de seda, bordado con colores muy llamativos, que se lleva como adorno sobre los hombros: *el mantón de Manila suele llevar flecos.*

manual *adj.* **1** Que se hace con las manos: *el punto y el ganchillo son labores manuales.* **SIN** artesanal. **ANT** mecánico. ◇ *n. m.* **2** Libro que recoge lo más importante de una materia: *en el manual de instrucciones de este aparato se explica para qué sirve cada botón; este manual de matemáticas es el recomendado por el profesor.*
DER manualidad.

manualidad *n. f.* Trabajo que se hace con las manos: *realizar manualidades en el colegio ayuda a desarrollar la creatividad del niño.*
OBS Se usa más en plural.

manubrio *n. m.* Pieza generalmente de hierro con forma de ángulo recto que se usa para dar vueltas a una rueda o al eje de un mecanismo: *los organillos se tocaban haciendo girar un manubrio.* **SIN** manivela.

manufactura *n. f.* **1** Proceso de fabricación de un producto que se realiza con las manos o con ayuda de máquinas: *en Valencia se dedica mucho dinero a la manufactura de petardos y otro material pirotécnico.* **2** Producto elaborado con las manos o con ayuda de máquinas, a partir de una materia prima: *algunos países orientales exportan sus manufacturas a los países del resto del mundo.* **3** Fábrica o industria donde se elaboran estos productos: *en esta zona hay muchas manufacturas textiles y del algodón.*
DER manufacturar.

manufacturar *v. tr.* Fabricar o elaborar objetos con medios mecánicos: *la empresa manufacturaba armas antiguas.*
DER manufacturero.

manufacturero, -ra *adj.* De productos elaborados a partir de una materia prima o relacionado con ellos: *el puerto se convirtió en un importante centro de exportación manufacturera.*

manumisión *n. f.* Concesión de la libertad a un esclavo: *la manumisión es un acto jurídico del derecho romano.*

manumitir *v. tr.* Conceder la libertad a un esclavo.

manuscrito, -ta *adj.* **1** Que está escrito a mano: *como tenía estropeado el ordenador, le envié una carta manuscrita.* ◇ *n. m.* **2** Texto o libro escrito a mano, especialmente el que tiene algún valor histórico o literario: *el historiador estudió los manuscritos notariales del reinado de Juan II.* **3** Texto escrito por un autor, a partir del cual se compone un libro: *el joven escritor envió el manuscrito de su novela para que lo leyera el editor.* **SIN** original.

manutención *n. f.* Conjunto de alimentos, dinero y medios necesarios para vivir: *en esa casa la manutención de la familia corre a cargo del padre, que es el único que trabaja; la beca incluye la manutención del alumno durante un año.* **SIN** mantenimiento, sustento.
ETIM Véase *mantener.*

manzana *n. f.* **1** Fruto del manzano, de forma redondeada, con la piel fina, de color verde, amarillo o rojo, y carne blanca y jugosa, de sabor dulce o ácido: *la manzana además de tomarse como postre se utiliza mucho en repostería.* **2** Espacio de terreno urbano, generalmente cuadrangular, que está limitado por calles por todos sus lados y puede estar o no estar edificado: *mis padres viven a dos manzanas de aquí.*
manzana de la discordia Cosa que es motivo habitual de discusiones o disputas: *este tema es realmente la manzana de la discordia, siempre acabamos peleándonos por lo mismo.*
DER manzanilla, manzano.

manzanilla *n. f.* **1** Planta herbácea con tallos débiles, hojas pequeñas y abundantes y flores muy olorosas: *la manzanilla tiene propiedades medicinales.* **SIN** camomila. **2** Flor de esta planta que tiene los pétalos blancos y el centro amarillo: *las* manzanillas cortadas y secas se emplean para hacer infusiones. **3** Bebida que se hace hirviendo en agua las flores secas de la manzanilla y suele tomarse caliente: *la manzanilla tomada en infusión tiene propiedades digestivas.* **4** Vino blanco, seco y muy aromático, que se elabora en algunas zonas de Andalucía: *tomamos una copa de manzanilla en el aperitivo.* **5** Variedad de aceituna, pequeña y muy fina, que se consume verde: *la aceituna manzanilla se toma endulzada o aliñada.*

manzano *n. m.* Árbol frutal de tronco áspero y nudoso, ramas gruesas y copa ancha, con las hojas ovaladas y las flores olorosas, cuyo fruto es la manzana: *el manzano se cultiva por su fruto, que es muy apreciado en alimentación.*

maña *n. f.* **1** Habilidad, facilidad y destreza para hacer algo: *tiene mucha maña para cocinar.* **SIN** destreza, pericia. **ANT** impericia, torpeza. ◊ *n. m. pl.* **2 mañas** Artimaña para hacer con menos esfuerzo un trabajo determinado o para conseguir algo que se desea: *echó mano de todas sus mañas para convencer a su padre.* **SIN** ardid, truco.
darse maña Tener una persona habilidad y destreza para manejar con facilidad una situación: *se da mucha maña en los negocios; tu hermana se da mucha maña para tratar con los niños.*
DER mañoso; amañar, artimaña, desmañado.

mañana *n. f.* **1** Parte del día que va desde el amanecer hasta el mediodía: *durante la mañana trabajo y por la tarde estudio.* **2** Parte del día que comprende las primeras horas, desde la medianoche hasta el amanecer: *después de la fiesta, volvimos a casa a las tres de la mañana.* **SIN** madrugada. ◊ *n. m.* **3** Tiempo futuro que no está muy lejano: *debemos estar bien preparados porque no sabemos qué nos depara el mañana.* **SIN** porvenir. ◊ *adv.* En el día que sigue inmediatamente al de hoy: *hoy no he podido ir a verte, iré mañana; mañana no tengo que trabajar porque es fiesta.* **pasado mañana** En el día que sigue inmediatamente al de mañana: *si hoy es martes, pasado mañana será jueves.*
de mañana En las primeras horas del día: *nos levantamos muy de mañana para ir al campo.*
¡hasta mañana! Expresión de despedida que se utiliza cuando las personas que se despiden se verán de nuevo al día siguiente: *me voy a acostar, ¡hasta mañana!*
DER mañanero, mañanita.

mañanero, -ra *adj.* **1** [persona, cosa] Que se levanta o se produce muy pronto, especialmente antes de la salida del Sol: *el periodista consiguió una mañanera entrevista con el candidato elegido.* **SIN** madrugador. **2** De la mañana o relacionado con esta parte del día: *al levantarse realiza su gimnasia mañanera.*

mañanita *n. f.* **1** Prenda de vestir en forma de capa corta que las mujeres se ponen sobre el camisón de dormir mientras están sentadas en la cama. ◊ *n. f. pl.* **2 mañanitas** Canción popular mejicana que se dedica a alguien con motivo de su santo o cumpleaños y que se suele cantar al amanecer.

maño, -ña *adj.* **1** De Aragón o relacionado con esta comunidad autónoma de España: *la jota maña es muy alegre.* **SIN** aragonés. ◊ *adj./n. m. y f.* **2** [persona] Que es de Aragón. **SIN** aragonés.

mañoso, -sa *adj.* Que tiene maña o habilidad para hacer una cosa: *las personas mañosas tienen mucha facilidad para hacer trabajos manuales.* **SIN** habilidoso, manitas.

maoísmo *n. m.* Doctrina política basada en las ideas de Mao Zedong, fundador del partido comunista chino, que constituye una vía original de construcción del socialismo en China: *el maoísmo es una adaptación del marxismo-leninismo a la realidad política y social china.* **2** Movimiento político basado o inspirado en esta doctrina: *en los años setenta muchos grupos de izquierdas se adhirieron al maoísmo.*

maoísta *adj.* **1** Del maoísmo o relacionado con esta ideología política: *el grupo Sendero Luminoso es de tendencia maoísta.* ◊ *adj./n. com.* **2** Que es partidario del maoísmo.

maorí *adj.* **1** De un pueblo polinésico que habita en Nueva Zelanda o relacionado con él: *la población maorí está en la zona septentrional de la isla del Norte.* ◊ *n. com.* **2** Persona perteneciente a este pueblo. ◊ *n. m.* **3** Lengua hablada por este pueblo: *el maorí es de la familia de lenguas malayopolinesias.*

mapa *n. m.* Representación geográfica de la Tierra o de parte de ella que se hace en una superficie plana y de acuerdo con una escala: *un mapa puede recoger varios tipos de datos respecto de un territorio: físicos, políticos, tectónicos, meteorológicos o lingüísticos.* **SIN** carta. ☞ meteorología.
mapa mudo Mapa que no lleva escritos los nombres de las poblaciones, de los ríos y de los demás accidentes del terreno: *los niños aprenden los nombres de ríos y montañas de Europa y los escriben sobre el mapa mudo.*
borrar del mapa *coloquial* Matar una persona a otra: *el secuestrador amenazó a los rehenes con borrarlos del mapa si no le obedecían.*
DER mapamundi.

mapache *n. m.* Animal mamífero cuyo cuerpo está cubierto por un pelo fino de color gris oscuro, cola larga y el hocico blanco con unos círculos negros alrededor de los ojos; es de vida nocturna: *los mapaches viven en los bosques de América del Norte.*
OBS Para indicar el sexo se usa *el mapache macho* y *el mapache hembra.*

mapamundi *n. m.* Mapa que representa la superficie completa de la Tierra dividida en dos hemisferios: *consultaron el mapamundi para averiguar qué ríos cruzaban aquel país.*
OBS El plural es *mapamundis.*

mapuche *adj.* **1** De Arauco o relacionado con esta región de Chile o con su provincia. ◊ *adj./n. com.* **2** [persona] Que es de Arauco: *los mapuches se llaman también araucanos.* ◊ *n. m.* **3** Lengua que hablan los indios de Arauco: *el mapuche es una lengua amerindia.*

maqueta *n. f.* **1** Proyecto o reproducción de un monumento, edificio u otra construcción hecho en tamaño reducido: *colecciona maquetas de coches antiguos; la maqueta del museo que construirán en ese recinto está expuesta a la entrada.* **2** Composición de una página en la que se distribuyen los distintos elementos que van a formar parte de ella y que sirve de modelo antes de imprimir: *antes de editar la enciclopedia hay que hacer la maqueta de cada una de sus páginas, distribuyendo las fotografías y el texto.* **3** Modelo de prueba que se hace antes de editar un tema musical: *el grupo de rock envió las maquetas de sus canciones a todas las casas discográficas del país.*

maqui *n. com.* Persona que, huida a los montes, vive en rebeldía y oposición armada al sistema político establecido. **SIN** maquis.

maquiavélico, -ca *adj.* **1** [persona] Que actúa con astucia, hipocresía y engaños para conseguir sus propósitos: *es maquiavélico: siempre te dirá lo contrario de lo que está pensando.* **2** Que ha sido preparado y organizado con astucia, habilidad y maldad: *los chicos habían ideado un maquiavélico plan.* **3** Que pertenece o está relacionado con la teoría moral y política de Maquiavelo.

maquiavelismo *n. m.* **1** Modo de proceder que se caracteriza por la astucia, hipocresía y perfidia para conseguir lo que se desea. **2** Teoría moral y política de Maquiavelo (teórico italiano del siglo XV) que lo subordina todo, incluidos los principios éticos o morales, al principio de eficacia política: *para el maquiavelismo, el fin justifica los medios*.

maquillador, -ra *n. m. y f.* Persona que se dedica a maquillar; especialmente el profesional encargado del maquillaje de las personas que actúan en el cine, televisión o teatro.

maquillaje *n. m.* **1** Acción que consiste en aplicar productos cosméticos sobre la piel, especialmente la del rostro, para darle color, embellecerla, cubrir algún defecto o caracterizar a una persona: *los actores deben someterse a largas sesiones de maquillaje*. **2** Producto cosmético que se aplica sobre la piel, especialmente la del rostro, para darle color, embellecerla o cubrir algún defecto: *si tienes la piel muy seca, utiliza un maquillaje hidratante*. **3** Conjunto de técnicas que sirven para maquillar de manera profesional: *estudió maquillaje profesional y ahora trabaja de maquillador en televisión*.

maquillar *v. tr./prnl.* Aplicar productos cosméticos sobre la piel, especialmente la del rostro, para darle color, embellecerla, cubrir algún defecto o caracterizar a una persona: *maquillaron a la novia con tonos muy discretos; el payaso se caracterizó maquillándose la cara con colores muy vivos.* **SIN** pintar. ◇ *v. tr.* **3** Alterar el aspecto real de una cosa para que parezca distinta: *la familia intentó maquillar el suicidio para que pareciera muerte natural.* **SIN** disfrazar.
DER maquillador; maquillaje; desmaquillar.

máquina *n. f.* **1** Conjunto de piezas ajustadas entre sí que transforma una forma de energía en otra para hacer un trabajo determinado: *tengo en casa una máquina de coser; la industria evolucionó a pasos agigantados el día que las máquinas se incorporaron a la producción*. **2** Parte de un tren que lleva el motor y arrastra a los demás vagones: *hubo una avería en la máquina del tren y estuvo parado tres horas.* **SIN** locomotora. **3** Conjunto de elementos ordenados entre sí que forman un todo: *la máquina del universo se mueve de forma muy precisa*. **4** Aparato eléctrico que funciona introduciendo dinero y que sirve para jugar, vender un producto u otras cosas: *los billetes de metro se compran en la máquina; he comprado caramelos en una máquina*. **5** Conjunto de mecanismos que sirven para cambiar los montajes escénicos en un teatro: *el encargado de la máquina advirtió que el decorado del segundo acto se había averiado y no bajaba del techo.* **SIN** tramoya.
a máquina Con ayuda de una máquina en lugar de a mano: *bordar a máquina; escribir a máquina*.
a toda máquina Con mucha rapidez o intensidad: *trabajar a toda máquina; correr a toda máquina*.
DER maquinal, maquinar, maquinaria, maquinilla, maquinista.
ETIM *Máquina* procede del latín *machina*, que tenía el mismo significado, voz con la que también está relacionada: *mechinal*.

maquinación *n. f.* Acción o plan, generalmente malintencionado, preparado en secreto y con astucia para conseguir un fin: *descubierta su maquinación, fue puesto a disposición judicial.* **SIN** intriga, trama.

maquinal *adj.* [acto, movimiento] Que se hace sin pensar o de forma involuntaria: *el bostezo es una acto maquinal del ser humano.* **SIN** automático, mecánico.

maquinar *v. tr.* Actuar con astucia y en secreto para conseguir un fin: *estuvieron maquinando una venganza terrible contra su enemigo.* **SIN** intrigar, tramar.

maquinaria *n. f.* **1** Conjunto de máquinas que se usan para un fin determinado: *la maquinaria agrícola ahorra mucho trabajo al campesino*. **2** Conjunto de piezas que componen un mecanismo y que sirven para poner en funcionamiento a un aparato: *la maquinaria del reloj está estropeada*. **3** Conjunto de técnicas que enseñan a construir máquinas: *estudió ingeniería y se especializó en maquinaria industrial*.

maquinilla *n. f.* Instrumento que sirve para afeitar o cortar el pelo, compuesto por un mango y una pieza perpendicular a éste que sujeta una o varias hojas de metal afiladas y cortantes: *con esta espuma de afeitar te regalan tres maquinillas*. **maquinilla eléctrica** Máquina de afeitar eléctrica provista de pequeñas cuchillas que cortan la barba o el vello sin necesidad de jabón o espuma. **SIN** afeitadora.

maquinista *n. com.* **1** Persona que se dedica a conducir una máquina de tren: *el maquinista paró el tren ante la avalancha de piedras que caían desde la montaña y cubrían la vía*. **2** Persona que se dedica a arreglar una máquina y controlar su funcionamiento: *al detectar la avería en el motor, el capitán del barco llamó a los maquinistas para que lo reparasen*.

maquis *n. com.* **1** Persona que, huida a los montes, vive en rebeldía y oposición armada al sistema político establecido: *los maquis lucharon en Francia contra la ocupación alemana*. **SIN** maqui. ◇ *n. m.* **2** Organización de esta oposición armada contra el sistema establecido: *en España hubo un maquis republicano que luchó contra el franquismo*.
OBS El plural también es *maquis*.

mar *n. amb.* **1** Masa de agua salada que cubre la mayor parte de la superficie de la Tierra: *los barcos navegan por el mar; la mar oculta muchos tesoros*. ☞ *ciclo del agua.* **alta mar** Zona del mar que está muy alejada de la costa: *algunos tipos de pescados sólo pueden pescarse en alta mar.* **mar de fondo** Agitación de las aguas que proviene de la zona de alta mar: *el mar de fondo llega a las costas impulsado por el viento.* **mar gruesa** Agitación de las aguas con olas que pueden llegar hasta una altura de seis metros: *el meteorólogo dijo que habría mar gruesa cerca de las islas Azores.* ◇ *n. m.* **2** Parte en que se divide la masa de agua salada y tiene una dimensión menor que el océano: *el mar Mediterráneo baña el sur de Europa*. **3** Masa de agua que está limitada por tierra: *el mar Caspio es el mar limitado por tierra más grande del mundo y está situado entre Europa y Asia.* **SIN** lago. **4** Gran cantidad de una cosa: *contó su historia bañada en un mar de lágrimas; vivo en un mar de dudas*.
a mares En gran cantidad o número: *llover a mares; llorar a mares*.
la mar de *coloquial* a) Gran cantidad de una cosa: *vino la mar de gente a la inauguración*. b) Muy: *es un chico la mar de simpático*.
hacerse a la mar Salir una embarcación del puerto para navegar.
DER marea, marejada, maremagno, maremoto, marina, marino, marisma, marítimo; amarar, amerizar, ultramar.

marabunta *n. f.* **1** Migración de hormigas muy voraces que devoran a su paso todos los animales y las plantas que encuentran: *la marabunta es propia de América del Sur; la marabunta está formada por hormigas llamadas safari o legionarias*. **2** *coloquial* Conjunto de personas que alborotan y arman mucho jaleo: *se armó tal marabunta a la salida del colegio que el director tuvo que intervenir para poner orden*.

maraca *n. f.* Instrumento musical de percusión formado por un mango y una bola hueca llena de pequeñas piedras o semillas y que se agita para que suene: *las maracas originales de América del Sur se hacían con una calabaza seca*.
OBS Se usa más en plural.

marajá *n. m.* Título que se aplica a casi todos los príncipes de la India: *el marajá tuvo mucho poder hasta su integración en la Unión India*.
OBS También se escribe *maharajá*. ◇ El femenino es *maraní*. ◇ El plural es *marajás* o *marajaes*.

maraña *n. f.* **1** Conjunto de hilos, pelos o cosas de forma semejante que están enrollados y entrecruzados de manera que no se pueden separar: *al peinarse intentó desenredar aquella maraña de pelo; la gran maraña de cables produjo el cortocircuito*. **SIN** enredo. **2** Conjunto de plantas que crecen muy juntas entrecruzando y enredando sus ramas de manera que dan lugar a una gran espesura: *arrancaron la maraña para evitar incendios en el bosque*. **SIN** maleza. **3** Asunto confuso, desordenado y difícil de resolver: *para resolver este caso lo primero es deshacer la maraña de datos de que disponemos*. **SIN** enredo, lío.
DER desmarañar, enmarañar.

marañón *n. m.* Árbol de tronco irregular, hojas ovaladas y flores en racimo que tiene el fruto de semilla comestible en forma de nuez; crece en América Central: *el fruto del marañón se llama anacardo*.

marasmo *n. m.* **1** Suspensión o paralización de toda actividad, tanto en lo moral como en lo físico: *hasta la toma de posesión del nuevo gobierno la vida política permanece en un absoluto marasmo*. **2** Grado extremo de agotamiento o enflaquecimiento.

maratón *n. m.* **1** Prueba deportiva de atletismo que consiste en correr a pie un recorrido de 42 kilómetros y 195 metros: *el maratón es una de las competiciones de los juegos olímpicos*. **2** Cualquier tipo de prueba o competición que sea dura y larga y requiera resistencia física: *el maratón de baile de aquel año exigía bailar durante 24 horas seguidas*. ◇ *n. m.* **3** Actividad intensa que se desarrolla sin descansar o en menos tiempo que si se realizara a ritmo normal: *los profesores han hecho un maratón para corregir todos los exámenes a tiempo*.
DER maratoniano.

maratoniano, -na *adj.* **1** Perteneciente o relacionado con la carrera de maratón: *el atleta maratoniano necesita una intensa preparación*. **2** Que es intenso, agotador o de duración anormalmente larga: *jornada maratoniana; negociación maratoniana; discusión, sesión maratoniana; un encuentro maratoniano*.

maravedí *n. m.* Antigua moneda española que ha tenido diferentes valores y calificativos: *el maravedí de oro valió seis maravedís de plata*.

maravilla *n. f.* **1** Persona, cosa o suceso que produce admiración y asombro por reunir unas características extraordinarias: *el paisaje que podía contemplarse desde la ventana del hotel era una auténtica maravilla*. **SIN** portento, prodigio. **2** Sentimiento de admiración y asombro que produce una persona, una cosa o un suceso extraordinario: *causa maravilla lo bien que toca el violín*. **3** Planta de jardín cuyas flores son de color anaranjado: *la infusión de flores de la maravilla se usa en medicina*. **SIN** caléndula. **4** Planta de jardín con las flores azules, cuyo tallo crece y sube sujetándose a los árboles, varas u otros objetos: *la maravilla es parecida a la hiedra y procede de América*.
a las mil maravillas Muy bien; perfectamente: *Jesús y Nuria se entienden a las mil maravillas*.
contar (o **decir**) **maravillas** Hablar muy bien de una persona o de una cosa: *los que han visto Granada cuentan maravillas de esa ciudad*.
de maravilla Muy bien; perfectamente: *el traje te sienta de maravilla*.

hacer maravillas Hacer muchas cosas o hacerlas muy bien y con medios escasos: *con lo que gano tengo que hacer maravillas para llegar a fin de mes*.
ser la octava maravilla Ser una cosa o una persona muy extraordinaria y admirable: *se cree la octava maravilla del mundo*.
ser una maravilla Ser único o superior en uno o varios aspectos: *mi hijo es una maravilla, no llora nunca*.
DER maravillar, maravilloso.

maravillar *v. tr./prnl.* Causar admiración o asombro una persona, una cosa o un suceso por ser extraordinarios: *las gracias del payaso maravillaban a los niños; las gentes se maravillaban al comprobar su gran valentía*. **SIN** admirar, asombrar.

maravilloso, -sa *adj.* **1** Que es extraordinario o muy bueno: *ayer fuimos ir a comer al campo y nos hizo un día maravilloso*. **SIN** estupendo, fantástico. **2** Que no se puede explicar por causas naturales: *los cuentos medievales están llenos de fenómenos maravillosos*. **SIN** sobrenatural.

marbete *n. m.* **1** Trozo de papel que se pega a un objeto y sirve para indicar la marca, el contenido, las cualidades o el precio: *las botellas de vino llevaban marbete*. **SIN** etiqueta, rótulo. **2** Trozo de papel que se pega en los equipajes y sirve para señalar el punto de destino y el número del registro: *los paquetes que se envían por ferrocarril tienen que llevar un marbete con la dirección*. **3** Orilla o borde de una cosa: *la invitación de boda tenía un marbete dorado*.

marca *n. f.* **1** Señal que se hace sobre una cosa y sirve para distinguirla o identificarla: *mi libro es inconfundible, le hice una marca con tinta en la solapa*. **2** Señal o huella que deja un golpe, una herida o una presión: *aún tiene en el brazo la marca de los arañazos del gato; me aprietan tanto los calcetines que me dejan una marca en la pierna*. **3** Nombre comercial que un fabricante pone a un producto: *estos pantalones vaqueros son de una marca muy conocida*. **marca registrada** Nombre comercial de un producto que está reconocido por la ley y que sólo puede usar su fabricante: *fabrican prendas deportivas poniéndoles ilegalmente el nombre de una conocida marca registrada*. **4** Resultado máximo que consigue un deportista en una prueba de competición: *el atleta ha superado su propia marca en la prueba de salto de altura*. **SIN** récord. **5** Utensilio que sirve para señalar, medir o identificar una cosa: *el ganadero señaló a sus reses con una marca que llevaba las iniciales de su nombre*. **6** Territorio o distrito fronterizo.
de marca *a)* Que es de un fabricante conocido e importante: *se niega a llevar ropa que no sea de marca*. *b)* Que destaca o se sale de lo común: *Antonio es un estudiante de marca, es muy bueno en todas las asignaturas*.
de marca mayor Que destaca o se sale de lo común: *con el remojón del otro día has cogido un resfriado de marca mayor*.
DER marcar; comarca, plusmarca.

marcado, -da *adj.* [cosa] Que destaca o se nota con claridad: *mantiene un acento extranjero muy marcado*. **SIN** acusado.

marcador *n. m.* Tablero o cuadro en el que se anotan los puntos que consigue un jugador o un equipo deportivo: *en la primera parte del partido, el marcador señalaba un resultado favorable al equipo local*.

marcaje *n. m.* Acción de seguir de cerca un jugador a otro del equipo contrario y dificultar o impedir la realización de su juego: *este defensa ha realizado un férreo marcaje al goleador del equipo visitante*.

marcapasos *n. m.* Aparato que se coloca quirúrgicamen-

te junto al corazón y que, mediante señales eléctricas, sirve para estimular y mantener el ritmo cardíaco: *los médicos pusieron un marcapasos al paciente que padecía arritmia cardíaca.*
OBS El plural también es *marcapasos*.

marcar *v. tr.* **1** Hacer o poner una marca o una señal sobre algo para distinguirlo o identificarlo: *marcaron el ganado con un hierro candente; han marcado las cartas de la baraja para hacer trampa.* **2** Indicar un aparato de medición una cantidad o una medida: *el termómetro marca dos grados bajo cero; el reloj marca las horas.* **3** Pulsar las teclas o señalar en el disco del teléfono los números de otro para comunicar con él: *para llamar al extranjero hay que marcar el prefijo internacional.* **4** Conseguir un gol o un tanto, especialmente en un partido de fútbol: *fue el equipo que marcó más goles a lo largo de toda la liga.* **5** Dejar una situación determinada un recuerdo o una huella en una persona: *los años que pasó en el extranjero marcaron su vida para siempre.* **6** Fijar o hacer notar un movimiento rítmico o una acción: *marcar el ritmo; marcar el paso; marcar el compás.* **7** Poner el precio a una cosa que se va a vender: *antes de poner a la venta esos libros hay que marcarlos.* **8** Señalar o indicar una dirección o una situación: *el capitán del barco marcó el rumbo que seguirían.* **9** Herir o golpear a una persona dejando una señal visible: *le marcó la cara con la navaja en señal de venganza.* ◇ *v. tr./intr.* **10** Peinar el pelo para darle la forma deseada colocando rulos o pinzas o dándole forma con el secador: *en esta peluquería se dedican solamente a lavar y marcar.* ◇ *v. tr./prnl.* **11** Destacar o hacer resaltar una cosa: *ese vestido tan ajustado te marca mucho las caderas; la ropa elegante no debe marcarse demasiado.*
DER marcado, marcador, marcaje; demarcar, desmarcarse, enmarcar, remarcar.
OBS En su conjugación, la *c* se convierte en *qu* delante de *e*.

marcha *n. f.* **1** Desplazamiento que se realiza para ir de un lugar a otro: *los excursionistas iniciarán la marcha a las seis de la mañana.* **SIN** andadura. **2** Desarrollo o manera de funcionar de una cosa: *sigo atentamente la marcha de los negocios de mi padre.* **3** Posición del cambio de velocidades de un automóvil, un camión o una motocicleta que permite correr a mayor o menor velocidad: *este coche tiene cinco marchas; para cambiar de marcha en un vehículo es necesario pisar el embrague.* **4** Concentración numerosa de personas que caminan juntas con un fin determinado: *se ha organizado una marcha contra el racismo cuyo itinerario aún no se ha fijado.* **5** Pieza musical de ritmo regular que suele acompañar a desfiles, cortejos y actos solemnes: *una marcha militar sonó durante el desfile de los soldados; el pianista tocó la marcha nupcial cuando los novios salieron de la iglesia.* **6** Prueba deportiva de atletismo que se realiza caminando muy deprisa: *el atleta de marcha siempre debe mantener un pie en contacto con el suelo.* **7** *coloquial* Energía, ánimo o alegría de una persona: *esta chica parece que nunca esté cansada, tiene mucha marcha.* **8** *coloquial* Diversión o animación que hay en un lugar o se da en una determinada situación: *en la fiesta la marcha empezó después de medianoche; durante las fiestas patronales, en el pueblo hay mucha marcha.*

a marchas forzadas Muy deprisa y con un ritmo muy intenso: *caminar a marchas forzadas; trabajar a marchas forzadas.*

a toda marcha Con prisa; rápidamente: *salió a toda marcha porque perdía el tren.*

coger la marcha Adquirir habilidad, dominio y práctica en alguna actividad: *cuando le cojas la marcha al trabajo podrás hacerlo con mayor rapidez.*

dar marcha atrás *a)* Introducir una marcha a un vehículo que le permite circular hacia atrás: *dando marcha atrás al aparcar le di un golpe al coche de mi cuñado. b)* No continuar con una idea o proyecto: *dio marcha atrás en sus declaraciones y retiró la denuncia.*

poner en marcha Hacer que empiece a funcionar una cosa: *aún no sabe poner en marcha el ordenador; la nueva tienda de calzado ya se ha puesto en marcha.*

sobre la marcha De manera improvisada y sin meditar previamente: *este trabajo no puede salir bien, se ha ido haciendo sobre la marcha.*

tener marcha Estar siempre animado y dispuesto para la diversión: *los jóvenes tienen generalmente más marcha que los mayores.*
DER marchoso.

marchamo *n. m.* Marca o señal que se pone en un objeto o un producto después de haber sido analizado o revisado: *el empleado de aduanas ha puesto un marchamo a mi maleta después de revisarla; no compres embutido que no lleve el marchamo de control de calidad.*

marchante *n. com.* Persona que se dedica al comercio, especialmente al de obras de arte: *un marchante se interesó por la obra del pintor y le compró casi todos sus cuadros.*

marchar *v. intr.* **1** Caminar o moverse avanzando a pie: *el corredor marcha por delante de sus rivales.* **2** Funcionar o desarrollarse una cosa o un mecanismo: *los negocios no marchan demasiado bien; el reloj de la cocina no marcha.* **3** Caminar o moverse un ejército de forma ordenada: *la tropa marchaba en columnas por la carretera.* ◇ *v. intr./prnl.* **4** Ir de un lugar a otro o partir de un lugar: *marchó a Madrid esta mañana; se marchó hace una hora.*
DER marcha.

marchitar *v. tr./prnl.* **1** Hacer que las plantas y las flores pierdan frescura y verdor o comiencen a secarse: *la falta de agua marchita las plantas; la rosa se marchitó al poco tiempo de cortarla.* **2** Hacer que una persona pierda la belleza, la fuerza y la vitalidad: *la edad había marchitado la belleza de aquella mujer.* **SIN** ajar, deslucir.
DER marchito.

marchito, -ta *adj.* **1** [flor, planta] Que está seco y falto de verdor y frescura: *los claveles del jarrón ya están marchitos.* **SIN** mustio. **2** [persona] Que no tiene fuerza o vitalidad: *su abuelo era un hombretón, pero ahora ya está marchito.* **SIN** ajado.

marchoso, -sa *adj. coloquial* Que es alegre, divertido y animado: *fueron a la zona marchosa de la ciudad a tomar unas copas y a bailar; es muy marchoso, siempre está de juerga.*

marcial *adj.* **1** Propio de la guerra o del ejército: *ley marcial; disciplina marcial.* **SIN** militar. **2** Que camina muy erguido y con firmeza, como lo hacen los militares: *aquel anciano anda con porte muy marcial.*
DER marcialidad.

marcialidad *n. f.* Actitud y compostura que se consideran propias de los militares.

marciano, -na *n. m. y f.* **1** Habitante imaginario del planeta Marte y, por extensión, de cualquier otro planeta: *la literatura y el cine han creado una imagen del marciano como un ser de aspecto humano y de color verde.* **SIN** extraterrestre. ◇ *adj.* **2** De Marte o relacionado con este planeta del sistema solar: *se envió una nave sin tripulación para fotografiar la superficie marciana.*

marco *n. m.* **1** Cerco o moldura que rodea y adorna los

mare mágnum

bordes de una cosa: *el marco de un cuadro; el marco de un espejo.* **2** Armadura en la que encaja una puerta o una ventana: *los marcos de las puertas eran de madera de roble.* ☞ puerta; ventana. **3** Unidad monetaria de Alemania y de otros países, como Finlandia: *el marco finlandés y el alemán tienen distinto valor.* **4** Entorno o ámbito que rodea a alguna cosa: *el jardín resultó ser un marco muy adecuado para celebrar la fiesta.* **SIN** paisaje. **5** Límites que rodean un problema, un asunto o una etapa histórica: *en el marco de la Constitución; en el marco de la Edad Media.*
DER enmarcar.

mare mágnum *n. m.* **1** Abundancia de cosas desordenadas y confusas: *un mare mágnum de ideas habitaba en su mente.* **SIN** confusión. **2** Multitud de personas que se comportan de manera alborotada gritando y haciendo ruido: *un mare mágnum de gente cantaba y bailaba durante el concierto.*
OBS El plural también es *mare mágnum*.

marea *n. f.* **1** Movimiento de ascenso y descenso de las aguas del mar, causado por las fuerzas de atracción del Sol y de la Luna: *las mareas se producen de manera periódica y alternativa.* **2** Cantidad grande de personas que se encuentran en un lugar: *los almacenes fueron invadidos por una marea de clientes.*
marea negra Mancha de petróleo de gran extensión vertida en el mar: *las mareas negras ponen en peligro la fauna y la flora del mar; el barco petrolero sufrió un accidente y ocasionó una marea negra que llegó a la costa.*
marea roja Acumulación de microorganismos y toxinas que produce un color rojizo en el agua del mar: *cuando hay marea roja ciertas algas productoras de toxinas se acumulan en el cuerpo de los crustáceos y su consumo es peligroso.*

mareado, -da *adj.* Que experimenta una sensación de malestar en la cabeza y en el estómago, que generalmente se manifiesta con vómitos y pérdida del equilibrio: *el movimiento de un vehículo o de un barco puede provocar que estés mareado; estoy mareada a causa de una bajada de la presión arterial.*

marear *v. tr./intr.* **1** Causar aturdimiento, molestia o fastidio a una persona solicitando su atención continuamente: *siempre le está mareando con sus constantes preguntas.* **2** Llevar a una persona de un sitio a otro obligándola a dar muchos pasos para conseguir una cosa: *mi hijo me ha mareado esta tarde en busca de unas deportivas, hemos recorrido miles de tiendas.* ◇ *v. prnl.* **3 marearse** Experimentar una sensación de malestar en la cabeza y en el estómago, que generalmente se manifiesta con vómitos y pérdida del equilibrio: *me mareo cuando viajo por una carretera con muchas curvas; antes de desmayarse nos dijo que se estaba mareando.* **4** Emborracharse ligeramente o estar un poco bebido: *me mareo con sólo beberme una copa de cava.*
DER mareado, mareo.

marejada *n. f.* **1** Movimiento agitado y violento de las aguas del mar con olas de gran altura: *hay marejada en el mar Cantábrico y los pescadores no han salido a pescar; la marejada no llega a alcanzar la violencia del temporal.* **2** Situación de nerviosismo y excitación que se da en un grupo de personas y se manifiesta con un gran alboroto de voces: *las palabras del diputado provocaron una marejada que terminó en alboroto y escándalo.*
DER marejadilla.

marejadilla *n. f.* Movimiento de las olas de menor tamaño y fuerza que el de la marejada.

maremagno *n. m.* Mare mágnum.

maremoto *n. m.* Movimiento sísmico que se produce en el fondo del mar y ocasiona una agitación violenta de las aguas: *los maremotos pueden propagarse hasta las costas dando lugar a inundaciones.*

marengo *adj./n. m.* [color] Que es gris muy oscuro: *según los diseñadores el gris marengo estará muy de moda este invierno; el color gris marengo se utiliza mucho en la ropa de caballero.*
OBS Acompaña al nombre *gris* en aposición ◇ No varía de número.

mareo *n. m.* **1** Sensación de malestar en la cabeza y en el estómago que puede llegar manifestarse con ganas de vomitar y pérdida del equilibrio: *para prevenir el mareo durante un viaje, existen pastillas y supositorios; es frecuente padecer mareos en el embarazo.* **2** Estado de aturdimiento físico y mental que se produce por una situación que molesta o fastidia: *¡qué mareo estar todo el día de un lado para otro haciendo recados!*

marfil *n. m.* **1** Material duro y blanco del que están formados los dientes de los mamíferos: *el marfil de los colmillos de los elefantes es utilizado para elaborar objetos de lujo; el esmalte recubre y protege el marfil de los dientes.* ☞ diente. ◇ *adj./n. m.* **2** [color] Que es blanco amarillento: *la novia llevaba un vestido de color marfil.* Se usa en aposición a un nombre y no varía en número.
DER marfileño.

marfileño, -ña *adj.* Del marfil o que tiene un aspecto semejante a este material: *las industrias marfileñas tratan de conseguir el marfil de los colmillos de los elefantes a cualquier precio; su mano parecía tener un tacto marfileño.*

marga *n. f.* Roca sedimentaria compuesta de arcilla y caliza que se utiliza para abonar terrenos pobres en calcio y para la fabricación de cementos.

margarina *n. f.* Sustancia alimenticia de consistencia blanda y de color amarillento que se elabora con grasas vegetales o animales: *la margarina suele usarse para sustituir a la mantequilla.*

margarita *n. f.* **1** Flor en forma de roseta con el centro amarillo y los pétalos blancos: *los enamorados deshojan las margaritas para saber si su amor es correspondido.* ☞ flores. **2** Planta herbácea que da esta flor y posee un tallo fuerte y hojas abundantes: *la margarita es muy común en los sembrados.* **3** Pieza de una máquina de escribir o de una impresora que sirve para imprimir y en la que se encuentran todos los signos; tiene forma de disco: *las impresoras de margarita son muy lentas.* **4** Perla de los moluscos. ◇ *n. m.* **5** Bebida refrescante hecha con tequila, zumo de lima y licor de naranja: *algunos camareros añaden a la margarita un poco de sal.*

margen *n. f.* **1** Parte del terreno que queda a ambos lados de un río: *el río se desbordó y se inundaron las márgenes.* **SIN** orilla, ribera. ◇ *n. m.* **2** Espacio en blanco que queda entre los bordes de una página y el texto escrito: *mientras estudiaba escribía notas en el margen derecho del papel.* **3** Espacio o período de tiempo: *no he podido acabar el test porque he tenido muy poco margen de tiempo.* **4** Ocasión u oportunidad que se da a una persona para hacer una cosa: *con tu comportamiento les diste margen para que abusaran de tu confianza.* **5** Ganancia o beneficio que se obtiene al vender un producto: *para calcular el margen de un producto hay que tener en cuenta el precio de coste y el de su venta.*
al margen De forma apartada y sin participar en un asunto: *como no quería implicarme en aquel negocio, me mantuve al margen durante la conversación.*
DER marginal, marginar.

marginación *n. f.* **1** Situación de aislamiento y rechazo en que vive una persona o un grupo de personas a causa de la falta de integración en un grupo o en la sociedad: *la marginación se da en condiciones sociales de inferioridad*. **SIN** discriminación. **2** Acción que consiste en dejar de lado una cosa o apartar de una relación o del trato social a una persona: *el ministro se quejó de la marginación de su país en las relaciones internacionales*.

marginado, -da *adj./n. m. y f.* [persona] Que vive una situación de aislamiento y rechazo a causa de la falta de integración en un grupo o en la sociedad: *hay que intentar integrar en la sociedad a los grupos marginados; muchas agrupaciones humanitarias ayudan a los marginados*. **SIN** marginal.

marginal *adj.* **1** Que es secundario o poco importante: *las cuestiones marginales se dejaron para el final de la conferencia*. **2** Que vive una situación de aislamiento y rechazo a causa de la falta de integración en un grupo o en la sociedad: *el ayuntamiento abrió un centro de acogida para ayudar a algunos grupos marginales*. **SIN** marginado. **3** Que está escrito o dibujado en el espacio en blanco que hay entre los bordes de una página y el texto escrito: *el manuscrito tenía ilustraciones y notas marginales*. **4** [persona, grupo] Que vive o actúa fuera de las normas sociales establecidas: *varios actores jóvenes formaron un grupo de teatro marginal que trataba las obras de manera poco convencional*.

marginar *v. tr.* **1** Poner o dejar a una persona o grupo de personas en una situación de aislamiento y rechazo a causa de la falta de integración en un grupo o en la sociedad: *algunas personas marginan a otras porque no son de su raza*. **SIN** discriminar. **2** Dejar de lado una cosa o apartar de una relación o del trato social a una persona: *al principio marginaron al recién llegado; el político no quiso hablar de algunas cuestiones y marginó detalles importantes*.
DER marginación, marginado.

maría *n. f.* **1** *coloquial* Asignatura que resulta muy fácil de aprobar: *la maría de esta carrera es la física, aunque parezca mentira*. **2** Marihuana, droga blanda. **3** Pájaro de color blanco en el vientre y negro brillante en el resto del cuerpo: *la maría suele llevarse a sus nidos pequeños objetos brillantes*. **SIN** marica, urraca.

mariachi *n. m.* **1** Música popular mejicana de carácter alegre y bullicioso: *el mariachi es originario de Jalisco*. **2** Orquesta que ejecuta esta música, formada principalmente por guitarras, violines y trompetas. **3** Miembro componente de esta orquesta: *el mariachi va vestido con sombrero grande y traje de charro*.

marianista *adj./n. m.* [religioso] Que pertenece a la Compañía de María: *los religiosos marianistas se dedican a la enseñanza*.

mariano, -na *adj.* De la Virgen María o relacionado con su culto: *esta iglesia está consagrada al culto mariano; el Papa inauguró el año mariano*.
DER marianista.

marica *n. m.* **1** Hombre que tiene movimientos y actitudes que se consideran propios de las mujeres: *dicen que es marica porque sus gestos son muy afeminados*. Tiene valor despectivo. **SIN** afeminado. **2** Hombre que siente atracción sexual hacia otro hombre. **SIN** homosexual. Tiene valor despectivo. ◇ *n. f.* **3** Pájaro de color blanco en el vientre y negro brillante en el resto del cuerpo: *la marica es un ave que vuela bajo*. **SIN** maría, urraca.
DER maricón, mariquita.
ETIM Marica procede de María, nombre de mujer.

maricón *n. m.* **1** *malsonante* Hombre que tiene movimientos y actitudes que se consideran propios de las mujeres. **SIN** afeminado, marica. **2** *malsonante* Hombre que siente atracción sexual hacia otro hombre. **SIN** homosexual. **3** *malsonante* Hombre que hace cosas para fastidiar a los demás o tiene malas intenciones: *es un maricón, no sabe más que fastidiar*.
DER mariconada, mariconera, mariconería; amariconado.
OBS Tiene valor despectivo.

mariconada *n. f.* **1** *malsonante* Dicho o hecho propios de un maricón: *a nuestros abuelos les parece una mariconada que los chicos lleven un pendiente en la oreja*. **SIN** mariconería. **2** *malsonante* Acción o dicho que molesta, causa un daño o encierra mala intención: *es una mala persona y no permitiré que me haga otra mariconada*. **SIN** cabronada, faena, jugarreta.

mariconera *n. f.* Bolso de mano de pequeño tamaño que usan los hombres: *hay unas mariconeras que se cuelgan del hombro y otras, de la muñeca*.

mariconería *n. f.* **1** *malsonante* Dicho o hecho propios de un maricón. **SIN** mariconada. **2** *malsonante* Conjunto de características que se consideran propias de un maricón.

maridaje *n. m.* **1** Enlace, relación y conformidad de los casados. **2** Unión, colaboración o adaptación de dos cosas entre sí: *esta nueva ley es fruto de un perfecto maridaje entre gobierno y oposición*.

maridar *v. tr.* **1** Casarse dos personas o unirse en matrimonio. **2** Hacer que dos cosas diferentes se correspondan o se adapten entre sí: *algunos artistas intentan maridar la música árabe y el rock*.
DER maridaje.

marido *n. m.* Hombre que está casado con una mujer.
SIN esposo.
DER maridar.
ETIM Marido procede del latín *maritus*, que tenía el mismo significado, voz con la que también está relacionada *marital*.

mariguana *n. f.* Marihuana.

marihuana *n. f.* **1** Droga que se obtiene de las hojas y flores secas del cáñamo índico y que se fuma mezclada con tabaco: *la marihuana es considerada una droga blanda*. **SIN** hachís. **2** Cáñamo índico de cuyas hojas se obtiene esta droga: *las autoridades descubrieron dónde estaban las plantaciones de marihuana*. **SIN** cáñamo índico.

marimacho *n. amb.* Mujer que tiene movimientos y actitudes que se consideran propios de los hombres: *por su aspecto corpulento y rudo, dicen de ella que es una marimacho*. Tiene valor despectivo.

marimandón, -dona *adj./n. m. y f. coloquial* [persona] Que tiene tendencia a mandar mucho en los demás y quiere dirigir todas las cosas: *es una marimandona, pretende gobernar los actos de todo el mundo*. **SIN** mandón.

marimorena *n. f. coloquial* Enfrentamiento o discusión violenta y ruidosa en la que intervienen varias personas: *menuda marimorena se armó en el bar por culpa del partido de fútbol*. **SIN** pelea, riña.

marina *n. f.* **1** Conjunto de barcos de un país o una nación y conjunto de personas que prestan servicio en ellos: *ayer asistimos a una exhibición de la marina española*. **SIN** flota. **marina de guerra** Conjunto de barcos armados: *buques de la marina de guerra acudieron al lugar que sufría un conflicto armado*. **SIN** armada. **marina mercante** Conjunto de barcos que se emplean en el comercio: *los buques petroleros forman parte de la marina mercante*. **2** Conjunto de técnicas que enseñan a navegar y manejar las embarcaciones: *para navegar solo en alta mar debes tener algunas nociones de marina*. **SIN** náutica. **3** Cuadro o pintura que representa un

M m

paisaje marítimo: *son muy famosas las marinas que pintó Sorolla*. **4** Parte del terreno que está situada en la costa o junto al mar.
DER marine, marinero.

marine *n. m.* Soldado de infantería de marina de los Estados Unidos o del Reino Unido.

marinería *n. f.* **1** Conjunto de marineros de un barco: *el capitán dio permiso a la marinería y a los viajeros para descender a tierra durante unas horas*. **SIN** tripulación. **2** Conjunto de personas que tienen un grado militar y prestan servicio en la marina de un país: *el almirante se dirigió a la marinería*. **3** Oficio o profesión de la persona que se dedica a actividades relacionadas con el mar.

marinero, -ra *adj.* **1** De la marina o que tiene relación con esta actividad: *es una familia muy marinera, todos son pescadores*. **2** [embarcación] Que permite navegar con facilidad y seguridad: *cruzaron el estrecho en una goleta muy marinera*. ◇ *n. m. y f.* **3** Persona que trabaja en las tareas de un barco: *esos marineros realizan la faena básica, cocinan y limpian*. **SIN** navegante. **4** Persona que tiene un grado militar inferior al de suboficial y que presta servicio en la marina de un país: *los marineros deben obedecer las órdenes de sus superiores*. **SIN** marino.
DER marinería.

marino, -na *adj.* **1** Propio del mar: *las corrientes marinas llevaron los restos del naufragio hasta la costa; soplaba una agradable brisa marina*. **SIN** marítimo. **2** [color] Que es azul muy oscuro: *el azul marino es un color que siempre está de moda*. Acompaña al nombre *azul* en aposición ◇ No varía de número. ◇ *n. m.* **3** Persona que tiene una profesión que se desarrolla principalmente en el mar: *marino mercante*. **4** Persona que tiene un grado militar y presta servicio en la marina de un país: *en el puerto de Almería desembarcaron marinos americanos*. **SIN** marinero.
DER submarino.

mariología *n. f.* Parte de la teología que estudia lo relativo a la Virgen María: *los tratados de mariología consideran a la Virgen María madre de Dios y madre de todos los hombres*.

marioneta *n. f.* **1** Muñeco articulado que puede ser movido desde arriba por medio de una cruceta y unos hilos atados a su cuerpo o bien metiendo la mano en su interior, por debajo del vestido: *representamos una obra de teatro para niños hecha con marionetas*. **SIN** títere. **2** Persona de poca voluntad y carácter débil que se deja manejar por los demás: *deja de ser una marioneta y empieza a pensar y decidir por ti mismo*.

mariposa *n. f.* **1** Insecto de cuerpo alargado que tiene cuatro alas grandes y de colores muy vistosos: *la mariposa es un insecto lepidóptero*. ☞ insectos. **2** Estilo de natación que consiste en mover los dos brazos a la vez, en círculo y hacia adelante, mientras las piernas suben y bajan juntas para ayudar a impulsar el cuerpo: *el nadador más joven quedó segundo en la prueba de cien metros mariposa*. **3** Pieza que se ajusta a un tornillo y que tiene dos alas pequeñas para poder ser apretada o aflojada con la mano: *ensamblaron las dos tablas con unas cuantas mariposas*. **SIN** palomilla. **4** Hombre que tiene movimientos o actitudes que se consideran propios de las mujeres. Tiene valor despectivo.
DER mariposear; amariposado.

mariposear *v. intr.* **1** Variar o cambiar frecuentemente de opinión, de actividad o de gustos: *será mejor que dejes ya de mariposear y acabes alguna de las carreras que has empezado*. **2** Andar alrededor de una persona para conseguir un favor o una atención especial de ella: *estuvo mariposeando alrededor de Mercedes mucho tiempo, hasta que consiguió que saliera con él*.

mariquita *n. f.* **1** Insecto de forma ovalada, con dos alas y dos élitros de color rojo o amarillo con puntos negros: *la mariquita es muy beneficiosa para la agricultura porque se alimenta de pulgones*. ◇ *n. m.* **2** Hombre que tiene movimientos y actitudes que se consideran propios de las mujeres: *junto a la plaza han abierto un bar de mariquitas*. **SIN** afeminado, marica. Tiene valor despectivo.

marisabidilla *n. f. coloquial* Mujer que presume de que lo sabe todo o es muy lista: *es una marisabidilla, aunque es nueva cree que lo conoce todo sobre este trabajo*. Tiene valor despectivo.

mariscada *n. f.* Comida consistente en marisco abundante y variado: *celebró el nacimiento de su hijo con una gran mariscada en la playa*.

mariscal *n. m.* **1** En algunos países, persona que tiene la más alta graduación militar de un ejército: *el mariscal ordenó que las tropas se retiraran*. **SIN** general. **2** En algunos países, graduación militar más alta del ejército.

mariscar *v. tr./intr.* Coger o pescar marisco: *mariscar almejas; mariscar en la costa*.
OBS En su conjugación, la *c* se convierte en *qu* delante de *e*.

marisco *n. m.* Animal marino invertebrado que es comestible, especialmente los moluscos y los crustáceos: *las gambas y los langostinos son mariscos*.
DER mariscada, mariscar, marisquería.

marisma *n. f.* Terreno bajo que ha sido invadido por las aguas del mar o de un río: *las aguas pantanosas de las marismas dan lugar a una abundante flora y fauna; el río Guadalquivir forma marismas*.
DER marismeño.
OBS Se usa más en plural.

marismeño, -ña *adj.* De la marisma o relacionado con este terreno: *la flora y la fauna marismeñas son de extraordinaria riqueza*.

marisquería *n. f.* Establecimiento donde se vende o se consume marisco y pescado: *aquella noche cenamos unas excelentes langostas en una marisquería que estaba junto a la playa*.

marista *adj./n. m.* [persona] Que es miembro del Instituto de Hermanos Maristas o de alguna otra congregación devota de la Virgen María: *gran parte de su educación la recibió en un colegio de maristas*.

marital *adj.* Propio de la relación entre marido y mujer: *esta pareja está casada pero no hacen vida marital*. **SIN** matrimonial.
ETIM Véase *marido*.

marítimo, -ma *adj.* **1** Del mar o que tiene relación con él: *comunicaciones marítimas; fauna marítima*. **SIN** marino. **2** Que está situado junto al mar: *paseo marítimo; zona marítima*.
DER aeromarítimo.

márketing *n. m.* Conjunto de principios y técnicas que buscan la mejor comercialización de un producto o de un servicio: *los sondeos de mercado muestran las pautas que deben seguir los de márketing*. **SIN** mercadotecnia.
OBS La Real Academia Española prefiere *mercadotecnia*, aunque admite el uso de *marketing*, pero sin tilde.

marmita *n. f.* Olla de metal con tapadera ajustada y una o dos asas: *guisó la carne y la verdura en la marmita*.

mármol *n. m.* Piedra caliza, brillante y fría, con vetas de distintos colores, que se emplea como material de construcción y decoración: *los griegos utilizaban el mármol de Paros en sus monumentos; el mármol de Carrara es muy apreciado*.

DER marmolillo, marmolista, marmóreo.

marmolillo *n. m.* Persona torpe y de poca inteligencia: *entiende bien lo que te digo y no me seas marmolillo*. **SIN** duro de mollera.

marmolista *n. com.* Persona que se dedica a trabajar y vender el mármol y otras piedras: *encargó al marmolistas los mármoles de la cocina y del cuarto de baño*.

marmóreo, -rea *adj.* Del mármol o que tiene una característica que se considera propia del mármol: *el rostro del cadáver tenía una frialdad marmórea*.

marmota *n. f.* **1** Animal mamífero roedor de vida nocturna, con cola larga, cabeza grande, orejas pequeñas, pelo espeso de color pardo rojizo por el lomo y blanco por el vientre y uñas curvas: *las marmotas hibernan durante el invierno; las marmotas son animales herbívoros*. Para indicar el sexo se usa *la marmota macho y la marmota hembra*. **2** Persona que es muy dormilona o duerme demasiado. **SIN** dormilón, lirón.

maroma *n. f.* Cuerda gruesa hecha de fibras vegetales, como el cáñamo, o artificiales: *el ancla de los barcos suele estar atada a una maroma*. **SIN** soga.

maromo *n. m. coloquial* Hombre cuyo nombre no se indica o se desconoce: *no me gusta la pinta del maromo que las acompaña*.

maronita *n. com.* Miembro de una comunidad cristiana del Líbano que, unida a la Iglesia romana, tiene patriarca y conserva su propia liturgia.

marqués, -quesa *n. m. y f.* Persona que tiene un título nobiliario de categoría inferior al de duque y superior al de conde: *el marqués de Santillana fue un poeta muy importante en la poesía castellana del s. xv*.
DER marquesado.

marquesado *n. m.* **1** Título nobiliario de marqués: *heredó el marquesado de su padre*. **2** Conjunto de tierras y propiedades que pertenecen a un marqués: *los antiguos marquesados ocupaban grandes extensiones de territorio*.

marquesina *n. f.* Especie de alero o cubierta que se coloca en algunos lugares públicos como la entrada a un edificio o una parada de autobús y sirve para resguardar del sol, de la lluvia y del viento: *al salir del hotel se puso a llover y todos nos apretamos bajo la marquesina*.

marquetería *n. f.* **1** Técnica que consiste en recortar una lámina de madera formando dibujos y calados: *los trabajos de marquetería se hacen con una sierra especial llamada segueta*. **2** Trabajo artístico o decorativo que se hace incrustando en madera trozos pequeños de marfil, nácar y otras maderas: *en esa iglesia, las puertas del coro y las sillas son de marquetería*.

marrajo, -ja *n. m.* **1** Pez marino de gran tamaño, de color gris, cola en forma de media luna, cabeza alargada y dientes desarrollados: *los marrajos abundan en las costas del sur de España y de Marruecos*. **SIN** tiburón. Para indicar el sexo se usa *el marrajo macho y el marrajo hembra*. ◇ *adj./n. m. y f.* **2** [persona] Que es difícil de engañar. **SIN** astuto, taimado. **3** [toro] Que es malicioso, que no arremete sino es a golpe seguro: *en tauromaquia se dice que un toro es un marrajo cuando es peligroso para el torero*.

marranada *n. f.* **1** *coloquial* Acción que es sucia o poco agradable y causa asco o repugnancia: *meterse el dedo en la nariz es una marranada*. **SIN** cochinada, guarrería. **2** *coloquial* Acción que causa un daño o está hecha con mala intención: *no es una buena persona, tiene fama de hacer muchas marranadas a sus compañeros de trabajo*. **SIN** faena.

marrano, -na *n. m. y f.* **1** Animal mamífero doméstico, de cuerpo bajo y grueso, patas cortas, cola pequeña y retorcida y hocico casi redondo: *después de la matanza del marrano hicimos embutido con su carne*. **SIN** cerdo, cochino, puerco. ◇ *adj./n. m. y f.* **2** *coloquial* [persona] Que no cuida su aseo personal: *no seas tan marrano y lávate las manos antes de comer*. **3** *coloquial* [persona] Que hace daño a los demás o tiene malas intenciones: *eres un marrano, si sigues haciendo estas faenas acabarás perdiendo a tus amigos*.
DER marranada.
OBS Se usa de manera despectiva.

marrar *v. tr./intr.* Fallar al realizar una acción o caer en un error: *el cazador marró el disparo*. **SIN** equivocar.

marras Palabra que entra en la expresión *de marras*, que indica que es muy conocido o hace referencia a una persona de la que se habla: *yo no quería seguir tratando el asunto de marras, ya lo habíamos comentado muchas veces; entonces apareció el tipo de marras*.

marrasquino *n. m.* Licor elaborado con el zumo de cerezas amargas y azúcar abundante: *el marrasquino es propio de la región balcánica de Dalmacia*.

marro *n. m.* **1** Juego que consiste en lanzar una piedra que debe caer lo más cerca posible de un bolo, u otra cosa parecida, clavado en el suelo: *en el juego del marro la piedra que se lanza recibe el nombre de* marrón. **2** Juego en el que los participantes se distribuyen en dos bandos, cada uno en su campo, dejando una zona intermedia en la cual cada jugador trata de atrapar a un contrario que haya salido de su campo: *en el juego del marro un jugador sólo puede coger a otro que haya salido de su campo antes que él*.

marrón *n. m./adj.* **1** Color como el del chocolate o la cáscara de la castaña: *el marrón es un color muy de moda este año; Silvia tiene los ojos marrones; el pelo de mi gata es color marrón*. Para hacer referencia al pelo de las personas no se usa *marrón*, sino *castaño*. ◇ *n. m.* **2** *coloquial* Cosa que resulta muy molesta o desagradable: *con todo este lío que has organizado nos hemos metido en un buen marrón*. **3** Piedra que se lanza en el juego del marro: *ganó porque fue el jugador que mejor lanzó el marrón*.

marrón glacé Castaña confitada y cubierta de azúcar: *compré una caja de marrón glacé en la pastelería*. Es de origen francés y se pronuncia aproximadamente 'marrón glasé'.

pillar de marrón *coloquial* Descubrir a una persona en el momento justo en que está realizando una acción que puede resultar reprochable: *si intentas copiar en el examen te pueden pillar de marrón*.

marroquí *adj.* **1** De Marruecos o que tiene relación con este país del norte de África. ◇ *adj./n. com.* **2** [persona] Que ha nacido en Marruecos.
OBS El plural es *marroquíes*.

marroquinería *n. f.* **1** Industria o fabricación de artículos de piel o de cuero: *España cuenta con una gran tradición artesana en marroquinería*. **2** Conjunto de artículos fabricados por esta industria.

marrullería *n. f.* Trampa o engaño que se hace aparentemente con buena intención o ingenuidad para conseguir algo: *cuando juega a las cartas hace muchas marrullerías*.

marrullero, -ra *adj./n. m. y f.* [persona] Que actúa de forma poco clara, con engaños o trampas para conseguir algo: *ese jugador de fútbol es muy marrullero y el árbitro no se ha creído que le habían hecho falta*.
DER marrullería.

marsellesa *n. f.* Himno nacional francés compuesto durante la revolución de 1793: *la marsellesa fue propagada por los federados marselleses*.

marsopa *n. f.* Mamífero cetáceo parecido al delfín, pero algo más pequeño, con la cabeza redondeada, el hocico corto y una aleta dorsal triangular: *la marsopa es de color negro en el dorso y rosa pálido en el vientre.*

marsupial *adj./n. m.* [animal] Que es mamífero y se caracteriza por tener la hembra una bolsa en el vientre llamada marsupio en la que mantiene y alimenta a sus crías durante varios meses después del nacimiento: *el canguro es marsupial; las crías de los marsupiales pasan del útero al marsupio, donde completan su desarrollo.*

marsupio *n. m.* ZOOL. Bolsa que llevan en la parte delantera las hembras de los mamíferos marsupiales y que sirve para que las crías completen su desarrollo en ellas.

marta *n. f.* Animal mamífero con cabeza pequeña, cola larga y pelo suave y espeso de color marrón vivo y con una mancha amarilla o blanca en la garganta, que se alimenta de otros animales: *las martas viven en bosques de coníferas de Asia, Europa y Norteamérica.*
OBS Para indicar el sexo se usa *la marta macho* y *la marta hembra.*

martes *n. m.* Segundo día de la semana: *en la mitología romana el martes era el día consagrado a Marte, dios de la guerra.*
OBS El plural también es *martes.*

martillazo *n. m.* Golpe fuerte dado con un martillo: *se dio un martillazo en el dedo.*

martillear *v. tr.* **1** Golpear repetidamente con un martillo: *el carpintero martilleaba los clavos hasta hundirlos en la madera.* **2** Golpear repetidamente una cosa contra otra: *las gotas de lluvia martilleaban los cristales de las ventanas.* **3** Repetir una cosa con insistencia: *se pasa el día martilleando que quiere un coche y ya nos tiene hartos.* **SIN** machacar.

martilleo *n. m.* Serie de golpes repetidos, especialmente los que se dan con un martillo: *quería colgar los cuadros en la pared, pero el martilleo molestaba a los vecinos; me despertó el martilleo de la lluvia en el techo de uralita.*
DER martillear.

martillo *n. m.* **1** Herramienta que consiste en una cabeza de metal y un mango de madera encajado en ella, que sirve para golpear: *necesito el martillo para clavar el clavo en la pared.* ☞ herramientas. **2** ANAT. Hueso del oído medio de los mamíferos, que transmite las vibraciones del tímpano a otro hueso: *el martillo, el yunque, el lenticular y el estribo forman la cadena de huesecillos del oído.* ☞ oído. **3** Esfera de hierro de 6.800 kilos unida a un cable de acero que termina en una empuñadura, con la que se realiza una de las pruebas de lanzamiento en atletismo: *el deportista hace girar el martillo sobre su cabeza hasta que consigue suficiente fuerza para lanzarlo.*
DER martillazo, martillear.

martín pescador *n. m.* Pájaro de plumaje verde o azul en el dorso y rojizo en el vientre, y con pico largo y recto: *el martín pescador vive junto a los ríos y lagos y se alimenta de pececillos.*

martinete *n. m.* **1** Ave zancuda parecida a la garza, de cuerpo robusto y con un penacho de plumas blancas en la cabeza: *el martinete vive junto a los ríos y lagos.* **2** Martillo o mazo que se mueve mecánicamente y sirve para clavar grandes estacas o pilotes. **3** Modalidad de cante flamenco que no necesita acompañamiento de guitarra: *el martinete proviene del cante en las fraguas bajo los golpes de martillo.*

martingala *n. f.* **1** Treta o engaño para obtener algún beneficio: *consiguió el primer puesto con martingalas.* **2** Asunto molesto, incómodo o pesado: *hay una parte del trabajo que son martingalas para perder el tiempo.*

martini *n. m.* Bebida alcohólica compuesta de vino y ciertas hierbas que se toma generalmente antes de comer: *el martini puede ser blanco o rojo.* **SIN** vermú, vermut.

mártir *n. com.* **1** Persona que ha sido perseguida o que ha muerto por defender su religión: *San Lorenzo fue mártir; la Iglesia venera a los mártires.* **2** Persona que es criticada, marginada e incluso perseguida por sus ideas o creencias: *muchos intelectuales y artistas fueron mártires de la sociedad de su tiempo.* **3** Persona que padece sufrimientos o injusticias y que los lleva con resignación: *es un mártir de su jefe.*
DER martirio, martirizar, martirologio; protomártir.

martirio *n. m.* **1** Muerte o sufrimientos que se padecen por creer en una doctrina y defenderla, especialmente si ésta es religiosa: *muchos santos sufrieron martirio por no querer renegar de la religión cristiana.* **2** Sufrimiento físico o moral intenso: *esa enfermedad ha sido un martirio.* **3** Trabajo largo y penoso: *trabajar en la mina era un martirio para él.*

martirizar *v. tr.* **1** Hacer sufrir o matar a una persona por defender sus creencias, especialmente si son religiosas: *martirizaron a San Sebastián para que renegara de su fe.* **2** Maltratar, molestar o hacer sufrir a una persona o animal: *el carretero estaba martirizando a los caballos a latigazos; siempre nos martirizaba con sus quejas y sus caprichos.*
OBS En su conjugación, la *z* se convierte en *c* delante de *e.*

martirologio *n. m.* **1** Lista o catálogo de los mártires de la religión cristiana y, por extensión, de todos los santos conocidos. **2** Lista de las víctimas de una causa.

maruja *n. f. coloquial* Mujer dedicada a las tareas domésticas y al cuidado de la familia.

marxismo *n. m.* **1** Doctrina filosófica surgida de Karl Marx, que rechaza el capitalismo y defiende una sociedad sin clases: *el marxismo tiene ideas políticas, económicas e históricas; el socialismo y el comunismo se basan en el marxismo.* **2** Conjunto de movimientos políticos que se basan en esa doctrina: *el marxismo agrupa partidos políticos diversos.*
DER marxista.
ETIM *Marxismo* procede de Karl Marx, filósofo alemán del siglo XIX.

marxista *adj.* **1** Del marxismo o que tiene relación con esta doctrina: *El capital es una obra marxista.* ◇ *adj./n. com.* **2** [persona] Que es partidario del marxismo: *los seguidores marxistas desean una transformación de la realidad; los marxistas están influidos por las ideas del filósofo Hegel.*

marzo *n. m.* Tercer mes del año: *marzo sigue a febrero; la primavera comienza hacia finales de marzo.*

mas *conj.* Indica que lo que se dice a continuación está en oposición con lo que se ha dicho. Es una conjunción adversativa que equivale a *pero* y que se utiliza sobre todo en el lenguaje literario: *quise hacerlo, mas no pude.*

más *adv.* **1** Indica mayor cantidad o intensidad en una comparación: *tengo más caramelos que tú; viajar en avión cuesta más dinero que ir en tren; tu hermano es más alto que tú; asistieron más de mil personas; nos va a costar más de lo que crees.* El segundo término de la comparación va detrás de la conjunción *que.* Si es un número o una expresión cuantitativa, va seguido de la preposición *de*: *esperé más de una hora.* **2** Equivale a *otro* en frases negativas: *no te queda más remedio que comprar una lavadora nueva.* **3** Precedido del artículo determinado, sirve para construir el superlativo relativo: *el más listo; la más alta, los más buenos, las más simpáticas.* ◇ *adv.* **4** Indica preferencia: *me gustaría más que viniera después de la cena.* **5** Indica gran cantidad o intensidad; equivale a *tan* cuando acompaña a adjetivos, y a *tanto* cuando acompaña a sustantivos: *¡qué casa más bonita!; ¡había más gente!; ¡hacía más frío!* Se usa en oraciones exclamativas. ◇ *conj.* **6** Indica suma o adición; equivale a *y*: *dos más dos son cuatro.* ◇ *n. m.* **7** Signo que representa la suma: *sabes que esa operación es una suma porque al lado lleva un más, que se escribe «+».*

a lo más Acompaña a cantidades para indicar como máximo o como mucho: *seremos 30 personas a lo más.*

a más no poder Con gran intensidad o en gran cantidad: *llueve a más no poder; vino corriendo a más no poder.*

de más Indica que algo sobra: *está de más hablar así; ¿estoy de más aquí?; puso un plato de más en la mesa.*

es más Se usa para añadir un comentario o razón que refuerza lo que se ha dicho antes: *ya te lo presentaré, es más, preparé una fiesta para que os conozcáis.*

ir a más Aumentar en intensidad una cosa: *la fiebre va a más; su mal humor iba a más cada día.*

más bien Se usa para corregir o precisar algo que otra persona ha dicho: *tú dices que es moreno, pero a mí me parece más bien rubio; di más bien que no has hecho los deberes porque no has querido.*

más que Se usa en frases negativas para indicar una exclusión de la negación: *no abrir más que en caso de emergencia; no vine más que yo.*

ni más ni menos En su justa medida: *no quiero, ni más ni menos, que lo que se me debe.* **SIN** exactamente.

no más Solamente o únicamente: *váyase no más.* Se usa en el español de América.

por más que Se usa para indicar que lo que se dice a continuación resultará inútil para hacer o conseguir algo; equivale a *aunque*: *no te oirá por más que le grites porque tiene la música muy alta.*

sin más ni más Indica que algo se hace sin consideración ni cuidado u ocurre por sorpresa: *se presentaron en mi casa sin más ni más; la puerta se abrió sin más ni más.*

sus más y sus menos Indica desacuerdo o discusión entre dos personas por algún motivo que, generalmente, termina resolviéndose por no ser grave: *los dos niños tuvieron sus más y sus menos cuando repartieron los juguetes.*

masa *n. f.* **1** Mezcla espesa y blanda, hecha con un líquido y una sustancia en polvo; especialmente la que se utiliza para hacer pan y repostería: *el pan se hace con una masa de harina, levadura y agua; con agua y cemento haces una masa y tapas la grieta de la pared.* **SIN** pasta. **2** Conjunto numeroso de personas, animales o cosas muy juntas: *una masa de orugas devoró la planta; una masa de nubes se acercaba por el horizonte.* **3** Gran cantidad de gente: *la televisión es un medio de comunicación de masas.* **SIN** multitud. **4** FÍS. Cantidad de materia que tiene un cuerpo: *la masa es el peso de un cuerpo; el kilogramo es una unidad de masa.* **5** Parte o porción de una materia: *masa de aire; masa mineral; masa de lava.*

en masa En conjunto o con la participación de todos: *todos los estudiantes fueron en masa a la manifestación.*

DER masificar, masilla; amasar.

ETIM *Masa* procede del latín *massa*, que tenía el mismo significado, voz con la que también está relacionada *macizo*.

masacrar *v. tr.* Matar a muchas personas a la vez: *los enemigos tomaron la ciudad y masacraron a sus habitantes.* **SIN** asesinar, matar.

masacre *n. f.* Matanza conjunta de muchas personas: *en las guerras, los ejércitos pueden cometer muchas masacres de población civil.* **SIN** matanza.

DER masacrar.

masaje *n. m.* Acción, realizada generalmente con las manos o con algún instrumento, que consiste en presionar, frotar o golpear suavemente determinadas zonas del cuerpo: *el masaje sirve para relajar los músculos, aliviar el dolor, adelgazar, o mejorar las lesiones de huesos.*

DER masajear, masajista.

masajear *v. tr.* Presionar, frotar o golpear ciertas zonas del cuerpo siguiendo un ritmo e intensidad adecuados: *su misión es masajear las piernas de los futbolistas antes de salir al campo.*

masajista *n. com.* Persona que se dedica a dar masajes a otras personas: *nuestro equipo de baloncesto ha contratado a un masajista; el masajista me ha calmado los dolores de espalda.*

mascar *v. tr.* **1** Partir y triturar con los dientes, generalmente un alimento: *mordía la manzana, la mascaba y se la tragaba rápidamente.* **SIN** masticar. **2** Hacer que una cosa sea más comprensible para alguien: *le he mascado el problema de matemáticas y todavía no lo ha resuelto.* **3** Hablar entre dientes sin pronunciar claramente las palabras y en voz baja: *se marchó mascando quejas inútiles.* **SIN** mascullar. ◇ *v. prnl.* **4 mascarse** Presentir o saber que va a ocurrir un hecho: *cuando el protagonista discute con la policía, ya se masca la tragedia.*

ETIM Véase *masticar.*

OBS En su conjugación, la *c* se convierte en *qu* delante de *e*.

máscara *n. f.* **1** Objeto que representa la cara de un ser humano, de un animal o de un personaje real o ficticio con la que se cubre el rostro o parte de él: *en Carnaval nos disfrazamos con una máscara que tenía la forma de una cabeza de cocodrilo; hemos comprado máscaras africanas en nuestro viaje a Kenia.* **SIN** careta. **2** Objeto que cubre la cara o parte de ella; se usa para proteger el rostro o para no aspirar gases tóxicos: *los bomberos llevaban máscaras al entrar en el edificio en llamas; el apicultor se coloca una máscara antes de acercarse a la colmena.* **3** Trozo de tela o papel que cubre y protege la nariz y la boca por motivos de higiene: *la enfermera ayuda al cirujano a ponerse la máscara y los guantes.* **SIN** mascarilla. **4** Fingimiento o disimulo con que una persona oculta sus intenciones o su manera de ser: *su preocupación es una máscara.* **SIN** careta.

quitar la máscara Descubrir ante los demás las verdaderas intenciones o la manera de ser de una persona: *se quitó la máscara y descubrieron que sólo quería vengarse de ellos.*

DER mascarada, mascarilla, mascarón; enmascarar.

mascarada *n. f.* **1** Fiesta donde las personas llevan máscaras y disfraces: *los jóvenes organizaron una mascarada la noche de fin de año.* **2** Engaño o fingimiento para ocultar una cosa: *aquel recibimiento tan efusivo fue una auténtica mascarada.* **SIN** farsa.

mascarilla *n. f.* **1** Trozo de tela o papel que cubre y protege la nariz y la boca por motivos de higiene: *los cirujanos y las enfermeras usan mascarillas durante las operaciones.* **SIN** máscara. **2** Aparato que se coloca sobre la nariz y la boca con el que se facilita la aspiración de ciertos gases: *pusieron una mascarilla al paciente porque se ahogaba.* **3** Producto cosmético o sustancia hecha con ingredientes naturales que se aplica formando una capa sobre la cara y el cuello o el pelo para embellecerlos: *se puso una mascarilla que retarda la aparición de las arrugas; en el balneario nos pusieron una mascarilla de barro.*

mascarón *n. m.* Adorno que se utiliza en arquitectura con forma de cara grotesca o deforme: *la fachada estaba decorada con un enorme mascarón de piedra.* **mascarón de proa** MAR. Figura de adorno colocada en la parte delantera de una embarcación: *el mascarón de proa del barco representaba una sirena.*

mascletá *n. f.* Serie de petardos, típicos de las fallas valencianas, preparados para que exploten uno tras otro.

mascota *n. f.* **1** Persona, animal o cosa a los cuales se atribuyen virtudes para alejar desgracias o atraer la buena suerte: *un perro es la mascota del equipo; lleva en el bolso un pequeño búho de barro y dice que es su mascota.* **SIN** amuleto, talismán. **2** Figura que se utiliza como símbolo de un acontecimiento público importante: *han abierto un concurso para elegir la mascota de los próximos Juegos Olímpicos.* **3** Animal de compañía: *muchas personas tienen perros y gatos como mascota.*

masculinidad *n. f.* Conjunto de las características físicas o morales de lo que se considera propio del sexo masculino.

masculino, -na *adj.* **1** Del hombre o que tiene relación con él: *el paro masculino ha disminuido en el último semestre; los personajes masculinos de esta obra están tratados con especial dureza.* **2** [ser vivo] Que tiene órganos para fecundar: *separa las plantas masculinas.* **3** Que tiene alguna cualidad que se considera propia o característica del hombre: *ese corte de pelo es muy masculino.* **SIN** varonil. ◇ *adj./n. m.* **4** [género] De los sustantivos que se refieren a personas o animales de sexo masculino, y a ciertos seres inanimados: *palo* y *niño* son palabras de género masculino; *la terminación -o es propia del masculino.*
DER masculinidad.
ETIM Véase *macho*.

mascullar *v. tr.* Hablar entre dientes sin pronunciar claramente las palabras, y en voz baja: *el perdedor se retiró a su rincón mascullando insultos.* **SIN** mascar.

masetero *n. m.* ANAT. Músculo situado en la parte posterior de cada mejilla que sirve para elevar la mandíbula inferior y poder masticar.

masía *n. f.* Casa de campo, rodeada de tierras de cultivo: *las masías son características de Cataluña.*

masificación *n. f.* **1** Desaparición de las características personales o individuales de los miembros de un grupo social. **2** Utilización de un servicio por un número muy elevado de personas: *es preciso limitar el número de plazas para evitar la masificación de las aulas.*

masificar *v. tr.* **1** Hacer que desaparezcan el que no se puedan diferenciar las características personales o individuales de los miembros de un grupo social. **2** Ocupar un lugar un gran número de personas. **3** Utilizar o requerir un servicio un grupo muy elevado de personas: *las listas de espera en los hospitales de la Seguridad Social muestran que la sanidad pública se ha masificado.*
OBS En su conjugación, la *c* se convierte en *qu* delante de *e*.

masilla *n. f.* Masa o pasta blanda, hecha de tiza y aceite de linaza, que al secarse se pone dura; se usa generalmente para tapar agujeros o sujetar cristales: *los cristales de la ventana se mueven porque les falta masilla.*

masivo, -va *adj.* **1** Que se hace en gran cantidad: *los biólogos están preocupados por la migración masiva de cigüeñas.* **2** [dosis de medicamento] Que se acerca al límite de lo que puede tolerar el organismo: *como no se le curaba la infección, el médico le recetó una dosis masiva de antibióticos.*

masoca *adj./n. com.* Masoquista.

masón *n. m. y f.* Persona que pertenece a la masonería: *los masones se organizan y reúnen en grupos llamados «logias».*
DER masonería, masónico.

masonería *n. f.* Sociedad secreta que supuestamente aspira a la hermandad universal, admitiendo y respetando todas las religiones, y que se basa en la ayuda y la compasión por los que sufren: *la masonería ejerció una gran influencia política en la Europa del siglo XIX.*
DER francmasonería.

masónico, -ca *adj.* De la masonería o que tiene relación con esta sociedad secreta: *el compás, la escuadra y el mandil de cuero son símbolos masónicos.*

masoquismo *n. m.* **1** Práctica sexual en la que se experimenta placer cuando se sufre o se es maltratado y golpeado por otra persona. **2** Disfrute que se siente con un pensamiento, situación o hecho desagradable: *cree que trabajar tanto es masoquismo.*
DER masoquista.

masoquista *adj./n. com.* **1** [persona] Que siente placer sexual cuando sufre al ser maltratado y golpeado por otra persona: *la película reflejaba la vida de una joven masoquista.* **ANT** sádico. **2** [persona] Que disfruta con un pensamiento, situación o hecho desagradable y doloroso: *deben de ser masoquistas, porque no dejan de pelearse.*

mass-media *n. m. pl.* Conjunto de los medios de comunicación que tienen difusión masiva: *los principales mass-media son la televisión, la radio y la prensa.*

mastaba *n. f.* Tumba del antiguo Egipto que tiene forma de pirámide truncada y comunica con una cámara en la que se depositaba el cadáver: *la mastaba es de base rectangular.*

máster *n. m.* Curso universitario de especialización en determinada materia, generalmente dirigido a licenciados y especialistas.
OBS Es de origen inglés y se pronuncia aproximadamente 'máster'. ◇ El plural es *másteres*.

masticar *v. tr.* Partir y triturar con los dientes, generalmente un alimento: *masticó bien la carne; no está permitido masticar chicle en clase.* **SIN** mascar.
ETIM *Masticar* procede del latín *masticare*, que tenía el mismo significado, voz con la que también está relacionada *mascar*.
OBS En su conjugación, la *c* se convierte en *qu* delante de *e*.

mástil *n. m.* **1** Palo largo de una embarcación que, colocado verticalmente, sirve para sostener las velas: *subió al mástil para vigilar el horizonte; el mástil se rompió y la vela se desplomó sobre cubierta.* ☞ velero. **2** Palo colocado verticalmente que sostiene una cosa: *en la puerta de entrada del estadio hay un mástil en el que ondea la bandera olímpica.* **3** Parte estrecha y larga de un instrumento de cuerda que une la cabeza con el cuerpo: *tomó el violín por el mástil y se lo colocó sobre el hombro para tocar.* **4** BOT. Tallo grueso y fuerte de una planta: *el huracán no consiguió romper los mástiles de estas plantas.*

mastín, -tina *adj./n. m. y f.* [perro] Que pertenece a una raza de gran tamaño y fuerza, patas gruesas, cabeza grande, orejas largas y caídas y pelo corto: *el perro mastín es un buen guardián.*

mastodonte *n. m.* **1** Animal mamífero prehistórico con grandes colmillos en la mandíbula superior, parecido al elefante: *los paleontólogos están estudiando los restos fósiles de un mastodonte.* **2** *coloquial* Persona o cosa enorme: *el portero de la discoteca es un mastodonte, así que prefiero no discutir con él; cuando vi el armario me pregunté cómo íbamos a meter ese mastodonte por la puerta de la casa.* Cuando se refiere a una persona es despectivo.
DER mastodóntico.

mastodóntico, -ca *adj.* De dimensiones muy grandes: *han presentado un mastodóntico proyecto de mejora de carreteras.*

mastuerzo *n. m.* **1** Hortaliza con tallos gruesos y carnosos, y flores en racimo de color blanco: *el mastuerzo es de sabor picante; pedimos una ensalada de mastuerzo.* **2** Hombre que actúa con torpeza o necedad: *ese mastuerzo ha tirado el pastel al suelo.* **SIN** tarugo. Se usa como apelativo despectivo.

masturbación *n. f.* Acción que consiste en tocar o tocarse los órganos sexuales para sentir placer: *la masturbación forma parte de los juegos eróticos de una pareja.*

masturbar *v. tr./prnl.* Tocar los órganos sexuales a una persona o animal para darle placer.
DER masturbación.

mata *n. f.* **1** Planta o arbusto de poca altura: *en la ladera sólo crecían matas de tomillo y romero; el conejo saltó detrás de una mata; en el huerto tengo plantadas algunas matas de tomate.* **SIN** matojo. **2** Conjunto de hierbas o plantas cortadas: *te traigo una mata de guisantes; puso una mata de hierbabuena para perfumar el armario.* **3** Cantidad grande de pelo: *se quitó el casco y dejó caer su mata de pelo rubio; tiene una buena mata, no se quedará calvo.*
a salto de mata *a)* De manera poco constante y sin método: *si estudias a salto de mata no aprobarás fácilmente.* *b)* A gran velocidad: *los ladrones huyeron a salto de mata.*
DER matojo, matorral.

matacaballo Palabra que se utiliza en la locución adverbial *a matacaballo*, para indicar que una cosa se hace con mucha prisa y sin poner cuidado: *en la oficina trabajamos a matacaballo para poder terminar en tres días.*
OBS La Real Academia Española prefiere la locución *a mata caballo*.

matacán *n. m.* ARQ. En las antiguas fortificaciones, obra que sobresale en la parte superior de una muralla, torre o puerta, y que tiene parapeto y aberturas para defenderse del enemigo.

matachín *n. m.* Hombre al que le gusta buscar pelea.
SIN camorrista, pendenciero.

matadero *n. m.* Lugar donde se matan y descuartizan animales que después se destinarán al consumo público: *por las noches trabajaba en el matadero; han cerrado el matadero de aves hasta que pase la epidemia.*

matador, -ra *n. m. y f.* **1** Persona que se dedica a torear en las plazas de toros, dirige la lidia y se encarga de dar muerte al toro: *el matador lleva una cuadrilla compuesta por tres toreros y dos picadores.* **SIN** diestro, maestro. ◇ *adj.* **2** Que es feo y ridículo o de mal gusto: *entró en la sala con un sombrero matador y levantó una carcajada general.* **SIN** hortera.

matadura *n. f.* Llaga que hace el roce de una correa a un animal de carga: *la mula era vieja y estaba llena de mataduras.*

matalahúga *n. f.* Matalahúva.

matalahúva *n. f.* **1** Planta anual de unos treinta centímetros de altura que produce flores pequeñas y blancas y semillas olorosas. **SIN** anís. **2** Semilla de esta planta: *algunos mantecados llevan matalahúva.* **SIN** anís.
OBS También se escribe *matalahúga*.

matamoscas *n. m.* **1** Utensilio ligero, con un mango y una pequeña pala en un extremo, que sirve para matar moscas y otros insectos: *el hombre cogió el matamoscas y, dando un golpe fuerte en la mesa, mató tres moscas.* **2** Producto químico, líquido o gaseoso, que sirve para matar moscas y otros insectos: *niño, trae el matamoscas que voy a rociar la habitación.* **SIN** insecticida.
OBS El plural también es *matamoscas*.

matanza *n. f.* **1** Acción de matar a muchas personas o animales: *estamos preocupados por la matanza de miles de focas en el Ártico; los soldados efectuaron una gran matanza entre la población civil.* **2** Faena en la que se mata un cerdo y se prepara su carne para que sirva de alimento: *la matanza suele hacerse en invierno.* **3** Período del año en el que se matan los cerdos: *en la matanza suele hacer frío y hiela.* **4** Carne de cerdo preparada de distintos modos para comerla: *los chorizos, las morcillas, los lomos y los jamones forman parte de la matanza.*

matar *v. tr.* **1** Quitar la vida a un ser vivo: *han matado un cordero para el banquete; le echó tanta agua a las plantas, que las mató.* **2** Causar dolor, molestia o sufrimiento a una persona: *estos zapatos me están matando; el calor me mata; los días como hoy me matan.* **3** Molestar o fastidiar una persona a otra: *ya me estás matando con tanto lloro.* **4** Calmar la sensación de hambre o sed: *comieron un bocadillo para matar el hambre.* **5** Pasar el tiempo realizando una actividad como entretenimiento: *hacía pajaritas de papel para matar el tiempo; mientras te esperamos mataremos el rato jugando a cartas.* **6** Destruir una cosa inmaterial: *ha matado todas las ilusiones que tenía puestas en él.* **7** Hacer que disminuya la intensidad o el brillo de un color: *hay que matar un poco este verde tan chillón.* **8** *coloquial* Sorprender a una persona con algo que no se esperaba: *ahora sí que me has matado con lo de su boda.* **9** Echar una carta de más valor que la del contrario: *mato el caballo que has tirado con el rey de oros.* **10** Cortar o limar una esquina o punta. ◇ *v. prnl.* **11 matarse** Perder la vida involuntariamente: *se mató en un accidente automovilístico.* **12** Quitarse la vida voluntariamente: *se mató con veneno.* **SIN** suicidarse. **13** Esforzarse mucho en una actividad: *se mata por hacerlo lo mejor posible; se mata a trabajar para dar de comer a sus hijos.* **14** *coloquial* Desentonar colores, objetos o ideas: *el naranja y el rojo se matan; esa blusa se mata con esos pantalones.*
a matar *a)* Con la intención de quitar la vida: *disparar a matar; apuntar a matar.* *b)* Muy mal o de mala manera: *no se hablan porque se llevan a matar; desde que se pelearon están a matar.*
matarlas callando Hacer malas acciones, aparentando ser incapaz de cometerlas: *hay que tener cuidado con él porque las mata callando.*
DER matadero, matador, matadura, matanza, matarife, matón; rematar.

matarife *n. m.* Persona que se dedica a matar y descuartizar el ganado destinado al consumo.

matarratas *n. m.* **1** Sustancia venenosa que se usa para matar roedores: *puso matarratas en el sótano porque había muchas ratas y ratones.* **SIN** raticida. **2** *coloquial* Bebida alcohólica de mal sabor y baja calidad.
OBS El plural también es *matarratas*.

matasanos *n. m. coloquial* Médico, especialmente el que no hace bien su trabajo: *voy a ver qué me dice el matasanos; no me fío de los matasanos.*
OBS Se usa como apelativo despectivo. ◇ El plural también es *matasanos*.

matasellos *n. m.* **1** Utensilio que se usa en las oficinas de correos para marcar los sellos de las cartas y paquetes: *el empleado cogió el matasellos y lo estampó en la carta.* **2** Dibujo que deja ese instrumento sobre el sello: *el matasellos indica la fecha y el lugar de origen de la carta.*
OBS El plural también es *matasellos*.

matasuegras *n. m.* Tubo de papel enrollado que, al soplar por un extremo, se extiende de golpe y, al dejar de

M / m

soplar, se vuelve a enrollar rápidamente; se usa en fiestas y celebraciones: *el matasuegras lleva una boquilla que pita al soplar*.
OBS El plural también es *matasuegras*.

match *n. m.* Competición o lucha entre dos jugadores o dos equipos de un determinado deporte.

mate *adj.* **1** [cosa] Que no tiene brillo: *el cuadro estaba pintado en tonos mates*. ◇ *n. m.* **2** Jugada de ajedrez en la que se amenaza al rey y éste no puede salvarse, con lo que se pone fin a la partida: *uno de los jugadores hizo un mate y ganó la partida*. **3** Planta que crece en América del Sur, de flores blanquecinas y fruto de color rojo: *las hojas de mate se usan para hacer infusiones*. **4** Bebida que se prepara hirviendo en agua las hojas secas y tostadas de esta planta: *el mate se bebe en América del Sur*. **5** En el juego del baloncesto, canasta que se consigue acompañando la pelota con la mano hasta el aro e introduciéndola con un rápido movimiento de muñeca de arriba abajo: *para hacer un mate hay que saltar muy alto*. **6** En diversos deportes de red, golpe fuerte que se da a la pelota de manera que al botar contra el suelo se eleva a gran altura y con gran velocidad: *fue incapaz de devolver el mate*.

matemática *n. f.* Ciencia que estudia las propiedades de los números y las relaciones que se establecen entre ellos mediante el razonamiento lógico: *es un experto en matemática; las matemáticas se basan en el razonamiento lógico*.
DER matemático.
OBS Se usa frecuentemente en plural.

matemático, -ca *adj.* **1** De la matemática o que tiene relación con esta ciencia: *resolvió un complejo problema matemático*. **2** Que es exacto: *no te retrases porque el tren pasa con puntualidad matemática; su razonamiento es matemático e irrebatible*. ◇ *n. m. y f.* **3** Persona que se dedica a las matemáticas: *aquel joven matemático ha escrito un tratado de álgebra*.

materia *n. f.* **1** Elemento o conjunto de elementos que puede transformarse por la acción de otros elementos que actúen sobre él: *la materia y la energía constituyen el universo; la materia líquida se convierte en gas al calentarse*. **2** Sustancia de la que está hecha una cosa. **materia prima** Sustancia básica natural o elaborada, que se emplea para crear otros productos; especialmente la que se utiliza en industrias: *las siderurgias utilizan el mineral del hierro como materia prima; el petróleo es una materia prima*. **materia gris** *a)* Parte del sistema nervioso compuesta por el cuerpo de las neuronas, sus dendritas y sus axones: *en el cerebro hay materia gris*. *coloquial b)* Cerebro, entendido como la capacidad para pensar o razonar: *dile que use la materia gris y no se comporte como un animal*. **materia orgánica** Conjunto de células animales y vegetales, descompuestas total o parcialmente por la acción de microorganismos: *en el suelo de los bosques hay mucha materia orgánica*. **3** Cuerpo de la persona en oposición a su espíritu: *la materia nos ata al mundo*. **4** Asunto principal sobre el que se habla, escribe o piensa: *sus observaciones son materia científica*. **5** Parte de una carrera o plan de estudios que trata un tema específico: *¿qué materias hacéis en cuarto curso?* **SIN** asignatura.
entrar en materia Empezar a tratar un asunto principal, especialmente después de haber tratado otros menos importantes: *antes de entrar en materia, me gustaría aclararles algo*.
en materia de En el asunto o especialidad que se dice a continuación: *se acordarán unos puntos en materia de defensa*.
DER material.

ETIM Véase *madera*.

material *adj.* **1** De la materia o que tiene relación con la sustancia que forma los cuerpos: *no sé cuál es el peso material de ese objeto*. **2** Que pertenece al mundo físico y no al espíritu y por lo tanto se puede percibir por los sentidos: *el hombre es parte material, parte espiritual*. **ANT** espiritual. **3** Que da excesivo valor a las cosas del mundo físico: *tiene unos sentimientos muy materiales; defendía una concepción del mundo completamente material*. ◇ *n. m.* **4** Sustancia de la que está hecha una cosa: *el material de la bolsa es plástico; el material que ha empleado para hacer el mueble es madera de pino*. **SIN** materia. **5** Elemento que sirve para elaborar una cosa, especialmente el que se utiliza para construir: *el cemento es un material de construcción; el albañil no empezará la obra hasta que no tenga todos los materiales*. **6** Conjunto de herramientas, materias u objetos necesarios en un trabajo o profesión: *el cirujano pidió el material quirúrgico; voy a comprar material de oficina*.
DER materialidad, materialismo, materializar; inmaterial.

materialidad *n. f.* Calidad o condición de lo que es material, pertenece al mundo físico y se puede percibir por los sentidos: *algunos niegan que haya algo más que la simple materialidad de las cosas*.

materialismo *n. m.* **1** Doctrina filosófica que considera que sólo existe la materia y reduce el espíritu a una consecuencia de ella: *el materialismo en Occidente surgió con el atomismo de Demócrito*. **2** Actitud de la persona que da excesivo valor a las cosas materiales, como el dinero o las propiedades: *su exagerado materialismo hizo que fracasara en el matrimonio*.
DER materialista.

materialista *adj.* **1** Del materialismo o que tiene relación con esta doctrina filosófica: *el marxismo es una doctrina materialista*. ◇ *adj.* **2** [actitud] Que valora en exceso las cosas materiales. ◇ *adj./n. com.* **3** [persona] Que es partidario del materialismo: *los materialistas se oponen a los idealistas*. **4** [persona] Que da excesivo valor a las cosas materiales: *ese hombre es un materialista, sólo le interesa el dinero y la comodidad*.

materialización *n. f.* Realización de un proyecto, una idea o un deseo: *es preciso pasar a la materialización de alguno de estos proyectos*.

materializar *v. tr./prnl.* Hacer real y concreto un proyecto, una idea o un deseo: *después de grandes esfuerzos, sus planes se materializaron*.
DER materialización; desmaterializar.
OBS En su conjugación, la *z* se convierte en *c* delante de *e*.

maternal *adj.* [sentimiento, actitud] Que es o se considera como el de una madre hacia su hijo: *al ver a su sobrino recién nacido, sintió que se le despertaba el instinto maternal*.

maternidad *n. f.* **1** Estado de la mujer que ha sido madre: *la maternidad es una experiencia maravillosa; la felicitaron por su nueva maternidad*. **2** Hospital o servicio de un hospital preparado para que las mujeres den a luz: *ingresó en la maternidad y a las pocas horas tuvo a su hijo*.

maternizar *v. tr.* Dotar a la leche vacuna de las propiedades que posee la de la mujer: *la leche que se materniza sirve para los niños pequeños que no pueden ser amamantados*.
OBS En su conjugación, la *z* se convierte en *c* delante de *e*.

materno, -na *adj.* De la madre o que tiene relación con ella: *el amor materno es muy importante para el bebé*.
DER maternal, maternidad, maternizar.
ETIM Véase *madre*.

matinal *adj.* **1** De la mañana, especialmente de las primeras horas, o que tiene relación con esta parte del día: *lo despertó una fuerte lluvia matinal.* **SIN** matutino. ◇ *adj./n. f.* **2** [sesión, espectáculo] Que tiene lugar por la mañana: *la programación matinal de televisión está llena de dibujos animados; fuimos a la función matinal del circo; algunos cines tienen una matinal, que suele ser más barata.*

matiné *n. f.* Fiesta, reunión o espectáculo que se celebra a primeras horas de la tarde: *después de la sobremesa fuimos a una matiné cinematográfica.*

matiz *n. m.* **1** Tono o grado de intensidad en que se puede presentar un mismo color: *las paredes estaban pintadas en un amarillo lleno de matices; el artista consiguió un efecto muy real al captar los diversos matices del azul del mar.* **2** Característica o aspecto que no se percibe fácilmente, pero que da un significado o valor determinado a una cosa o hecho: *notamos cierto matiz despectivo en sus palabras; muchas palabras parecen sinónimas, pero hay entre ellas algunos matices que las diferencian.*
DER matizar.

matización *n. f.* **1** Combinación adecuada de distintos colores y tonos: *la matización que ha dado al verde no es buena.* **2** Explicación, aclaración de los rasgos por los que se distingue una cuestión o concepto: *ha ofrecido una matización de las palabras que pronunció ayer.*

matizar *v. tr.* **1** Combinar adecuadamente distintos colores y tonos: *el pintor ha matizado los blancos y los rosas a la perfección.* **2** Darle a un color un tono determinado: *hay que matizar un poco este verde, es demasiado chillón.* **3** Graduar algo con diversos tonos o con un matiz determinado: *su discurso estaba matizado de sarcasmo.* **4** Añadir una nota u observación a una explicación para precisarla: *el ministro explicó que se harían grandes reformas, pero matizó que primero habría que aprobar los presupuestos.* **SIN** precisar.
DER matización.
OBS En su conjugación, la *z* se convierte en *c* delante de *e*.

matojo *n. m.* Planta o arbusto de poca altura y muy espeso: *el monte estaba poblado de matojos secos; se escondió detrás de un matojo.* **SIN** mata.

matón *n. m.* Hombre que emplea la fuerza o amenazas para obligar a los demás a hacer una cosa: *el mafioso había contratado a unos matones para que convencieran al dueño del edificio de que debía venderlo.*

matorral *n. m.* **1** Conjunto de plantas o arbustos espesos y de poca altura: *el perro olisqueó el matorral y el cazador supo que allí estaba la presa.* **2** Terreno donde abundan las plantas y los arbustos de poca altura: *el matorral es propio de climas secos.*

matraca *n. f.* **1** Instrumento formado por una rueda de tablas en forma de aspa que al girar son golpeadas por pequeños mazos produciendo un ruido seco y desagradable: *la matraca se hace sonar en Semana Santa.* **2** Instrumento formado por unos mazos movibles que al sacudirlos golpean contra una tabla produciendo un ruido seco y desagradable. **3** *coloquial* Persona que se hace pesada por su insistencia: *este chico es una matraca, siempre me pregunta lo mismo.* **SIN** pelmazo.

dar la matraca *coloquial* Insistir mucho en un asunto hasta molestar: *haz el favor de no dar más la matraca, pesado.*

matraz *n. m.* Recipiente de cristal, generalmente de forma esférica y con un cuello recto y estrecho, que se usa para contener líquidos: *el matraz se usa en los laboratorios.*
OBS El plural es *matraces*.

matriarca *n. f.* Mujer que tiene la mayor autoridad entre sus familiares o entre un grupo de personas: *la matriarca organizaba las labores del campo y la economía de la casa.*
DER matriarcado, matriarcal.
ETIM Véase *madre*.

matriarcado *n. m.* Predominio o mayor autoridad de la mujer en una sociedad o grupo social: *el matriarcado fue el sistema de organización social de algunos pueblos primitivos.*
ANT patriarcado.

matriarcal *adj.* Del matriarcado o que tiene relación con este tipo de organización social y familiar: *los antropólogos estudiaron algunas tribus matriarcales.*

matricida *adj./n. com.* [persona] Que mata a su madre: *el matricida se entregó a la policía.*

matricidio *n. m.* Muerte que da un hijo a su propia madre: *fue juzgado por un delito de matricidio.*
DER matricida.
ETIM Véase *madre*.

matrícula *n. f.* **1** Inscripción de una persona en un registro o lista oficial: *los estudiantes fueron a hacer la matrícula para el primer curso en la universidad.* **SIN** matriculación. **2** Conjunto de personas o cosas que están inscritas en un registro o lista oficial; especialmente el conjunto de personas que están inscritas en un centro de enseñanza para realizar ciertos estudios: *en la secretaría del centro puede usted consultar la matrícula para este curso.* **3** Documento oficial que demuestra que una persona está inscrita en un registro o lista oficial: *para pedir el título, debes presentar una fotocopia de la matrícula.* **4** Placa que llevan los vehículos en la parte delantera y en la trasera donde se indica el número con el que están registrados legalmente y el lugar en el que han sido matriculados: *los coches de Madrid llevan una M en la matrícula.* ☞ signos y señales.

matrícula de honor Distinción que mejora la calificación máxima de sobresaliente concedida en una prueba o examen y que da derecho a registrarse sin pagar en el curso siguiente: *tuvo cuatro sobresalientes con matrícula de honor en el último curso de la carrera.*
DER matricular.

matriculación *n. f.* Inscripción de una persona en un registro o lista oficial: *el plazo de matriculación se abre mañana y durará quince días.* **SIN** matrícula.

matricular *v. tr./prnl.* **1** Inscribir a una persona en un registro o lista oficial con un fin determinado; especialmente en un centro de enseñanza para que realice unos estudios: *los padres querían matricular a su hijo en el conservatorio; me he matriculado en un curso de español.* ◇ *v. tr.* **2** Inscribir un vehículo en un registro y colocar la placa que lo identifica legalmente: *el concesionario se encargará de matricularme el coche nuevo.*
DER matriculación.

matrimonial *adj.* Del matrimonio o que tiene relación con él: *la pareja atraviesa una crisis matrimonial; celebraron una fiesta por el compromiso matrimonial de los dos jóvenes.*
DER matrimonialista; prematrimonial.

matrimonialista *adj./n. com.* [persona] Que está especializado en los asuntos legales relacionados con el matrimonio: *abogado matrimonialista.*

matrimonio *n. m.* **1** Unión de un hombre y una mujer reconocida por la ley como familia: *el número de matrimonios ha descendido notablemente.* **matrimonio civil** Matrimonio que se celebra ante un juez conforme a la ley civil y sin seguir ningún rito religioso: *los matrimonios civiles se formalizan en el juzgado; la pareja prefirió el matrimonio civil.* **matrimonio religioso** Matrimonio que se celebra según los

ritos de una religión, especialmente de la religión cristiana: *el matrimonio religioso se celebrará el próximo domingo en la iglesia de Santa María.* **SIN** casamiento, enlace. **2** Sacramento de la Iglesia católica que une a un hombre y a una mujer ante Dios y ante la Iglesia: *la pareja se unió en santo matrimonio hace una semana.* **3** Pareja formada por el marido y la mujer: *vienen tres matrimonios a cenar esta noche; el matrimonio Pérez vive en esta calle.*
consumar el matrimonio Realizar la pareja casada el primer acto sexual después de haber celebrado el matrimonio: *si no se consuma el matrimonio, no se considera válido.*
contraer matrimonio Casarse o unirse legalmente un hombre y una mujer en una ceremonia: *la pareja contrajo matrimonio en la basílica del Pilar; han contraído matrimonio en el juzgado de paz de su pueblo.*
DER matrimonial.

matritense *adj.* **1** De Madrid o que tiene relación con esta ciudad española: *Mesonero Romanos escribió obras de tema matritense.* **SIN** madrileño. ◊ *adj./n. com.* **2** [persona] Que es de Madrid. **SIN** madrileño.

matriz *n. f.* **1** ANAT. Órgano interno de reproducción de las hembras de los mamíferos en el que se desarrolla el feto: *la menstruación tiene lugar en el interior de la matriz; la matriz es ancha, pero acaba en un estrechamiento.* **SIN** útero. **2** Recipiente hueco que sirve como molde para hacer objetos iguales: *estas matrices se utilizan para hacer llaves.* **3** Parte que queda en un libro de cheques una vez cortadas las hojas que lo forman: *miraré la matriz del talonario para saber la fecha del pago.* **4** MAT. Conjunto de números colocados en líneas horizontales y verticales y dispuestos en forma de rectángulo; la posición de cada número en la matriz determina las operaciones matemáticas que hay que hacer para hallar un resultado: *para saber cuántos kilómetros hay entre Toledo y Sevilla puedes consultar la matriz.*
ETIM Véase *madre*.

matrona *n. f.* **1** Mujer que se dedica a ayudar a las mujeres en el parto: *la matrona del hospital acudió rápidamente a la sala de partos.* **SIN** comadrona, partera. **2** *coloquial* Mujer madura que está un poco gruesa: *aquella joven se convirtió con el paso de los años en una matrona.* **3** Madre de familia respetable, en la Antigua Roma: *las matronas eran las esposas de los patricios.*
ETIM Véase *madre*.

matusalén *n. m.* Hombre muy viejo: *mi abuelo se encuentra bien a pesar de ser un matusalén.*

matute Palabra que se utiliza en la locución adverbial *de matute*, que indica que algo se hace clandestinamente o a escondidas: *introdujeron el tabaco de matute.*

matutino, -na *adj.* **1** De la mañana, especialmente de las primeras horas, o que tiene relación con esta parte del día: *el abuelo se fue a dar su paseo matutino.* **SIN** matinal. ◊ *adj./n. m.* **2** [diario] Que se pone a la venta por la mañana.

maula *n. com.* **1** Persona que tiene pereza y que no cumple sus obligaciones: *no acabará la carrera porque es un maula.* **SIN** vago. ◊ *n. f.* **2** Objeto que ha perdido su valor por viejo, estropeado o gastado: *el anticuario intentó venderons una maula.* **3** Persona muy inútil para hacer cosas: *no le pidas que te ayude a pintar porque este chico es una maula.*

maullar *v. intr.* Emitir maullidos el gato: *el gato maullaba para pedir comida.*
DER maullido.
OBS En su conjugación, la *u* se acentúa en algunos tiempos y personas, como en *aunar*.

maullido *n. m.* Voz que emite el gato: *se oían los maullidos de un gato.* **SIN** miau.

mauritano, -na *adj./n. m. y f.* De Mauritania o que tiene relación con este país de África.

máuser *n. m.* Fusil de repetición no automático.

mausoleo *n. m.* Construcción lujosa que cubre una tumba, generalmente la de una persona importante: *el emperador ordenó construir un mausoleo sobre la tumba de su esposa.*

maxilar *adj.* **1** De la mandíbula o que tiene relación con ella: *a consecuencia de la caída tiene una fractura maxilar; este cirujano está especializado en operaciones maxilares.* ◊ *n. m.* **2** Hueso que forma parte de la mandíbula: *el maxilar inferior es móvil y tiene forma de herradura.* ☞ cráneo.
ETIM Véase *mejilla*.

máxima *n. f.* **1** Frase que recoge una idea moral, un consejo o una enseñanza: *pienso, luego existo es una máxima del filósofo Descartes.* **2** Norma por la que se rige el comportamiento de una persona: *una de sus máximas es la seriedad en el trabajo.* **3** Principio o regla que admite un grupo de personas sobre lo que se debe o no hacer en determinadas circunstancias: *aunque es católico, desconoce las máximas de su religión; su trabajo de investigación va contra las máximas de la ciencia médica.* **4** Temperatura más alta que alcanza la atmósfera en un período de tiempo determinado: *la máxima de hoy ha sido de 25 °C y la mínima de 12 °C.*

maximalismo *n. m.* Tendencia a mantener ideas o actitudes extremas o exageradas, especialmente en política: *el maximalismo es contrario a la moderación.* **SIN** extremismo.

maximalista *adj./n. com.* **1** [persona] Que es partidario de ideas o actitudes extremas o exageradas, especialmente en política: *las posturas maximalistas no permiten el diálogo y la moderación.* **SIN** extremista. **2** Durante la Revolución rusa, partidario de llevar a cabo gran número de reformas radicales.

máxime *adv. culto* Con más razón: *empezar la temporada con un triunfo es importante, máxime si el triunfo se consigue en el campo del contrario.*

máximo, -ma *adj.* **1** Que es mayor o superior en grado: *la temperatura máxima ha sido de 25; el profesor se ha ganado el máximo respeto de sus alumnos.* ◊ *n. m.* **2** máximo Límite superior o extremo al que puede llegar una cosa: *su velocidad ha sobrepasado el máximo permitido por la ley para esta carretera.*
como máximo Se usa para expresar que es el límite al cual llega o puede llegar una cosa: *tardaré como máximo tres horas en hacerlo.*
DER máxima, maximalismo, máxime.
OBS Es el superlativo de *grande*.

maya *adj.* **1** [pueblo indígena] Que habita en la península de Yucatán, norte de Guatemala y Honduras. **2** De ese pueblo indígena o que tiene relación con él. ◊ *adj./n. com.* **3** [persona] Que pertenece a ese pueblo. ◊ *n. m.* **4** Lengua de los indígenas que habitan en Yucatán, norte de Guatemala y Honduras.

mayal *n. m.* **1** Palo del que tira un animal que mueve un molino: *ataron el burro al mayal para moler.* **2** Instrumento formado por dos palos, uno más corto que el otro, unidos por una cuerda, que se utiliza para golpear los cereales y las legumbres y separar así el grano de la paja: *cogió el mayal y se puso a desgranar el centeno.*

mayestático, -ca *adj.* Que tiene las características propias de la majestad: *la figura principal de ese cuadro tiene un aspecto mayestático.*

mayo *n. m.* **1** Quinto mes del año: *me parece que nació en mayo.* **2** Árbol o palo alto, adornado con tiras de colores, que se coloca en las plazas de los pueblos durante el mes de mayo como señal de fiesta: *los quintos del pueblo colocaron el mayo frente al ayuntamiento.* **3** Canción popular que cantan los mozos a las mozas el último día de abril y el primero de mayo: *la noche del uno de mayo, los mozos de mi pueblo cantaban mayos frente a las casas de las muchachas solteras.*

mayonesa *n. f.* Salsa que se hace mezclando huevo, aceite, vinagre o limón y sal: *he mezclado los ingredientes de la mayonesa en la batidora.* **SIN** mahonesa.

mayor *adj.* **1** [persona] Que tiene más edad en relación a otra: *su hermano mayor vendrá con nosotros; es mayor que tú porque está en un curso superior.* **ANT** menor. Es el comparativo de superioridad de *grande* ◊ Acompañado del artículo, forma el grado superlativo: *el mayor vendrá con nosotros.* **2** [cosa] Que es más grande en tamaño o importancia: *me engordado y necesito una talla mayor; esa inversión tiene un riesgo mayor.* **3** [persona] Que tiene mucha edad: *mi padre ya es mayor.* **4** MÚS. [intervalo] Que es de segunda, tercera, sexta o séptima en la escala natural. **5** MÚS. [modo, tono] Que tiene los intervalos de tercera, sexta y séptima de esa clase: *todos los modos mayores tienen un modo menor relativo.* ◊ *adj./n. com.* **6** [persona] Que está en la edad adulta: *cuando sea mayor seré fraile; primero comieron los niños y después los mayors porque no cabían todos en la mesa.* ◊ *n. m.* **7** Miembro del ejército de categoría inmediatamente superior a la de capitán: *el mayor dirigió el ataque por el frente norte.* ◊ *n. f.* **8** Vela principal de una embarcación que va sujeta al palo mayor. ◊ *n. m. pl.* **9 mayores** Personas de las que se desciende: *nuestros mayores soñaron un futuro mejor.*

al por mayor Referido a una compra o venta, realizada en cantidades grandes y a precio más barato que el que paga el público en general: *he comprado trajes al por mayor para venderlos en mi tienda.*

mayor que MAT. Signo que indica que el término que está a su izquierda tiene más valor que el de su derecha: *mayor que se representa como >.*

DER mayoral, mayorazgo, mayoría, mayorista, mayormente.
ETIM *Mayor* procede del latín *major, -oris,* que tenía el mismo significado, voz con la que también está relacionada *majestad.*
OBS Es el comparativo de superioridad de *grande.* ◊ Acompañado del artículo, forma el grado superlativo: *esa inversión es la de mayor riesgo.*

mayoral *n. m.* **1** Persona con autoridad sobre un grupo de pastores: *el mayoral ordenó a los otros pastores que guardaran el ganado.* **2** Persona con autoridad sobre un grupo de trabajadores del campo: *el dueño de la finca llamó a su mayoral.* **SIN** capataz.

mayorazgo *n. m.* **1** Derecho que tiene el hijo mayor a heredar todos los bienes de sus padres, con la condición de conservarlos para su familia: *el mayorazgo no permite la venta de las posesiones heredadas.* **2** Persona que, por ser la mayor de varios hermanos, tiene el derecho de heredar todos los bienes de sus padres: *el mayorazgo administraba las propiedades.* **3** Conjunto de los bienes heredados: *todas aquellas tierras pertenecían al mayorazgo.*

mayordomo, -ma *n. m. y f.* Sirviente principal de una casa, encargado de la economía y de la organización del servicio: *aquella familia tiene un mayordomo inglés y varios criados.*

mayoría *n. f.* **1** Parte mayor de las personas o cosas que componen un grupo o un conjunto: *la mayoría de nosotros opina igual; la mayoría de las manzanas estaban podridas.* **ANT** minoría. **2** Número mayor de votos en una votación: *ese partido ganó las elecciones por mayoría.* **mayoría absoluta** Cantidad de votos iguales que constituye más de la mitad del total: *no hubo mayoría absoluta y la ley no se aprobó.* **mayoría relativa** o **mayoría simple** Cantidad de votos iguales que es la mayor de todas las que constituyen el total: *para gobernar, necesitarán la mayoría relativa.*

mayoría de edad Edad que, según la ley, es necesaria para que una persona pueda ejercer todos los derechos civiles: *la mayoría de edad en España se alcanza a los dieciocho años.* **DER** mayoritario.

mayorista *adj.* **1** [comercio] Que compra o vende mercancías en grandes cantidades: *compra la ropa que luego vende en su tienda en ese comercio mayorista.* ◊ *n. com.* **2** Persona que se dedica a vender mercancías al por mayor: *los mayoristas abastecen de productos a los pequeños comercios.* **ANT** minorista.

mayoritario, -ria *adj.* [persona, cosa] Que es la parte más numerosa de un conjunto: *el sí fue la respuesta mayoritaria de los votantes; el fútbol y el baloncesto son deportes mayoritarios.* **ANT** minoritario.

mayormente *adv.* Principalmente, en especial, sobre todo: *es preciso que sigas una dieta mayormente de verduras.*

mayúscula *n. f.* Letra de mayor tamaño que la minúscula y de forma distinta, que se emplea generalmente como inicial en los nombres propios, después de punto, o al principio de un texto: *los nombres y los apellidos deben escribirse en mayúscula.*

mayúsculo, -la *adj. coloquial* Que es más grande de lo normal: *su sorpresa fue mayúscula cuando se enteró de que le había tocado un coche.* **ANT** minúsculo.

maza *n. f.* **1** Herramienta parecida a un martillo, pero con una cabeza más pesada y con un mango más largo, que sirve para golpear y aplastar: *los albañiles emplean una maza para partir el escombro.* ☞ herramientas. **2** Arma antigua de hierro o de madera, con un mango largo y delgado y, en un extremo una cabeza gruesa: *un caballero levantó su espada y el otro paró el golpe con su maza.* **3** Instrumento formado por una bola recubierta de cuero unida a un mango de madera, que sirve para tocar el tambor: *el músico golpeó el bombo con las mazas.* **4** Parte más gruesa del palo o taco con que se juega a billar. **5** Utensilio de madera u otro material, de forma alargada y más grueso en uno de los extremos, que se utiliza en algunos juegos malabares o en ejercicios de gimnasia rítmica lanzándolo al aire o haciéndolo girar: *la gimnasta realizó su ejercicio de mazas; los malabaristas se lanzaban las mazas uno a otro.*

DER macero, mazazo, mazo.

mazacote *n. m.* **1** Cosa que es densa y pesada cuando debería ser mullida y ligera: *el colchón de lana se ha quedado hecho un mazacote.* **2** Pasta o masa espesa y pegajosa, que cuesta digerir: *aquel puré era un auténtico mazacote, así que no se lo comieron.* **3** Obra de arte arquitectónica o escultórica poco esbelta y elegante: *el arquitecto ha proyectado un mazacote en lugar de un puente.*

DER amazacotado.

mazapán *n. f.* Dulce hecho con almendras molidas y azúcar en polvo: *en Navidad es típico comer turrón de mazapán; el mazapán también se prepara en forma de figuritas.*

mazazo *n. m.* **1** Golpe que se da con una maza o con un mazo: *rompió la piedra de un mazazo.* **2** Impresión fuerte o dolorosa que recibe una persona: *la noticia de su muerte fue un duro mazazo para todos.*

mazdeísmo n. m. Religión del antiguo pueblo persa basada en la lucha entre el principio del bien, creador del mundo, y el principio del mal, su destructor: *Ormuz y Ahrimán son los dos principios divinos del mazdeísmo.*

mazmorra n. f. Calabozo pequeño y oscuro, generalmente construido bajo tierra: *en los sótanos del castillo había unas mazmorras donde encerraban a sus prisioneros.*

mazo n. m. **1** Martillo grande y pesado: *el herrero golpea el hierro con un mazo.* ☞ herramientas. **2** Martillo pequeño de madera que sirve para golpear, aplastar y triturar: *partía las almendras y las avellanas con un mazo; el juez golpeó la mesa con el mazo y dijo: «Orden en la sala».* **SIN** maceta. **3** Conjunto de cosas agrupadas, especialmente de papeles y naipes: *arrancó un mazo de hojas del calendario; corta el mazo de la baraja y reparte las cartas.*

mazorca n. f. Frutos de algunas plantas, especialmente del maíz, que se presentan formando una espiga grande de granos gruesos y apretados: *estuvieron desgranando mazorcas de maíz.* **SIN** espiga, panocha.

mazurca n. f. **1** Baile con ritmo de tres por cuatro procedente de Polonia: *en el salón de baile, las mujeres escogieron a sus parejas para bailar una mazurca.* **2** Música con que se acompaña ese baile: *la orquesta interpretó una mazurca y todos se pusieron a bailar.*

me pron. pers. Forma del pronombre de primera persona del singular tanto para el objeto directo como el indirecto: *Pablo me saludó desde el autobús; me he comprado unos zapatos; me levanto a las ocho.*
OBS Nunca va acompañado de preposición. ◇ Se escribe unido al verbo cuando va detrás de él: *mírame; cómprame una chaqueta.*

meada n. f. **1** *coloquial* Orina que se expulsa de una vez: *salió por la puerta trasera del bar y se fue a echar una meada al campo.* **2** *coloquial* Mancha o señal que deja la orina: *el portero estaba harto de limpiar las meadas de los gatos.*

meandro n. m. **1** Curva pronunciada que forma un río en su curso: *los meandros son frecuentes en el curso medio y bajo del río.* **2** Línea ondulante que se usa como adorno en escultura o arquitectura: *el friso estaba adornado por meandros.*

meapilas n. com. Persona que se muestra exagerada y fingidamente devota y religiosa. **SIN** beato, santurrón.

mear v. intr./prnl. **1** Expulsar la orina: *voy a mear; el niño se ha meado otra vez.* **SIN** orinar. ◇ v. tr. **2** Expulsar un líquido o una piedra por la uretra: *mear sangre; ha meado la piedra que tenía en los riñones.* **SIN** orinar.
mearse de risa *coloquial* Reírse mucho: *hace tantas tonterías que te meas de risa; esa película es para mearse de risa.*
DER meada, meato, meón.

meato n. m. ANAT. Orificio en el que desemboca un conducto del cuerpo: *meato urinario, auditivo.*

meca n. f. Lugar que se considera el centro más importante de una actividad: *Hollywood es la meca del cine.*

¡mecachis! int. Expresión con que se indica enfado o disgusto: *¡mecachis!, ¡he vuelto a perder el autobús!*

mecánica n. f. **1** Parte de la física que trata del movimiento y del equilibrio de los cuerpos así como de las fuerzas que los producen: *Newton estableció las leyes de la mecánica en el siglo XVII.* **2** Técnica de inventar, construir, arreglar o manejar máquinas: *han contratado un experto en mecánica para que revise las máquinas de la fábrica.* **3** Conjunto de piezas o elementos que ajustados entre sí y mediante un movimiento hacen un trabajo o cumplen una función: *la mecánica del reloj se ha estropeado.* **SIN** maquinaria, mecanismo. **4** Modo o manera de funcionar una cosa: *el presentador explicó la mecánica del juego a los concursantes.*
DER mecánico; aeromecánica, biomecánica, fotomecánica.

mecanicismo n. m. Doctrina filosófica y biológica que explica los fenómenos naturales por medio de las leyes mecánicas y niega la existencia de toda finalidad en la naturaleza: *el mecanicismo tuvo su auge en el siglo XVIII.*

mecánico, -ca adj. **1** De la mecánica o que tiene relación con esta parte de la física. **2** De las máquinas o que tiene relación con ellas: *el profesor nos enseñó a comprender el funcionamiento de los aparatos mecánicos.* **3** Que se hace con una máquina: *la fabricación mecánica de productos sustituyó a la elaboración manual.* **4** [acto, movimiento] Que se hace de forma automática por haber sido repetido muchas veces: *andar es un movimiento mecánico.* ◇ n. m. y f. **5** Persona que se dedica a manejar y arreglar máquinas, especialmente vehículos: *el mecánico revisó el coche y reparó los frenos.*
mecánico dentista Persona que ayuda al dentista en la preparación de dientes y dentaduras artificiales: *estudió tres años para ser mecánico dentista y ahora tiene un taller propio.*
DER mecanicismo, mecanismo, mecanizar.

mecanismo n. m. **1** Conjunto de piezas o elementos que ajustados entre sí y mediante un movimiento hacen un trabajo o cumplen una función: *el mecanismo de una rueda es muy sencillo; este reloj funciona mediante un complicado mecanismo.* **2** Manera de producirse o de realizar una actividad: *la digestión tiene un mecanismo muy preciso; el mecanismo de este trabajo es muy fácil.*
DER servomecanismo.

mecanización n. f. Equipamiento con máquinas para realizar una actividad de manera mecánica y empleando menos tiempo y esfuerzo: *la mecanización ha suprimido muchos puestos de trabajo.*

mecanizar v. tr./prnl. **1** Utilizar máquinas para dedicar menos tiempo y esfuerzo a una actividad: *los agricultores han mecanizado las faenas agrícolas y ha aumentado la producción.* **2** Convertir en automáticos los actos o movimientos humanos: *los filósofos advirtieron que la técnica excesiva podía mecanizar al hombre y privarlo de libertad.*
DER mecanización.
OBS En su conjugación, la *z* se convierte en *c* delante de *e*.

mecano n. m. Juguete formado por piezas que se pueden unir con tornillos y tuercas para hacer construcciones y objetos articulados: *al principio las piezas del mecano eran de metal, pero ahora se fabrican también de madera o de plástico.*

mecanografía n. f. Técnica de escribir a máquina con todos los dedos de las manos y sin necesidad de mirar las teclas: *necesita una persona que sepa mecanografía y taquigrafía.* **SIN** dactilografía.

mecanografiar v. tr. Escribir una cosa a máquina: *por favor, mecanografíe estas cartas y envíelas.*
OBS En su conjugación, la *i* se acentúa en algunos tiempos y personas, como *desviar.*

mecanógrafo, -fa n. m. y f. Persona que se dedica a escribir textos a máquina: *he contratado a dos mecanógrafos para la oficina.* **SIN** dactilógrafo.

mecedor n. m. **1** Asiento sujeto a dos cuerdas o cadenas colgadas de la rama de un árbol o de una armazón de madera o metal, que se mueve hacia atrás y hacia delante: *los domingos vamos al parque para montar en los mecedores.* **SIN** balancín, columpio. **2** Utensilio de madera que se usa para remover un líquido, especialmente el vino en la cuba.

mecedora n. f. Asiento con brazos y cuatro patas que descansan en dos arcos, de modo que al sentarse en ella se balancea de atrás hacia delante y viceversa: *la anciana hacía punto sentada en su mecedora.* **SIN** balancín.

mecenas *n. com.* Persona o fundación que favorece, generalmente dando dinero, las actividades culturales y a las personas que se dedican a ellas: *el mecenas organizaba tertulias literarias en su mansión.*
DER mecenazgo.
OBS El plural también es *mecenas*.

mecenazgo *n. m.* Protección o ayuda económica que ejerce una institución o una persona a una actividad artística o intelectual: *los Médicis ejercieron el mecenazgo de artistas como Donatello o Fra Angélico.*

mecer *v. tr./prnl.* **1** Mover con suavidad de un lado a otro una cosa que cuelga de un punto fijo o que está apoyada sobre una superficie: *el padre mece la cuna del recién nacido; la madre mece al niño en sus brazos; la anciana se mecía en el balancín.* **SIN** balancear. ◊ *v. tr.* **2** Agitar un líquido contenido en un recipiente para que se mezcle: *cuando el vino está en la cuba hay que mecerlo.*
DER mecedor, mecedora.
OBS En su conjugación, la *c* se convierte en *z* delante de *a* y *o*.

mecha *n. f.* **1** Cuerda hecha de hilos retorcidos que se queman con facilidad: *acerca la cerilla a la mecha de la vela; la mecha de este petardo es demasiado corta.* **SIN** pabilo. **2** Tubo de papel o de algodón que está relleno de pólvora y se utiliza para dar fuego a las minas o barrenas. **3** Conjunto de pelos de la cabeza que destacan del resto del cabello por ser de distinto tono o color: *la peluquera le ha teñido unas mechas rubias.* Se usa más en plural. **4** Trozo de tocino o de jamón que se introduce dentro de otras carnes: *este asado de carne lleva mechas de tocino.*
a toda mecha Con mucha rapidez: *lo llamaron por teléfono y salió de la reunión a toda mecha.*
aguantar mecha *coloquial* Soportar una situación desagradable o una impertinencia: *tú has cometido el error, ahora no tienes más remedio que aguantar mecha.*
DER mechar, mechero, mechón.

mechar *v. tr.* Rellenar la carne o las aves que se van a guisar con trozos de tocino, jamón u otros ingredientes: *el cocinero deshuesó un pollo y lo mechó con trozos de jamón y huevo duro.*

mechero *n. m.* **1** Aparato que funciona con gas o gasolina y que sirve para encender una materia combustible: *sacó un mechero del bolsillo y encendió su cigarro; encendió el fuego con un mechero eléctrico.* **SIN** encendedor. **2** Aparato que, mediante una mecha que se mantiene encendida, sirve para dar luz o calor: *se fue la luz y encendimos dos velas y un mechero de alcohol.*

mechón *n. m.* Conjunto de pelos o hilos separados de otros del mismo tipo con los que forman un todo: *le separó el pelo en tres mechones y le hizo una trenza.*

medalla *n. f.* **1** Placa de metal plana, generalmente redonda u ovalada, que lleva grabada una imagen: *la niña llevaba una medalla de oro colgando del cuello.* **2** Placa de metal que lleva grabado algún motivo y que se recibe como premio: *el soldado fue condecorado con la medalla al valor; el atleta ganó dos medallas de oro.*
DER medallero, medallista, medallón.

medallero *n. m.* Relación de las medallas ganadas por cada país o equipo en una competición deportiva: *en los Juegos Olímpicos de 1992 España ocupó un lugar destacado en el medallero.*

medallista *n. com.* Deportista que ha ganado una medalla en una competición deportiva: *el país recibió con todos los honores a los medallistas del campeonato del mundo de ciclismo.*

medallón *n. m.* **1** Joya en forma de caja pequeña y plana, que se cuelga al cuello con una cuerda o cadena: *en el interior del medallón se colocan fotos, pinturas u otros objetos de recuerdo.* **2** Pieza de carne o pescado que se corta en forma redonda y gruesa: *el redondo de ternera se corta en medallones.* **3** Adorno en relieve que se utiliza en arquitectura, con forma circular u ovalada y en cuyo interior se pinta o esculpe algo: *en la fachada del edificio había medallones con la figura de los reyes.*

médano *n. m.* **1** Pequeña colina de arena que forma y empuja el viento: *los médanos del desierto suelen ser mayores que los de las playas.* **SIN** duna. **2** Acumulación de arena casi a flor de agua, en un lugar en que el mar tiene poco fondo: *nos pasamos toda la mañana chapoteando en un médano de la playa.*

media *n. f.* **1** Prenda de vestir femenina de tejido elástico fino con la que se cubre cada pierna desde el pie hasta más arriba de la rodilla: *llevas una carrera en una media.* **2** Prenda de vestir de punto de lana o algodón, que cubre la pierna desde el pie hasta la rodilla: *los jugadores de fútbol llevan medias.* **SIN** calcetín. **3** Cantidad que representa de manera proporcional otras cantidades y que se calcula mediante diversas operaciones: *la media de edad de los encuestados fue 40 años; la media de alumnos por aula es de 25.* **4** Mitad de una hora: *son la diez y media.* ◊ *n. f. pl.* **5 medias** Prenda de vestir de tejido elástico fino o tupido, que cubre cada pierna desde los pies a la cintura: *la modelo llevaba unas medias negras.* **SIN** panty.

mediación *n. f.* Intervención de una persona u organismo en una discusión o en un enfrentamiento entre dos partes para encontrar una solución: *el acuerdo se firmó gracias a la mediación del secretario de Naciones Unidas.*

mediado, -da *adj.* Que sólo contiene la mitad de su capacidad: *cogió la botella mediada de aceite y dejó las que estaban llenas.*
a mediados Hacia la mitad de un período de tiempo señalado: *vendrá a visitarnos a mediados del mes que viene.*

mediador, -ra *n. m. y f.* Persona u organismo encargado de intervenir en una discusión o en un enfrentamiento entre dos partes para encontrar una solución: *la Federación deportiva será la mediadora entre el club y el jugador.*

medialuna *n. f.* **1** Objeto que tiene forma parecida a la de una luna creciente o menguante: *el escudo estaba adornado con dibujos de medialunas.* **2** Bollo que tiene esta forma: *desayunaron leche y unas medialunas rellenas de mermelada.* **SIN** cruasán.
OBS El plural es *medialunas*.

mediana *n. f.* **1** Pared de pequeña altura que divide los sentidos de la circulación en una carretera: *está prohibido que los vehículos crucen la mediana para cambiar de sentido.* **2** Línea recta que une el vértice de un triángulo con el punto medio del lado opuesto: *utilizó un compás y una regla para trazar la mediana.*

medianería *n. f.* Pared que separa dos casas o fincas que están juntas.

medianero, -ra *adj.* **1** [muro, pared] Que está en medio de dos casas o fincas: *las torres están separadas por una pared medianera.* ◊ *adj./n. m. y f.* **2** [persona] Que pide o media por otro para conseguirle un bien o evitarle un mal: *el abogado ha hecho de medianero.* ◊ *n. m. y f.* **3** Persona que tra-

baja una tierra a medias con otra y se reparten los beneficios: *mi primo y yo somos medianeros.*
DER medianería.

medianía *n. f.* **1** Punto o lugar medio entre dos partes o extremos: *quiero construir la casa en la medianía del terreno.* **2** Falta de cualidades destacadas o sobresalientes en una persona: *el profesor se quejaba de la medianía de sus alumnos.* **3** Persona que no destaca por sus cualidades: *es una medianía, no destaca en nada.*

mediano, -na *adj.* **1** [persona, cosa] Que no es ni grande ni pequeño: *necesito una talla mediana; era mediano de estatura.* **2** [cosa] Que no es ni bueno ni malo: *es un algodón mediano, déme otro mejor; has hecho un trabajo mediano.* **3** [cualidad] Que es mediocre y no destaca: *talento mediano; belleza mediana; inteligencia mediana.*
DER medianero, medianía.

medianoche *n. f.* **1** Hora que señala el fin de un día y el principio del siguiente: *el reloj dio la medianoche.* **2** Período de tiempo alrededor de las doce horas de la noche: *hacia medianoche sonó el teléfono.* **3** Bollo pequeño de forma ovalada que se puede abrir por la mitad y rellenar de algún alimento: *merendó una medianoche con chocolate.*
a medianoche Alrededor de las doce de la noche: *llegamos a casa a medianoche.*
OBS El plural es *mediasnoches.*

mediante *prep.* Por medio de: *la forma más rápida de comunicar una noticia es mediante el teléfono.*

mediar *v. intr.* **1** Intervenir ante alguien o pedirle un favor para una tercera persona: *el empleado medió por su amigo ante el director.* **2** Intervenir en una discusión o en un enfrentamiento entre dos partes para encontrar una solución: *el diplomático mediará entre los dos países para que lleguen a un acuerdo de paz.* **3** Existir algo en medio de dos personas o dos cosas: *entre ellas mediaba una gran rivalidad.* **4** Pasar o transcurrir el tiempo entre dos o más sucesos o hechos: *mediaron quince días entre una visita y otra.* SIN transcurrir.
DER mediación, mediado, mediador, mediante; intermediar.
OBS En su conjugación, la *i* no se acentúa, como en *cambiar.*

mediático, -ca *adj.* De los medios de comunicación social o relacionado con ellos: *la política mediática del gobierno.*

mediatizar *v. tr.* Influir en una persona o grupo de personas condicionando su libertad de acción: *el gobierno mediatizaba la opinión pública a través de los medios de comunicación.*
OBS En su conjugación, la *z* se convierte en *c* delante de *e.*

mediato, -ta *adj.* Que está próximo a una cosa, pero separado de ella por una tercera cosa: *julio y septiembre son meses mediatos.*
DER mediatizar; inmediato.

mediatriz *n. f.* Recta perpendicular a un segmento que se traza en su punto medio: *la mediatriz divide un segmento en dos partes iguales.*

medicación *n. f.* **1** Administración de una o más medicinas para curar o prevenir una enfermedad, o para aliviar un dolor físico: *una medicación rigurosa acabará con la infección.* **2** Conjunto de medicinas y medios para curar o prevenir una enfermedad, o para aliviar un dolor físico: *la medicación le sentaba mal y el médico tuvo que cambiársela.*

medicamento *n. m.* Sustancia que sirve para curar o prevenir una enfermedad, o para aliviar un dolor físico: *el médico me ha recetado un medicamento contra el dolor de muelas.*
SIN fármaco, medicina.
DER medicamentoso.

medicamentoso, -sa *adj.* [sustancia] Que se puede usar como medicamento: *algunas plantas tienen sustancias medicamentosas.*

medicar *v. tr./prnl.* **1** Administrar medicinas a una persona: *el enfermero medicó al paciente por orden del cirujano; no debe usted medicarse sin consultar al médico.* SIN medicinar. ◇ *v. tr.* **2** Recetar medicinas un médico a su paciente: *¿qué te ha medicado el doctor para el dolor de cabeza?*
DER medicación, medicamento.
OBS En su conjugación, la *c* se convierte en *qu* delante de *e.*

medicina *n. f.* **1** Ciencia que se ocupa de curar, calmar o prevenir las enfermedades: *terminó los estudios de medicina y empezó a trabajar en el hospital; voy a la facultad de medicina.* **medicina natural** Ciencia que emplea medios naturales para conservar la salud y tratar las enfermedades: *no toma medicamentos químicos: sigue un tratamiento de medicina natural.* SIN naturismo. **medicina popular** Conjunto de creencias sobre las enfermedades y las formas de curarlas que proceden de una tradición popular y no de un estudio científico: *el remedio de la medicina popular para el resfriado es la leche con miel.* **2** Sustancia que sirve para curar o prevenir una enfermedad, o para aliviar un dolor físico: *fue a la farmacia a comprar las medicinas; me estoy tomando una medicina para el catarro.* SIN fármaco, medicamento. **3** *coloquial* Acción que beneficia física o moralmente a una persona: *después de un duro día de trabajo, la mejor medicina para mí es dar un paseo.*
DER medicinal, medicinar; biomedicina.

medicinal *adj.* [cosa] Que tiene un efecto curativo: *las aguas de ese balneario son medicinales; el eucalipto es medicinal.*

medicinar *v. tr./prnl.* Administrar medicinas a una persona: *la enfermera medicinaba al enfermo; tenga cuidado al medicinarse.* SIN medicar.

medición *n. f.* Acción de medir una magnitud, como por ejemplo la longitud, la extensión, el volumen o la intensidad: *los topógrafos efectuaron una medición del terreno.* SIN medida.

médico, -ca *n. m. y f.* **1** Persona que se dedica a curar o prevenir las enfermedades: *si te sigue doliendo la cabeza, tendrás que ir al médico.* SIN doctor. **médico de cabecera** Médico que se encarga habitualmente de curar o prevenir las enfermedades de tipo general de un individuo: *el médico de cabecera le recetó un jarabe.* ◇ *adj.* **2** De la medicina o que tiene relación con esta ciencia: *tratamiento médico; consulta médica.*
DER medicar, medicina.

medida *n. f.* **1** Acción de medir una magnitud con un utensilio o aparato tomando como patrón una unidad: *el termómetro sirve para la medida de la temperatura.* SIN medición. **2** Cantidad que resulta de determinar una magnitud: *la medida de la mesa es 1 metro de largo por 60 centímetros de ancho.* **3** Unidad, o múltiplo o divisor de ésta, con que se compara una magnitud para medirla: *el kilómetro es una medida de longitud.* **4** Acción para conseguir, prevenir o evitar alguna cosa: *los bomberos exigen que se adopten medidas de prevención contra incendios.* **5** Grado o intensidad: *el paro afecta en mayor medida a las mujeres y a los jóvenes.* **6** Instrumento que sirve para medir: *el lechero tiene una medida para vender la leche.* **7** Cuidado y equilibrio al hacer algo: *si tiendes a engordar, deberías comer con medida; pasó de no gastar nada a gastar sin medida todos sus ahorros.* **8** Número de sílabas que tiene un verso: *la medida de cada uno de los versos de un soneto es la misma.*

a la medida *a)* Hecho a propósito con unas dimensiones determinadas: *necesito un armario a la medida para esta habitación*. *b)* Que es muy adecuado o viene muy bien: *encontraron un restaurante a la medida para lo que ellos querían*.
a la medida de En proporción o relación con: *debes comprar un coche a la medida de tus posibilidades*.
a medida que Conforme; según: *el anfitrión saludaba a los invitados a medida que llegaban*.
en cierta medida De algún modo: *la opinión del gobierno coincide en cierta medida con la de la patronal*.
medidor *n. m.* Utensilio o aparato que sirve para medir el peso o volumen de algo: *para obtener la cantidad justa de papilla, utilice el medidor; el ayuntamiento colocó un medidor de radiación nuclear*.
medieval *adj.* De la Edad Media o que tiene relación con este período de la historia: *aún se conservan algunos castillos medievales; encontraron un documento medieval muy importante*.
DER medievalismo.
medievalismo *n. m.* **1** Carácter medieval o conjunto de características propias de la Edad Media: *en los primeros artistas renacentistas todavía se observan rasgos de medievalismo*. **2** Estudio de la Edad Media en sus aspectos histórico, sociocultural o lingüístico: *este historiador se ha dedicado al medievalismo*.
medievalista *n. com.* Persona que se dedica a estudiar la Edad Media: *un grupo de prestigiosos medievalistas revisó los documentos*.
medievo o **medioevo** *n. m.* Período de la historia que va desde el fin del Imperio romano, hacia el siglo v, hasta el siglo xv: *durante el medievo, la península ibérica estaba fragmentada en varios reinos*.
DER medieval.
medio, -dia *adj.* **1** Que es igual a la mitad de una cosa: *media manzana; medio queso; media hora*. Si el sustantivo va precedido de otro numeral, se coloca detrás de aquél, acompañado de la conjunción *y: dos litros y medio; cuatro horas y media*. **2** Que está entre dos extremos más o menos equidistantes: *nos sentamos en la parte media del avión; estaba colocado en un lugar medio*. **3** Que representa las características más comunes de un grupo de personas: *el español medio no puede permitirse esos lujos*. **4** *coloquial* Que es la gran parte del nombre al que acompaña: *medio país se ha ido de vacaciones*. Se usa para expresar de modo exagerado una cantidad que no se conoce exactamente. ◇ *n. m.* **5** Punto o lugar que está entre dos extremos equidistantes: *se puso a gritar en el medio de la plaza*. **6** Elemento o sistema que tiene un fin determinado: *hay que buscar el medio de salir de aquí*. **medio de comunicación** Sistema que sirve para dar información y entretener a los miembros de una comunidad determinada: *la televisión es un medio de comunicación*. **medio de transporte** Vehículo que sirve para llevar personas o cosas de un lugar a otro: *el tren es un medio de transporte barato*. **7** Elemento o conjunto de circunstancias en que vive un ser: *los anfibios necesitan un medio húmedo; en el palacio, se encuentra en su medio*. **medio ambiente** Conjunto de circunstancias y condiciones físicas en que vive un ser, que afectan a su desarrollo y a su comportamiento: *la contaminación destruye el medio ambiente*. **8** Tercer dedo de la mano. ◇ *adv.* **9** No completamente, pero bastante: *estaba medio tumbado en la cama*. ◇ *n. m. pl.* **10 medios** Conjunto de instrumentos, dinero y bienes necesarios para un fin determinado: *no tiene medios como para hacer frente a esos gastos*.

a medias *a)* Sin terminar una cosa o una acción: *ha dejado ese cuadro a medias y ha empezado otro; lo dijo a medias y por eso no pude enterarme bien*. *b)* Entre dos o más personas: *la comida la pagaremos a medias entre los dos*.
a medio Sin terminar de dar fin a una acción: *dejó la cama a medio hacer y salió de casa*. El verbo que le sigue va en infinitivo.
en medio Entre dos o más cosas o extremos: *se situó en medio de la sala; quítate de en medio, que no me dejas ver bien; su voz se alzó en medio de la multitud*.
medio de vida Forma de conseguir el dinero y los alimentos necesarios para vivir: *es muy joven y todavía no ha encontrado un medio de vida*.
DER media, mediana, medianero, mediano, mediar, mediático, mediato, mediatriz.
medioambiental *adj.* Del medio ambiente o que tiene relación con este entorno ambiental que rodea a un ser vivo: *estudio medioambiental; contaminación medioambiental*.
mediocre *adj.* **1** Que es de baja calidad, casi mala: *su último disco es un tanto mediocre; se hospedó en un hotel mediocre*. **2** Que no es interesante o que no tiene valor: *el trabajo realizado fue mediocre, por eso no ganó el premio*. ◇ *adj./ n. com.* **3** [persona] Que no es inteligente o que no tiene suficiente capacidad para la actividad que realiza: *es un cantante mediocre; es un mediocre: nunca llegará a triunfar en los negocios*.
DER mediocridad.
mediocridad *n. f.* **1** Calidad baja, casi mala: *la mediocridad de las telas era evidente*. **2** Falta de valor o de interés: *el profesor se sintió defraudado por la mediocridad de las redacciones*. **3** Falta de inteligencia o de capacidad para realizar algo: *el jefe detestaba la mediocridad, por eso despidió a su ayudante*.
mediodía *n. m.* **1** Hora en la que el Sol está en el punto más alto de su elevación sobre el horizonte: *el mediodía coincide con las doce horas solares*. **2** Período de tiempo alrededor de las doce horas de la mañana: *el mediodía se presenta muy caluroso*. **3** Punto del horizonte opuesto al norte: *Andalucía está situada en el mediodía español*. **SIN** sur.
medioevo *n. m.* Medievo.
mediofondista *n. com.* Atleta que participa habitualmente en carreras de 800 o 1 500 metros.
mediometraje *n. m.* Película que dura aproximadamente una hora.
mediopensionista *adj./n. com.* [alumno] Que recibe enseñanza y comida en un pensionado, pero no alojamiento: *en este centro la mayoría de los alumnos son mediopensionistas que viven con sus familias*.
medir *v. tr.* **1** Determinar o averiguar una magnitud con un utensilio o aparato tomando como patrón una unidad: *los tres ángulos de un triángulo miden 90°; midieron la superficie del terreno; mediremos la presión con el manómetro*. **2** Considerar y calibrar las ventajas o inconvenientes que implica hacer algo: *debemos medir los riesgos antes de decidirnos*. ◇ *v. tr./prnl.* **3** Comprobar una habilidad, fuerza o actividad comparándola con otra: *los rivales midieron sus fuerzas; los rivales se midieron*. **4** Controlar lo que se va a hacer o decir para evitar un mal: *debes aprender a medirte en situaciones como ésta; mide tus palabras, que estás hablando con el jefe*.
DER medición, medida, medidor; comedirse, desmedirse.
OBS En su conjugación, la *e* se convierte en *i* en algunos tiempos y personas, como en *servir*.
meditabundo, -da *adj.* [persona] Que está completamente entregado a sus pensamientos y en silencio: *si tiene*

meditación

un proyecto entre manos anda meditabundo. **SIN** pensativo.

meditación *n. f.* **1** Pensamiento o consideración cuidadosa sobre un asunto: *me explicó que después de una profunda meditación había decidido aceptar el puesto.* **SIN** reflexión. **2** Oración o rezo que se hace en silencio y que se basa en la reflexión: *los místicos y ascetas se dedican a la meditación.*

meditar *v. tr./intr.* **1** Pensar y considerar un asunto con atención y cuidado para estudiarlo o comprenderlo bien: *meditó la oferta de trabajo antes de aceptarla; ¿has meditado sobre lo que te dije?* **SIN** reflexionar. ◇ *v. intr.* **2** Orar o rezar en silencio: *el asceta se retiró a meditar.*
DER meditabundo, meditación; premeditar.

mediterráneo, -nea *adj.* Del mar Mediterráneo y de sus territorios o que tiene relación con ellos: *Valencia está situada en la costa mediterránea.*

médium *n. com.* Persona que supuestamente tiene poderes mentales extraordinarios que le permiten comunicarse con los espíritus del más allá: *fue a visitar a un médium para poder hablar con su difunto esposo.*
OBS El plural también es *médium*.

medrar *v. intr.* Mejorar una persona en su posición social y económica: *se marchó a la capital a medrar; medró con negocios poco limpios.*

medroso, -sa *adj.* Que se asusta con facilidad: *este perro tan medroso no va a cuidar de la casa.* **SIN** miedoso.
DER amedrentar.

médula o **medula** *n. f.* **1** Sustancia grasa que se encuentra dentro de los huesos de los animales: *me gusta chupar la medula de la ternera.* **medula amarilla** Sustancia que se encuentra en el interior de los huesos largos: *la medula amarilla se llama también tuétano.* **SIN** tuétano. **medula roja** Sustancia que se encuentra en el interior de los huesos y que tiene muchos vasos sanguíneos: *en la medula roja se producen los glóbulos rojos.* **2** Aspecto o parte central y más importante de una cosa o un asunto: *hay que llegar hasta la medula del problema.* **3** Parte central del tallo y de la raíz de ciertas plantas: *muchos objetos decorativos de lujo se fabrican con medula vegetal.* **medula espinal** Cordón de tejido nervioso situado en el interior de la columna vertebral, que comunica el cerebro con la piel y los músculos mediante terminaciones nerviosas: *una lesión en la medula espinal provoca la parálisis.* ☞ cerebro.
DER medular.
OBS La Real Academia Española prefiere la forma *medula*, pero es más usual la forma *médula*.

medular *adj.* De la medula espinal o que tiene relación con este tejido: *los médicos lo han operado de una lesión medular.*

medusa *n. f.* Animal marino invertebrado con el cuerpo en forma de sombrilla del que cuelgan unos tentáculos o brazos; se reproduce sexualmente: *en la playa hay que tener cuidado con las medusas porque irritan la piel si se las toca.*

mefistofélico, -ca *adj.* Que es extremadamente perverso o diabólico: *su mirada mefistofélica me produjo terror.* **SIN** demoniaco.

mega *n. m.* INFORM. Megabyte.

mega- Elemento prefijal que entra en la formación de palabras con el significado de: *a*) 'Grande': *megalito*. *b*) 'Amplificación': *megafonía*. **SIN** macro-. **ANT** micro-. *c*) 'Un millón': *megabyte*.

megabyte *n. m.* INFORM. Medida de almacenamiento de información equivalente a un millón de bytes: *el disco duro de este ordenador tiene una capacidad de 500 megabytes.*
OBS Es de origen inglés y se pronuncia aproximadamente

'megabait'. ◇ El plural es *megabytes*. ◇ Con frecuencia se usa la forma abreviada *mega*.

megafonía *n. f.* **1** Técnica que se ocupa de los aparatos y de las instalaciones necesarias para aumentar el volumen del sonido: *un especialista en megafonía controlará el sonido en el campo de fútbol.* **2** Conjunto de aparatos que aumentan el volumen del sonido: *la megafonía se estropeó y no pudieron dar los resultados de las carreras de caballos.*

megáfono *n. m.* Aparato con un extremo más ancho que otro, que sirve para aumentar el volumen del sonido, especialmente de la voz: *el capitán de la policía hablaba por un megáfono para que lo oyera la gente.*
DER megafonía.

-megalia Elemento sufijal que entra en la formación de palabras con el significado de 'grande', 'grandeza anormal': *acromegalia*.

megalítico, -ca *adj.* De los megalitos o que tiene relación con este tipo de monumentos: *un grupo de arqueólogos está excavando en los alrededores del conjunto megalítico.*

megalito *n. m.* Monumento prehistórico de gran tamaño construido con uno o varios bloques de piedra: *los megalitos tenían carácter funerario o conmemorativo.*
DER megalítico.

megalomanía *n. f.* **1** Trastorno psiquiátrico por el cual una persona se cree más importante de lo que es: *la megalomanía hace que el enfermo crea tener grandes riquezas o una elevada posición social.* **2** Deseo excesivo de grandeza que tiene una persona: *su megalomanía le lleva a despreciar a otras personas de su misma condición.*

megalómano, -na *adj./n. m. y f.* **1** [persona] Que sufre un trastorno psiquiátrico que lo lleva a creerse más importante de lo que es: *este psiquiatra es especialista en el tratamiento de pacientes megalómanos.* **2** [persona] Que tiene un excesivo deseo de grandeza: *las personas megalómanas aspiran a ocupar una posición social muy elevada.*

megalópolis *n. f.* culto Ciudad de grandes dimensiones que es el resultado de la unión de varias áreas metropolitanas: *la ciudad de El Cairo es una megalópolis.*
OBS El plural también es *megalópolis*.

megatón *n. m.* Unidad de medida de la energía producida en una explosión nuclear: *un megatón equivale a la energía producida por la explosión de un millón de toneladas de trinitrotolueno.*

mejicanismo *n. m.* Palabra o modo de expresión propio de la variedad del español hablada en Méjico: *decir camión por autobús es un mejicanismo.*

mejicano, -na o **mexicano, -na** *adj.* **1** De Méjico o que tiene relación con este país norteamericano: *Acapulco es una ciudad mejicana; comimos en un restaurante mejicano.* ◇ *adj./n. m. y f.* **2** [persona] Que es de Méjico.
DER mejicanismo.
OBS La Real Academia Española admite *México, mexicanismo* y *mexicano*, pero prefiere las formas *Méjico, mejicanismo* y *mejicano*. La grafía oficial del nombre del país es *México*, con una *x* que se pronuncia como *j* tanto en este caso como en sus derivados.

mejilla *n. f.* Parte carnosa de la cara de las personas que se encuentra bajo los ojos y a ambos lados de la nariz: *la muchacha se da colorete en las mejillas; tiene las mejillas llenas de pecas.* **SIN** carrillo. ☞ cuerpo humano.
ETIM *Mejilla* procede del latín *maxilla*, 'mandíbula', voz con la que también está relacionada *maxilar*.

mejillón *n. m.* Animal marino invertebrado con dos conchas casi triangulares y de color negro; su carne es comesti-

ble: *compró una lata de mejillones para el aperitivo.* ☞ moluscos.
DER mejillonero.

mejillonero, -ra *adj.* **1** Del mejillón o que tiene relación con este molusco: *cultivo mejillonero; vivero mejillonero.* ◇ *adj./n. m. y f.* **2** [persona] Que se dedica a la pesca y cría del mejillón: *los mejilloneros están alarmados ante las pérdidas producidas por la marea negra.*

mejor *adj.* **1** Que es superior a otra cosa de la misma especie o que sobresale en una cualidad: *este libro es mejor que aquél; su casa es mejor que la nuestra.* Es el comparativo de superioridad de *bueno*. Acompañado del artículo determinado forma el grado superlativo: *es la mejor película que he visto; el asado fue el mejor plato de todos.* **ANT** peor. **2** Que es preferible: *es mejor que no salgas porque hace mucho frío; mejor que no venga, porque no será bien recibido.* ◇ *adv.* **3** Más bien o de manera más conforme a lo bueno o lo conveniente: *¿te encuentras mejor de tu gripe?; Luis trabajó bien, pero su hermano lo hizo mejor.* Es el comparativo de superioridad de *bien*. **ANT** peor.
a lo mejor Locución que se usa para indicar posibilidad, especialmente cuando se quiere expresar un matiz de temor o de esperanza: *a lo mejor vendré a tu fiesta, pero aún no lo sé; a lo mejor no sabe llegar hasta aquí.* **SIN** quizá, tal vez.

mejora *n. f.* **1** Cambio o progreso de una cosa hacia un estado mejor: *las relaciones entre los dos países han experimentado una mejora; se espera una mejora de las condiciones atmosféricas.* **SIN** mejoría. **ANT** empeoramiento. **2** Obra que se realiza en una vivienda, en un edificio o en un lugar con el fin de mejorarlo: *se han iniciado las mejoras del metro; pidieron un préstamo para realizar una mejora en su vivienda.* **3** Porción de bienes que el testador deja a uno o varios de sus descendientes además de la herencia que por ley les corresponde. **4** En algunos deportes, fase final en la que solamente compiten los deportistas que han alcanzado unas marcas determinadas en la fase clasificatoria: *sólo los saltadores que alcancen los ocho metros se clasificarán para la mejora.*
DER mejorar, mejoría.

mejoramiento *n. m.* Cambio o progreso de una cosa hacia un estado mejor: *mejoramiento del tiempo; mejoramiento de la economía.* **SIN** mejora, mejoría. **ANT** empeoramiento.

mejorana *n. f.* **1** Planta herbácea muy aromática que tiene las flores pequeñas, blancas o rosadas, y que se utiliza en medicina como estomacal o sedante: *la mejorana es originaria del Mediterráneo sudoriental.* **2** Especia aromática que se elabora con las flores y las hojas de esta planta: *la mejorana se utiliza en la elaboración de embutidos y como condimento de muchos platos.*

mejorar *v. tr./intr.* **1** Poner una cosa o situación mejor de lo que estaba: *el gobierno prometió mejorar la situación de los pensionistas; en los últimos tiempos han mejorado las relaciones entre las superpotencias.* **ANT** empeorar. ◇ *v. tr.* **2** Hacer que una cosa sea mejor que otra con la que se compara: *el atleta mejoró el récord actual.* **SIN** superar. ◇ *v. tr./intr./prnl.* **3** Hacer que una persona enferma se ponga mejor de salud sin llegar a curarse completamente: *los científicos aseguran que el nuevo fármaco mejorará a muchos enfermos; el enfermo ha mejorado desde que le ponen las inyecciones; si se mejora, habrá que operarlo.* **ANT** empeorar. ◇ *v. intr./prnl.* **4** Ponerse el tiempo benigno o más agradable: *si el tiempo no mejora, no podremos ir de excursión; los meteorólogos esperan que el tiempo mejore este fin de semana.* **ANT** empeorar.

DER mejora, mejoramiento; desmejorar, inmejorable.

mejoría *n. f.* **1** Cambio o progreso de una cosa hacia un estado mejor: *se espera una mejoría de la situación económica; se ha anunciado una mejoría del tiempo en todo el país.* **SIN** mejora. **ANT** empeoramiento. **2** Disminución de una dolencia o alivio en una enfermedad: *el estado del enfermo ha experimentado una mejoría y ya está fuera de peligro.* **ANT** empeoramiento.

mejunje *n. m.* **1** Sustancia líquida o pastosa de aspecto o sabor desagradables, formada por la mezcla de diversos ingredientes y que generalmente se usa como medicina o como producto cosmético: *todas las noches se pone en la cara un mejunje que quita las arrugas; es imposible adivinar qué contiene ese mejunje.* **SIN** potingue. **2** Bebida, generalmente de aspecto extraño y desagradable, que resulta de la mezcla de diversos componentes que cuesta identificar: *después de hacer deporte se toma un mejunje para recuperar la energía; si mezclas tantos ingredientes, en lugar de un cóctel obtendrás un mejunje imbebible.* **SIN** brebaje. Tiene valor despectivo.

melancolía *n. f.* **1** Sentimiento que se caracteriza por una tristeza indefinida que puede no tener causa en una verdadera desgracia: *cuando llega el otoño le invade la melancolía; la muerte de su marido la sumió en una profunda melancolía.* **2** Característica de lo que denota este sentimiento: *la melancolía de la mirada.* **3** Característica de lo que inspira este sentimiento: *la melancolía de un paisaje.*
DER melancólico.

melancólico, -ca *adj./n. m. y f.* **1** [persona] Que siente o tiende a sentir melancolía: *es un hombre soñador y melancólico al que difícilmente verás reír.* ◇ *adj.* **2** [expresión, actitud] Que denota melancolía: *mirada melancólica; aire melancólico.* **3** [naturaleza, obra de arte] Que inspira melancolía: *música melancólica; paisaje melancólico.*

melanina *n. f.* Pigmento oscuro que se encuentra en algunas células del cuerpo humano y que produce la coloración de la piel, el pelo y los ojos: *la melanina es muy abundante en los individuos de raza negra; al tomar el sol, la melanina se activa y la piel se pone morena.*
DER melanoma.

melanoma *n. m.* MED. Tumor formado por células que contienen melanina: *el melanoma es un tipo de cáncer de piel.*

melaza *n. f.* Líquido espeso, dulce y de color oscuro que queda como residuo de la cristalización del azúcar de caña: *al destilar la melaza se obtiene ron.*
ETIM Véase *miel*.

melé *n. f.* **1** Jugada de rugby que consiste en colocarse los delanteros de ambos equipos cara a cara y empujándose, mientras otro jugador intenta coger el balón que se ha colocado entre ellos en el suelo: *en la melé está prohibido coger el balón con la mano.* **2** Fase del juego del rugby en la cual varios jugadores de ambos equipos se agrupan alrededor del balón para intentar atraparlo. **3** Confusión que se produce por la aglomeración de personas: *cuando el artista salió del hotel se organizó una melé de fans que querían un autógrafo.* **SIN** follón, barullo, tumulto.

melena *n. f.* **1** Cabello largo, especialmente el que cae suelto sobre los hombros sin recoger ni trenzar: *la madre desenredaba la melena ondulada de su hija.* **SIN** cabellera. **2** Pelo grueso y duro que tiene el león alrededor de la cabeza: *el león es el único felino que tiene melena.* **SIN** crin. ◇ *n. f. pl.* **3 melenas** Cabello muy largo, mal peinado o de aspecto desagradable: *su madre insistía en que se cortara las melenas.* **SIN** greñas.

DER melenudo; desmelenar.

melenudo, -da *adj./n. m. y f.* Que tiene el cabello largo y abundante, especialmente si lo lleva suelto y desarreglado: *los melenudos inspiran desconfianza en las personas mayores.* **OBS** Se usa como apelativo despectivo.

melifluo, -flua *adj.* **1** Que contiene miel o una característica que se considera propia de la miel: *el médico me ha recetado un jarabe melifluo para suavizar la garganta.* **SIN** meloso. **2** [persona, comportamiento] Que es afectadamente dulce o amable: *su meliflua amabilidad no está exenta de hipocresía.* **SIN** meloso. **3** [forma de hablar, comportamiento] Que es dulce, suave o amable: *los enamorados mantenían una conversación meliflua al atardecer.* **SIN** meloso.
ETIM Véase *miel*.

melillense *adj.* **1** De Melilla o que tiene relación con esta ciudad española del norte de África. ◇ *adj./n. com.* **2** [persona] Que es de Melilla.

melindre *n. m.* **1** Dulce que consiste en masa frita hecha con miel y harina: *ayer mi abuela me enseñó a hacer melindres.* **2** Pasta de mazapán, generalmente en forma de rosquilla, cubierta de azúcar. **3** Delicadeza y escrúpulo excesivos en las acciones o en las palabras: *déjate de melindres y toma una decisión rápidamente.* Se usa frecuentemente en plural. **SIN** remilgo.
DER melindroso.

melindroso, -sa *adj./n. m. y f.* [persona] Que es excesivamente escrupuloso en sus acciones o en sus palabras: *la señora nos presentó a su hija, una chica muy pálida y melindrosa.* **SIN** remilgado.

mella *n. f.* **1** Rotura o grieta pequeña causada en el borde de un objeto, particularmente en el filo de una herramienta o un arma: *el sable presentaba una mella tras golpear la piedra; este vaso tiene una mella, no bebas en él.* **SIN** portillo. **2** Hueco que queda al descubierto cuando falta algo, especialmente el que queda al caerse un diente: *su dentadura estaba llena de mellas.* **3** Deterioro o mengua que sufre una cosa material o inmaterial: *desde que murió su hijo, su salud ha sufrido una mella importante.*
hacer mella Causar una fuerte impresión o dejar huella una cosa o un acontecimiento: *la noticia del asesinato hizo mella en el pueblo; las películas de terror hicieron mella en su imaginación infantil.*
DER mellar.

mellado, -da *adj.* Que no tiene uno o más dientes: *al sonreír, vimos que la anciana estaba toda mellada.* **SIN** desdentado.

mellar *v. tr./prnl.* **1** Romper el filo o agrietar el borde de un objeto: *dio un fuerte golpe en el plato y lo melló; el cuchillo cayó al suelo y se melló.* **2** Causar un deterioro o una mengua en una cosa material o inmaterial: *aquel hecho del pasado ha mellado su reputación.*
DER mellado.

mellizo, -za *adj./n. m. y f.* [persona, animal] Que ha nacido a la vez que otro u otros en un mismo parto: *aunque sean de diferente sexo, son hermanos mellizos.* **SIN** gemelo.
ETIM Mellizo procede del latín vulgar *gemellicius*, 'gemelo', voz con la que también están relacionadas *gemelo*, *geminar*.

melo- Elemento prefijal que entra en la formación de palabras con el significado de 'música' o 'canto': *melomanía, melodrama.*

melocotón *n. m.* **1** Fruta esférica que tiene la piel amarillenta y aterciopelada, la pulpa dulce y jugosa y un hueso duro en su interior; es comestible: *hay personas alérgicas a la piel del melocotón; el melocotón puede prepararse en almíbar.* **2** Árbol de flores blancas o rosadas que da este fruto. **SIN** melocotonero.
DER melocotonero.

melocotonero *n. m.* Árbol de flores blancas o rosadas cuyo fruto es el melocotón: *el melocotonero procede de China y se cultiva en las regiones de clima templado.* **SIN** melocotón.

melodía *n. f.* **1** Sucesión ordenada de sonidos de diferente altura que forman una estructura con sentido musical: *me gusta la melodía de esta canción, pero la letra es muy vulgar; mientras trabaja tararea la melodía de su ópera favorita.* **2** Sucesión de sonidos que por su manera de combinarse resulta musical o agradable de oír: *a lo lejos se oía la melodía del canto de los pájaros.*
DER melódico, melodioso.

melódico, -ca *adj.* De la melodía o que tiene relación con esta sucesión de sonidos: *en la sala de espera de los dentistas suelen poner música melódica para relajar a los pacientes.*

melodioso, -sa *adj.* [sonido, música, voz] Que resulta agradable de oír: *la telefonista tenía una voz melodiosa.*

melodrama *n. m.* **1** Género y obra musical en el que un texto dialogado se canta acompañado de música: *el melodrama y la comedia musical son géneros que se representan poco en nuestros teatros.* **2** Género y obra de teatro, cine o televisión en el que se cuenta una historia exagerando los sentimientos con el fin de conmover al público y mantener su atención: *el melodrama y la comedia son géneros cinematográficos muy populares.* **SIN** folletín. **3** Acontecimiento de la vida real exageradamente triste y desgraciado: *la vida de esa mujer es un melodrama: su marido y sus hijos murieron en un accidente de tráfico.*
DER melodramático.

melodramático, -ca *adj./n. m. y f.* **1** [persona] Que tiene tendencia a dramatizar los acontecimientos: *no te pongas melodramático por esa tontería.* ◇ *adj.* **2** Del melodrama o que tiene relación con este género u obra musical, teatral o cinematográfica: *repertorio melodramático; película melodramática; actor melodramático.* **3** [acontecimiento, relato] Que es exageradamente triste y desgraciado: *el inmigrante nos explicó que en su país la gente está viviendo una situación melodramática.*

melomanía *n. f.* Pasión y entusiasmo por la música: *su melomanía comenzó a los siete años después de escuchar una ópera de Verdi.*
DER melómano.

melómano, -na *adj./n. m. y f.* [persona] Que siente pasión y entusiasmo por la música: *los melómanos están de suerte: el Teatro Real estrena hoy una obra de Wagner.*

melón *n. m.* **1** Fruta comestible de gran tamaño y forma alargada, con una corteza muy gruesa y rugosa, pulpa jugosa y dulce, y con muchas semillas alargadas y planas en el centro: *el melón nace en el suelo y se suele comer en verano.*
melón de agua Sandía. **2** Planta herbácea rastrera que se cultiva en países cálidos y cuyo fruto es el melón. **3** *coloquial* Cabeza de una persona, especialmente si es grande: *vaya melón que tiene el pobre: no hay sombreros de su talla.* Es humorístico. **SIN** calabaza. **4** *coloquial* Persona que es poco inteligente o poco hábil: *¡ay, melón, todo lo que tocas lo estropeas!*
DER melonar.

melonar *n. m.* Terreno en el que se cultivan melones.

meloncillo *n. m.* Mamífero carnívoro de pequeño tamaño, pelaje rojizo o gris, cola larga y patas cortas: *del pelo final de la cola del meloncillo se hacen pinceles.* **SIN** mangosta.

melopea *n. f.* **1** *coloquial* Estado transitorio de una persona en el que se alteran su coordinación motriz, percepción sensorial y emotividad a causa del consumo excesivo de alcohol: *la noche de fin de año bebieron demasiado y agarraron una buena melopea.* **SIN** borrachera, cogorza, curda. **2** Composición poética para ser recitada con acompañamiento musical: *la melopea es un canto monótono.* **SIN** canturia.

melosidad *n. f.* **1** Característica que tienen las cosas que se parecen a la miel: *melosidad de un jarabe.* **2** Dulzura y amabilidad afectadas o falsas: *su melosidad está llena de hipocresía.* **3** Dulzura o suavidad en la forma de hablar o de comportarse de una persona: *la melosidad de su lenguaje contrasta con la rudeza de sus gestos.*

meloso, -sa *adj.* **1** Que contiene miel o una característica que se considera propia de la miel: *el dulce de membrillo tenía una consistencia melosa.* **SIN** melifluo. **2** [persona, comportamiento] Que es afectadamente dulce y amable: *intentó convencerme con una voz melosa; el gato se acercó con actitud melosa.* **SIN** melifluo. **3** [forma de hablar, comportamiento] Que es dulce o suave: *es una niña alta y fuerte, pero su voz es muy melosa.* **SIN** melifluo.
DER melosidad.
ETIM Véase *miel*.

membrana *n. f.* **1** Lámina muy delgada de tejido orgánico, generalmente flexible y resistente, de los seres animales o vegetales; entre sus funciones están la de recubrir un órgano o un conducto o la de separar o conectar dos cavidades o estructuras adyacentes: *el ojo humano está protegido por varias membranas; la epidermis de un tallo es una membrana; los dedos de los patos están unidos por membranas.* **2** Capa de citoplasma diferenciada, generalmente porosa, que constituye el límite en una célula: *la membrana nuclear separa el núcleo del citoplasma de una célula.* **3** Lámina delgada de materia porosa que, colocada entre dos fluidos, permite que se realicen intercambios entre éstos: *las membranas celulares regulan los intercambios de agua y otras sustancias con el medio extracelular.* **4** Lámina muy tensada de piel, plástico u otro material que al ser golpeada o frotada vibra y produce sonidos. *la membrana de la pandereta está muy desgastada.*
DER membranoso.

membranoso, -sa *adj.* Que tiene membranas o que es parecido a una membrana: *el feto está rodeado y protegido por una bolsa membranosa; los murciélagos tienen las alas membranosas; los altavoces tienen una tela membranosa que, al vibrar, reproduce los sonidos.*

membrete *n. m.* Nombre, dirección y título de una persona o entidad que aparece impreso en la parte superior de un sobre, de un papel de escribir o de un impreso: *hizo imprimir el membrete en todo el material de oficina.*

membrillero *n. m.* Arbusto muy ramoso, con hojas ovaladas y flores rosas, cuyo fruto es el membrillo: *en el claustro del convento crecía un membrillero.* **SIN** membrillo.

membrillo *n. m.* **1** Fruto comestible muy aromático que tiene la piel amarilla y la carne áspera: *el membrillo se come asado o en conserva.* **2** Arbusto muy ramoso, con hojas ovaladas y flores blancas o rosadas, que da este fruto: *el membrillo crece en el clima mediterráneo.* **SIN** membrillero. **3** Dulce elaborado con este fruto.

memez *n. f.* **1** Falta de inteligencia y de juicio. **SIN** necedad, simpleza, bobería. **2** Acción o dicho simple y tonto. **SIN** tontería, bobada.

memo, -ma *adj./n. m. y f.* [persona] Que es poco inteligente y que tiene poco juicio. **SIN** mentecato, necio, tonto.
DER memez.

memorable *adj.* Que merece ser recordado: *aquella final de liga fue memorable.*

memorando o **memorándum** *n. m.* **1** *culto* Comunicación diplomática en la que se resumen hechos y razones para que se tengan presentes en un asunto grave: *un memorándum es menos solemne que la memoria o la nota diplomática; los miembros del consejo de seguridad de la* ONU *leyeron el memorándum del embajador.* **2** Informe o documento en el que se exponen hechos y razones en relación con un asunto determinado: *el presidente del banco pidió a sus consejeros que elaboraran un memorándum.* **3** Librito donde se anotan las cosas que debe recordar una persona.
OBS El plural de *memorando* es *memorandos; memorándum* no varía.

memorar *v. tr. culto* Traer una cosa a la memoria o a la imaginación: *este pasaje del libro memora la juventud del escritor.* **SIN** evocar, recordar.

memoria *n. f.* Capacidad de recordar: *tener buena o mala memoria.* **de memoria** Usando tan sólo el recuerdo y sin ayudarse de escritos: *se sabe la lección de memoria.* **en memoria** Como recuerdo de un hecho o fecha importante: *guardaron un minuto de silencio en memoria del fallecido.* **refrescar la memoria** Hacer que alguien recuerde algo: *me reprochó que nunca le había ayudado, pero le refresqué la memoria.* **venir (o traer) a la memoria** Recordar algo. **2** Imagen o conjunto de imágenes de situaciones o hechos pasados que vienen a la mente: *sus palabras quedaron en la memoria de todos.* **SIN** recuerdo, remembranza, reminiscencia. **3** Informe del estado o desarrollo de una actividad: *durante la sesión de clausura se leerá la memoria del año.* **memoria de calidades** Lista de materiales con que está hecha una construcción. **4** Estudio o trabajo sobre un tema determinado que se presenta por escrito: *para optar a la plaza de profesor hay que presentar, junto al currículum, una memoria de la asignatura.* **5** INFORM. Parte de un ordenador donde se almacenan datos. ◇ *n. f. pl.* **6 memorias** Libro o escrito en el que se cuentan los recuerdos y acontecimientos de la vida de una persona: *tras retirarse, los actores famosos suelen escribir sus memorias.*

memorial *n. m.* **1** Acto público en memoria y honor de una persona: *en el pabellón deportivo se celebró un memorial en honor de un famoso deportista.* **2** Libro o cuaderno en el que se apunta una cosa con un fin determinado: *anotaba todos los datos en el memorial para poder hacer el resumen al final del año.* **3** Publicación oficial de algunas sociedades: *la Sociedad de Amigos de los Castillos ha publicado en memorial sus actividades de los dos últimos años.* **4** Escrito en el que se pide una gracia, alegando las razones o los méritos de dicha solicitud: *escribió un memorial donde solicitaba una beca.*
DER inmemorial.

memorístico, -ca *adj.* Que se basa únicamente en la utilización de la memoria como sistema de aprendizaje: *antes el aprendizaje memorístico era la base de la educación.*

memorización *n. f.* Proceso que consiste en aprender de memoria: *la repetición desempeña un papel fundamental en la memorización; la memorización y el razonamiento son elementos fundamentales del aprendizaje.*

memorizar *v. tr.* Aprender una cosa de memoria: *los niños memorizaron una poesía de Nicolás Guillén; no consigo memorizar tu número de teléfono.*
DER memorización.
OBS En su conjugación, la *z* se convierte en *c* delante de *e*.

mena *n. f.* Mineral tal como se extrae de la mina y aún no se ha limpiado: *en la mina se separa la mena de la ganga.*

menaje *n. m.* **1** Conjunto de muebles, utensilios y demás objetos necesarios en una casa: *los novios incluyeron el menaje de su casa en la lista de bodas.* **SIN** ajuar. **2** Conjunto de los utensilios de cocina: *en estos grandes almacenes, las cuberterías están en una planta dedicada completamente al menaje.* **3** Material pedagógico de una escuela: *cuando cambia el plan de estudios hay que renovar el menaje del curso.*

mención *n. f.* Recuerdo o memoria que se hace de una persona o cosa: *la radio merece también una mención por su labor informativa.* **mención honorífica** Distinción o recompensa que se concede a un trabajo de mérito presentado a concurso, pero que no ha recibido un premio o un accésit: *esa película recibió una mención honorífica en el festival de cine de San Sebastián.*
hacer mención de Nombrar o hacer referencia a una persona o cosa: *en el prólogo, el autor hace mención de todas las personas que han colaborado en la obra.* **SIN** mencionar, citar, aludir.
DER mencionar.

mencionar *v. tr.* Nombrar o hacer referencia a una persona o cosa: *en la reunión, uno de ellos mencionó a Antonio.*

menda *n. com.* **1** *coloquial* Palabra que emplea la persona que habla para designarse a sí misma: *¡el menda no piensa moverse!, así que largaos y dejadme tranquilo.* Se usa con el verbo en tercera persona. **2** *coloquial* Palabra que se emplea para referirse a una persona: *en la puerta de la discoteca me sale un menda y me dice que no puedo entrar.* **SIN** tío.

mendacidad *n. f.* **1** *culto* Hábito o costumbre de mentir que tiene una persona: *la mendacidad es un defecto que cuesta corregir.* **ANT** veracidad, sinceridad. **2** *culto* Mentira o falsedad: *no te creo, lo que acabas de decir es una mendacidad.* **SIN** engaño.

mendaz *adj.* [persona] Que no dice la verdad o que acostumbra mentir. **SIN** mentiroso.
DER mendacidad.

mendelevio *n. m.* Elemento químico radiactivo obtenido artificialmente a partir del bombardeo de einstenio con partículas alfa: *el símbolo del mendelevio es Md.*

mendelismo *n. m.* Teoría que está basada en las leyes genéticas de Mendel acerca de la transmisión hereditaria de caracteres en los seres vivos.

mendicante *adj./n. com.* **1** [persona] Que pide limosna: *en esta acera siempre se sienta un pobre mendicante; la puerta de esta iglesia siempre está llena de mendicantes.* ◊ *adj.* **2** [orden religiosa] Que vive únicamente de la limosna de los fieles y del trabajo: *los franciscanos pertenecen a una orden mendicante; los miembros de las órdenes mendicantes no pueden poseer bienes personales.*
ETIM Véase *mendigo*.

mendicidad *n. f.* **1** Situación social de la persona que no posee otros ingresos para vivir que los que le proporcionan las limosnas: *cada día son más las personas que viven en la mendicidad.* **2** Acción de pedir limosna: *en algunos países las personas sin trabajo han de recurrir a la mendicidad.*
ETIM Véase *mendigo*.

mendigar *v. tr./intr.* **1** Pedir ayuda o auxilio a modo de limosna, generalmente en forma de dinero o alimentos: *una familia llamaba a todas las puertas, mendigando un trozo de pan; sin nada para subsistir, no le quedó más remedio que mendigar.* **2** Solicitar un favor de forma humillante e importuna: *se presentó ante el director mendigando un trabajo para su hijo; si no me conceden el crédito, no insistiré, porque no me gusta mendigar.*
OBS En su conjugación, la *g* se convierte en *gu* delante de *e*.

mendigo, -ga *n. m. y f.* Persona muy pobre que vive de las limosnas: *los mendigos se refugiaban en el metro o en los portales para no morir de frío.* **SIN** pordiosero.
DER mendigar.
ETIM *Mendigo* procede del latín *mendicus*, que tenía el mismo significado, voz con la que también están relacionadas *mendicante*, *mendicidad*.

mendrugo *n. m.* **1** Pedazo de pan duro: *el anciano echó un mendrugo al suelo y rápidamente los pájaros lo picotearon.* ◊ *adj./n. m.* **2** *coloquial* [persona] Que es torpe o poco inteligente: *pero qué mendrugo eres, no entiendes nada.* **SIN** zoquete, tocho, tarugo.

menear *v. tr./prnl.* **1** Mover algo de un lado al otro: *el perro meneaba el rabo alegremente; nunca está quieto, no para de menearse.* **2** *coloquial* Hacer gestiones con rapidez y decisión para resolver un asunto: *si quieres que te concedan a tiempo el visado, debes menear tú mismo el asunto; si no te meneas, tu problema tardará en resolverse.* ◊ *v. prnl.* **3 menearse** *coloquial* Obrar con rapidez; darse prisa: *si no te meneas, no llegaremos a tiempo al cine; ¡vamos, menéate!*
de no te menees *coloquial* Que es muy grande, muy intenso o muy importante: *no salgas, hace un frío de no te menees; admiro a tu hermana, se ha comprado una casa de no te menees; la actriz tiene unas piernas de no te menees.*
DER meneo.

meneo *n. m.* **1** Movimiento o agitación de una cosa: *el meneo del tren le produce mareo.* **2** Movimiento excesivo de los hombros y las caderas al andar: *si sigue caminando con ese meneo, no le faltarán admiradores.* **2** *coloquial* Golpe o vapuleo que se propina a una persona: *como no te estés quieto te voy a dar un meneo que te vas a enterar.*

menester *n. m.* **1** *culto* Ocupación o trabajo: *para el menester de colar el vino, existen unos utensilios especiales; el jefe raramente está disponible, pues anda muy ocupado en sus menesteres.* **2** Falta o necesidad de una cosa: *el agua es un menester básico para la humanidad.*
ser menester Ser necesario o imprescindible: *se ofrecieron a ayudar en lo que fuera menester.*
DER menesteroso.
ETIM *Menester* procede del latín *ministerium*, 'servicio', voz con la que también está relacionada *ministerio*.
OBS Se usa frecuentemente en plural. ◊ Se considera registro culto cuando se utiliza en singular.

menesteroso, -sa *adj./n. m. y f.* [persona] Que carece de lo necesario para vivir y necesita ayuda: *en el barrio recogían dinero para ayudar a los enfermos y a los menesterosos.* **SIN** necesitado, pobre.

menestra *n. f.* **1** Guiso hecho con hortalizas y verduras variadas, a las que se suele añadir trozos de carne o jamón: *esta menestra lleva judías verdes, zanahoria, guisantes y coles.* **2** Plato de legumbres secas que se da a los soldados o a los presidiarios: *mientras estaban en aquel campamento sólo se alimentaron de menestra.*

mengano, -na *n. m. y f. coloquial* Nombre que se usa para designar a una persona imaginaria o sin determinar: *es muy curioso: siempre quiere saber qué es de fulano, qué es de mengano.*
OBS Se suele usar detrás de *fulano* y antes que *zutano* o *perengano*. ◊ Es frecuente el uso de estos nombres en diminutivo: *menganito*.

mengua *n. f.* Disminución en la cantidad, tamaño, calidad o valor de una cosa: *a cierta edad es evidente que existe una mengua de la memoria; con tantos gastos, me preocupa la mengua de mis ahorros; le prometieron que su prestigio no sufriría mengua alguna.* **SIN** merma, menoscabo.

DER menguar.

menguante *adj.* **1** Que disminuye: *el actor estaba preocupado por su menguante fama.* **ANT** creciente. **2** [Luna] Que refleja luz en su parte izquierda, vista desde la Tierra: *la luna menguante tiene forma de C; la Luna está en cuarto menguante durante el tiempo que transcurre entre la luna llena y la luna nueva.* **ANT** creciente. ◇ *n. f.* **3** Disminución del caudal de un río o del nivel de agua del mar: *el Nilo experimenta crecientes y menguantes drásticas.*

menguar *v. intr.* **1** Disminuir el tamaño o la cantidad de una cosa: *la estatura mengua con la edad; esta tela no mengua al lavarse.* **SIN** disminuir, empequeñecer, encoger. **ANT** crecer. **2** Disminuir el tamaño de la parte iluminada de la Luna: *la Luna mengua esta semana.* **ANT** crecer. **3** Decaer o venir a menos: *después de aquel fracaso, su fama menguó considerablemente.* **4** Disminuir el número de puntos en una labor para hacerla más estrecha: *al tejer las mangas de un jersey hay que menguar en la sisa.* **ANT** crecer.
DER menguante.
OBS En su conjugación, la *u* no se acentúa y la *gu* se convierte en *gü* delante de *e*, como en *averiguar*.

menhir *n. m.* Monumento prehistórico que está formado por una gran piedra alargada clavada en el suelo en posición vertical: *los menhires fueron construidos probablemente en el neolítico como monumentos funerarios o conmemorativos.*

menina *n. f.* Niña de la nobleza que servía a la reina o a las infantas niñas: *Velázquez retrató a las meninas de la infanta Margarita.*

meninge *n. f.* Cada una de las tres membranas que envuelven el encéfalo y la médula espinal: *la meningitis es una enfermedad grave debida a una infección de las meninges.*
DER meningitis.

meningítico, -ca *adj.* **1** De la meningitis o que tiene relación con esta enfermedad: *la fiebre alta y la rigidez de la nuca son síntomas meningíticos.* ◇ *adj./n. m. y f.* **2** [persona] Que padece una meningitis: *los pacientes meningíticos están ingresados en la planta de infecciosos.*

meningitis *n. f.* Enfermedad por la que se inflaman las meninges debido a una infección de virus o bacterias: *la meningitis puede provocar la muerte.*
DER meningítico.
OBS El plural también es *meningitis*.

menisco *n. m.* Cartílago en forma de media luna que sirve para facilitar la articulación de los huesos de la rodilla: *no puede jugar al fútbol porque tiene una lesión de menisco.*

menopausia *n. f.* **1** Desaparición natural de la menstruación y de la capacidad de reproducción de la mujer: *la menopausia suele aparecer a partir de los 45 años aunque puede darse antes o después.* **2** Período en la vida de la mujer en el que se produce la desaparición de la menstruación: *muchas mujeres sufren sofocos y cansancio durante la menopausia.*

menor *adj.* **1** Que es menos grande o menos intenso respecto a otra cosa con la que se compara implícita o explícitamente: *he adelgazado y necesito una talla menor; se corre menor peligro yendo por aquí que por aquel otro camino.* Es el comparativo de *pequeño* y el segundo término de la comparación va introducido por *que*. **ANT** mayor. **2** Acompañado de un artículo y seguido por un sustantivo, equivale a *ningún* o *ninguno*: *esto que dices no tiene la menor importancia.* **3** MÚS. [intervalo] Que es igual que el mayor, pero cuya nota superior ha bajado medio tono: *el intervalo menor de tercera está formado por un tono y medio.* **4** MÚS. [modo] Que tiene los intervalos de tercera, sexta y séptima de esa clase: *todos los modos mayores tienen un modo menor relativo.* ◇ *adj./n.*

com. **5** [persona, animal] Que tiene menos edad: *su hermano menor se quedará en casa; es menor que tú porque aún no va a la escuela; el menor de mis hijos tiene dos años.* **ANT** mayor. **6** [persona] Que no ha llegado a la edad adulta legal: *en España son menores todos aquellos que no han cumplido 18 años; esta película no es apta para menores.*

al por menor En cantidades pequeñas, especialmente tratándose de la venta o comercio de mercancías. **ANT** al por mayor.

menor que MAT. Signo matemático que indica que el término que está a su izquierda tiene menos valor que el de su derecha: *la expresión menor que se representa en matemáticas mediante el signo '<'*.

ETIM *Menor* procede del latín *minor, -oris*, que tenía el mismo significado, voz con la que también están relacionadas *minorar* y *minoría*.

menorquín, -quina *adj.* **1** De Menorca o que tiene relación con esta isla balear del noreste de España: *las principales ciudades menorquinas son Mahón y Ciudadela.* ◇ *adj./n. m. y f.* **2** [persona] Que es de Menorca: *el turismo es una de las principales fuentes de ingresos de los menorquines.* ◇ *n. m.* **3** Variedad dialectal del catalán balear que se habla en la isla de Menorca.

menos *adv.* **1** Indica menor cantidad o intensidad en una comparación: *deberías ir menos deprisa; viajar en tren cuesta menos dinero; tu padre es menos importante que el mío.* **2** Indica idea opuesta a la de preferencia: *no quiero abandonarte, pero menos quisiera hacerte daño.* **3** Indica que una persona o cosa no está incluida en lo que se dice: *fueron todos al cine menos Alberto; daría cualquier cosa menos eso.* **SIN** excepto. ◇ *conj.* **4** Indica resta o sustracción: *siete menos dos son cinco.* ◇ *n. m.* **5** Signo aritmético que representa la resta o que se antepone a un número para indicar que éste es negativo: *esa operación es una resta porque lleva un menos, que se escribe «–»*.

a menos que Introduce una oración subordinada en la que se hace una salvedad a propósito de lo expresado en la principal: *deberías ser puntual, a menos que tengas una buena excusa.* **SIN** a no ser que.

al menos o **por lo menos** *a*) Indica el límite mínimo en el cálculo de una cantidad, especialmente cuando se considera que es una cantidad grande: *por lo menos llamaron treinta personas para solicitar el empleo; al menos diez personas levantaron la mano.* **SIN** como mínimo. *b*) Expresa una salvedad respecto de algo que se ha dicho: *estamos en pleno agosto, pero al menos no hace tanto calor como esperábamos; sus resultados no son muy buenos, aunque por lo menos se esfuerza.*

de menos En cantidad o intensidad menor a lo que corresponde: *me ha dado usted dinero de menos.*

nada menos Expresión que sirve para enfatizar, especialmente si se trata de una cantidad: *el coche le ha costado cuatro millones nada menos.*

ni mucho menos Expresión con que se enfatiza una negación: *no es ni mucho menos el mejor alumno de la clase.*

ETIM *Menos* procede del latín *minus, -oris*, que tenía el mismo significado, voz con la que también están relacionadas *minúsculo, minusvalía, minusvalorar*.

OBS Se usa con verbos como *querer*.

menoscabar *v. tr.* Hacer perder calidad o valor a una cosa: *las últimas obras habían menoscabado la seguridad del edificio; la crisis económica menoscabó el nivel de vida del país; el escándalo menoscabó su prestigio.* **SIN** mermar.
DER menoscabo.

menoscabo *n. m.* Disminución en la cantidad, calidad o

menospreciable

valor de una cosa: *con su afición al juego, su hacienda sufrió un fuerte menoscabo; el honor de su familia sufrió un fuerte menoscabo por culpa de aquella vil acción.* **SIN** mengua, merma.

menospreciable *adj.* **1** Que es indigno o que moralmente merece ser despreciado: *su actitud autoritaria hacia los más débiles es menospreciable.* **SIN** despreciable. **ANT** admirable, respetable. **2** Que no es importante y no merece tenerse en cuenta: *acepta el empleo: el sueldo que te ofrecen no es nada menospreciable.* **SIN** desdeñable, despreciable. **ANT** considerable.

menospreciar *v. tr.* **1** No tener en cuenta una cosa o a una persona por considerar que es menos importante de lo que es en realidad: *no deberías menospreciar tu salud de esa forma; es muy inteligente: no menosprecies su capacidad de trabajo.* **2** Desdeñar. **2** No apreciar una cosa o a una persona por considerarla indigna de estimación: *menosprecio la hipocresía y la calumnia; se siente mal entre esa gente porque lo menosprecian continuamente.* **SIN** despreciar.
DER menospreciable, menosprecio.
OBS En su conjugación, la *i* no se acentúa, como en *cambiar*.

menosprecio *n. m.* **1** Sentimiento por el cual se da menos valor o importancia a una persona o cosa de la que realmente tiene: *su menosprecio hacia el dinero lo llevará a la ruina.* **2** Sentimiento por el cual se considera a una persona o cosa como indigna de estimación: *sus palabras reflejan el menosprecio que siente hacia el que fue su marido.* **SIN** desprecio, desdén. **ANT** aprecio.

mensaje *n. m.* **1** Noticia o información que una persona comunica a otra u otras: *entró el emisario con un mensaje para el rey; ¿podría dejar un mensaje para el señor Pérez?* **SIN** recado. ☞ comunicación. **2** Comunicación solemne del jefe del estado o del gobierno a la nación: *esta noche se emitirá el mensaje del presidente del gobierno con motivo de la fiesta nacional.* **3** Contenido ideológico o moral que pretende transmitir una obra literaria o artística: *hoy no quiero ver una película con mensaje, sino una comedia divertida; me gusta que las letras de las canciones tengan mensaje.* **4** Conjunto de señales o signos que se usan en una comunicación: *el servicio de inteligencia está trabajando para descifrar el mensaje.* **5** En la teoría de la comunicación, información que un emisor transmite a un receptor: *mensaje acústico; mensaje visual; en la comunicación el mensaje se transmite a través del canal.*
DER mensajero.

mensajería *n. f.* **1** Servicio de reparto de cartas y paquetes urgentes, generalmente dentro de una misma ciudad: *llamó a la sección de mensajería de la empresa para enviar los pedidos.* **2** Sociedad o empresa que se dedica a ese servicio: *trabajaba en una mensajería de la capital.*
mensajería electrónica Servicio de envío, recepción o consulta de mensajes que se lleva a cabo mediante un ordenador conectado a una red.

mensajero, -ra *adj./n. m. y f.* **1** Que lleva un mensaje: *el rey envió al enemigo un mensajero con una petición de tregua; en la azotea criaba palomas mensajeras.* ◇ *n. m. y f.* **2** Persona que se dedica a llevar cartas y paquetes urgentes a su destino, generalmente dentro de una misma ciudad: *los mensajeros utilizan motos y bicis para evitar el tráfico de la gran ciudad.*
DER mensajería.

menstruación *n. f.* **1** Proceso fisiológico por el que las mujeres y las hembras de ciertas especies animales evacuan periódicamente por la vagina sangre procedente del útero: *la menstruación tiene lugar desde la pubertad hasta la menopausia; la menstruación se produce todos los meses, siempre que el óvulo no haya sido fecundado.* **SIN** período, regla. **2** Flujo sanguíneo procedente del útero que, durante algunos días de cada mes, evacuan de forma natural las mujeres y las hembras de ciertas especies animales: *esta mujer tiene una menstruación muy abundante.*

menstruar *v. intr.* Evacuar por la vagina sangre y mucosa uterina durante algunos días de cada mes: *las mujeres menstrúan cada 28 días.*
DER menstruación.
OBS En su conjugación, la *u* se acentúa en algunos tiempos y personas, como en *actuar*.

menstruo *n. m. culto* Menstruación. **SIN** período, regla.

mensual *adj.* **1** Que se repite cada mes: *nuestra asociación cuenta con una publicación mensual; hace un viaje mensual a Madrid.* **2** Que dura un mes: *el paciente siguió un tratamiento mensual; en esta empresa los contratos son mensuales.*
DER mensualidad; bimensual.
ETIM Véase *mes*.

mensualidad *n. f.* **1** Sueldo correspondiente al trabajo realizado en un mes: *el primer día del mes recibía puntualmente su mensualidad.* **2** Cantidad de dinero que se paga o se cobra cada mes: *solicite un crédito y páguelo en cómodas mensualidades; por las clases de baile paga una mensualidad elevada; debe dos mensualidades a su casero.*

mensurable *adj. culto* Que se puede medir: *la presión atmosférica es mensurable gracias a los barómetros.*

menta *n. f.* Planta herbácea con las hojas verdes y aromáticas y con flores moradas formando racimos: *la menta crece en sitios húmedos; el té puede servirse con unas hojas de menta.* **SIN** hierbabuena. **2** Esencia extraída de esa planta que se emplea para aromatizar y dar sabor: *antes de empezar la conferencia, el profesor se tomó una pastilla de menta para suavizar la garganta.* **3** Licor preparado con esa planta: *ese cóctel lleva unas gotas de menta.* **4** Infusión que se prepara hirviendo las hojas secas de esa planta: *una menta te ayudará a hacer la digestión.*
DER mentol.

-menta Sufijo que entra en la formación de nombres con significado colectivo: *cornamenta.*

mental *adj.* **1** De la mente o que tiene relación con las funciones intelectuales y psíquicas del hombre: *lo enviaron a un sanatorio para enfermos mentales; cuando cometió el crimen, no estaba en plenas facultades mentales.* **2** Que tiene lugar únicamente en la mente: *no usa calculadora porque es muy bueno en cálculo mental.*
DER mentalidad, mentalizar, mentalmente.

mentalidad *n. f.* **1** Conjunto de creencias y costumbres que conforman el modo de pensar, enjuiciar la realidad y actuar de un individuo o de una colectividad: *tu padre tiene una mentalidad algo anticuada; en su novela se refleja la mentalidad de toda una época.* **2** Capacidad intelectual: *es un hombre adulto, pero tiene la mentalidad de un niño de tres años.*

mentalización *n. f.* Preparación o predisposición de una persona para aceptar o afrontar una determinada situación, circunstancia o problema: *dejar de fumar requiere una gran mentalización.*

mentalizar *v. tr./prnl.* Preparar, predisponer o concienciar a una persona para que acepte y afronte una determinada situación, circunstancia o problema: *el entrenador intenta mentalizar a sus jugadores para que afronten el partido con optimismo; es un trabajo muy duro para el cual me tengo que mentalizar.*

DER mentalización.

OBS En su conjugación, la *z* se convierte en *c* delante de *e*.

mentar   *v. tr.* Nombrar o hacer referencia a una persona o cosa: *a ese sinvergüenza ni lo mientes, por favor.* **SIN** mencionar, citar.

OBS En su conjugación, la *e* se convierte en *ie* en sílaba acentuada, como en *acertar*.

mente   *n. f.* **1** Conjunto de capacidades intelectuales de la persona: *el psiquiatra estudia los trastornos de la mente; a pesar de su avanzada edad, su mente sigue lúcida.* **2** Conjunto de las funciones psíquicas de la persona: *dejaba su mente en blanco y se relajaba.* **3** Intención, propósito o voluntad: *lo siento, en mi mente no estaba ofenderte.* **4** Modo de pensar y de enjuiciar la realidad: *tiene una mente algo anticuada.* **SIN** mentalidad.   **mente calenturienta** Modo de interpretar la realidad según el cual en todas las cosas existe un significado oculto y adverso: *su mente calenturienta lo lleva a buscar un doble sentido a todas mis palabras.*

tener en mente Tener pensada, proyectada o prevista una cosa: *el presidente de la compañía tiene en mente aumentar el sueldo de los empleados; el gobierno tiene en mente la reforma de la sanidad pública.*

DER mental, mentar; demente.

-mente   Sufijo que interviene en la formación de adverbios de modo uniéndose a los adjetivos en su forma femenina: *buenamente*.

mentecato, -ta   *adj./n. m. y f.* [persona] Que es poco inteligente y que tiene poco juicio: *con esa actitud tan sólo demuestras que eres un mentecato.* **SIN** memo, necio, tonto.

mentidero   *n. m.* Lugar donde se reúnen las personas para conversar y tratar los asuntos del pueblo o de la ciudad: *la puerta de la iglesia es el mentidero del pueblo.*

mentir   *v. intr.* **1** Decir lo contrario de lo que se sabe, se cree o se piensa que es verdad: *me dijo que volvería, pero me estaba mintiendo; suele mentir en lo referente a su edad.* **2** Llevar a error, conducir a un razonamiento falso: *muchos filósofos creen que los sentidos mienten.*

¡miento! Expresión que se usa para indicar que lo que se acaba de decir no era cierto: *creo que ayer estuvo aquí; ¡miento!, no fue ayer, sino anteayer.*

DER mentidero, mentira; desmentir.

OBS En su conjugación, la *e* se convierte en *ie* en sílaba acentuada o en *i* en algunos tiempos y personas, como en *hervir*.

mentira   *n. f.* **1** Expresión contraria a lo que se sabe, se cree o se piensa que es verdad: *me parece que eso que dices es mentira; estaban hartas de tantas mentiras.* **SIN** embuste, trola. **ANT** verdad.   **mentira oficiosa** Mentira que se cuenta para servir o agradar a una persona: *tenía tantas ganas de gustarle que no paraba de contar mentiras oficiosas relacionadas con su vida.*   **mentira piadosa** Mentira que se cuenta a una persona para evitar que se ofenda o se entristezca: *preguntó si se iba a curar, y no nos quedó más remedio que contestarle con una mentira piadosa.* **2** Cosa ilusoria y sin fundamento: *según un pesimista, la felicidad no es más que una mentira.* **SIN** engaño. **3** *coloquial* Manchita blanca que sale en las uñas: *las mentiras aparecen por falta de minerales.*

de mentira Como broma o engaño: *se enfadó de mentira para que todos le hicieran más caso; regaló a su hijo una espada de mentira.*

parece mentira Expresión que indica que una cosa causa extrañeza o admiración: *¿sabías que Pepe se dedica a robar coches? –¡Parece mentira! ¡Y parecía tan buena persona!; parece mentira a tu edad todavía no sepas multiplicar.*

DER mentirijillas, mentiroso.

mentirijillas   Palabra que se utiliza en la locución adverbial *de mentirijillas*, que significa 'que algo no es verdad, se ha dicho o hecho para engañar o bromear': *no te creas lo que te he dicho, iba de mentirijillas.*

mentiroso, -sa   *adj./n. m. y f.* [persona] Que miente o tiende a mentir a menudo: *a Pinocho le crecía la nariz por mentiroso; eres una mentirosa y ya no te podré creer nunca más.* **SIN** cuentista, embustero, trolero.

mentís   *n. m.* Declaración o demostración con que se desmiente o contradice una cosa dicha por otra persona: *el presidente compareció para dar el mentís sobre los rumores de su dimisión.*

OBS El plural también es *mentís*.

mentol   *n. m.* Sustancia sólida que se extrae de la esencia de menta: *el mentol se usa en farmacia y en perfumería; los caramelos para la garganta contienen mentol.*

DER mentolado.

mentolado, -da   *adj.* Que contiene o sabe a mentol: *usaba una pasta de dientes mentolada; si te duele la garganta, tómate un caramelo mentolado; los cigarrillos mentolados son más suaves.*

mentón   *n. m.* Parte de la cara que está debajo de la boca y forma la prominencia de la mandíbula inferior: *el estudiante tenía el codo apoyado en la mesa y la mano en el mentón.* **SIN** barbilla. ☞ cuerpo humano.

mentor, -ra   *n. m. y f.* Persona que es consejera, guía y protectora de otra: *antes de morir, decidió nombrar mentor de su hijo a su mejor amigo.* **SIN** tutor.

ETIM De *Mentor*, que fue el instructor de Telémaco, hijo de Ulises.

menú   *n. m.* **1** Conjunto de platos que componen una comida: *el día de Navidad tenemos el siguiente menú: entremeses, langostinos a la plancha, canelones y turrones de postre.*   **menú del día** Comida que ofrece un restaurante por un precio fijo, con posibilidad limitada de elección: *el menú del día incluye un primer plato, un segundo plato, pan, bebida y postre; suele salir más barato pedir el menú del día que comer a la carta.* **SIN** cubierto. **2** Lista de comidas y bebidas que se pueden elegir en un restaurante o establecimiento análogo: *camarero, ¿puede traernos el menú?; leyeron el menú y eligieron los platos típicos del lugar.* **SIN** carta. **3** INFORM. Lista de acciones y funciones que aparecen en la pantalla de un ordenador y que éste ejecutará a partir de la elección del usuario: *las opciones del menú llevan un número para que el usuario elija de una forma cómoda y rápida; si aprietas la tecla de función, se desplegará el menú de ayuda.*

OBS El plural es *menús*.

menudear   *v. tr.* **1** Hacer una cosa frecuentemente: *últimamente menudea sus visitas a casa de su novia.* ◇ *v. intr.* **2** Ocurrir una cosa frecuentemente: *este verano han menudeado las lluvias.* **3** Narrar las cosas con mucho detalle: *si menudeas tanto en tus explicaciones, aburrirás a cuantos te escuchen.* **4** Referir cosas sin importancia: *no menudees tanto, y vete al grano del asunto.*

DER menudeo.

menudencia   *n. f.* **1** Cosa sin importancia o valor: *no debes preocuparte por esa menudencia, hay gente que está peor que tú.* **SIN** pequeñez, ridiculez, nadería. ◇ *n. f. pl.* **2** **menudencias** Despojos y trozos pequeños que quedan tras descuartizar a un cerdo.

menudeo   *n. m.* Venta de productos en pequeñas cantidades: *no trabaja en un lugar fijo, es un vendedor ambulante que se dedica al menudeo.*

menudillos *n. m. pl.* Vísceras de las aves: *el hígado y la molleja son menudillos.*

menudo *adj.* **1** Que es delgado, bajo o de pequeño tamaño: *Sandra es una chica menuda; en mi familia todos son altos menos yo, que soy un poco menudo; las perlas del collar son blancas y menudas; escribió la carta con letra menuda y cuidada.* **ANT** enorme, grande. **2** Que tiene poca importancia: *los asuntos menudos los trataremos al final de la reunión.* **3** En frases exclamativas, intensifica el valor del sustantivo que le sigue: *¡menudo coche se ha comprado!; ¡menuda chica, qué mal genio tiene!; ¡menudo lío ha armado!* ◊ *n. m. pl.* **4 menudos** Vísceras, patas y sangre del ganado muerto y de las aves: *pedí al carnicero menudos para mi perro; lo que más me gusta del pollo son los menudos.*
a menudo Con frecuencia: *voy a visitarle a menudo; no van muy a menudo a la iglesia.* **SIN** frecuentemente. **ANT** raramente.
DER menudear, menudencia, menudillos.

meñique *adj./n. m.* [dedo] Que es quinto y el más pequeño de la mano o del pie: *se rascó la oreja con el meñique de la mano derecha.*

meollo *n. m.* **1** Parte esencial de una cosa: *acabas de dar con el meollo de la cuestión; el meollo del artículo consiste en poner en ridículo las modas pasajeras.* **2** Masa nerviosa de la cavidad del cráneo. **SIN** seso.

meón, -ona *adj./n. m. y f. coloquial* [persona, animal] Que orina mucho o con mucha frecuencia.

mequetrefe *n. com.* Persona débil y poco importante: *ese mequetrefe no puede ser una amenaza para ti.*
OBS Es despectivo.

mercachifle *n. com.* **1** Comerciante de poca importancia: *se las da de gran empresario pero no es más que un mercachifle.* Tiene valor despectivo. **2** Persona excesivamente interesada en sacar provecho económico de su trabajo o profesión: *este abogado es un mercachifle que me ha sacado hasta el último céntimo.* **SIN** negociante. Tiene valor despectivo.

mercader *n. m.* Persona que se dedica a vender mercancías: *los mercaderes llevaban en su carromato todo tipo de artículos.* **SIN** comerciante, vendedor.
DER mercachifle, mercadería.

mercadería *n. f.* Producto con el que se comercia: *en los mercados al aire libre venden todo tipo de mercaderías.* **SIN** género, mercancía.

mercadillo *n. m.* Mercado formado por puestos ambulantes que se instalan cada cierto tiempo, generalmente al aire libre, y donde se venden productos baratos: *en esta ciudad hay mercadillo todos los miércoles.*

mercado *n. m.* **1** Lugar o edificio público donde se compran o se venden mercancías: *suele comprar en el mercado la fruta, la verdura y el pescado; hay mercados al aire libre y mercados instalados en locales.* **SIN** plaza. **2** Actividad de compra y venta de mercancías y servicios: *las épocas de crisis económicas repercuten de forma negativa en el mercado del trabajo.* **mercado negro** Compra, venta o permuta clandestina de productos: *puede ser peligroso cambiar moneda en el mercado negro.* **3** Conjunto de compradores potenciales de una mercancía o servicio: *a pesar de que estos productos son muy caros, tienen un amplio mercado.* **4** Zona geográfica a la que un país o industria destina su producción: *las grandes potencias económicas buscan nuevos mercados internacionales.* **5** Conjunto de las operaciones financieras que rigen la economía: *el mercado se rige por la ley de la oferta y la demanda.*
DER mercader, mercadillo, mercar; euromercado, hipermercado, supermercado.

mercadotecnia *n. f.* Conjunto de principios y técnicas que buscan el crecimiento del comercio de un producto o de un servicio: *la mercadotecnia busca modos de aumentar la demanda de un mercado.*

mercancía *n. f.* **1** Producto con el que se comercia: *en el sótano de la tienda se acumulan las mercancías que no se han vendido; hay un atasco en la carretera porque ha habido un accidente con un camión de mercancías.* **SIN** género, mercadería. ◊ *n. m.* **2 mercancías** Tren que transporta solamente productos: *por la vía 2 va a pasar un mercancías; no puedes viajar a Madrid en un mercancías.*

mercante *adj./n. m.* **1** [embarcación] Que sirve para transportar pasajeros y mercancías: *ha llegado a puerto un buque mercante; navegó varios meses a bordo de un mercante.* ◊ *adj.* **2** Que se dedica al comercio por mar: *el país dispone de una flota mercante bien equipada.*
DER mercancía, mercantil.

mercantil *adj.* Del comercio o que tiene relación con él: *el derecho mercantil es un conjunto de normas jurídicas que regulan la actividad mercantil; una sociedad anónima es un tipo de sociedad mercantil.*
DER mercantilismo.

mercantilismo *n. m.* **1** Doctrina económica según la cual los metales preciosos constituyen la riqueza esencial de los estados: *el mercantilismo se desarrolló en los siglos XVI y XVII como consecuencia de los descubrimientos de minas de oro y plata en América; el mercantilismo consideraba que el comercio de exportación debía superar al de importación para evitar la salida del país de metales preciosos.* **2** Interés excesivo en conseguir ganancias en cosas que no deberían ser objeto de comercio: *el mercantilismo crea problemas en las sociedades comerciales.*
DER mercantilista.

mercantilista *adj.* **1** Del mercantilismo o que tiene relación con esta doctrina económica: *la doctrina mercantilista defendió la intervención del estado en la economía de los países.* ◊ *adj./n. com.* **2** [persona] Que es partidario del mercantilismo: *los gobiernos mercantilistas prohibían la exportación de metales preciosos.* **3** [persona] Que es especialista en derecho mercantil.

mercar *v. tr./prnl.* Conseguir un producto a cambio de dinero. **SIN** comprar.
OBS En su conjugación, la *c* se convierte en *qu* delante de *e*.

merced *n. f.* **1** Honor, favor, perdón o beneficio concedido por una persona: *el monarca concedió muchas mercedes entre los súbditos leales; la noble dama me concedió la merced de recibirme.* **2** Forma de tratamiento de segunda persona en desuso que indica respeto y cortesía: *si su merced quiere, yo le acompañaré.* **SIN** usted. Se usaba con *su, vuestra* o *vuesa* y era equivalente a *usted.*
a merced de Bajo la voluntad y el poder de una persona o cosa: *el barco quedó a merced de los vientos; cuando el cazador tuvo a la presa a su merced, disparó.*
merced a *culto* Por causa de una persona o cosa que produce un bien o un mal: *consiguió salir adelante merced a unas fincas que tenía en el pueblo y que le proporcionaban una pequeña renta.* **SIN** gracias a.
DER mercedario, mercenario.

mercedario, -ria *adj.* **1** De la orden religiosa de la Merced o que tiene relación con esta congregación fundada en el siglo XIII para liberar a los prisioneros cristianos capturados por los musulmanes: *orden mercedaria.* ◊ *adj./n. m. y f.*

2 [religioso] Que pertenece a esta orden: *monja mercedaria; actualmente los mercedarios se dedican a las misiones y a la enseñanza.*

mercenario, -ria *adj./n. m. y f.* **1** [soldado] Que lucha al servicio de un país extranjero a cambio de dinero o de un favor: *las tropas mercenarias han cruzado el país y han cambiado de bando.* **2** [persona] Que solamente trabaja para ganar dinero, generalmente haciendo cosas que no son legales: *para asesinar al presidente, contrataron a dos mercenarios.*

mercería *n. f.* **1** Tienda donde se venden telas, hilos, agujas y otros objetos para coser y hacer labores: *necesitaba una cinta de raso y unos corchetes, así que fue a la mercería.* **2** Conjunto de artículos y accesorios para coser y hacer labores.

mercromina *n. f.* Líquido de color rojo compuesto por alcohol y mercurio que se usa para desinfectar heridas: *la herida del ombligo de los recién nacidos suele curarse con mercromina.*

mercurio *n. m.* Metal líquido a la temperatura ordinaria, denso y de color gris plata: *el símbolo del mercurio es Hg; el mercurio se ha usado para fabricar termómetros y barómetros; los vapores de mercurio son tóxicos.* **SIN** azogue.

merecer *v. tr./prnl.* **1** Ser digno de una cosa o de una persona: *la señora era muy buena y merecía una vida mejor; por lo que acabas de hacer mereces un castigo; el alumno se merecía un suspenso; no te mereces la mujer que tienes.* **2** Tener una cosa el valor o la importancia suficientes: *tus ofensivas preguntas no merecen respuesta; el científico presentó una hipótesis que merece ser comprobada.* ◇ *v. intr.* **3** Esforzarse al realizar una acción para conseguir un provecho, un fin o un premio: *los oficinistas se pasaban el día mereciendo delante del jefe.*

DER merecido, merecimiento; desmerecer.

OBS En su conjugación, la *c* se convierte en *zc* delante de *a* y *o*, como en *agradecer*.

merecido *n. m.* Castigo justo y adecuado: *se llevó su merecido; te voy a dar tu merecido, sinvergüenza.*

OBS Suele usarse con los verbos *dar, llevarse, recibir* y acompañado del posesivo: *mi merecido, tu merecido, su merecido, nuestro merecido, vuestro merecido.*

merecimiento *n. m.* Derecho a recibir un premio o una alabanza: *el resultado final del campeonato no coincidía con los merecimientos de los equipos.* **SIN** mérito.

merendar *v. tr./intr.* **1** Tomar alimento por la tarde, antes de la cena: *mi hijo toma leche con galletas para merendar.* ◇ *v. prnl.* **2 merendarse** *coloquial* Vencer en una competición con gran superioridad: *el equipo español se merendó al italiano en la segunda parte del encuentro.*

merendero *n. m.* **1** Lugar al aire libre provisto de mesas y asientos al que se va a comer, generalmente llevando la propia comida: *a las afueras del pueblo han hecho un merendero con mesas y bancos de piedra; en el merendero sirven bebidas.* **2** Establecimiento público donde se sirven comidas y bebidas y suele estar en el campo o en la playa: *comieron una paella en uno de los merenderos del paseo marítimo.*

merengar *v. tr.* **1** Batir la leche mezclada con clara de huevo, azúcar y canela hasta que adquiere consistencia de merengue. **2** *coloquial* Estropear una persona una situación que resulta agradable molestando de forma insistente: *si sigues bebiendo nos vas a merengar la fiesta.* **SIN** fastidiar, jorobar.

OBS En su conjugación, la *g* se convierte en *gu* delante de *e*.

merengue *n. m.* **1** Dulce hecho con claras de huevo batidas y azúcar y cocido al horno: *después de comer un merengue, le quedaron las manos pegajosas.* **2** Baile típico del Caribe: *cuando viajé a la República Dominicana me enseñaron a bailar merengue.* **3** Persona delicada y débil: *eres un merengue, no puedes pasar un día sin quejarte.* ◇ *adj./n. com.* **4** [persona, jugador] Que pertenece al club de fútbol Real Madrid.

meretriz *n. f.* Mujer que mantiene relaciones sexuales a cambio de dinero. **SIN** prostituta.

OBS El plural es *meretrices.*

meridiano, -na *adj.* **1** Del mediodía. **2** Que es muy claro y manifiesto: *de repente lo vio todo con claridad meridiana.* **SIN** diáfano. ◇ *n. m.* **3** Círculo imaginario trazado en la esfera de la Tierra y que pasa por los polos: *las longitudes geográficas de la Tierra se miden en relación con el meridiano de Greenwich.* **4** MAT. Línea de intersección de una superficie de revolución con un plano que pasa por su eje.

DER meridional; antemeridiano, posmeridiano.

meridional *adj./n. com.* Del sur o que tiene relación con una región o un país del sur: *la España meridional es cálida y seca; los meridionales tienen fama de impetuosos.* **ANT** septentrional.

merienda *n. f.* **1** Alimento que se toma por la tarde, antes de la cena: *metió la merienda en la mochila y se fue al campo.* **2** Acción de tomar este alimento: *ven a mi casa a la hora de la merienda.*

merino, -na *adj.* **1** [raza de ovejas] Que se caracteriza por que las ovejas que pertenecen a ella son de tamaño mayor al normal y tienen la lana muy fina, corta, rizada y muy suave: *raza merina.* **2** [lana] Que se obtiene de las ovejas de esta raza. ◇ *adj./n. m. y f.* **3** [oveja, carnero] Que pertenece a esta raza de ovejas.

mérito *n. m.* **1** Derecho a recibir un premio o una alabanza: *ha realizado un trabajo digno de mérito.* **SIN** merecimiento. **2** Valor o importancia que tiene una cosa: *tiene mucho mérito que quieras ayudar a los más pobres; el mérito de su obra reside en la captación de la atmósfera.*

de mérito Que es notable y recomendable: *su último libro es de mérito.* **SIN** meritorio.

hacer méritos Esforzarse para conseguir una cosa: *si quieres que te suban el sueldo, tendrás que hacer méritos.*

DER meritorio; demérito, emérito.

meritorio, -ria *adj.* **1** Que merece un premio o una alabanza: *el esfuerzo que ha hecho durante el último mes es muy meritorio.* ◇ *n. m. y f.* **2** Persona que trabaja sin recibir un sueldo con el fin de conseguir una plaza remunerada: *está de meritorio en la biblioteca.*

merluza *n. f.* **1** Pez marino de cuerpo alargado, con la primera aleta dorsal corta y la segunda larga; es comestible y muy apreciado: *las merluzas abundan en las costas españolas; he comprado en el mercado rodajas de merluza congelada.* Para indicar el sexo se usa *la merluza macho* y *la merluza hembra.* **SIN** pescada. ☞ pez. **2** *coloquial* Estado transitorio de la persona en el que se alteran su coordinación motriz, percepción sensorial y emotividad a causa del consumo excesivo de alcohol: *cogió tal merluza que estuvo todo el día en la cama.* **SIN** borrachera, tajada, melopea.

DER merluzo.

merluzo, -za *adj./n. m. y f. coloquial* [persona] Que tiene poco entendimiento: *¡no seas merluzo y deja de hacer bobadas!* **SIN** bobo, tonto.

OBS Es despectivo.

merma *n. f.* Disminución o reducción en el número o en el tamaño de una cosa: *el mercado del libro ha sufrido una merma considerable en la producción de buenas novelas.*

mermar *v. intr./prnl.* **1** Disminuir el número o el tamaño de algo o consumirse de manera natural una parte de lo que antes tenía: *en los últimos años su fortuna ha mermado considerablemente; la carne ha mermado al freírla.* **SIN** menguar. **ANT** aumentar. ◊ *v. tr.* **2** Quitar o reducir una parte de una cosa: *la lluvia mermará las posibilidades de ganar el partido; el ciclista ha realizado un gran esfuerzo, pero esto no mermará sus fuerzas en la montaña.* **ANT** aumentar.
DER merma.
ETIM Véase *mínimo*.

mermelada *n. f.* Dulce en conserva que se hace con frutas cocidas y trituradas, agua y azúcar: *este tarro tiene mermelada de fresa; untó la tostada con mantequilla y mermelada de melocotón*.

mero, -ra *adj.* **1** Que es único; que es simplemente lo que indica el nombre: *va al trabajo por el mero placer de pasar el día con sus compañeros; por el mero hecho de que hayas venido, ya estoy contenta.* **SIN** puro, simple, solo. Se coloca siempre delante del nombre. ◊ *n. m.* **2** Pez marino de color castaño rojizo, ojos grandes y mandíbula inferior que sobresale del maxilar; es comestible y su carne es muy fina y delicada: *el mero vive en el Mediterráneo y en el Atlántico; el mero puede alcanzar hasta 130 cm de longitud.* Para indicar el sexo se usa *el mero macho* y *el mero hembra*. ☞ pez.

merodear *v. intr.* Andar por los alrededores de un lugar con malas intenciones, curioseando o buscando algo: *un zorro merodeaba por la granja en busca de comida; una señora llamó a la policía porque vio a un hombre merodeando por su casa.*
DER merodeo.

merovingio, -gia *adj.* **1** De la primera dinastía de reyes francos que reinaron en Francia desde el siglo V al VIII o que tiene relación con ella: *dinastía merovingia; escritura merovingia.* ◊ *adj./n. m. y f.* **2** [rey] Que pertenece a esta dinastía: *el primer rey merovingio fue Clodoveo; los carolingios destronaron a los merovingios en el año 751.*

mes *n. m.* **1** Período de tiempo que, junto con otros once, forma un año: *los meses del año son doce; ¿en qué mes naciste?* **2** Período de tiempo de treinta días: *las clases durarán tres meses; se marchó un mes a España; dentro de dos meses iremos a verte.* **3** Cantidad de dinero que se paga o se cobra cada 30 días: *ya han pagado los dos primeros meses del piso que han comprado.* **SIN** mensualidad.
ETIM *Mes* procede del latín *mensis*, que tenía el mismo significado, voz con la que también están relacionadas *menstruo* y *mensual*.

mesa *n. f.* **1** Mueble formado por una tabla horizontal, sostenida por uno o varios pies, sobre la cual se pueden poner objetos: *pon esos papeles sobre mi mesa; han comprado una mesa de nogal para el salón.* **mesa camilla** Mesa redonda, bajo la cual hay una tarima donde se colocaba un brasero, que suele cubrirse con una tela que llega hasta el suelo; sirve para calentarse o para secar la ropa. **SIN** camilla. **mesa de operaciones** Estructura metálica, en forma de mesa articulada, en la cual se coloca al paciente sometido a una intervención quirúrgica: *el enfermo estuvo sobre la mesa de operaciones más de cuatro horas.* **2** Comida o arte de la cocina: *es un amante de la buena mesa.* **SIN** gastronomía. **3** Conjunto de personas que ocupan una mesa en un restaurante u otro establecimiento donde se sirven comidas o bebidas: *esta botella de vino es para la mesa tres.* **4** Conjunto de personas que dirigen una reunión o un acto: *pidió la palabra a la mesa.* **mesa electoral** Conjunto de personas designadas para recoger los votos en un colegio electoral: *lo llamaron para formar parte de la mesa electoral en las pasadas elecciones.* **mesa redonda** Reunión de varias personas para hablar sobre un asunto, generalmente ante un público que también puede dar su opinión: *participamos en una mesa redonda sobre lexicografía.* **levantarse de la mesa** Dejar el sitio que se ha ocupado para comer: *se levantó de la mesa sin terminar la comida.* **poner la mesa** Colocar sobre la mesa los objetos necesarios para comer: *sentaos a comer que la mesa está puesta.* **quitar** o **levantar la mesa** Recoger los objetos y restos de comida que cubren la mesa después de comer. **sentarse a la mesa** Ocupar un asiento para comer: *el camarero le ofreció la silla para que se sentara a la mesa.*
DER meseta, mesilla; comensal, sobremesa.

mesana *n. f.* **1** Palo que está más cercano a la popa en una embarcación de tres mástiles. **2** Vela atravesada que se coloca en este palo.

mesar *v. tr./prnl.* Arrancar o estrujar el cabello o la barba con las manos: *las mujeres lloraban y se mesaban los cabellos ante el cadáver de la niña.*

mescolanza *n. f.* Mezcla que resulta extraña y, en algunas ocasiones, ridícula: *en la tienda había una mescolanza de ropa, comida y productos de limpieza.* **SIN** mezcolanza.
OBS La Real Academia Española admite *mescolanza*, pero prefiere la forma *mezcolanza*.

mesenterio *n. m.* ANAT. Repliegue del peritoneo que une el intestino delgado con la pared del abdomen.

meseta *n. f.* Extensión de terreno llano y elevado respecto al nivel del mar: *la meseta está poblada de bosques de encinas; en la meseta castellana se alcanzan temperaturas muy altas en los meses de verano.*
DER amesetado.

mesiánico, -ca *adj.* Del mesianismo o que tiene relación con esta creencia religiosa: *movimiento mesiánico; poder mesiánico.*

mesianismo *n. m.* **1** Creencia religiosa que propugna la llegada de un enviado de Dios, o Mesías, que liberará al pueblo y pondrá fin al orden establecido instaurando un nuevo orden basado en la justicia y en la felicidad: *el mesianismo judío cree en la llegada de un mesías que liberará al pueblo de Israel.* **2** Confianza absoluta en un futuro mejor y en la solución de problemas sociales mediante la intervención de una sola persona o un líder.

mesías *n. m.* **1** Persona que ha sido enviada por Dios y anunciada por los profetas para liberar al pueblo del orden establecido: *entre los judíos, el Mesías debe liberar al pueblo de Israel e instaurar el reino de Yahvé.* En esta acepción se escribe con mayúscula. **2** Persona de la que se espera que solucione todos los problemas.

mesilla *n. f.* Mueble pequeño en forma de mesa con cajones, que se coloca junto a la cabecera de la cama: *dejó las gafas y el libro en la mesilla y se durmió.*

mesnada *n. f.* **1** Conjunto de hombres armados que en la Edad Media estaban a las órdenes de un rey o de un noble: *los miembros de la mesnada recibían tierras o dinero del señor a cuyas órdenes estaban.* **2** Conjunto de seguidores o partidarios de una persona: *el líder político pidió apoyo a sus mesnadas.* En esta acepción se usa más en plural.

meso- Elemento prefijal que entra en la formación de palabras con el significado de 'en medio', 'intermedio': *mesocarpio*.

mesocarpio o **mesocarpo** *n. m.* BOT. Capa intermedia de las tres que forman el pericarpio o envoltura que cubre la semilla y que constituye la parte carnosa de los frutos: *el mesocarpio del melocotón es jugoso y de color anaranjado.*

mesocracia *n. f.* **1** Forma de gobierno en la cual domina la clase media o la burguesía: *el auge de la mesocracia se produjo con la revolución industrial*. **2** Clase media o burguesía: *algunos escritores decimonónicos retratan la mesocracia de la sociedad*.

mesocrático, -ca *adj.* **1** De la mesocracia o que tiene relación con esta forma de gobierno: *gobierno mesocrático*. **2** De la mesocracia o que tiene relación con esta clase social: *ideología mesocrática*.

mesolítico, -ca *adj./n. m.* **1** [período prehistórico] Que está situado entre el paleolítico y el neolítico y que se caracteriza por la aparición de la economía productiva: *en el mesolítico aparece la ganadería y se inicia la agricultura*. ◊ *adj.* **2** De este período prehistórico o que tiene relación con él: *herramienta mesolítica; arte mesolítico*.

mesón *n. m.* **1** Establecimiento donde se sirven comidas y bebidas que suele estar decorado de una forma tradicional y rústica: *visitaron Cuenca y luego comieron en un mesón de la Plaza Mayor*. **2** Establecimiento, situado en un camino, que hospeda a los viajeros: *el caminante paró a dormir en un mesón*. **SIN** posada, venta, fonda. **3** FÍS. Partícula elemental producida a partir de ciertas reacciones nucleares; su masa es intermedia entre el electrón y el nucleón.
DER mesonero.

mesonero, -ra *n. m. y f.* Persona que es dueña de un mesón: *llamaron al mesonero para que les sirviera la comida*.

mesopotámico, -ca *adj.* **1** De Mesopotamia o que tiene relación con esta región histórica de Asia central bañada por los ríos Éufrates y Tigris o con el conjunto de civilizaciones que allí se desarrollaron: *llanura mesopotámica; civilizaciones mesopotámicas; arte mesopotámico*. ◊ *adj./n. m. y f.* **2** [persona] Que pertenecía a una civilización que se desarrolló en esta región: *los asirios y los sumerios eran mesopotámicos*.

mesosfera *n. f.* **1** Capa de la atmósfera que está situada entre la estratosfera y la termosfera; se caracteriza por una disminución gradual de la temperatura según se alcanza mayor altitud: *la mesosfera se extiende aproximadamente entre los 40 y 80 kilómetros de altura*. **2** Capa de la Tierra que se extiende a partir de 600 o 700 kilómetros de profundidad hasta la endosfera.

mesoterapia *n. f.* MED. Tratamiento local de algunas enfermedades que consiste en introducir pequeñas dosis de diversos medicamentos en la piel mediante inyecciones simultáneas con una jeringa circular provista de varias agujas: *la mesoterapia se aplica en la curación de algunas enfermedades circulatorias y alérgicas*.

mesozoico, -ca *adj./n. m.* **1** GEOL. [era geológica] Que sigue o sucede a la era primaria y que se extiende desde hace 225 millones de años hasta hace 65 millones de años: *en el mesozoico se desarrollaron los grandes reptiles*. **SIN** secundario. ◊ *adj.* **2** GEOL. De esta era geológica o que tiene relación con ella: *terrenos mesozoicos*. **SIN** secundario.

mester *n. m.* Antiguamente, arte u oficio. **mester de clerecía** Escuela poética medieval española formada por clérigos y personas cultas que componían una poesía erudita con métrica fija y temática preferentemente religiosa; se desarrolló en el siglo XIII: *Gonzalo de Berceo y el Arcipreste de Hita pertenecen al mester de clerecía*. **mester de juglaría** Escuela poética medieval española de carácter popular y de tradición oral cuyas poesías recitaban los juglares; se desarrolló en los siglos XII y XIII: *las poesías del mester de juglaría constituyen las primeras manifestaciones en lengua romance*.

mestizaje *n. m.* **1** Cruce de razas distintas: *en América se dio el mestizaje entre negros, indios y blancos*. **2** Conjunto de individuos que resultan de este cruce.

mestizo *adj./n. m. y f.* [persona] Que ha nacido de un padre y una madre de diferente raza: *los mestizos son mezcla de raza blanca y raza india*.
DER mestizaje.

mesura *n. f.* Moderación en el ánimo, en las pasiones y en los placeres: *en los asuntos difíciles actuaba con mesura*. **SIN** templanza.
DER mesurar.

mesurar *v. tr./prnl.* Moderar el ánimo, las pasiones y los placeres: *por favor, Eduardo, mesura tu comportamiento; mesúrate en la comida y no engordarás tanto*.
DER desmesurar.

meta *n. f.* **1** Lugar o punto en el que termina una carrera: *el corredor levantó los brazos al llegar a la meta; el caballo traspasó la línea de meta con ventaja*. **ANT** salida. **2** Fin al que se dirige una acción u operación: *¿cuál es tu meta en la vida?* **SIN** objetivo. **3** Armazón formado por dos postes y un larguero cubiertos por una red, donde debe ir a parar la pelota para conseguir marcar un gol en ciertos deportes: *el delantero se acercó peligrosamente a la meta que guardaba celosamente el portero*. **SIN** portería.

meta- Prefijo que entra en la formación de palabras con el significado de: *a)* 'Cambio', 'mutación': *metástasis*. *b)* 'Más allá de': *metafísica*. *c)* 'Después', 'posterior': *metacarpo*.

metabólico, -ca *adj.* Del metabolismo o que tiene relación con este proceso biológico: *el anabolismo es una fase metabólica*.

metabolismo *n. m.* Conjunto de reacciones físico-químicas que se producen continuamente en las células de todos los seres vivos: *las reacciones del metabolismo se producen en orden al mantenimiento de la vida, al crecimiento de los individuos y a su reproducción*. **metabolismo basal** Consumo mínimo de energía necesario para el mantenimiento de las funciones vitales en un organismo en reposo absoluto.
DER metabólico.

metacarpo *n. m.* ANAT. Conjunto de los cinco huesos situados entre la muñeca y los dedos en el esqueleto de los miembros anteriores de los vertebrados: *el metacarpo constituye el esqueleto de la palma de la mano y está formado por cinco metacarpianos; en el ser humano, el metacarpo constituye el esqueleto de la parte de la mano comprendida entre la muñeca y los dedos*. ☞ esqueleto.

metacrilato *n. m.* Material plástico transparente parecido al vidrio: *el metacrilato se usa para fabricar objetos de uso muy diverso*.

metadona *n. f.* Producto farmacéutico con propiedades analgésicas semejante a la morfina: *la metadona se usa como producto de sustitución progresiva en el tratamiento de desintoxicación de drogadictos*.

metafísica *n. f.* **1** Disciplina filosófica que trata del ser, de sus principios, de sus propiedades y de sus causas: *la metafísica trata de determinar el fundamento de lo real*. **2** Modo de pensar con excesiva sutileza sobre cualquier tema: *déjate de metafísica y concreta*.
DER metafísico.

metafísico, -ca *adj.* **1** De la metafísica o que tiene relación con esta disciplina: *el materialismo no acepta los postulados metafísicos*. **2** Que es abstracto y difícil de comprender: *se enzarzaron en discusiones metafísicas que nadie más entendía*. ◊ *adj./n. m. y f.* **3** [persona] Que estudia los problemas metafísicos y profesa esta disciplina: *Platón, Descartes y Kant fueron ilustres metafísicos*.

metafita *adj./n. f.* **1** BOT. [planta] Que tiene muchas células diferenciadas agrupadas en tejidos que forman órganos, sistemas y aparatos. ◊ *n. f. pl.* **2 metafitas** BOT. Grupo al que pertenecen estas plantas: *las algas no pertenecen a las metafitas.*

metáfora *n. f.* **1** Uso de una palabra con el significado de otra, basándose en la relación de semejanza que existe entre las dos realidades que ambas palabras designan: *la primavera de la vida es una metáfora de la juventud.* **2** Uso de la imagen de una realidad determinada con el significado de otra, basándose en la relación de semejanza que existe entre ambas: *de la película me impresionó la imagen del pistolero disparando contra el piano como metáfora de la muerte del arte.*

metafórico, -ca *adj.* **1** [palabra, imagen] Que se usa con el significado de otra, como una metáfora: *la palabra perlas tiene un uso metafórico si hace referencia a las lágrimas.* **2** [estilo artístico] Que emplea frecuentemente metáforas: *el estilo poético de Góngora suele ser metafórico.*

metagoge *n. f.* Metáfora que consiste en aplicar a cosas o seres inanimados palabras referidas a los sentidos o a las cualidades de seres animados: *llorar el cielo es una metagoge.*

metal *n. m.* **1** Elemento químico, generalmente sólido a temperatura normal, que es buen conductor del calor y de la electricidad y que tiene un brillo característico: *el hierro, el aluminio, el cromo y el cobre son metales; los metales tienden a ceder electrones y se combinan bien con el oxígeno; el mercurio es el único metal líquido a temperatura normal.* **metal noble** Metal con alta resistencia a la oxidación: *el iridio es un metal noble.* **metal precioso** Metal que tiene mucho valor; suele emplearse en joyería: *el oro, la plata y el platino son metales preciosos.* **2** Material duro y brillante formado por oro, plata o platino o por la aleación de varios de ellos; se usa para fabricar numerosos objetos: *las cucharas y los tenedores son de metal; en esa fábrica trabajan el metal para fabricar barras o planchas.* **3** Conjunto de instrumentos de viento de una orquesta que están hechos con ese material: *la trompeta y el trombón pertenecen al metal; en este movimiento entra el metal.*
vil metal Dinero: *sólo le interesa el vil metal: es un materialista.*
DER metálico, metaloide, metalurgia; bimetalismo, monometalismo.

metalenguaje *n. m.* Lenguaje que se usa para hablar de una lengua o para describirla: *hacemos uso del metalenguaje cuando decimos que fertilizante tiene cinco sílabas.*

metálico, -ca *adj.* **1** Del metal o que está hecho de este material: *la silla tenía las patas metálicas; compró una caja metálica.* **2** Que tiene una característica que se considera propia del metal: *el reloj cayó al suelo haciendo un ruido metálico.* ◊ *n. m.* **3** Cantidad de dinero de la que se dispone: *¿pagará usted con tarjeta o en metálico?* **SIN** efectivo.

metalingüístico, -ca *adj.* GRAM. Del metalenguaje o que tiene relación con este uso del lenguaje: *una definición como mesa es un nombre femenino de dos sílabas es un ejemplo del uso metalingüístico del lenguaje.*

metalizado, -da *adj.* [color, pintura] Que tiene el brillo o los reflejos del metal: *lleva un coche azul metalizado.*

metaloide *n. m.* Elemento químico que puede comportarse químicamente como un metal o como un no metal: *el arsénico y el antimonio son metaloides.*

metalurgia *n. f.* Industria que se ocupa de extraer los metales contenidos en los minerales para elaborarlos y darles forma: *la metalurgia es una fuente de riqueza para muchas regiones.*
DER metalúrgico.

metalúrgico, -ca *adj.* **1** De la metalurgia o que tiene relación con esta industria: *el sector metalúrgico está en crisis.* ◊ *adj./n. m. y f.* **2** [persona] Que trabaja en la industria de la metalurgia o se dedica a su estudio.

metamórfico, -ca *adj.* **1** Del metamorfismo o que tiene relación con esta transformación de las rocas. **2** [roca] Que ha sufrido metamorfismo: *la pizarra es una roca metamórfica.*

metamorfismo *n. m.* Transformación física y química que sufre una roca en el interior de la corteza terrestre como resultado de las variaciones de temperatura y presión: *el metamorfismo se produce en las rocas después de su consolidación primitiva.*
DER metamórfico.

metamorfosis o **metamorfosi** *n. f.* **1** Transformación o cambio: *las nuevas ideas suponen una metamorfosis completa de nuestro modo de pensar.* **2** Cambio que experimentan muchos animales en su desarrollo y que afecta no tan sólo a su forma, sino también a sus funciones y su modo de vida: *después de su metamorfosis, los renacuajos se convierten en ranas.*
DER metamorfismo.
OBS El plural también es *metamorfosis*.

metano *n. m.* Gas incoloro, inodoro y muy inflamable, principal componente del gas natural, que en la naturaleza se produce por la descomposición de sustancias orgánicas; se utiliza como combustible y en la elaboración de productos químicos: *la fórmula del metano es* CH_4.

metanol *n. m.* Alcohol metílico, incoloro y muy tóxico que se obtiene de la reacción del monóxido de carbono y el hidrógeno; se usa para disolver aceites y como aditivo para combustibles líquidos: *el metanol es un hidrocarburo que se obtenía originalmente mediante la destilación de la madera.*

metástasis *n. f.* MED. Reproducción y extensión de una enfermedad o de un tumor en otra parte del organismo: *el cáncer en su fase avanzada suele producir metástasis.*
OBS El plural también es *metástasis*.

metatarso *n. m.* ANAT. Conjunto de los cinco huesos largos que están situados entre el tarso y los dedos del pie o de las extremidades posteriores de los vertebrados: *el metatarso está formado por cinco huesos metatarsianos.* ☞ esqueleto.

metátesis *n. f.* GRAM. Fenómeno lingüístico y figura del lenguaje que consiste en cambiar de lugar uno o más sonidos de una palabra: *cuando decimos* dentrífico *en lugar de* dentífrico *se produce una metátesis de la* r.
OBS El plural también es *metátesis*.

metazoo *adj./n. m.* **1** ZOOL. [animal] Que tiene muchas células diferenciadas agrupadas en tejidos que forman órganos, sistemas y aparatos: *la mayoría de los animales son metazoos, y otros, como las amebas, son protozoos.* ◊ *n. m. pl.* **2 metazoos** ZOOL. Grupo al que pertenecen estos animales: *las esponjas no pertenecen a los metazoos.*

metedura *n. f.* Palabra que aparece en la expresión coloquial *metedura de pata* que se usa para referirse a una acción o dicho inconveniente e inoportuno: *¡vaya metedura de pata, le pregunté por su mujer sin saber que se acababa de divorciar!*

metempsicosis o **metempsícosis** *n. f.* Según una creencia religiosa, paso de las almas después de la muerte a otro cuerpo humano o animal que está en función de los méritos alcanzados en la existencia anterior: *los antiguos egipcios creían en la metempsicosis; la metempsicosis es una creencia muy extendida entre los hindúes.*

OBS El plural también es *metempsicosis* o *metempsícosis*.

meteórico, -ca *adj.* **1** De los fenómenos de la atmósfera o que tiene relación con ellos: *en esta época la situación meteórica es muy estable.* **2** Que es muy rápido: *la carrera de este actor ha sido meteórica.*

meteorismo *n. m.* MED. Acumulación de gases en el tubo digestivo que produce un abultamiento del abdomen.

meteorito *n. m.* Cuerpo del espacio exterior que puede entrar en la atmósfera y deshacerse cayendo en trozos sobre la superficie de la Tierra: *un meteorito cayó en un pequeño pueblo de Andalucía.*

meteoro *n. m.* Fenómeno natural no permanente que se produce en la atmósfera: *el viento, la nieve y los rayos son meteoros; el arco iris es un meteoro luminoso.*
DER meteórico, meteorismo, meteorito, meteorología.

meteorología *n. f.* Disciplina que estudia los fenómenos de la atmósfera: *el Instituto Nacional de Meteorología ha previsto fuertes temporales en la mitad norte de la península.*
DER meteorológico, meteorólogo.

meteorológico, -ca *adj.* De la meteorología o que tiene relación con esta disciplina: *según el parte meteorológico, tendremos sol durante toda la semana; hoy hay buenas condiciones meteorológicas para volar en el aeroplano.*

meteorólogo, -ga *n. m. y f.* Persona que se dedica a estudiar los fenómenos de la atmósfera: *los meteorólogos aseguran que pronto lloverá.*

metepatas *adj./n. com. coloquial* [persona] Que dice o hace una cosa inconveniente e inoportuna: *eres un metepatas, no tenías que haber hablado de este tema.*
OBS El plural también es *metepatas*.

meter *v. tr./prnl.* **1** Introducir o dejar una cosa o a una persona en el interior de un objeto o un lugar: *metió la mano en la bolsa; mete la guitarra en su funda; se metieron en la cueva para refugiarse de la lluvia.* **ANT** sacar. **2** Proporcionar un empleo a una persona: *lo han metido en la fábrica de su tío; se metió en el ministerio.* **SIN** colocar. ◇ *v. tr.* **3** Depositar dinero en el banco o invertirlo en un negocio: *voy al banco a meter el dinero que he cobrado; metió todos sus ahorros en el negocio familiar.* **4** Hacer que una pieza de tela resulte más corta o más estrecha doblándola y cosiéndola por las costuras: *tuvo que meter la falda porque le estaba grande; esos pantalones son demasiado largos para ti: tendrás que meter los bajos.* **5** Provocar verbalmente o mediante una acción un efecto determinado: *meter miedo; meter prisa; meter un susto.* **6** Producir un sonido fuerte, desagradable o confuso: *meter ruido; meter voces; meter escándalo.* **7** *coloquial* Propinar: *meter un guantazo; meter un puñetazo.* **SIN** dar. **8** Vender con engaño o a la fuerza: *me metió unos filetes de mala calidad.* ◇ *v. prnl.* **9 meterse** Participar en una cosa sin tener derecho a ello o sin haber sido llamado: *se metió en una clase que no era la suya; se ha metido en el banquete sin invitación.* **SIN** colarse, entrometerse, inmiscuirse. **10** Seguir o desempeñar un oficio: *se ha metido a torero; acabará metiéndose monja.* Se suele usar con la preposición *a*. **11** Poner en un lugar o en una situación determinada: *¿dónde se habrá metido mi perro?; no sé dónde se ha metido Anselmo.* **SIN** ir a parar.

a todo meter *coloquial* Con gran intensidad o con gran ímpetu: *iban con la moto a todo meter; pusieron la música a todo meter.*

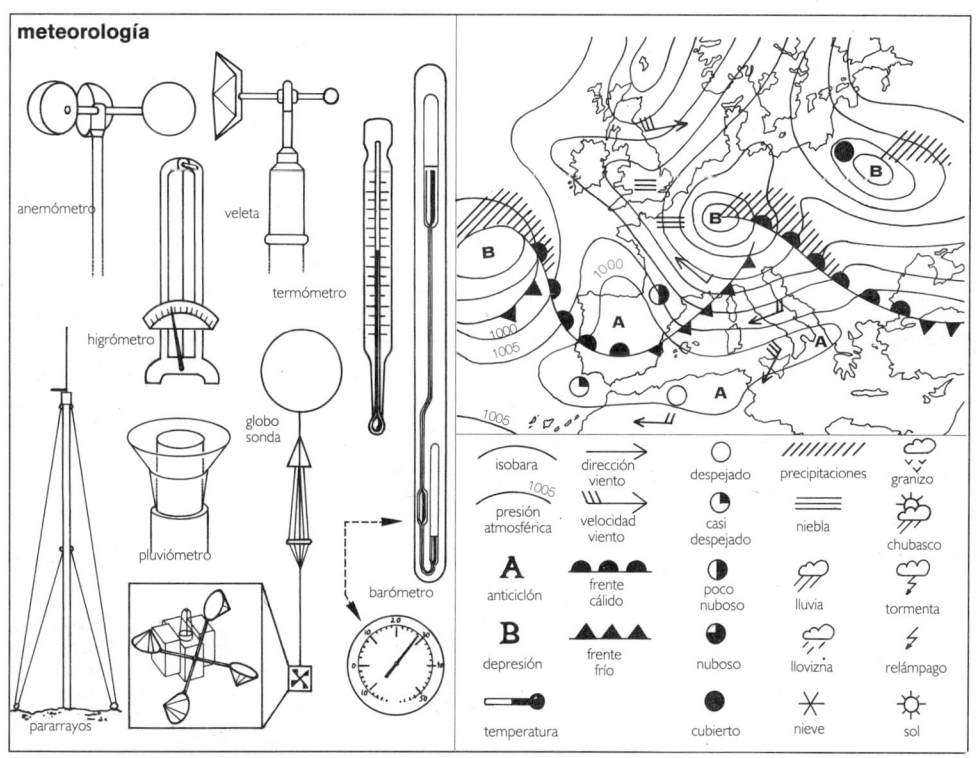

meteorología

meterse con Provocar, enfadar o insultar a una persona: *se estuvo metiendo con él toda la tarde y al final se pelearon.*
DER metedura, meticón, metido; cometer, entremeter, entrometer, malmeter, prometer, remeter, someter.
ETIM *Meter* procede del latín *mittere*, 'enviar', voz con la que también están relacionadas *permitir, remitir.*

meticón, -cona *adj./n. m. y f. coloquial* [persona] Que tiende a entrometerse en los asuntos de otras personas: *el casero es un meticón y siempre está opinando, aunque no sé me pregunte.* Es despectivo. **SIN** entrometido, metomentodo.

meticulosidad *n. f.* Cuidado y atención que se pone en una cosa: *en esta obra destaca la meticulosidad con que se describe el paisaje.* **SIN** minuciosidad.

meticuloso, -sa *adj.* **1** Que se hace con gran cuidado, atención, escrúpulo y conciencia: *todos alabaron su meticuloso trabajo de investigación.* **SIN** minucioso. ◊ *adj./n. m. y f.* **2** [persona] Que obra con gran cuidado, atención, escrúpulo y conciencia: *es un hombre muy meticuloso en su trabajo; soy meticuloso en la limpieza de la casa.* **SIN** minucioso.
DER meticulosidad.

metido, -da *adj.* **1** Que abunda en una cosa: *es un señor algo metido en carnes.* Se usa seguido de la preposición *en.* ◊ *n. m.* **2** Trozo de tela que se dobla en una prenda de vestir para hacerla más corta o más estrecha: *el metido que has hecho en el pantalón queda muy feo.*

metódico, -ca *adj.* **1** Que se hace con método y orden: *el alumno hizo una exposición metódica de su trabajo.* **2** [persona] Que hace las cosas con método y orden: *es un hombre muy metódico y no sabe improvisar.*

metodismo *n. m.* Doctrina religiosa anglicana que tuvo su origen en las ideas del religioso británico John Wesley en el siglo XVIII; valora la lectura común de la Biblia y la oración personal frente a las formas de culto públicas.

metodista *adj.* **1** Del metodismo o relacionado con esta doctrina religiosa. ◊ *adj./n. com.* **2** [persona] Que cree en el metodismo.

método *n. m.* **1** Modo ordenado y sistemático de proceder para llegar a un resultado o a un fin determinados; especialmente para descubrir la verdad y organizar los conocimientos de un sistema determinado: *como no obraste con método, has partido de una hipótesis verdadera pero has llegado a unas conclusiones falsas.* **2** Modo de obrar que una persona tiene habitualmente: *mi hermana dice que tiene un método infalible para adelgazar.* **3** Conjunto de reglas y ejercicios destinados a enseñar una actividad, un arte o una ciencia: *aprendió a escribir a máquina siguiendo un método informático; el método de inglés que utilizamos es muy bueno.*
DER metódico, metodismo, metodología.

metodología *n. f.* Conjunto de métodos que se siguen en una disciplina científica, en un estudio o en una exposición doctrinal: *en uno de los capítulos de su tesis, explicaba la metodología que había utilizado para deducir sus conclusiones.*

metomentodo *adj./n. com. coloquial* [persona] Que gusta de intervenir en los asuntos de otras personas: *la vecina es una metomentodo y se pasa el día aconsejándome sobre lo que debo o no debo hacer.* Es despectivo. **SIN** entrometido, meticón.

metonimia *n. f.* Figura del lenguaje que consiste en cambiar el nombre de una cosa por el de otra que es su causa, efecto o continuación: *si decimos hay que respetar las canas por hay que respetar la vejez, utilizamos la figura de la metonimia; en la metonimia, los dos términos de la comparación pertenecen al mismo campo semántico.*

metopa *n. f.* ARQ. Espacio que queda entre dos triglifos de los frisos pertenecientes al orden dórico: *las metopas pueden estar decoradas con relieves.*

metraje *n. m.* Longitud expresada en metros; se usa para hablar de películas cinematográficas, papel en rollo o tejidos: *es una película larga, tiene mucho metraje.*
DER cortometraje, largometraje.

metralla *n. f.* Conjunto de pequeños pedazos de metal con que se cargan ciertos proyectiles, bombas o artefactos explosivos: *parte de la metralla le alcanzó en la espalda.*
DER metralleta; ametrallar.

metralleta *n. f.* Arma de fuego automática, portátil y de repetición que dispara de forma muy rápida; el cañón es de poca longitud: *dos policías custodiaban la entrada con la metralleta colgada del hombro.* **SIN** ametralladora.

-metría Elemento sufijal que entra en la formación de sustantivos femeninos con el significado de 'medida', 'técnica de medición': *planimetría, trigonometría.*

métrica *n. f.* Arte y técnica que se ocupa de la medida de los versos, de su estructura, de sus clases y de sus combinaciones: *hay poetas que han escrito bellísimos poemas sin saber una palabra de métrica.*

métrico, -ca *adj.* **1** Que está basado en el metro como unidad de medida: *el sistema métrico es un sistema decimal de medidas y pesos basado en el metro; el centímetro es una unidad de medida del sistema métrico decimal; midió todo cuidadosamente con una cinta métrica.* **2** De la medida de los versos o que tiene relación con esta técnica: *está haciendo un estudio métrico de la poesía del Siglo de Oro.*

metro *n. m.* **1** Unidad de longitud en el sistema internacional de unidades: *el símbolo del metro es m; un metro equivale a la distancia que recorre la luz en el vacío durante 1/299792458 de segundo.* **metro cuadrado** Unidad de superficie en el sistema internacional: *el símbolo del metro cuadrado es m²; se ha comprado un piso de 116 metros cuadrados.* **metro cúbico** Unidad de volumen en el sistema internacional: *el símbolo del metro cúbico es m³; la cisterna de la casa tiene una capacidad de 1200 metros cúbicos.* **metro por segundo** Unidad de velocidad en el sistema internacional: *el sonido se propaga en el aire a una velocidad aproximada de 333 metros por segundo; el símbolo del metro por segundo es m/s.* **2** Instrumento en forma de regla o de cinta graduada que generalmente tiene un metro de longitud y que sirve para medir: *el carpintero sacó un metro y empezó a medir las paredes de la cocina.* **3** Tren eléctrico total o parcialmente subterráneo que comunica las distintas partes de una ciudad: *¿vas a trabajar en metro o en autobús?* Es la forma abreviada de *metropolitano.* **SIN** metropolitano. **4** Conjunto de instalaciones y estaciones donde pasa ese tren para recoger o dejar viajeros: *buscaron la boca de metro más cercana; las noches de invierno los mendigos se refugian en el metro.* **5** Medida característica de una clase de versos: *los poetas renacentistas adaptaron al español el metro italiano.*

metrónomo *n. m.* Aparato que sirve para medir el tiempo y marcar de modo exacto el compás de una composición musical.

metrópoli o **metrópolis** *n. f.* **1** Ciudad muy grande y con muchos habitantes: *Sevilla se ha convertido en una metrópoli.* **2** Ciudad o nación que gobierna y administra otras regiones: *España fue la metrópoli de gran parte de América del Sur.* **3** Iglesia de la que dependen otras iglesias sufragáneas.
DER metropolitano.
OBS Es preferible usar el singular *metrópoli*, ya que la Real Academia Española considera que la forma singular *metrópolis* es anticuada. ◊ El plural es *metrópolis.*

metropolitano, -na *adj.* **1** De la metrópoli o que tiene relación con una gran ciudad: *área metropolitana; transporte metropolitano.* ◇ *n. m.* **2** Tren eléctrico total o parcialmente subterráneo que comunica las distintas partes de una ciudad: *miles de madrileños viajan cada día en el metropolitano.* **SIN** metro. **3** Arzobispo respecto de sus obispos sufragáneos.

mexicano, -na *adj.* **1** Mejicano.

mezcla *n. f.* **1** Operación de unir o combinar elementos distintos: *obtenemos el color verde a partir de la mezcla de azul y amarillo.* **2** Conjunto formado por la unión de dos o más elementos distintos: *los invitados formaban una extraña mezcla de campesinos y gente de ciudad.* **3** Sustancia que resulta de la unión de dos o más elementos distintos: *un cóctel es una mezcla de licores, zumos y otras bebidas.* **4** Tejido elaborado con hilos de varias clases y colores: *este otoño se llevan las chaquetas de mezcla, principalmente de algodón y lino.* **5** Operación de combinar y ajustar las imágenes con los sonidos y la música en una película: *varios técnicos se encargan de la mezcla.* **6** Material para la construcción que resulta de mezclar cal, arena y agua. **SIN** mortero, argamasa. **7** QUÍM. Asociación de varias sustancias o cuerpos sin que se produzca reacción química entre ellos.

mezclar *v. tr./prnl.* **1** Juntar o unir varias cosas distintas para que formen un todo: *bata los huevos y mézclelos con la harina; el bodeguero mezclaba vino y agua; el pintor no ha mezclado bien los colores.* **2** Alterar mediante su manipulación el orden de algo que estaba ordenado: *deja de tocar mis papeles, los estás mezclando; no me mezcles las fotos.* **3** Juntar o reunir personas o cosas distintas: *en su fiesta mezcló a intelectuales y artistas.* **4** En cinematografía, unir varias imágenes, sonidos y música: *en el laboratorio se mezclan los fotogramas de la película con los efectos especiales.* **5** Meter a una persona en un asunto que no le incumbe o que puede traerle problemas: *mezcló a su familia en sus negocios sucios y ahora están todos en la cárcel; no te mezcles en este asunto si quieres evitarte problemas.* **SIN** involucrar. ◇ *v. prnl.* **6** mezclarse Introducirse o meterse entre la gente: *el cantante se mezcló entre el público para pasar desapercibido.* **7** Tener relación o trato: *sus padres le prohibieron mezclarse con los otros chicos del barrio.*
DER mezcla; entremezclar.
ETIM *Mezclar* procede del latín *miscere*, que tenía el mismo significado, voz con la que también está relacionada *promiscuo*.

mezcolanza *n. f.* Mezcla que resulta extraña, confusa e incluso ridícula: *en un intento de resultar original, el artista utilizó una mezcolanza de colores y de materiales que no impresionó al público.* **SIN** mescolanza.

mezquindad *n. f.* **1** Falta de sentimientos nobles: *su mezquindad le llevó a quitarle el trabajo a su mejor amigo.* **SIN** vileza. **2** Falta de generosidad: *si no se compra un coche no es por falta de dinero, sino por mezquindad.* **SIN** tacañería. **3** Obra o dicho despreciable provocado por sentimientos poco nobles: *denunciar a su vecino fue una muestra de mezquindad.* **SIN** vileza.

mezquino, -na *adj./n. m. y f.* **1** Que es despreciable por carecer de sentimientos nobles: *nunca esperé una acción tan mezquina de ti; no me explico, no esperes que te ayude.* **SIN** ruin, vil. **2** Que intenta gastar menos de lo que podría permitirse: *la patrona es una mujer mezquina que escatima la comida a sus huéspedes.* **SIN** avaro, tacaño, miserable. **ANT** generoso. ◇ *adj.* **3** Que es excesivamente pequeño, escaso o poco importante: *no quiero pelear por una cantidad tan mezquina.*

DER mezquindad.

mezquita *n. f.* Edificio donde una comunidad musulmana se reúne para rezar o realizar ceremonias religiosas. **SIN** aljama.

mi *det. pos.* **1** Forma del determinante posesivo en primera persona, que indica que el nombre al que acompaña pertenece a la persona que habla: *mis padres viajan mucho; mi amiga vendrá a verme en Navidad.* Siempre va delante del nombre. ◇ *n. m.* **2** Tercera nota de la escala musical: *el mi está entre el re y el fa.* ☞ notación musical.

mí *pron.* Forma del pronombre personal de la primera persona del singular: *trajo una camiseta para Juan y otra para mí; el médico se dirigió hacia mí.* Se usa siempre detrás de una preposición. Con la preposición *con* forma la palabra *conmigo.*
¡a mí qué! *coloquial* Indica que una cosa o una acción no importa o no preocupa a la persona que habla: —*¿Sabes que Antonio se casa?* —*¡A mí qué!*
para mí que *coloquial* Según cree la persona que habla: *para mí que en realidad te molesta su boda; para mí que Luis no va a venir.*

miasma *n. m.* Olor muy desagradable o sustancia maloliente que se desprende de los cuerpos enfermos, de la materia en descomposición o de las aguas estancadas: *antes de descubrirse los microbios se creía que los miasmas eran la causa de las enfermedades infecciosas.* **SIN** efluvio, tufo.
OBS Se usa más en plural.

miau *n. m.* Onomatopeya de la voz del gato: *el miau del gato me despertó.*

mica *n. f.* Mineral formado por varias láminas delgadas, brillantes, blandas y flexibles, que se utiliza como aislador eléctrico: *el granito se compone de mica, cuarzo y feldespato.*

micelio *n. m.* BIOL. Aparato vegetativo de los hongos que está constituido por células que forman filamentos: *el micelio se encuentra bajo tierra y sirve para nutrir al hongo.*

micénico, -ca *adj.* **1** De la civilización que se desarrolló en el siglo XIV a. J.C. en la que la ciudad de Micenas era el centro cultural o relacionado con ella: *arte micénico; ruinas micénicas; civilización micénica.* ◇ *adj./n. m. y f.* **2** [persona] Que era de Micenas o de una de las ciudades donde se desarrolló esta civilización: *los micénicos vivían en ciudades fortificadas.* ◇ *n. m.* **3** Lengua que constituye la forma más antigua que se conoce de la lengua griega: *el micénico era la lengua que hablaban los aqueos de Homero.*

michelín *n. m.* Acumulación de grasa en forma de pliegue que se forma alrededor de la cintura de las personas: *con esa camiseta tan estrecha se le notan mucho los michelines.*

mico, -ca *n. m. y f.* **1** Mono de pequeño tamaño y de cola larga. **2** *coloquial* Nombre que se le da a los niños pequeños como apelativo cariñoso: *esta mica no para de hacer de hacer travesuras.* **SIN** mequetrefe.

micología *n. f.* Parte de la botánica que estudia los hongos.
DER micólogo.

micólogo, -ga *n. m. y f.* Persona que está especializada en el estudio de los hongos: *los micólogos saben distinguir entre las setas comestibles y las venenosas.*

micosis *n. f.* MED. Enfermedad infecciosa y muy contagiosa producida por hongos microscópicos: *la tiña es una micosis.*
OBS El plural también es *micosis.*

micra *n. f.* Medida de longitud que equivale a la millonésima parte de un metro y que se utiliza para medir objetos microscópicos.

micro *n. m. coloquial* Micrófono, aparato que transforma las ondas acústicas en ondas eléctricas.

micro- **1** Elemento prefijal que entra en la formación de palabras con el significado de 'pequeño', 'de magnitud reducida': *microorganismo, microprocesador*. **SIN** mini-. **ANT** macro-, mega-. **2** Elemento prefijal que entra en la formación de submúltiplos de determinadas unidades con el significado de 'la millonésima parte': *microsegundo*.

microbio *n. m.* Organismo vivo unicelular, animal o vegetal, que no se puede ver sin la ayuda del microscopio, especialmente el que puede producir enfermedades: *las bacterias son microbios carentes de núcleo*. **SIN** microorganismo.
DER microbiología, microbiólogo.

microbiología *n. f.* Parte de la biología que estudia los organismos microscópicos: *la bacteriología es una de las ramas de la microbiología*.

microbús *n. m.* Vehículo más pequeño que un autobús pero más grande que un coche, que sirve para transportar grupos reducidos de personas: *los microbuses suelen realizar trayectos urbanos*.

microcirugía *n. f.* Cirugía que se realiza mediante microscopio sobre estructuras vivas muy pequeñas: *la microcirugía ha permitido grandes adelantos en oftalmología*.

microclima *n. m.* Conjunto de las condiciones climáticas particulares de una zona determinada y que son distintas a las comunes en la región en la que se encuentra: *el microclima de esta región permite el cultivo de plantas tropicales*.

microcosmo o **microcosmos** *n. m.* FILOS. El ser humano considerado como reflejo y resumen del universo o macrocosmo: *el conocimiento del microcosmo puede llevar a la comprensión del universo*.

microeconomía *n. f.* Estudio de la economía de una zona, país o grupo de países considerada individualmente y empleando datos de las actividades de producción o consumo y sus relaciones: *gracias a la microeconomía, el empresario produce sabiendo lo que el consumidor necesita*.

microelectrónica *n. f.* Técnica que consiste en diseñar y producir material electrónico de dimensiones muy pequeñas.

microfilmar *v. tr.* Reproducir en un microfilme imágenes o textos: *en las bibliotecas se microfilman muchos libros antiguos para que la gente pueda leerlos sin tocarlos ni estropearlos*.

microfilme o **microfilm** *n. m.* Película fotográfica que se usa para fijar en ella imágenes y textos en tamaño muy reducido y ampliarlos después en fotografía o proyectarlos sobre una pantalla: *los documentos antiguos y los libros se guardan en microfilme en las bibliotecas para ahorrar espacio*.
DER microfilmar.
DER La Real Academia Española sólo admite la forma *microfilme*.

micrófono *n. m.* Aparato que, por medio de una membrana que vibra, convierte las ondas sonoras en corriente eléctrica para aumentar la intensidad de los sonidos o para transmitirlos: *los cantantes utilizan micrófonos para que el público los oiga bien; en el interior de los teléfonos hay un micrófono*.

microfotografía *n. f.* Fotografía de objetos de tamaño microscópico.

microlentilla *n. f.* Lente de contacto. **SIN** lentilla.

micrómetro *n. m.* **1** Medida de longitud del Sistema Internacional que resulta de dividir el metro en un millón de partes: *el símbolo del micrómetro es μ*. **SIN** micra, micrón. **2** Instrumento que sirve para medir grosores o espesores muy pequeños con gran precisión: *para medir el espesor de una hoja de papel se utiliza un micrómetro*.

micrón *n. m.* Antigua denominación con la que se designaba al *micrómetro*: *el símbolo del micrón es μ*.

microondas *adj./n. m.* [horno] Que funciona con radiaciones electromagnéticas, que permiten que los alimentos se calienten o se cocinen con gran rapidez: *la carne se descongela rápidamente en el microondas*.

microordenador *n. m.* Ordenador electrónico diseñado para aplicaciones concretas, de tamaño y capacidad reducidos, generalmente personal y de uso doméstico: *los ordenadores personales son microordenadores*.

microorganismo *n. m.* Organismo vivo unicelular, animal o vegetal, que no se puede ver sin la ayuda del microscopio, especialmente el que puede producir enfermedades: *las bacterias son microorganismos carentes de núcleo*. **SIN** microbio.

microprocesador *n. m.* Procesador de muy pequeñas dimensiones en el que todos los elementos están agrupados en un solo circuito integrado.

microscópico, -ca *adj.* **1** Que tiene un tamaño tan pequeño que sólo puede verse a través de un microscopio: *los microbios son seres microscópicos*. **2** Que es de tamaño muy reducido: *el anillo lleva engarzado un diamante microscópico*. **SIN** minúsculo, diminuto.

microscopio *n. m.* Instrumento óptico que, por medio de un sistema de lentes de gran aumento, amplía la imagen de seres y objetos tan extremadamente pequeños que no se pueden ver a simple vista: *los biólogos utilizan microscopios para estudiar las características de las plantas y de los insectos*. **microscopio electrónico** Microscopio que usa ondas electrónicas para iluminar el objeto que se desea observar: *el microscopio electrónico tiene un poder de ampliación 200 000 veces superior al de los microscopios normales*.
DER microscópico.

microsegundo *n. m.* Medida de tiempo que resulta de dividir el segundo en un millón de partes: *el símbolo del microsegundo es μs*.

miedica *adj./n. com. coloquial* [persona] Que tiende a sentir miedo con facilidad o se asusta por cualquier cosa: *es una persona muy miedica y no se atreve a quedarse sola en casa*. **SIN** cobarde, miedoso. **ANT** valiente. Tiene valor despectivo.

mieditis *n. f. coloquial* Sentimiento que mueve a rechazar o tratar de evitar las cosas que se consideran peligrosas o capaces de hacer daño: *a mi hermano le entra mieditis siempre que va al dentista*.

miedo *n. m.* **1** Sensación de angustia provocada por la presencia de un peligro real o imaginario: *el niño tiene miedo a la oscuridad; el torero se acercó sin miedo al animal*. **SIN** pánico, temor, terror. **2** Sentimiento de desconfianza que impulsa a creer que ocurrirá un hecho contrario a lo que se desea: *tenía miedo de que la fiesta saliera mal*. **SIN** aprensión, recelo.

de miedo *a)* Que es muy grande o muy acentuado: *al enterarse de la mala noticia, cogió un enfado de miedo*. *b)* Que es muy bueno o que tiene gran calidad: *la comida está de miedo*. *c)* Que tiene una cara y un cuerpo bellos y bien formados: *tu novia está de miedo*. *d)* De manera muy positiva: *fuimos al parque de atracciones y lo pasamos de miedo*.

morirse de miedo Sentir mucho miedo: *se moría de miedo viendo la película de vampiros*.
DER miedica, mieditis, miedoso.

miedoso, -sa *adj.* Que tiene miedo por cualquier cosa: *el niño es muy miedoso y no quiere dormir con la luz apagada*. **SIN** medroso.

miel *n. f.* Sustancia espesa, pegajosa y muy dulce que elaboran las abejas con el néctar de las flores: *la miel se utiliza mucho para elaborar dulces y postres*.

dejar con la miel en los labios Privar a una persona de alguna cosa que le empezaba a gustar o de la que empezaba a disfrutar: *no quiso contarme el final de la historia y me dejó con la miel en los labios*.
hacerse de miel Portarse de manera más suave y agradable de lo necesario: *si te haces de miel con esas personas, pronto se aprovecharán de ti*.
miel sobre hojuelas Indica que una cosa o situación buena se une a otra y la mejora: *le tocó la lotería y además encontró novia, así que miel sobre hojuelas*.
ETIM Miel procede del latín *mel, melis*, que tenía el mismo significado, voz con la que también están relacionadas *melaza, melifluo, meloso*.

miembro *n. m.* **1** Parte del cuerpo del hombre y de los animales que está articulada con el tronco: *los brazos son los miembros superiores y las piernas son los miembros inferiores del cuerpo humano*. **SIN** extremidad. **2** Parte o apartado que, junto con otros, forman un conjunto o sistema: *los miembros de una oración son el sujeto, el verbo y los complementos*. **3** Órgano sexual masculino. **SIN** pene. **miembro viril** Órgano sexual masculino. **SIN** pene. **4** MAT. Cantidad que, junto con otra, forma una ecuación o una desigualdad: *el primer miembro de una ecuación está colocado a la izquierda del signo de igualdad, el segundo miembro, a su derecha*. ◇ *n. com.* **5** Persona que forma parte de un grupo o de una comunidad: *los miembros del jurado; Ana es miembro del comité directivo de un club de baloncesto*.

mientras *adv.* **1** Indica que dos o más acciones ocurren al mismo tiempo: *Juan estaba estudiando y, mientras, Carlos estaba cocinando*. **SIN** entretanto. Suele ir seguido de una coma. ◇ *conj.* **2** Indica que dos o más acciones ocurren al mismo tiempo: *siempre canta mientras se ducha; mientras estemos aquí comeremos en un restaurante*.
mientras que Indica que las dos cosas, animales o personas que se comparan son opuestos o distintos: *yo soy muy ordenada, mientras que tú eres un desastre*. **SIN** en cambio; sin embargo.
mientras tanto Indica que dos o más acciones ocurren al mismo tiempo: *id a comprar las bebidas y, mientras tanto, yo prepararé los bocadillos*. **SIN** entretanto, mientras.

miércoles *n. m.* Tercer día de la semana: *el miércoles está entre el martes y el jueves*. **miércoles de ceniza** Día en el que empieza la Cuaresma: *el miércoles de ceniza los católicos reciben ceniza en la cabeza como señal de penitencia*.
OBS El plural también es *miércoles*.

mierda *n. f.* **1** Excremento que se expulsa por el ano. **SIN** caca, hez. **2** *coloquial* Suciedad que se queda pegada a la ropa o a otra cosa: *lleva siempre los puños de la camisa llenos de mierda; a ver si limpias el coche, que está lleno de mierda*. **SIN** porquería. **3** *coloquial* Estado en el que se pierde el control de los actos a causa del consumo excesivo de alcohol: *después de beber tanto llevaba una mierda encima que no se aguantaba de pie*. **SIN** borrachera. **4** *coloquial* Cosa fea, mal hecha o de mala calidad: *vaya mierda de disco que me han regalado*. **SIN** birria, chapuza, porquería. ◇ *n. com.* **5** *coloquial* Persona cobarde o que no tiene buenas cualidades: *tu novio es un mierda, no sé cómo te puede gustar tanto*. Se usa como insulto. ◇ *int.* **6** ¡**mierda**! *malsonante* Expresión que indica enfado, disgusto o asco: *¡mierda!, me he olvidado la agenda en casa!*
hecho una mierda *coloquial* a) [cosa] Que está estropeado o en malas condiciones: *tiene la casa hecha una mierda porque no la cuida nada*. b) Que está muy cansado: *he tenido mucho lío en el trabajo y vengo hecho una mierda*.
irse a la mierda *coloquial* Estropearse o echarse a perder algo que se tenía planeado: *a causa de la lluvia, todos sus planes se fueron a la mierda*.
mandar a la mierda *coloquial* Rechazar una cosa o a una persona con enfado y disgusto y dejar de hacerle caso: *me cansé de mi trabajo y lo mandé a la mierda; él venía a pedirles perdón, pero lo mandaron a la mierda*.
¡**una mierda**! *malsonante* Expresión que indica que no se acepta o no se quiere hacer una cosa: —*Elena, vete a hacer la compra*. —*¡Una mierda, que vaya Andrés!*
¡**vete a la mierda**! *malsonante* Expresión que sirve para rechazar a una persona con enfado y disgusto.

mies *n. f.* **1** Cereal que ya está maduro: *las mieses están doradas y pronto se cosecharán*. **2** Tiempo en el que se cosecha y se recoge el grano: *voy al pueblo durante la mies para ayudar a mis padres a segar el trigo*. ◇ *n. f. pl.* **3 mieses** Terrenos en los que se cultivan cereales: *el caserío de mi abuelo estaba rodeado de mieses*.

miga *n. f.* **1** Parte blanda del pan que está rodeada por la corteza. ☞ pan. **2** Trozo muy pequeño de pan o de otro alimento: *algunas personas les dan migas de pan a las palomas*. **SIN** migaja. **3** Contenido importante o interesante que tiene una cosa que se dice o que se escribe: *una película con miga; un discurso con miga*. **SIN** jugo, sustancia. ◇ *n. f. pl.* **4 migas** Comida que consiste en trozos de pan duro humedecidos que se fríen en aceite o grasa con ajo y pimentón: *las migas se pueden acompañar con trozos de carne y otros alimentos*.
hacer buenas (o **malas**) **migas** *coloquial* Tener una relación buena o mala con una persona: *Alberto me cayó muy bien y enseguida hicimos buenas migas*.
DER migaja, migar.

migaja *n. f.* **1** Trozo muy pequeño de pan o de otro alimento. **SIN** miga. **2** Porción muy pequeña de una cosa: *no queda ni una migaja de comida, tendré que hacer la compra*. **SIN** pizca. ◇ *n. f. pl.* **3 migajas** Restos que quedan de una cosa después de haberla usado o consumido: *el pastor se comió la carne y le dio las migajas al perro*.
DER desmigajar.

migar *v. tr.* **1** Desmenuzar el pan en pedazos muy pequeños: *migó el pan para echárselo a las palomas*. **2** Echar migas de pan en un líquido: *migar la leche*.
OBS En su conjugación, la *g* se convierte en *gu* delante de *e*.

migración *n. f.* **1** Movimiento de población que consiste en dejar el lugar de residencia para establecerse en otro país o región, especialmente por causas económicas o sociales: *las migraciones son muy abundantes en épocas de crisis económica*. **SIN** emigración. **2** Viaje que las aves, los peces y otros animales realizan cada cierto tiempo por exigencias de la alimentación o la reproducción: *el biólogo estaba haciendo un estudio sobre la migración del salmón*. **SIN** emigración.

migraña *n. f.* Dolor de cabeza muy fuerte e intenso que sólo afecta a un lado de ella: *la migraña suele ir acompañada de náuseas y vómitos*. **SIN** jaqueca.

migrar *v. intr.* **1** Dejar el lugar de residencia para establecerse en otro país o región, especialmente por causas económicas o sociales: *muchos españoles migraron a América a finales del siglo XIX*. **SIN** emigrar. **2** Dejar un lugar y dirigirse a otro determinadas especies de aves, peces y otros animales por exigencias de la alimentación o la reproducción: *las aves migran en invierno hacia el sur*. **SIN** emigrar.
DER migración, migratorio; emigrar, inmigrar, transmigrar.

migratorio, -ria *adj.* De la emigración o que tiene relación con este movimiento de población por el cual un gru-

mihrab 834

M m

po de personas o animales dejan un lugar para establecerse en otro: *los salmones y las anguilas son peces migratorios.*

mihrab *n. m.* En una mezquita, hueco en forma de arco que está abierto en un muro y está orientado en dirección a La Meca, hacia donde hay que situarse para rezar: *el mihrab suele tener una decoración muy cuidada.*
OBS El plural también es *mihrab.*

mijo *n. m.* **1** Planta de la familia de los cereales con el tallo fuerte y las hojas planas, largas y terminadas en punta: *el mijo procede de la India y se utiliza como alimento para animales.* ☞ cereales. **2** Semilla de esa planta, pequeña, redonda y brillante: *el mijo se usa en la alimentación humana y animal.*

mil *num. card.* **1** Indica que el nombre al que acompaña o al que sustituye está 1000 veces: *son mil pesetas.* Puede ser determinante: *vinieron mil personas,* o pronombre: *vinieron las mil.* ◇ *n. m.* **2** Nombre del número 1000. ◇ *num. ord.* **3** Indica que el nombre al que acompaña o al que sustituye ocupa el lugar número 1000 en una serie: *soy el mil de la lista.* **SIN** milésimo. Es preferible el uso del ordinal: *milésimo.* **4** Indica que una cantidad es muy grande o que está sin determinar: *te he dicho mil veces que no te muerdas las uñas; hacía mil años que no comía unos macarrones tan buenos.* ◇ *n. m. pl.* **5** *miles* Conjuntos de 1000 unidades: *le han tocado varios miles de pesetas en las quinielas.*
DER milenario, milenio, milésimo.

milagrería *n. f.* **1** Tendencia a considerar como un milagro un fenómeno natural: *la milagrería suele ir asociada a la falta de cultura.* **2** Narración que se hace de un suceso fantástico como si fuese un milagro: *no me cuentes milagrerías, que los animales no hablan.*

milagrero, -ra *adj./n. m. y f.* **1** [persona] Que interpreta como milagros determinados fenómenos naturales: *antiguamente la gente era muy milagrera porque desconocían las causas de muchos fenómenos naturales.* **2** [persona] Que inventa milagros: *el milagrero se hizo rico haciendo pagar a los crédulos para ver el supuesto milagro.* ◇ *adj.* **3** *coloquial* Que hace milagros: *dicen que este santo es muy milagrero.* **SIN** milagroso.

milagro *n. m.* **1** Hecho que no se puede explicar por las leyes naturales y que se considera producido por la intervención de Dios o de un ser sobrenatural: *Dios hizo un milagro separando las aguas del mar Rojo; los milagros de Jesucristo se cuentan en el Nuevo Testamento.* **2** Hecho extraordinario que provoca admiración o sorpresa: *todos consideran un milagro que ese equipo haya ganado la final; es un milagro que hayas aprobado, porque no has estudiado nada.*
de milagro Escapando casualmente o por muy poco de un peligro o adversidad: *está vivo de milagro, porque el accidente fue horrible; he llegado de milagro, porque había muchísimo tráfico.*
hacer milagros Hacer una o varias cosas mejor de lo que normalmente se podría hacer con los pocos medios de que se dispone: *Isabel hace milagros con su sueldo; cobra poquísimo, pero a sus hijos nunca les falta de nada.* **SIN** hacer maravillas.
DER milagrería, milagrero, milagroso.

milagroso, -sa *adj.* **1** Que no se puede explicar por las leyes naturales: *en este libro se cuentan los hechos milagrosos de algunos santos.* **SIN** prodigioso. **ANT** natural. **2** Que es raro, extraordinario y provoca admiración y sorpresa: *la recuperación del herido fue milagrosa.* **SIN** prodigioso. **3** Que hace milagros: *agua milagrosa; receta milagrosa.*

milanesa Palabra que entra en la locución *a la milanesa,* que hace alusión a la manera de cocinar o preparar un alimento y que consiste en rebozarlo en huevo y pan rallado y luego freírlo: *filetes a la milanesa; carne a la milanesa.* También puede decirse *filetes milanesa.*
OBS No varía en género y número.

milano *n. m.* Ave rapaz diurna de color rojizo, de cola y alas muy largas, que se alimenta de pequeños animales, como roedores o insectos: *en la península ibérica hay muchos milanos.*
OBS Para indicar el sexo se usa *el milano macho* y *el milano hembra.*

milenario, -ria *adj.* **1** Que tiene mil años o más: *las pirámides de Egipto son milenarias.* **2** Que es muy antiguo: *en esa aldea tienen costumbres milenarias.* ◇ *n. m.* **3** Fecha en la que se celebra que se han cumplido uno o varios millares de años de un acontecimiento o hecho determinado: *los habitantes asistieron a las fiestas del milenario de la fundación de la ciudad.*

milenio *n. m.* Período de mil años: *hoy se cumple un milenio de la construcción de ese puente.*

milésimo, -ma *num. ord.* **1** Que ocupa el número 1000 en una serie ordenada: *a la milésima persona que entre en el cine le regalarán una entrada; no creo que me den el trabajo, porque soy el milésimo en la lista de aspirantes.* ◇ *num.* **2** Parte que resulta de dividir un todo en 1000 partes iguales: *la milésima parte de 5 000 es 5; el atleta no consiguió hacer la mejor marca por milésimas de segundo.*

milhojas *n. m.* Pastel de forma rectangular hecho con varias láminas finas de hojaldre entre las que se pone merengue, crema o nata: *los milhojas suelen llevar azúcar en polvo por encima.*
OBS El plural también es *milhojas.*

mili *n. f.* Servicio que se presta al estado siendo soldado durante un período de tiempo determinado: *en la mili enseñan a los soldados a desfilar.* **SIN** milicia, servicio militar.
OBS Es la forma abreviada y usual de *milicia.*

mili- Elemento prefijal que entra en la formación de palabras con el significado de 'milésima parte': *miligramo.*

milibar *n. m.* Medida de presión de la atmósfera que es la milésima parte de un bar: *el símbolo del milibar es mb.*

milicia *n. f.* **1** Ejército o conjunto de personas que pertenecen a las fuerzas armadas de un país: *capturaron al jefe de la milicia enemiga; en la milicia hay militares tanto profesionales como no profesionales.* **SIN** tropa. **milicias populares** Conjunto de personas que no pertenecen al ejército y luchan en una guerra por su propia voluntad: *las milicias populares vigilaban la entrada de la ciudad.* **2** Técnica de hacer la guerra y de preparar a los soldados para ella: *los romanos extendieron su lengua, sus costumbres y su milicia.* **3** Profesión de los militares: *estuvo en la milicia 40 años y llegó a ser coronel.* **4** Servicio que se presta al estado siendo soldado durante un período de tiempo determinado: *mi padre hizo la milicia en las islas Canarias.* **SIN** mili, servicio militar.
DER miliciano.

miliciano, -na *n. m. y f.* Persona que forma parte de una milicia, especialmente de una milicia urbana: *durante la guerra civil española los milicianos luchaban en la zona republicana.*

miligramo *n. m.* Medida de masa que equivale a la milésima parte de un gramo: *la abreviatura de miligramo es mg.*

mililitro *n. m.* Medida de capacidad que equivale a la milésima parte de un litro y que equivale a un centímetro cúbico: *la abreviatura de mililitro es ml o mL.*

milimetrado, -da *adj.* **1** Que está dividido o graduado en milímetros: *papel milimetrado*. **2** *coloquial* Que está calculado u organizado con gran exactitud y precisión: *todo salió bien porque lo tenían todo milimetrado de antemano*.

milímetro *n. m.* Medida de longitud que equivale a la milésima parte de un metro: *la abreviatura de milímetro es mm*.
DER milimetrado.

militancia *n. f.* **1** Pertenencia de una persona a un partido político u organización política, sindical o social: *fue condenado por su militancia en un partido contrario al régimen*. **2** Actitud y actividad de la persona que defiende activamente una idea u opinión: *a través de sus obras se refleja la militancia feminista de esta escritora*. **3** Conjunto de las personas que pertenecen a un partido político u otra organización política, sindical o social: *el político anunció su candidatura a la militancia de su partido*.

militante *adj./n. com.* [persona] Que forma parte de un grupo o una organización, especialmente de un partido político: *los militantes se reunirán en asamblea para proponer un candidato al Congreso*.

militar *adj.* **1** De la milicia o la guerra, o que tiene relación con ellas: *mi hermano quiere seguir la carrera militar*. ◇ *n. com.* **2** Persona que forma parte de un ejército: *los militares defendieron el país de una invasión extranjera*. **ANT** civil. ◇ *v. intr.* **3** Formar parte de una milicia o servir en la guerra: *durante la guerra milité en los cuerpos especiales*. **4** Formar parte de un grupo o de una organización, especialmente de un partido político: *mi tío milita en el partido comunista y este año se presenta a las elecciones*.
DER militante (derivado del verbo), militarismo, militarizar, paramilitar (derivados del nombre).

militarismo *n. m.* **1** Influencia y poder excesivo de los militares en el gobierno de un país: *con el militarismo, el ejército interviene en las instituciones del estado*. **2** Actitud o modo de pensar que defiende una influencia excesiva de los militares en el gobierno de un país: *su militarismo le llevó a afirmar que el estado debería invertir más dinero en armamento de guerra*.

militarista *adj./n. com.* Que es partidario del militarismo: *algunos partidos defienden una política militarista; los grupos militaristas fueron muy criticados en aquel país; los militaristas piensan que la guerra es el elemento principal de la política exterior*.

militarización *n. f.* Situación de carácter excepcional establecida por decreto por el gobierno que consiste en someter un cuerpo o servicio civil a la disciplina o a la organización militar: *la militarización se establece en momentos de crisis para asegurar el mantenimiento de unos servicios esenciales*. **ANT** desmilitarización.

militarizar *v. tr.* Someter a la disciplina o las costumbres militares: *las dictaduras suelen militarizar las sociedades*.
DER militarización; desmilitarizar.

milla *n. f.* **1** Medida de longitud que equivale aproximadamente a 1609 metros: *en el Reino Unido y en los Estados Unidos utilizan la milla en vez del kilómetro*. **2** Medida de longitud empleada en la marina que equivale a 1852 metros: *la extensión de las aguas que pertenecen a un país se mide en millas*. También se llama *milla marina*.

millar *n. m.* **1** Conjunto formado por 1000 unidades: *en el concierto había más de un millar de personas*. **2** Cantidad que es muy grande e indeterminada: *he leído el poema un millar de veces y ya me lo sé de memoria*.

millón *n. m.* **1** Cantidad que resulta de multiplicar 1000 por 1000: *He ganado un millón de pesetas en la lotería*. **2** Cantidad que es muy grande e indeterminada: *te he dicho un millón de veces que no vuelvas a casa tan tarde*.

DER millonada, millonario, millonésimo.

millonada *n. f.* Cantidad muy grande, especialmente de dinero: *ese coche debe de valer una millonada*.

millonario, -ria *adj./n. m. y f.* **1** [persona] Que tiene muchísimo dinero: *se casó con un millonario que le compra todo lo que quiere*. **SIN** rico. ◇ *adj.* **2** [cantidad] Que supera el millón: *ha ganado una suma millonaria jugando a las quinielas*.
DER archimillonario, multimillonario.

millonésimo, -ma *num. ord.* **1** Que ocupa el número 1000 000 en una serie ordenada: *me dieron un premio por ser el millonésimo visitante del parque de atracciones*. ◇ *num.* **2** Parte que resulta de dividir un todo en un millón de partes iguales: *este instrumento es capaz de medir el tiempo en millonésimas de segundo*.

milonga *n. f.* **1** Baile popular de Argentina de ritmo lento, parecido al tango. **2** Música de este baile. **3** *coloquial* Mentira o engaño: *no me vengas con más milongas y cuéntame la verdad*.

milord *n. m.* Tratamiento que se da a los lores o señores de la nobleza inglesa.
OBS Es de origen inglés y procede de *my lord*, 'mi señor'. ◇ El plural es *milores*.

mimado, -da *adj./n. m. y f.* [persona, niño] Que está acostumbrado a hacer siempre su voluntad sin que nadie lo corrija o castigue por sus malas acciones: *son unos niños que lloran por cualquier cosa*. **SIN** consentido, malcriado, malcriado.

mimar *v. tr.* **1** Tratar con mucho cariño dando muestras de amor o afecto, como abrazos, besos o caricias: *mi novio es muy cariñoso y me mima mucho*. **2** Tratar a alguien, en especial a los niños, permitiendo en exceso que hagan lo que quieran, sin corregirlos ni castigarlos: *si sigues mimando así a tu hija, de mayor se hará insoportable*. **SIN** consentir, malcriar.

mimbre *n. amb.* **1** Arbusto de cuyo tronco nacen muchas ramas largas, delgadas y flexibles, de corteza gris y madera blanca: *el mimbre crece a la orilla de ríos y lagos*. **SIN** mimbrera. **2** Rama larga, delgada y flexible que sale de ese arbusto y que se utiliza para hacer cestos, muebles y otros objetos: *tengo dos sillas de mimbre en el jardín*.
DER mimbrera.

mimbrera *n. f.* **1** Arbusto de cuyo tronco nacen muchas ramas largas, delgadas y flexibles, de corteza gris y madera blanca: *las ramas de las mimbreras se utilizan para hacer cestos, sillas y otros objetos*. **SIN** mimbre. **2** Lugar donde crecen muchos mimbres.

mimesis o **mímesis** *n. f.* **1** *culto* Imitación que hace una persona de los gestos, movimientos, manera de hablar o de actuar de otra: *es conveniente dar buen ejemplo a los niños porque actúan por mímesis*. **2** *culto* Imitación de la naturaleza como objeto del arte que se hace en la estética y la poética clásicas: *el término mimesis procede de la poética de Aristóteles*.
DER mimético, mimetismo.
OBS Aunque la Real Academia Española prefiere la forma llana *mimesis*, es más usual *mímesis*. ◇ El plural también es *mimesis* o *mímesis*.

mimético, -ca *adj.* **1** Que imita o copia: *el niño llama la atención de los adultos con gestos miméticos*. **2** BIOL. Que imita o se parece a los seres o cosas que tiene cerca para ocultarse o defenderse de algún peligro: *los camaleones y algunos lagartos son animales miméticos*.

mimetismo *n. m.* BIOL. Propiedad que tienen algunas plantas y animales para imitar la forma o el color de los seres o

mímica

cosas que tienen cerca, con el fin de esconderse o defenderse de algún peligro: *gracias al mimetismo, algunos insectos pueden camuflarse entre las hojas de los árboles.*

mímica *n. f.* Arte y técnica de imitar, representar acciones o expresarse por medio de gestos y movimientos corporales: *los actores estudian mímica para perfeccionar su expresión corporal.* **SIN** mimo.

mímico, -ca *adj.* **1** Del mimo o que está relacionado con este actor que se expresa mediante gestos: *actor mímico; representación mímica.* **2** De la mímica o que tiene relación con este tipo de expresión: *lenguaje mímico.*

mimo *n. m.* **1** Expresión y señal de amor o afecto: *los besos, los abrazos y las caricias son mimos; la madre cubre de mimos al bebé.* **SIN** cariño. Se usa generalmente en plural. **2** Forma de tratar a alguien, en especial a los niños, permitiendo en exceso que hagan lo que quieran, sin corregirlos ni castigarlos: *con tanto mimo ha malcriado a sus hijos.* **3** Delicadeza o cuidado con que se hace una sola cosa: *trata este libro con mimo, que es muy valioso.* **4** Arte y técnica de imitar, representar acciones o expresarse por medio de gestos y movimientos corporales: *en el mimo no se utilizan las palabras.* **SIN** mímica. ◇ *n. com.* **5** Actor que se expresa y representa acciones por medio de gestos: *hay un mimo en la plaza que imita a la gente que pasa.*
DER mimar, mímesis, mímico, mimoso.

mimoso, -sa *adj.* Que disfruta dando y recibiendo muestras de cariño: *mi hermana es muy mimosa y siempre está pidiéndole besos y caricias a mi madre.*

mina *n. f.* **1** Lugar de la tierra donde hay muchos minerales: *era propietario de una mina de oro en Alaska.* **SIN** yacimiento. **2** Conjunto de instalaciones, excavaciones y galerías subterráneas que se realizan en los yacimientos para extraer minerales de la tierra: *el trabajo en una mina es muy duro.* **3** Barra fina de grafito o de otra sustancia mineral, que va en el interior de los lápices y de otros utensilios de escritura, y que sirve para dibujar o escribir: *este lápiz tiene la mina rota, sácale punta; las minas de los lápices pueden ser de distintos colores.* **4** Aparato que explota cuando se toca o se roza, y que se coloca estratégicamente camuflado o enterrado bajo tierra o bajo el agua: *sembraron de minas el campo del enemigo.* **mina submarina** Explosivo que se utiliza para defender los puertos y canales contra los barcos enemigos. **5** Cosa, asunto o persona que puede proporcionar mucha utilidad: *este libro es una mina de consejos; tu hermano sabe tanto que es una mina de información.* **6** Oficio o negocio en el que con poco trabajo se consigue mucho beneficio: *el trabajo de tu amiga es una mina: trabaja sólo durante una semana y cobra por todo un mes.* **7** Paso subterráneo que se utiliza para establecer una comunicación o para conducir el agua o el gas de un sitio a otro.
DER minar, mineral, minería, minero.

minar *v. tr.* **1** Colocar explosivos para volar o derribar muros y edificios, o para impedir el paso del enemigo: *unos artificieros expertos minaron el edificio para derruirlo; los soldados minaron el campo de batalla.* **2** Consumir poco a poco o debilitar una cosa, especialmente las fuerzas, la salud o la alegría de una persona: *la enfermedad está minando la salud de Ana.* **3** Abrir galerías subterráneas: *los albañiles minaron el terreno para instalar las tuberías.*

minarete *n. m.* Torre de una mezquita desde donde el almuédano o funcionario religioso convoca a los fieles musulmanes a la oración. **SIN** alminar.

mineral *adj.* **1** [compuesto natural] Que no tiene vida: *las plantas toman el agua y las sustancias minerales del suelo.* **SIN** inorgánico. **ANT** orgánico. **2** Del conjunto de los compuestos naturales sin vida que forman la corteza de la tierra o que tiene relación con ellos: *buena parte de la naturaleza está formada por el reino mineral.* ◇ *n. m.* **3** Compuesto natural sin vida que se encuentra en la corteza de la tierra y que está formado por uno o más elementos químicos: *la pirita es un mineral compuesto por hierro y azufre.* **4** Materia natural sin vida que se saca de los yacimientos para distintos fines industriales: *los metales se extraen de los minerales.*
DER mineralogía.

mineralogía *n. f.* Ciencia que estudia los minerales, su origen y su formación: *la mineralogía es una rama de la geología.*

minería *n. f.* **1** Técnica que se ocupa de la extracción de minerales de las minas. **2** Conjunto de las minas de un país o de una región: *la minería asturiana está pasando por una grave crisis.* **3** Conjunto de personas que trabajan en una mina extrayendo minerales: *mañana habrá una huelga de la minería.*

minero, -ra *adj.* **1** De la minería o que tiene relación con esta técnica de explotar las minas: *la industria minera asturiana es muy importante en España.* ◇ *n. m. y f.* **2** Persona que trabaja en una mina: *los mineros se encargan de extraer minerales del subsuelo.* Para indicar la forma femenina puede decirse *la minero* o *la minera.*

mineromedicinal *adj.* [agua] Que contiene sustancias minerales que le proporcionan alguna propiedad curativa: *en casa siempre hay agua mineromedicinal.*

minestrone *n. f.* Sopa que se elabora con legumbres, tocino y pasta o arroz: *la minestrone es un plato típico de la cocina italiana.*

mini- Elemento prefijal que entra en la formación de palabras con el significado de 'pequeño', 'breve', 'corto': *minigolf, minifalda.* **SIN** micro-.

miniatura *n. f.* **1** Objeto artístico de pequeño tamaño, delicado y valioso, como por ejemplo una reproducción a pequeña escala de una estatua o de un edificio famoso: *mi abuela tiene una vitrina llena de miniaturas antiguas.* **2** Persona o cosa de tamaño muy reducido: *su reloj es una miniatura; los pies de los bebés son una miniatura.* **3** Pintura de pequeño tamaño, realizada con gran detalle, especialmente la que adorna los documentos y los libros antiguos: *las biblias medievales contienen preciosas miniaturas.*
en miniatura [objeto] Que es una reproducción de otro objeto, hecha a pequeña escala: *nos enseñó una copia en miniatura de la Torre Eiffel.*

miniaturista *adj./n. com.* [persona] Que se dedica a pintar miniaturas: *algunos manuscritos medievales fueron ilustrados por grandes miniaturistas.*

minibasket *n. m.* Baloncesto que practican los niños y que se juega en un campo más pequeño y con las canastas menos elevadas.
OBS Se pronuncia *minibásquet*.

minifalda *n. f.* Falda muy corta que llega hasta medio muslo: *la minifalda se puso de moda hacia el año 1960.*

minifundio *n. m.* Propiedad de tierra de poca extensión que resulta poco productiva porque no puede dar el fruto suficiente para pagar el trabajo que exige su explotación: *en la mitad norte de España abundan los minifundios.* **ANT** latifundio.

minifundismo *n. m.* Sistema de explotación agraria basado en la distribución de la propiedad de la tierra en minifundios o terrenos de poca extensión y baja productividad: *en Galicia predomina el minifundismo.* **ANT** latifundismo.

minifundista *adj.* **1** Del minifundismo o que tiene relación con este sistema de explotación agraria: *agricultura minifundista.* **ANT** latifundista. ◇ *adj./n. com.* **2** [persona] Que es propietario de un minifundio. **ANT** latifundista.

minigolf *n. m.* Juego parecido al golf que se juega en un campo o pista pequeños con obstáculos artificiales: *en el hotel contamos con pistas de tenis y minigolf.*

mínima *n. f.* Temperatura más baja que alcanza la atmósfera en un período de tiempo determinado: *en algunos puntos de España la mínima ha estado por debajo de los 0 °C.* **ANT** máxima.

minimizar *v. tr.* Dar a una cosa menos valor o importancia del que tiene: *las personas optimistas minimizan todos los problemas.*

mínimo, -ma *adj.* **1** Que es el más pequeño posible en su especie: *no tiene la mínima educación y se comporta con grosería en la mesa; las personas vagas no hacen el mínimo esfuerzo para trabajar.* Se aplica a las cosas más pequeñas en grado o cantidad (no en número o tamaño, pues en ese caso se emplea *menor*). **2** Que es muy pequeño: *tus progresos en los estudios son mínimos, tienes que esforzarte más.* **SIN** diminuto, minúsculo. Es superlativo irregular de *pequeño*. ◇ *n. m.* **3** Extremo o límite más bajo al que puede llegar una cosa: *los embalses están llegando al mínimo de su capacidad; en época de crisis hay que reducir los gastos al mínimo.*
ETIM *Mínimo* procede del latín *minimus*, que tenía el mismo significado, voz con la que también está relacionada *mermar*.

minino, -na *n. m. y f. coloquial* Gato, animal mamífero doméstico, de patas cortas y pelo espeso y suave, que es muy hábil cazando ratones y sirve al hombre de compañía.

minio *n. m.* Polvo de color rojo claro que se obtiene por oxidación del plomo y que se emplea en pintura disuelto en aceite o en un ácido para proteger el hierro de la oxidación: *es conveniente dar una capa de minio al hierro antes de pintarlo.*

ministerial *adj.* Del ministerio o que tiene relación con alguno de estos departamentos de gobierno: *la nueva orden ministerial entra en vigor el próximo uno de octubre.*

ministerio *n. m.* **1** Departamento que, junto con otros, es el responsable de la administración de un aspecto determinado de la vida política, social o económica de un país: *Ministerio de Asuntos Exteriores; Ministerio de Sanidad; Ministerio de Educación y Ciencia.* En esta acepción se suele escribir con mayúsculas. **ministerio fiscal** Representación de la ley y defensa del interés público ante los tribunales de justicia: *el Ministerio Fiscal se suele encargar de la acusación.* **2** Cargo de ministro de un gobierno que ocupa una persona: *le han propuesto ocupar el ministerio de Agricultura.* **3** Edificio en el que trabajan los ministros: *los manifestantes se han instalado frente al ministerio de Economía y Hacienda.* **4** Conjunto de ministros que gobiernan un país: *el ministerio no está de acuerdo con la propuesta del presidente.* **5** Cargo u oficio propio de una persona, especialmente de quienes tienen que realizar trabajos importantes y elevados, como por ejemplo los sacerdotes, los médicos o los abogados: *el sacerdote ejercía su ministerio con mucha dedicación.*
DER ministerial.
ETIM Véase *menester*.

ministrable *adj./n. com.* [persona] Que se piensa o se cree que puede ser nombrado ministro: *en las listas electorales han incluido a algunos ministrables de gran prestigio.*

ministro, -tra *n. m. y f.* **1** Persona que forma parte del gobierno de un país como responsable de la administración de un aspecto determinado de su vida política, social o económica: *los ministros ayudan al presidente del gobierno.* **primer ministro** Jefe del gobierno de un país: *en España no existe el cargo de primer ministro.* **2** Persona que ha sido enviada por el estado o por otra persona para realizar una función determinada, especialmente para tratar un asunto político: *el rey envió a un ministro para negociar las condiciones de la paz.*
ministro de Dios Sacerdote, hombre que dedica su vida a Dios y a la Iglesia y que puede celebrar y ofrecer el sacrificio de la misa.
DER ministrable.
OBS El femenino puede ser *ministro* o *ministra*.

minoría *n. f.* **1** Parte menor de las personas o cosas que forman un grupo o conjunto: *en mi colegio sólo una minoría de los alumnos vive fuera de la ciudad.* **ANT** mayoría. **2** En una votación o una asamblea, conjunto de votos que opinan lo contrario a la mayoría: *ese partido no pudo conseguir un escaño porque obtuvo la minoría.* **ANT** mayoría. **3** Parte pequeña de una colectividad, que se diferencia del resto por su raza, lengua, religión u otra característica social: *las minorías de raza negra se manifestaron en contra del racismo y la xenofobia.*
minoría de edad Condición de la persona que no ha alcanzado una cierta edad fijada por las leyes, por lo cual debe estar bajo la autoridad de otra persona, como por ejemplo los padres o un tutor: *durante la minoría de edad, el niño está a cargo de sus padres o tutores.*

minorista *adj.* **1** [comercio] Que vende sus productos en pequeñas cantidades: *las tiendas minoristas tienen pocos medios para competir con los grandes almacenes.* **SIN** detallista. **ANT** mayorista. ◇ *n. com.* **2** Persona que vende sus productos en pequeñas cantidades: *los minoristas defienden sus intereses en el gremio de comerciantes.* **SIN** detallista. **ANT** mayorista.

minoritario, -ria *adj.* Que forma la menor parte de un conjunto o sociedad: *los partidos minoritarios del parlamento formaron un frente común; ésa es una opinión minoritaria.* **ANT** mayoritario.

minucia *n. f.* Cosa que no tiene demasiada importancia ni valor: *no quiso detenerse en minucias y pasó a tratar lo importante; la pelea que tuvimos ayer fue una minucia y a mí ya se me ha pasado el enfado.* **SIN** insignificancia, nimiedad, pequeñez.
DER minucioso.

minuciosidad *n. f.* Cuidado, paciencia y atención que se pone al realizar una cosa difícil o complicada: *los violines son construidos con gran minuciosidad.* **SIN** meticulosidad.

minucioso, -sa *adj.* **1** Que se hace con gran cuidado, detalle y atención, empleando tiempo y paciencia para que salga bien: *hizo una revisión minuciosa del aparato antes de comprarlo.* **SIN** meticuloso. **2** Que hace las cosas con gran cuidado, detalle y atención, empleando tiempo y paciencia para que salgan bien: *es un investigador muy minucioso que nunca deja un detalle sin resolver.* **SIN** meticuloso.
DER minuciosidad.

minuendo *n. m.* MAT. Cantidad a la que se le resta otra cantidad para obtener la diferencia: *en la resta 5 − 3 = 2, 5 es el minuendo y 3 el sustraendo.*

minúsculo, -la *adj.* **1** Que es de tamaño muy pequeño o más pequeño de lo normal: *el ratón nos miraba con sus ojos minúsculos; la diferencia de precio era minúscula.* **SIN** diminuto. **ANT** mayúsculo. ◇ *adj./n. f.* **2** [letra] Que es de tamaño pequeño y se emplea generalmente para escribir: *los nombres de los meses empiezan con letra minúscula.* **ANT** mayúsculo.

minusvalía *n. f.* Disminución del valor que tiene una cosa por causas externas a ella: *ha perdido mucho dinero debido a la minusvalía de sus tierras.* **ANT** plusvalía.
DER minusválido.
ETIM Véase *menos.*

minusválido, -da *adj./n. m. y f.* [persona] Que tiene un defecto o un daño físico o mental que le impide hacer ciertas actividades: *muchas personas se han quedado minusválidas a causa de un accidente de coche.*

minusvalorar *v. tr.* Valorar una cosa o a una persona en menos de lo que merece o vale: *no minusvalores la capacidad de este alumno porque aunque es poco estudioso es muy inteligente.* **SIN** infravalorar, subestimar.
ETIM Véase *menos.*

minuta *n. f.* **1** Nota escrita en la que se expresa la cantidad de dinero que hay que pagar a un profesional por su trabajo, especialmente a un abogado. **SIN** cuenta, factura. **2** Lista de platos que se sirven en una comida: *Ana y Luis me enviaron la minuta del banquete de su boda.* **SIN** menú. **3** Borrador que se hace de un escrito, especialmente de un contrato, antes de redactarlo definitivamente: *debes repasar la minuta antes de hacer la redacción definitiva.*

minutero *n. m.* Aguja del reloj que marca los minutos: *el minutero suele ser más largo y fino que la aguja que marca las horas, pero más ancho que el segundero.* ☞ *reloj.*

minuto *n. m.* **1** Unidad de tiempo que equivale a sesenta segundos: *una hora tiene sesenta minutos.* **2** MAT. Cada una de las sesenta partes iguales que forman un grado de una circunferencia: *el ángulo media 32 grados y 12 minutos.*
sin perder un minuto Con gran rapidez y sin perder tiempo: *debemos llevar al herido al hospital sin perder un minuto.* **SIN** enseguida, pronto.

mío, mía *det. pos.* Forma del determinante posesivo en primera persona, que indica que una persona o cosa pertenece a la persona que habla: *Juan es amigo mío; esa raqueta es mía.*
ésta es la mía Indica que ha llegado la ocasión favorable para que actúe la persona que está hablando: *el ladrón vio que los policías no miraban y diciendo ésta es la mía se escapó.*
lo mío Lo que hace muy bien la persona que habla o lo que le gusta mucho hacer: *lo mío es la biología: me encantan los animales y las plantas.*
los míos Las personas que pertenecen a la familia de la persona que habla, o a un colectivo al que pertenece: *esta tarde vienen los míos a merendar; espero que en las elecciones votéis a los míos.*

miocardio *n. m.* Tejido muscular del corazón de las personas y de los animales vertebrados: *falleció a causa de un infarto de miocardio.*

mioceno, -na *adj./n. m.* **1** GEOL. [período geológico] Que es el cuarto de la era terciaria y en el que la flora y la fauna ya eran parecidas a las actuales: *durante el mioceno aparecieron los mamíferos evolucionados como los monos y los rumiantes.* ◇ *adj.* **2** De este período geológico o que tiene relación con él: *estratos miocenos.*

miope *adj./n. com.* **1** Que padece un defecto del ojo que le impide ver con claridad o nitidez las cosas que están lejos: *los miopes deben llevar gafas o lentillas.* **2** Que no ve o no se da cuenta de cosas que son muy claras y fáciles de entender: *Luis es un poco miope: no se da cuenta de que María está enamorada de él.*

miopía *n. f.* **1** Defecto del ojo que produce una visión poco clara o nítida de las cosas que están lejos de la vista: *la miopía se debe a que el cristalino enfoca mal la imagen por ser excesivamente convexo.* **2** Incapacidad de darse cuenta de cosas que son muy claras y fáciles de entender: *me extraña su miopía para apreciar la gravedad del problema.*

mir *n. m.* **1** Examen que da acceso a un puesto de médico en un hospital para realizar las prácticas que le permitan especializarse en una rama de la medicina: *está preparando el mir para especializarse en oftalmología.* ◇ *n. com.* **2** Médico de un hospital que realiza prácticas para especializarse en una rama de la medicina: *en cardiología hay dos mir que terminan este año.*
OBS Se forma con las primeras letras de las palabras de la expresión *médico interno y residente.* ◇ En la primera acepción, y a veces también en la segunda, es frecuente su escritura con mayúsculas: *está preparando el MIR.*

mira *n. f.* **1** Pieza que tienen las armas de fuego y algunos instrumentos de medida, que permite dirigir y fijar la vista en un punto determinado para apuntar bien o medir con precisión: *este fusil tiene una mira de gran alcance.* **2** Objetivo o intención que tiene una persona al hacer una cosa: *todo lo hace con miras egoístas.*
con miras a Con la intención de: *Juan está ahorrando con miras a comprarse un piso nuevo.*
DER mirilla.

mirada *n. f.* **1** Acción que consiste en mirar: *échale una mirada al coche que me he comprado.* **2** Modo de mirar que tiene una persona o un animal: *mirada cariñosa; mirada despectiva; mirada fría; mirada penetrante.*

mirado, -da *adj.* **1** [persona] Que es muy prudente y considerado y que procura no causar molestias a los demás: *es una mujer tan mirada que evita pedir favores por no molestar.* **2** [persona] Que es muy cuidadosa y prudente y que reflexiona mucho antes de llevar a cabo una acción: *es muy mirado con el dinero.* **3** Que es considerado o juzgado de la manera que se expresa: *antes estaba muy mal mirado tener hijos sin estar casado.* Se usa detrás de los adverbios *bien, mal, mejor o peor.*
bien mirado Expresión que se usa para indicar que se ha reflexionado o pensado sobre un asunto: *bien mirado, no es una cosa tan grave lo que ha ocurrido.*
DER malmirado.

mirador *n. m.* **1** Lugar alto y bien situado desde el que se puede contemplar con facilidad un paisaje agradable: *desde el mirador que hay en la carretera de la montaña se puede ver todo el valle.* **2** Balcón cubierto y cerrado, generalmente con cristales: *mi abuela se sienta a coser en el mirador de su casa y ve pasar a la gente por la calle.*

miramiento *n. m.* **1** Respeto y consideración con que actúa una persona al decir o hacer una cosa, para no molestar a los demás: *las personas sensatas y educadas obran siempre con miramiento.* **2** Respeto, cuidado y atención que se tiene hacia una persona: *mi primo trata a su suegra con mucho miramiento.* **3** Precaución y cuidado con que actúa una persona al hacer alguna cosa.

mirar *v. tr.* **1** Dirigir y fijar la vista en algo prestándole atención para verlo bien: *mira bien este vestido y dime si te gusta; me gusta mirar cómo juegan los niños.* Se usa también como pronominal. **2** Pensar y considerar con cuidado una cosa antes de hacerla: *mira bien lo que haces, no vayas a equivocarte.* **3** Tener un objetivo determinado al realizar una acción: *sólo mira su provecho; aceptó aquel trabajo mirando por el bien de su familia.* Se suele usar con la preposición *por.* **4** Apreciar a una persona o tratarla con muchas atenciones: *en casa de mi novia miran mucho por mí.* Se suele usar con la

preposición *por*. ◇ *v. intr.* **5** Estar orientado hacia una dirección determinada: *esta casa mira al mar; la ventana de mi cuarto mira al norte*. **SIN** dar. ◇ *v. tr./intr./prnl.* **6** Buscar una cosa o registrar un sitio para encontrar algo: *mira en tu armario a ver si lo encuentras; en el hospital me miraron por todas partes para buscar la causa de mi enfermedad; no encontraron la pistola porque no miraron en la maleta*. ◇ *v. prnl.* **7 mirarse** No realizar una acción o no decir una cosa que pueda traer problemas: *se mirará mucho de no pronunciar ese nombre en mi presencia*. Se suele usar con la preposición *de*.
de mírame y no me toques Muy delicado o frágil: *ten cuidado al cerrar la ventana porque ese cristal es de mírame y no me toques*.
¡mira! Expresión que sirve para avisar o llamar la atención de alguien: *¡mira! ¡Marta ha venido a visitarnos!; ¡mira!, ¡estoy harta de que no limpies tu habitación!*
¡mira quién habla! Expresión con la que se le reprocha a una persona el mismo defecto que ella censura a otra persona: *–Me ha dicho Marta que soy una chivata –¡Mira quién habla! Ella sí que lo es.*
mirar atrás Pensar y recordar hechos del pasado: *es mejor que no mires atrás y pienses en el futuro.*
mirar por encima del hombro Tratar a alguien con desprecio o considerarlo inferior: *es muy orgulloso y mira por encima del hombro a todo el mundo.*
se mire como se mire De cualquier modo: *se mire como se mire, este problema no tiene solución.*
DER mira, mirada, mirado, mirador, miramiento, mirón; admirar, remirar.

mirasol *n. m.* Planta de tallo grueso, alto y derecho, con las hojas en forma de corazón y la flor grande y amarilla: *las semillas del mirasol son comestibles.* **SIN** girasol.
OBS La Real Academia Española prefiere la forma *girasol.*

miria- Elemento prefijal que entra en la formación de palabras con el significado de: *a*) 'Diez mil': *miriámetro*. *b*) 'Sinnúmero, incontable': *miriápodo.*

miríada *n. f. culto* Número o cantidad muy grande o imposible de calcular o limitar: *hay una miríada de estrellas en el firmamento.* **SIN** infinidad, sinfín, sinnúmero.

mirilla *n. f.* Agujero pequeño que hay en algunas puertas y que sirve para ver qué o quién hay al otro lado: *antes de abrir la puerta mira por la mirilla para ver quién es.* ☞ puerta.

miriñaque *n. m.* Armazón hecho de tela dura o de aros de metal que se ponían las mujeres debajo de las faldas para abombarlas a la altura de las caderas: *las damas del siglo XVIII llevaban miriñaques bajo sus vestidos.*

mirlo *n. m.* Pájaro de color oscuro que tiene las patas y el pico de color rojo o amarillo; el mirlo macho es negro, y la mirlo hembra es marrón y tiene la pechuga rojiza: *los mirlos pueden ser domesticados y son capaces de imitar muchos sonidos, incluso el de la voz humana.* Para indicar el sexo se usa *el mirlo macho y el mirlo hembra.*
mirlo blanco Persona o cosa que destaca entre las demás por una o varias cualidades excepcionales: *¡qué chico!, lo tiene todo: es guapo, inteligente, y además es rico; realmente es un mirlo blanco.*

mirón, -rona *adj./n. m. y f.* **1** *coloquial* [persona] Que mira demasiado o con mucha curiosidad las cosas: *mi vecina es una mirona a la que le gusta entrar en todas las casas.* **SIN** fisgón. ◇ *n. m. y f.* **2** Persona a la que le gusta mirar cómo trabajan los demás o presenciar una partida de un juego, sin participar: *los jugadores de cartas se ponen nerviosos con los mirones.*

mirra *n. f.* Sustancia pegajosa, compuesta por aceites, resina y goma, de color rojo y de olor intenso, que se saca de un árbol procedente de Arabia y Etiopía: *la mirra se usa en perfumería y en medicina.*

mirto *n. m.* Arbusto alto de ramas flexibles, con hojas pequeñas y duras de color verde intenso y con flores blancas: *las ramas de mirto son olorosas y se utilizan para perfumar lugares.* **SIN** arrayán.

misa *n. f.* **1** Ceremonia religiosa cristiana en la que el sacerdote ofrece a Dios el cuerpo y la sangre de Jesucristo en forma de pan y vino: *la misa consta de dos partes: liturgia y eucaristía.* **misa cantada** Misa que celebra un solo sacerdote acompañada de canto. **misa concelebrada** Misa que celebran conjuntamente varios sacerdotes. **misa de campaña** Misa que se celebra al aire libre para un grupo muy grande de gente, generalmente para militares. **misa del alba** Misa que se celebra al amanecer. **misa del gallo** Misa que se celebra alrededor de medianoche en Nochebuena. **misa negra** Rito que se celebra en homenaje al diablo: *celebraron una misa negra para invocar a los espíritus malignos.* **2** Composición musical escrita sobre las partes de la ceremonia religiosa cristiana: *el coro interpretó magistralmente la misa.*
cantar misa Celebrar la primera misa un nuevo sacerdote: *el padre Luis cantó misa en el mismo seminario donde fue ordenado sacerdote.*
decir misa Celebrar la misa un sacerdote.
ir a misa Ser una cosa que se dice segura e indiscutible: *lo que dice mi madre va a misa, yo confío mucho en ella.*
no saber de la misa la media *coloquial* Saber muy poco o nada sobre un asunto determinado. También se puede decir *no saber de la misa la mitad*: *tú no puedes opinar sobre política porque no sabes de la misa la media.*
oír misa Estar presente en la celebración de la misa: *yo oigo misa todos los domingos.*
DER misal.

misal *n. m.* Libro en el que están las oraciones de la misa y que indica el orden y la manera de celebrar la misa: *el sacerdote dejó el misal sobre el atril.*

misantropía *n. f. culto* Actitud de la persona que huye del trato con otras personas o siente una gran aversión hacia ellas: *su misantropía lo ha llevado a una profunda soledad.*

misántropo, -pa *n. m. y f. culto* Persona que huye del trato con otras personas o siente gran aversión hacia ellas.
ANT sociable.
DER misantropía.

miscelánea *n. f.* Conjunto de cosas diferentes entremezcladas: *este programa de radio es una miscelánea de música y entrevistas.*

misceláneo, -nea *adj.* Que está compuesto por varias cosas distintas o de géneros diferentes: *Jaime presenta en la televisión un programa misceláneo de cine y música.* **SIN** mixto, variado.

miserable *adj./n. com.* **1** Que es desgraciado e infeliz: *sufre mucho y lleva una vida miserable; cuando le dejó su novia se convirtió en un miserable.* **SIN** desdichado, mísero. **2** Que intenta gastar lo menos posible: *es tan miserable que nunca invita a sus amigos.* **SIN** avaro, mezquino, tacaño. **3** Que es muy malo, no tiene honor y no le importa hacer daño a los demás: *es un miserable que ha traicionado a su propio hermano.* **SIN** canalla, malvado, mezquino. **4** Que es muy pobre y está necesitado de la ayuda económica de los demás: *creó una obra social para ayudar a los miserables sin techo ni hogar; viven en una chabola miserable.* **SIN** mísero. ◇ *adj.* **5** [cantidad] Que es demasiado pequeño o escaso: *su madre le dejó una herencia miserable; tiene un sueldo miserable.*

miserere *n. m.* **1** Salmo de la Biblia que fue compuesto por el rey David para pedir perdón por sus pecados y que comienza con la palabra *miserere*, que en latín significa 'apiádate': *el miserere es el salmo cincuenta de la Biblia.* **2** Canto solemne que se hace de este salmo durante la cuaresma: *el coro de la iglesia interpreta un miserere.* **3** Ceremonia religiosa en que se canta este salmo: *el miserere se celebra durante la cuaresma.*
cólico miserere Nombre que se le daba antiguamente a la obstrucción de intestino: *el cólico miserere podía ser mortal.*

miseria *n. f.* **1** Falta o escasez de dinero y de los medios necesarios para poder vivir: *antes era rico, pero se arruinó y cayó en la miseria.* **2** Desgracia, problema o pena que sufre una persona en su vida: *me estuvo contando sus miserias y casi me hizo llorar.* **SIN** desdicha, penalidad, sufrimiento. Se usa sobre todo en plural. **3** Cantidad demasiado pequeña o insignificante de una cosa: *la herencia que les ha dejado es una miseria; termina de comer, que te has dejado una miseria.* **4** Característica que tienen las personas que tratan de gastar lo menos posible: *la miseria del clérigo era tan grande que dormía de un solo lado para no gastar las sábanas.* **SIN** avaricia, mezquindad, tacañería.
DER miserable, misericordia, mísero; conmiseración.

misericordia *n. f.* **1** Virtud que inclina a las personas a sentir pena o compasión por los que sufren y a tratar de ayudarlos: *el señor perdonó al niño que había robado la pulsera y todos alabaron su misericordia.* **SIN** piedad. **2** Cualidad de Dios, por la cual perdona las faltas y remedia las penas de las personas: *la misericordia de Dios es infinita.*
DER misericordioso.

misericordioso, -sa *adj.* Que siente pena o compasión hacia quienes sufren y trata de ayudarlos: *las personas misericordiosas hacen obras de caridad.* **SIN** compasivo, piadoso.

mísero, -ra *adj./n. m. y f.* **1** [persona] Que intenta gastar lo menos posible: *es tan mísero que nunca invita a sus amigos.* ◊ *adj.* **2** Que es muy pobre y necesita la ayuda económica de los demás. **SIN** miserable. **3** Que es desgraciado e infeliz: *llevaba una vida mísera desde que le abandonó su mujer.* **SIN** desdichado, miserable. **4** [cantidad] Que es demasiado pequeño o escaso: *tiene una cuenta de ahorros mísera y no tiene para vivir.* **SIN** miserable.

misérrimo, -ma *adj. culto* Que es exageradamente mísero: *viven en condiciones misérrimas.*
OBS Es el superlativo de *mísero*.

misil o **mísil** *n. m.* Proyectil movido por el empuje de los gases que salen a gran velocidad de su parte posterior, que suele llevar una carga explosiva y que puede dirigirse hacia un objetivo: *la trayectoria de un misil se puede controlar por procedimientos electrónicos.*

misión *n. f.* **1** Trabajo o encargo que una persona o un grupo tiene la obligación de hacer: *su misión en esta empresa es archivar todos los documentos.* **SIN** cometido. **2** Encargo o poder que un gobierno le da a una persona, especialmente a un diplomático, para ir a desempeñar un trabajo en algún lugar: *los observadores de la ONU llegaron en misión de paz.* **3** Obra o función moral que se tiene que realizar por el bien de alguien: *los padres tienen la misión de cuidar de sus hijos.* **4** Enseñanza de la religión cristiana a los pueblos que no la conocen: *la monja sintió una fuerte vocación por las misiones y se fue a predicar a tierras africanas.* En esta acepción se suele usar en plural. **5** Territorio donde se lleva a cabo la enseñanza de la religión cristiana: *el sacerdote se marchó a las misiones del centro de África.* En esta acepción se suele usar en plural. **6** Casa, centro o iglesia donde viven y actúan las personas dedicadas a enseñar la religión cristiana en los territorios donde no se conoce: *en la misión hay una escuela y un pequeño hospital.*
DER misionero.

misionero, -ra *adj.* **1** De la misión o que tiene relación con esta labor religiosa: *la obra misionera de la Iglesia católica es muy importante.* ◊ *n. m. y f.* **2** Persona dedicada a enseñar la religión cristiana a los pueblos que no la conocen: *el sacerdote se hizo misionero y fue a predicar por tierras africanas.*

misiva *n. f. culto* Carta que una persona envía a otra para informarle de algo: *recibí una misiva de mi jefe en la que me pedía que le fuera a visitar.*

mismo, -ma *adj.* **1** Indica que la persona o la cosa que se presenta es una sola en distintas circunstancias: *es el mismo hombre que vimos ayer; estos tres libros son del mismo autor.* **2** Que es muy parecido o casi igual: *tiene la misma cara que su padre; soy de la misma opinión.* Se usa siempre delante del sustantivo. ◊ *pron.* **3** Que no ha cambiado: *tu hermana sigue siendo la misma que yo conocí; tú ya no eres el mismo.* Se usa acompañado del artículo. **4** Indica que es la persona o cosa citada y no otra la que realiza la acción: *tú mismo me dijiste que me recogerías; mi madre misma hizo el pastel.* Se usa acompañado de pronombres y sustantivos. **5** Resalta la fuerza de lo que se dice: *es real como la vida misma; se burlaban de ella en sus mismas narices.* ◊ *adv.* **6** Exactamente; en concreto: *hoy mismo te llamo para quedar; si te parece nos vemos aquí mismo a las tres.* Se usa junto a otro adverbio.
dar lo mismo No importar: *si no puedes venir hoy, da lo mismo, ya lo haremos mañana.*
por uno mismo Sin necesitar la ayuda de los demás: *déjala, ya puede hacerlo por sí misma.*

miso- Elemento prefijal que entra en la formación de palabras con el significado de 'que odia o detesta': *misántropo, misoginia.*

misoginia *n. f.* Sentimiento de odio o de rechazo hacia las mujeres: *la misoginia de este escritor se refleja en el tratamiento que hace de las mujeres en sus novelas.*

misógino, -na *adj./n. m. y f.* Que siente o demuestra odio o rechazo hacia las mujeres: *hay muchos escritores medievales que son misóginos.*

miss *n. f.* **1** Mujer que es la ganadora de un concurso de belleza: *la miss de este año es una chica muy joven.* **2** Título que se da a esta mujer: *la joven sueca recibió aquel año el título de miss.*
OBS Es de origen inglés y se pronuncia aproximadamente 'mis'. ◊ El plural es *misses.*

misterio *n. m.* **1** Hecho que no tiene explicación y no se puede entender: *los científicos tratan de desvelar los misterios de la naturaleza; la desaparición de tu jefe es un misterio incluso para la policía.* **SIN** enigma. **2** Asunto secreto que conocen pocas personas y se oculta a los demás: *desde este puesto de responsabilidad se tiene acceso a los misterios de la política.* **SIN** secreto. **3** Hecho que los cristianos deben creer como verdadero aunque no lo comprendan: *el misterio de la Santísima Trinidad.* **4** Cada uno de los hechos de la vida, pasión y muerte de Jesucristo, realizados con imágenes o figuras: *en la Semana Santa se representa el misterio de la pasión de Cristo.* **SIN** paso. **5** Representación teatral de tema religioso que se celebra en las iglesias o junto a ellas en algunas fiestas populares: *los misterios suelen representar escenas de la Biblia; el misterio de Elche tiene su origen en la Edad*

Media. **6** Ceremonia secreta en la que se da culto a algunos dioses paganos: *los misterios de Eleusis eran ritos antiguos*.

misterioso, -sa *adj.* **1** Que no tiene explicación y no se puede entender o que es secreto para la mayoría de la gente: *su comportamiento misterioso levantó sospechas; el detective tenía que aclarar la misteriosa muerte de la condesa*. **SIN** enigmático. **2** Que entiende o explica las cosas como si fueran misterios cuando no lo son: *no me gusta ese hombre, siempre tan misterioso y malpensado*.

mística *n. f.* Parte de la teología que trata de la unión del hombre con Dios, de los grados de esta unión y de la vida contemplativa: *la mística española se desarrolló mucho en el siglo XVI*.

misticismo *n. m.* **1** Estado de perfección religiosa que consiste en la unión del alma con Dios por medio del amor: *santa Teresa de Ávila llegó al misticismo*. **2** Doctrina que defiende que es posible la unión del alma con Dios por medio del amor.

místico, -ca *adj.* **1** De la mística o que tiene relación con esta parte de la teología: *el sacerdote estaba muy interesado en la literatura mística española*. ◇ *n. m. y f.* **2** Persona que se dedica a la vida espiritual y a la contemplación de Dios, o a escribir sobre ello: *santa Teresa de Jesús y san Juan de la Cruz son dos de los místicos españoles más conocidos*. **DER** mística, misticismo.

mistificar *v. tr.* Cambiar o alterar una cosa para que deje de ser verdadera: *en su novela, el autor mistifica la realidad*. **SIN** deformar, falsear, mixtificar.

mistral *n. m./adj.* **1** Viento frío del noroeste que sopla en el mar Mediterráneo. **2** Viento seco y frío del norte que sopla en la costa francesa del mar Mediterráneo: *el mistral sopla en el delta del río Ródano*.

mitad *n. f.* **1** Parte que, junto con otra igual, forma un todo: *la mitad de 20 es 10; él solo se comió la mitad del pastel*. **2** Lugar que está a la misma distancia de dos extremos: *estamos todavía a la mitad del camino; parte la manzana por la mitad*.

en mitad de Durante el desarrollo de una acción: *salió de la sala en mitad del concierto*.

mitad y mitad A partes iguales: *—¿Cómo nos lo vamos a repartir? —Mitad y mitad*.

mítico, -ca *adj.* **1** Del mito o que tiene relación con él: *está muy interesado en los relatos míticos de la Antigüedad griega y romana; Zeus, Eros y Poseidón son personajes míticos*. **2** Que es tan famoso que entra a formar parte de la historia o se ha convertido en modelo a imitar: *el mítico actor James Dean protagonizó solamente tres películas*. **SIN** legendario.

mitificación *n. f.* **1** Hacer un mito de una persona, una cosa o un suceso determinados: *en la mitología griega era frecuente la mitificación de los fenómenos de la naturaleza*. **2** Sentimiento de gran estimación y admiración que se profesa a una persona, una cosa o un suceso determinados: *tendemos a la mitificación de los actores norteamericanos*.

mitificar *v. tr.* **1** Convertir en mito: *la vida de ese antiguo emperador se ha mitificado tanto que pocos saben lo que es cierto y lo que no*. **ANT** desmitificar. **2** Valorar o admirar excesivamente a una persona o cosa: *los adolescentes suelen mitificar su primer amor*. **SIN** idealizar. **ANT** desmitificar. **DER** mitificación; desmitificar.

mitigación *n. f.* Moderación o disminución de una cosa que es rigurosa o grave y se hace más suave o más soportable: *la mitigación del dolor en las enfermedades terminales mejora la calidad de vida de los enfermos*. **SIN** alivio.

mitigar *v. tr./prnl.* Disminuir la importancia o la gravedad de una cosa, especialmente de un dolor físico o moral: *las aspirinas mitigan el dolor de cabeza; hay que mitigar el hambre del Tercer Mundo*. **SIN** atenuar, calmar.

mitin *n. m.* Reunión de personas en donde uno o varios oradores pronuncian discursos de tema político o social: *algunos partidos políticos realizan sus mítines en lugares grandes, como por ejemplo estadios de fútbol y plazas de toros*.

dar un mitin Pronunciar un discurso de tema político o social: *el líder del partido dará un mitin en el palacio de los deportes*.

OBS El plural es *mítines*.

mito *n. m.* **1** Historia fantástica que narra las acciones de los dioses y héroes de la Antigüedad: *las culturas y las religiones antiguas tienen muchos mitos*. **2** Historia o relato que altera las verdaderas cualidades de una persona o de una cosa y les da más valor del que tienen en realidad: *aquella promesa de éxito era sólo un mito creado por el entrenador para dar ánimos a sus jugadores*. **3** Persona, cosa o hecho muy importante que entra a formar parte de la historia o se ha convertido en modelo a imitar: *Greta Garbo es un mito del cine; Elvis Presley es un mito del rock*. **DER** mítico, mitificar, mitología, mitomanía.

mitocondria *n. f.* BIOL. Orgánulo de una célula cuya principal función es la respiración celular: *la mitocondria está presente en las células que tienen el núcleo diferenciado*.

mitología *n. f.* Conjunto de historias fantásticas que narran las acciones de los dioses y los héroes de la Antigüedad, y que pertenecen a la historia, a la cultura y a la religión de un pueblo: *los artistas del Renacimiento se inspiraron en la mitología griega para pintar algunos cuadros; el escritor Jorge Luis Borges era un gran conocedor de la mitología escandinava*.

mitológico, -ca *adj.* De la mitología o que tiene relación con este conjunto de historias fantásticas que pertenecen a la cultura de un pueblo: *las sirenas, los unicornios y los centauros son seres mitológicos*.

mitomanía *n. f.* **1** Tendencia o inclinación patológica que hace que la persona mienta o transforme la realidad al explicar o narrar un hecho: *el enfermo de mitomanía puede llegar a identificarse con personajes famosos de la historia y creerse uno de ellos*. **SIN** fabulación. **2** Tendencia a mitificar a una persona, una cosa o un suceso determinados: *siente auténtica mitomanía hacia el mundo del rock*.

mitón *n. m.* Guante de punto que cubre la mano y deja los dedos al descubierto: *se compró unos mitones para seguir teniendo soltura en los dedos y así poder trabajar con ellos*.

mitosis *n. f.* BIOL. Tipo de división de una célula que se caracteriza por la duplicación de todos sus elementos dando origen a dos células hijas que tienen el mismo número de cromosomas e igual información genética que la célula madre: *la mitosis es un proceso de reproducción celular*.

mitra *n. f.* Gorro muy alto con el que se cubren la cabeza los religiosos importantes en las ceremonias oficiales; está formado por dos partes, una delante y otra detrás, terminadas en punta: *los cardenales, los arzobispos y los obispos llevaban mitra cuando recibieron al Papa*. ☞ sombrero.
DER mitrado, mitral.

mitral *adj.* [válvula] Que está entre la aurícula y el ventrículo izquierdo del corazón: *la válvula mitral se llama así porque tiene forma de mitra*.

mixomatosis *n. f.* Enfermedad infecciosa que padecen los conejos y que se caracteriza por la aparición de tumefacciones en las mucosas y en la piel: *la mixomatosis es causada por un virus y puede ser mortal para los conejos infectados*.
OBS El plural también es *mixomatosis*.

mixtificar

mixtificar *v. tr.* Cambiar o alterar una cosa para que deje de ser verdadera: *el joven mixtificó los acontecimientos para que le dieran la razón a él.* **SIN** deformar, falsear, mistificar.
OBS En su conjugación, la *c* se convierte en *qu* delante de *e*.
◊ La Real Academia Española admite *mixtificar*, pero prefiere la forma *mistificar*.

mixtilíneo, -nea *adj.* [figura geométrica] Que está formado por líneas rectas y por líneas curvas: *el pintor Kandinsky pintaba en sus cuadros figuras mixtilíneas.*

mixto, -ta *adj.* **1** Que está compuesto por dos o más cosas distintas mezcladas: *la ensalada mixta lleva lechuga, tomate, cebolla y atún; en un colegio mixto estudian tanto chicos como chicas.* ◊ *n. m.* **2** Pieza pequeña de madera u otro material, con una cabeza hecha de una sustancia que arde al ser rozada sobre una superficie áspera: *llevo una caja de mixtos para encender los cigarrillos.* **SIN** cerilla, fósforo.
DER mixtura.

mixtura *n. f.* Mezcla formada por dos o más elementos distintos: *los farmacéuticos elaboran mixturas para fabricar medicamentos.* **SIN** mezcla.

mnemotecnia *n. f.* Método que desarrolla la capacidad de la memoria para retener más información en ella: *la mnemotecnia puede ser muy útil para el estudio.*
OBS También se escribe *nemotecnia*.

mnemotécnico, -ca *adj.* De la mnemotecnia o que tiene relación con este método de retener información en la memoria: *usó un procedimiento mnemotécnico para aprender los símbolos de los elementos químicos.*
OBS También se escribe *nemotécnico*.

moabita *adj.* **1** De Moab o que tiene relación con este antiguo país del oeste de Asia situado junto al mar Muerto: *pueblo moabita; costumbres moabitas.* ◊ *adj./n. com.* **2** [persona] Que era del antiguo país de Moab: *los moabitas habitaron en una región de Palestina en la actual Transjordania.* ◊ *n. m.* **3** Lengua antigua próxima al hebreo que se hablaba en el antiguo país de Moab: *el moabita es una lengua semítica.*

moaré *n. m.* Tela fuerte de seda que forma aguas: *me regalaron una blusa de moaré.* **SIN** muaré.

moaxaja *n. f.* Composición poética compuesta en árabe o en hebreo que termina con una jarcha o estrofa breve escrita en mozárabe: *la moaxaja es una composición de carácter culto y la jarcha, popular.*

mobiliario *n. m.* Conjunto de muebles de una casa o de una habitación: *tengo que renovar el mobiliario de mi piso porque está muy anticuado.*
DER inmobiliario.
ETIM Véase *mueble*.

moca *n. amb.* **1** Café de buena calidad que procede de Arabia. **2** Crema hecha con café, mantequilla, azúcar y vainilla que se utiliza para preparar tartas y dulces.
ETIM *Moca* procede del nombre de la ciudad de *Moka*, de la cual es originario este café.

mocasín *n. m.* **1** Zapato hecho de piel que no lleva cordones ni hebillas: *los mocasines suelen tener poco tacón y la suela lisa.* ☞ *calzado.* **2** Zapato característico de los indios de América, hecho de piel sin curtir: *los mocasines de los indios no llevan tacón.*

mocedad *n. f.* Período de la vida de una persona que está entre la niñez y el comienzo de la edad madura: *vivió grandes aventuras durante su mocedad.* **SIN** juventud.

mocetón, -tona *n. m. y f.* Persona joven que es alta y fuerte: *estás hecho un mocetón, la última vez que te vi me llegabas por el hombro y ahora eres más alto que yo.*

mochales *adj.* [persona] Que está loco: *está completamente mochales y no sabe lo que hace.* **SIN** chiflado.

mochila *n. f.* Bolsa de tela fuerte que se lleva a la espalda sujeta a los hombros por medio de dos correas y que sirve para llevar las cosas necesarias para un viaje: *cuando voy de excursión llevo una mochila con los bocadillos, la linterna y la cantimplora.* **SIN** macuto. ☞ *equipaje.*

mocho, -cha *adj.* **1** [cosa] Que no tiene punta o le falta la terminación adecuada: *desde que chocó el avión, la torre de la iglesia está mocha; este lápiz está mocho, tengo que sacarle punta.* **2** Que tiene el pelo muy rapado: *la abuela tiene un gato viejo y mocho.* ◊ *n. m.* **3** Extremo grueso y sin punta de un instrumento o utensilio largo: *la culata es el mocho del fusil.* **4** Utensilio que sirve para fregar el suelo, y que está formado por un palo largo y delgado y una pieza en su extremo que sujeta varias cintas de un material absorbente: *pásale el mocho al suelo, que está lleno de agua.* **SIN** fregona.

mochuelo *n. m.* **1** Ave nocturna, de menor tamaño que el búho, que se alimenta de pequeños animales, como por ejemplo roedores y reptiles: *el mochuelo es muy común en la península ibérica. Para indicar el sexo se usa el mochuelo macho y el mochuelo hembra.* **2** *coloquial* Culpa o responsabilidad mayor en un asunto o en un trabajo desagradable: *al final le hicieron cargar con el mochuelo del robo.* **3** *coloquial* Trabajo desagradable o difícil de hacer, y del que nadie quiere encargarse: *como Marta es tan buena y paciente, siempre le cargan a ella con el mochuelo.*
cada mochuelo a su olivo Indica que ya es hora de que un grupo de personas se separe y se vaya cada una a su casa: *cuando acabó la película nos fuimos cada mochuelo a su olivo.*

moción *n. f.* Propuesta o petición que se hace en una junta o reunión de personas: *la asociación de vecinos rechazó la moción que presentó la semana pasada.* **moción de censura** Propuesta que el conjunto de los partidos políticos de la oposición presenta contra el equipo de gobierno: *si se aprueba la moción de censura, el Gobierno tendrá que dimitir.*

moco *n. m.* **1** Sustancia espesa y pegajosa elaborada por la membrana mucosa de la nariz: *sacó un pañuelo del bolsillo y se sonó los mocos; cuando estamos constipados tenemos muchos mocos.* **2** Sustancia densa y pegajosa que forma grumos dentro de un líquido: *cuando limpias los grifos de la cerveza sale un moco asqueroso.* **3** Cera derretida que cae de las velas y se va quedando sólida a lo largo de ellas: *las velas y los cirios de la iglesia tenían un moco viejo y renegrido.*
llorar a moco tendido *coloquial* Llorar mucho y con gran pena o de manera aparatosa: *lloraba a moco tendido porque había perdido la pulsera de su novia.*
no ser moco de pavo *coloquial* Ser una cosa importante o tener valor: *su sueldo no es moco de pavo, tiene más dinero del que necesita para vivir.*
tirarse el moco *coloquial* Presumir de lo que no se es o de lo que no se ha hecho: *el muy chulo siempre se tira el moco de lo bien que conduce, pero ya le han puesto varias multas.*
DER mocoso, moquear, moquero, moquillo.
ETIM *Moco* procede del latín *mucus*, que tenía el mismo significado, voz con la que también se relacionan *mucal, mucosidad y mucoso.*

mocoso, -sa *adj.* **1** Que tiene la nariz llena de mocos: *mi hermana estuvo mocosa y acatarrada varios días.* ◊ *n. m. y f.* **2** Persona que tiene pocos años o no tiene experiencia en una actividad determinada: *es un mocoso y quiere dar lecciones a todo el mundo; aunque todavía es un mocoso, a veces es serio y responsable como un adulto.* Se puede usar tanto en tono despectivo como cariñoso.

moda *n. f.* **1** Conjunto de gustos, costumbres y modos de comportarse propios de un período de tiempo, de un conjunto de personas o de un país determinado: *es un apasionado de la moda de los años veinte*. **2** Conjunto de prendas de vestir, adornos y complementos con un estilo o un diseño común, que se usan durante un período de tiempo determinado: *la moda de este verano se caracteriza por los colores vivos*.
a la moda Con ropa, adornos y complementos nuevos y actuales: *Susana siempre viste a la moda*.
de moda Dentro de los gustos y costumbres de un período de tiempo o de un país determinado: *este invierno están de moda las botas altas con cordones; la canción de moda del verano sonaba en todas las discotecas*.
pasado de moda Que se ha dejado de usar o que está fuera de los gustos y costumbres de un período de tiempo: *le gusta vestir con ropa pasada de moda; su manera de cantar está pasada de moda*. **SIN** anticuado.
DER modisto.

modal *adj.* **1** GRAM. Del modo o que tiene relación con esta categoría gramatical del verbo: *hay tres categorías modales: el indicativo, el subjuntivo y el imperativo*. ◇ *n. m. pl.* **2 modales** Acciones y formas de comportarse ante los demás con que una persona da a conocer su buena o mala educación: *toda esa familia tiene muy buenos modales*. **SIN** modos.
DER modalidad.

modalidad *n. f.* **1** Modo de ser, de actuar o de presentarse que tiene una cosa: *el producto es el mismo, pero se presenta en varias modalidades: en botella, en tarro o en caja de cartón*. **2** En algunos deportes, categoría, estilo o forma de practicar un deporte: *el piloto español corre en la modalidad de 125 centímetros cúbicos; hoy se juega la final de tenis en la modalidad de dobles masculinos*.

modelado *n. m.* Arte o técnica que consiste en dar la forma deseada a una materia blanda: *dedica sus ratos libres al modelado del barro*.

modelar *v. tr.* **1** Dar la forma deseada o hacer una figura con un material blando, como por ejemplo cera, barro o plastilina: *los niños han modelado un cenicero de escayola*. **2** Cambiar la forma de ser de una persona para mejorarla, haciendo que adquiera unos rasgos determinados: *el maestro consiguió modelar el carácter de todos sus discípulos con paciencia y tesón*. **SIN** formar, moldear.
DER modelado; remodelar.

modélico, -ca *adj.* Que sirve o puede servir de modelo por tener unas cualidades muy buenas o extraordinarias: *dice que tiene un hijo modélico porque trabaja y estudia*.

modelista *n. com.* **1** Persona que se dedica a hacer modelos y maquetas: *el arquitecto dibujó los planos del edificio y un modelista realizó la maqueta*. **2** Persona que se encarga de hacer los moldes para el vaciado de piezas de metal, cemento u otros materiales.

modelo *n. m.* **1** Persona u objeto que sirve como pauta para imitarlo o copiarlo: *toma a su padre como modelo y le copia en todo lo que puede; para pintar el retrato tomé como modelo una fotografía de mi madre*. **2** Persona que merece ser imitada por sus buenas cualidades: *modelo de bondad; modelo de simpatía*. Puede usarse en aposición a otro sustantivo: *es un padre modelo, tu hijo es un niño modelo*. **3** Objeto que se fabrica en serie y que tiene las mismas características que los que pertenecen a su mismo tipo: *tenemos un modelo de aspirador más moderno que éste; me he comprado un televisor último modelo*. **4** Prenda de vestir que pertenece a una colección de ropa diseñada por alguien: *la señorita viste un precioso modelo realizado en seda*. **5** Representación de un objeto a pequeña escala: *nos han mostrado el modelo del centro comercial que construirán en el centro de la ciudad*. **6** Esquema teórico que representa una realidad compleja o un proceso complicado y que sirve para facilitar su comprensión: *algunas pruebas matemáticas comparan un modelo teórico con los datos recogidos de la realidad*. ◇ *n. com.* **7** Persona, generalmente alta y bien formada, que se dedica a mostrar en público prendas de vestir u otros productos: *las modelos lucieron las nuevas joyas en la pasarela; se buscan modelos jóvenes para hacer un anuncio de televisión*. **SIN** maniquí. **8** Persona que posa para ser representada en una obra de arte, especialmente en un cuadro, una escultura o una fotografía: *hice de modelo para ese pintor durante varios años*.
DER modelar, modélico.

módem *n. m.* INFORM. Dispositivo que, conectado a un ordenador, convierte una señal digital en analógica o viceversa y que permite la comunicación con otro ordenador por vía telefónica. ☞ ordenador.
OBS El plural es *módemes*.

moderación *n. f.* Cualidad que consiste en contener o frenar los sentimientos, las palabras o los impulsos exagerados: *si actúas con moderación, todo te irá bien; el médico le ha aconsejado que coma y fume con moderación*. **SIN** mesura.

moderado, -da *adj.* **1** Que está en un punto medio entre dos extremos y no es exagerado: *esa tienda vende más que las otras porque ofrece unos precios moderados*. **SIN** mesurado. **2** Que tiene ideas políticas poco radicales: *partido moderado; político moderado*. **ANT** extremista, fanático.

moderador, -ra *n. m. y f.* Persona que dirige una reunión en la que varias personas discuten sobre un tema y da la palabra a los que quieren intervenir: *el moderador pidió que las intervenciones de los invitados fueran más breves*.

moderar *v. tr.* **1** Disminuir la intensidad o evitar el exceso de una cosa: *este aparato modera la luz de la sala; en las curvas es recomendable moderar la velocidad*. **2** Dirigir una reunión en la que varias personas discuten sobre un tema, dando la palabra a los que quieren intervenir: *un periodista famoso modera cada jueves una mesa redonda sobre política*. ◇ *v. tr./prnl.* **3** Contener o frenar los sentimientos, las palabras o los impulsos exagerados: *modera tu lengua o acabarás teniendo problemas; modérate en la mesa y no comas tanto*. **SIN** controlar, reprimir.
DER moderación, moderado, moderador.

modernidad *n. f.* Cualidad que tienen las cosas o las personas modernas: *ha decorado su casa con modernidad; la modernidad de sus teorías ha causado un gran revuelo entre los científicos*.

modernismo *n. m.* **1** Movimiento literario que se siguió en España y en Hispanoamérica a finales del siglo XIX y principios del XX, y que se caracteriza por el cuidado de la lengua y el refinamiento de la expresión: *el modernismo le da mucha importancia a las culturas y temas exóticos*. **2** Corriente artística europea de finales del siglo XIX y principios del XX, en la que se suelen representar temas relacionados con la naturaleza y en la que abundan las líneas curvas y asimétricas: *Antonio Gaudí es el mayor representante del modernismo catalán en arquitectura*. **3** Gusto por las cosas modernas y actuales, especialmente en arte y en literatura: *era tal su modernismo que tenía la casa llena de objetos de diseño*.
DER modernista; postmodernismo.

modernista *adj.* **1** Del modernismo o que tiene relación con este movimiento artístico y literario: *en Barcelona hay*

modernización

M m

importantes edificios modernistas; la literatura modernista se interesó por los aspectos rítmicos del lenguaje. ◇ *adj.* **2** Que practica el modernismo en literatura o en arte: *Rubén Darío es el poeta modernista más importante de la literatura en lengua española.*

modernización *n. f.* **1** Proceso mediante el cual una cosa antigua toma forma o aspecto modernos: *la modernización de las instalaciones del cine duró varios meses.* **2** Adaptación del modo de vida a los usos y costumbres más avanzados y modernos: *la tecnología ha contribuido mucho a la modernización de la sociedad.*

modernizar *v. tr.* **1** Hacer que una cosa antigua tome forma o aspecto modernos: *he modernizado mi casa con muebles nuevos.* ◇ *v. tr./prnl.* **2** Adaptar una cosa a los usos y costumbres más avanzados y modernos: *la nueva maquinaria agraria ha modernizado las labores del campo; la empresa se modernizó cuando compraron ordenadores.*
OBS En su conjugación, la *z* se convierte en *c* delante de *e*.

moderno, -na *adj.* **1** Que pertenece al presente, al período de tiempo actual: *la electricidad es un adelanto de la vida moderna.* **ANT** antiguo. **2** Que existe, se conoce o se usa desde hace poco tiempo: *los ordenadores portátiles son un invento moderno.* **SIN** reciente. **3** Que sigue las últimas tendencias o adelantos: *en esa fábrica emplean la tecnología más moderna.* **SIN** avanzado, innovador, novedoso. **4** Que está de acuerdo con la moda del momento actual: *lleva un peinado muy moderno.* **ANT** anticuado, clásico.
DER modernidad, modernismo, modernizar.

modestia *n. f.* **1** Cualidad que tienen las personas que no se creen superiores a los demás o se quitan importancia a sí mismas: *la modestia es una gran virtud.* **SIN** humildad. **ANT** orgullo, soberbia, vanidad. **2** Escasez de dinero o de los medios necesarios para vivir: *el matrimonio vivía con modestia, pero por lo menos no pasaba hambre.* **SIN** humildad, sencillez. **ANT** lujo.

modesto, -ta *adj.* **1** Que no se cree superior a los demás y no le da demasiada importancia a su persona ni a las obras que realiza: *a pesar de ser una gran actriz, es muy modesta y muy sencilla.* **SIN** humilde. **ANT** orgulloso, soberbio, vanidoso. **2** Que tiene poca importancia social o poco dinero: *llevó una vida modesta y sin grandes lujos; su novia pertenecía a una modesta familia rural.* **ANT** lujoso.
DER modestia.

módico, -ca *adj.* [cantidad, precio] Que no es demasiado alto: *compre esta fabulosa batidora por el módico precio de 3000 pesetas.* **SIN** moderado. **ANT** elevado.

modificación *n. f.* Cambio pequeño o alteración de una cosa que no afecta a sus características principales: *tu trabajo de ciencias está bastante bien, pero habría que hacer algunas modificaciones.* **SIN** variación.

modificador *n. m.* GRAM. Palabra que determina el sentido de otra: *el adverbio es un modificador del verbo.*

modificar *v. tr.* **1** Alterar o transformar una cosa cambiando alguna de sus características, pero sin alterar las principales: *el parlamento revisó la ley y la modificó en algunos de sus puntos; modificaron la cubierta del libro al hacer una segunda edición.* **SIN** variar. **2** GRAM. Limitar o determinar el sentido de una palabra: *los adjetivos modifican a los sustantivos.*
DER modificación, modificador.

modismo *n. m.* Expresión característica de una lengua que está formada por un grupo de palabras con una estructura fija y que tiene un significado que no se puede deducir del significado de las palabras que lo forman: *en un abrir y cerrar de ojos es un modismo en lengua española.* **SIN** locución.

modisto, -ta *n. m. y f.* Persona que se dedica a diseñar y a confeccionar prendas de vestir, especialmente de moda: *el modisto español ha triunfado en la alta costura parisina; una modista me está haciendo el traje de novia.*

modo *n. m.* **1** Forma de ser o de hacer una cosa: *no me gusta su modo de comportarse; tiene que haber un modo más fácil de hacerlo.* **SIN** manera. **2** GRAM. Categoría gramatical que expresa la actitud del hablante con respecto a la acción expresada por el verbo. **modo imperativo** Modo que expresa una orden, un ruego o un mandato: *en las oraciones abre la puerta y comed despacio, los verbos están en modo imperativo.* **modo indicativo** Modo que expresa una acción real y refleja una actitud objetiva del hablante respecto a la acción: *en las oraciones voy en coche y ayer comí arroz, los verbos están en modo indicativo.* **modo subjuntivo** Modo que expresa una actitud subjetiva del hablante respecto a la acción del verbo, como por ejemplo de deseo o duda: *en la oraciones ojalá llueva y quizá no hubiera venido el verbo está en modo subjuntivo.* **3** MÚS. Forma de ordenarse los sonidos en la escala musical. **modo mayor** Disposición de los sonidos de una escala musical cuando entre la primera y tercera nota hay dos tonos de distancia: *las mayoría de las marchas militares están en modo mayor.* **modo menor** Disposición de los sonidos de una escala musical cuando entre la primera y tercera nota hay un tono y medio de distancia. ◇ *n. m. pl.* **4 modos** Manera de comportarse una persona en sociedad o con los demás: *entró preguntando por él de muy malos modos; hay que pedir las cosas con buenos modos.* **SIN** formas, modales.

a modo de Como si fuera: *usó la mano a modo de visera.* **SIN** como.

de modo que *a)* Por tanto: *tenemos que acabar el trabajo pronto, de modo que ponte a escribir ya. b)* De forma que: *tienes que doblar el papel varias veces de modo que quede muy pequeño.*

de ningún modo Indica negación de manera tajante: *de ningún modo voy a llamarle si no me pide perdón.*

de todos modos Indica que una cosa que se ha dicho antes o que se sabe no impide lo que se dice a continuación: *ya sé que lo acordamos por teléfono, pero de todos modos me gustaría que me lo pusieras por escrito.*
DER modal, modificar, modismo, modoso.

modorra *n. f.* Sensación de sueño que provoca pesadez y torpeza en los sentidos: *después de comer me entra tanta modorra que no soy capaz de hacer nada.* **SIN** somnolencia, sopor.
DER amodorrarse.

modoso, -sa *adj.* Que se comporta ante los demás con respeto, cuidado y buena educación: *los niños modosos no suelen hacer travesuras.* **SIN** comedido, recatado.

modulación *n. f.* **1** MÚS. Acción que consiste en variar el tono de una voz o de un instrumento hasta conseguir el adecuado: *la cantante tiene una hermosa modulación de los agudos.* **2** Modificación de las características de las ondas, especialmente de las ondas sonoras, para conseguir que se transmitan mejor: *el técnico de sonido se encarga de la modulación de todos los sonidos que emiten los instrumentos.*

modular *adj.* **1** [objeto] Que está formado por varias partes o módulos que se pueden separar y combinar de distintas maneras: *ha encargado unos armarios modulares.* ◇ *v. tr.* **2** MÚS. Variar el tono de una voz o de un instrumento hasta conseguir el adecuado: *la soprano modula su voz magníficamente.* **3** Modificar las características de las ondas, especial-

mente de las ondas sonoras, para conseguir que se transmitan mejor.

módulo *n. m.* **1** Pieza que forma parte de un conjunto pero que también puede considerarse por separado: *el salón de actos está en aquel módulo de la universidad; hemos comprado un sofá formado por cuatro módulos separables.* **2** Medida que se toma como modelo para medir las proporciones de los objetos que son artísticos o arquitectónicos: *el templo dórico se construía usando como módulo la medida del capitel.*
DER modular.

mofa *n. f.* Obra o dicho con que se intenta despreciar o poner en ridículo a una persona o cosa: *sus compañeros hicieron mofa de él y de su traje.* **SIN** burla.
DER mofarse.

mofarse *v. prnl.* Reírse de una persona o gastarle una broma despreciándola o poniéndola en ridículo: *todos se mofaron de la ingenuidad del recién llegado.* **SIN** burlar, cachondearse.

mofeta *n. f.* Animal mamífero nocturno de color negro con bandas blancas, que lanza un líquido de olor muy desagradable cuando se siente amenazado: *las mofetas se crían en Norteamérica y se alimentan de carne.*
OBS Para indicar el sexo se usa *la mofeta macho* y *la mofeta hembra.*

moflete *n. m.* Mejilla que está gruesa y carnosa: *su hermano pequeño está guapísimo con esos mofletes tan abultados.*
mofletudo, -da *adj.* Que tiene mofletes.

mogollón *n. m.* **1** *coloquial* Cantidad grande de una cosa o un conjunto de cosas, animales o personas: *había mogollón de hormigas cubriendo la tortilla; un mogollón de personas esperaba para ver a su cantante favorito.* **2** *coloquial* Confusión o desorden de un conjunto de cosas o personas: *en medio del mogollón se distinguía la cabeza de un chico muy alto; no entiendo nada de todo este mogollón.* ◊ *adv.* **3** *coloquial* Indica que la acción señalada por el verbo es o se hace en gran cantidad o más de lo normal: *esa película me gustó mogollón; Enrique sabe mogollón de literatura.*

mohicano, -na *adj.* **1** De un pueblo amerindio que habitaba en el valle central del río Hudson y en el estado actual norteamericano de Vermont o que tiene relación con él: *la tribu mohicana era nómada.* ◊ *adj./n. m. y f.* **2** [persona] Que pertenecía a este pueblo amerindio: *los indios mohicanos se dedicaban a la caza y a la agricultura.* ◊ *n. m.* **3** Lengua que hablaba este pueblo amerindio.

mohín *n. m.* Gesto que se hace con los músculos de la cara, especialmente con los labios, para expresar desagrado o enfado: *nos hizo un mohín de desprecio.*

mohíno, -na *adj.* Que está triste o poco animado: *esta mañana se ha levantado mohína y no hay manera de alegrarla.* **SIN** mustio, enfurruñado. **ANT** alegre.
DER amohinar.

moho *n. m.* **1** Hongo que crece en la superficie de los alimentos y otros materiales orgánicos provocando su descomposición; forma una capa de color negruzco, verdoso o blanco: *olvidé las naranjas en la despensa y ahora están todas llenas de moho; se utilizan algunas especies de moho para crear antibióticos.* **2** Capa de óxido de color verde que se forma sobre los objetos de metal a causa de la humedad: *al acabar el invierno los jardineros limpiaban el moho de las verjas del parque.* **SIN** orín, verdín.
DER mohoso; enmohecer.

mohoso, -sa *adj.* Que está cubierto de moho: *el pan estaba mohoso; encontró una cuchara mohosa.*

moisés *n. m.* Cuna portátil para recién nacido, parecida a un cesto grande, hecha de material flexible y con asas: *en casa el niño tiene su cunita, pero cuando viajamos en coche usamos el moisés.* ☞ cama.
ETIM Moisés procede de *Moisés*, personaje bíblico que fue abandonado en el Nilo metido en un cesto.
OBS Su plural también es *moisés.*

mojama *n. f.* Carne de atún seca, curada y salada.
DER amojamar.

mojar *v. tr./prnl.* **1** Humedecer el agua u otro líquido la superficie de un cuerpo o entrar en su interior: *el mar moja la arena de la playa; llovía y el periódico se ha mojado.* **ANT** secar. **2** *coloquial* Orinar encima de uno mismo, sin quitarse la ropa o, especialmente, en la ropa de la cama: *el niño moja la cama todas las noches; es tan cobarde que se mojó de miedo.* ◊ *v. tr.* **3** Hacer que el agua u otro líquido humedezca la superficie de un cuerpo o entre en su interior: *para enjuagar el mueble mojó el paño con agua.* **ANT** secar. **4** Meter trozos de pan o de otro alimento en una salsa o en una bebida: *mojaba tres o cuatro galletas en un vaso de leche; ¿qué tal unos churros para mojar en el chocolate?* **5** *coloquial* Celebrar una cosa tomando unas bebidas: *esta noticia tan fantástica hay que mojarla.* **SIN** remojar. ◊ *v. prnl.* **6** **mojarse** *coloquial* Comprometerse en un asunto conflictivo o con una manera de pensar y actuar asumiendo las responsabilidades o consecuencias que conlleva el compromiso: *no quiso decirnos su opinión, ni participar en la votación porque no le gusta mojarse.* **SIN** implicarse, pringarse.
DER mojado; remojar.

moje *n. m.* Salsa o caldo de un guiso en el que se puede mojar pan: *hizo una carne guisada en un moje delicioso.*

mojicón *n. m.* **1** Bollo o bizcocho pequeño, que se toma mojado en café, leche o chocolate. **2** *coloquial* Golpe que se da en la cara con la mano: *como no te estés quieto te voy a dar un mojicón.* **SIN** torta.

mojiganga *n. f.* **1** Fiesta que se hacía antiguamente en la que las personas se disfrazaban con disfraces grotescos y ridículos: *en las mojigangas las personas se disfrazaban de animales.* **2** Obra de teatro antigua y muy breve que se hacía con personajes ridículos o extravagantes para provocar la risa del espectador: *las mojigangas se representaban en el siglo XVII.* **3** Cosa o hecho ridículo que sirve para burlarse de una persona o para hacerla reír.

mojigatería *n. f.* **1** Demostración exagerada de moralidad o tendencia a escandalizarse con facilidad: *la mojigatería de la gente del pueblo me impedía llevar minifalda o biquini cuando vivía allí.* **SIN** beatería. **2** Humildad o timidez simuladas para conseguir algún fin: *se comporta con mojigatería para caerle bien a su jefe.* **SIN** hipocresía.

mojigato, -ta *adj./n. m. y f.* **1** [persona] Que se escandaliza con facilidad o muestra exageradamente su moralidad: *las personas mojigatas se escandalizan por todo; es un mojigato y cree que darse un beso en público es inmoral.* **SIN** beato. **2** [persona] Que se comporta con falsa humildad o con una timidez simulada para conseguir algún fin: *ser tan mojigata le habrá servido para ascender, pero ahora nadie confía en ella.*
DER mojigatería.

mojo *n. m.* Salsa o caldo de un guiso en el que se puede mojar pan. **mojo picón** Salsa elaborada con aceite, pimentón, ajo, azafrán y orégano: *el mojo picón es una salsa típica de las islas Canarias.*

mojón *n. m.* Poste o piedra que sirve para señalar el límite de un territorio o propiedad, o para marcar las distancias, o la dirección en un camino: *caminaron hasta el primer mojón*

M m

de la carretera comarcal; aquel mojón señala el punto en que limitan las tres provincias. **SIN** hito.
DER amojonar.

mol n. m. Unidad básica de cantidad de materia del sistema internacional que equivale a la masa de tantas unidades elementales (átomos, moléculas, iones, electrones, etc.) como átomos de carbono existen en 12 gramos de carbono-12 puro: *un mol también recibe el nombre de molécula gramo.*

molar adj. **1** De la muela o que tiene relación con estos dientes: *el dentista nos ha dicho que el niño tiene una infección molar.* ☞ diente. **2** Que sirve para moler o triturar: *la piedra molar es la que machaca el grano en los molinos.* ◇ adj./n. m. **3** [diente] Que está situado en la parte posterior de la boca y sirve para triturar los alimentos: *los dientes molares están detrás de los caninos; la dentadura humana tiene 12 molares.* **SIN** muela. Se usa sobre todo como sustantivo masculino. ◇ v. intr. **4** *coloquial* Gustar o ser del agrado de una persona: *no veas cómo me mola esa chica; con estos pantalones molas un montón.*
ETIM Véase *muela*.

moldavo, -va adj. **1** De Moldavia o que tiene relación con este estado de Europa Oriental: *Kishinev es la capital moldava.* ◇ adj./n. m. y f. **2** [persona] Que es de Moldavia: *los moldavos son vecinos de los ucranianos y de los rumanos.* ◇ n. m. **3** Lengua hablada en Moldavia.

molde n. m. **1** Recipiente o pieza hueca donde se echa una masa líquida o blanda que toma la forma del recipiente al volverse sólida: *siempre pongo caramelo líquido en el molde antes de echar el flan; las figuras de escayola se hacen con un molde de látex.* ☞ cocina. **2** Pieza o instrumento de cualquier tipo, aunque no sea hueco, que se usa para dar forma o cuerpo a una cosa; sobre todo se dice de los usados para estampar las letras de imprenta.
romper moldes Actuar saliendo de las normas establecidas: *su boda civil rompió moldes en la larga tradición católica de su familia.*
DER moldear, moldura; amoldar.

moldeado n. m. **1** Rizado u ondulado del cabello que se hace de manera artificial y duradera enrollando los mechones de pelo en una especie de tubos cilíndricos y aplicando un líquido fuerte sobre ellos: *iré a la peluquería a hacerme un moldeado de rizo pequeño.* **SIN** permanente. **2** Operación mediante la cual se realizan objetos o figuras por medio de un molde: *el moldeado de algunos objetos decorativos todavía se realiza a mano.*

moldear v. tr. **1** Dar forma a una sustancia blanda o fundida, echándola en un molde, o con la ayuda de las manos o algún utensilio: *el escultor moldea el barro con sus manos.* **SIN** modelar. **2** Formar a una persona para que desarrolle unas cualidades o un carácter determinado, acorde con un modelo: *los padres intentan moldear la personalidad del niño para que se ajuste a lo que la sociedad espera de él.* **3** Poner en un molde una masa líquida o blanda que al volverse sólida toma su forma: *moldeamos los pasteles en moldes redondos.* **4** Ondular o rizar el pelo: *el peluquero le puso unos rulos gruesos para moldearle la melena.*
DER moldeado.

moldura n. f. **1** En carpintería, listón de madera liso o con relieves que sirve para tapar juntas o como adorno. **2** Marco de cuadro o fotografía. **3** ARQ. Banda saliente que se usa de adorno o de refuerzo y que se coloca a lo largo de una fachada, en la unión de las paredes con el techo o en las junturas en general: *una moldura con dibujos geométricos recorre la fachada.*

mole n. f. **1** Cosa de gran tamaño y pesada: *una mole de cemento se desplomó desde lo alto de la grúa.* **2** Persona o animal grande y corpulento: *está hecho una mole, pesa 100 kilos.*
DER molécula; demoler.

molécula n. f. FÍS. Parte más pequeña que puede separarse de una sustancia pura sin que la sustancia pierda sus propiedades: *la molécula de agua está formada por dos átomos de hidrógeno y un átomo de oxígeno.*
DER molecular; macromolécula.

molecular adj. FÍS. De la molécula o que tiene relación con esta partícula: *en su etapa de médico interno se especializó en biología molecular.*

moler v. tr. **1** Triturar algo, especialmente granos o frutos, golpeándolo o frotándolo entre dos piezas duras hasta reducirlo a trozos muy pequeños o a polvo: *en el molino se muele el trigo para hacer harina; molió un poco de café.* ◇ v. tr./intr. **2** Cansar mucho físicamente: *descargar tantos muebles muele a cualquiera; estoy molido después de tanto ejercicio; cualquier esfuerzo me deja molido.* **SIN** fatigar.
moler a palos *coloquial* Pegar a alguien: *como vuelva a pillarte robándome, te voy a moler a palos.*
DER molienda; demoler.
OBS En su conjugación, la o se convierte en ue en sílaba acentuada, como en *mover*.

molestar v. tr. **1** Causar incomodidad o perturbar la tranquilidad de alguien: *no le molestes, está descansando; ¿le molesta que fume?* **SIN** incordiar, fastidiar. **2** Producir un dolor ligero o poco importante: *ya está recuperada de la operación, pero le molestan los puntos.* ◇ v. tr./prnl. **3** Disgustar o enfadar ligeramente a alguien: *le molesta que le digan que se está haciendo viejo; me molesté por sus insinuaciones.* **SIN** ofender. ◇ v. prnl. **4 molestarse** Esforzarse en hacer una cosa: *no te molestes en acompañarme, conozco el camino.*

molestia n. f. **1** Cosa, persona o situación fastidiosa que causa incomodidad o perturba la tranquilidad, especialmente cuando obliga a un esfuerzo: *se tomó la molestia de acompañarme hasta la puerta; la ropa estrecha es una molestia para la libertad de movimientos; para algunas personas, los niños son una molestia.* **SIN** engorro, fastidio. **2** Dolor ligero o poco importante: *siento algunas molestias en el estómago, pero creo que no es nada grave.* **SIN** trastorno.

molesto, -ta adj. **1** Que causa una incomodidad o un dolor ligero: *la ropa ajustada me resulta molesta; el pinchazo de la inyección fue algo molesto, pero apenas me dolió.* **2** Que siente un dolor ligero o poco importante o que está enfadado o disgustado: *el enfermo se encontraba algo molesto por el efecto de la anestesia; estoy molesto con mi amigo porque últimamente no viene a verme.*
DER molestar, molestia.

molibdeno n. m. Elemento químico metálico que se caracteriza por tener un punto de fusión muy elevado y una gran resistencia a la corrosión; se emplea en la fabricación de aceros: *el símbolo químico del molibdeno es Mo.*

molicie n. f. **1** Cualidad que tienen las cosas tiernas o blandas. **SIN** blandura. **2** Comodidad excesiva en la manera de vivir: *no trabaja porque vive en una auténtica molicie.* **SIN** regalo, ocio.

molienda n. f. **1** Proceso que consiste en triturar una materia hasta reducirla a trozos muy pequeños o a polvo: *la molienda del trigo se hace hoy con métodos muy modernos.* **2** Cantidad de materia que se tritura de una vez: *el campesino fue a recoger la molienda de su cosecha.* **3** Temporada en que se muele; referido sobre todo a trigo, aceitunas y caña de azúcar. **4** Molino, edificio: *la vieja molienda estaba abandonada desde hacía tiempo.*

molinero, -ra *n. m. y f.* Persona que trabaja en un molino o lo tiene a su cargo.

molinete *n. m.* **1** Rueda con aspas que gira y que se pone en un cristal de una habitación para renovar el aire: *en el bar había mucho humo porque no funcionaba el molinete.* **2** Juguete de niños que consiste en una vara o palo en cuyo extremo va sujeta una rueda o estrella de papel que gira impulsada por el viento. **SIN** molinillo. **3** Mecanismo compuesto por una serie de aspas giratorias que colocado en una puerta o acceso permite el paso de las personas de una en una: *en la entrada del concierto han puesto un molinete para que los espectadores no entren todos a la vez.*

molinillo *n. m.* **1** Instrumento o aparato pequeño de cocina que sirve para moler: *cambió el antiguo molinillo de café por uno eléctrico.* **2** Juguete de niños que consiste en una vara o palo en cuyo extremo va sujeta una rueda o estrella de papel que gira impulsada por el viento: *el niño sopla para ver cómo gira el molinillo.* **SIN** molinete.

molino *n. m.* **1** Máquina o mecanismo que sirve para triturar una materia hasta reducirla a trozos muy pequeños o a polvo. **molino de viento** Molino que se mueve por la fuerza del viento: *en La Mancha hay muchos molinos de viento; los molinos de viento tienen un armazón de aspas de madera que gira con el viento.* **molino de agua** o **hidráulico** Molino que funciona por la fuerza de una corriente de agua: *junto a los ríos se construían molinos de agua.* **2** Edificio donde está instalada esta máquina: *ha comprado un viejo molino y lo ha convertido en una preciosa casa.*

DER molinero, molinete, molinillo; remolino.

molla *n. f.* **1** Carne que no tiene grasa: *aparté la grasa de la chuleta porque el niño sólo se come la molla.* **SIN** magro. **2** Parte más blanda del pan: *le gustan los panes redondos porque tienen más molla.* **SIN** miga. **3** *coloquial* Acumulación de carne o de grasa en una parte del cuerpo de una persona: *está muy gordo y tiene unas mollas horribles en la barriga.* En esta acepción se usa generalmente en plural.

molleja *n. f.* **1** Estómago muscular de las aves, de paredes gruesas donde trituran los alimentos: *algunas aves tienen piedrecillas en la molleja, se las tragan para que les ayuden a triturar el grano que comen.* **2** Parte carnosa de las glándulas de algunos animales: *las mollejas se desarrollan sobre todo en las amígdalas; compró mollejas de cordero en la carnicería.* En esta acepción se usa generalmente en plural.

mollera *n. f.* **1** Parte más alta de la cabeza, concretamente la parte superior de la frente: *a los niños, cuando nacen, aún no se les ha formado hueso en la mollera.* **2** *coloquial* Cerebro y capacidad de pensar y juzgar: *es un chico muy atractivo, pero no tiene ni pizca de mollera; por más vueltas que le doy no me entra en la mollera por qué te quieres marchar.* **SIN** seso, inteligencia.

cerrado de mollera Poco inteligente: *no te molestes en explicárselo otra vez, que es muy cerrado de mollera y no te entenderá.*

duro de mollera *a)* Tonto: *es muy duro de mollera y siempre suspende las matemáticas.* *b)* Terco: *no seas tan duro de mollera y reconoce de una vez que tengo razón.*

molusco *adj./n. m.* **1** ZOOL. [animal] Que es invertebrado y de cuerpo blando; suele tener concha: *el caracol, la sepia y el mejillón son especies diferentes de animales moluscos; hay moluscos terrestres y marinos.* ◇ *n. m. pl.* **2 moluscos** Grupo formado por todos los invertebrados.

ETIM Molusco procede del latín *molluscus*, 'blando'.

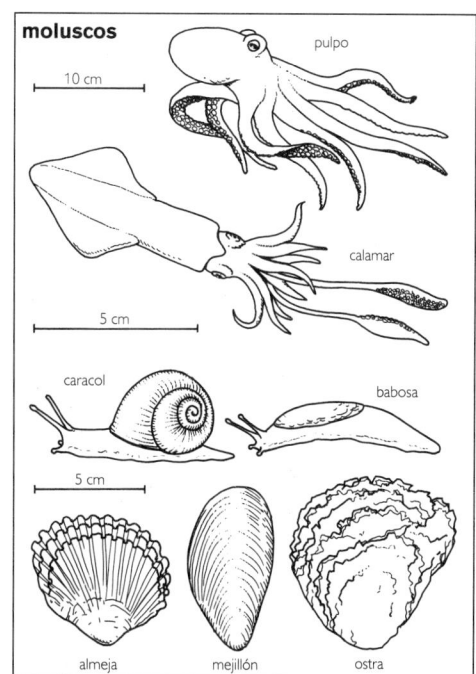

moluscos: pulpo, calamar, caracol, babosa, almeja, mejillón, ostra

momentáneo, -nea *adj.* **1** Que dura sólo un momento: *sintió el pinchazo de la aguja, pero fue un dolor momentáneo; tuvo una pérdida momentánea de memoria.* **SIN** pasajero, fugaz. **ANT** eterno. **2** Que es provisional: *dejar el coche averiado aparcado en doble fila fue una solución momentánea.* **SIN** temporal.

momento *n. m.* **1** Período de tiempo muy breve: *estaré listo en un momento; tan sólo puedes verlo un momento.* **SIN** instante. **2** Tiempo puntual en el que se hace u ocurre una cosa: *en el momento en que salía, tropezó; en ese momento el jugador consiguió hacerse con el balón y marcar un gol.* **3** Período sin duración específica que se singulariza por algún motivo, especialmente al hacer referencia a tiempos pasados: *los momentos que pasé con él son inolvidables; pasé por dos operaciones, perdí el trabajo, al final todo se solucionó, pero fue el peor momento de mi vida.* **4** Tiempo oportuno para hacer o para que ocurra una cosa: *ahora que han subido los intereses es el momento de invertir.* **5** Tiempo presente: *el resultado de las elecciones es la noticia del momento.*

a cada momento Con mucha frecuencia: *viene a molestar a cada momento.*

al momento Inmediatamente: *este zapatero te arreglará los zapatos al momento.*

de (o por el) momento Por ahora: *de momento no he recibido información, ya te avisaré.*

de un momento a otro Muy pronto, pero sin saber exactamente cuándo: *el ministro vendrá de un momento a otro.*

en un momento En muy poco tiempo, enseguida: *preparó la comida en un momento.*

hace un momento Hace muy poco tiempo: *Juan no está, salió hace un momento.*

DER momentáneo.

momia *n. f.* **1** Cadáver que se conserva sin pudrirse, de

momificación

forma natural o bien porque se le han aplicado ciertas sustancias: *en las tumbas egipcias se han encontrado momias de los faraones; hallaron la momia de un escalador que se conservó en perfecto estado gracias a las bajas temperaturas*. **2** *coloquial* Persona que se encuentra físicamente desmejorada o envejecida: *la momia de la vecina subía la escalera fatigosamente*.
DER momificar, momio.

momificación *n. f.* Conjunto de técnicas que se utilizan para preparar el cadáver de una persona para que se deseque en lugar de corromperse: *los antiguos egipcios llevaban a cabo la momificación de sus muertos*.

momificar *v. tr./prnl.* Preparar un cadáver para que se conserve sin descomponerse: *en muchas culturas momificaban a sus muertos; el mamut encontrado en el hielo se había momificado*. **SIN** embalsamar.
DER momificación.
OBS En su conjugación, la *c* se convierte en *qu* delante de *e*.

mona *n. f.* **1** Primate de tamaño pequeño y sin cola que vive en el norte de África y en Gibraltar. **2** *coloquial* Estado en el que se está bajo los efectos del alcohol: *cogió una mona en la fiesta y se la pegó con el coche*. **SIN** borrachera. En esta acepción suele usarse con los verbos *coger, llevar* o *tener*. **3** Tipo de bollo adornado con huevos cocidos o de chocolate que en algunas zonas de España se come tradicionalmente el día de Pascua de Resurrección: *sigue siendo tradicional en Cataluña que el padrino regale la mona a su ahijado; actualmente la mona ha sido sustituida por figuras de chocolate*.
DER monada, monería, mono.

monacal *adj.* De las monjas o los monjes o que tiene relación con estos religiosos y con su estilo de vida retirada: *lleva una vida monacal desde que murió su marido, apenas sale de casa*. **SIN** monástico.
DER monacato.
ETIM Véase *monje*.

monacato *n. m.* **1** Estado o profesión del monje: *el sacerdote abrazó el monacato hace pocos años*. **2** Conjunto de las órdenes o instituciones monásticas: *el monacato incluye formas de vida solitaria como las de los eremitas y los anacoretas*.

monada *n. f.* **1** Gesto o acción propia de los monos. **2** Gesto o acción graciosa, especialmente la que hace un niño o un animal pequeño: *el bebé se pasa el día haciendo reír con sus monadas*. **SIN** monería. **3** Persona, animal o cosa delicada, bonita o graciosa: *tiene un hermanito que es una monada; se han comprado una monada de perro; llevaba una blusa que era una verdadera monada*. **SIN** preciosidad.

monaguillo *n. m.* Niño que ayuda al sacerdote en la misa: *el monaguillo sujetaba el agua bendita mientras el cura daba la bendición*.

monarca *n. m. y f.* En una monarquía, persona en la que reside la jefatura del Estado: *el monarca visitó las zonas del país afectadas por el terremoto*. **SIN** rey, soberano.
DER monarquía.

monarquía *n. f.* **1** Forma de gobierno en la que la jefatura del Estado reside en una sola persona, un rey o una reina, habitualmente de forma hereditaria y vitalicia: *en la actualidad la monarquía es generalmente hereditaria, pero en algunas culturas guerreras se elegía al monarca*. **monarquía absoluta** Forma de gobierno en la que el rey no tiene limitado su poder por ninguna ley: *el sistema político de Fernando VII fue una monarquía absoluta*. **monarquía constitucional** Forma de gobierno en la que la Constitución limita el poder del rey: *en España el sistema de gobierno es una monarquía constitucional*. **2** País gobernado por un monarca: *se reunieron los representantes de varias monarquías europeas*. **3** Período de tiempo en el que un monarca dirige un Estado: *durante la monarquía de Carlos III se llevaron a cabo reformas económicas y sociales*.
DER monárquico.

monárquico, -ca *adj.* **1** De la monarquía o que tiene relación con ella: *tiene una clara ideología monárquica*. ◊ *adj./ n. m. y f.* **2** [persona] Que es partidario de la monarquía: *los ministros monárquicos eran contrarios a la República; Javier nunca compartió las ideas de los monárquicos*.
DER antimonárquico.

monasterio *n. m.* Edificio en el que vive una comunidad de religiosos o religiosas: *visitaron un monasterio cisterciense; los monasterios suelen estar alejados de las ciudades*.
DER monástico.

monástico, -ca *adj.* Del monasterio o de los monjes, que tiene relación con ese edificio o con los religiosos que viven allí: *la vida monástica era muy tranquila*. **SIN** monacal.

monda *n. f.* Piel o cáscara que se quita de las hortalizas y las frutas: *peló la naranja y tiró la monda a la basura; el suelo estaba lleno de mondas de patatas*. **SIN** mondadura.
ser la monda *coloquial* Ser algo o alguien muy gracioso y divertido: *tu amigo es la monda: cuando estás con él no puedes parar de reír*.

mondadientes *n. m.* Palo pequeño y delgado de madera que sirve para pinchar los alimentos o para limpiar los dientes: *pinchaban las aceitunas con un mondadientes*. **SIN** palillo.
OBS El plural también es *mondadientes*.

mondadura *n. f.* Piel o cáscara que se quita de las hortalizas y las frutas: *alimentaban a sus cerdos con mondaduras de manzana y patata*. **SIN** monda.

mondar *v. tr.* **1** Quitar la piel o la cáscara a las hortalizas y las frutas: *hay que mondar unas patatas para el puré; no sabe mondar una naranja*. **SIN** pelar. **2** Quitar las ramas viejas y secas de los árboles: *cuando llega el invierno hay que mondar los frutales*. **SIN** podar. ◊ *v. prnl.* **3 mondarse** Reírse mucho: *nos mondábamos con las anécdotas de aquel hombre tan gracioso*. **SIN** desternillarse.
DER monda, mondadura; escamondar.

mondo, -da *adj.* **1** Que está limpio y libre de cosas extrañas, añadidas o innecesarias: *los restauradores han hecho un buen trabajo dejando las paredes mondas de yeso y pintura*. **2** Que no tiene pelo: *su cabeza está monda como una calavera*. **SIN** calvo.
mondo y lirondo *coloquial* Que no tiene o lleva cosas añadidas: *llevaba un vestido mondo y lirondo; viven del sueldo de ella mondo y lirondo*.
DER mondar.

mondongo *n. m.* **1** Conjunto formado por el estómago y las tripas de un animal, especialmente del cerdo: *el águila despedazaba el mondongo del animal muerto; los chorizos se hacen con el mondongo del cerdo*. **2** Conjunto de embutidos que se obtienen de la matanza del cerdo.

moneda *n. f.* **1** Unidad aceptada en uno o más países como medida común para el intercambio comercial: *la peseta es la moneda española*. **2** Pieza de metal a la que se le asigna un valor económico determinado y que sirve para comprar o pagar; generalmente tiene forma redonda y un relieve en cada cara: *tengo tres monedas de cien y un billete de cinco mil; coleccionaba monedas antiguas*.
pagar con la misma moneda Comportarse una persona con otra de la misma manera en que fue tratada por ella: *si le haces una faena, él te pagará con la misma moneda*.

ser moneda corriente Ser algo común o frecuente: *los insultos son moneda corriente en esas reuniones.*
DER monedero.
ETIM *Moneda* procede del latín *moneta*, que tenía el mismo significado, voz con la que también está relacionada *monetario*.

monedero *n. m.* Bolsa o cartera de pequeño tamaño que sirve para guardar el dinero, suele ser de tela o cuero: *el monedero llevaba una cremallera para que no se salieran las monedas.*

monegasco, -ca *adj.* **1** De Mónaco o que tiene relación con este principado europeo: *Montecarlo es la capital monegasca.* ◇ *adj./n. m. y f.* **2** [persona] Que es de Mónaco: *los monegascos son vecinos de los franceses.*

monema *n. m.* **1** GRAM. Unidad mínima que tiene significado: *los lexemas y los morfemas son monemas.* **2** GRAM. Término que integra un sintagma: *las palabras son monemas.*

monería *n. f.* **1** Gesto o acción propia de los monos. **2** Gesto o acción graciosa, especialmente la que hace un niño o un animal pequeño: *el cachorro hacía muchas monerías y los niños se reían.* **SIN** monada. **3** Persona, animal o cosa delicada y bella: *llevaba una monería de pantalón; ese gatito es una monería.* **SIN** monada.

monetario, -ria *adj.* De la moneda o que tiene relación con ella y en general con el dinero: *una grave crisis económica paralizó la circulación monetaria; mis problemas no son emocionales, son monetarios.*
ETIM Véase *moneda.*

monetarismo *n. m.* Doctrina económica aplicada a las sociedades capitalistas que sostiene que los fenómenos monetarios regulan y determinan la economía de un país: *según el monetarismo, el dinero es la principal causa de las fluctuaciones económicas.*

mongol, -la *adj.* **1** De Mongolia o que tiene relación con este país de Asia central: *los pueblos mongoles formaron un gran imperio en el siglo XIII.* ◇ *adj./n. m. y f.* **2** [persona] Que es de Mongolia: *los mongoles fueron en origen pastores nómadas.* ◇ *n. m.* **3** Lengua hablada en Mongolia.

mongólico, -ca *adj.* **1** De Mongolia o relacionado con este país asiático. ◇ *adj./n. m. y f.* **2** [persona] Que es de Mongolia. **3** [persona] Que padece una malformación de tipo genético llamada mongolismo, que provoca retraso mental y de crecimiento.

mongolismo *n. m.* MED. Malformación de tipo genético que provoca retraso mental y físico y trastornos del crecimiento: *el mongolismo se llama también síndrome de Down; el mongolismo se produce por una alteración de los cromosomas.*

monicaco, -ca *n. m. y f. coloquial* Persona que tiene poco carácter o es considerada de poca importancia: *ese tipo es un monicaco al que no se le pueden confiar responsabilidades.* Se usa como insulto o de manera despectiva. **2** *coloquial* Niño pequeño: *este monicaco no hace más que tocar todo lo que está a su alcance.* Tiene un valor cariñoso y también se usa como apelativo. **SIN** renacuajo.

monición *n. f.* **1** Texto breve que se lee y sirve de introducción o explicación en algunos momentos de la misa o de una celebración litúrgica. **2** Aviso o advertencia que se hace a una persona para que no haga una cosa o corrija su conducta. **SIN** admonición.

monigote *n. m.* **1** Muñeco o figura ridícula: *le colgaron un monigote en la espalda el día de los Santos Inocentes.* **2** Dibujo mal hecho: *el niño dibujó dos monigotes y dijo que eran sus padres.* **3** *coloquial* Persona poco importante o que se deja manejar: *¿y quién es ese monigote para darme órdenes?* **SIN** mamarracho.

monismo *n. m.* Doctrina o concepción filosófica que trata de reducir todos los seres y fenómenos del universo a una única idea o sustancia de la que todo procede o se deriva: *el materialismo evolucionista de Haeckel se le llama monismo.*

monista *adj.* **1** Del monismo o que tiene relación con esta doctrina o concepción filosófica: *filosofía monista; teoría monista.* ◇ *adj./n. com.* **2** [persona] Que es partidario o seguidor del monismo: *Haeckel es un filósofo monista.*

monitor, -ra *n. m. y f.* **1** Persona que enseña a realizar una actividad concreta en la que es experta, especialmente actividades deportivas o culturales. **SIN** instructor. **2** Persona que asume responsabilidades de educador o guía en grupos infantiles o similares: *fuimos de campamentos con cuatro monitores que ya conocíamos.* ◇ *n. m.* **3** Mecanismo que proporciona datos visuales o sonoros para que resulte más fácil controlar el funcionamiento de un aparato o sistema: *cuando se encienden las luces y suena la alarma del monitor, significa que hay riesgo de incencio.* **4** Pantalla de un ordenador, un televisor y otros aparatos electrónicos: *me quiero comprar un monitor en color y una impresora.*

monja *n. f.* Mujer que pertenece a una orden religiosa: *actualmente pocas monjas visten hábito; las monjas de clausura no pueden salir del convento.*

monje *n. m.* Hombre que pertenece a una orden religiosa y que vive en comunidad o en aislamiento: *cerca de mi pueblo hay un monasterio de monjes benedictinos; en aquella ermita vivió un monje hasta hace poco.*
DER monja, monjil.
ETIM *Monje* procede del latín *monachus*, 'anacoreta', voz con la que también está relacionada *monacal.*

monjil *adj.* **1** De la monja o que tiene relación con esta religiosa: *la vida monjil es muy austera.* ◇ *n. m.* **2** Prenda de vestir femenina que llega hasta los pies y que usan las monjas: *algunas monjas de clausura llevan un monjil negro y una toca blanca.* **SIN** hábito.

mono, -na *adj.* **1** *coloquial* Que es bonito, gracioso o agradable a la vista: *el vestido es muy mono y te sienta muy bien; tiene un niño muy mono.* **SIN** cuco, majo. ◇ *n. m. y f.* **2** Animal mamífero que tiene pies y manos capaces de sujetar cosas y un aspecto similar al del hombre: *los monos pueden caminar a cuatro patas o erguidos; los monos pertenecen al orden de los primates.* ◇ *n. m.* **3** Prenda de vestir de una pieza, con pantalones y cuerpo; generalmente es de tejido grueso y se usa para no mancharse: *el mecánico tenía el mono manchado de grasa; no sabía si comprarse una camiseta y un pantalón o un mono para ir a la boda.* **4** Síndrome de abstinencia, estado físico y mental de malestar que se produce al interrumpir el consumo de una droga u otra sustancia que crea dependencia: *tenía el mono y le temblaba el pulso.*

ser el último mono *coloquial* Ser la persona menos importante o con menos poder de decisión de un lugar: *asistía a las reuniones pero, como era el último mono, no tenía derecho a hablar.*

mono- Elemento prefijal que entra en la formación de palabras con el significado de 'único', 'uno solo': *monólogo, monarquía.* **SIN** uni-.

monociclo *n. m.* Especie de bicicleta de una sola rueda unida a un sillín mediante una barra metálica que utilizan los equilibristas para hacer sus números en los circos: *el monociclo no tiene manillar.*

monocolor *adj.* **1** Que tiene un solo color. **2** [gobierno]

monocorde

Que está formado o compuesto por un solo partido político o con predominio de un grupo.

monocorde *adj.* **1** [instrumento musical] Que tiene una sola cuerda. **2** [sucesión de sonidos] Que repiten una misma nota musical: *canto monocorde.* **3** Que es monótono y sin variaciones: *voz monocorde.*

monocotiledóneo, -nea *adj./n. f.* **1** BOT. [planta] Que tiene un solo cotiledón en la semilla: *la cebada es una planta monocotiledónea.* ◇ *n. f. pl.* **2 monocotiledóneas** BOT. Clase a la que pertenecen estas plantas: *la palmera pertenece a la clase de las monocotiledóneas.*

monocromo, -ma *adj.* culto Que es de un solo color: *el monitor del ordenador era monocromo.*

monocular *adj.* **1** [visión] Que se realiza con un solo ojo. ◇ *adj./n. m.* **2** [aparato] Que permite la visión con un solo ojo: *microscopio monocular; telescopio monocular.*

monóculo *n. m.* Lente que se coloca en un solo ojo: *llevaba el monóculo colgado de una cadena.*
DER monocular.

monocultivo *n. m.* En agricultura, sistema de cultivo que consiste en dedicar toda la tierra disponible a un solo producto: *en estas tierras la vid se explota en régimen de monocultivo.*

monofásico, -ca *adj.* [corriente eléctrica alterna] Que sólo tiene una fase: *la distribución de la corriente eléctrica monofásica se realiza con sólo dos conductores.*

monogamia *n. f.* culto Estado o situación de quien está casado sólo con una persona: *en las sociedades occidentales la monogamia es el tipo de unión conyugal más habitual.* **ANT** poligamia.

monógamo, -ma *adj./n. m. y f.* culto [persona] Que tiene sólo una esposa o un marido. **ANT** polígamo.
DER monogamia.

monografía *n. f.* Estudio detallado sobre un aspecto concreto y particular de una materia: *lleva dos años preparando una monografía sobre Cervantes.*
DER monográfico.

monográfico, -ca *adj.* **1** Que estudia o trata con detalle un solo tema o un aspecto de una materia: *hay un ciclo monográfico sobre el director de cine Luis Buñuel; pidió una beca para hacer un estudio monográfico sobre la fauna de esa provincia.* ◇ *n. m.* **2** Estudio detallado sobre un aspecto concreto y particular de una materia: *el próximo número de la revista será un monográfico sobre los Juegos Olímpicos.*

monolingüe *adj./n. com.* **1** [persona] Que habla una sola lengua: *muchas personas son monolingües, aunque no es raro que los niños aprendan a hablar en dos lenguas.* ◇ *adj.* **2** Que está escrito en una sola lengua: *esta edición de las poesías de Baudelaire es monolingüe, sólo aparece el texto en español.*
ETIM Véase *lengua.*

monolítico, -ca *adj.* **1** Del monolito o relacionado con esta construcción. **2** Que está hecho de una sola pieza de piedra: *fuimos a visitar los monumentos monolíticos de la isla de Pascua.* **3** Muy compacto, con una unión tan fuerte entre sus distintas partes como si fuera de una sola pieza: *defienden sus intereses como un solo hombre, forman un grupo monolítico.*

monolito *n. m.* Monumento de piedra de una sola pieza: *los monolitos son propios de las culturas prehistóricas.*
DER monolítico.

monologar *v. intr.* Pronunciar o decir un monólogo: *para tomar una decisión importante monologo ante el espejo, me explico a mí mismo los pros y los contras.*
OBS En su conjugación, la *g* se convierte en *gu* delante de *e.*

monólogo *n. m.* **1** Discurso en voz alta que mantiene una persona consigo misma: *todas las mañanas, mientras se vestía ante el espejo, tenía el mismo monólogo.* **2** Obra literaria, especialmente de teatro, en la que habla un solo personaje: *en esta obra, al ser un monólogo, sólo hay un actor.* **SIN** diálogo.
DER monologar.

monomando *adj./n. m.* [aparato, mecanismo] Que integra en un solo mando las funciones que suelen realizarse con más de uno: *grifo monomando.*

monomanía *n. f.* Obsesión o preocupación exagerada que tiene una persona por una idea fija y determinada: *el dinero es su monomanía desde hace mucho tiempo.*

monomio *n. m.* MAT. Expresión matemática que consta de un sólo término: *10x es un monomio.*

monopatín *n. m.* Objeto en forma de patín grande que está compuesto por una plataforma de madera o de plástico provista de ruedas en su parte inferior para subir sobre ella con los dos pies y que sirve para deslizarse o desplazarse: *los niños juegan en la calle a saltar con el monopatín y caer sobre él.*

monopétalo, -la *adj.* BOT. [flor, corola] Que tiene un solo pétalo: *la campanilla tiene la corola monopétala.*

monoplano *n. m.* Avión o avioneta que está provista de un par de alas que forman un mismo plano: *ese agricultor dispone de un monoplano para revisar sus tierras desde el aire.*

monoplaza *adj./n. m.* [vehículo] Que tiene capacidad para llevar a una sola persona: *avioneta monoplaza.*

monopolio *n. m.* **1** Derecho legal concedido a un individuo o a una empresa para explotar en exclusiva un negocio o para vender un determinado producto: *en España, la venta de tabaco es un monopolio, por eso no se puede vender en cualquier tienda; en algunos países el comercio de la gasolina es un monopolio.* **2** Dominio o influencia total sobre una cosa, excluyendo a otros: *los ancianos tenían el monopolio de la plaza y no dejaban que los niños jugaran allí.*
DER monopolizar.

monopolización *n. f.* Adquisición o explotación del comercio de un producto que realiza exclusivamente una determinada empresa: *el estado tiene la monopolización del tabaco.*

monopolizar *v. tr.* **1** Tener o conseguir el permiso exclusivo para explotar un negocio o para vender un determinado producto: *en algunos países una sola empresa monopoliza la distribución del petróleo y sus derivados.* **2** Realizar una actividad o negocio prácticamente de forma exclusiva o con mayor éxito que los demás: *las empresas japonesas monopolizan el mercado de la electrónica.* **3** Acaparar la atención: *durante toda la fiesta monopolizó la conversación.*
DER monopolización.
OBS En su conjugación, la *z* se convierte en *c* delante de *e.*

monorraíl *adj./n. m.* [tren o vehículo] Que circula por un solo raíl: *un monorraíl circulaba por el interior del parque de atracciones.*

monorrimo, -ma *adj.* [conjunto de versos, composición poética] Que tiene una sola forma de rima: *estrofa monorrima; versos monorrimos.*

monosabio *n. m.* Persona que ayuda al picador en la plaza de toros: *los monosabios suelen ir vestidos con una camisa roja y se ayudan en su trabajo con una vara.*

monosacárido *n. m.* **1** QUÍM. Hidrato de carbono que no puede descomponerse en unidades menores o más sencillas: *la glucosa es un monosacárido.* ◇ *n. m. pl.* **2 monosacáridos** QUÍM. Grupo al que pertenecen estos hidratos de carbono.

monosépalo, la adj. BOT. [flor, cáliz] Que tiene un solo sépalo: *algunas flores silvestres son monosépalas.*

monosílabo, -ba adj./n. m. [palabra] Que tiene una sola sílaba: *son monosílabos las palabras como mi, tras, de, en o y.* ANT polisílabo.
DER monosilábico.

monoteísmo n. m. Doctrina religiosa que defiende la existencia de un solo dios: *el cristianismo, el judaísmo y el islamismo tienen en común el monoteísmo.* ANT politeísmo.
DER monoteísta.

monoteísta adj. 1 Del monoteísmo o relacionado con esta doctrina: *las creencias monoteístas se extendieron hacia occidente desde la zona oriental del Mediterráneo.* ANT politeísta. ◇ n. com. 2 Persona que cree en la existencia de un solo dios: *los hindúes no son monoteístas.* ANT politeísta.

monotonía n. f. 1 Uniformidad de tono o entonación: *la monotonía de la voz del orador acabó durmiendo a la audiencia.* 2 Falta de variación que produce aburrimiento o cansancio: *quería acabar con la monotonía de su vida: cambiar de trabajo, de casa, dejarlo todo.*

monótono, -na adj. 1 Que tiene siempre el mismo tono o entonación: *una melodía monótona sonaba de fondo en el restaurante.* 2 Que no varía y por esta razón produce aburrimiento o cansancio: *el paisaje que se veía desde el tren era monótono: campos de trigo y más campos de trigo.*
DER monotonía.

monovalente adj. QUÍM. [elemento, radical químico] Que tiene una sola valencia.

monseñor n. m. Forma de tratamiento de respeto y cortesía que se usa hacia los altos cargos de la Iglesia católica: *monseñor Fernández ofició la misa en honor de la patrona de la ciudad.*

monserga n. f. 1 Petición o explicación confusa y fastidiosa: *explícame sin monsergas por qué has llegado tan tarde.* En esta acepción se usa más el plural. 2 *coloquial* Asunto que cansa o molesta por ser muy pesado: *¡por favor, déjate de monsergas!; ¡vaya monserga, otra comida familiar!* SIN lata.

monstruo n. m. 1 Ser fantástico, generalmente feo o desagradable, que resulta espantoso; suele aparecer en la literatura, en el cine, o en la tradición popular: *el monstruo del lago Ness; el monstruo de Frankenstein.* 2 Ser vivo o cosa que no es normal en su especie, que tiene malformaciones u otro tipo de alteraciones: *debido a las radiaciones atómicas nacieron animales que eran monstruos: cabras con cinco patas y cerdos con dos cabezas.* 3 Persona o cosa muy fea o desproporcionada: *no me extraña que esté acomplejado, es un monstruo.* SIN adefesio. 4 Persona muy cruel y perversa: *sólo un monstruo podía cometer aquellos crímenes horrendos.* 5 Cosa excesivamente grande o extraordinaria: *construyeron un edificio que es un monstruo; preparan un concierto monstruo para el verano; habrá más de cien actuaciones.* 6 Persona dotada de cualidades extraordinarias para realizar una actividad en concreto: *Lope de Vega fue un monstruo de la literatura.* SIN fenómeno, genio.
DER monstruoso.

monstruosidad n. f. 1 Falta de proporción y de regularidad, especialmente en el cuerpo humano: *Quasimodo se avergonzaba de la monstruosidad de su cuerpo.* SIN deformidad. 2 Hecho cruel o malvado: *los observadores internacionales han denunciado las monstruosidades cometidas en la guerra.* SIN barbaridad. 3 Cosa o cantidad excesivamente grande o extraordinaria: *el nuevo estadio de fútbol es una monstruosidad.*

monstruoso, -sa adj. 1 Que presenta una falta de proporción y de regularidad en su forma y que resulta muy feo o desagradable: *después del accidente su rostro había quedado monstruoso; ese actor tiene un rostro monstruoso, siempre hace papeles de terror.* SIN deforme. 2 Que es muy cruel y malvado: *la policía dijo que había sido un asesinato monstruoso; todos los países condenaron la monstruosa masacre de indígenas.* 3 Que es excesivamente grande o extraordinario: *una estatua monstruosa presidía el puerto de Rodas; este muchacho tiene una fuerza monstruosa.*
DER monstruosidad.

monta n. f. 1 Arte de montar a caballo: *es un experto en la monta de caballos.* 2 Unión sexual de un animal macho con la hembra; se usa sobre todo para los caballos y los toros: *vamos a llevar al toro a aquella finca para la monta.* 3 Valor o importancia de una cosa.

de poca monta Que tiene poco valor o importancia: *no puedo perder el tiempo con asuntos de poca monta.*

montacargas n. m. Ascensor que sirve para subir y bajar mercancías: *las personas subían en el ascensor, pero las maletas iban en un montacargas.*
OBS El plural también es *montacargas*.

montado, -da adj. 1 Que va subido en un caballo o en otro animal: *la guardia montada está a las puertas del palacio.* 2 [nata, clara de huevo] Que se ha batido hasta ponerlo esponjoso: *el merengue se hace con claras montadas y azúcar.* ◇ n. m. 3 Alimento que consiste en un poco de carne asada o frita sobre un trozo de pan: *me he comido dos montados de lomo.* Se usa también la forma *montadito*.

montador, -ra n. m. y f. 1 Persona que se dedica a montar máquinas o aparatos: *trabaja de montador en una fábrica.* 2 Persona que se dedica a montar películas de cine o programas de radio y televisión: *el montador elimina los fotogramas inútiles.*

montaje n. m. 1 Acción de montar o armar un objeto, poner juntas las piezas que ajustan entre sí: *buscan a un mecánico que se dedique al montaje de motores de automóvil.* 2 Objeto ya construido y terminado, resultado de haber unido todas las piezas que encajan entre sí: *la maqueta del avión es un montaje perfecto, parece imposible que la hayas hecho tú.* 3 Organización y preparación de una representación teatral u otro tipo de espectáculo, y especialmente el conjunto de decisiones que toma un director para ajustar un guión a su plan artístico: *en el teatro contemporáneo el montaje desempeña un papel importantísimo; los montajes de este director siempre consiguen acercar al público actual las obras clásicas.* 4 En cine, radio y televisión, selección y unión de una serie de escenas o de sonidos previamente grabados para elaborar la versión definitiva de una película o de un programa: *la Academia de cine premió esa película por su estupendo montaje.* 5 *coloquial* Situación preparada para hacer parecer verdadero lo que es falso: *el asesino intentó demostrar que todas las pruebas eran un montaje de la policía.* SIN farsa. **montaje fotográfico** Imagen conseguida con partes de varias fotografías: *en la portada de la revista aparece un montaje fotográfico del acueducto de Segovia en medio del desierto.*
DER fotomontaje.

montante n. m. 1 Importe o cantidad total: *el director de la película recibe un tanto por ciento del montante de la taquilla.* 2 Poste o pieza vertical que sostiene o refuerza una estructura: *se rompieron los montantes y la estatua se cayó al suelo.* 3 Listón o columna que divide el hueco de una ventana en dos: *si quitamos el montante de esta ventana podremos poner un vidrio único en lugar de dos.* 4 Ventana sobre

montaña

la puerta de una habitación, que es una prolongación de la puerta: *como esta habitación es interior sólo le entra luz por el montante*. ◊ *n. f.* **5** MAR. Subida del agua del mar: *la montante arrastró peces muertos a la playa*. SIN pleamar.

montaña *n. f.* **1** Elevación natural del terreno de gran altura, que destaca del entorno: *escalaron la montaña y llegaron a la cumbre*. SIN monte. **2** Terreno en el que abundan estas elevaciones naturales: *nos iremos de excursión a la montaña; se fue a vivir a la montaña huyendo de la contaminación de la ciudad*. SIN sierra. **3** Gran cantidad, número o acumulación de una cosa, especialmente si forma un montón: *le pusieron en el plato una montaña de patatas fritas; hay una montaña de ropa vieja que va a tirar*. **4** Asunto que resulta difícil de solucionar, dificultad: *has convertido en una montaña algo que no tiene ninguna importancia*. **montaña rusa** Atracción que consiste en pequeños vehículos que circulan muy rápido por una vía con muchas curvas, desniveles y pendientes pronunciadas: *fuimos al parque de atracciones y montamos en la montaña rusa*.
DER montañero, montañés, montañismo, montañoso.

montañero, -ra *adj.* **1** De la montaña o relacionado con esta elevación de terreno. SIN montañés. ◊ *n. m. y f.* **2** Persona que practica el montañismo: *un grupo de montañeros acamparon junto al refugio*. SIN alpinista, escalador.

montañés, -ñesa *adj.* **1** De la montaña o que tiene relación con esta elevación de terreno: *el clima montañés sentó de maravilla a los niños*. ◊ *adj./n. m. y f.* **2** [persona] Que vive en la montaña: *los montañeses suelen ser personas hospitalarias*.

montañismo *n. m.* Deporte que consiste en andar por las montañas y subir a sus cimas: *el montañismo puede practicarse a cualquier edad, pero requiere cierta preparación física*. SIN alpinismo.

montañoso, -sa *adj.* [terreno] Que tiene muchas montañas: *el río nace en un terreno montañoso*.

montar *v. intr./prnl.* **1** Subir encima de una cosa que está en un lugar más alto: *los niños montaron en los columpios; se montaron en la noria*. **2** Subir sobre un animal o subir a un vehículo: *montó en el autobús para ir al colegio; se montó sobre el caballo y desapareció*. ANT desmontar. ◊ *v. intr./tr.* **3** Cabalgar sobre un animal o conducir un vehículo: *montó un caballo blanco; montó en bicicleta*. **4** Ascender una suma o un total a una cantidad determinada: *los gastos de representación montan un total de dos millones de pesetas*. SIN sumar. ◊ *v. tr.* **5** Armar un objeto, poner juntas las piezas que ajustan entre sí: *ha desarmado el televisor y ahora no sabe cómo montarlo; los soldados aprenden a montar las pistolas*. SIN ensamblar. ANT desmontar. **6** Organizar y preparar lo necesario para una representación teatral, una fiesta u otro espectáculo: *el Ayuntamiento ha montado un festival taurino; para fin de año montaremos una fiesta en mi casa*. **7** Disponer o preparar lo necesario para una actividad: *ha montado un negocio de exportación de telas; con el dinero de la lotería le ha montado un piso precioso a su hija*. **8** En joyería, poner una piedra preciosa sobre un soporte: *el joyero montó un brillante en el anillo*. SIN engarzar. **9** Batir la nata de la leche o la clara de huevo hasta que quede espojosa: *montó la nata para comérsela con las fresas*. **10** Unirse sexualmente un animal macho a la hembra: *ha comprado un semental para que monte las vacas*. **11** Seleccionar y unir escenas y sonidos para elaborar una película de cine o un programa de radio o televisión: *ya han completado el rodaje y sólo les queda montar la película*.

montar en cólera Experimentar un fuerte enfado y mostrarlo: *cuando oyó sus maliciosos comentarios montó en cólera y rompió varios vasos*.

montárselo *coloquial* Organizarse para sacar ventajas de una situación: *para poder estudiar y trabajar hay que saber montárselo*.

tanto monta, monta tanto Expresión con la que se indica que los dos elementos de los que se habla tienen la misma importancia: *puedes consultárselo a Luisa o a Carmen, tanto monta, monta tanto*.
DER monta, montado, montador, montaje, montante, montura; desmontar, remontar.

montaraz *adj.* **1** *culto* Que se ha criado en la montaña o vive en este tipo de terreno: *en la dehesa pastaban caballos montaraces*. SIN silvestre. **2** *culto* [persona] Que tiene un carácter violento y un comportamiento poco educado. SIN rudo.

monte *n. m.* **1** Elevación natural del terreno de gran altura: *el Mulhacén es un monte que está en Sierra Nevada*. SIN montaña. **2** Terreno sin cultivar en el que hay vegetación: *se ha declarado un incendio en el monte; he cogido tomillo en el monte*. **monte alto** Monte poblado con árboles grandes: *en el monte alto encontramos pinos y abetos, pero no arbustos o matas*. **monte bajo** Monte poblado con hierbas y árboles pequeños: *el conejo corría por el monte bajo escondiéndose entre los arbustos*.

echarse al monte Huir de de los lugares habitados, generalmente por estar fuera de la ley: *se echó al monte para que no lo encontrara la policía*.

monte de piedad Establecimiento en el que se pueden empeñar algunos objetos para conseguir a cambio dinero prestado a un bajo interés: *pasamos tantos apuros que tuvimos que llevar las joyas al monte de piedad*.

monte de Venus Pubis de la mujer, parte baja del vientre femenino.

no todo el monte es orégano Expresión con la que se indica que no todo es fácil: *no creas que todo el monte es orégano, aquí te vas a encontrar con muchas dificultades*. Se usa con verbos como *creer* o *pensar*.
DER montaña, montaraz, montero, montés, montículo, montón.

montenegrino, -na *adj.* **1** De Montenegro o que tiene relación con esta república situada al lado de Serbia: *Titogrado es la capital montenegrina*. ◊ *adj./n. m. y f.* **2** [persona] Que es de Montenegro: *los montenegrinos formaban parte de la antigua Yugoslavia*.

montepío *n. m.* **1** Fondo o depósito de dinero creado a partir de los descuentos en los sueldos de las personas que pertenecen a un determinado cuerpo o profesión y que está destinado a la creación de pensiones o ayudas a sus familiares: *es actor y una parte de lo que gana lo ingresa en un montepío*. **2** Pensión o ayuda que se recibe de este fondo o depósito: *cuando me jubile cobraré la pensión del montepío de mi empresa*. **3** Establecimiento público o privado que se funda para acumular un fondo o depósito de dinero destinado a la creación de pensiones y ayudas para las personas que pertenecen a un determinado cuerpo o profesión y para sus familias: *por su profesión colabora con el montepío de actores*.
OBS El plural es *montepíos*.

montera *n. f.* Gorra de terciopelo negro y pasamanería de seda que lleva el torero. ☞ sombrero.

montería *n. f.* Caza de animales de gran tamaño, generalmente con perros: *salieron de montería y cazaron jabalíes y algún ciervo*.

montero, -ra *n. m. y f.* Persona que busca y localiza la caza

por el monte: *el duque llamó a los monteros para que le ojearan las piezas.*
DER montera, montería.

montés, -tesa *adj.* [animal, planta] Que anda o se cría en el monte: *gato montés; cabra montés.* **SIN** salvaje, silvestre.

montículo *n. m.* Elevación del terreno pequeña y aislada, natural o hecha por el hombre o los animales: *los niños se escondieron detrás de un montículo de pinaza.*

montilla *n. m.* Vino blanco elaborado en la zona de Montilla, en la provincia de Córdoba: *el montilla es ligero, transparente y de aroma penetrante.*

monto *n. m.* Suma final de varias cantidades: *el monto ascendía a varios millones de pesetas.*

montón *n. m.* **1** Conjunto de cosas puestas sin orden unas sobre otras: *sobre la mesa había un montón de revistas y papeles diversos.* **2** Número o cantidad considerable de cosas: *traigo un montón de regalos para todos; barrió bajo la cama y sacó un montón de polvo y basura.*

a montón o **a montones** *coloquial* De manera abundante, en gran cantidad: *en la biblioteca hay libros a montones.*

ser del montón *coloquial* Ser normal y corriente: *es una chico del montón, no destaca en nada.*
DER montonera; amontonar.

montonera *n. f. coloquial* Número o cantidad grande de cosas: *tiene una montonera de hijos y nietos.* **SIN** montón.

montura *n. f.* **1** Armazón sobre el que se monta algo, que sostiene las piezas de un objeto: *lleva gafas con montura metálica; había un espejo con la montura rota.* **2** Animal sobre el que se puede montar: *el jinete cuidaba mucho su montura.* **SIN** caballería. **3** Conjunto formado por la silla y los objetos necesarios para montar sobre un caballo u otro animal: *muchos jinetes saben montar sin montura.*

monumental *adj.* **1** De los monumentos o que tiene relación con ellos: *los artistas renacentistas solían dedicarse a la arquitectura momumental: iglesias, palacios reales.* **2** Que tiene un tamaño mucho mayor de lo normal o que por alguna razón destaca mucho: *próximamente empezarán la obras de una monumental estación de ferrocarril; el jugador cometió un error monumental al fallar el penalti.* **SIN** gigantesco.

monumento *n. m.* **1** Obra de arquitectura, escultura o grabado hecha para recordar a una persona, un acto o una fecha importante: *delante de la casa en la que nació el escritor hay una plaza con un monumento dedicado a él.* **2** Edificio u obra pública de gran valor histórico o artístico: *la Puerta de Alcalá es uno de los monumentos de Madrid; en Granada hay magníficos monumentos.* **monumento nacional** Monumento que por su interés es protegido por el Estado. **3** Objeto o documento de gran valor para la historia o para la ciencia. **4** Obra científica, artística o literaria de gran valor: *La Celestina es un verdadero monumento de la literatura española.* **5** Lugar donde el día de Jueves Santo se pone la hostia consagrada para el Viernes Santo: *el Jueves Santo visitaron todos los monumentos de la población.* **6** *coloquial* Persona de gran belleza: *ese chico es culturista y realmente está hecho un monumento.* **SIN** bombón. **ANT** adefesio.
DER monumental.

monzón *n. m.* Viento que sopla periódicamente en el sudeste de Asia, unas veces en una dirección y otras veces en la opuesta: *el monzón de verano es cálido y húmedo, el de invierno es seco y frío.*
DER monzónico.

monzónico, -ca *adj.* **1** Del monzón o relacionado con este viento: *los vientos monzónicos de verano traen lluvias torrenciales; las lluvias monzónicas han causado el desbordamiento de varios ríos.* **2** [clima] Que tiene lluvias fuertes y abundantes en verano: *el clima monzónico es propio de Asia meridional.*

moña *n. f.* **1** Lazo que se ponen las mujeres en la cabeza: *la muchacha iba vestida con un traje típico y en el pelo llevaba una moña.* **2** Lazo de cintas negras con que se sujetan los toreros a la coleta. **3** *coloquial* Estado en el que se pierde el control a causa del consumo excesivo de alcohol: *se bebieron una botella de anís y agarraron una moña.* **SIN** borrachera.

moño *n. m.* **1** Peinado que se hace recogiendo el pelo, enrollándolo y sujetándolo a la cabeza, generalmente con horquillas: *perdió una horquilla y se le deshizo el moño.* **2** Conjunto de plumas o de pelo que sobresale en la parte superior de la cabeza de ciertos animales: *la garza tiene moño.*
DER moña.

moquear *v. intr.* Echar mocos de forma continuada: *cuando estamos resfriados, nos pasamos el día moqueando.*
DER moqueo.

moqueo *n. m.* Secreción abundante y continua de mocos que produce la nariz: *el resfriado me ha producido un molesto moqueo.*

moquero *n. m. coloquial* Pieza de tela o papel, pequeña y cuadrada, que sirve para limpiarse los mocos: *el labrador sacó el moquero del bolsillo y se sonó con fuerza.* **SIN** pañuelo.

moqueta *n. f.* Tela gruesa que se usa para cubrir suelos o para tapizar paredes: *las habitaciones de la casa tenían moqueta.*
DER enmoquetar.

moquillo *n. m.* Enfermedad catarral contagiosa que padecen algunos animales, especialmente los perros, producida por un virus; provoca fiebre, tos y alteraciones en el sistema nervioso: *se puede vacunar a los perros contra el moquillo.*

mor Palabra que se utiliza en la locución *por mor de,* que indica 'que una cosa se hace o no se hace a causa de otra o en consideración a alguien': *no me obligues a mentir por mor de librarte de la culpa.*
OBS Es aféresis de la palabra *amor.*

mora *n. f.* **1** Fruto de la morera, formado por granos ovalados de color blanco o rosado y de sabor dulce. **2** Fruto del moral, de forma redondeada, formado por pequeños granos de color morado y de sabor agridulce. **3** Fruto de la zarzamora, de forma redondeada, de color verde al nacer y morado o negro cuando está maduro.

morada *n. f. culto* Casa o lugar donde habitualmente vive una persona o un animal: *Marco vivía en una humilde morada; en aquellas peñas hacían su morada las águilas.*

morado, -da *n. m./adj.* Color violeta oscuro, como el de las moras: *el morado se consigue mezclando el rojo y el azul; las berenjenas son moradas.*

pasarlas moradas *coloquial* Encontrarse en una situación difícil: *vengo del supermercado y las he pasado moradas para aparcar.*

ponerse morado *coloquial* Satisfacer en exceso el deseo de una cosa, especialmente de comida o bebida: *siempre que va a un banquete se pone morado.*
DER moradura, moratón; amoratarse.

morador, -dora *adj./n. m. y f. culto* Que vive en un lugar: *le interesan los animales moradores de la campiña; los moradores de aquella casa jamás salían a la calle.*

moral *adj.* **1** De los valores o costumbres que se consideran buenos o que tiene relación con un conjunto de reglas: *tenemos la obligación moral de colaborar con este proyecto de ayuda al tercer mundo.* **2** Que es conforme a las costumbres

moraleja

que se consideran buenas en una comunidad: *su comportamiento no es moral, es escandaloso*. **ANT** inmoral. **3** Del ánimo o la mente, en oposición al cuerpo: *ya no tenía fuerza moral para continuar*. ◊ *n. f.* **4** Conjunto de reglas que se consideran buenas para dirigir o juzgar el comportamiento de las personas en una comunidad: *la moral de cada pueblo está relacionada con sus costumbres y su forma de vida*. **SIN** ética. **5** Estado de ánimo o de confianza: *el equipo tiene la moral alta y puede ganar; suspender un examen tan fácil le dejó la moral por los suelos*. ◊ *n. m.* **6** Árbol de tronco grueso y recto; su fruto es la mora: *las hojas del moral son ásperas y dentadas*.
DER moraleja, moralidad, moralina, moralizar; amoral, inmoral.

moraleja *n. f.* Enseñanza provechosa que se saca de una historia: *las fábulas terminan con una moraleja*.

moralidad *n. f.* **1** Cualidad de moral o conforme a las costumbres que se consideran buenas: *su pensamiento siempre se ha distinguido por su moralidad*. **ANT** inmoralidad. **2** Grado de adecuación de la opinión, el comportamiento o los hechos con las reglas de la moral: *fue un filósofo preocupado por la poca moralidad de su tiempo*.

moralina *n. f.* Moralidad simplista, superficial o falsa: *él actúa sin escrúpulos y luego nos aconseja con inoportunas moralinas*.

moralista *adj.* **1** Que tiene una intención moralizadora: *ha escrito numerosos tratados moralistas*. ◊ *n. com.* **2** Persona que se dedica a hacer reflexiones morales y a escribir sobre moral: *es un importante filósofo y moralista*.

moralizar *v. tr.* **1** Reformar los hábitos y las costumbres de las personas para que se ajusten a los valores que se consideran buenos: *muchos religiosos intentaron moralizar a la gente de su época*. **ANT** pervertir. ◊ *v. intr.* **2** Hacer reflexiones morales: *en su libro, el filósofo moraliza sobre la eutanasia*.
DER desmoralizar.
OBS En su conjugación, la *z* se convierte en *c* delante de *e*.

morar *v. intr. culto* Vivir habitualmente en un lugar: *¿quién moraba en esta casa?*
DER morada, morador.

moratón *n. m. coloquial* Mancha en la piel de color morado y amarillento que sale después de un golpe: *me di en la cadera con la esquina de la mesa y me ha salido un moratón*. **SIN** cardenal, morado.

moratoria *n. f.* Ampliación del tiempo que se concede para hacer una cosa, especialmente para cumplir una obligación o pagar una deuda: *tras concluir el plazo de devolución de la deuda, se le concedió una moratoria de tres meses*.

morbidez *n. f.* Blandura o suavidad que tiene una cosa: *la escultura del torso humano era tan real que daba sensación de morbidez*.

mórbido, -da *adj.* **1** Que es blando o suave: *pintó un desnudo femenino de carnes mórbidas*. **2** Que padece enfermedad o la produce.

morbilidad *n. f.* Cantidad de personas que enferman en un lugar y un período de tiempo determinados en relación con el total de la población: *la morbilidad de esa región africana es la más alta del continente: más de tres cuartas partes de la población enfermaron el año pasado*.

morbo *n. m.* **1** *coloquial* Morbosidad, atracción por lo desagradable o prohibido: *mucha gente fue a ver la esa película sangrienta por morbo*. **SIN** morbosidad. **2** *culto* Enfermedad o alteración de la salud: *el morbo se extendió a la mayor parte de la población*. **SIN** afección.
DER mórbido, morboso.

morbosidad *n. f.* **1** Atracción por las cosas desagradables, crueles, prohibidas o que van contra la moral: *estar tan interesado por las desgracias ajenas es una muestra de morbosidad*. **SIN** morbo. **2** *culto* Conjunto de los enfermos y tipos de enfermedades de una zona determinada.

morboso, -sa *adj.* **1** Que muestra atracción por las cosas desagradables, crueles, prohibidas o que van contra la moral: *algunas películas de terror contienen escenas morbosas*. **2** *culto* De la enfermedad o que tiene relación con alguna alteración de la salud: *un equipo médico observa los procesos morbosos o infecciosos de la población de mayor edad*.
DER morbosidad.

morcilla *n. f.* **1** Embutido de color negro, de forma cilíndrica alargada y gruesa, hecho con sangre de cerdo cocida, especias y cebolla, que se fríe o se asa antes de comerlo: *las morcillas pueden ser de cebolla o de arroz*. **2** *coloquial* Conjunto de palabras o frases improvisadas que un actor introduce en su papel: *como el comediante no se sabía el papel, no dejó de meter morcillas*.

que te (o **le, os, les**) **den morcilla** *coloquial* Expresión con la que se indica desprecio o desinterés por alguna persona: *seguro que espera que le ayude pero, por mí, que le den morcilla*.

morcillo *n. m.* Porción carnosa de la parte superior de las patas de la vaca, el toro y otros animales bovinos: *en mi casa utilizamos el morcillo para hacer cocido*.

mordacidad *n. f.* Ironía o comentario hiriente y agudo dicho con mala intención: *habló de él con una cruel mordacidad*.

mordaz *adj.* Que critica de forma cruel, irónicamente y con mala intención: *este periodista es muy mordaz, nada le parece bien*. **SIN** corrosivo, incisivo, satírico.
DER mordacidad, mordaza.

mordaza *n. f.* **1** Trozo de tela o de otro material con el que se tapa la boca a alguien para impedir que hable o grite: *los secuestradores le pusieron una mordaza y la metieron en el coche*. **2** Cualquier cosa que impide que una persona hable o se exprese con libertad: *las amenazas que había recibido fueron una mordaza que le impidió confesar lo que sabía*. **3** Instrumento formado por dos piezas que hacen de tenazas y que pueden cerrarse para sujetar algo entre ellas: *el carpintero colocó la madera recién encolada en la mordaza para que quedara bien pegada*.
DER amordazar.

mordedura *n. f.* **1** Acción de clavar los dientes: *de pronto sintió una mordedura en el tobillo: una rata clavaba sus dientes en él*. **SIN** mordisco. **2** Herida o señal que se deja al morder: *el médico observó una mordedura de serpiente en la pierna del cadáver*.

morder *v. tr.* **1** Sujetar algo clavándole los dientes o apretar algo entre los dientes: *el niño muerde la manzana; un perro le mordió en la pierna*. **2** Gastar poco a poco arrancando partes pequeñas: *la lima muerde el acero; el mar muerde las rocas de la playa*. **SIN** desgastar, limar. **3** Corroer un ácido un material; sobre todo en artes gráficas cuando se desgasta una plancha para grabarla.

estar que muerde *coloquial* Demostrar el enfado o el mal humor que se siente: *hoy están que muerden, déjalas y no las molestes*.
DER mordedura, mordida, mordiente, mordisco; remorder.
OBS En su conjugación, la *o* se convierte en *ue* en sílaba acentuada, como en *mover*.

mordida *n. f. coloquial* Mordisco o mordedura: *toma, da una mordida a mi bocadillo y verás qué bueno está*.

mordiente *n. m.* **1** Sustancia química que sirve para fijar los colores a las telas: *las sales de cromo se usan como mordiente*. **2** Ácido con el que se desgasta una plancha para grabarla: *el agua fuerte se emplea como mordiente*.

mordisco *n. m.* **1** Acción de clavar los dientes en algo: *mamá, mi hermano me ha dado un mordisco*. **SIN** mordedura. **2** Herida o señal que se deja al morder: *aún se me ve el mordisco que me dio tu perro la semana pasada*. **3** Trozo que se arranca de una cosa al morderla: *a la manzana le faltaba un mordisco*. **SIN** bocado. **4** Parte o ganancia que se saca de un negocio, de un sorteo o una cosa parecida: *los acreedores se llevaron un buen mordisco de la herencia*. **SIN** pellizco. **DER** mordisquear.

mordisquear *v. tr.* Morder de manera repetida pero con poca fuerza o arrancando trozos pequeños: *un ratón mordisqueaba un trozo de queso; no tenía hambre, apenas mordisqueó con desgana algún pastelillo*.

moreno, -na *adj.* **1** [persona] Que tiene el pelo de color oscuro o negro: *la madre es morena, pero tiene un niño rubio*. **2** [persona] Que tiene la piel oscura: *ella tiene la piel muy blanca y, en cambio, su hijo es muy moreno*. **3** Que ha tomado el sol y tiene la piel más oscura que de costumbre: *como pasa mucho tiempo en la playa, ya está morena*. **SIN** bronceado. **4** [azúcar, pan] Que tiene un color más oscuro de lo normal en su especie: *¿prefieres el pan blanco o moreno?; para hacer el pastel use azúcar moreno*. ◊ *adj./n. m. y f.* **5** [persona] Que es de raza negra o mulata: *muchos morenos trabajaron en plantaciones americanas. No se recomienda el uso de esta acepción, porque puede resultar ofensivo*. ◊ *n. m.* **6** Color oscuro que adquiere la piel al tomar el sol: *un moreno cuidado con cremas adecuadas dura mucho más*. **SIN** bronceado.

¡y lo que te rondaré, morena! *coloquial* Expresión que indica que un asunto no ha acabado todavía y durará mucho tiempo: *llevan diez años de novios y lo que te rondaré, morena*.

morera *n. f.* Árbol con el tronco ancho, la copa abierta, hojas ovaladas y flores verdes, cuyo fruto es la mora: *las hojas de la morera sirven de alimento al gusano de seda*.

morería *n. f.* **1** Barrio que habitaron los moros: *fueron a visitar la antigua morería*. **2** Territorio o país habitado por moros.

morfema *n. m.* GRAM. Unidad más pequeña de la lengua con significado: *una palabra puede estar formada por varios morfemas; el significado de un morfema puede ser léxico, el contenido, o gramatical, la categoría a que pertenece la palabra, su número, su género, etc.*. **morfema derivativo** Morfema que añadido a una palabra sirve para formar palabras nuevas: *los prefijos, los infijos y los sufijos son morfemas derivativos*. **morfema gramatical** Morfema que sirve para expresar la información gramatical de un palabra: género, número, persona, tiempo, aspecto y modo verbal: *en la palabra guapa, -a es un morfema gramatical que indica género femenino*. **morfema léxico** Morfema que tiene significado léxico y se mantiene en todas las formas de una palabra variable: *en la palabra común, com- es el morfema léxico, el mismo que aparece también en comeremos y comida*. **SIN** raíz. **morfema relacional** Morfema que sirve para establecer relaciones entre los distintos elementos de la oración: *las preposiciones y las conjunciones son morfemas relacionales*.

ETIM *Morfema* procede del latín *morphe*, 'forma', voz con la que también está relacionada *morfología*.

morfina *n. f.* Sustancia que se extrae del opio, se emplea como calmante y también como droga: *la morfina se comercializa en forma de sales*.

DER morfinómano.

morfinómano, -na *adj./n. m. y f.* [persona] Que toma o se inyecta morfina por adicción o dependencia.

-morfismo Elemento sufijal que entra en la formación de palabras con el significado de 'cualidad o tipo de forma caracterizado por el primer elemento al que se une': *polimorfismo, antropomorfismo*.

morfo-, -morfo, -morfa Elemento prefijal y sufijal que entra en la formación de palabras con el significado de 'forma': *morfología, antropomorfo*.

morfología *n. f.* **1** BIOL. Parte de la biología que trata de la forma de los seres vivos y de sus cambios y transformaciones: *estamos estudiando la morfología de la rana*. **2** GRAM. Parte de la lingüística que estudia la forma de las palabras y los elementos de que se componen: *estudiamos la morfología de las palabras derivadas de educar*.

DER morfológico.

ETIM Véase *morfema*.

morfológico, -ca *adj.* De la morfología o que tiene relación con esta ciencia: *se ha publicado un estudio morfológico del sistema nervioso; las lenguas tienen reglas morfológicas*.

morfosintaxis *n. f.* GRAM. Parte de la lingüística que estudia la relación entre la morfología y la sintaxis: *en morfosintaxis se relaciona la forma de las palabras, su morfología, con la función que realizan, su sintaxis*.

OBS El plural también es *morfosintaxis*.

morganático, -ca *adj.* **1** [matrimonio] Que se celebra entre una persona que es miembro de una familia real y otra que no lo es y en el que ambos siguen manteniendo su linaje: *el príncipe se casó con una sirvienta del palacio en un matrimonio morganático*. **2** [persona] Que contrae este matrimonio: *no heredó la corona por ser un príncipe morganático*.

moribundo, -da *adj./n. m. y f.* Que se está muriendo: *el pajarillo moribundo dejó de piar; el sacerdote acudió al lecho del moribundo*.

morigerar *v. tr./prnl.* Moderar la intensidad de un sentimiento, de una pasión o de una actitud que tenía demasiada fuerza: *tienes que morigerar tus deseos y actuar con más cautela*.

morir *v. intr./prnl.* **1** Dejar de estar vivo un organismo: *hace poco que murió su abuelo; la planta se murió porque no la regaban*. **SIN** fallecer, perecer. **2** Terminarse alguna cosa: *aquella moda murió y dejó paso a otra; regresaron cuando moría el día*. **SIN** finalizar, concluir. ◊ *v. intr.* **3** Terminar en un punto o ir a parar a un lugar el curso, un camino, un río, y, en general, algo que sigue una línea: *el río muere en el mar; esa calle muere unos metros más arriba*.

morirse de Sentir intensamente una sensación o un sentimiento: *se morían de hambre y de frío en aquella casa en medio de la montaña; contaba unos chistes que te morías de risa*.

morirse por Sentir un deseo o pasión muy fuerte: *me muero por bailar contigo; se moría por conseguir el amor de su amado*.

OBS En su conjugación, la *o* se convierte en *ue* en sílaba acentuada o en *u* en algunos tiempos y personas, como en *dormir*. ◊ El participio es *muerto*.

morisco, -ca *adj./n. m. y f.* **1** [persona] Que pertenece al grupo de pueblos árabes que se quedaron en España cuando terminó la Reconquista: *los moriscos eran los musulmanes obligados a abandonar su religión y a convertirse al cristianismo para poder permanecer en la península*. ◊ *adj.* **2** De esas personas o que tiene relación con esos pueblos árabes: *Felipe II tuvo que hacer frente a una sublevación morisca en Granada*.

mormón, -mona *adj.* **1** Del mormonismo o relacionado con este doctrina religiosa. ◇ *adj./n. m. y f.* **2** [persona] Que practica el mormonismo: *los mormones practicaban la poligamia*.
DER mormónico, mormonismo.

mormonismo *n. m.* Doctrina religiosa que tuvo su origen en Estados Unidos en el siglo XIX; se basa en las enseñanzas de la Biblia; durante sus primeros tiempos practicó la poligamia.

moro, -ra *adj./n. m. y f.* **1** [persona] Que es del norte de África: *se casó con una mujer mora; muchos moros emigran a Europa*. **2** [persona] Que sigue la religión de Mahoma: *los moros rezan cinco veces al día mirando hacia La Meca*. **SIN** mahometano, musulmán. **3** [persona] Que pertenece al pueblo árabe que vivió en España: *los moros dejaron en España una rica cultura y tradición*. ◇ *adj.* **4** Del norte de África y de sus habitantes o que tiene relación con estos pueblos: *los occidentales a veces no comprenden las costumbres moras*. **5** Del pueblo árabe que vivió en España o que tiene relación con él: *muchos de los dulces y postres españoles son de tradición mora*. ◇ *adj./n. m.* **6** [hombre] Que intenta dominar absolutamente a su pareja por desconfianza y celos: *mi marido es muy moro y no me deja salir sola de casa*. **SIN** celoso. ◇ *n. m.* **7** *coloquial* En el lenguaje propio de los traficantes de hachís, Marruecos.

haber moros en la costa Estar cerca una o varias personas que no deben enterarse de un asunto determinado: *dejaron de cotillear porque había moros en la costa*.
DER moreno, morería, morisco, moruno.

morosidad *n. f.* **1** Retraso en el pago de una cantidad debida: *lo va a denunciar por morosidad: hace seis meses que le debe el alquiler*. **2** Falta de puntualidad: *tu morosidad nos ha hecho perder el tren*. **SIN** retraso. **3** Lentitud en hacer las cosas o en el desarrollo de algún proceso: *trabajan con tal morosidad que no creo que terminen en el plazo indicado*.

moroso, -sa *adj./n. m. y f.* **1** [persona] Que se retrasa en el pago de una cantidad debida: *nuestra agencia está espe-*

MORFEMAS

Las palabras son las unidades con significado más pequeñas que combinamos para construir oraciones. Pero en algunas palabras podemos distinguir partes más pequeñas que aportan una significación particular a la raíz: son los morfemas. Hay distintos tipos de morfemas.

MORFEMAS DERIVATIVOS

Los morfemas derivativos sirven para formar palabras nuevas a partir de una raíz o lexema. Aporta información al lexema, de manera que puede cambiar su significado (con el derivativo *in-* a partir de *útil* formamos *inútil*, que significa todo lo contrario) y puede también cambiar su categoría gramatical (p. ej., el verbo [$_{raíz}$*atribu*]*ir* con el derivativo *-ción* pasa a ser un nombre).

Hay dos tipos de morfemas derivativos, según la posición que ocupan con respecto al lexema:

• **prefijos**: se colocan delante de la raíz. Por ejemplo: *re-* se añade a raíces de verbos para construir verbos que significan 'volver a realizar la acción del verbo': *pasar>repasar, vender>revender, coger>recoger; in-* se añade a raíces de adjetivos para formar adjetivos que significan 'que no tiene la cualidad del adjetivo': *útil>inútil; moral>inmoral*.

Puede verse el cuadro de prefijos que aparece en la página 1043.

• **sufijos**: se colocan detrás de la raíz. Por ejemplo: *-dor* se añade a raíces de verbos para construir nombres que expresan 'la persona que realiza la acción del verbo': *correr>corredor, vender>vendedor, jugar>jugador; -ero* se añade a raíces de nombres para construir nombres que significan 'persona que tiene una profesión relacionada con el nombre': *pan>panadero, fruta>frutero, toro>torero*.

Puede verse el cuadro de sufijos que aparece en la página 1237.

MORFEMAS FLEXIVOS

Los morfemas flexivos aportan información gramatical (por ejemplo, información sobre género gramatical, número, persona, tiempo, modo). Dependiendo de la categoría gramatical de la palabra, ésta llevará un tipo de morfema u otro (adverbios, preposiciones y conjunciones no tienen morfemas flexivos; nombres, adjetivos, determinantes y pronombres tienen morfemas de género y número; el verbo tiene morfemas de tiempo, modo y persona y número).

Los morfemas flexivos siempre aparecen tras la raíz y los morfemas derivativos.

Los tipos de morfema del español son:

• **morfema de género**: indica si una palabra es masculina o femenina. Por ejemplo: en *gato*, *-o* es el morfema de masculino y en *gata*, *-a* es el morfema de femenino.

• **morfema de número**: indica si una palabra está en singular o en plural. Por ejemplo: *gato* es singular y *gatos* es plural, *-s* es el morfema de plural.

• **vocal temática**: indica a qué conjugación pertenece un verbo. Por ejemplo: la *-a-* es la vocal temática de la primera conjugación (*cantar*), la *-e-* de la segunda (*beber*) y la *-i-* de la tercera (*vivir*).

• **morfema de modo**: indica si el verbo está en indicativo o en subjuntivo. Por ejemplo: *cantásemos* está en subjuntivo y *cantábamos* en indicativo, *-se-* es un morfema de subjuntivo y *-ba-* es de indicativo.

• **morfema de tiempo**: indica si el verbo está en presente, pasado o futuro. Por ejemplo: *cantábamos* es un pasado, *cantaremos* es un futuro y *cantamos* es un presente, *-ba-* es un morfema de pasado, *-re-* es un morfema de futuro y *-Ø-* es un morfema de presente.

• **morfema de persona y número**: indica si el verbo está en primera, segunda o tercera persona del singular o del plural. Por ejemplo: *cantaba-Ø* (1.ª p. sing.), *cantaba-s* (2.ª p. sing.), *cantaba-Ø* (3.ª p. sing.), *cantaba-mos* (1.ª p. pl.), *cantaba-is* (2.ª p. pl.), *cantaba-n* (3.ª p. pl.).

Los morfemas flexivos de los verbos (vocal temática, morfemas de tiempo, modo y persona y número) también se llaman *desinencias*.

cializada en cobrar a los morosos. **2** [persona] Que hace las cosas con lentitud.
DER morosidad.

morral *n. m.* **1** Bolsa o mochila que usan sobre todo los pastores y los cazadores para llevar la comida, la ropa u otros objetos: *el pastor sacó un queso y un pan de su morral*. **SIN** zurrón. **2** Saco con hierba o pienso que se cuelga de la cabeza de algunos animales como caballos o burros para que coman.

morralla *n. f.* **1** Conjunto de cosas diferentes de escaso valor: *entre la morralla descubrió una joya de gran valor*. **2** Grupo de personas de baja condición social: *no quería que sus hijos convivieran con la morralla del barrio*. **SIN** chusma. **3** Calderilla, dinero suelto: *no llevaba en los bolsillos más que morralla*. **4** Pescado pequeño de diferentes clases.

morrear *v. tr./intr./prnl. coloquial* Besar a una persona en la boca con insistencia: *una pareja de novios se morreaba en un banco del parque*.

morrena *n. f.* GEOL. Conjunto de rocas, arena, barro y otros materiales que erosiona, transporta y acumula un glaciar.

morrillo *n. m.* **1** Parte carnosa que tienen las reses en la parte superior del cuello: *el morrillo de una res es la testuz*. **2** *coloquial* Nuca de una persona cuando es abultada y carnosa: *está tan gordito que tiene un morrillo en el cogote*.

morriña *n. f.* Tristeza o pena, especialmente la que se siente al estar lejos de las personas o de los lugares queridos: *la morriña invadió su corazón en cuanto cruzó la frontera*. **SIN** nostalgia, añoranza.

morro *n. m.* **1** Parte de la cabeza de algunos animales donde se encuentran la nariz y la boca: *el perro alzó el morro para oler el aire; la vaca tiene el morro seco porque tiene fiebre*. **SIN** hocico. **2** *coloquial* Labios de una persona: *el muchacho se enfadó con su amigo y le dio un puñetazo en el morro*. **3** Extremo delantero que sobresale de algunos objetos: *chocó contra el morro de un avión*. **4** Montaña o roca pequeña y redonda: *a lo lejos, se veía un morro sobre la llanura; el navegante se guió por un morro para llegar a la orilla*. **5** *coloquial* Desvergüenza, falta de respeto: *¡menudo morro que tienes, deja de pedirme dinero!* **SIN** cara, jeta, frescura.
beber a morro Beber sin vaso, directamente del recipiente que contiene un líquido: *por favor, no bebas a morro de la botella*.
estar de morro o **estar de morros** *coloquial* Estar enfadado: *las dos vecinas estaban de morro y no se hablaban*.
por el morro *coloquial* Sin pagar y sin hacer ningún esfuerzo para conseguir algo: *esa señora se ha colado por el morro; se presentó en una fiesta por el morro*.
torcer el morro *coloquial* Demostrar disgusto y enfado: *cuando le dije que me marchaba, torció el morro*.
DER morral, morralla, morrear, morrillo, morrón; amorrar.

morrocotudo, -da *adj. coloquial* Que es muy importante, intenso o grave, o muy difícil: *se cayó de espaldas y se llevó un susto morrocotudo; ha tenido una suerte morrocotuda con ese premio; ése es un problema morrocotudo*. **SIN** formidable, magnífico.

morrón *adj.* **1** [pimiento] Que es rojo, más grueso que los de otras variedades y carnoso. ◊ *n. m.* **2** *coloquial* Caída o golpe fuerte e inesperado: *vaya morrón que se dio contra el suelo*. **SIN** porrazo.

morsa *n. f.* Animal mamífero similar a la foca pero de mayor tamaño, que vive generalmente en mares fríos, tiene las extremidades terminadas en aletas, cabeza pequeña y grandes bigotes; el macho tiene un par de colmillos superiores muy desarrollados: *la morsa se alimenta de peces y pequeños animales*.
OBS Para indicar el sexo se usa *la morsa macho* y *la morsa hembra*.

morse *n. m.* Sistema de comunicación que combina puntos y rayas para codificar el alfabeto y que permite componer y comprender un mensaje cifrado: *el morse se usa para transmitir mensajes telegráficos*.

mortadela *n. f.* Embutido de color rosa, de forma cilíndrica, alargada y gruesa, hecho con carne picada de cerdo o de vaca, que se come frío sin necesidad de freírlo o asarlo.

mortaja *n. f.* Sábana o pieza de tela en la que se envuelve un cadáver para enterrarlo.
DER amortajar.

mortal *adj.* **1** [ser vivo] Que ha de morir: *por mucho que la medicina avance y cada vez tengan cura más enfermedades, el hombre es un ser mortal*. **ANT** inmortal. **2** Que causa o puede causar la muerte: *el soldado tiene una herida mortal en el pecho*. **SIN** letal. **3** [característica] Que se considera propio de un muerto o parecido a un muerto: *todos se extrañaron de su palidez mortal*. **4** [sentimiento] Que hace desear de forma real o figurada la muerte de una persona: *le tienen un odio mortal*. **5** Que produce cansancio, fatiga o angustia: *fue una espera mortal; en esa carretera hay diez kilómetros mortales*. **6** Que es muy fuerte o intenso: *caminaban en medio de un frío mortal que les paralizaba la sangre*. **SIN** bestial. **7** [pecado] Que se opone gravemente a la ley o la norma y no es fácil de perdonar: *matar a una persona es un pecado mortal*. ◊ *n. m.* **8** Ser humano: *cometer errores es propio de mortales; no son dioses sino simples mortales*.
DER mortalidad; inmortal.
ETIM Véase *muerte*.

mortalidad *n. f.* **1** Cualidad de mortal: *algunas religiones reconocen la mortalidad del cuerpo pero creen en la inmortalidad del espíritu*. **ANT** inmortalidad. **2** Cantidad de personas que mueren en un lugar y en un período de tiempo determinados en relación con el total de la población: *la mortalidad infantil es cada día menor en los países europeos, en proporción con el total de nacimientos registrados mueren muy pocos niños*. **SIN** morbilidad.

mortandad *n. f.* Gran cantidad de muertes causadas por una desgracia, ya sea una guerra, una epidemia o una catástrofe natural: *la mortandad provocada por la epidemia de cólera todavía es un recuerdo doloroso*.
ETIM Véase *muerte*.

mortecino, -na *adj.* Que no tiene vida o fuerza, especialmente referido a la iluminación o el fuego: *una luz mortecina iluminaba apenas la habitación*.
ETIM Véase *muerte*.

mortero *n. m.* **1** Utensilio de cocina o laboratorio compuesto de un recipiente con forma de vaso ancho y un pequeño mazo que sirve para moler o machacar especias, semillas o sustancias químicas: *echó ajo, perejil y almendras en el mortero para hacer la picada de la comida; conviene moler cuidadosamente las sales en el mortero para que tengan una textura uniforme*. **SIN** almirez. ☞ cocina. **2** Mezcla de cal o cemento, arena y agua que se usa en la construcción: *el albañil levantó la pared con piedras y mortero*. **SIN** argamasa. **3** Arma de artillería que lanza proyectiles muy pesados a distancias cortas: *el ejército utilizó morteros para lanzar bombas a las posiciones enemigas más próximas*.

mortífero, -ra *adj.* Que causa o puede causar la muerte: *empleó un veneno mortífero; la picadura de esa serpiente puede ser mortífera*. **SIN** letal.

mortificación *n. f.* **1** Dolor o sufrimiento físico buscado como castigo con el que conseguir dominar los deseos y las pasiones: *los ascetas se imponen voluntariamente la mortificación y la entrega de su cuerpo y alma a Cristo.* **2** Dolor, pena, remordimiento o daño en general: *tener que estudiar cuando hace tanto calor es una mortificación; ahora está arrepentido y el recuerdo de lo que hizo es una mortificación.* **3** Cosa que produce sufrimiento o dolor: *la drogadicción de su hijo es su mortificación.*

mortificar *v. tr./prnl.* **1** Castigar el cuerpo como penitencia o para dominar las pasiones: *el asceta se mortificaba con ayunos y dolor.* **2** Producir dolor, remordimiento o daño en general: *la idea del fracaso lo mortifica continuamente; por favor, no me mortifiques más con tus desprecios.*
DER mortificación.
ETIM Véase *muerte*.
OBS En su conjugación, la c se convierte en *qu* delante de *e*.

mortuorio, -ria *adj.* De los muertos o relacionado con la muerte o las ceremonias dedicadas a los muertos: *un coche mortuorio condujo el féretro hasta el cementerio.* **SIN** fúnebre.
ETIM Véase *muerte*.

moruno, -na *adj.* De los moros o relacionado con estos pueblos de raza árabe: *el anfitrión los llevó a una sala y se sentaron en el suelo, según la costumbre moruna.* **SIN** moro.

mosaico *n. m.* **1** Técnica artística que consiste en ajustar y pegar sobre una superficie piezas pequeñas de distintos colores para formar un dibujo. **2** Obra de arte hecha con esta técnica: *las piedrecitas de este mosaico forman el dibujo de un dragón.* **3** Conjunto formado por elementos de distinto tipo: *durante una importante etapa de su historia, la península ibérica fue un mosaico de culturas y religiones.*

mosca *n. f.* **1** Insecto de cuerpo negro con dos alas transparentes, seis patas con uñas y ventosas y un aparato bucal para chupar las sustancias de que se alimenta. ☞ insectos. **2** Barba pequeña que crece entre el labio inferior y la barbilla. **3** *coloquial* Persona pesada y molesta: *¡ay, hijo, qué mosca eres!* **SIN** moscón. **peso mosca** Categoría de boxeo que incluye a los púgiles que no pesan más de 51 kilos.
aflojar la mosca *coloquial* Pagar: *cuando vayamos al bar, te toca a ti aflojar la mosca.*
cazar moscas *coloquial* Ocuparse en cosas que no son útiles o importantes: *en lugar de buscar trabajo, se pasa el día cazando moscas.*
con la mosca detrás de la oreja *coloquial* Que sospecha o no tiene confianza en una persona o en un asunto: *creo que mis hijos no me han dicho la verdad; estoy con la mosca detrás de la oreja.*
estar mosca *coloquial* a) Estar inquieto por algo, desconfiar: *está mosca porque le han ingresado en el banco menos dinero del que esperaba.* b) Estar enfadado o molesto: *está mosca porque no lo has saludado.* **SIN** mosqueado.
mosca muerta Persona aparentemente débil o tímida, pero que siempre se aprovecha de la situación: *mira la mosca muerta ésta, finge ser tu amiga y luego te critica a tus espaldas.*
por si las moscas *coloquial* Por lo que pueda ocurrir: *dicen que a los que se queden no les pasará nada pero yo, por si las moscas, me marcho.*
¿qué mosca te ha picado? *coloquial* Expresión que se usa para preguntar a una persona cuál es la causa de su enfado o de su mal humor: *¿por qué me gritas?, pero, ¿qué mosca te ha picado?*
DER moscarda, moscón, mosquear, mosquito; amoscarse.

moscarda *n. f.* Insecto parecido a la mosca, pero de mayor tamaño, de ojos rojos y salientes, alas transparentes, color verdoso y con una mancha de color de oro en la parte anterior de la cabeza: *la moscarda deposita sus huevos sobre la carne de los animales muertos.*
DER moscardón.

moscardón *n. m.* **1** Insecto similar a la mosca pero de mayor tamaño; es de color marrón oscuro y muy velloso: *los moscardones zumban al volar alrededor de las flores.* **SIN** moscón. **2** Moscarda. **3** *coloquial* Persona pesada y molesta: *el famoso futbolista siempre tiene un moscardón pidiéndole autógrafos.*

moscatel *adj.* **1** [uva] Que es muy dulce: *la variedad de uva que más me gusta es la moscatel; he comprado un kilo de uva moscatel.* ◊ *adj./n. m.* **2** [vino] Que se elabora con esta uva y es dulce: *el moscatel suele tomarse como vino de postre o aperitivo.*

moscón *n. m.* **1** Insecto parecido a la mosca pero de mayor tamaño: *los moscones volaban sobre la comida recién preparada.* **SIN** moscardón. **2** *coloquial* Persona pesada y molesta, especialmente un hombre que intenta insistentemente entablar relación con una mujer: *si eres simpática, no hay manera de quitarte de encima los moscones.* **SIN** moscardón.

moscovita *adj.* **1** De Moscú o que tiene relación con esta ciudad rusa: *los inviernos moscovitas son muy crudos.* ◊ *adj./ n. com.* **2** [persona] Que es de Moscú.

mosquear *v. tr./prnl.* **1** *coloquial* Hacer sospechar a una persona: *las continuas salidas de su hijo lo están mosqueando; se mosquea con mucha facilidad, no confía en nadie.* **2** Hacer enfadar a una persona: *tus continuas indirectas sobre mi gordura me mosquean; no sabe aguantar una broma, se mosquea enseguida.* **SIN** amoscarse, molestar.
DER mosqueo.

mosqueo *n. m.* **1** *coloquial* Sospecha o suposición sin pruebas: *desde que su mujer no va a cenar a casa, él tiene un mosqueo: cree que le engaña con otro.* **2** *coloquial* Enfado: *ve a pedir perdón a tu hermano, que con lo que le has dicho tiene un buen mosqueo.*

mosquetero *n. m.* Antiguo soldado armado con un mosquete, un arma de fuego parecida al fusil pero más larga y de mayor calibre: *los mosqueteros también eran diestros en el manejo de la espada; son famosos por la literatura los mosqueteros al servicio del rey francés.*

mosquetón *n. m.* **1** Arma larga de fuego que es más corta y ligera que el fusil: *el mosquetón era arma reglamentaria del ejército español.* **2** Anilla que se puede abrir o cerrar mediante un muelle o un resorte: *el mosquetón se usa en el deporte del alpinismo para sujetar las cuerdas.*

mosquitero *n. m.* **1** Tela metálica u otro material que se coloca en las puertas o en las ventanas para impedir que entren los mosquitos: *Pusimos mosquiteros porque en verano con las ventanas abiertas entraban muchos mosquitos.* **2** Especie de cortina de gasa que se pone alrededor de la cama para impedir el acceso a los mosquitos: *cubrieron la cuna con un mosquitero para que los insectos no picaran al niño.*

mosquito *n. m.* Insecto más pequeño que la mosca, de cuerpo más fino, con dos alas transparentes y patas alargadas; el mosquito hembra tiene una boca en forma de trompa con un aguijón en la punta que utiliza para alimentarse de la sangre de los mamíferos: *tengo el brazo lleno de picaduras de mosquitos.* ☞ insectos.
DER mosquitero.
OBS Para indicar el sexo se usa *el mosquito macho* y *el mosquito hembra*.

mostacho *n. m.* Bigote, especialmente si es muy espeso: *tenía un mostacho tan largo que le tapaba la boca*. **SIN** bigote.

mostaza *n. f.* **1** Planta de hojas grandes, flores amarillas y semillas negras por fuera y amarillas por dentro. **2** Semilla de esta planta: *la mostaza se utiliza para hacer condimentos*. **3** Salsa de color amarillo y sabor fuerte y picante hecha con las semillas de esta planta: *sobre la mesa de la cafetería hay un bote de tomate y otro de mostaza*.

mosto *n. m.* Zumo de la uva antes de que fermente para elaborar el vino: *el mosto no tiene alcohol*.

mostrador *n. m.* Mesa o tablero que hay en las tiendas, los bares y otros establecimientos y que se usa para mostrar las mercancías y servir los productos que piden los clientes: *el camarero dejó los cafés en el mostrador; la señora se acercó al mostrador para elegir una de las camisas*.

mostrar *v. tr.* **1** Exponer o enseñar una cosa para que pueda ser vista: *le mostró su reloj nuevo*. **ANT** ocultar, tapar. **2** Expresar o manifestar una cualidad, un sentimiento o estado: *el joven mostró su valor en el combate; el perro muestra su alegría moviendo la cola*. **3** Dar a conocer una cosa mediante una explicación o una indicación: *el técnico les mostró el funcionamiento del aparato*. **SIN** explicar, indicar. ◇ *v. prnl.* **4 mostrarse** Darse a conocer una persona o comportarse de una determinada manera: *mostrarse en público; se mostró muy amable con sus invitados*.
DER mostrador, muestra; demostrar.
OBS En su conjugación, la *o* se convierte en *ue* en sílaba acentuada, como en *contar*.

mostrenco, -ca *adj./n. m. y f.* **1** *coloquial* [persona] Que es ignorante o que tarda mucho en entender cualquier cosa: *es un mostrenco, es lento para captar cualquier idea*. Se usa despectivamente. **2** *coloquial* [persona] Que es muy gordo y pesado: *es un mostrenco, casi rompe la báscula al pesarse*. Se usa despectivamente.

mota *n. f.* **1** Partícula de cualquier cosa, de un tamaño muy pequeño, que se pega a los tejidos o a otros sitios: *mota de polvo; mota de carbonilla*. **2** Manchita o dibujo pequeño más bien redondeado: *el caballo era gris con motas blancas; llevaba un vestido negro con motas blancas*. **SIN** pinta.
DER motear.

mote *n. m.* Nombre que se da a una persona en lugar del suyo propio, que suele hacer referencia a alguna característica de su forma de ser o a su manera de comportarse: *el Mochuelo es el mote de Daniel, el protagonista de* El camino de Delibes. **SIN** alias, apodo, sobrenombre.
DER motejar, motete.

motear *v. tr.* Salpicar con motas una tela u otra superficie: *al pintar la pared pidió que la motearan de azul*.

motejar *v. tr.* Aplicar un apelativo despectivo o reprobatorio a una persona como crítica o censura de su comportamiento o de sus acciones: *te motejó de ignorante e inculto*. **SIN** acusar, tachar, tildar.
OBS Se usa con la preposición *de*.

motel *n. m.* Establecimiento hotelero situado cerca de una carretera en el que se alojan los viajeros que van de paso: *algunos moteles tienen apartamentos y garajes independientes*.

motete *n. m.* MÚS. Composición musical corta que se canta en las iglesias y cuya letra es un texto de la Biblia: *el motete apareció en el siglo XII y fue muy popular en Francia*.

motilón, -lona *adj./n. m. y f.* **1** [persona] Que pertenece a un pueblo indígena que habita en la frontera entre Colombia y Venezuela: *los indios motilones llevan el pelo cortado en forma de casquete*. **2** [persona] Que es lego de un convento: *el motilón vive en un convento pero no tomará nunca las órdenes sagradas*.

motín *n. m.* Acto de levantamiento o rebelión que lleva a cabo un grupo numeroso de gente contra una autoridad: *los presos organizaron un motín*. **SIN** sublevación.
DER amotinar.

motivación *n. f.* **1** Estímulo que anima a una persona a mostrar interés por una cosa determinada: *los niños necesitan una motivación para estudiar*. **2** Causa o razón que hace que una persona actúe de una manera determinada: *no se supo nunca qué motivaciones le llevaron al suicidio*. **SIN** motivo.

motivar *v. tr.* **1** Ser una cosa la causa o la razón de que otra suceda: *sus insultos motivaron una fuerte discusión*. **SIN** causar. ◇ *v. tr./prnl.* **2** Hacer que una persona muestre interés por una cosa: *la pintura no lo motivaba y decidió dedicarse a la poesía; este chico no se motiva con nada*. **SIN** estimular. **ANT** desmotivar.
DER motivación; desmotivar, inmotivado.

motivo *n. m.* **1** Causa o razón que justifica la existencia de una cosa o la manera de actuar de una persona: *el motivo de que lo suspendieran fue que no contestó a ninguna pregunta del examen*. **2** Forma o figura que se repite en un dibujo o adorno: *motivos geométricos; motivo decorativo*.
con motivo de Con ocasión de: *le regalé un diamante con motivo de nuestro aniversario*.
DER motivar.

moto *n. f.* Motocicleta: *le gusta mucho viajar en moto*.
estar como una moto *coloquial a)* Estar una persona muy nerviosa o inquieta: *tengo tantas cosas que hacer que estoy como una moto*. *coloquial b)* Estar una persona muy loca: *está como una moto, no para de hacer chorradas*.
DER motocross.
OBS Es la forma abreviada de *motocicleta*.

moto- Elemento prefijal que entra en la formación de palabras con el significado de 'movido por motor': *motonave, motopropulsión*.

motocarro *n. m.* Vehículo provisto de tres ruedas y un motor que se utiliza para transportar mercancía ligera: *tenía un motocarro para abastecer su pequeño colmado en el pueblo*.
OBS El plural es *motocarros*.

motocicleta *n. f.* Vehículo de dos ruedas y movido por un motor de explosión que tiene capacidad para una o dos personas: *el casco es obligatorio para montar en motocicleta*. **SIN** moto.
DER motociclismo.

motociclismo *n. m.* Deporte que se practica con una motocicleta e incluye diversas modalidades y competiciones: *cada domingo asiste a las carreras de motociclismo*.
DER motociclista.

motociclista *n. com.* **1** Persona que conduce una motocicleta: *cedió el paso al motociclista que se encontró en el cruce*. **2** Persona que practica el deporte del motociclismo: *los motociclistas esperaban en la línea de salida a que diese comienzo la carrera*.

motocross *n. m.* Modalidad de motociclismo que consiste en circular por terrenos muy accidentados: *las motocicletas con las que se practica el motocross tienen ruedas con tacos*.

motonáutica *n. f.* Deporte de navegación que se realiza con embarcaciones de pequeño tamaño provistas de un motor: *fue el ganador de la competición mundial de motonáutica*.

motonave *n. f.* Embarcación que está provista de un

motor: *se compró una motonave para poder salir al mar aquel verano*.

motor, -ra *adj.* **1** Que produce movimiento: *el mecanismo motor de esta máquina es muy potente. El femenino también puede ser motriz.* ◊ *n. m.* **2** Mecanismo formado por un conjunto de piezas que transforma una energía en movimiento. ☞ automóvil; motocicleta. **motor de arranque** Mecanismo eléctrico que pone en funcionamiento otro mecanismo mayor: *el motor de arranque de los coches les permite ponerse en marcha.* **motor de combustión interna** o **motor de explosión** Mecanismo que produce movimiento quemando un combustible en su interior, generalmente gasolina: *la mayoría de los automóviles funcionan con motores de combustión interna.* **motor diesel** Motor de combustión interna cuyo combustible es el gasóleo y no lleva bujías: *los camiones suelen funcionar con motor diesel.* **motor de reacción** Mecanismo que produce movimiento expulsando un chorro de gases a gran velocidad: *muchos aviones llevan motor de reacción.* **motor eléctrico** Mecanismo que produce movimiento transformando la energía eléctrica: *el secador de pelo tiene un motor eléctrico*.
DER motora, motorismo, motorizar, motriz; automotor, bimotor, cuatrimotor, electromotor, heliomotor, locomotor, psicomotor, turbomotor, velomotor.
ETIM Véase *mover*.

motora *n. f.* Embarcación pequeña movida por un motor: *recorrieron la costa en una motora*.

motorismo *n. m.* Deporte que practican las personas aficionadas a correr en motocicletas: *el motorismo se practica en campo y en pista*.
DER motorista.

motorista *n. com.* **1** Persona que conduce una motocicleta: *el motorista tuvo un accidente al chocar con un coche*. **2** Persona que practica el deporte del motorismo. **3** Agente de la guardia civil de tráfico que va en motocicleta: *dos motoristas nos multaron en la carretera por exceso de velocidad*.

motorización *n. f.* Acción que consiste en equipar con medios mecánicos de tracción o de transporte a una industria o a un ejército: *la motorización de la fábrica supuso un aumento de la producción; la motorización del ejército se produjo en la Primera Guerra Mundial.* **SIN** mecanización.

motorizar *v. tr./prnl.* **1** Dotar de maquinaria a una industria o equipar con vehículos de motor a un ejército: *la industria textil hace tiempo que se motorizó; el ejército motorizó a los soldados de infantería.* **SIN** mecanizar. ◊ *v. prnl.* **2** motorizarse Proveerse una persona o una entidad de un vehículo automóvil: *la mayor parte de la población española se ha motorizado en los últimos años*.
DER motorización.
OBS En su conjugación, la *z* se convierte en *c* delante de *e*.

motosierra *n. com.* Máquina movida por un motor que sirve para cortar árboles y madera; está provista de una cadena con dientes: *la motosierra funciona con gasolina*.

motriz *adj. f.* Que mueve o produce movimiento: *la fuerza motriz del agua se emplea para producir energía*.
DER motricidad.
OBS Sólo se usa con nombres femeninos. ◊ El adjetivo masculino es *motor*.

motu proprio *adv.* Voluntariamente o por propia y libre voluntad: *he venido motu proprio, nadie me obliga*.
OBS Es incorrecto de *motu proprio*.

mousse *n. amb.* Crema dulce de textura muy esponjosa que se toma como postre: *mousse de chocolate*.
OBS Es de origen francés y se pronuncia aproximadamente 'mus'.

mouton *n. m.* Piel de cordero tratada industrialmente que se utiliza para fabricar prendas de abrigo: *mi marido me regaló un chaquetón de mouton*.
OBS Es de origen francés y se pronuncia aproximadamente 'mutón'. ◊ El plural es *moutones*.

movedizo, -za *adj.* **1** Que es poco firme o inseguro: *los animales quedaron atrapados en las arenas movedizas*. **2** Que se mueve o se puede mover con facilidad: *había una pared movediza que se accionaba con un botón.* **3** Que es inconstante o cambia fácilmente de opinión: *la joven tenía un espíritu inquieto y movedizo*.

mover *v. tr./prnl.* **1** Hacer que un cuerpo deje el lugar o espacio que ocupa y pase a ocupar otro: *si quieres sentarte tendrás que mover la silla; las plantas no pueden moverse por sí solas.* **SIN** trasladar. **2** Agitar o llevar de un lado para otro una cosa o parte de algún cuerpo: *movía las manos al saludar; el viento mueve las hojas de los árboles.* **3** Incitar a alguien

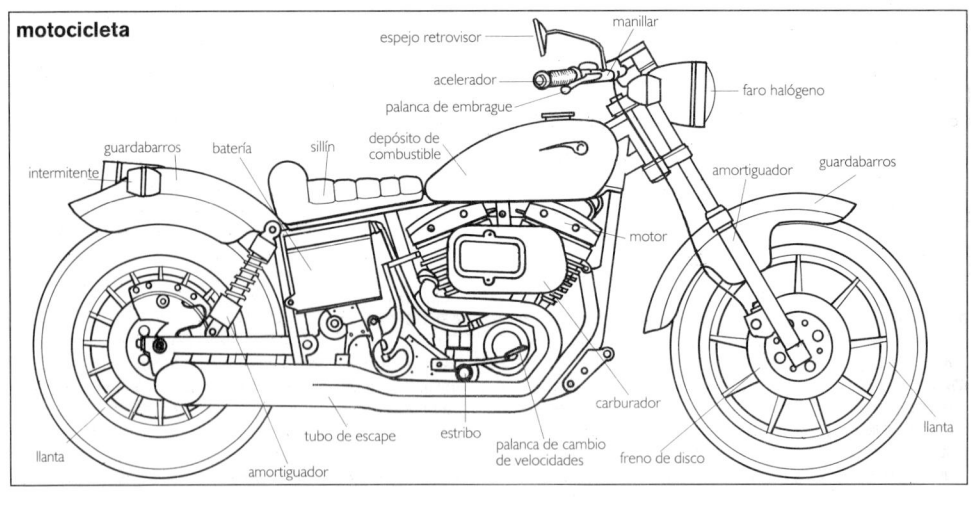

motocicleta — espejo retrovisor — manillar — acelerador — palanca de embrague — faro halógeno — guardabarros — batería — sillín — depósito de combustible — amortiguador — guardabarros — intermitente — motor — llanta — llanta — tubo de escape — estribo — palanca de cambio de velocidades — carburador — freno de disco — amortiguador

a que realice una cosa o a un comportamiento determinado: *su interés por el mundo de la moda le movió a emprender un nuevo negocio.* ◇ *v. tr.* **4** Hacer lo necesario para que un asunto se resuelva bien y rápidamente: *si quieres conseguir trabajo tienes que moverte mucho.* ◇ *v. intr.* **5** Cambiar de sitio las fichas en un juego: *ahora te toca mover a ti.* **6** Provocar un sentimiento, conmover: *su desgracia mueve a la piedad.*
DER movedizo, movible, movida, movido, móvil, movimiento; conmover, promover, remover.
ETIM *Mover* procede del latín *movere*, que tenía el mismo significado, voz con la que también está relacionada *motor*.

mover	
INDICATIVO	SUBJUNTIVO
presente	presente
muevo	mueva
mueves	muevas
mueve	mueva
movemos	movamos
movéis	mováis
mueven	muevan
pretérito imperfecto	pretérito imperfecto
movía	moviera o moviese
movías	movieras o movieses
movía	moviera o moviese
movíamos	moviéramos o moviésemos
movíais	movierais o movieseis
movían	movieran o moviesen
pretérito indefinido	futuro
moví	moviere
moviste	movieres
movió	moviere
movimos	moviéremos
movisteis	moviereis
movieron	movieren
futuro	
moveré	IMPERATIVO
moverás	mueve (tú)
moverá	mueva (usted)
moveremos	moved (vosotros)
moveréis	muevan (ustedes)
moverán	
condicional	FORMAS NO PERSONALES
movería	
moverías	infinitivo gerundio
movería	mover moviendo
moveríamos	participio
moveríais	movido
moverían	

movible *adj.* Que puede moverse o ser movido: *esa máquina tiene varias piezas fijas y otras movibles.* **SIN** móvil. **ANT** inamovible.
movida *n. f.* **1** *coloquial* Situación de alboroto y confusión en la que hay mucha agitación o ajetreo: *se organizó una gran movida al llegar la policía.* **2** *coloquial* Animación y diversión en la que participa un gran número de personas: *algunas ciudades tienen una famosa movida nocturna.*

movido, -da *adj.* **1** Que es muy activo, agitado y ajetreado: *el día de la mudanza fue muy movido.* **2** [persona] Que es muy activo e inquieto en su comportamiento: *es un niño muy movido, no está quieto ni un segundo.* **3** [fotografía, imagen] Que tiene los perfiles borrosos o poco claros: *las fotos han salido movidas, hay que repetirlas.*
móvil *adj.* **1** Que se mueve o puede moverse: *este juguete tiene una parte móvil y otra parte fija.* **SIN** movible. **ANT** fijo. ◇ *n. m.* **2** Causa o razón que tiene una persona para realizar una cosa: *el detective descubrió el móvil del crimen.* **SIN** motivo. **3** Objeto de decoración formado por figuras que cuelgan de hilos y se mueven con facilidad; suele colgarse del techo: *hicimos un móvil con figuras de animales para la habitación de los niños.* **4** Fís. Cuerpo que está en movimiento.
DER movilidad, movilizar; inmóvil.
movilidad *n. f.* Capacidad que tiene una persona o una cosa para poder moverse: *la empresa busca un agente con gran movilidad para viajar.* **ANT** inmovilidad.
movilización *n. f.* **1** Puesta en marcha de una actividad o un movimiento para conseguir un fin determinado: *los obreros propusieron la movilización de todo el sector industrial para conseguir una subida de salarios.* **2** Preparación de las tropas que se realiza ante una situación de guerra agrupando a las personas y reuniendo el material necesario: *el inicio de la guerra supuso la movilización de todos los ciudadanos mayores de edad.* **ANT** desmovilización.
movilizar *v. tr./prnl.* **1** Poner en marcha una actividad o un movimiento para conseguir un fin determinado: *la empresa ha movilizado todos sus recursos para salir de la crisis; los estudiantes se movilizaron contra la nueva ley de enseñanza.* **2** Poner en actividad o movimiento a las tropas de un ejército: *todo el ejército se movilizó ante el ataque inesperado.* **3** Convocar a los soldados, incorporar a filas a otras personas y reunir el material necesario ante una situación de guerra: *fueron movilizados todos los hombres menores de cuarenta años.* **ANT** desmovilizar.
DER movilización; desmovilizar.
OBS En su conjugación, la *z* se convierte en *c* delante de *e*.
movimiento *n. m.* **1** Cambio de lugar o de posición de una persona o una cosa: *desde la ventana, observo el movimiento de las personas y de los coches.* **2** Estado de un cuerpo mientras cambia de lugar o de posición: *la tierra siempre está en movimiento; los cuerpos pueden estar en movimiento o en reposo.* **3** Circulación, agitación o tráfico de muchas personas, animales o cosas en un lugar: *los sábados por la noche hay mucho movimiento en la ciudad.* **4** Levantamiento civil o militar contra el poder o una autoridad establecida: *los movimientos revolucionarios del siglo XIX cambiaron la sociedad francesa.* **SIN** sublevación. **5** Conjunto de manifestaciones artísticas o ideológicas de una época determinada que tienen características en común: *el romanticismo fue un movimiento filosófico, político y artístico.* **SIN** corriente, tendencia. **6** Marcha real o aparente de un cuerpo celeste: *la Tierra tiene dos movimientos, uno de traslación sobre sí misma y otro de rotación alrededor del Sol.* **7** Conjunto de alteraciones o novedades que ocurren durante un período de tiempo determinado en algunos campos de la actividad humana: *movimiento bursátil.* **8** Alteración de la cantidad de dinero que se tiene en la cuenta de un banco: *este extracto del banco explica con detalle los movimientos de tu cuenta.* **9** Efecto que se produce en una pintura por la combinación de las líneas, las luces y las sombras: *los maestros renacentistas se preocuparon mucho por crear el efecto de movimiento en sus cuadros.*

moviola

10 Parte independiente de una composición musical que tiene un tiempo y una velocidad de ejecución propios: *esta suite tiene cuatro movimientos.* **11** Velocidad del compás o tiempo de una composición musical: *el movimiento se indica en la partitura como alegro y andante.*

moviola *n. f.* **1** Máquina que se usa en los estudios de cine y televisión para controlar y regular el movimiento de las imágenes de un programa de acuerdo con las exigencias del locutor o del montador: *con la moviola se cortan las imágenes para hacerlas coincidir con la voz del narrador.* **2** Imagen que se controla y se regula con esta máquina: *volvieron a pasar la moviola de las jugadas más interesantes del partido de fútbol.*

mozalbete *n. m.* Chico joven o adolescente: *tu hijo ha crecido mucho, se ha hecho todo un mozalbete.* **SIN** chaval, mozo, muchacho.

mozárabe *adj./n. com.* **1** [persona] Que profesaba la religión cristiana y vivía en el territorio musulmán de la península ibérica durante la dominación islámica: *los mozárabes vivieron en territorio musulmán entre los siglos VIII y XII.* ◊ *adj.* **2** De estas personas o relacionado con ellas: *comunidad mozárabe; arquitectura mozárabe.* ◊ *n. m.* **3** Lengua que hablaban los cristianos que vivían en territorio musulmán durante la dominación islámica: *el mozárabe es una lengua románica, es decir, procedente del latín.*

mozo, -za *adj./n. m. y f.* **1** [persona] Que tiene poca edad: *tiene un hijo mozo; los mozos del pueblo corrían delante del toro.* **SIN** joven. ◊ *n. m. y f.* **2** Persona que trabaja en un oficio para el que no se necesitan conocimientos especializados: *mozo de almacén; mozo de cocina; mozo de hotel.* **3** Persona que sirve comidas y bebidas a los clientes en un bar y en otros establecimientos: *un mozo se acercó con la bandeja de los refrescos.* **SIN** camarero. ◊ *n. m.* **4** Chico joven que ha sido llamado para hacer el servicio militar: *los mozos se incorporarán a filas en mayo.* **SIN** quinto.
años mozos Juventud de una persona: *fue un gran deportista en sus años mozos.*
buen mozo Persona alta que tiene el cuerpo esbelto y bien formado: *tu hijo se ha hecho un buen mozo.*
mozo de escuadra Persona que es miembro de la policía autonómica de la comunidad autónoma de Cataluña: *un par de mozos de escuadra escoltaron al presidente de la comunidad hasta su despacho.*
DER mocedad, mocetón, mozalbete; remozar.

mozzarella *n. f.* Queso de color amarillo muy claro y sabor muy suave que se elabora con leche de búfala o de vaca: *la mozzarella es el queso ideal para hacer pizzas.*
OBS Es de origen italiano y se pronuncia aproximadamente 'motsarela'.

ms. Abreviatura de *manuscrito*, 'escrito a mano'.

mu *n. m.* Onomatopeya de la voz del toro o de la vaca: *las vacas hacen mu.*
no decir ni mu *coloquial* No hablar o no decir una sola palabra: *le echó una buena bronca y él no dijo ni mu.*

muaré *n. m.* Tela fuerte de seda que forma aguas: *me han regalado una blusa de muaré.* **SIN** moaré.

muchachada *n. f.* **1** Grupo numeroso de muchachos: *una muchachada entró en la discoteca.* **SIN** chiquillería. **2** Obra o dicho que se considera propio de muchachos: *lo que hicieron no tiene importancia, fue una muchachada.* **SIN** chiquillada.

muchacho, -cha *n. m. y f.* **1** Persona joven que está en la etapa de la adolescencia: *es un muchacho de quince años.* **SIN** chico, adolescente. ◊ *n. f.* **2** Nombre que se daba antiguamente a la mujer joven que trabajaba en las tareas domésticas de una casa.
DER muchachada.

muchedumbre *n. f.* **1** Cantidad grande de personas: *una muchedumbre se agolpaba a las puertas del estadio.* **SIN** gentío, multitud. **2** Cantidad grande de animales o cosas: *una muchedumbre de insectos se acercó a la charca.* **SIN** multitud.

mucho, -cha *det. indef.* **1** Indica que el nombre al que acompaña está en gran cantidad o número: *mucha gente; muchos libros.* ◊ *pron. indef.* **2** Indica que el nombre al cual sustituye está en gran cantidad o número: *no es mucho lo que usted pide; muchos de los presentes no lo saben.* **ANT** poco. ◊ *adv.* **3** mucho En gran cantidad o más de lo normal: *en esta empresa trabajamos mucho.* **ANT** poco. **4** Añade intensidad al valor de ciertos adverbios: *se fue mucho antes de las doce; come mucho más que yo.* **5** Gran cantidad de tiempo: *hace mucho que no te veo.* **ANT** poco.
como mucho Indica que una cantidad se da como máxima: *asistieron cincuenta personas como mucho.*
ni mucho menos Expresión que se utiliza para negar rotundamente: *ni mucho menos esperaba que me hiciese este feo.*
por mucho que Expresión con valor concesivo que indica que a pesar de haber realizado cierta acción sucede otra sin poder evitarlo: *no vi nada, por mucho que abrí los ojos.*
DER muchedumbre.

mucosa *n. f./adj.* BIOL. Membrana del organismo que elabora una sustancia densa y pegajosa para proteger un órgano o una parte del cuerpo: *las mucosas están en el aparato digestivo, en el respiratorio y en el genital.*

mucosidad *n. f.* Sustancia densa y pegajosa producida por las mucosas de los organismos: *la mucosa del aparato respiratorio producen mucosidad; los caracoles dejan mucosidad tras de sí cuando caminan.* **SIN** moco.

mucoso, -sa *adj.* **1** Que tiene la textura o el aspecto del moco: *sustancia mucosa.* **SIN** viscoso. **2** Que tiene o segrega mucosidad: *membrana mucosa; glándula mucosa.*
DER mucosa, mucosidad.
ETIM Véase *moco*.

muda *n. f.* **1** Conjunto de ropa interior que se cambia de una vez: *se cambia de muda todos los días; aquí tienes una muda limpia.* **2** Cambio o renovación de la pluma, el pelo o la piel que experimentan algunos animales: *la muda de las aves se produce en primavera o en otoño.* **3** Período de tiempo que dura este proceso: *durante la muda cambia el comportamiento de algunos animales.*

mudanza *n. f.* **1** Cambio que se hace de una vivienda o de una habitación a otra y que consiste en trasladar los muebles y los enseres al nuevo lugar de residencia: *hemos comprado una casa más grande y ahora estamos haciendo la mudanza.* **2** Cambio o transformación de unas ideas o unas actitudes: *los años sesenta trajeron una gran mudanza en las costumbres.*

mudar *v. tr./intr.* **1** Cambiar el aspecto, la naturaleza o el estado de una cosa: *mudar el semblante; la cara de Julio mudó de color.* **2** Renovar o cambiar un animal la pluma, el pelo o la piel: *las aves mudan las plumas anualmente; las serpientes mudan de piel.* **3** Variar o cambiar una persona sus ideas o su actitud: *mudar las costumbres; mudar de parecer.* ◊ *v. prnl.* **4 mudarse** Cambiar una persona de vivienda o trasladarse del lugar en que se estaba a otro: *los vecinos se han mudado de piso; nos mudaremos a otra oficina más grande.* **5** Quitarse una persona la ropa que lleva puesta y ponerse otra limpia: *siempre se muda después de bañarse.*
DER muda, mudanza; demudar.

ETIM *Mudar* procede del latín *mutare*, 'cambiar', voz con la que también está relacionada *mutar*.

mudéjar *adj./n. com.* **1** [persona] Que profesaba la religión musulmana y vivía en el territorio cristiano de la península ibérica durante la dominación islámica: *los mudéjares eran un grupo de población muy numeroso en tiempos de la Reconquista.* ◊ *adj.* **2** De estas personas o relacionado con ellas: *me han regalado una vasija mudéjar.* ◊ *adj./n. m.* **3** [estilo arquitectónico] Que funde elementos románicos y góticos con el arte árabe: *el arte mudéjar floreció en la península ibérica desde el siglo XIII al XVI.*

mudez *n. f.* Imposibilidad o discapacidad física que tiene la persona que no puede hablar: *la mudez puede ser de nacimiento o adquirirse tras sufrir una lesión.*

mudo, da *adj./n. m. y f.* **1** [persona] Que no puede hablar a causa de una incapacidad o una lesión: *las personas mudas se comunican mediante el lenguaje de las señas; la infección de garganta lo dejó mudo.* ◊ *adj.* **2** Que no tiene voz o sonido: *cine mudo; película muda.* **3** Que está callado o muy silencioso: *un paseante fue el testigo mudo de la pelea.* **4** [letra] Que no se pronuncia: *en español, la letra h es muda.*
DER mudez; enmudecer.
ETIM *Mudo* procede del latín *mutus*, que tenía el mismo significado, voz con la que también está relacionada *mutis*.

mueble *n. m.* Objeto fabricado en un material resistente que sirve para un uso concreto y con el que se equipa o se decora una casa, una oficina u otros locales: *los únicos muebles que hay en la sala son una mesa y un sofá.* ☞ *proceso de fabricación.* **mueble bar** Armario o parte de un armario en el que se guardan botellas de licor: *cogió la botella de ron que estaba en el mueble bar.* **2 bienes muebles** Conjunto de propiedades que se pueden trasladar de un lugar a otro: *los cuadros y las joyas son bienes muebles.* **ANT** bienes inmueble.
DER amueblar, inmueble.
ETIM *Mueble* procede del latín *mobilis*, 'movible', voz con la que también está relacionada *mobiliario*.

mueca *n. f.* Gesto o movimiento hecho con los músculos de la cara que expresa un estado de ánimo determinado: *su cara tenía una mueca de burla.*

muela *n. f.* **1** Cada uno de los dientes situados en la parte posterior de las mandíbulas y que sirven para triturar los alimentos: *las muelas son más anchas que los incisivos.* **SIN** molar. **muela del juicio** Muela que está al final de las mandíbulas y aparece en edad adulta en los seres humanos: *el ser humano puede tener cuatro muelas del juicio o no tener ninguna.* **2** Piedra redonda de un molino que gira sobre otra fija para triturar grano u otras cosas: *la harina se hacía machacando el trigo con la muela.* **3** Piedra en forma de disco que se hace girar y se usa para afilar herramientas: *habrá que pasar el cuchillo por la muela porque no corta nada.*
ETIM *Muela* procede del latín *mola*, que tenía el mismo significado, voz con la que también está relacionada *molar*.

muelle *n. m.* **1** Pieza generalmente de metal, con forma de espiral que tiene una gran capacidad para estirarse y luego volver a tomar su posición inicial: *lo mejor para mantener la espalda recta en la cama es un colchón de muelles.* **SIN** resorte. **2** Obra construida en un puerto de mar o en la orilla de un río navegable para facilitar las tareas de carga y descarga o para atracar los barcos: *el barco está atracado en el muelle número tres; están descargando la mercancía en el muelle.* **3** Plataforma de una estación de tren que está situada a la misma altura que los vagones y sirve para la carga y descarga de mercancías: *los paquetes que debían ser cargados estaban apilados en el muelle.*

muérdago *n. m.* Planta parásita de tallos divididos en ramos, hojas perennes y fruto translúcido y pequeño de color blanco; vive sobre los troncos y las ramas de los árboles: *el muérdago se emplea como adorno en Navidad.*

muermo *n. m.* **1** *coloquial* Estado de aburrimiento, tedio o fastidio que tiene una persona: *vaya muermo tengo hoy, no me apetece hacer nada.* **2** *coloquial* Persona, cosa o situación que es pesada y aburrida: *este programa de la tele es un muermo, cambiaré de canal.* **3** *coloquial* Estado mental de aturdimiento en el que se encuentra la persona que ha tomado muchas drogas: *no podía ni hablar, estaba con el muermo.*
DER amuermar.

muerte *n. f.* **1** Fin de la vida: *su muerte se produjo tras una larga enfermedad.* **SIN** defunción, fallecimiento. **muerte natural** Muerte que se produce por vejez o enfermedad y no por un accidente o traumatismo violento: *murió de muerte natural a los 93 años.* **2** Figura imaginaria que personifica la muerte y que suele representarse con un esqueleto humano que lleva una guadaña: *soñaba que la muerte reía con una mueca terrible.* **SIN** parca. **3** Situación de destrucción y ruina que supone el fin o la desaparición de una cosa material o inmaterial: *la absoluta derrota de la nobleza en la Revolución Francesa supuso la muerte del antiguo régimen.* **4** Acto de asesinar o matar a una persona: *es un criminal al que se le achacan varias muertes.* **SIN** homicidio.
a muerte *a)* Locución que se aplica al enfrentamiento que sólo acabará cuando muera uno de los dos contrincantes: *lo desafió a un duelo a muerte. b)* Locución que expresa gran intensidad: *odiar a muerte; amar a muerte.*
de mala muerte Que tiene muy poco valor o importancia: *tiene un cargo de mala muerte en su empresa.*
de muerte *coloquial* Que es muy grande: *susto de muerte; disgusto de muerte.*
muerte súbita En algunos deportes, jugada que deshace una situación de empate entre los jugadores: *el partido de tenis finalizó con muerte súbita.*
ETIM *Muerte* procede del latín *mors, mortis*, que tenía el mismo significado, voz con la que también están relacionadas *mortal, mortandad, mortecino, morticar, mortuorio.*

muerto, -ta *adj./n. m. y f.* **1** [ser] Que ha perdido la vida: *encontraron un animal muerto en medio del campo; el accidente ha producido una docena de muertos.* **SIN** cadáver, cuerpo, difunto. **ANT** vivo. ◊ *adj.* **2** Que está apagado o poco activo: *los pueblos de la sierra están muertos en invierno.* **3** Que está muy cansado: *llevo todo el día de pie y vengo muerto.*
callarse como un muerto Guardar silencio: *cuando le pregunté si había sido él, se calló como un muerto.*
cargar (o echar) el muerto *a)* Echar la culpa, hacer responsable a uno de un asunto: *si esto sale mal, le echaremos el muerto a Abundio. b)* Dar un trabajo pesado: *no me eches el muerto, que ya tengo bastante.*
hacer el muerto Flotar sobre el agua tendido de espaldas: *me gusta hacer el muerto en la piscina.*
más muerto que vivo Muy asustado: *esa película de terror me ha dejado más muerto que vivo.*
ser un muerto de hambre Expresión que se usa despectivamente para indicar que alguien es pobre o no gana mucho dinero con su trabajo: *su padre no quería casarla con un muerto de hambre.* Se usa como apelativo despectivo: *vete de aquí, muerto de hambre.*
OBS Es el participio de *morir*.

muesca *n. f.* **1** Hueco estrecho y alargado que se hace en una cosa para introducir o encajar otra: *estos listones de*

muestra

M/m

madera tienen unas muescas para poder encajarlos y formar un cuadro. **2** Corte de forma semicircular que se hace al ganado en la oreja para que sirva de señal: *esa ganadería marcó sus terneros con una muesca en la oreja derecha y con una hendidura en la izquierda.*

muestra *n. f.* **1** Parte que se considera representativa de una cosa que se saca o se separa de ella para analizarla, probarla o estudiarla: *muestra de sangre; muestra de orina; muestras de tejido.* **2** Cantidad pequeña de un producto o de una mercancía que se ofrece o se enseña para dar a conocer sus características: *en la farmacia me han regalado una muestra para que pruebe una crema hidratante.* **3** Cosa que se toma como modelo para ser imitado o copiado: *los niños copiaban una muestra de la pizarra; bordé mi mantelería siguiendo la muestra que había en la revista.* **4** Prueba o manifestación que da a conocer una actitud, un sentimiento o una situación determinada: *muestras de alegría; muestra de enfado; muestra de afecto.* **5** Conjunto de personas o cosas que se consideran representativas del grupo al que pertenecen y se seleccionan para estudiar o determinar las características del grupo: *para hacer ese estudio estadístico se ha utilizado una muestra de trescientos estudiantes.* **6** Presentación en un recinto público de un conjunto de productos o de obras de arte: *mañana se abre al público la mayor muestra de material informático del mundo; en la muestra se recogen los cuadros y esculturas más importantes del artista.* **SIN** exposición, feria.
DER muestrario, muestreo.

muestrario *n. m.* Conjunto de muestras de un producto o de una mercancía: *muestrario de telas; muestrario de perfumes.*

muestreo *n. m.* Selección de un conjunto de personas o cosas que se consideran representativas del grupo al que pertenecen y que se eligen para estudiar o determinar las características del grupo: *para hacer una buena encuesta se necesita antes hacer un buen muestreo.*

muflón *n. m.* Mamífero rumiante parecido al carnero que tiene el pelo largo y de color castaño; el macho tiene unos largos cuernos curvados hacia atrás marcados con estrías: *el muflón habita en los montes de los países mediterráneos.*
OBS Para indicar el sexo se usa *el muflón macho* y *el muflón hembra.*

mugido *n. m.* Voz del toro o de la vaca: *los mugidos de las vacas alarmaron al vaquero.* **SIN** mu.

mugir *v. intr.* Emitir mugidos el toro o la vaca: *el toro mugió para avisar a la manada.*
DER mugido.
OBS En su conjugación, la *g* se convierte en *j* delante de *a* o *o.*

mugre *n. f.* Suciedad grasienta que se acumula en una cosa o un lugar: *las paredes de la cocina estaban llenas de mugre.*
DER mugriento.

mugriento, -ta *adj.* Que está cubierto de mugre: *el marinero salió de la caldera con el pelo mugriento.* **SIN** grasiento, sucio.

mujer *n. f.* **1** Persona adulta de sexo femenino: *en aquel colegio trabajan más mujeres que hombres.* **mujer de la calle** o **mujer de la vida** Mujer que mantiene relaciones sexuales a cambio de dinero: *le gustaba relacionarse con mujeres de la vida.* **SIN** prostituta. **mujer fatal** Mujer que atrae sexualmente a los hombres y domina por completo su voluntad: *la actriz tenía en esa película el papel de mujer fatal.* **2** Persona de sexo femenino con la que está casado un hombre: *quiero que conozcas a mi mujer y a mis hijos.* **SIN** esposa.

ser mujer Tener o haber tenido la primera menstruación: *fue mujer a los doce años.*
DER mujeriego, mujeril, mujerío, mujerzuela.

mujeriego *adj./n. m.* [hombre] Que es muy aficionado a relacionarse con las mujeres: *dicen que de joven era un mujeriego porque se le conocían un montón de amantes.*

mujeril *adj.* **1** Propio de la mujer: *déjanos solas, que éstos son asuntos mujeriles.* **2** [hombre] Que tiene un comportamiento o unos modales que se consideran propios de una mujer: *este chico es un poco mujeril por los gestos que hace.* **SIN** afeminado.

mujerío *n. m.* Grupo grande de mujeres: *el mercado estaba abarrotado, había un mujerío que mareaba.*
OBS Tiene valor despectivo.

mujerzuela *n. f.* Mujer que mantiene relaciones sexuales a cambio de dinero: *cada día la acompañaba un señor distinto, por eso decían de ella que era una mujerzuela.* **SIN** prostituta.
OBS Se usa como apelativo despectivo.

mújol *n. m.* Pez marino que tiene la cabeza aplastada, el cuerpo alargado y los labios muy gruesos: *la carne del mújol es muy apreciada.*
OBS Para indicar el sexo se usa *el mújol macho* y *el mújol hembra.*

muladar *n. m.* **1** Lugar donde se echa el estiércol y la basura de las casas: *las moscas merodeaban por el muladar.* **SIN** estercolero. **2** Lugar que está muy sucio: *aquella casa estaba hecha un muladar.*

muladí *n. com./adj.* Cristiano español que se convertía al islamismo durante la dominación musulmana de la península ibérica.
OBS El plural es *muladíes.*

mular *adj.* Del mulo o de la mula o que tiene relación con estos animales: *ganado mular.*

mulato, -ta *adj./n. m. y f.* [persona] Que ha nacido de padre blanco y madre negra o de padre negro y madre blanca: *en los países de América Central hay mucha población mulata.* **SIN** mestizo.

mulero, -ra *n. m. y f.* Persona que se dedica a cuidar mulas: *los muleros limpian y dan de comer a las mulas.*

muleta *n. f.* **1** Bastón de metal, madera u otra materia con el extremo superior adaptado para colocar la axila o el antebrazo y la mano, y que se utiliza para apoyarse al andar las personas que tienen alguna dificultad al hacerlo: *tiene la pierna rota y debe llevar muletas para caminar.* **2** Paño de color rojo sujeto a un palo que usa el torero para torear en la última parte de la corrida: *el torero hacía bajar la cabeza al toro con la muleta, mientras alzaba la espada para entrar a matar.*
DER muletilla.

muletilla *n. f.* Palabra o frase que se repite a menudo al hablar y se usa por costumbre: *o sea es una muletilla común en nuestra lengua.* **SIN** latiguillo.

muletón *n. m.* Tela de algodón o lana gruesa y afelpada que se coloca debajo de las sábanas como protección del colchón o debajo del mantel para proteger la mesa: *la tela de muletón es de baja calidad.*

mulillas *n. f. pl.* Conjunto de mulas que arrastran y sacan de la plaza a los toros muertos en una corrida: *las mulillas se llevaron al toro dejando un rastro en la arena de la plaza.*

mullido, -da *adj.* **1** Que es blando y esponjoso: *el colchón era mullido y confortable.* ◇ *n. m.* **2** Material blando y esponjoso que se utiliza para rellenar una cosa: *el mullido de algunos edredones está hecho de plumas de ave.*

mullir *v. tr.* Ahuecar una cosa con las manos para que esté

blanda y esponjosa: *la enfermera mulló las almohadas del enfermo*.
OBS En su conjugación, la *i* de la desinencia se pierde absorbida por la *ll* en algunos tiempos y personas.

mullir

INDICATIVO	SUBJUNTIVO
presente	presente
mullo	mulla
mulles	mullas
mulle	mulla
mullimos	mullamos
mullís	mulláis
mullen	mullan
pretérito imperfecto	pretérito imperfecto
mullía	mullera o mullese
mullías	mulleras o mulleses
mullía	mullera o mullese
mullíamos	mulléramos o mullésemos
mullíais	mullerais o mulleseis
mullían	mulleran o mullesen
pretérito indefinido	futuro
mullí	mullere
mulliste	mulleres
mulló	mullere
mullimos	mulléremos
mullisteis	mullereis
mulleron	mulleren
futuro	
mulliré	
mullirás	IMPERATIVO
mullirá	mulle (tú)
mulliremos	mulla (usted)
mulliréis	mullid (vosotros)
mullirán	mullan (ustedes)
condicional	
mulliría	FORMAS NO PERSONALES
mullirías	
mulliría	infinitivo gerundio
mulliríamos	mullir mullendo
mulliríais	participio
mullirían	mullido

mulo, -la *n. m. y f.* **1** Animal mamífero doméstico, de cuatro patas, nacido del cruce de un caballo y una burra o de una yegua y un burro: *los mulos se emplean como animales de carga y en las labores agrícolas; las mulas suelen ser estériles*. **2** *coloquial* Persona que tiene mucha fuerza y energía y resiste bien el trabajo duro: *¡este chico es un mulo, hay que ver qué fuerza tiene!*
DER mular, mulato, mulero.

multa *n. f.* **1** Sanción o castigo que impone una autoridad por haber cometido una falta o delito y consiste en pagar una cantidad de dinero: *el guardia pone multas a los conductores que circulan con exceso de velocidad; la autoridad puso una multa a la fábrica por verter residuos tóxicos en el río*. **2** Papel oficial donde figura esta sanción y la cantidad de dinero que hay que pagar: *el policía pidió al conductor que firmara la multa*.
DER multar.

multar *v. tr.* Poner una multa una autoridad por haber cometido una falta o delito: *el ayuntamiento ha multado a ese bar por el exceso de ruido*. **SIN** sancionar.

multi- Elemento prefijal que entra en la formación de palabras para añadir idea de multiplicidad: *multimillonario, multinacional*. **SIN** pluri-, poli-.

multicolor *adj.* Que tiene muchos colores: *la playa estaba repleta de sombrillas multicolores*.

multicopista *n. f.* Máquina que reproduce un texto impreso, un dibujo o un grabado en varias copias sobre papel: *en la oficina utilizan una multicopista en lugar de una fotocopiadora*.

multiforme *adj.* Que tiene muchas o varias formas o figuras: *el cristal roto refleja una imagen multiforme*. **ANT** uniforme.

multigrado *adj.* [aceite lubricante para motores] Que no altera su composición ni su textura cuando se somete a cambios extremos de temperatura: *el mecánico me aconsejó poner aceite multigrado en mi coche*.

multimedia *adj./n. m.* **1** [tecnología, aparato] Que utiliza distintos medios de comunicación combinados, como texto, fotografías, imágenes de vídeo o sonido, con el propósito de educar o de entretener: *servicios multimedia; cursos de idiomas multimedia*. **2** Combinación de medios de comunicación audiovisuales, tales como sonido, gráficos, animación y vídeo, aplicados a la informática: *ordenador multimedia*.
OBS Es una palabra de forma invariable.

multimillonario, -ria *adj./n. m. y f.* **1** [persona] Que tiene muchos millones o es muy rico: *los multimillonarios veranean en sus yates privados*. **SIN** archimillonario. ◇ *adj.* **2** [cantidad, cifra] Que es muy elevado o que contiene muchos millones: *el club de fútbol pagará una cifra multimillonaria por el jugador*.

multinacional *adj./n. f.* [empresa, sociedad] Que tiene negocios y actividades en varios países: *las empresas multinacionales del automóvil estaban en crisis; es presidente de una multinacional de la industria óptica*.

múltiple *adj.* **1** Que está formado por más de un elemento o por varias partes: *tuvo un grave accidente y se hizo una fractura múltiple en el fémur*. **ANT** simple, único. ◇ *det. indef.* **2 múltiples** Muchos o varios: *hay múltiples opiniones sobre cómo resolver el problema*.
DER multiplicar, multiplicidad, múltiplo.

multiplicación *n. f.* **1** Operación matemática que consiste en sumar un número tantas veces como indica otro número: 2×2 *es una multiplicación; el resultado de una multiplicación se denomina producto*. **2** Aumento o crecimiento de la cantidad o el número de una cosa: *la Biblia cuenta el milagro de la multiplicación de los panes y los peces*.

multiplicador, -ra *adj./n. m. y f.* **1** Que aumenta o hace crecer la cantidad o el número de una cosa: *su dedicación ha tenido un efecto multiplicador y ahora todo el mundo trabaja más*. ◇ *n. m.* **2** MAT. Número de una multiplicación que indica cuántas veces ha de sumarse otro número, el multiplicando, para obtener el producto: *en* $4 \times 2 = 8$ *el multiplicador es el 2*.

multiplicando *n. m.* MAT. Número de una multiplicación que debe ser sumado tantas veces como indica el multiplicador: *en* $4 \times 2 = 8$ *el multiplicando es el 4*.

multiplicar *v. tr.* **1** Realizar una operación matemática que consiste en sumar un número tantas veces como indica otro número: *si multiplicas ocho por cinco el producto es cuarenta*. ◇ *v. tr./prnl.* **2** Aumentar o hacer crecer la cantidad o el número de una cosa: *este año debemos multiplicar los*

M / m

multiplicativo 866

beneficios de la empresa; la pérdida de ventas impidió que se multiplicasen las ganancias. ◇ v. prnl. **3 multiplicarse** Reproducirse los seres vivos: *las ratas y los ratones se multiplican con gran facilidad.* **4** Hacer el esfuerzo una persona de atender a muchas cosas a la vez: *la anfitriona se multiplica para complacer a todos sus invitados.*
DER multiplicación, multiplicador, multiplicando, multiplicativo.
OBS En su conjugación, la c se convierte en qu delante de e.
multiplicativo, -va *adj./n. m.* [adjetivo, nombre] Que expresa multiplicación: *cuádruple es un adjetivo multiplicativo.*
multiplicidad *n. f.* Variedad o abundancia excesiva de algunos hechos, especies o personas: *existe una gran multiplicidad de tipos de insectos.*
múltiplo *adj./n. m.* MAT. [número] Que contiene a otro número varias veces exactamente: *el número quince es múltiplo de cinco.*
DER submúltiplo.
multipropiedad *n. f.* **1** Sistema de propiedad de un inmueble que se realiza entre varias personas y que consiste en pagar una cantidad de dinero cada una a cambio de poder disfrutar de su uso durante un tiempo limitado: *voy de vacaciones a un apartamento que tengo en multipropiedad.* **2** Inmueble que se tiene mediante las condiciones de este sistema de propiedad: *tengo una multipropiedad en primera línea de mar.*
multitud *n. f.* **1** Cantidad abundante de personas: *el alcalde saludó a la multitud desde el ayuntamiento.* **SIN** gentío, muchedumbre. **2** Cantidad grande de animales o cosas: *una multitud de gaviotas alzó el vuelo.*
DER multitudinario.
multitudinario, -ria *adj.* Que reúne o forma una multitud: *se celebró un concierto multitudinario en el auditorio.*
mundanal *adj.* Propio del mundo humano: *huyó al campo lejos del mundanal ruido.* **SIN** mundano.
mundano, -na *adj.* **1** Propio del mundo humano: *adoraba los placeres mundanos.* **SIN** mundanal, terrenal. **ANT** divino. **2** Propio del ambiente de la alta sociedad: *fiesta mundana; vida mundana.* **3** [persona] Que participa frecuentemente en las fiestas y reuniones de la alta sociedad: *es un hombre muy mundano, se le ve en todas las fiestas.*
DER mundanal.
mundial *adj.* **1** Que abarca o se refiere al mundo entero: *paz mundial; guerra mundial.* ◇ *n. m.* **2** Competición deportiva en la que participan deportistas de todos los países por el título de campeón del mundo: *mundial de fútbol; mundial de boxeo; mundial de atletismo.*
DER mundialista.
mundillo *n. m.* Conjunto limitado de personas que tienen la misma posición social, profesión o trabajo: *mundillo del ciclismo; mundillo del teatro.*
mundo *n. m.* **1** Planeta en el que viven los seres humanos: *todavía hay muchas guerras en el mundo.* **SIN** Tierra. **Mundo antiguo** Parte del planeta que incluye Europa, Asia y el norte de África: *sobre la mesa había un mapa del Mundo antiguo.* En esta acepción se escribe con letra mayúscula. **Nuevo Mundo** Parte del planeta que incluye América y Oceanía: *los españoles descubrieron el Nuevo Mundo.* En esta acepción se escribe con letra mayúscula. **Tercer Mundo** Conjunto de los países del planeta que tienen un menor desarrollo económico e industrial: *el Tercer Mundo padece épocas de gran sequía que perjudican a su agricultura.* En esta acepción se escribe con letra mayúscula. **2** Conjunto de todas las cosas que existen, incluyendo lo que está fuera del planeta Tierra: *se desconoce con certeza el verdadero origen del mundo.* **SIN** cosmos, orbe, universo. **3** Parte material o inmaterial en que se divide el conjunto de todas las cosas que existen: *mundo espiritual; mundo de las ideas; mundo animal.* **el otro mundo** Lugar en el que se cree que van las almas de las personas después de la muerte: *se fue al otro mundo y les dejó una gran fortuna.* **4** Conjunto de personas que forman la humanidad o forman parte de una sociedad determinada: *el mundo moderno introdujo enormes cambios sociales; en su mundo no se respetan las buenas maneras.* **el mundo entero** Totalidad de los hombres de la Tierra: *el mundo entero está pendiente de ese país.* **todo el mundo** Totalidad de los hombres de una sociedad determinada: *pienso decírselo a todo el mundo.* **5** Experiencia o conocimiento que tiene una persona acerca de cualquier situación y del trato con los demás que se adquiere a través de las vivencias: *se nota que es una persona de mundo, sabe comportarse en cualquier ambiente.* **6** Vida seglar que escoge una persona por oposición a la vida monástica o religiosa: *dejó el mundo y se enclaustró en la abadía.* **7** Conjunto limitado de personas que tienen la misma posición social, profesión o trabajo: *mundo del ciclismo; mundo del teatro; mundo de las letras.* **SIN** mundillo.
desde que el mundo es mundo Frase que indica que un hecho ocurre o sucede desde siempre: *la energía solar existe desde que el mundo es mundo.*
hacer un mundo Dar una importancia demasiado grande a un asunto que no la tiene: *hizo un mundo de una tontería.*
hundirse el mundo Ocurrir una desgracia: *dijo que vendría aunque se hundiese el mundo.*
no ser nada del otro mundo *coloquial* Ser una cosa común o normal: *no sé por qué te gusta tanto si no es nada del otro mundo.*
ponerse el mundo por montera *coloquial* Actuar una persona según sus convicciones dejando a un lado la opinión y los comentarios de los demás: *se puso el mundo por montera y por una vez actuó con valentía.*
por nada del mundo Expresión que indica que una persona no quiere hacer una cosa por mucho que le ofrezcan a cambio de hacerla: *no lo haría por nada del mundo.*
valer un mundo Ser una persona o una cosa muy apreciada por su valor material o moral: *este chico vale un mundo.*
venir al mundo Nacer: *los gemelos vinieron al mundo un quince de marzo.*
venirse el mundo encima Perder el ánimo por falta de fuerzas para resistir las cosas adversas: *cuando su padre murió se le vino el mundo encima.*
ver mundo Viajar por muchas tierras y diferentes países: *se dedicó a ver mundo durante su juventud.*
DER mundano, mundial, mundillo; trasmundo.
munición *n. f.* **1** Conjunto de materiales de guerra y de provisiones que son necesarios para abastecer a un ejército: *las armas forman parte de la munición de un ejército.* **2** Carga que se pone en un arma de fuego: *los cartuchos, las balas y la pólvora son municiones; los soldados dejaron de disparar porque las armas se habían quedado sin munición.*
municipal *adj.* **1** Del municipio o que depende de esta división administrativa: *leyes municipales; piscina municipal; término municipal.* ◇ *adj./n. com.* **2** [persona] Que pertenece a la policía de un municipio o se encarga de mantener el orden en una población: *un policía municipal dirigía el tráfico de aquel cruce de calles; un municipal me multó por aparcar donde estaba prohibido.* **SIN** guardia.
municipio *n. m.* **1** División territorial administrativa más

pequeña en que se organiza un estado y está gobernada por un solo organismo: *los pueblos y las ciudades son municipios; el municipio está regido por un ayuntamiento*. **2** Territorio que comprende esta división administrativa: *tiene la finca en un terreno que pertenece al municipio vecino*. **SIN** término. **3** Conjunto de personas que viven en este territorio: *todo el municipio acudió a la manifestación que se convocó frente al ayuntamiento*. **4** Organismo, formado por un alcalde y varios concejales, que gobierna y administra un municipio: *uno de los vecinos se quejó al municipio del escándalo que había en la calle*. **SIN** ayuntamiento.
DER municipal.

muñeca *n. f.* Parte del brazo humano donde la mano se articula o se une con el antebrazo: *el reloj de pulsera se lleva en la muñeca; se ha hecho daño en una muñeca al caer del caballo*. ☞ cuerpo humano; mano.
DER muñeco, muñequera.

muñeco, -ca *n. m. y f.* **1** Juguete que tiene forma o figura humana: *por tu cumpleaños te regalaremos el muñeco que llora; la niña lava y peina a su muñeca*. **2** Figura que tiene forma humana: *la muñeca del escaparate lucía un vestido de novia*. **SIN** maniquí. ◇ *n. m.* **3** Hombre que tiene poco carácter o voluntad y se deja llevar o manejar por otra persona: *es el muñeco de la oficina, todos lo traen y lo llevan por donde quieren*. **SIN** pelele.

muñeira *n. f.* **1** Baile popular de Galicia: *pertenece a un grupo que se dedica a bailar muñeiras*. **2** Música de este baile que se canta y se acompaña de gaitas y tamboriles: *los gaiteros tocaron una muñeira*.

muñequera *n. f.* Tira o cinta de tela elástica o de otro material que se ajusta alrededor de la muñeca para sujetarla si está dañada o para protegerla si se ha de hacer un esfuerzo: *llevo una muñequera porque me he lastimado la muñeca; la tenista se limpia el sudor de la frente con la muñequera*.

muñón *n. m.* Parte de un miembro que permanece unida al cuerpo después de haber sido cortado o amputado ese miembro: *llevaba una mano ortopédica sujeta al muñón*.

mural *adj.* **1** Que se coloca o se hace sobre un muro o una pared: *en su casa predomina la decoración mural*. ◇ *adj./n. m.* **2** [pintura] Que es de gran tamaño y se coloca o está hecha sobre un muro o una pared: *las pinturas murales de la iglesia se conservaban muy bien; el pintor realizó un mural para el palacio de exposiciones*.
DER muralista.

muralista *n. com.* PINT. Persona que se dedica profesionalmente a realizar pinturas murales: *encargué a un muralista la decoración de las paredes del salón*.

muralla *n. f.* Muro alto y grueso que rodea un lugar y en algunas épocas sirvió de defensa o protección: *muchas ciudades españolas conservan las murallas medievales; Ávila es famosa por su muralla*.
DER amurallar.

murciano, -na *adj.* **1** De Murcia o que tiene relación con esta comunidad autónoma o con su capital: *la vega murciana es muy fértil*. ◇ *adj./n. m. y f.* **2** [persona] Que es de Murcia: *los murcianos son vecinos de los andaluces*.

murciélago *n. m.* Animal mamífero volador y nocturno cuyas alas están formadas por una membrana que va desde las extremidades anteriores hasta la cola; emite vibraciones para orientarse en la oscuridad: *los murciélagos se cuelgan boca abajo para descansar*.
OBS Para indicar el sexo se usa *el murciélago macho* y *el murciélago hembra*.

murga *n. f.* Conjunto de músicos que tocan por las calles: *una murga tocaba de puerta en puerta pidiendo dinero*.
dar la murga *coloquial* Molestar mucho una persona o una cosa: *deja de dar la murga y no te pongas pesado*.

murmullo *n. m.* **1** Sonido confuso y poco perceptible que se produce cuando dos o más personas hablan en voz baja: *se percibía un murmullo de voces en la biblioteca*. **2** Ruido continuo y confuso que produce una cosa que está en movimiento: *le gustaba escuchar el murmullo del agua y del viento*.

murmuración *n. f.* Conversación en la que se habla mal de una persona que no está presente: *las vecinas la estaban amargando con sus murmuraciones*. **SIN** chisme, habladuría.

murmurador, -ra *adj./n. m. y f.* [persona] Que habla mal de una persona que no está presente: *no hay que hacer caso de los murmuradores, suelen ser personas envidiosas*.

murmurar *v. intr./tr.* **1** Hablar mal de una persona que no está presente: *no hace más que murmurar acerca de todos los vecinos*. **SIN** criticar. **2** Hablar una o más personas en voz baja o entre dientes, especialmente manifestando queja o disgusto por alguna cosa: *¿qué estás murmurando?; murmuraba una oración*. ◇ *v. intr.* **3** Hacer un ruido suave y confuso una cosa que está en movimiento, como el agua o el viento: *el viento murmura entre las hojas de los árboles*.
DER murmuración, murmurador.

muro *n. m.* **1** Construcción vertical hecha de piedra, ladrillo u otro material que cierra un espacio o separa un lugar de otro: *los muros de la casa son de piedra; están restaurando los muros de la catedral*. **SIN** pared, tapia. ☞ casa. **2** Muralla que rodea un lugar y en algunas épocas sirvió de defensa o protección: *los enemigos derribaron los muros que rodeaban la fortificación*.
DER mural, muralla; extramuros.

mus *n. m.* Juego de cartas de envite que está formado por cuatro jugadas: *el mus suele jugarse por parejas*.

musa *n. f.* **1** Cada una de las diosas de la mitología griega que protegían las ciencias o las artes: *Calíope era la musa de la poesía épica; las musas habitaban en el Parnaso junto al dios Apolo*. **2** Estado en que el artista siente el estímulo que lo lleva a la creación o la composición de obras de arte: *el poeta dejó la pluma porque le había abandonado su musa*. **SIN** inspiración, numen. ◇ *n. f. pl.* **3 musas** Ciencias y artes liberales, especialmente humanidades y poesía.
ETIM *Musa* procede del latín *musa*, que tenía el mismo significado, voz con la que también está relacionada *música*.

musaraña *n. f.* Animal mamífero nocturno de pequeño tamaño, parecido a un ratón, con pelo corto y rojo oscuro y patas delanteras más pequeñas que las traseras: *la musaraña se alimenta de insectos*. Para indicar el sexo se usa *la musaraña macho* y *la musaraña hembra*.
mirar a las musarañas *coloquial* Estar una persona distraída o con la mirada perdida: *mientras el profesor explicaba, un alumno estaba mirando a las musarañas*.
pensar en las musarañas *coloquial* Estar una persona distraída y sin poner atención en lo que se hace o se dice a su alrededor: *no atiendes en clase y siempre estás pensando en las musarañas*.

musculación *n. f.* Musculatura: *es un deportista alto y con buena musculación; voy a un gimnasio a fortalecer la musculación*.

muscular *adj.* Del músculo o relacionado con este tejido: *relajación muscular; sistema muscular*.
DER intramuscular.

musculatura *n. f.* Conjunto de los músculos del cuerpo: *este deportista es muy alto y tiene una buena musculatura*.

músculo *n. m.* Tejido compuesto por fibras que se estiran y se contraen y que sirve para producir el movimiento: *los músculos realizan movimientos voluntarios o involuntarios.*
hacer músculos Desarrollar la musculatura haciendo ejercicios específicos: *esoy haciendo músculos para tener un aspecto más atlético.*
DER musculación, muscular, musculatura, musculoso.

musculoso, -sa *adj.* **1** Que tiene músculos o está formado por tejido muscular: *el corazón es un órgano musculoso.* **2** [persona] Que tiene los músculos muy desarrollados: *los nadadores suelen ser muy musculosos.*

museo *n. m.* **1** Edificio abierto al público en el que se guardan y se exponen series ordenadas de objetos de valor para la ciencia, para el arte, para la cultura o para el desarrollo de los conocimientos humanos: *museo de arte; museo arqueológico; museo etnológico; museo de ciencias naturales.* **2** Lugar en el que hay muchas obras de arte: *la casa de ese empresario es un auténtico museo.*

musgo *n. m.* **1** Planta sin flores, con tallo y hojas falsos y con pequeñas raíces que crece sobre las piedras o cortezas de los árboles, formando una capa verde, gruesa y suave: *el musgo crece en lugares húmedos y sombríos.* ◇ *n. m. pl.* **2 musgos** Clase o grupo que forman estas plantas: *los musgos son plantas criptógamas.*

music-hall *n. m.* **1** Espectáculo de variedades que está formado por números musicales, cómicos y otras atracciones de carácter diverso: *en el music-hall pueden verse atracciones de acróbatas e ilusionistas.* **2** Teatro o lugar en que se representa ese espectáculo: *después de cenar decidimos ir a ver el espectáculo que daban en el music-hall.*
OBS Es de origen inglés y se pronuncia aproximadamente 'miúsic jol'.

música *n. f.* **1** Arte de combinar los sonidos en una secuencia temporal atendiendo a las leyes de la armonía, la melodía y el ritmo: *estudia música desde muy joven.* **2** Sucesión de sonidos combinados según ciertas leyes que producen un efecto estético o expresivo y resultan gratos al oído: *me gusta escuchar música mientras leo.* **3** Obra compuesta según las leyes de la armonía, la melodía y el ritmo: *el autor compuso la música de muchas canciones.* **4** Conjunto de las obras o composiciones musicales de un autor, de un estilo, de un país o de un período determinados: *es un gran aficionado a la música de Granados; música clásica; música española; música barroca.*
irse con la música a otra parte *coloquial* Expresión con la que se despide una persona que cree que está molestando o que cree no ser escuchada por los demás: *como veo que estoy de más me voy con la música a otra parte.*
música celestial *coloquial* Expresión que se usa para indicar que las palabras que se están escuchando son muy elegantes pero vanas y sin ningún fundamento: *todo lo que me estás diciendo me suena a música celestial.*
DER musical, musicar, músico, musiquilla.
ETIM Véase *musa.*

musical *adj.* **1** De la música o relacionado con este arte: *formación musical; escala musical.* **2** Que tiene música o la produce: *me han regalado un joyero musical; instrumento musical.* **3** [sonido] Que es agradable o armonioso: *la presentadora de televisión tiene una voz muy musical.* ◇ *adj./n. m.* **4** [película, obra de teatro] Que incluye piezas de música, canciones y baile como parte de la acción: *comedia musical; fuimos a ver un musical al teatro.*
DER musicalidad, musicalizar.

musicalidad *n. f.* Conjunto de características armónicas, melódicas y rítmicas que son propias de la música: *es autor de poemas de gran musicalidad.*

musicar *v. tr.* Poner música a un texto o a un escrito: *este cantautor ha musicado los poemas de varios poetas españoles.*
OBS En su conjugación, la c se convierte en qu delante de e.

músico, -ca *n. m. y f.* Persona que se dedica profesionalmente a tocar un instrumento musical o a componer música: *mi primo es músico en una orquesta; Falla es un músico español que compuso El amor brujo.*
DER musicología.

musicología *n. f.* Estudio de la teoría y de la historia de la música: *es un autor desconocido que sólo lo conocen los expertos en musicología.*
DER musicólogo.

musicólogo, -ga *n. m. y f.* Persona que se dedica a estudiar la teoría y la historia de la música: *una eminente musicóloga ha escrito este tratado sobre Mozart.*

musiquilla *n. f.* Tono especial que se da a la voz cuando se habla y que suele tener una intención determinada: *por la musiquilla con que me lo dijo me di cuenta de que había doble intención en sus palabras.*

musitar *v. intr./tr. culto* Hablar una persona en voz muy baja: *al entrar en la iglesia musitó la plegaria con devoción.* **SIN** susurrar.

muslera *n. f.* Tira hecha de un material elástico que se coloca alrededor del muslo para protegerlo o sujetarlo: *tengo una lesión en los músculos del muslo y el médico me ha aconsejado llevar una muslera.*

muslo *n. m.* **1** Parte de la pierna que va desde la cadera hasta la rodilla: *el pantalón corto sólo le cubría medio muslo.* **2** Parte superior y carnosa de la pata de un animal: *pidió un muslo de pollo asado para comer.* ☞ cuerpo humano.
DER muslera.

mustio, -tia *adj.* **1** [flor, planta] Que ha perdido el frescor, el verdor y la tersura: *las plantas se ponen mustias cuando hace mucho sol o tienen falta de agua.* **SIN** ajado, marchito. **2** Que está triste y siente melancolía: *estos días la encuentro mustia, no sé qué le preocupará.* **SIN** decaído, melancólico.
DER amustiar.

musulmán, -mana *adj.* **1** Del mahometismo o que tiene relación con esta doctrina religiosa que se basa en el Corán. **SIN** islámico, mahometano. ◇ *adj./n. m. y f.* **2** [persona] Que cree en el mahometismo. **SIN** mahometano, moro.

mutabilidad *n. f.* Capacidad que tiene un ser o una cosa de cambiar su aspecto, su forma o sus características: *algunos genes tienen una gran mutabilidad.* **SIN** variabilidad.

mutación *n. m.* **1** BIOL. Alteración de la estructura genética o cromosómica de la célula de un ser vivo que pasa a sus descendientes: *la mutación de los cromosomas puede producir la aparición de un carácter nuevo.* **2** BIOL. Resultado visible producido por esta alteración: *el síndrome de Down se produce a causa de la mutación del cromosoma veintiuno.* **3** Cada una de las diferentes decoraciones que se realizan en el teatro al representar una obra: *durante la representación no hubo mutación, toda la obra se ha desarrollado con el mismo escenario.*

mutante *adj./n. m.* **1** BIOL. [gen, cromosoma] Que ha experimentado una mutación o una alteración: *un gen mutante ha hecho que esta bacteria sea más resistente a los antibióticos.* **2** BIOL. [célula, ser vivo] Que ha experimentado un cambio hereditario de material genético: *esos peces con un color diferente son mutantes.*

mutar *v. tr./prnl.* **1** *culto* Cambiar o alterar el aspecto, la naturaleza o el estado de una cosa. **SIN** mudar. **2** BIOL. Experi-

mentar una célula una transformación genética o cromosómica: *algunas células se mutan de forma espontánea*.
DER mutabilidad, mutación, mutante; conmutar, inmutar, permutar, transmutar.
ETIM Véase *mudar*.

mutilación *n. f.* **1** Separación o corte de un miembro o una parte del cuerpo que se produce en circunstancias violentas: *la explosión de una bomba le produjo la mutilación de las piernas*. **2** Supresión o eliminación de una parte de una cosa: *antiguamente los libros pasaban por la mutilación de la censura*.

mutilado, -da *adj./n. m. y f.* [persona] Que ha perdido o tiene inutilizado algún miembro o extremidad del cuerpo: *tiene mutilado el brazo derecho; mutilado de guerra*.

mutilar *v. tr./prnl.* **1** Cortar un miembro o una parte del cuerpo de una manera violenta: *una bomba le mutiló la mano; se mutiló en la guerra*. ◇ *v. tr.* **2** Quitar o suprimir una parte de una cosa: *la censura mutiló su novela*.
DER mutilación, mutilado.

mutis *n. m.* En teatro, salida de la escena de un actor: *al final del tercer acto esta actriz hará un mutis*.
hacer mutis por el foro Marcharse una persona de un lugar con discreción o sin llamar la atención: *tu hermano hizo mutis por el foro sin despedirse de nadie*.

¡mutis! *coloquial* Exclamación que se utiliza para hacer callar a una persona.
OBS El plural también es *mutis*.

mutismo *n. m.* *culto* Silencio voluntario u obligado que tiene una persona o un grupo en un momento determinado: *el gobierno guarda un absoluto mutismo con respecto a ese tema*.

mutualidad *n. f.* Asociación de personas, que pagan una cantidad periódica de dinero, destinada a ayudarse mutuamente: *la mutualidad de funcionarios, a la que pertenezco, ha pagado los gastos de mi operación*.

mutuo, -tua *adj.* Que se hace de manera recíproca entre dos personas, animales o cosas: *la fidelidad de los esposos es mutua; quedaron de mutuo acuerdo*. **SIN** recíproco.
DER mutualidad.

muy *adv.* Indica el grado más alto de lo que se expresa: *muy alto; muy cansado; muy tarde; muy deprisa*. **SIN** mucho. Se usa ante adjetivos, participios, adverbios y locuciones adverbiales.
muy de *coloquial* Indica que lo que se expresa es propio y característico de una persona o de una cosa: *su abuela era muy de Madrid; es muy de María eso de llegar tarde*.

my *n. f.* Letra duodécima del alfabeto griego; se escribe *μ*: *la my corresponde a la m del alfabeto latino*.

N | n

n *n. f.* Decimocuarta letra del alfabeto español.

n.º Abreviatura de *número*.
  OBS También se escribe *núm*.

nabo *n. m.* **1** Raíz carnosa de color blanco o amarillento y forma alargada; es comestible: *los nabos se suelen comer hervidos*. **2** Planta de hojas grandes y dentadas, flores amarillas que dan semillas negras y raíz carnosa: *mi hermano planta nabos en la huerta*. **3** *malsonante* Pene del hombre.
DER nabiza.

nácar *n. m.* Sustancia dura y blanca que se forma en el interior de las conchas de algunos moluscos y que produce brillos y tonos de distintos colores cuando se refleja la luz: *el nácar se utiliza para hacer joyas y objetos de adorno*.
DER nacarado.

nacarado, -da *adj.* **1** Que tiene alguna característica que es propia del nácar: *color nacarado; brillo nacarado*. **2** Que está adornado con nácar: *el libro tenía las tapas nacaradas*.
DER anacarado.

nacer *v. intr.* **1** Salir una persona o un animal vivíparo del vientre de la madre: *nació el 2 de enero de 1515; los potros se levantan y caminan en cuanto nacen*. **2** Salir un animal ovíparo del huevo: *las aves no pueden volar cuando nacen*. **3** Salir una planta de su semilla o brotar del suelo: *han nacido malas hierbas en el jardín*. **4** Salir las hojas, las flores o los frutos a una planta: *le han nacido brotes nuevos al árbol*. **5** Salir el pelo a una persona o la pluma a un animal: *al bebé aún no le ha nacido el pelo; al canario empiezan a nacerle las plumas de las alas*. **6** Comenzar a tener existencia una cosa: *el comercio nació en las ciudades; su amistad nació poco después de trabajar juntos*. **7** Surgir el agua u otro líquido de un lugar: *este río nace en la sierra vecina*. **SIN** brotar. **8** Aparecer por el horizonte un cuerpo celeste: *el sol nace por el este*. **9** Derivar o proceder una cosa de otra: *todo un movimiento filosófico nació de su forma de entender el mundo*.

nacer para + nombre o **nacer para + infinitivo** Tener una persona una gran capacidad para hacer una cosa determinada: *nació para poeta; creyó haber nacido para cantar ópera*.

volver a nacer Escapar una persona de un peligro grande sin haber sufrido un daño importante: *volvimos a nacer después de aquel accidente*. **ANT** morir.

DER nacido, naciente, nacimiento; renacer.

ETIM Nacer procede del latín *nasci*, que tenía el mismo significado, voz con la que también están relacionadas *nativo*, *nato*.

OBS En su conjugación, la *c* se convierte en *zc* delante de *a* y *o*.

nacido, -da *adj./n. m. y f.* [persona] Que ha salido del vientre de la madre: *los niños nacidos aquella semana recibieron un regalo del hospital; deben presentarse todos los nacidos entre 1970 y 1971*. **bien nacido** Expresión que se usa para calificar a una persona de comportamiento noble y generoso: *dice el refrán que es de bien nacidos ser agradecidos*. **mal nacido** Expresión que se usa para calificar a una persona de comportamiento malvado o miserable: *era un*

nacer	
INDICATIVO	**SUBJUNTIVO**
presente	presente
nazco	nazca
naces	nazcas
nace	nazca
nacemos	nazcamos
nacéis	nazcáis
nacen	nazcan
pretérito imperfecto	pretérito imperfecto
nacía	naciera o naciese
nacías	nacieras o nacieses
nacía	naciera o naciese
nacíamos	naciéramos o naciésemos
nacíais	nacierais o nacieseis
nacían	nacieran o naciesen
pretérito indefinido	futuro
nací	naciere
naciste	nacieres
nació	naciere
nacimos	naciéremos
nacisteis	naciereis
nacieron	nacieren
futuro	
naceré	**IMPERATIVO**
nacerás	
nacerá	nace (tú)
naceremos	nazca (usted)
naceréis	naced (vosotros)
nacerán	nazcan (ustedes)
condicional	**FORMAS NO PERSONALES**
nacería	
nacerías	infinitivo gerundio
nacería	nacer naciendo
naceríamos	participio
naceríais	nacido
nacerían	

mal nacido que sólo quería el daño de los demás. Se usa como apelativo despectivo o como insulto. **recién nacido** Niño que acaba de nacer: *el recién nacido dormía junto a su madre*.

naciente *adj.* **1** Que es nuevo o empieza a desarrollarse: *se observa un gusto naciente por la música popular*. ◊ *n. m.* **2** Punto cardinal que está en la dirección en la que nace el sol: *miró hacia el naciente para ver la salida del sol*. **SIN** este, levante, oriente.

nacimiento *n. m.* **1** Momento en que una persona o un animal vivíparo salen del vientre de la madre, un animal ovíparo sale del huevo y una planta sale de la semilla o brota del suelo: *esperan el nacimiento de su hijo; el nacimiento de los cereales suele ser en primavera*. **2** Momento en que una cosa comienza a tener existencia: *estudiaban el nacimiento de las revoluciones europeas*. **3** Lugar del que comienza a salir el vello o el pelo: *tenía un lunar justo en el nacimiento del pelo*. **4** Lugar del que brota una corriente de agua: *visitamos el nacimiento del río Tajo*. **5** Conjunto de figuras y objetos que representan momentos y lugares relacionados con el momento en que nació Jesucristo: *por Navidad siempre colocan un nacimiento en la puerta de la iglesia*. **SIN** belén, pesebre. **de nacimiento** Expresión que se usa para indicar que una determinada característica física o psíquica se tiene desde el momento en que se nace: *es sordo de nacimiento*.

nación *n. f.* **1** Conjunto de habitantes de un país regidos por un mismo gobierno: *el presidente se dirigió a toda la nación en su discurso de investidura*. **2** Territorio en el que vive ese conjunto de personas: *conoce todas las naciones del sur de África*. **SIN** país, patria. **3** Conjunto de personas de un mismo origen étnico que tienen unos vínculos históricos comunes y que generalmente hablan el mismo idioma: *la nación judía*. **SIN** pueblo.
DER nacional.

nacional *adj.* **1** Propio de una nación o un territorio: *se deberían suprimir las fronteras nacionales en Europa*. **2** Que pertenece a la propia nación, en oposición a lo que es extranjero: *prefiere consumir productos nacionales que de importación*. ◊ *adj./n. com.* **3** [grupo de personas] Que durante la guerra civil española eran partidarios y seguidores del bando liderado por el general Franco: *bando nacional; los nacionales tomaron el pueblo*.
DER nacionalidad, nacionalismo, nacionalizar; internacional, multinacional, supranacional, transnacional.

nacionalidad *n. f.* Estado o situación propios de las personas que pertenecen a una nación y poseen el derecho de ciudadanía: *tengo la nacionalidad española; nació en México pero pidió la nacionalidad francesa*.

nacionalismo *n. m.* **1** Doctrina política que exalta en todos los órdenes la personalidad nacional: *el nacionalismo surgió en Europa en el siglo XIX*. **2** Movimiento político que defiende la creación de un estado independiente y autónomo: *los nacionalismos extremos dan lugar a actos de violencia*.
DER nacionalista.

nacionalista *adj.* **1** Del nacionalismo o relacionado con este movimiento político: *fuerzas nacionalistas; partido político nacionalista*. ◊ *adj./n. com.* **2** [persona] Que es partidario del nacionalismo: *Macià fue un político nacionalista catalán; los nacionalistas apoyaron el proyecto de ley del gobierno*.

nacionalización *n. f.* **1** Concesión que se hace a una persona de la nacionalidad o los derechos de ciudadanía de un país que no es en el que ha nacido: *nació en Portugal y obtuvo la nacionalización francesa después de vivir en Francia muchos años*. **SIN** nacionalidad. **2** Conversión llevada a cabo por parte del estado de una actividad o entidad privada en pública: *el gobierno ha dado la orden de nacionalización de estos terrenos para construir un embalse*.

nacionalizar *v. tr./prnl.* **1** Admitir en un país, como si fuera natural de él, a una persona extranjera: *el poeta chileno quiso nacionalizarse español*. **SIN** naturalizar. **2** Hacer que una actividad o entidad privada se transforme en pública: *el gobierno ha nacionalizado unos terrenos para construir un embalse*. **SIN** privatizar. **3** Dar un carácter propio y nacional a una cosa: *el gobierno ha comprado las acciones extranjeras y ha nacionalizado la empresa*.
DER nacionalización; desnacionalizar.
OBS En su conjugación, la *z* se convierte en *c* delante de *e*.

nacionalsocialismo *n. m.* Doctrina del partido político nacionalsocialista que defendía el poder absoluto del estado y la superioridad y la supremacía del pueblo germano frente a los demás pueblos de Europa: *el nacionalsocialismo propugnaba una ideología totalitaria y racista*. **SIN** nazismo.
OBS El plural es *nacionalsocialismos*.

nacionalsocialista *adj.* **1** [partido político] Que fue fundado por Adolf Hitler y que propugnaba las doctrinas y las teorías del nacionalsocialismo: *el partido nacionalsocialista fue fundado en Alemania en 1920*. **SIN** nazi. ◊ *adj./n. com.* **2** [persona] Que es partidario o seguidor del nacionalsocialismo. **SIN** nazi.
OBS El plural es *nacionalsocialistas*.

nada *pron. indef.* **1** Ninguna cosa: *dijo que no quería nada; no hay nada mejor que el agua para la sed*. **2** Poco o muy poco: *se ha ido hace nada; se enfada por nada*. ◊ *adv.* **3** Indica negación total: *nada, que no quiere venir*. **SIN** no. **4** De ninguna manera, de ningún modo: *no lo hemos hecho nada bien; no era nada feliz*. ◊ *n. f.* **5** Falta total de cualquier ser o de cualquier cosa: *cree que tras la muerte está la nada*.
¡ahí es nada! *coloquial* Expresión que indica sorpresa o admiración: *pedía por ello cuatro mil pesetas, ¡ahí es nada!*
como si nada Sin hacer ningún esfuerzo o sin dar la menor importancia: *volvió a hacerlo como si nada*.
de nada Expresión con la que se responde a un agradecimiento: *—Gracias por esperar. —De nada*.
nada menos Expresión con la que se destaca la importancia o el valor de una persona o de una cosa: *lo ha dicho nada menos que el rey*.
DER nadería.

nadador, -ra *adj.* **1** Que nada o puede nadar: *este perro es un buen nadador*. ◊ *n. m. y f.* **2** Persona que practica de manera profesional el deporte de la natación: *la nadadora alemana ha conseguido una medalla de plata*.

nadar *v. intr.* **1** Trasladarse dentro del agua una persona o un animal haciendo los movimientos necesarios y sin tocar el suelo: *los niños están aprendiendo a nadar; me gusta nadar en el mar*. **2** Flotar una cosa en un líquido: *no bebas de esa copa porque hay migas nadando en el vino*. **3** Tener una cosa en gran cantidad o abundancia: *el empresario nadaba en dinero hasta que se arruinó*.
DER nadador; sobrenadar.
ETIM *Nadar* procede del latín *natare*, que tenía el mismo significado, voz con la que también está relacionada *natación*.

nadería *n. f.* Cosa que tiene poco valor o escasa importancia: *siempre se enfada por naderías*. **SIN** futilidad, nimiedad.

nadie *pron. indef.* Ninguna persona: *no hay nadie en la casa; nadie nos ha visto*.
ser un don nadie Ser una persona insignificante y sin poder alguno: *se cree muy importante y es un don nadie*.

nadir *n. m.* ASTR. Punto de la esfera celeste opuesto diametralmente al cenit.

nado Palabra que aparece en la expresión *a nado*, que indica que un movimiento se efectúa nadando: *cruzó el río a nado sin descansar ni una sola vez*.

nafta *n. f.* Líquido incoloro, volátil y muy inflamable que se obtiene de la destilación del petróleo crudo: *la nafta se utiliza como disolvente industrial*.

naftalina *n. f.* Hidrocarburo sólido, aromático y de color blanco que se obtiene de la destilación del alquitrán de la hulla: *la naftalina protege la ropa de las polillas*.

nahua o **náhuatl** *adj./n. com.* **1** [persona] Que pertenecía a un pueblo indígena que habitó en la altiplanicie de Méjico y de América Central con anterioridad a la conquista de estos países por los españoles: *los nahuas alcanzaron un alto grado de civilización*. ◊ *adj.* **2** Que pertenece a este pueblo indígena o relacionado con él: *las costumbres nahuas se conservan en algunas regiones americanas*. ◊ *n. m.* **3** Lengua hablada por este pueblo y que en la actualidad siguen hablando los indios mejicanos: *el náhuatl fue la lengua del imperio azteca*.

naif *n. m./adj.* **1** Estilo de pintura que se caracteriza por una gran simplicidad en las formas, el uso de colores muy vivos y el rechazo al academicismo técnico: *el naif surgió a principios del siglo XX*. ◊ *adj.* **2** De este estilo pictórico o que tiene relación con él: *la pintura naif tiene un aire ingenuo e infantil*. ◊ *adj./n. com.* **3** [persona] Que practica este estilo de pintura: *pintor naif*.
OBS El plural es *naifes*.

nailon *n. m.* Fibra artificial, elástica y resistente que sirve para fabricar tejidos y prendas de vestir: *llevaba los calcetines de nailon*. **SIN** nilón.

naipe *n. m.* **1** Cartulina pequeña de forma rectangular que lleva impreso un número determinado de objetos por una cara y por la otra un dibujo uniforme, y que forma parte de la baraja: *el as es el naipe que más valor tiene en el juego del póquer*. **SIN** carta. ◊ *n. m. pl.* **2** *naipes* Conjunto de estas cartulinas que se usa en algunos juegos: *al mus se juega con naipes españoles*. **SIN** baraja.
ETIM De su inventor Nicolás Papín, que puso en las primeras barajas sus iniciales, *N* y *P*, y a causa de una pequeña corrupción se pronunció 'naipe'.

nalga *n. f.* Cada una de las dos partes carnosas y redondeadas del cuerpo humano que están situadas donde acaba la espalda: *nalga derecha; nalga izquierda*. **SIN** glúteo.
OBS En plural tiene el significado de *culo* o *trasero*.

nana *n. f.* **1** Canción que se canta a los niños pequeños para arrullarlos o para que se queden dormidos: *mi madre solía cantarnos una nana al acostarnos*. **2** Especie de saco pequeño con una abertura anterior que se cierra con una cremallera y sirve para abrigar a los bebés: *la madre metió al bebé en su nana para salir a la calle*. **3** Nombre que se le da cariñosamente a la abuela.
el año de la nana Que es muy antiguo o tiene muchos años: *esta mesa es del año de la nana, la heredé de mis bisabuelos*.

nanay *adv. coloquial* Expresión que indica negación rotunda o absoluta: *le pedí que dejase venir a su hijo y me contestó que nanay*. **SIN** nones.
OBS No se emplea como respuesta y sólo se utiliza en frases de estilo indirecto.

nao *n. f. culto* Embarcación o nave: *la nao Victoria llegó felizmente a puerto*.

napa *n. f.* **1** Piel de algunos animales tratada industrialmente que se utiliza para fabricar prendas de vestir: *la napa es, por lo general, piel de cordero o de cabra*. **2** Conjunto de fibras textiles cardadas que tienen un espesor constante y una anchura uniforme.

napalm *n. m.* Materia o sustancia muy inflamable que se utiliza para cargar bombas y proyectiles incendiarios: *el napalm tiene una consistencia gelatinosa*.
OBS No suele usarse en plural.

napias *n. f. pl. coloquial* Nariz de una persona: *menudo golpe, casi me parto las napias*. **SIN** nariz.

napoleónico, -ca *adj.* De Napoleón o que tiene relación con este emperador francés, con su imperio o con su política: *guerras napoleónicas; ejército napoleónico*.

napolitana *n. f.* Pastel o dulce que está relleno de crema: *la napolitana tiene forma rectangular y aplastada*.

naranja *n. f.* **1** Fruto del naranjo que tiene forma redonda, cáscara gruesa y rugosa y pulpa agridulce, muy jugosa, dividida en gajos; es comestible: *compró un kilo de naranjas; tomaré un zumo de naranja*. ◊ *adj./n. m.* **2** Color como el de este fruto: *lleva una blusa naranja; el naranja es un color secundario y se forma mezclando rojo y amarillo*.
media naranja *coloquial* Persona que se adapta perfectamente a otra o se complementa con ella: *el marido es la media naranja de la mujer; la mujer es la media naranja del marido*.
¡naranjas de la China! *coloquial* Expresión que se usa para negar: *me pidió que fuéramos andando y yo le dije que naranjas de la China*. **SIN** no.
DER naranjada, naranjal, naranjero, naranjo.

naranjada *n. f.* Bebida hecha con zumo de naranja, agua y azúcar: *pidió al camarero una naranjada y unas olivas*.

naranjal *n. m.* Trozo de terreno plantado de naranjos: *el naranjal huele muy bien en primavera*.

naranjero, -ra *adj.* **1** De la naranja o del naranjo o que tiene relación con este fruto o con su árbol: *cultivos naranjeros; producción naranjera*. ◊ *n. m. y f.* **2** Persona que se dedica a cultivar o vender naranjas: *los naranjeros del país se han unido para pedir subvenciones al gobierno*.

naranjo *n. m.* **1** Árbol frutal de tronco liso, copa abierta, hojas verdes, ovaladas y flores blancas y olorosas, cuyo fruto es la naranja: *los campos valencianos están llenos de naranjos; la flor del naranjo es el azahar*. ☞ árbol. **2** Madera de este árbol: *el naranjo se emplea para fabricar objetos de lujo*.

narcisismo *n. m.* Admiración excesiva y exagerada que siente una persona por sí misma, por su aspecto físico o por sus dotes o cualidades: *en algunos campos laborales como el artístico abunda el narcisismo*.

narcisista *adj./n. com.* Persona que siente una admiración excesiva por sí misma, por su aspecto físico y por sus dotes o cualidades: *los narcisistas se pasan el día hablando de lo maravillosos que son*. **SIN** egocéntrico, narciso.

narciso *n. m.* **1** Flor olorosa de color blanco o amarillo. ☞ flores. **2** Planta herbácea con raíz en forma de bulbo, hojas estrechas y apuntadas que nacen en la base del tallo y que produce esta flor: *el narciso es una planta de jardín*. ◊ *n. com.* **3** Persona que siente una admiración excesiva por sí misma, por su aspecto físico y por sus dotes o cualidades: *era un hombre muy guapo, lástima que fuera un narciso*. **SIN** narcisista.

narco *n. com.* Persona que trafica con drogas tóxicas a gran escala: *la policía detuvo al mayor narco de la historia*.
OBS Es la forma abreviada de *narcotraficante*. ◊ El plural es *narcos*.

narco- Elemento prefijal que entra en la formación de palabras con el significado de 'droga', 'narcótico': *narcotráfico*.

narcótico, -ca *adj./n. m.* [sustancia] Que produce sueño, relajación muscular y pérdida de la sensibilidad y la conscien-

cia: *el opio es una sustancia narcótica; algunos narcóticos se emplean para aliviar los dolores agudos.* **SIN** estupefaciente.
DER narcotismo, narcotizar.

narcotismo *n. m.* **1** Estado de adormecimiento que se produce por la ingestión de un narcótico: *tomó tantos medicamentos que está bajo los efectos de un profundo narcotismo.* **2** Conjunto de efectos o síntomas que produce la ingestión de un narcótico.

narcotizar *v. tr./prnl.* Administrar a una persona una sustancia narcótica: *el secuestrado dijo que lo habían narcotizado.*
OBS En su conjugación, la *z* se convierte en *c* delante de *e*.

narcotraficante *n. com.* Persona que comercia comprando y vendiendo drogas tóxicas: *la policía ha detenido a varios narcotraficantes de heroína.* **SIN** traficante.

narcotráfico *n. m.* Comercio o negocio en el que se compran y se venden drogas tóxicas en grandes cantidades: *los gobiernos intentan acabar con el narcotráfico internacional.*
DER narcotraficante.

nardo *n. m.* **1** Flor blanca y muy olorosa, especialmente de noche, dispuesta en espiga. **2** Planta de jardín con el tallo sencillo y derecho y hojas largas que se prolongan como si fueran escamas, y que da esa flor: *el nardo se cultiva en países intertropicales y se emplea en perfumería.*

narigón, -gona *adj./n. m. y f. coloquial* [persona] Que tiene la nariz muy grande: *es un poco narigón.* **SIN** narigudo.

narigudo, -da *adj./n. m. y f.* [persona] Que tiene la nariz muy grande: *además de feo es narigudo.* **SIN** narigón.

nariz *n. f.* **1** Parte saliente en el rostro humano situada entre los ojos y la boca que tiene dos orificios en la parte inferior: *por la nariz se respira y en ella está localizado el sentido del olfato.* ☞ cuerpo humano. **nariz aguileña** Nariz delgada y curva parecida al pico de un águila. **nariz chata** Nariz que es muy pequeña y aplastada. **nariz griega** Nariz que forma una línea de continuación con la frente. **nariz respingona** Nariz que está ligeramente levantada por la parte inferior. **2** Parte situada en la cabeza de los animales vertebrados que sirve para oler y para tomar el aire al respirar: *la nariz del cerdo es chata y tiene dos grandes agujeros; la nariz del elefante forma una trompa.* **3** Capacidad para oler: *la policía utiliza perros porque tienen una nariz excelente.* **SIN** olfato.

asomar las narices Aparecer una persona en un lugar para averiguar qué está ocurriendo: *a mi vecino le gusta asomar las narices en todas las discusiones.* **SIN** husmear.

dar con la puerta en las narices Negarse una persona a ayudar a otra: *fue a pedir un favor a su compañero pero éste le dio con la puerta en las narices.*

dar en la nariz Sospechar una cosa: *me da en la nariz que van a venir sin avisarnos.*

darse de narices *coloquial* Tropezar con una persona o con una cosa: *como nunca mira hacia delante, se dio de narices contra la farola.* **SIN** chocar.

dejar con un palmo de narices *coloquial* Dejar sorprendida a una persona: *después de esperarlo dos horas nos dejó plantados y con un palmo de narices.*

delante de las narices o **en las propias narices** *coloquial* Expresión que indica que una cosa se realiza delante de la presencia de una persona, sin que ésta se entere o sin importar que se entere: *los ladrones estaban robando el coche delante de las narices en la oficina de policía.*

estar hasta las narices Estar una persona muy harta de una cosa: *estoy hasta las narices de aguantar esta situación.*

hincharse las narices *coloquial* Enfadarse mucho una persona: *cuidado con él, que cuando se le hinchan las narices se pone como una fiera.*

meter las narices *coloquial* Intentar averiguar y enterarse de lo que hacen otras personas: *me molesta que los demás metan las narices en mis asuntos.* **SIN** entrometerse.

no ver más allá de las narices No darse cuenta una persona de las cosas que pasan a su alrededor: *no ve más allá de sus narices, debería espabilarse.*

pasar o **restregar por las narices** *coloquial* Mostrar una cosa insistiendo mucho para molestar a una persona: *ha conseguido un puesto importante y se lo pasa por las narices a todo el mundo.*

por narices *coloquial* Expresión que indica que una cosa tiene que hacerse de manera forzosa o por obligación: *tuve que venir hoy por narices.*

tener narices *coloquial* Expresión que indica que una persona tiene ánimo, valor y mucho arrojo: *tu hermano tiene narices para enfrentarse con quien sea.*

tocarse las narices *coloquial* Hacer el vago, holgazanear: *va a la oficina a tocarse las narices.*

DER narices, narigón, narigudo, narizotas; desnarigado.

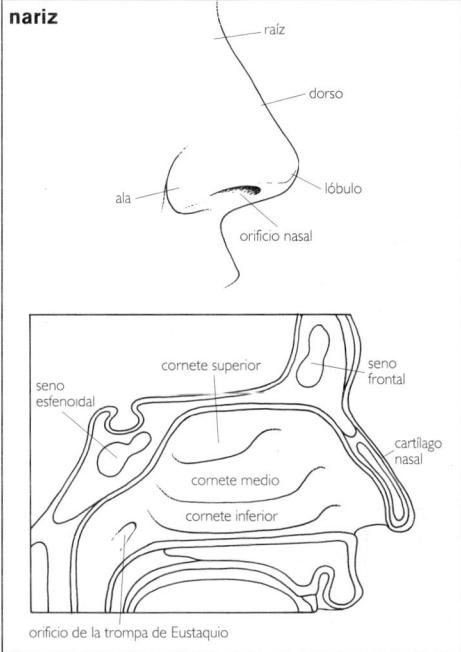

nariz

narizotas *n. com.* **1** Persona que tiene la nariz muy grande: *sí, es tal y como lo describes, narizotas y calvo.* **SIN** narigudo. Se usa despectivamente o como insulto. ◇ *n. f. pl.* **2** Nariz que es muy grande: *tiene unas narizotas que le ocupan toda la cara.* Es despectivo.

narración *n. f.* **1** Hecho de contar un suceso real, o un hecho o una historia ficticios: *el viajero comenzó la narración de su vida aventurera.* **2** Obra literaria escrita en prosa que cuenta una historia real o inventada: *los cuentos y las novelas son narraciones.*

narrador, -ra *n. m. y f.* Persona que cuenta una historia real o inventada o que relata una serie de hechos: *da gusto oírla contando sus viajes, es una gran narradora; en las novelas*

narrar

autobiográficas el narrador es el protagonista de la historia que cuenta.

narrar *v. tr.* Contar una persona algo que ha sucedido realmente o un hecho o una historia ficticios: *el anciano se puso a narrar un suceso muy gracioso que le ocurrió en su infancia; este cuento narra la historia de un príncipe encantado.* **SIN** relatar, referir.
DER narrador, narración, narrativa, narrativo; inenarrable.

narrativa *n. f.* Género literario en prosa que utiliza sobre todo la narración y que incluye la novela, la novela corta y el cuento: *estamos estudiando la narrativa europea del siglo XX.*
DER narratología.

narrativo, -va *adj.* De la narración o relacionado con esta forma literaria: *la técnica narrativa de este autor es admirable.*

nasa *n. f.* **1** Instrumento usado para pescar que consiste en un cesto de forma cilíndrica hecho de red o juncos entretejidos en el que los peces quedan atrapados: *la nasa tiene en su base una especie de embudo dirigido hacia dentro.* **2** Instrumento usado para pescar que consiste en una red sostenida por aros de madera o de alambre. **3** Cesta de boca estrecha en la que los pescadores echan los peces que van pescando: *hoy he tenido suerte, llevo la nasa llena de truchas.*

nasal *adj.* **1** De la nariz o relacionado con este apéndice de la cara: *fosas nasales; cavidad nasal.* ☞ cráneo. ◇ *adj./n. f.* **2** [sonido] Que se pronuncia haciendo salir el aire, total o parcialmente, por la nariz: *el sonido de la letra* m *es nasal.* **3** [letra] Que representa ese sonido: *la letra* m *y la letra* n *son nasales.*
DER nasalizar.

nasalizar *v. tr.* Pronunciar un sonido no nasal como nasal: *los sonidos nasales nasalizan los sonidos que entran en contacto con ellos.*
OBS En su conjugación, la *z* se convierte en *c* delante de *e*.

naso- Elemento prefijal que entra en la formación de palabras con el significado de 'nariz': *nasofaríngeo.*

nata *n. f.* **1** Sustancia espesa y cremosa que se forma en la superficie de la leche que se deja en reposo: *separamos la nata de la leche con un colador.* **2** Crema blanca y dulce que se hace mezclando y batiendo esta sustancia de la leche con azúcar: *la nata se utiliza para rellenar dulces o tartas.* **3** Sustancia espesa que se forma en la superficie de algunos líquidos: *el bodeguero destapó la tinaja de vino y le quitó la nata.*
DER natillas; desnatar.

natación *n. f.* Deporte o ejercicio que consiste en nadar: *se están celebrando pruebas de natación en la piscina olímpica; el estilo mariposa es una modalidad de la natación.*
DER natatorio.
ETIM Véase *nadar*.

natal *adj.* [lugar] Que es en el que ha nacido una persona: *ciudad natal; pueblo natal.*
DER natalicio, natalidad; perinatal, prenatal.

natalicio, -cia *adj.* **1** Del día del nacimiento de una persona. ◇ *n. m.* **2** Día del nacimiento de una persona: *hoy es el natalicio de mi primer hijo.* **3** Fiesta que celebra o festeja este día: *la familia celebró el natalicio del primer hijo.*

natalidad *n. f.* Número de personas que nacen en un lugar y en un período de tiempo determinados en relación con la totalidad de la población: *la natalidad está descendiendo en nuestro país.* **ANT** mortalidad.

natatorio, -ria *adj.* **1** De la natación o que tiene relación con este deporte: *técnicas natatorias.* **2** Que sirve para nadar o flotar en el agua: *aleta natatoria.*

natillas *n. f. pl.* Dulce cremoso hecho con yemas de huevo, azúcar y leche: *las natillas deben cocer a fuego lento.*

natividad *n. f.* Nacimiento de Jesucristo, de la Virgen María y de San Juan Bautista: *la natividad de la Virgen se celebra el 8 de septiembre; la Natividad de Jesucristo se celebra el 25 de diciembre.*
OBS Suele escribirse con mayúscula.

nativo, -va *adj.* **1** Del lugar donde se ha nacido o relacionado con él: *lengua nativa; costumbres nativas; país nativo.* **SIN** natal. ◇ *adj./n. m. y f.* **2** [persona] Que ha nacido en el lugar de que se trata: *prefiero que me dé clases de inglés un profesor nativo; los nativos de España se llaman españoles.* **SIN** natural, oriundo. **ANT** extranjero.
DER natividad.
ETIM Véase *nacer*.

nato, -ta *adj.* **1** [cualidad, defecto] Que se tiene desde que se nace: *esta chica tiene una curiosidad nata por todo lo que le rodea.* **2** [persona] Que tiene una capacidad especial, una cualidad o un defecto desde que nace: *administrador nato; organizador nato; deportista nato; escritor nato.*
DER natal; innato, neonato, nonato.
ETIM Véase *nacer*.

natura *n. f.* Naturaleza, conjunto de las cosas y de las fuerzas que componen el universo.
contra natura Que es contrario a las leyes de la naturaleza o a lo que el hombre considera que son leyes de la naturaleza, especialmente cuando se trata de leyes morales: *maltratar a los niños va contra natura; muchas culturas consideran que el incesto es una relación contra natura.*
DER natural, naturismo.

natural *adj.* **1** Que es de la naturaleza o que ha sido producido por la naturaleza sin la participación del hombre: *el agua forma cuevas naturales en la roca caliza.* **ANT** artificial. **2** Que está elaborado sin mezclar elementos artificiales y sin que el hombre altere lo que había producido la naturaleza: *esta mermelada es natural: no tiene conservantes ni colorantes.* **3** [cualidad] Que es propio y característico de una cosa: *la dureza y la frialdad son naturales en el cristal.* **SIN** inherente. **4** [hecho] Que es predecible, lógico o razonable porque ocurre normalmente: *que haga frío es natural en invierno; me parece natural que venga a visitarte si estás enfermo.* **5** [persona, acción] Que es sencillo, que se realiza sin fingimiento y sin forzar las cosas: *la modelo adopta una pose natural; has salido muy natural en esta foto.* **SIN** espontáneo. **6** Que se produce por las fuerzas de la naturaleza y no por una intervención sobrenatural o milagrosa: *muchos sucesos que no entendemos resultan ser, al final, fenómenos naturales.* **ANT** maravilloso, milagroso, sobrenatural. **7** [cosa] Que imita muy bien la realidad: *se ha teñido el pelo de un color caoba muy natural; estas flores de tela son muy naturales.* Se usa frecuentemente con el adverbio *muy*. ◇ *adj./n. com.* **8** [persona] Que ha nacido en un pueblo o nación determinados: *los naturales de Madrid se denominan madrileños.* **SIN** nativo. ◇ *n. m.* **9** Manera de ser o de comportarse una persona: *tiene un natural bondadoso y tranquilo; el natural de Elena es violento.* **SIN** carácter, temperamento.
al natural *a)* Sin elaboración ni adornos, tal y como es en realidad: *su voz es mucho más bella al natural que en los discos; algunas personas están más guapas al natural que con tanto maquillaje.* *b)* [fruto] Que está en su jugo, y no tiene condimentos ni componentes artificiales: *hay conservas de tomate al natural, pelado y triturado.*
copiar del natural Realizar una obra de arte a partir de un modelo real y presente: *estos paisajes están copiados del natural, no son inventados; es más difícil copiar del natural una persona que pintarla a partir de una foto.*

DER naturaleza, naturalidad, naturalismo, naturalizar, naturalmente; connatural.

naturaleza *n. f.* **1** Conjunto de las cosas y de las fuerzas que componen el universo y que no han sido hechas por el hombre: *algunos científicos estudian la naturaleza y otros estudian al hombre y la civilización.* **2** Principio universal que se considera que gobierna y dispone todas las cosas: *la naturaleza es muy sabia y compensa los desequilibrios.* **3** Manera de ser o de comportarse una persona: *su naturaleza violenta le hizo ganar enemigos.* **SIN** carácter, temperamento. **4** Complexión o constitución física de una persona: *tuvo desde niño una naturaleza débil y enfermiza.* **5** Propiedad o conjunto de propiedades características de un ser o de una cosa: *la muerte forma parte de la naturaleza humana; quiso estudiar la naturaleza del problema.* **SIN** esencia. **6** Especie, género, clase o tipo al que pertenece una cosa: *los ciclones y los huracanes son fenómenos de la misma naturaleza; no me interesan los negocios de esa naturaleza.* **7** Documento o mecanismo legal que da derecho a una persona a ser considerada como natural de un país: *varios marroquíes pidieron la naturaleza española.*

naturaleza muerta Cuadro que representa animales muertos, frutas, flores u objetos sin vida: *los pintores barrocos se recrean en las naturalezas muertas.* **SIN** bodegón.

por naturaleza Por inclinación y manera natural de ser: *el hombre es social por naturaleza.*

naturalidad *n. f.* Modo de actuar o de comportarse una persona sin orgullo ni fingimiento, mostrándose tal y como es en realidad: *hablaba con naturalidad, sin afectación; a pesar de ser una actriz famosa, se comportó con nosotras con mucha naturalidad.* **SIN** espontaneidad, sencillez.

naturalismo *n. m.* **1** Movimiento literario surgido a finales del siglo XIX; se caracteriza por aparecer en sus obras la parte más cruda y desagradable de la realidad con mucho realismo, tal y como es: *el naturalismo es un movimiento de origen francés preocupado por las circunstancias sociales y económicas en que vive el hombre.* **2** FILOS. Sistema de pensamiento que considera la naturaleza como principio de todas las cosas: *en el naturalismo se da mucha importancia a la experiencia.*
DER naturalista.

naturalista *adj.* **1** Del naturalismo o relacionado con este movimiento literario: La Regenta es *una novela naturalista de Leopoldo Alas, Clarín.* **2** Del naturalismo o relacionado con este sistema de pensamiento. ◇ *adj./n. com.* **3** [persona] Que practica o defiende los principios del naturalismo como tendencia literaria o como sistema de pensamiento: Zola fue un autor naturalista; *los filósofos naturalistas consideran que todos los seres del universo son naturales.* ◇ *n. com.* **4** [persona] Que se dedica al estudio de las ciencias naturales: *algunos naturalistas desarrollan su actividad en asociaciones para la defensa de la naturaleza.*

naturalizar *v. tr./prnl.* **1** Conceder a un extranjero la nacionalidad de un país, con lo que obtiene los mismos derechos que tienen los que han nacido en él: *el nuevo tratado permitió naturalizar a multitud de extranjeros; el emigrante quiso naturalizarse español, pero sin perder su nacionalidad de origen.* **SIN** nacionalizar. **2** Introducir en un país cosas que son características de otro y adoptarlas como propias o naturales: *es frecuente naturalizar usos y costumbres de los países vecinos.*
DER desnaturalizar.
OBS En su conjugación, la *z* se convierte en *c* delante de *e*.

naturalmente *adv.* **1** De una manera natural o con natu-

ralidad: *en la fiesta debes comportarte y hablar naturalmente.* **2** Por supuesto o sin ninguna duda: *naturalmente que puedes contar conmigo para ayudarte.*

naturismo *n. m.* Doctrina que defiende el empleo de medios naturales en todos los aspectos de la vida, especialmente para conservar la salud y tratar las enfermedades: *algunas personas que siguen una forma de vida de acuerdo con el naturismo son vegetarianas.*
DER naturista.

naturista *adj.* **1** Del naturismo o relacionado con esta doctrina: *medicina naturista.* ◇ *adj./n. com.* **2** Que defiende o practica el naturismo: *un médico naturista le recetó unas infusiones; algunos naturistas practican el nudismo.*

naufragar *v. intr.* **1** Hundirse o quedar destruida una embarcación que estaba navegando: *el galeón español naufragó a causa de una tormenta.* **2** Estar una persona en una embarcación que se hunde o queda destruida: *naufragamos ante las costas de la isla y un barco nos rescató del agua.* **3** Fracasar un asunto o un negocio: *los proyectos mal planificados suelen naufragar.*
DER naufragio.
OBS En su conjugación, la *g* se convierte en *gu* delante de *e*.

naufragio *n. m.* **1** Hundimiento, destrucción o pérdida de una embarcación que se encontraba navegando: *en el naufragio perecieron 154 personas.* **2** Fracaso de un asunto o un negocio: *el naufragio de la empresa fue debido a una mala gestión.*

náufrago, -ga *adj./n. m. y f.* [persona] Que ha sufrido un naufragio: *los náufragos, agarrados a los restos de la embarcación, llegaron a la costa empujados por el oleaje.*
DER naufragar.

náusea *n. f.* **1** Sensación de malestar físico cuando se tienen ganas de vomitar: *algunos olores desagradables provocan náuseas; las embarazadas suelen sentir náuseas a menudo.* **2** Repugnancia o asco muy intenso que provoca una cosa: *la habitación estaba muy sucia y daba náuseas entrar en ella.*
DER nauseabundo.
OBS Se usa frecuentemente en plural.

nauseabundo, -da *adj.* **1** Que produce asco o repugnancia intensos y ganas de vomitar: *la basura en descomposición suele desprender un olor nauseabundo.* **2** Que produce una fuerte repugnancia por malo, indigno o inmoral: *su conducta fue nauseabunda, totalmente impropia de un ser humano.*

nauta *n. m.* Hombre que navega por el mar: *un grupo de adiestrados nautas gobernaban la embarcación.* **SIN** marinero, navegante. Es de uso literario.

náutica *n. f.* Técnica de la navegación: *curso de náutica.*
DER aeronáutica, motonáutica.

náutico, -ca *adj.* De la navegación o relacionado con la técnica de navegar: *escuela náutica.*

nava *n. f.* Terreno llano y sin árboles, a veces pantanoso, situado generalmente entre montañas.

navaja *n. f.* **1** Instrumento parecido al cuchillo, cuya hoja está articulada de manera que el filo puede guardarse dentro del mango: *el montañero llevaba siempre una navaja; el atracador amenazó a la chica con una navaja.* **navaja de afeitar** Navaja de filo muy agudo que sirve para cortar el pelo de la barba. **2** Animal invertebrado marino que tiene el cuerpo alargado y encerrado entre dos conchas casi rectangulares; es comestible y muy apreciado: *las navajas, como las almejas y los mejillones, son moluscos.*

navajazo *n. m.* **1** Golpe fuerte dado con el filo o con la punta de una navaja: *en algunas películas de acción aparecen*

navajero

peleas a navajazos. **2** Herida o corte hecho violentamente con una navaja: *el hombre tenía un navajazo en la cara y otro en el cuello.*

navajero, -ra *n. m. y f.* **1** Persona que va armada con una navaja: *un grupo de navajeros le salieron al encuentro para atracarle.* **2** Persona que se dedica a fabricar o vender navajas: *el navajero pondrá una hoja nueva a tu navaja.*

navajo, -ja *adj.* **1** De un pueblo amerindio norteamericano que habitaba en la zona sur de las montañas Rocosas o que tiene relación con él: *la tribu navaja pertenecía al grupo de los apaches.* ◇ *adj./n. m. y f.* **2** [persona] Que pertenecía a este pueblo amerindio: *los navajos se dedicaban al pastoreo y la caza.*

naval *adj.* **1** De la navegación o relacionado con la técnica de navegar. **2** De las embarcaciones o relacionado con las embarcaciones o los barcos: *industria naval.*

navarro, -rra *adj.* **1** De Navarra o relacionado con esta provincia o comunidad autónoma del norte de España: *Pirineo navarro.* ◇ *adj./n. m. y f.* **2** [persona] Que es de Navarra.

nave *n. f.* **1** Vehículo capaz de flotar y de navegar por el agua: *las naves de Colón cruzaron el Atlántico.* **SIN** barco, embarcación. **2** Vehículo para viajar por el aire impulsado por uno o más motores: *los pasajeros pueden acceder a la nave por la puerta lateral.* **SIN** avión. **nave espacial** Vehículo que se utiliza para viajar por el espacio, fuera de la atmósfera terrestre: *el hombre llegó a la Luna en una nave espacial.* **3** Edificio grande, de una sola planta, con el techo alto y sin divisiones, que se usa como fábrica, como granja o como almacén: *nave industrial.* **4** Espacio alargado que queda entre los muros o entre las columnas en el interior de una iglesia o de otro edificio de gran tamaño: *las iglesias suelen tener tres naves; la nave de un iglesia perpendicular a las demás se llama crucero.* **nave principal** Nave de una iglesia o de un templo que está situada en el centro y es más ancha y más alta que las otras: *el altar se coloca en la nave principal; la nave principal de la catedral tiene un bonito coro.*

quemar las naves Tomar una decisión de modo que no se puede volver atrás: *cuando decidí cerrar mi negocio, quemé las naves y cambié de profesión.*

DER naval, navegar, navicular, navío; aeronave, astronave, cosmonave, motonave.

navegabilidad *n. f.* Estado o condición que ofrece el agua navegable para poder navegar por ella: *la navegabilidad en alta mar se hace muy difícil y peligrosa cuando hay una tormenta.*

navegable *adj.* [río, lago] Que es lo bastante profundo o amplio como para que puedan navegar en él las embarcaciones: *el río Guadalquivir es navegable desde Sevilla hasta su desembocadura.*

DER navegabilidad; innavegable.

navegación *n. f.* **1** Desplazamiento de un barco por el agua o de una nave por el aire: *en los aeropuertos hay dispositivos que controlan la navegación aérea.* **2** Viaje que se hace en un barco o en una nave: *la navegación en un transatlántico de lujo es una experiencia inolvidable.* **3** Ciencia o técnica de navegar: *escuela de navegación.* **SIN** náutica, pilotaje.

navegante *n. com.* Persona que navega: *los portugueses y los españoles fueron grandes navegantes; el navegante español ganó la regata.* **SIN** marinero, marino.

navegar *v. intr.* **1** Desplazarse un barco por el agua o una nave por el aire: *este buque navega a cinco millas por hora; los aviones supersónicos navegan a la velocidad del sonido.* **2** Viajar por el agua en un barco o por el aire en una nave: *hemos alquilado un yate para navegar por el Mediterráneo; es un gran aficionado a navegar en globo y en ala delta; la nave espacial navegará durante ocho semanas.* **3** Desplazarse de una página o documento a otro en una red informática, a través de ciertos vínculos preestablecidos: *navegando por Internet puedes encontrar información interesante sobre todo tipo de temas.*

DER navegable, navegación, navegante; circunnavegar.

OBS En su conjugación, la g se convierte en gu delante de e.

navidad *n. f.* **1** Fiesta religiosa con la que los cristianos celebran el nacimiento de Jesucristo: *las comunidades cristianas celebran la Navidad con la tradicional misa del gallo.* En esta acepción se escribe con mayúscula. **2** Día en el cual se celebra esta fiesta: *la Navidad es el 25 de diciembre; en la víspera de la Navidad se celebra la Nochebuena.* En esta acepción se escribe con mayúscula. **3** Período de tiempo inmediato a ese día; para mucha gente se trata de un período de vacaciones: *pasaremos las navidades en casa de los abuelos; las navidades duran hasta Reyes.* En esta acepción se usa frecuentemente en plural.

DER navideño.

navideño, -ña *adj.* De la Navidad o que tiene relación con esta fiesta o con el período de tiempo durante el cual se celebra: *salió a comprar los regalos navideños; el árbol es un adorno navideño.*

naviero, -ra *adj.* **1** De la navegación o que tiene relación con los barcos o con la técnica de navegar: *la compañía naviera ha fletado un nuevo barco.* ◇ *adj./n. m. y f.* **2** [persona, empresa] Que posee uno o más navíos o embarcaciones de gran tamaño: *los navieros más poderosos intentan dominar el transporte marítimo en una zona.*

navío *n. m.* Barco o embarcación de gran tamaño, especialmente el que se utiliza con fines comerciales o como buque de guerra: *el navío chocó contra un bloque de hielo; antiguamente los navíos o buques de guerra tenían varios palos con velas y varias cubiertas con baterías de cañones.*

DER naviero.

náyade *n. f.* Cada una de las ninfas de la mitología clásica que vivían en los ríos, en los lagos y en las fuentes: *según Homero las náyades eran hijas de Zeus.*

nazareno, -na *adj./n. m. y f.* **1** De Nazaret o que tiene relación con esta población de Galilea. **2** Persona que desfila como penitente en las procesiones de Semana Santa, vestida con una túnica: *los nazarenos suelen ir de color morado.*

nazi *adj.* **1** Del nazismo o que tiene relación con esta doctrina política o ideología: *el cuerpo de la policía nazi se denominaba SS.* ◇ *adj./n. com.* **2** [persona] Que defiende o es partidaria del nazismo: *la actitud de los nazis suele ser intolerante y racista.*

nazismo *n. m.* Doctrina política e ideología de carácter totalitario, nacionalista y expansionista; fue impulsada en Alemania por Adolf Hitler después de la Primera Guerra Mundial: *el nazismo propugnaba la superioridad racial del pueblo alemán y la eliminación de otras razas consideradas como inferiores.*

DER nazi.

neblina *n. f.* Niebla baja y poco espesa: *a través de la neblina no se podía distinguir la silueta de los árboles; la neblina es molesta para conducir.*

ETIM Véase *niebla.*

nebulizador *n. m.* Aparato que sirve para pulverizar o rociar un líquido en pequeñas gotas o partículas: *lleva siempre encima un nebulizador para aplicarse el medicamento contra el asma.*

nebulosa n. f. ASTR. Masa de materia celeste brillante cuyo aspecto recuerda al de una gran nube: *una nebulosa puede ser el origen de una estrella.*

nebuloso, -sa adj. **1** Que tiene niebla o está cubierto de niebla: *hoy el día está muy húmedo y nebuloso.* **2** Que está borroso o poco claro o que es difícil de comprender: *sólo recuerdo unas imágenes nebulosas del accidente.* **SIN** confuso. **DER** nebulosa.
ETIM Véase niebla.

necedad n. f. **1** Cualidad de necio: *tu necedad te traerá problemas.* **SIN** torpeza, ignorancia. **2** Hecho o dicho torpe o poco adecuado: *sus críticas no eran más que necedades sin sentido.* **SIN** majadería, sandez.

necesario, -ria adj. Que hace falta para un fin o que es obligatorio o inevitable para algo: *el aire es necesario para la vida; es necesario ahorrar agua en tiempo de sequía.* **SIN** imprescindible, indispensable. **ANT** innecesario.

neceser n. m. Caja o bolsa pequeña que sirve para guardar los objetos necesarios para el aseo personal: *siempre llevo un neceser en mis viajes; el cepillo de dientes está en el neceser.*
☞ equipaje.

necesidad n. f. **1** Hecho de que sea necesaria una cosa o haga falta de manera obligatoria para un fin: *se dieron cuenta de la necesidad de una nueva carretera.* **2** Cosa que es necesaria o hace falta de manera obligatoria para un fin: *respirar oxígeno es una necesidad para el organismo.* **3** Deseo o impulso que una persona siente de hacer una cosa: *sintió la necesidad de salir corriendo.* **4** Carencia, privación de algo muy necesario para vivir, como alimentos o dinero para conseguirlos: *la necesidad le ha obligado a robar.* **SIN** pobreza, penuria. **5** Situación difícil en la que se encuentra una persona que tiene un grave problema personal o económico: *un amigo suyo está pasando por una necesidad y ha ido a ayudarlo.* **SIN** apuro.
hacer sus necesidades Expulsar una persona o un animal los excrementos o la orina: *le puso un cajón con tierra al gato para que hiciera sus necesidades.*
DER necesario, necesitar.

necesitado, -da adj./n. m. y f. [persona] Que no tiene lo necesario para vivir: *los países desarrollados deberían ayudar más a los necesitados del tercer mundo.* **SIN** pobre.

necesitar v. tr. Tener necesidad de algo o de alguien que hace falta de manera obligatoria para un fin: *si me necesitas, estoy en la otra sala; necesitarás varios días para acabar el dibujo.*
se necesita Se utiliza para intensificar lo que se dice a continuación: *¡se necesita ser imbécil para actuar así!; se necesita suerte para trabajar tan poco y ganar tanto.*
DER necesitado.

necio, -cia adj./n. m. y f. **1** [persona] Que es tonto o torpe o hace cosas que carecen de lógica o de razón: *eres un necio, te has dejado engañar.* **SIN** ignorante, tonto. ◊ adj. **2** [acción, expresión] Que se hace o se dice de forma torpe o imprudente: *no hay que hacer caso de los comentarios necios.*
DER necedad.

nécora n. f. Animal invertebrado marino, similar al cangrejo; tiene el cuerpo cubierto por una concha elíptica y lisa y diez patas, las delanteras terminadas en pinzas y las traseras en forma de pala para nadar: *la carne de las nécoras es muy apreciada en la alimentación; las nécoras son crustáceos.*

necro- Elemento prefijal que entra en la formación de palabras con el significado de 'muerto', 'cadáver': *necrópolis.*

necrofilia n. f. **1** Atracción que siente una persona hacia la muerte y hacia todos los aspectos relacionados con ella: *las personas que padecen necrofilia están obsesionadas por la muerte.* **2** Atracción sexual que se siente hacia los cadáveres humanos o contacto sexual que se realiza con ellos.

necrófilo, -la adj. **1** De la necrofilia o que tiene relación con esta atracción hacia la muerte y todo lo que la rodea: *temas necrófilos; atracción necrófila.* ◊ adj./n. m. y f. **2** [persona] Que siente o padece necrofilia: *los necrófilos pueden considerarse personas que padecen una patología psiquiátrica.*

necrología n. f. **1** Biografía o nota biográfica breve que se hace de una persona que ha muerto recientemente. **2** Notificación de la muerte de una persona que se hace a través de una sección de un periódico: *han publicado en el periódico la necrología del empresario catalán que murió ayer.*

necrológico, -ca adj. **1** De la necrología o relacionado con una nota o breve biografía de una persona muerta recientemente: *en el periódico viene hoy un artículo necrológico sobre el escritor fallecido.* ◊ adj./n. f. **2** [noticia, lista] Que informa de la muerte de una o de varias personas: *los periódicos suelen tener una sección de necrológicas.* Como nombre de una sección en periódicos o revistas se suele utilizar en plural.

necrópolis n. f. Cementerio extenso en el que hay gran cantidad de monumentos fúnebres, especialmente si es muy antiguo, anterior a la era cristiana: *los arqueólogos descubrieron una necrópolis ibérica.*
OBS El plural también es *necrópolis.*

necrosis n. f. MED. Muerte de las células y los tejidos de una zona determinada del organismo: *después de un infarto se produce una necrosis de la zona del corazón que resultó afectada.*
OBS El plural también es *necrosis.*

néctar n. m. **1** Jugo azucarado que se encuentra en el interior de las flores: *las abejas chupan el néctar de las flores para fabricar la miel.* **2** Bebida suave de sabor dulce y agradable: *esta bebida es auténtico néctar de frutas.* **3** Licor excelente que bebían los dioses, según la mitología clásica: *en el Olimpo, el copero de los dioses servía néctar a Zeus.*

nectarina n. f. Fruta que es una variedad del melocotón y que tiene la piel lisa y sin pelusa y la carne no adherida al hueso: *la nectarina es producto del injerto del ciruelo y el melocotonero.*

neerlandés, -desa adj. **1** De Holanda o que tiene relación con este estado del norte de Europa: *están estudiando la pintura del Renacimiento neerlandés.* **SIN** holandés. ◊ adj./n. m. y f. **2** [persona] Que es de Holanda: *los neerlandeses suelen hablar varios idiomas.* **SIN** holandés. ◊ n. m. **3** Lengua germánica hablada en el norte de Bélgica y en los Países Bajos: *en Bélgica se habla neerlandés y francés.*

nefando, -da adj. [persona, acción] Que resulta repugnante u horroroso por ir contra la moral y la ética: *crímenes nefandos.* **SIN** abominable, execrable, infame.

nefasto, -ta adj. **1** Que causa desgracia o va acompañado de ella: *fue un año nefasto para la agricultura; ¡vaya día más nefasto! Todo me ha salido mal.* **SIN** desgraciado. **2** Que es muy malo, de poca calidad: *algunos proyectos fracasan porque tienen una nefasta organización.* **SIN** detestable, pésimo.

nefrítico, -ca adj. MED. Del riñón o de los riñones o que tiene relación con estos órganos: *cólico nefrítico.* **SIN** renal.

negación n. f. **1** Acción que consiste en prohibir, oponerse, decir que no a una petición; o acción de ir en contra de la existencia o de la veracidad de alguna cosa: *no puedes disponer del dinero debido a la negación de la indemnización que solicitaste; la negación de un problema nunca es la manera de* *solucionarlo: hay que aceptar que existe y enfrentarse a él.* **2** Respuesta negativa que se da a lo que alguien pide o pretende: *le pedí que me ayudara y obtuve una negación por respuesta.* **SIN** negativa. **3** Carencia total de una cosa: *la negación de la libertad lleva al hombre a la alienación.* **4** GRAM. Elemento gramatical o expresión que sirve para negar: *los adverbios no, jamás, nunca son negaciones.*

negado, -da *adj./n. m. y f.* [persona] Que es muy torpe o muy inepto para hacer una cosa determinada: *soy negada para los trabajos manuales.* **SIN** incapaz.

negar *v. tr.* **1** Decir que no es verdad una cosa, o bien porque no existe, o bien porque es incorrecta: *el acusado negó los hechos; el ministro negó que las negociaciones hubieran terminado: sólo se han interrumpido momentáneamente.* **2** Decir que no a lo que alguien pide o pretende: *me han negado la solicitud porque me faltaba un requisito.* **3** Prohibir una cosa: *el tirano negó la libertad a su pueblo.* **4** No reconocer una persona el parentesco, la amistad o la relación que la une con otra: *el viejo negó a sus hijos: dijo que no los conocía de nada.* ◊ *v. prnl.* **5 negarse** No querer hacer una cosa: *me niego a seguir escuchándote; lo siento, pero me niego a creerte.*

negarse a la evidencia No querer reconocer una cosa que es muy clara y evidente: *intentamos convencerlo, pero se negó a la evidencia.*

negarse a sí mismo Renunciar a los propios deseos u opiniones: *con esa actitud lo único que hace es negarse a sí mismo.*
DER negación, negado, negativa, negativo; abnegar, denegar, innegable, renegar.
OBS En su conjugación, la e se convierte en *ie* en sílaba acentuada y la g en *gu* delante de e, como en *regar.*

negativa *n. f.* Rechazo, oposición o respuesta negativa que se da a lo que alguien pide o pretende: *le pedí el coche pero me contestó con una negativa; ante la negativa de la oposición, el gobierno tuvo que dar marcha atrás al proyecto de ley.* **SIN** negación.

negativo, -va *adj.* **1** Que contiene o expresa negación o está relacionado con la negación: *respuesta negativa; oración negativa.* **ANT** afirmativo, positivo. **2** Que produce algún daño o perjuicio o no está a favor de una cosa: *los efectos de la helada sobre la cosecha han sido muy negativos; la película ha recibido críticas negativas.* **ANT** positivo. **3** [análisis, experimento] Que no presenta lo que se busca o se espera encontrar: *las pruebas han resultado negativas: no hay rastros de infección.* **ANT** positivo. **4** [persona] Que tiende a ver y a juzgar las cosas en su peor aspecto, del modo más desfavorable: *ese chico es tan negativo que incluso los días de sol lleva un paraguas.* **SIN** pesimista. **ANT** positivo. **5** FÍS. [polo, carga eléctrica] Que tiene el potencial eléctrico más bajo: *las pilas tienen un polo positivo y un polo negativo; los electrones tienen carga negativa y los protones tienen carga.* **6** MAT. [número, expresión matemática] Que es menor que cero; se señala colocando el signo – precediéndolo: *el 5 es un número positivo, y el –5 es negativo.* **ANT** positivo. ◊ *adj./n. m.* **7** [imagen, película fotográfica] Que reproduce invertidos los colores y los tonos de la realidad: *nos pidió los negativos de las fotos para hacer copias; en el negativo aparece en blanco lo que es negro y en negro lo que es blanco.* **ANT** positivo.

negligé *n. f.* Bata femenina que está confeccionada con tela muy fina y tiene un diseño que se considera sexy y atrevido: *la chica compró en la lencería una negligé de raso y gasa.*
OBS Es de origen francés y se pronuncia aproximadamente 'negliyé'.

negligencia *n. f.* Falta de cuidado o interés al desempeñar una obligación: *si actúas con negligencia, echarás a perder todo el trabajo; fue despedido por su negligencia habitual.* **SIN** desidia.

negligente *adj. n. com.* Que no pone el interés y el cuidado que tendría que poner al desempeñar una obligación: *las personas negligentes suelen hacer mal su trabajo; una actitud o un comportamiento negligente hará que te despidan.*
DER negligencia.

negociación *n. f.* **1** Acción que consiste en tratar un asunto para llegar a un acuerdo o solución: *el acuerdo sobre la ley de reforma agraria está en vías de negociación.* **2** Acción de realizar operaciones comerciales, comprando y vendiendo mercancías o servicios para conseguir ganancias: *la negociación de los cereales ha sido muy rentable.*

negociado *n. m.* Dependencia o sección de una organización administrativa o gubernamental que se ocupa de un determinado asunto: *trabaja en el negociado de certificados de la administración de correos.* **SIN** departamento.

negociador, ra *adj./n. m. y f.* [persona] Que negocia o trata un asunto para llegar a un acuerdo o solución: *los negociadores de los gobiernos implicados se sentaron a discutir el tratado de paz.*

negociante *n. com.* **1** Persona que se dedica a negociar o comprar y vender mercancías o servicios: *los negociantes desarrollan profesionalmente actividades comerciales.* **SIN** comerciante. ◊ *adj./n. m. y f.* **2** *coloquial* [persona] Que tiene un afán excesivo de hacer tratos y negocios para obtener beneficios: *no seas tan negociante y confórmate con lo que te ha tocado.*

negociar *v. intr.* **1** Realizar operaciones comerciales, comprando y vendiendo mercancías o servicios para conseguir ganancias: *mi primo se dedica a negociar con productos del campo.* **SIN** comerciar. ◊ *v. intr./tr.* **2** Tratar un asunto para llegar a un acuerdo o solución: *sindicatos y patronal negociaron para determinar el futuro de la fábrica; se reunieron para negociar el tratado de comercio.*
DER negociación, negociado, negociador, negociante; innegociable, renegociar.
OBS En su conjugación, la i no se acentúa, como en *cambiar.*

negocio *n. m.* **1** Ocupación, actividad o trabajo que se realiza para obtener un beneficio, especialmente el que consiste en realizar operaciones comerciales, comprando y vendiendo mercancías o servicios: *se dedican al negocio de la compraventa de vehículos; ha alquilado un local y ha montado en él un pequeño negocio.* **2** Ganancia o beneficio conseguido en una actividad comercial o de otro tipo: *he hecho un mal negocio dejando los estudios.* **3** Establecimiento en el que se venden mercancías o se realizan actividades comerciales: *pasa la mayor parte del día en su negocio.* **4** Asunto o tema en que se ocupa una persona: *anda metido en negocios turbios.*
DER negociar.

negra *n. f.* MÚS. Nota musical cuya duración equivale a la mitad de una blanca: *este compás de cuatro por cuatro tiene dos negras y una blanca.* ☞ notación musical.

negrero, -ra *n. m. y f.* **1** Persona que se dedicaba al comercio ilegal de personas negras y las vendía como esclavos: *los negreros llevaban a los esclavos desde África hasta América.* **2** Persona que explota a sus subordinados o los trata de forma cruel e inhumana: *el capataz era un negrero y los albañiles estaban hartos de él.*

negrita *n. f.* Tipo de letra que tiene el trazo más grueso y que resalta en el texto: *las entradas de los diccionarios suelen aparecer en negrita.*

negro, -gra *n. m./adj.* **1** Color como el del carbón o el de la oscuridad total: *el color negro, en realidad, es la ausencia total de color porque absorbe toda la luz sin reflejarla; cuando se mezcla pintura de todos los colores el resultado es negro; las noches de luna nueva son negras.* ◊ *adj.* **2** De color oscuro o más oscuro que el de otras cosas de su especie: *me gusta mucho la cerveza negra; las uvas pueden ser blancas o negras.* **3** *coloquial* Que está muy sucio u oscurecido por la suciedad: *el niño siempre trae el cuello y los puños de la camisa negros.* **4** *coloquial* Que está muy bronceado o tostado por el sol: *se fue una semana a la playa y volvió negra.* **5** Que es triste, desafortunado o poco favorable: *hoy es un día negro, que conviene olvidar.* **6** [cine, novela] Que pertenece al género policíaco, está tratado con crudeza y realismo y se desarrolla en ambientes sórdidos y violentos: *en las películas de cine negro son frecuentes los gángsters, los policías y los detectives privados.* **7** [rito, celebración] Que está relacionado con el diablo o con las fuerzas del mal: *misa negra; magia negra.* ◊ *adj./n. m. y f.* **8** [persona] De la raza de piel oscura que comprende los principales pueblos de África y Oceanía, entre otros: *Martin Luther King era negro.* ◊ *adj.* **9** Que está relacionado con la raza humana que se caracteriza por la piel oscura: *música negra.* ◊ *adj./n. m.* **10** [tabaco] Que es de olor y sabor fuerte: *antes fumaba rubio, después fumó negro y ahora ha dejado el tabaco.* ◊ *n. m. y f.* **11** Persona que trabaja para que otra destaque y se atribuya los méritos, especialmente escribiendo obras literarias: *los escritores de folletines del siglo XIX tenían muchos negros que les hacían el trabajo.*
estar (o **ponerse**) **negro** *a) coloquial* Estar muy enfadado, muy preocupado o muy harto de algo: *estoy negro con el carnet de conducir, no hay manera de aprobarlo. b) coloquial* Complicarse mucho un asunto, de manera que se haga peligroso o difícil de realizar: *se está poniendo negro encontrar trabajo.*
poner (o **ponerse**) **negro** *coloquial* Molestar o enfadar mucho a una persona, o hacerle perder la paciencia: *los culebrones me ponen negro; se pone negro en cuanto mencionan a su suegra.*
tener la negra *coloquial* Tener una racha de mala suerte: *tiene la negra, va de desgracia en desgracia.*
verse negro para hacer algo *coloquial* Tener muchos problemas o mucha dificultad para hacer una cosa: *con mi sueldo, me veo negro para llegar a fin de mes.*
DER negra, negrecer, negrero, negrita, negroide, negrura, negruzco; renegrido.
ETIM *Negro* procede del latín *niger, -gra, -grum*, que tenía el mismo significado, voz con la que también está relacionado *denigrar*.

negroide *adj.* Que presenta algún rasgo físico o alguna característica propios de las personas de raza negra o de su cultura: *este chico tiene aspecto negroide.*

negrura *n. f.* Cualidad de ser negro o parecer negro: *quedó fascinado por la negrura de sus ojos.*

negruzco, -ca *adj.* Que tiene un color oscuro, casi negro: *el mantel tenía unas manchas negruzcas; algunas cosas se ponen negruzcas cuando están sucias.*

nemoroso, -sa *adj.* **1** Del bosque o que tiene relación con este terreno poblado de árboles: *paraje nemoroso.* **SIN** selvático. **2** Que está cubierto de bosques: *montaña nemorosa; tierras nemorosas.*
OBS Es de uso literario o poético.

nemotecnia *n. f.* Método para aumentar la capacidad de la memoria; usa distintas técnicas y recursos para facilitar la memorización: *los juglares utilizaban la nemotecnia para aprender los cantares y los romances.* **SIN** mnemotecnia.
DER nemotécnico.
OBS La Real Academia Española admite *nemotecnia*, pero prefiere la forma *mnemotecnia*.

nemotécnico, -ca *adj.* De la nemotecnia o relacionado con este método: *algunas personas utilizan reglas nemotécnicas para recordar listas de palabras.* **SIN** mnemotécnico.
OBS La Real Academia Española admite *nemotécnico*, pero prefiere la forma *mnemotécnico*.

nene, -na *n. m. y f.* Niño pequeño: *la abuelita fue a ver al nene; ¿qué tal está hoy el nene?* Se usa también aplicado a personas mayores, como apelativo afectivo.

nenúfar *n. m.* Planta acuática de hojas redondas u ovaladas que flotan en la superficie del agua; tiene flores olorosas, blancas o amarillas: *los nenúfares crecen espontáneamente en algunas lagunas de España; hemos plantado nenúfares en el estanque.*

neo- Elemento prefijal que entra en la formación de palabras con el significado de 'nuevo', 'reciente', 'renovado': *neofascismo, neologismo.*

neocelandés, -desa *adj./n. m. y f.* Neozelandés.

neoclasicismo *n. m.* Corriente literaria y artística que dominó en Europa durante la segunda mitad del siglo XVIII; se caracteriza por recuperar la antigüedad clásica griega y latina, sus normas y sus gustos: *el neoclasicismo surgió como reacción contra el barroco.*

neoclásico, -ca *adj.* **1** Del neoclasicismo o relacionado con esta corriente literaria y artística: *la arquitectura neoclásica recuerda las grandes obras de las antiguas culturas griega y romana.* ◊ *adj./n. m. y f.* **2** [persona] Que sigue las tendencias del neoclasicismo: *los escritores neoclásicos buscaban el buen gusto en sus obras.*
DER neoclasicismo.

neodimio *n. m.* Elemento químico metálico, de color plateado y brillante, cuyas sales son de color rosado: *el símbolo químico del noedimio es Nd.*

neófito, -ta *n. m. y f.* **1** Persona que acaba de convertirse a una religión: *en cuanto seáis bautizados, recibiréis instrucción con los demás neófitos.* **2** Persona que acaba de unirse a una opinión o una causa, o que se acaba de incorporar a un grupo o colectividad: *la directora de la sección se encargará de formar a los neófitos en la empresa.*

neógeno, -na *adj./n. m.* **1** GEOL. [etapa geológica] Que comprende los períodos más modernos de la era terciaria durante la cual la fauna, la flora y la distribución de la tierra y el mar eran prácticamente como en la época actual: *el neógeno engloba los períodos mioceno y plioceno.* ◊ *adj.* **2** GEOL. De esta etapa geológica o que tiene relación con ella: *fauna neógena.*

neolítico, -ca *adj./n. m.* **1** [período de la prehistoria] Que sigue al mesolítico y es anterior a la edad de los metales: *durante el período neolítico aparecieron la agricultura y la ganadería; se han encontrado útiles y herramientas del neolítico hechos de piedra pulimentada.* ◊ *adj.* **2** De este período prehistórico o que tiene relación con él: *herramientas neolíticas.*

neologismo *n. m.* GRAM. Palabra, significado o expresión recién introducidos en una lengua: *el lenguaje científico y técnico utiliza gran cantidad de neologismos, puesto que son necesarias palabras nuevas para nombrar los nuevos descubrimientos.*

neón *n. m.* **1** QUÍM. Gas noble de gran conductividad eléctrica, que se encuentra en la atmósfera en pequeñas canti-

neonato

dades: *el símbolo químico del neón es Ne*. **2** Tubo delgado que está lleno de este gas y que produce luz cuando se le aplica una corriente eléctrica: *muchos rótulos o letreros de tiendas y bares están hechos con luces de neón*.

neonato, -ta *n. m. y f./adj.* Niño recién nacido: *el pediatra visitó la sección de neonatos del hospital*.

neoyorquino, -na *adj.* **1** De Nueva York o que tiene relación con esta ciudad del noreste de Estados Unidos o con el estado al que pertenece: *rascacielos neoyorquinos; la capital del estado neoyorquino es Albany*. ◇ *adj./n. m. y f.* **2** [persona] Que es de Nueva York.

neozelandés, -desa o **neocelandés, -desa** *adj.* **1** De Nueva Zelanda o que tiene relación con este país insular de Oceanía: *la capital neozelandesa es Wellington*. ◇ *adj./n. m. y f.* **2** [persona] Que es de Nueva Zelanda: *los indígenas neozelandeses son los maoríes; la religión mayoritaria de los neozelandeses es la protestante*.

neperiano, -na *adj.* **1** [método de logaritmos] Que fue desarrollado por el matemático escocés John Neper: *el método neperiano fue desarrollado en el siglo XVII*. **2** [logaritmo] Que tiene como base el número e.

nepotismo *n. m.* Trato de favor hacia familiares o amigos, a los que se otorgan puestos de trabajo, cargos o premios por el mero hecho de serlo, sin tener en cuenta otros méritos: *el nepotismo es una forma de corrupción política*.

neptunio *n. m.* Elemento químico metálico y radiactivo, de color plateado, del cual se obtiene el plutonio: *el símbolo del neptunio es Np*.

nereida *n. f.* Cada una de las ninfas marinas de la mitología grecolatina que tenían cola de pez y cuerpo de mujer: *las nereidas eran hijas de Nereo y nietas de Océano*.

nervado, -da *adj.* **1** Que tiene nervios: *hojas nervadas; alas nervadas*. **2** ARQ. [bóveda] Que proyecta exteriormente los arcos que la forman: *en las catedrales góticas las bóvedas suelen ser nervadas*.

nervadura *n. f.* **1** Conjunto de los nervios de una hoja o del ala de un insecto: *según la disposición de la nervadura, las hojas se clasifican en diferentes grupos*. **2** ARQ. Arco que se cruza con otro o con otros para formar una bóveda; también es el conjunto de los nervios de una bóveda o de una estructura arquitectónica: *las nervaduras son características de las bóvedas góticas o de crucería*.

nervio *n. m.* **1** Órgano pequeño y delgado como un hilo, compuesto por muchas fibras nerviosas, que parte del cerebro, de la médula o de otros centros nerviosos y se distribuye por todo el cuerpo: *los nervios transmiten las sensaciones y los impulsos nerviosos*. ☞ diente; ojo. **2** Fibra blanca y dura, parecida a un cordón, que tiene la carne comestible: *no le gusta la carne de vaca porque tiene muchos nervios*. **SIN** tendón. **3** Fibra con forma de hilo que tienen las hojas de las plantas y que se puede ver claramente en su parte posterior: *por los nervios de las hojas circula la savia*. ☞ hoja. **4** Fibra con forma de hilo que constituye el esqueleto de las alas membranosas de algunos insectos. **5** Cordón que sirve para unir los diversos cuadernillos de un libro: *los nervios de un libro forman un tejido en el lomo*. **6** Fuerza, energía o vigor que tiene una persona para hacer las cosas: *le contratamos porque tiene mucho nervio; escribe poemas sin nervio*. **SIN** vitalidad. **7** ARQ. Arco que se cruza con otros iguales para formar una bóveda de crucería: *los nervios son las molduras redondeadas que sobresalen en la parte interior de una bóveda*. ◇ *n. m. pl.* **8 nervios** Estado de excitación o de falta de tranquilidad que experimenta una persona de forma temporal: *cuando voy al médico, me entran los nervios y no puedo estarme quieto*. **SIN** nerviosismo.

alterar (o **crispar**) **los nervios** *coloquial* Intranquilizar, alterar emocionalmente a una persona: *se le alteran los nervios fácilmente; deja ya de quejarte, me estás crispando los nervios*.

poner los nervios de punta *coloquial* Hacer perder la tranquilidad y la paciencia a una persona, poniéndola muy nerviosa, irritada o exasperada: *no soporto su presencia, me pone los nervios de punta*.

ser puro nervio *coloquial* Ser muy activa e inquieta una persona y tener mucha energía al hacer las cosas: *es puro nervio, está ocupada todo el día*.

tener nervios de acero *coloquial* Tener una persona un gran control sobre sus emociones y no perder la calma en los momentos difíciles o peligrosos: *hay que tener los nervios de acero para enfrentarse a algunos peligros*.

DER nervioso.

ETIM Nervio procede del latín *nervus*, que tenía el mismo significado, voz con la que también están relacionadas *enervar, nervado, nervosidad*.

nerviosismo *n. m.* Estado pasajero de excitación nerviosa, inquietud o de falta de tranquilidad: *el nerviosismo de la gente aumenta cuando se aproximan las vacaciones*.

nervioso, -sa *adj.* **1** De los nervios o relacionado con estos órganos del cuerpo: *las neuronas forman parte del sistema nervioso*. **2** [persona, animal] Que se encuentra en un estado temporal de excitación nerviosa o inquietud: *cuando está nervioso le es muy difícil permanecer quieto y se mueve continuamente; estoy muy nervioso porque hoy tengo un examen*. **ANT** tranquilo. **3** [persona] Que se excita y pierde la tranquilidad fácilmente: *no le convienen las impresiones fuertes porque es muy nerviosa*. **ANT** tranquilo.

DER nerviosismo.

neto, -ta *adj.* **1** Que es muy claro, porque no presenta confusión o está muy bien definido o delimitado: *le dio una neta explicación de lo que había pasado; los días que no hay niebla los perfiles de la montaña aparecen muy netos*. **2** [cantidad de dinero] Que resulta después de haber descontado gastos, tasas u otras cantidades que tenía añadidas: *su sueldo neto es un 15 % menor que el bruto*. **3** [peso] Que resulta después de haber descontado el peso del envase o recipiente en el que está contenida una cosa: *el peso neto de la caballa es de 250 gramos, aunque marque 270 gramos, los otros 20 gramos son el peso de la lata*.

neumático, -ca *adj.* **1** [aparato, instrumento] Que funciona mediante la acción del aire o que, para realizar su función, se tiene que hinchar con aire: *martillo neumático, colchón neumático*. ◇ *n. m.* **2** Cubierta dura de caucho que se monta sobre la llanta de la rueda de algunos vehículos, como coches, motocicletas o bicicletas, y se llena de aire a presión; el neumático es la parte del vehículo que está en contacto con el suelo: *los coches deben llevar los neumáticos en buen estado; la moto tiene un neumático pinchado*. ☞ automóvil.

neumo- Elemento prefijal que entra en la formación de palabras con el significado de 'pulmón', 'vías respiratorias': *neumotórax, neumología*.

neumología *n. f.* Parte de la medicina que estudia los pulmones y las vías respiratorias: *la neumología se ocupa de las enfermedades de las vías respiratorias*.

neumonía *n. f.* MED. Enfermedad que consiste en una inflamación de los pulmones, y que suele estar causada por la infección de un microorganismo: *padece una fuerte neumonía, con mucha fiebre y tos*. **SIN** pulmonía.

neumotórax *n. m.* **1** MED. Enfermedad producida por la entrada de aire exterior o pulmonar en la cavidad de la pleura: *el paciente fue ingresado en el hospital porque presentaba*

síntomas de un neumotórax. **2** MED. Inyección de aire u otro gas que se introduce con fines curativos en la cavidad de la pleura para inmovilizar el pulmón: *uno de los métodos terapéuticos para curar la tuberculosis era el neumotórax.* También se llama *neumotórax artificial.*
OBS El plural también es *neumotórax.*

neura *n. f.* **1** *coloquial* Manía u obsesión que tiene una persona por alguna cosa: *le ha entrado una neura por adelgazar y se pasa el día en el gimnasio.* **2** *coloquial* Estado de alteración o excitación nerviosa que tiene una persona: *a mi hermano le dan unas neuras que parece que está loco.* ◇ *adj./n. com.* **3** *coloquial* [persona] Que está muy alterado o nervioso: *mira que eres neura, tranquilízate y no te alteres por cosas sin importancia.*

neuralgia *n. f.* MED. Dolor intenso a lo largo de un nervio y sus ramificaciones, o en la zona a la que afecta este nervio: *el paciente presenta una neuralgia del nervio facial.*
DER neurálgico.

neurálgico, -ca *adj.* **1** De la neuralgia o relacionado con este dolor intenso: *tratamiento neurálgico.* **2** [lugar, momento] Que es sumamente importante y decisivo en un asunto: *el Ministerio era el centro neurálgico del que partían todas las órdenes; se halla en el punto neurálgico de su carrera.*

neurastenia *n. f.* **1** Enfermedad del sistema nervioso que se caracteriza por una falta de rendimiento o de vigor mental y físico: *los psiquiatras están tratándole su neurastenia.* **2** *coloquial* Estado mental que se caracteriza por fuertes síntomas depresivos, tendencia a la tristeza y gran inestabilidad emotiva: *hace un año sufrió una fuerte depresión, que le ha dejado como secuela una neurastenia permanente.*

neurasténico, -ca *adj.* **1** De la neurastenia o que tiene relación con esta enfermedad nerviosa o con este estado mental: *síntomas neurasténicos.* ◇ *adj./n. m. y f.* **2** [persona] Que padece neurastenia: *los pacientes neurasténicos sienten grandes temores o fobias.*

neurita *n. f.* Prolongación de una neurona que tiene forma alargada y termina en una ramificación: *la neurita pone en contacto a la neurona con otras células.*

neuritis *n. f.* MED. Enfermedad que consiste en la inflamación y destrucción progresiva de un nervio y de sus ramificaciones: *el consumo abusivo de drogas es una causa de neuritis.*
OBS El plural también es *neuritis.*

neuro- Elemento prefijal que entra en la formación de palabras con el significado de 'nervio' o 'sistema nervioso': *neurocirugía, neurastenia.*

neurocirugía *n. f.* Parte de la medicina que trata las enfermedades del sistema nervioso mediante operaciones quirúrgicas: *la neurocirugía estudia cómo operar los tumores cerebrales.*

neurología *n. f.* Rama de la medicina que estudia el sistema nervioso y sus enfermedades: *este médico se quiere especializar en neurología porque siempre le han interesado las enfermedades del cerebro.*
DER neurológico, neurólogo.

neurológico, -ca *adj.* De la neurología o relacionado con esta rama de la medicina.

neurólogo, -ga *n. m. y f.* Médico especialista en el sistema nervioso y sus enfermedades: *el neurólogo mandó que se le hiciera al paciente un electroencefalograma.*

neurona *n. f.* ANAT. Célula del sistema nervioso formada por un núcleo y una serie de prolongaciones, una de las cuales es más larga que las demás; las neuronas producen y transmiten los impulsos nerviosos: *las prolongaciones cortas de las neuronas se llaman dendritas y las largas axones.*

neurosis *n. f.* MED. Enfermedad mental que consiste en un trastorno nervioso y que produce alteraciones emocionales; aparentemente, no hay ninguna lesión física que la explique: *la histeria es un tipo de neurosis.*
DER neurótico.
OBS El plural también es *neurosis.*

neurótico, -ca *adj.* **1** De la neurosis o relacionado con esta enfermedad: *los neurólogos tratan a muchos pacientes que presentan síntomas neuróticos.* ◇ *adj./n. m. y f.* **2** [persona] Que padece neurosis: *los enfermos neuróticos sienten angustia y ansiedad, aunque ninguna causa real justifique estos sentimientos.* **3** [persona] Que siente una obsesión o una manía exagerada: *es un neurótico: no puede ver ni una mota de polvo.* **SIN** maniático. **4** [persona] Que se muestra excesivamente nervioso o excitado en ciertas circunstancias: *se pone neurótico siempre que se encuentra con un atasco.*

neurovegetativo, -va *adj.* [parte del sistema nervioso] Que regula las funciones vegetativas del cuerpo: *el sistema neurovegetativo regula el desarrollo, la reproducción y la nutrición.*

neutral *adj./n. com.* **1** Que no se inclina a favor de ninguna de las partes enfrentadas en una lucha o en una competición: *el árbitro debe ser neutral durante el partido; me da igual quién gane, soy neutral.* **SIN** imparcial. **2** [país, territorio] Que no interviene en un conflicto armado ni beneficia a ninguna de las partes enfrentadas: *durante la primera y la segunda guerra mundial Suiza fue un país neutral.*
DER neutralidad, neutralismo, neutralizar.

neutralidad *n. f.* Actitud o situación de la persona o el país que no se inclina a favor de ninguna de las partes enfrentadas en una lucha o competición o no interviene en un conflicto armado: *la Unión Europea ha declarado su neutralidad ante el conflicto pesquero.*

neutralismo *n. m.* Tendencia política del gobierno de un país a permanecer neutral y no intervenir en la política y los conflictos internacionales.

neutralista *adj.* **1** Del neutralismo o que tiene relación con esta tendencia política: *política neutralista; estados neutralistas.* ◇ *adj./n. com.* **2** [persona] Que es partidario del neutralismo: *político neutralista.*

neutralización *n. f.* Disminución o anulación del efecto de cierta acción porque aparece otra contraria que la contrarresta: *si bebes alcohol, se puede producir una neutralización de los efectos del antibiótico que has tomado.* **2** Anulación de un período de tiempo o una parte de una competición deportiva, de manera que no tenga valor para el resultado final: *en el paso a nivel se produjo una neutralización de la carrera ciclista y se dio una nueva salida.* **3** QUÍM. Proceso químico mediante el cual una sustancia o un compuesto químico deja de ser ácido o básico: *en una neutralización química los ácidos reaccionan con las bases.*

neutralizar *v. tr./prnl.* **1** Hacer que disminuya o quede anulado el efecto de una acción mediante otra contraria que la constrarresta: *el antídoto neutralizó los efectos del veneno; el portero neutralizó el disparo del delantero con una impresionante parada.* **SIN** contrarrestar. **2** Anular un período de tiempo o una parte de una competición deportiva, de manera que no tenga valor para el resultado final. **3** QUÍM. Hacer que una sustancia o un compuesto químico sea neutro, que pierda el carácter ácido o básico: *los ácidos se neutralizan con las bases, formando sales y agua.*
DER neutralización.
OBS En su conjugación, la *z* se convierte en *c* delante de *e.*

neutro, -tra *adj.* **1** Que no presenta ninguna característica

de los dos opuestas que podría presentar: *aquel aceite era de calidad neutra: ni buena ni mala*. **2** Que no está determinado o definido: *el gris y el ocre son colores neutros; el anuncio aparecía sobre un fondo neutro*. **3** Que no comunica o muestra ninguna emoción o intención: *lo miraba con ojos neutros; su rostro tenía un gesto neutro: no parecía alegrarse de la noticia*. **4** Que no se inclina a favor de ninguna de las partes enfrentadas en una lucha o una competición: *las Naciones Unidas tomaron una postura neutra en el conflicto*. **SIN** imparcial, neutral. **5** FÍS. [cuerpo] Que tiene la misma cantidad de electricidad positiva y negativa. **6** QUÍM. [sustancia, compuesto químico] Que no es ácido ni básico: *champú neutro*. ◇ *adj./n. m.* **7** GRAM. Que pertenece a un género gramatical que no es masculino ni femenino: *el artículo* lo, *el pronombre* ello *y los demostrativos* esto, eso *y* aquello *son formas neutras*.
DER neutral, neutrón.

neutrón *n. m.* FÍS. Partícula elemental que no tiene carga eléctrica y que es uno de los componentes fundamentales del núcleo del átomo: *en el núcleo del átomo hay neutrones y protones*.

nevada *n. f.* **1** Acción de caer la nieve: *los puertos de montaña están cerrados al tráfico de vehículos a causa de las intensas nevadas*. **2** Cantidad de nieve que cae de una vez y sin interrupción: *el día de Nochebuena cayó una buena nevada*.

nevado, da *adj.* **1** Que está cubierto de nieve: *a lo lejos se distinguían las montañas nevadas de la sierra*. **2** Que tiene un color blanco como la nieve: *ese conejo tiene el pelo nevado*. **SIN** blanco.

nevar *v. impersonal* Caer nieve: *ha nevado tanto que hemos tenido que poner cadenas a los coches*.
DER nevada, nevado, nevero, nevisca.
ETIM Véase *nieve*.
OBS En su conjugación, la e se convierte en ie en sílaba acentuada, como en *acertar*.

nevera *n. f.* **1** Electrodoméstico que se utiliza para conservar fríos los alimentos y las bebidas; tiene forma de armario con una o más puertas y suele estar en la cocina de una casa. **SIN** frigorífico. **2** Caja portátil o bolsa de material aislante, que sirve para conservar fríos los alimentos y las bebidas: *cuando vamos al campo, siempre llevamos una nevera con la bebida; en la nevera se suele poner hielo para mantener el frío durante más tiempo*.

nevisca *n. f.* Nevada corta y con copos de pequeño tamaño: *las neviscas nos impidieron esquiar*.

newton *n. m.* Unidad de fuerza del Sistema Internacional; equivale a la fuerza que hay que aplicar a un cuerpo que tiene una masa de un kilogramo, para comunicarle una aceleración de un metro por segundo cada segundo: *el símbolo del newton es* N.
OBS Es de origen inglés y se pronuncia aproximadamente 'niuton'.

nexo *n. m.* **1** Unión o relación de una cosa con otra: *quería eliminar cualquier nexo con ese hombre*. **SIN** enlace. **2** GRAM. Parte de la oración que une o relaciona dos elementos gramaticales: *la conjunción sirve de nexo entre palabras u oraciones*.

ni *conj.* **1** Se utiliza para enlazar oraciones negativas o partes de una oración negativa con la misma función sintáctica: *no vendrá ni hoy ni mañana; no quiere verte ni que tú lo veas*. Cuando el verbo va al final de la oración, es obligatorio el uso de ni delante de cada término y es incorrecto el empleo de *no* ante el verbo: *ni de día ni de noche descansa*. **2** Se utiliza para añadir fuerza e intensidad a algo que se niega: *no tiene tiempo ni para dormir; no quiero ni pensarlo*.

ni que Se usa para expresar de manera exclamativa que se duda de que una cosa sea cierta o tal como se dice: *¡ni que fuese tonto!* Se usa en oraciones exclamativas y seguido de un verbo en condicional.

nicaragüense *adj.* **1** De Nicaragua o relacionado con este país de América Central: *Managua es la capital nicaragüense*. ◇ *adj./n. com.* **2** [persona] Que es de Nicaragua: *los nicaragüenses hablan español*.

nicho *n. m.* **1** Hueco o concavidad hecha en un muro o una pared para colocar una figura de adorno; generalmente es semicircular. **2** Hueco o cavidad alargados para colocar el cadáver o las cenizas de una persona: *antes eran más frecuentes las tumbas excavadas en el suelo, pero ahora en los cementerios suele haber construcciones con varios nichos superpuestos*.

nicotina *n. f.* Sustancia excitante que se extrae de las hojas del tabaco; es incolora pero se oscurece al contacto con el aire: *la nicotina es un alcaloide de efectos tóxicos; la mayor parte de los cigarrillos tienen un filtro para impedir el paso de la mayor parte de la nicotina*.

nidada *n. f.* Conjunto de los huevos puestos en un nido o de las crías de la misma puesta que están en un nido: *la nidada de algunas aves es de más de cinco polluelos*.

nidal *n. m.* **1** Lugar donde la gallina y otras aves domésticas ponen los huevos: *apartó a la gallina y cogió tres huevos del nidal*. **SIN** nido. **2** Huevo artificial que se deja en un lugar para que la gallina ponga allí los huevos.

nidificar *v. intr.* Hacer el nido las aves: *algunas aves nidifican en el suelo y otras en los árboles*.
OBS En su conjugación, la z se convierte en c delante de e.

nido *n. m.* **1** Refugio construido por las aves para poner sus huevos y alimentar a sus crías: *las golondrinas hacen sus nidos en los tejados de las casas*. **2** Refugio donde se reproducen y alimentan a sus crías los animales de diversas especies: *la serpiente salió de su nido para buscar comida; en este agujero hay un nido de ratas*. **3** Lugar fabricado por el hombre donde la gallina y otras aves domésticas ponen los huevos: *el granjero entró en el corral y buscó los nidos*. **SIN** nidal. **4** Parte o zona de un hospital donde se encuentran los niños que acaban de nacer: *las incubadoras están en el nido*. **5** Casa, vivienda de una persona o de una familia: *los García tienen su nido en la calle Toledo*. **SIN** hogar. **6** Lugar donde viven o se reúne un grupo de personas, generalmente delincuentes o personas de mala reputación: *la casa resultó ser un nido de ladrones*. **7** Lugar en el que se acumula un grupo de objetos o materiales, especialmente si están escondidos o se consideran negativos: *nido de ametralladoras, nido de polvo*. **8** Lugar o situación donde se originan o se crean cosas no materiales, especialmente si son conflictivas, problemáticas o negativas en general: *ese programa de televisión es un nido de polémica*.
DER nidada, nidal, nidificar; anidar.

niebla *n. f.* Nube o conjunto de nubes bajas, que está en contacto con la superficie terrestre y dificulta la visión: *los aviones no pueden despegar cuando la niebla es muy densa*.
☞ meteorología.
DER antiniebla.
ETIM Niebla procede del latín *nebula*, que tenía el mismo significado, voz con la que también están relacionadas *neblina, nebulizar, nebuloso*.

nieto, -ta *n. m. y f.* Hijo o hija del hijo o hija de una persona: *la abuela tiene nueve nietos*.
DER bisnieto, biznieto, tataranieto.

nieve *n. f.* **1** Agua helada que se desprende de las nubes en

cristales muy pequeños, los cuales se agrupan al caer y llegan al suelo formando copos de color blanco. ☞ ciclo del agua; meteorología. **2** Cocaína, sustancia utilizada como droga: *se llama nieve a la cocaína porque generalmente se presenta bajo la forma de un polvo de color muy blanco*. Se usa en el argot de la droga.
ETIM Nieve procede del latín *nix, nivis*, que tenía el mismo significado, voz con la que también están relacionadas *nevar, níveo*.

nife *n. m.* Núcleo o capa central del globo terrestre: *el nife está formado mayoritariamente por níquel y hierro*.

night club *n. m.* Sala de fiestas o club nocturno en el que se celebran espectáculos: *después de cenar fueron a tomar unas copas a un night club*.
OBS Es de origen inglés y se pronuncia aproximadamente 'nait clab'.

nigromancia o **nigromancía** *n. f.* Prácticas de adivinación del futuro por medio de la invocación a los espíritus de los muertos. **SIN** *la nigromancia era muy frecuente en las antiguas civilizaciones griega y romana*.
DER nigromante.

nigromante *n. com.* Persona que practica la nigromancia.
DER nigromántico.

nigromántico, -ca *adj.* **1** De la nigromancia o que tiene relación con esta práctica adivinatoria: *mago nigromántico; práctica nigromántica*. ◇ *n. m. y f.* **2** Persona que practica la nigromancia: *los nigrománticos practican la magia negra o diabólica*. **SIN** nigromante.

nihilismo *n. m.* **1** FILOS. Doctrina filosófica que niega que sea posible el conocimiento, y niega la existencia, el valor de todas las cosas: *el nihilismo está en la base política y social del anarquismo*. **2** Negación de toda creencia o todo principio religioso, político y social: *algunas personas rechazan cualquier valor moral movidas por un profundo nihilismo*.
DER nihilista.

nihilista *adj.* **1** FILOS. Del nihilismo o relacionado con esta doctrina filosófica: *su profundo pesimismo se relaciona con su postura nihilista*. ◇ *adj./n. com.* **2** [persona] Que sigue las ideas del nihilismo: *desprecia la moral general y el sentido común porque es un nihilista*.

nilón *n. m.* Fibra artificial, elástica y resistente, que sirve para fabricar tejidos y prendas de vestir: *con nilón se fabrican cuerdas, hilo de pesca, medias, ropa interior y muchas otras cosas*.
SIN nailon.
OBS La Real Academia Española admite *nilón*, pero prefiere la forma *nailon*.

nimbo *n. m.* **1** Círculo luminoso que rodea la cabeza de una imagen en una representación: *el nimbo aparece principalmente sobre las imágenes religiosas o sagradas*. **SIN** aureola, halo. **2** Círculo luminoso que rodea a algunos astros: *los días de luna llena puede contemplarse el nimbo que rodea a la luna*. **SIN** aureola, halo. **3** Nimboestrato.

nimboestrato *n. m.* Nube baja de aspecto muy uniforme y color grisáceo: *los nimboestratos dan lugar a lluvias, nieve o granizo*. **SIN** nimbo.

nimiedad *n. f.* Cosa insignificante o de poca importancia; generalmente se trata de cosas inmateriales: *los acuerdos no llegaron a firmarse por una nimiedad: faltaba concretar un detalle sin importancia*. **SIN** nadería.

nimio, -mia *adj.* [cosa inmaterial] Que tiene muy poca o ninguna importancia: *la diferencia era nimia*. **SIN** insignificante.
DER nimiedad.

ninfa *n. f.* **1** Diosa menor de la mitología clásica, que habitaba en las fuentes, los bosques, las montañas o los ríos: *las ninfas aparecen bajo la forma de jóvenes muchachas, como las náyades o las nereidas*. **2** Mujer joven y de gran belleza. **3** ZOOL. Insecto que ha pasado ya el estado de larva y todavía no ha iniciado la fase de adulto: *cuando el gusano está dentro de su capullo es una ninfa*.

ninfómana *n. f.* Mujer que siente un deseo sexual exagerado: *las ninfómanas presentan un estado psíquico anormal*.

ninfomanía *n. f.* Deseo sexual exagerado en la mujer: *la ninfomanía debe ser tratada por el psiquiatra*.
DER ninfómana.

ningún *adj.* Apócope de *ninguno*, que se usa ante nombre masculino singular: *no hay ningún libro en su casa; no tiene ningún otro traje*.

ninguno, -na *adj.* **1** Ni una sola persona o ni una sola cosa de las que se dicen: *ninguna novela me ha gustado; no tenía ninguna idea buena*. Delante de un nombre masculino singular se usa *ningún*. Se utiliza pospuesto para hacer más intenso el valor de la negación: *no tiene valor ninguno*. ◇ *pron. indef.* **2** Ni una sola persona o cosa: *no ha venido ninguno de los invitados; ¿ninguna quiere venir?*

ninot *n. m.* Figura o muñeco de una falla valenciana: *el ninot que gana el primer premio de las Fallas es indultado*.
OBS El plural es *ninots*.

niña *n. f.* Círculo pequeño y de color negro que hay en el ojo, a través del cual pasa la luz: *la niña está situada en el centro del iris y se contrae o se dilata según la cantidad de luz que llega al ojo*. **SIN** pupila.

ser la niña de los ojos Persona o cosa a la que se quiere mucho o por la que se siente mucho cariño o aprecio: *sus hijos son las niñas de sus ojos*.

niñato, -ta *adj./n. m. y f.* **1** *coloquial* [persona] Que es muy joven y tiene poca experiencia acerca de las cosas pero se comporta como si lo supiera todo: *este niñato aún no ha salido del cascarón y cree que se va a comer el mundo*. Se usa despectivamente. **2** *coloquial* Persona muy joven que presume en exceso de lo que es o de lo que tiene: *es un niñato que no hace más que presumir del dinero que tienen sus padres*. Se usa despectivamente.

niñería *n. f.* **1** Acción o expresión que parece propia de los niños porque es poco madura o infantil: *algunas personas mayores hacen niñerías que no son propias de su edad*. **2** Hecho o dicho de poca importancia, que no influye sobre lo demás: *anda, déjate de niñerías y vamos a trabajar*.

niñero, -ra *adj.* **1** Que le gustan los niños y disfruta en su compañía: *es una suerte que sea tan niñero, porque se pasa el día con su hermano pequeño*. ◇ *n. m. y f.* **2** Persona que se dedica profesionalmente a cuidar niños: *he dejado al bebé con la niñera*.

niñez *n. f.* Primer período de la vida humana, desde el nacimiento de una persona hasta la adolescencia: *tengo bonitos recuerdos de mi niñez*. **SIN** infancia.

niño, -ña *n. m. y f.* **1** Persona que tiene pocos años de vida, que está en la niñez: *suele considerarse niño a una persona menor de 13 o 14 años; tengo dos hijos: una niña de siete años y un niño de cuatro*. **niño de pecho** o **niño de teta** Niño que aún está mamando. **SIN** bebé. **2** Hijo, especialmente si es de corta edad: *tuvieron niños en cuanto se casaron*. ◇ *adj./n. m. y f.* **3** [persona] Que tiene todavía poca experiencia en la vida: *es bastante niño, aún no está preparado para tanta responsabilidad*. **4** [persona] Que obra de manera irreflexiva y se comporta de forma infantil: *es un niño, siempre está haciendo el tonto*.

como niño con zapatos nuevos *coloquial* Se utiliza para

niobio

expresar que una persona está muy alegre y feliz porque ha conseguido una cosa importante: *le ha tocado la lotería y está como niño con zapatos nuevos.*

ini qué niño muerto! *coloquial* Expresión que se utiliza para indicar que no se comparte o que se desprecia una opinión: *iqué descapotable ni qué niño muerto!: tienes que comprarte un coche grande.*

niño bien o **niño bonito** *coloquial* Joven que pertenece a una familia con dinero y que se comporta de manera superficial y presumida: *los niños bien siempre quieren vestir a la última moda.*

Niño Jesús *a)* Jesucristo cuando era pequeño: *la Virgen María sostiene al Niño Jesús en sus brazos. b)* Imagen que representa a Jesucristo cuando era pequeño: *en la capilla había un Niño Jesús de alabastro.*

niño mimado *coloquial* Persona que es la preferida de otra, especialmente de su padre o su madre: *Juan es el niño mimado de la casa.*

niño probeta Niño que ha sido concebido mediante una técnica artificial que consiste en fecundar el óvulo fuera de la madre.

DER niña, niñato, niñera, niñería, niñero, niñez; aniñarse.

OBS En el lenguaje informal, puede aplicarse a personas adultas, como apelativo cariñoso: *iqué guapo estás hoy, niño!;* aunque también puede ser despectivo: *mira, niño, me estás hartando.*

niobio *n. m.* Elemento químico metálico de color gris que tiene aspecto de polvo y se utiliza en aleaciones: *el símbolo químico del niobio es Nb.*

nipón, -pona *adj.* **1** De Japón o relacionado con este país del este de Asia: *la industria nipona es muy poderosa.* **SIN** japonés. ◊ *adj./n. m. y f.* **2** [persona] Que es de Japón: *los nipones tienen fama de ser trabajadores incansables.* **SIN** japonés.

níquel *n. m.* Elemento químico metálico, de gran dureza y con un color y un brillo semejantes a los de la plata, que resiste la acción del óxido y es fácil de trabajar: *el níquel es un metal muy usado en recubrimientos y en aleaciones; el símbolo del níquel es Ni.*

DER niquelar.

niquelado *n. m.* **1** Baño de níquel que se da a un objeto metálico: *el niquelado se realiza para que el metal no se oxide.* **2** Capa o baño de níquel que cubre un objeto metálico: *el niquelado de estos tiradores es muy resistente.*

niquelar *v. tr.* Cubrir con un baño de níquel una pieza de metal: *muchas piezas y objetos de metal se niquelan para que no se oxiden.*

DER niquelado.

niqui *n. m.* Prenda de vestir de algodón u otro tejido ligero, similar a una camiseta que cubre la parte superior del cuerpo y generalmente es de manga corta: *algunos niquis llevan el cuello como el de una camisa y botones en la parte delantera hasta la mitad del pecho.* **SIN** polo, suéter.

nirvana *n. m.* En la religión budista, estado supremo de bienaventuranza o felicidad que alcanza el alma y que consiste en la aniquilación total del individuo por su incorporación a la esencia divina: *el nirvana constituye para el budismo la meta final de la vida.*

níscalo *n. m.* Seta comestible, con el sombrero de color rojizo o anaranjado y el pie corto y grueso: *los níscalos se cogen en otoño; los níscalos se encuentran en las zonas frías.*

níspero *n. m.* **1** Fruto comestible de color amarillo o naranja, ovalado, blando y dulce cuando está maduro, que tiene unas semillas grandes en su interior: *el níspero se come*

en verano. **2** Árbol de tronco delgado, con las ramas abiertas y un poco espinosas, las hojas ovaladas, grandes y duras, y las flores blancas, que produce el fruto del mismo nombre: *el níspero puede ser silvestre o cultivado.* **níspero de Japón** Arbusto de hojas ovaladas y flores pequeñas en grupos, que produce un fruto amarillo, casi esférico, de sabor agradable: *el níspero de Japón se cultiva en la zona del Mediterráneo.*

nitidez *n. f.* Calidad de nítido: *los aparatos de televisión mejoran cada día la nitidez de la imagen.* **SIN** claridad.

nítido, -da *adj.* **1** Que está limpio, claro y transparente: *observaba el vino a través del nítido cristal de la copa; el agua nítida corría entre la hierba; el cielo estaba nítido, pero se fue oscureciendo.* **2** Que está muy claro y no presenta confusión: *dio unas nítidas instrucciones de lo que había que hacer.*

DER nitidez.

nitrato *n. m.* QUÍM. Sal que se forma a partir del ácido nítrico: *algunos nitratos se usan para abonar las tierras de cultivo.* **nitrato de Chile** Sustancia blanca formada por nitrato de sodio que procede de los excrementos de ciertas aves y que se usa para abonar las tierras de cultivo: *el nitrato de Chile es un abono natural que se halla en grandes cantidades en el desierto de Atacama, en Chile.*

nítrico, -ca *adj.* **1** Del nitrógeno o que tiene relación con este elemento químico: *compuestos nítricos.* **2** [ácido] Que se obtiene por la acción del ácido sulfúrico sobre el nitrato de sodio: *el ácido nítrico es uno de los ácidos más oxidantes.*

nitrogenado, -da *adj.* Que contiene nitrógeno: *cuerpo nitrogenado.*

nitrógeno *n. m.* Elemento químico que se presenta en la naturaleza en forma de gas, sin color ni olor, y que forma la mayor parte del aire de la atmósfera: *el símbolo del nitrógeno es N; la atmósfera terrestre está formada esencialmente por tres partes de nitrógeno y una de oxígeno; el nitrógeno líquido se emplea en la industria del frío.*

DER nitrogenado.

nitroglicerina *n. f.* Líquido graso de color amarillo pálido que arde y explota con facilidad; es un derivado de la glicerina: *la nitroglicerina es un explosivo muy potente; la dinamita se fabrica con nitroglicerina.*

nitroso, -sa *adj.* [compuesto oxigenado del nitrógeno] Que es menos nitrogenado que el ácido nítrico: *en los compuestos oxigenados nitrosos el nitrógeno actúa con valencia 3.*

nivel *n. m.* **1** Altura a la que llega la superficie de un líquido o la parte de arriba de un conjunto de cosas amontonadas, o altura a la que está situada una cosa: *ha subido el nivel de las aguas; el nivel de la nieve era de un metro; la ventana está justamente al nivel de mis ojos.* **nivel del mar** Altura de las aguas del mar cuando está en calma, que sirve de referencia para medir la altura o la profundidad de un lugar: *Madrid está a unos 600 metros sobre el nivel del mar.* **2** Piso o planta de una construcción: *la casa tiene tres niveles; aparque su coche en el primer nivel del aparcamiento.* **3** Valor, grado de calidad que puede tener una persona o una cosa en relación con otras: *tiene un buen nivel de inglés; es un atleta de muy alto nivel.* **nivel de vida** Grado de bienestar o de riqueza, principalmente material, alcanzado por una persona, por un grupo social o por el conjunto de los habitantes de un país o región: *cuando la economía de un país funciona bien, el nivel de vida de los habitantes sube.* **4** Instrumento que sirve para averiguar la diferencia de altura entre dos puntos y para comprobar si una línea o un plano están completamente horizontales o verticales: *los albañiles y los carpinteros utilizan un nivel en su trabajo.* ☞ herramientas.

a nivel Se usa para indicar que una cosa está completamen-

te horizontal o se hace siguiendo un plano completamente horizontal: *los ladrillos no estaban colocados a nivel.*
DER nivelar; desnivel.

nivelación *n. f.* **1** Allanamiento de un terreno o una superficie, acción que consiste en hacer que una superficie sea completamente horizontal: *antes de abrir los cimientos hay que proceder a la nivelación del terreno.* **2** Igualación de las diferencias que hay entre dos cosas; acción de poner dos o más cosas al mismo nivel o a la misma altura: *se aprobó un plan de nivelación de impuestos; el gobierno favorece la nivelación de las diferencias sociales que existen entre los sexos.*

nivelar *v. tr.* **1** Hacer que una superficie esté en posición completamente horizontal: *el carpintero no niveló bien la mesa y por eso se inclina hacia un lado.* **2** Comprobar con la ayuda del nivel si una línea o una superficie están completamente horizontales: *los albañiles nivelan constantemente las baldosas que están colocando para que el suelo no quede inclinado.* **3** Allanar un terreno o una superficie, de manera que no tenga inclinaciones: *en la construcción de carreteras se utilizan máquinas pesadas para nivelar el asfalto.* **4** Poner a igual altura dos o más cosas: *hay que nivelar esas estanterías, una está más alta que la otra.* **SIN** equilibrar. **5** Igualar o poner al mismo nivel dos o más cosas o varios aspectos de una cosa: *la empresa ha conseguido nivelar los gastos y las ventas; hay que intentar nivelar el balance de la empresa para que no sea tan negativo.*
DER nivelación.

níveo, -vea *adj. culto* Que es semejante a la nieve o tiene alguna característica suya, como la blancura: *el poeta describió el níveo rostro de su amada.*
ETIM Véase *nieve.*

no *adv.* **1** Expresa negación, especialmente como respuesta a una pregunta: *—¿Has traído el libro? —No.* **2** Indica que lo que se dice es incorrecto o falso: *ella no es alemana, es belga; no vendrá hoy, sino mañana.* **3** Indica prohibición, oposición o rechazo: *no traigas las botas sucias; no fumar; no pienso como tú; no me gusta el arroz.* **4** Se utiliza antepuesto a algunos sustantivos y adjetivos para expresar el significado opuesto de lo que expresan normalmente: *el gobierno habla de la no intervención en la guerra; se comportó de una manera no convencional.* **5** Se utiliza con interrogación para indicar que se espera una respuesta afirmativa a lo que se pregunta, o la confirmación de algo que ya se sabía: *¿no has dicho que vendrías pronto?; pero ¿hoy no es lunes?; fuiste al médico, ¿no?* **6** Se usa repetido para dar más fuerza a la negación: *no, no quiero verlo más.* ◇ *n. m.* **7** Negación, respuesta negativa que se da a lo que alguien pide o pretende: *me dio un no por respuesta; la votación ha arrojado un resultado de dos síes y cuatro noes.* El plural es *noes.*

¡a que no! Expresión que se utiliza para provocar o desafiar a una persona para que haga una cosa, manifestando incredulidad de que sea capaz o se atreva a hacerla: *¡a que no eres capaz de venir a trabajar el domingo!*

no más Se utiliza para indicar que una cosa es o se hace de un solo modo, en una sola cosa o sin otra cosa: *no dice más que tonterías; tengo 1000 pesetas, no más.*

nobelio *n. m.* Elemento químico radiactivo y metálico que se obtiene de manera artificial: *el símbolo del nobelio es No.*

nobiliario, -ria *adj.* De la nobleza o relacionado con este grupo o clase social: *le fue concedido un título nobiliario por su fidelidad a la corona.*
ETIM Véase *noble.*

nobilísimo, -ma *adj.* Que es muy noble: *esta familia desciende de un linaje nobilísimo.*
OBS Es el superlativo de *noble.*

noble *adj.* **1** Que es de origen o linaje ilustre o está relacionado con la nobleza como grupo social: *familia noble.* **2** Que es generoso, digno de estimación y carece completamente de maldad: *los médicos desempeñan una profesión muy noble; es una actitud muy noble por tu parte; tiene un corazón muy noble.* **3** [animal] Que es muy fiel al hombre, no traicionero: *el perro es un animal noble.* **4** Que tiene gran calidad o valor o que es muy estimado o se considera de gran categoría: *la caoba y el nogal son maderas nobles; el oro y la plata son metales nobles.* **SIN** precioso. **5** QUÍM. [cuerpo, sustancia] Que es químicamente inactivo: *el argón y el neón son gases nobles.* ◇ *adj./n. com.* **6** [persona] Que posee un título concedido por el rey o heredado de sus antepasados, el cual lo sitúa en una clase o estado social privilegiado: *el caballero se casó con una dama noble de Escocia; en la boda había marqueses, duques y otros nobles.*
DER nobleza; ennoblecer, innoble.
ETIM *Noble* procede del latín *nobilis,* que tenía el mismo significado, voz con la que también están relacionadas *nobiliario, nobilísimo.*

nobleza *n. f.* **1** Clase o grupo social formado por los nobles de un país o un territorio: *la nobleza fue muy poderosa en la Edad Media.* **2** Generosidad, honradez y total ausencia de maldad en una persona, en su comportamiento, su actitud o sus acciones: *nobleza de corazón; nobleza de carácter.* **3** Cualidad de los animales que son fieles al hombre: *la nobleza es una cualidad del caballo.* **4** Característica de las cosas que tienen gran calidad, categoría o valor: *la nobleza de la madera y del mármol hacen de este mueble un ejemplar único.*

noche *n. f.* **1** Período de tiempo desde que se pone el Sol hasta que vuelve a salir: *las noches son más cortas en verano.*
ANT día. **noche cerrada** Noche oscura, en la que no hay luz natural de la luna o las estrellas: *era una noche cerrada y había una fuerte tormenta.* **2** Parte de este período de tiempo que se dedica a dormir: *he pasado una mala noche, no he pegado ojo.* **3** Período de tiempo o situación triste o desafortunada: *nuestra empresa ya está saliendo de la noche.*

ayer noche Indica un tiempo que corresponde a la noche que transcurrió entre ayer y hoy: *volvimos ayer noche, cuando ya había oscurecido.* **SIN** anoche.

buenas noches Expresión que se usa para saludar o para despedirse cuando ya se ha puesto el Sol: *me voy a dormir, buenas noches.*

de la noche a la mañana Se utiliza para indicar que una cosa se hace u ocurre de forma repentina e inesperada, o en muy poco tiempo: *era millonario, pero se quedó en la ruina de la noche a la mañana.*

de noche Se utiliza para indicar que algo se realiza u ocurre después de ponerse el Sol: *tardamos tanto que llegamos de noche; en invierno, a las siete ya es de noche.*

hacer noche Detenerse en alguna parte para dormir durante un viaje largo: *de camino a Málaga, hicimos noche en un hotel de Jaén.*

hacerse de noche Ponerse el Sol y empezar a oscurecer: *vámonos ya a casa, que se está haciendo de noche.* **SIN** anochecer.

noche y día Se utiliza para indicar que una cosa se realiza u ocurre de manera constante, durante todo el tiempo y sin cesar: *trabaja noche y día para salir adelante.*

pasar la noche en blanco No dormir durante toda la noche: *por culpa del café he pasado la noche en blanco.*

perderse en la noche de los tiempos Haber nacido, exis-

tido u ocurrido una cosa hace mucho tiempo: *el origen de esta ciudad se pierde en la noche de los tiempos.*
DER anoche, anochecer, trasnochar.
ETIM *Noche* procede del latín *nox, noctis,* que tenía el mismo significado, voz con la que también están relacionadas *nocturno, pernoctar.*

nochebuena *n. f.* Noche del día 24 de diciembre, en que la tradición cristiana celebra el nacimiento de Jesucristo: *esta noche es Nochebuena y mañana Navidad; celebraremos la Nochebuena en familia y comeremos besugo.*
OBS Se suele escribir con mayúscula.

nochevieja *n. f.* Noche del día 31 de diciembre, que es la última del año: *en Nochevieja, comemos doce uvas cuando suenan las campanadas de la medianoche.*
OBS Se suele escribir con mayúscula.

noción *n. f.* **1** Conocimiento, idea o conciencia que se tiene sobre una cosa: *el profesor explicó la noción de alma en filosofía; se queda viendo la tele y pierde la noción del tiempo.* **SIN** idea. **2** Conocimiento básico o elemental acerca de una materia: *al inicio del curso se dan las primeras nociones de cálculo; tengo nociones de alemán, pero no lo domino.* Se usa más en plural.

nocivo, -va *adj.* Que hace daño o es perjudicial: *el tabaco es nocivo para la salud; el pulgón es muy nocivo para las plantas.* **SIN** dañino.
ETIM *Nocivo* procede del latín *nocivus,* que tenía el mismo significado, voz con la que también está relacionada *inocuo.*

noctambulismo *n. m.* **1** Modo de vida en el que se desarrollan por la noche las actividades principales: *los animales nocturnos llevan una vida de noctambulismo.* **2** Inclinación que tiene una persona a salir y divertirse de noche o a realizar actividades de noche: *su noctambulismo le lleva a no acostarse hasta las tres de la mañana.*

noctámbulo, -la *adj.* **1** Que desarrolla su actividad principal durante la noche: *el mochuelo y la lechuza son aves noctámbulas.* ◊ *adj./n. m. y f.* **2** [persona] Que tiene tendencia a realizar actividades durante la noche, especialmente si son diversiones: *a las seis de la mañana todavía quedan algunos noctámbulos en las discotecas; desde que trabajo de noche me he vuelto una noctámbula.*
DER noctambulismo.

nocturnidad *n. f.* **1** Circunstancia de ser de noche o de ocurrir una cosa durante la noche. **2** **DER**. Circunstancia que hace que un delito se considere más grave, por haberse cometido de noche: *el juez lo condenó a seis años más de prisión por alevosía y nocturnidad.*

nocturno, -na *adj.* **1** De la noche o relacionado con este período de tiempo: *clases nocturnas; horario nocturno.* **2** [animal] Que busca su alimento y desarrolla su actividad vital durante la noche: *el búho es una rapaz nocturna.* **3** [planta] Que sólo tiene sus flores abiertas durante la noche: *el don Diego es una planta nocturna, que abre sus flores al atardecer.* ◊ *n. m.* **4** Composición musical tranquila, de melodía melancólica y dulce y corta duración: *los nocturnos se llaman así porque recuerdan el estado de ánimo que provoca una noche tranquila; en la música sinfónica son destacables los nocturnos de Chopin y Debussy.*
DER nocturnidad.
ETIM Véase *noche.*

nodriza *n. f.* **1** Mujer que amamanta a un niño que no es su hijo: *fue criado por una nodriza.* **2** Barco, avión o nave que se emplea para abastecer de combustible a otros vehículos: *esperaron el buque nodriza en el lugar convenido; el avión nodriza abasteció al bombardero en pleno vuelo.* En esta acepción funciona en aposición a otros nombres.

ETIM Véase *nutrir.*

nódulo *n. m.* **1** Masa mineral redondeada que se encuentra en el interior de algunas rocas y que es de distinta materia que éstas. **2** MED. Acumulación de células o fibras orgánicas que forma una masa más o menos redonda, abultada y dura: *un nódulo de grasa en la sangre puede provocar una trombosis.*

nogal *n. m.* **1** Árbol de tronco alto y fuerte, con la corteza lisa y la copa grande y redonda, formada por ramas gruesas con hojas verdes y brillantes; su fruto es la nuez: *el nogal crece en lugares templados de Europa y Asia; el nogal es un árbol de hoja caduca.* **2** Madera de este árbol: *los muebles del salón son de nogal; el nogal es una madera dura y muy apreciada en ebanistería.* ◊ *n. m./adj.* **3** Color como el de la madera de este árbol: *el nogal es un color pardo rojizo, más oscuro que el castaño.*
DER nogalina.
ETIM Véase *nuez.*
OBS No varía de número.

nogalina *n. f.* Sustancia colorante que se obtiene de la cáscara de la nuez y se utiliza para teñir la madera: *la nogalina tiñe imitando el color del nogal.*

nómada *adj./n. com.* **1** [persona, animal] Que va de un lugar a otro y nunca se establece en un sitio de forma permanente: *quisieron conocer las costumbres de los pueblos nómadas del desierto; aquel hombre era un nómada beduino.* ◊ *adj.* **2** Que está relacionado con las personas o los animales que van de un lugar a otro y nunca se establecen en un sitio de forma permanente: *vida nómada; costumbres nómadas.*
DER nomadismo.

nomadismo *n. m.* Forma de vida que se caracteriza por ir de un lugar a otro sin establecerse en un sitio de forma permanente: *el nomadismo es propio de pueblos primitivos que viven de la caza o del pastoreo.*

nombrado, -da *adj.* Que es famoso o muy conocido: *ayer estuvimos en un restaurante muy nombrado.* **SIN** célebre.

nombramiento *n. m.* **1** Elección o designación de una persona para desempeñar un cargo o una función: *uno de los presentes propuso el nombramiento del candidato para alcalde.* **2** Documento que atestigua la elección de una persona para desempeñar un cargo: *ayer recibió su nombramiento como rector.*

nombrar *v. tr.* **1** Decir el nombre de una persona o de una cosa: *el profesor pasa lista de los alumnos, nombrándolos en voz alta; has nombrado todos los planetas del Sistema Solar, pero te has dejado uno.* **SIN** citar, mencionar. **2** Elegir o designar a una persona para desempeñar un cargo o una función: *los sistemas democráticos nombran a sus representantes por medio de elecciones; lo han nombrado delegado.*
DER nombradía, nombrado, nombramiento.

nombre *n. m.* **1** Palabra o conjunto de palabras con las que se designan y se distinguen los objetos físicos o abstractos: *manzana, inteligencia y libertad son nombres de cosas.* **2** Palabra o conjunto de palabras con las que se distingue a las personas: *mi nombre es Juan Pedro; su nombre es: Elisa García Sánchez.* **nombre de guerra** Nombre que adopta una persona para realizar una actividad, especialmente si es una actividad clandestina: *Tomás era mi nombre de guerra cuando estaba en ese partido político, pero en realidad me llamo Pablo.* **nombre de pila** Nombre que se da a una persona cuando es bautizada y que precede a los apellidos: *Tomás es mi nombre de pila, no mi apellido.* **3** Título de una publicación, un libro o denominación de una obra en general: *el nombre de* *la novela es* La Regenta. **nombre comercial** Nombre distintivo de un establecimiento o de un producto; marca. **4** Fama, opinión que se tiene sobre una persona: *se ha labrado un nombre dentro de la profesión*. **SIN** reputación. **5** GRAM. Parte de la oración que tiene género y lleva morfemas de número, que funciona como núcleo de un sintagma nominal y que puede realizar, entre otras, la función de sujeto: *el nombre, el verbo, el adjetivo, la preposición y el adverbio son elementos de la oración*. **SIN** sustantivo. **nombre abstracto** Sustantivo que no designa cosas materiales, sino que señala y distingue cualidades o propiedades: *paciencia, movimiento y democracia son nombres abstractos*. **nombre colectivo** Sustantivo que indica, en singular, un conjunto de seres de la misma especie: *docena, arboleda y escuadrón son nombres colectivos*. **nombre común** o **nombre genérico** Sustantivo que se aplica a personas o cosas pertenecientes a conjuntos de seres que tienen unas mismas características: *libro es un nombre común que se aplica a todos los objetos que tienen las características que hacen que un libro se distinga de cualquier otro objeto*. **nombre concreto** Sustantivo que designa cosas materiales: *mesa, tierra y coche son nombres concretos*. **nombre propio** Sustantivo que se aplica a personas, animales y lugares únicos, para distinguirlos de otros de la misma clase: *César y Cristina son nombres propios de persona; Alcalá es nombre propio de lugar*. La primera letra de los nombres propios se escribe con mayúscula.

a nombre de Se utiliza para indicar que una cosa es para la persona o entidad que se llame así: *el paquete vino a nombre de José Navas*.
en nombre de Se utiliza para indicar que una persona actúa o hace una cosa en lugar de otra y con su representación y autoridad: *el secretario firmó en nombre del presidente*.
no tener nombre Ser una acción tan horrenda y vituperable, que no se puede calificar: *su comportamiento no tiene nombre*.
DER nombrar; pronombre, renombre, sobrenombre.
ETIM *Nombre* procede del latín *nomine*, que tenía el mismo significado, voz con la que también están relacionadas *nómina*, *nominal*, *nominar*.

nomenclátor *n. m.* Lista o catálogo de nombres de personas, lugares o cosas relacionadas entre sí o que tienen algo en común: *el médico buscó en el nomenclátor el nombre del medicamento*.

nomenclatura *n. f.* Conjunto de los términos técnicos propios de una ciencia: *nomenclatura química; nomenclatura del Sistema Internacional*.

nomeolvides *n. f.* **1** Planta herbácea que tiene los tallos tendidos, las hojas ásperas y las flores azules: *la nomeolvides es una planta de jardín*. **2** Flor de esta planta que es de color azul después de la polinización: *la nomeolvides se usa en jardinería y como ornamentación*. ◇ *n. m.* **3** Pulsera que lleva

---

TIPOS DE NOMBRE

El nombre o sustantivo es una categoría gramatical que incluye palabras variables (admite cambios de género y número) que desde el punto de vista de la función pueden ser sujetos de la oración o núcleos de un sintagma nominal.
Según determinadas características de contenido o construcción, podemos diferenciar distintos tipos de nombres.

propios	comunes
Designan a un ser concreto y determinado distinguiéndolo de otros semejantes. Pueden ser nombres de personas, ciudades, países, empresas o marcas. Se escriben siempre con mayúscula inicial: *Álvaro, Italia, Segovia, Vox*. No aparecen en los diccionarios, aunque pueden aparecer en una enciclopedia.	Se refieren a cualquier ser de la misma clase, no a uno particular. *Libro* designa a cualquier libro y no a uno concreto, igual que *perro* a cualquier perro. El diccionario pretende recoger los nombres comunes y es excepcional la aparición de nombres propios (como el planeta *Tierra*).
contables	no contables
Se pueden distinguir varios seres de la misma clase y considerarlos por separado. Se pueden contar, utilizar con números y poner en plural: *persona, objeto, favor, deseo*.	Designan realidades que no pueden contarse: son nombres de materia (líquidos, sustancias que no aparecen separadas por unidades), idea o sensación. No se pueden contar, ni utilizar con números ni poner en plural[1]: *trigo, agua, humanidad, conocimiento*. [1] Cuando un nombre no contable se pone en plural está indicando normalmente diferencias de cualidad o medidas de un producto (*vino* es un nombre no contable, pero puede decirse: *hay vinos y vinos* (es decir, se distingue entre un vino y otro según la calidad) y *nos tomamos tres vinos* (el vino que cabe en tres vasos o copas).
concretos	abstractos
Designan cosas materiales, que tienen cuerpo, como los objetos, las personas y los animales: *tigre, botella, pan*.	Designan cosas inmateriales, que no tienen cuerpo, pero que nos representamos en la mente, como acciones, sentimientos, ideas o cualidades: *comprensión, inteligencia, justicia, derecho*.
individuales	colectivos
En singular, designan un solo elemento contable: *diccionario, clase, camisa*.	En singular, designan un conjunto de elementos contables: *asociación* (conjunto de personas), *rebaño* (conjunto de animales de granja), *cabello* (conjunto de pelos), *archipiélago* (conjunto de islas).

-nomía una placa con un nombre grabado: *los nomeolvides suelen ser de oro o plata*. **SIN** esclava.
OBS El plural también es *nomeolvides*.

-nomía Elemento sufijal que entra en la formación de palabras con el significado de 'conjunto de leyes', 'gobierno', como: *autonomía, economía*.

nómina *n. f.* **1** Lista de nombres de personas o cosas: *la nómina de escritores españoles del siglo XX es muy extensa*. **2** Lista de los nombres de las personas que trabajan en una empresa o entidad pública y cobran un sueldo de ella: *la nómina de esta delegación se halla integrada por diez empleados*. **SIN** plantilla. **3** Cantidad de dinero que recibe regularmente una persona de la empresa en la que trabaja: *en nuestra oficina se cobra la nómina a fin de mes*. **SIN** sueldo. **4** Documento en el que consta el sueldo que una persona recibe regularmente de una empresa y todas las operaciones relacionadas con él: *en la nómina aparece en el sueldo bruto y las retenciones*.
ETIM Véase *nombre*.

nominación *n. f.* **1** Elección o designación de una persona para desempeñar un cargo o una función: *la nominación del embajador tuvo lugar unos días después*. **SIN** nombramiento. **2** Acción que consiste en proponer a una persona o a una obra como candidata para que le sea concedido un premio: *la nominación de aquel escritor para el premio Nobel fue una gran sorpresa; la película española obtuvo tres nominaciones al Óscar*.
OBS Es un anglicismo.

nominal *adj.* **1** Del nombre o relacionado con el nombre: *el predicado nominal es el que tiene como núcleo un nombre; la secretaria ha escrito una lista nominal de los empleados de la empresa*. **2** [valor, cargo] Que sólo existe de nombre, se llama así pero no es realmente lo que ese nombre describe: *el valor nominal de una acción es distinto de su valor efectivo o real; tiene un cargo nominal pero realmente no lo desempeña*.
DER nominalismo, nominalizar; postnominal.
ETIM Véase *nombre*.

nominalismo *n. m.* FILOS. Doctrina filosófica que niega la existencia de los universales en la realidad o en la mente y los considera como meros nombres o términos: *el nominalismo surgió en el siglo XIII*.
DER nominalista.

nominalista *adj.* **1** Del nominalismo o que tiene relación con esta doctrina filosófica: *teoría nominalista*. ◊ *adj./n. com.* **2** [persona] Que es partidario del nominalismo: *filósofo nominalista; los nominalistas afirman que los conceptos no existen realmente, sino que son meras palabras*.

nominalización *n. f.* GRAM. Transformación que consiste en convertir una palabra o un grupo de palabras en un nombre o sustantivo o en un sintagma nominal: *en el pequeño, el artículo produce la nominalización del adjetivo pequeño*.
SIN sustantivación.

nominalizar *v. tr.* GRAM. Convertir una palabra o un grupo de palabras en un nombre o sustantivo o en un sintagma nominal: *para nominalizar un adjetivo hay que anteponerle un determinante*. **SIN** sustantivar.
OBS En su conjugación, la *z* se convierte en *c* delante de *e*.

nominar *v. tr.* Proponer o señalar a una persona como candidata para un posible cargo o a una persona o una obra para que le sea concedido un premio: *la actriz fue nominada para el premio a la mejor interpretación femenina*.
DER nominación, nominativo; denominar, innominado.
ETIM Véase *nombre*.
OBS Es un anglicismo.

nominativo, -va *adj.* **1** [documento] Que debe llevar el nombre de la persona que lo posee: *un cheque nominativo debe firmarse para poder ser cobrado*. ◊ *n. m.* **2** GRAM. Caso de la declinación de algunas lenguas, como el latín, en que se pone la palabra que designa el sujeto de la oración.

non *adj./n. m.* **1** [número] Que no se puede dividir exactamente por dos: *el uno y el tres son números nones*. **SIN** impar. **ANT** par. ◊ *adv.* **2** nones Se utiliza como respuesta para negar rotundamente una cosa: *insistió para que le prestara dinero y yo le dije que nones*.
de non Se utiliza para indicar que una persona está desparejada o no tiene pareja: *se reunieron siete amigos, tres matrimonios y uno de non*.

nonagenario, -ria *adj./n. m. y f.* Que tiene noventa años o más pero no llega a los cien: *anciano nonagenario; institución nonagenaria*.

nonagésimo, -ma *num. ord.* **1** Indica que el nombre al que acompaña o sustituye ocupa el lugar número 90 de una serie: *ocupa el el nonagésimo lugar de la lista*. Puede ser determinante: *el nonagésimo día*, o pronombre: *somos los nonagésimos*. ◊ *num.* **2** [parte] Que resulta de dividir un todo en 90 partes iguales.

nonato, -ta *adj.* Que no ha nacido de forma natural, sino que ha sido sacado del vientre de la madre: *se llama nonatos a las personas que han nacido mediante cesárea o después de morir la madre*.

nones *adv. coloquial* Expresión que indica una negación rotunda: *le pedí prestado el coche y me respondió que nones*. **SIN** nanay.
OBS No se emplea como respuesta y sólo se utiliza en frases de estilo indirecto.

noningentésimo, -ma *num. ord.* **1** Indica que el nombre al que acompaña o sustituye ocupa o al que sustituye ocupa el lugar número 900 de una serie: *ocupa el el noningentésimo lugar de la lista*. Puede ser determinante: *el noningentésimo día*, o pronombre: *somos los noningentésimos*. **2** [parte] Que resulta de dividir un todo en 900 partes iguales.

nono, -na *num. ord.* Indica que el nombre al que acompaña ocupa el lugar número 9 de una serie: *el nono de la lista es el que está en la posición número nueve*. **SIN** noveno.

nopal *n. m.* Planta que da como fruto el higo chumbo, y cuyo tallo, muy carnoso, forma una especie de palas aplanadas de color verde y con forma elíptica, que presentan abundantes espinas: *el nopal es originario de las zonas semidesérticas de México y se cría de forma espontánea en la zona mediterránea*. **SIN** chumbera.

noquear *v. tr.* En el deporte del boxeo, dejar fuera de combate a un contrincante, con lo cual se obtiene la victoria sobre él: *el aspirante al título mundial noqueó al campeón en pocos asaltos*.

nordeste *n. m.* **1** Punto del horizonte situado entre el norte y el este, a la misma distancia de ambos: *el nordeste se opone al suroeste; la abreviatura de nordeste es NE*. **SIN** noreste. **2** Parte de un país, un territorio u otro lugar situada hacia ese punto: *Cataluña está situada en el nordeste de España*. **3** Viento que sopla o viene de ese punto.

nórdico, -ca *adj.* **1** Del norte de Europa o relacionado con esta zona de la Tierra: *las zonas nórdicas tienen climas fríos*. ◊ *adj./n. m. y f.* **2** [persona] Que es del norte de Europa: *los nórdicos suelen tener los ojos y el cabello claros*.

noreste *n. m.* Nordeste, punto situado entre el norte y el este.
OBS La Real Academia Española admite *noreste*, pero prefiere la forma *nordeste*.

noria n. f. **1** Máquina que se utiliza para sacar agua de un pozo o de otro lugar, que consiste en dos grandes ruedas engranadas, una horizontal movida por un animal y otra que gira verticalmente y que está provista de unos recipientes que recogen y suben el agua: *antiguamente la noria era un mecanismo de gran utilidad; para hacer girar la noria se ataba a ella generalmente un caballo o un burro.* **2** Atracción de feria que consiste en una gran rueda que gira verticalmente y que tiene una serie de cabinas con asientos para las personas: *las norias suelen estar adornadas con luces de colores.*

norma n. f. **1** Regla o conjunto de reglas que hay que seguir para llevar a cabo una acción, porque está establecido o ha sido ordenado de ese modo: *la sociedad debe cumplir unas normas; la norma del hotel es que el cliente siempre lleva razón.* **2** Regla que determina el tamaño, la composición y otras características que debe tener un objeto o un producto industrial: *algunos productos fueron retirados del mercado porque no cumplían la norma de la Unión Europea.* **3** GRAM. Conjunto de reglas que determinan el uso correcto de la variante estándar de una lengua: *la norma no admite formas como rompido o volvido aunque sean regulares.*
DER normal, normativa, normativo.

normal adj. **1** Que es corriente, habitual y no llama la atención ni se sale de lo ordinario: *llevaba una vida normal, sin sobresaltos ni excesos; era una chica normal, como todas, hasta que le tocó la lotería.* **2** Que se encuentra en su estado natural: *el médico examinó el corazón y vio que estaba normal.* **3** Que está de acuerdo con una norma fijada de antemano, o con lo que se considera razonable o de sentido común: *si le insultaste, es normal que no te quiera hablar.*
DER normalidad, normalizar, normalmente; anormal, subnormal.

normalidad n. f. **1** Característica de lo que es normal: *se comportó con normalidad, disimulando su nerviosismo.* **2** Situación que es normal, habitual o no se sale de lo ordinario: *después de las vacaciones hay que volver a la normalidad.*

normalización n. f. **1** Adaptación o sometimiento de una cosa a una serie de normas o reglas: *se han dado órdenes para la normalización de las entradas y salidas de los empleados del edificio.* **SIN** tipificación. **2** Restablecimiento de la normalidad o el orden en una cosa: *finalizada la huelga de transportes, el gobierno anunció la normalización de los servicios.* **SIN** regularización. **3** Proceso lingüístico por el cual se dota a una lengua con una gramática normativa, un diccionario y una ortografía para que se utilice en todos los ámbitos y campos de las relaciones sociales públicas y privadas: *algunas lenguas, a pesar de su antigüedad, todavía están sufriendo un proceso de normalización.*

normalizar v. tr./prnl. **1** Hacer normal una cosa que no lo era o que había dejado de serlo: *los servicios de tren se normalizaron después de la huelga.* **2** Hacer que una o varias cosas se ajusten a una norma, una regla o un modelo común: *los productos industriales se deben normalizar para poder comercializarse con total garantía; el gobierno de la comunidad autónoma hace esfuerzos por normalizar la lengua autóctona.*
DER normalización.
OBS En su conjugación, la z se convierte en c delante de e.

normando, -da adj. **1** De la antigua Normandía o que tiene relación con esta región que estaba situada al noroeste de Francia. ◊ adj./n. m. y f. **2** [persona] Que era de la antigua región de Normandía: *los normandos tuvieron un gran espíritu de conquista.* ◊ adj. **3** De un conjunto de pueblos germánicos procecentes de Escandinavia que a partir del siglo VIII conquistaron y colonizaron algunas zonas de Europa o que tiene relación con ellos: *los pueblos normandos también fueron llamados vikingos.* ◊ adj./n. m. y f. **4** [persona] Que pertenecía a alguno de estos pueblos germánicos: *los normandos invadieron las costas de Francia, Inglaterra e Irlanda.*

normativa n. f. Conjunto de normas por las que se regula o se rige determinada materia o actividad: *se aprobó una normativa para la protección del medio ambiente; la normativa de circulación prohíbe sobrepasar determinada velocidad.*

normativo, -va adj. Que sirve de norma o se encarga de fijar las normas: *la gramática normativa es la que define los usos correctos de la lengua mediante la fijación de normas.*

noroeste n. m. **1** Punto del horizonte situado entre el norte y el oeste, a la misma distancia de ambos: *el noroeste se opone al sureste.* **2** Parte de un país, un territorio u otro lugar situada hacia ese punto: *Galicia se encuentra en el noroeste de España.* **3** Viento que sopla o viene de ese punto: *el noroeste es un viento frío.*

norte n. m. **1** Punto del horizonte situado frente a una persona a cuya derecha está el lado por el que sale el sol: *el norte se opone al sur.* **2** Parte de un país, un territorio u otro lugar situada hacia ese punto: *Asturias está en el norte de España; el norte de la ciudad está repleto de fábricas.* **3** Viento que sopla o viene de ese punto. **4** Persona o cosa que dirige o guía a otra u otras personas: *su filosofía se convirtió en el norte de toda la generación; su maestro fue el norte en su vida.* **SIN** guía.
DER norteño; desnortarse.

norteafricano, -na adj. **1** Del norte de África o que tiene relación con esta zona geográfica del continente africano: *relieve norteafricano; país norteafricano.* ◊ adj./n. m. y f. **2** [persona] Que es del norte de África.

norteamericano, -na adj. **1** De Estados Unidos de América o relacionado con este país del norte del continente americano: *la industria cinematográfica norteamericana es muy importante.* **SIN** estadounidense. **2** De América del Norte o que tiene relación con esta zona de la Tierra: *Canadá, Estados Unidos y Méjico son países norteamericanos.* ◊ adj./ n. m. y f. **3** [persona] Que es de Estados Unidos de América: *los norteamericanos intentan introducir sus productos en el mercado europeo.* **SIN** estadounidense.

norteño, -ña adj. **1** [lugar] Que está situado en la parte norte de un país, un territorio u otro lugar: *viajaron por las costas norteñas del país; La Coruña es una ciudad norteña.* ◊ adj. **2** Del norte o relacionado con este lugar: *las costumbres norteñas suelen ser distintas de las sureñas.*

noruego, -ga adj. **1** De Noruega o que tiene relación con este país situado al norte de Europa en la península escandinava: *la capital noruega es Oslo.* ◊ n. m. y f. **2** Persona que es de Noruega: *el escritor Ibsen era noruego.* ◊ n. m. **3** Lengua que se habla en este país: *el noruego pertenece al grupo de lenguas germánico nórdico.*

nos pron. pers. Forma de primera persona en género masculino y femenino y en número plural, que funciona de complemento directo y de complemento indirecto; se usa para designar al hablante y a otro u otros individuos más: *nos llamó, pero no le hicimos caso.*
OBS No va acompañado de preposición ◊ Se escribe unido al verbo cuando va detrás de él: *míranos; pregúntanos cuando volvamos.*

nosotros, -tras pron. pers. Forma de primera persona para el sujeto, en género masculino y femenino y en número plural; designa a la persona que habla y a otro u otros individuos más: *él cree que es difícil, pero nosotras no opinamos igual.*

nostalgia

OBS Si funciona como objeto directo o indirecto, o como complemento circunstancial, lleva preposición: *ese libro es para nosotros, puedes venir con nosotros.*

nostalgia *n. f.* **1** Sentimiento de tristeza o de pena que se siente al estar lejos de las personas y de los lugares queridos: *llevaba siete años fuera de su país y sentía nostalgia.* **2** Sentimiento que causa el recuerdo de un bien perdido: *la música de su juventud le hacía sentir nostalgia.* **SIN** añoranza.
DER nostálgico.

nostálgico, -ca *adj.* **1** Que muestra o manifiesta nostalgia: *ojos nostálgicos; mirada nostálgica; voz nostálgica.* ◇ *adj./n. m. y f.* **2** [persona] Que siente nostalgia: *las personas nostálgicas están muy aferradas al pasado.*

nota *n. f.* **1** Mensaje corto escrito para comunicar o recordar una cosa: *te escribiré una nota con mi número de teléfono.* **2** Papel donde se escribe ese mensaje: *me han regalado un bloc de notas.* **3** Calificación o número de puntos conseguidos en un examen o evaluación: *mañana les darán las notas; el alumno obtuvo un siete como nota final.* **4** Calificación alta en un examen o evaluación: *los alumnos que quieran sacar nota deben hacer un trabajo de curso.* **5** Cuenta o lista donde se detallan los gastos o el dinero que hay que pagar por ellos: *el camarero le entregó la nota de la cena en un platito.* **SIN** factura. **6** Escrito que se coloca a pie de página o al final de un texto para comentar o aclarar el contenido o para dar ciertos datos: *la nota número siete de esta página aclara el significado de una palabra ya arcaica.* **7** Marca o señal que se hace en alguna parte de un texto para llamar la atención sobre lo que ahí se dice: *pon una nota en el margen del párrafo que quieres que me lea.* **8** Apunte que se toma sobre una materia para después ampliarla o recordarla: *los alumnos toman notas de lo que dice el profesor.* **9** Noticia de la prensa que ocupa un espacio pequeño: *este periódico tiene las notas y los breves en las últimas páginas.* **10** Documento escrito de carácter oficial en el que se explica algo o se da noticia de ello, redactado de forma más sencilla y esquemática que una carta: *el ministro de Industria ha hecho pública una nota explicando las razones de la reforma.* **11** Detalle o característica que destaca sobre un conjunto de cosas iguales o parecidas: *la actuación del cómico puso la nota de humor a la velada; nota de color.* **nota discordante** Dicho o acción que destaca por ser parcial o totalmente distinto de lo que dice o hace un grupo de personas: *las palabras de crítica hacia Martínez fueron la única nota discordante de la reunión.* **nota dominante** Característica que destaca sobre otras por ser la más frecuente: *la ironía es la nota dominante de su obra.* **12** Signo gráfico convencional que se utiliza para representar un sonido musical: *las notas se escriben en el pentagrama.* **13** MÚS. Sonido musical, producido por una vibración de frecuencia constante: *la nota re sigue a la nota do en la escala.* ☞ notación musical.

dar la nota Llamar la atención diciendo o haciendo algo poco adecuado en una situación: *Mario dio la nota en casa de Valentina, se pasó el rato contando chistes verdes delante de sus padres.*

de mala nota Que tiene mala fama: *una prostituta es una mujer de mala nota.*

tomar buena nota Poner atención en una cosa para tenerla en cuenta en un futuro: *tomó buena nota de la reprimenda de su profesor y, en lo sucesivo, no volvió a llegar tarde a clase.*
DER notar, notario.

notabilidad *n. f.* **1** Valor que tiene una persona o una cosa que destaca por alguna cualidad: *todos alaban la notabilidad de la obra de este escritor.* **2** Persona o cosa que destaca por alguna cualidad: *gracias a sus descubrimientos es una notabilidad en la materia.*

notabilísimo, -ma *adj.* Que tiene mucho valor o mucha importancia: *se trata de un notabilísimo científico que goza de reconocimiento internacional.*
OBS Es el superlativo de *notable.*

notable *adj.* **1** [persona] Que llama la atención por su carácter o porque destaca en su profesión o actividad: *investigador notable.* **2** [cosa] Que llama la atención por su interés, por su rareza o por su importancia: *había una notable falta de modestia en sus palabras; hizo un esfuerzo notable.* ◇ *n. m.* **3** Calificación o nota que se da en los exámenes, la inmediatamente inferior a la de sobresaliente: *tuvo un notable en el examen de física.* ◇ *n. m. pl.* **4 notables** Personas más importantes en un lugar o de una colectividad: *la asamblea de notables del municipio se reunía los viernes.*
DER notabilidad, notabilísimo.

notación *n. f.* Sistema de signos convencionales que se utiliza en una disciplina determinada, en música y en matemá-

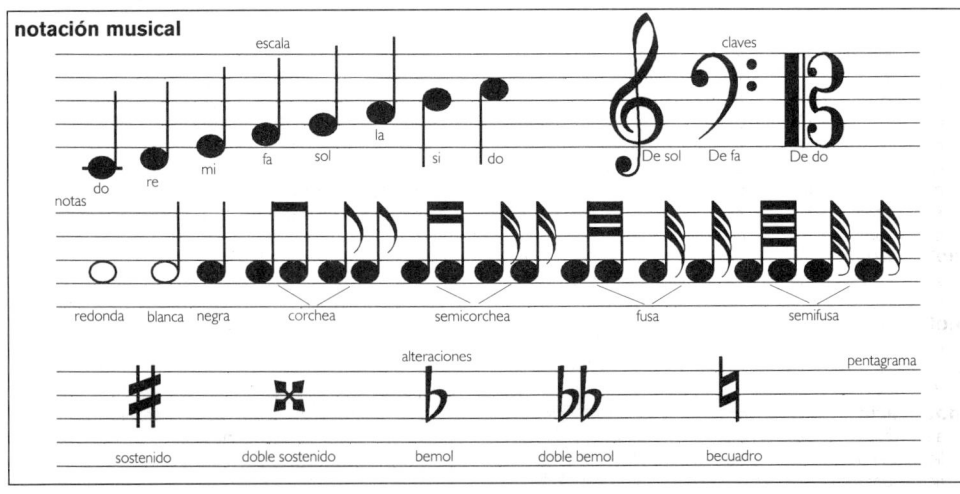

notación musical

ticas principalmente: *si no conoces la notación musical, no podrás interpretar una partitura.*

notar *v. tr.* **1** Experimentar una sensación o darse cuenta de ella: *noto un poco de calor; notaron un sabor extraño en la comida; de repente, notó un pinchazo en el dedo.* **SIN** sentir. **2** Darse cuenta de una cosa: *notó que ocurría algo anormal en la estación.* **SIN** advertir, observar. **3** Tener una persona determinada sensación: *notar el frío; notar el calor.* ◇ *v. tr./prnl.* **4** Encontrar a una persona con un estado de ánimo determinado: *todos lo notaban preocupado; doctor, me noto cansado.*
hacer notar Señalar una cosa para que se considere y se ponga atención en ella: *el empresario hizo notar la falta de inversiones extranjeras.* **SIN** advertir, señalar.
hacerse notar Llamar la atención una persona por su comportamiento: *era un hombre presumido y disfrutaba haciéndose notar.* Se usa de manera despectiva.
DER notación; anotar, connotar, denotar.

notaría *n. f.* **1** Oficina donde trabaja el notario: *llevó el contrato a una notaría, para que el notario diera fe del documento.* **2** Cargo y profesión del notario: *prepara oposiciones para conseguir una notaría; ejerce la notaría desde hace dos años.*

notariado, -da *adj.* **1** Que está autorizado por el notario o ante él: *documento notariado.* ◇ *n. m.* **2** Profesión, carrera o ejercicio de notario: *terminó el notariado siendo todavía muy joven.* **3** Conjunto o colectividad de notarios: *la nueva ley afecta al notariado español.*

notarial *adj.* **1** Del notario o que tiene relación con este cargo o profesión: *poderes notariales.* **2** Que está hecho o autorizado por un notario: *presentó unos documentos notariales ante el juez.*

notario *n. m. y f.* Funcionario público que tiene autoridad para asegurar que un documento es verdadero y conforme a lo que dice la ley, y para dar fe de actos públicos o entre personas: *firmó su testamento ante un notario; sorteo ante notario.*
DER notaría, notariado, notarial.

noticia *n. f.* **1** Comunicación hecha en general de un suceso reciente, para que sea conocido por alguien: *escucha un programa de noticias en la radio; la noticia de su embarazo nos alegró a todos.* **2** Suceso reciente que se va a comunicar para que sea conocido: *los periodistas siempre están en el lugar de la noticia.* **noticia bomba** Noticia que causa mucha impresión, por ser importante o inesperada: *la firma de paz entre los dos países en guerra fue una noticia bomba.* **3** Información, conocimiento o idea de una cosa: *no teníamos noticia de que se hubiera marchado tan lejos; recibí noticias suyas desde Cuba.* ◇ *n. f. pl.* **4 noticias** Programa de radio o televisión, en el que se comunican hechos nuevos y actuales: *encendió la tele para ver las noticias.* **SIN** informativo, noticiario.
DER noticiario, noticón, noticioso.
ETIM *Noticia* procede del latín *notitia, notus*, 'conocido', voz con la que también están relacionadas *notificar, notorio.*

noticiario *n. m.* Programa de radio o televisión en el que se transmiten noticias: *trabaja de presentador en el noticiario de las tres de la tarde.* **SIN** informativo, noticias.

noticón *n. m.* Noticia extraordinaria o que causa gran impresión por ser importante o inesperada: *todas las revistas dedicaron sus páginas centrales al noticón del verano: la boda de los príncipes.*

notificación *n. f.* **1** Comunicación oficial que hace una autoridad sobre una conclusión o determinación a la que ha llegado en relación a cierto tema: *el Ministerio procedió a la notificación de la denuncia a todos los implicados.* **2** Documento en el que se comunica una cosa de manera oficial: *recibió una notificación del juzgado para que se presentara a prestar declaración ante el juez.* **SIN** circular.

notificar *v. tr.* **1** Comunicar una autoridad de forma oficial una conclusión o determinación a la que ha llegado en relación a cierto tema: *el juzgado notificó al acusado que había sido absuelto del delito.* **2** Hacer saber una cosa a alguien siguiendo ciertas formalidades: *envió tarjetas a todos sus familiares para notificarles que se casaba; el administrador le notificó en una carta que le renovaban el contrato.*
DER notificación.
ETIM Véase *noticia.*
OBS En su conjugación, la *c* se convierte en *qu* delante de *e*.

notoriedad *n. f.* **1** Hecho de ser importante y muy conocida una persona: *es un artista muy modesto y no le gusta la notoriedad.* **SIN** fama, prestigio. **2** Circunstancia de ser una cosa muy conocida por todo el mundo: *la noticia alcanzó gran notoriedad al ser difundida por la televisión.*

notorio, -ria *adj.* **1** [persona] Que es importante y muy conocido: *un artista notorio.* **2** [cosa] Que se ve con claridad: *la belleza de sus composiciones es notoria.* **SIN** evidente, patente, visible.
DER notoriedad.
ETIM Véase *noticia.*

nova *n. f.* ASTR. Estrella que adquiere de manera temporal un brillo muy intenso y superior al suyo habitual: *la nova aumenta diez mil veces la magnitud de su luz.*

novatada *n. f.* **1** Broma, generalmente pesada, que se gasta a una persona nueva en un lugar o en un trabajo: *los alumnos del último curso hicieron una novatada a los del primero.* **2** Error causado por la falta de experiencia en un asunto o negocio: *pagó la novatada cuando dejó que otro presentara su proyecto.*

novato, -ta *adj./n. m. y f.* [persona] Que lleva poco tiempo en un lugar o en un trabajo y le falta experiencia: *un soldado novato; camarera novata; hacen un cursillo de informática para los novatos.*
DER novatada.
ETIM Véase *nuevo.*

novecentismo *n. m.* Movimiento literario que surgió en España a principios del siglo XX como reacción contra el modernismo y que se caracteriza por la voluntad de conectar con Europa contra el decadentismo de fin de siglo: *los principales representantes del novecentismo en España fueron Eugeni d'Ors y José Ortega y Gasset.*

novecentista *adj.* **1** Del novecentismo o que tiene relación con este movimiento literario: *pensamiento novecentista.* ◇ *adj./n. com.* **2** [persona] Que es seguidor del novecentismo: *autor novecentista; los novecentistas propugnaban un nuevo orden de las afirmaciones clásicas.*

novecientos, -tas *num. card.* **1** Indica que el nombre al que acompaña o al que sustituye está 900 veces: *son novecientas pesetas.* Puede ser determinante: *vinieron novecientos chicos,* o pronombre: *vinieron los novecientos.* ◇ *num. ord.* **2** Que ocupa el orden número 900 en una serie: *soy el novecientos de la lista.* **SIN** noningentésimo. Es preferible el uso del ordinal: *noningentésimo.* ◇ *n. m.* **3** Nombre del número 900.
DER novecentismo.

novedad *n. f.* **1** Aparición o utilización de una cosa que antes no existía o no se usaba: *este método es una novedad y todavía no se practica en todos los hospitales.* **2** Objeto que existe o se usa desde hace poco tiempo: *este producto es una novedad en el mercado español.* **3** Noticia o información

novedoso

sobre un hecho reciente que se desconoce: *traigo novedades de tu casa: Pepe se casa en junio y María se va a estudiar a Londres.* **SIN** nueva. **4** Hecho que cambia o altera algo: *si hay alguna novedad, me llamas; sin novedad.* **5** Extrañeza o admiración que causan las cosas no vistas o no oídas antes: *¡Qué novedad esto de que llegues pronto!* ◇ *n. f. pl.* **novedades** Mercancías adecuadas a la moda: *vea nuestras novedades en la cuarta planta.*
DER novedoso.
ETIM Véase *nuevo*.

novedoso, -sa *adj.* Que existe, se conoce o se usa desde hace poco tiempo: *la empresa ha empleado una técnica novedosa en el diseño del nuevo coche.*

novel *adj./n. com.* [persona] Que lleva poco tiempo realizando una actividad y le falta experiencia: *escultor novel; pintor novel; el concurso literario será una gran oportunidad para los noveles.*

novela *n. f.* **1** Obra literaria, generalmente extensa, que cuenta una historia imaginaria o real sólo en parte: *Fortunata y Jacinta es una novela de Galdós.* **novela de caballerías** Novela en la que se cuentan las hazañas fabulosas de caballeros aventureros o andantes: *El Amadís de Gaula es una novela de caballerías.* **novela histórica** Novela que se basa en hechos que ocurrieron en épocas pasadas, con personajes reales o ficticios, y que intenta reconstruir el ambiente de aquellas épocas: *Yo, Claudio de Robert Graves es una novela histórica.* **novela negra** o **policíaca** Novela que trata de unos delitos misteriosos que uno o varios personajes deben resolver: *en las novelas policíacas suele haber un asesinato, un robo o una desaparición misteriosa.* **novela picaresca** Novela que relata, en primera persona, las peripecias de un pícaro: *El Lazarillo de Tormes fue la primera novela picaresca.* **novela rosa** Novela que cuenta una historia de amor y que generalmente tiene un final feliz: *la novela rosa es el antecedente del culebrón televisivo.* **2** Género literario formado por ese tipo de obras en prosa: *sólo le gusta la novela contemporánea.* **3** Historia de la vida real tan interesante que parece una historia imaginaria o falsa: *les contaba auténticas novelas de sus viajes por África.* **4** Hechos que no son verdad sino mentira o ficción: *¡no me vengas con novelas!, eso que me estás contando es pura invención tuya.*
DER novelar, novelería, novelero, novelesco, novelista, novelón; fotonovela, radionovela, telenovela.

novelar *v. tr.* **1** Dar forma de novela a una historia o a una relación de acontecimientos, generalmente deformándolos: *el escritor ha novelado aquel famoso robo de joyas.* ◇ *v. intr.* **2** Escribir novelas: *Galdós noveló durante toda su vida.* **3** Escribir o contar mentiras: *no hace más que novelar sobre su vida.*

novelería *n. f.* **1** Fantasía o conjunto de ideas poco reales y propias de la ficción: *a fuerza de ver culebrones tiene la cabeza llena de novelerías.* **2** Chisme o habladuría que comenta una persona.

novelero, -ra *adj./n. m. y f.* **1** [persona] Que tiene inclinación a imaginar e inventar historias ficticias: *no sé si creerme lo que me ha dicho porque es un poco novelero.* **SIN** fantasioso. **2** [persona] Que es aficionado a leer obras de ficción, especialmente novelas: *cuando estuvo enfermo se volvió novelero.*

novelesco, -ca *adj.* **1** De la novela o que tiene relación con este género literario: *don Quijote y Sancho Panza son personajes novelescos.* **2** Que parece o se considera propio de una novela por ser extraordinario o interesante: *llevó una vida novelesca; hizo un relato muy novelesco de su viaje a América.*

novelista *n. com.* Persona que se dedica a escribir novelas: *Cela y Delibes son unos novelistas muy conocidos.*
DER novelística, novelístico.

novelística *n. f.* **1** Género literario constituido por la novela, la novela corta y el cuento: *la última obra de este autor pertenece a la novelística.* **SIN** narrativa. **2** Tratado o estudio histórico o normativo sobre la novela.

novelístico, -ca *adj.* De la novela o que tiene relación con este género literario: *técnica novelística.*

novelón *n. m.* Novela extensa y de baja calidad, que trata de hechos tristes y desgraciados: *se pasaba el día leyendo novelones sobre niñas huerfanitas.*
OBS Se usa de manera despectiva.

novena *n. f.* **1** Conjunto de oraciones u otros actos devotos que se dedican a Dios, a la Virgen o a un determinado santo, que se repiten durante nueve días seguidos: *hoy empieza la novena de la Virgen de la Peña.* **2** Conjunto de oraciones o rezos que se dedican a un difunto: *la novena de difuntos puede hacerse en nueve días o en menos.*

noveno, -na *num. ord.* **1** Indica que el nombre al que acompaña o al que sustituye ocupa el lugar número nueve en una serie: *es la novena vez que te lo digo; soy el noveno de la lista.* Puede ser determinante: *la novena vez,* o pronombre: *el noveno de la lista.* **SIN** nono. **2** Parte que resulta de dividir un todo en nueve partes iguales: *si somos nueve para comer, me toca un noveno de tarta.*
ETIM Véase *nueve*.

noventa *num. card.* **1** Indica que el nombre al que acompaña o al que sustituye está 90 veces: *si tengo cien manzanas y te doy diez, me quedan noventa; son noventa estudiantes en clase.* Puede ser determinante: *noventa estudiantes,* o pronombre: *me quedan noventa.* ◇ *num. ord.* **2** Que ocupa el lugar número 90 en una serie: *soy el noventa de la lista.* **SIN** nonagésimo. Es preferible el uso del ordinal: *nonagésimo.* ◇ *n. m.* **3** Nombre del número 90.
DER noventavo.
ETIM Véase *nueve*.

noventavo *núm.* Parte que resulta de dividir un todo en 90 partes iguales: *eran 90 personas y le correspondió a cada una un noventavo.*

noventayochista *adj.* **1** De la Generación del 98 o que tiene relación con este grupo literario español de finales del siglo XIX: *escritor noventayochista; temas noventayochistas.* ◇ *adj./n. com.* **2** [persona] Que perteneció a la Generación del 98: *los noventayochistas plasmaron la crisis de finales del siglo XIX que se vivió en España.*

noviazgo *n. m.* **1** Relación que existe entre dos personas que se van a casar: *la ilusión del noviazgo es un recuerdo imborrable.* **2** Tiempo que dura esa relación: *decidieron alargar su noviazgo y retrasar la fecha de la boda.*

noviciado *n. m.* **1** Tiempo de prueba o preparación que tiene un novicio antes de profesar en una orden religiosa: *antes de entrar en la congregación deberás pasar por el noviciado.* **2** Casa o lugar donde viven los novicios. **3** Conjunto de novicios.

novicio, -cia *n. m. y f.* **1** Persona que se prepara para entrar en una orden religiosa: *los novicios todavía no han hecho los votos; doña Inés era novicia cuando don Juan Tenorio la sacó del convento.* ◇ *adj./n. m. y f.* **2** [persona] Que comienza en un arte u oficio: *los maestros de pintura enseñan a los novicios.*
DER noviciado.
ETIM Véase *nuevo*.

noviembre *n. m.* Undécimo mes del año: *noviembre tiene treinta días.*

novillada *n. f.* **1** Corrida en la que se torean novillos: *hubo una novillada en la plaza de toros del pueblo.* **2** Conjunto de reses vacunas que tienen de dos a tres años, especialmente de las que no están domadas: *separó la novillada del resto del ganado.*

novillero, -ra *n. m. y f.* **1** Persona que torea novillos: *los novilleros son toreros que no han tomado todavía la alternativa.* **SIN** torero. **2** Persona que no va a clase o a un lugar donde debe cumplir una obligación: *el profesor no dejó que los novilleros se presentasen al examen.*

novillo, -lla *n. m. y f.* Cría de la vaca que tiene de dos o tres años: *el novillero lidió dos novillos; un novillo mugía en la dehesa.*
   hacer novillos No ir a una clase o a un lugar donde se debe cumplir una obligación: *castigarán a los alumnos que hagan novillos.*
   DER novillada, novillero.
   ETIM Véase *nuevo*.

novilunio *n. m.* Fase lunar durante la cual hay luna nueva y ésta no se ve desde la Tierra: *la Luna entra en conjunción con el Sol en el novilunio.*

novio, -via *n. m. y f.* **1** Persona que se acaba de casar: *después de la boda, la novia besó al novio apasionadamente.* **2** Persona que mantiene una relación de amor con otra con la que tienen intención de casarse o de vivir en pareja: *fueron novios durante dos años y después se casaron.*
   quedarse compuesto y sin novio No conseguir una cosa que se esperaba, después de haber hecho lo necesario para tenerla: *María se despidió del trabajo porque le ofrecían otro mejor, y ahora se ha quedado compuesta y sin novio porque no se lo han dado.*
   ¡vivan los novios! Expresión que sirve para felicitar a dos personas que se acaban de casar y para mostrar alegría por la boda: *en plena comida, un invitado gritó: –¡Vivan los novios!*
   DER noviazgo; ennoviarse.
   ETIM Véase *nuevo*.

novísimo, -ma *adj.* Que tiene gran novedad o es lo último en su género: *este estilo de ropa es algo novísimo.*
   OBS Es el superlativo de *nuevo*.

ntro., ntra. Abreviatura de *nuestro, nuestra*, respectivamente.

nubarrón *n. m.* Nube grande, oscura y espesa: *al fondo se ve un nubarrón que presagia tormenta.*

nube *n. f.* **1** Masa de vapor de agua que flota en el aire formada por una disminución de la temperatura de la atmósfera: *el color de las nubes depende de su densidad y de la luz.* **2** Agrupación de partículas de polvo, humo u otras sustancias, que van por el aire y adquiere el aspecto de una nube: *la chimenea soltaba una nube de humo.* **3** Cantidad enorme de personas, animales o cosas reunidas o acumuladas en un mismo lugar: *una nube de gente bajaba por la calle; cuando abrimos la luz nos invadió una nube de mosquitos.* **4** Mancha pequeña y blanca que se forma en la córnea o parte externa del globo ocular que no deja ver con claridad: *fue al oculista porque tenía una nube en el ojo izquierdo.* **5** Cosa que temporalmente oscurece, tapa o no deja ver otra: *una nube de confusión le impedía ver la solución del problema.*
   andar (o estar) en las nubes Estar distraído o sin prestar atención a lo que sucede alrededor: *María estaba en las nubes y no oyó la pregunta.*
   estar por las nubes Tener determinada cosa un precio muy alto: *los pisos en Madrid están por las nubes.*
   nube de verano *a)* Tormenta con lluvia fuerte pero que dura poco tiempo: *una nube de verano nos estropeó la tarde en la playa.* **SIN** chaparrón. *b)* Enfado o disgusto muy fuerte que dura poco tiempo: *tuvieron una fuerte discusión, pero sólo fue una nube de verano.*
   poner por las nubes Tener una opinión muy buena de una persona y expresarlo: *todas las madres ponen a sus hijos por las nubes.*
   ponerse por las nubes Hacerse más cara determinada cosa: *con la crisis, la gasolina se ha puesto por las nubes.*
   vivir en las nubes No vivir en el mundo real y pensar que todo está bien y es perfecto y maravilloso: *a ver si Andrés deja de vivir en las nubes y busca trabajo para ayudarnos.*
   DER nubarrón, nuboso; anubarrado.

núbil *adj.* [persona] Que ha alcanzado la edad y la preparación para poder tener hijos: *mujer núbil.*

nublado *adj.* **1** Que está cubierto de nubes: *aunque el cielo estaba nublado, no llovió.* **SIN** nublo, nubloso, nuboso. ◊ *n. m.* **2** Nube muy densa y oscura que amenaza tormenta: *el viento se llevó los nublados hacia la montaña.* **SIN** nublo.

nublar *v. tr./prnl.* **1** Ocultar las nubes el azul del cielo o la luz del Sol o la Luna: *las nubes nublaban el cielo; el cielo se está nublando: parece que va a llover.* **SIN** anublar. **2** Dificultar el sentido de la visión: *las lágrimas le nublaron la vista; se le nubló la vista y después se desmayó.* **3** Alterar y confundir la razón: *tantas horas estudiando le han nublado el cerebro; si se le nubla el entendimiento, es capaz de ponerse a discutir con cualquiera.* **SIN** trastornar. **4** Quitar la importancia o el interés a una cosa inmaterial: *su fama se nubló demasiado pronto; el suspenso nubló la alegría de sus padres.* **SIN** empañar.
   DER nublado, nublo.
   ETIM *Nublar* procede del latín *nubilare*, que tenía el mismo significado, voz con la que también está relacionada *obnubilar*.

nublo, -bla *adj.* **1** Que está lleno de nubes o tapado por ellas: *aunque estamos en verano, el cielo está nublo; la mañana amaneció nubla.* **SIN** nublado, nubloso, nuboso. ◊ *n. m.* **2** Nube muy densa y oscura que amenaza tormenta: *mira esos nublos del horizonte: yo saldría a la calle con paraguas.* **SIN** nublado.
   DER nuboso.

nubloso, -sa *adj.* Que está cubierto de nubes: *el cielo está nubloso, tal vez llueva; la tarde se puso nublosa.* **SIN** nublado, nublo, nuboso. ☞ meteorología.

nubosidad *n. f.* Abundancia de nubes en el cielo: *según los meteorólogos, este fin de semana habrá nubosidad variable en el norte de España.*

nuboso, -sa *adj.* Que está lleno de nubes o tapado por éstas: *el cielo estará nuboso varios días; llegó una tarde nubosa de otoño.* **SIN** nublado, nublo, nubloso.
   DER nubosidad.

nuca *n. f.* Parte superior y posterior del cuello, donde se une con la cabeza: *le dieron un golpe en la nuca y perdió el conocimiento.* **SIN** cogote.
   DER desnucar.

nuclear *adj.* **1** Del núcleo de una célula o de un átomo: *membrana nuclear; fusión nuclear.* **2** Que emplea la energía que se encuentra en el núcleo de los átomos: *las centrales nucleares sirven para producir electricidad; los países trabajan para conseguir el desarme nuclear.* **SIN** atómico. **3** Que es lo principal y lo más importante de alguna cosa: *el profesor pidió a sus alumnos que analizaran los elementos nucleares del relato.*
   DER nuclearizar; antinuclear, termonuclear.

nuclearizar *v. tr.* Instalar en un lugar centrales nucleares para la producción de energía eléctrica: *nuclearizar un país.*
   OBS En su conjugación, la *z* se convierte en *c* delante de *e*.

núcleo *n. m.* **1** Parte o punto que está en el centro de algo: *el núcleo de nuestro planeta está formado por materia incandescente.* **2** Parte principal o más importante de algo: *el núcleo del curso serán las clases prácticas.* **3** Parte del interior de una célula que controla sus funciones: *la célula está compuesta por citoplasma, núcleo y membranas.* **4** Parte central de un átomo que contiene la mayor parte de la masa y tiene carga positiva: *los protones y los neutrones están en el núcleo del átomo.* **5** Elemento principal en un sintagma o grupo de palabras: *el núcleo del sintagma nominal es el nombre o sustantivo.* **6** Lugar en el que hay un conjunto de casas habitadas y cierta actividad comercial: *núcleo de población; núcleo urbano; núcleo rural.* **7** ASTR. Parte más densa y brillante de un cuerpo celeste: *en el núcleo de una estrella se alcanzan temperaturas altísimas.*
DER nuclear, nucleico, nucléolo.

nudillo *n. m.* Parte exterior de la articulación de cada uno de los dedos de la mano, que sobresale más cuando se doblan: *le dio un golpe con los nudillos.*

nudismo *n. m.* Actividad o práctica de las personas que creen que la desnudez completa es conveniente para conseguir un equilibrio físico y moral: *en muchas playas de España se puede practicar el nudismo; el nudismo conlleva una determinada actitud ante la vida.*
DER nudista.

nudista *adj.* **1** Del nudismo o que tiene relación con esta actividad: *estuvieron en una playa nudista exponiéndose desnudos al sol.* ◇ *n. com.* **2** Persona que practica el nudismo: *cada día hay más nudistas en esa playa.*

nudo *n. m.* **1** Lazo que se hace en un hilo, una cuerda u otra cosa parecida que sirve para unir dos de esas cosas, y que cuanto más se estira por uno o los dos extremos, queda más apretado: *ató el paquete con una cinta y luego hizo un nudo; no te hagas un nudo en los cordones, que luego no los puedes desatar; llevas el nudo de la corbata mal colocado.* **nudo corredizo** Nudo que se hace con una sola cuerda, formando una anilla en un extremo y metiendo el otro extremo por ella de modo que se puede correr y hacer más grande o más pequeña dicha anilla: *hicieron un nudo corredizo con la soga para ahorcar al pistolero.* **nudo marinero** Nudo que es muy seguro para atar cosas, pero difícil de deshacer: *hizo un nudo marinero para amarrar el barco al puerto.* **2** Sentimiento muy fuerte que une a dos personas: *sintió que los dos estaban atados por el nudo de la amistad.* **SIN** lazo, vínculo. **3** Dificultad básica o más importante en una materia o asunto: *se propuso llegar al nudo del problema y lo resolvió.* **4** Punto donde se cruzan dos o más vías de comunicación: *el nudo sur de la autopista está colapsado; la ciudad era el principal nudo ferroviario del país.* **5** Parte más interesante en el desarrollo de la acción de una narración, donde tienen lugar los hechos más importantes antes del desenlace: *el planteamiento, el nudo y el desenlace son los tres momentos en los que se puede dividir una novela, un cuento o una película.* **6** Bulto que se forma en ciertas partes de los árboles o plantas por donde salen las hojas, tallos o ramas: *el tallo de los claveles tiene muchos nudos.* ☞ árbol. **7** Bulto pequeño y duro que destaca en una superficie lisa, especialmente el que sobresale entre los hilos de una tela: *llevaba una falda de lino con nudos.* **8** Unidad para medir la velocidad que alcanza cualquier tipo de embarcación que equivale a una milla marítima (1852 m): *el barco navegaba a 50 nudos.*
nudo gordiano Problema que tiene una solución difícil, pero que hay que resolver inmediatamente: *la falta de alimentos se convirtió en el nudo gordiano para la expedición.*

un nudo en la garganta Sensación molesta que impide tragar, respirar e incluso hablar y que se debe a un esfuerzo violento o a una emoción: *llegó pálido y, con un nudo en la garganta, nos explicó que un ladrón le había intentado robar la cartera.*
DER nudillo, nudoso; anudar.

nudoso, -sa *adj.* [cosa] Que tiene muchos nudos o abultamientos: *el árbol tenía el tronco nudoso.*

nuera *n. f.* Mujer o esposa de un hijo: *cuando mi hijo se case, su mujer será mi nuera.*

nuestro, -tra *det. pos.* **1** Forma de primera persona, en género masculino y femenino y en número singular o plural; indica que el nombre al que acompaña pertenece a dos o más personas: al hablante y a otro u otros individuos: *nuestro padre; nuestra casa; nuestros gustos; nuestras joyas.* ◇ *pron. pos.* **2** Forma de primera persona, en género masculino y femenino y en número singular o plural; sustituye a personas o cosas que pertenecen al hablante y a otro u otros individuos más: *en lugar de llevar los dos coches, iremos sólo en el nuestro.*
la nuestra Ocasión más favorable para hacer algo la persona que habla en nombre de ella y de otro u otros individuos más: *¡ésta es la nuestra! Vámonos antes de que nos riñan.*
lo nuestro Actividad que hacen muy bien o que les gusta hacer a la persona que habla en nombre de ella y de otro u otros individuos más: *hacer crucigramas es lo nuestro, ¿verdad?*
los nuestros Las personas que pertenecen al mismo grupo que el que habla: *era uno de los nuestros, no podíamos abandonarlo.*

nueva *n. f.* Noticia o información sobre algo que se desconoce: *¿hay nuevas de los recién casados?* **SIN** novedad.
coger de nuevas Encontrar a una persona sin estar preparada para algo o sin saber nada de un asunto: *el cambio de planes nos ha cogido de nuevas.*
hacerse de nuevas Dar a entender una persona que desconoce cierta noticia, cuando en realidad la sabe: *no te hagas de nuevas, que sabías muy bien que Rosa se iba a casar con Ernesto.*

nuevamente *adv.* Otra vez o de nuevo: *hoy iré nuevamente a solicitar que me atienda.*

nueve *num. card.* **1** Indica que el nombre al que acompaña o al que sustituye está nueve veces: *cinco y cuatro son nueve; se ha comido nueve mandarinas seguidas.* Puede ser determinante: *nueve mandarinas,* o pronombre: *son nueve.* ◇ *num. ord.* **2** Indica que el nombre al que acompaña o al que sustituye ocupa el lugar número 9 en una lista: *soy el nueve de la lista.* Es preferible el uso del ordinal: *soy el noveno.* **SIN** noveno. *soy el nueve de la lista.* ◇ *n. m.* **3** Número que representa el valor de ocho más uno: *escribe el nueve después del ocho.*
ETIM Nueve procede del latín *novem,* que tenía el mismo significado, voz con la que también están relacionadas: *novecientos, noveno, noventa.*

nuevo, -va *adj.* **1** Que acaba de aparecer, de formarse o de ser hecho: *la ciudad tiene un parque nuevo; en primavera salen hojas nuevas.* **ANT** antiguo. **2** Que se ve o se oye por primera vez: *esto es nuevo para mí, nunca había viajado solo.* **3** Que se añade a un conjunto o a una clase: *la empresa de automóviles ha presentado el modelo nuevo de utilitario.* **4** Que es distinto respecto a lo que ya existía o se conocía antes: *el científico expuso una nueva teoría; se necesita una nueva ley.* **5** Que sustituye a una cosa de su misma clase: *ayer nos mudamos a la nueva casa.* **6** Que no está estropeado, gasta-

do o viejo por el uso: *no tires esos pantalones: están nuevos todavía*. Se usa con el verbo *estar*. **7** [persona] Que se siente descansado y recuperado: *después de las vacaciones te sentirás nuevo*. ◇ *adj./n. m. y f.* **8** [persona] Que lleva poco tiempo en un lugar, en una profesión o en un trabajo: *mis vecinos son nuevos en el barrio; la nueva directora nos aumentará el sueldo*.
de nuevo Otra vez o una vez más: *haré de nuevo el dibujo porque no me ha quedado muy bien; intenta arrancar de nuevo el coche*.
ETIM *Nuevo* procede del latín *novus*, que tenía el mismo significado, voz con la que también están relacionadas *innovar, novato, novicio, novillo, novio, novísimo, renovar*.

nuez *n. f.* **1** Fruto del nogal de forma ovalada, cáscara de color marrón claro, dura, rugosa y formada por dos mitades que encierran la semilla: *la nuez es el fruto del nogal; la semilla de la nuez es la parte comestible*. **nuez moscada** Fruto que tiene forma ovalada, con una almendra color marrón por fuera y blancuzco por dentro y sabor fuerte: *la nuez moscada se utiliza para condimentar las comidas*. **2** Bulto pequeño de la laringe, en la parte anterior del cuello de los hombres adultos: *las mujeres no tienen nuez; la nuez también se llama* bocado de Adán *o* nuez de Adán.
ETIM *Nuez* procede del latín *nux, nucis*, que tenía el mismo significado, voz con la que también está relacionada *nogal*.
OBS El plural es *nueces*.

nulidad *n. f.* **1** Falta de validez de determinada cosa: *el juez dictaminó la nulidad del matrimonio*. **2** Falta de capacidad para hacer una cosa: *el empleado demostró su nulidad*. **3** Persona falta de inteligencia o de habilidad en algo: *ese hombre es una nulidad en los negocios*.

nulo, -la *adj.* **1** [cosa, hecho] Que no tiene valor: *esta entrada es nula porque no tiene el sello estampado*. **ANT** válido. **2** [cosa, hecho] Que no tiene efecto: *los resultados de la investigación fueron nulos*. **ANT** válido. **3** [persona] Que no tiene capacidad para una cosa determinada: *te podrías dedicar a otra cosa porque en los trabajos manuales eres nulo*.
SIN incapaz, inepto.
DER nulidad; anular.

núm. Abreviatura de *número*.
OBS También se escribe *n.º*.

numantino, -na *adj.* **1** De Numancia o que tiene relación con esta antigua ciudad de la España prerromana y romana. **2** Que es muy fuerte y resistente: *resistencia numantina*. ◇ *adj./n. m. y f.* **3** [persona] Que era de Numancia: *los numantinos incendiaron su ciudad antes de rendirse a los romanos*.

numen *n. m.* **1** Inspiración del escritor o del artista: *el numen del pintor le dictaba imágenes de penumbra y miseria*. **2** Espíritu que guiaba al hombre y a los fenómenos naturales entre los antiguos romanos. **3** Cualquiera de los dioses que adoraban los paganos.

numeración *n. f.* **1** Conjunto de números en orden que identifican una serie de cosas: *la numeración de las páginas nos permite encontrar con facilidad lo que buscamos*. **2** Proceso que consiste en poner números a una serie de cosas: *la numeración de las páginas se hace automáticamente por ordenador*. **3** Sistema para expresar todos los números con una cantidad limitada de palabras y de signos. **numeración arábiga** o **numeración decimal** Sistema más usado actualmente que, con el valor y la posición de diez signos de origen árabe, puede expresar cualquier cantidad: *los números 1, 8 y 9 pertenecen a la numeración arábiga*. **numeración romana** La que expresa los números por medio de siete letras del alfabeto latino: *el número CXXXIV de la numeración romana equivale al 134; los siglos se escriben con la numeración romana*.

numerador *n. m.* Número que, situado en la parte superior de un quebrado o ante la barra /, indica las partes iguales del todo o de la unidad que se toman en una división: *el numerador de la fracción 3/2 es 3*.

numeral *adj.* **1** Del número o que tiene relación con este signo: *el sistema numeral romano es diferente al arábigo*. ◇ *adj./n. m.* **2** [determinante, pronombre] Que sirve para indicar cantidad, orden, partición o multiplicación: *uno, segundo, octavo y triple son numerales*. **numeral cardinal** El numeral que sirve para designar un número o cantidad: *uno, dos, tre, cuatro ... son numerales cardinales*. **numeral ordinal** El numeral que indica un orden: *primero, segundo, tercero ... son numerales ordinales*.

numerar *v. tr.* **1** Contar los elementos que componen una serie siguiendo el orden establecido de los números: *he numerado los libros y no falta ninguno*. **2** Marcar los elementos que componen una serie con números ordenados: *numere las páginas del documento antes de entregarlo*.
DER numeración, numerador; enumerar, innumerable.

numerario, -ria *adj./n. m. y f.* [persona] Que ocupa una plaza fija dentro de un cuerpo profesional: *fue profesor numerario en el Conservatorio de Música de Málaga*.
DER supernumerario.

numérico, -ca *adj.* **1** Del número o que tiene relación con la expresión de la cantidad: *la superioridad numérica del ejército contrario los hizo retroceder*. **2** Que está hecho utilizando números o compuestos de éstos: *si el cálculo numérico no está bien, no resolverás el problema de física; en el folio había escritas dos columnas numéricas*.

número *n. m.* **1** Signo con que se representa una cantidad o un valor: *los billetes llevan escrito el número en la parte inferior derecha*. **SIN** cifra. **número arábigo** Signo que se usa de manera universal para representar la cantidad: *los números arábigos son 1, 2, 3, 4, 5, 6, 7, 8, 9, 0*. **número romano** Letra del alfabeto latino que se usa para representar una cantidad: *los siglos se expresan en números romanos: siglo XX; los números romanos son: I, V, X, L, C, D, M*. **2** Valor o expresión de la cantidad, con relación a la unidad: *las operaciones matemáticas son posibles gracias a los números*. **número atómico** Número que indica la cantidad de protones que hay en el núcleo del átomo de un elemento: *el número atómico del oxígeno es 8*. **número cardinal** Número que expresa únicamente cantidad: *1, 95, 123 y 4000 son números cardinales*. **número complejo** Número formado por la suma de un número real y otro imaginario: *7 + 8 es un número complejo*. **número decimal** Número que lleva una coma y está entre dos enteros: *0,5 y 129,85 son números decimales*. **número entero** Cualquier número positivo o negativo no quebrado: *2 y −5 son números enteros*. **número imaginario** Número que es el resultado de la raíz cuadrada de un número negativo: *el número imaginario se representa con la letra i y equivale a −1*. **número impar** o **número non** Número que no se puede dividir por dos: *el número siete es un número impar*. **número irracional** Número con cifras decimales que no se repiten periódicamente, ya que no puede expresarse como cociente de dos enteros: *el número 3,141592 es un número irracional*. **número natural** Número entero positivo: *son números naturales 8, 29 y 500*. **número negativo** Número que es menor que 0: *los números negativos se representan precedidos del signo −*. **número ordinal** Número que expresa

NUMERALES

Los numerales indican una cantidad exacta en relación con el nombre al que acompañan o sustituyen. Según la relación se dividen en:

- **numeral cardinal**: Indica el número de veces que está el nombre al que acompaña (por ejemplo: *Hay cuatro sillas, una en cada esquina del cuadrado*) o sustituye (*éramos cuatro, son veintiséis*).

  Los numerales cardinales pueden funcionar como determinantes y como pronombres (por ejemplo: *Hay doce personas* / *Éramos doce para comer*). También son nombres masculinos porque son el nombre del número que representan (por ejemplo: *El siete es mi número favorito*).

- **numeral ordinal**: Indica el lugar que ocupa en una serie ordenada el nombre al que acompaña (por ejemplo: *Es el tercer escalador que llega a la cima*) o sustituye (*el segundo en llegar*).

  Los numerales ordinales pueden funcionar como determinantes y como pronombres.
  La función del ordinal es indicar el orden que un nombre ocupa en una serie: es relativamente frecuente utilizar los cardinales con esta función (por ejemplo: *Soy el doce de la lista*; mejor: *Soy el duodécimo de la lista*). También es común utilizar numerales partitivos (por ejemplo: está mal: *Vivo en el doceavo piso*; debe decirse: *Vivo en el duodécimo piso*).

- **numeral proporcional**: Indica las veces que una cosa, expresada con un sintagma preposicional, es mayor que otra (por ejemplo: *Tengo el doble de tarta que tú*).

- **numeral partitivo**: Indica una parte o fracción de un total (por ejemplo: *No tengo una tarta, sólo tengo un cuarto de tarta; una quinta parte*).

  Los numerales partitivos pueden funcionar como determinantes y como pronombres.

Número	Cardinal	Ordinal	Partitivo	Proporcional
1	uno	primero		
2	dos	segundo	medio	doble, duplo
3	tres	tercero	tercio	triple, triplo
4	cuatro	cuarto	cuarto	cuádruple, -plo
5	cinco	quinto	quinto	quíntuple, -plo
6	seis	sexto	sexto	séxtuplo
7	siete	séptimo	séptimo	séptuplo
8	ocho	octavo	octavo	óctuple, -plo
9	nueve	noveno	noveno	nónuplo
10	diez	décimo	décimo	décuplo
11	once	undécimo	onceavo	undécuplo
12	doce	duodécimo	doceavo	duodécuplo
13	trece	decimotercero	treceavo	terciodécuplo
14	catorce	decimocuarto	catorceavo	
15	quince	decimoquinto	quinceavo	
16	dieciséis	decimosexto	dieciseisavo	
20	veinte	vigésimo	veinteavo	
25	veinticinco	vigésimo quinto	veinticincoavo	
30	treinta	trigésimo	treintavo	
35	treinta y cinco	trigésimo quinto	treinticincoavo	
40	cuarenta	cuadragésimo	cuarentavo	
100	ciento / cien (apócope)	centésimo	céntimo	céntuplo
200	doscientos	ducentésimo		
500	quinientos	quingentésimo		
1 000	mil	milésimo	milésimo	
10 000	diez mil	diezmilésimo		
100 000	cien mil	cienmilésimo		
1 000 000	un millón	millonésimo		

Los numerales ordinales y partitivos y algunas formas de los proporcionales concuerdan con el nombre en género y número (*llegó el tercero / la tercera, llegaron los terceros / las terceras; la vigésima edición del certamen; cuádrupla ración de tarta; la décima parte de la población*), aunque las formas mostradas en el cuadro son únicamente de masculino.

idea de orden: *primero y segundo son números ordinales*. **número par** Número que se puede dividir por dos: *el catorce es un número par*. **número periódico** Número con cifras decimales que se repiten periódicamente: *4,333333 y 2,9686868 son números periódicos*. **número positivo** Número que es mayor que 0: *los números positivos se pueden representar precedidos del signo +*. **número primo** Número que sólo se puede dividir por él mismo y por la unidad: *el dos, el tres, el cinco y el siete son números primos*. **número racional** Cualquier número entero o quebrado: *3 y 4/3 son números racionales*. **número real** Cualquier número racional o irracional: *el conjunto de los números reales se representa con la letra R mayúscula*. **3** Cantidad no determinada de personas, animales o cosas: *un gran número de jóvenes; un escaso número de platos; un buen número de las especies animales*. **4** Puesto que se ocupa en una fila u otra serie ordenada: *—¿Qué número tiene usted? —El cuatro; soy el número cien en las listas del censo*. **5** Fascículo o cuaderno que aparece periódicamente y que forma parte de una serie: *hemos recibido el primer número de la revista; ya está a la venta el número de invierno*. **6** Billete en el que aparece una cifra con la cual se puede participar en un sorteo: *todos los años, juega el mismo número en la Lotería de Navidad; compró muchos números de la tómbola y le tocó una pelota de baloncesto*. **7** Medida por la que se ordenan los zapatos y las prendas de vestir, según su tamaño: *¿qué número de pie calza?; esta chaqueta le está pequeña, necesita un número más*. **8** Parte o acto de un espectáculo o de una función destinada al público: *los niños disfrutan con el número de los payasos; el número de magia no está anunciado en el programa*. **número musical** Parte de una película o de una obra de teatro en la que se canta o se baila: *el género teatral de la revista está lleno de números musicales*. **9** Morfema o parte de una palabra que hace referencia a la cantidad: *en español, el número puede ser singular o plural*. **10** Acción extraña o con que se llama la atención o se hace el ridículo: *había bebido demasiado en la fiesta y montó un número impresionante*. **11** Persona sin graduación en los cuerpos militares de la Guardia Civil y de la Policía: *un capitán y varios números del cuerpo especial de artificieros desactivaron la bomba*.
de número Que forma parte de un conjunto compuesto por una cantidad fija y limitada de personas: *hoy se reúnen los miembros de número de la Real Academia Española*.
en números redondos Acercando al valor total a la unidad inmediatamente superior o inferior: *el coche cuesta 1 190 985, es decir, 1 200 000 en números redondos*. **SIN** aproximadamente.
hacer números Calcular las posibilidades de hacer o conseguir una cosa con dinero: *debemos hacer números antes de comprar esa casa*.
números rojos Saldo negativo en la cuenta de un banco o caja: *no ha cobrado este mes y tiene la cuenta corriente en números rojos, le debe cuarenta mil pesetas al banco*.
número uno Persona que destaca en una actividad por encima de los demás: *este niño es un número uno en matemáticas*. **SIN** as.
DER numeral, numerar, numerario, numérico, numeroso.
OBS Se usa frecuentemente con los verbos: *montar, hacer y dar* ◊ También se usa en forma diminutiva: *allí donde va, siempre monta el numerito*.

numeroso, -sa *adj*. **1** Que incluye gran número de personas, animales o cosas: *un grupo numeroso de estudiantes; leyó la numerosa obra de Lope de Vega*. **SIN** abundante. **2** Que existe en mucha cantidad: *numerosas personas salen los fines de semana al campo; en el parque había numerosos pinos, pero pocos abetos*. **SIN** mucho.
OBS Se usa especialmente ante sustantivos en plural.

numerus clausus Expresión que indica que en una facultad o escuela existe un número limitado de plazas: *no pudo matricularse en la facultad donde deseaba porque tiene numerus clausus y las plazas están cubiertas*.
OBS Se pronuncia 'númerus clausus'. ◊ El plural también es *numerus clausus*.

numismática *n. f*. Disciplina que trata del conocimiento de las monedas y de las medallas, especialmente las antiguas: *su padre, que es un erudito en numismática, te podrá decir si esa moneda es del reinado de Fernando VII o de Isabel II*.

numismático, -ca *n. m. y f*. Persona que conoce las monedas y las medallas, especialmente las antiguas: *encontró unas monedas en una excavación y fue a consultar a un numismático*.
DER numismática.

nunca *adv*. En ningún tiempo o ninguna vez: *el niño nunca ha visto el mar; no insistas, nunca saldré contigo*. **SIN** jamás.
nunca más o **nunca jamás** Expresión que indica de manera muy intensa en ningún tiempo o ninguna vez: *no volveremos a hablarte nunca más; prometió que nunca jamás haría tonterías*.
OBS Si se coloca después del verbo, es necesario el adverbio *no* antes del verbo: *el niño no ha visto nunca el mar*.

nunciatura *n. f*. **1** Cargo o dignidad de nuncio: *este sacerdote ejerce la nunciatura que le otorgó el Papa*. **2** Vivienda del nuncio desde la cual ejerce su cargo: *tengo audiencia con el nuncio en la nunciatura*.

nuncio *n. m*. **1** Hombre que es el representante diplomático del Papa en un país o estado: *el nuncio ejerce ciertas facultades pontificias*. **2** Hombre que lleva encargos, noticias o avisos de una persona a otra: *llegó un nuncio con un mensaje del rey*. **SIN** mensajero. **3** Cosa que anuncia y precede algo: *las golondrinas son el nuncio de la llegada de la primavera*.

nupcial *adj*. De la boda o que tiene relación con esta ceremonia: *tarta nupcial; marcha nupcial*.
DER nupcialidad; prenupcial.

nupcias *n. f. pl*. Ceremonia en la que dos personas se casan: *se declaró una semana de fiesta con motivo de las nupcias del príncipe*. **SIN** boda.
DER nupcial.

nutación *n. f*. **1** Movimiento periódico de oscilación del eje de rotación de la Tierra: *la nutación es causada por la atracción lunar*. **2** BOT. Cambio de posición o dirección que experimentan algunos órganos de una planta: *la nutación de los tallos de una planta es causada por su crecimiento*.

nutria *n. f*. Animal mamífero de cuerpo largo y delgado, abundante pelo rojo oscuro o marrón, patas cortas, que nada muy bien y se alimenta principalmente de peces; habita en todos los continentes, excepto en Oceanía: *las nutrias viven en madrigueras que construyen en las riberas de los ríos y a las que se entra por debajo del agua*.
OBS Para indicar el sexo se usa *la nutria macho* y *la nutria hembra*.

nutrición *n. f*. **1** Hecho de aumentar la sustancia de un ser vivo por medio de alimento, para reparar las partes que se van perdiendo o para hacerlo crecer: *la hembra se ocupa de la nutrición de sus polluelos*. **2** Conjunto de funciones que realizan determinados órganos de un ser vivo para transformar los alimentos en energía y sustancias para el crecimiento: *el intestino y el estómago son dos de los órganos que intervienen*

nutrido

en la nutrición; ese pediatra es especialista en nutrición infantil. **SIN** alimentación.

nutrido, -da *adj.* Que incluye gran cantidad de personas, animales o cosas: *esa tienda tiene una clientela muy nutrida; la mansión tenía una nutrida biblioteca.*

nutrir *v. tr./prnl.* **1** Proporcionar las sustancias que necesita el organismo de un ser vivo para completar lo que pierde y para crecer: *enviaron una partida de alimentos para nutrir a los niños; las plantas se nutren de minerales, agua y luz.* **SIN** alimentar. **2** Abastecer o llenar una cosa de lo que necesita para funcionar: *las centrales térmicas nutren de energía a las ciudades y los pueblos.* **3** Aumentar o dar fuerzas, especialmente de tipo moral, a una persona: *el viaje a América nutrió la obra del poeta de nuevas imágenes; su vida se iba nutriendo de conocimientos.*

DER nutricio, nutrición, nutrido, nutriente, nutriología, nutritivo; desnutrirse.

ETIM *Nutrir* procede del latín *nutrire*, que tenía el mismo significado, voz con la que también está relacionada *nodriza*.

nutritivo, -va *adj.* Que sirve para alimentar: *las carnes y los pescados son nutritivos.*

ny *n. f.* Letra decimotercera del alfabeto griego: *la ny corresponde a la n del alfabeto latino.*

nylon *n. m.* Nailon. **SIN** nilón.

OBS Es de origen inglés y se pronuncia aproximadamente 'nailon'.

ñ *n. f.* Decimoquinta letra del alfabeto español: *la letra ñ es una consonante característica del abecedario español.*

ñame *n. m.* **1** Planta trepadora de hojas grandes y flores pequeñas y verdosas agrupadas en espigas: *el ñame tiene los tallos muy endebles.* **2** Raíz de esta planta, que tiene la corteza casi negra y la carne parecida a la batata; es un tubérculo comestible: *el ñame se come asado o cocido en los países tropicales.*

ñandú *n. m.* Ave procedente de América del Sur, de color gris, con patas y cuello largos y fuertes, con sólo tres dedos en cada pie, que corre y no puede volar: *el ñandú es parecido al avestruz pero más pequeño.*
OBS Para indicar el sexo se usa *el ñandú macho* y *el ñandú hembra*. ◇ El plural es *ñandúes*, culto, o *ñandús*, popular.

ñoñería *n. f.* Obra o dicho de una persona que es simple, tímida y falta de ingenio: *¡no digas ñoñerías!, no es escandaloso darle un beso al novio en la calle.* **SIN** ñoñez.

ñoñez *n. f.* **1** Inseguridad y simplicidad en la manera de actuar y pensar una persona: *el hermano pequeño no tiene la ñoñez del mayor, sino que es más espabilado.* **2** Obra o dicho de una persona que es muy simple, tímida y poco segura: *me fastidian sus ñoñeces, siempre se está quejando por todo.* **SIN** ñoñería. **3** Cosa que es sosa, no tiene gracia ni interés: *han criticado mucho esa película porque es una ñoñez.*
OBS El plural es *ñoñeces*.

ñoño, -ña *adj./n. m. y f.* **1** [persona] Que es muy simple, tímido y apocado: *aquella chica tan ñoña no dijo nada en todo el rato, parecía que tenía miedo.* ◇ *adj.* **2** [cosa] Que no tiene gracia ni interés: *he leído un libro muy ñoño.* **SIN** soso.
DER ñoñería, ñoñez.

ñoqui *n. m.* Pasta alimenticia elaborada con patatas, harina de trigo, mantequilla, leche, huevo y queso rallado, que se corta en trozos pequeños y se hierve en abundante agua con sal: *el ñoqui es un alimento de origen italiano.*

ñu *n. m.* Animal mamífero con el cuerpo parecido al de los caballos, la cabeza grande y cuernos curvos como los de los toros, el pelo de color pardo o gris y abundante crin, que se alimenta de vegetales: *el ñu habita en la sabana africana.*
OBS Para indicar el sexo se usa *el ñu macho* y *el ñu hembra*. ◇ El plural es *ñúes*.

O o

o *n. f.* **1** Decimosexta letra del alfabeto español. El plural es *oes: la o es una vocal.* ◇ *conj.* **2** Se usa para unir dos elementos de un mismo nivel o función gramatical y expresa alternativa o exclusión de uno de ellos: *¿tomarán vino blanco o tinto?; lo harás, o de buen grado o por fuerza.* Cuando precede inmediatamente a otra palabra que empiece por *o* o por *ho* se usa *u: no sé si llegó ayer u hoy.* **3** Se usa para decir o explicar una cosa de otro modo que equivale o es igual a lo dicho anteriormente: *el protagonista o personaje principal de la fábula es Hércules.* Cuando precede inmediatamente a otra palabra que empiece por *o* o por *ho* se usa *u.* **4** Se usa entre dos números para delimitar de manera aproximada una cantidad: *vinieron quince o veinte personas.* En la escritura manual, se recomienda escribirla acentuada cuando se puede confundir con el número 0: *5000 ó 6000.* ◇ Cuando precede inmediatamente a un número que empiece por *o* se usa *u: seiscientos u ochocientos.* **5** Se usa para indicar que lo que se expresa afecta a ambos elementos, sin necesidad de excluir a ninguno de ellos: *pintura para suelos o paredes.* Cuando precede inmediatamente a otra palabra que empiece por *o* o por *ho* se usa *u.*

no saber hacer la o con un canuto Ser muy tonto o no saber nada: *dice que es ingeniero, pero no sabe hacer la o con un canuto.*

o sea Se usa para decir o explicar una cosa de otro modo que equivale o es igual a lo dicho anteriormente: *la madre de su padre, o sea, su abuela le regaló este anillo.*

-o Sufijo que entra en la formación de nombres derivados de verbos que significan: *a)* Acción: *abono, bombardeo. b)* Acción momentánea: *estornudo, suspiro. c)* Derechos pagados por la acción de que se trata: *franqueo, acarreo.*

oasis *n. m.* Lugar con agua en el que crece la vegetación y que se encuentra en medio de un desierto: *los viajeros acamparon en el oasis para descansar y dar de beber a los camellos.*
OBS El plural también es *oasis.*

obcecación *n. f.* Ofuscación tenaz y persistente que tiene una persona y que le impide ver las cosas con claridad y razonar de manera objetiva: *cuando se te pase esta obcecación, lo verás todo más claro.*

obcecar *v. tr.* **1** Confundir la mente de una persona e impedir que se pueda razonar con claridad: *su presencia me obceca de tal modo que acabo por ponerme nervioso y no doy pie con bola.* ◇ *v. prnl.* **2 obcecarse** Insistir mucho en una actividad o idea sin atender a ninguna otra: *se obcecó con el estudio de esa asignatura y suspendió el resto.* **SIN** empecinarse, obstinarse.
DER obcecación.
OBS En su conjugación, la *c* se convierte en *qu* delante de *e.*

obedecer *v. tr.* **1** Cumplir una persona la voluntad de quien manda o lo que establece una ley o norma: *te conviene obedecer a tus padres; el soldado obedece el reglamento militar.* **2** Hacer un animal los movimientos que se le ordenan: *el perro obedece a su amo.* **3** Ceder una cosa ante el esfuerzo que se hace para cambiar su forma o estado: *por fin sus piernas han obedecido al tratamiento, después de meses de recuperación ya logra dar sus primeros pasos.* ◇ *v. intr.* **4** Tener origen una cosa: *su cansancio obedecía a que llevaba dos noches sin dormir.*
DER obediencia, obediente; desobedecer.
OBS En su conjugación, la *c* se convierte en *zc* delante de *a* y *o,* como en *agradecer.*

obediencia *n. f.* **1** Cumplimiento de la voluntad de la persona que manda, de lo que establece una norma o de lo que ordena la ley: *los soldados deben obediencia a sus mandos.* **2** Tendencia de una persona a cumplir lo que se le manda: *le enseño a mi hijo el sentido de la obediencia a los mayores.*

obediente *adj.* Que hace o acostumbra a hacer lo que se le manda: *toma ejemplo de tu primo, que es muy obediente y hace todo lo que le dicen sus padres.*

obelisco *n. m.* Monumento con forma de columna cuadrada y alta, un poco más estrecho en la parte superior que en la base y acabado en punta piramidal, que tiene carácter religioso o conmemorativo de un hecho: *los antiguos egipcios construyeron los primeros obeliscos en honor del dios Sol.*

obertura *n. f.* Pieza con que se comienza una obra musical larga, especialmente una ópera u oratorio, que no es cantada sino que se ejecuta únicamente con instrumentos: *algunas oberturas también son piezas musicales independientes.*
SIN preludio.

obesidad *n. f.* Exceso de grasa en el cuerpo: *un médico endocrino le controla la obesidad.* **SIN** gordura.

obeso, -sa *adj.* [persona] Que tiene exceso de grasa en el cuerpo: *las personas obesas pueden tener problemas de salud.*
DER obesidad.

óbice *n. m.* Dificultad u obstáculo para hacer algo: *su ausencia no es óbice para que se pueda celebrar la reunión.* **SIN** impedimento.
OBS Se usa sobre todo en expresiones negativas: *no ser óbice para.*

obispado *n. m.* **1** Cargo y dignidad de obispo: *era muy anciano cuando alcanzó el obispado.* **SIN** episcopado. **2** Territorio o zona donde un obispo ejerce sus funciones: *mi parroquia pertenece al obispado de Alcalá.* **SIN** diócesis, episcopado. **3** Edificio u oficina donde funciona la administración que depende del obispo: *los obispados están al lado de la catedral en muchas ciudades y se encargan de la restauración de los templos.* **SIN** episcopado.

obispal *adj.* Del obispo o que tiene relación con este cargo eclesiástico: *la mitra y el báculo son atributos obispales.* **SIN** episcopal.

obispo *n. m.* Sacerdote cristiano de grado más elevado que gobierna una zona llamada diócesis: *el Papa nombra a los obispos; el obispo ordenó a los nuevos sacerdotes.*
DER obispado, obispal, obispillo; arzobispo.

óbito *n. m.* Muerte de una persona: *en el momento del óbito recordó todas sus malas acciones.* **SIN** deceso, defunción, fallecimiento.

objeción *n. f.* Razón que se propone o dificultad que se presenta para rechazar o negar una idea o una propuesta: *puso algunas objeciones, pero al final se convenció de la conveniencia de llevar adelante el proyecto.* **objeción de conciencia** Razón o razones de carácter ético o religioso que una persona propone para rechazar u oponerse a cumplir el servicio militar: *la objeción de conciencia es alegada por muchos jóvenes pacifistas.*

objetar *v. tr.* **1** Proponer una razón contraria a lo que se ha dicho: *no tengo nada que objetar.* ◇ *v. intr.* **2** Negarse una persona a cumplir el servicio militar por razones de carácter ético o religioso: *el joven objetó porque estaba en contra de la existencia de los ejércitos.*
DER objeción, objetor.

objetivación *n. f.* Tratamiento objetivo o imparcial de un asunto o idea prescindiendo de las consideraciones personales o subjetivas: *resulta difícil la objetivación de los problemas personales.*

objetivar *v. tr.* Dar a un asunto o a una idea un carácter objetivo o imparcial prescindiendo de las consideraciones personales o subjetivas: *siempre es difícil objetivar los asuntos que se refieren a los sentimientos.*

objetividad *n. f.* Imparcialidad con que se trata o se considera un asunto prescindiendo de las consideraciones y los criterios personales o subjetivos: *la información periodística debería ser contada con objetividad.* **ANT** subjetividad.

objetivo, -va *adj.* **1** Que no está determinado por sentimientos o intereses personales: *juicio objetivo; opinión objetiva.* **SIN** imparcial. **ANT** subjetivo. **2** Del objeto o que tiene relación con lo que existe realmente: *el hombre analiza la realidad objetiva.* ◇ *n. m.* **3** Fin al que se dirige una acción u operación: *su objetivo era conseguir la beca.* **SIN** objeto. **4** Lente o sistema de lentes que aumenta la visión en los instrumentos ópticos y que está colocado en la parte que se dirige hacia el objeto: *esa cámara fotográfica lleva un buen objetivo; el telescopio tenía un objetivo muy potente.* **5** Punto o zona que se ha de atacar u ocupar militarmente: *el avión bombardeó los objetivos militares.*
DER objetivamente, objetivar, objetividad; teleobjetivo.

objeto *n. m.* **1** Cosa material e inanimada, generalmente de tamaño pequeño o mediano: *los muebles, las herramientas o los libros son objetos.* **SIN** cosa. **2** Materia o asunto que el individuo percibe y sobre el cual piensa: *el hombre es el sujeto que observa y reflexiona sobre el mundo, que es su objeto.* **3** Materia o asunto de que se ocupa una ciencia: *la lengua es el objeto de estudio de la lingüística; la energía es objeto de la física.* **4** Fin al que se dirige una acción u operación: *el objeto de mi viaje es descansar; el libro tiene como único objeto la divulgación de su poesía.* **SIN** objetivo. **5** Complemento del verbo en una oración: *en la oración el estudiante consulta el diccionario, el diccionario es el objeto.* **SIN** complemento. **objeto directo** Palabra o sintagma que designa la persona o cosa afectada por la acción del verbo o la persona o cosa que especifica la acción o el proceso expresado por el verbo: *en hablo catalán y castellano, catalán y castellano es el objeto directo.* **SIN** complemento directo. **objeto indirecto** Palabra o sintagma que designa la persona o cosa afectado por la acción del verbo o la persona o cosa presentada como destinataria o beneficiada por la acción del verbo: *en todos los meses escribo a mis amigos de Alemania, a mis amigos de Alemania es el objeto indirecto.* **SIN** complemento indirecto.
al objeto de o **con objeto de** Con la finalidad de: *le envío esta carta al objeto de comunicarle su ascenso; el gobierno adoptó fuertes restricciones con objeto de frenar la crisis.* **SIN** para.
DER objetar, objetivo.

objetor, -ra *adj./n. m.* [persona] Que se niega a cumplir el servicio militar por considerarlo contrario a su conciencia, pero realiza en su lugar un servicio a la comunidad: *César es objetor y está cumpliendo el servicio social en una asociación de minusválidos.*

oblación *n. f. culto* Ofrecimiento o sacrificio que se hace a una divinidad: *en algunas religiones la oblación a un dios se realiza sacrificando animales.* **SIN** ofrenda.

oblea *n. f.* **1** Hoja muy delgada de una masa hecha con harina y agua y sin levadura: *de las obleas se cortan las hostias que después se consagran.* **2** Hoja muy delgada de una masa de harina, agua y azúcar: *el turrón duro lleva una oblea encima y otra debajo; en algunos sitios se comen obleas tostadas, en forma redondeada o enrolladas.*

oblicuángulo, -la *adj./n. m.* MAT. [figura geométrica] Que no tiene ningún ángulo recto: *el triángulo escaleno es oblicuángulo.*

oblicuidad *n. f.* **1** Inclinación respecto a la posición vertical y horizontal: *esta pared tiende a la oblicuidad.* **2** Inclinación que aparta del ángulo recto una línea o un plano en relación con una línea o con otro plano: *ese ángulo tiene una oblicuidad de 45 grados.*

oblicuo, -cua *adj.* **1** Que está en una posición media entre la vertical y la horizontal: *la lluvia caía de manera oblicua a causa del viento.* **SIN** inclinado. **2** [línea, plano] Que no forma ángulo recto con relación a otro: *dibuja una línea oblicua.*
DER oblicuidad.

obligación *n. f.* **1** Exigencia establecida por la moral, la ley o la autoridad: *es obligación de todos ayudar a los más débiles.* **SIN** deber. **2** Cosa que se debe hacer: *cumplir con las obligaciones; los trabajadores tienen la obligación de acudir todos los días a su puesto de trabajo.* **SIN** deber. **3** Título que representa una cantidad de dinero que ha sido prestada por una persona u organismo a alguien con la exigencia de ser devuelto en un plazo determinado: *las obligaciones de las empresas tienen un interés fijo.*

obligar *v. tr.* **1** Mover o impulsar con autoridad a hacer una cosa a una persona sin dejarle elegir: *el deber me obliga a salir; un semáforo en rojo nos obliga a detenernos.* **2** Tener suficiente autoridad determinada cosa para hacer cumplir lo que ordena: *el contrato le obliga a vender la casa.* **3** Hacer fuerza en una cosa para conseguir un efecto de ella: *tendrá que obligar la llave para que entre en la cerradura.* **SIN** forzar. ◇ *v. prnl.* **4 obligarse** Comprometerse a cumplir una cosa: *se obligó a venir y ahora tiene que hacerlo aunque no quiera.*
DER obligación, obligado, obligatorio.
OBS En su conjugación, la g se convierte en *gu* delante de *e*.

obligatoriedad *n. f.* Obligación de cumplir o hacer una cosa: *dada la obligatoriedad de la ley fiscal, el que no la cumpla será sancionado.*

obligatorio, -ria *adj.* Que debe hacerse o cumplirse: *la enseñanza primaria es obligatoria; ley obligatoria.*

oblongo, -ga *adj.* Que de forma es más largo que ancho: *algunas plantas tienen las hojas oblongas.*

obnubilación *n. f.* **1** Estado de ofuscación o confusión mental que tiene una persona y que se caracteriza por la lentitud y no coordinación de los movimientos: *el estado de obnubilación suele preceder al estado de coma.* **2** Fascinación o admiración grande que se siente ante la contemplación de una cosa: *el ver aquella belleza me produjo una absoluta obnubilación.* **SIN** deslumbramiento.

obnubilar *v. tr./prnl.* **1** Hacer perder la razón o la claridad de ideas: *cuando la miraba a los ojos se obnubilaba y no podía pensar en nada.* **2** Dejar admirada a una persona: *la belleza de las pinturas renacentistas me ha obnubilado.*
DER obnubilación.
ETIM Véase *nublar.*

oboe *n. m.* **1** Instrumento musical de viento, formado por un tubo de madera con orificios y llaves y una boquilla con dos lengüetas por la que se sopla: *el oboe tiene un sonido más agudo que el clarinete.* ☞ instrumentos musicales. ◇ *n. com.* **2** Persona que en una orquesta o grupo musical toca este instrumento.

óbolo *n. m.* **1** Cantidad pequeña de dinero que se da como limosna o donativo para contribuir a algún fin: *los vecinos del barrio contribuyen con su óbolo al mantenimiento de la parroquia.* **SIN** donativo, limosna. **2** Unidad de peso y moneda de plata que se usaron en la antigua Grecia.

obra *n. f.* **1** Cosa hecha o producida por un agente: *este destrozo es obra de las lluvias torrenciales.* **2** Producción del pensamiento humano en la ciencia, la cultura o el arte hecha en un momento determinado y que perdura en el tiempo por su interés o valor artístico: *hacen una exposición sobre las obras científicas y filosóficas del siglo XVIII.* **SIN** trabajo. **obra completa** Conjunto de todos los trabajos de un autor: *he comprado la obra completa de Cervantes; el museo de Arte Contemporáneo exhibe este mes la obra completa de Miró.* **obra de arte** Objeto o trabajo de gran valor artístico: *colecciona obras de arte y tiene un cuadro de Picasso, entre otras.* **obra de taller** PINT. Objeto o trabajo en el que han participado los ayudantes de un artista: *los cuadros de algunos pintores son obras de taller.* **obra de teatro** *a)* Texto escrito para ser representado por unos actores: *Lope de Vega escribió magníficas obras de teatro. b)* Representación de un texto previamente escrito: *en lugar de al cine fuimos a ver una obra de teatro.* **obra literaria** Producción escrita que se considera propia de la literatura, especialmente la que es de buena calidad y tiene cierta extensión: *las obras literarias pueden estar escritas en verso o en prosa.* **3** Construcción o arreglo de un edificio o de parte de él, de un camino, de un canal o de otra cosa: *van a hacer obras en casa; los puentes, canales, puertos y carreteras son obras de ingeniería.* **obra pública** Construcción que se destina a uso de todos los ciudadanos: *las carreteras y autopistas son obras públicas.* **4** Actividad o trabajo hecho por una o varias personas: *ha sido obra de todo un equipo.* **5** Acción buena o ejemplar: *los cristianos ganan la vida eterna con su fe y sus obras.* **obra de caridad** Acción que se realiza para ayudar al prójimo, especialmente si se trata de personas necesitadas: *muchas órdenes religiosas trabajan en obras de caridad.* **obra de misericordia** Acción que hace el cristiano para ayudar a los demás: *una obra de misericordia es soportar con paciencia los defectos del prójimo.*
de obra De manera material y no de palabra: *el acusado maltrataba de obra a su esposa; se puede pecar de pensamiento, de palabra, de obra y de omisión.*
en obras En proceso de construcción o de arreglo: *la carretera está aún en obras.*
obra de El Escorial Trabajo que tarda mucho tiempo en terminarse: *la construcción de su nueva casa de campo es la obra de El Escorial: no acaba nunca.*
obra de romanos Cosa que cuesta mucho trabajo y tiempo, o que es grande y perfectamente acabada: *su proyecto del puente sobre el río es obra de romanos.*
obra social Organismo o centro dedicado a la cultura o a la ayuda de personas necesitadas: *la mayoría de los bancos y cajas de ahorros tienen una obra social.*
por obra de Por medio de o mediante el poder de: *desapareció por obra de magia.*
por obra y gracia del Espíritu Santo Sin esforzarse o sin trabajar: *los deberes de la escuela no se hacen por obra y gracia del Espíritu Santo.*
ETIM *Obra* procede del latín *opus, operis,* que tenía el mismo significado, voz con la que también están relacionadas *ópera, operar, opúsculo.*
OBS Se usa frecuentemente en plural.

obrar *v. intr.* **1** Comportarse o proceder de una manera determinada: *obró con malicia cuando acusó a sus compañeros; las religiosas obran por amor a Dios.* **2** Existir en un lugar determinado: *el testamento obra en poder del notario.* **3** Expulsar excrementos por el ano: *aún no ha obrado.* **SIN** defecar. ◇ *v. tr.* **4** Someter una materia a una acción continua y ordenada para darle forma: *obra la madera con arte.* **SIN** trabajar. **5** Construir o levantar un edificio: *están obrando un palacio.* **6** Causar un efecto determinado en algo o alguien: *el remedio no ha obrado una mejoría en el enfermo.*
DER obra, obrador, obrero.

obrero, -ra *n. m. y f.* **1** Persona que se dedica a hacer un trabajo físico y cobra dinero por ello: *los obreros de la construcción tienen que llevar casco.* ◇ *adj.* **2** De las personas que se dedican a hacer un trabajo físico o que tiene relación con ellas: *el sector obrero; la masa obrera.*
DER obrerismo.

obscenidad *n. f.* **1** Grosería que ofende o escandaliza el pudor de una persona por hacer referencias sexuales: *hay quien cree que las imágenes impúdicas son una obscenidad.* **2** Dicho o acción que se consideran groseros por atentar contra el pudor de una persona: *no digas obscenidades en público.*

obsceno, -na *adj.* Que va contra lo que establece la moral, especialmente en el terreno sexual: *el cantante hacía gestos obscenos en público; tenía un calendario con fotografías obscenas de mujeres desnudas.* **SIN** impúdico.
DER obscenidad.

obscurantismo *n. m.* Oscurantismo.

obscurecer *v. impersonal* Oscurecer.

obscuridad *n. f.* Oscuridad.

obscuro, -ra *adj.* Oscuro.

obsequiar *v. tr.* **1** Dar u ofrecer una cosa a una persona como muestra de afecto o de consideración: *los alumnos obsequiaron a su profesora con un bonito jarrón cuando se jubiló.* **SIN** agasajar, regalar. **2** Tratar con afecto y consideración a alguien: *las autoridades agasajaron y obsequiaron al embajador.*
OBS En su conjugación, la *i* no se acentúa, como en *cambiar.*

obsequio *n. m.* **1** Objeto o cosa que se da u ofrece a una persona como muestra de afecto o de consideración: *te hemos traído un obsequio para celebrar tu cumpleaños.* **SIN** dádiva, regalo. **2** Muestra o señal de afecto o de cortesía hacia alguien: *esta pequeña fiesta es sólo un obsequio de bienvenida*. **DER** obsequiar, obsequioso.

obsequioso, -sa *adj.* [persona] Que se comporta de manera agradable o complaciente con las demás personas haciéndoles atenciones o regalos: *en estos grandes almacenes los dependientes son muy obsequiosos con los clientes*.

observación *n. f.* **1** Examen detenido de una cosa o de un fenómeno, generalmente para sacar determinadas conclusiones: *una observación más atenta del árbol nos llevó a deducir que había sido atacado por una plaga de insectos*. **2** Nota escrita que explica o aclara un dato o información que puede confundir o hacer dudar: *a pie de página, el traductor hace una observación sobre el término inglés y su traducción al castellano*. **3** Razón que se propone o problema que se presenta para rechazar, cambiar o mejorar una idea o una propuesta: *hizo unas cuantas observaciones inteligentes que fueron aceptadas inmediatamente*. **SIN** advertencia, objeción. **4** Cumplimiento de una ley o mandato: *la observación de unas normas mínimas de convivencia es necesaria para la vida en sociedad*. **DER** observacional.

observador, -ra *adj./n. m. y f.* **1** [persona, animal] Que examina detenidamente algo: *sólo él se fijó en la ropa que llevaba aquel señor porque es muy observador.* ◊ *n. m. y f.* **2** Persona que asiste a un acontecimiento para seguirlo con atención pero sin poder intervenir en él: *ha estado como observador en la reunión del comité internacional*.

observancia *n. f.* Cumplimiento exacto y rápido de lo que se manda hacer: *como buen ciudadano, se enorgullecía de la observancia de la ley*. **DER** inobservancia.

observar *v. tr.* **1** Mirar o examinar con atención: *con este telescopio observaremos las estrellas; el médico observa los síntomas de la enfermedad*. **2** Darse cuenta de un hecho: *observo que cojea; he observado que la calidad del trabajo es cada vez mejor*. **SIN** advertir, reparar. **3** Cumplir exactamente lo que se manda: *si observas las indicaciones del médico, te curarás enseguida*. **DER** observable, observación, observador, observancia, observatorio.

observatorio *n. m.* **1** Edificio que tiene el personal y los instrumentos adecuados para observar el cielo o el espacio: *los meteorólogos del observatorio han anunciado la proximidad de un frente frío*. **2** Lugar apropiado para observar: *mi terraza es un buen observatorio para ver la playa*.

obsesión *n. f.* Idea fija o preocupación excesiva que ocupa la mente: *el amor por aquella mujer se convirtió en una verdadera obsesión para él*. **SIN** fijación. **DER** obsesionar.

obsesionar *v. tr./prnl.* Ocupar la mente con una idea fija o una preocupación de modo que apenas se hace o se piensa nada más: *el aspecto físico obsesiona a algunas personas; se obsesionó con su trabajo*.

obsesivo, -va *adj.* **1** Que no se puede apartar de la mente y queda reflejado en los actos: *la obra de este escritor se centra en dos ideas obsesivas: la enfermedad y la muerte*. ◊ *adj./n. m. y f.* **2** Que tiene inclinación a obsesionarse: *carácter obsesivo; persona obsesiva*.

obseso, -sa *adj./n. m. y f.* [persona] Que sufre una obsesión, especialmente sexual: *la policía cree que el asesinato de la prostituta es obra de un obseso*. **DER** obsesivo.

obsoleto, -ta *adj.* Que no se usa por ser muy antiguo: *las máquinas de escribir se han quedado obsoletas con la llegada de los ordenadores*. **SIN** anticuado.

obstaculizar *v. tr.* Impedir o hacer difícil el paso o el desarrollo de una acción: *su furgoneta está obstaculizando la salida del garaje; la falta de inversión obstaculizó el avance de la investigación científica*.
OBS En su conjugación, la *z* se convierte en *c* delante de *e*.

obstáculo *n. m.* **1** Cosa que impide pasar o avanzar: *la bicicleta no podía pasar porque había un obstáculo en medio de la calzada*. **2** Situación o hecho que impide el desarrollo de una acción: *la lluvia no fue obstáculo para que se celebrase la competición*. **SIN** impedimento. **3** Cada una de las barreras que se ponen en el recorrido de una carrera deportiva y que los atletas deben saltar para llegar a la meta: *el corredor francés ganó en la carrera de obstáculos*. **DER** obstaculizar.

obstante Palabra que se utiliza en la locución adverbial *no obstante*, con la que se indica que aquello de que se ha hablado no es obstáculo para lo que sigue: *no había dormido en toda la noche; no obstante, aprobó el examen*.
OBS No se debe decir *no obstante de, no obstante a, no obstante que*.

obstar *v. intr.* Ser una cosa impedimento o dificultad para que se desarrolle determinada acción: *su buen comportamiento de los últimos meses no obsta para que dentro de un año cometa un delito*. **DER** obstáculo, obstante.
ETIM *Obstar* procede del latín *obstare*, que tenía el mismo significado, voz con la que también está relacionada *obstetricia*.
OBS Se usa sobre todo en expresiones negativas: *no obsta para*.

obstetra *n. com.* Médico especializado en el estudio y cuidado de la salud de las mujeres durante el embarazo, el parto y el período posterior a éste. **SIN** tocólogo.

obstetricia *n. f.* Parte de la medicina especializada en el estudio y cuidado de la salud de las mujeres durante el embarazo, el parto y el período posterior a éste. **SIN** tocología.

obstinación *n. f.* Mantenimiento excesivamente firme de una idea, intención u opinión, generalmente poco acertada, sin tener en cuenta otra posibilidad: *no puedo entender tu obstinación en oponerte a la boda de tu hija*. **SIN** terquedad, empecinamiento.

obstinado, -da *adj.* **1** [persona] Que se mantiene firme en una opinión o actitud a pesar de las razones o las dificultades que pueda haber en contra: *las personas obstinadas suelen ser difíciles de convencer*. **SIN** perseverante, tenaz. **2** [actitud] Que es muy firme y tenaz: *decisión obstinada; lucha obstinada*. **SIN** pertinaz.

obstinarse *v. prnl.* Mantenerse excesivamente firme en una idea, intención u opinión, generalmente poco acertada, sin tener en cuenta otra posibilidad: *se obstinó en arreglar él mismo la avería y estropeó completamente el coche*. **SIN** empecinarse, obcecar.
DER obstinación, obstinado.

obstrucción *n. f.* **1** Cierre o estrechamiento que impide el paso por una vía, un conducto o un camino: *una obstrucción en una vena puede provocar una trombosis; hay una obstrucción en la tubería y no sale el agua*. **SIN** atasco, oclusión. **2** Acto que tiene como fin impedir o hacer difícil una acción: *fue acusado de obstrucción a la justicia*.
DER obstruccionismo.

obstruir *v. tr./prnl.* **1** Cerrar o estrechar el paso de una cosa en movimiento por una vía, un conducto o un camino: *el*

trapo que se cayó ha obstruido la cañería. **2** Cerrar o impedir el acceso a un lugar: *la entrada de la mina se ha obstruido tras el derrumbamiento*. **SIN** atascar, atorar, atrancar, taponar. ◇ *v. tr.* **3** Impedir o hacer difícil el desarrollo de un proceso o de una actividad: *el cómplice trató de obstruir la investigación policial*.
DER obstrucción.
OBS En su conjugación, la *i* se convierte en *y* delante de *a, e* y *o*, como en *huir*.

obtención *n. f.* **1** Logro de determinada cosa que se merece o se solicita a través de una persona o institución: *la asociación se mantuvo gracias a la obtención de subvenciones*. **2** Producción de una cosa a partir de otra o extracción de un material que se encuentra en un lugar: *obtención de energía aprovechando la fuerza del agua; obtención de minerales en las minas o canteras*.

obtener *v. tr.* **1** Lograr, conseguir o llegar a tener algo que se quiere o se solicita: *obtiene grandes beneficios de sus negocios; ha obtenido buenos resultados en las pruebas*. **2** Producir o sacar determinada cosa, generalmente a partir de otra: *la familia obtiene la miel de las colmenas que ella misma cuida*.
DER obtención.
OBS Se conjuga como *tener*.

obturar *v. tr./prnl.* Cerrar o tapar una abertura o un orificio aplicando o introduciendo alguna cosa: *hay que obturar la tubería por sus dos extremos; el desagüe del lavabo se ha obturado*.

obtusángulo *adj.* [triángulo] Que tiene un ángulo mayor de 90 grados.

obtuso, -sa *adj.* **1** [objeto] Que no tiene punta: *los cuchillos de mesa suelen ser obtusos y los de cocina, puntiagudos*. **SIN** romo. **2** [persona] Que es lento en comprender las cosas más simples: *cuanto más mayor se hace, más obtuso se vuelve*. **3** MAT. [ángulo] Que tiene más de 90 grados y menos de 180: *el ángulo obtuso es mayor que el recto*. ☞ ángulos.

obús *n. m.* **1** Arma pesada de fuego formada por un tubo hueco y largo de menor tamaño y diámetro que el de un cañón que sirve para disparar granadas: *el obús es de mayor tamaño que el mortero*. **2** Proyectil hueco con explosivos en su interior, que se dispara con un arma pesada: *el disparo de un obús sigue una trayectoria curva*.

obviar *v. tr.* **1** Evitar o hacer desaparecer obstáculos o problemas: *ese problema se obviaría si todos llegaran a un acuerdo*. **2** Dejar de nombrar o decir algo, especialmente cuando se considera sabido: *obviaré los datos concretos porque aparecen en el libro de texto*.
OBS En su conjugación, la *i* no se acentúa, como en *cambiar*.

obvio, -via *adj.* **1** [suceso, hecho] Que está a la vista: *no neguemos lo obvio porque todos hemos visto que se abrazaban*. **SIN** evidente. **2** Que es muy claro o que no es difícil de entender: *si todos los hombres son mortales y Juan es un hombre, la conclusión es obvia*. **SIN** evidente.
DER obviamente, obviar.

oc Palabra que aparece en la expresión *lengua de oc*, que es el nombre que recibieron en la época medieval un conjunto de dialectos que se hablaban en la región del Mediodía francés: *los trovadores compusieron en la lengua de oc*. **SIN** provenzal.

oca *n. f.* **1** Ave con el pico de color naranja, casi negro en la punta, con el pecho y el vientre amarillos, la cabeza y el cuello de color gris oscuro y el resto del cuerpo gris con rayas marrones; las ocas viven en lugares pantanosos pero también se crían en corrales como animales de granja: *con el hígado de las ocas se hace el foie gras*. **SIN** ganso, ánsar. **2** Juego de mesa que consiste en un tablero con 63 casillas, numeradas y colocadas en espiral, por las que cada jugador tiene que hacer avanzar una ficha según el número que sale en un dado. En las casillas aparecen distintos dibujos que van marcando lo que tienen que hacer los jugadores: *cuando la ficha de un jugador cae en una casilla que tiene dibujada una oca hay que decir «de oca a oca y tiro porque me toca»*.
OBS Para indicar el sexo se usa *la oca macho* y *la oca hembra*.

ocarina *n. f.* Instrumento musical de viento hecho de barro o metal, de forma ovalada y ligeramente alargada, con ocho agujeros por los que sale el aire y que hay que ir tapando con los dedos para conseguir los distintos sonidos: *la ocarina produce un sonido muy dulce*. ☞ instrumentos musicales.

ocasión *n. f.* **1** Lugar o momento más oportuno en el tiempo para hacer o conseguir una cosa: *no he tenido ocasión de hablar con él de este asunto; aprovechar la ocasión*. **2** Momento y lugar en los que se sitúa un hecho o una circunstancia: *en aquella ocasión tú llevabas un traje gris*.
con ocasión de En el momento o circunstancia que se dice a continuación: *con ocasión del décimo aniversario celebraremos una fiesta*.
de ocasión Que se vende a un precio más bajo del habitual o es de segunda mano: *en esa tienda venden muebles de ocasión y hay verdaderas gangas*.
DER ocasional, ocasionar.

ocasional *adj.* **1** Que ocurre por azar o accidente: *un encuentro ocasional fue el principio de nuestra relación*. **2** Que no es habitual o no se hace por costumbre, sino sólo en un momento determinado: *en su ficha médica pone que es fumador ocasional*. **SIN** circunstancial.
DER ocasionalmente.

ocasionar *v. tr.* Ser causa u origen de un suceso: *un escape de gas ocasionó el incendio*. **SIN** causar, originar.

ocaso *n. m.* **1** Puesta del sol o de otro cuerpo celeste por el horizonte: *esperemos que refresque el día cuando venga el ocaso*. **2** Punto cardinal situado hacia donde se oculta el sol: *si subes a la colina y miras hacia el ocaso verás la finca*. **SIN** oeste, poniente, occidente. **3** Decadencia o acabamiento de una persona o de un suceso: *en el ocaso de su vida el actor recordaba los momentos de gloria y fama*.

occidental *adj.* **1** Del occidente o que tiene relación con este punto cardinal: *España y Portugal se reunieron con otros países occidentales de Europa*. **2** De los países de occidente o que tiene relación con ellos: *la economía occidental compite con la oriental*. ◇ *n. com.* **3** Persona que es de uno de los países de occidente: *los occidentales suelen tener los ojos redondos y los orientales, rasgados*.

occidente *n. m.* **1** Punto del horizonte situado donde se oculta el sol: *el sol se pone exactamente por occidente en los días del equinoccio*. **SIN** oeste, poniente. **2** Lugar situado hacia ese punto: *España tiene el océano Atlántico en el occidente y el mar Mediterráneo en el oriente*. **3** Conjunto de países de la parte oeste de Europa: *la Unión Europea agrupa a casi todos los países de occidente*. **4** Conjunto de países de varios continentes, cuyas lenguas y culturas proceden del oeste de Europa en oposición al conjunto de países orientales, especialmente del continente asiático: *cada día hay menos diferencias políticas y culturales entre oriente y occidente*.
DER occidental.

occipital *adj./n. m.* [hueso] Que está situado en la parte posterior de la cabeza, donde ésta se une con las vértebras del cuello: *el hueso occipital cubre el encéfalo*. ☞ cráneo.

océano n. m. **1** Masa de agua salada, que cubre aproximadamente las tres cuartas partes de la Tierra: *los grupos ecologistas defienden la vida y la limpieza del océano*. **SIN** mar. ☞ ciclo del agua. **2** Cada una de las partes en que se considera dividida esa masa: *los océanos son cinco: Atlántico, Pacífico, Índico, Boreal y Austral; atravesó el océano Atlántico en su viaje a Nueva York*. **3** Cantidad o extensión grande de una cosa, generalmente inmaterial: *un océano de dificultades nos impidió llevar a cabo nuestro proyecto*.
DER oceánico, oceanicultura, oceanografía.

oceanografía n. f. Ciencia que estudia los mares, sus fenómenos, y su flora y fauna: *estudió biología pero se especializó en oceanografía*.
DER oceanográfico, oceanógrafo.

oceanográfico, -ca adj. De la oceanografía o que tiene relación con esta disciplina de la biología: *realizó un estudio oceanográfico de una parte del Atlántico*.

oceanógrafo, -fa n. m. y f. Persona que se dedica a estudiar los mares, sus fenómenos, su flora y fauna: *este oceanógrafo ha hecho varios documentales para la televisión*.

ocelo n. m. **1** ZOOL. Ojo constituido por varias células que forma parte del ojo compuesto de los animales invertebrados, especialmente de los insectos: *los ojos de las abejas están formados por ocelos; los ocelos pueden captar la luz, pero no las imágenes de los objetos*. **2** Mancha de forma redonda que tienen las alas de ciertos insectos y aves: *las alas de esta mariposa tienen ocelos de color rojo y amarillo*.

ocelote n. m. Animal mamífero felino que tiene el pelo suave de color ocre con manchas oscuras y que vive en los bosques y caza durante la noche: *el ocelote habita en las regiones de América Central y del Sur*.
OBS Para indicar el sexo se usa *el ocelote macho* y *el ocelote hembra*.

ochenta num. card. **1** Setenta más diez: *cuarenta por dos son ochenta; si tengo 100 manzanas y te doy 20, me quedan ochenta*. ◊ num. ord. **2** [persona, cosa] Que sigue en orden al que hace el número 79; octogésimo: *si voy después del septuagésimo noveno, soy el ochenta de la lista*. ◊ n. m. **3** Número que representa el valor de diez multiplicado por ocho: *escribe el ochenta después del 79*.
DER ochentavo.
OBS Es preferible el uso del ordinal: *soy el octogésimo*.

ochentavo, -va num. [parte] Que resulta de dividir un todo en 80 partes iguales: *eran 80 personas y le correspondió a cada una un ochentavo*.

ocho num. **1** Siete más uno: *cuatro por dos son ocho; si tengo 100 manzanas y te doy 92, me quedan ocho*. ◊ num. ord. **2** [persona, cosa] Que sigue en orden al que hace el número siete: *si voy después del séptimo, soy el ocho de la lista*. ◊ n. m. **3** Número que representa el valor de siete más uno: *escribe el ocho después del siete*.
dar igual ocho que ochenta No importar nada: *antes se preocupaba por todo, pero ahora le da igual ocho que ochenta*.
DER ochenta.
OBS Es preferible el uso del ordinal: *soy el octavo*.

ochocientos, -tas num. card. **1** Cien multiplicado por ocho: *799 más uno son ochocientos*. ◊ num. ord. **2** [persona, cosa] Que sigue en orden al que hace el número 799; octingentésimo: *si voy después del septingentésimo nonagésimo noveno, soy el ochocientos de la lista*. ◊ n. m. **3** Número que representa el valor de 100 multiplicado por ocho: *escribe el ochocientos después del 799*.
OBS Es preferible el uso del ordinal: *soy el octingentésimo*.

ocio n. m. **1** Tiempo libre o descanso de las ocupaciones habituales: *en sus ratos de ocio juega a las cartas con los amigos*. **2** Diversión u ocupación que se elige para los momentos de tiempo libre: *nosotros preferimos actividades de ocio cultural, como ir al cine o leer novelas*.
DER ocioso.

ociosidad n. f. Estado en el que está la persona que se encuentra en una etapa de inactividad o tiene ocio y tiempo libre: *quiere dejar de vivir en esa ociosidad y dedicarse a estudiar*. **SIN** gandulería, holgazanería.

ocioso, -sa adj./n. m. y f. **1** [persona] Que no tiene obligaciones ni cosas que hacer porque no tiene trabajo o porque ha terminado de él: *algunos jubilados ociosos paseaban por la plaza cada mañana*. **2** [persona] Que está descansando o haciendo una pausa en el trabajo o en una actividad: *tengo ganas de coger vacaciones para estar un rato ocioso*. ◊ adj. **3** [cosa inmaterial, objeto] Que no tiene utilidad, provecho ni sentido: *aunque tus disculpas son ociosas, te perdono; llévate la licuadora porque no me gustan los zumos y aquí está ociosa*.
DER ociosidad.

oclusión n. f. Cierre o estrechamiento que impide o dificulta el paso de un fluido por una vía o conducto del organismo: *ha sido operado de una oclusión intestinal; en la pronunciación de la letra p se produce una oclusión rápida de los labios*. **SIN** obstrucción.

oclusivo, -va adj. **1** MED. Que cierra un conducto del organismo: *las válvulas de la aorta tienen una función oclusiva*. ◊ adj./n. f. **2** Sonido consonante que se pronuncia de la siguiente manera: los órganos articulatorios se ponen en contacto en un punto impidiendo por un instante la salida del aire, y luego se expulsa el aire acumulado: *en español las consonantes oclusivas son:* [p], [t], [k], [b], [d], [g].

ocre adj. **1** De color amarillo oscuro: *este sofá ocre no quedará bien con el color rosa de las cortinas*. ◊ adj./n. m. **2** [color] Que es amarillo oscuro: *en sus cuadros predomina el ocre sobre otros colores*. ◊ n. m. **3** Mineral con aspecto de tierra y de color amarillo, que es un óxido de hierro frecuentemente mezclado con arcilla: *el ocre se utiliza en pintura*.

octa- Elemento prefijal que entra en la formación de palabras con el significado de ocho: *octaedro*.

octaedro n. m. Cuerpo geométrico formado por ocho caras que son triángulos: *el octaedro está formado por dos pirámides unidas por la base*.

octagonal adj. Que tiene forma de octágono: *figura octagonal; objeto octagonal*. **SIN** octogonal.

octágono n. m. Octógono.
DER octagonal.

octanaje n. m. Cantidad o porcentaje de octanos que está presente en la gasolina o en cualquier otro carburante: *los carburantes tienen diferente octanaje*.

octano n. m. **1** Líquido combustible que es un hidrocarburo saturado que se obtiene del petróleo y que se utiliza en la preparación de gasolina para conseguir que aumente el tiempo de explosión de un motor: *una molécula de octano tiene 8 átomos de carbono y 18 de hidrógeno*. **2** Porcentaje de este líquido combustible que contiene la gasolina: *la gasolina súper tiene 96 octanos*.
DER octanaje.

octava n. f. **1** Estrofa en la que se combinan ocho versos de cualquier clase con rima consonante: *la octava se generalizó con el uso del endecasílabo*. **octava aguda** Estrofa formada por ocho versos de once y siete sílabas en rima consonante, en la que el cuarto y el octavo son agudos y riman entre sí:

octavilla

los poetas románticos mostraron preferencia por la octava aguda. **octava real** u **octava rima italiana** Estrofa de ocho versos de once sílabas que riman en consonante, los seis primeros de forma alterna y los dos últimos entre sí: *el esquema de una octava real es:* ABABABCC. **2** MÚS. Serie de sonidos que comprende las siete notas de una escala musical y la repetición de la primera de ellas: *el niño practicó las octavas con el piano antes de empezar a tocar la sonata.* **3** Último sonido de una serie de ocho notas, que tiene el doble de vibraciones que el primero: *ella puede cantar en una octava más alta que yo.* **4** Período de ocho días durante los que la Iglesia católica celebra una fiesta determinada: *en mi pueblo somos muy devotos de San Martín y cada año celebramos su octava.* **5** Último de los ochos días en que la Iglesia católica celebra una fiesta.

octavilla *n. f.* **1** Hoja pequeña de papel impresa con publicidad, generalmente de carácter político: *durante la dictadura, el partido comunista imprimía octavillas en la clandestinidad; se ganaba algún dinero repartiendo octavillas por los buzones.* **2** Estrofa de ocho versos de ocho o menos sílabas que riman en consonancia: *en el siglo XV se escribieron muchas octavillas cuyos esquemas eran* abbecdde *y* ababbccb.

octavo, -va *num. ord.* **1** [persona, cosa] Que sigue en orden al que hace el número siete: *si voy después del séptimo, soy el octavo de la lista.* **2** [parte] Que resulta de dividir un todo en ocho partes iguales: *si somos ocho para comer, me toca un octavo de tarta.*
octavos de final Parte de una competición en la que se enfrentan por parejas 16 deportistas o equipos: *ocho equipos de fútbol quedaron eliminados en los octavos de final.*
DER octava, octavilla, octeto.

octingentésimo, -ma *num. ord.* **1** [persona, cosa] Que sigue en orden al que hace el número 799: *si voy después del 799, soy el octingentésimo de la lista.* **2** [parte] Que resulta de dividir un todo en 800 partes iguales: *eran 800 personas y le correspondió a cada una un octingentésimo.*

octo- Elemento prefijal que entra en la formación de palabras con el significado de ocho: *octosilábico.*

octogenario, -ria *adj./n. m. y f.* Que tiene ochenta años o más pero no llega a los noventa: *anciano octogenario; árbol octogenario.*

octogésimo, -ma *num. ord.* **1** [persona, cosa] Que sigue en orden al que hace el número 79: *si voy después del 79, soy el octogésimo de la lista.* **2** [parte] Que resulta de dividir un todo en 80 partes iguales: *eran 80 personas y le correspondió a cada una un octogésimo.*

octogonal *adj.* Que tiene forma de octógono: *figura octogonal; objeto octogonal.* SIN octagonal.

octógono u **octágono** *n. m.* Figura plana de ocho lados y ocho ángulos: *la planta de ese edificio tiene forma de octógono.*
DER octogonal.

octópodo *adj./n. m.* **1** [molusco cefalópodo] Que tiene ocho brazos o tentáculos: *el pulpo es un molusco cefalópodo octópodo.* ◇ *n. m. pl.* **2 octópodos** Orden al que pertenecen estos moluscos: *el pulpo pertenece al orden de los octópodos.*

octosílabo, -ba *adj./n. m.* [verso] Que tiene ocho sílabas: *el Romance del Enamorado y la Muerte está escrito en octosílabos.*
DER octosilábico.

octubre *n. m.* Décimo mes del año que tiene 31 días: *octubre sigue a septiembre y va antes que noviembre.*

ocular *adj.* **1** Del ojo o que tiene relación con este órgano de la visión: *ha cogido una infección ocular.* ◇ *n. m.* **2** Cristal o sistema de lentes que aumenta el tamaño de la imagen y se coloca en el extremo de un instrumento, por donde mira el observador: *hay que limpiar con mucho cuidado el ocular del telescopio para que no se raye.*
DER oculista.
ETIM Véase ojo.

oculista *n. com.* Médico especializado en el estudio y tratamiento de las enfermedades de los ojos. SIN oftalmólogo.

ocultación *n. f.* Encubrimiento de una cosa que se hace para que no se sepa o no se note: *la ocultación de pruebas es un delito.*

ocultar *v. tr./prnl.* **1** Impedir que una persona, animal o cosa sea encontrada: *los piratas desembarcaron en la isla y ocultaron el tesoro en una cueva; un ladrón se ocultaba en la sombra.* SIN esconder. ◇ *v. tr.* **2** Hacer que una cosa material o inmaterial no sea advertida por los demás: *no ocultes las ganas de venir con nosotros; ocultaba la cicatriz con maquillaje.* SIN disimular. **3** Callar lo que se debe decir: *fue acusado de ocultar el delito de su esposa; ocultó la noticia para no disgustar a su madre.* ◇ *v. prnl.* **4 ocultarse** Desaparecer de la vista del Sol o la Luna: *la Luna todavía no se ha ocultado esta mañana.* SIN ponerse.
DER ocultación.

ocultismo *n. m.* Conjunto de teorías y creencias que defienden la existencia de ciertos fenómenos que carecen de explicación racional o científica y prácticas que pretenden dominar este tipo de fenómenos: *el ocultismo defiende la existencia de los fenómenos paranormales.*

ocultista *adj.* **1** Del ocultismo o que tiene relación con este conjunto de teorías, creencias y prácticas: *creencias ocultistas; la adivinación es una práctica ocultista.* ◇ *n. com.* **2** Persona que estudia o practica el ocultismo: *suele ir a visitar a un ocultista para que le adivine el futuro.*

oculto, -ta *adj.* [persona, animal, cosa] Que no se deja ver o encontrar: *nadie conocía sus intenciones ocultas; permaneció oculto hasta que pasó el peligro.*
DER ocultar, ocultismo.

ocupa *n. com.* Persona que vive de forma ilegal en una vivienda o en un local que no es de su propiedad: *los ocupas fueron desalojados del piso por la policía.*

ocupación *n. f.* **1** Toma de posesión de un lugar: *la policía ha evitado la ocupación del edificio por parte de los huelguistas.* **ocupación militar** Estancia en un territorio del ejército de otro estado, el cual interviene en la vida pública de aquél pero sin anexionarse a él: *el país soportó una ocupación de casi tres años.* **2** Trabajo que una persona realiza a cambio de dinero y de manera más o menos continuada: *gran cantidad de personas se encuentra actualmente sin ocupación.* SIN empleo. **3** Actividad a la que una persona se dedica en un determinado tiempo: *si te quedas unos días, te buscaremos una ocupación para que no te aburras.*
DER ocupacional.

ocupacional *adj.* De la ocupación, del empleo o de la actividad laboral o que tiene relación con ellos: *política ocupacional; formación ocupacional.*

ocupante *adj./n. m. y f.* [persona] Que ocupa un lugar, generalmente una casa, un vehículo o un asiento: *los tres ocupantes del automóvil salieron ilesos del accidente.*

ocupar *v. tr.* **1** Llenar un espacio o un lugar: *la fuente ocupa toda la plaza; los niños ocuparon los primeros asientos.* **2** Entrar en un lugar, invadirlo o instalarse en él: *el ejército enemigo ocupó la ciudad.* **3** Habitar una casa o estar instalado en un lugar: *el director ocupa el despacho principal.* **4** Obtener o

desempeñar un empleo, un trabajo o un cargo determinados: *el señor Martín ocupará el puesto de fiscal*. **5** Necesitar un período de tiempo determinado para hacer algo: *esta profesión ocupa todo mi tiempo; la limpieza de la casa nos ocupará varias horas*. **SIN** llevar. **6** Dedicar un período de tiempo determinado a una actividad determinada: *tras la jubilación, ocupaba sus ratos libres en pintar o pasear por el campo*. **SIN** llenar. **7** Dar trabajo o empleo a alguien: *la industria ocupa a la mayoría de la población trabajadora del país*. ◇ *v. prnl*. **8 ocuparse** Hacerse responsable de un asunto o negocio o encargarse de ellos: *ella se ocupa de la tienda; yo me ocuparé de la cena*. **9** Preocuparse por una persona, prestándole cuidado y atención: *la abuela se ocupa del niño cuando su madre está fuera*. **10** Tratar, hablar o escribir sobre un asunto determinado: *en el capítulo anterior nos ocupamos del adjetivo, en éste nos ocuparemos del verbo*.
DER ocupa, ocupación, ocupante; desocupar, preocupar.

ocurrencia *n. f.* **1** Idea inesperada o pensamiento original que tiene una persona: *tuvo la ocurrencia de venir a buscarnos en helicóptero*. **2** Dicho o hecho gracioso e ingenioso de una persona: *no te aburrirás nunca con ella, tiene unas ocurrencias tan divertidas*.

ocurrente *adj.* **1** [persona] Que tiene ideas originales o inesperadas: *siempre tiene una contestación adecuada porque es muy ocurrente*. **2** [dicho] Que es gracioso e ingenioso: *sus ocurrentes comentarios nos mantuvieron entretenidos toda la tarde*.

ocurrir *v. intr.* **1** Producirse un hecho: *el accidente ocurrió en mi casa; ocurrieron hechos muy extraños*. **SIN** acaecer, acontecer, suceder. ◇ *v. prnl*. **2 ocurrirse** Venir de pronto a la imaginación determinada idea o manera de hacer algo: *se le ocurrió la idea de la novela mientras estaba en el campo; no se me ocurre ningún otro ejemplo*.
DER ocurrencia, ocurrente.
ETIM Véase *correr*.
OBS Sólo se usa en tercera persona del singular o del plural y en las formas no personales: infinitivo, gerundio y participio.

oda *n. f. culto* Poema extenso dividido en estrofas de asuntos diversos aunque más frecuentemente se compone para alabar a una persona o a una cosa: *Las Odas elementales de Pablo Neruda son una alabanza a las pequeñas pero importantes cosas de la vida que nos rodean*.

odalisca *n. f.* **1** Mujer que es esclava en un harén turco: *la odalisca estaba al servicio de las mujeres del harén*. **2** Mujer que forma parte de un harén turco: *el sultán poseía un harén de varias odaliscas*.

odeón *n. m.* **1** En la antigua Grecia, edificio o lugar en el que se representaban espectáculos musicales. **2** Teatro en el que se representan óperas: *fueron al odeón a ver el estreno de una ópera de Verdi*.

odiar *v. tr.* Sentir rechazo o disgusto: *odio la crueldad con los animales*. **SIN** abominar, aborrecer, detestar. **ANT** amar.

odio *n. m.* Sentimiento fuerte de rechazo o antipatía hacia una persona o cosa cuyo mal se desea: *la envidia y el rencor que sentía hacia él se fueron convirtiendo en un profundo odio*. **SIN** aversión. **ANT** amor.
DER odioso.

odioso, -sa *adj.* **1** Que provoca un sentimiento de odio: *el odioso y despreciable prestamista desalojó a la familia y la dejó en la calle*. **SIN** detestable. **2** *coloquial* Que es molesto y desagradable: *lo que más me fastidia son estas odiosas moscas*. **SIN** fastidioso. **ANT** agradable.

odisea *n. f.* **1** Viaje largo lleno de aventuras y dificultades: *hemos hecho un viaje en coche desde Moscú hasta París y ha sido una odisea*. **2** Conjunto de dificultades que pasa una persona para conseguir un fin determinado: *para muchos extranjeros es una odisea conseguir el permiso de residencia*.

-odoncia Elemento sufijal que entra en la formación de palabras con el significado de diente: *endodoncia*.

odonto-, -odonte, -odoncia Elemento prefijal y sufijal que entra en la formación de palabras con el significado de diente: *odontólogo, mastodonte*.

odontología *n. f.* Disciplina médica que se ocupa de los dientes, de sus enfermedades y de los tratamientos para repararlos, extraerlos o sustituirlos: *los especialistas en odontología se reunieron para hablar de los nuevos materiales para las prótesis*.
DER odontólogo.

odontológico, -ca *adj.* De la odontología o relacionado con esta especialidad médica.

odontólogo, -ga *n. m. y f.* Médico especialista en los dientes, sus enfermedades y los tratamientos para repararlos, extraerlos o sustituirlos. **SIN** dentista.

odre *n. m.* Especie de saco hecho de cuero o piel de algún animal que se utiliza para guardar o contener líquidos: *el odre se fabrica generalmente de piel de cabra; en un odre suele guardarse vino o aceite*. **SIN** cuero, pellejo.

oeste *n. m.* **1** Punto cardinal situado donde se oculta el sol: *la abreviatura de oeste es O*. **2** Lugar situado hacia ese punto: *¿Valencia está en el este o en el oeste de la península ibérica?; yo vivo al oeste de la ciudad*. **3** Viento que sopla de ese punto cardinal: *en esa zona siempre sopla el oeste*. **4** Territorio de Estados Unidos de América situado entre los Apalaches y el Pacífico: *he visto una película del Oeste; la colonización del Oeste se llevó a cabo en el siglo XIX*. En esta acepción se escribe con mayúscula.

ofender *v. tr.* **1** Hacer o decir algo que significa para una persona humillación o desprecio: *lo ofendió diciéndole que era un cobarde; tu comportamiento ofende el honor y el buen nombre de la familia*. **SIN** injuriar, herir. **2** Causar algo o alguien una sensación desagradable a los sentidos: *esta combinación de colores ofende a la vista*. **SIN** herir. ◇ *v. prnl*. **3 ofenderse** Sentirse molesto por considerarse humillado o despreciado: *se ofendió cuando dijiste que su prima era más guapa que ella*. **SIN** molestarse.
DER ofendido, ofensa.

ofensa *n. f.* Acción o dicho que hace que alguien se sienta humillado o despreciado: *no lo invitaron y le pareció una ofensa*. **SIN** injuria, agravio.
DER ofensiva, ofensivo, ofensor.

ofensiva *n. f.* Ataque, especialmente militar: *muchas personas perdieron la vida durante la ofensiva alemana*.
tomar la ofensiva Prepararse para atacar al enemigo: *el ejército tomó la ofensiva*.
DER contraofensiva.

ofensivo, -va *adj.* **1** Que se hace para humillar o despreciar a alguien: *contestó a sus imprecaciones con palabras ofensivas; el conductor hizo un gesto ofensivo al motorista que le adelantó por la derecha*. **SIN** insultante, injurioso. **2** Que sirve para atacar: *encontraron un arsenal de armas ofensivas*.
DER inofensivo.

ofensor, -sora *adj./n. m. y f.* [persona] Que causa humillación o demuestra desprecio: *el ofensor y el ofendido se reconciliaron*.

oferta *n. f.* **1** Ofrecimiento para hacer o cumplir una cosa: *me ha hecho una oferta tan buena que no la he podido rechazar*. **2** Acción de ofrecer mercancías, especialmente a un

ofertar

precio bajo o más bajo: *las tiendas deben hacer ofertas para competir.* **SIN** rebaja. **de oferta** [artículo] Que se vende a precio rebajado: *hoy el chorizo está de oferta.* **3** Mercancía que se ofrece a un precio más bajo de lo normal: *he comprado tres ofertas en el supermercado.* **4** ECON. Conjunto de mercancías o servicios que compiten en el mercado: *el paro aumenta cuando mayor es la oferta de mano de obra; hay poca oferta de pisos.* **5** Cantidad de dinero que se ofrece para conseguir una mercancía o un servicio que se vende o se subasta: *la oferta que han hecho para adquirir el mueble isabelino es demasiado baja.*
DER ofertar, ofertorio.

ofertar *v. tr.* Ofrecer mercancías a un precio rebajado: *esta semana no ofertan nada que me interese en el supermercado.*

ofertorio *n. m.* **1** Parte de la misa católica en la cual el sacerdote ofrece a Dios el pan y el vino antes de consagrarlos: *en el ofertorio el sacerdote dice una pequeña oración.* **2** Oración breve que reza el sacerdote antes de esta parte de la misa.

off **1** Aparece en la expresión periodística *off the record,* que se aplica a la información confidencial o extraoficial que no puede ser divulgada o publicada: *los periodistas reciben mucha información off the record.* **2** Forma parte de la expresión usada en cine, teatro y televisión *en off,* que se aplica a la voz que se oye de fondo y no pertenece a ninguno de los personajes que aparecen en pantalla o en escena: *la voz en off suele ser la del narrador.*
OBS Es de origen inglés y se pronuncia aproximadamente 'of'.

office *n. m.* Habitación que está situada junto a la cocina y que se comunica con ella: *desayunan en la mesa del office.*
OBS Es de origen francés y se pronuncia 'ofis'. ◇ El plural también es *office.*

offset *n. m.* **1** Procedimiento de impresión que consiste en usar un molde o plancha con un ligerísimo relieve que imprime con tinta sobre un rodillo de caucho que a su vez imprime sobre el papel. **2** Máquina de imprimir que emplea este sistema para sacar copias o fotografías: *saca 4000 copias de este ejemplar con el offset.*

oficial *adj.* **1** Que depende o procede de una autoridad estatal o local: *boletín oficial; impreso oficial.* **2** Que es reconocido y aceptado por la autoridad estatal o local pertinente: *en este centro la enseñanza es oficial.* ◇ *adj./n. com.* **3** [persona] Que estudia y prepara la parte administrativa de los negocios en una oficina bajo las órdenes de un jefe: *oficial administrativo.* **4** [persona] Que asiste a un centro que depende del estado: *los alumnos oficiales se matricularán en junio.* ◇ *n. com.* **5** Miembro del ejército con una graduación entre la del alférez o segundo teniente y la del capitán, ambas inclusive: *el soldado se cuadró ante su oficial; el alférez es un oficial del ejército de tierra.* **6** Persona que se ocupa o trabaja en un oficio, especialmente es físico: *el oficial de laboratorio me ha ordenado hacer un pedido de material.* ◇ *n. m.* **7** Hombre que ha terminado de aprender un oficio, pero que todavía no es maestro: *en la obra trabajan un maestro albañil, cuatro oficiales y dos aprendices.*
DER oficialía, oficialidad, oficializar, oficialmente; extraoficial, suboficial.

oficiala *n. f.* Mujer que ha terminado de aprender un oficio, pero que todavía no es maestra.

oficialía *n. f.* Cargo, categoría o grado de oficial que tiene una persona que pertenece al ejército o trabaja en la Administración pública: *obtuvo la oficialía por los años de antigüedad que llevaba en el ejército.*

oficialidad *n. f.* **1** Autenticidad o veracidad de una cosa que es oficial: *la información que recibimos no tenía ninguna oficialidad, por eso no la creímos.* **2** Conjunto de oficiales que forman un ejército.

oficiante *adj./n. m.* [sacerdote] Que celebra la misa: *el oficiante pronunció un sermón que nos asombró a todos.*

oficiar *v. tr.* **1** Decir la misa y demás oficios de la Iglesia: *el párroco de San Ambrosio oficiará la misa solemne esta tarde.* **2** DER. Comunicar oficialmente y por escrito: *el Ministerio de Justicia oficiará la orden al Ministerio del Interior para que se practique la detención.* ◇ *v. intr.* **3** Actuar haciendo lo que se indica: *oficiar de moderador; oficiar de mediador.*
DER oficiante.
OBS En su conjugación, la *i* no se acentúa, como en *cambiar.*

oficina *n. f.* Local donde se llevan a cabo trabajos administrativos o de gestión: *trabaja en la oficina de unos grandes almacenes; oficina de información y turismo.* **SIN** despacho.
DER oficinista.

oficinista *n. com.* Persona empleada en una oficina y que se dedica a hacer los trabajos administrativos, burocráticos o de gestión: *la empresa busca un oficinista con conocimientos de contabilidad e informática.*

oficio *n. m.* **1** Ocupación que requiere esfuerzo físico o habilidad manual: *su oficio ha sido siempre el de albañil.* **2** Ocupación habitual: *¿cuál es su oficio?* **3** Función propia de alguna cosa: *la bicicleta está muy vieja, pero todavía hace su oficio.* **4** Comunicación escrita que trata de los asuntos del servicio público en las dependencias del estado: *ha recibido un oficio del Ministerio de Hacienda.* **5** Ceremonia de la Iglesia, especialmente cada una de las de Semana Santa: *ha ido a los oficios del Jueves Santo.* **oficio de difuntos** Oficio que tiene destinada la Iglesia para rogar por los muertos.
de oficio DER. *a)* Que depende del estado y no debe ser pedido ni pagado por parte alguna: *si no tienes dinero, te asignarán un abogado de oficio.* *b)* Que se realiza por orden de una autoridad: *no hay acusación privada, pero se abrirá una investigación de oficio.*
no tener oficio ni beneficio No tener trabajo ni dinero ni medios seguros para conseguirlo: *¿cómo te vas a casar con ese hombre que no tiene oficio ni beneficio?*
ser del oficio *coloquial* Dedicarse a la prostitución.
DER oficial, oficiar, oficina, oficioso.

oficioso, -sa *adj.* Que no tiene carácter oficial a pesar de haber sido hecho o dicho por una autoridad: *el nombramiento del nuevo director general es oficioso, todavía no es oficial.*

ofidio *adj./n. m.* ZOOL. [reptil] Que tiene un cuerpo largo y estrecho recubierto de escamas y que carece de extremidades: *la mordedura de algunos ofidios es venenosa.* **SIN** serpiente. ◇ *n. m. pl.* **ofidios** ZOOL. Grupo que comprende todos los ofidios.

ofimática *n. f.* **1** Aplicación de la informática a todas las técnicas y trabajos de oficina: *la ofimática ha agilizado todos los procesos administrativos.* **2** Conjunto de materiales y programas informáticos que se aplican al trabajo de oficina: *estoy aprendiendo ofimática en una academia.*

ofrecer *v. tr.* **1** Dar o dejar voluntariamente alguna cosa a alguien para que la use o la tome si lo desea: *nos ofreció un café y bombones; me ofreció su casa.* **2** Proponer a alguien para ocupar un puesto determinado o participar en una actividad concreta: *le han ofrecido ser director de un hotel.* **3** Prometer dar o entregar algo, generalmente a cambio de otra cosa: *ofrecen una recompensa de cuatro millones por el ladrón.* **4** Poner delante de alguien o acercarle algo: *le ofreció la meji-*

lla para que la besara. **5** Decir la cantidad que se está dispuesto a pagar por una cosa: *una empresa japonesa ofrecía miles de millones por un cuadro de Van Gogh.* **6** Dar una comida o una celebración en honor de alguien: *ofrecieron una fiesta para celebrar el aniversario de boda.* **SIN** obsequiar. **7** Dedicar una obra, una oración, etc., a Dios o a los santos: *el sacerdote ofrece el pan y el vino en la misa.* ◇ *v. tr./prnl.* **8** Mostrar o presentar algo o alguien un aspecto determinado o unas ciertas características: *la cara de la muchacha ofrecía una hermosa sonrisa; la operación ofrecía algunos riesgos; una maravillosa vista se ofrecía ante sus ojos.* ◇ *v. prnl.* **9 ofrecerse** Estar o mostrarse dispuesto voluntariamente para hacer una cosa: *se ofreció a llevarla en el coche; se ofreció de guía turístico.*
¿qué se le ofrece? Expresión educada para preguntar a alguien qué necesita o qué desea.
DER ofrecimiento, ofrenda.
OBS En su conjugación, la c se convierte en zc delante de a y o, como en *agradecer*.

ofrecimiento *n. m.* Acción y resultado de ofrecer u ofrecerse: *te agradezco tu ofrecimiento, pero no puedo ir con vosotros.*

ofrenda *n. f.* **1** Regalo que se ofrece y se dedica a Dios o a los santos: *los niños llevaban flores como ofrenda a la Virgen.* **2** *culto* Regalo o servicio que se ofrece como muestra de respeto y amor: *toma esta ofrenda en prueba de amistad.*
DER ofrendar.

ofrendar *v. tr.* Ofrecer algo para mostrar amor o respeto o para dar gracias: *Abel ofrendó un cordero y Caín una cesta de frutas; las niñas ofrendaron una corona de flores a la Virgen.*

oftalmo- Elemento prefijal que entra en la formación de palabras con el significado de *ojo*: *oftalmología.*

oftalmología *n. f.* Disciplina médica que trata las enfermedades de los ojos, los defectos de la vista y la ceguera.
DER oftalmológico, oftalmólogo.

oftalmológico, -ca *adj.* De la oftalmología o que tiene relación con esta parte de la medicina: *tratamiento oftalmológico; revisión oftalmológica.*

oftalmólogo, -ga *n. m. y f.* MED. Médico especializado en el estudio y tratamiento de las enfermedades de los ojos.
SIN oculista.

ofuscación *n. f.* **1** Confusión mental grande que sufre una persona y que le impide razonar o ver las cosas con claridad: *el enfado te ha provocado tal ofuscamiento que no has pensado lo que decías.* **SIN** obcecación. **2** Turbación de la vista que se produce por un reflejo grande de luz que da directamente en los ojos: *las luces de los coches me producen una gran ofuscación cuando tengo que conducir de noche.* **SIN** deslumbramiento.

ofuscamiento *n. m.* Ofuscación.

ofuscar *v. tr./prnl.* **1** Perder momentáneamente la capacidad de razonar y no poder pensar con claridad: *le ofuscó el entusiasmo de la victoria; cuando tuvo el accidente, se ofuscó y no supo reaccionar a tiempo.* **SIN** trastornar. **2** *culto* No poder ver con claridad debido a un exceso de luz. **SIN** cegar. ◇ *v. prnl.* **3 ofuscarse** Obsesionarse con algo y no poder pensar con claridad.
DER ofuscación.
ETIM Véase *hosco*.
OBS En su conjugación, la c se convierte en qu delante de e.

ogro *n. m.* **1** Ser imaginario de aspecto humano y de gran tamaño que se alimenta de carne humana. **2** *coloquial* Persona de mal carácter: *no se puede razonar con él porque es un ogro.*
OBS Su forma femenina es *ogresa*.

oh *int.* Expresa un sentimiento fuerte, generalmente sorpresa, admiración o pena: *¡oh, qué bonito!, decía la gente cuando estallaban los cohetes en las ferias; ¡oh, qué lástima!, se ha roto el jarrón.*

ohm u **ohmio** *n. m.* Unidad de resistencia eléctrica; equivale a la resistencia eléctrica que hay entre dos puntos de un conductor cuando, al aplicar entre ellos una diferencia de potencial de un voltio, se produce una intensidad de corriente de un amperio.
OBS La forma *ohm* es la que se usa en el Sistema Internacional.

-oidal, -oide, -oideo, -oidea, -oides Sufijo que entra en la formación de palabras con el significado de parecido a, en forma de: *coloidal, antropoide, tifoideo, etmoides.*

oídas Palabra que forma parte de las expresiones *de oídas* y *por oídas*, que indican que una cosa se sabe o se conoce solamente por haberla oído o escuchado pero no por propia experiencia: *no he ido nunca a ese lugar, pero lo conozco de oídas.*

oído *n. m.* **1** Órgano del cuerpo con el que se perciben los sonidos: *el oído humano está en el interior de la oreja; el oído regula el equilibrio del cuerpo.* **2** Sentido del cuerpo con el que se perciben los sonidos: *los sentidos son cinco: vista, oído, olfato, gusto y tacto.* **3** Capacidad de una persona para recoger, distinguir y reproducir de manera exacta sonidos musicales: *Pedro siempre ha tenido muy buen oído.*
al oído Cerca de la oreja de una persona para que nadie más pueda oír: *me molesta que se digan cosas al oído cuando yo estoy delante.*
dar oídos o **prestar oídos** Escuchar y creer lo que se dice: *si diera oídos a Luisa, posiblemente me enemistaría con todo el mundo.*
de oído Referido a la música, de haberlo aprendido por uno mismo sin enseñanza académica o de otro tipo: *aprendió a tocar la guitarra de oído, pues no sabe solfeo.*
duro de oído Referido a una persona, que no puede oír bien: *grítale cuando le hables, que es un poco duro de oído.*
entrar por un oído y salir por el otro Se dice de que se escucha sin prestar atención y sin hacer caso: *este niño no me hace el más mínimo caso; lo que digo le entra por un oído y le sale por el otro.*

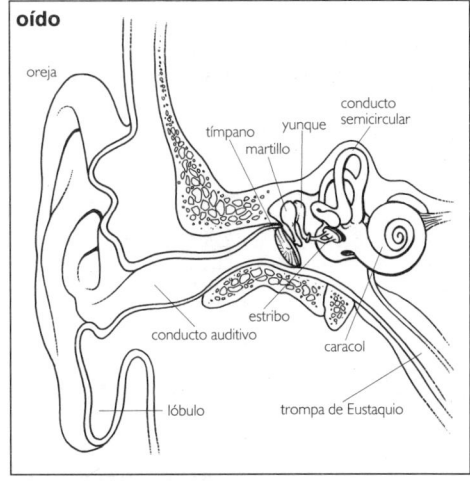

oído
oreja
tímpano
martillo
yunque
conducto semicircular
estribo
conducto auditivo
caracol
lóbulo
trompa de Eustaquio

llegar a oídos de alguien Llegar algo a conocimiento de una persona: *ha llegado a mis oídos que te irás a vivir a Francia, ¿es cierto?*
regalar el oído Decir cosas agradables a una persona: *el jefe me ha regalado el oído, me ha dicho que últimamente todo lo hago bien.*
ser todo oídos Escuchar con mucha atención: *cuéntame tus problemas, soy todo oídos.*

oíl Palabra que aparece en la expresión *lengua de oíl*, que es el nombre que recibieron en la época medieval el conjunto de dialectos que se hablaban en la de región de Francia situada al norte del río Loira: *la lengua de oíl se considera el francés antiguo.*

oír *v. tr.* **1** Percibir los sonidos por medio del oído: *¿has oído la nueva canción?; oigo sin dificultad, así que no me grites.* **2** Prestar atención a lo que se dice: *¿me estás oyendo, Roberto?* **SIN** escuchar. **3** Hacer caso de lo que se dice: *oye los consejos de los mayores.* **SIN** escuchar. **4** En un juicio, atender el juez a todos los datos aportados por las partes implicadas antes de resolver. **5** Responder a los ruegos o peticiones de alguien: *nadie oyó sus súplicas.*

oír	
INDICATIVO	SUBJUNTIVO
presente	presente
oigo	oiga
oyes	oigas
oye	oiga
oímos	oigamos
oís	oigáis
oyen	oigan
pretérito imperfecto	pretérito imperfecto
oía	oyera u oyese
oías	oyeras u oyeses
oía	oyera u oyese
oíamos	oyéramos u oyésemos
oíais	oyerais u oyeseis
oían	oyeran u oyesen
pretérito indefinido	futuro
oí	oyere
oíste	oyeres
oyó	oyere
oímos	oyéremos
oísteis	oyereis
oyeron	oyeren
futuro	IMPERATIVO
oiré	
oirás	oye (tú)
oirá	oiga (usted)
oiremos	oíd (vosotros)
oiréis	oigan (ustedes)
oirán	
condicional	FORMAS NO PERSONALES
oiría	
oirías	infinitivo gerundio
oiría	oír oyendo
oiríamos	participio
oiríais	oído
oirían	

como lo oyes *coloquial* Expresión que indica que lo que se cuenta es verdad, aunque parezca extraño: —*¿Seguro que Milagros se casa?* —*Como lo oyes.*
como quien oye llover *coloquial* Sin hacer ningún caso ni prestar atención: *yo le advertí de todos los peligros, pero él, como quien oye llover.*
¡oiga! o **¡oigan!** o **¡oye!** Expresión con que se llama la atención de una persona, especialmente cuando no se conoce su nombre: *¡oiga! Se le ha caído este papel de la carpeta.*
DER oídas, oído, oiga, oyente; desoír.
ETIM Oír procede del latín *audire*, que tenía el mismo significado, voz con la que también está relacionada *inaudito*.

ojal *n. m.* **1** Corte alargado y bien rematado con hilo que se hace en una tela para que pueda pasar por ella un botón con el que abrochar: *se abrochó la camisa metiendo cada botón en su ojal.* ☞ costurero. **2** Orificio que atraviesa una cosa de parte a parte: *he hecho un ojal en la cortina para pasar una cinta.*

ojalá *int.* Expresión que indica deseo de que suceda una cosa: *ojalá puedas venir a buscarme.*
OBS Si se usa seguido de un verbo, éste aparece en subjuntivo.

ojeada *n. f.* Mirada rápida y sin prestar mucha atención: *echa una ojeada al periódico; con una ojeada le bastó para ver que no estaba.* **SIN** vistazo.

ojeador, -ra *n. m. y f.* **1** Persona que ojea la caza: *Juan es el ojeador en esa cacería.* **2** Persona que busca gente o cosas que le convienen para un fin determinado: *los ojeadores están buscando una cantante nueva.*

ojear *v. tr.* **1** Dirigir los ojos y mirar superficialmente: *ojeó los titulares de las revistas en el quiosco.* No confundir con *hojear*. **2** Buscar personas o cosas necesarias para un fin determinado: *los técnicos del equipo de fútbol se dedican a ojear a los jóvenes futbolistas.* **3** Asustar y perseguir la caza para que se dirija a un lugar determinado: *han ojeado tres conejos en aquel cerro.*
DER ojeador.

ojera *n. f.* Mancha oscura que se forma bajo el párpado inferior; generalmente como consecuencia del cansancio o de una enfermedad: *¡menudas ojeras tienes!, ¿es que no has dormido hoy?*
DER ojeriza, ojeroso; anteojera.
OBS Se usa generalmente en plural: *ojeras.*

ojeriza *n. f.* Antipatía que se siente hacia alguien y que se percibe en el trato: *mi hijo dice que su profesora le tiene ojeriza y que por eso le pone malas notas.* **SIN** manía, tirria.
ANT predilección.

ojeroso, -sa *adj.* Que tiene ojeras: *una persona puede estar ojerosa de manera habitual o por alguna circunstancia o enfermedad pasajera.*

ojete *n. m.* **1** Abertura redonda y rematada con hilo que se hace en una tela para pasar por ella un cordón u otra cosa: *pasa la cuerda por el ojete y tira de ella.* ☞ calzado. **2** Agujero con el que se adornan algunas labores de costura: *la costurera se esmeraba en bordar los ojetes de las sábanas.* **3** *coloquial* Agujero en el que termina el intestino y por el que se expulsan los excrementos. **SIN** ano.

ojiva *n. f.* **1** Figura formada por dos arcos de círculos iguales que se cortan en uno de los extremos formando un ángulo: *los arcos con forma de ojiva son frecuentes en la arquitectura gótica.* **2** ARQ. Arco que forma esta figura.
DER ojival.

ojival *adj.* Que tiene forma de ojiva: *los arcos ojivales son frecuentes en las iglesias góticas.* ☞ arco.

ojo

ojo *n. m.* **1** Órgano de la vista del hombre y de los animales situado en la cabeza: *el ojo está compuesto en su mayoría de agua*. ☞ cuerpo humano. **ojo compuesto** BIOL. Ojo de los insectos y otros invertebrados que está formado por varios ojos más pequeños u ocelos unidos entre sí: *las moscas tienen ojos compuestos*. **2** Parte de ese órgano que es visible en la cara, a ambos lados de la nariz: *Carlos tiene los ojos azules*. Se usa generalmente en plural: *los ojos*. ☞ pez. **ojo a la funerala** *coloquial* Ojo que tiene un color amoratado a causa de un golpe: *un balonazo le ha puesto un ojo a la funerala*. **ojos de besugo** *coloquial* Ojos que son muy redondos y salientes: *tiene los ojos de besugo y eso lo acompleja*. Se usa como apelativo despectivo. **ojos de carnero degollado** *coloquial* Ojos que tienen una expresión triste: *cuando me pide un favor, pone ojos de carnero degollado*. **ojos de gato** *coloquial* Ojos que tienen un color verde o gris: *mi sobrina tiene unos preciosos ojos de gato*. **ojos de sapo** *coloquial* Ojos grandes e hinchados: *si lloras mucho, se te pondrán los ojos de sapo*. Se usa como apelativo despectivo: *¡anda, ojos de sapo, déjame en paz!* **ojos rasgados** Ojos que tienen muy prolongada la comisura de los párpados: *las personas de raza oriental tienen los ojos rasgados*. **ojos saltones** Ojos que sobresalen demasiado de las órbitas. **ojos tiernos** Ojos que tienen exceso de agua y lloran involuntariamente. **ojos vivos** Ojos que brillan mucho y que resultan muy expresivos. **3** Atención y cuidado que se pone al hacer una cosa: *ten mucho ojo y no estropees la tela; hay que poner mucho ojo para no equivocarse*. **4** Capacidad para percibir rápidamente las características de un asunto o de una persona y formar un juicio sobre él: *presume de tener un gran ojo para conocer a las personas*. **SIN** perspicacia, tino. **5** Agujero que tiene la aguja de coser para meter el hilo: *no puedo enhebrar la aguja porque no veo el ojo*. **6** Anillo que tienen las tijeras y otras herramientas para introducir los dedos o el mango con el que se manejan: *las herramientas estaban colgadas en la pared, sujetas por el ojo; las llaves antiguas tienen el ojo muy grande*. **7** Agujero de una cerradura por donde se introduce la llave: *mete la llave por el ojo y gírala dos veces*. **8** Gota de aceite o de grasa que flota en un líquido: *si echas aceite en el agua, salen ojos*. **9** Espacio o arco entre dos columnas o muros de un puente: *el puente del río tiene tres ojos*. **10** Centro de algo: *el ojo del huracán*. **11** Hueco o agujero que presentan ciertos alimentos: *he comprado un queso con grandes ojos*. **12** Dibujo circular de colores que aparece en las plumas de la cola de algunas aves, especialmente del pavo real: *el tapiz imitaba los grandes ojos de la cola del pavo*. **13** Fuente que surge en un llano: *los animales van a beber al ojo de la pradera*. ◇ *int.* **14** Expresión que indica que hay que tener mucho cuidado o poner gran atención: *¡ojo! Recién pintado, mancha; ¡ojo con ese perro, que muerde!* **SIN** cuidado.

a ojo o **a ojo de buen cubero** De manera aproximada y sin realizar ningún cálculo ni medición: *así, a ojo, esa bolsa tiene cinco kilos de patatas*. **SIN** a bulto.

abrirle los ojos a alguien *coloquial* Mostrar a una persona un aspecto de algo o de alguien que desconocía, generalmente es algo negativo: *su mejor amigo le abrió los ojos: su novia lo engañaba*.

alegrársele los ojos a alguien Mostrar alegría y felicidad a causa de una noticia o un hecho favorable: *al volver a ver a sus padres, se le alegraron los ojos*.

andar con ojo *coloquial* Estar prevenido: *ándate con ojo, que no quiero que te engañen*.

bailarle los ojos a alguien *coloquial* Tener alegría, ánimo y energía.

cerrar los ojos Morir: *el ilustre poeta cerró los ojos de madrugada*.

clavar los ojos Mirar fijamente y con mucha atención: *el detective clavó los ojos en el hombre del sombrero y lo siguió*.

comer con los ojos *coloquial* a) Desear fuertemente la comida por su buen aspecto y no por el apetito que se tiene: *este niño come con los ojos, se ha dejado la mitad del helado*. b) Mirar con deseo y pasión: *en las escenas de amor, los actores se comen con los ojos*.

costar un ojo o **costar un ojo de la cara** *coloquial* Valer mucho dinero: *esta pulsera te habrá costado un ojo*.

cuatro ojos *coloquial* Persona que lleva gafas.

¡dichosos los ojos! Expresión que indica gran alegría al encontrar a una persona a la que hacía tiempo que no se veía: *¡dichosos los ojos que te ven!, hace diez años que no sé nada de tu vida*.

echar el ojo *coloquial* Desear tener una cosa o a una persona que se ha visto: *le he echado el ojo a una camisa de seda*.

en un abrir y cerrar de ojos *coloquial* En muy poco tiempo: *Alfonso se afeitó en un abrir y cerrar de ojos*.

entrar por los ojos *coloquial* Gustar mucho por el aspecto exterior: *el cuadro que hemos comprado nos entró por los ojos en cuanto lo vimos*.

llenársele a alguien los ojos de agua Aparecer las lágrimas en los ojos sin llegar a llorar.

meter por los ojos *coloquial* Hablar muy bien de una cosa o de una persona para que otra la acepte: *el vendedor les metió por los ojos el televisor y acabaron comprándolo*.

no pegar ojo *coloquial* No dormir: *los ruidos de la calle no me han dejado pegar ojo*.

no quitar ojo No dejar de mirar: *el señor de enfrente no te quita ojo*.

ojo avizor En actitud de vigilancia: *le pareció oír ruidos en la casa y estaba con ojo avizor*.

ojo de buey a) Ventana o claraboya de forma circular: *los barcos tienen ojos de buey*. ☞ ventana. b) Foco, generalmente halógeno, que se empotra en el techo: *hemos puesto ojos de buey en el salón*.

ojo

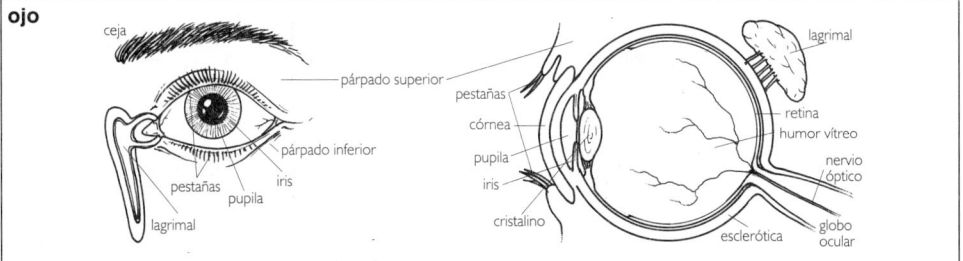

ojo de gallo Dureza redonda que se forma en los dedos de los pies: *el callista le extirpó un ojo de gallo que le dolía.*
ojo del culo *malsonante* Abertura por donde se expulsan los excrementos. **SIN** ano.
pasar los ojos Leer por encima: *pasó los ojos por el periódico y lo dejó.*
poner los ojos en blanco Mostrar admiración: *todos los presentes pusieron los ojos en blanco al oír las historias del aventurero.*
sacar los ojos *coloquial* Abusar de una persona, especialmente haciéndole gastar dinero: *su familia le está sacando los ojos.*
saltar un ojo Perder un ojo o quedarse ciego de un ojo.
ser el ojo derecho de alguien Ser el preferido de una persona.
tener entre ojos *coloquial* No tener simpatía: *es una mala persona, por eso todos le tienen entre ojos.* **SIN** odiar.
DER ojal, ojear, ojera, ojete, ojoso; anteojos, aojar, reojo.
ETIM *Ojo* procede del latín *oculus*, que tenía el mismo significado, voz con la que también están relacionadas *binóculo, ocular.*

okapi *n. m.* Animal mamífero rumiante que tiene el pelaje corto de color marrón con rayas negras y blancas en las patas y la cabeza blanquecina: *el okapi habita en las zonas forestales de África central.*
OBS Para indicar el sexo se usa *el okapi macho* y *el okapi hembra.*

ola *n. f.* **1** Masa de un líquido, generalmente agua, que se levanta y se mueve a causa del viento o de una corriente: *en esta playa corre mucho viento, por eso hay tantas olas; no te metas en el agua muy dentro, que hay olas muy grandes; la parte superior de una ola se llama cresta.* **SIN** onda. **2** Fenómeno atmosférico que provoca un cambio de temperatura en un lugar: *en el mes de julio sufrimos una fuerte ola de calor.* **3** Afluencia de gran cantidad de gente que forma un grupo: *una ola de personas esperaba a la entrada.* **SIN** avalancha, oleada. **4** Aparición no esperada de una gran cantidad de cosas, acontecimientos o personas: *ola de sarampión.* **SIN** oleada. **nueva ola** Tendencia nueva en los gustos de la gente: *estos músicos pertenecen a la nueva ola; Isabel va vestida a la nueva ola.*
DER oleada, oleaje.
OBS No debe confundirse con *hola.*

olé *int.* Expresión que se usa para alabar, aprobar o dar ánimo.

oleáceo, -cea *adj./n. f.* **1** BOT. [planta] Que tiene las hojas opuestas y las flores hermafroditas agrupadas en racimo; es propia de climas cálidos o templados: *el olivo es una planta oleácea; el fresno es una oleácea.* ◊ *n. f. pl.* **2 oleáceas** BOT. Familia a la que pertenecen estas plantas: *las oleáceas pertenecen a la clase de las dicotiledóneas.*

oleada *n. f.* **1** Aparición no esperada de una gran cantidad de cosas, personas o acontecimientos: *el hambre ha provocado una oleada de robos; la puesta en práctica de la ley levantó una oleada de protestas.* **SIN** ola. **2** Afluencia de gran cantidad de gente que forma un grupo: *los policías no pudieron contener la oleada de manifestantes.* **SIN** avalancha, ola. **3** Golpe de una ola: *no pude gobernar el velero a causa de las fuertes oleadas.*

oleaginoso, -sa *adj.* **1** Que contiene aceite: *los frutos secos son frutos oleaginosos.* **SIN** aceitoso, graso, oleoso. **2** Que tiene alguna de las características del aceite como la textura o la grasa: *líquido oleaginoso.* **SIN** aceitoso, graso, oleoso.

oleaje *n. m.* Movimiento continuo de las olas.

oleicultura *n. f.* Conjunto de técnicas que se aplican al cultivo de las plantas que producen aceite y la mejora en la obtención o extracción de este producto: *la oleicultura se aplica al cultivo del olivo.*

oleífero, -ra *adj.* [planta] Que contiene o produce aceite: *el olivo es una planta oleífera.* **SIN** oleaginoso.

óleo *n. m.* **1** Pintura que se hace con colores disueltos en aceite: *estoy preparando óleo para pintar un cuadro.* **al óleo** Que ha sido pintado con colores disueltos en aceite: *tiene cuadros al óleo en el salón.* **2** Cuadro pintado con este tipo de colores: *tiene colgado en el salón un óleo de un pintor de la ciudad.* **3** Aceite que se usa en ciertas ceremonias de la Iglesia: *el sacerdote ungió al enfermo con el santo óleo.* Se usa frecuentemente en plural con el mismo significado.
DER oleico, oleicultura, oleífero, oleoducto, oleoso.

oleoducto *n. m.* Tubería que sirve para llevar petróleo de un lugar a otro: *hay oleoductos de más de cien kilómetros de longitud.*

oleoso, -sa *adj.* **1** Que contiene aceite: *alimento oleoso.* **SIN** aceitoso, graso, oleaginoso. **2** Que tiene alguna de las características del aceite, como la textura o la grasa: *líquido oleoso.* **SIN** aceitoso, graso, oleaginoso.

oler *v. tr./intr.* **1** Percibir los olores al aspirar el aire por la nariz: *la señorita olió la rosa; el cocinero olió el pescado para asegurarse de que estaba fresco.* **SIN** olfatear. **2** *coloquial* Preguntar o tratar de averiguar con insistencia: *ya está éste oliendo otra vez.* **SIN** olfatear. ◊ *v. tr./prnl.* **3** Adivinar o sospechar una cosa oculta: *ya me había olido yo que aquí había algo extraño; me huelo que nos está engañando.* **SIN** presentir. ◊ *v. intr.* **4** Despedir olor: *esas flores huelen muy bien; la casa huele a cerrado.* **5** *coloquial* Parecer o tener un aspecto determinado, generalmente malo: *este hombre huele a hereje.*
DER oliscar, olismear, olor; maloliente.
OBS En su conjugación, la *o* se convierte en *hue* en sílaba acentuada.

olfatear *v. tr.* **1** Aspirar el aire por la nariz repetidas veces para percibir los olores: *los perros se olfatearon y empezaron a reñir.* **SIN** oler. **2** *coloquial* Preguntar o tratar de averiguar con excesiva insistencia: *odio que la policía venga por aquí a olfatearnos.* **SIN** fisgar, curiosear.

olfativo, -va *adj.* Del olfato o que tiene relación con este sentido.

olfato *n. m.* **1** Sentido del cuerpo que permite percibir y distinguir los olores: *los perros tienen un olfato muy fino.* **SIN** nariz. **2** Capacidad que tiene una persona para descubrir lo que está oculto o percibir lo que no es muy evidente: *¡menudo olfato tiene para los negocios!* **SIN** ojo.
DER olfatear, olfativo.

oligarca *n. com.* Persona que forma parte del gobierno de una oligarquía: *los oligarcas suelen pertenecer a una misma clase social.*

oligarquía *n. f.* **1** Forma de gobierno en la que el poder está en manos de unas pocas personas que pertenecen a una misma clase social: *la nación estuvo gobernada durante años por una oligarquía aristocrática.* **2** Estado que se gobierna de esa manera: *el territorio era una oligarquía gobernada por los miembros más ancianos de la sociedad.* **3** Grupo reducido de personas pertenecientes a una misma clase social que gobierna de esta manera: *la oligarquía militar se hizo con el mando del país después del golpe de estado.* **4** Grupo reducido de personas poderosas que dirige una organización o actividad: *una influyente oligarquía controla el negocio del petróleo.* **SIN** minoría. **5** Organización o actividad dirigida por ese grupo de personas: *el negocio del tabaco es una oligarquía en manos de un pequeño grupo de terratenientes.* **SIN** monopolio.
DER oligarca, oligárquico.

oler

INDICATIVO	SUBJUNTIVO
presente	presente
huelo	huela
hueles	huelas
huele	huela
olemos	olamos
oléis	oláis
huelen	huelan
pretérito imperfecto	pretérito imperfecto
olía	oliera u oliese
olías	olieras u olieses
olía	oliera u oliese
olíamos	oliéramos u oliésemos
olíais	olierais u olieseis
olían	olieran u oliesen
pretérito indefinido	futuro
olí	oliere
oliste	olieres
olió	oliere
olimos	oliéremos
olisteis	oliereis
olieron	olieren
futuro	
oleré	IMPERATIVO
olerás	huele (tú)
olerá	huela (usted)
oleremos	oled (vosotros)
oleréis	huelan (ustedes)
olerán	
condicional	FORMAS NO PERSONALES
olería	
olerías	infinitivo gerundio
olería	oler oliendo
oleríamos	participio
oleríais	olido
olerían	

oligárquico, -ca *adj.* Que tiene relación con la oligarquía: *en la Grecia clásica hubo sistemas de gobierno oligárquicos; el partido está controlado por una minoría oligárquica.*

oligisto *n. m.* Mineral opaco muy duro y pesado que es de color negruzco o pardo rojizo: *el oligisto está formado por óxido de hierro y es muy apreciado en siderurgia.*

oligo- Elemento prefijal que entra en la formación de palabras con el significado de poco, insuficiente: *oligarquía, oligofrenia.*

oligoceno, -na *adj./n. m.* **1** GEOL. [etapa geológica] Que pertenece a la era terciaria y está situada entre el eoceno y el mioceno: *en el oligoceno se produjo un enfriamiento general de toda la Tierra.* ◇ *adj.* **2** GEOL. De esta etapa geológica o que tiene relación con ella.

oligoelemento *n. m.* BIOL. Elemento químico que aparece en muy pequeñas cantidades en las células de los seres vivos: *los oligoelementos son imprescindibles para el desarrollo y la vida de las plantas y los animales.*

oligofrenia *n. f.* Discapacidad mental grave que padece una persona y que se caracteriza por una deficiencia en el desarrollo intelectual y alteraciones del sistema nervioso: *la oligofrenia puede tener un origen congénito.*

oligofrénico, -ca *adj.* **1** De la oligofrenia o que tiene relación con esta discapacidad mental: *trastornos oligofrénicos.* ◇ *adj./n. m. y f.* **2** [persona] Que padece oligofrenia: *las personas oligofrénicas padecen alteraciones nerviosas.*

olimpiada u **olimpíada** *n. f.* **1** En la Grecia antigua, fiesta deportiva y literaria que se celebraba cada cuatro años en la ciudad de Olimpia. **2** Competición deportiva de carácter internacional que tiene lugar cada cuatro años en una ciudad determinada: *en Barcelona se celebraron las Olimpiadas de 1992.* **SIN** Juegos Olímpicos. En esta acepción se escribe con mayúscula y se usa generalmente en plural. **3** Período de cuatro años comprendido entre dos celebraciones de los Juegos Olímpicos.

DER olímpico, olimpismo; paralimpiada, paraolimpiada.

olímpico, -ca *adj.* **1** Que tiene relación con los Juegos Olímpicos: *deporte olímpico.* **2** Del monte Olimpo o que tiene relación con este lugar mitológico: *Zeus es un dios olímpico.* ◇ *adj./n. m. y f.* **3** [persona] Que ha participado en uno o más Juegos Olímpicos: *los atletas olímpicos.*

Juegos Olímpicos Competición deportiva de carácter internacional que tiene lugar cada cuatro años en una ciudad determinada. **SIN** olimpiada.

olimpismo *n. m.* Conjunto de todas las normas y valores que afectan o conciernen a los juegos olímpicos modernos: *el olimpismo esta viviendo un gran auge en nuestros días.*

olisquear *v. tr./intr.* **1** Oler una cosa mediante inspiraciones rápidas y cortas: *el perro estuvo olisqueando los huesos; el gato olisqueó entre la basura.* **SIN** olfatear. **2** Curiosear o fisgar una persona entre las cosas de otra: *le pillé olisqueando los cajones de mi despacho; llegué cuando olisqueaba entre mis papeles.* **SIN** husmear.

oliva *n. f.* **1** Fruto del olivo, de tamaño pequeño, forma ovalada, color verde o negro y con hueso duro en su interior; es comestible una vez adobada y de ella se extrae un tipo de aceite: *yo sólo cocino con aceite de oliva.* **SIN** aceituna. **2** Árbol de tronco corto, grueso y torcido, con la copa ancha y ramosa, hojas duras, perennes y de color verde oscuro por el derecho y blanquecinas por el revés y que tiene las flores pequeñas, blancas y en racimos; su fruto es la oliva o aceituna. **SIN** olivo.

oliváceo, -cea *adj.* [color] Que tiene un tono de verde parecido al de la aceituna: *tiene un color de cara oliváceo que le da aspecto de persona enferma.* **SIN** aceitunado.

olivar *n. m.* Tierra en la que hay plantados olivos: *los jornaleros están en el olivar vareando los olivos.*

olivarero, -ra *adj.* Del olivo o que tiene relación con este árbol: *la industria olivarera.*

olivicultura *n. f.* Conjunto de técnicas que se aplican al cultivo y mejora del olivo: *en España tenemos una importante olivicultura.*

olivo *n. m.* **1** Árbol de tronco corto, grueso y torcido, con la copa ancha y ramosa, hojas duras, perennes y de color verde oscuro por el derecho y blanquecinas por el revés y que tiene las flores pequeñas, blancas y en racimos; su fruto es la oliva o aceituna. **SIN** oliva. ☞ árbol. **2** Madera de ese árbol: *el olivo es muy resistente, se emplea para fabricar muebles y también como combustible.*

DER oliva, oliváceo, olivar, olivarero, olivicultura.

olla *n. f.* **1** Recipiente redondo y hondo, de barro o metal, con una o dos asas y con tapa que se usa para cocinar: *echa en la olla medio quilo de lentejas, un trozo de chorizo, un diente de ajo y un poco de cebolla.* **olla exprés** u **olla a presión** Olla de metal que se puede cerrar herméticamente de

manera que aumenta la presión en su interior permitiendo que se cocinen los alimentos con rapidez: *en la olla exprés la presión se regula mediante una válvula.* ☞ cocina. **2** Guiso hecho con carne, legumbres y hortalizas que se cuecen juntas: *preparó una olla con alubias, zanahorias y tocino.* **olla podrida** Guiso con distintos tipos de carnes, embutidos, hortalizas y legumbres.
olla de grillos *coloquial* Lugar donde hay mucho ruido y alboroto: *con tanto crío aquello era una olla de grillos y no había manera de empezar la conferencia.*

olmo *n. m.* Árbol de tronco fuerte y derecho, copa ancha, hojas ovaladas cubiertas de vello por una cara y flores de color blanco rosado: *se sentaron a descansar a la sombra de un olmo.*
DER olmeda.

olor *n. m.* **1** Emanación de ciertos cuerpos o sustancias que percibe el olfato y que produce algún tipo de sensación: *me encanta el olor de ese jabón; un olor muy fuerte a butano se extendió por la habitación.* **2** Aspecto extraño que mueve a sospechar algo malo: *no quise participar en su negocio porque tenía cierto olor a delito.* **SIN** tufo.
al olor de Atraído por: *el gato se acercó al olor de las sardinas; vino al olor del dinero.*
en olor de Con fama de lo que se expresa: *murió en olor de santidad.*
en olor de multitudes Aclamado por la multitud.
olor a tigre *coloquial* Olor desagradable de un lugar cerrado en el que han permanecido una o varias personas un cierto tiempo y no se ha ventilado.
DER oloroso.

oloroso, -sa *adj.* **1** Que despide olor; especialmente si es agradable: *se metió en un oloroso baño de espuma.* **SIN** aromático. ◇ *n. m.* **2** oloroso Vino de Jerez muy aromático: *celebraron su encuentro con unas copitas de oloroso.*

olvidadizo, -za *adj.* [persona] Que se olvida de las cosas con facilidad y con frecuencia: *perdone que no recuerde su nombre, pero es que soy muy olvidadizo.*

olvidar *v. tr./prnl.* **1** Perder la memoria o el recuerdo de una cosa: *olvidó los nombres de sus viejos amigos; se me ha olvidado tu número de teléfono.* **ANT** recordar. **2** No coger una cosa de un sitio por descuido: *he olvidado las llaves; se han olvidado de los libros.* **3** Dejar de hacer una cosa que debía hacerse: *olvidó el grifo abierto; se le olvidó darme el recado.* **4** Perder el trato o el afecto: *¡qué pronto olvidas a tus amigos!* **5** No tener en cuenta: *olvida los agravios que te hicieron.*
DER olvidadizo, olvido; inolvidable.
OBS En su forma pronominal la normativa dice que debe llevar siempre la preposición *de*, aunque en la lengua hablada esto no es así.

olvido *n. m.* **1** Hecho de perder la memoria o no recordar una cosa: *todo lo que le dije cayó en el olvido.* **ANT** recuerdo. **2** Hecho de dejar de hacer una cosa que debe hacerse: *por olvido dejó la luz de la habitación encendida; ¡qué olvido más tonto he tenido!* **3** Perder el trato o el afecto: *su gran amistad cayó en el olvido.*

-oma Sufijo que entra en la formación de palabras con el significado de tumor: *fibroma, epitelioma, papiloma.*

ombligo *n. m.* Cicatriz pequeña, redonda y permanente que queda en medio del vientre de los mamíferos al cortar el cordón umbilical que unía el feto con su madre: *al bebé todavía no le ha caído el ombligo.* ☞ cuerpo humano.
ser el ombligo del mundo Ser el centro o la parte más importante de una cosa: *se cree que es el ombligo del mundo y no tiene dónde caerse muerto.*

ETIM Ombligo procede del latín *umbilicus*, que tenía el mismo significado, voz con la que también está relacionada *umbilical*.

ombudsman *n. m.* Persona que tiene el cargo de defensor del pueblo: *el nuevo gobierno cambió a su llegada al ombudsman que había en el gobierno anterior.*
OBS Es de origen sueco y se pronuncia aproximadamente 'ómbudsman'.

omega *n. f.* Última letra del alfabeto griego: *la omega equivale a la o larga del latín.*

omeya *adj.* **1** De la primera dinastía islámica formada por los descendientes del jefe árabe Muhawiyya o que tiene relación con ella: *la dinastía omeya fundó el califato de Damasco y el de Córdoba.* ◇ *adj./n. com.* **2** [persona] Que era miembro o descendiente de esta dinastía: *los omeyas fueron sustituidos en el siglo VIII por la dinastía abasí.*

ómicron *n. f.* Letra decimoquinta del alfabeto griego; se escribe o: *la ómicron corresponde a la o del alfabeto latino.*

ominoso, -sa *adj. culto* Que merece ser odiado y despreciado: *nunca podrá perdonar aquella ominosa afrenta.*

omisión *n. f.* **1** Acción y resultado de no decir o no hacer algo voluntaria o involuntariamente: *la omisión de su nombre fue totalmente intencionada.* **2** Falta que se comete por haber dejado de decir o de hacer una cosa: *su omisión ha provocado graves pérdidas a la empresa.*

omiso, -sa Palabra que se utiliza en la frase *hacer caso omiso*, que significa: no prestar atención.

omitir *v. tr.* **1** Dejar de decir o consignar una cosa voluntaria o involuntariamente: *omitió el nombre de varios de los miembros de la asociación.* **2** Dejar de hacer algo voluntaria o involuntariamente: *omitió cerrar con llave.*
DER omisión, omiso.

omni- Elemento prefijal que entra en la formación de palabras en las que se extiende a la totalidad lo expresado por el elemento al que se une: *omnívoro, omnipresencia.*

ómnibus *n. m.* Vehículo automóvil de gran capacidad, que sirve para transportar personas: *el ómnibus que traerá a los niños del colegio está al llegar.* **SIN** autobús, autocar.
OBS El plural también es *ómnibus*.

omnímodo, -da *adj.* Que abarca y comprende todos los aspectos de una cosa: *poder omnímodo.* **SIN** absoluto, total.

omnipotencia *n. f.* Poder que lo abarca todo: *la omnipotencia de Dios es incuestionable.*
DER omnipotente.

omnipotente *adj.* **1** Que tiene un poder que lo abarca todo: *Dios es omnipotente.* **SIN** todopoderoso. **2** Que tiene un poder muy grande: *el omnipotente banquero consiguió hundir la empresa.*

omnipresencia *n. f.* Capacidad de estar presente en todas partes a la vez: *como todavía no tengo el don de la omnipresencia, si voy al trabajo no podré estar en esa reunión.* **SIN** ubicuidad.
DER omnipresente.
OBS Se usa sobre todo con sentido humorístico.

omnipresente *adj.* **1** Que está presente en todas partes a la vez. **SIN** ubicuo. **2** Que se encuentra con facilidad y parece que está en todas partes: *es la actriz de moda: está omnipresente en todas las revistas.* Se usa sobre todo con sentido humorístico.

omnisapiente *adj.* **1** Que lo sabe o lo conoce todo acerca de las cosas: *el personaje del narrador en algunas novelas es omnisapiente.* **SIN** omnisciente. **2** [persona] Que sabe mucho o tiene conocimientos de muchas cosas. **SIN** omnisciente.

omnisciencia *n. f.* **1** Conocimiento de todas las cosas reales y posibles: *la omnisciencia es atributo exclusivo de Dios.* **2** Conocimiento de muchas materias: *este científico me asombra con su omnisciencia.*

omnisciente *adj.* Que conoce todas las cosas reales y posibles: *la novela está contada por un narrador omnisciente, que sabe lo que hacen y lo que piensan todos los personajes.*
DER omnisciencia.

omnívoro, -ra *adj./n. m.* **1** [animal] Que se alimenta de toda clase de sustancias orgánicas: *los cerdos son omnívoros.* ◊ *n. m. pl.* **2 omnívoros** Grupo que comprende todos los animales de este tipo.

omoplato u **omóplato** *n. m.* ANAT. Hueso ancho, triangular y casi plano, situado en la parte posterior del hombro y donde se articulan los huesos del hombro y el brazo. SIN escápula. ☞ esqueleto.

on Palabra que forma parte de la expresión periodística *on the record,* que se aplica a una información que puede ser divulgada o publicada: *recibió la información on the record y la publicó al día siguiente.*

-ón, -ona Sufijo que entra en la formación de palabras para: *a)* Aportar significación aumentativa: *cartelón, narigón, mujerona. b)* Indicar carencia o privación: *pelón, rabón. c)* Denotar edad unido a numerales: *cincuentón, sesentón. d)* Indicar reiteración de la acción del verbo al que se une: *acusón, besucón. e)* Indicar acción brusca y rápida: *apretón, empujón.*

onanismo *n. m.* **1** Masturbación: *con el onanismo se persigue el placer personal.* **2** Interrupción del acto sexual o coito antes de producirse la eyaculación: *el onanismo suele utilizarse para evitar la fecundación.*

onanista *adj.* Del onanismo o que tiene relación con la masturbación: *los períodos onanistas son normales dentro del desarrollo sexual de una persona.*

ONCE *n. f.* Sigla de *Organización Nacional de Ciegos Españoles.*

once *num. card.* **1** Indica que el nombre al que acompaña o al que sustituye está 11 veces: *si tengo 100 manzanas y te doy 89, me quedan once.* ◊ *num. ord.* **2** Indica que el nombre al que acompaña o al que sustituye ocupa el lugar 11 en una serie: *si voy después del décimo, soy el once de la lista.* Es preferible el uso del ordinal: *soy el undécimo.* ◊ *n. m.* **3** Nombre del número 11: *escribe el once después del 10.* ◊ *n. m.* **4** Equipo de fútbol: *el entrenador dio la alineación del once inicial.*
DER onceavo, onceno.

ETIM *Once* procede del latín *undecim,* que tenía el mismo significado, voz con la que también está relacionada *undécimo.*

onceavo, -va *num.* Parte que resulta de dividir un todo en 11 partes iguales: *si somos 11 para comer, me toca un onceavo de tarta.*

onceno, -na *num. ord.* **1** Indica que el nombre al que acompaña o al que sustituye ocupa el lugar número 11 en una serie: *si voy después del décimo, soy el onceno de la lista.* SIN undécimo. ◊ *num.* **2** Parte que resulta de dividir un todo en 11 partes iguales: *si somos 11 para comer, me toca un onceno de tarta.* SIN undécimo.

oncogén *n. m.* Gen que por su gran capacidad de mutación o transformación induce a la formación de cáncer en una célula: *la investigación científica sobre el oncogén es vital para realizar avances sobre el cáncer.*

oncología *n. f.* MED. Disciplina médica que trata de los tumores y de su tratamiento: *la oncología se ocupa del cáncer.*
DER oncológico.

oncológico, -ca *adj.* De la oncología o que tiene relación con esta parte de la medicina: *investigaciones oncológicas; estudio oncológico.*

onda *n. f.* **1** Cada una de las elevaciones o de los círculos concéntricos que se forman en la superficie de una masa líquida a causa de una agitación o de un movimiento: *tiró una piedra al lago y produjo ondas.* SIN ondulación. **2** Curva con forma de ola o de S en un cuerpo no líquido: *las ondas del pelo le caen a los lados de la cara.* En esta acepción se usa más en plural. **3** FÍS. Vibración periódica a través de un medio o del vacío: *hay ondas luminosas que el ojo no puede captar; la televisión se transmite mediante ondas.* **onda corta** FÍS. Onda que tiene una longitud de entre diez y cincuenta metros: *he cogido una frecuencia de onda corta.* **onda electromagnética** FÍS. Onda producida por cargas eléctricas en movimiento: *las ondas electromagnéticas destruyeron la información que había en el disquete.* **onda hertziana** FÍS. Onda que se propaga en el vacío a la misma velocidad que la luz: *la televisión se transmite por medio de ondas hertzianas.* **onda larga** FÍS. Onda que tiene una longitud de mil metros o más: *la onda larga ya no se emplea en emisiones de radiodifusión.* **onda media** u **onda normal** FÍS. La que tiene una longitud de entre doscientos y mil metros: *ese programa se emite en onda media.* **4** Adorno con forma de arco o de medio círculo con el que se rematan los bordes de vestidos y de otras prendas: *le puso ondas al bajo de su falda.* **5** Estilo o moda: *parece que vuelve la onda de los años sesenta.*

captar la onda *coloquial* Entender una cosa que se dice de modo indirecto: *no fui muy explícito al decirle que estaba estorbando, pero creo que captó la onda.*

estar en la onda *coloquial* Estar al corriente de lo que ocurre o de las últimas tendencias: *los jóvenes están en la onda de lo último que sale al mercado en música de discoteca.*
DER ondear, ondular; radioonda.
ETIM *Onda* procede del latín *unda,* que tenía el mismo significado, voz con la que también están relacionadas *inundar, redundar.*
OBS No se debe confundir con *honda.*

ondear *v. intr.* **1** Moverse formando ondas a causa del aire o viento: *su pelo ondeaba al viento; la bandera ondea en el mástil.* SIN ondular. ◊ *v. tr.* **2** Agitar algo en el aire de manera que haga ondas: *ondeaban los pañuelos desde la ventanilla del tren.*

ondulación *n. f.* **1** Onda en una superficie: *las ondulaciones del terreno permitían a los niños jugar al escondite.* **2** Movimiento de onda que se produce en un cuerpo flexible.

ondulado, -da *adj.* Que tiene o forma ondas: *la superficie del mar es ondulada; prefiero las patatas fritas onduladas porque son más crujientes; su pelo es ondulado.*

ondular *v. tr./prnl.* **1** Hacer o formar ondas: *el peluquero le onduló el pelo.* ◊ *v. intr.* **2** Moverse formando ondas: *las banderas ondulan al viento.* SIN ondear.
DER ondulación, ondulado, ondulante, ondulatorio.

ondulatorio, -ria *adj.* Que se extiende o se propaga mediante ondas o en forma de ondas: *movimiento ondulatorio.*

oneroso, -sa *adj.* **1** *culto* Que es molesto o difícil de soportar: *no deseo irme a vivir con mis tíos porque no quiero ser una carga onerosa para ellos.* SIN pesado. **2** *culto* Costoso: *gastos onerosos.* SIN caro. **3** DER. Que se hace mediante una prestación recíproca.

ONG *n. f.* Sigla de *organización no gubernamental,* institución que no depende de la administración del estado.

ónice *n. m.* Mineral que constituye una variedad de ágata y que está formado por cuarzo listado formando franjas de tonos claros y oscuros, que se van alternando: *el ónice se utiliza para hacer esculturas.* SIN ónix.

OBS El plural es *ónices*.

-onimia Elemento sufijal que entra en la formación de sustantivos femeninos con el significado de nombre: *sinonimia, antroponimia.*

onírico, -ca *adj. culto* De los sueños o que tiene relación con ellos.

ónix *n. m.* Ónice: *el ónix se emplea como piedra de adorno.* **OBS** El plural es el de *ónice*: *ónices.*

onomástica *n. f.* **1** *culto* Día del santo de una persona: *las mujeres que se llaman Pilar celebran su onomástica el día 12 de octubre.* **2** Disciplina que estudia los nombres propios: *consultó varios libros de onomástica hispanorromana.*

onomatopeya *n. f.* **1** Expresión articulada por el hombre con la que se imita un sonido que no es propio del lenguaje humano: *¡iguau! es una onomatopeya.* **2** GRAM. Palabra que imita un sonido que no es propio del lenguaje humano: *en la frase se oía el tic tac del reloj, tic tac es una onomatopeya.* **DER** onomatopéyico.

onomatopéyico, -ca *adj.* **1** De la onomatopeya o que tiene relación con este tipo de palabras: *el verbo tintinear es de origen onomatopéyico.* **2** Que está formado por onomatopeya: *ronronear es un término onomatopéyico.*

ontología *n. f.* FILOS. Disciplina de la metafísica que trata del concepto del ser y de sus propiedades. **DER** ontológico.

ontológico, -ca *adj.* De la ontología o que tiene relación con esta parte de la metafísica: *argumentos ontológicos.*

onubense *adj.* **1** De Huelva o que tiene relación con esta provincia andaluza: *mi familia veraneó en una playa onubense.* ◊ *adj./n. com.* **2** [persona] Que es de Huelva: *los onubenses hablan el español de Andalucía.*

onza *n. f.* **1** Medida de peso que equivale a 28,70 gramos: *la onza era una medida muy utilizada antiguamente.* **2** Cada una de las partes o cuadros iguales en que viene dividida una tableta de chocolate: *me he comido dos onzas de chocolate.* **3** Antigua moneda de oro que pesa aproximadamente 28,70 gramos: *al derribar el muro aparecieron 20 onzas de oro.*

oosfera *n. f.* BOT. Célula sexual femenina de las plantas fanerógamas: *la oosfera se encuentra en el saco embrionario.*

op. cit. Abreviatura de *opus citatum*, obra citada.

opacidad *n. f.* **1** Falta de transparencia para dejar pasar la luz que tiene un cuerpo: *la madera es un material de una absoluta opacidad.* **2** Falta de brillo o luminosidad que tiene la superficie de una cosa: *los productos de limpieza agresivos dan opacidad a las maderas nobles.*

opaco, -ca *adj.* **1** Que no deja pasar la luz: *he puesto un cristal opaco en la puerta del cuarto de baño.* **ANT** transparente. **2** Que quo no tiene brillo ni luz: *una hierba opaca y de aspecto polvoriento cubría el jardín.* **3** Que no destaca: *es una persona opaca y mediocre; aquella luz era opaca.* **SIN** insignificante. **DER** opacidad.

ópalo *n. m.* Mineral duro de distintos colores y que se puede usar en joyería como piedra preciosa: *el ópalo es una variedad del cuarzo.*

opción *n. f.* **1** Posibilidad que se presenta de elegir entre varias cosas: *no nos queda opción: tenemos que hacer lo que nos mandan.* **SIN** alternativa, elección. **2** Posibilidad, de entre varias, que se elige en un caso determinado: *la opción de cenar en casa me parece la más adecuada.* **SIN** alternativa, elección. **3** Derecho que se tiene a un oficio, honor, cargo o título: *el príncipe tiene opción al trono.* **DER** opcional.

opcional *adj.* Que se puede elegir según una preferencia y por tanto no es obligatorio: *el aire acondicionado es opcional.* **SIN** optativo.

-ope Elemento sufijal que entra en la formación de palabras con el significado de que tiene la visión o mirada como se expresa en el primer elemento al que se une: *hipermétrope, nictálope.*

open *n. m.* Campeonato o torneo abierto en el que pueden participar deportistas aficionados y profesionales: *open de golf; open de tenis.*

ópera *n. f.* **1** Género musical en el que un texto dialogado se canta y se escenifica acompañado de música de orquesta: *es un gran aficionado a la ópera.* **2** Obra de ese género: *fuimos a ver la ópera Don Giovanni de Mozart.* **3** Teatro donde se representa este tipo de obras: *se vistió con un traje de noche para ir a la ópera.* **DER** opereta. **ETIM** Véase *obra*.

opera prima *n. f.* Expresión latina que se utiliza para nombrar a la primera de las obras de un artista o un autor: *aquella película representó la opera prima del director de cine.*

operación *n. f.* **1** Ejecución de una acción: *los terroristas fueron detenidos gracias a una operación de la policía.* **2** Intervención médica que consiste en abrir o cortar un tejido u órgano dañado con los instrumentos adecuados y con la intención de curar a un enfermo: *el cirujano dijo que se presentaron complicaciones durante la operación.* **3** Combinación de números y operadores o de expresiones matemáticas a las que se aplican unas reglas para obtener un resultado: *creo que el resultado de esta operación es correcto.* **4** Acción de comprar y vender mercancías o servicios para conseguir ganancias: *operaciones de Bolsa.*

operador, -dora *adj./n. m. y f.* **1** Que opera: *los contratos los han negociado dos operadores de nuestra empresa.* ◊ *n. m. y f.* **2** Técnico encargado de manejar y hacer que funcionen ciertos aparatos: *Rafa trabaja como operador de ordenadores en una empresa.* **3** Persona que en un servicio telefónico establece las comunicaciones que no son automáticas: *la operadora me puso en comunicación con la habitación de mi amigo en el hospital.* ◊ *n. m.* **4** operador Símbolo utilizado en matemáticas para indicar la operación que se realiza: *el signo + es un operador.*

operar *v. tr./intr.* **1** Intervenir a un enfermo abriendo y cortando el tejido o el órgano dañado con los instrumentos médicos adecuados: *han operado a su madre del corazón.* ◊ *v. intr.* **2** Combinar números o expresiones matemáticas aplicando unas reglas para obtener un resultado: *para resolver este problema, hay que operar con números naturales.* **SIN** calcular. ◊ *v. tr.* **3** Ejecutar acciones, especialmente comerciales, militares o ilegales: *las fuerzas de la OTAN están operando en el Atlántico Norte.* **SIN** actuar. **4** *culto* Producir el efecto esperado: *el calmante operó rápidamente sobre el paciente.* **SIN** actuar. ◊ *v. tr./prnl.* **5** *culto* Producir: *por fin se opera un profundo cambio en su comportamiento.* **SIN** realizar. ◊ *v. prnl.* **6** operarse Dejar que el médico cure su órgano o tejido dañado del cuerpo, abriéndolo y cortándolo con los instrumentos médicos adecuados: *el médico me ha dicho que tengo que operarme del riñón.* **DER** operación, operador, operario, operativo, operatorio; cooperar, inoperable, inoperante.

operario, -ria *n. m. y f.* Persona que se dedica a hacer un trabajo de tipo manual: *los operarios de las fábricas no suelen tener título universitario.* **SIN** obrero.

operatividad *n. f.* Efectividad o eficacia que tiene una cosa para realizar una determinada función: *la operatividad de las personas que mandan en esta empresa es muy poco efectiva.*

operativo, -va *adj.* **1** Que produce el resultado esperado: *si este remedio no da resultado, habrá que buscar uno que resulte más operativo.* **2** Que tiene relación con la práctica y la ejecución de las acciones: *los objetivos de este proyecto son concretos y operativos.*
DER operatividad.

opérculo *n. m.* Pieza en forma de tapa que sirve para cerrar algunas aberturas de los seres vivos, como las agallas de los peces o las cápsulas de algunos frutos. ☞ *pez.*

opereta *n. f.* Obra musical cantada, hablada y escenificada, como la ópera en la que se cuenta una historia festiva y divertida: *la opereta es un espectáculo de origen francés.*

-opía Elemento sufijal que entra en la formación de palabras con el significado de visión, vista, mirada: *hipermetropía, miopía.*

opiáceo, -cea *adj.* **1** Del opio o que tiene relación con esta sustancia narcótica: *sustancia opiácea.* **2** Que está compuesto con opio: *droga opiácea.* **3** Que tiene alguna propiedad del opio como la de actuar de calmante: *medicamento opiáceo.*

opinar *v. intr./tr.* **1** Expresar una opinión de palabra o por escrito: *el ministro aún no ha opinado sobre el asunto; opino que no debes invertir ese dinero.* ◇ *v. intr.* **2** Formar o tener opinión: *es necesario conocer los hechos antes de opinar.*
DER opinión.

opinión *n. f.* **1** Idea que se forma o se tiene de una cosa o una persona: *quiere saber su opinión sobre el caso.* **SIN** parecer. **opinión pública** Manera de pensar que es común a la mayoría de las personas acerca de un asunto: *los medios de comunicación de masas tratan de ganar la opinión pública para sus causas.* **2** Fama o idea que se tiene de una persona o cosa: *la buena opinión que tengo de ti me hace aceptar lo que me propongas.*

opio *n. m.* Sustancia que se obtiene de una planta que se llama adormidera verde y que por sus efectos narcóticos se considera una droga: *la morfina, la heroína y la codeína se extraen del opio.*
DER opiáceo.

opíparo, -ra *adj. culto* [comida] Que es muy abundante y muy bueno: *después de la opípara cena salimos a dar un paseo.* **SIN** copioso. **ANT** austero.

oponente *adj./n. com.* **1** [persona] Que tiene una opinión contraria a la de otra u otras personas: *estos dos partidos políticos son oponentes en el parlamento.* **SIN** contrario. **2** [persona, grupo] Que se enfrenta a otro en una competición deportiva: *el equipo oponente realizó una buena defensa; el tenista logró vencer fácilmente a su oponente.* **SIN** contrincante, rival.

oponer *v. tr.* **1** Exponer razones contrarias a una idea o un proyecto: *el diputado opuso varios argumentos a la construcción del embalse.* **2** Poner un obstáculo para impedir una acción: *el detenido opuso resistencia a la policía.* ◇ *v. prnl.* **3 oponerse** Ser contrario a lo que se expresa: *el blanco se opone al negro.* **4** Manifestar desacuerdo con una acción o con una persona: *nadie se opuso a su decisión.* **5** Estar una cosa colocada enfrente a otra: *el banco se opone a la iglesia.*
DER oponente, oponible, oposición, opuesto.
OBS El participio es *opuesto* ◇ Se conjuga como *poner.*

oporto *n. m.* Vino que se elabora en la zona de Oporto.

oportunidad *n. f.* **1** Circunstancia favorable o que se da en un momento adecuado u oportuno para hacer algo: *debes aprovechar esta oportunidad porque no sabes cuándo surgirá otra igual.* **SIN** ocasión. **2** Cualidad de oportuno: *no pongo en duda la oportunidad de su visita.* **3** Producto que se vende a bajo precio: *hay una sección de oportunidades en la planta baja.* **SIN** saldo. En esta acepción se usa generalmente en plural.

oportunismo *n. m.* Habilidad para aprovechar cualquier oportunidad anteponiendo el beneficio personal a cualquier otro principio o actitud.
DER oportunista.

oportunista *adj./n. com.* [persona] Que quiere aprovechar al máximo las oportunidades y que para ello no duda en anteponer su beneficio a cualquier otro principio o actitud: *es un oportunista que logró el ascenso aprovechándose de los fallos ajenos.*

oportuno, -na *adj.* **1** Que se hace u ocurre en un momento adecuado o conveniente: *tu llamada no puede ser más oportuna porque hace rato que quería hablar contigo.* **ANT** inoportuno. **2** [persona] Que es ingenioso en la conversación e interviene con gracia: *me agrada: es una chica muy oportuna.* **ANT** inoportuno.
DER oportunidad, oportunismo; importuno, inoportuno.

oposición *n. f.* **1** Situación de las cosas o personas enfrentadas: *la familia no puso oposición a que los jóvenes se casaran; no ha encontrado ninguna oposición a su propuesta.* **SIN** resistencia. **2** Procedimiento de selección de personas que aspiran a ocupar un puesto de trabajo que consiste en una serie de exámenes: *las oposiciones para el cuerpo de funcionarios del estado tendrán lugar en febrero.* **SIN** concurso. Se usa generalmente en plural. **3** Grupo político o social que no está en el poder y que representa las opiniones contrarias a las de los dirigentes: *la oposición votó en contra; los miembros de la oposición.*
DER opositar.

opositar *v. intr.* Prepararse para unas oposiciones o presentarse a ellas: *hizo la carrera de derecho y después opositó a notarías.*
DER opositor.

opositor, -tora *n. m. y f.* **1** Persona que aspira a un puesto que se concede por oposición: *quinientos opositores se presentaron al primer examen.* **2** Persona que se opone a otra: *fue su opositor en aquel debate.* **SIN** oponente.

opresión *n. f.* **1** Acción de someter a alguien a una autoridad excesiva e injusta: *escapó de casa para huir de la opresión que su padre ejercía sobre la familia.* **2** Molestia producida por una cosa que aprieta: *la opresión de este vendaje no me deja respirar.*

opresivo, -va *adj.* **1** Que hace un uso abusivo de su poder o su autoridad: *gobierno opresivo.* **SIN** opresor. **2** Que provoca una sensación de opresión o ahogo: *sentimiento opresivo.* **SIN** asfixiante, agobiante.

opresor, -sora *adj./n. m. y f.* [persona, cosa] Que domina o manda con autoridad excesiva o injusta: *los trabajadores se rebelaron contra el régimen opresor.*

oprimir *v. tr.* **1** Ejercer presión sobre algo: *debes oprimir el botón para que funcione.* **SIN** presionar. **2** Apretarle a una persona algo: *no estoy cómodo con este pantalón porque me oprime.* **3** Dominar o mandar con autoridad excesiva o injusta: *el dictador oprimía al pueblo.* **SIN** tiranizar. **4** Producir algo angustia: *este ambiente tan sofisticado me oprime.*
DER opresión, opresivo, opresor.

oprobio *n. m. culto* Deshonra o vergüenza que se vive de manera pública: *sufriste el oprobio y todos los que decían que eran tus amigos te abandonaron.* **SIN** afrenta, deshonor.

-opsia Elemento sufijal que entra en la formación de pala-

optar *v. intr.* **1** Escoger o preferir una posibilidad de un conjunto: *opte por comprar el más económico.* **2** Intentar conseguir o hacer una cosa: *dos aspirantes optaban al cargo.* **SIN** aspirar.
DER opción, optativo; adoptar.

optativo, -va *adj.* Que se puede elegir según una preferencia y por tanto no es obligatorio: *el curso incluía clases obligatorias y actividades optativas, como excursiones y visitas culturales.* **SIN** opcional.

óptica *n. f.* **1** Establecimiento en el que se venden instrumentos para corregir o mejorar la visión: *fui a la óptica a cambiar mis gafas por unas más modernas.* **2** Arte de construir espejos, lentes e instrumentos para corregir o mejorar la visión: *ha estudiado óptica y se ha especializado en lentes de contacto.* **3** Disciplina física que trata de la luz y de los fenómenos que tienen relación con ella: *un tratado de óptica.* **4** Punto de vista: *desde mi prima está totalmente imposible.*

óptico, -ca *adj.* **1** De la vista o del ojo o que tiene relación con ellos: *tiene una lesión en el nervio óptico.* **2** De la óptica o que tiene relación con esta técnica: *han abierto un nuevo establecimiento óptico en la calle Mayor.* **3** De la óptica o que tiene relación con esta disciplina física: *eso que ves no es más que un efecto óptico producido por la luz.* ◊ *n. m. y f.* **4** Persona que se dedica a fabricar o vender instrumentos de óptica: *el óptico me ha recomendado estas gafas.*
ETIM *Óptico* procede del griego *optikos ops*, 'vista', voz con la que también está relacionada *sinopsis.*

optimismo *n. m.* Tendencia a ver y a juzgar las cosas o a las personas en su aspecto más positivo o más agradable: *las lluvias de la primavera hicieron nacer el optimismo entre los agricultores acerca de la abundancia de su cosecha.* **ANT** pesimismo.
DER optimista.

optimista *adj./n. com.* [persona] Que tiende a ver y juzgar las cosas o a las otras personas en su aspecto más positivo o más agradable: *los optimistas están convencidos de que todo lo que hagan les va a salir bien.* **ANT** pesimista.

optimización *n. f.* **1** Planificación de una actividad para obtener los mejores resultados. **SIN** optimación. **2** En matemáticas e informática, método para determinar los valores de las variables que intervienen en un proceso o sistema para que el resultado sea el mejor posible.
DER optimizar.

optimizar *v. tr.* **1** Planificar una actividad para obtener los mejores resultados: *han hecho cambios de personal con el fin de optimizar los rendimientos.* **SIN** optimar. **2** En matemáticas e informática, determinar los valores de las variables que intervienen en un proceso o sistema para que el resultado que se obtiene sea el mejor posible.
OBS En su conjugación, la *z* se convierte en *c* delante de *e*.

óptimo, -ma *adj.* Que no puede ser mejor ni más adecuado para algo: *en un monasterio encontró el lugar óptimo para el estudio.* **SIN** buenísimo, inmejorable. **ANT** pésimo.
DER optimar, optimismo, optimizar.
OBS Es el superlativo de *bueno.*

opuesto, -ta *adj.* **1** Que es totalmente diferente a algo: *tiene ideas opuestas a las mías.* **SIN** contrario. **2** [persona] Contrario a algo: *era opuesto a las celebraciones.* **3** Que está enfrente o al otro extremo de algo: *el edificio apuesto a éste.* ☞ ángulos. **4** Referido a la dirección de un cuerpo, que se mueve en sentido contrario: *el coche salió en sentido opuesto al de la moto.*

OBS Es el participio irregular de *oponer.*

opulencia *n. f.* **1** Riqueza grande: *si vives en la opulencia, es más difícil comprender las necesidades de los pobres.* **2** Abundancia de una cosa: *la opulencia de las despensas del castillo no sirvió para alimentar a toda la población.*

opulento, -ta *adj.* **1** Que es muy rico: *la crisis económica afectó gravemente a las opulentas arcas del estado.* **SIN** acaudalado. **ANT** pobre. **2** Que es muy abundante: *el camarero me sirvió un desayuno opulento.* **SIN** generoso. **ANT** pobre. **3** [persona, cosa] Que está muy desarrollado o que tiene gran cantidad de alguna cosa: *era una mujer de caderas opulentas.*
DER opulencia.

opúsculo *n. m.* Publicación de pocas páginas dedicada generalmente a un único tema de carácter científico o literario: *publicaron un opúsculo con los artículos más interesantes.*

oquedad *n. f.* Espacio hueco en el interior de un cuerpo u objeto: *el bandolero se escondía en una oquedad del tronco del árbol.*
ETIM Véase *hueco.*

-or, -ora Sufijo que entra en la formación de nombres abstractos con la significación de cualidad: *calor, amargor, dulzor.*

ora *conj. culto* Indica que dos o más acciones alternan o se oponen: *ora andando, ora corriendo, llegaron al pueblo; ora llora, ora ríe.*

oración *n. f.* **1** Ruego que se hace a una divinidad o a los santos: *el padrenuestro es la oración más conocida en el mundo cristiano.* **2** Expresión formada por una o más palabras y que tiene sentido completo: *la oración es una de las principales unidades de la lengua.* **oración compuesta** GRAM. Oración formada por más de un sujeto y más de un predicado o por una serie de oraciones simples: *las siguientes son oraciones compuestas:* Juan lee y Pedro pasea; el libro que me has comprado tiene bellas ilustraciones. **oración coordinada** GRAM. Oración unida a otra de la misma naturaleza y función, pero que no depende de ella: *María estudia y Juan trabaja son oraciones coordinadas.* **oración simple** GRAM. Oración formada por un solo predicado y un solo sujeto: *Pedro pasea por el parque es una oración simple.* **oración subordinada** GRAM. Oración que depende de otra a la que se llama principal: *en la frase cuando llueve, me mojo, la oración cuando llueve es una oración subordinada.*
DER oracional.

oracional *adj.* De la oración gramatical o que tiene relación con ella: *la función de sujeto es una función oracional.*

oráculo *n. m.* **1** Mensaje o respuesta que procede de un dios, sobre todo en la antigua Grecia: *la interpretación de oráculos era propia de las civilizaciones griega y romana.* **2** Lugar donde se acude para consultar a un dios: *el oráculo de Delfos.* **SIN** santuario. **3** Persona sabia y autorizada cuya opinión se considera verdadera: *sabe de todo: es un oráculo.*
ETIM Véase *orar.*

orador, -dora *n. m. y f.* **1** Persona que habla en público: *Juan será el tercer orador del acto.* **2** Persona que tiene facilidad para hablar en público y que lo hace bien: *es un buen orador, que sabe convencer en cualquier tipo de conversación.*
DER oratorio.

oral *adj.* **1** Que se hace o expresa con palabras habladas: *de inglés, haremos un examen oral y otro escrito.* **SIN** verbal. **2** De la boca o que tiene relación con esta parte del cuerpo: *estoy estudiando la cavidad oral de los peces.* **3** [medicina] Que se toma por la boca: *este medicamento se toma por vía oral.* **4** En lingüística, se dice del sonido que se articula dejando salir el aire sólo por la boca y no por la nariz: *los únicos sonidos no orales del español son m, n y ñ.*

orangután *n. m.* Mamífero del tamaño de un hombre, de pelo marrón o rojizo, que camina sobre dos patas, tiene las extremidades anteriores muy largas y la cabeza alargada, se alimenta de vegetales y vive en los árboles: *los orangutanes se encuentran en las selvas de Sumatra y Borneo.*
OBS Para indicar el sexo se usa *el orangután macho* y *el orangután hembra*.

orar *v. intr.* **1** Rogar a Dios o a los santos: *las beatas oran por los difuntos*. **2** Hablar en público: *para orar es conveniente no ponerse nervioso*.
DER oración, orador; adorar.
ETIM *Orar* procede del latín *orare*, 'hablar', voz con la que también está relacionada *oráculo*.

orate *n. com.* **1** Persona loca. **2** Persona que actúa de forma alocada o poco reflexiva. **SIN** majara, chalado.

oratoria *n. f.* **1** Arte de saber hablar bien en público para agradar, convencer o provocar un sentimiento determinado: *la oratoria era muy importante para los clásicos*. **SIN** elocuencia, retórica. **2** Género literario que comprende las obras escritas para ser proclamadas oralmente: *la oratoria abarca el estudio de sermones, discursos y disertaciones*.

oratorio *n. m.* **1** Lugar en una casa o un edificio público en el que hay un altar para celebrar misa y donde se acude para rezar: *los monjes acudieron al oratorio para rezar sus oraciones diarias*. **2** MÚS. Composición musical de asunto religioso para coro y orquesta.
DER oratoria.

orbe *n. m.* **1** Conjunto de todas las cosas existentes. **SIN** universo. **2** Conjunto de todas las cosas que pertenecen a un determinado campo o terreno: *su descubrimiento revolucionó el orbe científico*. **SIN** mundo, ámbito. **3** *culto* Esfera terrestre o celeste.
DER orbicular, órbita.

órbita *n. f.* **1** Trayectoria que describe un cuerpo alrededor de otro en el espacio, especialmente un planeta, cometa, satélite, etc., como consecuencia de la acción de la fuerza de gravedad: *la trayectoria elíptica de la órbita de los planetas alrededor del Sol es consecuencia de la acción de la gravedad*. **2** ANAT. Cavidad situada debajo de la frente en la que se

---

LA ORACIÓN

Una oración es una unidad gramatical mínima que está formada por una palabra o un conjunto de palabras y comunica un significado completo. Un texto es un conjunto de oraciones, por eso decimos que es una unidad mínima, porque es la unidad más pequeña con sentido completo que entra en la formación de unidades mayores que son los párrafos y los textos. Formalmente se caracteriza porque una de las palabras que la forman es un verbo; y en la escritura, porque van separadas unas de otras por puntos o por punto y coma.

La oración es una unidad de comunicación, porque transmite un significado completo: una idea, una opinión, una información, un deseo, una orden... Según la intención del mensaje, podemos tener distintos tipos de oración. Son los siguientes:

TIPO DE ORACIÓN[1]	OBSERVACIONES
ENUNCIATIVAS Informan, transmiten a nuestro interlocutor una información. *La ventana está cerrada; La ventana no está cerrada.*	Pueden ser afirmativas o negativas.
EXCLAMATIVAS Expresan una impresión, una emoción (tristeza, alegría, dolor, sorpresa, etc.). *¡Por fin es viernes!*	Se escriben entre signos de exclamación.
INTERROGATIVAS totales Preguntan si una información u opinión es verdadera o falsa. *¿Está cerrada la ventana?*	Se escriben entre signos de interrogación. La respuesta es sí o no.
parciales Preguntan sobre una información que no sabemos. *¿Cómo está la ventana?*	Se escriben entre signos de interrogación. La primera palabra es una partícula interrogativa (qué, cómo, cuándo, dónde, quién, etc.). La respuesta nunca puede ser sí o no.
IMPERATIVAS Indican cómo debe hacerse algo, por lo que sirven para dar órdenes, pero también para dar instrucciones o consejos. *Cierra la ventana; No cierres la ventana,* *Ponte una chaqueta, hace frío.*	El verbo está en imperativo (oraciones afirmativas) o en subjuntivo (oraciones negativas).

[1] El cuadro indica los usos más habituales de este tipo de oraciones, pero hay otros. Por ejemplo: una oración afirmativa puede servir para ordenar, incluso de una forma más tajante que una oración imperativa *(ahora mismo vas a la tienda y lo cambias)*; una oración imperativa puede servir para pedir un favor en lugar de expresar una orden u obligación *(pásame la sal, por favor)*; una pregunta puede tener valor retórico, es decir, el hablante no pregunta realmente porque ya sabe la respuesta, sólo quiere que el oyente lo sepa o muestre su acuerdo con él *(ya sé que el otro día volviste a las tres de la madrugada, ¿a que sí?)*.

encuentra el ojo: *tiene unos ojos tan grandes que parece que no le caben en las órbitas.* **SIN** cuenca. **3** Campo de acción o de influencia de una persona o cosa: *el mercado hispanoamericano está en la órbita de esta empresa.* **SIN** ámbito.
estar en órbita Conocer un ambiente o asunto: *me ha dicho que sobre este tema está en órbita, sabe todo lo que ocurre.*
estar fuera de órbita No conocer un ambiente o asunto: *a mí no me preguntes qué música está de moda porque estoy fuera de órbita.*
poner en órbita Lanzar al espacio una nave o un satélite: *la NASA ha puesto en órbita un satélite artificial.*
DER orbital, orbitar.

orca *n. f.* Mamífero marino de la familia de los delfínidos que puede medir hasta nueve metros de longitud y tiene el lomo azul oscuro y el vientre blanco: *la orca es un gran depredador.* **OBS** Para indicar el sexo se usa *la orca macho* y *la orca hembra*. ◇ No se debe confundir con *horca*.

órdago *n. m.* Jugada del mus en la que se apuesta todo lo que falta para ganar: *le eché un órdago, pero no lo quiso.*
de órdago *coloquial* Que es muy bueno, grande o intenso: *te ha salido un guiso de órdago; la pelea fue de órdago.*

orden *n. m.* **1** Colocación de las cosas, las personas o los hechos en el lugar que les corresponde según un determinado criterio: *el orden de los libros te permitirá encontrarlos luego con facilidad; el orden de la fila consistía en que el más alto se ponía al final.* **SIN** ordenación, ordenamiento. **ANT** desorden. Puede ser también de género femenino. **2** Organización o clasificación de las cosas siguiendo una regla o un criterio determinado: *el diccionario sigue un orden alfabético; el orden de los días de la semana.* **ANT** desorden. Puede ser también de género femenino. **orden establecido** Organización social, política y económica propia de una comunidad: *la revolución es la lucha contra el orden establecido.* **orden natural** Organización y forma de ocurrir las cosas según las leyes de la naturaleza: *el orden natural establece que la muerte ha de venir tras la vida.* **3** Estado de normalidad y sin alteraciones: *salimos todos en orden.* **orden público** Situación o estado de paz y de respeto a la ley de una comunidad: *los disturbios de ayer tarde pretendían alterar el orden público.* **4** Clase, tipo: *todas las preguntas que hizo fueron del mismo orden.* **5** ARQ. Estilo o colocación y proporción de los cuerpos que componen un edificio siguiendo un modelo determinado: *la arquitectura moderna no sigue el orden clásico.* **orden compuesto** ARQ. Orden romano que combina el corintio y el jónico. **orden corintio** ARQ. Orden griego que adorna la parte superior de las columnas con hojas: *las columnas del orden corintio son algo más altas que las del dórico.* **orden dórico** ARQ. Orden griego que presenta columnas acanaladas y sin base: *los capiteles del orden dórico son sencillos.* **orden jónico** ARQ. Orden griego con columnas esbeltas y con una base circular que adorna el capitel con volutas: *las columnas del orden jónico son algo más altas que las del dórico y más bajas que las del corintio.* **orden toscano** ARQ. Orden romano sólido y sencillo, con fuste liso y con base: *el orden toscano deriva del dórico.* **6** BIOL. Categoría de clasificación de los seres vivos, inferior a la de clase y superior a la de familia: *el perro y el gato pertenecen al orden de los carnívoros, pero son de distinta familia.* **7** Sacramento de la Iglesia católica por el que un hombre se convierte en sacerdote: *el presbítero recibió el orden sacerdotal.* **8** Grado o categoría de los hombres que están al servicio de la Iglesia: *las órdenes pueden ser mayores o menores.* En plural se usa el género femenino. **9** *culto* Grupo o categoría social: *la aristocracia romana estaba formada por el orden de los senadores.* ◇ *n. f.* **10** Acción que se manda obedecer, observar y ejecutar: *el soldado cumplió la orden; ha dado orden de que no se le moleste.* **SIN** mandato. **real orden** Mandato del gobierno de una monarquía: *los antiguos reyes dictaban y firmaban estas reales órdenes; en la democracia, la real orden la firma un ministro en nombre del rey.* **11** Comunidad religiosa aprobada por la Iglesia que vive bajo unas reglas establecidas por su fundador: *Santa Teresa de Jesús fundó la orden de las Carmelitas descalzas.* **SIN** congregación. **12** Organización civil o militar creada con un fin determinado: *los caballeros de la orden de Santiago vigilaban el camino de Santiago.*
a la orden Expresión que indica que se va a obedecer en lo que se ha mandado: —*Prepara la comida.* —*A la orden.*
a las órdenes de Bajo el mando de: *Sancho trabajaba a las órdenes de Don Quijote.*
¡a sus órdenes! Expresión militar que se usa para saludar y para responder a un mando superior: *¡a sus órdenes, mi capitán!*
dar órdenes Mandar: *se pasa el día dando órdenes, es como un sargento.*
del orden de Aproximadamente: *las pérdidas son del orden de cuatro millones.*
en orden Siguiendo una organización establecida: *desfilaremos en orden.*
estar a la orden del día *a)* Ser muy frecuente: *los casos de corrupción política están a la orden del día. b)* Estar de moda: *la minifalda está a la orden del día.*
llamar al orden Mandar a una persona que deje de hacer una cosa que no debe hacer: *el bibliotecario llamó al orden a los que estaban hablando en voz alta.*
orden del día *a)* Serie de puntos que han de tratarse en una reunión: *el primer punto del orden del día es aprobar el acta de la reunión anterior. b)* Serie de actividades que han de realizarse a lo largo de un día: *según el orden del día, mañana por la mañana debemos hacer gimnasia.*
poner en orden Colocar las cosas en el lugar que les corresponde: *por favor, pon en orden tu habitación.* **SIN** ordenar.
sin orden ni concierto *coloquial* De cualquier manera: *los coches circulaban en todas direcciones, sin orden ni concierto.*
DER ordenanza, ordenar; contraorden, desorden, suborden, superorden.
ETIM *Orden* procede del latín *ordo, -inis*, que tenía el mismo significado, voz con la que también están relacionadas *coordinar, ordinal, ordinario.*

ordenación *n. f.* **1** Colocación de las cosas, las personas o los hechos siguiendo una norma o un criterio determinado: *no sólo hay que aprenderse la lista de los elementos, sino también su ordenación.* **SIN** orden, ordenamiento. **2** Organización o clasificación de las cosas, las personas o los hechos siguiendo una norma o un criterio determinados: *la ordenación política tiene como modelo la de otros países democráticos; la Revolución Francesa produjo un cambio en la ordenación social.* **3** Ceremonia religiosa por la que se hace una persona sacerdote cristiano: *toda la familia asistió a la ordenación del hijo menor.*

ordenada *n. f.* MAT. Distancia que hay en dirección vertical, dentro de un plano, entre un punto y un eje horizontal: *si te doy los valores de la abscisa y la ordenada, puedes localizar un punto en un plano.* **ANT** abscisa.
eje de ordenadas Eje vertical que se representa con la letra *y*: *tienes que dibujar un eje de ordenadas y otro de abscisas.*

ordenado, -da *adj.* [persona] Que guarda orden y método en sus acciones y en sus cosas: *mis hijos son muy ordenados con su ropa.*

ordenador *n. m.* Máquina capaz de tratar información automáticamente mediante operaciones matemáticas y lógicas realizadas con mucha rapidez y controladas por programas informáticos: *el ordenador simplifica los trabajos mecánicos y repetitivos; Marisa trabaja introduciendo datos en un ordenador.* **SIN** computador, computadora. **ordenador compatible** Ordenador capaz de ejecutar los mismos programas que otros ordenadores del mismo tipo. **ordenador personal** Ordenador de tamaño reducido que incluye unidad central, teclado, pantalla y una o más unidades de disco y que puede funcionar sin estar conectado a ninguna red informática: *cada secretaria trabaja con un ordenador personal.* **SIN** microordenador. **ordenador portátil** Ordenador personal de peso y tamaño tan reducido que se puede llevar de un lado a otro cómodamente como si fuera un maletín; una batería incorporada le permite cierta autonomía de funcionamiento.
DER microordenador, miniordenador.

ordenamiento *n. m.* **1** Colocación de cosas, personas o hechos en el lugar u el orden que les corresponde: *el ordenamiento de esos documentos es muy importante para su posterior localización.* **SIN** orden, ordenación. **2 DER.** Conjunto breve de disposiciones legales o normas relacionadas con una materia: *el nuevo ordenamiento propone algunas restricciones comerciales.* **SIN** reglamento.

ordenanza *n. f.* **1** Conjunto de normas u órdenes que se dan para el buen gobierno y funcionamiento de algo, especialmente de una ciudad o comunidad: *las ordenanzas municipales prohíben verter basuras en ese lugar.* Se usa generalmente en plural. ◊ *n. com.* **2** Empleado de ciertas oficinas que realiza funciones diversas, como hacer recados o recoger el correo: *le pidió al ordenanza que avisase al jefe.* **3** Soldado que está bajo las órdenes de un oficial o de un jefe para los asuntos del servicio: *el capitán arrestó al ordenanza.*

ordenar *v. tr.* **1** Poner una cosa o persona en el lugar que le corresponde según un criterio determinado: *pasó toda la mañana ordenando su habitación; ha ordenado los apuntes por materias.* **ANT** desordenar. **2** Dar un mandato: *le ordené que volviera.* **SIN** mandar. ◊ *v. tr./prnl.* **3** Nombrar o hacer sacerdote por medio de un sacramento: *el Papa ordenó veinte nuevos sacerdotes; su ilusión era ver ordenarse a su hijo mayor.*
DER ordenación, ordenada, ordenado, ordenador, ordenamiento.

ordeñar *v. tr.* **1** Sacar la leche de los animales hembra exprimiendo las ubres: *ordeñar las vacas; leche recién ordeñada.* **2** *coloquial* Sacar todo el provecho posible de una situación o de una persona: *esa mala mujer ordeñó al muchacho y luego lo abandonó.*
DER ordeñadora.

ordinal *adj.* **1** Del orden o que tiene relación con él: *los cargos militares tienen una escala ordinal.* ◊ *adj./n. m.* **2 GRAM.** [adjetivo, pronombre] Que indica un orden: *los numerales primero, segundo y tercero son ordinales.* **SIN** cardinal, numeral.
ETIM Véase *orden.*

ordinariez *n. f.* Acción o expresión que demuestra mal gusto y falta de educación: *meterse el dedo en la nariz es una ordinariez.*

ordinario, -ria *adj.* **1** Que es habitual o normal: *la medicación que le dieron era ordinaria.* **SIN** corriente. **ANT** extraordinario. **2** Que no se distingue por ser el mejor ni el peor: *es un estudiante ordinario, aprueba sin sacar buenas notas.* **3** [actitud, lenguaje] Que es vulgar: *su comportamiento fue de lo mas ordinario.* **SIN** chabacano. **ANT** exquisito. **4** [cosa] Que está hecho sin refinamiento: *el tejido del vestido es ordinario.* **5** [juez, tribunal] Que pertenece a la justicia civil; que no es militar ni religioso: *los insumisos quieren ser juzgados por tribunales ordinarios.* **6** [correo] Que se envía por tierra o por mar siguiendo el proceso más habitual: *envíe el sobre por correo ordinario, no es necesario que lo certifique.* ◊ *adj./n. m. y f.* **7** [persona] Que es poco educado o tiene escasa formación cultural: *es un ordinario, siempre está soltando tacos.* **SIN** rudo, vulgar.
DER ordinariez; extraordinario.
ETIM Véase *orden.*

ordovícico, -ca *n. m.* **1** Período prehistórico de la era primaria o paleozoica situado entre el silúrico y el cámbrico que duró 505 millones de años. ◊ *adj.* **2** De este período prehistórico.

orear *v. tr.* **1** Dejar que el aire dé en una cosa para enfriarla, secarla o quitarle el olor: *el viento orea la casa; hemos oreado las pieles.* **SIN** ventilar. ◊ *v. prnl.* **2 orearse** *coloquial* Salir a tomar el aire: *ha ido a dar una vuelta y a orearse.* **SIN** ventilarse, oxigenarse.
DER oreo.

orégano *n. m.* Hierba aromática de tallos vellosos con las hojas pequeñas y ovaladas y las flores rosadas o malvas en espiga: *el orégano se usa para dar sabor a la comida.*
no todo el monte es orégano Expresión que indica que no todas las cosas son fáciles y agradables: *eres un ingenuo y un iluso, ya te advertimos que no todo el monte es orégano.*

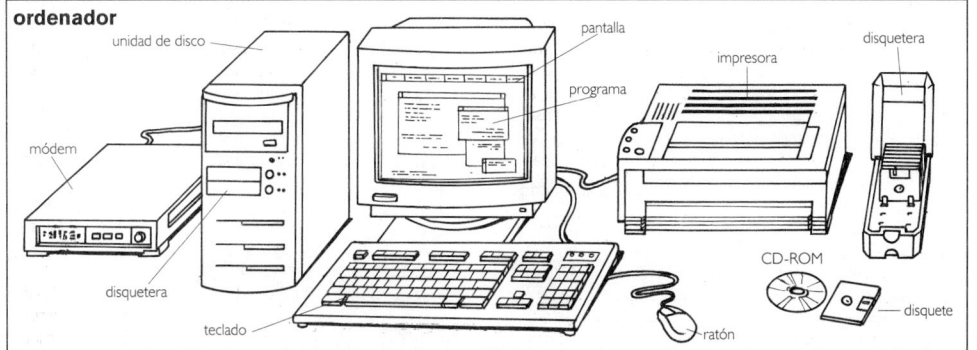

ordenador — unidad de disco, pantalla, impresora, disquetera, módem, disquetera, CD-ROM, disquete, teclado, ratón, programa

oreja *n. f.* **1** Órgano situado en cada parte lateral de la cabeza y que forma la parte exterior del oído: *Elisa tiene unas orejas enormes y por eso no se deja el pelo corto; el perro levantó las oreja cuando oyó los pasos en el corredor; el elefante tiene unas orejas enormes.* **SIN** pabellón auditivo. ☞ cuerpo humano; oído. **2** Capacidad para oír o para enterarse de las cosas: *yo no lo he oído porque tengo mala oreja.* **3** Parte de un objeto que se parece a ese órgano: *tengo un sillón con orejas.*
agachar (o **bajar**) **las orejas** *coloquial* Ceder de modo humilde o aceptar sin protestar: *no estoy dispuesto a seguir agachando las orejas ante las injusticias.*
aguzar las orejas Poner mucha atención o cuidado: *aguzad las orejas porque voy a decir por última vez lo que tenéis que hacer.*
aplastar (o **planchar**) **la oreja** *coloquial* Dormir: *estoy muy cansado, me voy a planchar la oreja.*
asomar o **descubrir** o **enseñar la oreja** *coloquial* Descubrir las intenciones verdaderas de alguien: *creí en él hasta que enseñó la oreja.*
calentar las orejas *coloquial* Regañar con dureza: *cuando descubra al culpable, le va a calentar bien las orejas.*
con las orejas caídas o **con las orejas gachas** Con tristeza por no haber conseguido lo que se deseaba o avergonzado: *se marchó de la fiesta con las orejas gachas porque no había podido bailar con Ana.*
mojar la oreja *coloquial* Insultar o molestar a una persona tratando de discutir con ella: *no sigas mojándome la oreja, que te voy a dar una bofetada.*
poner las orejas coloradas *coloquial* Regañar con dureza: *haré bien el trabajo porque no quiero que luego me pongan las orejas coloradas.*
ver las orejas al lobo Encontrarse en una situación de mucho peligro: *cuando tuvo el accidente le vio las orejas al lobo y ahora es muy prudente con la moto.*
DER orejera, orejón, orejudo.
ETIM *Oreja* procede del latín *auricula*, que tenía el mismo significado, voz con la que también está relacionada *aurícula*.

orejera *n. f.* Pieza en los laterales de una gorra que cubre la oreja: *con la gorra con orejeras no se me enfrían las orejas.*

orejón, -jona *adj.* **1** Que tiene orejas grandes o más grandes de lo que se considera normal: *nunca lleva pendientes porque es un poco orejona; ¡qué perro tan orejón!* **SIN** orejudo. Tiene sentido despectivo. ◊ *n. m.* **2** Trozo de melocotón o albaricoque desecado al aire o al sol.

orejudo, -da *adj.* Que tiene orejas grandes o más grandes de lo que se considera normal: *en mi familia todos somos algo orejudos.* **SIN** orejón.

orensano, -na *adj.* **1** De Orense o que tiene relación con esta provincia gallega o con su capital: *el territorio orensano pertenece a la comunidad autónoma de Galicia.* ◊ *adj./n. m. y f.* **2** [persona] Que es de Orense: *los orensanos son vecinos de los coruñeses.*

oreo *n. m.* Acción de dejar que el aire dé en una cosa para enfriarla, secarla o quitarle el olor: *el oreo refrescó la habitación.* **SIN** ventilación.

orfanato *n. m.* Establecimiento dedicado a recoger, criar y educar niños cuyos padres han muerto, los han abandonado o no pueden hacerse cargo de ellos: *cuando sus padres murieron, una vecina llevó a los dos hermanitos al orfanato.* **SIN** hospicio, inclusa, orfelinato.
ETIM Véase *huérfano.*

orfandad *n. f.* Situación o estado de la persona que ha perdido al padre o a la madre o a ambos: *debido a su orfandad vive con unos parientes.*

orfebre *n. com.* **1** Persona que se dedica a trabajar objetos de oro, plata u otros metales preciosos: *un orfebre labró el cofre.* **2** Persona que se dedica a vender objetos de oro, plata u otros metales preciosos: *he comprado este anillo a un orfebre de Toledo.*
DER orfebrería.

orfebrería *n. f.* Arte de trabajar objetos de oro, plata u otros metales preciosos: *la orfebrería es una labor de artesanía.*

orfelinato *n. m.* Establecimiento dedicado a recoger, criar y educar niños cuyos padres han muerto, los han abandonado o no pueden hacerse cargo de ellos: *no tiene padres: vive en el orfelinato.* **SIN** orfanato.
OBS Esta palabra procede del francés; la Real Academia Española prefiere la forma *orfanato.*

orfeón *n. m.* Agrupación de personas que cantan en coro sin acompañamiento de instrumentos: *el Orfeón Donostiarra interpretó varias canciones.* **SIN** coro.

orgánico, -ca *adj.* **1** [cuerpo, ser] Que tiene vida: *las plantas y los animales son seres orgánicos.* **ANT** inorgánico. **2** [sustancia o materia] Que es o ha sido parte de un ser vivo o que está formado por restos de seres vivos: *la basura orgánica puede recuperarse como abono; el petróleo está formado a partir de restos orgánicos.* **ANT** inorgánico. **3** Del organismo, de los órganos de los seres vivos o que tiene relación con ellos: *las vitaminas aumentan nuestras defensas orgánicas; la biología estudia el funcionamiento orgánico de animales y plantas.* **4** Que está organizado en partes separadas que cumplen una función determinada y que están relacionadas entre sí: *los códigos de leyes deben ser conjuntos orgánicos.* **5** QUÍM. [sustancia] Que se compone principalmente de carbono: *una parte de la química estudia los compuestos orgánicos.*
DER inorgánico.

organigrama *n. m.* Representación gráfica de la estructura de una empresa o una institución; en ella se muestran las relaciones entre sus diferentes partes y la función de cada una de ellas, así como de las personas que trabajan en las mismas: *según el organigrama del banco, los diferentes departamentos son autónomos.*

organillero, -ra *n. m. y f.* Persona que toca el organillo: *el organillero tocaba en la calle.*

organillo *n. m.* Instrumento musical de percusión, que se hace sonar manualmente mediante una manivela que hace girar un cilindro con salientes que golpean unas piezas de metal: *en la verbena de San Isidro los chulapos bailan al son del organillo.*
DER organillero.

organismo *n. m.* **1** Conjunto de los órganos que forman un ser vivo: *el organismo de los recién nacidos es muy delicado.* **2** Ser vivo: *en el agua viven muchos organismos microscópicos.* **3** Conjunto de oficinas, dependencias o empleos que forman un cuerpo o una institución dedicados a un fin determinado: *trabaja en un organismo del Ministerio de Agricultura.*
DER microorganismo.

organista *n. com.* Persona que toca el órgano: *el organista de la catedral es un sacerdote muy anciano.*

organización *n. f.* **1** Acción y resultado de organizar u organizarse: *la organización del congreso fue muy buena.* **2** Forma de ordenarse algo: *te falta organización en tu vida.* **SIN** orden. **ANT** anarquía. **3** Grupo de personas y medios organizados con un fin determinado: *la organización nacional de ciegos da trabajo a muchos invidentes.*

organizador, -dora *adj./n. m. y f.* [persona] Que organiza o que tiene especial capacidad para organizar: *los organizadores del festival contrataron al cantante; es un gran organizador, capaz de hacer que la gente trabaje en grupo.*

organizar *v. tr.* **1** Preparar una cosa pensando y cuidando todos sus detalles: *¿por qué no organizamos un viaje a las Bahamas?; han organizado una gran fiesta.* **SIN** planear. **ANT** desorganizar. **2** Disponer y preparar un conjunto de personas y medios para un fin determinado: *la Cruz Roja organizará un grupo de salvamento.* **3** *coloquial* Poner en orden: *podrías organizar un poco tu mesa de trabajo; estoy hecho un lío y debo organizar mis ideas.* ◊ *v. prnl.* **4 organizarse** Prepararse con los medios adecuados para un fin determinado: *los estudiantes se organizaron frente al palacio para manifestarse.* **5** *coloquial* Imponerse uno mismo un orden: *no sabe organizarse solo.* **6** *coloquial* Formarse una cosa de forma espontánea: *se organizó una pelea en plena calle.* **SIN** armar.
DER organización, organizador, organizativo; desorganizar, reorganizar.
OBS En su conjugación, la *z* se convierte en *c* delante de *e*.

órgano *n. m.* **1** Parte de un ser vivo que puede considerarse separadamente porque cumple una función determinada: *el corazón es el órgano que bombea la sangre; el accidente no le ha dañado ningún órgano vital.* **2** Parte de un conjunto organizado que puede considerarse separadamente porque cumple una función determinada: *el Parlamento es un órgano de gobierno.* **3** Instrumento musical de viento formado por unos tubos de gran tamaño y por un teclado con el que se acciona un mecanismo que produce aire, que al pasar por los tubos produce sonido: *el réquiem sonó en el órgano de la iglesia.* **órgano eléctrico** Órgano que produce el sonido por medios eléctricos sin intervención del aire: *yo toco el órgano y Juanjo la batería en un grupo de rock.*
DER orgánico, organismo, organista, organizar, órganon, orgánulo.

orgánulo *n. m.* BIOL. Parte de la célula que tiene una unidad estructural y cumple una función determinada.

orgasmo *n. m.* Momento de mayor satisfacción en la excitación sexual: *después del orgasmo, el pene vuelve a su tamaño normal; muchas mujeres llegan al orgasmo por la estimulación del clítoris.*

orgía *n. f.* **1** Fiesta en la que se quiere experimentar intensamente con el sexo, la comida y la bebida: *en aquella casa se montaban las mayores orgías que se recuerdan en la ciudad.* **2** Abuso en la satisfacción de pasiones y deseos: *de joven se dedicó a la orgía y su salud se ha resentido.*
DER orgiástico.

orgiástico, -ca *adj.* Que tiene relación con la orgía o el desenfreno de los deseos y las pasiones.

orgullo *n. m.* **1** Exceso de valoración propia por el que uno se cree superior a los demás: *su orgullo le impide pedir perdón.* **SIN** soberbia. **2** Sentimiento de satisfacción por un comportamiento bueno o por una obra bien hecha: *puede decir con orgullo que en toda la carrera no ha suspendido ni un solo examen.*
DER orgulloso; enorgullecer.

orgulloso, -sa *adj./n. m. y f.* **1** [persona] Que se valora excesivamente: *es un orgulloso que desprecia a todos los que tienen menos dinero que él.* **SIN** arrogante. **2** [persona] Que siente satisfacción por un comportamiento bueno o por una obra bien hecha: *está muy orgulloso de ese trabajo porque le ha salido muy bien.*

orientación *n. f.* **1** Colocación en una posición determinada respecto a los puntos cardinales: *me gusta la orientación de tu casa: tiene mucha luz natural.* **2** Posición respecto de los puntos cardinales: *trataban de buscar la orientación con una brújula.* **3** Dirección hacia la que se orienta una cosa o una persona: *no me gusta la orientación que le da a sus estudios.* **4** Información o pauta que se da sobre alguna cuestión para que se lleve a cabo correctamente: *le dio ciertas orientaciones para que comenzase a trabajar.*

oriental *adj.* **1** Del oriente o que tiene relación con él: *el territorio oriental es más rico que el occidental.* **2** De los países de Oriente o que tiene relación con ellos: *la gastronomía oriental utiliza mucho el arroz.* ◊ *adj./n. com.* **3** [persona] Que es de uno de los países de Oriente: *los orientales son muy trabajadores.*
DER orientalista.

orientar *v. tr.* **1** Colocar en una posición determinada respecto a los puntos cardinales: *orientaron el espejo hacia el sol; esta casa está orientada hacia poniente.* **2** Ocupar una posición respecto de los puntos cardinales: *nos encontramos orientados hacia el noroeste de la ciudad.* **3** Determinar una posición respecto a los puntos cardinales: *orientaron el mapa para mirar dónde se encontraban.* **4** Informar sobre un asunto o negocio: *nos orientó sobre lo que teníamos que hacer nada más llegar.* **5** Dirigir hacia un fin determinado: *orientaron su política hacia la lucha contra el paro.* **SIN** encaminar, guiar. **6** Dirigir hacia un lugar determinado: *las flechas te orientarán para llegar a la salida.* **SIN** encaminar, guiar.
DER orientación; desorientar, reorientar.

oriente *n. m.* **1** Punto del horizonte situado donde nace el sol: *todas las ventanas de la casa miran hacia oriente.* **SIN** este, levante. **2** Lugar situado hacia ese punto: *la islas Baleares están situadas al oriente de la península ibérica.* **SIN** este, levante.
Extremo Oriente, Lejano Oriente u **Oriente** Conjunto de países de la parte oriental de Asia: *Japón, China y, en general, todo Oriente tienen una cultura bien diferenciada de la occidental.*
Oriente Medio, Oriente Próximo o **Cercano Oriente** Conjunto de países situados en el suroeste de Asia y el noreste de África, que en su gran mayoría son de cultura árabe.

orificio *n. m.* **1** Abertura o agujero, especialmente el que está hecho intencionadamente o tiene una finalidad: *el agua sale por este orificio.* **2** Abertura de algunos conductos del organismo que los comunica con el exterior: *la ballena tiene dos orificios por donde respira.* ☞ nariz; pez.

origen *n. m.* **1** Principio o causa de una cosa: *el origen del problema del paro hay que buscarlo en la crisis económica que sufrió el país.* **2** Lugar de donde procede originalmente una persona o una cosa: *este vino tiene su origen en la región andaluza de Jerez.* **3** Clase social de la familia a la que se pertenece: *se casó con una joven de origen noble.*
DER original, originar; aborigen.

original *adj.* **1** Del origen o que tiene relación con él: *el equipo original estaba formado por cuatro personas.* **2** Que no ha sido copiado ni imitado de otro, sino fruto de la creación: *los trajes de esta diseñadora son muy originales.* **3** [persona] Que produce obras o ideas nuevas y diferentes, que no son copia ni imitación de otras: *es un escritor muy original.* ◊ *adj./n. m.* **4** [obra, documento] Que ha sido producido directamente por su autor sin ser copia de otro: *el cuadro original; el original de esta novela fue escrito en francés; hay que presentar el documento original acompañado de dos fotocopias.* ◊ *n. m.* **5** Texto que se da a la imprenta para que con arreglo a él se haga la impresión de una obra: *el original del autor venía manuscrito y fue preciso mecanografiarlo.* **6** Cosa que se copia o sirve de modelo para una copia: *tengo que*

originalidad

hacer 40 fotocopias de este original; el retrato es muy fiel al original.
DER originalidad.

originalidad n. f. **1** Característica de lo que es original por no haber sido copiado ni imitado de otro, sino fruto de la creación: *la originalidad de un escritor; la originalidad de una idea.* **SIN** singularidad. **2** Obra, dicho o hecho original: *algunas originalidades están muy cercanas a la extravagancia.*

originar v. tr. **1** Ser causa u origen de una cosa: *un rayo originó el incendio.* **SIN** causar, ocasionar. ◊ v. prnl. **2 originarse** Tener origen o principio una cosa: *la guerra se originó por un conflicto territorial.*
DER originario.

originario, -ria adj. **1** Que da origen o principio a una cosa: *las fuertes lluvias fueron originarias de una catástrofe.* **2** [persona, cosa] Que procede de un lugar determinado: *mi familia paterna es originaria de Asturias; la patata es originaria de América.* **SIN** oriundo. **3** [lugar, país] Que es el de origen o procedencia de una persona o cosa: *tiene nacionalidad belga, pero su país originario es Brasil.*

orilla n. f. **1** Zona límite entre la tierra y una masa de agua, como un mar, un lago o un río: *hoy hay mucha corriente, así que báñate en la orilla.* **2** Franja de tierra más próxima al mar, a un lago o a un río: *paseábamos por la orilla del mar; tiene una casa a orillas del mar; pescaban en la orilla del río.* **3** Parte extrema o borde de una superficie: *la orilla de la tela está muy gastada; no dejes la botella en la orilla de la mesa.* **4** En las calles sin acera, camino junto a las casas destinado a los peatones: *caminad por la orilla.*
DER orillar, orillo.

orín n. m. **1** Óxido rojizo que se forma en la superficie del hierro por la acción del aire o de la humedad: *limpió cuidadosamente el orín de las bisagras y cerraduras.* **SIN** herrumbre. ◊ n. m. pl. **2 orines** Líquido de color amarillo que se forma en el riñón como resultado de la depuración y el filtrado de la sangre, se acumula en la vejiga y se expulsa por la uretra: *aquella esquina estaba llena de orines de perro.* **SIN** orina.

orina n. f. Líquido de color amarillo que se forma en el riñón como resultado de la depuración y el filtrado de la sangre, se acumula en la vejiga y se expulsa por la uretra: *la orina está formada por sustancias de desecho, sales y agua; se hizo un análisis de orina.* **SIN** orines.
DER orinal, orinar.
ETIM Orina procede del griego *ouron*, que tenía el mismo significado, voz con la que también están relacionadas *urea, uréter, uretra, urinario, urólogo.*

orinal n. m. Recipiente portátil que se usa para recoger la orina y los excrementos: *debajo de la cama tenían un orinal; sentó al niño en el orinal.* **SIN** bacín.

orinar v. intr. **1** Expulsar la orina por la uretra: *perdonadme, pero tengo que ir a orinar.* **SIN** mear. ◊ v. tr. **2** Expulsar por la uretra: *orinar sangre.* ◊ v. prnl. **3 orinarse** Expulsar la orina sobre uno mismo de forma involuntaria: *el niño todavía se orina en la cama.*

oriundo, -da adj. **1** Que procede del lugar que se especifica: *esta planta es oriunda del Amazonas.* **SIN** originario. **2** [futbolista] Que es de nacionalidad extranjera pero al tener padre o madre españoles se le considera jugador español.

orla n. f. **1** Adorno grabado, dibujado, impreso o bordado que figura alrededor de un papel o una tela: *usaba un papel de carta con una orla dorada.* **2** Franja o banda de tejido o piel que se coloca a lo largo del borde de una tela, vestido, cortina u otra cosa para embellecerla: *lleva una orla de armi-* ño en su manto. **3** Cuadro en el que se reúnen las fotografías de los estudiantes de una misma promoción, cuando terminan sus estudios o consiguen el título: *en la orla salimos todos los compañeros y profesores del curso.*
DER orlar.

orlar v. tr. **1** Poner una orla o adorno alrededor de una cosa: *orlar un retrato.* **2** Adornar el borde de una tela o de un vestido con una orla: *orlar una cortina.*

ornamentación n. f. **1** Colocación de elementos que sirven para embellecer o adornar una cosa. **2** Conjunto de cosas que sirven para adornar u ornamentar: *la ornamentación de la capilla resultaba demasiado recargada.*

ornamental adj. De la ornamentación o que sirve para ornamentar o decorar: *además de los elementos constructivos, un edificio puede tener elementos ornamentales; planta ornamental.* **SIN** decorativo.

ornamentar v. tr. culto Poner adornos a una cosa para embellecerla: *el abad ornamentó la iglesia con bonitos retablos.* **SIN** ornar.
DER ornamentación.

ornamento n. m. **1** culto Adorno o motivo decorativo que sirve para embellecer una cosa: *los ornamentos de la sala eran de oro y marfil.* ◊ n. m. pl. **2 ornamentos** Vestiduras y adornos que usan los sacerdotes en las funciones litúrgicas: *el color de los ornamentos varía según los oficios del día.*
DER ornamental, ornamentar.

ornar v. tr. culto Poner adornos para embellecer una cosa: *una pluma orna el sombrero.* **SIN** adornar, ornamentar.
DER ornamento, ornato; adornar, exornar, sobornar.

ornato n. m. culto Adorno o conjunto de adornos que embellecen algo: *los ornatos del sagrario están hechos de oro y marfil.*

ornito- Elemento prefijal que entra en la formación de palabras con el significado de pájaro: *ornitología.*

ornitología n. f. Parte de la zoología que estudia las aves: *estudió ornitología y ahora es capaz de distinguir las aves sólo por su canto.*
DER ornitológico, ornitólogo.

ornitológico, -ca adj. Relacionado con el estudio de las aves: *le han encargado que escriba un artículo sobre las aves del lugar por sus conocimientos ornitológicos.*

ornitólogo, -ga n. m. y f. Persona que se dedica al estudio de las aves: *un equipo de ornitólogos está estudiando la migración de las cigüeñas.*

oro n. m. **1** Metal precioso de color amarillo brillante que es muy maleable y dúctil y muy resistente a la corrosión y a la oxidación; tiene gran valor comercial: *el símbolo del oro es Au; los alquimistas pretendían transformar el plomo en oro.* **2** Sustancia que resulta de la mezcla o aleación de ese metal con otros metales y que se usa en joyería, odontología, orfebrería, etc.: *tengo una pulsera bañada en oro.* **oro batido** Hojas de oro muy finas que sirven para dorar. **oro de ley** Oro que tiene las proporciones de metal puro que señala la ley. **oro molido** Oro en polvo preparado para iluminaciones de libros y miniaturas. **3** Caudal, dinero y riquezas: *gastaron mucho oro en aquel negocio.* **SIN** plata. **4** Cosa muy importante, que tiene mucho valor o mérito: *el tiempo es oro.* **5** Primer premio en una competición que consiste en una medalla de este metal: *la tenista española consiguió el oro.* **6** Carta de la baraja española en la que aparecen dibujadas una o varias monedas amarillas, especialmente el as: *yo he tirado un oro y tú has tirado una espada.* ◊ n. m./adj. **7** Color amarillo como el del oro: *tiene los cabellos de oro.*

◇ *n. m. pl.* **8 oros** Palo de la baraja española en el que aparecen dibujadas monedas amarillas: *echó el cinco de oros*.
como oro en paño Con mucha atención y cuidado: *guardaba aquel retrato de su padre como oro en paño*.
de oro Que es muy bueno o que tiene mucho valor: *tenía un corazón de oro*.
hacerse de oro Ganar mucho dinero: *si nos sale bien este negocio, nos haremos de oro*.
oro negro Petróleo: *ha subido el precio del oro negro*.
prometer el oro y el moro *coloquial* Ofrecer cosas imposibles o exageradas: *les prometió el oro y el moro y luego no les dio nada*.
valer su peso en oro Tener mucho valor: *ten cuidado con ese jarrón, que vale su peso en oro*.
DER dorar.

oro- Elemento prefijal que entra en la formación de palabras con el significado de montaña: *orografía*.

orogénesis *n. f.* Proceso de formación de las montañas.
OBS El plural tambien es *orogénesis*.

orogenia *n. f.* Parte de la geología que estudia la formación de las montañas.

orogénico, -ca *adj.* Que está relacionado con la orogenia.

orografía *n. f.* **1** Parte de la geografía física que estudia y describe las montañas: *los especialistas en orografía estudian la formación de los grandes sistemas montañosos*. **2** Conjunto de montes de una región o de un país: *se conoce muy bien la orografía de su comarca*.
DER orográfico.

orográfico, -ca *adj.* Relativo al estudio del relieve de la Tierra.

orondo, -da *adj.* **1** Que es muy gordo o redondo: *barriga oronda*. **2** [persona] Que se muestra muy satisfecho de sí mismo: *míralo qué orondo va con su traje nuevo*.

oropel *n. m.* **1** Lámina fina de latón que imita al oro: *se disfrazó de rey y se puso una corona de oropel*. **2** Cosa de poco valor pero que aparenta valer mucho: *venía toda cargada de baratijas y oropeles*.

oropéndola *n. f.* Ave de unos 25 centímetros de longitud que tiene el pico curvado hacia abajo y el plumaje amarillo o verde con alas y cola negras; hace el nido colgándolo de las ramas horizontales de los árboles.
OBS Para indicar el sexo se usa *la oropéndola macho* y *la oropéndola hembra*.

orquesta *n. f.* **1** Conjunto de músicos que tocan diversos instrumentos siguiendo las indicaciones de un director, para interpretar piezas musicales: *la orquesta de Radio Televisión Española interpretó obras de Vivaldi*. **orquesta de cámara** Orquesta formada por un número reducido de músicos que tocan sólo instrumentos de cuerda y de viento: *la orquesta de cámara nació en las cortes europeas del siglo XVIII*. **orquesta filarmónica** Orquesta que puede incluir instrumentos e interpretar obras que no son habituales en la sinfónica: *la banda sonora de esta película será interpretada por una famosa orquesta filarmónica*. **orquesta sinfónica** Orquesta formada aproximadamente por 100 músicos en la que figuran las tres clases de instrumentos: cuerda, viento y percusión. *la orquesta sinfónica interpretó una sinfonía de Mozart*. **2** Conjunto de los instrumentos que ejecutan juntos una obra musical: *concierto para piano y orquesta*. **3** Lugar en un teatro destinado a los músicos y comprendido entre el escenario y las butacas.
DER orquestal, orquestar, orquestina.

orquestación *n. f.* Preparación de una obra musical para que pueda ser tocada por los instrumentos de una orquesta.

orquestal *adj.* De la orquesta o relacionado con este conjunto de músicos: *el famoso músico abandonó la dirección orquestal a los 72 años*.

orquestar *v. tr.* **1** Preparar y adaptar una obra musical para que pueda ser interpretada por una orquesta. **SIN** instrumentar. **2** Organizar o dirigir una cosa: *el partido le encargó orquestar la publicidad electoral*.
DER orquestación.

orquestina *n. f.* Grupo musical no muy numeroso que toca música para bailar.

orquidáceo, -cea u **orquídeo, -dea** *adj.* Relativo a la orquídea.

orquídea *n. f.* **1** Flor de jardín, grande y de colores vistosos, que tiene un pétalo más desarrollado que los otros: *le regaló una orquídea blanca; las orquídeas son muy caras*. ☞ flores. **2** Planta que crece subiendo por las ramas y los troncos de los árboles y que da esa flor: *la orquídea es una planta ornamental*.
DER orquidáceo.

ortiga *n. f.* Planta herbácea silvestre cuyas hojas, de forma ovalada, están cubiertas por unos pelos que segregan un líquido que pica e irrita la piel: *las ortigas crecen en lugares húmedos; la ortiga se usa en medicina y en perfumería*.
ETIM Ortiga procede del latín *urtica*, que tenía el mismo significado, voz con la que también está relacionada *urticante*.

orto *n. m.* *culto* Salida del sol o de otro astro por el horizonte.

orto- Elemento prefijal que entra en la formación de palabras con el significado de derecho y, en sentido figurado, regular, correcto, recto: *ortografía, ortodoncia*.

ortocentro *n. m.* Punto donde se cortan las alturas de un triángulo.

ortodoncia *n. f.* **1** Parte de la odontología que trata y corrige la posición o malformación de los dientes: *es dentista especializado en ortodoncia*. **2** Tratamiento que consiste en corregir la posición de los dientes de las personas: *el dentista le ha dicho que necesita una ortodoncia y le tendrán que poner un aparato en los dientes*.

ortodoxia *n. f.* **1** Conformidad con una doctrina, una tendencia o unas reglas tradicionales y generalizadas: *ortodoxia política; ortodoxia literaria*. **ANT** heterodoxia. **2** Conformidad con el dogma o la doctrina de la Iglesia católica: *ese grupo de teólogos se ha movido siempre dentro de la ortodoxia*. **ANT** herejía, heterodoxia. **3** Conjunto de las iglesias cristianas orientales separadas de la Iglesia de Roma en el siglo XI: *los representantes de la ortodoxia se han reunido con el Papa*.
DER ortodoxo.

ortodoxo, -xa *adj./n. m. y f.* **1** Que sigue fielmente los principios de una doctrina o una tendencia o que cumple unas normas tradicionales y generalizadas: *sigue fielmente las normas: es muy ortodoxo; sus métodos son poco ortodoxos pero muy eficaces; medicina ortodoxa; socialista ortodoxo*. **ANT** heterodoxo. **2** Que sigue los principios de la doctrina de la Iglesia católica: *teólogo ortodoxo*. **ANT** herético, heterodoxo. **3** [persona] Que sigue los principios de las iglesias cristianas orientales: *los ortodoxos no aceptan la autoridad del Papa*. ◇ *adj.* **4** Que es propio de la doctrina religiosa cristiana oriental fundada en el siglo IX y separada de la Iglesia de Roma en el siglo IX y que hoy comprende a las iglesias de Rusia, Grecia y otros países balcánicos: *se han casado por el rito ortodoxo; iglesia ortodoxa*.

ortoedro *n. m.* Prisma de base rectangular.

ortogénesis *n. f.* BIOL. Serie de variaciones que sigue una serie evolutiva de formas vegetales o animales.
OBS El plural también es *ortogénesis*.

ortografía *n. f.* **1** Parte de la gramática que enseña las reglas de uso de las letras y los signos auxiliares para escribir correctamente: *según las reglas de ortografía, delante de p se escribe m y no n*. **2** Forma correcta de escribir las palabras y de utilizar los signos auxiliares de una lengua: *este texto está lleno de faltas de ortografía*.
DER ortográfico.

ortográfico, -ca *adj.* De la ortografía o que tiene relación con esta parte de la gramática o con la forma correcta de escribir las palabras y de utilizar los signos auxiliares: *corrección ortográfica; regla ortográfica*.

ortología *n. f.* Parte de la gramática que establece las normas de pronunciación correcta de los sonidos de una lengua.

ortológico, -ca *adj.* Relacionado con la ortología o pronunciación correcta de los sonidos de las lenguas.

ortopedia *n. f.* **1** Parte de la medicina que se ocupa de prevenir o de corregir de forma mecánica o quirúrgica las deformaciones del cuerpo, especialmente de los huesos y músculos. **2** Establecimiento donde se pueden adquirir aparatos y accesorios ortopédicos: *el médico le recetó una faja especial que sólo venden en ortopedias*.
DER ortopédico.

ortopédico, -ca *adj.* **1** De la ortopedia o que tiene relación con esta parte de la medicina: *cirugía ortopédica; clínica ortopédica*. **2** Que sirve para prevenir o corregir una deformación del cuerpo: *zapato ortopédico; pierna ortopédica*.

oruga *n. f.* **1** Larva de la mariposa con forma de gusano y que se alimenta de hojas: *las orugas son nocivas para los árboles y las plantas*. **2** Cadena o cinta articulada situada en el lateral de un vehículo y rodeando sus ruedas que permite que éste pueda franquear obstáculos y desplazarse por terrenos blandos o irregulares: *las orugas de un tanque*. **3** Vehículo que tiene las ruedas de cada lado unidas entre sí por esta cinta articulada: *necesitan una oruga para avanzar por la nieve*.

orujo *n. m.* **1** Piel de la uva después de prensada: *prensaron la uva y separaron el orujo*. **2** Licor transparente y de alta graduación que se obtiene por destilación de la piel de la uva prensada: *los gallegos queman el orujo y lo beben caliente*. **3** Residuo de la aceituna molida y prensada: *una vez molida la aceituna, tiraron el orujo*.

orza *n. f.* **1** Recipiente de barro, alto y sin asas, que suele usarse para guardar alimentos en conserva: *guardan el queso manchego en una orza con aceite*. **2** MAR. Pieza con forma de escuadra que se coloca o va aplicada en la quilla de balandros o tablas de windsurf para aumentar su estabilidad: *a la que te alejes de la orilla tienes que colocar la orza*. ☞ velero.

orzuelo *n. m.* Bulto pequeño que nace en el borde del párpado debido a una infección: *los orzuelos son molestos y dolorosos*.

os *pron. pers.* Forma átona de segunda persona del plural del pronombre personal *vosotros, vosotras* en función de objeto directo e indirecto; también se usa como pronombre reflexivo o recíproco: *os dejé un mensaje en el contestador; os he visto en el parque; ¿os habéis cansado mucho?; no os peguéis*.
OBS Se escribe unido al verbo cuando va detrás de él, como con el infinitivo, el gerundio y el imperativo, que pierde la *d* final: *miraros, mirándonos, miraos*. ◇ Nunca va precedido de preposición.

osadía *n. f.* **1** *culto* Capacidad para enfrentarse sin miedo y con entereza a situaciones difíciles, insólitas o peligrosas: *el rey premió la osadía del joven caballero*. **SIN** coraje, valentía, valor. **ANT** cobardía. **2** *culto* Valentía en exceso debida a una falta de vergüenza o de respeto en la forma de obrar o de hablar: *cometió la osadía de tutear al jefe*. **SIN** atrevimiento.

osado, -da *adj.* **1** *culto* [persona] Que se comporta sin miedo y con entereza ante situaciones difíciles, insólitas o peligrosas: *los osados guerreros defendieron la plaza con sus vidas*. **SIN** valiente. **2** *culto* [acción, palabra] Que implica osadía o valentía: *gesta osada; intento osado*. **3** *culto* [persona] Que habla u obra con atrevimiento, sin vergüenza ni respeto: *es un muchacho muy osado, capaz de decir cualquier grosería*. **SIN** descarado. **4** *culto* Que implica osadía o atrevimiento: *comportamiento osado; palabras osadas*.
DER osadía.

osamenta *n. f.* Conjunto de huesos del cuerpo de los vertebrados: *los arqueólogos han encontrado la osamenta de un mamut*. **SIN** esqueleto.
ETIM Véase *hueso*.

osar *v. intr./tr.* **1** *culto* Intentar hacer o hacer con valor una cosa peligrosa o arriesgada: *osó enfrentarse a todos sus compañeros*. **SIN** atreverse. **2** *culto* Atreverse a hacer algo sin vergüenza ni respeto: *¿cómo osas enfrentarte a tu padre?*
DER osado.

osario *n. m.* **1** En los cementerios, lugar donde se entierran los huesos que se sacan de las sepulturas: *trasladaron los huesos de los nichos al osario*. **2** Lugar en donde hay muchos huesos enterrados: *al derribar la pared, descubrieron un osario*.
ETIM Véase *hueso*.

Oscar *n. m.* Premio que da anualmente la academia norteamericana de artes y ciencias cinematográficas a los mejores actores, directores y películas norteamericanas de ese año, así como a la mejor película extranjera: *película nominada para los Oscars; Oscar a la mejor actriz*.
OBS El plural es *óscars*.

oscense *adj.* **1** De Huesca o que tiene relación con esta provincia aragonesa o con su capital: *ha habido un incendio en los bosques oscenses*. ◇ *adj./n. com.* **2** [persona] Que es de Huesca: *los oscenses son muy aficionados a los deportes de invierno*.

oscilación *n. f.* **1** Movimiento de un cuerpo, primero hacia un lado y después hacia el otro: *lo hipnotizó con la oscilación del péndulo*. **SIN** vaivén. **2** Cambio o variación en sentidos opuestos y alternativos de una cantidad, intensidad o valor: *la crisis ha producido fuertes oscilaciones en el precio de la gasolina; oscilación de las temperaturas*. **SIN** fluctuación.

oscilador *n. m.* FÍS. Aparato que produce ondas eléctricas que cambian periódicamente de intensidad y de sentido: *el oscilador convierte la energía eléctrica en ondas de radio*.

oscilante *adj.* Que oscila o se mueve alternativamente primero hacia un lado y luego hacia el contrario: *el terremoto produjo un movimiento oscilante de los pisos más altos*.

oscilar *v. intr.* **1** Moverse alternativamente un cuerpo primero hacia un lado y luego hacia el contrario desde una posición de equilibrio determinada por un punto fijo o un eje: *el péndulo oscila; su cabeza oscilaba de derecha a izquierda*. **2** Variar en sentidos opuestos y alternativamente una cantidad, una intensidad o un valor: *oscilar los precios; oscilar las temperaturas*. **3** Variar en sentidos opuestos y alternativamente el estado de ánimo o el modo de pensar de una persona: *oscilar entre la alegría y la tristeza*.
DER oscilación, oscilador, oscilante, oscilatorio.

oscilatorio, -ria *adj.* Que tiene un movimiento que oscila o va de un lado a otro: *el movimiento oscilatorio del péndulo*.

ósculo *n. m.* **1** *culto* Beso o gesto de besar. **2** ZOOL. Boca u orificio de salida del agua en una esponja.

oscurantismo *n. m.* Actitud contraria a que se extienda la cultura entre las clases bajas de la sociedad: *durante siglos las clases altas han mantenido una postura de oscurantismo.*
DER oscurantista.
OBS También se escribe *obscurantismo*.

oscurantista *adj.* **1** Del oscurantismo o que tiene relación con esta actitud: *las posturas oscurantistas han sido frecuentes en muchas dictaduras.* ◇ *adj./n. com.* **2** [persona] Que es partidario del oscurantismo: *los oscurantistas despreciaban al pueblo llano.*

oscurecer *v. impersonal* **1** Hacerse de noche, empezar a desaparecer la luz del sol: *en verano oscurece más tarde que en invierno.* **SIN** anochecer. **ANT** amanecer. ◇ *v. tr./prnl.* **2** Disminuir la luz y la claridad: *es un pintor al que le gusta oscurecer una parte de sus cuadros; al correr las cortinas se ha oscurecido la sala.* ◇ *v. tr.* **3** Hacer disminuir el valor o la importancia: *su mal carácter ha oscurecido su triunfo.* **SIN** ensombrecer. **4** Hacer difícil el entendimiento de una idea: *esta forma de escribir oscurece el contenido.* **ANT** aclarar. ◇ *v. prnl.* **5 oscurecerse** Ocultar las nubes el cielo, el sol o la luna: *el cielo se oscureció de repente.* **SIN** nublarse. **ANT** despejarse.
DER oscurecimiento.
OBS También se escribe *obscurecer.* ◇ En su conjugación, la *c* se convierte en *zc* delante de *a* y *o*, como en *agradecer*.

oscurecimiento *n. m.* Descenso de la intensidad de la luz o la claridad de una cosa o un lugar.

oscuridad *n. f.* **1** Falta o escasez de luz: *la oscuridad de la capilla invita a la oración.* **ANT** claridad. **2** Lugar donde falta o escasea la luz: *se sentaron en la oscuridad.* **3** Parecido o proximidad de un color con el negro: *no me gusta la oscuridad de su ropa.* **4** Dificultad que ofrece una cosa para ser entendida: *la oscuridad de un pensamiento.* **ANT** evidencia. **5** Falta o escasez de información acerca de las causas y circunstancias de un suceso: *la oscuridad envuelve este asunto.* **6** Falta de certidumbre o de seguridad: *en aquella encrucijada de su vida, se hallaba en la más completa oscuridad.* **SIN** incertidumbre.
OBS También se escribe *obscuridad*.

oscuro, -ra *adj.* **1** Que no tiene luz o que tiene poca: *pasó tres días encerrado en un cuarto oscuro; cuando se hizo oscuro encendieron la luz.* **ANT** luminoso. **2** [día, cielo] Que está tapado por las nubes: *se ha puesto muy oscuro, me parece que va a llover.* **SIN** nublado. **ANT** despejado. **3** [color] Que se acerca al negro y que se opone a otro más claro de su misma tonalidad: *azul oscuro.* **ANT** claro. **4** Que es difícil de entender: *razonamiento oscuro.* **SIN** confuso, ininteligible. **ANT** claro, evidente. **5** [suceso, asunto] Que parece contener algo sospechoso o delictivo: *se vieron envueltos en un asunto muy oscuro.* **SIN** turbio. **6** Que destaca poco o que tiene poco prestigio: *un escritor oscuro.* **7** Que es incierto o poco seguro: *veo tu porvenir muy oscuro.*
a oscuras Sin luz: *la tormenta dejó la ciudad a oscuras; se quedaron a oscuras.*
DER oscurantismo, oscurecer, oscuridad.
OBS También se escribe *obscuro*.

óseo, ósea *adj.* **1** Del hueso o que tiene relación con esta pieza del esqueleto de los vertebrados: *fractura ósea.* **2** Que está hecho de la materia del hueso o que es parecido al hueso: *los cuernos de los toros son prolongaciones óseas.*
ETIM Véase *hueso*.

osera *n. f.* Guarida del oso.

osezno *n. m.* Cría del oso: *la osa del zoo ha parido dos oseznos.*
OBS Para indicar el sexo se usa *el osezno macho* y *el osezno hembra.*

osificarse *v. prnl.* Convertirse en hueso o adquirir consistencia ósea un tejido orgánico.

-osis Sufijo que entra en la formación de sustantivos femeninos con el significado de enfermedad, proceso patológico: *avitaminosis, artrosis.*

osmio *n. m.* QUÍM. Metal que se encuentra en el platino, maleable y de gran dureza: *el símbolo del osmio es Os.*

ósmosis u **osmosis** *n. f.* **1** Fenómeno por el que un líquido o un gas o alguno de sus componentes pasa a través de una membrana semipermeable que los separa y se mezcla el uno con el otro: *la ósmosis es muy importante en la alimentación de plantas y animales.* **2** *culto* Influencia recíproca entre dos personas o cosas: *Don Quijote y Sancho Panza sufren una ósmosis al final de la novela; es una pareja tan compenetrada que generalmente, por ósmosis, tienen opiniones muy parecidas.*
OBS La Real Academia admite ambas formas, pero prefiere la esdrújula *ósmosis* ◇ El plural también es *ósmosis* u *osmosis*.

oso, -sa *n. m. y f.* **1** Animal mamífero, de tamaño grande y pelo largo y espeso, que tiene el cuerpo macizo, el hocico alargado y las patas cortas y provistas de fuertes garras; es omnívoro: *los osos son plantígrados; a los osos les gusta mucho la miel.* **oso blanco** o **polar** Oso de tamaño mayor y pelo blanco que vive en las regiones polares. **oso negro** Oso de pelo oscuro que vive en América del Norte. **oso pardo** Oso que tiene el pelo de un color marrón que puede ir del claro al oscuro; es la especie de oso más común en España: *el oso pardo está en peligro de extinción.* **2** Animal que recuerda por su aspecto a ese animal. **oso hormiguero** Animal mamífero, de pelo áspero y gris, con cola larga y sin dientes, que tiene una larga lengua que usa para atrapar hormigas: *los osos hormigueros viven en América del Sur.* **oso marino** Animal mamífero marino y carnívoro, con pelo; es una especie de foca: *la piel del oso marino es muy apreciada.* **oso panda** Animal mamífero que tiene el pelo de color blanco y negro y que se alimenta principalmente de vegetales: *el oso panda vive en los bosques de bambú de China.* **SIN** panda.
hacer el oso *coloquial* Hacer o decir tonterías y gracias para provocar la risa en los demás: *si no dejas de hacer el oso, te castigarán.*
DER osera, osezno.

-oso, -osa **1** Sufijo que entra en la formación de adjetivos con el significado de: a) Abundancia: *aceitoso, sudoroso.* b) Cualidad: *resbaloso, esponjoso.* **2** En los compuestos químicos denota la mínima valencia del derivado: *sulfuroso; nitroso.*

ossobuco *n. m.* Guiso con la parte de la rodilla de la vaca o la ternera que se sirve sin separarla del hueso: *el ossobuco es un plato típicamente italiano que se suele acompañar con arroz.*

osteíctio, -tia *adj.* Se dice de los peces que tienen parte del esqueleto parcial o totalmente osificado.

ostensible *adj.* Que se ve o se comprueba con facilidad: *se secó una lágrima de manera ostensible, para que todo el mundo se diera cuenta de su pena.* **SIN** manifiesto, visible, evidente.

ostentación *n. f.* Exhibición orgullosa, indiscreta y excesiva de lo que se tiene o se usa: *le encanta hacer ostentación de sus riquezas.* **SIN** jactancia.

ostentar *v. tr.* **1** Exhibir abiertamente y con orgullo una cosa: *ostenta un lujo desenfrenado*. **2** Ocupar un cargo o estar en posesión de una cosa que resulte ventajosa: *el anterior ministro de economía ostenta actualmente el cargo de vicepresidente; ostenta el título de doctor; ostentar un récord*. La Real Academia Española no recoge este segundo significado de la palabra.
DER ostensible, ostentación, ostentoso.

ostentoso, -sa *adj.* **1** Que muestra un lujo y una riqueza excesivos: *ese coche me parece demasiado ostentoso*. **2** Que se hace con cierta exageración para que los demás lo vean: *hizo ademanes ostentosos de querer pagar la cuenta, pero al final se dejó invitar*.

osteo-, -ósteo Elemento prefijal y sufijal que entra en la formación de palabras con el significado de hueso: *osteopatía, teleósteo*.

osteopatía *n. f.* **1** MED. Nombre de cualquier enfermedad de los huesos. **2** Método de tratamiento de las enfermedades que se basa en los masajes y la manipulación de las articulaciones.

osteoporosis *n. f.* MED. Fragilidad anormal de los huesos debido a la formación de espacios o huecos en los mismos por falta de calcio.
OBS El plural también es *osteoporosis*.

ostra *n. f.* Molusco marino que tiene dos conchas rugosas y que vive en aguas poco profundas; su carne, que se puede comer cruda, es muy apreciada: *hoy las ostras se crían en piscifactorías; algunas especies de ostras dan perlas*. ☞ moluscos.
  aburrirse como una ostra *coloquial* Estar muy aburrido: *en esta película me he aburrido como una ostra*.
  ¡ostras! *coloquial* Exclamación que denota admiración, asombro o contrariedad.
DER ostricultura.

ostracismo *n. m.* **1** *culto* Destierro a que se condenaba a los ciudadanos que se consideraban peligrosos para el estado: *los antiguos griegos condenaban al ostracismo a los ciudadanos muy ambiciosos*. **2** *culto* Aislamiento de la vida pública que sufre una persona por parte del estado o de una colectividad, generalmente por cuestiones políticas: *los escritores del régimen anterior fueron condenados al ostracismo*.

ostrogodo, -da *adj./n. m. y f.* Que pertenece a un antiguo pueblo germánico de origen godo: *el reino ostrogodo desapareció el siglo IV antes de Cristo*.

-ote Sufijo que entra en la formación de palabras para indicar: *a)* Valor aumentativo con matices de afecto: *amigote, noblote*. *b)* Valor despectivo: *pasmarote, papelote*.

otear *v. tr.* **1** Mirar desde un lugar alto: *se subió a la colina para otear el horizonte*. **2** Mirar con cuidado para descubrir algo: *desde la puerta intentaba otear toda la casa*.

otero *n. m.* Elevación del terreno aislada que domina un llano: *el rayo cayó en el olivo que corona aquel otero*.

otitis *n. f.* Enfermedad en la que el oído se inflama debido a una infección: *bucear mucho rato en la piscina puede causar otitis*.
OBS El plural también es *otitis*.

otólogo, -ga *n. m. y f.* Médico especializado en el estudio y tratamiento de las enfermedades del oído.

otomano, -na *adj./n. m. y f.* **1** De la dinastía turca de los Otomanos. **2** De Turquía o relacionado con este país asiático. **SIN** turco.

otoñal *adj.* **1** Del otoño o que tiene relación con esta estación del año: *moda otoñal*. **2** [persona] Que tiene una edad madura: *es un actor famoso por sus papeles de galán otoñal*.

otoño *n. m.* **1** Estación del año comprendida entre el verano y el invierno: *el otoño empieza el día 21 de septiembre; las uvas se recogen en otoño*. **2** Período en la vida de una persona cercano a la vejez: *el anciano sentía que estaba en el otoño de su vida*. **3** Período en el que se inicia el declive de una actividad: *el escritor estaba en el otoño de su carrera*.
DER otoñal.

otorgar *v. tr.* **1** Conceder una cosa como favor o recompensa: *por fin me han otorgado la beca*. **ANT** denegar. **2** Hacer testamento o contrato ante notario.
OBS En su conjugación, la g se convierte en *gu* delante de e.

otorrino *n. com.* Otorrinolaringólogo.

otorrinolaringología *n. f.* Parte de la medicina que estudia las enfermedades del oído, la nariz y la garganta.
DER otorrinolaringólogo.

otorrinolaringólogo, -ga *n. m. y f.* Médico especialista en las enfermedades del oído, la nariz y la garganta: *fue al otorrinolaringólogo porque tenía una otitis*.
OBS Se usa frecuentemente la forma abreviada *otorrino*.

otro, otra *det./pron. indef.* **1** Indica que una persona o cosa es diferente de la que se habla pero de la misma clase: *el novelista ha publicado otro libro; no quiero éste, quiero el otro*. **2** Indica una cosa más de la misma clase: *compra otra barra de pan, con una no hay suficiente*. **3** Indica que una persona o cosa parece reproducir algo o a alguien a quien se asemeja: *ese valiente soldado es otro Cid; este palacio es otro Versalles*. ◊ *adj.* **4** Indica un pasado cercano: *la otra tarde vino Juan*. Se usa precedido del artículo determinado y ante sustantivos como *día, mañana, tarde* o *noche*. **5** Indica el tiempo futuro que sigue inmediatamente: *a la otra semana empiezan las vacaciones; al otro día ya se encontraba bien*. Se usa precedido de *al* o *a la* y ante sustantivos como *día, semana, mes* o *año*. **SIN** siguiente.

otrora *adv. culto* En otros tiempos: *de su poder otrora tan visible ya sólo quedan restos*.

otrosí *adv. culto* En lenguaje jurídico, además.

ouija *n. m.* Tablero alfabético que se utiliza en espiritismo para hacer deslizar sobre él un vaso o algún otro objeto para que transmita mensajes de los espíritus de ultratumba.

out *n. m.* En algunos deportes, indica que la pelota ha salido fuera del campo.
ETIM Esta palabra es de origen inglés y se pronuncia aproximadamente 'aut'.

ovación *n. f.* Aplauso sostenido, fuerte, ruidoso y entusiasta de un grupo grande de personas: *al terminar la representación, la actriz recibió la ovación del público*.
DER ovacionar.

ovacionar *v. tr.* Aplaudir de forma sostenida, fuerte, ruidosa y entusiasta un grupo grande de personas: *el público ovacionó al deportista*.

oval *adj.* Que tiene forma de óvalo o de huevo: *las hojas de ese árbol son ovales*. **SIN** ovalado.

ovalado, -da *adj.* Que tiene forma de óvalo o de huevo: *lleva una medalla ovalada sobre el pecho*. **SIN** oval. ☞ hoja.

ovalar *v. tr.* Dar a una cosa forma de óvalo.

óvalo *n. m.* Curva cerrada y alargada con dos ejes diferentes que forman ángulo recto; es una forma semejante a la de un huevo: *los rizos de su cabello rodean el óvalo de su cara*.
DER oval, ovalar.

ovárico, -ca *adj.* Del ovario o que tiene relación con este órgano: *las funciones ováricas son la generación del óvulo y la producción de hormonas sexuales*.

ovario *n. m.* **1** Órgano sexual femenino que produce los óvulos y las hormonas sexuales: *los ovarios están situados en*

la cavidad abdominal junto al útero; las hembras de los vertebrados tienen dos ovarios. ☞ reproductor, aparato. **2** BOT. Órgano sexual de la flor, situado en el interior del pistilo, que contiene los óvulos y que, tras la fecundación, forma generalmente el fruto: *el ovario es la parte baja del pistilo.* ☞ flor.
DER ovárico.

oveja *n. f.* **1** Animal mamífero rumiante hembra que tiene el cuerpo cubierto de lana; es doméstico y se cría por su carne, su leche y su lana: *el macho de la oveja es el carnero.* **2** Persona que forma parte de una colectividad cristiana: *el sacerdote cuida del espíritu de sus ovejas.* **oveja descarriada** o **negra** Persona cuya conducta o ideas se apartan de las aceptadas por un grupo: *todos han estudiado menos él, que es la oveja negra de la familia.*
cada oveja con su pareja Expresión que indica que las personas deben unirse con otras de su misma clase: *no debes juntarte con personas de su condición: cada oveja con su pareja.*
DER ovejero.
ETIM *Oveja* procede del latín *ovis*, que tenía el mismo significado, voz con la que también están relacionadas *ovino*, *óvido*.

ovejero, -ra *adj./n. m. y f.* Que cuida las ovejas.
overbooking *n. m.* Venta de más plazas de las disponibles, generalmente en hoteles y medios de transporte: *no pudimos subir al avión porque había overbooking y ya no quedaban plazas.*
ETIM Esta palabra es de origen inglés y se pronuncia aproximadamente 'oberbúkin'.

oviducto *n. m.* ANAT. Conducto del aparato reproductor femenino que conduce los óvulos procedentes de los ovarios al útero o al exterior: *en la mujer los oviductos se llaman trompas de Falopio.*

ovillo *n. m.* Bola que se forma enrollando un hilo sobre sí mismo: *necesitó cinco ovillos de lana para tejer el jersey.* ☞ costurero.
hacerse un ovillo *a)* Acurrucarse formando una figura redondeada a causa del frío, del dolor o del miedo: *el erizo se hace un ovillo para defenderse de sus enemigos. b)* Hacerse un lío, confundirse al hablar o al pensar: *con tantos conceptos nuevos me voy a hacer un ovillo.* **SIN** embrollarse.
DER ovillar, ovillejo.

ovino, -na *adj.* **1** Del ganado que tiene lana o que tiene relación con él: *se dedica a la cría ovina.* ◇ *adj./n. m.* **2** [animal] Que es un rumiante de pequeño tamaño y tiene pelo en el hocico y cuernos enroscados, mayores en los machos que en las hembras: *el carnero es un ovino.* ◇ *n. m. pl.* **3** ovinos Subfamilia de mamíferos rumiantes bóvidos de pequeño tamaño, a la que pertenecen las cabras y las ovejas.
ETIM Véase *oveja*.

ovíparo, -ra *adj./n. m.* **1** ZOOL. [animal] Que nace de un huevo en el que ha completado su desarrollo, después de ser expulsado por la madre: *las aves son ovíparas.* ◇ *n. m. pl.* **2** ovíparos Especie de animales que nacen de un huevo en el que han completado su desarrollo, después de ser expulsado por la madre: *las hembras de los ovíparos expulsan al exterior los óvulos, que si ya han sido fecundados se llaman huevos.*

ovni *n. m.* Objeto volador de origen y naturaleza desconocidos.
OBS *Ovni* se forma con las iniciales de *objeto volante no identificado.*

ovovivíparo, -ra *adj.* [animal] Que pasa el proceso de gestación en un huevo pero dentro del cuerpo de la madre: *los tiburones son ovovivíparos.*

ovulación *n. f.* Desprendimiento del óvulo, ya maduro para ser fecundado, del ovario en que se forma: *la ovulación se produce hacia la mitad del ciclo menstrual.*

ovular *v. intr.* **1** Desprenderse el óvulo, ya maduro para ser fecundado, del ovario que lo ha formado: *las mujeres ovulan cada veintiocho días.* ◇ *adj.* **2** *culto* Del óvulo o que tiene relación con esta célula: *no puede tener hijos porque tiene un problema ovular.*
DER ovulación.

óvulo *n. m.* **1** Célula sexual femenina que se forma en el ovario: *a partir del óvulo fecundado se forma un embrión.* **2** BOT. Órgano en forma de saco que se encuentra en el interior del ovario de la flor: *el óvulo se convierte en semilla, al madurar el fruto.* ☞ flor. **3** Medicamento en forma de pequeño huevo que se introduce en la vagina: *los óvulos sirven para curar enfermedades vaginales.*
DER ovular; anovulatorio.
ETIM Véase *huevo*.

oxidación *n. f.* **1** Formación de una capa de color rojizo en la superficie del hierro y otros metales a causa de la humedad o del agua: *las vigas del edificio sufrieron una fuerte oxidación por la lluvia.* **2** Transformación de un cuerpo mediante la acción del oxígeno: *si dejas una fruta abierta, puede sufrir una oxidación.* **3** QUÍM. Disminución del número de electrones de un elemento químico: *estos elementos han sido sometidos a un proceso de oxidación.* **ANT** reducción.

oxidar *v. tr./prnl.* **1** Formar una capa de color rojizo en la superficie del hierro y otros metales por causa de la humedad o del agua: *la humedad ha oxidado los radios de la bicicleta; pintó la barandilla de la escalera con minio para que no se oxidara.* **2** Transformar un cuerpo mediante la acción del oxígeno: *la fruta pelada se oxida en contacto con el aire.* **3** QUÍM. Disminuir el número de electrones de un elemento químico: *los metales se oxidan al combinarse con los no metales.*
DER oxidación, oxidante; desoxidar, inoxidable.

óxido *n. m.* **1** Capa de color rojizo que se forma en la superficie del hierro y otros metales a causa de la humedad o del agua: *la puerta de la casa abandonada estaba cubierta de óxido.* **SIN** herrumbre, orín. **2** QUÍM. Compuesto formado por oxígeno y otro elemento químico, metálico o no metálico: *el óxido de calcio es la cal.*
DER oxidar; bióxido, dióxido, monóxido, peróxido, trióxido.

oxigenación *n. f.* **1** Entrada de aire puro y limpio en un lugar: *el aeróbic es bueno para la oxigenación de la sangre.* **2** Aclarado del color del pelo con un producto químico, especialmente agua oxigenada: *la oxigenación deja el cabello frágil y castigado.* **SIN** decoloración.

oxigenado, -da *adj.* **1** [lugar] Que tiene aire puro y limpio porque está ventilado: *es conveniente que los bebés duerman en lugares bien oxigenados.* **2** [pelo] Que ha sido aclarado su color con un producto químico, especialmente agua oxigenada: *el rockero llevaba un mechón oxigenado sobre la frente.* **3** [persona] Que se ha aclarado el color del pelo con un producto químico, especialmente agua oxigenada: *mi vecina es una rubia oxigenada.* **SIN** decolorado.

oxigenar *v. tr.* **1** Dejar que aire puro y limpio entre en un lugar: *la enfermera iba a oxigenar la habitación cada día.* **SIN** airear, ventilar. ◇ *v. tr./prnl.* **2** Aclarar el color del pelo con un producto químico, especialmente con agua oxigenada: *la actriz se oxigenó el cabello y se convirtió en una rubia platino.* **SIN** decolorar. **3** QUÍM. Combinar el oxígeno con

otro elemento químico: *los óxidos metálicos resultan de oxigenar los metales.* ◇ *v. prnl.* **4 oxigenarse** Respirar aire puro y limpio, generalmente fuera de la ciudad: *los fines de semana vamos a oxigenarnos al campo.* **SIN** airearse.
DER oxigenación, oxigenado; desoxigenar.

oxígeno *n. m.* Elemento químico que forma parte del aire, del agua y de la mayor parte de los compuestos; es un gas inodoro e incoloro: *el símbolo del oxígeno es O; el oxígeno es esencial en la respiración y en la combustión.*
DER oxigenar.

oxítono, -na *adj./n. f.* GRAM. [palabra] Que lleva el acento en la última sílaba: *palabras como adiós, tomar, vendré o salí son oxítonas.* **SIN** agudo.
DER paroxítono.

oye *int. coloquial* Expresión que se usa para llamar la atención de alguien que no nos atiende: *¡oye!, que no es por ahí.*

oyente *adj./n. com.* **1** [persona] Que escucha, especialmente un programa de radio: *los programas nocturnos de radio tienen cada vez más oyentes.* **2** [persona] Que asiste a un curso sólo para oír, pero sin estar matriculado, por lo que no se presenta a examen ni puede conseguir un título: *pidió permiso al profesor para asistir a sus lecciones como oyente.*

ozono *n. m.* Gas de color azul pálido constituido por tres moléculas de oxígeno, que se forma en las capas altas de la atmósfera y que protege la Tierra de la acción de los rayos ultravioleta del sol: *el ozono es una forma de oxígeno electrizado; el ozono se usa para blanquear o decolorar; se ha constatado un descenso del contenido de ozono en la estratosfera.*

ozonosfera *n. f.* Capa de la atmósfera en la que se concentra el ozono.

P | p

p *n. f.* Decimoséptima letra del alfabeto español. Su nombre es *pe*. El plural es *pes*: *la palabra* patata *empieza por* p.

P. A. Abreviatura de *por ausencia* o *por autorización*, indicaciones que figuran al pie de un escrito cuando quien lo firma es persona distinta de la que se menciona en él.

P. D. Abreviatura de *posdata*, 'añadido a una carta una vez firmada'.

p. ej. Abreviatura de *por ejemplo*.

p. m. Abreviatura de *post meridiem*, 'después del mediodía, por la tarde'.

P. O. Abreviatura de *por orden*, 'indicación que figura al pie de un escrito cuando quien lo firma es persona distinta de la que se indica en él'.

pabellón *n. m.* **1** Edificio que depende de otro principal, del que se encuentra más o menos alejado: *en aquel pabellón están los laboratorios de la universidad; junto al museo habían construido un pabellón para albergar la exposición de fósiles*. **2** Cada uno de los edificios que forma parte de un conjunto: *el hospital está formado por tres pabellones*. **3** Pequeño edificio aislado, construido en un jardín o en un parque, que sirve generalmente de refugio: *pabellón de caza*. **4** Tienda de campaña cónica sostenida en su interior por un palo y sujeta al terreno con cuerdas y clavos: *junto al oasis plantaron un hermoso pabellón blanco*. **5** Tela lujosa, colocada en un armazón, que cuelga sobre una cama: *la cama del rey tenía un pabellón de seda roja*. **SIN** dosel. **6** Bandera nacional: *en el mástil ondeaba el pabellón español*. **7** Nacionalidad de un barco de mercancías: *el buque hundido navegaba bajo pabellón británico*. **8** Extremo ensanchado de algunos instrumentos de viento: *pabellón de la trompeta*. **9** ANAT. Extremo de un tubo o conducto que se hace más ancho: *pabellón de la pelvis*. **pabellón auditivo** ANAT. Parte visible del oído externo del hombre o de los mamíferos: *el pabellón auditivo recoge los sonidos con claridad*. **SIN** oreja.

pabilo o **pábilo** *n. m.* **1** Mecha que está en el centro de la vela y que se enciende para que dé luz. **2** Parte carbonizada de la mecha de una vela.
DER despabilar, espabilar.
OBS La Real Academia Española admite las dos grafías, pero prefiere la forma *pabilo*.

pacato, -ta *adj./n. m. y f.* **1** [persona] Que se asusta o intimida fácilmente: *es muy pacata con las personas que no conoce*. **SIN** timorato. **2** [persona] Que muestra excesivos escrúpulos y recato: *cuando habla de sus relaciones con las mujeres es muy pacato*. **SIN** timorato, mojigato. ◇ *adj.* **3** Que tiene poco valor o es insignificante.

pacense *adj.* **1** De Badajoz o que tiene relación con esta provincia extremeña o con su capital: *Mérida es una población pacense*. ◇ *adj./n. m. y f.* **2** [persona] Que es de Badajoz.

pacer *v. intr./tr.* **1** Comer el ganado la hierba en el campo: *las ovejas pacen en la dehesa*. **SIN** apacentarse, pastar. ◇ *v. tr.* **2** Dar pasto al ganado. **SIN** apacentar.
DER apacentar.
OBS En su conjugación, la c se convierte en zc delante de *a* y *o*, como en *nacer*.

pachá *n. m.* En la antigua Turquía, funcionario con un cargo equivalente al de gobernador. **SIN** bajá.
vivir como un pachá *coloquial* Vivir con toda clase de lujo y comodidades: *Juan vive como un pachá, viaja cuando quiere y no tiene que trabajar*.

pachanga *n. f.* Diversión o fiesta ruidosa y desordenada: *al salir a la calle se vieron envueltos en la pachanga*. **SIN** jolgorio.
DER pachanguero.

pachanguero, -ra *adj.* [espectáculo, fiesta, música] Que es ruidoso, movido y anima a bailar: *la orquesta tocaba música pachanguera*.
OBS A veces, se usa despectivamente.

pacharán *n. m.* Licor dulce y fuerte que se obtiene de la destilación de la endrina y que es típico de Navarra.

pachón, -chona *adj./n. m.* **1** [perro] Que pertenece a una raza de perros con el hocico cuadrado, las patas cortas y el pelo amarillo con manchas marrones: *el pachón es bueno pura la caza*. ◇ *adj./n. m. y f.* **2** *coloquial* [persona] Que es excesivamente tranquilo y lento en sus acciones o movimientos: *es tan pachón que no se altera por nada del mundo*.

pachorra *n. f. coloquial* Calma, tranquilidad y lentitud en exceso: *con esa pachorra no sé cómo vas a acabar tus tareas*. **SIN** cachaza.

pachucho, -cha *adj.* **1** [fruta, flor, planta] Que está demasiado maduro o que no está fresco: *las flores llevan tres días sin agua y están pachuchas*. **SIN** pasado, pocho. **2** [persona] Que está débil y se encuentra mal de salud: *el viaje no le sentó bien y estuvo pachucho varios días*. **SIN** enfermo, pocho.

pachulí *n. m.* **1** Planta muy olorosa originaria de Asia y Oceanía. **2** Perfume que se obtiene de esta planta: *los hippies solían perfumarse con pachulí*.

paciencia *n. f.* **1** Cualidad de las personas que consiste en saber sufrir y tolerar las adversidades con valor y sin quejarse: *soportó la desgracia con una paciencia ejemplar*. **2** Cualidad que consiste en saber esperar con tranquilidad una cosa que tarda: *debes tener paciencia, ya verás como al final todo sale bien*. **ANT** impaciencia. **3** Aptitud para realizar una actividad o un trabajo difícil, pesado o minucioso con perseverancia: *es un hombre muy mañoso y con mucha paciencia, por eso se le dan bien los trabajos manuales*. **4** Dulce pequeño, redondo y abombado por arriba que está hecho con harina, huevo, almendras y azúcar y cocido en el horno: *les ofreció unas paciencias para tomarlas con el café*.

acabarse la paciencia No poder soportar más una situación: *se me está acabando la paciencia y si no te portas bien te castigaré.*
armarse (o cargarse) de paciencia Prepararse para soportar una cosa pesada, difícil o molesta: *se armó de paciencia y consiguió acabar el rompecabezas.*
hacer perder la paciencia Hacer que una persona no pueda soportar más una situación: *deja de gastarme bromas pesadas, me haces perder la paciencia.*
DER paciente; impaciencia.

paciente *adj.* **1** [persona] Que sabe tolerar las adversidades: *fue siempre un maestro paciente y tolerante.* **2** [persona] Que sabe esperar con tranquilidad una cosa que tarda: *sé paciente, dentro de cinco minutos estarán aquí.* **ANT** impaciente. **3** [persona] Que tiene perseverancia para realizar actividades o trabajos difíciles, pesados o minuciosos: *sólo las personas muy pacientes pueden montar castillos de cartas.* **4** GRAM. [sujeto] Que en una oración pasiva recibe la acción realizada por el complemento agente: *el sujeto paciente es el sujeto gramatical de una oración pasiva; en la frase el cuadro fue pintado por Goya, el sujeto paciente es el cuadro.* ◊ *n. com.* **5** Persona que recibe tratamiento médico o quirúrgico, respecto de su médico o cirujano: *el médico atendía a sus pacientes en la consulta; el paciente presentaba síntomas de infarto.* **SIN** enfermo.

pacificación *n. f.* **1** Intervención que se realiza para establecer la paz entre los bandos en conflicto: *la ONU envió fuerzas de pacificación a la región en guerra.* **2** Establecimiento de la paz entre los bandos en conflicto: *habían logrado la pacificación del país por vía diplomática.*

pacificar *v. tr.* **1** Establecer la paz entre los bandos en conflicto: *las Naciones Unidas intentan pacificar el país.* ◊ *v. prnl.* **2 pacificarse** Quedarse en calma lo que estaba alterado: *pacificarse el mar; pacificarse los vientos.*
DER pacificación, pacífico, pacifismo.
ETIM *Pacificar* procede del latín *pacificare*, 'hacer la paz', voz con la que también está relacionada *apaciguar*.
OBS En su conjugación, la c se convierte en *qu* delante de e.

pacífico, -ca *adj.* **1** Que no usa la violencia o que no es propenso a fomentar conflictos: *aquellos indígenas eran personas pacíficas; es un niño pacífico; puedes acercarte a ese camello, es totalmente pacífico; manifestación pacífica.* **ANT** violento. **2** [lugar] Que no está alterado por luchas o guerras: *desembarcaron en una isla pacífica.*

pacifismo *n. m.* Movimiento que defiende la paz y es contrario a los actos violentos y a los enfrentamientos armados: *el pacifismo condena la guerra.* **ANT** belicismo.
DER pacifista.

pacifista *adj.* **1** Del pacifismo o que tiene relación con este movimiento: *política pacifista; espíritu pacifista.* **ANT** belicista. ◊ *adj./n. com.* **2** [persona] Que es partidario del pacifismo: *los pacifistas han convocado una manifestación.* **ANT** belicista.

pack *n. m.* Envase que contiene varios recipientes o productos del mismo tipo: *estaba de oferta un pack de seis botellas de refrescos.*

pacotilla *n. f.* Mercancía que los marineros o los oficiales de un barco pueden embarcar sin pagar por ello: *la pacotilla que llevaban los marineros era para su uso personal.*
de pacotilla *coloquial* De poca calidad o de escaso valor: *en apariencia viste como un conde, pero la ropa que lleva es de pacotilla; es un actor de pacotilla, a pesar de la buena fama que tiene.*

pactar *v. tr./intr.* Acordar una serie de condiciones con la obligación de cumplirlas: *los dos países han pactado el fin de la guerra; el gobierno pactó con los sindicatos.*

pacto *n. m.* **1** Acuerdo entre dos o más personas o grupos que obliga a cumplir una serie de condiciones: *los dos empresarios hicieron un pacto; el presidente del país vencido no quiso firmar el pacto.* **2** Condición o serie de condiciones que se han de cumplir por ese acuerdo: *el policía les recordó que el pacto había sido liberar al rehén.*
DER pactar.

paddle *n. m.* Deporte parecido al tenis que se practica con raqueta de madera en una pista limitada por paredes altas; se puede utilizar el rebote de la pelota en las paredes al devolverla. También se dice *paddle tenis*.
OBS Esta palabra es inglesa y se pronuncia aproximadamente 'pádel'.

padecer *v. tr./intr.* **1** Sentir un dolor o una molestia o tener una enfermedad: *padece usted una gripe benigna; la mujer padecía del corazón desde muy joven; padece fuertes dolores de muelas.* **SIN** sufrir. **2** Soportar con paciencia un daño moral o físico: *la madre padecía en silencio los desvaríos de su hijo.* **SIN** aguantar, soportar, sufrir. **3** Tener una necesidad: *durante el viaje por el desierto, padecieron hambre y sed continuamente.*
DER padecimiento; compadecer.
ETIM *Padecer* procede del latín *pati*, 'sufrir', voz con la que también está relacionada *pasión*.
OBS En su conjugación, la c se convierte en *zc* delante de *a* y *o*, como en *agradecer*.

padecimiento *n. m.* Sufrimiento de un dolor o de una situación mala: *después de grandes padecimientos, llegaron al Nuevo Continente.*

padrastro *n. m.* **1** Marido de la madre en cuanto a los hijos que ésta tiene de un matrimonio anterior: *antes de volver a casarse, la madre les presentó al que sería su padrastro.* **2** Mal padre, que no cuida a sus hijos o no se preocupa de ellos: *es un padrastro, nunca se acuerda de su familia.* **3** Trozo de piel junto a las uñas, roto y levantado, que causa dolor y molestia: *se le infectó el padrastro.*

padrazo *n. m.* Padre que trata con cariño e indulgencia a sus hijos.

padre *n. m.* **1** Hombre o animal macho que ha engendrado un hijo: *fue padre muy joven.* **2** Hombre en cuanto a sus hijos: *mi padre llega mañana; estos niños adoran a su padre.* En muchas zonas de América *padre* es ofensivo y se suele emplear *papá.* **padre adoptivo** Hombre que no ha engendrado a sus hijos, pero que es legalmente su padre: *era el padre adoptivo de varios niños huérfanos.* **padre de familia** Hombre que es cabeza de familia ante la ley: *la ley te considera padre de familia aunque no tengas hijos.* **padre político** Padre de la persona con quien se está casado: *mi padre político es muy cariñoso conmigo.* **SIN** suegro. **3** Dios para los cristianos: *Padre, en tus manos encomiendo mi espíritu.* En esta acepción se escribe con mayúscula. **4** Sacerdote o religioso: *fue a pedir consejo a un padre del convento; vengo de hablar con el padre Juan.* Se usa como apelativo y también se puede usar delante de un nombre propio o de un apellido. **padre de la Iglesia** Doctor de la antigua Iglesia griega o latina: *los padres de la Iglesia escribieron sobre los dogmas.* **padre espiritual** Sacerdote que es el confesor y guía espiritual de una persona: *no toma ninguna decisión si no la consulta primero con su padre espiritual.* **Santo Padre** El Papa: *el Santo Padre vive en el Vaticano.* **5** Causa u origen de una cosa: *el odio es el padre de todas las guerras.* **6** Persona que ha creado o inventado una cosa o que ha hecho avanzar mucho una ciencia o una rama del saber: *Bell y Edison son los padres del teléfono.* **7** Macho que se destina a la cría: *el* ganadero llevó al padre donde estaban todas las hembras para que las preñara. SIN semental. ◇ adj. **8** *coloquial* Que es muy grande o muy intenso: *juerga padre; bronca padre; paliza padre; lío padre*. Es invariable y se usa siempre después del sustantivo. ◇ n. m. pl. **9 padres** Padre y madre de una persona: *mis padres se marcharon de vacaciones a la montaña; vive con sus padres*. SIN papás. **10** Personas de las que descienden otras: *en el pasillo hay retratos de los padres de la familia*. SIN ancestro, antecesor, antepasado.

de padre y muy señor mío Que es muy grande o muy intenso: *aquella mañana cayó una nevada de padre y muy señor mío*.

ser el padre de la criatura Ser autor o causante de una cosa.

sin padre ni madre, ni perro que le ladre *coloquial* Expresión que indica que una persona se siente abandonada y sola.

¡tu padre! *coloquial* Expresión que indica enfado: *¡tu padre!, ¡qué pesada que eres!*

DER padrastro, padrazo, padrino.

ETIM *Padre* procede del latín *pater, -tris,* que tenía el mismo significado, voz con la que también están relacionadas *padrón, paterno, patria, patriarca, patrimonio, patrística, patrología.*

padrenuestro *n. m.* Oración que rezan los cristianos y que empieza por las palabras «Padre nuestro»: *siempre rezaba un padrenuestro antes de acostarse*.

OBS El plural es *padrenuestros*.

padrinazgo *n. m.* **1** Acción que consiste en actuar como padrino de una persona o de una cosa. **2** Protección o favor que una persona o entidad da a otra para hacer algo: *el deportista salió adelante gracias al padrinazgo de una empresa de prendas deportivas*.

padrino *n. m.* **1** Hombre que presenta o acompaña a una persona cuando ésta recibe un sacramento: *le pidió a su mejor amigo que fuera su padrino de boda*. **2** Hombre que presenta o acompaña a una persona cuando ésta va a participar en una competición o cuando va a recibir un honor: *el joven debutó como torero teniendo por padrinos a dos grandes figuras; el caballero se presentó en el duelo con sus padrinos, que llevaban las armas*. **3** Persona que protege y favorece a otra: *seguro que conseguirá el puesto, ya que tiene muchos padrinos*. ◇ *n. m. pl.* **4 padrinos** Padrino y madrina de una persona: *mis padrinos de boda fueron mi cuñada y mi padre*.

DER padrinazgo; apadrinar.

padrón *n. m.* Lista oficial donde figuran las personas que viven en un lugar: *cada Ayuntamiento debe elaborar un padrón de su localidad; debes comprobar que toda tu familia esté inscrita en el padrón*. SIN censo, registro.

DER empadronar.

ETIM Véase *padre*.

paella *n. f.* **1** Comida hecha a base de arroz, al que se le añaden otros ingredientes como mariscos, carne, pescado, verduras, legumbres, etc.: *la paella es el plato más típico de Valencia; el color amarillo de la paella se debe al azafrán*. **2** Recipiente de metal, de poco fondo y con dos asas, que sirve para cocinar esa comida. SIN paellera.

paellera *n. f.* Recipiente de metal, de poco fondo y con dos asas, que sirve para cocinar la paella: *esta paellera es demasiado pequeña para seis personas*. SIN paella.

pág. Abreviatura de *página*, 'cara de una hoja de un libro o cuaderno'.

paga *n. f.* **1** Entrega de dinero que se debe por un trabajo: *hoy es día de paga*. **2** Cantidad de dinero que se cobra o se paga por un trabajo: *recibirá su dinero en tres pagas de cien mil pesetas cada una*. **3** Cantidad de dinero que se percibe, generalmente de forma periódica, por un servicio o un trabajo realizado: *voy a la oficina del contable a cobrar la paga*. SIN salario, sueldo, honorarios. **paga extraordinaria** o **paga extra** Paga adicional al sueldo y de similar cuantía: *en Navidad cobraremos la paga extraordinaria; cada año recibo una paga extra en julio y otra en diciembre*. **4** Cantidad de dinero que se da a los niños o a los jóvenes todas las semanas o los días de fiesta.

pagador, -ra *adj./n. m. y f.* **1** [persona] Que debe pagar: *no suelen venderle nada a crédito porque es un mal pagador*. ◇ *n. m. y f.* **2** Persona encargada de pagar las pensiones, los sueldos, los créditos, etc., en un banco o en una oficina: *trabaja como pagador del Estado*.

DER pagaduría.

paganini *n. com. coloquial* Persona que paga habitualmente los gastos de otros: *con eso de que no tienes dinero siempre me toca a mí ser el paganini*.

paganismo *n. m.* **1** Para los cristianos, conjunto de las religiones o las creencias que adoran a varios dioses: *el paso del paganismo romano al cristianismo supuso un cambio importante en Europa; los cristianos dieron el nombre de paganismo al conjunto de cultos politeístas*. **2** Etapa de la civilización, anterior al cristianismo, en que se adoraba a varios dioses y, especialmente, la antigüedad grecorromana: *durante el paganismo no había guerras de religión*.

pagano, -na *adj.* **1** Del paganismo o que, desde la perspectiva cristiana, tiene relación con una religión o una civilización que defiende la existencia de varios dioses: *aún se conservan muchos templos paganos en Italia*. ◇ *adj./n. m. y f.* **2** [persona] Que adora a varios dioses o imágenes, especialmente en las antiguas Grecia y Roma: *los paganos construyeron templos a cada Dios*. **3** [persona] Que no cree en la doctrina cristiana. **4** *coloquial* [persona] Que paga la culpa o la deuda de otra persona: *siempre que sucede algo, el pagano soy yo*.

DER paganini.

pagar *v. tr./intr.* **1** Dar una cantidad de dinero a cambio de una cosa, un servicio o un trabajo: *pagó la cuenta del restaurante; los niños menores de cinco años no pagan en el autobús; despidió a sus obreros sin pagarles; mañana pagaremos al fontanero*. **2** Dar una cantidad de dinero para cubrir una deuda o una carga pública: *deben pagar la letra del piso; todos debemos pagar impuestos*. **3** Cumplir una pena o un castigo: *el acusado pagará su delito con la cárcel; el asesino pagará por su crimen*. **4** Corresponder al cariño o al favor de otra persona: *¿así es como pagas mis desvelos?* **5** Sufrir los resultados de una equivocación: *pagó su imprudencia con la vida*. ◇ *v. prnl.* **6 pagarse** Presumir, hacer ostentación de una cosa de la que se está muy satisfecho: *se paga de tener la casa más lujosa de la zona*.

pagar justos por pecadores Sufrir injustamente un castigo por culpa de otros: *no descubrieron al culpable y pagaron justos por pecadores*.

pagarlas o **pagarlas todas juntas** Sufrir el castigo o el efecto de un conjunto de malas acciones: *si sigues fastidiando, al final las pagarás todas juntas; no te perdono, me las pagarás*.

DER paga, pagadero, pagador, paganini, pagaré, pago.

OBS En su conjugación, la g se convierte en *gu* delante de *e*.

pagaré *n. m.* Documento con el que una o varias personas se comprometen a pagar una cantidad de dinero en un tiempo determinado: *estos pagarés vencen dentro de una semana*.

página *n. f.* **1** Cara de la hoja de un libro o un escrito: *este*

paginación 934

libro tiene 300 páginas; una página está emborronada. **SIN** plana. **2** Texto escrito o impreso en esa cara de la hoja: leyó dos páginas y se durmió. **3** Hecho ocurrido en el curso de una vida o una actividad y que será recordado por su importancia: el día de hoy se señalará como una feliz página en la historia de España.
páginas amarillas Guía telefónica en la que se encuentran los datos de profesionales, establecimientos y empresas, ordenados según los diferentes tipos de servicios que prestan: para localizar un taller de coches, consultaron las páginas amarillas.
DER paginar.

paginación n. f. Orden o numeración de las páginas de un libro, un cuaderno o un documento: no cambies las hojas para no alterar la paginación.

paginar v. tr. Ordenar o numerar las páginas de un libro, un cuaderno o un documento: tienes que paginar otra vez con cuidado.
DER paginación.

pago n. m. **1** Entrega de una cantidad de dinero que se debe: hizo el primer pago del préstamo. **ANT** impago. **2** Cantidad de dinero que se paga: el pago asciende a medio millón. **3** Premio con el que se corresponde a algo que se ha recibido: y como pago a sus servicios, me complace entregarle este obsequio.
DER impago.

pagoda n. f. Edificio donde una comunidad religiosa oriental, especialmente budista, se reúne para rezar o para hacer celebraciones religiosas: las pagodas suelen tener varios pisos con tejados y cornisas.

paipay n. m. Abanico plano de forma redondeada y con mango: se abanicaba con un gran paipay de palma.
OBS El plural es paipáis.

país n. m. **1** Estado independiente: las autoridades del país han pedido ayuda para combatir el hambre. **SIN** nación. **2** Territorio correspondiente a un pueblo o nación: el viajero venía de un lejano país. **3** Conjunto de los habitantes de ese territorio: todo el país seguía el discurso del presidente.
DER paisaje, paisano.

paisaje n. m. **1** Extensión de terreno que se ve desde un lugar determinado: pararon junto al camino para admirar el paisaje. **2** Cuadro o fotografía que representa esa extensión: el pintor presentó una colección de paisajes.
DER paisajismo, paisajístico, apaisado.

paisajista n. com. Persona que pinta paisajes por afición o como artista profesional.

paisajístico, -ca adj. Relacionado con el paisaje: es especialista en arquitectura paisajística.

paisano, -na adj./n. m. y f. **1** [persona] Que ha nacido en el mismo lugar que otra: se conocieron en el extranjero y descubrieron que eran paisanos. **SIN** compatriota. ◊ n. m. y f. **2** Persona que vive y trabaja en el campo.
de paisano Que no lleva uniforme militar: es policía pero va de paisano.

paja n. f. **1** Tallo del trigo y otros cereales, una vez seco y separado del grano: la cosechadora separa el grano de la paja. **2** Conjunto de esos tallos secos: el mozo fue a buscar un poco de paja para los caballos; colocó las botellas entre paja para que no se rompieran. **3** Brizna de hierba o de otra cosa parecida: se le metió una paja en el ojo. **4** Tubo muy delgado de plástico flexible que sirve para beber líquidos absorbiéndolos: el camarero les llevó unos batidos con una paja dentro. **5** Parte poco importante o con poco contenido en un escrito, una conversación o un asunto: en el artículo sólo hay una idea importante, todo lo demás es paja. ◊ adj. **6** [color] Que es amarillo claro como el de la paja seca: me encanta su pelo de paja. El plural es invariable.
hacerse una paja *malsonante* Tocarse los órganos sexuales para sentir placer. **SIN** masturbarse.
por un quítame allá esas pajas *coloquial* Por una cosa poco importante: se enzarzaron en una discusión por un quítame allá esas pajas.
DER pajar, pajizo, pajolero.

pajar n. m. Lugar donde se guarda la paja.

pájara n. f. Pérdida de las fuerzas que sufren algunos deportistas, especialmente los ciclistas, al hacer un esfuerzo grande: el corredor tuvo que retirarse de la prueba porque le dio una pájara.
DER pajarita.

pajarera n. f. Jaula grande o lugar donde se crían pájaros: en medio del jardín había una pajarera con jilgueros, canarios y otras aves cantoras.

pajarería n. f. Establecimiento donde se venden pájaros y otros animales domésticos: tengo que ir a la pajarería a comprar alpiste para mi canario.

pajarero, -ra adj. **1** De los pájaros o que tiene relación con estos animales: reproducción pajarera. **2** *coloquial* [persona] Que es excesivamente alegre y bromista. Tiene valor despectivo. **3** *coloquial* [tela, pintura] Que tiene colores muy chillones y mal combinados. Tiene valor despectivo. ◊ n. m. y f. **4** Persona que se dedica a cazar, criar o vender pájaros.

pajarita n. f. **1** Figura que se hace con un papel doblado varias veces y que representa la forma de un pájaro. **2** Lazo de tela que se pone alrededor del cuello de una camisa como adorno: en lugar de corbata, usa pajarita.

pájaro, -ra n. m. **1** Ave voladora, especialmente si es de pequeño tamaño: los gorriones, los canarios, los jilgueros y otros pájaros se alimentan de grano. **pájaro bobo** Ave palmípeda marina de plumaje negro y blanco cuyas alas, convertidas en aletas, no le permiten volar: los pájaros bobos viven en grandes colonias en las costas del hemisferio austral; los pájaros bobos se nutren de peces, moluscos y crustáceos. **SIN** pingüino. **pájaro carpintero** Pájaro de plumaje muy variable que tiene un pico muy fuerte capaz de perforar la madera del tronco de los árboles: los pájaros carpinteros se alimentan de los insectos y las larvas que capturan al perforar los troncos de los árboles. **SIN** carpintero, pico. **pájaro mosca** Pájaro de vivos colores y pequeño tamaño que se alimenta del néctar que aspira de las flores con su largo pico. **SIN** colibrí. ◊ n. m. y f. **2** Persona que es hábil para engañar o tiene malas intenciones: ten cuidado con ese pájaro o te traerá problemas; tu amiga es una pájara. Tiene valor despectivo. **pájaro de cuenta** Persona en la que no se debe tener confianza debido a su mal comportamiento: tu tío es un pájaro de cuenta, es un estafador.
matar dos pájaros de un tiro Hacer o lograr dos cosas de una sola vez.
tener pájaros en la cabeza Tener poco juicio o demasiada imaginación: deja de tener pájaros en la cabeza y piensa en el futuro.
DER pájara, pajarera, pajarería, pajarero, pajarraco.

pajarraco, -ca n. m. y f. **1** *coloquial* Pájaro grande y feo: un enorme pajarraco volaba sobre sus cabezas. Tiene valor despectivo. **2** *coloquial* Persona que es hábil para engañar o tiene malas intenciones: menudo pajarraco está hecho, es capaz de vender a su madre. Tiene valor despectivo.

paje n. m. Hombre joven y noble que estaba al servicio de un caballero: el paje anunciaba a su señor y le servía en la *mesa*. **paje de armas** Paje que acompañaba a su señor y le llevaba las armas. **paje de hacha** Paje que alumbraba el camino a su señor en los desplazamientos.

pajizo, -za *adj.* **1** Que está hecho o cubierto de paja: *se refugiaron en una choza de techo pajizo.* **2** [color] Que es amarillo claro como el de la paja: *tiene el pelo rubio pajizo y los ojos verdes.*

pajolero, -ra *adj./n. m. y f.* **1** *coloquial* [persona] Que molesta y produce enfado: *es un pajolero que no deja de incordiar.* **SIN** impertinente, puñetero. ◊ *adj.* **2** *coloquial* Expresa desprecio hacia el nombre al que antecede: *nunca tuvo suerte en toda su pajolera vida; no tienes ni pajolera idea de lo que estás diciendo.* Se usa delante del nombre. **SIN** puñetero.

pala *n. f.* **1** Herramienta grande compuesta por una pieza de madera, plástico o metal plana y rectangular, que está sujeta a un mango largo y que sirve para recoger y trasladar algunas cosas: *cargaba arena con una pala; el panadero mete los panes en el horno con una pala; recoge la basura con una pala.* ☞ aperos; cocina. **2** Contenido recogido por esta herramienta de una sola vez: *han sacado tres palas de escombros.* **3** Parte ancha y plana de ciertos instrumentos: *las palas de una bisagra; la pala del remo; la pala del esquí.* **4** Parte, generalmente movible, en que termina el brazo de ciertas máquinas y que sirve para recoger una carga: *esa excavadora tiene una pala de gran tamaño.* **5** Plancha que gira alrededor de un eje: *esta hélice tiene tres palas; las palas de un ventilador.* **SIN** aspa, paleta. **6** Tabla redonda de madera, unida a un mango, que sirve para golpear la pelota en distintos juegos: *pala de ping-pong; pala de frontón.* **SIN** paleta. **7** Estructura ovalada de madera que sujeta una red y está unida a un mango y que sirve para golpear la pelota en ciertos juegos: *tuvo que cambiar tres veces de pala durante el partido.* **SIN** raqueta. **8** Parte superior del calzado que rodea el empeine del pie: *me he comprado unos zapatos con un lazo en la pala.* **9** Diente con una sola raíz, plano y cortante, que está situado en la parte delantera y superior de la boca de las personas: *cepíllate bien las palas.* **SIN** incisivo, paleta. **10** Diente que cambia la cría del caballo a los treinta meses: *el potro ha perdido una pala.*
DER palada, palamenta, paleta, palista.

palabra *n. f.* **1** Sonido o conjunto de sonidos articulados que representan una idea: *el extranjero no comprendió algunas de las palabras de la conversación.* **SIN** término. **palabra simple** Palabra que no se compone de otras de la misma lengua: *la palabra casa es una palabra simple.* **palabra compuesta** Palabra que está formada por la unión de otras de la misma lengua: *abrelatas y guardaespaldas son palabras compuestas.* **2** Representación gráfica de estos sonidos, que consiste en un grupo de letras delimitado por espacios: *la palabra holocausto se escribe con hache.* **3** Capacidad de expresar el pensamiento por medio del lenguaje articulado: *no tiene el don de la palabra; se asombró tanto que perdió la palabra.* **4** Promesa de que una cosa es verdad o de que se va a hacer lo que se dice: *ha dado su palabra; tienes mi palabra de que no lo contaré a nadie; ha faltado a su palabra; cumplió su palabra; me lo contó bajo palabra de que yo no lo repetiría a nadie.* Se puede usar como exclamación. **palabra de honor** Promesa cuyo cumplimiento está garantizado por la honradez o la reputación de la persona que la hace: *te doy mi palabra de honor que no contaré lo sucedido a nadie.* **5** Fidelidad a una promesa: *me prometió callar y no lo hizo: no tiene palabra; es una persona de palabra.* **6** Derecho o turno para hablar: *el señor García tiene la palabra; pedir la palabra; dar la palabra; tomar la palabra.* ◊ *n. f. pl.* **7** **palabras**

Dichos que no responden a ninguna realidad: *no lo ha dicho de corazón, sólo son palabras.* **8** Dicho o texto de una persona: *no lo he dicho yo, son palabras de Cervantes.*
comerse las palabras Omitir palabras al hablar o escribir.
de palabra Por medio de la expresión oral.
de pocas palabras [persona] Que suele hablar poco.
dejar con la palabra en la boca Dejar de escuchar lo que dice una persona.
dirigir la palabra Hablar con una persona: *desde que discutimos, no me dirige la palabra.*
en pocas palabras o **en una palabra** Expresión que introduce una conclusión o un resumen de un razonamiento.
medias palabras Sugerencias o insinuaciones acerca de un asunto.
medir las palabras Hablar con cuidado para no decir algo que no sea adecuado.
ni palabra Nada: *no entiendo ni palabra de aritmética.*
palabra clave Palabra esencial o decisiva para la interpretación de una cosa.
palabras mayores *a)* Cosa que puede ofender o insultar: *no nombres a mi madre porque eso son palabras mayores.* *b)* Cosa o asunto importante: *si hablamos de invertir tanto dinero, eso ya son palabras mayores.*
quitar la palabra de la boca *a)* Decir lo que otra persona estaba a punto de expresar: *yo también te iba a sugerir que fuéramos al cine: me has quitado la palabra de la boca.* *b)* Interrumpir a quien está hablando.
tener unas palabras Discutir o decirse cosas desagradables dos personas: *Juan y Enrique tuvieron unas palabras, pero ahora son otra vez muy amigos.*
DER palabreja, palabrería, palabrota; apalabrar.

palabreja *n. f. coloquial* Palabra rara, especialmente si se usa poco, no se entiende bien o cuesta de pronunciar: *si empleas estas palabrejas, no me entero de lo que dices.*

palabrería *n. f.* Abundancia de palabras sin sustancia ni utilidad: *con tanta palabrería no nos convencerás.* **SIN** verborrea.

palabrota *n. f.* Palabra o expresión desagradable u ofensiva: *la palabra mierda es una palabrota.* **SIN** taco.

palacete *n. m.* **1** Palacio pequeño. **2** Casa parecida a un palacio pero más pequeña: *los condes solían pasar los veranos en un palacete de un pueblo de mar.*

palaciego, -ga *adj.* **1** Del palacio del rey o que tiene relación con este edificio: *las estancias palaciegas eran lujosas y confortables.* **SIN** palatino. **2** Que es propio de la nobleza cortesana: *intrigas palaciegas; moda palaciega.* ◊ *adj./n. m. y f.* **3** [persona] Que forma parte de la corte. **SIN** cortesano.

palacio *n. m.* **1** Edificio grande y lujoso donde viven los reyes: *los reyes de España viven en el palacio de la Zarzuela.* **2** Casa lujosa y grande donde viven personajes importantes: *en esta ciudad quedan magníficos palacios renacentistas.* **3** Edificio público muy grande donde se celebran reuniones, espectáculos o exposiciones: *la conferencia de paz se celebró en el palacio de exposiciones y congresos.*
DER palacete, palaciego.
ETIM Palacio procede del latín *palatium*, que tenía el mismo significado, voz con la que también está relacionada *palatino*.

paladar *n. m.* **1** Parte interior y superior de la boca de los vertebrados: *el paladar separa la cavidad bucal de la cavidad nasal.* ☞ boca. **2** Capacidad de valorar el sabor de los alimentos: *no tienes paladar si no distingues el bacalao de la merluza.* **SIN** gusto. **3** Capacidad de valorar una cosa que no es material: *tiene un excelente paladar para la música clásica.*
DER paladear.
ETIM Paladar procede del latín *palatum*, que tenía el mismo

FORMACIÓN DE PALABRAS

Siempre hay necesidad de nuevas palabras, que sirven para nombrar nuevas realidades o formas de ver la realidad (*informática, ordenador, consensuar, sida, fútbol...* son términos relativamente nuevos).

Para formar palabras disponemos de distintos recursos:

1. **La derivación**
   A un lexema o raíz se le une un afijo o más; según el tipo de afijo se habla de:
   - prefijación: se añade un prefijo (*des-hacer, in-usual*);
   - sufijación: se añade un sufijo (*frut-ero, maquin-ista*).
   - parasíntesis: se añaden simultáneamente un prefijo y un sufijo (*en-roj-ecer, en-lat-ar, a-tont-ar*).

2. **La composición**
   Se forma una nueva palabra por la combinación de dos o más lexemas o raíces (*pisapapeles, picapedrero, correveidile, cantamañanas*).

3. **Siglas y acrónimos**
   Se crean nuevas palabras combinando las primeras letras de distintas palabras (*sida*, 'síndrome de inmunodeficiencia adquirida') o principios y/o finales de palabras (*tergal*, de 'poliés*ter* ga*lo*', *módem*).

4. **Préstamos de lenguas extranjeras**
   El uso admite palabras procedentes de otras lenguas, a veces castellanizándolas (*fútbol*), otras con su forma original (*zoom, boutique*).

5. **Utilización de palabras de origen griego y latino para la creación de neologismos**
   Todas las disciplinas han recurrido a la utilización de palabras griegas o latinas para la formación de neologismos. Numerosas lenguas recurren con frecuencia a palabras de origen griego o latino para formar nuevas voces, por lo que a los hablantes el significado de dichas raíces griegas o latinas les resulta familiar (*tele* significa 'lejos', *semi*, 'medio').
   No son verdaderas palabras en español (*homo, antropo, auto, audio*, etc., no aparecen nunca solas), pero tampoco son verdaderos sufijos ni prefijos, puesto tienen un comportamiento extraño: se combinan muchas veces con otras raíces griegas o latinas (en lugar de con raíces españolas), en ocasiones parecen prefijos y en otras sufijos (*monolito*, pero *litografía*). Propiamente, no se puede hablar de prefijos ni sufijos, pero tampoco puede hablarse de lexemas o raíces (*tele* es un abreviamiento de *televisión*, como *foto* lo es de *fotografía*). En este diccionario se ha dado a estas 'voces' el nombre de *elemento prefijal* (si se antepone a la raíz) o *elemento sufijal* (si va tras ella).

Algunos elementos prefijales de origen griego y latino:

Raíz	*Significado*	*Ejemplos*
andro-	Hombre	andrógino
antropo-	Persona	antropomorfo
audio-	Sonido, audición	audiovisual
auto-	Por sí mismo, de uno mismo	autorretrato
biblio-	Libro	biblioteca, bibliografía
cardio-	Corazón	cardiograma
demo-	Pueblo	demografía, democracia
derm-	Piel	dermatólogo
filo-	Amigo o amante de	filósofo, filólogo
fono-	Sonido	fonógrafo
foto-	Luz	fotosíntesis, fotofobia
gastr-	Estómago	gastroenteritis
geo-	Tierra o suelo	geología, geografía
gero-	Viejo, anciano	gerontología
grafo-	Escribir	grafología
hema-	Sangre	hematoma
hetero-	Diferente, otro	heterogéneo, heterosexual
hidro-	Agua	hidroavión, hidroterapia
homo-	Igual, el mismo	homólogo, homosexual
lito-	Piedra	litografía
macro-	Grande	macromolécula, macrocéfalo
micro-	Pequeño	microcosmos
necro-	Muerto o muerte	necrópolis, necrófago
nefr-	Riñón	nefrítico
neumo-	Pulmón	neumonía, neumología
odont-	Diente	odontología
oftalm-	Ojo	oftalmología
ot-	Oído	otitis, otorrinolaringólogo
pato-	Enfermedad	patología
piro-	Fuego	pirómano

palco

formación de palabras (cont.)		
Raíz	*Significado*	*Ejemplos*
Griega/latina		
tele-	Lejos, a distancia	teléfono, telegrafía, telequinesia
teo-	Dios	teocracia, teología
topo-	Lugar	topografía
zoo-	Animal	zoología, zoológico

Algunos elementos sufijales
-cardio	Corazón	miocardio
-cida/-cidio	Que mata o elimina / Asesinato	insecticida, homicidio
-crata/-cracia	Seguidor de un gobierno / Sistema de gobierno	demócrata, burocracia
-fero	Que lleva o produce	petrolífero, soporífero
-filo/-filia	Aficionado o amante de / Afición o amor	acinéfilo, cinefilia
-fobo/-fobia	Que odia o teme a / Odio o temor a	fotófobo, aracnofobia
-fono,-fonía	Sonido, voz	audífono, teléfono
-fugo	Que ahuyenta o hace desaparecer	ignífugo, febrífugo
-gamo/-gamia	Unido matrimonialmente / Matrimonio	polígamo, monogamia
-geno/genia	Que engendra o produce / Producción de	erógeno, patógeno, filogenia
-grafo/-grafía	Que escribe o escrito / Escritura	autógrafo, bolígrafo, telegrafía
-itis	Inflamación	apendicitis, amigdalitis
-lítico/-lito	De piedra / Piedra	paleolítico, monolito
-logo/logía	Estudio, especialidad / Estudioso de	musicólogo, traumatología
-mante/-mancia	Que adivina / Adivinación	nigromante, quiromancia
-metro/-metría	Medida o aparato que mide / Medición	cronómetro, geometría
-nomo/-nomía	Especializado en / Especialidad	astrónomo, grastronomía
-ope/-opía	Que tiene la vista / Referente a la vista	hipermétrope, miopía
-pata/-patía	Enfermo o médico / Enfermedad	naturópata, psicópata, ludopatía
-voro	Que se alimenta de	carnívoro, herbívoro

significado, voz con la que también están relacionadas *palatal, palatino*.

paladear *v. tr.* **1** Disfrutar poco a poco el sabor de un alimento o de una bebida: *paladeaba el helado lentamente*. **SIN** saborear. **2** Disfrutar pensando con detenimiento una cosa que agrada: *quiso paladear su última representación en el teatro*. **SIN** saborear.

paladín *n. m.* **1** Caballero que en la guerra se distingue por sus hazañas valientes y nobles: *Lanzarote del Lago fue un gran paladín*. **2** Persona o conjunto de personas que defiende esforzadamente una causa noble: *el paladín de los derechos humanos*.

paladio *n. m.* Metal blanco que absorbe el hidrógeno: *el símbolo del paladio es Pd*.

palafito *n. m.* Vivienda primitiva que se construía sobre estacas de madera, normalmente dentro de un lago o un río.

palanca *n. f.* **1** Barra que se apoya sobre un punto y que sirve para levantar un cuerpo situado en el extremo contrario al que se aplica una fuerza: *las palancas sirven para levantar pesos*. **2** Pieza que sirve para hacer funcionar un aparato: *movió la palanca y salieron caramelos de la máquina*. ☞ motocicleta. **3** *coloquial* Influencia que permite conseguir un beneficio: *tiene una buena palanca en el Ministerio*. **4** Plataforma situada a cierta altura en una piscina y que sirve para tirarse al agua desde ella: *saltos de palanca*.
DER palanqueta, palanquín; apalancar.

palangana *n. f.* Recipiente circular, ancho y poco profundo que se usaba para lavarse: *el lavabo ha sustituido a la palangana*.

palangre *n. m.* Aparejo de pesca formado por un largo cordel con ramales, cada uno de los cuales lleva un anzuelo en su extremo: *los pescadores utilizan el palangre para pescar en aguas profundas*.

palanqueta *n. f.* Barra de hierro que sirve para forzar puertas y cerraduras: *los ladrones forzaron la cerradura con una palanqueta*.

palanquín *n. m.* Asiento que se sostiene en alto mediante dos varas paralelas que se usa para transportar a personas importantes: *el palanquín se emplea en los países orientales*.

palatal *adj.* **1** ANAT. Del paladar o que tiene relación con esta parte de la boca: *los maxilares superiores están en la región palatal*. **2** GRAM. [sonido] Que se pronuncia acercando la lengua al paladar: *la palabra* llave *empieza por un sonido palatal*. ◇ *adj./n. f.* **3** GRAM. [letra] Que representa ese sonido: *consonante palatal; la* ll *es una palatal*.
ETIM Véase *paladar*.

palatino, -na *adj.* **1** Del palacio del rey o que tiene relación con este edificio o con los que lo habitan: *costumbres palatinas; capilla palatina*. **SIN** palaciego. ◇ *adj. m. y f.* **2** [persona] Que ocupa un cargo destacado en palacio: *conde palatino*. ◇ *adj.* **3** ANAT. Del paladar o que tiene relación con esta parte de la boca: *el paladar también se llama bóveda palatina*. ◇ *adj./n. m.* **4** ANAT. [hueso] Que forma el paladar: *los palatinos están en la parte inferior del cráneo de los vertebrados*.
ETIM Véase *paladar*.

palco *n. m.* **1** En los teatros, departamento independiente en forma de balcón que está provisto de asientos para ver

palentino

un espectáculo: *tengo entradas de palco para ir a la ópera*. **2** Tarima elevada que se construye para que la gente pueda ver un desfile o una función: *vimos la cabalgata desde un palco*.
DER antepalco.

palentino, -na *adj.* **1** De Palencia o que tiene relación con esta provincia castellana o con su capital: *campos palentinos*. ◊ *adj./n. m. y f.* **2** [persona] Que es de Palencia: *los palentinos son vecinos de los leoneses*.

paleo- Elemento prefijal que entra en la formación de palabras con el significado de 'viejo', 'antiguo': *paleografía*.

paleografía *n. f.* Técnica que consiste en descifrar y datar los documentos, las inscripciones y los textos antiguos y en determinar el lugar del que proceden: *la paleografía es de gran utilidad para historiadores y filólogos*.
DER paleográfico, paleógrafo.

paleógrafo, -fa *n. m. y f.* Persona que se dedica a la paleografía: *un equipo de paleógrafos consiguió fechar el documento medieval*.

paleología *n. f.* Estudio de las lenguas antiguas.
DER paleólogo.

paleólogo, -ga *n. m. y f.* Persona que se dedica al estudio de las lenguas antiguas: *un paleólogo revisó los manuscritos para determinar el idioma en el que estaban escritos*.

paleontografía *n. f.* Descripción de los restos orgánicos que hay en los fósiles.

paleontología *n. f.* Disciplina que estudia los fósiles: *la paleontología estudia los seres orgánicos fosilizados con el fin de reconstruir sus formas de vida*.
paleontología lingüística Ciencia que pretende reconstruir aspectos culturales, sociales, históricos, étnicos, etc., de pueblos que carecen de documentación histórica, basándose en datos lingüísticos.
DER paleontológico, paleontólogo.

paleontológico, -ca *adj.* De la peleontología o que tiene relación con esta disciplina.

paleontólogo, -ga *n. m. y f.* Persona que se dedica a la paleontología o estudio de los fósiles: *los paleontólogos han hecho grandes descubrimientos sobre la vida de especies desaparecidas*.

paleozoico, -ca *adj.* **1** GEOL. De la era primaria. ◊ *n. m.* **2** GEOL. Era primaria.

palestino, -na *adj.* **1** De Palestina o relacionado con esta zona de Oriente Medio: *tiene un amigo de origen palestino*. ◊ *adj./n. m. y f.* **2** [persona] Que es de Palestina.

palestra *n. f.* **1** Lugar en el que se celebraban luchas y competiciones de carácter deportivo: *los griegos se ejercitaban en la palestra*. **2** Lugar en el que se celebran ejercicios literarios públicos o desde donde se habla al público: *el político subió a la palestra*.
salir o **saltar a la palestra** *a)* Intervenir en una competición o en una discusión: *salió a la palestra para defender sus ideas*. *b)* Darse a conocer ante el público y convertirse en el centro de atención: *un nuevo caso de corrupción ha saltado a la palestra*.

palet *n. m.* Armazón de madera o metal sobre el que se apila mercancía pesada y que puede elevarse o moverse utilizando un toro o carretilla elevadora: *hay que descargar el palet de cajas que está en el camión*.

paleta *n. f.* **1** Tabla pequeña con un agujero en uno de sus extremos para meter el dedo pulgar y sobre la que el pintor mezcla y compone los colores para pintar al óleo: *el pintor sujeta la paleta con el pulgar de una mano y pinta con la otra*. **2** Conjunto o serie de colores utilizados en una obra por un pintor: *la paleta de este pintor impresionista tiene colores muy suaves*. **SIN** colorido. **3** Utensilio de cocina que consiste en una plancha metálica redonda unida a un mango largo: *la paleta sirve para remover lo que se está friendo y para sacar la comida de la sartén*. **4** Herramienta formada por una plancha triangular metálica unida a un mango de madera que utilizan los albañiles para extender la argamasa: *los albañiles han usado una paleta para cubrir la pared de argamasa*. ☞ herramientas. **5** Plancha que gira alrededor de un eje: *las paletas de una hélice; las paletas de un ventilador*. **SIN** aspa, pala. **6** Diente con una sola raíz, plano y cortante, situado en la parte delantera superior de la boca. **SIN** incisivo, pala. **7** Tabla de madera de forma redonda, unida a un mango, que sirve para golpear la pelota en distintos juegos: *las paletas se utilizan en el tenis de mesa*. **SIN** pala.
DER paletada, paletear, paletilla, paletón.

paletada *n. f.* **1** Contenido recogido por una pala de una sola vez: *unos hombres arrojaban paletadas de arena sobre la carretera*. **SIN** pala. **2** *coloquial* Actitud o expresión característica de una persona paleta.

paletilla *n. f.* **1** Hueso ancho, triangular y casi plano, situado a un lado de la espalda, donde se articulan los huesos del hombro y del brazo. **SIN** omoplato. **2** Carne de la pata delantera del cerdo u otro animal, curada o preparada para comer: *esto no es jamón, es paletilla; comieron paletilla de cordero guisada*.

paleto, -ta *adj./n. m. y f.* **1** [persona] Que ha nacido en un pueblo pequeño o en el campo: *con esta boina negra pareces un paleto*. Se usa como apelativo. **2** *coloquial* [persona] Que tiene malos modos o que es poco educado y refinado: *es un paleto, no sabe comportarse en sociedad*. Tiene valor despectivo.

paliar *v. tr.* **1** Calmar o hacer menos intenso un dolor o una enfermedad: *tómese esas pastillas para paliar la artrosis*. **SIN** mitigar, aliviar. **ANT** exacerbar. **2** Atenuar la gravedad de un hecho o de una situación: *las principales potencias enviaron alimentos y medicinas para paliar el desastre de la guerra; paliar un error*.
DER paliativo.
OBS En su conjugación, la *i* no se acentúa, como en *cambiar*.

paliativo, -va *adj./n. m.* *culto* Que sirve para atenuar o suavizar los efectos de algo negativo, como un dolor, un sufrimiento o un castigo.

palidecer *v. intr.* **1** Ponerse pálido: *cuando se sintió descubierta, palideció de miedo*. **2** Perder o disminuir el valor o la importancia: *después de aquel fracaso su prestigio palideció*.
OBS En su conjugación, la *c* se convierte en *zc* delante de *a* y *o*, como en *agradecer*.

palidez *n. f.* Característica del color que ha perdido intensidad o de la persona que está pálida: *observó la palidez del rostro del enfermo*.

pálido, -da *adj.* **1** Que ha perdido su color de piel natural y es más claro y menos rosado de lo normal: *tienes la cara pálida, ¿te encuentras mal?*; *al saber la noticia se puso pálido*. **2** [color] Que no es fuerte o intenso, que tiene gran parte de blanco en su mezcla: *rosa pálido; amarillo pálido*. **ANT** vivo.
DER palidecer, palidez, paliducho.

paliducho, -cha *adj.* *coloquial* Que está un poco pálido o que tiene un color de piel un poco más claro y menos rosado de lo normal: *hoy estás paliducho, ¿te encuentras bien?*.

palillero *n. m.* Recipiente que sirve para poner palillos de dientes: *sobre cada una de las mesas del restaurante había un palillero y unas vinagreras*.

palillo *n. m.* **1** Palo de madera pequeño, delgado y afilado en ambos extremos que sirve para pinchar los alimentos o para limpiarse los dientes: *cogió un palillo y pinchó una aceituna*. **SIN** mondadientes. **2** Persona muy delgada: *come más, que estás hecho un palillo*. ◇ *n. m. pl.* **3 palillos** Par de palos largos y delgados que se utilizan para comer en algunos países orientales: *los chinos comen el arroz con palillos*. **4** Par de palos redondos y con uno de los extremos acabado en cabeza que sirven para tocar el tambor: *el niño sostenía los palillos en las manos*.

DER palillero.

palio *n. m.* **1** Pieza de tela lujosa colocada sobre un armazón de cuatro o más barras bajo la cual va el Santo Sacramento, una imagen religiosa o una persona importante en una ceremonia: *el Papa va bajo palio en las procesiones*. **2** Prenda de vestir de los antiguos griegos que consistía en un manto cuadrado que se colocaba sobre la túnica y se sujetaba al pecho con una hebilla o un broche. **3** Ornamento del Papa y de los arzobispos que está formado por una banda de lana blanca que éstos llevan sobre los hombros y dos apéndices con cruces negras bordadas que caen uno a la espalda y otro al hombro. **4** Paño de tela lujosa que se ofrecía como premio al vencedor de determinados juegos de carreras: *el palio solía ser de seda*. **5** Juego de carreras a cuyo vencedor se le entregaba como premio este paño de tela: *correr el palio; el palio era un juego medieval que hoy se conserva en Italia*.

bajo palio Con mucho respeto y afecto: *en aquella casa me recibían siempre bajo palio*.

palique *n. m. coloquial* Conversación larga y sin un fin determinado sobre temas poco importantes: *estuvieron de palique más de dos horas*. **SIN** charla, cháchara.

palista *n. com.* Persona que rema en una piragua o en otra embarcación.

palitroque *n. m.* **1** Palo pequeño, torcido o mal trabajado: *buscó un palitroque y empezó a hurgar en el suelo con él*. Tiene valor despectivo. **2** Palo adornado y acabado en una punta metálica afilada que clavan los banderilleros en el toro. **SIN** banderilla.

paliza *n. f.* **1** Cantidad grande de golpes que se da o se recibe: *unos maleantes le dieron una paliza; la mujer denunció las continuas palizas que recibía*. **SIN** somanta, tunda, zurra. **2** *coloquial* Derrota sufrida en una competición deportiva o en un juego: *el equipo local dio una buena paliza al visitante*. **3** *coloquial* Trabajo o esfuerzo duro y cansado: *limpiar la cocina es una paliza; me he dado una paliza estudiando*. ◇ *n. com.* **4** *coloquial* Persona que molesta y cansa: *mira, por ahí viene el paliza de Antonio*. **SIN** pesado, pelma, plasta.

dar la paliza *coloquial* Molestar o cansar con una conversación pesada: *no me des la paliza, que no me vas a convencer*.

palma *n. f.* **1** Parte interior de la mano que va desde la muñeca hasta el inicio de los dedos: *apoyó las palmas de las manos en la mesa; el guardia de tráfico detuvo a los coches mostrándoles la palma de la mano*. **2** Parte inferior de la pata de los caballos y otros animales: *el caballo se clavó una astilla en la palma y cojeaba*. **3** Árbol muy alto que tiene un tronco áspero y cilíndrico terminado en hojas grandes; sus flores son blancas y olorosas y su fruto, que pende en racimos debajo de las hojas, es comestible: *las palmas crecían al borde del mar*. **SIN** palmera. **4** Planta que pertenece a una familia que se caracteriza por tener el tronco leñoso, alto y terminado en un conjunto de hojas grandes y siempre verdes: *la palmera, el palmito y el cocotero son palmas*. **5** Hoja de esa planta, especialmente la amarillenta: *las palmas se usan para hacer cestos, escobas, abanicos y otros objetos; los católicos llevan palmas en la procesión del Domingo de Ramos*. **6** Victoria, fama y honor reconocido por todos: *la palma fue para la tenista australiana*. ◇ *n. f. pl.* **7 palmas** Golpe que se da chocando las manos abiertas una con otra: *el público daba palmas al compás de la música*. **SIN** aplauso, palmada.

batir palmas o **tocar las palmas** Golpear las palmas de las manos para acompañar el ritmo del canto y el baile flamenco: *el cantaor batía palmas mientras sonaba la guitarra*.

conocer como la palma de la mano Conocer una cosa muy bien: *conozco esa ciudad como la palma de mi mano*.

llevar en palmas Tratar con mucho cariño a una persona, teniendo toda clase de atenciones con ella: *cuando viene la tía de mi mujer, todos la llevamos en palmas*.

llevarse la palma Sobresalir en un aspecto o superar a otras personas en una actividad: *aquel cantante se lleva la palma en cuanto a discos vendidos; te llevas la palma de la tontería*.

DER palmada, palmear, palmera, palmero, palmo, palmotear.

palmada *n. f.* **1** Golpe dado con la palma de la mano: *me saludó dándome una palmada en la espalda; se dio una palmada en la frente*. **2** Golpe que se da chocando las manos abiertas una contra otra: *el maestro dio unas palmadas para que se callaran los niños*. ◇ *n. f. pl.* **3 palmadas** Ruido que se hace golpeando las palmas de las manos una con otra: *las palmadas del público animaban al cantante*. **SIN** aplauso.

palmar *n. m.* **1** Lugar donde hay muchas palmeras. **SIN** palmeral. ◇ *v. intr.* **2** *coloquial* Dejar de vivir: *si no te cuidas, palmarás antes de tiempo*. **SIN** morir.

palmarés *n. m.* **1** Relación de éxitos, de méritos o de victorias conseguidas: *el artista tiene un palmarés inmejorable; esta nueva medalla viene a aumentar el palmarés del equipo*. **SIN** historial. **2** Lista de ganadores de una competición: *el español, el suizo y el noruego formaban el palmarés del esquí alpino*.

palmario, -ria *adj.* Que es claro y fácil de ver: *la inocencia del acusado es palmaria porque tiene una coartada perfecta*. **SIN** evidente, manifiesto, patente.

palmatoria *n. f.* Utensilio con forma de plato pequeño y con un soporte en forma de cilindro en el centro que sirve para sostener una vela; *las palmatorias suelen tener un asa para poderlas llevar de un sitio a otro*.

palmeado, -da *adj.* **1** Que tiene forma de palmera. **2** Que tiene forma de palma: *una mano abierta tiene forma palmeada*. ☞ hoja. **3** [dedo] Que está unido a los otros por una membrana: *el pato tiene los dedos palmeados*.

palmear *v. intr.* **1** Dar palmadas con las manos. ◇ *v. tr.* **2** En baloncesto, impulsar la pelota lanzada por otro jugador dentro de la canasta para marcar un tanto: *el equipo ganó gracias a que palmeó un balón en el último segundo*.

palmense *adj.* **1** De Las Palmas de Gran Canaria o relacionado con esta ciudad canaria. ◇ *adj./n. com.* **2** [persona] Que es de Las Palmas de Gran Canaria.

palmeo *n. m.* **1** Acción de dar palmadas: *el cante flamenco suele acompañarse con palmeo*. **2** En baloncesto, acción de palmear la pelota para marcar un tanto.

palmera *n. f.* **1** Árbol de tronco recto y alto, con la copa sin ramas formada por hojas muy grandes con el nervio central recto y consistente, con flores blancas y fruto comestible: *las palmeras crecen en climas tropicales; algunas palmeras dan dátiles*. ☞ árbol. **2** Dulce de hojaldre que tiene forma de corazón.

DER palmeral.

palmeral *n. m.* Lugar donde hay muchas palmeras: *en Elche y Orihuela están los mayores palmerales de España*.

palmero, -ra *n. m. y f.* **1** Persona que cuida una plantación

palmeta

de palmeras. **2** Persona que acompaña el cante flamenco tocando las palmas.

palmeta *n. f.* Vara o regla pequeña de madera que se utiliza para golpear a alguien en la mano como castigo: *antiguamente los maestros golpeaban a los alumnos con la regla o con la palmeta cuando se portaban mal en clase.*

palmípedo, -da *adj./n. m. y f.* [ave] Que tiene los dedos de los pies unidos por membranas: *los patos y los cisnes son aves palmípedas.*

palmito *n. m.* **1** Árbol de la familia de las palmas, con el tronco subterráneo, las hojas en forma de abanico y las flores amarillas: *las hojas del palmito se usan para hacer escobas.* **2** Tallo comestible, blanco, grueso y cilíndrico, que se encuentra dentro del tronco de ese árbol: *la ensalada tropical lleva palmitos troceados.* **3** *coloquial* Cuerpo o tipo de una mujer esbelta o atractiva: *se compra ropa ajustada para lucir el palmito; le dieron el trabajo gracias a su palmito.*

palmo *n. m.* Medida de longitud que equivale a 21 centímetros, que es aproximadamente la distancia que hay desde el extremo del pulgar de una mano abierta y extendida hasta el dedo meñique.
dejar con un palmo de narices *coloquial* Hacer que una persona sufra una decepción por no hacer o tener lo que esperaba: *él esperaba que yo le prestara el coche, pero lo dejé con un palmo de narices.*
palmo a palmo a) Con lentitud o con dificultad: *el atleta fue ganando terreno palmo a palmo.* b) Con atención, detalle y minuciosidad: *he explorado el terreno palmo a palmo y no he encontrado lo que buscábamos.*
DER palmito.

palmotear *v. intr.* Dar palmadas como muestra de alegría o satisfacción: *los niños palmotearon cuando vieron los regalos.*
DER palmoteo.

palo *n. m.* **1** Trozo de madera más largo que grueso y generalmente de forma cilíndrica. **2** Golpe que se da con un trozo de madera de este tipo: *le dio al burro un palo para que echara a andar.* **3** Serie de cartas con una característica en común y que, junto con otras tres series, forma una baraja: *los palos de la baraja española son cuatro: oros, copas, espadas y bastos.* **4** Madera: *pata de palo; cuchara de palo.* **5** Trozo de madera largo y redondo colocado en vertical que sirve para sostener las velas de un barco: *el marinero arrió la vela del palo mayor.* **SIN** mástil. **6** *coloquial* Experiencia desagradable o situación difícil que causa molestias o daños: *es un palo tener que levantarse a las seis de la mañana; la muerte de su perro fue un palo muy fuerte para él.* **7** Trazo de una letra escrita que sobresale hacia arriba o hacia abajo: *la p tiene un palo hacia abajo; la b tiene un palo hacia arriba.* **8** Madero vertical que, junto con otro, sujeta el madero horizontal de una portería de fútbol o de otro deporte: *el balón dio en el palo y no llegó a la red.* **SIN** poste. **9** Instrumento largo con el que se golpea la pelota en algunos deportes: *palo de golf; palo de béisbol.*
a palo seco Sin una cosa que ayude o complemente: *se tomó tres copas de anís a palo seco.*
dar palos de ciego Hacer una cosa sin saber muy bien lo que se hace ni los resultados o las consecuencias que puede tener: *como no se sabía el tema del examen, se limitó a dar palos de ciego a ver si por casualidad acertaba alguna de las preguntas.*
no dar un palo al agua *coloquial* No trabajar: *lleva tres días sin dar un palo al agua.*
DER palillo, palique, palitroque, palote; apalear, empalar, empalizada.

paloduz *n. m.* Raíz de una planta llamada regaliz, que se chupa o se mastica porque tiene un jugo dulce y agradable. **SIN** regaliz.

palomar *n. m.* Lugar donde se refugian y se crían palomas: *los palomares suelen estar situados en las azoteas o en los tejados de las casas.*

palometa *n. f.* Pez marino comestible de color gris oscuro, con el cuerpo aplastado, la cabeza pequeña y los dientes finos, largos y apretados: *la palometa se pesca en el Mediterráneo.*
OBS Para indicar el sexo se usa *la palometa macho* y *la palometa hembra*.

palomilla *n. f.* **1** Tuerca que tiene una aleta a cada lado para poder enroscarla manualmente. **2** Armazón de tres piezas en forma de triángulo que sirve para sostener cosas, como tablas o estantes. **SIN** palometa. **3** Mariposa pequeña de color gris que vive en graneros y es perjudicial para los cereales.

palomino *n. m.* **1** Cría de una paloma silvestre. **SIN** pichón. **2** *coloquial* Mancha de excrementos en la ropa interior de una persona.

palomita *n. f.* **1** Grano de maíz que al tostarse se revienta y se convierte en una masa blanca y esponjosa en forma de flor que cruje al morderse: *mucha gente se compra una bolsa de palomitas en el cine para comerlas mientras ve la película.* **2** Bebida refrescante hecha con anís y agua.

palomo, -ma *n. m. y f.* **1** Ave de cuello corto y cabeza pequeña, que vuela muy rápido y que se puede domesticar. Normalmente se utiliza la forma femenina, *paloma*, para referirse al animal cuando no se distingue el sexo. ☞ aves.
paloma de la paz Paloma, generalmente blanca, que se representa con una ramita de olivo en el pico y que simboliza la paz: *los alumnos dibujaron una gran paloma de la paz en un cartel para manifestarse en contra de la guerra.* **paloma mensajera** Paloma que es usada por el hombre para llevar mensajes enrollados en alguna de sus patas de un lugar a otro. **paloma torcaz** Paloma que suele vivir en el campo y construir su nido en árboles muy altos: *las palomas torcaces tienen el cuerpo de color gris azulado.* **2** *coloquial* Persona poco inteligente a la que se puede engañar fácilmente: *no creo que esos palomos puedan hacer grandes negocios; le dijo a esa paloma que era millonario y ella se lo creyó.*
DER palomar, palomilla, palomino, palomita, palomo.

palote *n. m.* Trazo recto y vertical de escritura que hacen las personas que están aprendiendo a escribir: *el niño le enseñó a su madre los palotes que había escrito en su libreta en el colegio.*

palpable *adj.* **1** Que puede tocarse con las manos: *había una niebla tan densa que casi era palpable.* **2** Que es claro y fácil de ver: *la defensa presentó una serie de pruebas palpables sobre la inocencia del acusado.* **SIN** manifiesto, palmario, patente.

palpación *n. f.* Acción que consiste en tocar con las manos algo que no es visible para reconocerlo.

palpar *v. tr.* **1** Tocar con las manos con pequeños golpes para reconocer por el sentido del tacto: *palpó la pierna para encontrar la herida; el médico me palpó la barriga para ver dónde me dolía.* ◊ *v. tr./intr.* **2** Tocar con las manos los objetos para reconocerlos por falta de luz o de visión: *se apagó la luz y tuvo que palpar para encontrar el camino.* **SIN** tantear.
◊ *v. tr.* **3** Notar o sentir una cosa tan claramente como si se tocara: *en el campo se palpa la tranquilidad; en esta familia se palpa el cariño.*

palpitación *n. f.* **1** Latido del corazón más fuerte y rápido de lo normal: *después de subir tantas escaleras sentía palpi-*

taciones. **2** Movimiento involuntario, rápido y repetido de una parte del cuerpo: *cuando estaba nervioso tenía palpitaciones en el párpado.*

palpitante *adj.* Que despierta la atención y el interés de las personas: *un tema palpitante; una película palpitante; un libro palpitante.*

palpitar *v. intr.* **1** Moverse con ritmo el corazón para hacer entrar y salir la sangre: *cuando morimos el corazón deja de palpitar.* **SIN** latir. **2** Aumentar el movimiento rítmico del corazón a causa de una emoción intensa: *se llevó un susto tan grande que su corazón empezó a palpitar; cuando veo al chico que me gusta mi corazón palpita.* **3** Moverse o agitarse un órgano del cuerpo de forma involuntaria, rápida y repetida: *cuando me pongo nervioso me palpita el ojo.* **4** Mostrarse o notarse con fuerza un afecto, una pasión o cualquier otro sentimiento fuerte: *su amor por Isabel palpita en su poesía; en aquellas palabras palpitaba el odio.*

pálpito *n. m.* Sospecha que se tiene de que una cosa va a ocurrir: *tengo el pálpito de que vas a aprobar.* **SIN** corazonada, presentimiento.

paludismo *n. m.* MED. Enfermedad caracterizada por ataques intermitentes de fiebre muy alta, transmitida por la picadura del mosquito anofeles hembra: *el paludismo se da en zonas pantanosas.* **SIN** malaria.

palurdo, -da *adj./n. m. y f. coloquial* [persona] Que tiene poca educación o escasa formación cultural, y no sabe comportarse con elegancia y buenos modales en público: *es un palurdo que no sabe ni cómo coger el tenedor.* **SIN** paleto.

palustre *adj.* **1** De los pantanos o las lagunas: *en el delta hay vegetación palustre.* ◇ *n. m.* **2** Herramienta formada por un mango y un trozo de metal plano y triangular que utilizan los albañiles para extender el cemento sobre las superficies. **SIN** paleta.

pamela *n. f.* Sombrero de mujer con el ala muy grande y ancha: *las pamelas son muy útiles para protegerse del sol.* ☞ sombrero.

pampa *n. f.* **1** Vegetación propia de Argentina centroriental que se caracteriza por la ausencia de árboles y por el predominio de las gramíneas. **2** Zona centroriental de Argentina que se caracteriza por tener este tipo de vegetación: *los gauchos vivían en la Pampa argentina.* En esta acepción se escribe con mayúscula.
DER pampero.

pámpana *n. f.* Hoja de la vid. **SIN** pámpano.

pámpano *n. m.* **1** Brote verde y blando que tiene la vid cuando las hojas todavía no se han abierto: *los pámpanos tienen forma de caracol.* **SIN** zarcillo. **2** Hoja de la vid: *los racimos y los pámpanos de la vid cubrían la verja del jardín.* **SIN** pámpana.
DER pámpana; despampanar.

pamplina *n. f.* **1** Planta herbácea de flores amarillas y con un fruto en cápsula con muchas simientes. **2** *coloquial* Tontería o cosa insignificante: *déjate de pamplinas y vente con nosotros.* En esta acepción se usa generalmente en plural.

pan *n. m.* **1** Alimento hecho con harina, generalmente de trigo, mezclada y amasada con agua, sal y levadura, y cocinado al horno: *el pan es uno de los alimentos básicos del hombre.* **pan ázimo** Pan que se hace sin poner levadura en la masa: *el pan ázimo se come en la Pascua judía.* **pan bendito** Pan que bendice el sacerdote en la misa y se reparte al pueblo. **pan de molde** Pan que se hace con leche y materias grasas, y se cocina en el horno dentro de un molde rectangular: *el pan de molde es ideal para los sándwiches.* ☞ pan. **pan integral** Pan que se hace con el trigo entero, sin separar la cáscara del grano: *el pan integral contiene mucha fibra y es ideal para la dieta.* **pan rallado** Pan que está molido y se usa para cocinar: *muchos alimentos se rebozan en huevo y pan rallado antes de freírlos.* **2** Pieza de ese alimento que puede tener varias formas: *compró un pan de un kilo; cortó el pan en rebanadas.* **3** Masa esponjosa elaborada con un fruto o una sustancia comestible: *pan de higo; pan de nueces.* **4** Alimento que se necesita para vivir: *no gano mucho dinero, pero por lo menos no me falta el pan; limpia casas para ganarse el pan.* **SIN** sustento. **5** Lámina muy fina de oro, plata u otros metales que sirve para cubrir objetos y superficies y darles un aspecto dorado o plateado: *la corona de la estatua del rey está cubierta de pan de oro.*

a falta de pan buenas son tortas Expresión que indica que cuando falta lo importante, hay que conformarse con lo que se tiene: *no podemos ir a la playa, pero tenemos una piscina cerca de casa: a falta de pan, buenas son tortas.*

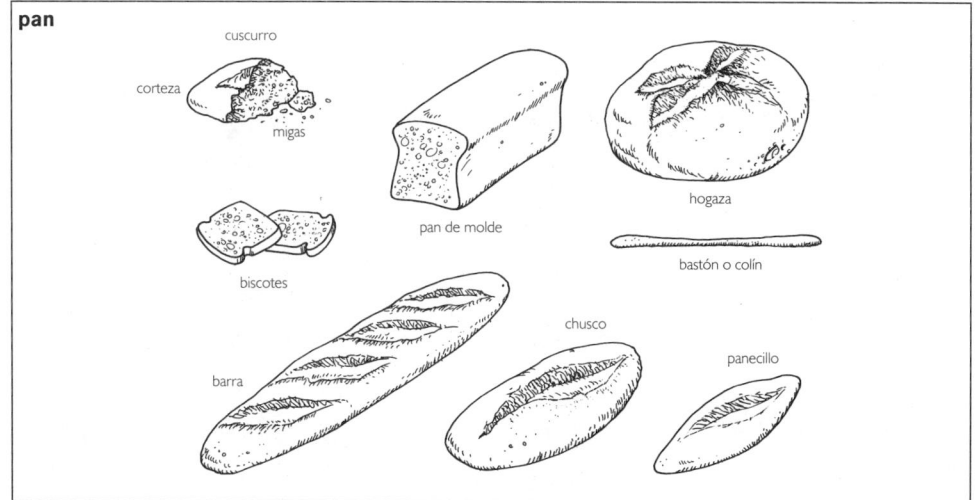

pan

corteza · cuscurro · migas · pan de molde · biscotes · hogaza · bastón o colín · barra · chusco · panecillo

al pan, pan y al vino, vino Expresión con la que se indica que hay que decir las cosas claramente, sin rodeos: *al pan, pan, y al vino, vino: ese chico es tonto.*

con su pan se lo coma Expresión con la que se indica falta de interés hacia las acciones o los asuntos de otra persona: *no me importa si tiene un buen sueldo o no, con su pan se lo coma.*

contigo pan y cebolla Expresión con la que se indica que una persona siente un amor muy grande por otra aunque no tengan lo suficiente para vivir: *no me importa que te hayan despedido del trabajo, yo contigo pan y cebolla.*

estar más bueno que el pan Ser una persona muy atractiva, o estar un alimento muy rico: *estoy enamorado de una chica que está más buena que el pan; este pastel está más bueno que el pan.*

ganarse el pan *coloquial* Trabajar para ganar el dinero necesario para vivir: *se levanta muy temprano para ganarse el pan.*

pan sin sal *coloquial* Persona que no tiene gracia al hablar ni al actuar: *es un pan sin sal y encima se cree gracioso.* **SIN** soso.

ser el pan nuestro de cada día Ocurrir con frecuencia: *por desgracia, los accidentes de coche son el pan nuestro de cada día.*

ser más bueno que el pan Ser una persona muy bondadosa: *tu hermano es más bueno que el pan: siempre está dispuesto a ayudar y nunca se enfada por nada.*

ser pan comido *coloquial* Ser muy fácil de hacer o de conseguir: *ese trabajo es pan comido y no te resultará difícil acostumbrarte a él.*

DER panadero, panecillo, panera, panificar; empanar.

pan- Elemento prefijal que entra en la formación de palabras con el sentido de 'totalidad', 'conjunto entero': *panamericanismo, panteísmo.*

pana *n. f.* Tejido grueso de algodón, con pelo muy corto y suave en la superficie formando rayas: *la pana se utiliza para hacer prendas de vestir, especialmente pantalones y chaquetas.*

panacea *n. f.* **1** Medicina que se cree que puede curar distintas enfermedades: *mi abuela tomaba infusiones como panacea.* **panacea universal** Remedio que buscaban los antiguos alquimistas para curar todas las enfermedades. **2** Remedio o solución para cualquier tipo de problema: *cree que su propuesta es la panacea para todos nuestros problemas.*

panadería *n. f.* Establecimiento en el que se hace y se vende pan: *en las panaderías también se pueden comprar bollos y pasteles.*

panadero, -ra *n. m. y f.* Persona que se dedica a hacer o a vender pan.
DER panadería.

panal *n. m.* **1** Conjunto de pequeñas celdas o huecos de forma hexagonal que las abejas forman dentro de la colmena para guardar la miel y los huevos reproductores: *los panales están hechos de cera.* **2** Estructura de algunas cosas, parecida a la que fabrican las abejas: *las avispas también fabrican panales.* **SIN** avispero.

panamá *n. m.* **1** Tejido de algodón de hilo muy grueso y de color claro, sobre el que se suelen bordar figuras y adornos: *con el panamá se hacen manteles y servilletas.* **2** Sombrero flexible hecho de pita con el ala recogida que usaban antiguamente los hombres en verano.
OBS El plural es *panamás*.

panameño, -ña *adj.* **1** De Panamá o que tiene relación con este país de América Central: *colgó la bandera panameña en su cuarto.* ◊ *adj./n. m. y f.* **2** [persona] Que es de Panamá.

panamericanismo *n. m.* Doctrina política que pretende potenciar y favorecer las relaciones entre todos los países de América.
DER panamericanista.

panamericanista *n. com.* Persona que defiende y apoya el panamericanismo: *este embajador es panamericanista: ha luchado mucho por conseguir la cooperación entre las naciones americanas.*

panamericano, -na *adj.* De toda América o que tiene relación con toda América: *el pasado mes se celebró un congreso panamericano.*
DER panamericanismo.

panavisión *n. f.* En cine, técnica de filmación y proyección que usa grandes formatos.

pancarta *n. f.* Trozo de papel, de cartulina o de tela de gran tamaño en el que se escribe o dibuja una cosa para mostrarla a los demás: *los manifestantes llevaban pancartas con frases escritas pidiendo la paz mundial.*

panceta *n. f.* Capa de grasa con vetas de carne de ciertos animales, especialmente del cerdo, que se usa como alimento: *la panceta es parecida al beicon.*

pancho, -cha *adj. coloquial* [persona] Que está tranquilo, calmado o satisfecho: *cuando le dije que había suspendido el examen se quedó tan pancho.* **SIN** ancho.
DER repanchigarse.

páncreas *n. m.* Órgano del cuerpo situado en el abdomen que se encarga de producir los jugos que permiten digerir los alimentos: *el páncreas segrega jugos gástricos e insulina.* ☞ digestivo, aparato.
DER pancreático.
OBS El plural también es *páncreas*.

pancreático, -ca *adj.* Del páncreas o que tiene relación con este órgano del cuerpo: *el jugo pancreático descompone los alimentos que llegan al estómago.*

panda *n. f.* **1** Grupo de personas que se reúnen habitualmente para divertirse o para realizar una actividad determinada en común: *Julio ha ido con su panda a la discoteca.* **SIN** pandilla. ◊ *n. m.* **2** Animal mamífero parecido a un oso que tiene el pelo de color blanco y negro y se alimenta principalmente de vegetales: *los pandas viven en los bosques de bambú de China y Myanmar.* Para indicar el sexo se usa *el panda macho* y *el panda hembra.*
DER pandear.

pandemónium *n. m.* Lugar en el que hay mucho ruido y jaleo.

pandereta *n. f.* Instrumento musical de percusión, formado por una piel fina y tensada sobre un soporte en forma de aro en cuyo borde hay pequeñas chapas de metal que suenan al agitarse el instrumento o golpear la piel: *la pandereta es más pequeña que el pandero y se toca mucho para acompañar villancicos navideños.* ☞ instrumentos musicales.

pandero *n. m.* **1** Instrumento musical de percusión que está formado por una piel fina y tensada sobre un aro de madera o de metal en cuyo borde puede haber pequeñas chapas metálicas que suenan al agitarse el instrumento o golpear la piel: *el pandero se toca con la mano o con una maza.* **2** *coloquial* Trasero grande de una persona: *con ese pandero no sé cómo se atreve a ponerse pantalones ajustados.*
DER pandereta.

pandilla *n. f.* Grupo de personas que se reúnen habitualmente para divertirse o para realizar en común una actividad determinada: *el chico sale con su pandilla todos los fines de semana.* **SIN** panda.

panecillo *n. m.* Pan pequeño y esponjoso, normalmente

de forma redonda o alargada: *los panecillos se utilizan mucho para hacer bocadillos*. **SIN** bollo. ☞ pan.

panegírico, -ca *n. m. culto* Discurso o escrito que se hace para alabar a una persona: *el libro comienza con un panegírico al padre del autor*. **SIN** alabanza, apología, elogio.

panel *n. m.* **1** Cada una de las planchas lisas, generalmente de forma cuadrada o rectangular, que forman parte de una superficie: *voy a forrar una pared de mi cuarto con paneles de corcho para colgar fotos*. **2** Plancha prefabricada de diversos materiales que se usa en construcción para dividir o separar espacios: *en la oficina, las mesas están separadas por paneles de contrachapado*. ☞ proceso de fabricación. **3** Plancha o tabla pegada o colgada a la pared en la que se colocan anuncios, avisos y noticias: *las notas aparecerán en el panel del departamento de física*. **4** Cartel grande montado sobre un soporte metálico que sirve para colocar información o propaganda: *en los paneles de la carretera está muy bien indicado cómo llegar al pueblo*. **5** Tablero en el que se encuentran los mandos, los botones o los interruptores necesarios para el funcionamiento de un aparato eléctrico o de un vehículo. **SIN** cuadro de mandos. **6** Conjunto de personas que participan en un debate o en una discusión pública sobre un tema determinado: *el debate de la tele tiene un panel muy variado; un panel de médicos discutió la enfermedad*.

panera *n. f.* **1** Recipiente o cestilla en el que se pone el pan para servirlo en la mesa. **2** Recipiente de forma alargada y con tapa corrediza que sirve para guardar el pan en una casa: *las paneras suelen estar en la cocina*. **3** Recipiente grande, de material flexible, que sirve para transportar grandes cantidades de pan de un sitio a otro: *el panadero sacó las paneras del camión de reparto*.

pánfilo, -la *adj./n. m. y f.* **1** [persona] Que es muy parado, actúa con lentitud y no tiene voluntad ni energía para hacer las cosas: *no seas pánfila y haz lo que te dicen*. **2** [persona] Que no es inteligente, no comprende bien las cosas y se deja engañar con facilidad: *es tan pánfilo que se cree todo lo que le dicen*. **SIN** bobo, simple, tonto.
OBS Se usa como apelativo despectivo.

panfletario, -ria *adj.* Que tiene un estilo propio del panfleto, con una propaganda excesiva y agresiva: *hizo un discurso panfletario en defensa del capitalismo*.

panfleto *n. m.* **1** Papel en el que hay escrita propaganda política: *los miembros del partido más jóvenes repartían panfletos a la salida del mitin*. **2** Cosa o acción que hace propaganda excesiva de unas ideas o de un comportamiento determinado: *esta película es un panfleto a favor del racismo*.
DER panfletario.

pánico *n. m.* Miedo muy fuerte e intenso: *cuando se declaró el incendio, cundió el pánico entre los vecinos*. **SIN** horror, terror.

panificadora *n. f.* Fábrica donde se elabora pan: *la panificadora de las afueras suministra el pan a toda la ciudad*.

panizo *n. m.* **1** Planta de tallos rectos, con las hojas grandes y las flores agrupadas en racimo, que da un grano amarillo comestible: *de la mazorca del panizo se extrae aceite*. **2** Grano que da esa planta.

panocha *n. f.* Conjunto de frutos de algunas plantas, especialmente del maíz, que se presentan formando una espiga grande de granos gruesos y apretados: *las panochas tiernas se comen mucho asadas*. **SIN** mazorca.

panoli *adj./n. com. coloquial* [persona] Que tiene poco carácter o no tiene voluntad: *pero qué panoli eres: te dejas dominar por todos*. **SIN** pánfilo, parado.

panorama *n. m.* **1** Vista de una gran extensión de terreno desde un lugar determinado, generalmente alto: *desde lo alto de la montaña se divisaba un panorama magnífico*. **SIN** paisaje. **2** Aspecto que presenta en conjunto un asunto o una situación: *los entendidos están preocupados por el panorama económico del país; menudo panorama más aburrido se me presenta para hoy: tengo que limpiar la casa, salir a comprar y encima estudiar para el examen*.
DER panorámica, panorámico.

pantagruélico, -ca *adj.* [comida] Muy abundante o excesivo: *el banquete de bodas fue pantagruélico*. **SIN** opíparo.

pantalla *n. f.* **1** Superficie grande, plana y lisa, sobre la que se proyectan imágenes de cine, fotografías o diapositivas: *las pantallas suelen ser cuadradas o rectangulares*. **2** Superficie de cristal en la que se forma la imagen en el televisor, el ordenador y otros aparatos electrónicos. ☞ ordenador. **3** Mundo del cine y la televisión: *su sueño era convertirse en una estrella de la pantalla*. **pantalla grande** Cine: *muchas novelas han sido llevadas a la pantalla grande*. **pequeña pantalla** Televisión: *hacía un programa en la pequeña pantalla*. **4** Pieza plana y delgada que se coloca ante una fuente de luz para dirigirla hacia un punto concreto o para que no moleste a los ojos: *la lámpara de pie llevaba una pantalla de tela*. **5** Persona o cosa que oculta o hace sombra a otra: *se colocó detrás de la multitud para que le hiciera de pantalla*.
pantalla de humo Persona o cosa que atrae la atención sobre ella desviándola de una cosa o un asunto que no se quiere decir: *la venta de libros es sólo una pantalla de humo para ocultar el negocio de drogas que hay en ese local*.

pantalón *n. m.* Prenda de vestir que se ciñe al cuerpo en la cintura y llega hasta los tobillos cubriendo cada pierna por separado: *los hombres llevan pantalones*.
llevar los pantalones Mandar o tener autoridad: *en su casa, es la madre la que lleva los pantalones*.
ponerse los pantalones Hacer valer una persona su autoridad en una situación de desorden: *cuando los niños son muy traviesos, la madre se pone los pantalones y les regaña*.
ETIM Pantalón procede del nombre de un payaso veneciano que se caracterizaba por llevar calzones largos.
OBS Se usa también en plural para hacer referencia a una sola de estas prendas.

pantano *n. m.* **1** Terreno cubierto por barro y agua estancada, generalmente con poca profundidad: *los pantanos se forman de manera natural; en los pantanos viven muchos animales acuáticos*. **2** Lago artificial cerrado por un dique en el que se acumulan las aguas de uno o varios ríos o de la lluvia para aprovecharlas para el suministro de agua a las poblaciones: *la sequía dejó los pantanos sin suministro*. **SIN** embalse, presa.
DER pantanal, pantanoso; empantanar.

pantanoso, -sa *adj.* **1** [terreno, zona] Que tiene mucho barro y agua estancada y es poco profundo: *se perdieron en una zona pantanosa de la que era difícil salir*. **2** [agua] Que se queda retenida de forma natural en un lugar: *estas aguas son pantanosas y no se deben beber*. **3** Que es difícil o está lleno de peligros y obstáculos: *es una cuestión pantanosa y no sé cómo la voy a solucionar*.

panteísmo *n. m.* Sistema teológico y filosófico según el cual el universo y Dios son una misma realidad.

panteísta *adj.* **1** Que se relaciona con el panteísmo: *la concepción panteísta del mundo medieval*. ◇ *adj./n. com.* **2** [persona] Que sigue o defiende el panteísmo.

panteón *n. m.* Edificio o construcción que sirve para guardar el cuerpo muerto de varias personas, generalmente de la misma familia: *los panteones suelen estar en los cementerios*. **SIN** mausoleo.

pantera *n. f.* Animal mamífero parecido al leopardo, generalmente de color amarillo, con manchas oscuras y el vientre claro; es muy rápido y fiero, y tiene fuertes uñas que usa para cazar animales: *las panteras pertenecen a la especie de los felinos.* **pantera negra** Pantera que tiene el pelo de color negro.
OBS Para indicar el sexo se usa *la pantera macho* y *la pantera hembra*.

panto- Elemento prefijal que entra en la formación de palabras con el significado de 'todo': *pantómetro*.

pantocrátor *n. m.* Imagen de Cristo sentado en su trono y de medio cuerpo, con la mano derecha en actitud de bendecir y la izquierda sobre el libro de los evangelios: *el pantocrátor es característico del arte románico y del bizantino; están restaurando el pantocrátor del ábside de la iglesia.*

pantomima *n. f.* **1** Representación de teatro en la que los actores no se expresan con palabras, sino haciendo gestos y movimientos con la cara y con el cuerpo. **2** Engaño que consiste en fingir una cosa que en realidad no se siente para conseguir un fin determinado: *aquellas lágrimas eran sólo una pantomima para que todos la compadecieran.* **SIN** comedia, farsa.

pantorrilla *n. f.* Parte posterior de la pierna de una persona, por debajo de la rodilla y hasta el tobillo: *tenía agujetas en las pantorrillas por subir escaleras.* ☞ cuerpo humano.

pantufla *n. f.* Calzado sin talón y muy cómodo que se usa para estar en casa: *al levantarse, se puso la bata y las pantuflas.* **SIN** zapatilla. ☞ calzado.

panty *n. m.* Prenda de vestir femenina hecha de un tejido elástico fino o tupido, que cubre cada una de las piernas desde los pies hasta la cintura: *los pantys pueden ser de nailon, de espuma o de otros tejidos.* **SIN** media.
OBS El plural es *pantys*.

panza *n. f.* **1** *coloquial* Parte anterior del cuerpo comprendida entre el pecho y las extremidades inferiores, especialmente cuando está más abultada de lo normal: *voy a hacer ejercicio para perder esta panza.* **SIN** barriga, tripa, vientre. **2** Parte curva más saliente de un objeto, especialmente de un recipiente: *el jarrón tiene decorada la panza con dibujos geométricos.* ☞ campana. **3** Primera de las cuatro partes del estómago de los rumiantes: *la panza es la parte más grande del estómago de los rumiantes.*
DER pancista, panzada, panzazo, panzudo; despanzurrar.
ETIM Panza procede del latín *pantex, -icis,* que tenía el mismo significado, voz con la que también está relacionada *repantigarse.*

panzada *n. f.* **1** Golpe en la panza o dado con ella: *el animal resbaló y cayó dándose una panzada contra el suelo.* **2** *coloquial* Acción que se ha realizado en exceso: *se dio una buena panzada de correr; menuda panzada de comer me he dado, voy a reventar.*

panzazo *n. m. coloquial* Golpe que se da una persona al chocar la barriga contra una superficie, normalmente acuática: *como no sabe tirarse de cabeza al agua, se ha dado un panzazo.*

panzudo, -da *adj.* **1** Que tiene el vientre grande y abultado: *mi padre es muy panzudo y le cuesta hacer ejercicio.* **2** [cosa] Que tiene una parte curva y abultada: *compró una vasija panzuda para guardar el aceite.*

pañal *n. m.* **1** Pieza con forma de braga hecha de un tejido absorbente, especialmente celulosa, que se les pone a los bebés para absorber y retener los excrementos. Se usa en plural con el mismo significado. ◇ *n. m. pl.* **2 pañales** Conjunto de las ropas que envuelven a un bebé: *encontraron a un niño recién nacido en pañales a la puerta del convento.*

estar en pañales Tener una persona poca experiencia en una actividad determinada o estar al comienzo de ella: *tienes que darme un poco más de tiempo, aún estoy en pañales en este trabajo.*

pañito *n. m.* Pieza pequeña de tela o cualquier tejido que se pone como adorno o protección sobre una superficie, como una mesa o un sofá: *puso unos pañitos en los brazos del sillón para que no se gastaran tanto.*

paño *n. m.* **1** Tejido de lana apretada y tupida: *el paño se utiliza para fabricar prendas de abrigo.* **2** Pieza de tela que tiene distintos usos domésticos y que normalmente tiene forma cuadrada o rectangular: *limpió los cristales con un paño; le desinfectó las heridas con un paño empapado en agua oxigenada.* **paño de cocina** Pieza de tela que se emplea en la cocina, especialmente para limpiarse las manos o secar los cubiertos y la vajilla. **SIN** trapo. **3** Pieza de tela adornada que sirve para decorar cosas y superficies: *un paño de ganchillo cubría la mesa; trajo la bandeja cubierta con un paño bordado.* **SIN** tapete. **4** Lienzo de tela que se cuelga en la pared para adornarla. **SIN** tapiz. **5** Mancha oscura que sale en la piel: *el paño suele salir durante el embarazo.* **6** Capa de yeso o de otra masa que se da a las paredes: *los edificios mudéjares suelen tener decoración de paño.*
conocer el paño *coloquial* Conocer muy bien un asunto del que se trata: *Javier es un buen abogado y presume de conocer el paño en su profesión.*
en paños menores Sólo con la ropa interior: *es muy vergonzoso y no le gusta que nadie le vea en paños menores.*
haber paño que cortar *coloquial* Haber mucha materia de la que hablar o mucho trabajo del cual ocuparse: *el debate será muy animado porque hay paño que cortar en este tema.*
paño de lágrimas Persona que escucha los problemas de alguien y da consejo y ayuda: *mi hermana es mi confidente y mi paño de lágrimas.*
paños calientes Obra o dicho que pretenden hacer más suave o más fácil una situación o una acción: *si quieres abandonarme, dímelo sin paños calientes.*
ser del mismo paño *coloquial* Tener una persona o una cosa las mismas características que otra: *te conozco muy bien, eres del mismo paño que tu hermano.*
DER pañal, pañito, pañuelo; empañar.

pañoleta *n. f.* **1** Prenda de vestir de forma triangular que se lleva sobre los hombros como abrigo o como adorno: *las pañoletas son prendas femeninas.* **2** Corbata que llevan los toreros con el traje de luces: *la pañoleta es del mismo color que el fajín.*

pañuelo *n. m.* **1** Pieza de tela o papel, pequeña y cuadrada, que sirve para limpiarse la nariz, el sudor u otras cosas. **SIN** moquero. **2** Pieza de tela cuadrada lisa o estampada que se utiliza para adornar o tapar el cuello, los hombros o la cabeza: *como hacía mucho viento, se puso un pañuelo en la cabeza para no despeinarse; llevaba un pañuelo de seda al cuello a conjunto con el vestido.*

papa *n. m.* **1** Máxima autoridad en la Iglesia católica: *el Papa vive en el Vaticano.* En esta acepción se escribe con mayúscula. **SIN** pontífice. **2** *coloquial* Nombre dado al padre por sus hijos. Se usa como apelativo afectivo. **SIN** papá. **3** Tubérculo comestible de forma redonda o alargada, de color marrón por fuera y blanco o amarillo por dentro, que se usa como alimento: *papas fritas; papas asadas.* Se usa en el español de Andalucía, Canarias y América. **SIN** patata.
ni papa *coloquial* Nada: *no entendía ni papa de lo que le decía su amigo; enciende la luz que no veo ni papa.* **SIN** ni jota.
DER paparrucha, papilla, papo.

papá *n. m.* **1** *coloquial* Nombre dado al padre por sus hijos. **SIN** papa. Se usa como apelativo afectivo. ◇ *n. m. pl.* **2 papás** *coloquial* Padre y madre de una persona: *el niño daba la mano a sus papás.*
DER papi.

papada *n. f.* **1** Abultamiento de carne que cuelga bajo la barbilla de una persona, especialmente si es gruesa: *la señora estaba tan gorda que tenía una papada enorme.* **2** Pliegue de la piel que sobresale en el borde inferior del cuello de algunos animales, como por ejemplo el cerdo o el toro. **SIN** papo.

papagayo *n. m.* **1** Ave de colores vistosos y pico grueso, con plumas levantadas en la parte superior de la cabeza, y cuatro dedos en cada pata con los que coge la comida para llevársela a la boca: *los papagayos son capaces de emitir sonidos parecidos a los de la voz humana.* Para indicar el sexo se usa *el papagayo macho* y *el papagayo hembra*. ☞ aves. **2** *coloquial* Persona que habla mucho y dice cosas sin sentido y poco interesantes: *es un papagayo y me aburre mucho hablar con él.* **SIN** loro.

papal *adj.* Del Papa o relacionado con la máxima autoridad de la Iglesia católica.

papamóvil *n. m.* Vehículo blindado que suele usar el Papa en sus viajes de apostolado.

papanatas *n. com. coloquial* Persona muy simple, tonta y fácil de engañar: *es un papanatas que se cree todo lo que le dicen.* **SIN** panoli.
OBS Se usa como apelativo despectivo. ◇ El plural también es *papanatas.*

papar *v. tr.* **1** Comer cosas blandas que no necesitan ser masticadas: *papar la sopa.* **2** *coloquial* Comer. **SIN** papear.

paparazzi *n. com.* Fotógrafo de la prensa especializado en tomar fotos indiscretas de personas famosas: *el paparazzi captó la imagen del príncipe besando a su amante.*
OBS El plural también es *paparazzi.*

paparrucha *n. f.* Cosa tonta y sin sentido que se dice o se hace: *no hagas caso, eso no son más que paparruchas.* **SIN** estupidez, tontería.
DER paparruchada.

papaya *n. f.* Fruto tropical comestible de forma alargada, de color naranja y con muchas semillas en su interior: *la carne de la papaya es parecida a la del melón.*

papear *v. tr. coloquial* Comer. **SIN** papar.

papel *n. m.* **1** Lámina delgada hecha con pasta de fibras vegetales que se utiliza para muchas cosas, como por ejemplo para escribir, envolver cosas o dibujar. ☞ reciclaje, proceso de. **papel carbón** o **papel de calco** Papel que es negro por una de sus caras y que se usa para hacer copias de un escrito: *escríbelo encima de un papel carbón para darme una copia.* **papel cebolla** Papel transparente y muy fino que sirve principalmente para calcar y copiar. **papel charol** Papel fino, brillante y de algún color por una de sus caras: *los niños hicieron sus disfraces con papel charol de colores.* **papel cuché** Papel satinado que se usa para hacer copias fotográficas o para hacer revistas ilustradas: *este grabado está impreso sobre papel cuché.* **papel de aluminio** o **papel de plata** Papel que está hecho con aluminio y se suele usar para envolver alimentos. **papel de celofán** Papel transparente de colores que está hecho de un material impermeable y se utiliza para envolver: *el ramo de flores estaba envuelto en un papel de celofán de color azul.* **papel de embalar** Papel resistente, normalmente de color marrón, que se utiliza para envolver cosas duras y hacer paquetes grandes. **papel de estraza** Papel fuerte y áspero que se usa para envolver cosas poco delicadas: *el papel de estraza suele ser amarillento o de color gris.* **papel de fumar** Papel muy fino y generalmente blanco que sirve para envolver el tabaco y liar cigarrillos. **papel de lija** Papel fuerte y resistente que tiene granos pequeños y duros en una de sus caras, y que sirve para pulir madera y metales: *los granos del papel de lija suelen ser de vidrio o de arena molidos.* **papel de seda** Papel muy fino y transparente, que puede ser de varios colores y se usa principalmente para envolver o adornar. **papel higiénico** Papel suave y fino que se vende en rollos y tiene usos sanitarios. **papel moneda** Billete de banco. **papel pinocho** Papel fino, arrugado y elástico: *el papel pinocho se usa mucho para hacer adornos.* **papel pintado** Papel que tiene dibujos o adornos, se presenta en rollos de aproximadamente un metro de largo y se utiliza para recubrir las paredes de una habitación: *el salón de mi casa está empapelado con papel pintado de color rosa.* **papel secante** Papel esponjoso que se usa para secar la tinta de un escrito: *pon un poco de papel secante en la mancha de tinta que te ha caído en los deberes.* **papel vegetal** Papel transparente y duro que suelen usar los dibujantes y los delineantes: *los planos de la casa están hechos sobre papel vegetal.* **2** Trozo de esta lámina: *dame un papel, que tengo que apuntar una cosa.* **3** Documento, carta o certificado que se necesita para solucionar un asunto: *tengo que llevar varios papeles para matricularme en el instituto; no he firmado el contrato porque me falta un papel.* **4** Documento escrito con el que se identifica una persona o una cosa: *la policía los detuvo porque no tenían los papeles en regla.* Se usa sobre todo en plural. **5** Parte de una obra de cine o teatro que tiene que representar un actor: *han dado el papel principal a un actor desconocido del público; no puedo salir porque me tengo que estudiar el papel para el ensayo de mañana.* **6** Personaje representado por un actor: *Ana representa el papel de Julieta en la obra del colegio.* **7** Función que una persona desempeña en un lugar o en una situación: *el papel del entrenador es fundamental en un equipo de fútbol; el médico hizo un buen papel en aquella operación tan difícil.*

hacer buen (o **mal**) **papel** Quedar bien o mal en un sitio o en una situación: *tu hermano hizo un mal papel en la fiesta presentándose borracho.*

papel mojado Documento o cosa que no tiene valor legal: *una fotocopia de la carta es papel mojado, yo necesito el original.*

DER papela, papeleo, papelera, papelero, papeleta, papelina; empapelar, traspapelar.

papela *n. f. coloquial* Documentación de identificación personal: *nos pidieron el carné de identidad y toda la papela para hacer los trámites.*

papeleo *n. m.* Conjunto de trámites, papeles y documentos que se tienen que cumplimentar para solucionar un asunto: *hay que hacer mucho papeleo para renovar el carné de conducir.*

papelera *n. f.* **1** Recipiente grande donde se tiran los papeles y los objetos que no sirven: *es peligroso tirar cigarrillos a las papeleras porque podrían arder.* **2** Fábrica donde se elabora papel: *la papelera abrirá sus puertas próximamente y empleará a muchos obreros.* **3** Mueble que sirve para escribir y guardar papeles: *las papeleras se fabricaban artesanalmente con maderas muy valiosas.* **SIN** escritorio.

papelería *n. f.* Establecimiento en el que se vende papel y otros objetos para escribir o dibujar: *en las papelerías venden, entre otras cosas, bolígrafos, libretas, lápices y carpetas.*

papelero, -ra *adj.* **1** Del papel o que tiene relación con

P p

papeleta este material: *la industria papelera es importante en España.* ◇ *n. m. y f.* **2** Persona que fabrica o vende papel: *el papelero José Florens suministró el papel para la edición del Quijote de 1780.*
DER papelería.

papeleta *n. f.* **1** Hoja pequeña de papel en la que figura un número para un sorteo: *compró varias papeletas de la rifa de Navidad.* **SIN** boleto. **2** Hoja de papel que se usa para votar y en la que está escrito el nombre de la persona o del partido político a quien se vota: *los votantes deben meter la papeleta en un sobre antes de introducirla en la urna.* **3** Papel en el que está escrita la nota de un examen: *voy a recoger la papeleta a la secretaría de la facultad.* **4** *coloquial* Problema o asunto difícil de resolver: *menuda papeleta tiene con su enfermedad.*

papelina *n. f.* **1** Envoltorio de papel fino que contiene una dosis de heroína. **2** Dosis de heroína.

papeo *n. m. coloquial* Acción de comer.

papera *n. f.* **1** Desarrollo excesivo de la glándula tiroides, que aumenta el tamaño de la parte anterior e inferior del cuello. **SIN** bocio. ◇ *n. f. pl.* **2 paperas** Enfermedad en la que se hinchan las glándulas de la saliva situadas en la parte posterior de la boca, debido a la infección causada por un virus: *las paperas atacan sobre todo a los niños y a los adolescentes.*

papila *n. f.* **1** Bulto muy pequeño en forma de cono que se encuentra en la piel de las personas y de los animales, especialmente en la lengua. ☞ boca. **papilas gustativas** Papilas que se encuentran en la lengua y que nos permiten distinguir los sabores. **2** Bulto muy pequeño en forma de cono que tienen algunas plantas.
DER papilar.

papilla *n. f.* Comida líquida y espesa que toman los niños pequeños o las personas enfermas, y que está hecha con alimentos triturados, especialmente frutas o verduras mezcladas con harina y agua o leche: *los bebés toman papilla porque no tienen dientes para masticar los alimentos.*
echar la papilla *coloquial* Arrojar con violencia todo el alimento contenido en el estómago: *todos se marearon y echaron la papilla.* **SIN** vomitar.
estar hecho papilla *coloquial* Estar muy cansado por haber trabajado mucho o haber hecho mucho esfuerzo: *después del partido, los jugadores estaban hechos papilla.*
hacer papilla *coloquial a)* Vencer a una persona en una actividad y dejarla muy cansada: *jugué al tenis con Ramón y me hizo papilla.* *b)* Dejar a una persona confundida, triste o deprimida: *cuando me dio la mala noticia, me hizo papilla.*

papiloma *n. m.* MED. Tumor benigno que forma un abultamiento en la piel o en las mucosas: *las verrugas son generalmente papilomas.*

papión *n. m.* Simio de pelaje pardo o gris que tiene la mandíbula grande y saliente y vive en manadas: *el papión habita en África.*
OBS Para indicar el sexo se usa *el papión macho* y *el papión hembra.*

papiro *n. m.* **1** Planta que procede de Oriente Medio, de hojas largas y estrechas y tallo alto, hueco y liso: *los papiros crecen a la orilla de los ríos.* **2** Lámina flexible y delicada sacada del tallo de esa planta, que se emplea para escribir o dibujar en ella: *los egipcios, los griegos y los romanos usaron el papiro.* **3** Texto o dibujo realizado en esa lámina: *los egiptólogos encontraron un papiro literario.*

papiroflexia *n. f.* Técnica de realizar figuras doblando una hoja de papel: *haré un cursillo de de papiroflexia.*

papista *adj./n. com.* **1** [persona] Para los protestantes, que es católico. **2** *coloquial* [persona] Que sigue con rigor las normas establecidas por el papa.
ser más papista que el papa *coloquial* Seguir una norma o una recomendación con un rigor excesivo: *oye, no seas más papista que el papa que aquí ya se puede fumar.*

papo *n. m.* **1** Parte abultada que tienen algunos animales bajo la cara, entre la barbilla y el cuello. **SIN** papada. **2** Bolsa que tienen las aves en el interior de la garganta y que les sirve para guardar los alimentos: *el pájaro se guarda la comida en el papo para llevársela a sus crías.* **SIN** buche.
DER papada, papera; empapuzar, sopapo.

paquebote *n. m.* Embarcación que transporta viajeros y correo.

paquete *n. m.* **1** Objeto o conjunto de objetos que están atados o envueltos de una forma determinada para ser transportados: *compró un paquete de folios en la papelería; recogí sus cosas, hice un paquete con ellas y se las devolví.* **paquete postal** Objeto envuelto o metido en una caja que se envía por correo: *me envió el libro en un paquete postal.* **2** Papel, cartón, plástico u otro material flexible que envuelve o contiene un conjunto de cosas: *se comió las galletas y tiró el paquete a la papelera; se rompió el paquete de harina y ensució todo el suelo.* **3** Conjunto de cosas de la misma especie o que tienen relación entre sí: *hay que organizar toda esta información en paquetes.* **paquete de acciones** ECON. Conjunto de acciones de una sociedad que pertenecen a un solo dueño: *el empresario tuvo que vender varios paquetes de acciones para reponer las pérdidas.* **paquete de medidas** Conjunto de decisiones tomadas con un fin determinado: *el gobierno aprobó un nuevo paquete de medidas económicas propuesto por el ministro de Hacienda.* **paquete informático** Conjunto de programas de ordenador: *al comprar el ordenador, le regalaron un paquete informático con una base de datos y un programa de contabilidad.* **4** *coloquial* Persona que acompaña al conductor en un vehículo de dos ruedas: *ella conduce la moto y su novio va de paquete.* **5** *coloquial* Castigo, bronca o multa que se le da a una persona que se ha portado mal: *el sargento le metió un paquete a uno de los soldados; si conduces así, te van a meter un buen paquete.* Se suele usar con el verbo *meter*. **6** *coloquial* Abultamiento formado por los testículos y el órgano sexual masculino: *con esos pantalones ajustados va marcando paquete.*
DER paquetería; empaquetar.

paquidermo *adj./n. m.* [animal] Que es mamífero, de piel muy gruesa y dura, grande y pesado, y que se alimenta generalmente de vegetales: *los elefantes y los hipopótamos son paquidermos.*

paquistaní *adj.* **1** De Paquistán o relacionado con este estado de Asia meridional: *una alfombra paquistaní.* ◇ *adj./n. com.* **2** [persona] Que es de Paquistán.

par *adj.* **1** [número] Que se puede dividir por dos: *el 44 es un número par.* **ANT** impar, non. **2** Que es igual o muy parecido: *estos dos chicos son pares en todo; los calcetines que llevas no son pares.* **SIN** parejo. **3** ZOOL. [órgano] Que es igual a otro y ocupa una posición simétrica: *los ojos y las orejas son órganos pares.* ◇ *n. m.* **4** Conjunto de dos personas, animales o cosas de la misma especie o que tienen alguna característica común: *tu hermano y tú sois un par de tontos; ponte otro par de calcetines.* **SIN** pareja.
a la par *a)* Al mismo tiempo: *no es bueno trabajar y comer a la par; hizo la carrera a la par que yo.* *b)* A la vez o además: *es sensible y a la par inteligente.*
a pares De dos en dos: *se comía los bombones a pares.*

de par en par Abierto por completo: *las puertas y las ventanas estaban de par en par.*

pares y nones Juego que consiste en adivinar si la suma de los elementos que esconden los jugadores será un número que se puede dividir por dos o no: *como no nos poníamos de acuerdo, lo sorteamos a pares y nones.*

sin par Que no tiene igual y no hay nada ni nadie que pueda superar sus buenas cualidades: *es un artista sin par, es un genio.* **SIN** incomparable.

DER parear, pareja, parejo, paridad; dispar, impar.

para *prep.* **1** Indica finalidad o utilidad: *fue al cine para distraerse; este aparato sirve para muchas cosas.* **2** Introduce un objeto indirecto añadiendo la idea de finalidad: *compraremos un juguete para el niño; traigo una carta para tu madre.* **SIN** a. **3** Indica la dirección de un movimiento hacia el punto al que se dirige: *salgo para Madrid dentro de una hora.* **SIN** a, hacia. **4** Indica el tiempo aproximado en el que será ejecutada una acción: *volveremos para las fiestas de Navidad; terminaré de pagar el piso para el año que viene.* **SIN** hacia. **5** Indica capacidad o uso: *este producto es bueno para limpiar el horno; este jarabe es para la tos.* **6** Indica comparación u oposición: *este niño habla muy bien para lo pequeño que es; no obtuvo buenas notas para lo mucho que estudió; tienes mucha fuerza para lo flaco que estás.* **7** Indica causa o razón: —*¿Para qué te levantas tan temprano?* —*Para hacer ejercicio.* **8** *coloquial* Indica la proximidad de que ocurra una acción: *toda la tarde estuvo para llover y decidimos no salir.*

para con En relación con: *fue bueno para con toda su familia; siempre tiene muchas atenciones para conmigo.*

para eso *coloquial* Indica desprecio hacia una cosa, por ser demasiado fácil o por ser inútil: *para eso, mejor que no hubieras venido; para eso, más vale que esperes.*

para mí *coloquial* Según mi opinión: *para mí que estudias demasiado.*

que para qué *coloquial* Que es excesivo en tamaño, importancia o intensidad: *hacía un frío que para qué; tiene un genio que para qué.*

para-, pará- Prefijo que entra en la formación de palabras con el significado de 'junto a', 'al margen de', 'contra': *paracronismo, paradoja.*

parabién *n. m.* Expresión con la que se muestra alegría y satisfacción ante un hecho positivo que le ha ocurrido a una persona: *los invitados dieron su parabién a los novios.* **SIN** enhorabuena, felicitación.

OBS El plural es *parabienes.*

parábola *n. f.* **1** Cuento imaginario y simbólico del que se extrae una enseñanza moral: *Jesucristo explicaba sus doctrinas con parábolas.* **2** MAT. Curva abierta formada por dos líneas simétricas respecto a un eje.

DER parabólico, paraboloide.

parabrisas *n. m.* Cristal que llevan los automóviles en su parte delantera: *una piedra saltó y rompió el parabrisas.*

OBS El plural también es *parabrisas.* ☞ automóvil.

paracaídas *n. m.* **1** Aparato formado por una gran pieza de tela ligera y resistente, generalmente en forma rectangular o de media esfera, que se sujeta con cuerdas a un cuerpo y que al soltarse desde una altura se abre y cae lentamente, regulando la velocidad de caída del cuerpo al que va atado y evitando que se dañe: *el piloto se tiró del avión en paracaídas.* **2** Cosa que sirve para evitar o disminuir el golpe de una caída: *se cayó de la terraza y el toldo del primer piso actuó de paracaídas.*

DER paracaidismo.

OBS El plural también es *paracaídas.*

paracaidismo *n. m.* Actividad militar o deportiva que consiste en saltar con un paracaídas desde un avión.

paracaidista *adj.* **1** Del paracaidismo o relacionado con esta actividad militar o deportiva: *hizo la mili en una brigada paracaidista.* ◊ *adj./n. com.* **2** [persona] Que salta con un paracaídas desde un avión: *la ofensiva comenzó con el lanzamiento de paracaidistas sobre las posiciones enemigas.*

parachoques *n. m.* Pieza de los automóviles colocada en su parte delantera o trasera que sirve para disminuir el efecto de los golpes: *la moto se empotró contra el parachoques trasero del coche.* ☞ automóvil.

OBS El plural también es *parachoques.*

parada *n. f.* **1** Interrupción o fin de un movimiento, de una acción o de una actividad: *los porteros de fútbol realizan paradas del balón; haremos una pequeña parada y después continuaremos caminando.* **SIN** detención. **2** Lugar en el que se detienen los vehículos de transporte público para recoger o dejar viajeros: *Jesús está esperando el autobús en la parada.* **3** Lugar en el que hay que detenerse por una causa determinada: *este museo es parada obligada de los turistas.* **4** Tropas militares que están puestas en formación para desfilar o pasar revista.

parada nupcial Comportamiento y reunión de algunos animales durante la época de reproducción, en la cual el macho intenta fecundar a la hembra: *los pastores observaron la parada nupcial de las aves.*

paradero *n. m.* Lugar o sitio donde está una persona o una cosa: *nadie sabe el paradero de las cartas del pintor; todavía no han dado con el paradero del estafador.*

paradigma *n. m.* **1** Ejemplo o modelo de algo: El Lazarillo de Tormes *sirvió de paradigma para las novelas picarescas; esta chica es el paradigma de la belleza; el verbo* amar *se suele poner como paradigma de los verbos de la primera conjugación.* **SIN** canon, prototipo. **2** GRAM. Conjunto de unidades que pueden sustituir a otra en un mismo contexto porque cumplen la misma función y están relacionados: *en la frase* nuestro sobrino se llama Rafael, *la palabra* sobrino *puede sustituirse por otras que pertenezcan al mismo paradigma, como por ejemplo* hermano, tío *o* primo.

DER paradigmático.

paradigmático, -ca *adj.* **1** *culto* Del paradigma o que tiene relación con él: *amar* es un verbo paradigmático de la primera conjugación. **2** GRAM. [relación] Que tienen las unidades que pueden aparecer en un mismo contexto porque pertenecen a un mismo paradigma: *los determinantes* este, ese *y* aquel *tienen una relación paradigmática.*

paradisíaco, -ca o **paradisiaco, -ca** *adj.* Del paraíso o que tiene unas características parecidas: *en esta isla del Caribe hay unas playas paradisíacas.*

ETIM Véase *paraíso.*

parado, -da *adj./n. m. y f.* **1** [persona] Que no tiene trabajo: *antes trabajaba de albañil, pero lleva dos años parado; el número de parados suele aumentar en invierno.* **SIN** desempleado. **2** Que es tímido y no sabe cómo comportarse ante los demás en situaciones comunes y usuales: *es tan parada que no sabe qué hacer cuando le presentan a alguien.* **SIN** pánfilo. ◊ *adj.* **3** Sorprendido o sin saber qué hacer ni qué decir: *al comunicarme la noticia me quedé parado.* Se suele usar con los verbos *quedar* y *dejar.*

salir bien (o **mal**) **parado** Resultar una persona bien o mal favorecida en un asunto: *el escritor salió muy bien parado en las críticas; salió muy mal parado del accidente.*

DER malparado.

paradoja *n. f.* **1** Hecho o dicho extraño que es contrario a

paradójico

la opinión general de la gente o que encierra una contradicción: *es una paradoja que sea tan friolero y le guste tanto la nieve*. **2** Figura retórica que consiste en poner en relación dos ideas o conceptos que parecen opuestos, aunque en el fondo no lo son: *la frase vivo sin vivir en mí es una paradoja*. **DER** paradójico, paradojismo.

paradójico, -ca *adj.* Que encierra una paradoja o contradicción: *es paradójico que lo invites a tu casa si dices que te cae tan mal*. **SIN** contradictorio.

parador *n. m.* Hotel que depende de algún organismo oficial y que presta un servicio de gran calidad, con instalaciones conformes al arte, el estilo o las tradiciones típicas de la región en la que se encuentra: *muchos paradores españoles son castillos o conventos restaurados*.

parafernalia *n. f.* **1** Conjunto de instrumentos o aparatos que se necesitan para un fin determinado: *los músicos de la orquesta llevan mucha parafernalia*. **2** Conjunto de cosas y aparatos ostentosos que acompañan a una persona o un acto importante: *la parafernalia de la reunión de jefes de Estado ha sido impresionante*. **SIN** pompa.

parafina *n. f.* Sustancia sólida y blanca que funde fácilmente y que se emplea para fabricar velas y para otros usos industriales: *la parafina es un derivado del petróleo; las cerillas llevan parafina*.

parafrasear *v. tr. culto* Explicar o interpretar un texto usando palabras diferentes de las originales: *parafraseó una cita del Quijote para ilustrar su discurso*.

paráfrasis *n. f.* Interpretación de un texto con intención de explicar o aclarar su significado: *hizo una paráfrasis del texto bíblico para que los niños comprendieran su significado*.
OBS El plural también es *paráfrasis*.

paragoge *n. f.* En lingüística, adición de una o más letras, generalmente vocales, al final de una palabra: *decir pece por pez es una paragoge*.

paragógico, -ca *adj.* Que se relaciona con la paragoge: *añadimos una vocal paragógica para que el verso rimara*.

parágrafo *n. m.* Parte de un texto entre dos puntos y aparte: *en ese parágrafo se describen la casa y el jardín*. **SIN** párrafo.

paraguas *n. m.* Utensilio portátil que sirve para protegerse de la lluvia, y que está formado por un bastón que sostiene unas varillas plegables cubiertas por una tela impermeable.
DER paragüero.
OBS El plural también es *paraguas*.

paraguaya *n. f.* Fruto comestible, redondo y aplastado, con la piel vellosa de color verdoso, la carne dulce y jugosa y un hueso duro en su interior: *la paraguaya es una fruta de verano*.

paraguayo, -ya *adj.* **1** De Paraguay o que tiene relación con este país de América del Sur: *me gusta mucho la comida típica paraguaya*. ◊ *adj./n. m. y f.* **2** [persona] Que es de Paraguay: *mi marido es paraguayo*.

paragüero *n. m.* **1** Recipiente parecido a un cubo que sirve para guardar los paraguas: *en el recibidor de la casa había un bonito paragüero de latón y cerámica*. **2** Mueble propio de los recibidores de las casas en el que se dejan los abrigos, los sombreros y los paraguas.

paraíso *n. m.* **1** Según el Antiguo Testamento, lugar donde Dios puso a vivir al primer hombre y a la primera mujer: *Adán y Eva fueron expulsados del Paraíso por probar el fruto prohibido*. En esta acepción se escribe con mayúscula. **SIN** edén. **2** Según los cristianos, lugar en el que los santos y los espíritus de los justos gozan de la compañía de Dios para siempre: *sólo los buenos gozarán del Paraíso*. **SIN** cielo. En esta acepción se escribe con mayúscula. **3** Lugar muy bello, tranquilo y agradable: *aquella playa mediterránea era un paraíso; el bosque constituía un paraíso de paz*. **4** Conjunto de asientos que hay en el piso más alto de ciertos teatros y cines: *el paraíso es lo más barato del teatro*.
ETIM Paraíso procede del latín *paradisus*, que tenía el mismo significado, voz con la que también están relacionadas *paradisiaco, paradisíaco*.

paraje *n. m.* Lugar al aire libre, especialmente si está alejado: *nadie había visitado aquellos parajes tan alejados de la civilización*.

paralela *n. f.* **1** MAT. Línea que no se encuentra nunca con otra porque todos sus puntos están a la misma distancia de la otra: *nos mandaron trazar una paralela a una línea dada*. ☞ línea. ◊ *n. f. pl.* **2 paralelas** Aparato formado por dos barras paralelas a la misma altura del suelo que sirve para realizar sobre él ejercicios de gimnasia y equilibrio: *en la clase de educación física nos enseñan a hacer volteretas en las paralelas*. **SIN** barras paralelas.

paralelepípedo *n. m.* MAT. Cuerpo con seis caras iguales de cuatro lados cada una, siendo paralelas las opuestas entre sí: *los alumnos deben construir paralelepípedos y pirámides de cartulina*.

paralelismo *n. m.* **1** Igualdad de distancia entre todos los puntos de dos o más líneas o planos: *el profesor les pidió que comprobaran el paralelismo de las dos rectas con la ayuda de una regla*. **2** Figura literaria y artística que consiste en repetir una misma estructura varias veces pero alterando algún elemento: *el paralelismo se usa en música, poesía y cine*. **3** Relación de semejanza que hay entre dos o más cosas: *el paralelismo entre los dos exámenes era tan grande que el profesor pensó que uno de los dos alumnos había copiado*.

paralelo, -la *adj.* **1** Que está colocado al lado de otra cosa, en la misma dirección y sin llegarse a tocar nunca con ella: *los rieles del tren son paralelos; los coches corrían paralelos por la autopista*. **2** Que se parece, o que tiene relación o puntos en común con otra cosa: *son gemelas y llevan vidas paralelas; los dos filósofos tenían un pensamiento paralelo*. **SIN** parecido, semejante. **3** Que ocurre al mismo tiempo que otra acción: *los terroristas han cometido atentados paralelos en varias ciudades*. **SIN** simultáneo. **4** MAT. [línea, plano] Que no puede cortar nunca otra línea u otro plano porque todos sus puntos están a la misma distancia del otro: *las caras opuestas del cubo son paralelas entre sí*. ◊ *n. m.* **5** Comparación o relación de igualdad: *el autor del libro establece un paralelo entre la vida del protagonista y la del país entero; no puedes establecer un paralelo entre los dos libros, son totalmente distintos*. **6** Cada uno de los círculos imaginarios que rodean la Tierra de forma horizontal y que se encuentran entre el ecuador y los dos polos del globo terráqueo: *los paralelos sirven para determinar la latitud de un lugar; el paralelo cero es el ecuador*.

en paralelo En electricidad, circuito que tiene colocados los componentes con los polos iguales unidos entre sí: *las resistencias en paralelo dan más resultado que en serie*. **SIN** en derivación.
DER paralela, paralelismo.

paralelogramo *n. m.* Figura geométrica plana de cuatro lados, de los cuales los opuestos son iguales y paralelos entre sí: *un rectángulo es un paralelogramo*.

paralimpiada *n. f.* Competición paralela a los Juegos Olímpicos cuyos participantes son disminuidos físicos. **SIN** paraolimpiada.

paralímpico, -ca *adj.* De la paralimpiada o relacionado con esta competición deportiva para disminuidos físicos: *es corredor paralímpico; la selección paralímpica de España.* **SIN** paraolímpico.

parálisis *n. f.* Pérdida total o parcial de la capacidad de movimiento de una o más partes del cuerpo, debida generalmente a un daño del sistema nervioso: *el golpe en la espalda le ha producido una parálisis de la mitad inferior del cuerpo.* **DER** paralítico, paralizar.

paralítico, -ca *adj./n. m. y f.* Que ha perdido total o parcialmente la capacidad de movimiento de una o más partes del cuerpo, debido generalmente a un daño del sistema nervioso: *se quedó paralítico por culpa del accidente.*

paralización *n. f.* Acción que consiste en detener una cosa que estaba funcionando o en movimiento: *se teme que la paralización de las obras dure mucho tiempo.* **SIN** detención.

paralizar *v. tr./prnl.* **1** Hacer perder la capacidad de movimiento del cuerpo o de un órgano: *la enfermedad le ha paralizado el lado izquierdo de la cara; tuvo un accidente y se le paralizaron las piernas.* **SIN** inmovilizar. **2** Detener la acción o el movimiento: *la crisis política paralizó la economía del país; las obras de reforma se han paralizado en espera de una revisión.* **SIN** frenar, parar. **ANT** mover. ◇ *v. tr.* **3** Dejar a alguien sin capacidad de reacción o movimiento: *el miedo me paralizaba y no era capaz de actuar.*
DER paralización.
OBS En su conjugación, la z se convierte en c delante de e.

paramecio *n. m.* Protozoo de forma ovalada que habita en aguas dulces estancadas.

paramento *n. m.* **1** Prenda que cubre y a la vez adorna una superficie: *el tapiz de la pared era un paramento muy elegante.* **SIN** atavío, ornamento. **2** Cara de una pared o muro: *el paramento exterior está muy dañado.*

paramera *n. f.* Región o lugar en donde los terrenos son llanos y secos y las plantas son pobres y escasas.

parámetro *n. m.* **1** *culto* Elemento o dato fijo que se ha de tener en cuenta al analizar un asunto: *vamos a calificar el examen teniendo en cuenta dos parámetros: la claridad y la concisión.* **2** MAT. Constante que aparece en una ecuación y que tiene un valor variable que se fija a voluntad: *a, b y c son parámetros de las ecuaciones de segundo grado.*

paramilitar *adj.* [asociación, grupo] Que sigue una disciplina, una estructura y una organización de tipo militar sin serlo: *la mayoría de los grupos terroristas tienen un carácter paramilitar.*

páramo *n. m.* **1** Llanura elevada y árida, donde hace mucho frío: *el paisaje estaba salpicado de páramos.* **2** Terreno llano y seco, donde las plantas son pobres y escasas.

parangón *n. m.* Comparación o correspondencia entre dos cosas: *el inventor fabricó una máquina que no tiene parangón en el mercado.* **SIN** semejanza.
DER parangonar.

parangonar *v. tr.* **1** Establecer una comparación o una correspondencia entre dos cosas: *no se deben parangonar dos libros tan diferentes.* **SIN** comparar, equiparar. **2** En imprenta, ajustar en una línea letras y signos de distinto tamaño: *en esta página hay que parangonar las cuatro últimas líneas.*

paraninfo *n. m.* Sala de un centro de enseñanza, especialmente una universidad, donde celebran los actos públicos: *el paraninfo de la Universidad de Alcalá de Henares es una obra de arte.* **SIN** salón de actos.

paranoia *n. f.* Enfermedad mental grave por la que el enfermo tiene imaginaciones fijas, obsesivas y absurdas, como por ejemplo la idea de que alguien le está persiguiendo: *la paranoia es un estado de delirio.*
DER paranoico.

paranoico, -ca *adj.* **1** De la paranoia o que está relacionado con esta enfermedad mental: *la manía persecutoria es un síntoma paranoico.* ◇ *adj./n. m. y f.* **2** [persona] Que padece paranoia: *es un paranoico que tiene que seguir un tratamiento psiquiátrico.*

paranormal *adj.* [fenómeno, situación] Que no se puede explicar científicamente porque no se ajusta a las leyes de la naturaleza.

paraolimpiada o **paralimpiada** *n. f.* Competición paralela a los Juegos Olímpicos cuyos participantes son disminuidos físicos: *la paraolimpiada se celebró unos días más tarde que la Olimpiada.*

paraolímpico, -ca o **paralímpico, -ca** *adj.* De la paraolimpiada o relacionado con esta competición deportiva para disminuidos físicos.

parapente *n. m.* Actividad deportiva que consiste en lanzarse corriendo desde una pendiente pronunciada con un paracaídas desplegado, y descender lentamente hasta una zona más baja.

parapetar *v. tr./prnl.* **1** Resguardar o proteger de algo que puede molestar o hacer daño: *el muro parapetó a los soldados de los tiros; me parapeté de la lluvia en una cueva.* ◇ *v. intr./prnl.* **2 parapetarse** Librarse de hacer una cosa o resistirse a hacerla dando una razón determinada: *la acusada se parapetaba en su silencio y no aclaraba los hechos; parapetándose en su dolor de cabeza se libró de estudiar.* **SIN** escudarse.
DER parapetado.

parapeto *n. m.* **1** Valla o barandilla que cierra lugares altos, como un mirador, una escalera o un puente, para que las personas se apoyen en ella y no se caigan. **2** Especie de muro formado con piedras, sacos de arena y otros materiales, que sirve para proteger a los que luchan de los ataques de sus enemigos: *los policías improvisaron un parapeto con los coches para resguardarse de las piedras que les tiraban los manifestantes.* **SIN** barrera, barricada.
DER parapetarse.

paraplejía o **paraplejia** *n. f.* Pérdida total de la capacidad de movimiento de la mitad inferior del cuerpo: *sufre una paraplejía y está en una silla de ruedas.*

parapléjico, -ca *adj./n. m. y f.* [persona] Que ha perdido la capacidad de movimiento de la mitad inferior del cuerpo: *se ha quedado parapléjico a causa de un accidente de moto.*

parapsicología o **parasicología** *n. f.* Ciencia que estudia los fenómenos mentales que no tienen una explicación científica: *la parapsicología trata temas como la telepatía.*
DER parapsicológico, parapsicólogo.

parapsicológico, -ca o **parasicológico, -ca** *adj.* Relacionado con el estudio de los fenómenos mentales que no tienen explicación científica: *dice que tiene poderes parapsicológicos y puede hablar con los muertos.*

parapsicólogo, -ga o **parasicólogo, -ga** *n. m. y f.* Persona que se dedica a la parapsicología: *en la película, un parapsicólogo estudiaba los fenómenos extraños que estaban ocurriendo en la casa.*

parar *v. tr./intr./prnl.* **1** Hacer que deje de producirse un movimiento o una acción: *el portero detuvo el balón con gran rapidez; el coche se paró en mitad de la cuesta; el otro día me paré a hablar con tu hermano.* **SIN** detener. ◇ *v. intr.* **2** Finalizar o terminar una cosa, o llegar al final de un recorrido: *no* sé en qué parará esta situación tan tensa; este tren para en Barcelona. **3** Llegar una cosa determinada a ser propiedad de una persona: *las joyas fueron a parar a manos de un coleccionista.* **4** Estar o vivir durante un tiempo o de manera habitual en un lugar: *no sabemos dónde para Alfredo últimamente.* ◊ *v. prnl.* **5 pararse** Realizar una acción de pensamiento poniendo mucha atención y cuidado: *antes de hablar, párate a pensar lo que vas a decir.* Se usa seguido de la preposición *a* y un infinitivo.

¡dónde iremos a parar! *coloquial* Expresión que indica sorpresa, confusión o alteración del ánimo ante una situación: *¡madre mía, qué cosas inventa la gente!, ¡dónde iremos a parar!*

¡dónde va a parar! *coloquial* Expresión que se usa para alabar las cualidades de una cosa en comparación con otra: *—Esta cama es mucho más cómoda que la otra, ¿verdad? —¡Huy!, ¡dónde va a parar!*

ir a parar Dirigirse y desembocar una cosa en un lugar determinado después de recorrer una distancia: *los ríos van a parar al mar; la pelota salió rodando calle abajo y fue a parar a una alcantarilla.*

no parar Trabajar mucho o esforzarse para conseguir una cosa: *¡hay que ver lo que estudian, no paran!; la joven no paró hasta lograr una entrevista con el director.*

no parar en *coloquial* No aparecer mucho por un lugar: *está todo el día fuera, no para en casa ni para comer; no para mucho por esta ciudad.*

sin parar Continuamente o sin descanso: *la película era tan divertida, que se rieron sin parar mientras duró.*

y para de contar Y nada más: *te compraremos la camisa, los pantalones y para de contar.*

DER parada, paradero, parado, parador, paraje, paro; amparar, comparar, deparar, disparar, imparable, preparar, reparar.

pararrayos *n. m.* Aparato formado por una o más barras metálicas terminadas en punta y unidas por un extremo con la tierra o con el agua, que se coloca verticalmente en lo alto de los edificios para protegerlos de los rayos. ☞ *casa; meteorología.*

OBS El plural también es *pararrayos.*

parasíntesis *n. f.* GRAM. Procedimiento para formar palabras nuevas por medio de la adición de un prefijo y un sufijo a una palabra; también es parasíntesis cuando se forma una palabra mediante la composición de dos palabras a las que se añade un sufijo: *las palabras* encañonar *y* picapedrero *se han formado por el procedimiento de la parasíntesis.*

OBS El plural también es *parasíntesis.*

parasintético, -ca *adj./n. m.* GRAM. [palabra] Que se ha formado por parasíntesis: *las palabras* ropavejero *y* desalmar *son parasintéticas.*

parasitario, -ria *adj.* De los parásitos o que tiene relación con estos organismos: *mi perro ha cogido una enfermedad parasitaria.*

DER antiparasitario.

parasitismo *n. m.* **1** Sistema de vida que tienen los parásitos: *está muy interesado en estudiar el parasitismo animal.* **2** Comportamiento o modo de vida de la persona que vive aprovechándose de otra: *el nuevo ministro se propuso luchar contra el parasitismo en la Administración.*

parásito, -ta *adj./n. m. y f.* **1** [animal, planta] Que vive alimentándose de las sustancias que elabora otro ser de distinta especie y causándole un daño: *las pulgas y los piojos son organismos parásitos de los animales y de las personas.* ◊ *n. m. y f.* **2** Persona que vive aprovechándose de otra: *ese hombre es un parásito que vive a costa de su familia sin pegar ni golpe.*

DER parasitario, parasitismo, parasitología.

parasitología *n. f.* Ciencia que estudia los parásitos.

parasol *n. m.* **1** Utensilio plegable, parecido a un gran paraguas y fijado al suelo por un soporte, que sirve para dar sombra: *en las playas y las terrazas de verano suele haber parasoles.* **SIN** quitasol, sombrilla. **2** Pieza móvil de material duro colocada en la parte interior de un automóvil sobre el parabrisas, que sirve para evitar que el reflejo del sol moleste al conductor o a su acompañante: *algunos parasoles llevan un espejo en la cara interior.* **SIN** visera.

parataxis *n. f.* Yuxtaposición de frases sin que haya un nexo entre ellas: *la frase* tengo sed, beberé agua *es un ejemplo de parataxis.*

OBS El plural también es *parataxis.*

parca *n. f. culto* En el lenguaje poético y literario, ser imaginario con figura de vieja que quita la vida a las personas: *las tres parcas son personajes mitológicos que hilan el hilo de la vida de las personas y lo cortan cuando quieren.* **SIN** muerte.

parcela *n. f.* **1** Terreno de pequeñas dimensiones, normalmente dedicado al cultivo: *tenía dos parcelas en secano y diez en regadío.* **2** Terreno que pertenece a una persona y que está registrado legalmente: *tengo que poner una valla para limitar mi parcela.* **SIN** finca. **3** Parte pequeña de una cosa: *le interesa estudiar biología, pero sólo se centrará en una parcela de esa ciencia.*

DER parcelación, parcelar.

parcelación *n. f.* División o separación de algo en partes pequeñas, especialmente de un terreno.

parcelar *v. tr.* **1** Dividir un terreno en partes más pequeñas: *el propietario parceló sus tierras para arrendarlas a los agricultores.* **2** Medir y señalar los límites de un terreno, determinando su valor, para registrarlos legalmente: *los peritos se encargan de parcelar los terrenos.*

DER parcelación, parcelario.

parcelario, -ria *adj.* Que tiene relación con las parcelas de terreno: *el plan parcelario prevé la posibilidad de edificar en ese lugar.*

parche *n. m.* **1** Pieza de tela, papel, plástico u otro material flexible, que se pega sobre una superficie para tapar un agujero o una abertura: *llevo parches por si se pincha la rueda de la bicicleta; se le rompió la chaqueta por los codos y su madre le ha puesto unos parches de cuero.* **2** Pieza de tela o de plástico que contiene una medicina por una de sus caras y que se pega sobre una parte del cuerpo que está herida, enferma o dolorida: *tenía un callo en el pie y el médico le puso un parche para curarlo.* **3** Retoque que se añade a la forma original de una cosa, y la estropea o desentona en el conjunto, especialmente en una obra artística: *el cuadro estaría mejor si no fuera por esos parches que le ha puesto ese pintor tan malo; el rascacielos es un parche en ese barrio de casa bajas.* **SIN** pegote. **4** Arreglo provisional que se hace para solucionar un problema o para mejorar una situación: *poniendo parches no solucionaremos nada, hay que arreglar la situación por completo.* **5** Piel del tambor y de otros instrumentos de percusión, como por ejemplo la pandereta.

¡ojo al parche! Expresión que indica que hay que tener mucho cuidado o poner gran atención: *¡ojo al parche, que en esta carretera hay muchas curvas!*

DER parchear.

parchear *v. tr.* Poner parches: *el ciclista parcheó la cámara y volvió a colocarla en su sitio.*

parchís *n. m.* **1** Juego de mesa en el que cada jugador debe completar un recorrido y hacer llegar sus cuatro fichas a un cuadro central antes que los demás, avanzando tantas casillas como indique el dado que tira cada vez que es su turno: *en* *el parchís se pueden comer las fichas de los demás jugadores.* **2** Conjunto del tablero, los dados y las fichas con que se juega a este juego: *tengo un parchís de madera muy antiguo.*

parcial *adj.* **1** Que no está completo o acabado: *hubo un eclipse parcial de sol.* **ANT** total. **2** Que se inclina injustamente en favor o en contra de una persona o cosa al juzgar un asunto: *los jugadores dijeron que el árbitro era parcial y trataba de favorecer al equipo contrario.* **SIN** subjetivo. **ANT** imparcial, objetivo. ◇ *adj./n. m.* **3** [examen] Que trata sólo una parte de la materia: *estoy preparando el parcial de geografía; los exámenes parciales serán en febrero.*
DER parcialidad; imparcial.

parcialidad *n. f.* Cualidad de inclinarse injustamente en favor o en contra de una persona o una cosa al juzgar un asunto: *un juez nunca debe obrar con parcialidad; has juzgado los hechos con parcialidad.* **ANT** imparcialidad.

parco, -ca *adj.* **1** [persona] Que es moderado y no le gusta excederse en las cosas: *parco en la comida; parco en palabras.* **SIN** mesurado, sobrio. **2** Que es escaso: *la comida fue un poco parca y me quedé con hambre.* **SIN** exiguo. **ANT** abundante.
DER parquedad.

pardiez *int.* Expresión que indica enfado, contrariedad o sorpresa: *¡pardiez!, estamos rodeados de cocodrilos.*
OBS Es una expresión pasada de moda.

pardillo, -lla *adj./n. m. y f.* **1** *coloquial* [persona] Que es poco inteligente y se deja engañar con facilidad: *al muy pardillo han vuelto a estafarle.* **SIN** primo. ◇ *n. m.* **2** Pájaro de cabeza y pecho rojos, vientre blanco y el resto del cuerpo de color marrón rojizo: *el pardillo es apreciado por su canto y se puede domesticar. Para indicar el sexo se usa el pardillo macho y el pardillo hembra.*

pardo, -da *adj.* **1** Del color marrón de la tierra: *venía montado sobre una mula parda; muchos osos tienen el pelo pardo.* ◇ *adj./n. m.* **2** [color] Que es parecido al marrón de la tierra: *el pardo es uno de los colores que menos me gustan.* ◇ *adj.* **3** Que está oscuro, especialmente el cielo: *el cielo está pardo, parece que va a llover.*
DER pardear, pardillo, pardusco.

pardusco, -ca *adj.* Que tiene un color indefinido, próximo al marrón: *al lavar los pantalones, tomaron un tono pardusco.* **SIN** pardo.

pareado, -da *adj.* **1** Que forma un par con otra cosa: *los soportales estaban sujetos por columnas pareadas; compuso un poema con versos pareados.* ◇ *n. m.* **2** Estrofa formada por dos versos que riman entre sí: *los versos Yo vi sobre un tomillo / posarse un pajarillo forman un pareado.*

parear *v. tr.* Formar parejas juntando cosas de dos en dos: *el arquitecto pareó las columnas que rodean el patio.*
DER pareado; aparear.

parecer *n. m.* **1** Opinión, juicio o idea que tiene una persona: *queremos saber tu parecer sobre el asunto.* **2** Aspecto físico de una persona, especialmente cuando es bello: *es un chico muy majo, de buen parecer.* ◇ *v. intr.* **3** Tener un aspecto determinado: *con ese sombrero pareces un explorador; la casa parecía un palacio; pareces tonto.* **4** Tener una opinión o creer una cosa: *me parece que he suspendido el examen; me parece que va a llover.* ◇ *v. impersonal* **5** Haber o existir razones para creer una cosa: *parece que va a nevar; parecía que el tiempo se había detenido en aquel lugar.* ◇ *v. prnl.* **6 parecerse** Mostrar una cosa o una persona características iguales o comunes a otra: *el padre y su hijo se parecen; los dos caballos se parecían, pero uno era más fuerte.*
al parecer o **según parece** Según las señales y la información que se tiene: *al parecer está enferma.* **SIN** por lo visto.
parecer bien o **parecer mal** Gustar o no gustar una cosa: *me parece mal que llegues tan tarde por la noche.*
DER parecido; comparecer.
OBS En su conjugación, la c se convierte en zc delante de a y o, como en *agradecer*.

parecido, -da *adj.* **1** Que se parece a otra persona o a otra cosa: *Luisa y su hermana son muy parecidas; este libro es parecido a uno que tengo en casa.* **SIN** semejante, similar. **ANT** diferente, distinto. ◇ *n. m.* **2** Conjunto de características comunes que tienen dos cosas que se parecen: *el parecido de esta niña con su madre es sorprendente; la contrataron porque tenía cierto parecido con una actriz muy famosa.* **SIN** semejanza, similitud.
bien (o **mal**) **parecido** [persona] Que tiene una cara y un cuerpo bellos o feos: *es un actor bien parecido, que tiene muchas fans.*

pared *n. f.* **1** Construcción vertical que sirve para cerrar un espacio, separarlo de otro o aguantar un techo: *los albañiles levantan paredes; una habitación cuadrada está formada por cuatro paredes.* **SIN** muro, tabique. **pared maestra** Pared principal de un edificio que soporta el peso mayor de la construcción: *el local se vendrá abajo si no arregláis las grietas de la pared maestra.* **2** Superficie lateral de un cuerpo: *las paredes del acuario han criado musgo; hay que cambiar el agua; aún queda mermelada pegada a las paredes del tarro.* **3** Corte vertical en un lado de una montaña: *los alpinistas tuvieron problemas para escalar esa pared.*
entre cuatro paredes Dentro de un lugar cerrado: *saldré un rato a la calle, no puedo estar mucho tiempo entre cuatro paredes.*
las paredes oyen Expresión que indica que hay que cuidar bien dónde se dice una cosa que debe mantenerse en secreto: *no me lo cuentes aquí, las paredes oyen.*
subirse por las paredes *coloquial* Estar muy enfadado: *se subía por las paredes cuando se enteró de que a su hijo lo habían echado del colegio.*
DER paredón; emparedar.
ETIM Pared procede del latín *paries, -entis,* que tenía el mismo significado, voz con la que también está relacionada *parietal.*

paredón *n. m.* **1** Pared que aún se mantiene en pie entre los restos derrumbados de un edificio: *cuando llegaron, aún quedaban algunos paredones del castillo.* **2** Pared muy gruesa: *el paredón del almacén impedía el paso del sol al interior.* **3** Pared junto a la cual se coloca a los condenados para ejecutarlos: *el militar fue conducido hasta el paredón y allí fue fusilado.*
llevar al paredón Ejecutar a una persona disparándole con un arma de fuego: *durante la guerra civil española llevaron al paredón a miles de personas.* **SIN** fusilar.

pareja *n. f.* **1** Conjunto de dos personas, animales o cosas, especialmente si son de la misma especie o tienen características comunes: *los niños se sentaron en la clase por parejas; tenemos una pareja de tortugas en el jardín.* **SIN** par. **2** Conjunto formado por un hombre y una mujer o dos animales de distinto sexo: *varias parejas de novios paseaban por el parque; fueron a cenar con otra pareja.* **3** Elemento que forma parte de un conjunto de dos: *a este calcetín le falta su pareja.* **4** Compañero o compañera sentimental de una persona: *se fue a vivir con su pareja; vino a la fiesta acompañada de su pareja.* **5** Compañero o compañera de baile o de otra actividad: *Luis fue mi pareja en el tango; quiero que Elena sea mi pareja en el parchís.*
DER aparejar, desparejar, emparejar.

parejo, -ja *adj.* Que es igual o muy parecido a otro u otros: *la mejora industrial produjo un crecimiento parejo del comercio; admiró los dientes blancos y parejos de la muchacha.* **SIN** par, semejante.

paremiología *n. f.* Estudio de los refranes.

parentela *n. f.* Conjunto de personas que pertenecen a la familia de alguien: *celebró la Navidad con toda su parentela.* **SIN** familia.
ETIM Véase *pariente.*

parentesco *n. m.* **1** Relación familiar que se establece entre las personas: *el parentesco nos une a nuestros padres, hermanos o hijos.* **2** Relación que se establece entre las cosas que tienen características comunes: *el crítico estableció un parentesco entre la película y un cuadro renacentista.*
ETIM Véase *pariente.*

paréntesis *n. m.* **1** Comentario o pausa que se introduce en un discurso o una conversación: *el presidente hizo un paréntesis en su discurso para alabar la labor de sus ministros.* **SIN** inciso. **2** Signo de ortografía que sirve para encerrar ese conjunto de palabras en un texto escrito: *los paréntesis se representan con los signos ( ).* **3** Interrupción, detención o parada en mitad de una acción o un proceso: *el profesor hizo un pequeño paréntesis en su explicación para buscar la tiza.* **SIN** pausa.
abrir un paréntesis *a)* Escribir el signo (. *b)* Interrumpir un proceso o una acción: *la guerra abrió un paréntesis en la recuperación económica del país.*
cerrar un paréntesis *a)* Escribir el signo). *b)* Acabar un proceso o una acción considerados pasajeros: *con la decisión del gobierno se cierra un período de duda y de hostilidad.*
poner entre paréntesis *a)* Escribir algo entre los signos ( ). *b)* Poner en duda: *el diputado dijo que había que poner entre paréntesis las promesas del presidente.*
OBS El plural también es *paréntesis.*

pareo *n. m.* Pañuelo grande que se usa para cubrir el cuerpo o como falda: *suelo bajar a la playa con un pareo encima del bañador.*

paria *n. com.* **1** Persona de la casta más baja en la India: *los parias no tienen derechos civiles ni religiosos.* **2** Persona a la que se considera inferior y a la que se le niega el trato y las ventajas de que gozan los demás: *los mendigos y los vagabundos son considerados como los parias de nuestra sociedad.*

parida *n. f.* coloquial Tontería que se dice sin reflexionar o que resulta poco oportuna: *sólo dice paridas que a nadie importan.*

paridad *n. f.* **1** culto Relación de igualdad o semejanza de dos o más cosas entre sí: *los empleados pidieron una paridad salarial con los trabajadores de otras fábricas.* **2** ECON. Valor que tiene una moneda en relación a otra o a la unidad de referencia internacional: *el Fondo Monetario Internacional fijó la paridad de la peseta.*
DER paritario.

pariente, -ta *adj./n. m. y f.* **1** [persona] Que pertenece a la misma familia que otra: *hizo un largo viaje para visitar a sus parientes.* **SIN** familiar. ◊ *n. m. y f.* **2** coloquial Marido o esposo con respecto a su mujer o mujer o esposa con respecto a su marido: *voy a decirle a mi parienta que no me espere a cenar.*
ETIM *Pariente* procede del latín *parentes,* 'padre y madre', voz con la que también están relacionadas *parentela, parentesco.*
DER emparentar.

parietal *adj./n. m.* ANAT. [hueso] Que forma junto con otro igual la parte media del cráneo: *los huesos parietales están en los laterales de la cabeza; los parietales son los huesos más grandes del cráneo.* ☞ *cráneo.*
ETIM Véase *pared.*

parietaria *n. f.* Planta de tallos rojizos y ramas muy cortas y con las hojas ásperas y las flores verdes y pequeñas reunidas en grupos: *la parietaria suele crecer junto a las paredes; la parietaria se usa para hacer cataplasmas.*

parihuela *n. f.* **1** Utensilio que sirve para transportar cosas pesadas entre dos personas, y que está formado por dos varas gruesas con unas tablas atravesadas en medio: *los obreros transportaban los sacos en unas parihuelas.* **2** Cama estrecha que se sujeta con dos varas gruesas y que sirve para transportar enfermos y heridos. **SIN** camilla.
OBS Se usa frecuentemente en plural.

paripé *n. m.* coloquial Engaño o fingimiento que se hace para guardar las apariencias o para conseguir lo que se desea: *ella lo criticaba constantemente pero delante de él hacía el paripé.*
OBS Se suele usar con el verbo *hacer.*

parir *v. intr./tr.* **1** Expulsar la hembra de los mamíferos el feto que tiene en su vientre: *me tocan parir en septiembre; la gata parió tres gatitos preciosos.* **SIN** alumbrar, dar a luz. ◊ *v. tr.* **2** Producir o crear una cosa: *las profesoras han parido un libro de ejercicios.*
poner a parir coloquial Hablar muy mal de una persona o insultarla y criticarla: *le pregunté por su amigo y ella me lo puso a parir.*
DER parida, paritorio; malparir.

parisílabo, -ba *adj./n. m. y f.* [palabra] Que tiene un número par de sílabas: *la palabra campo es parisílaba.*

parisino, -na *adj.* **1** De París o que tiene relación con esta ciudad francesa: *las cafeterías parisinas tienen un ambiente muy agradable.* ◊ *adj./n. m. y f.* **2** [persona] Que es de París.

paritario, -ria *adj.* [negociación, organismo] Que tiene igualdad en el número de miembros o representantes y en sus derechos.

parka *n. f.* Prenda de abrigo acolchada y generalmente con capucha.

parking *n. m.* Lugar en la vía pública o en un edificio donde pueden aparcarse los vehículos y dejarlos durante un tiempo: *cuando se deja el coche en un parking hay que pagar.* **SIN** aparcamiento.
OBS Esta palabra procede del inglés. La Real Academia Española prefiere la forma *aparcamiento.*

párkinson *n. m.* Enfermedad crónica y degenerativa del sistema nervioso que se manifiesta por falta de coordinación muscular y temblores: *el párkinson afecta sobre todo a la gente mayor.*

parlamentar *v. intr.* Conversar dos o más personas para llegar a un acuerdo o una solución en un asunto: *enviaron a un emisario a parlamentar con el enemigo.* **SIN** negociar.
DER parlamentario.

parlamentario, -ria *adj.* **1** Del parlamento o que tiene relación con este órgano político: *a las sesiones parlamentarias deben acudir todos los diputados; las leyes se aprueban por mayoría parlamentaria.* ◊ *n. m. y f.* **2** Político que forma parte de un parlamento: *los parlamentarios son elegidos por sufragio universal.*
DER interparlamentario.

parlamentarismo *n. m.* Sistema político en el que el parlamento controla la actuación del gobierno y elabora, aprueba y reforma las leyes: *en los países democráticos existe pluripartidismo y parlamentarismo.*

parlamento *n. m.* **1** Órgano político encargado de elaborar, aprobar y reformar las leyes, compuesto por una o dos cámaras, cuyos miembros son elegidos por los ciudadanos con derecho a voto: *el parlamento español está formado por el congreso y el senado.* **SIN** cortes. **2** Edificio en el que se reúnen los miembros de este órgano político: *el parlamento español está en Madrid.* **3** Conversación o diálogo largo para llegar a un acuerdo o solucionar un problema: *ante la imposibilidad de acabar con la guerra, los embajadores de ambos países accedieron mantener un parlamento sobre el tema.* **4** Intervención larga en verso o en prosa que hace un actor en el teatro: *el actor inició su parlamento en el escenario con la famosa frase ser o no ser.*

parlanchín, -china *adj./n. m. y f. coloquial* Que habla mucho o que dice lo que debería callar: *a una persona tan parlanchina no deberías haberle confiado tu secreto.* **SIN** charlatán, hablador, locuaz.

parlar *v. tr./intr.* **1** *coloquial* Hablar mucho, en especial de cosas sin importancia, por pasar el rato: *mientras esperaban en la cola, estuvieron parlando de su trabajo.* **SIN** cotorrear, parlotear. **2** Emitir algunas aves sonidos parecidos a la voz humana: *los loros parlaban sin cesar.*
DER parlanchín, parlero, parlotear.

parlotear *v. intr. coloquial* Hablar de cosas sin importancia, por pasar el rato: *le dolía la cabeza y los vecinos no paraban de parlotear.*
DER parloteo.

parnaso *n. m.* **1** *culto* Grupo de poetas representativo de una época o de un lugar. **2** *culto* Libro de poemas de varios autores.

parné *n. m. coloquial* Dinero.
ETIM Palabra gitana que significa 'pálido', por el color de la plata.

paro *n. m.* **1** Interrupción o cese de un movimiento, actividad o acción: *las máquinas estuvieron en paro durante una hora por falta de suministro eléctrico; los obreros hicieron un paro de dos horas para protestar por el salario.* **SIN** detención. **2** Situación de la persona que no tiene empleo o que lo ha perdido; también el conjunto de las personas en esta situación: *llevo en paro casi dos años; el paro es uno de los problemas más importantes de este país.* **SIN** desempleo, desocupación. **ANT** ocupación. **3** Cantidad de dinero que recibe la persona que está sin empleo y que tiene derecho a percibir una ayuda económica: *el paro que percibe una persona es proporcional al tiempo trabajado.*

-paro, -para Elemento sufijal que entra en la formación de palabras con el significado de 'que pare', 'que se reproduce': *vivíparo, ovíparo.*

parodia *n. f.* Imitación burlesca de un género, de una obra artística o literaria, del estilo de un escritor, o de los gestos o manera de ser de una persona: *el humorista realizó una parodia estupenda de una famosa actriz; algunas comedias son parodias de las películas del oeste.*
DER parodiar, paródico.

parodiar *v. tr.* Imitar de manera burlesca un género, una obra artística o literaria, el estilo de un escritor o los gestos o manera de ser de una persona: *cuando está entre amigos parodia a los políticos; el Quijote parodia las novelas de caballerías.* **SIN** caricaturizar.
OBS En su conjugación, la *i* no se acentúa, como en *cambiar.*

paródico, -ca *adj.* De la parodia o que tiene relación con este tipo de imitación en tono de humor o burla: *la reseña del libro contenía un tono paródico que disgustó al autor de la obra.*

parónimo, -ma *adj./n. m.* [palabra] Que se parece a otra por la forma de escribirse o por su sonido pero no significado distinto: *agosto y angosto son palabras parónimas.*

paroxismo *n. m.* **1** Exaltación extrema y violenta de los sentimientos y las pasiones: *la tensión del partido llegó al paroxismo cuando marcó el primer gol.* **SIN** arrebato. **2** MED. Ataque violento de una enfermedad, que puede llevar a la pérdida del conocimiento: *en el paroxismo de la fiebre, se desmayó.* **SIN** crisis.
DER paroxístico.

paroxítono, -na *adj./n. m. y f.* **1** GRAM. [palabra] Que lleva el acento tónico en la penúltima sílaba: *la palabra árbol es paroxítona; las palabras paroxítonas también se llaman llanas o graves.* **2** GRAM. [verso] Que termina con una palabra que lleva el acento tónico en la penúltima sílaba. **SIN** grave, llano.
DER proparoxítono.

parpadear *v. intr.* **1** Abrir y cerrar los párpados repetidamente y de forma rápida: *parpadeaba porque le molestaba la potente luz de los focos.* **SIN** pestañear. **2** Apagarse y encenderse una luz, o perder y ganar intensidad de manera intermitente y rápida: *en la oscuridad de la noche se puede contemplar cómo parpadean las estrellas.* **SIN** vacilar, titilar.
DER parpadeo.

parpadeo *n. m.* **1** Movimiento rápido y repetido de los párpados que se abren y se cierra: *el parpadeo del niño resultó ser un síntoma de conjuntivitis.* **SIN** pestañeo. **2** Vacilación de una luz o de un cuerpo luminoso que se enciende y se apaga, de manera intermitente y rápida: *cuando la luz del semáforo parpadea, no hay que cruzar la calle.*

párpado *n. m.* Pliegue móvil de la piel que cubre y protege el ojo: *tenemos dos párpados, el superior y el inferior; las pestañas nacen en el borde de los párpados.* ☞ ojo.
DER parpadear.

parque *n. m.* **1** Terreno público con plantas y árboles, generalmente de gran extensión, para pasear, descansar y divertirse: *unos niños se tiraban por los toboganes del parque; en el parque había un estanque con patos.* **parque de atracciones** Recinto en el que hay variedad de atracciones, espectáculos, juegos y aparatos mecánicos para divertirse: *la montaña rusa de ese parque de atracciones es gigantesca.* **parque nacional** Espacio natural protegido por el Estado debido a su interés paisajístico o científico: *¿has visitado el parque nacional de Doñana?* **parque natural** Espacio natural con valores naturales y paisajísticos destacados, protegido de tal forma que su conservación es compatible con el aprovechamiento de sus recursos y las actividades de sus habitantes. **parque zoológico** Recinto en el que se cuidan y crían animales, en especial los exóticos o salvajes, para que el público pueda verlos: *los niños disfrutaron con el espectáculo de los delfines del parque zoológico.* **SIN** zoo, zoológico. **2** Conjunto de medios, instrumentos y materiales destinados a un servicio público, y lugar donde se guardan: *el parque de bomberos cuenta con los vehículos, los aparatos y los materiales necesarios para apagar incendios.* **parque automovilístico** Conjunto de vehículos de un país o de una ciudad: *el parque automovilístico español se está renovando rápidamente.* **parque móvil** Conjunto de vehículos que son propiedad del Estado y están destinados al servicio de algún ministerio u organismo: *los coches de policía pertenecen al parque móvil.* **3** Armazón rodeado por una red que hace de pared y con el suelo generalmente de lona, donde se deja a los niños pequeños para que jueguen sin peligro: *el bebé está en el parque jugando con sus muñecos mientras sus padres ven la televisión.*
DER aparcar.

parqué o **parquet** *n. m.* Suelo de madera hecho con tablas muy finas unidas unas con otras que forman dibujos

geométricos: *el parqué es muy delicado y se raya con facilidad.*
OBS Es una palabra de origen francés. ◇ El plural es *parqués.*

parquímetro *n. m.* Aparato que en las zonas donde debe pagarse el estacionamiento de vehículos, marca el tiempo de estacionamiento y el dinero que hay que pagar: *aparqué en zona azul pero el parquímetro no funcionaba y me salió gratis.*

parra *n. f.* Variedad de vid de tronco leñoso cuyos tallos crecen en alto y se sostienen sobre un soporte pegado a la pared o sobre un armazón o emparrado: *la parra del patio daba sombra en verano; las avispas comían uvas de la parra.*
subirse a la parra *coloquial* a) Encolerizarse: *cálmate y no te subas a la parra por tan poca cosa.* b) Tomar una persona atribuciones que no le corresponden: *me parece que se está subiendo a la parra y habrá que llamarle la atención.*
DER parral, parrilla; emparrado.

parrafada *n. f.* Discurso largo que se hace sin interrupción, especialmente cuando es pesado: *fuimos a pedirle consejo y menuda parrafada nos soltó.*

párrafo *n. m.* Parte del texto separada del resto por un punto y aparte: *el párrafo se inicia con letra mayúscula.*
DER parrafada.

parral *n. m.* **1** Parra o conjunto de parras sostenidas con un armazón adecuado o emparrado: *los parrales cubrían el patio por completo.* **2** Lugar donde hay parras: *en su huerta tenía un parral de uvas negras.*

parranda *n. f. coloquial* Juerga o diversión muy animada y ruidosa, en especial la que se hace recorriendo distintos lugares: *estuvo toda la noche de parranda por el centro de la ciudad.* **SIN** jarana.

parricida *adj./n. com.* Que mata a uno de sus familiares, en especial a su padre, a su madre, a su hijo o a su cónyuge: *el psiquiatra detectó en el parricida indicios de locura.*
DER parricidio.

parricidio *n. m.* Delito que consiste en matar a un familiar, en especial al padre, a la madre, a un hijo o al cónyuge: *cumple una larga condena por parricidio.*

parrilla *n. f.* **1** Utensilio formado por un conjunto de rejillas de hierro, con un mango y unas patas, que se pone sobre el fuego o las brasas y se usa para asar o tostar alimentos: *cuando van a comer al campo, asan la carne y los chorizos en la parrilla.* **2** Restaurante en el que se sirven alimentos asados con este utensilio, generalmente a la vista de la clientela. **SIN** asador.
parrilla de programación Conjunto de programas de la radio o la televisión, con su horario correspondiente: *la cadena pública está preparando su parrilla de programación para el próximo otoño.*
parrilla de salida Conjunto de líneas pintadas en el suelo que señalan el lugar en el que han de colocarse los vehículos al iniciarse una carrera: *el coche que logre el mejor tiempo en los entrenamientos obtendrá el mejor puesto en la parrilla de salida.*
DER parrillada.

parrillada *n. f.* Comida compuesta de distintas clases de carnes, mariscos o pescados, asados a la parrilla: *celebró su aniversario con una parrillada de mariscos.*

párroco *adj./n. m.* [cura] Que dirige los asuntos de una parroquia: *el párroco pidió ayuda para la gente necesitada del barrio; cuando se jubiló el cura párroco, el nuevo sacerdote ocupó su lugar.*
DER parroquia.

parroquia *n. f.* **1** Iglesia principal de una zona o distrito. **2** Territorio que está bajo la jurisdicción espiritual del párroco: *vivimos cerca y pertenecemos a la misma parroquia.* **3** Conjunto de fieles de dicho territorio o iglesia: *toda la parroquia participó en las fiestas de la patrona del pueblo.* **4** Conjunto de personas que compran de manera frecuente en un mismo establecimiento o utilizan sus servicios: *el dueño del bar celebró el acontecimiento con toda su parroquia.*
DER parroquial, parroquiano.

parroquial *adj.* De la parroquia o relacionado con esta iglesia o su territorio: *en la hoja parroquial se publican las lecturas de la misa.*

parroquiano, -na *adj./n. m. y f.* **1** Que pertenece a una determinada parroquia: *el cura alabó el comportamiento generoso de sus parroquianos con los afectados por las inundaciones.* **SIN** feligrés. ◇ *n. m. y f.* **2** Persona que compra de manera frecuente en un mismo establecimiento o utiliza sus servicios: *el panadero lleva muchos años en el barrio, por eso tiene tantos parroquianos.*

parsimonia *n. f.* Tranquilidad y lentitud excesivas en la manera de actuar o de realizar una cosa: *el cliente se explicaba con tanta parsimonia que hacía desesperar al vendedor.* **SIN** cachaza, calma, flema.
DER parsimonioso.

parsimonioso, -sa *adj.* Que actúa o realiza las cosas con excesiva tranquilidad y lentitud: *el abuelo era parsimonioso cuando liaba sus cigarrillos.* **SIN** flemático, lento.

parte *n. f.* **1** Cantidad de un todo: *el anciano donó parte de su fortuna a una biblioteca; las ventanas son partes de la casa; el cuerpo humano consta de tres partes: cabeza, tronco y extremidades.* **2** Unidad o cantidad determinada que se toma de un todo dividido: *hizo tres partes del pastel; ponga dos partes de agua y una de leche.* **3** Cantidad que corresponde recibir o dar a cada uno en cualquier distribución: *todos contribuyeron al regalo a partes iguales.* **4** Sitio o lugar cualquiera: *es un vago y va en coche a todas partes; estaba tan cansado que no le apetecía ir a ninguna parte.* **SIN** lado. **5** Cada una de las personas, grupos, sectas o ejércitos que se oponen, pleitean o luchan entre sí: *las partes enfrentadas en el conflicto quieren llegar a un acuerdo; reunidas ante el juez todas las partes implicadas en el delito, empezó el juicio.* **6** Persona que, junto con otras, participa o tiene interés en un asunto o negocio: *la parte vendedora y la parte compradora firmaron el contrato ante un notario.* **7** Aspecto de una cosa o punto de vista con que se mira: *por una parte, este viaje es el más caro, pero por otra, dura más días y los hoteles son mejores.* **8** División de una obra científica o literaria: *su novela constaba de dos partes, divididas en tres capítulos cada una.* ◇ *n. m.* **9** Comunicación poco extensa: *el parte médico no era optimista respecto a la situación del enfermo; escuchó el último parte meteorológico para saber si se esperaban lluvias.* **SIN** informe. ◇ *n. f. pl.* **10 partes** Órganos sexuales externos: *el portero recibió un balonazo en sus partes y tuvo que ser hospitalizado.*
dar parte Comunicar unos hechos o noticias a la autoridad: *le robaron el coche y fue a dar parte a la policía.*
de parte a parte De un lado al otro: *la bala le atravesó el pecho de parte a parte.*
de parte de a) A favor o en defensa de algo o alguien: *Jesucristo estaba de parte de los más pobres.* b) En nombre o por orden de alguien: *cuando lo veas, dale recuerdos de mi parte; lleva este regalo y di que vas de parte de tu padre.*
en parte No del todo o de manera incompleta: *lo que dijo era en parte verdad y en parte mentira.*
llevar la mejor o **la peor parte** Resultar beneficiado o perjudicado en una lucha, competición o reparto: *el hijo mayor*

particular

se llevó la mejor parte de la herencia; cuando hay pelea, se lleva la peor parte.

no ir a ninguna parte No tener importancia: no vale la pena discutir por asuntos insignificantes que no van a ninguna parte.

poner de su parte Hacer todo lo posible por lograr un fin: un profesor particular te ayudará a aprobar, pero también debes poner de tu parte.

salva sea la parte Expresión que se usa para referirse a las nalgas: estaba tan enfadado que me dieron ganas de pegarle una patada en salva sea la parte.

tomar parte Intervenir en algo: el atleta tomó parte en los últimos Juegos Olímpicos; resolvieron el conflicto sin que tuviera que tomar parte la justicia.

DER partícula, partir; aparte.

parteluz n. m. Columna delgada que divide en dos partes el hueco de una puerta o ventana: cruzaba la ventana verticalmente un parteluz de ébano labrado. **SIN** mainel, montante.

partenaire n. com. **1** Persona con la que se forma pareja: en esta película el partenaire del actor es su esposa en la vida real. **2** Socio de una persona: mi partenaire conoce bien el mundo de los negocios.

OBS Es una palabra francesa y se pronuncia aproximadamente 'partenér'.

partero, -ra n. m. y f. **1** Persona con título legal que ayuda a las mujeres en el parto: tuvieron que llamar a la partera porque la mujer había roto aguas. **SIN** comadrón, comadrona. ◇ n. f. **2** Mujer que, sin titulación, ayuda a las mujeres en el parto. **SIN** comadre, comadrona, matrona.

parterre n. m. Parte de un jardín con césped y flores, generalmente de forma cuadrada o rectangular y separada del resto: en el jardín había varios parterres con margaritas. **SIN** macizo.

partición n. f. **1** Reparto o división de un todo en varias partes: el notario hizo la partición de las tierras según constaba en el testamento. **SIN** reparto. **2** Cada una de las partes que resulta de este reparto: uno de los herederos no aceptó la partición que le correspondía.

participación n. f. **1** Intervención en un suceso, acción o actividad: el próximo festival contará con la participación de famosos artistas; la policía no pudo probar su participación en el atraco. **2** Parte o cantidad de dinero que se juega en un décimo de la lotería. **3** Recibo o billete en el que aparece la cantidad de dinero que se juega como parte de un décimo de lotería: he guardado las participaciones para el sorteo en una caja. **4** Aviso o comunicación que se hace de un acontecimiento o suceso, y el escrito en que se comunica: ya hemos recibido la participación de la boda de Jaime. **SIN** notificación. **5** ECON. Inversión que una persona hace en una empresa o negocio para obtener ciertos beneficios: tiene participación en la empresa con un cincuenta por ciento de las acciones.

participante adj./n. com. Que participa en una competición, en un sorteo o en un concurso: los participantes están ya en la línea de salida; hay cuatro equipos participantes.

participar v. intr. **1** Intervenir, tener o tomar parte en una actividad, competición, sorteo o reparto: quiere participar en un concurso de la televisión; todos los países pudieron participar en la Olimpiada; todos los alumnos participaron en el homenaje al profesor. Se construye con la preposición en. **2** Tener las mismas opiniones, cualidades, características o ventajas que otra persona o que otra cosa: el presentador dijo que no participaba de las ideas de su invitado. **SIN** compartir.

Se construye con la preposición de. ◇ v. tr. **3** Comunicar una noticia o suceso: le participó su pésame con una carta muy cariñosa. **SIN** avisar, notificar.

DER participación, participante, participativo.

participativo, -va adj. Que participa o toma parte activa en algo: es un niño muy participativo al que le gusta colaborar en todas las actividades de clase.

partícipe adj./n. com. Que toma parte o participa en una cosa o una acción junto con otros: su amigo fue partícipe en el robo.

hacer partícipe Comunicar una cosa a una persona o compartirla con ella: nos llamó para hacernos partícipes de su alegría.

DER participar, participio; copartícipe.

participio n. m. Forma no personal del verbo que tiene en común con el adjetivo que puede presentar variación de género y número: salido es el participio del verbo salir; el participio sirve para formar los tiempos compuestos de la conjugación: he salido. El participio español termina en -ado si es de la primera conjugación, y en -ido si es de la segunda o la tercera. **participio absoluto** Construcción gramatical compuesta por un participio y un sustantivo con el que concuerda en género y número; suele tener un valor adverbial, es decir, expresar tiempo, causa: en la frase acabado el permiso, empezó a trabajar encontramos una construcción de participio absoluto, que es acabado el permiso.

partícula n. f. **1** Parte muy pequeña de alguna cosa o cuerpo muy pequeño: las partículas de polvo se posaban en los muebles. **SIN** mota, pizca, porción. **partícula elemental** FÍS. Parte constituyente del átomo; se define por sus características, por ejemplo la masa o la carga eléctrica: el neutrón, el protón y el electrón son partículas elementales. **2** GRAM. Forma invariable que expresa relaciones entre los elementos de la oración; también, prefijo o sufijo, elemento que entra en la formación de palabras derivadas: las conjunciones, los adverbios y las preposiciones son partículas; el prefijo in- es una partícula que se antepone a un adjetivo para formar otro con el significado opuesto: culto, inculto.

DER particular.

particular adj. **1** Que es propio o característico de una persona o una cosa, o que le corresponde con singularidad: hay que respetar los gustos particulares de cada persona. **SIN** peculiar, privativo. **ANT** general. **2** Que es extraordinario, raro o poco corriente: Gaudí construyó edificios muy particulares; le gustaba llamar la atención y se vestía de una manera muy particular. **SIN** especial, original. **3** Que pertenece a una persona o un grupo o es usado por ellos de manera privada: Almudena asiste a clases particulares de piano; la urbanización tiene una piscina particular. **4** Concreto o determinado: se trata de solucionar este caso particular. **5** Que se tiene o se realiza de manera privada o no oficial, fuera de un cargo o un empleo público: el médico trabaja por la mañana en el hospital y por las tardes en su consulta particular; el presidente tiene un coche oficial, pero también otro particular. **SIN** privado. **ANT** oficial, público. ◇ adj./n. com. **6** [persona] Que no tiene título, cargo oficial o empleo que la distingan de los demás: los terrenos de los particulares fueron expropiados para construir la autovía; no asistió al congreso como representante del gobierno, sino como un particular más. ◇ n. m. **7** Tema, asunto o materia de que se trata: hablaron sobre el particular durante varias horas.

en particular Especialmente: le gustaban los pasteles, pero en particular los de chocolate.

sin otro particular Sin más cosas que decir o añadir: y sin

otro particular, le saluda atentamente Mariano Sánchez.
DER particularidad, particularismo, particularizar.

particularidad *n. f.* **1** Característica, cualidad o detalle que distingue a una cosa de otras de la misma clase o especie: *eligieron España porque tenía la particularidad de aunar la cultura, el turismo de playa y un clima excelente.* **SIN** peculiaridad, singularidad. **2** Circunstancia poco importante o muy concreta de un asunto: *quiso tratar el asunto globalmente, sin entrar en particularidades.*

particularización *n. f.* Distinción en el tratamiento o la consideración de un individuo o un elemento del resto de individuos o elementos de un grupo: *mejor no hacer particularizaciones y tratar el asunto de forma global.*

particularizar *v. tr./intr.* **1** Explicar o hablar de una cosa señalando todos sus detalles: *no particularices tanto y dime qué ocurrió al final.* **2** Hacer mención de una persona o un tema concreto, mientras se habla en general: *sé que algunos alumnos han copiado en el examen aunque no particularizaré.* **3** Tratar con especial cariño o atención a una persona determinada entre otras: *en este colegio los profesores particularizan mucho el trato con los estudiantes.* ◇ *v. prnl.* **4 particularizarse** Distinguirse o destacar entre los demás: *esta máquina se particulariza por su gran velocidad.* **SIN** singularizar, caracterizar.
DER particularización.
OBS En su conjugación, la *z* se convierte en *c* delante de *e*.

partida *n. f.* **1** Salida de un lugar: *me apenó el momento de la partida; el tren tiene fijada su partida a las diez de la mañana.* **SIN** marcha. **ANT** llegada. **2** Cierta cantidad de una mercancía que se entrega, se envía o se recibe de una vez: *devolvieron una partida de latas de conserva que estaba en malas condiciones.* **SIN** remesa. **3** Cantidad que se anota en una cuenta, factura o presupuesto: *quería una factura que detallara todas las partidas para facilitar la contabilidad.* **4** Conjunto de jugadas que se realizan en un juego hasta que alguien gana o pierde: *¿qué tal si echamos una partida de mus después de la comida?; jugaron al mejor de cinco partidas.* **5** Registro de ciertos hechos o circunstancias referentes a una persona anotados en el libro oficial de una parroquia o registro civil. **6** Documento o copia certificada en la que aparecen esas anotaciones: *para sacarse el carné de identidad se necesita la partida de nacimiento.* **SIN** certificado. **7** Grupo pequeño de personas armadas: *salió una partida de cazadores para localizar al lobo.*
por partida doble Con un resultado que supone el doble de lo esperado: *ha tenido gemelos, ahora es madre por partida doble.*
DER contrapartida.

partidario, -ria *adj./n. m. y f.* Que sigue o defiende una idea, una tendencia, un movimiento o a una persona: *se produjo un enfrentamiento entre los partidarios del rey y los de su hermano; no es partidaria de la reforma laboral.* **SIN** seguidor, simpatizante.
OBS Se construye con la preposición *de*.

partidismo *n. m.* Inclinación favorable a una ideología, una opinión, una persona o un partido político, en especial cuando se debe ser imparcial. **SIN** parcialidad.

partidista *adj.* **1** Del partidismo o relacionado con esta actitud de favor hacia algo o alguien: *su actitud partidista no le permite ser neutral.* ◇ *adj./n. com.* **2** [persona] Que actúa con partidismo.

partido *n. m.* **1** Organización o grupo de personas que comparten y defienden las mismas ideas políticas o sociales y que toman parte en la política de un país: *Rafael es miembro de un partido de centro; ¿a qué partido político votarás en las próximas elecciones?* **2** Competición deportiva en la que se enfrentan dos equipos o dos jugadores: *esta tarde jugaremos un partido contra el equipo del colegio.* **SIN** encuentro.
partido judicial Territorio que comprende varias poblaciones de una provincia que tienen en común el juzgado de primera instancia: *los dos municipios pertenecen al mismo partido judicial.*
sacar partido Obtener ganancia o provecho de alguna cosa: *siempre saca partido de todos los negocios.*
ser un buen (o mal) partido *coloquial* Ser una persona adecuada o poco adecuada para casarse con ella, especialmente según su posición social o económica: *Pepe es un buen partido, heredará la hacienda de su padre.*
tomar partido Elegir entre varias posibilidades: *en la discusión tomé partido por el más débil.*
DER partidario, partidismo.

partir *v. tr.* **1** Dividir o separar en partes un todo: *partió el pan en pedazos; partió la tarta en cinco trozos.* **SIN** fraccionar. **2** Cortar y separar un trozo de alguna cosa: *¿me partes un trozo de salchichón, por favor?; partió un trozo de sandía muy grueso.* **3** Hacer con una cosa varias partes y repartirlas entre varias personas: *partiremos ese dinero entre los amigos.* **SIN** distribuir. **4** Romper o rajar alguna cosa: *partió las almendras con una piedra; pegó un resbalón y estuvo a punto de partirse la pierna.* **5** *coloquial* Causar a una persona un perjuicio o contrariedad: *cuando le robaron la furgoneta le partieron, porque trabajaba con ella.* **SIN** fastidiar. ◇ *v. intr.* **6** Ponerse en marcha o alejarse de un lugar: *partimos hacia Sevilla; los antiguos navegantes partían sin rumbo fijo.* **7** Empezar o tener origen una cosa en un punto o momento determinado: *tu explicación parte de un supuesto falso; su amistad parte de un viaje que hicieron juntos por Europa.* ◇ *v. prnl.* **8 partirse** *coloquial* Reírse mucho y con ganas: *cuando Araceli cuenta chistes, todos nos partimos de risa.* **SIN** desternillarse, troncharse.
a partir de Desde: *a partir de hoy no se permite estacionar en esta calle.*
DER partición, partida, partido, partitivo; compartir, departir, impartir, repartir.

partisano, -na *n. m. y f.* Miembro de un grupo civil clandestino que actúa contra la autoridad o contra el ejército invasor: *la resistencia organizada por los partisanos durante la Segunda Guerra Mundial fue muy importante.*

partitivo, -va *adj./n. m.* GRAM. [palabra, sintagma] Que expresa una parte determinada de un todo: *en la frase* Juan comió del pastel, *el partitivo es* del pastel.
OBS El partitivo se puede introducir mediante la preposición *de* o con numerales como *mitad, tercio* o *noveno*.

partitura *n. f.* MÚS. Texto escrito de una obra musical en el que se anotan los sonidos que han de ejecutar los distintos instrumentos o voces, y el modo en que han de hacerlo: *me gustaría conseguir la partitura de esta pieza para poder tocarla al piano.*

parto *n. m.* **1** Proceso por el que el feto sale del vientre de la mujer o de la hembra de una especie vivípara al final de la gestación: *el parto se desarrolló con normalidad y el niño nació bien; las conejas tienen varias crías en cada parto.* **SIN** alumbramiento. **2** Producción o creación de obras, fruto del ingenio o del entendimiento de la persona: *el director declaró que el parto de la película había sido trabajoso.*
el parto de los montes *coloquial* Expresión con que se alude al resultado irrelevante o ridículo de una cosa que se espera que fuera importante o de gran valor: *la novela tan esperada resultó ser el parto de los montes: no complació a ningún crítico.*

estar o **ponerse de parto** Tener los dolores que acompañan a la expulsión del feto: *la mujer se puso de parto en el taxi*.
DER partero, parturienta.

parturienta *adj./n. f.* [mujer] Que está de parto o que acaba de parir: *el médico y la comadrona ayudaron a la parturienta a dar a luz*.

parva *n. f.* **1** Cereal cortado y extendido sobre la era: *después de trillar la parva se separa el grano*. **2** Cantidad grande de una cosa: *el tractor descargó una buena parva de hierba*.
SIN montón.

parvulario *n. m.* Centro educativo donde se cuida y educa a los niños en edad preescolar: *los niños aprendían a dibujar en el parvulario*.

párvulo, -a *adj./n. m. y f.* **1** [niño] Que es de corta edad y que asiste a un parvulario: *la maestra de los párvulos es muy cariñosa; en el colegio de párvulos dedican muchas horas a los trabajos manuales.* ◇ *adj.* **2** [persona] Que sabe muy poco y es fácil de engañar: *¡ay!, aún eres muy párvulo y te queda mucho por aprender*. **SIN** inocente.
DER parvulario.

pasa *n. f.* Uva dulce secada al sol en la vid, o cociéndola con determinados productos. **pasa de Corinto** Pasa de pequeño tamaño que no contiene semillas: *las pasas de Corinto proceden de la región griega del mismo nombre*.

pasable *adj.* Que puede darse por bueno aunque podría mejorarse: *la tarta me ha quedado pasable, aunque tiene demasiado azúcar*.

pasacalle *n. m.* Composición musical de ritmo muy vivo que tocan las bandas de música en las fiestas populares, generalmente por las calles: *en las fiestas, la banda recorrió el pueblo interpretando un alegre pasacalle*.
OBS También se usa *pasacalles* para hacer referencia a una sola de esas composiciones.

pasada *n. f.* **1** Paso de una cosa sobre otra o aplicación de una capa de cierta sustancia como barniz o pintura: *daremos una pasada a la alfombra con el aspirador; estas puertas necesitan una pasada de pintura*. **2** Último repaso o retoque que se da a algo: *el estudio está casi terminado, pero debo darle una pasada antes de entregarlo*. **3** Acción de trasladarse de un lugar a otro: *hizo varias pasadas por delante del escaparate antes de decidirse a entrar en la tienda*. **SIN** paso. **4** Ligero movimiento de la plancha sobre la ropa: *no guardes las sábanas todavía, hay que darles una pasada*. **5** Vuelo que realiza un aparato volador sobre un lugar a una altura determinada: *la avioneta realizó una pasada rasante sobre los árboles*. **6** Puntada larga que se hace en la ropa y cosido hecho con estas puntadas: *se le descosió el dobladillo y le dio unas pasadas para que aguantara hasta que pudiera coserlo bien*. **7** *coloquial* Cosa o acción que destaca por estar fuera de lo normal: *¡el concierto de ayer fue una pasada!; tienen una casa con piscina, ¡qué pasada!*
de pasada Sin fijarse mucho en lo que se hace, de manera superficial: *me contó el problema de pasada, apenas me dio algunos detalles*.
mala pasada Acción malintencionada o injusta que perjudica a otro: *fue una mala pasada el gastarle esa broma*.

pasadizo *n. m.* Paso estrecho en las calles o las casas que sirve para pasar de un sitio a otro: *la vieja casa estaba llena de pasadizos subterráneos; el palacio estaba unido a la catedral por un pasadizo*. **SIN** corredor.

pasado, -da *adj.* **1** [tiempo] Que es anterior al presente: *tu forma de pensar es propia de tiempos pasados; la semana pasada estuvimos en el cine*. **2** Que está estropeado por no ser reciente: *estos tomates no se pueden comer, están pasados; tira esas flores pasadas del jarrón*. ◇ *n. m.* **3** Momento temporal anterior al presente: *en el pasado la gente vestía de modo diferente; tuvo con ella un romance, pero ya pertenece al pasado*. ◇ *adj./n. m.* **4** GRAM. [forma verbal] Que expresa una acción anterior al presente o a otra acción: *estamos estudiando en clase los tiempos del pasado; las formas amé o amaba son pasados del verbo amar*. **SIN** pretérito.
DER antepasado.

pasador *n. m.* **1** Alfiler grande u horquilla que sirve para sujetar o adornar el pelo: *Sara se ha recogido el pelo con un pasador de colores; la novia llevaba el tocado sujeto en la cabeza con pasadores*. **2** Alfiler que sirve para sujetar la corbata a la camisa: *ha regalado a Miguel un pasador y unos gemelos dorados*. **3** Barra de metal sujeta a la hoja de una puerta o una ventana, que sirve para mantenerla cerrada corriéndola hasta hacerla entrar en una hembrilla sujeta en el marco: *la ventana se ha quedado cerrada porque el pasador se ha atascado y no se mueve*. **SIN** cerrojo, pestillo. **4** Utensilio de cocina que sirve para colar alimentos; tiene forma de cono o de media esfera con el fondo agujereado: *hemos hecho puré con el pasador*. **SIN** colador.

pasaje *n. m.* **1** Paso de una parte a otra: *el pasaje de esta orilla a la otra va a ser difícil porque el puente está muy deteriorado*. **2** Documento o billete que da derecho a viajar en un barco o avión; también precio que se paga por este viaje: *compraron dos pasajes de avión para Londres*. **3** Conjunto de personas que viajan en un barco o avión: *la tripulación informó al pasaje de que estaban a punto de aterrizar*. **4** Calle estrecha y corta o paso público entre dos calles, a veces cubierto: *tomaron el pasaje subterráneo para cruzar la avenida*. **5** Fragmento con contenido completo de una obra literaria o musical: *leyó un pasaje del Lazarillo para explicarlo*. **6** Lugar por donde se pasa, en especial el situado entre montañas, entre dos islas o entre una isla y la tierra: *avanzaban a través de un estrecho pasaje entre dos altas montañas*.
DER pasajero.

pasajero, -ra *adj.* **1** Que pasa pronto o dura poco tiempo: *tiene usted unas molestias pasajeras, no se preocupe; la moda es una fiebre pasajera*. ◇ *n. m. y f.* **2** Persona que viaja en un vehículo sin formar parte de su tripulación: *la azafata atiende a los pasajeros del avión; ¡pasajeros al tren!*
SIN viajero.

pasamanos *n. m.* Barra o listón que se coloca sobre la parte superior de una barandilla: *el niño bajó las escaleras deslizándose por el pasamanos*.
OBS Se usa también *pasamano*. ◇ El plural también es *pasamanos*.

pasamontañas *n. m.* Gorro que cubre toda la cabeza hasta el cuello dejando libre la cara o los ojos y la nariz, y que sirve para protegerse del frío: *los días de nieve o frío, me pongo el pasamontañas para salir a la calle*.
OBS El plural también es *pasamontañas*.

pasante *n. com.* Ayudante de un abogado que trabaja con él para adquirir práctica en el oficio: *desde que acabó la carrera trabaja de pasante en un bufete*.

pasaporte *n. m.* Documento personal que acredita la identidad y la nacionalidad de una persona y es necesario para viajar a determinados países: *la policía de las aduanas revisa los pasaportes de los viajeros*.
dar pasaporte *coloquial* a) Romper el trato o la relación con una persona: *no estaba contento con la dependienta pero sabía cómo darle pasaporte*. b) Matar a una persona: *los asesinos le esperaron en el portal de su casa y le dieron pasaporte*.
DER pasaportar.

pasapurés *n. m.* Utensilio de cocina que sirve para triturar y colar alimentos; es un recipiente cóncavo con agujeros: *hizo una papilla triturando las verduras en el pasapurés.* ☞ cocina.
OBS El plural también es *pasapurés*.

pasar *v. tr.* **1** Llevar o conducir de un lugar a otro a una persona o cosa: *pasaron los muebles al pasillo para pintar la habitación.* **2** Dar una cosa propia a otra persona: *el moribundo pasó sus propiedades a sus herederos.* **3** Superar o llevar ventaja en una actividad, cualidad o característica determinada: *en ciencias pasa a su hermano; en altura pasa a todos los de su clase.* **SIN** aventajar, rebasar, sobrepasar. **4** Introducir o sacar mercancías de forma ilegal: *el detenido pasaba droga y artículos de contrabando.* **SIN** traficar. **5** Sufrir o padecer una situación desfavorable o una enfermedad: *ha pasado muchas penalidades; acabo de pasar la gripe.* **6** Tolerar o consentir una cosa, acción o actitud: *sus padres le pasaron muchos caprichos y por eso está malcriado.* **7** Introducir una cosa por el hueco de otra: *si el hilo es muy grueso no podrá pasar por el ojo de la aguja.* **8** Filtrar un líquido separando las partículas sólidas que contiene: *después de triturar el tomate, lo paso por el colador para que no queden pepitas.* **SIN** colar. **9** Aprobar un examen o superar cualquier tipo de prueba: *el joven pasó el examen de conducir a la primera.* **10** Proyectar una película: *en este cine sólo pasan películas de acción o de aventuras.* **11** Ocupar un tiempo determinado: *la familia pasaba el verano en la playa; ¿dónde has pasado el fin de semana?; pasó un rato en el parque.* ◊ *v. tr./intr.* **12** Atravesar o cruzar por encima, por dentro o por el lado de una cosa: *pasaron el río gracias a unas barcas; los buques pasan por el canal.* **13** Comunicar una información: *pásale el recado a Luis; aunque intentaron mantener el secreto, la noticia pasó de boca en boca.* ◊ *v. tr./intr./prnl.* **14** Ir más allá del límite debido en cualquier cosa: *pasaron la frontera entre los dos países sin ninguna dificultad; creo que te estás pasando de la raya.* **SIN** traspasar. ◊ *v. tr./prnl.* **15** Deslizar una cosa por una superficie: *la madre pasaba el cepillo por el pelo de la niña; se pasó la mano por la frente.* **16** Tragar una cosa, sobre todo cuando se hace con esfuerzo: *había comido tanto que no podía pasar el postre.* ◊ *v. intr.* **17** Entrar en un lugar: *como encontró la puerta abierta, pasó sin llamar.* **18** Cambiar de estado o de condición una persona o cosa: *el agua pasa de líquido a sólido a partir de 0 °C centígrados; tras las lluvias, el río pasó de ser un hilillo de agua a arrastrar árboles enteros.* **19** No intervenir en una jugada de un juego de cartas cuando llega el turno: *uno de los jugadores apostó el doble y el otro pasó.* **20** Empezar a realizar la acción que se expresa: *después de las presentaciones, pasaron a almorzar.* **SIN** se usa con la preposición *a* y un verbo en infinitivo. **21** Correr el tiempo: *la tarde pasó lentamente; han pasado ya diez años desde que lo vimos.* **SIN** transcurrir. **22** Estar una cosa en condiciones de ser admitida o usada: *este vestido puede pasar para la fiesta.* **SIN** servir. **23** Ser tenido o considerado por la gente como lo que se expresa: *ella pasa por ser la jefa, pero sólo es la secretaria.* **24** *coloquial* No preocuparse, abstenerse o mostrar desinterés: *si le preguntas por la política, te contestará que pasa de todas esas tonterías.* ◊ *v. intr./prnl.* **25** Andar, moverse o ir a un lugar sin detenerse mucho tiempo en él: *mucha gente pasa por esta calle para ir a la estación; me pasaré por tu casa al salir de la oficina.* **26** Comunicarse una enfermedad de una persona a otra: *la gripe pasó de unos a otros.* **SIN** contagiar. **27** Acabar o terminar algo: *¿ya se te ha pasado el enfado?; ya ha pasado la estación del calor.* **SIN** cesar, finalizar. **28** Conformarse, no necesitar o poder vivir sin algo o con ello: *podemos pasar sin cobrar este mes; no puede pasar sin fumar.* **29** Venir una idea o pensamiento a la imaginación: *nadie sabe lo que le pasa por la cabeza.* ◊ *v. impersonal* **30** Ocurrir o producirse un hecho: *¿qué pasó entre vosotros?; ven rápido, ha pasado algo horrible.* **SIN** suceder. ◊ *v. prnl.* **31 pasarse** Cambiar o marcharse de un partido, organización o equipo por razones ideológicas o de otro tipo: *el diputado se pasó al partido de la oposición.* **32** Olvidar o borrarse de la memoria: *lo siento, se me pasó llamarte por teléfono.* **33** Estropearse o pudrirse un alimento con el tiempo: *los plátanos se han pasado, será mejor que los tires.* **34** Tener una cualidad o propiedad en exceso: *creo que se pasa de bueno.*
pasar a mayores Adquirir más gravedad e importancia un asunto: *si los enfrentados no llegan a un acuerdo, el problema pasará a mayores.*
pasar de largo Ir o atravesar un lugar sin detenerse: *vieron una gasolinera junto a la autopista, pero pasaron de largo.*
pasar las de Caín *coloquial* Sufrir mucho: *pasaron las de Caín con su hijo enfermo.*
pasar por alto No dar importancia o no censurar una cosa, en especial un error o una conducta poco adecuada: *mi padre me ha pasado por alto que en el colegio me llegara tarde a casa.*
pasarse de listo Equivocarse por exceso de malicia: *se pasó de listo creyendo que llegaría antes por aquel atajo.*
DER pasable, pasada, pasadero, pasadizo, pasado, pasador, pasaje, pasante, pase, paso, pasotismo; propasar, repasar, sobrepasar, traspasar.
OBS Se usa con la preposición *por*.

pasarela *n. f.* **1** Puente pequeño o provisional hecho de materiales ligeros, generalmente el que se coloca entre un barco y el muelle: *colocaron la pasarela para que los pasajeros bajasen a tierra; puedes cruzar la autopista por esa pasarela.* **2** Pasillo largo sobre un escenario por el que pasan los modelos o los artistas en un desfile de moda: *la última modelo que salió a la pasarela llevaba un traje de novia.*

pasatiempo *n. m.* Diversión o juego que sirve para pasar un rato agradable: *la natación y la lectura eran sus pasatiempos de verano; compró la revista sólo por los crucigramas y otros pasatiempos.* **SIN** entretenimiento.

pascal *n. m.* Unidad de presión en el Sistema Internacional, que corresponde a la presión que ejerce la fuerza de un newton sobre la superficie de un metro cuadrado: *el símbolo del pascal es Pa.*

pascua *n. f.* **1** Fiesta en la que la Iglesia católica celebra la Resurrección de Jesucristo: *la Semana Santa termina con la Pascua.* En esta acepción se suele escribir con mayúscula. **2** Cualquiera de las fiestas en las que la Iglesia católica celebra la Navidad, la Epifanía y Pentecostés. En esta acepción se suele escribir con mayúscula. **3** Fiesta más importante de los hebreos, en la que celebran la libertad y el fin de la esclavitud de su pueblo en Egipto: *la Pascua judía se celebra en marzo.* En esta acepción se suele escribir con mayúscula. ◊ *n. f. pl.* **4 pascuas** Período que comprende de Navidad al día de Reyes: *los amigos se desean felices Pascuas y próspero año nuevo; pasaron las Pascuas en familia.* En esta acepción se suele escribir con mayúscula.
de Pascuas a Ramos *coloquial* De vez en cuando, con poca frecuencia: *desde que se enfadaron sólo vienen por aquí de Pascuas a Ramos.*
estar como unas pascuas *coloquial* Estar muy alegre: *hoy empiezan sus vacaciones y está como unas pascuas.*
hacer la pascua *coloquial* Molestar o hacer daño a una persona: *cree que sus amigos deberían ayudarle en vez de hacerle la pascua.* **SIN** fastidiar, perjudicar.

¡**santas pascuas!** *coloquial* Expresión que indica que hay que conformarse con lo que se hace o se dice: *iremos al cine, y ¡santas pascuas!*
DER pascual.

pascual *adj.* De la Pascua o relacionado con esta fiesta religiosa que celebra la Resurrección de Jesucristo: *cirio pascual*.

pase *n. m.* **1** Documento con el que se concede a una persona un permiso para hacer una cosa, especialmente para entrar en un lugar: *los invitados debían mostrar al portero un pase especial; el soldado tenía un pase para ir a su casa a dormir.* **SIN** autorización, licencia. **2** Proyección de una película en el cine o en la televisión: *el próximo pase es a las nueve; le gusta ir al último pase del sábado.* **SIN** sesión. **3** Desfile de modas: *el sábado habrá un pase de modelos para presentar la colección primavera-verano.* **4** En tauromaquia, cada una de las veces que el torero dejar pasar al toro por debajo del capote después de haberlo llamado con la muleta: *el matador remató la faena con un pase de rodillas.* **5** En ciertos deportes, envío o lanzamiento de la pelota que hace un jugador a otro de su mismo equipo: *un pase del delantero centro en el último minuto decidió el partido.* **6** Cambio de lugar, categoría o estado: *el brillante juego del tenista le permitió su pase a la final.* **7** Movimiento que efectúa un mago o un hipnotizador con sus manos: *el hipnotizador hizo unos pases y el espectador quedó profundamente dormido.*

pasear *v. intr./prnl.* **1** Andar por diversión o para hacer ejercicio, generalmente al aire libre y sin una meta fija: *toda la familia salió a pasear al parque; el enfermo se paseaba por la habitación.* **SIN** callejear, caminar. **2** Ir montado en un caballo u otro animal, en un vehículo o en una embarcación, para divertirse o para hacer ejercicio: *un día pasearon en camello por el desierto; el padre los llevó a pasear en el coche nuevo; se pasearon en bicicleta por el Retiro.* ◊ *v. tr.* **3** Llevar de paseo a una persona, a un animal o a una cosa para distraerla, para que le dé el aire o para enseñarla: *paseaba al niño por el jardín; todas las tardes pasea a su perro; paseó su nuevo coche por todo el barrio para dar envidia a sus amigos.* ◊ *v. prnl.* **4 pasearse** Presentarse una o más ideas en la mente de una persona: *en ese triste momento miles de pensamientos se paseaban por su cabeza.*
DER paseante, paseo.

paseíllo *n. m.* Desfile de los toreros y sus cuadrillas por la plaza de toros antes de empezar la corrida: *la música empezó a sonar y los toreros iniciaron el paseíllo.*
OBS Se usa más en la expresión *hacer el paseíllo*.

paseo *n. m.* **1** Recorrido o desplazamiento que se hace a pie sin una meta fija, por diversión o para hacer ejercicio: *se mantiene en forma gracias a su paseo diario; salió a dar un paseo para distraerse un rato de sus preocupaciones.* **2** Lugar público por donde se puede pasear con comodidad: *la ciudad tiene un hermoso paseo bordeado de árboles.* **3** Distancia corta que se puede recorrer en poco tiempo: *de su casa al colegio no hay más que un paseo.*
a paseo *coloquial* Expresión que se usa para rechazar a una persona con enfado o disgusto: *¡vete a paseo y no me molestes!; cuando vino pidiendo explicaciones, lo mandó a paseo.* Se usa con los verbos *ir, enviar, mandar* o *echar*.
DER paseíllo.

paseriforme *adj./n. m.* ZOOL. [ave] Que es de tamaño pequeño, construye nidos en los árboles y tiene tres dedos hacia adelante y el pulgar hacia atrás: *el ruiseñor y el mirlo son aves paseriformes.*

pasillo *n. m.* **1** Pieza larga y estrecha dentro de una casa o de un edificio que comunica unas habitaciones con otras: *las paredes del pasillo estaban decoradas con cuadros y espejos; mi despacho está al final del pasillo.* **SIN** corredor. **2** Paso estrecho que se abre en medio de una multitud de personas para que pueda pasarse por él.

pasión *n. f.* **1** Sentimiento muy fuerte e intenso o perturbación del ánimo que domina la voluntad y la razón de una persona, como el amor, el odio, los celos o la ira: *se dejó llevar por las bajas pasiones y acabó mal; la pasión arrastró a los dos amantes.* **SIN** apasionamiento, arrebato. **2** Inclinación o preferencia muy intensa por una persona o una cosa: *siente pasión por los animales; sus hijos son su gran pasión.* **SIN** entusiasmo. **ANT** indiferencia. **3** Sufrimiento o padecimiento, especialmente el de Jesucristo desde su entrada en Jerusalén hasta su muerte, narrado en el Evangelio: *el Viernes Santo se conmemora la Pasión de Jesucristo; el sacerdote leyó en el Evangelio los pasajes de la Pasión.* En esta acepción se suele escribir con mayúscula.
DER pasional; apasionar.
ETIM Véase *padecer*.

pasional *adj.* **1** De la pasión, especialmente amorosa, o que tiene relación con ella. **2** [persona] Que toma decisiones dejándose llevar por los sentimientos, sin pensar en las consecuencias de sus actos: *la pasional defensa que hizo el abogado acabó por perjudicar al acusado.* **ANT** cerebral.

pasionaria *n. f.* **1** Planta trepadora con hojas recortadas y flores olorosas de color morado. **2** Flor de esta planta.

pasividad *n. f.* Actitud del que deja obrar a los demás y no hace nada: *es inteligente pero su pasividad hace que no se interese por nada.*

pasivo, -va *adj.* **1** Que permanece inactivo y deja obrar a los demás: *estudia mucho, pero es muy pasivo en clase; debes tomar la iniciativa y no ser una persona pasiva.* **SIN** indiferente. **ANT** activo. ◊ *adj./n. f.* **2** GRAM. [oración] Que lleva un sujeto que no realiza la acción del verbo sino que la recibe y lleva un verbo en voz pasiva: *la oración la mesa fue golpeada por los niños es pasiva.* **ANT** activo. **pasiva refleja** GRAM. [oración] De significado pasivo que se forma añadiendo la partícula *se* a un verbo: *la oración se limpian alfombras es pasiva refleja.* **voz pasiva** GRAM. Forma del verbo que expresa que el sujeto no realiza la acción del verbo sino que la recibe; en español se forma con el verbo *ser* como auxiliar seguido del participio del verbo principal: *en latín la voz pasiva se formaba añadiendo morfemas al verbo.* ◊ *n. m.* **3** ECON. Conjunto de las deudas y las obligaciones de una persona, empresa u organismo: *hay déficit cuando el pasivo es mayor que los beneficios.* **ANT** activo.
DER pasividad.
ETIM *Pasivo* procede del latín *passivus*, que tenía el mismo significado, voz con la que también está relacionada *impasible*.
OBS La pasiva refleja no se construye con complemento agente.

pasma *n. f. coloquial* Agente de policía: *si la pasma nos coge sin identificación nos mete en el cuartelillo.* **SIN** madero.

pasmado, -da *adj.* Que queda como atontado debido al asombro o a la sorpresa: *quedó pasmada cuando le dijeron que tendría trillizos.*

pasmar *v. tr./prnl.* **1** Causar un gran asombro o sorpresa a una persona, dejándola sin saber qué hacer o qué decir: *el coche del forastero pasmó a todo el pueblo; el público se pasmó ante su magnífica actuación.* **SIN** asombrar, embobar, sorprender. ◊ *v. prnl.* **2 pasmarse** Quedarse helada o aterida una persona rápidamente por el intenso frío: *se me están pasmando los pies de frío; los días de invierno se pasma uno por las mañanas.* **SIN** congelarse, helarse.
DER pasmado, pasmarote.

pasmarote *n. m. coloquial* Persona ensimismada o embobada, que permanece quieta sin hacer nada y sin entender lo que se le dice: *no te quedes ahí como un pasmarote y ven a ayudarnos*. **SIN** pasmado.

pasmo *n. m.* **1** Asombro o sorpresa exagerada que impide a una persona hablar o reaccionar: *nos miró con ojos de pasmo cuando se enteró de la noticia*. **SIN** extrañeza. **2** Enfermedad nerviosa provocada por la infección de una bacteria, que causa dolores y contracciones en los músculos, incapacidad de movimiento e, incluso, la muerte: *el niño se cortó con una lata oxidada y tuvieron que vacunarlo para evitar el pasmo*. **SIN** tétanos. **3** Malestar general producido por un enfriamiento o en el inicio de ciertas enfermedades, especialmente gripe y constipado: *al salir a la calle, le entró el pasmo*.
DER pasmar, pasmoso; espasmo.

pasmoso, -sa *adj.* Que produce pasmo o asombro y sorpresa: *acudió al examen con una tranquilidad pasmosa*.

paso *n. m.* **1** Movimiento que se hace al andar, levantando un pie, adelantándolo y volviéndolo a poner sobre el suelo: *la anciana no podía dar ni un paso; el niño dio tres pasos*. **2** Espacio que se recorre en cada uno de esos movimientos: *desde aquí a tu mesa hay seis pasos*. **3** Modo de moverse o de andar: *caminaba con paso firme; aceleró el paso porque perdía el tren*. **4** Manera de andar de los animales cuadrúpedos cuando lo hacen lentamente: *la pantera se acercó a la presa con pasos sigilosos*. **5** Lugar por donde se puede pasar de una parte a otra: *no cruce las vías del tren, utilice el paso subterráneo; de La Mancha a Andalucía se llega por el paso de Despeñaperros*. **paso a nivel** Lugar donde la vía del tren se cruza con un camino o una carretera al mismo nivel: *han bajado las barreras del paso a nivel porque va a pasar el tren*. **paso de cebra** o **paso de peatones** Lugar señalizado con unas franjas blancas y paralelas por donde los peatones pueden cruzar la calle con preferencia sobre los vehículos: *es necesario pintar un paso de cebra en la puerta del colegio*. **6** Señal que deja el pie al pisar: *sobre la arena de la playa se veían los pasos de dos personas*. **SIN** huella, pisada. Se usa más en plural. **7** Serie de variaciones que realiza una danza o baile: *lo siento, no sé los pasos del tango; el bailarín ensayó unos cuantos pasos del vals*. **8** Avance que realiza un aparato al medir o contar una cantidad determinada: *los pasos suelen registrarse con números; en el recibo del teléfono viene detallado el número de pasos de cada llamada*. **9** Progreso o avance en una actividad o en un trabajo: *ese descubrimiento fue un gran paso para la ciencia*. **10** Gestión o proceso que se hace para pedir o conseguir una cosa: *para obtener el pasaporte tuvo que seguir unos pasos determinados; para resolver una ecuación hay que seguir una serie de pasos*. **SIN** operación, trámite. Se usa más en plural. **11** Suceso importante o significativo en la vida de una persona: *elegir una carrera es un paso difícil para el estudiante*. **12** Escultura o grupo escultórico que representa una escena de la Pasión de Jesucristo y que se saca a la calle en las procesiones de Semana Santa: *la gente caminaba en silencio detrás del paso de la Última Cena*. **13** Pieza de teatro muy breve y generalmente cómica o satírica: *en el Siglo de Oro era frecuente que los pasos se intercalasen en las representaciones de obras más largas*. ◇ *n. m. pl.* **14 pasos** En baloncesto y balonmano, falta que consiste en dar tres pasos o más sin botar la pelota: *el árbitro pitó pasos al jugador número ocho*.
a (**o con**) **ese paso** A esa velocidad: *a ese paso no vais a acabar nunca*.
a paso de tortuga Muy lentamente: *si vas a paso de tortuga, no llegarás a tiempo*.
a un (**o dos** o **cuatro**) **pasos** Muy cerca: *la iglesia está a cuatro pasos del ayuntamiento*.
abrir paso Eliminar los obstáculos para poder pasar por un lugar: *un policía iba delante abriendo paso entre la muchedumbre*.
abrirse paso Conseguir una cosa o tener éxito en la vida: *sus comienzos fueron duros, pero se abrió paso gracias a su tesón*.
dar un paso en falso Equivocarse en algún asunto: *al abandonar su trabajo, dio un paso en falso*.
no poder (**o no saber**) **dar un paso sin** Necesitar mucho la ayuda de una persona o una cosa: *es una persona muy insegura y no sabe dar un paso sin consultar*.
paso a paso Con lentitud: *fue ascendiendo paso a paso*.
paso del ecuador Fiesta o viaje que organizan los estudiantes universitarios que se encuentran en la mitad de la carrera: *todo el curso ha estado vendiendo camisetas para pagarse el viaje de paso del ecuador*.
salir del paso Librarse de una obligación o compromiso de cualquier manera: *vinieron más invitados de los que esperábamos, pero salimos del paso con bocadillos*.
DER pasear, pasillo.

pasodoble *n. m.* **1** Baile español de ritmo rápido y vivo, que se baila en pareja: *el pasodoble, el bolero y el tango son bailes de salón*. **2** Música, generalmente con ritmo de dos por cuatro, con la que se ejecuta este baile: *el público se animó al oír el pasodoble que la orquesta dedicaba al torero*.

pasota *adj./n. com. coloquial* [persona] Que muestra despreocupación o desinterés por todo lo que le rodea: *este hijo mío es un pasota, no tiene interés por nada*.

pasotismo *n. m.* Actitud de desinterés e indiferencia por todo: *el pasotismo de los jóvenes es una manifestación típica del paso de la adolescencia a la edad adulta*.

paspartú *n. m.* Tira de cartón o tela que se coloca alrededor de un cuadro para separarlo del marco: *este cuadro para que destaque necesita un paspartú ancho*.
OBS Su plural es *paspartús*.

pasquín *n. m.* Escrito anónimo de contenido satírico o de crítica que se coloca en un lugar público.

pasta *n. f.* **1** Masa espesa que se hace triturando y mezclando sustancias sólidas y líquidas: *el albañil ha tapado los agujeros de la pared con una pasta de yeso y agua; hacía sus figuras con pasta de arcilla*. ☞ reciclaje, proceso de. **2** Masa hecha de harina, manteca o aceite y otros ingredientes que se utiliza para hacer pasteles o empanadas: *¿sabes qué cantidad de levadura hay que poner a la pasta de los pasteles?* **3** Masa de harina de trigo y agua que se deja secar y con la que se fabrican los macarrones, los fideos, los espaguetis y otros alimentos: *los italianos son unos expertos cuando se trata de preparar una buena pasta*. **4** Conjunto de alimentos realizados con esta masa: *mañana comeremos pasta de primer plato y carne de segundo*. **5** Pieza pequeña dulce o de pastelería hecha de masa de harina, azúcar, leche y huevo y, generalmente, cocida al horno: *estas pastas llevan chocolate y almendras por encima; pusieron unas pastas para acompañar el café*. **6** Encuadernación de los libros, hecha de cartón: *las pastas de los libros suelen forrarse de piel, tela o plástico para que estén protegidos*. **SIN** tapa. **7** *coloquial* Dinero: *le atracó un chorizo y le quitó toda la pasta que llevaba encima*.
pasta gansa *coloquial* Cantidad grande de dinero: *hace falta una pasta gansa para poder comprar una moto*. **8** *coloquial* Carácter o modo de ser de una persona: *puedes confiar en esta gente, todos son de buena pasta*.
DER pastoso; empastar.

pastar *v. intr.* Comer el ganado hierba en el campo para alimentarse: *las vacas están pastando en el prado.* **SIN** pacer.

pastel *n. m.* **1** Dulce de pequeño tamaño que puede llevar crema, chocolate, frutas u otros componentes: *¿te apetece un pastel de nata con el café?* **2** Masa hecha de harina, huevos y mantequilla que se rellena de carne, pescado, frutas u otros ingredientes y se cocina al horno: *el cocinero hizo un pastel de carne exquisito.* **3** Lápiz o barra de pasta de color, hecho con agua, polvo y materias colorantes, que se usa para pintar: *le regalaron una caja de pasteles para que practicara en casa.* **4** Técnica de pintura que emplea estos lápices sobre un papel rugoso y áspero, y también las obras realizadas con esta técnica: *el pastel fue muy utilizado por los pintores impresionistas; los pasteles del famoso pintor alcanzaron un precio muy alto en la subasta.* ◇ *adj.* **5** [color] Que es suave y pálido: *su casa está decorada en tonos pastel; llevaba un vestido azul pastel.* Se usa con otros sustantivos que indican color y no varía de número.
descubrirse el pastel *coloquial* Hacerse público un asunto que se mantenía oculto: *al llegar el nuevo presidente se descubrió el pastel: los ejecutivos habían estado especulando con el dinero.*
repartirse el pastel *coloquial* Repartirse un dinero o un beneficio: *varias empresas se repartieron el pastel al quebrar la fábrica de plásticos.*
DER pastelear, pastelero, pastelillo.

pastelería *n. f.* **1** Establecimiento en el que se elaboran o se venden pasteles, pastas y toda clase de dulces: *he encargado una tarta en la pastelería; en esa pastelería venden chocolatinas y bombones.* **SIN** confitería, dulcería. **2** Técnica de elaborar pasteles, pastas y otros dulces: *quería estudiar pastelería para seguir la tradición familiar.* **3** Conjunto de pasteles, pastas o dulces: *compró un quilo de pastelería surtida; en la pastelería navideña predominan los mantecados y los polvorones.*

pastelero, -ra *n. m. y f.* Persona que se dedica a elaborar y vender pasteles, tartas y otros dulces: *el pastelero me ha regalado unas pastas de té deliciosas.* **SIN** confitero, dulcero.
DER pastelería.

pasterización *n. f.* Pasteurización.
pasterizar *v. tr.* Pasteurizar.
pasteurización *n. f.* Procedimiento que consiste en someter un alimento, generalmente líquido, a una temperatura aproximada de 80 °C durante un corto período de tiempo con el fin de destruir los gérmenes y de prolongar su conservación: *la pasteurización no altera el sabor y la composición de los alimentos.* También se escribe *pasterización*.

pasteurizar *v. tr.* Someter un alimento, generalmente líquido, a una temperatura aproximada de 80 °C durante un corto período de tiempo con el fin de destruir los gérmenes y de prolongar su conservación: *la leche se pasteuriza antes de ser envasada para que se conserve en buen estado durante más tiempo.* También se escribe *pasterizar*.
DER pasteurización.
ETIM De Louis Pasteur, químico francés (1822-1895).
OBS En su conjugación, la *z* se convierte en *c* delante de *e*.

pastiche *n. m.* **1** Imitación que consiste en tomar diversos elementos y combinarlos de manera que el resultado parezca una creación original: *esta obra de teatro es un pastiche en el que se pueden reconocer elementos de otra del siglo pasado.* **2** Mezcla de objetos, colores o ideas diferentes sin ningún orden: *aquel documental no era otra cosa que un pastiche de imágenes y datos sin ningún orden.*

pastilla *n. f.* **1** Porción pequeña y sólida de una sustancia medicinal, de forma generalmente redonda o cuadrada, que se puede tragar con facilidad: *el médico me ha recetado unas pastillas para el dolor.* **SIN** comprimido, tableta. **2** Pieza de pasta dura de diferentes sustancias, generalmente de forma cuadrada o redonda, que se usa con un fin determinado: *compró una pastilla de jabón de coco para lavar la ropa delicada; esas pastillas de café están buenísimas.*
a toda pastilla *coloquial* Muy rápido o a gran velocidad: *los bomberos salieron a toda pastilla hacia el lugar del incendio.*

pastizal *n. m.* Terreno donde abunda el pasto: *los pastores condujeron el ganado hacia los pastizales del norte.*

pasto *n. m.* **1** Hierba u otro alimento que come el ganado en el campo: *hay tanta sequía que es difícil encontrar buenos pastos; la alfalfa y las algarrobas forman parte del pasto del ganado.* **SIN** forraje. **2** Campo donde abunda esta hierba: *en el norte de España están los mejores pastos; el pastor condujo las ovejas a los pastos.* Se usa más en plural. **3** Materia o cosa que se destruye o consume por una acción o actividad, o sobre la que se ejerce una actividad: *cada verano los bosques son pasto de las llamas.*
DER pastar, pastizal, pastor.

pastor, -ra *n. m. y f.* **1** Persona que se dedica a cuidar ganado: *los pastores llevan a los rebaños a pastar a la alta montaña.* **perro pastor** Perro adiestrado para ayudar al pastor en el cuidado del rebaño; también nombre dado a diversas razas de perros que originariamente tenían esa función: *en aquel concurso, cada perro pastor tenía que demostrar sus habilidades reuniendo al rebaño y guiándolo hacia su amo.* ◇ *n. m.* **2** Sacerdote o eclesiástico que tiene la obligación de cuidar de sus fieles: *llevaron al niño para que el pastor lo bendijera.*
DER pastoral, pastorear, pastorela, pastoril.

pastoral *adj.* **1** De los pastores de una iglesia o que tiene relación con ellos: *el obispo realizará una visita pastoral a nuestra parroquia; el sacerdote realizó una gran labor pastoral en aquel barrio obrero.* ◇ *adj./n. f.* **2** [carta, escrito] Que dirige un pastor de una iglesia a sus fieles: *en su última pastoral, el obispo exhortaba a los cristianos a valorar la familia.* ◇ *n. f.* **3** Composición literaria o musical cuyo tema es la vida de los pastores: *se ha representado una pastoral en el palacio real; mis composiciones favoritas son las pastorales de los clásicos.*

pastorear *v. tr.* Llevar el ganado al campo y cuidar de él mientras pace: *en el verano pastoreaba ovejas en la dehesa.*
DER pastoreo.

pastoreo *n. m.* Cuidado y guía del ganado mientras pace en el campo: *cada vez son menos las personas que se dedican al pastoreo.*

pastoril *adj.* **1** De los pastores o que tiene relación con estas personas: *en esa revista hay un reportaje sobre la vida pastoril.* **2** [obra literaria, género literario] Que trata de la vida y de los amores de los pastores en medio de una naturaleza perfecta o idílica: *Cervantes se inició en el mundo de la literatura con la novela pastoril* La Galatea. **SIN** bucólico.

pastoso, -sa *adj.* **1** Que es blando y moldeable: *la pomada es una masa pastosa; el yeso es pastoso.* **2** Que es más espeso de lo normal o que está muy pegajoso: *el pescado va acompañado de una salsa verde y pastosa; debido a la fiebre tenía la boca pastosa y un insoportable dolor de cabeza.*

pata *n. f.* **1** Cada una de las extremidades de un animal: *su caballo no participa en la carrera porque se hizo daño en una pata; algunas aves duermen apoyándose sobre una sola pata.*
pata de gallo Tejido con un dibujo cuadrangular cruzado que recuerda las huellas de un gallo. **patas de gallo** Arrugas que se forman en la parte exterior del ojo y que suelen

tener tres surcos, como la pata de un gallo. Con este sentido suele usarse en plural. **2** Pieza de un mueble u otro objeto que sirve para que se apoye en el suelo o en otra superficie: *la alfombra está pillada debajo de una pata de la cama; la silla está coja porque una de las patas está rota.* **3** coloquial Pierna de una persona: *ese jugador de baloncesto tiene las patas muy largas.*
a cuatro patas Manera de andar apoyándose en el suelo con las manos y los pies o las rodillas: *se le había caído una lentilla y recorría la habitación a cuatro patas.*
a la pata coja Manera de andar dando saltos sobre un solo pie mientras se levanta el otro: *perdió un zapato y tuvo que ir hasta su casa a la pata coja.*
a la pata la llana Sin cumplidos o con gran sencillez: *es una persona sencilla que trata a todo el mundo a la pata la llana.*
a pata coloquial Andando, sin usar ningún medio de transporte: *se le ha acabado la gasolina al coche, así que tendremos que ir a pata.*
estirar la pata coloquial Morirse: *estiró la pata sin hacer testamento.*
mala pata coloquial Mala suerte: *estaba arruinado porque tenía muy mala pata para los negocios.*
meter la pata coloquial Decir o hacer una cosa con poco acierto o equivocándose: *metió la pata al hacer la operación final y suspendió el examen; has metido la pata invitándola a venir.*
patas arriba coloquial a) Al revés, con la parte superior debajo y la inferior encima: *el coche se salió de la carretera y quedó patas arriba.* b) Desordenado: *el niño estuvo jugando con el perro y la habitación quedó patas arriba.*
DER patada, patalear, patear, patoso; despatarrarse, espatarrarse.

-pata Elemento sufijal que entra en la formación de palabras con el significado de 'enfermo': *psicópata.*

patada *n. f.* Golpe dado con el pie o con la pata: *los futbolistas se pasan el día dando patadas al balón.*
a patadas coloquial a) En abundancia o exceso: *en aquel río había truchas a patadas.* b) Con gran desconsideración: *como no le gustan los libros los trata a patadas.*
dar cien patadas coloquial Desagradar o disgustar mucho una cosa: *le da cien patadas tener que poner buena cara delante de ese cliente.*
dar la patada coloquial Despedir a una persona de su trabajo: *trabajó allí durante doce años pero le dieron la patada.* **SIN** despedir.
en dos patadas coloquial Con facilidad, sin esfuerzo, rápidamente: *no te preocupes, esto lo hacemos en dos patadas.*

patalear *v. intr.* **1** Mover las piernas o las patas rápidamente y con fuerza: *el animal cayó boca arriba y pataleaba, pero no podía levantarse.* **2** Dar patadas en el suelo, con fuerza y repetidamente, en señal de enfado o disgusto: *la niña empezó a llorar y a patalear.* **SIN** patear.
DER pataleo, pataleta, patán.

pataleo *n. m.* **1** Sucesión de golpes que se dan con los pies en el suelo de forma violenta, especialmente a causa de enfado, desagrado o dolor: *no soporto el pataleo del niño cuando se pone a llorar.* **SIN** patear. **2** Sucesión de movimientos rápidos y violentos de las piernas o las patas: *se quedó mirando el pataleo de la pobre cucaracha que se había quedado boca arriba.* **3** coloquial Queja o protesta por algo que ha sucedido ya y que es inevitable: *aunque sea ya inútil, nadie me quitará el derecho al pataleo.*

pataleta *n. f.* coloquial Manifestación violenta y de poca duración de un disgusto o un enfado producido generalmente por una pequeña contrariedad: *la madre no sabía cómo parar la pataleta del niño.* **SIN** rabieta.

patán *adj./n. m.* **1** coloquial [hombre] Que se comporta de manera poco educada o grosera: *parecía un caballero, pero en la mesa era un auténtico patán.* **SIN** grosero, maleducado. **ANT** cortés, educado. ◇ *n. m.* **2** Hombre tosco o de pueblo: *era un patán acostumbrado a vivir en el campo, pero se preocupaba por aprender.* Se usa en tono despectivo.

patata *n. f.* **1** Planta herbácea originaria de América del Sur de tallo ramoso, con las hojas ovaladas y flores blancas y moradas, que produce un tubérculo comestible: *se marchó a regar las patatas del huerto.* **2** Tubérculo comestible, de forma redonda o alargada y de color marrón por fuera y blanco o amarillo por dentro: *peló las patatas y las lavó antes de cortarlas; las patatas son ricas en fécula, pero pobres en proteínas y grasas.* **3** coloquial Cosa mal hecha o de mala calidad: *ese dibujo es una patata, más vale que hagas otro.*
ni patata coloquial Nada: *cuando habla no se le entiende ni patata.*
ETIM Viene de la confusión de las voces americanas *papa*, 'tubérculo', y *batata.*
DER patatero.

patatín Palabra que se usa en la expresión coloquial *que si patatín, que si patatán* que 'se usa en lugar de otra que no se considera importante o para resumir las excusas de una persona': *ella intentaba convencerle, pero él que si patatín, que si patatán, obstinado en que tenía razón.*

patatús *n. m.* coloquial Ataque de nervios, desmayo o impresión muy fuerte: *del disgusto, le dio un patatús y se murió; al ver el fantasma le dio un patatús.* **SIN** soponcio.
OBS El plural también es *patatús.*

paté *n. m.* Pasta comestible hecha de carne o hígado picados, especialmente de oca, pato, cerdo o pescado: *cogía el paté de la lata y lo untaba en pan tostado.*
ETIM Esta palabra es de origen francés.
OBS El plural es *patés.*

patear *v. tr.* **1** Pisar o dar golpes con los pies: *los niños del barrio patearon el césped del jardín.* **SIN** pisotear. **2** coloquial Tratar a una persona o cosa sin delicadeza y sin educación: *fue a pedir trabajo y el empleado de la fábrica lo pateó.* **SIN** maltratar. ◇ *v. tr./intr.* **3** coloquial Andar mucho por uno o más lugares, en especial haciendo gestiones para conseguir una cosa: *he pateado todas las tiendas de la ciudad buscando unos zapatos; estuvo pateando durante todo el día para presentar la declaración de la renta.* ◇ *v. intr.* **4** coloquial Dar patadas en el suelo en señal de enfado, dolor o disconformidad: *es un niño muy mimado y siempre patea cuando no le hacen caso; el público pateó durante gran parte de la representación.* **SIN** patalear.
DER pateo; repatear.

patena *n. f.* Plato pequeño de oro u otro metal en el que se coloca la hostia durante la misa: *el sacerdote limpia la patena antes de terminar la misa.*
limpio como una patena o **más limpio que una patena** Exageradamente limpio o reluciente: *Luis tenía el coche limpio como una patena; tenía la casa más limpia que una patena.*

patentar *v. tr.* Dar o conseguir una patente para un invento: *el industrial quiere patentar un nuevo modelo de lavadora; los inventores deben patentar sus descubrimientos para proteger su autoría.*
DER patentado.

patente *adj.* **1** Que se ve con claridad o que se percibe sin necesidad de razonamientos o explicaciones: *la sensación de*

alegría era patente en el rostro de los afortunados; esta novela refleja la realidad de modo patente. **SIN** claro, evidente, manifiesto. ◇ *n. f.* **2** Documento oficial en el que se reconoce la propiedad sobre un invento y que permite la exclusividad en su fabricación y venta durante un tiempo determinado: *quiere la patente de su máquina para ser el único que pueda fabricarla en los próximos veinte años*. **3** Documento en el que se acredita una condición, un mérito o una autorización para hacer una cosa: *si quieres abrir una fábrica necesitarás una patente.* **SIN** licencia. **patente de corso** *a)* Autorización para hacer una cosa que está prohibida a los demás: *cree que tiene una patente de corso para llegar todos los días tarde al trabajo. b)* Autorización que un gobierno otorgaba a su flota para practicar la piratería en caso de guerra.
DER patentar, patentizar.

pateo *n. m.* Sucesión de golpes que se dan con los pies en el suelo de forma violenta, especialmente a causa de enfado, desagrado o dolor: *el cantante fue recibido por el pateo del público, que estaba cansado de esperar.* **SIN** pataleo.

patera *n. f.* Embarcación elemental de quilla plana y poco calado: *algunos inmigrantes ilegales del norte de África utilizan pateras para cruzar el estrecho de Gibraltar y llegar a las costas españolas.*

paternal *adj.* [comportamiento, sentimiento] Que es o se considera propio de los padres: *el profesor le dio un consejo en tono paternal.*
DER paternalismo.

paternalismo *n. m.* Tendencia a adoptar una actitud protectora hacia los demás, especialmente hacia los subordinados, impidiendo que decidan por sí mismos: *los empleados pedían menos paternalismo y un sueldo más justo.*
DER paternalista.

paternalista *adj./n. com.* Que adopta el paternalismo como forma de conducta: *los dueños de las empresas pequeñas suelen ser muy paternalistas con sus trabajadores.*

paternidad *n. f.* **1** Estado o circunstancia de ser padre: *el hombre se encontraba muy nervioso por su nueva paternidad.* **2** Origen o creación: *un científico quiso atribuirse la paternidad de la fórmula.*

paterno, -na *adj.* Del padre o los padres o que tiene relación con él o ellos: *siempre siguió los consejos paternos; no tenía ninguna tía por línea paterna.*
DER paternal, paternidad.
ETIM Véase *padre.*

patético, -ca *adj.* **1** Que causa una gran impresión y mueve a compasión o que expresa un dolor, un sufrimiento o una tristeza grandes: *la imagen del niño herido era francamente patética, me puse a llorar al verlo; escribió un relato patético en el que describía sus experiencias en la cárcel.* **2** Que resulta ridículo: *su comportamiento durante la fiesta fue patético, intentó ligar con todas las chicas.* **SIN** grotesco.

patetismo *n. m.* Capacidad para provocar una impresión, una tristeza o un sufrimiento muy grandes: *en la televisión han puesto unas imágenes de un terremoto llenas de patetismo.*
DER patético.

-patía Elemento sufijal que entra en la formación de palabras con el significado de: *a)* 'Afección, enfermedad': *cardiopatía. b)* 'Sentimiento': *simpatía.*

patíbulo *n. m.* Lugar, generalmente alto en el que se ejecutaba a los condenados a muerte: *Luis XVI y su esposa María Antonieta subieron al patíbulo durante la Revolución francesa.*
DER patibulario.

patidifuso, -sa *adj. coloquial* Que está sorprendido o extrañado por algo extraordinario o inesperado: *la noticia de su boda dejó a todos patidifusos; la importancia del suceso dejó patidifuso al vecindario.* **SIN** estupefacto, pasmado, patitieso.

patilla *n. f.* **1** Franja de pelo que crece delante de las orejas y que en los hombres puede unirse a la barba: *el peluquero le recortó las patillas.* **2** Varilla muy fina y generalmente curvada que, junto con otra, sujeta el armazón de las gafas a las orejas: *esas gafas tienen una patilla rota.*

patín *n. m.* **1** Especie de bota adaptable al pie o plancha ajustable a la suela del zapato que lleva una hoja de metal con filo o ruedas, y que se usa para deslizarse sobre el hielo o sobre una superficie dura y lisa: *la patinadora se puso los patines de hielo antes de entrar a la pista; tengo unos patines con ruedas para patinar por la calle.* **2** Juguete formado por una plancha con ruedas y una barra con manillar en la parte delantera; se usa colocando un pie sobre la plancha e impulsándose con el otro contra el suelo.* **SIN** patinete. **3** Embarcación compuesta por dos flotadores paralelos unidos con dos o más travesaños que avanza a vela o por medio de un sistema de paletas movidas por pedales: *fueron a la playa y alquilaron un patín.*
DER patinar, patinete; monopatín.

pátina *n. f.* **1** Capa fina de óxido de color verdoso que se forma en el bronce y en otros metales a causa de la humedad: *esos cacharros viejos están cubiertos de pátina.* **2** Debilitamiento del color que sufren algunos objetos, especialmente las pinturas al óleo, a causa del paso del tiempo. **3** Tono suave y débil que se consigue artificialmente y que da a un objeto un aspecto antiguo: *he cubierto de pátina la mesa que he fabricado y parece una antigüedad.*

patinador, -ra *n. m. y f.* Persona que practica el patinaje: *ayer hubo un concurso de patinadores profesionales.*

patinaje *n. m.* Deporte que consiste en deslizarse con patines sobre el hielo u otra superficie dura y lisa, haciendo figuras y ejercicios diversos: *el patinaje sobre hielo y el patinaje sobre ruedas son dos modalidades deportivas.*

patinar *v. intr.* **1** Deslizarse con patines sobre el hielo u otra superficie dura y lisa: *está aprendiendo a patinar y pierde el equilibrio con frecuencia.* **2** Resbalar o deslizarse involuntariamente: *el suelo estaba encerado, patiné y caí; el coche patinó al frenar por culpa del hielo.* **3** *coloquial* Equivocarse o cometer una indiscreción: *me parece que has patinado con esta decisión tan repentina.*
DER patinador, patinaje, patinazo.

patinazo *n. m.* **1** Resbalón o deslizamiento brusco e involuntario: *la presencia de agua, hielo, nieve o arena en el suelo puede producir fácilmente patinazos.* **2** *coloquial* Equivocación o indiscreción: *el comentario que hizo en aquella reunión fue un patinazo y lo pagó caro.*

patinete *n. m.* Juguete formado por una plancha con ruedas y una barra con manillar en la parte delantera, que se usa colocando un pie sobre la plancha e impulsándose con el otro contra el suelo: *la plancha del patinete puede ser de metal, madera o plástico.* **SIN** patín.

patio *n. m.* Espacio descubierto, o cubierto por cristales, en el interior de un edificio: *los niños salieron al patio del colegio para jugar; tendía la ropa en el patio para que se secara antes.* **patio de armas** Espacio descubierto dentro de un edificio militar, destinado a la formación de los soldados o al cambio de guardia: *el capitán pasó revista a la tropa en el patio de armas del cuartel.* **patio de butacas** Zona que ocupa el público en la planta baja de un cine o teatro, normalmente más bajo que el escenario: *el patio de butacas se llenó en el estreno de aquella comedia.* **SIN** platea.

cómo está el patio *coloquial* Expresión que se usa para indicar una situación de nervios o de enfado de un grupo de personas: *¡hay que ver cómo estaba el patio ayer en la oficina!, nadie habló en todo el día.*

patitieso, -sa *adj.* **1** *coloquial* [persona] Que no puede mover las piernas o los pies: *se durmió en el banco del parque y se quedó patitieso por el frío.* **2** *coloquial* Sorprendido o extrañado por un hecho inesperado: *me dejó patitiesa cuando me explicó que había vendido todo lo que tenía y había decidido irse a vivir a una isla.* **SIN** estupefacto, patidifuso. **3** Que camina con el cuerpo muy erguido y derecho por presunción u orgullo: *siempre va tan patitieso que casi nadie le saluda.*

patituerto, -ta *adj.* Que tiene arqueadas o torcidas las piernas o las patas: *aunque la mula era ya vieja y patituerta, todavía podía tirar del carro.*

patizambo, -ba *adj./n. m. y f.* [persona] Que tiene las piernas torcidas hacia fuera y junta mucho las rodillas al andar: *el payaso hacía reír a los niños cuando caminaba patizambo y gesticulaba con las manos.*

pato, -ta *n. m. y f.* **1** Ave palmípeda de patas cortas y pico más ancho en la punta que en la base, que vive en estado salvaje o domesticada: *el pato se alimenta de partículas vegetales o de pequeñas presas que encuentra en el agua.* ◇ *n. m.* **2** *coloquial* Persona sosa y de movimientos torpes: *¿otra vez te has caído?, ¡qué pato eres!*

pagar el pato *coloquial* Cargar con la culpa o el castigo sin merecerlo: *él pagó el pato, pero la culpa la tuvieron sus hermanos.*

pato- Elemento prefijal que entra en la formación de palabras con el significado de 'afección', 'enfermedad': *patología.*

patochada *n. f.* Dicho o acción inoportuna o disparatada: *cuando no quiere contestar a las preguntas, empieza a decir patochadas.* **SIN** disparate, tontería.

patógeno, -na *adj.* Que puede producir una enfermedad: *la varicela es una enfermedad infecciosa provocada por un virus patógeno.*

patología *n. f.* **1** Parte de la medicina especializada en el estudio de la composición, la estructura y la forma de tejidos y órganos enfermos: *envió muestras del tejido estomacal al laboratorio de patología.* **2** En general, enfermedad física o mental que padece una persona: *el médico dictaminó una patología pulmonar.*

patológico, -ca *adj.* **1** Que está relacionado con el estudio de la composición, la estructura y la forma de tejidos y órganos enfermos: *el doctor encargó un análisis patológico del tumor extraído.* **2** Que es síntoma de una enfermedad o que la constituye: *siente un miedo patológico a las alturas.*

patólogo, -ga *n. com.* Médico especializado en el estudio de la composición, la estructura y la forma de tejidos y órganos enfermos.

patoso, -sa *adj./n. m. y f.* **1** Que es torpe y se mueve con dificultad: *es un poco patoso: siempre tropieza en las escaleras.* **2** Que carece de gracia o es inoportuno en lo que hace o dice, sobre todo cuando pretende lo contrario: *quiso parecer simpático, pero como es tan patoso sólo consiguió ponerlos de mal humor.*

patraña *n. f.* Historia falsa que se presenta como verdadera: *cuando encontraron los documentos auténticos, descubrieron que la noticia era una patraña.* **SIN** mentira, embuste.

patria *n. f.* Lugar o país en el que ha nacido o está nacionalizada una persona; también lugar al que se siente vinculada por razones legales, históricas o sentimentales: *aunque nací en Brasil, mi patria es Portugal, porque ahí es donde me ha criado.* **SIN** nación, país. **patria chica** Pueblo, ciudad o región en la que se ha nacido: *Alcalá de Henares es la patria chica de Cervantes.*
DER patriota; apátrida, expatriar, repatriar.
ETIM Véase *padre.*

patriarca *n. m.* **1** En la Biblia, nombre dado a algunos personajes del Antiguo Testamento que fueron jefes o cabezas de una numerosa familia o descendencia. **2** Persona que por su edad y sabiduría posee autoridad y es la más respetada en una gran familia o comunidad: *el patriarca tiene mucha importancia en las comunidades gitanas.* **3** Título de dignidad concedido a algunos obispos, sobre todo de la Iglesia ortodoxa: *el Papa fue recibido por el patriarca de Constantinopla.*
DER patriarcado, patriarcal.
ETIM Véase *padre.*

patriarcado *n. m.* **1** Predominio o mayor autoridad del hombre en una sociedad o grupo social: *el patriarcado fue un sistema de organización social primitiva.* **ANT** matriarcado. **2** Dignidad de patriarca de la Iglesia. **3** Tiempo que dura dicha dignidad. **4** Territorio sobre el que ejerce su autoridad el patriarca.

patriarcal *adj.* **1** Que se basa en el patriarca o tiene relación con él: *algunas tribus mantienen una organización patriarcal.* **2** [autoridad, gobierno] Que se ejerce con sencillez y sin excesiva dureza: *la regañó con autoridad patriarcal porque quería lo mejor para ella.*

patricio, -cia *adj./n. m. y f.* [persona] Que pertenece a la clase social más antigua y con más altos privilegios de la antigua Roma: *las familias patricias descendían de los senadores nombrados por Rómulo; los patricios y los plebeyos tuvieron varios enfrentamientos.*

patrimonial *adj.* **1** Del patrimonio o que tiene relación con este conjunto de bienes: *en la facultad de Derecho imparten un curso sobre delitos patrimoniales.* **2** Que pertenece a una persona por razón de su patria, su padre o sus antepasados: *el notario hizo una relación de los bienes patrimoniales de la familia.* **3** GRAM. [palabra, forma, construcción] Que ha seguido las normas generales de evolución de una lengua: *la mayoría de las palabras patrimoniales del español proceden del latín.*

patrimonio *n. m.* **1** Conjunto de bienes que una persona adquiere por herencia familiar: *su familia pertenecía a la nobleza y poseía un gran patrimonio en tierras.* **SIN** herencia. **2** Conjunto de bienes propios de una persona, de una institución o de una sociedad; también los de un Estado: *muchas obras de arte pertenecen al patrimonio de la Iglesia; el propietario consiguió aumentar su patrimonio con gran esfuerzo; las playas forman parte del patrimonio del Estado.* **patrimonio histórico-artístico** Conjunto de edificios, yacimientos arqueológicos, obras de arte, objetos y documentos de interés científico, histórico o artístico de un país: *en los museos nacionales pueden admirarse importantes muestras del patrimonio histórico-artístico.*
DER patrimonial.
ETIM Véase *padre.*

patrio, -tria *adj.* De la patria o que tiene relación con ese lugar o país: *trasladaron los restos mortales del poeta a suelo patrio.*

patriota *adj./n. com.* [persona] Que ama a su patria y busca la estabilidad y la prosperidad de ésta.
DER patriótico, patriotero, patriotismo; compatriota.

patriotero, -ra *adj./n. m. y f. coloquial* [persona] Que muestra patriotismo de forma exagerada, ostentosa y superficial: *disimulaba sus intereses particulares con palabras patrioteras.*
DER patriotería.

patriótico, -ca *adj.* De la patria, del patriota o que tiene relación con ellos: *la bandera es un símbolo patriótico.*
DER antipatriótico.

patriotismo *n. m.* Amor a la patria.

patrocinador, -ra *adj./n. m. y f.* [persona, sociedad] Que paga los gastos de una actividad determinada, generalmente con fines publicitarios: *los organizadores de la prueba de atletismo buscan un patrocinador.*

patrocinar *v. tr.* **1** Ayudar o proteger a una persona o promover cierto proyecto o idea: *cuando se retiró del mundo del espectáculo, se dedicó a patrocinar a jóvenes promesas.* **2** Pagar los gastos de una actividad deportiva o cultural con fines publicitarios: *una cadena de productos alimenticios patrocina esa serie de televisión; un banco patrocinaba al tenista.* **SIN** sufragar.
DER patrocinador.
OBS Es innecesario el uso del anglicismo *sponsorizar*.

patrocinio *n. m.* **1** Protección o ayuda prestadas a alguien para realizar un proyecto: *pudo estudiar en un conservatorio de Viena gracias al patrocinio de la escuela de música en que había iniciado su carrera.* **SIN** patronato. **2** Pago de los gastos de una actividad deportiva o cultural con fines publicitarios: *el patrocinio del concurso de pintura corre a cargo de una importante entidad bancaria.*
DER patrocinar.

patrón, -trona *n. m. y f.* **1** Persona que contrata obreros o trabajadores, generalmente para hacer un trabajo físico: *el patrón acudía cada día a la obra para ver cómo avanzaban los trabajos.* **SIN** patrono. **2** Dueño o propietario: *empezó como una empleada y ahora es la patrona de una gran empresa.* **SIN** patrono. **3** Defensor o protector de alguien o algo. **4** Santo o Virgen que son elegidos como protectores de un grupo de personas o de un lugar, o que son titulares de una iglesia o cofradía: *santa Bárbara es la patrona de los mineros; el apóstol Santiago es el patrón de España.* **SIN** patrono. **5** Persona que posee una pensión o casa de huéspedes: *la patrona pedía a los huéspedes el pago de la habitación por adelantado.* ◇ *n. m.* **6** Hombre que manda y dirige una embarcación pequeña: *el patrón salía a pescar cada día con su barca.* **7** Modelo de papel, cartón o tela según el cual se corta un material determinado: *la modista hace primero el patrón y luego corta la tela.* **8** Cosa que se toma como modelo o unidad de referencia, en especial, metal que se adopta para determinar el valor de la moneda en un sistema monetario: *el oro suele ser el patrón internacional para las distintas monedas del mundo; el metro se toma como patrón para calcular la longitud.*
cortado por el mismo patrón [cosa, persona] Que se parece mucho a otra cosa o persona: *no se puede negar que son padre e hijo, están cortados por el mismo patrón.*
DER patronal, patronato, patronazgo.

patronal *adj.* **1** Del patrono, del patronato o que tiene relación con ellos: *la modernización de la empresa ha sido una decisión patronal; las fiestas patronales se celebran en agosto.* ◇ *n. f.* **2** Conjunto de empresarios o patronos que defienden intereses comunes: *la patronal se reunió ayer con los representantes de los sindicatos para negociar la subida salarial.* **SIN** patronato.

patronato *n. m.* **1** Sociedad u organización dedicada a fines benéficos: *el patronato donó una cantidad importante para construir un hospital.* **SIN** fundación. **2** Grupo de personas que dirigen o vigilan los asuntos de un organismo social o cultural para que cumpla sus fines: *el director del patronato fue elegido por votación.* **3** Protección o ayuda prestadas a alguien para realizar un proyecto: *la carrera de atletismo se ha organizado gracias al patronato de una fundación privada.* **SIN** patrocinio. **4** Conjunto de empresarios o patronos que defienden intereses comunes: *el patronato no acepta las condiciones presentadas por los representantes sindicales.* **SIN** patronal.

patronazgo *n. m.* Derecho, poder o actividad que tiene el patrono: *cuando murió su padre, el patronazgo de la empresa pasó a manos de su socio.* **SIN** patronato.

patronímico, -ca *adj./n. m.* [apellido] Que se ha formado por derivación del nombre del padre o de un antecesor: *los patronímicos españoles suelen terminar en -ez, como Fernández, Pérez o López.*

patrono, -na *n. m. y f.* **1** Persona que contrata obreros o trabajadores, generalmente para hacer un trabajo físico: *la patrona contrató a un grupo de muchachos para la vendimia.* **SIN** patrón. **2** Dueño o propietario: *el patrón había decidido comprar nuevas tierras para cultivo.* **SIN** patrón. **3** Santo o Virgen que son elegidos como protectores de un grupo de personas o de un lugar, o que son titulares de una iglesia o cofradía: *la Virgen del Pilar es la patrona de España.* **SIN** patrón.
DER patrón, patronear.

patrulla *n. f.* **1** Grupo pequeño de soldados o personas armadas que vigilan una zona o están encargadas de realizar una misión militar: *una patrulla de policía llegó rápidamente al lugar del accidente.* **2** Conjunto de barcos o aviones utilizados en la defensa o la vigilancia de una zona: *la patrulla costera persiguió la lancha en que huían los contrabandistas.*

patrullar *v. tr./intr.* Circular por un lugar para vigilarlo, mantener el orden o llevar a cabo una misión militar: *los coches de policía patrullaban aquel barrio para evitar alborotos.*
DER patrulla, patrullera.

patrullero, -ra *adj./n. f.* [barco, avión] Que está destinado a la defensa y la vigilancia de un lugar: *la policía ha comprado una lancha patrullera para navegar por el estrecho; una patrullera del ejército sirvió de escolta a los reyes.*

patuco *n. m.* Calzado hecho de punto, normalmente en forma de bota, especialmente el que llevan los niños que aún no saben andar: *en invierno me pongo unos patucos para dormir porque tengo frío en los pies.*

patulea *n. f. coloquial* Grupo grande y desordenado de gente que arma mucho jaleo, especialmente el formado por soldados indisciplinados, niños o maleantes.

paulatino, -na *adj.* Que se produce o se realiza despacio o con lentitud: *el aprendizaje del habla en el niño sigue un proceso paulatino y continuo; el veneno actuó de forma paulatina.* **SIN** lento, gradual.
DER paulatinamente.

paupérrimo, -ma *adj. culto* Que es muy pobre: *vivía en condiciones paupérrimas hasta que logró encontrar un empleo.* **SIN** mísero.
ETIM Véase *pobre*.
OBS Es el superlativo de *pobre*.

pausa *n. f.* **1** Interrupción breve de una acción o un movimiento: *el conferenciante hizo una pausa en el discurso; vamos a hacer una pausa para comer y luego continuamos trabajando.* **SIN** descanso. **2** Lentitud en el movimiento o la actividad de una persona o una cosa: *el artesano moldea la arcilla con pausa y busca nuevas formas para sus vasijas.* **SIN** calma, parsimonia.
DER pausar.

pausado, -da *adj.* **1** Que actúa con lentitud: *no pierde nunca la serenidad, es un hombre tranquilo y pausado.* **2** Que

pauta

ocurre o se realiza con lentitud: *en el mar apenas se percibían los movimientos pausados de las olas.*

pauta *n. f.* **1** Norma o modelo que se tiene en cuenta para realizar una cosa: *el comportamiento de sus mayores le sirvió de pauta en la vida.* **SIN** guía. **2** Raya o conjunto de rayas horizontales a igual distancia entre sí que se hacen en el papel para no torcerse al escribir: *los niños aprenden a escribir en cuadernos con pautas.* **3** Instrumento con que se trazan estas rayas: *si la libreta tiene las hojas en blanco, deberás comprar una pauta.* **SIN** falsilla.
DER pautar.

pavesa *n. f.* Parte muy pequeña y ligera de materia que se desprende de un cuerpo que arde y acaba por convertirse en ceniza: *las pavesas que saltaban de la chimenea caían sobre el suelo de la cocina.*
DER empavesar.

pavimentación *n. f.* Revestimiento de un suelo con asfalto, cemento, adoquines u otro material similar para que esté firme y llano: *los obreros empezarán mañana la pavimentación de las calles; la pavimentación de la carretera se ha deteriorado mucho durante el invierno.*

pavimentar *v. tr.* Cubrir o revestir el suelo con asfalto, cemento, adoquines u otro material similar para que esté firme y llano: *el Ayuntamiento quiere pavimentar las calles de los barrios antiguos.* **SIN** solar.
DER pavimentación.

pavimento *n. m.* **1** Superficie artificial con que se recubre el suelo para que esté firme y llano: *la casa tenía el pavimento de mármol.* **SIN** empedrado, pavimentación, piso, suelo. **2** Material que se utiliza para elaborar esta superficie artificial: *en la tienda le recomendaron un pavimento cerámico para el patio.*
DER pavimentar.

pavisoso, -sa *adj.* [persona] Que no tiene gracia ni viveza: *no se ríe con nada ni con nadie: es un poco pavisoso.* **SIN** soso.

pavo, -va *n. m. y f.* **1** Ave gallinácea procedente de América, de plumaje negruzco con manchas blancas en los extremos de las alas y en la cola, cuello largo y carnosidades rojas en éste y en la cabeza: *la carne de pavo es muy apreciada en gastronomía.* **pavo real** Ave gallinácea de origen asiático cuyo macho posee un plumaje de vistoso colorido, un penacho de plumas sobre la cabeza y una cola que abre en forma de medio círculo: *en ciertos jardines pueden admirarse algunos ejemplares de pavos reales.* ☞ aves. ◇ *n. m. y f./adj.* **2** *coloquial* Persona con poca gracia o desenvoltura: *es un poco pavo para explicar chistes.*

no ser moco de pavo *coloquial* Ser una cosa importante o considerable: *ya nos deben el importe de tres pedidos: no es moco de pavo.*

pelar la pava *coloquial* Tener conversaciones amorosas una pareja de novios: *antes de despedirse están pelando la pava en la portería un buen rato.*

subírsele el pavo *coloquial* Ponérsele a uno la cara roja por vergüenza o timidez: *cuando lo sacaron a la pizarra, se le subió el pavo.*
DER pava, pavero, pavonear.

pavonearse *v. prnl.* Presumir de forma exagerada o hacer ostentación excesiva de una cosa que se posee: *se pavoneaba ante los demás con su coche deportivo nuevo.* **SIN** vanagloriarse.
DER pavoneo.

pavoneo *n. m.* Ostentación excesiva: *con su pavoneo sólo ha conseguido que sus amigos dejen de visitar su casa.*

pavor *n. m.* Miedo extremo: *las personas que sufren de vértigo tienen pavor a las alturas.* **SIN** terror.
DER pavoroso; despavorir.

pavoroso, -sa *adj.* Que produce un miedo extremo o terror: *fue pavoroso sufrir aquel accidente de tren.*

payasada *n. f.* **1** Obra o dicho propios de un payaso: *los niños se rieron mucho con las payasadas del humorista.* **2** Obra o dicho ridículo o inoportuno: *el profesor no consentirá ninguna payasada en horas de clase.* **SIN** tontería.

payaso *n. m.* **1** Artista de circo, generalmente vestido con un traje ridículo y la cara maquillada de forma llamativa, que se dedica a divertir y a hacer reír: *el payaso llevaba unos zapatos enormes y una nariz roja.* **SIN** bufón. ◇ *adj./n. m. y f.* **2** *coloquial* [persona] Que gasta bromas y hace reír a los demás con sus hechos o dichos: *es un payaso, le gusta mucho contar chistes y siempre nos divertimos con sus ocurrencias.* **3** *coloquial* [persona] Que se comporta con poca seriedad y hace el ridículo: *no quiero invitarle a la fiesta porque es un payaso.* **SIN** tonto.
DER payasada.

payés, -yesa *n. m. y f.* Campesino de Cataluña o de las islas Baleares: *los payeses viven en unas casas de campo que se llaman masías.*

payo, -ya *n. m. y f.* Entre los gitanos, persona que no pertenece a su raza: *los gitanos no quieren que sus hijos se casen con payas.*

paz *n. f.* **1** Situación en la que no hay guerra ni enfrentamientos entre dos o más países o partes enfrentadas: *es deseo de todos que se acaben las guerras y exista paz en el mundo.* **ANT** guerra. **2** Acuerdo para poner fin a la guerra: *los dos dirigentes firmaron la paz e iniciaron la reconstrucción de sus respectivos países.* **3** Situación de tranquilidad y buena relación entre los miembros de un grupo: *los padres se esfuerzan para que exista paz en la familia y una agradable convivencia.* **4** Tranquilidad o silencio: *tras vivir muchos años en la ciudad, se marchó a la montaña en busca de la paz que necesitaba.* **SIN** quietud, sosiego.

aquí paz y después gloria Expresión que se usa para poner fin a una discusión o un enfrentamiento: *como ya habéis llegado a un acuerdo, aquí paz y después gloria.*

dejar en paz No molestar ni importunar a una persona o no mover ni tocar una cosa: *déjale en paz, está estudiando; deja en paz el mando a distancia del televisor, me gustaría ver la película sin interrupciones.*

descansar en paz Estar muerto o enterrado en un determinado lugar: *el gran poeta descansa en paz en su pueblo natal; padeció una larga enfermedad y ahora descansa en paz.*

estar en paz No tener ninguna deuda o haber devuelto un favor u ofensa recibidos: *aquí tienes el dinero que te debía, y con esto estamos en paz; me ha ayudado en el trabajo y ahora puedo ayudarla yo, así que estamos en paz.*

hacer las paces Volver a ser amigos los que estaban enfrentados o separados: *los niños hicieron las paces con un abrazo; los caballeros se dieron la mano para hacer las paces.* **SIN** reconciliar.

poner paz Intervenir en una discusión o enfrentamiento para encontrar una solución: *la discusión fue tan dura que el moderador tuvo que poner paz entre los asistentes a la reunión.* **SIN** mediar.

que en paz descanse Expresión que se usa para desear que una persona muerta goce de la gracia de Dios y de la vida eterna: *aquel hombre, que en paz descanse, fue una persona justa y honesta.*

y en paz Expresión que se usa para dar por terminado un

asunto: *no insistas, los pasteles son para la cena y en paz.*
DER pacificar; apacible, apaciguar.
OBS El plural es *paces*.

pazguato, -ta *adj./n. m. y f.* [persona] Que se extraña o se escandaliza por cualquier cosa que ve u oye, aunque sea algo normal. **SIN** papanatas.

pazo *n. m.* Casa antigua y noble de Galicia, en especial la que está en el campo: *el marqués vivía en un pazo alejado del pueblo.*

pe *n. f.* Nombre de la letra *p*: *primavera es una palabra que empieza con pe, lo mismo que patata.*
de pe a pa *coloquial* Desde el principio hasta el fin: *tiene una memoria prodigiosa, recitó un largo poema de pe a pa sin equivocarse.*

peaje *n. m.* **1** Cantidad de dinero que hay que pagar por pasar por una autopista, un puente, un túnel o un lugar parecido: *si quiere utilizar la autopista, tendrá que pagar el peaje.* **2** Lugar donde se paga esa cantidad de dinero: *la señal de tráfico anuncia que el peaje está a dos kilómetros.*
ETIM Véase *pie.*

peana *n. f.* Base o apoyo que sirve para colocar encima una escultura u otro objeto: *en el museo las esculturas estaban colocadas sobre peanas de mármol.* **SIN** pedestal.
ETIM Véase *pie.*

peatón, -tona *n. m. y f.* Persona que va a pie por una vía pública: *los peatones pueden cruzar la calle cuando el semáforo se pone rojo para los vehículos.* **SIN** viandante.
DER peatonal.
ETIM Véase *pie.*

peatonal *adj.* Del peatón o relacionado con esta persona: *en las calles peatonales los vehículos tienen prohibido el paso.*

peca *n. f.* Mancha pequeña de color marrón que aparece en la piel, especialmente en la cara: *le salieron pecas en los hombros y en la cara por pasar mucho tiempo bajo el sol.* **SIN** lunar.
DER pecoso.

pecado *n. m.* **1** Pensamiento, palabra o acción que va contra la ley o la voluntad de Dios: *en la religión católica los pecados pueden ser perdonados por la confesión.* **pecado original** En el cristianismo, el de Adán y Eva, que se transmite a todos los hombres cuando nacen: *el bautismo es el sacramento que lava el pecado original.* **2** Acto que se aparta de lo que es recto y justo: *puede considerarse un pecado acusar a una persona inocente por venganza.* **3** *coloquial* Acción o cosa lamentable, sobre todo cuando se considera un despilfarro o un mal uso: *es un pecado utilizar este vino exquisito para cocinar.*

pecador, -ra *adj./n. m. y f.* [persona] Que peca o puede pecar: *la Biblia cuenta como la mujer pecadora se acercó a Jesucristo y él la perdonó.*

pecaminoso, -sa *adj.* Del pecado, del pecador o que tiene relación con ellos: *en la confesión, el creyente se arrepiente de sus pensamientos pecaminosos.*

pecar *v. intr.* **1** En religión, pensar, hablar o actuar contra la ley o la voluntad de Dios: *el hombre supo que había pecado y se arrepintió de corazón.* **2** Apartarse de lo que es recto y justo: *pecó al dejarse llevar por el odio y actuar con crueldad.* **3** Tener en exceso la cualidad que se expresa: *pecaba de ingenuo y algunas veces le engañaban.* En esta acepción se escribe seguido de la preposición *de.*
DER pecado, pecador, pecaminoso; impecable.
OBS En su conjugación, la *c* se convierte en *qu* delante de *e.*

pecarí *n. m.* Animal mamífero que tiene el hocico largo, el pelo de color pardo con una franja blanca y carece de cola; segrega un olor fétido por una glándula situada en la parte superior del lomo: *los pecaríes se parecen a los jabalíes y viven en América del Sur.*
OBS Para indicar el sexo se usa *el pecarí macho* y *el pecarí hembra.* ◇ El plural es *pecaríes*, culto, o *pecarís*, popular.

peccata minuta *adv. coloquial* Expresión que sirve para indicar que una cosa es poco importante o que tiene poco valor: *que hayas aprobado el examen es peccata minuta, lo importante es que hayas aprendido.*

pecera *n. f.* Recipiente transparente con agua que está acondicionado para mantener vivos animales y plantas acuáticas. **SIN** acuario.

pechar *v. tr.* **1** Pagar o satisfacer un tributo: *en la Edad Media los vasallos tenían la obligación de pechar.* ◇ *v. intr.* **2** Asumir una carga, una responsabilidad o una obligación: *no quiso escuchar su consejo y ahora tendrá que pechar con las consecuencias.* En esta acepción se escribe seguido de la preposición *con.* **SIN** asumir.
DER apechar.

pechera *n. f.* **1** Parte de la camisa y otras prendas de vestir, que cubre el pecho: *la blusa lleva un volante en la pechera.* **2** Pieza de tela que se pone a los caballos en el pecho para que no se hagan daño al tirar: *la pechera va rellena de lana.* **3** *coloquial* Parte exterior del pecho, especialmente el de la mujer: *llevaba un escote tan grande que iba enseñando toda la pechera.*

pechina *n. f.* **1** Concha vacía de algunos moluscos, especialmente la de las vieiras: *los niños buscaban pechinas en la playa.* **2** ARQ. Triángulo de lados curvos que está formado por el anillo de una cúpula y los arcos sobre los que se construye: *las pechinas permiten construir una cúpula de base redonda sobre un espacio cuadrado.*

pecho *n. m.* **1** Parte superior del tronco del cuerpo humano, que va desde el cuello hasta el abdomen, en la que se encuentran el corazón y los pulmones: *hace pesas para fortalecer los músculos del pecho.* **SIN** tórax. ☞ *cuerpo humano.* **2** Zona externa que corresponde a esa parte del cuerpo: *se desabrochó la camisa y dejó el pecho descubierto; no tiene pelo en el pecho.* **3** Parte delantera del tronco de los animales mamíferos o de las aves, situada debajo del cuello: *la paloma inflaba su pecho; el caballo adelantó el pecho.* **4** Conjunto de órganos que forman el aparato respiratorio, especialmente el de una persona: *la niña tenía fiebre y mucho dolor en el pecho.* **5** Órgano de la mujer que produce leche: *durante los primeros meses, los bebés maman del pecho de su madre.* **SIN** mama, teta. **6** Conjunto de estos dos órganos de la mujer: *el agua fría es excelente para mantener el pecho firme.* **SIN** busto. **7** Interior de una persona o lugar que corresponde a los sentimientos: *el joven albergaba en su pecho un gran amor por la chica.* **SIN** corazón.
dar el pecho Dar de mamar a un bebé: *la madre no pudo darle el pecho y el niño tomaba biberón.* **SIN** amamantar.
echarse (o **meterse**) **entre pecho y espalda** *coloquial* Comer o beber una persona copiosamente: *compró un bocadillo enorme y se lo metió entre pecho y espalda.*
partirse el pecho *coloquial* *a)* Esforzarse o luchar mucho una persona por una cosa o por otra persona: *él siempre se ha partido el pecho por ganarse la amistad de ellos.* *b)* Reírse mucho o con muchas ganas: *les conté un chiste y se partieron el pecho.*
tomarse a pecho *a)* Ofenderse una persona por una cosa o considerarla demasiado en serio: *no debes gastarle bromas, se las toma muy a pecho.* *b)* Poner una persona gran empeño e interés en una cosa: *se toma muy a pecho su trabajo y sus obligaciones.*

P p

DER pechar, pechera, pechuga; antepecho, repecho.
ETIM *Pecho* procede del latín *pectus, -oris*, que tenía el mismo significado, voz con la que también está relacionada *pectoral*.

pechuga *n. f.* **1** Pecho de las aves, que está dividido generalmente en dos partes simétricas: *este pájaro tiene vistosas plumas en la pechuga*. **2** Cada una de las dos partes simétricas que forman el pecho de las aves: *¿qué prefieres comer, la pechuga o el muslo del pollo?* **3** *coloquial* Pecho de una persona: *abróchate bien la camisa o vas a enseñar toda la pechuga*.
DER pechugón; apechugar, despechugar.

pechugón, -gona *adj./n. f. coloquial* [mujer] Que tiene los pechos muy grandes: *nunca lleva ropa ceñida porque es muy pechugona*. Es despectivo.

pecíolo o **peciolo** *n. m.* BOT. Rabillo de la hoja de una planta: *el pecíolo une la hoja al tallo o a una rama de la planta.* ☞ hoja.

pécora *n. f.* **1** Persona que es hábil para engañar y tiene mala intención en sus acciones: *no te fíes de él, que es una mala pécora; ¡menuda pécora, quería robarme el dinero!* **2** Mujer que tiene relaciones sexuales a cambio de dinero.
SIN prostituta.
OBS Se usa como apelativo despectivo. ◇ Suele utilizarse en la construcción *mala pécora*.

pecoso, -sa *adj.* Que tiene pecas: *su cara pecosa les resultaba muy atractiva; es una niña pelirroja y muy pecosa*.

pectoral *adj.* **1** Del pecho o que tiene relación con esta parte del cuerpo: *el cadáver presentaba varios disparos en la región pectoral.* ◇ *adj./n. m.* **2** [medicamento] Que es beneficioso o es útil para aliviar la tos o las molestias del pecho: *el médico me ha recetado un jarabe pectoral; he comprado pectorales en la farmacia*. **3** ANAT. [músculo] Que está situado en la parte anterior del pecho y que permite el movimiento del brazo: *está haciendo gimnasia para endurecer sus pectorales.* ◇ *n. m.* **4** Cruz que llevan sobre el pecho los obispos y el Papa: *el pectoral es una insignia bendecida*.
ETIM Véase *pecho*.

peculiar *adj.* Que es propio o característico de una persona o de una cosa y sólo de ella: *tiene un modo peculiar de hablar; esta fruta tiene un sabor muy peculiar.* **SIN** particular.
DER peculiaridad.

peculiaridad *n. f.* Cualidad propia o característica de una persona o de una cosa, por la cual se distingue de otras de su especie: *estos zapatos tienen una peculiaridad: están hechos de forma artesanal*.

peculio *n. m.* Cantidad de dinero o conjunto de bienes que posee una persona: *ha malbaratado todo su peculio y ya no tiene nada*.
DER peculiar.

pecuniario, -ria *adj.* Del dinero o relacionado con él: *no puede pagar las deudas porque su situación pecuniaria es desastrosa*.

pedagogía *n. f.* **1** Ciencia que estudia los métodos y las técnicas destinadas a enseñar y educar, especialmente a los niños y a los jóvenes: *la pedagogía está relacionada con la psicología y con la sociología; estudia pedagogía en la universidad*. **2** Manera que tiene una persona de enseñar o educar: *la pedagogía de algunos profesores deja mucho que desear*.
DER pedagógico, pedagogo; psicopedagogía.

pedagógico, -ca *adj.* **1** De la pedagogía o que está relacionado con esta ciencia: *un profesor debe tener amplios conocimientos pedagógicos*. **2** Que enseña las cosas con mucha claridad y es útil para aprender: *este método de enseñanza basado en medios audiovisuales es muy pedagógico*.

pedagogo, -ga *n. m. y f.* Persona que se dedica a la pedagogía o es especialista en esta ciencia: *un grupo de pedagogos está escribiendo un libro sobre la historia de la pedagogía*.

pedal *n. m.* **1** Pieza de una máquina o un aparato que se acciona mediante el pie y que sirve para poner en movimiento un mecanismo: *los pedales de la bicicleta transmiten el movimiento a las ruedas a través de la cadena y los piñones; pisa el pedal del embrague y cambia de marcha.* ☞ motocicleta. **2** Pieza de algunos instrumentos musicales, como el piano o el órgano, que se acciona con el pie y que sirve para producir ciertos sonidos o para darles una característica determinada: *este pedal del piano sirve para ensordecer los sonidos*.
DER pedalada, pedalear.
ETIM Véase *pie*.

pedalada *n. f.* Impulso que se da a una bicicleta o a otro vehículo poniendo un pie en un pedal: *el ciclista daba pedaladas con mucho esfuerzo mientras subía por la montaña*.

pedalear *v. intr.* Poner en movimiento uno o más pedales, especialmente los de una bicicleta: *al subir una pendiente hay que pedalear con mucha energía*.
DER pedaleo.

pedaleo *n. m.* Movimiento de los pedales de un vehículo, especialmente los de una bicicleta: *el pedaleo del ciclista era muy lento en las subidas*.

pedanía *n. f.* Núcleo de población muy pequeño y con muy pocos habitantes que depende de un municipio y que está bajo la jurisdicción de un alcalde o de un juez: *vive en una pequeña pedanía en la que no hay escuela.* **SIN** aldea.

pedante *adj./n. com.* **1** [persona] Que presume de manera inoportuna de tener muchos conocimientos: *las personas pedantes resultan desagradables; es un pedante, habla como un intelectual incluso con la familia.* ◇ *adj.* **2** Que es propio de la persona que presume de manera inoportuna de tener muchos conocimientos: *tiene una actitud y un modo de hablar muy pedantes*.
DER pedantería.

pedantería *n. f.* **1** Cualidad de la persona que presume de manera inoportuna de tener muchos conocimientos: *las personas que intentan demostrar que dominan un tema que en realidad desconocen suelen hablar con pedantería*. **2** Cosa pedante que una persona hace o dice: *las contestaciones demasiado rebuscadas resultan una pedantería*.

pedazo *n. m.* Parte de una cosa que ha sido separada de ella y no se puede considerar como un elemento individual: *le dio un pedazo de tarta de chocolate; el vaso se cayó al suelo y se rompió en mil pedazos.* **SIN** trozo.

caerse a pedazos Estar una cosa en muy mal estado: *ese coche se cae a pedazos de lo viejo que es*.

estar hecho pedazos Estar una persona muy cansada por haber hecho un esfuerzo intenso: *después de la mudanza, toda la familia estaba hecha pedazos*.

hacerse pedazos Romperse una cosa en muchos trozos pequeños: *el jarrón cayó desde lo alto de la estantería y se hizo pedazos*.

pedazo de alcornoque (o **de animal** o **de bestia** o **de bruto**) *coloquial* Persona que es muy torpe e ignorante: *¡anda, pedazo de alcornoque, déjalo, que ya lo haré yo! Se usa como apelativo despectivo*.

ser un pedazo de pan Ser una persona muy bondadosa y generosa: *el abuelo es un pedazo de pan, se desvive por todos nosotros*.
DER despedazar.

pederasta *n. com.* Persona adulta que abusa sexualmente de un niño o una niña: *el pederasta fue condenado a doce años de cárcel.*

pederastia *n. f.* Abuso sexual de un adulto con un niño o una niña: *la pederastia es un delito que se paga con la cárcel.*

pedernal *n. m.* **1** Piedra muy dura formada principalmente por sílice, de color gris amarillento y con los bordes traslúcidos; es una variedad de cuarzo: *el pedernal produce chispas cuando es golpeado.* **SIN** sílex. **2** Cosa de gran dureza, material o inmaterial: *este pan es un pedernal, no hay quien se lo coma; tiene un corazón de pedernal.*

pedestal *n. m.* Cuerpo sólido sobre el que se apoya una columna, una estatua u otro objeto: *los pedestales suelen tener forma de prisma rectangular.*
en un pedestal Se utiliza para indicar que se tiene a una persona en muy buena opinión o consideración: *quería tanto a su padre, que lo tenía en un pedestal.* Se usa con verbos como *poner, estar* o *tener*.

pedestre *adj.* **1** Que se realiza a pie, especialmente si se trata de una competición deportiva: *recorrido pedestre; carrera pedestre.* **2** Que es vulgar, poco delicado o de mala educación: *es una chica con unos modales un poco pedestres.*
SIN chabacano, ordinario.
ETIM Véase *pie*.

-pedia Elemento sufijal que entra en la formación de palabras con el significado de 'educación': *ortopedia, enciclopedia.*

pediatra *n. com.* Médico especializado en el estudio y el tratamiento de las enfermedades de las personas desde que nacen hasta los doce años.

pediatría *n. f.* Parte de la medicina especializada en el estudio y el tratamiento de las enfermedades de las personas desde que nacen hasta los doce años.

pedicura *n. f.* Cuidado de los pies o tratamiento de sus problemas: *esta tarde voy a hacerme la pedicura.*
DER pedicuro.
ETIM Véase *pie*.

pedicuro, -ra *n. m. y f.* Persona que se dedica a cuidar los pies y a tratar sus problemas: *los pedicuros se encargan de curar los callos y los uñeros.*

pedida *n. f.* Petición que hace un hombre a los padres de una mujer para casarse con ella, generalmente mediante una ceremonia o un acto festivo: *la pedida es una costumbre que se está perdiendo.*

pedido *n. m.* Encargo de mercancías o materiales que se hace a un fabricante o a un vendedor: *no olvides firmar la factura del pedido; el miércoles llegará el pedido de productos de limpieza.*

pedigrí *n. m.* **1** Conjunto de los antepasados de un animal con un origen de calidad, especialmente de caballos y perros de raza: *han comprado un perro con pedigrí; el pedigrí es el árbol genealógico del animal.* **2** Documento donde figuran los antepasados de un animal: *al comprar el perro les dieron también su pedigrí.*
OBS El plural es *pedigríes*, culto, o *pedigrís*, popular.

pedigüeño, -ña *adj./n. m. y f.* [persona] Que pide alguna cosa con frecuencia o de forma insistente: *es muy pedigüeño, siempre quiere usar las cosas de los demás; en la esquina hay un pedigüeño pidiendo limosna.*

pedir *v. tr.* **1** Decir una persona a otra sin ordenárselo que le dé o que haga cierta cosa, generalmente porque le hace falta o la necesita: *te he pedido la llave fija, no la llave inglesa; me ha pedido que cuide a su bebé esta noche.* **2** Poner o fijar un precio a una mercancía que se vende: *¡qué barbaridad, me ha pedido una fortuna por una maceta!* **3** Indica que una cosa necesita o requiere lo que se expresa a continuación: *estas sábanas están pidiendo un buen lavado; algunas plantas piden mucho sol y poca agua.* **4** Querer o desear una persona cierta cosa: *sólo pido que en el parto no haya problemas.* ◊ *v. tr./intr.* **5** Rogar una persona a otras que le den una pequeña cantidad de dinero, especialmente si lo necesita para vivir: *en la puerta de la iglesia había un mendigo pidiendo limosna; en la calle hay unos voluntarios que piden para la Cruz Roja.* **6** Rezar a una divinidad rogándole ayuda: *cada día pido a Dios para que Paco se recupere de su enfermedad.*
DER pedida, pedido, pedigüeño, pidón; despedir.
ETIM *Pedir* procede del latín *petere*, que tenía el mismo significado, voz con la que también están relacionadas *petición, petitorio, petulante.*
OBS En su conjugación, la *e* se convierte en *i* en algunos tiempos y personas, como en *servir*.

pedo *n. m.* **1** Expulsión a través del ano de los gases contenidos en el interior del intestino, que se hace de una vez y a veces de forma ruidosa: *es una falta de educación tirarse un pedo en público.* **2** *coloquial* Borrachera, estado de embriaguez: *llevaba tal pedo que tuvieron que llevarlo al hospital.* **3** *coloquial* Estado de la persona que se encuentra bajo los efectos de la droga: *los policías se dieron cuenta enseguida del pedo que llevaba.*
DER pedorro, peerse.

-pedo, -peda Elemento sufijal que entra en la formación de palabras con el significado de 'pie': *velocípedo, bípedo.*
SIN -podo.

pedorrear *v. intr. coloquial* Tirarse pedos de forma repetida.

pedorreo *n. m. coloquial* Expulsión de pedos de forma repetida: *el pedorreo del bebé hacía reír a los demás niños.*

pedorreta *n. f.* Sonido que se hace con la boca imitando el ruido de un pedo: *el niño hacía pedorretas y se burlaba de sus hermanos.*

pedorro, -rra *adj./n. m. y f.* **1** *coloquial* [persona] Que se tira pedos frecuentemente o lo hace con desvergüenza. **2** *coloquial* [persona] Que resulta molesta o desagradable: *no seas pedorro y para de incordiar.* Se usa como insulto.
DER pedorrear, pedorrera, pedorreta.

pedrada *n. f.* **1** Acción que consiste en lanzar o arrojar con impulso una piedra: *llegaron en son de paz pero los recibieron a pedradas.* **2** Golpe que se da en alguna parte con una piedra lanzada: *casi me rompe el cristal del coche de una pedrada.* **3** Señal que deja en alguna parte el golpe de una piedra lanzada: *tengo esta pedrada en la frente desde hace una semana.* **4** Expresión dicha con la intención de que una persona se moleste: *su amigo le lanzó una pedrada para que se diera por aludido.*
ETIM Véase *piedra*.

pedrea *n. f.* **1** Conjunto de premios menores de la lotería nacional: *ya que no me ha tocado el gordo, me podría haber tocado la pedrea.* **2** Precipitación violenta en forma de granizo: *la pedrea ha destrozado las cosechas de toda la región.* **3** Enfrentamiento entre varias personas que se lanzan piedras: *la pedrea empezó como un juego, pero al final hubo varios heridos.*
ETIM Véase *piedra*.

pedregal *n. m.* Terreno en el que hay muchas piedras sueltas: *aquella tierra era un pedregal y no se podía cultivar.*
DER pedregoso.
ETIM Véase *piedra*.

pedregoso, -sa *adj.* [lugar] Que tiene muchas piedras o está cubierto de piedras: *caminaron por un sendero pedregoso hasta llegar al río.*

pedrería *n. f.* Conjunto o adorno de piedras preciosas: *el vestido llevaba pedrería en el escote.*

pedrisca *n. f.* Pedrisco, granizo grueso: *la pedrisca es muy perjudicial para los cultivos.*
   ETIM Véase *piedra.*

pedrisco *n. m.* Granizo grueso que cae de manera muy abundante y con mucha violencia: *el pedrisco nos pilló en medio del campo y no encontramos ningún sitio para resguardarnos.*
   ETIM Véase *piedra.*

pedrusco *n. m.* Trozo de piedra que está sin labrar, especialmente si es de gran tamaño: *en lo alto del monte se veía un enorme pedrusco; eso no es una escultura, eso es un pedrusco.*
   ETIM Véase *piedra.*

pedúnculo *n. m.* **1** Rabo que une una hoja, un fruto o una flor con el tallo de la planta. **SIN** rabillo. ☞ *flor.* **2** Prolongación del cuerpo de algunos animales por la cual se quedan pegados al suelo o a cualquier otra superficie: *los percebes tienen un pedúnculo con el que se adhieren a las rocas.*

peeling *n. m.* Tratamiento cosmético que sirve para regenerar la piel mediante el desprendimiento de células muertas: *después de un peeling, la piel queda muy suave.*
   OBS Es de origen inglés y se pronuncia aproximadamente 'pilin'.

peerse *v. prnl. coloquial* Expulsar a través del ano gases contenidos en el interior del intestino: *el muy marrano no para de peerse.*
   OBS En su conjugación, la *i* de la desinencia se convierte en *y* delante de *o* y *e*, como en *leer.*

pega *n. f.* **1** Sustancia que se usa para pegar alguna cosa: *fue a comprar pega de zapatero para unir las suelas.* **SIN** pegamento. **2** Obstáculo, dificultad o inconveniente que se presenta o que alguien pone para la realización de algo: *siempre está poniéndole pegas a todo; la única pega de este coche es que el maletero es muy pequeño.*
   de pega Que no es real o auténtico sino que es imitación de algo real: *quiso asustarme con una pistola de pega; tu profesor es un erudito de pega.*

pegadizo, -za *adj.* **1** Que se graba fácilmente en la memoria: *esta canción gusta mucho porque tiene un ritmo muy pegadizo.* **2** Que se extiende fácilmente a otras personas: *tienes una risa simpática y pegadiza.* **SIN** contagioso, pegajoso.

pegado, -da *adj.* [persona] Que no domina o no tiene conocimientos sobre una materia: *lo siento, en matemáticas estoy pegado.*
   DER pegadizo.

pegajoso, -sa *adj.* **1** Que se pega fácilmente: *ese caramelo me ha dejado los labios pegajosos.* **2** Que se extiende fácilmente a otras personas: *los malos hábitos son pegajosos; tiene una risa pegajosa.* **SIN** contagioso, pegadizo. **3** Que resulta molesto porque da excesivas muestras de afecto o cariño: *¡qué pegajoso eres, deja ya de besuquearme!* **SIN** empalagoso.

pegamento *n. m.* Sustancia que sirve para pegar: *este pegamento en barra no pega tanto como el pegamento líquido.* **SIN** cola, pega.

pegar *v. tr./prnl.* **1** Unir una cosa con otra con una sustancia adhesiva: *pegaron varios carteles en la pared; para que se pegue bien la madera tienes que usar una cola especial.* **2** Maltratar una persona a otra o a un animal dándole golpes, usando las manos, los pies o cualquier instrumento: *no se debe pegar a los animales; separó a los niños que se estaban pegando en la calle.* ◊ *v. tr.* **3** Unir o juntar una cosa con otra cosiéndola, atándola o de otro modo parecido: *la modista pegará los botones de la camisa.* **4** Acercar o colocar una cosa junto a otra de manera que se toquen o entren en contacto: *no pegues la silla a la pared, que la rayas.* **SIN** arrimar. **5** Realizar la acción que indica el nombre que va detrás: *pegar voces; pegar un tiro; pegar saltos; pegar un susto; pegar un grito; pegar un tirón.* **6** Contagiar una persona a otra una enfermedad, una costumbre, un vicio u otra cosa, por entrar en contacto o tratar con ella: *creo que le he pegado la gripe; tu mujer te ha pegado la costumbre de levantarte tarde.* ◊ *v. tr./intr.* **7** Dar una persona uno o más golpes a alguien o sobre una cosa: *le pegó una patada en toda la cara; estuvo pegando en la puerta para que le abrieran.* ◊ *v. intr.* **8** Estar una cosa junto a otra o próxima a ella: *mi casa pega con la casa de ese señor; el banco es ese edificio que está pegando con Correos.* **9** Armonizar una cosa con otra, formando un conjunto bello y agradable: *el blanco y el azul pegan; esa falda no pega con la blusa que llevas; ese cuadro pegará muy bien en el comedor.* **10** Chocar, tropezar o golpear una cosa en otra con fuerza o violencia: *el coche frenó bruscamente y pegó contra una tapia; el balón pegó en la ventana y rompió el cristal.* **11** Calentar mucho el sol: *el sol pegaba en la ventana de la cocina; no veas cómo pega el sol por la mañana.* **12** *coloquial* Estar de moda o tener mucho éxito una cosa en un momento determinado: *esa canción está pegando fuerte este verano.* **13** Rimar una palabra o un verso con otro: *risa pega con brisa.* ◊ *v. intr./prnl.* **14** Unirse una cosa a otra debido a su naturaleza: *esta cola no pega bien; la grasa se pegaba a las paredes y a los muebles.* ◊ *v. prnl.* **15 pegarse** Quedar una parte de un guiso unida al recipiente en que se ha cocinado por haberse quemado: *las lentejas se han pegado porque el fuego estaba muy fuerte.* **SIN** agarrarse. **16** Unirse o seguir una persona a otra o a un grupo de personas sin haber sido invitada a ello: *nos pegamos al grupo de turistas para oír las explicaciones del guía.* **17** Quedarse grabada una cosa fácilmente en la memoria: *la música de los anuncios se pega bien, todo el mundo la canta.*
   pegársela *coloquial* a) Sufrir una persona o una cosa una caída, un choque o cualquier golpe violento: *por ir mirando hacia atrás se la ha pegado contra una farola. coloquial* b) Engañar una persona a otra, especialmente un cónyuge a otro siéndole infiel con otra persona: *todos sabían que su mujer se la pegaba con un vecino.*
   DER pega, pegado, pegajoso, pegamento, pegatina, pego, peguntoso; apegarse, despegar.
   OBS En su conjugación, la *g* se convierte en *gu* delante de *e.*

pegatina *n. f.* Lámina de papel o plástico de pequeño tamaño que es adhesivo y que suele llevar impreso un dibujo o un texto: *lleva el cristal del coche lleno de pegatinas; colecciona pegatinas de marcas comerciales.* **SIN** adhesivo.

pego Palabra que se utiliza en la frase *dar el pego,* que significa 'aparentar una cosa lo que no es en realidad o estar hecha a imitación de algo real, de manera que no se nota el engaño': *esta pintura da el pego, parece auténtica, pero es una falsificación.*
   DER pegote.

pegote *n. m.* **1** Añadido hecho de manera tosca y torpe sobre alguna cosa con la intención de ocultar algún defecto: *la nueva decoración es un pegote que estropea todo el edificio; se ha puesto un pegote en los pantalones para que no se vea el agujero.* **2** Añadido hecho en una obra literaria o artística, que no tiene ninguna utilidad, que no guarda armonía con el resto y que estropea su calidad: *los últimos versos del poema son un pegote que no tiene nada que ver con el resto.* **3** Sustancia espesa y pegajosa: *el coche estaba lleno de pegotes de*

barro; este puré parece un pegote. **4** *coloquial* Mentira, especialmente la que dice una persona para presumir de algo que no es o de algo que no ha hecho: *¡vaya pegote!, no sé cómo pudiste creerte que su padre es el director del colegio.* **5** *coloquial* Persona pesada y molesta que no se aparta de otra: *tu hermano es un pegote, siempre te acompaña a todas partes.*
tirarse el pegote (o **pegotes**) *coloquial* Decir una persona una mentira para presumir de algo que no es o de algo que no ha hecho: *siempre se tira el pegote de que se ha ligado a muchas chicas, pero todos sabemos que no es verdad.*

pegujal *n. m.* **1** Extensión pequeña de terreno de siembra, o porción pequeña de ganado. **2** Extensión de terreno que el dueño deja a un guarda o encargado para que la cultive por su cuenta, como parte de su paga.

peinado *n. m.* **1** Forma en la que una persona lleva arreglado el pelo: *lleva un peinado muy moderno; voy a la peluquería para que me hagan un nuevo peinado.* **2** Acción de peinar o de arreglar el pelo: *en esa peluquería cobran más por el lavado que por el peinado.* **3** Examen o registro cuidadoso de una zona para encontrar a una persona o una cosa: *la policía hizo un peinado del bosque con perros adiestrados.* **SIN** rastreo.

peinar *v. tr./prnl.* **1** Arreglar o colocar de una forma determinada el cabello de una persona: *va cada semana a la peluquería para que la peinen; yo siempre me peino con la raya a un lado.* **ANT** despeinar. ◇ *v. tr.* **2** Arreglar, desenredar o limpiar el pelo de un animal o de un tejido: *peinó la lana antes de meterla en el colchón.* **3** Examinar o registrar con mucho cuidado una zona para encontrar a una persona o una cosa: *la policía peinó el barrio buscando a los atracadores; los cazadores peinaron el monte con ayuda de los perros.*
DER peinado, peinador, peinazo; despeinar, repeinar.

peine *n. m.* **1** Utensilio que se utiliza para desenredar, arreglar y colocar bien el pelo, formado por una serie de púas paralelas, colocadas en fila y unidas a una parte más gruesa: *se hizo la raya del pelo con un peine de metal; después de lavarse el pelo se lo desenreda con un peine.* **2** Parte de algunos mecanismos que tiene una forma muy parecida a la del peine para el pelo, como por ejemplo en un telar o en un arma de fuego: *se ha estropeado el peine de la máquina de tejer.*
enterarse de lo que vale un peine *coloquial* Se utiliza para amenazar a una persona o advertirla de un castigo, un escarmiento o una acción negativa que se va a realizar contra ella: *como no llegues puntual, te vas a enterar de lo que vale un peine.*
DER peinar, peineta.

peineta *n. f.* Especie de peine, de forma ligeramente curva, que se utiliza para sujetar un peinado o para adornar el pelo: *la peineta es característica de algunos trajes regionales; lleva la peineta en el moño.*

pekinés, -nesa *adj./n. m. y f.* Pequinés.

pela *n. f.* **1** *coloquial* Peseta, unidad monetaria de España: *se discutió con el vendedor porque le quería cobrar unas pelas de más.* ◇ *n. f. pl.* **2 pelas** *coloquial* Dinero: *su padre tiene muchas pelas; este mes voy muy mal de pelas.*

peladilla *n. f.* Golosina que está formada por una almendra recubierta con un baño de azúcar, de manera que queda dura, lisa y redondeada: *la peladilla estaba tan dura que al morderla me rompí un diente.*

pelado, -da *adj.* **1** Que no tiene una cosa o una característica que habitualmente lo adorna, cubre o rodea: *a lo lejos se veía un monte pelado, sin árboles ni plantas; a través de la herida se veía el hueso pelado.* **2** Que no tiene dinero o se ha quedado sin él: *estoy pelado, no puedo invitarte a cenar; la caja está pelada, no tiene ni un duro.* **3** [número, cantidad] Que consta de decenas, centenas, millares, etc., justos: *el doscientos pelado; el cuatro mil pelado.* **4** Con el pelo muy corto o totalmente rapado: *muchos deportistas llevan la cabeza pelada.* ◇ *n. m.* **5** Acción de cortar el cabello de una persona y manera de llevarlo cortado: *en esa peluquería me hacen un pelado gratis cada tres meses; llevas un pelado muy moderno.*
DER peladilla, peladura.

pelagatos *n. com.* Persona insignificante o mediocre, de baja posición social o económica: *ése es un pelagatos, no tiene dónde caerse muerto.*
OBS El plural también es *pelagatos*.

pelágico, -ca *adj.* **1** [zona del mar] Que comprende prácticamente su totalidad, a excepción del fondo y las orillas: *zona pelágica, corriente pelágica.* **2** [animal, organismo] Que vive en esta zona del mar: *la fauna pelágica vive en alta mar y a poca profundidad; el plancton es un organismo pelágico.*

pelaje *n. m.* **1** Naturaleza o calidad del pelo o la lana de un animal: *los caballos de la cuadra tenían distinto pelaje.* **2** *coloquial* Aspecto externo que presenta una persona o una cosa, a través del cual se puede ver su calidad, su condición o su categoría: *ese chico tiene muy mal pelaje, no quiero que vayas más con él.*

pelambre *n. amb.* Conjunto de pelo abundante en todo el cuerpo o en algunas partes de él: *tiene mucha pelambre en el pecho.*
DER pelambrera.

pelambrera *n. f.* Cantidad abundante de pelo o de vello, especialmente el que está muy largo o enredado: *con esa pelambrera que te tapa la cara es imposible que veas.*

pelanas *n. com. coloquial* Persona pobre y poco importante en la sociedad: *se casó con un pelanas que no había hecho nada de provecho en la vida.* Es despectivo. **SIN** pelagatos.
OBS El plural también es *pelanas*.

pelandusca *n. f. coloquial* Prostituta.

pelar *v. tr./prnl.* **1** Quitar, cortar o arrancar el pelo de algo o alguien: *se ha pelado al rape; han pelado al perro en una peluquería canina.* ◇ *v. tr.* **2** Quitar la piel, la cáscara o la corteza que recubre un fruto o un tubérculo: *no sabe pelar las manzanas y se las come con piel; mientras tú pelas las patatas yo batiré los huevos.* **3** Quitar la piel o el pellejo a un animal: *el granjero cogió dos conejos para pelarlos y guisarlos.* **SIN** despellejar. **4** Quitarle las plumas a un ave: *estaba pelando el pavo para poderlo cocinar.* **SIN** desplumar. **5** *coloquial* Quitarle a una persona todos los bienes o todo el dinero de manera violenta o engañándola: *se dejó timar por unos estafadores, que lo pelaron y lo dejaron en la calle.* **6** Criticar o hacer murmuraciones acerca de una persona: *estuvieron toda la tarde pelando al vecindario entero.* ◇ *v. prnl.* **7 pelarse** Desprendérsele a una persona la piel poco a poco por haber tomado con exceso el sol, o por una quemadura o una rozadura: *se quedó dormido en la playa y ahora se le está pelando toda la espalda.* **8** Perder una persona el pelo por una enfermedad u otra causa: *el enfermo se fue pelando poco a poco a causa de un tratamiento químico muy fuerte.*
duro de pelar *a)* [cosa] Que es difícil de conseguir o de hacer: *este puzzle es duro de pelar, me está costando mucho terminarlo.* *b)* [persona] Que es difícil de vencer o de convencer: *es un contrincante muy bueno y será duro de pelar; es muy duro de pelar y no se bajará del burro.*

peldaño

pelárselas *coloquial* Hacer una cosa con mucha rapidez y energía: *este coche corre que se las pela*.

que pela *coloquial* Que produce una sensación muy fuerte o intensa, generalmente de frío o de calor: *hace un frío que pela*.
DER pelado; repelar.

peldaño *n. m.* Cada una de las partes horizontales de una escalera, donde se apoya el pie al subir o bajar por ella: *había más de veinte peldaños para subir de una planta a otra.*
SIN escalón.

pelea *n. f.* **1** Acción que consiste en luchar o emplear entre sí dos o más personas o animales la fuerza, las armas o cualquier otro recurso con la intención de hacerse daño, matarse o imponer su voluntad: *los dos hombres se enzarzaron en una pelea y nadie pudo separarlos.* **SIN** combate, lucha. **2** Discusión o enfrentamiento que mantienen dos o más personas por no estar de acuerdo sobre una circunstancia o una idea: *algunas peleas entre parejas tienen su origen en cuestiones laborales o económicas.* **SIN** disputa, riña. **3** Esfuerzo grande y continuado que realiza una persona para conseguir una cosa: *trabajar para hacerse un hueco en la sociedad es una pelea diaria.* **SIN** lucha.

pelear *v. intr./prnl.* **1** Emplear entre sí dos o más personas o animales la fuerza, las armas o cualquier otro recurso con la intención de hacerse daño, matarse o imponer su voluntad: *tras el anuncio de la tregua los ejércitos dejaron de pelear; no te pelees con tu hermano, que es más pequeño que tú.* **2** Mantener una persona una discusión o un enfrentamiento con otra o con otras por no estar de acuerdo sobre una circunstancia o una idea: *no vale la pena pelear por una ideología; a veces se pelean por cuestiones políticas.* ◇ *v. intr.* **3** Realizar una persona un esfuerzo grande y continuado para conseguir una cosa: *no tiene miedo a pelear, si con ello consigue llegar alto.* ◇ *v. prnl.* **4 pelearse** Enemistarse o perder la buena relación dos o más personas: *se pelearon por culpa de unas tierras; hace tiempo que madre e hija están peleadas.*
SIN reñir.
DER pelea, peleón.

pelechar *v. intr.* Cambiar un animal el pelo o la pluma: *el perro está pelechando y deja los sofás llenos de pelo; al acabar el invierno, el pájaro empezó a pelechar*.

pelele *n. m.* **1** Muñeco de figura humana hecho de paja o de trozos viejos de tela, que se saca a la calle en Carnaval para quemarlo o mantearlo: *muchos pueblos de España queman un pelele el domingo de Resurrección.* **2** Persona débil o de poco carácter, que se deja manejar por los demás muy fácilmente: *después del golpe de estado, el presidente se convirtió en un pelele de los militares.* **3** Prenda hecha de punto, de una sola pieza, que se pone a los niños pequeños para dormir.

peleón, -ona *adj.* **1** Que es muy aficionado a pelear o discutir, o que lo hace con frecuencia: *son unos peleones, siempre están enzarzados en alguna riña.* **SIN** camorrista. **2** [vino] Que es de mala calidad: *nos sirvió un tinto peleón que sabía a rayos.*

peletería *n. f.* **1** Establecimiento en el que se venden o se confeccionan prendas de vestir de piel: *fueron a varias peleterías antes de decidirse a comprar el abrigo.* **2** Oficio del que se dedica a trabajar y preparar las pieles o a fabricar con ellas prendas de vestir o de adorno: *la industria de la peletería es de gran importancia.*

peletero, -ra *adj.* De la peletería o relacionado con este oficio: *industria peletera; taller peletero.* ◇ *n. m. y f.* Persona que se dedica a fabricar o vender prendas de vestir de piel: *los peleteros ven peligrar su negocio ante la acción de las sociedades protectoras de animales.*
DER peletería.
ETIM Véase *piel*.

peliagudo, -da *adj.* Que es muy difícil de entender o de resolver: *el presidente meditó su decisión, ya que el asunto era muy peliagudo.*

pelícano *n. m.* Ave acuática palmípeda cuyo pico, largo y ancho, tiene una membrana en su parte inferior que forma una especie de bolsa; es de plumaje blanco y tiene las patas cortas: *el pelícano deposita en el pico los peces que captura.*
OBS Para indicar el sexo se usa *el pelícano macho* y *el pelícano hembra*.

película *n. f.* **1** Conjunto de imágenes cinematográficas que componen un asunto o una historia: *ese director de cine ha dejado de hacer películas; están rodando una película en el parque; ¿qué película vamos a ver?* **2** Cinta de material sensible a la luz que contiene un conjunto de imágenes grabadas con una cámara de cine o de vídeo, preparadas para ser proyectadas en una pantalla: *colocaron la película en el proyector y apagaron las luces de la sala.* **3** Cinta de material sensible a la luz que se introduce en el interior de la cámara fotográfica y sobre la cual se imprimen las imágenes: *llevé a revelar el rollo de película; la luz ha velado la película.* **4** Piel delgada y delicada o capa muy fina que cubre una cosa: *cuando la leche hierve se forma una película de nata en la superficie; con ayuda de un algodón, retire la película de esmalte de sus uñas.* **5** Explicación de un hecho o de una historia: *y ahora, te contaré la película de mi vida.*

de película *coloquial* a) Que tiene unas cualidades extraordinarias: *una casa de película; un amor de película.* b) Se utiliza para indicar que una cosa se hace muy bien: *cocinar de película; pasárselo de película.*
DER peliculero, película.
ETIM Véase *piel*.

peliculero, -ra *adj./n. m. y f. coloquial* [persona] Que suele explicar cosas imaginadas o demasiado fantásticas: *tu amigo es un peliculero, no hay quien se crea lo que cuenta.*

peliculón *n. m. coloquial* Película de cine de muy buena calidad: *a pesar de ser la opera prima del director, es un peliculón que tuvo muy buena crítica.*

peligrar *v. intr.* Estar en peligro: *la supervivencia de muchas especies animales peligra por culpa del hombre.*
DER peligro, peligroso.

peligro *n. m.* **1** Situación en la que es posible que ocurra un daño o un mal: *durante aquel viaje vivieron muchos peligros; los conductores imprudentes ponen en peligro su vida y la de los demás.* **2** Persona o cosa que crea una situación en la que es posible que ocurra un daño o un mal: *este puente tan ruinoso es un peligro; vuestro hijo es un peligro, no para de hacer gamberradas.*

correr peligro Estar expuesta una persona o una cosa a una situación en la que es posible que ocurra un daño o un mal: *ese jarrón de cristal corre peligro encima de la mesa.*
SIN peligrar.

peligrosidad *n. f.* Posibilidad o riesgo que hay en algunas situaciones de que ocurra un daño o un mal: *la peligrosidad de las grandes ciudades es alarmante.*

peligroso, -sa *adj.* **1** Que tiene peligro o puede causar un daño o un mal: *consumir bebidas alcohólicas es peligroso para la salud.* **2** [persona] Que puede causar daño o cometer actos delictivos y que habitualmente lo hace: *se busca a un bandido muy peligroso.*
DER peligrosidad.

pelillo n. m. *coloquial* Motivo poco importante de enfado, disgusto o preocupación: *déjate de pelillos y piensa en las cosas positivas.*
  echar pelillos a la mar *coloquial* Olvidar dos o más personas el motivo de su enfado y reconciliarse: *echa pelillos a la mar y pídele perdón.*

pelirrojo, -ja adj./n. m. y f. Que tiene el pelo de color tirando a rojo: *no es morena, ni castaña ni rubia, es pelirroja; los pelirrojos suelen ser muy pecosos.*

pella n. f. **1** Trozo de masa de forma redonda: *el cocinero tomó una pella de pasta para hacer un panecillo.* **2** Conjunto de los tallitos de la coliflor y otras plantas semejantes, antes de florecer: *las pellas son la parte más delicada y la que más se aprecia como alimento.*
  hacer pellas *coloquial* No ir una persona a un lugar donde tiene obligación de ir, sin tener ningún motivo justificado, especialmente a clase: *no aprobaron el curso porque frecuentemente hacían pellas.*
  DER repellar.

pellejo n. m. **1** Piel o trozo de piel de una persona o de un animal: *los cazadores mataron un zorro para arrancarle el pellejo; tiene los labios cortados y llenos de pellejos.* **2** Piel fina de algunas frutas y hortalizas: *esta uva tiene el pellejo muy grueso.* **3** Recipiente hecho de piel de animal, generalmente de cabra, que se utiliza, una vez tratada y cosida convenientemente, para contener líquidos, especialmente vino o aceite: *en la bodega había pellejos y toneles repletos de vino.* **SIN** odre.
  estar (o ponerse) en el pellejo Estar o ponerse una persona en la misma situación o condiciones que otra: *¿qué harías tú si estuvieras en su pellejo?*
  jugarse el pellejo *coloquial* Poner en peligro algo muy importante, especialmente la vida: *uno de los bomberos se jugó el pellejo saltando por los tejados; actuando así se está jugando el pellejo y no me extrañaría que lo despidiesen.*
  salvar el pellejo Salvar una persona su vida de un peligro: *todavía no se explican cómo pudieron salvar el pellejo en el incendio.*
  DER␣ pelleja; despellejar.
  ETIM Véase *piel.*

pelliza n. f. **1** Prenda de vestir de abrigo, hecha o forrada de pieles finas: *tengo una pelliza de piel vuelta para los días fríos de invierno.* **SIN** chamarra, zamarra. **2** Prenda de vestir de abrigo, con el cuello y los puños de tela fuerte, que cubre desde el cuello hasta las rodillas: *la pelliza es un chaquetón.*

pellizcar v. tr./prnl. **1** Coger con dos dedos de la mano una pequeña cantidad de piel y carne de una persona, apretándola o retorciéndola, especialmente para que produzca dolor: *tenía la mala costumbre de pellizcar a sus amigos; cuando se me dormía la pierna me pellizco y no noto nada.* **2** Coger o pillar con fuerza la piel o la carne de una persona: *me he pellizcado con las tenazas porque no las he cogido bien.* ◇ v. tr. **3** Quitar con los dedos una pequeña cantidad de una cosa que está entera: *tenía tanta hambre que se puso a pellizcar el pan.*
  DER pellizco.
  OBS En su conjugación, la c se convierte en qu delante de e.

pellizco n. m. **1** Acción que consiste en pellizcar a una persona: *le dio un pellizco para que se callara; me he dado un pellizco al cerrar el cajón.* **2** Señal que queda en la carne al pellizcarla: *todavía se nota el pellizco que me hiciste.* **3** Pequeña cantidad de una cosa que se quita con los dedos: *cogió un pellizco de pan y se lo llevó a la boca.*

pelma adj./n. com. **1** [persona] Que es excesivamente pesado y molesto: *no seas pelma y déjame tranquilo.* **SIN** latoso, pelmazo, plasta. **2** *coloquial* [persona] Que es muy lento en sus acciones: *es tan pelma que siempre es el último en todo.* **SIN** pelmazo.

pelmazo, -za adj./n. m. y f. **1** *coloquial* [persona] Que es excesivamente pesado y molesto: *no se pudo quitar de encima a ese pelmazo en toda la tarde.* **SIN** latoso, pelma, plasta. **2** *coloquial* [persona] Que es muy lento en sus acciones: *acaba de comer de una vez y no seas tan pelmazo.* **SIN** pelma.
  DER pelma; apelmazar.

pelo n. m. **1** Fibra o filamento delgado, en forma de hilo, que nace de la piel de la mayor parte de los mamíferos y de otros animales: *el pelo nace y crece desde la epidermis y termina por caerse para dar paso a otro pelo; el perro puso el sofá perdido de pelos.* ☞ piel. **2** Conjunto de esas fibras que cubre el cuerpo de algunos animales o algunas partes del cuerpo de las personas, especialmente de la cabeza: *llevaba el pelo recogido en un moño; el joven apenas tenía pelo en la cara; tenía un gato de pelo largo.* **3** Filamento muy fino que hay en la cáscara o la piel de algunos frutos y en algunas partes de las plantas: *el pelo del melocotón me da alergia; las hojas de esa planta tienen unos pelos muy finos.* **4** Conjunto de fibras que forman parte de ciertos utensilios, como el cepillo: *he comprado una brocha de pelo duro para pintar las puertas.* **5** Hilo o filamento fino que sobresale o queda en la superficie de algunas telas o tejidos: *el paño está viejo y ya no tiene pelo; estoy tejiendo un jersey con mucho pelo.* **6** Sierra muy fina que se usa para cortar maderas delgadas: *el pelo de la segueta se rompe con facilidad; el uso del pelo es imprescindible en los trabajos de marquetería.* **7** Cantidad muy pequeña o insignificante de una cosa: *a este guiso hay que ponerle un pelo de sal; ha faltado un pelo para que se cayera; no corre ni un pelo de aire.*
  a pelo *a)* Se utiliza para indicar que una cosa se realiza sin ningún tipo de protección, especialmente sin ropa o sin nada que cubra el cuerpo: *escalaron la montaña a pelo; era pleno invierno, pero él salía a pelo por las mañanas. b)* Se utiliza para indicar una forma de montar sobre una caballería sin emplear la silla ni ningún elemento sobre ella: *cabalga a pelo sobre el caballo.*
  al pelo Se utiliza para indicar que una cosa es muy adecuada u oportuna para la ocasión, o que se realiza en el momento justo: *me regalaron una caja que me vino al pelo para guardar caramelos.*
  caérsele el pelo Sufrir una persona las consecuencias por una mala acción que ha cometido, especialmente mediante un castigo duro: *como no vayas a clase, se te va a caer el pelo.*
  con pelos y señales Indica que algo se explica con gran cantidad de detalles: *te voy a contar mi vida con pelos y señales.*
  dar para el pelo *coloquial* Regañar a una persona o darle una azotaina como forma de castigo por algo que ha hecho: *eres un chico muy travieso y te van a dar para el pelo, para que aprendas.*
  de pelo en pecho *coloquial* [persona] Que es muy fuerte o valiente: *era un hombre de pelo en pecho y no se asustaba de nada.*
  estar hasta el pelo (o los pelos) *coloquial* Estar una persona harta o cansada de alguien o de algo: *estoy hasta el pelo de tantas tonterías.*
  no tener pelos en la lengua Expresar abiertamente una persona sus pensamientos o sus sentimientos sin tener ningún reparo para ello: *yo no soy insolente, lo que pasa es que no tengo pelos en la lengua.*

no tener un pelo de tonto Ser una persona muy despierta e inteligente, en contra de lo que pudiera creerse: *no intentes engañarme, porque no tengo un pelo de tonto.*
no vérsele el pelo *coloquial* No aparecer una persona o no dejarse ver durante largo tiempo por un lugar que solía frecuentar: *desde que se marchó no se le ha visto el pelo por aquí.*
poner los pelos de punta Causar una cosa en una persona un fuerte sentimiento de asombro, miedo o terror: *vimos una película que nos puso los pelos de punta.*
por los pelos Se utiliza para indicar que una cosa se realiza en el último momento o de manera muy ajustada: *se ha librado del castigo por los pelos; he aprobado el examen por los pelos.*
soltarse el pelo Decidirse una persona a hablar o a actuar sin miramientos ni inhibiciones, de manera arrojada y despreocupada: *últimamente se ha soltado el pelo y sale todas las noches.*
tirarse de los pelos Mostrar una persona un gran enfado o arrepentimiento por no haber aprovechado una oportunidad o por haber tenido un error que habría podido evitar: *se tiraba de los pelos cada vez que pensaba en el ridículo que había hecho.*
tomar el pelo *coloquial* a) Burlarse de una persona para ponerla en ridículo: *llevaba un traje horrible y sus compañeros le tomaban el pelo diciéndole que era precioso.* b) Engañar a una persona haciéndole creer algo que es mentira: *eso que decís no es cierto, me queréis tomar el pelo.*
DER pelaje, pelambre, pelanas, pelar, pelillo, pelón, peludo, pelusa, pelechar; contrapelo, espeluznante.
ETIM *Pelo* procede del latín *pilus*, que tenía el mismo significado, voz con la que también están relacionadas *depilar, piloso.*

pelón, -lona *adj./n. m. y f.* 1 [persona, animal] Que no tiene pelo o tiene muy poco: *el bebé todavía está pelón.* 2 Que lleva el pelo muy corto o rapado totalmente: *los soldados iban todos pelones.* 3 Que es pobre o dispone de muy poco dinero: *a fin de mes siempre está algo pelón.*

pelota *n. f.* 1 Bola hecha de cuero, goma u otro material flexible, llena de aire o maciza, que se utiliza para jugar o para practicar determinados deportes: *pelota de tenis; pelota de béisbol; pelota de fútbol.* 2 Juego que se practica con esa bola: *fueron al campo a jugar a pelota; en el parque está prohibido jugar a la pelota.* ◊ **pelota vasca** Juego que se practica lanzando una pelota con la mano o con distintos instrumentos contra una pared para que rebote: *la pelota vasca tiene varias modalidades y se juega generalmente en un frontón formado por dos paredes en ángulo recto.* 3 Objeto de forma redonda hecho con cualquier materia, generalmente blanda o flexible: *puso una pelota de barro sobre el torno y empezó a moldearla; me gusta mucho la pelota de carne; hizo una pelota de papel y la lanzó a la papelera.* ◊ *adj./n. com.* 4 *coloquial* [persona] Que alaba a alguien o trata de agradar, movido por el interés y con el único objetivo de conseguir un favor o un beneficio: *siempre le da la razón al jefe en todo porque es un pelota.* **SIN** pelotillero. ◊ *n. f. pl.* 5 **pelotas** *coloquial* Testículos, glándulas sexuales que producen espermatozoides: *le han dado un balonazo en las pelotas.*
devolver la pelota Responder una persona a una acción o un dicho de manera semejante: *él me hizo daño y ahora tengo ocasión de devolverle la pelota, haciéndoselo yo a él.*
en pelota o **en pelotas** *coloquial* Completamente desnudo: *a esa actriz no le importa que la vean en pelotas.* Para dar más énfasis o expresividad también se utilizan las formas *en pelota picada* y *en pelota viva.*
estar hasta las pelotas *coloquial* Estar una persona harta o cansada de alguien o de algo: *estoy hasta las pelotas de que se metan conmigo.*
hacer la pelota *coloquial* Alabar o tratar de agradar a alguien con el único objetivo de conseguir un favor o un beneficio: *para conseguir ese puesto ha tenido que hacer mucho la pelota.*
DER pelotari, pelotazo, pelotear, pelotera, pelotón; despelotarse.

pelotari *n. com.* Deportista que juega a la pelota vasca: *los pelotaris son muy fuertes y musculosos.*

pelotazo *n. m.* 1 Golpe dado con una pelota: *el niño recibió un pelotazo en la cara; rompieron el escaparate de un pelotazo.* 2 *coloquial* Copa o trago de una bebida alcohólica: *no quiero beber más, me acabo de tomar un pelotazo de whisky.*
SIN lingotazo.

pelotear *v. intr.* Jugar con una pelota por diversión o como entrenamiento, sin disputar ningún partido: *los tenistas pelotearon antes de empezar el partido.*
DER peloteo, pelotilleo.

pelotera *n. f.* Disputa, enfrentamiento o discusión fuerte entre dos o más personas por no estar de acuerdo sobre una circunstancia o idea: *he tenido una pelotera con mis padres por haber llegado tarde; menuda pelotera se armó ayer en clase.* **SIN** riña.

pelotilleo *n. m. coloquial* Alabanza falsa o exagerada que se hace a una persona con el fin de agradarla para conseguir una ganancia o una ventaja: *el profesor no tuvo en cuenta el pelotilleo del estudiante y no le aprobó el examen.*

pelotillero, -ra *adj./n. m. y f. coloquial* [persona] Que alaba a alguien o trata de agradar, movido por el interés y con el único propósito de conseguir un favor o un beneficio: *eres un pelotillero, no sé qué buscas con tanto halago.* **SIN** pelota.

pelotón *n. m.* 1 Grupo numeroso de personas, que van juntas y sin orden: *cuando acaba la película salen todos del cine en pelotón.* 2 Conjunto numeroso de ciclistas que durante una carrera van agrupados circulando al mismo ritmo: *hay un escapado que ha saltado del pelotón.* 3 Pequeña unidad militar de infantería que forma parte de una sección y está mandada generalmente por un sargento o por un cabo: *ordenó al pelotón que saliera a formar.*
DER apelotonar.

peluca *n. f.* Cabellera postiza: *las pelucas pueden estar hechas de pelo natural o artificial.*
DER peluquero, peluquín.

peluche *n. m.* 1 Tejido muy suave, con pelo largo por una de sus caras: *osito de peluche; alfombra de peluche.* 2 Muñeco hecho de ese tejido, que suele tener forma de animal: *a algunos niños pequeños les gusta dormir con peluches.*

peludo, -da *adj.* Que tiene mucho pelo: *el gato de Angora es más peludo que el siamés.*

peluquería *n. f.* 1 Establecimiento en el que se peina, se corta y se cuida el pelo: *pidió hora para ir a la peluquería; hay peluquerías especiales para perros y otros animales.* 2 Oficio y técnica de la persona que se dedica a peinar, cortar, arreglar y cuidar el pelo: *estudió peluquería durante dos años; se dedicó a la peluquería desde muy joven.*

peluquero, -ra *n. m. y f.* Persona que tiene como profesión peinar, cortar, arreglar y cuidar el pelo: *el peluquero le cortó el pelo a navaja; la peluquera le ha teñido el pelo de rubio.*
DER peluquería.

peluquín *n. m.* Peluca pequeña que sólo cubre una parte de la cabeza: *se puso un peluquín porque estaba empezando a quedarse calvo.*

ni hablar del peluquín *coloquial* Expresión que se utiliza para negar rotundamente una propuesta: —¿Vamos a casa de Pepe? —Ni hablar del peluquín, sabes que no lo trago.

pelusa *n. f.* **1** Pelo muy suave y fino que cubre ciertas frutas y plantas: *a Carmen le produce alergia la pelusa del melocotón*. **SIN** vello. **2** Pelo muy fino, casi imperceptible, que crece en la cara y en otras partes del cuerpo de una persona: *solemos tener pelusa en los lóbulos de las orejas*. **SIN** vello. **3** Pelo fino que sueltan las prendas de punto o algunos tejidos con el uso: *los jerséis de angora dejan mucha pelusa*. **4** Acumulación de polvo o suciedad debajo de los muebles y de otros lugares donde no se limpia frecuentemente: *barre debajo de las camas porque hay mucha pelusa*. **5** Sentimiento de envidia o de celos propio de los niños: *mi hijo mayor tiene pelusa de su hermanito recién nacido*.

pelvis *n. f.* ANAT. Parte del esqueleto situada en la zona inferior del tronco de los mamíferos, en la que se articulan las extremidades inferiores: *la pelvis contiene el final del tubo digestivo, la vejiga urinaria y algunos órganos del aparato genital; la pelvis está formada por cinco huesos: el sacro, el ilion, el isquion, el pubis y el cóccix*. ☞ reproductor, aparato.

OBS El plural también es *pelvis*.

pena *n. f.* **1** Castigo que una autoridad impone a una persona responsable de una falta o un delito: *lo han condenado a una pena de seis meses de cárcel*. **SIN** condena. **pena capital** o **pena de muerte** Condena por la que el culpable de un delito debe ser ejecutado: *en España no existe la pena capital*. **2** Sentimiento de dolor, sufrimiento o tristeza que provoca en una persona un hecho adverso o desgraciado: *me da pena ver a esos niños tan pobres y desnutridos; siento pena cada vez que me acuerdo de ella; es una pena que te tengas que ir ya*. **SIN** lástima. **3** Dificultad, trabajo o esfuerzo que le cuesta a una persona hacer una cosa: *han conseguido salir de la pobreza a costa de muchas penas*.

a duras penas Se utiliza para indicar que una cosa se hace con mucha dificultad o muy apuradamente: *a duras penas he conseguido aprobar*.

de pena *coloquial* a) Que tiene unas cualidades muy malas: *estoy leyendo un libro de pena*. *coloquial* b) Se utiliza para indicar que una cosa se hace muy mal: *cállate ya porque cantas de pena*.

merecer (o valer) la pena Estar bien empleado el esfuerzo que cuesta una cosa: *déjalo, no vale la pena seguir insistiendo*.

sin pena ni gloria Se utiliza para indicar que una cosa se hace sin sobresalir ni destacar, ni por lo bueno ni por lo malo: *aquel autor pasó sin pena ni gloria entre sus contemporáneos*.

DER penal, penar, penoso.

penacho *n. m.* **1** Grupo de plumas levantadas que tienen algunas aves en la cabeza: *el pavo real luce un penacho de colores brillantes*. **2** Grupo de plumas que se ponen como adorno en cascos o sombreros: *los caballeros llevaban sus cascos engalanados con penachos de colores*. **3** Cosa que por su forma se parece a un grupo de plumas: *las palmeras inclinaban sus penachos*.

penado, -da *n. m. y f.* Persona que ha sido condenada a una pena y está cumpliéndola en la cárcel: *veinte penados fueron trasladados a otra prisión más segura*.

penal *adj.* **1** Que está relacionado con los delitos y las faltas o con las penas con las que éstas se castigan: *el delincuente tenía antecedentes penales; un buen abogado debe conocer todos los artículos del código penal*. ◇ *n. m.* **2** Edificio o local en el que cumplen una pena, privadas de su libertad, las personas que han sido condenadas: *ha sido ingresado en un penal acusado del atraco de un banco*. **SIN** cárcel, prisión.

DER penalidad, penalista, penalizar, penalti.

penalidad *n. f.* Sufrimiento o adversidad grande que padece alguien: *en el desierto pasaron grandes penalidades; hay que hacer frente a las penalidades de la vida*.

penalista *adj./n. com.* [abogado, persona] Que está especializado en el derecho penal e interviene en casos delictivos o criminales: *buscaron los servicios de un penalista para defender al supuesto asesino*.

penalización *n. f.* Castigo, sanción o multa que se pone a una persona que ha cometido una falta: *el jugador de baloncesto sufrió una penalización por haber dado una patada a otro jugador*.

penalizar *v. tr.* Imponer una pena, sanción o castigo a alguien, especialmente en un juego o un deporte: *el jugador de baloncesto ha sido penalizado y no podrá jugar en los próximos partidos*.

DER penalización; despenalizar.

OBS En su conjugación, la *z* se convierte en *c* delante de *e*.

penalti o **penalty** *n. m.* **1** Falta que en el fútbol u otros deportes comete un jugador dentro del área de gol de su propio equipo, y que es sancionada con el máximo castigo: *López hizo un penalti y fue expulsado con tarjeta roja directa*. **2** Pena que corresponde a esa falta: *el árbitro ha pitado tres penaltis en este partido*. **3** Lanzamiento de la pelota que debe efectuar el equipo contrario al que ha cometido esta falta; se ha de tirar directamente a la portería desde un punto determinado del área y sin más defensa que el portero: *el jugador ha fallado dos penaltis; el portero ha parado un penalti*.

casarse de penalti *coloquial* Casarse un hombre y una mujer porque están esperando un hijo: *se casó de penalti: cuando se celebró la boda ya estaba embarazada*.

OBS El plural es *penaltis*.

penar *v. tr.* **1** Imponer una pena o un castigo a la persona responsable de haber cometido una falta o un delito: *el juez penó al acusado con diez años de prisión*. **SIN** condenar. **2** DER. Señalar el castigo correspondiente a una acción delictiva: *la ley pena con la cárcel los delitos de robo y asesinato*. ◇ *v. intr.* **3** Padecer o soportar un dolor o una penalidad: *la bella florista penaba de amores; ha penado mucho por sus hijos*. **SIN** sufrir.

DER penado; apenar.

penca *n. f.* Nervio central carnoso que tienen las hojas de algunas plantas, especialmente las hortalizas: *las alcachofas y el cardo tienen penca*.

penco *n. m.* Caballo flaco, débil y de poco valor: *aquel penco no le servía para las labores del campo*. **SIN** jamelgo.

pendejo, -ja *n. m. y f.* **1** *coloquial* Persona que lleva una vida irregular, viciosa y desordenada: *es un pendejo que se emborracha cada noche y vuelve a casa a las tantas de la madrugada. Es despectivo y se usa como insulto*. **SIN** pendón. ◇ *n. m.* **2** Pelo que sale en el pubis y en las ingles.

pendenciero, -ra *adj./n. m. y f.* [persona] Que es muy aficionado a pelear, reñir o discutir: *no se le puede llevar la contraria porque es un pendenciero*. **SIN** camorrista.

pender *v. intr.* **1** Estar colgada, suspendida o inclinada una cosa: *el cuadro pende de la pared; el cubo del pozo pende de una cuerda*. **2** Estar sin resolver o terminar un juicio o un asunto: *el pleito pende ante el juez*.

DER pendiente, péndola, péndulo; depender, propender, suspender.

ETIM *Pender* procede del latín *pendere*, que tenía el mismo significado, voz con la que también está relacionada *pingar*.

pendiente *adj.* **1** Que todavía está sin resolver o sin terminar: *quiero solucionar algunos asuntos pendientes antes de irme; el juicio está pendiente de sentencia.* **2** Que pone mucha atención en una persona o una cosa o se preocupa mucho por ella: *la madre estaba pendiente de su bebé en todo momento; el empresario estuvo pendiente de las noticias de la bolsa.* **3** Que está inclinado o tiene inclinación: *terreno pendiente.* ◇ *n. m.* **4** Adorno que una persona se pone o lleva colgando de alguna parte del cuerpo, generalmente del lóbulo de la oreja: *la mujer llevaba unos pendientes de oro y brillantes; esos pendientes te favorecen.* ◇ *n. f.* **5** Terreno que está inclinado o tiene inclinación: *la pelota rodó por la pendiente; los escaladores se ayudaron con cuerdas para bajar una fuerte pendiente.* **6** Inclinación más o menos pronunciada de un terreno o una superficie: *las casas de alta montaña tienen los tejados con mucha pendiente; la autopista tiene una pendiente muy suave.*

pendón *n. m.* **1** Bandera más larga que ancha que usaban como insignia distintiva los regimientos, los batallones y otras agrupaciones militares y religiosas: *el pendón era la insignia de los caballeros y de sus ejércitos.* **2** *coloquial* Persona que lleva una vida irregular y desordenada: *sus hijos son unos pendones que no pisan en su casa más que para dormir.* **3** *coloquial* Persona que lleva una vida que no está de acuerdo con lo que se considera moralmente aceptable, especialmente en materia sexual: *desde que se quedó viudo no sale más que con pendones.*

pendular *adj.* Del péndulo o que tiene relación con este cuerpo: *movimiento pendular.*

péndulo *n. m.* Cuerpo sólido que, desde una posición de equilibrio determinada por un punto fijo del que está suspendido, situado por encima de su centro de gravedad, puede oscilar libremente primero hacia un lado y luego hacia el contrario: *el péndulo del reloj hace posible su funcionamiento.* **DER** pendular.

pene *n. m.* Órgano sexual masculino: *el pene forma parte del aparato genital masculino y constituye la parte final del aparato urinario; la introducción del esperma en la vagina se realiza mediante el pene.* **SIN** falo, miembro. ☞ *cuerpo humano; reproductor, aparato.*

penetrable *adj.* **1** Que puede ser atravesado o penetrado: *esa plancha de metal no nos servirá porque es penetrable.* **ANT** impenetrable. **2** Que es fácil de comprender o de entender: *a algunas personas les resulta más penetrable la literatura que las matemáticas.* **ANT** impenetrable. **DER** impenetrable.

penetración *n. f.* **1** Acción que consiste en introducirse una cosa en un lugar o en otra cosa: *la penetración de los rayos ultravioleta en la piel es perjudicial; el gobierno permitió la penetración de capital extranjero.* **2** Acción que consiste en comprender o descubrir el sentido más profundo de una cosa difícil: *resulta compleja la penetración en el pensamiento de Aristóteles.* **3** Capacidad que tienen algunas personas de pensar con gran inteligencia, rapidez y claridad: *con gran capacidad de penetración, el investigador vio que la ciencia moderna había comenzado en el Renacimiento.*

penetrante *adj.* **1** Que es profundo o penetra muy adentro en un cuerpo: *herida penetrante, olor penetrante.* **2** [sonido] Que es agudo o de volumen elevado: *en medio del silencio se escuchó la voz penetrante del tenor; se oyó un grito penetrante que nos llenó de miedo.* **3** Que piensa con rapidez y claridad y comprende fácilmente lo más profundo u oculto de las cosas: *mente penetrante; inteligencia penetrante.*

penetrar *v. tr./intr.* **1** Introducirse una cosa en un lugar o en otra cosa: *el agua penetra la tierra; la humedad ha penetrado en la habitación; las modas extranjeras penetran en la sociedad a través de la televisión.* **2** Hacerse sentir de manera intensa y violenta el frío, la humedad u otra sensación molesta: *aquel frío penetraba las carnes; el viento helado penetró hasta los huesos del alpinista.* **3** Afectar algo a una persona produciéndole un dolor o un sentimiento de manera intensa y profunda: *el rechazo de su amada le penetró muy hondamente; el odio había penetrado en su corazón.* **4** Comprender o descubrir el sentido más profundo de una cosa difícil: *estaba dotado de una gran sensibilidad para penetrar el alma humana; todavía no ha penetrado en el problema.* ◇ *v. intr.* **5** Introducirse una persona en el interior de un recinto o dentro de un grupo de personas: *los ladrones penetraron por la ventana; penetró en los círculos más escogidos de la sociedad.* **DER** penetrable, penetración, penetrante; compenetrar.

penibético, -ca *adj.* De la cordillera Penibética o que tiene relación con este sistema montañoso del sur de España: *el Mulhacén es el pico penibético más alto.*

penicilina *n. f.* Sustancia antibiótica extraída de los cultivos de un hongo, que se usa en medicina para curar algunas enfermedades producidas por bacterias: *la penicilina fue descubierta por Fleming; algunas personas son alérgicas a la penicilina.*

península *n. f.* Extensión de tierra que está rodeada de agua por todas partes menos por una, por donde se une con un territorio de mayor tamaño: *la península está unida a un territorio mayor por medio de una franja estrecha de tierra que se llama istmo.* **DER** peninsular.

peninsular *adj.* **1** De la península o que tiene relación con esta extensión de tierra: *el investigador se proponía estudiar la fauna costera peninsular.* **2** De la península ibérica o que tiene relación con esta zona del sur de Europa: *el hombre del tiempo señalaba un mapa peninsular; los niños estudian los ríos peninsulares.* ◇ *adj./n. com.* **3** [persona] Que es de la península ibérica, y no de las islas Baleares, Canarias o de las ciudades de Ceuta y Melilla: *la encuesta recogía la opinión de los peninsulares sobre la nueva ley de enseñanza.*

penique *n. m.* Moneda de Gran Bretaña que equivale a la centésima parte de una libra esterlina.

penitencia *n. f.* **1** Sacramento de la Iglesia católica por el cual el sacerdote perdona los pecados en el nombre de Dios: *en muchas comunidades católicas la penitencia se celebra en común.* **2** Pena que el sacerdote pone al pecador para que se le perdonen sus pecados: *me puso como penitencia que rezara dos rosarios.* **3** Castigo o sacrificio que una persona se impone a sí misma como mortificación por motivos religiosos: *antiguamente algunos monjes se azotaban la espalda como penitencia.* **4** *coloquial* Cosa muy molesta que una persona debe hacer o soportar: *convivir con este niño es una penitencia.* **DER** penitenciario, penitente.

penitenciaría *n. f.* Edificio o lugar en el que cumplen una pena, privadas de su libertad, las personas que han sido condenadas: *dos policías llevaron al ladrón a la penitenciaría.* **SIN** cárcel, prisión.

penitenciario, -ria *adj.* De la penitenciaría o que tiene relación con este lugar: *los establecimientos penitenciarios cuentan con grandes medidas de seguridad; muchos parlamentarios pidieron la reforma del actual sistema penitenciario.* **DER** penitenciaría.

penitente *n. com.* **1** Persona que cumple una pena, gene-

ralmente impuesta por un sacerdote, para que Dios le perdone sus pecados: *en el camino de la ermita es frecuente ver a muchos penitentes andando.* **2** Persona que hace penitencia desfilando en las procesiones: *algunos penitentes desfilan descalzos y golpeándose la espalda desnuda.* **SIN** nazareno.
DER impenitente.

penoso, -sa *adj.* **1** Que produce pena o dolor: *fue una experiencia penosa visitar aquellos lugares llenos de pobreza.* **2** Que exige mucho esfuerzo o presenta una gran dificultad: *después de la fiesta viene la penosa tarea de limpiarlo todo.* **3** Que es de muy mala calidad: *el trabajo de ese actor es penoso.* **SIN** trabajoso.

pensador, -ra *n. m. y f.* Persona que se dedica a estudios muy elevados y profundiza mucho en ellos: *el pensador y poeta recibió el premio Nobel de Literatura; los grandes pensadores de la historia han sido también grandes filósofos.*

pensamiento *n. m.* **1** Capacidad que tienen las personas de formar ideas y representaciones de la realidad en su mente, relacionando unas con otras: *el pensamiento es una cualidad humana.* **2** Sitio imaginario en el que se guardan las ideas formadas por la mente: *no puedo apartar ese problema de mi pensamiento.* **3** Idea o representación mental de una persona, cosa o situación: *mi novia es mi único pensamiento; pasó la tarde enfrascado en sus pensamientos.* **4** Deseo, intención o propósito que tiene una persona de hacer una cosa: *¿qué pensamientos tienes?; se acercó a la casa con malos pensamientos.* **5** Conjunto de ideas propias de una persona o de un grupo de personas: *el libro recoge el pensamiento de Ortega y Gasset; el pensamiento de la época se refleja bien en ese escritor.* **6** Idea o conjunto de ideas que destacan en un escrito o discurso: *la libertad es el único pensamiento en sus intervenciones públicas; cita a menudo los pensamientos de los clásicos.* **7** Planta de jardín de pequeño tamaño, que da unas flores con cuatro pétalos abiertos de varios colores: *el pensamiento es una planta muy decorativa.* **8** Flor de la planta del mismo nombre: *en el jardín tengo pensamientos blancos y morados.*
leer el pensamiento Adivinar el pensamiento o las intenciones de una persona: *no hace falta que me lo digas, te leo el pensamiento.*

pensar *v. tr./intr.* **1** Formar una persona ideas y representaciones de la realidad en su mente, relacionando unas con otras: *el ser humano piensa; estuvo pensando en sus amigos; ese trabajo exige pensar mucho.* **2** Examinar una persona con mucho cuidado un asunto o una cuestión para tomar una decisión o formarse una opinión sobre ella: *pensaré en tu oferta y te daré la respuesta el lunes.* **SIN** meditar. **3** Tomar una persona una decisión después de haber examinado detenidamente una cuestión o un asunto: *he pensado aceptar ese puesto de trabajo.* **4** Tener una persona la intención o el propósito de hacer una cosa o hacer proyectos sobre una cosa: *no pienso salir contigo esta noche; estamos pensando hacer un viaje largo.* **5** Usar una persona su inteligencia para inventar una idea útil o un buen método o sistema para hacer una cosa: *el prisionero pensó un plan para escapar; ¿has pensado ya cómo repartir las mesas?* **SIN** idear. **6** Tener una persona determinada opinión respecto de algo: *pienso que no llevas razón; los dos pensaban igual; ¿tú qué piensas?* **SIN** opinar.
ni pensarlo Se utiliza para rechazar una idea o propuesta o negar el permiso para hacer una cosa: *—Tendríamos que comprar una tele nueva. —Ni pensarlo, ahora vamos muy mal de dinero.*
pensar mal Considerar las acciones o las palabras de otra persona como llenas de mala intención o de propósitos deshonestos: *no confía en nadie, siempre piensa mal de los que le rodean.*
sin pensar *a)* Forma de hacer una cosa de manera rápida e inesperada: *se aburría, así que, sin pensar, tomó el tren hacia Madrid. b)* Forma de hacer una cosa de manera involuntaria, sin tener la intención de hacerla: *perdóname, lo hice sin pensar.*
DER pensador, pensamiento, pensativo; impensable, impensado, malpensar.
OBS En su conjugación, la *e* se convierte en *ie* en sílaba acentuada, como en *acertar*.

pensativo, -va *adj.* Que está pensando con mucha atención en una cosa, sin atender o darse cuenta de lo que ocurre a su alrededor: *estaba pensativo, entregado completamente a sus pensamientos.* **SIN** meditabundo.

pensión *n. f.* **1** Establecimiento público que ofrece alojamiento y comida a cambio de dinero, y que es de categoría inferior al hostal: *en las pensiones suele haber huéspedes que viven en ellas de forma permanente.* **2** Cantidad de dinero que se cobra por ese alojamiento: *este mes no he pagado todavía la pensión.* **3** Conjunto de servicios de alojamiento y comida que se ofrece al cliente en un hotel u otro establecimiento de hostelería. **media pensión** Régimen de alojamiento que se compone de habitación, desayuno y una comida: *estuvimos de vacaciones a media pensión: sólo desayunábamos y cenábamos en el hotel.* **pensión completa** Régimen de alojamiento que se compone de habitación, desayuno, comida y cena: *el precio de este viaje incluye el desplazamiento en avión y pensión completa en un hotel de cuatro estrellas.* **4** Cantidad de dinero que un organismo oficial paga a una persona de manera periódica y como ayuda económica por un motivo determinado: *los jubilados cobran una pensión del Estado; gracias a esta pensión he podido acabar la carrera en una universidad americana.* **5** Cantidad de dinero que una persona paga a otra como ayuda económica: *con la pensión que le pasa cada mes su ex marido no tiene suficiente para alimentar a sus tres hijos.*
DER pensionar, pensionista.

pensionista *n. com.* **1** Persona que recibe una cantidad de dinero de manera periódica y como ayuda económica, especialmente la que lo recibe del Estado porque está incapacitada para trabajar o es demasiado mayor para hacerlo: *se jubiló por una enfermedad grave y ahora es pensionista; el Ayuntamiento construyó un centro social para los pensionistas.* **SIN** jubilado. **2** Persona que paga una cantidad de dinero cada cierto tiempo por vivir en una casa de huéspedes o por estar internado en un colegio: *cuando estudiaba el bachillerato fue pensionista en una residencia de estudiantes.*
DER mediopensionista.

penta- Elemento prefijal que entra en la formación de palabras con el significado de 'cinco': *pentasílabo.*

pentágono *n. m.* Figura plana de cinco ángulos y cinco lados: *el pentágono es un polígono; casi todos los balones de fútbol están formados por pentágonos y hexágonos.*
DER pentagonal.

pentagrama *n. m.* MÚS. Conjunto de cinco líneas horizontales y paralelas, situadas a igual distancia unas de otras, sobre las cuales se escriben las notas musicales: *en el pentagrama las notas se pueden escribir encima de las líneas o en los espacios que hay entre ellas.* ☞ notación musical.

pentasílabo, -ba *adj./n. m.* [palabra, verso] Que tiene cinco sílabas: *la palabra penitenciario es pentasílaba; el pentasílabo fue un verso muy utilizado por algunos poetas del siglo XIX.*

pentatlón *n. m.* En la antigua Grecia, conjunto de cinco pruebas deportivas que realizaba un mismo atleta y que incluía carrera, salto de longitud, lucha y lanzamiento de disco y jabalina: *el pentatlón era una prueba olímpica*. **pentatlón moderno** Conjunto de cinco pruebas deportivas que realiza una misma persona y que incluye equitación, natación, tiro, esgrima y carrera a campo traviesa: *en los Juegos Olímpicos está incluida la modalidad de pentatlón moderno*.

penúltimo, -ma *adj./n. m. y f.* Que ocupa el lugar inmediatamente anterior al último: *el corredor quedó en el penúltimo puesto de la carrera; era el penúltimo de los hijos del médico*.
DER antepenúltimo.

penumbra *n. f.* **1** Estado o situación en que hay poca luz pero no se llega a la oscuridad: *en la penumbra se podían percibir sus siluetas pero no se distinguían sus caras*. **2** En un eclipse, sombra parcial que hay entre la parte que está iluminada y la que está completamente oscura.

penuria *n. f.* Situación de la persona que no tiene lo necesario para vivir: *le han prestado dinero para ayudarle a salir de su penuria*. **SIN** pobreza.

peña *n. f.* **1** Piedra grande que se encuentra en estado natural, o que no ha sido trabajada por el hombre: *con el temblor de tierra, varias peñas se desprendieron y cayeron al barranco*. **2** Monte o altitud que tiene muchas rocas grandes y elevadas: *llegaron a una peña desde la que se divisaba el valle*. **3** Grupo de personas que tienen unos mismos intereses deportivos, culturales o de otro tipo, especialmente el que se reúne para celebrar ciertas fiestas: *me he apuntado a una peña futbolística*. **SIN** asociación, club. **4** *coloquial* Grupo de amigos: *el sábado fui de excursión con mi peña*. **5** *coloquial* Gente o grupo de personas muy grande: *había mucha peña en el concierto; cuando entró el profesor estaba toda la peña hablando*.
DER peñasco, peñazo, peñón; despeñar.

peñascal *n. m.* Lugar en que hay muchos peñascos: *anduvieron por cerros y peñascales hasta que encontraron la fuente*.

peñasco *n. m.* Roca de gran tamaño, situada generalmente en un lugar alto: *las cabras trepan con agilidad por los peñascos; caminaremos hasta llegar a ese peñasco del fondo*.
DER peñascal, peñascoso.

peñazo *adj./n. m. coloquial* [persona, cosa] Que es muy aburrido, pesado o molesto: *vaya película más peñazo; eres un peñazo, no me dejas en paz*.

peñón *n. m.* Monte o montaña en que hay muchas rocas o peñascos: *desde aquel peñón podían divisarse los barcos que llegaban a la costa*.

peón *n. m.* **1** Obrero no especializado que tiene la categoría profesional más baja: *los peones suelen realizar trabajos físicos que no necesitan un conocimiento o una habilidad especial; el maestro albañil llevaba un oficial y dos peones*. **peón caminero** Obrero que trabaja en la conservación y la reparación de las carreteras y las vías públicas: *una cuadrilla de peones camineros estaba asfaltando la calle*. **2** Pieza del ajedrez, que es la de menos valor y se mueve siempre de frente, avanzando un solo cuadro en cada movimiento: *cada jugador tiene ocho peones; los peones se colocan delante de las demás piezas al inicio de la partida*. **3** Pieza o ficha de algunos juegos de tablero: *en el juego de la oca gana quien antes consigue que su peón llegue al final*. **4** Juguete con forma de cono, generalmente de madera y con una punta de hierro, al que se enrolla una cuerda para lanzarlo y hacer que gire sobre sí mismo: *cuando era niño sabía bailar muy bien el peón*. **SIN** peonza, trompo. **5** Soldado a pie: *muchos peones fallecieron en las batallas contra los musulmanes*.
DER peonada, peonza.

peonada *n. f.* **1** Trabajo que un peón o un jornalero hace en un día, especialmente en las labores del campo: *los jornaleros fueron a cobrar las peonadas que les correspondían*. **2** Conjunto de peones que trabajan en una obra: *el capataz llamó a la peonada para darles las últimas órdenes*.

peonza *n. f.* Juguete con forma de cono, generalmente de madera, al que se enrolla una cuerda para lanzarlo y hacer que gire sobre sí mismo: *hacía bailar la peonza sobre la mesa*. **SIN** peón, trompo.
a peonza *coloquial* Se utiliza para indicar que una acción se realiza a pie o andando, sin utilizar ningún medio de transporte: *no teníamos dinero para un taxi y tuvimos que venir a peonza*.

peor *adj.* **1** Que es más malo o que es de inferior calidad respecto de otra cosa con la que se compara: *esta tela es peor que la que has comprado*. **ANT** mejor. Es el adjetivo comparativo de *malo*. Acompañado del artículo forma el grado superlativo: *de todas las ciudades que conozco, ésta es la peor*. ◊ *adv.* **2** Se utiliza para indicar que una cosa está o se hace más mal respecto de otra cosa con la que se compara o de manera más contraria a lo bueno o conveniente: *el enfermo se encuentra peor; cada día lo hace peor*. **ANT** mejor. Es el adverbio comparativo de *mal*.
DER empeorar.

pepinillo *n. m.* Variedad de pepino de pequeño tamaño, que suele conservarse en sal y vinagre: *he comprado un bote de pepinillos y otro de cebollitas en vinagre*.

pepino *n. m.* **1** Hortaliza de forma cilíndrica, con una corteza áspera y rugosa, verde o amarilla, y en su interior una carne blanca con muchas semillas pequeñas y planas en el centro: *en la ensalada he puesto lechuga, tomate, pepino y aceitunas*. **2** Planta herbácea de tallos largos y rastreros, con hojas grandes y vellosas y flores amarillas, de la cual se extrae la hortaliza del mismo nombre: *hemos plantado unos pepinos en el huerto*. ◊ *adj./n. m.* **3** [melón] Que está poco maduro: *al cortar el melón se dieron cuenta de que estaba pepino; los melones pepinos se echan a los cerdos*.
importar un pepino *coloquial* No importarle nada una cosa a una persona o no tener ningún valor o interés para ella: *a él le importaba un pepino que sus amigos lo hubieran abandonado*.
DER pepinazo, pepinillo.

pepita *n. f.* **1** Semilla de las frutas y las hortalizas carnosas, como la uva, la manzana, el melón o el tomate, que es dura y de pequeño tamaño: *esta sandía tiene muchísimas pepitas*. **SIN** pipa. **2** Trozo pequeño y pulido de oro o de otro metal, que suele encontrarse en terrenos formados por la acumulación de materiales arrastrados por las aguas: *los buscadores de oro rastreaban los ríos para encontrar pepitas*. **3** Enfermedad que ataca a las gallinas y otras aves domésticas en la lengua: *la pepita es un tumor que produce trastornos respiratorios y es contagiosa*.
DER despepitar.

pepito *n. m.* **1** Bollo de forma alargada que tiene dentro crema o chocolate: *este pepito está relleno de nata y cubierto de azúcar*. **2** Bocadillo que tiene en su interior un trozo delgado de carne: *pedí un pepito de ternera y unas patatas fritas*.

pepitoria *n. f.* Guiso a base de pollo o gallina en trozos con una salsa espesa que lleva yema de huevo.
OBS Se suele usar precedido de la preposición *en*: *pollo en pepitoria*.

pepona *adj./n. f.* [muñeca] Que es grande, generalmente con la cara gorda: *nos tocó una muñeca pepona en una tómbola*.

-pepsia Elemento sufijal que entra en la formación de palabras con el significado de 'digestión', 'relacionado con la función digestiva': *dispepsia*.

pepsina *n. f.* BIOL. Enzima que segregan algunas glándulas del estómago y que interviene en la digestión de las proteínas: *la pepsina es una proteína que forma parte del jugo gástrico*.

pequeñez *n. f.* **1** Cualidad de pequeño: *siempre le fastidió la pequeñez de sus ojos*. **2** Cosa insignificante o de poca importancia: *eso son pequeñeces, no tienes por qué enfadarte*. **SIN** nimiedad.

pequeño, -ña *adj.* **1** Que tiene un tamaño reducido o unas dimensiones menores de lo que es normal: *quiero una taza pequeña para el café; tiene la boca pequeña y los ojos grandes; vivieron en un piso pequeño*. **ANT** grande. **2** Que tiene poca altura o es de corta estatura: *esos olivos todavía son pequeños; para su edad, este niño está muy pequeño*. **3** Que es de poca importancia, duración o intensidad: *se hizo una pequeña herida en el dedo; tengo un pequeño papel en la obra de teatro; ha caído un pequeño aguacero*. ◇ *adj./n. m.* **4** [persona] Que tiene muy poca edad: *tiene un niño pequeño; aún eres pequeño para montar en la montaña rusa; los pequeños se fueron a los columpios cuando acabaron de comer*.
DER peque, pequeñez; empequeñecer.

pequinés, -nesa *adj.* **1** De Pequín o que tiene relación con esta ciudad de China: *me he comprado un jarrón pequinés*. ◇ *adj./n. m. y f.* **2** [persona] Que es de Pequín: *se casó con una pequinesa y se fueron a vivir a China*. **3** [perro] Que es pequeño, tiene el morro corto y aplastado, las patas cortas, las orejas caídas y el pelo largo: *los perros pequineses son de origen chino*.
OBS También se escribe *pekinés*.

PER *n. m.* Sigla de *Plan de Empleo Rural*.

per cápita *adj.* Por cabeza o por persona: *tocamos a dos bombones per cápita; renta per cápita*.

per se *adv. culto* Expresión latina que significa 'por sí mismo': *el regalo no tiene importancia per se, sino por el cariño con que me lo dieron*.

per- Prefijo que entra en la formación de palabras con estos oficios: *a*) Intensificar o aumentar la significación de las voces a las que se une: *perdurable, perturbar*. *b*) En química indica intensificación o mayor cantidad de algún elemento: *perborato, perclorato*.

pera *n. f.* **1** Fruta comestible de color verde o amarillo, ancha por la parte de abajo y delgada por la de arriba, con la piel fina y la carne blanca, muy jugosa, de sabor dulce o ácido y, en el centro, unas semillas pequeñas de color negro: *la pera es el fruto del peral; para postre pidió peras al vino*. **2** Recipiente de goma con la forma de esa fruta, que se usa para impulsar un líquido o un gas: *las madres utilizan una pera para limpiar la nariz y los oídos de los bebés*. **3** Interruptor para llamar o un timbre o para encender y apagar la luz, que tiene la forma de este fruto: *la luz de su habitación se apagaba con una pera que había sobre la cama*. **4** Conjunto de pelo que se deja crecer en la punta de la barba: *el caballero llevaba pera y patillas*. **SIN** perilla. ◇ *adj./n. com.* **5** *coloquial* [persona] Que es muy presumido y demasiado elegante y refinado: *los niños pera siempre usan ropa cara*.

el año de la pera *coloquial* Indica que algo es o pertenece a un período de tiempo muy lejano: *lleva unas corbatas del año de la pera; aquello sucedió en el año de la pera*.

pedir peras al olmo Pedir o pretender algo que es imposible: *esperar de él un detalle es pedir peras al olmo*.

pera (o perita) en dulce *coloquial* Persona o cosa extraordinaria o con muy buenas cualidades: *ese novio tuyo es una perita en dulce*.

ser la pera *coloquial* Destacar una persona o una cosa por una cualidad muy buena o muy mala: *los transportes son la pera: nunca llegan a tiempo*.
DER peral, perilla.

peral *n. m.* **1** Árbol de tronco recto y liso, copa muy poblada con hojas ovaladas y puntiagudas y flores blancas en grupo, cuyo fruto es la pera: *los perales del huerto estaban sin podar*. **2** Madera de este árbol: *el peral es de color blanco rojizo y se usa para fabricar reglas y plantillas de dibujo*.

peralte *n. m.* **1** En una carretera o vía, mayor elevación que tiene la parte exterior de una curva en relación con la interior: *el peralte de la autovía evitó que el coche se saliera de la curva*. **2** ARQ. Espacio que en la altura de un arco o de una bóveda sobrepasa del semicírculo: *los arcos apuntados tienen peralte pero los de medio punto no*. **3** ARQ. Elevación de una armadura por encima de los puntos de apoyo o arranque: *el peralte de la bóveda da al edificio mayor esbeltez*.
DER peraltar.

perca *n. f.* Pez de agua dulce que tiene el lomo de color verdoso, el vientre plateado y los costados dorados con rayas oscuras; su carne es comestible: *las percas pueden llegar a medir hasta 60 centímetros*. ☞ pez.
OBS Para indicar el sexo se usa *la perca macho* y *la perca hembra*.

percal *n. m.* Tejido de algodón, de poco precio y calidad, generalmente estampada: *el percal se utiliza sobre todo para confeccionar vestidos baratos*.

conocer el percal *coloquial* Conocer muy bien a una persona o el verdadero trasfondo de un asunto determinado: *no hace falta que me expliques nada, ya conozco el percal*.

percance *n. m.* Hecho o accidente inesperado y de poca gravedad que impide o retrasa un proyecto: *han sufrido un pequeño percance en la carretera y no llegarán a tiempo a la reunión*. **SIN** contratiempo.

percatarse *v. prnl.* Darse cuenta una persona de una cosa: *el maestro se percató de que uno de los niños no estaba atento*. **SIN** notar.

percebe *n. m.* **1** Crustáceo comestible, de forma cilíndrica y alargada con un caparazón en su extremo, que permanece adherido a las rocas mediante un pedúnculo carnoso y que se cría formando grupos: *la carne del percebe es muy apreciada*. ☞ crustáceos. **2** *coloquial* Persona que es torpe o ignorante: *no seas percebe y deja de decir tonterías*.

percepción *n. f.* **1** Acción de recibir una persona cierta cosa, especialmente de cobrar un sueldo u otra cantidad de dinero que le corresponde por algo: *el desempleado tendrá derecho a la percepción de una parte de su sueldo base*. **2** Proceso por el cual una persona tiene conocimiento del mundo exterior a partir de las impresiones que le comunican los sentidos: *las personas daltónicas tienen dificultad con la percepción de ciertos colores*. **3** Conocimiento, idea o comprensión de una cosa mediante la inteligencia: *su percepción del mundo es muy diferente de la nuestra; no consiguió llegar a la percepción del problema*.

perceptible *adj.* Que se puede notar o percibir: *es perceptible tu falta de interés: ya podías disimular un poco; algunos animales pueden oír sonidos que no son perceptibles para el ser humano*. **ANT** imperceptible.
DER imperceptible.

percha *n. f.* **1** Utensilio que sirve para mantener colgadas prendas de vestir; es un soporte ligero, generalmente triangular, hecho de madera, metal o plástico, que se puede colgar de una barra o de otro lugar por medio de un gancho que tiene en la parte superior: *dentro del armario, la ropa se cuelga en perchas*. **2** Mueble que tiene unos ganchos para colgar la ropa, los sombreros u otros objetos: *en la entrada de la casa había una bonita percha de madera; algunas perchas están fijadas a la pared y otras tienen un pie*. **SIN** perchero. **3** Gancho que está diseñado para colgar en él prendas de vestir u otros objetos: *detrás de la puerta está el albornoz colgado de la percha; te has dejado el paraguas colgado del perchero*. **4** Madero o palo que sirve para sostener algo: *las parras del jardín penden de la percha*. **5** Soporte de madera, formado por un palo horizontal generalmente sostenido por otro vertical, que sirve para que se posen en él las aves: *cuando su amo silbaba, el halcón venía volando y se posaba en la percha*.
tener buena percha *coloquial* Tener buen tipo o figura una persona: *para ponerse un jersey tan ajustado hace falta tener buena percha*.

perchero *n. m.* Mueble que tiene unos ganchos para colgar la ropa, los sombreros u otros objetos: *colgó su sombrero y su bastón en el perchero*.

percherón, -rona *adj./n. m. y f.* [caballo, yegua] Que es de una raza de origen francés, de gran fuerza y corpulencia: *los percherones se suelen utilizar para arrastrar grandes pesos*.

percibir *v. tr.* **1** Tener conocimiento del mundo exterior por medio de las impresiones que comunican los sentidos: *al entrar en la habitación, percibió un olor desagradable; los colores se perciben a través de la vista*. **2** Recibir una persona cierta cosa, especialmente cobrar un sueldo u otra cantidad de dinero que le corresponde por algo: *los empleados perciben su salario mensualmente; el ganador percibirá el premio en metálico*. **3** Comprender o conocer una cosa por medio de la inteligencia: *era muy listo y siempre percibía los verdaderos sentimientos de la gente*.
DER percepción, perceptible, perceptivo; apercibir.

percusión *n. f.* **1** Acción que consiste en dar uno o varios golpes, especialmente cuando ocurre repetidamente: *la percusión incesante del martillo resultaba muy molesta*. **2** Conjunto de instrumentos que producen música al ser golpeados con una baqueta, maza u otro objeto, o al ser golpeados entre sí: *el tambor y los platillos son instrumentos de percusión*. ☞ *instrumentos musicales*. **3** MED. Técnica de exploración médica que consiste en dar golpes secos con los dedos sobre una parte del cuerpo: *la percusión y la auscultación son básicas en un reconocimiento médico*.
DER percusionista.

percutir *v. tr.* **1** Dar uno o varios golpes, especialmente cuando se hace de manera repetida: *cogió un martillo para percutir el metal; al apretar el gatillo de una pistola, un pequeño martillo percute el fulminante y produce la explosión*. **2** MED. Explorar una parte del cuerpo dando golpes secos con los dedos: *el médico empezó a percutir la espalda del paciente para hacerle un reconocimiento*.
DER percusión, percusor, percutor; repercutir.

percutor *n. m.* Pieza que golpea en alguna máquina, especialmente la que provoca la explosión en las armas de fuego: *cuando se aprieta el gatillo de una pistola, el percutor golpea el detonador del cartucho*. **SIN** percusor.

perdedor, -ra *adj./n. m. y f.* **1** Que pierde o es vencido: *el equipo perdedor se portó con deportividad y aceptó la derrota con honor*. **ANT** vencedor. **2** [persona] Que nunca o casi nunca tiene éxito en lo que emprende o realiza: *es un perdedor nato, nunca conseguirá nada*.

perder *v. tr.* **1** Dejar de tener una persona algo que poseía, o no saber dónde está: *he perdido las llaves del piso; debido a la enfermedad, perdió el pelo; había tanta gente en el estadio que Pepe perdió a sus amigos*. ◊ *v. tr./intr.* **2** Resultar vencido en una lucha, una competición u otro tipo de enfrentamiento: *ha perdido la apuesta que hizo con su compañero; anteayer perdió el equipo azulgrana*. **ANT** ganar. ◊ *v. tr.* **3** Verse privado de la compañía de una persona, generalmente a causa de su muerte: *muchas familias perdieron a sus hijos en la batalla; el ejército ha perdido muchos hombres*. **4** Dejar de tener un sentimiento o una actitud: *el alumno no debe perder el respeto a su maestro; debes perder el miedo a las alturas; lo siento, he perdido la calma*. **5** Desperdiciar una cosa o no aprovecharla debidamente: *estás perdiendo el tiempo con ella; perdió la ocasión de su vida al rechazar aquel empleo*. **6** No conseguir una persona algo que necesita: *el comerciante perdió dinero invirtiendo en ese negocio; he perdido el autobús por entretenerme hablando*. **7** Producir una cosa un daño o un perjuicio grave a una persona: *el vicio lo ha perdido*. **8** Disminuir una determinada magnitud relativa a una persona o una cosa: *hizo un régimen para perder peso; el avión debe perder altura para aterrizar; el coche pierde potencia con el aire acondicionado*. ◊ *v. intr.* **9** Tener una cosa peor calidad o aspecto o peores cualidades de las que tenía: *este programa ha perdido mucho desde que cambiaron al presentador*. ◊ *v. tr./intr.* **10** Disminuir poco a poco el contenido de un recipiente: *la caldera debe de estar agujereada porque pierde agua; la rueda derecha pierde, tal vez está pinchada*. ◊ *v. prnl.* **11 perderse** Equivocarse de camino o no ser capaz de encontrar un camino o una salida correcta: *los excursionistas se perdieron en el bosque; me he perdido, no sé cómo se vuelve a la autopista*. **12** Distraerse o despistarse una persona y no poder seguir el hilo de lo que estaba diciendo, leyendo o escuchando: *lo siento, me he perdido, ¿podría volver a empezar?* **13** Caer una persona en un estado o modo de vida deshonesto y entregado a los vicios: *el hijo pequeño gastó su herencia y se perdió en juegos y diversiones*. **14** Amar o sentir una fuerte pasión por una persona o una cosa: *me pierdo por tu cariño; se pierde por el fútbol*. **15** Dejar de disfrutar una cosa: *no llegué a tiempo y me perdí el principio del concierto*. **16** No encontrar la manera de superar un problema o una dificultad: *con tantos números me pierdo y ya no entiendo nada*.
llevar (o **tener**) **las de perder** Tener una persona pocas posibilidades de salir con éxito de una situación: *sabía que llevaba las de perder, así que aceptó*.
¡piérdete! *coloquial* Se utiliza para indicar enérgicamente a una persona que se vaya y deje de molestar o importunar.
saber perder No enfadarse ni quedar resentida una persona al resultar vencida en un juego o competición: *nadie quiere jugar con él porque no sabe perder*.
tener buen (o **mal**) **perder** Aceptar una persona una derrota bien o mal: *menos mal que tiene buen perder, porque no gana ni una partida*.
DER perdedor, perdición, pérdida, perdido.
OBS En su conjugación, la e se convierte en ie en sílaba acentuada, como en *entender*.

perdición *n. f.* **1** Acción que consiste en caer en la ruina, la deshonra o la destrucción moral de una persona: *su afición a la bebida llevó a la perdición a toda su familia*. **2** Persona o cosa que provoca un daño o un perjuicio grave a alguien:

este niño tan rebelde va a ser nuestra perdición; la adicción a las drogas es su perdición.

pérdida n. f. **1** Acción de perder o perderse lo que se poseía: *su pérdida de peso se debe a la enfermedad que padece*. **2** Daño grave que se produce en una cosa: *la pérdida de la cosecha ha arruinado a los agricultores*. **3** Cantidad o cosa que se pierde, especialmente dinero: *la caída de la bolsa ha provocado pérdidas millonarias*. **4** Escape o fuga de un fluido: *hay que arreglar esta cañería, tiene una pérdida*. **5** Mal uso o desperdicio de una cosa: *este trabajo es una pérdida de tiempo y de energía, no sirve para nada*. **6** Muerte de una persona: *todos lloraron la pérdida de su hijo pequeño*.

no tener pérdida Ser una cosa fácil de encontrar, especialmente una calle o un lugar: *bajas por esa calle y al fondo está la tienda que buscas, no tiene pérdida*.

perdido, -da adj. **1** Que no tiene o no lleva un destino determinado: *creo que estamos perdidos; vamos a mirar el mapa*. **2** Se utiliza para aumentar y reforzar el sentido de ciertos adjetivos peyorativos: *el pobre hombre estaba loco perdido; las dos hermanas son tontas perdidas*. Se usa siempre detrás del adjetivo. ◇ n. m. y f. **3** Persona de vida desordenada o de malas costumbres, que se comporta de manera deshonesta y vive entregada a los vicios: *sois unos perdidos, no pensáis más que en la juerga*. **SIN** golfo.

ponerse perdido *coloquial* Ensuciarse mucho una persona o mancharse mucho con algo: *el niño se ha puesto perdido de chocolate; me ha saltado el agua y me he puesto perdido*.

perdigón n. m. **1** Bola pequeña de plomo que, junto con otras, forma la munición que normalmente se utiliza para cazar: *utilizaban cartuchos de perdigones para cazar codornices*. **2** Cría de la perdiz: *los perdigones corrían junto al camino detrás de su madre*. **3** Perdiz macho que usan los cazadores para atraer otras piezas: *cuando llegaron al monte, los cazadores echaron a cantar a los perdigones*.

DER perdigonada.

perdigonada n. f. **1** Disparo hecho con una escopeta de perdigones: *necesitó tres perdigonadas para acertar al conejo*. **2** Herida producida por un disparo de perdigón: *el ciervo tenía una perdigonada en la pata y no podía andar*.

perdiguero, -ra adj./n. m. y f. [perro] Que es de tamaño mediano y tiene el cuello fuerte, el morro alargado, las orejas grandes y caídas, la cola larga y el pelo corto y suave: *los perdigueros tienen muy buen olfato y son muy apreciados para la caza*.

perdiz n. f. Ave de la familia de la gallina, del tamaño de una paloma, con la cabeza pequeña y el cuerpo grueso, plumaje ceniciento y el pico y las patas rojas: *la perdiz vuela poco y es muy estimada como pieza de caza*. ☞ aves.

marear la perdiz *coloquial* Tratar el mismo asunto una y otra vez sin la intención de llegar a ninguna conclusión: *lo único que hace con sus protestas es marear la perdiz*.

DER perdigón, perdiguero.

OBS Para indicar el sexo se usa *la perdiz macho* y *la perdiz hembra*.

perdón n. m. **1** Acción y resultado de olvidar una persona la falta que ha cometido alguien contra ella o contra otros o no tener en cuenta una deuda o una obligación que otra persona tiene con ella: *nos pidió perdón por habernos insultado; obtuvo el perdón de su jefe y ya ha vuelto a la oficina*. **2** Acción y resultado de librar a una persona de una deuda, un castigo o una obligación: *el juez está considerando otorgar el perdón a un preso*.

con perdón Expresión que se usa para disculparse una persona por algo que hace o dice y que puede molestar a alguien: *se levantó de la mesa diciendo: «Tengo que ir al váter, con perdón»*.

DER perdonar.

perdonar v. tr. **1** Olvidar una persona la falta que ha cometido otra persona contra ella o contra otros y no guardarle rencor ni querer castigarle por ella, o no tener en cuenta una persona una deuda o una obligación que otra tiene con ella: *no le ha perdonado lo que hizo; mi hermana nos perdonó el dinero que le debíamos*. **2** Librar a una persona de un castigo o una obligación: *acepto tus disculpas, te perdono; aunque le había castigado sin postre, la madre terminó perdonando a sus hijos*. **3** No hacer una persona algo que le apetece mucho: *dice que está a régimen, pero el postre no lo perdona*. Se usa generalmente en oraciones negativas.

DER imperdonable.

perdonavidas n. com. Persona que presume de valiente sin serlo y que se jacta de utilizar la fuerza y la violencia: *con esa actitud de perdonavidas sólo conseguirás meterte en problemas*.

OBS El plural también es *perdonavidas*.

perdurar v. intr. **1** Existir todavía una cosa o mantenerse en el mismo estado o situación: *en el este perdura el tiempo lluvioso; nuestro amor perdurará incluso después de la muerte*. **2** Durar o mantenerse de manera indefinida una cosa: *hay muchas tradiciones populares que aún perduran hoy en día*.

DER perdurable.

perecedero, -ra adj. Que dura poco tiempo o que inevitablemente tiene que perecer o acabarse: *los alimentos perecederos se estropean en poco tiempo; le cuesta aceptar que la vida es perecedera*. **SIN** caduco. **ANT** imperecedero.

DER imperecedero.

perecer v. intr. **1** Perder la vida una persona como consecuencia de un accidente, una catástrofe o una acción violenta: *en las inundaciones perecieron decenas de personas*. **SIN** fallecer, morir. **2** Dejar de existir una cosa o llegar a su fin: *la literatura jamás perecerá; muchos pequeños comercios perecen ante la competencia de los grandes almacenes*.

DER perecedero.

OBS En su conjugación, la c se convierte en zc delante de *a* y *o*, como en *agradecer*.

peregrinación n. f. **1** Viaje a un lugar sagrado, generalmente el que se hace andando y por motivos religiosos: *todos los musulmanes deben hacer al menos una peregrinación a La Meca en su vida; la catedral de Santiago es un famoso lugar de peregrinación para los cristianos*. **SIN** peregrinaje. **2** Acción de andar o viajar una persona por tierras extrañas: *el viaje por el centro de África fue una auténtica peregrinación*. **SIN** peregrinaje. **3** Acción de andar una persona de un sitio a otro buscando una cosa o intentando resolver un asunto: *conseguir los permisos oficiales me ha costado una larga peregrinación por todos los organismos estatales*. **SIN** peregrinaje.

peregrinaje n. m. Peregrinación.

OBS La Real Academia Española prefiere la forma *peregrinación*.

peregrinar v. intr. **1** Ir a visitar un lugar sagrado, generalmente andando y por motivos religiosos: *muchos cristianos de todo el mundo peregrinan por devoción hasta Santiago de Compostela*. **2** Andar o viajar una persona por tierras extrañas: *Marco Polo peregrinó durante largos años por el sur de Asia*. **3** Andar una persona de un sitio a otro buscando una cosa o intentando resolver un asunto: *tuvo que peregrinar por varias delegaciones para gestionar la documentación que necesitaba*.

DER peregrinación, peregrinaje.

peregrino, -na *adj./n. m. y f.* **1** [persona] Que va a visitar un lugar sagrado, generalmente andando y por motivos religiosos: *los peregrinos de Santiago llegaron hasta las puertas de la catedral.* ◇ *adj.* **2** [persona] Que anda o viaja por tierras extrañas: *la novela cuenta la historia de un viajero peregrino.* **3** [ave] Que emigra de un lugar a otro: *la golondrina es un ave peregrina.* **SIN** migratorio. **4** Que es extraño, raro o sorprendente por original o poco frecuente o porque carece de lógica: *tiene unas ideas un tanto peregrinas.*
DER peregrinar.

perejil *n. m.* Planta herbácea de tallo fino y hojas brillantes y aromáticas de color verde oscuro, que se usa como condimento: *el perejil es una planta aromática que se usa en cocina para dar sabor a ciertos guisos.*
DER emperejilar.

perengano, -na *n. m. y f. coloquial* Palabra que se utiliza para nombrar a una persona cualquiera e indeterminada, especialmente la que va en último lugar, después de haber nombrado a otras con palabras parecidas: *me importan un pimiento las historias que me cuentas de fulano, mengano, zutano y perengano.*

perenne *adj.* **1** Que dura indefinidamente o se mantiene completo o con vida durante un período de tiempo muy largo: *los pinos y los abetos son árboles de hoja perenne.* **SIN** perpetuo. **ANT** caduco. **2** Que es continuo y no tiene interrupción: *le tributó toda su vida una perenne lealtad.* **3** BOT. [planta] Que vive más de dos años: *el dondiego es una planta herbácea perenne.* **SIN** vivaz.

perennifolio, -lia *adj.* BOT. [árbol, arbusto] Que cambia sus hojas gradualmente y las tiene verdes durante todo el año: *el pino y el laurel son perennifolios.*

perentoriedad *n. f. culto* Necesidad de resolver un asunto lo más rápidamente posible por no poder ser aplazado para más adelante: *es un asunto muy grave de máxima perentoriedad.* **SIN** urgencia.

perentorio, -ria *adj.* **1** [plazo] Que es el último o el único que se concede, y no se puede aumentar o prorrogar: *han puesto como plazo perentorio el próximo día 31.* **2** Que es determinante, decisivo o definitivo, y no se puede modificar: *una resolución perentoria.* **3** Que es urgente o no puede ser aplazado: *el asunto requiere una respuesta perentoria.*
DER perentoriedad.

perestroika *n. f.* Política reformista que se llevó a cabo en la Unión Soviética tras la llegada al poder de Mijail Gorbachov y que se caracterizó por una apertura hacia los países del bloque occidental, cierta liberalización del sistema económico y la transparencia informativa.

pereza *n. f.* Falta de ánimo o de disposición para hacer cierta cosa: *siempre está ideando cosas, pero no las hace por pereza; por la mañana, la pereza no le deja levantarse de la cama.* **SIN** dejadez, desidia, indolencia. **ANT** diligencia.
DER perezoso, desperezarse, esperezarse.

perezoso, -sa *adj./n. m. y f.* **1** Que no tiene ganas de hacer lo que debe, especialmente de trabajar: *hay que evitar ser perezoso y estudiar de forma regular y continuada.* **SIN** gandul, holgazán, vago. **ANT** diligente, trabajador. ◇ *n. m.* **2** Mamífero desdentado, de pelaje largo y espeso, con largas extremidades y manos adaptadas para trepar por los árboles, y que se desplaza con movimientos lentos y pesados; es originario de América del Sur y se alimenta de vegetales: *el perezoso se deja caer de los árboles arrollado como una pelota.* Para indicar el sexo se usa *el perezoso macho* y *el perezoso hembra.*

perfección *n. f.* **1** Cualidad de lo que no tiene defectos: *el artista quiso reflejar la perfección de la naturaleza; sin ser un experto, fue capaz de reconstruir la maqueta con absoluta perfección.* **ANT** imperfección. **2** Cosa bien hecha o de una gran belleza: *existen diamantes tallados que son la perfección en joyería; esa modelo es la perfección personificada.*
a la perfección De manera perfecta: *toca el violín a la perfección.*
DER perfeccionar, perfeccionismo.

perfeccionamiento *n. m.* Mejora que se hace para que una cosa sea más perfecta: *los científicos están trabajando en el perfeccionamiento de la vacuna contra el cólera.*

perfeccionar *v. tr./prnl.* **1** Acabar una cosa enteramente, dándole el mayor grado de perfección: *perfeccionó su pintura aplicándole una capa de barniz.* **2** Mejorar una cosa que está muy bien o hacerla más perfecta: *en vacaciones, muchos estudiantes acuden a Inglaterra para perfeccionar el inglés.* **ANT** empeorar.
DER perfeccionamiento.

perfeccionismo *n. m.* Tendencia a mejorar continuamente un trabajo sin llegar a considerarlo nunca acabado: *el perfeccionismo es una constante en el trabajo de los músicos.*
DER perfeccionista.

perfeccionista *adj./n. com.* [persona] Que tiende a mejorar continuamente su trabajo y a quien le cuesta llegar a considerarlo acabado: *con frecuencia el perfeccionista cree que hace las cosas mejor que nadie.*

perfectamente *adv.* **1** De manera perfecta: *hice el examen perfectamente y espero sacar un 10.* **2** Totalmente o por completo: *es perfectamente posible que llueva esta tarde.* **3** Indica asentimiento o conformidad: *–¿Te apetece ir al cine? –Perfectamente.* **SIN** de acuerdo, vale.

perfectivo, -va *adj.* **1** GRAM. [verbo] Que expresa una acción que se acaba en el mismo momento en que se realiza: *nacer, morir y estornudar son verbos perfectivos.* **ANT** imperfectivo. **2** GRAM. [tiempo verbal] Que expresa una acción ya acabada: *el pretérito indefinido y todos los tiempos compuestos son perfectivos: comí, he comido, había comido, habré comido, hubiera comido.* **SIN** perfecto **ANT** imperfectivo.

perfecto, -ta *adj.* **1** Que tiene todas las cualidades deseables o que no posee defectos: *los escultores griegos modelaban figuras perfectas.* **SIN** inmejorable, insuperable. **ANT** imperfecto. **2** Que es muy adecuado para hacer alguna cosa: *los vestidos largos son perfectos para ir de fiesta.* **SIN** ideal. **3** Completo o total: *ese hombre es un perfecto mamarracho.* En esta acepción se usa siempre delante de un calificativo negativo o despectivo para intensificarlo. ◇ *adj./n. m.* **4** GRAM. [tiempo verbal] Que expresa una acción ya acabada, es decir, no en su transcurso o realización; es el pretérito indefinido y todos los tiempos compuestos: *la forma verbal* había cantado *es un tiempo perfecto.* **SIN** perfectivo.
DER perfección, perfectamente, perfectivo; desperfecto, imperfecto.

perfidia *n. f.* Deslealtad o falta de fidelidad: *la perfidia de un amor la ha hecho muy desgraciada.* **SIN** traición. **ANT** lealtad.

pérfido, -da *adj./n. m. y f.* Que con su conducta demuestra deslealtad y falta de fidelidad: *la pérfida conducta del traidor fue castigada con el destierro.* **SIN** infiel, traidor.
DER perfidia.

perfil *n. m.* **1** Línea que marca el límite de una cosa mirada desde un punto determinado: *la luna dibujaba el perfil de los árboles en el jardín.* **SIN** contorno, silueta. **2** Vista lateral de una persona o cosa: *en la comisaría le hicieron una foto de*

frente y otra de perfil. **3** Contorno de una figura representado en un plano por líneas que determinan su forma: *el pintor esbozó el perfil de la catedral.* **4** Aspecto particular con el que se presenta una cosa: *las negociaciones tomaron un perfil esperanzador para los países en guerra.* **5** Conjunto de cualidades o rasgos propios de una persona o cosa: *no admitieron al candidato porque no reunía los requisitos solicitados por la empresa; un experto desveló el perfil psicológico del asesino.* ◊ *n. m. pl.* **6 perfiles** Complementos y detalles con los que se termina o perfecciona una cosa: *faltan algunos perfiles, pero la obra pronto estará completa.*
DER perfilar.

perfilado, -da *adj.* **1** Que tiene los perfiles o los bordes muy marcados: *tiene los labios muy perfilados y parece que los lleve pintados.* **2** [rostro] Que es delgado y alargado: *se le ha quedado el rostro muy perfilado después de la enfermedad.* **SIN** afilado. **3** [trabajo, obra] Que está muy bien terminado y detallado: *es muy perfeccionista y siempre entrega unos trabajos muy perfilados.* **SIN** pulido, perfecto.

perfilar *v. tr.* **1** Dibujar o marcar un perfil: *el maquillador perfiló los labios de la modelo con un lápiz rojo.* **SIN** delinear. **2** Completar y perfeccionar algo para dejarlo perfecto: *el científico aún está perfilando su teoría.* **SIN** rematar. ◊ *v. prnl.* **3 perfilarse** Empezar una cosa a tomar forma y adquirir un aspecto más claro y exacto: *al amanecer el barco se perfila en el horizonte; en las últimas jornadas de la liga ya se perfilan los equipos ganadores.*
DER perfilado.

perforación *n. f.* **1** Acción que consiste en agujerear o taladrar una superficie, con una máquina o instrumento, atravesándola en parte o en su totalidad: *para obtener agua se necesita una perforación de muchos metros de profundidad.* **2** MED. Rotura de las paredes de un órgano hueco del cuerpo humano, como el intestino o el estómago: *la úlcera le provocó una perforación en el estómago y tuvo que ser operado urgentemente.*

perforar *v. tr.* Hacer un agujero en una superficie atravesándola en parte o en su totalidad: *han perforado la montaña para construir el túnel; para poner un pendiente, antes hay que perforar el lóbulo de la oreja.* **SIN** agujerear, horadar.
DER perforación, perforador.

perfumador *n. m.* Recipiente que sirve para pulverizar y esparcir el perfume que contiene: *tenía un precioso perfumador de cristal sobre su tocador.*

perfumar *v. tr./prnl.* Dar un olor agradable a una persona o cosa mediante una sustancia olorosa: *le gusta perfumar el armario con membrillo; después de ponerse el vestido se perfumó detrás de las orejas.*
DER perfumado, perfumador.

perfume *n. m.* **1** Sustancia líquida o sólida, elaborada con flores, frutas u otras esencias olorosas, que se usa para dar buen olor: *le regaló un perfume en crema por su aniversario; hay perfumes de rosas, de hierbas o de limón.* **2** Olor muy agradable: *la joven adoraba el perfume de lavanda; la tierra mojada despide un perfume muy refrescante.* **SIN** aroma, esencia, fragancia.
DER perfumar, perfumería, perfumista.

perfumería *n. f.* **1** Establecimiento en el que se venden colonias, perfumes y otros productos para el aseo personal: *entró en una perfumería para comprar jabón, un peine, maquillaje y un frasco de perfume.* **2** Industria que se dedica a la fabricación y la comercialización de perfumes, productos de maquillaje y de aseo personal: *es químico y trabaja en el laboratorio de una empresa de perfumería francesa.* **3** Conjunto de productos y materias de esta industria: *la perfumería comprende cosméticos, perfumes y otros productos, como sales de baño, jabones o colonias.*

pergamino *n. m.* **1** Piel de las reses limpia y seca, convenientemente preparada y estirada, que se utilizaba antiguamente para escribir: *hoy en día el pergamino se usa para encuadernar o para hacer tambores y panderetas.* **2** Documento escrito en esta piel: *han encontrado pergaminos en la biblioteca de un antiguo monasterio.*
DER apergaminarse.
ETIM *Pergamino* procede de la ciudad italiana de Pérgamo donde se empezó a fabricar este tipo de pieles para escribir.

pergeñar *v. tr. coloquial* Esbozar un trabajo, un proyecto o una idea con más o menos habilidad y con rapidez: *nunca preparaba sus discursos, pergeñaba cuatro líneas para salir del paso.* **SIN** preparar.

pérgola *n. f.* Armazón formado por columnas y barras que sostiene un enrejado o tejadillo, por donde trepan plantas ornamentales: *es grato sentarse a la sombra de una pérgola.*

peri- Prefijo que entra en la formación de palabras con el significado de 'alrededor': *pericarpio, perímetro.*

pericardio *n. m.* ANAT. Tejido membranoso que recubre el corazón.

pericarpio *n. m.* BOT. Parte exterior del fruto que envuelve las semillas.

pericia *n. f.* Capacidad para hacer bien, con facilidad y rapidez algo que resulta difícil para los demás: *tras el reventón de un neumático, sólo la pericia del conductor evitó la tragedia.* **SIN** destreza, maña. **ANT** impericia, torpeza.

pericial *adj.* Del perito o del peritaje o que tiene relación con este técnico o con su trabajo: *informe pericial.*

perico *n. m.* **1** Ave propia de Cuba y América del Sur, con el plumaje de colores vistosos, en especial verde, y el pico fuerte, grueso y curvo: *los pericos se domestican con facilidad y se compran como aves de adorno.* **SIN** loro, periquito. Para indicar el sexo se usa *el perico macho* y *el perico hembra.* **2** Abanico antiguo de gran tamaño: *para ella, el perico de la abuela tenía un gran valor sentimental.* **3** Recipiente que se usa para orinar, que se puede llevar de un lugar a otro: *como no se podía mover, tenía el perico debajo de la cama.* **4** En el lenguaje de la droga, cocaína.
DER periquete, periquito.

periferia *n. f.* Zona que rodea un espacio geográfico considerado como centro o núcleo: *no vivo en el centro, sino en la periferia de la ciudad; la Comunidad Valenciana está en la periferia de la península.*
DER periférico.

periférico, -ca *adj.* **1** De la periferia o que tiene relación con esta zona: *el ayuntamiento aprobó el plan para construir varias urbanizaciones periféricas.* ◊ *n. m.* **2** INFORM. Unidad exterior de un ordenador, que no forma parte de la unidad central de memoria y de tratamiento, y que sirve para la entrada y la salida de información: *la pantalla, la impresora y el escáner son periféricos.*

perifollo *n. m.* **1** Planta de tallos finos y ramosos, con las hojas muy recortadas y olorosas, flores blancas y semilla pequeña y negra: *las hojas del perifollo son de gusto agradable y se usan como condimento.* ◊ *n. m. pl.* **2 perifollos** *coloquial* Adornos excesivos y generalmente de mal gusto en un traje o peinado: *se presentó en la fiesta con un sombrero horrible cargado de perifollos.*
DER emperifollar.

perífrasis *n. f.* Figura del lenguaje que consiste en expresar una idea dando un rodeo con las palabras, cuando puede

decirse de forma más simple, con la intención de conseguir mayor expresividad: *estación en flor es una perífrasis para aludir a la primavera*. **SIN** circunloquio. **perífrasis verbal** GRAM. Grupo de palabras formado por un verbo en forma personal considerado auxiliar, seguido de otro verbo en infinitivo, gerundio o participio: *las siguientes frases contienen una perífrasis: voy a contestar al teléfono, anduvo mirando los cuadros, deben de ser las cuatro o te tengo dicho que vengas pronto*.
DER perifrástico.
OBS El plural también es *perífrasis*.

perifrástico, -ca *adj.* **1** Que no se expresa de manera directa, sino dando un rodeo: *el artículo del periódico utilizaba un estilo perifrástico*. **2** GRAM. Que se expresa por medio de una perífrasis: *el futuro se construye muchas veces de forma perifrástica; vamos a cantar es un futuro perifrástico*.

perihelio *n. m.* Punto más próximo al Sol en la órbita de un planeta del sistema solar. **ANT** afelio.

perilla *n. f.* Barba recortada formada con los pelos que crecen en la barbilla de los hombres: *Julián se ha afeitado parte de la barba dejándose sólo la perilla*.
de perilla o **de perillas** *coloquial* Muy bien: *me han pagado una gratificación que me viene de perillas*.

perímetro *n. m.* **1** Línea o conjunto de líneas que forman el contorno de una superficie o una figura: *una valla recorría el perímetro de la finca*. **2** Suma de todas las longitudes de este conjunto de líneas: *para hallar el perímetro de un cuadrado se suman las longitudes de todos sus lados*.

perindola *n. f.* Peonza pequeña que se hace girar con los dedos pulgar e índice.

periné o **perineo** *n. m.* Parte del cuerpo que está situada entre el ano y los órganos genitales.

periodicidad *n. f.* Repetición regular de una cosa cada cierto tiempo: *esta revista sale con una periodicidad mensual*.

periódico, -ca *adj.* **1** Que ocurre o se hace con intervalos regulares de tiempo o con frecuencia: *desde que lo operaron se hace revisiones periódicas en el hospital; las revistas de moda, de decoración o de cines son publicaciones periódicas*. ◇ *n. m.* **2** Publicación de información general, en especial la que sale a la venta todos los días: *todos los periódicos del país recogen la noticia del accidente*. **SIN** diario.
DER periodicidad, periodista.

periodismo *n. m.* **1** Profesión que comprende el conjunto de actividades relacionadas con la recogida, la elaboración y la difusión de la información que se transmite al público a través de la prensa, la radio o la televisión: *el escritor se dedicó al periodismo durante su juventud*. **2** Conjunto de estudios necesarios para conseguir el título de periodista: *estoy estudiando periodismo en la Facultad de Ciencias de la Información*.

periodista *n. com.* Persona que se dedica a informar al público de las noticias que ocurren, a través de la prensa, la radio o la televisión: *una nube de periodistas esperaba al presidente en el aeropuerto*.
DER periodismo, periodístico.

periodístico, -ca *adj.* De los periódicos o de los periodistas o que tiene relación con ellos: *el lenguaje periodístico es muy innovador; el equipo periodístico fue premiado por la calidad de su reportaje*.

período o **periodo** *n. m.* **1** Espacio de tiempo durante el cual se realiza una acción o se desarrolla algo: *el curso académico abarca un período de nueve meses aproximadamente; el período de gestación de la elefanta es de 630 días*. **SIN** etapa, fase. **2** Espacio de tiempo que tarda una cosa en volver al estado o la posición que tenía al principio: *el movimiento de la Tierra alrededor del Sol se produce en un período de 365 días aproximadamente*. **3** Proceso natural por el que las mujeres y las hembras de los mamíferos expulsan sangre y otras materias procedentes del útero cada cierto tiempo: *durante el embarazo deja de producirse el período; algunas mujeres sienten molestias cuando les viene el período*. **SIN** menstruación, regla, mes. **4** Espacio de tiempo que tarda en producirse cada fase del curso de una enfermedad: *la erupción del sarampión empieza en el primer período de la enfermedad*. **5** MAT. Cifra o conjunto de cifras decimales que se repiten indefinidamente en el cociente de una división no exacta: *10 dividido entre 3 da 3,3 período*. **6** GRAM. Conjunto formado por una serie de oraciones simples, relacionadas entre sí, que tienen un sentido completo: *Juan estudia y María lee forman un período; las frases construidas con períodos cortos se leen con más rápidez*. **SIN** oración.
DER periódico.

periostio *n. m.* ANAT. Membrana que rodea los huesos y que sirve para su nutrición y renovación.

peripatético, -ca *adj.* **1** FILOS. De la doctrina filosófica de Aristóteles y de sus seguidores o relacionado con ellos: *la escuela peripatética contribuyó al desarrollo de las ciencias naturales*. **2** *coloquial* Ridículo o extravagante en sus juicios y opiniones: *es peripatético pensar que lo que uno hace es lo mejor*.

peripecia *n. f.* Suceso imprevisto y repentino que altera el transcurso de una acción: *el viaje a Grecia estuvo lleno de divertidas peripecias*. **SIN** incidente, lance.

periplo *n. m.* **1** Viaje largo por numerosos países: *tras un peligroso periplo, regresaron a sus hogares y contaron lo que habían visto*. **2** Antiguamente, navegación que se hacía alrededor de una isla o de un continente.

peripuesto, -ta *adj. coloquial* [persona] Que se viste y se arregla con demasiado esmero y cuidado: *es muy presumido y siempre va muy peripuesto, no le falta el más mínimo detalle*. **SIN** acicalado. **ANT** desaliñado.

periquete *coloquial* Palabra que se utiliza en la locución *en un periquete*, que significa 'en un momento, en un tiempo muy breve': *estaré con vosotros en un periquete, esperadme; se comió el caramelo en un periquete*.

periquito *n. m.* Ave prensora más pequeña que el loro, con el plumaje de colores vistosos, especialmente verde, y el pico fuerte, grueso y curvo: *los periquitos son fácilmente domesticables y pueden imitar los sonidos y las palabras*. **SIN** perico.
OBS Para indicar el sexo se usa *el periquito macho* y *el periquito hembra*.

periscopio *n. m.* Instrumento óptico, formado por un sistema de espejos montados en un tubo colocado en vertical, que permite observar un objeto situado por encima del alcance de la visión directa; puede subir, bajar y girar en todas las direcciones: *los periscopios se usan en los submarinos para ver lo que ocurre en la superficie*.

perisodáctilo, -la *adj./n. m. y f.* **1** ZOOL. [animal mamífero] Que tiene un número impar de dedos cubiertos por una pezuña, por lo menos en las patas traseras, y el dedo central más desarrollado: *los caballos y los rinocerontes son perisodáctilos*. ◇ *n. m. pl.* **2 perisodáctilos** ZOOL. Orden al que pertenecen estos animales.

perista *n. com.* Persona que se dedica a la compra y venta de objetos robados.

peristilo *n. m.* **1** ARQ. Galería de columnas que rodea un edificio o un patio interior. **2** ARQ. Conjunto de columnas que decoran la fachada de un edificio.

peritaje n. m. **1** Estudio o trabajo realizado por un perito: *la compañía aseguradora ha ordenado hacer un peritaje para valorar los desperfectos del accidente*. **2** Conjunto de estudios necesarios para conseguir el título de perito: *el peritaje es una carrera técnica*.

peritar v. tr. Realizar un perito un informe técnico: *quiero vender mi piso y necesito que me lo periten para saber el precio; un experto vino a peritar los daños del incendio*.

perito, -ta adj./n. m. y f. **1** [persona] Que tiene experiencia, práctica o habilidad en determinada ciencia o arte: *los críticos de arte son expertos peritos en la materia*. **SIN** especialista. ◇ n. m. y f. **2** Persona que tiene el título de técnico de grado medio en ingeniería: *los peritos son ingenieros técnicos y aparejadores*. **SIN** ingeniero. **perito mercantil** Persona que ha realizado la carrera de comercio: *para obtener un título universitario el perito mercantil debe estudiar la carrera de económicas*. **3** DER. Persona que por su profesión tiene conocimientos sobre ciertos puntos e informa al juez bajo juramento: *durante el juicio, fue determinante el informe del perito para aclarar el asesinato*.
DER peritar.
ETIM *Perito* procede del latín *peritus*, 'experimentado', voz con la que también está relacionada *pericia*.

peritoneo n. m. ANAT. Membrana que cubre el interior del abdomen y que forma varios pliegues que envuelven las vísceras.

peritonitis n. f. Inflamación del peritoneo que puede ser causada por una infección.
OBS El plural también es *peritonitis*.

perjudicar v. tr./prnl. Causar un daño material o moral a una persona o cosa: *el tabaco y el alcohol perjudican la salud; Raúl se ha perjudicado con su imprudencia*. **ANT** beneficiar.
OBS En su conjugación, la c se convierte en *qu* delante de *e*.

perjudicial adj. Que causa o puede causar un daño moral o material: *fumar es perjudicial para la salud; la sequía es perjudicial para la agricultura*. **SIN** dañino, maligno. **ANT** beneficioso.
DER perjudicial.

perjuicio n. m. Daño moral o material causado por una cosa en el valor de algo o en la salud y bienestar de las personas: *la helada causó grandes perjuicios en las huertas valencianas; los comentarios que hizo fueron en su perjuicio, no en su beneficio*. **ANT** beneficio, bien.
DER perjudicar.
OBS No debe confundirse con *prejuicio*.

perjurar v. intr. **1** Jurar con falsedad: *perjuró en el juicio para proteger a su padre*. ◇ v. tr. **2** Jurar con mucha frecuencia para añadir intensidad al juramento: *jura y perjura que no fue él quien rompió el jarrón*.

perjurio n. m. **1** Delito de jurar en falso o de no cumplir un juramento: *el testigo cometió perjurio porque mintió al declarar en el juicio*. **2** Incumplimiento de un juramento.

perjuro, -ra adj./n. m. y f. [persona] Que jura en falso o que incumple un juramento: *el juez condenó al perjuro tras probar su culpabilidad en los hechos; no creas en sus promesas, es conocido como persona perjura*.

perla n. f. **1** Bola pequeña de nácar, de color blanco o gris con reflejos brillantes, que suele formarse en el interior de la concha de algunos moluscos, en especial de la madreperla y la ostra: *las perlas se forman como defensa cuando se introduce accidentalmente un cuerpo extraño en la concha*. **perla cultivada** Perla que se forma en el interior de la madreperla o la ostra cuando se introduce de forma deliberada un cuerpo extraño: *las perlas cultivadas son más baratas que las naturales*. **2** Gota de un líquido muy claro: *en su frente se veían perlas de sudor, debido al esfuerzo realizado*. **3** Persona o cosa muy apreciada por su gran valor o sus buenas cualidades: *ese vendedor es una perla: trabajador, simpático y eficiente; ese restaurante presume de ser la perla de la ciudad*. **SIN** joya.
de perlas Muy bien o de manera oportuna: *en invierno, un buen abrigo viene de perlas*.
DER perlar.

perlé n. m. Hilo de algodón que se utiliza para bordar o para hacer punto o ganchillo: *jersey de perlé*.

permanecer v. intr. **1** Mantenerse en un mismo lugar durante un tiempo: *aprendió idiomas mientras permaneció en el extranjero*. **SIN** quedarse. **2** Mantenerse sin cambios en un determinado estado, condición o cualidad: *el alumno permaneció callado mientras el profesor explicaba la lección; permaneció pensativo unos segundos antes de responder a la pregunta*. **SIN** continuar, seguir.
DER permanente.
OBS En su conjugación, la c se convierte en zc delante de *a* y *o*, como en *agradecer*.

permanencia n. f. **1** Estancia en un lugar durante un tiempo: *durante su permanencia en el colegio tuvo que acatar una serie de reglas*. **2** Mantenimiento o duración de un estado, condición o situación: *para este invierno se anuncia la permanencia de las hostilidades; la permanencia de la sequía arruinó la cosecha de cereales*.

permanente adj. **1** Que se mantiene en un mismo lugar, estado o situación sin experimentar cambio alguno: *tenía una tos permanente; las permanentes lluvias hicieron que el río se desbordara*. **SIN** continuo, constante. **ANT** pasajero. ◇ n. f. **2** *coloquial* Rizado artificial del pelo que se mantiene durante largo tiempo; se realiza enrollando los mechones, impregnados de un líquido cosmético, en unos bigudíes: *se ha hecho una permanente muy suave y natural*.
DER permanencia.

permeabilidad n. f. Capacidad que tiene un material para ser traspasado por un líquido: *la lana o el algodón son tejidos de gran permeabilidad*. **ANT** impermeabilidad.

permeable adj. **1** Que deja pasar el agua u otros líquidos: *el papel es un material permeable; los terrenos permeables son aptos para el cultivo*. **ANT** impermeable. **2** [persona] Que se deja influir por los sentimientos o las ideas de los demás: *no fue difícil convencerlo, debido a su carácter permeable*.
DER permeabilidad; impermeable.

pérmico, -ca adj./n. m. **1** GEOL. [período geológico] Que es el sexto y último de la era primaria o paleozoica: *el período pérmico duró aproximadamente 40 millones de años*. ◇ adj. **2** GEOL. De este período geológico o que tiene relación con él: *terreno pérmico*.

permisible adj. Que se puede permitir: *ese tipo de travesuras sólo es permisible en los niños*.

permisividad n. f. Tolerancia excesiva con las personas que se manifiesta consintiéndoles cosas que otros castigarían o reprimirían: *con tanta permisividad está malcriando a sus hijos*. Es despectivo. **ANT** intolerancia.

permisivo, -va adj. Que permite o autoriza a hacer cierta cosa: *la libertad y la tolerancia están presentes en una sociedad permisiva*.
DER permisividad.

permiso n. m. **1** Consentimiento dado por una persona que tiene autoridad para hacerlo: *pidió permiso para ir al servicio; su padre no le dio permiso para hacer el viaje*. **SIN** autorización. **ANT** prohibición. **2** Autorización para abandonar

permitir

por un tiempo el trabajo, el servicio militar u otras obligaciones: *después de la jura de bandera, los soldados tienen unos días de permiso.* **3** Tiempo que dura esta autorización: *pidió un permiso de dos días a su jefe para asuntos personales.*

permitir *v. tr.* **1** Autorizar o aprobar quien tiene autoridad para ello que se haga una cosa determinada: *el padre permitió que sus hijos fueran de excursión; no te permito que hables así; en muchos museos se permite la entrada libre.* **SIN** consentir, dejar. **ANT** prohibir. **2** No impedir una cosa que se debe o se debería evitar: *permitió que lo criticaran y no se defendió.* **SIN** consentir. **3** Hacer posible que una cosa se realice: *el microondas permite descongelar los alimentos en pocos minutos; los visillos permiten la entrada de luz en una habitación.* **SIN** posibilitar. ◇ *v. prnl.* **4 permitirse** Tener los medios o tomarse la libertad de decir o hacer una cosa: *aprovechando su buen humor se permitió pedirle dinero para salir; ella puede permitirse muchos lujos y caprichos.* **SIN** atreverse, osar.
DER permisible, permisivo, permiso.
ETIM Véase meter.

permuta *n. f.* Cambio entre dos personas que ocupan un puesto público de sus respectivos empleos: *un funcionario destinado en Valladolid hará permuta con otro destinado en Sevilla.*

permutación *n. f.* **1** Cambio o sustitución de una cosa por otra: *el vendedor pidió una permutación de la mercancía porque le había llegado en malas condiciones.* **SIN** permuta. **2** Cambio entre dos personas que ocupan un puesto público de sus respectivos cargos o empleos: *solicitó una permutación con un funcionario destinado en Madrid.* **SIN** permuta. **3** MAT. Sustitución del orden de un determinado número de cosas por otro sin que cambien su naturaleza ni su número: *en clase de matemáticas hemos estudiado combinaciones y permutaciones.*

permutar *v. tr.* **1** Cambiar una cosa por otra, de la misma o distinta clase, sin que en el cambio entre el dinero a no ser que sea para igualar el valor de las cosas cambiadas: *el Ayuntamiento quiere permutar unos terrenos con el Ejército.* **2** Cambiar entre sí el empleo dos personas que ocupan puestos públicos: *uno de los maestros busca alguien con quien permutar su plaza.* **3** Variar el orden o la colocación en que estaban dos o más cosas: *los factores de una suma se pueden permutar sin que varíe el resultado.*
DER permuta, permutación.

pernera *n. f.* **1** Parte del pantalón que cubre la pierna: *cortó las perneras del pantalón para hacerse unas bermudas.* **2** Parte de una prenda por donde se mete la pierna: *este bañador tiene las perneras muy estrechas.*
ETIM Véase pierna.

pernicioso, -sa *adj.* Que causa mucho daño o es muy perjudicial: *la contaminación tiene efectos perniciosos para la salud y el medio ambiente; algunos pájaros son muy perniciosos para los sembrados.* **SIN** malo, nocivo. **ANT** beneficioso, bueno.

pernil *n. m.* **1** Pata posterior del animal, en especial la del cerdo. **SIN** jamón. **2** Parte del pantalón que cubre la pierna: *el niño se enganchó con la verja y se hizo un siete en el pernil derecho.* **SIN** pernera.
ETIM Véase pierna.

pernoctar *v. intr.* Pasar la noche en algún lugar fuera de la vivienda habitual, en especial cuando se viaja: *como se les averió el coche, decidieron pernoctar en un motel de la carretera.*

pero *conj.* **1** Indica que el significado del enunciado al que precede es opuesto o contrario al significado de otro anterior: *quería ir a la playa, pero me quedé estudiando; es un coche bueno, pero muy incómodo.* **SIN** aunque. **2** Indica que el significado del enunciado al que precede restringe, matiza o atenúa el significado de otro anterior: *la idea es buena, pero no se puede realizar; te lo diré, pero no se lo digas a nadie.* **3** Se utiliza siempre al inicio de la frase para expresar con más fuerza e intensidad lo que se dice: *pero ¿qué haces ahí subido?; pero ¡qué guapo eres!* ◇ *n. m.* **4** *coloquial* Inconveniente o dificultad: *nunca está contento, siempre me pone algún pero; siempre encuentra peros a mi trabajo.*
pero que *coloquial* Delante de un adjetivo y un adverbio, añade fuerza o intensidad a lo que éstos expresan: *tiene una casa pero que muy bonita; con ese peinado estás pero que muy guapa.*

perogrullada *n. f.* Verdad tan clara o tan conocida que resulta tonto decirla: *es una perogrullada decir que la Tierra es redonda o que la nieve es blanca.*

Perogrullo Palabra que se utiliza en la expresión *de Perogrullo*, que significa 'que una cosa es tan sabida y conocida que resulta tonto decirla': *que dos más dos suman cuatro es una verdad de Perogrullo.*
OBS Se escribe con mayúscula.

perol *n. m.* Recipiente de metal en forma de media esfera y generalmente con dos asas, que se usa para cocinar: *en la cocina del hotel colgaban diferentes peroles.*
DER perola.

perola *n. f.* Recipiente pequeño de forma redonda que se utiliza para cocinar alimentos: *pon el agua a calentar en una perola para hervir los huevos.*

peroné *n. m.* Hueso largo y delgado, situado en la parte externa de la pierna junto a la tibia: *la tibia y el peroné van desde la rodilla hasta el pie; la fractura de peroné es muy dolorosa y lenta de curar.* ☞ esqueleto.

perorar *v. intr.* **1** Pronunciar un discurso: *uno de los invitados se levantó y peroró sobre la felicidad conyugal.* **2** *coloquial* Pronunciar un discurso largo y aburrido en una reunión familiar o entre amigos: *la gente se dormía cuando empezaba a perorar.*
DER perorata.

perorata *n. f.* Discurso o conversación larga que resulta molesta o aburrida para el que la oye: *el aprendiz aguantó con paciencia la perorata de su maestro.* **SIN** rollo, tostón.

perpendicular *adj./n. f.* [línea, plano] Que forma un ángulo recto con otra línea o plano: *dos líneas perpendiculares forman una cruz; para hallar la perpendicular necesitas un compás o un cartabón.* ☞ línea.
DER perpendicularidad.

perpendicularidad *n. f.* Relación que existe entre una recta o un plano que forman un ángulo recto al juntarse con otros.

perpetrar *v. tr.* Cometer un delito: *demostró en el juicio que no se encontraba en el lugar a la hora en que se perpetró el crimen.*

perpetuación *n. f.* Conservación o prolongación de una cosa durante mucho tiempo: *la perpetuación de algunas especies animales está en peligro.*

perpetuar *v. tr./prnl.* Hacer que una cosa dure siempre o mucho tiempo: *la procreación tiene como objetivo perpetuar la especie; los buenos momentos vividos tienden a perpetuarse en la memoria.* **SIN** perdurar.
DER perpetuación.
OBS En su conjugación, la *u* se acentúa en algunos tiempos y personas, como en *actuar*.

perpetuidad *n. f.* Duración de una cosa para siempre o para mucho tiempo: *la perpetuidad de esta especie animal se ve amenazada por los cazadores*.

perpetuo, -tua *adj.* **1** Que dura mucho tiempo o para siempre: *en las cumbres de las montañas altas hay nieves perpetuas; el fiscal pidió para el acusado cadena perpetua*. **SIN** eterno. **2** [cargo, empleo] Que dura toda la vida, hasta la jubilación de la persona que lo desempeña: *consiguió un puesto perpetuo como bibliotecario*. **SIN** vitalicio.
DER perpetuar, perpetuidad.

perplejidad *n. f.* Asombro o confusión que se siente cuando no se sabe cómo reaccionar en una situación determinada: *me miró con perplejidad cuando le dije que quería separarme de ella*.

perplejo, -ja *adj.* [persona] Que duda o siente extrañeza en una determinada situación y no sabe lo que debe hacer, pensar o decir: *la sorprendente noticia nos dejó perplejos; cuando le dijeron que estaba despedido, se quedó perplejo*. **SIN** confuso, desconcertado.
DER perplejidad.

perra *n. f.* **1** *coloquial* Enfado o llanto ruidoso y seguido, especialmente el de un niño: *¡menuda perra ha pillado porque no le quisimos comprar ese juguete!* **SIN** berrinche, rabieta. **2** *coloquial* Deseo exagerado o idea fija: *hasta que consiga lo que quiere, no se le pasará la perra*. **SIN** manía. **3** *coloquial* Dinero o moneda: *no me queda ni una perra del sueldo de este mes; con las perras que ganó, se compró un reloj*. Se usa más en plural.
DER emperrarse.

perrera *n. f.* **1** Lugar donde se guardan o encierran perros abandonados o que no tienen dueño: *los niños fueron a la perrera municipal para adoptar un cachorro*. **2** Furgoneta municipal destinada a la recogida de perros callejeros: *los empleados colocaron al perro un bozal antes de meterlo en la perrera*.

perrería *n. f.* Obra o dicho que causa un daño o está hecho con mala intención: *deja de hacer perrerías al pobre animal*. **SIN** faena, jugarreta, marranada.

perro, -rra *n. m. y f.* **1** Animal mamífero doméstico de cuatro patas, con un olfato muy fino y de gran diversidad de tamaños, formas y pelajes, que sirve al hombre como animal de compañía o para cazar: *dicen que el perro es el mejor amigo del hombre; los perros se cruzan para obtener distintas razas; la perra ha parido tres cachorros*. **SIN** can, chucho.
perro faldero *a)* Perro de pequeño tamaño que es apreciado como animal de compañía. *b)* Persona que muestra gran sumisión ante otra: *cuando estaba realizando las prácticas parecía el perro faldero del profesor*. **perro policía** Perro que ha sido adiestrado para ayudar a la policía en sus tareas: *encontraron la droga gracias a los perros policía*. **perro salchicha** Perro de cuerpo alargado, patas cortas y orejas caídas: *los perros salchicha son originarios de Alemania, donde se usaban para cazar tejones*. **2** Persona despreciable y malvada por cualquier causa: *es la más perra y miserable que conozco; es un perro, no tiene sentimientos*. **perro viejo** Persona astuta y hábil a la que su larga experiencia ha hecho muy difícil de engañar: *confía en él, es un perro viejo y conoce todos los trucos de esta profesión*.
a otro perro con ese hueso *coloquial* Expresión con la que se rechaza una propuesta desventajosa o se indica que no se cree una cosa: *no me engañarás más, ve a otro perro con ese hueso*.
atar los perros con longaniza *coloquial* Expresión con la que se destaca de forma irónica la abundancia o la riqueza que disfruta una persona o que existe en algún sitio: *se ha ido a otro país porque pensaba que iba a ganar mucho dinero: creía que allí ataban los perros con longaniza*.
como el perro y el gato *coloquial* Expresa que dos personas se llevan mal o discuten continuamente: *los vecinos del quinto se llevan como el perro y el gato, siempre están discutiendo o peleándose*.
de perros *coloquial* Muy malo, molesto o desagradable: *hoy llueve y hace mucho viento, hace un día de perros*.
echar (o soltar) los perros *coloquial* Regañar a una persona: *cuando sus padres vieron sus malas notas le echaron los perros*.
muerto el perro, se acabó la rabia Expresión con la que se indica que cuando desaparece una causa, también desaparecen sus efectos: *es una persona conflictiva, menos mal que ha cambiado de trabajo: muerto el perro se acabó la rabia*.
DER perrera, perrería, perruno; aperreado.

perruno, -na *adj.* Del perro o que tiene relación con este animal: *el pastor alemán es una raza perruna que resulta del cruzamiento con el lobo; tiene un olfato perruno para captar los olores*.

persa *adj.* **1** De Persia, en la actualidad Irán, o que tiene relación con este país de Asia: *tenemos varias alfombras persas en la casa; Babilonia fue una ciudad persa muy importante*. ◇ *adj./n. com.* **2** [persona] Que es de Persia: *los persas fueron muy poderosos en la Antigüedad; Alejandro Magno luchó por unificar a persas y griegos*. ◇ *n. m.* **3** Lengua de Persia y otros países: *el persa moderno es la lengua oficial de Irán y de gran parte de Afganistán*.

persecución *n. f.* **1** Acción de seguir a una persona o a un animal que huye para alcanzarlo: *tras largas horas de búsqueda, la policía tuvo que abandonar la persecución de los ladrones*. **2** Conjunto de acciones y castigos físicos que sufren las personas que defienden una doctrina, una religión o unas ideas determinadas: *su abuelo fue víctima de persecuciones durante la guerra*.

persecutorio, -ria *adj.* Que implica persecución o acoso: *tiene manía persecutoria y cree que todo el mundo lo sigue*.

perseguir *v. tr.* **1** Seguir a una persona o animal que huye con intención de alcanzarla: *la policía persiguió al ladrón por el parque; los cazadores persiguieron al león durante un buen rato*. **2** Seguir a una persona o buscarla por todas partes, molestándola e importunándola: *uno de sus pretendientes la perseguía de la mañana a la noche; los periodistas la perseguían con preguntas indiscretas*. **SIN** acosar, asediar. **3** Tratar de conseguir o alcanzar una cosa poniendo todos los medios para ello: *lo único que perseguía era un puesto mejor*. **SIN** pretender, procurar. **4** Acompañar una cosa, que produce malestar o angustia, a una persona sin abandonarla nunca: *la mala suerte le persigue desde que nació; sabe que actuó de forma incorrecta y ahora le persiguen los remordimientos*. **SIN** atormentar, oprimir. **5** DER. Proceder la justicia contra una persona o un delito: *la ley persigue el crimen organizado y el narcotráfico*.
DER persecución, persecutorio.
OBS En su conjugación, la *gu* se convierte en *g* delante de *a* y *o*.

perseverancia *n. f.* Dedicación y firmeza en las actitudes y las ideas o en la realización de las cosas: *gracias a su perseverancia en los estudios, logró resultados favorables en los exámenes; la perseverancia en la fe le mantuvo sereno en los momentos difíciles*. **SIN** constancia, empeño, tenacidad.
ANT inconstancia.

perseverar *v. intr.* Mantenerse firme y constante en una manera de ser o de obrar: *sólo si perseveras conseguirás*

persiana

triunfar, no te rindas tan pronto; a pesar de sus fracasos, persevera en el intento de encontrar un buen trabajo. **SIN** persistir. **ANT** abandonar, desistir.
DER perseverancia.
OBS Se construye con la preposición *en*.

persiana *n. f.* Cierre que se coloca en las ventanas, los balcones o las puertas exteriores, formado por varias láminas finas y estrechas engarzadas unas con otras, que se pueden bajar, subir o enrollar para regular el paso de la luz: *sube la persiana, que ya es de día; esa persiana es eléctrica.* ☞ ventana.

persignar *v. tr./prnl.* **1** Hacer la señal de la cruz con los dedos en la frente, en la boca y en el pecho: *se persignó delante del crucifijo y se arrodilló para rezar.* ◇ *v. prnl.* **2 persignarse** *coloquial* Manifestar una persona asombro exagerado haciéndose la señal de la cruz: *la anciana se persignó al enterarse de la noticia.*

persistencia *n. f.* **1** Existencia o duración de una cosa durante mucho tiempo: *la persistencia del riesgo de tormenta provocó la alarma de los agricultores.* **2** Insistencia o firmeza en las acciones, las ideas o las intenciones: *me asombra tanta persistencia por llegar a ser alguien importante.* **SIN** perseverancia, tenacidad. **ANT** inconstancia.

persistir *v. intr.* **1** Mantenerse firme o constante en una manera de ser o de obrar: *no persistas en tu idea porque estás equivocado, reconócelo; los funcionarios persisten en la subida de aumento salarial.* **SIN** insistir, perseverar. **ANT** abandonar. **2** Durar o existir una cosa durante mucho tiempo: *la familia está alarmada porque persiste la gravedad del enfermo; en algunos lugares de España persiste la costumbre de celebrar fiestas entre moros y cristianos.* **SIN** perdurar, permanecer. **ANT** acabar, cesar.
DER persistente.

persona *n. f.* **1** Individuo de la especie humana. **SIN** hombre, ser humano. **en persona** Uno mismo; estando presente uno mismo: *iré yo en persona a recoger el premio.* **persona física** Individuo o miembro de una comunidad: *el derecho de voto sólo afecta a las personas físicas.* **persona jurídica** Sociedad o grupo de individuos que se unen en un negocio: *una sociedad anónima es una persona jurídica.* **persona no (o non) grata** Persona cuya presencia en un lugar no es deseada: *el gobierno ha declarado persona no grata al diplomático extranjero.* **2** GRAM. Variación gramatical que altera la forma de los verbos y de los pronombres para hacer referencia a los individuos que intervienen en la comunicación: *en español hay tres personas: primera, segunda y tercera.* **primera persona** Persona que habla: *la primera persona se puede expresar con yo, nosotros o con las formas correspondientes del verbo, como canto, cantamos.* **segunda persona** Persona a quien va destinado el mensaje: *la forma verbal cantas se refiere a la segunda persona.* **tercera persona** Persona de quien se habla en el discurso y que no es ni la primera ni la segunda: *él, ella, ellos y ellas son pronombres de tercera persona.*

personaje *n. m.* **1** Persona que por sus cualidades, conocimientos u otras actitudes, destaca o sobresale en una determinada actividad o ambiente social: *a la fiesta asistieron algunos de los personajes más conocidos del mundo del espectáculo y la política.* **SIN** celebridad, personalidad. **2** Persona, animal o ser ficticio, inventado por un autor, que interviene en la acción de una obra literaria o de una película: *la Cenicienta o los tres cerditos son personajes de cuentos infantiles; Micky Mouse y el pato Donald son personajes de las películas de Walt Disney.*

personal *adj.* **1** De la persona o que tiene relación con ella: *para muchos negocios conviene el trato personal.* **2** Que es de una sola persona o para una sola persona: *han traído a la fábrica un paquete personal a tu nombre.* **3** Que pertenece a la vida privada: *los problemas de mi matrimonio son un asunto personal.* **4** Que es característico de la personalidad de un individuo: *el artista supo dejar su toque personal en el cuadro.* **5** GRAM. [pronombre] Que señala a las personas que intervienen en la comunicación: *la palabra vosotros es un pronombre personal.* ◇ *n. m.* **6** Conjunto de las personas que trabajan en el mismo lugar o en el mismo organismo o empresa: *el personal de la oficina está en huelga.* **7** Grupo indeterminado de personas: *tras el anuncio de la apertura del nuevo centro comercial, el personal anda revuelto.* ◇ *adj./n. f.* **8** [falta] Que comete un jugador de baloncesto al tocar o empujar a otro del equipo contrario para impedir una jugada: *tras las cinco personales, el base se fue al banquillo.*

personalidad *n. f.* **1** Conjunto de rasgos y cualidades que configuran la manera de ser de una persona y la diferencian de las demás: *es persona de fuerte personalidad y no tendrá dificultades para abrirse camino en la vida; Picasso reflejaba su fuerte personalidad en sus cuadros.* **SIN** carácter, naturaleza. **2** Circunstancia de ser determinada persona: *el pasaporte o el carné de identidad son documentos que acreditan la personalidad del individuo.* **3** Persona que por sus cualidades, conocimientos u otras aptitudes, destaca o sobresale en una determinada actividad o ambiente social: *a la entrega del premio Nobel de Literatura acudieron numerosas personalidades de la cultura.* **SIN** celebridad, figura, personaje.

personalizar *v. tr.* **1** Referirse a una persona en particular al decir o relatar algo: *cuenta los hechos, pero no personalices para no herir los sentimientos.* **2** Adaptar algo a las características, al gusto o a las necesidades de una o de cada persona: *Juan ha personalizado totalmente su despacho; esta escuela debe personalizar más la enseñanza.*
DER despersonalizar.
OBS En su conjugación, la *z* se convierte en *c* delante de *e*.

personarse *v. prnl.* **1** Presentarse una persona en un lugar: *debes personarte en comisaría para hacer la denuncia del robo.* **2** Presentarse ante el juez para llevar a cabo un trámite legal: *tras la detención del estafador, el abogado de las familias se personó en la causa.*

personificación *n. f.* **1** Persona o cosa que representa una cualidad o una característica: *Ana es la personificación de la bondad; ese chico es la personificación del mal y acabará en la cárcel.* **SIN** encarnación. **2** Representación de una cosa, generalmente de un sentimiento o de otra cosa abstracta, en forma de persona: *el escultor realizó la personificación de la pasión en la figura de una bella mujer.* **3** Figura retórica o del lenguaje que consiste en atribuirle a un animal o a una cosa cualidades propias de los seres humanos: *decir que la luna llora es una personificación.* **SIN** prosopopeya.

personificar *v. tr.* **1** Atribuir vida, acciones o cualidades propias de las personas a los animales o a las cosas: *la hormiga personifica el trabajo y el ahorro, el ratón, la astucia y el asno, la torpeza.* **2** Representar o servir de ejemplo de algo una persona, por tener una determinada cualidad muy marcada o desempeñar un papel muy destacado: *Einstein personifica la física del siglo XX.* **SIN** encarnar, ejemplificar, simbolizar.
DER personificación.
OBS En su conjugación, la *c* se convierte en *qu* delante de *e*.

perspectiva *n. f.* **1** Técnica que permite representar en una superficie plana objetos en la posición y la situación tal

perversión

como aparecen a la vista; la sensación de profundidad se consigue reproduciendo la tercera dimensión: *los pintores del Renacimiento estaban preocupados por el dominio de la perspectiva.* **2** Obra o representación ejecutada con esta técnica: *su última obra es una perspectiva de la ciudad tomada desde un monte.* **3** Paisaje o conjunto de cosas vistas desde un punto determinado, especialmente desde lejos: *desde lo alto del castillo se dominaba una perspectiva de varios kilómetros.* **SIN** panorama. **4** Punto de vista o modo de ver y considerar las cosas: *el escritor adoptó una perspectiva humorística y crítica para tratar el tema.* **SIN** ángulo, óptica. **5** Circunstancia que puede preverse en un asunto o un negocio, en especial si es beneficiosa: *los negocios relacionados con el ocio tienen unas perspectivas económicas muy halagüeñas.* **SIN** expectativa. **6** Distancia o alejamiento desde los que se observa y considera un hecho o una situación con la intención de ganar objetividad: *la perspectiva histórica permite juzgar los acontecimientos del pasado.*

perspicacia *n. f.* Agudeza para entender y captar la naturaleza oculta de las cosas, especialmente de las que se presentan complicadas o confusas: *la perspicacia para los negocios le ha permitido amasar una gran fortuna.* **SIN** ojo, sagacidad. **ANT** ceguera, torpeza.

perspicaz *adj.* **1** [persona] Que capta con facilidad la naturaleza oculta de las cosas, especialmente de las que se presentan complicadas o confusas: *fue un hombre perspicaz y descubrió las verdaderas intenciones de su amigo.* **SIN** sagaz, lince. **ANT** torpe. **2** [inteligencia, ingenio] Que es agudo y rápido: *el periodista hizo un comentario perspicaz.* **SIN** penetrante, sutil. **3** [vista] Que está muy desarrollada o que percibe las cosas con gran detalle: *los ojos perspicaces del halcón vigilan la llanura en busca de una presa.*
DER perspicacia.

persuadir *v. tr./prnl.* Conseguir mediante razones que una persona piense de una manera determinada o que haga cierta cosa: *con sus recursos era capaz de persuadir al más desconfiado de que comprara; se persuadió de que lo mejor era dejar de fumar.* **SIN** convencer, inducir, mover. **ANT** disuadir.
DER persuasión.

persuasión *n. f.* Capacidad o habilidad para convencer a una persona para que haga o crea alguna cosa, empleando argumentos o razones: *ese vendedor tiene un gran poder de persuasión; sólo utiliza su capacidad de persuasión cuando le conviene.*
DER persuasivo.

persuasivo, -va *adj.* Que es hábil y eficaz para persuadir: *usó sus dotes persuasivas para venderle el coche al cliente.*

pertenecer *v. intr.* **1** Ser algo propiedad de una persona: *la casa nos pertenece; este libro pertenece a Andrés.* **2** Ser una cosa obligación de una persona o de un cargo determinado: *el presupuesto de los parques nacionales pertenece al Ministerio de Medio Ambiente.* **SIN** competer, concernir. **3** Formar parte una cosa de un conjunto o grupo: *este fragmento pertenece al Quijote; el pino pertenece a la familia de las coníferas; no pertenece a ningún partido político.*
DER perteneciente, pertenencia.
OBS Se construye con la preposición *a*. ◇ En su conjugación, la c se convierte en *zc* delante de *a* y *o*, como en *agradecer*.

pertenencia *n. f.* **1** Propiedad o cosa que pertenece a una persona o a una entidad: *se discutió la pertenencia de los territorios descubiertos; recoge tus pertenencias y márchate: estás despedido.* Se usa más en plural. **2** Cosa que pertenece a otra como parte o accesorio: *alquiló el piso con todas sus pertenencias.* Se usa más en plural. **3** Acción de formar parte de un conjunto o grupo: *hice saber mi pertenencia a esa sociedad y me dejaron entrar en el edificio.*

pértiga *n. f.* Vara larga y flexible que utilizan los atletas en las pruebas de salto de altura para darse impulso hacia arriba: *antiguamente las pértigas se hacían de madera o bambú, más tarde se diseñaron metálicas y en la actualidad son de fibra de vidrio.*

pertinaz *adj.* **1** [persona] Que es muy obstinado o se mantiene excesivamente firme en sus actos, ideas o intenciones: *es un hombre pertinaz y es imposible razonar con él.* **SIN** tenaz, terco, testarudo, tozudo. **2** Que dura mucho tiempo o que se mantiene sin cambios: *una sequía pertinaz azotó la región durante años; una enfermedad pertinaz lo mantuvo en cama durante meses.*

pertinencia *n. f.* Cualidad que tienen las cosas que son adecuadas, oportunas o convenientes: *tu aparición fue de gran pertinencia porque gracias a ella dejaron de discutir.*

pertinente *adj.* Que está relacionado con lo que se discute o habla: *sus comentarios sobre la situación fueron pertinentes.* **SIN** relevante. **ANT** impertinente.

pertrechar *v. tr./prnl.* Suministrar lo necesario o prepararlo para el desarrollo de una actividad: *el gobierno pertrechó a su ejército con armas y municiones para la guerra; nos pertrechamos de víveres para la travesía.* **SIN** abastecer, aprovisionar.
OBS Se usa con las preposiciones *de* y *con*.

pertrechos *n. m. pl.* Conjunto de instrumentos y utensilios necesarios para hacer una actividad determinada, especialmente las cosas que necesita un ejército de campaña para realizar una operación militar: *la compañía necesita gran cantidad de pertrechos: agua, provisiones, armas, ropa y municiones.*

perturbación *n. f.* **1** Alteración de la tranquilidad, de la paz, del orden o del desarrollo normal de algo: *la perturbación del orden público causa molestias a muchos ciudadanos.* **2** Alteración de las facultades mentales: *el paciente sufre una perturbación transitoria y necesitará tratamiento psiquiátrico.*

perturbado, -da *adj./n. m. y f.* [persona] Que tiene alteradas sus facultades mentales: *un perturbado es el autor de varios atracos en una pequeña ciudad del sur.* **SIN** loco.

perturbar *v. tr./prnl.* **1** Alterar el orden, la tranquilidad o el desarrollo normal de algo: *hable más bajo, está usted perturbando el silencio de la biblioteca; un accidente en la carretera perturbó la circulación durante varias horas.* **SIN** trastornar. **2** Hacer que una persona pierda la calma o se altere: *los gritos de la calle le perturbaban y no podía trabajar.* **SIN** inquietar, intranquilizar. **ANT** calmar, tranquilizar. **3** Hacer perder el juicio o volver loco: *la muerte de su mujer perturbó sus facultades mentales; se perturbó tras conocer la ruina en que se encontraba.*
DER perturbación, perturbado; imperturbable.

peruano, -na *adj.* **1** De Perú o relacionado con este país de América del Sur: *Lima es la capital peruana; los quechuas y los aymarás suponen la mitad de la población peruana.* ◇ *adj./n. m. y f.* **2** [persona] Que es de Perú: *los peruanos alcanzaron la independencia a finales del siglo XIX.*

perversidad *n. f.* Cualidad de la persona que obra con mucha maldad o que es capaz de hacer daño a otras intencionadamente: *la inteligencia de ese hombre es tan grande como su perversidad.*

perversión *n. f.* Corrupción moral de las costumbres, el gusto o las ideas de una persona, causada por los malos ejemplos o los malos consejos: *muchos opinan que el lujo y la ostentación abren el camino a la perversión; la perversión de niños y jóvenes es un delito.*

perverso, -sa *adj./n. m. y f.* [persona] Que obra con mucha maldad o que hace daño con sus acciones, sentimientos o instintos de manera voluntaria: *el asesino era un hombre perverso y ordenó la matanza de muchos inocentes; la venganza es una acción perversa.* **SIN** depravado, malvado.
DER perversidad.

pervertido, -da *adj./n. m. y f.* **1** [persona] Que tiene un comportamiento o gusto sexual anormal y extraño: *es un pervertido al que le gusta espiar a las parejas.* **SIN** degenerado, depravado, vicioso. ◊ *adj.* **2** Que sexualmente es anormal y extraño: *comportamiento pervertido; tendencias pervertidas.* **SIN** degenerado, depravado, vicioso.

pervertir *v. tr./prnl.* Corromper o dañar las costumbres, los gustos o las ideas de una persona con malos consejos o malos ejemplos: *las drogas han pervertido a la sociedad; era un buen chico, pero se pervirtió a causa de las malas compañías.* **SIN** corromper, depravar, viciar.
DER perversión, perverso, pervertido.
ETIM Véase *verter*.
OBS En su conjugación, la e se convierte en ie en sílaba acentuada o en i en algunos tiempos y personas, como en *hervir*.

pervivencia *n. f.* Duración o permanencia con vida de una cosa, a pesar del paso del tiempo, de los problemas o de las dificultades: *me sorprendió la pervivencia de esas costumbres tan antiguas en el pueblo.* **SIN** persistencia, subsistencia.

pervivir *v. intr.* Durar, permanecer o seguir viviendo una cosa, a pesar del tiempo, de los problemas o de las dificultades: *a pesar de los años que hace que murió, el recuerdo de mi abuelo pervive en mi memoria.* **SIN** perdurar, persistir, subsistir.

pesa *n. f.* **1** Pieza de metal de peso conocido que se usa para determinar lo que pesa una cosa, con la que se equilibra en una balanza: *en un plato de la balanza se coloca el objeto que se quiere pesar y en el otro las pesas.* **2** Pieza de mucho peso que se cuelga en el extremo de una cuerda o cadena y que se usa para hacer funcionar ciertos relojes o para subir y bajar objetos pesados: *para dar cuerda al reloj hay que subir las pesas hasta arriba; algunos ascensores suben y bajan gracias a un conjunto de pesas.* **3** Aparato gimnástico formado por una barra de metal con una o más piezas pesadas en cada extremo, que se usa en halterofilia y para hacer ejercicios musculares: *el deportista tiene los músculos muy desarrollados porque levanta pesas; mañana hay una competición de levantamiento de pesas.* Se usa más en plural. ☞ gimnasio.

pesadez *n. f.* **1** Lentitud o torpeza de movimiento por estar excesivamente grueso, cansado o por vejez: *mi problema es la pesadez y me canso mucho al andar; después del trabajo sentía pesadez en todo el cuerpo.* **2** Cosa que resulta molesta o difícil de soportar: *levantarse temprano en invierno es una pesadez.* **SIN** aburrimiento, lata, plomo. **3** Sensación molesta que se experimenta en la cabeza, en los ojos, en el estómago o en otra parte del cuerpo: *tomaba un jarabe para evitar la pesadez de estómago después de las comidas.* **SIN** malestar.

pesadilla *n. f.* **1** Sueño desagradable que produce miedo o terror: *se despertó gritando porque había tenido una pesadilla.* **2** Preocupación grave y continua por un asunto importante o por el temor a un peligro o adversidad: *los padres vivían una pesadilla intentando apartar a su hijo de la droga; los acreedores son la pesadilla de ese hombre arruinado.* **SIN** angustia.

pesado, -da *adj.* **1** Que pesa mucho: *no puedo mover esta caja: es demasiado pesada.* **ANT** ligero. **2** Que cuesta mucho esfuerzo o que requiere mucha atención: *es demasiado mayor para realizar trabajos tan pesados; algunos trabajos manuales son muy pesados.* **SIN** duro, trabajoso. **3** [sueño] Que es profundo y del que cuesta mucho despertarse: *tiene un sueño tan pesado que, aunque hables en voz alta, no se despertará.* **ANT** ligero. **4** Que es muy lento o tranquilo en sus movimientos: *al cabo de las horas su andar se hizo pesado; su andar es muy pesado debido a su exceso de peso.* **ANT** ligero, rápido. **5** [cosa] Que es molesta, aburrida o que no despierta interés: *le gastaron una broma muy pesada; la película resultó muy pesada.* **6** [órgano] Que produce una sensación de fatiga o cansancio: *se tomó una pastilla porque tenía el estómago pesado; se tumbó en la cama porque sentía las piernas pesadas.* **SIN** cargado. **7** Que puede sentar mal: *no comas plátanos por la noche, que son muy pesados.* **ANT** ligero. ◊ *adj./n. m. y f.* **8** [persona] Que es latoso, molesto o difícil de soportar: *deja de decir siempre lo mismo: ¡qué pesado eres!* **SIN** pelma.
DER pesadez, pesadilla.

pesadumbre *n. f.* **1** Sentimiento de tristeza o disgusto en lo físico o lo moral: *la alegría y el gozo del recién llegado contrastaban con la pesadumbre de sus anfitriones.* **SIN** preocupación. **2** Causa o motivo que provoca tal sentimiento: *su rebeldía era una gran pesadumbre para sus padres.* **SIN** preocupación.
DER apesadumbrar.

pésame *n. m.* Expresión con la que se muestra a la familia de un difunto el dolor o la pena que se siente por la muerte de éste: *todos los asistentes al entierro dieron su más sentido pésame a la viuda.*

pesar *v. tr.* **1** Tener un peso determinado: *Carmen pesa 49 kilos; la bolsa de patatas pesa tres kilos.* ◊ *v. intr.* **2** Tener peso, especialmente tener mucho peso: *no debes cargar con cosas que pesen; las bolsas de la compra pesaban mucho y un vecino me ayudó a llevarlas.* **3** Tener una persona o cosa la suficiente importancia para influir considerablemente en algo: *hay una serie de razones que pesan en este asunto; sus problemas familiares pesan mucho en su comportamiento laboral.* **4** Constituir una cosa una carga moral o física para una persona: *abandonó el cargo alegando que le pesaba tanta responsabilidad; a sus años, le pesa tener que trabajar tantas horas seguidas.* **SIN** abrumar. ◊ *v. impersonal* **5** Producir a una persona arrepentimiento, pena o dolor un dicho o hecho: *me pesa haberle dejado el coche; le pesaba no haber podido bailar con ella.* Se usa con los pronombres *me, te, le, nos, os, les*. ◊ *v. tr./prnl.* **6** Determinar el peso o la masa de una persona o cosa por medio de ciertos aparatos: *el carnicero pesa la carne en la báscula; mañana iremos a pesar al niño; hace un régimen muy severo y se pesa todas las mañanas.* ◊ *v. tr.* **7** Examinar con atención las ventajas y los inconvenientes de un asunto: *tuvo que pesar las ventajas y los inconvenientes antes de aceptar el trabajo.* **SIN** sopesar, calibrar, valorar. ◊ *n. m.* **8** Sentimiento de pena o dolor por una desgracia: *la marcha de su amigo le produjo un gran pesar.* **SIN** tristeza. **9** Arrepentimiento por haber hecho o haber dejado de hacer algo: *tengo un gran pesar por lo que te dije ayer.* **SIN** remordimiento.

a pesar de Contra la voluntad o el gusto de una persona, o contra la fuerza o la resistencia de una cosa: *a pesar de lo que digas, lo haré; salieron, a pesar del frío; a pesar de que era ya anciano, decidió estudiar; a pesar de tus protestas, se marchó de viaje.* Esta expresión puede ir seguida de la conjunción *que*. Con los pronombres *mío, suyo, tuyo*, se omite la preposición *de*: *a pesar suyo.* **SIN** aunque.

a pesar de los pesares *coloquial* Contra todos los inconvenientes u obstáculos: *a pesar de los pesares, tengo que ir a reunirme con ella*.

pese a Contra la voluntad o el gusto de una persona o contra la fuerza o la resistencia de una cosa: *pese a los consejos de su padre, se marchó a tierras lejanas; afirma que conseguirá sus objetivos, pese a quien pese*.
DER pesadumbre, pesaroso.

pesaroso, -sa *adj.* Arrepentido o que siente mucha pena o disgusto: *después de hacerle esa faena a mi compañero, me quedé pesaroso y le pedí disculpas*. **SIN** triste.

pesca *n. f.* **1** Conjunto de técnicas y actividades mediante las cuales el hombre captura peces, moluscos, crustáceos y otros animales que se encuentran en el mar o en aguas dulces: *todos lo felicitaron porque había hecho una pesca excelente; antiguamente la pesca se realizaba cerca de la costa y a escasa profundidad; desde hace siglos su familia se dedica a la pesca en el Cantábrico*. **pesca de altura** Pesca que se realiza en aguas alejadas de la costa: *la pesca de altura sólo se hace con grandes barcos*. **pesca de arrastre** Pesca que se hace arrastrando las redes: *para pescar atunes se emplea la pesca de arrastre*. **pesca de bajura** Pesca que se realiza en pequeñas embarcaciones cerca de la costa: *los boquerones, las sardinas o los arenques se obtienen mediante la pesca de bajura*. **pesca submarina** Pesca que se realiza en el fondo del mar: *en las aguas cálidas se practica la pesca submarina como deporte*. **2** Conjunto de peces y animales que viven en el agua y que se pescan o se pueden pescar: *en esta zona del océano abunda la pesca; traía la pesca en una cesta de mimbre; la pesca se lleva al puerto para venderla*. **y toda la pesca** *coloquial* Expresión que sirve para cerrar o sustituir la parte final de una enumeración: *cuando vamos a la playa, preparamos las sillas, las toallas y toda la pesca*.

pescada *n. f.* Pez marino de cuerpo alargado, color gris y boca negra con dientes muy finos, con la primera aleta superior corta y la segunda larga: *la carne de la pescada es muy apreciada*. **SIN** merluza.
DER pescadilla.
OBS Para indicar el sexo se usa *la pescada macho* y *la pescada hembra*.

pescadería *n. f.* Establecimiento o puesto en el que se vende pescado y otros alimentos del mar: *compró unas sardinas en la pescadería*.

pescadero, -ra *n. m. y f.* Persona que se dedica a vender pescado y otros alimentos del mar: *el pescadero me aseguró que ese lenguado era muy fresco*.
DER pescadería.

pescadilla *n. f.* Cría de la merluza: *las pescadillas se venden enteras y se suelen freír enroscadas mordiéndose la cola*.

pescado *n. m.* **1** Pez comestible una vez sacado del agua donde vive: *¿qué pescado te gusta más, el rape o el emperador?* **pescado azul** Pescado abundante en grasa, como la sardina, el boquerón o el jurel: *el pescado azul es rico en calorías y proteínas*. **pescado blanco** Pescado que contiene poca grasa, como la merluza, el gallo y el lenguado: *el pescado blanco es recomendable para ciertos regímenes alimenticios*. **2** Carne de pescado como alimento: *no sé si tomar carne o pescado*.
DER pescadero.

pescador, -ra *n. m. y f.* Persona que pesca o se dedica a pescar: *los pescadores del Cantábrico no pueden salir a faenar debido al temporal; para ser pescador en este río se necesita licencia*.

pescante *n. m.* **1** Asiento delantero en el exterior de un coche de caballos, desde donde el cochero gobierna las mulas o los caballos: *súbete al pescante y coge las riendas*. **2** Pieza saliente colocada en una pared, en un poste o en una superficie vertical, que sirve para sostener o colgar alguna cosa: *tomó el hacha que colgaba del pescante y salió a cortar leña; el pescante de un buque sirve para izar o arriar los botes salvavidas*. **3** Estructura del escenario de teatro que se usa para hacer bajar o subir personas o figuras: *para hacer de ángel lo subieron con el pescante*.

pescar *v. tr.* **1** Coger peces y otros animales que viven en el mar o en aguas dulces con redes, cañas u otros instrumentos: *los barcos van a los mares fríos del Norte para pescar el bacalao*. **2** *coloquial* Sacar cualquier cosa del fondo del mar, de un río o de otro líquido: *esperó varias horas y al final pescó una bota vieja*. **3** *coloquial* Coger o agarrar alguna cosa como una enfermedad o una borrachera: *está en la cama porque ha pescado un resfriado*. **SIN** pillar. **4** *coloquial* Conseguir una cosa que se deseaba: *ha pescado un puesto de trabajo fabuloso; pescó un buen pellizco del reparto de la herencia*. **SIN** obtener, pillar. **5** *coloquial* Entender o captar con rapidez y perspicacia el significado de una cosa: *es un lince, pesca los chistes como nadie*. **SIN** comprender, percatarse. **6** *coloquial* Sorprender o descubrir a una persona haciendo una cosa a escondidas: *una noche, sus padres lo pescaron saliendo por la ventana*. **SIN** coger, pillar.
DER pesca, pescada, pescado, pescador, pescante, pesquero; repescar.
OBS En su conjugación, la c se convierte en qu delante de e.

pescozón *n. m.* Golpe dado con la mano en el pescuezo o en la cabeza: *como no estudies, te voy a dar un pescozón*.

pescuezo *n. m.* **1** Parte del cuerpo del animal entre la cabeza y el tronco: *tiraba del perro con una cadena atada al pescuezo; el toro tenía un pescuezo muy gordo*. **2** *coloquial* Cuello de las personas: *es tan peludo que tiene vello hasta en el pescuezo*.
torcer o **retorcer el pescuezo** *a)* Matar a una persona o a un animal retorciéndole el cuello. *b) coloquial* Expresión que se utiliza como amenaza: *si no te estás quieto, te retorceré el pescuezo*.
DER pescozón.

pesebre *n. m.* **1** Especie de cajón, hecho de obra de albañilería, donde comen los animales domésticos: *la mula se acercó al pesebre*. **2** Lugar donde se coloca ese cajón: *el campesino guardó los bueyes en el pesebre*. **3** Conjunto de figuras y objetos que representan escenas o lugares relacionados con el nacimiento de Jesucristo: *el pesebre es un adorno típico de la Navidad*. **SIN** belén, nacimiento.

peseta *n. f.* **1** Unidad monetaria de España: *un duro equivale a cinco pesetas*. Su símbolo es PTA y su abreviatura pta. **2** Moneda de ese valor: *el niño se tragó una peseta*. ◇ *n. f. pl.* **3 pesetas** Dinero o riqueza: *si tuviera muchas pesetas, me compraría un buen coche*.
cambiar la peseta *coloquial* Vomitar, especialmente por haberse mareado o emborrachado.
mirar la peseta Intentar gastar lo menos posible o ser ahorrativo: *compra el televisor que te gusta y no mires tanto la peseta*.
DER pesetero.
ETIM Peseta proviene de la forma catalana del diminutivo de peso, nombre de una antigua moneda española.

pesetero, -ra *adj./n. m. y f.* [persona] Que da mucha importancia al dinero o que intenta gastar lo menos posible y ganar lo máximo: *es una persona pesetera y egoísta*.
SIN ruin, tacaño. **ANT** espléndido.

pesimismo *n. m.* Tendencia que tienen algunas personas a ver y a juzgar las cosas en su aspecto más negativo o más desfavorable: *hay que afrontar la vida con alegría y desterrar el pesimismo.* **ANT** optimismo.
DER pesimista.

pesimista *adj./n. com.* [persona] Que tiende a ver y a juzgar las cosas en su aspecto más negativo o desfavorable: *es algo pesimista y cree que todo ha de salirle mal.* **ANT** optimista.

pésimo, -ma *adj.* Que es muy malo o que no puede ser peor: *hija, tienes un gusto pésimo para la ropa; tiene un pésimo sentido del humor.* **ANT** óptimo.
DER pesimismo.
OBS Es el superlativo de *malo*.

peso *n. m.* **1** Fuerza con la que los cuerpos son atraídos hacia el centro de la Tierra por acción de la gravedad: *el peso se mide en gramos; los cuerpos caen en el vacío a causa del peso.* **2** Valor que tiene esa fuerza: *esta bolsa de patatas tiene cinco kilos de peso.* **peso atómico** FÍS. Peso que tiene un átomo de un cuerpo: *el peso atómico del oxígeno es 16.* **peso específico** FÍS. Peso de la unidad de volumen de un cuerpo: *el lugar de la Tierra en que se encuentra un cuerpo determina su peso específico.* **peso molecular** Suma de los pesos atómicos de los átomos que forman una molécula: *en clase de química nos hicieron calcular el peso molecular del agua.* **3** Instrumento que sirve para conocer lo que pesa algo: *según este peso, he engordado tres kilos.* **SIN** balanza, báscula. **4** Unidad monetaria de distintos países americanos, de Filipinas y de Guinea-Bissau: *el peso es la moneda de Bolivia.* **5** Cosa pesada: *no puede coger mucho peso porque está mal de la columna.* **6** Carga, preocupación u obligación que sufre una persona: *renunció al cargo porque no quería aumentar el peso de su responsabilidad; con esta noticia me has quitado un peso de encima.* **7** Bola o esfera metálica utilizada por los atletas en determinadas pruebas de lanzamiento: *el lanzamiento de peso de la prueba masculina consiste en arrojar un peso de unos ocho kilos a la máxima distancia posible.* **8** Categoría deportiva del boxeo en la que se encuadran los boxeadores atendiendo a su peso. **peso gallo** Categoría inferior al peso pluma y superior al peso mosca, en la que el boxeador profesional pesa menos de 53,524 kilos, y el no profesional no pasa de los 54 kilos. **peso ligero** Categoría inferior al peso pesado y superior al peso pluma, en la que el boxeador profesional pesa menos de 61,235 kilos, y el no profesional no pasa de los 60 kilos. **peso mosca** Categoría inferior al peso gallo, en la que el boxeador profesional pesa menos de 50,802 kilos, y el no profesional no pasa de los 51 kilos. **peso pesado** Categoría superior al peso ligero, en la que el boxeador pesa más de 79,378 kilos, y el no profesional supera los 80 kilos. **peso pluma** Categoría inferior al peso ligero y superior al peso gallo, en la que el boxeador profesional pesa menos de 57,152 kilos, y el no profesional no pasa de los 58 kilos.
caer por su peso o **por su propio peso** *coloquial* Ser una cosa lógica y razonable: *eso es de sentido común: cae por su propio peso.*
de peso Que es importante o influyente: *es un político de peso en la ciudad; me ha dado una razón de peso para dejar de fumar.*
DER pesa, peseta; contrapeso, sobrepeso.

pespunte *n. m.* Labor de costura que consiste en dar una serie de puntadas seguidas e iguales, de manera que queden unidas entre sí: *los pantalones vaqueros llevan pespuntes en las costuras; los pespuntes se hacen generalmente con la máquina de coser.*
DER pespuntar, pespuntear.

pespuntear *v. tr.* Coser una tela dando puntadas seguidas e iguales, de manera que queden unidas entre sí: *la modista pespunteó todas las costuras.*

pesquero, -ra *adj.* **1** De la pesca o que tiene relación con esta actividad: *muchos pueblos del norte de España viven de la industria pesquera; es dueño de varios barcos pesqueros.* ◇ *n. m.* **2** Embarcación que se dedica a la pesca: *los pesqueros salieron del puerto al amanecer.*

pesquisa *n. f.* Gestión o investigación hecha para descubrir o averiguar una cosa: *la policía comenzó una serie de pesquisas inmediatamente después del asesinato.* **SIN** indagación.
OBS Se usa más en plural.

pestaña *n. f.* **1** Pelo que crece en el borde de los párpados: *tengo las pestañas muy largas; la pestaña protege el ojo, impidiendo que entre el polvo y la suciedad.* ☞ ojo. **2** Pieza estrecha y saliente en el borde de cualquier cosa: *para abrir la caja de leche, levante la pestaña y tire de ella.*
quemarse las pestañas *coloquial* Esforzar mucho la vista estudiando, leyendo o trabajando, sobre todo cuando se hace de noche o con poca luz: *se ha quemado las pestañas para sacar buenas notas.*
DER pestañear.

pestañear *v. intr.* Abrir y cerrar los párpados, moviendo las pestañas rápida y repetidamente: *de pronto, se puso a pestañear nerviosamente porque se le había metido algo en el ojo.* **SIN** parpadear.
sin pestañear a) Con mucha atención: *el niño miraba la película de dibujos animados sin pestañear.* b) Con sumisión y sin titubear: *aceptó la regañina sin pestañear.*
DER pestañeo.

pestañeo *n. m.* Movimiento rápido y repetido de los párpados: *intentó atraer a la chica con un pestañeo muy provocador.* **SIN** parpadeo.

peste *n. f.* **1** Enfermedad grave y contagiosa que causa gran cantidad de muertos; sus principales síntomas son fiebre alta, hinchazón de los ganglios, hemorragia y coma: *la peste ocasionó grandes mortandades en Europa durante la Edad Media; la peste se transmite a través de las pulgas de las ratas.* **2** Enfermedad o desgracia que causa muchas muertes o un daño grave en una población: *los accidentes de carretera son una auténtica peste.* **3** Mal olor: *de los establos salía una peste asquerosa; ¡vaya peste que echan estos calcetines!* **SIN** pestilencia. **4** *coloquial* Gran cantidad o abundancia de una cosa que molesta o es perjudicial: *durante el verano se produjo una peste de mosquitos y la gente no podía dormir.* **SIN** plaga. ◇ *n. f. pl.* **5 pestes** Palabras de enfado, de amenaza o de insulto: *se marchó echando pestes y dando un portazo.* Se usa con verbos como *decir, contar* o *echar*.
DER pesticida, pestífero, pestilente, pestoso; apestar.

pesticida *n. m.* Sustancia química usada para destruir las plagas de animales o plantas dañinas para el hombre y para los cultivos: *los agricultores utilizaron pesticida para exterminar la plaga de langostas; las asociaciones ecologistas recomiendan la reducción del uso de pesticidas.*

pestilencia *n. f.* Mal olor: *la pestilencia de los pantanos llegaba hasta la casa; los días de los vertederos de basura desprenden una pestilencia nauseabunda.* **SIN** peste.

pestilente *adj.* Que despide mal olor: *cayeron en un pozo de cieno pestilente; el huevo podrido es muy pestilente.*
DER pestilencia.

pestillo *n. m.* **1** Barra de hierro, más pequeña que la del cerrojo, que pasa a través de unas anillas y con la que se cierran puertas y ventanas: *entró en la habitación y echó el pestillo para que nadie más pudiera pasar.* ☞ ventana. **2** Pieza que sale de la cerradura, al girar la llave o impulsada por un muelle y entra en un hueco, cerrando una puerta, una tapa u otra cosa: *hay que engrasar el pestillo de esa puerta porque se queda enganchado.*

pestiño *n. m.* **1** Dulce hecho con masa de harina y huevos, que se fríe en porciones en aceite y luego se baña en miel o azúcar: *mi abuela hace pestiños en Semana Santa.* **2** *coloquial* Persona o cosa que aburre o molesta: *cambia la tele de canal porque este programa es un pestiño; no me gusta salir con tus amigas, son un pestiño.* SIN lata, petardo, rollo.

petaca *n. f.* **1** Estuche de cuero, metal u otro material, que sirve para llevar cigarros o tabaco: *siempre lleva tabaco picado en una petaca.* **2** Botella plana y de pequeño tamaño que sirve para llevar licor: *en el bolsillo interior de la chaqueta llevaba una petaca con ginebra para el viaje.*

hacer la petaca *coloquial* Gastar una broma que consiste en doblar la sábana de encima de la cama de manera que la persona que se acueste no pueda estirar las piernas y tenga que deshacer la cama y volverla a hacer correctamente: *sus compañeros de cuarto le hicieron la petaca para reírse un rato.*

pétalo *n. m.* Cada una de las hojas de color que constituyen la corola de una flor: *los pétalos protegen los órganos de reproducción de la flor.* ☞ flor.
DER apétalo, gamopétalo, monopétalo.

petanca *n. f.* Juego en el que cada jugador tira por turno dos bolas procurando acercarse todo lo posible a una bolita que se ha lanzado anteriormente a cierta distancia: *la petanca se practica mucho en el sur de Francia y Cataluña.*

petardo *n. m.* **1** Tubo de papel o cartón, lleno de pólvora o explosivos, que se prende por la parte inferior y explota produciendo un ruido muy fuerte: *para terminar la fiesta colocaron una traca con muchos petardos; durante las fiestas de San Juan se tiran muchos petardos.* **2** *coloquial* Persona o cosa muy aburrida, pesada o de escasas cualidades: *eres un petardo, siempre me estás pidiendo lo mismo; la película resultó un petardo y casi nos dormimos.* SIN rollo, tostón. **3** Cigarrillo hecho a mano que contiene droga mezclada con tabaco. SIN canuto, porro.

petate *n. m.* Lío o paquete grande de ropa de cama o personal que llevan los marineros, los soldados o los presos: *cada soldado llevaba su petate al hombro.* ☞ equipaje.

liar el petate *coloquial* Marcharse de un lugar: *se cansó de su trabajo y tranquilamente lió el petate.*

petenera *n. f.* Cante flamenco de gran intensidad dramática con coplas de cuatro versos octosílabos: *las peteneras son similares a las malagueñas.*

salir por peteneras Decir o hacer algo que no tiene nada que ver con lo que se está hablando o haciendo: *como no quería decir la verdad, salió por peteneras y cambió de tema.*

petición *n. f.* **1** Súplica o ruego que se hace a una persona para que conceda o haga cierta cosa: *viajó a Madrid para hacerle algunas peticiones al ministro; el artista alargó su actuación a petición del público.* **petición de mano** Acto por el que un hombre solicita permiso a los padres de una mujer para casarse con ella: *el novio le regaló una pulsera a la novia el día de la petición de mano.* SIN pedida. **2** Palabras o escrito en que se pide una o varias cosas: *la petición venía firmada por miles de personas.*
ETIM Véase *pedir*.

petimetre, -tra *n. m. y f.* Persona que se preocupa en exceso de su aspecto y de vestir según la moda: *recordaba a su primo como un petimetre y un presumido.* SIN lechuguino, pisaverde.

petirrojo *n. m.* Pájaro de pequeño tamaño y rechoncho, que tiene el cuello, la garganta y el pecho de color rojo o naranja y el resto de color verdoso: *el petirrojo hace sus nidos en agujeros, muros o árboles; el petirrojo vive en toda Europa y migra al norte de África y Asia.*
OBS Para indicar el sexo se usa *el petirrojo macho* y *el petirrojo hembra*.

peto *n. m.* **1** Prenda de ropa o parte de ella que cubre el pecho: *el uniforme del colegio consistía en una falda con peto y una blusa blanca.* **2** Pantalones con una pieza de tela que cubre el pecho: *me he comprado un peto vaquero.* **3** Armadura defensiva que servía para proteger el pecho. **4** Pieza de paño o cuero con que se protege el pecho y el costado derecho del caballo del picador en una corrida de toros.

pétreo, -a *adj.* **1** Que es de piedra: *los suelos pétreos son malos para la agricultura.* **2** Que es parecido a la piedra o con algunas de sus características: *su pétreo corazón jamás albergó un sentimiento bueno.*
ETIM Véase *piedra*.

petrificar *v. tr./prnl.* **1** Convertir en piedra, o endurecer una cosa de manera que lo parezca: *la Medusa Gorgona era un monstruo mitológico que petrificaba a todo el que la miraba; un fósil es un animal que se ha petrificado con el paso del tiempo.* **2** Dejar a una persona muy sorprendida o aterrorizada: *aquella terrible noticia sobre la guerra petrificó a los ciudadanos.*
DER petrificación.
ETIM Véase *piedra*.
OBS En su conjugación, la *c* se convierte en *qu* delante de *e*.

petro- Elemento prefijal que entra en la formación de palabras con el significado de 'piedra': *petrografía.*

petrodólar *n. m.* Dólar que obtienen los países productores de petróleo, especialmente los árabes, gracias a la venta de crudo.

petroglifo *n. m.* Dibujo grabado sobre piedra o roca en la época prehistórica: *un grupo de arqueólogos encontró un petroglifo del neolítico.*

petróleo *n. m.* Líquido más ligero que el agua, de color oscuro y olor fuerte, formado por una mezcla de hidrocarburos, que arde con facilidad y que se encuentra en estado natural en yacimientos subterráneos: *el petróleo es la materia prima de la que se obtienen por destilación la gasolina, el gasóleo, los disolventes, el alquitrán y otros productos energéticos o industriales.*
DER petrolero, petrolífero.

petrolero, -ra *adj.* **1** Del petróleo o que tiene relación con este líquido: *la región tiene industrias petroleras, químicas y siderúrgicas; las compañías petroleras son empresas gigantes que en muchos casos obtienen más beneficios que los países productores.* ◊ *n. m.* **2** Buque de carga destinado al transporte de petróleo: *el naufragio de un petrolero provoca una marea negra de efectos catastróficos para la flora y la fauna marinas.*

petrolífero, -ra *adj.* Que contiene petróleo: *han encontrado en la costa un yacimiento petrolífero; para el transporte de los productos petrolíferos se suelen utilizar principalmente los oleoductos y los petroleros.*

petroquímica *n. f.* Ciencia, técnica o industria que usa el petróleo o el gas natural como materias primas para la obtención de productos químicos: *la petroquímica elabora los productos en la fase posterior al refinado del petróleo.*

petroquímico, -ca *adj.* De la petroquímica o relativo a esta ciencia, técnica o industria: *las industrias petroquímicas son numerosas en España; los abonos, los colorantes, los detergentes o los plásticos son productos obtenidos en la industria petroquímica.*

petulancia *n. f.* Cualidad de la persona que presume en exceso y de modo ridículo de sus cualidades y actos y se cree superior a los demás: *habla con petulancia porque se cree el más listo de todos.* **SIN** pedantería, presunción.

petulante *adj./n. m. y f.* Que presume en exceso y de modo ridículo de sus cualidades o sus actos y se cree superior a los demás: *su papel es el de un jovencito petulante y presumido.* **SIN** engreído, pedante, presuntuoso.
DER petulancia.
ETIM Véase *pedir*.

petunia *n. f.* **1** Planta herbácea muy ramosa y de hojas ovaladas, con flores grandes en forma de campanilla, muy olorosas, grandes y de diversos colores, que se cultiva en macetas y jardines por su vistosidad: *la petunia puede alcanzar los dos metros de altura.* **2** Flor de esta planta: *cogió unas cuantas petunias blancas y violetas para adornar la mesa.*

peyorativo, -va *adj.* [palabra, expresión] Que se usa o se entiende en el valor más negativo, despectivo o desfavorable de los que tiene: *llamar a alguien esto es peyorativo; le ha llamado desgraciado, pero no en sentido peyorativo.*

pez *n. m.* **1** Animal vertebrado acuático de cuerpo alargado y generalmente protegido por escamas, con las extremidades en forma de aletas, que respira por branquias y se reproduce por huevos: *la trucha es un pez de río; en casa tengo peces de colores en un acuario; el pez tiene situado el corazón debajo de la cabeza.* **pez espada** Pez marino de piel áspera y sin escamas, azul por el lomo y plateada en el vientre, con la mandíbula superior en forma de espada con dos cortes; habita en todos los mares cálidos del mundo y su carne es muy apreciada. **pez luna** Pez marino de cuerpo más alto que largo, de piel áspera de color gris, que acostumbra a flotar a la deriva tumbado de lado: *el pez luna vive en aguas tropicales.* **pez martillo** Pez marino que tiene la cabeza achatada y con dos prolongaciones laterales muy vistosas, en cuyos extremos están situados los ojos. **pez volador** o **pez volante** Pez marino de pequeñas dimensiones, cabeza gruesa, ojos grandes y boca pequeña, que está provisto de unas aletas pectorales muy desarrolladas que funcionan como alas y le permiten dar grandes saltos fuera del agua. ◊ *n. m. pl.* **2 peces** Superclase de vertebrados acuáticos provistos de aletas, con el cuerpo generalmente cubierto de escamas, que respiran por branquias y se reproducen por huevos: *los peces son los vertebrados más antiguos que existen.* ◊ *n. f.* **3** Sustancia negra o de color oscuro, muy espesa y pegajosa, que se saca del alquitrán y se utiliza para impermeabilizar superficies.
como pez en el agua *coloquial* Estar cómodo o sentirse bien en un lugar o en un ambiente determinado: *Luisa se siente como pez en el agua cuando está con sus compañeros.*
estar pez *coloquial* No saber nada sobre un asunto: *ha suspendido el examen porque estaba pez en matemáticas.*
pez gordo *coloquial* Persona con mucho poder e influencia y mucho dinero: *en ese hotel se alojan peces gordos, por eso hay tanta vigilancia.*
DER pecera.

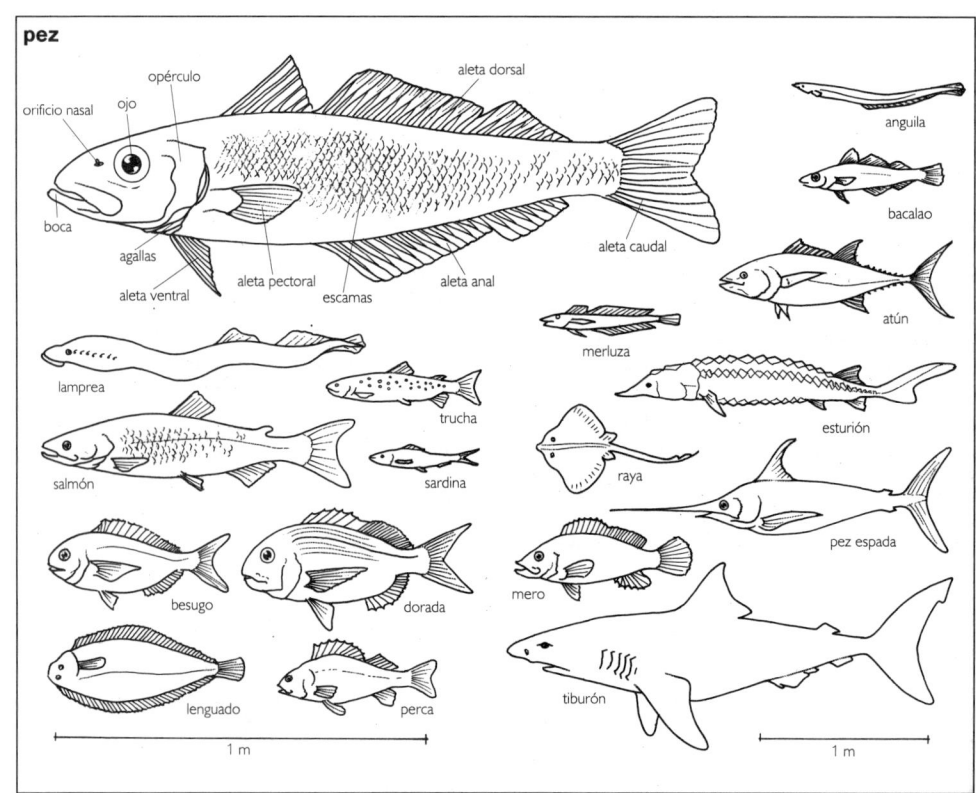

ETIM *Pez* procede del latín *piscis*, que tenía el mismo significado, voz con la que también están relacionadas *pescar, piscicultura, piscina*.
OBS El plural es *peces*.

pezón *n. m.* **1** Parte que sobresale más en los pechos de las hembras de los mamíferos, rodeada por una pequeña zona circular de color rosado, por donde maman las crías: *la madre se limpia cuidadosamente los pezones antes de dar de mamar al bebé*. ☞ cuerpo humano. **2** Extremo o parte saliente por donde se agarran ciertas cosas. **3** Tallo muy fino que sostiene la hoja, la flor o el fruto de las plantas: *al podar la planta hay que tener cuidado de no cortar los pezones; tomó un limón y observó el pezón*.

pezuña *n. f.* **1** Conjunto de dedos de una misma pata de algunos animales, como el cerdo, la vaca o el caballo, cubiertos con uñas o cascos: *la vaca tenía una raja en la pezuña*. **2** *coloquial* Mano o pie de las personas: *saca tus pezuñas de ahí, lo vas a romper*. Tiene valor despectivo.

phi *n. f.* Vigésima letra del alfabeto griego; se escribe φ: *la phi equivale a la f española*.
OBS Se pronuncia 'fi'.

photofinish *n. f.* Fotografía que se toma a la llegada de una carrera deportiva mediante una cámara situada en la línea de meta: *gracias a la photofinish pudieron saber quién de los dos corredores llegó antes a la meta*.
OBS Es de origen inglés y se pronuncia aproximadamente 'fotofinis'.

pi *n. f.* **1** Decimosexta letra del alfabeto griego; se escribe π: *la pi equivale a la p española*. ◊ *n. m.* **2** MAT. Número que equivale a 3,1416 aproximadamente y que resulta de la relación entre la longitud de una circunferencia y su diámetro.

piadoso, -sa *adj.* **1** [persona] Que siente pena o dolor hacia quienes sufren: *es una mujer piadosa y siempre ayuda a los necesitados*. **SIN** compasivo. **ANT** despiadado. **2** Que es muy religioso: *es muy piadosa y todos los días va a misa*. **SIN** devoto, pío.

pianista *n. com.* Persona que toca el piano.

pianístico, -ca *adj.* Del piano o que tiene relación con este instrumento musical: *la obra pianística de Chopin es magnífica*.

piano *n. m.* **1** Instrumento musical de percusión, compuesto por un conjunto de cuerdas metálicas de diferentes medidas y colores, ordenadas de mayor a menor en una caja de resonancia, y unos martillos que las golpean al ser accionadas por unas teclas: *el piano es un instrumento polifónico que se suele tocar con las dos manos a la vez*. **piano de cola** Piano más común que tiene las cuerdas extendidas horizontalmente: *en los grandes conciertos se suele emplear el piano de cola*. **piano de pared** o **piano vertical** Piano que tiene las cuerdas extendidas verticalmente, para ocupar menos espacio: *tiene un piano de pared en casa*. ◊ *adv.* **2** MÚS. Suavemente o con poca intensidad: *no toques tan fuerte en este fragmento: tócalo piano*. **3** *coloquial* Despacio y sin precipitación: *lo haremos, pero piano*.
DER pianista, pianístico, pianola.

pianola *n. f.* Instrumento musical parecido a un piano pequeño que se acciona mediante pedales o mediante la corriente eléctrica y que no necesita una persona que lo toque.

piar *v. intr.* **1** Emitir los pollos y otras aves su voz característica: *el águila oyó piar a sus polluelos pidiendo comida; el canario piaba en su jaula*. **2** *coloquial* Pedir una cosa con insistencia: *el chico no deja de piar para que le compremos el último modelo de motocicleta*.

OBS En su conjugación, la *i* se acentúa en algunos tiempos y personas, como en *desviar*.

piara *n. f.* Manada de cerdos: *en los campos extremeños se pueden ver muchas piaras comiendo bellotas*.

piastra *n. f.* Moneda fraccionaria usada en varios países, como Turquía, Egipto, Siria o Líbano.

PIB *n. m.* Sigla de *producto interior bruto*, 'volumen total de bienes y servicios producidos en un país durante un año y valorados según un precio de venta'.

pibe, -ba *n. m. y f. coloquial* Chaval, chico o muchacho: *la palabra pibe se utiliza en Argentina y otros países de Hispanoamérica*.

pica *n. f.* **1** Especie de lanza de grandes dimensiones, con una punta de hierro cortante en su extremo, usada antiguamente por los soldados de infantería: *golpeó con la pica a su adversario y lo tiró del caballo*. **2** Vara larga con una punta de hierro cortante en su extremo que se usa para herir a los toros desde el caballo: *castigó mucho al toro con la pica y el público protestó*. **SIN** garrocha, puya. ◊ *n. f. pl.* **3 picas** Palo de la baraja francesa en el que aparecen dibujadas unas figuras con forma de corazón invertido y sostenido por un pie: *puso encima de la mesa el as de picas*.
poner una pica en Flandes *coloquial* Realizar con éxito una acción difícil: *si llegan a coronar la cima de la montaña, pondrán una pica en Flandes*.

picadero *n. m.* **1** Lugar donde se doman los caballos y donde las personas aprenden a montar en ellos: *todas las tardes toma clases de equitación en un picadero*. **2** *coloquial* Casa o piso que se utiliza sólo para tener relaciones sexuales: *este joven tiene un picadero muy bien arreglado*.

picadillo *n. m.* **1** Comida hecha con carne, tocino, verduras y ajos picados, que se prepara cociendo y sazonando todo con especias y huevos revueltos: *ha estado muy bueno el picadillo; hoy he comido sopa de picadillo*. **2** Carne de cerdo que se pica y se adoba con especias para hacer chorizos: *durante la matanza las mujeres se encargaban de hacer el picadillo*. **3** Alimento picado: *hay que hacer un picadillo con ajos y cebolla*.
hacer picadillo *coloquial* Hacer que algo quede en malas condiciones: *el trabajo es muy duro, me hace picadillo; el coche se hizo picadillo en el accidente*.

picado, -da *adj.* **1** Que tiene agujeros, señales o marcas: *las cañerías del edificio están muy viejas y picadas; tiene la cara picada a causa de la viruela*. **2** Que está cortado a trozos pequeños: *añadió a la tarta un puñado de almendras muy picadas*. **3** *coloquial* Que está enfadado o disgustado por alguna razón: *está picada conmigo desde el día en que discutimos*. ◊ *n. m.* **4** Golpe fuerte y seco que se da en la parte baja de la bola de billar: *si haces un picado conseguirás que la bola vaya y después vuelva*. **5** Toma que la cámara realiza desde arriba hacia abajo en cinematografía: *a lo largo de la película salen varios picados de la ciudad*. **6** MÚS. Conjunto de notas que se ejecuta interrumpiendo un momento el sonido entre unas y otras, y técnica de ejecutar este conjunto de notas. **7** MÚS. Técnica de ejecutar este conjunto de notas: *el violinista domina muy bien el picado*.
en picado *a)* Con mucha rapidez o intensidad: *las ventas del producto bajaron en picado en los últimos meses*. *b)* Descenso rápido y a gran velocidad de un avión en posición perpendicular al suelo: *el aeroplano bajó en picado*. Se usa con verbos como *bajar, caer* o *descender*.
DER picadillo.

picador, -ra *n. m. y f.* **1** Persona montada a caballo que se dedica a picar los toros con la pica o la garrocha en las corri-

picadora

das: *hoy debutará en la plaza de las Ventas un joven picador; en la novillada habrá dos picadores.* **2** Persona que se dedica a la doma y al adiestramiento de caballos: *era un caballo muy salvaje, pero el picador consiguió domarlo.* **3** Persona que se dedica a sacar minerales picando en la pared de una mina con un pico u otro instrumento parecido: *trabajó como picador en una mina durante varios años.*

picadora *n. f.* Aparato o máquina que sirve para picar carne, verduras u otros alimentos.

picadura *n. f.* **1** Mordedura de un ave o reptil o punzada que da un insecto con la trompa o el aguijón: *la picadura de las avispas es muy dolorosa; en la fruta se apreciaban las picaduras de los pájaros.* **2** Señal que deja este tipo de mordedura o punzada: *se puso un poco de crema en la picadura de la abeja.* **3** Señales o marcas oscuras que se forman en los dientes por acción de la caries: *tienes una picadura en la muela; deberías ir al dentista.* **4** Tabaco desmenuzado en hebras o en partículas pequeñas para liar cigarrillos o para fumarlo en pipa: *sacó de la petaca la picadura y llenó la pipa.* **5** Agujero o grieta que se produce en una superficie metálica a causa de la herrumbre: *esta llave se mojó y ahora está llena de picaduras.*

picajoso, -sa *adj./n. m. y f.* [persona] Que se enfada o se ofende con facilidad: *eres un poco picajoso, ¿no crees?, porque mis palabras no tenían mala intención.* **SIN** quisquilloso.

picante *adj./n. m.* **1** [alimento] Que produce una sensación de picor o quemazón en el paladar al comerlo: *esta comida tiene salsa picante; no es conveniente abusar de la comida con mucho picante.* ◊ *adj.* **2** [chiste, historia] Que tiene intención o gracia llena de malicia, normalmente relacionado con el sexo: *no sabe contar más que chistes picantes.*

picapedrero, -ra *n. m. y f.* Persona que pica las piedras para las construcciones: *los picapedreros llegaban a la cantera de madrugada.* **SIN** cantero.

picapica *n. amb. coloquial* Sustancia vegetal o mineral en forma de polvos o de pelusilla que produce picor o que hace estornudar: *un alumno echó picapica en clase y todos tuvieron que salir del aula.*
OBS Se usa mucho en aposición detrás de otro nombre: *polvos picapica.*

picapleitos *n. com. coloquial* Persona que habiendo estudiado derecho da consejo en temas legales y está autorizada a representar las partes afectadas en los tribunales: *no se fiaba de aquel picapleitos, que jamás había ganado un caso.* **SIN** abogado.
OBS Se usa como apelativo despectivo. ◊ El plural también es *picapleitos.*

picaporte *n. m.* **1** Dispositivo sujeto a una puerta o una ventana que sirve para abrirla o cerrarla: *si empujas el picaporte hacia abajo, la puerta se abrirá.* **2** Pieza de metal que se coloca en una puerta y que se golpea para llamar: *cuando llegues, golpea fuerte con el picaporte para que te oigan al otro lado de la casa.*

picar *v. tr.* **1** Cortar un alimento en trozos muy pequeños: *el carnicero picó carne de ternera.* **2** Tomar las aves su comida con el pico: *el canario picaba la lechuga de su propia mano; las gallinas picaban el trigo en el corral.* **SIN** picotear. **3** Marcar una persona autorizada el billete de un medio de transporte o servicio: *el revisor no ha pasado hoy, así que no me ha picado el billete.* **4** Hacer agujeros en algún material: *hay que picar la cartulina para poder pasar el hilo.* **5** Golpear el jinete con las espuelas en los cuartos traseros al caballo: *picó espuelas y el caballo salió furioso al galope.* **SIN** espolear. **6** INFORM. Escribir un texto en un ordenador: *tenemos que picar los*

datos antes de procesarlos. ◊ *v. tr./intr.* **7** Morder un pez el cebo puesto en el anzuelo: *lleva varias horas sentado ahí con la caña, pero parece que los peces no pican.* **8** Morder las aves y los reptiles o pinchar un insecto con la trompa o el aguijón: *me ha picado un mosquito en el brazo.* **9** Comer trozos pequeños de alimento o cogerlos de uno en uno: *cuando llegaba la hora de la comida no tenía hambre porque se pasaba la mañana picando.* **10** Golpear una superficie con un pico o herramienta con punta para arrancar partículas de una cosa dura: *hay que picar en este lugar para hacer un agujero; los canteros picaban la piedra hasta caer rendidos.* **11** Herir al toro desde el caballo clavándole la pica en el morrillo: *cuando llegó la hora de picar, el toro enfurecido embistió al caballo y el picador estuvo a punto de caer.* ◊ *v. tr./prnl.* **12** *coloquial* Excitar o provocar a una persona: *su manera de comportarse picó mi curiosidad; si te metes con él, se pica.* **SIN** espolear, incitar. **13** Causar disgusto o enfado a una persona: *sus palabras me han picado; aquella acusación picó su amor propio.* **SIN** disgustar, enfadar, enojar. **14** Producir caries: *se le picaron las muelas de comer tantas golosinas.* ◊ *v. intr.* **15** Causar picor o escozor en una parte del cuerpo: *esta ropa es muy áspera y pica; las piernas le picaban al contacto con las medias.* **16** Caer en un engaño o una trampa o dejarse convencer por una cosa: *le preparamos una broma y picó; la oferta era muy tentadora y picó mucha gente.* **17** Calentar el sol con intensidad: *se pusieron a la sombra porque picaba mucho el sol.* **18** Descender un pájaro o un avión en línea casi perpendicular al suelo: *durante la exhibición varios aviones picaron de forma peligrosa.* ◊ *v. prnl.* **19** picarse Tener o empezar a tener agujeros una tela: *la blusa se ha picado por la polilla.* **20** Empezar a estropearse un alimento o una bebida: *ese vino está picado: tíralo; para que no se pique la fruta hay que guardarla en el frigorífico.* **21** Agitarse la superficie del mar formando olas pequeñas a impulso del viento: *si la mar se pica, no saldremos a pescar.* **22** Tener o empezar a tener agujeros o grietas una superficie metálica: *la chapa del coche se ha picado con la humedad.* **23** En el lenguaje de la droga, inyectarse droga. **SIN** pincharse.
picar muy alto Tener muchas pretensiones o aspirar a una cosa muy buena: *pica tan alto, que no creo que lo consiga.*
DER pica, picadero, picado, picador, picadura, picajoso, picante, picor; repicar.
OBS En su conjugación, la *c* se convierte en *qu* delante de *e*.

picardía *n. f.* **1** Disimulo o astucia para que no se vea o no se sepa una cosa o para sacar provecho de ciertas situaciones: *le preguntó con mucha picardía dónde había estado, para sorprenderla en una mentira.* **2** Travesura poco importante: *estos niños se pasan el día haciendo picardías.* **SIN** diablura, travesura. **3** Acción o dicho en el que hay malicia o atrevimiento, normalmente relacionado con el sexo: *se ruborizó con la picardía de sus palabras.* ◊ *n. m. pl.* **4** picardías Conjunto formado por un camisón corto y unas bragas: *le regaló un picardías para que se lo pusiese esa misma noche.*
DER picardear.
OBS El plural también es *picardías.*

picaresca *n. f.* **1** Género literario al que pertenecen las obras en que se narra la vida de los pícaros: *la picaresca se desarrolló en España especialmente durante los siglos XVI y XVII.* **2** Conjunto de costumbres que se consideran propias de los pícaros: *la picaresca caracteriza algunos aspectos de la vida en sociedad.*

picaresco, -ca *adj.* **1** Que tiene relación con los pícaros: *la vida picaresca está llena de sorpresas, generalmente desagradables.* **2** [obra literaria] Que tiene como tema la vida y

las aventuras de un pícaro: *la primera novela picaresca fue La vida del Lazarillo de Tormes.*
pícaro, -ra *adj./n. m. y f.* **1** [persona] Que tiene picardía o que se comporta con astucia y disimulo para conseguir un fin determinado: *ese joven pícaro consiguió engañarlos.* **SIN** astuto, hábil, malicioso. ◇ *n. m. y f.* **2** Personaje real o literario, sin honor y de humilde condición social, que se vale de toda clase de engaños y astucias para sobrevivir, y cuyo comportamiento, en ocasiones, suscita cierta simpatía: *el Lazarillo de Tormes narra la vida de un pícaro.* **SIN** pillo, tunante.
DER picaresca, picaresco.
picatoste *n. m.* Rebanada pequeña de pan tostada o frita en aceite: *hemos desayunado picatostes y café con leche.*
picazón *n. f.* Sensación molesta que se produce en una parte del cuerpo y que hace rascarse: *las ortigas le provocaron una picazón horrible en las piernas.* **SIN** picor.
picha *n. f. coloquial* Órgano sexual masculino. **SIN** pene, pilila.
pícher *n. m.* Jugador de béisbol que tira la pelota al bateador.
pichi *n. m.* Prenda de vestir parecida a un vestido sin mangas y con escote, que se pone encima de una camisa, una camiseta o un jersey: *el uniforme de mi colegio consistía en un pichi gris, una camisa blanca y una chaqueta azul.*
pichichi *n. m.* **1** Trofeo que recibe en España el jugador de fútbol que más goles ha marcado en el campeonato nacional de liga: *en la liga de este año se ha llevado el pichichi un futbolista de un equipo modesto.* **2** Futbolista que más goles ha marcado en el campeonato nacional de liga: *con aquel gol, el futbolista se convertía en el pichichi de la liga.*
pichón, -chona *n. m.* **1** Cría de la paloma doméstica: *los niños perseguían los pichones porque no podían volar.* ◇ *n. m. y f.* **2** Término que se aplica cariñosamente a las personas: *adiós, pichón, te veré más tarde; ven aquí, pichona.*
picnic *n. m.* Comida o merienda al aire libre, especialmente la que se hace en el campo: *fuimos de excursión y organizamos un picnic en el bosque.*
OBS Es de origen inglés y se pronuncia aproximadamente 'picnic'.
pícnico, -ca *adj./n. m. y f.* [persona, cuerpo] Que es de baja estatura, rechoncho y con tendencia a la obesidad: *constitución pícnica.*
pico *n. m.* **1** Parte saliente de la cabeza de las aves, formada por dos piezas duras, que sirve para tomar la comida: *la forma del pico de las aves depende del tipo de alimentación de cada especie; la paloma cogía migas de pan con el pico.* **2** Parte puntiaguda que sale de la superficie o del borde de un objeto: *el pico de la mesa; los picos de un vestido.* **3** Herramienta grande que sirve para cavar, formada por una pieza de metal duro que termina en dos puntas opuestas y que en el centro lleva insertado un mango largo, generalmente de madera, para sujetarla: *el obrero hacía una zanja con el pico.* ☞ herramientas. **4** Herramienta parecida a la anterior pero con la pieza metálica acabada en punta por un extremo y con forma de pequeña hacha por el otro. **5** Parte saliente del borde de un recipiente por donde se vierte el líquido que contiene: *echa el agua por el pico de la jarra porque si no se te va a derramar.* **6** Extremo más alto y agudo de una montaña: *los picos más altos siempre están nevados.* **7** Montaña que tiene la cumbre puntiaguda: *el Mulhacén es el pico más alto de la península ibérica.* **8** Parte que pasa de una cantidad determinada, cuyo valor no se conoce o no importa: *cuesta unas tres mil y pico; serían las cuatro y pico cuando pasó; hay ciento y pico personas.* **9** Parte pequeña que pasa de una cantidad determinada: *puedes quedarte con el pico como propina.* **10** Cantidad muy grande de dinero: *ese coche te habrá costado un pico; tengo ahorrado un buen pico.* **11** Facilidad o soltura para hablar muy bien: *¡qué pico tiene! Nos dejó a todos callados.* **pico de oro** Persona que tiene facilidad o soltura para hablar muy bien: *este abogado convencerá al juez porque es un pico de oro.* **12** *coloquial* Boca de una persona: *el niño cerró el pico y no hubo manera de que se tomara el jarabe.* **13** Dosis de droga que se introduce en las venas de una vez: *se metió varios picos y murió de sobredosis.*
abrir el pico Hablar una persona: *estuvo toda la tarde sin abrir el pico.*
cerrar el pico *coloquial* Callar o dejar de hablar: *cuando empieza a hablar no hay manera de hacerle cerrar el pico.*
irse (o andar) de picos pardos Irse de juerga o a divertirse: *se fue de picos pardos con sus amigos.*
tener mucho pico Hablar demasiado sin saber bien lo que se dice: *no te creas todo lo que cuenta, tiene mucho pico.*
DER picotear, picudo.
picón, -cona *adj.* **1** [caballo, mulo, asno] Que tiene los incisivos superiores muy salidos y no puede cortar bien la hierba. ◇ *n. m.* **2** Carbón muy menudo de origen vegetal que se utiliza para los braseros.
picor *n. m.* **1** Sensación molesta que se produce en una parte del cuerpo y que hace rascarse: *sentía picor en los ojos y se los frotó con los dedos.* **SIN** picazón. **2** Sensación molesta que se produce en la lengua o el paladar por haber comido una cosa picante: *la pimienta te deja un fuerte picor en la boca.*
DER picazón.
picota *n. f.* **1** Columna que se utilizaba para exponer a los reos a la vergüenza pública: *las cabezas de los ajusticiados eran colocadas en la picota.* **2** Variedad de cereza que se caracteriza por tener una punta en la parte opuesta al rabo y ser de carne más dura: *las picotas no suelen tener rabito porque se les cae cuando las cogen de los árboles.*
poner a alguien en la picota Señalar públicamente las faltas o los errores de una persona: *este escritor pone en la picota a los empresarios, criticando las injusticias cometidas.*
picotazo *n. m.* **1** Golpe o mordisco que dan las aves con el pico: *el niño metió el dedo dentro de la jaula y el loro le dio un picotazo.* **2** Pinchazo o punzada que da un insecto: *esa noche había muchos mosquitos y lo acribillaron a picotazos.* **SIN** picadura. **3** Señal o herida que dejan esos golpes: *la muchacha mostró los picotazos al médico.*
picotear *v. tr.* **1** Herir o golpear repetidamente las aves con el pico: *un gorrión picoteaba la mano de la niña en busca de alimento; el pájaro carpintero picotea la madera.* ◇ *v. tr./intr.* **2** Comer cosas distintas y en pequeñas cantidades: *picoteaban de los platos de frutas y dulces mientras charlaban.* **SIN** picar. ◇ *v. intr.* **3** Hablar mucho dos o más personas de cosas triviales o poco importantes: *algunos vecinos se sentaban en la plaza del pueblo a picotear.* **4** Mover continuamente la cabeza el caballo de arriba hacia abajo.
DER picotazo.
pictograma *n. m.* Signo o dibujo que tiene un significado en un lenguaje de figuras o símbolos: *en la puerta del lavabo de señoras hay un pictograma que representa un pintalabios.*
pictórico, -ca *adj.* **1** De la pintura o que tiene relación con este arte o con su técnica: *la técnica pictórica de este artista ha sido muy alabada por los expertos.* **2** Que es adecuado para ser representado en pintura: *un paisaje pictórico.*
picudo, -da *adj.* Que tiene pico o forma de pico: *todas las aves son picudas; su nariz es grande y picuda; le salía un pañuelo picudo del bolsillo de la chaqueta.*

pídola *n. f.* Juego de niños en el que unos saltan sobre otros que están agachados.

pie *n. m.* **1** Parte del cuerpo del ser humano y de algunos animales, que va desde el tobillo hasta la punta de los dedos, y sirve principalmente para andar y para sostener el cuerpo: *se ha quemado la planta de los pies al pisar la arena caliente; el caballo se ha lastimado un pie.* ☞ cuerpo humano. **pie cavo** Pie que tiene demasiado curvada la planta. **pie plano** Pie que tiene muy poco curvada la planta: *le tendrán que poner plantillas porque tiene los pies planos.* **2** Parte de un calcetín, media o calzado que cubre esta extremidad de la pierna: *llevaba botas, pero sólo se le veían los pies porque el resto lo tapaba el pantalón.* **3** Base en la que se apoya un objeto: *la lámpara no se aguanta bien porque tiene el pie muy estrecho.* **4** Parte de una cosa que se opone a la principal o cabecera: *los pies de la cama; el pie de la escalera.* **5** Parte inferior de un escrito y espacio en blanco que queda al final de un papel: *el abogado le hizo firmar al pie del documento.* **6** Texto corto que aparece debajo de un dibujo o una pintura y que sirve de explicación o comentario: *si lees el pie del cuadro, sabrás cuál es su título.* **pie de imprenta** Texto que aparece al principio o al final de un libro o una publicación, donde se indican el nombre de la imprenta y el lugar y la fecha de impresión. **7** Última palabra que dice un personaje en una representación teatral, que indica a otro el momento en que debe empezar a hablar: *es muy importante que el actor recuerde los pies para no confundir a otros actores.* **8** Medida de longitud que equivale a 28 centímetros: *el avión volaba a diez mil pies de altura.* **9** Parte de un verso compuesta por dos, tres o más sílabas que forman una unidad acentual: *en la métrica griega y latina los versos se medían en pies.* **pie quebrado** Verso de cinco o menos sílabas que se intercala entre otros más largos: *los poetas del siglo XV utilizaron mucho el pie quebrado en sus composiciones.* **10** Tallo o tronco de una planta: *un pie de viña.* ☞ árbol.
a pie Andando o caminando: *prefiero ir a pie porque el metro me agobia.*
a pie (o pies) juntillas Sin ninguna duda, con gran convencimiento: *se creyó a pies juntillas todo lo que le expliqué.*
al pie de la letra De forma completa y fiel: *he seguido las recomendaciones del médico al pie de la letra.*
al pie del cañón Atento y sin desatender una obligación: *su trabajo es duro, pero siempre está al pie del cañón.*
buscarle tres (o cinco) pies al gato Empeñarse en encontrar complicaciones o problemas donde no existen: *pensar que ha hecho todo eso sólo para molestarte es buscarle tres pies al gato.*
con buen pie De una manera acertada o con buena suerte: *entró con buen pie en la empresa, a todos les pareció muy simpático.* **SIN** con el pie derecho.
con el pie derecho De una manera acertada o con buena suerte: *hoy se debe de haber levantado con el pie derecho, porque todo le ha salido bien.* **SIN** con buen pie.
con el pie izquierdo Sin acierto o con mala suerte: *ha empezado su nuevo trabajo con el pie izquierdo.* **SIN** con mal pie.
con los pies por delante Sin vida, muerto: *dijo que no le sacarían de su casa si no era con los pies por delante.*
con mal pie Sin acierto o con mala suerte: *he empezado el año con mal pie, espero que las cosas se arreglen.* **SIN** con el pie izquierdo.
con pies de plomo Con mucho cuidado o cautela: *ahora tienes que ir con pies de plomo en las relaciones con tu jefe.*
dar pie Dar un motivo para que una persona haga algo: *el comportamiento del ministro ha dado pie a las quejas de los sindicatos.*
de pie o **en pie** En posición erguida o vertical: *al entrar el director, los alumnos se pusieron en pie; coloca de pie la silla que ha caído.*
de pies a cabeza o **de los pies a la cabeza** De forma total o completa: *el chaparrón me mojó de pies a cabeza.*
en pie de guerra Dispuesto a enfrentarse: *la población se ha puesto en pie de guerra ante la posible invasión de las tropas enemigas.*
hacer pie Llegar a tocar el suelo con los pies cuando se está en el agua: *puedes estar tranquilo porque en este lado de la piscina los niños hacen pie.*
ir con el pie cambiado Hacer una cosa al contrario de como debe hacerse: *cuando yo voy, él viene: siempre vamos con el pie cambiado.*
nacer de pie Tener mucha suerte en todo lo que se hace: *tú has nacido de pie, porque todo te sale bien en la vida.*
no dar pie con bola Equivocarse varias veces seguidas o muy a menudo: *no doy pie con bola, no he acertado ninguna pregunta.*
no tener ni pies ni cabeza No tener lógica o sentido una determinada acción o cosa: *el cuento que has escrito no tiene ni pies ni cabeza, los personajes aparecen y desaparecen sin ninguna explicación.*
parar los pies Hacer que una persona no siga haciendo algo que se considera malo: *hay que pararles los pies a los traficantes de droga.*
pies, ¿para qué os quiero? Expresión con que una persona se da ánimo a sí misma para escapar o salir corriendo de una situación o de un lugar: *cuando vi que se acercaban aquellos hombres con malas intenciones, me dije: «Pies, ¿para qué os quiero?».*

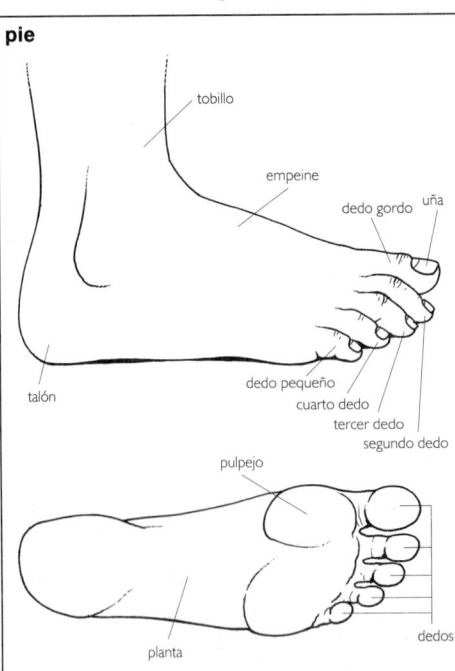

pie: tobillo, empeine, dedo gordo, uña, dedo pequeño, cuarto dedo, tercer dedo, segundo dedo, talón, pulpejo, planta, dedos

poner los pies Llegar una persona a un lugar: *en cuanto ponga los pies en mi país, pienso dejar de fumar.*
poner pies en polvorosa Irse o escapar rápidamente una persona de un lugar: *cuando los ladrones oyeron las sirenas de la policía, pusieron pies en polvorosa.* **SIN** huir.
saber de qué pie cojea Saber cuáles son los defectos o el punto débil de una persona: *no se atreverá a meterse conmigo, porque yo sé muy bien de qué pie cojea.*
sin pies ni cabeza Sin sentido ni razón de ser: *no hay quién le entienda, hace cosas sin pies ni cabeza; es una novela sin pies ni cabeza.*
tener un pie en Estar muy cerca de un sitio o de una situación: *el enfermo tiene un pie en el otro mundo; el jugador brasileño tiene un pie en el club de la capital.*
DER traspié.
ETIM *Pie* procede del latín *pes, pedis,* que tenía el mismo significado, voz con la que también están relacionadas *peaje, peana, peatón, pedal, pedestre, pedicura, pediluvio, penca.*

piedad *n. f.* **1** Sentimiento de pena o dolor que se tiene hacia quienes sufren: *¡tenga piedad de este pobre inválido que no puede trabajar!* **SIN** compasión, misericordia. **2** Virtud que mueve a rezar, a ir a la iglesia y a adorar las cosas sagradas: *el sacerdote alabó la piedad de sus fieles.* **3** Pintura o escultura en la que se representa a la Virgen María con Jesucristo muerto entre sus brazos: *la piedad de Miguel Ángel es una escultura de incalculable valor artístico.*
DER piadoso; apiadarse, despiadado.

piedra *n. f.* **1** Materia mineral muy dura y de estructura compacta: *los muros de la catedral son de piedra.* **piedra pómez** Materia mineral que es áspera, frágil, de estructura porosa y color grisáceo: *la piedra pómez es de origen volcánico y se utiliza para pulir las durezas de la piel.* **piedra preciosa** Piedra muy dura y que se usa por su escasez para fabricar objetos valiosos: *el diamante, el rubí y el zafiro son piedras preciosas.* A menudo se utiliza simplemente *piedra*. **2** Trozo de materia mineral dura, generalmente de pequeño o medio tamaño y sin una forma determinada: *a la orilla del río hay unos muchachos lanzando piedras al agua.* **3** Trozo de materia mineral dura al que se da determinada forma: *las piedras del edificio se están cayendo.* **4** Acumulación de pequeños trozos de materia mineral u orgánica que se forma de manera extraña en algunos órganos internos del cuerpo: *está en el hospital porque tienen que quitarle unas piedras del riñón.* **SIN** cálculo. **5** Pieza de los encendedores con la que se produce una chispa que enciende la llama: *la piedra del mechero se ha gastado.* **6** Objeto grande y grueso, de forma circular y compuesto de materia mineral muy dura, que gira sobre un eje y que sirve para moler: *la piedra tritura el grano en el molino.* **SIN** muela. **7** Granizo de gran tamaño: *tuvimos que protegernos de la tormenta de piedra que cayó anoche.*
de piedra Muy sorprendido o impresionado ante un hecho inesperado: *me quedé de piedra cuando me dijeron que habías tenido un accidente.*
piedra angular *a)* Piedra que está en la esquina de la base de una construcción: *han puesto cuatro piedras angulares para limitar el espacio que ocupará el granero.* *b)* Fundamento o base de una cosa: *sostiene que la piedra angular de la economía del país está en las exportaciones.*
piedra filosofal Materia con la que los alquimistas pretendían convertir metales y otros materiales en oro: *esta novela narra la búsqueda de la piedra filosofal.*
ser (o parecer) de piedra No tener sentimientos una persona: *parece de piedra, pero sufre como todo el mundo.*

tirar la piedra y esconder la mano Obrar mal una persona y ocultarlo: *ese chico es de los que nunca dan la cara, tira la piedra y esconde la mano.*
tirar piedras al propio tejado Obrar causándose daño uno mismo: *con lo que dice se acusa a sí mismo, tira piedras a su propio tejado.* También se dice *contra* o *sobre el propio tejado.*
ETIM *Piedra* procede del latín *petra,* que tenía el mismo significado, voz con la que también están relacionadas *apedrear, empedrar, pedrada, pedrea, pedregal, pedrero, pedrisco, pedriza, pedrusco, pétreo, petrificar, petrología.*

piel *n. f.* **1** Capa de tejido resistente y flexible que cubre y protege el cuerpo del hombre y de los animales: *esa niña tiene la piel muy morena; la piel de los osos está cubierta de pelo.* **piel de gallina** Piel de las personas cuando, por el frío o el miedo, toma un aspecto parecido al de las aves sin plumas: *tenía tanto frío que se me puso la piel de gallina.* **2** Cuero curtido: *una cazadora de piel; una cartera de piel.* **3** Cuero curtido de forma que conserve su pelo natural: *abrigos de piel.* **4** Capa delgada que cubre la carne de ciertos frutos: *quita la piel al melocotón antes de comértelo.*
dejarse la piel Esforzarse mucho en un trabajo o tarea hasta acabar agotado: *el entrenador sólo quiere jugadores que se dejen la piel en el campo.*
piel roja Indio indígena de Norteamérica: *muchas películas del oeste tratan de las luchas entre los pieles rojas y los vaqueros.* El plural es *pieles rojas.*
ser de la piel del diablo Ser muy travieso: *su hija es de la piel del diablo: siempre está haciendo trastadas.*
ETIM *Piel* procede del latín *pellis,* que tenía el mismo significado, voz con la que también están relacionadas *peletero, película, pellejo.*

piélago *n. m.* **1** Zona del mar que comprende prácticamente su totalidad, a excepción de las orillas y el fondo. **2** culto Mar. Se usa en lenguaje poético o literario.

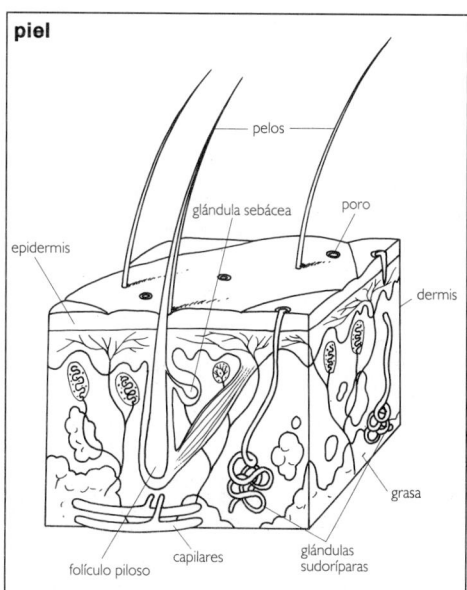

piel: pelos, glándula sebácea, poro, epidermis, dermis, grasa, folículo piloso, capilares, glándulas sudoríparas

P p

pienso *n. m.* Alimento que se da al ganado, especialmente el que es seco: *ha criado sus ovejas con pienso*. **pienso compuesto** Alimento para el ganado que está formado por varias clases de sustancias para que alimente más: *los piensos compuestos llevan vitaminas y minerales*.

pierna *n. f.* **1** Miembro inferior del cuerpo que une el tronco con el pie: *las piernas son las extremidades inferiores del ser humano*. ☞ cuerpo humano. **2** Parte de este miembro que va desde la rodilla hasta el pie: *el músculo gemelo está en la pierna*. **3** Muslo de algunos animales: *en Navidad comemos pierna de cordero asada*.
dormir a pierna suelta (o tendida) Dormir muy bien y profundamente: *estaba tan agotado que durmió a pierna suelta durante más de diez horas*.
estirar las piernas Pasear o moverse para que las piernas recuperen la facilidad de movimiento, especialmente después de haber estado mucho tiempo sentado o quieto: *¡qué viaje tan largo!, ya tenía ganas de estirar las piernas*.
hacer piernas Hacer ejercicio andando: *salían a pasear todas las mañanas, necesitaban hacer piernas*.
DER entrepierna.
ETIM *Pierna* procede del latín *perna*, que tenía el mismo significado, voz con la que también están relacionadas *pernear, pernera, pernil*.

pierrot *n. m.* Personaje cómico del teatro clásico francés que se caracteriza por llevar un traje blanco y muy amplio con grandes botones: *para Carnaval iba disfrazado de pierrot*.

pieza *n. f.* **1** Cada una de las partes de que se compone un conjunto u objeto: *este vestido es de dos piezas; la cubertería tiene 80 piezas*. **2** Elemento que forma parte de un mecanismo: *faltan unas piezas de recambio; se ha roto una pieza del motor*. **3** Trozo de tela, generalmente la que se cose a otra que está rota o vieja: *compraré una pieza de tela en la tienda de retales; he puesto unas piezas a los codos de la chaqueta*. **4** Animal que se caza o se pesca: *el perro fue a buscar las piezas cobradas por el cazador*. **5** Obra de teatro formada por un solo acto: *la pieza que acabamos de ver me ha parecido un poco aburrida*. **6** Composición musical: *el pianista interpretó una pieza de Chopin*. **7** Persona que destaca por tener un comportamiento poco adecuado: *¿que si conozco a Julio?, ¡claro, menuda pieza está hecho!; Sandra es una niña muy revoltosa, es una buena pieza*. **8** Figura o ficha que se utiliza en ciertos juegos de mesa, como el ajedrez o las damas: *ya he colocado todas las piezas sobre el tablero de ajedrez*. **9** Habitación o cuarto de una casa: *utilizaremos la pieza del fondo de la casa como despacho; el apartamento tiene cinco piezas: dos dormitorios, un lavabo, una cocina y una sala*. **10** Objeto trabajado artísticamente, especialmente si se trata de muebles, joyas u obras de arte: *este anillo es una pieza de mucho valor porque lleva dos diamantes engarzados; ese cuadro es una pieza única*.
de una pieza Muy sorprendido o impresionado ante un hecho inesperado: *su marcha nos ha dejado de una pieza; cuando vi lo que era me quedé de una pieza*.
DER despiezar.

pífano *n. m.* Instrumento musical de viento parecido a una flauta pequeña que produce un sonido muy agudo: *el pífano se toca mucho en las bandas militares*.

pifia *n. f.* **1** Obra o dicho equivocado o sin acierto de una persona: *cuando habla, siempre comete alguna pifia*. **2** Golpe malo o poco acertado que se da con el taco en la bola de billar: *es muy mal jugador: cada vez que le toca hace una pifia*.

pifiar *v. intr.* **1** Hacer o decir una cosa equivocada o sin acierto: *me suspendieron porque pifié en la última prueba*. **2** Dar un golpe malo o poco acertado con el taco en la bola de billar: *decía que sabía jugar, pero solo pifiaba*.
DER pifia.
OBS En su conjugación, la *i* no se acentúa, como en *cambiar*.

pigmentación *n. f.* **1** Formación del pigmento de la piel o de un tejido. **2** Coloración anormal de la piel o de un tejido que puede estar originada por distintas causas.

pigmentar *v. tr./prnl.* Dar color a alguna cosa, especialmente con una sustancia adecuada para ello: *el azafrán se usa para pigmentar de amarillo las comidas; esta crema pigmenta la piel*.
DER pigmentación.

pigmento *n. m.* **1** Sustancia que se encuentra en las células de los seres vivos y que da color: *la melanina es un pigmento que nos hace estar morenos; la clorofila es el pigmento que da el color verde a las plantas*. **2** Sustancia natural o artificial que da color y que se usa en la fabricación de pinturas: *muchos disolventes y pinturas ecológicas se fabrican con pigmentos naturales*. **SIN** colorante.
DER pigmentar.

pigmeo, -mea *adj.* **1** [grupo étnico] Que está constituido por personas que habitan en ciertas zonas de África y Asia y que se caracterizan por ser de estatura muy baja: *los pueblos pigmeos viven de la caza; tribu pigmea*. ◇ *adj./n. m. y f.* **2** [persona] Que pertenece a a este grupo étnico: *los pigmeos son de raza negra*.

pijada *n. f.* **1** *coloquial* Cosa que tiene poca importancia o poco valor: *eso es una pijada y no merece la pena que te preocupes; no tenía dinero, así que le compré una pijada para su cumpleaños*. **SIN** chorrada, tontería. **2** *coloquial* Cosa que hace, usa o lleva un pijo, persona joven y superficial que tiene dinero y la gusta presumir de ello: *comprarse un coche tan caro es una pijada*. **3** *coloquial* Cosa que se dice o se hace y que resulta inoportuna o molesta: *no paró de decir pijadas para molestarme*.

pijama *n. m.* Prenda de ropa ligera y cómoda, formada por dos piezas, pantalón y camiseta o chaqueta, que se usa para dormir: *los pijamas de seda son muy frescos*.
OBS En el español de América se pronuncia 'piyama', y en algunos países de Hispanoamérica es palabra femenina.

pijo, -ja *adj./n. m. y f.* **1** [persona joven] Que pertenece a una familia con dinero y que se comporta de manera superficial y presumida: *su forma de hablar es de niña pija; ésta es una discoteca de pijos*. ◇ *adj.* **2** Que es muy refinado, llamativo y propio de personas adineradas: *se han comprado un coche muy pijo*. ◇ *n. m.* **3** *coloquial* Órgano sexual masculino. **SIN** pene, pito.
un pijo *coloquial* Nada absolutamente o poquísimo: *no entendió un pijo; desde aquí no se oye un pijo, sube el volumen*.
DER pijada, pijotero.

pila *n. f.* **1** Conjunto de cosas puestas unas sobre otras: *al fondo del almacén hay una pila de cajas de detergente*. **SIN** montón. **2** Cantidad grande de una cosa: *tiene una pila de juguetes; hay una pila de papeles sobre tu mesa de trabajo*. **3** Dispositivo que sirve para producir corriente eléctrica continua, que permite que los aparatos eléctricos funcionen sin necesidad de estar conectados a la electricidad con un cable: *hay pilas de diferentes tipos y tamaños, como la pila de un reloj o de una linterna; esta radio funciona con cuatro pilas*. **4** Recipiente cóncavo hecho de un material resistente donde cae o se echa el agua para diversos usos: *el fregadero de la cocina tiene dos pilas*. **pila bautismal** Recipiente cóncavo que hay en las iglesias y que contiene agua bendita para

administrar el bautismo: *la madre acercó al bebé hasta la pila bautismal para que fuera bautizado.*
DER pilar, pilastra, pilón; apilar.

pilar *n. m.* **1** Elemento vertical de apoyo, más alto que ancho, que sirve para soportar una estructura de un edificio, un arco o cosas similares: *el pilar puede tener la base cuadrada o con forma de polígono; cuatro pilares sostienen la cúpula de la iglesia.* **2** Persona o cosa que sirve de apoyo o base: *el abuelo era el pilar de la familia.*

pilastra *n. f.* ARQ. Pilar de base cuadrada o rectangular, especialmente la que está pegada a un muro: *el muro de la catedral tiene grandes pilastras.*

píldora *n. f.* **1** Pastilla de medicamento de pequeño tamaño, generalmente redonda: *el médico le recetó unas píldoras para el resfriado.* **2** Medicina que se toma por vía oral y que sirve para impedir el embarazo: *desde que se casó, toma la píldora como anticonceptivo.*
dorar la píldora Suavizar una noticia desagradable para evitar el enfado o el disgusto de la persona que la recibe: *no seas brusco y, si te vas de casa, dórale la píldora a tus padres.*

pileta *n. f.* Recipiente pequeño, generalmente de piedra, que contiene agua bendita y que se encuentra en las iglesias y en algunas casas: *al entrar en la iglesia, los devotos toman agua de la pileta y se santiguan.*

pilífero, -ra *adj.* BOT. [planta, parte de una planta] Que está cubierto de pelos. ☞ raíz.

pilila *n. f. coloquial* Órgano sexual masculino. **SIN** pene, picha.

pillaje *n. m.* **1** Robo que se hace con violencia: *en esos barrios hay bandas que se dedican al pillaje.* **2** Robo o destrucción que hacen los soldados en un país enemigo: *tras la batalla, el pillaje de las tropas enemigas empobreció aún más la ciudad.*

pillar *v. tr.* **1** Coger o alcanzar una cosa o a una persona: *pilló al niño por la oreja y lo llevó a casa; cuando te pille ya hablaremos.* **SIN** agarrar, atrapar. **2** Alcanzar un vehículo a una persona o animal, causándole generalmente algún daño: *a Pedro lo pilló un coche y le rompió una pierna.* **SIN** atropellar. **3** Ponerse a la misma altura o nivel: *el Betis ha pillado al Sevilla en la clasificación.* **4** Sorprender a una persona en el momento en que está cometiendo una falta o un engaño: *pillaron al cajero tratando de llevarse un fajo de billetes.* **5** Sorprender o coger desprevenido: *la noche nos pilló en el monte; si lo hubiera sabido, no me habrías pillado sin dinero.* **SIN** coger. **6** Contraer o llegar a tener una enfermedad o un estado de ánimo determinado: *pillé un tremendo catarro cuando fuimos a esquiar; ha pillado un buen enfado.* **7** Entender algo con más o menos dificultad y en poco tiempo: *habla tan rápido que no pillo ni una palabra; no lo repitas porque todos hemos pillado la broma.* **8** Robar o tomar algo por la fuerza: *rompieron los cristales de la tienda y pillaron todo lo que pudieron.* **SIN** saquear. ◊ *v. tr./prnl.* **9** Sujetar o aprisionar una cosa, generalmente haciendo daño: *pillé el dedo con la puerta del coche.* ◊ *v. intr.* **10** Encontrarse en una posición determinada con respecto a algo o a alguien: *el trabajo me pilla muy cerca de casa.*
DER pillaje, pillastre, pillo.

pillastre *adj./n. m.* [chico] Que es muy astuto, sabe cómo engañar a los demás y siempre trata de buscar su propio provecho: *mi nieto es un pillastre que siempre me coge los caramelos sin que yo me entere.* Muchas veces tiene un matiz cariñoso. **SIN** bribón, granuja, pillo.

pillería *n. f.* Obra o dicho de un pillo: *este niño es muy travieso y está todo el día haciendo pillerías.*

pillo, -lla *adj./n. m. y f.* **1** [persona] Que es hábil para engañar con el objeto de conseguir una cosa: *es un pillo, nos hizo creer que le dolía la barriga para que le cuidásemos.* **SIN** granuja. **2** [persona] Que es pícara y actúa sin honradez: *el muy pillo se marchó con el dinero.* **SIN** bribón, sinvergüenza.
DER pillería.

pilón *n. m.* Recipiente de piedra en que cae y se acumula el agua de una fuente, que suele usarse como abrevadero o lavadero: *las vacas beben agua en el pilón.*

píloro *n. m.* ANAT. Orificio del estómago que comunica con el intestino delgado: *el píloro se abre y se cierra durante la digestión para regular el paso del contenido del estómago hacia el intestino.* ☞ digestivo, aparato.

piloso, -sa *adj.* Del pelo o que tiene relación con este filamento de la piel de algunos mamíferos: *el pelo nace de un folículo piloso.*
ETIM Véase pelo.

pilotaje *n. m.* **1** Conducción de un vehículo: *el pilotaje de un avión requiere gran habilidad.* **2** Técnica de conducir o gobernar un vehículo, especialmente un buque o una aeronave: *asiste a una escuela de pilotaje.* **SIN** navegación.

pilotar *v. tr.* **1** Dirigir o conducir un buque o una aeronave: *su gran ilusión era pilotar un avión de caza algún día; el grumete tomó el timón, dispuesto a pilotar la goleta.* **2** Dirigir o conducir un vehículo, especialmente cuando tiene potencia para alcanzar gran velocidad: *este año va a pilotar un fórmula uno.*

pilote *n. m.* Palo de madera de forma cilíndrica, generalmente con una punta de hierro, que se clava en la tierra para asegurar los cimientos de un edificio o de otra construcción: *construyeron una plataforma sobre unos pilotes clavados en la arena.*

piloto *n. com.* **1** Persona que conduce un barco o una aeronave: *el piloto del helicóptero saltó en paracaídas.* **2** Persona que conduce un coche o una moto de competición: *piloto de coches de carreras.* **piloto automático** Mecanismo que conduce o gobierna automáticamente un coche, un barco o una aeronave: *el comandante conectó el piloto automático del avión.* **SIN** autopiloto. ◊ *n. m.* **3** Luz de un vehículo, de color blanco en la parte anterior y rojo en la parte posterior, que sirve para marcar su posición: *los pilotos no iluminan la carretera durante la conducción.* El piloto también se llama luz de posición. **4** Indicador luminoso en el panel de mandos de un vehículo: *cuando no hay suficiente gasolina en el coche, se enciende un piloto rojo.* **5** Luz en un aparato eléctrico que indica si está en funcionamiento: *cuando funciona la lavadora, se enciende el piloto verde.* **6** Muestra o modelo que sirve de experimento: *instituto piloto; proyecto piloto.* En esta acepción funciona siempre detrás de otros nombres: *proyecto piloto, piso piloto.* En esta acepción el plural es también *piloto: pisos piloto.*
DER pilotaje, pilotar; copiloto.

piltra *n. f. coloquial* Cama: *tenía mucho sueño y me fui a la piltra.*

piltrafa *n. f.* **1** Trozo de carne con muchos nervios y con pellejo, que no se puede aprovechar como alimento: *el carnicero retiró las piltrafas antes de abrir la tienda.* **2** Residuo o resto de comida que no se puede aprovechar: *los perros vagabundos lamían las piltrafas de la basura.* Se usa frecuentemente en plural. **3** Persona que está muy delgada y débil, generalmente por causa de una enfermedad: *después de la gripe me he quedado hecho una piltrafa.* **4** Cosa que tiene mal aspecto o no se puede aprovechar: *la guitarra que me dejaste es una piltrafa.*

pimentero *n. m.* **1** Recipiente que contiene pimienta moli-

pimentón

da: *pon el pimentero y el salero en el centro de la mesa para que todos alcancen.* **2** Arbusto de tallos nudosos, con las hojas ovaladas y gruesas y las flores en espiga, cuyo fruto es la pimienta: *el pimentero procede de Oriente, pero se puede cultivar en cualquier zona de clima cálido.*

pimentón *n. m.* Polvo que se obtiene al moler pimientos rojos secos y que sirve para condimentar comidas: *para hacer pulpo a la gallega tienes que poner una pizca de pimentón.*

pimienta *n. f.* Fruto pequeño, redondo y rojo, que toma color negro cuando se seca y que tiene un sabor muy picante: *la pimienta, en grano o molida, se usa para condimentar los alimentos.* **pimienta blanca** Pimienta que tiene color casi blanco porque se le ha quitado la corteza: *la pimienta blanca es más suave que la pimienta negra.* **pimienta negra** Pimienta que conserva la corteza, que es seca y arrugada: *preparó los espaguetis con una salsa de pimienta negra.*
DER pimentero, pimentón, pimiento.

pimiento *n. m.* **1** Vegetal comestible hueco, alargado y de color verde, rojo o amarillo, en cuyo interior hay unas semillas planas de color blanco o amarillo: *los pimientos se comen fritos, asados y crudos en ensalada.* **pimiento de Padrón** Pimiento que es verde y de pequeño tamaño: *los pimientos de Padrón se cultivan en Galicia.* **pimiento del piquillo** Pimiento que es rojo, de tamaño mediano, un poco picante, terminado en punta y se asa: *en aquel restaurante comimos pimientos del piquillo rellenos de carne.* **pimiento morrón** Pimiento que es rojo, grueso y tiene sabor dulce: *la ensaladilla rusa lleva trocitos de pimiento morrón.* **2** Planta de flores blancas cuyo fruto es el pimiento: *el pimiento es una planta originaria de la América tropical.*
un pimiento a) Nada o muy poco: *me importa un pimiento que vengas o que te quedes; esta radio es muy barata, no vale un pimiento.* b) Expresión que se usa en frases exclamativas para negar o rechazar algo con rotundidad: *¡y un pimiento!, yo no le plancho la ropa.*

pimpollo *n. m.* **1** Árbol pequeño que está creciendo, especialmente el pino: *han plantado pimpollos para repoblar el bosque que se incendió el verano pasado.* **2** Brote, yema o tallo nuevo de una planta: *en las acacias del paseo han brotado ya los primeros pimpollos.* **3** Flor de la rosa cuando todavía no se han abierto sus tallos: *puso los pimpollos en agua y, dos días después, eran rosas rojas.* **4** Persona que llama la atención por ser bella o graciosa: *su hija se ha convertido en un auténtico pimpollo.* Se usa como apelativo afectivo y se usa para referirse especialmente a jóvenes y mujeres.
DER despimpollar.

pimpón *n. m.* Deporte que se juega alrededor de una mesa rectangular dividida por una red en dos campos y que consiste en golpear una pelota pequeña y ligera con una paleta para hacerla botar en el campo contrario: *al pimpón puede jugarse entre dos personas o entre dos equipos de dos personas cada uno.* **SIN** ping-pong, tenis de mesa.

pin *n. m.* Pequeño adorno, generalmente metálico, que se pincha en una prenda de vestir y que puede tener diversas formas: *lleva un pin con el escudo de su equipo de fútbol en la chaqueta; tiene una gran colección de pins.* **SIN** insignia.
OBS El plural es *pins*.

pinacoteca *n. f.* Museo o galería abierto al público en el que se exponen o se guardan pinturas: *el museo del Prado es una de las mejores pinacotecas del mundo.*

pináculo *n. m.* **1** Parte superior y más alta de un edificio situada sobre el tejado: *la torre de la iglesia termina en un pináculo.* **2** Elemento arquitectónico en forma de cono o de pirámide que adorna los edificios, especialmente los de estilo gótico: *las catedrales góticas están rematadas por bellísimos pináculos.*

pinar *n. m.* Lugar donde crecen muchos pinos: *hicimos una excursión al pinar y merendamos a la sombra de los pinos.*

pincel *n. m.* **1** Instrumento que sirve para pintar pequeñas superficies, formado por un mango con un conjunto de pelos o cerdas en un extremo, que es más estrecho y delgado que una brocha: *limpió la pintura de los pinceles con aguarrás; para maquillarse utiliza un pincel muy suave.* **2** Modo de pintar de una persona o grupo: *admiraba el pincel suave de los impresionistas.*
ir hecho un pincel Vestir de forma muy elegante: *casi no te conocía; hoy vas hecho un pincel.*
DER pincelada.

pincelada *n. f.* **1** Trazo hecho con un pincel en una superficie: *en el cuadro se apreciaban pequeñas pinceladas de ocres y marrones.* **2** Rasgo o idea expresado en pocas palabras que da un carácter propio a un discurso o a un texto: *el libro está salpicado de pinceladas de humor e ironía.*
dar la última pincelada (o **las últimas pinceladas**) Poner los elementos finales en una obra o un trabajo para terminarlo o para perfeccionarlo: *mañana entregaremos el proyecto, le estamos dando la última pincelada.*

pinchadiscos *n. com.* Persona que se dedica a poner música en la radio, en una discoteca o en otro establecimiento: *empezó de pinchadiscos en un bar musical y ahora trabaja en un famoso programa de radio.*
OBS El plural también es *pinchadiscos*.

pinchar *v. tr./prnl.* **1** Clavar en una superficie un objeto puntiagudo, como una espina, un clavo o un alfiler: *ha pinchado con la aguja el globo que le regalé; ten cuidado y no te pinches al coger la rosa.* **2** Poner una inyección a alguien: *la enfermera pinchó al paciente; algunos diabéticos se han de pinchar cada día.* ◊ *v. tr.* **3** Sujetar o coger un objeto clavando en él un instrumento acabado en punta: *pincha la carne con el tenedor.* **4** Molestar o provocar a una persona para que se enfade: *deja de pinchar a tu hermano, que os acabaréis peleando.* **5** Animar a una persona para que haga determinada cosa: *mi familia me pinchó mucho para que me presentara al concurso.* **6** Intervenir una línea telefónica para espiar las conversaciones que se producen a través de ella: *han pinchado el teléfono del presidente.* ◊ *v. tr./intr.* **7** Poner música variada para que la escuchen diferentes personas: *Jaime pincha discos en una discoteca; este locutor de radio no sabe pinchar.* ◊ *v. intr.* **8** Sufrir un pinchazo en la rueda de un coche: *poco después de salir del garaje pinchamos, y por eso llegamos tarde.* **9** No tener éxito o fracasar en algo que se quiere conseguir: *he vuelto a pinchar en los exámenes de este semestre.* ◊ *v. prnl.* **10 pincharse** Inyectarse droga en la sangre: *ha dejado de pincharse y ha empezado la rehabilitación.*
ni pinchar ni cortar Tener muy poco valor o influencia en un asunto: *sus opiniones no se tienen en cuenta, él aquí ni pincha ni corta.*
DER pinchazo, pinche, pincho.

pinchaúvas *n. m. coloquial* Hombre malo y despreciable: *no sé cómo pudo casarse con ese pinchaúvas.* Se usa como insulto o como apelativo despectivo.
OBS El plural también es *pinchaúvas*.

pinchazo *n. m.* **1** Introducción de una medicina o de una droga líquida en la sangre: *el paciente notó el pinchazo en el brazo, pero no se quejó.* **2** Herida o señal que deja un instrumento que pincha: *se clavó un alfiler y todavía tiene el pinchazo en el dedo.* **3** Agujero que se hace al introducirse un cuerpo acabado en punta en la superficie de un objeto y que produce la salida del aire o el líquido que contiene: *el balón tiene un pinchazo y por eso se desinfla*. **4** Obra o dicho con que se molesta a una persona o se la convence para que tome una decisión: *los continuos pinchazos de su familia hicieron que cambiara de opinión*. **5** Sensación dolorosa y aguda en alguna parte del cuerpo: *notó un pinchazo en los pulmones*. **6** Intervención de una línea telefónica para espiar las conversaciones que se producen a través de ella: *escuchó un ruido extraño cuando hablaba por teléfono y creyó que era un pinchazo*.

pinche *n. com.* Persona que ayuda al cocinero en la cocina: *el cocinero le dijo al pinche que pelara las patatas y cortara las cebollas*.

pinchito *n. m.* Comida ligera hecha con trozos pequeños de alimentos, que generalmente va pinchada con un palillo y se toma como aperitivo o como comida informal: *el camarero les puso unos pinchitos de tortilla con los vinos*.

pincho *n. m.* **1** Punta aguda y afilada: *me he clavado un pincho del cactus en el dedo; los erizos tienen el cuerpo cubierto de pinchos*. **2** Comida ligera hecha con trozos pequeños de alimentos, que generalmente va pinchada con un palillo y se toma como aperitivo o como comida informal: *hicimos una cena informal y ligera a base de pinchos*. **pincho moruno** Comida hecha con trozos de carne, generalmente de cerdo, preparados con especias y que van atravesados por una vara delgada de madera o de metal: *los pinchos morunos se cocinan a la brasa*.
DER pinchito.

ping-pong *n. m.* Deporte parecido al tenis que se juega sobre una mesa rectangular dividida por una red en dos campos y que consiste en golpear una pelota pequeña y ligera con una paleta para hacerla botar en el campo contrario.
SIN pimpón, tenis de mesa.

pingajo *n. m.* Trozo de tela roto o viejo que cuelga de un lugar o de una cosa: *de la chaqueta rota colgaba un pingajo*.
SIN pingo.

pingar *v. intr.* **1** *coloquial* Colgar o estar suspendida una cosa: *a ver si te arreglas el bajo de la falda, porque te pinga por delante*. **SIN** pender. **2** Gotear una cosa o una persona que está empapada en algún líquido: *ten cuidado no te manches, que las croquetas pingan de aceite; llovía mucho y llegué a casa pingando*.
OBS En su conjugación, la g se convierte en gu delante de e.

pingo *n. m.* **1** Trozo de tela roto o viejo que cuelga de un lugar o de una cosa: *la explosión causó grandes destrozos: de las cortinas sólo quedaron unos pingos*. **SIN** pingajo. **2** Prenda de vestir, rota, vieja o sucia: *aunque estés en casa, no te pongas esos pingos*. Se usa frecuentemente en plural. **3** Persona a la que le gusta mucho salir a divertirse: *desde que lo dejó la novia se ha vuelto un pingo*.
andar (o **estar** o **ir**) **de pingo** Estar una persona siempre con ganas de divertirse o de juerga: *en lugar de venir a vernos, estás todo el día de pingo*.

pingüe *adj.* Que es muy abundante: *el negocio le reportaba pingües beneficios*. **SIN** copioso.

pingüino *n. m.* Ave de las zonas polares, que tiene las patas cortas y los dedos de los pies unidos por membranas, con la espalda y las alas negras y el pecho blanco, que nada muy bien y no puede volar: *los pingüinos viven en las costas del Antártico y se alimentan de peces y crustáceos*. ☞ aves.
OBS Para indicar el sexo se usa *el pingüino macho* y *el pingüino hembra*.

pinitos *n. m. pl.* **1** *coloquial* Primeros pasos que da un niño que está aprendiendo a andar: *es muy gracioso ver cómo tu hijo hace sus pinitos por el pasillo*. **2** Primeros pasos que da una persona en el aprendizaje o la práctica de un arte o una actividad: *está estudiando música y ya hace sus pinitos con el piano*.
OBS Suele ir precedido del verbo *hacer*.

pinnípedo, -da *adj./n. m.* **1** ZOOL. [animal mamífero] Que tiene los dedos de las patas delanteras unidos por membranas, las patas traseras en forma de aleta, una gruesa capa de grasa bajo la piel y vive en el mar, aunque tiene que salir a la superficie para poder respirar: *la foca es un animal pinnípedo; los pinnípedos se alimentan de peces*. ◇ *n. m. pl.* **2 pinnípedos** ZOOL. Orden al que pertenecen estos mamíferos: *las focas y las morsas pertenecen al orden de los pinnípedos*.

pino *n. m.* **1** Árbol de tronco fuerte y rugoso, con las hojas estrechas en forma de aguja, cuyo fruto es la piña y que crece sobre todo en Europa: *las hojas de los pinos son perennes; la resina se extrae del pino*. ☞ árbol. **2** Madera de este árbol: *en mi habitación los muebles son de pino*.
en el quinto pino *coloquial* Muy lejos: *esa calle está en el quinto pino, así que prefiero tomar el autobús*.
hacer el pino Poner el cuerpo verticalmente con las manos apoyadas en el suelo y los pies hacia arriba: *el profesor de gimnasia nos mandó hacer el pino*.
hacer los primeros pinos o **hacer los primeros pinitos** *a)* Dar los primeros pasos un niño que empieza a andar: *no tiene aún ocho meses y ya hace sus primeros pinitos*. *b)* Hacer los primeros progresos o avances en una actividad o un trabajo: *esta actriz hizo sus primeros pinos en el teatro de su escuela*.
DER pinar; empinar.
ETIM Pino procede del latín *pinus*, que tenía el mismo significado, voz con la que también está relacionada *piña*.

pinrel *n. m.* *coloquial* Pie de una persona: *quita los pinreles de la mesa, que es de mala educación*. Suele usarse de forma humorística.

pinsapo *n. m.* Árbol parecido al abeto que tiene hojas cortas y punzantes, y piñas derechas y más grandes que las del abeto: *el pinsapo se suele cultivar como adorno*.

pinta *n. f.* **1** Mancha o señal redondeada y pequeña en la piel, el pelo o las plumas de los animales, y en las alas de ciertos insectos: *era una gallina parda con pintas blancas; la mariquita es roja con pintas negras*. **SIN** mota. **2** Dibujo en forma de mancha redondeada muy pequeña con el que se adorna una tela: *el abrigo es gris jaspeado, con pintas más oscuras*. **3** Aspecto o apariencia exterior de una persona o cosa: *con ese traje tienes pinta de hombre de negocios; tu novia tiene pinta de ser muy simpática; esa comida tiene muy buena pinta*. Cuando se trata del aspecto de una persona suele adquirir un valor despectivo: *¿dónde se cree que va con semejante pinta?* **4** Carta de la baraja que se descubre para señalar el palo que en un juego determinado es el triunfo o palo que tiene más valor: *el dos de bastos era la pinta*. **5** Medida de capacidad para líquidos o para áridos: *la pinta varía según los países; pidió una pinta de cerveza en el bar*. ◇ *n. m.* **6** Hombre que habla u obra sin vergüenza ni respeto hacia los demás: *ten cuidado con él, porque es un pinta y te engañará*.

pintada *n. f.* **1** Escrito de gran tamaño hecho a mano sobre una superficie, generalmente una pared, que se pinta de manera encubierta y suele hacer referencia a algún aspecto político o social: *por la mañana aparecieron varias pintadas en la fachada del ayuntamiento*. **2** Ave de la familia de la gallina, con las plumas negras y manchas blancas, que tiene la cabe-

pintado

za pelada y una cresta dura: *cerca de mi casa hay una granja de pintadas.* Para indicar el sexo se usa *la pintada macho* y *la pintada hembra.*

pintado, -da *adj.* **1** [animal] Que tiene manchas de color en la piel, el pelo o las plumas: *salió de las cuadras un caballo pintado, brioso y noble.* **SIN** pinto. **2** Que es muy parecido o casi igual a otra persona o cosa: *ese vestido es pintado al mío; María es pintada a su madre.* **SIN** clavado.
el más pintado La persona más hábil o adecuada para un determinado asunto: *no te preocupes, eso le ocurriría incluso al más pintado.*
que ni pintado De forma muy adecuada u oportuna o muy a propósito: *esta hoja de papel me viene que ni pintada para apuntar los teléfonos; tu hermano está que ni pintado con ese frac.* Se suele utilizar con los verbos *venir* o *estar*.

pintalabios *n. m.* **1** Barra pequeña hecha de una pasta compacta y grasa que se usa como cosmético para dar color a los labios, y que generalmente va guardada en un pequeño estuche alargado: *lleva siempre un pintalabios en el bolso.* **SIN** carmín. **2** Sustancia grasa que se usa como cosmético para dar color a los labios: *su tía le dio un beso y le dejó una mancha de pintalabios en la mejilla.* **SIN** carmín.
OBS El plural también es *pintalabios.*

pintamonas *n. com.* **1** Persona que se dedica a la pintura artística, pero tiene poca habilidad para ella: *tu hermana es una pintamonas, no sabe ni coger el pincel.* **2** Persona poco importante: *José Luis tiene sueños de grandeza, pero es un pintamonas.*
OBS El plural también es *pintamonas.*

pintar *v. tr./intr.* **1** Representar algo en una superficie por medio de colores y líneas: *le gusta pintar cuadros abstractos; este artista pinta con colores muy suaves.* ◇ *v. tr.* **2** Cubrir con color una superficie: *se pasó el fin de semana pintando la valla del jardín.* **3** Describir con palabras el aspecto o el carácter de algo o alguien: *no me parece que Isabel sea como tú la pintas; el niño nos ha pintado el colegio como un sitio horrible.* ◇ *v. tr./prnl.* **4** Dar color, cubrir defectos y hacer más bella la cara, usando productos naturales o artificiales: *la maquilladora ha pintado a la estrella de cine; Marta se pinta antes de salir a la calle.* **SIN** maquillar. ◇ *v. intr.* **5** Hacer trazos o colorear un lápiz o un objeto de características parecidas: *tengo que comprar una carga de tinta para el bolígrafo porque ya no pinta.* **6** Tener valor o importancia o una determinada función: *estos zapatos en medio de la sala no pintan nada; él no pinta nada en la empresa.* Se usa en oraciones negativas e interrogativas que esperan una respuesta negativa: *¿se puede saber qué pinta Elvira aquí?* **7** Señalar una carta de la baraja el palo que más valor tiene en un juego o en una partida: *pintan copas.*
pintárselas solo Ser suficientemente hábil una persona para hacer una cosa sin ayuda de otras: *Guillermo se las pinta solo para animar las fiestas.*
DER pintada, pintado, pintarrajear, pinto, pintor, pintorrear, pintura; despintar, repintar.

pintarrajear *v. tr./intr.* **1** Pintar sin arte ni cuidado: *los niños han pintarrajeado la pared de su habitación.* ◇ *v. tr./prnl.* **2** Maquillar la cara de una persona de forma excesiva y poco adecuada: *parece mentira que una maquilladora profesional la haya pintarrajeado de esa manera; Silvia se pintarrajea y cree que va muy guapa.*
DER pintarrajo.

pintiparado, -da *adj. coloquial* Que es adecuado, oportuno o conveniente para una cosa o un fin determinados: *esta bolsa de viaje me viene pintiparada para la excursión.*
OBS Suele usarse con los verbos *ser* y *venir.*

pinto, -ta *adj.* [animal] Que tiene manchas de color en la piel, el pelo o las plumas: *le regalaron un jilguero pinto.* **SIN** pintado.

pintor, -ra *n. m. y f.* **1** Persona que se dedica a la pintura artística: *Picasso fue un pintor genial.* **2** Persona que se dedica a pintar puertas, paredes, casas y superficies en general: *los pintores vendrán mañana a pintar la cocina.*
DER pintoresco.

pintoresco, -ca *adj.* **1** Que presenta una imagen bella, agradable y única, muy adecuada para ser pintada: *desde el mirador se veía un paisaje muy pintoresco.* **2** Que llama la atención por ser peculiar o extraño: *mi vecino tiene una forma de vestir muy pintoresca.* **3** [lenguaje, estilo] Que describe la realidad de forma viva y animada.

pintura *n. f.* **1** Arte de pintar o representar en una superficie con colores y líneas: *se dedica a la pintura; la pintura abstracta nace en el siglo XX.* **2** Obra que se hace aplicando ese arte: *este cuadro es una famosa pintura de El Greco.* **pintura rupestre** Dibujo o representación hecho sobre roca de la época prehistórica: *en las cuevas de Altamira se conservan unas importantísimas pinturas rupestres.* **3** Conjunto de obras pintadas de un autor, de un estilo, de un país o de un período determinados: *es un apasionado de la pintura de Goya; se especializó en la pintura cubista.* **4** Producto con un color determinado que se usa para pintar: *el pintor utilizó otro tubo más de pintura; compró un bote de pintura negra para pintar las rejas.* **5** Técnica o procedimiento usado para pintar una obra o una superficie: *llamó a una empresa que hace trabajos de chapa y pintura.* **pintura al fresco** Técnica para pintar sobre paredes y techos especialmente preparados en la que se emplea colores disueltos en agua: *la pintura al fresco se ha utilizado para decorar muchas iglesias.* **pintura al óleo** Técnica para pintar en la que se emplea colores disueltos en aceite: *la pintura al óleo se suele hacer sobre lienzo.* **pintura al pastel** Técnica para pintar en la que se utilizan lápices de colores blandos: *en la pintura al pastel se pinta siempre sobre papel.* **pintura al temple** Técnica para pintar en la que se emplean colores mezclados con cola y agua caliente: *he pintado las paredes de la casa con pintura al temple.* **6** Descripción de personas o cosas por medio de palabras: *en esa novela se hace una pintura de la sociedad española durante la posguerra.* ◇ *n. f. pl.* **7** pinturas Conjunto de productos que sirven para pintarse la cara: *si quieres maquillarte, puedes coger mis pinturas.* **SIN** maquillaje.
no poder ver ni en pintura Sentir mucha antipatía hacia una persona: *desde que le traicionó no lo puede ver ni en pintura.*
DER pinturero.

pinturero, -ra *adj./n. m. y f.* [persona] Que presume de ser bello, fino o elegante: *paseaba su figura pinturera por el parque.*

pinza *n. f.* **1** Instrumento formado por dos piezas alargadas, unidas con un muelle o pequeña palanca en el centro, que se separan por un extremo haciendo presión con los dedos por el otro extremo y se utiliza para sujetar o apretar cosas: *siempre usamos pinzas de madera para tender la ropa.* ◇ *n. f. pl.* **2** pinzas Instrumento formado por dos piezas unidas por un extremo y separadas por el otro, que se juntan haciendo presión con los dedos por el centro y que sirve para coger cosas: *se quitaba los pelos de las cejas con unas pinzas de depilar.* **3** Pieza articulada que tienen algunos animales en el extremo de las patas, que está dividida en dos partes y se cierran con fuerza para coger o apretar algo: *los cangrejos tie-*

nen unas pinzas muy fuertes. **4** Pliegue cosido en la tela de una prenda de vestir: *pantalones de pinzas*.
DER pinzar.

pinzamiento *n. m.* Opresión de un órgano, de un nervio o de un músculo que se encuentra entre dos superficies: *me dieron un masaje para aliviarme el dolor que me producía el pinzamiento en las cervicales*.

pinzón *n. m.* Pájaro pequeño de pico largo que tiene un canto muy agradable y se alimenta de insectos: *los pinzones machos tienen un plumaje muy vistoso*.
OBS Para indicar el sexo se usa *el pinzón macho y el pinzón hembra*.

piña *n. f.* **1** Fruto del pino y otros árboles, que tiene forma ovalada o de cono, termina en punta, y está formado por muchas piezas duras y colocadas en forma de escamas: *recogieron piñas para adornar el árbol de Navidad; algunas clases de piñas tienen piñones comestibles*. **2** Fruto comestible de gran tamaño, de carne amarilla y muy jugosa, que tiene una corteza rugosa y áspera y que termina en un conjunto de hojas: *la piña procede de una planta tropical que tiene el mismo nombre; tomamos piña en ensaladas y postres*. **SIN** ananás. **3** Planta tropical de la que se extrae esta fruta: *la piña tiene flores de color morado*. **SIN** ananás. **4** Conjunto de personas unidas estrechamente por un sentimiento de lealtad y fidelidad: *este grupo de amigos son una piña*. **5** Conjunto de personas, animales o cosas muy juntas: *la familia de chimpancés dormía en una piña*. **6** Golpe muy fuerte contra algo: *conducían como locos y se dieron una piña contra un muro*.
DER piñata, piño, piñón; apiñar.
ETIM Véase pino.

piñata *n. f.* Recipiente lleno de dulces o regalos, que se cuelga para romperlo a palos con los ojos tapados: *en la fiesta de cumpleaños los niños jugaron a romper una piñata*.

piño *n. m.* **1** *coloquial* Diente: *se cayó de la bici y se rompió los piños*. **2** *coloquial* Golpe: *se dio un piño y se rompió un brazo*.

piñón *n. m.* **1** Semilla del pino, de forma ovalada, con una cáscara muy dura y una carne blanca y dulce: *los piñones están en el interior de las piñas*. **2** Rueda pequeña y con dientes en el borde, que ajusta con otra de igual o distinto tamaño en una máquina para transmitir movimiento: *las bicicletas llevan un piñón en la rueda trasera*. ☞ transmisión, sistemas de.
DER piñonate, piñonero.

piñonero, -ra *adj./n. m.* [pino] Que produce semillas comestibles: *los pinos piñoneros tienen placas rojas en la corteza; los piñones del piñonero son grandes y blancos*. **SIN** pino.

pío, pía *adj./n. m. y f.* **1** [persona] Que es muy religioso y lo demuestra con sus actos: *las personas pías van a misa todos los domingos*. **SIN** devoto, piadoso. **ANT** impío. ◇ *n. m.* **2** Onomatopeya de la voz del pollo o de los pájaros: *el pollito hacía pío porque tenía mucho frío*.
no decir ni pío No decir ni una sola palabra: *hace todo lo que le pido sin decir ni pío*.
DER piedad; expiar, impío.

piojo *n. m.* Insecto muy pequeño, de cuerpo aplastado, antenas cortas y sin alas que vive pegado al pelo de los seres humanos y de otros animales; tiene la boca en forma de trompa y con ella chupa la sangre que le sirve de alimento: *el piojo es un insecto parásito; se rascaba la cabeza porque tenía piojos*. ☞ insectos.
como piojos en costura En un espacio tan pequeño que hay que apretarse mucho para caber: *vivían 20 personas en una casa muy pequeña, estaban como piojos en costura*.
SIN sardina.
DER piojoso; despiojar.

OBS Para indicar el sexo se usa *el piojo macho y el piojo hembra*.

piojoso, -sa *adj.* **1** [persona, animal] Que tiene muchos piojos: *un vagabundo sucio y piojoso me pidió una limosna*. **2** [persona] Que merece desprecio, generalmente porque no ayuda a los demás: *eres un piojoso y un desagradecido, nunca me prestas tu ayuda cuando la necesito*.

piolet *n. m.* Utensilio de metal en forma de pico que utilizan los alpinistas para asegurarse cuando escalan sobre nieve o hielo.
OBS El plural es *piolets*.

pionero, -ra *adj./n. m. y f.* **1** [persona] Que realiza los primeros descubrimientos o los primeros trabajos en una actividad determinada: *además de médico, fue pionero en el campo de la genética; fue una de las empresas pioneras en la utilización de sustancias no perjudiciales para la capa de ozono*. **SIN** precursor. ◇ *n. m. y f.* **2** Persona que llega a un lugar, lo explora e inicia la colonización del mismo: *Colón fue un pionero en la colonización de América*.

piorrea *n. f.* Enfermedad de la boca que consiste en la aparición de pus en las encías y que suele producir la caída de los dientes: *tuvo piorrea y ahora lleva dentadura postiza*.

pipa *n. f.* **1** Semilla pequeña de ciertos frutos envuelta en una cáscara fina que se abre fácilmente: *la calabaza, el melón y la sandía tienen pipas*. **SIN** pepita. **2** Semilla negra y comestible del girasol: *se ha comprado una bolsa de pipas con sal y una de patatas fritas*. **3** Instrumento que sirve para fumar y que está formado por un pequeño recipiente en el que se quema el tabaco y un tubo por el que se aspira el humo: *mi padre fuma en pipa*. **4** *coloquial* Arma de fuego de cañón corto, que se dispara con una sola mano: *el atracador amenazó al cajero con una pipa*. **SIN** pistola.
pasarlo pipa Divertirse mucho: *nos lo pasamos pipa en la fiesta de tu hermano*.
DER pipeta.

pipermín *n. m.* Bebida alcohólica de menta: *el pipermín es de color verde; el pipermín se obtiene mezclando alcohol, menta y agua con azúcar*.

pipeta *n. f.* Tubo de cristal que se usa en los laboratorios para trasladar pequeñas cantidades de líquido de un recipiente a otro; está graduado y suele ser más ancho por la parte central: *al tapar el orificio superior de la pipeta el líquido no se derrama*.

pipí *n. m. coloquial* Líquido de color amarillo que se forma en los riñones de los mamíferos y se expulsa al exterior: *estos pañales absorben muy bien el pipí*. **SIN** orina, pis.
hacer pipí *coloquial* Expulsar la orina al exterior: *el niño se ha vuelto a hacer pipí*. **SIN** mear, orinar.
OBS El plural es *pipís*.

pipiolo, -la *n. m. y f.* Persona muy joven, especialmente cuando no tiene experiencia: *han entrado a trabajar dos nuevos pipiolos*. **SIN** novato.

pipo *n. m. coloquial* Semilla o hueso que tienen algunos frutos: *las aceitunas, la sandía y el limón tienen pipos*.

pique *n. m.* **1** Enfado o disgusto pasajero provocado por una discusión o un enfrentamiento: *tuvieron un pique por una tontería*. **2** Empeño en hacer una cosa por amor propio o para demostrar la superioridad con respecto a otras personas: *son compañeros, pero hay un pique entre ellos para ver quién asciende antes*.
irse a pique *a)* Hundirse un barco hasta llegar al fondo: *el Titanic se fue a pique en pocos minutos*. *b)* Estropearse o no llegar a su fin un proyecto: *el matrimonio se fue a pique por culpa de sus celos*.

piqué *n. m.* Tejido de algodón que tiene dibujos en relieve: *blusa de piqué.*

piqueta *n. f.* **1** Herramienta que utilizan generalmente los albañiles para derribar muros, formada por una cabeza de metal, plana por un extremo y acabada en punta por el otro, y un mango corto de madera: *con la piqueta echó abajo una parte de la pared.* **2** Objeto de madera o de metal acabado en punta que se clava en la tierra: *pusimos piquetas para sujetar la tienda de campaña al suelo.*

piquete *n. m.* **1** Grupo de personas que recorren las calles o se colocan en ciertos lugares para impedir que se trabaje cuando se ha declarado una huelga: *los piquetes han tenido enfrentamientos con la policía.* **2** Pequeño grupo de soldados designado para hacer un servicio extraordinario: *durante la guerra, los piquetes de ejecución fusilaban a los condenados.* **3** Herida de poca importancia hecha con un objeto agudo: *se hizo un piquete en la cabeza al golpearse con la estantería.* **4** Agujero pequeño en un lugar, especialmente en la ropa: *ese chaleco está viejo y lleno de piquetes; hizo un piquete en la pared para pasar el cable del teléfono.*

pira *n. f.* Fuego de llamas altas, especialmente el que se prepara para hacer sacrificios o para quemar cadáveres: *algunos pueblos antiguos quemaban a sus difuntos en una pira, en lugar de enterrarlos.* **SIN** hoguera.

pirado, -da *adj./n. m. y f.* [persona] Que tiene muy alterada la razón: *no le hagas mucho caso, está pirado; algún pirado incendió el monte.*

piragua *n. f.* Embarcación estrecha y alargada, con poco calado y sin quilla, que navega propulsada por remos de pala muy ancha no sujetos al casco de la nave.

piragüismo *n. m.* Deporte que consiste en navegar en una piragua.

piragüista *n. com.* Persona que practica el piragüismo: *los piragüistas españoles lograron ganar la regata.*

piramidal *adj.* Que tiene forma de pirámide.

pirámide *n. f.* **1** Cuerpo geométrico que tiene una base que no es redonda, y cuyas caras laterales son triángulos que se juntan en un punto común: *el punto común de las caras triangulares de una pirámide se llama* vértice. **2** Construcción que tiene esa forma, especialmente si tiene por base un cuadrado: *las pirámides más conocidas están en Egipto; en el museo del Louvre hay una pirámide de cristal.* **pirámide truncada** Pirámide que en lugar de terminar en un vértice, está rematada por otra superficie no redonda y de tamaño menor que el de la base: *las civilizaciones azteca y maya construyeron pirámides truncadas.*
DER piramidal.

piraña *n. f.* Pez tropical de agua dulce, de pequeño tamaño, cabeza ancha y dientes muy fuertes y afilados: *las pirañas viven en grupo y son carnívoras; las pirañas habitan en grandes ríos sudamericanos, como el Amazonas y el Orinoco.*
OBS Para indicar el sexo se usa *la piraña macho* y *la piraña hembra.*

pirarse *v. prnl. coloquial* Irse de un sitio: *bueno, me piro, que tengo prisa.*

pirata *n. com.* **1** Persona que navega sin licencia y que se dedica a asaltar los barcos en alta mar o en las costas para robar lo que contienen: *los piratas asaltaron la galera.* **pirata aéreo** (o **del aire**) Persona que obliga a un avión a cambiar su dirección o su destino, generalmente para reivindicar algo: *el pirata aéreo desvió el avión hacia las islas del Caribe.* **2** Persona que se aprovecha del trabajo o de las obras de otros: *es un pirata, ha copiado la idea de su novela de otro del siglo pasado; los piratas informáticos se dedican a copiar o robar información de otros ordenadores a través de las redes.* ◇ *adj.* **3** De la persona que practica la piratería o de este tipo de asalto en el mar: *en el museo naval vimos un auténtico barco pirata del siglo XVI.* **4** Que va contra la ley o que no la sigue: *edición pirata de un libro; emisora pirata; versión pirata de un programa informático.* **SIN** ilegal.
DER piratear, piratería.

piratear *v. intr.* **1** Asaltar naves en el mar para robar lo que contienen: *escapó de la prisión de la isla y pirateó por todos los mares del sur.* ◇ *v. tr./intr.* **2** Aprovecharse del trabajo o de las obras de otros, especialmente copiando programas informáticos u obras de literatura o de música sin estar autorizado legalmente para hacerlo: *prefiero hacer mi trabajo personalmente que piratear; lo condenaron por piratear un programa de ordenador.*

piratería *n. f.* **1** Asalto de naves y robo de lo que contienen: *los bucaneros se dedicaron a la piratería en los siglos XVI y XVII.* **2** Conjunto de cosas robadas por los piratas: *después de asaltar el barco se marcharon a esconder la piratería en algún lugar seguro.* **SIN** botín. **3** Robo o destrucción de los bienes de una persona: *la piratería ha acabado con muchos negocios.* **4** Apropiación del trabajo o las obras de otros: *la piratería está muy extendida en la informática.*

pirenaico, -ca *adj.* De los Pirineos o que tiene relación con este sistema montañoso situado en la frontera de España con Francia: *los paisajes pirenaicos son muy hermosos tanto en verano como en invierno.*
DER transpirenaico.

pírex *n. m.* Material transparente, parecido al cristal, que es muy resistente al calor: *puse los canelones en una bandeja de pírex y los metí en el horno.*

piripi *adj. coloquial* [persona] Que se ha emborrachado ligeramente: *con una copa de cava ya está piripi.* **SIN** alegre.

pirita *n. f.* Mineral de hierro que es muy duro y de color dorado: *la pirita es sulfuro de hierro.*

piro- Elemento prefijal que entra en la formación de palabras con el significado de 'fuego', 'llama': *pirotecnia, pirómano.* **SIN** igni-.

pirograbado *n. m.* **1** Técnica que consiste en grabar dibujos sobre madera con un instrumento de metal incandescente: *curso de pirograbado.* **2** Obra que se ha realizado mediante esta técnica: *exposición de pirograbados.*

piromanía *n. f.* Tendencia enfermiza que tienen algunas personas a incendiar lugares: *la piromanía es una forma de locura que necesita tratamiento psiquiátrico.*

pirómano, -na *n. m. y f.* Persona que siente una pasión enfermiza por provocar incendios: *los pirómanos son muy peligrosos cerca de los bosques.*
DER piromanía.

piropear *v. tr.* Dirigir piropos o expresiones de admiración a una persona, generalmente por su belleza: *las chicas no dejaron de piropear al cantante durante el concierto.*

piropo *n. m.* Palabra o frase que dirige una persona a otra para expresar admiración, generalmente por su belleza: *un señor le echó un piropo a una de las azafatas; se deshizo en piropos sobre la elegancia de los invitados.* **SIN** requiebro.
DER piropear.

pirotecnia *n. f.* Técnica que se ocupa de los fuegos artificiales, explosivos y toda clase de inventos con pólvora, tanto para fines militares como para las diversiones y las fiestas: *los expertos en pirotecnia prepararon una gran traca para el final de las fiestas mayores.*
DER pirotécnico.

pirotécnico, -ca *adj.* De la pirotecnia o que tiene relación con esta técnica de preparar explosivos y fuegos artificiales: *industria pirotécnica*.

pirrarse *v. prnl.* **1** *coloquial* Desear una cosa con mucha pasión: *me pirro por dar la vuelta al mundo en un viaje de placer*. **2** Gustar mucho una cosa: *me pirro por los bombones*. **OBS** Se usa sólo con la preposición *por*.

pirueta *n. f.* **1** Movimiento ágil que se hace con el cuerpo sobre una superficie o en el aire: *el acróbata hizo una pirueta antes de recoger los tres aros*. **2** Giro completo que realiza una persona sobre sí misma: *el patinador hizo una magnífica pirueta y el público empezó a aplaudir*. **SIN** voltereta. **3** Acción con la que se resuelve una situación difícil o se sale de un aprieto: *el negocio iba mal, pero con muchas piruetas consiguió salvarlo*. Se usa más en plural. **4** Vuelta rápida que se hace dar al caballo, obligándole a levantar las manos y a girar apoyado sobre las patas traseras: *a una seña del domador el caballo hacía una pirueta*.

pirula *n. f. coloquial* Acción que molesta, causa un daño a alguien o está hecha con mala intención: *vaya pirula me hiciste dejándome plantada en el cine*. **SIN** faena, jugarreta.

piruleta *n. f.* Caramelo de forma plana y circular que va unido a un palillo para poderlo coger con la mano y chuparlo: *las piruletas pueden ser de varios sabores y colores*.

pirulí *n. m.* Caramelo, generalmente largo y en forma de cono, y con un palo muy fino que sirve de mango para sujetarlo: *en una tienda de golosinas me compré un pirulí*.
DER piruleta.
OBS El plural es *pirulíes*.

pis *n. m. coloquial* Líquido de color amarillo que se forma en el riñón y se expulsa: *hay pis en el orinal*. **SIN** orina, pipí.
hacer pis *coloquial* Expulsar la orina: *el niño se ha vuelto a hacer pis; sacó al perro a pasear para que hiciera pis*.
OBS El plural es *pises*.

pisada *n. f.* **1** Colocación de un pie sobre algo, especialmente al andar: *al torcerse el tobillo hacía las pisadas inseguras*. **SIN** paso. **2** Señal que deja un pie al pisar: *el suelo está lleno de pisadas porque no friega con lejía*. **SIN** huella.

pisapapeles *n. m.* Objeto pesado que se pone sobre los papeles para sujetarlos: *sobre el escritorio había un pisapapeles de cristal*.
OBS El plural también es *pisapapeles*.

pisar *v. tr.* **1** Poner el pie sobre una persona o cosa: *no pises el suelo con los zapatos sucios; cuando bailes, procura no pisar a tu pareja*. **2** Estrujar o apretar con los pies: *pisar la uva; pisar la tierra; pisar el acelerador*. **3** Aparecer por un lugar: *hace varios años que no piso su casa*. Se suele usar en frases negativas. **4** Tratar mal o despreciar a una persona, causándole un daño moral: *no te dejes pisar por nadie y defiende tus derechos*. **SIN** humillar, pisotear. **5** Adelantarse a otra persona en lograr un objetivo o proyecto: *me pisó el tema del artículo*. **6** Pulsar una tecla o una cuerda de un instrumento: *aunque pisa las teclas del piano con agilidad, todavía le falta algo de seguridad*. **7** Cubrir parcialmente una cosa a otra: *fuimos a la playa y pusimos las toallas pisándose unas a otras, para poder estar más juntos*.
DER pisada, piso, pisón, pisotear.

pisaverde *n. m. coloquial* Hombre muy presumido que le da demasiada importancia a su aspecto: *es un pisaverde, que se pasa horas arreglándose frente al espejo*. Es despectivo.

pisci- Elemento prefijal que entra en la formación de palabras con el significado de 'pez': *piscicultura*.

piscícola *adj.* De la piscicultura o que tiene relación con esta técnica de la cría de peces.

piscicultor, -ra *n. m. y f.* Persona que se dedica a la piscicultura: *el piscicultor dirige la reproducción de los peces y los mariscos*.

piscicultura *n. f.* Técnica que se ocupa de la reproducción y la cría de peces y mariscos: *la piscicultura suele tener fines comerciales*.
DER piscícola, piscicultor.
ETIM Véase *pez*.

piscifactoría *n. f.* Conjunto de instalaciones adecuadas para la cría de peces y mariscos: *junto al río hay una piscifactoría dedicada a la cría de la trucha*.

piscina *n. f.* **1** Recipiente de grandes dimensiones que se llena de agua para poder nadar y bañarse en ella: *en invierno voy a una piscina climatizada; pusimos una piscina de plástico en el jardín para que se bañen los niños*. **2** Establecimiento o conjunto de instalaciones donde se puede practicar la natación y otros deportes de agua: *los vestuarios, los servicios y las duchas de la piscina están al fondo del pasillo*. **3** Recipiente de gran tamaño que se llena de agua para tener peces u otros animales que viven en el agua: *en el zoo tienen una piscina con tiburones*.
ETIM Véase *pez*.

piscis *adj./n. com.* [persona] Que ha nacido entre el 19 de febrero y el 20 de marzo, tiempo en que el Sol recorre aparentemente Piscis, duodécimo signo del Zodíaco.

piscolabis *n. m.* Comida ligera que se toma entre horas y que suele consistir en un bocadillo, un pincho o una tapa: *hicimos un alto en el camino para tomar un piscolabis en una cafetería*. **SIN** tentempié.
OBS El plural también es *piscolabis*.

piso *n. m.* **1** Vivienda en un edificio de varias plantas: *busco un piso en alquiler en el centro de la ciudad*. **2** Planta de un edificio o medio de transporte: *vivían en el piso tercero; viajamos en un autocar de dos pisos*. **3** Capa o estrato de un terreno o de una roca: *aprovecharon los pisos de la ladera para hacer campos de cultivo*. **4** Superficie artificial sobre la que se pisa, cubierta con diversos materiales: *las habitaciones tienen el piso de moqueta*. **SIN** pavimento, suelo. **5** Capa superpuesta que con otras forma una unidad: *en la pastelería encargamos un pastel de tres pisos*. **6** Parte del calzado que queda debajo del pie y que toca el suelo: *para escalar utiliza unas botas con el piso de goma*. **SIN** suela.
DER entrepiso.

pisotear *v. tr.* **1** Pisar repetidamente a una persona, animal o cosa maltratándolos o estropeándolos: *una manada de búfalos pisoteó al cazador; tiró al suelo la ropa y la pisoteó*. **2** Maltratar o despreciar a una persona, causándole un gran perjuicio o daño moral: *en esta vida tienes que ser fuerte y no dejarte pisotear*.
SIN humillar, pisar.
DER pisotón.

pisotón *n. m.* Pisada que se hace con fuerza sobre alguna cosa, especialmente sobre el pie de otra persona: *le dieron un pisotón en el autobús; ha matado un bicho de un pisotón*.

pista *n. f.* **1** Señal que queda al pisar o al pasar por un lugar una persona o un animal: *el caballo iba dejando una pista en la arena; el explorador seguía las pistas de los indios*. **SIN** huella, rastro. **2** Señal que sirve para descubrir una cosa o para llegar a una conclusión: *el policía seguía una pista falsa; el profesor nos dio algunas pistas para resolver el problema*. **SIN** indicio. **3** Superficie donde despegan y toman tierra los aviones: *el avión con destino Mallorca espera en la pista número tres; su finca tiene una pista para helicópteros*. **4** Superficie que se utiliza para practicar deportes o hacer carreras con vehículos: *los corredores están ya en la pista de atletismo; alquilaron*

una pista de tenis. **5** Superficie que se utiliza para bailar: *decenas de parejas bailaban en la pista del salón al compás de la música.* **6** Superficie donde se representan espectáculos o funciones de circo: *los leones saltaron a la pista; el número de los payasos es en la pista central.* **7** Camino o carretera de tierra: *hicimos una excursión por la pista forestal que cruza la montaña.* **8** Carretera importante, con dos o más espacios para cada sentido de la circulación: *van a construir una nueva pista para hacer más fluido el tráfico de Madrid.* **SIN** autopista. **9** Superficie lineal en que se divide un disco o una cinta magnética y que sirve para grabar información: *este disquete tiene nueve pistas; la voz se grababa en una pista y los instrumentos en otra.*
DER despistar.

pistacho *n. m.* **1** Fruto seco comestible de forma ovalada, que tiene una cáscara muy dura de color marrón claro y una semilla carnosa verde, cubierta por una piel oscura muy fina: *los pistachos son muy sabrosos y contienen muchas calorías.* ◇ *n. m./adj.* **2** Color verde claro muy brillante: *el pistacho es una variedad del verde; venía con una falda pistacho y un bolso a juego.* No varía de número.

pistilo *n. m.* BOT. Órgano de reproducción femenino de una flor, que tiene forma de botella y está en el centro de la flor, rodeado por los estambres: *el polen se posa en el estigma, pasa por el estilo y se deposita en el ovario del pistilo, donde fecunda la flor.* ☞ flor.

pisto *n. m.* Comida hecha a base de hortalizas picadas en trozos muy pequeños que se fríen y luego se cocinan lentamente: *el pisto lleva principalmente calabacín, pimiento, tomate, berenjena y cebolla.*

darse pisto Presumir o darse mucha importancia una persona por algo que tiene: *desde que ha publicado la novela no deja de darse pisto, pero sigue siendo un escritor mediocre.*

pistola *n. f.* **1** Arma de fuego de cañón corto, que se dispara con una sola mano: *tira la pistola y pon las manos en alto.* **2** Utensilio formado por un recipiente y un mecanismo que permite esparcir un determinado líquido a presión sobre una superficie: *la pistola pulveriza la pintura líquida; los coches se pintan con pistola.* **3** Barra pequeña de pan: *déme dos pistolas y una bolsa de magdalenas, por favor.*
DER pistolera, pistolero, pistoletazo.

pistolera *n. f.* Funda con forma de pistola para guardar un arma: *los policías llevan una pistolera de cuero colgada del cinturón.*

pistolero, -ra *n. m. y f.* Persona que usa la pistola para robar, atacar o matar a otras: *Billy el Niño fue un famoso pistolero del Oeste.*

pistoletazo *n. m.* **1** Disparo hecho con una pistola: *dio varios pistoletazos al aire para asustar al ladrón.* **2** Ruido producido por ese tiro: *al oír el pistoletazo de salida, los atletas empezaron a correr.*

pistón *n. m.* **1** Pieza de una bomba o del cilindro de un motor que se mueve impulsando un fluido o bien recibiendo el impulso de él: *el mecánico ha engrasado los pistones del motor; el pistón va conectado a la biela.* **SIN** émbolo. **2** Llave que tienen ciertos instrumentos de viento en forma de émbolo, que se introduce en un tubo cuando se presiona con los dedos: *la trompeta lleva unos pistones que permiten emitir con precisión todas las notas.*
DER pistonudo.

pistonudo, -da *adj. coloquial* Que es muy bueno o admirable: *se ha comprado una moto pistonuda; los macarrones estaban pistonudos.* **SIN** fantástico, formidable.

pita *n. f.* **1** Planta originaria de México, de hojas grandes, largas, carnosas y que nacen de la raíz, y flores amarillentas que salen de un tallo central: *la pita crece en terrenos secos; la pita se usa para fabricar tejidos y cuerdas.* **2** Cuerda o hilo que se hace con una fibra que produce esa planta: *ataron la paja con la pita.* **3** Palabra que se utiliza para llamar a las gallinas: *las gallinas se acercarán si les vas repitiendo 'pitas, pitas'.* **4** Torta redondeada de harina, agua y sal con forma de bolsa en la que se pueden introducir alimentos para comerla a modo de bocadillo: *en el restaurante turco comimos pitas de carne asada.* **5** Conjunto de silbidos, pitos y gritos con que un grupo de personas muestra su rechazo o descontento por algo: *los manifestantes recibieron al alcalde con una buena pita.*

pitada *n. f.* **1** Sonido o golpe producido por un pito: *todos los niños se ponían en fila cuando el profesor de gimnasia daba una pitada.* **SIN** pitido. **2** Conjunto de silbidos, pitos y gritos con que un grupo de personas muestra su rechazo o descontento por algo: *el árbitro señaló penalti y el público protestó con una gran pitada.*

pitanza *n. f.* **1** Alimento diario que toma una persona. **2** Ración de comida que se da a la gente que vive en comunidad o a los pobres: *los mendigos acudían al convento para recibir la pitanza.*

pitar *v. intr.* **1** Hacer sonar un pito: *el niño cogió el silbato y empezó a pitar; el coche pitó varias veces al camión para que le dejara salir del aparcamiento.* **2** Producir un sonido agudo y continuo: *la olla está pitando desde hace rato, así que apaga el fuego; me pitan los oídos.* **SIN** zumbar. **3** Hacer sonar pitos o silbar para demostrar disgusto o rechazo: *los espectadores pitaron al árbitro por su mala actuación.* **4** Hacer de árbitro en una competición deportiva: *en este partido lo pitará el señor Pérez.* **SIN** arbitrar. ◇ *v. tr.* **5** Señalar o indicar una falta usando un pito en una competición deportiva: *el árbitro pitó un penalti contra el equipo local.*

pitando Con mucha rapidez o de manera precipitada: *adiós, me voy pitando, que tengo mucha prisa.* Se usa con verbos que indican movimiento, como *irse, marcharse* o *salir.*
DER pita, pitada.

pítcher *n. com.* Jugador de béisbol que lanza la pelota al bateador: *el pítcher lanzó la bola demasiado baja y el bateador no pudo golpearla.*

pitecántropo *n. m.* Mamífero antropoide fósil que vivió durante el pleistoceno: *según los antropólogos que defienden la teoría evolucionista, el pitecántropo es un eslabón de la evolución del hombre.*

pitido *n. m.* **1** Sonido producido por un pito: *el árbitro dio un pitido con su silbato; se despertó con el pitido de la sirena.* **SIN** pitada. **2** Sonido agudo y continuado: *hace rato que noto un molesto pitido en los oídos; le despertó el pitido de una sirena.*

pitillera *n. f.* Estuche o caja que sirve para guardar cigarrillos: *en esta pitillera cabe más de un paquete de tabaco.* **SIN** petaca.

pitillo *n. m.* Cilindro pequeño y delgado de tabaco picado envuelto en un papel especial muy fino, que se fuma: *después del banquete de boda los novios repartían pitillos y puros.* **SIN** cigarrillo, pito.
DER pitillera.

pitiminí *n. m.* **1** Rosal en el que florecen unas rosas muy pequeñas: *el pitiminí es una planta trepadora.* **2** Rosa muy pequeña que florece en este rosal: *le han regalado un ramillete de pitiminíes.*

de pitiminí De un tamaño tan pequeño que resulta gracioso, delicado o poco importante: *su boquita de pitiminí la hace muy atractiva.*

OBS El plural es *pitiminíes.*

pito *n. m.* **1** Instrumento pequeño y hueco que produce un sonido agudo cuando se sopla por él: *pasaron por la calle tocando pitos y tambores*. **SIN** silbato. **2** Instrumento que tienen algunos vehículos y que produce un sonido fuerte: *se puso a tocar el pito como un loco porque le habían cerrado el paso; el conductor del tren tocó el pito al acercarse al paso a nivel*. **SIN** bocina, claxon. **3** Cilindro pequeño y delgado de tabaco picado envuelto en un papel especial muy fino, que se fuma: *se fumaron un pito sentados al borde del camino*. **SIN** cigarrillo, pitillo. **4** *coloquial* Órgano sexual masculino. **SIN** pene, pijo. **5** Sonido que se produce juntando el dedo medio con el pulgar y haciendo resbalar el primero sobre el segundo: *marcaba el compás de la música haciendo pitos*. **SIN** chasquido. **6** En el juego del dominó, parte de la ficha que tiene el valor de un punto: *vamos a pito o a seis; puso el pito doble y terminó la partida*.
entre pitos y flautas Considerando todos los aspectos que afectan a una cosa en conjunto: *entre pitos y flautas, la comida le ha salido muy cara*.
importar un pito Despreciar o no dar importancia a una persona, una cosa o un acontecimiento: *me importa un pito que no quiera venir; le importa un pito lo que digan de él*.
no valer un pito No tener importancia o valor una persona o cosa: *¿cómo voy a tenerle miedo si no vale un pito?; ha comprado una antigüedad que no vale un pito*.
tomar por el pito del sereno Considerar que una persona no merece ser respetada o valorada: *me ha tomado por el pito del sereno y cree que me puede engañar*.
DER pitar, pitido, pitillo, pitón, pitorro.

pitón *n. m.* **1** Punta del cuerno de algunos animales, especialmente de un toro, o cuerno que empieza a salir: *el toro enganchó el capote con el pitón derecho; al cabrito ya se le empiezan a ver los pitones*. **2** Tubo con forma de cono que sale de la parte superior de ciertos recipientes: *nunca aprenderás a beber por el pitón del botijo*. **SIN** pitorro. ◇ *n. f.* **3** Serpiente de gran tamaño con la cabeza parcialmente cubierta de escamas, que vive en tierra y en los árboles de las zonas húmedas y cálidas, y que se alimenta de carne: *la pitón mata a sus presas de asfixia, apretándolas con su enorme fuerza*. ☞ reptiles.
DER pitonazo; empitonar.

pitonisa *n. f.* Mujer que tiene poderes mágicos con los que adivina cosas, especialmente los hechos que sucederán en el futuro: *la pitonisa miró en su bola de cristal y les dijo que tendrían tres hijos*.

pitorrearse *v. prnl. coloquial* Reírse o burlarse de una persona o una cosa, especialmente para ponerla en ridículo: *se pitorrean de Elisa porque no viste como ellos*. **SIN** cachondearse, chotearse.
DER pitorreo.

pitorreo *n. m.* Hecho o dicho con que alguien se ríe o se burla de otra persona o cosa, especialmente para ponerla en ridículo: *le dijo con pitorreo que le sentaba muy bien el traje*. **SIN** cachondeo, guasa.

pitorro *n. m.* **1** Tubo con forma de cono que sale de la parte superior de ciertos recipientes: *cuando se bebe en porrón o en botijo no se debe chupar el pitorro*. **SIN** pitón. **2** Pieza que sobresale de un objeto, con un agujero por donde entra o sale un fluido: *el aire se salió por el pitorro*.

pitote *n. m.* Situación en la que hay ruido y falta de orden, especialmente cuando participa gente alborotada: *un coche mal aparcado tuvo la culpa del pitote que se armó en la calle*. **SIN** barullo, jaleo.

pituitaria *n. f.* ANAT. Membrana y mucosa que revisten el interior de la cavidad de las fosas nasales: *según la región que recubre se denomina pituitaria roja o pituitaria amarilla*.

pituso, -sa *adj./n. m. y f.* [niño] Que es pequeño y muy lindo o gracioso: *esta pitusa dice a veces unas cosas que es para comérsela*.
OBS Se usa como apelativo cariñoso.

pívot *n. m.* Jugador de baloncesto, generalmente de gran estatura, que se coloca cerca del tablero de la canasta para recoger los balones cuando no han entrado en la cesta o para encestar a corta distancia: *en la pista suelen jugar dos pívots, dos aleros y un base*.
OBS El plural es *pívots*.

pivotante *adj.* BOT. [raíz de una planta] Que se hunde o penetra en la tierra verticalmente como una prolongación del tronco: *la raíz pivotante presenta un eje central más grueso que las ramificaciones*. ☞ raíz.

pivotar *v. intr.* **1** Girar sobre un pivote: *tengo unos altavoces colgados de la pared que pueden orientarse pivotando en todas las direcciones*. **2** Girar sobre un pie un jugador de baloncesto para cambiar de posición: *el jugador esquivó al contrario pivotando sobre el pie izquierdo*.

pivote *n. m.* **1** Pieza situada en el extremo de un objeto en la que se apoya otro objeto que también puede girar alrededor de ella: *el tocadiscos tiene un pivote en el centro para meter los discos*. **2** Jugador de balonmano que actúa como atacante, intentado abrir huecos entre las defensas del equipo contrario: *el pivote ha marcado un gol de vaselina*. **3** Poste u objeto cilíndrico que se clava en el suelo, especialmente para impedir que aparquen los coches: *en mi calle ya no se puede aparcar porque han puesto unos pivotes*.
DER pivotar.

pizarra *n. f.* **1** Superficie de forma rectangular que se usa para escribir en ella, generalmente con tiza, y poder borrar lo escrito con facilidad: *el maestro escribió el problema en la pizarra; escribimos con unos rotuladores especiales en la pizarra de plástico*. **SIN** encerado. **2** Roca metamórfica de color negro azulado, que se divide con facilidad en hojas planas y delgadas: *en los pueblos del Pirineo los tejados de las casas se construyen con pizarra*.

pizca *n. f.* Cantidad muy pequeña de una cosa: *a la comida le falta una pizca de sal*.
ni pizca Nada en absoluto: *no entendió ni pizca; no queda ni pizca de pan*.

pizza *n. f.* Comida que consiste en una masa de harina de trigo plana y redonda sobre la que se pone queso, tomate y distintos alimentos, y que se cocina al horno: *comí una pizza de anchoas y champiñones; la pizza es típica de la cocina italiana*.
DER pizzería.
ETIM Es de origen italiano y se pronuncia aproximadamente 'pidsa'.

pizzería *n. f.* Establecimiento en el que se hacen, se venden y se pueden comer pizzas: *el sábado por la noche cenaron en una pizzería*.
ETIM Es de origen italiano y se pronuncia aproximadamente 'pidsería'.

pl. Abreviatura de *plaza*, 'lugar de una población al que afluyen varias calles'.

placa *n. f.* **1** Pieza plana y delgada, generalmente de metal, en la que se graba o escribe un texto: *en la puerta hay una placa dorada con el nombre del doctor y su especialidad médica; el nombre de las calles está escrito en una placa de piedra o metal; al catedrático le regalaron una placa de plata en señal de homenaje*. ☞ signos y señales. **2** Pieza rectangular de

metal que llevan los vehículos en la parte posterior y delantera para indicar el lugar y el número con el que están registrados legalmente: *el guardia urbano apuntó el número de placa del vehículo accidentado*. **SIN** matrícula. **3** Lámina o capa rígida y fina que se forma sobre una cosa: *tiene placas de pus en la garganta; se formó una placa de hielo en el camino tras la nevada*. **placa dental** Capa endurecida de bacterias y proteínas que se forma en la base de los dientes y las muelas y que favorece la aparición de la caries: *debes prevenir la placa dental lavándote los dientes cada día*. **4** Pieza de metal, generalmente plana, que forma parte de un aparato y que se calienta mediante una llama o eléctricamente: *este radiador tiene dos placas; la placa de la cocina se ha ensuciado de grasa*. **placa solar** Pieza de un material especial que recoge la luz solar y la convierte en energía: *las placas solares son un medio natural y no contaminante de obtener energía*. ☞ casa. **5** Objeto, generalmente de metal, que llevan los agentes de policía como distintivo: *el jefe de policía llevaba una placa en el pecho y una pistola en el cinturón*. **SIN** chapa, insignia. **6** Pieza de metal delgada cubierta de una sustancia sensible a la luz sobre la que se hacen determinadas fotografías: *me pusieron la placa en la rodilla para hacerme la radiografía*. **7** GEOL. Parte que, junto con otras, forma la capa exterior de la Tierra: *la placa euroasiática es una de las siete que componen la litosfera*.
DER plaqueta.

placaje   *n. m.* En rugby, acción que consiste en agarrar con las manos al jugador contrario que lleva el balón para detener su ataque: *el último placaje impidió que el equipo ganara la liga*.

placebo   *n. m.* Sustancia que carece de acción curativa pero que produce un efecto terapéutico si el enfermo la toma convencido de que es una medicina realmente eficaz: *es un hipocondríaco y el médico le receta placebos en muchas ocasiones*.
efecto placebo Serie de consecuencias que siente por sugestión la persona que ha tomado un placebo: *el efecto placebo hace que se quite el dolor de cabeza sin haber tomado un analgésico real*.

plácemes   *n. m.* Felicitación o enhorabuena que se recibe por algún suceso feliz: *recibió los plácemes de toda su familia al acabar la carrera*. **SIN** congratulación.

placenta   *n. f.* **1** Órgano de forma redondeada y aplastada hecho de tejido carnoso y esponjoso que, durante el embarazo, se desarrolla en el interior del útero y a través del cual el embrión recibe de la madre oxígeno y sustancias nutritivas: *el cordón umbilical sale de la placenta; después del parto, la placenta se desprende del útero y se expulsa*. **2** Parte interna del ovario de la flor, a la cual están unidos los óvulos: *la placenta está en el borde del carpelo*.
DER placentario.

placentario, -ria   *adj.* **1** De la placenta o que tiene relación con esta estructura orgánica: *tejido placentario*. ◊ *adj./n. m.* **2** [animal] Que se desarrolla en una placenta dentro del útero de su madre: *la jirafa es un animal placentario*. ◊ *n. m. pl.* **3 placentarios** Grupo de mamíferos que nacen en avanzado estado de desarrollo y que en el interior de la madre están dentro de la placenta: *el hombre está dentro del grupo de los placentarios*.

placentero, -ra   *adj.* Que es muy agradable y produce mucho placer: *el viaje fue una experiencia placentera*.

placer   *n. m.* **1** Satisfacción o sensación agradable producida por algo que gusta mucho: *es un placer tomar el sol en esta terraza; ha sido un placer conocer a tu familia*. **2** Diversión o cosa que produce alegría: *debes disfrutar todo lo que puedas de los placeres de la vida; fue a Asturias en un viaje de placer*. ◊ *v. intr.* **3** Producir una sensación agradable a una persona: *me place verla feliz*.
DER placentero, plácido; complacer.

placer

INDICATIVO	SUBJUNTIVO
presente	**presente**
plazco	plazca
places	plazcas
place	plazca o plegue
placemos	plazcamos
placéis	plazcáis
placen	plazcan
pretérito imperfecto	**pretérito imperfecto**
placía	placiera o placiese
placías	placieras o placieses
placía	placiera o pluguiera
placíamos	o placiese o pluguiese
placíais	placiéramos o
placían	placiésemos
	placierais o placieseis
pretérito indefinido	placieran o placiesen
plací	
placiste	**futuro**
plació o plugo	placiere
placimos	placieres
placisteis	placiere o pluguiere
placieron o plugieron	placiéremos
	placiereis
futuro	placieren
placeré	

IMPERATIVO	
place	(tú)
plazca	(usted)
placed	(vosotros)
plazcan	(ustedes)

FORMAS NO PERSONALES	
infinitivo	gerundio
placer	placiendo
participio	
placido	

(condicional: placería, placerías, placería, placeríamos, placeríais, placerían; futuro: placeré, placerás, placerá, placeremos, placeréis, placerán)

placidez   *n. f.* Tranquilidad y paz que se siente o se transmite: *nos miró con placidez y nos sonrió; he podido descansar con placidez*. **SIN** sosiego.

plácido, -da   *adj.* Que está tranquilo y transmite sensación de paz: *su plácida mirada nos cautivó a todos; la mañana amaneció plácida*. **SIN** sosegado.
DER placidez.

plafón   *n. m.* **1** Lámpara plana traslúcida que se coloca pegada al techo o a una pared y que sirve para ocultar una bombilla y difuminar su luz: *como la habitación tiene el techo bajo, hemos decidido iluminarla con un plafón*. **2** Adorno en relieve que se coloca en el centro del techo de una sala: *hizo un agujero en el centro del plafón para colgar la lámpara*. **3** Tablero o superficie que sirve para separar zonas, cubrir, decorar u otros usos: *heredó un arca con tres plafones en el frente decorados con distintos escudos.*

plaga *n. f.* **1** Enfermedad o desgracia que afecta a gran parte de una población y que causa un daño grave: *las plagas diezmaron la población; la drogadicción es una plaga que hay que erradicar.* **2** Cantidad grande de personas, animales o cosas, especialmente si causan un daño: *una plaga de bandidos asolaba la región; la plaga de langostas arruinó la cosecha.*
ser una plaga Se aplica a aquellas cosas que de manera rápida y progresiva pasan a estar de moda o a verse por todas partes: *estas mochilas de marca son una plaga, todos los jóvenes las llevan.*
DER plagar, plaguicida.
ETIM Véase *llaga.*

plagar *v. tr./prnl.* Llenar o cubrir una cosa de otra desagradable, que hace daño o está mal: *plagó su discurso de errores sintácticos; la casa se plagó de moscas y mosquitos.*
OBS En su conjugación, la g se convierte en gu delante de e.

plagiar *v. tr.* Copiar una idea o una obra de otro autor, presentándola como si fuera propia: *fue a juicio por plagiar una novela.*
OBS En su conjugación, la i no se acentúa, como en *cambiar.*

plagio *n. m.* Copia que una persona hace de las ideas, las palabras o las obras de otra, presentándolas como si fueran propias: *el plagio es un delito castigado por la ley.*
DER plagiar.
ETIM *Plagio* procede del latín *plagium,* 'venta de hombres libres como esclavos'.

plan *n. m.* **1** Proyecto o idea que se concibe o se crea mentalmente para alcanzar un fin o para hacer un trabajo: *tenía un plan para fugarse de la cárcel; he cambiado de planes: me quedaré hasta final de mes.* **2** Conjunto de disposiciones tomadas para hacer un trabajo o con un fin determinado.
plan de estudios Conjunto de materias que se han de tratar para conseguir un título: *el nuevo plan de estudios de esta carrera es mucho más extenso que el antiguo.* **plan de pensiones** Modo de ahorro ideado por una entidad financiera o de seguros para conseguir el cobro de una pensión en el futuro: *nuestro plan de pensiones le garantiza una vejez segura.* **plan de trabajo** Conjunto ordenado de actos que se proponen para repartir funciones o actividades: *haremos un plan de trabajo y distribuiremos el material necesario.* **3** Relación amorosa o sexual que se establece de forma pasajera: *creo que busca un plan para estas vacaciones.* **SIN** ligue.
en plan de Con o en actitud de lo que se dice a continuación: *salimos en plan de amigos.*
no ser plan No ser conveniente determinada cosa: *no es plan que todos nos pongamos tristes por esa tontería.*
DER planear, planificar.

plana *n. f.* **1** Cara de una hoja de papel: *presentad los trabajos escritos a máquina a doble espacio y por una sola plana; llenó toda la plana de garabatos.* **primera plana** Portada de un periódico o una revista: *las palabras del presidente del gobierno ocupaban la primera plana.* **2** Conjunto de jefes y personas al mando de una empresa o una comunidad: *el director reunió a toda la plana para decidir el futuro de la empresa.* **plana mayor** Conjunto de jefes y personas al mando de una empresa o una comunidad, especialmente de jefes militares que no pertenecen a ninguna compañía determinada del ejército: *la plana mayor del ejército; la plana mayor de la embajada.* **3** Herramienta llana y delgada de metal con un puño de madera que sirve para extender y dejar lisa una masa: *para extender el yeso en la pared se ha de utilizar la plana.* **SIN** llana.

a toda plana Ocupando toda la portada de un periódico o una revista: *mañana saldrá a toda plana la dimisión del presidente.*

plancha *n. f.* **1** Instrumento formado por una pieza de metal pesada y lisa en su cara inferior con forma triangular, que cuelga de un asa en posición horizontal, que se calienta mucho y sirve para quitar las arrugas a la ropa: *enchufaré la plancha para que se vaya calentando; ¿puedes pasar la plancha a esta camisa arrugada?* **2** Lámina de metal u otra materia, lisa y delgada: *la puerta de su casa está blindada con planchas de hierro; necesitamos unas planchas de madera para construir el armario.* **3** Pieza de metal plana y delgada que se calienta con una llama de gas o eléctricamente, despide calor y se usa para cocinar sobre ella: *Antonia ha puesto a asar en la plancha unos filetes.* **4** Conjunto de ropa a la que hay que quitar las arrugas: *esta semana tengo poca plancha.* **5** Acción de quitar las arrugas a la ropa: *el domingo es día de plancha.* **SIN** planchado. **6** Sensación de ridículo y vergüenza que se siente al haber cometido una equivocación: *¡qué plancha!, no sabía que lo han despedido.* **7** Posición horizontal del cuerpo en la que éste no tiene apoyo: *se ha tirado al agua en plancha; metió un gol tirándose en plancha.*
a la plancha Cocinado sobre una superficie lisa de metal y caliente: *hemos comido gambas a la plancha.*
DER planchar, planchazo.

planchado *n. m.* Acción de quitar las arrugas a la ropa: *cuando se ha secado la ropa hay que hacer el planchado.*
SIN plancha.

planchar *v. tr.* **1** Pasar una plancha caliente sobre una prenda de ropa para quitarle las arrugas o para estirarla: *si quieres quitar las arrugas más fácilmente, plancha la camisa cuando todavía esté húmeda.* **2** Quitar las arrugas de una prenda de ropa empleando un medio determinado: *en la lavandería planchan la ropa con prensas.*
DER planchado.

planchazo *n. m.* **1** *coloquial* Error o equivocación grande que comete una persona: *vaya planchazo, entré por error en la sala que no era.* **SIN** desacierto. **2** Golpe que una persona se da en el vientre al lanzarse al agua y caer de una forma horizontal: *quise tirarme de cabeza a la piscina y acabé dando un planchazo.* **3** Planchado rápido y superficial que se da a la ropa: *antes de guardar las sábanas en el armario les daré un planchazo.*

plancton *n. m.* Conjunto de animales y vegetales minúsculos que flotan y se desplazan en el agua del mar, los lagos y los ríos: *el plancton del agua sirve de alimento a algunos animales.*

planeador *n. m.* Aeronave ligera y sin motor, que vuela aprovechando las corrientes de aire: *una avioneta remolca al planeador y cuando está en el aire lo suelta y lo deja volar.*

planeadora *n. f.* Embarcación muy ligera y de forma aerodinámica que está provista de un motor de gran potencia: *las planeadoras alcanzan grandes velocidades.*

planear *v. tr.* **1** Pensar o preparar una acción para realizarla en el futuro: *estoy planeando irme de vacaciones.* **SIN** organizar. **2** Pensar cómo se va a llevar a cabo una obra o idea: *el autor planea ya una nueva novela.* **SIN** proyectar. ◇ *v. intr.* **3** Volar una ave con las alas quietas y extendidas: *el águila planeaba en busca de una presa.* **4** Mantenerse en el aire una aeronave que no tiene motor o sin utilizarlo: *el ala delta planeaba sobre el río; los motores se averiaron y el avión tuvo que planear.*
DER planeador, planeadora.
ETIM Véase *llano.*

planeta *n. m.* Cuerpo celeste sólido que gira alrededor de una estrella y que no emite luz propia: *Júpiter es el planeta más grande del sistema solar; la Luna no es un planeta, sino un satélite de la Tierra.*
DER planetario.

planetario, -ria *adj.* **1** De los planetas o que tiene relación con estos cuerpos celestes sólidos: *Kepler estudió el movimiento planetario.* ◊ *n. m.* **2** Aparato que refleja en una gran pantalla con forma de bóveda los planetas del sistema solar y reproduce sus movimientos: *en el museo de la ciencia hay un planetario.* **3** Lugar en el que está instalado este aparato: *estuvimos viendo cómo los movimientos de la Tierra en el planetario.*
DER interplanetario.

planicie *n. f.* Terreno sin desniveles y generalmente muy extenso: *construyeron la ciudad sobre una planicie.* **SIN** llanura.
DER altiplanicie.
ETIM Véase *llano*.

planificación *n. f.* Preparación y organización de determinados actos e ideas para llevar a cabo un objetivo: *él se encargará de la planificación de la obra.* **planificación familiar** Conjunto de actos para controlar el número de hijos de una pareja y el tiempo en que han de nacer: *en ciertos países se pide a los ciudadanos que se dejen aconsejar por expertos en planificación familiar.*

planificar *v. tr.* Pensar y organizar el modo de llevar a cabo un objetivo: *planificaron el trabajo hasta el último detalle.*
SIN planear.
DER planificación.
OBS En su conjugación, la *c* se convierte en *qu* delante de *e*.

planilla *n. f.* Impreso o formulario que tiene espacios en blanco para rellenar y que se usa para hacer informes, declaraciones o peticiones: *las planillas deben utilizarse para presentarlas ante la administración pública.*

planisferio *n. m.* Mapa en el que la esfera terrestre o la celeste están representadas en un plano: *en el planisferio estudiamos la posición de las constelaciones.*

planning *n. m.* Planificación o planteamiento previo de un trabajo o una acción que se va a realizar: *antes de empezar la obra nos reuniremos para hacer un planning de las tareas.*
SIN plan, programa.
OBS Es de origen inglés y se pronuncia aproximadamente 'planin'.

plano, -na *adj.* **1** Que es llano y liso: *empezó a esquiar en un terreno plano; la superficie de la mesa es plana.* ◊ *n. m.* **2** Representación gráfica y a escala de un terreno, de una población o de la planta de un edificio: *consultaron el plano de la ciudad para averiguar dónde estaba la estación; el arquitecto ha trazado los planos del hospital.* **3** Espacio real o imaginario en el que se encuentran objetos que están a una misma distancia desde el punto de vista de la persona que los observa: *la mesa y el florero están en el primer plano de la fotografía y al fondo se distingue la figura de una persona.* **4** Punto de vista desde el que se observa o se considera una persona o un asunto: *el problema se puede tratar desde diferentes planos; en el plano moral es una gran persona.* **5** En geometría, superficie en la que puede haber una línea recta en cualquier posición: *si cortamos en cualquier sentido una figura geométrica, obtenemos un plano.* **plano de simetría** Superficie o línea que divide un cuerpo en dos partes iguales, que se corresponden de manera exacta: *el plano de simetría de una esfera como la Tierra pasa por el ecuador.*
plano inclinado Superficie que forma un ángulo agudo con otra superficie: *es más fácil subir pesos por un plano inclinado.* **6** Fragmento de una película que se ha rodado desde un lugar determinado o con unas características determinadas: *el cortometraje tenía demasiados planos sangrientos; rodaron algunos planos en el desierto.* **primer plano** Fotograma o pequeño fragmento de una película que presenta con detalle personas y objetos enfocados desde muy cerca: *la película empieza con un primer plano de los pies del protagonista.*
de plano *a)* Se usa para indicar que alguien dice una cosa explicándola completamente y sin ocultar información: *el sospechoso confesó de plano. b)* Se usa para expresar que una cosa incide sobre otra verticalmente y la cubre por completo: *el sol le daba de plano en los ojos.*
DER plana; altiplano, aplanar, biplano, explanar, extraplano, hidroplano, monoplano, semiplano.
ETIM Véase *llano*.

planta *n. f.* **1** Ser orgánico con células que forman tejidos, que vive y crece sin poder moverse de lugar voluntariamente: *estas plantas necesitan sol y agua abundante; el pino es una planta que tiene hojas todo el año.* **2** Ser orgánico más pequeño que un árbol, que en lugar de tronco tiene tallo: *transplantó la planta de maceta.* **3** Parte inferior del pie que soporta todo el cuerpo y que está en contacto con el suelo: *no puede apoyar el pie en el suelo porque tiene una herida en la planta.* ☞ cuerpo humano; pie. **4** Parte horizontal que forma, junto con otras, un edificio o medio de transporte: *la vivienda es de dos plantas; la ropa de caballero está en la quinta planta; algunos trenes tienen dos plantas.* **SIN** piso. **5** Instalación industrial en la que se transforman materiales o se fabrican cosas: *han construido una planta de energía eléctrica en las afueras de la ciudad.* **6** Aspecto físico de una persona: *me gusta este chico para el trabajo de modelo, tiene buena planta.* **7** Dibujo que representa la sección horizontal de un edificio: *tenemos el dibujo de la planta de la casa.*
de planta o **de nueva planta** Indica que algo se hace de nuevo o desde el principio, especialmente para referirse a la construcción de un edificio: *no han aprovechado lo que ya estaba edificado, sino que han construido la iglesia de nueva planta.*
DER plantar, plantear, plantel, plantificar, plantilla, plantío; entreplanta.

plantación **1** Gran extensión de tierra dedicada al cultivo de plantas de una determinada clase: *trabajaban en plantaciones de algodón; en Brasil vimos muchas plantaciones de café.* **2** Acto de poner o meter una planta o una semilla en la tierra: *estas máquinas nos ayudarán en la plantación.*

plantar *v. tr.* **1** Poner o meter en tierra una planta para que viva en ella o una semilla para que crezca una planta: *plantaron un árbol el día que nació su hijo.* **2** Poblar de plantas un terreno: *plantaron el monte de pinos.* **3** Clavar un objeto verticalmente en un lugar: *cuando pisó tierra, plantó una cruz en el suelo.* **4** Colocar una cosa en un lugar determinado: *plantó el florero encima de la mesa.* **5** No acudir a una cita con una persona: *mis amigos me han plantado: seguro que están por ahí divirtiéndose.* **6** Pegar o golpear a una persona: *le plantó un bofetón en la cara sin mediar palabra.* **7** Dar un beso a una persona sin que ésta lo espere: *nos plantó dos besos a cada uno nada más llegar.* **8** Poner a una persona en un lugar o estado contra su voluntad: *lo plantaron en la calle por cantar dentro del restaurante.* ◊ *v. prnl.* **9** **plantarse** Ponerse una persona o animal en un determinado lugar sin moverse: *el burro se plantó en medio del camino y no se apartaba.* **10** Mantenerse firme en una idea u opinión: *se plantó en que no cedería y nadie lo pudo convencer de lo contrario.*

11 En ciertos juegos, no querer más cartas de las que se tienen: *se plantó con un siete y ganó porque nadie había conseguido el siete y medio*. **12** Llegar a un lugar que está a cierta distancia en un espacio corto de tiempo: *se plantó en Cádiz media hora después*.
DER plantación, plante, plantón; implantar, replantar, suplantar, trasplantar.

plante *n. m.* **1** Actitud de protesta acordada entre varias personas que tienen una característica en común para exigir o rechazar una cosa: *los presos protestaron por la aprobación de la nueva ley con un plante de tres horas*. **2** Retraso en acudir a una cita con una persona o no asistencia a ella: *no te puedo perdonar el plante que me diste ayer*. **SIN** plantón.
DER desplante.

planteamiento *n. m.* **1** Esquema del conjunto de datos necesarios para solucionar un problema o para llevar a cabo algo: *el planteamiento del problema es muy sencillo*. **2** Manera de mostrar o dar a conocer un asunto: *sus planteamientos ponían en claro la cuestión*.

plantear *v. tr.* **1** Enfocar la manera de solucionar un problema o de llevar a cabo algo: *el problema se puede plantear desde puntos de vista muy diferentes; primero plantéate cómo vas a decírselo*. **2** Mostrar o dar a conocer un asunto: *nos planteó la cuestión del modo más simple*. **SIN** presentar. **3** Proponer un problema o asunto para poder solucionarlo: *el profesor nos planteó un problema de álgebra para que lo resolviéramos; en la conferencia se planteó el problema de la drogadicción*. ◊ *v. prnl.* **4 plantearse** Examinar o considerar un asunto antes de tomar una decisión o hacer algo respecto a él: *tengo que plantearme seriamente la compra de una casa; ¿te has planteado alguna vez qué carrera quieres hacer?*
DER planteamiento; replantear.

plantel *n. m.* **1** Conjunto de personas que destacan por sus cualidades en alguna actividad o profesión: *este equipo tiene un gran plantel de jugadores*. **2** Lugar donde se forman estas personas. **3** Lugar donde se crían y crecen las plantas. **SIN** criadero.

plantígrado, -da *adj./n. m. y f.* [animal] Que es mamífero, tiene cuatro patas y al andar apoya en el suelo toda la planta de los pies y de las manos: *el oso y el tejón son plantígrados*.

plantilla *n. f.* **1** Pieza delgada de material flexible que se introduce en el interior del calzado: *si los zapatos te están un poco grandes ponles unas plantillas; el médico le recomendó unas plantillas para los pies planos*. **2** Pieza de material rígido y generalmente delgada, que sirve de modelo o de guía para dibujar o recortar el contorno de un objeto o figura: *el zapatero puso la plantilla encima del cuero para cortarlo; usa una plantilla para hacer esa figura geométrica*. **3** Conjunto de personas que trabajan de forma fija en una empresa, una oficina u otro lugar: *el señor Pérez ya no está en la plantilla de esta fábrica; dicen que habrá recortes de plantilla*. **4** Conjunto de jugadores que forman un equipo: *la plantilla del Betis se ha reunido en los vestuarios*.
DER plantillazo.

plantillazo *n. m.* En fútbol, acción que consiste en adelantar la suela de la bota para frenar la carrera de un jugador contrario, con riesgo de lesionarlo: *tras el plantillazo sufrió una grave lesión*.

plantío *n. m.* **1** Terreno plantado de árboles, plantas u hortalizas, o terreno en el que se pueden plantar: *las lluvias inundaron los plantíos*. **2** Conjunto de árboles, plantas u hortalizas que hay en un terreno: *tras el incendio se renovó el plantío*.

plantón *n. m.* **1** Retraso en acudir a una cita con una persona o no asistencia a ella: *quedaron en la puerta del cine, pero le dio plantón y no apareció*. **SIN** plante. Suele usarse con el verbo *dar*. **2** Árbol pequeño y nuevo que ha de ser cambiado de sitio: *tiene varios plantones que transplantar*. **3** Persona que guarda la puerta exterior de un edificio: *está de plantón en la puerta principal*. **4** Soldado que está castigado a estar de guardia más tiempo de lo normal: *lo tuvieron de plantón toda la tarde por no llevar limpio el uniforme*.

estar de plantón Esperar a que una persona acuda a una cita a la que llega tarde: *estoy aquí de plantón desde las seis de la tarde esperando a que llegue Alfredo*.

plañidera *n. f.* Mujer que llora en los entierros a cambio de dinero: *las plañideras lloraban alrededor del difunto*.

plaqueta *n. f.* **1** BIOL. Célula de la sangre de los mamíferos que hace que ésta se haga más o menos espesa; tiene forma de disco ovalado o redondo y carece de núcleo: *las plaquetas hacen que se cierren las heridas; las plaquetas son las células más pequeñas de la sangre*. **2** Pieza de piedra, cerámica u otro material duro, generalmente fina y lisa, que se usa para cubrir los suelos y las paredes: *cambiamos el parqué de la casa por plaqueta porque es más resistente*.

plasma *n. m.* BIOL. Parte líquida de la sangre que contiene las células o los elementos sólidos de ésta: *los glóbulos rojos, los leucocitos y las plaquetas están en el plasma; el plasma está formado fundamentalmente de agua*.
DER citoplasma, endoplasma, protoplasma.

plasmación *n. f.* Acción que consiste en dar forma o realizar una idea o un proyecto: *esta obra es la plasmación de todo su trabajo*.

plasmar *v. tr.* **1** Representar una cosa sobre una superficie o dar una forma determinada a un material que no la tiene: *plasmó una Sagrada Familia en barro; esta pintura plasma una famosa batalla*. **2** Representar o formar una idea por medio de palabras o explicaciones: *en su artículo, plasmó vivamente la situación actual del mercado de trabajo*.
DER plasmación.

plasta *n. com.* **1** Persona que resulta fastidiosa o pesada: *vámonos, que por ahí viene ese plasta y no quiero hablar con él*. ◊ *n. f.* **2** Masa blanda y de poca solidez: *sobre el suelo había plastas de barro*. **3** Cosa blanda y espesa que debería estar suelta: *el puré quedó hecha una plasta*. **4** Excremento o porción de éste: *en la calle había plastas porque habían pasado los caballos*.
DER aplastar, emplastar.

-plastia Elemento sufijal que entra en la formación de palabras con el significado de 'modelado', 'reconstrucción': *rinoplastia*.

plástica *n. f.* Arte o técnica que consiste en crear objetos dando forma a una materia blanda: *en la clase de plástica hemos estado haciendo vasijas de arcilla*.

plasticidad *n. f.* **1** Propiedad que tiene un material de ser moldeado o trabajado para cambiarlo de forma: *la arcilla es un material de gran plasticidad*. **SIN** ductilidad. **ANT** rigidez. **2** Expresividad y viveza del lenguaje con las que se realzan las palabras o las ideas que se expresan: *el lenguaje de este escritor es de una gran plasticidad*.

plástico, -ca *adj./n. m.* **1** [material] Que es sintético y que mediante determinados procesos químicos forma estructuras muy resistentes, tanto flexibles como rígidas: *los materiales plásticos pueden ser moldeados sin necesidad de aplicar mucha fuerza o altas temperaturas; he metido los pendientes en una caja de plástico*. ◊ *adj.* **2** [material] Que se puede moldear o que puede, ejerciendo una fuerza sobre él, cam-

plastificar

biar de forma y mantenerla permanente: *los cuerpos plásticos se diferencian de los elásticos en que éstos recobran la forma que tenían antes de ejercer una fuerza sobre ellos*. **3** De la plástica o que tiene relación con este arte: *estoy aprendiendo alfarería en una escuela de artes plásticas*. **4** [lenguaje] Que consigue crear una representación clara en la mente de una idea o concepto: *este capítulo de la novela tiene metáforas de gran fuerza plástica*.
DER plástica, plasticidad, plastificar, plastilina.

plastificar *v. tr.* Cubrir con una capa delgada de material plástico: *plastificó los documentos para que no se arrugaran; los alumnos plastificaron los libros a principio de curso*.
DER plastificado.
OBS En su conjugación, la c se convierte en *qu* delante de e.

plastilina *n. f.* Material blando que se moldea con facilidad, que no se seca y que se presenta en diferentes colores: *moldear plastilina es un juego muy instructivo para los niños*.

plata *n. f.* **1** Metal precioso de color blanco grisáceo, brillante y muy fácil de moldear, que se usa en joyería: *lleva una pulsera de plata; el símbolo de la plata es Ag; la plata es el mejor conductor de la electricidad y el calor*. **2** Conjunto de objetos hechos de este metal que posee una persona o que están en una casa: *regaló toda la plata y se quedó el anillo de oro*. **3** Trofeo o medalla hecho de este material, que se entrega a la persona que en una competición queda en segundo lugar: *la plata fue para el corredor francés*. **4** Sustancia que se parece a ese metal o que lleva parte de él: *estas cucharas llevan un baño de plata*. **5** Caudal, dinero o riquezas: *me he quedado sin plata y no puedo pagar mis deudas*. Se usa frecuentemente en el español de América.
hablar en plata Hablar sin dar rodeos o utilizando palabras malsonantes: *hablemos en plata, no se lo quieres comprar porque crees que te está engañando; este asunto es una mierda, hablando en plata*.
DER platear, platería, platino.

plataforma *n. f.* **1** Superficie o tablero horizontal descubierto y puesto a cierta altura sobre el suelo, donde se colocan personas o cosas: *el cazador se subió a una plataforma desde la cual podía ver mejor; en la plaza han instalado una plataforma para la actuación de los músicos*. **2** Conjunto de personas que han sido elegidas para representar a otras con un fin social: *los obreros formaron una plataforma reivindicativa para evitar los despidos masivos*. **3** Medio que sirve para conseguir un fin que se persigue: *aquellas fiestas fueron la plataforma para conseguir amistades influyentes*. **4** Parte ancha que hay en los autobuses, los trenes y otros medios de transporte y por la cual se accede a la parte en que están los asientos: *no pude salir del autobús a tiempo porque la plataforma estaba llena de gente*. **5** Instalación sobre una superficie elevada a cierta distancia del suelo o del mar: *pasó seis meses trabajando en una plataforma petrolífera; situaron el cohete en la plataforma de lanzamiento*.
plataforma continental Parte del fondo del mar que rodea los continentes desde la costa hasta una profundidad de 200 metros: *la extensión media de las plataformas continentales es de 70 a 100 km*.

platanal *n. m.* Terreno donde se cultivan las plataneras: *pararon en un platanal para descansar*. **SIN** bananal, platanero.

platanera *n. f.* Planta de tallo muy alto, formado por hojas enrolladas unas sobre otras y terminado en una copa de hojas verdes, grandes y enteras, cuyo fruto es el plátano: *la forma de la platanera es parecida a la de la palmera; una sola platanera puede dar muchos kilos de plátanos*. **SIN** platanero, plátano.

platanero, -ra *adj.* **1** Del plátano o que tiene relación con este fruto: *la industria platanera suele ser importante en los países tropicales*. **SIN** bananero. ◇ *n. m. y f.* **2** Persona que se dedica a cultivar o vender plátanos: *los plataneros se quejan de la mala cosecha de este año*. ◇ *n. m.* **3** Terreno donde se cultivan las plataneras: *desde la montaña se veían los plataneros*. **SIN** bananal, platanal. **4** Planta de tallo muy alto, formado por hojas enrolladas unas sobre otras, y terminado en una copa de hojas verdes, grandes y enteras, cuyo fruto es el plátano: *el platanero se cría en lugares cálidos*. **SIN** platanera, plátano.

plátano *n. m.* **1** Fruto comestible, de forma alargada y curva, cubierto por una gruesa corteza lisa y amarilla: *el plátano es muy nutritivo; resbaló con una piel de plátano*. **SIN** banana. **2** Planta de tallo muy alto, formado por hojas enrolladas unas sobre otras, y terminado en una copa de hojas verdes, grandes y enteras, que da ese fruto: *el plátano crece en las regiones tropicales*. **SIN** platanera, platanero. **3** Árbol de gran altura, con el tronco cilíndrico, de cuya corteza lisa se van desprendiendo placas, y que tiene hojas abundantes y anchas: *el plátano también se llama plátano de sombra; el plátano se planta en plazas y paseos y da mucha sombra*.
DER platanal, platanera, platanero; aplatanarse.

platea *n. f.* Planta baja de un cine o teatro donde se disponen los asientos en filas frente al escenario: *tenemos entradas de platea para asistir al estreno de la obra de teatro; la platea también se llama patio de butacas*. **palco platea** Balcón aislado en el que se colocan varios asientos, que está situado alrededor de la platea y ligeramente elevado respecto a ésta: *mi familia alquiló un palco platea para toda la temporada de ópera*.

plateado, -da *adj.* **1** Que tiene un color parecido al de la plata: *sienes plateadas*. **2** Que tiene un baño de plata: *anillo plateado*.

platear *v. tr.* Cubrir una superficie con plata o con una sustancia de color de plata: *llevó una pulsera al joyero para que se la plateara; ahora quiere platear los pomos de las puertas*.
DER plateado.

plateresco, -ca *adj.* **1** Que pertenece al plateresco o tiene rasgos de este estilo: *contemplamos la fachada plateresca de la Universidad de Salamanca*. ◇ *n. m.* **2** Estilo de la arquitectura española de finales del siglo XV y principios del XVI caracterizado por tener estructuras góticas a las que se añaden elementos renacentistas y adornos abundantes: *la fachada de la Universidad de Salamanca es del plateresco*.

plática *n. f.* **1** Acto de hablar o comunicarse dos o más personas en un tono amistoso y relajado: *tuvieron una larga plática sobre los tiempos en que se conocieron*. **SIN** charla. **2** Discurso o sermón corto y de contenido moral, generalmente pronunciado en público por un sacerdote: *en su plática les recordó la obligación cristiana de recibir los sacramentos*.
DER platicar.

platicar *v. tr.* Hablar o conversar una persona con otra: *estábamos platicando tranquilamente cuando llegaste tú*. **SIN** charlar.
OBS En su conjugación, la c se convierte en *qu* delante de e.

platija *n. f.* Pez marino parecido al lenguado, pero con las escamas más fuertes y unidas, de color pardo con manchas amarillas en la parte superior.

platillo *n. m.* **1** Objeto plano y redondo, que tiene forma parecida a un plato. **platillo volador** o **platillo volante** Objeto que vuela, y que se supone que procede del espacio exterior: *muchas personas dicen haber visto platillos volantes con extraterrestres*. **2** Soporte de la balanza en la que se coloca lo que se quiere pesar, especialmente la que tiene forma de plato: *puso un quilo de patatas en uno de los platillos de la balanza.* **3** Disco de metal que produce un sonido al ser golpeado con un palo o con otro disco, y que forma parte de algunos instrumentos musicales de percusión: *esta batería tiene un bombo, una caja y dos platillos.* ◇ *n. m. pl.* **4 platillos** Instrumento musical de percusión formado por dos discos de metal en forma de plato que suenan al chocar entre ellos: *tocaba los platillos en la banda de música de su pueblo.* ☞ instrumentos musicales.

platina *n. f.* **1** Parte del microscopio en la que se coloca el objeto que se quiere observar: *pusieron unas gotas de sangre en la platina.* **2** Parte de una cadena de música, de forma rectangular, donde se coloca una cinta magnética y que sirve para reproducir el sonido o grabar en ella: *no podemos escuchar esta cinta porque se ha estropeado la platina.* **SIN** pletina.

platino *n. m.* **1** QUÍM. Metal brillante, muy duro y resistente a los ácidos, que se usa especialmente para fabricar instrumentos médicos, joyas y componentes eléctricos: *el símbolo del platino es Pt; el platino es del mismo color que la plata.* ◇ *n. m./adj.* **2** Color rubio que es muy claro, casi blanco: *la actriz se tiñó el pelo de rubio platino.* Se usa generalmente en aposición con *rubio.* No varía en género: *rubia platino.* ◇ *n. m. pl.* **3 platinos** Piezas que sirven para establecer el contacto eléctrico en el encendido de un motor de explosión haciendo saltar una chispa en las bujías: *el mecánico revisó los platinos del coche y vio que estaban gastados.*

plato *n. m.* **1** Recipiente bajo, hundido por el centro y generalmente redondo, que se usa para poner alimentos u otras cosas: *sirve la verdura en los platos; puso el postre en un plato pequeño; los platos de esta balanza son de plástico.* **plato hondo** Plato bastante hundido por el centro: *la sopa se sirve en platos hondos.* **SIN** plato sopero. **plato llano** Plato ligeramente hundido por el centro: *serviré el pollo en los platos llanos.* **plato sopero** Plato bastante hundido por el centro: *como cenaremos pizza no hace falta que pongas platos soperos.* **SIN** plato hondo. **2** Cantidad de alimento que cabe en uno de estos recipientes: *se comió dos platos de arroz.* **plato combinado** Conjunto de alimentos servidos en un único plato y que sirve de comida completa: *pedí un plato combinado que llevaba un huevo frito, ensalada y salchichas.* **plato fuerte** *a)* Alimento más importante de una comida o el que presenta una persona o un restaurante como el que mejor sabe preparar: *el plato fuerte del día es cordero; mi plato fuerte son las berenjenas rellenas. b)* Cosa que resalta o llama la atención entre varias del mismo tipo: *el plato fuerte de la fiesta serán los fuegos artificiales.* **3** Comida que se prepara para ser consumida: *la paella es mi plato favorito; comió pescado de segundo plato.* **4** Pieza redondeada y plana del tocadiscos sobre la que se coloca el disco y que gira alrededor de un pivote: *cuando acaba el disco, el brazo de la aguja se levanta y el plato deja de girar.* **5** Objeto redondo que se lanza al aire para dispararle con un arma deportiva: *el tiro al plato se practica al aire libre.*

comer en el mismo plato Haber mucha confianza entre dos personas: *no intentes romper su amistad porque comen en el mismo plato.*

no haber roto nunca un plato No haber hecho nunca nada malo: *con esa cara de bueno que tiene, parece que nunca haya roto un plato.*

no ser plato de gusto No agradar una cosa: *salir a la calle con el frío que hace no es plato de gusto.*

pagar los platos rotos Ser castigado injustamente o sin tener culpa: *el profesor estaba enfadado y los estudiantes pagaron los platos rotos.*

ser plato de segunda mesa Sentirse una persona despreciada o poco importante comparándose con otra: *no bailaré con él después de que haya bailado con mi amiga: no me gusta ser plato de segunda mesa.*

DER platero, platillo.

plató *n. m.* Recinto cubierto en un estudio de cine o televisión preparado con cámaras, focos y decorados y que sirve de escenario para filmar o grabar: *el director ordenó despejar el plató.*

OBS El plural es *platós.*

platónico, -ca *adj.* **1** [amor] Desinteresado, puro e imposible o muy idealizado: *siente un amor platónico por ella y se conforma con verla pasar todos los días.* **2** FILOS. De la doctrina filosófica de Platón o que tiene relación con ella: *la influencia de la doctrina platónica ha sido decisiva en la historia del pensamiento; las obras platónicas han influido en las culturas árabe y judía.* ◇ *adj./n. m. y f.* **3** FILOS. [persona] Que sigue la doctrina filosófica de Platón o se basa en ella: *los platónicos influyeron mucho en el cristianismo.*

platonismo *n. m.* FILOS. Doctrina filosófica de Platón que distingue entre el mundo material que se capta a través de los sentidos y el mundo de las ideas; éstas existen al margen de lo que nos rodea como si tuviesen vida propia y son eternas: *según el platonismo, el alma del hombre proviene del mundo de las ideas.*

DER platónico; neoplatonismo.

ETIM *Platonismo* procede de *Platón,* filósofo griego del siglo V antes de Cristo.

plausible *adj.* **1** [cosa] Que merece aprobación o recomendación: *las investigaciones ofrecieron unos resultados plausibles.* **2** [cosa] Que merece ser aplaudido o elogiado: *dedicar su vida al cuidado de los enfermos es una acción muy plausible.*

play off *n. m.* Fase final o eliminatoria que se realiza en algunas competiciones deportivas: *este año el play off de golf se celebrará en esta ciudad.* **SIN** desempate, liguilla.

OBS Es de origen inglés y se pronuncia aproximadamente 'plei of'.

play-back *n. m.* Técnica usada en cine, televisión y espectáculos en directo que consiste en grabar el sonido de los números musicales y de las canciones; al reproducir el sonido el cantante o el bailarín lo interpreta mediante gestos y movimientos: *este cantante no canta nunca en directo, sino en play-back.*

OBS Es de origen inglés y se pronuncia aproximadamente 'pleibac'.

play-boy *n. m.* Hombre que tiene atractivo físico y es conquistador y mujeriego: *tiene fama de play-boy, porque además de ser guapo cada día va con mujeres distintas.*

OBS Es de origen inglés y se pronuncia aproximadamente 'pleiboi'.

playa *n. f.* **1** Extensión casi plana, de arena o piedras, que está en la orilla del mar, de un río o de un lago: *los niños hacen castillos de arena en la playa; las playas levantinas son muy anchas.* **2** Agua del mar que baña parte de esa superficie: *en esta playa tan limpia se pueden ver los pececitos.*

DER playera, playero; explayar.

playera *n. f.* Calzado que se usa sobre todo en verano, de tela fuerte y suela de goma: *las playeras suelen llevar cordones; se ha comprado unas playeras de colores.*

playero, -ra *adj.* De la playa o que tiene relación con esta

plaza

extensión de arena o piedras que está en la orilla del mar, de un río o de un lago: *se llevó el bañador y ropa playera*.

plaza *n. f.* **1** Lugar espacioso dentro de una población al que, generalmente, van a parar varias calles: *la plaza tiene bancos y farolas; he quedado con unos amigos en la plaza Mayor*. **2** Lugar en el que cabe una persona o cosa: *el autocar tiene 40 plazas; el edificio cuenta con un garaje de cien plazas*. **3** Puesto de trabajo u ocupación: *ha conseguido la plaza de profesor después de muchos esfuerzos*. **4** Edificio público y permanente en el que se venden alimentos y productos de consumo habitual: *me voy a comprar fruta a la plaza*. **SIN** mercado. **5** Lugar o población, especialmente la que está rodeada por muros de defensa: *el ejército romano asedió la plaza durante varias semanas*.

plaza de armas Lugar en el que las tropas hacen ejercicios militares: *los soldados formaron en la plaza de armas antes de iniciar el desfile*.

plaza de toros Construcción redonda con gradas y arena en el centro donde se celebran corridas de toros: *en casi todos los pueblos españoles hay una plaza de toros*.

DER plazoleta; biplaza, desplazar, emplazar, monoplaza.

plazo *n. m.* **1** Período de tiempo en el que se puede o se debe hacer una cosa: *el plazo para presentar los documentos acaba hoy; entregó la documentación fuera de plazo*. **2** Fecha o momento en que termina dicho período de tiempo: *será mejor que pagues el recibo antes de plazo*. **3** Cada una de las partes en que se divide una cantidad de dinero que hay que pagar por una cosa: *si me compro un coche, lo pagaré a plazos; pagó el tercer plazo de la lavadora*.

DER aplazar, emplazar.

plazoleta *n. f.* Plaza de extensión reducida, que suele haber en jardines y en algunos paseos con árboles: *quedaron en una plazoleta del parque*.

pleamar *n. f.* **1** Fin de la marea o movimiento por el que suben las aguas del mar: *con la pleamar, las aguas llegan hasta el paseo marítimo*. **ANT** bajamar. **2** Tiempo que dura ese movimiento de subida: *aconsejan no bañarse durante la pleamar*.

plebe *n. f.* **1** Conjunto de personas en una sociedad que no tiene títulos nobiliarios, cargos importantes ni buena posición económica: *la clase política parece olvidarse de la plebe; la plebe es la clase social más baja de la escala social*. Puede usarse en sentido despectivo. **2** Conjunto de personas que en la antigua sociedad romana no tenía los privilegios o los favores de los patricios: *los esclavos eran una clase social más baja que la plebe*.

DER plebeyo.

plebeyo, -ya *adj./n. m. y f.* **1** [persona] Que en una sociedad pertenece al conjunto de personas que no tiene títulos nobiliarios, cargos importantes ni buena posición económica: *los aristócratas de aquel país no se relacionaban con los plebeyos*. Puede usarse en sentido despectivo. **2** [persona] Que no pertenece a la nobleza ni a la hidalguía: *en algunas monarquías los reyes no pueden casarse con gente plebeya*. **3** [persona] Que en la antigua sociedad romana no tenía los privilegios o los favores de los patricios: *los plebeyos no podían participar en el gobierno del Estado ni ocupar cargos religiosos importantes*.

plebiscito *n. m.* Consulta que el gobierno de un estado hace a los ciudadanos mediante una votación para aprobar o rechazar alguna cuestión: *se celebró un plebiscito para que el país decidiera si quería o no entrar en la alianza militar*. **SIN** referéndum.

plegable *adj.* [objeto] Que se puede plegar o doblar sin romperse: *paraguas plegable; silla plegable*.

plegamiento *n. m.* Fenómeno geológico por el que las capas horizontales de la corteza terrestre se deforman o se pliegan al estar sometidas a una presión lateral: *los plegamientos tienen forma ondulada*. **SIN** pliegue.

plegar *v. tr./prnl.* **1** Doblar un objeto flexible de manera que una parte de ella se junte a otra: *plegar una sábana; plegar ropa; plegar una hoja de papel*. **2** Doblar y cerrar las piezas de un objeto articulado: *plegó la silla para que ocupase menos espacio*. ◊ *v. prnl.* **3 plegarse** Darse por vencida una persona o actuar según la voluntad de otra sin oponer resistencia: *en cuanto vieron que los otros eran más que ellos, se plegaron*. **SIN** ceder, someterse.

DER plegable, plegadera, plegamiento, pliego; desplegar, replegar.

ETIM Plegar procede del latín *plicare*, que tenía el mismo significado, voz con la que también están relacionadas *aplicar*, *complicar*, *cómplice*, *implicar*, *plica*, *replicar*.

OBS En su conjugación, la e se convierte en *ie* en sílaba acentuada y la g en *gu* delante de *e*, como en *regar*.

plegaria *n. f.* Ruego con el que se pide un favor, generalmente dirigido a Dios o a un santo: *hizo una plegaria para que su hijo se curase*.

pleistoceno, -na *adj./n. m.* **1** [etapa geológica] Que es la primera de las dos épocas en que se divide la era cuaternaria o antropozoica: *los restos fósiles humanos son del pleistoceno*. ◊ *adj.* **2** De esta etapa geológica o que tiene relación con ella: *fósiles pleistocenos*.

pleitear *v. tr./intr.* Enfrentarse en un juicio dos personas o partes: *pleiteaban la propiedad de esas tierras; pleiteó con sus hermanos por una herencia*.

pleitesía *n. f.* Muestra de reverencia y cortesía que se hace a una persona: *rendir pleitesía*.

pleito *n. m.* **1** Enfrentamiento entre dos personas o partes en un juicio: *entabló un pleito por la herencia, que acabó enfrentando a toda la familia*. **2** Enfrentamiento entre dos o más personas por diferencia de opiniones o de intereses: *no sé qué pleitos tienen entre ellos*. **SIN** litigio.

DER pleitear.

plenario, -ria *adj.* **1** [reunión, sesión] Que cuenta con la asistencia de todas las personas que forman un grupo: *hoy se ha celebrado una reunión plenaria de la comunidad de vecinos*. ◊ *n. m.* **2** Reunión general de un grupo o conjunto de personas determinado: *en el plenario ha habido muchas discusiones*.

plenilunio *n. m.* Fase de la luna durante la cual se ve entera o llena: *el plenilunio también se llama luna llena*.

plenipotenciario, -ria *adj./n. m. y f.* [persona] Que es el representante de un rey, un gobierno o un estado y tiene plenos poderes para tratar o negociar un asunto: *embajador plenipotenciario*.

plenitud *n. f.* Momento de mayor importancia o intensidad: *falleció cuando estaba en la plenitud de su carrera; a pesar de su edad, está en plenitud de facultades*.

pleno, -na *adj.* **1** [espacio, lugar] Que está lleno o completo: *la sala estaba plena de espectadores*. **2** Que es total: *goza de su plena confianza*. **SIN** completo. **3** Indica que algo ocurre en el momento culminante, central o de mayor intensidad: *en pleno día; en pleno verano; en plenos exámenes; en plena tormenta*. ◊ *n. m.* **4** Reunión o junta general de una sociedad o institución: *en el pleno del Senado se presentarán los nuevos presupuestos*. **5** Acierto de todos los resultados de una quiniela o de otro juego de azar: *si consiguiera un pleno, podría pagar todas sus deudas y aún sería millonario*.

en pleno Sin que falte ninguna de las personas que compo-

nen un grupo o conjunto: *el equipo en pleno acudió a la llamada del capitán.*
DER plenario, plenitud.
ETIM Véase *lleno*.
pleonasmo *n. m.* Figura del lenguaje que consiste en emplear más palabras de las necesarias, sin aportar una información nueva; se usa a menudo en poesía para embellecer el estilo o resaltar una idea: *si decimos lo vi con mis propios ojos, utilizamos la figura del pleonasmo.*
DER pleonástico.
pleonástico, -ca *adj.* Del pleonasmo o que tiene relación con esta figura del lenguaje: *los usos pleonásticos pueden resultar pesados si se utilizan a menudo.*
pletina *n. f.* **1** Parte de una cadena de música, de forma rectangular, donde se coloca una cinta magnética o una casete y que sirve para reproducir el sonido o grabar en ella: *la pletina debe ir conectada al amplificador para que pueda sonar por los altavoces.* **SIN** platina. **2** Pieza metálica de forma rectangular que tiene poco espesor: *pondremos pletinas entre el tornillo y la madera.*
pletórico, -ca *adj.* [persona] Que tiene en abundancia aquello que se expresa: *salió del hospital pletórico de ilusiones.* **SIN** rebosante.
pleura *n. f.* ANAT. Tejido formado por dos capas que recubre los pulmones: *la capa interior de la pleura está unida a los pulmones y la exterior, al tórax.*
DER pleuresía, pleuritis.
plexo *n. m.* ANAT. Red formada por nervios y vasos sanguíneos o linfáticos que se cruzan entre sí: *el plexo cardiaco está situado en el corazón y consta de seis nervios.*
pléyade *n. f.* Grupo de personas que destacan en una actividad, generalmente relacionada con la literatura, y que viven en un periodo de tiempo determinado: *al congreso internacional asistió una pléyade de reconocidos escritores.*
plica *n. f.* Sobre cerrado y sellado que contiene unos documentos que sólo deben darse a conocer en un momento determinado o fijado: *la plica con los papeles secretos está en poder del notario.*
pliego *n. m.* **1** Hoja de papel de forma cuadrada o rectangular y doblada por la mitad: *en la mesa, tenía varios pliegos de papel; después de doblar los pliegos de un libro, se cosen y se pegan.* **2** Hoja de papel que se vende sin doblar: *he comprado tres pliegos de papel de colores para hacer trabajos manuales.* **3** Carta o documento que se envía a una persona para comunicarle algo: *nos envió un pliego en el que se relataba lo sucedido y los cargos que se nos imputaban.* **4** Conjunto de papeles contenidos en un mismo sobre o cubierta: *en ese pliego están los informes que buscamos.*
pliego de cordel (o **suelto**) Cuaderno de cuatro u ocho folios que contenía romances, novelas cortas u obras populares y que se vendía suelto: *los pliegos de cordel se imprimían para aprovechar el papel que sobraba después de hacer libros de gran tamaño.*
DER pliegue.
pliegue *n. m.* **1** Parte que se dobla o se pliega en una cosa flexible: *la camisa llevaba un pliegue de adorno en las mangas.* **2** Señal que deja una arruga o un doblez: *tengo que planchar más la camisa porque todavía se notan los pliegues.* **3** GEOL. Proceso que se da en la corteza terrestre por el movimiento de rocas sometidas a una presión lateral: *algunas montañas aparecen por el pliegue de los estratos sedimentarios.*
plinto *n. m.* **1** Aparato de gimnasia con forma rectangular y alargada, hecho con varios cajones superpuestos, generalmente de madera, que se usa para hacer saltos sobre él: *el*

cajón más alto del plinto va recubierto de una almohadilla para apoyar las manos; no sabía saltar ni el potro ni el plinto. ☞ gimnasio. **2** ARQ. Pieza cuadrada o rectangular que se coloca como base de una columna: *han puesto los plintos y mañana pondrán las columnas.*
plioceno, -na *adj./n. m.* **1** [etapa geológica] Que corresponde a la última etapa de la era terciaria o cenozoica: *durante el plioceno los continentes y los océanos casi alcanzaron su configuración actual.* ◇ *adj.* **2** De esta etapa geológica o que tiene relación con ella: *restos pliocenos.*
plisar *v. tr.* Formar pliegues de adorno en una tela u otro material flexible: *en la tintorería también plisan faldas; el niño plisó el papel para hacer una guirnalda.*
plomada *n. f.* **1** Pesa de metal que, colgada de una cuerda, sirve para señalar una línea vertical: *el albañil utilizó la plomada para comprobar si el muro estaba bien recto.* ☞ herramientas. **2** Pesa de metal colgada de una cuerda que se usa para medir la profundidad del agua: *la plomada indicaba que el pozo tenía cinco metros de profundidad.* **3** MAR. Conjunto de piezas de plomo que se sujetan a una red de pescar para hacer que ésta se sumerja fácilmente: *los pescadores cosieron la plomada a la nueva red.*
plomizo, -za *adj.* De un color gris azulado parecido al del plomo: *el cielo se tornó de un tono plomizo y amenazaba lluvia.*
plomo *n. m.* **1** Metal pesado, blando y de color gris azulado, que se oxida fácilmente en contacto con el aire y que se usa principalmente para fabricar tubos, pinturas y balas para las armas de fuego: *el símbolo del plomo es Pb; el fontanero cambió la tubería de plomo por otra nueva; la pintura de plomo es muy tóxica; los delantales de plomo protegen de la radiactividad.* **2** Persona o cosa pesada y molesta: *ese hombre es un auténtico plomo, no hay quien le aguante; vaya película más plomo.* Se usa como apelativo despectivo: *cállate ya, plomo.* **3** Pieza de pequeño tamaño que se dispara con un arma de fuego: *disparó la pistola y le metió tres plomos en el costado.* **SIN** bala. **4** Pesa de metal que, colgada de una cuerda, sirve para señalar una línea vertical: *el albañil utiliza un plomo para trazar una pared recta.* **SIN** plomada. ◇ *n. m. pl.* **5 plomos** Mecanismo hecho de ese metal, que se rompe o deja de funcionar cuando pasa por él una corriente eléctrica de gran intensidad: *enchufó todos los electrodomésticos a la vez y se fundieron los plomos.* **SIN** fusible.
a plomo *a)* De manera vertical: *las rocas del acantilado estaban cortadas a plomo. b)* Con fuerza, pesadamente: *se dejó caer a plomo en la cama porque estaba muy cansado.* En esta acepción se suele usar con el verbo *caer*.
con pies de plomo Con mucho cuidado: *habrá que andar con pies de plomo si no queremos fracasar.*
DER plomada, plomero, plomizo; aplomar, desplomarse.
ETIM *Plomo* procede del latín *plumbum*, que tenía el mismo significado, voz con la que también está relacionada *plúmbeo*.
plotter *n. m.* INFORM. Aparato que sirve para trazar gráficos.
pluma *n. f.* **1** Pieza que cubre el cuerpo de las aves, que es ligera y resistente y tiene un tronco o mástil central del que salen unos pelillos muy suaves: *los pavos reales tienen plumas de colores; antiguamente las plumas de ave se usaban para escribir.* **2** Conjunto de estas piezas con el que se rellenan almohadas, colchones y objetos parecidos: *colchón de pluma; cojín de pluma; edredón de pluma.* **3** Pluma de ave, cortada por la punta, se utilizaba para escribir: *en ese grabado aparece un escritor medieval con su pluma y su tintero.* **4** Instrumento para escribir parecido al anterior pero formado por un mango y una punta: *firmó el contrato con su plu-*

plumaje

ma. **pluma estilográfica** Instrumento para escribir que funciona con una carga de tinta insertada en el mango: *rellené el cartucho de tinta de la pluma estilográfica; he comprado cargas para la pluma estilográfica.* **5** Persona que se dedica a escribir, especialmente obras literarias: *una conocida pluma firmaba aquella novela.* **6** Estilo propio de escribir de un autor: *cuando trata temas sociales, su pluma es contundente.* **7** Rasgo o característica propios de una mujer adoptados por un hombre: *le noté cierta pluma en sus gestos.*
a vuela pluma Deprisa y sin detenerse mucho a pensar o corregir: *escribió estos versos a vuela pluma.*
DER plumaje, plumazo, plumero, plumilla, plumín, plumón; desplumar.

plumaje *n. m.* Conjunto de plumas que cubren el cuerpo de un ave: *los loros tienen un plumaje vistoso.*

plumazo *n. m.* Trazo que se hace con la pluma de una sola vez: *con un plumazo borró toda una línea del texto.*
de un plumazo Expresión que indica que una cosa se suprime o se finaliza de una manera brusca o rápida: *voy a acabar con todo este desorden de un plumazo.*

plumcake *n. m.* Bizcocho que se elabora con frutas confitadas y uvas pasas: *el plumcake es un dulce típicamente inglés.*
OBS Es de origen inglés y se pronuncia aproximadamente 'plunqueic'.

plumero *n. m.* **1** Instrumento que sirve para quitar el polvo y está formado por un mango al que se ata en un extremo un conjunto de plumas de ave: *limpió las figuritas de la estantería con el plumero.* **2** Conjunto de plumas que sirve para adornar los cascos, los sombreros o los peinados de las mujeres y la cabeza de los caballos: *al saludar el caballero, se agitaba el plumero de su casco.*
vérsele el plumero Notársele a alguien su intención o su pensamiento: *se le ve el plumero: se ofrece para llevar a Juana a casa porque está loco por ella.*

plumier *n. m.* Estuche o caja en el que se guardan utensilios que sirven para escribir: *cuando ordenes el escritorio, guarda los lápices y los bolígrafos en el plumier.*
OBS El plural es *plumieres*.

plumífero, -ra *adj.* **1** [ave] Que tiene plumas: *el pequeño animal plumífero escapó volando de su jaula.* ◇ *n. m.* **2** Prenda de vestir de abrigo que cubre la parte superior del cuerpo y que está rellena de plumas: *se ha comprado un plumífero porque no quiere pasar frío este invierno.*

plumilla *n. f.* **1** Punta pequeña de metal con una incisión o corte en el centro, que se coloca en el extremo de una pluma para escribir o dibujar: *la plumilla se moja en la tinta.* **2** BOT. Yema pequeña que sale de la semilla de ciertas plantas y que da lugar al tallo: *la plumilla forma parte del embrión.*

plumín *n. m.* Punta pequeña de metal con una incisión o corte en el centro, que se coloca en el extremo de una pluma estilográfica: *se le cayó la pluma estilográfica al suelo y se rompió el plumín.*

plumón *n. m.* Pluma corta, delgada y suave que tienen las aves debajo del plumaje exterior: *la paloma se limpiaba el plumón con el pico; el plumón se usa para rellenar almohadas y cojines.*

plural *adj./n. m.* [número gramatical] Que expresa más de una unidad: *la forma plural de casa es casas; el plural de libro es libros.* **plural de modestia** GRAM. Uso del pronombre personal de primera persona en número plural y de las formas verbales correspondientes, para referirse la persona que habla a sí misma: *la persona que habla usa el plural de modestia para quitarse importancia.* **plural mayestático** GRAM.

Uso del pronombre personal de primera persona en número plural y de las formas verbales correspondientes, para referirse los papas, reyes o emperadores a sí mismos: *cuando el Papa utiliza el plural mayestático habla en nombre de él y de Dios.* ◇ *adj.* **2** Que presenta varios aspectos o varias características a la vez: *vivimos en una sociedad plural.*
DER pluralidad, pluralismo, pluralizar.

pluralidad *n. f.* **1** Cantidad o número grande de una cosa: *la pluralidad de ideas favorece el diálogo; la península ibérica se ha distinguido a lo largo de su historia por el pluralismo de razas y culturas.* **2** Variedad de aspectos o características que se dan a la vez en una cosa: *la pluralidad es esencial en una democracia.*

pluralismo *n. m.* Sistema por el cual se acepta o reconoce la pluralidad de doctrinas o métodos en política, economía u otras materias: *el pluralismo político es fundamental en un Estado de derecho.*
DER pluralista.

pluralista *adj./n. com.* Que es seguidor o defensor del pluralismo: *sociedad pluralista; política pluralista.*

pluralizar *v. intr.* Atribuir a dos o más personas una característica propia de una de ellas o algo que ha hecho una de ellas: *no pluralices, yo no tengo nada que ver con lo que él ha hecho.*
OBS En su conjugación, la *z* se convierte en *c* delante de *e*.

pluri- Elemento prefijal que entra en la formación de palabras con el sentido de 'pluralidad': *pluriempleo.* **SIN** multi-, poli-.

pluricelular *adj.* [organismo vivo] Que está formado por más de una célula: *los animales son seres pluricelulares.*

pluridisciplinar *adj.* Que concierne o engloba a varias disciplinas: *la arquitectura requiere un conocimiento pluridisciplinar que engloba desde las matemáticas hasta la historia del arte.*

pluriempleado, -da *adj./n. m. y f.* [persona] Que ejerce o desempeña varios empleos por los que cobra varios sueldos: *es un trabajador pluriempleado, por la mañana es camarero y por la tarde dependiente de una zapatería.*

pluriempleo *n. m.* Desempeño de dos o más empleos por parte de una misma persona: *el gobierno trata de acabar con el pluriempleo para que todos los ciudadanos puedan acceder a un puesto de trabajo.*
DER pluriempleado.

pluripartidismo *n. m.* Sistema político en el que existe más de un partido: *la llegada de la democracia trajo consigo el pluripartidismo político.*
DER pluripartidista.

pluripartidista *adj.* Del pluripartidismo o que tiene relación con este sistema político: *la democracia es un sistema pluripartidista.*

plus *n. m.* **1** Cantidad de dinero que se añade al sueldo normal de una persona: *los obreros del turno de noche cobran un plus.* **SIN** sobresueldo. **2** Característica o cosa que se añade a lo normal o que se sale de lo acordado: *es un médico competente y además tiene el plus de su afabilidad.*
OBS El plural es *pluses*.

pluscuamperfecto, -ta *adj./n. m.* [tiempo verbal] Que expresa una acción acabada y anterior en relación a otra acción pasada: *en español, había cantado es la forma de la primera persona del singular del pretérito pluscuamperfecto de indicativo, y hubiera o hubiese cantado es la del subjuntivo.*

plusmarca *n. f.* Mejor resultado o puntuación más alta conseguida por una persona en una modalidad deportiva, especialmente en atletismo: *el corredor ha conseguido la plus-*

FORMACIÓN DEL PLURAL DE LOS NOMBRES

El número gramatical indica si la palabra se utiliza en singular o plural. Muchos nombres permiten, por medio de un morfema o de la concordancia con adjetivos y determinantes, distinguir entre singular y plural, pero no todos los nombres hacen distinción de número. Veamos los distintos casos posibles:

NOMBRES CON SINGULAR Y PLURAL
1. **Nombres contables:** el singular significa un solo elemento y el plural designa varios elementos del mismo tipo: *coche* (= uno) / *coches* (= varios), *libro* (= uno) / *libros* (= varios)
2. **Nombres colectivos:** en singular designan un conjunto de personas o cosas y en plural designan varios conjuntos de personas o cosas: *enjambre* (= conjunto de abejas) / *enjambres* (= varios conjuntos de abejas), *ejército* (= conjunto de soldados) / *ejércitos* (= varios conjuntos de soldados)
3. **Nombres que significan lo mismo en singular y en plural:** algunos colectivos y algunos contables no varían de significado aunque varíe el número: *la gente se acercó* = *las gentes se acercaron*; es *fiesta* = *son fiestas*

NOMBRES QUE SÓLO TIENEN SINGULAR
Nombres no contables: designan materias (líquidos, sustancias, etc.) o conceptos abstractos (ideas, cualidades, etc.): *agua, vino, belleza, tristeza, sed, miedo* (algunos se pueden utilizar como contables, con cambio de significado: *un vino* [= una copa o un tipo] / *unos vinos de Rioja* [= unas copas o botellas, tipos de vino], *una belleza* [= una persona o cosa bella] / *tres bellezas* [= tres personas bellas])

NOMBRES QUE SE USAN MÁS EN PLURAL
1. Se usan en plural con significado singular, incluso si tienen singular. Son objetos que van de dos en dos o que tienen dos partes: *unas tijeras* (= una tijera), *unos pantalones* (= un pantalón), *unas gafas, unos alicates, unas medias, unas esposas*
2. Solo aparecen en plural, con significado de plural: *añicos, trizas, víveres, bienes*

NOMBRES QUE CAMBIAN DE SIGNIFICADO EN SINGULAR Y PLURAL
Algunos nombres cambian de significado si se expresan en singular o en plural: *callo* (= dureza de pies o manos) y *callos* (guiso), *celo* (= cuidado, diligencia) y *celos* (= sentimiento), *esposa* (= mujer casada) y *esposas* (= conjunto de dos anillas de metal que se abren y cierran)

FORMACIÓN DEL PLURAL EN LOS NOMBRES
A partir de la forma singular se puede obtener su forma plural según una serie de reglas. Son las siguientes:

Singular	Plural
1. **Voces agudas terminadas en vocal tónica**	
Terminadas en *-á*:	
faralá, panamá	**singular + -es:** *faralaes, panamaes* (excepto *papá, mamá, sofá*, que añaden -s)
Terminadas en *-é*:	
café, carné, bebé	**singular + -s:** *cafés, carnés, bebés*
Terminadas en *-í*:	
baladí, marroquí	**singular + -es:** *baladíes, marroquíes*
bisturí, esquí, pirulí	**singular + -s:** *bisturís, esquís, pirulís*
bigudí, hurí, maniquí	**singular + -es o -s:** *bigudís* o *bigudíes, hurís* o *huríes*
Terminadas en *-ó*:	
landó, paletó, chapó	**singular + -s:** *landós, paletós, chapós*
Terminadas en *-ú*:	
caribú, hindú	**singular + -es:** *caribúes, hindúes*
canesú, menú	**singular + -s:** *canesús, menús*
bambú, bantú, iglú	**singular + -es o -s:** *bambúes* o *bambús, bantúes* o *bantús*
2. **Voces agudas terminadas en consonante**	
ciudad, col, reloj	**singular + -es:** *ciudades, coles, relojes*
3. **Voces agudas terminadas en vocal + -y**	
convoy, ley, rey	**singular + -es:** *convoyes, leyes, reyes*
guirigay, samuray, paipay, jersey	**cambian -y por -i + s:** *guirigáis, samuráis, paipáis, jerséis*
4. **Voces agudas terminadas en *-ai, -au, -eu, -ou, -iu, -ui* y *-iau, -uau***	
bonsái, miau, guau	**singular + -s:** *bonsáis, miaus, guaus*
5. **Voces llanas terminadas en vocal**	
cama, nene, cazo	**singular + -s:** *camas, nenes, cazos*
6. **Voces llanas terminadas en consonante**	
cárcel, dátil, crémor	**singular + -es:** *cárceles, dátiles, crémores* se convierten en esdrújulas porque el acento se mantiene en la misma sílaba que en singular.
7. **Voces esdrújulas**	
cáscara, pálpito, tíburi	**singular + -s:** *cáscaras, pálpitos, tíburis*

marca del año; batió la plusmarca en los 200 metros braza. **SIN** récord.
DER plusmarquista.

plusmarquista *n. com.* Deportista que tiene la mejor marca conseguida en una competición de su especialidad: *este chico es el plusmarquista mundial del lanzamiento de jabalina.*

plusvalía *n. f.* **1** Aumento del valor de una cosa, especialmente terrenos o bienes inmobiliarios, por causas externas a ella: *los propietarios de estos terrenos se han beneficiado de su plusvalía.* **ANT** minusvalía. **2** Cantidad de dinero que se debe pagar por ese aumento de valor: *tengo que pagar la plusvalía del piso que he comprado antes de venderlo.*

plutónico, -ca *adj.* [roca] Que se ha formado en el interior de la corteza terrestre a grandes profundidades: *el granito es una roca plutónica.*

plutonio *n. m.* QUÍM. Elemento químico de color blanco plateado que se usa para producir energía nuclear: *el símbolo del plutonio es Pu; el plutonio es radiactivo y muy tóxico y se obtiene de la desintegración del neptunio.*
DER plutonismo.

pluvial *adj.* De la lluvia o que tiene relación con ella: *los canalones recogen y conducen las aguas pluviales.*
ETIM Véase *lluvia*.

pluviometría *n. f.* Parte de la meteorología que estudia la distribución de las lluvias o las precipitaciones según el espacio geográfico y las estaciones del año: *la pluviometría nos muestra qué zonas del planeta son más lluviosas.*

pluviómetro *n. m.* Aparato que sirve para medir la cantidad de lluvia que cae en un lugar y en un período de tiempo determinados: *el pluviómetro ha registrado pocos milímetros de lluvia en estos últimos meses.* ☞ meteorología.
ETIM Véase *lluvia*.

pluviosidad *n. f.* Cantidad de lluvia que cae en un lugar y en un período de tiempo determinados: *en las zonas secas de España la pluviosidad es muy escasa.*

pluvioso, -sa *adj.* Lluvioso: *los días de verano fueron húmedos y pluviosos.*
OBS Es de uso poético.

poblacho *n. m. coloquial* Pueblo pequeño que es muy pobre o está muy mal conservado: *mis tíos viven en un poblacho de la sierra que no tiene ni farmacia.*
OBS Tiene valor despectivo.

población *n. f.* **1** Conjunto de personas que habitan en un lugar determinado: *la mayor parte de la población española es católica; la población de esta ciudad asciende a varios millones de habitantes.* **población activa** Conjunto de personas con empleo que viven en un lugar: *esta ley sólo afecta a la población activa.* **2** Lugar con edificios, calles y otros espacios públicos, donde habita un conjunto de personas: *los pueblos y las ciudades son poblaciones; esa carretera atraviesa pocas poblaciones.* **3** Conjunto de seres vivos de la misma especie que habitan en un lugar determinado: *la población de garzas aumenta cada año en el coto.* **4** Conjunto limitado de individuos o elementos con una característica común que son objeto de estudio estadístico: *la población estudiantil se está estancando debido al descenso de la natalidad.*
DER superpoblación.

poblado, -da *adj.* **1** [lugar] Que está habitado por personas: *la zona sur estaba poco poblada.* **2** [lugar] Que está lleno de determinados animales o plantas: *los parques están poblados de gorriones; un jardín poblado de margaritas.* **3** [barba] Que es muy espeso y abundante: *aquel hombre tenía una poblada barba y una larga melena.* ◊ *n. m.* **4** Lugar donde habita un conjunto de personas, especialmente cuando está poco desarrollado urbanísticamente: *en poblado se debe conducir con mayor precaución; visitamos un poblado indio en el Amazonas.*
DER superpoblado.

poblador, -ra *n. m. y f.* Persona que habita en un lugar: *se han hecho muchos estudios sobre los primeros pobladores del continente americano.*

poblamiento *n. m.* Proceso de asentamiento humano en una región geográfica determinada: *al conquistarse América se realizaron los primeros poblamientos de españoles en la nueva tierra.*

poblar *v. tr.* **1** Ocupar un lugar y establecerse en él: *los colonos poblaron las tierras descubiertas.* **2** Ocupar un lugar con personas u otros seres vivos para que habiten en él: *poblarán el monte con conejos; poblaron el valle de pinos.* **3** Habitar o vivir en un lugar: *los hombres pueblan la Tierra; algunas tribus pueblan el desierto.* **4** Estar alguna cosa en gran número en un lugar determinado: *los libros poblaban la biblioteca del famoso escritor.* ◊ *v. prnl.* **5 poblarse** Llenarse en gran cantidad de una cosa determinada: *le gustaría que su cabeza se poblara de pelo; por las noches, el cielo se poblaba de estrellas.*
DER poblacho, población, poblado, poblador, poblamiento; despoblar, repoblar.
OBS En su conjugación, la *o* se convierte en *ue* en sílaba acentuada, como en *contar*.

pobre *adj./n. com.* **1** [persona] Que no tiene lo necesario para vivir o que lo tiene con escasez: *no pudo estudiar porque procede de una familia pobre; cada día hay más pobres pidiendo por las calles de las ciudades.* ◊ *adj.* **2** Que es escaso o no está completo: *fue una conferencia pobre de ideas; la cena me ha parecido muy pobre.* **3** Que tiene poco valor o calidad: *no podrán cultivar en este suelo porque es muy pobre; la actuación del cantante fue muy pobre.* **4** [persona] Que es desgraciado o despierta compasión: *la pobre mujer perdió el monedero con todo su dinero; el pobre Agustín ha tenido muy mala suerte con sus estudios.* En esta acepción se usa siempre delante del nombre. ◊ *int.* **5 ¡pobre!** Palabra que se usa para expresar compasión hacia una persona o un animal: *¡pobre Nieves, al llegar de vacaciones descubrió que habían robado en su casa!*
¡pobre de mí! o **¡pobres de nosotros!** *a)* Expresión que se usa para indicar compasión hacia uno mismo: *¡pobre de mí!, siempre tengo que solucionar los problemas de los demás.* *b)* Expresión que se usa para indicar modestia o inocencia: *¿cómo te voy a ayudar, pobre de mí, si no sé nada de eso?*
¡pobre de ti! o **¡pobre de él!** Expresión que se usa para amenazar a una persona: *¡pobre de ti!, como llegues tarde, no sales en una semana.* Se usa también en plural: *¡pobres de vosotros!, ¡pobres de ellos!*
DER pobreza; empobrecer.
ETIM *Pobre* procede del latín *pauper, -eris*, que tenía el mismo significado, voz con la que también están relacionadas *depauperar, pauperización, paupérrimo.*
OBS Los superlativos son *pobrísimo* y *paupérrimo.*

pobreza *n. f.* **1** Falta o escasez de lo necesario para vivir: *la familia vivía en la más absoluta pobreza.* **2** Escasez de una cosa determinada: *no pudieron llevar a cabo el trabajo por la pobreza de medios; el crítico denunciaba la pobreza intelectual de su país.* **ANT** abundancia. **3** Falta de calidad o valor de una cosa: *la pobreza de ese suelo impide una buena cosecha.* **4** Falta de bondad y de generosidad en una persona o en sus sentimientos: *la pobreza de su corazón le hacía ser un ser mezquino y despreciable.*

pocha *n. f.* Judía blanca que todavía no está madura pero se puede comer: *las pochas son más jugosas que las judías.*

pocho, -cha *adj.* **1** Que no está fresco y tiene un aspecto feo: *los limones están poniéndose pochos; la planta está pocha porque le falta luz.* **SIN** pachucho. **2** [persona] Que está débil y se encuentra mal de salud: *estuvo pocho todo el invierno por culpa de una gripe.* **SIN** pachucho. **3** [persona] Que está pálido: *está un poco pocha porque le ha bajado la tensión.*

pocilga *n. f.* **1** Lugar cubierto en el que se encierra a los cerdos: *los cerdos descansan y se alimentan en la pocilga; la pocilga estaba al fondo de la granja.* **SIN** porqueriza. **2** Lugar muy sucio o desordenado y, generalmente, con mal olor: *su casa es una pocilga, no sé por qué la tiene tan descuidada.* **SIN** cuadra.

pócima *n. f.* **1** Bebida elaborada con hierbas medicinales, especialmente la que tiene poderes mágicos: *el hada del bosque le dio una pócima que lo convirtió en pájaro.* **SIN** bebedizo, cocimiento, filtro. **2** Líquido que resulta desagradable al beberlo: *¿qué clase de pócima me has puesto en la copa?* **SIN** brebaje.

poción *n. f.* Bebida, especialmente la que es medicinal: *la bruja preparaba pociones mágicas; el farmacéutico elaboró una poción contra el dolor de muelas.*

poco, -ca *det. indef.* **1** Indica la cantidad o el número pequeño de personas o cosas: *asistió poca gente; aquí hay poco café; quedan pocos días para acabar.* **ANT** mucho. ◇ *pron. indef.* **2** Cantidad o número pequeño de personas o cosas: *yo tengo de sobra, toma un poco; déme un poco de agua.* ◇ *adv.* **3** poco En una cantidad o grado pequeño o menos de lo que se considera normal: *trabaja muy poco; comes poco y por eso estás tan flaco.* **ANT** mucho. **4** Se usa para expresar escasez de una cualidad: *este niño es poco tranquilo; tu amigo es poco educado.* Se usa delante de un adjetivo. **ANT** muy. **5** Se usa para expresar un corto espacio de tiempo: *hace poco que estuve con él; ella llegó poco después.* Se usa con verbos de tiempo o antepuesto a los adverbios *antes* y *después*. **ANT** mucho.

a poco de En un breve período de tiempo después de determinada acción: *llegaron a poco de irte tú.*

poco a poco *a)* Se usa para indicar que una acción se realiza lentamente: *hay que hacerlo poco a poco para no fallar. b)* Se usa para indicar que algo se toma en pequeñas cantidades: *se lo bebió poco a poco. c)* Se usa para indicar que una acción se realiza de manera gradual: *poco a poco la fuimos conociendo mejor y vimos que no era tan mala persona.*

poco más o menos Se usa para una cantidad que es aproximada: *en la caja hay 50 billetes poco más o menos.*

por poco Indica que alguna cosa ha estado a punto de suceder: *resbaló y por poco se cae.* **SIN** casi.

servir de poco Ser inútil una cosa o la realización de algo: *sirvió de poco que nos ayudases, porque había demasiado trabajo.*

tener en poco No dar a una persona el valor que se merece: *aunque ella ha demostrado su capacidad, la siguen teniendo en poco.*

DER poquedad; apocar.

podadera *n. f.* **1** Tijera de gran tamaño y hojas fuertes que sirve para podar: *podaré los rosales con la podadera.* **2** Herramienta de metal que tiene el corte curvo y el mango de madera y sirve para podar: *voy a coger la podadera para podar el seto del jardín.*

podar *v. tr.* Cortar o quitar las ramas que no son necesarias de los árboles o las plantas para que éstos crezcan y se desarrollen con más fuerza: *hay que podar los frutales; el jardinero poda los setos del jardín.*

DER poda, podadera.

podenco, -ca *adj./n. m. y f.* [perro] Que pertenece a una raza que, por su capacidad para ver y oler, es adecuada para la caza; tiene la cabeza redonda, las orejas tiesas, la cola enroscada y las patas fuertes y largas: *los podencos son poco ladradores.*

poder *n. m.* **1** Autoridad para mandar, dominar o influir sobre los demás: *lo que más deseó en su vida fue alcanzar el poder; es una persona con mucho poder.* **2** Gobierno de un grupo de personas, especialmente de un país: *cuando subió al poder realizó importantes reformas.* **3** Cada una de las tres funciones básicas del gobierno de un país: *poder ejecutivo; poder legislativo; poder judicial.* **4** Capacidad de una persona para actuar de determinada manera: *es increíble el poder de convicción que tiene tu padre; tiene poder para sacar adelante el negocio.* **5** Fuerza o eficacia que tiene una cosa para producir un efecto: *el poder de destrucción de las bombas nucleares es enorme; el medicamento que le recetó no tiene poder contra su enfermedad.* **6** Autorización que da una persona a otra para que haga alguna cosa: *he dado poderes al notario para que haga lo que estime conveniente.* Se usa sobre todo en plural. **7** Propiedad o posesión de una cosa: *la isla pasó a poder del enemigo; tiene en su poder varios millones de pesetas.* ◇ *v. tr./intr.* **8** Tener una persona o cosa capacidad para hacer algo: *con estos zapatos de tacón no puedo correr; no puedo con la carga; la máquina puede trabajar más rápido.* **9** Tener una persona facilidad o tiempo para hacer una cosa: *te puedo devolver el dinero cuando quieras; no podemos llegar a tiempo a la función de teatro.* ◇ *v. tr.* **10** Tener autorización o permiso para hacer una cosa: *como tengo 18 años, puedo llegar tarde a casa; aquí no podemos fumar.* ◇ *v. impersonal* **11** Ser posible que ocurra una cosa: *está muy nublado, puede que llueva.* ◇ *v. intr.* **12** Tener fuerza para vencer o derrotar a otro: *Jaime es mayor que yo, por eso me puede; el perro no pudo con el gato.*

a más no poder Todo lo que es posible: *bailé en la fiesta a más no poder; Teresa es antipática a más no poder.*

de poder a poder Indica que una acción se hace entre dos personas o grupos de igual fuerza o autoridad: *los dos tenistas se enfrentan de poder a poder; se enzarzaron en una discusión de poder a poder.*

no poder con *a)* No ser capaz de dominar una situación o de hacer razonar a una persona: *no puedo con ellos, hacen siempre lo que les da la gana. b)* No ser capaz de aguantar a una persona: *Ramón no deja de decir estupideces, ¡no puedo con él!*

no poder más No tener capacidad para continuar haciendo una cosa: *llevo seis horas limpiando sin parar, ya no puedo más.*

no poder menos que No tener capacidad para evitar o dejar de hacer una cosa: *cuando vio que se caía, Rosa no pudo menos que ayudarle.*

¿se puede? Expresión con la que se pide permiso para entrar en un lugar: *¿se puede?, perdone, tengo algo urgente que consultarle.*

DER poderío, poderoso; apoderar.

ETIM Poder procede del latín vulgar *potere*, que tenía el mismo significado, voz con la que también están relacionadas *potente, potestad*.

poderío *n. m.* **1** Influencia o autoridad para dominar a una persona o una cosa: *el Mediterráneo estuvo bajo el poderío fenicio en la Antigüedad.* **2** Fuerza o energía grande para

P p

poder	
INDICATIVO	**SUBJUNTIVO**
presente	presente
puedo	pueda
puedes	puedas
puede	pueda
podemos	podamos
podéis	podáis
pueden	puedan
pretérito imperfecto	pretérito imperfecto
podía	pudiera o pudiese
podías	pudieras o pudieses
podía	pudiera o pudiese
podíamos	pudiéramos o pudiésemos
podíais	
podían	pudierais o pudieseis
	pudieran o pudiesen
pretérito indefinido	futuro
pude	pudiere
pudiste	pudieres
pudo	pudiere
pudimos	pudiéremos
pudisteis	pudiereis
pudieron	pudieren
futuro	
podré	
podrás	
podrá	**IMPERATIVO**
podremos	puede (tú)
podréis	pueda (usted)
podrán	poded (vosotros)
	puedan (ustedes)
condicional	**FORMAS NO PERSONALES**
podría	
podrías	infinitivo gerundio
podría	poder pudiendo
podríamos	participio
podríais	podido
podrían	

hacer una cosa: *Maruja se había convertido en una mujer llena de salud y poderío.* **SIN** vigor, vitalidad. **3** Conjunto de bienes y riquezas: *el marqués es un señor con mucho poderío en este pueblo.*

poderoso, -sa *adj./n. m. y f.* **1** [persona] Que tiene capacidad y fuerza para hacer o conseguir cosas difíciles: *Alejandro Magno fue un hombre poderoso; le gustaría llegar a tener la fama de los poderosos.* **2** [persona] Que es muy rico y tiene mucha influencia o autoridad: *es el terrateniente más poderoso de la comarca; su ideal es luchar contra los poderosos y defender a los humildes.* ◇ *adj.* **3** [país] Que es muy rico y que influye económica o políticamente sobre otros países: *los representantes de las naciones más poderosas se reunieron en Ginebra.* **4** Que produce el efecto que se quiere conseguir: *este producto es un poderoso detergente, arrastra la suciedad y elimina las manchas.* **SIN** eficaz, potente.

podio *n. m.* **1** Plataforma en la que se suben uno o varios deportistas que han ganado una prueba o competición: *los atletas vencedores suben al podio para recoger sus medallas.* **2** Plataforma donde se colocan una o varias personas para presidir un acto o para ser homenajeadas: *la familia real con-* templó el desfile desde el podio. **3** ARQ. Plataforma más larga que ancha que sirve de base a un conjunto de columnas.
ETIM Véase *poyo.*

podo-, -podo, -poda Elemento prefijal y sufijal que entra en la formación de palabras con el significado de 'pie': *podólogo, cefalópodo.* **SIN** -pedo.

podología *n. f.* Parte de la medicina que se ocupa de las enfermedades y el cuidado de los pies: *la podología se ocupa de los tratamientos que no requieren cirugía mayor.*

podólogo, -ga *n. m. y f.* MED. Persona que se dedica al cuidado y el tratamiento de las enfermedades de los pies: *el podólogo me aconsejó que calzase con plantillas, porque tengo los pies planos.*

podómetro *n. m.* Aparato que sirve para contar el número de pasos que da una persona y medir la distancia que ha recorrido: *el podómetro se parece a un reloj de bolsillo.*

podredumbre *n. f.* **1** Descomposición de la materia por la acción de las bacterias: *la podredumbre de los alimentos producía un olor insoportable.* **SIN** putrefacción. **2** Maldad con que hace las cosas una persona: *la podredumbre de algunos funcionarios va en perjuicio de los ciudadanos.*

podrido, -da *adj.* **1** [materia] Que está descompuesto por la acción de las bacterias: *tiró las peras podridas a la basura; el tronco del árbol estaba podrido.* **2** Que está dominado por el vicio o la inmoralidad: *vivían en una sociedad podrida.* **SIN** corrupto.
estar podrido de Tener una cosa o una cualidad determinada en abundancia: *ese viejo está podrido de dinero; está podrida de envidia.* Se usa con valor despectivo.

podrir *v. tr./prnl.* Pudrir.
DER podredumbre, podrido.
OBS La Real Academia Española admite *podrir*, pero prefiere la forma *pudrir.* ◇ Sólo se usa en infinitivo y en participio; para las restantes formas se utiliza *pudrir.*

poema *n. m.* **1** Obra literaria escrita en verso: *compró un libro de poemas de Pablo Neruda; le encantan los poemas de Quevedo.* **SIN** poesía. **poema en prosa** Obra en prosa parecida a esa composición por su estilo y por su contenido: *los poemas en prosa de Juan Ramón Jiménez son muy conocidos.* **poema sinfónico** Composición musical para orquesta, generalmente en un solo movimiento, que está compuesta a partir de un tema literario o poético: *Liszt y Chaikovski compusieron grandes poemas sinfónicos.* **2** Cosa que se considera ridícula: *su aparición con aquel vestido tan horrible fue todo un poema; su cara era todo un poema.*
DER poemario.

poemario *n. m.* Colección o conjunto de poemas: *la editorial ha editado un poemario con las poesías completas de un famoso autor.*

poesía *n. f.* **1** Obra literaria escrita en verso: *sé de memoria esa poesía de Espronceda que comienza* Con cien cañones por banda; *mi hermano ha escrito un libro de poesías.* **SIN** poema. **2** Arte de componer obras literarias que expresen la belleza o el sentimiento que la belleza produce: *ha estudiado mucha poesía, pero sus versos no tienen fuerza.* **SIN** poética. **3** Expresión oral o escrita de la belleza o del sentimiento que la belleza produce: *sus novelas están llenas de poesía.* **4** Conjunto de obras en verso de un autor, de una época determinada o que se producen en un lugar: *la poesía española del Siglo de Oro es muy abundante; admiro la poesía de García Lorca.* **5** Capacidad o cualidad de provocar un sentimiento profundo de belleza: *las miradas de los enamorados estaban cargadas de poesía; lo mejor de sus pinturas es la poesía de los paisajes.*

poeta, -tisa *n. m. y f.* Persona que compone obras literarias en verso, especialmente cuando tiene las cualidades necesarias para hacerlo: *Garcilaso de la Vega fue un gran poeta del Renacimiento*.
DER poema, poesía, poetastro, poética, poético, poetisa, poetizar.
OBS El femenino puede ser *poetisa* o *poeta*.

poetastro *n. m.* Poeta que escribe poemas malos o de mala calidad: *él cree que es muy buen poeta, pero en realidad es un poetastro*.

poética *n. f.* **1** Arte de componer obras literarias que expresen la belleza o el sentimiento que la belleza produce: *los antiguos griegos sentaron algunos principios de la poética occidental*. **SIN** poesía. **2** Disciplina que estudia la naturaleza y los principios de los poemas, sus géneros y el lenguaje literario: *es profesor de poética en la universidad*. **3** Conjunto de principios o de reglas que siguen un género literario, una escuela o un autor: *el predominio del endecasílabo forma parte de la poética de esos años*.

poético, -ca *adj.* **1** De la poesía o que tiene relación con este arte de componer en verso: *mañana se celebrará un recital poético; la obra poética de Cervantes ha quedado ensombrecida por su novela*. **2** Que expresa belleza o el sentimiento que la belleza produce: *leía en el atlas los poéticos nombres de ciudades lejanas*.

poetizar *v. tr.* **1** Dar carácter poético a una cosa embelleciéndola o idealizándola: *las personas sensibles llegan a poetizar cualquier aspecto de la vida*. ◇ *v. intr.* **2** Componer versos u obras poéticas.
OBS En su conjugación, la *z* se convierte en *c* delante de *e*.

pointer *adj.* **1** [raza de perros] Que se caracteriza por tener la cabeza alargada, las orejas caídas y el pelo corto y de color variable: *la raza pointer es una raza de perros de caza*. ◇ *adj./n. m.* **2** [perro] Que es de esta raza: *los pointer son perros de un gran olfato*.

polaco, -ca *adj.* **1** De Polonia o que tiene relación con este país situado en el centro de Europa: *el Vístula y el Oder son dos ríos polacos*. ◇ *adj./n. m. y f.* **2** [persona] Que es de Polonia: *Chopin era polaco; el escritor polaco ganó un certamen de poesía*. ◇ *n. m.* **3** Lengua hablada en Polonia: *el polaco es una de las lenguas eslavas*. **4** Persona nacida en Cataluña o que vive en esta comunidad autónoma. Se usa con valor despectivo.

polaina *n. f.* Prenda de paño o cuero, que cubre la pierna desde el pie a la rodilla y que se abrocha por fuera o se ajusta al pie con una tira: *el cazador llevaba unas polainas verdes*.

polar *adj.* De los polos de la Tierra o que tiene relación con estas zonas terrestres: *el clima polar es muy frío y poco adecuado para la vida del hombre*.
DER polaridad, polarizar; bipolar, extrapolar.

polaridad *n. f.* **1** Propiedad que tiene un cuerpo magnético de orientarse en dirección norte o sur dentro de un campo magnético: *la aguja de una brújula tiene polaridad*. **2** Tendencia que tiene una molécula a ser atraída o repelida por una carga eléctrica positiva o negativa: *la polaridad es debida a la colocación asimétrica de los átomos alrededor del núcleo*.

polarizar *v. tr./prnl.* **1** Modificar los rayos luminosos por medio de la refracción o la reflexión de manera que no puedan refractarse o reflejarse de nuevo en otra dirección: *las ondas de luz se polarizan al atravesar un determinado medio*. **2** Acumular en dos partes determinadas de un cuerpo cargas eléctricas opuestas. **3** Concentrar una persona la atención o el ánimo en una cosa determinada: *la atención de todos se polariza hacia los problemas sociales*.
OBS En su conjugación, la *z* se convierte en *c* delante de *e*.

polaroid *n. f.* **1** Cámara fotográfica que realiza fotografías instantáneas impresas en un papel especial: *las fotos salen directamente de la polaroid a los pocos segundos de ser tiradas*. **2** Fotografía realizada con esta cámara: *las polaroid tienen menos nitidez que las fotos normales*.
OBS Es una marca registrada.

polca *n. f.* **1** Baile de pareja de movimiento rápido, originario del centro de Europa y muy popular en el siglo XIX: *este grupo siempre baila la polca en sus espectáculos*. **2** Música de ese baile, compuesta en compás de dos por cuatro: *Chopin compuso varias polcas*.

pólder *n. m.* Terreno pantanoso que se gana al mar y que una vez desecado se dedica al cultivo; para evitar inundaciones se rodea de diques: *el pólder es característico de los Países Bajos*.
OBS El plural es *pólderes*.

polea *n. f.* **1** Rueda giratoria que tiene en el borde un canal por el que se hace pasar una cuerda u otra cosa y que sirve para disminuir el esfuerzo necesario para levantar un cuerpo: *cogíamos agua del pozo con el cubo que estaba atado a la cuerda de la polea*. ☞ campana. **2** Rueda plana de metal que gira sobre su eje y que sirve para transmitir movimiento en un mecanismo por medio de una correa: *el ventilador del automóvil funciona gracias a una polea*. ☞ transmisión, sistemas de.

polémica *n. f.* Discusión o enfrentamiento entre dos o más personas que defienden opiniones contrarias, generalmente por escrito: *los dos periodistas sostuvieron una fuerte polémica a través de sus artículos*.

polémico, -ca *adj.* Que provoca discusión o enfrentamiento: *las últimas declaraciones del empresario han sido muy polémicas*.
DER polémica, polemizar.

polemizar *v. intr.* Entablar o sostener una polémica o una discusión: *desde que ha empezado la reunión no han dejado de polemizar sobre el mismo asunto*. **SIN** discutir.
OBS En su conjugación, la *z* se convierte en *c* delante de *e*.

polen *n. m.* Conjunto de granos de pequeño tamaño que contienen las células masculinas que hacen posible la reproducción en la flor: *el polen sale de los estambres y se deposita en el pistilo*.
DER polínico, polinizar.

poleo *n. m.* **1** Planta de hojas pequeñas, verdes y de olor agradable y que tiene unas flores de color azulado o morado formando racimos: *fuimos a coger poleo a la orilla del arroyo*. **2** Hojas secas de esta planta que se usan para hacer infusión: *espera a que el agua hierva para echar el poleo*. **3** Infusión que se hace con estas hojas: *el poleo me gusta más que la manzanilla*.

poli *n. f.* **1** *coloquial* Forma de abreviar *policía* y que se refiere al cuerpo que se encarga de velar por el mantenimiento del orden público: *la poli llegó al lugar del atraco*. ◇ *n. com.* **2** *coloquial* Forma de abreviar *policía* y que se refiere a la persona que es miembro de este cuerpo: *tocó el timbre de su puerta un poli vestido de paisano*.
OBS El plural es *polis*.

poli- Elemento prefijal que entra en la formación de palabras expresando idea de 'abundancia', 'pluralidad': *policlínica, polideportivo*. **SIN** multi-, pluri-.

poliamida *n. f.* Compuesto químico formado mediante una reacción química que tiene un elevado punto de fusión: *la poliamida se utiliza en la industria textil*.

polichinela *n. m.* Personaje burlesco de teatro que tiene la nariz grande y arqueada, una joroba por delante y por

policía

P p

detrás y va vestido con un traje abotonado y un sombrero de dos puntas que caen a ambos lados de la cabeza: *el polichinela es característico de la comedia del arte italiana*.

policía *n. f.* **1** Conjunto de personas y medios a las órdenes de las autoridades políticas, que se encarga de vigilar el mantenimiento del orden público, la seguridad de los ciudadanos y el cumplimiento de las leyes: *la policía busca a los secuestradores; fue a la policía para denunciar el robo*. **policía judicial** Conjunto de personas que trabaja a las órdenes de los tribunales de justicia para investigar los delitos y perseguir a los delincuentes: *la policía judicial localizó al testigo en su domicilio*. **policía militar** Policía que se encarga de la seguridad y del mantenimiento de la disciplina de los miembros del ejército: *la policía militar vigila la entrada de personas ajenas al cuartel*. **policía municipal** o **policía urbana** Conjunto de personas que trabaja a las órdenes de un ayuntamiento y se encarga del cumplimiento de las normas del municipio: *la policía municipal retira los coches mal aparcados en las calles*. **policía nacional** Conjunto de personas que trabaja a las órdenes del gobierno y se encarga del cumplimiento de las leyes de una nación: *al lado de mi casa hay una comisaría de policía nacional*. **policía secreta** Policía que intenta pasar inadvertida para poder realizar misiones muy delicadas: *la policía secreta se encargó del asunto de tráfico de drogas*. ◊ *n. com.* **2** Persona que se dedica a vigilar el mantenimiento del orden público, la seguridad de los ciudadanos y el cumplimiento de las leyes: *dos policías vestidos de paisano siguieron al sospechoso hasta su casa; trabaja como policía municipal en esta ciudad*. Se puede especificar la especialidad a la que pertenece un policía: *policía judicial, policía militar, policía municipal o urbano, policía nacional, policía secreto*. **DER** policíaco, policial.

policíaco, -ca o **policiaco, -ca** *adj.* De la policía o los policías, o que tiene relación con las funciones que realizan: *la investigación policíaca ha resultado infructuosa; me gustan las novelas policíacas*.

policial *adj.* De la policía o que tiene relación con las personas que pertenecen a ella: *investigación policial; uniforme policial*. **SIN** policíaco, policiaco.

policlínica *n. f.* Centro médico privado que ofrece el servicio de distintas especialidades: *en esta policlínica hay consultas ginecológicas y urológicas*.

policromía *n. f.* Presencia de varios colores combinados: *en la Alhambra de Granada pudimos admirar la policromía de los techos árabes*.

policromo, -ma o **polícromo, -ma** *adj.* Que es de varios colores: *ha pintado un cuadro realmente policromo*. **ANT** monocromo.

polideportivo, -va *adj./n. m.* [instalación] Que está acondicionada para practicar distintos deportes: *las instalaciones polideportivas suelen ser administradas por el Ayuntamiento; el polideportivo cuenta con campos de fútbol y pistas de tenis*.

poliedro *n. m.* Cuerpo geométrico sólido limitado por caras planas o polígonos: *el cubo es un poliedro de seis caras*. **DER** poliédrico.

poliéster *n. m.* Resina plástica que se obtiene mediante una reacción química y que es muy resistente a la humedad y a los productos químicos: *el poliéster se utiliza para fabricar fibras artificiales y material textil*. **OBS** El plural es *poliésteres*.

polifacético, -ca *adj.* **1** [persona] Que tiene capacidad para realizar varias actividades distintas: *fue un artista polifacético: pintaba, esculpía y componía versos*. **2** Que tiene varias facetas o aspectos: *los problemas humanos suelen ser polifacéticos*.

polifásico, -ca *adj.* [corriente eléctrica alterna] Que está constituida por la combinación de varias corrientes monofásicas que tienen el mismo período y amplitud pero distinta fase.

polifonía *n. f.* MÚS. Música que combina los sonidos de varias voces o instrumentos de manera que formen un todo armónico: *en la polifonía, el oído percibe varias líneas melódicas superpuestas*. **DER** polifónico.

polifónico, -ca *adj.* MÚS. De la polifonía o que tiene relación con esta música: *después de la etapa polifónica, la música pasó a la etapa armónica*.

poligamia *n. f.* Estado civil de la persona que está casada con dos o más personas del sexo contrario: *la poligamia no está permitida en España*. **ANT** monogamia.

polígamo, -ma *adj./n. m. y f.* **1** [persona] Que está casado al mismo tiempo con dos o más personas del sexo contrario: *en las sociedades primitivas hay hombres polígamos*. **ANT** monógamo. **2** [animal macho] Que se junta con dos o más hembras de su especie: *los leones son animales polígamos*. ◊ *adj.* **3** [árbol, planta] Que tiene flores masculinas, femeninas y hermafroditas: *el algarrobo y el fresno son árboles polígamos*. **4** De la poligamia o que tiene relación con este estado civil: *un matrimonio polígamo; una relación polígama*. **DER** poligamia.

políglota, -ta o **poligloto, -ta** *adj./n. m. y f.* **1** [persona] Que habla varias lenguas: *para ser guías turísticos les exigen que sean políglotos; mi jefe busca una secretaria políglota*. ◊ *adj.* **2** Que está escrito en varias lenguas: *el cardenal Cisneros fue el promotor de una Biblia políglota*. **OBS** Se usa frecuentemente la forma *políglota* en género común: *un políglota, una políglota*.

polígono *n. m.* **1** Figura geométrica plana de varios ángulos limitada por tres o más rectas: *el pentágono, el octágono, el decágono y el dodecágono son polígonos*. **2** Superficie de terreno limitada y destinada a fines administrativos, industriales, militares o de otro tipo: *en las afueras de la ciudad han construido un nuevo polígono industrial; los soldados fueron al polígono de tiro para practicar; visitaron el polígono residencial*.

polilla *n. f.* **1** Mariposa de pequeño tamaño, grisácea, de alas estrechas y antenas casi verticales, que suele volar por la noche: *alrededor de las farolas vuelan muchas polillas*. **2** Larva o gusano de esa mariposa: *las polillas se alimentan de las sustancias que sacan de los tejidos; el abrigo está lleno de agujeros porque en el armario hay polillas*. **3** Cosa que progresivamente va destruyendo otra: *la polilla del juego se comió la fortuna de toda la familia*. **DER** apolillarse.

polinización *n. f.* BOT. Proceso por el cual el polen es transportado al lugar adecuado de la planta para que germine o produzca semillas: *el viento, los insectos y las aves posibilitan la polinización a distancia*.

polinizar *v. tr.* BOT. Transportar el polen al lugar adecuado de la planta para que germine o produzca semillas: *tuvieron que polinizar las plantas para que fecundaran*. **DER** polinización. **OBS** En su conjugación, la *z* se convierte en *c* delante de *e*.

polinomio *n. m.* MAT. Expresión matemática que consta de dos o más números y valores variables unidos por signos de suma o resta: $4x - 7y + 12$ *es un polinomio; los polinomios de dos números y variables se llaman binomios, y los de tres, trinomios*.

polio *n. f.* Forma abreviada de referirse a la enfermedad de la *poliomielitis: de pequeño tuvo la polio y ahora no puede andar.*

poliomielítico, -ca *adj./n. m. y f.* [persona] Que padece o ha padecido una poliomielitis: *los enfermos poliomielíticos tienen dañada la médula espinal.*

poliomielitis *n. f.* Enfermedad producida por un virus que ataca a la médula espinal y provoca parálisis: *la poliomielitis ataca a los niños principalmente; voy a vacunar a mi hijo contra la poliomielitis.*
DER polio, poliomielítico.
OBS También se usa la forma abreviada polio.

pólipo *n. m.* **1** MED. Masa de células que se forma y crece en los tejidos que cubren el interior de algunos conductos del cuerpo que se comunican con el exterior: *los pólipos se forman generalmente en la nariz o en la vagina; los pólipos se sujetan al tejido en el que crecen mediante un pedúnculo.* **2** Animal marino que no tiene esqueleto, en un período de su desarrollo en que tiene forma de tubo con una abertura hacia arriba, que está sujeto al fondo del mar o a las rocas mediante un pedúnculo: *la abertura de los pólipos está rodeada de tentáculos; muchos pólipos se transforman en medusas.*

-polis Elemento sufijal que entra en la formación de palabras con el significado de 'ciudad': *metrópolis, necrópolis.*

polisemia *n. f.* Fenómeno del lenguaje que consiste en que una misma palabra tenga varios significados: *en las palabras ojo y banco se da polisemia, porque pueden significar varias cosas.*
DER polisémico.

polisémico, -ca *adj.* [palabra] Que tiene más de un significado: *la palabra órgano es polisémica.*

polisílabo, -ba *adj./n. m.* [palabra] Que tiene más de una sílaba: *las palabras perro, historia y portafolios son polisílabas.*
ANT monosílabo.

polisíndeton *n. m.* Figura del lenguaje que consiste en unir varios elementos lingüísticos mediante repetidas conjunciones, que no son necesarias pero dan fuerza a lo que se quiere decir: *si decimos y las manos y el rostro y el cuerpo todo, utilizamos la figura del polisíndeton.*

polisón *n. m.* Prenda con forma de cojín o almohadilla que llevaban las mujeres bajo el vestido para ahuecarlo o abultarlo por la parte de atrás: *el polisón se colocaba atándolo a la cintura.*

politécnico, -ca *adj.* [instituto, escuela] Que engloba y trata varias ramas de la ciencia o de la técnica: *en la Universidad Politécnica se estudian las carreras de arquitectura y de ingeniería.*

politeísmo *n. m.* Creencia religiosa que defiende la existencia de varios dioses: *el politeísmo se da en muchos países asiáticos.* **ANT** monoteísmo.
DER politeísta.

politeísta *adj.* **1** Del politeísmo o que tiene relación con esta creencia religiosa: *los antiguos griegos tenían creencias politeístas.* **ANT** monoteísta. ◇ *n. com.* **2** Persona que cree en la existencia de varios dioses: *en la India hay muchos politeístas.* **ANT** monoteísta.

política *n. f.* **1** Ciencia que trata del gobierno y la organización de las sociedades humanas, especialmente de los Estados: *estudió política en la universidad.* **2** Actividad de los que gobiernan o aspiran a gobernar los asuntos públicos: *se dedica a la política desde los 19 años; están investigando la corrupción en la política.* **3** Conjunto de actos con los que se dirigen los asuntos que afectan a la sociedad o tienen relación con ella: *los dos países han llegado a un acuerdo en política económica; si no quieres que discutamos, no hablemos de política.* **4** Modo o manera de actuar de una persona o de una institución que persigue un fin: *el jefe de la empresa ha puesto en práctica una política que le ha permitido conseguir muchos beneficios.*

político, -ca *n. m. y f.* **1** [persona] Que se dedica a la política: *no comparto sus ideas, pero reconozco que es un buen político.* ◇ *adj.* **2** De la política o que tiene relación con esta actividad: *la actualidad política; un partido político.* **3** Que no es natural, sino consecuencia de un matrimonio: *mi suegra es mi madre política; el cuñado de Isabel es su hermano político.* Se usa sólo en relación a los parentescos.
DER política, politiquear, politizar, politología; apolítico.

politiquear *v. intr.* Intervenir en política o hablar de política de forma superficial y poco acertada: *se pasó la vida politiqueando, pero nunca hizo nada de provecho para la comunidad.* Se usa con valor despectivo.

politizar *v. tr./prnl.* Dar contenido político a acciones o pensamientos que no lo tenían: *el festival de música está politizado; el fútbol se está politizando cada vez más.* **ANT** despolitizar.
DER despolitizar.
OBS En su conjugación, la z se convierte en c delante de e.

politraumatismo *n. m.* MED. Conjunto de varias fracturas que se producen en el cuerpo: *el accidente le produjo un politraumatismo craneal de pronóstico grave.*

poliuretano *n. m.* Sustancia sintética que se utiliza para fabricar plásticos, fibras sintéticas y resinas: *el poliuretano se usa en la fabricación de revestimientos y barnices.*

polivalente *adj.* Que tiene varios valores o que puede ser usado con distintos fines: *el salón era polivalente: servía de comedor y de sala de reuniones; le pusieron una vacuna polivalente.*

polivinilo *n. m.* Sustancia sintética que se utiliza para fabricar materiales plásticos: *el polivinilo se usa como sustituto del caucho.*

póliza *n. f.* **1** Documento que sirve para demostrar la validez de un contrato, en seguros, bolsa y en otros negocios; en él aparecen las condiciones, características, cláusulas, etc., del contrato: *leyó detenidamente las condiciones de la póliza del seguro de accidente antes de firmar el contrato.* **2** Sello que el Estado obligaba a poner sobre ciertos documentos y que se usaba como impuesto: *las pólizas se compraban en los estancos.*

polizón *n. m.* Persona que sube a un barco o un avión de forma oculta e ilegal con intención de viajar en él: *como no tenía dinero para el pasaje, se embarcó de polizón.*
DER polizonte.

polizonte *n. m. coloquial* Agente de policía: *los ladrones del banco comentaron que se largaron cuando vieron llegar a los polizontes.*
OBS Su uso es despectivo.

polla *n. f.* **1** Gallina joven que aún no pone huevos o que hace poco que ha empezado a ponerlos: *compró unas gallinas y ahora vende pollitas a buen precio.* **2** *malsonante* Órgano sexual masculino. **SIN** pene.

polla de agua Ave de patas largas y finas que tiene el pico rojizo y el plumaje de colores oscuros, y que se alimenta de pequeños animales acuáticos: *intentaron cazar una polla de agua en el pantano.*

pollada *n. f.* Conjunto de pollos que sacan las aves de una sola puesta de huevos: *la gallina ha tenido una pollada de ocho pollitos.*

pollastre *n. m.* **1** Pollo o polla que está un poco crecido: *mataron un pollastre del corral para comerlo por Navidad.*

pollería

P
p

2 *coloquial* Chico joven que presume o alardea de ser ya un hombre: *menudo pollastre está hecho mi hijo y eso que no es más que un crío*.

pollería *n. f.* Establecimiento donde se venden huevos y aves comestibles: *voy a la pollería a comprar una docena de huevos y unas pechugas de pollo*.

pollero, -ra *n. m. y f.* Persona que se dedica a criar o vender pollos: *el pollero me ha vendido un pollo muy fresco*.
DER pollería.

pollino, -na *n. m. y f.* **1** Animal mamífero doméstico con grandes orejas y cola larga, parecido al caballo aunque más pequeño que, por ser muy resistente, se usa para trabajos en el campo y como animal de carga: *iban montados a caballo y traían la carga sobre un pollino*. **SIN** asno, burro. ◇ *adj./n. m. y f.* **2** [persona] Que no entiende bien las cosas o es ignorante: *se hacía la pollina, pero no es tonta*.

pollo *n. m.* **1** Gallina joven, especialmente la destinada al consumo: *comió pollo asado con patatas fritas; preparó muslos de pollo con pimientos*. **2** Cría que sale de un huevo, especialmente de la gallina: *los pollitos rompieron ayer el cascarón; el águila da de comer a sus pollos*. **3** Muchacho que tiene poca edad: *a este pollo le llaman por teléfono muchas chicas*. **4** Saliva o mucosidad que se escupe por la boca de una vez. **SIN** escupitajo, lapo.
DER polla, pollada, pollastre, pollero, polluelo; empollar.

polo *n. m.* **1** Extremo del eje alrededor del cual gira una esfera, especialmente cada uno de los dos de la Tierra: *los meridianos pasan por los polos; la Tierra está achatada por los polos*. **2** Zona cercana a cada uno de los extremos del eje imaginario alrededor del cual gira la Tierra: *la novela explica la historia de la primera expedición al polo norte; el polo sur está en la Antártida*. **3** Helado hecho con agua, colorante y azúcar, de forma alargada y con un palo que lo atraviesa para cogerlo: *tomó un polo de limón para refrescarse*. **4** Prenda de vestir de algodón u otro tejido ligero, con cuello, que cubre la parte superior del cuerpo hasta la cintura y tiene botones desde el cuello hasta el pecho: *Ernesto es aquel chico que lleva pantalones vaqueros y un polo azul; en verano suelo llevar polos de manga corta*. **5** Fís. Parte extrema de un cuerpo en la que se acumula gran energía: *los imanes tienen dos polos; los polos opuestos se atraen*. **polo magnético** Fís. Parte extrema de la Tierra que tiene la menor distancia hasta el núcleo: *la flecha de una brújula siempre señala hacia uno de los polos magnéticos*. **6** Extremo del circuito de una pila o de ciertas máquinas eléctricas: *has puesto la pila al revés: el polo positivo va hacia arriba*. **polo negativo** Extremo de una pila que tiene menor potencial y por el que sale la energía eléctrica. **SIN** cátodo. **polo positivo** Extremo de una pila que tiene mayor potencial y por el que entra la energía eléctrica. **SIN** ánodo. **7** Lugar, cosa o persona que atrae la atención o el interés por algún motivo: *esta región es uno de los polos de desarrollo industrial del país; la famosa actriz fue el polo de atención del festival de cine por sus recientes declaraciones*. **8** Deporte en el que se enfrentan dos equipos de cuatro jinetes y que tiene como objetivo meter una pequeña pelota de madera en la meta del equipo contrario golpeándola con unos mazos de mango muy largo que se manejan con una sola mano: *los partidos de polo se disputan sobre campos de hierba*.

de polo a polo De una parte a otra, con una gran distancia entre ambas: *rastreó la región de polo a polo, pero no encontró nada*.

polo opuesto Persona o cosa muy diferente a otra o que se diferencia mucho por una cualidad: *el hijo y el padre son polos opuestos; su teoría es el polo opuesto a la mía*.
DER polar.

polonio *n. m.* Elemento químico metálico y sólido que es muy radiactivo y se utiliza como fuente de neutrones y partículas alfa: *el polonio fue descubierto por Marie Curie y su símbolo es Po*.

poltrona *n. f.* Asiento con brazos, ancho y cómodo y generalmente con las patas cortas: *en el porche había varias poltronas de mimbre*.
DER poltronería; apoltronarse.

poltronería *n. f.* Pereza o dejadez para realizar cualquier trabajo: *tu poltronería está haciendo que pierdas todos los empleos que encuentras*. **SIN** holgazanería, vaguería.

polución *n. f.* **1** Contaminación intensa y dañina del agua, del aire o del medio ambiente, producida por los residuos de procesos industriales o biológicos: *la polución es mayor en invierno; las organizaciones ecologistas intentan encontrar medios de disminuir la polución*. **2** Expulsión de semen, especialmente cuando se produce de manera involuntaria: *durante el sueño pueden producirse poluciones*.
DER polucionar.
ETIM *Polución* procede del latín *poluto polluere*, 'mancharse', voz con la que también está relacionada *impoluto*.

polvareda *n. f.* **1** Cantidad de polvo que se levanta de la tierra, agitada por un viento fuerte o por otra causa: *el helicóptero levantó una gran polvareda al aterrizar*. **2** Alboroto de la opinión pública provocado por un suceso, un comentario u otro motivo: *menuda polvareda se armó cuando la modelo apareció desnuda en una revista*.

polvera *n. f.* **1** Caja de pequeño tamaño que contiene polvos que se ponen en la cara para dar color: *en el bolso siempre lleva la polvera y el pintalabios por si tiene que retocar su maquillaje*. **2** Almohadilla de algodón o pluma con que se suelen aplicar los polvos en la cara: *se pasó la polvera varias veces por la nariz*.

polvo *n. m.* **1** Conjunto de partículas muy pequeñas que flotan en el aire y caen sobre los objetos formando una capa de suciedad: *hay que limpiar el polvo del mueble; la casa estaba llena de polvo*. **2** Conjunto de partículas muy pequeñas que se levanta de la tierra seca al moverse el aire: *cuando pasaba el carruaje levantaba polvo con las ruedas*. **3** Conjunto de partes muy pequeñas que resultan de moler una sustancia sólida o de extraer toda el agua que contiene: *he puesto cacao en polvo sobre la tarta; trajo un bote de leche en polvo*. ◇ *n. m. pl.* **4 polvos** Producto hecho de partículas muy pequeñas que sirve para maquillarse la cara: *ponte unos polvos en las mejillas, que se te ve muy pálida*. **polvos de arroz** Conjunto de partículas que se obtienen de moler esta semilla: *antes las mujeres usaban los polvos de arroz para maquillarse*. **polvos de talco** Conjunto de partículas que se obtienen de moler el mineral talco y que se usan en cosmética e higiene: *antes de ponerle el pañal al niño échale polvos de talco en el culito para que no se le irrite*.

echar un polvo *malsonante* Realizar el acto sexual.

estar hecho polvo Tener poca fuerza o ánimo una persona: *he tenido un día agotador y estoy hecho polvo; está hecho polvo desde que le ha dejado su novia*.

hacer polvo *coloquial* a) Dejar muy cansada a una persona: *estos niños son tan revoltosos que me hacen polvo cada vez que tengo que cuidarlos*. b) Causar daño, generalmente un problema o una preocupación: *la noticia de su muerte ha hecho polvo a Sebastián; los zapatos nuevos me hacen polvo los*

pies. c) Romper una cosa en trozos muy pequeños: *has hecho polvo el jarrón con el pelotazo que le has dado.*
morder el polvo *coloquial* Ser vencida o derribada una persona: *si vuelves a hacer eso, te haré morder el polvo y te humillaré delante de todos.*
sacudir el polvo *coloquial* Pegar con fuerza y repetidamente a una persona: *discutimos en la calle y le sacudí el polvo.* **SIN** zurrar.
DER polvareda, polvera, pólvora, polvoriento, polvorilla, polvorón; empolvar, espolvorear.
ETIM *Polvo* procede del latín *pulvis, -eris,* que tenía el mismo significado, voz con la que también está relacionada *pulverizar.*

pólvora *n. f.* Mezcla explosiva en forma de granos, generalmente de nitrato de potasio, azufre y carbón, que se enciende a una determinada temperatura y arde desprendiendo una gran cantidad de gases: *la pólvora se usa en las armas de fuego y en los fuegos artificiales.*
correr (o **extenderse**) **como la pólvora** Difundirse algo muy rápidamente: *la noticia de la separación de la actriz corrió como la pólvora.*
haber inventado la pólvora Presentar como nueva una cosa que ya se conoce o está inventada: *nos enseñó su dibujo como si hubiera inventado la pólvora.*
DER polvorín.

polvoriento, -ta *adj.* Que está lleno o cubierto de polvo: *pasó un dedo por los muebles polvorientos del salón; sacudió una alfombra polvorienta.*

polvorín *n. m.* **1** Lugar o edificio preparado para guardar pólvora y otras sustancias explosivas: *el polvorín del cuartel está vigilado noche y día para evitar accidentes; el sargento revisó las municiones del polvorín.* **2** Pólvora o mezcla de trozos de metal triturados con que se cargan las armas de fuego: *en la trinchera preparaban el polvorín para poder cargar rápidamente las armas.* **3** Lugar en el que hay una situación conflictiva y donde se percibe que va a suceder algo: *antes de las elecciones el Parlamento era un polvorín.*

polvorón *n. m.* Dulce de forma redonda hecho con harina, manteca y azúcar, que se deshace al comerlo: *es típico comer turrón y polvorones en Navidad.*

pomada *n. f.* Mezcla hecha con grasa y otras sustancias, que se emplea como cosmético o como medicina de uso exterior: *esa pomada va muy bien para los dolores de huesos; en invierno uso pomada labial.*

pomelo *n. m.* **1** Fruto comestible, de color amarillo, de forma parecida a la naranja pero achatado, y de sabor muy ácido: *tomaré zumo de pomelo para desayunar; he comprado naranjas, limones y pomelos.* **2** Árbol de tronco recto, con la copa redonda y abundante, las hojas ovaladas de color verde oscuro y las flores grandes y blancas, del cual se extrae este fruto comestible: *el pomelo puede llegar a medir 10 metros de altura; en el Levante español se cultivan pomelos.* **SIN** toronja.

pómez *adj.* [piedra] Que es esponjosa, frágil, de peso muy ligero y tiene origen volcánico: *la piedra pómez se utiliza para limar asperezas.*

pomo *n. m.* **1** Tirador redondo que hay en puertas y muebles para abrirlos: *puso la mano en el pomo y abrió la puerta lentamente.* **2** Recipiente pequeño de cristal o metal, que sirve para contener y conservar licores, aceites o perfumes: *el perfume se derramó del pomo; guardaba el óleo en un pomo diminuto.* **3** Parte de la espada que está entre el puño y la hoja y que sirve para mantenerlos fuertemente unidos: *el caballero descansaba la mano sobre el pomo de su espada.*

pompa *n. f.* **1** Burbuja que forma un líquido por el aire que se le introduce: *el niño hacía pompas de jabón soplando por un tubo.* **2** Gran despliegue de medios que acompañan un acto importante o una ceremonia: *tras su triunfo, fueron recibidos en el palacio con gran pompa.* **SIN** aparato, parafernalia.
pompa fúnebre Acto o ceremonia que se organiza en honor de una persona que ha muerto: *la funeraria organizará las pompas fúnebres. Se usa generalmente en plural.*
DER pomposo.

pompi o **pompis** *n. m. coloquial* Parte inferior y posterior del tronco del ser humano sobre la que descansa el cuerpo al sentarse: *creo que he engordado del pompis porque la falda me aprieta.* **SIN** culo, trasero.

pompón *n. m.* Bola de lana o de otro material que se utiliza para adornar el extremo de una cosa: *cada extremo de mi bufanda termina en un pompón de lana.* **SIN** borla.
OBS El plural es *pompones.*

pomposidad *n. f.* **1** Ostentación o grandiosidad que se hace de una cosa: *organizaron la fiesta con una pomposidad algo escandalosa.* **SIN** magnificencia. **2** Presencia abundante de adornos y frases rebuscadas en el lenguaje de una persona: *la pomposidad de su vocabulario resulta empalagosa.*

pomposo, -sa *adj.* **1** Que muestra un lujo o una riqueza excesivos: *la novia llevaba un pomposo vestido.* **SIN** ostentoso. **2** [lenguaje, estilo] Que está adornado en exceso con palabras demasiado formales y que no son necesarias: *no le gusta ese ensayista por su estilo pomposo.* **SIN** altisonante, ampuloso, grandilocuente.
DER pomposidad.

pómulo *n. m.* **1** Hueso saliente de la cara, situado bajo los ojos y a ambos lados de la nariz: *el jugador recibió un golpe en la cara que le fracturó un pómulo.* **2** Parte de la cara que corresponde a ese hueso: *es un niño de pómulos sonrosados.*
☞ cuerpo humano.

ponche *n. m.* **1** Bebida alcohólica hecha con ron u otro licor, agua, limón y azúcar: *el ponche también se puede hacer con té; preparó un ponche para los invitados.* **2** Bebida caliente hecha con leche, huevo, azúcar o frutas y ron u otro licor: *nos hizo un ponche para que entráramos en calor.*
DER ponchera.

poncho *n. m.* Prenda de vestir de abrigo, de lana o paño, que consiste en una manta con una abertura en el centro para pasar la cabeza, y que cubre desde los hombros hasta más abajo de la cintura: *los ponchos son prendas originarias de América del Sur; cuando se pone el poncho y el sombrero está tan guapa, que todos la miran al pasar.*

ponderación *n. f.* **1** Cuidado, consideración o mesura con que se hace o se dice una cosa: *me regañó con ponderación.* **2** Expresión de alabanza o elogio muy grande que se hace a una cosa o a una persona: *se deshizo en ponderaciones acerca de sus virtudes.*

ponderado, -da *adj.* [persona] Que se comporta con tacto, consideración o mesura: *las personas ponderadas actúan de manera reflexiva y cuidadosa.* **SIN** mesurado, prudente.

ponderar *v. tr.* **1** Considerar o examinar con cuidado un asunto: *antes de tomar una decisión, el banco deberá ponderar todos los aspectos financieros.* **2** Alabar de forma exagerada las buenas cualidades de una persona o cosa: *el galán ponderó la belleza y la bondad de su dama.*
DER ponderación, ponderado; imponderable.

ponedor, -ra *adj.* **1** [ave] Que ya pone huevos: *mi codorniz nació hace unos meses y ya es ponedora.* ◊ *adj./n. f.* **2** [gallina] Que está destinada en las granjas a poner huevos para el consumo humano: *tiene una granja de mil gallinas ponedoras.*

ponencia *n. f.* Exposición de un tema concreto que hace alguien ante un conjunto de personas reunidas para discutir sobre él entre todos y extraer conclusiones: *en los congresos suele haber ponencias, mesas redondas y comunicaciones.*

ponente *adj./n. com.* [persona] Que hace una exposición sobre un tema concreto ante un conjunto de personas reunidas para discutirlo entre todos y extraer conclusiones: *en el congreso de nuestro partido político seré yo el ponente de asuntos económicos.*

poner *v. tr.* **1** Colocar o situar una cosa en un lugar: *pondremos el cuadro en esta pared.* **2** Añadir una cosa o algo para completarlo o rellenarlo: *¿le has puesto sal a la carne?; he puesto gasolina en el mechero.* **3** Disponer o preparar una cosa con un fin determinado: *puse el despertador a las siete; pon la mesa, que comeremos enseguida.* **4** Hacer uso de una cualidad o de una habilidad con un fin determinado: *puso todos sus esfuerzos para que el negocio saliera adelante; si pones todo tu empeño, conseguirás aprobarlo todo.* **5** Adoptar un gesto o una expresión, especialmente en la cara, para expresar un estado de ánimo o una manera de ser: *el jefe puso mala cara cuando se lo dije; pone cara de pocos amigos.* **6** Hacer que funcione un aparato eléctrico apretando el botón que lo activa o regular la intensidad de las funciones que tiene: *pon la tele a ver qué echan; no pongas la radio muy alta.* **7** Establecer, instalar o montar una cosa, especialmente un negocio: *han puesto una tienda de ordenadores en el barrio.* **8** Imaginar o suponer como cierta una cosa: *pongamos que el experimento resulta un fracaso, ¿qué harías?* **9** Escribir alguna cosa en un lugar: *el profesor puso en la pizarra una fórmula para resumir lo dicho.* **10** Representar una obra de teatro o proyectar una película o un programa sobre una pantalla: *esta noche no ponen nada interesante en la televisión.* **11** Exponer una cosa a la acción de un agente determinado: *pondremos la ropa al sol para que se seque pronto.* **12** Dejar que un asunto lo decida o lo resuelva otra persona: *he puesto el asunto en manos del abogado.* **13** Dar un nombre o apodo a una persona o animal: *cuando bautizaron a la niña, le pusieron Laura; le hemos puesto Quick al perro porque corre mucho.* **14** Imponer o señalar una obligación a alguien: *en el cole nos ponen deberes para el fin de semana; le han puesto una multa por aparcar encima de la acera.* **15** Utilizar a una persona con un fin determinado: *pongo a Juan por testigo de que lo que digo es cierto; puso al abogado como intercesor.* Se usa con *por* o como seguido de un nombre que indique el fin que se persigue. **16** Tratar de una manera determinada a una persona: *lo puso de ladrón y de mentiroso.* **17** Dar una nota o calificación a alguien: *me han puesto un 8 en el trabajo de historia.* **18** Aportar una cosa o una cierta cantidad de dinero: *yo pongo el pastel y el aperitivo y tú traes las bebidas; hemos de poner mil pesetas cada uno.* **19** Arriesgar una cantidad determinada de dinero, especialmente en un juego o una apuesta: *lo puso todo al número 15 y perdió.* ◇ *v. impersonal* **20** Contener algo una información: *en la carta pone que hemos de estar allí a las diez; ¿qué ponía en ese cartel?* **SIN** decir. ◇ *v. tr./intr.* **21** Soltar un ave sus huevos: *mi abuela tiene unas gallinas que ponen muchos huevos; las gallinas están poniendo.* ◇ *v. tr./prnl.* **22** Colocar o ajustar una prenda o adorno en el cuerpo de una persona o en parte de él: *Isabel se ha puesto el vestido nuevo; le puso una cinta roja para recogerle el pelo.* **ANT** quitar. **23** Situar a una persona en un lugar o posición determinada: *puso a los niños en fila; ponte hacia la derecha, que no veo.* **24** Untar o aplicar una sustancia sobre algo: *¿no pones mantequilla en las tostadas?; para tomar el sol me pongo crema protectora.* **25** Dedicar a un empleo o profesión: *han puesto a Miguel de repartidor con un camión; se puso a trabajar como cajera.* **26** Hacer que una persona o una cosa adquiera un estado o una condición determinados: *ver como se pelean me pone triste; comer tanto pone malo a cualquiera; si dejas la fruta al sol se pondrá madura en poco tiempo.* ◇ *v. prnl.* **27 ponerse** Mancharse una persona o una cosa con algo: *se puso de barro hasta las rodillas; ¡mira cómo te has puesto los pantalones, están llenos de porquería!* **28** Hartarse de comer una persona: *se puso de bombones hasta arriba.* **29** Enfrentarse a una persona: *se puso conmigo porque no se atrevía con los mayores.* **30** Ocultarse un astro: *el Sol se pone más pronto en invierno.*

poner a parir Hablar muy mal de una persona: *en esa canción ponen a parir a los políticos.*

poner al corriente Informar a alguien de un suceso: *en cuanto llegué me puso al corriente de lo que había ocurrido.*

poner bien Hablar bien de una cosa o persona: *mi madre siempre me pone bien cuando habla de mí.*

poner fin Terminar una cosa o una acción: *hay que poner fin a tantas peleas inútiles; puso fin a su novela.*

poner mal Hablar mal de una cosa o persona: *en el periódico ponen muy mal la película que tú querías ir a ver.*

poner verde Hablar muy mal de una persona: *son unos hipócritas: cuando estás con ellos te sonríen y cuando no estás te ponen verde.*

ponerse a + *infinitivo* Comenzar a hacer una cosa determinada: *se puso a leer la novela en cuanto llegó a su casa; me pondré a lavar los platos ahora mismo.*

ponerse perdido Mancharse mucho de algo: *se puso perdido de chocolate.* Se usa con el infinitivo del verbo que indica la acción.

DER ponedor, ponente, poniente, puesto; anteponer, componer, contraponer, deponer, disponer, exponer, imponer, interponer, oponer, posponer, proponer, reponer, sobreponer, superponer, suponer, transponer, yuxtaponer.

OBS El participio es *puesto.*

póney o **poni** *n. m.* Caballo que pertenece a una raza que se distingue por su pequeño tamaño y su pelo largo: *en el zoo dejaron que el niño montara en un poni; los ponis son más fuertes de lo que parece.*

OBS La Real Academia Española admite *póney,* pero prefiere la forma *poni.* ◇ El plural de *poni* es *ponis,* y el de *póney, poneis.*

poniente *n. m.* **1** Punto del horizonte situado donde se oculta el Sol: *el océano Atlántico está en poniente.* **SIN** occidente, oeste. **ANT** oriente, este. La Real Academia lo considera nombre propio: *Poniente.* **2** Viento que viene de ese punto: *mañana soplará fuerte el poniente.*

pontevedrés, -dresa *adj.* **1** De Pontevedra o que tiene relación con esta provincia de Galicia o con su capital: *la costa pontevedresa es muy bella.* ◇ *adj./n. m. y f.* **2** [persona] Que es de Pontevedra.

pontificado *n. m.* **1** Dignidad de pontífice: *obtuvo el pontificado cuando tenía sesenta años.* **2** Tiempo durante el cual un pontífice ejerce sus funciones: *el pontificado de Juan Pablo I duró pocos meses.*

pontifical *adj.* Del Papa o que tiene relación con esta persona que para los cristianos es la máxima autoridad religiosa en la Tierra: *la silla pontifical no puede quedar vacía durante mucho tiempo.*

pontificar *v. intr.* **1** Presentar o exponer principios o ideas

popularizar

poner	
INDICATIVO	**SUBJUNTIVO**
presente	presente
pongo	ponga
pones	pongas
pone	ponga
ponemos	pongamos
ponéis	pongáis
ponen	pongan
pretérito imperfecto	pretérito imperfecto
ponía	pusiera o pusiese
ponías	pusieras o pusieses
ponía	pusiera o pusiese
poníamos	pusiéramos o pusiésemos
poníais	pusierais o pusieseis
ponían	pusieran o pusiesen
pretérito indefinido	futuro
puse	pusiere
pusiste	pusieres
puso	pusiere
pusimos	pusiéremos
pusisteis	pusiereis
pusieron	pusieren
futuro	
pondré	
pondrás	**IMPERATIVO**
pondrá	pon (tú)
pondremos	ponga (usted)
pondréis	poned (vosotros)
pondrán	pongan (ustedes)
condicional	
pondría	**FORMAS NO PERSONALES**
pondrías	
pondría	infinitivo gerundio
pondríamos	poner poniendo
pondríais	participio
pondrían	puesto

de una manera dogmática e irrefutable sin que hayan sido comprobados. **2** Celebrar actos litúrgicos con rito pontifical. **OBS** En su conjugación, la c se convierte en *qu* delante de e.
pontífice *n. m.* Sacerdote cristiano de grado más elevado que gobierna una diócesis: *los obispos y los arzobispos son pontífices de la Iglesia católica*. **sumo pontífice** Persona que para los cristianos es la máxima autoridad religiosa en la Tierra y que consideran sucesor de san Pedro en el gobierno universal de la Iglesia: *fue al Vaticano a visitar al Sumo Pontífice*. **SIN** Papa. Se escribe con mayúscula.
DER pontificado, pontifical, pontificar, pontificio.
pontificio, -cia *adj.* Del pontífice o que tiene relación con este sacerdote que gobierna una diócesis, o con el Papa: *para pedir audiencia con el Papa se tiene que hablar con el secretario pontificio*.
pontón *n. m.* **1** Puente hecho de maderos que sirve para pasar un río pequeño: *atravesaron el estanque por el pontón*. **2** Barco con su parte anterior de forma redonda, que se usa para pasar ríos, construir puentes y limpiar el fondo de un río o un puerto con ayuda de máquinas: *llevaron un pontón al río para limpiar el fondo*. **3** Barco viejo que, amarrado en un puerto, sirve de almacén, hospital o cárcel: *fue al pontón para curarse las heridas*.
pony *n. m.* Póney.
ponzoña *n. f.* **1** Sustancia que es muy perjudicial o que causa la muerte de un ser vivo cuando entra en su cuerpo: *el escorpión clavó el aguijón, inyectando su ponzoña*. **SIN** veneno. **2** Doctrina que se considera que causa daño moral a la sociedad: *para muchas personas de su época las teorías de Galileo eran ponzoña*.
DER ponzoñoso; emponzoñar.
ponzoñoso, -sa *adj.* Que tiene ponzoña: *sustancia ponzoñosa; discurso pozoñoso*.
pop *adj./n. m.* **1** [música] Que tiene elementos de la música rock y de la música popular británica: *la música pop nació en la década de los cincuenta; el cantante confesó que está muy influido por el pop inglés; es un grupo de pop suave*. ◊ *adj.* **2** Del pop o que tiene relación con esta música popular: *cantante pop; estilo pop*.
ETIM Es de origen inglés, abreviamiento de *popular*.
popa *n. f.* Parte posterior de una embarcación: *desde popa veíamos la espuma que el motor hacía en el agua*. **ANT** proa.
☞ velero.
pope *n. m.* Sacerdote que pertenece a la Iglesia ortodoxa: *el pope ofició la misa ortodoxa*.
populachero, -ra *adj.* **1** Del populacho o que tiene relación con este conjunto de personas de bajo nivel social y cultural: *él dice que es un señor educado, pero sus costumbres populacheras lo delatan*. **2** Que halaga al populacho para obtener fama rápidamente por compartir las opiniones o gustos de la mayoría: *fue un discurso populachero; es un periódico populachero*. Se usa con valor despectivo.
populacho *n. m.* Conjunto de personas del nivel social y cultural más bajo: *ese político sólo convencerá al populacho*. **SIN** chusma. Se usa con valor despectivo.
DER populachero.
popular *adj.* **1** Del pueblo o que tiene relación con el conjunto de personas de un lugar, región o país: *el folclore popular español es muy rico y variado*. **2** Que pertenece a las clases más bajas de la sociedad: *vivía en un barrio popular a las afueras de la ciudad; en la novela se aprecia el lenguaje popular*. **3** Que tiene aceptación y fama entre la mayoría de la gente: *cenaron en un restaurante muy popular de la capital; es un cantante muy popular entre los jóvenes*. **SIN** famoso. **4** [persona] Que tiene a favor muchos amigos o personas: *era la chica más popular del colegio y la eligieron reina de fin de curso*. **5** Que forma parte de la tradición de un pueblo: *el villancico es una canción popular de Navidad*. **SIN** tradicional. **6** Que está al alcance de las personas de escasa formación cultural: *mientras que la ópera es un género culto, la zarzuela es popular*. **ANT** culto. **7** Que es barato y está al alcance de las personas con menos medios económicos: *han lanzado una colección de ediciones populares de las mejores obras literarias*.
DER populacho, popularidad, popularismo, popularizar, populismo, populoso; impopular.
popularidad *n. f.* Aceptación y fama que tiene una persona o una cosa entre la mayoría de la gente: *es un restaurante con gran popularidad; el actor jamás imaginó que su papel alcanzaría tanta popularidad*.
popularización *n. f.* Acción que consiste en dar carácter popular a una cosa: *el mundo de la informática ha alcanzado en los últimos años una gran popularización*.
popularizar *v. tr./prnl.* **1** Hacer que una persona o una cosa adquiera fama entre la gente: *su última película lo está*

P p

popularizando mucho; este baile se popularizó en los años veinte. **2** Hacer que una cosa con carácter culto puedan entenderla y disfrutarla las personas de escasa formación cultural: con este trabajo quieren popularizar la ópera.
DER popularización; despopularizar.
OBS En su conjugación, la z se convierte en c delante de e.

populismo *n. m.* **1** Doctrina política que defiende los intereses del pueblo: este político es partidario del populismo; el populismo aspira a mejorar las condiciones de las clases populares. **2** Modo de obrar en política que busca agradar al pueblo: esas palabras demuestran su populismo.
DER populista.

populista *adj.* **1** Del pueblo o que tiene relación con el conjunto de personas de un lugar, región o país o con sus tradiciones: Arniches escribió obras de inspiración populista. ◊ *adj./n. com.* **2** Que es partidario del populismo: los populistas gozan de gran aceptación en ese país; defienden una política populista.

populoso, -sa *adj.* [lugar] Que está habitualmente repleto de gente o que vive mucha gente en él: Madrid es una ciudad populosa; ésa es una de las plazas más populosas de la capital.

popurrí *n. m.* **1** Composición musical formada por partes de varias composiciones musicales, generalmente del mismo género: los músicos hicieron un popurrí de rancheras mexicanas. **2** Mezcla de cosas diferentes, especialmente si es extraña o confusa: su casa está decorada con un popurrí de estilos y colores.

poquedad *n. f.* **1** Timidez o falta de decisión que tiene una persona: su poquedad le ha hecho perder muchas buenas oportunidades de triunfar. **SIN** cortedad. **2** Cosa insignificante o que tiene poco valor: no quiero que te preocupes por esta poquedad. **3** Escasez o poca cantidad de una cosa: no creo que haya para todos porque han traído una auténtica poquedad de alimentos.

póquer *n. m.* **1** Juego de cartas que consiste en combinar de diversas formas cinco cartas del mismo valor o del mismo color; gana la partida el jugador que obtiene la combinación de más valor: en el póquer se apuestan grandes cantidades de dinero. **2** En ese juego, combinación de cuatro cartas del mismo número: consiguió un póquer de ases.

por *prep.* **1** Indica el lugar por donde se pasa: pasé por la calle José Abascal; fuimos por una carretera comarcal; entre usted por la puerta de la derecha. **2** Se usa para indicar un lugar de manera aproximada: esa cafetería está por las Ramblas; ¿hay una farmacia por aquí cerca? **3** Indica una parte o lugar concreto: agarró al niño por una oreja y lo echó a la calle; empezó a comerse el bocadillo por la punta. **4** Se usa para indicar un espacio de tiempo de manera aproximada: iré a verte por Navidades; sólo abren por la mañana; por ahora no ha venido nadie. **5** Indica la causa o la razón que produce algo: suspendieron el concierto por la lluvia; lo hice todo por ti; gracias por su visita. **6** Indica medio o instrumento a través del cual se hace una cosa: anoche hablé con mi padre por teléfono; le mandaron el pedido por correo. **7** Indica el modo en que se hace una cosa: la policía entró en el local por la fuerza; nos pilló por sorpresa. **8** Indica la finalidad de una acción: ha venido solamente por hablar contigo. **SIN** para. **9** Indica una cantidad de dinero necesaria para comprar algo: he comprado el mechero por cien pesetas. **10** Indica la proporción de una cantidad: cada uno recibirá el diez por ciento de los beneficios. **11** Se usa para multiplicar cantidades: cuatro por diez son cuarenta. **12** Indica el autor de una acción o de una cosa: el cuadro fue pintado por Picasso. Introduce el complemento agente de una oración pasiva. **13** Indica que una cantidad se reparte con igualdad: tocamos a diez por persona y día. **14** En favor o en defensa de algo o de alguien: haría cualquier cosa por su hijo; el poema es un canto por la paz. **15** A cambio de otra cosa o en su lugar: te doy tres caramelos por esos sellos; no os preocupéis, ya jugaré yo por Jaime; me lo ha comprado por cien pesetas. **16** En cuanto a alguna cosa o con relación a ella: por nuestra parte no hay ningún problema. **17** Indica calidad o condición: Carlos tomó a Alba por esposa; siempre lo ha tenido por tonto. **18** Con la intención de buscar o recoger una cosa: voy por la niña al colegio; fueron por un poco de gasolina. Se usa con verbos de movimiento. La Real Academia Española considera incorrecto el uso de a por con este valor: voy a por pan; sin embargo, se emplea frecuentemente. **19** Indica separación de los elementos de una serie: miré todos los cajones uno por uno pero no encontré lo que buscaba; recorrió el barrio casa por casa para vender sus productos. **20** Se usa para indicar la razón que se opone a la ejecución de una acción, aunque no evita su cumplimiento: por mucho que te quejes, no te harán ningún caso; no verás bien el escenario por cerca que te pongas; por barato que te parezca, no compres nada en esa tienda. Se construye con un adjetivo o un adverbio y con la conjunción que, o precedido de no: no por preocuparse uno mucho se solucionan los problemas. **21** Indica falta de utilidad o sentido de una acción: no hagas caso a Leticia, habla por hablar; Mario fuma por fumar. Se construye precedida de un verbo y seguida de ese mismo verbo en infinitivo. **22** Introduce muchas locuciones adverbiales: por consiguiente; por de pronto; por fin; por las buenas; por lo general; por tanto. ◊ *n. m.* **23** Signo que indica multiplicación de cantidades; se representa x: lo que hay entre los dos números parece un por.

por + infinitivo Indica que la acción que señala el infinitivo todavía no está hecha: son las doce y las camas están por hacer; todavía quedan por llegar unos paquetes.

por qué Se usa para preguntar la causa o la razón de algo: ¿por qué te has enfadado tanto?; no sé por qué te has marchado. No se debe confundir con porqué ni con porqué. En la lengua coloquial a menudo se utiliza la forma abreviada ¿por? en lugar de ¿por qué?: —Juan no va a venir a la fiesta. —¿Por?

porcelana *n. f.* **1** Loza fina, traslúcida y brillante, que se usa para hacer objetos de adorno: la porcelana está compuesta de caolín, feldespato y cuarzo y se inventó en China; sobre el mueble hay varios jarrones de porcelana. **SIN** china. **2** Objeto hecho con este tipo de loza: tiene una magnífica colección de porcelanas antiguas.

porcentaje *n. m.* Cantidad que representa una parte de un total de cien: ingresó su dinero en un banco y recibía unos beneficios con un porcentaje muy alto.
DER porcentual.

porche *n. m.* Espacio exterior cubierto que hay a la entrada de algunos edificios: se sentaron en el porche a mirar la puesta de Sol. ☞ casa.

porcino, -na *adj.* Del cerdo o que tiene relación con este animal doméstico: la cría de ganado porcino es una de las fuentes de riqueza de Extremadura.
ETIM Véase puerco.

porción *n. f.* **1** Cantidad separada de otra mayor o de una cosa que se puede dividir: sírvete una porción de queso y otra de membrillo. **SIN** trozo. **2** Parte que corresponde a cada persona al repartir una cosa: ¿qué porción de la herencia te ha tocado?

pordiosero, -ra *n. m. y f.* Persona que no tiene las cosas

necesarias para vivir y habitualmente pide limosna y alimentos: *en el convento daban de comer a los pordioseros de la ciudad*. **SIN** mendigo.
DER pordiosear.
ETIM *Pordiosero* procede de la frase *pedir por Dios*, que se utilizaba al pedir caridad.

porfía *n. f.* **1** Lucha o disputa que se mantiene con insistencia y tenacidad: *mantuvieron una larga porfía acerca de la educación de los hijos.* **2** Insistencia inoportuna y obstinada con que se solicita una cosa: *pidió con porfía un aumento de sueldo.*

porfiar *v. intr.* **1** Discutir de manera obstinada o manteniéndose alguien excesivamente firme en una opinión: *no seas tan terco y deja de porfiar, que esta vez no llevas razón.* **2** Pedir una cosa de forma repetida, insistiendo hasta molestar: *yo siempre le digo que no, pero él no deja de porfiar.* **3** Insistir en una acción para lograr una cosa difícil o que opone resistencia: *la reja no cedía, pero él porfiaba en su intento de derribarla.*
DER porfiado.
OBS En su conjugación, la *i* se acentúa en algunos tiempos y personas, como en *desviar*.

pormenor *n. m.* **1** Detalle o circunstancia particular de un asunto: *después de cenar nos contó los pormenores de su viaje.* **2** Detalle poco importante de un asunto: *no nos interesan los pormenores de este trabajo, sino su resultado.*
DER pormenorizar.
OBS Se usa frecuentemente en plural.

pormenorizar *v. tr.* Describir o referir una cosa con todo detalle o minuciosamente: *la policía pidió a la víctima del secuestro que relatara lo sucedido y pormenorizara en todos los detalles.*
OBS En su conjugación, la *z* se convierte en *c* delante de *e*.

porno *adj.* **1** Forma abreviada de *pornográfico*: *revista porno; actor porno.* ◇ *n. m.* **2** Forma abreviada de *pornografía*: *estos artistas se dedican al porno.*
OBS El plural es *pornos*.

pornografía *n. f.* **1** Conjunto de rasgos o características de las obras literarias o artísticas que presentan o describen actos sexuales con realismo o dureza: *los críticos discutían si aquellas escenas tenían erotismo o pornografía.* **2** Obra literaria o artística que presenta o describe actos sexuales con realismo o dureza: *él dice que es su obra de arte, los demás creen que es pornografía.* **3** Conjunto de obras que presentan o describen actos sexuales con realismo o dureza: *la pornografía se ha convertido en un negocio.*
DER porno, pornográfico.
ETIM *Pornografía* procede del griego *pornographos*, 'el que describe la prostitución'.

pornográfico, -ca *adj.* **1** Que presenta o describe actos sexuales con realismo o dureza: *revista pornográfica; película pornográfica; el juez ordenó el cierre de un local pornográfico.* **2** Que tiene relación con la pornografía: *actor pornográfico; tema pornográfico.*

poro *n. m.* **1** Agujero muy pequeño, que no se puede ver a simple vista, que hay en la superficie de los animales y los vegetales, especialmente el que permite la salida del sudor en la piel de los mamíferos: *la piel expulsa las toxinas por los poros; el vapor de agua abre los poros.* ☞ piel. **2** Agujero que no se ve a simple vista entre las moléculas que forman un cuerpo: *el agua penetra por los poros de la esponja.*
DER poroso.

porosidad *n. f.* Existencia de poros en una materia: *la porosidad de una materia la hace permeable.*

poroso, -sa *adj.* [cosa, material] Que tiene poros: *compró un rodillo poroso para pintar las paredes de su casa; el cemento es un material poroso.*
DER porosidad.

porque *conj.* **1** Se usa para introducir la causa o la razón que explica una determinada acción: *me quedo en casa porque tengo trabajo.* No se debe confundir con *porqué* ni con *por qué*. **2** Se usa para indicar finalidad: *recemos porque no llueva.*

porqué *n. m.* Motivo o razón de una acción o de una cosa: *te diré el porqué del asunto.*
OBS No se debe confundir con *porque* ni con *por qué*. ◇ El plural es *porqués*.

porquería *n. f.* **1** Suciedad o basura que hay en un lugar: *tienes porquería en las orejas; la calle estaba llena de porquería.* **2** Acción que se considera que va contra la moral, especialmente en relación con el sexo: *dicen de él que le gustan las porquerías; no le deja ver la tele porque dice que sólo ponen porquerías.* **SIN** guarrada, guarrería. **3** Cosa sucia o que mancha: *niño, ¿dónde has cogido esa porquería?* **SIN** cochambre, guarrería. **4** Cosa mal hecha, desordenada o sucia: *este informe es una porquería, repítalo.* **5** Cosa para comer que no tiene alimento, generalmente con un sabor agradable, que se come por capricho o sin necesidad: *el niño ha estado comiendo porquerías y ahora no quiere cenar.* **6** Cosa que se considera que no tiene ningún valor: *su casa es una porquería; a ver si tiras todas las porquerías que tienes guardadas en el armario; vaya porquería de coche que se ha comprado.*
ETIM Véase *puerco*.

porqueriza *n. f.* Lugar cubierto en el que se encierra a los cerdos: *el granjero se dirigió a la porqueriza a dar de comer a los cerdos.* **SIN** pocilga.

porquerizo, -za *n. m. y f.* Persona que se dedica a cuidar cerdos: *el dueño de la finca llamó al porquerizo.*
ETIM Véase *puerco*.

porra *n. f.* **1** Palo con una bola o cabeza abultada en uno de sus extremos o más grueso en su extremo que por donde se sujeta, que se usa para golpear: *los hombres de la prehistoria utilizaban porras para cazar animales; el bate de béisbol tiene forma de porra.* **SIN** cachiporra. **2** Objeto en forma de cilindro alargado, como un palo, que usan como arma la policía y otros cuerpos de seguridad: *el policía guardó su porra en la funda.* **3** Masa de harina de forma alargada que se fríe en aceite y se cubre de azúcar o chocolate; es más larga y gruesa que el churro: *de madrugada, fueron a desayunar chocolate con porras.* **4** Apuesta que se hace entre varias personas y que gana quien acierta un número o un resultado: *hicimos una porra para ver quién acertaba el resultado del Betis-Sevilla.* ◇ *int.* **5** ¡porras! Se usa para indicar enfado o disgusto: *¡porras, qué frío hace!*

irse a la porra *coloquial* a) Expresión que sirve para mostrar rechazo hacia una persona por enfado o disgusto: *si no quiere venir, que se vaya a la porra, yo no quiero perseguirlo más; ¡vete a la porra!, ya no soporto ese ruido que haces.* b) Estropearse o salir mal una cosa, especialmente un negocio: *cuando llovió tanto se fue toda la cosecha a la porra.*

mandar a la porra *coloquial* Rechazar a una persona, especialmente con enfado y disgusto: *quise ayudarle, pero me mandó a la porra.*

¡una porra! *coloquial* Expresión que se usa para negar o rechazar con enfado o disgusto: *le pedí que me acompañara pero me dijo: –¡Una porra! Vas tú solo.*
DER porrada, porrazo, porrillo, porrón; aporrear.

porrada *n. f. coloquial* Cantidad grande o abundante de una

porrazo

cosa: *la avería del ordenador me va costar una porrada de dinero.* **SIN** mogollón, montón.

porrazo *n. m.* **1** Golpe dado con una porra o con otro objeto: *la niña cogió un libro y le dio un porrazo con él a su padre.* **2** Golpe que recibe una persona al caer o chocar contra un cuerpo duro: *se cayó en la bañera y se dio un porrazo.* **SIN** cacharrazo.

porreta *n. f.* **1** Conjunto de hojas verdes que tiene el puerro, el ajo y la cebolla en uno de sus extremos: *no tires la porreta del puerro que sirve para hacer caldo.* ◇ *n. com.* **2** *coloquial* Persona que fuma porros de manera habitual: *esta chica es una porreta.*

en porreta o **en porretas** *coloquial* Expresión que indica que una persona está completamente desnuda: *cuando sonó el timbre de la puerta, no pude abrir porque estaba en porretas.*

porrillo *coloquial* Palabra que se utiliza en la expresión *a porrillo*, que significa 'que una cosa existe o se da en gran abundancia o cantidad': *este año los naranjos han dado fruta a porrillo.*

porro *n. m.* Cigarro hecho a mano que contiene droga, generalmente hachís o marihuana, mezclada con tabaco. **SIN** canuto.

DER porreta; emporrado.

porrón *n. m.* Recipiente de cristal, con el cuello estrecho y la base ancha, de la que sale un tubo largo en forma de cono y que sirve para beber a chorro: *si no inclinas un poco el porrón, el vino no sale.*

portaaviones o **portaviones** *n. m.* Buque de grandes dimensiones, cuya cubierta está preparada para que puedan despegar y aterrizar aviones: *el portaaviones es uno de los buques de guerra más poderosos.* **SIN** portaviones.

OBS El plural también es *portaaviones* o *portaviones*.

portada *n. f.* **1** Primera página de un periódico, de una revista o de un conjunto de hojas grapadas o encuadernadas: *la portada de un periódico; la portada del cuaderno.* **2** Cubierta delantera de un libro en la que aparece el título, el nombre del autor y el lugar y la fecha de impresión: *la portada de la novela tenía dibujado un barco.* **3** Fachada o cara principal de un edificio: *la portada de la catedral es gótica.* **4** Adorno arquitectónico que se coloca alrededor de una puerta o en la fachada de un edificio: *la iglesia tiene una portada decorada con motivos barrocos.*

DER portadilla; anteportada, contraportada.

ETIM Véase *puerta*.

portadilla *n. f.* **1** Página anterior a la portada de un libro, en la que suele ponerse el título del mismo: *en la portadilla figuraba el título en letra gótica.* **2** Página interior de un libro en la que se indica el capítulo que sigue: *este libro consta de diez capítulos divididos por portadillas.*

portador, -ra *adj./n. m. y f.* **1** [persona] Que lleva o trae una cosa de un lugar a otro: *el portador de la carta se presentó ante el rey; soy portadora de buenas noticias.* **2** [persona, animal] Que lleva en su cuerpo las bacterias o los virus que causan una enfermedad y los puede transmitir o contagiar: *buscaron personas portadoras del virus del sida para probar nuevos medicamentos.* ◇ *n. m.* **3** Persona que tiene en su poder un documento público o un valor comercial que le da ciertos derechos por el simple hecho de poseerlo: *el papel decía que el portador del documento no estaba obligado a pagar peaje en la aduana.*

al portador Expresión que aparece en ciertos documentos, como cheques o talones bancarios, que indica que estos pertenecen a la persona que los tiene en su poder: *me firmó un cheque al portador.*

portaequipajes o **portaequipaje** *n. m.* **1** Espacio cerrado de un automóvil que se usa para guardar y llevar maletas y otros objetos: *llevo siempre la caja de herramientas en el portaequipajes.* **SIN** maletero, portaequipaje. **2** Estructura metálica que se coloca sobre el techo de un automóvil y sirve para llevar maletas y bultos; tiene forma de parrilla: *el conductor colocó la maleta en el portaequipajes y la ató con una cuerda.* **SIN** baca.

OBS El plural es *portaequipajes*.

portafolios o **portafolio** *n. m.* Maletín o carpeta de forma rectangular y plana que se lleva en la mano y se usa para guardar y llevar papeles: *el notario archivaba los documentos en un portafolio.*

OBS El plural es *portafolios*.

portal *n. m.* **1** Parte de una casa o de un edificio donde se encuentra la entrada o la puerta principal: *el portal de mi casa está adornado con plantas y flores.* **SIN** zaguán. **2** Espacio exterior cubierto por una estructura sujeta por columnas que, generalmente, está construido junto a un edificio, rodea una plaza o recorre una calle: *la plaza está rodeada por amplios portales, donde los comerciantes ponen sus puestos.* **SIN** soportal.

portal de Belén Representación del establo donde nació Jesucristo: *en el portal de Belén estaban la Virgen María, san José y el niño Jesús.*

DER portalón; soportal.

ETIM Véase *puerta*.

portalámparas o **portalámpara** *n. m.* **1** Pieza metálica en la que se enrosca el casquillo de una bombilla para conectarla a la electricidad: *hay un portalámparas en el techo para poder poner una bombilla.* **2** Aparato para sostener una lámpara.

OBS El plural es *portalámparas*.

portalón *n. m.* **1** Puerta grande que cierra el espacio descubierto que rodea una casa o un palacio: *el portalón comunica con la calle principal del pueblo.* **2** Abertura en forma de puerta que se hace en el costado de un buque para que puedan entrar personas o cosas.

portante *adj./n. m.* [paso de una caballería] Que mueve las extremidades de un mismo lado a la vez.

coger (o **tomar**) **el portante** *coloquial* Irse o marcharse una persona de un lugar de una forma brusca o muy rápida: *después de la pelea cogió el portante y se largó a casa de su madre.*

dar el portante *coloquial* Despedir a una persona de un empleo o echarlo de un lugar: *la empresa se fue a la quiebra y nos dio el portante a todos.*

portapapeles *n. m.* INFORM. Fichero o dispositivo lógico temporal que proporciona un sistema operativo y que permite el intercambio de datos textuales o icónicos entre programas.

OBS El plural también es *portapapeles*.

portar *v. tr.* **1** *culto* Llevar una persona una cosa generalmente en la mano o ayudándose con alguna otra parte del cuerpo: *el caballero portaba el estandarte real.* ◇ *v. prnl.* **2 portarse** Tener un comportamiento o una actitud determinada: *pórtate bien en casa de los abuelos; se portó como un valiente.* **SIN** comportarse.

DER porta, portador, portante, portátil, porte; aportar, deportar, importar, transportar.

portarretratos o **portarretrato** *n. m.* Marco de metal, madera u otro material que suele tener un soporte en la parte posterior para mantenerse de pie y se usa para colocar en él retratos o fotografías: *puso mi fotografía en un portarretratos encima de su mesa.*

OBS El plural es *portarretratos*.

portarrollos *n. m.* Utensilio que puede colgarse en la pared y sirve para colocar uno o varios rollos de papel: *en el portarrollos de la cocina tengo el papel de aluminio y el papel absorbente.*

OBS El plural también es *portarrollos.*

portátil *adj.* [objeto] Que es fácil de mover y transportar de un lugar a otro por ser manejable y de pequeño tamaño: *ordenador portátil; televisor portátil; teléfono portátil.*

portaviones *n. m.* Portaaviones.

portavoz *n. com.* **1** Persona que es elegida para representar a un grupo o a una colectividad y hablar en su nombre: *el portavoz de los trabajadores.* **2** Funcionario autorizado para comunicar de manera oficiosa una noticia u opinión proviniente de un gobierno o de una casa real: *la portavoz del gobierno.*

portazo *n. m.* **1** Golpe fuerte que da una puerta al cerrarse: *el viento hacía que las puertas dieran portazos.* **2** Golpe fuerte que se da voluntariamente al cerrar una puerta con violencia para molestar o disgustar a alguien o para mostrar enfado: *ella se marchó dando un portazo.*

ETIM Véase *puerta.*

porte *n. m.* **1** Acción que consiste en transportar una mercancía de un lugar a otro; suele hacerse a cambio de una cantidad de dinero previamente acordada: *el camión hace un porte diario a Madrid.* **2** Cantidad de dinero que se paga por transportar una mercancía de un lugar a otro: *la empresa paga los portes de sus productos.* **3** Aspecto que muestra una persona y que se hace evidente en sus gestos, su modo de vestir, su educación o su comportamiento: *porte distinguido; porte elegante; porte majestuoso.* **4** Capacidad de transporte de un buque.

DER portear.

portear *v. tr.* Llevar o transportar una cosa de un lugar a otro a cambio de un dinero previamente convenido: *la empresa de mudanzas porteó todos los enseres de la casa a la nueva vivienda.*

portento *n. m.* **1** Cosa o hecho extraordinario que produce admiración por su extrañeza o novedad: *las cataratas del Niágara son un portento de la naturaleza.* **SIN** maravilla, prodigio. **2** Persona que sobresale por tener una cualidad extraordinaria: *Juan es un portento de la fotografía.*

DER portentoso.

portentoso, -sa *adj.* [persona, cosa] Que produce admiración por ser extraño, novedoso o singular: *Hércules hizo gala de una fuerza portentosa.* **SIN** prodigioso.

porteño, -ña *adj.* **1** De Buenos Aires o relacionado con esta ciudad que es la capital de Argentina: *ciudad porteña; costumbres porteñas.* **SIN** bonaerense. ◇ *adj./n. m. y f.* **2** [persona] Que es de Buenos Aires: *los porteños disfrutan de tiempo veraniego durante las Navidades.* **SIN** bonaerense.

portería *n. f.* **1** Parte de un edificio que está a continuación de la puerta principal: *cuando salí de casa dejé la llave en la portería.* **SIN** portal. **2** Vivienda de la persona que se encarga de la vigilancia de un edificio: *el portero de mi casa vive en la portería.* **3** Habitación en la que está temporalmente la persona que se encarga de la vigilancia de un edificio. **4** En ciertos deportes, armazón formado por dos palos verticales, uno horizontal y una red al fondo en el que debe entrar la pelota para marcar un tanto: *el portero debe evitar que el balón entre en la portería.* **SIN** meta.

portero, -ra *n. m. y f.* **1** Persona que se dedica a la vigilancia, al cuidado y al mantenimiento de la parte no habitable de un edificio: *el portero se encarga de mantener las calderas de la calefacción en buen estado.* **SIN** conserje. **portero auto-** **mático** Mecanismo electrónico que sirve para abrir la puerta principal de un edificio desde el interior de cada una de las viviendas particulares: *el portero automático de mi casa tiene forma de teléfono.* **SIN** portero electrónico. **2** Persona que juega en un equipo deportivo y defiende la portería de su equipo para evitar que entre la pelota: *el portero paró todos los balones del partido.* **SIN** arquero, guardameta.

DER portería.

ETIM Véase *puerta.*

pórtico *n. m.* **1** Espacio exterior cubierto y con columnas que se construye en la parte delantera de un edificio: *a la catedral de Santiago se entra por un pórtico muy famoso.* **2** Conjunto de arcos y columnas que están situados a lo largo de un muro o alrededor de una plaza y que forman una galería: *los bares colocaban las mesas bajo los pórticos de la plaza.* **SIN** arcada.

DER porticado.

portillo *n. m.* **1** Abertura o entrada que se abre en un muro: *los soldados entraron en la ciudad a través del portillo que había en la muralla.* **2** Puerta pequeña que está incluida en otra más grande: *entrad por el portillo de la puerta.* **SIN** postigo. **3** Hendidura o hueco que queda en una cosa que está rota: *este plato tiene un portillo en el fondo.*

portorriqueño, -ña o **puertorriqueño, -ña** *adj.* **1** De Puerto Rico o relacionado con este país de América Central. ◇ *adj./n. m. y f.* **2** [persona] Que es de Puerto Rico: *los portorriqueños hablan español.*

portuario, -ria *adj.* Del puerto de mar o relacionado con este lugar: *tráfico portuario; autoridades portuarias; obras portuarias.*

ETIM Véase *puerto.*

portugués, -guesa *adj.* **1** De Portugal o que se relaciona con este país de la península ibérica: *la moneda portuguesa es el escudo.* **SIN** lusitano. ◇ *adj./n. m. y f.* **2** [persona] Que es de Portugal. **SIN** lusitano. ◇ *n. m.* **3** Lengua hablada en Portugal, Brasil y los países que antiguamente pertenecieron a Portugal: *el portugués es una lengua románica.*

DER portuguesismo.

portuguesismo *n. m.* Palabra o modo de expresión propio de la lengua portuguesa que se usa en otro idioma: *la palabra chubasco es un portuguesismo en español.* **SIN** lusitanismo.

porvenir *n. m.* **1** Hecho o tiempo futuro en el que una persona cree que va a vivir: *no sabemos qué nos deparará el porvenir; una mujer me leyó el porvenir en la palma de la mano.* **SIN** futuro, mañana. **ANT** pasado. **2** Situación o desenvolvimiento futuro profesional de una persona: *este cantante tiene un brillante porvenir.*

OBS No se usa en plural.

pos Palabra que se usa en la expresión *en pos de*, que significa 'detrás': *ir en pos de la victoria.*

pos-, post- Prefijo que entra en la formación de palabras con el significado de 'detrás', 'después de': *posponer, posdata.*

posada *n. f.* **1** Lugar que acoge u hospeda a las personas que viajan o van de paso y donde pueden dormir y comer: *los viajeros durmieron en la única posada que había en el pueblo.* **SIN** fonda, mesón. **2** Alojamiento que se da a una persona: *le dio posada en su propia casa.* **SIN** albergue, hospedaje.

DER posadero.

posaderas *n. f. pl. coloquial* Cada una de las dos partes carnosas y redondeadas del cuerpo humano que están situadas donde acaba la espalda y constituyen el trasero: *ese banco*

posadero

estaba tan lleno que no había sitio para sus posaderas. **SIN** culo, nalga.

posadero, -ra n. m. y f. **1** Persona que es dueña de una posada o está a su cargo: *el posadero les preparó la cena y las habitaciones.* **SIN** mesonero. ◊ n. m. **2** Asiento que se fabrica de espadaña o de soga de esparto; suele tener cuarenta centímetros de alto y forma cilíndrica: *los posaderos son típicos de Toledo y La Mancha.*

posar v. intr. **1** Colocarse una persona en una posición determinada para retratarse o servir de modelo a un fotógrafo, un pintor o un escultor: *la modelo posaba para el artista.* ◊ v. tr. **2** Poner suavemente una cosa sobre otra: *posé la cabeza en su hombro.* **3** Dejar o soltar la carga que se lleva para poder descansar. ◊ v. prnl. **4 posarse** Detenerse en un lugar las aves, los insectos o los aparatos aeronáuticos, después de haber volado: *el búho se posó en una rama; la abeja se posó en la flor; el helicóptero se posó en la pista de aterrizaje.* **SIN** asentarse. **5** Caer y acumularse en el fondo de un líquido la materia sólida que está flotando en él: *el azúcar se posó en el fondo de la taza de café.* **SIN** depositarse. **6** Caer el polvo que está suspendido en el aire sobre las cosas o en el suelo: *el polvo se posa en los muebles formando una fina capa.* **SIN** depositarse.

posar la mirada o **posar los ojos** Mirar u observar sin fijarse demasiado: *posó la mirada en uno de los muchachos.*
DER pose.

posavasos n. m. Objeto plano que se pone debajo de un vaso para evitar que se manche la mesa o el mantel: *le han regalado una docena de posavasos de madera.*
OBS El plural también es *posavasos*.

posdata o **postdata** n. f. Frase o mensaje que se añade al final de una carta ya firmada: *la abreviatura de posdata es P.D.* **SIN** postdata.

pose n. f. **1** Postura o posición en la que se coloca una persona que va a ser fotografiada, retratada o pintada por otra: *el fotógrafo pidió a la modelo que fuera adoptando diferentes poses mientras la fotografiaba.* **2** Actitud fingida o exagerada que adopta una persona en su comportamiento y con la que intenta producir un efecto determinado: *se comporta con mucha simpatía, pero esto no es más que una pose ante los demás.*

poseer v. tr. **1** Tener una cosa o ser dueño de ella: *esa familia posee una gran fortuna.* **2** Disponer de una cosa o contar con ella: *el joven posee una inteligencia brillante; esta ciudad posee las instalaciones adecuadas para nuestro proyecto.* **SIN** tener. ◊ v. prnl. **3 poseerse** Contener, frenar o sujetar los propios impulsos: *estaba tan enfadado que no podía poseerse.* **SIN** controlarse, dominarse.
DER poseedor, poseído, posesión, posesivo, poseso; desposeer.
OBS En su conjugación, la *i* de la desinencia se convierte en *y* delante de *o* y *e*, como en *leer*.

poseído, -da adj./n. m. y f. **1** [persona] Que está dominado por un impulso, un sentimiento apasionado o un determinado estado de ánimo: *poseído por los celos; poseído por la pasión.* **2** [persona] Que está dominado por un espíritu generalmente maligno: *dijeron que la niña estaba poseída por el demonio.* **SIN** endemoniado, poseso. **3** [persona] Que se comporta con superioridad y engreimiento: *desde que ganó el premio está muy poseído y cree que todos somos menos que él.*

posesión n. f. **1** Hecho o acto de poseer una cosa, tenerla o ser dueño de ella: *la fortuna está en posesión de los herederos.* **2** Cosa que posee una persona: *aquel anillo era su posesión más valiosa.* **3** Hecho de entrar un espíritu en el cuerpo de una persona y dominar su carácter y su voluntad: *dijeron que aquello era una posesión del demonio.* **4** Terreno o finca que forma parte del patrimonio de una persona: *la familia tenía algunas posesiones en Álava.* Se usa más comúnmente en plural.

tomar posesión Ocupar una persona un cargo de forma oficial: *el presidente tomó posesión de su cargo ante el rey.*
DER posesionar.

posesivo, -va adj. **1** [persona] Que tiene un carácter muy absorbente y pretende tener siempre cerca a las personas que quiere: *es una persona muy posesiva y no concibe que sus hijos necesiten tener su propia independencia.* ◊ adj./n. m. **2** [adjetivo, pronombre] Que expresa posesión o pertenencia: *las palabras mi, tu, su son adjetivos posesivos; mío, tuyo, suyo son pronombres posesivos.*

poseso, -sa adj./n. m. y f. [persona] Que está dominado por un espíritu generalmente maligno: *el exorcista trató de sacar el espíritu ajeno del cuerpo del poseso.* **SIN** endemoniado, poseído.

posguerra n. f. Período de tiempo que sigue al final de una guerra y durante el cual se sufren sus consecuencias: *la posguerra suele ser una época de hambre y dificultades para un país.*

posibilidad n. f. **1** Circunstancia u ocasión de que una cosa ocurra o suceda: *la posibilidad de que venga está asegurada.* **ANT** imposibilidad. **2** Cosa que es posible que ocurra o suceda: *tenemos dos posibilidades: ir al cine o quedarnos en casa viendo la tele.* **3** Opción que tiene una persona de hacer o no hacer una cosa: *tú que tienes la posibilidad de viajar al extranjero, aprovéchala.* ◊ n. f. pl. **4 posibilidades** Conjunto de medios, bienes o riquezas que tiene una persona o de los que dispone para hacer algo: *no tienen posibilidades para pagarse un viaje tan costoso.* **SIN** posibles.

posibilitar v. tr. Hacer que una cosa, normalmente difícil y ardua, sea posible: *la nueva ley posibilitó la entrada de capital extranjero.* **SIN** facilitar. **ANT** dificultar.

posible adj. **1** Que puede ser o suceder; que se puede realizar: *es posible que venga hoy; es posible hacerlo mejor.* **ANT** imposible. ◊ n. m. pl. **2 posibles** Conjunto de medios, bienes o riqueza que tiene una persona o de los que se dispone para hacer algo: *es una persona de posibles; su familia no cuenta con posibles para afrontar tanto gasto.* **SIN** posibilidades.

¿es posible? o **¿cómo es posible?** Expresión que indica sorpresa y admiración ante un hecho raro o extraño: —*¿Sabes que Juan y Luisa han roto?* —*¿Es posible?*

hacer todo lo posible Poner una persona todos los medios necesarios para conseguir un fin determinado: *el médico hizo todo lo posible por salvar al enfermo.*
DER posibilidad, posibilitar; imposible.

posición n. f. **1** Manera de estar o colocarse físicamente una persona, un animal o un objeto: *posición horizontal; posición recta; posición vertical.* **SIN** postura. **2** Lugar o situación que ocupa una persona o una cosa: *el atleta llegó a la meta en primera posición; el capitán del barco señaló en el mapa la posición en que se encontraban.* **SIN** emplazamiento, puesto. **3** Manera de pensar o de actuar una persona de acuerdo con sus ideas o sus puntos de vista: *el político mantuvo una posición muy radical en el asunto.* **SIN** postura. **4** Condición social o económica de una persona: *es una señora que socialmente goza de una buena posición.* **5** Punto situado en un lugar estratégico y ventajoso para realizar ciertas operaciones

militares: *el ejército tenía una buena posición para iniciar el ataque contra el enemigo*.
DER posicionar.

positivar *v. tr.* Convertir en positivo un negativo fotográfico: *llevé a positivar las fotos de nuestro último viaje*. **SIN** revelar.

positivismo *n. m.* **1** Actitud realista y práctica de una persona ante la vida: *siempre hizo gala de un gran positivismo no dejándose engañar por la apariencia de las cosas*. **2** FILOS. Doctrina filosófica y científica que considera que el único medio de conocimiento es la experiencia comprobada o verificada a través de los sentidos: *el positivismo fue formulado por Auguste Comte en el siglo XIX; el positivismo rechaza todo concepto universal y absoluto que no esté comprobado*.
DER positivista.

positivista *adj./n. com.* **1** [persona] Que muestra una actitud realista y práctica ante la vida: *es un gran positivista, no se deja engañar por la apariencia de las cosas*. **2** FILOS. [persona] Que sigue la doctrina filosófica y científica del positivismo: *muchos científicos del siglo XIX eran positivistas*.

positivo, -va *adj.* **1** Que indica o expresa afirmación: *me gustaría que la respuesta a mi pregunta fuera positiva*. **SIN** afirmativo. **ANT** negativo. **2** Que es cierto, real o que no ofrece duda alguna: *el enfermo experimentó una mejoría positiva*. **3** Que indica la presencia o la existencia de una cosa y no la falta de ella: *la prueba de embarazo ha dado un resultado positivo*. **ANT** negativo. **4** Que es útil, práctico o favorable: *los consejos que recibió fueron muy positivos para él*. **5** [persona] Que tiende a ver y juzgar las cosas en su aspecto mejor o más agradable: *es una persona muy positiva, todo lo afronta con optimismo*. **ANT** negativo. **6** FÍS. [polo de un generador] Que atrae los electrones o las cargas negativas: *las pilas tienen un polo negativo y otro positivo*. **ANT** negativo. **7** GRAM. [adjetivo] Que presenta una cualidad del sustantivo en grado neutro, en oposición al grado superlativo y al grado comparativo: *el adjetivo positivo muestra una cualidad de un nombre sin matices de intensidad*. **8** MAT. [número, cantidad] Que es mayor que cero: *5 es un número positivo*. **ANT** negativo. ◇ *n. m./adj.* **9** Copia fotográfica que reproduce los claros y los oscuros tal y como aparecen en la realidad; se obtiene de un negativo: *me ha enseñado los positivos de las fotografías*. **ANT** negativo.
DER positivar, positivismo.

poso *n. m.* **1** Materia sólida que después de haber estado flotando en un líquido se queda en el fondo del recipiente: *la taza tenía posos de café*. **SIN** sedimento. **2** Señal o huella que queda en el espíritu tras haber tenido un disgusto o un sufrimiento: *después de la pelea le quedó un poso de rencor hacia su amigo*.

posología *n. f.* **1** Parte de la medicina que se ocupa de las dosis en que deben administrarse los medicamentos: *la farmacología también se ocupa de la posología*. **2** Serie de indicaciones que deben seguirse para administrar correctamente un determinado medicamento: *la posología de este jarabe viene indicada en el prospecto*.

posponer *v. tr./prnl.* **1** Retrasar o retardar una cosa en el tiempo para realizarla en un momento o en una fecha posterior: *tuvieron que posponer el juicio por falta de pruebas; el viaje se pospuso por falta de medios*. **SIN** aplazar. ◇ *v. tr.* **2** Poner o colocar una persona o una cosa después de otra en el tiempo o en el espacio. **3** Apreciar a una persona o una cosa menos que a otra.
DER posposición, pospuesto.
OBS Se conjuga como *poner*.

posposición *n. f.* **1** Acción que consiste en colocar una persona o cosa después de otra: *la posposición del complemento directo respecto del verbo es obligatoria*. **2** Retraso o aplazamiento que se produce en la realización de una cosa: *el gobierno acordó la posposición de las elecciones hasta después de las vacaciones*.

pospuesto, -ta *part.* **1** Participio irregular de *posponer*: *ha pospuesto la reunión para tres días más tarde*. ◇ *adj.* **2** Que está colocado después de una persona o una cosa: *en el sintagma* la casa *el nombre* casa *está pospuesto al determinante* la.

posta *n. f.* **1** Conjunto de caballerías que antiguamente estaban preparadas en determinados puntos del recorrido de una diligencia para hacer el relevo a las caballerías que ya venían cansadas: *cambiaron los caballos del carro del correo en una posta del trayecto*. **2** Lugar o casa donde estaba este conjunto de caballerías. **3** Bala pequeña de plomo que sirve de munición para cargar las armas de fuego: *una posta es más grande que un perdigón*.

postal *adj.* **1** Que es propio del servicio de correos: *código postal; servicio postal*. **2** Que se envía por medio del servicio de correos: *paquete postal; carta postal*. ◇ *adj./n. f.* **3** [tarjeta] Que se envía por correo sin sobre y tiene grabada en una de sus caras una fotografía o un dibujo: *os enviaré una postal desde Menorca; para participar en el concurso hay que mandar una tarjeta postal con los datos personales*.
DER aeropostal.

poste *n. m.* **1** Objeto alargado que se coloca de forma vertical para servir de apoyo o señal; suele ser un madero, una piedra o una columna: *los cables que transportan las señales telegráficas y telefónicas están sujetos mediante postes de madera o hierro*. **2** Palo vertical que hay a cada uno de los lados de una portería en algunos deportes: *el balón rebotó en el poste derecho de la portería del campo de fútbol*.

póster *n. m.* Cartel con una imagen o una fotografía que se cuelga en una pared como elemento decorativo: *el chico tiene en su habitación un póster de su equipo de fútbol favorito*.
OBS El plural es *pósteres*.

postergación *n. f.* **1** Acción que consiste en aplazar o retrasar la realización de una cosa: *el comité decidió la postergación de las subidas de sueldos para el año próximo*. **2** Aprecio que se siente hacia una persona o una cosa que es menor del que se sentía.

postergar *v. tr.* **1** *culto* Dejar una cosa para hacerla después de otra a la que debería preceder: *he tenido que postergar todas mis reuniones de trabajo*. **SIN** aplazar, posponer. **2** Colocar a una persona o una cosa en un lugar inferior al que le corresponde: *en la empresa lo han postergado a un segundo plano*.
DER postergación; impostergable.
OBS En su conjugación, la *g* se convierte en *gu* delante de *e*.

posteridad *n. f.* **1** Conjunto de personas que pertenecen a las generaciones futuras: *la posteridad sabrá reconocer tus méritos*. **2** Tiempo futuro: *quiso dejar una obra importante para la posteridad*. **3** Fama que se tiene después de la muerte: *era un pintor obsesionado por la posteridad*.

posterior *adj.* **1** Que se dice, se hace o sucede después de otra cosa: *ella insistía en que su marcha fue posterior a la nuestra*. **ANT** anterior. **2** Que está situado detrás de una persona o una cosa: *el accidente alcanzó a los coches posteriores*. **ANT** anterior. **3** Que está situado en la parte de atrás de una cosa: *las habitaciones posteriores de la casa dan a un jardín*. **4** GRAM. [fonema consonántico, fonema vocálico] Que se pronuncia colocando la lengua hacia la parte de atrás de

la boca: *los fonemas velares y palatales son posteriores; la k es una consonante posterior.*
DER posterioridad.

posteriori Palabra que se usa en la expresión *a posteriori*, que indica que una cosa se juzga después de haber sucedido: *es mejor opinar acerca de una cosa a posteriori, es decir cuando ya se conoce.*

posterioridad *n. f.* Tiempo futuro o situación temporal futura: *se graduó en la universidad y recibió el título con posterioridad.*

postigo *n. m.* **1** Puerta de una sola pieza que tiene un cerrojo y un picaporte. **2** Puerta de madera que se coloca en una ventana además de los cristales: *el postigo está sujeto al marco de la ventana mediante bisagras.* **SIN** contraventana. **3** Puerta pequeña abierta en otra mayor: *no abrió la puerta sino el postigo.* **4** Puerta pequeña que se abre en un muro, una muralla o un vallado. **5** Cualquiera de las puertas no principales de una ciudad o una villa.

postín *n. m.* **1** Género de vida que muestra riqueza, lujo y distinción: *conocí en la fiesta a una familia de mucho postín.* **2** Actitud arrogante y afectada de la persona que presume de tener riqueza, lujo y distinción: *se da mucho postín de vivir en la mejor zona de la ciudad.*
de postín Que es rico, lujoso y elegante: *vive en un barrio de postín.*

postizo, -za *adj.* **1** Que es añadido o imitado y puede sustituir de manera artificial a una cosa natural y propia: *dentadura postiza; uñas postizas; diente postizo.* ◇ *n. m.* **2** Pelo o cabellera artificial o natural que sirve para aumentar el volumen de un peinado o para disimular la falta de pelo propio: *al hacerle el moño la peluquera le colocó un postizo; si se pone un postizo, podrá disimular la calvicie.*

postor, -ra *n. m. y f.* Persona que puja u ofrece una cantidad de dinero por un objeto en una subasta: *pujaron por el cuadro veinte postores.*
mejor postor o **mayor postor** Persona que puja u ofrece la cantidad de dinero más alta por un objeto en una subasta: *adjudicaron el cuadro al mejor postor.*

postración *n. f.* Estado de abatimiento o decaimiento en que se encuentra una persona por causa de una enfermedad o un sentimiento de gran tristeza: *la depresión le ha llevado a un estado lamentable de postración.*

postrar *v. tr./prnl.* **1** Quitar a una persona la energía y la fuerza física y moral: *la enfermedad ha postrado su cuerpo; la enfermedad hizo que se postrase en la cama durante un año.* ◇ *v. prnl.* **2 postrarse** Ponerse una persona de rodillas ante otra en señal de respeto, súplica, adoración o humillación: *el caballero se postró ante la reina.* **SIN** arrodillarse.
DER postración.

postre *n. m.* Alimento que se toma al final de una comida y que suele ser de sabor dulce: *¿qué vais a tomar de postre, fruta o helado?; he comido demasiado y no quiero postre; hoy tenemos natillas de postre.*
a la postre En definitiva o finalmente: *después de tanta discusión, a la postre nos pusimos todos de acuerdo.*
a los postres Situación que se da al final de una comida: *a los postres, el presidente dijo unas palabras de agradecimiento.*
para postre Expresión que se utiliza cuando una situación es algo desagradable y después sucede otra que todavía lo es más: *llegó una hora tarde y para postre no trajo lo que le encargué.*

postrer *adj.* Postrero: *el postrer día.*
OBS Es la forma apocopada de *postrero* y sólo se utiliza antepuesto a un sustantivo.

postrero, -ra *adj. culto* Que es el último en una serie ordenada: *las horas postreras del día; el día postrero del año.*
DER postre, postrer.

postrimería *n. f.* **1** Último período o últimos años de la vida de una persona: *las mejores experiencias las tuvo en la postrimería de su vida; estamos en las postrimerías del siglo XX.* **SIN** fin, final. Se usa más comúnmente en plural. **2** Última parte de un período de tiempo o de una época: *la batalla sucedió en las postrimerías de la Edad Media.* **SIN** fin, final. Se usa más comúnmente en plural.

postulación *n. f.* Petición o demanda de una cosa que se hace con un fin benéfico: *se va a organizar una postulación en apoyo de la investigación sobre el cáncer.*

postulado *n. m.* **1** Principio que se admite como cierto sin necesidad de ser demostrado y que sirve como base para otros razonamientos: *en ocasiones, la ciencia parte de una serie de postulados para elaborar las teorías científicas.* **2** Idea o principio que defiende una persona o un grupo de personas: *el partido que gobierna actúa de acuerdo con sus postulados.* **3** MAT. Supuesto que se fija para dar fundamento a una demostración.

postular *v. tr.* **1** Pedir dinero para utilizarlo con fines benéficos o religiosos: *este domingo miles de niños saldrán a postular para los habitantes del Tercer Mundo.* **2** Defender una persona o grupo de personas una idea o un principio de interés general: *el partido del gobierno postula por la democracia y la igualdad de todos los ciudadanos.*
DER postulación, postulado, postulante.

póstumo, -ma *adj.* Que sale a la luz o se realiza después de la muerte del padre o del autor: *hijo póstumo; obra póstuma; homenaje póstumo.*

postura *n. f.* **1** Manera o modo de estar situada, puesta o colocada físicamente una persona, un animal o una cosa: *después de tantas horas sentado no sé en qué postura ponerme.* **SIN** pose, posición. **2** Manera de pensar o de obrar una persona o un grupo de personas con respecto a un asunto: *las posturas de los dos grupos políticos están enfrentadas.* **SIN** actitud, posición. **3** Cantidad de dinero que se ofrece en una subasta por una cosa que se vende o se alquila: *anularon la subasta porque no había posturas.* **4** Conjunto de huevos puestos de una sola vez: *el criador cree que no saldrá ningún polluelo de esta postura.*
DER apostura.

potable *adj.* **1** [agua] Que se puede beber sin que perjudique a la salud: *esta fuente es de agua potable.* **2** *coloquial* Que se puede admitir o aceptar como bueno.
DER potabilidad.

potaje *n. m.* **1** Comida o guiso que se prepara con caldo, verduras y legumbres: *comí un potaje hecho de acelgas y lentejas.* **2** Conjunto de cosas desordenadas, revueltas: *¡menudo potaje de libros tienes encima de la cama!*

potasa *n. f.* Hidróxido de potasio que es sólido y de color blanco: *la potasa se utiliza en la obtención de jabones blandos.*

potasio *n. m.* QUÍM. Elemento químico metálico del color de la plata; es blando y ligero, se oxida fácilmente y produce llama en contacto con el agua: *el símbolo del potasio es K; los componentes del potasio se usan como abono.*

pote *n. m.* **1** Recipiente redondo de pequeño tamaño que sirve para beber o contener un líquido: *en este pote guardo el aceite de oliva.* ☞ cocina. **2** *coloquial* Recipiente de metal, redondo, de boca ancha y dos asas pequeñas a los lados que se usa para cocinar: *la señora está haciendo el guiso en el pote.* **SIN** olla. **3** Comida o guiso que se prepara con verduras, legumbres y caldo: *el pote es una comida típica de Asturias y Galicia.*

darse pote *coloquial* Presumir una persona de las cualidades propias: *¡qué pote se da!, siempre está hablando de lo maravilloso que es*.
DER potito.

potencia *n. f.* **1** Capacidad que tiene una cosa para realizar una acción o producir un efecto determinado: *esta escopeta tiene una gran potencia de tiro*. **2** Poder y fuerza con que cuenta un estado para imponerse a los demás: *el Reino Unido ganó la batalla gracias a su potencia naval*. **3** País o nación que tiene un gran poder político o económico: *Estados Unidos es una de las grandes potencias mundiales*. **4** Cada una de las tres facultades del alma: *según el catecismo las potencias del alma son el entendimiento, la memoria y la voluntad*. **5** FILOS. Posibilidad o capacidad que tiene una cosa de convertirse en otra, de producir un cambio o de llegar a ser algo distinto: *el concepto de potencia fue ampliamente tratado por Aristóteles*. **6** FÍS. Trabajo realizado por una fuerza en la unidad de tiempo: *la potencia se mide en vatios*. **7** MAT. Producto que resulta de multiplicar un número por sí mismo una o varias veces: *en la expresión $2^2 = 4$ el cuatro es potencia de dos*.
elevar a una potencia MAT. Multiplicar un número por sí mismo tantas veces como indique el exponente: *si elevas 8 a la segunda potencia el resultado es 64*.
en potencia Que no es o no existe pero tiene posibilidad de ser o de existir en el futuro: *este niño es un científico en potencia*.
DER potencial, potenciar, potente; impotencia, omnipotencia, superpotencia.

potenciación *n. f.* Impulso o estímulo que recibe una cosa para que pueda desarrollarse o existir: *los deportistas deben procurar la potenciación de sus facultades naturales*.

potencial *adj.* **1** Que no es o no existe pero tiene la posibilidad de ser o de existir en el futuro: *los telespectadores son los consumidores potenciales de todos los productos que se anuncian en publicidad*. **SIN** posible. ◇ *n. m.* **2** Fuerza o poder del que se dispone para lograr un fin: *potencial militar; potencial económico*. **3** FÍS. Energía eléctrica acumulada en un cuerpo conductor: *el potencial eléctrico se mide en voltios*. **4** GRAM. Tiempo del verbo que expresa la acción como futura y posible: *la forma tendría está en potencial*. **SIN** condicional.

potenciar *v. tr.* **1** Comunicar fuerza o energía a una cosa: *se buscaban medidas que potenciasen el desarrollo industrial de la región*. **2** Aumentar la fuerza o el poder de una cosa: *tomar medicamentos con bebidas alcohólicas potencia los efectos negativos del alcohol*.
DER potenciación.
OBS En su conjugación, la *i* no se acentúa, como en *cambiar*.

potenciómetro *n. m.* **1** Aparato que sirve para medir las diferencias de potencial eléctrico. **2** Resistencia que llevan los aparatos electrónicos y que varía según una gama de frecuencias: *el tono y el volumen son potenciómetros*.

potentado, -da *n. m. y f.* Persona que es muy rica y poderosa: *se casó con un potentado colombiano que se dedicaba al negocio del café*.

potente *adj.* **1** Que tiene mucha potencia, fuerza física o poder: *el secador de pelo tiene un motor muy potente; es un equipo de fútbol muy potente*. **SIN** fuerte. **2** Que tiene riquezas, autoridad e importancia: *fue uno de los economistas más potentes de su época; nación potente*. **SIN** poderoso. **3** Que es muy grande o desmesurado: *en medio del silencio se oyó un potente grito*.
DER potentado; prepotente.
ETIM Véase *poder*.

potestad *n. f.* *culto* Poder o autoridad que se tiene sobre una persona o una cosa: *el ayuntamiento tiene potestad para efectuar estas obras urbanas*. **SIN** dominio, facultad. **patria potestad** Poder o autoridad legal que tienen los padres sobre los hijos que aún no están emancipados: *el juez quitó a los padres la patria potestad de sus hijos*.
DER potestativo.
ETIM Véase *poder*.

potestativo, -va *adj.* Que es voluntario y no obligatorio: *la concesión de la extradición de un preso desde un país a otro es potestativa*. **SIN** facultativo.

potingue *n. m.* **1** *coloquial* Medicamento que se toma de forma oral: *estoy harta de tomar tantos potingues y seguir estando tan resfriada*. **2** Producto cosmético de belleza que tiene una textura cremosa: *es muy presumida y se pone muchos potingues en la cara*. **3** Alimento de aspecto o color desagradable: *es imposible que comer esos potingues te haga ningún bien*.

potito *n. m.* Alimento para niños pequeños que ya está cocinado y se vende envasado en un recipiente de cristal: *la comida de los potitos tiene poca sal y está triturada*.

poto *n. m.* Planta trepadora que tiene las hojas en forma de corazón de color verde claro con vetas blancas o amarillas: *el poto se cultiva como planta ornamental*.

potosí *n. m.* Riqueza extraordinaria o muy grande: *ganó un potosí trabajando en Alemania*.
valer un potosí Tener una persona o una cosa un gran valor: *este chico vale un potosí; este piso vale un potosí*.
OBS El plural es *potosíes*.

potra *n. f. coloquial* Suerte favorable que tiene una persona: *¡qué potra tiene, se ha sacado el carné de conducir a la primera!*

potrada *n. f.* Conjunto o manada de potros: *el ganadero tiene una potrada de treinta ejemplares*.

potranco, -ca *n. m. y f.* Caballo o yegua que no tienen más de tres años de edad: *este potranco todavía mama de su madre*.

potro, -tra *n. m. y f.* **1** Cría del caballo desde que nace hasta que cambia los dientes de leche: *la yegua parió dos potros en el establo*. ◇ *n. m.* **2** Aparato de gimnasia formado por cuatro patas y un cuerpo alargado que sirve para realizar diferentes tipos de ejercicios y saltos: *el gimnasta apoyó las manos sobre el potro para tomar impulso al saltar*. ☞ gimnasio. **3** Aparato antiguo de tortura en el que se sentaba e inmovilizaba a los procesados para obligarles a declarar.
DER potrada, potranco.

poyo *n. m.* Banco de piedra u otro material que normalmente se construye en una casa pegado a una pared o junto a la puerta: *se sentaba en el poyo del jardín para leer al aire libre*.
ETIM *Poyo* procede del latín *podium*, 'repisa', voz con la que también está relacionada *podio*.

poza *n. f.* **1** Hueco de un terreno donde se acumula el agua: *cerca de la granja había una poza donde bebían los animales*. **SIN** charca. **2** Parte de un río que tiene más profundidad: *los chicos solían ir a bañarse a la poza porque podían tirarse de cabeza*.
DER pozal.

pozo *n. m.* **1** Agujero profundo que se hace en la tierra para sacar el agua que procede de manantiales subterráneos: *metió el cubo en el pozo y lo subió con la cuerda lleno de agua*. ☞ ciclo del agua. **pozo artesiano** Agujero profundo que se excava para que el agua contenida entre dos capas subterráneas de la tierra salga a la superficie. **pozo negro** Agu-

práctica

jero que se hace junto a las casas para acumular las aguas sucias y residuales: *cuando no hay alcantarillas se construyen pozos negros*. **2** Agujero que se hace en la tierra para bajar a una mina o para extraer minerales: *los mineros quedaron atrapados en el pozo porque hubo un desprendimiento; en los países árabes hay pozos de petróleo*. **3** Persona que posee en abundancia una cualidad: *este chico es un verdadero pozo de ciencia*. **4** Parte de un río que tiene más profundidad: *el bañista estuvo a punto de ahogarse en el pozo del río*. **SIN** poza.

pozo sin fondo Expresión que se aplica a una tarea que parece no acabarse nunca o a una persona a la que se da dinero y cada vez reclama o pide más: *esta inversión es un pozo sin fondo porque cada vez nos saca más dinero*.

DER pocero, poza.

práctica *n. f.* **1** Ejercicio o realización de una actividad de una forma continuada y conforme a sus reglas: *se dedica a la práctica de la medicina desde hace diez años*. **2** Habilidad o experiencia que se consigue o se adquiere con la realización continuada de una actividad: *el joven abogado aún no tiene mucha práctica en los juicios; cogerás mucha práctica con el coche si conduces a menudo*. **SIN** destreza. **3** Aplicación real o particular de una idea, una teoría o una doctrina: *la ciencia debe aunar teoría y práctica*. **4** Uso continuado o habitual que se hace de una cosa: *las prácticas religiosas cristianas han variado poco desde la antigüedad*. **SIN** costumbre, hábito. **5** Ejercicio o prueba que se hace bajo la dirección de un profesor para conseguir habilidad o experiencia en una profesión o trabajo: *al terminar la carrera hizo prácticas de enfermería en un hospital*. Se usa más en plural.

en la práctica Expresión que indica que en la realidad las cosas no son iguales que en la teoría: *estas ideas son estupendas pero sabemos que en la práctica son difíciles de aplicar*.

llevar a la práctica o **poner en práctica** Realizar o llevar a cabo un proyecto o una idea: *el empresario llevó a la práctica la reforma de su empresa*.

DER practicar, práctico.

practicable *adj.* **1** [idea, proyecto] Que se puede realizar o llevar a cabo. **SIN** factible. **2** [camino, paso] Que se puede recorrer o seguir sin dificultad: *hay un sendero hacia la ermita que sólo es practicable en verano*. **SIN** transitable.

DER impracticable.

prácticamente *adv.* **1** De manera experimentada o con el uso: *debo decir que prácticamente esta teoría no me ha fallado ni una sola vez*. **2** En la práctica o en la realidad: *es al aplicar una teoría prácticamente cuando se ven los fallos de coherencia que pueda tener*. **3** Casi o por poco: *llegamos a casa prácticamente a las diez de la noche*.

practicante *adj./n. com.* **1** [persona] Que profesa y practica una religión: *toda la familia era católica practicante*. ◇ *n. com.* **2** Persona que realiza pequeñas curas a los enfermos y pone inyecciones: *un practicante debe tener una titulación para poder ejercer su profesión; los practicantes pueden ejercer la cirugía menor*. **3** Persona encargada en una farmacia de preparar y despachar medicamentos bajo la dirección del farmacéutico.

practicar *v. tr.* **1** Realizar de forma continuada una actividad: *ha empezado a practicar la medicina en un hospital*. **2** Hacer o realizar una cosa: *el forense practicó la autopsia e hizo un informe*. **3** Repetir varias veces una cosa que se ha aprendido para adquirir habilidad o experiencia sobre ella: *he practicado este discurso muchas veces; practicar idiomas*. **SIN** entrenar. **4** Profesar y aplicar los principios y las ideas de una religión o seguir sus normas: *era protestante pero nunca practicó su religión*.

DER practicable, practicante.

OBS En su conjugación, la c se convierte en *qu* delante de *e*.

práctico, -ca *adj.* **1** Que es útil o presta un buen servicio: *los coches pequeños son muy prácticos en la ciudad*. **2** De la práctica o relacionado con esta aplicación real de la teoría: *la teoría no siempre funciona en el terreno práctico*. **3** [persona] Que tiene experiencia y es muy hábil para hacer las cosas. **SIN** diestro. **4** [persona] Que tiene un concepto de la vida muy realista: *lo mejor es dejarse de ilusiones y ser práctico para afrontar la realidad*. ◇ *n. m.* **5** MAR. Persona que dirige o conduce una embarcación en las maniobras difíciles o complicadas: *el práctico dirige la entrada al puerto de los grandes barcos*.

DER prácticamente.

pradera *n. f.* **1** Lugar llano y con hierba que es más grande que el prado: *los niños juegan al fútbol en una pradera cercana a la escuela*. **2** Conjunto de prados: *en el norte de España abundan las praderas*. **SIN** pradería.

prado *n. m.* **1** Terreno llano y muy húmedo donde crece o se cultiva la hierba para que sirva de pasto al ganado: *los campesinos siegan la hierba de los prados y la guardan para el invierno*. **SIN** pastizal. **2** Lugar llano y con hierba situado en el campo donde las personas van a pasear o a pasar el tiempo de forma agradable: *el día de fiesta las familias se reúnen para comer en un prado*. **SIN** pradera.

DER pradera.

ETIM *Prado* procede del latín *pratum*, que tenía el mismo significado, voz con la que también está relacionada *praticultura*.

pragmática *n. f.* Parte de la lingüística que estudia la relación del lenguaje con el hablante y el oyente y con el contexto en que se realiza la comunicación.

pragmático, -ca *adj.* **1** Que se refiere a la práctica, la ejecución o la realización de las acciones y no a la teoría o a la especulación: *el conferenciante nos sorprendió con sus teorías tan pragmáticas*. **SIN** práctico. **2** De la pragmática o que tiene relación con esta parte de la lingüística: *hizo un estudio pragmático de los pronombres personales en el español*. **3** FILOS. Del pragmatismo o que tiene relación con esta doctrina filosófica: *el científico tuvo muy en cuenta los aspectos pragmáticos de su investigación*.

DER pragmática, pragmatismo.

pragmatismo *n. m.* FILOS. Doctrina filosófica que considera que el único medio de juzgar la verdad de una doctrina moral, social, religiosa o científica consiste en considerar sus efectos prácticos: *el pragmatismo fue propagado como corriente filosófica por el psicólogo estadounidense William James*.

DER pragmatista.

pragmatista *adj.* **1** FILOS. Del pragmatismo o relacionado con esta doctrina filosófica: *es un pensador de tendencia pragmatista*. ◇ *adj./n. com.* **2** FILOS. [persona] Que es partidario o seguidor de la doctrina filosófica del pragmatismo: *para los pragmatistas es más importante la acción que los principios teóricos*.

praliné *n. m.* **1** Crema elaborada con chocolate y almendra o avellana molida: *voy a merendar unas rebanadas de pan untadas con praliné*. **2** Bombón o chocolate relleno de esta crema: *me han regalado una caja de pralinés*.

praseodimio *n. m.* Elemento químico metálico y sólido que se utiliza en la fabricación de cerámica, vidrio coloreado y equipos electrónicos: *el símbolo químico del praseodimio es Pr*.

praxis *n. f.* Actividad práctica en oposición a la teórica: *se debe recurrir a la praxis para confirmar las teorías.* **SIN** práctica.

OBS El plural también es *praxis*.

pre- Prefijo que entra en la formación de palabras con el significado de: *a)* 'Antelación': *preconcebir, precocinado. b)* 'Prioridad': *preceder. c)* 'Encarecimiento': *preclaro. d)* 'Superioridad o grado máximo': *prepotente*.

preámbulo *n. m.* **1** Conjunto de palabras o expresiones que se dicen o se escriben antes de entrar en el tema central de un discurso o de un escrito: *antes de iniciar la conferencia hizo un preámbulo de unos diez minutos.* **SIN** prefacio, prólogo, exordio. **2** Rodeo o explicación que se da antes de decir claramente una cosa: *déjate de preámbulos, ve al grano y dime qué quieres.* **SIN** digresión.

prebenda *n. f.* **1** Dinero o favor que se recibe por algunos cargos u oficios: *algunos cargos eclesiásticos tenían muchas prebendas.* **2** Oficio o empleo en el que se gana mucho dinero y se trabaja poco: *este trabajo no es ninguna prebenda pero te gustará.* **3** Beneficio o favor que se consigue por medios arbitrarios y no mediante el propio esfuerzo: *mi jefe es de los que concede prebendas a los empleados que le hacen la pelota.*

preboste *n. m.* **1** Persona que dirige o gobierna una comunidad o una asociación: *es preboste de una orden militar.* **2** Persona que tiene mucho poder, importancia o influencia dentro de un grupo: *este señor es uno de los grandes prebostes del ramo de la construcción.*

precalentamiento *n. m.* Conjunto de ejercicios que hace un deportista para preparar el cuerpo y estirar o calentar los músculos antes de hacer un esfuerzo físico grande: *el atleta hizo un precalentamiento muy exhaustivo antes de empezar la carrera.*

precámbrico, -ca *adj./n. m.* **1** [etapa geológica] Que abarca desde la formación de la corteza terrestre hasta hace unos 600 millones de años: *el precámbrico se caracteriza por una intensa actividad volcánica.* ◇ *adj.* **2** De esta etapa geológica o que tiene relación con ella: *terreno precámbrico.*

precariedad *n. f.* **1** Carencia o falta de los medios o recursos necesarios para algo: *precariedad económica; precariedad económica.* **2** Carencia o falta de estabilidad o seguridad: *su aspecto demacrado acusa una gran precariedad de salud.*

precario, -ria *adj.* **1** [situación] Que es poco estable, poco seguro o poco duradero: *su precario estado de salud le obliga a pasar mucho tiempo en cama.* **2** [situación] Que no cuenta con los medios o los recursos necesarios o suficientes: *tiene una situación económica muy precaria.* **SIN** escaso. **3** DER. [cosa material] Que se tiene o se disfruta sin poseer ningún título de propiedad ni ser el dueño.

DER precariedad.

precaución *n. f.* **1** Actitud o comportamiento cauteloso y prudente con que se actúa para evitar o prevenir un daño o un peligro: *debes cruzar la calle con precaución.* **SIN** cautela, cuidado. **2** Medida de seguridad o de prevención que se toma para evitar que suceda una cosa que no es deseable: *ante la amenaza de bomba las autoridades tomaron toda clase de precauciones y desalojaron el edificio.*

precaver *v. tr./prnl.* Intentar evitar o prevenir un daño o peligro actuando de manera cautelosa y prudente o tomando medidas o precauciones: *debes precaver los riesgos antes de lanzarte a ese negocio; hay que precaverse contra los resfriados.*

DER precaución, precavido.

precavido, -da *adj.* **1** Que actúa o se comporta con cautela y prudencia e intenta evitar o prevenir un peligro: *las personas precavidas actúan midiendo muy bien las consecuencias de sus actos.* **SIN** cauto, prudente. **2** Que actúa con precaución o previsión: *es muy precavido para sus cosas, siempre lleva dos cepillos de dientes por si pierde uno.* **SIN** previsor.

precedente *adj.* **1** Que está colocado antes de una cosa o ha sucedido con anterioridad en el tiempo: *lugar precedente; curso precedente; año precedente.* ◇ *n. m.* **2** Cosa que se hace, se dice o se vive en un momento anterior y que influye en otra cosa que ocurre posteriormente: *muchos estudiosos buscan los precedentes de la novela moderna.* **SIN** antecedente. **3** Acción realizada con anterioridad que sirve de ejemplo o norma para casos semejantes que sucedan después: *el abogado busca un caso parecido que sirva de precedente para salvar a su defendido.*

sentar un precedente o **sentar precedentes** Hacer una cosa que pueda crear la obligación de actuar de la misma manera ante un caso parecido que ocurra posteriormente: *la resolución del jurado sentó un precedente clarísimo.*

preceder *v. tr./intr.* **1** Estar colocada una persona o una cosa delante de otra: *el guía precedía al grupo de visitantes; el sustantivo suele preceder al adjetivo.* **SIN** anteceder. ◇ *v. tr.* **2** Suceder o realizarse una cosa antes que otra: *el embarazo precede al parto.* **SIN** anteceder. **3** Tener una persona o una cosa más importancia o superioridad que otra: *debes respetar a los que te han precedido en tu cargo.*

DER precedente.

preceptivo, -va *adj.* Que debe ser cumplido o acatado de manera obligatoria por estar ordenado mediante un precepto o una orden: *estas normas son de aplicación preceptiva a partir del mes que viene.* **SIN** normativo, obligatorio.

precepto *n. m.* Orden o mandato relativo a una conducta e impuesto o establecido por una autoridad: *los católicos deben cumplir los preceptos de la iglesia.* **SIN** disposición, norma, regla.

DER preceptivo, preceptor, preceptuar.

preceptor, -ra *n. m. y f.* Nombre que se daba antiguamente a la persona que se dedicaba a enseñar y formar a un niño en su propia casa y de manera privada o particular: *tuve un preceptor que venía a darme clases de gramática latina.*

preceptuar *v. tr.* Dar o dictar preceptos o normas: *la ley preceptúa que todos los motoristas deben circular con el casco puesto.* **SIN** ordenar, prescribir.

OBS En su conjugación, la *u* se acentúa en algunos tiempos y personas, como en *actuar*.

preces *n. f. pl.* **1** Oraciones o ruegos que se dirigen a Dios, a la Virgen o a los santos: *fue a la iglesia a rezar las preces por la salud de su familia.* **SIN** plegaria, súplica. **2** Versículos de la Biblia que se utilizan como oraciones o ruegos: *el sacerdote pronunció las preces en un momento de la misa.*

preciado, -da *adj.* **1** Que es muy estimado o querido: *eres mi amigo más preciado.* **SIN** apreciado, precioso. **2** Que tiene mucho valor: *el museo del Prado es uno de los tesoros más preciados de España.* **SIN** valioso. **3** Que se comporta con vanidad y pedantería: *es una persona muy preciada de sí misma.* **SIN** vanidoso.

preciar *v. tr.* **1** Poner precio a una cosa que se puede vender. **SIN** apreciar. **2** Sentir afecto o estima hacia una persona. **SIN** apreciar. ◇ *v. prnl.* **3 preciarse** Presumir una persona de poseer una cualidad determinada, sea buena o mala: *se preciaba de valiente.* **SIN** jactarse.

OBS En su conjugación, la *i* no se acentúa, como en *cambiar*.

precintar *v. tr.* **1** Poner o colocar un precinto sobre un envase para que tan sólo pueda ser abierto cuando y por

P p

precinto quien corresponda: *las empresas de alimentación precintan sus productos para que no puedan ser manipulados.* **2** Mantener cerrado un lugar por mandato judicial mediante una cuerda, una tira de papel o plástico u otras medidas similares: *la policía precintó el lugar del crimen.*

precinto *n. m.* Cuerda, tira de papel o de plástico u otro material que sirve para que un objeto o un lugar no pueda ser abierto sin que esa sujeción se rompa y asegurar así que no se abra hasta que corresponda: *todas las botellas de licor llevan un precinto de garantía; la guardia urbana quitó el precinto que tapaba la entrada del piso que había sido robado.*
DER precintar.

precio *n. m.* **1** Cantidad de dinero que cuesta una cosa o que hay que pagar por ella: *el precio de la gasolina ha subido dos veces en un mes.* **SIN** coste. **precio de coste** Cantidad de dinero que cuesta hacer o producir una cosa: *no he ganado nada en esta venta porque lo he vendido todo a precio de coste.* **2** Esfuerzo, pérdida o sufrimiento que sirve como medio para conseguir una cosa: *tuvo que pagar un precio muy alto para conseguir lo que quería en la vida.*
no tener precio Ser una cosa de mucho valor: *le ha regalado una escultura que no tiene precio; la salud es algo que no tiene precio.*
DER preciar.

preciosidad *n. f.* **1** Serie de cualidades que hacen a una persona, a un animal o a una cosa bella y agradable a la vista. **2** Persona, animal o cosa que es muy bella y agradable a la vista: *tu primer hijo es una preciosidad; esos pendientes son una preciosidad.*

preciosismo *n. m.* Tendencia al refinamiento o cuidado extremado en el estilo de una obra de arte que la hacen artificiosa y amanerada: *el preciosismo literario cuida en extremo todos los detalles.*

preciosista *adj.* **1** Del preciosismo o que tiene relación con esta tendencia al refinamiento: *estilo preciosista.* ◊ *adj./n. com.* **2** [artista] Que tiende a aplicar el preciosismo en sus obras: *poeta preciosista; pintor preciosista.*

precioso, -sa *adj.* **1** Que es muy bello y agradable a la vista: *hace un día precioso; tu novia es preciosa; tenemos un perro precioso.* **SIN** bello, hermoso. **ANT** feo, horrible. **2** Que tiene mucho valor o estimación: *el diamante es una piedra preciosa; nos prestó una preciosa colaboración el día que lo necesitamos.* **SIN** valioso.
DER preciosidad, preciosismo.

precipicio *n. m.* **1** Corte vertical y profundo de un terreno: *este precipicio debe tener unos cien metros de profundidad.* **SIN** despeñadero. **2** Ruina espiritual o material: *su depresión le está llevando al borde de un precipicio.*

precipitación *n. f.* **1** Manera rápida o imprevista en que sucede una cosa: *las cosas sucedieron con gran precipitación.* **2** Prisa o rapidez con la que se actúa en la que se hace una cosa: *debes meditar bien tu decisión y no actuar con precipitación.* **3** Agua en estado líquido o sólido que procede de la atmósfera y cae sobre la superficie de la Tierra: *este mes las precipitaciones han sido abundantes.* Se usa más comúnmente en plural. ☞ ciclo del agua; meteorología. **4** QUÍM. Acción de depositarse en el fondo de un recipiente la parte sólida que está suspendida en el líquido de una disolución por efecto de una reacción química.

precipitado, -da *adj.* **1** Que se hace o se dice de una manera rápida o con mucha prisa: *en aquel momento tomé una decisión precipitada.* **2** [persona] Que hace o dice las cosas de manera rápida o con mucha prisa y sin pensar en las consecuencias: *reconozco que soy algo precipitado a la* *hora de tomar decisiones.* ◊ *n. m.* **3** QUÍM. Sustancia sólida suspendida en el líquido de una disolución que se deposita en el fondo del recipiente por efecto de una reacción química: *el precipitado no se puede disolver en la mezcla.*

precipitar *v. tr./prnl.* **1** Lanzar una persona o una cosa desde un lugar alto: *los marineros precipitaron la carga por la borda; la mujer se precipitó desde una roca.* **SIN** arrojar. **2** Hacer que un acontecimiento o proceso suceda de una manera más rápida, acelerada o apresurada: *la falta de alimentos precipitó la caída del gobierno.* **SIN** acelerar. ◊ *v. tr./intr.* **3** QUÍM. Producir una reacción química por la que una sustancia sólida suspendida en el líquido de una disolución se deposita en el fondo del recipiente: *esta mezcla no ha precipitado.* ◊ *v. prnl.* **4** precipitarse Hacer o decir una persona una cosa de manera rápida o con mucha prisa y sin pensar en las consecuencias: *no te precipites en tu elección y reflexiona bien.*
DER precipio, precipitación, precipitado.

precisamente *adv.* **1** De una forma justa o exacta: *iba a ir a verte precisamente ahora mismo.* **2** De una forma necesaria o forzosa: *precisamente esto es lo que quiero que hagas.* **3** Se utiliza como respuesta para asentir o dar conformidad: —*¿Vas a venir mañana?* —*Precisamente.* **SIN** sí.

precisar *v. tr./intr.* **1** Necesitar a una persona o una cosa para un fin determinado: *este trabajo precisa mucha concentración; preciso de tu compañía y de tu ayuda.* **SIN** requerir. ◊ *v. tr.* **2** Decir o expresar una cosa de un modo exacto y completo: *le pidieron al director que precisara algunos puntos de su proyecto.* **SIN** determinar, puntualizar.

precisión *n. f.* Exactitud o determinación: *me admira la precisión de este reloj; habló con tal precisión que no quedó ninguna duda sobre sus palabras.* **ANT** imprecisión, vaguedad.
de precisión [aparato, instrumento] Que es capaz de dar datos y resultados exactos o precisos: *reloj de precisión; balanza de precisión.*

preciso, -sa *adj.* **1** Que es necesario o indispensable para un fin determinado: *es preciso que me ayudes para poder acabar este trabajo.* **2** Que es exacto o riguroso: *utilizaron una balanza muy precisa; el escritor utiliza un lenguaje muy preciso.* **ANT** impreciso. **3** Que es fijo, puntual o determinado: *en ese preciso instante, ocurrió lo que no deseábamos.*
DER precisamente, precisar, precisión; impreciso.

preclaro, -ra *adj.* [persona] Que sobresale por sus cualidades en alguna actividad y es digno de admiración y respeto: *escritor preclaro; escultor preclaro.* **SIN** famoso, ilustre, insigne.

precocidad *n. f.* Carácter prematuro o temprano de una persona o de una cosa: *tal era la precocidad del tenista que a los trece años ganó el campeonato de España; la curación de una enfermedad depende, en ocasiones, de la precocidad del diagnóstico.*

precocinado, -da *adj./n. m.* [alimento] Que se compra ya cocinado y sólo es preciso calentarlo: *actualmente se consume bastante comida precocinada; los precocinados ahorran mucho tiempo en la cocina.*

preconcebido, -da *adj.* [idea, opinión, concepto] Que se ha formado una persona acerca de una cosa de la cual no tiene un conocimiento real o experimentado: *no deberíamos tener ideas preconcebidas sobre cosas que no conocemos de verdad.*

preconcebir *v. tr.* Pensar o proyectar una acción con anterioridad a su ejecución o realización: *preconcibió un plan para aumentar la producción de su empresa.*
DER preconcebido.
OBS En su conjugación, la e se convierte en *i* en algunos tiempos y personas, como en *servir*.

preconizar *v. tr.* Defender o apoyar una cosa que se considera buena o recomendable: *el gobierno preconizaba la puesta en marcha de un plan para mejorar la economía.* **SIN** promover, propugnar.
OBS En su conjugación, la *z* se convierte en *c* delante de *e*.

precoz *adj.* **1** [niño] Que destaca por tener cualidades morales o físicas que no son propias de su edad sino de una etapa posterior de su crecimiento: *es un niño muy precoz, con cuatro años ya toca el piano.* **SIN** adelantado. **2** Que se da, se hace o se desarrolla antes del tiempo habitual: *fruto precoz; invierno precoz; desarrollo precoz.* **SIN** temprano. **ANT** tardío. **3** [etapa, fase] Que se descubre o se detecta cuando está en los inicios: *este tratamiento sólo puede aplicarse cuando la enfermedad se detecta en una fase precoz.* **SIN** temprano.
DER precocidad.
OBS El plural es *precoces*.

precursor, -ra *adj./n. m. y f.* **1** Que precede o va delante en el tiempo o en el espacio: *al ser hijo único, te falta un hermano precursor en tus actos.* **2** Que inicia o introduce ideas o teorías que se desarrollarán en un tiempo futuro: *muchos consideran a Goya un precursor del romanticismo.* **SIN** pionero.
ETIM Véase *curso*.

predador, -ra *adj./n. m. y f.* [animal] Que mata a otros animales de distinta especie para que puedan servirle de alimento: *el lince es un animal predador.* **SIN** depredador.

predecesor, -ra *n. m. y f.* **1** Persona que ocupaba un lugar, un puesto o un cargo con anterioridad a la que lo ocupa en la actualidad: *sus predecesores en el cargo fueron políticos sin ninguna experiencia.* **SIN** antecesor. **2** Persona de una familia que ha vivido con anterioridad a otra: *en esta familia siempre hemos honrado a nuestros predecesores.* **SIN** ancestro, antecesor, antepasado, ascendiente.

predecir *v. tr.* Anunciar un hecho que va a ocurrir en el futuro: *hay quien cree que se puede predecir la vida de los demás; el vidente predijo un terremoto.* **SIN** presagiar, vaticinar.
DER predicción, predicho; impredecible.

predestinación *n. f.* **1** Concepción filosófica y religiosa según la cual la vida presente y futura del ser humano está determinada o trazada previamente por fuerzas superiores: *la predestinación niega la libre voluntad humana.* **2** Elección de la voluntad divina por la cual Dios tiene elegidas desde toda la eternidad a las personas que lograrán la gloria: *la predestinación depende de la gracia de Dios.*

predestinar *v. tr.* **1** Disponer o decidir el destino de una persona o de una cosa: *trabajar así es predestinar este proyecto al fracaso.* **2** En teología, elegir Dios desde la creación del mundo a las personas que por medio de su gracia gozarán de la salvación eterna.
DER predestinación, predestinado.

predeterminar *v. tr.* Determinar o resolver una cosa de una manera anticipada y prácticamente definitiva: *lo que digas en esta conversación puede predeterminar nuestra futura relación.*

prédica *n. f.* **1** Discurso que tiene un contenido moral o religioso: *el sacerdote hizo una prédica sobre las virtudes teologales.* **SIN** sermón. **2** Discurso largo y poco oportuno que se hace con cierto apasionamiento y vehemencia: *no soporta que nos sueltes tus prédicas sea cual sea el tema de debate.*

predicación *n. f.* **1** Acto en que se comunica o se predica una doctrina o una enseñanza religiosa: *muchos oyeron su predicación y se convirtieron al cristianismo.* **2** Doctrina o enseñanza que se predica o se transmite: *Jesucristo encargó a los apóstoles la predicación del evangelio.*

predicado *n. m.* **1** Parte de la oración gramatical que está formada por un verbo, que es el núcleo, y unos complementos: *en la oración el tren llegaba con retraso, llegaba con retraso es el predicado.* **predicado nominal** Predicado formado por un verbo copulativo seguido de un atributo: *los atributos son predicados nominales.* Los predicados nominales son característicos de las oraciones atributivas. **predicado verbal** Predicado que tiene como núcleo un verbo no copulativo conjugado: *la oración el chico salió a pasear tiene un predicado verbal cuyo núcleo es salió.* **2** En lógica, cosa que se afirma o se niega de un sujeto en una proposición.

predicador, -ra *adj./n. m. y f.* [persona] Que enseña o da a conocer la palabra de Dios escrita en el Evangelio: *los frailes predicadores enseñaban su doctrina por las calles.*

predicamento *n. m.* Opinión o grado de estimación de que goza una persona y que se ha ganado por su manera de actuar o comportarse: *goza de un gran predicamento entre sus empleados.* **SIN** prestigio, crédito.

predicar *v. tr./intr.* **1** Pronunciar un discurso o un sermón

predecir	
INDICATIVO	SUBJUNTIVO
presente	presente
predigo	prediga
predices	predigas
predice	prediga
predecimos	predigamos
predecís	predigáis
predicen	predigan
pretérito imperfecto	pretérito imperfecto
predecía	predijera o predijese
predecías	predijeras o predijeses
predecía	predijera o predijese
predecíamos	predijéramos o predijésemos
predecíais	predijerais o predijeseis
predecían	predijeran o predijesen
pretérito indefinido	futuro
predije	predijere
predijiste	predijeres
predijo	predijere
predijimos	predijéremos
predijisteis	predijereis
predijeron	predijeren
futuro	IMPERATIVO
predeciré	
predecirás	predice (tú)
predecirá	prediga (usted)
prediremos	predecid (vosotros)
predeciréis	predigan (ustedes)
predecirán	
condicional	FORMAS NO PERSONALES
predeciría	
predecirías	infinitivo gerundio
predeciría	predecir prediciendo
predeciríamos	participio
predeciríais	predicho
predecirían	

predicativo

de contenido moral: *el sacerdote se subió al púlpito a predicar el sermón*. **2** Propagar unas ideas o una doctrina: *los apóstoles se dedicaron a predicar el evangelio*. **3** Reñir a una persona y reprenderla acerca de su comportamiento. **4** GRAM. Enunciar o expresar una característica acerca del sujeto de una oración gramatical o de una proposición: *en los muchachos corrían por el campo se predica de los muchachos que corrían por el campo*.
DER prédica, predicación, predicado, predicador, predicamento, predicativo.
ETIM Véase *dedicar*.
OBS En su conjugación, la *c* se convierte en *qu* delante de *e*.

predicativo, -va *adj.* **1** GRAM. Del predicado o que tiene relación con esta parte de la oración gramatical: *oración predicativa*. ◇ *n. m.* **2** GRAM. Parte de la oración gramatical que depende a la vez del sujeto y del verbo; tiene la función de calificar o modificar al sujeto o al objeto directo: *en la oración María llega cansada, cansada es un predicativo del sujeto; en la oración encontramos a María muy cansada, muy cansada es un predicativo del objeto directo*. El predicativo siempre concuerda en género y número con el elemento al que califica.

predicción *n. f.* Acción que consiste en predecir o anunciar un hecho del futuro que va a ocurrir: *predicción meteorológica; mis predicciones siempre fallan*. SIN pronóstico.

predicho, -cha *part.* Participio irregular de *predecir*: *las profecías habían predicho cosas que ocurrieron de verdad*.

predilección *n. f.* Preferencia o favoritismo que se muestra hacia una persona entre otras o hacia una determinada cosa: *tengo predilección por mi sobrino pequeño*.
DER predilecto.

predilecto, -ta *adj.* Que es preferido de manera especial y preferente sobre otras personas o cosas: *él es nuestro ayudante predilecto; es mi restaurante predilecto*. SIN favorito.

predisponer *v. tr./prnl.* **1** Influir en el ánimo de una persona para conseguir que tenga una actitud determinada ante algo: *ella nos predispuso contra ti*. **2** Preparar con anticipación una cosa para conseguir un fin determinado: *lo predispuso todo para que volviérais a ser amigos*.
DER predisposición, predispuesto.
OBS Se conjuga como *poner*.

predisposición *n. f.* Inclinación o actitud que se tiene ante una cosa: *presume de tener muy buena predisposición para los negocios; antes de la pelea reconozco que yo tenía una mala predisposición a encontrarme con él*. SIN propensión, tendencia.

predispuesto, -ta *part.* **1** Participio irregular de *predisponer*: *con este comentario has predispuesto a la gente en contra de esa persona*. ◇ *adj.* **2** [persona] Que tiene el ánimo preparado o dispuesto de manera anticipada para adoptar una determinada actitud: *creo que voy a la fiesta predispuesta a aburrirme*.

predominante *adj.* Que es más importante, más característico o más numeroso entre los elementos de su clase: *la opinión predominante entre la población es a favor del referéndum*. SIN reinante.

predominar *v. intr.* **1** Existir en mayor número un tipo de personas o cosas dentro de un grupo: *en mi familia predominan las personas de ojos claros*. **2** Ser una persona o una cualidad más importante, influyente o poderosa que otras del mismo grupo: *para él, lo que predomina es el dinero*.

predominio *n. m.* **1** Superioridad en poder o importancia que tiene una persona o cosa sobre otra u otras: *tenemos un predominio total en los mercados europeos*. **2** Superioridad en número que tiene un persona o cosa sobre otra u otras: *en

su obra pictórica se observa un predominio absoluto del blanco.

preeminente *adj.* **1** Que está colocado en un lugar superior o más elevado: *el orador está situado en un lugar preeminente para que todos puedan verle*. SIN alto. **2** Que tiene una categoría o una importancia superior a otra persona o otra cosa: *mi hijo ostenta un cargo preeminente dentro de su empresa*. SIN alto, elevado.
DER preeminencia.

preescolar *adj./n. m.* [etapa educativa] Que es anterior a la enseñanza primaria: *la educación preescolar acaba cuando el niño cumple seis años; sus hijos hacen preescolar en un colegio del barrio*.

preestablecido, -da *adj.* Que está establecido u ordenado con anterioridad por una ley o precepto: *ésta es una norma preestablecida de esta casa que tú también deberás cumplir*.

prefabricado, -da *adj.* [casa, construcción] Que está formada por una serie de partes que se fabrican en un lugar y después se trasladan al sitio donde está situada la casa o la construcción y allí se acoplan y se fijan: *tienen una casa prefabricada de madera*.

prefabricar *v. tr.* Fabricar, generalmente en serie, los elementos y las piezas que después se montan y se ajustan para obtener una construcción, un aparato u otra cosa: *mandaron prefabricar las paredes y las ventanas del edificio que estaba en construcción*.
DER prefabricado.
OBS En su conjugación, la *c* se convierte en *qu* delante de *e*.

prefacio *n. m.* **1** Escrito que va colocado delante en un libro a modo de introducción y que generalmente no forma parte de la obra en sí: *el autor explica en el prefacio cómo comenzó a redactar la obra*. SIN preámbulo, prólogo. **2** Parte de la misa que precede inmediatamente al canon.

prefecto *n. m.* **1** Persona que dirige y gobierna una comunidad eclesiástica, una junta o un tribunal: *el prefecto tenía encuentros periódicos con el obispo*. **2** Jefe militar y civil de la antigua Roma: *el prefecto fue aclamado por los romanos*. **3** Nombre que se da en Francia a la persona que gobierna o dirige un departamento: *el prefecto en Francia equivale al gobernador de una provincia en España*.
DER prefectura.

prefectura *n. f.* **1** Cargo o empleo que desempeña un prefecto: *le otorgaron la prefectura porque estaba muy preparado para ello*. **2** Territorio que gobierna un prefecto: *estaba bajo su mando una de las prefecturas más ricas del país*. **3** Oficina o despacho de un prefecto: *la prefectura estaba decorada en un estilo muy sobrio*.

preferencia *n. f.* **1** Ventaja que una persona o cosa tiene sobre otra: *los coches que circulan por la derecha tienen preferencia sobre los demás*. SIN prioridad. **2** Inclinación favorable que se siente hacia una determinada persona o cosa: *el abuelo tiene preferencia por su nieta pequeña*. SIN predilección. **3** Conjunto de las mejores localidades en una sala de espectáculos.

preferente *adj.* Que tiene ventaja o preferencia sobre otra persona o cosa: *los miembros de la nobleza gozaban de un trato preferente*.
DER preferencia.

preferible *adj.* Que es mejor, más adecuado o más conveniente: *es preferible que llegues un poco antes a la cita*.

preferir *v. tr.* Querer más a una persona o cosa que a otras o mostrar una mayor predilección por ella: *le di a elegir y ella

prefirió el pastel de chocolate; se nota que Carmen prefiere a Ernesto.
DER preferente, preferible.
OBS En su conjugación, la e se convierte en *ie* en sílaba acentuada o en *i* en algunos tiempos y personas, como en *hervir*.

prefijación *n. f.* GRAM. Procedimiento para formar palabras nuevas mediante la adición de un prefijo a una palabra ya existente o a su raíz.

prefijal *adj.* GRAM. [elemento, morfema] Que tiene la forma o la función de un prefijo: *los elementos compositivos pueden ser prefijales o sufijales.*

prefijar *v. tr.* **1** Determinar, señalar o fijar de manera anticipada una acción futura: *prefijaron la fecha de la siguiente reunión.* **SIN** predeterminar. **2** Añadir un prefijo a una palabra para cambiar su significado y formar una palabra nueva.
DER prefijación.

prefijo, -ja *n. m./adj.* **1** GRAM. Afijo que se añade al comienzo de una palabra para formar otra nueva: *el prefijo in- indica lo contrario de la palabra a la que se añade, como en inconstante o en intolerable.* ◇ *n. m.* **2** Combinación de cifras o letras que se añade a los números de teléfono de una zona, ciudad o país para distinguirlos de los de otro lugar: *hay que marcar el prefijo, si queremos llamar desde fuera de nuestra provincia.*

pregón *n. m.* **1** Discurso público con que se da comienzo a una fiesta o un acontecimiento: *este año el encargado de leer el pregón de la fiesta mayor de la ciudad fue un famoso periodista.* **2** Publicación o aviso oficial de una noticia o un hecho que se hace en voz alta en un lugar público para que sea conocida por todos: *el pregonero siempre lee el pregón en la plaza del pueblo.*

pregonar *v. tr.* **1** Leer públicamente y en voz alta una noticia o un hecho para que sea conocido por todos: *los empleados del ayuntamiento pregonaban antiguamente los bandos del alcalde.* **2** Hacer pública una cosa que debía mantenerse oculta o en secreto: *le faltó tiempo para pregonar el secreto que había jurado guardar.* **SIN** divulgar, publicar. **3** Anunciar en voz alta la mercancía que se ofrece a la venta: *el vendedor ambulante pregona uno a uno los artículos que vende.* **SIN** vocear.
DER pregonero.

pregonero, -ra *n. m. y f.* **1** Persona que pronuncia el discurso con que se da comienzo a una fiesta o un acontecimiento: *este año el pregonero de la fiesta mayor ha sido un actor famoso.* **2** Persona que hace pública una cosa que se ignoraba. **3** Persona que trabaja en el ayuntamiento de un municipio y lee públicamente y en voz alta una noticia o un hecho para que sea conocido por todos: *el pregonero leía los bandos del alcalde por las calles del pueblo.*

pregunta *n. f.* **1** Conjunto de palabras con las que se pide una información determinada; se pronuncia con una entonación particular y se escribe entre los signos ¿?: *'¿Qué haces?' es una pregunta; contestó a mis preguntas con respuestas evasivas; los periodistas dirigieron al ministro varias preguntas comprometidas.* **SIN** cuestión, interrogación. **2** Enunciado que se formula en un ejercicio, una prueba o un examen y que debe ser contestado: *sólo he contestado a la segunda pregunta del examen.*

PREFIJOS

Los prefijos son morfemas que se anteponen a la raíz. Son siempre morfemas derivativos, es decir, que se añaden a una palabra o a una raíz para formar una nueva palabra con un significado distinto. Veamos algunos ejemplos:

Prefijo	Significado	Ejemplos
a-/ana-/an-	Negación, contrario	amoral, anaerobio, anacrónico
ab-	Separación, corte	ablativo, ablación
anti-	Opuesto, contrario	antisocial
archi-	Superior (con nombres)	archiduque
	Muy (con adjetivos)	archifamoso
bi-	Dos, doble	bicicleta, bicameral
contra-	Opuesto a	contraataque
des-	Negación, contrario	deshacer, desacreditar, desprovisto
ex-	Fuera	extraer, excéntrico
in-	Dentro de	infiltrar
	Negación, contrario	incapaz, inapropiado
infra-	Inferior, debajo de	infrahumano
inter-	Entre, en medio de	intermedio, intercostal
pos-/post-	Detrás, después de	posdata, postónico, postnominal
pre-	Delante, antes de	premolar, predecir
pro-	En lugar de	pronombre, procónsul
	Delante, antes de	promover, proclamar
re-	Repetición, volver a	reelegir, redoblar
requete-	Muy	requeteguapo, requetebién
retro-	Hacia atrás	retroactivo, retropropulsión
semi-	Medio o casi	semicírculo, semidormido, semifinal
sin-	Unión o simultaneidad	síntesis, sinécdoque
sobre-	Abundancia o exceso	sobrealimentación, sobrecargar
sub-	Debajo de	subterráneo, subdirector
super-	Muy	superintendente, superabundar
	Encima de	superponer
uni-	Uno	unicameral

preguntar *v. tr./intr./prnl.* **1** Pedir una persona a otra cierta información acerca de una cosa que le despeje una duda o que le niegue o le afirme algo; se realiza mediante un conjunto de palabras pronunciadas con una entonación determinada o escritas entre los signos ¿?: *preguntó la hora a un señor; preguntan por David; se pregunta qué ha sucedido.* **SIN** interrogar. **ANT** responder. **2** Exponer una cuestión en forma interrogativa para dar a entender una duda o para dar fuerza a una expresión dicha con anterioridad: *él se pregunta ¿será verdad?* **SIN** cuestionar.
DER pregunta, preguntón.

preguntón, -tona *coloquial adj./n. m. y f.* [persona] Que hace demasiadas preguntas y resulta molesto o indiscreto: *tiene una niña muy preguntona.* **SIN** preguntador.

prehistoria *n. f.* **1** Período de la vida de la humanidad que es anterior a todo documento escrito: *la prehistoria se divide en dos épocas distintas: la Edad de Piedra y la Edad de los Metales.* **2** Disciplina histórica que estudia este período basándose en restos arqueológicos, humanos o de animales: *el departamento de prehistoria de la universidad prepara unas excavaciones arqueológicas.*
DER prehistórico.

prehistórico, -ca *adj.* **1** De la prehistoria o que tiene relación con este período histórico: *los dinosaurios son animales prehistóricos.* **2** Que es muy viejo o muy anticuado: *tiene un coche prehistórico que aún le sigue funcionando.*

prejuicio *n. m.* Juicio u opinión preconcebida que muestra rechazo hacia un individuo, un grupo o una actitud social: *los prejuicios pueden llevar a una sociedad al racismo y la intolerancia.*

prejuzgar *v. tr.* Juzgar a una persona o una cosa antes de tener un conocimiento justo de ella o sin tener los datos suficientes: *reconozco que te prejuzgué antes de conocer los motivos que tenías para actuar así.*
DER prejuicio.
OBS En su conjugación, la *g* se convierte en *gu* delante de *e*.

prelado, -da *n. m.* **1** Hombre que tiene algún cargo o dignidad superior dentro de la Iglesia católica: *un prelado puede ser un obispo o un arzobispo.* ◊ *n. m. y f.* **2** Persona que tiene el cargo de superior dentro de un convento o una comunidad eclesiástica: *el abad y la abadesa son los prelados de un convento.*
DER prelatura.

prelatura *n. f.* Dignidad u oficio de prelado: *alcanzó la prelatura cuando recibió el nombramiento de arzobispo de la sede.*

preliminar *adj.* **1** Que sirve de introducción para tratar un tema o una materia: *comentario preliminar.* ◊ *adj./n. m.* **2** Que se hace con anterioridad a una cosa y sirve como preparación: *estudio preliminar.* ◊ *n. m. pl.* **3** preliminares Serie de negociaciones y reglas generales que se establecen entre las partes contratantes o entre los ejércitos antes de establecer un tratado o un acuerdo: *en los preliminares fue difícil ponerse de acuerdo.*

preludiar *v. tr.* **1** Preparar, iniciar o dar paso a una cosa: *el deshielo de las nieves preludia la llegada de la primavera.* ◊ *v. intr./tr.* **2** MÚS. Ensayar o probar un instrumento musical o la voz antes de comenzar una pieza principal.
OBS En su conjugación, la *i* no se acentúa, como en *cambiar*.

preludio *n. m.* **1** Cosa o acción que precede a otra y que le sirve de entrada, preparación o comienzo: *aquel beso fue el preludio de un gran amor.* **2** MÚS. Fragmento musical que se toca o se canta para ensayar la voz, probar los instrumentos o fijar el tono antes del inicio de una obra musical.

3 MÚS. Composición musical corta interpretada sólo con instrumentos que generalmente se ejecuta antes de otra obra musical: *la orquesta interpretó un preludio de Bach.* **SIN** obertura.
DER preludiar.

premamá *adj.* De la mujer embarazada o que tiene relación con ella: *vestido premamá.*
OBS El plural también es *premamá*.

prematuro, -ra *adj.* **1** Que se da, ocurre o sucede antes del tiempo habitual o necesario: *tomó una decisión prematura; parto prematuro.* **2** Que no está maduro: *fruto prematuro.* **SIN** precoz, temprano. ◊ *adj./n. m. y f.* **3** [niño] Que nace antes de los nueve meses de embarazo: *en algunas ocasiones, cuando nace un niño prematuro se le pone en una incubadora.*
ETIM Véase *maduro.*

premeditación *n. f.* **1** Acción que consiste en pensar una cosa detenida y cuidadosamente antes de realizarla: *estuvo analizando con premeditación cómo llevaría a cabo sus proyectos.* **2** DER. Acción que consiste en planear y organizar detenidamente la forma de cometer un delito y que constituye una circunstancia que agrava la responsabilidad criminal de la persona acusada: *en el juicio quedó demostrado que no asesinó a su víctima con premeditación y alevosía.*
DER impremeditación.

premeditar *v. tr.* Pensar una cosa detenida y cuidadosamente antes de hacerla: *se comportó como si lo hubiera premeditado.*
DER premeditación.

premiar *v. tr.* Dar un premio a una persona como reconocimiento por una obra, una actividad o una cualidad: *han premiado al candidato más joven; premió su esfuerzo con dos meses de vacaciones pagadas.* **SIN** galardonar, recompensar.
OBS En su conjugación, la *i* no se acentúa, como en *cambiar*.

premio *n. m.* **1** Cosa que se da a una persona como reconocimiento por una obra, una actividad o una cualidad: *el director de cine no pudo acudir a recoger su premio; le regalaron una bicicleta como premio por su buena conducta.* **SIN** galardón, recompensa. **premio Nobel** *a)* Cada uno de los premios que concede cada año la fundación sueca Alfred Nobel a las personas que destacan de forma especial en una disciplina científica o cultural: *premio Nobel de literatura; premio Nobel de física.* *b)* Persona que recibe cada uno de estos premios o galardones: *invitaron a la fiesta benéfica al premio Nobel de la paz de este año.* **2** Objeto o dinero que se gana en un juego de azar: *el premio de esta rifa es un equipo de música; le ha tocado un premio en la lotería.* **premio de consolación** Premio que no es el principal de un sorteo o un concurso y que se otorga a quien no ha obtenido ningún otro: *a los que no ganamos nos dieron un premio de consolación por haber participado.* **premio gordo** Premio más importante que se da en la lotería nacional: *a mi vecino le ha tocado el premio gordo en la lotería de Navidad.* **3** Nombre que reciben algunas competiciones literarias, deportivas o de otro tipo: *premio de narrativa; premio de fórmula uno.* **premio extraordinario** Calificación máxima que se da en una graduación académica: *era el mejor estudiante de su promoción y le dieron el premio extraordinario de licenciatura.*
DER premiar.

premiosidad *n. f.* Lentitud para hacer una cosa: *tu premiosidad para hacer las cosas me pone muy nervioso.*
ANT rapidez, velocidad.

premisa *n. f.* **1** Afirmación o idea probada que se da como cierta y que sirve de base a un razonamiento o una discusión: *antes de discutir sobre esa tema debemos sentar algunas premisas*. **2** FILOS. Cada una de las dos primeras proposiciones del silogismo de las cuales se infiere la conclusión.

premolar *adj./n. m.* [diente] Que está situado entre el colmillo y los molares: *hay ocho dientes premolares en la boca de un ser humano; los premolares tienen la raíz más sencilla que las muelas.* ☞ diente.

premonición *n. f.* **1** Señal o sensación que se interpreta como el anuncio de un hecho que sucederá en el futuro: *tuvo una premonición en un sueño*. **SIN** presagio, presentimiento. **2** Adivinación de los hechos futuros: *tenía el don de la premonición*. **3** Advertencia moral: *me hizo una premonición pero desgraciadamente no la escuché*.
DER premonitorio.

premonitorio, -ria *adj.* **1** [sueño, señal] Que se interpreta como el anuncio o la adivinación de un hecho que sucederá en el futuro: *tenía sueños premonitorios con mucha frecuencia*. **2** Que tiene carácter de advertencia moral.

premura *n. f. culto* Prisa o urgencia: *procura hacer tu trabajo con premura*. **SIN** rapidez. **ANT** tardanza.
DER premioso.

prenda *n. f.* **1** Objeto que forma parte del vestido o del calzado de una persona: *prenda de vestir; el esmoquin es una prenda que se suele usar en actos solemnes*. **SIN** ropa. **2** Cosa que se deja como garantía del cumplimiento de una obligación: *a cambio del préstamo le pidió que le dejara como prenda su reloj*. **3** Acción o gesto con el que se demuestra una cosa: *le regaló un collar de perlas como prenda de su amor*. **4** Cualidad física o moral de una persona: *se pasa el día hablando de las prendas de su hija*. **5** *coloquial* Persona a la que se quiere mucho: *¡prenda, ven a darme un beso!* Se usa como apelativo cariñoso. ◇ *n. f. pl.* **6 prendas** Juego en el que cada participante que pierde entrega un objeto a una persona debiendo hacer lo que se le mande para recuperarlo: *los niños están jugando a las prendas*.
soltar prenda *coloquial* Decir una persona una cosa por la que puede quedar comprometido: *lo había visto todo pero cuando la policía le preguntó no soltó prenda*.
DER prendar.

prendar *v. tr.* **1** Gustar o agradar mucho una persona a otra: *los ojos de esta niña prendan a cualquiera*. **2** Tomar un objeto como garantía del cumplimiento de una obligación. ◇ *v. prnl.* **3 prendarse** Aficionarse o enamorarse de una persona o una cosa: *se prendó de él el primer día que lo vio; me he prendado de ese abrigo*.

prendedor *n. m.* Alfiler o broche que se usa para sujetar una prenda de vestir o como adorno: *se puso el chal con un prendedor*.

prender *v. tr.* **1** Sujetar o enganchar una cosa a otra mediante un objeto adecuado para ello: *prendió la flor en la solapa de la chaqueta con un alfiler*. **2** Detener o capturar la autoridad competente a una persona: *dos policías lo prendieron en la aduana y lo encerraron en la cárcel*. **SIN** apresar. ◇ *v. tr./prnl.* **3** Encender un fuego o una luz: *dos pirómanos prendieron el coche; se han prendido muchas hectáreas de terreno*. ◇ *v. intr.* **4** Empezar a arder una materia: *la leña no prende porque está mojada*. **5** Arraigar una planta en la tierra: *la tierra es fértil y la semilla prenderá enseguida*. **6** Ser aceptada o acogida una cosa o un acontecimiento: *esta nueva música no ha prendido entre la gente joven*.
DER prendedor, prendido, prendimiento, preso, prisión; aprender, comprender, desprender, emprender, reprender, sorprender.

prendido *n. m.* Adorno femenino que se pone en el vestido o en el pelo: *se sujetó el pelo con un prendido de flores*.

prendimiento *n. m.* Detención de una persona por parte de la autoridad competente: *la guardia civil procedió al prendimiento de los cuatro estafadores*. **SIN** arresto, captura.

prensa *n. f.* **1** Máquina que sirve para aplastar o reducir el volumen de una cosa por medio de dos superficies que se juntan sometiendo a presión lo que queda entre ellas: *pusieron las uvas en la prensa para extraer el mosto; existen prensas distintas según sean para estrujar, imprimir o estampar*. **2** Máquina que sirve para imprimir sobre papel y funciona mediante la presión de una plancha que tiene grabados caracteres o figuras: *en ese taller de grabado trabajan con prensas muy antiguas*. **3** Conjunto de publicaciones periódicas que se imprimen generalmente a diario y en las que se informa de las noticias tanto de ámbito nacional como internacional: *la prensa ha informado tarde de este asunto*. **SIN** periódico. **prensa amarilla** Conjunto de publicaciones periódicas que trata los temas de manera sensacionalista o tiende a exagerar los hechos: *la prensa amarilla suele tener poca credibilidad*. **prensa del corazón** Conjunto de publicaciones periódicas que trata temas relacionados con la vida privada y amorosa de personas famosas, populares o de cierta importancia social: *la prensa del corazón ha publicado las fotos de las vacaciones de un famoso actor*. **4** Conjunto de personas que se dedican al periodismo: *la prensa asistió al acto de investidura del presidente*.
en prensa Estar un libro imprimiéndose para ser publicado: *el libro ya está en prensa y saldrá pronto a la venta*.
tener buena prensa Disfrutar una persona de buena fama o de buena opinión por parte de los demás: *tiene buena prensa entre sus compañeros de trabajo*.
tener mala prensa Tener una persona mala fama o mala reputación: *este actor tiene muy mala prensa entre la gente de su gremio*.
DER prensar.

prensado *n. m.* **1** Operación que consiste en prensar o comprimir una cosa con una prensa: *el papel usado pasa por un proceso de prensado para poder ser reciclado posteriormente*. **2** Operación que consiste en prensar la uva o la aceituna para obtener su jugo: *del prensado de la aceituna se obtiene el aceite*.

prensar *v. tr.* Aplastar o reducir el volumen de una materia sometiéndola a presión: *las uvas y las aceitunas se prensan para obtener vino y aceite respectivamente; esta máquina sirve para prensar papel*. **SIN** apretar, comprimir.
DER prensado; aprensar.

prensil *adj.* Que sirve para coger, agarrar o sujetar: *el elefante tiene una trompa prensil; el camaleón tiene una cola prensil*.

prensor, -ra *adj.* **1** Que agarra o prende: *garra prensora*. **SIN** prensil. ◇ *adj./n. f.* **2** [ave] Que tiene el pico robusto y dos de los dedos de las patas dirigidos hacia atrás: *el papagayo es un ave prensora*. ◇ *n. f. pl.* **3 prensoras** Orden al que pertenecen estas aves: *el loro pertenece al orden de las prensoras*.

preñar *v. tr.* Fecundar o hacer que un animal mamífero hembra conciba un hijo: *llevaron un toro a la ganadería para que preñara las vacas*.
DER preñada, preñez; empreñar.

preñez *n. f.* **1** Embarazo de un animal mamífero hembra: *a la vaca empieza a notársele la preñez*. **2** Tiempo que dura este embarazo: *la preñez de un elefante hembra dura veintiún meses*. **SIN** gestación.

preocupación *n. f.* **1** Sentimiento de inquietud, temor o intranquilidad que se tiene por una persona, una cosa o una situación determinada: *tengo una gran preocupación por la salud de mis hijos*. **2** Persona, cosa o situación que provoca inquietud y ofuscación: *la falta de trabajo es mi única preocupación*.

preocupar *v. tr./prnl.* **1** Tener una persona un sentimiento de inquietud, temor o intranquilidad por otra persona, una cosa o una situación determinada: *le preocupa mucho la paz mundial; me preocupaba la salud de mi madre; se preocupan por estudiar más.* **SIN** inquietar. **2** Tener una persona interés por una cosa: *le preocupan los avances tecnológicos; sólo se preocupa por su aspecto.* **SIN** importar. ◇ *v. prnl.* **3 preocuparse** Dedicar atención y cuidados a una persona o a una cosa de forma voluntaria: *se preocupa por los niños enfermos.* **SIN** encargarse, ocuparse.
DER preocupación, preocupado, preocupante; despreocuparse.

preparación *n. f.* **1** Acción que consiste en arreglar o disponer las cosas necesarias para realizar algo: *ellos se encargaron de la preparación y la organización de la fiesta*. **2** Conjunto de conocimientos que una persona posee sobre una determinada materia: *este chico no tiene preparación para realizar este trabajo.* **SIN** formación, saber. **3** Enseñanza y práctica de una materia, una disciplina o un deporte: *para aprobar la oposición la academia debe darte una preparación muy buena; el entrenador se encarga de la preparación física de los futbolistas.* **4** BIOL. Sustancia orgánica o inorgánica que está dispuesta para ser observada a través de un microscopio.

preparado, -da *adj.* **1** [persona] Que tiene muchos conocimientos sobre una materia: *es una persona muy preparada, podría realizar cualquier trabajo.* ◇ *n. m.* **2** Sustancia que se elabora de manera industrial para un fin determinado: *preparado alimenticio*. **3** Medicamento que se elabora en la farmacia: *el farmacéutico me ha vendido un preparado para combatir la calvicie*.

preparador, -ra *n. m. y f.* **1** Persona que se dedica a dar clases o lecciones a alguien sobre una determinada materia. **2** Persona que se dedica a enseñar, preparar y entrenar a un deportista o a un equipo: *han contratado una nueva preparadora para el equipo de balonmano.* **SIN** entrenador, instructor.

preparar *v. tr./prnl.* **1** Disponer o arreglar las cosas necesarias para realizar algo o para un fin determinado: *preparar el equipaje; prepararse la cena; el novio se prepara para la boda*. **2** Estudiar una materia para tener más conocimientos o para realizar una prueba: *no he tenido tiempo de preparar el examen de mañana; para aprobar hay que prepararse bien los exámenes.* **3** Entrenar a una persona para realizar una prueba deportiva: *el entrenador prepara el estado físico del atleta; el nadador se prepara para las olimpiadas*. **4** Disponer a una persona para realizar o afrontar una acción futura: *prepara a tus padres antes de darles la mala noticia; señores pasajeros, prepárense para salir.* **SIN** prevenir. ◇ *v. tr.* **5** Dar clases a una persona sobre una materia: *el profesor preparaba a los alumnos para realizar el examen de ingreso en la universidad.* **SIN** enseñar, formar. ◇ *v. prnl.* **6 prepararse** Darse las condiciones necesarias para que ocurra cierta cosa: *creo que está preparándose una gran tormenta; en tu casa se está preparando un buen lío.*
DER preparación, preparado, preparador, preparativo, preparatorio.

preparativo *n. m.* Cosa que se dispone o se arregla para un fin determinado: *¿has hecho algún preparativo para la fiesta de mañana?; se están ultimando los preparativos de la boda*.

preparatorio, -ria *adj.* **1** Que prepara o dispone para un fin determinado: *cursillo preparatorio; clases preparatorias*. ◇ *n. m.* **2** Conjunto de estudios preliminares que se realizan en algunas carreras antes de iniciar los estudios en profundidad: *la carrera de música requiere el preparatorio*.

preponderancia *n. f.* Situación de superioridad que tiene una cosa frente a otra: *los partidos que apoyan la reforma constitucional tienen mayor preponderancia en el parlamento que los que no la apoyan.* **SIN** predominio, supremacía.

preponderar *v. intr.* Predominar o prevalecer una opinión u otra cosa sobre todo lo demás: *después de pelearse preponderó la razón y el buen juicio y volvieron a ser amigos*.

preposición *n. f.* **1** GRAM. Categoría gramatical que designa al conjunto de palabras invariables que se utilizan para unir o relacionar términos o sintagmas dentro de una oración. **2** GRAM. Cada una de las palabras que constituyen esta categoría gramatical: *las preposiciones más usadas son a, con, de, en, para y por.*
DER preposicional, prepositivo.

preposicional *adj.* **1** GRAM. De la preposición o que puede funcionar como esta clase de palabra: *las locuciones preposicionales funcionan como preposiciones.* **SIN** prepositivo. **2** GRAM. [sintagma] Que está introducido por una preposición: *en mi casa es un sintagma preposicional*.

prepositivo, -va *adj.* GRAM. De la preposición o que puede funcionar como esta clase de palabra: *en pos de es una locución prepositiva.* **SIN** preposicional.

prepotencia *n. f.* **1** Poder que es muy grande o superior al de otro: *la dirección de la empresa hace valer su prepotencia a la hora de tomar las decisiones*. **2** Poder que se ejerce de manera abusiva: *los países más desarrollados hacen uso de una gran prepotencia a la hora de tomar decisiones políticas*.

prepotente *adj.* **1** Que es muy poderoso o más que otros. **2** Que tiene mucho poder y abusa de él: *tiene una actitud muy prepotente con sus empleados; mi jefe es una persona muy prepotente.*
DER prepotencia.

prepucio *n. m.* Piel móvil que recubre el glande o el extremo final del pene del hombre.

prerrogativa *n. f.* **1** Gracia o exención que se concede a una persona para que goce de ella: *las prerrogativas suelen concederse por razón de la dignidad, el empleo o el cargo.* **SIN** privilegio. **2** Facultad o derecho de los que gozan cada uno de los poderes del Estado: *la aprobación de las leyes es prerrogativa de las Cortes*.

presa *n. f.* **1** Animal que es cazado o atrapado por la fuerza: *el lobo acechaba a su presa; el cazador avistó la presa y disparó*. **2** Muro grueso generalmente de piedra construido a través de un río u otra corriente que sirve para acumular el agua y posteriormente conducirla fuera del cauce: *están construyendo una nueva presa en el río para almacenar agua.* **SIN** dique, embalse. **3** Acequia o canal por donde se conduce el agua derivada de una corriente natural para que pueda ser aprovechada: *la presa tiene menos agua en verano.* **4** Persona que sufre o padece un temor, un dolor, una enfermedad o un sentimiento: *el marido fue presa de los celos; fue presa de un ataque de nervios.*
DER presilla; apresar.

presagiar *v. tr.* **1** Anunciar mediante ciertos signos un hecho futuro: *las nubes negras presagiaban una fuerte tormenta.* **SIN** augurar, pronosticar. **2** Adivinar o prever un

hecho futuro: *la vidente presagió terribles catástrofes para aquel año.* **SIN** vaticinar.
OBS En su conjugación, la *i* no se acentúa, como en *cambiar*.

presagio *n. m.* **1** Señal o signo que anuncia un hecho futuro favorable o contrario: *esa nube larga y delgada es presagio de buen tiempo.* **SIN** indicio, anuncio. **2** Adivinación de un hecho futuro: *tiene una gran fe en los presagios de este vidente.* **SIN** vaticinio.
DER presagiar.

presbiterianismo *n. m.* Doctrina religiosa calvinista que tuvo su origen en Escocia en el siglo XVI; sus seguidores sostienen que la suprema autoridad eclesiástica corresponde al conjunto de los sacerdotes.

presbiteriano, -na *adj.* **1** Del presbiterianismo o que tiene relación con esta doctrina religiosa. ◇ *adj./n. m. y f.* **2** [persona] Que cree en esta doctrina.

presbiterio *n. m.* **1** Parte de la iglesia donde está situado el altar mayor: *en algunas iglesias se accede al presbiterio subiendo unos peldaños.* **2** Reunión de los presbíteros o sacerdotes con el obispo: *el presbiterio se celebró en Madrid.*

presbítero *n. m.* Sacerdote de la Iglesia católica: *el presbítero dio la comunión al enfermo.*
DER presbiterado, presbiteriano, presbiterio.

prescindir *v. intr.* **1** Dejar de tener en cuenta o de contar con una persona o una cosa: *el jefe decidió prescindir de su secretaria.* **2** Renunciar a una persona o una cosa o privarse de ella: *para ahorrar tendremos que prescindir de algunos caprichos.*
DER imprescindible.

prescribir *v. tr.* **1** Determinar o decidir una cosa: *la ley prescribe nuestros derechos.* **2** Mandar u ordenar el médico que un paciente se tome un medicamento o siga algún otro tratamiento para que se recupere: *el doctor le prescribió un reposo absoluto.* **SIN** recetar. ◇ *v. intr.* **3** Perder efectividad o valor un derecho, una acción o una responsabilidad por haber transcurrido el tiempo fijado por la ley: *el período para exigir el pago de esta cuenta prescribe a los cinco años.* **SIN** caducar.
DER prescripción, prescrito.
OBS El participio es *prescrito*.

prescripción *n. f.* **1** Orden o mandato: *tengo la prescripción de mis superiores de ocupar este despacho.* **2** Receta que hace el médico en la que se indica por escrito la preparación o administración de un medicamento: *toma un jarabe tres veces al día por prescripción del médico.* **3** Conclusión o extinción de un derecho o una obligación: *la prescripción del derecho de reclamación cumple al mes de la compra del artículo.*

prescrito, -ta *part.* Participio irregular de *prescribir*: *esta multa ha prescrito hace cinco días; he prescrito las normas que regirán esta empresa.*

presencia *n. f.* **1** Asistencia de una persona en un lugar: *agradecieron al escritor su presencia en el programa.* **ANT** ausencia. **2** Circunstancia de existir una persona, un animal o una cosa en un lugar determinado: *la presencia de osos en la montaña ha alarmado a los pastores.* **ANT** inexistencia. **3** Figura y aspecto externo de una persona: *es un hombre maduro pero tiene una presencia admirable.* **SIN** apariencia.

presencia de ánimo Tranquilidad o serenidad que demuestra una persona ante un acontecimiento tanto adverso como próspero: *los hijos demostraron gran presencia de ánimo el día del entierro de su padre.* **SIN** entereza.

hacer acto de presencia Acudir una persona a un lugar determinado: *el alcalde hizo acto de presencia en el ayuntamiento.*
DER presencial, presenciar; omnipresencia.

presencial *adj.* Que presencia una cosa o está presente cuando sucede: *testigo presencial.*

presenciar *v. tr.* Asistir o estar presente una persona en un hecho o un acontecimiento y verlo directamente: *la policía busca algún testigo que presenciara el delito.*
OBS En su conjugación, la *i* no se acentúa, como en *cambiar*.

presentable *adj.* Que tiene buen aspecto exterior y está en condiciones de presentarse o aparecer ante otras personas: *arréglate para estar presentable en la fiesta.* **ANT** impresentable.
DER impresentable.

presentación *n. f.* **1** Acción que consiste en mostrar, enseñar o exhibir una cosa o una persona: *mañana se celebra la presentación del nuevo disco; el club hará la presentación de sus jugadores en el próximo partido.* **2** Manera en que se muestra, se enseña o se exhibe una cosa: *la presentación de un regalo es importante; era un producto con una presentación lujosa.* **SIN** aspecto, presencia. **3** Acción que consiste en comentar y conducir cara al público un programa de televisión o de radio o un espectáculo: *un famoso periodista se encarga de la presentación de este programa informativo.*

hacer las presentaciones Indicar el nombre de una persona a otra para que se conozcan: *el anfitrión se encargó de hacer las presentaciones entre los invitados.* **SIN** presentar.

presentador, -ra *n. m. y f.* Persona que presenta o conduce cara al público un programa de televisión o de radio o un espectáculo: *el presentador del concurso es un actor muy famoso.*

presentar *v. tr.* **1** Mostrar, enseñar o exhibir una cosa: *el abogado presentó las pruebas ante el jurado.* **2** Mostrar o tener una cosa unas características o unos rasgos determinados: *el bosque presenta señales del incendio; el enfermo presenta muy buen aspecto.* **3** Indicar el nombre de una persona a otra para que se conozcan: *María, te presento a Iván.* **4** Dar a conocer una cosa al público: *el diseñador presentó sus creaciones de primavera en el pase de modelos; el escritor ha presentado un nuevo libro.* **5** Comentar y conducir cara al público un programa de televisión o de radio o un espectáculo: *el periodista presenta las noticias en televisión.* ◇ *v. tr./prnl.* **6** Proponer a una persona para ejercer un cargo o empleo: *el comité ha presentado a López como nuevo presidente; Juan se presenta como candidato a la alcaldía.* ◇ *v. prnl.* **7 presentarse** Aparecer una persona en un lugar o ante otra persona: *el estudiante se presentó cuando la clase estaba a punto de acabar; el soldado recibió la orden de presentarse ante el coronel.* **SIN** comparecer. **8** Aparecer una persona en un lugar de manera inesperada: *no está bien presentarse en casa de los demás a las diez de la noche.* **9** Mostrarse o aparecer una cosa de una manera determinada: *el verano se presenta muy caluroso.* **10** Ofrecerse una persona voluntariamente para hacer una cosa: *se presentó en el hospital cuando se enteró de que necesitaban donantes de sangre.*
DER presentación, presentable, presentador, representar.

presente *adj./n. m. y f.* **1** Que está en un lugar al mismo tiempo que otra persona: *había varias personas presentes cuando ocurrió el robo; anunció ante los presentes que dimitía de su cargo.* **ANT** ausente. ◇ *adj.* **2** Que ocurre actualmente: *momentos presentes; circunstancia presente.* **SIN** actual. ◇ *n. m./adj.* **3** Tiempo verbal que indica que la acción del verbo se realiza en el mismo momento en que se habla: *el presente del verbo* cantar *es* canto, cantas, canta, cantamos,

presentimiento

cantáis, cantan. **presente histórico** Tiempo verbal presente que se utiliza para narrar un hecho histórico pasado: *la historia utiliza el presente histórico para narrar los acontecimientos del pasado.* ◇ *n. m.* **4** Tiempo actual, en oposición al pasado y al futuro: *nosotros vivimos en el presente.* **5** Regalo o cosa que se da voluntariamente en señal de agradecimiento o afecto: *le ofrecieron muchos presentes por su valentía.*
mejorando lo presente Expresión que se emplea por cortesía cuando se alaba a una persona que no está presente delante de la presencia de otra: *tu madre es muy guapa, mejorando lo presente.*
tener presente Recordar o tener en cuenta a una persona o una cosa: *te será muy útil tener presente mis consejos.*
DER presencia, presentar.

presentimiento *n. m.* **1** Sensación que tiene una persona de que una cosa va a ocurrir sin tener pruebas reales que lo confirmen: *tengo el presentimiento de que no va a pasar nada bueno.* **SIN** corazonada, pálpito. **2** Hecho que se prevee que va a ocurrir sin tener pruebas reales que lo confirmen.

presentir *v. tr.* **1** Tener una persona la sensación de que va a ocurrir una cosa sin tener pruebas reales que lo confirmen: *presiento que hoy voy a tener un mal día.* **2** Adivinar una cosa antes de que suceda por algunos indicios o señales que la preceden.
DER presentimiento.
OBS En su conjugación, la e se convierte en *ie* en sílaba acentuada o en *i* en algunos tiempos y personas, como en *hervir*.

preservación *n. f.* Cuidado o protección que se tiene sobre una cosa para evitar que sufra un daño o un peligro: *preservación de la naturaleza.*

preservar *v. tr.* Proteger o resguardar anticipadamente a una persona, un animal o una cosa de un daño o un peligro: *los padres preservan a sus hijos de cualquier peligro.*
DER preservación, preservativo.

preservativo, -va *adj.* **1** Que protege o resguarda de algo: *los médicos utilizan medios preservativos contra las infecciones de los pacientes.* ◇ *n. m.* **2** Funda o cubierta de goma muy fina que se coloca en el pene durante el coito y sirve para impedir el embarazo y para prevenir enfermedades de transmisión sexual: *los preservativos suelen venderse en la farmacia.* **SIN** condón, profiláctico.

presidencia *n. f.* **1** Hecho de tener una persona el primer puesto o cargo en un gobierno, una reunión, una empresa o un tribunal: *aún no se sabe quién ocupará la presidencia de la empresa.* **2** Cargo de presidente: *el afamado político ejerce la presidencia del gobierno.* **3** Tiempo que dura este cargo: *la reforma constitucional se realizó durante la presidencia de Álvarez.* **4** Oficina o lugar que ocupa un presidente: *la empresa tiene la presidencia en la calle Madrid.* **5** Persona o conjunto de personas que presiden una cosa: *la presidencia se constituyó en cuanto llegaron al poder.*
DER presidencial.

presidencial *adj.* Del presidente o que tiene relación con esta persona: *coche presidencial; elecciones presidenciales.*
DER presidencialismo.

presidencialismo *n. m.* Sistema de organización política propio de los estados republicanos en el que el presidente es también jefe del gobierno: *el presidencialismo se caracteriza porque el presidente es elegido por sufragio universal y no por el parlamento.*

presidente, -ta *n. m. y f.* Persona que preside o dirige un gobierno, una reunión, una empresa o un tribunal: *presidente del gobierno; presidente del congreso de los diputados; presidenta de un banco.*
DER vicepresidente.

presidiario, -ria *n. m. y f.* Persona que está en la cárcel cumpliendo una condena judicial que le priva de libertad. **SIN** preso, recluso.

presidio *n. m.* **1** Edificio o local penitenciario en el que están recluidas las personas que cumplen una condena judicial que les priva de libertad: *los delincuentes peligrosos son encerrados en presidios muy seguros.* **SIN** cárcel, prisión. **2** Situación en la que se encuentran las personas que cumplen una condena judicial que les priva de libertad: *fue condenado a tres años de presidio.*
DER presidiario.

presidir *v. tr.* **1** Tener una persona el primer puesto o cargo en un gobierno, en una reunión, en una empresa o en un tribunal: *presidió el gobierno de la nación durante cinco años; el juez presidirá el juicio; el industrial aragonés preside un grupo de empresas textiles.* **2** Predominar o destacar una cosa sobre las demás: *la justicia preside nuestros actos.* **3** Estar colocada una cosa en el lugar más importante de un espacio: *el cuadro de la familia preside el comedor.*
DER presidencia, presidente; copresidir.

presilla *n. f.* **1** Anilla de tela, hilo o cordón que se cose en el borde de una prenda de vestir para pasar por ella un botón o enganchar un cierre: *el corchete se engancha en la presilla.* ☞ costurero. **2** Costura que se hace en el borde de un ojal para que la tela no se abra: *el ojal se cose con punto de presilla.*

presintonía *n. f.* **1** Dispositivo de una radio o un televisor que memoriza la frecuencia de emisión: *la presintonía es un dispositivo bastante moderno.* **2** Frecuencia que queda memorizada en un receptor de radio o televisión: *en la presintonía número 5 está memorizado el primer canal del país.*

presión *n. f.* **1** Fuerza o empuje que se ejerce sobre una cosa: *para abrir el bote hay que hacer presión sobre la tapa.* **2** Fuerza que ejerce un gas, un líquido o un sólido sobre una superficie: *la unidad que mide la presión recibe el nombre de pascal.* **presión arterial** Presión que ejerce la sangre sobre las paredes de las arterias: *el médico le ha dicho que tiene la presión arterial muy alta.* **SIN** tensión. **presión atmosférica** Presión que ejerce la atmósfera sobre la superficie de la Tierra: *la unidad que mide la presión atmosférica recibe el nombre de milibar.* ☞ meteorología. **presión sanguínea** Presión que ejerce la sangre al circular por los vasos sanguíneos: *los análisis de sangre ofrecen información sobre la presión sanguínea.* **3** Influencia que se ejerce sobre una persona o una colectividad para determinar sus actos o su conducta: *en este trabajo estoy sometido a mucha presión.* **SIN** coacción.
a presión Con fuerza o con empuje: *el desodorante de este frasco está envasado a presión; el agua del grifo sale a presión.*
presión fiscal Relación que hay entre los ingresos de la hacienda pública y el producto nacional bruto de un país: *el gobierno ha decidido disminuir la presión fiscal.*
DER presionar; opresión.

presionar *v. tr.* **1** Realizar una fuerza o un empuje sobre una cosa: *presione la tecla de la derecha; el gas presiona las paredes del globo.* **2** Ejercer influencia sobre una persona o una colectividad para determinar sus actos o su conducta: *están intentando presionarlo para que deje el cargo.* **SIN** coaccionar. **3** Defender o atacar a un jugador o un equipo a otro de manera muy insistente: *el jugador número cinco está presionando al contrario.*

preso, -sa *n. m. y f./adj.* **1** Persona que está encerrada o recluida en una cárcel cumpliendo una condena judicial que le priva de libertad: *los presos luchan por conseguir un trato más humanitario.* **SIN** presidiario, recluso. ◇ *adj.* **2** [persona] Que está dominada por un sentimiento o una pasión: *presa del pánico; dicen que era preso de unos celos descontrolados.*

pressing *n. m.* En el desarrollo de algún deporte, presión o acoso que hacen unos deportistas sobre los contrarios.
OBS Es de origen francés (tomada del inglés *to press*, 'presionar') y se pronuncia aproximadamente 'presin'.

prestación *n. f.* **1** Servicio o ayuda que una persona, una institución o una empresa ofrece a otra: *la empresa debe mejorar las prestaciones sociales que da a sus empleados.* **2** Conjunto de características técnicas que una máquina ofrece al usuario: *los nuevos modelos de coches ofrecen grandes prestaciones.* Se usa más en plural.
DER contraprestación.

prestado, -da *part.* Participio regular de *prestar*. También se usa como adjetivo: *me han prestado un paraguas; lleva un reloj prestado porque no le funciona el suyo.*
de prestado *a)* Indica que una persona disfruta de una cosa que otra le ha dejado por un tiempo: *vivo de prestado en casa de unos conocidos.* *b)* Indica que algo es provisional: *estoy en este trabajo de prestado porque el titular de la plaza está de baja.*

prestamista *n. com.* Persona que se dedica a prestar dinero cobrando por ello un interés: *tendré que acudir a un prestamista si quiero salir de este apuro económico.*

préstamo *n. m.* **1** Acción que consiste en prestar o dejar una cosa que debe ser devuelta: *las bibliotecas dejan libros en préstamo.* **2** Cantidad de dinero o cosa que se presta o se deja y que debe ser devuelta: *para poder comprar el piso tuvimos que pedir un préstamo al banco.* **3** Palabra que una lengua toma de otra: *la palabra rock es un préstamo del inglés.*
DER prestamista.

prestancia *n. f.* Aspecto distinguido y elegante que tiene una persona o una cosa: *esta decoración da prestancia a tu casa; por sus modales se nota la prestancia que tiene.* **SIN** elegancia; excelencia.

prestar *v. tr.* **1** Dejar o entregar una cosa a una persona para que la use durante un tiempo y después la devuelva: *Carmen nos ha prestado sus discos; el banco le prestó el dinero que necesitaba para comprar la casa.* **2** Ayudar o contribuir al logro de una cosa: *la prosperidad económica prestó un gran impulso a la cultura y al ocio.* **3** Dar u ofrecer una cosa inmaterial de manera desinteresada: *prestar ayuda; prestar colaboración; prestar apoyo.* **4** Conceder o dedicar una cosa: *prestar atención; prestar juramento.* ◇ *v. prnl.* **5 prestarse** Ofrecerse o mostrarse una persona dispuesta voluntariamente para hacer una cosa de manera desinteresada: *nadie se prestó a ayudarnos.* **6** Acceder o avenirse una persona a realizar una cosa: *mi hermano no se prestaría a hacer una cosa semejante.* **7** Dar motivo u ocasión para que ocurra una cosa: *sus palabras se prestan a malentendidos.*
DER prestado, préstamo, prestancia.

presteza *n. f.* Habilidad y rapidez para hacer o decir una cosa: *barajaba las cartas con gran presteza.*

prestidigitación *n. f.* Arte, técnica o habilidad para hacer juegos de manos y otros trucos: *es artista y se dedica a la prestidigitación.*

prestidigitador, -ra *n. m. y f.* Persona que hace juegos de manos y otros trucos de magia: *el prestidigitador hizo desaparecer una paloma en una caja.* **SIN** ilusionista, mago.
DER prestidigitación.
ETIM Véase *prestigio*.

prestigiar *v. tr.* Dar prestigio, autoridad, valor o buena fama a una persona o una cosa: *profesores como usted prestigian a toda la profesión.* **ANT** desprestigiar.
OBS En su conjugación, la *i* se acentúa en algunos tiempos y personas, como en *descafeinar*.

prestigio *n. m.* Influencia, autoridad, valor o buena fama que tiene una persona o una cosa: *es un hombre de mucho prestigio en su profesión; esta marca de coches tiene un prestigio internacional.*
ETIM *Prestigio* procede del latín *praestigium*, juego de manos, de donde pasó a significar 'fascinación o ilusión con que se impresiona a uno', de donde toma el significado actual; con esta voz está relacionada *prestidigitador*.
DER prestigiar, prestigioso; desprestigio.

prestigioso, -sa *adj.* Que tiene prestigio: *el ayuntamiento ha encargado el monumento a un prestigioso escultor.*

presto, -ta *adj.* **1** Que es muy rápido y diligente: *me dejó asombrado su presta solución.* **2** Que está preparado o dispuesto para hacer una cosa: *estaba presto a decir la verdad cuando le preguntaran.* ◇ *n. m.* **3** MÚS. En una composición musical, movimiento que se ejecuta muy rápido: *el presto de esta pieza es muy difícil de ejecutar.* ◇ *adv.* **4** *culto* Con prontitud o al instante: *presto tendrá usted noticias mías.* **5** MÚS. Con movimiento muy rápido.
DER presteza; aprestar.

presumido, -da *adj./n. m. y f.* **1** Que presume de una cosa o se comporta con orgullo y vanidad: *es un presumido porque sabe que es el único que conoce el funcionamiento de estos aparatos.* **SIN** vanidoso, presuntuoso. **2** Que se arregla mucho y cuida con exageración su aspecto exterior: *es una presumida, nunca sale de casa sin maquillarse.*

presumir *v. intr.* **1** Mostrarse una persona orgullosa de sí misma y alardear de sus propias cualidades: *ella presume de guapa; este chico no tiene nada de qué presumir.* **SIN** jactarse, vanagloriarse. Se usa con la preposición *de*. **2** Cuidar mucho el aspecto personal para resultar bello y atractivo: *se arregla mucho porque le encanta presumir.* ◇ *v. tr.* **3** Sospechar o suponer una cosa a partir de unas señales o indicios: *presumo que la reunión va a durar toda la mañana.* **SIN** conjeturar.
DER presumible, presumido, presunción, presunto.
OBS El participio irregular es *presunto*.

presunción *n. f.* **1** Vanidad u orgullo que muestra una persona que presume y alardea de sí misma y de sus propias cualidades: *estoy harto de sus vanas presunciones.* **SIN** engreimiento. **ANT** modestia. **2** DER. Hecho que según la ley se tiene como verdadero hasta que no se demuestre lo contrario: *no se puede olvidar la presunción de inocencia.* **SIN** suposición.

presunto, -ta *adj.* Que se supone o se sospecha aunque no esté demostrado: *presunto asesino; presunto culpable.* **SIN** supuesto.
DER presuntuoso.

presuntuoso, -sa *adj./n. m. y f.* **1** [persona] Que se muestra excesivamente orgulloso y vanidoso por sus propios actos y cualidades: *no seas presuntuoso porque lo que tú tienes lo tiene mucha gente.* **SIN** engreído, presumido. **ANT** humilde, modesto. ◇ *adj.* **2** Que quiere aparentar lujo y elegancia: *viven en una casa muy presuntuosa.*

presuponer *v. tr.* **1** Dar por cierta o conocida una cosa para pasar a tratar de otra que es posterior y está relacionada: *si él es el asesino hay que presuponer que estuvo aquí a la hora del crimen.* **SIN** suponer. **2** Requerir o necesitar una cosa como condición previa e indispensable para que ocurra otra: *el crecimiento de la empresa presupone un gran esfuerzo por parte de todos.* **SIN** implicar.
DER presupuesto.

presupuestar

OBS El participio irregular es *presupuesto.* ◇ Se conjuga como *poner.*

presupuestar *v. tr.* **1** Calcular los gastos y los ingresos que resultan de un negocio público o privado: *antes de empezar, quiero que un profesional presupueste cuánto nos puede costar.* **2** Incluir una partida en un presupuesto: *cuando hagas el balance de este mes, no olvides presupuestar todos los gastos.*

presupuestario, -ria *adj.* Del presupuesto de un estado o que tiene relación con este cálculo de los gastos e ingresos públicos para un período determinado: *medidas presupuestarias; política presupuestaria.*

presupuesto *n. m.* **1** Cálculo de lo que va a costar una cosa: *la familia hizo un presupuesto de las obras de su casa.* **2** Cálculo de los gastos y los ingresos que se producirán en un período de tiempo determinado: *la empresa ha aprobado el presupuesto para el año próximo.* **3** Cantidad de dinero que se calcula necesaria para hacer frente a unos gastos determinados: *gastó todo el presupuesto del mes en aquella fiesta.*
DER presupuestar, presupuestario.

presuroso, -sa *adj.* Que tiene prisa o se hace con mucha prisa: *anda todo el día presuroso porque quiere salir del trabajo dos horas antes.*
DER apresurar.
ETIM Véase *prisa.*

prêt-à-porter *adj.* Prenda de vestir confeccionada en serie según unas medidas o unas tallas fijas: *me he comprado un traje prêt-à-porter, que me sienta como uno hecho a medida.*
OBS Es de origen francés y se pronuncia aproximadamente 'pretaporté'.

pretemporada *n. f.* Tiempo que transcurre antes de iniciarse una temporada deportiva y durante el cual se realizan torneos y pequeñas ligas: *durante la pretemporada se organizó un torneo amistoso de fútbol.*

pretencioso, -sa *adj./n. m. y f.* Que pretende ser más de lo que en realidad es, aparentando virtudes o valores que no se poseen: *es una persona pretenciosa que cree saberlo todo.*

pretender *v. tr.* **1** Intentar conseguir una cosa utilizando los medios necesarios para ello: *nunca pretendió hacer daño.* **2** Pedir o solicitar una cosa sobre la que se cree tener cierto derecho: *varios príncipes europeos pretendían el trono vacante.* **3** Cortejar un hombre a una mujer para casarse con ella: *Miguel Ángel pretendió a María durante muchos años.*
DER pretencioso, pretendiente, pretensión.

pretendiente *adj./n. com.* **1** [persona] Que pide o solicita una cosa: *este cargo tiene muchos pretendientes.* **SIN** aspirante, candidato. ◇ *n. com.* **2** Persona que pretende casarse con otra: *este chico tiene muchas pretendientes.* **3** Príncipe que reivindica el trono de un país al que cree tener derecho.

pretensión *n. f.* **1** Deseo o intención que tiene una persona de conseguir una cosa: *su verdadera pretensión era aprobar la oposición.* **SIN** aspiración, propósito. **2** Derecho que una persona cree tener sobre una cosa con o sin fundamento: *el casamiento truncó sus pretensiones al trono.* **3** Vanidad u orgullo que muestra una persona acerca de sus propios bienes, actos o cualidades: *la familia estaba cansada de la pretensión de la tía rica.*
tener muchas pretensiones Tener unas aspiraciones desmesuradas: *esta chica tenía muchas pretensiones pero pocos amigos.*
DER pretencioso.

pretérito, -ta *adj.* **1** *culto* Que existió, se dio u ocurrió en el pasado: *el pobre caballero se aferraba a la pretérita impor-* *tancia de su familia.* **SIN** pasado. ◇ *n. m./adj.* **2** Tiempo verbal que expresa una acción anterior al presente: *los tiempos de pretérito en español son anterior, imperfecto, indefinido, perfecto y pluscuamperfecto.* **pretérito anterior** Tiempo verbal que expresa una acción acabada inmediatamente antes de otra acción pasada y acabada: *el pretérito anterior de saltar es hube saltado.* El pretérito anterior se forma con el pretérito indefinido de *haber* y el participio del verbo conjugado. **pretérito imperfecto** Tiempo verbal que expresa una acción pasada mientras ésta se desarrolla: *el pretérito imperfecto de* ir *es* iba. **pretérito indefinido** o **pretérito perfecto simple** Tiempo verbal que expresa una acción acabada en el pasado: *el pretérito indefinido de* ir *es* fui. **pretérito perfecto** o **pretérito perfecto compuesto** Tiempo verbal que expresa una acción acabada dentro de una unidad de tiempo que incluye el presente: *el pretérito perfecto de* salir *es* he salido. **pretérito pluscuamperfecto** Tiempo verbal que expresa una acción acabada y anterior en relación a otra acción pasada: *el pretérito pluscuamperfecto de leer es había leído.*
DER preterición.

pretexto *n. m.* Razón o causa que se expone para justificar un comportamiento, un fallo o un error: *no me dejó pasar con el pretexto de que había empezado la película.* **SIN** disculpa, excusa.

pretil *n. m.* Muro o barandilla construida en un puente o en un lugar alto para impedir que las personas puedan caerse y para permitir que se apoyen: *los niños se sentaron en el pretil del puente.* **SIN** antepecho.

pretor *n. m.* Magistrado de la antigua Roma que ejercía jurisdicción en esta ciudad o en una provincia: *el pretor ejercía sus funciones con un poder absoluto.*

pretoriano, -na *adj.* **1** Del pretor o que tiene relación con este magistrado de la antigua Roma: *poderes pretorianos.* ◇ *adj./n. m.* **2** [soldado] Que pertenecía a la guardia de un emperador romano: *guardia pretoriana.*

prevalecer *v. intr.* **1** Sobresalir o imponerse una persona o una cosa entre otras: *la amistad prevaleció por encima de los intereses particulares.* **SIN** dominar. **2** Mantenerse o continuar existiendo una cosa no material: *la idea de que el Sol giraba alrededor de la Tierra prevaleció durante largo tiempo.*
OBS En su conjugación, la *c* se convierte en *zc* delante de *a* y *o*, como en *agradecer.*

prevaricación *n. f.* Delito que consiste en el incumplimiento de las obligaciones propias del cargo por parte de un funcionario, un juez o un abogado: *se comete prevaricación cuando un juez dicta una sentencia que no es justa.*

prevaricar *v. intr.* Cometer un funcionario, un juez o un abogado un delito de incumplimiento de las obligaciones propias de sus cargos: *fue detenido por prevaricar contra la justicia.*
OBS En su conjugación, la *c* se convierte en *qu* delante de *e*.

prevención *n. f.* **1** Medida o disposición que se toma de manera anticipada para evitar que una cosa mala suceda: *han puesto en marcha una campaña de prevención contra el sida.* **2** Puesto de policía o de vigilancia de un distrito donde se lleva a las personas detenidas: *llevaron al soldado detenido a la prevención.* **3** Idea preconcebida y poco favorable que se tiene respecto de una persona o una situación: *tengo cierta prevención hacia ella: no me inspira confianza.*

prevenido, -da *adj.* **1** Que está dispuesto y preparado para una cosa: *estamos prevenidos contra la sequía.* **2** [persona] Que piensa y prepara con antelación las cosas que hará o las que puede necesitar en el futuro: *es una mujer pre-*

venida y tiene siempre la nevera y la despensa llenas. **SIN** previsor.
DER desprevenido.

prevenir *v. tr.* **1** Tratar de evitar o impedir que se produzcan un daño o un peligro que se conocen con anterioridad: *muchas enfermedades se pueden prevenir.* **2** Avisar o informar a una persona de una cosa que va a ocurrir: *te previne sobre la escasez de agua para que tomases medidas.* **3** Influir en una persona poniéndola en contra de otra persona o de una cosa: *ella me previno contra ti.* ◇ *v. tr./prnl.* **4** Preparar o disponer con anterioridad las cosas necesarias para un fin determinado: *Carlos previno todo lo necesario para el viaje; me previne de ropa antes de ir a esquiar.* **SIN** precaver.
DER prevención, prevenido, preventivo.
OBS Se conjuga como *venir*.

preventivo, -va *adj.* Que intenta evitar un mal o un peligro o sirve para prevenirlo: *medicina preventiva; medidas preventivas.*

prever *v. tr.* **1** Conocer o suponer por medio de señales una cosa que va a ocurrir: *María tiene poder para prever el futuro.* **2** Preparar o disponer con antelación los medios necesarios para disminuir los efectos negativos de una acción: *no habían previsto las pérdidas y el negocio salió mal.*
DER previsible, previsión, previsor, previsto.
OBS Se conjuga como *ver*.

previo, -via *adj.* **1** Que es anterior o precede a una cosa: *tendremos un ensayo previo antes de la ceremonia.* ◇ *n. m.* **2** En cine, grabación del sonido que se realiza antes de impresionar la imagen.
DER previamente.

previsible *adj.* Que puede ser previsto o conocido con antelación por medio de ciertas señales o indicios: *ante la ausencia de lluvias, es previsible una gran sequía.* **ANT** imprevisible.
DER imprevisible.

previsión *n. f.* **1** Conjetura o cálculo anticipado que se hace de una cosa que va a suceder, a partir de unas determinadas señales o indicios: *previsión meteorológica.* **2** Disposición o preparación de las cosas necesarias para prevenir una cosa que puede suceder: *debemos instalar un sistema de seguridad en el banco en previsión de un posible robo.*

previsor, -ra *adj./n. m. y f.* [persona] Que piensa y prepara con antelación las cosas que hará o las que puede llegar a necesitar: *es un chico muy previsor y ya ha empezado a ahorrar para casarse.* **SIN** precavido.

previsto, -ta *adj.* **1** Que se sabe o se conoce de forma anticipada o antes de suceder: *el tiempo previsto para mañana es muy soleado.* **SIN** pronosticado. **2** Que se dispone o se planea de forma anticipada: *tiene previsto salir de compras.* **SIN** planeado, programado.

prez *n. amb.* Honor, gloria o prestigio que se gana por haber hecho una cosa que merece ser alabada: *el soldado consiguió gloria y prez.* **SIN** estima, fama.
OBS El plural es *preces*.

prieto, -ta *adj.* **1** Que está muy apretado, ajustado o ceñido: *me até la zapatilla con un nudo muy prieto.* **2** Que es duro o denso: *carnes prietas.*

prima *n. f.* **1** Cantidad de dinero que se concede como estímulo o recompensa para animar o incentivar a una persona en su trabajo: *además del sueldo cada mes cobramos una prima.* **2** Cantidad de dinero que se paga por tener un seguro. **3** MÚS. Cuerda primera o la más delgada de ciertos instrumentos musicales: *la prima es una cuerda que produce un sonido muy agudo.* **4** Tercera de las siete horas canónicas que se reza a primera hora de la mañana: *la prima se reza después de laudes.*

prima donna *n. f.* Cantante femenina de una ópera que interpreta el papel principal: *esta soprano fue la prima donna de la ópera de Verdi.*
OBS También se escribe *primadona*.

primacía *n. f.* **1** Superioridad o ventaja de una persona o una cosa sobre otras de su misma especie: *el atleta demostró nuevamente su primacía.* **2** Cargo o dignidad del primado.

primado *n. m.* En la Iglesia católica, el primero o el que tiene más categoría de todos los arzobispos y obispos de un país o región: *el arzobispo de Toledo ostenta el título de primado en España.*
OBS También se usa en aposición: *arzobispo primado.*

primar *v. intr.* **1** Destacar, sobresalir o distinguirse una persona o una cosa entre otras: *lo que primó en su vida fue su dedicación a los pobres.* ◇ *v. tr.* **2** Conceder o pagar una cantidad de dinero como prima o premio a una persona en su trabajo: *el presidente del equipo de fútbol primó a sus jugadores por ganar la liga.*

primario, -ria *adj.* **1** Que es el primero en orden o grado: *enseñanza primaria.* **2** Que es necesario, principal o esencial: *los alimentos son un bien primario.* **3** Que es primitivo o está poco desarrollado: *utilizan un método muy primario que van a perfeccionar.* **4** [persona] Que es rudo y se comporta sin educación: *era un tipo primario y su comportamiento, poco social.* **5** [color] Que es puro y se mezcla con otro u otros para producir todos los colores posibles: *los colores primarios son el azul, el rojo y el amarillo.* ◇ *adj./n. m.* **6** GEOL. [era geológica] Que se extiende desde hace 570 millones de años hasta hace 255 millones de años; es el segundo de los períodos históricos de la Tierra: *en la era primaria se formaron el carbón y el petróleo; durante el primario aparecieron los primeros vertebrados.* **SIN** paleozoico.
ETIM Véase *primero.*

primate *adj./n. m.* **1** [animal] Que tiene cinco dedos provistos de uñas en cada extremidad, tiene el pulgar oponible, los ojos orientados al frente y una alimentación muy variada; es mamífero: *los simios y los hombres son primates; los primates viven generalmente en climas tropicales.* ◇ *n. m. pl.* **2** primates Orden que engloba a todos estos animales: *el gorila pertenece a los primates.*

primavera *n. f.* **1** Estación del año comprendida entre el invierno y el verano: *la primavera en el hemisferio norte empieza el 21 de marzo y acaba el 21 de junio.* **2** Tiempo en que una persona o una cosa está en su mayor grado de desarrollo, belleza o energía: *la juventud es la primavera de la vida.* **3** Planta herbácea y perenne de pequeño tamaño, con las hojas anchas y largas y flores amarillas: *la primavera se cultiva como planta ornamental en los jardines.* ◇ *adj./n. m.* **4** [persona] Que es fácil de engañar: *este chico es un primavera.* ◇ *n. f. pl.* **5 primaveras** Edad o años que tiene una persona joven: *acaba de cumplir veinte primaveras.*
DER primaveral.

primaveral *adj.* Que es propio de la primavera o está relacionado con esta estación del año: *tiempo primaveral.*

primer *adj.* Apócope de *primero*: *hoy es el primer día del curso.* **SIN** primero.
OBS Sólo se usa delante de un nombre masculino y singular.

primera *n. f.* Marcha del motor de un vehículo que es la que tiene más fuerza y menos velocidad y se usa para empezar a circular: *después de arrancar el coche metió la primera.*
a la primera de cambio o **a las primeras de cambio**

Expresión que se usa para indicar que una cosa se hace en cuanto se tiene la menor ocasión para ello: *a la primera de cambio me pidió prestado dinero.*
de buenas a primeras De manera inesperada o sin que haya una razón justificada: *empezó a llorar de buenas a primeras.*
de primera *a*) Muy bueno o excelente: *la paella te ha salido de primera.* *b*) [permiso de conducir] Que permite llevar camiones y autobuses: *me saqué el carné de primera en la autoescuela del barrio.*
de primera necesidad Que es imprescindible o básico: *los alimentos son productos de primera necesidad.*
de primeras En un primer momento o al principio: *de primeras me pareció un buen chico.*

primerizo, -za *adj./n. m. y f.* **1** Que hace por primera vez una cosa o es nuevo en un trabajo o profesión: *el camarero se disculpó diciendo que era primerizo.* **SIN** novato. ◇ *adj./n. f.* **2** [hembra] Que va a dar a luz por primera vez: *el parto de una primeriza suele ser más largo de lo habitual.*

primero, -ra *num. ord.* **1** Indica que el nombre al que acompaña o al que sustituye ocupa el lugar número 1 en una serie: *ha llegado la primera a la meta.* Puede ser determinante: *mis primeros esquís*, o pronombre: *somos los primeros*. **ANT** último. **2** [persona] Que es más importante o mejor que los demás dentro de un conjunto o una serie: *este chico siempre ha sido el primero de la clase.* ◇ *adj.* **3** Que es antiguo y anteriormente se había poseído: *después de la revuelta las cosas volvieron a su estado primero.* **SIN** primitivo. ◇ *n. m./adj.* **4** Cosa que es la más importante entre otras de su clase: *lo primero en tu vida es tu carrera y tus estudios.* **SIN** primordial. ◇ *adv.* **5 primero** En primer lugar o antes que nada: *primero recoge todas tus cosas y luego puedes irte.* Expresa una preferencia entre dos posibilidades: *primero prefiero morirme de hambre que robar.* **SIN** antes.
a primeros Expresión que indica que una cosa se hará o sucederá en los días iniciales de un período de tiempo: *iremos a verte a primeros de agosto; las rebajas comenzarán a primeros de año.*
no ser el primero Expresión que se usa para quitar importancia a una cosa que ha hecho una persona o que le ha ocurrido: *no eres el primero que mete la pata en este asunto.*
DER primer, primera, primeramente, primerizo.
ETIM *Primero* procede del latín *primus*, que tenía el mismo significado, voz con la que también está relacionada *primario*.

primicia *n. f.* **1** Noticia que se hace pública por primera vez: *la cadena de televisión dio la primicia a mediodía.* ◇ *n. f. pl.* **2 primicias** Fruto o producto primero que da cualquier cosa.

primigenio, -nia *adj.* Que es primitivo, originario o primero en el tiempo: *estado primigenio.*

primípara *adj./n. f.* [mujer, hembra] Que pare por primera vez: *los partos de las mujeres primíparas suelen ser más largos de lo habitual.*

primitiva *n. f.* Juego público que consiste en sortear diversas cantidades de dinero entre los acertantes de un máximo de seis números y un mínimo de tres elegidos entre cuarenta y nueve cifras; un número más, llamado *complementario*, se suma a los cinco aciertos y aumenta el premio que a esta categoría corresponde; el acierto de otro número, llamado *reintegro*, trae consigo la devolución del importe de la apuesta. **SIN** lotería primitiva, loto.

primitivismo *n. m.* **1** Conjunto de costumbres y características que se consideran propias de los pueblos primitivos o poco evolucionados: *en su viaje a África quedó asombrado por el primitivismo de las tribus.* **2** Comportamiento rudo, tosco o poco delicado de una persona: *me avergüenzo del primitivismo de tus modales.* **SIN** rudeza. **3** Conjunto de características que tiene un artista que se encuentra en la etapa anterior al período clásico de un estilo: *me gusta el primitivismo de este pintor.*

primitivo, -va *adj.* **1** Que pertenece a los orígenes o primeros tiempos de una cosa: *en el yacimiento encontraron objetos primitivos; tendrían que conservar la iglesia en su estado primitivo y sin reformar.* **2** Que es muy elemental y está poco desarrollado: *todavía usan métodos primitivos para cultivar la tierra.* **3** [persona] Que es ruda, que se comporta sin educación: *es muy primitivo, todavía no ha aprendido las normas sociales.* ◇ *adj./n. m.* **4** [pueblo, civilización] Que tiene un desarrollo y una cultura poco avanzados: *los pueblos primitivos cazaban animales y se cubrían con sus pieles.* ◇ *adj./n. m.* **5** [palabra] Que no se deriva de otra palabra de la misma lengua: *pescado* es la palabra primitiva a partir de la que se han formado *pescadero* y *pescadería.* **6** [artista, obra] Que es anterior al período clásico de un estilo: *la pintura de los artistas flamencos primitivos es de una belleza extraordinaria.*
DER primitivismo.

primo, -ma *n. m. y f.* **1** Persona respecto de otra que es hijo o hija de un tío o una tía: *Luis y yo somos primos porque su madre y mi padre son hermanos.* **primo hermano** Persona respecto de otra que es hijo o hija de los tíos carnales paternos o maternos: *Olga y yo somos primas hermanas.* **2** *coloquial* Persona sin malicia que se deja engañar fácilmente: *eres un primo, todo el mundo se aprovecha de ti.* **SIN** incauto, ingenuo.
hacer el primo *coloquial* *a*) Dejarse engañar fácilmente: *no hagas el primo con ella porque te está engañando.* *b*) Hacer un trabajo sabiendo que no va a ser recompensado ni valorado: *estoy haciendo el primo, me mato a trabajar y nadie lo valora.*
DER primado.

primogénito, -ta *adj./n. m. y f.* [hijo] Que nace primero: *el rey nombró heredero a su hijo primogénito.*
DER primogenitura.

primor *n. m.* **1** Habilidad, cuidado o delicadeza al hacer o decir una cosa: *bordaba las sábanas con primor.* **SIN** esmero. **2** Cosa muy bella hecha con habilidad, cuidado o delicadeza: *este mantel bordado a mano es un primor.*
DER primoroso.

primordial *adj.* Que es fundamental, necesario o muy importante: *aquella obra fue primordial para el avance de la ciencia.* **SIN** esencial, básico.

primoroso, -sa *adj.* **1** Que es bello y está hecho con habilidad, cuidado o delicadeza: *es una labor de costura primorosa.* **2** [persona] Que tiene habilidad, cuidado o delicadeza al hacer o decir una cosa: *es un pintor primoroso, que cuida todos los detalles.*

príncipes *n. f.* Edición primera de un autor clásico griego o latino.
OBS El plural también es *príncipes.*

princesa *n. f.* **1** Hija de un rey o de un príncipe. **2** En España, hija del rey que es la sucesora inmediata de la corona: *el rey Fernando VII tuvo dos hijas, la princesa Isabel y la infanta Luisa Fernanda.* **3** Jefa de un estado que tiene el título de principado: *la princesa mostró su principado a los visitantes más ilustres.* **4** Mujer de un príncipe.

principado *n. m.* **1** Título o dignidad de príncipe o princesa: *el heredero del trono recibió el principado nada más nacer.* **2** Territorio o lugar que pertenece a un príncipe: *algunos* *principados siguen llamándose así aunque ya no sean gobernados por príncipes.*

principal *adj.* **1** Que es básico o fundamental: *el objetivo principal de la campaña publicitaria es vender el producto.* **SIN** importante, primero. **ANT** secundario. **2** Que es el primero en estimación o importancia: *es el principal candidato a las elecciones.* ◇ *adj./n. m.* **3** [piso] Que está encima del bajo o del entresuelo de un edificio: *esta familia vive en el principal.* **4** [oración, proposición] Que rige o subordina a otra: *en cuando llegue Paula, saldremos hacia tu casa, saldremos hacia tu casa es la oración principal.*
DER principalmente.

príncipe *n. m.* **1** Hijo primogénito del rey que es el heredero de la corona: *el príncipe presidió la ceremonia en nombre de su padre.* **príncipe de Asturias** Título que se da al hijo del rey de España: *el príncipe de Asturias es el heredero de la corona española.* **2** Jefe de estado de un principado: *el príncipe de Mónaco asistió a la recepción del embajador.* **3** Hombre que pertenece a una familia real: *a la boda real asistieron príncipes de todo el mundo.* **4** Título de honor que da el rey a una persona por su mérito o su valor: *Carlos IV nombró a Godoy príncipe de la Paz.* **5** Hombre que es el primero o el mejor en una cosa: *fue el príncipe de los poetas de su tiempo.*
príncipe azul Hombre ideal del que una mujer está enamorada: *muchas personas dicen que su príncipe azul no existe.*
príncipe de Gales Tejido que tiene estampado unos cuadros en colores suaves: *me hice un traje con tela de príncipe de Gales.*
DER princesa, principado, principal, principesco.
ETIM *Príncipe* procede del latín *princeps, -ipis,* que tenía el mismo significado, voz con la que también está relacionada *principio.*

principesco, -ca *adj.* **1** Que se considera propio de un príncipe o de una princesa: *palacio principesco; trato principesco.* **2** Que está hecho con mucho lujo y riqueza: *boda principesca.*

principiante *adj./n. com.* [persona] Que empieza a ejercer una profesión o un oficio y no tiene demasiada experiencia: *soy un principiante en este oficio.* **SIN** novato.

principiar *v. tr./intr.* Comenzar o empezar una cosa: *el Quijote principia con las palabras «En un lugar de La Mancha».*
DER principiante.
OBS En su conjugación, la *i* no se acentúa, como en *cambiar.*

principio *n. m.* **1** Primer momento o primera parte de la existencia de una cosa: *al principio de conocernos discutíamos mucho pero ahora somos buenos amigos; principio de un libro; principio de la vida.* **SIN** comienzo, inicio. **ANT** fin, final. **2** Origen o causa de una cosa: *aquel encuentro fue el principio de una larga amistad.* **SIN** fundamento, base. **3** Idea en la que se apoya un razonamiento o una doctrina: *principios de aritmética; principio de Arquímedes.* **SIN** base. **4** Idea o norma que orienta la manera de pensar o de obrar de una persona: *es una persona sin principios.* Se usa generalmente en plural. **5** Elemento que junto con otros constituye un cuerpo o sustancia compuesta: *si te falta algún principio elemental no te saldrá bien lo que estás haciendo.*
a principios En los primeros días de un período de tiempo: *vendrán a España a principios de mayo; esta ópera se compuso a principios de siglo.*
al principio Al comienzo o al inicio: *al principio no me di cuenta del error.* **ANT** final.

dar principio Comenzar o empezar una cosa: *dio principio a la reunión con una frase de bienvenida.*
en principio De modo inicial o sin analizar en detalle: *en principio nos vemos mañana, pero esta tarde te lo aseguraré.*
DER principiar.
ETIM Véase *príncipe.*

pringado, -da *adj./n. m. y f.* **1** [persona] Que es ingenuo y se deja engañar con facilidad: *este tío es un pobre pringado: todos abusan de él.* **SIN** primo. **2** [persona] Que recibe todas las culpas de lo que pueda ocurrir o a la cual siempre se le encargan los trabajos que nadie quiere hacer: *eres un pringado, siempre te pillan para hacer los trabajos más duros.*

pringar *v. tr.* **1** Untar o mojar el pan u otro alimento con grasa o pringue: *le gusta pringar el pan con manteca de cerdo.* ◇ *v. tr./prnl.* **2** Manchar una cosa con pringue u otra materia grasa: *ya has pringado la manga de salsa; me he pringado con el aceite del coche.* **3** *coloquial* Comprometer a una persona en un asunto que no le interesa o que le puede traer problemas: *ha pringado a toda su empresa en el fraude; varios empleados se pringaron en un asunto turbio.* **SIN** mezclar. ◇ *v. intr.* **4** *coloquial* Trabajar más que los demás y de manera injusta en cosas duras y desagradables: *los más jóvenes son los únicos que pringan.*
DER pringado, pringoso, pringue.
OBS En su conjugación, la *g* se convierte en *gu* delante de *e.*

pringoso, -sa *adj.* Que tiene pringue, grasa o suciedad: *llevaba la ropa pringosa.*

pringue *n. amb.* **1** Grasa que suelta el tocino u otro alimento grasiento sometido a la acción del fuego: *después de comer chorizo tenía los dedos manchados de pringue.* **2** Suciedad grasienta que se pega a la ropa o a otra cosa: *tengo que limpiar la cocina porque está llena de pringue.*

prior, -ra *n. m. y f.* **1** Persona que gobierna una comunidad religiosa: *quiero hablar con el prior del convento.* **SIN** superior. **2** Persona que es el segundo prelado después del abad o de la abadesa: *la priora del convento congregó a todas las hermanas.*
DER priora, priorato, prioridad.

prioridad *n. f.* **1** Ventaja o preferencia que una persona o cosa tiene sobre otra: *este asunto tiene absoluta prioridad y hay que resolverlo el primero; en un cruce tiene prioridad de paso el vehículo que viene por la derecha.* **2** Cosa que es más importante que otra o tiene ventaja sobre ella: *una de las prioridades de las personas es el bienestar.* Se usa más en plural. **3** Superioridad o primacía que tiene una cosa o una persona sobre otra en importancia o en consideración: *él tiene prioridad sobre los demás empleados de la empresa.*
DER prioritario.

prioritario, -ria *adj.* Que tiene prioridad o preferencia respecto de otra cosa: *asunto prioritario.*

prisa *n. f.* **1** Rapidez o diligencia con que ocurre o se hace una cosa: *volví del trabajo con mucha prisa para preparar la cena.* **2** Deseo o necesidad de hacer una cosa con rapidez: *tenemos prisa por acabar el trabajo.* **SIN** urgencia.
a prisa Aprisa, rápidamente.
correr prisa Ser muy necesario y urgente el hecho de hacer una cosa: *deja lo que estás haciendo y ayúdame, que esto corre prisa.*
darse prisa Hacer una cosa con rapidez y de manera apresurada: *date prisa en vestirte, que llegamos tarde.* **SIN** apresurarse.
de prisa Deprisa, con rapidez.
meter prisa Intentar que una persona haga una cosa con

mucha rapidez: *no me metas prisa porque al final me va a salir mal*. **SIN** apresurar.
DER aprisa, deprisa.
ETIM *Prisa* procede del latín *pressa*, que tenía el mismo significado, voz con la que también está relacionada *presuroso*.

prisión *n. f.* **1** Edificio en el que están las personas que cumplen una condena judicial que les priva de libertad: *las prisiones cuentan con fuertes sistemas de seguridad*. **SIN** cárcel, presidio. **2** DER. Pena de privación de libertad que es inferior a la reclusión y superior a la de arresto: *fue condenado a veinte años de prisión*. **prisión mayor** Pena de privación de libertad que dura desde seis años y un día hasta doce años: *el cómplice del asesino fue condenado a prisión mayor*. **prisión menor** Pena de privación de libertad que dura desde seis meses y un día a seis años: *el estafador fue condenado a prisión menor*. **prisión preventiva** Pena de privación de libertad que se aplica a un procesado mientras dura el juicio: *el juez ha ordenado la prisión preventiva para el acusado*.
DER prisionero; aprisionar.

prisionero, -ra *n. m. y f.* **1** Persona que está privada de libertad a causa de un secuestro, una captura u otras causas: *los secuestradores del avión tomaron al piloto como prisionero*. **SIN** cautivo. **prisionero de guerra** Persona que es capturada en la guerra y privada de libertad por el ejército enemigo: *el ejército trató con dureza a los prisioneros de guerra*. **2** Persona que está dominada por una pasión o un afecto: *aquel hombre era prisionero del deseo*.

prisma *n. m.* **1** Cuerpo geométrico sólido terminado por dos caras planas, paralelas e iguales, que se llaman bases, y con tantas caras rectangulares como lados tiene cada base: *los diamantes tienen forma de prisma*. **prisma recto** Cuerpo geométrico cuyas caras forman un ángulo recto con la base. **prisma oblicuo** Cuerpo geométrico cuyas caras no forman un ángulo recto con la base. **2** Cuerpo geométrico de cristal y base triangular que se usa en óptica para reflejar, refractar o descomponer la luz: *en esta cámara la imagen pasa a través de un prisma*. **3** Punto de vista o manera de entender o considerar una cosa: *hay que considerar el problema desde un prisma distinto*.
DER prismático.

prismático, -ca *adj.* **1** Que tiene forma de prisma: *el frío congeló el agua formando figuras prismáticas*. ◊ *n. m. pl.* **2 prismáticos** Aparato con dos tubos que tienen en su interior una combinación de prismas y que acercándolos a los ojos hace que se vean más próximas las cosas que están lejos: *desde su ventana miraba a la lejanía con unos prismáticos*. **SIN** anteojos, gemelos.

privación *n. f.* **1** Pérdida de una cosa que se tenía o se poseía: *lo han condenado a una pena de privación de libertad*. **2** Carencia, falta o escasez de las cosas que se necesitan para vivir: *cuando se quedó sin trabajo pasó muchas privaciones*. Se usa generalmente en plural.

privado, -da *adj.* **1** Que está falto de cierta cosa: *es una anciana privada de la vista y del oído*. **2** Que se realiza en presencia de muy poca gente o de manera muy familiar: *doy una fiesta privada en mi casa*. **3** Que es íntimo, personal o particular de cada persona: *vida privada; problemas privados*. **4** Que pertenece a una o varias personas y sólo ellas pueden disponer de su uso: *este campo de golf es privado*. **SIN** particular. **ANT** público. **5** Que se tiene o se realiza de manera particular, fuera de una actividad, un cargo o un empleo públicos: *el médico tiene una consulta privada; colegio privado; empresa privada*. **SIN** particular. **ANT** público. ◊ *n. m.* **6** Hombre en quien confía un gobernante y al que sue-

le pedir consejo: *el conde-duque de Olivares fue el privado del rey Felipe IV*. **SIN** valido.

privar *v. tr.* **1** Quitar a una persona una cosa que posee o de la que disfruta: *los dictadores privaron de sus derechos a los ciudadanos*. **SIN** despojar, desposeer. **2** Prohibir o impedir a una persona que haga una cosa: *el médico me ha privado de fumar y de tomar café*. ◊ *v. intr./prnl.* **3** Gustar mucho a una persona una cosa: *le privan con locura los pasteles de chocolate*. ◊ *v. intr.* **4** Estar una cosa de moda: *lo que priva ahora es ir en moto*. ◊ *v. prnl.* **5 privarse** Renunciar una persona voluntariamente a una cosa agradable o útil: *nos privamos de todos los lujos para poder ahorrar*.
DER privacidad, privación, privado, privanza, privativo.

privativo, -va *adj.* **1** Que es propio o peculiar de una persona o de una cosa: *las instalaciones deportivas son para uso privativo de los socios*. **SIN** exclusivo, personal. **2** Que supone o causa privación o pérdida de una cosa: *la condena de prisión es una pena privativa de libertad*.
DER privatizar.

privatización *n. f.* Transformación de una empresa o una propiedad pública en una actividad económica de carácter privado: *el gobierno ha llevado a cabo la privatización de la empresa de transportes públicos*.

privatizar *v. tr.* Hacer pasar al sector privado una actividad, una empresa o una institución del sector público: *el gobierno ha decidido privatizar el servicio de correos*.
DER privatización; reprivatizar.
OBS En su conjugación, la *z* se convierte en *c* delante de *e*.

privilegiado, -da *adj./n. m. y f.* **1** [persona] Que disfruta de algún privilegio: *es una chica privilegiada porque está en una situación económica muy buena*. ◊ *adj.* **2** Que destaca entre las cosas de su clase por ser extraordinario o muy bueno: *inteligencia privilegiada; memoria privilegiada*. **3** Que tiene unas características o cualidades naturales que lo hacen excepcional o muy bueno: *vive en un lugar privilegiado, rodeado de árboles y animales*.

privilegio *n. m.* **1** Ventaja, derecho o exención de que disfruta una o varias personas: *los nobles tenían privilegios como el de no pagar impuestos*. **SIN** concesión. **2** Documento en el que figura la concesión de una ventaja, un derecho, un provecho o una exención: *en el archivo se conservan los privilegios firmados por el rey*. **3** Beneficio económico, social o político que se obtiene por poseer un cargo considerado elevado por el resto de la sociedad: *los diputados gozan de ciertos privilegios*.
DER privilegiar.

pro *prep.* En favor o en ayuda de una persona o de una entidad: *organizaron una colecta pro derechos humanos*. Se usa delante de nombres sin artículo.
de pro [persona] Que se comporta honrada y honestamente: *éste es un hombre de pro*.
en pro de En defensa de una persona o una entidad: *todos firmaron la petición en pro de la naturaleza*.
los pros y los contras Ventajas e inconvenientes que tiene un asunto: *analizaron los pros y los contras antes de tomar una decisión*.

pro- Prefijo que entra en la formación de palabras con el significado de: *a*) 'En vez de, en lugar de': *pronombre, procónsul*. *b*) 'Ante, delante de': *progenitor, prólogo*. *c*) 'Continuidad de acción o movimiento hacia adelante': *proseguir, promover*. *d*) 'Negación o contradicción': *proscribir*.

proa *n. f.* Parte delantera de una embarcación o de un avión: *la proa es la parte del barco que corta las olas*. ☞ velero.

probabilidad *n. f.* **1** Posibilidad de que una cosa se cumpla o suceda: *tengo muchas probabilidades de aprobar el examen*. **2** Cálculo matemático de las posibilidades que existen de que una cosa se cumpla o suceda: *sólo hay un uno por ciento de probabilidad de que la operación fracase*.

probable *adj.* **1** Que es muy posible que se cumpla o suceda: *el cielo está nuboso y es probable que llueva*. SIN posible. ANT improbable. **2** Que se puede probar o demostrar: *planteó una coartada probable para poder salvar al acusado*. ANT improbable. **3** Que tiene buenas razones para ser verdadero o ser creído. SIN verosímil.
DER probabilidad, probabilismo, probablemente; improbable.

probador *n. m.* Espacio pequeño de los almacenes o las tiendas de ropa donde los clientes se prueban las prendas de vestir: *los probadores de estos grandes almacenes están en la primera planta*.

probar *v. tr./prnl.* **1** Usar una cosa para ver si funciona o sirve para un fin determinado: *acabo de arreglar la plancha, así que pruébala para ver si funciona*. SIN ensayar, experimentar. ◊ *v. tr.* **2** Tomar una pequeña cantidad de comida o bebida para comprobar el sabor o la calidad: *el cocinero metió la cuchara en la olla y probó el guisado*. SIN catar. **3** Demostrar la verdad de un hecho mediante pruebas y razones: *el abogado no pudo probar la inocencia del acusado*. SIN acreditar, justificar. **4** Examinar las cualidades de una persona o de una cosa: *lo único que buscaba con sus preguntas era probar la fortaleza moral de Lucía*. ◊ *v. intr.* **5** Intentar o tratar de hacer una cosa: *probó a levantarse pero no pudo*. Se usa con la preposición *a* y otro verbo en infinitivo.
DER probable, probado, probador, probatura, probeta, prueba; aprobar, comprobar, reprobar.
OBS En su conjugación, la *o* se convierte en *ue* en sílaba acentuada, como en *contar*.

probeta *n. f.* Recipiente de cristal en forma de tubo que sirve para contener o medir un líquido o un gas: *la probeta se usa en los laboratorios químicos y fotográficos*.

problema *n. m.* **1** Hecho o situación que dificulta el hacer o conseguir una cosa: *mi problema es que no tengo tiempo para estudiar*. SIN dificultad. **2** Hecho o situación tiene una solución difícil: *el paro es un problema social grave*. **3** MAT. Presentación de un enunciado que plantea unos datos y una pregunta a partir de los cuales hay que dar una respuesta: *el profesor nos pidió que resolviésemos los problemas de álgebra para el día siguiente*.
DER problemático.

problemático, -ca *adj.* **1** Que da o causa problemas: *mis amigos tienen un hijo muy problemático*. **2** Que plantea duda e incertidumbre: *cuestión problemática*. SIN dudoso, incierto.

probóscide *n. f.* ZOOL. Prolongación en forma de tubo que tienen diferentes especies de animales en la nariz o en la boca: *la probóscide de los elefantes es la trompa; la probóscide de los insectos les sirve para succionar y como defensa*.

procacidad *n. f.* **1** Desvergüenza, insolencia o atrevimiento: *la procacidad de su lenguaje es ofensiva*. **2** Acción o dicho desvergonzado, insolente o atrevido. SIN grosería, obscenidad.

procaz *adj.* **1** [persona] Que se comporta o habla de manera desvergonzada, descarada o atrevida: *es un hombre procaz y grosero que hace proposiciones deshonestas a cualquiera*. SIN desvergonzado, descarado. **2** [acción, palabra] Que hace referencia a la sexualidad de una manera grosera e indecorosa: *sus palabras fueron muy procaces al hablar de la moral sexual*.
DER procacidad.

procedencia *n. f.* **1** Origen del que nace o procede una persona o una cosa: *nadie conoce la verdadera procedencia del huésped; sus ingresos son de dudosa procedencia*. **2** Lugar exacto de donde viene una persona o una cosa: *se especula sobre la procedencia de las aguas contaminadas*. **3** Adecuación o conformidad de una acción a la moral, a la razón o al derecho: *se cuestiona la procedencia de su actuación*.

procedente *adj.* **1** Que procede de una persona o una cosa: *el dinero procedente de la colecta se repartirá entre los pobres*. **2** Que procede o viene de un lugar determinado: *el avión procedente de Bilbao llegará dentro de cinco minutos*. **3** Que es conforme a la moral, a la razón o al derecho: *creo que los medios utilizados no han sido procedentes*. ANT improcedente.
DER procedencia; improcedente.

proceder *v. intr.* **1** Nacer o tener origen una persona o una cosa en un determinado lugar: *su familia procede de Venezuela; este vino procede de La Rioja*. SIN provenir. **2** Obtenerse u originarse una cosa a partir de otra sea de manera física o moral: *el castellano y el catalán son lenguas que proceden del latín*. **3** Comportarse una persona de una manera determinada: *cada uno debe proceder según su conciencia*. **4** Ser una cosa conveniente, adecuada o apropiada para un fin determinado: *en este caso lo que procede es actuar con prudencia*. SIN convenir. **5** Tener una cosa una determinada procedencia u origen: *los ingresos de los músicos procedían de sus conciertos*. **6** Comenzar una persona a hacer una cosa: *después de la discusión procedieron a la votación*. **7** DER. Iniciar o comenzar un juicio o un procedimiento judicial: *el juez procedió contra el acusado*. ◊ *n. m.* **8** Manera o modo de comportarse una persona: *su proceder no fue el más adecuado a las circunstancias*.
DER procedente, procedimiento.

procedimiento *n. m.* **1** Método o trámite necesario para ejecutar una cosa: *le explicó el procedimiento para poner en marcha la maquinaria*. **2** DER. Actuación que se sigue mediante trámites judiciales o administrativos: *este empresario está implicado en serios procedimientos judiciales*.

prócer *n. m.* **1** *culto* Hombre famoso e ilustre que es muy respetado por sus cualidades: *este escritor es un prócer en su género*. **2** *culto* Persona que tiene una alta dignidad social: *en la plaza del pueblo hay una estatua del prócer*.

procesador *n. m.* **1** Componente electrónico donde se realizan los procesos lógicos: *el procesador de un ordenador está formado por transistores integrados*. **2** INFORM. Programa informático que procesa o somete a una serie de operaciones la información introducida en el ordenador: *procesador de textos; procesador de imágenes*.

procesal *adj.* De un proceso judicial o de una causa criminal o que tiene relación con ellos: *causas procesales*.

procesamiento *n. m.* **1** Sometimiento de una persona a un juicio o proceso judicial: *el juez dictó auto de procesamiento contra el presunto ladrón, pues existían indicios de culpabilidad*. **2** INFORM. Aplicación de un programa informático a unos datos determinados.

procesar *v. tr.* **1** Formar un juicio o un proceso legal contra una persona: *el detenido ha sido procesado por la comisión de un delito*. SIN encausar, enjuiciar. **2** Dictar el juez una resolución en la que se considera a una persona culpable de un delito: *el juez procesó al ladrón a un año de prisión*. **3** Someter una cosa a un proceso de elaboración o de transformación: *están procesando la materia prima para elaborar tejidos*. **4** INFORM. Someter un conjunto de datos a un determinado programa informático ejecutando instruccio-

procesión

nes sobre él: *el ordenador está procesando los datos de la estadística*. **DER** procesado, procesador, procesamiento; teleprocesar.

procesión *n. f.* **1** Conjunto de personas que caminan en orden por la calle con algún fin público, generalmente religioso: *desde la ventana vimos pasar la procesión de Semana Santa*. **2** Acción de caminar por la calle y en orden un conjunto de personas con algún fin público, generalmente religioso: *el pueblo fue en procesión hasta la ermita*. **3** Conjunto de personas o animales que van formando una hilera y en orden de un lugar a otro: *una procesión de orugas trepaba por el árbol*. **SIN** fila, hilera.
ir la procesión por dentro Expresión que se utiliza cuando se siente pena, dolor o nerviosismo pero se aparenta serenidad y tranquilidad: *aunque no lo parezca estoy muy nervioso, la procesión va por dentro*. **DER** procesional, procesionaria.

procesional *adj.* Que es propio de la procesión o está relacionado con ella: *el desfile procesional pasará por esta calle a media tarde*.

procesionaria *n. f.* Oruga de ciertos insectos que está cubierta de pelo y se traslada en grupos formando filas: *la procesionaria vive en las encinas o los pinos y se alimenta de sus hojas*.

proceso *n. m.* **1** Conjunto de las diferentes fases o etapas sucesivas que tiene una acción o un fenómeno natural o artificial: *el proceso de curación de esta enfermedad es muy lento*. **2** Conjunto de las diferentes acciones que se realizan para conseguir un determinado resultado: *en el proceso de elaboración del pan se utilizan levaduras*. **3** Conjunto de actuaciones que realiza un tribunal de justicia en un procedimiento judicial desde su inicio hasta que se dicta sentencia: *mañana se reanuda el proceso contra los acusados de tráfico de droga*. **SIN** causa.
DER procesal, procesar; multiproceso.

proclama *n. f.* **1** Discurso que se expone de manera pública y tiene carácter político o militar; puede ser escrito o hablado: *en período de elecciones se lanzan muchas proclamas contra los adversarios políticos*. **2** Anuncio o notificación pública y oficial: *las amonestaciones religiosas son proclamas; proclamas matrimoniales*.

proclamación *n. f.* **1** Notificación o anuncio de una información oficial que se hace de manera solemne: *el alcalde hizo la proclamación de un bando especial para las fiestas de aquel año*. **2** Conjunto de actos públicos con los que se anuncia o se celebra el inicio de una forma nueva de gobierno o de una etapa nueva dentro de él: *proclamación de la república*.

proclamar *v. tr.* **1** Decir una cosa en voz alta y públicamente: *proclamó nuestro secreto a los cuatro vientos*. **SIN** divulgar, publicar. **2** Hacer público el comienzo de un gobierno de una manera solemne y ceremoniosa: *después de derrocar al rey proclamaron la república*. **SIN** declarar, promulgar. ◊ *v. tr./prnl.* **3** Otorgar una mayoría unánime de personas un cargo o un título a alguien: *fue proclamada la ganadora del concurso; se proclamó vencedor de la carrera*. ◊ *v. prnl.* **4 proclamarse** Darse o atribuirse una persona a sí misma un cargo, una autoridad o un mérito: *Napoleón se proclamó emperador*.
DER proclama, proclamación.

proclítico, -ca *adj.* GRAM. [palabra átona] Que se pronuncia unida a la palabra siguiente aunque al escribirla se mantenga separada: *los artículos son palabras proclíticas*. **ANT** enclítico.

proclive *adj.* **1** Que está inclinado hacia delante o hacia abajo. **2** Que tiene inclinación o propensión natural a una cosa: *nuestra sociedad es proclive al cambio; es proclive a tener estados depresivos*. **SIN** propenso.
DER proclividad.

proclividad *n. f.* Tendencia o inclinación que tiene una persona hacia una cosa que se considera negativa: *este pintor tiene cierta proclividad hacia los colores negros y oscuros*. **SIN** propensión.

procreación *n. f.* Proceso mediante el cual se propaga o se extiende una especie por medio de la reproducción: *la procreación es esencial para el mantenimiento de las especies*.

procrear *v. tr.* Crear o producir el macho y la hembra de cualquier especie animal otro individuo de su misma especie: *el zoo ha reunido un macho y una hembra de osos panda para que procreen*. **SIN** engendrar.
DER procreación.

procurador, -ra *n. m. y f.* DER. Persona autorizada legalmente para ejercer ante los tribunales la representación de otra persona en un proceso judicial.
DER procuraduría.

procurar *v. tr.* **1** Hacer todo lo posible para conseguir o realizar una cosa: *procura portarte bien*. **SIN** intentar. ◊ *v. tr./prnl.* **2** Conseguir una cosa para uno mismo o para los

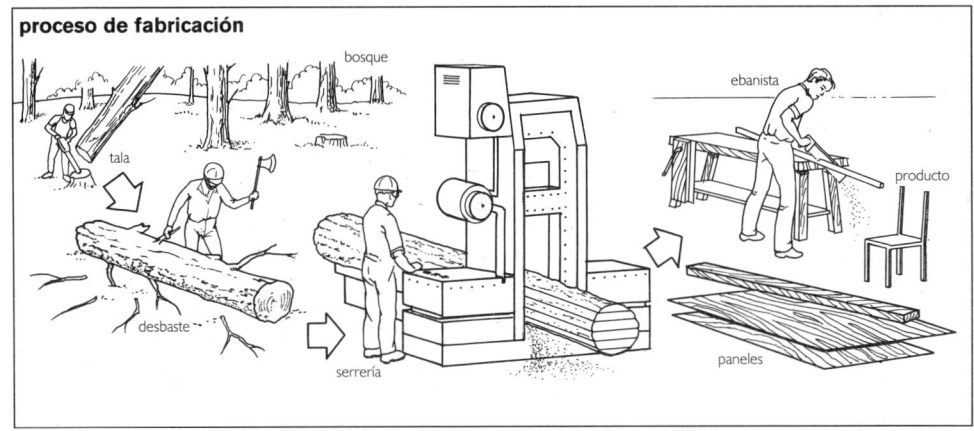

proceso de fabricación
bosque
ebanista
tala
producto
desbaste
serrería
paneles

demás: *le procuramos agua, comida y unas mantas; se procuró un buen empleo.*
DER procurador.

prodigar *v. tr.* **1** Dar una cosa con profusión o en gran abundancia: *la madre prodiga caricias y besos a sus hijos.* **2** Gastar dinero con exceso y sin cuidado: *si prodigas así tu fortuna acabarás arruinándote.* **SIN** derrochar, malgastar. ◇ *v. prnl.* **3 prodigarse** Mostrarse en público una persona de forma muy frecuente y con la intención de exhibirse: *se prodiga en las fiestas de la alta sociedad para que todos le conozcan.* **SIN** exhibir.
OBS En su conjugación, la g se convierte en gu delante de e.

prodigio *n. m.* **1** Hecho extraño que no puede explicarse por causas naturales y que provoca admiración: *muchas personas presenciaron los prodigios que realizaba el curandero.* **2** Persona, cosa o hecho extraordinario que produce admiración por tener unas determinadas cualidades o ser excelente: *muchas mariposas son un prodigio de belleza.* **SIN** maravilla, portento.
DER prodigioso.

prodigioso, -sa *adj.* **1** Que no se puede explicar por causas naturales y que provoca admiración: *muchos santos han hecho curaciones prodigiosas.* **2** Que produce admiración por tener unas determinadas cualidades o ser extraordinario: *la prodigiosa voz de la cantante parece no agotarse nunca.* **SIN** maravilloso, portentoso.

pródigo, -ga *adj./n. m. y f.* **1** [persona] Que gasta dinero en exceso y sin cuidado: *si sigues siendo tan pródigo acabarás en la ruina.* **SIN** manirroto. ◇ *adj.* **2** Que es muy generoso y da a los demás todo lo que tiene: *gracias a un amigo pródigo pudo estudiar en el extranjero.* **SIN** dadivoso. **3** Que produce o da en abundancia una cosa: *esta tierra es pródiga en agua y materias minerales.*
DER prodigalidad, prodigar.

producción *n. f.* **1** Acción que consiste en fabricar o elaborar un producto: *esta fábrica se dedica a la producción de calzado.* **2** Cosa que se produce o se elabora de manera natural o artificial: *el director quiso examinar la producción objeto por objeto.* **SIN** producto. **3** Suma de los productos que da el campo o de los que elabora la industria: *la producción del país es eminentemente agrícola.* **4** Acción que consiste en financiar económicamente la realización de una película, un programa de radio o televisión o un espectáculo: *invierte su dinero en la producción de películas de directores jóvenes.* **5** Conjunto de personas que se dedican a realizar una película, un programa de radio o televisión o montar un espectáculo teatral: *el equipo de producción ha sido premiado recientemente.* **6** Conjunto de actividades humanas dirigidas a aprovechar los recursos naturales para conseguir bienes útiles para el ser humano: *la producción es la actividad fundamental de la sociedad humana en cualquier período histórico.*
DER coproducción, superproducción.

producir *v. tr.* **1** Dar fruto la tierra o las plantas: *este terreno es muy adecuado para producir trigo; la vid es la planta que produce la uva.* **2** Fabricar o elaborar un producto a través del trabajo: *esta empresa produce quesos y otros derivados de la leche.* **3** Causar u ocasionar una cosa un efecto sobre otra: *la picadura de un mosquito produce un gran picor.* **4** Pagar o financiar los gastos que supone realizar una película, un programa de radio o televisión o un espectáculo teatral: *el cineasta británico producirá una película de terror.* **5** Crear una persona una obra de arte: *el escritor acaba de producir uno de sus mejores libros.* **6** Dar una cosa ganancias o beneficios económicos: *el dinero del banco me ha producido muy pocos intereses.* ◇ *v. prnl.* **7 producirse** Ocurrir o suceder una cosa: *el incendio se produjo a las dos de la mañana.*
DER producción, productivo, producto, productor, productora; contraproducente, reproducir.
OBS En su conjugación, la c se convierte en zc delante de *a* y *o* y el pretérito indefinido es irregular, como en *conducir*.

productividad *n. f.* **1** Capacidad para producir que tiene la industria o la naturaleza: *los abonos mejoran la productividad de la tierra.* **2** Relación entre la producción obtenida y los factores utilizados para obtenerla: *la excelente situación de la empresa se debe a su productividad.*

productivo, -va *adj.* **1** Que produce o es capaz de producir en abundancia: *están contentos porque tienen un negocio productivo.* **SIN** fructífero. **ANT** estéril, improductivo. **2** Que da un resultado favorable al comparar los precios con los costes: *la inversión está resultando francamente productiva.*
DER productividad, productivismo; improductivo.

producto *n. m.* **1** Cosa que es producida de manera natural o artificial: *este camión se utiliza para transportar productos del campo; la industria ha tenido problemas para vender sus productos.* **SIN** artículo, producción. ☞ *proceso de fabricación.* **2** Resultado o consecuencia de una determinada situación o circunstancia: *el cargo que ahora tiene es producto de su esfuerzo.* **3** Provecho o ganancia económica que se obtiene de una cosa: *esta venta nos ha proporcionado un cuantioso producto.* **SIN** beneficio, rendimiento. **producto interior bruto** Conjunto de bienes económicos que produce un país durante un año: *el producto interior bruto español ha subido tres puntos este año.* **producto nacional bruto** Conjunto de bienes económicos que obtiene un país durante un año: *el producto nacional bruto de este año ha sido muy bajo.* **4** Cantidad que resulta de multiplicar un número por otro: *64 es el producto que se obtiene al multiplicar 8 por 8.*
DER subproducto.

productor, -ra *adj./n. m. y f.* **1** Que fabrica o elabora un producto: *las abejas son productoras de miel; es un país productor de café y cacao.* ◇ *n. m. y f.* **2** Persona que interviene en la producción de bienes y servicios en la organización del trabajo: *en el modelo económico actual todos somos productores y consumidores al mismo tiempo.* **ANT** consumidor. **3** Persona que paga o financia los gastos que supone realizar una película, un programa de radio o televisión o un espectáculo teatral: *el director de cine busca un productor para realizar una película.*

productora *n. f.* Empresa o sociedad que produce o financia la realización de películas, programas de radio y televisión o montajes de espectáculos teatrales: *además de actor y director es dueño de una productora.*

proeza *n. f.* Acción importante y heroica que exige esfuerzo y valor: *atravesar las llamas del incendio para salvar a su hijo fue una auténtica proeza.* **SIN** hazaña, heroicidad.

prof., prof.ª Abreviaturas de *profesor, profesora,* respectivamente.

profanación *n. f.* **1** Tratamiento ultrajante o irrespetuoso que se hace de una cosa que se considera sagrada, como los muertos o la religión: *profanación de tumbas.* **2** Uso indigno o deshonroso que se hace de una cosa que se considera respetable: *profanación de la memoria de un personaje ilustre.*

profanar *v. tr.* **1** Tratar sin el debido respeto una cosa que se considera sagrada: *alguien había profanado las tumbas durante la noche desenterrando los ataúdes.* **2** Dañar la hon-

profano

ra y el buen nombre de una persona que ya está muerta hablando mal de ella: *no profanes con esas palabras el recuerdo de tu padre*. **SIN** deshonrar, desacreditar.
DER profanación.

profano, -na *adj.* **1** Que no es sagrado ni está relacionado con la religión: *poesía profana; música profana; tema profano*. **SIN** laico, secular. ◇ *adj./n. m. y f.* **2** [persona] Que no tiene conocimientos acerca de una determinada materia: *explíquelo más claramente porque nosotros somos profanos en la materia*. **SIN** ignorante, lego.
DER profanar.

profecía *n. f.* **1** Anuncio o predicación de un hecho futuro que realiza una persona por inspiración divina: *todas las profecías que hizo aquel santo se cumplieron*. **SIN** augurio, vaticinio. **2** Gracia o don sobrenatural que tiene una persona y consiste en conocer por inspiración divina los hechos futuros: *Dios concedió a sus profetas el don de la profecía*. **3** Suposición o juicio que se forma de una cosa por las señales que se observan en ella: *las profecías de aquel pensador se convirtieron en realidad*. **SIN** conjetura.

proferir *v. tr.* Pronunciar o decir una persona palabras o sonidos en voz muy alta expresando sentimientos de enfado o de mucha alegría: *estaba tan enfadado, que empezó a proferir insultos contra vosotros*.
OBS En su conjugación, la e se convierte en ie en sílaba acentuada o en i en algunos tiempos y personas, como en hervir.

profesar *v. tr.* **1** Aceptar o unirse a una religión, doctrina o creencia: *profesa el budismo; profesa la filosofía de Platón*. **2** Tener una persona una determinada inclinación o un sentimiento hacia alguien: *profesa una gran amistad a su vecino*. **3** Ejercer una persona una profesión, un arte o un oficio: *desde que se licenció profesa la medicina*. **SIN** desempeñar. ◇ *v. intr.* **4** Ingresar una persona de manera voluntaria en una orden religiosa comprometiéndose a cumplir los votos propios de la orden: *profesó en los Carmelitas*.
DER profesión, profeso, profesor.

profesión *n. f.* **1** Empleo, oficio o trabajo que una persona ejerce a cambio de una retribución económica: *mi hermano es abogado de profesión*. **2** Acción que consiste en ingresar una persona de manera voluntaria en una orden religiosa: *hizo profesión en las Dominicas*.
DER profesional.

profesional *adj.* **1** De la profesión o que tiene relación con el empleo de una persona: *actividad profesional; vida profesional*. ◇ *adj./n. com.* **2** [persona] Que realiza una actividad que constituye su profesión o medio de ganarse la vida: *deportista profesional; es un profesional del deporte*. ◇ *n. com.* **3** Persona que realiza su trabajo con gran capacidad y aplicación: *esta obra ha sido realizada por un equipo de profesionales*.
DER profesionalidad, profesionalismo, profesionalizar.

profesionalidad *n. f.* Capacidad que tiene una persona para ejercer su profesión o su empleo de una manera seria, rápida y eficaz: *la calidad del trabajo demuestra la profesionalidad de su autor*.

profeso Palabra que se utiliza en la locución adverbial *ex profeso*, que significa 'expresamente' o 'con el propósito exclusivo': *he hecho el viaje ex profeso para presentarle mi proyecto*.

profeso, -sa *adj./n. m. y f.* [persona] Que ha profesado en una orden religiosa: *es profesa de la orden de los dominicos*.
ex profeso Expresión latina que indica que una cosa se hace de forma deliberada: *no te perdonaré, porque has roto el jarrón ex profeso para fastidiarme*. **SIN** adrede, aposta.

profesor, -ra *n. m. y f.* **1** Persona que se dedica a ejercer o a enseñar de manera profesional una ciencia o un arte: *profesor de lengua; profesor de dibujo; profesor de autoescuela*. **SIN** maestro. **2** Persona que toca un instrumento musical en una orquesta: *la orquesta estaba formada por veinte profesores*.
DER profesorado.

profesorado *n. m.* **1** Conjunto de profesores que trabajan en un centro de enseñanza: *el profesorado de este colegio está formado por veinte personas*. **2** Cargo de profesor: *obtuvo el profesorado cuando ya era muy mayor*.

profeta, -tisa *n. m. y f.* **1** Persona inspirada por Dios que posee la gracia o el don de la profecía: *Isaías es un profeta de la Biblia*. **2** Persona que hace suposiciones o juicios sobre un hecho futuro mediante las señales que observa: *en ocasiones, un escritor se convierte en profeta de su tiempo*.
DER profecía, profético, profetisa, profetizar.

profético, -ca *adj.* Del profeta o la profecía o que tiene relación con esta persona o con los hechos futuros que anuncia: *revelaciones proféticas*.

profetizar *v. tr.* **1** Anunciar una persona un hecho futuro por tener la gracia o el don de la profecía: *San Juan Bautista profetizó la llegada del Mesías*. **2** Hacer una persona suposiciones o juicios sobre un hecho futuro observando unas determinadas señales: *un vidente profetizó el terremoto*. **SIN** predecir, pronosticar.
OBS En su conjugación, la z se convierte en c delante de e.

profiláctico, -ca *adj.* **1** Que sirve para preservar o proteger de una enfermedad: *medidas profilácticas*. ◇ *n. m.* **2** Funda muy fina de goma o látex que se coloca sobre el pene durante el coito: *los profilácticos se utilizan como método anticonceptivo y para prevenir el contagio de enfermedades de transmisión sexual*. **SIN** condón, preservativo.

profilaxis *n. f.* Conjunto de medidas que se toman para proteger o preservar de las enfermedades: *la profilaxis es muy importante para evitar la propagación de una enfermedad*.
OBS El plural también es *profilaxis*.

prófugo, -ga *adj./n. m. y f.* **1** [persona] Que ha escapado de la justicia o de otra autoridad: *la justicia busca a los prófugos por el territorio nacional*. **SIN** fugitivo. ◇ *n. m.* **2** Hombre que se ausenta o se oculta para no hacer el servicio militar: *los prófugos están sujetos a las leyes militares*. **SIN** desertor.

profundidad *n. f.* **1** Distancia que hay desde la superficie hasta el fondo de una cosa o de un lugar: *la profundidad del río; la profundidad de la piscina*. **SIN** hondura. **2** Distancia que hay en una cosa desde la parte exterior hasta la más alejada de ella: *el paisaje representado en el cuadro da profundidad a la pintura*. **3** Dimensión de un cuerpo que es perpendicular a una superficie dada: *esta caja tiene más anchura que profundidad*. **SIN** altura. **4** Fuerza o intensidad de una idea, un sentimiento o una sensación: *es un autor de una gran profundidad intelectual*. **5** Capacidad de penetración del pensamiento y de las ideas en una cosa: *analizar un tema con mucha profundidad*. ◇ *n. f. pl.* **6 profundidades** Parte de una masa de agua que está más alejada de la superficie: *realizaron una expedición a las profundidades marinas*.
en profundidad De una forma completa y con absoluto rigor: *habrá que tratar este asunto en profundidad*.

profundizar *v. intr.* **1** Estudiar o examinar un tema, una idea o un asunto con gran atención y cuidado para conocerlo y comprenderlo mejor: *tienes que profundizar más en medicina infantil si quieres dedicarte a ella*. ◇ *v. tr.* **2** Hacer

una cosa más profunda: *he tenido que profundizar más el hoyo para poder plantar ese árbol*. **SIN** ahondar.
OBS En su conjugación, la *z* se convierte en *c* delante de *e*.

profundo, -da *adj.* **1** [lugar] Que tiene mucha distancia desde la superficie hasta el fondo: *el río es muy profundo*. **SIN** hondo. **2** [cosa] Que tiene mucha distancia desde la parte exterior hasta la más alejada de ella: *el pasillo de la casa era estrecho y profundo; los excursionistas exploraron unas cuevas muy profundas que había en la montaña*. **3** [objeto] Que tiene el borde superior muy distante del fondo: *esta cazuela es muy profunda para hacer una paella*. **4** Que es fuerte, grande o intenso: *amor profundo; sueño profundo; dolor profundo*. **5** Que llega hasta muy adentro: *se cayó y se hizo una herida muy profunda*. **SIN** hondo. **6** Que resulta difícil de entender y requiere una gran penetración del pensamiento para ser comprendido: *idea profunda*. **7** [sonido] Que tiene un tono muy grave: *voz profunda*. **8** [pensamiento, persona] Que llega hasta el fondo de las cosas para conocerlas y comprenderlas todo lo posible: *nunca he conocido a nadie tan profundo*. **ANT** superficial. ◇ *n. m.* **9** Parte más honda de una cosa: *no nades en lo profundo, que te puede pasar algo*. **SIN** profundidad. **ANT** superficie. **10** Parte más íntima de una persona: *tus palabras me han dolido en lo más profundo de mi ser*. **DER** profundidad, profundizar.

profusión *n. f.* Abundancia o cantidad excesiva: *este autor utiliza palabras cultas con gran profusión*.

profuso, -sa *adj.* Que es muy abundante: *analizamos la profusa obra de este pintor*. **SIN** copioso.
DER profusión.

progenie *n. f.* **1** Linaje o familia de la cual desciende una persona: *pertenece a una progenie que ha dado famosos artistas*. **SIN** casta. **2** Conjunto de hijos o descendientes de una persona: *por Navidad se reúne con toda su progenie*.

progenitor, -ra *n. m. y f.* Ascendiente directo de una persona: *nuestros padres son nuestros progenitores*.

progesterona *n. f.* Hormona sexual que segrega el ovario femenino: *la progesterona prepara la mucosa del útero para recibir el óvulo*.

programa *n. m.* **1** Proyecto o planificación ordenada de las distintas partes o actividades que componen una cosa que se va a realizar: *programa de actividades de un hotel; programa de trabajo de una empresa*. **2** Exposición o declaración previa de las cosas que se harán en una determinada materia: *programa electoral de un partido político*. **3** Sistema y distribución de las materias que forman una asignatura o un curso escolar: *el programa escolar recoge los temas que los alumnos estudiarán durante el curso*. **SIN** temario. **4** Anuncio o exposición de los distintos puntos o partes que componen una celebración o un espectáculo: *el concejal elaboró el programa de fiestas del pueblo; ya está elaborado el programa de ópera de este año*. **5** Escrito en el que figura este proyecto, esta exposición, este sistema de distribución y este anuncio: *tengo que leer el programa para saber qué se hará en cada ocasión*. **6** Emisión independiente y con un tema propio que retransmite una cadena de radio o de televisión: *la televisión ofrece programas informativos, culturales, deportivos y de ocio*. **7** Conjunto de operaciones que realizan algunas máquinas: *he comprado un lavavajillas que tiene un programa para lavar pocos platos*. **8** INFORM. Conjunto de instrucciones detalladas y codificadas que se dan a un ordenador para que realice o ejecute determinadas operaciones: *me he comprado un programa de tratamiento de textos*. ☞ ordenador.
DER programar.

programación *n. f.* **1** Acción que consiste en hacer una planificación ordenada de las distintas partes o actividades que componen una cosa que se va a realizar: *programación de las fiestas; programación de un viaje*. **2** Conjunto de emisiones o programas que se retransmiten por radio o televisión: *la programación de esta cadena incluye muy pocos programas culturales*. **3** INFORM. Acción que consiste en aplicar el conjunto de instrucciones detalladas y codificadas que se dan a un ordenador para que realice o ejecute determinadas operaciones.

programador, -ra *n. m.* **1** Dispositivo automático que pone en funcionamiento el mecanismo electrónico de determinados aparatos: *el programador hace que la estufa se desconecte cada diez minutos*. ◇ *n. m. y f.* **2** INFORM. Persona que se dedica a elaborar programas para ordenador: *Luis estudió informática y después se hizo programador*.

programar *v. tr.* **1** Establecer o planificar el programa de una serie de actividades: *la relaciones públicas se encarga de programar las actividades del hotel*. **2** Preparar una máquina para que posteriormente haga un trabajo de manera automática: *voy a programar la lavadora para que lave mientras estamos fuera*. ◇ *v. tr./intr.* **3** INFORM. Elaborar y aplicar programas para un ordenador: *está haciendo un cursillo para aprender a programar*.
DER programación, programador, programático.

programático, -ca *adj.* Del programa o que tiene relación con este proyecto ordenado de las actividades que se van a realizar: *en la reunión se planificó el orden programático de las tareas a realizar*.

progre *n. com./adj. coloquial* Persona que tiene ideas progresistas y tiene un concepto de la vida avanzado e innovador: *de joven era progre, pero ahora se ha vuelto muy conservador*.
ANT conservador.
OBS Es apócope de *progresista*.

progresar *v. intr.* **1** Pasar una persona, una cosa o una materia a un estado mejor, más avanzado o más adelantado: *el niño progresó en sus lecciones rápidamente; las conversaciones de paz no han progresado*. **SIN** adelantar, mejorar. **2** Desarrollarse una sociedad en el aspecto económico, social, científico y cultural: *el país ha progresado mucho en los últimos diez años*.

progresión *n. f.* **1** Avance, evolución o mejora de una cosa: *se ha observado una progresión en el crecimiento de los beneficios de la empresa*. **2** Serie o sucesión no interrumpida: *tengo que ver cómo ha sido la progresión de mis calificaciones a lo largo de mis estudios*. **3** MAT. Serie de números o de términos matemáticos ordenados según una constante.
progresión aritmética Progresión en que cada número es igual al anterior más una cantidad fija o constante: *los números 1, 3, 5, 7, 9 forman una progresión aritmética*. **progresión geométrica** Progresión en que cada número es igual al anterior multiplicado por una cantidad fija o constante: *los números 1, 2, 4, 8, 16, 32 forman una progresión geométrica*.

progresismo *n. m.* **1** Tendencia política que defiende y busca el desarrollo de una sociedad en el aspecto económico, social, científico y cultural. **2** Asociación política que defiende y apoya esta tendencia: *este partido lidera en la actualidad el progresismo político*.
DER progresista.

progresista *adj.* **1** Del progresismo o relacionado con esta tendencia política: *la nación necesitaba leyes progresistas*. ◇ *adj./n. com.* **2** [persona, partido político] Que defiende y busca el desarrollo de una sociedad en el aspecto económico, social, científico y cultural: *los progresistas han propuesto una reforma del mercado laboral*.
DER progre.

progresivo, -va *adj.* Que avanza o progresa de forma continuada: *tenía una enfermedad progresiva.*

progreso *n. m.* **1** Cambio que experimenta una persona o una cosa a un estado mejor, más avanzado o más desarrollado: *está muy contento porque ha hecho muchos progresos hablando español.* **SIN** mejora. **2** Desarrollo de una sociedad en el aspecto económico, social, científico y cultural: *el progreso supone el gran avance de la humanidad.*
DER progresar, progresión, progresismo, progresivo.

prohibición *n. f.* Acción de impedir el uso o la realización de una cosa: *el ayuntamiento ha impuesto la prohibición de aparcar encima de las aceras.*

prohibir *v. tr.* Impedir que una cosa se use o se realice: *el gobierno prohibió las armas de fuego; en este local se prohíbe fumar.* **SIN** vedar. **ANT** permitir.
DER prohibición, prohibitivo.
OBS En su conjugación, la *i* se acentúa en algunos tiempos y personas.

prohibir	
INDICATIVO	**SUBJUNTIVO**
presente	presente
prohíbo	prohíba
prohíbes	prohíbas
prohíbe	prohíba
prohibimos	prohibamos
prohibís	prohibáis
prohíben	prohíban
pretérito imperfecto	pretérito imperfecto
prohibía	prohibiera o prohibiese
prohibías	prohibieras o prohibieses
prohibía	prohibiera o prohibiese
prohibíamos	prohibiéramos o prohibiésemos
prohibíais	prohibierais o prohibieseis
prohibían	prohibieran o prohibiesen
pretérito indefinido	
prohibí	futuro
prohibiste	prohibiere
prohibió	prohibieres
prohibimos	prohibiere
prohibisteis	prohibiéremos
prohibieron	prohibiereis
	prohibieren
futuro	
prohibiré	**IMPERATIVO**
prohibirás	prohíbe (tú)
prohibirá	prohíba (usted)
prohibiremos	prohibid (vosotros)
prohibiréis	prohíban (ustedes)
prohibirán	
condicional	**FORMAS NO PERSONALES**
prohibiría	infinitivo gerundio
prohibirías	prohibir prohibiendo
prohibiría	participio
prohibiríamos	prohibido
prohibiríais	
prohibirían	

prohibitivo, -va *adj.* Que es muy caro y no está al alcance de la mayoría de la gente: *los precios de las viviendas son prohibitivos.*

prohijar *v. tr.* **1** Adoptar como hijo a una persona que no lo es en realidad: *a menudo, prohijar a un niño es un procedimiento legal largo y costoso.* **2** Acoger o defender como propias ideas u opiniones que no lo son.
OBS En su conjugación, la *i* se acentúa en algunos tiempos y personas, como en *aislar*.

prohombre *n. m.* Hombre famoso e ilustre que es muy respetado por sus cualidades: *este autor es un prohombre de las letras castellanas.* **SIN** prócer.

prójimo, -ma *n. m.* **1** Cada una de las personas que con respecto a otra forman la humanidad: *hay que ser solidario con el prójimo.* **SIN** semejante. ◇ *n. m. y f.* **2** Individuo o sujeto cualquiera: *¿quién será el prójimo que viene con tu hermano?* Tiene un significado despectivo.
ETIM Véase *próximo.*

pról. Abreviatura de *prólogo,* 'escrito puesto al frente de un libro'.

prole *n. f.* **1** Conjunto de hijos que tiene una persona: *se presentaron a dormir el matrimonio y toda su prole.* **SIN** descendencia, linaje. **2** Conjunto muy numeroso de personas que tienen algo en común: *una prole de muchachos hacía cola en la puerta de la discoteca.* **SIN** pandilla.
DER proletario, proliferar, prolífico.

prolegómeno *n. m.* **1** Escrito colocado al inicio de un libro en el que se exponen los principios y los fundamentos generales de la materia que se va a tratar: *el prolegómeno de esta obra es relativamente breve.* **2** Preparación o introducción poco adecuada o poco necesaria: *perdemos más tiempo en los prolegómenos de la conversación que en discutir el asunto principal.* Se usa generalmente en plural. ◇ *n. m. pl.* **3 prolegómenos** Momentos inmediatamente anteriores a un acontecimiento: *en los prolegómenos de la competición los deportistas intercambiaron algunos regalos.*

proletariado *n. m.* Clase social formada por las personas que no disponen de medios propios de producción y venden su fuerza de trabajo a cambio de un sueldo o salario: *el proletariado surge con la revolución industrial.*

proletario, -ria *adj.* **1** Del proletariado o que tiene relación con esta clase social: *barrios proletarios.* ◇ *n. m. y f.* **2** Persona que no dispone de medios propios de producción y vende su fuerza de trabajo a cambio de un sueldo o salario: *los proletarios surgen con la revolución industrial.*
DER proletariado.

proliferación *n. f.* **1** Crecimiento o multiplicación rápida de una cosa: *la reducción del número de policías ha causado una proliferación de los actos criminales.* **2** Reproducción que se produce a partir de una división y produce como resultado seres iguales al originario.

proliferar *v. intr.* **1** Aumentar una cosa de manera rápida en cantidad o en número: *en los mares cálidos proliferan los tiburones.* **SIN** crecer, multiplicarse. **2** Reproducirse por división una célula: *los virus proliferan en un medio adecuado.*
DER proliferación.

prolífico, -ca *adj.* **1** Que tiene facilidad para engendrar o reproducirse abundante y rápidamente: *el conejo y la rata son animales prolíficos.* **2** [persona] Que tiene una extensa producción artística o científica: *Lope de Vega fue un escritor muy prolífico.* **SIN** fecundo.

prolijidad *n. f.* Característica de una explicación o exposición que es demasiado larga y detallada: *la prolijidad de sus explicaciones es excesiva y se hace pesada.*

prolijo, -ja *adj.* **1** Que es demasiado largo o extenso y resulta pesado: *sería prolijo explicar aquí cada uno de los efectos de este medicamento.* **ANT** conciso, parco. **2** Que se detiene hasta en los detalles más pequeños: *empleó un prolijo cálculo para sus facturas.* **SIN** minucioso. **3** [persona] Que resulta demasiado pesado, molesto e impertinente: *es un conferenciante prolijo.*
DER prolijear, prolijidad.

prologar *v. tr.* Escribir el prólogo de una obra: *el artista pidió a su escritor favorito que prologara un libro de poemas.*
OBS En su conjugación, la g se convierte en gu delante de e.

prólogo *n. m.* **1** Escrito que va colocado delante en un libro y que explica algún dato del autor o de la obra y sirve de presentación: *el autor agradece en el prólogo la ayuda que le han prestado otras personas.* **SIN** preámbulo, prefacio, proemio. **2** Cosa que se hace antes que otra y que sirve de preparación: *el aperitivo es el prólogo de una buena comida.*
DER prologar, prologuista.

prolongación *n. f.* **1** Acción que consiste en alargar o extender una cosa: *las obras de prolongación de la línea de metro están dificultando el tráfico.* **2** Parte de una cosa que se extiende o se alarga fuera de ella: *la cola de los animales es una prolongación de su espina dorsal.* **3** Pieza que se añade a una cosa para hacerla más larga: *la escalera tiene una prolongación para poder subir a la azotea.*

prolongar *v. tr./prnl.* **1** Extender o hacer más larga una cosa en longitud: *van a prolongar la carretera hasta el pueblo más próximo.* **SIN** alargar. **2** Durar o hacer durar más tiempo de lo normal: *la espera parecía prolongar la tarde; la fiesta se prolongó hasta la madrugada.* **SIN** alargar.
DER prolongación, prolongado.
ETIM Véase *luengo.*
OBS En su conjugación, la g se convierte en gu delante de e.

promediar *v. tr.* **1** Calcular o determinar el promedio de una cosa: *debo promediar los ingresos que hemos tenido cada día del año en el supermercado.* ◇ *v. intr.* **2** Alcanzar una cosa la mitad de un período de tiempo determinado: *volverá cuando promedie el verano.*
OBS En su conjugación, la i no se acentúa, como en *cambiar.*

promedio *n. m.* Número que es igual a la media aritmética de un conjunto de varias cantidades: *las cifras arrojan un promedio del cinco por ciento.*
DER promediar.

promesa *n. f.* **1** Acto y expresión con los que una persona asegura o promete que va a hacer una cosa: *hacer una promesa; no has cumplido tu promesa.* **SIN** juramento. **2** Ofrecimiento solemne que hace una persona de cumplir con rectitud y fidelidad los deberes y las obligaciones de un cargo. **SIN** juramento. *el nuevo ministro hizo promesa de su cargo ante el rey.* **3** Ofrecimiento que hace una persona a Dios o a un santo a cambio de que le conceda un ruego o petición: *va vestida con un hábito porque hizo una promesa.* **4** Persona que parece que va a tener éxito y que tiene posibilidades de triunfar en el futuro en una determinada actividad: *el joven delantero es una promesa del fútbol.*

prometedor, -ra *adj.* [persona, cosa] Que promete o da muestras de que va a triunfar o a resultar bueno en el futuro: *tienes un futuro prometedor; es un futbolista muy prometedor.*

prometer *v. tr.* **1** Asegurar o afirmar una persona que va a hacer una cosa: *prometió no volver a mentir.* **2** Asegurar la verdad de una cosa que se está diciendo: *te prometo que no sé de qué me estás hablando.* **3** Declarar una persona mediante una promesa solemne que se compromete a cumplir con rectitud y fidelidad los deberes y las obligaciones de un cargo: *el nuevo ministro prometió su cargo ante el rey.* **4** Dar muestras o indicios una cosa de que será tal y como se dice: *las ventas del nuevo producto prometen ser buenas.* ◇ *v. intr.* **5** Dar muestras una persona o una cosa de que va a triunfar o a resultar bueno en el futuro: *esta muchacha promete en la medicina.* ◇ *v. prnl.* **6 prometerse** Comprometerse un hombre y una mujer a casarse en el futuro: *Raquel y Gustavo se prometieron el año pasado.* **7** Consagrarse una persona a la vida religiosa y de culto: *se hizo monja y se prometió a Dios.*

prometérselas felices *coloquial* Tener esperanza una persona de lograr lo que desea sin gran dificultad: *se las promete muy felices en su nuevo puesto de trabajo.*
DER promesa, prometedor, prometido, promisión; comprometer.

prometido, -da *n. m. y f.* Persona que está comprometida para casarse con otra: *nuestro hijo quiso presentarnos a su prometida.* **SIN** novio, novia.

prominencia *n. f.* Elevación de una cosa sobre lo que está alrededor: *en el terreno se aprecian unas ligeras prominencias.* **SIN** abultamiento, saliente.

prominente *adj.* **1** Que se eleva, se levanta o sobresale en relación a lo que está alrededor: *nariz prominente.* **2** [persona] Que es ilustre o famoso: *prominente científico.*
DER prominencia.

promiscuidad *n. f.* **1** Mezcla o confusión. **2** Situación de la persona que tiene relaciones sexuales con más de una persona de una manera habitual y no tiene una única pareja estable.

promiscuo, -cua *adj.* **1** Que está mezclado y confuso: *los datos de su estudio estaban presentados de forma promiscua y confusa.* **2** [persona] Que mantiene relaciones sexuales con más de una persona y no tiene una única pareja estable: *Luis ha tenido siempre fama de hombre promiscuo.*
DER promiscuidad.
ETIM Véase *mezclar.*

promoción *n. f.* **1** Acción que consiste en promover o impulsar una cosa o la realización de ella: *las agencias de publicidad se encargan de la promoción de los productos comerciales.* **SIN** propaganda, publicidad. **2** Conjunto de individuos que consiguen un grado o un empleo al mismo tiempo: *este chico es un compañero de mi promoción.* **3** Ascenso profesional o laboral de una persona en su cargo o empleo: *mi jefe ha recibido la promoción de gerente de la empresa.* **4** Torneo deportivo en el que se enfrentan dos equipos, de los cuales el ganador ascenderá a una categoría superior: *estos equipos juegan la promoción de ascenso a segunda división.*

en promoción Expresión que se utiliza para indicar que un producto o un servicio se están dando a conocer y se ofrecen a un precio reducido.
DER promocionar.

promocionar *v. tr./prnl.* **1** Ayudar a alguien a subir de categoría social o profesional: *si hubieran promocionado un poco a Nuria, ahora sería gerente de la empresa; desde que ocupó el cargo, no ha hecho otra cosa que promocionarse.* ◇ *v. tr.* **2** Dar a conocer al público un producto o un servicio, o hacer famosa a una persona realizando distintas acciones, especialmente de tipo publicitario: *se está organizando una campaña publicitaria para promocionar la lectura entre los niños; se hizo famosa porque la promocionó una actriz muy conocida.*

promontorio *n. m.* Elevación del terreno, especialmente

promotor

si se mete dentro del mar: *contemplaba el mar desde el promontorio rocoso*.

promotor, -ra *adj./n. m. y f.* Que realiza las acciones necesarias para promocionar cosas o personas: *no sé cuál es la empresa promotora de esta obra; se reunieron con el promotor del grupo musical para concretar la fecha del concierto*.

promover *v. tr.* **1** Impulsar la realización de una actividad o procurar el éxito de una cosa: *el ayuntamiento de la ciudad está promoviendo una campaña contra las drogas*. **SIN** fomentar. **2** Dar lugar o provocar una cosa que conlleva agitación o polémica: *el descontento de la gente promovió una oleada de protestas*. **SIN** causar, producir, suscitar. **3** Ascender a alguien de categoría social o profesional: *mi padre fue promovido a director en su empresa*.
DER promoción, promotor.

promulgación *n. f.* Anuncio o publicación de una ley o disposición que se hace de una forma oficial o formal para que entre en vigor: *la promulgación del nuevo Código Civil tuvo lugar recientemente*.

promulgar *v. tr.* Publicar una cosa de forma oficial, especialmente una ley u otra disposición de la autoridad: *el Gobierno promulgó una nueva ley sobre el consumo de tabaco en lugares públicos*.
DER promulgación.

pronombre *n. m.* Clase de palabra que desempeña las mismas funciones que un sustantivo o lo determina; el significado de los pronombres depende del contexto en que aparece y del sustantivo al que sustituye o determina: *en ten en cuenta esto, mañana no saldrás, la palabra esto es un pronombre*. **pronombre demostrativo** Pronombre que se utiliza para señalar o mostrar una persona, animal o cosa que está más o menos lejos de la persona que habla: *éste, ése y aquél son pronombres demostrativos*. **pronombre indefinido** Pronombre que se utiliza para referirse a una persona, animal o cosa de manera poco exacta o concreta: *las palabras alguien, nadie, poco y bastante son pronombres indefinidos*. **pronombre numeral** Pronombre que se utiliza para expresar la idea de cantidad, orden, partición o multiplicación: *tres, cuarto, dieciseisavo y doble son pronombres numerales*. **pronombre personal** Pronombre que señala al hablante, al oyente o a cualquier persona, animal o cosa que aparece en la comunicación: *yo, tú, él, nosotros, vosotros y ellos son pronombres personales*. **pronombre posesivo** Pronombre que expresa posesión o pertenencia: *mío, tuyo, suyo, nuestro y vuestro son pronombres posesivos*. **pronombre relativo** Pronombre que se refiere a una persona, animal o cosa que ya se ha mencionado anteriormente: *quien, cual, que y cuyo son pronombres relativos*.
DER pronominal.

pronominal *adj.* **1** Del pronombre o que tiene relación con esta clase de palabra: *la palabra yo es una forma pronominal*. **2** [verbo] Que se conjuga en todas sus formas junto con uno de los pronombres átonos *me, te, se, nos* u *os*: *los verbos arrepentirse y enterarse son pronominales*.

pronosticar *v. tr.* **1** Anunciar lo que va a ocurrir en el futuro teniendo en cuenta determinadas señales o indicios: *han pronosticado lluvias generalizadas para el fin de semana; la calidad de la uva pronostica un buen año de vino*. **SIN** predecir. **2** Hacer el médico un juicio sobre el estado o el desarrollo de una enfermedad: *el doctor le pronosticó una neumonía*.

pronóstico *n. m.* **1** Acción de anunciar lo que va a ocurrir en el futuro teniendo en cuenta determinadas señales o indicios: *contra todo pronóstico, el campeón del mundo perdió el combate; si mis pronósticos no fallan, Lucía vendrá dentro de unos días*. **SIN** predicción. **2** Juicio que hace el médico sobre el estado o el desarrollo de una enfermedad: *en el encierro, dos mozos sufrieron heridas de pronóstico leve; el pronóstico no es grave, al paciente se le dará de alta mañana*. **pronóstico reservado** Pronóstico que no se revela porque sus indicios no son suficientes para que los médicos emitan un juicio seguro: *en el hospital hay varios accidentados con pronóstico reservado*.
DER pronosticar.

prontitud *n. f.* Velocidad o rapidez con la que se realiza una cosa: *como no te vistas con prontitud, llegaremos tarde*.

pronto, -ta *adj.* **1** Que es rápido o veloz: *fue una respuesta pronta; es un hombre pronto de ingenio*. **2** Que está dispuesto o preparado para hacer una cosa: *es muy amable y siempre se muestra pronta para ayudar a los demás*. **SIN** presto. ◇ *n. m.* **3** *coloquial* Reacción o impulso inesperado provocado por un fuerte sentimiento: *le dio un pronto, se levantó y se marchó dando un portazo*. **4** *coloquial* Carácter fuerte de una persona: *¡menudo pronto tiene, no se puede hablar con él!* **5** Ataque repentino de algún mal: *le ha dado un pronto y ha empezado a hablar como si se asfixiara*. ◇ *adv.* **pronto 6** En un breve espacio de tiempo: *volveré pronto; acaba pronto, que tenemos que irnos*. **7** Antes de lo acostumbrado, o con anticipación al tiempo previsto: *hoy hemos terminado muy pronto de trabajar; los niños se levantan pronto para ir al colegio*. **ANT** tarde.
al pronto A primera vista: *al pronto, parece joven, pero si te fijas tiene muchas arrugas en la cara*.
de pronto Sin que nadie se lo espere: *hacía un sol radiante y de pronto empezó a llover*. **SIN** de repente.
por de pronto o **por lo pronto** Por ahora o por el momento: *aún no sé en qué voy a trabajar, por lo pronto tengo que acabar mis estudios*.
DER prontitud, prontuario; aprontar.

pronunciación *n. f.* **1** Acción que consiste en pronunciar o emitir sonidos articulados: *para hablar mejor el inglés deberás hacer ejercicios de pronunciación*. **2** Manera de pronunciar de una persona: *tu pronunciación del francés es muy mala, tienes que practicar más*. **SIN** dicción. **3** Declaración pública de una opinión o de una respuesta que va en contra o a favor de algo: *la pronunciación del ministro fue favorable a nuestra propuesta*. **SIN** pronunciamiento.

pronunciado, -da *adj.* Que se nota o sobresale mucho: *tenía unas arrugas pronunciadas en la frente; tiene un acento gallego muy pronunciado*. **SIN** acusado, acentuado, marcado.

pronunciamiento *n. m.* **1** **DER**. Declaración de la decisión o sentencia de un juez o un tribunal: *todavía se espera el pronunciamiento del juez*. **2** Rebelión militar que pretende derribar al gobierno: *se ha producido un pronunciamiento militar y han nombrado a un nuevo presidente*. **3** Declaración pública de una opinión o una respuesta que va en contra o a favor de algo: *en la reunión hubo un pronunciamiento en contra de mi propuesta*. **SIN** pronunciación.

pronunciar *v. tr.* **1** Emitir y articular sonidos al hablar: *tengo dificultades para pronunciar la erre y la jota; Lola pronuncia las zetas como eses; ya aprenderás a pronunciar bien el inglés*. **2** Decir unas palabras en voz alta y ante un público: *el presidente de la asociación pronunciará un discurso en el salón de actos*. **3** **DER**. Hacer pública una sentencia un juez o un tribunal: *el juez pronunció la resolución del juicio*. **SIN** dictar. ◇ *v. tr./prnl.* **4** Destacarse o notarse mucho una cosa: *esa falda te pronuncia mucho las caderas; cada día se pronuncian más las diferencias que los separan*. **SIN** acentuar, marcar, resaltar.

EL PRONOMBRE PERSONAL

El pronombre es una palabra que sustituye a un nombre o a un grupo nominal. Dentro del discurso (de un texto extenso, de un párrafo, de una oración) hay una serie de características que nos permiten interpretar a qué nombre sustituye el pronombre, como son: los morfemas de persona, género y número y la forma del pronombre. Por ejemplo, en la frase *Nuria tiene una camisa azul que le gusta mucho* el pronombre *le* sustituye a *Nuria*, mientras que en *Nuria tiene una camisa azul que me gusta mucho* el pronombre *me* se refiere a la persona que habla. Las distintas formas del pronombre (tercera y primera persona) nos permiten una intepretación correcta. Otro ejemplo: si a la pregunta *¿Les has contado eso a Miguel y Elena?* una persona responde *Sí, ellos ya lo saben*, podemos interpretar que los dos están enterados de 'eso'; si la respuesta fuera *Ella ya lo sabe, pero él no* podemos interpretar que Elena lo sabe, pero Miguel, no.

Un pronombre personal es el que puede sustituir a un nombre que hace referencia a una persona. Hay que tener en cuenta, sin embargo, que los pronombres personales en posición de sujeto sólo hacen referencia a personas *(yo, tú)*, pero con otras funciones también pueden referirse a cosas, tanto materiales como inmateriales *(lo sé, la compré)*.

Los pronombres tienen flexión de:

- **persona:** el pronombre puede tener formas distintas según se refiera a la primera persona (el hablante), a la segunda persona (el oyente) o a la tercera persona (algo o alguien que no interviene en la conversación).
- **número:** varían en singular y plural.
- **género:** en algunos casos los pronombres concuerdan en el género *(él/ella, lo/la, nosotros/nosotras)*, pero no en otros *(yo, tú, le)*.

Dado que el pronombre sustituye a un nombre o grupo nominal, puede desempeñar en la oración las mismas funciones que éstos, aunque tenemos distintos pronombres según la función que desempeñan en la oración.

Persona gramatical	*Función de sujeto*	*Función de complemento directo*	*Función de complemento indirecto*	*Tras preposición*
Singular				
1.ª persona	yo	me	me	mí
2.ª persona	tú	te	te	ti
(forma de cortesía)	usted	lo, la	le / se	usted
3.ª persona	él, ella	lo, la	le / se	él, ella
Plural				
1.ª persona	nosotros, -tras	nos	nos	nosotros, -tras
2.ª persona	vosotros, -tras	os	os	vosotros, -tras
(forma de cortesía)	ustedes	los, las	les / se	ustedes
3.ª persona	ellos, ellas	los, las	les / se	ellos, ellas

Cuando aparecen juntos un pronombre de complemento indirecto y otro de complemento directo, las formas *le* y *les* se transforman en *se*:
*Dio la libreta*_{C. directo} *a Juan*_{C. indirecto}.
*Le*_{C. indirecto} *dio la libreta a Juan*.
*Se*_{C. indirecto} *la*_{C. directo} *dio*.

REFLEXIVOS

Cuando un complemento (sea directo, indirecto o sintagma nominal tras preposición) se refiere a la misma persona que el sujeto, en las formas de cortesía de segunda persona y en la tercera persona se usan forman distintas de los pronombres.

Persona gramatical	*Función de complemento directo y complemento indirecto*	*Tras preposición*
Singular y plural		
2.ª persona (forma de cortesía)	se	sí
3.ª persona	se	sí

Por ejemplo:
  Yo me lavo   *Nosotros nos lavamos*   *Lo hago por mí misma*
  Tú te lavas   *Vosotros os laváis*   *Lo haces por ti misma*
  Usted/Ella se lava *Ustedes/Ellos se lavan*   *Lo hace por sí misma*

propagación

◇ *v. prnl.* **5 pronunciarse** Declararse a favor o en contra de un hecho o de una situación: *el diputado se pronunció a favor de la ley de reforma laboral*. **6** Rebelarse un grupo militar contra el gobierno para derribarlo: *el ejército se pronunció y se hizo con el poder político*.
DER pronunciación, pronunciado, pronunciamiento; impronunciable.
ETIM Véase *nuncio*.

propagación *n. f.* Acción que consiste en propagar o propagarse alguna cosa: *el viento contribuyó a la propagación del incendio*.

propaganda *n. f.* **1** Información o actividad que sirve para dar a conocer al público un producto, una opinión o a una persona, con un fin determinado: *estos libros se venden bien, gracias a la propaganda; hizo mucha propaganda de mí en la empresa para que me dieran el trabajo*. **SIN** publicidad. **2** Conjunto de medios o materiales que se utilizan para dar a conocer al público un producto, una opinión o a una persona, con un fin determinado: *cada día me encuentro el buzón lleno de propaganda del supermercado*. **SIN** publicidad.
DER propagandista, propagandístico.

propagandista *n. com.* Persona que hace propaganda, especialmente política: *defiende con tanta fuerza sus ideas, que le acusan de propagandista*.

propagandístico, -ca *adj.* Que hace propaganda o divulgación acerca de un determinado producto o idea: *su discurso tuvo fines propagandísticos; anuncios propagandísticos*.

propagar *v. tr./prnl.* Extender, esparcir o hacer llegar una cosa a muchos lugares y en todas las direcciones: *la enfermedad se ha propagado por toda la región; el fuego se propagó por el bosque a gran velocidad; la mala noticia se propagó por todo el pueblo*.
DER propagación, propaganda.

propano *n. m.* Gas que se emplea como combustible y que se extrae del petróleo en bruto: *el propano es un hidrocarburo incoloro que tiene las mismas aplicaciones que el butano*.

proparoxítono, -na *adj./n. m. y f.* [palabra, verso] Que lleva el acento en la tercera sílaba, empezando a contar desde el final: *las palabras proparoxítonas llevan siempre tilde; la palabra mínimo es proparoxítona; he escrito un poema de versos octosílabos proparoxítonos*. **SIN** esdrújulo.

propasar *v. tr./prnl.* **1** Hacer o decir una cosa que va más allá de lo debido o permitido: *se contará como falta propasar la línea blanca; es peligroso propasarse con las bebidas alcohólicas; se propasó hablándole mal al jefe y ahora le han despedido*. ◇ *v. prnl.* **propasarse 2** Faltar al respeto, especialmente a una mujer: *Jaime se propasó con Laura y ella le dio una torta*.

propender *v. intr.* Inclinarse una persona hacia algo por gusto o afición: *es una chica muy alegre que propende al optimismo*. **SIN** tender.

propensión *n. f.* Tendencia o inclinación que una persona o cosa tiene hacia algo, especialmente a lo que es de su gusto o naturaleza: *tengo propensión a la obesidad y debo cuidar mucho mi alimentación; tiene propensión a la faringitis, por eso se abriga tanto el cuello*.

propenso, -sa *adj.* Que tiene inclinación o disposición natural hacia una cosa, o que suele hacerla: *propenso a engordar; propenso a la faringitis; propenso a gastar bromas*.

propiciar *v. tr.* **1** Ayudar a que sea posible la realización de una acción o la existencia de una cosa: *la multitud de gente propició la huida de los presos; el buen tiempo propició la excursión*. **SIN** favorecer. ◇ *v. tr./prnl.* **2** Atraer, conseguir o ganar la admiración o la benevolencia de alguien: *sus buenas obras propiciaron grandes elogios por parte de sus superiores; con su discurso se propició la admiración de todos*.
OBS En su conjugación, la *i* no se acentúa, como en *cambiar*.

propiciatorio, -ria *adj.* Que tiene la capacidad de hacer propicia o adecuada una cosa: *antiguamente se sacrificaban víctimas propiciatorias para conseguir el favor de un dios*.

propicio, -cia *adj.* Que es oportuno o favorable: *tienes que esperar el momento propicio para invertir tus ahorros; el clima tropical es propicio para el cultivo de plátanos*. **SIN** adecuado.
DER propiciar, propiciatorio.

propiedad *n. f.* **1** Derecho o poder que tiene una persona de poseer una cosa y poder disponer de ella dentro de los límites legales: *mi familia siempre ha disfrutado de la propiedad de esta finca; aquellas tierras son propiedad privada del alcalde*. **2** Cosa que pertenece a una persona, especialmente si es un bien inmueble, como por ejemplo un terreno o un edificio: *su familia era muy rica y tenía propiedades en toda España*. **SIN** bien. **3** Cualidad esencial y característica de una persona o de una cosa: *el agua mineral tiene propiedades medicinales; la tila tiene propiedades calmantes*. **4** Adecuación exacta entre el uso que se hace de una palabra o una frase y lo que significan exactamente: *debemos hablar con propiedad y corrección*. **ANT** impropiedad. **5** Parecido o semejanza casi perfecta que hay entre una cosa y su imitación: *el artista ha copiado el paisaje con gran propiedad*. **SIN** exactitud, fidelidad.
DER propietario; copropiedad, impropiedad, multipropiedad.

propietario, -ria *adj./n. m. y f.* **1** [persona, entidad] Que tiene derecho de propiedad sobre una cosa, especialmente sobre un bien inmueble: *la empresa de mi tío es la propietaria de este edificio*. **SIN** dueño. **2** [persona] Que ocupa un puesto de trabajo que le pertenece permanentemente: *aprobé las oposiciones y ahora soy propietario de una plaza de profesor en un instituto*. **SIN** titular. **ANT** interino.

propina *n. f.* Cantidad de dinero que se da voluntariamente para agradecer un servicio: *al pagar la cuenta en el restaurante dieron una buena propina al camarero porque se había mostrado muy amable y servicial*.

de propina Se usa para indicar que algo se hace por añadidura, además de otra cosa: *me dejó su colección de discos y, de propina, unas cintas de vídeo*.

propinar *v. tr.* *culto* Dar un golpe o proporcionar alguna cosa desagradable o dolorosa: *unos maleantes le propinaron una paliza al salir del trabajo; el equipo rival les ha propinado una severa goleada*. **2** Decir una cosa desagradable, molesta o incómoda: *los padres le propinaron una bronca por haber llegado tarde; les propinó un aburrido discurso de tres horas*.
DER propina.

propio, -pia *adj.* **1** Que pertenece a una persona, un animal o una cosa: *vivió en una casa alquilada hasta poder comprarse una propia; cada niño tiene su propio cuarto; la tortuga se esconde en el propio caparazón*. A menudo se usa para reforzar el pronombre posesivo: *mi propio coche, tu propia casa*. **2** Que es característico de una persona, un animal o una cosa: *mentir es propio de gente poco sincera; hace un frío propio del invierno*. **3** Que es conveniente y adecuado para un fin determinado: *sus observaciones no eran propias para el caso; la ropa deportiva no es propia para una fiesta elegante*. **4** Se utiliza para hacer referencia a la misma cosa o persona de la que se habla: *debe venir el propio interesado a recoger el paquete; me insultó en mi propia cara*. Se coloca siempre

delante del nombre. Sirve para enfatizar lo que se dice. SIN mismo. **5** GRAM. [nombre] Que se refiere a una persona o cosa en concreto, para designarlos y diferenciarlos de otros de su misma clase: *María, Barcelona y Europa son nombres propios; los nombres propios se escriben siempre con mayúscula*. ANT común.
DER propiamente, propiedad; apropiar, expropiar, impropio.

proponer *v. tr.* **1** Exponer un proyecto o una idea para que otra persona lo acepte: *te propongo que esta tarde vayamos al cine; me propuso un trabajo interesante.* ◇ *v. tr./prnl.* **2** Presentar o recomendar a una persona para que ocupe un determinado cargo o empleo: *lo acaban de proponer como representante de los trabajadores; se propuso a sí mismo como presidente de la asociación.* ◇ *v. prnl.* **3 proponerse** Decidirse a conseguir o a realizar una cosa poniendo los medios necesarios para ello: *se propuso aprender a conducir y lo consiguió; si no te lo propones en serio, no lo lograrás.*
DER proposición, propuesta, propuesto.

proporción *n. f.* **1** Relación de correspondencia y equilibrio entre las partes y el todo, o entre varias cosas relacionadas entre sí, en cuanto a tamaño y cantidad: *entre las distintas partes del cuerpo humano hay proporción; tienes que añadir la sal en proporción a la cantidad de comida que estés preparando.* ANT desproporción. **2** Expresión matemática en la que aparecen dos cocientes separados por el signo igual (=). ◇ *n. f. pl.* **3 proporciones** Tamaño o medida de una cosa: *no sé qué proporciones tiene el frigorífico nuevo ni si cabrá en la cocina.* SIN dimensiones. **4** Intensidad o importancia que tiene una cosa: *el incendio alcanzó proporciones extraordinarias.*
DER proporcional, proporcionar; desproporción.

proporcionado, -da *adj.* **1** Que tiene proporción o armonía entre sus diferentes partes: *esculpió una figura humana proporcionada y armoniosa.* **2** Que tiene una dimensión justa o adecuada sin ser ni demasiado grande ni demasiado pequeño: *el tamaño de sus pies y de sus manos es proporcionado al de su cuerpo.*

proporcional *adj.* Que guarda o respeta una proporción: *el sueldo que recibe debe ser proporcional al trabajo que realiza; has de dividirlo en partes proporcionales.*

proporcionar *v. tr./prnl.* **1** Poner a disposición de una persona lo que necesita o le conviene para un fin determinado: *allí le proporcionaron un coche y algún dinero para continuar el viaje.* SIN facilitar, proveer, suministrar. **2** Producir o causar una cosa, especialmente un sentimiento: *los hijos proporcionan grandes alegrías; yo mismo me proporcioné la ruina.* ◇ *v. tr.* **3** Colocar u ordenar las partes de una cosa con la debida proporción: *tienes que proporcionar las medidas del dibujo para que quede perfecto.*
DER proporcionado.

proposición *n. f.* **1** Ofrecimiento o invitación para hacer una cosa determinada: *proposición de trabajo; proposición de matrimonio.* SIN oferta, propuesta. **2** GRAM. Palabra o conjunto de palabras que consta de sujeto y predicado, y que al unirse con otra forma una oración compuesta: *la oración Carlos se sentó en un banco y esperó a su novia tiene dos proposiciones: Carlos se sentó en un banco y esperó a su novia; las proposiciones pueden unirse por coordinación o por subordinación.* **3** En matemáticas y lógica, enunciado de una verdad demostrada o de una opinión o juicio que se quiere demostrar. **4** En retórica, parte del discurso en que se expone aquello de lo que se quiere convencer a los oyentes.

propósito *n. m.* **1** Voluntad o intención de hacer una cosa: *este verano tengo el propósito de irme a Cuba.* **2** Finalidad que tiene una cosa o una acción: *este nuevo libro tiene el propósito de servir de ayuda a los estudiantes de matemáticas.* SIN objetivo.

a propósito *a)* De forma voluntaria o deliberada: *no lo hizo sin querer, sino que lo hizo a propósito para molestarme.* SIN adrede, aposta. *b)* De forma adecuada y conveniente para un fin: *esa mesa está hecha a propósito para dibujar planos.* *c)* Indica que aquello de lo que se está hablando tiene relación con lo que se acaba de decir: *dices que acabas de volver de vacaciones, pero, a propósito, ¿dónde has estado?* SIN por cierto.

a propósito de En relación al tema del que se está hablando: *a propósito de Beatriz, ¿cómo le va?; nos pusimos a hablar a propósito de la película.*

fuera de propósito Que no es adecuado ni conveniente: *ese comentario está fuera de propósito.* SIN inoportuno.
DER despropósito.

propuesta *n. f.* **1** Ofrecimiento o invitación para hacer una cosa determinada: *le hicieron una propuesta para que cambiara de trabajo; Andrés me hizo una propuesta de matrimonio.* SIN proposición. **2** Idea o proyecto sobre un asunto o negocio que se presenta ante una o varias personas que tienen autoridad para aprobarlo o rechazarlo: *el diputado lleva una propuesta para que la estudie el parlamento.* **3** Presentación o recomendación de una persona para que ocupe un determinado cargo o empleo: *rechazaron la propuesta que hicimos de Juan para el puesto de administrador.*
DER contrapropuesta.

propuesto, -ta *part.* Participio irregular de *proponer*: *me han propuesto como alcalde de mi ciudad.*

propugnación *n. f.* Defensa de una idea o postura por creerla conveniente o adecuada.

propugnar *v. tr.* Defender una idea u otra cosa que se considera útil o adecuada: *el proyecto del diputado propugnaba un cambio económico.*
DER propugnación.

propulsar *v. tr.* Empujar una cosa de modo que se mueva hacia adelante: *los barcos veleros son propulsados por el viento; los cohetes son propulsados por motores; el nuevo presidente propulsó el desarrollo económico del país.* SIN impulsar.
DER propulsión, propulsor.

propulsión *n. f.* Acción que consiste en empujar una cosa de modo que se mueva hacia adelante: *los barcos y los aviones se mueven por propulsión.* **propulsión a chorro** Procedimiento que se utiliza para mover hacia adelante un vehículo mediante la expulsión de una corriente de gases, producidos a gran presión por el motor, en dirección contraria a la marcha: *las naves espaciales y los proyectiles utilizan la propulsión a chorro.* SIN retropropulsión.
DER autopropulsión, motopropulsión, retropropulsión.

propulsor, -ra *adj.* **1** Que propulsa: *el ministro fue el propulsor de la nueva ley.* ◇ *n. m.* **2** Motor que produce movimiento mediante la expulsión de los gases que en él se producen: *los aviones de reacción funcionan con propulsores.*
SIN reactor.
DER turbopropulsor.

prórroga *n. f.* **1** Prolongación de la duración de una cosa, o del plazo de tiempo que se tiene para hacerla, por un tiempo determinado: *quiere pedir una prórroga de la beca para ampliar sus estudios; al final del partido los dos equipos estaban empatados, así que hubo una prórroga de media hora para desempatar.* **2** Aplazamiento del servicio militar obligatorio, que se les concede a los que son llamados a filas: *he* pedido una prórroga de dos años para poder acabar la carrera antes de hacer la mili.

prorrogable *adj.* Que se puede prorrogar por un tiempo determinado: *he firmado un contrato prorrogable por tres años*. **ANT** improrrogable.
DER improrrogable.

prorrogar *v. tr.* **1** Alargar o prolongar la duración de una cosa por un período de tiempo determinado: *quiero prorrogar mi estancia en España para poder visitar más lugares; le han prorrogado la beca por un año más*. **2** Aplazar o suspender la ejecución de una cosa: *la empresa quiere prorrogar los pagos*.
DER prórroga, prorrogable.
ETIM Véase *rogar*.

prorrumpir *v. intr.* Mostrar un sentimiento de forma repentina e intensa: *el público prorrumpió en aplausos; prorrumpió en llanto cuando se enteró de la mala noticia*.
SIN estallar.
ETIM Véase *romper*.
OBS Suele ir seguido de la preposición *en*.

prosa *n. f.* **1** Forma natural del lenguaje que no está sujeta a una rima o a una medida: *la lengua hablada se expresa en prosa; las novelas están escritas en prosa*. **2** Exceso de palabras para decir cosas poco o nada importantes: *con tanta prosa se me está haciendo cada vez más pesado*.
DER prosaico, prosificar, prosista, prosístico.

prosaico, -ca *adj.* Que resulta vulgar y no tiene ninguna emoción o interés especial, por estar demasiado relacionado con lo material: *coser, limpiar o fregar son actividades prosaicas*.

prosapia *n. f.* Ascendencia o linaje ilustre o aristocrático al que pertenece una persona: *su familia pertenece a una aristocrática prosapia*.

proscenio *n. m.* **1** Lugar de un antiguo teatro griego o latino que está situado entre la escena y la orquesta: *en el proscenio estaba situado el tablado en el que representaban los actores*. **2** Parte del escenario que está situada más cerca del público: *el proscenio se halla entre el borde del escenario y los bastidores*.

proscribir *v. tr.* **1** *culto* Expulsar a alguien de su patria, generalmente por causas políticas: *las autoridades proscribieron a los rebeldes*. **SIN** desterrar, expatriar. **2** Prohibir un uso o una costumbre: *el gobierno proscribió el consumo de alcohol*.
DER proscripción, proscrito.
OBS El participio irregular es *proscrito*.

proscripción *n. f.* **1** Expulsión o destierro de una persona de su patria, generalmente por razones políticas: *en la antigua Roma las proscripciones iban acompañadas de la venta pública de los bienes del condenado*. **2** Prohibición de una costumbre o del uso de una cosa. **SIN** veto. **ANT** autorización.

proscrito, -ta *adj./n. m. y f.* [persona] Que ha sido expulsado de su patria, generalmente por causas políticas: *los gobiernos de algunos países enviaban a los proscritos a las colonias más alejadas*.

prosecución *n. f. culto* Continuación de una cosa que se ha empezado: *esta chica llevará a cabo la prosecución de todos los proyectos que inició su compañera*.

proseguir *v. tr./intr.* **1** Continuar con una actividad que se ha empezado: *se hizo tarde y decidieron proseguir la lectura al día siguiente; nos será imposible proseguir mañana*. ◇ *v. intr.* **2** Continuar una persona o una cosa en un estado o actitud determinado: *la huelga de trenes proseguirá toda la semana*.
DER prosecución.

proselitismo *n. m.* Empeño exagerado con que una persona o una institución tratan de convencer y ganar seguidores o partidarios para una causa o doctrina: *los miembros de algunas sectas hacen proselitismo en las escuelas de la zona*. Frecuentemente tiene un matiz despectivo.
DER proselitista.

proselitista *adj./n. com.* [persona] Que pone mucho empeño en convencer y ganar seguidores o partidarios para una causa o doctrina: *su exagerada actitud proselitista molestaba a todo el mundo; es un proselitista, siempre está hablando de su partido*.

prosista *n. com.* Persona que escribe obras en prosa: *Azorín fue un excelente prosista de la generación del 98*.

prosístico, -ca *adj.* De la prosa o que está escrito en esta forma de expresión literaria: *obra prosística*.

prosodia *n. f.* **1** Parte de la gramática que enseña la pronunciación y acentuación correctas. **2** Parte de la fonología que estudia los rasgos sonoros que afectan a las unidades mayores o menores que el fonema: *la prosodia estudia el acento, el tono y la cantidad*. **3** Estudio de las características sonoras que afectan a la métrica de un poema: *la prosodia trata los acentos y el número de sílabas de los versos*.
DER prosódico.

prosódico, -ca *adj.* **1** GRAM. De la prosodia o que tiene relación con esta parte de la gramática y la fonología: *estudio prosódico*. **2** GRAM. [rasgo sonoro] Que afecta a unidades superiores o inferiores al fonema: *la entonación y el acento son rasgos prosódicos*.

prosopopeya *n. f.* **1** Figura retórica que consiste en atribuir a los seres inanimados acciones y cualidades propias de los seres animados: *en los árboles nos saludan hay una prosopopeya*. **SIN** personificación. **2** Gravedad o solemnidad afectada en la manera de hablar o actuar: *gasta mucha prosopopeya para no decir nada importante*.

prospección *n. f.* **1** Exploración del terreno para descubrir la existencia de yacimientos geológicos, minerales, agua u otra cosa: *ya han comenzado las prospecciones petrolíferas en el mar del Norte*. **2** Estudio de las posibilidades futuras de un negocio teniendo en cuenta datos actuales: *la empresa quiere hacer una prospección en el mercado español para ver cómo se venderá su nuevo producto*.

prospectivo, -va *adj.* Que se refiere al futuro: *visión prospectiva; estudios prospectivos*. **ANT** retrospectivo.

prospecto *n. m.* **1** Papel en el que están escritas las características de un determinado producto y las instrucciones para utilizarlo: *antes de tomar un medicamento hay que leer el prospecto*. **2** Exposición o anuncio breve que se hace al público sobre una obra, un espectáculo, una mercancía u otra cosa: *había varios prospectos de propaganda en el buzón; al entrar en el cine nos dieron un prospecto sobre la película*.
SIN folleto.

prosperar *v. intr.* **1** Mejorar de situación en la vida, especialmente de posición social y económica: *sus negocios prosperaron rápidamente*. **SIN** medrar. **2** Tener éxito o imponerse una idea, una opinión o una iniciativa: *la propuesta española sobre comercio no prosperó en la Comisión Europea*.
SIN triunfar.

prosperidad *n. f.* **1** Éxito o desarrollo favorable de las cosas: *la situación económica augura un futuro de prosperidad*. **2** Buena posición económica y social: *era pobre, pero se casó con un millonario y ahora goza de una gran prosperidad*.

próspero, -ra *adj.* **1** Que es favorable y que tiene o conlleva éxito o felicidad: *os deseo una feliz Navidad y un próspero año nuevo*. **2** Que se desarrolla de forma favorable, y cada

vez es más rico y poderoso: *negocio próspero; cosecha próspera*.
DER prosperar, prosperidad.

próstata *n. f.* Glándula del aparato genital masculino de los mamíferos, de pequeño tamaño y forma irregular, que está situada junto a la vejiga de la orina: *la próstata segrega un líquido blanquecino y viscoso que al mezclarse con los espermatozoides forma el semen*.

prosternarse *v. prnl.* Postrarse o arrodillarse una persona en señal de respeto: *al entrar en la iglesia se prosternó ante el altar*.

prostíbulo *n. m.* Establecimiento en el que trabajan personas que mantienen relaciones sexuales a cambio de dinero.
SIN burdel, lupanar.
DER prostibulario.

prostitución *n. f.* Actividad de la persona que mantiene relaciones sexuales a cambio de dinero: *estaba en la miseria y cayó en la prostitución para poder alimentar a sus dos niños*.

prostituir *v. tr./prnl.* **1** Hacer que una persona se dedique a mantener relaciones sexuales a cambio de dinero: *ese hombre está acusado de prostituir a su propia hija*. **2** Deshonrar a una persona o una cosa, o hacer que merezcan desprecio, generalmente para obtener dinero u otro beneficio: *has prostituido el buen nombre de tu familia al decir eso; se prostituyó aceptando dinero a cambio de traicionar a sus amigos*.
DER prostíbulo, prostitución, prostituta.

prostituto, -ta *n. m. y f.* Persona que mantiene relaciones sexuales a cambio de dinero.

protactinio *n. m.* Elemento químico metálico y radiactivo que se encuentra en los minerales de uranio: *el símbolo químico del protactinio es Pa*.

protagonismo *n. m.* **1** Condición que tiene la persona o cosa que desempeña el papel principal en un asunto: *Carmen asumió el protagonismo de la reunión por su facilidad de palabra; en esa obra los actos violentos cobran demasiado protagonismo*. **2** Tendencia que tiene una persona a estar siempre en el primer plano de un asunto o a mostrarse como la persona más cualificada: *su afán de protagonismo hace que sea una persona odiosa*.

protagonista *n. com.* **1** Personaje principal de una obra literaria, una película u otra creación artística: *el protagonista de la película es un joven rubio y muy atractivo*. **2** Persona o cosa que desempeña el papel principal en una obra, un hecho o un acontecimiento: *una joven de Sevilla fue la protagonista de un extraño rapto por amor; en sus esculturas, el protagonista es el tema amoroso*.
DER protagonismo, protagonizar.

protagonizar *v. tr.* **1** Representar el personaje principal de una obra literaria, una película u otra creación artística: *le han ofrecido protagonizar una película de aventuras*. **2** Desempeñar el papel principal en una obra, un hecho o un acontecimiento: *dos encapuchados protagonizaron un atraco a un banco*.

prótasis *n. f.* GRAM. Parte de la oración condicional que expresa una hipótesis o condición y va introducida por la conjunción *si*: *en la oración si vas al mercado, compra verduras y arroz, la prótasis es si vas al mercado*. **ANT** apódosis.

protección *n. f.* **1** Acción que consiste en proteger algo o a alguien de un daño o peligro: *el testigo necesitó la protección de la policía; muchos jóvenes luchan por la protección de la naturaleza*. **2** Cosa que sirve para proteger: *los jugadores de rugby llevan protecciones en las rodillas y en los codos*.
DER proteccionismo.

proteccionismo *n. m.* Sistema de política económica que intenta favorecer la producción nacional frente a la competencia extranjera haciendo pagar impuestos por la entrada de productos extranjeros al país: *en muchos países pobres se recurre al proteccionismo*. **ANT** librecambismo.
DER proteccionista.

proteccionista *adj.* **1** Del proteccionismo o que tiene relación con este sistema de política económica: *en la historia de nuestro país ha habido etapas de economía proteccionista y etapas de librecambismo*. **ANT** librecambista. ◊ *adj./n. com.* **2** [persona] Que es partidario del proteccionismo: *los proteccionistas son partidarios de la imposición de impuestos a las mercancías extranjeras*. **ANT** librecambista.

protector, -ra *adj.* **1** Que protege o defiende de algún daño o peligro: *mi madre trabaja en una sociedad protectora de animales; el colchón de la cuna lleva una funda protectora para evitar que se manche*. ◊ *adj./n. m. y f.* **2** [persona] Que protege y ayuda a alguien, especialmente dándole dinero: *es huérfano pero tiene un protector que le paga los estudios*. ◊ *n. m.* **3** Objeto que sirve para proteger determinadas partes del cuerpo: *los boxeadores se ponen protectores en la boca para resguardar los dientes de los golpes*.
DER protectorado.

protectorado *n. m.* **1** Soberanía que un estado ejerce en parte sobre un territorio que no está incorporado por completo a esa nación y que posee autoridades propias: *algunos países europeos ejercieron su protectorado sobre la mayoría del territorio africano*. **2** Territorio en el que se ejerce esa soberanía: *la India fue un protectorado inglés*.

proteger *v. tr./prnl.* **1** Defender o ayudar a una persona o una cosa para que no sufra daño o esté en peligro: *las organizaciones ecologistas protegen la naturaleza; nos protegemos de la lluvia con los impermeables y los paraguas; esta crema protege del sol*. **SIN** resguardar. **2** Emplear una persona su influencia o su dinero para ayudar a alguien o para apoyar el desarrollo de una acción: *es un millonario que destina gran parte de su dinero a proteger las letras y las artes*.
DER protección, protector, protegido.

proteico, -ca *adj.* De las proteínas o que tiene relación con estos compuestos químicos orgánicos: *sustancia proteica*. **SIN** proteínico.

proteína *n. f.* Sustancia orgánica que es el componente más importante de las células vivas y está formada por oxígeno, hidrógeno, carbono y nitrógeno: *las proteínas son indispensables para la alimentación humana; la carne y los huevos tienen muchas proteínas*.
DER proteico, proteínico.

proteínico, -ca *adj.* De las proteínas o que tiene relación con estos compuestos químicos orgánicos: *valor proteínico*. **SIN** proteico.

protésico, -ca *adj.* **1** De la prótesis o que tiene relación con ella. ◊ *n. m. y f.* **2** Persona que se dedica a la fabricación de piezas o aparatos artificiales que se colocan en la boca de las personas para sustituir a los dientes. **SIN** mecánico dentista.

prótesis *n. f.* **1** Pieza o aparato artificial que se coloca en el cuerpo de un ser vivo para sustituir un órgano o un miembro: *tras perder la mano en el accidente, le implantaron una prótesis*. **2** Operación en la que se lleva a cabo esta sustitución: *le han hecho una prótesis en la mano*.
OBS El plural también es *prótesis*.

protesta *n. f.* **1** Acción que consiste en protestar por algo que no gusta: *cuando el profesor anunció un examen sorpresa hubo muchas protestas por parte de los alumnos*. **SIN** queja.

2 Documento o acto con el que se protesta por algo que no gusta: *todos los trabajadores de la empresa firmaron la protesta y se la enviaron al jefe.*

protestante *adj.* **1** De una doctrina religiosa cristiana que tuvo su origen en las ideas del religioso alemán Martín Lutero en el siglo XVI. SIN evangélico. ◇ *adj./n. com.* **2** [persona] Que cree en esta doctrina religiosa.

protestantismo *n. m.* Doctrina religiosa cristiana que tuvo su origen en las ideas del religioso alemán Martín Lutero en el siglo XVI.

protestar *v. intr.* Mostrar disconformidad, oposición o queja por alguna cosa: *protestó por la injusticia que se estaba cometiendo; siempre protesta por la comida que le ponen en el colegio.* SIN quejarse.
DER protesta, protestante, protestón.

protestón, -tona *adj./n. m. y f. coloquial* [persona] Que protesta mucho o por cualquier cosa: *su hijo es casi tan protestón como él; eres una protestona, todo te parece mal y nunca estás contenta con nada.* SIN gruñón.

proto- Elemento prefijal que entra en la formación de palabras con el sentido de 'prioridad', 'preeminencia', 'superioridad': *prototipo, protozoo.*

protocolario, -ria *adj.* **1** Que se hace según el protocolo o se ajusta a él: *actos protocolarios.* **2** Que se hace sólo por cortesía o por cumplir unas determinadas reglas o costumbres: *visita protocolaria.*

protocolo *n. m.* **1** Conjunto de reglas que se siguen en la celebración de determinados actos oficiales o formales, y que han sido establecidas por decreto o por costumbre: *el protocolo dice que la mesa es presidida por la persona más importante; la princesa rompió el protocolo presentándose en la fiesta con pantalones vaqueros.* **2** Conjunto de escrituras y documentos que una persona autorizada guarda siguiendo ciertas formalidades: *el protocolo está en poder del notario.* **3** Documento en el que se recoge un acuerdo o las conclusiones extraídas de una reunión: *los presidentes de los dos gobiernos firmaron el protocolo de intercambio comercial.* SIN acta.
DER protocolario.

protón *n. m.* Parte elemental del núcleo del átomo que tiene carga eléctrica positiva: *la carga eléctrica del protón es idéntica a la del electrón, pero de signo contrario.*

prototípico, -ca *adj.* Que es un prototipo o modelo por reunir unas características que se consideran las más representativas de una clase, una cualidad o un defecto: *este chico es lo que podríamos llamar un trabajador prototípico.*

prototipo *n. m.* **1** Primer ejemplar que se fabrica de una figura, un invento u otra cosa, y que sirve de modelo para fabricar otras iguales, o molde original con el que se fabrica: *en el salón del automóvil se presentaron varios prototipos de coches eléctricos.* **2** Persona o cosa que reúne en grado máximo las características principales de cierto tipo de cosas y puede representarlas: *esa modelo es el prototipo de la belleza femenina de esta década; no me gusta Fernando porque es el prototipo de hombre machista.*
DER prototípico.

protozoo *n. m./adj.* **1** Microorganismo formado por una sola célula o por una colonia de células iguales entre sí que vive en medios acuosos o en líquidos internos de organismos superiores: *el paramecio es un protozoo.* ◇ *n. m. pl.* **2 protozoos** Grupo zoológico al que pertenecen estos microorganismos: *la ameba pertenece al grupo de los protozoos.*

protráctil *adj.* [lengua] Que tienen ciertos animales y que puede proyectarse hacia fuera de la boca y a una cierta distancia: *el camaleón tiene una lengua protráctil, que le sirve para cazar.*

protuberancia *n. f.* Elevación o bulto de forma redondeada que sobresale de una superficie: *a causa de la alergia tengo el brazo lleno de pequeñas protuberancias rojas que me pican mucho.*
DER protuberante.

protuberante *adj.* Que sobresale más de lo que se considera normal: *nariz protuberante.*

prov. Abreviatura de *provincia,* 'división administrativa'.

provecho *n. m.* **1** Utilidad o beneficio que se saca de una cosa o que se proporciona a alguien: *obtuvo un gran provecho de las prácticas que hizo en la empresa; los padres lo hacen todo en provecho de sus hijos.* **2** Efecto natural que produce la comida o la bebida en el organismo: *por más que cuida su régimen alimenticio, parece que las comidas no le hacen ningún provecho.* **3** Adelantamiento o buen rendimiento en una actividad: *ha trabajado con provecho y ha tenido muy buenas notas.*

de provecho Se aplica a una persona o cosa para indicar que es muy útil o muy apta para un fin determinado: *una buena formación es necesaria para llegar a ser un hombre de provecho.*

buen provecho Expresión que indica deseo de que siente bien una comida o una bebida: *sigan comiendo y buen provecho.*
DER provechoso; aprovechar.

provechoso, -sa *adj.* Que es útil y produce un beneficio: *las clases que hemos recibido nos serán muy provechosas en el futuro.*

proveedor, -ra *n. m. y f.* Persona o empresa que se dedica a suministrar uno o varios productos a un grupo numeroso de personas, como por ejemplo un comercio, una empresa, un ejército o una comunidad: *el jefe de cocina llamó al proveedor porque ya no quedaba pan.*

proveer *v. tr./prnl.* **1** Proporcionar a alguien lo necesario para un fin determinado: *la empresa que provee de comida al colegio ha cambiado de dueños; debemos proveernos de lo más conveniente para atravesar la selva.* Va seguido de la preposición *de.* SIN abastecer, suministrar, surtir. **2** Reunir las cosas necesarias para un fin determinado: *proveyeron el lugar de camas y víveres suficientes para los heridos en el accidente.* ◇ *v. tr.* **3** Resolver o dar salida a un asunto: *tuvieron que proveer una solución temporal mientras llegaban a un acuerdo.* **4** Dar un cargo o empleo a una persona: *decidieron proveer el puesto con la persona más digna.* **5** DER Dictar un juez o un tribunal una resolución o una sentencia: *la denuncia presentada aún está sin proveer por el juez.*
DER proveedor; desproveer.
OBS No debe confundirse con *prever.*

provenir *v. intr.* Proceder o tener origen en el lugar, cosa o persona que se expresa: *yo soy español pero mi familia proviene de Alemania; esa tos proviene del frío que cogiste ayer; esa broma sólo puede provenir de Luis.*
DER proveniencia.

provenzal *adj.* **1** De Provenza o que tiene relación con esta antigua provincia del sur de Francia: *literatura provenzal.* ◇ *adj./n. com.* **2** [persona] Que era de Provenza: *los provenzales habitaban el sur de Francia.* ◇ *n. m.* **3** Conjunto de dialectos romances de la zona del sur de Francia que fueron utilizados como forma literaria por los trovadores de la Edad Media: *el provenzal era la forma literaria de la lengua de oc.* **4** Lengua románica hablada en la actualidad en la región de Provenza: *el provenzal se estudia en las escuelas.*

proverbial *adj.* **1** Del proverbio, que tiene relación con él o que lo incluye: *durante la Edad Media se escribieron numerosas obras de contenido proverbial; le gusta hablar con refranes y frases proverbiales.* **2** Que es muy conocido por todos o desde siempre: *nos atendió en su despacho con proverbial amabilidad; la proverbial hospitalidad de los españoles.*

proverbio *n. m.* Frase que tiene forma fija y en la cual se expresa un pensamiento con un contenido moral, un consejo o una enseñanza: *los proverbios suelen ser de origen popular; no por mucho madrugar amanece más temprano es un conocido proverbio.* **SIN** aforismo, refrán, sentencia.
DER proverbial.

providencia *n. f.* **1** Cuidado que tiene Dios del mundo y de los hombres: *hemos hecho lo que hemos podido, sólo nos queda confiar en la Providencia.* En esta acepción suele escribirse con mayúscula. Muchas veces va acompañada del adjetivo *Divina* y en ese caso suele hacer referencia a Dios. **2** Medida que se toma para lograr un fin determinado o para prevenir o remediar un daño o peligro: *el ayuntamiento dictó providencias para paliar los daños producidos por el incendio.* **3** DER. Resolución dictada por un juez en un asuntos de poca trascendencia.
DER providencial.

providencial *adj.* **1** De la providencia, especialmente de la Divina, o que tiene relación con ella: *es providencial que no le haya pasado nada al niño al darse ese golpe tan fuerte en la cabeza.* **2** [acontecimiento, hecho] Que se produce de forma inesperada o casual y evita un daño o un suceso desgraciado: *la llegada de la madre fue providencial porque evitó la pelea de los dos hermanos.*
DER providencialismo.

próvido, -da *adj.* culto Que está dispuesto para proveer con generosidad de las cosas necesarias: *en una isla desierta sólo podemos contar con lo que nos proporcione la próvida naturaleza.*

provincia *n. f.* **1** Cada una de las divisiones territoriales y administrativas en que se organiza un Estado, generalmente gobernadas por un poder central: *España está dividida en comunidades autónomas que están formadas por provincias; Cataluña está formada por cuatro provincias: Barcelona, Tarragona, Lérida y Gerona; la provincia de Madrid limita con la de Toledo.* **2** Conjunto de personas que habitan en ese territorio: *toda la provincia estuvo presente en la feria industrial que se celebró en la capital.* **3** Cada uno de los distritos en que dividen un territorio las órdenes religiosas y que contiene una cantidad determinada de casas y conventos. ◇ *n. f. pl.* **4 provincias** Ciudades de un país que no son la capital: *la compañía inicia una gira por provincias para presentar su espectáculo.*
DER provincial, provinciano.

provincial *adj.* **1** De la provincia o que tiene relación con ella: *se presentó al campeonato provincial de ajedrez.* ◇ *n. m.* **2** Religioso que dirige y gobierna las casas y los conventos de una provincia.

provincianismo *n. m.* Apego excesivo a la mentalidad y costumbres de un lugar determinado: *el provincianismo provoca una gran estrechez de miras.* Es despectivo. **ANT** cosmopolitismo.

provinciano, -na *adj./n. m. y f.* **1** [persona] Que ha nacido o vive en una provincia, en oposición a una persona de la capital: *muchos provincianos acuden a la capital los fines de semana.* **2** [persona] Que tiene una mentalidad cerrada y unas ideas atrasadas y poco desarrolladas: *aunque haya viajado mucho sigue siendo un provinciano.* Se usa como apelativo despectivo. **SIN** pueblerino, paleto. ◇ *adj.* **3** Que es muy poco elegante o refinado: *me da vergüenza salir con él porque tiene unos modales muy provincianos.* **SIN** tosco.
DER provincianismo.

provisión *n. f.* **1** Acción que consiste en proporcionar a alguien lo necesario para un fin determinado: *una gran empresa se encarga de la provisión de alimentos al ejército.* **2** Conjunto de cosas, especialmente alimentos, que se guardan o se reservan para un fin determinado: *los excursionistas prepararon provisiones para diez días.* Se usa generalmente en plural. **3** Acción que consiste en reunir o guardar un conjunto de cosas, especialmente alimentos, para un fin determinado: *olvidó pensar en la provisión de combustible para el invierno.* **4** DER. Resolución o sentencia dictada por un juez o un tribunal: *los terroristas han sido condenados por provisión del juez.*
DER provisional; aprovisionar.

provisional *adj.* Que no es definitivo sino que depende de ciertas circunstancias: *el fontanero ha dicho que este arreglo es sólo provisional y que volverá mañana.* **SIN** eventual, temporal.

provisorio, -ria *adj.* Provisional: *situación provisoria.*

provisto, -ta *part.* Participio irregular de *proveer*: *la administración ha provisto a todos los hospitales de los medios necesarios.*

provocación *n. f.* **1** Acción o palabras con las que una persona incita a otra a que se enfade: *aquel gesto fue una provocación para que le pegaras.* **2** Cosa o hecho que despierta el deseo sexual en los demás, especialmente si se hacen de manera intencionada: *su manera de vestir es una provocación.*

provocador, -ra *adj./n. m. y f.* [cosa, persona] Que provoca, especialmente si lo hace a menudo: *nos miró con ojos provocadores; es un provocador que sólo quiere que se fijen en él.*

provocar *v. tr.* **1** Hacer una cosa que ocurra otra como reacción o respuesta a ella: *las lluvias torrenciales han provocado el desbordamiento del río; una simple chispa provocó el incendio que ha arrasado los bosques de la comarca.* **SIN** ocasionar. **2** Hacer enfadar a alguien mediante palabras o acciones: *he discutido con él porque no deja de provocarme.* ◇ *v. tr./intr.* **3** Tratar de despertar el deseo sexual de alguien: *sus palabras de amor tenían la intención de provocarla; se viste así sólo para provocar.*
DER provocación, provocador, provocativo.

provocativo, -va *adj.* Que provoca deseo sexual: *lleva siempre ropa provocativa para que la gente la mire.*

proxeneta *n. com.* Persona que induce a otra a ejercer la prostitución y se beneficia de las ganancias económicas que se obtienen de esta actividad: *fue acusado de proxeneta por el tribunal.*

proximidad *n. f.* **1** Cercanía o poca distancia en el espacio o en el tiempo: *ante la proximidad de las fiestas, la gente hace ya sus compras de Navidad.* ◇ *n. f. pl.* **2 proximidades** Lugares cercanos a un sitio determinado: *no había ni un solo teléfono en las proximidades.*

próximo, -ma *adj.* **1** Que está cerca de algo en el espacio o en el tiempo: *te espero en la cafetería próxima al hospital; en fecha próxima se inaugurará el hotel.* **SIN** cercano. **ANT** lejano. ◇ *adj./n. m. y f.* **2** Que sigue a otra cosa o persona, o que está inmediatamente después: *el próximo día traed un cuaderno y un bolígrafo; la enfermera preguntó quién era el próximo en pasar a la consulta.* **SIN** siguiente. **ANT** anterior.
DER próximamente, proximidad; aproximar.

P p

ETIM *Próximo* procede del latín *proximus*, que tenía el mismo significado, voz con la que también está relacionada *prójimo*.

proyección *n. f.* **1** Lanzamiento o impulso de una cosa hacia adelante o a distancia: *mediante la pólvora se consigue la proyección de la bala*. **2** Importancia o influencia que alcanza una cosa: *la obra literaria de este autor ha tenido una gran proyección internacional*. **SIN** trascendencia. **3** Acción que consiste en reflejar sobre una pantalla o superficie una imagen o una película: *la proyección de la película será esta tarde a las cinco*. **4** Imagen que se presenta sobre una pantalla u otra superficie: *las proyecciones estaban borrosas y no se veían con claridad; sobre el muro se observaba la proyección de su sombra*. **5** Representación de un cuerpo en un plano que se consigue trazando líneas rectas desde todos los puntos del cuerpo: *en clase de dibujo hicimos la proyección de un cono*. **6** En psicología, mecanismo por el cual una persona le atribuye a otra un comportamiento o un sentimiento propio que ella misma no se atreve a reconocer.

proyectar *v. tr.* **1** Lanzar o impulsar una cosa hacia adelante o a distancia: *los focos proyectan la luz hacia el cielo*. **2** Pensar y decidir el modo y los medios necesarios para hacer una cosa: *ha proyectado un bonito viaje a las islas del Caribe; está proyectando montar su propio negocio*. **SIN** planear. **3** Reflejar una imagen o una película sobre una pantalla o una superficie: *están proyectando una película de dibujos animados en la pared de la sala*. **4** Trazar líneas rectas desde todos los puntos de un cuerpo hasta un plano obteniendo así su representación: *en el examen de dibujo tuvimos que proyectar un cono y una pirámide*. ◇ *v. tr./prnl.* **5** Hacer que una figura se pueda ver sobre una superficie: *los árboles proyectan sus largas sombras en el camino; la silueta del bailarín se proyectaba en el fondo del escenario*. **6** Reflejar un sentimiento, una idea o una pasión en una cosa, especialmente en una obra artística o literaria: *en esta novela el autor proyecta su amor por sus hijos; en sus obras se proyectan los sentimientos más íntimos de la escultora*.
DER proyección, proyectil, proyecto, proyector.

proyectil *n. m.* Cuerpo que se lanza con fuerza a distancia, generalmente con armas de fuego: *les lanzaron piedras, tomates y todo tipo de proyectiles; los proyectiles explotaron y destruyeron el edificio*.

proyecto *n. m.* **1** Intención o deseo que una persona tiene de hacer una cosa: *tiene el proyecto de ir a Japón este verano*. **SIN** plan, propósito. **2** Conjunto de cálculos, análisis e investigaciones que se hacen para llevar a cabo un trabajo o una actividad importante: *han hecho un proyecto para reducir la contaminación de las aguas*. **proyecto de ley** DER. Conjunto de disposiciones que el Gobierno propone como ley para que el Parlamento las apruebe: *el partido que está en el poder ha presentado un proyecto de ley para evitar el fraude fiscal*. **3** En arquitectura e ingeniería, conjunto de dibujos, cálculos y datos necesarios para la realización de una obra de construcción: *el arquitecto presentó el proyecto del hotel y el ayuntamiento lo está estudiando*.
DER proyectista; anteproyecto.

proyector *n. m.* **1** Aparato eléctrico que sirve para proyectar o reflejar una imagen o una película sobre una pantalla o superficie. **2** Lámpara que emite una luz muy intensa: *los rayos de luz del proyector llegaban al escenario*. **SIN** foco.
DER retroproyector.

prudencia *n. f.* **1** Virtud que consiste en tener buen juicio y saber distinguir si una acción es buena y conveniente o no, para seguirla o apartarse de ella: *la prudencia lo llevó a separarse de aquella mala gente*. **SIN** sensatez. **2** Virtud que consiste en contener o frenar los sentimientos o los impulsos, evitando los excesos: *si tomas bebidas alcohólicas, hazlo con prudencia*. **SIN** moderación, templanza. **3** Cuidado que se pone al hacer algo para evitar inconvenientes, dificultades o daños: *hay que conducir con prudencia para evitar los accidentes*. **SIN** cautela, precaución.
DER prudencial.

prudencial *adj.* Que implica prudencia o mesura, que es moderado: *antes de irte espérame un tiempo prudencial*.

prudente *adj.* Que muestra buen juicio y madurez en sus actos y obra con moderación: *debes ser prudente al conducir un automóvil*. **ANT** imprudente.
DER prudencia; imprudente.

prueba *n. f.* **1** Uso o examen que se hace de una cosa para comprobar si funciona o se ajusta a un fin determinado: *he hecho una prueba y he visto que el aparato funciona bien; la modista hizo una prueba del vestido antes de acabarlo de coser del todo*. **2** Examen que se hace para demostrar unos conocimientos o unas capacidades: *la prueba de matemáticas me pareció más difícil que la de ciencias; el atleta ha conseguido superar tres de las cuatro pruebas*. **prueba de fuego** La prueba más importante y difícil: *si consigues aprobar ese examen, habrás superado la prueba de fuego*. **3** Razón o testimonio que demuestra la verdad o la falsedad de una cosa: *el testigo dio pruebas de que el acusado era inocente*. **4** Señal o muestra de una cosa: *te regalo este anillo en prueba de mi amor*. **5** Situación o circunstancia triste y difícil: *la muerte de su madre fue una dura prueba para ella*. **6** Cantidad muy pequeña que se extrae de una cosa para examinar su calidad: *el médico analizó unas pruebas de orina del paciente para ver si encontraba alguna enfermedad*. **SIN** muestra. **7** Análisis médico: *el doctor me hizo unas pruebas para ver si tenía alguna alergia*. **8** Muestra provisional de un texto escrito que se utiliza para corregir los errores que tiene el texto antes de imprimirlo definitivamente: *las pruebas de imprenta todavía están por corregir*. **9** MAT. Operación que sirve para comprobar la exactitud de otra que ya está hecha: *tengo bien la multiplicación: he hecho la prueba*. **10** Competición deportiva: *le eliminaron en la prueba de resistencia*.
a prueba En una situación que permite comprobar una cualidad o la calidad de una cosa o persona: *el nuevo empleado está trabajando a prueba y después decidirán si lo contratan*.
a prueba de *coloquial* Indica que una cosa es muy fuerte o resistente a lo que se expresa a continuación: *tu padre tiene un estómago a prueba de bomba, come todo lo que quiere y nada le sienta mal; tu reloj está hecho a prueba de golpes, se ha caído del quinto piso y no le ha pasado nada*.
poner a prueba Comprobar si una cosa o una persona tienen las características adecuadas o necesarias para un fin: *pusieron a prueba sus conocimientos con un difícil problema de matemáticas*. **SIN** probar.

prurito *n. m.* **1** Picor que se siente en una parte del cuerpo o en todo él: *el prurito causado por plantas o picaduras de insectos se alivia con pomada*. **2** Deseo constante, y a veces excesivo, de hacer una cosa lo mejor posible: *tiene un gran prurito profesional y nunca deja las cosas a medias; tiene el prurito de hacer su trabajo mejor que nadie*.

prusiano, -na *adj.* **1** De Prusia o que tiene relación con este antiguo estado del norte de Alemania: *ejército prusiano*. ◇ *adj./n. m. y f.* **2** [persona] Que era de Prusia: *el monarca prusiano Federico II convirtió Prusia en una gran potencia europea*.

pseudo- Elemento prefijal que entra en la formación de palabras con el significado de 'falso', especialmente en el sen-

tido de 'pretendido', 'impropiamente llamado': *seudónimo, seudópodo*.
OBS Es más frecuente su escritura con la forma *seudo-*.

psi *n. f.* Letra vigésima tercera del alfabeto griego: *la psi equivale al sonido ps*.

psico- Elemento prefijal que entra en la formación de palabras con el significado de: *a)* 'Actividad mental': *psicología, psicoanálisis. b)* 'Psicología', 'psicológico': *psicoterapia, psicosociología*.
OBS Puede adoptar la forma *sico-*.

psicoanálisis *n. m.* Método de tratamiento de enfermedades mentales a partir del análisis de los impulsos instintivos reprimidos por la conciencia, impulsos que influyen en las personas de manera inconsciente; para ello se utilizan la hipnosis, la interpretación de los sueños o la asociación libre de ideas: *el psicoanálisis ha evolucionado mucho desde Freud*.
OBS El plural también es *psicoanálisis*.

psicoanalista *adj./n. com.* [psiquiatra] Que practica el psicoanálisis.
OBS También se escribe *sicoanalista*.

psicoanalítico, -ca *adj.* Del psicoanálisis o relacionado con este método de tratamiento de enfermedades mentales.
OBS También se escribe *sicoanalítico*.

psicoanalizar *v. tr.* Someter a una persona al tratamiento del psicoanálisis.
OBS También se escribe *sicoanalizar*. En su conjugación, la *z* se convierte en *c* delante de *e*.

psicodélico, -ca *adj.* **1** [estado psicológico] Que se caracteriza por una alteración de la sensibilidad y se manifiesta con euforia y alucinaciones: *la ingestión de drogas puede dar lugar a estados psicodélicos*. **2** Que causa o provoca este estado psicológico: *las drogas alucinógenas son psicodélicas*. **3** *coloquial* Que es raro o extravagante: *la decoración de su apartamento es muy psicodélica*. ◇ *n. m.* **4** Aparato electrónico que está conectado al amplificador de un equipo de música y está provisto de unas luces de colores que se encienden y se apagan al ritmo de la música: *las luces del psicodélico funcionan cuando detectan los sonidos medios, graves o agudos*.

psicofármaco *n. m.* Fármaco o medicamento que tiene efectos psíquicos: *el psiquiatra le recetó unos psicofármacos contra la depresión*.

psicología o **sicología** *n. f.* **1** Ciencia que estudia la actividad mental y el comportamiento de los seres humanos: *la psicología da cuenta de los procesos conscientes e inconscientes de la mente humana*. **2** Manera de sentir y de pensar de una persona o un grupo: *un grupo de especialistas está haciendo un estudio sobre la psicología de los ancianos*. **3** *coloquial* Capacidad para comprender y conocer a las personas: *tiene mucha psicología y sabe cómo tratar a los demás*. **4** Todo lo que se refiere a la conducta de los animales: *vi un reportaje sobre la psicología de los gatos y su peculiar comportamiento con los seres humanos*.
DER psicológico, psicólogo; parapsicología.

psicológico, -ca *adj.* **1** De la psicología o relacionado con esta ciencia: *asistirá a un congreso sobre las últimas teorías psicológicas*. **2** De la manera de sentir y de pensar de una persona o relacionado con ella: *la necesidad de aprobar los exámenes le causaba una gran presión psicológica*. **3** [situación, suceso] Que provoca una rápida alteración de la manera de sentir y de pensar de una persona o de un grupo de personas: *en el último minuto, consiguieron un gol psicológico*.
OBS También se escribe *sicológico*.

psicólogo, -ga *n. m. y f.* **1** Persona que se dedica al estudio del entendimiento y la conciencia de las personas y el modo en que éstos influyen en su carácter y su comportamiento: *varios psicólogos atendían a los familiares de las víctimas*. **2** Persona que tiene especial capacidad para conocer el carácter de las personas y comprender las causas de su comportamiento: *es un gran entrenador y tiene fama de psicólogo*.
OBS También se escribe *sicólogo*.

psicomotricidad *n. f.* Relación que se establece entre la actividad psíquica de la mente humana y la capacidad de movimiento o función motriz del cuerpo: *tras el accidente el médico le recomendó hacer ejercicios de psicomotricidad*.

psicópata o **sicópata** *n. com.* Persona que padece una enfermedad mental por la cual tiene alterada su conducta afectiva y su relación con los demás pero mantiene sanas sus funciones mentales y perceptivas: *un psicópata asesinó a toda su familia y después se suicidó*.

psicopatía *n. f.* Enfermedad o trastorno mental que se caracteriza por una alteración de la personalidad en cuanto a las relaciones personales y la conducta social: *en la psicopatía no hay cambios en las funciones perceptivas y emocionales del individuo*.

psicosis o **sicosis** *n. f.* **1** Enfermedad mental muy grave que se caracteriza por una alteración de la mente: *las personas que sufren psicosis suelen tener un comportamiento extraño y violento*. **2** Miedo o angustia irracional, especialmente la que se da en un colectivo de personas: *la falta de agua está produciendo una psicosis entre los ciudadanos*.
OBS El plural también es *psicosis* o *sicosis*.

psicosomático, -ca *adj.* Que produce una acción de la mente sobre el cuerpo o del cuerpo sobre la mente: *enfermedad psicosomática*.

psicoterapia *n. f.* Tratamiento que se da a ciertas enfermedades mediante determinados procedimientos psicológicos: *la sugestión y la hipnosis son técnicas de la psicoterapia*.

psique *n. f.* *culto* Conjunto de procesos conscientes e inconscientes propios de la mente humana, en oposición a los que son puramente orgánicos: *el desarrollo de su psique no se ajusta a su edad biológica*.
DER psicosis, psiquis, psiquiatría.

psiquiatra *n. com.* Médico especializado en el estudio y tratamiento de las enfermedades mentales.
OBS También se escribe *siquiatra*.

psiquiatría *n. f.* Parte de la medicina especializada en el estudio y tratamiento de las enfermedades mentales.
OBS También se escribe *siquiatría*.

psiquiátrico, -ca *adj.* **1** De la psiquiatría o que tiene relación con esta parte de la medicina: *tratamiento psiquiátrico*. ◇ *adj./n. m.* **2** [hospital, clínica] Que alberga a los enfermos mentales mientras reciben tratamiento: *tuvo una fuerte depresión y estuvo ingresado en un psiquiátrico durante un mes; lo internaron en una clínica psiquiátrica*.

psíquico, -ca o **síquico, -ca** *adj.* De la mente o que tiene relación con ella: *tiene que encontrarse en perfecto estado físico y psíquico para reincorporarse a la competición*.

psiquis *n. f. culto* Psique.
OBS El plural también es *psiquis*.

-ptero, -ptera Elemento sufijal que entra en la formación de palabras con el significado de 'ala': *hemíptero, lepidóptero*.

pterodáctilo *n. m.* Reptil volador de gran tamaño del cual se han hallado restos fósiles que pertenecían al período jurásico, en la era secundaria.

púa *n. f.* **1** Cuerpo pequeño, delgado y firme, que acaba en una punta afilada: *algunas plantas tienen púas que pinchan*.

P p

2 Pincho o espina de un animal: *los erizos tienen púas por todo el cuerpo.* **3** Diente de un peine o de un cepillo del pelo: *hay un montón de pelos enredados entre las púas del peine.* **4** Chapa triangular delgada y firme que se usa para tocar instrumentos de cuerda, especialmente la guitarra: *la púa para tocar el bajo es más gruesa que la de la guitarra.* **5** Trozo de tallo de una planta o de un árbol que se mete en otro para hacer un injerto: *Nieves ha traído unas púas para los rosales del jardín de la torre.*

pub *n. m.* Establecimiento en el que se toman bebidas y se escucha música, y que normalmente tiene una decoración más cuidada que la de un bar: *los pubs suelen tener asientos cómodos y poca iluminación.*
OBS Es de origen inglés y se pronuncia aproximadamente 'pab'.

púber *adj./n. com.* [persona] Que ha llegado a la pubertad: *con doce años tu hijo ya es un púber.* **SIN** adolescente.
OBS El plural es *púberes.*

pubertad *n. f.* Primera fase de la adolescencia en la que se producen ciertos cambios físicos, como la aparición de vello en algunas partes del cuerpo o el cambio de voz, y se adquiere la capacidad de reproducción: *las chicas tienen su primera menstruación durante la pubertad.*

pubis *n. m.* **1** Parte inferior del vientre, próxima a los órganos sexuales: *el pubis se cubre de vello durante la pubertad.* ☞ cuerpo humano. **2** Cada uno de los dos huesos de la pelvis que se unen al ilion y al isquion. ☞ esqueleto.
OBS El plural también es *pubis.*

publicación *n. f.* **1** Acción que consiste en publicar una obra escrita: *la publicación de la obra inédita del autor causó un gran revuelo.* **2** Acción que consiste en dar a conocer a mucha gente una información o una noticia: *los medios de comunicación se encargan de la publicación de las noticias más importantes.* **3** Obra escrita que se imprime y se pone a la venta, especialmente un libro o una revista: *esta revista es una publicación mensual; a los 30 años ya contaba con varias decenas de publicaciones.*

publicar *v. tr.* **1** Dar a conocer a mucha gente una información o una noticia: *los novios publicaron la fecha de su boda a todos los familiares y amigos.* **2** Revelar o decir una cosa que era secreta y se debía ocultar: *el periódico publicó unas conversaciones telefónicas muy comprometidas para el banquero.* **3** Imprimir y poner a la venta un periódico, un libro u otra obra escrita: *esta editorial publica diccionarios; la escritora busca un editor que publique su último libro de poemas.*
DER publicación; impublicable.

publicidad *n. f.* **1** Conjunto de medios, técnicas y actividades que tienen como objetivo dar a conocer al público un producto, una opinión o a una persona, con un fin determinado: *los anuncios de televisión y los carteles en la calle son medios muy utilizados por la publicidad.* **2** Acción que consiste en dar a conocer al público un producto, una opinión, una noticia o a una persona, con un fin determinado: *han interrumpido la película cuatro veces para hacer publicidad; las revistas del corazón les dan mucha publicidad a las bodas de los famosos.* **SIN** propaganda.
DER publicista, publicitar; publicitario.

publicista *n. com.* Persona que se dedica profesionalmente a la publicidad: *es publicista de radio y televisión.*

publicitario, -ria *adj.* De la publicidad o que tiene relación con ella: *la empresa presentó su nueva campaña publicitaria para dar a conocer sus productos.*

público, -ca *adj.* **1** Que es sabido o conocido por mucha gente: *su relación con una modelo fue un escándalo público; su afición a la bebida es pública.* **2** [persona] Que es muy conocido por la mayoría de la gente: *los políticos y los artistas son personajes públicos.* **3** Que es de todos los ciudadanos o para todos ellos: *parque público; teléfono público; vía pública; transporte público.* **ANT** particular. **4** Que pertenece al Estado o a su administración: *colegio público; empresa pública.* **ANT** privado. ◇ *n. m.* **5** Conjunto de personas que forman una colectividad indefinida: *precio de venta al público; oficina de atención al público.* **6** Conjunto de personas que hay reunidas en un lugar, especialmente para ver un espectáculo o un acontecimiento: *se ruega al público de la sala que se mantenga en silencio.* **7** Conjunto de personas que forman un colectivo o participan de las mismas aficiones: *el cine de terror suele tener un público joven; esta novela está dedicada al público infantil.*

el gran público La gente en general, especialmente la que no conoce bien un determinado tema: *las películas de aventuras están destinadas al gran público; es un libro muy filosófico que no va dirigido al gran público.*

en público De manera que lo pueda ver una gran cantidad de gente: *es muy tímido y no le gusta nada hablar en público; se discutieron en público.*

sacar (o dar) al público Dar a conocer una obra escrita u otra cosa: *ese autor acaba de sacar al público una nueva novela.*
DER públicamente, publicar, publicidad.

publirreportaje *n. m.* Reportaje publicitario que se emite por televisión y suele tener una duración o extensión más larga de lo habitual: *la empresa de cava ha realizado un publirreportaje donde se muestra su elaboración.*

pucherazo *n. m.* Engaño que consiste en publicar un resultado falso del recuento de votos de unas elecciones: *las votaciones electorales de principios del siglo XX estuvieron cargadas de pucherazos.*

puchero *n. m.* **1** Recipiente redondo, alto y un poco abombado, con la boca ancha y una o dos asas, que sirve para cocinar: *los pucheros suelen ser de barro o de metal.* **2** *coloquial* Comida de todos los días: *no creas que cobro tanto, sólo gano para el puchero; voy a casa a ver qué tengo de puchero.* **3** Gesto de la cara que se hace cuando se empieza a llorar: *¡mira qué pucheros hace el bebé!; al ver al padre enfadado, el niño comenzó a hacer pucheros.*
DER pucherazo.

pudibundez *n. f.* Pudor o vergüenza muy exagerados: *la pudibundez suele manifestarse en cualquier cosa relacionada con el sexo.*

pudibundo, -da *adj.* [persona] Que manifiesta un pudor o una vergüenza muy exagerados o afectados: *es muy pudibundo al hablar de sexo.* **SIN** mojigato, pudoroso.

púdico, -ca *adj.* Que tiene o muestra pudor, especialmente ante temas relacionados con el sexo: *es tan púdico que le da vergüenza quitarse la ropa delante de sus amigos.* **SIN** pudoroso, recatado. **ANT** impúdico.
DER impúdico.

pudiente *adj./n. com.* [persona] Que tiene poder y riqueza: *los más pudientes dieron dinero para ayudar a los más pobres.*

pudín *n. m.* **1** Dulce de consistencia esponjosa que se elabora con pan o bizcocho mojados en leche, a los que se suelen añadir frutas, y que se cocina en un molde alargado: *el pudín suele llevar frutas confitadas.* **SIN** budín. **2** Alimento que se elabora con ingredientes muy variados y se cocina en un molde alargado: *pudín de pescado; pudín de carne; pudín de verduras.* **SIN** budín.

pudor *n. m.* **1** Vergüenza o timidez que siente una persona en una determinada situación, especialmente en lo relacionado con el sexo: *el pudor le impedía desnudarse ante la enfermera.* **2** Humildad y timidez que siente una persona: *tiene tanto pudor que cuando le alaban en público se pone colorado.*
DER púdico, pudoroso; impudor.

pudoroso, -sa *adj.* Que tiene o muestra pudor, especialmente ante temas relacionados con el sexo: *es muy pudorosa y no le gusta mostrar su cuerpo desnudo a nadie.* **SIN** púdico, recatado. **ANT** impúdico.

pudridero *n. m.* **1** Lugar en que se ponen los desperdicios para que se pudran. **2** Lugar donde se tiene durante un tiempo un cadáver antes de colocarlo en un panteón.

pudrir *v. tr./prnl.* **1** Descomponer o corromper una sustancia animal o vegetal: *el agua pudre la madera; la fruta se pudrió enseguida a causa del calor.* **2** Molestar o causar pena, disgusto o desagrado a una persona: *la ambición y el dinero han podrido su corazón; me quedé toda la tarde en casa sola pudriéndome de aburrimiento.*
DER pudridero.
ETIM *Pudrir* procede del latín *putrire*, que tenía el mismo significado, voz con la que también está relacionada *pútrido*.
OBS El participio es *podrido*.

pueblerino, -na *adj.* **1** Que es de un pueblo o de un lugar pequeño, o está relacionado con él: *le gustan mucho la vida y las costumbres pueblerinas.* ◊ *n. m. y f.* **2** Persona que ha nacido o que vive en un pueblo o en un lugar pequeño: *los pueblerinos tienen una vida más tranquila que los de la gran ciudad.* ◊ *adj./n. m. y f.* **3** [persona] Que tiene poca educación, malos modales o escasa formación cultural: *es una pueblerina que no sabe cómo comportarse en la mesa; es demasiado pueblerino como para adaptarse a la vida de la ciudad.* Se suele usar como apelativo despectivo. **SIN** paleto.

pueblo *n. m.* **1** Población más pequeña y menos importante que una ciudad, especialmente aquella cuyos habitantes viven de actividades relacionadas con el sector primario: *en verano pasa sus vacaciones en un pequeño pueblo de Teruel; los jóvenes del pueblo no quieren trabajar en el campo.* **2** Conjunto de personas que vive en esa población: *el pueblo entero se reunió en la plaza durante la fiesta.* **3** Conjunto de personas que viven en un lugar, región o país: *el pueblo gallego se solidarizó con las víctimas del naufragio.* **4** Conjunto de personas que forman una comunidad y están unidas por una misma raza, una misma religión, un mismo idioma o una misma cultura: *el pueblo gitano sigue conservando sus costumbres; hay pueblos nómadas en el desierto; el Papa guía al pueblo cristiano.* **5** Conjunto de habitantes de un país en relación a sus gobernantes: *el pueblo elige democráticamente a sus representantes en el gobierno y el parlamento.* **6** Conjunto de personas que tienen un nivel social bajo: *la reina bajó del coche para mezclarse con el pueblo.*
DER pueblerino.

puente *n. m.* **1** Construcción que se hace sobre los ríos, los fosos y otros lugares para poder pasar de un lado a otro: *han construido un puente sobre la carretera para que los peatones puedan cruzarla sin peligro.* **puente colgante** Puente sujeto con cables, cadenas de hierro o cuerdas gruesas. **puente levadizo** Puente que se puede levantar por uno de sus extremos: *los puentes levadizos estaban construidos sobre los fosos de las fortalezas para impedir el paso del enemigo.* **2** Día en que no se trabaja por estar entre dos festivos: *como el jueves y el sábado son días de fiesta, haremos puente el viernes.* **3** Conjunto de los días seguidos de vacaciones cuando entre ellos hay un día de puente: *durante el puente de cinco días se han producido muchos accidentes en la carretera.* **4** Pieza de metal que sirve para sujetar los dientes artificiales a los naturales: *al sonreír se le veía el puente de oro que le había puesto el dentista.* **5** Conexión entre dos cables que permite el paso de la corriente eléctrica: *los ladrones pusieron en marcha el coche haciendo un puente.* **6** Curvatura de la parte interior de la planta del pie: *el niño tiene problemas al caminar porque tiene demasiado puente.* **7** Pieza central de las gafas que sirve para unir los dos cristales: *se caló las gafas empujando el puente con el dedo.* **8** MAR. Plataforma con barandilla que hay en la cubierta de una embarcación, desde la que los oficiales comunican las órdenes a los marineros: *el capitán dirigía la maniobra desde el puente del buque.* **9** Pequeña pieza de madera colocada en la parte inferior de un instrumento musical de cuerda, que sirve para sujetar las cuerdas. **SIN** cordal. *el puente de la guitarra está torcido y las cuerdas tocan el mástil.* **10** Ejercicio de gimnasia que consiste en dejar caer el cuerpo hacia atrás en forma de arco hasta hacerlo descansar sobre los pies y las manos: *la gimnasta se lastimó una muñeca cuando hacía el puente.* **11** Cualquier cosa que sirve para poner en contacto dos cosas o lugares o para acercarlas: *los representantes sirven de puente entre los estudiantes y los dirigentes del colegio.* **puente aéreo** *a)* Comunicación frecuente que se establece entre dos lugares por medio de aviones para transportar personas y mercancías: *envió los paquetes por el puente aéreo. b)* Conjunto de instalaciones que están al servicio de la comunicación frecuente entre dos lugares por medio de aviones: *esperó unos minutos en el puente aéreo y luego tomó su avión.*
DER puentear.

puentear *v. tr.* Colocar un puente en un circuito eléctrico: *me puentearon el coche y me lo robaron.*

puerco, -ca *n. m. y f.* **1** Animal mamífero doméstico, bajo, grueso, de patas cortas y cola pequeña y torcida cuya carne aprovecha el hombre: *el granjero criaba puercos y vendía los cochinillos.* **SIN** cerdo, cochino, marrano. **puerco espín** Animal mamífero roedor, nocturno, que tiene la espalda y la cola cubiertas de espinas y la cabeza cubierta de pelos largos y fuertes, y que se alimenta de frutos secos y raíces: *el puerco espín utiliza sus espinas para defenderse de sus enemigos.* Para indicar el sexo se usa *el puerco espín macho* o *el puerco espín hembra*. El plural es *puercos espinos*. ◊ *adj./n. m. y f.* **2** [persona] Que no cuida su aseo personal o que produce asco: *es un puerco que no se ducha nunca; no seas tan puerco y lávate las manos.* Se usa como apelativo despectivo. **SIN** cerdo, guarro, marrano. ◊ *adj.* **3** *coloquial* Que está muy sucio: *la peluca está puerca y no me la pienso poner.*
ETIM *Puerco* procede del latín *porcu*, que tenía el mismo significado, voz con la que también están relacionadas *emporcar, porcino, porquería, porqueriza*.

pueri- Elemento prefijal que entra en la formación de palabras con el significado de 'niño': *puericultura*.

puericultor, -ra *n. m. y f.* Persona que se dedica a la puericultura: *una puericultora enseñaba a las futuras madres todo lo necesario para cuidar bien a sus bebés.*

puericultura *n. f.* Ciencia que trata de la crianza y cuidado de los niños durante los primeros años de vida: *leían libros y revistas de puericultura para prepararse para ser padres.*
DER puericultor.

pueril *adj.* **1** Que es propio de los niños pequeños o tiene alguna característica propia de ellos: *aunque tiene 30 años, tiene un comportamiento pueril.* **2** Que tiene poco valor, poco interés o poca importancia: *sus comentarios siempre*

son pueriles y nunca dice nada que resulta interesante. **SIN** trivial.
DER puerilidad.

puerilidad n. f. **1** Característica de lo que es propio de un niño: te tenía por una persona madura, pero me ha sorprendido tu puerilidad. **2** Hecho o dicho que es propio de un niño: eso que dices es una puerilidad. **SIN** niñería. **3** Cosa que tiene poco valor o importancia: no te obsesiones con eso, que es una puerilidad. **SIN** insignificancia, tontería.

puerro n. m. Hortaliza de tallo largo, grueso, blanco y comestible, con las hojas verdes, planas, largas y estrechas, y las flores rosas: comimos un pastel de puerros buenísimo.

puerta n. f. **1** Abertura que hay en una pared, normalmente de forma rectangular, que va desde el suelo hasta una altura adecuada para poder entrar y salir por ella: pasa, pasa, no te quedes en la puerta. **2** Abertura por la cual se sale y se entra de un lugar, o por la cual podemos acceder al interior de cosas como armarios o frigoríficos: este coche tiene tres puertas; la puerta de la tienda de campaña se abre y se cierra con una cremallera; te has dejado la puerta de la nevera abierta y se van a estropear los alimentos. ☞ coche. **3** Plancha movible que se coloca en una abertura, sujeta a un marco para cerrar o aislar un espacio: las puertas están sujetas al marco con bisagras; me di un golpe con la puerta de la habitación. **4** Entrada monumental a una población: esta puerta antiguamente era una abertura que formaba parte de las murallas que rodeaban la ciudad. **5** Marco rectangular por el que tiene que entrar la pelota para marcar un tanto en un juego o deporte: el delantero disparó a puerta, pero el balón no entró. **SIN** meta, portería.

a las puertas Muy cerca de lo que se indica a continuación: el enfermo pasó la noche a las puertas de la muerte.

a puerta cerrada En secreto o de forma privada: la firma del acuerdo se hizo a puerta cerrada.

cerrarse todas las puertas No recibir ayuda de nadie una persona: al salir de la cárcel se le cerraron todas las puertas y nadie quiso darle trabajo.

coger la puerta coloquial Irse o salir de un sitio: si no te gusta esto puedes coger la puerta ahora mismo.

dar con la puerta en las narices coloquial Negar lo que se pide con malos modos o bruscamente: el jefe le dio con la puerta en las narices cuando le pidió un aumento de sueldo.

de puerta a puerta Directamente del lugar de salida al lugar de destino: voy a enviarte este paquete de puerta a puerta con un mensajero; para ir a trabajar desde casa cojo el metro porque me deja de puerta a puerta.

de puertas adentro De forma privada o en la intimidad: este tema es muy delicado, sólo hablaremos de ello de puertas adentro; cuando está con los demás parece muy bueno, pero de puertas adentro tiene un carácter insoportable.

en puertas A punto de ocurrir: la boda está en puertas, se casan la próxima semana.

por la puerta grande Triunfalmente o con gran honor, orgullo y dignidad: el torero triunfó en la plaza y salió por la puerta grande: cortó dos orejas y un rabo.
DER compuerta.
ETIM Puerta procede del latín porta, que tenía el mismo significado, voz con la que también están relacionadas portada, portal, portazo, portero, portezuela, portillo, portón.

puerto n. m. **1** Lugar de la costa o del lado de un río, preparado para que las embarcaciones se puedan refugiar y detener para la carga y descarga de mercancías o para el embarque y desembarque de pasajeros: el buque se refugió en el puerto hasta que pasó la tormenta; los obreros del puerto descargaron las mercancías del barco. **puerto franco** Puerto que recibe mercancías libres del pago de impuestos de aduana. **2** Localidad que se encuentra en ese lugar: Cartagena es un gran puerto del Mediterráneo. **3** Paso alto y estrecho entre montañas, o montaña en la que está: el puerto está cerrado al tráfico porque hay nieve. **4** Punto más alto de ese paso: en la etapa de hoy de la vuelta ciclista hay dos puertos de primera categoría. **5** Lugar, situación o persona que sirve como amparo o refugio: mi madre es mi puerto cuando estoy triste.

llegar a buen puerto Superar una situación difícil o peligrosa y conseguir lo que se desea: después de la crisis económica, la peseta ha llegado a buen puerto.

tomar puerto Llegar una embarcación a un puerto: el trasatlántico tomó puerto en la madrugada del lunes.
DER aeropuerto, helipuerto.
ETIM Puerto procede del latín portu, que tenía el mismo significado, voz con la que también está relacionada portuario.

puertorriqueño, -ña adj./n. m. y f. Portorriqueño.

pues conj. **1** Sirve de enlace gramatical con valor ilativo o consecutivo, y relaciona la frase con lo que se ha dicho inmediatamente antes; a menudo se utiliza en oraciones exclamativas o interrogativas y también para añadir énfasis a lo que se dice: ¿no quieres venir?, pues no vengas; pues que te dejen en paz; ¡pues vaya buen amigo!; ¡pues hombre, haberlo dicho antes!; pues no me da la gana; ¡pues claro! **2** Sirve de enlace gramatical con valor causal, para explicar el motivo de lo que se dice en la oración principal: no puedo ir contigo pues viene mi madre a visitarme. **SIN** porque, puesto que, ya que. **3** Sirve de enlace gramatical con valor condicional: pues tanto le quieres, cásate con él.

puesta n. f. **1** Acción de ocultarse tras el horizonte el sol u otro cuerpo celeste: se quedaron en la playa para ver la puesta de sol. **2** Acción que consiste en poner en marcha una cosa, especialmente un asunto o un negocio: la puesta en marcha de la tienda fue un proceso muy largo y difícil. **puesta a punto** Operación que consiste en regular un mecanismo o una máquina para que funcione correctamente: llevó el coche al taller para una puesta a punto antes del invierno.
puesta de largo Fiesta que se celebra para presentar a una

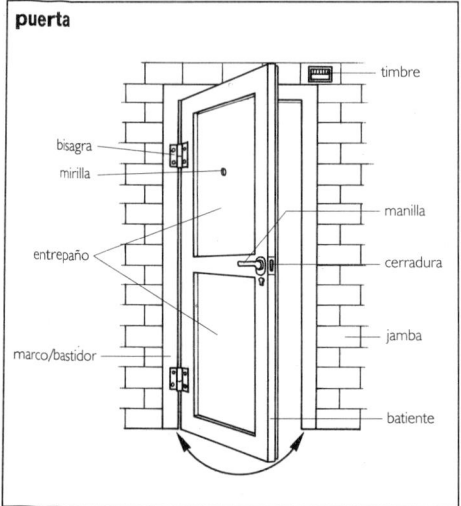

puerta
— timbre
bisagra
mirilla
— manilla
entrepaño
— cerradura
— jamba
marco/bastidor
— batiente

joven en sociedad: *la joven se compró un vestido muy lujoso para su puesta de largo.* **puesta en antena** Acción que consiste en emitir por primera vez un programa de radio o de televisión: *una nueva cadena privada tiene prevista su puesta en antena para enero.* **puesta en escena** Preparación del decorado y el escenario de una obra de teatro o de una película: *la puesta en escena de esta obra está muy cuidada y detallada.* **puesta en marcha** Mecanismo que hace arrancar un automóvil: *al girar la llave se pone en funcionamiento la puesta en marcha del coche.* **3** Acción que consiste en poner huevos las aves: *muchas aves realizan la puesta en primavera.* **4** Conjunto de huevos que pone una ave de una vez: *esa gallina tiene una puesta superior a las demás.*

puesto, -ta *adj.* **1** [persona] Que va muy bien vestido o muy arreglado: *ese hombre siempre va muy puesto a trabajar.* Se suele usar con el adverbio *muy.* **2** *coloquial* Que tiene muchos conocimientos sobre una materia o un tema determinados: *Javier está muy puesto en informática.* Se suele usar con el verbo *estar.* Va seguido de la preposición *en.* ◇ *n. m.* **3** Lugar o espacio que ocupa o que le corresponde a una persona o cosa: *los nadadores se colocaron en sus puestos antes de la salida; ahora que tu padre ha muerto, tu puesto está junto a tu madre; el automóvil ocupa un puesto importante en nuestros gastos.* **4** Trabajo o cargo que tiene una persona: *ocupa un puesto muy importante en la empresa; tiene un puesto de fontanero en la fábrica.* **5** Establecimiento comercial de pequeño tamaño, generalmente desmontable, que está o se coloca en las calles y los lugares públicos para vender artículos: *tiene un puesto de fruta en el mercado; durante la feria de artesanía, el paseo se llena de puestos en los que se vende cerámica y otros productos hechos a mano.* **6** Instalación o establecimiento de pequeño tamaño ocupado por un grupo de soldados, guardias, policías o cualquier otro grupo de profesionales que están en acto de servicio: *fueron al puesto de la guardia civil para denunciar el accidente; puesto de socorro; puesto de la Cruz Roja.* **7** Lugar donde se esconde el cazador para disparar a las piezas: *como era la primera vez que iba a cazar, le dejaron el mejor puesto.*
puesto que Introduce una oración subordinada que expresa la causa o el motivo de lo que se dice en la oración principal: *puesto que no tiene remedio, no lo lamentes más; me puse aquellos supositorios, puesto que no había otro remedio mejor.*
DER peripuesto, sobrepuesto.

puf *n. m.* Asiento bajo y blando, sin respaldo, sin brazos y sin patas, generalmente hecho de piel y de forma circular.

pufo *n. m. coloquial* Estafa o timo: *me quisieron meter un pufo, pero me advirtieron mis colegas.*

púgil *n. m.* **1** Hombre que practica el boxeo: *el púgil se alzó con el título mundial de los pesos pesados.* **SIN** boxeador. **2** Hombre que, en la antigua Roma, combatía con otra a puñetazos: *los púgiles luchaban en los juegos públicos.*
DER pugilato.

pugilato *n. m.* **1** Lucha o combate entre dos púgiles. **2** Discusión o pelea, especialmente entre personas muy obstinadas: *los conservadores y los progresistas mantienen un pugilato constante.*

pugna *n. f.* **1** Lucha o enfrentamiento armado: *la pugna entre los dos ejércitos fue muy dura.* **SIN** batalla, pelea. **2** Enfrentamiento u oposición entre personas, países o partidos contrarios: *los dos países vecinos sostienen una pugna por la modalidad de pesca.* **SIN** disputa.

pugnar *v. intr.* **1** *culto* Luchar o combatir, utilizando o no las armas o la fuerza: *los habitantes de la ciudad pugnaron por su defensa hasta la extenuación.* **2** Insistir con esfuerzo para lograr una cosa: *el prisionero pugnaba por escaparse.*
DER pugna; impugnar, inexpugnable, opugnar, propugnar, repugnar.
OBS Se usa con las preposiciones *para* o *por.*

puja *n. f.* **1** Acción que consiste en ofrecer una cantidad de dinero mayor que las que han ofrecido otros en una subasta: *los tres coleccionistas hicieron una puja porque estaban muy interesados en el cuadro que se subastaba.* **2** Cantidad de dinero que se ofrece de esa manera: *no adquirió el jarrón chino porque no pudo hacer frente a la puja que hizo el marqués.* **3** Esfuerzo que hace una persona para realizar, conseguir o continuar una cosa venciendo todas las dificultades y obstáculos: *con la puja que le da a su trabajo será el primero en terminarlo.*

pujante *adj.* Que se desarrolla con mucha fuerza y cada vez tiene más importancia: *la informática es una industria pujante.*

pujanza *n. f.* Fuerza o vigor con la que se desarrolla una cosa o se realiza una acción: *la pujanza de sus negocios le está proporcionando grandes beneficios.*

pujar *v. tr.* **1** Ofrecer una cantidad de dinero mayor que las que han ofrecido otros en una subasta: *dos personas pujaron 100 000 pesetas por el cuadro que se subastaba.* ◇ *v. intr.* **2** Hacer fuerza para realizar, conseguir o continuar una cosa venciendo obstáculos y dificultades: *pujaron mucho para que no los echaran de aquel edificio.*
DER puja, pujante, pujanza.

pulcritud *n. f.* Cualidad de la persona que es pulcra o manera como hace las cosas: *va vestido siempre con mucha pulcritud: nunca lleva una mancha o una arruga en el traje.*

pulcro, -cra *adj.* **1** Que tiene un aspecto muy limpio y cuidado: *tiene las uñas pulcras porque se las cuida mucho; es muy cuidadosa y me ha entregado un trabajo muy pulcro.* **2** [persona] Que hace las cosas con cuidado, limpieza y delicadeza: *es un carpintero muy pulcro que no hace chapuzas.* **3** [cosa] Que está hecho con cuidado y delicadeza: *las sábanas tenían un bordado muy pulcro hecho por mi abuela.*
DER pulcritud, pulquérrimo.
OBS El superlativo es *pulquérrimo.*

pulga *n. f.* Insecto de color negro rojizo, sin alas, que es capaz de dar grandes saltos y que vive como parásito de los mamíferos y las aves y se alimenta de su sangre: *las pulgas miden cerca de 3 milímetros; mi perro lleva un collar que ahuyenta a las pulgas.* 🖙 insecto.
buscar las pulgas Provocar a una persona para que se enfade: *no me busques las pulgas, que acabaremos mal.*
pulga de agua Pequeño crustáceo que se caracteriza por avanzar a pequeños saltos impulsándose con un segundo par de antenas muy desarrollado y móvil. 🖙 crustáceos.
tener malas pulgas *coloquial* Tener mal humor y enfadarse con facilidad: *este profesor tiene muy malas pulgas y los alumnos le tienen miedo.*
DER pulgón, pulgoso.

pulgada *n. f.* **1** Medida de longitud que equivale a poco más de 2,3 centímetros: *una pulgada equivale a la duodécima parte del pie; el monitor de mi ordenador es de 14 pulgadas.* **2** Medida de longitud de los países anglosajones, que equivale a 2,54 centímetros.

pulgar *n. m./adj.* Dedo que es el más grueso de la mano o del pie: *señaló con el pulgar hacia arriba para indicar que todo había salido bien.* 🖙 mano.
DER pulgada.

pulgón *n. m.* Insecto muy pequeño de color marrón o ver-

pulgoso

de y forma ovalada, dotado de una boca chupadora, y que expulsa un líquido azucarado por la parte posterior de su cuerpo; los machos tienen cuatro alas y las hembras no tienen: *las hembras y las larvas de los pulgones viven como parásitos agrupadas en las partes tiernas de las plantas; el pulgón es muy dañino para los cultivos.*

pulgoso, -sa *adj.* Que tiene pulgas: *perro pulgoso.*

pulimentar *v. tr.* Alisar una superficie para que quede suave y brillante: *los obreros pulimentaron el suelo con una máquina especial.* **SIN** pulir.
DER pulimento.

pulimento *n. m.* **1** Operación que consiste en alisar o dar tersura a una superficie para dejarla brillante: *vinieron a hacerme el pulimento del suelo de terrazo.* **2** Sustancia que sirve para pulimentar una superficie: *untamos el cuero con el pulimento especial para darle brillo.*

pulir *v. tr.* **1** Alisar una superficie para que quede suave y brillante: *esta máquina pule los suelos de mármol.* **SIN** pulimentar. **2** Revisar y corregir una cosa, especialmente un escrito o un dibujo, para perfeccionarla: *ha escrito un artículo, pero aún tiene que pulirlo.* **3** *coloquial* Robar o hurtar una cosa a una persona: *unos chorizos me han pulido la cartera.* ◇ *v. tr./prnl.* **4** Educar a una persona para que tenga buenos modales y sepa comportarse en sociedad: *los maestros y los padres se encargan de pulir a los niños; en la universidad se pulió y dejó de hablar mal y decir tacos.* ◇ *v. tr./prnl.* **5 pulirse** Gastar el dinero sin orden ni cuidado: *Pepe se pulió en una noche de juerga el sueldo de una semana.* **SIN** derrochar, malgastar.
DER pulido, pulimentar; repulir.

pulla *n. f.* Expresión con que se molesta o hiere a una persona: *las continuas pullas del periodista acabaron poniendo nervioso al entrevistado.* **SIN** aguijonazo, puyazo.

pulmón *n. m.* Cada uno de los dos órganos de la respiración del hombre y de los animales vertebrados que viven fuera del agua, que están en la cavidad torácica; son blandos y esponjosos y se contraen y se dilatan durante la respiración: *el hombre tiene dos pulmones alojados en el pecho; el aire llega a los pulmones y oxigena la sangre; el tabaco es perjudicial para los pulmones.* **pulmón de acero** o **pulmón artificial** Recinto o cámara de aire en el que se introduce a un enfermo para ayudarlo a respirar, provocando en él los movimientos respiratorios por medio de cambios de presión del aire que se regulan de forma automática: *cuando se introduce a alguien en un pulmón de acero, se mantiene todo su cuerpo en el interior, mientras que la cabeza permanece en el exterior.* ☞ respiratorio, aparato. **2** ZOOL. Cada uno de los órganos de respiración de ciertos moluscos y arácnidos: *los pulmones de los moluscos consisten en una cavidad que tiene las paredes provistas de vasos sanguíneos.* ◇ *n. m. pl.* **3 pulmones** *coloquial* Capacidad para emitir una voz fuerte o para hacer ejercicios físicos que exigen un gran esfuerzo: *¡cómo llora este niño, tiene buenos pulmones!; me faltan pulmones para continuar esta caminata.*
DER pulmonado, pulmonar, pulmonía.

pulmonado, -da *adj./n. m. y f.* **1** ZOOL. [molusco gasterópodo] Que respira mediante una cavidad pulmonar y no por branquias: *los moluscos pulmonados suelen ser hermafroditas.* ◇ *n. m. pl.* **2 pulmonados** ZOOL. Grupo al que pertenecen estos moluscos gasterópodos: *la babosa y el caracol pertenecen al grupo de los pulmonados.*

pulmonar *adj.* De los pulmones o que tiene relación con estos órganos: *la sangre llega a los pulmones a través de la arteria pulmonar; el tabaco es la causa de muchas enfermedades pulmonares.*

pulmonía *n. f.* Enfermedad que consiste en la inflamación y congestión de los pulmones, o de una parte de ellos, debido generalmente a una infección de bacterias: *las pulmonías provocan fiebre y tos.* **SIN** neumonía.

pulpa *n. f.* **1** Parte blanda y carnosa de la fruta: *el melocotón y la manzana tienen mucha pulpa.* **2** Parte blanda de algunas plantas leñosas que se encuentra en el interior del tronco o del tallo: *la pulpa de muchos árboles sirve para fabricar papel.* **3** Carne de los animales limpia de huesos y ternilla: *pídele al carnicero que te limpie bien la carne y quede sólo la pulpa.* **4** Masa que se obtiene después de triturar una planta o de extraerle su jugo, y que tiene diversos usos industriales: *esta mermelada está hecha con pulpa de albaricoque; la pulpa de la remolacha se usa como pienso para el ganado.* **5** Tejido contenido en el interior de los dientes; tiene numerosos nervios y vasos sanguíneos.
DER pulpejo.

pulpejo *n. m.* Parte carnosa, blanda y redondeada de algunas partes pequeñas del cuerpo, especialmente el lóbulo de la oreja, las zonas blandas del dorso de cada dedo, y la parte de la mano que sale del pulgar: *la niña se clavó una espina en el pulpejo del dedo corazón.* ☞ pie.

púlpito *n. m.* Plataforma pequeña que hay en las iglesias, que está levantada a cierta altura y generalmente tiene una baranda para apoyarse, y que utiliza el sacerdote para hablar desde ella a los asistentes: *el padre Salvador subió al púlpito a predicar; ese púlpito está labrado con escenas de la Biblia.*

pulpo *n. m.* **1** Molusco marino comestible, con el cuerpo redondo, ojos muy grandes y desarrollados, cabeza grande y ovalada, y ocho largos tentáculos: *en las costas del Mediterráneo y del Atlántico abundan los pulpos; los pulpos tienen dos filas de ventosas en cada una de sus tentáculos.* Para indicar el sexo se usa *el pulpo macho* y *el pulpo hembra.* ☞ moluscos. ◇ *n. com.* **2** *coloquial* Persona que toca mucho con las manos a los demás y resulta pesada y molesta: *no me acerco a Antonio porque es un pulpo.* **3** Cuerda elástica, terminada en ganchos de metal por los dos extremos, que sirve para sujetar objetos, especialmente una carga a la parte superior de un automóvil: *estas maletas irán en la baca bien sujetas con unos pulpos.*

pulsación *n. f.* **1** Golpe o latido producido por el movimiento de la sangre en las arterias: *la enfermera notó que las pulsaciones aumentaban por culpa de la fiebre.* **2** Golpe o toque que se da en el teclado de una máquina de escribir o de un ordenador: *es un mecanógrafo excepcional: alcanza las trescientas pulsaciones por minuto.*

pulsador *n. m.* Botón que sirve para poner en funcionamiento un mecanismo o aparato: *el pulsador del timbre hace sonar la campana; este pulsador enciende las luces.*

pulsar *v. tr.* **1** Tocar una cosa con la yema de los dedos presionando de forma suave: *pulse la tecla F1 del ordenador para obtener más información; pulsó el botón para llamar al ascensor; el guitarrista pulsa con maestría las cuerdas.* **2** Estudiar o tratar de conocer una opinión o el estado de un asunto: *hicieron una encuesta para pulsar la opinión de los ciudadanos sobre la nueva reforma laboral.*
DER pulsación, pulsador; compulsar, expulsar, impulsar, propulsar.

púlsar *n. m.* ASTR. Estrella de neutrones que gira sobre sí misma y emite una radiación en forma de impulsos cortos separados por intervalos regulares: *los púlsares fueron descubiertos en 1967.*
OBS El plural es *púlsares.*

pulsera *n. f.* **1** Adorno o joya en forma de aro o de cadena que se pone en la muñeca: *ponte la pulsera de oro y diamantes para la cena de gala*. **2** Correa o cadena que lleva un reloj y que sirve para sujetarlo a la muñeca: *le regaló un reloj de pulsera; la pulsera de mi reloj es de oro*.

pulso *n. m.* **1** Conjunto de golpes o latidos producidos por el movimiento de la sangre en las arterias, que se percibe en algunas partes del cuerpo, especialmente en la muñeca: *cuando acabes de correr te tomaré el pulso; después de tanto esfuerzo, tengo el pulso acelerado*. **2** Parte de la muñeca donde se notan esos golpes: *se te notan muy bien las venas en el pulso*. **3** Seguridad o firmeza en la mano para ejecutar una acción delicada con precisión: *no puede coger las tazas llenas de café porque no tiene pulso; tiene tan mal pulso que no es capaz de trazar una línea recta sin regla*. **4** Habilidad o cuidado que se tiene al tratar un asunto o al llevar a cabo un negocio: *se ha hecho rico porque tiene mucho pulso con los negocios*. **5** Oposición que existe entre dos grupos o partidos contrarios que tienen aproximadamente la misma fuerza o poder: *los dos equipos mantienen un pulso para ver cuál gana la liga*.

a pulso *a)* Haciendo fuerza con la mano y la muñeca, sin apoyar el brazo, para sostener o levantar algo en alto: *Julio tiene mucha fuerza, puede levantar a pulso el motor*. *b)* Trabajando solo, con el propio esfuerzo y sin ayuda de nadie: *todo el dinero que tengo me lo he ganado a pulso*.

echar un pulso Cogerse dos personas de una mano apoyando el codo sobre una superficie, y hacer fuerza para vencer la resistencia del contrario hasta hacerle doblar el brazo: *Luis y Mario echaron un pulso para ver cuál de los dos era más fuerte*.

tomar el pulso *a)* Examinar la frecuencia y el ritmo de las pulsaciones de alguien: *el médico me tomó el pulso para ver cómo estaba*. *b)* Intentar conocer las características de un asunto o una opinión antes de tratarlo: *el gobierno encargó una encuesta para tomar el pulso a los ciudadanos sobre la nueva ley*.

DER pulsar, pulsera.

pulular *v. intr.* Abundar y moverse mucho en un lugar personas, animales o cosas: *por esas calles pululan ladrones, traficantes y gentes de mal vivir; la casa abandonada estaba llena de bichos pululando por todas partes*.

pulverización *n. f.* **1** Aplicación de un líquido en forma de partículas muy pequeñas sobre una superficie: *aplicó el líquido medicinal a la planta mediante pulverización*. **2** Aplicación de un medicamento pulverizado o formado por pequeñas partículas: *se aplica un medicamento para la garganta mediante pulverización*. **3** Procedimiento mediante el cual un cuerpo sólido se convierte en pequeñas partículas de polvo: *la pulverización del mármol se realiza con una máquina especial*.

pulverizador *n. m.* Instrumento que sirve para esparcir un líquido en gotas muy pequeñas sobre un lugar: *los envases de laca llevan un pulverizador*. **SIN** atomizador.

pulverizar *v. tr./prnl.* **1** Reducir a polvo una cosa sólida: *esas máquinas pulverizan la piedra; este mineral se pulveriza con facilidad*. ◇ *v. tr.* **2** Esparcir un líquido sobre un lugar en forma de gotas muy pequeñas: *pulverice el producto sobre la superficie manchada y después pase un paño húmedo; tendremos que pulverizar la habitación para que no entren mosquitos*. **SIN** atomizar. **3** Destruir por completo una cosa material o inmaterial: *el ejército pulverizó a la guerrilla; su pesimismo pulverizó todas mis ilusiones*.

DER pulverización, pulverizador, pulverulento.
ETIM Véase *polvo*.

puma *n. m.* Animal mamífero de la especie de los felinos, de pelo suave de color marrón claro, y fuertes uñas que usa para cazar: *los pumas proceden de América, son muy rápidos y fieros y se alimentan de otros animales*.

OBS Para indicar el sexo se usa *el puma macho* y *el puma hembra*.

punción *n. f.* MED. Operación que consiste en introducir un instrumento afilado y puntiagudo en algún órgano, hueco o conducto del cuerpo, para examinar o vaciar su contenido: *la punción en la zona lumbar sirve para diagnosticar algunas enfermedades*.

pundonor *n. m.* Sentimiento que empuja a una persona a cuidar de su fama y de su honra personal y a tratar de quedar bien ante los demás: *si pones en duda la palabra de una persona, estás hiriendo su pundonor*.

DER pundonoroso.

punible *adj.* Que merece castigo: *delito punible*.

púnico, -ca *adj.* **1** De Cartago o que tiene relación con esta antigua ciudad del norte de África: *guerras púnicas*. **SIN** cartaginés. ◇ *adj./n. m. y f.* **2** [persona] Que era de Cartago: *los púnicos lucharon por la hegemonía del Mediterráneo occidental*. **SIN** cartaginés. ◇ *n. m.* **3** Lengua hablada por los cartagineses: *el púnico era una lengua fenicia*.

punitivo, -va *adj.* Que implica castigo: *procedimiento punitivo; justicia punitiva*.

punk *n. m./adj.* **1** Movimiento juvenil y musical que surgió como protesta ante el convencionalismo de la sociedad y que se manifiesta por una indumentaria algo estrafalaria y el pelo teñido y peinado de forma poco convencional: *el punk es de origen británico y surgió alrededor de los años setenta*. ◇ *n. com./adj.* **2** Persona que es miembro o seguidor de este movimiento. **SIN** punki.

OBS Es de origen inglés y se pronuncia aproximadamente 'panc'. ◇ El plural es *punks*.

punki *n. com./adj.* Persona que es miembro o seguidor del movimiento punk: *el punki va vestido normalmente de negro y lleva el pelo peinado en forma de cresta*. **SIN** punk.

OBS Es de origen inglés y se pronuncia aproximadamente 'panqui'. ◇ El plural es *punkis*.

punta *n. f.* **1** Extremo o parte final de una cosa, especialmente si sobresale: *la peluquera me ha cortado las puntas del pelo; se me ha roto la punta del lápiz; ella vive en la otra punta de la ciudad*. **2** Extremo agudo de un objeto que corta o pincha: *el ladrón acercó al cuello de la víctima la punta de la navaja; me he pinchado el dedo con la punta de la aguja*. **3** Parte con forma de ángulo que sobresale del borde de una cosa: *las mesas cuadradas tienen cuatro puntas; me sequé los ojos con la punta de un pañuelo*. **4** Clavo de pequeño tamaño: *para sujetar la madera del cajón sólo he tenido que clavar unas puntas*. **5** Parte de tierra alargada, baja y de poca extensión que entra en el mar: *caminamos por la playa hasta la punta*. **6** Pequeña cantidad de una cosa: *esta salsa lleva una punta de coñac; échale una punta de sal a la sopa, que está un poco sosa*. **7** En fútbol, cada uno de los jugadores que forman la parte más adelantada del equipo y que tienen la misión de marcar goles: *el Zaragoza practica un fútbol ofensivo, siempre juega con tres o más puntas*. **SIN** delantero. **8** Cuerno del toro: *los toros de esa ganadería tienen las puntas muy afiladas*.

a punta pala o **a punta de pala** *coloquial* En gran cantidad: *con este trabajo gana dinero a punta pala*.

de punta De manera que queda recto, tieso o con la punta hacia arriba: *por mucho que me peino, siempre llevo el pelo de punta*.

de punta a punta De un extremo al otro: *he recorrido la ciudad de punta a punta y no he encontrado ninguna floristería*.
de punta en blanco Muy arreglado y bien vestido: *Tomás se puso de punta en blanco para ir a la discoteca*. Se usa con verbos como *ir* o *ponerse*.
por la otra punta *coloquial* Expresión que indica que algo es contrario a lo que se dice: *es muy simpático por la otra punta; lo que me cuentas es cierto por la otra punta*.
sacar punta Encontrar a una cosa un sentido malicioso o negativo que en realidad no tiene: *no saques punta a mis palabras, yo no he dicho eso*.
tener en la punta de la lengua Estar una persona a punto de recordar una cosa que se quiere decir: *tengo en la punta de la lengua el apellido de ese político, pero no me sale*.
DER puntada, puntal, puntazo, puntera, puntilla; apuntar, despuntar, pespuntar, repuntar.

puntada *n. f.* **1** Pasada que se da con aguja e hilo sobre una cosa que se está cosiendo: *dale unas puntadas al bajo del pantalón, que se te está deshaciendo*. **2** Espacio que hay entre dos de estas pasadas próximas entre sí: *no hagas las puntadas tan largas, que se verán demasiado*. **3** Porción de hilo que ocupa ese espacio: *tiene unos pantalones negros con las puntadas blancas*.
no dar puntada *coloquial* No hacer nada o no adelantar nada en un asunto: *no da puntada en todo el día y encima se queja*.

puntal *n. m.* **1** Madero o barra de material fuerte y resistente que se fija en posición inclinada en algún lugar para sujetar una pared, una estructura o un edificio que puede caerse: *las paredes de las minas se sujetan con puntales para evitar derrumbamientos*. **2** Persona o cosa que constituye el elemento principal de un sistema o de un asunto y que sirve de apoyo a los demás: *la capital fue el puntal político del país; Mario es el puntal de nuestra familia*. **SIN** sostén. **3** MAR. Altura de una embarcación desde su parte inferior hasta la cubierta superior.
DER apuntalar.

puntapié *n. m.* Golpe dado con la punta del pie: *le dio un puntapié a la pelota y la mandó muy lejos*.
OBS El plural es *puntapiés*.

puntear *v. tr.* **1** Dibujar, pintar o grabar con puntos: *primero debes puntear la silueta y luego trazar las líneas*. **2** Marcar con puntos una superficie: *el profesor punteó en el mapa mudo las capitales de provincia y los alumnos pusieron los nombres correspondientes*. **3** MÚS. Tocar por separado cada una de las cuerdas de un instrumento musical de forma que los sonidos salgan desligados: *está aprendiendo a puntear la guitarra con una púa*. **4** Comprobar si están todos los elementos de una lista o de una cuenta: *tienes que puntear los números del balance para ver si está correcto*.
DER punteo.

punteo *n. m.* **1** Dibujo o señal que se hace con puntos: *hay que recortar el papel por la línea de punteo*. **2** Interpretación de una pieza musical con una guitarra o un instrumento semejante que se hace tocando las cuerdas de una en una o por separado: *el guitarrista hizo un punteo magistral de una pieza clásica*. **3** Comprobación de una cuenta o una lista que se hace revisando uno por uno cada número o nombre: *para comprobar que has cuadrado la caja haz el punteo de todas las cantidades*.

puntera *n. f.* **1** Parte del calzado, del calcetín o de la media que cubre la punta del pie: *si chutas el balón con la puntera, cogerá mayor velocidad pero perderás precisión*. **2** Pieza que adorna o hace más fuerte la parte del calzado que cubre la punta del pie: *esas botas llevan una puntera de acero*.

puntería *n. f.* **1** Habilidad o facilidad para dar en el blanco al tirar o disparar: *es un gran tirador porque tiene muy buena puntería*. **2** Dirección en que se apunta con un arma: *debe rectificar la puntería si quiere dar en aquella diana*.

puntero, -ra *adj.* **1** Que destaca o sobresale dentro de su género, especie o categoría: *es una empresa puntera en tecnología digital*. ◊ *n. m.* **2** Palo o vara acabado en punta que sirve para señalar cosas en un texto o en un dibujo: *con el puntero nos iba señalando las diferentes capitales de Europa en el mapa*. **3** Herramienta que consiste en un trozo de metal duro con punta aguda en un extremo y plana en el otro, que se usa para hacer agujeros: *el herrero hacía los agujeros de las herraduras con un puntero*.
DER puntería.

puntiagudo, -da *adj.* Que tiene la punta aguda: *los pinos tienen las hojas puntiagudas*.

puntilla *n. f.* **1** Tejido estrecho con agujeros formando dibujos que se pone como adorno en el borde de las prendas de vestir y de otras telas: *la blusa llevaba puntillas en el cuello y en los puños; la puntilla de la cortina es de encaje*. **2** Instrumento cortante, más corto que un cuchillo, que sirve para dar una muerte rápida a algunos animales: *el torero mató al toro con la puntilla*.
dar la puntilla *a)* Clavar este instrumento cortante en el cuello del toro para darle una muerte rápida: *el torero falló con el estoque y tuvieron que darle la puntilla al toro*. *b)* Destruir o acabar totalmente con una persona o una cosa: *la televisión está dando la puntilla al cine y al teatro*. **SIN** arruinar.
de puntillas Sobre las puntas de los pies y sin apoyar los talones: *las bailarinas de ballet clásico andan de puntillas en el escenario*.
DER puntillero; apuntillar.

puntillo *n. m.* **1** MÚS. Signo que consiste en un punto que se coloca en el lado derecho de una nota y aumenta la mitad de su duración y su valor. **2** Amor propio muy exagerado y basado en cosas sin importancia.
DER puntillismo, puntilloso.

puntilloso, -sa *adj.* **1** [persona] Que se molesta o se enfada fácilmente por cosas sin importancia: *es muy puntilloso y no acepta las bromas*. **SIN** quisquilloso, susceptible. **2** Que es muy exigente y pone mucho cuidado en todo lo que hace: *mi profesor es muy puntilloso y no permite que haya ni una mancha en los deberes*. **SIN** meticuloso. **ANT** descuidado.

punto *n. m.* **1** Señal circular de pequeño tamaño que destaca por el contraste de color o de relieve sobre una superficie: *este dibujo está hecho a base de puntos; deberá rellenar este cuestionario escribiendo sobre la línea de puntos*. **2** Pasada de una aguja con hilo a través de una tela: *coseré el botón de la camisa con un punto*. **SIN** puntada. **3** Nudo pequeño hecho con un hilo: *se han salido algunos puntos del jersey; se hizo una herida en la pierna y le dieron cuatro puntos*. **4** Tipo de tejido que se hace enlazando hilos generalmente de lana o algodón: *jersey de punto; falda de punto*. **5** Roto que se hace en las medias al soltarse uno de los nudos del tejido: *Pilar se ha enganchado la media y se ha hecho un punto*. **6** Sitio o lugar concreto: *¿en qué punto de la ciudad se encuentra la biblioteca?* **7** Unidad que sirve para valorar o calificar en algunos juegos o ejercicios: *el jugador ha conseguido seis puntos más para su equipo; cada pregunta del examen vale dos puntos*. **8** Parte o aspecto de una materia o

de un asunto del que se trata: *este tema de historia está formado por siete puntos principales; ahora pasaremos al primer punto de nuestro debate*. **9** Parte muy pequeña de tiempo: *a partir de este punto empieza la cuenta atrás*. **SIN** instante, momento. **10** Extremo o grado que se puede alcanzar con algo: *mi paciencia ha llegado a un punto en que no aguanto más*. **11** Fís. Grado de temperatura necesario para que ocurra un determinado fenómeno físico: *el punto de ebullición del agua es de 100 °C*. **12** Parte de una recta o plano al que se le puede dar una posición pero que no posee extensión en ninguna de las dimensiones posibles. **13** Signo de escritura que indica el fin de una oración o que aparece después de una abreviatura: *se debe poner un punto cuando finaliza una expresión con sentido completo; la abreviatura Sr. lleva un punto al final*. **dos puntos** Signo de escritura que se usa para indicar que ha terminado el sentido gramatical pero no el sentido lógico y que suele introducir una cita textual o preceder una enumeración: *esta mañana he hecho muchas cosas: he ido a comprar, he limpiado el piso y he visitado a mi abuela*. **punto final** Signo de escritura que se usa cuando acaba un escrito o una división importante de un texto. **punto y aparte** Signo de escritura que se usa cuando acaba un párrafo y el texto continúa en una nueva línea. **punto y coma** Signo de escritura que se usa para señalar una pausa algo mayor que la que representa la coma. **punto y seguido** Signo de escritura que se usa cuando acaba una oración y el texto continúa en la misma línea. **puntos suspensivos** Tres puntos seguidos que se usan para indicar que el sentido de la oración no queda completo. **14** Signo de escritura que se pone sobre las letras *i* y *j*. **15** Parte o aspecto de una persona o de una cosa: *Ana es muy simpática, pero hay un punto en su carácter que no me gusta*. **punto débil** o **punto flaco** Aspecto o parte de una persona o cosa que es vulnerable, tiene poca fuerza y puede ser dañado con facilidad: *mi punto débil en los estudios es la física*. **punto fuerte** Aspecto o parte de una persona o cosa que tiene más fuerza: *mi punto fuerte en el deporte es el salto de altura*. **16** *coloquial* Acción que causa sorpresa porque es buena y favorable: *¡qué punto!, apenas le conocía y me mandó a casa un ramo de flores; fue un punto que Ramón se fuera voluntario al ejército*. **17** *coloquial* Borrachera pequeña y ligera: *bebí un par de cervezas y cogí un punto divertidísimo*.
a punto *a)* Preparado para hacer algo: *yo ya estoy a punto para salir*. **SIN** listo. *b)* A tiempo o en el momento adecuado: *llegó a punto para ver el final de la película*.
a punto de Expresión que indica que una acción está muy próxima a realizarse: *estuve a punto de comprarte aquel disco que tanto te gustaba; estoy a punto de salir*. Se construye seguida de un verbo en infinitivo.
a punto de caramelo Preparado o listo para un fin determinado: *venid a sentaros que la comida está a punto de caramelo*.
al punto Al momento o con gran rapidez: *se lo ordenaron y lo hizo al punto*. **SIN** enseguida.
en punto Exactamente: *nos iremos a las tres en punto*.
en su punto En el estado o situación perfectos o en el mejor momento: *han servido la carne en su punto*.
hasta cierto punto En cierto modo, pero no completamente: *hasta cierto punto tienes razón*.
poner los puntos sobre las íes *coloquial* Aclarar o precisar una cosa que no está suficientemente especificada: *el jefe tuvo que ponerle a Laura los puntos sobre las íes porque no hacía bien su trabajo*.
punto de nieve Estado que alcanza la clara de un huevo después de batirla hasta que toma consistencia y espesor y pasa a ser de color blanco: *bate la claras a punto de nieve para hacer el pastel*.
punto de vista Manera de considerar un asunto o una cosa: *este problema se puede tratar desde varios puntos de vista*.
punto en boca Expresión que se utiliza para decirle a alguien que debe callarse o guardar un secreto: *de lo que hemos hablado hoy, punto en boca*.
punto muerto *a)* Posición en que se encuentra el cambio de velocidades de un automóvil cuando no se comunica el movimiento del motor a las ruedas: *deja el coche en punto muerto mientras esperas a que el semáforo se ponga verde*. *b)* Estado en el que se encuentra un asunto que no avanza: *las obras de la nueva autopista están en punto muerto*.
punto negro *a)* Cosa que resulta mala y negativa: *este suspenso es un punto negro en tu expediente académico*. *b)* Poro de la piel en el que hay grasa y suciedad: *este jabón va muy bien para eliminar los puntos negros de la cara*.
DER punta, puntear, puntero, puntillo, puntual, puntuar; contrapunto.

puntuación *n. f.* **1** Conjunto de puntos que se le dan a una persona por hacer un ejercicio: *el gimnasta obtuvo una puntuación muy alta en las barras paralelas; la puntuación de las preguntas me da para pasar al siguiente examen*. **SIN** calificación. **2** Conjunto de signos de ortografía que se aplican a un texto y que sirven para distinguir las palabras y separar las oraciones y sus partes: *los puntos y las comas son signos de puntuación*.

puntual *adj.* **1** Que llega a un lugar a la hora convenida: *las personas puntuales no suelen llegar tarde a las citas*. **ANT** impuntual. **2** Que hace las cosas a tiempo y sin retraso: *esta empresa siempre es puntual en los pagos*. **3** Que es concreto o específico: *ya sé que no hay mucho tiempo para hablar, así que le voy a hacer una pregunta muy puntual*.
DER puntualidad, puntualizar, puntualmente; impuntual.

puntualidad *n. f.* Cualidad que tienen las personas o las cosas de ser puntuales y hacer una cosa a su debido tiempo: *me gusta la puntualidad de Carmen, nunca me hace esperar; entregaron el trabajo con puntualidad*.

puntualización *n. f.* Precisión o aclaración detallada que se hace sobre una cosa concreta: *cuando acabó de hablar su compañero hizo una puntualización acerca de un aspecto concreto de la conferencia*.

puntualizar *v. tr.* **1** Especificar una cosa que se ha dicho para que no quede incompleta o imprecisa y no haya malas interpretaciones: *en cuanto puntualice algunos detalles, te entrego el trabajo; el testigo dijo que el acusado salió de casa por la noche, pero no puntualizó la hora*. **SIN** concretar, precisar. **2** Contar una cosa describiendo todos los hechos y sin olvidar ningún detalle: *puntualiza bien la narración de los hechos y no te dejes nada*.
DER puntualización.

puntuar *v. tr.* **1** Poner en un escrito los signos de puntuación necesarios para distinguir el sentido de las oraciones y de sus partes: *no he puntuado correctamente el texto: le faltan comas y puntos*. **2** Calificar con puntos un ejercicio o una prueba.: *mi profesora de inglés me puntuó el examen con un 8*. ◇ *v. tr./intr.* **3** Ganar o conseguir puntos en una competición deportiva: *el atleta puntuó poco en la carrera de obstáculos*. **4** Contar una prueba o un ejercicio para la puntuación de una competición: *la prueba de hoy puntúa para la clasificación general*.
DER puntuación.

punzada *n. f.* **1** Herida pequeña y poco profunda produci-

SIGNOS DE PUNTUACIÓN

Cuando hablamos, utilizamos la entonación y las pausas (además de la expresión de la cara) para ayudar a nuestro interlocutor a entender lo que decimos. Cuando escribimos no contamos con esos auxilios. En su lugar utilizamos los signos de puntuación (coma, punto, punto y coma, dos puntos y puntos suspensivos) y otros signos auxiliares de la puntuación (paréntesis, raya), así como los signos de entonación (interrogación y exclamación).

LA COMA (,)
Es el signo de puntuación más utilizado. Tiene muchos valores y se usa en muchos casos. Veamos los más importantes.
1. Separa los elementos de una serie que no van separados por conjunción:
   Tengo libros, carpetas, papeles, lápices y un par de gomas.
2. Se coloca en lugar de un verbo elidido:
   Los pájaron comen semillas; los felinos, carne y vegetales; las tortugas, pequeños crustáceos.
3. Se utiliza para evitar la ambigüedad cuando hay algún elemento que se podría interpretar de dos maneras:
   *Quien te quiere **mucho** te hará llorar*, sin puntuación, puede significar «quien te quiere mucho» o «te hará llorar mucho». En cambio, al puntuarlo elegimos una de las dos interpretaciones: con coma (*Quien te quiere, [mucho te hará llorar])* mucho complementa a hará llorar, y sin coma (*Quien [te quiere mucho] te hará llorar*) complementa a *quiere*.
4. Cuando un complemento del verbo aparece al principio de la frase o es demasiado largo (por ejemplo, cuando es toda una oración), puede ir separado por una coma del resto de la oración.
   Cuando vino el otro día, trajo un libro. / Ayer trajo un libro.
   Aunque tiene aspecto de no haber dormido bien, creo que no está enfermo.
   Con algunos complementos del verbo es casi obligatorio colocar una coma, como después de la condición en una oración condicional *(si quieres, ven)*. También se utiliza coma cuando las oraciones causales expresan la razón por la que se dice algo, no la razón por la que ha sucedido:
   Se ha incendiado la casa porque ha habido un cortocircuito.
   Se ha incendiado la casa, porque veo salir humo.
5. Los vocativos van entre comas:
   Tú, el de la camisa roja, ven aquí.
   Oye, amor mío, llegaré un poco tarde.
6. Los incisos o elementos situados entre paréntesis (como las aposiciones, las explicaciones o las reformulaciones de una idea y los complementos de nombre explicativos) van entre comas. Con este valor también son posibles los paréntesis o las rayas:
   Laura, mi hermana, ya tiene dieciséis años.
   Los microbios, seres que no se pueden ver a simple vista, están por todas partes.
   Es muy importante, fundamental, ese contrato.
   Esa película, que estrenarán mañana, ha obtenido tres premios importantes.
   Nunca se coloca coma entre sujeto y predicado, ni entre el verbo y su complemento directo o indirecto.

EL PUNTO (.)

Punto y seguido
Separa oraciones. Cuando dos oraciones son principales las dos, si ninguna está subordinada a la otra, tienen que estar separadas por un punto. Aunque parezca que no hemos terminado de expresar una idea completa, si ya hay un sujeto y su predicado, y lo que viene a continuación es otra oración distinta (otro sujeto y predicado), hay que poner un punto y seguir escribiendo en la misma línea.

Punto y aparte
Cuando se termina un párrafo, se pone punto y aparte, es decir, se pone punto y se cambia de línea.

EL PUNTO Y COMA (;)
1. Se utiliza para separar los elementos de una serie cuando son muy largos (oraciones enteras) o complejos (en alguno de los elementos puede haber una o más comas):
   Las corrientes de agua que desembocan en los mares se llaman ríos; otras corrientes menos importantes se llaman arroyos.
2. Se utiliza para introducir ejemplos después de una explicación, o para añadir una conclusión o consecuencia de lo que se ha dicho antes. En este caso también es posible utilizar dos puntos:
   No todas las aves pueden volar; el avestruz y el pingüino no pueden hacerlo.

LOS DOS PUNTOS (:)
1. Se utilizan tras el encabezamiento de las cartas:
   Querida Ana: Te escribo para decirte que...
2. Introduce ejemplos o explicaciones (con el significado de *es decir* o *por ejemplo*) y también consecuencias o conclusiones de lo que se ha dicho (como *en conclusión*). También es posible, a veces, utilizar punto y coma en estos casos:
   Hay varios tipos de animales: los mamíferos, los ovíparos, etc.
   Lo que has dicho es muy importante y es necesario que todos lo sepan: hay que ponerlo por escrito.

signos de puntuación (cont.)

3. Introduce discurso directo (es decir, las citas o palabras exactas que alguien ha dicho) tras verbos como *decir, preguntar, exclamar,* etc. En este caso suelen ir seguidos del texto en mayúscula y entre comillas:
   Dijo que vendría hoy. Exactamente, dijo: «Iré mañana a las tres».

LOS PUNTOS SUSPENSIVOS (...)
1. Se colocan al final de una seria abierta (cuando no hemos enumerado absolutamente todos los elementos de la serie). Con este valor también se puede utilizar la palabra *etcétera.* No se deben utilizar dos signos (no es correcto: *perros, gatos..., etc.*):
   Tenía todo tipo de animales: perros, gatos, cocodrilos...
2. Indican que una frase no ha terminado, que falta una parte:
   Perro ladrador...
3. En citas textuales, indican que quien utiliza la cita ha eliminado un trozo de texto. En este uso se deben colocar entre corchetes:
   «En un lugar de la Mancha [...] vivía un hidalgo».

LOS PARÉNTESIS ( )
1. Las aclaraciones, incisos o comentarios van entre paréntesis si es posible eliminarlos de la oración sin que varíe el sentido:
   En algunas frases (por ejemplo, en ésta) se utilizan los paréntesis.
2. Para precisar un dato numérico, a qué unidad geográfica o administrativa pertenece un lugar o la traducción de alguna palabra:
   Los seguidores del conocido escritor Juanito Pérez (1915-1987) se reunieron ayer en Badalona (Barcelona) para ofrecerle un homenaje.

LA RAYA (—)
1. Igual que los paréntesis y las comas, las rayas marcan incisos, explicaciones o comentarios. Se utilizan especialmente cuando se introduce una opinión del autor ajena a los datos que se están exponiendo:
   No paraba de contar chistes —se creía muy gracioso— aunque nadie lo escuchaba.
2. Introduce la intervención de cada nuevo personaje en un diálogo y la separa de los comentarios del narrador:
   —Te parecerá bonito lo que haces —le riñó su madre, enfadada—, pero no tiene gracia.
   —Yo no he dicho que fuera gracioso —contestó él.

LAS COMILLAS (« » " " ' ')
Se distinguen las comillas latinas (« »), las comillas inglesas (" ") y las comillas simples (' '). Normalmente se utilizan por este mismo orden, de manera que las inglesas se emplean dentro de un entrecomillado con comillas latinas, y las simples, dentro de un entrecomillado con comillas inglesas. A veces, sobre todo en lingüística, las comillas simples sustituyen a las latinas.
1. Las citas textuales y los pensamientos en citas directa van entre comillas:
   La poesía dice: «tu nombre envenena mis sueños».
   El policía pensó: «Este muchacho intenta engañarme».
2. El significado de las palabras se escribe entre comillas latinas:
   La palabra condonar *significa «perdonar una pena o una deuda».*

LAS INTERROGACIONES (¿?) Y LAS EXCLAMACIONES (¡!)
Las preguntas directas y las exclamaciones se encierran entre estos signos. En español siempre se utilizan, en cada caso, los dos signos, el de abrir (¿ o ¡) y el de cerrar (? o !), a diferencia de lo que ocurre en otras lenguas (inglés, francés, catalán) que sólo usan el signo de cierre.
   ¡Vaya susto!
   ¿Qué podemos hacer ahora?
No hay que poner punto detrás de ? o de !, pero sí comas o cualquier otro signo de puntuación que convenga.

---

da por un objeto que tiene punta: *aún le duele la punzada que se hizo con un alfiler.* **2** Dolor repentino, agudo y breve, que suele repetirse cada cierto tiempo: *fue a visitar al médico porque sentía punzadas en el estómago.*

punzar *v. tr.* **1** Herir con un objeto que tiene punta: *el doctor punzó al enfermo en un dedo para obtener una muestra de sangre.* **SIN** pinchar. **2** Molestar a una persona o hacerle sentir pena o dolor: *Elena siempre está punzando a su hermana; los remordimientos punzaban el corazón del avaro.*
DER punción, punzada, punzante, punzón.

punzón *n. m.* Herramienta de hierro u otro metal alargada, estrecha y acabada en punta, que se utiliza para hacer agujeros en las telas y para grabar metales: *el punzón de bordar es de hueso o plástico.* ☞ punzón.

puñada *n. f.* Golpe dado con el puño: *los dos hombres peleaban a puñadas.* **SIN** puñetazo.

puñado *n. m.* **1** Cantidad de cualquier cosa o materia que se puede contener en un puño: *cogió un puñado de arena y me lo tiró a los ojos.* **2** Cantidad pequeña de cualquier cosa o materia: *sólo queda un puñado de arroz, tendré que comprar más.*
a puñados En grandes cantidades: *en las montañas había oro a puñados.*

puñal *n. m.* Arma de acero de hoja corta y puntiaguda que sólo hiere con la punta: *los puñales suelen medir de veinte a*

puñalada

treinta centímetros; *el puñal como arma apareció en la Edad de Piedra*.
DER puñalada; apuñalar.

puñalada *n. f.* **1** Herida hecha con un puñal u otra arma blanca parecida: *el cadáver presentaba varias puñaladas en el pecho y en el vientre*. **2** Disgusto o pena grande que se produce de pronto y sin aviso: *su muerte fue una puñalada para toda la familia*.
puñalada trapera *coloquial* Acción hipócrita y traidora que hace daño a una persona: *no puedo creer que nos espiaras: eso es una puñalada trapera*.

puñeta *n. f.* **1** Adorno de bordados y puntillas que se pone en la parte que rodea la muñeca en la manga de una toga: *las togas de los jueces llevan puñetas blancas*. **2** *coloquial* Cosa o persona que molesta: *José es la puñeta, siempre se está quejando de todo*. ◊ *int.* **3 ¡puñetas!** Expresa enfado, desagrado o mal humor: *¡Puñetas! Estoy harto de que me cojas mis cosas sin pedirme permiso*.
hacer la puñeta *coloquial* Molestar o hacer daño a una persona con palabras o acciones: *invitó a Marcos a la fiesta para hacerle la puñeta a su hermano, porque sabe que se caen muy mal*. **SIN** fastidiar.
irse a la puñeta o **a hacer puñetas** *coloquial* Fracasar o no poder hacerse una cosa: *por culpa de la lluvia la excursión se fue a la puñeta*. **SIN** irse a la porra.
mandar a hacer puñetas *coloquial* Rechazar o despedir a una persona o cosa con desconsideración o enfado: *mandé a Luis a hacer puñetas porque se portó muy mal conmigo; me harté de mi trabajo y lo mandé a hacer puñetas*. **SIN** mandar a la porra.
DER puñetero.

puñetazo *n. m.* Golpe dado con el puño de la mano cerrado: *el boxeador dio un puñetazo en la cara a su contrincante*. **SIN** puñada.

puñetero, -ra *adj.* **1** *coloquial* Que molesta, fastidia o incordia: *¡qué hombre más puñetero, no para de dar la lata ni un momento!; este puñetero reloj se estropea siempre*. **2** *coloquial* Que es difícil y complicado de hacer: *nos pusieron un examen muy puñetero y no sé si lo hice bien*.
DER puñetería.

puño *n. m.* **1** Mano cerrada. **2** Parte de la manga de una prenda de vestir que rodea la muñeca: *el puño de la camisa es una tira de tela que se abrocha con un botón*. **3** Parte por donde se cogen con la mano algunos utensilios, herramientas o armas de filo: *el anciano se apoyaba en el puño de su bastón; el puño de la daga era de plata; el puño del paraguas está hecho de madera*. **SIN** mango.
comerse los puños *coloquial* Estar muy hambriento: *los habitantes de las chabolas se comían los puños*.
como un puño o **como puños** Expresión que indica que una cosa es muy grande o más grande que otras de su especie: *el muchacho dijo una mentira como un puño, pero le creyeron*.
de puño y letra Escrito a mano por su autor: *tengo una carta de Federico García Lorca escrita de su puño y letra*.
en un puño Con miedo, asustado, intimidado u oprimido: *la amenaza de un nuevo ataque tiene a todo el país en un puño*. Se usa con los verbos *meter, poner, tener*.
DER puñado, puñal, puñeta, puñetazo; empuñar.

pupa *n. f.* **1** Erupción en cualquier parte del cuerpo, especialmente la que se forma en los labios a causa de la fiebre: *hay una pomada muy buena para curar las pupas*. **SIN** calentura. **2** Costra que se forma en la superficie de una herida al curarse: *la varicela lo dejó la cara lleno de pupas*. **SIN** costra.

3 *coloquial* Dolor o herida que siente o tiene un niño en el cuerpo: *mamá, me he hecho pupa en un dedo*. Se usa en el lenguaje infantil. **4** ZOOL. Insecto que está en una fase de desarrollo posterior a la larva y anterior al adulto. **SIN** crisálida.

pupila *n. f.* Círculo de color negro situado en el centro del ojo y a través del cual pasa la luz: *la pupila está situada en el centro del iris; la pupila se contrae o se dilata adaptándose a la luz del exterior*. **SIN** niña. ☞ ojo.

pupilaje *n. m.* Estado o condición del pupilo o de la pupila: *vivió en pupilaje durante varios años en su casa*.

pupilo, -la *n. m. y f.* **1** Huérfano menor de edad que es educado por un tutor: *cuando murieron sus padres fue pupilo de sus tíos hasta los 21 años*. **2** Persona que vive en una pensión o en una casa particular pagando cierta cantidad de dinero: *tenía varios pupilos que ocupaban las habitaciones vacías*. **SIN** huésped. **3** Alumno de un maestro o educador: *es un profesor muy querido por sus pupilos*.
DER pupila, pupilaje.

pupitre *n. m.* Mueble de madera parecido a una mesa, que tiene una tapa en forma de plano inclinado y sirve para escribir sobre él: *las aulas de los colegios tienen pupitres para los alumnos*.

purasangre *adj./n. m.* [caballo] Que es de una raza que es producto del cruce de la raza árabe con las razas del norte de Europa: *el purasangre es muy valorado para las carreras de caballos; el caballo purasangre suele tener un precio muy elevado*.
OBS El plural es *purasangres*.

puré *n. m.* Comida que se hace cociendo y triturando hortalizas, legumbres o verduras hasta conseguir una crema espesa: *voy a hacer un puré con puerros, patatas, judías verdes y zanahorias*.
hecho puré *coloquial* Física y moralmente decaído o destrozado: *he estado en el polideportivo jugando al baloncesto y he terminado hecho puré*.

pureza *n. f.* **1** Cualidad que tienen las cosas o las personas puras: *es admirable la pureza de esas aguas*. **ANT** impureza. **2** Estado de la persona que no ha tenido relaciones sexuales: *se casó con aquella joven en estado de pureza*. **SIN** castidad, virginidad.

purga *n. f.* **1** Medicina que sirve para expulsar los excrementos del vientre. **2** Expulsión de los miembros de una sociedad, una empresa o un partido, especialmente decretada por causas políticas: *al llegar el nuevo ministro, comenzó una purga en el ministerio*. **3** *coloquial* Eliminación o limpieza de las cosas inútiles, viejas o malas: *tienes que hacer una purga en los cajones, los tienes llenos de trastos viejos*.

purgación *n. f.* **1** Purificación o limpieza de una cosa que se hace eliminando lo que se considera malo o negativo: *con aquella confesión hizo una purgación de sus pecados*. **SIN** purga. ◊ *n. f. pl.* **2 purgaciones** *coloquial* Flujo mucoso que se produce en la uretra a causa de una enfermedad infecciosa de transmisión sexual en la que se inflaman las vías urinarias y genitales. **SIN** blenorragia.

purgante *adj.* **1** Que purga, limpia o purifica: *el escarmiento ha sido purgante: ya no volverá a comportarse mal*. ◊ *adj./n. m.* **2** [sustancia] Que sirve para expulsar los excrementos del vientre: *el médico le recetó agua purgante; se tomó un purgante en ayunas*.

purgar *v. tr.* **1** Limpiar y purificar una cosa quitandole lo malo, lo peligroso o lo que no conviene: *el director ha decidido purgar la empresa despidiendo a los malos trabajadores; tuvieron que purgar los radiadores de la calefacción porque no calentaban bien*. ◊ *v. tr./prnl.* **2** Expulsar los excrementos del

vientre mediante una medicina o una sustancia medicinal: *la enfermera dio una infusión al enfermo para purgarlo; tuvo que purgarse con aceite de ricino.* ◇ *v. tr.* **3** Sufrir un castigo o una pena por haber cometido una falta o un delito: *el acusado purgará sus faltas con dos años de prisión.* **4** Purificar el alma de pecados para poder alcanzar la gloria: *antes de entrar en el cielo las almas tienen que purgar los restos de sus pecados en el purgatorio.*
DER purga, purgación, purgante, purgatorio; expurgar.

purgatorio *n. m.* **1** Según la Iglesia católica, lugar en el que las almas de los muertos pagan sus faltas antes de poder alcanzar la gloria eterna. **2** Lugar donde se pasa mal o se sufren penalidades: *su oficina era un purgatorio: los compañeros le trataban mal y el jefe le daba el trabajo más difícil.* **3** Actividad o trabajo excesivo que produce dolor o sufrimiento: *los exámenes suponían un purgatorio para ella.*

purificación *n. f.* **1** Eliminación de las impurezas o imperfecciones de una cosa: *purificación del aire; purificación del alma.* **2** Fiesta que celebra la Iglesia católica en recuerdo del día en que Jesús fue presentado en el templo por su madre. En esta acepción se escribe con mayúscula.

purificar *v. tr./prnl.* **1** Quitarle los elementos malos o extraños a una cosa para dejarla pura: *este aparato sirve para purificar el agua.* **SIN** depurar. **2** Hacer perfecta o mejor una cosa no material: *hijo mío, debes purificar tu alma si quieres subir al cielo.*
DER purificación.

purismo *n. m.* **1** Actitud que pretende preservar la lengua de palabras extranjeras o neologismos que no son necesarios por existir palabras propias o patrimoniales con el mismo significado. **2** Actitud que pretende mantener un arte, una técnica o una práctica dentro de la más estricta ortodoxia, sin introducir ningún tipo de cambio ni innovación.

purista *adj./n. com.* **1** Que defiende o apoya la actitud que pretende preservar la lengua de palabras extranjeras: *estilo purista; filólogo purista.* **2** Que defiende o apoya la actitud que pretende mantener un arte, una técnica o una práctica dentro de su ortodoxia: *es un músico muy purista, no admite innovaciones.*

puritanismo *n. m.* **1** Movimiento religioso que surgió en la Iglesia católica de Inglaterra en los siglos XVI y XVII, que defiende una rigidez moral extrema y la más absoluta adecuación de las costumbres a la moral evangélica: *el puritanismo acepta la libre interpretación de la Biblia según el juicio individual.* **2** Rigidez y dureza excesivas en el modo de pensar y de actuar, especialmente en el terreno moral: *la prohibición de esa película es una muestra más del puritanismo de la sociedad.*

puritano, -na *adj.* **1** Del puritanismo o que tiene relación con esta doctrina religiosa: *su vida está regida por costumbres puritanas.* ◇ *adj./n. m. y f.* **2** [persona] Que practica el puritanismo: *los puritanos fueron perseguidos por Isabel I.* **3** [persona] Que presume de mostrar una rigidez y una dureza excesivas en el terreno moral y de cumplir con mucho rigor las virtudes públicas y privadas: *sus padres eran muy puritanos y nunca aceptaron que su hija se fuese a vivir con un hombre sin casarse.*
DER puritanismo.

puro, -ra *adj.* **1** Que no tiene mezcla de otra cosa: *este anillo es de oro puro; este perro es un pastor alemán de raza pura.* **ANT** impuro. **2** Que no tiene sustancias sucias o contaminantes: *sale al campo para respirar aire puro.* **3** Que es honesto y respetuoso, y sigue las leyes morales establecidas: *sentía un amor puro por su amigo; tenía un alma pura y era incapaz de mentir.* **4** Que es sólo y exclusivamente lo que se expresa: *tienes que creerme porque te estoy diciendo la pura verdad.* Se usa delante del sustantivo. **SIN** mero. **5** [lenguaje] Que es correcto y sigue estrictamente las normas de la gramática: *es un novelista que escribe con un castellano muy puro.* ◇ *n. m.* **6** Cilindro hecho de hojas de tabaco enrolladas para fumar.
DER pureza, puridad, purificar, purista, puritano; apurar, impuro, depurar.

púrpura *adj.* **1** De color rojo fuerte, casi morado: *llevaba un lazo púrpura en el pelo.* ◇ *adj./n. m.* **2** [color] Que es rojo fuerte, casi morado: *algunos pergaminos estaban escritos con tinta de color púrpura; los rostros de los novios se pusieron como el púrpura.* ◇ *n. f.* **3** Sustancia de color rojo fuerte que se usa para teñir o dar color: *los fenicios fueron los primeros en utilizar la púrpura.* **4** Tela de este color, generalmente de lana, que sirve para hacer los trajes de los reyes y las personas que tienen algún cargo importante: *los cardenales de la Iglesia católica visten la púrpura.*
DER purpurar, purpúreo, purpurina.

purpúreo, -rea *adj.* Que es de color púrpura: *el tono purpúreo es el del manto de los cardenales.*

purpurina *n. f.* **1** Polvo muy fino que se extrae del bronce o de metal blanco y se utiliza para adornar o decorar cosas: *se maquilló y se puso purpurina dorada en los párpados.* **2** Pintura brillante que se hace con esos polvos: *he pintado la puerta del armario con purpurina plateada.*

purulento, -ta *adj.* Que tiene pus: *el médico curó las llagas purulentas del herido.*
ETIM Véase *pus.*

pus *n. m.* Líquido espeso, de color blanco, amarillento o verdoso que se forma en los tejidos infectados y fluye de las heridas: *tiene las encías inflamadas y llenas de pus.* Es incorrecto su uso como nombre femenino: *la pus.*
ETIM *Pus* procede del latín *pus, puris,* que tenía el mismo significado, voz con la que también está relacionada *purulento.*

pusilánime *adj./n. com.* [persona] Que no tiene ánimo, valor o energía para aguantar las desgracias o para hacer cosas importantes: *era un pusilánime y por eso se dejaba dominar por los demás.*
DER pusilanimidad.

pústula *n. f.* Especie de ampolla llena de pus que se forma en la piel: *tenía el cuerpo lleno de pústulas a causa de la enfermedad.*

puta *n. f.* **1** *malsonante* Mujer que mantiene relaciones sexuales a cambio de dinero. **SIN** prostituta, ramera, zorra. **2** *malsonante* Mujer que se entrega sexualmente con facilidad. **SIN** fulana, ramera, zorra.
DER putañero, puterío, putero.
OBS Se usa como insulto.

putada *n. f. malsonante* Obra o dicho que se hace con mala intención y molesta o perjudica a alguien: *menuda putada, le han despedido; es una putada que un amigo te deje plantado.* **SIN** faena.

putañero *adj. malsonante* [hombre] Que tiene relaciones sexuales de forma frecuente con prostitutas.

putativo, -va *adj.* [familiar] Que se tiene como propio o legítimo sin serlo: *san José fue el padre putativo de Jesucristo.*

putear *v. tr. malsonante* Fastidiar o perjudicar a alguien: *me está puteando todo el día y al final le voy a contestar de mala manera.* **SIN** jorobar.
DER putada.

puterío *n. m. malsonante* Prostitución: *es un barrio de mucho puterío.*

puticlub *n. m. coloquial* Establecimiento en el que alternan las prostitutas: *dice que fueron a un puticlub a celebrar la despedida de soltero.* **SIN** prostíbulo.
  OBS El plural es *puticlubes*.

puto, -ta *adj.* **1** *malsonante* Que molesta y hace perder la paciencia: *este puto reloj se ha vuelto a parar; ese puto negocio va a acabar con él.* Se usa delante del sustantivo. **SIN** puñetero. **2** *malsonante* Que es difícil, arriesgado o complicado de hacer: *¡Qué trabajo más puto!; el profesor nos puso en el examen unas preguntas muy putas.* **SIN** puñetero. **3** Que es desagradable o despreciable: *lo abandonaron y lo dejaron en la puta calle; se pelearon por culpa del puto dinero.*
  de puta madre *coloquial* Muy bien: *se lo pasaron de puta madre durante las vacaciones.*
  pasarlas putas *coloquial* Estar en una situación muy difícil, incómoda o peligrosa: *las pasó putas para subir los muebles hasta el cuarto piso.*
  DER putear.

putrefacción *n. f.* Descomposición de una materia animal o vegetal: *encontraron un cadáver en estado de putrefacción; los hongos y las bacterias ayudan a la putrefacción.*
  DER putrefacto.

putrefacto, -ta *adj.* Que está podrido, descompuesto o corrompido: *el mal olor procedía de la fruta putrefacta.*

pútrido, -da *adj. culto* Que está podrido o corrompido: *aguas pútridas.* **SIN** putrefacto.

puya *n. f.* Punta aguda de acero colocada en el extremo de una vara larga con la que se pincha a los toros y las vacas para estimularlos o castigarlos: *el picador hundió la puya en el lomo del toro para quitarle fuerza.*

puyazo *n. m.* **1** Herida hecha con la puya al toro en la parte superior del lomo: *el toro embistió al caballo del picador y recibió un puyazo.* **2** Expresión que se usa para molestar o herir a una persona: *el portavoz comenzó su intervención con un par de puyazos al jefe de la oposición.* **SIN** aguijonazo, pulla.

puzzle *n. m.* Juego que consiste en recomponer una figura combinando de manera correcta unas determinadas fichas o piezas de forma plana, en cada una de las cuales hay una parte de dicha figura: *me regalaron un puzzle de quinientas piezas, que representaba un paisaje nevado.* **SIN** rompecabezas.

pza. *n. f.* Abreviatura de la palabra *plaza*.

Q | q

q *n. f.* Decimoctava letra del alfabeto español. Su nombre es *cu*. El plural es *cúes*, culto, o *cus*, popular.
OBS Sólo forma sílaba delante de la *e* y la *i*, que se escriben precedidas de una *u* que no se pronuncia.

quark *n. m.* FÍS. Partícula elemental con la que se forman otras más pesadas: *los neutrones y los protones están formados por quarks*.
OBS Es de origen inglés y se pronuncia aproximadamente 'cuarc'. ◇ El plural es *quarks*.

quásar *n. m.* ASTR. Fuente de radiación celeste muy intensa que tiene apariencia estelar, pero cuya naturaleza exacta no se conoce: *el espectro del quásar indica que se aleja a una gran velocidad*.
OBS Es un acrónimo de origen inglés y se pronuncia 'cuásar'. ◇ El plural es *quásares*.

que *pron. rel.* **1** Se refiere a un sustantivo que ya ha aparecido con anterioridad: *la casa que nos hemos comprado es muy grande; los niños que hayan terminado pueden marcharse*. ◇ Tiene como antecedente un nombre o un pronombre. ◇ Se puede construir con un artículo determinado y con *lo: el que tenga hambre que pida un bocadillo; no me gustó lo que dijiste ayer; escogió las que más le gustaron*. ◇ *conj.* **2** Introduce una oración subordinada sustantiva: *le gusta que le peinen; deseo que vengas*. **3** Se utiliza para enlazar proposiciones o sintagmas entre los que se expresa una comparación: *es más bueno que el pan; esa silla es menos cómoda que aquella; nadie es mejor que tú*. **4** Expresa un valor adversativo: *suya es la culpa, que no mía*. **SIN** pero, y. **5** Indica causa: *ya verás como lo hace, que ha prometido hacerlo*. **SIN** porque, pues. **6** Indica consecuencia: *iba tan despacio que llegó tarde; hablaba tan rápido que nadie le entendía*. **7** Indica igualdad: *corre que vuela*. Equivale a *de manera que*. **8** Indica el progreso de una acción e incrementa su intensidad: *era un cabezota, siempre estaba dale que dale; estuvimos charla que te charla toda la tarde*. Va precedido y seguido del mismo verbo. **9** Añade fuerza e intensidad a los adverbios *sí* y *no*: *no, hombre, que no, que no se lo digo a nadie*.

el que más y el que menos Todos, sin excepción: *en aquel examen, el que más y el que menos sacó una mala nota*.

qué *det./pron. inter.* **1** Indica pregunta: *¿qué libro estás leyendo?; ¿qué ciudad es aquélla?; dime qué quieres que compre*. Si va seguido de un verbo equivale a *¿qué cosa?: ¿qué haré?; ¿qué prefieres, café o té?* ◇ *det./pron.* **2** Introduce oraciones exclamativas que expresan emoción, admiración o disgusto: *¡qué bello es ese cuadro!; ¡qué día más horrible!; ¡qué calor hace hoy!* Se usa también con adverbios: *¡qué bien te ha salido ese dibujo!; ¡qué mal estoy!*

¿por qué? Se utiliza para preguntar la causa o razón de una cosa: *¿por qué no me has llamado?*

¿qué? *a)* Indica que no se entiende o no se quiere entender lo que se oye: —*me voy a la compra*. —*¿Qué?* —*Que me voy a la compra*. *b)* Se usa para responder a una llamada: —*oye, Silvia*. —*¿Qué?* —*¿Me dejas el coche?*

¿qué tal? *a)* Expresión de saludo equivalente a *¿qué tal estás?* o *¿qué tal está usted?*: —*¡hombre, Luis!, ¿qué tal?*; —*le presento al señor Romero*. —*Hola, ¿qué tal? b)* Cómo: —*¿qué tal me ha salido?*

¿y qué? Expresión que indica que una cosa no importa: —*últimamente te portas muy mal*. —*¿Y qué? Me da igual*.

quebrada *n. f.* Paso estrecho y abrupto entre montañas: *el pastor conduce a sus ovejas por las quebradas de la sierra*.

quebradero *n. m.* Palabra que se utiliza en la locución *quebradero de cabeza* y que significa preocupación o problema: *te evitarías muchos quebraderos de cabeza si fueras preparado para una emergencia*.

quebradizo, -za *adj.* **1** Que se rompe fácilmente: *tiene el pelo débil y quebradizo; el cristal es un material quebradizo*. **SIN** frágil. **2** [ánimo, salud] Que es frágil y se debilita con facilidad: *tiene la salud quebradiza y casi no sale a la calle para no coger enfermedades*. **SIN** enfermizo.

quebrado, -da *adj.* **1** [terreno] Que es desigual y tiene desniveles: *por este camino tan quebrado no pueden pasar los coches*. **SIN** tortuoso. ◇ *adj./n. m.* **2** MAT. [número] Que expresa una o varias partes de un todo: *tres quintos y tres cuartos son números quebrados*. **SIN** fracción.
DER quebradizo.

quebrantahuesos *n. m.* **1** Ave rapaz de gran tamaño, con las patas cubiertas de plumas hasta los dedos, que se alimenta de animales muertos: *el quebrantahuesos suele vivir en regiones rocosas de África, Asia y Europa*. ☞ aves. **2** *coloquial* Persona pesada que molesta o causa fastidio: *dile que no sea una quebrantahuesos y que deje de llamar*.
OBS Para indicar el sexo se usa *el quebrantahuesos macho* y *el quebrantahuesos hembra*. ◇ El plural también es *quebrantahuesos*.

quebrantamiento *n. m.* Transgresión o violación de una ley, norma o contrato que supone la nulidad de lo realizado: *el quebrantamiento de la ley puede dar lugar a penas de prisión*. **SIN** quebranto.

quebrantar *v. tr.* **1** Romper de forma violenta una cosa dura, especialmente sin que lleguen a separarse del todo sus partes: *le apretó la mano como si fuera a quebrantarle los huesos*. **SIN** cascar, quebrar, resquebrajar. **2** Poner una cosa en estado o situación de que se rompa con facilidad: *el viento quebranta las ramas de los árboles*. **SIN** quebrar, resquebrajar. **3** No cumplir una ley, una palabra dada o una obligación: *el acusado había quebrantado muchas veces la ley; has quebrantado tu promesa y ahora ya no me fiaré de ti*. **SIN** violar.

quebranto

◇ *v. tr./prnl.* **4** Debilitar la fuerza, la salud o el ánimo de una persona: *el invierno acabó de quebrantar la poca salud del enfermo; el nerviosismo quebrantó su fuerza de voluntad; si no descansas, tu salud se quebrantará*.
DER quebrantado, quebrantamiento, quebranto; inquebrantable.

quebranto *n. m.* **1** *culto* Falta de ánimos o de fuerza para hacer las cosas: *después de la enfermedad, el quebranto de su persona era inmenso*. **SIN** debilidad, decaimiento. **2** Pérdida o daño grave: *la muerte del líder supuso un gran quebranto para todo el grupo; el incendio produjo grandes quebrantos en el edificio*. **3** Dolor o pena grande: *es un desgraciado que ha sufrido numerosos quebrantos a lo largo de su vida*.

quebrar *v. tr./prnl.* **1** Romper de forma violenta una cosa dura, especialmente sin que se lleguen a separarse del todo sus partes: *se sentó en la silla de golpe y quebró una pata*. **SIN** quebrantar, resquebrajar. **2** Doblar o torcer: *el caballo se ha caído y se ha quebrado una pata*. **3** Interrumpir o cortar la continuación de una cosa no material: *quebraron sus planes cuando les dijeron que se iban a vivir a otra ciudad; se le quebraba la voz al hablar de su hijo muerto*. ◇ *v. intr.* **4** Fracasar y dejar de funcionar un comercio o una industria, por no poder pagar las deudas o no poder cumplir las obligaciones: *la empresa ha quebrado y se han quedado sin trabajo mil obreros; si las ganancias son inferiores a las pérdidas, el negocio quebrará*. **SIN** arruinarse. ◇ *v. prnl.* **5 quebrarse** Interrumpirse la continuidad en un terreno: *al fondo se puede ver cómo se quiebra la cadena montañosa*.
DER quebrada, quebradero, quebrado, quebradura, quebrantar, quiebra, quiebro; requebrar, resquebrar.
ETIM Quebrar procede del latín *crepantare*, que tenía el mismo significado, voz con la que también está relacionada *increpar*.

quechua *adj.* **1** [pueblo indígena] Que procede de la región de Cuzco, en Perú. **2** De ese pueblo indígena o que tiene relación con él: *el arqueólogo iba en busca de restos quechuas*. ◇ *n. com.* **3** Persona que pertenece a este pueblo indígena: *los quechuas se dedican principalmente a la agricultura*. ◇ *n. m.* **4** Lengua de los indígenas procedentes de la región de Cuzco, en Perú: *el español ha tomado algunas palabras del quechua, como por ejemplo cóndor; el quechua se extendió por todo el imperio inca*.

queda *n. f.* Hora de la tarde o de la noche, a partir de la cual la población civil tiene prohibida la libre circulación por las calles y tiene que recogerse en sus casas: *el toque de queda es una medida propia del estado de guerra*.

quedar *v. intr./prnl.* **1** Estar en un sitio durante un tiempo determinado: *me quedaré en Madrid todo el mes de septiembre; me quedé en casa para curarme el resfriado*. **SIN** permanecer. **2** Estar o mantenerse en un estado o situación: *el documento ha quedado sin firmar; quedó ciego por el accidente; he comido bien, pero me he quedado con hambre*. ◇ *v. intr.* **3** Haber, estar o existir todavía: *no saldrás a la calle en lo que queda de semana; en el armario sólo queda una botella de aceite; queda un mes para las vacaciones de verano*. **SIN** restar. **4** Terminar o acabar: *allí quedó la negociación y nadie volvió a hablar del asunto*. **SIN** cesar. **5** Citarse con una persona: *¿qué te parece si quedamos mañana a las siete?; he quedado en la plaza dentro de una hora*. **6** Estar situado en un sitio determinado: *la imprenta queda muy cerca de la oficina; ¿sabes si este pueblo queda lejos de aquí?* **7** Sentar de cierta manera una prenda de vestir: *ese sombrero te queda muy bien; pediré otro pantalón porque este me queda grande*. **8** Dar o producir una impresión determinada a alguien: *si no acudo a la cita, voy a quedar muy mal con mi novio; quedé como un mentiroso delante de tu familia*. **9** Ponerse de acuerdo en algo: *entonces, quedamos en que tú compras la comida y yo compro las bebidas*. **SIN** convenir. ◇ *v. prnl.* **10 quedarse** Coger una cosa y retenerla en su poder: *me quedaré con este bolso; si te gusta la foto, quédatela; quédese con la vuelta*. **11** *coloquial* Recordar o acordarse de algo: *aunque me ha repetido el número de teléfono varias veces, no me he quedado con él*. Va seguido de la preposición *con*. **12** *coloquial* Gastarle una broma a alguien o hacerle creer una cosa que no es cierta: *oye, no te quedes conmigo, que no me creo nada de lo que dices*. Va seguido de la preposición *con*. **SIN** engañar. **13** *coloquial* Perder la vida: *se quedó nada más llevarlo al hospital*. **SIN** morir.

¿en qué quedamos? *coloquial* Expresión con que se pide a una persona que sea clara o que se decida: *bueno, ¿vienes o no?, ¿en qué quedamos?*

quedar atrás Estar superada u olvidada una cosa: *quedaron atrás todas nuestras diferencias*.

quedarse en blanco *coloquial* No recordar una cosa: *se quedó en blanco en el examen y no contestó ninguna pregunta*.

quedarse tan ancho o **quedarse tan fresco** *coloquial* No mostrar preocupación después de haber dicho o hecho una cosa poco adecuada: *discutió con su mejor amigo y se quedó tan fresco*.
DER queda, quedo.

quedo, -da *adj.* **1** *culto* Que está quieto, tranquilo y apenas se le oye: *el mar está quedo y no hay olas; habló con voz queda para que no le oyeran*. **SIN** silencioso. ◇ *adv.* **2 quedo** *culto* En voz baja o con cuidado: *hablaba quedo, con miedo a que lo descubrieran; abrió la puerta quedo*.

quehacer *n. m.* Ocupación, negocio o tarea que se tiene la obligación de hacer: *tiene tantos quehaceres en la casa que nunca tiene tiempo de ver a sus amigos*.

queimada *n. f.* Bebida alcohólica que se elabora con orujo quemado, azúcar y corteza de limón: *la queimada se toma caliente y es típica de Galicia*.

queja *n. f.* **1** Expresión de dolor, de pena, de descontento o de enfado: *se oían las quejas del paciente dentro de la consulta del dentista; estoy harto de escuchar tus quejas, nunca estás contento con nada*. **SIN** lamentación, lamento, quejido. **2** Expresión de descontento o disgusto que se hace ante una persona con autoridad: *los sindicalistas expusieron las quejas de los trabajadores al ministro de trabajo*. **SIN** protesta. **3** Motivo para que alguien se queje: *es muy buen trabajador y no tengo queja de él*.
DER quejica, quejoso, quejumbroso.

quejarse *v. prnl.* **1** Expresar con la voz el dolor o la pena que se siente: *la enfermedad le produjo muchos dolores, pero nunca se quejó; el niño lloraba y se quejaba de la pierna*. **SIN** lamentarse. **2** Expresar resentimiento, disgusto o enfado: *si no se marchan, iré a quejarme a la guardia civil; ¡anda, no te quejes tanto de que trabajas mucho!* **SIN** protestar.
DER queja, quejido; quejarse.

quejica *adj./n. com.* [persona] Que se queja con frecuencia o de manera exagerada: *ese niño es un quejica: se pasa el día llorando*. Se usa como apelativo afectivo o despectivo: *¡venga, quejica, que no ha sido para tanto!*
DER quejicoso.

quejicoso, -sa *adj.* [persona] Que se queja mucho y la mayor parte de las veces sin ningún motivo: *es un quejicoso porque siempre se está quejando por tonterías*. **SIN** quejica.

quejido *n. m.* Expresión o sonido con el que se demuestra dolor o pena: *toda la noche se oyeron los quejidos del perro* *abandonado; cuando el médico le pinchó soltó un quejido de dolor.* **SIN** lamento, queja.

quejoso, -sa *adj.* [persona] Que tiene alguna queja acerca de alguien o algo: *está muy quejoso del comportamiento que tuve con él.* **SIN** descontento, dolido.

quejumbroso, -sa *adj.* **1** Que se queja con frecuencia sin una causa importante o por costumbre: *siempre estaba quejumbroso y triste.* **2** [palabra, voz] Que expresa dolor o pena: *pidió limosna con palabras quejumbrosas.*

quelícero *n. m.* ZOOL. Cada uno de los dos apéndices acabados en pinza que tienen algunos artrópodos delante de la boca; les sirven para defenderse y atacar: *los arácnidos poseen quelíceros.*

quelonio *adj./n. m.* **1** [reptil] Que se caracteriza por tener el cuerpo protegido por un caparazón duro, cuatro extremidades cortas y mandíbulas sin dientes: *el galápago y la tortuga son reptiles quelonios.* ◇ *n. m. pl.* **2 quelonios** Orden al que pertenecen estos reptiles: *los quelonios pueden ser acuáticos o terrestres.*

quema *n. f.* Destrucción con fuego de una cosa: *los habitantes del edificio no pudieron salvarse de la quema; en verano abundan las quemas en los bosques.* **SIN** incendio.
huir de la quema Alejarse de un peligro o de una situación difícil: *cuando vio llegar al profesor, huyó de la quema librándose del castigo.*

quemadero *n. m.* Lugar en el que se queman cosas, especialmente basuras y desperdicios: *los quemaderos suelen estar en las afueras de las ciudades.*

quemado, -da *adj.* **1** *coloquial* Que está enfadado, descontento, cansado o molesto con alguien o con alguna actividad: *el trabajo lo tiene muy quemado; el actor hizo tantas películas en un año que acabó muy quemado.* ◇ *n. m. y f.* **2** Persona que ha sufrido quemaduras: *el herido ingresó en la sección de quemados del hospital.*
DER quemadura.

quemador *n. m.* Pieza que regula la salida de combustible en las cocinas y otros aparatos: *el quemador se ha obstruido y no podemos encender la cocina.*

quemadura *n. f.* **1** Herida en la piel producida por el fuego, el calor o por ciertas sustancias corrosivas: *el accidente le produjo cortes y quemaduras de gravedad.* **2** Debilidad y mal aspecto de las hojas y partes verdes de una planta debido a los cambios grandes y rápidos de temperatura: *ha hecho tanto frío que los árboles están llenos de quemaduras.*

quemar *v. tr./prnl.* **1** Destruir o consumir una cosa con fuego o con calor: *después de leer la carta la quemó; retira la sartén del fuego, que se está quemando el aceite; si estás todo el día sin camiseta, el sol quemará tu piel.* **2** Causar una sensación de ardor: *sentí cómo el aguardiente me iba quemando la garganta.* **3** Secarse una planta por efecto del calor o del frío excesivo: *el frío ha quemado los geranios del balcón; por mucho calor que haga, el cactus no se quemará.* ◇ *v. tr.* **4** *coloquial* Hacer enfadar, molestar o cansar a alguien: *este asunto está empezando a quemar a la gente; ¡cómo me quema este tío, siempre está gritándome!* **5** Gastar dinero de forma poco adecuada: *el vizconde quemó su fortuna en cuatro días.* **SIN** derrochar, dilapidar, malgastar. ◇ *v. intr.* **6** Estar muy caliente o desprender mucho calor: *el agua del baño quema un poco; ponte un sombrero que el sol quema mucho.* ◇ *prnl.* **7 quemarse** Sufrir o sentir mucho calor: *si soplas la sopa no te quemarás; no te acerques a la hoguera, que te quemas.* **8** *coloquial* Estar muy cerca de encontrar una cosa.
DER quema, quemado, quemador, quemazón; requemar, resquemar.

quemarropa Palabra que entra en la expresión *a quemarropa*, que significa: *a)* Con el cañón del arma que se dispara en contacto con el cuerpo de la persona a la que se dispara o casi en contacto con él: *le disparó a quemarropa*. *b)* De forma directa y brusca: *me preguntó a quemarropa si quería casarme con ella.* **SIN** a bocajarro.
OBS Se escribe también *a quema ropa*.

quemazón *n. f.* **1** Sensación desagradable de calor o de picor: *al beber la ginebra, notó una quemazón espantosa en la garganta.* **2** Sensación desagradable de disgusto, tristeza o incomodidad: *sus crueles palabras me dejaron una horrible quemazón durante todo el día.*

quepis *n. m.* Gorra militar de forma cilíndrica y visera horizontal: *el quepis forma parte del uniforme militar francés.*
OBS El plural también es *quepis*. ☞ sombrero.

queratina *n. f.* Sustancia que constituye la parte fundamental de las capas más externas de la epidermis y de órganos como las uñas, el pelo, las plumas, las pezuñas o los cuernos: *la queratina es una sustancia albuminoide muy rica en azufre.*

querella *n. f.* **1** DER. Documento que se presenta ante un tribunal para acusar a alguien de un delito y pedir justicia: *van a presentar una querella en el juzgado contra los fotógrafos.* **2** Enfrentamiento o diferencia de opiniones que hay entre dos o más personas: *entre ellos siempre hay alguna querella.* **SIN** conflicto.
DER querellarse.

querellarse *v. prnl.* DER. Acusar a alguien ante un tribunal para pedir justicia: *ha declarado que se querellará contra ellos por invadir su intimidad; se querelló contra la empresa que había construido el edificio.*

querencia *n. f.* Tendencia o inclinación hacia una persona o cosa, especialmente hacia el lugar en que se ha nacido o en el que se ha vivido mucho tiempo: *Juan tiene querencia hacia el mar porque nació en un pueblo de la costa.*

querer *v. tr.* **1** Desear tener o hacer una cosa: *no quiero cerveza, prefiero un refresco; quiero ir a la peluquería esta tarde.* **2** Sentir cariño hacia una persona o cosa: *¡cómo quiere el niño a su perro!; te quiero y me gustaría que viviéramos juntos.* **SIN** amar. **3** Intentar o hacer lo posible para conseguir algo: *quiero acabar este trabajo cuanto antes; ¡cómo quieres que te crea, si estás todo el día diciendo mentiras!* **SIN** pretender. **4** Necesitar o requerir una cosa: *estos pantalones quieren un lavado.* **SIN** pedir. **5** Provocar una respuesta o reacción: *estudiando tan poco quieres que te suspendan.*
querer decir Significar cierta cosa algo: *esa mirada quiere decir que le gustas.*
sin querer Sin tener la intención de que ocurra: *perdona, te he pisado sin querer.* **ANT** a propósito.
DER querencia, querendón, querido; malquerer.

querido, -da *n. m. y f.* Persona que mantiene relaciones amorosas o sexuales con otra sin estar casada con ella: *la esposa pidió el divorcio al enterarse de que su marido tenía una querida.* **SIN** amante.

queroseno *n. m.* Mezcla líquida de hidrocarburos que se obtiene a partir del petróleo y se emplea como combustible: *el queroseno se utiliza para fabricar insecticidas.*
OBS también se escribe *keroseno*.

querubín *n. m.* **1** Espíritu del cielo, servidor y mensajero de Dios: *en los cuadros de tema religioso a menudo aparecen querubines.* **SIN** ángel. **2** Persona de gran belleza, especialmente un niño pequeño: *mira ese bebé, es un querubín.* **SIN** serafín.

quesera *n. f.* **1** Recipiente formado por un plato cubierto

quesería

querer	
INDICATIVO	**SUBJUNTIVO**
presente	presente
quiero	quiera
quieres	quieras
quiere	quiera
queremos	queramos
queréis	queráis
quieren	quieran
pretérito imperfecto	pretérito imperfecto
quería	quisiera o quisiese
querías	quisieras o quisieses
quería	quisiera o quisiese
queríamos	quisiéramos o quisiésemos
queríais	quisierais o quisieseis
querían	quisieran o quisiesen
pretérito indefinido	futuro
quise	quisiere
quisiste	quisieres
quiso	quisiere
quisimos	quisiéremos
quisisteis	quisiereis
quisieron	quisieren
futuro	
querré	
querrás	
querrá	**IMPERATIVO**
querremos	quiere (tú)
querréis	quiera (usted)
querrán	quered (vosotros)
	quieran (ustedes)
condicional	
querría	**FORMAS NO PERSONALES**
querrías	
querría	infinitivo gerundio
querríamos	querer queriendo
querríais	participio
querrían	querido

por una campana de cristal que sirve para guardar y conservar el queso. **2** Lugar donde se fabrica queso.

quesería *n. f.* Establecimiento o lugar en el que se elabora o se vende queso.

quesero, -ra *adj.* **1** Del queso o que tiene relación con este alimento: *la industria quesera española es mejor cada día.* **2** *coloquial* [persona] Que come queso con frecuencia y le gusta mucho. ◊ *n. m. y f.* **3** Persona que se dedica a hacer o a vender queso.
DER quesería.

quesito *n. m.* Porción de queso envuelta y empaquetada individualmente: *los quesitos se elaboran con un tipo de queso cremoso.*

queso *n. m.* **1** Alimento que se elabora haciendo sólida la leche: *el queso se hace con leche de vaca, oveja o cabra.* **2** *coloquial* Pie de una persona: *¡Cómo te huelen los quesos!; ¿Quieres quitar tus quesos de encima de la mesa?*
   darla con queso *coloquial* Engañar a una persona: *es tan inocente que siempre se la dan con queso.*
DER quesera, quesero, quesito; requesón.

quetzal *n. m.* **1** Ave trepadora de plumaje verde tornasolado en la parte superior del cuerpo y rojo en el pecho y el abdomen, con el pico y las patas de color amarillento y con un moño sedoso en la cabeza: *el quetzal habita en las regiones cálidas de América.* Para indicar el sexo se usa *el quetzal macho* y *el quetzal hembra.* **2** Moneda de Guatemala: *el quetzal lleva grabado en una de sus caras la imagen del ave del mismo nombre.*

quevedos *n. m. pl.* Lentes de forma circular que están provistos de una montura que se sujeta únicamente a la nariz: *los quevedos se diferencian de las gafas en que no llevan patillas para las orejas.* **SIN** anteojos.

quianti *n. m.* Vino tinto ligeramente ácido que se elabora en la Toscana, región de Italia.

quicio *n. m.* Parte de una puerta o ventana en la que están los goznes y las bisagras: *si se sale la puerta del quicio, no se puede abrir o cerrar.*
   sacar de quicio *a)* Poner nervioso, molestar o hacer enfadar a alguien: *las travesuras de los niños me sacan de quicio.* **SIN** exasperar, irritar. *b)* Interpretar o entender una cosa de modo equivocado, generalmente exagerado: *siempre saca las cosas de quicio, todo lo interpreta mal.*
DER quicial; desquiciar.

quid *n. m.* Razón, causa o punto más importante de una cosa o asunto: *ése es el quid de la cuestión.* **SIN** clave.
   dar en el quid Acertar o descubrir: *al ver las caras de los demás, dio en el quid de la broma.*
OBS Se usa sólo en singular.

quiebra *n. f.* **1** Fin de un comercio o una industria por no poder pagar las deudas o no cumplir las obligaciones: *iremos a la quiebra porque no podemos competir con los grandes almacenes.* **SIN** bancarrota, ruina. **2** Pérdida o disminución de una cosa no material: *la época renacentista supuso la quiebra de los valores del hombre medieval.* **3** Separación de una cosa en varias partes, especialmente la que se produce de manera violenta: *la quiebra de la madera ha hecho caer los andamios.* **SIN** rotura. **4** Abertura o separación en varias partes de la tierra de un lugar: *las lluvias han causado una quiebra en el valle.*

quiebro *n. m.* **1** Movimiento hacia un lado que se hace con el cuerpo doblando la cintura: *hizo un quiebro para engañar al portero del equipo contrario.* **2** Elevación del tono de la voz al cantar: *la soprano hizo unos quiebros durante el ensayo general.*

quien *pron. rel.* Señala a una persona sobreentendida o ya mencionada con anterioridad: *quien desee venir, puede hacerlo; vimos a quien tú ya sabes; es él quien tiene que dar el primer paso.* Cuando la oración es negativa, equivale a 'nadie': *no hay quien aguante a ese hombre.*
OBS El plural es *quienes.*
   como quien Expresión que compara una acción o a una persona con otra: *saltó en paracaídas como quien bebe un vaso de agua.*

quién *pron. inter.* **1** Pregunta por la identidad de una persona: *¿quién ha venido a vernos?; ¿a quién vas a invitar?; preguntó quién había roto el jarrón.* ◊ *pron. exclamativo* **2** Introduce oraciones exclamativas que expresan deseo o admiración: *¡quién pudiera hacer lo mismo que tú!; ¡quién lo diría!*
   no ser quién No tener derecho, capacidad o poder para hacer una cosa: *tú no eres quién para decirme lo que tengo que hacer.*
   quién más, quién menos Todos, sin excepción: *quien más, quien menos, todos han bebido cerveza.*
OBS El plural es *quiénes.*

quienquiera *pron. indef.* Se utiliza para referirse a una persona indeterminada: *quienquiera que sea, pase, por favor; quienesquiera que hayan dicho eso están mintiendo.* **OBS** Si se antepone al verbo, va acompañado del relativo *que.* ◇ El plural es *quienesquiera.*

quieto, -ta *adj.* **1** [persona, animal] Que no se mueve: *el perro se estuvo quieto hasta que el cazador lo llamó.* **SIN** estático, parado. **2** Que está tranquilo y lleno de paz: *la casa está muy quieta desde que no están los niños.* **SIN** plácido, sosegado. **DER** quietismo, quietud; aquietar, inquieto.

quietud *n. f.* **1** Falta de movimiento: *es muy extraña la quietud de tu perro, normalmente no para de correr y hacer travesuras.* **2** Falta de agitación, movimiento o ruido: *le gustaba ir al campo porque allí se respiraba quietud.* **SIN** calma, serenidad, tranquilidad.

quijada *n. f.* Pieza de hueso de gran tamaño en donde se encuentran los dientes de los animales vertebrados: *en el museo de ciencias naturales se conserva la quijada de un animal prehistórico.* **SIN** mandíbula.

quijotada *n. f.* Acción que se considera propia de un quijote: *¡qué quijotada querer terminar con el paro de todo el país!*

quijote *n. m.* **1** Persona que tiene altos ideales y que lucha y defiende causas nobles y justas de forma desinteresada: *este chico es un quijote que piensa que va a arreglar el mundo.* **SIN** idealista. **2** Pieza de una armadura que cubre el muslo. **ETIM** De *Quijote*, protagonista de *Don Quijote de la Mancha*, novela de Miguel de Cervantes.

quijotería *n. f.* Manera de proceder o actuar característica de un quijote: *actúa con quijotería al defender o apoyar ciertas cosas.*

quijotesco, -ca *adj.* Que tiene las características propias del personaje literario Don Quijote o de cualquier quijote: *durante su juventud, tuvo unos ideales quijotescos.*

quijotismo *n. m.* Exageración en el idealismo y en los sentimientos que muestra el comportamiento de una persona: *siempre actúa con quijotismo al defender sus ideales.*

quilate *n. m.* **1** Unidad de peso para las perlas y piedras preciosas: *un quilate equivale a 0,205 gramos.* **2** Unidad que mide la pureza del oro en una mezcla de éste y de otro metal: *el quilate equivale a una parte de oro puro en veinticuatro partes de mezcla.* **3** Calidad, valor o bondad de una cosa no material: *su hija tiene una fuerza de voluntad de muchos quilates.* **DER** aquilatar.

quilla *n. f.* **1** Pieza alargada de madera o de hierro, que va de proa a popa por la parte inferior de una embarcación, y en la que se apoya toda su armazón: *el fondo de la barca chocó contra un arrecife y se rompió la quilla.* **2** ZOOL. Hueso largo y afilado que recorre el pecho de las aves: *sobre la quilla de las aves se insertan los músculos de las alas.*

quilo *n. m.* **1** Unidad de masa que equivale a 1.000 gramos. **SIN** quilogramo, kilo, kilogramo. La Real Academia Española admite *quilo*, pero prefiere la forma *kilo*. **2** *coloquial* Un millón de pesetas: *ha ganado un quilo en un concurso de la televisión.* **SIN** kilo. **3** MED. Líquido blanco, espeso y con gran cantidad de grasa que elabora el intestino: *el quilo resulta de la digestión de los alimentos.*

quilo- Elemento prefijal que entra en la formación de palabras con el significado de 'mil': *quilogramo.* **OBS** Es más frecuente su escritura con la forma *kilo–*.

quilogramo *n. m.* Unidad de masa que equivale a 1.000 gramos. **SIN** quilo, kilogramo, kilo. **quilogramo fuerza** Unidad de fuerza que equivale al peso de un kilo sometido a la fuerza de la gravedad. **OBS** La Real Academia Española admite *quilogramo*, pero prefiere la forma *kilogramo.*

quilométrico, -ca *adj.* **1** Del quilómetro o que tiene relación con esta medida de longitud: *tengo un mapa de carreteras con indicaciones quilométricas.* **SIN** kilométrico. **2** *coloquial* Que es muy largo: *ha comprado una cuerda quilométrica para atar los paquetes.* **SIN** kilométrico. **OBS** La Real Academia Española admite *quilométrico*, pero prefiere la forma *kilométrico.*

quilómetro *n. m.* Medida de longitud que equivale a 1.000 metros. **SIN** kilómetro. **DER** quilométrico. **OBS** La Real Academia Española admite *quilómetro*, pero prefiere la forma *kilómetro.*

quimera *n. f.* **1** Sueño o cosa que se desea pero que es casi imposible de realizar o conseguir: *vive sólo de quimeras, ignorando la realidad; con el poco dinero que tengo, comprar un piso es una quimera.* **SIN** ilusión, utopía. **2** Animal imaginario que echa llamas por la boca y que tiene la cabeza de león, el vientre de cabra y la cola de dragón: *la quimera es un monstruo de la mitología griega.* **DER** quimérico.

quimérico, -ca *adj.* Que es imaginario, irreal o que no tiene una base cierta: *vive en un mundo quimérico sin darse cuenta de la realidad.*

química *n. f.* Ciencia que estudia la composición y las propiedades de la materia, y las transformaciones que ésta experimenta. **química biológica** Rama de la química que estudia los seres vivos. **química inorgánica** Rama de la química que estudia los compuestos minerales: *en clase de química inorgánica estudiamos la composición del hierro.* **química orgánica** Rama de la química que estudia los compuestos que contienen carbono en sus moléculas. **DER** químico; agroquímica, bioquímica, electroquímica.

químico, -ca *adj.* **1** De la química o que tiene relación con esta ciencia: *las industrias químicas son abundantes en esa zona.* **2** Que se refiere a la composición y propiedades de la materia y a las transformaciones que ésta experimenta: *están estudiando los efectos químicos de la contaminación en las ciudades.* ◇ *n. m. y f.* **3** Persona que se dedica a la química: *en el laboratorio trabajaban doce químicos.* **DER** geoquímico.

quimioterapia *n. f.* Método de curación o tratamiento de algunas enfermedades que consiste en aplicar sustancias químicas al organismo: *la quimioterapia se emplea en el tratamiento del cáncer.*

quimo *n. m.* Pasta homogénea en que se transforman los alimentos dentro del estómago por efecto de la digestión: *el quimo está formado por los alimentos digeridos, agua y jugos gástricos.*

quimono *n. m.* **1** Prenda de vestir femenina procedente de Japón que tiene las mangas anchas, se ajusta a la cintura con un cinturón del mismo tejido y llega hasta los pies. **SIN** kimono. **2** Prenda de vestir ancha y de tela fuerte de color claro que se usa para practicar artes marciales: *el quimono se compone de chaqueta, pantalón y cinturón.* **SIN** kimono.

quina *n. f.* **1** Sustancia medicinal que se extrae de la corteza del quino: *la quina se emplea en el tratamiento del paludismo.* **SIN** quino. **2** Bebida dulce hecha con esta sustancia y otros ingredientes que se toma como medicina o como aperitivo: *le dio al niño un vasito de quina para abrirle el apetito.*

quincalla

tragar quina Soportar o sufrir algo con disgusto y resignación: *el que no se alegre con mi ascenso que trague quina.*

quincalla *n. f.* Conjunto de objetos de metal de escaso valor: *en un puesto de la feria vendían quincalla.*

quince *num. card.* **1** Indica que el nombre al que acompaña o al que sustituye está 15 veces: *catorce más uno son quince.* Puede ser determinante: *quince personas,* o pronombre: *seremos quince a comer.* ◇ *num. ord.* **2** Indica que el nombre al que acompaña o al que sustituye ocupa el lugar número 15 en una serie: *estamos en el puesto quince de la clasificación.* **SIN** decimoquinto. Es preferible el uso del ordinal: *decimoquinto.* ◇ *n. m.* **3** Signo que representa el valor de diez más cinco: *pon un quince encima de la tarta de cumpleaños.*
DER quinceavo, quincena.

quinceañero, -ra *adj./n. m. y f.* [persona] Que tiene alrededor de quince años: *un grupo de quinceañeras empezó a gritar al ver al cantante en el escenario.*

quinceavo, -va *num.* Parte que resulta de dividir un todo en 15 partes iguales: *si somos 15 para comer, me toca un quinceavo de tarta.*

quincena *n. f.* **1** Conjunto formado por 15 unidades: *una quincena de personas asistió a la reunión.* **2** Período de quince días: *el tratamiento durará una quincena.*
DER quincenal.

quincenal *adj.* **1** Que ocurre o se repite cada quince días: *los pagos serán quincenales; recibe en su casa una revista quincenal.* **2** Que dura quince días: *me he apuntado a un curso quincenal de informática.*

quincuagenario, -ria *adj.* **1** Que está formado por cincuenta elementos o unidades: *conjunto quincuagenario.* ◇ *adj./n. m. y f.* **2** Que tiene cincuenta años o más, pero no llega a los sesenta: *han sido despedidos todos los trabajadores quincuagenarios de la empresa.*

quincuagésimo, -ma *num. ord.* **1** Persona o cosa que ocupa el número 50 en una serie ordenada: *si voy después del 49, soy el quincuagésimo de la lista.* **2** Parte que resulta de dividir un todo en 50 partes iguales: *eran 50 personas y le correspondió a cada una un quincuagésimo.*

quingentésimo, -ma *num. ord.* **1** Persona o cosa que ocupa el número 500 en una serie ordenada: *si voy después del 499, soy el quingentésimo de la lista.* **2** Parte que resulta de dividir un todo en 500 partes iguales: *son 500 personas y le corresponderá un quingentésimo a cada una.*

quiniela *n. f.* **1** Juego de apuestas que consiste en acertar los resultados de una determinada competición deportiva, especialmente de un partido de fútbol o de una carrera de caballos: *se gasta mucho dinero jugando a las quinielas.* Se usa frecuentemente en plural. **2** Impreso que se debe rellenar para participar en ese juego: *vamos a rellenar una quiniela, a ver si nos toca.* **3** Premio ganado con ese juego: *le tocó la quiniela y se compró una gran casa en la playa.*
DER quinielista.

quinielista *n. com.* Persona que juega a las quinielas, especialmente la que juega de manera habitual: *los quinielistas sueñan con hacerse ricos de forma rápida y fácil.*
DER quinielístico.

quinielístico, -ca *adj.* De la quiniela o relacionado con este tipo de juego o apuesta: *resultados quinielísticos.*

quinientos *num. card.* **1** Indica que el nombre al que acompaña o al que sustituye está 500 veces: *son 500 pesetas.* Puede ser determinante: *vinieron quinientos chicos,* o pronombre: *vinieron los quinientos.* ◇ *num. ord.* **2** Indica que el nombre al que acompaña o al que sustituye ocupa el lugar número 500 en una serie: *soy el quinientos de la nueva lista.* **SIN** quingentésimo. ◇ *n. m.* **3** Signo que representa el valor de 100 multiplicado por cinco: *escribe el quinientos después del 499.*
ETIM Véase *cinco.*
OBS Es preferible el uso del ordinal: *quingentésimo.*

quinina *n. f.* Sustancia alcaloide vegetal que se obtiene de la quina y es de color blanco y sabor muy amargo: *la quinina tiene la propiedad de disminuir la fiebre.*

quino *n. m.* **1** Árbol de origen americano que tiene las hojas ovaladas, lisas por el haz y vellosas por el envés, y el fruto seco en forma de cápsula con muchas semillas en su interior. **2** Sustancia medicinal que se extrae de la corteza de este árbol. **SIN** quina.

quinqué *n. m.* Aparato para iluminar, con un tubo o una pantalla de cristal, que funciona con petróleo, aceite o electricidad.
ETIM De su inventor, el farmacéutico francés A. Quinquet (1745-1803).
OBS El plural es *quinqués.*

quinquenal *adj.* **1** Que ocurre o se repite cada cinco años: *es una fiesta quinquenal que se celebra cada vez en una ciudad distinta.* **2** Que dura cinco años: *está estudiando una carrera quinquenal.*

quinquenio *n. m.* Período de tiempo que comprende cinco años: *las cosas han cambiado mucho en el último quinquenio.* **SIN** lustro.
DER quinquenal.
ETIM Véase *cinco.*

quinqui *n. com.* **1** *coloquial* Persona que pertenece a un grupo social marginado y que se dedica a robar o a otras actividades ilegales: *la policía consiguió detener a un quinqui que vendía ropa robada.* **2** *coloquial* Persona sucia, con mal aspecto o mal vestida: *con esos pantalones y esa chaqueta parece un quinqui.*

quinta *n. f.* **1** Casa de campo que tienen algunas personas para ir de vacaciones o para descansar en ella: *se puso muy enferma y tuvieron que llevarla a la quinta para que mejorara.* **SIN** finca. **2** Conjunto de soldados nuevos que entra en el ejército cada año: *la quinta del año pasado fue muy numerosa.* **3** Conjunto de personas que han nacido en un mismo año: *creo que los dos somos de la misma quinta.*

quintaesencia *n. f.* Cualidad más pura, fina y elevada que tiene una cosa: *el compositor buscaba la quintaesencia de la música.*
OBS La Real Academia Española admite *quintaesencia,* pero prefiere la forma *quinta esencia.*

quintal *n. m.* Medida de masa que equivale a 100 kilogramos.

quinteto *n. m.* **1** Conjunto musical formado por cinco voces o cinco instrumentos: *ha formado un quinteto de rock con unos amigos; el cantante iba acompañado por un quinteto de instrumentos de metal.* **2** MÚS. Composición musical interpretada por cinco voces o instrumentos: *el compositor escribió un quinteto para instrumentos de cuerda.* **3** Poema o estrofa formada por cinco versos de más de ocho sílabas con rima consonante: *en un quinteto no puede haber tres versos seguidos que rimen.*

quintilla *n. f.* Estrofa de cinco versos de ocho sílabas con rima consonante: *la quintilla tiene una estructura similar al quinteto, pero es de arte menor.*

quintillizo, -za *adj./n. m. y f.* [animal, persona] Que ha nacido a la vez que otros cuatro de la misma madre.

quinto, -ta *num. ord.* **1** Persona o cosa que sigue en orden

al que hace el número cuatro. **2** Parte que resulta de dividir un todo en cinco partes iguales: *si somos cinco para comer, me toca un quinto de tarta.* ◇ *n. m.* **3** Joven que ha sido llamado para hacer el servicio militar: *a los quintos se les corta mucho el pelo.* **SIN** mozo. **4** Botella de cerveza de 20 centilitros: *no hay quintos de esta marca de cerveza.* **SIN** botellín.
DER quinteto, quintilla.

quintuplicación *n. f.* Acción que consiste en hacer una cosa cinco veces mayor de lo que era: *con esta maniobra económica ha conseguido la quintuplicación de los beneficios.*

quintuplicar *v. tr./prnl.* Multiplicar por cinco una cosa o una cantidad: *las ventas se han quintuplicado desde que salió el anuncio en televisión.*
DER quintuplicación.

quíntuplo *n. m.* Número que resulta de multiplicar por cinco una cantidad: *diez es el quíntuplo de dos; cincuenta es el quíntuplo de diez.*
DER quíntuple, quintuplicar.

quiosco *n. m.* **1** Construcción de pequeño tamaño, generalmente de material ligero, que se coloca en las calles y lugares públicos para vender periódicos, revistas, golosinas y otros artículos. **SIN** kiosco. ☞ reciclaje, proceso de. **2** Construcción pequeña, cubierta y abierta por los lados, que se coloca en los parques o jardines: *todos los domingos había un concierto en el quiosco de la plaza.* **SIN** kiosco.
DER quiosquero.

quiosquero, -ra *n. m. y f.* Persona que vende periódicos y otros artículos en un quiosco: *el quiosquero me ha dicho que se ha agotado la revista que quería.*

quiqui *n. m.* Mechón de pelos cortos que están peinados hacia arriba como si fuera la cresta de un gallo: *lleva un quiqui en lo alto de la cabeza cogido con un lacito.*

quiquiriquí *n. m.* Onomatopeya del canto del gallo: *todas las mañanas, el gallo me despierta con su quiquiriquí.*
OBS El plural es *quiquiriquíes*.

quiro- Elemento prefijal que entra en la formación de palabras con el significado de 'mano': *quiromancia, quiromasaje.*

quirófano *n. m.* Sala de una clínica u hospital destinada a realizar operaciones quirúrgicas.

quiromancia *n. f.* Adivinación del futuro leyendo las rayas de la mano: *no hizo caso de lo que le dijeron porque no creía en la quiromancia.*
DER quiromántico.

quiromántico, -ca *adj.* **1** De la quiromancia o que tiene relación con ella: *no tengo ningún conocimiento quiromántico.* ◇ *n. m. y f.* **2** Persona que se dedica a adivinar el futuro leyendo las rayas de la mano: *quise conocer mi futuro y acudí a un quiromántico.*

quiromasaje *n. m.* Masaje corporal que se realiza utilizando únicamente las manos: *el quiromasaje tiene propiedades terapéuticas.*

quiróptero, -ra *adj./n. m.* **1** [animal mamífero] Que puede volar gracias a dos membranas a modo de alas que se extienden entre el cuello, las extremidades y la cola: *el murciélago es un quiróptero.* ◇ *n. m. pl.* **2 quirópteros** Orden al que pertenecen estos animales mamíferos: *los quirópteros son animales insectívoros de hábitos nocturnos.*

quirúrgico, -ca *adj.* De la cirugía o que tiene relación con esta especialidad de la medicina: *tuvo que someterse a una operación quirúrgica para salvar la vida.*
ETIM Véase *cirugía*.

quisque o **quisqui** *n. m. coloquial* Individuo o persona: *por esta calle pasa todo quisque; que cada quisque haga el trabajo que le corresponde.*

OBS Se usa detrás de *todo* o de *cada*.

quisquilla *n. f.* Animal invertebrado marino comestible, muy pequeño, con la cabeza grande y con diez patas: *las quisquillas son transparentes y parecen gambas diminutas.* **SIN** camarón.
DER quisquilloso.
OBS Para indicar el sexo se usa *la quisquilla macho* y *la quisquilla hembra.*

quisquilloso, -sa *adj./n. m. y f.* **1** [persona] Que se molesta o se enfada frecuentemente por cosas poco importantes: *es una persona quisquillosa y no aguanta una broma.* **SIN** puntilloso, susceptible. **2** [persona] Que le da mucha importancia a las cosas pequeñas que no la tienen: *es muy quisquilloso y no se conforma con nada que no sea perfecto; no seas tan quisquillosa y cómete la carne que no tiene nada raro.* **SIN** maniático.

quiste *n. m.* Bolsa que se forma en los tejidos del cuerpo y que puede contener líquidos o sustancias perjudiciales: *tuvieron que operarla porque tenía un quiste en un pulmón.* **quiste sebáceo** Bulto que se produce en la piel por la acumulación de la grasa de una glándula cuando no puede salir al exterior: *los quistes sebáceos no suelen ser peligrosos.*
DER enquistarse.

quitaesmalte *n. m.* Sustancia líquida que se utiliza para quitar el esmalte con el que se pintan las uñas, y que está compuesta de acetona: *si quieres pintarte las uñas de otro color quítate primero el esmalte que llevas con el quitaesmalte.*
OBS El plural es *quitaesmaltes*.

quitamanchas *n. m.* Producto que sirve para quitar manchas.
OBS El plural es *quitamanchas*.

quitamiedos *n. m.* Barra o cuerda colocada en posición vertical en lugares altos o peligrosos, y que sirve para dar seguridad y protección a los que pasan por él: *en las curvas de esa carretera tan estrecha han puesto unos quitamiedos; en el balcón de la torre hay un quitamiedos para evitar que pueda caer fácilmente una persona.*
OBS El plural también es *quitamiedos*.

quitanieves *adj./n. m. y f.* [máquina] Que sirve para limpiar de nieve las calles, las carreteras y las vías del tren: *quedaron atrapados en la nieve hasta que llegó el quitanieves y despejó la carretera.*
OBS El plural también es *quitanieves*.

quitar *v. tr.* **1** Coger una cosa y separarla o apartarla del lugar en que estaba: *quitó los platos sucios de la mesa y puso otros limpios.* **ANT** poner. **2** Hacer desaparecer: *les presentamos el detergente que quita hasta las manchas más difíciles; el agua quita la sed.* **3** Robar o coger una cosa de otra persona con engaño o por la fuerza: *me acaban de quitar la cartera.* **4** Impedir o prohibir: *el médico le quitó la sal y las grasas porque estaba un poco obeso; esas pastillas quitan el hambre.* **5** Dejar a una persona sin una cosa que le pertenece o de la que disfruta: *la lluvia me quitó la ilusión por salir.* **6** Librar de cargas, deudas u obligaciones: *la madre quitó el castigo a los niños porque empezaron a portarse mejor.* **7** *coloquial* Ser un problema, un obstáculo o un impedimento para hacer una cosa: *que tú no tengas hambre no quita que comamos nosotros.* Suele ir precedido del adverbio negativo *no*. ◇ *v. tr./prnl.* **8** Quedarse sin una o varias prendas de vestir: *el marido ayudó a su esposa a quitarse el abrigo; se quitó los zapatos.* **ANT** ponerse. ◇ *v. prnl.* **9 quitarse** *coloquial* Dejar una cosa o apartarse totalmente de ella: *se ha quitado del tabaco porque le duelen los pulmones; me quité del juego y no me arrepiento.* Va seguido de la preposición *de*.

quitarse de encima Librarse de una cosa o de una persona que molesta: *consiguió quitarse de encima el problema*.

quitarse de en medio Apartarse de un asunto o irse de un lugar para evitar problemas: *cuando vio que iban a pelear, se quitó de en medio y salió del bar*.

DER quite; desquitar.

quitasol *n. m.* Objeto plegable, parecido a un gran paraguas y fijado a un soporte, que sirve para dar sombra: *cuando voy a la playa me llevo el quitasol*. **SIN** parasol, sombrilla.

quite *n. m.* Movimiento del torero, generalmente con la capa, para librar a alguien del ataque del toro: *el matador fue vitoreado por el espléndido quite que hizo*.

estar al quite *coloquial* Estar preparado o dispuesto para ayudar o defender a alguien: *estate al quite por si llega tu madre con la compra*.

quitina *n. f.* Sustancia que constituye el material principal del que está formado el esqueleto externo de los artrópodos y de algunos hongos: *la quitina está formada por hidrato de carbono nitrogenado, es de color blanco e insoluble en agua*.

quivi *n. m.* **1** Fruto comestible, con la cáscara peluda y de color marrón, y con el interior verde y jugoso. **SIN** kiwi. **2** Planta trepadora originaria de China que da ese fruto: *el kiwi tiene flores blancas y amarillas*. **SIN** kiwi.

quizá o **quizás** *adv.* Indica posibilidad o duda: *quizá estamos equivocados; quizás venga a verte mañana*.

quórum *n. m.* Número de personas necesario para que una votación sea válida: *tuvieron que suspender la votación ante la falta de quórum*.

OBS El plural también es *quórum*.

R | r

r *n. f.* Decimonovena letra del alfabeto español. Su nombre es ere (vibración simple) o erre (vibración múltiple).

rabadilla *n. f.* **1** Extremo inferior de la columna vertebral: *la rabadilla está formada por las últimas vértebras del espinazo*. **2** Extremidad movible de las aves, en la que están las plumas de la cola: *las plumas de la rabadilla del pavo real son muy largas y de muchos colores*.

rábano *n. m.* **1** Planta herbácea con el tallo ramoso, las hojas ásperas y grandes y las flores blancas, amarillas o moradas: *el rábano procede de Asia central, pero se cultiva en todo el mundo*. **2** Raíz carnosa y redondeada de color blanco o rojo que da esa planta y que es comestible: *los rábanos tienen sabor picante*.
coger (o tomar) el rábano por las hojas *coloquial* Interpretar o entender una cosa de un modo equivocado: *siempre hay quien coge el rábano por las hojas y explica cosas que no entiende*.
importar un rábano *coloquial* No darle importancia a una cosa: *le estaban insultando pero a él le importaba un rábano*.
¡un rábano! o ¡y un rábano! *coloquial* Expresión que se usa para decir que no a una idea o propuesta con la que no se está de acuerdo: —*¿Por qué no me ayudas a recoger? —¡Un rábano!*
DER rabanillo.

rabel *n. m.* Antiguo instrumento musical de tres cuerdas que se toca con arco.

rabí *n. m.* Maestro que explica el libro sagrado entre los judíos.
OBS La Real Academia Española admite *rabí*, pero prefiere la forma *rabino*. ◊ El plural es *rabíes*.

rabia *n. f.* **1** Enfermedad infecciosa que padecen ciertos animales, especialmente los perros, y que se transmite a través de las mordeduras: *uno de los síntomas de la rabia es el horror al agua*. **SIN** hidrofobia. **2** Enfado grande y violento: *me dio mucha rabia que no me invitase a su fiesta*. **SIN** furor, ira. **3** Sentimiento de antipatía hacia alguien: *dice que ha suspendido el examen porque el profesor le tiene rabia*. **SIN** manía.
DER rabiar, rabieta, rabioso; antirrábico.

rabiar *v. intr.* **1** Dar muestras de un enfado grande: *no le digas nada hoy, que está que rabia*. **2** Padecer un dolor muy fuerte: *rabiaba del dolor de muelas que tenía*. **3** *coloquial* Tener mucho deseo de una cosa: *rabiaba por tener un coche nuevo*. Se construye con la preposición *por*.
a rabiar *coloquial* Indica que una acción se da mucho o con gran intensidad: *el niño ha estado todo el tiempo llorando a rabiar; el chocolate y los caramelos de regaliz me gustan a rabiar*.
DER enrabiar.

rabieta *n. f. coloquial* Enfado o disgusto grande y fuerte pero de poca duración, normalmente causado por algo poco importante: *al niño le entró una rabieta cuando le dijeron que no podía ir de excursión*. **SIN** pataleta.
DER enrabietarse.

rabillo *n. m.* Tallo fino y delgado de las hojas y los frutos: *cortó la hoja por el rabillo*. **SIN** peciolo, rabo.
rabillo del ojo Ángulo del extremo exterior del ojo: *me miraba por el rabillo del ojo*.

rabino *n. m.* Maestro que explica el libro sagrado entre los judíos: *lleva unas barbas largas como las de un rabino*. **SIN** rabí.

rabión *n. m.* Corriente impetuosa del río en los cauces estrechos o de mucha pendiente.

rabioso, -sa *adj.* **1** Que sufre la enfermedad de la rabia: *puso un bozal al perro rabioso*. **2** Que está muy enfadado o muy molesto por algo: *está rabioso porque no le han dado el premio que esperaba*. **SIN** colérico, furioso. **3** Total, grande o absoluto: *esta revista recoge las noticias de la más rabiosa actualidad*. **SIN** candente.

rabo *n. m.* **1** Cola que tienen ciertos animales, especialmente los de cuatro patas: *la vaca caminaba moviendo el rabo*. **SIN** cola. **2** Tallo muy fino y delgado de las hojas y los frutos: *sujetó la manzana por el rabo; los rabos de cereza se usan en infusiones*. **SIN** peciolo, rabillo. **3** Parte posterior de un objeto, de forma delgada y larga: *colgó la sartén por el rabo; el niño golpeaba el vaso con el rabo del tenedor*. **SIN** mango. **4** *coloquial* Órgano sexual masculino. **SIN** pene.
con el rabo entre las piernas *coloquial* Avergonzado o vencido: *él empezó la discusión, pero se marchó con el rabo entre las piernas*.
DER rabada, rabillo, rabón.

rabón, -bona *adj.* [animal] Que tiene el rabo más corto de lo normal o que no lo tiene.

racanear *v. intr.* **1** *coloquial* Comportarse como un avaro y no ser generoso con los demás: *deja de racanear y pon tu parte como todos*. **2** *coloquial* Comportarse como un vago evitando el trabajo: *no estudia nada, racanea todo el día*.
DER racaneo.

racaneo *n. m.* Racanería.

racanería *n. f.* **1** Actitud de la persona poco generosa a la que no le gusta gastar o dar cosas, generalmente dinero. **SIN** racaneo, tacañería. **2** Actitud de la persona que procura evitar el trabajo. **SIN** racaneo.

rácano, -na *adj./n. m. y f.* **1** *coloquial* [persona] Que es muy avaro y no suele gastar o dar cosas, especialmente dinero: *es un rácano que nunca invita a nada a sus amigos*. **SIN** agarrado, tacaño. **ANT** generoso. **2** [persona] Que se comporta como un vago tratando de evitar el trabajo: *tienes que madrugar más: no seas tan rácano*. **SIN** holgazán, gandul.
DER racanear, racanería.

rácano, -na *adj./n. m. y f.* **1** [persona] Que es poco generoso y no le gusta gastar o dar cosas, generalmente dinero: *no seas rácano y paga nuestra cena.* **2** [persona] Que se comporta como un vago.

racha *n. f.* **1** Período de tiempo corto de buena o mala suerte: *estamos pasando una mala racha, pero esperamos que las cosas mejoren pronto; siguió jugando a la lotería porque quiso aprovechar su buena racha.* **2** Golpe de viento violento y de poca duración: *una racha de aire entró por la ventana y la puerta se cerró bruscamente.* **SIN** ráfaga.
DER rachear.

racheado, -da *adj.* [viento] Que sopla de manera violenta y durante espacios de tiempo muy cortos y seguidos: *el paraguas no servía para nada a causa del viento racheado.*

rachear *v. impersonal* Soplar el viento de manera violenta y durante espacios de tiempo muy cortos y seguidos.

racial *adj.* De la raza o que tiene relación con ella: *hay que acabar con la discriminación racial.*

racimo *n. m.* **1** Conjunto de frutos que cuelgan de un tallo común, especialmente las uvas: *compró dos racimos de uvas en el mercado.* **2** Conjunto de flores que nacen de un eje común: *el olivo tiene las flores en racimo.* **SIN** inflorescencia. **3** Conjunto apretado de personas o cosas: *desde el aire, veíamos racimos de casas blancas.*
DER racimoso; arracimarse.

raciocinio *n. m.* **1** Capacidad de pensar o de razonar: *los seres humanos disponemos de raciocinio.* **2** Conjunto de ideas sobre un asunto pensadas por alguien: *mediante unos complicados raciocinios, logró convencerlos de que tenía razón.* **SIN** razonamiento.

ración *n. f.* **1** Cantidad de alimento que corresponde a una persona o a un animal: *en esta olla se pueden hacer hasta 12 raciones; cada uno tiene ya su ración, así que dejad de discutir.* **2** Cantidad determinada de comida que se sirve en bares, cafeterías y restaurantes: *si tenéis hambre, podemos comer unas raciones de queso en ese bar.* **3** Cantidad suficiente de algo: *he ido a la playa a tomar mi ración de sol; está en el gimnasio, haciendo su ración de ejercicio.*
DER racionar.

racional *adj./n. m. y f.* **1** Que dispone de la capacidad de pensar o de razonar: *el hombre es un animal racional.* ◇ *adj.* **2** Que obedece a juicios basados en el pensamiento y la razón: *la mayor parte de los fenómenos paranormales tienen una explicación racional.*

racionalidad *n. f.* Actitud de la persona que actúa de acuerdo con la razón y no se deja llevar por sus impulsos: *la discusión se mantuvo dentro de los cauces de la racionalidad.*

racionalismo *n. m.* FILOS. Doctrina que considera que la razón humana es el único medio que hace posible el conocimiento: *el racionalismo tuvo mucha fuerza en el siglo XVIII.*
DER racionalista.

racionalista *adj.* **1** FILOS. Del racionalismo o que tiene relación con esta doctrina filosófica: *su forma de pensar es absolutamente racionalista.* ◇ *adj./n. com.* **2** [persona] Que sigue la doctrina filosófica del racionalismo: *Descartes fue un filósofo racionalista.*

racionalización *n. f.* **1** Proceso por el cual se da una explicación racional a una forma de comportamiento o un sentimiento: *para evitar tu miedo a la oscuridad debes someter a racionalización los sentimientos que lo provocan.* **2** Organización del trabajo para aumentar la producción y disminuir el número de trabajadores, de máquinas necesarias para la producción o de horas de trabajo: *es necesaria la racionalización y modernización de la industria minera.*

racionalizar *v. tr.* **1** Someter a explicación racional una forma de comportamiento o un sentimiento. **2** Organizar una actividad social, laboral o comercial de manera que disminuyan los gastos y aumenten el rendimiento del trabajo y los beneficios: *la unión de varias compañías de transporte permitirá racionalizar las comunicaciones de toda la provincia.* **3** Ahorrar, gastar menos: *racionalizar el consumo de agua.*

racionamiento *n. m.* Reparto controlado que se hace de una cosa que es escasa: *en épocas de guerra se hace racionamiento de la comida; por culpa de la sequía hubo racionamiento de agua.*

racionar *v. tr.* **1** Repartir de forma controlada y limitada una cosa que es escasa: *a causa de la escasez de petróleo, el gobierno ha racionado la gasolina.* **2** Limitar o controlar el consumo de una cosa para evitar un mal: *si no puedes dejar de fumar, al menos debes racionar el tabaco.*
DER racionado, racionamiento.

racismo *n. m.* **1** Tendencia o actitud de rechazo y desprecio hacia las personas que pertenecen a otra raza distinta de la propia: *un grupo pacifista hizo una manifestación contra el racismo.* **2** Doctrina que defiende la superioridad de la raza propia frente a las demás: *por desgracia, el racismo está arraigado en muchas sociedades.*
DER racista.

racista *adj.* **1** Del racismo o que tiene relación con esta actitud de rechazo hacia las personas de distinta raza: *escribió un artículo racista.* ◇ *adj./n. com.* **2** [persona] Que siente rechazo y desprecio por las personas que pertenecen a otra raza: *un racista piensa, por ejemplo, que los blancos son mejores que los negros.*

rada *n. f.* Parte de mar que entra en la tierra, en donde las embarcaciones pueden estar ancladas y protegidas del viento: *muchos puertos están construidos en radas.* **SIN** bahía, ensenada.

radar *n. m.* Sistema para localizar la presencia y la posición de objetos por medio de ondas electromagnéticas: *el radar se utiliza en navegación y en meteorología.* Aparato detector de objetos que utiliza este sistema: *vieron en la pantalla del radar cómo se aproximaban dos aviones enemigos.*
OBS El plural es *radares*.

radiación *n. f.* **1** FÍS. Emisión de luz, calor u otras partículas de energía: *la radiación del sol es aprovechada como fuente de energía.* **2** Exposición a un tipo determinado de energía con fines medicinales: *el médico le dijo al enfermo que tenía que someterse a radiaciones durante un mes para poder curarse.* **3** Transmisión o propagación de un suceso por radio: *Tomás se encargó de la radiación del partido de fútbol.*

radiactividad *n. f.* Capacidad que tienen ciertos elementos para emitir radiaciones cuando se produce la descomposición de sus átomos: *el matrimonio Curie descubrió la radiactividad de ciertos elementos.*

radiactivo, -va *adj.* [cuerpo, elemento] Que emite radiaciones de energía procedentes de la descomposición natural del átomo: *el uranio es un elemento radiactivo.*
DER radiactividad.

radiado, -da *adj.* Dispuesto como los radios de una circunferencia: *el sistema español de carreteras es una red radiada que parte de Madrid.* **SIN** radial.

radiador *n. m.* **1** Aparato formado por un conjunto de tubos por los que circula un líquido caliente y que sirve para calentar un lugar u otra cosa: *coloqué la ropa en el radiador y se me secó en poco tiempo.* **2** Aparato formado por un conjunto de tubos por los que circula agua para enfriar el motor de un automóvil: *el ventilador va conectado al radiador.*

radial *adj.* Radiado, dispuesto como los radios de una circunferencia.

radiante *adj.* **1** Que brilla o emite mucha luz: *salieron a pasear por la ciudad bajo un sol radiante.* **SIN** resplandeciente. **2** Que expresa gozo o alegría: *entró con una sonrisa radiante y dijo que le había tocado la lotería.*

radiar *v. tr./intr.* **1** FÍS. Despedir un cuerpo radiaciones de energía: *ese cuerpo radia mucho calor.* **SIN** irradiar. **2** Tratar una enfermedad o una lesión con rayos X u otro tipo de radiación: *en el hospital me radiaron para eliminar el tumor.* ◇ *v. tr.* **3** Emitir o transmitir un suceso por radio: *esta tarde, radiarán el concierto desde Budapest.*
DER radiación, radiado, radiador, radiante; irradiar.

radical *adj.* **1** De la raíz o que tiene relación con ella: *esta planta sufre una enfermedad radical.* **2** BOT. [hoja] Que nace directamente de la raíz de la planta. **3** Que afecta a la parte fundamental de una cosa y es total o completo: *la empresa ha experimentado un cambio radical desde que está el nuevo director.* **4** Que tiene una actitud extremista y arriesgada: *es una persona con planteamientos demasiado radicales.* **SIN** inflexible. ◇ *adj./n. com.* **5** [persona] Que considera sus modos de actuación y sus ideas como los únicos posibles y correctos, despreciando los de los demás: *un grupo radical intervino en la manifestación causando destrozos en coches y comercios.* ◇ *n. m.* **6** GRAM. Parte de una palabra que se mantiene fija en todas sus formas: *en la palabra corríamos, corr- es el radical.* **SIN** lexema, raíz. **7** MAT. Signo que representa la operación de una raíz cuadrada o cúbica: *el radical tiene la forma de una V.*
DER radicalismo, radicalizar, radicalmente.
ETIM Véase *raíz.*

radicalismo *n. m.* **1** Conjunto de ideas y doctrinas que pretenden reformar totalmente o en parte el orden político, científico, moral o religioso: *sus discursos dejan ver un radicalismo ideológico total.* **2** Actitud extremada e intolerante de las personas que no admiten términos medios: *todo el mundo desprecia su radicalismo y su intransigencia.*

radicalizar *v. tr./prnl.* Llevar al extremo y hacer poco flexible y tolerante una cosa, especialmente un pensamiento o una idea: *ha radicalizado sus ideas políticas desde que milita en ese partido; el pensamiento de este escritor se ha radicalizado con el paso del tiempo.*

radicalmente *adv.* De manera total, sin limitaciones o paliativos: *mi jefe tiene un punto de vista radicalmente diferente del mío acerca de cómo llevar una empresa.*

radicando *n. m.* MAT. Número del que se extrae la raíz: *en la raíz cuadrada de 16, el radicando es 16.*

radicar *v. intr./prnl.* **1** Echar raíces: *los helechos radican en zonas húmedas.* ◇ *v. intr.* **2** Estar o encontrarse una cosa en un lugar determinado: *la finca radicaba en la comarca de El Bierzo.* **3** Consistir o tener origen: *el problema radica en la falta de solidaridad de los países ricos.*
DER radicación, radicado, radicando; erradicar.
ETIM Véase *raíz.*

radio *n. f.* **1** Aparato eléctrico que recibe señales emitidas por el aire y las transforma en sonidos: *baja el volumen de la radio.* **SIN** radiorreceptor. Es la forma abreviada de *radiorreceptor.* **2** Aparato que produce y emite ondas con señales que luego pueden recibirse y transformarse en sonidos: *le comuniqué la noticia por la radio.* Es la forma abreviada de *radiotransmisor.* **3** Técnica de emitir ondas o señales que luego pueden recibirse y transformarse en sonidos: *lleva un mes trabajando como técnico de radio; la radio fue inventada por Marconi.* Es la forma abreviada de *radiofonía.* **4** Conjunto de personas y medios que se dedican a emitir información, música y otros eventos usando esa técnica: *la radio sigue siendo un medio de difusión muy importante; escuché la noticia por la radio; ha captado una emisora de radio americana.* Es la forma abreviada de *radiodifusión.* **radio pirata** Radio que emite sin permiso legal. ◇ *n. m.* **5** Línea recta que une el centro de un círculo con cualquier punto del borde o de la superficie exterior: *el radio de una circunferencia es la mitad de su diámetro.* ☞ círculo. **6** Espacio circular definido por esa línea: *no había ninguna gasolinera en un radio de 30 kilómetros.* **7** Vara o trozo de metal recto que une el centro de una rueda con la parte más alejada de él: *mi bicicleta tiene tres radios rotos; el volante de mi coche es de cuatro radios.* **8** Hueso más corto y fino de los dos que forman el antebrazo: *el cúbito y el radio forman el antebrazo; el radio une el codo con la mano.* ☞ esqueleto. **9** Metal de color blanco que desprende cierta radiación: *el radio fue estudiado por el matrimonio Curie.*
radio de acción Alcance al que se extiende la influencia de una cosa: *el radio de acción de esa bomba es de 20 km; Eugenio quiso ampliar su radio de acción a todo el edificio.*
radio macuto *coloquial* Difusión popular de rumores o noticias sin confirmar: *me he enterado por radio macuto.*
DER radón.

radio- Elemento prefijal que entra en la formación de palabras para indicar: *a)* Relación con los rayos X, la radiación o la radiactividad: *radiología, radioterapia. b)* Conexión con la emisión de ondas hertzianas o radioeléctricas: *radiotelefonía, radiodifusión.*

radioaficionado, -da *n. m. y f.* Persona que por afición se pone en comunicación con otras a través de un aparato de radio con el que emite y recibe mensajes privados: *un radioaficionado transmitió la noticia del suceso; los radioaficionados utilizan unas bandas de frecuencias sujetas a un reglamento muy severo.*

radiobaliza *n. f.* Transmisor de radio que emite señales para guiar en la navegación, especialmente la aérea.

radiocasete *n. m.* Aparato que consta de una radio y un casete, en que la radio reproduce sonidos de radio o de una cinta. **SIN** casete, radiocassette.

radiocassette *n. m.* Radiocasete.
OBS La Real Academia Española sólo registra la forma *radiocasete.*

radiocomunicación *n. f.* Comunicación a distancia realizada por medio de ondas de radio.

radiocontrol *n. m.* Control a distancia por medio de ondas de radio.

radiodifusión *n. f.* **1** Emisión de noticias, música y otros programas, destinados al público, a través de ondas radioeléctricas o hertzianas: *la radiodifusión supuso un avance importantísimo en la comunicación humana; esta emisora se dedica a la radiodifusión de música clásica y de jazz.* **SIN** radio. **2** Conjunto de personas y medios destinados a llevar a cabo esta emisión: *la radiodifusión y la prensa no hablan de otra cosa.* **SIN** radio.

radiodirigir *v. tr.* Dirigir un objeto a distancia mediante ondas de radio.
OBS En su conjugación, la *g* se convierte en *j* delante de *a* y *o.*

radioescucha *n. com.* Persona que oye lo que se emite por radio. **SIN** radioyente.

radiofaro *n. m.* Aparato que en la navegación marítima o aérea indica la ruta mediante la emisión de ciertas señales.

radiofonía *n. f.* Sistema de comunicación a distancia por medio de ondas radioeléctricas o hertzianas: *el inventor Mar-*

radiofónico

coni fue el primero en utilizar la comunicación entre Europa y América por radiofonía.
DER radiofónico.

radiofónico, -ca *adj.* De la radiofonía o que tiene relación con este sistema de comunicación: *tiene un programa radiofónico por las noches en esa emisora.*

radiografía *n. f.* **1** Procedimiento que consiste en hacer fotografías por medio de rayos X: *la radiografía permite la exploración de la mayoría de los órganos del cuerpo humano.* **2** Imagen o fotografía obtenida por medio de este procedimiento: *se ha roto una pierna y le han hecho una radiografía.*
DER radiografiar, radiográfico.

radiografiar *v. tr.* Obtener fotografías del interior de los cuerpos por medio de rayos X.
OBS En su conjugación, la *i* se acentúa en algunos tiempos y personas, como en *desviar.*

radiográfico, -ca *adj.* De la radiografía o relacionado con este procedimiento: *las técnicas radiográficas se utilizan en el diagnóstico de las enfermedades.*

radiología *n. f.* MED. Estudio y uso de sustancias radiactivas y de radiaciones, especialmente los rayos X y el radio, en el diagnóstico y tratamiento de las enfermedades: *lo están sometiendo a sesiones de radiología para curarle el cáncer.*

radiológico, -ca *adj.* De la radiología o relacionado con este procedimiento: *las técnicas radiológicas se usan en el tratamiento de algunos tipos de cáncer.*

radiólogo, -ga *adj./n. m. y f.* Médico especializado en el uso de radiaciones para el diagnóstico y tratamiento de enfermedades.

radionovela *n. f.* Obra radiofónica dialogada que se transmite en capítulos sucesivos.

radiorreceptor *n. m.* Aparato eléctrico que recibe las ondas radioeléctricas o hertzianas de una emisora de radio y las transforma en sonidos o señales. **SIN** radio.

radioscopia *n. f.* Examen mediante rayos X del interior del cuerpo humano y de objetos que no dejan pasar la luz.

radiotaxi *n. m.* Taxi provisto de un emisor y receptor de radio conectado con una central que comunica al taxista los servicios solicitados por los clientes: *el servicio de radiotaxi nos puede sacar de un apuro.*

radiotelefonía *n. f.* Sistema de comunicación telefónica por medio de ondas radioeléctricas o hertzianas: *puedes comunicarte con nosotros por radiotelefonía.*
DER radiotelefónico, radioteléfono.

radiotelefónico, -ca *adj.* De la radiotelefonía o que tiene relación con este sistema de comunicación: *se establecerá una comunicación radiotelefónica entre las dos estaciones.*

radioteléfono *n. m.* Teléfono en el que la comunicación se realiza mediante señales de radio: *el radioteléfono no tiene cable de conexión a la red.*

radiotelegrafía *n. f.* Sistema de comunicación telegráfica sin hilos que utiliza las ondas radioeléctricas o hertzianas para la transmisión de señales: *la radiotelegrafía dio lugar a otras técnicas como la radiodifusión o la televisión; los barcos suelen usar la radiotelegrafía para pedir ayuda.*
DER radiotelegráfico, radiotelegrafista.

radiotelegráfico, -ca *adj.* De la radiotelegrafía o que tiene relación con este sistema de comunicación: *el enlace radiotelegráfico entre una emisora y un receptor se realiza mediante ondas electromagnéticas.*

radiotelegrafista *n. com.* Persona encargada de enviar y recibir mensajes telegráficos por medio de un aparato de radio.

radiotelevisión *n. m.* **1** Transmisión y recepción de imágenes y sonidos a distancia mediante ondas electromagnéticas. **2** Empresa que se dedica a ofrecer emisiones de radio y televisión.

radioterapia *n. f.* MED. Técnica de tratamiento y curación de algunas enfermedades mediante la utilización de todo tipo de rayos, especialmente los rayos X: *la radioterapia se utiliza para el tratamiento de enfermedades cancerígenas; el radio y el cobalto son elementos utilizados en los tratamientos de radioterapia.*

radiotransmisor *n. m.* Aparato usado en radiotelegrafía y radiotelefonía para producir y emitir ondas que al recibirse pueden transformarse en sonidos o señales: *tiene un radiotransmisor y se comunica con personas de otros países.*
DER radiotransmitir.

radiotransmitir *v. tr.* Transmitir noticias o programas por radio.

radioyente *n. com.* Persona que oye lo que se emite por radio. **SIN** radioescucha.

radón *n. m.* Elemento químico radiactivo, gaseoso y artificial, que se origina en la desintegración del radio: *el símbolo del radón es Rn.*

raer *v. tr.* Raspar una superficie con un instrumento duro, cortante o áspero, o con otra superficie que roza: *el roce de una madera contra otra las va a raer; se le ha raído el cuello de la camisa por el roce con la barba.*
DER raedura, raído.

ráfaga *n. f.* **1** Golpe de viento violento, repentino y generalmente de poca duración: *las ráfagas de viento hicieron que la barca se tambaleara.* **SIN** racha. **2** Golpe de luz vivo e instantáneo: *el faro lanzaba ráfagas de luz a su alrededor; una ráfaga de luz sorprendió a los fugados saltando el muro de la prisión.* **3** Conjunto de disparos ininterrumpidos lanzados por un arma automática: *los soldados disparaban ráfagas de ametralladora desde los helicópteros.*

rafia *n. f.* Fibra muy resistente y flexible que se saca de las hojas de un tipo de palmera: *un bolso de rafia.*

raglán *adj.* **1** [manga] Que llega hasta la línea del cuello y cubre también el hombro: *este jersey tiene mangas raglán.* **SIN** ranglán. **2** [prenda de vestir] Que tiene esta clase de mangas: *un abrigo raglán.* **SIN** ranglán, ranglan.

ragú *n. m.* Guiso de carne cortada en trozos pequeños, con patatas y verduras.
OBS El plural es *ragües,* culto, o *ragús,* popular.

raid *n. m.* **1** Ataque rápido cuyo propósito principal es causar daño más que ocupar el territorio enemigo: *las tropas efectuaron un raid contra las tribus rebeldes.* **SIN** incursión, razia. **2** Vuelo a gran distancia.

raído, -da *adj.* [tela, vestido] Que está muy gastado o estropeado por el uso pero que no ha llegado a romperse: *se tiraba de las mangas de la chaqueta para que no se le vieran los puños raídos de la camisa.*

raigambre *n. f.* **1** Conjunto de antecedentes, intereses o hábitos que hace que una cosa sea estable o segura o que ligan a una persona a un lugar determinado: *el Carnaval es una fiesta de vieja raigambre en las islas Canarias; ser hospitalarios con los extranjeros es una costumbre de honda raigambre en muchas regiones de España.* **2** Conjunto de tradiciones o antecedentes de una persona o cosa: *pertenece a una familia de raigambre liberal.* **3** Conjunto de las raíces de un vegetal cruzadas entre sí en el terreno: *tienes que trasplantar el arbolillo con toda su raigambre.*

raigón *n. m.* Pequeña parte de una muela o diente que permanece cuando el resto ha desaparecido.

raer

INDICATIVO	SUBJUNTIVO
presente	presente
rao o raigo o rayo	raiga o raya
raes	raigas o rayas
rae	raiga o raya
raemos	raigamos o rayamos
raéis	raigáis o rayáis
raen	raigan o rayan
pretérito imperfecto	pretérito imperfecto
raía	rayera o rayese
raías	rayeras o rayeses
raía	rayera o rayese
raíamos	rayéramos o rayésemos
raíais	rayerais o rayeseis
raían	rayeran o rayesen
pretérito indefinido	futuro
raí	rayere
raíste	rayeres
rayó	rayere
raímos	rayéremos
raísteis	rayereis
rayeron	rayeren
futuro	
raeré	IMPERATIVO
raerás	rae (tú)
raerá	raiga o raya (usted)
raeremos	raed (vosotros)
raeréis	raigan o rayan (ustedes)
raerán	
condicional	FORMAS NO PERSONALES
raería	
raerías	infinitivo gerundio
raería	raer rayendo
raeríamos	participio
raeríais	raído
raerían	

raíl *n. m.* **1** Cada una de las barras de hierro alargadas y paralelas entre sí que forman las vías del ferrocarril y sobre las que circulan los trenes: *están sustituyendo los raíles viejos por otros nuevos en este tramo*. **SIN** carril. **2** Guía sobre la que se desplaza una cosa: *la puerta del garaje se movía sobre raíles*.
DER monorraíl.

raíz *n. f.* **1** Parte de la planta, introducida en la tierra, que crece en sentido contrario al tallo y le sirve como sostén y para absorber de la tierra las sustancias minerales necesarias para su crecimiento y desarrollo: *el árbol tenía las raíces gruesas y retorcidas; la raíz toma las substancias alimenticias por medio de pelos absorbentes.* ☞ árbol; raíz. **2** Parte oculta de una cosa y de la cual procede lo que está manifiesto: *el champú actúa en el pelo de la raíz a las puntas.* **3** Origen, principio o causa de una cosa: *la envidia era la raíz de todas sus desgracias; la raíz de su amistad está en que los dos tienen la misma forma de pensar.* **SIN** motivo. **4** ANAT. Parte de los dientes de los vertebrados que queda dentro de los alveolos y llega al hueso de la mandíbula: *el dentista le sacó una muela porque tenía dañada la raíz.* ☞ diente. **5** Parte de la nariz situada entre las cejas. ☞ nariz. **6** GRAM. Parte de una palabra variable que se mantiene en todas las formas de la misma familia de palabras y aporta lo esencial del significado: *con la raíz sill– podemos formar las palabras silla, sillón, sillería sillero o sillita.* **SIN** lexema, radical. **7** MAT. Cantidad que se multiplica por sí misma una o varias veces para conseguir un número determinado. **raíz cuadrada** Cantidad que se multiplica por sí misma una vez para conseguir un número determinado: *la raíz cuadrada de 144 es 12.* **raíz cúbica** Cantidad que se multiplica por sí misma dos veces para conseguir un número determinado: *la raíz cúbica de 125 es 5.*
a raíz de A causa de o inmediatamente después de: *los ecologistas estaban preocupados a raíz de la aparición de un agujero en la capa de ozono.*
de raíz Enteramente o del principio al fin de una cosa: *los problemas deben solucionarse de raíz; había que extirpar el mal de raíz.*
echar raíces Establecerse o afirmarse de manera permanente en un lugar: *echó raíces en América y nunca más volvió a su país.* **SIN** arraigar.
DER raicilla, raigambre, raigón; enraizar.
ETIM *Raíz* procede del latín *radix, –icis*, que tenía el mismo significado, voz con la que también están relacionadas *arraigar, radical, radicar*.

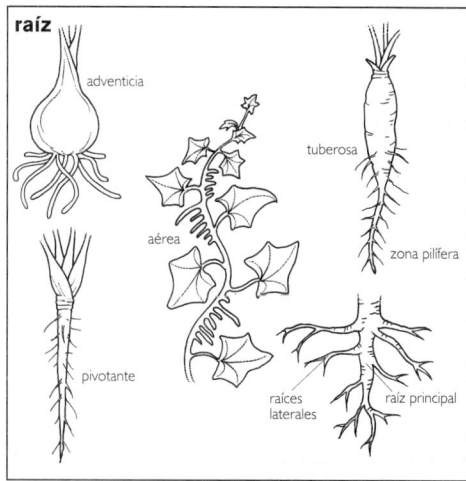
raíz

raja *n. f.* **1** Abertura larga y estrecha en una superfie, generalmente hecha con un objeto cortante: *al coger la botella rota se hizo una raja en la mano.* **2** Trozo delgado y alargado que se corta de un alimento, especialmente de una fruta: *la sandía y el melón se cortan en rajas.*

rajá *n. m.* Título que se aplica a casi todos los príncipes de la India: *el rajá es soberano de su principado.*
OBS El femenino es *raní*, forma no registrada por la Real Academia Española. ◊ El plural es *rajás* o *rajaes*.

rajado, -da *adj./n. m. y f.* **1** Persona que falta a su palabra o que deja de hacer algo en el último momento. Es de uso informal y muestra desaprobación: *ahora dice que no viene con nosotros: es un rajado.* **2** Persona cobarde o que tiene miedo. Es de uso informal y muestra desaprobación: *no se atreverá a subir hasta la cumbre porque es un rajado.*

rajar *v. tr./prnl.* **1** Producir una abertura larga y estrecha en

R r

una superficie, generalmente con un objeto cortante: *cogió el cuchillo y rajó la piña.* **2** Producir una herida con una navaja, un cuchillo u otra arma blanca. ◊ *v. intr.* **3** Protestar y quejarse de manera continuada de una situación: *cuando se enteró de que no le subían el sueldo, se pasó el día rajando.* **4** Exponer y comentar de manera desfavorable los defectos de las personas o de sus acciones: *a la hora del café se pusieron a rajar del jefe.* ◊ *v. prnl.* **5 rajarse** Abandonar de manera imprevista y en el último momento lo que se iba hacer o no cumplir lo prometido: *dijo que vendría de acampada y al final se rajó.*

rajatabla
a rajatabla *coloquial* Rigurosamente o sin apartarse lo más mínimo de lo previsto: *el contrato se cumplirá a rajatabla; las leyes se han de cumplir a rajatabla.*

ralea *n. f.* Especie, clase o condición: *su falta de modales es comprensible conociendo la ralea de la que procede; a ese tugurio sólo acude gente de baja ralea.*
OBS Suele ir acompañado de *malo* y otros adjetivos parecidos y se usa con valor despectivo.

ralentí *n. m.* Número de revoluciones por minuto que debe tener el motor de un automóvil u otro vehículo cuando no está acelerado: *tu coche no carbura bien, tiene el ralentí muy alto; pon el coche en marcha y déjalo un tiempo al ralentí para que se caliente.* **al ralentí** Disminución de la intensidad, actividad o rendimiento: *es difícil que se canse porque trabaja al ralentí.*
DER ralentizar.
OBS El plural es *ralentís*.

ralentizar *v. tr.* Hacer lenta o disminuir la velocidad de una actividad o un proceso: *esta cámara de vídeo ralentiza las imágenes; con la crisis tuvieron que ralentizar la producción en la fábrica.* **SIN** retrasar. **ANT** acelerar.
OBS En su conjugación, la *z* se convierte en *c* delante de *e*.

rallador *n. m.* Instrumento de cocina formado por una chapa de metal con agujeritos de puntas salientes que sirve para desmenuzar ciertos alimentos: *coge el rallador y ralla el queso para los macarrones.* ☞ cocina.

ralladura *n. f.* Conjunto de trozos pequeños de un cuerpo, especialmente de un alimento, que ha sido desmenuzado o rallado: *para hacer rosquillas se necesita la ralladura de la corteza de un limón.*

rallar *v. tr.* Desmenuzar o deshacer un cuerpo en partes muy pequeñas, especialmente un alimento, raspándolo con el rallador: *estoy rallando queso para ponerlo en la pizza.*
DER rallador, ralladura.

rally *n. m.* Prueba deportiva de velocidad y resistencia para automóviles, motos o camiones que pasa por carreteras y caminos públicos y a menudo difíciles: *el rally Granada–Dakar exige mucha resistencia.*

ralo, -la *adj.* [cabello, pelo] Que está más separado de lo normal o poco espeso: *tenía el cabello ralo y la cara muy sucia; la barba rala le hacía parecer más viejo.* **SIN** claro. **ANT** tupido.

rama *n. f.* **1** Parte que crece a partir del tallo o del tronco de ciertas plantas y en la que brotan las hojas, las flores y los frutos: *se subió a la rama del árbol para mirar a lo lejos; el fuerte viento llegó a arrancar varias ramas.* ☞ árbol. **2** Conjunto de personas que tienen su origen en un tronco común: *las dos ramas de la familia se encontraron en la boda.* **3** Parte secundaria de una cosa que se deriva de otra principal: *pertenece a la rama de gestión de la empresa; el castellano es una de las ramas del grupo de las lenguas románicas.* **4** Parte de una ciencia, un arte o una actividad: *se ha especializado en la rama de biología molecular; la pintura y la literatura son dos ramas del arte.* **SIN** especialidad.
andarse (o **irse**) **por las ramas** Tratar los aspectos poco importantes o que tienen poca relación, apartándose del asunto principal: *cada vez que le pregunto algo se va por las ramas y no me contesta.*
en rama Estado natural en que se encuentran ciertos productos o materias antes de ser manufacturados: *compró canela en rama para el arroz con leche.*
DER ramaje, ramal; enramar.

ramadán *n. m.* Noveno mes del calendario musulmán; durante él se guarda riguroso ayuno desde la salida hasta la puesta del Sol.

ramaje *n. m.* Conjunto de las ramas de una planta o de un árbol: *se sentaron bajo el ramaje espeso de una higuera.*

ramal *n. m.* **1** Parte que arranca de la línea principal de un camino, una cordillera, un río u otra cosa que se pueda bifurcar: *el presidente inauguró un ramal que conducirá el agua del embalse a los pueblos del valle; este ramal de la carretera atraviesa la ciudad.* **2** Cada uno de los hilos o cabos de que se componen las sogas o cuerdas: *trenza bien esos ramales para que no se suelte la soga.* **3** Cuerda que se sujeta a la cabeza de un animal de caballería para tirar de él: *coge el ramal y llévate el burro de aquí.*
DER ramalazo.

ramalazo *n. m.* **1** *coloquial* Aparición brusca y pasajera de un dolor, una enfermedad o una emoción: *le dio un ramalazo en el hombro y no podía moverse.* **2** *coloquial* Pérdida pasajera del juicio o de la razón: *no nos podemos fiar de él: le dan muchos ramalazos.* **SIN** venada. **3** *coloquial* Actitud o aspecto afeminado en un hombre: *tiene un ramalazo en la manera de andar que le da un estilo muy personal.*

rambla *n. f.* **1** Cauce natural que forman las aguas cuando llueve de forma torrencial: *la rambla se seca cuando no llueve; muchas ramblas van a parar al mar.* **2** Avenida o calle ancha y con árboles, generalmente con la acera en el centro: *todos los domingos por la mañana paseaba por la rambla; las ramblas son típicas de Cataluña.*
DER arramblar.

ramera *n. f. coloquial* Mujer que mantiene relaciones sexuales a cambio de dinero: *las rameras esperaban hasta altas horas de la noche la llegada de un cliente.* **SIN** prostituta. Se usa como apelativo despectivo.

ramificación *n. f.* **1** Extensión y división de las ramas de una planta o de un árbol: *este árbol tiene unas enormes ramificaciones.* **2** Parte de una cosa que se deriva de otra principal: *las grandes empresas de alimentación tienen ramificaciones por todo el país.* **3** ANAT. División de las arterias, venas o nervios: *el aparato circulatorio tiene ramificaciones por todo el cuerpo.* **4** Consecuencia de un hecho o acontecimiento: *el hambre y la destrucción son ramificaciones de las guerras.*

ramificarse *v. prnl.* **1** Extenderse y dividirse en ramas: *el árbol se ramifica tratando de abarcar la mayor superficie posible; en el brazo se puede apreciar cómo se ramifican las arterias.* **SIN** separarse. **2** Ampliarse o difundirse una cosa principal: *la empresa se ha ramificado y ahora fabrican productos muy diferentes.*
DER ramificación.
OBS En su conjugación, la *c* se convierte en *qu* delante de *e*.

ramillete *n. m.* **1** Ramo pequeño de flores o plantas olorosas hecho de forma artificial: *la novia lleva en la mano un ramillete de rosas de pitiminí; ha puesto en el jarrón varios ramilletes de hierbas silvestres.* **2** Conjunto o grupo de personas o cosas bonitas, útiles o selectas escogidas con un fin determinado: *consiguió rodearse de un buen ramillete de intelectuales; ha publicado en un libro un ramillete de poesías de amor.* **SIN** selección.

ramo *n. m.* **1** Manojo natural o artificial de flores, ramas o hierbas que se arreglan para que formen un conjunto bonito y agradable: *le envió un ramo de rosas como regalo de cumpleaños.* **2** Rama de segundo orden que nace de una principal: *de los ramos nacen las flores; en la época de la poda, los árboles pierden sus ramos.* **3** Rama cortada de un árbol: *llevaba en la mano un ramo de olivo.* **4** Cada una de las partes en que se divide una ciencia, una industria, un arte o una actividad: *el ramo de la construcción genera muchos puestos de trabajo; los carniceros trabajan en el ramo de la alimentación.*
DER rama, ramera, ramificarse, ramillete, ramonear, ramoso.

ramoso, -sa *adj.* [planta, árbol] Que tiene muchas ramas o ramos: *es una clase de árbol ramoso y grande.*

rampa *n. f.* Plano o terreno inclinado dispuesto para subir o bajar por él: *subieron los barriles por una rampa de madera; los niños se deslizaban sentados por la rampa del colegio.*
DER rampante.

ramplón, ramplona *adj.* **1** Que no tiene o no muestra buen gusto: *viste de manera ramplona; esas escenas le dan a la obra un estilo ramplón.* **SIN** chabacano, vulgar. **2** Aburrido, que no provoca interés: *lleva una vida muy ramplona.* **SIN** vulgar.

ramplonería *n. f.* **1** Falta de buen gusto: *viste con ramplonería.* **SIN** vulgaridad. **2** Falta de interés de una cosa por aburrida, común o corriente: *la ramplonería de su trabajo en la oficina le preocupa.* **SIN** vulgaridad.

rana *n. f.* **1** Animal anfibio de agua dulce, con las extremidades posteriores muy desarrolladas para saltar, el tronco rechoncho, la cabeza grande y los ojos saltones que se alimenta de insectos que caza con la lengua: *las ranas viven en el agua en su primera edad y respiran a través de pulmones en edad adulta.* Para indicar el sexo se usa *la rana macho y la rana hembra.* ☞ anfibios. **2** Juego que consiste en lanzar desde cierta distancia una chapa o moneda para que entre por la boca abierta de una figura de metal con la forma de este animal: *los muchachos se entretenían jugando a la rana en el parque de atracciones.* **3** Prenda de vestir para bebés que es de una sola pieza, tiene forma de saco en la parte inferior y deja las piernas al descubierto: *cambió los pañales al niño y le puso una rana limpia.*
cuando las ranas críen pelo *coloquial* Nunca: *—Isabel, ¿cuándo te casarás conmigo? —Cuando las ranas críen pelo.*
salir rana *coloquial* Defraudar o no resultar del modo que se esperaba: *este niño ha salido rana, parecía tan modosito y ha resultado un respondón.*

ranchera *n. f.* **1** Composición musical, popular y alegre procedente de diversos países de Hispanoamérica: *las rancheras son originarias de México.* **2** Baile y canto de esta música: *es una famosa cantante de rancheras.* **3** Automóvil con gran espacio trasero que permite aumentar la capacidad de pasajeros o de carga: *se ha comprado una ranchera para llevar a toda la familia y al perro.*

ranchero, -ra *n. m. y f.* **1** Persona que dirige o administra un rancho: *los rancheros del sur del estado se han reunido para hablar de sus problemas.* **2** Persona que trabaja o vive en un rancho: *los rancheros salieron a caballo hacia el prado.* ◇ *adj.* **3** Que pertenece al rancho o a este tipo de granja.
DER ranchería.

rancho *n. m.* **1** Comida hecha para muchas personas, que suele consistir en un solo guisado: *prepararon el rancho para la tropa; después del trabajo, dieron el rancho a los presos.* **2** En América, granja en la que se crían vacas, caballos y otros animales cuadrúpedos: *los peones iban de rancho en rancho buscando trabajo; su máxima ilusión era comprarse un rancho y abandonar los negocios.*
DER ranchera, ranchero.

rancio, -cia *adj.* **1** [vino, alimento] Que con el tiempo toma un sabor y olor más fuertes mejorándose o echándose a perder: *tiraron el vino antes de beberlo porque olía a rancio; añadió un trozo de tocino rancio al caldo.* **SIN** añejo, curado. **2** Muy antiguo o de larga tradición, o muy apegado a lo antiguo: *aquel palacete pertenece a una familia de rancia nobleza.* **SIN** anticuado. **3** [persona] Que es antipático o seco en el trato: *debido a su carácter rancio tenía pocos amigos en el trabajo.*
DER enranciar.

ranglán o **ranglan** *adj.* **1** [manga] Que llega hasta la línea del cuello y cubre también el hombro: *una manga raglán.* **2** [prenda de vestir] Que tiene esta clase de mangas. **SIN** raglán.

rango *n. m.* **1** Categoría social o profesional de una persona: *el soldado tiene que obedecer porque el cabo tiene mayor rango que él; el club de golf sólo quería por socios a personas de alto rango.* **SIN** estatus. **2** Clase, índole o categoría: *el estado dicta normas de distinto rango.*

ranking *n. m.* Lista ordenada de nombres con arreglo a determinados datos o cifras: *esta película encabeza el ranking de las películas más premiadas de la historia del cine.* **SIN** clasificación.
OBS Es de origen inglés y se pronuncia aproximadamente 'rankin'.

ranura *n. f.* Hendidura larga y estrecha que se abre en un cuerpo sólido con diversos fines: *descolgó el teléfono antes de introducir las monedas por la ranura; metió el sobre por la ranura de la puerta; por esa ranura se desliza la hoja de la ventana.*

rapapolvo *n. m.* *coloquial* Reprimenda severa que se hace a una persona por haber cometido un error o por su mal comportamiento: *le echó un buen rapapolvo por haber llegado tarde al trabajo.* **SIN** bronca.
OBS El plural es *rapapolvos*.

rapar *v. tr./prnl.* **1** Afeitar la barba: *todas las mañanas se rapaba cuidadosamente para ir a trabajar.* **SIN** rasurar. **2** Cortar el pelo al rape con una cuchilla o con otro instrumento: *cuando entró en el ejército, le raparon la cabeza.* **SIN** pelar.
DER rapa, rape.

rapaz, -za *n. m. y f.* **1** Muchacho de corta edad: *los rapaces estaban jugando en la calle.* **SIN** chico. ◇ *adj./n. f.* **2** [ave] Que tiene el pico robusto y encorvado, las alas fuertes y las patas provistas de unas garras muy afiladas: *el búho es un ave rapaz nocturna; el cóndor es la mayor rapaz voladora que existe.* ◇ *n. f. pl.* **3 rapaces** ZOOL. Grupo formado por estas aves: *el águila, el halcón o la lechuza son aves pertenecientes a las rapaces; las rapaces desempeñan un papel importante en el equilibrio de la naturaleza.*

rape *n. m.* Pez marino de color pardo, de cuerpo pequeño, cabeza redonda y aplanada, ojos muy salientes, la boca muy grande con dientes y el primer radio de su aleta dorsal prolongado a modo de antena, con el que atrae a sus presas: *la carne de rape es exquisita; el rape es un carnívoro muy voraz que vive en las profundidades del Mediterráneo y del Atlántico.*
OBS Para indicar el sexo se usa *el rape macho y el rape hembra.*
al rape [pelo] Que es muy corto: *le cortaron el pelo al rape y de lejos parece calvo.*

rapé *n. m.* Tabaco en polvo que se aspira por la nariz.

rapidez *n. f.* Velocidad con la que se realiza una actividad, movimiento o proceso, u ocurre un suceso: *se introdujo en el coche con rapidez y arrancó; todo se desarrolló con tanta rapidez que apenas nos dimos cuenta.* **ANT** lentitud.

rápido, -da *adj.* **1** Que se mueve, actúa, evoluciona o se hace con una gran velocidad o prontitud: *con un movimiento rápido se apartó de la carretera; tomó una decisión rápida, sin pensárselo dos veces.* **SIN** raudo, veloz. **ANT** lento, pesado. **2** Que se hace de forma superficial o con prisas: *he hecho una lectura rápida del texto.* ◊ *n. m.* **3** Parte de un río o de otra corriente en la que el agua corre de forma violenta: *el rápido del río está en la parte más estrecha y rocosa; hicieron rafting por los rápidos.* **4** Tren de viajeros que sólo se detiene en las estaciones principales de su recorrido: *perdieron el rápido y tuvieron que coger un semidirecto.* ◊ *adv.* **5** rápido A gran velocidad: *habla tan rápido que no se le entiende.* **SIN** rápidamente.
DER rapidez.
ETIM Véase *raudo*.

rapiña *n. f.* Robo rápido y violento, aprovechándose de un descuido o de la falta de defensa: *después de tomar la ciudad, las tropas se dieron a la rapiña.* **SIN** hurto, pillaje.
de rapiña [ave] Que caza otros animales para comer: *el águila y el halcón son aves de rapiña.*
DER rapiñar.

rapiñar *v. tr.* Robar una cosa usando la violencia: *durante la revuelta, la muchedumbre se dedicó a rapiñar todo lo que encontró en las tiendas.*

raposo, -sa *n. m. y f.* **1** Mamífero salvaje parecido al perro, de pelaje espeso y color entre marrón y rojo, hocico y orejas puntiagudas y cola larga y peluda con la punta blanca, que se alimenta de otros animales: *una raposa se llevó dos gallinas del corral; los raposos abundan en los montes de España.* **SIN** zorro. **2** *coloquial* Persona muy astuta: *¡menudo raposo estás hecho, has engañado a todos con tu broma!*

rappel *n. m.* Técnica alpina de descenso rápido en paredes verticales mediante el deslizamiento por una cuerda y tomando sucesivos impulsos con los pies apoyados contra la pared.
OBS Es de origen francés y se pronuncia aproximadamente 'rápel'.

rapsoda *n. com.* Persona que recita poesías propias o ajenas.

rapsodia *n. f.* **1** Fragmento de un poema épico que puede ser recitado. **2** Obra literaria compuesta con fragmentos de otras. **3** Pieza musical formada con fragmentos de otras o con trozos de aires populares.

raptar *v. tr.* Llevarse y retener a una persona contra su voluntad con el fin de exigir dinero o el cumplimiento de determinadas condiciones: *raptaron al hijo del magnate con la intención de exigir un rescate.* **SIN** secuestrar.

rapto *n. m.* **1** Retención de una persona contra su voluntad con el fin de conseguir un rescate: *el rapto de un personaje tan famoso conmocionó a la opinión pública.* **SIN** secuestro. **2** Impulso súbito y violento provocado en una persona por una fuerte emoción o sentimiento: *dijo cosas horribles en un rapto de ira.* **SIN** arrebato.
DER raptar.

raptor, -ra *n. m. y f.* Persona que se lleva y retiene a otra contra su voluntad con un fin determinado. **SIN** secuestrador.

raqueta *n. f.* **1** Instrumento de madera o de metal que consta de un mango y de una parte ovalada con cuerdas cruzadas en su interior con las que se golpea una pelota: *sin raqueta no se puede jugar al tenis.* **2** Calzado parecido a este instrumento, con una base ancha y ovalada, que se sujeta al calzado para andar por la nieve: *cayó una nevada tan grande que la gente andaba con raquetas por el campo.* **3** Desvío en forma de medio círculo que hay en las carreteras para realizar un cambio de dirección o sentido: *para entrar a la ciudad hay que desviarse en la primera raqueta.*

raquídeo, -dea *adj.* Del raquis o que tiene relación con esta parte del organismo de los vertebrados.

raquis *n. m.* **1** ANAT. Conjunto de huesos pequeños y planos, articulados entre sí, que recorre la espalda de los animales vertebrados y cuya función es la de sujetar el esqueleto: *dentro del raquis se encuentra la médula espinal.* **SIN** columna vertebral. **2** Eje de una pluma de ave. **3** Nervio principal de una hoja: *el raquis de esta especie de plantas es muy fuerte.* **4** Eje de un racimo o de una espiga.
DER raquídeo, raquitismo.
OBS El plural también es *raquis*.

raquítico, -ca *adj.* **1** [persona, animal] Que está muy delgado o débil: *estaba raquítico de no comer.* **SIN** escuálido, enclenque, endeble. **2** Que es muy pequeño o insuficiente: *esta ración de tortilla es raquítica.* **SIN** escaso. **ANT** abundante. ◊ *adj./n. m. y f.* **3** MED. Que padece raquitismo: *los raquíticos padecen deformaciones en los huesos por falta de calcio; el hambre en los países pobres es la causa de que existan niños raquíticos y desnutridos.*

raquitismo *n. m.* Enfermedad propia de la infancia, producida por la falta de calcio y fósforo y por una mala alimentación, que se caracteriza por deformaciones de los huesos que se doblan con facilidad y debilidad del estado general: *la vitamina D es fundamental en el tratamiento del raquitismo.*
DER raquítico.

raramente *adv.* Pocas veces: *en invierno raramente voy a la montaña; me gusta más ir en verano; raramente se producen terremotos en España.*

rareza *n. f.* **1** Cualidad de las cosas que son extrañas o poco comunes: *la rareza de este hecho lo hace aún más sorprendente; el cuadro valía una fortuna por su rareza.* **2** Objeto extraño o poco común: *este jarrón es una verdadera rareza.* **3** Acción, dicho o carácter de una persona extravagante o difícil de tratar: *está acostumbrado a sus rarezas y no le hace el menor caso.* **SIN** manía.

rarificar *v. tr./prnl.* Hacer menos denso un cuerpo gaseoso: *los gases que eliminan las industrias han rarificado la atmósfera.* **SIN** enrarecer.
OBS En su conjugación, la *c* se convierte en *qu* delante de *e*.

raro, -ra *adj.* **1** Que es poco común o poco frecuente: *es muy raro que no haya llegado todavía; se dio un fenómeno raro y difícil de comprender.* **SIN** extraño, insólito. **2** Que es extraordinario o que hay muy pocos en su clase: *los gorilas albinos son animales raros.* **SIN** escaso, excepcional. **ANT** corriente. ◊ *adj./n. m. y f.* **3** [persona] De carácter o conducta extravagante o poco común: *es tan raro que ni siquiera sus propios amigos lo entienden.*
DER raramente, rarear, rareza; enrarecer.

ras *n. m.* Igualdad en la altura de la superficie de las cosas.
a ras de Al mismo nivel que otra cosa, casi rozándola: *volaba a ras del suelo.*
al ras Hasta un límite determinado o al mismo nivel en la superficie o la altura de una cosa: *no llenes el vaso al ras, no sea que se derrame el agua; cortaba el césped del jardín al ras.*

rasante *adj.* **1** Que pasa rozando el suelo u otra superficie: *el vuelo rasante de la avioneta comercial asustó a los bañistas.* ◊ *n. f.* **2** Línea de una calle o camino considerada en relación con el plano horizontal: *el edificio tendrá cuatro plantas: tres sobre la rasante y una subterránea; está prohibido adelantar en un cambio de rasante.*

rasca *n. f. coloquial* Frío: *¡hace una rasca esta noche!*

rascacielos *n. m.* Edificio de gran altura y de muchos pisos: *me impresionó ver los enormes rascacielos de Nueva York.*
OBS El plural también es *rascacielos*.

rascador *n. m.* Utensilio que sirve para rascar: *se rasca la espalda con un rascador.*

rascar *v. tr.* **1** Hacer rayas en una superficie lisa con un objeto áspero o cortante, generalmente para alisarla o levantar la capa que la cubre: *rascaron la pintura del coche con unas llaves.* **SIN** raspar, rayar. **2** Tocar mal un instrumento musical de cuerda: *ya está rascando de nuevo la guitarra.* ◇ *v. tr./prnl.* **3** Pasar por la piel con una cosa aguda o áspera, generalmente las uñas: *se rascaba la espalda con un bolígrafo; deja de rascarte la nariz, que se te va a poner como un tomate.* ◇ *v. tr./intr.* **4** Producir una sensación desagrable en la piel un tejido o un objeto: *le rascaba la etiqueta del jersey porque era áspera; si no le pones suavizante a la ropa rascará.* **SIN** picar.
DER rasca, rascador, rasqueta.
OBS En su conjugación, la c se convierte en *qu* delante de e.

rasear *v. intr.* En el fútbol, lanzar la pelota a ras de tierra.

rasero *n. m.* Tabla o palo cilíndrico que se usa para quitar la parte que excede de una medida determinada, generalmente de grano: *antiguamente se utilizaba el rasero para medir el trigo, la cebada y otros cereales.*
por el mismo rasero Sin hacer la menor diferencia, en especial cuando se trata de juzgar a las personas: *todos han de recibir un trato igual y se han de medir sus virtudes por el mismo rasero.*

rasgado, -da *adj.* **1** Que está roto o desgarrado: *tela rasgada.* **2** [ojos, boca] Que tienen la comisura más alargada de lo normal y estrecho: *los ojos rasgados son característicos de algunas razas orientales.*

rasgadura *n. f.* Rotura o desgarrón de un vestido o tela: *llevaba una rasgadura en el pantalón; de tanto lavarlas, las toallas estaban deshilachadas y llenas de rasgaduras.*

rasgar *v. tr./prnl.* Romper o hacer pedazos sin la ayuda de ningún instrumento cosas de poca consistencia y resistencia como el papel o la tela: *el pergamino se rasgó al cogerlo, pues estaba muy deteriorado.*
DER rasgado, rasgadura, rasgo, rasgón, rasguear, rasguñar.
OBS En su conjugación, la g se convierte en *gu* delante de e.

rasgo *n. m.* **1** Línea trazada con un instrumento de escritura, especialmente la que se hace para adornar las letras al escribir: *por los rasgos de la escritura se puede conocer el carácter de las personas.* **SIN** trazo. **2** Forma o línea característica del rostro de una persona: *sus rasgos me resultan familiares; hace de malo en una película porque tiene rasgos muy duros.* Se suele usar en plural. **3** Carácter o particularidad en la manera de ser o de actuar de una persona: *se notan claramente los rasgos de su estilo; una gran bondad es el rasgo más destacable de su personalidad.* **SIN** peculiaridad.
a grandes rasgos De manera general y sin entrar en detalles: *le contó la película a grandes rasgos, sin entrar en detalles.*

rasgón *n. m.* Rotura de un vestido o tela. **SIN** rasgadura.

rasguear *v. tr.* **1** Tocar la guitarra u otro instrumento musical rozando varias cuerdas a la vez con la punta de los dedos: *el guitarrista rasgueaba la guitarra descuidadamente.* ◇ *v. intr.* **2** Hacer rasgos con un instrumento de escritura.
DER rasgueo.

rasgueo *n. m.* Roce rápido con la punta de los dedos sobre las cuerdas de una guitarra u otro instrumento musical: *al tocar sevillanas hay que hacer rasgueos.*

rasguñar *v. tr./prnl.* Arañar o rascar la piel con las uñas o con algún instrumento cortante: *se rasguñó las piernas al pasar entre el alambre de espino.*
DER rasguño.

rasguño *n. m.* Herida o corte pequeño, poco profundo y largo hecho en la piel con las uñas o con algún instrumento cortante: *el niño llegó a casa sucio y lleno de rasguños porque se había caído en el patio del colegio.* **SIN** arañazo.

rasilla *n. f.* Ladrillo hueco y delgado, que se suele emplear para dividir espacios o techar en el interior de un edificio: *rompieron la rasilla del tabique con un solo golpe de martillo.*

raso, -sa *adj.* **1** Que es plano, liso y sin obstáculos: *aquella meseta es completamente rasa, sin nada que rompa la monotonía del paisaje; todavía tiene la cara rasa, sin barba.* **SIN** llano. **2** [cielo] Que está despejado, sin nubes o niebla: *después de la tormenta amaneció un día raso; el cielo raso y azul lo cegaba.* **SIN** claro. **ANT** nublado. **3** Que está completamente lleno, pero sin rebasar el borde: *ponga dos cucharadas rasas de azúcar.* **4** Que no tiene un título, una categoría o una característica que lo distinga: *los soldados rasos no llevan galones ni estrellas; no es sargento, sino un soldado raso.* **5** Que pasa rozando o se mueve a poca altura del suelo: *la avioneta inició un vuelo raso; el bateador lanzó una pelota rasa.* **ANT** alto. ◇ *n. m.* **6** Tela de seda muy brillante, ligera y suave: *el raso se usa en las prendas de ropa interior; la niña lleva un lazo de raso en el pelo.*
al raso Al aire libre o sin resguardo alguno: *los pastores dormían al raso; no encontramos el albergue y tuvimos que dormir al raso.* **SIN** a la intemperie.
DER ras, rasar, rasear, rasilla.

raspa *n. f.* **1** Espina del pescado, en especial la central: *cuidado con las raspas de la trucha; limpiando el pescado le quitó la raspa y las demás espinas.* **2** Filamento áspero que sale de la cáscara de los cereales: *la ropa del trigo seco es áspera.* **3** Tronco que queda al desgranar una mazorca de maíz o una espiga de trigo: *los cuervos se han comido la mazorca y han dejado la raspa.* **4** *coloquial* Persona brusca y desagradable con la que no es fácil tratar: *contestó con cara de raspa que no le apetecía salir.*
DER rasposo.

raspado *n. m.* **1** Acción de frotar una superficie contra otra rugosa o con un objeto de borde agudo para eliminar la parte superficial: *¿has terminado el raspado de la pared?* **2** Operación quirúrgica que consiste en raer ciertos tejidos enfermos, especialmente del útero o los huesos, para limpiarlos de sustancias extrañas o para obtener muestras del tejido. **SIN** legrado.

raspador *n. m.* Utensilio que sirve para eliminar la capa superficial de algo.

raspar *v. tr.* **1** Frotar una superficie con otra rugosa o áspera o con un objeto de borde agudo para quitarle alguna parte superficial: *estuvieron raspando la pintura de la pared con la espátula.* **SIN** rascar, rayar. ◇ *v. tr./intr.* **2** Producir una cosa desagradable al rozar la piel por ser áspera o cortante: *algunos tejidos sintéticos raspan.* **3** Causar un licor, en especial el vino, una sensación de picor al beberlo: *el orujo raspa la garganta; este vino raspa.* **4** Pasar rozando ligeramente un cuerpo con otro: *el coche no lo atropelló, pero le pasó raspando.*
DER raspa, raspado, raspador, raspón.

rasponazo *n. m.* Herida o marca superficial causada por un roce violento: *al meter el coche en el garaje, le he hecho un rasponazo*.

rasposo, -sa *adj.* **1** Que es áspero al tacto o al paladar: *estas toallas están rasposas; pidieron otro vino porque ése era muy rasposo*. **2** Que tiene muchas raspas: *la sardina es un pescado muy rasposo*. **3** [persona] Que no es delicado o apacible en el trato: *era un hombre rasposo y no tuvo muchos amigos*.

rastras Palabra que se utiliza en la locución *a rastras*, que significa: *a*) Arrastrándose, moviéndose hacia adelante con el cuerpo pegado al suelo: *para entrar por ese agujero deberéis ir a rastras*. *b*) Contra la voluntad de uno, obligado: *ni a rastras me haréis ir al dentista*.

rastreador, -ra *n. m. y f.* Persona o animal que es capaz de encontrar a otras personas o animales siguiendo las señales que dejan al pasar por un lugar: *un rastreador aborigen les llevó hasta la cueva donde se ocultaba la fiera*.

rastrear *v. tr./intr.* **1** Seguir o buscar a una persona o cosa siguiendo su rastro o señal: *el explorador indio rastreaba las huellas de los fugitivos; los perros rastrearán la presa*. **2** MAR. Llevar arrastrando por el fondo del agua un instrumento de pesca u otra cosa: *los detuvieron por rastrear ilegalmente; estuvieron rastreando el río durante varios días en busca del cadáver*. ◊ *v. intr.* **3** Ir por el aire casi tocando el suelo.
DER rastreador, rastreo.

rastreo *n. m.* Búsqueda de una persona o cosa siguiendo su rastro o señal: *continúan las labores de rastreo en busca de las tres personas desaparecidas en la montaña*.

rastrero, -ra *adj.* **1** *coloquial* Que es despreciable, innoble y malo: *consiguió convencerlos con chantajes y otros procedimientos rastreros*. **SIN** ruin, vil. **ANT** noble. **2** Que vuela o se desplaza por el aire casi tocando el suelo: *a causa del viento, las gaviotas mantenían un vuelo rastrero sobre la playa*. **3** BOT. [tallo] Que crece a ras del suelo y va echando raíces: *la planta de la fresa tiene tallos rastreros*.

rastrillar *v. tr.* Recoger o limpiar la hierba, paja o plantas secas o cortadas con un rastrillo: *estaba rastrillando el jardín después de cortar el césped*.

rastrillo *n. m.* **1** Instrumento que sirve para recoger hierba, paja o plantas secas, formado por un mango largo y delgado que termina en una pieza perpendicular con muchas púas: *segó el césped del jardín y lo amontonó con el rastrillo*. **SIN** rastro. ☞ aperos. **2** Tabla con muchos dientes gruesos de metal sobre la que se pasa el lino o el cáñamo para separar la estopa de la fibra: *antes de empezar a hilar, tenemos que pasar el rastrillo*. ☞ herramientas.
DER rastrillar.

rastro *n. m.* **1** Señal o huella que queda al pisar o al pasar una persona o una cosa por un lugar: *al llegar al río, los perros perdieron el rastro de los fugitivos*. **SIN** indicio, pista. **2** Mercado callejero al aire libre preparado para vender objetos generalmente usados ciertos días de la semana: *mañana iremos al rastro a ver si encontramos alguna ganga*. **3** Instrumento que sirve para para recoger hierba, paja o plantas secas, formado por un mango largo y delgado que termina en una pieza perpendicular con muchas púas: *coge el rastro y limpia el jardín*. **SIN** rastrillo.
DER rastrear, rastrero.

rastrojo *n. m.* **1** Resto de las cañas de la mies que queda en la tierra después de haber segado: *el rastrojo impedía a la liebre correr con rapidez*. **2** Campo o terreno después de segar la mies y antes de recibir una nueva cosecha: *tiene que arar varios rastrojos antes de la siembra*.

rasurar *v. tr./prnl.* Cortar el pelo del cuerpo al nivel de la piel con una cuchilla u otro instrumento, especialmente la barba o el bigote: *los nadadores se rasuran el cuerpo antes de cada competición*. **SIN** afeitar, rapar.

rata *n. f.* **1** Mamífero roedor más grande que el ratón, de pelo marrón o gris, con cola larga, patas cortas, cabeza pequeña, hocico puntiagudo y orejas tiesas: *las ratas son originarias de Asia, pero se han propagado por los campos y ciudades de todo el mundo*. **2** *coloquial* Persona despreciable: *un tipo que es capaz de quitar dinero a unos huérfanos es una rata y debería estar en la cárcel*. ◊ *n. com.* **3** *coloquial* Persona muy tacaña: *anda, no seas rata e invítanos a unas tapas*. **SIN** avaro.
más pobre que una rata (o **más pobre que las ratas**) *coloquial* Muy pobre: *durante la guerra, toda mi familia era más pobre que las ratas*.
DER ratear, ratero, raticida, ratón; desratizar.
OBS Para indicar el sexo se usa *la rata macho* y *la rata hembra*.

ratería *n. f.* Robo sin violencia de objetos de poco valor.

ratero, -ra *n. m. y f.* Ladrón que roba con habilidad y cautela objetos de poco valor: *el ratero aprovechó el descuido de la dependienta para robar un pantalón*. **SIN** caco, ladronzuelo, mangui.
DER ratería.

raticida *n. m.* Producto que se usa para matar ratas y ratones: *pusieron raticida en el granero para acabar con la plaga de ratones*. **SIN** matarratas.

ratificación *n. f.* Acción por la cual se da por válida una decisión ya aprobada, generalmente por medio de la firma en un escrito, o se asegura que algo que se ha dicho es cierto: *para que la propuesta de ley sea válida sólo falta la ratificación del Senado*.

ratificar *v. tr./prnl.* Confirmar una creencia u opinión expresada anteriormente: *el acusado ratificó la declaración que hizo cuando fue detenido*. **SIN** confirmar, corroborar.

ratio *n. f.* Relación entre dos cantidades que expresa en qué medida es mayor una que otra: *una ratio de un profesor por cada treinta alumnos*. **SIN** proporción.

rato *n. m.* **1** Espacio de tiempo, especialmente cuando es corto: *hace un rato que lo espero; se entretuvo un rato charlando con sus amigos*. Se usa con frecuencia con *buen* y *mal* para indicar el placer o disgusto que se tiene durante ese espacio de tiempo: *pasamos muy buenos ratos juntos; he pasado un mal rato viéndote ahí arriba*. **2** Distancia o espacio físico: *de Valencia a Barcelona hay un buen rato*.
a ratos En unos momentos sí y en otros no: *a ratos le volvía el dolor de cabeza*.
para rato Por mucho tiempo, generalmente hablando del futuro: *tranquilízate, que hay para rato hasta que te toque el turno*.
pasar el rato Pasar el tiempo con algún entretenimiento, distracción o diversión: *va a clases de baile sólo por pasar el rato*.

ratón *n. m.* **1** Mamífero roedor de pequeño tamaño, de pelo blanco o gris, con cola larga, patas cortas, cabeza pequeña y orejas tiesas, que se reproduce con gran rapidez: *el ratón vive en las casas donde come y roe lo que hay en ellas; a los ratones les gusta mucho el queso y las cosas dulces*. **2** INFORM. Mando, generalmente separado del teclado, que sirve para dar instrucciones y cuyo movimiento se ve reflejado por una flecha en la pantalla: *señala con el ratón en el lugar donde quieres que se imprima el gráfico; el ratón se desliza mediante una bolita que tiene en la parte inferior*. ☞ ordenador.
DER ratonera, ratonero.

ratonera *n. f.* **1** Trampa que sirve para coger o cazar ratones: *colocó un pedazo de queso dentro de la ratonera y la puso en la cocina*. **2** Agujero que hacen los ratones en los muros o paredes para entrar y salir por él: *se metió en la ratonera y el gato no pudo atraparlo*. **3** Lugar donde viven y crían los ratones: *en el desván hay una ratonera*. **4** Trampa preparada para coger o engañar a una persona: *aquel local era una ratonera porque no tenía salida de emergencia; el ladrón cayó en la ratonera y no tuvo más remedio que confesar la verdad*. **5** *coloquial* Vivienda o habitación muy pequeña y miserable: *es difícil de imaginar que vivan todos en esa ratonera*.

ratonero *n. m.* Ave rapaz europea de gran tamaño, con el plumaje de color marrón, gris y blanco, que se alimenta de pequeños animales que caza; también es un tipo de buitre americano que se alimenta de la carne de animales ya muertos.

raudal *n. m.* **1** Masa abundante de agua u otro líquido que corre con fuerza y rapidez: *cuando el dique se rompió, se escapó un raudal de agua*. **2** Cantidad grande de cosas que aparecen o salen de repente de un sitio: *ganó un raudal de dinero en la bolsa*.
a raudales En gran cantidad: *hemos recibido felicitaciones a raudales; esta chica tiene simpatía a raudales*.

raudo, -da *adj.* Que es muy rápido, violento o que se mueve con gran velocidad: *un raudo jinete cabalgó para llevar el mensaje*.
DER raudal.
ETIM Raudo procede del latín *rapitus*, que tenía el mismo significado, voz con la que también está relacionada *rápido*.

raviolis *n. m. pl.* Pequeños cuadrados de pasta rellenos de carne picada o queso que se cocinan en agua hirviendo: *los raviolis se presentan con salsa de tomate o queso gratinado*.

raya *n. f.* **1** Línea larga y delgada que se hace de forma natural o artificial en un cuerpo o superficie cualquiera: *he ido a una adivina para que me lea las rayas de la mano; hizo en el papel una raya con el lápiz*. **SIN** señal. **2** Línea que resulta al separar el pelo con un peine hacia los lados: *el peluquero le ha hecho la raya a un lado*. **3** Doblez vertical que se hace al planchar los pantalones u otras prendas de vestir: *hay que tener mucho cuidado para que la raya de los pantalones quede recta*. **4** Signo de ortografía que consiste en un guión largo y que se usa para indicar el comienzo de un diálogo escrito o para separar una nota dentro de un discurso: *cuando intercala incisos en el relato utiliza rayas en lugar de paréntesis*. **5** Límite que se pone a un hecho, acción o situación: *parecía un negocio sucio, pero nunca pasó la raya de la ley*. **6** Línea imaginaria que marca la división entre territorios: *los aviones de guerra traspasaron la raya que separa los dos estados*. **7** *coloquial* En el lenguaje de la droga, dosis de cocaína o de otra droga en polvo que se inhala por la nariz. **8** Pez marino de color gris, cuerpo aplastado, cola larga y delgada y aletas pectorales muy grandes, que forman los lados del cuerpo: *la raya se desplaza con un movimiento ondulatorio; las rayas son animales carnívoros*. Para indicar el sexo se usa *la raya macho* y *la raya hembra*. ☞ pez.
a raya Dentro de los límites tolerados: *su padre es la única persona que pone al niño a raya*.
pasarse de la raya *coloquial* Superar o exceder el límite de lo tolerable: *como vuelvas a pasarte de la raya, vas a tener problemas conmigo*.
DER rayano, rayar, rayón, rayuela.

rayado, -da *adj.* **1** Que tiene rayas: *papel rayado*. ◇ *n. m.* **2** Conjunto de rayas de una superficie: *el rayado del papel, de una tela*.

rayano, -na *adj.* Que está junto al límite o muy cerca de una cosa o situación: *tiene unos pensamientos rayanos con la locura*.

rayar *v. tr.* **1** Hacer o trazar rayas o líneas: *se puso a rayar un papel con la pluma*. **2** Hacer rayas en una superficie lisa, generalmente levantando con un objeto agudo la capa que la cubre: *el niño está rayando la pared con un juguete*. **SIN** arañar, rascar. **3** Tachar un escrito con rayas: *rayó las opciones que le parecieron correctas*. ◇ *v. intr.* **4** Estar junto al límite o muy cerca de una cosa o situación: *las casas adosadas rayan unas con otras; su comportamiento rayaba la irresponsabilidad*. **5** Comenzar a aparecer: *rayaba la mañana cuando partieron de viaje*.
DER rayado; subrayar.
OBS Se suele usar con los sustantivos *alba, día, luz* o *sol*.

rayo *n. m.* **1** Línea de luz que procede de un cuerpo luminoso, especialmente del sol o de la luna: *protégete de los rayos del sol con esta crema; en invierno echamos de menos los rayos del sol*. **rayos ultravioleta** o **rayos uva** Rayos que desprende el Sol o una lámpara adecuada y hacen que la piel humana se oscurezca: *está tan morena porque le dan rayos uva en el salón de belleza*. **rayos X** Radiaciones electromagnéticas que atraviesan ciertos cuerpos, originan impresiones fotográficas y se usan en medicina como medio de investigación y de tratamiento: *se fracturó un hueso y el médico le ordenó que pasara por rayos X para que le hicieran una radiografía*. **2** Chispa eléctrica muy intensa y luminosa producida por una descarga entre dos nubes o entre una nube y la tierra: *la tormenta descargó con rayos, relámpagos y truenos; un rayo cayó sobre un árbol y lo partió*. **3** *coloquial* Persona o cosa que realiza una actividad o produce un efecto de forma muy rápida y con gran eficacia: *este mecánico es un rayo, ha reparado el coche en una sola tarde; el vendedor me ha asegurado que este jabón es un rayo contra la grasa*. **4** *coloquial* Persona muy lista: *es un rayo para los negocios, confía en su consejo; es un rayo con la física y la química*.
echar rayos *coloquial* Mostrar gran enfado con acciones o palabras: *el jefe estaba tan enfadado que echaba rayos contra todos*.
rayo de luz Idea que aparece de forma rápida y repentina y que soluciona o aclara una duda o ignorancia: *los conocimientos del experto arrojaron un rayo de luz en aquel oscuro asunto*.
saber (u **oler**) **a rayos** Tener muy mal sabor u olor: *este guisado se ha quemado y sabe a rayos; ¡en esta habitación huele a rayos!*

rayón *n. m.* Fibra artificial que se obtiene de la celulosa e imita a la seda: *una blusa de rayón*.

rayuela *n. f.* Juego de niños que consiste en ir pasando una piedra lisa sobre varios cuadros dibujados en el suelo, empujándola con un pie y llevando el otro en el aire, procurando no pisar las rayas y que la piedra no se pare sobre ellas: *las niñas pintaron con tiza los cuadros para jugar a la rayuela*.
SIN tejo.

raza *n. f.* **1** Cada uno de los cuatro grandes grupos étnicos en que se divide la especie humana teniendo en cuenta ciertas características distintivas, como el color de la piel, el cabello o el aspecto físico, que se transmiten por herencia de generación en generación: *las cuatro razas existentes son blanca (caucásica), negra (negroide), amarilla (mongoloide) y cobriza; los hombres de todas las razas tienen los mismos derechos y no deben ser discriminados*. **2** Categoría de clasificación inferior a la especie, formada por los animales con caracteres de diferenciación muy secundarios que se trans-

R r

miten por herencia de generación en generación: *existen numerosas razas de perros como el pastor alemán, el mastín, el caniche o el san Bernardo.*
DER racial, racismo.

razia *n. f.* Ataque rápido cuyo propósito principal es causar daño más que ocupar el territorio enemigo: *las temibles razias contra la población civil.* **SIN** incursión, raid.

razón *n. f.* **1** Facultad del pensamiento que permite formar ideas, juicios y representaciones de la realidad en la mente, relacionándolas entre sí: *la razón es una facultad propia de los hombres; con frecuencia la razón es contraria a los sentimientos.* **SIN** entendimiento, intelecto, inteligencia. **2** Causa que provoca un resultado posterior: *no sé cuál es la razón que lo impulsa a comportarse de ese modo.* **SIN** motivo. **3** Verdad o acierto en lo que una persona dice o hace: *tienes razón, no me había dado cuenta.* **4** Demostración o explicación con que se intenta probar o justificar una cosa: *todavía no me has dado ninguna razón para que te haga caso; no pueden condenarlo sin escuchar sus razones.* **5** Conjunto de palabras con que se expresa una idea: *se expresaba con largas y recargadas razones.* Se suele usar en plural. **6** Información, recado o aviso: *me mandó razón de que fuera a visitarlo a su casa.* **7** MAT. Cociente de dos números o de dos cantidades comparables entre sí: *la razón de dividir seis entre dos es tres.*
a razón de Expresión que indica la cantidad que corresponde a cada parte en un reparto: *salimos a razón de 1000 pesetas por persona.*
atender a razones Quedar convencido o considerar los razonamientos de otra persona: *cuando se enfada, no atiende a razones.*
dar la razón Reconocer o aceptar lo que piensa o dice otra persona: *a veces hay que darle la razón en todo para que se calle.*
entrar en razón Darse cuenta y admitir una persona lo que es razonable y lo que no lo es: *nos costó mucho que entrara en razón y nos ayudara.*
razón de estado Norma de actuación política basada en el interés del estado como máxima institución pública: *el gobierno alegó razones de estado cuando tomó medidas que iban en contra de los intereses de los ciudanos.*
perder la razón Volverse loco: *cuando lo echaron del trabajo, perdió la razón.*
DER razonar; sinrazón.
ETIM Razón procede del latín *ratio, –onis*, que tenía el mismo significado, voz con la que también está relacionada *racional.*

razonable *adj.* **1** Que está de acuerdo con la razón, la lógica o la justicia: *es muy razonable que te tomes unas vacaciones al año.* **SIN** justo, lógico. **2** Que es bastante o suficiente en calidad o en cantidad: *podríamos vender la finca por un precio razonable.*

razonamiento *n. m.* **1** Acto de pensar o relacionar ideas, pensamientos o razones como medio de conocimiento: *tras largos razonamientos, llegó a pensar que el asunto sólo tenía una solución.* **2** Conjunto de ideas o conceptos destinadas a demostrar o probar una cosa: *su razonamiento fue claro y conciso; sus razonamientos no convencieron al jurado.*

razonar *v. intr.* **1** Usar la capacidad de pensar y unir de manera lógica una serie de ideas o razones: *razona un poco antes de elegir, que te juegas parte de tu porvenir.* **SIN** pensar. **2** Dar una serie de ideas o razones para demostrar lo que se dice: *intenta razonar más ese punto y no lo des por hecho.*
DER razonable, razonamiento.

re *n. m.* Segunda nota de la escala musical: *el re sigue al do.*
☞ notación musical.

OBS El plural también es *re.*
ETIM Su origen procede de la sílaba de la primera estrofa del himno a san Juan Bautista.

re- Prefijo que significa: *a)* 'Repetición': *reelegir, reorganizar. b)* 'Intensificación': *recargar. c)* 'Oposición o resistencia': *repugnar, rechazar. d)* 'Retroceso, vuelta al punto de partida': *refluir, rebobinar. e)* 'Negación o inversión del significado del elemento al que se une': *reprobar; requeteguapo, requetebueno.*
OBS Unido a adjetivos refuerza el valor de intensificación adoptando la forma *requete-.*

reabrir *v. tr.* Volver a abrir algo que estaba interrumpido o cerrado: *reabriremos el negocio en un par de meses; se reabre un debate, unas negociaciones.* **SIN** reanudar.

reacción *n. f.* **1** Acción provocada por otra y de efectos contrarios a ella: *cuando me da un dolor de estómago, mi reacción natural es la de poner la mano sobre él y doblar el cuerpo.* **reacción en cadena** Conjunto de acontecimientos, provocados cada uno de ellos por el anterior: *la caída de la bolsa causó una reacción en cadena en la economía mundial.* **2** Comportamiento provocado por una situación, una persona u otra cosa: *la reacción del caballo fue salir huyendo; la reacción ante el abuso suele ser la indignación y la fuerza; el último ataque ha provocado una reacción internacional.* **3** Cambio de un estado físico, anormal o no, provocado por una enfermedad, un medicamento o un estímulo: *los científicos que investigan sobre ciertas enfermedades, prueban las sustancias primero en animales para observar su reacción; la aspirina hace reacción a los pocos minutos.* **4** QUÍM. Proceso en el que unas sustancias químicas se transforman en otras nuevas a través de la redisposición de los átomos que las forman: *en la reacción de la sosa con el agua se produce calor.* **5** Sistema de propulsión en el que el movimiento de un vehículo se origina al despedir una corriente de gases, producidos a gran presión por el motor, en dirección contraria a la marcha: *los aviones del ejército llevan motores de reacción.*
DER reaccionar, reaccionario, reactor.

reaccionar *v. intr.* **1** Responder o actuar de una manera determinada como respuesta a un estímulo: *todo sucedió tan rápido que no le dio tiempo a reaccionar; el público reaccionó de manera violenta ante la decisión del árbitro.* **2** Mejorar una persona en su salud o en sus funciones vitales, o volver una cosa a su actividad normal: *tardó varios días en reaccionar del golpe que lo dejó en estado de coma; la economía empezó a reaccionar después de la última reforma laboral.* **3** Actuar dos sustancias entre sí, mediante la acción de un reactivo, para producir otra nueva: *cuando le añadieron los polvos, el líquido reaccionó y se derramó por la mesa.*

reaccionario, -ria *adj./n. m. y f.* [persona, ideología] Que defiende la tradición y se opone a las reformas y al progreso: *los reaccionarios se oponen al avance del conocimiento.*
SIN conservador, moderado. **ANT** innovador, progresista.

reacio, -cia *adj.* Que se opone a hacer una cosa o no está decidido a hacerla: *siempre ha sido reacio a hablar de su intimidad; con lo bien que se lo estaba pasando, se mostraba reacio a irse a dormir tan temprano.* **SIN** remiso, remolón.
ANT dispuesto.

reactivación *n. f.* **1** Arranque o funcionamiento que se hace o se produce de nuevo: *aquel mecánico consiguió la reactivación del motor.* **2** Mayor actividad en un proceso tras una situación de recesión: *las ayudas comunitarias persiguen la reactivación del sector agrario.*

reactivar *v. tr.* **1** Volver a activar o a hacer funcionar una

realizar

cosa: *reactivaron el contador de la luz; hay que reactivar las tradiciones para que no se pierdan*. **2** Dar más actividad a una cosa: *pretenden reactivar la economía con estas medidas económicas; el negocio se reactivó al aumentar la oferta de productos*.
DER reactivación.

reactivo, -va *adj./n. m.* **1** Que produce reacción. ◊ *n. m.* **2** QUÍM. Sustancia empleada para medir o reconocer la presencia de otra sustancia: *emplearon un reactivo para detectar la presencia de veneno en el cadáver*.
DER reactivar.

reactor *n. m.* **1** Motor que origina un movimiento mediante la expulsión de una corriente de gases producidos por él mismo: *los reactores del avión hacían mucho ruido; la potencia de los reactores ha permitido aumentar la velocidad de los aviones*. **SIN** propulsor. **2** Avión que usa este tipo de motor: *el reactor dejó una estela blanca en el cielo; el soldado era piloto de un reactor*. **3** FÍS. Dispositivo destinado a provocar y controlar la producción de energía nuclear: *las centrales nucleares funcionan gracias a un reactor donde se produce la fisión del uranio o del plutonio*.
DER birreactor, turborreactor.

readaptarse *v. prnl.* Adaptarse o acostumbrarse de nuevo a una situación anterior: *los niños se han readaptado muy bien al colegio después de las vacaciones*.

readmisión *n. f.* Recibimiento o admisión que se hace como mínimo por segunda vez: *se está considerando su readmisión en el partido*.

readmitir *v. tr.* Volver a admitir o a recibir: *el socio expulsado fue readmitido la semana pasada en el club*.
DER readmisión.

reafirmar *v. tr./prnl.* Volver a afirmar o a asegurar lo dicho o expuesto anteriormente: *el monarca reafirmó su compromiso con su país; el gobierno se reafirmó en su política económica a pesar de las críticas*. **SIN** confirmar.

reagrupar *v. tr./prnl.* Formar de nuevo un grupo: *los soldados recibieron la orden de reagruparse y disparar*.

reajustar *v. tr.* **1** Volver a ajustar o a fijar una cosa: *reajustaron todas las piezas del gran reloj de la iglesia; los profesores reajustaron los horarios de clases*. **2** Aumentar o disminuir los precios, los salarios o los impuestos en función de las circunstancias o necesidades del momento: *el gobierno ha declarado que va a reajustar las pensiones para el próximo año*.
DER reajuste.

reajuste *n. m.* Cambio o adecuación que se realiza según las circunstancias o necesidades del momento: *el reajuste de los precios de la gasolina ha provocado la protesta de los transportistas; el gobierno ha realizado un reajuste ministerial*.

real *adj.* **1** Que tiene existencia verdadera y efectiva: *el argumento de la novela estaba basado en un hecho real; en sus sueños confundía el mundo real con el imaginario*. **SIN** concreto. **ANT** irreal. **2** Del rey, de la reina o de la realeza o que tiene relación con ellos: *a la boda del príncipe han asistido miembros de todas las casas reales del mundo*. **SIN** regio. ◊ *n. m.* **3** Moneda española antigua equivalente a 25 céntimos de peseta: *el rey Pedro I creó el real en el siglo XI*. **4** Campo abierto donde se celebra una feria: *paseó con su traje de flamenca por el real*.
DER realengo, realeza, realmente.

realce *n. m.* **1** Engrandecimiento, importancia o esplendor de una persona o cosa: *el prestigio de los socios daba realce a la institución; se puso dos capas de rímel para dar realce a sus ojos*. **2** Adorno o labor que sobresale en la superficie de una cosa: *aprendió a bordar de realce; el libro estaba encuadernado en pergamino con realces dorados*.

realengo, -ga *adj.* [tierra, población] Que dependía directamente del rey o la reina y no pertenecía a la nobleza o a la Iglesia: *en las villas realengas no tenían jurisdicción las órdenes militares*.

realeza *n. f.* **1** Dignidad o soberanía real: *el poder de la realeza era incuestionable*. **2** Conjunto de familias reales: *en el aniversario de la monarquía se dio cita toda la realeza europea*.

realidad *n. f.* **1** Existencia verdadera y efectiva de una cosa: *la única realidad que conocía era su familia y su trabajo; no hay que huir de la realidad, sino afrontarla*. **ANT** ficción. **2** Conjunto formado por todo lo existente en el mundo real: *este libro supone una nueva interpretación de la realidad; el hombre percibe la realidad a través de los sentidos*. **3** Verdad o aquello que ocurre verdaderamente por contraposición a lo que podría imaginarse: *la realidad es que no podía comprarse el coche porque no tenía dinero*.
en realidad Verdaderamente o sin ninguna duda: *en realidad, no sé cómo resolver este problema*.

realismo *n. m.* **1** Forma de ver los hechos o las cosas tal como son en realidad: *la radio dio la noticia con tal realismo que dejó a los oyentes sobrecogidos*. **2** Tendencia artística y literaria que consiste en representar fielmente la realidad y crear cierta tensión emocional sin llevar a cabo ninguna idealización: *es un cuadro que tiene un gran realismo: parece una fotografía; el realismo apareció en el siglo XIX como reacción contra el exceso de imaginación del romanticismo*. **3** FILOS. Doctrina que considera que existe una realidad exterior objetiva que puede ser comprendida por la mente humana: *el realismo se enfrentaba al idealismo*.
DER realista.

realista *adj.* **1** Del realismo o que tiene relación con esta tendencia artística y literaria: *la novela realista española cuenta con escritores tan importantes como Galdós o Clarín*. **2** Que actúa de manera práctica y ajustada a la realidad: *sé realista y reconoce tus propias limitaciones; abandonó sus sueños y se volvió una persona realista*.

realización *n. f.* **1** Ejecución de una obra o de una acción: *el arquitecto consiguió una subvención para la realización del puente*. **2** Dirección de la ejecución de una película, vídeo o programa de televisión: *la realización de este documental la ha llevado a cabo un famoso actor*. **3** Desarrollo completo de las aspiraciones, posibilidades o deseos de una persona y la satisfacción consiguiente de haberlo conseguido: *con esta experiencia ha llegado a la total realización como abogado; se siente feliz porque ha logrado la realización de sus sueños*.

realizador, -ra *n. m. y f.* Persona que se dedica a realizar películas, vídeos o programas de televisión: *el realizador elige la imagen más conveniente en cada momento*.

realizar *v. tr.* **1** Ejecutar una acción o llevar a cabo una cosa: *realizó una importante labor cuando trabajó como concejal de deportes; la reconstrucción de la catedral se ha realizado en seis meses*. **SIN** efectuar. **2** Dirigir la ejecución de una película, de un vídeo o de un programa de televisión: *Jonh Ford realizó muchas películas del Oeste*. ◊ *v. tr./prnl.* **3** Convertir en realidad un proyecto, una aspiración o un deseo: *afortunadamente todos mis planes se han realizado; pudo realizar su sueño de ser médico*. ◊ *v. prnl.* **4 realizarse** Llegar una persona a cumplir o desarrollar por completo sus aspiraciones, deseos o posibilidades y sentirse satisfecha por ello: *son muchas las personas que se realizan en su trabajo*.
DER realización, realizador; irrealizable.
OBS En su conjugación, la *z* se convierte en *c* delante de *e*.

realmente *adv.* Indica que lo expresado por el verbo es verdadero y real: *el viaje a la India ha sido realmente apasionante.*

realquilar *v. tr.* Alquilar una cosa que se tiene en alquiler, especialmente un terreno, un local comercial o una vivienda: *nuestro contrato de alquiler estipula que no podemos realquilar la casa.* **SIN** subarrendar.

realzar *v. tr./prnl.* **1** Destacar o poner de relieve la importancia o las cualidades de una persona o cosa: *se puso un vestido blanco para realzar su piel morena; su modestia lo realza como genio.* **SIN** acentuar, resaltar. **2** Dar luz a un objeto o a una parte de una composición pictórica: *en los cuadros de Zurbarán se realza el color blanco; cerrando el ángulo de encuadre se realza el primer plano.*
OBS En su conjugación, la *z* se convierte en *c* delante de *e*.

reanimar *v. tr./prnl.* **1** Devolver las fuerzas o la energía física a una persona: *el aire fresco de la mañana le reanimó; unas vacaciones y un poco de diversión me reanimarán.* **SIN** confortar, reconfortar. **ANT** debilitar. **2** Hacer recuperar el conocimiento, la respiración o el movimiento del corazón a una persona: *intentaron reanimar al bañista haciéndole la respiración artificial.* **3** Dar ánimo o valor a una persona que está desanimada o abatida: *sus palabras de consuelo consiguieron reanimar al enfermo; en aquel triste momento su visita logró reanimarlo.* **SIN** consolar. **ANT** desanimar.

reanudación *n. f.* Continuación de algo que se había interrumpido: *reanudación de las clases, de las negociaciones.*

reanudar *v. tr./prnl.* Continuar o seguir haciendo algo que se había interrumpido: *las clases se reanudarán después de las vacaciones; reanudó el viaje tras un breve descanso.* **SIN** proseguir, reemprender.
DER reanudación.

reaparecer *v. intr.* Volver a aparecer o a mostrarse una persona o una cosa que había desaparecido o se había retirado: *se espera que este personaje reaparezca en las pantallas muy pronto; el río Guadiana se esconde en algunos tramos para reaparecer más tarde.*
DER reaparición.
OBS En su conjugación, la *c* se convierte en *zc* delante de *a* y *o*, como en *agradecer*.

reaparición *n. f.* Aparición de nuevo de una persona o cosa que había desaparecido: *la reaparición de la cantante fue anunciada con mucha antelación.*

reapertura *n. f.* Apertura de un establecimiento que había permanecido cerrado durante un tiempo o inicio de un proceso que había interrumpido su actividad: *no os perdáis la reapertura de la discoteca; errores en la investigación llevaron a la policía a la reapertura del caso.*

rearmar *v. tr./prnl.* Equipar de nuevo con armamento militar o reforzar el que ya existía: *hay que atacar antes de que el ejército enemigo se rearme.*
DER rearme.

rearme *n. m.* Equipamiento con nuevo armamento militar o refuerzo del que ya existía: *los servicios secretos informan que se están invirtiendo grandes sumas en el rearme de las tropas.*

reata *n. f.* **1** Cuerda o correa que ata y une dos o más animales de caballería para que vayan en fila uno detrás de otro: *el caballo se soltó tras romper la reata.* **2** Fila formada por dos o más animales de caballería que van unidos por esta cuerda o correa: *una reata de burros bajaba al río a cargar arena.*

reavivar *v. tr./prnl.* Volver a avivar una cosa o darle más fuerza e intensidad: *reavivaron el fuego con más leña; su tristeza se reavivó al recordar los tristes sucesos.*

rebaba *n. f.* Materia que sobresale de forma irregular en los bordes de un objeto: *los ladrillos de esta pared están llenos de rebabas.*

rebaja *n. f.* **1** Disminución o reducción especialmente del precio de alguna cosa: *le hicieron una rebaja del diez por ciento por ser socio de la librería.* **SIN** descuento. ◇ *n. f. pl.* **2 rebajas** *a)* Venta de productos a precios reducidos durante un período de tiempo en un establecimiento comercial: *en las rebajas se encuentra ropa muy barata. b)* Período de tiempo en el que dura este tipo de venta: *el mes de julio suele ser época de rebajas.*

rebajar *v. tr.* **1** Disminuir una cantidad o el precio de un producto o de un servicio: *han rebajado todo sus artículos porque están de reforma; con la bajada de intereses le rebajaron la mensualidad de la hipoteca.* **SIN** descontar. **ANT** aumentar. **2** Hacer más bajo el nivel o la altura de una cosa: *han rebajado los terrenos antes de hacer los cimientos.* **3** Disminuir la intensidad, la fuerza o el brillo de una cosa: *el pintor rebajó el color disolviéndolo con agua; el padre le rebajó el castigo porque se había portado muy bien los últimos días.* **SIN** suavizar. **4** Añadir agua u otro líquido para disminuir el sabor, el color o el grado de una bebida: *rebajaré el vino mezclándolo con un poco de gaseosa.* **SIN** aguar. ◇ *v. tr./prnl.* **5** Humillar a una persona: *mi orgullo me impide rebajarme ante él.* **SIN** despreciar. **6** Quedar dispensado del servicio militar.
DER rebaja, rebajo.

rebanada *n. f.* Trozo delgado y alargado que se corta de una pieza de pan: *la mantequilla se extiende sobre la rebanada de pan tostado.*

rebanar *v. tr.* **1** Hacer rebanadas: *no te olvides de rebanar el pan antes de servirlo.* **2** Cortar una cosa de una parte a otra y de una sola vez: *dijo que lo iba a rebanar con su espada; la sierra casi le rebana el dedo.*
DER rebanada.

rebañar *v. tr.* **1** Apurar los restos de comida de un plato u otro recipiente generalmente con la ayuda de pan: *no olvides que es de mala educación rebañar los platos.* **2** Recoger o apoderarse de una cosa sin dejar nada: *el albañil rebañó el cemento que había caído al suelo; el ladrón rebañó todas las cosas de valor que encontró a su paso.*

rebaño *n. m.* **1** Conjunto grande de cabezas de ganado, especialmente de ovejas: *en ausencia del pastor, el perro vigilaba el rebaño de ovejas; un rebaño de cabras saltaba por la falda del monte.* **2** Grupo de fieles que forma la base de la Iglesia: *el sacerdote debe cuidar de la espiritualidad de su rebaño.* **3** Grupo de personas sin ideas propias, que se dejan llevar en sus opiniones, gustos o actos: *yo no quiero pertenecer al rebaño de los que van a esos encuentros a aclamar cualquier cosa que se les diga.*
DER rebañar.

rebasar *v. tr.* **1** Pasar o superar cierto límite, marca o señal: *el saltador rebasó los ocho metros; lo multaron por rebasar el límite de velocidad permitido; su comportamiento rebasa lo soportable.* **SIN** exceder. **2** Adelantar o dejar atrás a una persona o una cosa en una carrera, marcha o camino: *en el tramo final el nadador rebasó a su contrincante; la expedición rebasó la parte más alta y peligrosa de la cumbre.*

rebatir *v. tr.* Rechazar con razones y argumentos las decisiones u opiniones de otro: *rebatió sus argumentos con viveza y habilidad; con el resultado de su experimento rebatió las teorías de su oponente.* **SIN** refutar.
DER rebato; irrebatible.

rebato *n. m.* Llamamiento o convocatoria que se hace a los

vecinos de un pueblo para avisarles de un peligro o una catástrofe, generalmente por medio del toque de las campanas: *el sacristán tocaba a rebato porque había fuego en el pinar.*
OBS Se usa sobre todo en la expresión *tocar a rebato.*

rebeca *n. f.* Prenda de vestir femenina hecha de punto de lana o de algodón, que no tiene cuello, se abotona por delante y cubre la parte superior del cuerpo: *tengo una rebeca para los días de primavera.*
ETIM De *Rebeca*, título de una película de Alfred Hitchcock cuya protagonista usaba este tipo de prenda.

rebeco *n. m.* Animal mamífero rumiante con pelo pardo, cola corta, patas fuertes y cuernos lisos y rectos que se curvan en sus extremos. **SIN** gamuza.

rebelarse *v. prnl.* **1** Negarse una persona a obedecer a otra que tiene cierta autoridad o que la ejerce por la fuerza: *el hombre siempre se ha rebelado contra sus opresores; se rebeló contra el presidente y presentó su dimisión.* **SIN** alzarse, levantarse, sublevarse. **2** Oponer total resistencia a una persona o a una cosa: *los trabajadores y sindicatos se rebelaron contra la nueva ley laboral; su sentido de la justicia le hacía rebelarse contra el racismo y la intolerancia.*
OBS Se construye con la preposición *contra.*

rebelde *adj./n. m. y f.* **1** Que se rebela o se subleva contra un poder superior: *un grupo rebelde marcha en dirección a la capital; los rebeldes se refugiaron en las montañas huyendo del ejército.* ◇ *adj.* **2** [persona, animal] Que es difícil de educar, dirigir o controlar porque no hace caso de lo que se le manda: *este niño es muy rebelde y siempre hace lo contrario de lo que se le dice; es un caballo muy rebelde que se niega a ser adiestrado.* **SIN** indómito. **ANT** dócil, sumiso. **3** Que es difícil de manejar, de trabajar o de curar: *las pastillas acabaron con esa tos rebelde; siempre llevaba sobre la frente un mechón de pelo rebelde.*
DER rebelarse, rebeldía, rebelión.

rebeldía *n. f.* **1** Actuación o alzamiento contra un poder superior: *su rebeldía fue castigada con el destierro.* **2** Resistencia a ser dirigido o educado: *la rebeldía de la clase tenía preocupada a la profesora.* **ANT** obediencia. **3** Estado procesal del que no acude a la llamada del juez o o no cumple las indicaciones de éste: *se ha dictado sentencia declarando la rebeldía del demandado por no haber comparecido a juicio.*

rebelión *n. f.* Levantamiento contra una autoridad o un gobierno, en especial cuando se realiza con el fin de derrocarlo y sustituirlo por otro: *la rebelión fue sofocada por el ejército; la rebelión fue un acto de protesta protagonizado por un grupo de marginados.* **SIN** sublevación. **ANT** sumisión.

reblandecer *v. tr./prnl.* Poner blanda una cosa: *puso los garbanzos en agua para que se reblandeciesen; su corazón se reblandeció cuando contempló tanta pobreza.* **SIN** ablandar. **ANT** endurecer.
DER reblandecimiento.
OBS En su conjugación, la *c* se convierte en *zc* delante de *a* y *o*, como en *agradecer.*

reblandecimiento *n. m.* Pérdida de la dureza de un material o de la consistencia de los tejidos orgánicos.

rebobinado *n. m.* Operación por la que se enrolla hacia atrás una cinta o una película.

rebobinar *v. tr.* **1** Enrollar hacia atrás una cinta magnética, una película o un carrete fotográfico: *¿podrías rebobinar la cinta un poco, que quiero volver a ver esa escena?; rebobinó el carrete y lo llevó a revelar.* **2** Volver a enrollar el hilo de una bobina.
DER rebobinado.

reborde *n. m.* Saliente doblado o curvado que se hace a lo largo del borde de un objeto o de una superficie: *con el calor se ha doblado el reborde de la cacerola; el gato se paseaba por el reborde de la cornisa.*

rebosadero *n. m.* Orificio por donde sale el agua que sobra en las bañeras, lavabos, fregaderos y piscinas.

rebosante *adj.* [persona] Que tiene en abundancia aquello que se expresa: *rebosante de felicidad, de entusiasmo, de salud.* **SIN** pletórico.

rebosar *v. intr.* **1** Salirse un líquido por los bordes del recipiente o depósito que lo contiene: *llenó tanto la copa, que el vino rebosó.* **SIN** derramarse, desbordarse. **2** Mostrar o dar a entender con energía un sentimiento o estado de ánimo: *cuando recuperó la visión, rebosaba de alegría.* ◇ *v. tr./intr.* **3** Abundar o ser numeroso en exceso: *le rebosa el dinero y no sabe qué hacer con él; el estadio estaba a rebosar de gente dispuesta a animar a su equipo.*
DER rebosadero, rebosante.

rebotar *v. intr.* **1** Cambiar de dirección un cuerpo en movimiento tras chocar contra un obstáculo: *la pelota rebotó en el bordillo y fue a parar al centro de la calle.* **2** Llegar una persona a un puesto de trabajo o profesión después de haber fracasado en otros. ◇ *v. tr.* **3** Rechazar, generalmente una superficie, un cuerpo que ha chocado contra ella: *la pared rebotó el balón; la puerta blindada rebotó los disparos de los atracadores.* ◇ *v. tr./prnl.* **4** *coloquial* Molestar o hacer enfadar a una persona: *cuando le dijeron que no podía ir con ellos, se rebotó.*
DER rebotado, rebote.

rebote *n. m.* **1** Bote que da un cuerpo tras chocar contra un obstáculo: *el rebote del balón en el brazo del jugador acabó en penalti.* **2** En baloncesto, jugada que se produce cuando el balón golpea en el tablero o en la canasta pero no entra en el aro y cae de nuevo al terreno de juego: *al rebote acuden los jugadores más altos del equipo para coger la pelota antes de que toque el suelo.* **3** *coloquial* Enfado o disgusto de una persona: *le he dicho que no me voy de paseo con él y se ha cogido un buen rebote.*
de rebote Por casualidad o indirectamente: *en realidad el aviso me llegó a mí de rebote porque iba dirigido a otra persona; la crisis económica afecta a casi todo el mundo de rebote.*
DER reboteador, rebotear.

reboteador, -ra *n. m. y f.* Jugador de baloncesto que recoge rebotes.

rebotear *v. intr.* En baloncesto, saltar a coger la pelota tras un rebote.

rebotica *n. f.* Pieza que está detrás de la principal en una botica o farmacia: *el farmacéutico hace las fórmulas magistrales en la rebotica.*

rebozar *v. tr.* **1** Cubrir un alimento que se va a freír con huevo, harina u otros ingredientes: *rebozó los calamares con harina y levadura.* ◇ *v. tr./prnl.* **2** Manchar o cubrir a una persona o una cosa con cualquier sustancia: *resbaló en el barro y se rebozó el trasero.* **3** Cubrir la cara hasta los ojos con una prenda de vestir: *se rebozó el rostro con la bufanda antes de salir a la calle.*
DER rebozo.
OBS En su conjugación, la *z* se convierte en *c* delante de *e.*

rebozo *n. m.* Parte de la capa, manto y otras prendas de vestir con que se cubre la cara hasta los ojos: *el rebozo impedía que el frío y el viento le dieran en el rostro.* **SIN** embozo.
sin rebozo Claramente y con sinceridad: *la mujer confesó su culpabilidad sin rebozo.*

rebrotar *v. intr.* Volver a salir de una planta tallos, hojas o

flores: *las flores del jardín han rebrotado esta primavera antes de tiempo*.
DER rebrote.

rebrote *n. m.* **1** Tallo nuevo que nace después de cortada una planta. **2** Reaparición de un peligro o de algo que se considera perjudicial: *ha habido nuevos rebrotes de cólera*.

rebufo *n. m.* Salida de aire alrededor de la boca de un arma de fuego o por su parte posterior al realizar un disparo: *todos los soldados se alejaron para no ser alcanzados por el rebufo del cañón*.

rebullir *v. intr./prnl.* **1** Empezar a moverse lo que estaba quieto: *con el ruido de la mañana, comenzó a rebullirse en la cama; el gato se rebullía en el sillón al escuchar unos pasos*. **2** Moverse una cosa más de lo normal: *la sangre le rebullía en las venas*.
OBS En su conjugación, la *i* de la desinencia se pierde absorbida por la *ll* en algunos tiempos y personas, como en *mullir*.

rebuscado, -da *adj.* Que es demasiado complicado o raro: *lenguaje rebuscado; idea rebuscada*.

rebuscar *v. tr./intr.* **1** Buscar repetidamente y con mucho cuidado: *rebuscaba en el libro la cita que había oído; rebuscaba en el bolsillo unas monedas para comprar el periódico*. ◇ *v. tr.* **2** Recoger el fruto que queda en los campos después de la cosecha: *fueron a rebuscar maíz para las palomas*.
DER rebuscado, rebuscamiento.
OBS En su conjugación, la *c* se convierte en *qu* delante de *e*.

rebuznar *v. intr.* Emitir rebuznos el asno y otros animales semejantes: *el asno corría rebuznando*.
DER rebuzno.

rebuzno *n. m.* Voz característica del asno y otros animales semejantes: *el burro no paró de dar rebuznos hasta que le dieron de comer*.

recabar *v. tr.* **1** Alcanzar o conseguir lo que se desea insistiendo mucho o suplicando: *se preocupó de recabar toda la información posible antes de salir de viaje*. **SIN** lograr, obtener. **2** Solicitar o pedir una cosa por considerar que se tiene derecho a ella: *los trabajadores recabaron sus derechos ante el director*.

recadero, -ra *n. m. y f.* Persona que tiene por oficio llevar recados o mensajes de un punto a otro: *la carta me la trajo un recadero*.

recado *n. m.* **1** Mensaje o respuesta que se envía o se recibe de palabra: *me vio por la tarde y me dio tu recado, por eso he venido*. **SIN** aviso. **2** Compra, gestión, visita u otro quehacer que requiere que una persona salga a la calle: *voy a salir porque tengo que hacer unos recados*. **SIN** encargo, mandado. Se suele usar con el verbo *hacer*.
DER recadero.

recaer *v. intr.* **1** Volver a caer enfermo de una misma enfermedad o empeorar una persona que se estaba recuperando o que había recobrado la salud: *dejó la medicación demasiado pronto y ha recaído; parecía que estaba curado pero ha recaído*. **SIN** agravarse. **2** Volver a caer en los mismos errores o vicios, o en un comportamiento poco adecuado: *aunque estuvo un tiempo sin fumar, recayó en el tabaco*. **SIN** reincidir. **3** Ir a parar o corresponder a una persona cierta cosa: *el premio recayó sobre una persona que no lo esperaba; todas las responsabilidades recaen en el jefe de personal*. Se construye con las preposiciones *en* y *sobre*.
DER recaída.
OBS Se conjuga como *caer*.

recaída *n. f.* Empeoramiento que experimenta una persona en relación a una enfermedad de la que se estaba recuperando o de la que se había curado: *la enferma ha tenido varias recaídas esta semana; si no os cuidáis, tendréis una recaída*.

recalar *v. tr./prnl.* **1** Penetrar poco a poco un líquido en un cuerpo seco, dejándolo húmedo o mojado: *la fuga de agua ha recalado la pared*. **SIN** calar, empapar. ◇ *v. intr.* **2** MAR. Llegar una embarcación a un puerto o a un punto de la costa, como fin de su viaje o para continuar la navegación después de un reconocimiento: *después de una larga travesía, el buque recaló frente al puerto*. **3** Aparecer por algún sitio una persona: *todo el grupo de amigos recaló en la fiesta*. **4** Llegar el viento o el mar a un punto determinado: *el viento recaló en la boca de la cueva*.

recalcar *v. tr.* **1** Pronunciar con claridad y lentamente las palabras para que no haya dudas sobre lo que se quiere decir con ellas: *recalcó que no consentiría ningún otro error*. **SIN** acentuar, subrayar. ◇ *v. tr./prnl.* **2** Repetir muchas veces una cosa para que quede claro lo que se dice: *recalcó con preocupación la necesidad de prevenir los incendios; se recalcaba para que lo oyésemos*. **SIN** reiterar.
OBS En su conjugación, la *c* se convierte en *qu* delante de *e*.

recalcitrante *adj.* Que se resiste tercamente a cambiar su opinión, decisión o comportamiento: *es un defensor recalcitrante de esas antiguas ideas; a pesar de su ruina seguía siendo un jugador recalcitrante*. **SIN** obstinado, reacio.

recalentamiento *n. m.* Calentamiento de nuevo o en exceso que experimenta una cosa: *tuvo que abandonar la prueba por un recalentamiento del motor*.

recalentar *v. tr./prnl.* **1** Volver a calentar o calentar en exceso una cosa: *no me gusta la comida recalentada; en la subida, el coche se recalentó y acabó ardiendo*. ◇ *v. prnl.* **2 recalentarse** Estropearse o echarse a perder ciertos frutos por el excesivo calor: *este año las aceitunas se han recalentado*.
DER recalentamiento.
OBS En su conjugación, la *e* se convierte en *ie* en sílaba acentuada, como en *acertar*.

recámara *n. f.* **1** Parte del cañón de un arma de fuego opuesta a la boca y donde se coloca el cartucho o la bala que se va a disparar: *sacó las balas de la recámara antes de limpiar la pistola*. **2** Habitación pequeña, situada cerca de la habitación principal y donde se suelen guardar vestidos o joyas: *el ladrón oyó ruido y se escondió en la recámara*.

recambio *n. m.* **1** Pieza que es igual a otra y que en caso de necesidad puede ser sustituida en un mecanismo o en una máquina: *los recambios de esta lavadora son difíciles de encontrar; el mecánico buscó en el taller un recambio de la pieza que se había estropeado*. **SIN** repuesto. **2** Sustitución de una pieza por otra igual: *el recambio no se puede hacer porque no tenemos la pieza nueva; es obligatorio para todos los coches llevar una rueda de recambio*.

recapacitar *v. tr.* Pensar o reflexionar sobre un asunto con detenimiento y atención: *creo que debes recapacitar antes de tomar una decisión tan importante*. **SIN** meditar.

recapitulación *n. f.* Exposición resumida y ordenada de todo lo que se ha escrito o se ha explicado anteriormente de forma más extensa: *para terminar, haremos una recapitulación de lo expuesto en la conferencia*.

recapitular *v. tr.* Recordar o exponer de forma resumida y ordenada todo lo que se ha escrito o se ha explicado anteriormente de forma más extensa: *cerró los ojos y recapituló lo que se había hablado en la reunión*.
DER recapitulación.

recargable *adj.* [cosa] Que se puede rellenar cuando el depósito que lleva está vacío: *encendedor recargable*.

recargado, -da *adj.* Demasiado adornado o con exceso de elementos de decoración: *una habitación recargada es la que tiene un exceso de muebles y objetos de decoración.*

recargar *v. tr.* **1** Volver a cargar o a poner un material en el interior de una cosa: *llevó el encendedor a recargar al estanco; recargó la pluma porque se le había acabado la tinta.* **2** Aumentar la carga o cargar demasiado a una persona, animal o vehículo: *si recargas la maleta, va a pesar mucho; recargó la furgoneta por encima del límite permitido.* **3** Adornar en exceso a una persona o un objeto: *no me gusta el estilo barroco, me parece demasiado recargado; ha recargado la casa con muebles de mal gusto.* **4** Aumentar la cantidad de dinero que hay que pagar en un impuesto, cuota o deuda por retrasarse en el pago: *los ayuntamientos han recargado los recibos de la contribución un diez por ciento.* **DER** recargable, recargado, recargo.
OBS En su conjugación, la g se convierte en gu delante de e.

recargo *n. m.* Cantidad de dinero que se aumenta al pago de un impuesto, cuota o deuda por retrasarse en el pago: *las multas o los impuestos tienen un recargo de un tanto por ciento después del plazo fijado para el pago.*

recatado, -da *adj.* **1** Que se comporta ante los demás con cuidado o reserva: *es muy recatado y apenas habla de sus cosas cuando hay extraños.* **SIN** cauto, prudente. **2** Que procede con honestidad y decencia: *no creo que lo haga porque es muy recatado; no se atrevía con esos escotes porque era muy recatada.* **SIN** decoroso.

recatar *v. tr./prnl.* **1** Ocultar lo que no se quiere que se vea o se sepa. ◇ *v. prnl.* **2 recatarse** Mostrar desconfianza al tomar una decisión o adoptar una línea de conducta. **3** Hablar con prudencia, pensando lo que se debe decir: *no te has recatado en decirle que estaba haciendo el ridículo.*

recato *n. m.* Cuidado o reserva con que se hace o se dice una cosa: *de pequeño le enseñaron a comportarse con recato.* **SIN** prudencia, precaución.

recauchutado *n. m.* Reparación del desgaste de un neumático cubriéndolo con una capa de goma.

recauchutar *v. tr.* Reparar el desgaste de un neumático cubriéndolo con una capa de goma: *el mecánico me ha recomendado recauchutar las ruedas del coche si no las cambio.*

recaudación *n. f.* **1** Cobro de dinero o de bienes, especialmente cuando son públicos: *la recaudación de la declaración de la renta comienza el próximo mes.* **2** Cantidad de dinero o de bienes que se obtiene mediante este cobro: *la recaudación del partido de ayer fue de las más altas de la temporada.* **3** Oficina o lugar en el que se realiza este cobro: *la recaudación está en la tercera planta de ese edificio.*

recaudador, -ra *adj./n. m. y f.* [persona, organismo] Que se encarga de cobrar dinero o bienes, especialmente cuando son públicos: *el recaudador recorrió todos los pueblos de la comarca para cobrar los impuestos; el Ministerio de Hacienda es un organismo recaudador de impuestos.*

recaudar *v. tr.* Cobrar o recibir una cantidad de dinero o bienes por cualquier concepto: *el Estado recaudará más dinero este año que el pasado; las asociaciones benéficas recaudaban fondos para ayudar a los necesitados.*
DER recaudación, recaudador, recaudo.

recaudo *n. m.* Recaudación.
a buen recaudo Custodiado o vigilado con mucha atención: *puso sus ahorros a buen recaudo; sus pinturas y obras de arte están a buen recaudo.*
OBS Se usa con los verbos *poner* y *estar.*

recelar *v. intr.* Sospechar o desconfiar de una persona o cosa: *como ya lo habían engañado muchas veces, recelaba de lo que pudiese ocurrir; es tan desconfiado que recelaba de todos sus compañeros.* **ANT** confiar.
DER recelo.

recelo *n. m.* Sospecha o falta de confianza que se siente hacia una persona o una cosa: *al principio, el niño nos miraba con recelo.* **SIN** desconfianza. **ANT** confianza.
DER receloso.

receloso, -sa *adj.* Que sospecha algo malo ante cierta cosa o muestra falta de confianza: *aunque el vendedor le ofrecía todo tipo de ventajas, se mostró receloso y no compró el producto.* **SIN** desconfiado.

recensión *n. f.* Noticia y comentario que se hace sobre una obra literaria, de arte o científica, generalmente de corta extensión: *algunas revistas literarias incluyen recensiones de los libros que acaban de aparecer.* **SIN** reseña.

recental *adj./n. m.* [cría de la oveja o de la vaca] Que todavía mama: *las chuletas de cordero recental son muy tiernas.* **SIN** lechal.

recepción *n. f.* **1** Oficina o dependencia de un establecimiento en el que se recibe o informa al público: *en la recepción del gimnasio le darán la llave de la taquilla; nos encontraremos en la recepción del hotel.* **2** Fiesta o ceremonia solemne de carácter público o privado que se celebra para recibir a una persona o a un grupo de personas: *la conocí la noche pasada en la recepción que dio su tío el marqués.* **3** Captación a través de un receptor de ondas radioeléctricas: *la recepción de esa señal en el aparato de radio no es buena.* **4** Admisión o acogida de una persona como miembro de un colectivo: *esa institución benéfica no exige el pago de una cuota para la recepción de nuevos socios.*
DER recepcionista.
ETIM Véase *recibir.*

recepcionista *n. com.* Persona encargada de atender al público en una oficina de recepción de cualquier establecimiento: *el recepcionista del hotel le dio el mensaje que habían dejado para él.*

receptáculo *n. m.* Cavidad en que se contiene o puede contenerse una sustancia: *los panales de las abejas están formados por receptáculos que guardan la miel.*

receptividad *n. f.* Capacidad de escuchar y aceptar nuevas ideas, impresiones o sugerencias: *el gobierno no ha mostrado receptividad alguna a las propuestas hechas por la oposición.*

receptivo, -va *adj.* Que recibe o tiene capacidad para recibir estímulos externos: *los niños en general son muy receptivos, se interesan por todo lo que pasa a su alrededor y todo lo captan.*
DER receptividad.

receptor, -ra *adj./n. m. y f.* **1** Que acepta o recibe: *tienes que poner en el sobre el número de la oficina receptora de la carta.* ◇ *adj./n. m.* **2** [aparato] Que recibe señales eléctricas, telegráficas, telefónicas o radiofónicas y las convierte en sonidos o señales que se pueden oír o ver: *se ha estropeado el aparato receptor; le hemos regalado un receptor de radio.* **ANT** emisor. ◇ *n. m. y f.* **3** GRAM. Persona que recibe el mensaje en el acto de la comunicación: *el receptor no puede descifrar el mensaje del emisor si ambos usan un código diferente.*
ANT emisor. ☞ comunicación.

recesión *n. f.* ECON. Disminución de las actividades comerciales e industriales, generalmente pasajera, que trae consigo un descenso de los salarios, de los beneficios y del empleo: *durante los períodos de recesión suele aumentar el índice del desempleo.*

recesivo, -va *adj.* **1** ECON. Que produce o tiende a una disminución de la actividad económica: *la contratación de*

receso

empleados está en un período recesivo. **2** BIOL. De los caracteres hereditarios que no se manifiestan en el aspecto exterior del individuo que los posee, pero que pueden aparecer en la descendencia de éste: *el color azul de los ojos es un carácter recesivo.* **ANT** dominante.

receso *n. m.* Separación o alejamiento de un lugar o de una actividad por un tiempo más o menos largo: *hizo un receso en su actividad profesional y se dedicó a viajar; dijo que haríamos un receso en la reunión antes de cambiar de tema.*
DER recesión, recesivo.

receta *n. f.* **1** Nota en la que se indican los componentes de algo y el modo de hacerlo: *receta de cocina; receta de un perfume; receta de una pócima mágica.* **2** Nota en la que el médico indica los medicamentos que debe tomar un enfermo: *la mayoría de medicamentos sólo pueden ser comprados en la farmacia con receta médica.* **3** Procedimiento adecuado para hacer o conseguir una cosa: *¡qué guapa estás!, ya me darás la receta.*
DER recetar, recetario.
ETIM Véase *recibir*.

recetar *v. tr.* Indicar el médico al paciente la medicina que debe tomar, su dosis y su uso: *el médico le recetó unas pastillas que debía tomar una vez al día durante una semana.*

recetario *n. m.* Talonario de recetas médicas.

rechace *n. m.* Oposición de un cuerpo al avance o movimiento de otro al que hace retroceder: *el rechace del balón por el portero fue recogio por el delantero centro.*

rechazar *v. tr.* **1** Resistir un cuerpo la fuerza que ejerce otro sobre él, obligándolo a retroceder en su curso o movimiento: *el larguero rechazó el balón que había lanzado el jugador.* **2** Mostrarse en contra de lo que otro dice o no admitir lo que propone u ofrece: *en la reunión rechazaron nuestra propuesta de aumentar el sueldo.* **3** MED. Reaccionar un organismo contra un órgano trasplantado de otro individuo, creando anticuerpos que lo atacan e intentan expulsarlo: *por fortuna, no rechazó el riñón trasplantado y ahora lleva una vida normal.* **4** Resistir el ataque del enemigo obligándolo a retroceder: *las tropas rechazaron el ataque y evitaron la invasión.*
DER rechazo.
OBS En su conjugación, la *z* se convierte en *c* delante de *e*.

rechazo *n. m.* **1** Resistencia de un cuerpo a la fuerza ejercida por otro, obligándolo a retroceder en su curso o movimiento: *el rechazo del portero en el último momento salvó la situación.* **2** Enfrentamiento u oposición a una idea, acción o situación: *mostró su rechazo a la decisión del tribunal.* **3** MED. Reacción que un organismo tiene cuando no admite un órgano trasplantado de otro individuo y crea anticuerpos que lo atacan para expulsarlo: *por fortuna, después del trasplante de corazón no hubo rechazo.*

rechifla *n. f.* Burla continuada que se hace de las palabras o actuación de una persona: *el comediante abandonó el escenario ante la rechifla del público.*

rechinar *v. intr.* Hacer una cosa un sonido desagradable por rozar contra otra cosa, especialmente los dientes al rozar los superiores con los inferiores: *cuando dormía le rechinaban los dientes.*

rechistar *v. intr.* Decir algo o emitir un sonido como para empezar a hablar, en especial para protestar: *vamos a ir al médico y no quiero oírte rechistar.*
sin rechistar Sin decir ni una sola palabra.
OBS Se utiliza sobre todo en frases negativas.

rechoncho, -cha *adj.* [animal, persona] Que es grueso y de poca altura: *aunque está rechoncho, es muy ágil en gimnasia y otros deportes.*

rechupete Palabra que se utiliza en la locución adverbial *de rechupete* para indicar que algo está muy bueno o es muy agradable: *me ha salido un flan de rechupete; en las últimas vacaciones me lo pasé de rechupete.*

recibí *n. m.* Fórmula que aparece en ciertos documentos o facturas delante de la firma y que certifica que se ha recibido lo que en los documentos se indica: *cuando me entregaron el dinero, firmé el recibí.*

recibidor *n. m.* Parte de la casa situada junto a la entrada principal y que se usa para recibir a los que llegan: *he dejado el abrigo en el perchero que hay en el recibidor.* **SIN** antesala, vestíbulo.

recibimiento *n. m.* Acogida buena o mala que se hace a una o a varias personas que llegan de fuera: *me sentí muy halagado por el caluroso recibimiento que tuve.*

recibir *v. tr.* **1** Tomar o aceptar una persona lo que se le da o se le envía: *recibió su regalo con alegría; recibirán el paquete mañana.* **2** Salir a encontrarse con una persona que viene de fuera: *voy a recibir a mi esposo a la estación; el diplomático fue recibido en el aeropuerto por importantes personalidades de la ciudad.* **3** Admitir visitas una persona en un día señalado o en cualquier otro momento que lo crea conveniente: *recibió a sus amigos en casa; el doctor recibe a los pacientes todos los días por la tarde.* **4** Admitir una persona o una institución a otra en su compañía o en su comunidad: *la asociación recibirá dos nuevos miembros.* **5** Aceptar o aprobar una cosa que se dice o se propone: *el jefe recibió con gran entusiasmo el nuevo proyecto de remodelación de la empresa.* **6** Experimentar o sufrir una acción: *recibió una fuerte conmoción cuando cayó al suelo.* **7** Admitir o recoger dentro de sí una cosa a otra: *el río Genil recibe aguas procedentes del deshielo de Sierra Nevada.* **8** Esperar o hacer frente a un ataque o peligro con la intención de resistirlo o rechazarlo: *el portero recibió el balón estirando los brazos y evitó el gol.* **9** Sustentar o sostener una cosa a otra: *los pilares reciben el peso de la bóveda.* **10** Captar un aparato las diferentes ondas radioeléctricas o frecuencias: *la radio no recibía bien la señal de frecuencia modulada.* **11** Esperar el torero en la suerte de matar el ataque del toro sin mover los pies al clavarle la estocada: *el torero recibió al toro con valentía y consiguió una gran ovación entre el público.*
DER recibí, recibidor, recibimiento, recibo.
ETIM Recibir procede del latín *recipere*, que tenía el mismo significado, voz con la que también están relacionadas *recepción, receptar, receta, recipiente*.

recibo *n. m.* Documento o escrito firmado en el que se declara que se ha recibido una cantidad de dinero, una mercancía o un servicio: *tiene que firmar el recibo antes de llevarse el televisor.*
ser de recibo Tener una cosa todas las cualidades necesarias para que pueda ser consideradada aceptable: *un trabajo con borrones o tachaduras no es de recibo.* Se usa sobre todo en frases negativas.

reciclable *adj.* [residuo] Que puede ser tratado para convertirlo en materiales nuevamente utilizables: *la mayor parte de la basura de algunas poblaciones es reciclable.*

reciclado, -da *adj.* [material] Que es el resultado de un proceso de tratamiento y transformación de un residuo por el cual es nuevamente utilizable: *papel, vidrio reciclado.*

reciclaje *n. m.* **1** Proceso de transformación o aprovechamiento al que se someten materiales usados o desperdicios para que puedan ser nuevamente utilizables: *en esta planta se lleva a cabo el reciclaje de las basuras de la ciudad.* **2** Actualización o puesta al día de los conocimientos de un técni-

co o de un profesional dándole una formación complementaria: *está recibiendo unos cursillos de reciclaje en su empresa*.
SIN reciclamiento, reciclado.
ETIM Procede del francés *recyclage*.

reciclar *v. tr.* **1** Someter materiales usados o desperdicios a un proceso de transformación o aprovechamiento para que puedan ser nuevamente utilizables: *El vidrio usado se deposita en unos contenedores especiales para que pueda ser reciclado; si reciclamos el papel, no habrá que talar tantos árboles*. ◇ *v. tr./prnl.* **2** Ofrecer una formación complementaria a técnicos o a profesionales para que amplíen y pongan al día sus conocimientos: *en la empresa se ha iniciado un programa que pretende reciclar a los trabajadores de más de cuarenta años*.
DER reciclable, reciclado, reciclaje.

reciedumbre *n. f.* Fuerza o vigor corporal.

recién *adv.* Desde hace muy poco tiempo: *ya de recién nacido chillaba mucho; el pan recién sacado del horno tiene un olor delicioso*.
OBS Es apócope de *reciente*. ◇ Generalmente se usa delante de un participio.

reciente *adj.* **1** Que es nuevo, fresco o acabado de hacer: *prueba los buñuelos, ahora que están recientes*. **2** Que ha sucedido hace poco tiempo: *después de su reciente éxito, el actor tiene previsto comenzar el rodaje de una película*.
DER recién, recientemente.

recientemente *adv.* En un período pasado muy próximo al presente: *empecé a trabajar hace un año y recientemente me han ascendido*.

recinto *n. m.* Espacio cerrado o comprendido dentro de ciertos límites: *no puede entrar en este recinto ferial sin una invitación*.

recio, -cia *adj.* **1** Que es fuerte, grueso o robusto: *sujetó la puerta con una recia estaca; me encontré con un recio labrador*. **2** Duro o difícil de soportar: *tras pasar una recia situación económica, consiguió salir adelante*. ◇ *adv.* **3** Se utiliza para indicar que una acción se produce de manera violenta y vigorosa: *llovió recio toda la tarde y no pudimos salir a pasear*.
DER reciedumbre; arreciar.

recipiendario, -ria *n. m. y f.* Persona recibida solemnemente en una corporación para formar parte de ella.

recipiente *n. m.* Objeto, utensilio o cavidad que sirve para contener o conservar una cosa en su interior: *tráeme un recipiente cualquiera para echar agua; me da lo mismo un vaso que una botella*.
ETIM Véase *recibir*.

reciprocidad *n. f.* **1** Correspondencia mutua de una persona o cosa con otra: *de esta acción se espera una reciprocidad por parte de los beneficiados*. **2** GRAM. Intercambio mutuo de una misma acción entre dos o más sujetos, recayendo esta acción sobre todos ellos: *el verbo pegarse expresa una reciprocidad en la acción*.

recíproco, -ca *adj.* **1** Que se da o se dirige a otro y que a su vez se recibe de éste en la misma medida: *existía un respeto recíproco entre los líderes de las dos fuerzas políticas opuestas*. **SIN** mutuo. ◇ *adj./n. m. y f.* **2** GRAM. [oración, verbo] Que expresa una acción que es intercambiada entre dos o más sujetos y que recae sobre todos ellos: *tutearse es un verbo recíproco*; *los niños se cartean es una oración recíproca*. En las oraciones recíprocas el sujeto es múltiple o plural.
DER reciprocidad.

recitación *n. f.* **1** Pronunciación en voz alta de un texto, generalmente literario, con una entonación determinada: *la recitación del poema conmovió al público asistente*. **2** Repetición en voz alta de algo que se ha aprendido de memoria: *los niños hacían una recitación de la tabla de multiplicar*.
SIN recitado.

recitado *n. m.* **1** Pronunciación en voz alta de un texto, generalmente literario, con una entonación determinada: *el actor realizó un recitado magistral del monólogo de la obra*.
SIN recitación. **2** MÚS. Poema o texto narrativo o dialogado que se declama acompañado de música: *toda la obra era un recitado con acompañamiento de guitarra*.

recital *n. m.* **1** Espectáculo musical a cargo de una sola persona, ya sea instrumentista o cantante: *el recital del guitarrista flamenco fue todo un éxito; ya no quedan entradas para el recital del tenor español*. **SIN** audición, concierto. **2** Lectura o recitación de composiciones de un poeta: *entre los actos de homenaje al poeta Machado se hará un recital de sus poemas más conocidos*.

recitar *v. tr.* **1** Decir en voz alta un texto literario con la entonación adecuada para realzar su contenido poético: *recitó unos hermosos versos*. **SIN** declamar. **2** Decir en voz alta un texto o unas palabras que se saben de memoria: *dice que es capaz de recitar la lección de memoria sin equivocarse ni una sola vez*.

reclamación *n. f.* **1** Protesta u oposición que se hace a una cosa que se considera injusta o insatisfactoria: *el director del hotel atendió las reclamaciones del cliente sobre el servicio de habitaciones*. **2** Exigencia de una cosa que se hace con derecho o con insistencia: *no me han pagado los atrasos que me deben, así que he hecho la reclamación por escrito; si no está de acuerdo, presente una reclamación*.

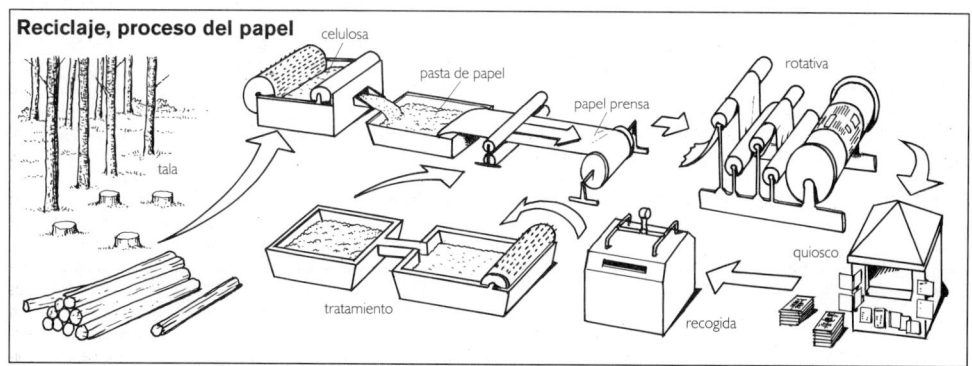

Reciclaje, proceso del papel

reclamar *v. intr.* **1** Mostrar oposición contra una decisión o asunto que se considera injusto o insatisfactorio: *reclamaron contra el fallo del tribunal; fue a reclamar a la oficina central del banco contra el cobro de comisiones.* ◇ *v. tr.* **2** Pedir o exigir con derecho o con insistencia una cosa: *reclamaba el pago de una deuda a su amigo; los niños pequeños suelen reclamar toda la atención de los padres.* **3** Llamar a una persona para que acuda a un lugar determinado: *reclaman al botones en recepción.*
DER reclamación, reclamo.

reclamo *n. m.* **1** Ave amaestrada que se lleva a la caza para que con su canto atraiga a otras de su especie: *la caza con reclamo está prohibida en algunos países.* **2** Instrumento que imita la voz de las aves y que sirve para atraer a éstas en la caza: *algunos reclamos son como silbatos, otros emiten el sonido apretando con la mano.* **3** Sonido con el que un ave llama a otra de su especie: *la gaviota lanzaba reclamos para que acudieran otras.* **4** Procedimiento con el que se intenta atraer la atención de las personas o incitarlas a algo: *las tazas que regalan al comprar el café han resultado ser un buen reclamo.* **5** Señal hecha en un escrito que remite al lector a otro punto de la obra donde generalmente se ofrece una explicación o alguna información complementaria: *en este texto hay reclamos con algunas aclaraciones sobre palabras inusuales.* **SIN** llamada.

reclinable *adj.* Que se puede inclinar en una o varias direcciones: *este coche tiene los asientos delanteros reclinables.*

reclinar *v. tr./prnl.* **1** Inclinar y apoyar la cabeza o una parte del cuerpo en un sitio: *se reclinó sobre la almohada y se durmió al momento.* **SIN** recostar. **2** Inclinar una cosa apoyándola sobre otra: *¿podrías ayudarme a reclinar el respaldo del asiento?*
DER reclinable, reclinatorio.

reclinatorio *n. m.* Mueble de las iglesias u oratorios que se utiliza para arrodillarse sobre él, en forma de silla con las patas muy cortas y el respaldo muy alto: *rezaba todos los días arrodillada en un reclinatorio ante una imagen de Cristo Crucificado.*

recluir *v. tr./prnl.* Encerrar o meter a una persona, de manera voluntaria o forzosa, en un lugar para que permanezca en él sin salir: *estuvo recluida en un convento durante varios años; lo recluyeron en una prisión de máxima seguridad.* **SIN** confinar.
DER reclusión, recluso.
OBS En su conjugación, la *i* se convierte en *y* delante de *a* y *e*.

reclusión *n. f.* **1** Encierro voluntario o forzoso de una persona en un sitio: *pasó varios años en reclusión a causa de diversos delitos de robo cometidos.* **ANT** liberación. **2** Lugar en que una persona está encerrada o presa: *vivió en la reclusión del convento durante algunos años.*

recluso, -sa *adj./n. m. y f.* [persona] Que está recluido o encerrado en una cárcel: *los reclusos tienen un régimen de visitas muy estricto.* **SIN** preso, presidiario.

recluta *n. m.* Persona alistada para el servicio militar, hasta que acaba la instrucción básica y va a su destino definitivo: *los reclutas todavía no han jurado bandera.*

reclutamiento *n. m.* **1** Llamamiento o inscripción para el servicio militar o para formar un ejército. **2** Búsqueda o inscripción de nuevos miembros en una organización o nuevos trabajadores en una empresa: *trabaja en la oficina de reclutamiento de la organización Médicos sin Fronteras.*

reclutar *v. tr.* **1** Llamar o alistar a una persona para el cumplimiento del servicio militar o para formar un ejército: *con la declaración de guerra empezaron las movilizaciones para reclutar el mayor número de jóvenes.* **2** Buscar o reunir a un grupo de gente para una actividad o un fin determinado: *andan reclutando obreros para arreglar la presa.*
DER recluta, reclutamiento.

recobrar *v. tr.* **1** Volver a tener lo que antes se poseía: *gracias a la intervención de la policía recobró el dinero que le habían robado.* ◇ *v. prnl.* **2 recobrarse** Ponerse bien o recuperarse de una enfermedad, de una impresión fuerte o de una pérdida del conocimiento: *puede usted dejar el tratamiento porque ya se ha recobrado de su enfermedad por completo; sufrió un golpe en la cabeza, pero se recobró del desmayo rápidamente.* Se utiliza con la preposición *de*.
SIN recuperar, reponer, restablecer.

recocer *v. tr./prnl.* **1** Volver a cocer o cocer en exceso una cosa: *los garbanzos se han recocido y están deshechos.* ◇ *v. tr.* **2** Calentar un metal para que vuelva a tener la dureza o la flexibilidad que tenía antes de trabajarlo: *recocieron el acero para que se templara.*
OBS En su conjugación, la *o* se convierte en *ue* en sílaba acentuada y la *c* en *z* delante de *a* y *o*, como en *cocer*.

recochinearse *v. prnl.* Divertirse con lo que pueda suponer una desgracia para una persona: *lo despidió del trabajo y encima se recochineó de él diciendo que ahora tendría más tiempo libre.*

recochineo *n. m.* Diversión a costa de lo que pueda suponer una desgracia para una persona: *le molestó su recochineo cuando lo felicitó por suspender el examen.*

recodo *n. m.* Ángulo o curva cerrados que forman las calles, los caminos, los ríos u otras cosas: *el coche se averió y tuvimos que parar en un recodo de la carretera.*

recogedor *n. m.* Utensilio que sirve para recoger cosas del suelo, especialmente la basura del suelo, en forma de pala y provisto de mango: *puso los cristales del vaso roto en el recogedor y los echó al cubo de la basura.* **SIN** cogedor.
OBS La Real Academia Española admite *recogedor*, pero prefiere la forma *cogedor*.

recogepelotas *n. com.* Persona, generalmente joven, encargada de recoger las pelotas que salen fuera del campo de juego en algunos deportes: *en un partido de tenis puede haber hasta seis recogepelotas.*
OBS El plural también es *recogepelotas*.

recoger *v. tr.* **1** Coger una cosa que se ha caído: *recoge los papeles del suelo y colócalos sobre la mesa.* **2** Guardar y poner de forma ordenada una cosa en su sitio, en especial después de haber acabado un trabajo: *ayúdame a recoger los cubiertos de la mesa, por favor; recoge los libros.* **3** Ir a buscar a una persona o cosa al lugar en que se encuentra: *el chico recogió a su novia a las tres; tengo que recoger el paquete postal en la oficina de Correos.* **4** Recibir o experimentar una persona las consecuencias o resultados, buenos o malos, de una cosa que ha hecho: *con las buenas notas obtenidas recoge el fruto de las muchas horas de dedicación al estudio.* **5** Ir juntando o guardando poco a poco, especialmente dinero: *este año se ha recogido el doble que el pasado en la colecta; he recogido mucha información para hacer el trabajo.* **6** Enrollar, doblar o ceñir una cosa que se había extendido, especialmente tela o papel, para que ocupe menos longitud o para reducir su tamaño: *recogieron las velas del barco, pues se acercaba una tormenta; recoge la cortina para que entre más claridad; recoge las faldas de la colcha para que no arrastren.* **7** Guardar o poner en lugar seguro una cosa: *recoge esa plata.* **8** Dar alojamiento o acoger a una persona o animal: *en algunas instituciones benéficas recogen a las personas que carecen de vivienda y les proporcionan comida y techo.* **9** Coger los frutos de la

tierra: *este año se han recogido las manzanas muy pronto.* ◇ *v. prnl.* **10 recogerse** Retirarse una persona o animal a su casa o guarida, generalmente para dormir o descansar: *suele recogerse a las diez de la noche, así que no creo que tarde en marcharse.* **11** Irse una persona a un lugar tranquilo y vivir retirado del trato y de la comunicación con la gente para meditar o rezar: *en su vejez, se recogió en un monasterio.*
DER recogedor, recogido, recogimiento.
OBS En su conjugación, la *g* se convierte en *j* delante de *a* y *o*.

recogida *n. f.* **1** Retirada a un lugar, normalmente para descansar o dormir: *mi recogida será hoy en hora muy temprana, pues tengo que madrugar.* **2** Reunión de cosas dispersas: *la recogida de la mandarina.* **3** Retirada de la correspondencia de los buzones por el servicio de Correos: *la recogida es a las siete de la tarde.* **4** Retirada de la basura de los contenedores o los domicilios por el servicio correspondiente: *la recogida de la basura se efectúa en camiones y bien temprano.* ☞ reciclaje, proceso de.

recogido, -da *adj.* **1** Retirado del trato y de la comunicación con la gente: *llevaba una vida muy recogida y apenas salía a la calle.* **2** [lugar] Que resulta acogedor y agradable: *siempre vamos a una cala muy recogida y poco frecuentada de la gente.* **3** [cosa] Que ocupa poco espacio y no está muy extendido: *lleva un vestido de mangas recogidas y estrecho por la cintura.* ◇ *n. m.* **4** Parte de una cosa que se junta o recoge: *la modelo llevaba un recogido de pelo muy original.*

recogimiento *n. m.* Estado y actitud de la persona que se aísla de lo que le distrae o le impide pensar con tranquilidad: *la paz y el silencio del lugar invitan al recogimiento.*

recolección *n. f.* **1** Recogida de los frutos de la tierra y época durante la que se lleva a cabo este trabajo: *la recolección del arroz se hace mecánicamente; durante la recolección los agricultores contrataron a muchos jornaleros.* **2** Recogida y unión de elementos separados o dispersos: *se dedicaba a la recolección de chatarra; el párroco hizo una recolección para comprar juguetes a los niños pobres.*

recolectar *v. tr.* **1** Recoger los frutos de la tierra: *necesitamos a 50 hombres para recolectar las patatas.* **2** Juntar personas o cosas dispersas: *están recolectando firmas para que retiren la nueva ley; va a recolectar dinero para reconstruir las casas afectadas por la inundación.*
DER recolector.

recolector, -ra *adj./n. m. y f.* [persona] Que se dedica a la recolección de los frutos de la tierra: *los recolectores llevan la uva a la bodega.*

recoleto, -ta *adj.* [lugar] Que es tranquilo, solitario y apartado de la gente: *los enamorados se encontraban en los rincones recoletos del parque.*

recomendable *adj.* Que se puede recomendar o aconsejar: *hacer un poco de deporte es recomendable para todo el mundo.* **SIN** aconsejable, conveniente, prudente.

recomendación *n. f.* **1** Consejo que se da a una persona por considerarse ventajoso o beneficioso: *seguiré las recomendaciones del médico para evitar las subidas de tensión arterial.* **2** Influencia o ventaja con que es favorecida una persona para conseguir un fin determinado: *ha entrado a trabajar aquí por recomendación del director.*

recomendar *v. tr.* **1** Aconsejar a una persona una cosa por considerarla beneficiosa o ventajosa: *le recomiendo que use este detergente; te recomiendo que en este nuevo curso estudies mucho, porque las asignaturas son muy difíciles.* **2** Dar buenas referencias o hablar bien de una persona para que consiga un fin determinado.

DER recomendable, recomendación.
OBS En su conjugación, la *e* se convierte en *ie* en sílaba acentuada, como en *acertar*.

recompensa *n. f.* Compensación o premio que se obtiene por un servicio, un mérito o una buena acción: *tras muchos años de investigación obtuvo como recompensa un gran homenaje de todos los científicos; ofrecen una recompensa a quien encuentre el perro extraviado.* **SIN** galardón, premio, gratificación.
DER compensación.

recompensar *v. tr.* **1** Premiar a alguien voluntariamente en reconocimiento a un servicio, un mérito o una buena acción: *la policía dijo que recompensaría a todo aquel que diera alguna pista.* **SIN** premiar, gratificar. **2** Dar alguna cosa o algún beneficio a cambio del daño que se ha causado: *la compañía de seguros le ha recompensado de la pérdida de los muebles a causa del incendio.* **SIN** compensar.
DER recompensa.

recomponer *v. tr.* Reparar o componer de nuevo una cosa: *después del incendio recompusieron toda la instalación eléctrica; desmontó una radio vieja y se entretuvo varios días recomponiéndola.*
OBS Se conjuga como *poner*.

reconcentrar *v. tr.* **1** Disminuir el volumen de una cosa haciéndola más densa: *para reconcentrar una disolución salina es necesario quitar líquido y añadir más sal.* ◇ *v. tr./prnl.* **2** Reunir en un punto personas o cosas que estaban esparcidas: *el viento reconcentró las hojas en un recodo de la calle; los manifestantes se reconcentraron en la plaza mayor.* **3** Disimular o callar un sentimiento: *reconcentraba su odio en el corazón.* ◇ *v. prnl.* **4 reconcentrarse** Fijar intensamente la atención en los propios pensamientos: *tiene gran capacidad para reconcentrarse, pero no se entera de lo que pasa a su alrededor.* **SIN** ensimismarse, abstraerse.

reconciliación *n. f.* Restablecimiento de la concordia o amistad perdidas entre dos personas que se habían enfrentado: *gracias a sus esfuerzos los dos amigos llegaron a la reconciliación; es imprescindible la reconciliación si queréis seguir adelante con el proyecto.*

reconciliar *v. tr./prnl.* Restablecer la concordia o amistad perdidas entre dos personas que se habían enfrentado o separado: *la madre siempre consigue reconciliar a los hermanos después de una pelea; se reconciliaron después de no haberse dirigido la palabra durante más de diez años.*
DER reconciliación; irreconciliable.
OBS En su conjugación, la *i* no se acentúa, como en *cambiar*.

reconcomerse *v. prnl.* Sentir un profundo descontento o impaciencia que se mantiene oculto a causa de una molestia moral, por ejemplo, por celos o por envidia: *la envidia te está reconcomiendo; se reconcome pensando en el tiempo que ha perdido a lo largo de su vida.*

recóndito, -ta *adj.* Que está muy escondido, reservado y oculto: *se marchó a un recóndito lugar de las montañas.*

reconfortante *adj.* Que devuelve las fuerzas o el bienestar perdidos o que los da de nuevo con energía y eficacia: *sus palabras reconfortantes le ayudaron a superar aquella situación crítica; no hay nada más reconfortante que una buena siesta después de una mañana agitada.*

reconfortar *v. tr.* Devolver a una persona las fuerzas o el bienestar perdidos o darle ánimo con energía y eficacia: *después de pasar frío, le reconfortaba tomar una taza de leche caliente.* **SIN** consolar.
DER reconfortante.

reconocer *v. tr.* **1** Distinguir o identificar a una persona o

cosa entre varias por una serie de características propias: *le reconoció por la voz a pesar del disfraz; reconoció su paraguas por la marca que tenía el bastón.* **2** Examinar u observar con cuidado y atención una cosa o a una persona para conocerla mejor y formarse un juicio: *reconocieron el terreno antes de pasar con los vehículos; el médico reconocía al paciente en la consulta.* **3** Mostrar o manifestar agradecimiento por un bien o un favor recibido: *hay que reconocer la gran labor que está desarrollando.* **4** Declarar una persona que tiene con otra un parentesco y aceptar los deberes y derechos que trae consigo: *tras largos trámites, finalmente lo reconoció por hijo.* **5** Dar fe una persona de la autenticidad de su firma en un documento: *los herederos reconocieron su firma ante el notario.* ◊ *v. tr./prnl.* **6** Admitir o aceptar, en contra de lo que se había defendido o de los propios gustos, la certeza o realidad de lo que se dice o sucede: *reconoció que se había equivocado al juzgarle tan mal; todos reconocieron que era imprescindible llevar a cabo una acción conjunta; se reconoció culpable del atraco al banco.* ◊ *v. prnl.* **7 reconocerse** Verse una persona a sí misma como lo que es en realidad: *se reconoce un poco perezoso, pero cuando le interesa algo trabaja bien.*
DER reconocible, reconocido, reconocimiento.
OBS En su conjugación, la c se convierte en zc delante de a y o, como en *conocer*.

reconocible *adj.* Que puede ser reconocido o admitido: *cometió un error fácilmente reconocible por todos los asistentes a la reunión.*
DER irreconocible.

reconocido, -da *adj.* [persona] Que agradece un bien o un favor que otra persona le ha hecho: *estamos muy reconocidos por la ayuda que los padres han prestado al colegio.*

reconocimiento *n. m.* **1** Examen u observación cuidadosa de una persona o cosa para conocerla mejor y formarse un juicio: *tras el reconocimiento, el médico dictaminó que era un simple resfriado.* **2** Muestra o manifestación de agradecimiento por los bienes o favores recibidos: *me gustaría expresarle mi reconocimiento por su contribución a nuestra obra humanitaria.* **SIN** gratitud, agradecimiento.

reconquista *n. f.* **1** Conquista o toma de un territorio que se había perdido anteriormente, en especial la que se llevó a cabo en España en la lucha contra los musulmanes: *mandaron todas las tropas disponibles para la reconquista del fuerte; Granada fue el último reino que perdieron los musulmanes durante la Reconquista.* **2** Recuperación de una cosa estimada que se había perdido, como el cariño, la amistad o el afecto: *puso todo su empeño en la reconquista de la amistad que se había deteriorado.*
DER reconquistar.

reconquistar *v. tr.* **1** Volver a conquistar o a tomar un territorio que se había perdido: *reconquistaron la ciudad tres meses después del asedio.* **2** Recuperar una cosa estimada que se había perdido, como el cariño, la amistad o el afecto: *se mostró leal durante muchos años para reconquistar la confianza perdida entre sus compañeros.*

reconsideración *n. f.* Consideración o pensamiento que se hace de nuevo: *quizá quiera hacer una reconsideración de la decisión de no comprar el terreno.*

reconsiderar *v. tr.* Volver a considerar o a pensar una cosa: *creo que debemos reconsiderar su ofrecimiento de vender los locales comerciales.*
DER reconsideración.

reconstituir *v. tr./prnl.* **1** Volver a constituir o a establecer una cosa: *trataron de reconstituir el estado sobre unas bases democráticas.* **2** MED. Hacer que un organismo vuelva a tener sus condiciones normales o fortalecerlo: *para reconstituir la falta de glóbulos rojos el médico le recetó hierro.*
DER reconstituyente.
OBS En su conjugación, la i se convierte en y delante de a, e y o, como en *huir*.

reconstituyente *adj./n. m.* MED. [medicamento, remedio] Que puede devolver al organismo sus condiciones normales o fortalecerlo: *está tomando un reconstituyente para reponerse lo antes posible de la anemia.*

reconstrucción *n. f.* **1** Reparación o construcción que se hace de nuevo de una cosa destruida o deshecha, generalmente de un edificio: *la reconstrucción del castillo ha sido una labor lenta y realizada con esmero.* **2** Reproducción de un suceso mediante datos, recuerdos o declaraciones, para completar su conocimiento: *el testigo ayudó a la policía en la reconstrucción del accidente de tráfico.*

reconstruir *v. tr.* **1** Volver a construir o reparar una cosa destruida o deshecha, generalmente un edificio: *quieren reconstruir el palacio para hacer en él un hotel.* **2** Reproducir o traer a la memoria todas las circunstancias de un suceso mediante datos, recuerdos o declaraciones, para completar su conocimiento: *el detective reconstruyó la situación del crimen para tratar de descubrir al asesino.*
DER reconstrucción.
OBS En su conjugación, la i se convierte en y delante de a, e y o, como en *huir*.

recontar *v. tr.* Contar o volver a contar una serie de elementos o cosas para asegurarse de su cantidad: *recontó los asistentes al acto y preparó una pequeña nota informativa que se publicó en el periódico.*
OBS En su conjugación, la o se convierte en ue en sílaba acentuada, como en *contar*.

reconvención *n. f.* Aviso o represión suave que se hace a una persona por algo que ha dicho o que ha hecho mal.

reconvenir *v. tr.* Avisar o reprender suavemente a una persona por una cosa que ha dicho o que ha hecho mal: *reconvino a su hija por haber llegado tarde.*
DER reconvención.
OBS Se conjuga como *venir*.

reconversión *n. f.* ECON. Proceso de modernización o de transformación de una empresa o de un sector industrial con el fin de mejorar su rendimiento o de adaptarla a la demanda del mercado: *en ocasiones la reconversión industrial provoca la pérdida de puestos de trabajo.*

reconvertir *v. tr./prnl.* ECON. Transformar una empresa o un sector industrial o someterlo a un proceso de modernización con el fin de mejorar su rendimiento o de adaptarlo a la demanda del mercado: *los cambios políticos, económicos o técnicos suelen obligar a los países a reconvertir sus sectores productivos.*
DER reconversión.
OBS En su conjugación, la e se convierte en ie en sílaba acentuada o en i en algunos tiempos y personas, como en *hervir*.

recopilación *n. f.* Reunión de varias cosas dispersas bajo un criterio que dé unidad al conjunto: *ha salido al mercado una recopilación de conciertos de música pop; he comprado un libro que es una recopilación de cuentos orientales.*

recopilar *v. tr.* Juntar o reunir varias cosas dispersas bajo un criterio que dé unidad al conjunto: *en los últimos años de su vida el poeta recopiló todos sus poemas en un único libro.*
DER recopilación.

¡recórcholis! *int.* Expresión que indica sorpresa, extrañeza o disgusto: *¡recórcholis!, ¡sí eres tú!*

récord n. m. **1** Marca máxima conseguida por un deportista en una competición: *estableció el récord de los 50 metros el mes pasado en Japón*. **2** Resultado máximo o mínimo conseguido hasta un momento determinado en una actividad: *hoy se ha producido el récord de recaudación en las quinielas*. **OBS** Es de origen inglés y se pronuncia aproximadamente 'récor'. ◇ El plural es *récords*.

recordar v. tr. **1** Traer a la memoria o retener cosas en la mente: *recuerdo el día en que lo conocí*; *recordaba la juventud con nostalgia*. **SIN** rememorar. **2** Hacer que una persona tenga presente una cosa que debe hacer: *recuérdele usted que escriba*. **3** Parecerse una cosa a otra por cierta semejanza o relación: *este paisaje de montaña recuerda el de los Alpes suizos*.
DER recordatorio, recuerdo.
OBS No se debe usar en forma pronominal. ◇ En su conjugación, la o se convierte en ue en sílaba acentuada, como en *contar*.

recordatorio n. m. **1** Tarjeta o impreso en el que se recuerda la fecha de un acontecimiento, en especial de carácter religioso: *guarda un recordatorio de su primera comunión en el cajón de la mesilla*. **2** Aviso, nota u cualquier otro medio que se hace para recordar alguna cosa: *cambiarme el anillo de dedo me sirve de recordatorio de las cosas que tengo que hacer*.

recordman n. m. Hombre que en una prueba deportiva consigue un resultado que supera a los anteriores.
ETIM Creada en Francia con las voces inglesas *record*, 'marca', y *man*, 'hombre', y su pronunciación aproximada es 'récordman'.

recordwoman n. f. Mujer que en una prueba deportiva consigue un resultado que supera a los anteriores.
ETIM Creada en Francia con las voces inglesas *record*, 'marca', y *woman*, 'mujer', y su pronunciación aproximada es 'récord–uoman'.

recorrer v. tr. **1** Atravesar un espacio en toda su extensión o longitud: *ha recorrido toda España en bicicleta*. **2** Hacer un trayecto determinado: *recorrió doce kilómetros a pie*. **3** Registrar mirando con cuidado y andando de un sitio a otro para encontrar lo que se desea: *recorrí toda la casa buscando las gafas*. **4** Leer por encima o a la ligera un escrito para ver lo que contiene o para buscar una cosa: *recorrió con la mirada la sección de anuncios de pisos del periódico para tener una idea de los precios de venta*.
DER recorrido.

recorrido n. m. **1** Espacio que recorre o que ha de recorrer una persona o cosa: *el recorrido de la carrera es más largo este año*. **2** Distintos lugares que conforman ese espacio: *para las vacaciones de este verano hemos pensado hacer un recorrido por las iglesias románicas del Pirineo*. **SIN** ruta, itinerario.

recortable n. m. Hoja de papel o cartulina con una figura o un dibujo que se recorta y se usa como juego, entretenimiento o enseñanza: *los padres les regalaron a sus hijos recortables con figuras de animales*.

recortado, -da adj. **1** Que tiene los bordes o el contorno muy irregulares, con sucesivos entrantes y salientes: *la costa es muy recortada, con acantilados y pequeñas calas*. **2** [escopeta] Que tiene el cañón acortado: *el atracador llevaba una escopeta recortada*.

recortar v. tr. **1** Cortar o separar de una cosa la parte que sobresale o sobra: *hay que recortar esos hilos que sobresalen del dobladillo del vestido*. **2** Cortar con cuidado un papel u otra cosa para conseguir una figura determinada: *recortó la fotografía de una revista y la puso en la pared*. **3** Disminuir o hacer más pequeña una cosa: *la familia decidió recortar gastos y ahorrar para las vacaciones*. ◇ v. prnl. **4 recortarse** Dibujarse claramente el perfil de una cosa sobre otra: *las cimas nevadas de la montaña se recortaban en el cielo azul*.
DER recortable, recortado, recorte.

recorte n. m. **1** Trozos que sobran de una materia que se ha recortado hasta reducirla a la forma deseada para un determinado fin: *no tires los recortes de cuero que han quedado al tapizar la silla*. **2** Parte de un papel que ha sido cortada y separada de él: *forró la carpeta con recortes de periódico pegados; le pasaron un recorte de una revista con una receta de cocina*. **3** Disminución o reducción de una cosa: *en época de crisis es frecuente que se produzcan recortes en los presupuestos del estado*.

recostar v. tr./prnl. **1** Inclinar el cuerpo o parte de él apoyándolo sobre una cosa: *recostó la cabeza sobre la almohada; se recostó sobre el tronco del árbol*. **SIN** reclinar. **2** Inclinar una cosa apoyándola sobre otra: *recostó la pala sobre la pared y descansó un poco*. **SIN** reclinar.
OBS En su conjugación, la o se convierte en ue en sílaba acentuada, como en *contar*.

recoveco n. m. **1** Vuelta o curva pronunciada de una calle, vía, río o conducto: *la gasolinera está en el recoveco de la carretera, a la salida del pueblo*. **2** Rincón o lugar escondido: *me conozco todos los recovecos de este barrio*. **3** Aspecto poco claro o complicado de la manera de ser de una persona: *aunque le conozco desde hace años, tiene algunos recovecos que no logro descubrir*. Se usa sobre todo en plural.

recreación n. f. **1** Creación o producción de una cosa a partir de otra ya existente: *este libro es una recreación de las novelas de aventuras*. **2** Diversión durante el tiempo libre: *su única recreación era el paseo*.

recrear v. tr. **1** Crear o producir una cosa a partir de otra ya existente: *en la película se recrea el ambiente de los años veinte; la comedia recrea conocidos poemas épicos*. **2** Divertir o alegrar a una persona durante el tiempo libre: *recreó a los presentes con un bonito poema*. ◇ v. prnl. **3 recrearse** Disfrutar con una cosa, en particular deteniéndose en ello, y en ocasiones con cierta malignidad: *se recrea hablando de sus éxitos en el mundo de los negocios*.
DER recreación, recreativo, recreo.

recreativo, -va adj. [cosa] Que divierte o entretiene: *se ha comprado un juego recreativo de mesa*.

recreo n. m. **1** Diversión o descanso durante el tiempo libre: *observaba los pájaros como recreo*. **2** Interrupción de las clases para que los estudiantes se distraigan o descansen: *la maestra dijo a los niños que tenían 10 minutos más de recreo*. **3** Lugar destinado al descanso o a la diversión: *casa de recreo*. **SIN** recreación.

recriminación n. f. Crítica que se hace de una persona por algo que ha dicho o hecho: *estoy harto de oír nada más que recriminaciones*. **SIN** reproche.

recriminar v. tr. **1** Censurar o a una persona por su comportamiento o echarle en cara su conducta: *el jefe recriminó duramente a su empleado por haber llegado tarde*. **SIN** increpar, regañar, reñir, reprender. ◇ v. tr./prnl. **2** Responder a unas acusaciones con otras similares: *no sacaron nada en claro porque pasaron la tarde recriminándose sus ofensas*.
DER recriminación.

recrudecerse v. prnl. Aumentar la intensidad o los efectos de un mal físico o moral, o de una cosa desagradable que había empezado a perder fuerza: *los enfrentamientos en el frente norte se han recrudecido durante los últimos días*.

rectal

OBS En su conjugación, la *c* se convierte en *zc* delante de *a* y *o*, como en *agradecer*.

rectal *adj.* MED. Del recto o que tiene relación con esta parte del intestino: *los supositorios deben ponerse por vía rectal; le hicieron un reconocimiento rectal en el hospital*.

rectangular *adj.* **1** Del rectángulo o que tiene relación con esta figura geométrica: *las figuras rectangulares tienen cuatro ángulos rectos*. **2** Que tiene forma de rectángulo: *la puerta de la casa es rectangular; el tablero de la mesa del despacho es rectangular*.

rectángulo *adj.* **1** [figura geométrica] Que tiene uno o más ángulos rectos: *dos de los lados de un triángulo rectángulo forman un ángulo de 90°*. ◇ *n. m.* **2** Figura plana de cuatro lados, iguales dos a dos, que tiene los cuatro ángulos rectos: *por tener cuatro lados, el rectángulo está incluido dentro del grupo de los cuadriláteros*.
DER rectangular.

rectificación *n. f.* **1** Corrección de un error o un defecto: *la artista exigió la rectificación de la noticia*. **2** Corrección de la deformación o la desviación de una pieza metálica: *rectificación del motor de un coche*.

rectificador *n. m.* Aparato que convierte una corriente eléctrica alterna en corriente continua: *muchas máquinas eléctricas o electrónicas llevan incluido un rectificador*.

rectificadora *n. f.* Máquina que se usa para corregir la deformación o la desviación de una pieza metálica: *el jefe envió las piezas a la rectificadora para que les dieran las medidas exactas*.

rectificar *v. tr.* **1** Corregir los errores o defectos de una cosa ya hecha: *el periódico rectificó la noticia en el número siguiente*. **2** Poner recta una cosa: *le pusieron un aparato para rectificar la desviación de su columna vertebral*. **3** Convertir una corriente eléctrica alterna en corriente continua: *los transistores rectifican la corriente*. **4** Corregir la deformación o la desviación de una pieza metálica: *las piezas gastadas se pueden rectificar*. ◇ *v. tr./prnl.* **5** Corregir o modificar una persona su propia conducta, opinión o comportamiento: *el joven rectificó a tiempo y se enmendó; rectificar es de sabios*. **6** Llevar la contraria a una persona o expresar una opinión opuesta: *perdone que le rectifique, señor diputado, pero no lleva usted razón*. **SIN** contradecir.
DER rectificación, rectificador, rectificadora.
OBS En su conjugación, la *c* se convierte en *qu* delante de *e*.

rectilíneo, -a *adj.* **1** Que está formado por líneas rectas o se desarrolla en línea recta: *siguieron una larguísima carretera rectilínea a través del desierto; la piedra siguió una trayectoria rectilínea y chocó con la pared*. **ANT** curvilíneo. **2** [carácter, comportamiento] Que es recto y firme y no admite cambios: *el director mantiene un comportamiento rectilíneo e inflexible con sus empleados*.

rectitud *n. f.* **1** Carácter de aquello que es recto y justo en el sentido moral: *creo que debes obrar con la mayor rectitud posible en este asunto; nunca ha dudado de la rectitud de sus intenciones*. **2** Calidad de recto, que no tiene curvas ni ángulos: *ha trazado una línea de una rectitud exacta*.

recto, -ta *adj./n. f.* **1** [línea] Que está formado por una serie continua de puntos en una misma dirección: *ha dibujado una línea recta con ayuda de una regla; cuando dos rectas se cortan, sólo pueden hacerlo en un punto*. ◇ *adj.* **2** Que no se tuerce a un lado ni a otro, ni hace curvas ni ángulos: *debes sentarte recto para evitar que se te desvíe la columna vertebral; el cuadro de la pared no está recto, debes moverlo un poco hacia arriba*. **SIN** derecho. **ANT** torcido, inclinado. **3** [ángulo] Que tiene 90°. ☞ ángulos. **4** Que no se desvía del punto al que se dirige: *el bateador golpeó la pelota y llegó recta a las manos de otro jugador*. **5** [persona] Que se comporta de manera justa y firme: *es un juez recto y llevará el juicio con la máxima imparcialidad*. **SIN** riguroso. **6** [significado, sentido] Que es exacto y el primero que tienen las palabras: *el significado recto, sino que de perla es distinto de su significado figurado; la mayoría de los poemas no deben ser entendidos en su sentido recto: es necesario buscarles el sentido figurado*. **SIN** literal. **ANT** figurado, traslaticio. **7** [folio,plana] Que queda del lado derecho del libro o cuaderno en relación con la persona que lee: *el folio recto del libro está a la derecha y el vuelto, a la izquierda*. **ANT** vuelto. ◇ *n. m.* **8** Última porción del intestino del hombre y de algunos animales: *en los mamíferos el recto forma parte del intestino grueso*. ☞ digestivo, aparato.
DER recta, rectal, rectificar, rectitud.

rector, -ra *adj.* **1** [persona, cosa] Que marca o dirige la orientación o sentido de una cosa: *la junta rectora decidió ampliar el capital; la idea rectora de esta asociación es velar por la preservación de los derechos humanos*. ◇ *n. m. y f.* **2** Persona que dirige y gobierna una comunidad o institución, especialmente una universidad: *el rector inauguró el curso académico con un breve discurso de bienvenida*.
DER rectorado, rectoral; vicerrector.
ETIM Véase rey.

rectorado *n. m.* **1** Cargo y despacho del rector: *consiguió el rectorado en la primera votación; el rector nos citó en el rectorado para comentarnos las condiciones de las becas*. **2** Tiempo durante el cual un rector ejerce su cargo: *en su rectorado se publicaron muchos trabajos de investigación*.

rectoral *adj.* Del rector o que tiene relación con él: *equipo rectoral*.

recua *n. f.* **1** Conjunto de animales de carga que se usan para el transporte de mercancías: *usaban una recua de ocho mulos para llevar el agua*. **2** Grupo numeroso de personas o cosas que van o siguen unas detrás de otras: *me encontré con una recua de gente en la puerta del museo y no pude entrar*.

recuadro *n. m.* Línea cerrada en forma de cuadrado o de rectángulo y superficie limitada por esta línea: *marcó en el periódico con un recuadro las películas de cine que le interesaba ver; pinta el recuadro de la página de color azul*.

recubrir *v. tr.* Cubrir una cosa del todo o volverla a cubrir: *recubrió el pastel con chocolate; recubrió el techo con unas planchas de madera*.

recuento *n. m.* Cuenta o segunda cuenta que se hace del número de personas o cosas que forman un conjunto: *hicieron un recuento cuidadoso de las piezas que faltaban; aunque aún no se ha acabado el recuento, se cree que ha ganado el partido que hasta ahora estaba en la oposición*.

recuerdo *n. m.* **1** Imagen o conjunto de imágenes de situaciones o hechos pasados que vienen a la mente: *tenía un recuerdo exacto de todo lo que había sucedido; no le quedó más que un vago recuerdo de aquella tarde*. **ANT** olvido. **2** Cosa que una persona regala a otra o que se trae de algún lugar turístico con el fin de que quien la recibe conserve ese objeto y no olvide el lugar o a la persona en cuestión: *estuve en Navarra y compré varios recuerdos, entre ellos, un pañuelo rojo y una bota de vino; esta caja de música es un recuerdo de familia*. ◇ *n. m. pl.* **3 recuerdos** Saludo afectuoso que envía por escrito o a través de un intermediario una persona a otra que se halla ausente: *dale recuerdos de mi parte, si lo ves*.

recular *v. intr.* **1** Ir hacia atrás o retroceder una persona, un animal o un vehículo: *reculó un poco con el coche para poder* *salir de aquel callejón*. **SIN** retroceder. **2** *coloquial* Ceder o cambiar una persona de opinión: *no reculará de ninguna manera: es un cabezota*.

recuperación *n. f.* **1** Adquisición de una cosa que antes se tenía: *la recuperación de las pinturas robadas fue obra de la policía*. **2** Vuelta al estado, valor o situación de normalidad que antes se tenía: *los expertos prevén una recuperación económica para el próximo año*. **3** Vuelta de una persona a su estado normal después de atravesar una enfermedad o una situación negativa: *la recuperación de este enfermo será lenta y larga; con la ayuda del psicólogo logró la recuperación de la confianza en sí mismo*. **4** Examen que se realiza para aprobar una asignatura que se ha suspendido en otro examen anterior: *se presentó a la recuperación de dos asignaturas en septiembre*.

recuperar *v. tr.* **1** Volver a tener lo que antes se tenía: *recuperaron las joyas que les habían sido robadas*. **SIN** recobrar. **2** Volver a poner en servicio alguna cosa que ya estaba inservible: *es indispensable la ayuda ciudadana para recuperar el cartón y el vidrio usados*. **3** Trabajar un tiempo determinado para compensar el que se ha perdido por una causa cualquiera: *durante el invierno trabaja una hora más cada día para recuperar la jornada de verano*. **4** Aprobar una asignatura a parte de ella después de no haberla aprobado en un examen anterior. ◇ *v. prnl.* **5 recuperarse** Volver una persona o cosa a su estado normal después de atravesar una enfermedad o una situación negativa: *se fue a un beneario para recuperarse de la operación; todavía me estoy recuperando de la impresión que me causó la noticia*. **SIN** reponerse, restablecerse. **ANT** empeorar.
DER recuperación; irrecuperable.

recurrente *adj.* Que vuelve a ocurrir o a aparecer: *los temas de la libertad y la independencia son motivos recurrentes a lo largo de su obra*.

recurrir *v. intr.* **1** Acudir en busca de la ayuda o el favor de una persona o cosa en caso de necesidad o para conseguir un fin: *recurrió a su amigo cuando se encontró en aquel grave aprieto; tuvo que recurrir al paraguas porque llovía a mares; recurrió a los cordones de los zapatos para atar el paquete*. ◇ *v. tr.* **2** DER. Interponer un recurso contra una sentencia o resolución: *el condenado recurrirá la sentencia*.
DER recurrente.
ETIM Véase *correr*.

recursividad *n. f.* Característica de repetirse indefinidamente que presentan algunos hechos: *la regla de recursividad en sintaxis es aquella que nos permite crear un número indefinido de oraciones*.

recurso *n. m.* **1** Ayuda o medio del que uno se sirve para conseguir un fin o satisfacer una necesidad: *siempre tiene algún recurso ingenioso para salir con buen pie de las situaciones complicadas*. **2** DER. Reclamación mediante escrito contra las resoluciones judiciales o administrativas: *interpuso un recurso de apelación en el juzgado de primera instancia*. ◇ *n. m. pl.* **3 recursos** Bienes, riquezas o medios de vida: *no dispongo de recursos suficientes para comprar un piso*. **4** Conjunto de elementos disponibles para resolver una necesidad o para llevar a cabo una empresa: *recursos naturales; recursos humanos; recursos forestales*.
DER recursividad.
ETIM Véase *curso*.

recusación *n. f.* DER. Rechazo u oposición a admitir una cosa, por no considerarla propia o adecuada: *el abogado presentó una recusación contra el jurado por considerar que no actuaría de forma imparcial*.

recusar *v. tr.* Rechazar o no admitir una persona o una cosa por no considerarla propia o adecuada: *a partir de entonces, el club dispondrá de dos días para recusar a esas dos personas*.
DER recusación.

red *n. f.* **1** Tejido hecho con hilos, cuerdas o alambres unidos y cruzados entre sí en forma de malla destinado a diferentes usos, por ejemplo, pescar, cazar o cercar: *los pescadores reparaban las redes en la playa; se puso la red en el pelo para que no se le deshiciera el peinado; el balón pasó rozando la red contraria; el primer saque del tenista dio en la red*. **2** Conjunto organizado de calles, vías, cañerías o hilos conductores: *el país está ampliando la red de carreteras; están reparando la red del alumbrado público*. **3** Conjunto organizado de personas, establecimientos o servicios distribuidos por varios lugares y pertenecientes a una misma empresa o que tienen una sola dirección: *esta empresa tiene una red de agencias de transporte por todo el país; el periódico tenía una buena red de informadores*. **4** Engaño del que una persona se vale para atraer a otra: *cayó en su red sin darse cuenta*.
DER redada, redaño, redecilla; enredar.
ETIM *Red* procede del latín *rete*, que tenía el mismo significado, voz con la que también están relacionadas *retículo*, *retina*.

redacción *n. f.* **1** Expresión que se hace por escrito: *debes cuidar un poco más la redacción para expresar con claridad tus ideas*. **2** Escrito hecho como ejercicio escolar sobre un tema determinado: *para el lunes deberán traerme una redacción sobre la Navidad*. **3** Lugar u oficina donde se redacta o escribe un periódico, una revista o cualquier publicación periódica: *la redacción permanece abierta durante toda la noche*. **4** Conjunto de personas que redactan cualquier publicación periódica: *la redacción está reunida con el director para hablar del nuevo diseño del periódico*.
DER redactor.

redactar *v. tr.* Expresar por escrito unas ideas o pensamientos o relatar unos hechos: *ese periodista tiene una forma de redactar muy brillante; el notario redactó el testamento*.
DER redactor.

redactor, -ra *adj./n. m. y f.* [persona] Que se dedica profesionalmente a la redacción, como por ejemplo el que lo hace en un periódico, en una editorial o en una agencia de publicidad: *este periódico tiene los mejores redactores de deportes*.

redada *n. f.* Operación policial consistente en detener de una sola vez y en un mismo lugar a un grupo de personas sospechosas: *en la redada fueron detenidos algunos delincuentes habituales de la zona*.

redaños *n. m. pl.* Determinación y coraje para hacer algo difícil o desagradable: *hay que tener redaños para admitir delante de tanta gente que has cometido un error*.

redecilla *n. f.* **1** Bolsa pequeña hecha con malla muy fina que se usa para sujetar el pelo, mantener el peinado o como adorno: *se puso los rulos y la redecilla para secarse el pelo con el secador*. **2** Segunda de las cuatro cavidades en que se divide el estómago de los rumiantes: *en la redecilla se amasan los vegetales*.

redención *n. f.* **1** Liberación de una obligación, un trabajo, una situación desfavorable o un dolor: *los presos pueden conseguir la redención de sus penas colaborando en el trabajo de la cárcel; la pasión y muerte de Cristo sirvió para la redención de los hombres*. **2** Rescate que se pagaba para liberar de la esclavitud a los cautivos: *los frailes mercedarios se dedicaban a la redención de cautivos cristianos que estaban en poder de los sarracenos*.

redentor

ETIM Véase *redimir*.

redentor, -ra *adj./n. m. y f.* **1** Que redime o pone fin a un dolor, un trabajo u otra molestia: *este hombre se cree que es el redentor de los trabajadores.* ◇ *n. m.* **2** Jesucristo, según la religión cristiana: *el Redentor fue crucificado, muerto y sepultado, pero resucitó al tercer día.* Se escribe con letra mayúscula y se emplea con el artículo *el*.
ETIM Véase *redimir*.

redicho, -cha *adj.* [persona] Que habla pronunciando las palabras con perfección fingida o empleando términos demasiado cultos o impropios de su edad. **SIN** repipi.

¡rediez! *int. coloquial* Expresión que se utiliza para indicar sorpresa, dolor o disgusto: *cuando se pilló el dedo con la puerta, dijo: ¡rediez!*
OBS Es la forma eufemística de *irediós!*

redil *n. m.* Terreno cercado con en el que se guarda el ganado: *el perro vigilaba a las ovejas en el redil.*

redimir *v. tr./prnl.* **1** Librar a una persona de una obligación, de un dolor o de una situación penosa: *Cristo redimió del pecado original a la humanidad; el premio de la lotería lo redimió de su trabajo en el campo.* **2** Conseguir la libertad de una persona o sacarlo de una situación comprometida pagando un precio: *el esclavo consiguió, después de muchos años de trabajo, redimirse y redimir a toda su familia.*
ETIM *Redimir* procede del latín *redimere*, 'rescatar' voz con la que también están relacionadas *redención, redentor*.

redistribución *n. f.* Reparto de algo de forma diferente de como se había hecho con anterioridad: *redistribución de la riqueza.*

redistribuir *v. tr.* Repartir algo de forma diferente de como se había hecho con anterioridad: *el gobierno plantea una reducción del horario laboral como medio para redistribuir el trabajo.*
OBS En su conjugación, la *i* se convierte en *y* delante de *a, e* y *o*, como en *huir*.

rédito *n. m.* Cantidad de dinero que produce periódicamente un capital: *el banco le ofreció un rédito muy elevado por el dinero de la lotería.* **SIN** interés, renta.

redoblar *v. tr./prnl.* **1** Aumentar una cosa el doble de lo que antes era o aumentarla mucho: *redoblaron sus esfuerzos para solucionar el problema; después del atentado se redobló la vigilancia.* ◇ *v. intr.* **2** Tocar o hacer redobles en el tambor: *la banda redoblaba el tambor al paso de la procesión.*
DER redoble.

redoble *n. m.* Toque vivo y sostenido que se produce golpeando con los palillos el tambor de manera rápida y seguida: *el largo redoble daba mayor emoción a la actuación de los malabaristas.*

redoma *n. f.* Recipiente de cristal, ancho en la base, que se va estrechando hacia la parte superior: *la redoma se usa en los laboratorios para hacer experimentos.*

redomado, -da *adj.* Que no tiene límites en la cualidad negativa que se le atribuye: *es un mentiroso redomado.*

redonda *n. f.* **1** MÚS. Nota musical cuya duración equivale al tiempo de un compás de cuatro partes: *una redonda dura cuatro veces más que una negra y dos veces más que una blanca.* ☞ notación musical. **2** Tipo de letra común, de forma derecha o circular: *en este diccionario, las definiciones están en redonda, y los ejemplos en cursiva.*

a la redonda Indica alrededor teniendo en cuenta el punto en el que se encuentra el hablante: *no hay una gasolinera en tres kilómetros a la redonda.*

redondear *v. tr.* **1** Dar forma redonda a una cosa: *redondeó la miga de pan con los dedos.* **2** Terminar o completar una cosa de forma satisfactoria: *para redondear el trabajo sobre Cervantes introduce algún texto y escribe una conclusión.* ◇ *v. tr./intr.* **3** Añadir o quitar a una cifra una parte de una cantidad hasta llegar a otra determinada, de más fácil comprensión o cálculo, mediante unidades de orden superior: *tocamos a 98 caramelos: si redondemos, tocamos a 100.*

redondel *n. m.* **1** Línea curva cerrada cuyos puntos están siempre a la misma distancia de un centro y superficie contenida dentro de ella: *hizo un redondel en la arena con el pie.*
SIN círculo, circunferencia. **2** Terreno circular destinado al toreo en las plazas de toros: *el torero y la cuadrilla salieron al redondel.* **SIN** ruedo.

redondez *n. f.* Cualidad de las cosas que son curvas o redondeadas, en vez de rectas o con ángulos: *los antiguos dudaban de la redondez de la tierra.*

redondilla *n. f.* Estrofa formada por cuatro versos de ocho sílabas que riman en consonante el primero con el cuarto y el segundo con el tercero: *la estructura de la redondilla es abba.*

redondo, -da *adj.* **1** Que tiene forma circular o esférica o parecida a ellas: *los cristales de mis gafas son redondos.* **2** *coloquial* Que es perfecto, completo o muy logrado: *le salió una cena redonda y todos los invitados la felicitaron; hizo un negocio redondo con la venta del piso.* **3** Que es exacto, definitivo o que no ofrece dudas: *su declaración fue redonda; respondió con un ¡No! redondo.* **SIN** rotundo. **4** [cifra, número] Que se le ha restado o sumado una cantidad, mediante unidades superiores, para que resulte más sencillo de calcular o comprender: *la casa podría costar en números redondos diez millones de pesetas.* ◇ *n. m.* **5** Pieza de carne de la parte trasera de ciertos animales, de forma casi cilíndrica.

en redondo *a)* En círculo, dando una vuelta completa alrededor de un punto: *la bailarina giró en redondo varias veces.* *b)* Expresión que se utiliza para afirmar o negar algo de forma clara y categórica: *se negó en redondo a hacer lo que le mandaban.*
DER redonda, redondear, redondel, redondez, redondilla.
ETIM *Redondo* procede del latín *rotundus*, que tenía el mismo significado, voz con la que también está relacionada *rotundo*.

reducción *n. f.* Disminución de la fuerza, cantidad, tamaño o intensidad de una cosa: *en pocas semanas experimentará una reducción de peso; los sindicatos no pueden admitir la reducción salarial.*

reducido, -da *adj.* Que es muy estrecho o muy pequeño: *tenemos un espacio muy reducido para maniobrar con el coche.* **ANT** amplio.

reducir *v. tr.* **1** Disminuir la cantidad, el tamaño, la intensidad o la importancia de una cosa: *tuvo que reducir el volumen de la televisión porque le dolía la cabeza; redujo la velocidad al entrar en el peaje; a final de mes se vio obligado a reducir gastos.* **ANT** aumentar. **2** Cambiar o convertir una cosa en otra cosa, generalmente más pequeña o de menos valor: *el fuego redujo el edificio a cenizas; la máquina ha reducido el grano a polvo.* **SIN** transformar. **3** Resumir o hacer una cosa más corta o más simple: *tengo que reducir el discurso porque sólo tengo quince minutos para hablar.* **4** Someter u obligar a obedecer a una persona: *el ejército redujo al grupo de sublevados.* **5** MAT. Expresar una cantidad con otra unidad distinta, sin que se altere su valor: *el profesor les explicó cómo reducir un litro a hectólitro.* ◇ *v. tr./intr.* **6** Cambiar de una marcha de largo recorrido a otra más corta en un vehículo: *reduce a segunda, que este camino está en muy mal estado.*
DER reducción, reducido; irreductible.

ETIM *Reducir* procede del latín *reducere*, que tenía el mismo significado, voz con la que también está relacionada *reducto*.
OBS En su conjugación, la *c* se convierte en *zc* delante de *a* y *o* y el pretérito indefinido es irregular, como en *conducir*.

reducto *n. m.* **1** País, lugar o grupo que conserva unas ideas, unas tradiciones u otros elementos antiguos o a punto de desaparecer: *tras las invasiones, emigraron hacia el último reducto de su cultura.* **2** Territorio natural en el que se conservan especies raras o que están a punto de desaparecer: *este paraje es el último reducto del oso en nuestro país.*
ETIM Véase *reducir*.

reductor, -ra *adj.* Que reduce o sirve para reducir: *las cremas reductoras se anuncian como productos adelgazantes.*

redundancia *n. f.* Repetición de una palabra o una idea sin necesidad, por estar expresado sin ellas lo que se quiere decir: *en el lenguaje coloquial se tiende a cometer redundancias como* bajar abajo; *la redundancia se usa en ocasiones para asegurar la comprensión de lo que se dice.*

redundante *adj.* Que sobra o que es una redundancia: *perdóneseme el ejemplo, aunque parezca un poco redundante.*
DER redundancia.

redundar *v. intr.* Tener un resultado determinado una persona o cosa, ya sea beneficioso o perjudicial: *la educación cívica redunda en el beneficio de todos.*
DER redundante.
ETIM Véase *onda*.
OBS Se construye con la preposición *en*.

reduplicación *n. f.* Figura del lenguaje que consiste en la repetición consecutiva de una palabra o de varias palabras en la misma frase o en el mismo verso: *el verso primero de un famoso romance:* que por mayo era por mayo *es una reduplicación.*

reduplicar *v. tr.* Aumentar mucho o doblar una cosa: *debemos reduplicar nuestro esfuerzo para conseguir los objetivos previstos; el valor de la vivienda se ha reduplicado en pocos años.*
DER reduplicación.
OBS En su conjugación, la *c* se convierte en *qu* delante de *e*.

reedición *n. f.* **1** Edición con modificaciones de una obra escrita o musical publicada anteriormente. **2** Conjunto de ejemplares de esta edición publicados al mismo tiempo y con la misma base de impresión.

reedificar *v. tr.* Construir de nuevo, o hacer muchas reparaciones y cambios en algo que ha sido destruido o dañado: *la ciudad fue reedificada después de la guerra.* **SIN** reconstruir.
OBS En su conjugación, la *c* se convierte en *qu* delante de *e*.

reeditar *v. tr.* Editar con modificaciones una obra escrita o musical publicada anteriormente: *están dispuestos a reeditar un tratado agotado hace años.*

reeducación *n. f.* **1** Enseñanza de nuevas formas de comportamiento para adaptar a una persona a la vida social: *el juez decretó el internamiento del acusado en un centro de reeducación.* **2** Conjunto de técnicas que hacen que un órgano o un miembro del cuerpo cuya función había disminuido o se había perdido vuelva a desarrollar su actividad con normalidad: *el médico le recomendó una clínica para la reeducación de sus manos.*

reeducar *v. tr.* **1** Enseñar nuevas formas de comportamiento para corregir un error o un defecto o algo que se ha aprendido mal. **2** Hacer que un órgano o un miembro del cuerpo cuya función había disminuido o se había perdido vuelva a desarrollar su actividad con normalidad: *tras el accidente tuvo que reeducar el movimiento de sus piernas.*
OBS En su conjugación, la *c* se convierte en *qu* delante de *e*.

reelegir *v. tr.* Volver a elegir o a escoger.

OBS En su conjugación, la *e* se convierte en *i* en algunos tiempos y personas y la *g* en *j* delante de *a* y *o*, como en *elegir*.

reembolsar o **rembolsar** *v. tr.* Devolver una cantidad de dinero a la persona que la había pagado con anterioridad: *la estufa que compré estaba estropeada y el comerciante me reembolsó el dinero.* **SIN** reintegrar.
DER reembolso.

reembolso o **rembolso** *n. m.* **1** Devolución de una cantidad de dinero a la persona que la ha había pagado con anterioridad: *si no tienes el tique de compra, no te harán el reembolso de los zapatos.* **2** Cantidad de dinero que paga una persona en el momento de recibir una cosa enviada por correo o por una agencia de transporte: *las empresas que se dedican a la venta por correo cobran a los clientes contra reembolso.*

reemplazar o **remplazar** *v. tr.* **1** Sustituir una cosa por otra: *tienes que reemplazar las pilas gastadas por otras nuevas.* **SIN** cambiar. **2** Suceder a una persona en el cargo o empleo que tenía o desempeñar accidentalmente sus funciones: *reemplazó al profesor que se había jubilado; el jugador reemplazó al compañero que se lesionó.* **SIN** suplir.
DER reemplazo; irreemplazable.
OBS En su conjugación, la *z* se convierte en *c* delante de *e*.

reemplazo o **remplazo** *n. m.* **1** Sustitución de una persona o cosa por otra: *hicieron el reemplazo de las cuatro ruedas del coche en menos de 15 segundos.* **SIN** cambio. **2** Sustitución de unas personas por otras en las fuerzas de un ejército para prestar el servicio militar en el tiempo establecido por la ley: *hasta que no llegue el próximo reemplazo, no podrán licenciarlo.* **SIN** quinta.

reemprender *v. tr.* Reanudar o volver a empezar un trabajo o actividad que se había interrumpido: *reemprendieron la labor después de descansar un rato; se han reemprendido las negociaciones.*

reencarnación *n. f.* Encarnación de un alma en un cuerpo nuevo, tras separarse de otro por la muerte: *los budistas creen en la reencarnación porque parten de la base de que el alma es independiente del cuerpo.*

reencarnarse *v. prnl.* Volver a encarnarse el alma en un cuerpo nuevo, tras separarse de otro por la muerte: *cree que se va a reencarnar en gato en su próxima vida.*
DER reencarnación.

reencontrarse *v. prnl.* Coincidir en un mismo lugar dos o más personas que no se veían desde hacía tiempo.
OBS En su conjugación, la *o* se convierte en *ue* en sílaba acentuada, como en *contar*.

reencuentro *n. m.* Coincidencia en un mismo lugar de dos o más personas que no se veían desde hacía tiempo: *el reencuentro con su familia, después de 23 años sin verse, fue muy emotivo.*

reengancharse *v. prnl.* **1** Permanecer en el ejército, una vez terminado el servicio militar, a cambio de un sueldo: *quería hacerse piloto y se reenganchó en el ejército del aire.* **2** Seguir participando en una partida de cartas, una vez eliminado de ella, pagando una cantidad de dinero y poniéndose en las condiciones del jugador peor situado: *como has quedado eliminado, debes poner dinero para reengancharte.* **3** Realizar una actividad de nuevo: *le gustó tanto el parque de atracciones que se reenganchó para acompañar a sus primos.*
DER reenganche.

reenganche *n. m.* Permanencia de una persona en el ejército, una vez terminado el servicio militar obligatorio, a cambio de un sueldo.

reestrenar *v. tr.* Presentar de nuevo un espectáculo o una obra teatral o exhibir una película de cine tiempo después de su estreno, pero manteniendo sus características: *en el Teatro Cervantes se reestrena una obra de Buero Vallejo*.

reestreno *n. m.* Presentación de un espectáculo o una obra teatral o exhibición de una película de cine con las características de un estreno, aunque no lo sea.

reestructurar *v. tr.* Cambiar la forma en que algo está estructurado: *el gobierno reestructuró la industria del carbón antes de privatizarla*. **SIN** remodelar, reorganizar.

refacción *n. f.* Pequeña cantidad de comida que se toma para reponer fuerzas.

refajo *n. m.* Falda corta de paño usada por las mujeres encima de las enaguas o como prenda interior de abrigo.

refectorio *n. m.* Habitación de grandes dimensiones donde se reúnen para comer en los monasterios.

referencia *n. f.* **1** Explicación o relación de un acontecimiento, de palabra o por escrito: *hizo una referencia rápida a los hechos de la tarde anterior*. **2** Nota o palabra en escrito que remite a otra parte del escrito o a otro escrito, donde el lector puede encontrar lo que busca: *en la página 10 de este estudio sobre Cervantes hay una referencia a otro estudio que tendré que consultar en la biblioteca*. **3** Envío, relación o comentario acerca de una cosa: *se suprimió toda referencia que no fuera el propio emperador*. **4** Informe acerca de las cualidades de una persona o una cosa: *tenemos buenas referencias de estos clientes*. Se suele usar en plural. **5** Persona o cosa que sirve como base, modelo o punto de comparación: *su padre era para él el punto de referencia*.
DER referencial.

referencial *adj.* **1** Que expresa una circunstancia o un acontecimiento de manera objetiva y sin valorarlo: *en los documentales se pretende dar un punto de vista referencial de la realidad*. **2** Que sirve de modelo o ejemplo con el cual compararse: *las canciones de los Beatles fueron un hito referencial para la música pop de los sesenta*. **3** [libro] Que contiene informaciones ordenadas y clasificadas para facilitar la consulta de un tema determinado: *los diccionarios o las enciclopedias son obras referenciales*.

referendo o **referéndum** *n. m.* Procedimiento jurídico por el que se somete a votación popular una ley o un asunto de especial importancia: *el Gobierno ha convocado un referéndum para modificar la Constitución*.
DER refrendar.
OBS El plural de *referendo* es *referendos*; *referéndum* no varía.

referente *adj.* Que expresa relación con otra persona o cosa: *el asunto referente a la compra de las acciones va por buen camino*; *durante la entrevista no hizo ningún comentario referente a su divorcio*.

referir *v. tr.* **1** Contar o dar a conocer un acontecimiento o suceso de palabra o por escrito: *refirió su llegada con todo detalle*; *mi abuelo solía referir anécdotas de la guerra*. **SIN** narrar, relatar. ◇ *v. prnl.* **2 referirse** Aludir o mencionar a una persona o cosa directa o indirectamente: *creo que me refiere a mí; no me refiero a ese asunto, sino al otro*.
DER referencia, referendo, referéndum, referente.
OBS En su conjugación, la e se convierte en *ie* en sílaba acentuada o en *i* en algunos tiempos y personas, como en *hervir*.

refilón Palabra que se utiliza en la expresión coloquial "de refilón", que significa: *a*) De lado o de forma oblicua: *le dio con la regla de refilón y no le hizo mucho daño*. *b*) De pasada y sin profundizar o sin prestarle mucha atención: *me enteré de refilón, así que no sé mucho del asunto*.

refinado, -da *adj.* **1** [persona] Que tiene educación y buenos modales. **2** Que es resultado de mucha elaboración: *una cocina refinada*. **3** Que ha sido purificado en un proceso industrial de manera que se han eliminado las sustancias no necesarias: *aceite refinado*. ◇ *n. m.* **4** Proceso industrial por el que se purifica una sustancia, eliminando de ella las que no son necesarias: *el refinado del opio produce otras drogas, tales como la morfina*.

refinamiento *n. m.* **1** Educación y buenos modales. **2** Cuidado extremo en la elaboración o realización de algo: *el refinamiento de la tortura china*.

refinar *v. tr.* **1** Hacer más fina o pura una sustancia, eliminando las impurezas: *en esa fábrica refinan azúcar*; *para obtener la gasolina hay que refinar el petróleo*. **SIN** purificar. ◇ *v. prnl.* **2** Hacerse más fino en el hablar, en el comportamiento social y en los gustos: *con la lectura y los viajes se ha refinado un poco*. **3** Perfeccionar un cosa adecuándola a un fin determinado: *el artista refinó su tecnica para mejorar la calidad de sus cuadros*.
DER refinado, refinamiento, refinería.

refinería *n. f.* Fábrica donde se refina o se hace más puro un producto: *trabaja en una moderna refinería de petróleo*.

reflectar *v. tr.* Hacer retroceder o cambiar de dirección la luz u otra radiación oponiéndole una superficie lisa. **SIN** reflejar.

reflector, -ra *adj./n. m. y f.* **1** [sustancia, superficie] Que refleja, en especial los rayos de luz: *existen placas reflectoras para aprovechar el calor del sol*; *los espejos son cuerpos reflectores*; *distinguió al fondo de la calle las mangas reflectoras del uniforme del policía*. ◇ *n. m.* **2** Aparato que concentra y orienta la luz de un foco en una dirección determinada: *alrededor del monumento pusieron unos reflectores que lo iluminaban*.

reflejar *v. tr./prnl.* **1** Formarse en una superficie lisa y brillante la imagen de algo: *la luna se reflejaba en el agua*. **2** Fís. Rechazar o hacer cambiar de dirección la luz, el calor, el sonido u otra radiación oponiéndoles una superficie lisa: *con un espejo reflejaba los rayos del sol en los ojos de la gente*. **3** Expresar o mostrar de manera clara un estado o cualidad: *su rostro reflejaba sus sentimientos*; *en el tono amable de sus palabras se reflejaba su buen humor*.
DER reflector.

reflejo, -ja *adj./n. m.* **1** [sentimiento, acto, movimiento] Que se produce involuntariamente, como una respuesta inconsciente a un estímulo externo: *un acto reflejo al estornudar es cerrar los ojos*; *la succión del pecho es un reflejo del bebé*. ◇ *adj.* **2** [dolor] Que se aparece localizado en cierta parte del cuerpo cuando realmente está en otro: *el masajista le dijo que el dolor que sentía en el pecho era un dolor reflejo de la contracción de un músculo de la espalda*. ◇ *n. m.* **3** Luz reflejada: *el sol formaba reflejos en los espejos y en los cristales de la ventana*. **4** Imagen de una persona o cosa reflejada en una superficie: *la niña miraba su propio reflejo en las aguas claras del río*. **5** Cosa que reproduce, muestra o expresa otra cosa: *sus palabras son reflejo de su pensamiento*. ◇ *n. m. pl.* **6 reflejos** Capacidad que tiene una persona para reaccionar de forma rápida y eficaz ante un hecho no previsto: *los conductores deben tener buenos reflejos*; *gracias a sus reflejos, evitó que el jarrón cayera al suelo*. **7** Mechas de distinto color en el pelo: *el peluquero la peinó y le puso reflejos dorados*.
DER reflejar.
ETIM *Reflejo* procede del latín *reflexus*, retroceso, voz con la que también está relacionada *reflexión*.

reflexión *n. f.* **1** Pensamiento o consideración de una cosa con detenimiento y cuidado: *tras largas reflexiones, llegó a la*

conclusión de que no sabía nada. **SIN** meditación. **2** Advertencia o consejo que una persona da a otra para inducirle a actuar de manera razonable: *el sacerdote hizo una reflexión sobre los peligros de la carne.* **3** FÍS. Cambio de dirección o de sentido de la luz, del calor o del sonido cuando se les interpone un obtáculo: *está estudiando la reflexión de la luz en el espejo.*
DER reflexionar, reflexivo.
ETIM Véase *reflejo.*

reflexionar *v. intr.* Pensar o considerar una cosa con detenimiento y cuidado: *después de mi consejo, reflexionó seriamente sobre lo que le dije.* **SIN** cavilar, meditar.
OBS Se construye con la presposición *sobre.*

reflexivo, -va *adj.* **1** Que piensa y considera detenidamente un asunto antes de hablar o actuar: *era una persona reflexiva y prudente y nunca obraba a la ligera.* **2** Que refleja: *los espejos son superficies reflexivas de la luz.* **3** GRAM. [oración, verbo] Que expresa o se usa para expresar una acción que es realizada y recibida a la vez por el sujeto: *lavarse es un verbo reflexivo;* tú *te afeitas es una oración reflexiva.*
DER irreflexivo.

reflotar *v. tr.* **1** Hacer que un barco sumergido o encallado vuelva a sostenerse sobre el agua: *están tratando de reflotar el petrolero que se hundió ayer tras chocar con otro barco.* **2** Hacer que una empresa con dificultades financieras vuelva a funcionar con normalidad: *los trabajadores piden al gobierno un préstamo para reflotar la fábrica de coches.*

refluir *v. intr.* Volver hacia atrás un líquido: *en la bajamar, el mar refluye.*
OBS En su conjugación, la *i* se convierte en *y* delante de *a, e* y *o*, como en *huir.*

reflujo *n. m.* **1** Movimiento descendente de las aguas del mar, causado por la atracción del Sol y de la Luna: *con el reflujo, los arrecifes quedaron al descubierto.* **SIN** bajamar. **ANT** flujo. **2** Retroceso de una actividad o tendencia: *se podía prever un reflujo de la economía en los últimos meses.* **SIN** bajada. **ANT** aumento.

refocilarse *v. prnl.* Recrearse, disfrutar o entretenerse con algo grosero: *se refocilan con sus conversaciones.*

reforestación *n. f.* Plantación de árboles en un lugar del que han desaparecido: *los planes de reforestación sin beneficios para el país.*

reforestar *v. tr.* Plantar árboles en un lugar del que habían desaparecido: *varias organizaciones ecologistas están haciendo esfuerzos para reforestar los montes.* **SIN** repoblar.

reforma *n. f.* **1** Arreglo, modificación o cambio con el fin de mejorar una cosa: *acabamos de hacer una reforma en el piso; han propuesto una reforma de la ley del divorcio.* **SIN** corrección, renovación. **2** Movimiento religioso nacido en el siglo XVI y que dio origen al protestantismo: *la España del barroco se opuso a la Reforma; Lutero fue el artífice de la Reforma protestante.* Se escribe con letra mayúscula.
DER contrarreforma.

reformar *v. tr.* **1** Arreglar, modificar o cambiar una cosa con el fin de mejorarla: *reformaron la ley de empleo el año pasado; venden todo muy barato porque van a reformar la tienda.* **SIN** corregir, renovar. ◊ *v. tr./prnl.* **2** Corregir a una persona para que abandone costumbres o comportamientos negativos o perjudiciales: *se ha reformado y ahora es una persona tratable; debes reformarte en la forma de vestir si quieres encontrar trabajo.* **SIN** enmendar.
DER reforma, reformatorio, reformismo.

reformatorio *n. m.* Establecimiento penitenciario donde, por medio de una educación especial, se trata de recuperar socialmente a delincuentes menores de edad: *tan sólo tenía trece años y ya robaba coches, por eso lo llevaron al reformatorio.* **SIN** correccional.

reformismo *n. m.* Tendencia o doctrina que propone cambios y mejoras, hechos gradualmente, de una situación política, social, religiosa o de otro tipo: *el reformismo político nació en los países industrializados en demanda de una reforma electoral.*
DER reformista.

reformista *adj.* **1** Del reformismo o que tiene relación con esta tendencia o doctrina: *la oposición defiende una política reformista.* ◊ *adj./n. com.* **2** [persona] Que es partidario del reformismo: *los políticos reformistas piensan que los cambios pueden hacer mejorar la sociedad.* **ANT** conservador.

reforzamiento *n. m.* Acción de aumentar la fuerza o la cantidad de algo: *los últimos atentados han provocado un reforzamiento de las tesis del gobierno hacia la represión del terrorismo.*

reforzar *v. tr./prnl.* **1** Hacer más fuerte o resistente una cosa: *la incorporación del nuevo socio ha reforzado la situación económica de la empresa; reforzaron el techo colocando una viga.* **SIN** asegurar, fortalecer. **2** Añadir más cantidad o aumentar alguna cosa: *estamos en una zona peligrosa y debemos reforzar la vigilancia.*
DER reforzamiento, refuerzo.
OBS En su conjugación, la *o* se convierte en *ue* en sílaba acentuada y la *z* en *c* delante de *e,* como en *forzar.*

refracción *n. f.* Cambio de dirección de un rayo de luz u otra radiación al pasar oblicuamente de un medio a otro de distinta densidad: *calculó el índice de refracción del agua.*

refractar *v. tr./prnl.* Hacer que cambie de dirección un rayo de luz u otra radiación al pasar oblicuamente de un medio a otro de distinta densidad: *puedes ver cómo se refracta la imagen del lápiz al introducirlo en el agua.*
DER refracción, refractario.

refractario, -ria *adj.* **1** [cuerpo] Que resiste la acción del fuego sin cambiar de estado ni destruirse: *hicieron el plato de arcilla refractaria; las chimeneas están recubiertas de un material refractario.* **2** Que se opone a aceptar una idea, opinión o costumbre: *es difícil cambiar una sociedad tan refractaria.*

refrán *n. m.* Frase o dicho de uso común que suele encerrar una advertencia o enseñanza de tipo moral: *siempre está aleccionándonos con sus refranes;* a buen entendedor pocas palabras bastan *es un refrán que expresa que la persona inteligente comprende con facilidad lo que se le dice.* **SIN** adagio, proverbio, sentencia.
DER refranero.

refranero *n. m.* Conjunto de los refranes de una lengua: *el refranero español es muy rico.*

refregar *v. tr.* Decir a una persona con insistencia algo que le es desagradable: *siempre me está refregando que no doy dinero en casa.*
OBS En su conjugación, la *e* se convierte en *ie* en sílaba acentuada y la *g* en *gu* delante de *e,* como en *regar.*

refrenar *v. tr./prnl.* **1** Contener o sujetar la fuerza o la violencia de algo: *era incapaz de refrenar su pasión.* ◊ *v. tr.* **2** Sujetar o reducir a un caballo con el freno: *refrena el caballo antes de que te tire al suelo.*

refrendar *v. tr.* **1** Dar validez a un documento firmándolo la persona o grupo de personas que tiene capacidad legal para ello. **2** Manifestar públicamente la aprobación de algo o alguien: *las autoridades han refrendado las inversiones hechas por extranjeros.*

refrendo *n. m.* **1** Firma con la que se da validez a un documento. **2** Afirmación pública de que se aprueba o apoya algo o a alguien: *el Papa ha dado su refrendo al sindicato Solidaridad.*

refrescante *adj.* **1** Que tiene el efecto de devolver la energía o el frescor perdidos: *un baño refrescante, una bebida refrescante.* **2** Que es agradablemente distinto de aquello a que se está acostumbrado: *la llegada del nuevo jefe supuso un cambio refrescante.*

refrescar *v. tr./prnl.* **1** Hacer que baje la temperatura o el calor de una cosa: *voy a refrescar las bebidas en el río.* **SIN** enfriar, refrigerar. **ANT** calentar. **2** Recordar o renovar un sentimiento, recuerdo o acción: *si se te olvida yo te refrescaré la memoria.* ◇ *v. intr.* **3** Disminuir o bajar el calor del aire: *el tiempo refresca por la noche.* **4** Tomar una persona un refresco o una bebida fría: *toma, refréscate con este zumo de limón fresco.*
DER refrescante, refresco.
OBS En su conjugación, la *c* se convierte en *qu* delante de *e*.

refresco *n. m.* **1** Bebida que suele tomarse fría y no tiene alcohol, y suele tomarse para combatir el calor: *refresco de naranja; refresco de limón.* **2** Conjunto de bebidas, dulces y otros alimentos que se ofrece en ciertas reuniones: *nos ofrecieron un refresco en la inauguración del curso.*
de refresco [animal] Que sirve de sustituto al que ya está cansado en grandes cabalgadas o trabajos duros: *tomaron una caballo de refresco al llegar a la posada.*

refriega *n. f.* Batalla de poca importancia o riña violenta: *en la refriega terminaron heridas cinco personas.*

refrigeración *n. f.* **1** Disminución del calor o de la temperatura de un cuerpo: *que esta abertura esté libre es muy importante para la refrigeración del motor.* **2** Sistema eléctrico que hace que baje la temperatura de un lugar o un edificio: *la refrigeración del edificio se ha estropeado y hace un calor insoportable.*

refrigerador, -ra *adj.* **1** Que sirve para enfriar o refrigerar: *los frenos llevan un líquido refrigerador.* **SIN** refrigerante. ◇ *n. m.* **2** Electrodoméstico que sirve para enfriar y conservar guardados alimentos y bebidas: *la bebida está en el refrigerador.* **SIN** frigorífico, nevera.

refrigerante *adj./n. m.* Que sirve para enfriar o refrigerar: *productos refrigerantes.* **SIN** refrigerador.

refrigerar *v. tr./prnl.* **1** Hacer que baje la temperatura de un lugar o de un cuerpo mediante métodos artificiales: *este aparato es muy pequeño para refrigerar esta sala.* **2** Enfriar en cámaras especiales, hasta una temperatura cercana a los 0° grados, alimentos para que se conserven: *el pescado, si se quiere conservar durante un tiempo, debe refrigerarse.*
DER refrigerador, refrigeración, refrigerante, refrigerio.
ETIM Véase *frío*.

refrigerio *n. m.* Cantidad pequeña de comida que se toma para recuperar fuerzas. **SIN** piscolabis, tentempié.

refrito, -ta *part.* **1** Participio irregular del verbo *refreír*: *he refrito el pollo y por eso está un poco seco.* ◇ *n. m.* **2** Condimento compuesto por ajo, cebolla, tomate y otras verduras picadas y ligeramente fritas en aceite que se añade a algún guiso durante su preparación: *esta menestra lleva un refrito de aceite, ajo y pimentón.* **SIN** sofrito. **3** Escrito u obra hecha mediante la mezcla de partes y elementos procedentes de otras obras: *su último libro es un refrito de los artículos publicados el pasado año.*

refuerzo *n. m.* **1** Fortalecimiento o aumento de la fuerza o solidez de una cosa: *los albañiles hicieron el refuerzo de los muros del edificio.* **2** Pieza o parche que se pone a una cosa para aumentar su fuerza, su grosor o su resistencia: *el asa de la maleta lleva un refuerzo de cuero.* **3** Conjunto de personas que acuden a un lugar en ayuda de otras: *el coronel pidió un refuerzo de mil soldados; los bomberos pidieron refuerzos para controlar el fuego.* Se usa más en plural.

refugiado, -da *adj./n. m. y f.* [persona] Que ha sido obligado a abandonar su país a causa de una guerra o de sus ideas políticas o religiosas: *un campo de refugiados.*

refugiar *v. tr./prnl.* Dar refugio o acogida a una persona para protegerla o ayudarla: *mi familia refugió a dos soldados del bando enemigo; se metió en el portal para refugiarse de la lluvia.* **SIN** acoger, resguardar.
DER refugiado.
OBS En su conjugación, la *i* no se acentúa, como en *cambiar*.

refugio *n. m.* **1** Acogida que se da a una persona en una casa o en un lugar seguro: *le ofrecimos refugio cuando escapaba de sus perseguidores.* **SIN** asilo, amparo. **2** Lugar en el que entra una persona para protegerse o defenderse de algo: *al anochecer buscaron un refugio para pasar la noche.* **SIN** cobijo. **refugio atómico** Lugar habitable que suele ser subterráneo y está destinado a proteger a las personas de la radiactividad producida por las bombas nucleares: *si no se detiene la actividad nuclear tendremos que construir refugios atómicos en las ciudades.* **refugio de montaña** Casa construida en las montañas que sirve para albergar a los montañistas y a los excursionistas: *fuimos de excursión a los Pirineos y nos alojamos en un refugio de montaña.*
DER refugiar.

refulgente *adj. culto* Que brilla o emite una luz intensa: *joyas refulgentes; estrellas refulgentes.* **SIN** brillante, resplandeciente.

refulgir *v. intr.* Emitir una cosa un fulgor o brillo propio: *ella parecía de estirpe divina cuando salía a escena, refulgiendo bajo los focos con los brillos de su atavío.* **SIN** resplandecer.
OBS En su conjugación, la *g* se convierte en *j* delante de *a* y *o*.

refundición *n. f.* **1** Acción que consiste en fundir de nuevo un metal o transformarlo en líquido: *para la refundición de las estatuas usaron los mismos moldes.* **2** Forma nueva que se da a una composición escrita ya existente: *esta versión es una refundición del Amadís que ahora conocemos.*

refundir *v. tr.* **1** Fundir de nuevo un metal o transformarlo en líquido: *refundieron las joyas para hacer lingotes.* **2** Unir, comprender o incluir varias cosas en una sola: *refundió todas las ideas en un mismo proyecto.* **3** Dar una forma nueva a una composición escrita ya existente con el fin de mejorarla o modernizarla: *el autor refundió su antigua novela en una nueva versión ampliada.*
DER refundición.

refunfuñar *v. intr.* Emitir una persona sonidos confusos o palabras entre dientes en señal de enfado o desagrado: *se pasa el día refunfuñando por todo.* **SIN** gruñir, rezongar.

refutar *v. tr.* Contradecir una persona las razones o explicaciones de alguien argumentando que no son ciertas o válidas: *han refutado las tesis del científico americano.* **SIN** rebatir, rechazar.
DER irrefutable.

regadera *n. f.* Recipiente que se usa para regar las plantas; está compuesto por un depósito del que sale un tubo acabado en una boca ancha con muchos agujeros pequeños por donde se esparce el agua: *regaba los tiestos del balcón con una regadera de plástico.*
estar como una regadera Estar una persona loca o chiflada: *no le hagas caso que está como una regadera.*

regadío *n. m.* Terreno que se puede regar o está dedicado a cultivos que se fertilizan con riego: *los regadíos producen frutos de mayor tamaño que los secanos.* **ANT** secano.

regalado, -da *adj.* **1** Agradable y con toda clase de comodidades: *lleva una vida regalada.* **2** Muy barato: *el viaje nos salió regalado, por eso pudimos ir.*

regalar *v. tr.* **1** Dar u ofrecer una persona a otra una cosa como muestra de afecto o de consideración: *me regaló estos pendientes por mi cumpleaños.* **SIN** agasajar. ◇ *v. tr./prnl.* **2** Dar una persona a otra toda clase de comodidades, placeres y diversiones: *regaló al público con su mejor actuación; se regalaba con toda clase de lujos y caprichos.*
DER regala, regalado, regalo.

regalía *n. f.* Poder que tienen los reyes para tomar decisiones oficiales sin el acuerdo de otros: *exigió que el poder de declarar la guerra perteneciera al Parlamento y no fuera, como hasta entonces, una regalía de la Corona.*

regaliz *n. m.* **1** Raíz que se chupa como golosina y tiene un jugo dulce y agradable: *los niños se han comprado un regaliz; el jarabe de regaliz quita la tos.* **SIN** palodulz. **2** Pasta hecha con el jugo de esa raíz que se toma en forma de barritas o pastillas: *llevaba una bolsa llena de pastillas de regaliz.* **3** Planta con tallos gruesos, hojas en punta, flores pequeñas en racimo y fruto con pocas semillas que produce una raíz que se chupa como golosina: *el regaliz crece a la orilla de los ríos.*
OBS El plural es *regalices*.

regalo *n. m.* **1** Cosa que una persona da u ofrece a otra como muestra de afecto o de consideración: *mis padres me hicieron un regalo cuando acabé los estudios.* **SIN** obsequio. **2** Gusto o placer que proporciona una cosa a una persona: *estas ostras son un regalo para el paladar.* **3** Conjunto de cosas agradables o comodidades con que vive una persona: *se daba todos los regalos y llevaba la vida de un rey.*

regañadientes Palabra que se utiliza en la locución adverbial *a regañadientes* para indicar que una cosa se hace a disgusto, protestando o de mala gana: *aceptó el encargo de recoger el traje del sastre a regañadientes; ha venido a regañadientes.*

regañar *v. u.* **1** Reñir o llamar la atención una persona a otra por haber cometido un error o por su mal comportamiento: *su padre le regañó por llegar tarde a casa.* **SIN** reñir, reprender. ◇ *v. intr.* **2** Enfrentarse dos personas por algún motivo: *los conductores regañaron porque ninguno quería aceptar la culpa del accidente.* **SIN** pelearse, reñir.
DER regañina, regaño.

regañina *n. f.* Llamada de atención que se hace a una persona por haber cometido un error o por su mal comportamiento: *se llevó una buena regañina por no recoger su cuarto.* **SIN** bronca, rapapolvo, reprimenda.

regar *v. tr.* **1** Echar o esparcir agua sobre una superficie o una planta: *riegan el huerto con el agua del canal; no te olvides de regar la planta cada dos días.* **2** Atravesar un río o canal un terreno o un territorio: *el Miño riega Orense.* **3** Extender o esparcir un líquido o materia sobre una superficie: *voy a regar estas galletas con chocolate.*
DER regadera, regadío, reguero, reguera, riego.
ETIM Regar procede del latín *rigare*, que tenía el mismo significado, voz con la que también está relacionada *irrigar*.
OBS En su conjugación, la *e* se convierte en *ie* en sílaba acentuada y la *g* en *gu* delante de *e*.

regata *n. f.* Competición deportiva que se hace con embarcaciones ligeras de la misma clase en la que debe completarse un recorrido en el menor tiempo posible: *se adjudicó el triunfo en la regata anterior.*

regar	
INDICATIVO	SUBJUNTIVO
presente	presente
riego	riegue
riegas	riegues
riega	riegue
regamos	reguemos
regáis	reguéis
riegan	rieguen
pretérito imperfecto	pretérito imperfecto
regaba	regara o regase
regabas	regaras o regases
regaba	regara o regase
regábamos	regáramos o regásemos
regabais	regarais o regaseis
regaban	regaran o regasen
pretérito indefinido	futuro
regué	regare
regaste	regares
regó	regare
regamos	regáremos
regasteis	regareis
regaron	regaren
futuro	
regaré	
regarás	IMPERATIVO
regará	riega (tú)
regaremos	riegue (usted)
regaréis	regad (vosotros)
regarán	rieguen (ustedes)
condicional	FORMAS
regaría	NO PERSONALES
regarías	infinitivo gerundio
regaría	regar regando
regaríamos	participio
regaríais	regado
regarían	

regate *n. m.* **1** Movimiento rápido que se hace con el cuerpo para apartarlo o esquivar algo: *tras varios regates el jugador llegó al área y metió gol.* **SIN** quiebro. **2** Medio de escape que sirve para evitar un problema: *después de mil regates consiguió salvar su empresa.*
DER regatear.

regatear *v. tr./intr.* **1** Discutir el comprador y el vendedor el precio de una mercancía: *estuve regateando el precio de las telas con el comerciante y las conseguí más baratas.* **2** Hacer o dar lo menos posible: *no regateó esfuerzos para sacar adelante a su familia.* **SIN** escatimar. Se usa en frases negativas. ◇ *v. intr.* **3** Hacer un jugador un movimiento rápido con el cuerpo para engañar al contrario: *el futbolista regatea tan bien que nadie puede quitarle el balón.*
DER regateo.

regateo *n. m.* **1** Discusión entre el comprador y el vendedor sobre el precio de una mercancía: *en el mercadillo del barrio es normal el regateo.* **2** Conjunto de movimientos rápidos que hace un jugador con el cuerpo para engañar al contrario.

regazo *n. m.* **1** Parte del cuerpo de una persona sentada

regencia

que va desde la cintura hasta la rodilla: *la madre sentó al niño en su regazo.* **2** Cosa que acoge a otra y le da la protección o ayuda: *me refugié en el regazo acogedor de aquella cueva.* **SIN** refugio, seno.

regencia *n. f.* **1** Gobierno o dirección que ejerce una persona en un estado mientras el rey legítimo no puede gobernar: *la regencia se establece cuando el soberano está ausente, es menor de edad o está incapacitado para asumir el reinado.* **2** Tiempo que dura este gobierno o dirección: *la regencia de la reina María Cristina comenzó en 1833 y acabó en 1840.* **3** Gobierno o dirección que ejerce una persona sobre una cosa: *mi padre se ha hecho cargo de la regencia de la empresa.*

regeneración *n. f.* **1** Mejora que se hace en un sistema o en una actividad para que sea más efectiva o importante, especialmente después de un período de deterioro: *regeneración de la economía.* **2** Proceso por el cual se genera o produce de nuevo una parte del cuerpo o un tejido que se había destruido: *la regeneración de las células muertas de la piel.* **3** Abandono de un modo de vida que se considera perjudicial o malo desde un punto de vista moral: *la regeneración de los delincuentes.*

regenerador, -ra *adj.* Que mejora una cosa gastada o vuelve a ponerla en buen estado: *crema regeneradora; producto regenerador.*

regenerar *v. tr./prnl.* **1** Mejorar y hacer más efectiva o importante una actividad, especialmente después de un período de deterioro: *la vida económica del país tardó varios años en regenerarse.* **2** Generar o producir de nuevo una parte del cuerpo o un tejido que se había destruido: *la piel que se extrae para trasplantes se regenera.* **3** Hacer que una persona abandone un modo de vida que se considera perjudicial o malo desde un punto de vista moral: *regenerar a un delincuente.*

regentar *v. tr.* **1** Gobernar o dirigir una persona un establecimiento o negocio: *regentaba una farmacia en su pueblo.* **2** Desempeñar temporalmente un cargo o empleo: *regentó el puesto durante su ausencia.*
DER regente.

regente *adj./n. com.* **1** [persona] Que gobierna o dirige un estado mientras el rey legítimo no puede gobernar: *la reina regente provocó el descontento popular; el regente estará al mando del gobierno hasta que el príncipe alcance la mayoría de edad.* **2** [persona] Que gobierna o dirige un establecimiento o negocio sin ser el dueño: *al entrar pregunta por el regente de la farmacia.*
DER regencia.

reggae *n. m.* Música popular de origen jamaicano y ritmo repetitivo.
OBS Es de origen inglés y se pronuncia aproximadamente 'regue'.

regicida *adj./n. com.* Que mata a un rey o reina o que atenta contra sus vidas, aunque no consume el hecho.

regicidio *n. m.* Asesinato de un rey o una reina.

regidor, -ra *adj./n. m. y f.* **1** [persona] Que dirige o gobierna: *es el regidor de la comunidad.* ◊ *n. m. y f.* **2** Persona que en el teatro, el cine o la televisión se encarga del orden y realización de los movimientos y efectos escénicos dispuestos por el director: *el regidor hace indicaciones a los técnicos de iluminación y sonido.* **3** Concejal del ayuntamiento que no ejerce ningún otro cargo municipal: *el alcalde llegó acompañado por dos regidores.* **SIN** edil.
DER corregidor.

régimen *n. m.* **1** Conjunto de normas o reglas que dirigen

o gobiernan una cosa: *este padre quiere para sus hijos un régimen de educación muy severo.* **SIN** normativa, ordenación. **2** Sistema político por el que se rige una nación: *régimen constitucional; régimen absolutista.* **3** Conjunto de normas que se refieren a la cantidad y tipo de alimentos de una persona, generalmente por motivos de salud: *régimen de adelgazamiento; régimen para diabéticos.* **SIN** dieta. **4** Modo habitual o regular de producirse una cosa: *el régimen de lluvias en el desierto es escaso.* **régimen hidrográfico** Variación experimentada por el caudal de agua de un río según la estación del año: *el régimen hidrográfico de los ríos mediterráneos indica un aumento de caudal de agua en primavera y en otoño.* **5** GRAM. Relación de dependencia que guardan entre sí algunas palabras dentro de una oración: *el régimen de un verbo transitivo es el complemento directo.* **6** GRAM. Preposición que exige cada verbo: *el régimen del verbo acordarse es la preposición de.*

estar a régimen Seguir una persona una serie de normas para regular su alimentación debido a un exceso de peso o a problemas de salud: *el médico me ha recomendado que haga régimen porque tengo colesterol.*
OBS El plural es *regímenes.*

regimiento *n. m.* **1** Unidad militar de una misma arma que está compuesta por varios batallones y mandada por un coronel: *un regimiento de infantería desfiló ante el rey.* **2** Conjunto muy numeroso de personas: *un regimiento de alumnos invadió el patio a la hora del recreo.* **SIN** multitud.

regio, -gia *adj.* **1** Propio del rey o de la realeza: *autoridad regia; trono regio.* **SIN** real. **2** Que es magnífico o de gran calidad: *fue una cena regia, de gran etiqueta y suntuosa.*
ETIM Véase *rey.*

región *n. f.* **1** Porción de territorio que forma una unidad por tener unas características geográficas, políticas, climatológicas, sociales o de otro tipo comunes: *los polos son las regiones más frías del planeta; la agricultura es muy importante en una región fluvial.* **SIN** comarca, zona. **2** Cada una de las partes en que se considera dividido el exterior del cuerpo de una persona o de un animal: *región torácica; región lumbar; región abdominal.* **SIN** zona.
región militar Cada una de las circunscripciones territoriales en que se divide un estado desde el punto de vista militar: *región aérea; región marítima.*
DER regional.

regional *adj.* De la región o relacionado con esta porción de territorio: *asociación regional; traje regional; bailes regionales.*
DER regionalismo, regionalización.

regionalismo *n. m.* **1** Doctrina o tendencia política que defiende que el gobierno de un estado debe considerar el modo de ser y las aspiraciones propias de cada región: *el regionalismo propugna la autonomía de las regiones.* **2** Amor a una región determinada: *la poesía gallega de Rosalía de Castro es una buena muestra de regionalismo.* **3** Palabra o expresión propia de una región determinada: *no entiendo bien este cuento porque está lleno de regionalismos leoneses.*
DER regionalista.

regionalista *adj.* **1** Del regionalismo o relacionado con esta doctrina o tendencia política: *los movimientos regionalistas nacieron en el siglo XIX.* ◊ *adj./n. com.* **2** [persona] Que es partidario del regionalismo político: *el gobierno central no atendió las peticiones regionalistas; los regionalistas estimaron que la ley recogía sus reivindicaciones.*

regir *v. tr./prnl.* **1** Dirigir o gobernar un asunto o administrar en un lugar: *este tratado regirá las relaciones entre esos dos*

países; cada país se rige por unas determinadas leyes. **2** Guiar o conducir una cosa: *el piloto regía la nave en la tormenta; los caballeros se regían por un estricto código de honor.* ◇ *v. tr.* **3** GRAM. Exigir una palabra la presencia de otra determinada para tener un significado completo y correcto: *los verbos transitivos rigen objeto directo; algunos verbos rigen preposición.* ◇ *v. intr.* **4** Estar vigente una ley o una norma: *todavía rigen leyes que tienen un siglo de antigüedad.* **5** Funcionar bien o estar en plenas facultades la mente de una persona: *es muy anciano pero su cerebro aún rige perfectamente.*
DER regentar, regidor, régimen, regimiento; corregir, dirigir.
ETIM Véase *rey*.
OBS En su conjugación, la e se convierte en *i* en algunos tiempos y personas y la g en *j* delante de *a* y *o*, como en *elegir*.

registrado, -da *adj.* [marca, modelo] Que ha sido inscrito en un catálogo oficial para evitar que pueda ser reproducido o imitado sin permiso.

registrador, -ra *adj./n. m. y f.* **1** [aparato, máquina] Que sirve para anotar o grabar automáticamente una serie de datos u operaciones: *máquina registradora.* ◇ *n. m. y f.* **2** Persona que es funcionaria y tiene a su cargo un registro público: *antes de comprar el terreno fui a ver al registrador de la propiedad.*

registrar *v. tr.* **1** Mirar o examinar una cosa, un lugar o a una persona con cuidado y detenimiento para encontrar algo que se está buscando: *el coche sospechoso fue registrado en la aduana; la policía registró la zona buscando a los delincuentes.* **SIN** inspeccionar, reconocer. **2** Anotar o incluir una cosa en una lista o relación: *este diccionario registra muchos americanismos.* **3** Apuntar o inscribir de manera jurídica o comercial una determinada marca comercial: *la empresa registró la marca comercial de su nuevo producto.* **4** Grabar un sonido o una imagen: *nuestras cámaras registraron la boda de la actriz.* **5** Señalar, marcar o indicar un aparato una determinada medida: *el termómetro registra la temperatura.* ◇ *v. tr./prnl.* **6** Apuntar o anotar una cosa o un nombre en un registro o en un libro o documento oficial: *he registrado el coche a mi nombre; registrarse en un hotel.* ◇ *v. prnl.* **7 registrarse** Producirse u ocurrir una cosa que puede medirse o anotarse: *se han registrado intensas lluvias.*
DER registrado, registrador.

registro *n. m.* **1** Acción que consiste en mirar o examinar una cosa, un lugar o a una persona con cuidado y detenimiento para encontrar algo que se está buscando: *cuatro agentes de policía efectuaron un registro en casa del sospechoso y encontraron un alijo de cocaína.* **2** Inscripción jurídica o comercial de una determinada marca comercial: *la empresa solicitó el registro de la nueva marca comercial.* **3** Lugar u oficina en que se recogen hechos o informaciones que pertenecen a la administración pública: *cuando nace un niño hay que ir a inscribirlo en el registro; antes de comprar el piso ve al registro y asegúrate de que no tiene ninguna hipoteca.* **registro civil** Registro que recoge la información sobre los nacimientos, muertes, bodas y otros estados de los ciudadanos: *en el registro civil debe constar tu fecha de nacimiento.* **registro de la propiedad** Registro que recoge los bienes que hay en un lugar y quiénes son sus dueños: *el piso está inscrito a su nombre en el registro de la propiedad.* **registro de la propiedad intelectual** Registro que recoge las obras culturales y científicas y quiénes son sus autores: *inscribió su invento en el registro de la propiedad intelectual.* **4** Libro o documento oficial en que se anotan regularmente hechos o informaciones de un tipo determinado: *el sacerdote anota los bautizos y las bodas en el registro de la parroquia.* **5** Cordón, cinta u otra señal que se pone un un libro para manejarlo mejor y consultarlo con facilidad: *el misal de mi abuela tenía un registro de seda rojo.* **6** Modalidad que puede adoptar un hablante según la situación o el contexto comunicativo en que se encuentre: *registro coloquial; registro culto.* **7** INFORM. Unidad completa de almacenamiento de información. **8** MÚS. Cada una de las partes que forman una escala musical: *la escala musical se divide en tres registros: grave, medio y agudo.*
DER registrar.

regla *n. f.* **1** Instrumento delgado y plano graduado en centímetros y milímetros que sirve para medir y trazar líneas rectas: *para hacer un dibujo geométrico necesito la regla y el cartabón.* **2** Norma que sirve para dirigir o ejecutar una cosa: *mi regla es «vive y deja vivir»; las reglas de un juego.* **3** Principio o máxima de las ciencias o de las artes: *debes seguir las reglas de la lógica.* **4** Método para hacer una operación matemática. **las cuatro reglas** Operaciones matemáticas basicas: la suma, la resta, la multiplicación y la división: *en matemáticas sólo me defiendo con las cuatro reglas.* **regla de tres** Operación que se realiza para averiguar una cantidad que no se conoce a partir de otras tres conocidas: *este problema sólo puede resolverse a partir de una regla de tres.* **5** Sangre que todos los meses expulsan naturalmente las mujeres y las hembras de ciertos animales: *la regla aparece cada veintiocho días aproximadamente.* **SIN** menstruación. **6** Conjunto de normas que deben seguir los miembros de una comunidad religiosa: *en este monasterio se sigue la regla de san Benito.*
en regla Expresión que indica que una cosa se realiza de manera correcta o de la manera que corresponde: *no pudo pasar por no tener todos los papeles en regla.*
por regla general Expresión que indica que una cosa sucede casi siempre: *por regla general suele venir a las tres.*
DER reglamento, reglar, regleta, renglón.
ETIM *Regla* procede del latín *regula*, 'norma', voz con la que también está relacionada *regular*.

reglaje *n. m.* Reajuste que se efectúa en las piezas de un mecanismo a fin de conservarlo en buen estado de funcionamiento: *el reglaje y puesta a punto del automóvil.*

reglamentación *n. f.* **1** Sometimiento de una actividad o un proceso a determinadas reglas o leyes: *el gobierno se va a encargar de la reglamentación de este tipo de contratos.* **SIN** regulación. **2** Conjunto de reglas o leyes dadas por una autoridad para controlar una actividad. **SIN** reglamento.

reglamentar *v. tr.* Someter una actividad o un proceso a determinadas reglas o leyes: *se quiere reglamentar la utilización de ciertas zonas del parque.* **SIN** reglar, regular.

reglamentario, -ria *adj.* **1** Que está hecho según el reglamento o se ajusta a él: *reforma reglamentaria; medidas reglamentarias.* **2** Que es obligado o exigido por el reglamento: *es reglamentario poner el intermitente del vehículo cuando se va a cambiar de dirección.* **SIN** preceptivo.
DER antirreglamentario.

reglamento *n. m.* Conjunto de reglas o leyes a que una autoridad somete una actividad: *en esa prisión hay un reglamento muy estricto.* **SIN** regulación.

reglar *v. tr.* Sujetar o someter una cosa a reglas o normas: *tienen que reglar la organización de este instituto.* **SIN** reglamentar.
DER reglado, reglaje; arreglar.

regocijar *v. tr.* **1** Dar o causar alegría o diversión a una persona: *hizo todo tipo de gestos para regocijar a los niños.* **SIN** alegrar, divertir. ◇ *v. prnl.* **2 regocijarse** Alegrarse una persona

regocijo

R r

por algún motivo: *se regocijaba pensando en lo que se iban a divertir.*
DER regocijado, regocijo.

regocijo *n. m.* Alegría, gusto o satisfacción interior muy intensos: *tus palabras me llenaron de regocijo.* **SIN** gozo, júbilo.

regodearse *v. prnl.* **1** Disfrutar con detenimiento una persona de una cosa que agrada mucho o deleitarse con ella: *se regodeaba pensando en el negocio que había hecho esa tarde.* **SIN** complacerse. **2** Alegrarse con mala intención una persona por un percance o una situación desgraciada que le ocurre a alguien: *se regodea ante las desgracias ajenas.*
DER regodeo.

regodeo *n. m.* **1** Placer que se encuentra en algo molesto o perjudicial que le ocurre a otra persona: *le preguntó con regodeo por el robo de su coche.* **2** Placer intenso que se experimenta al hacer algo que gusta mucho: *estuvo comiendo pasteles con regodeo.*

regoldar *v. intr. coloquial* Expulsar los gases del estómago haciendo ruido por la boca. **SIN** eructar.
OBS En su conjugación, la o se convierte en ue en sílaba acentuada, como en *contar*.

regordete, -ta *adj.* [persona] Que es pequeño y grueso: *niño regordete; dedos regordetes.*

regresar *v. intr.* Volver al lugar de donde se partió: *creo que ya es hora de regresar a casa.* **SIN** retornar.
DER regresión, regresivo, regreso.

regresión *n. f.* Proceso por el que se vuelve a un estado menos avanzado o a peores condiciones de vida: *se produjo un período de regresión hacia el autoritarismo.* **SIN** retroceso.
ANT avance.

regresivo, -va *adj.* Que provoca una vuelta a un estado menos avanzado o a peores condiciones de vida: *el nuevo sistema de impuestos es regresivo, pues afecta más a los pobres que a los ricos.*

regreso *n. m.* Vuelta al lugar de donde se partió: *el turista prepara su regreso al finalizar las vacaciones.* **SIN** retorno.
ANT ida.

regüeldo *n. m. coloquial* Conjunto de gases que son expulsados del estómago de una sola vez y haciendo ruido por la boca: *soltó un gran regüeldo después de beberse la cerveza.*
SIN eructo.

reguero *n. m.* **1** Canal hecho en la tierra para conducir el agua de riego: *hicieron un reguero para regar el huerto.* **2** Corriente como un arroyo pequeño o un chorro que deja un líquido que cae de un lugar: *del tubo roto salía un reguero de agua.* **3** Señal continuada que queda de una cosa que se va vertiendo: *el coche dejó un reguero de aceite en la carretera; reguero de pólvora.*

regulación *n. f.* **1** Acción que consiste en someter o sujetar una cosa a determinadas normas o reglas: *el gobierno se va a encargar de la regulación de ese tipo de actividades.*
SIN regularización. **2** Ajuste del funcionamiento de un aparato: *el botón izquierdo de la lavadora sirve para la regulación de la temperatura del agua.*
DER autorregulación.

regulador, -ra *adj.* **1** Que regula o ajusta una cosa u otra actividad: *el gobierno pondrá en marcha unos precios reguladores del mercado.* ◇ *n. m.* **2** Mecanismo que sirve para ordenar o ajustar el funcionamiento de una máquina o de una de sus piezas: *las botellas de los submarinistas llevan un regulador del oxígeno.*

regular *adj.* **1** Que no sufre grandes cambios o alteraciones: *el alumno ha seguido una trayectoria regular a lo largo del curso.* **SIN** uniforme. **ANT** irregular. **2** Que es de tamaño o calidad mediana o intermedia: *tamaño regular; actuación regular.* **3** Que es fijo u ordenado: *comportamiento regular; vuelo regular.* **4** [persona] Que vive sometido a una regla o institución religiosa: *este fraile pertenece a una orden monástica regular.* **5** [figura geométrica] Que tiene todos los lados y los ángulos iguales entre sí: *el cuadrado es regular.* **6** [palabra] Que se forma a partir de una regla morfológica general: *cantar es un verbo regular.* ◇ *adv.* **7** Ni bien ni mal o de manera pasable: *el trabajo me salió regular; mi madre se encuentra regular.* ◇ *v. tr.* **8** Someter una cosa a una norma o regla: *las leyes regulan los derechos y deberes de los ciudadanos.* **SIN** regularizar. **9** Ajustar el funcionamiento de un aparato o mecanismo: *el botón del radiador sirve para regular la temperatura de la sala.*

por lo regular Expresión que indica que una cosa sucede de una manera habitual, normal o común: *por lo regular nos vemos dos veces a la semana.*
DER regulación, regulador, regularizar.
ETIM Véase *regla*.

regularidad *n. f.* **1** Uniformidad en la manera de desarrollarse una cosa o una situación sin que se produzcan grandes cambios o alteraciones: *nos visita con regularidad; aprecia la regularidad en el trabajo.* **2** Hecho de suceder una cosa con arreglo a una determinada norma: *el banco ingresa los cheques con regularidad.* **SIN** periodicidad, puntualidad.

regularización *n. f.* Proceso por el cual las cosas suceden repetidamente con iguales o similares períodos de tiempo entre un suceso y el siguiente, a menudo siguiendo un plan determinado: *la regularización del transporte de trenes se produjo ayer, cuando fueron reparadas las vías.*

regularizar *v. tr.* Hacer que algo funcione de acuerdo con una orden o plan, generalmente para que obtenga autorización o reconocimiento oficial: *la situación de nuestros trabajadores, que antes era ilegal, se ha regularizado.*
OBS En su conjugación, la z se convierte en c delante de e.

regularmente *adv.* **1** De manera repetida, con iguales o similares intervalos de tiempo entre varios sucesos: *el enfermo respiraba regularmente.* **2** De manera proporcionada, con el mismo espacio entre una cosa y otra: *una hilera de patatas colocadas regularmente.*

regurgitar *v. intr.* Volver desde el estómago a la boca comida que no se ha digerido: *el búho regurgita comida, parcialmente digerida, para alimentar a sus crías.*

regusto *n. m.* **1** Gusto o sabor que queda en la boca de lo que se ha comido o bebido: *la medicina dejaba un desagradable regusto.* **2** Sensación o sentimiento que permanece después de que la experiencia o el estímulo que lo produce ha desaparecido: *el regusto amargo de una pelea.* **3** Impresión de semejanza o parecido que producen algunas cosas: *el estilo de su música es claramente rock, aunque con cierto regusto pop.*

rehabilitación *n. m.* **1** Conjunto de técnicas y métodos que sirven para recuperar una función o actividad del cuerpo que ha disminuido o se ha perdido a causa de un accidente o de una enfermedad: *deberá hacer ejercicios de rehabilitación para volver a mover la mano.* **2** Acción que consiste en devolver a una cosa el estado que tenía: *están haciendo obras para la rehabilitación del edificio.*

rehabilitar *v. tr./prnl.* **1** Devolver a una persona el empleo, cargo o función que desempeñaba: *tras demostrarse su inocencia fue rehabilitado en su cargo.* **ANT** inhabilitar. **2** Recuperar una función o actividad del cuerpo que había disminuido o se había perdido a causa de un accidente o de una

enfermedad: *tardó cuatro meses en rehabilitar sus piernas después del accidente; se rehabilitó rápidamente después de la enfermedad.* **SIN** restablecerse.
DER rehabilitación.

rehacer *v. tr.* **1** Repetir o hacer de nuevo una cosa que está deshecha o mal hecha: *es preciso rehacer la carta entera porque está llena de errores.* **2** Arreglar o reparar una cosa material o inmaterial que está estropeada o dañada: *después del divorcio le costó mucho rehacer su vida.* ◇ *v. prnl.* **3 rehacerse** Volver a tener fuerzas o valor una persona: *aún no se ha rehecho del todo del accidente que sufrió.* **SIN** fortalecerse. **4** Recuperar una persona la tranquilidad o dominar una emoción ante un hecho determinado: *ha tenido muchos disgustos pero parece que se está rehaciendo poco a poco.*
DER rehecho.
OBS Se conjuga como *hacer*.

rehecho, -cha Participio pasado irregular del verbo *rehacer*: *ha rehecho su vida*.

rehén *n. com.* Persona detenida o encerrada contra su voluntad y de modo ilegal por alguien que exige dinero o el cumplimiento de unas determinadas condiciones para liberarla: *los secuestradores amenazaron con matar a los rehenes si no les daban un avión para salir del país.*

rehogar *v. tr.* Freír un alimento a fuego lento en aceite, mantequilla u otra grasa: *para hacer el estofado primero hay que rehogar la cebolla y el tomate en una sartén.*
OBS En su conjugación, la *g* se convierte en *gu* delante de *e*.

rehuir *v. tr.* **1** Evitar o eludir una cosa, una situación o una persona: *me he dado cuenta de que rehúye encontrarse conmigo.* **SIN** esquivar. **2** Rechazar una cosa, una situación o a una persona o apartarse de ella por miedo o por la sospecha de algo: *en nuestras condiciones más nos vale rehuir cualquier pelea.* **SIN** rehusar.
OBS En su conjugación, la *i* se convierte en *y* delante de *a, e* y *o*, como en *huir*.

rehusar *v. tr.* Rechazar o no aceptar una cosa: *rehusar un ofrecimiento; rehusar venir.* **SIN** declinar.
OBS En su conjugación, la *u* se acentúa en algunos tiempos y personas.

reimplantar *v. tr.* **1** Volver a colocar en su lugar original un miembro del cuerpo que había sido seccionado: *en el hospital le reimplantaron los dedos de la mano que la máquina le había seccionado.* **2** Introducir de nuevo una ley, forma de gobierno o costumbre que durante cierto tiempo había dejado de usarse: *en algunos estados se habla de reimplantar la pena de muerte.* **SIN** reinstaurar.

reimpresión *n. f.* **1** Impresión de un texto ya publicado utilizando la misma base de impresión: *hay que hacer una reimpresión del libro porque ya se han agotado los ejemplares.* **2** Conjunto de ejemplares reimpresos de una sola vez con la misma base de impresión: *la editorial va a sacar una reimpresión de esa obra.*

reimpreso, -sa Participio pasado irregular del verbo *reimprimir*.

reimprimir *v. tr.* Volver a imprimir un texto utilizando la misma base de impresión.

reina *n. f.* **1** Mujer que tiene el cargo de jefa de estado por derecho propio y adquirido por su nacimiento: *Isabel la Católica era reina de Castilla.* **2** Esposa del rey: *el rey anunció oficialmente su compromiso con una princesa europea que será nuestra futura reina.* **3** Pieza del ajedrez que puede moverse como cualquiera de las otras fichas excepto como el caballo: *la reina es la pieza más importante después del rey.* **4** Mujer, animal o cosa del género femenino que destaca

rehusar	
INDICATIVO	SUBJUNTIVO
presente	presente
rehúso	rehúse
rehúsas	rehúses
rehúsa	rehúse
rehusamos	rehusemos
rehusáis	rehuséis
rehúsan	rehúsen
pretérito imperfecto	pretérito imperfecto
rehusaba	rehusara o rehusase
rehusabas	rehusaras o rehusases
rehusaba	rehusara o rehusase
rehusábamos	rehusáramos o rehusásemos
rehusabais	rehusarais o rehusaseis
rehusaban	rehusaran o rehusasen
pretérito indefinido	futuro
rehusé	rehusare
rehusaste	rehusares
rehusó	rehusare
rehusamos	rehusáremos
rehusasteis	rehusareis
rehusaron	rehusaren
futuro	IMPERATIVO
rehusaré	
rehusarás	rehúsa (tú)
rehusará	rehúse (usted)
rehusaremos	rehusad (vosotros)
rehusaréis	rehúsen (ustedes)
rehusarán	
condicional	FORMAS NO PERSONALES
rehusaría	
rehusarías	infinitivo gerundio
rehusaría	rehusar rehusando
rehusaríamos	participio
rehusaríais	rehusado
rehusarían	

entre los demás de su clase o especie: *por ahí entra la reina de la noche.* **5** Insecto hembra de una comunidad que tiene la capacidad y la función de reproducirse: *la reina es la única abeja de la comunidad que es fecundada.* **6** Mujer que es elegida por alguna cualidad física para presidir de manera honorífica un acto o un festejo: *fue elegida por su pueblo reina de las fiestas de aquel año.*
DER virreina.

reinado *n. m.* **1** Período de tiempo en el que un rey o una reina ejercen su mandato o el cargo y las funciones de jefe de estado: *durante el reinado de Felipe II los territorios del país eran inmensos.* **2** Período de tiempo en que domina o tiene auge una cosa: *vivimos en el reinado de la agresividad.*

reinante *adj.* **1** [príncipe, monarca] Que reina u ocupa el trono: *a la boda real asistieron las casas reinantes de Europa, junto a muchos reyes destronados.* **2** Que domina en una situación determinada: *el buen tiempo reinante; en el silencio reinante nadie se atrevía a hablar; en el acto reinaba el malhumor.*

reinar *v. intr.* **1** Gobernar o tener el cargo y las funciones de jefe de estado un rey o una reina: *aquel rey reinó sobre*

reincidencia

muchos territorios. **2** Dominar o tener gran influencia o auge una cosa determinada: *es una tendencia que reina en la actualidad; en este país reina la paz desde hace muchos años.* **DER** reinado, reinante.

reincidencia *n. f.* Repetición de un mismo error o de una misma falta: *fue encarcelado por su reincidencia.*

reincidente *adj./n. com.* [persona] Que repite el mismo error o la misma falta: *el procesado es reincidente del delito que se le acusa.*

reincidir *v. intr.* Repetir una persona el mismo error o la misma falta: *si reincides en lo mismo volverás a la cárcel.* **SIN** incurrir, recaer. **DER** reincidencia, reincidente.

reincorporar *v. tr./prnl.* Volver a incorporar una persona o una cosa a un lugar o a un empleo del cual se habían separado: *se reincorporó al trabajo la semana pasada.*

reingresar *v. intr.* **1** Entrar de nuevo en un establecimiento sanitario para someterse a un tratamiento, tras un tiempo de haberlo abandonado: *el enfermo ha sufrido una recaída, y por eso ha reingresado.* **2** Volver a ser miembro de un grupo o asociación tras un tiempo de haberlo abandonado: *está dispuesto a reingresar en el ejército.*

reino *n. m.* **1** Estado en el que el jefe de gobierno es un rey o una reina: *España es un reino.* **2** Cualquiera de las provincias de un estado que antiguamente tuvieron rey o reina propios: *el antiguo reino de Navarra; el reino de Sevilla.* **3** Campo o ámbito real o imaginario que es propio de una actividad determinada: *el reino de la informática; el reino de los números.* **4** Cada uno de los tres grandes grupos en que se consideraban distribuidos los seres y elementos de la naturaleza: *reino animal; reino vegetal; reino mineral.* **5** BIOL. Categoría de clasificación de los seres vivos que es la primera o superior: *la categoría de reino es superior a la de tipo y división.* **reino de los hongos** Grupo formado por las levaduras, los mohos y los hongos superiores: *las setas pertenecen al reino de los hongos.* **reino de las metáfitas** Grupo formado por las plantas con tejidos: *los árboles pertenecen al reino de las metáfitas.* **reino de los metazoos** Grupo formado por los animales pluricelulares: *el hombre pertenece al reino de los metazoos.* **reino de los móneras** Grupo formado por los organismos que no tienen membrana celular: *las bacterias pertenecen al reino de las móneras.* **reino de los protoctistas** Grupo formado por seres de estructura muy simple y sin tejidos: *las algas y los protozoos pertenecen al reino de los protoctistas.* **DER** reinar.

reinserción *n. f.* Adaptación de una persona a la vida social después de haber estado durante un tiempo al margen de la ley o de la convivencia en sociedad.

reinsertar *v. tr./prnl.* Poner a disposición de una persona los medios necesarios para adaptarse nuevamente a la vida social: *el gobierno se comprometió a reinsertar a los terroristas arrepentidos.*

reinstaurar *v. tr.* Introducir de nuevo una ley, forma de gobierno o costumbre que durante cierto tiempo había dejado de estar en vigor: *reinstaurar la democracia.* **SIN** reimplantar.

reintegrar *v. tr.* **1** Pagar o devolver por completo una cosa, generalmente dinero, a una persona: *le reintegraron el dinero cuando devolvió la lavadora que le había salido mal.* **2** Poner en un documento las pólizas o sellos necesarios: *hay que reintegrar la instancia para que tenga validez.* ◇ *v. tr./prnl.* **3** Hacer que una persona vuelva a tener una determinada situación o a realizar una actividad: *esta asociación intenta reintegrar a los marginados; tras su enfermedad se reintegró a su puesto con normalidad.* **DER** reintegro.

reintegro *n. m.* **1** Pago o devolución de una cantidad de dinero que se debe: *fue al banco a hacer el reintegro del préstamo que había solicitado.* **2** Premio de la lotería que es igual a la cantidad de dinero que se jugó: *esta semana el reintegro de la lotería es para los números terminados en cero.* **3** Vuelta de una persona a su antigua situación o actividad: *tras la enfermedad, su reintegro al trabajo no podrá ser inmediato.*

reír *v. intr./prnl.* **1** Dar muestras de alegría, placer o felicidad moviendo una persona la boca, los ojos y otras partes de la cara y emitiendo unos peculiares sonidos: *estuvimos toda la tarde contando chistes y riendo.* ◇ *v. tr.* **2** Dar muestras de aprobación o satisfacción una persona por lo que alguien hace o dice: *le ríen todas sus gracias.* ◇ *v. prnl.* **3 reírse** Despreciar o burlarse de una persona o de una cosa: *no me gusta que se rían de mí.* **DER** risa; sonreír.

OBS En su conjugación, la *i* de la desinencia se pierde y la *e* se convierte en *i* en algunos tiempos y personas.

reír	
INDICATIVO	**SUBJUNTIVO**
presente	presente
río	ría
ríes	rías
ríe	ría
reímos	riamos
reís	riáis
ríen	rían
pretérito imperfecto	pretérito imperfecto
reía	riera o riese
reías	rieras o rieses
reía	riera o riese
reíamos	riéramos o riésemos
reíais	rierais o rieseis
reían	rieran o riesen
pretérito indefinido	futuro
reí	riere
reíste	rieres
rió	riere
reímos	riéremos
reísteis	riereis
rieron	rieren
futuro	
reiré	**IMPERATIVO**
reirás	
reirá	ríe (tú)
reiremos	ría (usted)
reiréis	reíd (vosotros)
reirán	rían (ustedes)
condicional	**FORMAS NO PERSONALES**
reiría	
reirías	infinitivo gerundio
reiría	reír riendo
reiríamos	participio
reiríais	reído
reirían	

reiteración n. f. Repetición de algo que ya se ha dicho: *su discurso fue una reiteración aburrida de los mismos viejos temas*.

reiterado, -da adj. Que se hace o sucede repetidamente: *ha sido despedido por sus reiteradas faltas de puntualidad*.

reiterar v. tr. **1** Volver a hacer una cosa que se ha hecho o se ha dicho: *le reitero mi agradecimiento por su amabilidad*. **SIN** repetir. ◇ v. prnl. **2 reiterarse** Mantener una idea, opinión o actitud a propósito de un asunto determinado: *nos reiteramos en nuestra decisión*.
DER reiteración, reiterado, reiterativo.

reiterativo, -va adj. **1** Que se repite con frecuencia: *fue condenado por violar la ley de forma reiterativa*. **SIN** iterativo. **2** GRAM. [verbo] Que expresa una acción que se compone de momentos repetidos: *golpear es un verbo reiterativo*. **SIN** iterativo.

reivindicación n. f. Solicitud o petición de una cosa que no se tiene y a la que se tiene derecho: *los trabajadores presentaron sus reivindicaciones salariales al director general*.

reivindicar v. tr. **1** Solicitar o pedir una cosa que no se tiene y a la que se tiene derecho: *los obreros reivindicaban un salario justo y unas prestaciones sociales dignas*. **SIN** exigir. **2** Reclamar como propia la realización o la autoría de una acción determinada: *los terroristas reivindicaron el atentado mediante una llamada de teléfono*.
DER reivindicación.
OBS En su conjugación, la c se convierte en qu delante de e.

reja n. f. **1** Estructura formada por barras de hierro o de madera de varios tamaños y figuras y que sirve para proteger o adornar una puerta o ventana. También se usa en el interior de un espacio, como en una iglesia, para delimitar otro espacio: *miraba a la calle desde detrás de la reja de la ventana*. **SIN** enrejado, verja. **2** Pieza de hierro del arado que sirve para surcar y remover la tierra: *la reja se clavaba bien en la tierra*. **3** Labor o vuelta que se da a la tierra con el arado: *acabo de dar la segunda reja a la tierra*.
entre rejas *coloquial* En la cárcel o preso: *está entre rejas por un robo a mano armada desde hace un año*.
DER rejo, rejón.

rejilla n. f. **1** Tela metálica o lámina calada que se pone sobre una abertura como protección o para ocultar el interior: *miró por la rejilla de la ventana; la rejilla del confesionario*. **2** Tejido delgado y fuerte hecho con tiras de los tallos de ciertas plantas que sirve para hacer respaldos y asientos de sillas y para otros usos: *tengo en mi casa seis sillas con asiento de rejilla*.

rejón n. m. Palo largo con un hierro afilado en la punta que sirve para rejonear o herir al toro: *el rejoneador puso varios rejones al toro durante la corrida*.
DER rejonear.

rejoneador, -ra n. m. y f. Persona que torea a caballo hiriendo al toro con rejones: *en la corrida de hoy participarán dos toreros y un rejoneador*.

rejonear v. tr. Herir o pinchar al toro con uno o varios rejones dejando la punta del rejón clavada en el lomo del animal: *el rejoneador rejoneó diez veces al toro*.
DER rejoneador, rejoneo.

rejoneo n. m. Acción que consiste en herir o pinchar al toro con el rejón: *este torero es un artista del rejoneo*.

rejuvenecer v. tr./intr./prnl. **1** Dar a una persona un aspecto más joven o el ánimo y el vigor propios de la juventud: *su vuelta al trabajo ha rejuvenecido a mi padre*. ◇ v. tr. **2** Renovar o dar actualidad a una cosa: *he decidido rejuvenecer mi vestuario*.

OBS En su conjugación, la c se convierte en zc delante de a y o, como en *agradecer*.

relación n. f. **1** Correspondencia o conexión que hay entre dos o más cosas: *no sé qué relación puede haber entre estos hechos*. **2** Relato que se hace de un hecho de palabra o por escrito: *en su carta anterior nos hizo relación de todo lo sucedido*. **SIN** narración. **3** Lista de personas o cosas: *leyó la relación de los asistentes al congreso*. **4** Trato o unión que hay entre dos o más personas: *a estas personas les une una relación de parentesco*. ◇ n. f. pl. **5 relaciones** Trato amoroso o sexual que hay entre dos personas: *relaciones sexuales; relaciones amorosas; tiene relaciones con una chica del barrio*. **6** Conjunto de personas importantes o influyentes con las que alguien mantiene un trato personal o social: *es muy importante en el mundo de los negocios tener buenas relaciones*. **SIN** amistades, influencias. **relaciones públicas** *a)* Actividad o profesión que se ocupa de promover o prestigiar la imagen pública de una empresa o de una persona mediante el trato personal con diferentes personas o entidades: *el departamento de relaciones públicas ha organizado una reunión de urgencia*. *b)* Persona que se dedica a esta actividad o profesión: *esta chica es la relaciones públicas del hotel*. ◇ n. f. **7** MAT. Resultado numérico que se obtiene de comparar dos magnitudes o cantidades.
DER relacional, relacionar, relativo; correlación, interrelación.
ETIM Relación procede del latín *relatio, -onis relatum*, lo que hace referencia, voz con la que también está relacionada *relato*.

relacionar v. tr./prnl. **1** Establecer una relación o correspondencia entre dos o más cosas: *intenta relacionar estos hechos; estos hechos se relacionan entre sí*. ◇ v. tr. **2** Relatar un hecho de palabra o por escrito: *soy capaz de relacionar con detalle lo que sucedió la noche del crimen*. **SIN** contar. ◇ v. prnl. **3 relacionarse** Tener trato o relación una persona con otra u otras: *no sale nunca de casa y no se relaciona con nadie*. **SIN** tratarse. **4** Entablar un trato personal o social con una serie de personas importantes o influyentes: *es un hombre que sabe relacionarse*.

relajación n. f. **1** Estado de tranquilidad, reposo o descanso físico o mental: *la relajación total suele conseguirse mientras se duerme*. **SIN** relax. **ANT** nerviosismo. **2** Disminución de la fuerza, la actividad o la tensión de una parte del cuerpo: *relajación muscular*. **3** Tratamiento que consiste en una serie de ejercicios físicos y mentales para conseguir el reposo muscular o psíquico: *estoy aprendiendo ejercicios de relajación para superar los momentos de tensión*. **4** Disminución de la severidad de una regla o norma: *relajación de las costumbres*.

relajado, -da adj. **1** Que está sereno o muy tranquilo: *después hacer el examen me he quedado muy relajado*. **2** Que no causa tensión o nerviosismo: *tiene un trabajo muy relajado*. **3** [sonido] Que se pronuncia con una escasa tensión muscular: *la sílaba final de muchos participios en castellano suele pronunciarse con una d relajada*.

relajamiento n. m. Relajación.

relajar v. tr./prnl. **1** Disminuir la tensión, la presión o la fuerza a que está sometida una cosa: *relaja la cuerda que está muy tirante*. **SIN** aflojar, distender. **2** Reducir o disminuir la fuerza, la actividad o la tensión de una parte del cuerpo: *relajar las piernas; relajar los músculos*. **3** Hacer menos severo y rígido el cumplimiento de ciertas normas sociales: *el nuevo director relajó la disciplina del colegio*. ◇ v. prnl. **4 relajarse** Conseguir un estado físico y mental de tranquilidad, reposo o descanso dejando los músculos sin tensión y la mente libre

relajo

de cualquier pensamiento: *está usted muy nervioso y necesita relajarse.* **5** Viciarse una persona o adquirir costumbres consideradas malas o negativas: *cuando la sociedad está en decadencia las personas se relajan en su conducta y en su moral.*
DER relajación, relajado, relajamiento, relajo.
ETIM Véase *dejar*.

relajo *n. m.* **1** Descanso o estado de tranquilidad: *necesito unos días de relajo, así que me voy a tomar unas vacaciones.* **SIN** relajación, relajamiento, relax. **2** Disminución de la severidad de una regla o norma: *el día anterior a las vacaciones es normal el relajo que se observa entre los alumnos.* **SIN** relajación, relajamiento.

relamer *v. tr.* **1** Chupar una cosa con la lengua de manera repetida e insistente: *el perro relamía el plato; el niño relamía la manzana de caramelo.* ◊ *v. prnl.* **2 relamerse** Pasarse una persona la lengua por los labios repetidamente: *se relame para limpiarse el chocolate que le ha quedado en los labios.* **3** Sentir una persona mucho gusto o placer pensando en una cosa que ha hecho: *se relamía pensando en lo bien que le había salido el negocio.*
DER relamido.

relamido, -da *adj.* [persona] Que no viste de manera natural y va excesivamente aseado o con demasiados adornos: *esa niña va siempre muy relamida con tantos lazos y adornos.*

relámpago *n. m.* **1** Luz viva y momentánea que se produce en las nubes por una descarga eléctrica: *los relámpagos van seguidos de truenos.* ☞ meteorología. **2** Persona o cosa que realiza una actividad o produce un efecto de forma muy rápida: *¡este chico es un relámpago haciendo los deberes!* Se usa detrás de los nombres en aposición: *visita relámpago; viaje relámpago.*
DER relampaguear.

relampaguear *v. impersonal* **1** Haber relámpagos: *llueve y relampaguea.* ◊ *v. intr.* **2** Emitir luz una cosa o brillar de manera especial: *los ojos de Susana relampaguean de enfado.*
SIN centellear, resplandecer.
DER relampagueo.

relampagueo *n. m.* **1** Serie de relámpagos sucesivos que hay durante una tormenta: *si te asomas a la ventana podrás ver el relampagueo de la tormenta.* **2** Emisión de luz o brillo de una cosa que se producen de manera intermitente: *el relampagueo del foco me molesta mucho.*

relanzar *v. tr.* Volver a presentar al público una persona o cosa o reintroducir una costumbre o tendencia: *relanzar un cantante; relanzar un libro.*
OBS En su conjugación, la *z* se convierte en *c* delante de *e*.

relatar *v. tr.* Contar un hecho o un suceso de palabra o por escrito: *relató el accidente de su abuelo con todo detalle.*
SIN narrar, referir.
DER relator.

relatividad *n. f.* **1** Cualidad de las cosas que no se consideran de una manera absoluta sino dependiendo de una serie de factores, elementos o circunstancias: *los conceptos bien y mal deben considerarse con mucha relatividad.* **2** FÍS. Teoría según la cual las leyes físicas se transforman cuando se cambia el sistema de referencia; se demuestra que es imposible hallar un sistema de referencia absoluto: *la teoría de la relatividad fue formulada por el físico alemán Einstein en 1905.*

relativismo *n. m.* Doctrina basada en la relatividad o falta de valores absolutos, punto de vista según el cual los conceptos comúnmente aceptados sobre el bien y el mal varían en función del ambiente y de una persona a otra.

relativizar *v. tr.* Conceder a algo un valor o importancia menor: *es necesario relativizar la importancia del dinero para conseguir la felicidad.*
OBS En su conjugación, la *z* se convierte en *c* delante de *e*.

relativo, -va *adj.* **1** Que tiene relación o conexión con una persona o cosa o hace referencia a ello: *intentaron solucionar los problemas relativos a la economía.* **SIN** referente. **2** Que no es total ni absoluto y depende de una serie de factores, elementos o circunstancias: *la felicidad tiene un valor relativo.* **ANT** absoluto. **3** Que existe o se da en poca cantidad o intensidad: *se ha experimentado un relativo descenso del paro.* **SIN** escaso. ◊ *adj./n. m.* **4** [pronombre, adverbio] Que hace referencia a elementos aparecidos anteriormente en el discurso e introduce una oración subordinada adjetiva: *el pronombre relativo une una oración subordinada con un elemento de la oración principal llamado* antecedente; *en la frase* me gusta el sombrero que me has comprado, *que es el relativo y* sombrero *el* antecedente. Realizan esta función los pronombres relativos *que, el cual, quien, cuyo y cuanto* y los adverbios relativos *donde, cuando y como*. ◊ *adj./n. f.* **5** [oración subordinada] Que funciona dentro de la oración compuesta como un adjetivo y está introducida por estos pronombres o estos adverbios: *la oración subordinada relativa complementa al antecedente.*
DER relatividad, relativismo, relativizar.

relato *n. m.* **1** Cuento o narración breve de carácter literario: *es aficionado a leer relatos de terror.* **2** Narración de un hecho o un suceso que se hace de palabra o por escrito: *nos hizo un relato muy detallado de todo lo que sucedió.* **SIN** relación.
DER relatar.
ETIM Véase *relación*.

relax *n. m.* Estado de tranquilidad, descanso o reposo físico y mental: *unos ejercicios físicos adecuados producen relax.*
OBS El plural también es *relax*.

releer *v. tr.* Leer de nuevo un texto que ya se había leído: *voy a releer esta novela, porque hay trozos que no he entendido bien.*
OBS En su conjugación, la *i* de la desinencia se convierte en *y* delante de *o* y *e*, como en *leer*.

relegar *v. tr.* Apartar o dejar de lado a una persona o una cosa: *fue relegado a un cargo poco importante; relegar al olvido.* **SIN** postergar.
OBS En su conjugación, la *g* se convierte en *gu* delante de *e*.

relente *n. m.* Humedad que hay en la atmósfera en las noches sin nubes: *el relente mojó durante la noche los coches aparcados en la calle.*

relevancia *n. f.* **1** Importancia o utilidad de algo: *la relevancia de este descubrimiento fue enorme para la curación de numerosas enfermedades.* **2** Conexión que algo tiene con lo que se está discutiendo o hablando: *no entiendo la relevancia de su pregunta.*

relevante *adj.* **1** Que es significativo o importante: *no cree que las teorías marxistas sean muy relevantes en la actualidad.* **2** Que se relaciona con lo que se discute o habla: *este punto no es muy relevante, así que vamos a pasar al siguiente.* **SIN** pertinente.

relevar *v. tr.* **1** Destituir o quitar a una persona de un puesto o un cargo: *el presidente ha relevado al ministro de su cargo.* **2** Librar a una persona de un peso, carga o empleo: *lo relevará de ese quehacer en cuanto pueda.* **3** Reemplazar o sustituir una persona a otra en un trabajo o en una función: *esta noche yo relevaré a mi hermano en el hospital para que pueda dormir un poco.* **4** Sustituir a un deportista a otro que

está corriendo en una competición deportiva de relevos: *le tocó relevarme al atleta guineano.*
DER relevante, relevo.

relevo *n. m.* **1** Sustitución de una persona por otra en un trabajo o en una función: *a las tres hacen el relevo en el puesto de guardia.* **2** Persona que sustituye a otra en un trabajo o en una función: *me marcharé a descansar en cuanto llegue mi relevo.* ◇ *n. m. pl.* **3 relevos** Competición deportiva de atletismo en la que los miembros de cada equipo se van sustituyendo una vez que han corrido una determinada distancia: *el equipo francés consiguió la victoria en la prueba de relevos.*
DER relevista.

relicario *n. m.* **1** Lugar u objeto en el que se guardan reliquias: *en los relicarios se guardan reliquias de santos.* **2** Estuche donde se guarda un objeto o recuerdo de una persona: *el relicario se lleva colgado del cuello y suele tener forma de medallón.*

relieve *n. m.* **1** Adorno o labor hechos sobre una superficie de forma que quede elevado de esa superficie: *es un relieve de tema religioso tallado en madera.* **2** Conjunto de accidentes geográficos que configuran la superficie terrestre: *las mesetas y las cordilleras configuran el relieve de un territorio.* **3** Importancia o influencia de una persona o cosa: *es una obra de gran relieve en la literatura europea.*
poner de relieve Destacar o subrayar una cosa: *en su discurso puso de relieve su punto de vista.*

religión *n. f.* **1** Conjunto de creencias, normas morales de comportamiento social e individual y ceremonias de oración o sacrificio que relacionan al hombre con Dios: *la religión acompaña al hombre desde sus mismos orígenes.* **2** Cada una de las diferentes doctrinas surgidas a partir de estas creencias: *religión cristiana; religión musulmana; religión budista.*
DER religioso; correligionario.

religiosamente *adv.* **1** Desde un punto de vista religioso. **2** Con regularidad y exactitud en el cumplimiento de un deber: *paga religiosamente sus facturas.*

religiosidad *n. f.* **1** Cualidad que tiene la persona que es religiosa o creyente. **2** Práctica y cumplimiento esmerado de las obligaciones que marca una religión: *iba todos los domingos a misa con ferviente religiosidad.* **3** Puntualidad y exactitud en realizar una cosa: *paga todas sus deudas con religiosidad.*

religioso, -sa *adj.* **1** De la religión o relacionado con este conjunto de creencias: *lugar religioso; ideas religiosas.* **2** [persona] Que tiene una religión y la practica con empeño: *es muy religiosa, va todos los días a misa.* **3** Que es fiel y exacto en el cumplimiento del deber: *todos los meses me paga con religiosa puntualidad.* ◇ *adj./n. com.* **4** [persona] Que ha ingresado o profesado en una orden religiosa: *los religiosos del monasterio de Silos se dedican al canto y a la oración.*
DER religiosamente, religiosidad; irreligioso.

relinchar *v. intr.* Emitir relinchos el caballo: *el caballo relinchaba y movía la crin.*

relincho *n. m.* Voz característica del caballo: *oímos un relincho en las cuadras.*
DER relinchar.

reliquia *n. f.* **1** Parte del cuerpo o de la vestimenta de un santo que se venera como objeto de culto: *en aquella catedral están las reliquias de san Esteban.* **2** Resto que queda de una época o una cosa pasada: *en este pueblo quedan muchas reliquias del siglo pasado.* **3** Objeto viejo o antiguo que se tiene en gran aprecio o estima: *mi abuelo me regaló unos libros antiguos que son una auténtica reliquia.* **4** Cosa muy vieja que no sirve para nada: *voy a deshacerme de esta moto porque es una reliquia.*
DER relicario.

rellano *n. m.* Superficie llana en que termina cada tramo de una escalera y que da entrada a las casas o habitaciones: *esa señora vive en el mismo rellano que yo.* **SIN** descansillo.
DER arrellanarse.

rellenar *v. tr.* **1** Llenar un hueco metiendo una cosa en él: *el albañil rellenó el agujero de la tapia con cemento; para hacer chorizos se rellenan las tripas con carne de cerdo.* **2** Meter un alimento en el interior de otro: *hemos rellenado el pavo con ciruelas y pasas.* **3** Llenar de nuevo una cosa que estaba vacía: *ha rellenado la botella con vino.* **4** Escribir en los huecos en blanco de un documento la información necesaria: *debes rellenar el impreso con tus datos personales.*

relleno, -na *adj.* **1** Que está lleno en su interior de alguna cosa: *aceitunas rellenas de anchoa; en Navidad suele preparar pollo relleno con uvas pasas, ciruelas y piñones.* **2** Que tiene escritos los datos necesarios: *el impreso ya está relleno.* **3** [persona] Que está algo gruesa: *no estás gordo, estás rellenito. Se usa más en diminutivo.* ◇ *n. m.* **4** Alimento con el que se rellena el interior de otro: *he preparado el relleno de las empanadillas con atún y huevo duro.* **5** Llenado de un recipiente: *para el relleno de la botella tienes que comprar un embudo.* **6** Llenado de un hueco: *estamos haciendo el relleno de cemento para tapar el hueco de la pared.* **7** Parte superficial o poco importante que alarga un escrito o un discurso: *en su discurso hubo mucho relleno y pocas ideas nuevas.*
DER rellenar.

reloj *n. m.* Aparato que sirve para medir el tiempo o dividir el día en horas, minutos y segundos: *he olvidado el reloj en casa y no sé la hora que es.* **reloj de arena** Reloj formado por dos recipientes de cristal unidos por un paso estrecho que mide el tiempo por medio de la arena que va cayendo de uno a otro: *los relojes de arena son muy antiguos.* **reloj de cuco** Reloj que dispone de la figura de un cuclillo que sale de su interior para indicar las horas con su canto: *cada cuarto de hora sale el pajarito del reloj de cuco.* **reloj eléctrico** Reloj que tiene un mecanismo movido o regulado por electricidad: *el reloj eléctrico funciona sin atraso ni adelanto.* **reloj digital** Reloj electrónico que tiene una pantalla de cristal

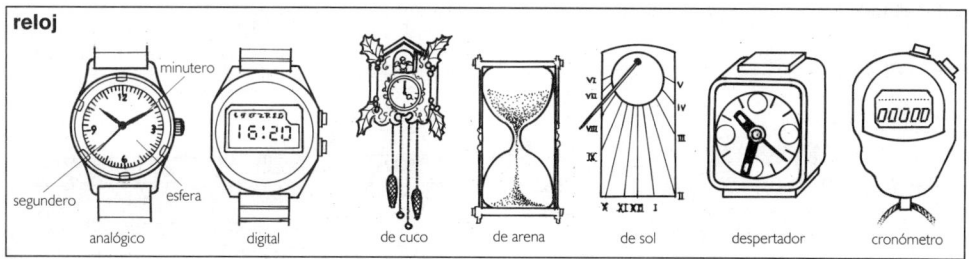

reloj: analógico, digital, de cuco, de arena, de sol, despertador, cronómetro

relojería

líquido e indica las horas mediante números: *los relojes digitales suelen ser bastante exactos*. **reloj de pulsera** Reloj que se lleva en la muñeca sujeto con una correa o una cadena: *los ladrones le robaron el reloj de pulsera de oro*. **reloj de sol** Reloj que señala las horas del día por medio de la sombra que proyecta una aguja fija sobre una superficie: *en el parque hay un reloj de sol*.
como un reloj De forma exacta o muy precisa: *mi cuerpo funciona como un reloj*.
contra reloj a) En el menor tiempo posible o muy deprisa: *esta obra hay que terminarla contra reloj*. b) Modalidad de carrera ciclista en la que los corredores salen de uno en uno e intentan llegar a la meta en el menor tiempo posible: *este ciclista es el ganador de la contra reloj*.
DER relojero; contrarreloj.

relojería *n. f.* **1** Arte y técnica de fabricar relojes: *la relojería suiza tiene mucha fama*. **2** Establecimiento en el que se venden o arreglan relojes: *tengo que pasarme por la relojería para que reparen el despertador*.

relojero, -ra *n. m. y f.* Persona que se dedica a hacer, arreglar o vender relojes: *le preguntaré al relojero si la avería de mi reloj tiene arreglo*.
DER relojería.

reluciente *adj.* **1** Que brilla o emite luz: *entre la multitud destacaba su calva reluciente*. **2** Muy limpio: *siempre lleva el coche reluciente*.

relucir *v. intr.* **1** Despedir o reflejar luz una cosa: *su armadura relucía al sol*. **SIN** brillar, resplandecer. **2** Destacar una persona por una virtud o una cualidad: *sus hechos relucen en la historia*.
sacar (o **salir**) **a relucir** Decir o revelar una cosa de manera inesperada o inoportuna: *creo que has sacado a relucir el tema en un mal momento*.
DER reluciente.
OBS En su conjugación, la *c* se convierte en *zc* delante de *a* y *o*, como en *lucir*.

relumbrar *v. intr.* Emitir un cuerpo una luz muy fuerte o brillante: *su pulsera de brillantes relumbraba tanto que hacía daño a la vista*. **SIN** brillar, resplandecer.
DER relumbro.

remachadora *n. f.* Máquina que sirve para colocar remaches o piezas de metal: *las remachadoras se utilizan en la fabricación de maletas, cinturones y cuchillos*.

remachar *v. tr.* **1** Aplastar la punta o la cabeza de un clavo: *remachó bien el clavo para que nadie se enganchase en él*. **2** Poner o colocar remaches o piezas de metal: *aún queda remachar los cinturones*. **3** Asegurar o recalcar una cosa que se ha dicho o hecho: *remachó bien cuál era su intención*.
DER remachadora, remache.

remache *n. m.* **1** Pieza de metal parecida a un clavo que, después de pasado por el agujero, se remacha por el extremo opuesto formando otra cabeza: *la cartera se sujeta a la correa con remaches*. **2** Acción que consiste en sujetar dos cosas con remaches: *el remache lo hace la máquina automáticamente*.

remanente *n. m.* Parte que se conserva o queda de una cosa: *en el almacén queda el remanente de los productos que no se han vendido esta temporada*. **SIN** excedente, resto.

remangar *v. tr./prnl.* **1** Recoger hacia arriba las mangas u otra parte de una prenda de vestir: *remángate la falda para cruzar el río*. **SIN** arremangar. ◊ *v. prnl.* **2 remangarse** Tomar una decisión de manera enérgica: *se remangó y ese fin de semana pintó la pared*. **SIN** arremangar.
OBS En su conjugación, la *g* se convierte en *gu* delante de *e*.

remansarse *v. prnl.* Detenerse o fluir muy lentamente una corriente de agua: *el río se remansa un poco más abajo*.

remanso *n. m.* Lugar donde se detiene el agua de una corriente o donde fluye muy despacio: *se pusieron a pescar en el remanso del río*.
remanso de paz Lugar que es muy tranquilo: *este monasterio es un remanso de paz*.
DER remansarse.

remar *v. intr.* Mover los remos de una embarcación para hacerla avanzar: *no sabía remar y la barca se movía en círculos*. **SIN** bogar.

remarcar *v. tr.* Poner de relieve especialmente una idea o asunto para que otros lo tengan en cuenta: *antes de marcharse remarcó con indignación que no volvería*. **SIN** acentuar, recalcar, subrayar.
OBS En su conjugación, la *c* se convierte en *qu* delante de *e*.

rematadamente *adv.* De manera absoluta y completa, en referencia a una cualidad negativa que tiene una persona: *le dije que estaba rematadamente loco*.

rematado, -da *adj.* [persona] Que tiene una cualidad negativa en alto grado: *eres un tonto rematado: prestas dinero a quien no te lo va a devolver*. **SIN** redomado.

rematar *v. tr.* **1** Acabar o poner fin a una cosa: *rematamos el trabajo en el plazo previsto*. **SIN** concluir, terminar. **2** Asegurar o afianzar las últimas puntadas de una costura para que no se deshaga: *remata bien el bajo de la falda que se está descosiendo*. **3** Acabar de estropear una cosa o una situación que está mal: *con lo deprimido que está tus malas noticias lo van a rematar*. **4** Poner fin a la vida de una persona o de un animal que está a punto de morir: *el ganadero remató al caballo enfermo para que dejara de sufrir*. **5** Adjudicar un objeto en una subasta a la persona que hizo la mejor oferta. **6** Vender lo último que queda de un producto o mercancía a un precio rebajado o más barato: *estamos rematando la ropa que ha quedado de la temporada pasada*. **SIN** liquidar. ◊ *v. tr./intr.* **7** Lanzar el balón contra la portería o la cesta contraria, en fútbol y otros deportes: *el jugador remató la jugada con un remate a la red; el jugador remató con la cabeza*. **8** Constituir o ser una cosa el final de otra: *una gran terraza remata el edificio; la lanza remata en punta*.
DER rematado, remate.

remate *n. m.* **1** Fin o conclusión de una cosa: *esta frase será un remate brillante para tu discurso*. **SIN** terminación, término. **2** Elemento que constituye el final de una cosa: *aquel pináculo es el remate de la torre*. **SIN** extremo. **3** Adorno que se pone en el extremo de una cosa: *el camisón tiene un remate de ganchillo*. **4** Adjudicación de una cosa que se hace en una subasta. **5** Acción que consiste en vender lo último que queda de un producto o mercancía a un precio rebajado o más barato: *en esta tienda están en promoción de remate porque quieren vender todo lo de la temporada pasada*. **SIN** liquidación. **6** Lanzamiento del balón hacia la portería o la cesta contraria para intentar conseguir puntos un equipo deportivo: *el delantero hizo un remate fortísimo que se convirtió en gol*.
de remate Expresión que intensifica el significado del adjetivo que la precede y significa 'totalmente' o 'sin remedio': *tonto de remate; loco de remate*.

remedar *v. tr.* **1** *coloquial* Hacer una cosa intentando que sea igual a otra: *esa obra remeda el gran clásico de Cervantes*. **SIN** imitar. **2** *coloquial* Imitar una persona las acciones o los gestos de otra con intención de burlarse de ella o ridiculizarla: *el actor cómico remedó a la perfección la manera de hablar de un famoso político*. **SIN** parodiar.

DER remedo.

remediable *adj.* Que tiene remedio o solución: *mal remediable; error remediable.* **ANT** irremediable.
DER irremediable.

remediar *v. tr./prnl.* **1** Poner un remedio o dar una solución a una cosa: *nadie puede remediar esta situación tan difícil.* ◇ *v. tr.* **2** Evitar que suceda una cosa negativa: *se enterará del engaño si nadie lo remedia.*
DER remediable.
OBS En su conjugación, la *i* no se acentúa, como en *cambiar*.

remedio *n. m.* **1** Medida que se toma para reparar un daño o para evitar un inconveniente: *puso remedio a todos nuestros problemas técnicos.* **2** Medio o sustancia que sirve para curar o mejorar una enfermedad: *los médicos no encuentran remedio alguno para su mal.* **3** Solución a una equivocación o a un error: *creo que este asunto no tiene remedio.* **4** Auxilio de una necesidad: *salir a dar una vuelta fue un remedio estupendo para su soledad.*
no haber más remedio Ser necesaria una cosa: *no hay más remedio que estudiar este fin de semana para aprobar.*
qué remedio Expresión que se utiliza para expresar resignación para aceptar una cosa: *no me apetece salir, pero ¡qué remedio me queda!*
DER remediar.

remedo *n. m.* Cosa que es imitación o copia de otra, especialmente cuando no es muy buena la semejanza: *es un mal remedo de una famosa novela del XVIII.*

remembranza *n. f.* Imagen o conjunto de imágenes de situaciones o hechos pasados que vienen a la mente: *tenemos remembranzas muy gratas de la época que pasamos con nuestra tía.* **SIN** memoria, recuerdo, reminiscencia.

rememorar *v. tr.* Recordar o traer a la memoria o al pensamiento un hecho pasado: *rememoraba los tiempos en los que era joven y feliz.* **SIN** evocar.

remendar *v. tr.* Coser un remiendo a una tela para reforzarla o cubrir lo que está roto o viejo: *ya he remendado dos veces las rodillas del pantalón.*
DER remendón, remiendo.
OBS En su conjugación, la *e* se convierte en *ie* en sílaba acentuada, como en *acertar*.

remero, -ra *n. m. y f.* Persona que rema o mueve los remos en una embarcación: *dicen que fue remero de una galera.*

remesa *n. f.* **1** Envío que se hace de una cosa de un lugar a otro: *hay que hacer una remesa con las mercancías que se piden.* **2** Conjunto de cosas que se envían de una vez: *remesa de libros; remesa de folios.*

remeter *v. tr.* **1** Meter una cosa más adentro o meter de nuevo algo que se ha salido de su sitio. **2** Empujar una cosa para meterla en un lugar o dentro de otra: *se remetió la camisa en el pantalón; remetió las sábanas debajo del colchón.*
DER arremeter.

remiendo *n. m.* **1** Trozo de tela que se cose a otra que está vieja o rota para reforzarla o para cubrir un agujero: *lleva los pantalones llenos de remiendos.* **2** Reparación o arreglo de poca importancia o trascendencia que se hace para reparar un desperfecto parcial: *es albañil y se dedica a hacer remiendos para sacarse un sueldo.*

remilgado, -da *adj./n. m. y f.* [persona] Que muestra una delicadeza o escrúpulo excesivos en sus gestos y acciones: *las personas remilgadas suelen ser cursis.*

remilgo *n. m.* Delicadeza o escrúpulo excesivos que se muestran con gestos expresivos: *no te andes con remilgos y come todo lo que te apetezca.*

DER remilgado.
OBS Se suele usar más en plural.

reminiscencia *n. f.* **1** Recuerdo impreciso de un hecho o de una imagen del pasado que viene a la memoria: *aquella película le trajo reminiscencias de su infancia.* **2** Trazo o característica de una obra de arte que influye en la creación de otra: *este libro tiene reminiscencias del Quijote.*

remisión *n. f.* **1** Indicación que se hace en un escrito para enviar al lector a otra parte del texto: *en el prólogo el autor hace una remisión a otro libro suyo.* **SIN** envío. **2** Pérdida o disminución de la intensidad de una cosa: *después de tomar el calmante notó la remisión del dolor.* **3** Suspensión de una condena que priva de libertad a una persona: *logró la remisión de la condena por su buen comportamiento.* **SIN** perdón.
sin remisión Sin que exista otra posibilidad o salida: *si no avisamos al veterinario, la vaca morirá sin remisión.*

remiso, -sa *adj.* Que no gusta de hacer una cosa o la hace sin entusiasmo: *el caballo se mostró remiso a saltar.* **SIN** reacio, reluctante, renuente.

remite *n. m.* Nota que se pone en un sobre o paquete que se envía por correo para indicar el nombre y la dirección de la persona que lo manda: *el remite de una carta se suele escribir en la parte de atrás del sobre.*

remitente *n. com.* Persona que envía un paquete o una carta: *el nombre y dirección del remitente deben figurar en la parte de atrás del envío.*

remitir *v. tr.* **1** Enviar o mandar una cosa de un sitio a otro: *han remitido aquí su carta; permíteme que te remita el artículo 351 del código penal.* **2** Suspender una condena que priva de libertad a una persona: *el juez remitió la pena del acusado.* **SIN** indultar, perdonar. **ANT** condenar. ◇ *v. intr.* **3** Perder una cosa parte de su intensidad o fuerza: *la enfermedad empieza a remitir; la tormenta remitió enseguida.* **SIN** ceder. ◇ *v. prnl.* **4 remitirse** Atenerse una persona a lo que ha dicho o ha hecho ella misma respecto de un asunto, o a lo que ha hecho o ha dicho otra persona: *al dar su opinión se remitió a sus propias palabras.*
DER remisión, remiso, remite, remitente; irremisible.
ETIM Véase *meter*.

remo *n. m.* **1** Instrumento de madera en forma de pala larga y estrecha que sirve para mover o hacer avanzar una embarcación haciendo fuerza en el agua: *cruzaron el lago moviendo los remos con fuerza.* **2** Deporte que se practica con embarcaciones movidas mediante estos instrumentos y que consiste en recorrer una determinada distancia: *el equipo ganó una medalla de oro en la última prueba de remo.* **3** Brazo o pierna de una persona o de los animales de cuatro patas: *debe correr mucho por los remos tan largos que tiene.* Se usa más en plural. **4** Ala de un ave: *el albatros es un ave de grandes remos.* Se usa más en plural.
DER remar, remero.

remodelación *n. f.* **1** Operación mediante la cual se cambia la forma o la estructura de algo: *la remodelación del viejo hotel va a costar muchos millones.* **2** Cambio de la forma en que algo está estructurado: *el presidente ha anunciado una remodelación del gobierno a corto plazo.* **SIN** reestructuración, reorganización.

remodelar *v. tr.* Cambiar o modificar la forma o la estructura de una cosa o de un edificio: *remodelaron la fachada de un edificio viejo; el presidente remodeló el gobierno.* **SIN** reorganización.
DER remodelación.

remojar *v. tr.* **1** Introducir una cosa en un líquido para mojarlo completamente: *remojó el pan en leche para hacer*

torrijas. **SIN** empapar. **2** Convidar a beber a unos amigos para celebrar un acontecimiento: *remojaremos con cava el nacimiento de mi hijo*. **SIN** mojar.
DER remojo, remojón.

remojo *n. m.* Acción que consiste en introducir una cosa en un líquido para mojarla completamente y para mantenerla en ese líquido un cierto tiempo: *los garbanzos se ponen en remojo la víspera de cocerlos*.
OBS Suele usarse con los verbos *meter* y *poner*.

remojón *n. m.* Baño de agua que recibe una persona en gran cantidad y sin esperarlo: *la lluvia nos dio un buen remojón y llegamos empapados a casa*. **SIN** mojadura.

remolacha *n. f.* **1** Raíz grande y carnosa que es comestible: *la remolacha se puede guardar en conserva*. **2** Planta que tiene esta raíz; posee un tallo derecho, grueso y ramoso, hojas ovaladas con un nervio central y flores pequeñas en espiga: *la remolacha es un cultivo de regadío*. **remolacha azucarera** Variedad de remolacha de la que se obtiene azúcar: *la remolacha azucarera se cultiva con fines industriales*. **remolacha forrajera** Variedad de remolacha que se cultiva para alimento de los animales: *la remolacha forrajera contiene poco azúcar*.

remolcador, -ra *adj./n. m. y f.* **1** Que sirve para remolcar: *camión remolcador; grúa remolcadora*. ◇ *n. m.* **2** Barco de gran fuerza que se usa para remolcar a otras embarcaciones: *un remolcador arrastró el pesquero hasta el puerto*.

remolcar *v. tr.* **1** Llevar un vehículo por tierra tirando de él por medio de un cable o una cadena: *se le averió el motor y tuvieron que remorcarlo hasta un taller*. **2** Llevar una embarcación sobre el agua tirando de ella por medio de un cable o una cadena: *el pesquero fue remolcado por el remolcador*.
DER remolcador, remolque.
OBS En su conjugación, la *c* se convierte en *qu* delante de *e*.

remolino *n. m.* **1** Movimiento rápido de una masa de aire, agua, polvo o humo que gira sobre sí mismo: *un remolino de aire se llevó todos los papeles que tenía sobre la mesa; el barco se hundió en un enorme remolino de agua*. **SIN** torbellino. **2** Conjunto de pelos que crecen en diferente dirección y son difíciles de peinar o alisar: *es difícil cortarle el pelo porque tiene muchos remolinos*. **3** Cantidad grande de gente que se mueve sin orden: *se perdió entre los remolinos de la multitud*. **4** Persona que se mueve mucho y es muy inquieta: *dice que su hijo pequeño es un remolino porque no para ni un segundo*.
DER arremolinarse.

remolón, -lona *adj./n. m. y f.* [persona] Que intenta evitar o eludir cualquier trabajo u obligación: *no te hagas el remolón y ayúdame a fregar los platos*. **SIN** holgazán, vago.
DER remolonear.

remolonear *v. intr.* Tratar de evitar una responsabilidad o un trabajo desagradable o difícil: *ya es hora de que dejes de remolonear y trabajes algo*.

remolque *n. m.* **1** Vehículo con o sin motor que es remolcado o llevado por otro que va tirando de él: *ese coche está preparado para llevar un remolque*. **2** Acción que consiste en llevar o arrastrar un vehículo o una embarcación tirando de ellos por medio de una cadena o un cable: *procedieron al remolque del barco detenido*.
a remolque *a)* Remolcando o siendo remolcado: *la grúa lleva a remolque un coche averiado*. *b)* Expresión que se usa para indicar que una cosa se hace por impulso o incitación de otra persona: *siempre sale a remolque de los amigos, no por su propia iniciativa*.

remontar *v. tr.* **1** Subir una pendiente para alcanzar su parte superior: *los ciclistas remontaron varios puertos de monta-* ña. **2** Navegar aguas arriba en contra de la corriente: *tuvieron que remontar el río más de veinte kilómetros*. **3** Elevar una cosa en el aire: *el niño remontó la cometa*. **4** Superar una persona un obstáculo o una dificultad: *remontamos con éxito los problemas que teníamos*. ◇ *v. prnl.* **5 remontarse** Subir o volar un ave o un avión: *el águila se remontó rápidamente con su caza en el pico*. **6** Retroceder en el tiempo hasta un momento del pasado: *remontarse en la historia a los orígenes del hombre*. **7** Situarse un hecho o una cosa en una época lejana en el tiempo: *la reconquista de Granada se remonta al siglo XV*. **8** Ascender o elevarse una cantidad de dinero a una cifra determinada: *nuestros gastos se remontan a cien mil pesetas*.
DER remonte.

rémora *n. f.* **1** Pez marino de color gris que se pega fuertemente a los objetos flotantes o a otros peces gracias a un disco ovalado que tiene sobre la cabeza: *antiguamente se creía que las rémoras detenían los barcos*. Para indicar el sexo se usa *la rémora macho* y *la rémora hembra*. **2** Cosa que detiene, impide o dificulta un proceso, un proyecto o una acción: *la hipoteca era una rémora para la economía familiar*.

remordimiento *n. m.* Sentimiento de culpabilidad que tiene una persona por algo que ha hecho y que lamenta: *espero que, al menos, tenga remordimientos por lo mal que me recibió aquel día*.

remotamente *adv.* **1** En un espacio apartado o en un tiempo lejano a aquel en que se habla: *esta familia está emparentada remotamente con la mía*. **2** Acompañado de expresiones negativas, sin ninguna probabilidad de que exista o sea cierta una cosa: *no estamos interesados ni remotamente en su oferta*. **3** De manera poco clara o precisa: *sí, ahora que lo dices, recuerdo remotamente haberlo conocido, pero nada más*.

remoto, -ta *adj.* **1** Que está muy lejos o muy apartado en el tiempo o el espacio: *país remoto; lugar remoto; época remota*. **SIN** distante, lejano. **ANT** cercano. **2** Que es muy difícil o poco probable que suceda en la realidad: *no existe la más remota posibilidad de llegar a saberlo*.
DER remotamente.
ETIM Véase *remover*.

remover *v. tr.* **1** Agitar o mover repetidamente una cosa dándole vueltas: *remueve la leche con la cuchara para que se disuelva el azúcar*. **SIN** revolver. **2** Cambiar o mover una cosa de sitio: *removió todos los muebles de la sala*. **SIN** mudar, trasladar. **3** Tratar de nuevo un asunto que se consideraba olvidado: *ha vuelto a remover el tema y se han enfadado de nuevo*. ◇ *v. prnl.* **4 removerse** Moverse mucho una persona que está sentada o acostada: *el niño se remueve en la cuna como si le doliese algo*.
ETIM *Remover* procede del latín *removere*, apartar, voz con la que también está relacionada *remoto*.
OBS En su conjugación, la *o* se convierte en *ue* en sílaba acentuada, como en *mover*.

remozar *v. tr./prnl.* Dar un aspecto nuevo o moderno a una cosa haciendo reformas en ella: *han remozado la fachada de la casa*. **SIN** modernizar, renovar.
OBS En su conjugación, la *z* se convierte en *c* delante de *e*.

remuneración *n. f.* Cantidad de dinero o cosa con que se paga un trabajo: *los obreros luchaban por el aumento de la remuneración salarial*. **SIN** sueldo, salario, retribución.

remunerar *v. tr.* Pagar a una persona por un trabajo o un servicio: *creen que la empresa debería remunerarles mejor*. **SIN** retribuir.
DER remuneración.

renacentista *adj.* **1** Del Renacimiento o relacionado con este movimiento cultural: *el arte renacentista admira los modelos clásicos.* ◇ *adj./n. com.* **2** [persona] Que cultiva los estudios o sigue las tendencias propias del Renacimiento: *este es uno de los más brillantes poetas renacentistas.*

renacer *v. intr.* **1** Volver a nacer: *las flores renacen en el jardín por primavera; esa religión cree que se puede renacer a la vida más de una vez.* **2** Recuperar la fuerza, la energía o la importancia una persona o una cosa: *esta tendencia artística ha renacido en los últimos años.* **SIN** resurgir, revivir.
DER renacentista, renacimiento.
OBS En su conjugación, la c se convierte en zc delante de a y o, como en *nacer*.

renacimiento *n. m.* **1** Circunstancia de volver a nacer: *prometía a sus discípulos un renacimiento tras la muerte.* **2** Movimiento cultural europeo caracterizado por el estudio y el intento de recuperar las culturas antiguas de Grecia y Roma y se desarrolló en los siglos XV y XVI: *Italia fue la cuna del Renacimiento.* Se suele escribir con letra mayúscula. **3** Recuperación de la fuerza, la energía o la importancia de una persona o una cosa: *parece que se está produciendo un renacimiento económico.*

renacuajo *n. m.* **1** Cría o larva de la rana y de otros animales anfibios que vive en el agua, tiene cola, carece de patas y respira por branquias: *los renacuajos se convierten en ranas tras sufrir una metamorfosis.* ☞ anfibios. **2** *coloquial* Niño pequeño que es muy vivaracho: *nunca sé dónde se mete el renacuajo de mi hijo.* Se usa como apelativo cariñoso.

renal *adj.* De los riñones o relacionado con estos órganos excretores: *arteria renal; enfermedad renal.* **SIN** nefrítico.
DER suprarrenal.
ETIM Véase *riñón*.

rencilla *n. f.* Riña o pelea entre dos o más personas de la que queda algún resentimiento o rencor: *hay rencillas entre ellos desde que se pelearon.*
ETIM Véase *reñir*.
OBS Se usa más en plural.

rencor *n. m.* Sentimiento de hostilidad o enemistad hacia una persona motivado por una ofensa o un daño recibidos: *le guarda rencor porque hace tiempo le hizo una mala pasada.* **SIN** resentimiento.
DER rencoroso.

rencoroso, -sa *adj./n. m. y f.* [persona] Que tiene o guarda rencor hacia una persona: *dice que es incapaz de perdonarlo porque es muy rencoroso.*

rendición *n. f.* Vencimiento, derrota o sometimiento de un bando a otro en una guerra: *la rendición se produjo poco después de la batalla.* **SIN** derrota, vencimiento.

rendido, -da *adj.* **1** [persona] Que dedica todo su amor, esfuerzo o tiempo a otra persona: *rendido admirador; rendido defensor.* **2** [persona] Que está muy cansado: *cuando vuelve del trabajo, dice que está rendido y se acuesta.*

rendija *n. f.* Abertura o raja estrecha y alargada que está en una superficie o queda entre dos cuerpos: *entra frío por esa rendija de la puerta.* **SIN** hendidura, ranura.

rendimiento *n. m.* **1** Producto o utilidad que da una cosa o una persona: *el rendimiento de este motor es mayor que el del otro; mis colaboradores tienen un alto rendimiento en sus puestos de trabajo.* **2** Cansancio, desfallecimiento de las fuerzas: *¡qué rendimiento!, no he parado en todo el día.*

rendir *v. tr./prnl.* **1** Vencer, ganar o someter un bando a otro en una guerra: *los soldados rindieron la plaza enemiga tras varios días de batalla; el ejército enemigo se rindió sin concesiones.* ◇ *v. tr.* **2** Dar u ofrecer una cosa inmaterial: *rendir homenaje; rendir culto.* **3** Cansar mucho una cosa o una actividad a una persona: *estos niños tan movidos rinden a cualquiera.* ◇ *v. intr.* **4** Dar fruto o ser de utilidad una cosa: *el trabajo nos ha rendido mucho.* **SIN** cundir. ◇ *v. prnl.* **5** rendirse Tener que admitir o aceptar una persona una cosa: *se rindió ante la evidencia de los hechos.*
DER rendición, rendido, rendimiento.
OBS En su conjugación, la e se convierte en i en algunos tiempos y personas, como en *servir*.

renegado, -da *adj./n. m. y f.* [persona] Que abandona sus creencias o su religión para seguir otras diferentes: *a los cristianos de la Edad Media que abandonaban la fe cristiana se les llamaba cristianos renegados.*

renegar *v. intr.* **1** Abandonar una persona sus creencias o su religión para seguir otras diferentes: *renegó del cristianismo y abrazó la religión de sus antepasados.* **2** Decir o proferir una persona insultos o juramentos: *reniega con mucho odio de todos los que le rodean.* **SIN** blasfemar, maldecir. **3** Rechazar una persona a otra con desprecio: *reniega de su familia porque dice que no se han portado bien con ella.* **4** *coloquial* Refunfuñar o murmurar una persona en voz baja como muestra de gran enfado: *siempre anda renegando por lo bajo.* ◇ *v. tr.* **5** Negar una cosa con mucha insistencia: *negó y renegó que lo hubiese hecho él.*
DER renegado.
OBS En su conjugación, la e se convierte en ie en sílaba acentuada y la g en gu delante de e, como en *regar*.

renegociar *v. tr.* Tratar de nuevo un asunto, sobre el que ya se había llegado a un acuerdo, para introducir algunas modificaciones: *renegociar un convenio.*
OBS En su conjugación, la i no se acentúa, como en *cambiar*.

renegrido, -da *adj.* De color negro o muy oscuro, especialmente por el uso o la suciedad: *la ropa, a fuerza de lavarla poco y mal, está renegrida.*

renglón *n. m.* **1** Serie de letras o palabras escritas en una misma línea y dispuestas de forma horizontal: *redactó el resumen en sólo tres renglones.* **SIN** línea. **2** Cada una de las líneas horizontales que tienen algunos papeles y que permiten que no nos torzamos al escribir. ◇ *n. m. pl.* **3** renglones Carta o escrito breve: *te mandaré unos renglones contándote lo que ocurra.*

a renglón seguido Expresión que indica que una cosa sucede inmediatamente después de algo o a continuación de otra cosa: *dijo que se quedaba y a renglón seguido se marchó sin dar explicaciones.*

renio *n. m.* Elemento químico metálico que se encuentra en los minerales de platino, hierro y molibdeno: *el símbolo del renio es Re.*

reno *n. m.* Animal mamífero rumiante de patas largas, cola muy corta, pelo espeso y colgante de color marrón o gris en el cuerpo y blanco en el cuello que tiene dos cuernos divididos en ramas: *el reno habita en las regiones frías del hemisferio norte.*
OBS Para indicar el sexo se usa *el reno macho* y *el reno hembra*.

renombrado, -da *adj.* [persona, cosa] Que es muy conocido y admirado por tener características que lo distinguen de los demás: *en la comarca de la Rioja se producen renombrados vinos.* **SIN** acreditado, afamado, insigne.

renombre *n. m.* **1** Fama o reconocimiento público de una persona: *este actor adquirió un gran renombre en el mundo del espectáculo.* **SIN** prestigio. **2** Nombre que se añade al que es propio de una persona: *ocurrió en el reinado de Alfonso X de renombre el Sabio.*

renovación

DER renombrado.

renovación *n. f.* **1** Cambio o sustitución de una cosa por otra similar pero que sea nueva o más moderna o que sea válida: *tengo que ir a hacer la renovación del carnet de identidad*. **2** Reanudación de la fuerza o intensidad de una cosa que estaba interrumpida: *la noche supone la renovación de mis penas*.

renovar *v. tr./prnl.* **1** Hacer que una cosa esté como si fuera nueva: *la primavera renueva el verdor de los campos; la naturaleza se renueva día a día*. **2** Restablecer una relación u otra cosa que se había interrumpido: *renovaron su amistad dos años después de dejar de verse*. **SIN** reanudar. ◊ *v. tr.* **3** Cambiar o sustituir una cosa por otra nueva o más moderna: *hay que renovar el cartucho de tinta; deberíamos renovar la maquinaria de esta fábrica*. **4** Cambiar una cosa que ya no es válida o efectiva por otra de la misma clase: *tengo que renovar el carnet de conducir porque lo tengo caducado desde hace un mes*.

DER renovación, renuevo.

ETIM Véase *nuevo*.

OBS En su conjugación, la *o* se convierte en *ue* en sílaba acentuada, como en *contar*.

renquear *v. intr.* **1** Andar o caminar con dificultad inclinando el cuerpo a un lado más que a otro por no poder pisar igual con ambos pies: *ayer se hizo daño en el tobillo y hoy va renqueando*. **SIN** cojear. **2** Tener dificultad en alguna empresa, negocio o quehacer.

renta *n. f.* **1** Cantidad de dinero que produce periódicamente un bien: *va tirando con las rentas de las propiedades que le dejó su abuela*. **renta nacional** Valor total de los bienes económicos obtenidos por una nación en un año. **renta per cápita** Valor que resulta de dividir la renta nacional por el número de habitantes de una nación: *la renta per cápita indica el desarrollo económico de los países*. **2** Cantidad de dinero o de bienes que se paga o se recibe por un arrendamiento o alquiler: *la renta de esta casa es muy alta; el campesino entrega parte de los frutos de la tierra al propietario como renta de la granja*. **3** Beneficio que se obtiene de alguna actividad o esfuerzo: *los estudios que he hecho son una buena renta para el futuro*.

impuesto sobre la renta Cantidad de dinero que se paga al Estado de manera obligatoria cada cierto tiempo.

vivir de las rentas Aprovecharse de lo que se ha logrado en el pasado: *se retiró y ahora vive de las rentas de su fama*.

DER rentar, rentista.

rentabilidad *n. f.* Capacidad de producir un beneficio que compense la inversión o el esfuerzo que se ha hecho: *la rentabilidad de estas acciones es muy alta*.

rentabilizar *v. tr.* Hacer rentable: *quiere rentabilizar el gasto en un plazo muy corto*.

OBS En su conjugación, la *z* se convierte en *c* delante de *e*.

rentable *adj.* Que produce un beneficio que compensa la inversión o el esfuerzo que se ha hecho: *hizo una inversión muy rentable y ahora es rico; es un trabajo muy interesante, pero no resulta rentable*.

DER rentabilidad, rentabilizar.

rentar *v. tr.* Producir una inversión económica, el alquiler de una casa u otro bien una cantidad de dinero o un determinado beneficio cada cierto tiempo: *las fincas me rentan varios millones de pesetas al año*.

rentista *n. com.* Persona que vive de los ingresos que le producen sus inversiones.

renuevo *n. m.* Tallo que echa el árbol o la planta después de haber sido podados o cortados.

renuncia *n. f.* **1** Abandono voluntario de una cosa que se posee o de una actividad que se ejerce: *la causa de su renuncia fue la falta de tiempo para llevar a cabo el trabajo*. **2** Documento en el que se da a conocer un abandono voluntario: *el ministro ha presentado la renuncia*. **SIN** dimisión.

renunciar *v. intr.* **1** Abandonar voluntariamente una cosa que se posee o a lo que se tiene derecho: *renunció a la corona; renuncia a sus derechos a cambio de una indemnización*. **2** Desistir de hacer lo que se proyectaba o deseaba hacer: *el Ayuntamiento ha renunciado al proyecto; he renunciado a todo por estar a tu lado*. **3** Despreciar o abandonar una cosa: *renunciar al tabaco; renunciar al coche*. **4** No querer admitir o aceptar una cosa o a una persona: *renunciar a las riquezas; prefirió renunciar a su compañía antes que discutir continuamente*. **5** Faltar a una norma en el juego de las cartas por no seguir el palo que se juega pudiendo hacerlo.

DER renuncia, renuncio; irrenunciable.

ETIM Véase *nuncio*.

OBS En su conjugación, la *i* no se acentúa, como en *cambiar*.

renuncio *n. m.* Mentira o contradicción en que se coge a alguien: *ya te hemos pillado en muchos renuncios y ahora no creemos en ti*.

reñido, -da, *adj.* **1** [persona] Que se ha peleado o enemistado con otra: *Juan y Pedro están reñidos desde hace muchos años, por eso jamás se hablan ni se saludan*. **2** Que existe mucha igualdad entre algunos participantes en oposiciones, elecciones, concursos o competiciones y el ganador no se decide hasta el último momento: *la llegada a la meta fue muy reñida*.

reñir *v. tr.* **1** Expresar severamente a una persona la desaprobación por lo que ha hecho: *le han reñido por llegar tarde*. **SIN** regañar, reprender. ◊ *v. intr.* **2** Discutir o pelear dos o más personas: *se llevan como el perro y el gato: siempre están riñendo*. **3** Romper las relaciones o enemistarse una persona con otra: *iban a casarse, pero han reñido*.

DER reñido, riña.

ETIM *Reñir* procede del latín *ringi*, estar furioso, voz con la que también está relacionada *rencilla*.

OBS En su conjugación, la *i* de la desinencia se pierde absorbida por la *ñ* y la *e* se convierte en *i* en algunos tiempos y personas, como en *ceñir*.

reo *n. com.* Persona que ha sido condenada por haber cometido un delito: *reo de muerte; reo de traición*. **SIN** culpable.

reo, rea *n. m. y f.* Persona que ha sido declarada culpable y condenada a sufrir una pena: *el reo fue conducido a la prisión*.

reoca Palabra que se utiliza en la locución *ser la reoca*, que significa 'ser extraordinario', 'salirse de lo corriente': *eres la reoca, no estudias nada y, sin embargo, sacas muy buenas notas*. **SIN** repanocha.

reojo Palabra que se utiliza en la expresión *mirar* (o *ver*) *de reojo*, que significa 'mirar o ver de forma disimulada, dirigiendo la vista desde el extremo de los ojos': *el profesor me pilló mirando de reojo el examen de mi compañero*.

reorganización *n. f.* Cambio de la forma en que algo está organizado: *recientemente ha habido una reorganización del sistema sanitario*. **SIN** reestructuración, remodelación.

reorganizar *v. tr.* Cambiar la forma en que algo está estructurado: *la implantación de la nueva línea de autobuses ha obligado a reorganizar todo el sistema de transporte urbano*. **SIN** reestructurar, remodelar.

reóstato *n. m.* Instrumento que sirve para hacer variar la resistencia en un circuito eléctrico.

repanchigarse *v. prnl.* Sentarse con comodidad, extendiendo y recostando el cuerpo: *preferiría quedarme en casa esta noche y repanchigarme en el sillón delante de la tele.* **SIN** arrellanarse, repantigarse.

repanocha Palabra que se utiliza en la locución *ser la repanocha*, que significa 'ser extraordinario, salirse de lo corriente': *eres la repanocha: tu primer día de trabajo, y llegas tarde.* **SIN** reoca.

reparación *n. f.* **1** Arreglo de lo que está estropeado: *es una reparación muy complicada y vamos a necesitar herramientas especiales.* **2** Compensación por un daño: *la compañía eléctrica ha ofrecido una reparación económica a las empresas afectadas por los cortes de luz.* **SIN** indemnización. **3** Satisfacción por una ofensa: *Exije que se publique la verdad como reparación a las acusaciones que se vertieron contra ella.* **SIN** desagravio.

reparar *v. tr.* **1** Arreglar una cosa estropeada: *tengo que llevar la radio a reparar; repararon las tuberías rotas.* **2** Remediar un daño o desagraviar una ofensa: *reparar una injusticia; reparar un olvido.* **3** Restablecer las fuerzas perdidas o dar aliento y vigor: *necesita reparar sus fuerzas con una buena siesta; tus palabras repararon mi ánimo.* ◊ *v. intr.* **4** Pararse a considerar una acción antes de llevarla a cabo: *no repararon en que allá hace mucho frío; no reparó en gastos para contentarla.* **5** Fijarse o darse cuenta: *reparé en que no llevaba calcetines; ni siquiera reparó en mí.* **SIN** advertir, percatarse.
DER reparación, reparo; irreparable.
OBS Se usa más en frases negativas.

reparo *n. m.* **1** Observación o advertencia sobre una cosa, sobre todo, para señalar en ella una falta o un defecto: *no dejó de poner reparos a todo lo que decía.* **2** Dificultad, duda o inconveniente para hacer una cosa, generalmente a causa de un sentimiento de vergüenza: *no tengas reparos en decirme lo que piensas.*

repartición *n. f.* División y entrega por partes de una cosa: *encárgate tú de la repartición de la tarta.* **SIN** reparto.

repartidor, -ra *n. m. y f.* Persona que se dedica a entregar envíos o mercancías a domicilio: *trabaja de repartidor en una empresa de mensajeros.*

repartir *v tr/prnl* **1** Hacer partes de una cosa y entregar a cada uno la parte que le corresponde: *repartieron los caramelos entre los cinco niños; los ladrones se repartieron el botín.* **SIN** distribuir. **2** Distribuir los elementos de un conjunto en diferentes lugares o destinos: *repartieron los jarrones por varias salas; los policías se repartieron por todo el barrio.* **3** Entregar a sus destinatarios las cosas que han encargado o que les han enviado: *repartir el correo.* **4** Extender uniformemente una materia sobre una superficie: *repartieron la mies por la era; repartió la masilla a lo largo de la grieta.* **5** Ordenar o clasificar las partes de un todo: *he repartido la materia en tres libros;.* **SIN** dividir. **6** Asignar a cada uno la función que le corresponde: *nos hemos repartido la tarea; repartir los papeles de una obra.* ◊ *v. tr.* **7** *coloquial* Dar golpes a diferentes personas: *ése es un chulo que siempre anda repartiendo.*
DER repartición, repartidor, repartimiento, reparto.

reparto *n. m.* **1** Distribución de las partes de una cosa que se ha dividido: *para que no hubiera peleas, la madre se encargó del reparto del pastel.* **2** Distribución de un peso en un espacio o en el interior de un volumen: *el reparto de una carga en un barco.* **SIN** disposición. **3** Entrega de un envío o de un encargo a su destinatario: *reparto del correo; servicio de reparto a domicilio.* **4** Asignación de los diferentes papeles de una obra teatral o cinematográfica a los actores que van a interpretarla: *el director decidirá el reparto esta tarde.* **5** Lista de los actores que intervienen en una obra y de los personajes que los encarnan: *esa actriz no figuraba en el reparto del programa porque la llamaron a última hora para sustituir a otra.*

repasar *v. tr.* **1** Hacer otra vez una cosa para corregir sus imperfecciones: *si planchas la camisa con más cuidado, no tendré que repasarla yo antes de ponérmela; el muchacho pintaba las paredes y el padre las repasaba con el rodillo.* **2** Examinar o volver a mirar una cosa para comprobar que está bien: *el alumno repasa el examen antes de entregarlo.* **SIN** revisar. **3** Leer otra vez lo que se ha estudiado para retenerlo mejor en la memoria: *si estudias durante todo el curso te bastará con repasar antes del examen; el presidente repasaba las notas de su discurso.* **4** Volver a explicar la lección: *el profesor dedica las últimas semanas a repasar lo que hemos visto en el curso.* **5** Leer deprisa un escrito pasando por él la vista sin prestar mucha atención: *sólo con repasar los trabajos el profesor se hace una idea del nivel de la clase.* **6** Coser y arreglar los desperfectos de la ropa: *la costura de la falda se ha descosido y tendré que repasarla.* ◊ *v. intr.* **7** Volver a pasar por un sitio: *repasaron el camino para encontrar el pañuelo que habían perdido.*
DER repaso.

repaso *n. m.* **1** Examen o revisión de una obra terminada para corregir los errores: *le daremos un último repaso antes de entregarlo.* **2** Lectura que se hace de nuevo para retener mejor en la memoria: *creo que conviene hacer un repaso antes de continuar con el capítulo siguiente.* **3** Rememoración de los puntos más importantes de un asunto ya concluido o de una lección ya explicada: *hicimos un repaso de las actividades de la asociación durante el año anterior; antes del examen siempre deja un par de clases para el repaso de la asignatura.* **4** Lectura que se hace rápidamente y sin prestar demasiada atención: *dice que con un repaso de los titulares ya se pone al día.* **5** Arreglo de los desperfectos de una prenda o de un tejido: *si me das la chaqueta que has comprado haré un repaso de los botones.*

dar un repaso *a)* Reñir a una persona: *sus padres le darán un repaso cuando vuelva.* *b)* Demostrar a otra persona superioridad en conocimientos o habilidades: *decía que no le ganaba nadie, pero le di un buen repaso.*

repatear *v. intr. coloquial* Causar disgusto o desagrado una cosa: *me repatea ese tipo de música.* **SIN** fastidiar.

repatriación *n. f.* Devolución de una persona o cosa al país de origen: *las autoridades ordenaron la repatriación de los inmigrantes ilegales.*

repatriar *v. tr./prnl.* Devolver a una persona o cosa al país de origen: *me robaron todo el dinero y tuvo que repatriarme el consulado.* **ANT** expatriar.
DER repatriación.
OBS En su conjugación, la *i* puede acentuarse o no, como en *auxiliar*.

repecho *n. m.* Cuesta del terreno pronunciada y no muy larga: *al llegar al repecho, el ciclista adelantó a varios de sus rivales.*

repelente *adj.* **1** Que causa asco o repulsión: *un olor repelente.* ◊ *adj./n. com.* **2** [persona] Que resulta impertinente por su afectación o porque cree saberlo todo: *era repelente, se pasaba las clases con la mano en alto para demostrar que lo sabía todo.* **SIN** redicho, sabelotodo. ◊ *adj./n. m.* **3** [sustancia, producto] Que sirve para alejar a los insectos u otros animales: *usó un producto repelente para las cucarachas.*

repeler *v. tr.* **1** Echar o arrojar una cosa con impulso o vio-

lencia: *repeler al enemigo; repeler una invasión.* **2** Causar repulsión o repugnancia: *esa ignorancia arrogante me repele.* ◇ *v. tr./prnl.* **3** Tender a separarse un cuerpo de otro o no admitir en la propia masa o composición: *este plástico repele el agua; las cargas eléctricas del mismo signo se repelen.*
DER repelente.

repelús *n. m.* Escalofrío producido por miedo, desagrado o asco: *no hagas ese ruido con los dientes, que me da repelús.*

repente *n. m.* Movimiento o impulso inesperado y brusco de una persona o de un animal: *le dio un repente y echó a correr.*
de repente Indica que una acción se hace de manera inesperada y brusca, sin pensar: *de repente dijo que no aguantaba más y se marchó.*
DER repentino, repentizar.

repentino, -na *adj.* Que se produce u ocurre de pronto o sin preparación o aviso: *tuvo un impulso repentino de marcharse de allí.* **SIN** brusco, súbito.

repentizar *v. tr./intr.* Realizar una acción que no ha sido preparada o estudiada antes; especialmente, en música, interpretar una partitura sin haberla leído antes.
OBS En su conjugación, la *z* se convierte en *c* delante de *e*.

repercusión *n. f.* **1** Consecuencias indirectas de un hecho o de una decisión: *no han calculado bien la repercusión de su política.* **2** Comentarios que suscita un hecho o una decisión: *la noticia de su divorcio tendrá mucha repercusión.* **SIN** resonancia.

repercutir *v. intr.* **1** Causar un efecto una cosa en otra posterior o causarlo indirectamente: *la subida del dólar ha repercutido en los precios de los carburantes.* **SIN** incidir. **2** Rebotar un sonido en una superficie y producir eco o resonancia: *la lejana explosión repercutió en las paredes.* **SIN** retumbar. **3** Cambiar de dirección o retroceder un cuerpo al chocar con otro: *el proyectil repercutió en la roca y fue a caer a un campo próximo.* **SIN** rebotar.
DER repercusión.

repertorio *n. m.* **1** Conjunto de obras dramáticas o musicales que una persona o una compañía tiene estudiadas y preparadas para representar o ejecutar: *interpretó varias canciones de su repertorio.* **2** Conjunto de obras o de noticias de una misma clase: *empezó a contarnos chistes de su repertorio.* **3** Libro o registro en el que se recogen datos o informaciones de manera organizada para facilitar su búsqueda: *repertorio alfabético; repertorio jurídico.*

repesca *n. f.* Segunda oportunidad de conseguir un fin, generalmente en un examen o una competición: *espero aprobar en la repesca.*

repescar *v. tr.* **1** Admitir nuevamente a una persona que había sido eliminada en una prueba, generalmente un examen o una competición: *ha quedado la cuarta en su serie pero quizás la repesquen para la final porque ha hecho un buen tiempo.* **2** Recuperar una cosa que se había dejado a un lado o que se había olvidado: *he repescado este viejo abrigo para que me sirva hasta las rebajas de enero.*
DER repesca.
OBS En su conjugación, la *c* se convierte en *qu* delante de *e*.

repetición *n. f.* **1** Acción y resultado de decir o expresar una palabra o una idea varias veces. **2** Acción y resultado de volver a hacer lo que se había hecho: *la repetición de las jugadas más interesantes; la repetición crea el hábito.* **3** Recurso literario o del lenguaje que consiste en repetir a propósito palabras o conceptos.
de repetición [mecanismo] Que repite su acción de manera automática una vez que se ha puesto a funcionar: *las armas de repetición pueden disparar varias veces sin necesidad de recargarlas.*

repetidor, -ra *adj./n. m. y f.* **1** [alumno] Que vuelve a matricularse y estudiar un mismo curso: *María es repetidora, por eso es la mayor de su clase.* ◇ *n. m.* **2** Aparato que recibe señales de televisión o radio y las envía amplificadas a otro lugar.

repetir *v. tr.* **1** Volver a decir una cosa que ya se había dicho: *¿puede repetir la pregunta?; siempre repite lo mismo.* **2** Volver a hacer una cosa que ya se había hecho: *repetir un error; los niños repiten lo que ven hacer a los mayores.* ◇ *v. intr.* **3** Volver a estudiar un curso o una asignatura que no se ha aprobado. **4** Volver a la boca el sabor de lo que se ha comido o bebido: *he comido un pincho de morcilla hace tres horas y todavía me repite.* ◇ *v. prnl.* **5 repetirse** Volver a suceder una cosa de una manera regular: *los atascos se repiten todos los días en esa zona.* **6** Insistir en una idea o una actitud, especialmente los artistas: *ese escritor se repite en todas sus novelas.*
DER repetición, repetidor, repetitivo; irrepetible.
OBS En su conjugación, la *e* se convierte en *i* en algunos tiempos y personas, como en *servir*.

repetitivo, -va *adj.* Que se repite continuamente: *dejó aquel trabajo porque lo encontraba muy repetitivo y aburrido.*

repicar *v. intr.* Sonar las campanas repetidamente: *las campanas de la iglesia repican todos los domingos.*
OBS En su conjugación, la *c* se convierte en *qu* delante de *e*.

repipi *adj./n. com.* [persona] Que habla pronunciando las palabras con perfección fingida o empleando términos demasiado cultos o impropios de su edad: *qué repipi es este niño: habla como un adulto.* **SIN** redicho.

repique *n. m.* Conjunto de toques vivos y repetidos de una campana o de un instrumento semejante; generalmente es señal de alegría: *un repique de campanas anunció el fin de la guerra.*
DER repiquetear.

repiquetear *v. intr.* **1** Sonar las campanas repetidamente y con mucha viveza: *las campanas repiqueteaban para anunciar el comienzo de la misa del gallo.* **2** Golpear repetidamente haciendo ruido: *la lluvia repiqueteaba en los cristales.*

repiqueteo *n. m.* **1** Sonido que hacen las campanas al sonar repetidamente y con viveza: *el repiqueteo de las campanas señalaba el inicio de la procesión.* **2** Sonido producido por el golpe repetido de algo contra una superficie: *el repiqueteo de la lluvia en los cristales.*

repisa *n. f.* **1** Placa horizontal de madera, de cristal o de otro material que se coloca en una pared para poner encima cosas: *el azúcar y la sal están en la repisa de la cocina.* **SIN** estante. **2** ARQ. Saliente de un muro que sirve para sostener un objeto de utilidad o adorno o sirve de piso a un balcón.

replantar *v. tr.* **1** Volver a plantar donde antes ya se había plantado: *han replantado pinos en el bosque quemado.* **2** Tomar plantas de un sitio y plantarlas en otro: *se llevó dos plantas del jardín del vecino para replantarlas en el suyo.* **SIN** trasplantar.

replantear *v. tr./prnl.* **1** Volver a plantear o a considerar un problema o asunto: *tendrá que replantearse su función en este centro.* ◇ *v. tr.* **2** Trazar en el suelo o sobre un plano la planta de una obra ya proyectada.

replay *n. m.* En televisión, repetición de fragmentos ya vistos: *un replay de la última jugada.*
OBS Es de origen inglés y se pronuncia aproximadamente 'riplei'.

replegar *v. tr.* **1** Plegar muchas veces. ◇ *v. tr./prnl.* **2** Retirarse o retroceder ordenadamente a posiciones defensivas las tropas de un ejército o los jugadores de un equipo: *se replegaron rápidamente para neutralizar el contraataque.*
DER repliegue.
OBS En su conjugación, la e se convierte en *ie* en sílaba acentuada y la g en *gu* delante de e, como en *regar*.

repleto, -ta *adj.* Muy lleno o lleno hasta no poder contener más: *trajo una bolsa repleta de caramelos; el metro llegó repleto de gente.*

réplica *n. f.* **1** Expresión o discurso en el que se ponen obstáculos o se dice lo contrario de lo que otro ha dicho: *no admitir réplicas; turno de réplica en un debate.* **2** Copia exacta o muy parecida de una obra artística hecha con sus mismos materiales: *en este museo no está la estatua original, sino una réplica.*

replicar *v. tr.* **1** Responder con viveza oponiéndose a una cosa: *¿qué podía replicarle?; replicar a una crítica.* **SIN** responder. ◇ *v. intr.* **2** Responder con impertinencia o poniendo inconvenientes a lo que se indica u ordena: *¡obedece y no me repliques!*
DER réplica.
ETIM Véase *plegar*.
OBS En su conjugación, la c se convierte en *qu* delante de e.

repliegue *n. m.* **1** Pliegue doble u ondulación que se forma en una superficie: *los repliegues de la piel; los repliegues del terreno.* **SIN** sinuosidad. **2** Retirada o retroceso ordenado a posiciones defensivas de las tropas de un ejército o de los jugadores de un equipo: *el coronel ordenó el repliegue de las tropas; la defensa hizo un rápido repliegue.*

repoblación *n. f.* **1** Acción y resultado de volver a establecer grupos humanos en un lugar del que se ha expulsado a los pobladores anteriores o que ha sido abandonado: *la repoblación de las tierras de cultivo tras la expulsión de los moriscos.* **2** Acción y resultado de volver a establecer vegetación o fauna en un medio natural degradado como medida para su recuperación: *repoblación forestal; la repoblación de un río.*

repoblar *v. tr.* **1** Volver a poblar un lugar o un territorio con habitantes: *una comunidad quiere repoblar ese pueblo abandonado.* **2** Volver a establecer vegetación o fauna en un lugar del que había desaparecido: *después del incendio repoblaron el monte con pinos y encinas.*
DER repoblación.
OBS En su conjugación, la o se convierte en *ue* en sílaba acentuada, como en *contar*.

repollo *n. m.* Tipo de col que tiene forma de pelota, formada por hojas grandes, muy apretadas entre sí y unidas por la base: *el repollo se come cocido o en ensalada.*

reponer *v. tr.* **1** Sustituir o poner en lugar de lo que se ha sacado o gastado: *tenemos que reponer el género vendido.* **2** Volver a poner en el lugar, estado o empleo anterior: *han repuesto la farola que tiró el viento; le repusieron en el cargo y le pidieron disculpas.* **SIN** restituir. **3** Repetir la representación de una obra de teatro o la proyección de una película: *reponen esa película y me gustó tanto que quiero volver a verla.* **4** Responder a lo que dice otra persona con un argumento o una justificación: *cuando le acusaron repuso que sólo cumplía órdenes.* Sólo se conjuga en pretérito indefinido y pretérito imperfecto de subjuntivo. ◇ *v. prnl.* **5 reponerse** Recuperar la salud o la prosperidad perdida: *todavía le falta mucho para reponerse después de una operación tan grave.* **SIN** restablecer. **6** Recuperar la serenidad: *todavía me estoy reponiendo de la impresión que me causó la noticia.* **SIN** recobrar.
DER reposición, repuesto.
OBS Se conjuga como *poner*.

reportaje *n. m.* Conjunto de informaciones sobre un hecho, un personaje o sobre cualquier otro tema que recoge y relata un periodista para publicarlo en la prensa, en la radio o en la televisión: *reportaje de guerra; reportaje gráfico.*

reportar *v. tr.* **1** Proporcionar una cosa un beneficio o una satisfacción: *el cine le ha reportado mucha fama y mucho dinero.* En frases negativas se aplica a dificultades o disgustos: *no le ha reportado más que disgustos.* ◇ *v. tr./prnl.* **2** Dominar o reprimir una pasión de ánimo o moderarla: *por favor, repórtate, no llamemos la atención.* **SIN** contenerse, controlarse.
DER reportaje, reporte, reportero.

reporte *n. m.* Información, generalmente escrita, que se da de un negocio o suceso o acerca de una persona: *el reporte de los expertos desaconseja la inversión; según los últimos reportes no es conveniente atravesar esa zona.* **SIN** informe, noticia.

reportero, -ra *adj./n. m. y f.* [periodista] Que se dedica a elaborar reportajes o noticias: *nuestro reportero en Nueva York nos contará todo lo que suceda.*

reposacabezas *n. m.* Parte superior de un asiento que sirve para apoyar la cabeza: *los coches modernos llevan reposacabezas como medida de seguridad.* ☞ automóvil.
OBS El plural también es *reposacabezas*.

reposado, -da *adj.* **1** [persona] Que se comporta con calma, sosiego y tranquilidad: *es un profesor muy reposado; todo lo hace despacio y pensándoselo dos veces.* **2** [cosa] Que se muestra tranquilo, quieto, sosegado: *sus ademanes son siempre muy reposados; no la verás ponerse nunca nerviosa; el mar está reposado.* **3** Que no exige mucha actividad o esfuerzo: *a mi edad es necesario trabajar en algo más reposado.* **SIN** descansado.

reposar *v. intr.* **1** Dejar el trabajo o la actividad para recuperar fuerzas: *vamos a reposar cuando terminemos este trabajo.* **SIN** descansar. **2** Dormir durante un corto tiempo: *se ha echado un rato a reposar.* **3** Permanecer en quietud y paz y sin alteración una persona o una cosa: *el médico cree que debe reposar en un balneario; el bosque reposa en invierno.* ◇ *v. tr.* **4** Poner o apoyar una cosa sobre otra para hacer que se sostenga: *la estatua reposa sobre un pedestal.* ◇ *v. intr.* **5** Estar enterrado: *en El Escorial reposan muchos reyes.* **SIN** yacer. ◇ *v. intr./prnl.* **6** Dejar quieto un líquido para que la materia sólida que flota en él caiga al fondo del recipiente que lo contiene: *el buen vino reposa varios años en barricas.* **7** Dejar sin alteración o actividad una mezcla, masa o guiso para que espese o se consuma el líquido que contiene: *antes de poner la masa en el horno, hay que dejarla reposar.*
DER reposado, reposo.

reposición *n. f.* Representación de una obra de teatro, proyección de una película o emisión de una serie de radio o televisión estrenadas en una temporada anterior: *en el verano, algunos cines hacen reposiciones.*

reposo *n. m.* **1** Descanso de un trabajo o una actividad para recuperar fuerzas: *se tomaron unos minutos de reposo antes de seguir.* **2** Falta de actividad o de agitación: *le han recomendado reposo absoluto.* **SIN** quietud. **3** Fís. Inmovilidad de un cuerpo cuando ocupa siempre la misma posición respecto a un sistema de referencia fijado.

repostar *v. tr.* Volver a llenar un depósito de combustible o volver a abastecerse de provisiones: *este coche gasta tan poca gasolina que hicimos todo el viaje sin repostar.*

repostería *n. f.* **1** Oficio y técnica del repostero: *se dedica a la repostería en un prestigioso restaurante.* **2** Conjunto de

repostero

productos que elaboran los reposteros: *la repostería de ese país es muy variada.* **3** Establecimiento en el que se hacen o venden dulces y pasteles: *esta tarta la he comprado en una de las mejores reposterías de la ciudad.*

repostero, -ra *n. m. y f.* Persona que se dedica a hacer o vender dulces y pasteles.
DER repostería.

reprender *v. tr.* Expresar severamente a una persona la desaprobación por lo que ha hecho: *su madre le reprendió por no ir al colegio.* **SIN** regañar, reñir.
DER reprensible, reprensión.

reprensión *n. f.* Expresión severa de desaprobación que se le hace a una persona por su comportamiento: *la reprensión ha de ser justa para que tenga efecto.* **SIN** regañina.

represalia *n. f.* **1** Daño o mal que una persona o un grupo causa a otros como venganza por otro mal recibido: *no le he vuelto a hablar en represalia de los insultos que me dirigió.* **2** Medida hostil que un estado toma para responder a otro estado en contra de un acto considerado ilícito: *nuestro gobierno ha amenazado con tomar represalias.* Suele usarse en plural.
DER represaliar.

represaliar *v. tr./intr.* Realizar un estado acciones violentas contra otro como castigo o respuesta a un mal recibido: *el gobierno ha amenazado con represaliar los territorios que albergan a los terroristas.*
OBS En su conjugación, la *i* no se acentúa, como en *cambiar.*

represar *v. tr.* Detener el curso del agua corriente para embalsarla: *represar un río.*

representación *n. f.* **1** Signo, símbolo o imitación que hace pensar en una persona o cosa: *el caballo de esa película es una representación de la libertad; ese cuadro es una representación muy estilizada de una batalla.* **2** Signo o imagen que sustituye a la realidad: *se hizo una representación mental de cómo sería la sala.* **3** Ejecución e interpretación en público de una obra de teatro: *la comedia ha logrado llegar a 50 representaciones.* **4** Sustitución o actuación en nombre de una persona, de una institución o de un colectivo: *vino en representación del monarca.* **5** Persona o conjunto de personas que llevan a cabo esta actuación: *recibió a una representación de los empresarios; los parlamentarios son la representación del pueblo.*

representante *n. com.* **1** Persona que actúa en representación de otra o de una institución o colectivo: *Julia será la representante de nuestra clase en el concurso de dibujo; el representante de España en el festival.* **2** Persona que hace propaganda y concierta las ventas de los productos de una o varias empresas: *Ángel es representante de una compañía de seguros.* **3** Persona que representa a los artistas y a las compañías del mundo del espectáculo para organizar sus actuaciones: *este cantante, desde que ha cambiado de representante, tiene mucho más éxito.* **SIN** manager.

representar *v. tr.* **1** Hacer presente una cosa en la mente por medio de signos, símbolos, imágenes o imitaciones: *la paloma representa la paz; este grabado representa la melancolía; las letras representan los sonidos.* **2** Interpretar una obra teatral en público: *la compañía representará La Casa de Bernarda Alba.* **3** Actuar en nombre de una persona, de una institución o de un colectivo: *este abogado me representará en el juicio; los parlamentarios representan al pueblo.* **4** Aparentar una persona una determinada edad: *tu padre representa unos 60 años.* **5** Importar mucho o poco una persona o una cosa: *su trabajo representaba mucho para él; ¿te das cuenta de lo que esto representa?* **SIN** significar. ◊ *v. prnl.* **6** representarse** Hacer presente en la imaginación por medio de palabras o ideas: *no consigo representarme la casa donde pasé mi infancia.*
DER representación, representante, representativo.

representatividad *n. f.* **1** Capacidad de actuar en nombre de una persona, de una institución o de una colectividad: *algunos ponen en duda la representatividad de este Gobierno.* **2** Carácter de lo que sirve para distinguir a una persona o cosa de otras de su especie: *eligieron esta obra por su representatividad de una época.*

representativo, -va *adj.* **1** Que sirve para representar o que tiene capacidad para hacerlo: *las ideas de este chico son representativas de la forma de pensar de su generación.* **2** Que sirve para distinguir a una persona o cosa de otras de su especie: *la bondad es su principal rasgo representativo.* **SIN** característico.
DER representatividad.

represión *n. f.* **1** Proceso por el que se moderan o frenan impulsos o sentimientos considerados inconvenientes: *represión sexual.* **2** Uso de la fuerza para controlar las acciones de un grupo de personas, especialmente de los habitantes de un país: *durante esos años, la represión impedía la libertad de expresión; la represión policial fue dura.*

represivo, -va *adj.* **1** Que reprime desde el poder el ejercicio de las libertades: *política represiva.* **2** Que reprime con energía o violencia las actuaciones que se consideran peligrosas para la sociedad, como alteraciones de orden público, manifestaciones o protestas: *la actuación represiva de la policía en una manifestación.*

represor, -ra *adj./n. m. y f.* **1** Que provoca el rechazo de ciertos impulsos o sentimientos considerados inconvenientes: *una educación represora es muchas veces causante de problemas sexuales.* **2** Que usa la fuerza para controlar las acciones de un grupo de personas, especialmente de los habitantes de un país.

reprimenda *n. f.* Expresión muy severa de desaprobación que se le hace a una persona por su comportamiento: *les echó una buena reprimenda por haber faltado a clase.* **SIN** bronca, rapapolvo.

reprimir *v. tr./prnl.* **1** No dejar que un sentimiento o impulso se exprese abiertamente, moderar su intensidad: *apenas pude reprimir la risa.* **SIN** contener. **2** Rechazar del pensamiento ciertos impulsos o sentimientos considerados inconvenientes: *fantasías provocadas por una sexualidad reprimida.* **3** Usar la fuerza para controlar las acciones de un grupo de personas o de los habitantes de un país: *la policía trataba de reprimir a los huelguistas.*

reprís o **reprise** *n. m.* Capacidad del motor de un automóvil para acelerar mucho en poco tiempo: *los coches que tienen reprís son muy buenos en los adelantamientos.*
ETIM *Reprís* es la pronunciación de la palabra francesa *reprise.*

reprise *n. m.* **1** Capacidad que tiene el motor de un automóvil para acelerar con rapidez o alcanzar en pocos segundos un elevado régimen de revoluciones: *los coches que tienen un motor potente tienen mucho reprise.* **SIN** aceleración. **2** Reposición o repetición de una película o de una obra de teatro: *esta compañía de teatro estrena hoy el reprise de una obra del siglo XVI.* **SIN** reestreno.
OBS Es de origen francés y se pronuncia 'reprís'.

reprivatizar *v. tr.* Volver a convertir en privada una empresa incautada o nacionalizada por el gobierno.
OBS En su conjugación, la *z* se convierte en *c* delante de *e*.

reprobación *n. f.* Desaprobación de una cosa o de la conducta de una persona: *siempre que enciendo un cigarro siento su mirada de reprobación*.

reprobar *v. tr.* Desaprobar una cosa o la conducta de una persona: *muchas personas reprueban el aborto*. **SIN** censurar, criticar.
  OBS En su conjugación, la o se convierte en ue en sílaba acentuada, como en *contar*.

réprobo, -ba *adj./n. m. y f. culto* [persona] Que está condenado a las penas del infierno: *Dios castigó a los réprobos de Sodoma y Gomorra*.

reprochar *v. tr.* Decir a una persona o echarle en cara lo que se cree que no ha hecho bien: *le reprochó su falta de cariño*. **SIN** recriminar, censurar.
  DER irreprochable.

reproche *n. m.* Crítica que se hace a una persona por algo que ha dicho o hecho: *al acabar el partido el entrenador visitante hizo numerosos reproches a la actuación del árbitro*. **SIN** recriminación.

reproducción *n. f.* **1** Proceso por el que un ser vivo nace de otro ser vivo: *reproducción sexual; reproducción asexual*. **2** Acción y resultado de reproducir una cosa que ya existe o ha existido: *reproducción de imágenes; reproducción de sonidos; prohibida la reproducción*. **SIN** copia. **3** Producción nueva de un problema que se había reducido: *le dieron un medicamento para evitar la reproducción de la enfermedad; la reproducción de los incidentes*.

reproducir *v. tr./prnl.* **1** Volver a producir o producir de nuevo una cosa: *reproducir un sonido; las escenas de violencia se han reproducido estos días*. ◇ *v. tr.* **2** Volver a decir lo que ya se ha dicho: *Quiero que me reproduzcas sus palabras*. **SIN** repetir. **3** Hacer una copia o una representación de una cosa: *reproduce sus ademanes a la perfección; está tratando de reproducir un cuadro de Velázquez*. **4** Ser copia o representación de una cosa: *esta novela reproduce el ambiente bohemio*. **SIN** reflejar. ◇ *v. prnl.* **5 reproducirse** Producir los seres vivos descendencia de su misma especie: *las esponjas se reproducen por gemación*.
  DER reproducción, reproductor.
  OBS En su conjugación, la c se convierte en zc delante de *a* y *o* y el pretérito indefinido es irregular, como en *conducir*.

reproductor, -ra *adj.* **1** Que está destinado a la creación de una nueva vida o interviene en ese proceso: *aparato reproductor; función reproductora*. **2** [máquina] Que sirve para producir una copia de imágenes o sonidos: *una grabadora es un aparato reproductor de sonidos*.

reprografía *n. f.* Conjunto de técnicas de reproducción de escritos o dibujos; por ejemplo, por medio de una fotocopiadora.

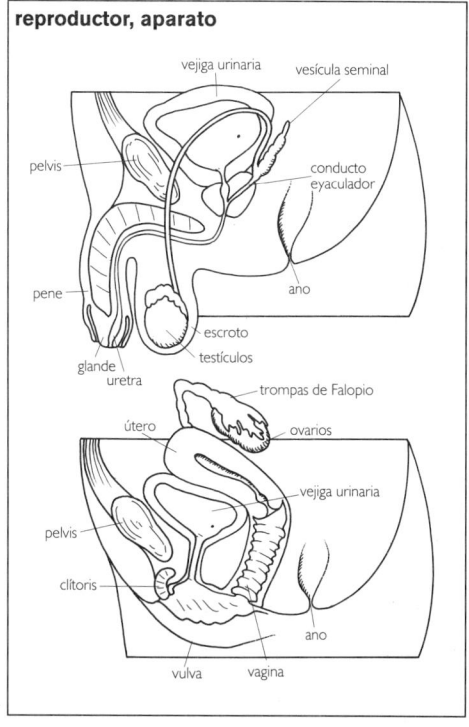

reproductor, aparato

reptar *v. intr.* Desplazarse arrastrándose por el suelo como los reptiles: *las serpientes reptan; los soldados avanzaban reptando para evitar el fuego enemigo*.

reptil *adj./n. m.* **1** Animal vertebrado de temperatura variable que se mueve arrastrando el cuerpo por el suelo y tiene la piel recubierta por escamas o por un caparazón: *las serpientes son reptiles que carecen de patas; los cocodrilos, las lagartijas, las tortugas y el camaleón son reptiles*. ◇ *n. m. pl.* **2 reptiles** Clase de estos animales: *los reptiles se reproducen por huevos que se abren dentro o fuera de la madre; los reptiles fueron dominantes en la Tierra durante millones de años*.
  ETIM Reptil procede del latín *reptile repere*, andar arrastrándose, voz con la que también está relacionada *reptar*.

república *n. f.* **1** Forma de gobierno en la que el cargo de

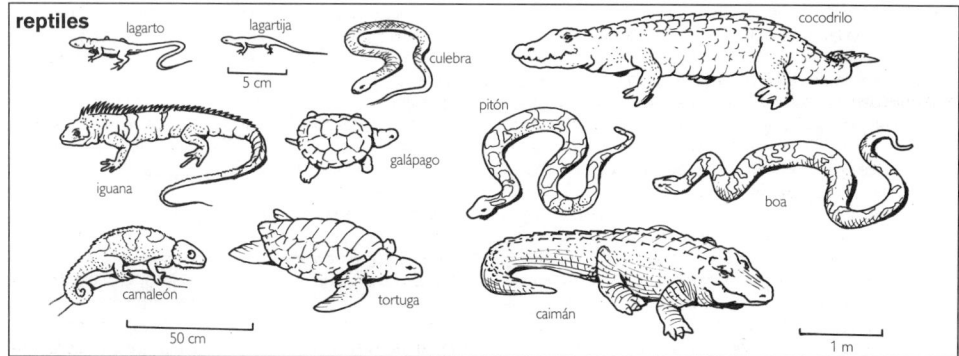

reptiles

republicano

jefe del estado está en manos de un presidente que se elige por votación, bien a través de unas elecciones, bien por una asamblea de dirigentes: *las elecciones expresaron la voluntad popular a favor de la república.* **2** País que se gobierna de esta manera: *las repúblicas latinoamericanas; Francia es una república.*
DER republicano.

republicano, -na *adj.* **1** De la república o que tiene relación con esta forma de gobierno *el gobierno republicano.* ◊ *adj./n. m. y f.* **2** [persona] Que es partidario de la república: *es republicano de toda la vida, por eso no aprueba la monarquía.*
DER republicanismo.

repudiar *v. tr.* **1** Rechazar algo por razones morales o no aceptarlo: *repudio la falta de honradez; ha repudiado la herencia de su tío.* **2** Rechazar legalmente al propio cónyuge: *repudiar a la esposa.*
OBS En su conjugación, la *i* no se acentúa, como en *cambiar.*

repuesto, -ta *n. m.* Pieza que es igual a otra y puede sustituirla en un mecanismo o aparato: *en esa tienda venden repuestos de lavadoras; ya no se fabrican repuestos para los coches antiguos.* **SIN** recambio.
de repuesto Reservado o preparado para cuando sea necesario: *los coches llevan una rueda de repuesto; siempre llevo unas gafas de repuesto por si se me rompen éstas.*

repugnancia *n. f.* **1** Asco profundo o alteración del estómago que impulsa a vomitar: *al ver la basura esparcida, sintió repugnancia.* **2** Antipatía o desprecio profundo hacia una persona o cosa: *fue un comerciante honrado y sentía repugnancia por el dinero sucio.*

repugnante *adj.* Que causa asco o aversión: *es imposible estar con un ser tan repugnante; no comimos más que una sopa repugnante.*
DER repugnancia.

repugnar *v. intr.* **1** Causar asco profundo o disgusto: *me repugna la maldad; le repugna el olor a huevos podridos.* **SIN** asquear. ◊ *v. tr./prnl.* **2** Ser opuesta una cosa a otra: *el bien repugna el mal.* **SIN** repeler.
DER repugnante.

repujado *n. m.* **1** Labrado de una lámina metálica o de un trozo de cuero que se hace con un martillo o un instrumento punzante para conseguir figuras en relieve. **2** Obra así labrada.

repulsa *n. f.* Condena enérgica de una cosa: *expresó su repulsa hacia todo tipo de actos violentos.*
DER repulsar.

repulsión *n. f.* **1** Sentimiento de repugnancia hacia algo: *las cucarachas me producen una repulsión que no puedo controlar.* **2** Rechazo u oposición: *el ministro ha manifestado su total repulsión hacia los últimos atentados.* **SIN** repulsa.

repulsivo, -va *adj.* Que causa repulsión o repugnancia: *su aspecto desaliñado y sucio me parece repulsivo.*

reputación *n. f.* **1** Opinión que tiene la gente de una persona o de una cosa: *tiene mala reputación, pero es muy trabajador.* **2** Buena fama que tiene una persona o una cosa: *es un restaurante de mucha reputación; un arquitecto de reputación.* **SIN** prestigio, renombre.

reputado, -da *adj.* [persona, cosa] Que es muy conocido y admirado: *es un reputado pianista.* **SIN** afamado, insigne, renombrado.

reputar *v. tr.* Considerar que alguien posee una cualidad o característica positiva: *reputar a alguno por honrado.*

requebrar *v. tr.* Elogiar a una mujer alabando sus atractivos: *se pasaba el día requebrándola.* **SIN** piropear.

OBS En su conjugación, la *e* se convierte en *ie* en sílaba acentuada, como en *acertar.*

requerimiento *n. m.* **1** Petición de una cosa que se considera necesaria: *el gobierno no ha accedido a los requerimientos de la oposición.* **2** Acto judicial por el que se exige a alguien que haga o deje de hacer una cosa: *ha recibido un requerimiento para que se presente ante el juez.*

requerir *v. tr.* **1** Necesitar una persona o una cosa que se le dedique algo: *el bebé requiere la atención de la madre; hay asuntos que requieren mucha paciencia.* **SIN** exigir. **2** Pedir alguna cosa a una persona: *requería nuestra ayuda y se la prestamos; requerir en matrimonio.* **SIN** solicitar. **3** Decir una autoridad a una persona que debe hacer alguna cosa: *el juez ha requerido su presencia.*
DER requerimiento.
OBS En su conjugación, la *e* se convierte en *ie* en sílaba acentuada o en *i* en algunos tiempos y personas, como en *hervir.*

requesón *n. m.* Masa blanca y mantecosa que se hace cuajando la leche y colándola después para dejar escapar el suero: *el requesón toma la forma del molde agujereado en el que se ha colado.*

requiebro *n. m.* Expresión de admiración que generalmente dirige un hombre a una mujer: *con sus constantes requiebros, consiguió, poco a poco, ganarse su cariño y enamorarla.* **SIN** piropo.

réquiem *n. m.* **1** Oración por los difuntos que se reza en las misas dedicadas a ellos. **2** Composición musical cantada que tiene como texto la misa de difuntos o parte de ella: *este compositor escribió varias misas y un réquiem.*
OBS El plural también es *réquiem.*

requisa *n. f.* Apropiación de los bienes de una persona o empresa por parte del estado para remediar una necesidad de interés público, especialmente para el uso del ejército.

requisar *v. tr.* Tomar el estado una propiedad de una persona o empresa para remediar una necesidad de interés público, especialmente para el uso del ejército.

requisito *n. m.* Condición necesaria para una cosa: *ser mayor de edad es un requisito para sacarse el carnet de conducir.*

res *n. f.* Cualquier animal cuadrúpedo de ciertas especies domésticas, como las vacas o las ovejas, o de las especies salvajes como los jabalíes o los ciervos: *en su rancho tenía más de cien reses.*

resabiado, -da *adj.* **1** [persona] Que reacciona con desconfianza o agresividad ante hechos de los que tiene experiencia negativa o desfavorable: *las muchachas llevaban muchos años vendiendo en el mercadillo y estaban muy resabiadas: no había quien las engañara.* **2** [animal] Que ha adquirido una mala costumbre: *este perro está resabiado y no hay manera de enseñarlo para que no se suba en los sillones.* **3** [toro] Que embiste al torero en lugar de al capote por haber sido ya toreado.

resabio *n. m.* **1** Mala costumbre adquirida por alguna circunstancia: *será difícil quitarle esos resabios de niño rico.* **2** Sabor desagradable que deja una cosa: *todavía me dura el resabio de esa almendra amarga.* **SIN** regusto.
DER resabiar.

resaca *n. f.* **1** Fuerza de las olas del mar al retirarse de la orilla: *es muy peligroso bañarse con resaca fuerte, porque el agua te puede llevar lejos y no es fácil nadar contra la corriente.* **2** Malestar que se sufre al día siguiente de haber bebido mucho alcohol: *si anoche no se hubiera emborrachado, hoy no tendría resaca.*

resalado, -da *adj. coloquial* Que tiene mucha gracia o ale-

gría en el trato: *me gusta hablar mucho con él porque es muy resalado.*
resaltar *v. intr.* **1** Distinguirse o sobresalir mucho una persona o cosa entre otras: *este color resalta más que el otro; resaltaba en la clase por su simpatía.* **2** Sobresalir una parte de un cuerpo, especialmente en los edificios o en las superficies: *dos balcones resaltan de la fachada principal.* ◇ *v. tr.* **3** Destacar la importancia de una cosa o poner énfasis en ella: *el conferenciante resaltó los puntos más importantes de su disertación.* **SIN** subrayar.
DER resalte, resalto.
resalte *n. m.* Saliente de una superficie, particularmente de una pared: *los resaltes del techo están pintados de blanco.*
resarcir *v. tr./prnl.* Compensar a una persona por un daño o por un perjuicio: *quiero resarcirte por todas las molestias que te he ocasionado.*
OBS En su conjugación, la *c* se convierte en *z* delante de *a* y de *o*.
resbaladizo, -za *adj.* **1** Que hace resbalar o que se escurre fácilmente: *suelo resbaladizo; un pescado resbaladizo.* **2** [asunto] Que lleva fácilmente a caer en una falta o error: *no nos adentremos en temas tan resbaladizos.* **SIN** comprometido.
resbalar *v. intr./prnl.* **1** Moverse los pies hacia delante y perder el equilibrio al pisar una superficie deslizante: *resbaló sobre la cáscara de un plátano y se cayó; con la helada de aquella mañana todo el mundo se resbalaba.* **2** Desplazarse una cosa sobre una superficie deslizante perdiendo su posición o control; también, desplazarse una cosa deslizante sobre una superficie: *resbalar un coche; el agua resbalaba sobre los cristales.* ◇ *v. intr.* **3** Hacer resbalar: *¡cuidado con esa carretera, que resbala mucho!* **SIN** patinar. **4** Caer en una falta o error: *volvió a resbalar al hablar delante de todos.* **SIN** meter la pata.
resbalarle *coloquial* No importar en absoluto un suceso a alguien: *tus amenazas me resbalan.*
DER resbaladizo, resbalón.
resbalón *n. m.* **1** Movimiento brusco que se produce al resbalar una persona o cosa sobre una superficie: *dio un resbalón en la escalera, pero no llegó a caer.* **SIN** patinazo. **2** Falta de discreción o metedura de pata que se comete hablando: *en un resbalón por poco le digo que le preparamos una sorpresa.* **SIN** patinazo.
tener un resbalón Caer en una falta o en una flaqueza: *tuve un resbalón y vuelvo a fumar; tuvieron un resbalón y ahora se casan corriendo.* **3** Pestillo que tienen algunas cerraduras que se encaja en el cerradero presionando un resorte: *la puerta se ha quedado abierta porque se ha estropeado el resbalón de la cerradura.*
rescatar *v. tr.* **1** Recuperar a cambio de dinero o por la fuerza a una persona o una cosa de la que alguien se ha apoderado: *la policía ha rescatado a los rehenes.* **2** Librar a una persona de un trabajo, de un mal o de una situación desagradable: *vio lo mal acompañado que estaba en la fiesta y fue a rescatarlo.* **3** Recuperar una cosa que se había olvidado o perdido: *la compañía discográfica ha rescatado unas grabaciones de su primera época.*
DER rescate.
ETIM Véase captar.
rescate *n. m.* **1** Recuperación de una persona o una cosa a cambio de dinero o por la fuerza: *un cuerpo especial de la policía se encargó del rescate de las personas retenidas.* **2** Salvación de una persona o cosa de un peligro o de una situación de abandono: *todo el pueblo colaboró en las tareas de rescate.* **3** Dinero que se pide o se paga para liberar a una persona o volver a tener una cosa: *Cervantes estuvo prisionero en Argel hasta que pagaron su rescate.*
rescindir *v. tr.* DER. Dejar sin efecto un contrato u otra obligación legal: *rescindió el contrato con su empresa a los dos meses de la firma.* **ANT** prorrogar.
DER rescisión.
rescisión *n. f.* Acción que consiste en anular o dejar sin efecto un contrato, un acuerdo o una obligación que se había contraído: *voy a solicitar la rescisión de mi contrato laboral.* **SIN** anulación.
rescoldo *n. m.* **1** Brasa pequeña que se conserva entre la ceniza: *recogió la ceniza en una bolsa y los rescoldos la agujerearon.* **2** Resto de un sentimiento, pasión o afecto: *aún conserva los rescoldos de su amor por él.*
resecar *v. tr./prnl.* Hacer que algo quede sin gota de humedad o jugo: *tapa el bizcocho para que no se reseque.*
OBS En su conjugación, la *c* se convierte en *qu* delante de *e*.
reseco, -ca *adj.* **1** Que está demasiado seco: *necesito un poco de agua porque tengo la garganta reseca.* **2** Que está demasiado flaco: *pobre animal, se está quedando reseco.*
DER resecar.
resentido, -da *adj./n. m. y f.* Persona que se muestra dolida o enfadada por haber recibido una ofensa o un daño: *está resentido con sus compañeros porque piensa que no le apoyaron cuando lo echaron del trabajo.*
resentimiento *n. m.* Sentimiento contenido de disgusto o enfado avivado por el recuerdo de una ofensa o un daño recibidos: *es imposible que pueda vivir con tanto resentimiento.* **SIN** rencor.
resentirse *v. prnl.* **1** Empezar a flaquear o a estropearse una cosa por la acción de otra: *la salud se resiente si no descansamos como es debido.* **2** Sentir dolor o molestia por una dolencia, especialmente si es pasada: *se resentía de su antigua lesión.* **SIN** dolerse. **3** Sentir disgusto o enfado por haber recibido una ofensa o un daño: *se resintió bastante cuando no le saludaste.*
DER resentido, resentimiento.
OBS En su conjugación, la *e* se convierte en *ie* en sílaba acentuada o en *i* en algunos tiempos y personas, como en *hervir*.
reseña *n. f.* **1** Escrito breve en el que se da noticia y se comenta una obra escrita de reciente publicación: *esperaba una crítica extensa de su libro y sólo salió una reseña.* **SIN** recensión. **2** Noticia breve de un acto reciente: *la reseña de una inauguración.* **3** Enumeración de los principales rasgos de una persona, de un animal o de una cosa: *con las reseñas de este libro resulta fácil identificar a los pájaros; hizo una reseña muy completa del delincuente.* **SIN** descripción.
DER reseñar.
reseñar *v. tr.* **1** Dar noticia brevemente de una obra escrita de reciente publicación y comentarla: *reseñó la obra en el número anterior.* **2** Contar de forma breve y clara algún asunto o hecho: *el periódico reseña la noticia del secuestro.*
reserva *n. f.* **1** Petición de que se guarde una cosa hasta que llega el momento de usarla: *hemos hecho la reserva de dos habitaciones en aquel hotel.* **2** Conjunto de cosas que se guardan hasta que llega el momento de usarlas: *en la alacena hay una reserva de legumbres y alimentos en conserva.* **3** Cuidado que se pone en no decir todo lo que se piensa o todo lo que se sabe: *guardaba cierta reserva en sus juicios sobre ese asunto.* **SIN** circunspección. **4** Falta de confianza: *aceptó su propuesta con reservas.* **SIN** desconfianza, recelo. Normalmente se usa en plural. **5** Parte del ejército de una nación que terminó su servicio activo pero que puede ser

movilizada: en *caso de guerra, el estado recurriría a los militares de la reserva*. **6** Territorio de un país reservado a una comunidad indígena de la que quedan pocos miembros: *en nuestro viaje a Estados Unidos visitamos una reserva de indios apaches*. **7** Zona de la naturaleza protegida para preservar el conjunto de su ecosistema o una de sus partes: *reserva natural; reserva zoológica*. **8** Conjunto de fondos o valores que se guardan para hacer frente a futuras necesidades: *para comprarse la casa ha gastado toda la reserva que guardaba*. ◇ *n. com.* **9** Jugador que sustituye a otro en distintos deportes: *el delantero se lesionó y jugó en su lugar un reserva*. ◇ *n. f. pl.* **10 reservas** Conjunto de cosas disponibles para ser usadas en el momento oportuno o para obrar de una manera determinada: *el país cuenta con abundantes reservas naturales*. **SIN** recursos. **11** Sustancias que se acumulan en las células de los seres vivos y que el organismo utiliza para nutrirse cuando las necesita.

reservado, -da *adj.* **1** [persona] Que es cauteloso y no le gusta exteriorizar sus sentimientos: *es una persona muy reservada, nunca sabes si está triste o alegre*. **2** [persona] Que habla poco y no se hace notar: *no es que sea tímida, es que es muy reservada*. **SIN** discreto. **3** Que es privado o que no debe darse a conocer: *recuerda que éste es un asunto reservado*. ◇ *n. m.* **4** Habitación o lugar separado que se destina a personas o a usos privados: *en ese restaurante tienen reservados para grupos*.
OBS Es el participio de *reservar*.

reservar *v. tr.* **1** Guardar algo para más adelante o para cuando sea necesario: *no te olvides de reservarme un pan para mañana; reserva todas las fuerzas que puedas*. **2** Tomar con anterioridad plaza en un hotel, tren, avión u otro servicio: *reservaron dos plazas para el vuelo a Panamá*. **3** Separar o apartar una cosa que se reparte reteniéndola para sí o para otro: *siempre reservamos la pechuga del pollo para mi hermano porque es lo que más le gusta*. **4** Dejar de comunicar o no dar a conocer un asunto: *reservó la noticia para sí*. ◇ *v. prnl.* **5 reservarse** Conservarse o dejar de actuar esperando una mejor ocasión: *estuvo reservándose durante toda la etapa y atacó al final*.
DER reserva, reservado, reservista.

resfriado *n. m.* Enfermedad leve con síntomas como la mucosidad abundante en la nariz o el dolor de garganta o de cabeza; el frío o la humedad pueden favorecerla: *es muy propenso a los resfriados*. **SIN** catarro, constipado.
OBS Se construye con verbos como *coger* o *pillar*.

resfriarse *v. prnl.* Contraer una enfermedad leve del aparato respiratorio consistente en una inflamación de la garganta y del tejido interior de la nariz que a menudo va acompañada de fiebre y dolores musculares: *todos los alumnos de la clase están resfriados*. **SIN** acatarrarse, constiparse.

resguardar *v. tr./prnl.* Proteger, especialmente del frío, de la lluvia o del mal tiempo: *resguardó el ganado en una cueva; se resguardaron del chaparrón en un portal*.
DER resguardado, resguardo.

resguardo *n. m.* **1** Documento que da garantía de que se ha hecho una entrega o un pago: *presente este resguardo cuando venga a recoger sus gafas*. **2** Lugar que sirve para proteger o defender: *esta cueva será un buen resguardo para pasar la noche*.

residencia *n. f.* **1** Establecimiento o estancia en el que se vive habitualmente: *por favor, comuníquenos cualquier cambio de residencia*. **2** Lugar en que se reside o se vive habitualmente: *mi residencia habitual es Madrid*. **3** Edificio en el que conviven personas que tienen una característica en común y que se sujetan a unas normas: *residencia de estudiantes; residencia geriátrica*. **4** Hospital grande, generalmente público: *lleva un mes ingresado en la residencia*. **5** Casa grande y lujosa: *la residencia del embajador*. **6** Establecimiento para huéspedes de menor categoría que un hotel pero superior a una pensión.
DER residencial.

residencial *adj.* [zona, barrio] Que está destinado casi exclusivamente a las viviendas, sin oficinas ni tiendas y generalmente para familias adineradas.

residente *adj./n. com.* **1** [persona] Que reside o vive habitualmente en un lugar determinado: *son amigos y residentes en Bilbao*. **2** [funcionario, empleado] Que vive en el sitio donde tiene el empleo: *médico residente*.
DER residencia.

residir *v. intr.* **1** Vivir habitualmente en un lugar determinado: *los reyes residen en la capital*. **SIN** habitar. **2** Ser la base de una cosa o consistir: *para mí, la dificultad reside en el cálculo*. **SIN** estribar.
DER residente.

residual *adj.* **1** [materia] Que queda como residuo o que los contiene: *aguas residuales*. **2** De los residuos o que tiene relación con ellos: *tratamiento residual*.

residuo *n. m.* **1** Restos que quedan tras la descomposición o destrucción de una cosa: *aprovechan los residuos del matadero en una fábrica de piensos*. **2** Materiales inservibles que quedan después de haber realizado un trabajo u operación: *los residuos de esta fábrica se vierten al río después de pasar por una depuradora*. **residuo nuclear** o **radiactivo** Material radiactivo que queda tras la fisión en una central nuclear y que ya no tiene utilidad: *encierran los residuos radiactivos en contenedores antes de enterrarlos*. **3** Resto que queda de un todo: *los investigadores han encontrado escasos residuos de esa civilización*.
DER residual.

resignación *n. f.* Aceptación con paciencia y conformidad de una adversidad o de cualquier estado o situación que perjudica o hace daño: *ya no podemos hacer nada más, sólo nos queda la resignación*.

resignarse *v. prnl.* Aceptar con paciencia y conformidad un estado o situación que perjudica o hace daño: *si estás enfermo, resígnate y métete en la cama*.
DER resignación.

resina *n. f.* Sustancia pegajosa, sólida o de consistencia pastosa, que se disuelve en el alcohol pero no en el agua y que se obtiene de algunas plantas de forma natural o se fabrica artificialmente: *la resina de los pinos es muy amarillenta; la resina se emplea en la preparación de lacas y barnices*.
DER resinar, resinoso.

resistencia *n. f.* **1** Oposición a la acción de una fuerza: *el enemigo mostró gran resistencia; la ventana ofrecía resistencia, pero al fin se abrió*. **2** Capacidad para resistir, para aguantar, soportar o sufrir: *el enfermo presentó una fuerte resistencia al virus; es un anciano pero aún tiene resistencia*. **3** Capacidad para soportar un esfuerzo o un peso: *la bolsa no tenía resistencia y se rompió*. **4** Fuerza que se opone al movimiento de una máquina: *los vehículos deben vencer la resistencia del aire; la resistencia se vence con la potencia*. **5** Elemento que se intercala en un circuito para hacer más difícil el paso de la corriente eléctrica o para que ésta se transforme en calor: *las planchas dan calor gracias a una resistencia*. **6** Oposición que los cuerpos conductores presentan al paso del calor o de la electricidad: *los metales ofrecen poca resistencia; la resistencia es la propiedad de los materiales aislantes*. **7** Movimiento u organización de los habitantes de un país invadido para luchar contra el invasor: *la resistencia francesa fue muy importante en la Segunda Guerra Mundial*.

resistente *adj.* **1** Que aguanta un esfuerzo o una fuerza sin romperse ni estropearse: *esta cuerda es muy resistente*. **2** Que es capaz de resistir una fuerza contraria o un ataque; que sobrevive o sigue funcionando en un medio que le perjudica: *mi reloj es resistente al agua*.
DER resistencia.

resistir *v. tr./intr.* **1** Conservarse manteniendo las cualidades propias a pesar del paso del tiempo o de otros agentes perjudiciales: *es increíble lo que resiste este coche.* **SIN** perdurar. **2** Oponerse un cuerpo o una fuerza a la acción o violencia de otra: *la madera no podía resistir tanto peso y se partió.* **3** Tolerar o sufrir una cosa o a una persona: *es bastante tonto, no lo resisto; no resisto las películas de guerra.* **SIN** aguantar. ◇ *v. tr./prnl.* **4** Rechazar con fuerza una idea, una tendencia o una situación: *se resiste a utilizar métodos violentos;*. **5** Oponer dificultades o fuerza: *no te resistas*.
Resistírsele *coloquial* Resultar difícil de conseguir, de manejar o de resolver: *se me resisten las matemáticas; no se le resiste nada*.
DER resistente; irresistible.

resol *n. m.* Reflejo del sol, y luz y calor que produce este reflejo: *los cristales estaban tintados para reducir el resol; en verano, y sobre todo después del mediodía, es imposible aguantar el resol que hace en la calle*.

resollar *v. intr.* **1** Respirar con fuerza y haciendo algún ruido: *los perros que tiraban del trineo resollaban al subir la cuesta*. **2** Hablar o darse a entender: *cuando le eché la bronca, ni resolló.* **SIN** respirar.
OBS En su conjugación, la *o* se convierte en *ue* en sílaba acentuada, como en *contar*.

resolución *n. f.* **1** Solución que se da a un problema o a una duda: *la resolución de un caso*. **2** Decisión que se toma después de considerar todos los factores de un problema o de una duda: *he tomado la resolución de dimitir; el juez ha dictado una resolución.* **3** Determinación y seguridad para hacer una cosa: *creo que le falta la resolución necesaria para afrontar ese problema*. **4** Exactitud o claridad en la reproducción de una imagen: *la resolución de este televisor es muy superior a la de los otros*.

resolutivo, -va *adj.* [persona, medida] Que es capaz de decidir o resolver un asunto rápidamente: *la directora actuó de modo resolutivo y lo mandó una semana a su casa*.

resolver *v. tr.* **1** Dar o hallar una solución o una respuesta a un problema o a una duda: *fue incapaz de resolver el problema de matemáticas; es una cuestión que debéis resolver vosotros.* **SIN** solucionar. ◇ *v. tr./prnl.* **2** Elegir entre varias opciones o formar un juicio definitivo sobre una cuestión dudosa: *el capitán resolvió abandonar la lucha.* **SIN** decidir. **3** Hacer que una cosa se acabe o tenga un resultado claro: *Me resolvió la papeleta; el partido no se resolvió hasta el último minuto.* ◇ *v. tr.* **4** Acabar un asunto o negocio: *tengo un montón de gestiones por resolver.* **SIN** solventar, zanjar. ◇ *v. prnl.* **5 resolverse** Reducirse o venir a parar una cosa en otra: *el agua se resuelve en vapor*.
DER resolución, resoluto; irresoluble.
OBS En su conjugación, la *o* se convierte en *ue* en sílaba acentuada, como en *mover*.

resonancia *n. f.* **1** Prolongación de un sonido que se va disminuyendo por grados: *la caja de resonancia de algunos instrumentos musicales.* **2** Sonido producido por la repercusión de otro: *no se escuchaba bien el concierto porque en el local había mucha resonancia.* **3** Gran divulgación o fama que adquiere un hecho que hace que sea conocido por un gran número de personas: *el asunto ha alcanzado una resonancia enorme*.
DER antirresonancia.

resonar *v. intr.* **1** Sonar con fuerza: *los hachazos resonaban en el bosque.* **2** Alargarse un sonido al rebotar en una superficie: *su voz resonaba en la sala vacía.* **SIN** retumbar. **3** Reproducirse en la memoria un sonido: *aquel clamor todavía resuena en mis oídos.* **4** Llegar una cosa al conocimiento de un gran número de personas: *la noticia resuena ya en toda la población*.
DER resonancia.
OBS En su conjugación, la *o* se convierte en *ue* en sílaba acentuada, como en *contar*.

resoplar *v. intr.* Respirar fuertemente haciendo ruido, generalmente a causa del cansancio o de un contratiempo: *entró resoplando y diciendo que hacía mucho calor en la calle*.
DER resoplido, resoplo.

resoplido *n. m.* Respiración fuerte y ruidosa que generalmente se hace a causa del cansancio o de un contratiempo: *dio un resoplido y y se fue enfadadísimo.* **SIN** bufido.

resorte *n. m.* **1** Pieza elástica, generalmente de metal, sobre la que se aplica una presión y que es capaz de ejercer una fuerza y de recuperar su forma inicial cuando esta presión desaparece: *un resorte hizo que la puerta quedase cerrada.* **SIN** muelle. **2** Medio material o inmaterial del que una persona se vale para lograr un fin determinado: *el último resorte que le queda para conseguir trabajo es hacer oposiciones*.

respaldar *v. tr./prnl.* **1** Ayudar a una cosa o persona a conseguir algo; protegerla o darle garantías: *puede respaldar la operación financiera porque cuenta con una gran fortuna; todos le respaldaron en su labor.* **SIN** apoyar. ◇ *v. prnl.* **2 respaldarse** Inclinarse de espaldas o arrimarse al respaldo de la silla o del banco. **SIN** recostarse.
DER respaldo.

respaldo *n. m.* **1** Parte de un asiento en la que descansa la espalda: *esta silla no es cómoda porque tiene el respaldo muy alto.* **2** Protección o apoyo: *el proyecto salió adelante porque contó con el respaldo de muchas personas*.

respectivamente *adv.* Indica que a cada elemento de un conjunto le corresponde otro que es equivalente u ocupa el mismo lugar en otro conjunto: *María y Juan se encargarán de barrer y fregar, respectivamente*.

respectivo, -va *adj.* [miembro de una serie] Que tiene correspondencia con un miembro que pertenece a un grupo o conjunto diferente: *cada niño deberá ir acompañado por sus respectivos padres*.
DER respectivamente.

respecto **1** Palabra que se utiliza en la locución *al respecto*, que significa: en relación con lo que se trata: *no tengo nada que añadir al respecto*. **2** Palabra que se utiliza en las locuciones *con respecto a* o *respecto a*, que significan: por lo que se refiere a: *con respecto a lo que te dije el otro día, no hay ningún cambio*.

respetable *adj.* **1** Que merece respeto o consideración: *persona respetable; opinión respetable*. **2** Que es considerable por su número, por su tamaño o por su intensidad: *es una cantidad de dinero respetable como para jugársela de una vez.* ◇ *n. m.* **3** *coloquial* Público que se encuentra en un espectáculo: *brindó el toro al respetable*.
DER respetabilidad.

respetar *v. tr.* Tener respeto o consideración por una per-

sona o cosa: *no lo respeta porque considera que es una persona sin importancia; todo el mundo respetó su decisión; respetar las leyes.*
DER respetable.

respeto *n. m.* **1** Consideración y reconocimiento del valor de una persona o de una cosa: *su respeto por las leyes era grande; el profesor impone un gran respeto.* **2** Temor o recelo que infunde una persona o cosa: *Volar me da mucho respeto.* ◇ *n. m. pl.* **3 respetos** *culto* Saludos de cortesía: *Presente mis respetos a su abuela.*
campar por sus respetos Hacer una persona lo que quiere sin atender a los consejos: *ya le puedes decir lo que tiene que hacer que no te hará caso, él campa por sus respetos.*
DER respetar, respetuoso.

respetuoso, -sa *adj.* [persona, acción] Que muestra respeto o consideración: *es muy respetuoso con las personas mayores.*
ANT irrespetuoso.
DER irrespetuoso.

respingar *v. intr.* **1** Sacudirse y gruñir un animal porque le molesta o le hace cosquillas la carga que lleva encima u otra cosa: *el asno respingó y tiró al suelo las alforjas que llevaba cargadas de heno.* **2** *coloquial* Levantarse o elevarse el borde de una prenda de vestir porque está mal hecha o mal puesta: *la americana no te queda bien porque te respinga por detrás.*
OBS En su conjugación, la g se convierte en gu delante de e.

respingo *n. m.* **1** Sacudida violenta del cuerpo causada por un sobresalto o sorpresa: *el caballo dio varios respingos y relinchó.* **2** Expresión o gesto con la que una persona muestra asco o disgusto para indicar que no quiere hacer lo que se le manda: *cuando se lo pidieron dio un respingo.*

respingón, -gona *adj.* **1** *coloquial* [nariz] Que tiene la punta un poco levantada hacia arriba: *tiene la nariz algo chata y respingona.* **2** *coloquial* [prenda de vestir] Que respinga o se levanta por el borde porque está mal hecha o mal puesta: *te voy a planchar de nuevo esa falda porque te queda algo respingona.*

respiración *n. f.* **1** Acción y resultado de respirar: *la respiración es una función vital.* **2** Aire que se toma cada vez que se respira: *contuvo la respiración unos segundos.* **respiración artificial** Técnica que sirve para hacer que vuelva a respirar el que ha dejado de hacerlo: *tras sacarlo de la piscina le hicieron la respiración artificial.* **3** Entrada y salida de aire en un lugar cerrado: *este local no tiene buena respiración.*
SIN ventilación.
aguantar (o **contener**) **la respiración** Dejar de respirar durante cierto tiempo guardando aire en los pulmones: *contuvo la respiración hasta que pasó el peligro.*
sin respiración *a)* Que ha dejado de respirar por un golpe, un esfuerzo o una alteración física o mental: *la caída la dejó sin respiración; ¡qué susto me has dado! ¡me has dejado sin respiración! b)* Muy sorprendido o admirado: *me has dejado sin respiración con esa noticia.* Se usa con verbos como *quedarse* o *dejar.*

respiradero *n. m.* Abertura por donde entra y sale el aire de un lugar cerrado: *hicieron un respiradero en la pared para ventilar el granero.*

respirar *v. intr.* **1** Tomar aire exterior, llevarlo a los pulmones y expulsarlo después modificado: *fumaba tanto que tenía dificultades para respirar; se respira mejor en el campo que en la ciudad.* **2** Estar vivo: *aún respira.* **3** Tener entrada y salida de aire en un lugar cerrado: *abre ese cuarto para que respire.* **4** Animarse o cobrar aliento: *al oír las buenas noticias que nos ha dado el doctor, hemos respirado.* **5** Descansar o cobrar aliento después de un trabajo: *cuando acabemos de revisar*

estos documentos, respiraremos un poco. **6** Hablar o pronunciar palabras: *el chico no respiró en toda la tarde.* **7** Dar noticia de sí una persona que se ha ido: *no sabíamos nada de ti; menos mal que por fin respiras.* ◇ *v. tr.* **8** Mostrar una actitud: *respirar odio; respirar simpatía.*
respirar hondo Tomar mucho aire en los pulmones; respirar profundamente: *después del esfuerzo respiró hondo.*
respirar tranquilo Recuperar la tranquilidad tras haber superado un peligro o una situación difícil: *cuando vio que todo había terminado pudo respirar tranquilo.*
sin respirar *a)* Sin descanso ni interrupción: *trabajó todo el día sin respirar, hasta que terminó. b)* Con mucha atención: *escuchaba sin respirar todas las historias de su abuelo.*
DER respiración, respiradero, respiratorio, respiro; irrespirable.

respiratorio, -ria *adj.* De la respiración o que tiene relación con esta función vital: *tiene una infección en las vías respiratorias.*

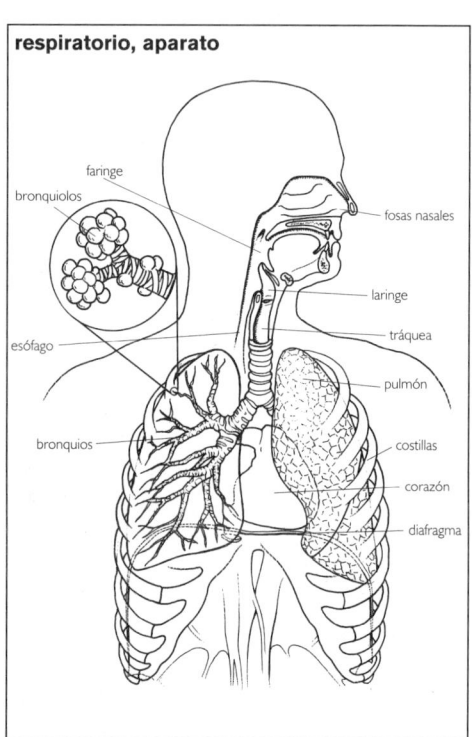

respiratorio, aparato

respiro *n. m.* **1** Tiempo corto de descanso en el trabajo que se hace para volver a él con más fuerzas: *nos tomaremos un respiro antes de comer.* **2** Disminución de una pena o dolor: *su curación ha sido un respiro para toda la familia.*
SIN alivio.

resplandecer *v. intr.* **1** Brillar fuertemente o emitir rayos de luz una cosa: *el diamante resplandecía en su dedo.* **2** Sobresalir o destacar por una virtud o calidad: *su ejemplo resplandece en la historia.* **3** Reflejar gran alegría el rostro de una persona.
DER resplandeciente, resplandor.

OBS En su conjugación, la c se convierte en zc delante de a y o, como en *agradecer*.

resplandor *n. m.* **1** Luz que emite un cuerpo luminoso: *el resplandor del sol*. **2** Brillo muy intenso de algunas cosas: *el resplandor del oro*.

responder *v. tr./intr.* **1** Dar una contestación a lo que se pregunta o se propone: *le respondió que estaba de acuerdo;*. **2** Contestar a una carta o cualquier otro reclamo que se ha recibido: *le responderé mañana, porque no tengo sus señas*. ◇ *v. tr.* **3** Contestar a quien llama: *Nadie responde a mis llamadas*. **4** Contestar con viveza oponiéndose a una cosa: *es un maleducado: siempre tiene que responder*. **SIN** replicar. **5** Contestar un animal a otro de su misma especie: *el canario respondía al canto de otro canario*. ◇ *v. intr.* **6** Tener una cosa un efecto que se desea o se busca: *este coche es muy seguro: responde en todos los terrenos*. **7** Dar fruto o resultado: *si la inversión responde nos haremos ricos*. **8** Corresponder o mostrarse agradecido: *tengo que responder a sus atenciones*. **9** Asegurar o garantizar el funcionamiento o la calidad de una cosa o de una persona haciéndose responsable de ella: *respondo de su buen comportamiento*.
DER respondón, responsable, responso, respuesta; corresponder.

respondón, -dona *adj./n. m. y f.* coloquial [persona] Que suele responder o replicar a los demás de forma irrespetuosa: *es un niño muy respondón y maleducado*.

responsabilidad *n. f.* **1** Característica de las personas responsables: *si no tienes responsabilidad no me puedo fiar de ti*. **ANT** irresponsabilidad. **2** Obligación que hay que cumplir: *los padres tienen la responsabilidad de alimentar y educar a sus hijos*. **3** Obligación de reparar y satisfacer por sí o por otro una deuda o un daño: *los infractores tienen la responsabilidad de los accidentes*. **4** Trabajo o cargo que tiene importancia: *prefiere una tarea de menor responsabilidad*.

responsabilizar *v. tr./prnl.* Hacer responsable a una persona de alguna cosa, o asumir la responsabilidad uno mismo: *lo responsabilizaron del accidente*.
OBS En su conjugación, la z se convierte en c delante de e.

responsable *adj.* **1** [persona] Que es serio en el comportamiento o capaz en el trabajo: *es muy responsable y se puede confiar en él*. ◇ *adj./n. com.* **2** [persona] Que se encarga de una cosa o que la dirige: *la persona responsable del taller no puede ponerse en este momento*. **3** [persona, organismo] Que es el autor o culpable de una cosa: *los traficantes de armas son responsables de muchas muertes*. **4** [persona, organismo] Que está obligado a responder de una cosa o de una persona: *la entidad responsable se hará cargo de las pérdidas*.
DER responsabilidad, responsabilizar; irresponsable.

responso *n. m.* Oración que, separada del rezo, se dice por los que han muerto.

respuesta *n. f.* **1** Contestación a lo que se pregunta, se dice o se escribe: *estamos esperando una respuesta suya; su respuesta fue clara; su ingenio tiene respuestas para todo*. **2** Contestación al que nos llama a la puerta. **3** Efecto o resultado que se desea o se busca: *la respuesta de este vehículo es segura*. **4** Acción con la que una persona corresponde a la de otra: *la respuesta fue inmediata: le propinó un tortazo*.

resquebrajamiento *n. m.* Grieta o hendidura de poca profundidad que se hace en un cuerpo duro: *al taladrar la baldosa se produjo un resquebrajamiento en la superficie*.

resquebrajar *v. tr./prnl.* Hacer o causar grietas en un cuerpo sólido sin acabar de romperlo: *el muro se resquebrajó a causa del terremoto*.
DER resquebrajamiento.

resquemor *n. m.* Sentimiento desagradable que causa en el ánimo una sensación de desazón, angustia o pesadumbre: *me produce resquemor el haberle hablado tan duramente*.
SIN resentimiento.

resquicio *n. m.* **1** Abertura o grieta pequeña y estrecha: *intentó mirar por un resquicio de la pared*. **2** Abertura entre el quicio y la puerta: *entraba un poco de luz por el resquicio*. **3** Ocasión que se encuentra para conseguir un fin: *no encuentro un resquicio en mis ocupaciones para escribirle*.

resta *n. f.* **1** Operación que consiste en quitar una cantidad de otra y averiguar la diferencia: *si no sabes sumar, difícilmente podrás hacer una resta*. **SIN** extracción. **ANT** suma. **2** Cantidad que resulta de esta operación: *y luego, la resta debes multiplicarla por 20*. **SIN** diferencia, sustracción. **ANT** suma.

restablecer *v. tr.* **1** Volver a establecer o a poner en un estado anterior: *ha restablecido una antigua costumbre*. ◇ *v. prnl.* **2 restablecerse** Recuperarse de una enfermedad o de un malestar: *todavía me estoy restableciendo de la impresión que me causó la noticia*. **SIN** recobrarse, reponerse.
DER restablecimiento.
OBS En su conjugación, la c se convierte en zc delante de a y o, como en *agradecer*.

restablecimiento *n. m.* **1** Acción que consiste en volver a hacer o establecer una cosa o ponerla en el estado que tenía antes: *la reunión sirvió para iniciar el restablecimiento de la paz entre los países que estaban en guerra*. **2** Acción de recuperar la salud una persona tras haber estado enferma o haber sufrido alguna dolencia: *ha padecido una grave enfermedad y el restablecimiento será lento*.

restallar *v. intr.* **1** Producir un sonido seco un látigo u otro objeto semejante al sacudirlo en el aire con violencia. **SIN** chascar, chasquear. ◇ *v. tr.* **2** Hacer una persona que un látigo u otro objeto semejante produzca un sonido seco al sacudirlo en el aire con violencia: *el domador de fieras restalló el látigo para asustarlas*. **SIN** chascar, chasquear.

restallido *n. m.* Sonido seco que produce un látigo u otro objeto semejante al restallar en el aire: *el domador de leones dio un restallido con el látigo para calmar a las fieras*. **SIN** chasquido.

restante *adj./n. m.* Que resulta de una resta o que queda: *los días de vacaciones restantes*.

restañar *v. tr./intr.* Detener o parar el curso de un líquido, especialmente la sangre: *trataron de restañar la herida con una gasa*.

restar *v. tr.* **1** Separar o sacar una parte de un todo y hallar la parte que queda: *de este grupo habrá que restar los coches que hayan sido dados de baja*. **ANT** sumar. **2** Quitar una cantidad de otra, averiguando la diferencia entre las dos: *resta 1400 de 3650 y el resultado será 2250*. **SIN** sustracción. **3** Disminuir, hacer que una cosa baje en cantidad, fuerza o intensidad: *restó importancia al accidente para no alarmar a los padres*. ◇ *v. intr.* **4** Faltar o quedar: *restan sólo tres días para que empiecen las vacaciones*. **5** Devolver la pelota del saque: *el tenista restó bien y consiguió un punto*.
DER resta, restante, resto; contrarrestar.

restauración *n. f.* **1** Reparación de alguna cosa que ha sido deteriorada: *en este taller nos dedicamos a la restauración de cuadros antiguos*. **2** Restablecimiento en un país del régimen político que existía y que había sido sustituido por otro: *la restauración de la república tras la monarquía*. **3** Período histórico que comienza con ese restablecimiento: *durante la restauración se hicieron muchas obras públicas*.

restaurador, -ra *n. m. y f.* **1** Persona que se dedica a la restauración de obras de arte: *el restaurador repara los desperfectos que el paso del tiempo causa en las obras de arte.* **2** Persona que tiene o dirige un restaurante: *el dueño de este restaurante es un famoso restaurador reconocido internacionalmente.*

restaurante *n. m.* Establecimiento público donde se preparan y sirven comidas: *nos invitó a comer en un restaurante típico de la capital.*

restaurar *v. tr.* **1** Arreglar o reparar una obra de arte de los daños que ha sufrido: *están restaurando varias de sus pinturas.* **2** Volver a poner una cosa en el estado que antes tenía: *restaurar el orden.* **SIN** restituir. **3** Volver a establecer un régimen político: *restaurar la democracia.*
DER restauración, restaurador, restaurante.

restitución *n. f.* **1** Acción de devolver una cosa a quien antes la tenía o a quien es su verdadero dueño: *la policía procedió a la restitución de las joyas robadas.* **2** Proceso de formación de nuevos tejidos u órganos en plantas que han sufrido algún tipo de lesión.

restituir *v. tr.* **1** Dar una cosa a quien la tenía antes: *le restituyeron todo lo que le habían robado.* **2** Volver a poner en el estado anterior: *restituyeron la decoración original; restituir la salud.* **SIN** restablecer.
DER restitución.
OBS En su conjugación, la *i* se convierte en *y* delante de *a*, *e* y *o*, como en *huir*.

resto *n. m.* **1** Parte que queda de un todo: *Juana se quedó con la casa de sus padres y Enrique con el resto de la herencia.* **2** El resultado de una resta: *el resto de 10 menos 5 es 5.* **3** Cantidad que no se puede dividir en una división de enteros: *5 dividido entre 2 es igual a 2 y el resto es 1.* **4** Cantidad acordada en algunos juegos para jugar y apostar: *el jugador ha apostado el resto.* **5** Acción de devolver la pelota del saque: *el tenista ganó el partido gracias a su potentísimo resto.* ◇ *n. m. pl.* **6 restos** Parte que queda de una cosa después de haberla consumido o de haber trabajado con ella: *había restos de pintura por todas partes.*
echar el resto Hacer todo el esfuerzo posible: *estamos echando el resto para terminar el trabajo a tiempo.*
restos mortales Cadáver o parte del cadáver de una persona.

restregar *v. tr.* Frotar o hacer que se rocen con fuerza dos superficies: *restregar la ropa al lavarla a mano.*
DER restregón.
OBS En su conjugación, la *e* se convierte en *ie* en sílaba acentuada y la *g* en *gu* delante de *e*, como en *regar*.

restregón *n. m.* Señal que queda de restregar: *en el cuello de la camisa se le nota el restregón.*

restricción *n. f.* **1** Disminución o reducción a límites menores de una cosa: *la nueva ley supone una restricción de la libertad.* **2** Disminución o reducción impuesta en el suministro de productos de consumo que escasean: *restricciones de agua.*

restrictivo, -va *adj.* Que tiene capacidad para reducir o restringir a límites menores: *en mi contrato hay una cláusula restrictiva que hace referencia al sueldo.*

restringir *v. tr.* Disminuir o reducir a límites menores: *tendremos que restringir los gastos si queremos pagar todas las deudas.*
DER restricción, restrictivo.
OBS En su conjugación, la *g* se convierte en *j* delante de *a* y *o*.

resucitar *v. tr.* **1** Devolver la vida a un ser muerto. **2** Dar nueva vida a algo que la había perdido: *los jóvenes han resucitado la fiesta; resucitar antiguas tradiciones.* ◇ *v. intr.* **3** Volver a la vida: *Cristo resucitó de entre los muertos.* **SIN** revivir.
DER resurrección.

resuello *n. m.* **1** Respiración, especialmente fuerte y ruidosa: *el caballo dio un fuerte resuello antes de subir la cuesta.* **2** Fuerza o energía: *no puedo trabajar más: me falta el resuello.*

resuelto *adj.* Que es decidido y tiene ánimo o valor para hacer una cosa: *es muy resuelto y se despedirá de la empresa si no aceptan sus condiciones de trabajo.*
OBS Es el participio de *resolver*.

resultado *n. m.* **1** Efecto de un hecho, operación o razonamiento: *hice todas las gestiones posibles, pero no conseguí ningún resultado.* **2** Solución de una operación matemática: *¿cuál es el resultado de esta ecuación?* **3** Información conseguida después de una operación o investigación: *los resultados de los análisis fueron buenos.* **4** Tanteo de una competición deportiva: *les ofrecemos los resultados de los partidos jugados.*

resultante *adj.* **1** Que resulta de una cosa o una acción: *ésa ha sido la conclusión resultante de las investigaciones de la comisión.* **2** [fuerza] Que equivale al conjunto de otras varias: *en el examen de física teníamos que hallar la resultante de dos vectores.*

resultar *v. intr.* **1** Nacer, originarse o ser consecuencia de algo: *esta cantidad resulta de las operaciones realizadas.* **2** Parecer, manifestarse o comprobarse una cosa: *la casa resulta pequeña; el dinero asignado resultaba insuficiente.* **3** Llegar a ser o a obtener un resultado determinado: *resultó vencedor; la expedición resultó un éxito.* **4** Producir agrado o satisfacción: *la fiesta no acabó de resultar.*
DER resulta, resultado, resultante, resultón.

resultas *n. f. pl.* Palabra que se utiliza en la locución *de resultas*, con la que se indica que una cosa sucede u ocurre como consecuencia o efecto de lo que se expresa: *de resultas del golpe estuvo en coma casi una semana.*

resultón, -tona *adj. coloquial* [persona, cosa] Que resulta atractiva y agradable en su conjunto: *mi hermano sale con una chica muy resultona; me he comprado un vestido muy resultón.*

resumen *n. m.* Exposición corta y justa de lo principal de un asunto o materia: *le pidió que hiciese un resumen del capítulo.* **SIN** síntesis.
en resumen Como conclusión: *Juan es alto, guapo, listo y educado: en resumen, una maravilla de hombre.*

resumir *v. tr.* **1** Reducir a una exposición corta y precisa lo principal de un asunto o materia: *resume las ideas esenciales en la conclusión del artículo; la cuestión se resume en estas líneas.* ◇ *v. prnl.* **2 resumirse** Convertirse o transformarse una cosa en otra: *el azúcar se resume en alcohol.*
DER resumen.

resurgimiento *n. m.* Acción de recobrar nuevas fuerzas o nuevas capacidades una persona o una cosa: *el Renacimiento supuso un resurgimiento de los ideales clásicos grecolatinos.*

resurgir *v. intr.* **1** Volver a surgir o a aparecer de nuevo: *ese movimiento cultural resurgió con nuevo ímpetu años después.* **2** Volver a la vida o volver a tener fuerzas o energía: *aunque le hagan daño, siempre resurge de sus cenizas.*
DER resurgimiento.
OBS En su conjugación, la *g* se convierte en *j* delante de *a* y *o*.

resurrección *n. f.* **1** Vuelta a la vida de un ser muerto: *los* *cristianos creen en la resurrección de Jesucristo.* **2** Vuelta al uso o a la existencia de algo que se había perdido: *la resurrección de viejos oficios.*

retablo *n. m.* **1** Conjunto o serie de pinturas o esculturas que representa una historia o hecho: *el salón del palacio estaba adornado con un retablo magnífico.* **2** Obra de arquitectura hecha de piedra, de madera o de otra materia que compone la decoración del muro que hay detrás de un altar: *están restaurando el retablo barroco de la catedral.*

retaco *n. m. coloquial* Persona de poca altura y más bien gorda: *la ves en la televisión y parece algo, pero en realidad es un retaco.* **2** Taco de billar más corto y más grueso de lo normal.

retaguardia *n. f.* **1** Parte del ejército que avanza en último lugar o que se mantiene más alejada del enemigo. **ANT** vanguardia. **2** Zona más alejada del frente del total de un terreno ocupado por un ejército: *llevaron los heridos a la retaguardia.* **ANT** vanguardia. **3** Parte final de algo: *atacó desde la retaguardia de la carrera y se puso en cabeza.*

retahíla *n. f.* Serie larga de cosas que están, se suceden o se mencionan una tras otra: *citó una retahíla de autores; retahíla de insultos.*

retal *n. m.* Trozo de tela o de otro material que sobra después de cortar una pieza mayor: *se hizo dos pañuelos con los retales de la camisa.* **SIN** retazo.

retama *n. f.* Planta con muchas ramas largas, delgadas y flexibles, de hojas pequeñas y escasas y que da flores amarillas: *la retama abunda en la zona mediterránea; una variedad de retama se emplea para hacer escobas.*

retar *v. tr.* Provocar a una persona para tener un enfrentamiento físico o verbal con ella: *lo retó a un combate a muerte; me retó a cruzar el pantano a nado.* **SIN** desafiar.
DER reto.

retardar *v. tr./prnl.* Hacer que una cosa ocurra después del tiempo debido o previsto: *las lluvias han retardado la excursión a la montaña.* **SIN** aplazar, retrasar.

retazo *n. m.* **1** Trozo de tela que sobra después de cortar una pieza mayor: *se hicieron las disfraces con retazos.* **SIN** retal. **2** Trozo de un discurso o escrito: *tan sólo se conservan unos pocos retazos de su obra.* **SIN** fragmento.

retel *n. m.* Instrumento de pesca formado por un aro que lleva sujeta una red en forma de bolsa: *el retel se utiliza para pescar cangrejos de agua dulce.*

retemblar *v. intr.* Temblar una cosa con movimientos rápidos y repetidos: *la explosión hizo retemblar los cristales de las ventanas.* **SIN** vibrar.

retén *n. m.* Grupo de personas que está preparado para ayudar o para actuar en caso de necesidad: *el capitán dejó un retén en el fuerte.*

retención *n. f.* **1** Marcha muy lenta o detención de coches en una carretera: *ha habido retenciones en la autopista a causa de un accidente.* Se usa sobre todo en plural. **2** Dinero que se descuenta en un pago o en un cobro, especialmente el destinado al pago de impuestos: *la empresa hace una retención del 20% para el pago de impuestos.* **3** Acción de interrumpir el curso normal de algo: *este depósito sirve para la retención de agua de lluvia.* **4** Conservación de información en la memoria: *tiene una capacidad extraordinaria para la retención de fechas.* **5** Conservación en el organismo de una materia, especialmente un líquido, que debería expulsarse: *se le hinchan las piernas porque tiene un problema de retención de líquidos.*

retener *v. tr.* **1** Conservar o guardar para sí: *el algodón empapa y retiene el agua.* **2** Descontar un dinero en un pago o cobro: *los bancos retienen el dinero un día antes de ingresarlo en otra cuenta.* **3** Conservar en la memoria: *repitió la poesía varias veces para retenerla.* **SIN** memorizar, recordar. **4** Impedir que una persona se vaya o se aleje de un lugar: *la policía retuvo a los testigos para interrogarlos; sólo tú me retienes en este lugar.* **SIN** detener. **5** Impedir o dificultar el curso normal de una acción: *¿por qué no has empezado a trabajar? ¿Qué es lo que te retiene?; las ramas y las piedras retenían el agua del río.* ◇ *v. tr./prnl.* **6** Reprimir un deseo o pasión: *tuvo que retener sus deseos de besarla.* **SIN** reprimir.
DER retén, retención, retentiva, retentivo.
OBS Se conjuga como *tener*.

retentiva *n. f.* Capacidad o facultad de acordarse de las cosas: *su retentiva es asombrosa; se sabe de memoria los números de teléfono de todos sus amigos y familiares.*

reticencia *n. f.* Reserva o falta de confianza: *aunque me has dado tu autorización para hacer una reforma de la casa, noto en tus palabras cierta reticencia.*

reticente *adj.* Que tiene o muestra reserva o falta de confianza: *su exposición fue demasiado reticente y no dejó satisfechos a los oyentes.*
DER reticencia.

retícula *n. f.* **1** Conjunto de hilos o líneas que se ponen en el foco de algunos instrumentos ópticos para ajustar la visión: *la retícula sirve para calcular una distancia.* **2** Placa de cristal dividida en cuadrados pequeños que se usa en topografía para determinar el área de una figura.

reticular *adj.* Que tiene forma de red.

retículo *n. m.* **1** Tejido en forma de red que está formado por filamentos vegetales: *las hojas de las plantas están formadas de retículos.* **2** Retícula de un instrumento óptico: *el retículo sirve para ajustar o precisar la visión, o para efectuar medidas muy delicadas.* **3** Cavidad que junto con otras tres forma el estómago de los rumiantes: *el retículo es la segunda cavidad del estómago, después de la panza.* **SIN** redecilla.

retina *n. f.* ANAT. Membrana situada en el interior del globo ocular; es sensible a la luz la cual transmite al cerebro en forma de impulsos nerviosos: *desprendimiento de retina.* ☞ *ojo.*
ETIM Véase *red.*

retintín *n. m.* **1** Sonido que deja en los oídos una campana u otro cuerpo sonoro: *todavía oigo el retintín del triángulo con el que nos avisaban para comer.* **2** Tono y modo de hablar que se usa para herir a una persona o para dar a entender más de lo que se dice: *por el retintín de su voz noté que hablaba con ironía.*

retirada *n. f.* **1** Retroceso ordenado de un ejército alejándose del enemigo: *el coronel ordenó la retirada.* **2** Separación o alejamiento de un lugar o circunstancia: *su retirada del mundo laboral lo dejó muy deprimido.* **SIN** salida. **3** Hecho de quitar algo: *me han amenazado con la retirada del carné de conducir.*

retirado, -da *adj.* **1** Que está muy alejado o distante: *su casa queda muy retirada del aeropuerto.* **SIN** apartado, lejano. **ANT** cercano. ◇ *adj./n. m. y f.* **2** [persona] Que ha alcanzado la situación de retiro o jubilación: *mi compañero en la empresa está retirado desde que cumplió sesenta años.*

retirar *v. tr./prnl.* **1** Apartar o separar algo o a alguien de un sitio: *retira la olla del fuego que se va a quemar la comida; retírate de la ventana que te van a ver.* **2** Hacer abandonar a alguien una actividad por algún motivo determinado: *el juez ha retirado a todos los competidores que no cumplían las normas para la carrera; se retiró del concurso al sufrir un mareo.* **3** Hacer abandonar un trabajo o una profesión por haber alcanzado una edad y pasar a percibir una pensión: *a los 65*

retiro

años se retiró de la enseñanza. ◇ v. tr. **4** Apartar de la vista: *retira esa fotografía, que no quiero verla.* **5** No dejar que algo se dé a conocer: *retirar un libro de circulación.* **6** Declarar que no se mantiene algo dicho anteriormente: *la víctima retiró la denuncia; si no retiras tus insultos, tendré que tomar medidas severas.* **7** Negar o dejar de dar: *se enfadó conmigo y me retiró el saludo.* ◇ v. prnl. **8 retirarse** Apartarse o separarse del trato social: *después de la muerte de su mujer se retiró al campo a meditar.* **9** Irse a descansar; irse a la cama o a casa: *perdonadme, pero yo me retiro porque estoy muy cansado.* **10** Retroceder ordenadamente un ejército apartándose del enemigo: *el ejército se retiró ante las tropas enemigas.*
DER retirada, retirado, retiro.

retiro *n. m.* **1** Abandono de un lugar o de una ocupación habitual: *un año de retiro te vendrá bien para tu depresión.* **2** Situación del trabajador retirado: *tras el retiro ya no vive aquí, se ha ido a la costa.* **SIN** jubilación. **3** Pensión que se recibe después de dejar el trabajo a causa de la edad: *le ha quedado un buen retiro con el que mantenerse en su vejez.* **SIN** jubilación. **4** Lugar tranquilo y apartado de la gente: *el escritor decidió confinarse en su retiro y no atender a los periodistas.* **5** Hecho de dejar las ocupaciones habituales para hacer ejercicios espirituales que consisten en rezar y meditar: *las escuelas de monjas solían organizar cada año un retiro de dos o tres días para sus alumnas.*

reto *n. m.* **1** Provocación a una persona para tener un enfrentamiento físico o verbal con ella: *le lanzó un reto que no pudo evitar.* **SIN** provocación, incitación. **2** Objetivo difícil de conseguir en el que se pone mucho esfuerzo: *para un corredor no profesional, terminar un maratón es todo un reto.* **SIN** desafío.

retocar *v. tr.* **1** Terminar o corregir los detalles de una obra: *aunque ya parecía haber terminado el cuadro, todavía lo estuvo retocando durante unas horas.* **2** Arreglar los daños que ha sufrido una obra de arte o reconstruirla: *tuvieron que retocar todos los techos y los frescos que decoraban el salón.* **SIN** restaurar.
DER retoque.
OBS En su conjugación, la c se convierte en qu delante de e.

retomar *v. tr.* Continuar o reanudar una cosa que se había interrumpido: *tras el abucheo del público el conferenciante retomó el discurso donde lo había dejado.*

retoñar *v. intr.* **1** Volver a brotar tallos nuevos en una planta: *las plantas del jardín han retoñado con la lluvia y el buen tiempo.* **2** Reproducirse o volver a aparecer una cosa: *el peligro había pasado, pero quedaba el miedo a que retoñara la enfermedad.*

retoño *n. m.* **1** Rama nueva que le sale a una planta: *con la primavera la higuera ha echado nuevos retoños.* **SIN** vástago. **2** Hijo, especialmente cuando tiene corta edad: *se enorgullecía al mostrar su retoño a los amigos.* **SIN** vástago.
DER retoñar.

retoque *n. m.* Detalle con que se termina o corrige una obra: *le dio los retoques oportunos a la obra antes de entregarla.*

retorcer *v. tr./prnl.* **1** Dar vueltas a una cosa manteniendo un extremo fijo o girando ambos extremos en sentidos contrarios: *retorcía el pañuelo mojado para escurrirlo.* **2** Complicar algo al interpretarlo de una forma diferente a la pretendida: *estás retorciendo el sentido de mis palabras.* **SIN** tergiversar.
3 retorcerse Doblar el cuerpo o hacer movimientos exagerados a causa del dolor o de la risa: *cuando tuve el ataque de apendicitis me retorcía de dolor; al explicar aquel chiste los espectadores se retorcieron en sus butacas.*

DER retorcido.
OBS En su conjugación, la o se convierte en ue en sílaba acentuada y la c en z delante de a y o, como en cocer.

retorcido, -da *adj.* **1** Que tiene mala intención: *acabarás siendo víctima de sus retorcidos planes.* **2** Que usa un lenguaje difícil de entender y poco claro: *este texto jurídico me parece un tanto retorcido.* ◇ *adj./n. m. y f.* **3** *coloquial* [persona] De carácter difícil: *es un tipo muy retorcido y al que nadie comprende.*

retórica *n. f.* **1** Arte de hablar de manera elegante y con corrección para convencer o provocar un sentimiento determinado: *su retórica es nefasta: no me gustaría que me defendiera en un juicio.* **SIN** elocuencia, oratoria. **2** Estudio de las propiedades y la forma de los discursos: *esta clase la dedicaremos a la retórica del texto.* **3** *coloquial* Adorno excesivo en el lenguaje o en el modo de hablar: *lo dice todo con tanta retórica, que se hace insoportable escucharlo.*

retórico, -ca *adj.* **1** De la retórica o que tiene relación con este arte: *en literatura se estudian las figuras retóricas.* **2** [lenguaje] Que es demasiado rebuscado: *su discurso retórico no gustó a los asistentes.* ◇ *adj./n. m. y f.* **3** [persona] Que conoce la retórica: *es un gran retórico y orador.*
DER retoricismo.

retornable *adj.* [envase] Que puede volver a ser utilizado después de haber consumido su contenido, por lo que se suele devolver al establecimiento en que se compró: *los envases retornables son generalmente de vidrio.*

retornar *v. intr.* **1** Volver al lugar del que se partió: *desde que llegó, deseaba retornar a su país.* **SIN** regresar. **2** Volver a una situación o estado anterior: *retornó a sus costumbres.* **SIN** regresar. **3** Volver algo a estar en posesión de quien lo tenía antes: *los libros desaparecidos retornaron misteriosamente a la bibliotecaria.* ◇ *v. tr.* **4** Dar una cosa a quien la tenía antes: *le retornó todo lo que le había dado.* **SIN** restituir. **5** Hacer que una cosa vuelva atrás: *retornaron el carro con cuidado.*
DER retornable, retorno.

retorno *n. m.* Vuelta o regreso al punto de partida: *todos esperábamos su retorno al país después de tantos años de ausencia.* **ANT** marcha.

retortijón *n. m.* Dolor intermitente y agudo que se siente en la tripa o en el estómago: *tenía fuertes retortijones y corrió hacia el servicio.*
OBS Se usa generalmente en plural.

retozar *v. intr.* **1** Jugar dando saltos y moviéndose alegremente: *cuando lo soltaron, el perro empezó a retozar; las crías retozaban cerca de la madre.* **2** Realizar juegos amorosos una pareja: *los dos jóvenes retozaban sobre la hierba.*
OBS En su conjugación, la z se convierte en c delante de e.

retractarse *v. prnl.* Manifestar que se retira algo que se ha dicho anteriormente: *al ver que se había equivocado, se retractó de sus palabras.* **SIN** desdecirse. **ANT** ratificarse.

retráctil *adj.* Que puede avanzar y retraerse o esconderse por sí mismo: *uñas retráctiles.*

retraer *v. tr./prnl.* **1** Apartar o disuadir a una persona de hacer algo: *el fuerte viento me retrajo de salir a navegar.* **2** Encoger un órgano o miembro del cuerpo para que quede oculto: *el gato puede retraer las uñas.* ◇ *v. tr.* **3** Criticar a una persona recordándole abiertamente un hecho o una acción que causa vergüenza: *le retrajo todas sus faltas.* **SIN** reprochar. ◇ *v. prnl.* **4 retraerse** Retirarse o retroceder: *se retrajo al ver al enemigo.* **5** Hacer vida retirada o apartada del trato social: *le gusta la soledad y se retrae mucho.*
DER retraído, retraimiento.
OBS Se conjuga como traer.

retraimiento n. m. Manera de ser de la persona tímida, reservada y poco comunicativa: *su retraimiento hace que tenga poca comunicación con los demás*. **SIN** timidez.

retransmisión n. f. Acción y resultado de enviar o transmitir una información a través de un medio de comunicación desde el lugar donde se produce: *escuchó la retransmisión del partido por la radio*. **SIN** transmisión.

retransmitir v. tr. **1** Enviar o transmitir una información a través de un medio de comunicación desde el lugar donde se produce: *esta noche retransmiten un partido de fútbol por la radio*. **2** Volver a enviar o transmitir un mensaje o una información a través de un medio de comunicación: *retransmitieron el telegrama porque la primera vez que lo enviaron no llegó con claridad*.
DER retransmisión, retransmisor.

retrasado, -da adj. **1** Que no ha completado su desarrollo: *estos frutales están muy retrasados para la época que es*. ◊ adj./n. m. y f. **2** [persona] Que tiene una capacidad mental inferior a la normal: *es un poco retrasada y no entiende bien lo que le dices*. **SIN** deficiente, subnormal. Se usa como apelativo despectivo.

retrasar v. tr./prnl. **1** Hacer que una cosa ocurra después del tiempo debido o previsto: *una avería ha retrasado la llegada del tren; el avión se ha retrasado*. **SIN** atrasar, retardar. ◊ v. tr./intr. **2** Hacer que un reloj señale un tiempo ya pasado: *esta noche tendremos que retrasar los relojes una hora*. **SIN** atrasar. **ANT** adelantar. **3** Echar o llevar hacia atrás: *el público protestó porque los jugadores retrasaban el balón constantemente*. ◊ v. intr./prnl. **4** Marcar un reloj un tiempo anterior al real por funcionar más lentamente que lo debido: *he llegado tarde porque mi reloj retrasa*. **SIN** atrasar. **ANT** adelantar. ◊ v. prnl. **5 retrasarse** Quedar alguien rezagado en una actividad por avanzar menos que los demás: *llegó el último porque se retrasó; debido a su enfermedad se retrasó en sus estudios*. **SIN** atrasar. **ANT** adelantar.
DER retrasado, retraso.

retraso n. m. **1** Acción que sucede más tarde de lo previsto: *la escasez de lluvia provocará un retraso de la cosecha*. **SIN** atraso. **ANT** antelación. **2** Espacio de tiempo posterior al previsto: *este tren siempre llega con diez minutos de retraso*. **SIN** atraso. **ANT** adelanto. **3** Falta de desarrollo completo: *retraso mental*.

retratar v. tr. **1** Reproducir la imagen de alguien o de algo en dibujo, pintura o escultura: *el pintor la retrató desnuda*. **2** Reproducir la imagen de alguien o de algo en una fotografía: *me gusta que me retraten con mi hijo*. **SIN** fotografiar. **3** Describir detalladamente con palabras algo o a alguien: *Cervantes retrata sus personajes magistralmente*.

retrato n. m. **1** Representación de alguien en dibujo, pintura o escultura: *varios pintores hicieron retratos de la reina*. **retrato robot** Supuesto retrato de una persona desconocida que se hace a partir de las explicaciones o señales dadas por otras personas que la han visto: *la policía ha confeccionado el retrato robot del sospechoso*. **2** Fotografía de una persona: *en este álbum guardo los retratos*. **3** Descripción detallada con palabras de alguien o de algo: *en la segunda página hace un retrato muy realista del Madrid de la posguerra*.
ser el retrato o **ser el vivo retrato** Expresión que se utiliza para indicar que una persona se parece mucho a otra: *es el vivo retrato de su padre*.
DER retratar, retratista; autorretrato.

retreparse v. prnl. **1** Echar hacia atrás una persona la parte superior del cuerpo: *sin moverse de su posición se retrepó para coger lo que le estaban ofreciendo*. **2** Apoyarse una persona en el respaldo de una silla y echar el cuerpo hacia atrás, de manera que ésta también se incline: *si no dejas de retreparte en la silla acabarás cayéndote*.

retrete n. m. **1** Recipiente provisto de una cisterna con agua y conectado a una tubería de desagüe donde las personas hacen sus necesidades: *el retrete quedaba separado del resto del baño*. **SIN** inodoro. **2** Habitación en la que está ese recipiente y otros elementos que sirven para el aseo humano: *¡sal ya del retrete, que llevas una hora dentro!* **SIN** servicio, váter.

retribución n. f. Bien o cantidad de dinero que se da o se recibe en compensación de un trabajo o un servicio: *la retribución económica de este año ha de ser mayor a la del anterior*. **SIN** remuneración.

retribuir v. tr. Dar un bien o una cantidad de dinero en compensación de un trabajo o un servicio: *le retribuyeron muy mal y no quiere volver a trabajar para ellos*. **SIN** remunerar.
DER retribución, retributivo.
OBS En su conjugación, la *i* se convierte en *y* delante de *a*, *e* y *o*, como en *huir*.

retro adj. *coloquial* Que imita o evoca un tiempo pasado o anticuado: *música retro; moda retro*.

retro- Prefijo que entra en la formación de palabras con el significado de 'hacia atrás': *retroactivo, retrovisor*.

retroactividad n. f. Acción, aplicación o efecto de una fuerza o una ley sobre hechos ya pasados: *cometió la falta antes de que se promulgara la ley pero se le aplicó con retroactividad y tuvo que cumplir condena*.

retroactivo, -va adj. Que actúa o empieza a tener validez a partir de un tiempo anterior al presente: *el aumento de sueldo tendrá carácter retroactivo*.
DER retroactividad.

retroceder v. intr. **1** Volver hacia atrás en el tiempo o en el espacio: *al perderse, retrocedieron 15 kilómetros sin darse cuenta; cuando le mostró el crucifijo retrocedió espantado*. **SIN** recular. **ANT** avanzar. **2** Abandonar un proyecto antes de realizarlo por encontrar ciertas dificultades. **SIN** desistir. **ANT** avanzar.
DER retroceso.

retroceso n. m. **1** Movimiento hacia atrás en el tiempo o en el espacio: *el progreso a veces se interrumpe con algunos retrocesos*. **ANT** avance. **2** Avance de una enfermedad, haciéndose más grave: *el enfermo ha experimentado un retroceso*. **SIN** agravamiento, empeoramiento. **ANT** mejora. **3** Movimiento brusco hacia atrás de un arma de fuego al dispararla: *sujeta bien el rifle porque tiene mucho retroceso*.

retrógrado, -da adj. **1** Que vuelve hacia atrás: *las armas de fuego realizan un movimiento retrógrado al ser disparadas*. ◊ adj./n. m. y f. **2** [persona] Que es partidario de ideas o instituciones políticas o sociales propias de tiempos pasados: *los políticos retrógrados votaron en contra del sufragio universal*. **SIN** conservador. **ANT** progresista.

retropropulsión n. f. Sistema que origina el movimiento de un vehículo al despedir una corriente de gases producidos a gran presión por el motor, en dirección contraria a la marcha: *la retropropulsión se utiliza en aviones y naves espaciales*.
OBS Se denomina también *propulsión a chorro* o *propulsión de reacción*.

retroproyector n. m. Proyector que reproduce una imagen sobre una pantalla colocada detrás de la persona que lo maneja.

retrospección n. f. Mirada o examen que se hace de un

retrospectivo tiempo pasado para evocarlo o recordarlo: *en la reunión se hizo una retrospección de lo que habían sido los primeros años de la empresa.*

retrospectivo, -va *adj.* Del tiempo pasado o que tiene relación con él: *el profesor comenzó su conferencia con un comentario retrospectivo de lo que había ocurrido en los diez años anteriores.*

retrotraer *v. tr./prnl.* Retroceder con la memoria a un tiempo o época pasada para tomarlos como punto de arranque o de referencia: *el psicoanalista pidió a la paciente que se retrotrajera a los momentos felices de su infancia.*
OBS Se conjuga como *traer*.

retrovisor *n. m.* Espejo pequeño que llevan ciertos vehículos en la parte interior sobre la cabeza del conductor y en la parte exterior en uno o ambos laterales para que el conductor pueda ver lo que hay o pasa detrás: *miró por el retrovisor y vio que los seguía un coche negro.* ☞ automóvil; motocicleta.

retruécano *n. m.* Figura retórica que consiste en contraponer dos frases expresadas con las mismas palabras pero con un orden invertido o distinto, para que sus sentidos o significados contrasten: *trabajar para vivir, no vivir para trabajar es un retruécano.*

retumbar *v. intr.* **1** Hacer mucho ruido una cosa: *la música retumbaba por toda la casa.* **2** Reproducirse o ampliarse el sonido de algo debido a las características del lugar: *sus pasos retumbaban en la bóveda de la cueva.*

reuma o **reúma** *n. amb.* Enfermedad en la que duelen o se inflaman las articulaciones o los músculos del cuerpo: *tiene reuma y cuando llueve le duelen los huesos.* **SIN** reumatismo.
OBS Se considera más correcto su uso como masculino: *el reuma.*

reumático, -ca *adj.* **1** Del reumatismo o relacionado con esta enfermedad: *dolores reumáticos; enfermedad reumática.* ◇ *adj./n. m. y f.* **2** [persona] Que padece reumatismo: *los enfermos reumáticos suelen empeorar en determinadas estaciones del año.*

reumatismo *n. m.* Reuma.

reunión *n. f.* **1** Acción de reunir o reunirse: *la reunión será a las ocho; la reunión de datos no será fácil.* **2** Conjunto de personas que se reúnen para hablar de un determinado tema: *el presidente comunicó a la reunión su intención de dimitir.* **3** Conjunto de cosas, animales o personas.

reunir *v. tr./prnl.* **1** Congregar a varias personas: *por su cumpleaños pudo reunir a todos sus amigos; después de muchos años se reunió toda la familia.* ◇ *v. tr.* **2** Juntar o conseguir cosas para coleccionarlas o con otro fin: *reunió muchos libros a lo largo de su vida.*
DER reunión.
OBS En su conjugación, la *u* se acentúa en algunos tiempos y personas.

reválida *n. f.* **1** Acción que consiste en dar de nuevo validez o firmeza a una cosa. **2** Examen que se hacía antiguamente al finalizar algunos estudios: *al acabar el bachillerato se hacía un examen de reválida para obtener el título.*

revalidar *v. tr.* Confirmar la validez de algo: *el boxeador revalidó su título de campeón.*
DER reválida.

revalorización *n. f.* **1** Recuperación del valor o la estima que una cosa había perdido: *se ha producido una revalorización de las obras de este autor casi olvidado en la época actual.* **2** Aumento del valor de una cosa: *el precio del metro cuadrado se está revalorizando en la periferia de las grandes ciudades; la peseta ha tenido una revalorización con respecto al dólar en los últimos meses.*

revalorizar *v. tr./prnl.* **1** Hacer aumentar el valor de una cosa: *revalorizaron las tierras al instalar el riego.* **ANT** devaluar. **2** Volver a tener algo su justo valor: *su imagen pública, por fin, se ha revalorizado.*
DER revalorización.
OBS En su conjugación, la *z* se convierte en *c* delante de *e*.

revaluación *n. f.* **1** Aumento del valor de una cosa: *se ha producido una revaluación de las tradiciones entre la gente joven.* **SIN** revalorización. **2** Aumento del valor de una moneda respecto al valor de la de otro país o respecto al oro: *se ha producido una revaluación del marco alemán.*

revaluar *v. tr.* **1** Aumentar o elevar el valor de una cosa, especialmente de una moneda: *los medios de comunicación han anunciado que la peseta se ha revaluado en los últimos meses.* **SIN** revalorizar. **ANT** devaluar. **2** Volver a evaluar una cosa: *debemos revaluar de nuevo estos datos.*

revancha *n. f.* Venganza o respuesta a una ofensa o daño recibidos: *quería tomarse la revancha por lo que le habían hecho.* **SIN** represalia, desquite.

reunir

INDICATIVO	SUBJUNTIVO
presente	**presente**
reúno	reúna
reúnes	reúnas
reúne	reúna
reunimos	reunamos
reunís	reunáis
reúnen	reúnan
pretérito imperfecto	**pretérito imperfecto**
reunía	reuniera o reuniese
reunías	reunieras o reunieses
reunía	reuniera o reuniese
reuníamos	reuniéramos o reuniésemos
reuníais	reunierais o reunieseis
reunían	reunieran o reuniesen
pretérito indefinido	
reuní	**futuro**
reuniste	reuniere
reunió	reunieres
reunimos	reuniere
reunisteis	reuniéremos
reunieron	reuniereis
	reunieren
futuro	
reuniré	
reunirás	
reunirá	
reuniremos	
reuniréis	
reunirán	
condicional	
reuniría	
reunirías	
reuniría	
reuniríamos	
reuniríais	
reunirían	

IMPERATIVO	
reúne	(tú)
reúna	(usted)
reunid	(vosotros)
reúnan	(ustedes)

FORMAS NO PERSONALES	
infinitivo	**gerundio**
reunir	reuniendo
participio	
reunido	

DER revanchismo.
revelación *n. f.* Descubrimiento o manifestación de algo secreto o desconocido: *sus ideas sobre la física, son toda una revelación.*
revelado *n. m.* Conjunto de operaciones que son necesarias para revelar una imagen fotográfica: *quiero que me hagan un revelado manual de estas fotografías.*
revelar *v. tr.* **1** Mostrar algo que era secreto o desconocido: *el director reveló a la prensa los datos de la encuesta.* **2** Proporcionar muestras o pruebas de algo: *sus palabras revelan preocupación.* **SIN** evidenciar, reflejar. **3** Hacer que se vea una imagen impresa en una placa o película fotográfica: *he revelado ya el carrete de las fotos de nuestras vacaciones.*
DER revelación, revelado, revelador.
revenirse *v. prnl.* **1** Ponerse blando y correoso un alimento a causa de la humedad o el calor excesivos: *el pan se reviene con facilidad.* **2** Avinagrarse un alimento en conserva o un licor: *la compota en conserva se ha revenido.* **3** Soltar una cosa la humedad que tiene: *la sal se ha revenido.*
OBS Se conjuga como *venir.*
reventar *v. tr./intr./prnl.* **1** Hacer que algo se rompa por no poder soportar una presión interior: *hinchó tanto el balón que lo reventó; la cañería reventó por las heladas; se reventó un neumático y tuvimos un accidente.* ◇ *v. intr.* **2** Salir o surgir con fuerza: *su ira reventó de repente; las flores revientan en primavera.* **SIN** estallar. **3** Tener un deseo muy fuerte o difícil de aguantar: *está que revienta por hablar.* **4** *coloquial* Molestar, cansar o provocar enfado: *me revienta que llegues siempre tarde.* **5** *coloquial* Hacer algo con muchas ganas o fuerza: *cuando actúa ese cómico reviento de risa.* **6** Deshacerse en espuma las olas del mar: *me gusta bañarme mar adentro porque cerca de la playa revientan las olas.* **SIN** romper. ◇ *v. tr.* **7** Cansar mucho o agotar: *el jinete reventó al caballo para llegar en un día a la corte.* **8** Hacer fracasar mostrando desagrado de forma ruidosa: *una compañía enemiga pagó a un grupo de muchachos para que reventara el espectáculo.*
DER reventón.
OBS En su conjugación, la *e* se convierte en *ie* en sílaba acentuada, como en *acertar.*
reventón, -tona *adj.* **1** Que parece que va a reventar o a estallar: *clavel reventón; ojos reventones.* ◇ *n. m.* **2** Abertura y rotura brusca de una cosa que está cerrada y generalmente sometida a una presión interna: *el reventón de la tubería del agua provocó la inundación del piso.* **3** Rotura brusca y desgarro de la cubierta del neumático de un vehículo: *tuve un reventón y me salí de la carretera.*
reverberar *v. intr.* **1** Reflejarse la luz en la superficie de un cuerpo brillante: *el sol reverbera en el lago.* **2** Persistir un sonido en el interior de un lugar durante un tiempo al rebotar en una superficie sin ser absorbido: *el sonido de los altavoces reverbera en la habitación.* **3** Brillar mucho la superficie de un cuerpo al recibir la luz: *las aguas del estanque reverberan hacia el atardecer.*
reverbero *n. m.* **1** Reflejo de la luz en una superficie: *el reverbero le impedía ver con claridad el paisaje.* **2** Persistencia de un sonido en un lugar cerrado: *el reverbero de su voz se oía por toda la sala.*
reverdecer *v. intr./tr.* **1** Tomar color verde de nuevo las plantas, los árboles o la tierra en general: *los árboles reverdecen al llegar la primavera; la lluvia reverdece la pradera.* **2** Renovarse o tomar nueva fuerza o energía: *reverdeció el gusto por las formas clásicas.* **SIN** renacer.
OBS En su conjugación, la *c* se convierte en *zc* delante de *a* y *o*, como en *agradecer.*

reverencia *n. f.* **1** Inclinación del cuerpo en señal de respeto: *hizo una reverencia ante el rey.* **2** Respeto que se siente hacia una persona: *siente verdadera reverencia por su padre.*
DER reverenciar, reverendo, reverente.
reverenciar *v. tr.* Mostrar respeto o veneración por una persona o una cosa a las que se estima: *los católicos reverencian sus imágenes sagradas.* **SIN** respetar, venerar.
OBS En su conjugación, la *i* no se acentúa, como en *cambiar.*
reverendo, -da *adj./n. m. y f.* Forma de tratamiento que indica respeto y cortesía y que se usa hacia los sacerdotes o las personas que pertenecen a una orden religiosa: *reverendo, aquí tiene la sotana limpia; la reverenda madre reunió a todas las monjas del convento.*
reverente *adj.* Que muestra reverencia o respeto: *comportamiento reverente.* **SIN** respetuoso. **ANT** irreverente.
reversible *adj.* **1** Que puede volver a un estado o situación anterior: *no te alarmes: su enfermedad es de carácter reversible.* **ANT** irreversible. **2** Que se puede usar invirtiendo la posición o el sentido: *este colchón es reversible.* ◇ *adj./n. m.* **3** [prenda de abrigo] Que se puede usar cambiando lo de dentro afuera: *tengo un reversible para el otoño; mi cazadora es reversible, por un lado es de paño y por el otro de piel.*
DER irreversible.
reverso *n. m.* Lado opuesto al que se considera principal de una cosa: *en el reverso de la carta había una nota; en el reverso está la figura del rey.* **SIN** envés. **ANT** anverso.
revertir *v. intr.* **1** Ir a para una cosa o acción en otra: *las inversiones que estamos haciendo revertirán en nuestro beneficio dentro de unos años.* **2** *culto* Volver una cosa a un estado o condición anterior.
DER reversible, reversión, reverso.
OBS En su conjugación, la *e* se convierte en *ie* en sílaba acentuada o en *i* en algunos tiempos y personas, como en *hervir.*
revés *n. m.* **1** Lado opuesto a la parte principal de una cosa: *no me he dado cuenta y me he puesto la chaqueta del revés; está escribiendo por el revés de la hoja de papel.* **ANT** derecho. **2** Golpe que se da con la mano vuelta: *le dio un revés por ser desobediente.* **SIN** bofetón, tortazo. **3** Situación difícil o desgraciada: *ha tenido que soportar muchos reveses en la vida.* **SIN** contratiempo, desgracia, infortunio. **4** En deporte, golpe que se da a la pelota cruzando el brazo por delante del cuerpo hacia el lado opuesto al que se tiene la raqueta: *el tenista dio un fuerte revés a la pelota y la envió fuera de la pista.*
al revés De manera contraria: *has entendido lo que he dicho al revés de como deberías haberlo hecho.*
del revés Con la cara posterior, interior o menos importante a la vista: *te has puesto el pijama del revés.*
DER enrevesado.
revestimiento *n. m.* Capa de algún tipo de material con la que se protege o adorna una superficie: *estos electrodomésticos tienen un revestimiento de una aleación especial.*
revestir *v. tr.* **1** Cubrir una superficie con una capa de algún tipo de material, generalmente para protegerla o adornarla: *la caja estaba revestida de oro.* **2** *culto* Presentar una determinado aspecto, cualidad o carácter: *la cogida no reviste gravedad.* ◇ *v. tr./prnl.* **3** Dar a algo la apariencia de lo que no es: *revistió su declaración de ingenuidad ante el jurado.* **4** Atribuir o conceder cierta facultad o autoridad: *fue revestido con el título de emperador; se revistió de todos los honores.* **5** Vestir poniendo una ropa sobre otra: *el sacerdote fue a la sacristía a revestirse.* ◇ *v. prnl.* **6** **revestirse** Armarse de una cualidad

revisar

o virtud: *tendremos que revestirnos de paciencia y de resignación.* **7** Cubrirse de algo: *las cumbres se revistieron de nieve.* **DER** revestimiento.
OBS En su conjugación, la *e* se convierte en *i* en algunos tiempos y personas, como en *servir*.

revisar *v. tr.* **1** Examinar algo con atención y cuidado para corregir los errores: *revisaron la lección antes del examen.* **SIN** repasar. **2** Someter a una nueva prueba o examen para comprobar que funciona correctamente: *habrá que revisar el funcionamiento del aparato.* **SIN** repasar.
DER revisión, revisor.

revisión *n. f.* **1** Observación hecha con cuidado y atención para corregir los errores: *hacemos que hacer una última revisión de las cuentas.* **2** Prueba o examen que se hace de nuevo para comprobar que algo funciona correctamente: *tengo que hacerle una revisión al coche.*
DER revisionismo.

revisor, -sora *n. m. y f.* Persona que se dedica a revisar o comprobar cosas, especialmente los billetes de los viajeros en un medio de transporte: *el revisor nos pidió los billetes en el trayecto entre las dos estaciones.*

revista *n. f.* **1** Publicación de información general, generalmente con fotografías: *compraron unas revistas en el aeropuerto para entretenerse; en esa revista salen fotografías del cantante.* **2** Publicación periódica con escritos sobre varias materias o sobre una especial: *me he suscrito a una revista de economía.* **3** Espectáculo teatral de carácter ligero y de humor en el que alternan números musicales con otros dialogados: *la artista participa en una nueva revista.* **4** Reconocimiento u observación que un jefe hace de las personas o cosas que están bajo su autoridad o cuidado: *vino un funcionario del Ministerio para hacer una revista sanitaria.* **5** Formación de parte de un ejército para que un jefe la pueda reconocer: *la revista se hizo a primera hora de la mañana.*
pasar revista *a)* Reconocimiento que hace un jefe del ejército a su tropa: *el general pasó revista a las tropas. coloquial b)* Supervisar algo: *la madre pasó revista a la habitación de los chicos para ver si la habían ordenado.*
DER revistero.

revistero *n. m.* Pieza de mobiliario en la que se guardan revistas o periódicos: *creo que puse el diario de ayer en el revistero.*

revitalización *n. f.* Acción de dar a algo nueva energía o actividad, especialmente después de un período de deterioro o inactividad: *revitalización de la economía.*

revitalizar *v. tr.* Dar a algo nueva energía o actividad, especialmente después de un período de deterioro o inactividad: *revitalizar el pelo; revitalizar la industria del país.*
OBS En su conjugación, la *z* se convierte en *c* delante de *e*.

revivir *v. intr.* **1** Volver a vivir: *dice que revivió después de morir y de visitar el paraíso.* **SIN** resucitar. **2** Volver en sí un ser vivo que parecía muerto: *volvimos a meter el pez en el agua y revivió.* **3** Resurgir un deseo o sensación que parecía muerto: *el odio que sentía por él revivió al volverlo a encontrar después de tanto tiempo.* ◊ *v. tr.* **4** Recordar algo vivamente: *al ver de nuevo el pueblo, revivió con emoción los felices momentos pasados allí.* **SIN** evocar.

revocar *v. tr.* **1** Dejar sin valor o efecto una ley o una orden: *sólo el rey puede revocar la sentencia.* **SIN** invalidar. **2** Cubrir una pared con cemento u otro material, especialmente la parte exterior de un muro: *levantaron un andamio para revocar la fachada del edificio.*
DER irrevocable.
OBS En su conjugación, la *c* se convierte en *qu* delante de *e*.

revolcar *v. tr.* **1** Derribar a alguien y darle vueltas por el suelo: *el toro revolcó a los mozos.* **2** *coloquial* Suspender una prueba o examen. ◊ *v. prnl.* **3 revolcarse** Echarse sobre una superficie y dar vueltas sobre ella: *a los cerdos les encanta revolcarse en el fango.* **4** *coloquial* Realizar juegos amorosos una pareja.
DER revolcón.
ETIM *Revolcar* procede del latín vulgar *revolvicare*, caer de nuevo, voz con la que también está relacionada *volcar*.
OBS En su conjugación, la *o* se convierte en *ue* en sílaba acentuada y la *c* en *qu* delante de *e*, como en *trocar*.

revolcón *n. m.* **1** Hecho de caer y dar vueltas por el suelo: *iba corriendo, tropezó y se dio un revolcón.* **2** Acción y resultado de vencer a un oponente: *el luchador le dio a su oponente un buen revolcón.* **3** *coloquial* Acto de abrazarse, besarse o hacer el amor dos personas.

revolotear *v. intr.* **1** Volar dando vueltas y giros en un espacio reducido: *el gorrión revoloteaba alrededor del pan.* **2** Moverse una cosa ligera por el aire dando vueltas y giros: *el avión lanzó unos papeles que fueron revoloteando hasta caer al suelo.*
DER revoloteo.

revoloteo *n. m.* Vuelo que se hace con movimientos rápidos y muchos giros: *contemplaba en el parque el revoloteo de las palomas.*

revoltijo *n. m.* **1** Conjunto de muchas cosas diversas y desordenadas: *a ver si ordeno este revoltijo que tengo en el cajón.* **2** Confusión: *había un revoltijo enorme de gente y preferí no pasar.* **SIN** barullo, follón, lío. **3** Conjunto de tripas de un animal: *el carnicero abrió la res y le sacó el revoltijo.*

revoltoso, -sa *adj./n. m. y f.* [niño] Que no se está quieto y es travieso: *niño, no seas revoltoso y deja esas sartenes en su sitio.* **SIN** diablillo.

revolución *n. f.* **1** Cambio violento en el orden político, social y económico de un país: *durante el siglo pasado ese estado sufrió varias revoluciones.* **SIN** revuelta. **2** Desorden o agitación: *cada vez que entra en un bar forma una revolución.* **SIN** revuelo. **3** Movimiento de un cuerpo alrededor de un eje o punto fijo: *en esta maqueta podéis observar la revolución del cigüeñal; sube el motor hasta las 5000 revoluciones por minuto.* **4** Cambio de estado físico o mental: *la noticia me produjo una gran revolución.* **SIN** inquietud.
DER revolucionar, revolucionario; contrarrevolución.

revolucionar *v. tr.* **1** Provocar desorden o agitación: *es muy traviesa y revoluciona a todas sus compañeras.* **2** Producir un desorden y una agitación que llevan a un cambio violento en el orden político, social y económico de un país: *esta propuesta de ley revolucionará a los senadores.* **3** Hacer que un motor gire a más revoluciones por minuto: *revoluciona un poco más el motor para ver cómo suena.*

revolucionario, -ria *adj.* **1** De la revolución política, social o económica o que tiene relación con ella: *en Rusia surgió un movimiento revolucionario a principios de siglo.* ◊ *adj./n. m. y f.* **2** [persona] Que es partidario de la revolución política, social y económica: *el dictador metió en prisión o exilió a todos los revolucionarios.* **3** Que constituye un cambio profundo en algo: *Picasso inventó una técnica revolucionaria en pintura.*
DER antirrevolucionario.

revólver *n. m.* Arma corta de fuego con un tambor giratorio donde se colocan las balas: *el cuatrero sacó su revólver y disparó al aire.*
OBS El plural es *revólveres*.

revolver *v. tr.* **1** Remover algo dándole vueltas: *al empezar*

la partida de bingo, María revolvió bien las bolas de la bolsa y sacó el primer número. **SIN** mezclar. **2** Cambiar ciertas cosas de lugar desordenándolas: *los ladrones entraron por la ventana y revolvieron todos los cajones del mueble.* **3** Volver a tratar un asunto: *deja de revolver las cosas, que el tema ya se ha olvidado.* ◊ *v. tr./prnl.* **4** Alterar un orden o un estado: *no quiero ir a ver una película violenta y sangrienta, esas cosas me revuelven el estómago.* ◊ *v. intr.* **5** Indagar en algo del pasado para extraer alguna información oculta u olvidada: *revolvió entre sus viejos escritos y encontró su verdadera personalidad.* ◊ *v. prnl.* **6 revolverse** Moverse de un lado a otro con inquietud en un espacio reducido: *Luisa se revolvía incómoda en su asiento; no podía conciliar el sueño y se revolvía en el lecho.* **7** Volverse con rapidez para enfrentarse a una persona o cosa: *el bandido se revolvió y dio un puñetazo a su perseguidor; el perro se ha revuelto y ha dado un mordisco a su dueño.* **8** Cambiar el tiempo haciéndose desagradable: *con el buen tiempo que hacía esta mañana, y ahora se está revolviendo.* **SIN** empeorar.
DER revoltijo, revoltillo, revoltoso, revolución, revuelto.
OBS El participio es *revuelto.* ◊ En su conjugación, la *o* se convierte en *ue* en sílaba acentuada, como en *mover.*

revoque *n. m.* **1** Acción que consiste en enlucir o revestir una pared con algún material: *hice el revoque con arena y cal.* **2** Capa o mezcla con que se enluce o se reviste una pared, especialmente la formada por cal y arena.

revuelo *n. m.* Desorden o agitación: *cuando la famosa estrella entró, se armó un gran revuelo en el vestíbulo del hotel.* **SIN** revolución.

revuelta *n. f.* **1** Desorden o agitación que produce un cambio violento en el orden político o social de un país: *desencadenó una revuelta que derrocó el gobierno.* **SIN** revolución. **2** Enfrentamiento o lucha: *se formó una revuelta en la que tuvo que intervenir la policía.*

revuelto, -ta *adj.* **1** Que está muy desordenado o lleno de cosas mezcladas sin coherencia: *la mesa del despacho está muy revuelta.* **2** Que está agitado o intranquilo: *los ánimos de los trabajadores están muy revueltos y la huelga se producirá con toda seguridad.* **3** [tiempo atmosférico] Que está muy variable: *el tiempo está muy revuelto, tan pronto llueve como hace sol.* **4** [líquido] Que está turbio: *las aguas del río bajan revueltas.* ◊ *n. m.* **5** Plato que se elabora con un alimento frito o rehogado en aceite, con el que se mezclan unos huevos que se cuajan sin dejar de remover en la sartén: *pidió un revuelto de ajos tiernos y gambas.*

revulsivo, -va *adj./n. m.* Que produce un cambio importante, generalmente favorable: *el nuevo fichaje se convirtió en el revulsivo del equipo.*

rey *n. m.* **1** Jefe del estado en una monarquía: *fue coronado rey cuando su padre murió.* **SIN** monarca, soberano. **Reyes Magos** Los tres reyes que, según el cristianismo, fueron a adorar a Jesucristo conducidos por una estrella: *el 6 de enero se celebra la fiesta de los Reyes Magos y los niños reciben regalos y juguetes.* **2** Carta de la baraja española con el número 12 y que lleva dibujada la figura de un hombre con corona: *en el juego del mus, los treses y los reyes valen lo mismo.* **3** Pieza principal del ajedrez: *me han dado jaque al rey.* **4** Hombre, animal o cosa del género masculino, que destaca entre los demás de su clase o especie: *el león es el rey de la selva; mi padre es el rey de la casa.*
DER reina, reino, reyezuelo; virrey.
ETIM Rey procede del latín *rex, regis,* que tenía el mismo significado, voz con la que también están relacionados *rector, regio, regir.*

reyerta *n. f.* Enfrentamiento violento entre dos o más personas: *se vio envuelto en una reyerta callejera y salió herido.* **SIN** riña.

rezagar *v. tr.* **1** Dejar atrás: *el viento nos rezagó.* ◊ *v. prnl.* **2 rezagarse** Quedarse atrás: *el ciclista se rezagó en la subida al puerto de montaña.*
OBS En su conjugación, la *g* se convierte en *gu* delante de *e.*

rezar *v. tr.* **1** Decir una oración, mentalmente o de palabra: *comenzó a rezar un padrenuestro.* **2** Decir o decirse en un escrito: *en el libro reza así y tengo que creerlo.* ◊ *v. intr.* **3** Dirigir una oración, mentalmente o de palabra, a una divinidad o a un santo: *rezaba a los santos por los difuntos de su familia; Angelita reza varias veces al día.*
DER rezo.
OBS En su conjugación, la *z* se convierte en *c* delante de *e.*

rezo *n. m.* **1** Acción de rezar: *pensaba que el rezo contribuiría a mejorar la salud de su hijo.* **2** Oración o ruego a una divinidad: *empezaba cada mañana con un rezo.*

rezongar *v. intr.* Emitir voces confusas o palabras mal articuladas en señal de enfado o desagrado: *deja ya de rezongar y empieza a trabajar.* **SIN** refunfuñar, rumiar.
OBS En su conjugación, la *g* se convierte en *gu* delante de *e.*

rezumar *v. tr./prnl.* **1** Dejar salir un cuerpo o recipiente poroso la humedad o un líquido por sus paredes: *el cántaro rezuma agua.* ◊ *v. intr./prnl.* **2** Salir la humedad o un líquido por las paredes de un cuerpo o recipiente poroso: *el agua rezumaba del cántaro.* ◊ *v. tr.* **3** Dejar traslucir una cualidad o característica en alto grado: *su exposición rezumaba sabiduría.*

rho *n. f.* Nombre de la decimoséptima letra del alfabeto griego: *la rho corresponde a la r en castellano.*

R. I. P. *n. m.* Abreviatura de *requiescat in pace,* 'descanse en paz'.

ría *n. f.* Zona costera resultado de la penetración del mar en la desembocadura de un río a causa de un hundimiento de la costa: *la marea también sube en la ría.*

riachuelo *n. m.* Río de pequeño tamaño por el que corre poca agua: *encontraron un riachuelo en el que poder beber.*

riada *n. f.* **1** Crecida muy grande del nivel de las aguas de un río. **SIN** avenida. **2** Inundación provocada por esta crecida: *la riada provocó grandes destrozos en la población.* **3** Cantidad grande de gente: *una riada bajaba por la calle Mayor.*

ribazo *n. m.* **1** Parte de terreno que tiene una elevación o inclinación: *se tumbó en un ribazo a ver pasar las nubes.* **2** Elevación o inclinación entre dos terrenos que están a diferente nivel: *andaba sobre el ribazo sin pisar la tierra de labor.*

ribeiro *n. m.* Vino que se elabora en la comarca de Ribeiro, en la provincia de Orense.

ribera *n. f.* **1** Orilla o borde de un mar o un río: *paseaban por la ribera bajo la sombra de los árboles.* **2** Terreno cercano a un mar o un río: *en la ribera las plantas crecen con facilidad.*
DER ribereño.

ribereño, -ña *adj.* De la ribera o que tiene relación con este terreno: *los representantes de los pueblos ribereños se han reunido para discutir el problema del agua.*

ribete *n. m.* **1** Cinta o tira con la que se refuerza o adorna el borde de una cosa: *uno de los ribetes de sus zapatos se soltó.* **2** Detalle o adorno: *su discurso tuvo ribetes cómicos.* ◊ *n. m. pl.* **3 ribetes** Señal o indicio que prueba o da a conocer una cosa: *este estudiante tiene ribetes de científico.*
DER ribetear.

ribetear *v. tr.* Poner ribetes o marcar los bordes: *ribetearon el vestido; llevaba los ojos ribeteados de un color negro intenso.*

ribonucleico *adj.* [ácido] Que participa en la síntesis de las proteínas y realiza la función de mensajero de la información genética: *el ácido ribonucleico está presente en los seres vivos bajo formas diversas.*

ribosoma *n. m.* Orgánulo del citoplasma de una célula cuya función es participar en la síntesis de proteínas.

ricachón, -chona *adj./n. m. y f. coloquial* [persona] Que tiene mucho dinero o muchos bienes materiales: *el ricachón entró en el restaurante con un puro en la boca, una chistera y un abrigo de pieles.*
OBS Se usa como apelativo despectivo.

ricamente *adv.* **1** Con opulencia y gran ostentación: *el salón estaba ricamente adornado.* **2** Muy a gusto o con toda comodidad: *el bebé está durmiendo tan ricamente.*

ricino *n. m.* Árbol procedente de África de cuyas semillas se saca un aceite medicinal: *el aceite de ricino se utiliza como purgante.*

rico, -ca *adj./n. m. y f.* **1** [persona] Que tiene mucho dinero o muchos bienes: *es rico y puede vivir sin trabajar.* **SIN** acaudalado, adinerado. **ANT** pobre. **2** Que tiene abundancia o gran cantidad de una cosa: *este país es rico en cereales; es una persona rica en ideas.* **3** Que tiene un sabor que resulta agradable: *en esta época del año los tomates están ricos.* **4** *coloquial* [persona] Que es bello o agradable: *tiene un niño muy rico.*
DER ricacho, ricamente, ricura, riqueza; enriquecer.

rictus *n. m.* **1** Contracción de los labios que deja al descubierto los dientes y da a la boca un aspecto parecido a la sonrisa. **2** Gesto del rostro que manifiesta determinado sentimiento o estado de ánimo: *el rictus expresa normalmente un estado de ánimo triste.*

ricura *n. f. coloquial* Apelativo cariñoso que se aplica a los niños: *tu hijo es una ricura de niño.*

ridiculez *n. f.* **1** Acto o dicho que provoca risa por raro, extraño o feo: *deja de decir ridiculeces y escucha.* **2** Cantidad o intensidad escasa o de poca importancia: *la diferencia de precio es una ridiculez: no lo pienses más y cómpralo.*

ridiculizar *v. tr.* Hacer burla de alguien mencionando sus defectos o imitando sus gestos o sus palabras: *lo ridiculizó delante de todos recordándole sus grandes errores.*
OBS En su conjugación, la z se convierte en c delante de e.

ridículo, -la *adj.* **1** Que provoca risa o burla por raro, extraño o feo: *tiene un modo de hablar ridículo; entró con un sombrero ridículo.* **2** Que es escaso o de poca importancia: *no creo que haya que discutir por una cantidad de dinero tan ridícula.* ◊ *n. m.* **3** Situación que sufre una o más personas que provoca risa o burla en los demás: *les metieron tantos goles que hicieron un ridículo espantoso.* Se suele usar con el verbo *hacer.*
DER ridiculez, ridiculizar.

riego *n. m.* **1** Acción de extender agua sobre una superficie de tierra o de plantas: *ese campo necesita un riego más antes de la cosecha.* **riego por aspersión** Sistema de riego que consiste en esparcir finas gotitas de agua sobre un terreno en varias pasadas. **2** Acción de extender un líquido por una materia o tejido: *esta tarta estaría mejor con un riego de licor.*
riego sanguíneo Riego de la sangre sobre los órganos o sobre la superficie del cuerpo: *correr es bueno para activar el riego sanguíneo en las piernas.*

riel *n. m.* **1** Pieza metálica alargada sobre la que se acopla algo para que se deslice: *tiró tan fuerte de la cortina que el riel se desprendió.* **2** Barra de hierro alargada y paralela a otra igual sobre la que van los trenes: *la distancia entre los rieles no es igual en todos los países.* **SIN** carril, raíl.

rienda *n. f.* **1** Correa que sirve para dirigir o gobernar a un caballo o a un animal de tiro: *tiró de las riendas fuertemente para que el caballo se detuviese.* ☞ arreos. ◊ *n. f. pl.* **2 riendas** Gobierno o dirección de una cosa: *lleva las riendas del negocio.*
dar rienda suelta No poner límite o dejar actuar con libertad: *los escritores dan rienda suelta a su imaginación.*

riesgo *n. m.* **1** Posibilidad de que ocurra un peligro o un daño: *creo que ese deporte tiene mucho riesgo.* **2** Cada uno de los diferentes daños que cubre un seguro: *el seguro no nos cubre el riesgo de inundación.*
a todo riesgo [seguro] Que cubre todos los posibles peligros o daños: *mi coche tiene un seguro a todo riesgo.*
DER arriesgar.

rifa *n. f.* Juego que consiste en sortear una cosa repartiendo o vendiendo papeletas con números entre varias personas y escogiendo uno de ellos al azar: *este jamón me tocó en una rifa.* **SIN** sorteo.
DER rifar.

rifar *v. tr./prnl.* **1** Sortear una cosa entre varias personas repartiendo o vendiendo papeletas con números y escogiendo uno de ellos al azar: *rifaron una cesta de Navidad.* ◊ *v. prnl.* **2 rifarse** *coloquial* Disputarse a una persona: *es tan bueno en su trabajo, que todas las empresas se lo rifan.*

rifirrafe *n. m. coloquial* Disputa de poca importancia.

rifle *n. m.* Arma de fuego de cañón largo y con estrías en espiral en su interior: *se apostó con el rifle en una roca para defenderse de los enemigos.*

rigidez *n. f.* **1** Cualidad de lo que no se puede doblar ni torcer: *está fabricado con un material de gran rigidez.* **SIN** dureza. **ANT** flexibilidad. **2** Actitud del que cumple o hace cumplir las normas de forma excesivamente rigurosa: *se comporta con sus hijos con excesiva rigidez.* **SIN** dureza. **ANT** flexibilidad.

rígido, -da *adj.* **1** Que no se puede doblar ni torcer: *estaba fabricado con un plástico rígido y se partió al recibir el golpe.* **ANT** flexible. **2** Que cumple o hace cumplir las normas de forma excesivamente rigurosa: *es muy rígido y no cambiará de opinión.*
DER rigidez.

rigor *n. m.* **1** Dureza o severidad excesiva: *Felipe ha educado a sus hijos con mucho rigor; el profesor aplicó el castigo a los alumnos con rigor.* **SIN** inflexibilidad, rigurosidad. **ANT** suavidad. **2** Cualidad de exacto o fiel: *rigor científico.* **3** Punto de mayor intensidad del frío o del calor en el clima: *los habitantes de esta comarca del norte están acostumbrados al rigor del invierno.* **4** Pérdida de la flexibilidad de los músculos. **rigor mortis** Pérdida de la flexibilidad de los músculos de un cuerpo pocas horas después de la muerte: *cuando llegué, mi abuelo ya tenía el rigor mortis.*
de rigor Obligado, necesario: *hacer eso es de rigor.*
en rigor En verdad: *en rigor, no dijo nada nuevo en la conferencia.*
DER riguroso.

riguroso, -sa *adj.* **1** Que es extremado o duro: *recuerdo que aquel año el invierno fue muy riguroso.* **2** Que cumple o hace cumplir las normas con excesiva exactitud: *es un profesor muy riguroso cuando califica los exámenes.* **SIN** rígido.

rijoso, -sa *adj.* Que muestra o siente deseo sexual: *el caballo rijoso relinchaba y daba coces al aire.*

rima *n. f.* **1** Repetición de sonidos entre dos o más palabras a partir de la última vocal acentuada: *el traductor ha preferido respetar el espíritu del poema antes que buscar la rima.* **rima asonante** Rima en la que se repiten sólo los sonidos vocálicos. **rima consonántica** Rima en la que se repiten tanto

los sonidos vocálicos como los consonánticos. **2** Poema breve: *los alumnos del instituto han escrito algunas rimas*.
DER rimar.

rimar   *v. intr.*   **1** Tener rima una palabra con otra u otras: *las palabras frío y albedrío riman; el primer verso rima con el tercero*. **2** Componer en verso: *no tengo mucha facilidad para rimar*. ◊ *v. tr.* **3** Hacer que dos o más palabras rimen entre sí: *puedes rimar casa con pasa*.
DER arrimar.

rimbombante   *adj.*   **1** Llamativo: *llevaba unas gafas nuevas muy rimbombantes*. **2** Forma de hablar o escribir exagerada y artificial: *Su discurso rimbombante nos fastidió a todos*.

rímel   *n. m.*   Cosmético que se aplica sobre las pestañas para realzarlas o darles color: *tengo que comprar rímel y colorete*.
OBS Su plural es *rímeles*.

rincón   *n. m.*   **1** Ángulo entrante que se forma donde se encuentran dos o tres superficies: *lo castigó a estar en el rincón sujetando dos diccionarios en cada mano*. **SIN** esquina, esquinazo. **2** Espacio de dimensiones pequeñas: *en ese rincón no caben más de dos personas*. **3** Lugar donde una persona o animal se aparta o esconde: *se puso a leer en un rincón*.
DER rinconada, rinconera; arrinconar.

rinconada   *n. f.*   Ángulo entrante que se forma en la unión de dos casas, dos calles o dos caminos: *el banco está en la rinconada de las dos calles principales de la ciudad*.

rinconera   *n. f.*   Mueble con forma adecuada para colocarlo en un rincón: *tenía un florero con un ramo sobre la rinconera*.

ring   *n. m.*   Espacio cuadrado limitado por cuerdas en el que tienen lugar los encuentros de boxeo: *a cada lado del ring hay tres cuerdas horizontales*. **SIN** cuadrilátero.

ringorrango   *n. m.* *coloquial* Adorno exagerado y completamente superfluo e innecesario: *ese diseñador de modas siempre hace vestidos llenos de ringorrangos*.

rino-   Elemento prefijal que entra en la formación de palabras con el significado de 'nariz': *rinología*. **SIN** naso-.

rinoceronte   *n. m.*   Mamífero grande que tiene la piel gruesa, las patas cortas y terminadas en tres dedos, la cabeza puntiaguda y uno o dos cuernos sobre la nariz: *los rinocerontes viven en Asia y en África*.
OBS Para indicar el sexo se usa *el rinoceronte macho* y *el rinoceronte hembra*.

riña   *n. f.*   **1** Enfrentamiento entre dos o más personas por no estar de acuerdo sobre una circunstancia o una idea: *tuvieron una fuerte riña en el bar*. **SIN** altercado, disputa. **2** Corrección o llamada de atención que se hace a una persona por haber cometido un error o por su mal comportamiento: *se llevó una riña inmerecida por culpa de su hermano pequeño*. **SIN** regañina, reprimenda.

riñón   *n. m.*   **1** Órgano situado en la zona lumbar que purifica la sangre y produce la orina: *los humanos tenemos dos riñones*. **2** Figura u objeto que tiene la forma de ese órgano: *en esta pastelería venden unos riñones de chocolate riquísimos*. ◊ *n. m. pl.* **3 riñones** Zona del cuerpo que se encuentra en la parte baja de la espalda: *llevo tantas horas sentado, que me duelen los riñones*.
costar (o valer) un riñón *coloquial* Ser muy caro: *aquel abrigo de pieles le costó un riñón*.
DER riñonera; arriñonado, desriñonar.
ETIM *Riñón* procede del latín vulgar *renio, -onis*, que tenía el mismo significado, voz con la que también está relacionada *renal*.

riñonera   *n. f.*   **1** Faja que sirve para proteger la zona del cuerpo en la que están los riñones: *el médico le recomendó que siempre llevase una riñonera para evitar infecciones*. **2** Bolsa pequeña unida a un cinturón y cerrada generalmente con una cremallera, que se lleva atada alrededor de la cintura para guardar objetos personales: *cuando voy a la playa suelo llevar el tabaco y la cartera en la riñonera*.

río   *n. m.*   **1** Corriente continua de agua por un cauce natural que va a desembocar a otra corriente, a un lago o al mar: *las ciudades se construían al lado de los ríos*. ☞ ciclo del agua. **2** Abundancia o gran cantidad de personas o cosas: *un río de gente se introdujo en el estadio*.
DER ría, riachuelo, riada.

rioja   *n. m.*   Vino que se elabora en la comarca de la Rioja, que comprende la provincia de La Rioja y algunos municipios de Álava y Navarra.

riojano, -na   *adj.*   **1** De La Rioja o que tiene relación con esta comunidad autónoma. ◊ *adj./n. m. y f.* **2** [persona] Que es de La Rioja: *los riojanos son vecinos de los castellanos*.

rioplatense   *adj.*   **1** Del Río de la Plata o relacionado con este estuario de América del Sur formado por la desembocadura de los ríos Uruguay y Paraná: *el estuario rioplatense se encuentra entre Argentina y Uruguay*. ◊ *adj./n. com.* **2** [persona] Que es de Río de la Plata: *los rioplatenses habitan entre Argentina y Uruguay*.

ripio   *n. m.*   **1** Palabra o frase innecesaria que se usa como relleno para completar un verso o una estrofa o para lograr la rima: *al estudiar este poema se observa que está lleno de ripios*. **2** Conjunto de trozos de ladrillos, piedras y demás materiales de desecho que salen cuando se está haciendo una obra de albañilería: *el ripio se utiliza generalmente para rellenar huecos*.

riqueza   *n. f.*   **1** Abundancia de dinero o de bienes materiales: *buscaba la riqueza aprovechándose de los demás*. **SIN** opulencia. **ANT** pobreza. **2** Gran cantidad o calidad de una cosa: *es un hombre de gran riqueza espiritual*. **ANT** pobreza.

risa   *n. f.*   **1** Acción de reír que consiste en mover la boca y producir un sonido repetitivo: *cuando dijo esa estupidez, no pude evitarlo y me dio la risa*. Se suele usar con los verbos *dar, tener* y *producir*. **risa sardónica** a) Contracción de los músculos de la cara de la que resulta un gesto parecido al que se hace cuando se ríe: *me miró y contrajo los músculos en una risa sardónica*. b) Risa fingida y que no tiene buena intención: *ante la ironía, lanzó una risa sardónica*. **2** Situación y acción que provoca risa: *fue una risa verle pasar con esa cara*.
mearse (o mondarse o morirse o partirse) de risa *coloquial* Reírse mucho: *el padre contaba chistes y los hijos se partían de risa*.
DER risible, risotada, risueño; sonrisa.
ETIM *Risa* procede del latín *risus*, que tenía el mismo significado, voz con la que también está relacionada *irrisorio*.

risco   *n. m.*   Roca alta y escarpada: *se encaramó en un risco para mirar a lo lejos*.
DER enriscado.

risible   *adj.* *culto* Que produce risa: *la situación puede parecer risible, pero es muy seria*.

risotada   *n. f.*   Risa corta y sonora: *al oír esa respuesta, soltó una risotada*. **SIN** carcajada.

ristra   *n. f.*   **1** Conjunto de ajos o cebollas unidos por los tallos. **2** Serie o conjunto de cosas colocadas en fila: *tiene una ristra de zapatos viejos en la habitación*. **SIN** sarta.
DER enristrar.

ristre   *n. m.*   Pieza de hierro de la armadura en la que se encaja o se apoya la lanza: *el ristre está situado en la parte derecha del peto*.

risueño

R r

en ristre Expresión que indica que una cosa se tiene bien sujeta entre las manos y bien dispuesta para hacer algo con ella: *pluma en ristre, comenzó a escribir.*

risueño, -ña *adj.* **1** Que muestra un gesto de risa en el semblante: *entró risueño y le preguntamos por qué estaba tan contento.* **SIN** alegre. **ANT** serio. **2** Que se ríe con facilidad: *es muy risueño y alegre.* **3** Que tiene un aspecto agradable: *salió a pasear por un campo risueño.* **4** Que es favorable o prometedor: *parecía que el porvenir sería muy risueño.*

rítmico, -ca *adj.* **1** Del ritmo o que tiene relación con él: *la sección rítmica de este grupo es fantástica.* **2** Que tiene un ritmo determinado.

ritmo *n. m.* **1** Forma de sucederse los sonidos en el mismo intervalo de tiempo: *escucha el ritmo de los tambores; el ritmo de una frase musical.* **2** Forma de combinarse los sonidos en una secuencia lingüística. **3** Serie o modelo regular y repetido de movimientos: *al bailar es muy importante no perder el ritmo.* **4** Sistema o modelo que sigue un fenómeno que se repite regularmente: *el ritmo de su respiración era muy lento.*
DER rítmico; arritmia, biorritmo.

rito *n. m.* **1** Costumbre o ceremonia que se repite siempre de la misma forma: *todavía conservan ritos anteriores a la llegada de los conquistadores.* **2** Conjunto de reglas establecidas para el culto y las ceremonias religiosas: *se casaron según dos ritos: el católico y el ortodoxo.*
DER ritual.

ritual *adj.* **1** Que tiene relación con el rito: *se puso el traje ritual para la ceremonia.* ◇ *n. m.* **2** Conjunto de ritos de una religión o de una iglesia: *siguieron un ritual ancestral.*
DER ritualismo.

rival *adj./n. com.* [persona, animal] Que compite con otro o se opone a él para conseguir una misma cosa: *derrotaron a sus rivales por una gran diferencia.* **SIN** contrincante.
DER rivalidad, rivalizar.

rivalidad *n. f.* **1** Enfrentamiento u oposición entre dos o más personas que aspiran a lograr una misma cosa: *entre los dos equipos existe una gran rivalidad.* **2** Enemistad entre dos o más personas: *la rivalidad entre las dos familias procedía de tiempos antiguos.*

rivalizar *v. intr.* Competir: *rivalizan por la copa del mundo.*
OBS En su conjugación, la *z* se convierte en *c* delante de *e*.

rivera *n. f.* **1** Arroyo o riachuelo de pequeño caudal: *los niños se bañan en la rivera porque lleva poca agua.* **2** Cauce por el que corre este arroyo o riachuelo: *la rivera de este arroyo ha aumentado con las últimas lluvias.*

rizar *v. tr./prnl.* **1** Formar rizos en el pelo: *estas tenacillas son para rizar el cabello; el pelo se rizó con la lluvia.* **2** Hacer dobleces pequeñas en una tela, papel o superficie flexible: *rizó un trozo de papel de seda para hacer un adorno.* **3** Mover el agua formando olas pequeñas: *la brisa riza las olas del mar.*
DER rizo.
OBS En su conjugación, la *z* se convierte en *c* delante de *e*.

rizo *n. m.* **1** Conjunto de pelos que se enrolla formando ondas o bucles: *tiene el cabello lleno de rizos; un rizo le caía junto a la oreja.* **2** Movimiento de un avión que consiste en dar una vuelta sobre sí mismo: *la avioneta hizo varios rizos y luego se lanzó en picado.*
rizar el rizo *coloquial* Hacer algo más difícil de lo necesario: *y para rizar el rizo, el trapecista hizo un triple salto mortal.*
SIN complicar.

rizo- Elemento prefijal que entra en la formación de palabras con el significado de 'raíz': *rizófago.*

rizoma *n. m.* BOT. Tallo subterráneo de ciertas plantas, generalmente horizontal, donde se almacenan las sustancias de reserva: *el lirio tiene un rizoma.*

ro *n. m.* Palabra onomatopéyica que se utiliza repetida para arrullar a los niños pequeños.

road movie *n. f.* Película en la que los personajes viajan en coche durante gran parte de su desarrollo y donde el argumento principal es el propio viaje: *la película Thelma y Louise es una road movie.*
OBS Es de origen inglés y se pronuncia aproximadamente *rod muvi*.

róbalo *n. m.* Pez marino de gran tamaño y cuerpo alargado que vive en las costas de las desembocaduras de los ríos; es comestible y su carne es muy apreciada: *el róbalo tiene la mandíbula inferior más larga que la superior.* **SIN** lubina.
OBS Para indicar el sexo se usa *el róbalo macho* y *el róbalo hembra*.

robar *v. tr.* **1** Tomar para uno lo que pertenece a otro contra su voluntad: *me robaron el bolso en el tren; los ladrones robaron el banco haciendo una galería bajo el suelo.* **SIN** hurtar. **2** Coger cartas o fichas de un montón en los juegos de mesa: *perderé este juego: ya he robado muchas cartas.* **3** Ganar la voluntad o conseguir el afecto de otra persona: *con sus miradas me robaba el corazón.*
DER robo; arrobar.

roble *n. m.* **1** Árbol de tronco alto y fuerte con la copa ancha y las hojas dentadas y cuyo fruto es un tipo de bellota: *el bosque de robles y castaños toma un color precioso en otoño.* ☞ *árbol.* **2** Madera de ese árbol: *el roble es muy apreciado en la fabricación de muebles.* **3** *coloquial* Persona fuerte y con buena salud: *estoy hecho un roble desde que tomo vitaminas.*

robo *n. m.* **1** Acción de apoderarse de las cosas ajenas con violencia o intimidación hacia su legítimo dueño: *se comete un robo al coger el radiocasete de un coche tras romper la ventanilla.* **2** Abuso en el precio de algún producto: *el precio de estas zapatillas es un robo.*

robot *n. m.* **1** Máquina electrónica fabricada para realizar automáticamente movimientos y acciones propios de un ser animado: *en esta fábrica automatizada, los robots colocan y sueldan las piezas; el robot perseguía con pasos pesados a los intrusos.* **SIN** autómata. **2** Persona que actúa sin pensar, por inercia o por ser dirigida por otra.
DER robótica, robótico, robotizar; fotorrobot.
OBS El plural es *robots*.

robótica *n. f.* Ciencia y técnica que estudian los sistemas que permiten diseñar y construir robots para utilizarlos en sustitución del ser humano: *la robótica constituye una rama de la ingeniería.*

robustecer *v. tr./prnl.* Hacer una persona o una cosa más robusta o más fuerte de lo que era: *debes robustecer tu salud haciendo mucho deporte.* **SIN** fortalecer.
OBS En su conjugación, la *c* se convierte en *zc* delante de *a* y *o*, como en *agradecer*.

robusto, -ta *adj.* **1** [persona] Que es fuerte y sano: *es un muchacho robusto y se repondrá muy pronto.* **2** [cosa] Resistente: *un robusto sillón de madera.*
DER robustecer.

roca *n. f.* **1** Materia mineral sólida y dura: *no pudieron terminar el pozo porque a los dos metros de profundidad había una capa de roca.* **SIN** piedra. **2** Trozo de materia mineral sólida y dura: *cogió unas rocas con formas caprichosas.* **SIN** piedra. **3** Piedra de gran tamaño: *se subió a lo alto de una roca a mirar.* **SIN** peñasco. **4** Cosa muy dura, firme y constante: *su fuerza de voluntad es una roca.*

DER rocalla, rocos o, roquedo.

rocambolesco, -ca adj. Que es difícil de creer por ser exagerado o fantástico: *nos sucedió una aventura rocambolesca*.

roce n. m. **1** Efecto que se produce al tocarse dos superficies en movimiento: *el silencio era tal que podía escuchar el roce de las hojas de los árboles*. **2** Desgaste que se produce al tocarse dos superficies en movimiento: *cómprate otros zapatos, ésos están estropeados por el roce*. **SIN** rozamiento. **3** Enfrentamiento ligero entre dos personas: *tuvo un roce con él y desde entonces no se llevan bien*. **4** Trato frecuente entre personas: *el roce hace el cariño*.

rociada n. f. **1** Esparcimiento de un líquido en forma de gotas pequeñas: *una rociada de pintura cubrirá la mancha*. **2** Conjunto de pequeñas gotas de agua que se forman sobre la tierra o las plantas a consecuencia del frío de la noche: *ha caído una buena rociada esta madrugada*. **3** Conjunto de cosas que se esparcen al lanzarlas o al caer: *una rociada de perlas cayó sobre el suelo al romperse el collar*. **4** Reprimenda: *nos echó una buena rociada por llegar tarde*.

rociar v. tr. **1** Esparcir un líquido en forma de gotas pequeñas: *rociaba la camisa con agua para plancharla con facilidad*. **2** Lanzar una cosa para esparcirla sobre una superficie: *las carrozas de la cabalgata rociaron el suelo de las calles con serpentinas de colores*. ◇ v. impersonal **3** Formarse sobre la tierra o las plantas pequeñas gotas de agua a consecuencia del frío de la noche: *esta noche ha rociado*.
DER rociada, rocío.
OBS En su conjugación, la *i* se acentúa en algunos tiempos y personas, como en *desviar*.

rocín n. m. **1** Caballo de mala raza y de poca altura: *tenía un rocín flaco y un galgo*. **2** Caballo de trabajo: *volvía del campo con el rocín*. **3** Hombre torpe y de poca formación cultural. Se usa como despectivo.

rocío n. m. Gotas de agua muy pequeñas que se forman en la tierra y en las plantas al condensarse el vapor de la atmósfera a causa del frío de la noche: *la hierba y las flores están cubiertas de rocío*. ☞ ciclo del agua.

rock n. m. **1** Estilo musical que tiene un ritmo muy rápido y que suele interpretarse con instrumentos eléctricos: *el rock nació en Estados Unidos*. **2** Baile de pareja basado en esa música: *todos los jóvenes estaban bailando rock en la discoteca*. ◇ adj. **3** De este estilo musical o que se relaciona con él: *de pequeña quería ser cantante rock*. **SIN** roquero.

rocker n. com. **1** Persona que sigue con gran pasión la música del rock and roll: *un rocker suele ir peinado con un tupé y vestido con colores oscuros y botas de punta, a imitación de la moda de los jóvenes estadounidenses de los años cincuenta*. **2** Cantante o intérprete de rock and roll. **SIN** roquero.

rococó n. m. Estilo artístico que se caracteriza por el uso abundante de ornamentos o decoración de inspiración naturalista de gusto muy refinado: *el rococó se originó en Francia en el reinado de Luis XV y se impuso en Europa en el siglo XVIII*.

rocoso, -sa adj. [lugar] Que está lleno de rocas: *terreno rocoso*.

rodaballo n. m. Pez marino de cuerpo plano y casi circular, con los dos ojos en el lado izquierdo, de cuerpo liso por el lado superior y escamoso y duro por el inferior: *la carne de rodaballo es muy apreciada*.
OBS Para indicar el sexo se usa *el rodaballo macho* y *el rodaballo hembra*.

rodada n. f. Señal que deja una rueda en una superficie: *las rodadas demostraban que empezó a frenar muchos metros antes de chocar contra el camión*.

rodado, -da adj. **1** Relacionado con la circulación y el transporte sobre vehículos con ruedas: *tránsito rodado*. ◇ adj./n. m. **2** [trozo de mineral] Que se ha desprendido de la veta y está esparcido por el suelo. ◇ adj. **3** [caballo, yegua] Que tiene manchas oscuras de forma redondeada.
venir rodado coloquial Suceder o presentarse una cosa de forma favorable sin haberla preparado o sin ofrecer dificultades: *creí que el nacimiento de mi hijo me traería muchos gastos pero todo me vino rodado*.

rodaja n. f. Trozo delgado y circular que se corta de un alimento: *dame una rodaja de chorizo*.

rodaje n. m. **1** Filmación de una película de cine: *el director prepara el rodaje de su nueva película*. **2** coloquial Período de tiempo o proceso en que se aprende algo o se consigue habilidad en realizarlo: *acabo de incorporarme a un trabajo nuevo y todavía estoy haciendo el rodaje*. **3** Situación de bajo rendimiento en que se encuentra un automóvil nuevo hasta que todos sus mecanismos funcionan perfectamente: *antiguamente los coches nuevos debían hacer un rodaje de tres mil kilómetros*.

rodamiento n. m. Pieza o conjunto de piezas en que se apoya y gira un eje de una máquina: *el rodamiento está formado por dos cilindros y, entre ellos, un juego de bolas que giran; los antiguos patines, en lugar de ruedas, llevaban rodamientos*. **SIN** cojinete.

rodapié n. m. Banda o tira de madera, plástico u otro material que se coloca en la parte baja de la pared como protección o como decoración: *cuando arreglaron el salón pusieron un rodapié de madera*. **SIN** zócalo.

rodar v. intr. **1** Desplazarse algo dando vueltas: *el neumático rodó bastante antes de detenerse*. **2** Caer dando vueltas por una pendiente: *empujó la piedra y la echó a rodar ladera abajo*. **3** Moverse por medio de ruedas: *esta bicicleta no rueda bien*. **4** Ir una persona de un sitio para otro: *Mónica ha ido rodando por varias empresas, pero en ninguna se ha quedado más de seis meses*. **5** Ir una cosa de un sitio para otro: *los juguetes de los niños siempre están rodando por ahí*. **6** Ocurrir o seguir naturalmente un curso: *los acontecimientos han venido rodados*. **7** Girar algo sobre un eje. ◇ v. tr. **8** Grabar una película: *han rodado la serie en una gasolinera; con esta cámara se han rodado varias películas*. **SIN** filmar.
DER rodada, rodado, rodadura.
ETIM Véase *rueda*.
OBS En su conjugación, la *o* se convierte en *ue* en sílaba acentuada, como en *contar*.

rodear v. tr. **1** Estar algo alrededor de una persona o cosa: *las murallas rodean la ciudad*. **2** Colocarse varias personas o animales alrededor de algo o de alguien: *los indios rodearon el fuerte*. **3** Colocar algo alrededor de algo o de alguien: *le rodeó la cintura con sus brazos*. ◇ v. intr./tr. **4** Ir por un camino que no es el más corto: *rodearon por el bosque y tardaron demasiado*. **5** Andar o ir alrededor de un lugar: *tardaron una tarde en rodear el lago*. **6** Explicar de forma poco directa: *no rodees tanto con tus argumentos*.
DER rodeo.
ETIM Véase *rueda*.

rodeo n. m. **1** Paseo o vuelta alrededor de una cosa o lugar: *tuvimos que dar un rodeo porque no podíamos cruzar el río*. Se suele usar con el verbo *dar*. **2** Camino que no es el más directo y resulta más largo: *por ese rodeo tardaréis más pero no os verá nadie*. **3** Explicación poco clara o poco directa: *deja de dar rodeos y reconoce que no has terminado el trabajo*. Se suele usar en plural. **4** Manera poco clara o poco directa de hacer una cosa: *mediante rodeos y tretas, consiguió librarse del*

R r

rodete *n. m.* **1** Peinado que se hace trenzando el pelo y enrollándolo sobre sí mismo, dándole forma de rosca: *se recogió el pelo en un rodete.* **2** Objeto con forma de rueda o rosca hecho de un material flexible, que se coloca sobre la cabeza y se utiliza para apoyar en él un peso que se ha de transportar: *la moza se subió el cántaro a la cabeza y lo apoyó en el rodete.* **3** Pieza del interior de una cerradura que permite girar a la llave: *la llave debe ajustarse al rodete para poder abrir una puerta.*

rodilla *n. f.* **1** Articulación del hombre que une el fémur y la tibia y que permite doblar la pierna. ☞ *cuerpo humano.* **2** Parte externa delantera de esta articulación: *el niño se ha caído y se ha hecho una herida en la rodilla; esta falda me cubre las rodillas.* **3** Articulación de los cuadrúpedos que une el antebrazo y la caña.
de rodillas *a*) Con esas articulaciones apoyadas en el suelo y el resto del cuerpo en posición vertical, de modo que el peso del cuerpo descansa sobre ellas: *está rezando de rodillas.* *b*) Suplicando algo a alguien: *te pido de rodillas que te marches y me dejes descansar un rato.*
DER rodillera; arrodillar.

rodillera *n. f.* **1** Pieza de tela o de otro material que se pone en la rodilla como defensa o adorno: *el jugador se colocó la rodillera para no hacerse daño al caer al suelo.* **2** Pieza de tela que se pone sobre la parte del pantalón que cubre la rodilla para protegerla del desgaste o tapar agujeros: *el niño llevaba rodilleras en los pantalones viejos.* **3** Bolsa que se forma en algunas prendas en la parte de la rodilla debido al uso.

rodillo *n. m.* **1** Utensilio de cocina cilíndrico, de madera y con un mango a cada lado que sirve para extender una masa: *Pilar está pasando el rodillo por encima de la masa para hacer pizzas.* ☞ *cocina.* **2** Objeto cilíndrico con un mango hecho de un material que se empapa fácilmente y que sirve para pintar: *pintarás la pared rápidamente si usas un rodillo en lugar de una brocha.* **3** Instrumento cilíndrico que gira y forma parte de distintos mecanismos: *la tierra se allana con unos vehículos que tienen un gran rodillo.*

rodio *n. m.* Elemento químico metálico que ofrece gran resistencia a ser fundido y se utiliza como catalizador en procesos químicos: *el símbolo del rodio es Rh.*

rodríguez *n. m. coloquial* Marido que debido a su trabajo tiene que permanecer durante una temporada solo en casa mientras su familia se va de vacaciones: *en agosto su mujer y su hijos se marchan a la playa y él se queda en la ciudad de rodríguez.*

roedor, -dora *adj.* **1** Que roe o desgasta con los dientes: *la casa abandonada estaba llena de animales roedores.* ◊ *adj./n. m.* **2** [animal] Que es mamífero, de pequeño tamaño, y que tiene dos dientes largos y curvos arriba y otros dos abajo con los que roe los alimentos. ◊ *n. m. pl.* **3 roedores** Grupo de clasificación animal que agrupa a todos los roedores: *las ratas y las ardillas son roedores.*

roer *v. tr.* **1** Cortar o desgastar con los dientes o con un instrumento duro: *los ratones roen la madera; la lima roe el hierro.* **2** Quitar con los dientes la carne que tiene pegada un hueso: *tenía tanta hambre que roía los huesos de todas las chuletas.* **3** Gastar o desgastar: *el agua roe las rocas.* **4** Atormentar o causar preocupación persistentemente: *el crimen le roía la conciencia.* **SIN** corroer, recomer.
DER roedor; corroer.

INDICATIVO	SUBJUNTIVO
presente	**presente**
roigo o roo o royo	roa o roiga o roya
roes	roas o roigas o royas
roe	roa o roiga o roya
roemos	roamos o roigamos
roéis	o royamos
roen	roáis o roigáis o royáis
	roan o roigan o royan
pretérito imperfecto	
roía	**pretérito imperfecto**
roías	royera o royese
roía	royeras o royeses
roíamos	royera o royese
roíais	royéramos o royésemos
roían	royerais o royeseis
	royeran o royesen
pretérito indefinido	
roí	**futuro**
roíste	royere
royó	royeres
roímos	royere
roísteis	royéremos
royeron	royereis
	royeren
futuro	
roeré	
roerás	**IMPERATIVO**
roerá	
roeremos	roe (tú)
roeréis	roa o roiga
roerán	o roya (usted)
	roed (vosotros)
condicional	roan o roigan
roería	o royan (ustedes)
roerías	
roería	**FORMAS**
roeríamos	**NO PERSONALES**
roeríais	
roerían	infinitivo gerundio
	roer royendo
	participio
	roído

rogar *v. tr.* Solicitar o pedir por favor: *rogó a los asistentes un poco de silencio; me rogó que viniese un poco más tarde.*
hacerse rogar o **hacerse de rogar** Querer alguien que le pidan insistentemente hacer algo antes de llevarlo a cabo.
DER rogativa; abrogar, arrogarse, derogar, interrogar, prorrogar, subrogar.
OBS En su conjugación, la *o* se convierte en *ue* en sílaba acentuada y la *g* en *gu* delante de *e*, como en *colgar*.

rogativa *n. f.* Oración pública que se hace para pedir a una divinidad o a un santo la solución de un problema: *el pueblo hizo rogativas para pedir la lluvia.*
DER prerrogativa.
OBS Se suele usar en plural.

rojez *n. f.* **1** Color rojo: *le gustaba la rojez de sus mejillas.* **2** Zona enrojecida en la piel: *tenía la cara llena de pecas y rojeces.*

rojizo, -za *adj./n. m.* [color] Que es parecido al rojo: *su pelo es de color rojizo.*

rojo, -ja *n. m./adj.* **1** Color como el de la sangre: *el rojo es* *un color caliente; las amapolas son rojas.* **SIN** colorado. ◇ *adj./n. m. y f.* **2** *coloquial* Que tiene una ideología de izquierdas: *en la guerra civil española se llamó rojos a los seguidores de la república.*

al rojo o **al rojo vivo** *a)* [hierro] Que toma el color de la sangre por efecto del calor: *los ganaderos han marcado las reses con un hierro al rojo. b)* Con los ánimos muy alterados y excitados: *la discusión estaba al rojo vivo.*

DER rojez, rojizo; enrojecer, infrarrojo, sonrojar.

rol *n. m.* **1** Parte de una obra de teatro o de una película que es representada por un actor: *desempeña un gran rol en la representación teatral.* **SIN** papel. **2** Función que una persona desempeña en un lugar o en una situación: *tiene un rol importante en la política.* **SIN** papel. **3** Lista de los marineros que viajan en una embarcación: *se inscribió en el rol con un nombre falso.*

DER rolar.

OBS El plural es *roles.*

rollizo, -za *adj.* Que está grueso y fuerte: *el bebé está rollizo, se nota que lo alimentan bien; mataremos el cerdo más rollizo de la granja para hacer chorizos.* **SIN** robusto. **ANT** delgado, flaco.

rollo *n. m.* **1** Cilindro formado por un trozo de tejido, de papel o de otro material flexible enrollado: *llevaba en la mano un rollo de pergamino.* **2** Película fotográfica enrollada en forma cilíndrica: *compró cuatro rollos de fotografías en tan sólo dos días.* **3** *coloquial* Persona o cosa que resulta pesada o desagradable: *estoy harto de tener que aguantar a ese rollo; es un rollo tener que madrugar todos los días para ir al colegio.* **4** *coloquial* Cuento o historia falsa: *no me metas rollos porque ya sé la verdad.* **5** *coloquial* Ambiente social en el que vive o se mueve una persona: *en su casa había muy buen rollo.* **6** *coloquial* Asunto o tema sobre el que se trata: *no me hables de ese rollo.* **7** Comida o alimento al que se le da una forma cilíndrica al cocinarlo: *prepara un rollo de ternera delicioso.* **8** Objeto de madera de forma cilíndrica que se emplea en la cocina: *alisó la masa con el rollo.* **SIN** rodillo.

DER rollista, rollizo; arrollar, enrollar.

romance *n. m.* **1** Conjunto de versos, generalmente de ocho sílabas, con rima asonante en los versos pares: *el romance no tiene un número limitado de versos.* **2** Composición escrita en versos romances: *escribió un romance a la primavera.* **3** Relación amorosa o sexual pasajera: *tuvieron un romance durante el crucero.* **SIN** aventura, idilio. Esta acepción procede del inglés. ◇ *adj./n. m.* **4** [lengua] Que deriva del latín: *el monje escribió un libro de poemas en romance.*

DER romancear, romancero.

romancear *v. tr.* Traducir a una lengua derivada del latín: *romanceó un libro latino.*

romancero, -ra *n. m.* **1** Colección de romances: *este romancero medieval reúne poemas de ocho trovadores.* ◇ *n. m. y f.* **2** Persona que canta romances: *muchos cronistas y romanceros habían relatado ya casos parecidos.*

románico, -ca *adj./n. m.* **1** ARQ. [estilo artístico] Que tiene carácter religioso y que se caracteriza por la seriedad, la sencillez y el uso del arco de medio punto: *el románico se desarrolló en Europa entre los siglos X y XIII.* ◇ *adj.* **2** [lengua] Que procede del latín: *el español, el francés y el italiano son lenguas románicas.*

romanista *n. com.* **1** Persona que se dedica al derecho romano: *es el mejor abogado romanista del país.* **2** Persona que se dedica a estudiar las lenguas derivadas del latín y sus literaturas: *los romanistas estudian las lenguas romances.*

romanización *n. f.* Proceso de difusión o de adopción de la cultura y la civilización de la antigua Roma o de la lengua latina: *la romanización fue absoluta en el territorio de la península Ibérica.*

romanizar *v. tr./prnl.* Extender o tomar las características de la civilización de la Roma antigua o su lengua: *España fue rápidamente romanizada.*

DER romanización.

OBS En su conjugación, la *z* se convierte en *c* delante de *e.*

romano, -na *adj.* **1** De Roma o que tiene relación con esta ciudad italiana: *el tráfico romano es muy denso.* **2** Del imperio de Roma o que tiene relación con él: *los turistas visitan el circo romano; los arqueólogos han descubierto una tumba romana.* **3** De la religión católica o que tiene relación con ella. ◇ *adj./n. m. y f.* **4** [persona] Que es de Roma: *es romano pero casi nunca ha vivido en Roma.* **5** [persona] Nacida en el imperio de Roma: *los romanos construyeron el acueducto de Segovia.*

DER románico, romanista, romanística, romanizar.

romanticismo *n. m.* **1** Movimiento cultural caracterizado por la confianza en la personalidad individual, la oposición a las normas clásicas y la valoración de la Edad Media y de las tradiciones nacionales: *el romanticismo surgió a finales del siglo XVIII.* **2** Período que comienza a finales del siglo XVIII y termina en el siglo XIX durante el cual se dio este movimiento cultural: *durante el romanticismo, Europa sufrió importantes cambios políticos.* **3** Tendencia a dar excesiva importancia a los sentimientos y a la imaginación: *a su edad, el romanticismo es una cosa normal.*

romántico, -ca *adj.* **1** Que da excesiva importancia a los sentimientos y a la imaginación: *era una joven romántica y enamoradiza.* **2** Del romanticismo o que tiene relación con este movimiento cultural: *la literatura romántica está llena de pasiones y lugares oscuros.* ◇ *adj./n. m. y f.* **3** [persona] Que sigue las tendencias del romanticismo: *los románticos exaltaban la importancia del individuo.*

DER romanticismo.

romanza *n. f.* Composición musical instrumental de carácter sencillo y tierno: *la romanza suele tener inspiración lírica o amorosa.*

rombo *n. m.* Figura geométrica plana que tiene cuatro lados iguales que no forman ángulos rectos: *llevaba puesta una camisa con un dibujo de rombos.*

DER rómbico, romboide.

romboedro *n. m.* Cuerpo geométrico que tiene seis caras en forma de rombo: *el romboedro tiene las seis caras iguales.*

romboide *n. m.* Polígono que tiene cuatro lados y son iguales de dos en dos: *el romboide tiene dos de sus cuatro ángulos más grandes que los otros dos.*

romería *n. f.* **1** Peregrinación, especialmente la que se hace para visitar un lugar donde hay un santo: *prometió hacer una romería si se curaba.* **2** Fiesta popular que se celebra en un lugar donde hay un santo en el día de su festividad religiosa: *se celebra una romería cerca de la ermita.* **3** Grupo numeroso de gente que acude a un lugar: *una romería de gente acudió al hotel donde se hospedaba la estrella de cine.*

romero, -ra *adj./n. m. y f.* **1** [persona] Que participa en una romería: *los romeros recorrieron varios kilómetros hasta llegar a la ermita.* ◇ *n. m.* **2** Planta muy olorosa de hojas pequeñas, delgadas y duras, y flores pequeñas azules o blancas: *el romero se utiliza para hacer perfumes; el romero abunda en zonas secas y soleadas del Mediterráneo.*

DER romería.

romo, -ma *adj.* **1** Que no tiene punta o que no la tiene aguda: *encontraron un arma blanca con un lado redondeado y*

R r

rompecabezas *romo*. **2** Que tiene la nariz pequeña o que no la tiene aguda: *no se le sujetan las gafas: tiene la nariz roma*. **SIN** chato.

rompecabezas *n. m.* **1** Juego que consiste en componer una determinada figura o dibujo que está dividida en partes o piezas pequeñas: *se ha comprado un rompecabezas enorme y tardará varios meses en componerlo*. **SIN** puzzle. **2** Frase o pregunta difícil que una persona propone a otra para que le encuentre una solución o le dé un sentido: *nos puso un rompecabezas que no supimos resolver*. **SIN** acertijo, adivinanza. **3** Asunto complicado: *El detective era muy competente pero aquel caso era un auténtico rompecabezas para él*. **SIN** puzzle.
OBS El plural también es *rompecabezas*.

rompehielos *n. m.* **1** Barco preparado para poder navegar por mares donde abunda el hielo: *un rompehielos recogió a los exploradores del Polo*. **2** Saliente duro en la parte anterior de algunos barcos que les ayuda a abrirse paso entre el hielo: *clavó el rompehielos en un iceberg*.
OBS El plural también es *rompehielos*.

rompeolas *n. m.* Pared que protege un puerto o una bahía de las olas del mar: *se mejoró el puerto con la construcción de un rompeolas*. **SIN** malecón.
OBS El plural también es *rompeolas*.

romper *v. tr./prnl.* **1** Partir una cosa en trozos irregulares de modo violento: *el perro ha roto la cuerda; el vaso se cayó de la mesa y se rompió*. **2** Separar una parte de una cosa tirando de ella: *ha roto el brazo de la muñeca*. **3** Estropear algo: *me regaló una tostadora, pero yo la rompí en dos días; el reloj se ha roto*. **4** Hacer una abertura o una raja: *cogió una piedra y le rompió la cara; se dio un golpe y se rompió la cabeza*. ◇ *v. tr.* **5** Interrumpir la continuidad de algo: *un grito rompió el silencio*. **6** Ir contra una ley, una norma o una tendencia: *es un rebelde que disfruta rompiendo los patrones artísticos anteriores*. **7** Abrir un espacio en algo para pasar: *los soldados rompieron el cerco*. ◇ *v. tr./intr.* **8** Empezar o comenzar: *rompió a llorar; al romper el día, los segadores salieron al campo*. Se usa con la preposición *a* y un verbo en infinitivo. ◇ *v. tr./intr./prnl.* **9** Dejar un compromiso o una relación: *ha roto el pacto que teníamos; ha roto con su familia; se ha roto el acuerdo*. Se construye generalmente con la preposición *con*. ◇ *v. intr.* **10** Deshacerse en espuma las olas del mar: *una ola enorme rompió contra el acantilado*. **SIN** reventar.
de rompe y rasga *coloquial* Que se hace notar o tiene un ánimo fuerte: *no es nada tímida: es una mujer de rompe y rasga*.
DER rompiente, rompimiento; corromper, irrompible.
ETIM *Romper* procede del latín *rumpere*, que tenía el mismo significado, voz con la que también están relacionadas *irrumpir, prorrumpir, ruptura, ruta*.
OBS Su participio es *roto*.

rompiente *n. m.* Lugar donde el agua del mar o de un río rompe y se levanta: *el oleaje golpeaba contra el rompiente*.

ron *n. m.* Bebida alcohólica que se consigue por destilación de una mezcla de caña de azúcar y melazas: *me gusta mucho el ron con hielo picado y zumo de limón*.
OBS El plural es *rones*.

roncar *v. intr.* Hacer un ruido áspero, grave y continuado al respirar mientras se duerme: *su marido ronca y ella le da codazos para que se calle*.
DER ronquido.
OBS En su conjugación, la *c* se convierte en *qu* delante de *e*.

roncha *n. f.* Bulto de color rojo que sale en la piel a causa de una picadura o por una enfermedad: *me ha salido una roncha en el brazo porque me ha picado un mosquito*. **SIN** haba, habón.

ronco, -ca *adj.* **1** [voz, sonido] Que es áspero y grave: *lo reconoció por el ronco timbre de su voz*. **2** [persona] Que padece ronquera: *está ronco y no puede hablar*.
DER ronquera; enronquecer.

ronda *n. f.* **1** Recorrido fijo que sigue un grupo de personas que vigila un lugar: *los guardias hacen su ronda cada hora*. **2** Grupo de personas que realiza un recorrido fijo por un lugar para vigilarlo: *se metió en un portal para que no le viera la ronda*. **3** Paseo o calle que rodea una ciudad o una parte de ella: *salga usted hasta esa ronda y dé la vuelta*. **4** Conjunto de consumiciones que paga cada vez una persona diferente: *esta ronda la pagas tú y a la siguiente invito yo; nos han servido otra ronda de cerveza*. **5** Serie de partidas de un juego en la que intervienen o reparten todos los jugadores: *esta ronda ha sido mala*. **6** Conjunto de personas que se reúnen por la noche para tocar y cantar por las calles: *la ronda cantó una canción bajo su balcón*. **SIN** rondalla. **7** Carrera ciclista que se hace por etapas: *es la cuarta vez consecutiva que gana la ronda gala*.
DER rondalla, rondar.

rondalla *n. f.* Conjunto de personas que cantan y tocan instrumentos de cuerda por las calles: *la rondalla interpretó unas bonitas canciones populares*.

rondar *v. intr./tr.* **1** Circular por un lugar para vigilarlo: *las patrullas rondan durante toda la noche*. **SIN** patrullar. **2** Pasear de noche por las calles: *le encanta rondar hasta la madrugada*. **3** Ir frecuentemente a un lugar: *siempre lo veo rondando por el bar*. **4** Reunirse por la noche para tocar y cantar por las calles: *suelen rondar todas las Nochebuenas*. ◇ *v. intr.* **5** Estar cerca o alrededor: *sentía que la muerte lo rondaba*. **6** Andar o estar cerca de una persona para conseguir un provecho o un favor: *lleva rondándola varias semanas, pero ella no le hace ningún caso*.

ronquera *n. f.* Voz áspera y grave que se produce debido a una afección en la laringe: *el aire acondicionado me produce ronquera*.

ronquido *n. m.* Ruido ronco, áspero y grave que se produce al respirar mientras se duerme: *se le cerraron los ojos y dio varios ronquidos*.
OBS Se suele usar con el verbo *dar*.

ronronear *v. intr.* **1** Emitir el gato un ruido parecido a un ronquido como muestra de satisfacción: *el gato ronroneaba mientras le acariciaban el lomo*. **2** Emitir un motor un ruido parecido a los ronquidos.
DER ronroneo.

ronroneo *n. m.* Sonido parecido a un ronquido que emite el gato cuando está contento o satisfecho: *si coges a un gato y lo acaricias se oyen sus ronroneos*.

roña *n. f.* **1** Suciedad pegada fuertemente a una superficie: *tuvieron que quitarle la roña de los pies con una esponja muy dura; no había manera de quitar la roña de la cocina*. **SIN** mugre. ◇ *adj./n. com.* **2** *coloquial* [persona] Que se resiste a gastar el dinero: *no seas roña e invítanos a una ronda*. **SIN** avaro, tacaño.
DER roñería, roñica, roñoso.

roñica *adj./n. com. coloquial* [persona] Que se resiste a gastar el dinero: *el jefe es un roñica porque nos ha dado una gratificación muy pequeña*. **SIN** avaro, tacaño.

roñoso, -sa *adj.* **1** [metal] Que está oxidado o cubierto de óxido: *se cortó con un hierro roñoso y tuvieron que ponerle una inyección*. **2** Que tiene suciedad fuertemente pegada: *llevaba los pies desnudos y roñosos*. ◇ *adj./n. m. y f.* **3** *coloquial* [persona] Que se resiste a gastar el dinero: *de él vamos a sacar poco porque es un roñoso*. **SIN** avaro, tacaño.

ropa *n. f.* Conjunto de prendas de tela, especialmente las de vestir: *tiene el armario lleno de ropa y no le cabe más; no salgas a la calle sin ropa de abrigo.* **SIN** vestimenta.
  haber ropa tendida Haber alguien presente que no interesa o no conviene que se entere del tema que se está tratando: *no hables de tu separación ahora, hay ropa tendida.*
  ropa blanca Ropa de casa como sábanas, toallas, etc.: *guardamos la ropa blanca en un armario del pasillo.*
  ropa interior Cualquier prenda que se coloca encima de la piel y debajo de las prendas que se ven: *las bragas y los calzoncillos son ropa interior.*
  ropa vieja Guisado hecho con carne sobrante de otros guisos.
  DER ropaje, ropero; arropar.

ropaje *n. m.* **1** Conjunto de prendas de tela, especialmente de vestir: *guardaron todos los ropajes en un baúl.* **SIN** ropa. **2** Prenda de vestir lujosa o propia de una autoridad: *le invistieron los ropajes de la dignidad imperial.* **SIN** atavío.

ropero *n. m.* **1** Armario o habitación donde se guarda la ropa: *puede usted dejar su abrigo en el ropero si lo desea.* **SIN** guardarropa. **2** Conjunto de prendas de vestir de una persona: *en su ropero abundan los trajes de noche.*

roque *n. m.* **1** Torre, pieza del juego del ajedrez: *el roque se mueve en línea recta en todas las direcciones.* ◊ *adj.* **2** *coloquial* Que está dormido: *quedarse roque; estar roque.*

roquefort *n. m.* Queso elaborado con leche de oveja que tiene sabor y olor fuertes y un color verdoso debido a un tipo de moho que desarrolla durante su elaboración: *el roquefort es originario de la ciudad francesa de Roquefort.*

roquero, -ra *adj.* **1** Del rock o que tiene relación con este estilo musical: *tiene una gran colección de viejos discos roqueros.* **SIN** rock. ◊ *adj./n. m. y f.* **2** [persona] Que le gusta mucho el rock: *los viejos roqueros nunca mueren.* **3** [persona] Que canta o forma parte de un grupo de música rock.

rorro *n. m. coloquial* Niño muy pequeño: *tiene un rorro de sólo tres días.* **SIN** bebé.

ros *n. m.* Gorro de forma cónica y provisto de visera que es más alto por delante que por detrás: *el ros formaba parte del uniforme militar.*

rosa *n. f.* **1** Flor del rosal de pétalos grandes y con espinas en el tallo; generalmente es de colores vivos y desprende un olor intenso y agradable: *le regaló una rosa roja en señal de su amor.* ☞ flores. **2** Figura u objeto que tiene la forma de esa flor: *en la tarta había una rosa de caramelo.* **rosa de los vientos** Figura circular que tiene marcadas alrededor las 32 partes en que se divide la vuelta al horizonte: *se orientaban siguiendo la rosa de los vientos.* **3** Mancha redonda de color rosado que sale a veces en el cuerpo: *tenía una rosa en la espalda.* ◊ *n. m./adj.* **4** Color que resulta de mezclar el rojo con el blanco: *el rosa pálido es un color elegante; llevaba un vestido rosa la noche en que la conoció.*
  como una rosa Muy bien; en buen estado: *aunque ha trabajado diez horas seguidas, está como una rosa.*

rosáceo, -cea *adj.* **1** Que tiene un color parecido al rosa: *le han salido unas manchas rosáceas en el brazo.* ◊ *adj./n. f.* **2** BOT. [planta] De la familia del rosal: *el espino y el rosal son rosáceas.*

rosado, -da *adj.* **1** De color parecido al rosa o con un tono rosado: *el niño tiene la cara rosada y los labios muy rojos.* **2** Vino de color rosáceo, más claro y suave que el tinto: *el rosado suele servirse bien frío.*

rosal *n. m.* Planta de tallo ramoso y con espinas que produce rosas: *este rosal da rosas amarillas.*
  DER rosaleda.

rosaleda *n. f.* Lugar en el que hay muchos rosales.

rosario *n. m.* **1** Objeto formado por una serie de cuentas ensartadas y separadas de diez en diez por otras de distinto tamaño que se usa para rezar: *tiene un rosario con cuentas de marfil.* **2** Oración de los cristianos que se reza con ese objeto en la que se recuerdan los misterios de la Virgen y de la vida de Jesucristo: *la abuela se pasa las tardes rezando en voz baja el rosario.* **3** Ocasión en la que se reúnen varias personas para rezar esa oración: *cada tarde, diez y doce beatas van al rosario.* **4** Serie larga de cosas o de personas: *ha sufrido un rosario de penas; el pelotón se ha convertido en un rosario de ciclistas.* **SIN** sarta.
  acabar como el rosario de la aurora *coloquial* Terminar mal una reunión, generalmente por no llegar a un acuerdo o por producirse una discusión: *la familia se juntó para divertirse, pero se armó un rifirrafe y todo acabó como el rosario de la aurora.*

rosbif *n. m.* Carne de vaca medio asada o asada ligeramente: *el rosbif es un plato típicamente inglés.*

rosca *n. f.* **1** Objeto redondo con un agujero en el centro: *en la panadería venden roscas de pan.* **2** Hueco en espiral que recorre de un extremo a otro una pieza de metal o de otro material y que sirve para sujetarla a otro objeto: *las tuercas y los tornillos tienen rosca.* **3** Figura que forma un círculo con un agujero en el centro: *el gato está sobre el sofá hecho una rosca.* **4** *coloquial* Carnosidad que tienen las personas gruesas en el cuello o en las piernas: *¡vaya roscas que tiene tu niño en los muslos!*
  hacer la rosca *coloquial* Alabar a una persona para conseguir de ella un favor: *Juan siempre hace la rosca a los profesores para conseguir mejor nota.*
  no comerse una rosca *coloquial* No conseguir lo que se desea, especialmente en asuntos amorosos: *alardea de sus ligues, pero en realidad no se come una rosca.*
  pasarse de rosca *a)* No sujetarse un tornillo o una tuerca por estar desgastado: *el tornillo no se aguanta porque se ha pasado de rosca.* *b)* Ir más allá de lo debido en lo que se dice o se hace: *siempre se pasa de rosca con sus bromas, es un pesado.*
  DER rosco, rosquilla, enroscar.

rosco *n. m.* **1** Pan o bollo de forma redonda con un agujero en el centro: *en Navidad es típico comer roscos de vino.* **2** *coloquial* Calificación de cero en una prueba o examen: *este profesor me tiene manía, por eso me ha puesto un rosco en inglés.*
  DER roscón.

roscón *n. m.* Bollo grande de forma redonda y con un agujero en el centro: *los roscones pueden llevar azúcar y frutas confitadas por encima.* **roscón de Reyes** Bollo que se come el día de Reyes: *el roscón de Reyes lleva dentro de la masa una sorpresa.*

roseta *n. f.* **1** Mancha de color rosado que sale en la piel de las mejillas: *las rosetas del bebé delatan que tiene un poco de fiebre.* **2** Pieza de una regadera provista de agujeros por los que sale el agua en el momento de regar: *la roseta de la regadera está sucia de la cal del agua.* **3** Anillo o pendiente adornados con una piedra preciosa que está rodeada de otras más pequeñas: *me han regalado una roseta con un diamante.* ◊ *n. f. pl.* **4 rosetas** Granos de maíz tostados y abiertos en forma de flor: *me gusta comer rosetas cuando voy al cine.* **SIN** palomitas.

rosetón *n. m.* **1** Ventana de forma circular que tiene una vidriera calada y adornada con diferentes dibujos y colores: *el rosetón es característico de las iglesias góticas.* **2** Adorno de forma circular que se coloca en el techo y que recuerda la

rosquilla

forma de una flor: *en el salón hay un rosetón del que cuelga una lámpara.*

rosquilla *n. f.* Dulce pequeño de forma redonda y con un agujero en el centro: *las rosquillas están cubiertas de azúcar.*

rostro *n. m.* **1** Parte anterior de la cabeza de las personas en la que están la boca, la nariz y los ojos: *la luz iluminaba su rostro.* **SIN** cara, faz, semblante. **2** *coloquial* Falta de vergüenza: *tiene mucho rostro: ni siquiera nos dio las gracias.* **SIN** cara. **3** Objeto o parte de un objeto con punta.
echar en rostro Recordar a alguien que no ha cumplido con una responsabilidad: *le echó en rostro los malos ratos que había pasado por él.*
DER arrostrar.

rotación *n. f.* **1** Acción que consiste en ir alternando la actuación o la presencia de una persona o una cosa en un lugar: *las faenas de casa se van haciendo por rotación de todos los miembros de la familia.* **rotación de cultivos** Técnica agraria que consiste en alternar diferentes cultivos en el campo para no agotar la riqueza de la tierra: *la rotación de cultivos se alterna con el barbecho.* **2** Movimiento giratorio de la Tierra y de otros cuerpos celestes sobre su propio eje: *la Tierra tarda veinticuatro horas en realizar el movimiento de rotación.*

rotar *v. tr./intr.* **1** Hacer girar alrededor de un eje: *rotaron el aspa con las manos; la hélice rotaba rápidamente.* **SIN** rodar. **2** Alternar de forma sucesiva un trabajo o una función con otra: *en esta tierra rotamos la patata y el cereal.* **SIN** turnar.
DER rotación, rotacismo, rotativa, rotativo, rotatorio, rotor.
ETIM Véase *rueda.*

rotativa *n. f.* Máquina que imprime los ejemplares de un periódico con movimiento continuo y a gran velocidad: *la nueva rotativa imprime muchos más ejemplares por hora.*
☞ reciclaje, proceso de.

rotativo, -va *adj.* **1** Que da vueltas o que puede darlas: *la rueda describe un movimiento rotativo sobre su eje.* **2** Que pasa de unos a otros para volver a su origen: *vamos a corregir este trabajo en rotativo, empiezas tú.* ◇ *n. m.* **3** Periódico impreso mediante rotativas: *todos los rotativos de nuestro país recogen la noticia.*

rotatorio, -ria *adj.* Que tiene un movimiento giratorio o circular: *la Tierra tiene un movimiento rotatorio sobre su eje.*

roto, -ta *adj.* **1** Que está partido en trozos irregulares: *el cristal está roto en mil pedazos.* **2** Que no sirve, no funciona o no se puede usar: *el teléfono está roto y no podemos llamar.* **SIN** estropeado. ◇ *n. m.* **3** Abertura o raja en una superficie, especialmente en un tejido: *llevas un roto en el pantalón.* **SIN** siete.
DER rotura.
OBS Es el participio de *romper.*

rotonda *n. f.* **1** Plaza redonda alrededor de la cual circulan los vehículos: *el automovilista que entra en la rotonda debe ceder el paso al que ya está dentro; hay una fuente en el centro de la rotonda.* **2** Habitación o edificio de forma circular: *han construido una rotonda que se usará como teatro.*

rotor *n. m.* FÍS. Pieza de una máquina electromagnética o de una turbina que gira dentro de un elemento fijo: *el rotor de la dinamo es una bobina; las turbinas tienen un rotor.*

rótula *n. f.* **1** Hueso redondo, situado en la parte anterior de la rodilla, que permite la articulación de la tibia y el fémur e impide que la pierna se doble hacia adelante: *no podrá practicar deporte hasta que no se recupere de su lesión de rótula.* ☞ esqueleto. **2** Pieza que une otras dos y permite que se muevan: *se ha estropeado una rótula del brazo mecánico.*
ETIM Véase *rueda.*

rotulación *n. f.* Acción que consiste en realizar o colocar un rótulo: *la empresa encargó la rotulación del libro a un diseñador gráfico.*

rotulador *n. m.* Objeto de punta absorbente de fibra con tinta grasa en su interior y que sirve para escribir o dibujar: *subrayó con rotulador rojo todo lo que le pareció interesante.*

rotular *v. tr.* Poner un título o un letrero a algo: *estoy rotulando el trabajo con letras mayúsculas; han rotulado la entrada de la tienda con grandes letras de colores.*
DER rotulación, rotulador, rotulista.

rótulo *n. m.* **1** Mensaje o texto que se pone en un lugar público y que sirve para dar aviso o noticia de una cosa: *busca un rótulo que indique dónde hay un restaurante.* **SIN** letrero. **2** Título que se coloca al comienzo de un capítulo o de una parte de un escrito: *ese tema se trata bajo este rótulo.* **SIN** rúbrica.
DER rotular.

rotundo, -da *adj.* **1** Que es definitivo: *sus declaraciones fueron rotundas: no los apoyaría.* **2** Que es claro y sonoro: *tiene un estilo rotundo y hermoso.*
ETIM Véase *redondo.*

rotura *n. f.* **1** Separación de una cosa en trozos irregulares de manera violenta: *el médico tuvo que operar al enfermo porque tenía una rotura de fémur.* **SIN** fractura, quiebra. **2** Abertura de grieta o agujero en alguna superficie: *el agua se sale porque ha habido una rotura en las cañerías.* **SIN** rompimiento.
DER roturar.

roturar *v. tr.* Abrir una tierra y removerla por primera vez: *se están roturando muchas hectáreas de selva.* **SIN** arar.

roulotte *n. f.* Caravana o remolque que es arrastrado por un coche y que está acondicionado para vivir en él durante un viaje largo o en un camping: *la roulotte suele tener todos los servicios que normalmente tiene una vivienda.*
OBS Es de origen francés y se pronuncia aproximadamente 'rulot'.

round *n. m.* Cada uno de los asaltos o enfrentamientos en que se divide un combate de boxeo: *el boxeador eliminó a su compañero en el tercer round.*
OBS Es de origen inglés y se pronuncia aproximadamente 'raun'.

roya *n. f.* Enfermedad de los cereales y otras plantas provocada por hongos parásitos: *la roya se presenta en forma de manchas en las hojas.*

roza *n. f.* **1** Surco estrecho que se abre en una pared o en un techo para pasar un cable o un tubo: *para pasar los cables de la instalación eléctrica hay que abrir rozas en la pared.* **2** Técnica de cultivo que consiste en quemar el bosque y el sotobosque para enriquecer la tierra: *la roza es una técnica agrícola primitiva.*

rozadura *n. f.* **1** Herida superficial en la piel: *estos zapatos nuevos me han hecho rozaduras en los talones.* **2** Señal producida por un roce en alguna superficie: *al mover el mueble he hecho una rozadura en la puerta.*

rozamiento *n. m.* **1** Acción de tocarse dos superficies cuando una de ellas o ambas están en movimiento: *el rozamiento con el aire calienta las alas del avión.* **SIN** fricción. **2** Desgaste que se produce al tocarse dos superficies en movimiento: *este eje tiene tanto rozamiento que no tardará en partirse.* **SIN** roce. **3** FÍS. Resistencia que se opone al movimiento o al deslizamiento de un cuerpo sobre otro: *el rozamiento de esta superficie es muy pequeño.*

rozar *v. intr./tr.* **1** Tocarse dos cosas cuando una de ellas o ambas están en movimiento: *la puerta roza con el mueble; el*

coche rozó la señal. ◇ *v. tr./prnl.* **2** Desgastar al juntar dos superficies: *el guardabarros roza la rueda del coche; se le han rozado los pies con los zapatos nuevos.* **3** Limpiar las malas hierbas de una tierra cultivada o que se va a cultivar: *tienes que rozar estos surcos de tomates.* ◇ *v. prnl.* **4 rozarse** Tener trato o relación dos o más personas: *se rozan poco últimamente.*
DER roce, roza, rozadura, rozamiento.
OBS En su conjugación, la *z* se convierte en *c* delante de *e*.

-rragia Elemento sufijal que entra en la formación de palabras con el significado de 'derrame', 'brote', 'flujo': *hemorragia.*

-rrea Elemento sufijal que entra en la formación de palabras con el significado de 'flujo', 'emanación': *gonorrea.*

-rro, -rra Sufijo que entra en la formación de voces para añadir valor diminutivo y despectivo: *cacharro, ventorro.*

Rte. Abreviatura de *remitente*, 'persona que envía por correo una carta o un paquete'.

rúa *n. f.* Calle de un pueblo o una población: *la procesión desfiló por las rúas del pueblo.*

rubéola o **rubeola** *n. f.* MED. Enfermedad contagiosa parecida al sarampión que provoca la aparición de granos rojos en la piel: *las niñas se vacunan contra la rubéola a los once años.*

rubí *n. m.* Piedra preciosa de color rojo que se usa como adorno en joyería: *el pendiente estaba adornado con rubíes.*
OBS El plural es *rubíes*, culto, o *rubís*, popular.

rubiales *adj./n. com.* coloquial [persona] Que tiene el pelo muy rubio: *este niño es rubiales desde que nació.*

rubidio *n. m.* Elemento químico metálico cuyas sales se utilizan en la industria del vidrio y de la cerámica: *el símbolo químico del rubidio es Rb.*

rubio, -bia *adj./n. m. y f.* Que tiene el pelo de color parecido al del oro: *un gato rubio saltó del tejado; el recién nacido tiene el pelo rubio.* **rubio platino** Rubio muy claro y brillante: *la actriz llevaba el pelo rubio platino.*
DER rubiales.

rublo *n. m.* Unidad de moneda de Rusia: *necesito cambiar pesetas en rublos porque me voy de viaje a Moscú.*

rubor *n. m.* **1** Color rojo que aparece en la cara en determinadas circunstancias, generalmente a causa de la vergüenza que se siente: *el rubor de sus mejillas demostraba que no estaba muy acostumbrada al trato social.* **SIN** sonrojo. **2** Vergüenza que se puede notar: *reconoció con rubor que era el culpable de todo.* **SIN** turbación, embarazo.
DER ruborizarse, ruboroso.

ruborizarse *v. prnl.* **1** Ponerse roja la cara de una persona a causa de la vergüenza: *es un hombre muy tímido y cuando lo miran fijamente se ruboriza.* **SIN** sonrojarse. **2** Tener o sentir vergüenza: *es tan descarado que no se ruboriza por nada.*
SIN avergonzarse.
OBS En su conjugación, la *z* se convierte en *c* delante de *e*.

ruboroso, -sa *adj.* **1** Que muestra rubor o vergüenza: *dijo, ruboroso, que aceptaba el cargo.* **2** Que tiene facilidad para sentir rubor o vergüenza: *es muy ruboroso, así que no le dirijas directamente a él.*

rúbrica *n. f.* **1** Trazo o conjunto de trazos que forma parte de una firma y se hace encima o alrededor del nombre escrito: *después de escribir su nombre hizo una rúbrica redonda y amplia.* **2** Título que se coloca al comienzo de un capítulo o de una parte de un escrito: *lee esa rúbrica a ver si es ahí donde está el pasaje que buscas.* **SIN** rótulo.
DER rubricar.

rubricar *v. tr.* **1** Poner la firma en un escrito o documento:

el ministro rubricó el acuerdo. **SIN** firmar. **2** culto Asegurar o certificar que una cosa es cierta: *rubricó todas sus palabras.*
SIN confirmar.
OBS En su conjugación, la *c* se convierte en *qu* delante de *e*.

rudeza *n. f.* **1** Falta de educación en el trato y en el comportamiento: *su rudeza al hablar es muestra de su bajo origen.*
SIN ordinariez. **2** Falta de formación cultural: *es difícil mantener una conversación un poco profunda con él debido a su rudeza.* **SIN** incultura.

rudimentario, -ria *adj.* Que es sencillo o elemental: *construyó un aparato muy rudimentario, pero funcionó.*

rudimento *n. m.* **1** culto Embrión o estado primitivo de un ser vivo: *la célula huevo es el rudimento del animal.* **2** Parte de un ser vivo que no está completamente desarrollada: *en las semillas de la judía se encuentra el rudimento del tallo.* ◇ *n. m. pl.* **3 rudimentos** Primeros estudios o experiencias en una ciencia o profesión: *a mediados de siglo se iniciaron los rudimentos de la informática.* **SIN** fundamentos.
DER rudimentario.

rudo, -da *adj.* **1** Que es poco delicado en el trato y en el comportamiento: *cuando se enfada se vuelve un poco ruda, pero no es mala persona.* **SIN** bruto, tosco. **2** Que tiene escasa formación cultural: *se lo preguntó a un rudo hombre de campo.* **SIN** paleto. **3** Que es violento y duro: *un rudo golpe.*
SIN fuerte.
DER rudeza; enrudecer.

rueca *n. f.* Instrumento que sirve para hilar con una vara larga en cuyo extremo se coloca la lana u otra materia: *las ruecas antiguas eran de madera.*

rueda *n. f.* **1** Objeto de forma circular que puede girar sobre un eje: *llevo la rueda de repuesto en el maletero; la rueda de mi bicicleta tiene radios.* 🖙 automóvil. **rueda de molino** Rueda de piedra que se usa en los molinos para moler: *vamos a prensar las aceitunas con una rueda de molino.* **rueda dentada** Rueda que tiene dientes en el borde y forma parte de un engranaje: *esa máquina tiene una gran rueda dentada.* **2** Conjunto de personas reunidas que intervienen por turnos en una conversación: *después de la conferencia hubo una rueda de preguntas.* **rueda de prensa** Reunión de periodistas que hacen preguntas a una o más personas: *dijo que no quería que ese periodista estuviese en la rueda de prensa y lo echó de la sala.* **SIN** conferencia. **3** Círculo formado por personas: *los niños juegan a la rueda.* **4** Trozo circular que se corta de una fruta o de un alimento sólido: *compró varias ruedas de merluza congelada.*
chupar rueda coloquial *a)* En ciclismo, ir un corredor justo detrás de otro para que éste le ampare del aire. *b)* Ir detrás de otra persona sacando provecho de su trabajo o de su esfuerzo: *deja de chupar rueda y trabaja un poco más.*
comulgar con ruedas de molino Dar por bueno algo que resulta poco razonable o poco creíble.
rueda de la fortuna Conjunto de todos los hechos encadenados e imprevisibles que depara la vida.
sobre ruedas Muy bien; sin problemas: *el negocio marcha sobre ruedas.*
DER ruedo.
ETIM *Rueda* procede del latín *rota*, que tenía el mismo significado, voz con la que también están relacionadas *rodar, rodear, rodete, rotar, rótula.*

ruedo *n. m.* **1** Zona central de la plaza de toros en la que se torea; está cubierta de tierra y rodeada de burladeros o vallas: *antes del cuarto toro salió un camión a regar el ruedo.*
SIN albero. **2** Círculo formado por personas o cosas que rodean a algo: *las mieses formaban un ruedo en la era.* **3** Bor-

de de una cosa redonda o de una prenda de vestir que cuelga: *tenía roto el ruedo de la túnica*. **4** Pieza de tejido áspero y resistente, de forma redonda, que sirve para cubrir el suelo: *en el porche había dos mecedoras sobre un amplio ruedo de esparto*. **5** Pieza pequeña de material áspero y resistente que se coloca en la entrada de un lugar para que en ella se limpie los pies la persona que quiere pasar: *el perro del vecino tiene la costumbre de orinarse en mi ruedo*. **SIN** alfombrilla, esterilla, felpudo.

ruego *n. m.* **1** Deseo o petición que se expresa mediante palabras: *le hizo un ruego que no le pudo negar*. **2** Deseo que se pide con insistencia: *sus ruegos consiguieron ablandarla*.
a ruego de *culto* Por haberlo pedido o rogado: *dejó esa actividad a ruego de su familia*.

rufián *n. m.* Hombre despreciable que vive del engaño y de la estafa: *ese tipo es un rufián capaz de todo con tal de enriquecerse*. **SIN** sinvergüenza, granuja.

rugby *n. m.* Deporte que se juega entre dos equipos de 15 jugadores y que consiste en llevar un balón ovalado más allá de una línea protegida por el contrario o en meterlo en su meta utilizando cualquier parte del cuerpo: *en el Reino Unido hay mucha afición al rugby*.

rugido *n. m.* **1** Voz característica de un animal salvaje, especialmente del león: *el rugido del tigre asustó al público del circo*. **2** Ruido fuerte y grave del mar o el viento: *desde su casa se escuchaba el rugido de las olas*.

rugir *v. intr.* **1** Emitir rugidos un animal salvaje, especialmente el león: *el león rugía y se movía inquieto dentro de la jaula*. **2** Dar fuertes gritos: *el enemigo entró rugiendo en la ciudad*. **SIN** gritar. **3** Hacer un ruido fuerte y grave el mar o el viento: *las aguas del océano rugían*.
DER rugido.
ETIM Véase *ruido*.
OBS En su conjugación, la g se convierte en j delante de *a* y *o*.

rugosidad *n. f.* Cualidad de los cuerpos que presentan en su superficie arrugas o pliegues: *la corteza de un árbol tiene al tacto una peculiar rugosidad*.

rugoso, -sa *adj.* Que tiene arrugas o asperezas en su superficie: *la hormiga andaba sobre un cartón rugoso*.
DER rugosidad.
ETIM Véase *arruga*.

ruibarbo *n. m.* **1** Planta herbácea que tiene las hojas grandes, las flores amarillas o verdosas en espiga y el fruto seco: *el ruibarbo es originario de Asia central*. **2** Raíz de esta planta, que es de color pardo por fuera y tiene puntos blancos en el interior: *el ruibarbo tiene propiedades purgantes y tónicas*.

ruido *n. m.* **1** Sonido confuso, desagradable y generalmente fuerte: *oyó un ruido en la cocina y acudió a ver qué ocurría*; *no sé como te puede gustar esta música: es sólo ruido*. **ANT** silencio. **2** Sonido o conjunto de sonidos extraños que rompen la tranquilidad y producen alboroto: *la policía entró en el local al oír el ruido*. **SIN** jaleo, estruendo. **ANT** calma. **3** En electrónica, señal extraña que impide o dificulta una comunicación: *trata de eliminar el ruido de esas interferencias*.
armar ruido *a)* Armar jaleo: *armaban mucho ruido en el bar y los echaron*. *b)* Expectación o sorpresa que produce un hecho: *esta nueva ley de pensiones armará ruido*.
mucho ruido y pocas nueces Que resulta poco importante aunque parecía serlo más.
DER ruidoso.
ETIM *Ruido* procede del latín *rugitus*, que tenía el mismo significado, voz con la que también está relacionada *rugir*.

ruidoso, -sa *adj.* **1** Que produce mucho ruido: *soy muy ruidoso, siempre que entro en casa de noche, despierto a todo el mundo*. **SIN** bullicioso, estruendoso. **2** [acción, hecho] Que da mucho que hablar: *uno de los acontecimientos más ruidosos de este mes ha sido la boda de la famosa cantante y el conocido torero*.

ruin *adj./n. com.* **1** Que es despreciable y tiene mala intención: *en su ruin que se dedica a hacer daño a los demás; ha sido una maniobra ruin*. **SIN** bellaco, rastrero, vil. Se usa como apelativo despectivo. **2** [persona] Que se resiste a gastar el dinero u otras cosas: *no seas ruin y échame un poco más de jamón*. **SIN** avaro, tacaño. Se usa como despectivo.
DER ruindad.

ruina *n. f.* **1** Pérdida grande de bienes o de dinero: *la cosecha de este año ha sido una ruina*. **2** Destrucción o caída: *el debilitamiento económico supuso la ruina del imperio*. **SIN** debacle. **3** Causa de esa destrucción, caída o perdición: *sostiene que la falta de fe es la ruina de las civilizaciones*. **SIN** desastre. ◊ *n. f. pl.* **4 ruinas** Restos de uno o más edificios destruidos o caídos: *paseaba entre las ruinas del foro*.
DER ruin, ruinoso; arruinar.

ruindad *n. f.* **1** Característica de la persona que se comporta de forma ruin, con maldad o vileza: *todos sus actos están pensados con ruindad*. **SIN** bajeza, villanía. **2** Acción que se realiza de un modo bajo y ruin: *lo que le has hecho es una auténtica ruindad*. **SIN** bajeza, villanía.

ruinoso, -sa *adj.* **1** Que amenaza ruina o destrucción: *derribaron varios edificios ruinosos de esta calle*. **2** Que supone ruina o pérdida grande de bienes o de dinero: *se metió en un negocio ruinoso y ahora está en la cárcel*.

ruiseñor *n. m.* Pájaro con el dorso y la cabeza marrón, el vientre más claro y la cola roja; canta bien y vive en zonas próximas al agua: *abrió la ventana y oyó el canto del ruiseñor*.
OBS Para indicar el sexo se usa *el ruiseñor macho* y *el ruiseñor hembra*. ☞ aves.

rular *v. intr./tr.* **1** Rodar: *el cochecito del niño no rula bien*. **2** *coloquial* Funcionar correctamente una cosa: *el secador de pelo no rula, se para cada dos por tres*.

ruleta *n. f.* **1** Juego de azar que consiste en lanzar una bola pequeña sobre una rueda horizontal que gira y que está dividida en 36 casillas, numeradas y pintadas de negro y rojo; el jugador debe acertar el color o el número en el que se va a parar la bola: *fueron al casino a jugar a la ruleta*. **ruleta rusa** Juego de azar que consiste en dispararse por turnos en la cabeza con un revólver cargado con una sola bala: *estaban tan borrachos y tan desesperados que se pusieron a jugar a la ruleta rusa*. **2** Rueda que se utiliza en estos juegos.

rulo *n. m.* **1** Cilindro pequeño y generalmente hueco, de material ligero, que se usa para dar forma al pelo: *salió a recibirlo con los rulos y la redecilla en la cabeza*. **SIN** bigudí. **2** Cilindro que gira alrededor de un eje: *pasaron un rulo para allanar la tierra; necesito un rulo para pintar las paredes*.

rumano, -na *adj.* **1** De Rumanía o que tiene relación con este país del este de Europa: *Bucarest es la capital rumana*. ◊ *adj./n. m. y f.* **2** [persona] Que es de Rumanía: *en nuestra clase de español hay tres rumanas*. ◊ *n. m.* **3** Lengua que se habla en Rumanía y en otras zonas próximas a este país: *el rumano se habla en algunas regiones de Albania; el rumano es una lengua románica*.

rumba *n. f.* **1** Baile de ritmo alegre típico de Cuba que procede de África: *en Andalucía se baila mucho la rumba*. **2** Música y canto de ese baile: *tengo un disco de rumbas y lo pongo en todas las fiestas*. **3** Tipo de música moderna que surge de la mezcla de música popular andaluza y los ritmos afrocubanos.

rumbo *n. m.* **1** Dirección que se sigue para llegar a un lugar o a un fin determinado: *no se sabe qué rumbo tomará ahora su política*. **2** Línea dibujada en un mapa para señalar la dirección en la que debe navegar una embarcación: *trazaron el rumbo sobre la carta*. **3** Dirección en la que navega una embarcación: *pusieron rumbo al Caribe*. **SIN** derrotero. Se suele usar con los verbos *poner* y *llevar*.

rumboso, -sa *adj. coloquial* Que es generoso en dar o repartir lo que es suyo: *siempre invita a todos: es muy rumbosa*. **ANT** tacaño.

rumen *n. m.* Cavidad que junto con otras tres forma el estómago de los rumiantes: *el rumen es la primera cavidad del estómago, antes de la panza*.

rumiante *adj./n. m.* **1** [animal] Que es mamífero y se alimenta de vegetales, tragándolos y devolviéndolos después a la boca para masticarlos: *los mamíferos rumiantes tienen cuatro cavidades en su tubo digestivo*. ◇ *n. m. pl.* **2 rumiantes** Grupo que engloba todos los animales rumiantes.

rumiar *v. tr.* **1** Masticar por segunda vez un alimento que vuelve desde el estómago: *la vaca rumiaba la alfalfa que había comido*. **2** *coloquial* Considerar o pensar con cuidado: *estuvo toda la noche rumiando lo que le habían dicho*. ◇ *v. intr.* **3** *coloquial* Emitir voces confusas o palabras mal articuladas en señal de enfado o desagrado: *deja ya de rumiar y trabaja*. **SIN** refunfuñar, rezongar.
DER rumiante.
OBS En su conjugación, la *i* no se acentúa, como en *cambiar*.

rumor *n. m.* **1** Comentario o noticia no verificada que corre entre la gente: *según un rumor, la famosa artista está embarazada*. **2** Ruido confuso de voces: *se escucha el rumor de la fiesta en el piso de abajo*. **3** Ruido sordo y continuado: *desde la granja se oye el rumor del río*.
DER rumorear.

rumorearse *v. prnl.* Correr un rumor entre la gente: *se rumorea que lo van a ascender*.
OBS Se usa como verbo impersonal.

rupestre *adj.* De los dibujos y pinturas prehistóricos hechos sobre piedra o que tiene relación con ellos: *la cueva de Altamira es famosa por sus pinturas rupestres*.

rupia *n. f.* **1** Moneda principal de la India, Indonesia, Pakistán y otros países: *antes de volver de la India cambié en un banco las rupias que me sobraron*. **2** *coloquial* Peseta: *no tengo ni una rupia en el bolsillo*.

ruptura *n. f.* Fin o interrupción, especialmente de una relación: *los políticos no llegaron a un acuerdo y se produjo la ruptura de las relaciones diplomáticas*. **SIN** rompimiento.
ETIM Véase *romper*.

rural *adj.* **1** Del campo y de las labores propias de la agri-cultura y la ganadería: *la economía rural está muy mermada*. **2** Que muestra gustos, componentes o costumbres propios de la vida en el campo: *sus modales son un poco rurales*. **SIN** rústico.

ruso, -sa *adj.* **1** De Rusia o que tiene relación con este país euroasiático: *la población rusa es muy numerosa*. ◇ *adj./n. m. y f.* **2** [persona] Que es de Rusia. ◇ *n. m.* **3** Lengua de Rusia: *el ruso es una lengua eslava*.

rusticidad *n. f.* Cualidad de lo que es rústico: *sus modales mostraban cierta rusticidad*.

rústico, -ca *adj.* **1** Del campo y de las labores propias de la agricultura o la ganadería: *se ha comprado una finca rústica y pasa allí mucho tiempo*. **SIN** rural. **2** Que muestra gustos o costumbres propios de la vida en el campo: *su forma de hablar es un poco rústica*. **3** Que tiene malos modos: *era un hombre muy rústico pero de buenos sentimientos*. **SIN** bravío, silvestre. ◇ *n. m.* **4** Hombre del campo: *un rústico del lugar les indicó el camino*. **SIN** aldeano.
en rústica Referido a un libro, encuadernado con papel o cartulina.
DER rusticidad.

ruta *n. f.* **1** Camino establecido o previsto para un viaje: *marcaremos en el mapa la ruta de nuestras vacaciones*. **2** Camino por donde se puede pasar para ir de un sitio a otro: *hay dos rutas posibles para ir a la sierra*. **SIN** itinerario. **3** Camino o dirección que se toma para conseguir una cosa: *no sabía qué ruta seguir en la vida*.
en ruta En carretera: *en ruta, use el cinturón de seguridad; el equipo está ya en ruta hacia Madrid*.
DER telerruta.
ETIM Véase *romper*.

rutenio *n. m.* Elemento químico metálico que se utiliza para endurecer otros metales y se caracteriza por tener óxidos de color rojo: *el símbolo químico del rutenio es Ru*.

rutilante *adj. culto* Que brilla mucho o emite una luz muy intensa: *estaba adornado con rutilante bisutería*. **SIN** refulgente.

rutina *n. f.* **1** Manera habitual y repetida de hacer algo: *el caballo vuelve a la cuadra todos los días a la misma hora por rutina*. **SIN** costumbre. **2** Acción habitual y que se repite siempre igual: *salir de paseo todas las tardes es una rutina para mí*.
DER rutinario.

rutinario, -ria *adj.* **1** Que se hace o practica por rutina o costumbre: *dio su rutinario paseo después de comer*. **2** [persona, animal] Que hace las cosas siempre de la misma manera: *este hombre es muy rutinario con las comidas*.

Rvdo., Rvda. Abreviatura de *reverendo, reverenda*, 'tratamiento de cortesía'.

S s

s *n. f.* **1** Vigésima letra del alfabeto español. Su nombre es ese. El plural es eses: *la mayoría de los plurales en español se forman añadiendo una s al singular.* **2** Abreviatura de *sur*: *Cádiz está en el S de España.* Se escribe con letra mayúscula y generalmente sin punto. **3** Abreviatura de *siglo*: *en el s. XVIII ocurrieron muchos hechos importantes.* **4** Abreviatura de *san*: *S. Juan.* **5** Abreviatura de *segundo.* Se escribe sin punto.

S. A. Abreviatura de *sociedad anónima*, 'sociedad mercantil con capital dividido en acciones'.

s. d. Abreviatura de *sine data*, 'sin fecha' o *sine die*, 'sin día'.

S. L. Abreviatura de *sociedad limitada*, 'sociedad mercantil en la que la responsabilidad de los socios está limitada'.

S. M. Abreviatura de *su majestad*, tratamiento de cortesía que se aplica al rey.

s. n.º o **s/n.** Abreviatura de *sin número*.

sábado *n. m.* Sexto día de la semana: *antes había escuela los sábados.*
DER sabático.

sabana *n. f.* **1** Terreno llano de gran extensión en el que hay muy pocos árboles: *la sabana es un paisaje típico de ciertas zonas de África y América.* **2** Formación vegetal con plantas de tallos altos y escasos árboles: *la sabana está formada por árboles como el baobad y la acacia; la sabana es típica de zonas de clima tropical.*

sábana *n. f.* Pieza de tela fina que se pone en la cama acompañada de otra igual o parecida; una pieza sirve para cubrir el colchón y la otra para cubrirse: *en verano duermo tapado sólo con una sábana.*

pegarse las sábanas *coloquial* Levantarse más tarde de lo que se debe: *hoy he llegado tarde porque se me han pegado las sábanas.*

sabandija *n. f.* **1** Reptil o insecto pequeño, especialmente el que es molesto o de aspecto desagradable: *no me gusta dormir en tienda de campaña porque se cuelan sabandijas.* **2** Persona despreciable: *ese tipo es una sabandija, no hace más que fastidiar a los demás.* **SIN** canalla, miserable.

sabañón *n. m.* Bulto rojo que sale en las manos, los pies o las orejas a causa del frío y que produce picor: *en invierno me salen sabañones en los dedos de los pies.*

sabático, -ca *adj.* **1** Del sábado o relacionado con este día de la semana: *os pido que no estropeéis mi discurso sabático.* **2** [año] Que se dedica al descanso o a una actividad diferente de la habitual: *el profesor dedicó su año sabático a escribir una novela.*

sabelotodo *adj./n. com. coloquial* [persona] Que presume de sabio sin serlo: *ese sabelotodo siempre quiere dar su opinión aunque no tenga ni idea.* **SIN** sabihondo.
OBS El plural también es *sabelotodo.*

saber *v. tr.* **1** Tener conocimiento o información de una cosa: *no sé dónde está el coche; ¿alguien sabe lo que ha pasado?* **ANT** ignorar. **2** Tener capacidad o habilidad para hacer una cosa: *sabe tocar el piano.* ◇ *v. tr./prnl.* **3** Tener conocimientos por haberlos aprendido: *Marta sabe latín; me sé la lección de memoria.* ◇ *v. intr.* **4** Tener sabor: *este helado sabe*

saber	
INDICATIVO	**SUBJUNTIVO**
presente	presente
sé	sepa
sabes	sepas
sabe	sepa
sabemos	sepamos
sabéis	sepáis
saben	sepan
pretérito imperfecto	pretérito imperfecto
sabía	supiera o supiese
sabías	supieras o supieses
sabía	supiera o supiese
sabíamos	supiéramos o supiésemos
sabíais	supierais o supieseis
sabían	supieran o supiesen
pretérito indefinido	futuro
supe	supiere
supiste	supieres
supo	supiere
supimos	supiéremos
supisteis	supiereis
supieron	supieren
futuro	**IMPERATIVO**
sabré	sabe (tú)
sabrás	sepa (usted)
sabrá	sabed (vosotros)
sabremos	sepan (ustedes)
sabréis	
sabrán	**FORMAS NO PERSONALES**
condicional	infinitivo gerundio
sabría	saber sabiendo
sabrías	participio
sabría	sabido
sabríamos	
sabríais	
sabrían	

a chocolate. Va precedido de la preposición *a*. **5** Tener noticias o informaciones: *no sé nada de ellos desde que se marcharon de la ciudad*. **6** Ser muy inteligente y rápido de mente: *¡hay que ver lo que sabe este niño!; sabes más que nadie*. ◇ *n. m.* **7** Conocimiento profundo de una materia, ciencia o arte: *el saber no ocupa lugar*. **8** Ciencia o conjunto de conocimientos: *la iglesia medieval abarcaba una gran parcela del saber de la época*.

a saber *a)* Introduce una enumeración que detalla lo que se estaba explicando: *la mano tiene cinco dedos, a saber: meñique, anular, corazón, índice y pulgar*. *b)* Expresión que indica que una cosa es difícil de averiguar: *a saber dónde habrás dejado las llaves*.

no sé qué Lo que no se puede explicar: *cuando la vi por primera vez, sentí un no sé qué que me dejó paralizado*.

saber a poco Resultar algo insuficiente: *tus palabras de afecto me saben a poco; el pastel estaba tan bueno que me supo a poco*.

vete a saber o **vaya usted a saber** Expresión que indica que una cosa es difícil de averiguar: *vete a saber ahora quién ha traído cada regalo*.

DER sabidillo, sabiduría, sabiendas; consabido, resabido.
ETIM *Saber* procede del latín *sapere*, que tenía el mismo significado, voz con la que también está relacionada *sapiencia*.

sabidillo, -lla *adj./n. m. y f.* [persona] Que presume de saber mucho o de saber más de lo que en realidad sabe: *tu primo es un sabidillo que no tiene idea de nada*. **SIN** enterado, sabelotodo, sabiondo. Tiene valor despectivo.

sabiduría *n. f.* **1** Capacidad de pensar y de considerar las situaciones y circunstancias distinguiendo lo positivo de lo negativo: *con los años se adquiere sabiduría*. **SIN** juicio, prudencia. **2** Conocimiento profundo en ciencias, letras o artes: *todos respetaban y admiraban la sabiduría de aquel joven científico*. **SIN** sapiencia.

sabiendas Palabra que se utiliza en la locución adverbial *a sabiendas* que significa 'con conocimiento del resultado o de las consecuencias': *ha llamado a mi puerta aun a sabiendas de que no voy a abrirla*.

sabihondo, -da *adj./n. m. y f.* [persona] Que presume de sabio sin serlo: *no puedo soportar a este sabihondo que siempre tiene que decir la última palabra*. **SIN** sabelotodo.

sabina *n. f.* Arbusto conífero de hojas pequeñas y fruto de color negro o rojizo que puede medir unos dos metros de altura: *la sabina es propia de la zona mediterránea*.

sabio, -bia *adj./n. m. y f.* **1** [persona] Que tiene un conocimiento profundo en ciencias, letras o artes: *fueron a consultar al sabio para resolver su problema*. **SIN** docto, culto. **2** [persona] Que tiene una gran capacidad de pensar y de considerar las situaciones y circunstancias, para distinguir lo positivo de lo negativo: *escucha los consejos de tu sabio padre*. **SIN** sensato. ◇ *adj.* **3** Que demuestra o contiene sabiduría: *los alumnos escuchaban las sabias palabras de su maestro*.
DER sabihondo, sabiondo; resabio.

sabiondo, -da *adj./n. m. y f. coloquial* [persona] Que presume de saber mucho o saber más de lo que en realidad sabe: *es un sabiondo, siempre tiene respuestas para todo*. Tiene valor despectivo. **SIN** sabelotodo, sabidillo.

sablazo *n. m.* **1** *coloquial* Acción de conseguir dinero pidiéndolo con habilidad o insistencia y sin intención de devolverlo: *siempre que viene a verme y se pone tan amable es que quiere pegarme un sablazo*. **2** Corte hecho con un sable: *el general murió de un sablazo que le dio un enemigo*.

sable *n. m.* Arma blanca parecida a la espada, curvada y afilada sólo por un lado: *el militar iba vestido de uniforme, con el sable colgando de la cintura*.
DER sablazo, sablear.

sablear *v. intr. coloquial* Conseguir dinero pidiéndolo con habilidad o insistencia y sin intención de devolverlo: *se gasta todo lo que gana y luego viene aquí a sablear a su abuelo*.

sabor *n. m.* **1** Propiedad que tienen ciertos cuerpos de producir sensaciones en el órgano del gusto: *esas naranjas no tienen sabor*. **2** Sensación que producen esos cuerpos en el órgano del gusto: *notó el sabor rancio de la mantequilla y por eso la tiró*. **SIN** gusto. **3** Impresión que una cosa produce en el ánimo: *tu contestación me dejó un sabor amargo*. **SIN** regusto. **4** Propiedad que tienen algunas cosas de parecerse o recordar a otras: *escribió una novela de sabor romántico*.

dejar mal sabor de boca Dejar algo un mal recuerdo: *el relato de su triste infancia me dejó mal sabor de boca*.
DER saborear, sabroso; sinsabor.

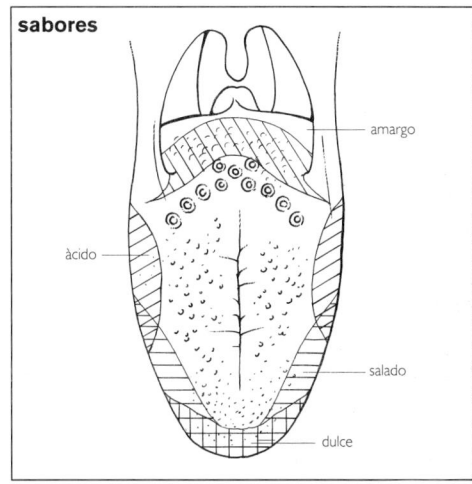

sabores

saborear *v. tr./prnl.* **1** Reconocer con agrado y detenimiento el sabor de un alimento o bebida: *saboreó cada bocado de la comida*. **SIN** degustar. **2** Disfrutar con detenimiento de una cosa que agrada: *el cantante está saboreando los mejores momentos de su carrera; me encanta saborear un buen libro cuando estoy solo*. **SIN** paladear.

sabotaje *n. m.* **1** Daño que se hace intencionadamente en instalaciones o servicios como forma de lucha contra los organismos que los dirigen: *alguien preparó actos de sabotaje para hacer fracasar los Juegos Olímpicos; los trabajadores hicieron sabotaje y destruyeron la maquinaria de la fábrica*. **2** Acción contraria a una idea o proyecto: *si el plan no ha salido adelante ha sido porque nuestros enemigos nos han hecho sabotaje*.
DER sabotear.

sabotear *v. tr.* Hacer actos de sabotaje: *varias potencias extranjeras quisieron sabotear las negociaciones de paz*.

sabroso, -sa *adj.* **1** Que tiene un sabor agradable: *la abuela prepara unos guisos muy sabrosos*. **SIN** apetitoso. **2** Que es interesante o substancioso: *con este negocio he ganado una suma de dinero muy sabrosa*.

sabueso *adj./n. m.* **1** [perro] Que es de tamaño grande y que, por su capacidad para ver y oler, es adecuado para la

saca caza: *mi abuelo tenía un sabueso con tan buen olfato que no se le escapaba ningún conejo.* ◇ *n. m.* **2** Persona que investiga o que tiene especial capacidad para ello: *los sabuesos de la policía descubrieron al autor del crimen.*

saca *n. f.* Saco grande de lona o tela fuerte que sirve para transportar cosas: *en Correos utilizan sacas para llevar los paquetes y las cartas.*

sacacorchos *n. m.* Utensilio que sirve para sacar el corcho que cierra una botella: *¿cómo piensas abrir la botella de vino si no tienes un sacacorchos?* ☞ cocina.
OBS El plural también es *sacacorchos*.

sacacuartos *n. m.* 1 *coloquial* Cosa en que una persona gasta su dinero por su apariencia atractiva, pero que en realidad es de poco valor: *esta obra de teatro es malísima, es un auténtico sacacuartos.* ◇ *n. com.* **2** *coloquial* Persona que tiene mucha habilidad para conseguir sacar dinero a los demás con algún engaño o treta: *ese tío es un sacacuartos que intenta timar a todo el mundo.* Se usa generalmente con valor despectivo.
OBS El plural también es *sacacuartos*.

sacamuelas *n. com. coloquial* Dentista poco hábil.
OBS El plural también es *sacamuelas*.

sacapuntas *n. m.* Instrumento que sirve para afilar la punta de los lápices: *tengo un sacapuntas de metal con una cuchilla muy afilada.* **SIN** afilalápices.
OBS El plural también es *sacapuntas*.

sacar *v. tr.* **1** Poner fuera o hacer salir de donde estaba: *tenía la muela picada y fui al dentista para que me la sacara; sacó un par de bombones de la caja.* **ANT** meter. **2** Conseguir o llegar a tener: *me costó mucho sacarle el dinero que me debía.* **SIN** arrancar. **3** Echar hacia delante: *los militares en posición de firmes deben sacar pecho.* **4** Mostrar o expresar: *cuando se enfada, saca su mal genio.* **5** Poner en circulación algo o darlo a conocer: *el cantante ha sacado un nuevo disco.* **6** Comprar una entrada o billete: *he sacado las entradas para el concierto del sábado.* **7** Retirar el dinero que se había dejado en el banco o que se había puesto en un negocio: *he sacado todos mis ahorros del banco para comprarme una casa.* **ANT** meter. **8** Quitar o suprimir: *la lejía saca todas las manchas.* **9** En algunos deportes, poner en juego la pelota dándole el primer impulso: *el jugador sacó el balón desde la banda y centró a un compañero.* **10** Quitar o apartar de un sitio o de una situación: *este dinero extra me ha sacado de apuros; la llamada me sacó de la cama.* **11** Averiguar o descubrir: *he sacado la cuenta; el detective sacó al asesino por las pistas.* **12** Invitar a bailar: *no me sacó nadie a bailar.* **13** *coloquial* Hacer una fotografía o retrato: *sacaremos fotos de todos los invitados.*
sacar adelante Hacer llegar a buen fin o desarrollarse de manera adecuada: *con mucho esfuerzo, hemos sacado adelante el negocio.*
sacar en claro o **sacar en limpio** Llegar a una conclusión: *después de tanto discutir, no hemos sacado nada en limpio.*
DER saque; entresacar, resaca, sonsacar.
OBS En su conjugación, la *c* se convierte en *qu* delante de *e*.

sacarina *n. f.* Sustancia o producto de sabor muy dulce que se usa en sustitución del azúcar: *como es diabético, toma sacarina con el café.*

sacarosa *n. f.* Nombre técnico que se da al azúcar común que se usa para endulzar bebidas y alimentos: *la sacarosa se extrae de la caña de azúcar y de la remolacha.*

sacerdocio *n. m.* **1** Cargo, estado y ejercicio del sacerdote: *desde niño quiso dedicarse al sacerdocio porque vivía la devoción de sus padres.* **2** Dedicación a una profesión o trabajo noble y bueno: *para él, la enseñanza es un sacerdocio.*

sacerdotal *adj.* Del sacerdote o que tiene relación con él: *en la sacristía están las vestiduras sacerdotales.*

sacerdote *n. m.* **1** En diversas religiones, hombre que dedica su vida a alguna divinidad y dirige los servicios religiosos: *el sacerdote de la tribu se puso a cantar.* **2** En la religión católica, hombre que ha sido ordenado para celebrar misa: *el sacerdote que ha cantado misa hoy siempre lleva sotana.*
DER sacerdocio, sacerdotal, sacerdotisa.

sacerdotisa *n. f.* En diversas religiones, mujer que dedica su vida a alguna divinidad y dirige los servicios religiosos: *las sacerdotisas de Vesta eran vírgenes y se encargaban de mantener el fuego siempre encendido.*

saciar *v. tr./prnl.* **1** Satisfacer de comida y de bebida: *el mendigo pedía un trozo de pan con que saciar su hambre; se sació un poco con aquel aperitivo.* **2** Satisfacer una necesidad del espíritu o de la mente: *tus besos no me sacian.*
DER saciedad; insaciable.
OBS En su conjugación, la *i* no se acentúa, como en *cambiar*.

saciedad *n. f.* Sensación que se produce cuando se satisface con exceso el deseo de una cosa: *comió y bebió hasta la saciedad.*

saco *n. m.* **1** Bolsa generalmente grande de tela u otro material flexible, de forma alargada y abierta por uno de los extremos: *me llevé las patatas a casa en un saco.* **saco de dormir** Saco hecho con un tejido relleno de plumas u otro material que da calor y que se usa para dormir dentro de él, especialmente al aire libre o en tiendas de campaña: *cuando vamos de acampada dormimos en una tienda con un saco de dormir.* ☞ cama. **2** Lo que se halla contenido en una bolsa de ese tipo: *quedan cuatro sacos de carbón.* **3** Órgano en un ser vivo que tiene forma de bolsa y que contiene generalmente un fluido: *el ojo permanece húmedo gracias al saco lagrimal.* **4** Prenda de vestir ancha que no se ajusta al cuerpo: *no puedes salir a la calle con ese saco porque te hace gordísima.* **5** Saqueo.
entrar a saco Robar violentamente las cosas de valor que hay en un lugar: *los ladrones entraron a saco en el supermercado.*
no echar en saco roto *coloquial* Tener algo en cuenta: *te recomiendo que no eches en saco roto lo que has aprendido de tu padre.*
saco de huesos *coloquial* Persona excesivamente delgada: *Marisa hizo un régimen muy fuerte y ahora se ha quedado hecha un saco de huesos.*
ser un saco de Expresión que se utiliza para indicar que se tiene una cualidad o defecto de forma excesiva: *esa chica es un saco de mentiras.*
DER saca, saquear.

sacralizar *v. tr.* Dar o atribuir carácter sagrado a una cosa que no lo tenía: *la religión sacraliza muchos ritos y costumbres.*
OBS En su conjugación, la *z* se convierte en *c* delante de *e*.

sacramental *adj.* De los sacramentos o que tiene relación con ellos: *la comunión es una ceremonia sacramental.*

sacramento *n. m.* En el cristianismo, signo material que simboliza la relación entre una persona y Jesucristo: *los sacramentos son siete: bautismo, confirmación, penitencia, eucaristía, extremaunción, orden sacerdotal y matrimonio.*
DER sacramental, sacramentar, sacramentismo.

sacrificar *v. tr.* **1** Ofrecer o dar como signo de reconocimiento u obediencia a un dios: *los judíos debían sacrificar el cordero pascual.* **2** Matar un animal, especialmente para su consumo: *sacrificaron el perro que tenía rabia; en el matade-*

ro sacrifican las reses con descargas eléctricas para evitar que sufran. **3** Perjudicar algo o a alguien para conseguir un fin beneficioso: *no estaba dispuesto a sacrificar a sus hijos por su trabajo.* **4** Renunciar a una cosa para obtener otra: *el jugador de ajedrez sacrificó un caballo para comerse la reina contraria.* ◇ *v. prnl.* **5 sacrificarse** Hacer algo que no gusta o renunciar a una cosa para beneficiar a alguien o para obtener algo: *la madre se sacrificó por sus cinco hijos; tendrás que sacrificarte por tu compañero y trabajar un poco más.*
DER sacrificio.
OBS En su conjugación, la *c* se convierte en *qu* delante de *e*.

sacrificio *n. m.* **1** Ofrecimiento a un dios en señal de obediencia o para pedir su favor: *los griegos antiguos ofrecían sacrificios a los dioses en los templos paganos.* **2** Acción que desagrada o no se desea hacer, pero que se hace por obligación o necesidad: *levantarme tan temprano es un sacrificio para mí; son necesarios muchos sacrificios para alcanzar el éxito.* **3** Esfuerzo o dolor que se sufre por un ideal o un sentimiento: *ser madre supone mucho sacrificio por los hijos; los primeros cristianos soportaron sacrificios indescriptibles por su fe.* **4** En la religión cristiana, acto de la misa en el que el sacerdote ofrece el cuerpo y sangre de Cristo en forma de pan y vino: *durante el sacrificio, todos los fieles se arrodillaron y guardaron un respetuoso silencio.*

sacrilegio *n. m.* Falta de respeto hacia una persona, cosa o lugar sagrados: *el sacerdote consideraba que entrar desnudo en una iglesia era un sacrilegio.*
DER sacrílego.

sacrílego, -ga *adj.* **1** Del sacrilegio o que tiene relación con él: *el robo de un cáliz es considerado un acto sacrílego.* ◇ *adj./n. m. y f.* **2** [persona] Que falta al respeto que se debe hacia una persona, cosa o lugar sagrados: *un sacrílego profanó el cementerio.*

sacristán, -tana *n. m. y f.* Persona que se dedica a ayudar al sacerdote y a cuidar de los adornos y la limpieza de la iglesia: *el sacristán tocó las campanas.*
DER sacristía.

sacristía *n. f.* Lugar en las iglesias donde se visten los sacerdotes y donde están guardados los objetos que se usan en las ceremonias: *el padre salió hace un momento de la sacristía y fue hacia aquella capilla.*

sacro, -cra *adj.* **1** *culto* Que está consagrado o dedicado a una divinidad: *en este monasterio se oye música sacra todas las mañanas; la comitiva salió del recinto sacro en medio de una gran expectación.* **SIN** profano, sagrado. ◇ *adj./n. m.* **2** ANAT. [hueso] Que está situado en la parte inferior de la columna vertebral y que está formado por cinco vértebras soldadas: *el hueso sacro forma la pelvis; el sacro tiene forma de pirámide invertida.* ☞ esqueleto.
DER sacralidad, sacralizar, sacramento, sacrificar, sacrilegio, sacristán.
ETIM Véase *sagrado*.

sacudida *n. f.* **1** Movimiento violento: *el mal estado de la vía del tren provoca algunas sacudidas en los vagones al pasar por ese tramo.* **2** Impresión fuerte que recibe una persona: *la muerte de su hermano fue una sacudida para ella.*

sacudir *v. tr.* **1** Mover violentamente algo de un lado a otro: *el niño sacudía el sonajero para que hiciese ruido.* **2** Golpear o agitar en el aire una cosa generalmente para quitarle el polvo o la suciedad: *sacudió la alfombra por la ventana.* **3** *coloquial* Golpear o dar golpes: *mi hermano mayor me ha sacudido porque no le he querido dejar mis juguetes.* ◇ *v. prnl.* **4 sacudirse** Quitarse de encima una cosa o a una persona pesada: *¿cómo has logrado sacudirte a ese pesado?*

DER sacudida.

sádico, -ca *adj./n. m. y f.* [persona] Que siente placer sexual causando daño o dolor físico a otra persona: *es un sádico: le gusta azotar a su pareja cuando hace el amor.*

sadismo *n. m.* Práctica sexual en la que se experimenta placer causando daño o dolor físico a otra persona: *murió víctima de una horrible sesión de sadismo a manos de un psicópata.*
DER sádico.
ETIM De D.-A.-F. Sade, novelista francés (1740-1814).

sadomasoquismo *n. m.* Tendencia o inclinación sexual que consiste en obtener placer mediante el dolor o el sufrimiento físico o psíquico que se da a la pareja o se recibe de ella: *hay personas que sólo encuentran placer practicando el sadomasoquismo.*

saeta *n. f.* **1** *culto* Arma formada por una vara delgada y ligera, con punta afilada en uno de sus extremos, que se lanza o dispara con un arco: *Cupido clava saetas en el corazón de los mortales.* **SIN** flecha. **2** Aguja que marca una cosa en un reloj u otro instrumento parecido: *las saetas del reloj del salón son de oro.* **SIN** manecilla. **3** Canción corta de asunto religioso que se canta sin acompañamiento de instrumentos, especialmente en Semana Santa: *una señora cantó una saeta a la Virgen al pasar la procesión por su balcón.*
DER asaetear.
ETIM *Saeta* procede del latín *saggita*, que tenía el mismo significado, voz con la que también están relacionadas *sagita*, *sagitario*.

safari *n. m.* Expedición en la que se trata de cazar animales de gran tamaño, especialmente en África: *el cazador fue de safari a Kenia.* **safari fotográfico** Safari que consiste en hacer fotografías de los animales en su ambiente natural: *la agencia de viajes nos organizó un safari fotográfico.*

saga *n. f.* **1** Texto que relata la historia de varias generaciones de una familia: *esa saga cuenta la historia de una familia catalana.* **2** Dinastía familiar: *es el último representante de una saga de geniales actores.* **3** Leyenda poética que cuenta historias de los primitivos héroes y mitos de Escandinavia: *las colecciones de sagas escandinavas se llaman Edas.*

sagacidad *n. f.* Cualidad de sagaz: *su sagacidad lo llevó a sospechar que lo estaban engañando.*

sagaz *adj.* [persona] Que es hábil e inteligente y se da cuenta de lo que puede ocurrir: *mi compañero es muy sagaz: siempre sospecha lo que va a ocurrir.* **SIN** astuto.
DER sagacidad.

sagitario *adj./n. com.* [persona] Que ha nacido entre el 23 de noviembre y el 21 de diciembre, tiempo en que el Sol recorre aparentemente Sagitario, el noveno signo del Zodíaco.

sagrado, -da *adj.* **1** Que está dedicado a una divinidad o a su adoración: *la iglesia es un lugar sagrado y no se puede permitir que se entre sin el debido respeto.* **2** Que es digno de adoración por tener alguna relación con una divinidad: *veneraban la imagen sagrada de san Martín.* **3** Que merece adoración y respeto; que no puede recibir ninguna ofensa: *deja en paz a mi hermana, que para mí es sagrada.*
DER sagrario; consagrar.
ETIM *Sagrado* procede del latín *sacer, sacra, sacrum*, que tenía el mismo significado, voz con la que también está relacionada *sacro*.

sagrario *n. m.* Lugar o mueble donde se guardan las hostias consagradas: *el sagrario era de plata y ante él había dos velas encendidas.*

saharaui *adj./n. com.* Sahariano.

sahariana *n. f.* Chaqueta de tela ligera de color verdoso o terroso, con bolsillos en los laterales y sobre el pecho, que se ajusta con un cinturón.

sahariano, -na *adj.* **1** Del Sáhara o que tiene relación con la zona y el desierto africano del Sáhara: *organizaron una expedición por el desierto sahariano.* ◇ *adj./n. m. y f.* **2** [persona] Que es del Sáhara: *a los saharianos también se los conoce como saharauis.*

sainete *n. m.* **1** Pieza teatral de humor de un solo acto: *los sainetes solían representarse en medio o al final de las funciones de teatro.* **SIN** entremés. **2** Pieza teatral de uno o más actos y de carácter popular, que se representa como obra independiente: *El santo de la Isidra es un sainete escrito por Arniches.* **3** Situación cómica o irónica.

sajar *v. tr.* MED. Hacer un corte en la carne como forma de curación: *el cirujano ha sajado la zona afectada por el quiste.*

sajón, -jona *adj.* **1** De un antiguo pueblo germánico que vivió en la desembocadura del río Elba, o que tiene relación con este pueblo: *el pueblo sajón fue sometido por Carlomagno.* **2** De Sajonia o que tiene relación con ese antiguo estado alemán: *la porcelana sajona es muy conocida.* **3** De la lengua del antiguo pueblo germánico que vivió en la desembocadura del río Elba, de una lengua derivada de ésta, o que tiene relación con ellas: *el alto sajón y el bajo sajón son variedades sajonas.* ◇ *adj./n. m. y f.* **4** [persona] Que procede de un antiguo pueblo germánico que vivió en la desembocadura del río Elba: *algunos sajones se establecieron en Inglaterra en el siglo v.* **5** [persona] Que ha nacido en Sajonia: *los sajones han sido gobernados por duques y reyes.* ◇ *n. m.* **6** Conjunto de dialectos germánicos: *el sajón es la forma más antigua del bajo alemán.*

sake *n. m.* Bebida alcohólica que se obtiene a partir de la fermentación del arroz: *el sake es una bebida típicamente japonesa.*

sal *n. f.* **1** Sustancia blanca en forma de cristal fácilmente soluble en agua que se usa para dar sabor a los alimentos: *el nombre técnico de la sal es cloruro de sodio; la sal del mar.* **2** Elegancia o gracia en el movimiento: *tiene tanta sal cuando anda, que todos se vuelven a mirarla.* **SIN** salero. **3** Capacidad de pensar y hacer o decir con facilidad cosas divertidas y graciosas: *tiene mucha sal para contar historias.* **4** Persona o cosa divertida que rompe la seriedad o el aburrimiento: *tu marido es la sal de la fiesta.* **5** QUÍM. Sustancia que se forma al reaccionar un ácido con una base: *el nitrato de plata es una sal.* ◇ *n. f. pl.* **6 sales** Sustancia salina que frecuentemente contiene amoniaco y que se usa para hacer volver en sí a alguien que se ha desmayado: *le han hecho respirar unas sales para que recuperara el conocimiento.* **sales de baño** Sal perfumada que se mezcla con el agua del baño para darle buen olor: *me relaja mucho meterme en la bañera con sales de baño.*
DER salar, salero, salina, salinidad, salitre, salobre, salsa; ensalada.

sala *n. f.* **1** Habitación principal de una casa donde generalmente se reciben las visitas: *haga pasar a los señores a la sala y ofrézcales algo de beber.* **SIN** salón. **2** Conjunto de muebles de esa habitación: *he comprado toda la sala: la mesa, las sillas, el aparador y el tresillo.* **SIN** salón. **3** Habitación de grandes dimensiones: *decoraron la sala con sillones de piel.* **4** Habitación o espacio destinado a un uso determinado: *entraron en la sala de masajes de la peluquería; el cirujano acudió a la sala de operaciones; estuve en la sala de máquinas del buque.* **sala de estar** Sala de una casa en la que se pasa la mayor parte del tiempo libre: *estaban viendo el televisor en la sala de estar.* **5** Local donde se reúne un tribunal de justicia para celebrar audiencia: *en la celebración del juicio, no se permitió la entrada del público en la sala por motivos de seguridad.* **6** Conjunto de jueces que forman un tribunal: *los autores del crimen tuvieron que responder de su delito ante la sala.* **7** Local destinado a un espectáculo: *el público llenaba la sala.* **sala de fiestas** Establecimiento donde se puede bailar y consumir bebidas y en el que se suelen ofrecer espectáculos: *pasamos la noche del viernes en una sala de fiestas.* **8** Conjunto de personas que asiste a un espectáculo: *toda la sala aplaudió al cantante.*
DER salón; antesala.

salacot *n. m.* Sombrero muy ligero hecho generalmente con un tejido de tiras de caña, con la copa de forma semiesférica y rígida que permite la circulación de aire por su interior: *el salacot se utiliza en Filipinas y en otros países cálidos.* ☞ sombrero.
OBS El plural es *salacots*.

saladero *n. m.* Lugar donde se salan carnes o pescados para su conserva: *los bacalaos destinados a comerse secos se llevan a los saladeros para ser salados.*

salado, -da *adj.* **1** [alimento] Que tiene sal: *estas pastas son saladas y aquellas dulces.* **ANT** dulce. ☞ sabores. **2** [alimento] Que tiene demasiada sal: *estas lentejas están un poco saladas.* **ANT** soso. **3** [persona] Que es agudo, vivo y tiene gracia: *Esteban es un chico muy salado, siempre está contando chistes.* **SIN** chistoso, gracioso, saleroso. **ANT** soso. ◇ *n. m.* **4** Operación que consiste en poner sal a un alimento para su conservación: *esta factoría se dedica al salado de pescados.* **SIN** salazón.
DER saladero; resalado.

salamandra *n. f.* **1** Anfibio de piel lisa y de color negro con grandes manchas amarillas y con cola larga: *las salamandras tienen en su piel glándulas venenosas; la salamandra vive en lugares húmedos y se alimenta de insectos.* Para indicar el sexo se usa *la salamandra macho* y *la salamandra hembra*. ☞ anfibios. **2** Estufa de carbón.
DER salamanquesa.

salamanquesa *n. f.* Reptil pequeño de cuerpo gris, con cuatro patas de dedos anchos con los que se agarra a las paredes, tiene la cola larga y se alimenta de insectos: *¡qué susto! Al levantar la piedra vi que debajo había una salamanquesa.*
OBS Para indicar el sexo se usa *la salamanquesa macho* y *la salamanquesa hembra*.

salami *n. m.* Embutido parecido al salchichón elaborado con carne de vaca y cerdo mezcladas y muy picadas: *el salami está medido en una tripa más gruesa que la del salchichón.*

salar *v. tr.* **1** Poner sal a los alimentos para que se conserven: *en los barcos antiguamente salaban la carne para que se conservara más tiempo.* **ANT** desalar. **2** Echar sal a un alimento para darle más sabor: *¿has salado ya las lentejas?*
DER salado, salazón; desalar.

salarial *adj.* Del salario o que tiene relación con él: *los trabajadores pedían un aumento salarial.*

salario *n. m.* Cantidad de dinero que se recibe, por lo general todos los meses, por un servicio o un trabajo: *a final de mes, los trabajadores de la fábrica cobran su salario.* **SIN** asignación, paga.
DER salarial; asalariar.

salazón *n. f.* **1** Operación que consiste en poner sal a un alimento para su conservación: *la salazón del pescado es un procedimiento muy antiguo.* **SIN** salado. **2** Industria que se dedica a poner sal a los alimentos para su conservación: *la* *economía de este pueblo se basa en la salazón de carnes y pescados.* ◇ *n. f. pl.* **3 salazones** Conjunto de carnes y pescados a los que se ha puesto sal para su conservación: *mañana saldrán los camiones a repartir las salazones.*

salchicha *n. f.* Embutido pequeño de forma alargada hecho de carne de cerdo cruda y picada, y con especias; se come frita o asada: *hemos comido huevos con salchichas cocidas.*
DER salchichón.

salchichón *n. m.* Embutido curado de forma alargada hecho con carne de cerdo picada y especias que se come frío sin necesidad de freírlo o asarlo: *el salchichón es un embutido de color rosado y blanco.*

saldar *v. tr.* **1** Pagar completamente una deuda o una cuenta: *el prestamista le dijo que no quería volver a verlo hasta que saldara sus cuentas.* **SIN** finiquitar, liquidar. **2** Dar algo por terminado: *los dos hermanos saldaron sus diferencias con la ayuda de su padre.* **3** Vender una mercancía a un precio más bajo de lo normal: *han saldado los artículos de la tienda de ropa porque van a cambiar de negocio.* **SIN** liquidar.
DER saldo.

saldo *n. m.* **1** Acción de vender una mercancía a un precio más bajo de lo normal para agotarla: *van a hacer saldo en el supermercado dentro de una semana.* **SIN** liquidación. **2** Conjunto de las mercancías de un comercio que se venden a un precio más bajo de lo normal: *no he encontrado en los saldos nada de lo que buscaba.* Se usa generalmente en plural. **3** Estado de una cuenta corriente, en cuanto al dinero que hay en ella: *al hacer el balance del año me ha salido un saldo negativo.* **4** Resultado final: *la vuelta de vacaciones ha terminado con un saldo de 20 muertos en las carreteras españolas.* **5** Pago completo de una deuda o de una cuenta: *en cuanto cobre, iré a hacer el saldo a todos mis acreedores.* **SIN** liquidación.

salero *n. m.* **1** Recipiente que se usa para guardar la sal y servirla: *pásame el salero, por favor, que la sopa está un poco sosa.* **2** Elegancia o gracia en el movimiento: *tiene mucho salero y lo demuestra cuando baila.* **SIN** sal.
DER saleroso.

saleroso, -sa *adj./n. m. y f.* [persona] Que tiene gracia: *forman una pareja muy salerosa.* **SIN** salado.

salesiano, -na *adj.* **1** De alguna de las congregaciones fundadas por san Juan Bosco bajo el patrocinio de san Francisco de Sales: *las congregaciones salesianas fueron fundadas en el siglo XIX.* ◇ *adj./n. m. y f.* **2** [religioso] Que pertenece a alguna de las congregaciones fundadas por san Juan Bosco bajo el patrocinio de san Francisco de Sales: *los salesianos se dedican principalmente a la educación.*

salida *n. f.* **1** Acción de pasar del interior de un lugar al exterior: *abrieron las puertas y tuvo lugar la salida de los toros a la plaza; siempre me encuentro con Ana a la salida del trabajo.* **ANT** entrada. **2** Acción de irse de un lugar: *la salida del tren con destino a Cáceres tendrá lugar a las diez de la mañana; tuvimos muchos problemas en el momento de la salida.* **ANT** llegada. **3** Parte por donde se pasa del interior de un lugar al exterior: *la salida de emergencia está al fondo de la sala.* **ANT** entrada. **4** Excursión o viaje: *hace dos meses que no hacemos una salida.* **5** Lugar o punto en el que comienza una carrera en distintos deportes: *los atletas se han situado en la salida.* **ANT** meta, llegada. **6** Aparición de un cuerpo celeste: *Felipe se levantó a la salida del sol.* **7** Solución: *estamos en una situación que no tiene salida.* **8** Cosa ocurrente que se dice o se hace en un momento determinado: *esta chica tiene unas salidas divertidísimas.* **salida de tono** Cosa que se dice o se hace y que no resulta conveniente: *su respuesta fue una salida de tono, no era ni el lugar ni el momento para decir aquello.* **9** Acción y resultado de vender una mercancía: *este artículo no tendrá salida porque es muy poco práctico.* ◇ *n. f. pl.* **10 salidas** Posibilidades profesionales que ofrecen los estudios: *estudiar derecho tiene muchas salidas.*

salido, -da *adj.* **1** [parte] Que sobresale de un cuerpo más de lo normal: *he tropezado en el escalón porque estaba un poco salido.* **2** [hembra] Que está en celo: *cuando una gata está salida no hace más que maullar.* ◇ *adj./n. m. y f.* **3** *coloquial* [persona] Que tiene un gran deseo sexual: *va muy salido, siempre está pensando en el sexo.* Tiene valor despectivo.

saliente *adj./n. m.* **1** [parte de una cosa] Que sale: *el cerrojo tiene un saliente que encaja en la puerta.* ◇ *adj.* **2** Que sobresale por su importancia: *la aceptación del destino es un rasgo saliente de la actitud de muchos ante la vida.*

salina *n. f.* **1** Lugar donde se encuentra la sal de forma natural: *fueron a visitar las salinas de Cardona.* **2** Lago o depósito poco profundo donde se forma la sal: *he visitado las salinas del sur de España.*

salinidad *n. f.* Cualidad de salino: *cuando se evapora una parte del agua del mar, aumenta su salinidad.*

salino, -na *adj.* **1** Que contiene sal: *el agua del mar es salina.* **SIN** salobre. **2** Que tiene una característica que se considera propia de la sal: *las lágrimas tienen un sabor salino.*
DER salinidad.

salir *v. intr./prnl.* **1** Pasar del interior de un lugar al exterior: *salgo de casa todos los días a las siete y veinte; sal al balcón; el agua se está saliendo de la cisterna.* ◇ *v. intr.* **2** Aparecer públicamente: *el rey ha salido por la tele; ha salido un nuevo periódico.* **3** Aparecer o dejarse ver: *en esta época, el sol sale a las ocho de la mañana.* **4** Nacer o brotar: *ya empieza a salir el trigo en los sembrados.* **5** Borrarse o desaparecer una mancha: *no salía la mancha de tinta que tenía en la camisa.* **6** Ocurrir u ofrecerse: *me ha salido una oferta para trabajar en una importante editorial.* **7** Ser elegido o sacado, generalmente al azar: *¿Qué número ha salido en la rifa?* **8** Terminar: *al final, todo salió mejor de lo que esperábamos.* **9** Partir o irse: *los reyes salieron de Madrid para Barcelona.* **10** Ir a divertirse con una persona o en grupo: *todos los fines de semana salgo con mis amigos.* **11** Librarse o escapar de una situación: *no voy a salir de la pobreza nunca si no cambio de empleo.* **12** Decir o hacer una cosa que sorprende o no se espera: *después de tanto hablar, salió con que no había alternativa.* **SIN** saltar. **13** Costar: *la carne de ternera sale a un precio más alto que la de cerdo.* **14** Corresponder una cantidad igual a diversas personas: *salimos a dos millones por socio.* **15** Pasar a realizar una acción, generalmente delante de un público: *salió a bailar; los espectadores pidieron que la actriz saliera otra vez a saludar.* **16** Tener parecido: *el niño ha salido a su madre.* ◇ *v. prnl.* **17 salirse** Pasar un líquido por encima del borde del recipiente que lo contiene al hervir: *vigila la leche para que no se salga.* **18** Separarse de una actitud o actividad: *don Emilio se salió de cura para casarse.*
a lo que salga *coloquial* Sin saber o sin importar el resultado: *no he estudiado nada, así que me presentaré al examen a lo que salga.*
salir adelante Superar un problema: *a pesar del paro y la crisis económica, este país saldrá adelante.*
salir pitando *coloquial* Irse muy rápido o corriendo: *el conejo vio al perro y salió pitando.*
salirse con la suya Hacer su voluntad contra el deseo de los demás o tras muchos intentos: *mi hermana se salió con la suya y fuimos a ver la película que ella quería.*

salitre

DER saledizo, salida, salido, saliente; sobresalir.

salir

INDICATIVO	SUBJUNTIVO
presente	**presente**
salgo	salga
sales	salgas
sale	salga
salimos	salgamos
salís	salgáis
salen	salgan
pretérito imperfecto	**pretérito imperfecto**
salía	saliera o saliese
salías	salieras o salieses
salía	saliera o saliese
salíamos	saliéramos o saliésemos
salíais	salierais o salieseis
salían	salieran o saliesen
pretérito indefinido	**futuro**
salí	saliere
saliste	salieres
salió	saliere
salimos	saliéremos
salisteis	saliereis
salieron	salieren
futuro	
saldré	IMPERATIVO
saldrás	
saldrá	sal (tú)
saldremos	salga (usted)
saldréis	salid (vosotros)
saldrán	salgan (ustedes)
condicional	
saldría	FORMAS
saldrías	NO PERSONALES
saldría	
saldríamos	infinitivo gerundio
saldríais	salir saliendo
saldrían	participio
	salido

salitre *n. m.* **1** Sustancia que contiene sal: *el salitre del mar erosiona los cascos de los barcos; eran tierras de salitre y no producían buenas cosechas.* **2** QUÍM. Sal de nitrógeno y potasio que se forma en el suelo por la descomposición de materias animales y vegetales: *el salitre se llama también nitro.*
DER salitroso.

saliva *n. f.* Líquido transparente y acuoso que segregan las glándulas salivales de la boca de las personas y otros animales y que ayuda a preparar los alimentos para su entrada en el estómago: *se mojaba los dedos con saliva para pasar las páginas del libro.*
gastar saliva *coloquial* Hablar sin conseguir el fin deseado: *no gastes saliva, que no nos vas a convencer.*
DER salival, salivar, salivazo.

salivación *n. f.* Acción por la cual las glándulas salivales segregan saliva: *la salivación ayuda a masticar y tragar los alimentos.*

salival *adj.* **1** [glándula] Que segrega saliva: *las glándulas sa-*

livales están situadas en la boca. **2** De la saliva o relacionado con esta secreción: *secreción salival.*

salivazo *n. m.* Saliva que se echa de la boca con fuerza y de una vez: *el jugador fue expulsado por lanzar un salivazo al contrario.* SIN escupitajo.

salmantino, -na *adj.* **1** De Salamanca o que tiene relación con esta ciudad castellana: *los toros salmantinos son muy bravos.* ◊ *adj./n. m. y f.* **2** [persona] Que es de Salamanca: *los salmantinos son vecinos de los extremeños.*

salmo *n. m.* Poema o canto dedicado a alabar a Dios: *los fieles cantan salmos en la misa.*
DER salmodia; ensalmo.

salmodia *n. f.* **1** Canto eclesiástico o música con que se acompaña o recitan los salmos: *el coro entonó una salmodia.* **2** *coloquial* Canto que es monótono y aburrido: *menuda salmodia están cantando.*

salmón *n. m.* **1** Pez comestible que vive cerca de las costas y remonta los ríos en el período de la cría: *los salmones nadan contra corriente remontando los ríos; la carne del salmón es muy apreciada. Para indicar el sexo se usa el salmón macho y el salmón hembra.* ☞ *pez.* ◊ *n. m./adj.* **2** Color que es entre rosa y naranja, como el de la carne de ese pez: *tiene una camisa salmón que va muy bien con esa chaqueta gris.*
DER salmonete; asalmonado.

salmonela *n. f.* Bacteria que se desarrolla en algunos alimentos y que al ingerirla puede provocar salmonelosis: *la salmonela es la responsable de algunas intoxicaciones alimentarias.*

salmonelosis *n. f.* Intoxicación alimentaria o infección intestinal que se produce por consumir alimentos que contienen salmonela: *la salmonelosis provoca fiebres muy altas y vómitos.*
OBS El plural también es *salmonelosis*.

salmonete *n. m.* Pez marino comestible, de color rojo y con unas barbillas en la mandíbula inferior. SIN barbo.
OBS Para indicar el sexo se usa *el salmonete macho* y *el salmonete hembra*.

salmuera *n. f.* Agua con mucha sal: *compró una lata de berberechos en salmuera.*

salobre *adj.* Que contiene sal: *cerca del pueblo hay un manatial de agua salobre.* SIN salino.

salomónico, -ca *adj.* **1** De Salomón o relacionado con este rey de Israel: *época salomónica.* **2** [juicio, decisión] Que es justo, sabio y equilibrado: *ante el dilema creo que tomé una decisión salomónica que no perjudicó a nadie.* **justicia salomónica** Justicia que se aplica con sabiduría e igualdad.

salón *n. m.* **1** Habitación principal de una casa, generalmente más grande que una sala, que se suele usar para reunirse, comer o recibir visitas: *celebraron la fiesta en el salón.* SIN sala. **2** Conjunto de muebles de esa habitación: *en la tienda de la esquina, venden un salón precioso.* SIN sala. **3** Local grande donde se celebran actos a los que asiste mucha gente: *la reunión es en el salón de actos de la escuela.* **4** Local donde se celebran las comidas importantes en un establecimiento hotelero: *el banquete de la boda es en el salón del hotel.* **5** Establecimiento donde se proporcionan ciertos servicios al público: *entraron a merendar a un salón de té; se conserva muy bien porque va todas las semanas al salón de belleza.* **6** Exposición de productos para su venta: *visitaron el salón del automóvil porque querían comprar un coche nuevo.*

salpicadero *n. m.* Tablero de mandos de un automóvil situado delante del asiento del conductor: *el volante, el cuadro de luces y los indicadores están en el salpicadero.* ☞ *automóvil.*

salpicadura *n. f.* **1** Acción de esparcirse o saltar un líquido en forma de gotas pequeñas: *ten cuidado con las salpicaduras de aceite caliente.* **2** Mancha que produce un líquido al saltar en forma de gotas pequeñas: *lleva la gabardina llena de salpicaduras de barro.* Se usa generalmente en plural. ◇ *n. f. pl.* **3 salpicaduras** Efecto indirecto y negativo de un hecho: *las salpicaduras de la guerra han afectado a toda Europa.*

salpicar *v. tr./intr.* **1** Saltar un líquido en forma de gotas pequeñas: *la lejía salpicó la toalla; la lluvia salpica.* **2** Manchar o mojar con gotas pequeñas: *un coche me ha salpicado de barro.* ◇ *v. tr.* **3** Esparcir sobre algo: *salpicó la ensalada con aceite.* **4** Poner elementos sueltos por un lugar, una situación o una cosa: *siempre salpica de chistes la conversación; el valle está salpicado de árboles.* **5** Afectar o alcanzar: *la vergüenza de tu conducta ha salpicado a toda la familia.*
DER salpicadero, salpicadura, salpicón.
OBS En su conjugación, la c se convierte en qu delante de e.

salpicón *n. m.* **1** Plato que se elabora con pescado o marisco cocido, picado en trozos pequeños junto con otros ingredientes y aderezado todo ello con sal, vinagre y aceite: *el salpicón suele tomarse frío.* **2** Salpicadura de un líquido u otra cosa semejante: *el coche pisó el charco y recibí el salpicón de agua.*

salpimentar *v. tr.* Aderezar o condimentar un alimento con sal y pimienta: *antes de freír la carne debes salpimentarla.*
OBS En su conjugación, la e se convierte en ie en sílaba acentuada, como en *acertar*.

salpullido *n. m.* Conjunto de granos o manchas que salen en la piel y que desaparecen pronto: *esta crema le ha producido salpullido al bebé.* **SIN** sarpullido.
OBS La Real Academia Española admite *salpullido*, pero prefiere la forma *sarpullido*.

salsa *n. f.* **1** Sustancia líquida o espesa hecha con varios comestibles triturados y mezclados, que se usa para acompañar y dar sabor a las comidas: *ha preparado los cangrejos con una salsa riquísima.* **salsa mahonesa** o **salsa mayonesa** La que se hace mezclando huevo, aceite, vinagre o limón y sal; *la ensaladilla rusa lleva salsa mayonesa.* **salsa rosa** Salsa que se hace mezclando huevo, aceite, vinagre, sal, tomate frito, especias y licor: *nos sirvieron los langostinos con salsa rosa.* **salsa verde** Salsa que se hace con perejil, aceite, vinagre, sal y huevo, y se usa para acompañar pescados: *¿te apetece un poco de pescado con salsa verde?* **2** Cosa que hace gracia o que anima: *los chistes son la salsa del espectáculo.* **3** Música viva y alegre típica de varios países del Caribe: *en la salsa se mezclan ritmos africanos y latinos.*
en su salsa *coloquial* En un ambiente familiar y cómodo: *cuando va a la discoteca está en su salsa.*
DER salsera, salsero.

salsera *n. f.* Recipiente en el que se sirve una salsa: *en una salsera hay salsa de tomate y en la otra, mostaza.*

saltador, -dora *adj.* **1** Que salta o que puede saltar: *la langosta es un insecto saltador.* ◇ *adj./n. m. y f.* **2** Deportista especializado en alguna de las pruebas de salto: *el saltador alemán ha conseguido un nuevo récord en estos campeonatos.* ◇ *n. m.* **3** Cuerda que se usa para saltar en ciertos juegos: *la niña está jugando con el saltador en la calle.* **SIN** comba.

saltamontes *n. m.* Insecto de cuerpo alargado, antenas largas y ojos salientes, con las patas anteriores cortas y las posteriores muy largas que le sirven para dar saltos: *los saltamontes son animales herbívoros.* ☞ insectos.
OBS El plural también es *saltamontes*.

saltar *v. intr.* **1** Levantarse de una superficie con un impulso para caer en el mismo lugar o en otro: *el jugador de baloncesto saltó y lanzó la pelota a la canasta; los canguros avanzan saltando; pisé una piedra y una rana saltó.* **SIN** brincar. **2** Tirarse desde una altura, generalmente para caer de pie: *el niño saltó del manzano al suelo; el nadador saltó desde un trampolín altísimo.* **3** Levantarse o desprenderse de algo con un impulso fuerte: *el soldador se protege la cara de las chispas que saltan con una careta; saltó el tapón de la botella.* **4** Caer el agua de una corriente salvando un desnivel: *en los ríos de montaña es frecuente ver saltar el agua.* **5** Romperse o explotar violentamente: *el camión que transportaba explosivos sufrió un accidente y saltó en mil pedazos.* **6** Dar muestras repentinas de enfado o desacuerdo: *no me gustó lo que estaban diciendo de mi hermana y salté.* **7** Decir o hacer una cosa que sorprende por ser inesperada: *después de habérselo explicado dos veces, saltó con que no había entendido nada.* **SIN** salir. ◇ *v. tr.* **8** Pasar de un salto: *el caballo saltó la valla.* ◇ *v. tr./prnl.* **9** Dejar de hacer una cosa que forma parte de un conjunto: *como tenía poco tiempo, el profesor saltó los temas menos importantes; me salté ese ejercicio porque no sabía hacerlo.* ◇ *v. prnl.* **10 saltarse** Dejar de cumplir una ley o una norma: *se saltó un semáforo; las personas que se salten la normativa serán castigadas.*
DER saltador, saltarín, salto, saltón; asaltar, resaltar, sobresaltar.

saltarín, -rina *adj.* **1** Que salta o se mueve: *el niño miraba la peonza saltarina.* ◇ *adj./n. m. y f.* **2** [persona] Que es inquieto y movido: *el niño nos ha salido saltarín.*

salteador, -dora *n. m. y f.* Ladrón que ataca y roba a las personas que van por el campo o por un camino: *cuentan la historia de un salteador que vivía en Sierra Morena.*

saltear *v. tr.* **1** Hacer una cosa sin orden o sin continuidad, dejando parte sin hacer: *iba salteando los ejercicios, evitando hacer los más difíciles.* **2** Freír ligeramente un alimento crudo o previamente hervido: *me gusta saltear los guisantes con jamón.* **3** Atacar y robar a una persona que va por un camino: *los forajidos saltearon a los viajeros de la diligencia.* **SIN** asaltar.
DER salteador.

salterio *n. m.* **1** Instrumento musical de cuerdas pulsadas y metálicas que tiene forma triangular y suele tocarse con púa, mazo o con las manos: *el salterio es de origen oriental y apareció en Europa en el siglo XI.* **2** Libro canónico del Antiguo Testamento de la Biblia que está formado por 150 salmos. **3** Libro de coro que sólo contiene salmos.

saltimbanqui *n. com.* Persona que se dedica a realizar acrobacias y ejercicios de saltos y equilibrios ante el público, generalmente en espectáculos al aire libre o de carácter popular: *en los circos suele haber saltimbanquis y malabaristas.*
OBS El plural es *saltimbanquis*.

salto *n. m.* **1** Movimiento que consiste en elevarse del suelo u otra superficie con impulso para caer en el mismo lugar o en otro: *el perro dio un salto y agarró la pelota con la boca.* **SIN** brinco. **2** Movimiento que consiste en lanzarse desde un lugar alto, generalmente para caer de pie: *de un salto bajó cuatro escalones.* **SIN** brinco. **3** Paso brusco de un lugar a otro o de una parte a otra: *el narrador dio un salto en la historia omitiendo el pasaje más interesante.* **4** Ejercicio deportivo en el que se salta: *salto de trampolín; saltos de esquí.* **salto con pértiga** Ejercicio deportivo que consiste en superar un listón colocado a gran altura con ayuda de una pértiga. **salto de altura** Ejercicio deportivo que consiste en superar un listón colocado a cierta altura saltando por encima de él. **salto de longitud** Ejercicio deportivo que consiste en saltar la mayor distancia posible desde un punto

saltón

determinado. **salto mortal** Ejercicio que consiste en saltar y dar una o varias vueltas completas en el aire: *el trapecista hizo un triple salto mortal.* **5** Avance o progreso importante: *en este último año ha dado un salto en su carrera profesional.*
a salto de mata *coloquial* Sin orden ni previsión, pasando de una cosa a otra sin pensar lo que se hace: *no piensa en el futuro: vive a salto de mata.*
salto de agua Caída de agua en un terreno accidentado. **SIN** cascada.
salto de cama Prenda de vestir femenina que se usa al acostarse y al levantarse de la cama.
DER saltear.

saltón, -tona *adj.* **1** [ojo, diente] Que sobresale más de lo normal, que parece que se sale de su sitio: *los sapos tienen los ojos saltones.* **2** Que salta mucho o camina dando saltos: *las pulgas son muy saltonas.*

salubre *adj.* Que no es perjudicial para la salud: *el agua de esta fuente es salubre.* **ANT** insalubre.
DER salubridad; insalubre.

salubridad *n. f.* **1** Característica de lo que no es perjudicial para la salud: *las autoridades deben garantizar la salubridad del agua.* **ANT** insalubridad. **2** Estado general de la salud pública en un lugar determinado: *el gobierno tomará medidas para mejorar la salubridad ciudadana.*

salud *n. f.* **1** Estado del ser vivo que se encuentra bien y que ejerce con normalidad todas sus funciones orgánicas: *me considero afortunado porque tengo salud.* **2** Estado físico o psíquico de un ser vivo: *tiene serios problemas de salud.* **ANT** enfermedad. **3** Estado o funcionamiento bueno de una cosa: *nuestros negocios tienen una salud estupenda.*
beber (o brindar) a la salud Expresar un buen deseo al beber: *bebieron a la salud de los familiares ausentes.*
curarse en salud Prevenir un daño antes de que ocurra: *es mejor que te cures en salud y consigas el dinero antes de que te lo exijan.*
¡salud! Exclamación con la que se desea a una persona que se encuentre bien y que todo le vaya bien.
DER saludable, saludar.
ETIM *Salud* procede del latín *salutas, -atis,* que tenía el mismo significado, voz con la que también están relacionadas *salutación, salutífero.*

saludable *adj.* **1** Que sirve para conservar o recuperar la salud física: *el aire de la sierra es muy saludable.* **SIN** sano. **2** [persona] Que tiene buena salud: *nunca se pone enfermo, es muy saludable.* **3** Que es útil y beneficioso para un fin: *tomó unas medidas muy saludables para nuestra economía.*

saludar *v. tr./prnl.* **1** Dar muestras de afecto o cortesía mediante expresiones o gestos al encontrarse con una persona o al despedirse de ella: *tras aterrizar, saludó a todos los que habían ido a recibirla; nos saludamos al coger el autobús.* **ANT** despedir. ◇ *v. tr.* **2** Expresar afecto o cortesía hacia una o varias personas que, aunque no están presentes, pueden tener noticia de esta acción: *cuando salió por la tele, saludó a toda su familia.* **3** Expresar un militar respeto hacia un superior o un inferior o hacia la bandera nacional mediante el gesto de acercar a la sien derecha el extremo de su mano diestra extendida, con los dedos juntos y la palma hacia abajo: *al embarcar, toda la tripulación debe saludar a la bandera.*

saludo *n. m.* **1** Expresión o gesto que una persona dirige a otra cuando se encuentran como muestra de afecto o cortesía. **SIN** salutación. **2** Expresión de afecto o cortesía hacia una o varias personas que, aunque no están presentes, pueden tener noticia de esta acción: *el astronauta envió saludos al presidente desde su nave espacial.* **SIN** recuerdos, saluta-

ción. **3** Gesto que hace un militar al acercar a la sien derecha el extremo de su mano diestra extendida, con los dedos juntos y la palma hacia abajo, en señal de respeto hacia un superior o un inferior o hacia la bandera nacional: *el cabo entró en la sala y saludó al teniente.*

salutación *n. f.* **1** *culto* Expresión o gesto que una persona dirige a otra cuando se encuentran como muestra de afecto o cortesía: *conoce las fórmulas de salutación en varios idiomas.* **SIN** saludo. **2** Expresión de afecto o cortesía hacia una o varias personas que, aunque no están presentes, pueden tener noticia de esta acción. **SIN** recuerdos, saludo.
ETIM Véase *salud.*

salva *n. f.* Disparo al aire que se hace en señal de saludo o como honor en las celebraciones: *el desfile comenzó con veintiuna salvas de honor.*
salva de aplausos Aplauso entusiasta de un grupo de personas.

salvación *n. f.* **1** Solución de un problema grave o liberación de un peligro: *la ayuda de tu hermano ha sido nuestra salvación.* **2** Entre los católicos, obtención de la gloria eterna: *sus parientes piden una oración por la salvación de su alma.*

salvado *n. m.* Cáscara del grano del cereal molida; se usa como pienso y como alimento dietético: *el pan integral se hace con harina de la que no se ha separado el salvado.*

salvador, -dora *adj./n. m. y f.* [persona] Que salva a otra persona: *aquel bombero fue nuestro salvador porque nos sacó de la casa en llamas.*

salvadoreño, -ña *adj.* **1** De El Salvador o que tiene relación con este país de América Central: *la artesanía salvadoreña es muy vistosa.* ◇ *adj./n. m. y f.* **2** [persona] Que es de El Salvador: *próximamente los salvadoreños celebrarán elecciones generales.*

salvaguarda *n. f.* **SIN** salvaguardia.

salvaguardar *v. tr.* Defender o proteger a una persona o cosa: *las autoridades deben salvaguardar los derechos de los ciudadanos.*

salvaguardia *n. f.* **1** Defensa o protección de una cosa o persona: *la justicia forma parte de la salvaguardia de la democracia.* **SIN** salvaguarda. **2** Documento o señal que permite a una persona circular libremente sin ser detenida. **SIN** salvaguarda.
DER salvaguardar.

salvajada *n. f.* Obra o dicho que se considera propio de un salvaje: *dar una patada a un perro es una salvajada.* **SIN** animalada.

salvaje *adj.* **1** [animal] Que vive en libertad, que está sin domesticar: *todavía quedan caballos salvajes en algunas zonas; las panteras son animales salvajes.* **ANT** doméstico. **2** [planta] Que no está cultivado: *hiedra salvaje.* **3** [terreno] Que no ha sido transformado por el hombre, especialmente cuando es abrupto y escabroso: *paisaje salvaje.* **4** [acción] Que es cruel y violento: *el asesino cometía actos salvajes con sus víctimas.* **SIN** brutal. **5** Que no se puede controlar ni detener: *sentía una pasión salvaje por aquella muchacha.* **SIN** irrefrenable. ◇ *adj./n. com.* **6** [persona] Que no está civilizado y mantiene formas de vida primitivas: *el antropólogo estudió una tribu salvaje del Amazonas.* **ANT** civilizado. **7** [persona] Que comete actos crueles e inhumanos: *este crimen sólo puede haber sido obra de un salvaje.* **ANT** bárbaro. **8** [persona] Que no está educado o no se sujeta a las normas sociales: *es una niña muy salvaje y problemática.* **ANT** civilizado.
DER salvajada, salvajismo.

salvamanteles *n. m.* Pieza que se pone en la mesa deba-

jo de los recipientes que están muy calientes con el fin de proteger la mesa o el mantel.
OBS El plural también es *salvamanteles*.

salvamento *n. m.* Liberación de un peligro, especialmente en un siniestro: *los equipos de salvamento trabajaron toda la noche para rescatar a las víctimas de la inundación*.

salvar *v. tr./prnl.* **1** Librar de un peligro o un daño, solucionar un problema grave: *el socorrista salvó al niño que se estaba ahogando; los médicos no pudieron salvar al enfermo; se salvaron de morir congelados refugiándose en una cueva*. **2** Solucionar un problema grave: *este préstamo nos salvará de la ruina*. **3** Entre los católicos, perdonar los pecados y obtener la gloria eterna: *antes de morir se confesó para salvar su alma*. **4** Hacer que una cosa sea más aceptable: *es mala actriz, lo que la salva es su belleza; esta película sólo se salva por su magnífica banda sonora*. ◇ *v. tr.* **5** Evitar o superar un contratiempo: *si logramos salvar este inconveniente, lo demás será muy fácil*. **6** Vencer un obstáculo pasando por encima de él: *si conseguís salvar estos montes, ya estaréis fuera del país*. **7** Recorrer una distancia en menos tiempo o con menos dificultades de lo previsto: *salvaron los dos kilómetros entre el bosque y el pueblo en una hora*. **8** No tener en cuenta la diferencia entre dos cosas: *se puede comparar a Galdós con Balzac, salvando las distancias*. **9** Grabar un documento en soporte informático: *antes de apagar el ordenador, debes salvar el archivo*. Es anglicismo que se puede sustituir por *grabar* o *guardar*. **SIN** archivar, guardar, grabar.

sálvese quien pueda Expresión que se usa cuando no se puede vencer un peligro o un problema y se permite que cada uno haga lo posible por evitarlo: *mientras el barco se hundía, los marineros gritaban: ¡sálvese quien pueda!*

DER salva, salvación, salvado, salvador, salvamento; insalvable.

salvavidas *n. m.* **1** Objeto que flota circular y con un agujero en el centro que las personas se colocan alrededor del cuerpo para mantenerse a flote: *al caer al agua le echaron un salvavidas*. ◇ *adj.* **2** Que flota y sirve para mantener a flote a una o más personas: *bote salvavidas; chaleco salvavidas*.
OBS El plural también es *salvavidas*.

salve *n. f.* **1** Oración católica que se reza a la Virgen María y que comienza con las palabras *Dios te salve, reina y madre; los feligreses rezaron una salve*. **2** Composición musical para el canto de esta oración: *el coro entonó la salve*. ◇ *int.* **3** ¡salve! Expresión latina que se usaba como saludo: *¡salve, César!* Su uso es culto y literario.

salvedad *n. f.* Excepción de una cosa: *todos han aprobado, con la salvedad de los que no han asistido a clase regularmente*.

salvo, -va *prep.* **1** Indica que una persona o cosa no está incluida en lo que se dice y que constituye una excepción: *he estudiado todo el libro salvo el último capítulo; mañana iremos de excursión, salvo que llueva*. **SIN** excepto, menos. ◇ *adj.* **2** Palabra que se utiliza en la locución *sano y salvo* que significa: 'que no ha recibido daño físico, que se ha librado de un peligro': *los cuatro ocupantes salieron sanos y salvos del vehículo accidentado*. **SIN** ileso, salvado.

a salvo Fuera de peligro: *en el refugio estaréis a salvo; pusieron a salvo todas sus pertenencias*.

DER salvar, salvedad, salvia.

salvoconducto *n. m.* **1** Documento extendido por una autoridad en el que figura un permiso para viajar por un lugar determinado sin ser detenido: *para visitar el interior del país, el periodista llevaba un salvoconducto expedido en la embajada*. **2** Libertad para hacer una cosa sin temer un castigo: *goza de salvoconducto para negociar con los representantes*.

samario *n. m.* Elemento químico metálico, de color blanco grisáceo y consistencia muy dura: *el símbolo químico del samario es Sm*.

samba *n. f.* **1** Baile de ritmo alegre y rápido típico de Brasil: *la samba procede de África*. **2** Música y canto de ese baile: *todos se pusieron a bailar al son de la samba*.

sambenito *n. m.* **1** Calificativo de connotaciones negativas que se pone a una persona y que resalta un defecto o descrédito: *por una vez que me equivoqué me colgaron el sambenito de torpe y tardón*. **2** Distintivo que se ponía a las personas absueltas por la Inquisición: *el sambenito que se ponía a los penitentes de la Inquisición era un escapulario*. **3** Letrero que se colgaba en las iglesias con el nombre y la pena de las personas castigadas por la Inquisición.

samovar *n. m.* Recipiente de origen ruso que se utiliza para hacer té, en el que se hierve el agua y se conserva caliente: *el samovar consta de un tubo interior en el que se pone carbón*.
ETIM Es de origen ruso.

samuray *n. m.* Guerrero que en la antigua sociedad feudal japonesa, entre los siglos XII y XIX, estaba al servicio de un señor feudal: *los samuráis pertenecían a una clase inferior a la clase noble*.
OBS Es de origen japonés. ◇ El plural es *samuráis*.

san *adj.* Apócope de *santo*: *san Isidro es el patrón de Madrid*.
OBS Sólo se utiliza con nombres masculinos.

sanar *v. intr.* **1** Recuperar la salud: *el enfermo permanecerá en el hospital hasta que sane*. **SIN** curarse. **ANT** enfermar. ◇ *v. tr.* **2** Hacer recuperar la salud: *este médico consiguió sanarme en pocos días; el desinfectante ha sanado la herida*. **SIN** curar.
DER sanatorio; subsanar.

sanatorio *n. m.* Establecimiento sanitario donde determinados enfermos, especialmente los que padecen enfermedades de larga convalecencia, o heridos son ingresados para recibir atención médica; generalmente, está situado en lugares con unas condiciones climáticas favorables: *sanatorio antituberculoso*. **SIN** hospital.

sanción *n. f.* **1** Pena que la ley establece para el que no la cumple: *le han impuesto una sanción por superar el límite de velocidad*. **SIN** multa. **2** *culto* Autorización o aprobación de un acto, uso o costumbre: *el alcalde finalmente dio su sanción y se celebró el homenaje*. **3** Confirmación de una ley por el jefe del estado: *el rey dio su sanción a la nueva ley*.
DER sancionar.

sancionar *v. tr.* **1** Castigar o poner una pena a quien infringe una ley: *las autoridades municipales sancionaron al dueño del establecimiento con seis meses de suspensión de la licencia*. **SIN** multar. **2** Autorizar o aprobar un acto, uso o costumbre: *el alcalde acabó por sancionar la fiesta del Carnaval*. **3** Dar fuerza o carácter de ley: *el rey sancionó la ley, la promulgó y posteriormente ordenó su publicación*.

sandalia *n. f.* **1** Calzado formado por una suela que se asegura al pie con correas o cuerdas: *los romanos usaban sandalias*. **2** Zapato ligero y muy abierto que se usa en tiempo de calor: *lleva unas sandalias para ir a la playa*. ☞ calzado.

sándalo *n. m.* **1** Árbol que crece en zonas tropicales de la India y en Oceanía, de madera muy olorosa, con las hojas verdes y gruesas, y flores muy pequeñas formando ramos: *el sándalo es semejante al nogal y da un fruto semejante a la cereza*. **2** Madera de este árbol, que se utiliza principalmente para hacer muebles: *el sándalo es amarillento y muy oloroso*. **3** Esencia que se extrae de la madera del sándalo: *el sándalo se usa para hacer perfumes*.

sandez *n. f.* Obra o dicho torpe o poco adecuado: *no dices más que sandeces*. **SIN** chorrada, majadería, necedad.
OBS El plural es *sandeces*.

sandía *n. f.* **1** Fruta redonda y de gran tamaño que tiene una corteza verde muy dura y la carne roja y llena de pepitas negras; es comestible y su pulpa es muy dulce y jugosa: *la sandía se come en verano*. **SIN** melón de agua. **2** Planta herbácea de tallo tendido y flores amarillas que produce ese fruto: *la sandía se cultiva en los países mediterráneos*.

sándwich *n. m.* Bocadillo hecho con dos rebanadas de pan de molde, entre las cuales se pone un alimento: *a media tarde me tomo un sándwich de jamón y queso*. **SIN** emparedado.
ETIM Es de origen inglés y se pronuncia aproximadamente *sángüich*.
OBS El plural es *sándwiches*.

saneamiento *n. m.* **1** Acondicionamiento de un lugar o una cosa a una situación de higiene: *ha sido necesario el saneamiento de las piezas dentales*. **2** Mejora que se hace en una cosa para que sea más beneficiosa o rentable: *saneamiento de la economía; saneamiento de una empresa*. **3** Conjunto de obras, técnicas o medios que sirven para establecer, mejorar o mantener las condiciones sanitarias de las poblaciones o edificios: *el ayuntamiento gastó parte de su presupuesto en el saneamiento de los edificios antiguos de la ciudad*.

sanear *v. tr.* **1** Dar condiciones de sanidad a un terreno o edificio: *sanearon las dependencias de la compañía el año pasado*. **2** Hacer que la economía o los bienes den ganancias: *han saneado la empresa antes de venderla*. **3** Arreglar o poner remedio a una cosa: *el gobierno está intentando sanear los problemas de la Seguridad Social*.
DER saneado, saneamiento.

sangrar *v. intr.* **1** Echar sangre: *se había caído y le sangraba la rodilla; sangra por la nariz*. ◊ *v. tr.* **2** Quitar sangre a un hombre o a un animal abriéndole una vena: *antiguamente se sangraba a los enfermos*. **3** Empezar una línea de texto más hacia dentro que las demás: *se suele sangrar el primer renglón de un párrafo*. **4** *coloquial* Quitar a alguien una cantidad de dinero o de bienes poco a poco: *lleva muchos años sangrando a su padre*.
DER sangrado; desangrar.

sangre *n. f.* **1** Líquido rojo que, impulsado por el corazón, recorre el cuerpo de las personas y los animales: *a través de la sangre llega oxígeno a las células*. **2** Raza, familia o condición social a la que pertenece por nacimiento una persona: *lleva sangre latina en sus venas; no hay duda en defender a los de su misma sangre*. **sangre azul** Origen o procedencia noble: *el príncipe sólo podía casarse con una dama de sangre azul*.
a sangre fría De un modo frío, pensado y calculado, sin rabia ni pasión: *el asesino cometió el crimen a sangre fría, no movido por un arrebato pasional*.
chupar la sangre *coloquial* Abusar, especialmente del dinero o trabajo de una persona: *el jefe nos chupa la sangre: nos obliga a trabajar los días festivos por una miseria*. **SIN** explotar.
correr sangre Haber heridos en una lucha: *regañaron, pero no llegó a correr sangre*.
de sangre caliente [animal] Que tiene una temperatura del cuerpo que no depende de la del ambiente: *los perros son animales de sangre caliente*.
de sangre fría [animal] Que tiene una temperatura del cuerpo que depende de la del ambiente: *los reptiles son animales de sangre fría y pasan el invierno en letargo*.
llevar en la sangre Tener una cualidad de nacimiento por haberla heredado de la familia: *lleva en la sangre la facilidad para tocar el piano, igual que su padre*.

mala sangre *coloquial* Carácter malo, cruel y vengativo de una persona: *tiene muy mala sangre, trata muy mal a los que no pueden defenderse*.
no llegar la sangre al río Expresión que indica que la situación no es tan grave como parece: *dicen que van a cesar al director, pero no llegará la sangre al río*.
no tener sangre en las venas Tener un carácter excesivamente tranquilo y frío y no mostrar los sentimientos: *no te conmueves con las imágenes de la guerra, ¿es que no tienes sangre en las venas?*
pura sangre [caballo] Que es de raza pura.
sangre de horchata Carácter excesivamente tranquilo y frío y que no muestra los sentimientos: *tiene la sangre de horchata, no se altera ni en las situaciones más peligrosas*.
sangre fría Tranquilidad de ánimo: *en el accidente logró salvar a todos gracias a su sangre fría*. **SIN** serenidad.
subirse la sangre a la cabeza Perder la tranquilidad y dar muestras de enfado: *se me subió la sangre a la cabeza y me puse a insultarle*.
sudar sangre Hacer un gran esfuerzo o trabajar mucho: *para sacar adelante el negocio tuvimos que sudar sangre*.
DER sangrar, sangría, sangriento; desangrar, ensangrentar.
ETIM *Sangre* procede del latín *sanguis, -inis*, que tenía el mismo significado, voz con la que también están relacionadas *exangüe, sanguijuela, sanguinario, sanguíneo, sanguinolento*.

sangría *n. f.* **1** Bebida hecha con vino tinto, limonada, azúcar y trozos de frutas: *la sangría es una bebida típica española*. **2** Corte o rotura de una vena que se hace para que salga una determinada cantidad de sangre: *antiguamente se hacían sangrías a los enfermos*. **3** Salida o pérdida abundante de sangre: *el tiroteo acabó en una terrible sangría*. **4** Gasto de dinero que se hace poco a poco pero de forma continuada y que, sumado en su conjunto, supone una pérdida considerable: *pagar este colegio privado supone una sangría para nuestra economía familiar*. **5** Comienzo de una línea de escritura más a la derecha que las demás: *cuando se empieza a escribir un párrafo se debe hacer una sangría*. **6** Corte que se hace en el tronco de un árbol para que salga la resina.

sangriento, -ta *adj.* **1** Que echa sangre: *tiene una herida sangrienta en la cabeza*. **2** Que está manchado de sangre o mezclado con ella: *la policía encontró un cuchillo sangriento entre los matorrales*. **SIN** sanguinolento. **3** Que produce o muestra derramamiento de sangre: *película sangrienta; guerra sangrienta*. **SIN** violento, cruento, sanguinario.

sanguijuela *n. f.* **1** Gusano parásito de boca chupadora que vive en las aguas dulces y se alimenta de la sangre de otros animales: *las sanguijuelas poseen dos ventosas con las que se adhieren a sus víctimas*. **2** *coloquial* Persona que poco a poco va apoderándose del dinero de otra: *¿no te das cuenta de que ese amigo tuyo es una sanguijuela?*
ETIM Véase *sangre*.

sanguinario, -ria *adj./n. m. y f.* Que es cruel y violento, que goza con el derramamiento de sangre: *un sanguinario asesino mató a la pobre anciana*. **SIN** feroz, sangriento.
ETIM Véase *sangre*.

sanguíneo, -nea *adj.* **1** De la sangre o que tiene relación con este líquido del cuerpo de los seres vivos: *le van a hacer un análisis sanguíneo; grupo sanguíneo*. **2** Que contiene sangre o abunda en ella: *el hígado es una víscera sanguínea; vaso sanguíneo*. **3** [temperamento] Que se caracteriza por la tendencia a la ira: *según una antigua teoría médica, los individuos de temperamento sanguíneo suelen tener la tez rojiza*.
DER consanguíneo.

ETIM Véase *sangre*.

sanguinolento, -ta *adj.* **1** Que está manchado de sangre o mezclado con ella: *recogió del suelo unas tijeras sanguinolentas*. **SIN** sangriento. **2** Que deja ver la sangre interior: *he amanecido con el ojo derecho sanguinolento*.
ETIM Véase *sangre*.

sanidad *n. f.* Conjunto de servicios organizados para cuidar de la salud pública de una comunidad: *la sanidad pública atiende a la mayoría de los ciudadanos*.
ETIM *Sanidad* procede del latín *sanitas, -atis*, que tenía el mismo significado, voz con la que también está relacionada *sanitario*.

sanitario, -ria *adj.* **1** De la sanidad o que sirve para preservar la salud: *normas sanitarias; centro sanitario; personal sanitario*. ◇ *n. m. y f.* **2** Persona que trabaja en los servicios de sanidad: *llamaron a dos sanitarios para que ayudasen al médico*. ◇ *n. m. pl.* **3** sanitarios Conjunto de aparatos de higiene que están en el cuarto de baño: *los albañiles acaban de instalar los sanitarios*.
ETIM Véase *sanidad*.

sanjacobo *n. m.* Comida que se hace con dos trozos finos de lomo o de jamón y una loncha de queso tierno colocada en medio, que se cubren con huevo y pan rallado, y se fríen en aceite: *de segundo plato he pedido sanjacobos*.

sano, -na *adj.* **1** [ser vivo, órgano] Que se encuentra físicamente bien y que ejerce normalmente todas sus funciones, que goza de perfecta salud: *aunque estés sano, debes ir al médico y hacerte una revisión; tienes los pulmones muy sanos*. **ANT** enfermo. **2** Que sirve para conservar o recuperar la salud física: *hacer deporte es muy sano*. **SIN** saludable. **ANT** insano. **3** Que está entero, que no tiene ningún defecto: *no me queda ni una copa sana, todas están desportilladas*. **4** [persona] Que es sincero y tiene buena intención: *es una persona muy sana que dice siempre lo que siente y se comporta con naturalidad*.
cortar por lo sano Acabar con una situación de forma expeditiva y sin consideración: *decidió cortar por lo sano con el trabajo y la familia, y emprender una nueva vida*.
sano y salvo En buen estado de salud o que no ha sufrido ningún daño: *lo rescataron sano y salvo del incendio; te devuelvo tu coche sano y salvo*.
DER sanar, sanear, sanidad, sanitario; insano, malsano.

sánscrito, -ta *adj./n. m.* **1** [lengua] Que pertenece al grupo de lenguas indoeuropeas y se conserva en los textos sagrados y cultos del brahmanismo o sistema religioso y social de la India, escritos entre los siglos XV y X a. de C.: *el sánscrito era la lengua culta de los sacerdotes brahmanes*. ◇ *adj.* **2** Que tiene relación con esta lengua: *textos sánscritos*.

sanseacabó *int. coloquial* Palabra que se utiliza en la expresión *¡y sanseacabó!* que significa que un asunto o una acción se da por terminado: *te he dicho que salgas ¡y sanseacabó!*

sansón *n. m.* Hombre que tiene una gran musculatura y mucha fuerza física: *llevaba un guardaespaldas que era un sansón*.
OBS Se usa por alusión a Sansón, personaje de la Biblia que tenía gran fuerza física.

santanderino, -na *adj.* **1** De Santander o que tiene relación con esta provincia cántabra del norte de España o con su capital: *la ganadería santanderina es muy productiva*. ◇ *adj./n. m. y f.* **2** [persona] Que es de Santander: *el equipo fichó a un joven santanderino*.

santateresa *n. f.* Insecto carnívoro de color verdoso o amarillento, con el cuerpo alargado y muy estrecho, que se caracteriza por tener las dos patas anteriores provistas de fuertes espinas para sujetar a sus presas: *la santateresa tiene las dos patas anteriores plegadas ante la cabeza como si estuviera rezando; la santateresa vive en zonas tropicales de África y Asia y en zonas cálidas y templadas de Europa*.
OBS También se llama *mantis religiosa*.

santero, -ra *adj./n. m. y f.* **1** [persona] Que adora de manera exagerada las imágenes de santos: *esa mujer tan santera tenía la casa llena de figuras de santos rodeadas de velas encendidas*. A menudo se usa con valor despectivo. ◇ *n. m. y f.* **2** Persona que cuida una ermita o un santuario: *el santero barría cada día la ermita*. **3** Persona que se dedica a curar utilizando la magia, especialmente si se considera que tiene poderes divinos: *la santera puso las manos sobre la cabeza del enfermo y empezó a rezar*.

santiamén *coloquial* Palabra que forma parte de la locución adverbial *en un santiamén* que significa que una cosa se hace en muy poco tiempo: *no te preocupes por eso: lo arreglaremos en un santiamén*.

santidad *n. f.* **1** Cualidad del que es santo o que está dedicado a Dios y a la religión: *este sacerdote siempre ha llevado una vida de santidad*. **2** Forma de tratamiento que se usa hacia el Papa y que indica respeto: *Su Santidad visitará Santiago de Compostela el año próximo*. Se escribe con letra mayúscula.

santificar *v. tr./prnl.* **1** Declarar la Iglesia santa a una persona: *dos siglos después de su muerte, santificaron a la joven que murió martirizada*. ◇ *v. tr.* **2** Consagrar o dedicar a Dios: *la Iglesia manda santificar las fiestas*.
OBS En su conjugación, la *c* se convierte en *qu* delante de *e*.

santiguar *v. tr./prnl.* **1** Hacer la señal de la cruz con la mano, desde la frente al pecho y desde el hombro izquierdo al derecho: *el sacerdote bendijo a los fieles y ellos se santiguaron*. **SIN** persignar. ◇ *v. prnl.* **2** santiguarse *coloquial* Demostrar mucha sorpresa por una cosa, haciendo el signo de la cruz: *la mujer se santiguó al enterarse de quién se casaría con su hija*.
OBS En su conjugación, la *u* no se acentúa, como en *adecuar*.

santo, -ta *adj./n. m. y f.* **1** [persona] Que ha sido canonizada por la Iglesia y recibe culto por haber sido muy bueno en vida o por haber recibido una gracia especial de Dios: *santa Eulalia murió mártir*. En masculino y cuando va delante del nombre propio, se usa generalmente la apócope *san*, excepto cuando va delante de *Tomás, Tomé, Toribio* y *Domingo*. **2** [persona] Que es muy bueno, que tiene virtudes especialmente notables: *don José era un santo varón que dedicó toda su vida al cuidado de los niños huérfanos*. ◇ *adj.* **3** Que está dedicado a Dios o a la religión: *vida santa; tierra santa*. **4** [día, semana] Que sigue al Domingo de Ramos: *el Viernes Santo se recuerda la muerte de Jesucristo*. Se escribe con letra mayúscula. **5** Intensifica el valor del sustantivo que le sigue: *te estuvimos esperando todo el santo día; hace siempre su santa voluntad*. Se usa siempre delante del sustantivo. ◇ *n. m.* **6** Imagen de una persona canonizada por la Iglesia: *en las iglesias suele haber santos*. **7** Dibujo o imagen en un libro o impreso: *a los niños les gustan los libros con muchos santos*. **8** Fiesta de una persona que se celebra el día dedicado al santo o persona canonizada por la Iglesia cuyo nombre coincide con el suyo: *el 28 de enero es el santo de Tomás*. **SIN** onomástica.
a santo de qué Expresión con la que se desaprueba la inconveniencia de una cosa: *¿a santo de qué tienes tú que decir a todo el mundo que no podemos pagar el piso?*

santón

irse el santo al cielo *coloquial* Olvidar lo que se va a decir o lo que se tiene que hacer: *salí de casa para comprar el pan, pero me encontré con unos amigos y se me fue el santo al cielo.* **llegar y besar el santo** Conseguir lo que se quiere en el primer intento: *tuvo mucha suerte para encontrar su primer trabajo: fue llegar y besar el santo.* **no ser santo de mi devoción** *coloquial* No gustar una persona, no tenerle simpatía: *no quiero ir a comer a casa de ese señor porque no es santo de mi devoción.* Se usa con todos los pronombres posesivos. **¡por todos los santos!** Expresión de sorpresa y desaprobación: *¡por todos los santos!, ¡cómo te han puesto la cara esos miserables!* **quedarse para vestir santos** *coloquial* Quedarse soltera una mujer: *si no tienes una relación seria con ese chico, te vas a quedar para vestir santos.* **santo y seña** Contraseña que sirve para que un centinela pueda identificar por la noche a la persona que se acerca a un puesto militar.
DER santero, santidad, santificar, santiguar, santísimo, santón, santoral, santuario, santurrón.

santón, -tona *n. m. y f.* **1** Persona no cristiana que lleva una vida religiosa y de sacrificio, especialmente entre los musulmanes e hinduistas. **2** *coloquial* Persona que aparenta devoción religiosa de forma hipócrita. **SIN** santurrón.

santoral *n. m.* **1** Libro que narra las vidas de los santos: *en este santoral se puede leer la vida de san Francisco.* **2** Lista de los santos cuya fiesta se celebra en cada uno de los días del año: *cuando nació su hijo, consultaron el santoral para ponerle el nombre del santo del día.*

santuario *n. m.* **1** Templo o lugar sagrado donde se venera la imagen o la reliquia de un santo, una divinidad o un espíritu de los muertos o de la naturaleza; generalmente está situado en un lugar apartado fuera de la población: *los santuarios constituyen un lugar de peregrinación.* **2** Lugar donde se goza de impunidad y que se usa como refugio: *ese barrio es el santuario de los ladrones.* **3** Lugar seguro y secreto que se defiende a toda costa: *el cajón de su mesilla es el santuario donde guarda todos los recuerdos.*

santurrón, -rrona *adj./n. m. y f.* [persona] Que se muestra exagerada y fingidamente devoto y religioso: *es un santurrón y se pasa todo el tiempo en la iglesia.* **SIN** beato, meapilas.

saña *n. f.* **1** Violencia y crueldad con la que se trata a una persona o cosa provocada por un enfado muy grande: *se sintió ofendido y atacó a su ofensor con saña.* **SIN** rabia. **2** Insistencia cruel en un daño provocado por un sentimiento de odio: *criticó con saña a su oponente.*
DER sañudo; ensañarse.

sañudo, -da *adj.* **1** [persona] Que actúa con saña o que es muy propenso a ella: *es muy sañudo, siempre nos ataca sin piedad.* **2** Que se hace con saña: *su reacción ha sido sañuda e injusta.*

sapiencia *n. f.* **1** *culto* Capacidad de pensar y de considerar las situaciones y circunstancias, distinguiendo lo positivo de lo negativo: *con su consejo, acaba de demostrarme toda su sapiencia.* **SIN** sabiduría. **2** Conocimiento profundo en ciencias, letras o artes: *los grandes profesores se distinguen por su sapiencia.* **SIN** sabiduría.
ETIM Véase saber.

sapo *n. m.* Animal vertebrado anfibio parecido a la rana, pero de cuerpo más grueso: *la piel de los sapos está llena de verrugas; los sapos son animales nocturnos que se alimentan de insectos y pequeños vertebrados.* ☞ anfibios.

echar sapos y culebras Decir maldiciones o barbaridades.
sapo marino Pez marino de color gris oscuro que tiene el cuerpo pequeño y la cabeza y boca muy grandes; es comestible y su carne es exquisita. **SIN** rape.

saque *n. m.* **1** Impulso que se da a la pelota para ponerla en movimiento y comenzar una jugada en un juego o deporte: *entre las cualidades de este tenista, la más destacable es su magnífico saque.* **SIN** servicio. **saque de banda** En un deporte de equipo, saque que se hace desde una de las bandas del terreno de juego cuando el equipo contrario ha lanzado la pelota fuera. **saque de esquina** En un deporte de equipo, saque que se hace desde una de las esquinas del terreno de juego para hacer llegar la pelota cerca de la portería. **SIN** córner. **saque de honor** Acción de poner en movimiento la pelota en un deporte por una autoridad o una persona famosa: *en el partido del domingo, el saque de honor lo hará el alcalde.* **2** *coloquial* Capacidad para comer o beber mucho: *mi amigo tiene buen saque y es capaz de comerse dos tartas.*

saquear *v. tr.* **1** Robar por la fuerza las cosas que se encuentran en un lugar que se ha dominado militarmente: *los vikingos saqueaban los pueblos costeros.* **2** Coger todo o casi todo lo que hay guardado en un lugar: *va a casa de sus padres sólo a saquear la nevera.*
DER saqueo.

saqueo *n. m.* Robo de las cosas que se encuentran en un lugar: *hay que evitar el saqueo de obras de arte de las iglesias; las tropas enemigas se dedicaron al saqueo cuando conquistaron la ciudad.*

sarampión *n. m.* Enfermedad infecciosa y contagiosa que se caracteriza por la aparición de muchos granos rojos en la piel, fiebre alta y síntomas catarrales; es frecuente en la infancia: *existe una vacuna contra el sarampión; las personas que han padecido el sarampión quedan inmunes a esta enfermedad.*

sarao *n. m.* **1** Fiesta nocturna con baile y música: *para celebrar la Noche Vieja organizaron un sarao en la plaza del pueblo.* **2** *coloquial* Situación en la que hay ruido y falta de orden: *¡vaya sarao se montó en el bar cuando empezaron a pelearse!* **SIN** jaleo, follón.

sarasa *n. m. coloquial* Hombre afeminado, que hace movimientos y tiene actitudes que se consideran propios de una mujer o que se siente atraído sexualmente por otros hombres: *por su manera de hablar y sus ademanes dedujimos que era un sarasa.* **SIN** marica, maricón. Tiene valor despectivo.

sarcasmo *n. m.* Dicho irónico y cruel con que indirectamente se molesta o insulta a una persona: *estoy harto de tus sarcasmos, así que, si quieres decirme algo, dímelo claramente.*
DER sarcástico.

sarcástico, -ca *adj.* **1** Que expresa o implica sarcasmo: *el político utiliza un lenguaje muy sarcástico cuando se refiere a la oposición.* ◊ *adj./n. m. y f.* **2** [persona] Que acostumbra a usar el sarcasmo: *es muy sarcástico: siempre utiliza palabras amables para reñirnos.*

sarcófago *n. m.* Sepulcro, generalmente de piedra, que se construía levantado del suelo y que servía para guardar el cadáver de una persona: *en Egipto los sarcófagos estaban cubiertos de inscripciones en escritura jeroglífica.*

sardana *n. f.* **1** Baile popular de Cataluña que se baila en grupo, con todos los participantes cogidos de las manos formando un círculo: *la sardana se baila por un número indeterminado de bailarines de ambos sexos.* **2** Música de ese baile.

sardina *n. f.* Pez marino comestible, de color azul por encima y plateado en los lados y en el vientre, que vive en las zonas costeras; su carne tiene alto valor nutritivo y en la actualidad se consume fundamentalmente en conserva: *hay grandes bancos de sardinas en el Atlántico.* ☞ pez.

como sardinas o **como sardinas en lata** *coloquial* Expresión que se usa para indicar que se está muy apretado o muy estrecho debido a la gran cantidad de gente reunida en un lugar demasiado pequeño: *había tanta gente en el tren que íbamos como sardinas en lata.*

DER sardinero, sardineta.

OBS Para indicar el sexo se usa *la sardina macho* y *la sardina hembra.*

sardineta *n. f.* Golpe seco dado sobre algo con los dedos índice y corazón juntos y extendidos: *para hacernos callar daba sardinetas en la mesa.*

sardo, -da *adj.* **1** De Cerdeña o relacionado con esta isla mediterránea: *la capital sarda es Cagliari.* ◇ *adj./n. m. y f.* **2** [persona] Que es de Cerdeña: *los sardos tienen la nacionalidad italiana.* ◇ *n. m.* **3** Lengua que se habla en Cerdeña: *el sardo es una lengua románica.*

sargento, -ta *n. m. y f.* **1** Miembro del ejército de categoría inmediatamente superior a la de cabo que cuida del orden y la disciplina de una compañía: *el sargento manda un pelotón de soldados.* **sargento primero** Suboficial que tiene una categoría superior a la de sargento e inferior a la de brigada. ◇ *n. m.* **2** *coloquial* Persona autoritaria, dominante y brusca: *la profesora es un sargento: siempre da órdenes que hay que cumplir sin rechistar.*

DER sargenta.

sarmiento *n. m.* **1** Tallo largo, delgado, flexible y nudoso de la vid: *recogieron sarmientos secos para quemar en la chimenea.* **2** Tallo largo y nudoso capaz de enrollarse o enroscarse: *la enredadera cubría la ventana con sus sarmientos salvajes.*

DER sarmentoso.

sarna *n. f.* Enfermedad contagiosa de la piel producida por un parásito que se introduce debajo de ésta y que se alimenta de las células superficiales; se manifiesta por una multitud de vesículas que producen picor: *la sarna del gato es muy contagiosa para el hombre.*

DER sarnoso.

sarnoso, -sa *adj./n. m. y f.* Que tiene sarna: *este perro está sarnoso: no para de rascarse; es conveniente desinfectar la ropa de un sarnoso.*

sarpullido *n. m.* Conjunto de granos o manchas que salen en la piel y que desaparecen pronto: *al niño le ha salido un sarpullido en la cara.* **SIN** salpullido.

sarraceno, -na *adj./n. m. y f.* **1** Relacionado con las tribus árabes que invadieron la península Ibérica en el siglo VIII: *durante la Reconquista los cristianos se enfrentaban a los sarracenos.* **2** [persona] Que practica la religión islámica. **SIN** musulmán.

sarro *n. m.* **1** Sustancia amarillenta que forma una capa que cubre los dientes: *el sarro es más abundante cuando la higiene dental es precaria.* **2** Sustancia que dejan los líquidos en las paredes de distintos recipientes: *no utilices esta botella: tiene demasiado sarro.*

sarta *n. f.* **1** Serie de cosas metidas por orden en un hilo o cuerda: *se hizo un collar con una sarta de conchas marinas.* **2** Serie de personas o cosas dispuestas unas tras otras: *en la puerta de la secretaría hay una sarta de estudiantes.* **3** Serie de hechos o cosas que se suceden una tras otra: *ha estado contando una sarta de mentiras.*

DER ensartar.

sartén *n. f.* **1** Recipiente de cocina metálico que es redondo, poco profundo y tiene un mango largo; se usa para freír: *frió dos huevos en la sartén.* ☞ cocina. **2** Conjunto de los alimentos que se fríen de una sola vez en este recipiente: *es capaz de comerse toda una sartén de patatas fritas.*

tener la sartén por el mango Dominar una persona una situación y hacer que otra se someta a lo que ésta le manda: *mientras tenga la sartén por el mango, no tienes más remedio que obedecerle.*

DER sartenada, sartenazo.

sartenazo *n. m.* Golpe dado con la sartén: *los cocineros se enfadaron y se liaron a sartenazos.*

sastre, -tra *n. m. y f.* Persona que se dedica a cortar y coser prendas de vestir, especialmente de hombre: *el sastre le ha hecho un traje de chaqueta a medida.* **SIN** modisto.

DER sastrería.

sastrería *n. f.* Establecimiento en el que se hacen, arreglan o venden prendas de vestir, especialmente de hombre.

satánico, -ca *adj.* **1** De Satanás o que está relacionado con este demonio: *las misas negras pertenecen al culto satánico; poder satánico.* **SIN** demoniaco, diabólico. **2** Que es propio de Satanás por su perversidad, inteligencia y astucia: *han ideado un plan satánico para hacerse con la mayor parte de la herencia.* **SIN** diabólico. **3** Que es extremadamente perverso: *la risa satánica del verdugo les produjo terror.* **SIN** demoniaco.

satanismo *n. m.* **1** Culto que se rinde a Satán o al demonio y conjunto de creencias y prácticas relacionadas con él: *pertenecía a una secta que practicaba el satanismo.* **2** Perversidad o maldad extrema con que se hace una cosa de modo que parece propia del demonio: *esa masacre fue una demostración del satanismo de sus autores.*

OBS Es una palabra derivada de uno de los nombres que se le dan al demonio: *Satán.*

satélite *n. m.* **1** Cuerpo celeste sin luz propia que gira alrededor de un planeta: *la Luna es un satélite de la Tierra.* **2** Artefacto enviado al espacio y puesto en órbita alrededor de un planeta que lleva aparatos adecuados para recoger información y transmitirla a la Tierra: *los satélites se emplean en las comunicaciones; el primer satélite fue lanzado en 1957.* **satélite artificial** Satélite lanzado al espacio por el hombre: *un satélite artificial recoge muestras fotográficas de Júpiter.* ◇ *adj./n. m.* **3** [estado] Que está dominado política y económicamente por otro estado más poderoso: *durante la guerra fría, Estados Unidos y la Unión Soviética tenían muchos satélites.* **4** [persona] Que siempre acompaña a otra y que depende de ella: *el artista vivía rodeado de satélites que buscaban la fama.* **5** [población] Que tiene independencia administrativa pero que se halla vinculado a una ciudad mayor por algunos intereses: *ciudad satélite; muchas urbanizaciones de lujo son satélites de la capital.*

satén *n. m.* Tejido brillante, ligero y suave: *el satén es de calidad inferior al raso; la novia llevaba los zapatos forrados de satén.* **SIN** raso.

DER satinar.

satinado, -da *adj.* Que tiene un aspecto liso y brillante: *color satinado; papel satinado.*

satinar *v. tr.* Dejar la tela o el papel brillantes y lisos: *para satinar se utiliza la presión.*

DER satinado.

sátira *n. f.* Obra o dicho mordaz que critica o deja en ridículo: *esta obra de teatro representa una sátira contra los médicos.*

DER satírico, satirizar.

satírico, -ca *adj.* Que critica de forma mordaz o pone en ridículo: *publicó un escrito satírico sobre la sociedad de consumo.* **SIN** mordaz.

satirizar *v. tr.* Criticar de forma mordaz o poner en ridículo: *el escritor satiriza los vicios de los burgueses.*
OBS En su conjugación, la *z* se convierte en *c* delante de *e*.

sátiro *n. m.* **1** Ser mitológico habitante de los bosques, donde persigue a las ninfas, que se representa con pequeños cuernos, el cuerpo cubierto de vello, rabo y las patas de macho cabrío: *los sátiros son semidioses de la mitología griega.* **2** Hombre que es lascivo, que tiene excesiva tendencia al deseo sexual: *el detenido era un sátiro que había forzado a varias mujeres.*
DER sátira.

satisfacción *n. f.* **1** Sentimiento de bienestar o placer que se tiene cuando se ha colmado un deseo o cubierto una necesidad: *su satisfacción fue inmensa cuando supo que había ganado el primer premio; para dar satisfacción a sus padres, procura tener su habitación ordenada.* **2** Cosa que satisface, que produce placer: *hablar contigo siempre es una satisfacción; mi hijo me da muchas satisfacciones.* **3** Acción de colmar un deseo o satisfacer una necesidad: *en primer lugar hay que procurar la satisfacción de nuestras necesidades.* Razón o acción con que se responde a una queja o a una ofensa: *me has ofendido y exijo una satisfacción.* **4** Premio que se da por una acción que lo merece: *hice el trabajo muy bien y me dieron una satisfacción en metálico.*

satisfacer *v. tr.* **1** Cubrir una necesidad o conceder un deseo: *no es bueno satisfacer todos los caprichos de los niños; un buen anfitrión debe satisfacer los deseos de sus invitados.* **2** Dar respuesta o solución a una cosa: *el ministro satisfizo la curiosidad de los periodistas.* **3** Pagar o dar lo que se debe: *el seguro satisface las deudas de la empresa en caso de quiebra.* **4** Resultar suficiente o convincente: *no me satisface del todo la excusa que has dado.* **5** Deshacer una ofensa: *te he ofendido, pero espero que me permitas satisfacer mi ofensa.* **6** Premiar por una acción: *le ayudé en su trabajo y quiso satisfacerme.* ◇ *v. tr./intr.* **7** Gustar o agradar: *me satisface que mis empleados trabajen a gusto.* ◇ *v. prnl.* **8 satisfacerse** Contentarse o conformarse con una cosa: *es muy exigente, no se satisface con nada.*
DER satisfacción, satisfactorio, satisfecho.
OBS El participio es *satisfecho.*

satisfactorio, -ria *adj.* **1** Que satisface: *los resultados de esta empresa son muy satisfactorios.* **2** Que es agradable o bueno: *nos traía noticias satisfactorias de nuestros familiares.*

satisfecho, -cha *adj.* **1** Que siente satisfacción por un comportamiento bueno o una obra bien hecha: *puedes estar satisfecho de tu trabajo porque es muy bueno.* **ANT** insatisfecho. **2** Que ha comido y bebido lo suficiente: *gracias, no quiero postre, he quedado satisfecho.*
DER insatisfecho.

sátrapa *n. com.* Persona que abusa de su autoridad y poder para conseguir lo que quiere, sin tener en cuenta a los demás: *era un sátrapa que se enriqueció a costa de los demás.* Tiene valor despectivo.

saturación *n. f.* **1** Estado de una cosa que se llena, ocupa o usa por completo o en exceso: *la gran cantidad de vehículos en circulación provocó la saturación de las carreteras.* **2** Estado de saciedad que produce el exceso de una cosa: *he leído hasta la saturación.* **3** QUÍM. Disolución de una sustancia en otra hasta su límite de solubilidad: *la saturación de la sal en agua se consigue con 36 gramos por litro.* **4** ECON. Exceso de oferta de un producto en el mercado, hasta el punto de no poder venderse: *la saturación del mercado con un producto puede provocar la caída de su precio.*

saturar *v. tr./prnl.* **1** LLenar, ocupar o usar por completo o en exceso: *el número de llamadas fue tan elevado, que se saturó la centralita; los turistas saturaron los hoteles.* **2** Satisfacer por completo o en exceso: *los dulces me suelen saturar; estoy saturado de lecturas.* **3** QUÍM. Disolver una sustancia en otra hasta su límite de solubilidad: *disuelve sal en agua hasta que se sature.* **4** ECON. Poner un exceso de un producto en el mercado, hasta el punto de no poder venderse: *cuando hay mucha producción, se satura el mercado.*
DER saturación, saturado.

sauce *n. m.* Árbol de tronco alto que tiene la corteza gris, las ramas finas y flexibles y las hojas estrechas y largas: *el sauce crece a la orilla de los ríos y en terrenos húmedos; la madera de sauce se usa para hacer papel.* **sauce llorón** Árbol procedente de Asia que tiene ramas largas y delgadas que

---

satisfacer

INDICATIVO	SUBJUNTIVO
presente	**presente**
satisfago	satisfaga
satisfaces	satisfagas
satisface	satisfaga
satisfacemos	satisfagamos
satisfacéis	satisfagáis
satisfacen	satisfagan
pretérito imperfecto	**pretérito imperfecto**
satisfacía	satisficiera o satisficiese
satisfacías	satisficieras o satisficieses
satisfacía	satisficiera o satisficiese
satisfacíamos	satisficiéramos o satisficiésemos
satisfacíais	satisficierais o satisficieseis
satisfacían	satisficieran o satisficiesen
pretérito indefinido	
satisfice	
satisficiste	
satisfizo	**futuro**
satisficimos	satisficiere
satisficisteis	satisficieres
satisficieron	satisficiere
futuro	satisficiéremos
satisfaré	satisficiereis
satisfarás	satisficieren
satisfará	
satisfaremos	
satisfaréis	
satisfarán	
condicional	
satisfaría	
satisfarías	
satisfaría	
satisfaríamos	
satisfaríais	
satisfarían	

IMPERATIVO	
satisfaz	(tú)
satisfaga	(usted)
satisfaced	(vosotros)
satisfagan	(ustedes)

FORMAS NO PERSONALES	
infinitivo	**gerundio**
satisfacer	satisfaciendo
participio	
satisfecho	

caen hasta el suelo: *el sauce llorón se emplea como planta de adorno.* **SIN** desmayo. ☞ árbol.

saúco *n. m.* Arbusto que tiene la corteza corchosa y agrietada y cuyas flores, blancas o amarillas, son olorosas y grandes: *el saúco abunda en las regiones húmedas de la península ibérica; de las flores de saúco se extraen productos que se emplean en medicina.*

sauna *n. f.* **1** Baño de vapor a muy alta temperatura que produce mucho sudor: *una sauna te ayudará a eliminar grasa y toxinas.* **2** Local o habitación donde se puede tomar ese baño: *después de su gimnasia matutina va a la sauna.*

saurio *adj./n. m.* **1** ZOOL. [animal] Que es reptil y tiene escamas, cuatro patas, cola larga y ojos con párpados móviles: *el lagarto, la lagartija, la iguana, el camaleón y la salamandra son reptiles saurios.* ◇ *n. m. pl.* **2 saurios** Suborden de los reptiles que tienen estas características: *el lagarto pertenece al suborden de los saurios.*

savia *n. f.* **1** Líquido formado por agua con nutrientes que circula por los conductos de las plantas: *la savia transporta el alimento de las plantas.* **2** Energía o elemento que da vida o ánimo: *el nuevo equipo inyectará savia nueva a nuestra empresa.*

saxo *n. m.* **SIN** saxofón.

saxofón *n. m.* **1** Instrumento musical de viento de la familia del metal que está formado por un tubo doblado en forma de U en su extremo inferior y varias llaves, y que se toca soplando por una boquilla de madera: *el saxofón se usa mucho para tocar música de jazz.* **SIN** saxo. ☞ instrumentos musicales. ◇ *n. com.* **2** Músico que toca este instrumento: *el saxofón improvisó un solo que todos aplaudieron.* **SIN** saxo.

saya *n. f.* Prenda de vestir femenina que cae desde la cintura hacia abajo: *el traje típico de mi pueblo lleva la saya roja.* **SIN** falda.
DER sayal, sayo.

sayal *n. m.* Tejido áspero de lana de mala calidad: *el sayal solía ser bordado.*

sayo *n. m.* **1** Prenda de vestir ancha y sin botones que cubre el cuerpo hasta la rodilla. **2** *coloquial* Vestido muy ancho y con poca hechura.

sazón *n. f.* **1** Punto de madurez: *la fruta ya ha llegado a la sazón.* **2** Ocasión o tiempo oportuno o adecuado: *este negocio todavía no ha llegado a su sazón.* **3** Estado adecuado de la tierra para plantar y cultivar: *este campo ya está en sazón.* **4** Gusto y sabor de una comida: *dale vueltas a este guiso hasta que consiga su sazón.*
a la sazón En aquel momento, entonces: *a la sazón tenía treinta años cumplidos.*
DER sazonar; desazón.

sazonar *v. tr.* **1** Echar especias u otras sustancias a las comidas para que tengan más sabor: *sazona la ensalada antes de servirla.* **SIN** condimentar, aderezar, aliñar. ◇ *v. tr./prnl.* **2** Poner las cosas en su punto de madurez, hacer que se complete su desarrollo: *los melocotones del huerto ya se han sazonado.*

scooter *n. m.* Escúter, ciclomotor.
OBS Es un anglicismo innecesario.

-scopia Elemento sufijal que entra en la formación de palabras con el significado de 'observación', 'examen': *crioscopia, demoscopia.*

-scopio Elemento sufijal que entra en la formación de palabras denotando instrumento para la observación o examen: *microscopio.*

scout *adj.* **1** Del escultismo o relacionado con esta asociación que intenta formar a los jóvenes enseñándoles habilidades prácticas, generalmente en contacto con la naturaleza: *preparó la mochila y se puso el uniforme scout.* ◇ *adj./n. com.* **2** [niño, joven] Que pertenece a esta asociación: *una scout nos indicó dónde debíamos montar la tienda de campaña.*
OBS Como adjetivo no varía en plural: *grupos scout, compañeros scout*; como sustantivo, su plural es *scouts*. ◇ Se pronuncia aproximadamente *escaut*.

se *pron. pers.* **1** Forma átona del pronombre personal de tercera persona del singular y del plural en función de complemento indirecto en combinación con el pronombre en función de complemento directo: *a ellos no se lo he dicho; se la enviaré por correo; dáselo.* Sólo se usa cuando va acompañado de un pronombre personal de tercera persona con función de objeto directo; si no, se usa el pronombre *le* o *les*, como en: *escríbele una carta, mándales saludos de mi parte.* Si va detrás del verbo, se escribe unido a éste y ante el pronombre objeto directo: *díselo.* **2** Forma átona del pronombre personal reflexivo o recíproco de tercera persona del singular y del plural: *se peina el cabello; se quieren mucho.* Se escribe unido al verbo cuando va detrás: *lávanse las manos.* **3** Forma átona del pronombre personal de tercera persona del singular y del plural que indica que una oración es pasiva: *se hacen arreglos; se vende un piso.* **4** Forma átona del pronombre personal de tercera persona del singular que indica que una oración es impersonal: *aquí se come bastante bien; se respeta a los ancianos.*

sebáceo, -cea *adj.* De sebo o que segrega esta grasa: *glándulas sebáceas; quiste sebáceo; secreción sebácea.*

sebo *n. m.* **1** Grasa sólida y dura que se saca de los animales herbívoros y a la que se dan distintos usos: *el sebo se utiliza para hacer jabón.* **2** Grasa que segregan las personas y los animales para proteger la piel: *el sebo es más abundante en las zonas donde crece el pelo.* **3** Grasa que se forma en exceso en las personas y animales: *este hombre no tiene apenas músculo, es todo sebo; le ha salido un grano de sebo en la espalda.*
DER sebáceo, seboso.

seborrea *n. f.* Secreción excesiva de grasa en algunas regiones de la piel: *ha seguido un tratamiento contra la seborrea capilar.*

seboso, -sa *adj.* **1** Que tiene sebo: *no me gusta esta carne: es muy sebosa.* **2** *coloquial* Que está sucio: *lleva una ropa sebosa y maloliente.* **SIN** mugriento.

secadero *n. m.* Lugar destinado a secar natural o artificialmente ciertos productos: *secadero de tabaco.*

secado *n. m.* Operación que consiste en eliminar totalmente el líquido o humedad contenido en una cosa: *durante su secado el bacalao desprende un fuerte olor; esta lavadora tiene también un programa de secado.*

secador *n. m.* Aparato o máquina eléctrica que sirve para secar: *se secó el pelo con el secador; en el cuarto de aseo hay un secador de manos.*

secadora *n. f.* Aparato electrodoméstico que sirve para secar la ropa: *sacó la ropa de la lavadora y la metió en la secadora.*

secano *n. m.* **1** Terreno de cultivo que no es necesario regar: *ciertos cultivos no se pueden sembrar en secano.* **ANT** regadío. **2** Montón de arena que no está cubierto por el agua: *el barco se detuvo ante un secano.*

secante *adj./n. m.* **1** Que seca o puede secar: *papel secante; cuando escribo con pluma, seco la tinta con un secante.* ◇ *adj./n. f.* **2** MAT. [línea, superficie] Que corta a otra línea o superficie: *dibuja una circunferencia y una secante.* ☞ círculo.

DER cosecante.
ETIM Véase *sección*.

secar *v. tr./prnl.* **1** Quitar la humedad, el líquido o las gotas que hay en una superficie o en otra cosa: *seca la mesa con la bayeta; mi hermana se está secando el pelo; le secó el sudor con un pañuelo.* **SIN** enjugar. **ANT** mojar. **2** Consumir el jugo: *los higos se secan con el calor.* **3** Cerrar o cicatrizar una herida: *la herida se está secando.* ◇ *v. prnl.* **4 secarse** Quitarse o perderse la humedad de una cosa mediante la evaporación: *cuelga la ropa al sol para que se seque.* **5** Perder una planta su aspecto verde y fresco: *la hierba se ha secado por falta de riego.* **6** Quedarse sin agua un río, una fuente u otra cosa: *este río se seca en verano.*
DER secadero, secado, secador, secante; desecar, resecar.
OBS En su conjugación, la *c* se convierte en *qu* delante de *e*.

sección *n. f.* **1** Cada una de las partes en que se divide una cosa o un conjunto de cosas: *esta sección del edificio está destinada a oficinas.* **SIN** sector. **2** Cada una de las unidades de trabajo en que se divide una empresa, un establecimiento comercial, un organismo, etc.: *trabaja como jefe de la sección de contabilidad; trabaja como dependienta en la sección de perfumería de unos grandes almacenes.* **SIN** departamento. **3** Figura que resultaría si se cortara un cuerpo por un plano para mostrar su estructura interna: *dibujó la sección horizontal de una máquina; el arquitecto nos mostró la planta, el alzado y la sección vertical del edificio.* **4** Corte que se hace en una materia vegetal o animal con un instrumento cortante: *la bióloga procedió a la sección del tallo de la planta.* **5** Unidad militar compuesta por varios pelotones y mandada por un oficial: *la compañía está dividida en varias secciones.*
DER seccionar; intersección.
ETIM *Sección* procede del latín *sectio, -onis*, que tenía el mismo significado, voz con la que también está relacionada *secante*.

seccionar *v. tr.* **1** Hacer un corte en un cuerpo geométrico para obtener un plano: *seccionó la pirámide en tres planos cruzados.* **2** Cortar una materia vegetal o animal: *en el laboratorio seccionaban los órganos del animal para analizarlos.* **3** Cortar una parte del cuerpo de una persona, especialmente en una operación quirúrgica: *el cirujano seccionó el nervio que estaba unido al tumor.*

secesión *n. f.* Separación de una parte del pueblo o del territorio de un país para formar un estado independiente o unirse a otro estado: *los independentistas querían la secesión del territorio.*

seco, -ca *adj.* **1** Que no tiene agua o humedad: *el cauce del río está seco en verano; tiende la ropa y recógela cuando esté seca.* **2** Que no tiene o no recibe lluvia o que no tiene humedad atmosférica: *el clima en Andalucía es muy seco; hoy hace un frío seco.* **3** [vegetal] Que no está verde y le falta lozanía, que está muerto: *ramas secas; flores secas; hojas secas.* **4** [terreno] Que es poco verde porque tiene poca vegetación o su vegetación está muerta: *en verano el campo está muy seco.* **SIN** árido. **5** [fruto] Que tiene la cáscara dura y no tiene jugo: *las avellanas, almendras y nueces son frutos secos.* **6** [fruta] Que se ha desecado y se conserva sin humedad: *me gustan los higos y los dátiles secos.* **7** [alimento] Que no tiene caldo o jugo: *este filete está muy seco.* **ANT** jugoso. **8** [alimento] Que está duro, que no es reciente: *pan seco.* **9** *coloquial* [persona] Que está muy delgado: *está muy seca porque come muy poco.* **SIN** flaco, chupado. **10** [persona, carácter] Que es brusco y poco cariñoso en el trato: *tu padre es muy seco y yo nunca sé cuándo está de buen humor.* **SIN** arisco, desabrido. **11** [palabra, estilo] Que es muy escueto, pero muy tajante y categórico: *me respondió con un seco no.* **SIN** lacónico. **12** Que es poco ameno: *es una asignatura muy difícil y seca.* **SIN** árido. **13** [sonido] Que es grave o áspero y sin resonancia: *fue al médico porque tenía una tos seca.* **14** [golpe] Que es fuerte y rápido, especialmente cuando produce un sonido corto, intenso y sin eco: *dio un golpe seco con la botella y el tapón saltó.* **15** [bebida] Que tiene un sabor poco dulce: *vermú seco; vino seco; jerez seco.*
a secas Solamente, sin otra cosa: *no me llames doña Albina, llámame Albina a secas.*
dejar seco *coloquial* Matar en el acto: *con la ametralladora dejó secos a sus perseguidores.*
en seco *a)* Sin agua: *lavar en seco. b)* De repente, de forma brusca: *frenar en seco.*
quedarse seco *coloquial* Morirse en el acto: *el ratón cayó en la ratonera y se quedó seco.*
DER secano, secar, sequedad, sequía; reseco.

secreción *n. f.* **1** Elaboración y expulsión de una sustancia por una glándula: *secreción mucosa.* **SIN** segregación. **2** Sustancia elaborada y expulsada por una glándula.
DER secretar.
ETIM Véase *secreto*.

secretar *v. tr.* Elaborar y expulsar una glándula una sustancia que el organismo utiliza con un fin determinado: *algunas glándulas secretan hormonas.* **SIN** segregar.
DER secretor.

secretaría *n. f.* **1** Oficina donde trabaja un secretario: *estos documentos tiene que entregarlos en secretaría.* **2** Conjunto de empleados que trabajan en esta oficina: *hoy la secretaría hace huelga.* **3** Destino o cargo de secretario: *ha ocupado una secretaría del ministerio durante diez años.* **4** Cargo del máximo dirigente de un partido político o de un sindicato: *ha decidido abandonar la secretaría general del partido.* **5** En algunos estados, cargo de ministro: *ocupa la secretaría de Agricultura.* **secretaría de Estado** Cargo intermedio entre el de ministro y de subsecretario: *secretaría de Estado de Hacienda.*

secretariado *n. m.* **1** Conjunto de estudios que capacitan para ejercer el puesto de secretario: *estudió secretariado en una academia.* **2** Secretaría, cargo de un secretario u oficina en la que trabaja: *accedió al secretariado del ayuntamiento presentándose a unas oposiciones.*

secretario, -ria *n. m. y f.* **1** Persona que está empleada en una oficina o asociación para escribir la correspondencia, ordenar y guardar los documentos y realizar otros trabajos administrativos: *pidió que le ayudara a rellenar la solicitud a uno de los secretarios del ayuntamiento.* **2** Persona que está al servicio de otra persona para redactar la correspondencia, ordenar y guardar los documentos y para realizar otros trabajos de este tipo: *llame a mi secretaria para concertar la cita.* **3** Dirigente de un grupo, un partido político o un sindicato: *acaban de elegir al secretario general del partido.* **4** Persona que está al frente de una secretaría o de un despacho ministerial: *han destituido al secretario del Ministerio de Cultura.* **secretario de Estado** En España, persona que ocupa un cargo intermedio entre el de ministro y el de subsecretario: *secretario de Estado para las Comunidades Autónomas.*
DER secretaría, secretariado; subsecretario, vicesecretario.

secreter *n. m.* Mueble que está formado por un tablero para escribir y muchos cajones pequeños y departamentos para guardar papeles.
OBS El plural es *secreteres.*

secreto, -ta *adj.* **1** Que está oculto, que no se conoce: *había un pasadizo secreto en el castillo; agente secreto.* **2** Que

no se dice a todo el mundo, que está reservado a unos cuantos: *su edad es secreta.* ◇ *n. m.* **3** Cosa que se tiene reservada y oculta de la mayoría: *guardar un secreto; divulgar un secreto; confiar un secreto; secreto de fabricación de un producto.* **secreto a voces** Secreto que se ha hecho público o que conoce mucha gente: *su próxima boda es un secreto a voces.* **secreto de estado** Información cuya divulgación, perjudicial para los intereses del estado, es sancionada. **4** Reserva o discreción sobre una cosa que se sabe: *me lo contó con mucho secreto, así que no se lo digas a nadie.* **secreto de confesión** Compromiso que tiene un sacerdote de no desvelar una información de la que ha tenido noticia durante la confesión. **secreto profesional** Obligación de no divulgar hechos confidenciales que se han conocido a partir del ejercicio de la profesión: *los médicos y abogados están sujetos al secreto profesional.* **5** Cosa que no se puede entender: *para los profanos en la materia, la informática sigue siendo un secreto.* **SIN** misterio.
en secreto Sin desvelar o hacer pública una cosa: *se casaron en secreto.*
DER secretario, secretear, secreter.
ETIM *Secreto* procede del latín *secretus*, 'separado', voz con la que también está relacionada *secreción*.

secretor, -ra *adj.* [glándula, órgano] Que tiene la función de elaborar y expulsar una sustancia: *la vejiga forma parte del aparato secretor de la orina.*

secta *n. f.* **1** Comunidad religiosa formada por los seguidores de una doctrina religiosa que se separa de otra: *es el fundador de una secta independiente.* **2** Comunidad religiosa formada por los seguidores de una doctrina religiosa que se considera falsa o alejada de la ortodoxia: *es el líder carismático de una secta politeísta; ha ingresado en una secta.*
DER sectario, sectarismo.

sectario, -ria *adj./n. m. y f.* **1** [persona] Que defiende y sigue con fanatismo una idea o doctrina, sin admitir crítica alguna sobre la misma: *con él no se puede discutir de política porque es un sectario.* **2** [persona] Que pertenece a una secta: *los sectarios acudían a reuniones secretas con su jefe espiritual.*

sectarismo *n. m.* Fanatismo y dogmatismo con que se defiende una idea o una doctrina.

sector *n. m.* **1** Parte de una clase o grupo que presenta caracteres particulares: *un sector de la opinión pública rechaza el divorcio.* **SIN** segmento. **2** Parte o zona de una ciudad o de otro lugar: *la avería dejó a oscuras un sector de la ciudad; vivo en el sector oeste.* **3** Ámbito en el que se desarrolla una actividad económica: *el sector de la construcción está en crisis; sector primario; sector secundario.* **4** División de la actividad económica de un país en función de la propiedad de las empresas. **sector privado** Conjunto de las unidades de producción de un país que son de propiedad particular y están dirigidas por personas particulares. **sector público** Conjunto de las unidades de producción de un país que son propiedad del estado o están dirigidas por él. **5** MAT. Parte de un círculo comprendida entre un arco y los dos radios que pasan por sus extremos. ☞ *círculo.*
DER sectorial; bisector.

sectorial *adj.* Del sector o que tiene relación con las distintas partes de un grupo de personas: *estudio sectorial.*

secuaz *adj./n. com.* [persona] Que sigue las ideas, opiniones y tendencias de otra persona: *el traidor y sus secuaces organizaron el golpe de estado.* **SIN** acólito, adepto.
ETIM Véase *seguir.*
OBS Tiene siempre valor despectivo.

secuela *n. f.* Consecuencia o resultado de un hecho, generalmente de carácter negativo: *las secuelas de una enfermedad; las secuelas de un accidente.*
ETIM Véase *seguir.*

secuencia *n. f.* **1** Sucesión de cosas que guardan alguna relación entre sí: *al conocer la secuencia de los hechos, la policía descubrió al asesino.* **2** En cinematografía, sucesión de imágenes o escenas que forman una unidad: *en la primera secuencia de la película aparece una mujer saliendo de un aeropuerto.* **3** GRAM. Orden que siguen las palabras en la frase: *la secuencia normal en español es la siguiente: sujeto, verbo, objeto directo, objetivo indirecto y objetivo circunstancial.*
DER secuenciar.
ETIM Véase *seguir.*

secuestrador, -ra *n. m. y f.* Persona que retiene a otra contra su voluntad con el fin de exigir un rescate o el cumplimiento de determinadas condiciones: *los secuestradores exigen cien millones por la vida del industrial.* **SIN** raptor.

secuestrar *v. tr.* **1** Retener a una persona contra su voluntad y de modo ilegal con el fin de exigir dinero o el cumplimiento de determinadas condiciones para su rescate: *secuestraron al empresario con el fin de obtener un rescate.* **SIN** raptar. **2** Apoderarse del control de un vehículo por las armas o con violencia con el fin de exigir dinero o el cumplimiento de ciertas condiciones: *los terroristas secuestraron el avión y exigieron la liberación de los presos de su organización.* **3** DER. Embargar o retirar una cosa o un bien por orden judicial: *el juez ordenó secuestrar la revista bajo el pretexto de que atentaba contra la moral pública.*
DER secuestrado, secuestrador.

secuestro *n. m.* **1** Retención ilegal de una persona contra su voluntad con el fin de exigir dinero o el cumplimiento de determinadas condiciones para su rescate: *la actuación policial terminó con el secuestro.* **SIN** rapto. **secuestro aéreo** Control de la dirección de un avión por las armas y mediante amenazas. **2** DER. Embargo de una cosa o de un bien por orden judicial: *el juez ordenó el secuestro de la publicación; el juzgado ordenó el secuestro de todos sus bienes.*
DER secuestrar.

secular *adj.* **1** Que dura un siglo o más: *tradición secular; árbol secular.* **SIN** centenario. **2** Que ocurre o se repite cada siglo: *el temor al fin del mundo es un sentimiento secular.* **3** Que es laico, que no está relacionado con la religión: *las monjas actualmente llevan vestimenta secular.* **SIN** seglar. ◇ *adj./n. m.* [sacerdote, religioso] Que no vive sujeto a una regla monástica en un convento o monasterio, sino que depende de un obispo y vive integrado en el mundo laico: *clero secular; estos religiosos son seculares y se dedican a la enseñanza.* **ANT** regular.
DER secularizar; multisecular.
ETIM Véase *siglo.*

secundar *v. tr.* Ayudar, favorecer o apoyar una cosa o a una persona: *Isabel la Católica secundó la empresa de Colón; este sindicato no ha secundado la huelga.*
DER secundario.
ETIM Véase *segundo.*

secundario, -ria *adj.* **1** Que es menos importante que otra cosa que es la principal: *lo que más valoro de una persona es su interior, para mí lo demás son cuestiones secundarias.* **SIN** accesorio. **ANT** fundamental, capital, primordial. **2** Que deriva de una cosa o que depende de lo principal: *aspectos secundarios; efectos secundarios.* **3** Que ocupa el segundo lugar en orden o grado: *enseñanza secundaria; estudios secundarios.* ◇ *adj./n. m.* **4** GEOL. [era geológica] Que suce-

sed *n. f.* **1** Necesidad o deseo de beber: *para aplacar la sed lo mejor es el agua.* **2** Necesidad de agua o de humedad que tienen los campos o las plantas: *con la sequía, los campos padecen sed.* **3** Deseo o necesidad muy fuerte de una cosa: *el pueblo tiene sed de justicia.* **SIN** ansia, anhelo.
DER sediento.
OBS No se usa en plural.

seda *n. f.* **1** Hilo muy delicado y flexible con el que forman sus capullos ciertos gusanos: *la primera capa de seda del capullo tiene un color amarillento.* **2** Hilo fino, suave y brillante formado por varios de esos hilos: *lo cosí con un hilo de seda.* **3** Tela hecha con esos hilos: *lleva una blusa de seda roja.*
como una seda Con mucha facilidad, sin ninguna dificultad u obstáculo: *pensaba encontrarme más dificultades, pero todo fue como una seda.*
estar como una seda Estar dócil y amable con una persona: *desde que sabe que me tocó la lotería, está como una seda conmigo.*
seda artificial Hilo de fibras textiles artificiales parecidas a la seda. **SIN** rayón.
DER sedal, sedoso.

sedal *n. m.* Hilo o cuerda fina que se usa para pescar: *un pez muy gordo mordió el anzuelo, pero se rompió el sedal y el pez se escapó.*

sedante *adj.* **1** Que calma o tranquiliza: *esta música clásica es sedante.* ◇ *adj./n. m.* **2** [medicamento] Que calma los dolores o disminuye la excitación nerviosa: *se tranquilizó cuando se tomó la pastilla sedante; le han puesto un sedante porque tiene dolores muy fuertes.* **SIN** calmante.

sedar *v. tr.* **1** Disminuir o hacer desaparecer la excitación nerviosa: *estaba muy nervioso y un baño caliente lo sedó.* **SIN** serenar, calmar, tranquilizar. **ANT** excitar. **2** Dar un medicamento que calma los dolores o disminuye la excitación nerviosa: *el médico sedó al enfermo.*
DER sedante.

sede *n. f.* Lugar donde se encuentra la dirección o el domicilio de un grupo, una sociedad, una empresa o una actividad: *la sede de la Unión Europea está en Bruselas; Barcelona fue la sede de los Juegos Olímpicos de 1992.* **la Santa Sede** El Vaticano, lugar donde reside el Papa.

sedentario, -ria *adj.* **1** [persona, animal] Que se establece a vivir permanentemente en un sitio: *eran nómadas hasta que se establecieron en esta región y se convirtieron en sedentarios.* **2** [costumbre, vida] Que tiene poco movimiento, que la mayor parte del tiempo se está sentado: *si llevas una vida tan sedentaria, ¿cómo quieres estar ágil y en forma?; trabajo sedentario.*

sedición *n. f.* Acción violenta y colectiva contra el poder establecido; es menos grave que la rebelión y suele implicar premeditación e intrigas: *a causa de la sedición, el presidente tuvo que abandonar el país.* **SIN** sublevación.

sediento, -ta *adj./n. m. y f.* **1** [persona] Que tiene necesidad o deseo de beber: *estoy sediento, dame un vaso de agua.* **2** [campo, tierra, planta] Que necesita humedad o riego: *tienes que regar las rosas: están sedientas.* **3** Que necesita o desea una cosa con mucha fuerza: *está sediento de afecto; está sediento de venganza.* Se usa con la preposición *de*.

sedimentación *n. f.* Formación de sedimento en el fondo de un líquido: *en la desembocadura de los ríos se produce la sedimentación de los materiales arrastrados por el agua.*

sedimentar *v. tr./prnl.* Depositar sedimento un líquido: *el río sedimenta las partículas que tiene disueltas.*
DER sedimentación.

sedimentario, -ria *adj.* **1** Del sedimento o relacionado con la materia que después de flotar en un líquido cae al fondo por la fuerza de la gravedad: *materiales sedimentarios.* **2** [mineral, roca] Que se ha formado por un proceso de sedimentación: *las rocas sedimentarias se forman por un proceso de compactación de las materias en suspensión.*

sedimento *n. m.* **1** Materia que, habiendo estado en suspensión en un líquido, se ha posado en el fondo: *el sedimento que se ha formado es de color rojizo.* **SIN** poso. **2** Depósito natural que dejan sobre el terreno el agua, el viento u otros agentes de erosión: *sedimento fluvial.* **3** Señal o rastro, principalmente emocional, que deja un hecho: *tus mentiras me han dejado un sedimento de amargura.* **SIN** poso.
DER sedimentar, sedimentario, sedimentología.

sedoso, -sa *adj.* Que tiene una característica que se considera propia de la seda, como la suavidad o el brillo: *tenía el cabello rubio y sedoso.*

seducción *n. f.* Fascinación o atracción que ejerce una persona sobre otra: *desde muchacho tuvo un gran poder de seducción con las mujeres.*

seducir *v. tr.* **1** Cautivar o atraer la voluntad de una persona: *con su discurso sedujo al auditorio.* **SIN** conquistar. **2** Conseguir tener relaciones sexuales con una persona: *don Juan sedujo a doña Inés.* **3** Gustar mucho, atraer una cosa a una persona: *la idea de tomarme unas vacaciones me seduce.* **4** Persuadir para hacer un mal: *el diablo nos seduce con sus mañas.* **SIN** corromper.
DER seducción, seductor.
OBS En su conjugación, la *c* se convierte en *zc* delante de *a* y *o* y el pretérito indefinido es irregular, como en *conducir.*

seductor, -ra *adj./n. m. y f.* [persona] Que cautiva o atrae la voluntad, especialmente en el terreno amoroso: *don Juan era un seductor.*

sefardí *adj.* **1** Del judío español expulsado de España en 1492 y de sus descendientes o que está relacionado con ellos: *muchas comunidades sefardíes se han instalado en Israel.* ◇ *adj./n. com.* **2** [persona] Que es un judío expulsado de España en 1492 o un descendiente que conserva la lengua y las tradiciones españolas del siglo xv, especialmente las prácticas religiosas: *los sefardíes se esparcieron por Europa, en especial por el área del Mediterráneo oriental y por el norte de África.* ◇ *n. m.* **3** Variedad del español hablada por los descendientes de los judíos expulsados de España: *el sefardí conserva algunos rasgos lingüísticos del siglo xv.* **SIN** judeoespañol, ladino.
OBS El plural es *sefardíes.*

sefardita *adj./n. com.* **1** Sefardí, judío que ha vivido en España o desciende de personas que han vivido en este país: *en Israel hay comunidades sefarditas.* ◇ *n. m.* **2** Sefardí, variedad del español hablada por estos judíos que proceden de España.

segador, -ra *adj.* **1** Que corta hierba o cereal: *compró una máquina segadora para la alfalfa.* ◇ *n. m. y f.* **2** Persona que trabaja cortando hierba o cereal: *un grupo de segadores recogía el trigo.*

segadora *n. f.* Máquina que sirve para cortar hierba o cereal: *antes se segaba con la hoz o la guadaña, y ahora se hace con la segadora.*

segar *v. tr.* **1** Cortar la hierba o una planta con una herramienta o una máquina adecuada: *los jornaleros segaban los campos.* **2** Cortar de un golpe, especialmente lo que está

más alto y sobresale: *el guerrero le segó la cabeza con la espada*. **3** Cortar o impedir violentamente el desarrollo de una cosa o un proceso: *la guerra segó cientos de vidas humanas*.
DER segador, segadora, siega.
ETIM *Segar* procede del latín *secare*, 'cortar', voz con la que también está relacionada *disecar*.
OBS En su conjugación, la *e* se convierte en *ie* en sílaba acentuada y la *g* en *gu* delante de *e*, como en *regar*.

seglar *adj.* **1** De la vida o el mundo que no están relacionados con la religión: *el hermano mayor se hizo monje y el pequeño eligió un oficio seglar*. **SIN** secular. ◇ *adj./n. com.* **2** [persona] Que no es sacerdote ni pertenece a una orden religiosa: *en este colegio los sacerdotes sólo imparten las clases de religión, las demás asignaturas son impartidas por seglares*. **SIN** laico.
ETIM Véase *siglo*.

segmentar *v. tr./prnl.* Dividir en trozos o partes: *el partido se segmentó después de la derrota electoral*.
DER segmentación, segmentado.

segmento *n. m.* **1** Trozo o parte cortada de una cosa: *corta un segmento de esa cinta*. **2** Parte de un todo: *este segmento de la población será el más beneficiado por las medidas sociales*. **SIN** sector. **3** Parte del cuerpo de ciertos insectos o crustáceos que es igual a otras con las que está dispuesta en línea y con las que se articula: *el ciempiés tiene dos patas en cada segmento*. **4** MAT. Parte de una recta comprendida entre dos puntos: *los alumnos delimitaron un segmento de veinte centímetros exactos*. ☞ línea. **5** MAT. Parte del círculo comprendida entre un arco y su cuerda: *dibuja un segmento de este círculo*. ☞ círculo.
DER segmentar.

segoviano, -na *adj.* **1** De Segovia o que esta relacionado con esta provincia castellana o con su capital: *arquitectura segoviana*. ◇ *adj./n. m. y f.* **2** [persona] Que es de Segovia: *los segovianos son castellanos*.

segregación *n. f.* **1** Elaboración y expulsión de una sustancia: *la segregación de la saliva se produce debajo de la lengua*. **SIN** secreción. **2** Actitud discriminatoria y racista de una comunidad que consiste en separar y excluir de la sociedad a un grupo de personas que pertenecen a una etnia o religión diferente que consideran inferior: *la segregación racial es un problema humano y político importante*.
DER segregacionismo.

segregacionismo *n. m.* Doctrina que propugna la separación de grupo de personas por su raza, religión o cultura y conjunto de actividades políticas y sociales encaminadas a este fin: *todos deberíamos luchar para acabar con el segregacionismo*.

segregar *v. tr.* **1** Elaborar y expulsar una glándula una sustancia que el organismo utiliza con un fin determinado: *las glándulas salivares segregan la saliva*. **2** Separar una cosa de otra de la que forma parte: *segregar un barrio de un municipio*. **3** Separar y excluir de la sociedad a un grupo de personas de otra etnia o religión por motivos discriminatorios y racistas.
DER segregación.
ETIM Véase *grey*.
OBS En su conjugación, la *g* se convierte en *gu* delante de *e*.

segueta *n. f.* Sierra pequeña y muy fina que se usa para cortar maderas delgadas: *las seguetas se emplean en trabajos de marquetería*.

seguidilla *n. f.* **1** Estrofa de cuatro o siete versos en la que se combinan versos de cinco y siete sílabas; unos versos quedan libres y los otros tienen rima asonante: *las seguidillas simples tienen cuatro versos y las compuestas, siete; el esquema métrico de la seguidilla simple es 7a 5b 7c 5b, y el de la compuesta, 7a 5b 7c 5b 5d 7e 5d*. **2** Baile popular español de ritmo rápido: *terminaron la fiesta bailando seguidillas*. **3** Música y canto popular español de ritmo rápido que acompaña a ese baile: *la seguidilla data del siglo XVI; la seguidilla se suele acompañar con castañuelas*.

seguido, -da *adj.* **1** Que sigue a otra cosa o está inmediatamente a continuación de ella en el tiempo o en el espacio: *una negra seguida de dos semicorcheas; verás un colmado seguido de un estanco*. **2** Que no está interrumpido en el tiempo: *trabaja seis horas seguidas*. **3** Que está dispuesto en línea recta, una al lado del otro: *una fila seguida de cajas; caminando todo seguido encontrarás el banco*.

seguidor, -ra *adj./n. m. y f.* [persona] Que sigue a una persona o cosa de la cual es partidario: *es un seguidor del equipo de baloncesto local; es un seguidor de la filosofía de Ortega y Gasset*.

seguimiento *n. m.* **1** Acción de seguir a una persona para vigilar sus movimientos o para detenerla: *la policía le hizo un seguimiento al principal sospechoso*. **2** Observación minuciosa de la evolución y desarrollo de un proceso: *haremos un seguimiento del trabajo de nuestros empleados*.

seguir *v. tr.* **1** Ir después o detrás: *tú ve delante que nosotros te seguimos; el jueves sigue al miércoles*. **2** Mantenerse cerca de una persona allá donde vaya o de un vehículo sin perderlo de vista: *este perro me sigue a todas partes; contrató a un detective para que siguiese a su marido; siga a ese coche*. **3** Mantener la vista sobre un objeto o persona que se mueve: *una vecina siguió a los delincuentes desde el balcón y avisó a la policía; seguí el barco con la vista hasta que se perdió en el horizonte*. **4** Observar el desarrollo o la evolución de un hecho: *seguir el curso de los acontecimientos; seguir una telenovela; seguir un debate televisado*. **5** Actuar según la opinión de otra persona: *seguir un consejo; seguir un método*. **6** Cursar una carrera o unos estudios: *sigue los cursos de doctorado en la universidad*. ◇ *v. tr./intr.* **7** Ir por un camino o dirección: *sigue las flechas amarillas; cuando llegues a la plaza, sigue por la derecha*. **8** Continuar un proceso o una situación: *sigue tú, yo estoy cansada; él empieza el trabajo y tú lo sigues y lo terminas*. ◇ *v. intr.* **9** Permanecer o mantenerse en una situación: *en casa todo sigue igual; el empleado sigue enfermo; sigo viviendo en el mismo sitio; sigue nevando*. **SIN** continuar. ◇ *v. prnl.* **10** *seguirse* Sacar una conclusión a partir de una cosa: *de lo expuesto se sigue que hay que renunciar a esta empresa*. **SIN** derivarse.
DER seguido, seguidor; conseguir, perseguir, proseguir, subseguir.
ETIM *Seguir* procede del latín *sequire*, que tenía el mismo significado, voz con la que también están relacionadas *secuaz*, *secuela*, *secuencia*, *séquito*.

según *prep.* **1** Expresa el origen de cierto conocimiento o de cierta opinión o quién tiene esa opinión: *según el hombre del tiempo, mañana lloverá; según él, la casa es demasiado cara*. Va seguido de los pronombres personales *yo* y *tú*, en lugar de *mí* y *ti*: *según yo, según tú*. **2** Expresa conformidad entre una cosa y el nombre al cual precede: *actuamos según la ley; todo salió según lo previsto*. ◇ *adv.* **3** Indica que una cosa depende de lo que viene a continuación: *tomaremos las decisiones según se desarrollen los acontecimientos; iremos a la fiesta, según qué día sea*. **4** Indica que lo que se hará o se decidirá con respecto a algo de lo que se habla dependerá de las circunstancias y que en el momento de hablar no se está seguro: *no sé si iré o me quedaré, según*. **SIN** depende.
5 Indica que las acciones van progresando simultáneamente:

seguir

INDICATIVO	SUBJUNTIVO
presente	presente
sigo	siga
sigues	sigas
sigue	siga
seguimos	sigamos
seguís	sigáis
siguen	sigan
pretérito imperfecto	pretérito imperfecto
seguía	siguiera o siguiese
seguías	siguieras o siguieses
seguía	siguiera o siguiese
seguíamos	siguiéramos o siguiésemos
seguíais	siguierais o siguieseis
seguían	siguieran o siguiesen
pretérito indefinido	futuro
seguí	siguiere
seguiste	siguieres
siguió	siguiere
seguimos	siguiéremos
seguisteis	siguiereis
siguieron	siguieren
futuro	
seguiré	
seguirás	IMPERATIVO
seguirá	sigue (tú)
seguiremos	siga (usted)
seguiréis	seguid (vosotros)
seguirán	sigan (ustedes)
condicional	
seguiría	FORMAS NO PERSONALES
seguirías	
seguiría	infinitivo gerundio
seguiríamos	seguir siguiendo
seguiríais	participio
seguirían	seguido

según iban entrando los invitados, el mayordomo los iba anunciando. **6** Introduce una frase que expresa el modo: *sus cabellos parecían sortijas de oro, según les daba la luz; según me lo dijo, pensé que estaba muy enfadado.* **7** Indica que una cosa se hace de la misma manera que otra: *el padre decidió recompensar al hijo menor, según había hecho con el mayor.* **según cómo** o **según y cómo** Dependiendo de cómo se mire: *según cómo, la casa no me parece tan grande.* **según que** Indica que una cosa depende de lo que viene a continuación: *llevaré a los niños al parque según que llueva o no.*

segundero *n. m.* Aguja del reloj que señala los segundos: *no todos los relojes tienen segundero.* ☞ reloj.

segundo, -da *num. ord.* **1** Indica que el nombre al que acompaña o al que sustituye ocupa el lugar número dos en una serie: *es la segunda vez que te lo digo; soy el segundo de la lista.* ◇ *n. m. y f.* **2** Persona que sigue a la principal en una jerarquía: *el presidente consultó con el segundo antes de tomar la decisión.* ◇ *n. m.* **3** Unidad de tiempo en el Sistema Internacional que equivale a una de las sesenta partes en que se divide un minuto: *el caballo llegó a la meta en 12 minutos y 45 segundos.* **4** Período de tiempo muy breve: *voy a preparar café, pero vuelvo en un segundo.*
con segundas Con doble intención: *decir algo con segundas.*
DER segundero, segundón; microsegundo.
ETIM Segundo procede del latín *secundus*, 'que sigue', voz con la que también está relacionada *secundar.*

segundón, -dona *n. m. y f.* **1** Segundo hijo de una familia: *como era el segundón, heredaba toda la ropa y los juguetes de su hermano mayor.* **2** Persona que ocupa un puesto que no es principal y que suele depender de otra persona: *estoy harta de ser una segundona, así que voy a luchar por un ascenso.*

seguramente *adv.* **1** De manera bastante probable: *no ha venido a trabajar, así que seguramente está enfermo.* **2** Con seguridad, de forma segura: *debes hablar seguramente, sin temor a equivocarte.* **SIN** seguro.

seguridad *n. f.* **1** Ausencia de peligro o daño: *los agentes de policía velan por la seguridad ciudadana.* Inseguridad. **2** Confianza en una cosa: *es bueno tener seguridad en sí mismo; tener un perro guardián en casa me da seguridad.* **ANT** inseguridad. **3** Certeza o conocimiento de una cosa: *no tengo la seguridad de que acudan todos a la reunión.* **ANT** inseguridad. **4** Garantía que se da sobre el cumplimiento de un acuerdo: *me ha dado seguridades de que cumplirá lo que pone en el contrato.*
Seguridad Social Organismo del Estado destinado a cuidar de la salud de los ciudadanos: *los trabajadores destinan una parte de su sueldo al pago de la Seguridad Social.*

seguro, -ra *adj.* **1** Que está libre de peligro o daño: *el sótano es el lugar más seguro de toda la casa.* **ANT** inseguro, peligroso. **2** Que es cierto y no admite duda: *no es seguro que vengan todos, pero todos han recibido invitación; con los puntos acumulados, el motorista tiene segura la victoria.* **3** [persona] Que confía en algo o que no tiene ninguna duda: *estoy seguro de que no va a defraudarnos.* Se usa principalmente con *estar.* **4** Que no es probable que falle o funcione mal: *los frenos del coche son muy seguros; la cerradura es completamente segura: nadie puede entrar sin la llave.* ◇ *n. m.* **5** Contrato por el cual una compañía se compromete a pagar una cantidad de dinero en caso de que se produzca una muerte, un daño o una pérdida, a cambio del pago de una cuota: *he hecho un seguro de robo para la casa; el coche quedó destrozado, pero como tenía un seguro a todo riesgo, la compañía le pagó uno nuevo.* **6** Mecanismo que impide que un objeto se abra o que una máquina funcione cuando uno no quiere: *echó el seguro de las puertas del coche para que los niños no las abrieran durante el viaje.* ◇ *adv.* **7** Con toda certeza, sin ninguna duda: *lo sé seguro porque lo he visto yo mismo.*
sobre seguro Sin exponerse a ningún peligro: *es una operación muy arriesgada: yo prefiero invertir mi dinero sobre seguro.*
DER seguramente, seguridad; asegurar, inseguro.

seis *num. card.* **1** Indica que el nombre al que acompaña o al que sustituye está 6 veces: *tres por dos son seis; si tengo 100 manzanas y te doy 94, me quedan seis.* Puede ser determinante: *vinieron seis chicos,* o pronombre: *vinieron seis.* ◇ *num. ord.* **2** Indica que el nombre al que acompaña o al que sustituye ocupa el lugar número 6 en una serie: *soy el seis de la lista.* Es preferible el uso del ordinal: *sexto.* ◇ *n. m.* **3** Nombre del número 6.
DER seisavo.
OBS El plural es *seises.*

seiscientos *num. card.* **1** Indica que el nombre al que acompaña o al que sustituye está 600 veces: *son seiscientas* *pesetas.* Puede ser determinante: *vinieron seiscientos chicos,* o pronombre: *vinieron los seiscientos.* ◇ *num. ord.* **2** Indica que el nombre al que acompaña o al que sustituye ocupa el lugar número 600 en una serie: *soy el seiscientos de la lista.* Es preferible el uso del ordinal: *sexcentésimo.* ◇ *n. m.* **3** Nombre del número 600.

seísmo *n. m.* Movimiento violento de la superficie de la tierra por causas internas: *el seísmo produjo importantes destrozos en los edificios.* **SIN** terremoto.

selección *n. f.* **1** Elección de una persona o cosa entre otras: *la selección de los contratados se hace según su currículum.* **selección natural** Selección que hacen los factores ambientales sobre los seres vivos y cuyo resultado es la eliminación de los más débiles y la supervivencia de los más fuertes: *la teoría de la selección natural fue enunciada por Darwin.* **2** Conjunto de cosas escogidas: *aquí tenemos la selección de las prendas que vamos a llevar en el muestrario; una selección de cuentos.* **3** Conjunto de deportistas elegidos para participar en una competición, especialmente en representación de un país: *la selección española de baloncesto ganó el partido de ayer.*
DER seleccionar, selecto; preselección.

seleccionador, -ra *n. m. y f.* Persona encargada de elegir y preparar a los jugadores que forman un equipo en una competición deportiva, especialmente cuando ese equipo representa a un país o región: *el seleccionador nacional ha dado la lista de los jugadores que participarán en el mundial de fútbol.*

seleccionar *v. tr.* Tomar una persona o cosa de un conjunto por una razón determinada: *seleccionó las mejores aves del corral.* **SIN** elegir, escoger.
DER seleccionador.

selectividad *n. f.* Conjunto de pruebas que se hacen en España para determinar qué estudiantes pueden acceder a la universidad y los estudios que en ella pueden realizar: *examen de selectividad.*

selectivo, -va *adj.* **1** Que hace o exige una selección: *es una persona muy selectiva: no se relaciona con cualquiera; métodos selectivos.* ◇ *adj./n. m.* **2** [curso] Que es el primero o el previo en ciertas carreras universitarias: *no aprobó el selectivo y abandonó los estudios.*
DER selectividad.

selecto, -ta *adj.* **1** Que es mejor entre otras cosas de su especie: *probamos unos vinos selectos.* **2** Que es refinado, que está destinado a personas entendidas: *música selecta.* **SIN** escogido. **3** [persona, conjunto de personas] Que no es vulgar, que es entendido en una cosa: *público selecto.* **SIN** distinguido.
DER selectivo, selector.

selector, -ra *adj./n. m.* **1** [dispositivo] Que en un aparato o una máquina sirve para escoger una operación entre varias o para regular una función: *selector de velocidades.* ◇ *n. m.* **2** Pieza de un aparato telefónico que permite establecer la comunicación con otro aparato: *se ha roto el selector del teléfono, por eso puedo recibir llamadas pero no hacerlas.*

selenio *n. m.* Elemento sólido no metálico de color gris brillante, que se emplea en instalaciones eléctricas por ser buen conductor de la electricidad: *el símbolo del selenio es Se; el selenio se usa en la fabricación de televisores.*

selenita *n. com.* **1** Habitante de la Luna: *antes de que el hombre llegara a la Luna se creía que podía haber selenitas.* ◇ *n. f.* **2** Yeso que ha cristalizado en láminas brillantes: *la selenita es incolora y transparente.*

self-service *n. m.* Autoservicio, establecimiento en que el cliente elige los productos que quiere comprar o consumir.
OBS Es un anglicismo innecesario.

sellar *v. tr.* **1** Imprimir o poner un sello: *sellar un impreso; sellar una carta.* **2** Dejar una señal o rasgo en alguien: *su dura infancia lo ha sellado para toda la vida.* **SIN** marcar, señalar. **3** Cerrar, tapar o cubrir: *sellar un pozo; sellar una puerta; sellar los labios.* **4** Concluir o poner fin: *sellaron el compromiso con una firma.*

sello *n. m.* **1** Papel de pequeño tamaño emitido por el gobierno y con valor oficial que se pega a las cartas y paquetes para enviarlos por correo o que se usa para dar validez a ciertos documentos: *colección de sellos.* **2** Instrumento que sirve para estampar figuras y signos: *el sello con el logotipo de la empresa está guardado bajo llave; con el sello estampó la palabra urgente en el sobre.* **3** Conjunto de figuras y signos que queda impreso con ese instrumento: *el carné no será válido si no lleva el sello de la biblioteca.* **4** Disco de lacre, cera o metal que lleva un dibujo impreso con ese instrumento y que cuelga de ciertos documentos de importancia: *el documento es auténtico pues lleva el sello real.* **5** Sortija que lleva grabadas las iniciales de una persona, un escudo de armas, etc. **6** Carácter diferente o particular de una persona o cosa: *sus obras tienen un sello personal.* **SIN** cuño.
DER sellar.

seltz *n. m.* Agua con ácido carbónico que sale de una fuente natural o que se prepara artificialmente: *en estas montañas hay fuentes de seltz.*
OBS También se dice *agua de Seltz.*

selva *n. f.* **1** Terreno extenso, sin cultivar y muy poblado de árboles y plantas que es característico de las zonas con climas cálidos y lluviosos: *selva africana; selva amazónica.* **SIN** jungla. **2** Abundancia desordenada de una cosa: *no sé cómo puedes aclararte entre esta selva de libros y apuntes.*
DER selvático.
ETIM Selva procede del latín *silva,* que tenía el mismo significado, voz con la que también están relacionadas *silva, silvestre, silvicultura.*

selvático, -ca *adj.* De la selva o que tiene relación con este terreno: *el jaguar es un animal selvático.*

semáforo *n. m.* **1** Dispositivo de señalización luminoso para la regulación del tráfico en las vías públicas; consta generalmente de tres luces dispuestas una encima de otra: la luz roja indica prohibición de pasar, la amarilla indica la inminencia de la prohibición de paso y la verde, que se puede pasar: *cuando el semáforo está en rojo, no se debe pasar; existen semáforos para los vehículos y semáforos para los peatones.* **2** Dispositivo de señalización óptica de las costas que se utiliza para comunicarse con los barcos. **3** Dispositivo de señalización óptica que se utiliza para enviar señales a los conductores de trenes.

semana *n. f.* **1** Período de tiempo de siete días que comienza el lunes y termina el domingo: *el curso comienza la tercera semana de septiembre.* **Semana Santa** Semana que la Iglesia dedica a recordar la pasión y muerte de Jesucristo: *los católicos asisten a los oficios de Semana Santa.* Se escribe con letra mayúscula. **2** Período de tiempo de siete días consecutivos: *la competición dura tres semanas.*
entre semana En cualquier día de la semana entre el lunes y el viernes: *iré a verte cualquier día entre semana.*
DER semanal, semanario.

semanal *adj.* **1** Que ocurre o se repite cada semana: *revista semanal.* **2** Que dura una semana: *curso semanal.*
DER bisemanal.

semanario *n. m.* Periódico o publicación que aparece

semántica

cada semana: *lee un semanario de humor que sale los miércoles.*

semántica *n. f.* Disciplina lingüística que estudia el significado de las palabras: *en semántica se estudian los cambios de significación que han sufrido algunas palabras.*
DER semántico.

semántico, -ca *adj.* **1** Del significado de las palabras o de las oraciones o relacionado con el significado: *en el diccionario se reflejan los distintos valores semánticos de cada palabra.* **2** De la semántica o que tiene relación con esta disciplina lingüística que estudia el significado de las palabras o las oraciones: *en el trabajo semántico sobre las palabras de reciente creación se intentará estudiar si todas tienen un significado relacionado.*

semblante *n. m.* **1** Cara de una persona: *su bellísimo semblante enamoró a más de una mujer.* **SIN** faz, rostro. **2** Expresión que tiene la cara de una persona y que revela su estado de ánimo: *semblante malhumorado; semblante agradable; semblante triste.* **3** Aspecto que tiene una cosa y que permite formar una opinión sobre ella: *este negocio tiene muy buen semblante; la tarta tenía muy buen semblante.*
DER semblanza.

semblanza *n. f.* Descripción física o moral de una persona, generalmente acompañada de una breve historia de su vida: *en el programa emitieron una semblanza del personaje al que iban a entrevistar.*

sembrado, -da *n. m y f.* Tierra en la que se han puesto semillas: *no te metas con el tractor por el sembrado.*

sembrador, -ra *adj./n. m. y f.* [persona, máquina] Que siembra: *antes, una cuadrilla de sembradores lanzaba las semillas a los surcos, pero ahora lo hace la sembradora automáticamente y es mucho más rápido.*

sembrar *v. tr.* **1** Esparcir semillas en un terreno preparado para que germinen y den plantas o frutos. **2** Llenar o cubrir un lugar con determinadas cosas, especialmente sin orden y como adorno: *sembró el camino con pétalos de flores.* **SIN** desparramar. **3** Motivar una opinión o causar una sensación con palabras o acciones: *sus mentiras sembraron el desprecio entre sus compañeros.*
DER sembrado, sembrador, siembra.
ETIM *Sembrar* procede del latín *seminare*, que tenía el mismo significado, voz con la que también están relacionadas *diseminar, semen.*
OBS En su conjugación, la *e* se convierte en *ie* en sílaba acentuada, como en *acertar.*

semejante *adj.* **1** Que es parecido o casi igual que otra persona u otra cosa: *escribió un libro semejante al mío en todo; mi hermano y yo tenemos un carácter semejante.* **SIN** similar. **2** Indica ponderación y equivale a *tal* cuando no aparece el término de la comparación, de ese tipo, con esas características: *no es lícito valerse de semejantes medios; nunca había visto injusticia semejante; no quiero que te cases con semejante hombre.* Generalmente tiene un sentido despectivo. ◊ Suele ir delante del sustantivo. **3** [figura geométrica] Que tiene exactamente la misma forma que otra, pero es de diferente tamaño: *dibujó dos polígonos semejantes uno dentro de otro.* ◊ *n. m.* **4** Persona cualquiera con respecto a otra: *tenemos que ayudar a nuestros semejantes.* Suele usarse en plural.
DER semejanza.

semejanza *n. f.* Conjunto de características que hace que dos o más cosas o personas sean parecidas: *es increíble la semejanza que existe entre los dos hermanos.* **SIN** parecido, similitud. **ANT** desemejanza, diferencia.

semejar *v. tr./prnl.* Ser parecida una persona o cosa a otra de la que muestra características o cualidades similares: *ese árbol semeja un gigante; los hermanos gemelos se semejan mucho.* **SIN** asemejar.
DER semejante; asemejar, desemejar.
ETIM *Semejar* procede del latín vulgar *similiare*, que tenía el mismo significado, voz con la que también está relacionada *símil.*

semen *n. m.* Líquido espeso y blanquecino producido por los órganos de reproducción masculinos: *el semen contiene los espermatozoides.* **SIN** esperma.
DER seminal; inseminar.
ETIM Véase *sembrar.*

semental *adj./n. m.* **1** [animal macho] Que se destina a la reproducción: *alquiló un caballo semental para que montase a las yeguas y así tener potrillos.* **2** *coloquial* Hombre de gran potencia sexual.

sementera *n. f.* **1** Terreno al que se le han echado semillas: *no podemos pasar por ahí porque hay una sementera.* **SIN** sembrado. **2** Tiempo en el que se siembra la tierra: *se volvieron a ver en la época de la sementera.* **SIN** siembra. **3** Origen o causa de algunas cosas, especialmente si son desagradables: *la suciedad es una sementera de enfermedades; mi trabajo es una sementera de disgustos.* **SIN** germen, semillero.

semestral *adj.* **1** Que ocurre o se realiza cada seis meses: *acaba de salir a la calle una revista semestral.* **2** Que dura seis meses: *asignatura semestral.*

semestre *n. m.* Período de tiempo de seis meses: *aún falta un semestre para las vacaciones.*
DER semestral.

semi- Elemento prefijal que entra en la formación de palabras con el significado de: *a)* 'Medio', 'mitad': *semicírculo.* *b)* 'casi', 'a medias': *semifinal.* **SIN** hemi-.

semicircular *adj.* Que tiene forma de medio círculo: *los arcos de este edificio son semicirculares.*

semicírculo *n. m.* Mitad de un círculo: *el diámetro divide el círculo en dos semicírculos.* ☞ círculo.
DER semicircular.

semicircunferencia *n. f.* Mitad de una circunferencia: *un arco es una semicircunferencia que resulta de dividir una circunferencia por uno de sus diámetros.*

semiconsonante *adj./n. f.* [vocal] Que es cerrado y va al principio de un diptongo: *i, u son vocales semiconsonantes en hierba y hueco; las semiconsonantes tienen una pronunciación parecida a ciertas consonantes.*

semicorchea *n. f.* Nota musical que equivale a la mitad de una corchea o a la cuarta parte de una negra: *la semicorchea se representa con una negra y dos ganchos en la barra vertical.* ☞ notación musical.

semiesférico, -ca *adj.* Que tiene forma de media esfera: *las bóvedas semiesféricas se llaman cúpulas.*

semifinal *n. f.* Prueba o competición deportiva que sirve para determinar qué deportistas o equipos competirán en la final y que elimina a los demás: *las semifinales son las penúltimas fases de un campeonato que se gana por eliminación y no por puntos; para ser el ganador, el equipo tiene que pasar la semifinal y además ganar la final.*
DER semifinalista.

semifinalista *adj./n. com.* Que participa en la semifinal de una competición deportiva: *los cuatro equipos semifinalistas se enfrentan hoy; los semifinalistas compiten por la medalla de bronce.*

semifusa *n. f.* Nota musical que equivale a la mitad de una fusa: *la semifusa se representa con una negra y cuatro ganchos en la barra vertical*. ☞ notación musical.

semilla *n. f.* **1** Parte del fruto que contiene el embrión de una nueva planta: *en las semillas se encuentran el óvulo fecundado y ya maduro, preparado para germinar*. **SIN** simiente. **2** Causa u origen de otra cosa, especialmente de opiniones o de estados de ánimo: *la mentira es la semilla de la desconfianza; la muerte de los padres fue la semilla de la separación de los hermanos*. **SIN** simiente.
DER semillero.

semillero *n. m.* **1** Lugar en donde se siembran las semillas para después, cuando las plantas han germinado y han crecido lo suficiente, trasplantarlas en otro lugar: *tiene los semilleros dentro del invernadero*. **SIN** almáciga. **2** Lugar donde se conservan diferentes semillas, generalmente para su estudio. **3** Causa u origen de alguna cosa, especialmente si es desagradable: *esas reuniones son un semillero de mentiras*. **SIN** sementera.

seminal *adj.* **1** Del semen o que tiene relación con este líquido que segregan los órganos de reproducción masculinos: *los testículos albergan las vesículas seminales*. **2** De la semilla o que tiene relación con esta parte del fruto: *aún no se han abierto las cápsulas seminales de los árboles*.

seminario *n. m.* **1** Centro de enseñanza en el que se educan y se forman los futuros sacerdotes: *después de dos años, dejó el seminario y ahora está casado*. **2** Conjunto de actividades que realizan en común un profesor y sus discípulos, y que tiene la finalidad de encaminarlos a la práctica y la investigación de alguna disciplina: *estuve en un seminario de sintaxis el mes pasado y por fin entiendo bien los análisis sintácticos*. **3** Despacho en el que trabajan y se reúnen los profesores de una misma asignatura en un centro de enseñanza: *el seminario de lengua española está en la segunda planta del instituto*. **4** Conjunto de profesores de una misma asignatura que trabajan en el mismo centro de enseñanza: *el seminario de matemáticas decidió poner menos exámenes*.
DER seminarista.

seminarista *n. com.* Persona que estudia en un seminario y se prepara para ser sacerdote.

semiología *n. f.* Ciencia que estudia los sistemas de signos: *la semiología se preocupa del estudio del lenguaje y de otros códigos utilizados en la comunicación*. **SIN** semiótica.

semiótica *n. f.* **1** Ciencia que estudia los signos como instrumentos de comunicación en sociedad: *la lingüística es una rama de la semiótica que estudia el lenguaje*. **2** Parte de la medicina que estudia los síntomas como signos de enfermedades: *la semiótica tiene como objetivo el diagnóstico y el pronóstico de enfermedades*. **SIN** semiología.

semiplano *n. m.* Superficie que resulta de dividir un plano geométrico en dos mediante una recta: *dobla el papel por la mitad y obtendrás dos semiplanos*.

semirrecta *n. f.* Línea recta que se considera desde un punto determinado y en un único sentido: *el vértice de un ángulo es el origen de dos semirrectas*.

semita *adj./n. com.* **1** De la familia de pueblos que se establecieron en Mesopotamia y el Próximo Oriente antes del primer milenio antes de Cristo y que tenían lenguas con un origen común: *el pueblo judío y el árabe son pueblos semitas; el árabe y el hebreo son lenguas semitas*. **2** [persona] Que pertenece a un pueblo semita: *según la tradición bíblica, los semitas descienden de Sem*.
DER semítico, semitismo; antisemita.

semítico, -ca *adj.* De los semitas o que tiene relación con estos pueblos: *el hebreo es una lengua semítica; los árabes y los judíos son pueblos semíticos*. **SIN** semita.

semitismo *n. m.* **1** Conjunto de doctrinas, instituciones y costumbres propias de los semitas. **2** Palabra o expresión semítica que se usa en otras lenguas.

semitono *n. m.* MÚS. Cada una de las dos partes desiguales en las que se divide el intervalo de un tono: *entre mi y fa hay un semitono*.

semivocal *n. f.* Vocal que es cerrada y está al final de un diptongo: *i y u son semivocales en caiga y aura*.

sémola *n. f.* Pasta alimenticia con forma de granos muy pequeños que está hecha con harina de arroz, trigo u otros cereales: *sopa de sémola*.

senado *n. m.* **1** Órgano político en el que están representados los distintos territorios de un país y que se encarga de aceptar o rechazar los proyectos de ley que propone el Congreso: *en algunos sistemas de gobierno hay dos cámaras que tienen el poder legislativo, la Cámara baja es el Congreso y la Cámara alta es el Senado*. En esta acepción, suele escribirse con mayúscula. **2** Edificio en el que se reúnen los miembros de ese órgano político: *los fotógrafos entrevistaron al político cuando entraba en el Senado*. **3** Asamblea de patricios de la antigua república romana que constituía el consejo supremo del estado: *el senado romano perdió poder en la época del Imperio*.
DER senador.

senador, -ra *n. m. y f.* Político que es miembro del Senado.

sencillez *n. f.* **1** Ausencia de adornos o de lujo: *en las joyas, la sencillez demuestra elegancia y buen gusto; no tiene mucho dinero y vive con gran sencillez*. **SIN** simplicidad. **2** Falta de dificultad o de complicación, especialmente al hablar o al escribir: *si explicas las cosas con sencillez, todos te entenderán*.

sencillo, -lla *adj.* **1** Que está formado por un solo elemento, que no está compuesto de varias partes: *las hojas de esta planta son sencillas*. **SIN** simple. **ANT** compuesto. **2** Que no presenta ninguna dificultad ni tiene complicación: *ya verás cómo el examen es muy sencillo y no tendrás problema para aprobar*. **SIN** fácil, simple. **ANT** complicado, difícil. **3** Que no tiene lujos ni adornos excesivos: *llevaba un vestido blanco muy sencillo; viven en una casa muy sencilla pero muy cómoda; es un hombre muy sencillo en el trato con los demás*. **4** [persona] Que da a los demás un trato de igualdad, aunque sea superior a ellos por cultura, clase social o en algún otro sentido: *es un hombre muy sencillo, nunca presume de sus títulos ni de su dinero*. **5** [estilo, lenguaje] Que es claro y natural, sin artificios retóricos: *con un lenguaje sencillo se expresan las ideas con más claridad*. ◊ *adj./n. m.* **6** [disco] Pequeño y de corta duración que contiene generalmente dos canciones: *este grupo acaba de lanzar un sencillo que está sonando en todas las discotecas*.
DER sencillez.
ETIM Sencillo procede del latín *singulus*, 'uno solo', voz con la que también están relacionadas *sendos, señero*.

senda *n. f.* **1** Camino estrecho, especialmente el que se ha formado por el paso de personas o animales: *a la laguna del Almanzor se accede por una estrecha senda que sube y baja la montaña*. **SIN** sendero, vereda. **2** Plan de actuación o procedimiento que se sigue para conseguir algo: *es incapaz de tomar decisiones, siempre sigue la senda que otros le han marcado*.
DER sendero.

senderismo *n. m.* Actividad deportiva o turística que consiste en hacer excursiones a pie por el campo o por la montaña recorriendo senderos o caminos: *la práctica del senderismo es muy frecuente en los Pirineos*.

sendero *n. m.* Senda. **SIN** vereda.
DER senderismo.

sendos, -das *adj. pl.* Se dice de dos o más cosas, que corresponden o se destinan una a cada una de otras tantas cosas o personas: *ambas películas están basadas en sendos relatos de Pedro Antonio de Alarcón; las trillizas tenían sendos vestidos nuevos.*
ETIM Véase *sencillo*.
OBS Se utiliza siempre en plural. ◇ No hay que confundirlo con *ambos*, que significa 'los dos'.

senectud *n. f.* culto Último período de la vida de una persona, cuando tiene una edad avanzada: *se suele considerar que se entra en la senectud hacia los sesenta años.* **SIN** vejez, ancianidad.

senegalés, -lesa *adj.* **1** De Senegal o relacionado con este país del noroeste de África: *el clima senegalés es tropical.* ◇ *adj./n. m. y f.* **2** [persona] Que es de Senegal: *los senegaleses recibieron en Dakar a los participantes del rally.*

senil *adj.* **1** De la vejez o que tiene relación con este período de la vida de una persona: *la demencia senil es el tipo de demencia más frecuente en los ancianos.* **2** [persona] Que presenta señales de decadencia física o psíquica.
DER senilidad.

sénior *n. com.* **1** [persona] Que tiene el mismo nombre que otro pero es de mayor edad: *la empresa la dirige José García pero la fundó su padre, José García sénior.* ◇ *adj./n. f.* **2** [categoría deportiva] Que es superior a la de júnior y corresponde generalmente a los deportistas que tienen más de veinte o veintiún años: *la categoría sénior es profesional.* ◇ *adj./n. m. y f.* **3** [deportista] Que compite en la categoría sénior: *los séniors jugarán cuando acabe el partido de júniors.*
OBS Es de origen inglés.

seno *n. m.* **1** Pecho o mama de la mujer. **SIN** teta. **2** Espacio que queda entre la ropa y el pecho de la mujer: *se escondió el pañuelo en el seno.* **3** Agujero o hueco, especialmente dentro del cuerpo de las personas y animales: *el cuerpo tiene senos en los que se alojan diversos órganos.* **SIN** concavidad. **4** Matriz de las hembras de los mamíferos en general, y especialmente cuando es de una mujer y está embarazada: *lleva en su seno dos niños.* **SIN** útero. **5** Porción del mar que entra en la tierra entre dos cabos o puntas de tierra. **SIN** ensenada, golfo. **6** Parte interna de una cosa, especialmente de algo no material: *en el seno del nido se encontró el resto del plumón de las crías; advirtió el malestar que existía en el seno de las fuerzas armadas; nació en el seno de una humilde familia.* **7** Cosa que acoge a otra bajo su protección, dándole consuelo y ayuda: *buscó amparo en el seno de la religión.* **8** MAT. Cociente que existe entre el cateto opuesto a un ángulo agudo de un triángulo rectángulo y la hipotenusa: *el seno y el coseno son conceptos de trigonometría.* **9** MED. Hueco o cavidad de algunos huesos: *senos maxilares.* ☞ nariz.
DER coseno.
ETIM *Seno* procede del latín *sinus*, 'concavidad', voz con la que también están relacionadas *sinuoso, sinusitis.*

sensación *n. f.* **1** Impresión recogida por los sentidos y que es conducida a la mente por medio del sistema nervioso: *tocar hielo produce sensación de frío.* **2** Sorpresa o profunda impresión producida por una cosa importante o novedosa: *no te puedes imaginar la sensación que me produjo saber que me habían concedido el premio; con ese vestido provocarás sensación en la fiesta.*

dar (o **tener**) **la sensación** Dar o tener una determinada idea u opinión de una cosa, sin conocerla completamente: *tengo la sensación de que me estás engañando.*

DER sensacional.

sensacional *adj.* **1** Que causa una fuerte sensación o llama mucho la atención: *me han contado una noticia sensacional que no te vas a creer.* **2** Que es muy bueno, estupendo o maravilloso: *lleva un vestido sensacional y todo el mundo la mira; hice un viaje sensacional por Portugal.* **SIN** genial.
DER sensacionalismo.

sensacionalismo *n. m.* Tendencia de algunos medios informativos a presentar los acontecimientos de modo que provoquen asombro, escándalo o intranquilidad. **SIN** amarillismo.

sensacionalista *adj.* Que muestra los aspectos más llamativos o escandalosos de un asunto para impresionar a la gente y llamar su atención: *es un periódico sensacionalista que sólo publica noticias sobre robos y asesinatos.*

sensatez *n. f.* Cualidad que tienen las personas que muestran buen juicio, prudencia y madurez en sus actos y decisiones: *a pesar de ser tan joven, demostró una gran sensatez al negarse a contestar sin haberlo pensado antes.* **SIN** conocimiento, madurez, prudencia. **ANT** insensatez.

sensato, -ta *adj.* Que muestra buen juicio, prudencia y madurez en sus actos y decisiones: *las personas sensatas piensan mucho las cosas antes de hacerlas.* **SIN** juicioso, prudente. **ANT** insensato.
DER sensatez.

sensibilidad *n. f.* **1** Capacidad para percibir sensaciones a través de los sentidos: *a causa del accidente ha perdido la sensibilidad en las piernas.* **2** Tendencia a dejarse llevar por los sentimientos de compasión y amor: *tiene mucha sensibilidad y siempre llora cuando ve imágenes de gente desgraciada en la televisión.* **3** Capacidad de respuesta a ciertos estímulos que tienen ciertos aparatos científicos muy eficaces: *este termómetro tiene una gran sensibilidad y es capaz de registrar cambios de temperatura muy leves.* **4** Capacidad que tiene una película fotográfica para ser impresionada por la luz: *el fotógrafo hizo esas fotografías nocturnas con una película de alta sensibilidad.*

sensibilizar *v. tr.* **1** Aumentar o excitar la capacidad de sentir: *la música sensibiliza el oído.* ◇ *v. tr./prnl.* **2** Hacer que una persona se dé cuenta de la importancia o el valor de una cosa, o que preste atención a lo que se dice o se pide: *esta información trata de sensibilizar a la opinión pública sobre el problema de la capa de ozono.* **3** En fotografía, hacer que ciertos materiales, como una película o una placa fotográfica, sean sensibles a la luz.
OBS En su conjugación, la *z* se convierte en *c* delante de *e*.

sensible *adj.* **1** Que es capaz de percibir una realidad a través de los sentidos: *algunos animales son sensibles al magnetismo terrestre y lo utilizan para orientarse.* **2** Que se deja llevar fácilmente por sentimientos como la ternura, la compasión y el amor, y se siente emocionado o herido con facilidad: *lloró al leer la novela porque es muy sensible; díselo con cuidado, que es muy sensible.* **3** Que es capaz de distinguir con facilidad la belleza y los valores artísticos. **4** Que presta atención a lo que se dice o se pide: *el gobierno ha sido sensible a las protestas de los trabajadores.* **5** [sustancia] Que reacciona fácilmente a ciertos agentes naturales: *la película fotográfica está hecha de sustancias sensibles a la luz.* **6** [aparato] Que puede acusar, registrar o medir fenómenos de muy poca intensidad, o notar cambios muy pequeños porque reacciona con facilidad: *las básculas de precisión son muy sensibles.* **SIN** preciso. **7** Que puede ser notado por los sentidos: *los objetos que nos rodean pertenecen al mundo sensible.* **8** Que es claro y evidente porque es de gran intensidad o

muy fuerte y resulta fácil de percibir por los sentidos: *en esta semana ha habido un aumento sensible de la temperatura; ha conseguido una sensible mejoría en su aspecto con ese corte de pelo*. **SIN** manifiesto.
DER sensibilidad, sensibilizar, sensiblemente, sensiblero; hipersensible, insensible, suprasensible.

sensiblería *n. f.* Sensibilidad o sentimentalismo falso o exagerado: *me molesta la sensiblería de esta chica; por todo se pone a llorar; eso no es romanticismo, es sensiblería*.

sensiblero, -ra *adj.* Que es falsa o exageradamente sensible o sentimental: *odio las películas sensibleras en las que los personajes se pasan todo el rato llorando*.
DER sensiblería.

sensitivo, -va *adj.* **1** De las sensaciones producidas por los sentidos o que tiene relación con ellas, especialmente las relacionadas con el tacto: *después del accidente no tenía capacidad sensitiva en las manos*. **SIN** sensual. **2** Que es capaz de experimentar sensaciones o emociones: *es una chica muy sensitiva para la pintura*. **3** Que estimula o excita la sensibilidad de las personas.

sensor *n. m.* Dispositivo que capta variaciones de luz, temperatura o sonido a corta y larga distancia y sirve para activar un mecanismo: *este sensor hace que se encienda una luz cuando hay demasiada presión en la cabina*.

sensorial *adj.* De los sentidos o que tiene relación con ellos: *el niño conoce el mundo a través de sus percepciones sensoriales*.
DER extrasensorial.

sensual *adj.* **1** De las sensaciones producidas por los sentidos o que tiene relación con ellas. **SIN** sensitivo. **2** Que provoca placer al ser percibido por los sentidos: *ese grupo toca una música sensual*. **3** Que provoca excitación sexual: *se acercó a él con movimientos sensuales*. **SIN** erótico, voluptuoso. **4** Que se siente inclinado a los placeres de los sentidos: *es muy sensual, le encanta la comida, la música y las caricias*.
DER sensualidad, sensualismo.

sensualidad *n. f.* **1** Capacidad para provocar o satisfacer los placeres de los sentidos: *esta modelo se mueve con gran sensualidad y todo el mundo disfruta mirándola*. **2** Tendencia a buscar y satisfacer el placer de los sentidos: *llevado por su sensualidad, tuvo una relación amorosa con aquella belleza*.

sentada *n. f.* Acción de protesta o en apoyo de una causa, que consiste en sentarse en el suelo en un lugar determinado por un largo período de tiempo: *los estudiantes hicieron una sentada frente al Ministerio, para protestar por la subida de las tasas académicas*.
de una sentada De una vez, realizado en una sola fase, sin pausas y sin levantarse del asiento: *No es tanto trabajo, verás como podemos terminarlo de una sentada*.

sentar *v. tr./prnl.* **1** Colocar a una persona en un asiento de modo que quede descansando apoyada sobre las nalgas: *sienta a la niña en el cochecito porque te vas a cansar de llevarla en brazos; me senté en una silla porque estaba cansado*. ◇ *v. tr.* **2** Establecer una teoría o doctrina, especialmente si servirá de base para otro razonamiento o información: *el profesor sentó los principios de su materia; los ministros sentaron las bases del acuerdo*. **SIN** asentar, fundamentar. ◇ *v. intr.* **3** Ser una comida o bebida bien o mal digerida por el estómago: *le sentó fatal el pastel y tuvo que vomitar; a mí me sienta muy mal la comida picante*. **4** Producir una cosa un efecto bueno o malo en el ánimo o en el estado físico de una persona: *le sentó fatal que no le invitaras a la fiesta; un poco de aire fresco te sentará muy bien*. **5** Quedarle bien o mal a una persona una prenda de vestir, un adorno o un color determinado: *este vestido no te sienta bien, es demasiado estrecho para ti*.
dar por sentado Dar por supuesta o por cierta una cosa: *no nos lo han comunicado, pero se da por sentado que la próxima semana comienza el curso*.
DER sentada; asentar.
OBS En su conjugación, la e se convierte en ie en sílaba acentuada, como en *acertar*.

sentencia *n. f.* **1** Frase o dicho con un contenido moral o doctrinal: *terminó con esta sentencia: el que mal anda, mal acaba; muchas sentencias son de origen popular*. **SIN** aforismo, proverbio, refrán. **2** Decisión de un tribunal que pone fin a un juicio o un proceso: *el juez pronunció la sentencia; el acusado cumplió su sentencia en la cárcel*. **3** Orden o decisión que toma una persona para resolver una discusión entre varias partes: *Salomón reflexionó y luego pronunció su sentencia*.
DER sentenciar, sentencioso.

sentenciar *v. tr.* **1** Pronunciar un juez o un tribunal una sentencia: *el juez sentenciará el proceso pasado mañana*. **2** Culpar o condenar a alguien: *me sentenció a un castigo por algo que no había hecho*.
OBS En su conjugación, la i no se acentúa, como en *cambiar*.

sentido, -da *adj.* **1** Que expresa con sinceridad un sentimiento muy intenso: *le dio un pésame muy sentido*. **2** Que se enfada o se molesta con facilidad: *no se le puede discutir nada; es muy sentida*. ◇ *n. m.* **3** Capacidad de percibir un tipo de estímulos del mundo exterior mediante ciertos órganos del cuerpo: *los sentidos del cuerpo son cinco: vista, oído, gusto, olfato y tacto; el sentido de la vista se localiza en los ojos*. **sexto sentido** Habilidad especial que tiene una persona para percibir realidades que pasan inadvertidas a otros y que le capacita para una determinada actividad o asunto: *tiene un sexto sentido para los negocios*. **4** Capacidad que se tiene específicamente para realizar un tipo de actividad: *para ser decorador hay que tener sentido de la estética; bailo muy mal porque no tengo sentido del ritmo*. **sentido común** Capacidad para juzgar razonablemente las situaciones de la vida cotidiana y decidir con acierto: *tu hermano no tiene sentido común: ayer se puso a cantar en medio de la clase*. **5** Capacidad para razonar y ser consciente del mundo exterior: *se dio un golpe en la cabeza y se quedó sin sentido durante unos minutos*. **6** Razón de ser, finalidad o lógica que tiene una cosa: *no tiene sentido que tiendas la ropa cuando está lloviendo; no se admite con seguridad cuál es el sentido de la vida*. **7** Significado de una palabra o de un conjunto de palabras: *no entiendo el sentido de esa palabra, explícamelo; este poema puede interpretarse en otro sentido; esto no se puede leer porque no tiene sentido, es completamente absurdo*. **8** Manera particular que tiene cada persona de entender o interpretar una cosa: *su sentido del deber le obliga a ayudarte*. **9** Cada una de las dos formas opuestas de recorrer una línea o un camino: *tendremos que hacer un cambio de sentido y volver por la misma carretera; toda dirección tiene dos sentidos*.
DER contrasentido, sinsentido.

sentimental *adj.* **1** Que contiene elementos que emocionan o conmueven, o que expresa sentimientos dulces, especialmente de amor, pena o ternura: *novela sentimental; película sentimental; me escribió una carta muy sentimental*. **2** Que está relacionado con los sentimientos, especialmente los amorosos: *Eva tiene una relación sentimental con un compañero de oficina*. ◇ *adj./n. com.* **3** [persona] Que es muy sensible, se emociona con facilidad y suele actuar llevado por

sentimientos y por impulsos afectivos: *guardo todos los recuerdos de mis viejos amigos porque soy un sentimental.*
DER sentimentalismo.

sentimentalismo *n. m.* Cualidad que tienen las cosas que pretenden emocionar o hacer llorar, o que provocan intencionadamente sentimientos de afecto, compasión o ternura: *su poesía está cargada de sentimentalismo.* Generalmente tiene valor despectivo.

sentimiento *n. m.* **1** Estado de ánimo, disposición emocional hacia una cosa, un hecho o una persona: *el único sentimiento que me despierta es el de indiferencia; el amor, el odio, la pasión y la ternura son sentimientos.* **2** Estado de ánimo triste o afectado por una impresión dolorosa: *le acompaño en el sentimiento.* **3** Parte afectiva o emotiva del ser humano, por oposición a la razón o el intelecto: *no debes guiarte por los sentimientos, olvida el odio que sientes y piensa tranquilamente en una estrategia.* Suele usarse en plural. **4** Capacidad de sentir afecto o de comprender a otras personas: *me tratas muy mal, ¿es que no tienes sentimientos?* Suele usarse en plural.
DER sentimental.

sentir *v. tr.* **1** Percibir una sensación a través de los sentidos, provenga de un estímulo externo o del propio cuerpo: *sintió frío y se acercó al radiador; sintió un dolor en el estómago.* **2** Percibir un sonido, a través del oído: *sintió pasos a lo lejos.* **SIN** oír. **3** Recibir sensaciones provenientes de una parte del cuerpo: *con la anestesia no sentirás el brazo y no te dolerá la operación.* **4** Experimentar un sentimiento: *siente un gran amor por su mujer; sentía envidia por su hermana porque era más guapa que ella.* **5** Lamentar una cosa o experimentar pena por ella: *siento mucho la muerte de su padre; siento mucho que hayas suspendido el examen.* **6** Tener la impresión de que va a ocurrir una cosa: *siento que todo esto acabará fatal.* **SIN** presentir. ◊ *v. prnl.* **7 sentirse** Encontrarse en cierto estado físico o moral, experimentar una sensación: *me sentí enfermo y me acosté; hoy me siento muy feliz.* **8** Experimentar dolor como consecuencia de una enfermedad: *hace tres meses que me operaron y aún me siento débil.* **SIN** dolerse, resentirse. ◊ *n. m.* **9** Opinión, juicio o sentimiento sobre una cosa: *el sentir general apoya al gobierno.*
sin sentir Sin que se note o sin darse cuenta: *las vacaciones pasan sin sentir.*
DER sentido, sentimiento; asentir, consentir, disentir, presentir, resentirse.
OBS En su conjugación, la e se convierte en ie en sílaba acentuada o en i en algunos tiempos y personas, como en *hervir*.

seña *n. f.* **1** Gesto que se hace con alguna parte del cuerpo para indicar una cosa: *me hizo una seña con la mano para que me acercara; le dijo con señas que se callara.* **SIN** señal. **2** Convención establecida entre dos o más personas para comunicarse: *la seña era dejar sonar el timbre del teléfono tres veces y después colgar.* **SIN** contraseña. **3** Nota o detalle característico que permite reconocer o identificar una cosa o a una persona: *el policía pidió al testigo que diera alguna seña del asesino.* Se usa sobre todo en plural. ◊ *n. f. pl.* **4 señas** Conjunto de datos que incluyen el nombre de la calle, el número de la casa y el nombre de la población donde vive una persona: *en el carné de identidad están escritas las señas.*
SIN dirección, domicilio.
DER señal, señuelo; diseñar, enseñar, reseña.
ETIM *Seña* procede del latín *signa*, que tenía el mismo significado, voz con la que también están relacionadas *insigne*, *signo*.

señal *n. f.* **1** Marca o característica que distingue a una persona o cosa de las demás: *tengo una señal de nacimiento en la espalda; pon una señal en la página para acordarnos de por dónde vamos.* **2** Huella o marca que queda en una superficie, especialmente la que deja en la piel una herida: *la operación de cirujía estética no le ha dejado ninguna señal; has quemado el pantalón con la plancha y ahora queda una señal.* **3** Indicio que demuestra alguna cosa o que indica la existencia de algo que es su causa: *si tiene en su casa mercancía robada, es señal de que es un ladrón; no ha venido a comer, señal de que tiene mucho trabajo.* **SIN** indicio, muestra. **4** Gesto con el que se quiere decir o indicar una cosa: *el policía nos hizo una señal para que detuviéramos la marcha.* **SIN** seña. ☞ signos y señales. **señal de la cruz** Movimiento que se hace con la mano para representar la cruz en la que murió Jesucristo: *los cristianos, cuando pasan por delante del altar, hacen la señal de la cruz.* **5** Signo o símbolo convenido entre varias personas para transmitir cierta información o como indicación para hacer algo: *dio la señal y empezó la carrera; desde la torre, un señor hacía señales luminosas pidiendo socorro.* ☞ signos y señales. **señal de tráfico** Signo convencional que representa alguna norma de tráfico y da instrucciones sobre cómo circular: *las señales de tráfico están representadas habitualmente en placas metálicas.* ☞ signos y señales. **6** Cantidad de dinero que se paga como anticipo antes de abonar el precio total de una cosa: *no llevo suficiente dinero, pero dejaré una señal y vendré mañana a recoger el traje y pagar el resto.* **7** Sonido característico de algunos aparatos para avisar o informar sobre su funcionamiento, especialmente el que hace el teléfono al descolgarlo: *descolgué el teléfono y no daba señal.* ☞ signos y señales.
en señal Como prueba o muestra: *el príncipe dejó su anillo a la campesina en señal de su amor.*
DER señalar, señalizar.

señalado, -da *adj.* **1** [día, fecha] Que es importante o especial por algún motivo determinado: *en estos días tan señalados nos reunimos toda la familia.* **2** Que ha sido convenido previamente para hacer algo: *nos encontramos a la hora señalada, en el lugar señalado.*

señalar *v. tr.* **1** Ponerle una marca o una señal a algo o a alguien para distinguirlo y reconocerlo entre los demás: *señalaré con una cruz las cajas que deben transportar.* **2** Indicar o mostrar una cosa o persona dirigiendo el dedo o la mano hacia ella o por otros medios: *es de mal gusto señalar con el dedo a las personas; el niño señalaba los juguetes que no podía alcanzar; me indicó los puntos que debía tratar señalándolos con una cruz.* **3** Ser una señal o indicio de una cosa: *el humo señala dónde está el fuego.* **4** Decidir o determinar los elementos necesarios para un fin, especialmente la fecha para una cita: *ya han señalado el día y la hora de la reunión.* **SIN** fijar. **5** Hacer un gesto como si se tuviera la intención de hacer una cosa, pero sin llega a hacerla: *el torero señaló una estocada.* ◊ *v. tr./prnl.* **6** Dejar una marca en una superficie, especialmente en la piel: *me ha señalado la cara con el cuchillo.* ◊ *v. prnl.* **7 señalarse** Hacerse notar o distinguirse por una cualidad o una circunstancia determinada: *aquel soldado se señaló en la batalla por su valentía.* **SIN** destacarse.
DER señalado.

señalización *n. f.* **1** Acción que consiste en poner señales de tráfico en las carreteras para regular la circulación: *ya se ha comenzado la señalización de la nueva carretera.* **2** Indicación mediante un conjunto de señales: *la señalización de esta ciudad es muy confusa y escasa.*

señalizar *v. tr.* Colocar indicaciones en un lugar, especialmente señales de tráfico en las calles y carreteras para regu-

lar la circulación: *si su vehículo se avería, debe señalizarlo para evitar accidentes.*
DER señalización.
OBS En su conjugación, la *z* se convierte en *c* delante de *e*.

señera *n. f.* Bandera oficial de la comunidad autónoma de Cataluña: *la señera es de color amarillo con cuatro barras rojas verticales.*
OBS Es un catalanismo que significa *bandera*.

señor, -ra *n. m. y f.* **1** Tratamiento de respeto o cortesía que se utiliza para llamar a una persona adulta: *el señor Pérez está en una reunión; por favor, señora, pase a la consulta; fuimos a visitar al señor obispo; su madre es una señora muy simpática.* Se usa solo o antepuesto a un nombre propio o a un nombre de cargo o profesión. **2** Título nobiliario, generalmente de origen feudal. **3** Persona que es la dueña de una cosa, o que tiene poder o dominio sobre ella, especialmente si se trata de tierras: *pregunta por la señora de la casa; según el testamento, ahora eres la señora de estas tierras.* **4** Amo, persona para la que trabaja un criado: *la señora quiere que friegues la cocina.* ◇ *n. m.* **5** Dios: *pediré al Señor por el alma de tu hijo.* Se escribe con letra mayúscula. ◇ *n. f.* **6 señora** Mujer casada respecto de su marido: *Andrés vino a la cena acompañado de su señora.* **SIN** esposa. ◇ *adj.* **7** *coloquial* Que es bueno o grande, o muy señorial: *te has comprado un señor abrigo; vive en una señora casa.* Intensifica el valor del sustantivo.
DER señorear, señoría, señorío, señorita, señorito, señorón.

señorear *v. tr.* **1** Dominar o mandar en una cosa como dueño de ella. **2** Controlar o tener dominio sobre las propias pasiones: *señorea tus sentimientos si no quieres tener problemas.* **3** Estar una cosa a mayor altura que otras que están a su alrededor, y sobresalir sobre ellas: *la torre de la iglesia señorea todo el pueblo.* **4** *coloquial* Repetir exageradamente el tratamiento de *señor* al hablar con alguien: *no paraba de señorear al profesor para hacerle la pelota.*
DER enseñorearse.

señoría *n. f.* Tratamiento de respeto o cortesía que se utiliza para dirigirse a personas que ocupan ciertos cargos: *a los jueces y a los diputados se les da el tratamiento de señoría; con permiso de su señoría, le pido que me conceda un descanso para hablar con mi defendido.*
OBS Se utiliza solo o con el posesivo de tercera persona: *su señoría.*
DER señorial.

señorial *adj.* **1** Propio del señorío: *costumbres señoriales; actitud señorial; tierras señoriales.* **2** Que provoca admiración y respeto por su grandeza, superioridad o nobleza: *tienen una mansión señorial en las afueras de la ciudad.* **SIN** majestuoso, noble, solemne.

señorío *n. m.* **1** Autoridad o mando que se tiene sobre una cosa: *es una persona muy dominante que siempre quiere demostrar su señorío en todas partes.* **2** Terreno que pertenece a un señor, o sobre el que antiguamente un señor ejercía el mando: *hemos dado un paseo por el señorío del conde.* **3** Gravedad, moderación y elegancia en el aspecto físico, o en la forma de comportarse y de actuar: *Juan tiene mucho señorío: viste muy bien.* **SIN** distinción.

señorito, -ta *n. m. y f.* **1** Hijo o hija de un señor o de una señora importante: *el señorito heredará las tierras de su padre.* **2** *coloquial* Persona joven que no está acostumbrada a trabajar, generalmente porque su familia tiene mucho dinero: *ya está aquí el señorito quejándose de que tiene demasiado trabajo.* **3** Tratamiento que da un criado a la persona para la que trabaja, especialmente si es joven: *el señorito no vendrá a cenar esta noche; ¿hago la cama, señorita?* ◇ *n. f.* **4** Tratamiento de respeto y cortesía que se utiliza para dirigirse a las mujeres que no están casadas: *la señorita Marisol ha salido; se ha enamorado de una señorita muy lista y atractiva.* Se usa solo o seguido de un nombre propio, de pila o apellido. **5** Tratamiento que se les da a las mujeres que desempeñan determinados trabajos, especialmente el que dan los niños a las maestras y el que se da a secretarias, telefonistas y dependientas: *la señorita nos ha mandado deberes para mañana; en la zapatería me atendió una señorita muy amable.*

señorón, -na *adj./n. m. y f.* *coloquial* [persona] Que es o parece muy rico o respetable: *va por ahí como si fuera una señorona, tratando como criados a los dependientes de las tiendas.*

señuelo *n. m.* **1** Ave u objeto que la imita que se utiliza para atraer a las aves que se quiere cazar: *para facilitar la caza, pusieron algunos señuelos entre los árboles.* **SIN** añagaza. **2** Incentivo que se utiliza para atraer o convencer a una persona de una cosa con engaños: *captaban seguidores para su secta con el señuelo de la espiritualidad y la paz interior.*

seo *n. f.* Catedral en algunas regiones españolas, especialmente en Cataluña: *visitamos la seo de Barcelona.*

sépalo *n. m.* Pieza fuerte y dura que forma parte del cáliz de una flor, generalmente de color verde: *la rosa tiene cinco sépalos; los sépalos son otras transformaciones de las hojas.*
DER asépalo, disépalo, monosépalo, trisépalo. ☞ flor.

separable *adj.* Que se puede separar: *el periódico se vende con un suplemento separable y coleccionable.* **ANT** inseparable.

separación *n. f.* **1** Acción de separar o distanciar dos cosas que estaban juntas en el espacio o en el tiempo: *el objetivo de la operación era la separación de las dos hermanas siamesas.* **2** Espacio o distancia que hay entre dos cosas que no están juntas en el espacio o en el tiempo: *entre ambas piezas hay 15 milímetros de separación.* **3** Interrupción de la vida en común de dos personas casadas, por común acuerdo o por decisión de un tribunal, sin que se rompa definitivamente el matrimonio: *tras la separación, él se ha ido a vivir con sus padres.*

separación de bienes DER. Forma de uso de los bienes de un matrimonio, según la cual cada miembro de la pareja conserva sus bienes propios, usándolos y administrándolos sin la intervención del otro: *la parte económica del divorcio ha sido fácil porque la pareja tenía separación de bienes.*

separar *v. tr.* **1** Hacer que una cosa deje de estar junto a otra o cerca de ella: *separó la silla de la pared y se sentó en el centro de la sala.* **SIN** distanciar, alejar. **ANT** juntar. **2** Considerar individualmente: *tienes que conseguir separar los problemas personales de tu vida laboral.* **3** Formar grupos con elementos iguales o parecidos que antes estaban mezclados con otros distintos: *separa los garbanzos de las lentejas; separa las fichas por colores.* **4** Reservar una cosa para más tarde: *le dije al carnicero que me separara unos filetes para esta tarde.* **5** Hacer que alguien abandone un trabajo, una actividad o un cargo: *el secretario fue separado del cargo por incompetente.* **SIN** retirar. **6** Interrumpir una pelea haciendo que las personas implicadas dejen de luchar: *separa a los niños: están peleándose.* ◇ *v. prnl.* **7 separarse** Distanciar sus posiciones dos personas o cosas al tomar caminos o tendencias diferentes: *fuimos juntos hasta Zaragoza y allí nos separamos; fueron amigos hasta los 20 años, pero luego se separaron.* **8** Dejar de vivir juntas dos personas que formaban una pareja o que estaban casadas: *Pablo y Marisa se han separado y*

separata

pronto se van a divorciar. **9** Dejar de pertenecer a un grupo, a una actividad o de profesar una creencia: *se ha separado de la asociación cultural a la que pertenecía; me separé del catolicismo hace años*. **10** Hacerse independiente una comunidad política de otra: *muchos habitantes del País Vasco piensan que esta nación se debería separar de España; las distintas repúblicas de la antigua URSS se han separado*.
DER separable, separación, separata, separatismo.

separata *n. f.* Artículo de una revista o parte de un libro que se publica por separado: *me han mandado 20 separatas del artículo que publiqué en la revista; en la separata el capítulo tienen la misma numeración que tenía en el libro*.

separatismo *n. m.* Doctrina política que defiende la independencia de un territorio, su separación del estado al que pertenece.

separatista *adj.* **1** Del separatismo o relacionado con esta doctrina política: *ese grupo hace una política separatista; el político hizo reivindicaciones separatistas*. ◇ *adj./n. com.* **2** [persona] Que es partidario del separatismo.

sepelio *n. m.* Entierro de un cadáver y los ritos y ceremonias religiosas o civiles correspondientes: *el sepelio se llevará a cabo en el cementerio del pueblo*.
ETIM Véase *sepultar*.

sepia *n. f.* **1** Animal invertebrado marino, parecido al calamar, que tiene una cabeza grande de la que salen diez patas o tentáculos: *la sepia es comestible*. **SIN** jibia. ◇ *n. m./adj.* **2** Color rojo claro, entre el naranja y el ocre: *he comprado un vestido en tonos sepia*.
OBS Para indicar el sexo se usa *la sepia macho* y *la sepia hembra*.

septentrión *n. m.* **1** Norte, punto del horizonte: *el Septentrión se opone al Sur. Se escribe con letra mayúscula*. **2** Viento que sopla de este punto: *al levantarse el septentrión tuvimos que cambiar de rumbo*.

septentrional *adj.* Del norte o que está situado en este punto cardinal: *las regiones septentrionales de Europa son muy húmedas*. **ANT** meridional.

septiembre o **setiembre** *n. m.* Noveno mes del año, que va después de agosto y antes de octubre: *en septiembre volveremos al trabajo después de las vacaciones*.
OBS La Real Academia Española admite *setiembre*, pero prefiere la forma *septiembre*.

séptimo, -ma *num. ord.* **1** Indica que el nombre al que acompaña o al que sustituye ocupa el lugar número siete en una serie: *si voy después del sexto, soy el séptimo de la lista; es la séptima vez que te lo digo. Puede ser determinante: la séptima vez; o pronombre: el séptimo de la fila*. ◇ *num.* **2** Parte que resulta de dividir un todo en siete partes iguales: *si somos siete para comer, me toca un séptimo de la tarta*.
DER septingentésimo.
ETIM Véase *siete*.

septingentésimo, -ma *num. ord.* **1** Indica que el nombre al que acompaña o al que sustituye ocupa el lugar número 700 en una serie: *si voy después del sexcentésimo nonagésimo noveno, soy el septingentésimo de la lista. Puede ser determinante: la septingentésima vez; o pronombre: el septingentésimo en las listas*. ◇ *num.* **2** Parte que resulta de dividir un todo en 700 partes iguales: *eran 700 personas en la cooperativa y le correspondía a cada una un septingentésimo de las acciones*.

septuagésimo, -ma *num. ord.* **1** Indica que el nombre al que acompaña o al que sustituye ocupa el lugar número 70 en una serie: *si voy después del sexagésimo noveno, soy el septuagésimo de la lista. Puede ser determinante: la septua-*

gésima vez; o pronombre: *el septuagésimo en las listas*. ◇ *num.* **2** Parte que resulta de dividir un todo en 70 partes iguales: *eran 70 personas y le correspondió a cada una un septuagésimo*.
ETIM Véase *setenta*.

sepulcral *adj.* **1** Del sepulcro o que tiene relación con esta construcción funeraria: *inscripciones sepulcrales*. **2** Propio del sepulcro o que tiene características parecidas: *en la sala había un silencio sepulcral; estaba oscuro y hacía frío: era un ambiente sepulcral*.

sepulcro *n. m.* **1** Construcción funeraria, generalmente de piedra, que se levanta para enterrar el cadáver de una o más personas: *en ese bellísimo sepulcro labrado están los restos del cardenal Cisneros*. **SIN** panteón, sepultura, tumba. **2** Hueco de un altar en el que se guardan selladas y cubiertas algunas reliquias.
DER sepulcral.

sepultar *v. tr.* **1** Enterrar un cadáver o introducirlo en una sepultura. **2** Ocultar, esconder o cubrir por completo a una cosa o a una persona: *el terremoto sepultó medio pueblo; sepultaron la verdad bajo un montón de mentiras*.
DER sepultura; insepulto.
ETIM *Sepultar* procede del latín *sepultare*, de *sepelire*, que tenía el mismo significado, voz con la que también está relacionada *sepelio*.

sepultura *n. f.* **1** Acción que consiste en enterrar un cadáver: *la sepultura de la familia que murió en el accidente dio mucho trabajo*. **2** Agujero hecho en la tierra para enterrar el cadáver de una persona: *en aquel cementerio está la sepultura de mi bisabuelo*. **SIN** tumba. **3** Obra, generalmente de piedra, que se construye levantada del suelo y que sirve para guardar el cadáver de una persona. **SIN** panteón, sepulcro.
DER sepulturero.

sepulturero, -ra *n. m. y f.* Persona que tiene como oficio enterrar los cadáveres: *el sepulturero cavó la fosa en la que pusieron el féretro*. **SIN** enterrador.

sequedad *n. f.* **1** Falta de líquido o de humedad: *esta crema hidratante actúa contra la sequedad de la piel*. **2** Falta de amabilidad o cariño en un comportamiento, especialmente al hablar: *me respondió con sequedad*.

sequía *n. f.* Período largo de tiempo en el que no llueve, por lo que hay escasez de agua: *la sequía perjudica las cosechas; la sequía ha sido tan fuerte que los animales se han muerto de sed*.

séquito *n. m.* Conjunto de personas que acompañan y siguen a alguien famoso o importante: *vino el rey con todo su séquito*. **SIN** cortejo.
ETIM Véase *seguir*.

ser *n. m.* **1** Persona, animal o cosa que existe, especialmente si está viva: *el hombre es un ser racional; de la nave espacial descendieron unos extraños seres; tu primo es un ser despreciable*. **el Ser Supremo** Dios. Se escribe con letra mayúscula. **2** Conjunto de características esenciales de una persona, animal o cosa: *no puede cambiar, lo que le criticas forma parte de su ser*. **3** Vida o existencia: *nuestros padres nos dieron el ser*. ◇ *v. copulativo* **4** Tener una cualidad intrínseca o natural, o poseerla de modo permanente: *mi primo es alemán; Marta es rubia; soy una mujer. Va seguido del adjetivo o el nombre que expresa la cualidad*. **5** Tener un oficio o profesión: *Sócrates era filósofo; soy mecánico, pero ahora estoy de camarero porque no he encontrado otro trabajo. Va seguido del nombre del oficio*. **6** Estar hecho de un material: *la botella es de plástico; soy de carne y hueso; la mesa es metálica. Va seguido del adjetivo que hace referencia al material*

o de la preposición *de* y el nombre del material. **7** Pertenecer a una persona o cosa: *este libro es de María; deja ese libro, es mío.* Va seguido de un posesivo o de la preposición *de* y el nombre del poseedor. **8** Haber sido creada una obra por un autor: *el cuadro es de Picasso; por fin he conseguido publicarla: esta novela es mía.* Va seguido de un posesivo o de la preposición *de* y el nombre del autor. **9** Haber nacido una persona en un lugar determinado, o proceder una cosa de un lugar: *soy de Barcelona; Juan es de Cáceres; este plato es de Venezuela.* Va seguido de la preposición *de* y el nombre del lugar. **10** Formar parte de una comunidad o sociedad: *es del partido socialista; somos de la clase de al lado.* Va seguido de la preposición *de* y el nombre de la comunidad. ◇ *v. auxiliar* **11** Seguido de un participio forma la voz pasiva de los verbos: *la noticia fue comentada en todos los medios de difusión.* ◇ *v. intr.* **12** Ocurrir o tener lugar un acontecimiento: *la reunión será en el salón de actos; cuéntame cómo fue la boda; la manifestación es el martes.* **13** Valer o costar dinero: *–¿cuánto es el periódico? –Son cien pesetas; –¿a cómo son las patatas?* **14** Expresa el resultado de una operación matemática: *dos por tres son seis.* **15** Servir o estar destinado: *estos cubiertos son para el pescado; la carta es para el jefe.* Va seguido de la preposición *para.* **16** Existir o haber: *estaba entre los pocos sabios que en el mundo han sido.* ◇ *v. impersonal* **17** Indica una hora, una fecha o un momento: *son las seis y cuarto; hoy es jueves; era de noche; es muy pronto.*
a no ser que Excepto si se cumple la condición que sigue: *iremos de excursión, a no ser que llueva.*
como sea De cualquier manera o cueste lo que cueste: *necesito aprobar el examen como sea.*
érase una vez o **érase que se era** Fórmula para iniciar cuentos infantiles: *érase una vez, en un país muy lejano, dos hermanos....*
es que Introduce una excusa: *¿Por qué no viniste? Es que no me avisaron; no es que no te quiera, es que necesito un poco de libertad.*
ser de lo que no hay *coloquial* Ser una persona extraordinaria por sus cualidades o por sus defectos: *Juanjo es de lo que no hay, tiene un examen mañana y se ha ido al cine.*
ser muy suyo Tener manías o rarezas: *es muy suyo y no acepta que nadie le invite a nada.*

sera *n. f.* Cesto grande sin asas de forma rectangular, generalmente hecho de esparto, que sirve para transportar cosas, especialmente carbón: *echaron el estiércol en la sera.*
DER serón.

serbio, -bia o **servio, -via** *adj.* **1** De Serbia o que tiene relación con este estado situado en la Europa de los Balcanes: *en la plaza ondeaba la bandera serbia.* ◇ *adj./n. m. y f.* **2** [persona] Que es de Serbia: *los serbios formaban parte de la antigua Yugoslavia.* ◇ *n. m.* **3** Lengua que se habla en Serbia: *el serbio es una lengua eslava.*
OBS La Real Academia Española admite *servio*, pero prefiere la forma *serbio.*

serenar *v. tr./prnl.* **1** Hacer desaparecer la agitación, la preocupación o los nervios: *las buenas noticias serenaron a la madre; tienes que serenarte y dejar de llorar.* **2** Volver una cosa, especialmente el tiempo o las aguas, a su estado normal de calma: *según el parte, la mar se serenará mañana.* **SIN** calmar, sosegar, tranquilizar.

serenata *n. f.* Composición musical o poema hecho para ser cantado al aire libre y durante la noche, generalmente para agradar o alabar a una persona: *el galante caballero se colocó debajo del balcón de su dama para cantar una serenata; los tunos dedican serenatas a las estudiantes.*

ser	
INDICATIVO	**SUBJUNTIVO**
presente	presente
soy	sea
eres	seas
es	sea
somos	seamos
sois	seáis
son	sean
pretérito imperfecto	pretérito imperfecto
era	fuera o fuese
eras	fueras o fueses
era	fuera o fuese
éramos	fuéramos o fuésemos
erais	fuerais o fueseis
eran	fueran o fuesen
pretérito indefinido	futuro
fui	fuere
fuiste	fueres
fue	fuere
fuimos	fuéremos
fuisteis	fuereis
fueron	fueren
futuro	
seré	
serás	
será	
seremos	
seréis	
serán	

IMPERATIVO	
sé	(tú)
sea	(usted)
sed	(vosotros)
sean	(ustedes)

FORMAS NO PERSONALES	
infinitivo	gerundio
ser	siendo
participio	
sido	

condicional
sería
serías
sería
seríamos
seríais
serían

serenidad *n. f.* **1** Estado de ánimo de tranquilidad y calma: *acogió la mala noticia con mucha serenidad.* **2** Tranquilidad, ausencia de agitación, movimiento o ruido: *lo que más me gusta de este lugar es la paz y la serenidad que se respira.* **SIN** quietud, sosiego.

sereno, -na *adj.* **1** Que no presenta agitación, movimiento o ruido: *el mar ha amanecido sereno y los barcos han salido a pescar.* **SIN** tranquilo. **2** Que no está nervioso, agitado o preocupado: *se mantuvo sereno a pesar de todos los problemas.* **SIN** calmado, sosegado, tranquilo. **3** Que no se encuentra bajo los efectos del alcohol, que no ha bebido: *todos salieron de la fiesta serenos, para poder conducir.* **SIN** sobrio. ◇ *n. m.* **4** Persona que se dedicaba profesionalmente a vigilar las calles durante la noche, y a abrir las puertas de las casas cuando los vecinos querían entrar: *para llamar al sereno había que dar palmas; en la actualidad ya no existen serenos.* **5** Humedad que hay en la atmósfera durante la noche: *si sales por la noche, protégete del sereno.*
al sereno Al aire libre durante la noche: *no encontraron alojamiento y tuvieron que dormir al sereno.*
DER serenar, serenidad, serenísimo.

serial *n. m.* Serie larga de radio o televisión que se emite por episodios, en la que se cuentan las historias dramáticas y sentimentales de un grupo de personajes: *los seriales suelen ser muy sensibleros y hacer llorar al público*. **SIN** culebrón.

serie *n. f.* **1** Conjunto de cosas que tienen una relación entre sí y se suceden unas a otras siguiendo un orden: *la serie de los números es infinita; en esta serie, cada número es el resultado de multiplicar el anterior por tres y restarle dos*. **2** Conjunto de cosas o personas que tienen algo en común, aunque no estén ordenadas: *me dijo tal serie de mentiras que no pude creer nada; hay una serie de personas en esta oficina que me caen muy mal*. **3** Obra que se emite por capítulos en radio o televisión: *los niños están viendo por televisión una serie de dibujos animados*. **4** Conjunto de sellos, billetes u otras cosas que forman parte de una misma emisión: *han puesto en circulación una serie de sellos para conmemorar el quinto centenario del descubrimiento de América*.
en serie Procedimiento de fabricación que consiste en realizar muchos aparatos iguales, siguiendo un modelo; generalmente se hace mediante una cadena de montaje, dividiendo el proceso en fases sencillas que ejecuta una misma persona repetidamente, en todos los objetos: *casi todos los coches y electrodomésticos están hechos en serie porque ese sistema abarata mucho los costes*.
fuera de serie Que es especialmente bueno en su clase: *ese piloto es un fuera de serie, no hay quien le gane*.
serie B En cine, tipo de película realizada con pocos medios y sin pretensiones, generalmentede de mala calidad: *antes de ser tan famosa trabajó en varias películas de serie B*.
DER serial, seriar.

seriedad *n. f.* **1** Severidad de una persona o una cosa que no es divertida ni graciosa: *la seriedad no suele ser frecuente entre los más jóvenes; la seriedad de la reunión molestó a los que fueron allí a divertirse*. **2** Responsabilidad o formalidad con que se hace una cosa: *esta empresa ha demostrado su seriedad con un trabajo eficaz durante años*. **3** Gravedad o importancia que tiene una cosa que provoca preocupación: *la seriedad de la situación política es tal que ha llegado a angustiar a todos los ciudadanos*.

serio, -ria *adj.* **1** Que tiene un aspecto severo y sobrio: *ésta es una reunión seria, no una fiesta, así que deberás comportarte debidamente; es una persona muy seria que se ríe muy pocas veces*. **2** Que es responsable y riguroso, y obra pensando bien sus actos, sin hacer bromas y sin tratar de engañar: *puedes confiar en él porque es un chico muy serio que siempre cumple su palabra; es una empresa seria que no traiciona la confianza de sus clientes*. **3** Que muestra preocupación, enfado o disgusto: *está muy seria porque se ha peleado con su novio*. **4** Que es grave o importante, o que provoca preocupación: *estamos ante un serio problema de dinero*.
DER seriedad.

sermón *n. m.* **1** Discurso de contenido moral o religioso pronunciado en público por un sacerdote: *el sermón de este domingo ha tratado sobre la necesidad de perdonar a nuestros semejantes*. **SIN** homilía. **2** Consejos y enseñanzas morales destinados a reñir a una persona o corregir un determinado comportamiento o actitud, especialmente si resultan largos y pesados: *cada vez que salgo con el coche tengo que soportar el sermón de mi padre sobre los peligros de una conducción imprudente*. **SIN** monserga.
DER sermonear.

sermonear *v. tr.* **1** Echarle un sermón a una persona para darle algún consejo o para tratar de corregir su actitud: *siempre está sermoneando a sus hijos para que estudien más*.

◇ *v. intr.* **2** Pronunciar el sacerdote un discurso de contenido moral en público: *el cura sermonea todos los domingos*. **SIN** predicar.

serón *n. m.* Cesto grande de material flexible, más alto que ancho, que se coloca sobre los animales de carga y sirve para transportar carga: *los serones suelen ser de esparto*.

serpentear *v. intr.* Moverse en zigzag, avanzar haciendo curvas como las serpientes: *los ciclistas iban serpenteando por la pista para esquivar los obstáculos*.
ETIM Véase *serpiente*.

serpentín *n. m.* Tubo hueco y enrollado en espiral que sirve para enfriar líquidos o gases calientes: *con una probeta y un serpentín montamos un alambique*.

serpentina *n. f.* **1** Tira de papel muy larga y estrecha que está enrollada en forma de disco, y que se lanzan unas personas a otras en las fiestas, sujetándola por un extremo para que se desenrolle: *compramos confeti y serpentinas para tirarlos en la fiesta de disfraces*. **2** Mineral de color verde con manchas oscuras, de aspecto parecido a la piel de una serpiente: *la serpentina es casi tan dura como el mármol*.

serpiente *n. f.* Reptil sin extremidades, de cuerpo largo y de forma cilíndrica, cabeza aplastada, boca grande y piel de distintos colores: *algunas serpientes viven en la tierra y otras en el agua*. **SIN** culebra. **serpiente de cascabel** Serpiente venenosa, que tiene al final de la cola un conjunto de anillos que suenan cuando los hace vibrar: *por el ruido supo que era una serpiente de cascabel*. **SIN** crótalo. **serpiente pitón** Serpiente de gran tamaño que tiene la cabeza cubierta de escamas y procede de Asia y África.
ETIM *Serpiente* procede del latín *serpens, -entis*, 'que se arrastra', voz con la que también están relacionadas *serpentear, serpentín, serpentón*.
OBS Para indicar el sexo se usa *la serpiente macho* y *la serpiente hembra*.

serranía *n. f.* Terreno alto formado por montañas y sierras: *varios pueblos de la serranía de Cuenca han quedado incomunicados por las fuertes nevadas*.

serrano, -na *adj./n. m. y f.* **1** De la sierra o relacionado con este conjunto de montañas: *Jaime se ha comprado un chalé en una comarca serrana; en el prado había una serrana cuidando de las vacas*. **2** *coloquial* Que es muy sano y hermoso: *cuerpo serrano*.
DER serrana, serranía, serranilla.
ETIM Véase *sierra*.

serrar *v. tr.* Cortar con una sierra, generalmente la madera: *los carpinteros sierran la madera*. **SIN** aserrar.
DER serrado, serrería, serrín, serrucho; aserrar.
ETIM Véase *sierra*.
OBS En su conjugación, la *e* se convierte en *ie* en sílaba acentuada, como en *acertar*.

serrería *n. f.* Taller en el que se sierra la madera para hacer trozos más pequeños o para darle una forma determinada: *cortaron el árbol y lo llevaron a la serrería; en la serrería te cortarán las láminas para la estantería*. ☞ *proceso de fabricación*.

serrín *n. m.* Polvo o conjunto de partículas que se desprenden de la madera al serrarla: *echó serrín en el suelo para que empapara el agua del charco*.

serrucho *n. m.* Herramienta formada por una hoja ancha de acero con dientes unida a un mango, y que sirve para cortar madera u otros materiales.

serventesio *n. m.* **1** Estrofa formada por cuatro versos de arte mayor que riman generalmente en consonancia, el primero con el tercero y el segundo con el cuarto: *en algunos* *serventesios se combinan heptasílabos y endecasílabos*. **2** Composición de la poesía provenzal de los siglos XII y XIII que trata sobre todo temas políticos o morales, generalmente en un tono satírico: *los trovadores cantaban el serventesio con la melodía de una canción conocida*.

servicial *adj.* **1** Que sirve con atención, cuidado y rapidez: *el botones del hotel es muy servicial: se merece una buena propina*. **2** Que siempre está dispuesto a servir y a satisfacer a los demás: *mi compañero es muy servicial: cada mañana me lleva el desayuno a la cama*. **SIN** solícito.

servicio *n. m.* **1** Trabajo, especialmente cuando se hace para otra persona: *te han pagado muy bien por tus servicios; lleva quince años al servicio del estado; los servicios que hacemos en esta empresa están garantizados*. Se usa con el verbo *prestar* con el significado de 'hacer'. **servicio militar** Servicio que se presta al estado siendo soldado durante un período de tiempo determinado. **SIN** mili. **servicio social** Servicio que se presta al estado colaborando en trabajos de interés social durante un período de tiempo determinado: *muchos chicos se hacen objetores de conciencia y prefieren hacer el servicio social*. **2** Utilidad o función que desempeña una cosa: *esta chaqueta siempre me ha hecho un buen servicio*. **3** Favor o beneficio que se le hace a una persona: *me has hecho un gran servicio viniendo a buscarme*. **4** Organización, con su personal y medios, que se encarga de realizar un trabajo que satisface determinadas necesidades de una comunidad: *servicio de limpieza; servicio médico*. **servicio de inteligencia** Organización secreta que se encarga de investigar en un estado: *el servicio de inteligencia ha descubierto un intento de golpe de estado*. **5** Conjunto de personas que trabajan como criados en una casa: *por la mañana, la señora convoca al servicio para dar las órdenes pertinentes*. **servicio doméstico** Persona o conjunto de personas que se dedican a limpiar casas profesionalmente. **6** Habitación en la que está el váter, el lavabo y otros elementos que sirven para el aseo personal: *el servicio de señoras está al fondo a la derecha*. **SIN** retrete. **7** Conjunto de utensilios que se utilizan para un fin determinado, especialmente para servir comidas o bebidas: *tienen un servicio de café de porcelana china*. **servicio de mesa** Conjunto de cubiertos, platos, vasos y otros utensilios necesarios para comer en la mesa: *sobra un servicio de mesa porque Juan no ha venido a cenar*. **8** Impulso que se da a la pelota para ponerla en movimiento y comenzar una jugada en tenis y deportes similares: *ese tenista tiene un servicio muy fuerte*. **SIN** saque.

de servicio Desempeñando un cargo o una función durante un turno de trabajo determinado: *los policías nunca beben cuando están de servicio*.

hacer un flaco servicio *coloquial* Causar daño, generalmente sin querer: *me has hecho un flaco servicio contando a todo el mundo que tengo una enfermedad contagiosa*.

DER servicial; autoservicio.

servidor, -ra *n. m. y f.* **1** Persona que se dedica profesionalmente a realizar los trabajos domésticos: *la marquesa envió a uno de sus servidores a recogerme al aeropuerto*. **SIN** sirviente. **2** Persona que está encargada de manejar un arma, una máquina u otro aparato. **3** Computadora conectada a una red informática que permite acceder a ella desde diversos terminales: *no he podido entrar en Internet porque mi servidor no funciona bien*. **4** Expresión que, por cortesía y respeto, utiliza la persona que habla para referirse a sí misma: *un servidor piensa que eso debería hacerse de otra manera*. Concuerda con verbos en tercera persona. ◊ Es un uso anticuado.

servidumbre *n. f.* **1** Conjunto de personas que trabajan como criados en una casa: *preguntó a la servidumbre si sabía dónde había ido su señor*. **2** Condición y trabajo propios del sirviente: *vivió de la servidumbre durante toda su vida*. **3** Dependencia excesiva que una persona tiene de un sentimiento o idea, o carga exagerada que le supone depender de otra persona: *su pasión por ella era una auténtica servidumbre*.

servil *adj.* **1** Que muestra una actitud exageradamente humilde y servicial ante los superiores o poderosos, generalmente para obtener un beneficio: *es una empleada demasiado servil que hace cuanto le piden sus jefes para que le aumenten el sueldo*. **2** De los criados o que tiene relación con ellos: *en los palacios, la actividad servil es muy intensa*. **3** [trabajo] Que es humilde o poco valorado por la sociedad.

DER servilismo.

ETIM Véase *siervo*.

servilismo *n. m.* Tendencia exagerada a servir o satisfacer ciegamente a una autoridad: *no soporto el servilismo de las personas que se humillan ante sus superiores*.

servilleta *n. f.* Pieza de tela o papel que sirve para limpiarse la boca y los dedos, o para proteger la ropa durante las comidas: *las servilletas suelen ser cuadradas o rectangulares*.

DER servilletero.

servilletero *n. m.* **1** Utensilio, generalmente en forma de aro, que sirve para recoger o guardar una servilleta enrollada: *mi servilleta es la del servilletero azul*. **2** Recipiente o utensilio que sirve como dispensador de servilletas o para guardarlas: *coge una servilleta de papel del servilletero*.

servio, -via *adj.* **1** Serbio. ◊ *adj./n. m. y f.* **2** [persona] Serbio. ◊ *n. m.* **3** Serbio, lengua.

servir *v. intr.* **1** Estar capacitada una persona o ser útil una cosa para un fin determinado: *tus palabras servirán de consuelo; el inglés te servirá mucho para viajar por Europa; es evidente que sirves para los negocios*. **2** Tener un utensilio un fin determinado, porque se ha construido para eso: *esta máquina sirve para picar carne; las tijeras sirven para cortar*. ◊ *v. tr./intr.* **3** Trabajar para una persona, especialmente realizando las tareas del hogar: *ese mayordomo sirvió en palacio durante 30 años; el criado sirve a su señor*. **4** Trabajar para el ejército, ser soldado en activo: *sirvió muchos años en infantería; los soldados sirven a la patria*. ◊ *v. tr.* **5** Atender a los clientes en una tienda: *sirve tú a esa señora que yo voy a arreglar el escaparate*. **6** Obrar con entrega y lealtad al servicio de una persona o de una cosa: *el caballero servía a su dama*. **7** Mostrar adoración, obediencia y respeto hacia Dios: *ha dedicado su vida a servir a Dios y a cuidar a los niños huérfanos*. **8** Suministrar una mercancía a una empresa o a un cliente: *la fábrica que cerraron servía el pan a esta panadería*. ◊ *v. tr./intr./prnl.* **9** Llevar a la mesa la comida o la bebida y distribuirlos en platos o vasos: *los camareros sirven en los bares y restaurantes; sirve el vino, por favor; acércame tu plato que te voy a servir la sopa; sírvase usted mismo*. ◊ *v. prnl.* **10 servirse** Dignarse o acceder a realizar una acción: *sírvase firmar este documento, por favor*. Va seguido del verbo en infinitivo que expresa la acción. **11** Utilizar una cosa para alcanzar un fin: *se sirvió de todas sus influencias para conseguirme trabajo en la empresa*.

DER servicio, servidor, servidumbre, sirviente; inservible.

ETIM Véase *siervo*.

OBS En su conjugación, la *e* se convierte en *i* en algunos tiempos y personas.

servo- Elemento prefijal que entra en la formación de palabras con el significado de 'sistema, mecanismo auxiliar': *servodirección*.

S / s

servir	
INDICATIVO	**SUBJUNTIVO**
presente	presente
sirvo	sirva
sirves	sirvas
sirve	sirva
servimos	sirvamos
servís	sirváis
sirven	sirvan
pretérito imperfecto	pretérito imperfecto
servía	sirviera o sirviese
servías	sirvieras o sirvieses
servía	sirviera o sirviese
servíamos	sirviéramos o sirviésemos
servíais	sirvierais o sirvieseis
servían	sirvieran o sirviesen
pretérito indefinido	futuro
serví	sirviere
serviste	sirvieres
sirvió	sirviere
servimos	sirviéremos
servisteis	sirviereis
sirvieron	sirvieren
futuro	
serviré	**IMPERATIVO**
servirás	
servirá	sirve (tú)
serviremos	sirva (usted)
serviréis	servid (vosotros)
servirán	sirvan (ustedes)
condicional	
serviría	**FORMAS NO PERSONALES**
servirías	
serviría	infinitivo — gerundio
serviríamos	servir — sirviendo
serviríais	participio
servirían	servido

sésamo *n. m.* **1** Planta originaria de la India de tallo recto y flores blancas o rosas en forma de campana, cuyo fruto contiene numerosas semillas, muy grasas y nutritivas: *el sésamo se cultiva en lugares cálidos*. **SIN** ajonjolí. **2** Semilla que está encerrada en el fruto de esta planta: *el sésamo se usa en repostería*. **SIN** ajonjolí.

sesear *v. intr.* GRAM. Pronunciar la c y la z como una s: *en Andalucía y en Hispanoamérica se sesea; las personas que sesean pronuncian la c y la z con la lengua detrás de los dientes, próxima a los alveolos o el paladar y no con la lengua entre los dientes*.
DER seseo.

sesenta *num. card.* **1** Indica que el nombre al que acompaña o al que sustituye está 60 veces: *30 por dos son sesenta; si tengo 100 manzanas y te doy 40, me quedan sesenta*. Puede ser determinante: *sesenta veces*, o pronombre: *vinieron a cenar los sesenta*. ◇ *num. ord.* **2** Indica que el nombre al que acompaña o al que sustituye ocupa el lugar número 60 en una serie: *si voy después del quincuagésimo noveno, soy el sesenta de la lista*. **SIN** sexagésimo. Es preferible el uso del ordinal: *sexagésimo*. ◇ *n. m.* **3** Nombre del número 60.
DER sesentavo, sesentón.

sesentavo, -va *num.* Parte que resulta de dividir un todo en 60 partes iguales: *eran 60 personas y le correspondió a cada una un sesentavo*.

sesentón, -tona *adj./n. m. y f.* [persona] Que tiene entre sesenta y sesenta y nueve años de edad: *aquel sesentón debe estar a punto de jubilarse*. **SIN** sexagenario.

seseo *n. m.* GRAM. Fenómeno del habla que consiste en pronunciar la c y la z igual que la s: *el seseo se produce en algunas zonas de Andalucía, en Canarias y en Hispanoamérica; llamamos seseo a pronunciar del mismo modo la c, la z y la s cuando las tres se pronuncian como s*.

sesera *n. f.* **1** Parte de la cabeza de los animales en la que se encuentran los sesos: *abrieron la sesera del cordero para sacar los sesos*. **2** *coloquial* Cabeza de las personas y de los animales: *los niños se pelearon y uno le dio a otro una pedrada en la sesera; ¡qué dolor de sesera tengo hoy!* **3** *coloquial* Capacidad para pensar y juzgar: *¡qué poca sesera tienes, deberías haber previsto las consecuencias de tu conducta!* **SIN** juicio, seso.

sesgado, -da *adj.* **1** Que está cortado de manera inclinada: *esta tela sesgada no me sirve de mantel*. **2** Que no es objetivo o imparcial, sino que está condicionado por determinados intereses: *no compra este periódico porque da información sesgada*. **SIN** tendencioso.

sesgar *v. tr.* Cortar o partir una cosa en diagonal: *al meter el tornillo has sesgado la madera*.
DER sesgado, sesgo.
OBS En su conjugación, la g se convierte en gu delante de e.

sesgo *n. m.* Orientación o dirección que toma un asunto, especialmente cuando es desfavorable o hacia un lado poco adecuado: *la discusión está tomando un sesgo desagradable*.
al sesgo En diagonal o de través: *corté la tela al sesgo para darle más vuelo a la falda*.

sesión *n. f.* **1** Reunión de un grupo de personas para realizar una actividad o tratar un asunto que se desarrolla sin interrupciones, en un intervalo temporal determinado: *en sesión de esta tarde hablaremos del problema económico de la empresa; tendremos que tratar el tema en dos sesiones: una esta tarde y otra mañana a las cinco*. **SIN** junta. **2** Fase de una actividad o parte de un proceso que se desarrolla en intervalo temporal determinado: *sesión fotográfica; sesión de quimioterapia*. **3** Cada representación teatral o proyección de una película o un programa de cine que se celebra en un día: *las salas de cine ofrecen varias sesiones en un mismo día; fuimos a la sesión de las 6:30 del cine*. **SIN** pase.

seso *n. m.* **1** Masa de tejido nervioso que se encuentra en el interior del cráneo: *en ciertos lugares, los sesos de algunos animales se suelen comer*. Se suele usar el plural, *sesos*, sin que cambie el significado. **SIN** cerebro. **2** *coloquial* Capacidad para pensar y juzgar: *Don Quijote perdió el seso de tanto leer novelas de caballería*. **SIN** cabeza, juicio.
calentarse (o **devanarse**) **los sesos** Pensar mucho en un asunto tratando de encontrarle una solución: *me he estado devanando los sesos y aún no sé qué hacer*.
perder el seso Volverse loco: *perdió el seso y lo internaron en un manicomio*.
sorber el seso Hacerle perder a alguien la capacidad de pensar y juzgar ejerciendo una gran influencia sobre él: *la televisión ha sorbido el seso a Alejandro*.
DER sesada, sesera, sesudo.

sestear *v. intr.* **1** Dormir la siesta o descansar después de comer al mediodía: *todas las tardes sestea un par de horas*. **2** Recogerse el ganado durante el día en un lugar fresco: *las ovejas están sesteando en la pradera*.

ETIM Véase *siesta*.

sesudo, -da *adj.* **1** Que muestra buen juicio y madurez en sus actos: *es un muchacho muy sesudo, incapaz de hacer locuras*. **SIN** prudente, sensato. **2** Que es muy listo, inteligente y culto: *un grupo de sesudos científicos está investigando el planeta Júpiter*. **SIN** sabio.

set *n. m.* **1** Parte en que se divide un partido en ciertos deportes, como el tenis y el voleibol: *el tenista venció a su contrincante en el tercer set*. **2** Conjunto formado por varios utensilios que tienen una finalidad común o que están relacionados entre sí: *me regalaron un set de productos de belleza que contenía dos jabones, una crema, un champú y un pintalabios; se compró un pequeño set de herramientas para hacer bricolaje*.
OBS Es de origen inglés. ◇ El plural es *sets*.

seta *n. f.* Hongo con forma de sombrero sostenido por un pie: *los champiñones son setas comestibles; existen setas venenosas*.

setecientos *num. card.* **1** Indica que el nombre al que acompaña o al que sustituye está 700 veces: *500 más 200 son setecientos*. Puede ser determinante: *setecientas veces*, o pronombre: *se manifestaron los setecientos*. ◇ *num. ord.* **2** Indica que el nombre al que acompaña o al que sustituye ocupa el lugar número 700 en una serie: *si voy después del 699, soy el setecientos de la lista*. **SIN** septingentésimo. Es preferible el uso del ordinal: *septingentésimo*. ◇ *n. m.* **3** Nombre del número 700: *escribe el setecientos después del 699*.

setenta *num. card.* **1** Indica que el nombre al que acompaña o al que sustituye está 70 veces: *50 más 20 son setenta; si tengo 100 manzanas y te doy 30, me quedan setenta*. Puede ser determinante: *setenta veces*; o pronombre: *firmaron el documento los setenta*. ◇ *num. ord.* **2** Indica que el nombre al que acompaña o al que sustituye ocupa el lugar número 70 en una serie: *si voy después del sexagésimo noveno, soy el setenta de la lista*. **SIN** septuagésimo. Es preferible el uso del ordinal: *septuagésimo*. ◇ *n. m.* **3** Nombre del número 70: *escribe el setenta después del 69*.
DER setentavo, setentón.
ETIM *Setenta* procede del latín *septuaginta*, que tenía el mismo significado, voz con la que también están relacionadas *septuagenario, septuagésimo*.

setentavo, -va *num.* Parte que resulta de dividir un todo en 70 partes iguales: *eran 70 personas y le correspondió a cada una un setentavo*.

setentón, -tona *adj./n. m. y f.* [persona] Que tiene entre setenta y setenta y nueve años de edad: *tenía un abuelo setentón*.

setiembre *n. m.* Septiembre.

seto *n. m.* Valla hecha con palos o ramas de arbustos o de otras plantas entretejidas: *los muchachos saltaron el seto de la huerta para coger manzanas; el jardinero recortó el seto*.

setter *adj./n. com.* [perro] Que pertenece a una raza que se caracteriza por tener el pelo largo, suave y ondulado, y el hocico alargado, y que es muy apropiada para la caza: *los perros setter tienen las orejas caídas; el setter irlandés es de color canela y el inglés es blanco con manchas*.

seudo- Elemento prefijal que entra en la formación de palabras con el significado de 'falso', especialmente en el sentido de 'pretendido', 'impropiamente llamado': *seudónimo, seudópodo*.
OBS Puede adoptar la forma *pseudo-*.

seudónimo *n. m.* Nombre falso que usa una persona para ocultar su identidad, especialmente el utilizado por el autor de una obra: *publicó una novela erótica y la firmó con seudónimo*. **SIN** sobrenombre.

seudópodo *n. m.* Prolongación del citoplasma de una célula que le sirve para desplazarse y capturar alimentos: *los seres unicelulares utilizan un seudópodo; la ameba tiene un seudópodo*.

severidad *n. f.* **1** Rigor o intolerancia con que se juzgan las faltas y debilidades de los demás o las propias: *me impresionó la severidad que mostraba con sus hijos; castigó con mucha severidad a los alumnos que copiaron en el examen*. **SIN** dureza. **2** Exactitud y rigor en el cumplimiento de una ley, una norma o una regla: *los guardias de tráfico obligan a seguir con severidad las señales de circulación*.

severo, -ra *adj.* **1** Riguroso o intransigente con las faltas o las debilidades de los demás o las propias: *es un maestro severo con los alumnos; emitió juicios muy severos sobre los atentados terroristas*. **SIN** estricto. **ANT** benevolente, flexible, tolerante. **2** Que es estricto y riguroso al aplicar una ley o una regla: *es un juez muy severo*. **3** [aspecto, expresión] Que es grave, serio o poco expresivo: *tiene un rostro severo y nunca sonríe*.
DER severidad; aseverar, perseverar.

sevillano, -na *adj.* **1** De Sevilla o que tiene relación con esta provincia de Andalucía o con su capital: *la cocina sevillana es muy sabrosa*. ◇ *adj./n. m. y f.* **2** [persona] Que es de Sevilla: *los sevillanos tienen fama de ser muy alegres y simpáticos*.

sexagenario, -ria *adj./n. m. y f.* [persona] Que tiene entre sesenta y sesenta y nueve años de edad: *sus abuelos son sexagenarios*. **SIN** sesentón.

sexagesimal *adj.* [sistema de medida] Que está basado en el número sesenta: *los ángulos se miden con el sistema sexagesimal*.

sexagésimo, -ma *num. ord.* **1** Indica que el nombre al que acompaña o al que sustituye ocupa el lugar número 60 en una serie: *si voy después del quincuagésimo noveno, soy el sexagésimo de la lista*. Puede ser determinante: *la sexagésima vez*, o pronombre: *el sexagésimo en las listas*. ◇ *num.* **2** Parte que resulta de dividir un todo en 60 partes iguales: *eran 60 personas y le correspondió a cada una un sexagésimo*.
DER sexagesimal.

sex-appeal *n. m.* Conjunto de características que hacen que una persona resulte atractiva física o sexualmente: *este actor tiene mucho sex-appeal*.
OBS Es de origen inglés y se pronuncia aproximadamente 'secsapil'. ◇ También se escribe sin guión: *sex appeal*.

sexcentésimo, -ma *num. ord.* **1** Indica que el nombre al que acompaña o al que sustituye ocupa el lugar número 600 en una serie: *si voy después del quincentésimo nonagésimo noveno, soy el sexcentésimo de la lista*. Puede ser determinante: *la sexcentésima vez en las listas*. ◇ *num.* **2** Parte que resulta de dividir un todo en 600 partes iguales: *eran 600 personas en la cooperativa y le correspondía a cada una un sexcentésimo de los beneficios*.

sexenio *n. m.* Período de tiempo de seis años: *el plan de desarrollo industrial para esta zona durará un sexenio*.

sexismo *n. m.* Actitud de la persona que discrimina a las personas del sexo opuesto o hace distinción de las personas según su sexo: *hay que evitar el sexismo que todavía existe en el mundo laboral*.

sexista *adj./n. com.* Que hace discriminación de las personas según su sexo: *hay hombres y mujeres sexistas*.

sexo *n. m.* **1** Conjunto de características de un organismo que distinguen al macho de la hembra. **2** Conjunto de los individuos de una especie de una de estas dos series de características: *sexo femenino; sexo masculino*. **3** Órganos se-

sexología

xuales o reproductores, especialmente los externos: *en las culturas occidentales se considera indecente llevar el sexo descubierto*. **4** Actividad física relacionada con la reproducción que proporciona placer sexual: *no ha practicado el sexo desde que murió su marido*. **SIN** sexualidad.
DER sexismo, sexología, sexuado, sexual.

sexología *n. f.* Parte de la medicina y de la psicología especializada en el estudio y tratamiento de los problemas relacionados con la sexualidad.

sexólogo, -ga *n. m. y f.* Persona que se dedica al estudio de la fisiología y la psicología de la conducta sexual humana.

sex-shop *n. m.* Tienda en la que se venden revistas, libros, películas u objetos relacionados con el erotismo o la excitación sexual: *este sex-shop se anuncia en el periódico*.
OBS Es un anglicismo que se pronuncia aproximadamente 'sekshop'.

sex-symbol *n. com.* Persona famosa que es considerada como representante del modelo de belleza erótica de una época determinada: *Marilyn Monroe fue un sex-symbol de los años 50 y 60*.
OBS Es de origen inglés y se pronuncia aproximadamente 'seksímbol'. ◇ También se escribe *sex symbol*.

sexteto *n. m.* **1** Estrofa poética formada por seis versos de más de ocho sílabas, generalmente endecasílabos: *compuso un sexteto para recitarlo en la boda de su hermana*. **2** MÚS. Conjunto musical formado por seis voces o seis instrumentos. **3** MÚS. Composición musical escrita para ser interpretada por ese conjunto de músicos.

sextilla *n. f.* Estrofa de seis versos de arte menor con rima consonante: *la sextilla más común está compuesta de una cuarteta y un pareado final*.

sexto, -ta *num. ord.* **1** Indica que el nombre al que acompaña o al que sustituye ocupa el lugar número seis en una serie: *si voy después del quinto, soy el sexto de la lista*. Puede ser determinante: *la sexta vez*, o pronombre: *el sexto de la fila*. ◇ *num.* **2** Parte que resulta de dividir un todo en seis partes iguales: *si somos seis para comer, me toca un sexto de tarta*.
DER sextante, sexteto, sextilla, sextina; sextuplicar.

séxtuplo, -pla *adj./n. m.* [cantidad, número] Que resulta de multiplicar por seis una cantidad: *54 es el séxtuplo de 9*.

sexuado, -da *adj.* [ser vivo] Que tiene órganos sexuales para reproducirse: *las plantas, animales y personas son seres sexuados*.

sexual *adj.* Del sexo o que tiene relación con él: *el uso del preservativo previene el contagio de las enfermedades de transmisión sexual*.
DER sexualidad, sexualmente; asexual, bisexual, heterosexual, homosexual, transexual, unisexual.

sexualidad *n. f.* **1** Conjunto de características físicas y psicológicas propias de cada sexo: *es importante que los jóvenes conozcan no sólo su propia sexualidad, sino también la del sexo opuesto*. **2** Conjunto de actividades y comportamientos relacionados con la atracción entre los sexos, con la reproducción y con el placer sexual: *una sexualidad sana es básica para un equilibrio mental y una relación social adecuada*. **SIN** sexo.

sexy *adj.* Que es muy atractivo y despierta el deseo sexual: *Andrés no es especialmente guapo, pero es muy sexy; llevaba una minifalda ajustada muy sexy*.
OBS Es de origen inglés y se pronuncia 'sexi'.

sherpa *adj./n. com.* De un pueblo de Nepal situado en la cordillera asiática del Himalaya o relacionado con él: *un guía sherpa condujo a los escaladores por la mejor ruta para subir al Everest*.
OBS Es una palabra tibetana.

shock *n. m.* Impresión intensa que recibe una persona y que altera profundamente su estado mental y sus sentimientos. **SIN** choque.
OBS Es de origen inglés y se pronuncia aproximadamente 'choc'.

short *n. m.* Pantalón corto que cubre hasta la mitad del muslo como máximo y que se usa para hacer deporte o cuando hace calor: *para andar por el bosque no te pongas shorts porque te puedes arañar las piernas*.
OBS Es de origen inglés y se pronuncia aproximadamente 'chort'. ◇ El plural es *shorts*. ◇ Se usa también en plural para hacer referencia a una sola de estas prendas.

show *n. m.* Espectáculo que se realiza para divertir o entretener a un público: *show televisivo*.
OBS Es de origen inglés y se pronuncia aproximadamente 'chou'.

si *n. m.* **1** Séptima nota de la escala musical: *el si está entre el la y el do*. El plural es *sis*. ☞ notación musical. ◇ *conj.* **2** Introduce una oración subordinada condicional que expresa una condición que ha de cumplirse para que sea cierto lo expresado en la oración principal: *si hubiera tren en mi pueblo, no vendría en coche; iremos a la playa si hace buen día; si me toca la lotería, me compro una moto*. **3** Introduce oraciones interrogativas indirectas: *pregúntale si quiere ir al cine; no sé si conseguiré el dinero*. **4** Expresa énfasis en oraciones exclamativas: *¡Si seré bestia que le ha roto la nariz de un puñetazo!* **5** Introduce oraciones que expresan una petición o un deseo: *¡si usted pudiera agilizar este trámite!* En estos casos la oración introducida por *si* no depende de otra oración, aparece sola. **SIN** ojalá.

como si Expresa una comparación hipotética, compara lo dicho con una situación imposible, irreal: *rebuznó como si fuera un burro, pero es un caballo*.

si bien Introduce oraciones adversativas o concesivas, es decir que expresan una aparente contraposición a lo que dice la oración principal: *si bien era noruego, estaba bastante moreno; no estaba seguro de sus intenciones, si bien tenía una idea bastante acertada*. **SIN** aunque, pero.

si no De otra forma; en caso contrario: *coge el tren, si no, no vas a llegar a tiempo*.

sí *adv.* **1** Expresa afirmación, asentimiento, especialmente como respuesta a una pregunta: —*¿quieres?* —*Sí*. **2** Enfatiza el carácter afirmativo de una frase: *iré, sí, aunque pierda la vida; esto sí que es pasarlo bien*. ◇ *n. m.* **3** Permiso, consentimiento o respuesta afirmativa a una petición o pregunta: *la novia dio el sí delante del altar; no sabré si puedo ir a la excursión hasta que que mi padre me dé el sí*. El plural es *síes*. ◇ *pron. pers.* **4** Forma reflexiva del pronombre de tercera persona que aparece tras preposición; tiene la misma forma en género masculino y femenino y en número singular y plural: *él siempre habla de sí mismo; cogieron el coche para sí*. Con la preposición *con* forma la palabra *consigo*.

de por sí Sin tener en cuenta otras cosas, considerado aisladamente: *esta gripe de por sí no es grave, si no se complica con otros procesos; Ana es guapa de por sí, pero cuando se maquilla está mucho más bella*.

para sí Mentalmente o sin hablar: *pensó para sí que todos estaban equivocados*.

porque sí Sin una causa o motivo explicado, sino por voluntad o capricho: *tú te vas de casa porque sí, porque lo digo yo*.

volver en sí Recuperar el conocimiento: *se desmayó, pero a los dos minutos volvió en sí*.

OBS Como pronombre personal, puede reforzarse con

el adjetivo *mismo*: *lo hizo por sí mismo, se lo compró para sí mismo*.
SI *n. m.* Sigla de *sistema internacional de unidades*, 'sistema de unidades que ha sustituido al sistema métrico decimal'.
siamés, -sa *adj./n. m. y f.* **1** [persona] Que ha nacido unido a su hermano gemelo por una parte del cuerpo: *nacieron dos siameses unidos por el brazo*. **2** [gato] Que tiene el pelo muy corto de color pardo o grisáceo, más oscuro en la cara, las orejas y la cola que en el resto del cuerpo: *los gatos siameses proceden de Asia*. ◇ *adj.* **3** De Tailandia o que tiene relación con este país de Asia, que antiguamente se llamaba Siam: *la forma de gobierno siamesa es la monarquía*. **SIN** tailandés. ◇ *adj./n. m. y f.* **4** [persona] Que es de Tailandia: *los siameses se denominan también tailandeses*. ◇ *n. m.* **5** Lengua del grupo tai hablada en Tailandia.
sibarita *adj./n. com.* [persona] Que es aficionado al lujo y a los placeres caros y refinados: *llevó una vida de sibarita en su casa de París; es un sibarita que sólo va a restaurantes de lujo; tiene unos gustos muy sibaritas*.
DER sibaritismo.
siberiano, -na *adj.* **1** De Siberia o relacionado con esta región del norte de Asia, entre los montes Urales y el océano Pacífico: *el clima siberiano es muy frío*. ◇ *adj./n. m. y f.* **2** [persona] Que es de Siberia: *los siberianos son de origen mongol*.
sibila *n. f.* Mujer que tenía la capacidad de predecir el futuro, según los antiguos griegos y romanos: *la sibila profetizó el fin del Imperio romano*.
sibilante *adj.* **1** [sonido] Que es como un silbido suave: *el fuerte viento producía sonidos sibilantes*. **2** [sonido] Que se articula dejando salir el aire por un estrecho canal formado por la lengua y los alvéolos del paladar. ◇ *n. f.* **3** Letra que representa este sonido: *la s es una sibilante*.
sibilino, -na *adj.* Que es misterioso, oscuro, parece encerrar un secreto importante o que puede tener varios significados: *siempre habla de manera sibilina, incluso para decir cosas sin importancia*.
sic Palabra del latín que se usa en textos escritos para indicar que una palabra o expresión es una transcripción o copia textual, aunque pueda parecer incorrecta; equivale a *así, de esta manera*: *me dejó una nota que decía: «te hespero sic a las diez»*.
sicario *n. m.* Asesino a sueldo, persona que recibe dinero a cambio de matar a otra: *el que paga a un sicario es tan culpable de asesinato como él*.
siciliano, -na *adj.* **1** De Sicilia o relacionado con esta isla situada al suroeste de la península italiana: *la capital siciliana es Palermo*. ◇ *adj./n. m. y f.* **2** [persona] Que es de Sicilia: *los sicilianos tienen nacionalidad italiana*. ◇ *n. m.* **3** Dialecto de la lengua italiana que se habla en Sicilia: *aunque estudié italiano, me cuesta entender el siciliano*.
sico- Elemento prefijal que entra en la formación de palabras con el significado de: *a)* 'Actividad mental': *sicología*. *b)* 'Psicología', 'psicológico': *sicoterapia*.
OBS Como prefijal, la Real Academia Española sólo registra la forma *psico-*, pero admite las palabras que empiezan por *sico-*.
sicoanálisis *n. m.* Método para el tratamiento de enfermedades mentales a partir del análisis de los impulsos instintivos reprimidos por la conciencia, impulsos que influyen en las personas de manera inconsciente; para ello se utiliza la hipnosis, la interpretación de los sueños o la asociación libre de ideas: *Freud fue el primer psiquiatra en comenzar a emplear el sicoanálisis con sus pacientes*. **SIN** psicoanálisis.

OBS La Real Academia Española admite *sicoanálisis*, pero prefiere la forma *psicoanálisis*. ◇ El plural también es *sicoanálisis*.
sicoanalista *adj./n. com.* [psiquiatra] Que practica el sicoanálisis.
OBS La Real Academia Española admite *sicoanalista*, pero prefiere la forma *psicoanalista*.
sicoanalítico, -ca *adj.* Del sicoanálisis o relacionado con este método.
OBS La Real Academia Española admite *sicoanalítico*, pero prefiere la forma *psicoanalítico*.
sicoanalizar *v. tr.* Someter a una persona al tratamiento del sicoanálisis.
OBS La Real Academia Española admite *sicoanalizar*, pero prefiere la forma *psicoanalizar*. ◇ En su conjugación, la *z* se convierte en *c* delante de *e*.
sicología *n. f.* **1** Ciencia que estudia el entendimiento y la conciencia de las personas y el modo en que éstos influyen en su carácter y su comportamiento. **2** Manera de sentir y pensar de una persona o un grupo: *intentaba conocer más datos de la sicología del asesino*. **3** Capacidad especial para conocer el carácter de las personas y comprender las causas de su comportamiento: *con un poco de suerte y mucha sicología convenceré al jefe para que me dé el trabajo*.
OBS La Real Academia Española admite *sicología*, pero prefiere la forma *psicología*.
sicológico, -ca *adj.* **1** De la sicología o relacionado con esta ciencia: *tu hijo necesita tratamiento sicológico*. **2** [situación, suceso] Que provoca una rápida alteración de la manera de sentir y de pensar de una persona o de un grupo: *el equipo español consiguió ponerse por delante en el marcador en un momento sicológico*.
OBS La Real Academia Española admite *sicológico*, pero prefiere la forma *psicológico*.
sicólogo, -ga *n. m. y f.* **1** Persona que se dedica al estudio del entendimiento y la conciencia de las personas y el modo en que éstos influyen en su carácter y su comportamiento: *un buen sicólogo te quitaría el miedo a los aviones*. **2** Persona que tiene capacidad especial para conocer el carácter de las personas y comprender las causas de su comportamiento: *es muy sicóloga con sus alumnos y siempre consigue atraer su atención*.
OBS La Real Academia Española admite *sicólogo*, pero prefiere la forma *psicólogo*.
sicópata *n. com.* Psicópata.
sicopatía *n. f.* MED. Enfermedad mental que afecta al carácter y a la conducta social de la persona, pero no altera ni su capacidad intelectual, ni su percepción: *el siquiatra trata distintas sicopatías*.
OBS La Real Academia Española admite *sicopatía*, pero prefiere la forma *psicopatía*.
sicosis *n. f.* Psicosis.
sida *n. m.* Enfermedad infecciosa producida por un virus que se transmite por vía sexual o a través de la sangre, y que destruye las defensas naturales del organismo: *la palabra sida se ha formado a partir de las siglas de síndrome de inmunodeficiencia adquirida; se han destinado muchos medios humanos y materiales a la investigación con la esperanza de descubrir una vacuna contra el sida*.
DER sidoso.
sidecar *n. m.* Especie de cochecito con un solo asiento y una rueda lateral que algunas motocicletas llevan unido a uno de sus lados: *él iba conduciendo la moto y su hermano iba sentado en el sidecar*.

OBS El plural es *sidecares*.

sideral *adj.* De las estrellas o los cuerpos celestes o que tiene relación con ellos: *el artista dibuja en sus cuadros formas siderales; en carnaval se puso un disfraz sideral.* **SIN** astral, estelar, galáctico.
DER intersideral.

siderurgia *n. f.* Sector de la industria del metal que se ocupa de extraer y elaborar el hierro: *la siderurgia ha sido una importante fuente de riqueza en el norte de España.*
DER siderúrgico.

siderúrgico, -ca *adj.* De la siderurgia o relacionado con esta técnica para obtener hierro y elaborar productos derivados de él: *la industria siderúrgica española se concentra principalmente en el norte de España.*

sidoso, -sa *adj./n. m. y f.* [persona] Que padece la enfermedad del sida: *tiene un pariente sidoso al que visita con frecuencia.*

sidra *n. f.* Bebida alcohólica hecha con el zumo de las manzanas fermentado: *la sidra asturiana es muy famosa en España.*
DER sidrería.

sidrería *n. f.* Establecimiento en el que se vende principalmente sidra o se sirve esta bebida alcohólica como especialidad: *fuimos a la sidrería a tomar una sidra y unas tapas; si vas a Asturias no te olvides de comprar una botella de sidra en alguna sidrería.*

siega *n. f.* **1** Actividad agrícola que consiste en cortar o recolectar las hierbas o los cereales maduros: *la siega del trigo se hace en verano.* **2** Época del año en que se cortan las hierbas o cereales: *llovió varios días durante la siega.* **3** Conjunto de hierbas o cereales maduros cortados: *llevaron la siega a la era para trillarla.*

siembra *n. f.* **1** Acción que consiste en arrojar y esparcir semillas en un terreno preparado para que germinen: *hace años la siembra se hacía a mano.* **2** Época del año en que se realiza esta acción: *durante la siembra se sintió indispuesta.* **3** Tierra en la que se han puesto semillas: *la siembra necesita mucha agua.* **SIN** sembrado. **4** Técnica de laboratorio que consiste en colocar microorganismos en medios de cultivo, en un ambiente adecuado para su crecimiento: *en esta sección del laboratorio sólo hacemos siembras.*

siempre *adv.* **1** Todo el tiempo: *siempre te querré; me tiene siempre a su disposición.* **2** En todo caso, por lo menos: *quizá no logre mi propósito, pero siempre me quedará la satisfacción de haber hecho lo que debía.*
siempre y cuando Introduce una oración subordinada condicional que expresa una condición que se ha de cumplir obligatoriamente para que sea cierto lo dicho en la oración principal: *iremos al cine siempre y cuando hagas los deberes.*
ETIM *Siempre* procede del latín *semper*, que tenía el mismo significado, voz con la que también está relacionada *sempiterno*.

siempreviva *n. f.* **1** Planta herbácea que mide entre 5 y 25 centímetros, y que se caracteriza por tener unas flores que se mantienen frescas mucho tiempo después de haber sido cortadas: *la siempreviva crece en zonas costeras.* **2** Flor que brota de esta planta: *hay siemprevivas de color rojo y azul.*

sien *n. f.* Una de las dos partes de la cabeza situadas entre la frente, la oreja y la mejilla: *me duele la cabeza y noto pinchazos en las sienes.* ☞ cuerpo humano.

sierpe *n. f.* **1** Reptil sin extremidades, de cuerpo muy largo y de forma cilíndrica, cabeza aplastada, boca grande y piel de distintos colores. **SIN** serpiente. **2** Persona colérica o que se enfada con facilidad: *al poco de casarse, se dio cuenta de que su mujer era una sierpe.*
OBS Para indicar el sexo se usa *la sierpe macho* y *la sierpe hembra*.

sierra *n. f.* **1** Herramienta que sirve para cortar madera y otros materiales duros y que está formada por una hoja de acero con dientes unida a un mango: *el carpintero ha cortado el tablón con la sierra.* ☞ herramientas. **sierra de mano** Sierra que se puede manejar con una sola mano. **sierra mecánica** Sierra muy potente que funciona con un motor: *las sierras mecánicas son capaces de cortar objetos durísimos.* **2** Cordillera de montañas: *los fines de semana se marchan a su casa de la sierra; la sierra estaba llena de bandoleros que asaltaban a los viajeros.*
ETIM *Sierra* procede del latín *serra*, que tenía el mismo significado, voz con la que también están relacionadas *serrano*, *serrar*.

siervo, -va *n. m. y f.* **1** Persona que sirve a otra y está sujeta a su autoridad, especialmente los campesinos que servían a los señores feudales en la Edad Media y les pertenecían: *los siervos pagaban altísimos tributos a su señor.* **SIN** esclavo. **2** Persona enteramente sometida o entregada al servicio de otra: *soy un siervo de tu amor.*
ETIM *Siervo* procede del latín *servus*, 'esclavo', voz con la que también están relacionadas *servil*, *servir*.

siesta *n. f.* Sueño corto que se echa después de comer: *hoy he madrugado y he trabajado mucho, así que voy a echarme la siesta.* Momento del día destinado para dormir o descansar después de comer porque es el más caluroso: *los comercios están cerrados porque es la hora de la siesta; no me llames durante la siesta porque no estaré en casa.*
ETIM *Siesta* procede del latín *sexta [hora]*, '[hora] sexta', voz con la que también está relacionada *sestear*.

siete *num. card.* **1** Indica que el nombre al que acompaña o al que sustituye está 7 veces: *cinco más dos son siete; si tengo 10 manzanas y te doy 3, me quedan siete.* Puede ser determinante: *siete veces*, o pronombre: *firmaron el documento los siete.* ◊ *num. ord.* **2** Indica que el nombre al que acompaña o al que sustituye ocupa el lugar número 7 en una serie: *si voy después del sexto, soy el siete de la lista.* **SIN** séptimo. Es preferible el uso del ordinal: *séptimo.* ◊ *n. m.* **3** Nombre del número 7: *escribe el siete después del seis.* **4** Roto en la ropa o en una tela con forma de ángulo: *se sentó en un banco roto y se hizo un siete en el pantalón; llevaba un siete en la espalda.*
siete y media Juego de cartas en el que gana el jugador que obtiene siete puntos y medio, o el que más se acerca a esa puntuación sin sobrepasarla.
DER sietemesino.
ETIM *Siete* procede del latín *septem*, que tenía el mismo significado, voz con la que también están relacionadas *septenio*, *septentrión*, *séptimo*, *septuplicar*.

sietemesino, -na *adj./n. m. y f.* [niño] Que ha nacido a los siete meses de ser engendrado, y no a los nueve: *el bebé fue sietemesino y tuvo que pasar unos días en la incubadora hasta que alcanzó un peso adecuado.*

sífilis *n. f.* Enfermedad infecciosa producida por una bacteria que se contagia por vía sexual o de la madre gestante al feto: *muchos hombres y mujeres murieron de sífilis en siglos pasados; la sífilis puede tratarse con penicilina.*
DER sifilítico.
OBS El plural también es *sífilis*.

sifilítico, -ca *adj.* **1** De la sífilis o relacionado con esta enfermedad contagiosa: *la caída del cabello y la fiebre ligera son síntomas sifilíticos.* ◊ *adj./n. m. y f.* **2** [persona] Que padece la enfermedad de la sífilis: *el médico trataba al enfermo sifilítico con penicilina.*

sifón *n. m.* **1** Botella, generalmente de cristal, con un mecanismo en su parte superior que abre y cierra la salida del agua con gas que contiene en su interior. **2** Agua carbónica que hay en el interior de esa botella: *mi padre toma cada día un vaso de vino con sifón*. **3** Tubo curvo en forma de U; se utiliza para que circulen líquidos salvando algún desnivel, o para obstruir la salida de gases en cañerías de retretes y lavabos: *hicieron un sifón para vaciar la tinaja*.

sigilo *n. m.* **1** Secreto con que se trata un asunto o se hace una cosa: *trataron el asunto con sumo sigilo para que nadie se enterase*. **2** Silencio cuidadoso: *hacía su trabajo con sigilo, para no despertar al niño*.
DER sigiloso.

sigiloso, -sa *adj.* **1** Que se realiza en secreto o que se comporta con discreción. **2** Que es silencioso y procura no llamar la atención: *entré en casa de forma sigilosa y nadie me oyó; los gatos son muy sigilosos*. **SIN** silencioso.

sigla *n. f.* **1** Letra inicial de una palabra que se usa como abreviatura: *ONU son las siglas de la Organización de Naciones Unidas*. **2** Palabra formada por las iniciales de otras palabras: *las palabras sida y radar son siglas*.

siglo *n. m.* **1** Período de tiempo que comprende cien años. **2** *coloquial* Período de tiempo, de duración no determinada, que se considera muy largo: *hace un siglo que te escribí*.
ETIM Siglo procede del latín *saeculum*, 'generación', voz con la que también están relacionadas *secular, seglar*.

sigma *n. f.* Nombre de la decimoctava letra del alfabeto griego: *la sigma corresponde a la s de nuestro alfabeto*.

signatario, -ria *adj./n. m. y f.* *culto* Que firma una carta o documento: *los signatarios se comprometieron a cumplir el contrato*. **SIN** firmante.

signatura *n. f.* **1** Señal o marca que se pone en un objeto para distinguirlo de otros, especialmente la que está hecha de números y letras y que se pone en una parte visible de un libro o documento para indicar el lugar que ocupa en una biblioteca o archivo: *para sacar un libro de la biblioteca debes rellenar una ficha con el título de la obra, el autor y la signatura*. **2** *culto* Acto de firmar, especialmente cuando se trata de un documento importante: *mañana se efectuará la signatura del concordato*. **SIN** firma.

significación *n. f.* **1** Representación o sentido de un fenómeno o hecho determinado: *la significación es un proceso que asocia un ser, una idea o un hecho a un signo que la representa*. **2** Significado de una palabra o una frase: *me preguntaron varias palabras, pero no sabía su significación*. **3** Importancia, influencia o valor que tiene un hecho: *los cambios políticos han tenido gran significación en la sociedad española*.

significado *n. m.* **1** Sentido de una cosa, especialmente el de un signo, una palabra o una expresión: *los diccionarios intentan explicar el significado de las palabras; no puedo entender el significado de tu actitud*. **2** En lingüística, elemento que, junto con el significante, forma el signo lingüístico: *el significado es el concepto o la idea del signo*.

significante *n. m.* En lingüística, fonema o conjunto de fonemas o letras que, junto con el significado, forman el signo lingüístico: *el significante es la forma de la expresión*.

significar *v. tr.* **1** Representar una cosa, fenómeno o hecho, o ser señal de ello: *si se enciende esa luz, significa que hay que apagar el aparato*. **2** Representar una palabra o expresión una determinada idea o concepto: *si no sabes lo que significa la palabra sierpe, búscala en este diccionario*. **3** Manifestar una idea o un sentimiento: *deseo significarle mi desacuerdo con la nueva reforma*. ◇ *v. intr.* **4** Tener importancia para alguien cierta cosa o persona: *él significa mucho para mí; el dinero no significa nada para ellos*. ◇ *v. prnl.* **5** significarse Llamar la atención o distinguirse una persona por una cualidad o circunstancia: *aquel hombre se significó por su capacidad para el trabajo*. **6** Demostrar una persona mediante sus actos o palabras que tiene ciertas ideas, generalmente políticas o religiosas: *lo encarcelaron porque se significó partidario de los rebeldes*.
DER significación, significado, significante, significativo; insignificante.
OBS En su conjugación, la *c* se convierte en *qu* delante de *e*.

significativo, -va *adj.* **1** Que es importante por lo que representa: *la firma del tratado de paz ha sido muy significativa; los pequeños detalles también pueden ser significativos*. **2** Que es señal de una cosa: *es significativo que Raúl no haya dicho nada en toda la reunión*.

signo *n. m.* **1** Cosa, fenómeno o hecho que, por una relación natural o convencional, se toma como representación de otra cosa, fenómeno o hecho: *lanzaron palomas como signo de paz; las letras y los números son signos gráficos que representan sonidos y cantidades*. **SIN** señal, símbolo. **signo lingüístico** Unidad formada por el significante, que es un conjunto de fonemas, y el significado, que es la idea o concepto: *la lingüística estudia las características de los signos lingüísticos*. Se usa específicamente en el lenguaje propio de la ciencia lingüística. **2** Indicio o señal que da a conocer algo sobre una persona o una cosa: *los modales en la mesa son signo de la educación de una persona*. **3** Gesto o movimiento que se hace con una parte del cuerpo para expresar algo: *me hizo un signo con la mano para que saliéramos de allí; los sordomudos utilizan signos para hablar*. **4** Señal, marca o dibujo que se emplea en la escritura, en la música y en las operaciones matemáticas: *la admiración se representa en la escritura con dos signos de exclamación:* ¡ *y* !; *pon el signo* + *entre el 2 y el 5; la barra inclinada (/) es el signo que representa división*. **5** Cada una de las doce partes iguales que forman el zodiaco: *tú y yo somos del signo de géminis*.
DER signar, significar.
ETIM Véase *seña*.

siguiente *adj.* Que va inmediatamente después de otra cosa en un orden determinado: *nos vimos el día siguiente al de su boda; lo siguiente será invertir las ganancias; allí está el ayuntamiento, y el siguiente edificio es mi casa*. **SIN** posterior.

sílaba *n. f.* Sonido o conjunto de sonidos articulados que se producen entre dos breves y casi imperceptibles interrupciones de la salida de aire de los pulmones en la emisión de voz: *la palabra chocolate tiene cuatro sílabas*. **sílaba átona** Sílaba que, en una palabra, no se pronuncia con tanta fuerza como la sílaba tónica: *en la palabra pelota, pe y ta son sílabas átonas*. **sílaba libre** Sílaba que termina en vocal: *la palabra pasillo está formada por tres sílabas libres*. **sílaba tónica** Sílaba que, en una palabra, se pronuncia con mayor fuerza: *en la palabra casa, ca es la sílaba tónica*. **sílaba trabada** Sílaba que termina en consonante: *la palabra señal termina en sílaba trabada*.
DER silabación, silabear, silábico; bisílabo, decasílabo, dodecasílabo, endecasílabo, eneasílabo, heptasílabo, hexasílabo, monosílabo, octosílabo, parisílabo, pentasílabo, polisílabo, tetrasílabo, trisílabo.

silabear *v. tr./intr.* Pronunciar las sílabas de las palabras dejando entre cada una de ellas un espacio de tiempo mayor de lo habitual: *los alumnos silabearon un párrafo del libro de lectura; cuando aprendemos a leer silabeamos*.

silábico, -ca *adj.* De la sílaba o relacionado con este sonido o conjunto de sonidos de la palabra: *para averiguar la*

silbar medida de un verso hacemos una partición silábica; el núcleo silábico de una sílaba suele ser una vocal.

silbar *v. tr./intr.* **1** Producir un sonido agudo soplando con los labios muy juntos o formando con los dedos y la lengua un conducto estrecho en la boca: *el pastor silbó para reunir el ganado; iba silbando una alegre melodía.* **2** Producir sonidos agudos soplando en un cuerpo hueco: *silbaba con el capuchón del bolígrafo.* ◊ *v. tr.* **3** Producir un silbido el viento o una cosa que agita el aire: *fuera de la casa, el viento silbaba con fuerza; las balas silbaban.* ◊ *v. tr./intr.* **4** Producir silbidos para mostrar agrado o desagrado: *el público silbó al actor por su mala interpretación; si no nos hacen caso, silbaremos.*
DER silbato, silbido.
ETIM *Silbar* procede del latín *sibilare*, que tenía el mismo significado, voz con la que también está relacionada *sibilante*.

silbato *n. m.* Instrumento pequeño que tiene un conducto por el que, al soplar a través de él, se produce un sonido agudo: *el árbitro hizo sonar el silbato para indicar el final del partido.* **SIN** pito.

silbido *n. m.* Sonido agudo que se produce cuando el aire roza con algo a mucha velocidad: *llamó la atención del perro con un silbido; le asusta el silbido del viento.*
DER silbo.

silenciador *n. m.* Pieza o dispositivo que se pone en la salida de un motor o en el cañón de ciertas armas de fuego y que sirve para hacer menos fuerte el ruido que producen: *la moto lleva un silenciador en el tubo de escape; nadie oyó el disparo porque el arma llevaba silenciador.*

silenciar *v. tr.* **1** Callar u omitir intencionadamente una cosa, especialmente una información: *silenciaron los resultados de la investigación para que la prensa no se enterara.* **2** Hacer que no se oiga ningún ruido o voz, o que no se pueda expresar algo: *silenció el ruido tapando el aparato con una manta; las malas críticas silenciaron su fama.* **3** Hacer parar el fuego de las armas de alguien: *el ataque aéreo silenció al ejército enemigo.*
DER silenciador.
OBS En su conjugación, la *i* no se acentúa, como en *cambiar*.

silencio *n. m.* **1** Estado en el que no hay ningún ruido o no se oye ninguna voz: *en el pueblo se puede apreciar el verdadero silencio; todos los alumnos escuchaban en silencio.* **2** Ausencia de noticias o palabras sobre un asunto: *la prensa guarda silencio sobre el robo hasta que detengan al sospechoso.* **3** MÚS. Pausa o momento que se interrumpe el sonido en una composición musical: *algunos compases de la partitura tienen un silencio.* ◊ *int.* **4** ¡silencio! Palabra con la que se pide a las personas que no hablen ni hagan ruido: *la enfermera salió a la sala de espera y dijo: ¡silencio!*
DER silenciar, silencioso.

silencioso, -sa *adj.* **1** [persona] Que no suele hablar: *es un chico muy silencioso: habla muy poco.* **2** [aparato, motor] Que no hace ruido o hace muy poco: *el aire acondicionado tiene que ser silencioso para que no moleste a las personas.* **3** [lugar] Sin ruido o con muy poco: *en invierno, la casa está completamente silenciosa.*

sílex *n. m.* Piedra muy dura formada principalmente por sílice y que al romperse forma unos bordes que son muy cortantes: *el sílex es una variedad del cuarzo; los hombres de las cavernas usaban sílex para cortar la carne y las pieles de los animales.* **SIN** pedernal.
ETIM *Sílex* procede del latín *silex, -icis*, que tenía el mismo significado, voz con la que también está relacionada *sílice*.
OBS El plural también es *sílex*.

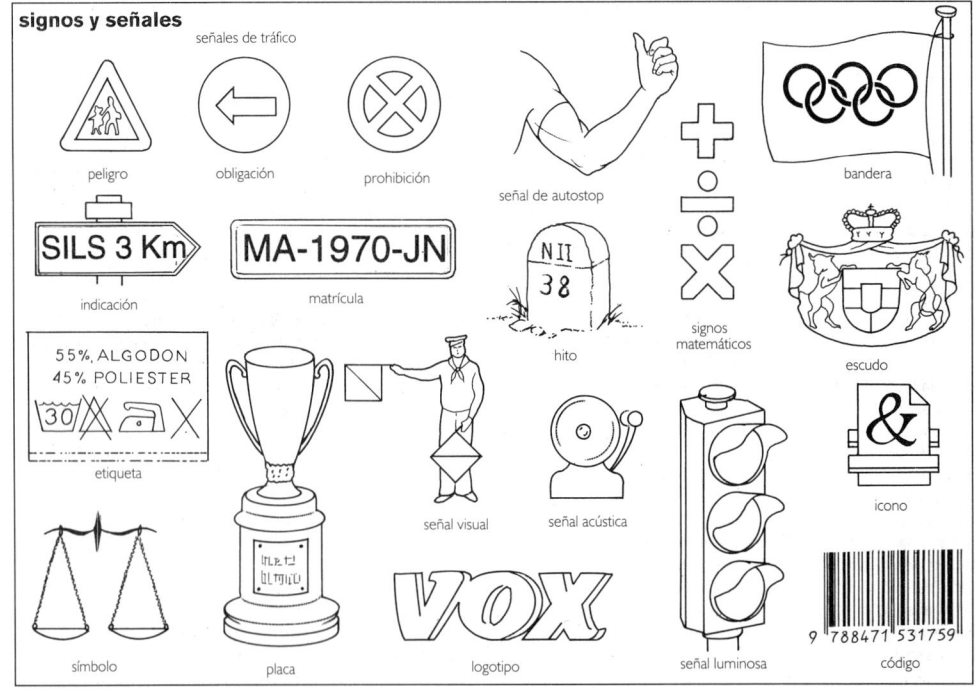

signos y señales

sílfide *n. f.* Mujer que es muy esbelta y guapa: *aunque de pequeña era regordeta, de mayor se convirtió en una sílfide.*

silicato *n. m.* QUÍM. Sal formada a partir de un ácido del silicio y una base: *el talco y la mica son silicatos.*

sílice *n. f.* Combinación de silicio con oxígeno que se encuentra en ciertos minerales: *el sílice entra en la composición del cuarzo y del ópalo.*
DER silicato, silíceo, silícico, silicio, silicosis.
ETIM Véase *sílex.*

silíceo, -cea *adj.* Que está compuesto de silicio: *el cuarzo es un mineral silíceo.*

silicio *n. m.* QUÍM. Elemento no metálico, sólido y de color amarillento, que forma parte de la arena y de las rocas: *el símbolo del silicio es Si; el silicio se obtiene del cuarzo; el silicio se utiliza en la construcción de placas electrónicas.*
DER silicona.

silicona *n. f.* QUÍM. Producto químico compuesto principalmente de silicio y oxígeno, que es elástico, resistente y aislante de la humedad, del calor y de la electricidad, y que se emplea en la medicina y en la industria: *emplearon silicona para sellar las ventanas.*

silicosis *n. f.* Enfermedad que afecta al aparato respiratorio de las personas y que se produce por haber aspirado polvo de sílice en gran cantidad: *el médico diagnosticó al minero silicosis.*

silla *n. f.* **1** Asiento para una sola persona, con respaldo y generalmente con cuatro patas: *las sillas del comedor están tapizadas con la misma tela que el sofá.* ☞ proceso de fabricación. **silla de ruedas** Asiento que en lugar de patas tiene una rueda grande a cada lado y sirve para que se desplace una persona que no puede andar, o un enfermo para que no se canse: *sufrió una lesión en las piernas y hasta que se recuperó tuvo que usar una silla de ruedas.* **silla eléctrica** Asiento que está conectado a la corriente eléctrica y que se usa para ejecutar a los condenados a muerte: *en España no se utiliza la silla eléctrica.* **2** Armazón de madera y cuero que se coloca sobre el lomo de un animal de montar y sirve para que una persona se siente y cabalgue cómodamente: *los indios montaban a caballo sin silla; colocó la silla al poni para que pudiera montar el niño.* **3** Cargo de un sacerdote en la Iglesia: *el año pasado pasó a ocupar la silla episcopal; la silla pontificia es el cargo del Papa.*
DER sillar, sillería, sillín, sillón; ensillar.

sillar *n. m.* ARQ. Piedra labrada que forma parte de una construcción, generalmente cortada en forma de rectángulo: *en esta cantera labran sillares, además de extraer la piedra; los sillares de la catedral son de gran tamaño.*

sillería *n. f.* **1** Conjunto de asientos que tienen el mismo estilo y que, generalmente, están en una misma sala o habitación: *se ha comprado una sillería de estilo inglés para amueblar su casa.* **2** Conjunto de asientos unidos unos a otros, especialmente los del coro de una iglesia: *los frailes entonaban sus cantos sentados en la sillería del coro.* **3** ARQ. Obra hecha con sillares o piedras labradas: *la fachada de esta iglesia es de sillería.*

sillín *n. m.* Asiento individual pequeño, especialmente el de la bicicleta y otros vehículos parecidos: *bajó el sillín de la bicicleta porque no llegaba a los pedales.* ☞ arreos; motocicleta.

sillón *n. m.* Asiento para una sola persona, con respaldo y brazos, y que es más grande y cómodo que una silla, generalmente acolchado y forrado con tela: *le gusta sentarse en el sillón de cuero a leer el periódico.*

silo *n. m.* Lugar seco y preparado para guardar el trigo u otras semillas o plantas cortadas: *llevaron la cebada al silo, para que no se mojara durante el invierno.*

silogismo *n. m.* FILOS. Razonamiento que está formado por dos premisas y una conclusión que es el resultado lógico de la relación entre las dos premisas: *los filósofos medievales empleaban el silogismo para explicar fenómenos de la naturaleza.*

silueta *n. f.* **1** Línea exterior que delimita el dibujo de una figura, especialmente cuando representa una persona o animal: *dibujó con tiza la silueta de un perro.* SIN perfil. **2** Forma que presenta un objeto cuando está sobre un fondo más claro que él: *el sol nos daba de cara y sólo distinguíamos la silueta de la torre de la iglesia.*

silúrico, -ca *adj./n. m.* **1** GEOL. Del período geológico que es el tercero de los seis en que se divide la era paleozoica o primaria, entre el ordovícico y el devónico: *en el museo vimos fósiles silúricos.* ◇ *adj.* **2** GEOL. [período] Que es el tercero de los seis en que se divide la era paleozoica o primaria: *en el período silúrico aparecieron los primeros animales y plantas terrestres.*

silva *n. f.* Combinación métrica formada por versos endecasílabos, solos o combinados con heptasílabos, que riman en consonancia, aunque algunos pueden quedar libres, sin una división por estrofas concreta: *Lope de Vega utiliza la silva en su obra la Gatomaquia.*

silvestre *adj.* **1** [vegetal] Que crece o se cría en el campo o en la selva sin la intervención del hombre: *me han regalado un ramo de margaritas silvestres; se comió un yogur de frutas silvestres.* **2** Que tiene malos modos o que es poco delicado: *no me gusta tener tratos con él porque es una persona muy silvestre.* SIN inculto, rústico. Se aplica despectivamente.
DER asilvestrado.
ETIM Véase *selva.*

sima *n. f.* **1** Hueco o agujero en la tierra que es grande, muy profundo y oscuro: *los espeleólogos entraron en la sima para explorarla.* **2** GEOL. Capa interior de la corteza terrestre que está situada entre el sial y el núcleo: *la sima está compuesta de silicatos de hierro y de magnesio y otros materiales pesados.*

simbiosis *n. f.* **1** BIOL. Situación en la que dos organismos de especies diferentes se asocian para beneficiarse mutuamente en su desarrollo vital: *ciertas bacterias viven en simbiosis en el intestino grueso del cuerpo humano.* **2** Relación de ayuda mutua que se establece entre dos personas, especialmente cuando trabajan o realizan algo en común: *el equipo de ventas y el de administración han conseguido una simbiosis perfecta en el trabajo.*

simbólico, -ca *adj.* **1** Que representa o simboliza una cosa: *ayudar a los demás es un gesto simbólico de buen corazón.* **2** Que se expresa por medio de símbolos: *es un director de cine muy simbólico.* **3** Que tiene significado afectivo o moral, o valor representativo, más que material: *un premio simbólico; un regalo simbólico.*

simbolismo *n. m.* **1** Conjunto de símbolos que se utilizan para representar alguna cosa: *la cruz forma parte del simbolismo cristiano; el simbolismo químico.* **2** Significado de lo que se expresa con uno o varios símbolos: *el simbolismo de la película no queda claro porque hace referencia a la vida privada del director.* **3** Tendencia artística, manifiesta especialmente en la literatura y en la pintura, que consiste en sugerir ideas o evocar objetos sin nombrarlos directamente, mediante símbolos e imágenes: *el simbolismo nació en Francia a finales del siglo XIX; el pintor Gustave Moreau y el escritor Arthur Rimbaud son representantes del simbolismo.*
DER simbolista.

simbolista *adj.* **1** Del simbolismo o relacionado con este movimiento artístico surgido en Francia en el siglo XIX: *el pin-*

simbolizar

tor Paul Gauguin tiene algunas obras simbolistas. ◇ adj./n. com. **2** [persona] Que sigue o pone en práctica los preceptos del simbolismo: *Baudelaire o Rimbaud son conocidos autores simbolistas; los simbolistas pretenden sugerir imágenes mediante símbolos.*

simbolizar *v. tr.* Servir una cosa, fenómeno o hecho como representación o explicación de algo, por haber entre las dos cosas una relación natural o convencional: *la bandera simboliza la patria; la paloma blanca simboliza la paz.*

OBS En su conjugación, la z se convierte en c delante de e.

símbolo *n. m.* **1** Cosa, fenómeno o hecho que se toma como representación de otra cosa, fenómeno o hecho, especialmente cuando la relación que hay entre ambas cosas es convencional: *el corazón es el símbolo del amor.* **SIN** señal, signo. ☞ signos y señales. **2** QUÍM. Letra o conjunto de letras que sirven para nombrar un elemento químico: *el símbolo del hierro es Fe.* **3** Figura del lenguaje que consiste en utilizar una palabra o un conjunto de palabras con un significado que va más allá del sentido estricto y simboliza otra cosa con la que se puede relacionar de alguna manera: *en muchas poesías los ríos son símbolos de la vida, porque ambas cosas son un largo camino que tiene indefectiblemente un final; el otoño puede utilizarse como símbolo de la tristeza y la melancolía.*

DER simbólico, simbolismo, simbolizar, simbología.

simbología *n. f.* Conjunto de símbolos que hay en una cosa, especialmente en una obra artística: *analizó la simbología de algunos cuentos de Borges.*

simetría *n. f.* **1** Correspondencia de posición, forma y tamaño de las partes de un cuerpo, a uno y otro lado de un plano o alrededor de un punto o de un eje: *un círculo tiene simetría; hay simetría entre un cuerpo y su imagen en un espejo.* **2** Proporción adecuada de las partes de un todo o de las cosas de un conjunto: *cortó el pastel con perfecta simetría.*

DER simétrico; asimetría.

simétrico, -ca *adj.* Que guarda simetría: *es un edificio simétrico; doblad una hoja de papel en partes simétricas.* **ANT** asimétrico.

simiente *n. f.* **1** Parte del fruto de una planta donde está el embrión que, si se pone en las condiciones adecuadas, da origen a una nueva planta de la misma especie: *plantó simientes de tomates en el huerto; el hueso del melocotón encierra la simiente.* **SIN** semilla. **2** Cosa que es causa u origen de otra, especialmente de un sentimiento o cosa inmaterial: *su mirada fue la simiente de nuestro amor; la simiente del conflicto.* **SIN** semilla.

simiesco, -ca *adj.* **1** Del simio o relacionado con este mamífero: *el hombre tiene algunas características simiescas.* **2** Que es parecido al simio: *en la cornisa había esculpida una cabeza simiesca.*

símil *n. m.* **1** Figura del lenguaje que consiste en establecer una igualdad o comparación entre dos términos para dar una idea viva y clara de uno de ellos: *la expresión sus dientes eran blancos como perlas es un símil.* **SIN** comparación. **2** Comparación o semejanza entre dos cosas: *es difícil establecer un símil entre la pintura abstracta y la realidad.*

DER similar, similitud.

ETIM Véase *semejar.*

similar *adj.* Que se parece a otra persona, animal o cosa: *busco un libro similar al que he leído.* **SIN** parecido, semejante.

similitud *n. f.* Parecido o semejanza que hay entre dos o más personas, animales o cosas: *hay cierta similitud entre los perros y los lobos.*

simio, -mia *n. m. y f.* Animal mamífero que tiene manos y pies con cinco dedos, uñas planas, cerebro muy desarrollado y que se alimenta principalmente de vegetales: *los simios caminan a cuatro o a dos patas; los simios se mueven fácilmente por las ramas de los árboles.* **SIN** mono.

simpatía *n. f.* **1** Modo de ser o de actuar de una persona que la hace agradable a los demás: *su mejor virtud es su simpatía; cae bien a todo el mundo por su simpatía.* **ANT** antipatía. **2** Sentimiento de afecto hacia alguien o algo: *suelo venir varias veces al año porque tengo simpatía por esta región.* **ANT** antipatía. **3** Relación patológica o fisiológica que se produce entre dos órganos del cuerpo que no están relacionados directamente.

DER simpático, simpatizar.

simpático, -ca *adj.* [persona] Que es agradable y atrae a los demás: *es tan simpática que da gusto hablar con ella.* **ANT** antipático.

gran simpático ANAT. Parte del sistema nervioso que dirige el funcionamiento de ciertos órganos del cuerpo, sin intervenir la voluntad: *el gran simpático es el encargado de la aceleración del ritmo cardiaco.*

simpatizante *adj./n. m. y f.* [persona] Que se siente atraído por un club, una ideología o un movimiento político: *el club de balonmano tiene pocos socios simpatizantes; el presidente del partido pidió el apoyo de todos sus afiliados y simpatizantes.*

simpatizar *v. intr.* Sentir atracción o simpatía por alguien o algo: *Juan ha simpatizado enseguida con sus nuevos compañeros; simpatizaba con el movimiento republicano.*

DER simpatizante.

OBS En su conjugación, la z se convierte en c delante de e.

simple *adj.* **1** Que está formado por un solo elemento: *el oxígeno es un elemento simple.* **ANT** compuesto. **2** Que no tiene complicación ni dificultad: *haz una simple resta para saber cuánto ganarás; sus problemas son muy simples para mí.* **SIN** sencillo. **ANT** complicado, difícil. **3** Se utiliza con el significado de *solamente* para indicar que lo que se expresa no es tan importante, tan complicado o tan difícil como podría ser: *afortunadamente, tenía un simple resfriado; con una simple llamada puede ganar un gran premio. El adjetivo va siempre delante del sustantivo.* **4** GRAM. [tiempo verbal] Que se conjuga sin verbo auxiliar: *el presente de indicativo es un tiempo simple.* ◇ *adj./n. com.* **5** [persona] Que no es inteligente ni rápido cuando razona y es fácil de engañar: *todos le toman el pelo porque es muy simple; José Luis es un simple y un ignorante.* **SIN** ingenuo, simplón.

DER simplemente, simpleza, simplicidad, simplificar, simplista, simplón.

simpleza *n. f.* **1** Falta de inteligencia y rapidez en una persona cuando razona: *se quejaba de la simpleza de sus compañeros de trabajo.* **2** Acto o dicho poco inteligente: *fiarte de ese timador ha sido una simpleza; no hagas caso de sus simplezas, habla por hablar.* **3** Cosa poco importante o de poco valor: *no debes disgustarte por una simpleza semejante.*

simplicidad *n. f.* **1** Ausencia total de complicación en una cosa: *expuso su teoría con mucha simplicidad para que todos la entendiéramos.* **ANT** complicación. **2** Ingenuidad o carácter simple que tiene una persona: *le toman el pelo por su simplicidad.* **3** Ausencia de adornos en una obra artística: *a pesar de la simplicidad del dibujo, notó que su alumno tenía un don especial.*

simplificación *n. f.* **1** Transformación de una cosa en algo más sencillo o más fácil: *los avances técnicos han supuesto una simplificación del trabajo en esta fábrica.* **2** MAT. Reducción de una cantidad, una expresión o una ecuación a la forma más sencilla, que tiene el mismo resultado: *para hacer la simplificación de un quebrado hay que dividir el numerador y el denominador por un mismo número.*

simplificar *v. tr.* **1** Hacer más sencillo o más fácil una cosa: *el trabajar con ordenador te simplificará mucho el trabajo.* **2** MAT. Reducir una cantidad, una expresión o una ecuación a la forma más sencilla, que tiene el mismo resultado: *24/12 se puede simplificar en 12/6 y el resultado es en los dos casos 2.* **DER** simplificación.
OBS En su conjugación, la *z* se convierte en *c* delante de *e*.

simplista *adj.* **1** Que está basado en ideas demasiado elementales: *su visión simplista del asunto le acarreará problemas.* ◇ *adj./n. com.* **2** [persona] Que hace razonamientos con ideas demasiado elementales: *es un poco simplista cuando pretende explicar algo tan complicado; es un simplista y no es capaz de ver el trasfondo de la novela.*

simplón, -plona *adj.* **1** Que es simple, sencillo o ingenuo en exceso: *el discurso de esa persona ha sido muy simplón.* ◇ *adj./n. m. y f.* **2** [persona] Que no es inteligente ni rápido cuando razona y es fácil de engañar: *es tan simplona que no hubo manera de hacerle comprender el problema.* **SIN** ingenuo, simple.

simposio *n. m.* Reunión de personas especializadas en un tema determinado que se proponen estudiar una parte concreta o exponer asuntos relacionados con él: *en un simposio participan menos personas que en un congreso; hubo un simposio para estudiar las repercusiones de la destrucción de la capa de ozono.*

simulación *n. f.* Presentación de una cosa haciendo que parezca real: *hizo con el ordenador la simulación de un castillo.*

simulacro *n. m.* Acción que se realiza imitando un suceso real para tomar las medidas necesarias de seguridad en caso de que ocurra realmente: *hicieron un simulacro de incendio para que los muchachos aprendieran a abandonar el edificio; los soldados hicieron un simulacro de ataque a una base enemiga.*

simulador *n. m.* Aparato o conjunto de aparatos que reproduce las funciones de otro, pero sin producir el efecto propio de él: *simulador de vuelo.*

simular *v. tr.* **1** Hacer parecer que ocurre o existe una cosa que en realidad no ocurre o no existe: *simuló un ataque de tos para salir de la sala; simular una enfermedad; simular un accidente.* **SIN** fingir. **2** Presentar una cosa haciendo que parezca real: *estas máquinas simulan la cabina de un avión.* **DER** simulación, simulador; disimular.

simultanear *v. tr.* Realizar dos o más actividades en un mismo período de tiempo: *durante la carrera, simultaneaba sus estudios con un trabajo como camarera.*

simultaneidad *n. f.* Circunstancia de coincidir dos o más hechos o acciones en un mismo momento o período de tiempo: *los dos fenómenos se produjeron con simultaneidad.*

simultáneo, -nea *adj.* [actividad] Que se hace u ocurre al mismo tiempo que otra actividad: *el conferenciante hablaba en alemán, pero por los auriculares se ofrecía la traducción simultánea.* **SIN** paralelo.
DER simultáneamente, simultanear, simultaneidad.

sin *prep.* **1** Indica falta o carencia de una cosa material o inmaterial: *está prohibido conducir una moto sin casco; no se quedará sin amigos; lo hizo sin confianza.* **2** Indica que lo que se dice a continuación no queda incluido o no se tiene en cuenta dentro de lo dicho antes: *la compra de la casa me ha salido muy cara, sin los impuestos.*
sin + infinitivo Indica que la acción que expresa el infinitivo no sucede: *partió sin comer; llevo un mes sin ver a mis padres.*

sin embargo Enlace adversativo entre oraciones, que indica que lo que se dice a continuación es contradictorio con lo que se ha dicho antes, pero no impide su realización: *llueve mucho y sin embargo no hace frío.* **SIN** no obstante.

sin- Prefijo que entra en la formación de palabras con el sentido de 'unión', 'simultaneidad': *sincronía, simpatía.*

sinagoga *n. f.* Edificio donde una comunidad judía se reúne para rezar o realizar ceremonias religiosas. **SIN** aljama.

sinalefa *n. f.* Fusión en una sola sílaba de la última vocal de una palabra y la primera de la palabra siguiente, especialmente en poesía: *la sinalefa puede hacerse tanto entre dos vocales que habitualmente forman diptongo (por ejemplo, en mi alma) como entre las que no (por ejemplo, en mano herida o la astucia).*

sincerarse *v. prnl.* Contar un hecho o un sentimiento personal y reservado sin fingir ni ocultar información, especialmente para justificar un hecho o para aliviar la propia conciencia: *se sinceró con su amiga y le dijo todo lo que pensaba sobre su relación.* Se utiliza con las preposiciones *con* o *ante*.

sinceridad *n. f.* Falta de fingimiento en las cosas que se dicen o en lo que se hace: *la sinceridad es la base para la buena amistad; la sinceridad es una gran virtud.* **SIN** franqueza.

sincero, -ra *adj.* Que habla y obra sin mentir ni fingir: *fue sincero cuando te dijo que te amaba; le dio su más sincero pésame.* **SIN** franco.
DER sinceramente, sincerarse, sinceridad.

síncopa *n. f.* **1** Fenómeno lingüístico que consiste en suprimir uno o más sonidos en medio de una palabra: *la palabra española diablo se formó por síncopa de la palabra latina diabolus; navidad es síncopa de natividad.* **2** MÚS. Unión de dos notas iguales, de las cuales una está en la parte débil del compás y la otra, en la parte fuerte: *el jazz tiene muchas síncopas.*
DER sincopar, síncope.

sincopar *v. tr./prnl.* Hacer síncopa de una palabra o de una nota.
DER sincopado.

síncope *n. m.* MED. Paralización momentánea de los movimientos del corazón y de la respiración, que puede producir una pérdida del conocimiento: *temían que la noticia le causara un síncope.* Fenómeno lingüístico que consiste en suprimir uno o más sonidos en medio de una palabra: *la palabra española tabla se formó por síncope de la palabra latina tabula.* **SIN** síncopa.

sincretismo *n. m.* **1** FILOS. Sistema filosófico que trata de armonizar corrientes de pensamiento o ideas opuestas: *la escolástica medieval está basada en el sincretismo entre la filosofía clásica y los dogmas del cristianismo.* **2** GRAM. Fenómeno que se produce al coincidir en una única forma dos o más funciones gramaticales: *en las desinencias verbales hay sincretismo de las categorías de persona, número y tiempo.*

sincronía *n. f.* **1** Coincidencia en el tiempo de varios hechos o circunstancias: *debe existir una sincronía entre la conciencia del hombre y su vida personal.* **2** Método de análisis lingüístico que trata una lengua o un fenómeno lingüístico en un momento determinado, sin tener en cuenta su historia o su evolución en el tiempo: *en la escuela estudiamos gramática desde el punto de vista de la sincronía.* **ANT** diacronía.
DER sincrónico, sincronismo, sincronizar.

sincrónico, -ca *adj.* **1** Que ocurre al mismo tiempo que otro hecho o circunstancia: *la voz del coro era sincrónica con los instrumentos de la orquesta.* **2** Que analiza una lengua o un hecho lingüístico en un estado determinado, sin tener en cuenta su historia o evolución en el tiempo: *los estudios de la lengua actual son investigaciones sincrónicas.*

sincronización *n. f.* Acción que consiste en hacer que coincidan dos fenómenos o movimientos en un momento determinado: *después haremos la sincronización de los ejercicios gimnásticos con la música.*

sincronizar *v. tr.* Hacer que coincidan dos fenómenos o movimientos en un momento determinado: *sincronicemos nuestros relojes; el doblaje de la película no está bien sincronizado con los movimientos de los actores.*
DER sincronización.
OBS En su conjugación, la *z* se convierte en *c* delante de *e*.

sindical *adj.* Del sindicato o que tiene relación con este tipo de agrupación de trabajadores: *los representantes sindicales se reunieron con los directivos de la empresa.*
DER sindicalismo.

sindicalismo *n. m.* Movimiento que defiende el establecimiento de sindicatos de trabajadores como forma de organización social: *el origen del sindicalismo se halla en las teorías de Marx y Bakunin.*

sindicalista *adj.* **1** Del sindicalismo o relacionado con esta forma de organización social: *la primera asociación de carácter sindicalista surgió en Inglaterra.* ◊ *adj./n. m. y f.* **2** [persona] Que pertenece a un sindicato o que es partidario del sindicalismo: *los representantes sindicalistas se reunieron con el presidente del gobierno para exigir una mejora salarial.*

sindicar *v. tr.* **1** Hacer que una persona se asocie con otras que tienen sus mismos intereses laborales para formar un sindicato: *quieren sindicar a los obreros de esta empresa.* ◊ *v. prnl.* **2 sindicarse** Afiliarse una persona a un sindicato: *los empleados de la fábrica se han sindicado.*
OBS En su conjugación, la *c* se convierte en *qu* delante de *e*.

sindicato *n. m.* Unión o agrupación de trabajadores destinada a la defensa de sus intereses económicos y laborales: *los sindicatos nacieron en el siglo XIX a raíz de la revolución industrial; los sindicatos se opusieron a las propuestas del gobierno.*

síndico, -ca *n. m. y f.* Persona elegida por un grupo o comunidad para cuidar de sus intereses, especialmente económicos o sociales: *el síndico habló en nombre de todos los demás.*
DER sindical, sindicar, sindicato.

síndrome *n. m.* Conjunto de signos o señales que caracterizan una enfermedad o un trastorno físico o mental: *esta enfermedad tiene como síndrome fuertes dolores de cabeza y de estómago.* **síndrome de abstinencia** Conjunto de signos o señales que aparecen cuando una persona deja bruscamente de tomar una sustancia a la que está acostumbrada, especialmente las drogas: *tiene síndrome de abstinencia porque acaba de dejar de la heroína.* **síndrome de Down** Enfermedad que origina retraso mental y de crecimiento y que produce determinadas anomalías físicas; está producida por la triplicación total o parcial de cierto cromosoma: *adoptaron un niño con síndrome de Down.* **síndrome de Estocolmo** Actitud que aparece en las personas que son puestas en libertad después de un secuestro y que consiste en mostrarse comprensivo y benevolente con la conducta de los secuestradores: *hablaba bien de sus secuestradores porque tenía el síndrome de Estocolmo.* **síndrome de inmunodeficiencia adquirida** Enfermedad infecciosa producida por un virus. **SIN** sida.

sine díe Expresión que se usa para indicar que algo se aplaza sin determinar una fecha o plazo determinados: *han aplazado los exámenes sine díe.*

sinécdoque *n. f.* Figura del lenguaje que consiste en ampliar, reducir o alterar el significado de una palabra para designar un todo con el nombre de una de sus partes, o viceversa, designar una parte con el nombre del todo: *si decimos mil pesetas por cabeza en lugar de mil pesetas por persona utilizamos la sinécdoque, porque con el nombre de una parte (cabeza) designamos el todo (persona).*

sinfín *n. m.* Cantidad muy grande de alguna cosa, que resulta imposible de calcular o limitar, especialmente cuando se trata de cosas inmateriales: *hemos tenido un sinfín de problemas; le hicieron un sinfín de preguntas.* **SIN** infinidad, sinnúmero.

sinfonía *n. f.* **1** Composición musical hecha para ser interpretada por una orquesta, que consta de tres o cuatro movimientos de larga duración: *Beethoven compuso nueve sinfonías.* **2** Conjunto de elementos que están bien combinados entre sí: *este paisaje es una magnífica sinfonía de luz y color; una sinfonía de voces.*
DER sinfónico.

sinfónico, -ca *adj.* **1** De la sinfonía o que tiene relación con este tipo de composición musical: *el movimiento sinfónico alemán culminó en el periodo de Haydn y Mozart.* **2** [orquesta] Que se compone de un gran número de músicos que tocan instrumentos musicales de cuerda, de viento y de percusión: *mi tío pertenece a la orquesta sinfónica de Berlín; las orquestas sinfónicas suelen interpretar composiciones muy importantes.*

singladura *n. f.* **1** MAR. Distancia recorrida por una nave en 24 horas: *la singladura se cuenta a partir de las 12 del mediodía.* **2** Dirección real o imaginaria seguida por algo o alguien: *los helicópteros siguieron la singladura del barco; recordó la singladura de su vida.*

single *n. m.* Disco fonográfico de corta duración en el que sólo se reproducen una o dos canciones en cada cara: *han editado en single la canción más famosa de este cantante.*
OBS Es un anglicismo innecesario por *disco sencillo*. ◊ Se pronuncia aproximadamente 'sínguel'.

singular *adj./n. m.* **1** GRAM. [número gramatical] Que expresa una sola unidad: *los sustantivos y adjetivos aparecen en singular o en plural.* **ANT** plural. ◊ *adj.* **2** Que es raro o extravagante: *tenía una manera singular de hablar; Holmes era un detective muy singular.* **3** Que es extraordinario o muy bueno entre varias posibilidades: *tenía un don singular para la política.*
DER singularidad, singularizar, singularmente.

singularidad *n. f.* **1** Característica de lo que es único en su línea o de lo que es extraordinario o raro: *la singularidad de la tesis está en la nueva perspectiva con que enfoca el problema.* **2** Carácter especial de una persona o cosa que la hace destacar entre las demás: *su singularidad lo distinguió entre los pintores de la misma época.*

singularizar *v. tr.* **1** Distinguir o dar mayor relevancia a una cosa o persona entre varias: *el alcalde quiso singularizar el problema de la vivienda.* ◊ *v. prnl.* **2 singularizarse** Distinguirse o destacar una persona o cosa entre otras: *ese autor se singulariza entre los demás por su fantasía.* **SIN** particularizar.
OBS En su conjugación, la *z* se convierte en *c* delante de *e*.

singularmente *adv.* De manera especial o particular: *apreciamos singularmente su buena disposición para ayudarnos.* **SIN** especialmente.

siniestra *n. f.* Mano situada, en relación con la posición de una persona, en el lado que tiene el corazón: *los zurdos escriben con la siniestra.* **SIN** izquierda. **ANT** derecha, diestra.

siniestro, -tra *adj.* **1** Que está hecho con mala intención: *habían trazado un plan siniestro para destruir el planeta.*

SIN perverso. **2** Que es desgraciado o debido a la mala suerte: *el final de la fiesta fue siniestro porque se fue la luz y empezó a llover.* **3** Que causa cierto temor o angustia por su carácter sombrío o macabro o por su relación con la muerte: *decían que en aquella casa lúgubre y siniestra había fantasmas; era un hombre siniestro y misterioso.* ◇ *n. m.* **4 siniestro** Daño o pérdida importante que sufre una persona o una cosa que se posee, especialmente por muerte, incendio, naufragio, choque u otro suceso parecido: *las víctimas del siniestro fueron atendidas en el hospital de la ciudad.*
DER siniestrado, siniestralidad.

sinnúmero *n. m.* Cantidad muy grande de una cosa, que resulta imposible de calcular o limitar: *el librero vendió un sinnúmero de libros antiguos.* **SIN** infinidad, sinfín.

sino *n. m.* **1** Fuerza desconocida que determina lo que les ha de suceder a las personas: *nunca pensó que llegaría a ser presidente: está claro que ese era su sino.* **SIN** destino. ◇ *conj.* **2** Indica que lo que se dice a continuación se afirma por oposición a lo que se ha negado antes: *su coche no es blanco, sino negro.* Cuando precede a un verbo se usa en correlación con la conjunción *que*: *no me lo contó, sino que estaba allí cuando sucedió.* **3** Indica que lo que se dice a continuación queda excluido del conjunto que se ha dicho antes: *nadie lo sabe sino Antonio.* **4** Se usa para añadir un elemento nuevo a otro que se ha dicho antes: *merece ser estimado, no sólo por inteligente, sino también por afable.* Se usa en correlación con *no sólo.*

sínodo *n. m.* **1** Reunión de obispos para tratar temas sobre los dogmas del cristianismo o para tratar asuntos de organización. **2** Reunión de pastores de la iglesia protestante para tratar asuntos de su iglesia. **3** ASTR. Coincidencia de dos planetas en el mismo grado de la trayectoria que describe la Tierra en su movimiento de traslación alrededor del Sol.

sinonimia *n. f.* Igualdad de significado que hay entre dos o más palabras o expresiones: *entre las palabras pelo y cabello hay una relación de sinonimia; la sinonimia absoluta entre dos palabras o expresiones se da muy pocas veces porque casi siempre hay algún matiz de significado que las diferencia.*
ANT antonimia.
DER sinónimo.

sinónimo, -ma *adj./n. m.* [palabra, expresión] Que tiene el mismo significado que otra u otras palabras o expresiones: *la palabra esfera es sinónima de bola en algunos contextos; puerco es un sinónimo de cerdo.* **ANT** antónimo.

sinopsis *n. f.* **1** Esquema o exposición gráfica de los puntos generales de un tema o materia: *antes de cada tema el profesor nos hacía una sinopsis en la pizarra.* **2** Resumen muy breve y general de una cosa, especialmente de una novela, película u obra teatral: *lee la sinopsis de la película para saber de qué va; en la contraportada del libro hay una sinopsis.*
OBS El plural también es *sinopsis.*

sinóptico, -ca *adj.* Que presenta las partes principales de un asunto de manera clara, rápida y resumida: *los alumnos pudieron estudiar las clases de mamíferos en un cuadro sinóptico.*

sinovia *n. f.* Líquido transparente que se encuentra en las articulaciones de los huesos y que sirve para lubricarlas: *la sinovia está compuesta de una sustancia que también está en la saliva, en la bilis y en los mocos.*

sinovial *adj.* **1** De la sinovia o relacionado con este líquido de las articulaciones de los huesos: *líquido sinovial.* **2** [membrana] Que segrega sinovia: *la sinovitis es una inflamación de la membrana sinovial.*

sinrazón *n. f.* Acción hecha contra la justicia o fuera de lo que se considera razonable: *aquel despido fue una sinrazón; la sinrazón de su comportamiento me preocupa.*

sinsabor *n. m.* Sentimiento de pesar o disgusto que afecta a una persona: *la enfermedad de su hijo le ha producido muchos sinsabores.*

sinsentido *n. m.* Dicho o hecho absurdo y que no tiene lógica: *la fiesta que hizo en su casa después de ser despedido fue un sinsentido.*

sintáctico, -ca *adj.* GRAM. De la sintaxis o que tiene relación con esta parte de la gramática: *la coordinación y la subordinación son relaciones sintácticas.*

sintagma *n. m.* GRAM. Elemento o conjunto de elementos que constituyen una unidad de sentido y que cumplen una función determinada con respecto a otros elementos de la oración: *las palabras se combinan formando sintagmas, y los sintagmas, formando oraciones.* **sintagma adjetivo** Sintagma que tiene como núcleo o elemento principal un adjetivo: *capaz de leer el libro es un sintagma adjetivo.* **sintagma nominal** Sintagma que tiene como núcleo o elemento principal un nombre o sustantivo: *en la frase aquel día lluvioso volvimos a casa, aquel día lluvioso es un sintagma nominal.* **sintagma preposicional** Sintagma cuyo primer elemento es una preposición: *en la oración el caballo de madera es para ti, hay dos sintagmas preposicionales: de madera y para ti.* **sintagma verbal** Sintagma que tiene como núcleo o elemento principal un verbo: *las secuencias salimos, salimos de casa y salimos de casa a las once son sintagmas verbales.*
DER sintagmático.

sintagmático, -ca *adj.* **1** GRAM. Del sintagma o que tiene relación con esta unidad de la oración que cumple una función determinada: *analizó mal las funciones sintagmáticas de la oración.* **2** GRAM. [relación] Que se establece entre dos o más unidades que aparecen en un discurso: *entre el sujeto y el predicado de una oración hay una relación sintagmática.*
SIN paradigmático.

sintaxis *n. f.* **1** GRAM. Parte de la gramática que estudia el orden y la relación de las palabras en la oración y la unión de unas oraciones con otras en el discurso: *la sintaxis nos enseña a construir oraciones correctas.* **2** GRAM. Combinación y conexión de las palabras y las expresiones dentro del discurso: *al redactar una carta debe usted cuidar más la sintaxis.*
DER sintáctico.

síntesis *n. f.* **1** Explicación corta en la que se presenta lo principal de un asunto o materia: *al final de cada capítulo hay una síntesis de su contenido.* **SIN** resumen. **2** Composición o formación de un todo mediante la unión de varios elementos: *esta cultura es la síntesis de otras más antiguas.* **3** BIOL. Proceso por el que un ser vivo elabora en el interior de sus células las moléculas de sus componentes, a partir de sustancias tomadas del exterior: *la acción de la luz permite la síntesis de hidrato de carbono en las plantas.* **4** QUÍM. Proceso por el que se obtiene una sustancia compuesta a partir de la combinación de elementos químicos o de sustancias simples: *la síntesis ha conseguido formar muchos compuestos orgánicos que no existían en la naturaleza.* **5** FILOS. Método de razonamiento deductivo, que parte de lo más simple para llegar a lo más complejo: *la síntesis y el análisis son los procesos fundamentales de razonamiento.* **ANT** análisis.
DER sintético, sintetizar; biosíntesis, fotosíntesis, osteosíntesis, parasíntesis.
OBS El plural también es *síntesis.*

sintético, -ca *adj.* **1** De la síntesis o que tiene relación con ella: *su discurso fue un ejercicio sintético.* **ANT** analítico. **2** [material] Que se obtiene mediante procedimientos industriales o químicos y que imita una materia natural: *esa cartera es de piel sintética; tejido sintético; petróleo sintético*.

sintetizador *n. m.* Instrumento musical electrónico que se toca mediante teclas y que imita efectos sonoros determinados o sonidos de otros instrumentos musicales, combinando distintas frecuencias e intensidades: *este músico sólo utiliza un sintetizador y parece que toque toda una orquesta; con el sintetizador consiguió imitar el chirrido de una puerta*.

sintetizar *v. tr.* **1** Hacer una síntesis o resumen en que se recogen las principales ideas de un asunto o materia: *los periodistas sintetizaron la entrevista para publicarla en el suplemento dominical*. **2** Formar un elemento o sustancia compuesta mediante la combinación de elementos o sustancias simples: *las plantas sintetizan el anhídrido carbónico, el agua y la luz para alimentarse*.
DER sintetizador.
OBS En su conjugación, la *z* se convierte en *c* delante de *e*.

síntoma *n. m.* **1** Fenómeno o alteración del organismo que pone de manifiesto la enfermedad que una persona padece, y que sirve para determinar la naturaleza de esta enfermedad: *el color amarillo de la piel puede ser síntoma de hepatitis; algunos síntomas son comunes a varias enfermedades*. **2** Señal o signo de que una cosa está ocurriendo o va a ocurrir: *las manifestaciones son síntoma de malestar social; sus constantes peleas son síntoma de una relación inestable*.
DER sintomático, sintomatología.

sintomático, -ca *adj.* **1** Del síntoma o que tiene relación con esta alteración del organismo: *el médico me dijo que mi enfermedad era sintomática*. **2** Que indica que una cosa está ocurriendo o va a ocurrir: *su malhumor es sintomático, habrán vuelto a discutir*.

sintomatología *n. f.* Conjunto de síntomas que tiene un enfermo o que son característicos de una enfermedad determinada: *el paciente presentaba la sintomatología propia de la fiebre amarilla*.

sintonía *n. f.* **1** Música con la que se marca el comienzo o el fin de un espacio de radio o de televisión y que lo identifica entre los demás: *me gusta la sintonía de esta telenovela porque es muy pegadiza*. **2** Igualdad de frecuencia entre un aparato receptor y otro emisor, especialmente referido a la adaptación de un aparato de radio o de televisión a una emisora para captar sus programas: *no pude encontrar la sintonía de la Cadena SER y me perdí mi programa de radio favorito*. **3** Relación de acuerdo o de correspondencia entre varias personas o cosas: *lo que haces ha de estar en sintonía con lo que piensas*. **SIN** consonancia.
DER sintonizar; presintonía.

sintonización *n. f.* **1** Acción que consiste en ajustar la frecuencia de onda de un aparato receptor con la frecuencia de onda de un aparato emisor: *el técnico enchufó el televisor nuevo e hizo la sintonización de los canales*. **2** Correspondencia en los sentimientos o pensamientos de dos personas, lo que permite que exista armonía en lo que hacen: *en su matrimonio hay una sintonización perfecta*.

sintonizador *n. m.* Sistema que permite aumentar o disminuir la longitud de onda en un aparato receptor, para adaptarla a la de un aparato emisor: *gira el botón del sintonizador para encontrar la emisora que buscas; algunos televisores llevan un sintonizador automático de canales*.

sintonizar *v. tr.* **1** Poner un aparato receptor en la misma frecuencia que un aparato emisor para poder recibir su señal: *hay que sintonizar bien este televisor porque no se ve bien; no deje de sintonizar Radio Tres en el punto 61 de la frecuencia*. ◊ *v. intr.* **2** Entender bien dos o más personas o cosas por tener ideas y gustos parecidos o un carácter similar: *la empresa buscaba una persona capaz de sintonizar con sus intereses comerciales; nada más presentarlos, sintonizaron perfectamente*.
DER sintonización, sintonizador.
OBS En su conjugación, la *z* se convierte en *c* delante de *e*.

sinuoso, -sa *adj.* **1** [trayecto] Que tiene curvas, ondulaciones o recodos: *recorrimos el sinuoso camino que cruza la montaña*. **SIN** tortuoso. **2** Que es poco claro y pretende ocultar la verdadera intención o propósito: *no creo que nadie pueda seguir su sinuoso pensamiento*. **SIN** retorcido, tortuoso.
ETIM Véase *seno*.

sinusitis *n. f.* MED. Enfermedad que consiste en una inflamación de las membranas que cubren los huesos de la frente a ambos lados de la nariz: *la sinusitis produce fuertes dolores de cabeza*.
ETIM Véase *seno*.

sinvergüenza *adj./n. com.* **1** [persona] Que habla u obra sin demostrar vergüenza ni respeto: *no seas sinvergüenza y pídele perdón a ese señor*. **SIN** descarado. **2** [persona] Que tiene habilidad para engañar sin maldad y para no dejarse engañar: *el muy sinvergüenza me ha cambiado su bici por la mía sin que me diera cuenta*. **3** [persona] Que comete actos de delincuencia en beneficio propio, generalmente estafas o robos: *he denunciado a los sinvergüenzas que me robaron el coche*.

sionismo *n. m.* Movimiento político judío que defiende la creación del estado independiente israelí en Palestina, antiguo país de Oriente Medio: *el sionismo surgió a finales del siglo XIX*.

sionista *adj.* **1** Del sionismo o relacionado con este movimiento político judío: *el movimiento sionista fue reconocido por el Reino Unido en 1948*. ◊ *adj./n. com.* **2** [persona] Que es partidario del sionismo o sigue este movimiento político: *los sionistas intentan recuperar los territorios musulmanes de Israel*.

sioux *adj.* **1** De un conjunto de tribus indígenas que vivían en las llanuras centrales de América del Norte: *los pueblos sioux fueron perseguidos por los colonizadores blancos; actualmente los sioux viven en reservas en algunos estados de los Estados Unidos*. ◊ *adj./n. com.* **2** [persona] Que es de una de estas tribus: *los sioux se llaman a sí mismos dakotas*. ◊ *n. m.* **3** Lengua hablada por estas tribus.
OBS Se pronuncia aproximadamente 'síucs'. ◊ El plural también es *sioux*.

siquiatra *n. com.* Médico especializado en el estudio y tratamiento de las enfermedades mentales.
OBS La Real Academia Española admite *siquiatra*, pero prefiere la forma *psiquiatra*.

siquiatría *n. f.* Parte de la medicina especializada en el estudio y tratamiento de las enfermedades mentales.
OBS La Real Academia Española admite *siquiatría*, pero prefiere la forma *psiquiatría*.

síquico, -ca *adj.* De la mente o que tiene relación con el conjunto de capacidades intelectuales de la persona, con su pensamiento y voluntad: *tiene que encontrarse en perfecto estado físico y síquico para reincorporarse a la competición; poca gente comprende a los enfermos síquicos*.
OBS La Real Academia Española admite *síquico*, pero prefiere la forma *psíquico*.

siquiera *adv.* **1** Indica que lo que se dice a continuación es lo mínimo que se espera de una cosa solicitada o dada: *préstame siquiera 1000 pesetas*. ◊ *conj.* **2** Sirve para unir oraciones e indica que lo que se dice a continuación es lo mínimo que se espera sobre lo dicho antes: *querría hablar con el director, siquiera fuese un momento.*

ni siquiera o **ni tan siquiera** Expresión que se usa para reforzar una negación de manera que lo que se dice a continuación representa lo más básico de una totalidad que tampoco se cumple: *sufre amnesia, no recuerda ni siquiera su nombre.*

sirena *n. f.* **1** Ser imaginario que vive en el mar, con cuerpo de mujer hasta la cintura y cola de pez: *las sirenas aparecen en la mitología griega y romana.* **2** Aparato que emite un sonido fuerte, generalmente con subidas y bajadas de intensidad, que se oye a mucha distancia, y que sirve para avisar de alguna cosa: *en circulación, los vehículos que llevan sirena tienen preferencia; sonó la sirena y todo el mundo fue corriendo a los refugios.*
DER sirénido, sirenio.

sirimiri *n. m.* Lluvia muy fina y continua: *ha estado cayendo sirimiri durante toda la tarde.* También se escribe *chirimiri.*
SIN calabobos.

sirio, -ria *adj.* **1** De Siria o relacionado con este país del suroeste de Asia, entre Turquía e Iraq: *Homs, Hamah y Damasco son ciudades sirias.* ◇ *adj./n. m. y f.* **2** [persona] Que es de Siria: *los sirios hablan árabe.*

sirla *n. f. coloquial* Navaja, cuchillo cuya hoja puede doblarse para guardar el filo dentro del mango: *le sacó la sirla y le pidió la cartera.*

siroco *n. m.* Viento muy caliente y seco que sopla del desierto del Sáhara hacia el Mediterráneo: *este verano ha sido muy caluroso en la península porque ha llegado el siroco.*

sirope *n. m.* Sustancia líquida y espesa que se usa para hacer refrescos o para endulzar y adornar postres: *el sirope es un concentrado de azúcar, jugo de fruta y otros ingredientes; en verano me gusta tomar sirope de menta con agua muy fría.*

sirtaki *n. m.* Danza típica griega que se baila generalmente en grupo, formando una hilera con ambos brazos extendidos y dando pasos cortos: *originariamente el sirtaki sólo lo bailaban los hombres.*

sirviente, -ta *n. m. y f.* Persona que sirve a otra, especialmente la que se dedica a realizar los trabajos domésticos a cambio de dinero: *contrató a una sirvienta para limpiar la casa y hacer la comida; vive en una mansión con muchos sirvientes.*

sisa *n. f.* **1** Corte curvo hecho en el cuerpo de una prenda de vestir que corresponde a la parte de la axila y por donde se une la manga: *la sisa permite el movimiento cómodo de los brazos.* **2** Cantidad pequeña de dinero que una persona se queda para sí al hacer una compra con dinero de otra persona: *descubrió que su hijo le hacía sisa para comprarse golosinas.*
DER sisar.

sisar *v. tr.* **1** Quedarse con una cantidad pequeña de dinero de otra persona al hacer una compra para ella: *aunque podía sisarle 100 pesetas sin que se diera cuenta, prefirió pedírselas.* **2** Hacer un corte curvo en el cuerpo de una prenda de vestir por la parte de la axila: *le pedí a la modista que me sisara la chaqueta del traje.*

sisear *v. intr.* Pronunciar una s o un sonido parecido de manera continuada para pedir silencio o como señal de desacuerdo: *antes de empezar la película siseó para que la gente se callara.*

sísmico, -ca *adj.* Del terremoto o que tiene relación con este movimiento de la corteza terrestre: *se produjo un movimiento sísmico de muy leve intensidad.*
DER antisísmico.

sismógrafo *n. m.* Instrumento que sirve para registrar la intensidad, duración y otras características de los temblores de tierra durante un terremoto: *con el sismógrafo se puede saber dónde está el centro de un terremoto.*

sistema *n. m.* **1** Conjunto ordenado de normas y procedimientos que permite que funcione una cosa: *el sistema político que tenemos en España es la democracia; no estoy de acuerdo con el nuevo sistema implantado en la escuela.* **2** Conjunto de reglas, principios o medidas que tienen relación entre sí. **sistema cegesimal** Sistema de pesas y medidas que tiene por unidades básicas el centímetro, el gramo y el segundo: *en este libro de cocina dan las medidas en el sistema cegesimal.* **sistema internacional de unidades** Sistema de pesas y medidas acordado por muchos países para tener una referencia común: *el ampere es una unidad del sistema internacional de unidades.* **sistema métrico** o **sistema métrico decimal** Sistema de pesas y medidas que tiene por unidades básicas el metro, el kilogramo y el segundo: *todas las unidades deben darse expresadas en el sistema métrico decimal; el sistema métrico ha sido sustituido por el sistema internacional de unidades.* **3** Conjunto de elementos que forman un todo. **sistema montañoso** Conjunto de montañas que se considera como una unidad: *los Pirineos son el sistema montañoso que separa España de Francia.* **sistema operativo** INFORM. Conjunto de órdenes y programas que controlan los procesos básicos de un ordenador y permiten el funcionamiento de otros programas: *el sistema operativo de mi ordenador es MS-DOS; las órdenes de copiar archivos, borrarlos y crear directorios pertenecen al sistema operativo.* **sistema periódico** QUÍM. Conjunto de los elementos químicos ordenados en una tabla por su número atómico y según sus propiedades: *los estudiantes deben consultar a menudo el sistema periódico.* **sistema planetario** o **sistema solar** Conjunto formado por el Sol y los demás cuerpos celestes que giran a su alrededor: *Plutón es el planeta que está más cerca del límite del sistema solar; los satélites y los cometas pertenecen al sistema planetario.* **4** BIOL. Conjunto de órganos que intervienen en una función principal dentro del cuerpo: *los pulmones forman parte del sistema respiratorio; sistema nervioso; sistema circulatorio.* **5** Medio o manera con que se hace una cosa: *un buen sistema de trabajo nos ahorrará tiempo; el sistema que hemos utilizado es el mejor para nuestros objetivos.* **6** Cada uno de los conjuntos organizados que constituyen una lengua y que están relacionados entre sí: *sistema fonológico; sistema gramatical; sistema léxico.*

por sistema Se usa para indicar que una cosa se hace siempre obstinadamente o sin una lógica determinada: *los adolescentes llevan la contraria a sus padres por sistema.* **SIN** sistemáticamente.
DER sistemático, sistematizar.

sistemático, -ca *adj.* **1** Que sigue o se ajusta a un sistema o conjunto de elementos ordenados: *una investigación sistemática es siempre más fiable.* **2** [persona] Que actúa con un método determinado y mucha constancia: *tengo que ser más sistemático en el trabajo para aprovechar mejor el tiempo.*

sistematización *n. f.* Organización de una cosa según un sistema o un conjunto ordenado de normas y procedimientos: *para hacer esta encuesta tiene que haber cierta sistematización o no obtendremos buenos resultados.*

sistematizar *v. tr.* Organizar un conjunto de elementos dándoles un orden determinado y lógico: *trataban de sistematizar los datos obtenidos antes de analizarlos en profundidad.*

DER sistematización.

OBS En su conjugación, la z se convierte en c delante de e.

sístole *n. f.* **1** Movimiento de contracción del corazón y de las arterias: *la sístole alterna con la diástole para impulsar la sangre por el sistema circulatorio*. **2** Recurso poético que sirve para mantener el ritmo de un verso y que consiste en el traslado del acento de una palabra a la sílaba inmediatamente anterior: *en el verso de Juan de Mena del prímer Enrique, que en adolescencia se produce una sístole*.

sitiar *v. tr.* **1** Rodear una ciudad, una fortaleza u otro lugar para atacar a las fuerzas enemigas que están dentro o para impedir que salgan o reciban ayuda: *las tropas sitiaron la ciudad y consiguieron que sus habitantes se rindieran*. **SIN** asediar. **2** Hacer que una persona no tenga más remedio que aceptar lo que se le propone con mucha insistencia: *lo sitiaron para que aceptara el cargo*.

OBS En su conjugación, la i no se acentúa, como en *cambiar*.

sitio *n. m.* **1** Parte o punto de un espacio: *deja los abrigos en cualquier sitio si no caben en el perchero; cuando desperté, estaba en aquel sitio, pero no recordaba cómo había llegado*. **SIN** lugar. **2** Puesto que corresponde a una persona o una cosa en un determinado momento: *éste es mi sitio y no pienso moverme; las joyas no están en su sitio*. **3** Espacio libre o disponible para un determinado fin: *no encontré sitio para aparcar; deja sitio a tu hermano en el sofá*. **4** Acción que consiste en rodear una ciudad, una fortaleza u otro lugar para atacar a las fuerzas enemigas que están dentro o para impedir que salgan o reciban ayuda: *durante el sitio de la ciudad mucha gente murió de hambre y de enfermedad*.

dejar en el sitio *coloquial* Matar a una persona o animal: *el tren atropelló al gato y lo dejó en el sitio*.

poner en su sitio Hacer ver a una persona cuál es su posición o situación para que no se tome demasiadas libertades ni haga lo que quiera: *la regañina puso a Isabel en su sitio*.

quedarse en el sitio *coloquial* Morirse una persona o animal en el acto: *le dio un infarto y se quedó en el sitio*.

DER sitial, sitiar, sito.

sito, -ta *adj. culto* Que está situado en un lugar determinado: *el edificio, sito en la calle Velázquez, ha sido clausurado porque no cumplía las medidas de seguridad*. **SIN** situado.

OBS Se usa sobre todo en textos legales y jurídicos.

situ Palabra que se utiliza en la expresión *in situ*, que significa 'en el lugar y en el momento en que ocurre una cosa': *acudió al teatro para asistir in situ al estreno de su obra*.

situación *n. f.* **1** Colocación o posición de una persona, animal o cosa en un lugar: *el edificio tiene una situación privilegiada en el centro de la ciudad*. **2** Estado o condición en que se halla una persona, animal o cosa en un momento determinado: *el divorcio de los padres pone a los hijos en una situación bastante difícil; la situación del enfermo todavía es crítica*.

situar *v. tr./prnl.* **1** Poner a una persona, animal o cosa en un lugar o espacio determinado: *sitúa las fichas en la casilla de salida; el camarero se situó detrás de la barra; la acción de la película se sitúa en el siglo XVII*. ◇ *v. prnl.* **2 situarse** Lograr una persona buena posición social, económica o profesional de modo que pueda vivir con comodidad: *hay que trabajar mucho para poder situarse*.

DER situación, situado.

OBS En su conjugación, la u se acentúa en algunos tiempos y personas, como en *actuar*.

skateboard *n. m.* Monopatín, patín con ruedas sobre el que se pueden colocar ambos pies.

OBS Es de origen inglés y se pronuncia aproximadamente 'skeitbor'.

skay *n. m.* Material plástico que imita el cuero y que se usa principalmente para tapizar: *tienen un sofá de skay en su casa*.

OBS Es marca registrada.

sketch *n. m.* Escena de corta duración y de tono humorístico que se intercala en una representación teatral o cinematográfica o en un programa de televisión: *fuimos al teatro a ver los mejores sketch de esta compañía*.

OBS Es de origen inglés y se pronuncia aproximadamente 'esquech'. ◇ El plural también es *sketch*.

ski *n. m.* Esquí, deporte que se practica sobre la nieve y especie de tabla con la que se practica.

OBS Es un anglicismo innecesario.

skin head *n. com.* Persona joven que pertenece a un grupo social violento y rebelde, que se distingue por llevar la cabeza rapada y botas de estilo militar: *los skin head forman una de las tribus urbanas*.

OBS Es de origen inglés y se pronuncia aproximadamente 'esquinjet'. ◇ Es preferible utilizar el término *cabeza rapada*.

slalom *n. m.* Eslalon, carrera en esquí que se hace a través de una pista en la que hay unos banderines que marcan el recorrido que debe hacer el esquiador: *la puntuación del slalom depende del tiempo que se tarda en recorrer la pista*.

OBS Es de origen noruego y se pronuncia 'eslálom'.

slip *n. m.* Prenda íntima masculina hecha de material elástico, que cubre desde la cintura hasta las ingles y se ajusta al cuerpo: *cuando hace deporte prefiere llevar slip en lugar de calzoncillos*.

OBS También se usa en plural para hacer referencia a una sola de estas prendas. ◇ Es de origen inglés y se pronuncia aproximadamente 'eslip'.

slogan *n. m.* Frase corta y que se puede recordar fácilmente, que se usa para vender un producto o para aconsejar a la población sobre algo: *si bebes, no conduzcas es un slogan muy conocido*.

OBS Es de origen inglés y se pronuncia 'slogan'. ◇ La Real Academia Española sólo admite la forma *eslogan*.

smash *n. m.* En el tenis, golpe muy fuerte que se da con la raqueta de arriba hacia abajo cuando la pelota llega muy alta: *subió a la red para hacer un smash y sorprender a su adversario*. **SIN** mate.

OBS Es de origen inglés y se pronuncia aproximadamente 'esmash'.

smoking *n. m.* Chaqueta de hombre que tiene el cuello largo, que se usa en fiestas y ocasiones importantes y que generalmente es de seda: *mi marido llevaba un smoking negro en Nochevieja*.

OBS Es de origen inglés. ◇ La Real Academia Española sólo admite la forma *esmoquin*.

snack bar *n. m.* Establecimiento en que el que se sirven bebidas y comidas rápidas: *como tengo poco tiempo comeré algo en ese snack bar*.

OBS Es de origen inglés y se pronuncia aproximadamente 'esnacbar'.

snob *adj./n. com.* [persona] Que imita de manera exagerada comportamientos e ideas que considera distinguidos y elegantes: *desde que te juntas con esa gente, vistes y te comportas como una snob*.

DER snobismo.

OBS Es de origen inglés. ◇ La Real Academia Española sólo admite la forma *esnob*. ◇ Se usa en sentido despectivo. ◇ El plural es *snobs*.

snobismo *n. m.* Actitud de la persona que imita de manera exagerada comportamientos e ideas que considera distin-

guidos y elegantes: *no me gusta el snobismo de que hace gala este chico.*
OBS La Real Academia Española sólo admite la forma es*nobismo.*

so *prep.* **1** Antigua preposición que equivalía a *bajo* o *debajo de* y que actualmente se usa en las expresiones *so pena de* con el significado de 'a no ser que': *no tiene dinero para pagar el alquiler, so pena de que encuentre hoy mismo trabajo.* ◊ *n. com.* **2** Contracción antigua de *señor* que actualmente se usa delante de determinados adjetivos para enfatizar su valor despectivo: *so burro, deja de decir estupideces; so tonta.* ◊ *int.* **3 ¡so!** Palabra que se usa para hacer que pare un caballo, un burro u otra caballería: *¡so, caballo!*

soasar *v. tr.* Asar ligeramente un alimento, teniéndolo poco tiempo en el fuego: *vamos a soasar el pollo para acabar de quitarle todas las plumas.*

soba *n. f. coloquial* Cantidad grande de golpes que una persona da o recibe: *se cayó por las escaleras y parecía que le habían dado una soba.* **SIN** paliza, somanta.

sobaco *n. m.* Hueco que se forma en la unión del interior del brazo con el tronco: *ponte el termómetro en el sobaco.* **SIN** axila.
DER sobaquera.

sobado, -da *adj.* **1** [cosa] Que está muy gastado o estropeado por usarlo continuadamente: *necesitas una cartera nueva porque la tuya está muy sobada.* **2** [tema, asunto] Que está muy usado o muy tratado y por ello es muy poco original: *hablemos de otra cosa, que ese tema está ya muy sobado.* ◊ *n. m.* **3** Bollo hecho con harina, abundante manteca o aceite y azúcar: *he desayunado leche con sobados.*

sobaquera *n. f.* **1** Abertura que se deja en algunas prendas de vestir en la unión de la manga y el cuerpo por la parte del sobaco: *la chaquetilla del torero lleva sobaqueras.* **2** Trozo de tela o de piel curtida que refuerza la parte del sobaco en las prendas de vestir: *el chaquetón llevaba unas sobaqueras de cuero.*

sobar *v. tr.* **1** Tocar mucho una cosa, de manera que se estropee o desgaste: *no sobes la fruta si no te la vas a comer; soba tanto los muñecos que apenas le duran dos años.* **SIN** manosear. **2** Acariciar o toquetear a una persona con insistencia: *cuando eran novios no dejaban de sobarse; deja ya de sobarme y no seas pesado.* **SIN** manosear. **3** Oprimir y remover una cosa para que se ablande: *el panadero soba la masa con la que hará pasteles.* **4** Golpear a una persona: *el boxeador ha sobado bien a su contrincante; Ismael sobaba a todos los que le importunaban.* ◊ *v. intr.* **5** *coloquial* Estar una persona en estado de sueño: *anoche llegó muy tarde y hoy se ha pasado el día entero sobando.* **SIN** dormir.
DER soba, sobado, sobetear, sobón.

soberanía *n. f.* **1** Autoridad más elevada sobre los asuntos sociales, económicos y políticos de un pueblo o nación: *según la Constitución, la soberanía reside en el pueblo.* **soberanía nacional** Autoridad que ejerce el pueblo a través de los órganos que lo representan: *para ejercer la soberanía nacional hay que votar en las elecciones.* **2** Gobierno propio de un pueblo o nación en oposición al gobierno impuesto por otro pueblo o nación: *las colonias llevan años luchando para conseguir su soberanía.* **SIN** independencia.

soberano, -na *adj./n. m. y f.* **1** [persona] Que posee y ejerce la autoridad más elevada sobre los asuntos sociales, económicos y políticos de un pueblo o nación: *Juan Carlos I es un rey soberano.* ◊ *adj.* **2** [pueblo, nación] Que se gobierna a sí mismo sin estar sometido políticamente a otro: *España es un estado soberano; el pueblo soberano manifestó su* voluntad al elegir al presidente del gobierno. **3** *coloquial* Que es muy grande o muy difícil de superar: *le dieron una soberana paliza.*

soberbia *n. f.* **1** Actitud o sentimiento de una persona que se considera superior a los demás por alguna cualidad o circunstancia: *su soberbia le impide aceptar cualquier crítica sobre su trabajo.* **SIN** altanería, altivez. **2** Rabia o enfado que muestra una persona de manera exagerada ante una contrariedad: *tanta soberbia empeorará los problemas entre vosotros.*
DER soberbio; ensoberbecer.

soberbio, -bia *adj.* **1** [persona] Que se considera superior a los demás por alguna cualidad o circunstancia y lo demuestra en sus actos y palabras: *es muy soberbio y trata con desdén a sus inferiores; dejó que su mujer se marchara porque era demasiado soberbio para pedirle perdón.* **SIN** altanero, altivo. **2** [cosa] Que destaca o sobresale entre los demás por sus buenas cualidades: *viven en una mansión soberbia.* **SIN** extraordinario, magnífico.

sobón, -bona *adj./n. m. y f.* [persona] Que acaricia o toca mucho con las manos hasta resultar molesto: *de pequeña era muy cariñosa, pero demasiado sobona; no le gustan nada los sobones.*
OBS Se usa con valor despectivo.

sobornar *v. tr.* Ofrecer dinero u objetos de valor a una persona para conseguir un favor o un beneficio, especialmente si es injusto o ilegal, o para que no cumpla con una determinada obligación: *es un político muy honrado y no se dejará sobornar jamás; sobornaron al árbitro con unos abrigos de piel.*
DER soborno; insobornable.

soborno *n. m.* **1** Acción que consiste en ofrecer dinero u objetos de valor a una persona para conseguir un favor o un beneficio, especialmente si es injusto o ilegal, o para que no cumpla con una determinada obligación: *descubrieron el soborno y detuvieron a los funcionarios implicados en él.* **2** Dinero u objetos de valor con que se intenta conseguir de alguien un favor o beneficio, o que no cumpla con una determinada obligación: *el acusado ofreció al juez un soborno de varios millones de pesetas a cambio de su libertad.*

sobra *n. f.* **1** Cantidad de una cosa además de la necesaria o útil: *la sobra de producción agrícola hizo bajar los precios de algunos productos.* **SIN** exceso. ◊ *n. f. pl.* **2 sobras** Restos de una cosa después de haberla usado o consumido: *llevó las sobras de arroz a las gallinas; su perro se alimenta sólo de sobras.*

de sobra Abundantemente, con exceso o más de lo que es necesario: *tengo vasos de sobra para todos; sabía de sobra que aquello no acabaría bien.*

estar de sobra Molestar o no ser necesaria una persona en un lugar o situación: *me fui porque discutían asuntos privados y yo estaba de sobra.*

sobradamente *adv.* **1** De manera muy abundante, excesiva o en gran cantidad: *tiene sobradamente capacidad para este trabajo.* **2** De manera suficiente: *sabes sobradamente que sin ti no podría hacerlo.*

sobrado, -da *adj.* **1** Que existe en gran cantidad o más de lo que es necesario: *tienes talento sobrado para hacer este trabajo; tuvo sobradas razones para intervenir.* ◊ *n. m.* **2** Último piso de una casa que queda justo debajo del tejado y que por ello tiene el techo inclinado, y que suele usarse para guardar cosas que ya no se usan: *hemos guardado la bicicleta en el sobrado porque ya estaba vieja.* **SIN** desván.

estar sobrado Se usa para indicar que una persona tiene

mucha cantidad de lo que se expresa a continuación: *está sobrado de cariño; estás sobrada de amigos.*
DER sobradamente.

sobrante *adj./n. m. y f.* [parte de una cosa] Que queda sin ser utilizado: *pagaremos las deudas y el dinero sobrante lo invertiremos.*

sobrar *v. intr.* **1** Haber más cantidad de una cosa de la necesaria: *en esta casa siempre sobra comida; han sobrado estos pasteles de la fiesta.* **2** Molestar o no ser necesaria una persona o cosa en un determinado lugar o situación: *vete con los pequeños, que aquí sobras; este adorno en la solapa del vestido sobra, mejor que te lo quites.*
DER sobra, sobrado, sobrante, sobrero.

sobrasada *n. f.* Embutido hecho con carne de cerdo muy picada y condimentada con sal y mucho pimentón: *la sobrasada es típica de Mallorca.*

sobre *prep.* **1** Indica la posición superior o más alta de una cosa: *el jarrón está sobre la mesa; el helicóptero volaba sobre la ciudad.* **2** Indica de qué materia o asunto trata cierta cosa: *el científico planteó una nueva hipótesis sobre el origen del Universo; el primer capítulo trata sobre los derechos humanos.* **3** Indica que una cantidad es aproximada: *llegaré sobre las once y media; costó sobre unas tres mil pesetas.* **4** Indica la proximidad y elevación de una cosa respecto a otra: *el faro está sobre el acantilado.* **5** Indica superioridad o situación dominante de una persona en relación a otra: *en la empresa sólo el director general está sobre él.* **6** Indica dirección hacia un lugar determinado: *las tropas avanzaban sobre la ciudad.* **7** Indica control o vigilancia constante hacia una persona: *tengo que estar todo el día sobre el niño para que no haga trastadas.* **8** Indica reiteración de lo que se especifica: *es un embustero y sólo hace que decir mentira sobre mentira.* Va precedida y seguida del mismo sustantivo. ◊ *n. m.* **9** Envoltorio plano, generalmente de papel, que se usa para meter en él cartas, documentos o papeles de cualquier tipo: *compré un sobre para enviar la carta por correo; las fotografías venían en un sobre blanco.* **10** Envoltorio que tiene esta misma forma y que se usa para contener líquidos, polvos y otras cosas: *tómese dos sobres de estas vitaminas al día; en la revista regalaban un sobre de colonia; pásame un sobre de azúcar.* **11** *coloquial* Mueble de cuatro patas que se usa para dormir o para echarse encima de él: *me meteré en el sobre pronto porque tengo muncho sueño.* **SIN** cama.

sobre- Prefijo que entra en la formación de palabras para: *a)* Indicar aumento de la significación del nombre o verbo a que se une: *sobrecargar, sobredosis. b)* A veces, denotar acción repentina: *sobresaltar, sobrecoger. c)* Indicar 'encima', 'más arriba', 'después': *sobreedificar, sobremesa.*

sobrealimentar *v. tr./prnl.* **1** Hacer que una persona o un animal coma más de lo normal o de lo necesario: *no debes sobrealimentar al bebé porque se pondrá obeso; el atleta se sobrealimentó para poder ganar la carrera.* ◊ *v. tr.* **2** Aumentar la presión del combustible en un motor de explosión para incrementar su potencia: *el motor de tu coche está sobrealimentado.*
DER sobrealimentación.

sobreático *n. m.* Piso de un edificio que está situado encima del ático y que generalmente se ha levantado un tiempo después de la construcción del edificio: *vive en el sobreático tercera.*

sobrecarga *n. f.* **1** Exceso de carga de una cosa, especialmente de un vehículo: *no sé si el camión podrá soportar la sobrecarga.* **SIN** sobrepeso. **2** Ocupación o uso completo de una cosa que impide su funcionamiento normal: *las líneas telefónicas están bloqueadas a causa de una sobrecarga.* **3** Cualquier sufrimiento, pena o molestia que tiene una persona y que se añade a otros que ya tiene: *la separación de sus padres fue una sobrecarga para Juan.* **4** Molestia que se produce por haber sometido una parte del cuerpo a un trabajo o un peso excesivos: *el futbolista no podrá jugar porque tiene una sobrecarga muscular.*

sobrecargar *v. tr.* Cargar más de lo debido una cosa, especialmente un vehículo: *sobrecargó el coche con maletas; no lo sobrecarguéis de trabajo.*
DER sobrecarga, sobrecargo.
OBS En su conjugación, la *g* se convierte en *gu* delante de *e*.

sobrecargo *n. com.* **1** Persona que se ocupa de los pasajeros y de otras funciones auxiliares en un avión: *la sobrecargo dio instrucciones a las azafatas.* **2** Persona que se ocupa de la carga de un barco: *el capitán ordenó al sobrecargo que vigilara el embarque de la mercancía.*

sobrecogedor, -ra *adj.* Que causa una impresión fuerte en el ánimo, generalmente de sorpresa o de miedo: *escuchamos un grito sobrecogedor de alguien que pedía ayuda; se emocionó ante la sobrecogedora escena del hijo buscando a su madre.*

sobrecoger *v. tr./prnl.* Causar una impresión fuerte en el ánimo, generalmente de sorpresa o de miedo: *su terrible historia nos sobrecogió a todos.*
DER sobrecogedor.
OBS En su conjugación, la *g* se convierte en *j* delante de *a* y *o*.

sobrecubierta *n. f.* Cubierta que se pone encima de otra para proteger mejor una cosa: *los forros de plástico son sobrecubiertas para proteger los libros.*

sobredosis *n. f.* Cantidad excesiva de una medicina o de una droga que suele causar intoxicación o incluso la muerte: *lo ingresaron en el hospital porque había tomado una sobredosis de calmantes.*
OBS El plural también es *sobredosis.*

sobreentender *v. tr./prnl.* Sobrentender, entender algo que no se expresa con palabras.
OBS La Real Academia Española admite *sobreentender*, pero prefiere la forma *sobrentender*. ◊ En su conjugación, la *e* se convierte en *ie* en sílaba acentuada, como en *entender*.

sobreesdrújulo, -la *adj./n. f.* [palabra] Que lleva el acento en la sílaba anterior a la antepenúltima.
OBS También se escribe *sobresdrújulo.*

sobrehilar *v. tr.* Dar puntadas en el borde de una tela haciendo que la aguja entre por un lado y salga por el opuesto, de manera que el hilo pasa por encima del borde y la tela no se deshilacha: *sobrehiló los pantalones porque le colgaban muchos hilos.*
OBS En su conjugación, la *i* se acentúa en algunos tiempos y personas.

sobrehumano, -na *adj.* Que está por encima de las posibilidades, de la capacidad o de otra cosa que se considera propia del ser humano: *el corredor tuvo que hacer un esfuerzo sobrehumano para llegar a la meta.*

sobrellevar *v. tr.* Soportar con resignación una enfermedad, una pena o una situación que no satisface completamente: *te conviene sobrellevar este trabajo lo mejor que puedas porque pronto acabará.*

sobremanera *adv.* Muchísimo o de un modo extraordinario: *me asombra sobremanera el valor de los pilotos de pruebas.*

sobremesa *n. f.* Período de tiempo después de la comida en el que se continúa sentado alrededor de la mesa: *durante la sobremesa estuvimos charlando y tomando café.*

de sobremesa a) Se usa para indicar que una cosa sucede o se produce en el periodo de tiempo que va inmediatamente después de comer: *las películas de sobremesa que ponen en televisión suelen ser soporíferas*. b) Se usa aplicado a objetos que son para colocarse encima de una mesa o de un mueble parecido: *este marco es de sobremesa, no se puede colgar en la pared*.

sobrenatural *adj*. Que no sigue las reglas conocidas de la naturaleza o que supera sus límites: *este programa trata sobre las apariciones de espíritus y otros fenómenos sobrenaturales; dicen que la niña tiene poderes sobrenaturales*. **ANT** natural.

sobrenombre *n. m.* **1** Nombre que se da a una persona en lugar del suyo propio: *firma sus libros con un sobrenombre; Cervantes también es conocido con el sobrenombre de El Manco de Lepanto*. **2** Nombre que se añade al propio de una persona y que expresa una cualidad: *el rey Fernando de Aragón tenía como sobrenombre el Católico*.

sobrentender *v. tr./prnl.* Entender algo que no se expresa con palabras pero que se supone o se deduce a través de ellas o de determinados actos: *si me dices que has leído algunos capítulos, se sobrentiende que no te has leído todo el libro*. **OBS** La Real Academia Española admite *sobreentender*, pero prefiere la forma *sobrentender*. ◇ En su conjugación, la e se convierte en ie en sílaba acentuada, como en *entender*.

sobrepasar *v. tr.* **1** Pasar o dejar atrás a una persona o a un vehículo que están en movimiento: *el corredor africano ha sobrepasado a nuestro representante en la última curva*. **SIN** adelantar, rebasar. **2** Llegar a ser mejor que otra persona en alguna actividad: *ha sobrepasado a todos sus compañeros en los estudios*. ◇ *v. tr./prnl.* **3** Pasar de cierta cosa o de cierta cantidad que se expresa: *si sobrepasas el límite de velocidad, nos multarán; este año se han sobrepasado los 40 grados de temperatura; sobrepasaron lo previsto en el presupuesto*. ◇ *v. prnl.* **4 sobrepasarse** Ir una persona más allá de lo que se considera moralmente correcto con otra para intentar atraerla: *aunque ese chico tiene mala fama, conmigo nunca se ha sobrepasado*. **SIN** excederse.

sobrepelliz *n. f.* Blusón largo y ancho, de tela blanca y fina y con las mangas muy anchas, que se pone sobre la sotana el sacerdote, y a veces otras personas que ayudan en las funciones de la Iglesia: *el monaguillo llevaba una túnica roja y una sobrepelliz*.

sobrepeso *n. m.* **1** Exceso de carga de una cosa, especialmente de un vehículo: *el accidente del camión se debió al sobrepeso que llevaba*. **SIN** sobrecarga. **2** Exceso de peso de una persona o un animal que se valora en relación con la estatura y la edad: *el médico me ha preparado una dieta para librarme del sobrepeso*.

sobreponer *v. tr.* **1** Añadir o poner una cosa encima de otra: *las imágenes de la grabación se sobreponían y no se podía ver bien*. **SIN** superponer. ◇ *v. prnl.* **2 sobreponerse** Superar un problema o una situación difícil, o no dejarse abatir por un estado de ánimo: *cuando se hubo sobrepuesto del disgusto, respondió a su padre*.
OBS Se conjuga como *poner*.

sobrepuesto *part*. Participio irregular de *sobreponer*. También se usa como adjetivo: *se ha sobrepuesto a su enfermedad; bordado de sobrepuesto*.

sobrero *adj./n. m.* [toro] Que se tiene como repuesto por si falla alguno de los toros que se van a lidiar en una corrida: *no consiguieron sacar el cuarto toro al ruedo y al final lidiaron el sobrero*.

sobresaliente *adj./n. m. y f.* **1** [cosa material] Que destaca o sobresale entre varias cosas: *aquella torre sobresaliente es la de la iglesia*. ◇ *n. m.* **2** Calificación o nota inmediatamente inferior a la de matrícula de honor y superior a la de notable: *contestó bien todas las preguntas y le pusieron un sobresaliente*. ◇ *n. com.* **3** Persona que hace un trabajo cuando falta otra: *como el torero sufrió una cornada, tuvo que salir a matarlo el sobresaliente*. Se usa específicamente en el lenguaje del teatro y de los toros. Para el femenino también es correcta la forma *sobresalienta*.

sobresalir *v. intr.* **1** Destacar una cosa entre otras por su anchura o su altura: *aquel pino sobresale entre todos los demás; esta cornisa sobresale mucho*. **2** Distinguirse o destacarse una persona en un grupo por alguna cualidad: *ese político sobresale por su elocuencia; Juan sobresale entre todos los alumnos por su estatura*.
DER sobresaliente.
OBS Se conjuga como *salir*.

sobresaltar *v. tr./prnl.* Alarmar o causar miedo o angustia un ruido o un hecho inesperado: *el trueno me ha sobresaltado; se sobresaltó mucho con la noticia del accidente*.
DER sobresalto.

sobresalto *n. m.* Susto o sensación de miedo o angustia producida por un ruido o hecho inesperado: *el grito me produjo un gran sobresalto*.

sobresdrújulo, -la *adj./n. f.* [palabra] Que lleva el acento en la sílaba anterior a la antepenúltima sílaba: *cómpramelo es una palabra sobresdrújula; todas las sobresdrújulas llevan tilde*.
OBS La Real Academia Española admite *sobreesdrújulo*, pero prefiere la forma *sobresdrújulo*.

sobreseer *v. tr./intr.* DER. Parar o suspender un juez o tribunal un procedimiento judicial, por falta de pruebas o por otra causa: *el tribunal sobreseyó el proceso*.
OBS El participio es *sobreseído*. ◇ En su conjugación, la i de la desinencia se convierte en y delante de o y e, como en *leer*.

sobresueldo *n. m.* Cantidad de dinero que se añade al sueldo fijo, generalmente por haber realizado un trabajo o un servicio complementario: *nos han dado un sobresueldo por haber terminado el trabajo antes del plazo previsto*. **SIN** plus.

sobretodo *n. m.* Prenda de vestir, generalmente ancha, que se lleva sobre el traje normal para protegerlo o como abrigo: *en invierno suelo llevar un sobretodo encima del traje*.

sobrevenir *v. intr.* **1** Venir u ocurrir inesperadamente un hecho negativo para una persona: *no supo reaccionar cuando sobrevino la desgracia*. **2** Ocurrir una cosa además o después de otra: *han sobrevenido nuevos problemas, además de todos los que teníamos*.
OBS Se conjuga como *venir*.

sobrevivir *v. intr.* **1** Seguir vivo después de un hecho o de un momento determinados, especialmente si son peligrosos: *en el accidente aéreo sólo sobrevivieron dos personas; el abuelo sobrevivió a las dos guerras mundiales*. **2** Seguir vivo después de la muerte de otra persona: *el hermano mayor sobrevivió a los dos pequeños*. **3** Seguir vivo a pesar de las estrecheces y de las dificultades para tener lo más necesario: *el sueldo que me pagan apenas da para sobrevivir*.

sobrevolar *v. tr.* Volar por encima de un lugar determinado: *las avionetas sobrevolaban la ciudad; en estos momentos estamos sobrevolando los Pirineos*.
OBS En su conjugación, la o se convierte en ue en sílaba acentuada, como en *contar*.

sobriedad *n. f.* **1** Control o moderación que tiene una persona en su manera de actuar, especialmente al comer y

sobrino

al beber: *la sobriedad de los invitados hizo que sobrara comida*. **2** Ausencia de adornos en una cosa, especialmente en una obra artística: *este escultor se caracteriza por una gran sobriedad en todas sus obras*.

sobrino, -na *n. m. y f.* Hijo de un hermano o una hermana, o de un primo o una prima: *mi hermano y mi cuñada han tenido un niño que es mi primer sobrino*. **sobrino carnal** Hijo de un hermano o una hermana: *la hija de mi hermana es mi sobrina carnal*. **sobrino segundo** Hijo de un primo o una prima: *en el pueblo tengo primos y sobrinos segundos que no conozco*.

sobrio, -bria *adj.* **1** [persona] Que no es exagerado en su forma de actuar, especialmente al comer y al beber: *es un hombre muy sencillo, sobrio en sus costumbres y moderado en sus opiniones*. **2** [estilo] Que es sencillo y sin adornos: *decoró el salón con muebles sobrios; hizo un trabajo sobrio que le valió el aprobado*. SIN austero. ANT recargado. **3** [persona] Que no está borracho: *puede conducir porque está completamente sobrio*. SIN sereno. ANT ebrio.
DER sobriedad.

socarrón, -rrona *adj./n. m. y f.* [persona] Que le gusta burlarse de los demás de manera graciosa e irónica y lo hace con gran astucia y disimulo: *no le hagas caso, es un socarrón que se burla de todo; yo no aguantaría a una mujer tan socarrona*.
DER socarronería.

socarronería *n. f.* Actitud de la persona a la que le gusta burlarse de los demás de manera graciosa e irónica y lo hace con gran astucia y disimulo: *dijo con socarronería que sus amigos eran los más guapos del mundo*.

socavar *v. tr.* **1** Excavar algo por debajo, dejándolo sin apoyo y expuesto a hundirse: *están socavando la calle para construir un aparcamiento*. **2** Debilitar una ideología o valor espiritual de una persona: *la falta de apoyo de sus compañeros le socavaron el ánimo*.
DER socavón.

socavón *n. m.* **1** Agujero que se produce al hundirse el suelo por haber debajo un hueco o galería: *después de la tormenta la carretera de la montaña quedó llena de socavones*. **2** Cueva o galería que se ha excavado en la ladera de un monte.

sochantre *n. m.* Sacerdote encargado de dirigir el coro que canta durante los oficios religiosos: *el sochantre repartió las partituras entre los cantantes del coro*.

sociable *adj.* Que le gusta relacionarse con otros miembros de su especie y tiene facilidad para ello: *no tuvo problemas para hacer amigos porque es muy sociable; los perros son animales sociables*.
DER sociabilidad; insociable.

social *adj.* **1** De la sociedad humana o que tiene relación con este conjunto de personas que se relacionan entre sí: *se discutieron los principales problemas sociales y políticos de nuestros días*. **2** Del conjunto de personas que se organizan en clases según su nivel económico o su poder político, o que tiene relación con ellas: *una revolución social desestabilizó el gobierno de la isla; clase social; organización social*. **3** ECON. De una compañía o sociedad económica o que tiene relación con ella o con sus miembros: *el capital social se ha visto incrementado con la ampliación de la oferta de acciones*. **4** [animal] Que vive en grupo formando colonias: *la hormiga es un insecto social que vive en hormigueros junto con otros muchos individuos de su especie*.
DER sociable, socialismo, socializar, socialmente; antisocial, insocial.

socialdemocracia *n. f.* Corriente política moderada dentro del socialismo que defiende que la transformación de la sociedad puede llevarse a cabo desde una democracia parlamentaria y no necesariamente desde la revolución: *el PSOE pertenece a la corriente de la socialdemocracia*.

socialismo *n. m.* Sistema político, social y económico que defiende la igualdad de todos los individuos que forman parte de una sociedad y por ello todos los bienes son de propiedad común y el estado se encarga de repartir la riqueza: *el socialismo perseguía la desaparición de las clases sociales; las ideas del socialismo aparecen en el Manifiesto comunista de Marx y Engels*.
DER socialista.

socialista *adj.* **1** Del socialismo o que tiene relación con este sistema político: *en muchos países se ha practicado una política socialista*. ◊ *adj./n. com.* **2** [persona] Que es partidario del socialismo: *los diputados socialistas votaron a favor de la ley; algunos socialistas no asistieron al Congreso*.

socialización *n. f.* Acción que consiste en pasar bienes que pertenecen a personas o instituciones particulares al estado o a un órgano colectivo: *la industria ha reducido sus pérdidas gracias a una gestión de socialización*.

socializar *v. tr.* **1** Pasar bienes que pertenecen a personas o instituciones particulares al estado o a un órgano colectivo: *se intentó salvar la empresa que estaba en quiebra socializándola*. **2** Hacer que una cosa que afecta a la sociedad favorezca el desarrollo de cada una de las personas que la forman: *el gobierno ha decidido socializar su política sanitaria*.
DER socialización.
OBS En su conjugación, la *z* se convierte en *c* delante de *e*.

sociedad *n. f.* **1** Conjunto de personas que habitan la Tierra y establecen relaciones organizadas: *la sociedad del siglo XX ha experimentado el rápido avance de la ciencia*. **2** Conjunto de personas que se relacionan organizadamente y que pertenecen a un lugar determinado o tienen características en común: *la sociedad española de aquella época reclamaba justicia, paz y educación*. **alta sociedad** Sociedad compuesta por personas que gozan de un alto nivel económico y, generalmente, cultural: *importantes personalidades de la alta sociedad asistieron a la recepción*. **sociedad de consumo** Sociedad en la que se estimula a las personas a que compren y consuman bienes, aunque no sean necesarios: *la competitividad y la agresividad son consecuencias de la sociedad de consumo en la que vivimos*. **3** Grupo formado por personas que se unen con un fin determinado: *Marta pertenece a una sociedad deportiva*. **sociedad secreta** Sociedad que realiza actividades de forma oculta, generalmente al margen de la ley y para beneficio propio, y cuyos miembros esconden su pertenencia a ella: *algunas sociedades secretas tienen ideales políticos o religiosos*. **4** ECON. Grupo formado por personas que se unen para el ejercicio o explotación de un comercio o industria: *los hermanos formaron una sociedad y abrieron una cadena de tiendas de fotografía*. **sociedad anónima** Sociedad formada por un grupo de personas que tienen dinero invertido en un negocio determinado y cuya responsabilidad respecto a éste depende de la cantidad de dinero que ha invertido cada una: *cualquier persona puede comprar acciones de una sociedad anónima*. Se puede abreviar en *S. A.* **sociedad limitada** Sociedad que se diferencia de la anónima por ser menor el número de personas que participan en el negocio. Se puede abreviar en *S. L.*

socio, -cia *n. m. y f.* **1** Persona que pertenece a un grupo o asociación con un fin determinado: *los socios del gimnasio pagan una cuota cada mes; se ha hecho socia del club de*

natación. **2** Persona que participa en un negocio junto con otra o más personas: *antes de invertir ese dinero tengo que consultar a mi socio.* **3** *coloquial* Compañero o amigo: *voy a llamar a mi socio para salir a dar una vuelta.*
DER social, sociedad; asociar, disociar.

socio- Elemento prefijal que entra en la formación de palabras con el significado de: *a)* 'Social': *socioeconómico, sociocultural. b)* 'De sociedad': *sociología, sociolingüística.*

sociocultural *adj.* Del estado cultural de una sociedad o grupo social o que tiene relación con él: *el nivel sociocultural de las personas de este barrio es bastante alto.*

socioeconómico, -ca *adj.* De la sociedad y la economía o que tiene relación con estas disciplinas: *para otorgar las becas tienen en cuenta el nivel socioeconómico de los candidatos.*

sociolecto *n. m.* Conjunto de usos lingüísticos propios de un grupo de hablantes con algún elemento social en común.

sociolingüística *n. f.* Parte de la lingüística que estudia la relación que hay entre los fenómenos lingüísticos y los fenómenos socioculturales: *la sociolingüística estudia fenómenos como el bilingüismo.*

sociología *n. f.* Ciencia que estudia la formación, el desarrollo y las características de las sociedades humanas: *quiere estudiar sociología porque se interesa mucho por las actitudes y opiniones de los grupos sociales.*
DER sociológico, sociólogo; psicosociología.

sociológico, -ca *adj.* De la sociología o que tiene relación con esta ciencia: *acaban de publicar un estudio sociológico sobre el miedo.*

sociólogo, -ga *n. m. y f.* Persona que se dedica a la ciencia de la sociología: *entrevistaron a un famoso sociólogo para consultarle sobre el problema de la violencia en la sociedad actual.*

socorrer *v. tr.* Ayudar a alguien que ha sufrido un accidente, está en peligro o tiene una necesidad apremiante: *tuvieron un accidente y los socorrió un camionero que pasaba casualmente por aquella carretera.* **SIN** auxiliar.
DER socorrido, socorrismo.

socorrido, -da *adj.* **1** [cosa, medio] Que se usa a menudo para evitar una dificultad, problema o molestia: *las aspirinas son medicinas muy socorridas.* **2** [lugar] Que tiene u ofrece muchas cosas útiles o que no se encuentran con facilidad: *los supermercados son muy socorridos cuando te falta comida en casa.*

socorrismo *n. m.* Conjunto de técnicas destinadas a prestar ayuda rápidamente a las personas en caso de accidente o peligro grave: *hizo un cursillo de socorrismo y se encarga de vigilar la piscina municipal.*

socorrista *n. com.* Persona que se dedica a ayudar en caso de accidente, peligro o necesidad y que está especialmente adiestrada para ello: *en todas las piscinas públicas debe haber al menos un socorrista.*

socorro *n. m.* **1** Ayuda que se presta en una situación de peligro o necesidad: *acudieron a prestarles socorro lo antes posible.* **SIN** auxilio. **2** Cosa que sirve de ayuda en una situación de peligro o necesidad: *una balsa de madera fue su único socorro para escapar.* **3** Conjunto de provisiones que necesita un ejército, especialmente cuando está en un lugar y no se puede mover de él: *la tropa esperaba ansiosa la llegada del socorro.* ◊ *int.* **4 ¡socorro!** Palabra con la que se pide ayuda en una situación de peligro o necesidad: *gritaba ¡socorro! desde el río, pues no sabía nadar y temía ahogarse.*
DER socorrer.

soda *n. f.* Bebida gaseosa, transparente y sin alcohol, que está hecha con agua y ácido carbónico: *siempre toma el vermut con un chorrito de soda; la soda puede estar aromatizada con alguna fruta para darle sabor.*
DER sodio.

sódico, -ca *adj.* QUÍM. Del sodio o que tiene relación con este metal: *compró un bote de bicarbonato sódico.*

sodio *n. m.* QUÍM. Metal blando, muy abundante en la naturaleza, que forma sales con otros elementos: *el símbolo del sodio es Na; el sodio forma parte de la sal común y del agua del mar.*
DER sódico.

sodomía *n. f.* Relación sexual en la que se practica la penetración anal.

sodomizar *v. tr.* Someter a sodomía a una persona: *el violador sodomizó a su víctima.*
OBS En su conjugación, la *z* se convierte en *c* delante de *e*.

soez *adj.* Que es de mal gusto o poco educado: *me pidió ayuda, pero se comportó de forma soez y me negué a ayudarle.* **SIN** grosero.
OBS El plural es *soeces.*

sofá *n. m.* Asiento grande y blando, en el que se puede sentar más de una persona, que tiene respaldo y brazos: *en este sofá caben tres o cuatro personas.* **sofá cama** Asiento que además puede convertirse en cama: *tengo un sofá cama, así que podéis quedaros todos a dormir.* ☞ cama.
OBS El plural es *sofás.*

sofisticado, -da *adj.* **1** [persona] Que se comporta de forma distinguida y elegante, aunque poco natural: *es una dama muy sofisticada, culta y refinada.* **2** [cosa] Que no es natural ni sencillo: *esas joyas son demasiado sofisticadas para mí.* **3** [aparato] Que es muy complicado y tiene un uso muy completo: *el laboratorio cuenta con instrumentos muy sofisticados.*

sofisticar *v. tr.* Hacer más complicada, completa y efectiva una cosa mediante técnicas avanzadas: *en los últimos años se han sofisticado mucho los sistemas de protección de los automóviles.*
OBS En su conjugación, la *c* se convierte en *qu* delante de *e*.

sofocante *adj.* Que sofoca o hace difícil la respiración: *calor sofocante; ambiente sofocante.*

sofocar *v. tr.* **1** Impedir o hacer difícil la respiración: *me sofocan los lugares cerrados con mucha gente.* **SIN** ahogar. **2** Molestar repetidamente a una persona consiguiendo que se ponga nerviosa: *mi compañero de trabajo me sofoca: siempre me está pidiendo ayuda.* **3** Apagar o dominar una cosa que se extiende o se desarrolla, especialmente un fuego: *los bomberos sofocaron rápidamente el incendio; sofocó la rebelión.* ◊ *v. tr./prnl.* **4** Hacer que una persona sienta vergüenza o se sonroje: *me sofoqué mucho cuando aquel famoso actor me miró.*
OBS En su conjugación, la *c* se convierte en *qu* delante de *e*.

sofoco *n. m.* **1** Calor excesivo que impide o hace difícil la respiración: *los ascensores me producen sensación de sofoco; las mujeres, durante la menopausia, suelen sentir sofocos.* **2** Sentimiento de vergüenza o ridículo: *sentí un terrible sofoco cuando resbalé delante de todos.*

sofocón *n. m.* Sentimiento de tristeza o de preocupación ante un problema o una desgracia: *se llevó un buen sofocón cuando su hija le dijo que estaba embarazada.* **SIN** disgusto.

sofoquina *n. f.* Sentimiento de pena causado por una cosa que no se puede conseguir: *¡vaya sofoquina tiene la niña porque no le hemos comprado los patines!* **SIN** disgusto.

sofreír *v. tr.* Freír ligeramente un alimento con fuego bajo y lentamente: *cuando hayas sofrito la cebolla, échala en la cace-*

rola con los otros ingredientes; sofreí el arroz tal como ponía en la receta.
DER sofrito.
OBS El participio es *sofrito*, que se usa como adjetivo o sustantivo, y *sofreído*, que se usa más en la conjugación. ◇ En su conjugación, la *i* de la desinencia se pierde y la *e* se convierte en *i* en algunos tiempos y personas, como en *reír*.

sofrito   *n. m.* Condimento compuesto por ajo, cebolla, tomate y otras verduras picadas y ligeramente fritas en aceite que se añade a algún guiso durante su preparación. **SIN** refrito.

software   *n. m.* Conjunto de programas, instrucciones y sistemas operativos que hacen que el ordenador funcione y realice determinadas tareas: *he comprado un programa de tratamiento de textos para el software de mi ordenador*.
OBS Es de origen inglés y se pronuncia aproximadamente 'sofgüer'.

soga   *n. f.* Cuerda gruesa: *el mulo estaba atado con una soga de esparto*. **SIN** maroma.
a soga   ARQ. Manera de construir colocando los ladrillos o piedras con el lado más largo a la vista: *este muro está hecho con un aparejo a soga*.
con la soga al cuello   Se usa para indicar que una persona se siente amenazada por un peligro grave o está en una situación comprometida: *está con la soga al cuello, si no paga el dinero le embargan la casa*.
mentar la soga en casa del ahorcado   Hablar de un asunto que molesta o pone triste a una persona que lo ha padecido: *recuerda los horrores que sufrió en la guerra, así que mejor no mentar la soga en casa del ahorcado*.

soja   *n. f.* **1** Planta de tallo recto, hojas compuestas y flores pequeñas en racimo, cuyo fruto es una legumbre: *la soja se cultiva en climas calurosos y húmedos*. **2** Fruto leguminoso de esta planta que contiene unas semillas de las que se obtiene aceite: *he comprado una botella de aceite de soja*.

sojuzgar   *v. tr.* Dominar o mandar violentamente sobre una persona o un grupo: *el dictador tiene sojuzgado al pueblo*.
ETIM Véase *yugo*.
OBS En su conjugación, la *g* se convierte en *gu* delante de *e*.

sol   *n. m.* **1** Estrella con luz propia alrededor de la cual gira la Tierra: *el Sol es una esfera con elevadísimas temperaturas y presiones; la vida en la Tierra depende de la energía, el calor y la luz del Sol*. Se escribe con letra mayúscula. **2** Luz y calor que desprende esa estrella: *saca al niño al parque para que le dé un poco el sol*. ☞ *meteorología*. **sol de justicia** Luz y calor muy intensos e insoportables: *fuimos a Sevilla en agosto y hacía un sol de justicia*. **3** Parte de un espacio a la que llega la luz de esa estrella: *hoy hace un día muy agradable para pasear por el sol*. **SIN** solana. **ANT** sombra. **4** Figura con la forma de esa estrella: *en la bandera de Argentina hay un sol*. **5** Estrella que es el centro de un sistema de planetas: *en nuestra galaxia hay millones de soles*. **6** Persona muy buena y simpática: *tu novio es un sol, siempre tan atento y agradable*. **7** MÚS. Quinta nota musical de la escala: *el sol va después de fa*. ☞ *notación musical*.
arrimarse al sol que más calienta   Estar de parte de la persona que tiene más poder para conseguir favores: *es político cambia de partido para arrimarse al sol que más calienta*.
de sol a sol   Se usa para indicar el período de tiempo que va desde que amanece hasta que anochece: *los segadores trabajan de sol a sol*.
no dejar ni a sol ni a sombra   *a)* Seguir a una persona a cualquier lugar al que va: *este perro no me deja ni a sol ni a sombra*. *b)* Tener muchas y continuas atenciones con una persona: *como está enfermo, su madre no lo deja ni a sol ni a sombra*.
tomar el sol   Ponerse en un lugar donde se recibe la luz y calor del sol: *hay que tomar el sol con precaución para no quemarse la piel*.
DER solana, solanera, solano, solar, solear; insolación, resol.

solamente   *adv.* Se usa para indicar que no se incluye ninguna otra cosa además de lo que se expresa: *solamente quiero que me escuches un momento; el problema solamente puede solucionarse invirtiendo más dinero*. **SIN** sólo, únicamente.

solana   *n. f.* Parte de un terreno o de un edificio donde da el sol mucho tiempo y plenamente: *tienden la ropa en la solana*. **SIN** sol. **ANT** umbría.

solanera   *n. f.* Luz y calor excesivos del sol: *esperaremos a que pase esta solanera para salir a la calle*.

solano   *n. m.* Viento que viene del punto donde nace el Sol. **SIN** levante.

solapa   *n. f.* **1** Parte de las prendas de vestir abiertas por delante, que está unida al cuello y se dobla hacia fuera sobre el pecho: *el abrigo llevaba unas solapas muy anchas*. **2** Parte de la cubierta de un libro que se dobla hacia dentro: *en la solapa se suele colocar un comentario del libro*. **3** Pieza que cubre una abertura: *la chaqueta lleva los bolsillos con solapa*. **4** Parte del sobre que se dobla para cerrarlo: *el remite de una carta se escribe en la solapa*.

solapado, -da   *adj.* [persona] Que se comporta con disimulo y malicia para no mostrar sus verdaderas intenciones: *sospechaba que era una mujer solapada, que encubría algún propósito*.

solapar   *v. tr./prnl.* **1** Ocultar o disimular una intención o deseo para que no se advierta: *su sonrisa solapaba sus verdaderas intenciones; su rabia se solapaba con buenas acciones*. **2** Colocar una cosa sobre otra, cubriéndola sólo parcialmente: *iba solapando las tejas para hacer el tejado*.
DER solapa, solapado.

solar   *adj.* **1** Del Sol o que tiene relación con esta estrella: *la luz solar es la más adecuada para estudiar; la Tierra forma parte del sistema solar*. ◇ *n. m.* **2** Terreno donde se ha construido o que se destina a construir en él: *en aquel solar van a edificar un centro comercial*. ◇ *v. tr.* **3** Cubrir el suelo con un material: *unos albañiles han solado y alicatado el cuarto de baño*. **SIN** pavimentar. En su conjugación, la *o* se convierte en *ue* en sílaba acentuada, como en *contar*.
DER solado; asolar.
ETIM Véase *suelo*.

solariego, -ga   *adj.* Que tiene un linaje noble y antiguo: *visitamos los terrenos solariegos de los marqueses*.

solárium   *n. m.* Terraza o lugar que está reservado y acondicionado para poder tomar el sol: *en este gimnasio hay un solárium; la azotea del hotel es un solárium*.
OBS El plural también es *solárium*.

solaz   *n. m.* Diversión, placer u ocupación que relaja: *como le gusta mucho nadar, se ha construido una piscina para su solaz*.
DER solazarse.

solazarse   *v. prnl.* Dedicarse a una diversión o a una ocupación que relaja: *al terminar la convención, algunos participantes se solazaron en la sauna*.
OBS En su conjugación, la *z* se convierte en *c* delante de *e*.

soldada   *n. f.* **1** Cantidad de dinero con que se paga el servicio de un soldado: *el ministro del Ejército ha decidido aumentar la soldada*. **2** Cantidad de dinero con la que se paga un servicio o un trabajo: *a mi asistenta, le pago la soldada una vez al mes*. **SIN** salario, sueldo.

soldado *n. m.* **1** Persona que sirve en un ejército: *los soldados se preparan para la guerra haciendo maniobras*. **SIN** militar. **2** Miembro del ejército que no tiene rango o graduación: *todavía es soldado, pero espera ascender pronto a cabo*. También se llama *soldado raso*. ◇ *adj./n. com.* **3** ZOOL. [insecto] Que tiene el cuerpo adaptado para luchar y defender la comunidad en la que vive: *una hormiga soldado defiende su hormiguero*.
DER soldadesco.
ETIM Véase *sueldo*.

soldador, -ra *adj.* **1** [aparato] Que une dos partes de una cosa o dos piezas mediante calor: *he comprado una máquina soldadora para arreglar la barandilla*. ◇ *n. m. y f.* **2** Persona que se dedica a soldar: *tiene que venir el soldador a arreglar la verja*. **3** Aparato eléctrico que sirve para soldar: *necesito un soldador de estaño para arreglar la radio*.

soldadura *n. f.* **1** Acción de unir dos piezas o partes de una cosa, generalmente de metal y mediante calor: *se me da muy mal la soldadura; le han enyesado el brazo para facilitar la soldadura del hueso roto*. **2** Unión de dos piezas o partes de una cosa: *la soldadura es más fuerte y duradera que los remaches*. **soldadura autógena** Unión de dos piezas mediante calor, sin usar ninguna materia adicional: *la soldadura autógena se hace con gas*.

soldar *v. tr.* **1** Unir firmemente dos piezas o partes de una cosa, generalmente de metal y mediante calor: *soldaron una plancha de metal al casco del barco*. **ANT** desoldar. **2** Unir firmemente dos piezas de las mismas características: *este pegamento es ideal para soldar plásticos*. **ANT** desoldar.
DER soldador, soldadura.
ETIM *Soldar* procede del latín *solidare*, 'endurecer', voz con la que también está relacionada *consolidar*.
OBS En su conjugación, la *o* se convierte en *ue* en sílaba acentuada, como en *contar*.

soleá *n. f.* **1** Estrofa compuesta de tres versos, generalmente octosílabos, que riman en asonancia el primero y el tercero y el segundo queda suelto: *la soleá es de tema popular y melancólico*. **2** Cante flamenco que se hace con este tipo de estrofas: *interpretó una soleá mientras los demás acompañábamos con palmas*. **3** Baile flamenco que se realiza al compás de este cante.
OBS El plural es *soleares*.

soleado, -da *adj.* **1** [día, tiempo atmosférico] Que presenta un cielo sin nubes y en el que brilla el sol: *una mañana soleada de primavera fuimos a pasear*. **2** Que recibe mucho sol: *vive en una casa soleada*.

solear *v. tr./prnl.* Exponer una cosa al sol por algún tiempo para conseguir que la luz o el calor produzcan un efecto sobre ella: *he soleado los pantalones y han perdido color*.
DER soleado.

solecismo *n. m.* Error gramatical que consiste en poner en un orden incorrecto los elementos de una frase: *la frase me se ha caído es un solecismo, lo correcto es decir se me ha caído*.

soledad *n. f.* **1** Falta de compañía: *necesita un poco de soledad para meditar sobre sus problemas*. **ANT** compañía. **2** Pesar y tristeza que se siente por la falta, muerte o pérdida de una persona: *la muerte de su marido le ha producido una gran soledad*. **3** Lugar desierto o que no está habitado: *tiene una casa en la soledad de la montaña*.

solemne *adj.* **1** [acto, celebración] Que es celebrado o hecho públicamente y con una ceremonia extraordinaria: *acudieron muchas personas a la solemne misa celebrada por el obispo*. **2** [compromiso] Que es formal y firme, especialmente si se declara ante alguien: *hizo un juramento solemne y no creo que se atreva a romperlo*. **3** Que provoca admiración y respeto por su grandeza, superioridad o nobleza: *en esta ciudad hay una catedral solemne*. **SIN** majestuoso, señorial. **4** [acción, dicho] Que tiene una cualidad negativa en grado muy alto: *eso que has dicho es una solemne tontería*. Se usa en sentido despectivo.
DER solemnidad, solemnizar.

solemnidad *n. f.* **1** Importancia o significación de un acto o celebración: *la solemnidad del acto religioso obligaba a estar en silencio*. **2** Formalidad y firmeza con que se dice o hace una cosa: *pronunció su discurso con mucha solemnidad*.
de solemnidad Se usa para indicar que una determinada cualidad negativa es muy intensa o completa: *ese hombre es tonto de solemnidad; un vestido feo de solemnidad*. Se usa en sentido despectivo.

solemnizar *v. tr.* Resaltar la importancia de un hecho mediante una fiesta o ceremonia: *han solemnizado los actos del descubrimiento*.
OBS En su conjugación, la *z* se convierte en *c* delante de *e*.

soler *v. intr.* **1** Tener costumbre o hábito de hacer una determinada cosa: *tu padre suele venir los sábados*. **SIN** acostumbrar. **2** Suceder con frecuencia una cosa: *suele llover mucho en este país*.
OBS Se usa seguido de infinitivo. ◇ Es defectivo y no se usa en los futuros de indicativo y subjuntivo, ni en el potencial ni en el imperativo. ◇ En su conjugación, la *o* se convierte en *ue* en sílaba acentuada, como en *mover*.

solera *n. f.* **1** Carácter tradicional de una cosa o costumbre que forma parte de la cultura y la vida común de un grupo de personas: *la celebración de estas fiestas no puede prohibirse porque tiene mucha solera*. **2** Calidad que adquiere el vino con el paso de los años: *tiene en la bodega vinos de gran solera*.

solfa *n. f.* **1** MÚS. Conjunto o sistema de signos con que se escribe la música: *ignora completamente la solfa, pero es capaz de tocar la guitarra de oído*. **2** MÚS. Arte o técnica de leer y entonar bien los signos musicales: *estoy aprendiendo solfa*. **SIN** solfeo.
poner en solfa *a)* Poner en ridículo a una persona o lo que hace: *en la película se pone en solfa la vieja aristocracia española*. *b)* Poner orden y hacer que funcione bien una cosa: *nadie había sido capaz de poner en solfa el negocio; a ver si te pones de una vez en solfa*.
DER solfear.

solfear *v. tr.* MÚS. Cantar pronunciando los nombres de las letras y marcando el compás: *solfeaba repetidamente la composición para aprenderla*.
DER solfeo.

solfeo *n. m.* MÚS. Arte o técnica de leer y entonar bien los signos musicales: *estudiar solfeo es muy útil para tocar cualquier instrumento*. **SIN** solfa.

solicitante *adj./n. com.* [persona] Que pide o busca una cosa siguiendo un procedimiento establecido: *los solicitantes deberán rellenar este formulario*.

solicitar *v. tr.* **1** Pedir, generalmente de un modo formal y siguiendo un procedimiento establecido: *solicitó una audiencia con el ministro; los alumnos que hayan solicitado beca no tienen que pagar ahora la matrícula*. **2** Intentar conseguir una relación amorosa con una persona: *a esa chica la solicitan todos sus compañeros de curso*.
DER solicitante.

solícito, -ta *adj.* [persona] Que está dispuesto a servir y satisfacer a los demás: *es muy solícito con sus compañeros*.

solicitud

SIN servicial.
DER solicitar, solicitud.

solicitud *n. f.* **1** Documento formal en el que se pide una cosa: *rellenó una solicitud para ingresar en el cuerpo de bomberos.* **2** Actitud de la persona que está dispuesta a satisfacer o servir a los demás: *su solicitud en el trabajo le valió el reconocimiento de sus jefes.*

solidaridad *n. f.* Unión o apoyo a una causa o al interés de otros: *todos los trabajadores se han manifestado en solidaridad con los despedidos.*

solidario, -ria *adj.* [persona] Que defiende o apoya una causa o el interés de otros: *los empleados se han mostrado solidarios con los problemas de la empresa; cualquier compromiso solidario debe ser respetado.*
DER solidaridad, solidarizarse.

solidarizarse *v. prnl.* Unirse una persona a otra u otras para apoyar o defender una causa o el interés de otros: *debemos solidarizarnos con las naciones pobres.*
OBS En su conjugación, la *z* se convierte en *c* delante de *e*.

solidez *n. f.* **1** Firmeza o seguridad de una cosa material: *esta plataforma tiene una gran solidez.* **2** Lógica o fundamentación sobre la que se ordenan las ideas: *quizá su teoría sea falsa, pero tiene una gran solidez.* **3** Organización de una cosa, especialmente de una empresa o institución, que permite que funcione: *el fracaso del golpe de estado demostró la solidez de las instituciones democráticas.*

solidificación *n. f.* Cambio de un líquido o un gas en sólido.

solidificar *v. tr./prnl.* Convertir un líquido o un gas en sólido: *a cero grados, el agua se solidifica.*

sólido, -da *adj.* **1** Que es firme, seguro, fuerte y capaz de resistir: *no hay peligro de derrumbamiento porque los cimientos del edificio son muy sólidos.* **2** Que está basado en razonamientos que no se pueden negar: *me convenció con una argumentación muy sólida.* **3** Que está bien organizado y funciona: *es una empresa sólida que obtiene grandes beneficios.* ◇ *adj./n. m.* **4** [cuerpo] Que presenta forma propia y opone resistencia a ser dividido, a diferencia de los líquidos y los gases: *el hielo es agua sólida.* ◇ *n. m.* **5** Cuerpo o figura geométrica limitada por tres dimensiones: *los prismas y los cubos son sólidos.*
DER solidario, solidez, solidificar.

soliloquio *n. m.* Discurso que hace una persona en voz alta y hablando consigo misma, especialmente si se hace en teatro: *a través del soliloquio del protagonista conocemos sus pensamientos.* SIN monólogo.

solista *adj./n. com.* **1** [persona, voz, instrumento] Que interpreta sin acompañamiento una composición musical o parte de ella: *el instrumento solista más frecuente en su obra es el piano; el coro calla para dejar paso al solista.* **2** [persona] Que canta en un grupo musical: *la solista de este conjunto también toca el bajo.*

solitaria *n. f.* Gusano parásito que vive en el intestino de una persona y se alimenta de lo que ésta come; está formado por muchos anillos, es plano, blanco y puede medir varios metros: *la carne de cerdo mal cocinada puede transmitir la solitaria.* SIN tenia.

solitario, -ria *adj.* **1** [lugar] Que está desierto o que no está habitado: *la casa está en un paraje solitario.* **2** [persona, animal, cosa] Que está solo o que no tiene compañía: *un árbol solitario.* ◇ *adj./n. m. y f.* **3** [persona] Que gusta de estar sin compañía: *es un muchacho solitario al que no le gusta salir.* ◇ *n. m.* **4** Juego para practicarlo una sola persona, generalmente de cartas: *el abuelo se pasó la tarde haciendo solitarios.* **5** Brillante que se pone solo en una joya, generalmente en un anillo: *para su cumpleaños, le regaló un solitario.*

soliviantar *v. tr./prnl.* **1** Incitar a una persona a que tenga una actitud violenta o de protesta: *ha soliviantado a todos sus compañeros de trabajo contra el encargado.* **2** Alterar el ánimo de una persona: *con su inquietud y sus nervios solivianta a cualquiera; se solivianta por cualquier motivo.*
DER soliviantado.

sollozar *v. intr.* Respirar con movimientos cortos y rápidos, generalmente al llorar: *la niña sollozaba porque había perdido su muñeca.*
DER sollozo.
OBS En su conjugación, la *z* se convierte en *c* delante de *e*.

sollozo *n. m.* Respiración con movimientos cortos y rápidos que se produce generalmente al llorar: *el niño dijo entre sollozos que se había perdido.*

solo, -la *adj.* **1** Que está sin otra cosa o que se considera separado de otra cosa: *había una casa sola en la montaña; el coche solo ha costado más de lo que esperábamos.* **2** [persona] Que está sin compañía o que no tiene familia o amigos: *vino solo a la fiesta, pero se divirtió mucho; tras la muerte de su madre se quedó solo.* **3** Que es único en su especie. ◇ *adj./n. m.* **4** [café] Que se sirve sin leche: *¡camarero!, un solo y un bollo, por favor.* ◇ *n. m.* **5** Composición musical o parte de ella que canta o interpreta una persona: *el concierto comienza con un solo de piano.* **6** Paso de baile que se ejecuta sin pareja: *el primer bailarín de la compañía interpretó un solo poco antes de terminar la función.* ◇ *adv.* **7** Sólo.
DER soledad, solista, solitaria, solitario.

sólo o **solo** *adv.* Se usa para indicar que no se incluye ninguna otra cosa además de lo que se expresa: *sólo tengo un hermano; sólo me ha dicho que no viene.* SIN solamente, únicamente.
OBS Puede escribirse con tilde o sin ella.

solomillo *n. m.* Trozo alargado y muy tierno de carne de una res, que está entre las costillas y el lomo: *solomillo de ternera; el solomillo es un plato muy apreciado.*

solsticio *n. m.* ASTR. Cada uno de los dos momentos del año en que se da la máxima diferencia de duración entre el día y la noche: *el solsticio de verano se produce hacia el 21 de junio y el solsticio de invierno hacia el 21 de diciembre.*
ANT equinoccio.

soltar *v. tr./prnl.* **1** Dejar libre a una persona o animal que estaba encerrado: *han soltado al sospechoso hasta que consigan pruebas; soltamos al pájaro porque enjaulado estaba triste.* **2** Desatar o dejar que se mueva una cosa que estaba atada o retenida: *por esa compuerta sueltan el agua de la presa; nunca sueltо al perro por la calle.* ◇ *v. tr.* **3** Dejar de tener cogido, especialmente abriendo la mano: *suelta esa maleta, es mía; no hay manera de que suelte el monedero.* **4** Expresar un determinado sentimiento o decir una cosa, especialmente cuando se hace con violencia o excesiva sinceridad: *cuando se enfada suelta muchos tacos; soltó una ruidosa carcajada.* **5** *coloquial* Hablar mucho de un tema aburriendo a la persona que escucha: *cada vez que nos vemos me suelta el mismo rollo.* **6** Desprender o despedir una cosa, generalmente líquida o pastosa: *este árbol suelta mucha resina; este filete suelta mucha agua.* **7** Dar un golpe: *le soltó una bofetada que lo dejó tieso.* **8** Provocar la expulsión frecuente de excrementos sólidos: *las ciruelas son buenas para soltar el vientre.* ◇ *v. prnl.* **9 soltarse** Desarrollar habilidad o desenvoltura para hacer una cosa: *al principio me costaba mucho coser a máquina, pero ya me voy soltando.*
DER soltura.

OBS En su conjugación, la *o* se convierte en *ue* en sílaba acentuada, como en *contar*.

soltería *n. f.* Estado de la persona que no se ha casado: *la soltería me ha permitido conocer mundo porque no tenía obligaciones familiares*.

soltero, -ra *adj./n. m. y f.* [persona] Que no se ha casado: *está soltero y sin compromiso*.
DER soltería, solterón.

solterón, -rona *adj./n. m. y f.* [persona] Que tiene edad avanzada y no se ha casado: *es un solterón y a sus 50 años no creo que se case*.

soltura *n. f.* Facilidad y rapidez para hacer una cosa o para moverse: *es una gran actriz: se mueve por el escenario con mucha soltura*. **SIN** agilidad.

soluble *adj.* **1** [cuerpo sólido] Que se puede dividir en partículas muy pequeñas que se mezclan con las de un líquido: *deslié el sobrecito de café soluble en la leche caliente*. **SIN** disoluble. **ANT** insoluble. **2** [duda, cuestión, problema] Que se puede resolver o hallar solución: *es un problema soluble: tenéis todos los datos necesarios para hallar la solución*. **ANT** insoluble.

solución *n. f.* **1** Resolución o respuesta a un problema, duda o cuestión: *el gobierno busca una solución para el problema de la crisis económica*. **2** Fin o resultado de un proceso o acción: *estamos llegando a la solución de nuestro proyecto*. **3** Número o respuesta que aparece como resultado de un problema u operación matemática: *escribió las soluciones de los problemas en la libreta*. **4** Mezcla de una sustancia en un líquido: *debe ponerse mucho cuidado en las proporciones al hacer la solución*. **SIN** disolución. **5** Sustancia que resulta de disolver un cuerpo sólido en un líquido: *los pinceles se limpian con una solución de amoniaco*. **SIN** disolución.

sin solución de continuidad Paso sin interrupción o pausa de una acción a otra o de un tema a otro: *hemos pasado a tratar un asunto diferente sin solución de continuidad*.
DER solucionar.

solucionar *v. tr.* Dar o hallar una solución o una respuesta a un problema, a una duda o a una cuestión: *el científico está tratando de solucionar ese enigma; nadie sabe cómo solucionar el problema del hambre*. **SIN** resolver.

solvencia *n. f.* **1** Situación económica desahogada que permite pagar deudas: *trabajo con una empresa de mucha solvencia*. **2** Capacidad para dar solución a asuntos difíciles: *es un directivo de mucha solvencia*.

solventar *v. tr.* **1** Pagar una deuda: *espero que me toque un premio para poder solventar mis deudas con el banco*. **2** Dar solución a un asunto difícil: *después de una larga conversación, solventaron sus diferencias*. **SIN** solucionar.

solvente *adj.* **1** Que dispone de dinero o recursos económicos para pagar deudas: *los bancos no conceden créditos a personas que no demuestran ser solventes*. **ANT** insolvente. **2** Que está libre de deudas: *este cliente es solvente, siempre paga todo*. **ANT** insolvente. ◇ *adj./n. m.* **3** QUÍM. [sustancia] Que puede disolver un cuerpo sólido: *el agua es un solvente de la sal*.
DER solvencia, solventar; disolvente.

-soma Elemento sufijal que entra en la formación de palabras con el significado de 'pequeño cuerpo', 'corpúsculo': *cromosoma, liposoma*.

somalí *adj.* **1** De Somalia o que tiene relación con este país del noreste de África: *el clima somalí es muy caluroso*. ◇ *adj./n. com.* **2** [persona] Que es de Somalia: *la religión de los somalíes es el islamismo*. ◇ *n. m.* **3** Lengua hablada en Somalia y en otros países africanos como Etiopía y Kenia.

OBS El plural es *somalíes*.

somanta *n. f.* Cantidad grande de golpes que se da o se recibe: *le dio al pobre perro una somanta de palos*. **SIN** paliza, tunda, zurra.

sombra *n. f.* **1** Oscuridad o falta de luz: *le asustaban las sombras de la noche*. **2** Espacio al que no llegan los rayos de luz, especialmente del sol: *se sentó en la sombra para descansar*. **SIN** umbría. **ANT** luz, sol. **3** Imagen oscura que proyecta un cuerpo opaco sobre una superficie, al interceptar los rayos de luz: *la sombra del árbol cubría casi todo el jardín*. **4** Forma oscura que no se percibe con claridad: *vimos la sombra de un hombre corpulento que avanzaba por el pasillo*. **5** Color oscuro con que se representa la falta de luz o la oscuridad en un dibujo o pintura para obtener un efecto visual de volumen o perspectiva: *mediante las sombras consigue crear sensación de profundidad*. **sombra de ojos** Capa de color que se pone sobre el párpado para embellecerlo o resaltarlo: *esta sombra de ojos te favorece mucho*. **6** Apariencia o semejanza de una cosa: *había una sombra de preocupación en su mirada que me hacía temer lo peor*. **7** Mancha de color oscuro, generalmente en la piel: *la sombra que tiene en la cara es de nacimiento*. **8** Persona que sigue a otra por todas partes: *no podrás hablar con él a solas porque tiene un amigo que es su sombra*.

a la sombra *coloquial* En la cárcel: *pasó varios años a la sombra por traficar con drogas*.

en la sombra De manera oculta o secreta: *planearon el golpe en la sombra*.

hacer sombra Impedir que una persona destaque: *nadie le hace sombra en su profesión*.

mala sombra *coloquial* a) Intención de hacer daño: *hay que tener mala sombra para hacer la zancadilla; cuidado con esa serpiente que tiene muy mala sombra*. b) Falta de gracia o simpatía de una persona, especialmente en el trato con los demás: *no le pregunté nada a ese señor porque me pareció que tenía mala sombra*. c) Mala suerte: *¡qué mala sombra tengo con las quinielas!*

DER sombrajo, sombrear, sombrero, sombrilla, sombrío; asombrar, ensombrecer.

ETIM *Sombra* procede del latín *umbra*, que tenía el mismo significado, voz con la que también está relacionada *umbrío*.

sombrajo *n. m.* Resguardo para dar sombra, hecho con ramas, hojas u otros materiales: *el labrador preparó un sombrajo para dormir la siesta*.

caerse los palos del sombrajo Sufrir una decepción al conocer un hecho que no se podía imaginar: *cuando me dijo que mi profesor era un ladrón, se me cayeron los palos del sombrajo*.

sombrear *v. tr.* **1** Dar o producir sombra con una cosa: *la parra sombrea el jardín*. **2** Representar la falta de luz o la oscuridad en un dibujo o pintura para conseguir un efecto de volumen o perspectiva: *el pintor está sombreando el dibujo para darle profundidad*.

sombrerera *n. f.* Caja que se utiliza para guardar un sombrero: *guardó la pamela en la sombrerera*.

sombrerería *n. f.* Establecimiento en el que se venden sombreros o taller en el que se hacen: *se compró una gorra en la sombrerería*.

sombrerero, -ra *n. m. y f.* Persona que tiene como oficio hacer o vender sombreros: *el Sombrerero de Alicia en el país de las maravillas es un personaje muy divertido*. ☞ equipaje.

sombrero *n. m.* **1** Prenda de vestir que cubre la cabeza: *el sombrero se distingue de la gorra por el ala y la copa; los sombreros de paja protegen la cabeza del sol*. **sombrero cor-**

dobés Sombrero de color negro, de ala ancha y copa baja y cilíndrica: *fue a los toros con un sombrero cordobés.* **sombrero de copa** Sombrero de tela negra, de ala estrecha y copa alta y cilíndrica que se lleva con esmoquin o frac: *el sombrero de copa se lleva en ceremonias y actos de gala; el mago sacó una paloma de su sombrero de copa.* **SIN** chistera. **sombrero hongo** Sombrero de ala estrecha y copa en forma de media esfera: *Charlot llevaba un sombrero hongo.* **SIN** bombín. **2** Parte superior y más ancha de un hongo: *las setas tienen las esporas en el sombrero.*
quitarse el sombrero Demostrar admiración y respeto por una persona: *su actuación fue para quitarse el sombrero, la mejor que he visto nunca.*
DER sombrerero, sombrerete, sombrerillo.

sombrilla *n. f.* **1** Objeto plegable para dar sombra a más de una persona; es parecido a un paraguas pero más grande y se fija en un soporte apoyado en el suelo: *fuimos a la playa con la sombrilla para no quemarnos.* **SIN** parasol, quitasol. **2** Objeto plegable que se lleva para protegerse del sol y que es parecido a un paraguas pero más pequeño: *a principios de siglo, las señoritas elegantes paseaban con sombrillas de encaje.*

sombrío, -bría *adj.* **1** [lugar] Que está poco iluminado: *la casa es amplia, pero demasiado sombría.* **2** Que está o parece triste: *tiene un carácter sombrío.*

somero, -ra *adj.* **1** Que es ligero o superficial: *el médico le hizo un examen somero.* **2** Que está casi encima o muy cerca de la superficie: *la planta se murió porque tenía las raíces muy someras.*

someter *v. tr./prnl.* **1** Exponer a una acción determinada para conseguir una cosa, especialmente un efecto: *sometió el mineral a altas temperaturas para saber su resistencia; el atleta se sometió a un duro entrenamiento.* **2** Obligar a alguien por la fuerza o la violencia a que acepte una autoridad: *el dictador ha conseguido someter a todo su pueblo.* **3** Proponer una cosa para que sea valorada o tratada por alguien: *sometió su idea a la junta.* ◇ *v. prnl.* **4 someterse** Actuar según la voluntad de otra persona sin oponer resistencia: *no piensa, simplemente se somete a lo que su jefe le manda.*
DER sometimiento, sumisión, sumiso.

sometimiento *n. m.* Imposición de una autoridad sobre alguien: *su carácter hace que no admita ningún tipo de sometimiento.*

somier *n. m.* Soporte de madera o metal, más o menos flexible, sobre el que se coloca el colchón en una cama: *la cama tiene un somier de láminas que es muy bueno para la espalda.*
OBS El plural es *somieres*.

somnífero, -ra *adj./n. m.* [medicina] Que produce sueño: *le puso un medicamento somnífero mezclado en el agua para que se durmiera; tiene que tomar somníferos porque padece insomnio.* **SIN** soporífero.
ETIM Véase *sueño*.

somnolencia *n. f.* **1** Sensación de pesadez y torpeza en los movimientos y en los sentidos, provocada por el sueño: *tomó un café para combatir la somnolencia.* **SIN** adormecimiento, sopor. **2** Gana o deseo de dormir: *la voz del conferenciante nos producía somnolencia.* **3** Pereza o falta de actividad de una persona: *es muy trabajador: la somnolencia no existe para él.*
DER somnoliento.
ETIM Véase *sueño*.

somnoliento, -ta *adj.* [persona] Que tiene sensación de pesadez y torpeza de movimientos a causa del sueño: *esta noche he dormido mal y ahora estoy somnoliento.*

somormujo *n. m.* Ave con el pico corto y plumaje de colores variados que se alimenta de peces y construye sus nidos sobre el agua; habita en aguas tranquilas de todos los continentes: *el somormujo puede mantener mucho tiempo la cabeza sumergida.*
OBS Para indicar el sexo se usa *el somormujo macho* y *el somormujo hembra*.

son *n. m.* **1** Sonido agradable, especialmente cuando es musical: *tarareaba el son que había oído el día anterior.* **2** Modo o manera de hacer una cosa: *los discípulos trabajan al son de su maestro.*
en son de Se usa para indicar la voluntad o intención de obrar de una manera agresiva o pacífica: *el jefe ha llegado al trabajo en son de guerra; venir en son de paz.*
sin ton ni son *coloquial* Se usa para indicar que una acción no tiene ningún sentido o lógica o que se hace de cualquier manera: *se ha puesto a insultarnos sin ton ni son.*

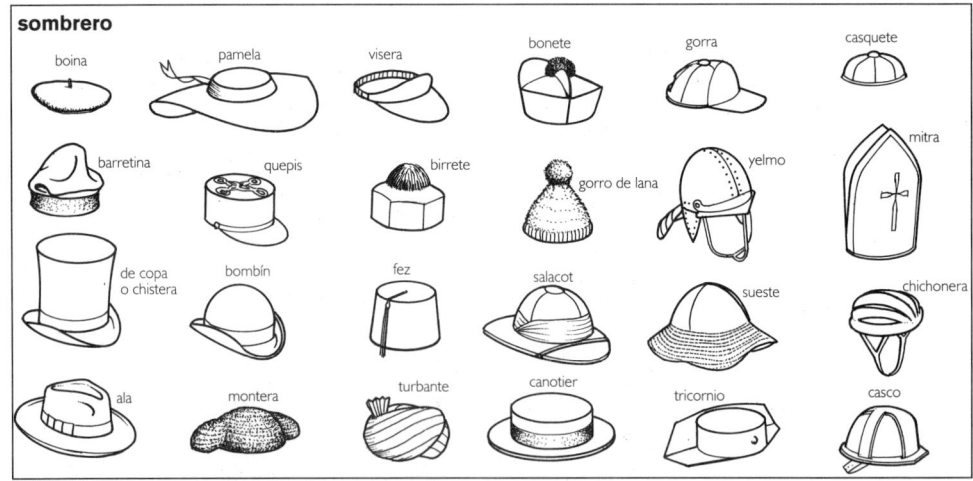

sombrero

DER soniquete; unísono.

sonado, -da *adj.* **1** Que llama la atención o que provoca admiración: *la boda de la princesa ha sido muy sonada*. **2** [persona] Que ha perdido parte de su capacidad mental y hace o dice cosas sin sentido: *era un gran boxeador, pero ahora está un poco sonado*. **SIN** chiflado.

sonaja *n. f.* **1** Conjunto de dos o más chapas de metal atravesadas por un alambre que se coloca en algunos juguetes o instrumentos para que suene al moverse: *este pandero tiene muchas sonajas.* ◊ *n. f. pl.* **2 sonajas** Instrumento de música que suena al moverlo y que está compuesto por una lámina estrecha de madera en forma de arco que tiene pequeños agujeros, en cada uno de los cuales hay un par de chapas de metal atravesadas por un alambre: *la solista del grupo tocaba también las sonajas*.
DER sonajero.

sonajero *n. m.* Juguete que sirve para entretener a los bebés; está formado por un mango con cascabeles o sonajas que suenan al menor movimiento: *el bebé, sorprendido, escuchaba el ruido del sonajero*.

sonambulismo *n. m.* Enfermedad del sueño que consiste en realizar actos automáticos y no recordarlos al despertar: *padece sonambulismo: muchas noches se levanta y se pone a caminar y a hablar*.

sonámbulo, -la *adj./n. m. y f.* **1** [persona] Que padece sonambulismo: *no es bueno despertar a una persona sonámbula cuando está haciendo algo dormida*. **2** [persona] Que actúa de manera automática por no haber dormido durante la noche: *he andado sonámbulo todo el día porque por la noche me quedé terminando el trabajo*.
DER sonambulismo.
ETIM Véase sueño.

sonar *v. intr.* **1** Emitir un sonido o hacer ruido una cosa: *este altavoz suena muy fuerte; sonó una voz ronca en el silencio de la iglesia*. **2** *coloquial* Resultar una cosa o una persona vagamente conocido por haberlo visto u oído antes: *su cara me suena, pero no sé de qué; esta canción no te sonará porque es nueva*. **3** Producir cierta cosa una impresión vaga, que puede no ser la definitiva: *el argumento de la película suena interesante, pero no puedo opinar sobre ella antes de verla*. **SIN** parecer. **4** Tener cierta letra un sonido determinado: *la r a principio de palabra suena más vibrante que entre vocales*. **5** Ser comentada o mencionarse una cosa: *su nombre suena como sustituto del ministro.* ◊ *v. tr./prnl.* **6** Limpiar la nariz soltando o haciendo soltar fuertemente el aire por ella: *tengo que sonarme porque estoy acatarrado; suena la nariz al niño.* ◊ *n. m.* **7** MAR. Aparato que sirve para descubrir y localizar objetos u obstáculos debajo del agua, y que funciona emitiendo vibraciones de alta frecuencia: *el capitán del barco detectó al submarino enemigo por medio del sonar*.
DER son, sonado, sonido; disonar, malsonante, resonar.
OBS En su conjugación, la *o* se convierte en *ue* en sílaba acentuada, como en *contar*.

sonata *n. f.* MÚS. Composición musical para uno o varios instrumentos, que está formada por tres partes de distinto carácter, a la que se puede añadir otro movimiento: *la gran forma instrumental del Barroco es la sonata*.
DER sonatina.

sonda *n. f.* **1** Cuerda con un peso en uno de sus extremos que sirve para medir la profundidad de las aguas: *lanzaron la sonda al mar para saber a qué profundidad estaba el fondo*. **2** MED. Aparato alargado, delgado y liso que sirve para explorar partes del organismo o para introducir y sacar sustancias de él: *le han puesto al enfermo una sonda para que pueda orinar*. **SIN** catéter. **3** Globo o nave espacial que lleva instrumentos de medida y se emplea para estudiar la atmósfera o el espacio: *lanzaron una sonda para recoger información meteorológica diariamente*.
DER sondar.

sondar *v. tr.* **1** Echar un peso atado a una cuerda al agua para averiguar la profundidad del fondo: *sondaron el fondo de la bahía para no encallar*. **2** Averiguar la composición del suelo de un terreno con instrumentos especiales: *se han decidido a sondar sus terrenos para buscar petróleo*. **3** Hacer preguntas sobre una cosa que quiere saberse: *vamos a sondar a todos los empleados para saber qué está pasando*. **SIN** preguntar. **4** MED. Introducir una sonda en una parte del cuerpo: *sondaron al paciente antes de la operación*.
DER sondeo; insondable.

sondear *v. tr.* Sondar.

sondeo *n. m.* **1** Medición de la profundidad de las aguas con una sonda. **2** Exploración de la composición del suelo de un terreno: *han hecho un sondeo para averiguar si hay agua en aquel campo*. **3** Encuesta que se hace a un grupo de personas para saber lo que opinan sobre una cosa e intentar prever un resultado: *el sondeo dio como resultado la victoria de este partido político*.

soneto *n. m.* Combinación de catorce versos, generalmente de once sílabas cada uno, con rima consonante: *un soneto está formado por dos cuartetos y dos tercetos*.
DER sonetillo.

sonido *n. m.* **1** Sensación o impresión producida en el oído por un conjunto de vibraciones que se propagan por un medio: *la velocidad del sonido en el aire es de 340 metros por segundo*. **2** Manera especial y propia de sonar que tiene una determinada cosa: *el sonido de las monedas al chocar entre ellas; el sonido del piano; sonido agudo de un silbato*. **3** Conjunto de aparatos y sistemas que producen, modifican, graban o reproducen la voz, el ruido o la música: *en la radio trabajan los técnicos de sonido*. **4** Unidad más pequeña del habla que es la pronunciación de una vocal o una consonante; está determinada por la posición de la boca, la manera de expulsar el aire y por la vibración de las cuerdas vocales: *las letras son las representaciones gráficas de los sonidos; los sonidos son las realizaciones de los fonemas*.
DER sónico; ultrasonido.

soniquete *n. m.* **1** Sonido continuado que resulta molesto, especialmente el producido por una máquina o mecanismo: *la depuradora del agua hace un soniquete cuando se pone en marcha*. **SIN** sonsonete. **2** Entonación monótona del habla de una persona: *recitó el poema con tal soniquete que no emocionó a nadie*. **SIN** sonsonete.

sonoridad *n. f.* **1** Capacidad para transmitir el sonido: *la sonoridad de este local es muy mala*. **2** Resonancia que se produce al vibrar las cuerdas vocales en la boca, en la nariz o en ambas: *p y b se distinguen por la sonoridad*.

sonorizar *v. tr.* **1** Incorporar el sonido de la voz, el ruido de ambiente o la música a una película cinematográfica: *se han sonorizado algunas películas del cine mudo*. **2** Instalar en un lugar los elementos técnicos necesarios para aumentar el sonido o mejorar su calidad: *antes del concierto los técnicos vinieron a sonorizar el local*.
OBS En su conjugación, la *z* se convierte en *c* delante de *e*.

sonoro, -ra *adj.* **1** Que produce o puede producir sonido: *la alarma lleva un dispositivo visual y otro sonoro*. **2** Que produce una sensación agradable en el oído: *tiene una voz muy sonora; verso sonoro*. **3** [lugar cerrado] Que tiene las condiciones adecuadas para transmitir bien el sonido: *los teatros*

sonotone

deben ser sonoros. **4** [sonido] Que se produce con vibración de las cuerdas vocales y resuena en la boca, en la nariz o en ambas: *en español la* b *es una consonante sonora*. **ANT** sordo.
DER sonoridad, sonorizar.

sonotone *n. m.* Pequeño aparato que se coloca en la oreja y sirve para aumentar la percepción del sonido de las personas que padecen sordera: *si se quita el sonotone no oye lo que le decimos*. **SIN** audífono.
OBS Es marca registrada.

sonreír *v. intr./prnl.* **1** Curvar la boca hacia arriba como si se fuese a reír, pero sin llegar a hacer ruido, para mostrar alegría, felicidad o placer: *el niño sonrió cuando su madre le regaló la camiseta*. ◊ *v. intr.* **2** Mostrarse favorable para alguien: *parece que la suerte nos sonríe*.
DER sonriente, sonrisa.
OBS En su conjugación, la *i* de la desinencia se pierde y la *e* se convierte en *i* en algunos tiempos y personas, como en *reír*.

sonriente *adj.* Que curva la boca hacia arriba como si fuese a reír, pero sin hacer ruido: *debe de haberle pasado algo bueno porque viene sonriente*.

sonrisa *n. f.* Gesto de alegría, felicidad o placer que se hace curvando la boca hacia arriba como si se fuese a reír, pero sin hacer ruido: *su sonrisa indicaba que ya se encontraba mejor*.

sonrojar *v. tr./prnl.* Hacer que la cara de una persona adquiera color rojo por un sentimiento de vergüenza: *si sigue diciéndome piropos, va a conseguir que me sonroje; el niño se ha sonrojado*.
DER sonrojo.

sonrojo *n. m.* Color rojo que aparece en la cara por un sentimiento de vergüenza: *hablar en público le produce sonrojo*.

sonrosado, -da *adj.* [piel] Que tiene un color parecido al rosa: *la cara del recién nacido era sonrosada*.

sonrosar *v. tr./prnl.* Dar un color rosado a algo, especialmente a la piel de la cara: *el sol que entraba por la ventana sonrosó sus mejillas; al calor del fuego se le sonrosó la cara*.

sonsacar *v. tr.* Lograr con habilidad que una persona diga una cosa que sabe y pretende ocultar: *el espía intentó sonsacar al funcionario público para conocer un secreto oficial*.
OBS En su conjugación, la *c* se convierte en *qu* delante de *e*.

sonsonete *n. m.* **1** Sonido continuado que resulta molesto, especialmente el producido por una máquina o mecanismo: *se oía a lo lejos el sonsonete de una máquina de taladrar*. **SIN** soniquete. **2** Entonación monótona del habla de una persona: *recita las tablas de multiplicar con sonsonete*. **SIN** soniquete.

soñador, -ra *adj.* **1** [persona] Que sueña mucho mientras duerme: *mi hijo sueña todas las noches: es muy soñador*. ◊ *adj./n. m. y f.* **2** [persona] Que vive sin tener en cuenta la realidad: *era tan soñador que todos le tomaban el pelo*. **SIN** fantasioso.

soñar *v. tr./intr.* **1** Representarse cosas o sucesos en la mente mientras se está dormido: *anoche soñé que era un pirata; hoy he soñado contigo*. **2** Creer que es cierto una cosa que se ha imaginado o que es imposible que suceda: *si piensa que le voy a dejar salir hasta tan tarde, sueña despierto*. ◊ *v. intr.* **3** Desear intensamente o durante mucho tiempo: *desde pequeño soñaba con ser piloto*.
ni soñarlo o **ni lo sueñes** *coloquial* Expresión que se usa para indicar que cierta cosa es imposible que suceda o para negar o rechazar algo: *¡ni soñarlo! No le dejaré el coche nuevo*.
DER soñador, soñarrera, soñoliento; ensoñar.
OBS En su conjugación, la *o* se convierte en *ue* en sílaba acentuada, como en *contar*.

sopa *n. f.* **1** Comida compuesta de un caldo en el que se hierven o cuecen otros alimentos; se toma con cuchara: *sopa de fideos; sopa de arroz; sopa de pan*. **sopa boba** Caldo que se da a los pobres en los centros religiosos y que sólo contiene alimentos básicos: *los pobres se pusieron en una fila para conseguir la sopa boba*. **sopa de letras** Sopa hecha con pasta muy pequeña que tiene forma de letra: *a los niños les gusta tomar sopa de letras*. **sopa juliana** Sopa hecha con verduras variadas troceadas: *he preparado sopa juliana para que así comas verdura*. **2** Alimento, especialmente pasta, que se echa a un líquido para preparar una sopa: *cuando hierva el agua, échale la sopa de fideos*. **3** Trozo de pan que se moja en un líquido, especialmente en un caldo o en la leche: *está tomando leche con sopas*. Se usa sobre todo en plural.
como (o **hecho**) **una sopa** *a)* Se usa para indicar que una persona está muy mojada, especialmente por la lluvia: *estaba lloviendo y, como me había olvidado el paraguas, llegué a casa hecho una sopa*. *b)* Se usa para indicar que una persona está muy resfriada: *lo encontré en la cama hecho una sopa*.
dar sopas con honda Demostrar gran superioridad en una materia respecto a los demás: *sabe muchas matemáticas, da sopas con honda a todos*.
hasta en la sopa *coloquial* Se usa para indicar que una persona o una cosa está, se ve o se encuentra en todas partes: *últimamente me encuentro con mi antiguo novio hasta en la sopa*.
DER sopear, sopera, sopero, sopetear.

sopapo *n. m.* Golpe fuerte dado con la mano abierta sobre la cara: *me dio un sopapo tan fuerte que me tiró las gafas al suelo*. **SIN** bofetada, bofetón, tortazo.

sopera *n. f.* Recipiente profundo en el que se sirve la sopa en la mesa: *puso la sopera encima de la mesa y repartió la sopa con el cucharón en cinco platos*.

sopero, -ra *adj.* **1** Que sirve para comer sopa: *cuchara sopera; sirvió el guiso en platos soperos*. **2** [persona] Que gusta mucho de tomar sopa: *hago sopa una vez a la semana porque mi familia es bastante sopera*.

sopesar *v. tr.* **1** Levantar una cosa para calcular aproximadamente el peso que tiene: *sopesó el saco y dijo que no pesaba más de diez quilos*. **2** Examinar con atención las ventajas e inconvenientes: *sopesó los pros y los contras y pensó que era rentable meterse en aquel negocio*.

sopetón Palabra que se usa en la locución adverbial *de sopetón* para indicar que un cosa sucede de forma inesperada y brusca: *el ladrón se tropezó con la policía de sopetón; está muy afectado porque le han dado la mala noticia de sopetón*.

sopicaldo *n. m.* Comida que tiene mucho líquido y pocos trozos sólidos: *si le han operado del estómago le conviene tomar sopicaldos*.

¡sopla! *int.* Palabra con la que se expresa admiración o sorpresa por una cosa: *¡sopla, el mago ha hecho salir un conejo de la chistera!*

soplamocos *n. m. coloquial* Golpe con fuerza que se da o se recibe en la cara: *del soplamocos que le dio, le rompió la nariz*.
OBS El plural también es *soplamocos*.

soplar *v. intr./tr.* **1** Despedir aire con fuerza por la boca, formando con los labios un conducto estrecho y redondeado: *sopló y apagó la vela; el niño sopló las velas de la tarta de cumpleaños*. **2** Despedir aire con fuerza un instrumento: *el secador sopla para secar el pelo; sopla el fuego con el fuelle para que se avive*. ◊ *v. intr.* **3** Correr el viento: *hoy el viento sopla muy fuerte*. ◊ *v. tr.* **4** Apartar una cosa mediante el aire: *soplando el polvo sólo conseguirás cambiarlo de sitio*. **5** Hinchar con aire, especialmente la pasta de vidrio para darle una forma determinada: *estoy aprendiendo a soplar el vidrio*. **6** colo-

quial Informar sin darse a conocer sobre alguna mala acción o sobre la persona que la ha cometido, especialmente a la policía: *se asustó y sopló todo lo ocurrido*. **7** *coloquial* Decir en voz baja a una persona y de forma disimulada lo que debe decir: *le soplaron una pregunta en el examen*. **8** *coloquial* Robar o quitar una cosa sin que se note: *creo que me han soplado la cartera*. **9** En el juego de las damas y otros semejantes, quitar al contrario una pieza con la que debería haber hecho determinado movimiento: *te soplo esta ficha porque tú no te has comido la mía*. ◇ *v. intr./prnl.* **10** *coloquial* Beber mucho alcohol: *No sabes cómo soplaba, pero ha conseguido dejarlo*.
DER sopla, soplido, soplo, soplón; resoplar.

soplete *n. m.* Instrumento que se usa para soldar piezas de metal; consiste en un tubo del que sale un gas inflamable que mantiene encendida una llama y que puede dirigirse hacia un punto determinado: *utilizaron un soplete para reparar la tubería que se había roto*.

soplido *n. m.* Cantidad de aire que se expulsa de una vez por la boca o con algún instrumento: *tienes que apagar todas las velas de un solo soplido para que se te cumpla el deseo*.

soplo *n. m.* **1** Cantidad de aire expulsada con fuerza por la boca: *el niño apagó todas las velas de la tarta con un soplo*. **SIN** soplido. **2** Movimiento del viento que se percibe: *¡qué calor! No corre ni un soplo de aire*. **3** Período de tiempo que es o que parece muy corto: *la tarde se me ha pasado en un soplo*. **4** Información que se da sin darse a conocer sobre una mala acción o sobre quien la ha cometido, especialmente a la policía: *alguien dio un soplo a la policía y detuvieron a cuatro delincuentes*. **SIN** chivatazo. **5** MED. Ruido peculiar que produce un órgano del cuerpo en movimiento, especialmente el corazón: *el médico detectó un soplo al auscultar a la paciente*. **DER** soplillo.

soplón, -plona *adj./n. m. y f.* [persona] Que acusa a una persona o que pasa información en secreto: *un soplón delató a los ladrones del banco*. **SIN** chivato, delator.

soponcio *n. m. coloquial* Pérdida pasajera del sentido y del conocimiento: *cuando llegó el hijo con la ropa rota, a los padres casi les da un soponcio*.

sopor *n. m.* Pesadez y torpeza en los sentidos provocada por el sueño: *después de comer, me entra un gran sopor*. **SIN** adormecimiento, somnolencia.
DER soporífero.

soporífero, -ra *adj.* **1** Que es tan aburrido que provoca ganas de dormir: *el concierto de violín me ha parecido soporífero; una película soporífera*. ◇ *adj./n. m.* **2** [medicina] Que relaja hasta producir sueño: *toma soporíferos antes de irse a la cama*. **SIN** somnífero.

soportable *adj.* Que se puede aguantar o hacer, aunque no sea agradable: *pena soportable; dolor soportable; trabajo soportable*. **ANT** insoportable.

soportal *n. m.* Espacio exterior cubierto, construido junto a un edificio, cuya estructura se sujeta con columnas y precede a las entradas principales; generalmente rodea una plaza o recorre una calle: *se puso a llover y nos resguardamos bajo un soportal; en los soportales de la calle Mayor colocan las floristerías sus macetas*.

soportar *v. tr.* **1** Sostener o llevar encima una carga o peso: *la viga soporta todo el peso de la cornisa*. **2** Aguantar con paciencia, dolor o resignación una cosa que no es agradable: *no soporto a esa chica porque es una pesada*.
DER soportable, soporte.

soporte *n. m.* **1** Cosa que sirve para sostener o soportar un peso: *colocó la madera sobre un soporte de metal para serrarla*. **2** Persona o cosa que sirve de apoyo, base o ayuda: *la familia es el soporte de la sociedad*. **soporte informático** Conjunto de material informático en que está almacenada la información: *desde que tenemos soporte informático la empresa funciona mejor*.

soprano *n. m.* **1** MÚS. Voz más aguda del registro de las voces humanas, característica de las mujeres y los niños: *ella hacía el soprano y yo el bajo*. ◇ *n. com.* **2** Persona que tiene esa voz: *María Callas fue una famosa soprano*.
DER mezzosoprano.

sor *n. f.* **1** Mujer que pertenece a una comunidad religiosa. **2** Forma de tratamiento que se da a las religiosas: *sor María es la hermana más anciana del convento*. Se suele usar como apelativo y delante del nombre propio.
OBS El plural es *sores*.

sorber *v. tr.* **1** Beber aspirando con la boca o a través de un tubito hueco: *sorbía el batido con una pajita; sorber la sopa es de mala educación*. **2** Recibir o retener un líquido o un gas: *pon un trapo encima para que sorba el agua; el pan sorbe mucho vino*. **SIN** absorber. ◇ *v. tr./prnl.* **3** Aguantar la mucosidad aspirando aire con fuerza por la nariz: *el niño no tenía pañuelo y se sorbía los mocos*.
DER sorbo; absorber, absorción, resorber.

sorbete *n. m.* Refresco helado, dulce y pastoso, generalmente hecho con agua, zumo de frutas y azúcar: *ha pedido de postre un sorbete de limón*.

sorbo *n. m.* **1** Cantidad de líquido que se toma de una sola vez aspirando con la boca: *paladeó con placer un sorbo de vino*. **2** Cantidad muy pequeña de un líquido que se toma para probar su sabor: *¿me das un sorbo de tu naranjada?*

sordera *n. f.* Falta completa o disminución del sentido del oído: *cuando se hizo mayor padecía de sordera*.

sórdido, -da *adj.* **1** [lugar] Que es o parece muy pobre y sucio: *querían alquilarnos un sórdido cuartucho a un precio altísimo*. **2** Que se considera impuro o escandaloso: *cuando empezó a salir con él, no conocía sus sórdidas intenciones*. **SIN** indecente.

sordina *n. f.* MÚS. Pieza usada para disminuir la intensidad del sonido o para cambiar el timbre de algunos instrumentos musicales, generalmente los de metal: *en esa obra musical la trompeta debe llevar sordina*.
con sordina Sin hacer mucho ruido para no llamar la atención: *no es necesario que hables con sordina, que aquí nadie nos escucha*.

sordo, -da *adj./n. m. y f.* **1** [persona, animal] Que no oye nada o no oye con claridad: *él es sordo del oído derecho; se ha quedado sorda*. **2** Que suena de forma apagada: *escuchamos un ruido sordo*. **3** Que no hace ruido o lo hace muy poco: *desde la calle se escuchaba el sordo murmullo de las máquinas trabajando*. **4** Que no hace caso de las ideas, peticiones o consejos que recibe: *la población no puede permanecer sorda a las llamadas de ayuda del Tercer Mundo*. ◇ *adj.* **5** [sonido] Que se produce sin vibración de las cuerdas vocales: *en español, la p es una consonante sorda*. **ANT** sonoro.
DER sordera; ensordecer.

sordomudo, -da *adj./n. m. y f.* [persona] Que no ha aprendido a hablar por ser sordo de nacimiento: *los sordomudos se comunican con las manos; en la escuela de sordomudos aprendió a leer los labios*.

soriano, -na *adj.* **1** De Soria o que tiene relación con esta provincia de la comunidad de Castilla y León o con su capital: *pueblo soriano*. ◇ *n. m. y f.* **2** Persona que es de esta provincia del centro de la península o de su capital: *los sorianos son vecinos de los aragoneses*.

soriasis *n. f.* Enfermedad de la piel que se caracteriza por

el enrojecimiento de algunas zonas y la aparición de escamas: *la soriasis es una enfermedad crónica*.
OBS El plural también es *soriasis*.

sorna *n. f.* **1** Entonación irónica o burlona que pone una persona al decir una cosa: *no me molesta lo que has dicho, sino la sorna que has empleado*. **2** Lentitud con que se hace una cosa, especialmente cuando es deliberada y para burlarse: *bajaba las cajas con tanta sorna que le dije que lo dejara*.

sorprendente *adj.* **1** Que causa admiración o sorpresa: *realizó el ejercicio con una sorprendente habilidad*. **SIN** asombroso. **2** Que es extraño o extraordinario: *es sorprendente que se haya ido sin avisar, quizá le ha pasado algo*.

sorprender *v. tr.* **1** Coger sin preparación o aviso a una persona: *la sorprendí cuando me estaba criticando*. **2** Descubrir una cosa que se esconde u oculta: *sorprendieron su mayor secreto*. ◇ *v. tr./prnl.* **3** Experimentar o causar una alteración emocional cuando una cosa no está prevista o no se espera: *me sorprendí cuando me dijo la verdad; el escándalo nos sorprendió*.
DER sorprendente, sorpresa.

sorpresa *n. f.* **1** Alteración emocional que causa lo que no está previsto o no se espera: *fue una grata sorpresa el encontrarte en Madrid; tuvo una desagradable sorpresa cuando supo que le habían robado el coche*. **2** Acción o cosa que hace que una persona se sorprenda: *en este sobre encontrarás una sorpresa*. **3** Objeto que se introduce en el interior de un alimento: *le tocó la sorpresa del roscón*.
coger de (o **por**) **sorpresa** Encontrar sin preparación o aviso: *la nieve los cogió por sorpresa y tuvieron que pasar la noche en un refugio*.

sortear *v. tr.* **1** Hacer que la suerte decida quién se queda una cosa que se da o reparte, usando medios diversos: *sortearon el viaje entre todos los clientes*. **2** Evitar con habilidad o astucia una cosa material o inmaterial: *la prueba consiste en atravesar el campo sorteando los obstáculos; sorteó las dificultades y consiguió el trabajo*.
DER sorteo.
ETIM Véase *suerte*.

sorteo *n. m.* Operación mediante la cual la suerte decide quién se queda una cosa que se quiere dar o repartir: *en ese sorteo gané un viaje al Japón; sorteo de lotería*. **SIN** rifa.

sortija *n. f.* **1** Aro que se lleva en el dedo; generalmente es de un metal valioso y puede tener adornos, como piedras preciosas: *regaló una sortija con un diamante a su esposa*. **2** Rizo del pelo en forma de círculo: *sobre la frente le caía una sortija muy graciosa*.
DER ensortijar.

sortilegio *n. m.* **1** Adivinación que no se basa en la ciencia o en la razón, sino en la magia: *un sortilegio me ha hecho saber que encontraré novia muy pronto*. **2** Acción que se consigue realizando determinados actos mágicos: *el sortilegio hizo que el bastón se convirtiera en un animal*. **SIN** embrujo, hechizo.
ETIM Véase *suerte*.

sosa *n. f.* QUÍM. Producto químico que se usa para limpiar y para fabricar jabón duro; en estado puro es corrosiva y quema los tejidos orgánicos: *la sosa cáustica es un compuesto básico de hidrógeno, oxígeno y sodio; no mezcles nunca la sosa con lejía porque es peligroso*.

sosegar *v. tr./prnl.* **1** Hacer que desaparezca la agitación, la preocupación o los nervios de una persona: *el líder sosegó a los manifestantes con su promesa de diálogo; tras la discusión se sentó un rato para sosegarse*. **SIN** calmar, serenar, tranquilizar. **ANT** desasosegar. **2** Hacer que una cosa material o inmaterial no esté agitada: *sosegar los ánimos; tras la tormenta las aguas del mar se han sosegado*.
DER sosegado, sosiego.
OBS En su conjugación, la e se convierte en *ie* en sílaba acentuada y la g en *gu* delante de *e*, como en *regar*.

sosera *n. f.* **1** Falta de gracia, viveza o atractivo: *la sosera de esta chica hace que nunca la inviten a las fiestas*. **SIN** sosería. **2** Obra o dicho que no tiene gracia: *se cree muy gracioso pero solo dice soseras*. **SIN** sosería.

sosería *n. f.* Sosera.

sosiego *n. m.* Falta de agitación, movimiento o ruido: *me encanta disfrutar del sosiego de la montaña*. **SIN** paz, quietud, tranquilidad.

soslayar *v. tr.* **1** Evitar una cosa que implica una dificultad o que causa molestia, especialmente una pregunta o un asunto: *es mejor soslayar el tema, si no quieres que discutamos*. **2** Colocar una cosa ladeada de modo que deje un pequeño espacio para poder pasar: *como no podía pasar entre las mesas, las soslayó*.
DER insoslayable.

soslayo **1** Palabra que se usa en la locución adverbial *de soslayo* para indicar que una cosa se hace de lado: *no me gusta que me mires de soslayo, prefiero que me mires directamente a los ojos*. **2** Palabra que se usa en la locución adverbial *de soslayo* para indicar que un asunto se trata por encima o sin profundizar en él, generalmente porque implica una dificultad o causa molestia: *habéis pasado de soslayo por lo más delicado del asunto*.
DER soslayar.

soso, -sa *adj.* **1** [alimento] Que tiene poca o no tiene sal: *este gazpacho está muy soso; pon sal a las legumbres, que están sosas*. **ANT** salado. **2** Que no tiene gracia, viveza, ni atractivo: *su novio es soso y aburrido; la obra de teatro me ha parecido un poco sosa*. **ANT** salado.
DER sosaina, sosera, sosería; insulso.

sospecha *n. f.* Creencia o suposición que se forma a partir de cierta información o señal: *la policía tiene una sospecha y ha venido a investigar*.

sospechar *v. tr.* **1** Pensar, imaginar o formar una suposición o juicio a partir de cierta información o señal: *sospecha que aquel hombre lo ha robado, pero no puede probarlo*. ◇ *v. intr.* **2** Desconfiar de una persona determinada por intuir o creer que ha cometido una mala acción: *han robado una joya y los dueños sospechan de él porque sabía donde la guardaban*.
DER sospechoso; insospechable, insospechado.
ETIM *Sospecha* procede del latín *suspicio, -onis,* que tenía el mismo significado, voz con la que también está relacionada *suspicaz*.

sospechoso, -sa *adj.* **1** Que da motivos para formar una suposición o juicio sobre una mala acción o sobre quién la ha cometido: *desde que se cometió el crimen tiene un comportamiento sospechoso*. ◇ *n. m. y f.* **2** Persona que da motivos para creer que ha cometido una mala acción: *la policía detuvo a cuatro sospechosos que se encontraban en el lugar del atentado*.

sostén *n. m.* **1** Cosa que sirve para soportar un peso o evitar que otra se caiga o se incline: *este muro es el sostén del edificio*. **2** Persona o cosa que sirve para ayudar o mantener a alguien: *la madre era el sostén de la familia, ella llevaba el dinero a casa*. **3** Apoyo moral o protección que una persona da a otra: *está muy deprimido y necesita el sostén de todos sus amigos*. **4** Prenda interior femenina que sirve para ajustar y sostener el pecho; que está formada por dos trozos de tejido suave, generalmente elástico, de forma más o menos triangular que se acoplan al pecho: *en la lencería venden sostenes*. **SIN** sujetador.

sostener *v. tr./prnl.* **1** Sujetar o evitar que una persona o cosa se caiga o se incline: *los contrafuertes sostienen la pared; el niño apenas se sostenía en pie solo; se mareó y la sostuvieron entre varios*. **2** Aguantar una cosa con las manos o con los dos brazos: *sostenía el libro mientras yo buscaba la ficha*. ◇ *v. tr.* **3** Defender o mantener una idea, una opinión o una actitud con seguridad y confianza, especialmente cuando alguien está en contra: *sostiene que ese meteorito procede de Marte*. **4** Dar a una persona lo que necesita para vivir, especialmente dinero para comer y vestirse: *este hombre ha de sostener una familia numerosa y tiene que trabajar mucho*. **5** Hacer que una acción o estado continúe durante un período de tiempo sin variar: *sostuvieron una fuerte discusión hasta que intervine yo*. ◇ *v. prnl.* **6 sostenerse** Mantenerse un cuerpo en un medio sin caer o haciéndolo muy lentamente: *la madera se sostiene en el agua*. **SIN** sustentar.
DER sostén, sostenido, sostenimiento; insostenible.
OBS Se conjuga como *tener*.

sostenido, -da *adj./n. m.* **1** MÚS. [nota musical] Que sube medio tono por encima del que le es propio: *esa nota es un do sostenido; el sostenido es un semitono más alto*. ☞ notación musical. ◇ *n. m.* **2** Signo de la escritura musical que indica que una nota determinada debe elevarse medio tono.

sota *n. f.* Décima carta de la baraja española que representa la figura de un paje de pie: *la sota tiene menos valor que el caballo*.

sotana *n. f.* Vestido largo de color negro que cubre hasta los tobillos y que usan algunos religiosos, especialmente los sacerdotes católicos: *debajo de la sotana llevaba un grueso jersey y los pantalones*.

sótano *n. m.* Piso de un edificio que está bajo el nivel del suelo de la calle; puede usarse como vivienda, pero sobre todo sirve de almacén porque no tiene ventanas que den al exterior o las tiene muy pequeñas: *en el sótano de la casa guardaba los trastos viejos*.

sotavento *n. m.* MAR. Lugar o dirección opuestos al lado que recibe el viento: *por sotavento se acercaba una lancha*. **ANT** barlovento.

soterrar *v. tr.* **1** Esconder una cosa bajo tierra de modo que no se pueda ver: *han soterrado los cimientos porque de momento no construirán el nuevo edificio*. **SIN** enterrar. **2** Ocultar un sentimiento para que no se note: *intenta soterrar tu odio cuando hables con él*.
ETIM Véase *tierra*.
OBS En su conjugación, la e se convierte en *ie* en sílaba acentuada, como en *acertar*.

soto *n. m.* Lugar situado a la orilla de un río en el que hay muchos árboles, matas y maleza: *en otoño el soto está cubierto de hojas secas caídas de los árboles*.

soufflé *n. m.* Comida que se hace con yemas de huevo batidas a punto de nieve a las que se añaden otros ingredientes, y que se cuece en el horno hasta que queda bien dorado: *el soufflé de gambas y queso quedó muy esponjoso*.
OBS Es una palabra francesa que se pronuncia aproximadamente 'suflé'.

souvenir *n. m.* Objeto característico de un lugar turístico que sirve como recuerdo de un viaje a este lugar: *el souvenir lleva escrito el nombre del lugar*.
OBS Es de origen francés y se pronuncia aproximadamente 'suvenir'.

soviético, -ca *adj.* **1** De la Unión de Repúblicas Socialistas Soviéticas o que tiene relación con este antiguo estado de Asia: *la URSS estaba formada por 15 repúblicas soviéticas; Armenia era un antiguo estado soviético*. ◇ *n. m. y f.* **2** Persona nacida en la antigua Unión de Repúblicas Socialistas Soviéticas: *los soviéticos y los americanos se enfrentaron en muchas competiciones deportivas*.

SP *n. m.* Sigla de *servicio público* que llevan los vehículos destinados a este servicio.

sparring *n. m.* Persona que ayuda a entrenar a un boxeador peleando con él: *este boxeador siempre entrena con el mismo sparring*.
OBS Es de origen inglés y se pronuncia aproximadamente 'esparrin'.

sponsor *n. m.* Patrocinador.
OBS Es de origen inglés. Se prefiere el uso de la palabra *patrocinador*.

sponsorizar *v. tr.* Patrocinar.
OBS Es de origen inglés. Se prefiere el uso de la palabra *patrocinar*. ◇ En su conjugación, la z se convierte en c delante de e.

sport Palabra que se usa en la locución *de sport* para aludir a la ropa que es cómoda e informal: *las cazadoras y los vaqueros son de sport; Juan siempre viste de sport; para hacer una excursión por la montaña voy de sport*.
OBS Es de origen inglés y se usa por *deportivo*.

spot *n. m.* Anuncio de publicidad que se emite en la televisión o en el cine y dura generalmente entre 20 y 30 segundos: *en algunos cines antes de la película pasan spots*.
OBS Es de origen inglés y se usa por *espacio publicitario*.

spray *n. m.* **1** Líquido mezclado con gas que está contenido en un recipiente y que al presionar una válvula sale pulverizado: *echó spray de rosas en el ambiente*. **2** Recipiente que contiene este líquido: *la laca para el pelo está en un spray*. **SIN** aerosol.
OBS Es de origen inglés y se pronuncia aproximadamente 'espráï'.

sprint *n. m.* Esfuerzo momentáneo que hace un deportista, generalmente al final de una carrera, para conseguir la máxima velocidad posible e intentar ganar: *el ciclista holandés hizo un sprint y ganó al norteamericano*.
DER sprintar, sprinter.
OBS Es de origen inglés y se pronuncia aproximadamente 'esprín' o 'esprint'.

sprintar *v. intr.* Acelerar al máximo un deportista o corredor al final de una carrera: *el ciclista sprintó en la recta final para intentar superar a su adversario*.
OBS Es un anglicismo innecesario que se usa por *acelerar*.

sprinter *n. com.* Ciclista o automovilista que se especializa en acelerar al máximo al final de una carrera o al estar cerca de la meta.
OBS Es un anglicismo innecesario que se usa por *velocista*.

squash *n. m.* Deporte parecido al frontón que se practica en una pista o recinto cerrado por los cuatro lados y bastante más pequeño, en el que la pelota puede rebotar en cualquiera de las paredes, salvo en el saque: *la raqueta de squash tiene el mango más largo que la de tenis y es más pequeña*.
OBS Es de origen inglés y se pronuncia aproximadamente 'escuás'.

Sr., Sra. Abreviatura de *señor, señora*, respectivamente.
Sres. Abreviatura de *señores*.
Srta. Abreviatura de *señorita*.

stand *n. m.* Caseta o pabellón desmontable y provisional en el que se expone o se vende un producto en una gran feria o mercado: *en la feria del coche hubo más de 200 stands*.
OBS Es de origen inglés.

standard *adj./n. m.* Estándar.
  OBS Es de origen inglés.
starter *n. m.* Dispositivo que sirve para arrancar un vehículo automóvil cuando el motor de explosión está frío: *el starter facilita la entrada de aire en el carburador del motor*.
  OBS Es de origen inglés y se usa por *motor de arranque*. ◇ Se pronuncia 'estárter'.
-stática Elemento sufijal que entra en la formación de palabras con el significado de 'equilibrio': *hidrostática, electrostática*.
-stato Elemento sufijal que entra en la formación de palabras para referirse al instrumento o dispositivo 'que regula o mantiene estable': *termostato, aeróstato*.
statu quo *n. m.* Expresión que procede del latín y que hace referencia al estado o situación de ciertas cosas como la economía, las relaciones sociales o la cultura, en un momento determinado: *su statu quo le permitía hacer grandes inversiones*.
  OBS Se pronuncia 'estatucúo'.
status *n. m.* Posición social que una persona tiene dentro de un grupo o una comunidad: *siempre había gozado de un status privilegiado en la empresa, pues era la mano derecha del jefe*.
  OBS El plural también es *status*.
Sto., Sta. Abreviaturas de *santo, santa*, respectivamente.
stock *n. m.* Conjunto de productos que tiene almacenados un comercio y están destinados a la venta: *comprobaré si nos queda esta talla en el stock*.
  OBS Es de origen inglés y se pronuncia aproximadamente 'estoc'. ◇ También se usa el plural *stocks* para hacer referencia a un solo conjunto de productos.
stop *n. m.* **1** Señal de tráfico que indica que debe hacerse una parada para comprobar si pasan coches o personas por una vía preferente: *se saltó el stop y le pusieron una multa*. **2** Parada breve: *hicieron un stop antes de entrar en la carretera principal*. **3** En un telegrama, palabra o signo que equivale al punto en la escritura.
  OBS Es de origen inglés y se pronuncia aproximadamente 'estop'.
store *n. m.* Estor o cortina de una sola pieza que se recoge en vertical.
  OBS Es de origen francés.
stress *n. m.* Estrés.
  OBS Es de origen inglés.
striptease *n. m.* Espectáculo en el que una persona se va quitando la ropa progresivamente hasta quedarse desnuda al ritmo de una música: *este local de striptease sólo abre por la noche*.
  OBS Es de origen inglés y se pronuncia aproximadamente 'estriptís'.
su *det. pos.* Determinante que indica que lo que se expresa a continuación está relacionado con la tercera persona del singular (*él* o *ella*), o con la segunda persona del singular (*usted*): *he visto a su mujer y a su hijo; su coche está aparcado junto al mío*.
suajili *n. m.* Lengua bantú que se habla sobre todo en países de la zona oriental del continente africano: *el suajili tiene influencias persas y árabes*.
suave *adj.* **1** Que tiene una superficie lisa, blanda y agradable al tacto: *los melocotones tienen la piel suave*. **ANT** áspero. **2** Que resulta agradable porque no causa impresiones fuertes o bruscas a los sentidos: *se oía una música suave; pinta en tonos suaves; un viento suave; un olor suave*. **3** [persona] Que no opone resistencia y está de acuerdo con lo que se le dice, especialmente después de haberse mostrado alterado o enfadado: *desde que tuvimos aquella discusión está muy suave*. **4** Que se maneja sin brusquedad y sin necesidad de hacer mucha fuerza: *puso aceite a las bisagras y ahora la puerta va suave*.
  DER suavidad, suavizar.
suavidad *n. f.* **1** Lisura y blandura que presenta un objeto al ser tocado y que resulta agradable al tacto: *me gusta el terciopelo por su suavidad*. **2** Actitud pacífica, dulce y amable con que una persona dice o hace una cosa: *trátalo con suavidad porque es muy sensible*. **3** Falta de brusquedad o violencia con que se hace un movimiento: *levanta la palanca con mucha suavidad*.
suavizante *adj.* **1** [sustancia] Que quita la aspereza o rugosidad de una cosa: *después del champú, usaba una crema suavizante para el pelo*. ◇ *n. m.* **2** Líquido que hace que la ropa quede suave, esponjosa y huela bien, que se echa a las lavadoras automáticas durante el último aclarado: *echa un poco más de suavizante a las sábanas y a las toallas*.
suavizar *v. tr./prnl.* Hacer que una cosa que es áspera o rugosa deje de serlo: *este líquido suaviza la ropa; las diferencias entre ellos se suavizaron tras la convivencia*.
  DER suavizante.
  OBS En su conjugación, la *z* se convierte en *c* delante de *e*.
sub- Prefijo que entra en la formación de palabras con el significado de: *a*) 'Bajo', 'debajo de': *subacuático, subsuelo*. *b*) 'Inferioridad', 'de menor categoría o importancia': *subdirector, subcampeón*. *c*) 'Con escasez': *subdesarrollo*.
subalterno, -na *adj.* **1** Que en un conjunto de cosas tiene menos importancia que otras: *este empleado realiza funciones subalternas*. ◇ *n. m.* **2** Persona que trabaja para otra haciendo trabajos que no requieren conocimientos técnicos: *dejó que su subalterno solucionara ese problema de menor importancia*. **3** Torero que forma parte de la cuadrilla de un matador: *todos los toreros van acompañados de subalternos que les ayudan en la faena*.
subarrendar *v. tr.* Alquilar una cosa que se tiene en alquiler, especialmente un terreno, un local comercial o una vivienda: *subarrendó el bar cuando ingresó en el sanatorio*.
  SIN realquilar.
subarriendo *n. m.* Alquiler que se hace de una cosa que ya ha sido alquilada previamente: *este contrato no especifica si está prohibido el subarriendo*.
subasta *n. f.* **1** Venta pública en la que se adjudica lo vendido a la persona que ofrece más dinero por ello: *he conseguido unos candelabros de plata en una subasta*. **2** Sistema por el que la administración del estado autoriza hacer un trabajo a una persona o a la empresa que ofrece las mejores condiciones: *la construcción del hospital se adjudicó en pública subasta*.
subastar *v. tr.* **1** Vender en público adjudicando lo vendido a la persona que ofrece más dinero por ello: *se han subastado varias pinturas impresionistas; van a subastar sus propiedades*. **2** Decidir la administración del estado quién va a ser autorizado para hacer un trabajo, eligiendo a quien haya ofrecido las mejores condiciones: *esta tarde se van a subastar las obras para el arreglo de las calzadas*.
  DER subasta.
subconjunto *n. m.* MAT. Conjunto de elementos que tienen las mismas características y que está incluido dentro de otro conjunto: *los números naturales son un subconjunto del conjunto de números reales*.
subconsciente *adj.* **1** Que no se analiza con la razón porque está por debajo del nivel de conciencia: *al hablar en*

sueños desveló sus deseos subconscientes. ◇ *n. m.* **2** Conjunto de procesos mentales que aunque no estén presentes en la conciencia del individuo puede aflorar en determinadas ocasiones: *aunque hace tiempo que no montas en bici, lo harás bien porque lo tienes en el subconsciente.*

subcontratar *v. tr.* Contratar una persona a alguien para que realice un trabajo o un servicio para el que ella ha sido contratada: *cuando me dieron aquel trabajo me vi obligado a subcontratar a un gestor para que llevara los trámites.*

subcutáneo, -nea *adj.* **1** ANAT. Que está o se produce inmediatamente debajo de la piel y sobre el tejido muscular: *extrajeron al enfermo líquido de la zona subcutánea.* **2** [inyección] Que se pone debajo de la piel: *la enfermera puso al paciente una inyección subcutánea.*

subdesarrollado, -da *adj.* [país, sociedad] Que no ha alcanzado el desarrollo económico, político, social y cultural completo: *aunque es un país rico en materias primas todavía tiene regiones subdesarrolladas.*

subdesarrollo *n. m.* **1** Desarrollo que no es completo o perfecto: *la escasez de dinero ha llevado al subdesarrollo de esa región.* **2** ECON. Situación de los países que no han alcanzado un nivel económico, social y cultural determinado: *el subdesarrollo conlleva hambre y miseria.*

subdirector, -ra *n. m. y f.* Persona que está directamente a las órdenes de un director o lo sustituye en sus funciones cuando éste no puede ejercerlas: *el director ha salido de viaje, así que el subdirector tendrá que solucionar ese problema.*
DER subdirectorio.

súbdito, -ta *adj./n. m. y f.* **1** [persona] Que está sujeto a la autoridad de otra persona y que tiene la obligación de obedecerla, especialmente cuando lo establece una ley: *el Cid era súbdito del rey de Castilla.* **SIN** siervo. ◇ *n. m. y f.* **2** Natural o ciudadano de un país que está sujeto a las autoridades políticas de éste: *los súbditos españoles tienen que respetar y cumplir la Constitución.*

subdividir *v. tr./prnl.* Dividir en partes más pequeñas cada una de las partes que resultan de haber dividido una cosa: *como no había suficiente pastel para todos, tuvo que subdividir los últimos trozos en dos.*

subdivisión *n. f.* Parte que resulta de subdividir una cosa: *los puntos 3a), 3b) y 3c) son subdivisiones del punto 3.*

subempleo *n. m.* ECON. Situación económica en la que la mano de obra no está empleada o aprovechada en su totalidad o lo está por debajo de su cualificación profesional: *el subempleo es propio de épocas de crisis.*

subestimar *v. tr.* Valorar por debajo de lo que merece o vale: *no subestimes a esa mujer porque puede hacerte mucho daño; subestimó mi capacidad de trabajo y lo he sorprendido.*

subfusil *n. m.* Arma de fuego portátil con el cañón más corto que el del fusil y la culata plegable y que puede disparar ráfagas o tiros libres: *el subfusil es un arma automática que alcanza una gran velocidad de disparo.*

subida *n. f.* **1** Paso de un lugar a otro que está más alto: *los escaladores se han propuesto hacer la subida al monte más elevado de la comarca.* **SIN** ascensión, ascenso. **ANT** bajada. **2** Aumento de la cantidad o del valor de una cosa: *al comenzar el año se produce una subida en el precio de muchos servicios públicos.* **3** Aumento de la intensidad o tonalidad de una cosa: *tomó un jarabe porque tuvo una subida de temperatura; en esta pieza musical he notado una subida de tono.* **ANT** bajada. **4** Terreno inclinado, considerado de abajo arriba: *al ciclista se le hizo muy difícil la subida.* **SIN** ascensión, ascenso. **ANT** bajada.

subido, -da *adj.* [color, olor] Que causa en el sentido de la vista o del olfato una impresión fuerte o intensa: *lleva una falda de color rojo subido.*

subíndice *n. m.* Letra o número de pequeño tamaño que se coloca en el lado derecho de un símbolo para indicar algo: *en las fórmulas químicas el subíndice indica el número de moléculas que se combinan de cada elemento.*

subir *v. intr./prnl.* **1** Pasar de un lugar a otro que está más alto: *el gato se ha subido al armario; si subes a la torre verás el mar.* **2** Colocarse encima de un animal o entrar en un medio de transporte: *sube al coche; la niña subió al tiovivo.* ◇ *v. tr.* **3** Aumentar la cantidad o valor de una cosa: *me han subido el sueldo.* **4** Aumentar la intensidad o el tono de una cosa: *sube el volumen de la radio, que no se oye bien; sube un semitono el do y conseguirás el sostenido.* **5** Poner en un lugar más alto: *subió los zapatos a la silla para que no los mordiera el perro.* **6** Recorrer de abajo arriba una cosa que está inclinada: *el escalador subió la montaña; subí las escaleras; si subes esta avenida, encontrarás la fuente.* ◇ *v. prnl.* **7** subirse Hacer efecto una bebida alcohólica provocando mareo o falta de coordinación en los movimientos y en el habla: *no bebo ginebra porque se me sube en seguida.*
DER subida, subido.

súbito, -ta *adj.* Que se produce de pronto o sin preparación o aviso: *el semáforo cambió de manera súbita y no tuve tiempo de frenar el coche; un ruido súbito nos despertó.* **SIN** repentino.
DER súbitamente.

subjetividad *n. f.* Manera de pensar en la que para juzgar u opinar sobre las cosas y los hechos intervienen los sentimientos, vivencias o intereses de una persona: *para abordar un trabajo científico, no hay que dejarse influir por la subjetividad.* **SIN** subjetivismo.

subjetivismo *n. m.* **1** Manera de pensar en la que para juzgar u opinar sobre las cosas y los hechos intervienen los sentimientos, vivencias o intereses de una persona: *su discurso está lleno de subjetivismo.* **SIN** subjetividad. **2** FILOS. Doctrina filosófica que basa el conocimiento en el individuo o conjunto de individuos con capacidad para percibir, conocer y juzgar: *el subjetivismo hace depender la realidad material del sujeto.*
DER subjetivista.

subjetivista *adj.* **1** Que está influido por sentimientos, vivencias o intereses personales: *ha hecho un discurso excesivamente subjetivista.* ◇ *adj./n. com.* **2** FILOS. [persona] Que sigue la doctrina del subjetivismo: *para los subjetivistas los juicios morales tienen valor subjetivo.*

subjetivo, -va *adj.* **1** Que depende de sentimientos, vivencias o intereses personales: *la opinión que tú tengas sobre la película es completamente subjetiva.* **ANT** objetivo. **2** De la persona o relacionado con ella en oposición al mundo exterior: *los juicios morales son subjetivos, mientras que la ley es objetiva.* **ANT** objetivo.
DER subjetividad, subjetivismo.

subjuntivo, -va *adj./n. m.* GRAM. [modo verbal] Que expresa una acción, un proceso o un estado como dudoso, posible, deseado o necesario; suele aparecer en oraciones subordinadas: *la forma verbal hayamos comido está en subjuntivo; utilizamos las formas de subjuntivo cuando no estamos asegurando que sea cierto el contenido de la oración, bien porque recogemos las palabras de otra persona o bien porque no ha sucedido todavía.*

sublevación *n. f.* Rebelión de una persona o grupo de personas contra una autoridad o poder establecido al que se niegan a seguir obedeciendo, utilizando la fuerza o las armas:

la sublevación de los militares produjo la desestabilización del país. **SIN** alzamiento, levantamiento.

sublevar *v. tr./prnl.* **1** Incitar a una persona o a un grupo de personas a que se enfrente a un poder establecido, utilizando la fuerza o las armas: *ha sublevado a sus conciudadanos; los soldados se sublevaron contra sus mandos*. **SIN** alzar, amotinar. **2** Provocar a una persona para que se enfade o se irrite mucho: *las injusticias sociales me sublevan*.
DER sublevación.

sublimación *n. f.* **1** Exaltación o engrandecimiento de las cualidades de una persona o de una cosa. **2** FÍS. Transformación directa de un cuerpo del estado sólido al estado gaseoso: *en la sublimación se absorbe calor*.

sublimar *v. tr.* **1** Alabar o exaltar mucho a una persona o una cosa, engrandeciendo mucho sus cualidades: *en otros tiempos se sublimaba el concepto de amistad*. **SIN** elogiar, enaltecer, encomiar, ensalzar. ◊ *v. tr./prnl.* **2** FÍS. Hacer que un cuerpo en estado sólido pase directamente al estado gaseoso, sin pasar por el estado líquido: *todos los cuerpos se subliman dependiendo de la temperatura y de la presión*.
DER sublimación, sublimado, sublimizar.

sublime *adj.* Que destaca enormemente por sus extraordinarias cualidades o que tiene gran valor moral, científico o artístico: *fue un hombre sublime que dedicó su vida a la ciencia; donar toda su fortuna a la caridad fue un acto sublime*.
DER sublimar.

subliminal *adj.* [percepción] Que se capta a través del subconsciente provocando determinadas sensaciones en la persona: *en la película hay unas imágenes subliminales que sólo se detectan pasándola a cámara lenta*.

submarinismo *n. m.* **1** Conjunto de actividades que se realizan bajo la superficie del mar, de un río o de un lago: *cada domingo acudía al pantano para practicar submarinismo*. **2** Conjunto de conocimientos y técnicas necesarios para realizar este tipo de actividades: *estoy tomando clases de submarinismo*.

submarinista *adj.* **1** Del submarinismo o relacionado con esta actividad: *perfeccionó su técnica submarinista con varios cursos en el extranjero*. ◊ *adj./n. com.* **2** [persona] Que realiza diversas actividades bajo la superficie del mar, de un río o de un lago, generalmente equipado con un traje de goma, gafas, aletas y bombonas de oxígeno: *un equipo de submarinistas comenzó las labores de búsqueda del niño que había caído al río*. **SIN** hombre rana.

submarino, -na *adj.* **1** De la zona que se encuentra bajo la superficie del mar o relacionado con esta zona: *mundo submarino, pesca submarina*. ◊ *n. m.* **2** Embarcación que puede navegar bajo el agua, diseñada para poder subir a la superficie del mar o sumergirse según las necesidades: *los submarinos se construyen principalmente para fines militares*.
DER submarinismo; antisubmarino.

submúltiplo, -pla *adj./n. m.* [cantidad, número] Que está contenido en otra cantidad un número exacto de veces: *el número 7 es submúltiplo de 49*.

subnormal *adj./n. com.* *coloquial* [persona] Que tiene una capacidad mental inferior a la media o a la que se considera normal: *lleva a su niño subnormal a un colegio en el que recibe una atención especial*. Se usa como insulto. **SIN** anormal, deficiente, retrasado.
DER subnormalidad.

subnormalidad *n. f.* Capacidad mental inferior a la normal que se considera enfermedad: *la subnormalidad puede estar provocada por causas genéticas*.

suboficial *n. m.* Militar que pertenece a una categoría superior a la de tropa e inferior a la de oficial: *son suboficiales los que tienen graduación de sargento a subteniente, ambos incluidos*.

subordinación *n. f.* **1** Dependencia de una persona o una cosa respecto de otra o de otras, por las que está regida o a las que está sometida: *en el trabajo hay siempre una subordinación de los empleados respecto a su jefe*. **2** GRAM. Relación que une dos elementos sintácticos de distinto nivel o función y en la que uno depende del otro: *en la oración no pude venir porque estuve enfermo hay una subordinación de porque estuve enfermo a la oración principal no pude venir*.

subordinado, -da *adj./n. m. y f.* **1** [persona] Que depende o está sometido a la orden o a la voluntad de otro: *el empresario tuvo una reunión con sus subordinados*. ◊ *adj./n. f.* **2** GRAM. [oración] Que depende de otra oración o está regido por ella: *las subordinadas dependen de una oración principal*.

subordinar *v. tr./prnl.* **1** Hacer que una persona o una cosa pase a depender de otra o de otras: *los resultados del experimento se subordinan a los materiales utilizados*. **2** Clasificar unas cosas como inferiores a otras o considerar que dependen de otras: *has subordinado mis intereses a los tuyos*. **3** GRAM. Hacer que un elemento gramatical, generalmente una oración, dependa o esté regido por otro: *en la oración dijo que no iba a venir, que no iba a venir está subordinado a dijo*.
DER subordinación, subordinado, subordinante; insubordinar.

subproducto *n. m.* Producto que se obtiene en un proceso de elaboración, fabricación o extracción de otro producto, que generalmente no tiene tanto valor como éste: *el talio es un subproducto que se obtiene al extraer plomo o cinc*.

subrayado *n. m.* Palabra o conjunto de palabras subrayadas en un escrito: *sólo se ha leído los subrayados*.

subrayar *v. tr.* **1** Hacer una raya debajo de una letra, una palabra o una frase escrita, para señalarla, resaltarla o llamar la atención sobre ella por algún motivo: *subrayó lo más importante para estudiárselo*. **2** Hacer que una cosa que se dice quede bien clara o sea bien comprendida por todos, pronunciándola con énfasis, repitiéndola o recalcándola de alguna manera: *el conferenciante subrayó dos frases que eran el resumen de su charla*. **SIN** recalcar.
DER subrayado.

subsanar *v. tr.* **1** Remediar, reparar un daño o corregir una falta: *lo primero que hay que hacer es subsanar los errores cometidos por el anterior equipo*. **2** Resolver un problema o dar una solución para una dificultad: *después de subsanar ese inconveniente ya no hay ningún obstáculo*.

subscribir *v. tr.* Suscribir.

subscripción *n. f.* Suscripción.
OBS La Real Academia Española admite *subscripción*, pero prefiere la forma *suscripción*.

subscriptor, -ra *n. m. y f.* Suscriptor.

subscrito, -ta Suscrito.

subsidiario, -ria *adj.* **1** Que se da como ayuda o apoyo a: *este comercio ofrece un servicio subsidiario de mantenimiento*. **2** DER. [acción, responsabilidad] Que sustituye o apoya a otra principal: *si la empresa no puede pagar las indemnizaciones, el estado será el responsable subsidiario*.

subsidio *n. m.* Cantidad de dinero que recibe una persona o entidad, de manera excepcional, como ayuda para satisfacer una necesidad determinada, especialmente la que reciben de un organismo oficial: *subsidio familiar; subsidio de desempleo*.

DER subsidiar, subsidiario.
subsiguiente *adj.* Que sigue inmediatamente o va inmediatamente después de otra cuestión: *la operación, la hospitalización y la subsiguiente rehabilitación han costado mucho dinero*.
subsistencia *n. f.* **1** Conservación y permanencia de una cosa: *la subsistencia de esta empresa depende de sus ventas.* **2** Vida de una persona o de cualquier ser vivo: *algunas zonas del planeta hacen difícil la subsistencia del hombre; la falta de luz y de agua imposibilitan la subsistencia de las plantas.* **3** Conjunto de alimentos y de los medios necesarios para el mantenimiento de la vida: *la subsistencia del anciano dependía de lo que le daban sus nietos.*
subsistir *v. intr.* **1** Existir todavía una cosa o mantenerse en el mismo estado o situación: *el problema subsiste a pesar de que hemos aplicado varios remedios.* **SIN** perdurar, persistir. **2** Desarrollar su vida una persona o un ser vivo: *la familia subsiste con el sueldo del hijo mayor; en las zonas ecuatoriales subsisten especies vegetales muy peculiares.* **SIN** vivir.
DER subsistencia.
substancia *n. f.* Sustancia.
substancial *adj.* Sustancial.
substancioso, -sa *adj.* Sustancioso.
substantivación Sustantivación.
substantivar Sustantivar.
substantivo, -va *adj.* **1** Sustantivo. ◇ *n. m.* **2** Sustantivo.
substitución *n. f.* Sustitución.
substituir *v. tr.* Sustituir.
substitutivo, -va Sustitutivo.
substituto, -ta *n. m. y f.* Sustituto.
substracción *n. f.* Sustracción.
substraendo Sustraendo.
substraer *v. tr./prnl.* Sustraer.
OBS Se conjuga como *traer*.
substrato Sustrato.
subsuelo *n. m.* Capa o capas de terreno que están debajo de la superficie terrestre o de la tierra cultivable: *en el subsuelo de Andalucía hay yacimientos de mercurio*.
subteniente *n. m.* Militar de categoría inmediatamente superior a la de brigada: *el de subteniente es el puesto superior del cuerpo de suboficiales*.
subterfugio *n. m.* Pretexto o excusa fingida que se utiliza como recurso para librarse de una obligación, esquivar una situación difícil o escapar de un compromiso: *siempre está con subterfugios para eludir sus responsabilidades*.
subterráneo, -nea *adj.* **1** Que está bajo tierra o por debajo de la superficie terrestre: *los topos viven en madrigueras subterráneas.* ◇ *n. m.* **2** Conducto, pasadizo, habitación o cualquier lugar o espacio que está bajo tierra: *se escondieron en el subterráneo de la casa mientras duró el bombardeo*.
ETIM Véase *tierra*.
subtitular *v. tr.* **1** Poner o escribir un subtítulo en un libro: *el libro se subtitula: del siglo xvi al siglo xviii.* **2** Poner subtítulos a una película: *han subtitulado los diálogos de la película, pero no las canciones*.
subtítulo *n. m.* **1** Título secundario que algunas obras tienen después del título principal. **2** Texto escrito que aparece en algunas películas, generalmente en la parte inferior de la pantalla, sobre las imágenes, y que traduce el texto original de los diálogos que interpretan los actores: *vimos Casablanca en versión original con subtítulos en español*.
DER subtitular.
suburbano, -na *adj.* **1** [edificio, terreno, campo] Que está cerca de una ciudad: *han adquirido un local suburbano para construir un centro comercial.* **2** Del suburbio o relacionado con esta zona de las afueras de una ciudad: *música suburbana.* ◇ *adj./n. m.* **3** [ferrocarril] Que comunica el centro de una gran ciudad con los suburbios o las zonas de la periferia: *hay que utilizar el suburbano para descongestionar el tráfico de la ciudad*. **SIN** suburbano.
suburbial *adj.* De un suburbio o que tiene relación con este barrio situado a las afueras o en los alrededores de una ciudad grande: *la población suburbial suele tener un bajo nivel económico.* **SIN** suburbano.
suburbio *n. m.* Barrio o zona habitada que está en las afueras de una gran ciudad y dentro de su jurisdicción, especialmente el habitado por personas de bajo nivel económico: *viven en un suburbio, pero están pensando trasladarse al centro de la ciudad.* **SIN** arrabal.
DER suburbial.
subvención *n. f.* Cantidad de dinero que recibe una persona, una entidad o una institución como ayuda económica para realizar una obra o para su mantenimiento, especialmente la que reciben del estado: *la asociación de minusválidos ha recibido una subvención del ayuntamiento.* **SIN** subsidio.
subvencionar *v. tr.* Contribuir con una cantidad de dinero como ayuda a la realización de una obra o al mantenimiento de una entidad o institución: *el estado subvenciona esta publicación*.
DER subvención.
subversión *n. f.* Alteración del orden público, destrucción de la estabilidad política o social de un país: *la subversión del sistema político desencadenó una guerra civil; los grupos extremistas provocaron la subversión de las fuerzas armadas*.
subversivo, -va *adj.* Que pretende alterar el orden público o destruir la estabilidad política o social de un país: *el artículo periodístico está lleno de alusiones subversivas*.
subyacer *v. intr.* Estar una cosa por debajo de otra u oculto tras ella: *las aguas fluviales penetran en la tierra y subyacen en ella; la rabia subyace en todos sus artículos periodísticos*.
OBS Se conjuga como *yacer*.
subyugar *v. tr./prnl.* **1** Someter o dominar completamente a una persona o colectividad por medio de la violencia: *algunos pueblos están subyugados por un gobierno despótico.* ◇ *v. tr.* **2** Agradar o atraer intensamente a una persona: *su voz la subyuga*.
OBS En su conjugación, la *g* se convierte en *gu* delante de *e*.
succión *n. f.* **1** Extracción de un líquido de su recipiente aspirándolo o chupándolo con los labios: *extrajo el veneno de la picadura mediante la succión de la sangre a través de la herida.* **2** Absorción de un líquido o un gas que es atraído hacia el interior de un cuerpo o un mecanismo: *el aparato que utilizan los dentistas mantiene la boca limpia de sangre y saliva mediante un mecanismo de succión.* **SIN** absorción.
DER succionar.
succionar *v. tr.* **1** Extraer un líquido de su recipiente, aspirándolo o chupándolo con los labios: *el bebé succiona la leche del biberón.* **2** Absorber un líquido o un gas, atraerlo hacia el interior de un cuerpo o un mecanismo: *una pequeña bomba succiona el aire que pueda quedar dentro del bote para hacer el vacío*.
sucedáneo, -nea *adj./n. m.* **1** [sustancia] Que tiene propiedades parecidas a las de otra y puede servir para sustituirla: *como no le sienta bien el café toma un sucedáneo.* **2** *coloquial* Que es una imitación, de peor calidad que el original: *ese cómic no es del autor que dices, es un sucedáneo*.
suceder *v. tr.* **1** Sustituir a una persona en el empleo, cargo

sucesión

o puesto que ha dejado: *el príncipe sucederá a su padre en el trono.* **2** Seguir o ir inmediatamente detrás, ya sea en el tiempo, en el espacio o en un orden: *la primavera sucede al invierno.* **ANT** anteceder. ◇ *v. impersonal* **3** Tener lugar o producirse un hecho: *el año pasado sucedió un terrible accidente.* **SIN** acaecer, acontecer, ocurrir.
DER sucedáneo, sucesión, sucesivo, suceso, sucesor.

sucesión *n. f.* **1** Serie de elementos que se suceden unos a otros, sea en el espacio, en el tiempo o en un orden: *en el campo se puede percibir mucho mejor la sucesión de las estaciones.* **2** Sustitución por otra persona de alguien que ha dejado un empleo, cargo o puesto: *creo que es la persona más indicada para la sucesión en el cargo del presidente.* **3** Descendientes directos de una persona o familia: *el trono ha quedado vacante porque el rey no tenía sucesión.* **4** MAT. Conjunto ordenado de números que cumplen una ley determinada: *1, 3, 5, 7 es una sucesión de números impares.*

sucesivo, -va *adj.* Que sucede o va inmediatamente después de otra cosa: *la ciudad sufrió cuatro ataques sucesivos.* **en lo sucesivo** Se utiliza para indicar que lo que se expresa a continuación tiene efecto a partir de ese momento y en adelante: *en lo sucesivo, no quiero que me hables de ese asunto tan desagradable.*
DER sucesivamente.

suceso *n. m.* **1** Hecho que sucede u ocurre, especialmente si es de cierta importancia: *aquel año, la boda de mi hermana fue el suceso más importante que le ocurrió a la familia.* **SIN** acontecimiento, evento. **2** Hecho lamentable o desafortunado, como un delito o un accidente: *en la sección de sucesos apareció un reportaje sobre el asesinato.* Se utiliza más en plural.

sucesor, -ra *adj./n. m. y f.* [persona] Que sustituye a otra en un empleo, un cargo o una función que ha dejado de desempeñar: *el sucesor al trono en una monarquía hereditaria es el hijo del rey.* **ANT** antecesor.

suciedad *n. f.* **1** Cualidad de lo que es o está sucio: *detesto la suciedad en la ropa.* **ANT** limpieza. **2** Conjunto de manchas, de polvo o de impurezas que hay en una cosa o en un sitio: *la suciedad de esta camisa es muy difícil de limpiar.* **3** Acción o expresión falta de ética, que va contra las reglas o que se considera obscena, inmoral o innoble: *no sé cómo puedes leer esas novelas tan llenas de suciedades.*

sucinto, -ta *adj.* Que está expresado con pocas palabras, de manera resumida, concisa y precisa: *no hace falta que le escribas una carta: mándale una nota sucinta.* **SIN** breve.

sucio, -cia *adj.* **1** Que tiene manchas, polvo, impurezas o cualquier sustancia que estropea el buen aspecto: *tendrás que poner las camisas en lejía porque están muy sucias; el agua de la lavadora sale sucia.* **ANT** limpio. **2** Que se mancha fácilmente o se mantiene limpio durante poco tiempo: *los trajes de color blanco son muy sucios, sólo puedes ponértelos una vez porque enseguida se manchan.* **3** Que produce suciedad o ensucia mucho: *la fábrica es muy sucia y contamina el río.* **4** [persona] Que no cuida su higiene personal, o descuida la limpieza de su ropa o de sus cosas: *es una persona muy sucia trabajando, lo pone todo perdido.* **5** Falto de ética, que va contra las reglas o que se considera obsceno, inmoral o innoble: *está metido en asuntos sucios.* **SIN** deshonesto, obsceno. ◇ *adv.* **6 sucio** Se utiliza para indicar que una acción, especialmente un juego, se realiza sin cumplir las reglas o las normas: *jugar sucio.*
en sucio Utilizando un borrador: *antes de pasarlos a limpio siempre escribe los textos en sucio.*
DER suciedad; ensuciar.

suculento -ta *adj.* **1** [alimento] Que es jugoso, tiene mucho sabor y es nutritivo: *comieron un suculento cordero al horno.* **2** Que tiene mucho valor o importancia, por su abundancia o por sus buenas cualidades: *el concurso tiene suculentos premios y regalos; recibió una cantidad suculenta de dinero.*
ETIM Véase *jugo*.

sucumbir *v. intr.* **1** Rendirse o ceder ante una presión, dejar de oponer resistencia: *sucumbió a la adversidad y abandonó sus proyectos; sucumbió ante su belleza.* **2** Morir una persona: *la mayoría del ejército sucumbió a manos del enemigo, hubo más de mil muertos.* **3** Dejar de existir una institución o desaparecer una entidad: *la monarquía sucumbió tras el golpe de estado, ahora hay una dictadura militar.*

sucursal *adj./n. f.* [establecimiento] Que depende de otro central o principal y que desempeña las mismas funciones que éste: *esta empresa tiene sucursales en las ciudades más importantes; puede ingresar el dinero en cualquier sucursal de este banco.*

sudaca *adj./n. com.* [persona] Que es de algún país de América del Sur: *pretendía insultarla llamándola sudaca.* Se usa como apelativo despectivo.

sudadera *n. f.* Prenda de vestir de algodón u otro tejido ligero, similar a una camiseta, de manga larga, que cubre la parte superior del cuerpo y que generalmente se usa para hacer deporte.

sudafricano, -na o **surafricano, -na** *adj.* **1** De la zona sur del continente africano o que tiene relación con ella: *tribus bosquimanas que habitan en el desierto sudafricano de Kalahari.* **2** De la República Sudafricana o que tiene relación con este país situado en el extremo sur de África: *la capital sudafricana es Ciudad del Cabo.* ◇ *adj./n. m. y f.* **3** [persona] Que es de algún país de la zona sur del continente africano: *gran parte de la población sudafricana es negra.* **4** [persona] Que es de la República Sudafricana: *el político sudafricano Nelson Mandela estuvo encarcelado durante muchos años por su lucha contra el apartheid.*
OBS La Real Academia no admite la forma *surafricano*, pero es de uso corriente y correcto.

sudamericano, -na *adj.* **1** De América del Sur o relacionado con esta zona del continente americano: *en la mayoría de los países sudamericanos se habla español.* **SIN** suramericano. ◇ *adj./n. m. y f.* **2** [persona] Que es de América del Sur: *muchos sudamericanos emigran a los Estados Unidos de América.* **SIN** suramericano.
OBS La Real Academia Española admite *sudamericano*, pero prefiere la forma *suramericano*.

sudanés, -nesa *adj.* **1** De Sudán o que tiene relación con este país situado al noreste del continente africano: *la moneda sudanesa es la libra esterlina.* ◇ *adj./n. m. y f.* **2** [persona] Que es de Sudán: *la población sudanesa es de raza árabe y de raza negra.*

sudar *v. intr.* **1** Expulsar el sudor a través de los poros de la piel: *hace tanto calor que estamos todos sudando.* **2** Expulsar algunas cosas ciertos líquidos de su interior, así ciertos vegetales sudan algún jugo y los objetos demasiado húmedos sudan gotas de agua: *las castañas sudan después de tostadas; tengo que arreglar estas paredes: sudan mucho.* **3** *coloquial* Trabajar una persona muy duramente y esforzándose mucho: *vamos a tener que sudar para entregar el trabajo a tiempo.* ◇ *v. tr.* **4** Mojar una cosa, especialmente la ropa, con sudor: *he sudado los pantalones y la camisa al venir corriendo.* **5** *coloquial* Conseguir una cosa con mucho esfuerzo: *el chico ha sudado bien la moto: se la ha ganado con su trabajo.*

sudeste o **sureste** *n. m.* **1** Punto del horizonte situado entre el sur y el este, a la misma distancia de ambos: *la abreviatura de sudeste es SE.* **SIN** sureste. **2** Parte de un país, un territorio u otro lugar situado hacia ese punto: *Murcia está en el sudeste de la península ibérica.* **SIN** sureste. **3** Viento que sopla o viene de ese punto: *el velero está navegando gracias al sudeste que sopla a su favor.* **SIN** sureste.
OBS La Real Academia Española admite *sureste*, pero prefiere la forma *sudeste*.

sudoeste o **suroeste** *n. m.* **1** Punto del horizonte situado entre el sur y el oeste, a la misma distancia de ambos: *la abreviatura de sudoeste es SO.* **SIN** suroeste. **2** Parte de un país, un territorio u otro lugar situado hacia ese punto: *hemos recorrido el sudoeste de España en coche.* **SIN** suroeste. **3** Viento que sopla o viene de ese punto. **SIN** suroeste.
OBS La Real Academia Española admite *suroeste*, pero prefiere la forma *sudoeste*.

sudor *n. m.* **1** Líquido transparente que producen unas glándulas que hay en la piel y que se expulsa a través de ella. **2** Conjunto de gotas de agua o de otro líquido que expulsan ciertas cosas: *el sudor de la pared del cuarto de baño se debe al vapor del agua.* **3** Trabajo o esfuerzo muy grande que cuesta conseguir alguna cosa: *ganarás el pan con el sudor de tu frente.*
DER sudoración, sudorífico, sudoríparo, sudoroso.

sudoración *n. m.* Expulsión de sudor a través de la piel: *utiliza una crema para regular el exceso de sudoración en las manos.*

sudoroso, -sa *adj.* **1** [persona, animal] Que está sudando mucho o está lleno de sudor: *no puedo coger los papeles porque tengo las manos sudorosas.* **2** Que normalmente suda mucho o es muy propenso a sudar: *este chico es muy sudoroso incluso en invierno.*

sueco, -ca *adj.* **1** De Suecia o que se relaciona con este país del norte de Europa: *la capital sueca es Estocolmo.* ◊ *adj./n. m. y f.* **2** [persona] Que es de Suecia. ◊ *n. m.* **3** Lengua que se habla en Suecia: *el sueco pertenece al grupo germánico nórdico.*
hacerse el sueco *coloquial* Fingir una persona que no entiende, que no ve o que no se da cuenta de una cosa, para desentenderse de ella: *la madre veía cómo se manchaba el niño, pero se hizo la sueca.*

suegro, -gra *n. m. y f.* Padre o madre del cónyuge de una persona: *el padre de mi mujer es mi suegro y mi madre es la suegra de mi mujer.*
DER consuegro.

suela *n. f.* **1** Parte del calzado que queda debajo del pie y que está en contacto con el suelo: *tengo que tirar los zapatos porque tienen agujeros en la suela.* ☞ calzado. **media suela** Pieza de cuero con la que se cubre la mitad delantera de la planta del calzado para remendar la suela: *no sé si comprar unas botas nuevas o poner medias suelas a éstas.* **2** Cuero curtido del que está hecha la suela: *prefiero que los zapatos sean de suela a que sean de goma.*
no llegar a la suela del zapato *coloquial* Ser una persona o una cosa de cualidades muy inferiores a otra: *será muy guapo, pero en simpatía no te llega a la suela del zapato.*

sueldo *n. m.* Cantidad de dinero que recibe una persona regularmente por su trabajo: *no cobramos un sueldo muy alto, pero el trabajo es agradable.* **SIN** paga, salario.
a sueldo Se utiliza para indicar que una persona realiza un trabajo o desempeña una función cobrando por ello: *tenemos un jardinero a sueldo, pagado por todos los vecinos.*
DER sobresueldo.
ETIM *Sueldo* procede del latín vulgar *solidus*, que era una moneda de oro, voz con la que también está relacionada *soldado*.

suelo *n. m.* **1** Superficie de la Tierra: *el suelo está formado por elementos orgánicos y minerales.* **2** Superficie sobre la que se pisa, generalmente plana y cubierta con algún material: *no te tires al suelo, que te vas a manchar.* **SIN** pavimento, piso. ☞ gimnasio. **3** Terreno que se destina al cultivo de plantas: *este suelo es muy seco para el cultivo de hortalizas.* **4** Terreno que se destina a la construcción de edificios: *en esta ciudad hay mucho suelo disponible para los constructores; el hotel se edificará en suelo del municipio.* **5** Territorio de un país: *el avión aterrizó sin problemas en suelo sudanés.*
besar el suelo *coloquial* Caerse una persona de bruces al suelo.
poner (o dejar) por el suelo (o los suelos) *coloquial* Hablar mal y con desprecio de una persona: *cada vez que critica a alguien lo deja por los suelos.*
por el suelo o **por los suelos** *coloquial* a) Se utiliza para indicar que una cosa está muy barata, o tiene muy poco valor: *voy a comprarme estos discos, están por los suelos.* b) Se utiliza para indicar que una cosa o una persona se encuentra en muy mala situación, en un estado muy abatido: *tiene el ánimo por los suelos.*
DER suela; entresuelo, sobresuelo, subsuelo.
ETIM *Suelo* procede del latín *solum*, 'base', voz con la que también están relacionadas *solar*, *solería*.

suelto, -ta *adj.* **1** Que no está pegado o unido de manera compacta: *el arroz de la paella debe quedar suelto, no apelmazado.* **2** Que está libre, que no está sujeto, atado ni encerrado: *lleva el pelo suelto; ese perro no debe estar suelto porque es muy fiero.* **3** Que está separado de otras cosas con las cuales forma un conjunto, una colección o una serie o que no se corresponde con otras cosas: *quedan algunas tallas sueltas; con unas cuantas piezas sueltas no podremos recomponer la máquina.* **4** Que no se vende empaquetado y se puede comprar por unidades, en la cantidad que se desee: *aquí venden huevos sueltos si no quieres comprar toda la docena.* **5** Que se expresa o actúa con facilidad y desenvoltura: *es un niño muy suelto para su edad.* **6** [persona] Que tiene diarrea: *me duele el estómago y estoy un poco suelto.* **7** [vestido, ropa] Que es ancho y permite moverse con facilidad porque no está demasiado ajustado al cuerpo: *las embarazadas deben llevar vestidos sueltos.* **SIN** holgado. **ANT** ceñido. ◊ *adj./n. m.* **8** [dinero] Que está en forma de moneda fraccionaria, generalmente de poco valor, y no en billetes: *no llevo suelto, ¿puede cambiarme este billete?*

sueño *n. m.* **1** Estado de reposo en que se encuentra la persona o animal que está durmiendo: *durante el sueño, el cuerpo repone las energías necesarias.* **2** Deseo o necesidad de dormir: *ayer me acosté muy tarde y por eso hoy tengo tanto sueño.* **3** Conjunto de imágenes y sucesos que vienen a la mente mientras se duerme. **4** Deseo muy difícil o imposible de conseguir: *le gustaría tener un yate, pero de momento es sólo un sueño.* **sueño dorado** El deseo más anhelado de una persona: *su sueño dorado es que le toque la lotería, para no tener que trabajar nunca más.*
DER entresueño.
ETIM *Sueño* procede del latín *somnus*, 'acto de dormir', voz con la que también están relacionadas *insomne*, *somnífero*, *somnolencia*, *sonámbulo*.

suero *n. m.* **1** Sustancia acuosa que queda de un líquido orgánico una vez que éste se ha coagulado: *suero de la sangre; el suero de la leche se separa cuando se está haciendo queso.* **2** Mezcla de agua y sales que sirve para alimentar los tejidos del organismo y que se inyecta por razones médicas: *después de la operación le pusieron suero porque estaba muy débil.*
ETIM Suero procede del latín *serum*, que tenía el mismo significado, voz con la que también están relacionadas *serología, seroso.*

suerte *n. f.* **1** Causa o fuerza desconocida que determina el desarrollo de los hechos o las circunstancias que no son intencionadas y no se pueden prever: *si acerté la respuesta fue sólo por suerte; yo he hecho todo lo posible, pero lo demás depende de la suerte.* **SIN** destino. **2** Sucesos o circunstancias, sean positivas o negativas, que no han sido intencionadas o previstas sino que se atribuyen a la acción del azar o la casualidad: *tuve la mala suerte de tropezar con el único obstáculo que había en el camino; ¡qué buena suerte!, ¡me ha tocado el primer premio de la rifa!* **SIN** fortuna. **3** Estos sucesos o circunstancias cuando son positivos o favorables: *te deseo suerte para tu oposición; tuvo mucha suerte encontrando un trabajo tan bueno.* **4** Condiciones de vida de una persona o grupo de personas: *muchos campesinos cambiaron su suerte y se fueron a vivir a las ciudades.* **5** Hechos que sucederán en el futuro a una persona o a una cosa: *la bruja echaba las cartas para adivinar la suerte.* **SIN** futuro, porvenir. **6** Género, clase o especie de una cosa: *había catado toda suerte de vinos.* **7** En tauromaquia, cada una de las tres partes en que se divide la lidia y los actos que se ejecutan en cada parte de una corrida de toros: *en la suerte de varas el protagonista es el picador montado en su caballo; suerte de matar.* **SIN** tercio.
caer (o **tocar**) **en suerte** Corresponder una cosa a una persona por azar o como resultado de un sorteo: *hicimos partes y cada uno se conformó con la que le tocó en suerte.*
de suerte que Se utiliza para expresar una consecuencia o resultado de lo que expresa: *el testamento se pondrá dentro de un sobre cerrado, de suerte que no pueda sacarse sin romperlo.*
echar suertes o **echar a suertes** Decidir una cosa por azar o dejando la decisión a la casualidad: *nadie quería hacer el trabajo, así que lo echamos a suertes lanzando una moneda al aire.*
DER suertudo.
ETIM Suerte procede del latín *sors, -tis*, que tenía el mismo significado, voz con la que también están relacionadas *sortear, sortilegio.*

suertudo, -da *adj./n. m. y f.* coloquial [persona] Que tiene mucha suerte: *es un suertudo, es la segunda vez que le toca la lotería en un año.*

sueste *n. m.* Gorro marinero impermeable que tiene el ala alta y estrecha por delante y baja y caída por detrás: *el pescador llevaba un sueste y un chubasquero para faenar.* ☞ sombrero.

suéter *n. m.* Prenda de vestir de abrigo que cubre la parte superior del cuerpo, desde el cuello hasta la cintura; generalmente es de manga larga: *el suéter suele ser de punto de lana o algodón.* **SIN** jersey.
OBS El plural es *suéteres.*

suficiencia *n. f.* **1** Aptitud de la persona que reúne las condiciones que se necesitan o tiene la capacidad para desempeñar un trabajo u otra cosa: *nadie pone en duda su suficiencia; no ha conseguido superar el examen de suficiencia.* **ANT** insuficiencia. **2** Presunción o pedantería de la persona que cree tener mayor capacidad que los demás: *no soporto su aire de suficiencia.*

suficiente *adj.* **1** Que es bastante o llega a la cantidad, grado o número mínimos imprescindibles: *habrá suficiente comida para cien invitados; su inteligencia es suficiente para resolver este problema.* **2** Que está capacitado o es adecuado para lo que se necesita: *con un equipo fuerte y suficiente conseguiremos ese objetivo.* ◊ *n. m.* **3** Calificación académica que es inferior a la de notable y superior a la de suspenso: *el suficiente es generalmente la nota mínima con la que se supera una prueba o examen.* **SIN** aprobado.
DER suficiencia; autosuficiente, insuficiente.

sufijación *n. f.* GRAM. Procedimiento para la formación de palabras nuevas mediante la adición de un sufijo a una palabra ya existente o a su raíz: *la palabra entendimiento se ha formado por sufijación.*

sufijal *adj.* GRAM. [elemento, morfema] Que tiene la forma o la función de un sufijo: *los elementos compositivos pueden ser prefijales o sufijales.*

sufijar *v. tr.* GRAM. Crear una palabra a partir de otra a la que se añade un sufijo.

sufijo, -ja *adj./n. m.* GRAM. [afijo] Que se añade al final de una palabra o de una raíz para formar otra nueva: *se pueden formar sustantivos añadiendo el sufijo -ción a un verbo, como combinación a partir de combinar.*
DER sufijal, sufijar.

sufragar *v. tr.* Pagar o satisfacer los gastos que ocasiona una cosa: *el conde sufragó los gastos del festival; la asociación de vecinos del barrio ha sufragado las fiestas de este año.* **SIN** costear.
DER sufragio.
OBS En su conjugación, la g se convierte en gu delante de e.

sufragio *n. m.* **1** Elección mediante votación de una persona o una opción entre varias que se presentan como candidatas: *en los países democráticos los gobernantes son elegidos por sufragio.* **sufragio universal** Sistema electoral en el que tienen derecho a votar todas las personas mayores de edad, sea cual sea su sexo o condición: *las elecciones generales en España son por sufragio universal.* **2** Voto u opción tomada por cada una de las personas que son consultadas, especialmente en materia política: *en estas elecciones ha aumentado el número de sufragios a favor de tu partido.* **3** Ayuda o apoyo que se ofrece a una colectividad, especialmente el económico: *las monjas organizaron una subasta para el sufragio de los pobres de la ciudad.*
DER sufragismo.

sufragismo *n. m.* Movimiento político que surgió a finales del siglo XIX y reivindicaba el derecho al voto de las mujeres: *el sufragismo se inició en el Reino Unido.*

sufragista *adj./n. com.* [persona] Que es partidario del sufragismo: *algunas mujeres también iban en contra de los sufragistas.*

sufrido *adj.* **1** Que sufre resignadamente una situación dolorosa o soporta con paciencia las desgracias: *Juan es muy sufrido y no protesta por nada.* **2** [color, material] Que disimula la suciedad o aguanta mucho tiempo sin ensuciarse o estropearse: *los colores oscuros son más sufridos que el blanco; el mármol de este suelo es muy sufrido, apenas se raya.*

sufrimiento *n. m.* **1** Dolor o padecimiento físico o moral que experimenta una persona: *la pobreza le ha causado mucho sufrimiento; esta enfermedad le produce un gran sufrimiento.* **2** Paciencia con que se sufre o se soporta una desgracia: *llevó con mucho sufrimiento los últimos años de la vida de su padre.*

SUFIJOS

Los sufijos son morfemas que se añaden al final de una palabra para formar otra. Los sufijos modifican el significado de la palabra original (pastel no significa lo mismo que pastel+ería) y, además pueden cambiar su categoría (amar es un verbo, pero ama+ble es un adjetivo).

En español hay un gran número de sufijos que forman nuevas palabras, de manera que a partir de una misma raíz podemos obtener palabras con significados distintos (por ejemplo, a partir de la raíz ven- obtenemos: venir, convenir, prevenir, revenir, porvenir, etc.).

Sufijos que forman NOMBRES

Sufijo	A partir de	Significado	Ejemplos
-ada	nombres	Un grupo de	alambrada, peonada
		Acción propia de	payasada, canallada
		Lo contenido en	cucharada, paletada
	verbos	Golpe o movimiento brusco con	patada, pedrada
		Acción repentina o enérgica	sentada, frenada
-al/-ar	nombres	Lugar donde hay	robledal, pinar
-aje	nombres	Un grupo o conjunto de	cortinaje, plumaje,
	verbos	Acción o resultado de esa acción	aterrizaje, embalaje
-anza	verbos	Acción de	venganza, tardanza
-azo	nombres	Golpe dado con	codazo, puñetazo
-ción	verbos	Acción o resultado de esa acción	admiración, continuación
-dad	adjetivos	Acción o resultado de esa acción	habilidad, utilidad
-dor, -or, -tor	verbos	Que hace frecuentemente, o como profesión	hablador, vendedor
-encia	verbos	Acción o resultado de esa acción	coincidencia, resistencia
-ería	nombres	Colectividad o grupo de	chiquillería, ganadería
		Tienda o comercio	pastelería, sastrería
-eza	adjetivos	Cualidad de ser	belleza, pobreza
-ista	nombres	Profesión relacionada con	dentista, violinista
-mento, -miento	verbos	Acción o resultado de esa acción	aumento, razonamiento
-torio	verbos	Lugar donde se realiza una acción	ambulatorio, dormitorio
-tud	adjetivos	Cualidad de	juventud, lentitud
-ura	adjetivos	Cualidad de	frescura, hermosura

Sufijos que forman ADJETIVOS

Sufijo	A partir de	Significado	Ejemplos
-al, -ar	nombres	Propio de	colegial, teatral, lanar
-aneo, -anea	nombres	Que está relacionado con	instantáneo, mediterráneo
-ario	nombres	Propio de o relacionado con	reglamentario, legionario
-ble	verbos	Que se puede	disponible, habitable
-dizo	verbo	Propenso a	encontradizo, arrojadizo
-ico, íaco	nombres	Que está relacionado con	céntrico, policíaco
-oide	adjetivos	Similar, parecido a	esferoide, ovoide
-oso	nombres	Abundante en o semejante a	envidioso, musculoso
-tivo	verbos	Que realiza o produce	llamativo, pensativo
-torio	nombres y verbos	Que está relacionado con Que produce que	difamatorio, meritorio

Sufijos que forman VERBOS

Sufijo	A partir de	Significado	Ejemplos
-ar	nombres o adjetivos	Producir un	taponar
-ear	nombres	Producir un	agujerear, golear
-ecer	nombres o adjetivos	Empezar a hacer o a ser	florecer, palidecer
-ificar	nombres o adjetivos	Convertir en	momificar, gasificar
-izar	nombres o adjetivos	Convertir en	alfabetizar, memorizar

Sufijos que forman ADVERBIOS

Sufijo	A partir de	Significado	Ejemplos
-mente	adjetivo (en femenino singular)	De manera	brevemente, rápidamente

sufrir *v. tr.* **1** Sentir con intensidad un dolor físico o moral o experimentar una situación desagradable o penosa: *ha sufrido una enfermedad muy larga y angustiosa; los que sufrieron la guerra nunca podrán olvidarla.* **SIN** padecer. **2** Tolerar, soportar o permitir una cosa, sin oponerse a ella y sin quejarse, a pesar de que implique un daño moral o físico: *he tenido que sufrir sus impertinencias porque es el hijo del jefe; no puedo sufrir su falta de puntualidad.* **SIN** aguantar, soportar. **3** Sostener o resistir un peso: *las paredes maestras sufren la carga del forjado.* **4** Ser objeto de un cambio, una acción o un fenómeno determinado, especialmente si es negativo: *parece que este plástico ha sufrido cambios muy bruscos de temperatura; el paro ha sufrido un espectacular aumento este mes.*
DER sufrido, sufrimiento; insufrible.

sugerencia *n. f.* Idea que se sugiere o se propone a una persona para que la tenga en consideración o piense en ella a la hora de hacer algo: *esto es una sugerencia, no una imposición; escuchó atentamente sus sugerencias, pero luego hizo lo que quiso.*

sugerente *adj.* **1** Que sugiere o provoca ideas: *lo que nos explicaste resultó muy sugerente, a partir de eso hemos desarrollado varios planes interesantes.* **2** Que es muy atractivo o emocionante: *esa excursión a París es muy sugerente.*
DER sugerencia.

sugerir *v. tr.* **1** Proponer o dar una idea a una persona para que la tenga en consideración a la hora de hacer algo: *me sugirió que cambiase mi peinado; me sugirió un método para combatir el estrés.* **SIN** insinuar. **2** Evocar o inspirar una idea, un recuerdo o una sensación: *un olor puede sugerir el recuerdo de un lugar.*
DER sugerente.
OBS En su conjugación, la e se convierte en ie en sílaba acentuada o en i en algunos tiempos y personas, como en *hervir*.

sugestión *n. f.* Influencia sobre la manera de pensar o de actuar de una persona, que anula su voluntad y la lleva a obrar de una forma determinada: *lo han hipnotizado y está bajo los efectos de la sugestión.*
DER sugestionar, sugestivo.

sugestionar *v. tr.* **1** Influir en la manera de pensar o de actuar de una persona y llevarla a obrar involuntariamente de una forma determinada: *la publicidad sugestiona a la gente para que consuma ciertos productos.* ◊ *v. prnl.* **2 sugestionarse** Dejarse llevar por una idea o una sensación obsesiva: *se ha sugestionado de tal forma que ahora cree que tiene cáncer.*

sugestivo, -va *adj.* **1** Que sugiere o provoca ideas: *el tema de esta película es muy sugestivo.* **SIN** sugerente. **2** Que provoca emoción y resulta muy atrayente: *tienen un plan muy sugestivo para el fin de semana.*

suicida *adj.* **1** Del suicidio o relacionado con esta acción: *estaba tan abatido que incluso tenía tendencias suicidas.* **2** [acto, conducta] Que es muy imprudente y puede provocar la muerte a quien lo realiza: *conducir borracho es un acto suicida.* ◊ *n. com.* **3** Persona que se quita o ha intentado quitarse voluntariamente la vida.

suicidarse *v. prnl.* Quitarse voluntariamente la vida: *intentó suicidarse ingiriendo somníferos.*

suicidio *n. m.* Acción de quitarse una persona voluntariamente la vida.
DER suicida, suicidarse.

suite *n. f.* **1** Composición musical que reúne varias piezas de carácter y ritmo diferente pero escritas con la misma tonalidad: *la suite es una composición instrumental.* **2** Selección de fragmentos de una obra extensa, como una ópera o un ballet, para ser interpretada en un concierto: *no he visto nunca la ópera pero he escuchado una suite de La Traviata.* **3** Conjunto de dos o más habitaciones de un hotel que están unidas o comunicadas formando una unidad: *pasaron su noche de bodas en la suite nupcial de un lujoso hotel.*
OBS Es de origen francés y se pronuncia aproximadamente 'suit'.

suizo, -za *adj.* **1** De Suiza o relacionado con este país del centro de Europa: *Ginebra y Berna son ciudades suizas.* ◊ *adj./n. m. y f.* **2** [persona] Que es de Suiza: *los suizos son vecinos de los franceses.* ◊ *n. m.* **3** Bollo esponjoso y con forma ovalada, hecho con harina, huevo y azúcar.

sujeción *n. f.* **1** Acción de coger o agarrar con fuerza a una persona o una cosa, de manera que no se mueva, ni se caiga o se escape: *pinzas de sujeción.* **2** Cosa con la que se sujeta otra o cosa que se utiliza para mantener sujeto algo: *se ha roto la sujeción y se ha caído la pulsera.*

sujetador *n. m.* **1** Prenda interior femenina que sirve para ajustar y sostener el pecho; suele ser de tejidos suaves y elásticos: *el sujetador sin tirantes sirve para los trajes con escote.* **SIN** sostén. **2** Pieza superior de un traje de baño femenino de dos piezas: *este biquini tiene el sujetador muy pequeño.*

sujetar *v. tr.* **1** Coger o sostener con firmeza a una persona o a una cosa, con las manos o con cualquier otro instrumento, de manera que no se mueva, ni se caiga o se escape: *sujeta al perro para que no se vaya.* **2** Dominar o someter una persona o entidad a otra que queda bajo su autoridad o su disciplina: *a los padres les cuesta mucho trabajo sujetar a los hijos mayores.*
DER sujeción, sujetador.

sujeto, -ta *adj.* **1** Que está cogido o agarrado con firmeza por una persona o cosa, de manera que no se puede mover, caer o escapar: *el cuadro no está bien sujeto y se puede caer.* **2** Que depende de otra persona o cosa, o está expuesto o sometido a lo que se indica: *todos estamos sujetos a la ley.* ◊ *n. m.* **3** Persona cuyo nombre no se indica: *vino cierto sujeto preguntando por ti.* A veces tiene valor despectivo. **4** GRAM. Función que desempeña en la oración la palabra o conjunto de palabras que concuerdan con el verbo en número y persona: *la función de sujeto la desempeñan el sustantivo, el pronombre y el sintagma nominal, o cualquier sintagma o proposición sustantivados.* **5** GRAM. Palabra o conjunto de palabras que realizan esta función, que concuerdan con el verbo en número y persona: *en la frase el niño come manzanas el sintagma el niño es el sujeto.* **sujeto agente** GRAM. Sujeto de una oración con el verbo en voz activa, que hace referencia a la persona o cosa que realiza la acción expresada por el verbo: *en la frase el niño tira piedras el sintagma el niño es el sujeto agente.* **sujeto paciente** GRAM. Sujeto de una oración con el verbo en voz pasiva, que hace referencia a la persona o cosa que se ve afectada por la acción expresada por el verbo: *en la frase las manzanas han sido limpiadas por el niño el sintagma las manzanas es el sujeto paciente.* **6** FILOS. Individuo pensante, en oposición a su mundo exterior: *el sujeto piensa la realidad tratando de adaptarla a sus esquemas mentales.*
DER sujetar.

sulfamida *n. f.* Compuesto químico usado en farmacia que combate las enfermedades producidas por bacterias: *la sulfamida se usa en quimioterapia.*

sulfatar *v. tr.* Bañar ciertas cosas con un producto químico, compuesto por cobre y azufre, que se les pulveriza encima: *hay que sulfatar las vides y los árboles frutales para que no les ataquen las enfermedades.*

sulfato *n. m.* QUÍM. Sal que se obtiene a partir del ácido sulfúrico: *el sulfato de sodio se utiliza en la fabricación de pinturas.*

sulfito *n. m.* QUÍM. Sal que se obtiene a partir del ácido sulfuroso: *el sulfito de sodio se usa en la elaboración de productos que blanquean los tejidos.*

sulfurar *v. tr.* **1** Combinar azufre con otro compuesto químico: *al sulfurar el preparado nos explotó la probeta.* ◇ *v. tr./prnl.* **2** Causar enojo o enfado a una persona: *las divagaciones del ministro sulfuraron a la oposición; dile que no se sulfure por esa tontería.*

sulfuro *n. m.* QUÍM. Sal que se obtiene a partir del ácido sulfhídrico: *la mayor parte de los compuestos de sulfuro no se disuelven en agua.*

sulfuroso, -sa *adj.* Que contiene azufre o tiene relación con él: *las zonas volcánicas son ricas en minerales sulfurosos.*

sultán *n. m.* **1** Emperador de los turcos, en la antigüedad: *los sultanes eran famosos por la riqueza y comodidad con que vivían.* **2** Príncipe o gobernador de algunos países islámicos.

suma *n. f.* **1** Operación matemática que consiste en reunir varias cantidades en una sola: *la suma se indica con el signo +; la suma es una de las operaciones básicas.* **SIN** adición. **ANT** resta. **2** Cantidad que resulta de esa operación: *24 es la suma de 12 más 12.* **SIN** adición. **ANT** resta. **3** Conjunto homogéneo de cosas, especialmente una cantidad grande de dinero: *en su cuenta corriente tiene una suma importante.*

en suma Se utiliza para introducir un resumen o una conclusión de todo lo que se ha dicho anteriormente: *la situación, en suma, es bastante buena para todos.*

DER sumar; semisuma.

sumamente *adv.* En el grado máximo de una determinada cualidad: *este ordenador va sumamente lento.* **SIN** muy.

OBS Se coloca delante del adjetivo.

sumando *n. m.* MAT. Cantidad que se añade a otra u otras para formar una suma: *en la suma 4+3 = 7, el 4 y el 3 son los sumandos.*

sumar *v. tr.* **1** Efectuar la operación matemática de la suma, reuniendo dos o más cantidades en una sola: *los niños aprenden a sumar y a restar en el colegio.* **ANT** restar. **2** Ser una cantidad el resultado total de la reunión de dos o más cantidades: *la factura suma 300 000 pesetas.* **ANT** restar. **3** Unir o juntar varias cosas similares o añadir unas cosas a otras del mismo tipo: *si sumamos nuestros esfuerzos, podremos conseguir lo que nos propongamos.* ◇ *v. prnl.* **4 sumarse** Unirse una persona a una doctrina, a un grupo o a una acción determinada: *varios profesores se sumaron a la protesta de los alumnos.*

DER sumador, sumando, sumario; consumar.

sumario, -ria *adj.* **1** Que es breve y conciso o que está resumido o reducido a una corta extensión: *haremos una exposición sumaria del argumento antes de analizar la obra.* **2** [juicio] Que prescinde de ciertas formalidades legales. ◇ *n. m.* **3** Compendio o exposición resumida de una cosa: *en el sumario aparecen resumidos todos los temas que luego se tratan con profundidad.* **4** Índice temático de una obra: *el sumario suele aparecer al final, después de la bibliografía.* **5** DER. Conjunto de actuaciones que se llevan a cabo para preparar un juicio, en las que se aportan los datos referentes al delito y las circunstancias en las que se ha realizado y los testimonios de que se dispone: *el abogado está estudiando el sumario.*

DER sumarial, sumarísimo.

sumergible *adj.* **1** [máquina, aparato] Que puede introducirse en el agua o sumergirse sin estropearse: *reloj sumergible.* ◇ *n. m.* **2** Nave o embarcación que puede navegar bajo el agua. **SIN** submarino.

sumergir *v. tr./prnl.* **1** Introducir completamente a una persona o cosa en un líquido, especialmente dentro del agua: *algunos submarinos pueden sumergirse en el mar a bastante profundidad.* **ANT** emerger. ◇ *v. prnl.* **2 sumergirse** Concentrar completamente la atención en un pensamiento, abstrayéndose de la realidad: *se sumergió en sus meditaciones.*

DER sumergible.

OBS En su conjugación, la g se convierte en j delante de *a* y *o*.

sumidero *n. m.* Agujero y conducto por donde sale el agua de un recipiente o del lugar en que está contenida: *se ha atascado el sumidero del lavabo; en el patio hay un sumidero para recoger las aguas de la lluvia.* **SIN** desagüe.

suministrar *v. tr.* Dar o proporcionar a una persona o entidad una cosa que necesita: *ese bodeguero suministra el vino a los restaurantes de la zona.* **SIN** abastecer, proveer, surtir.

DER suministro.

suministro *n. m.* **1** Acción de dar o proporcionar una cosa que se necesita: *en nuestra oficina, el suministro de papel se hace una vez al mes.* **SIN** abastecimiento, provisión. **2** Cosa o conjunto de cosas que se suministran: *los empleados del supermercado me llevan el suministro a casa todas las semanas.*

sumir *v. tr./prnl.* **1** Hacer caer a una persona en cierto estado negativo o de desgracia: *la condena la sumió en la más profunda desesperación.* **2** Sumergir a una persona en un estado de abstracción o de concentración profunda: *lo que le dijo lo sumió en la meditación; se ha sumido en un profundo sueño.* **3** Hundir o meter a una persona o una cosa en el agua o bajo tierra: *se sumió en el agujero.*

DER sumidero; asumir, consumir, presumir, resumir, subsumir.

sumisión *n. f.* Actitud de la persona o animal que se somete a otra y se deja dominar por ella aceptando su voluntad: *el entrenador adiestra a los perros para que muestren sumisión a sus dueños.* **ANT** insumisión.

sumiso, -sa *adj.* [persona, animal] Que se somete y se deja dominar por otros aceptando su voluntad y obedeciendo lo que le imponen: *es un chico muy sumiso, siempre hace lo que dicen las personas mayores.* **ANT** insumiso, rebelde.

sumo, -ma *adj.* **1** Que es el más alto o no tiene superior en su especie: *el hombre posee la suma inteligencia entre los seres vivos.* **SIN** supremo. **2** Que es muy grande o enorme en grado o en intensidad: *debes hacerlo con sumo cuidado.* ◇ *n. m.* **3** Deporte de lucha japonés, en el que los dos participantes intentan derribar al contrario o hacerlo salir de un círculo trazado en el suelo: *el sumo es un deporte en el que el peso corporal es una ventaja, por eso los luchadores de sumo pesan tanto.*

a lo sumo Como máximo, al punto o nivel máximo de una cosa: *a los sumo seremos cuatro personas; no estoy dispuesto a comprarle un coche nuevo, a lo sumo pagaré la reparación del viejo.*

suní *adj.* **1** De la religión islámica en su vertiente más ortodoxa o que tiene relación con ella: *la religión mayoritaria de Sudán es el islamismo suní.* ◇ *adj./n. m. y f.* **2** [persona] Que practica la religión islámica en su vertiente más ortodoxa: *los suníes siguen el sunna o conjunto de textos que recogen las palabras y los hechos de Mahoma.*

OBS El plural es *suníes.*

suntuosidad *n. f.* Gran cantidad de lujo y riquezas, especialmente en una vivienda: *la suntuosidad del palacio real dejó admirados a los embajadores.*

suntuoso, -sa *adj.* Que muestra gran lujo y riqueza: *vive en un suntuoso palacio.* **SIN** lujoso, fastuoso.
DER suntuario, suntuosidad.

supeditar *v. tr.* **1** Subordinar o hacer depender una cosa de otra o del cumplimiento de una condición: *supeditó la compra del coche a las ganancias del trimestre; todas las mejoras previstas quedan supeditadas a que consigamos el mejor precio.* ◇ *v. prnl.* **2 supeditarse** Someterse o ajustarse una persona a la voluntad de otra o a algún tipo de normas: *desde que se casó, se ha supeditado completamente a su marido.*

súper *adj.* **1** *coloquial* Que sobresale entre lo demás por ser estupendo o muy bueno: *ese vestido es súper; tu fiesta de cumpleaños fue súper.* ◇ *adj./n. f.* **2** [gasolina] Que es de 98 octanos: *este coche sólo funciona con súper.* ◇ *n. m.* **3** *coloquial* Establecimiento comercial donde se venden productos alimenticios y otro tipo de artículos, y en el que el cliente se sirve a sí mismo y paga a la salida. **SIN** supermercado. ◇ *adv.* **4** De forma estupenda o magnífica, muy bien: *lo hemos pasado súper en el parque de atracciones.*

super- Prefijo que entra en la formación de palabras con el significado de: *a)* 'Sobre', 'por encima de': *superponer. b)* 'Preeminencia': *superintendente. c)* 'Grado sumo': *superdotado. d)* 'Exceso o demasía': *superpoblado.*

superación *n. f.* **1** Acción de sobrepasar un límite o de vencer un obstáculo o una dificultad: *la superación de la prueba depende de la habilidad de cada uno.* **2** Resultado de mejorar o de hacer mejor las cosas: *las personas luchan por su propia superación.*

superar *v. tr.* **1** Ser superior o mejor que otra cosa o persona: *ha superado a sus compañeros de equipo.* **SIN** aventajar, exceder, sobrepasar. **2** Sobrepasar o llegar más allá de una marca o un límite: *las temperaturas han superado los treinta grados en la capital.* **SIN** exceder. **3** Vencer un obstáculo, una dificultad o una situación adversa: *ha superado muy bien la parte crítica de la enfermedad.* **4** Aprobar o pasar satisfactoriamente una prueba o examen: *ha superado la primera prueba de la oposición, pero todavía le quedan otras tres.* ◇ *v. prnl.* **5** Mejorar, hacer las cosas mejor que otras veces: *el atleta se ha superado y ha batido su propio récord.* **SIN** aventajar, exceder, sobrepasar.
DER superación, superávit, superior; insuperable.

superávit *n. m.* **1** Abundancia o exceso de algo que se considera necesario o beneficioso: *el superávit de las viviendas producirá una bajada de los precios.* **2** ECON. Situación en que los ingresos son mayores que los gastos y el saldo positivo que refleja la diferencia: *este año, en la empresa no ha habido pérdidas, sino superávit; en la cuenta ha tenido un superávit de 200 millones de pesetas.* **ANT** déficit.
OBS El plural también es *superávit.*

superchería *n. f.* **1** Engaño que hace una persona para sacar un provecho: *lo de la enfermedad no es más que una superchería para conseguir todo lo que se propone.* **SIN** fraude. **2** Creencia en cosas falsas o que no están basadas en la razón, especialmente referido a cuestiones sobrenaturales o a asuntos religiosos: *no creo en amuletos ni otras supercherías.* **SIN** superstición.

superclase *n. f.* BIOL. Categoría de clasificación de los seres vivos que está entre la categoría superior de tipo y la inferior de clase: *la superclase de los tetrápodos comprende todos los vertebrados que tienen cuatro extremidades.*

superdotado, -da *adj./n. m. y f.* [persona] Que tiene cualidades que están muy por encima de lo normal, principalmente la inteligencia: *hay escuelas especiales para niños superdotados.*

superficial *adj.* **1** De la superficie o relacionado con esta parte de un cuerpo: *calcularon la extensión superficial de la parcela.* **2** Que está o se queda en la superficie sin entrar más hacia el fondo: *herida superficial.* **ANT** profundo. **3** Que se limita a ver la apariencia externa de las cosas sin profundizar más en ellas: *era un muchacho muy superficial, sólo se preocupaba de su coche y sus fiestas; su manera de pensar es muy superficial, no tiene capacidad de análisis.* **SIN** frívolo. **ANT** profundo.

superficie *n. f.* **1** Parte más externa de un cuerpo que lo limita o separa de lo que le rodea: *una balsa flotaba sobre la superficie del agua.* **2** Extensión de tierra: *el nuevo polideportivo abarcará una superficie de 10 000 m².* **3** Extensión plana, de una figura geométrica de la que sólo se consideran dos dimensiones: la anchura y la altura: *la superficie de un rectángulo se calcula multiplicando la base por la altura.* **4** Aspecto exterior de una persona o una situación, que se percibe a primera vista, sin profundizar más: *algunas personas presentan en la superficie una imagen muy diferente a la real.*
DER superficial.

superfluo, -flua *adj.* Que no es necesario, que sobra o está de más: *no soy partidario de los lujos superfluos.* **SIN** innecesario.
ETIM Véase *fluir.*

superhombre *n. m.* Hombre que tiene unas cualidades físicas o mentales extraordinarias o superiores a los demás: *Supermán, el Hombre Araña y otros personajes de cómic son superhombres.*

superior, -ra *adj.* **1** superior Que es más alto o que está encima o en un lugar más elevado que otra cosa: *en el piso superior están los dormitorios; la parte superior del vestido era de seda y la inferior de gasa.* **ANT** inferior. **2** Que es mejor que otra persona o cosa, sea por cantidad, calidad, grado o importancia: *la calidad de este tejido es superior a la de aquellos; accedió rápidamente a puestos superiores en la empresa; los niños de edad superior a diez años podrán asistir a las clases de informática.* **ANT** inferior. **3** Que es estupendo o magnífico: *la fiesta fue superior.* **4** [animal, especie] Que se supone más evolucionado porque tiene una estructura más compleja: *los mamíferos son animales superiores.* **5** [educación, estudios] Que es posterior al bachillerato: *quiere estudiar una carrera para tener estudios superiores.* ◇ *adj./n. m.* **6** [persona] Que tiene bajo su mando, en general profesionalmente, a otra u otras o que tiene autoridad sobre ellas: *no puedo desobedecer las órdenes de mis superiores.* **SIN** jefe. ◇ *n. m. y f.* **7** Persona que gobierna una comunidad religiosa: *los frailes saludaron al nuevo superior del convento.*
DER superioridad.
OBS Como adjetivo tiene la forma invariable *superior.*

superioridad *n. f.* Cualidad o situación de la persona o cosa que es superior a otra o a otras: *mostró su superioridad en las pruebas atléticas eliminatorias; no pudieron hacer nada ante la superioridad del equipo local.* **SIN** supremacía.

superlativo, -va *adj.* **1** *culto* Que es muy grande o muy bueno o que tiene alguna cualidad en su más alto grado: *aquel hombre tenía una nariz superlativa; tiene una inteligencia superlativa.* **SIN** excelente. ◇ *adj./n. m.* **2** GRAM. [adjetivo] Que indica el grado más alto o la mayor intensidad de la cualidad que expresa: *el superlativo de* célebre *es* celebérrimo; *el superlativo suele formarse añadiendo el sufijo* -ísimo *al adjetivo; así, de* grande *el superlativo es* grandísimo.

supermercado *n. m.* Establecimiento comercial donde se venden productos alimenticios y otro tipo de artículos, y en el que el cliente se sirve a sí mismo y paga a la salida. **SIN** súper.

superponer *v. tr./prnl.* Poner una cosa encima de otra: *no debes superponer las fotografías en el álbum porque no se verán bien*.
DER superposición, superpuesto.
OBS Se conjuga como *poner*.

superposición *n. f.* Acción que consiste en poner una cosa encima de otra: *la superposición de libros en la biblioteca impide que se puedan consultar fácilmente*.

superpotencia *n. f.* Nación que tiene un gran poder político y económico sobre otras naciones y los mayores adelantos científicos y técnicos, especialmente en la industria de armas atómicas: *las superpotencias invierten mucho dinero en armamento*.

superproducción *n. f.* **1** Exceso de producción o producción de una cosa por encima de las necesidades de compra del mercado: *la superproducción de cereales ha producido una bajada de los precios*. **2** Obra de cine o teatro que se presenta como muy importante y espectacular y que está hecha con grandes medios económicos: *la película que ponen esta noche es una superproducción, ha costado varios millones de dólares y han intervenido estrellas de todos los países*.

supersónico, -ca *adj.* **1** [velocidad] Que es mayor que la velocidad del sonido. **2** [avión, nave] Que puede moverse a una velocidad superior a la del sonido.

superstición *n. f.* **1** Creencia que no tiene fundamento racional y que consiste en atribuir carácter mágico u oculto a determinados acontecimientos: *es una superstición creer que pasar por debajo de una escalera trae mala suerte; la superstición está provocada por el miedo o la ignorancia*. **2** Creencia que se aparta de la ortodoxia religiosa: *para el catolicismo, creer en curanderos o en apariciones milagrosas es superstición*.
DER supersticioso.

supersticioso, -sa *adj.* **1** De la superstición o relacionado con este tipo de creencias. ◇ *adj./n. m. y f.* **2** [persona] Que cree en supersticiones: *es un supersticioso, nunca apuesta al número trece*.

supervisar *v. tr.* Examinar quien tiene autoridad para ello con detenimiento el trabajo realizado por otras personas, para comprobar que está bien hecho: *el jefe de los mecánicos supervisa las reparaciones que hacen sus empleados*.
SIN inspeccionar.
DER supervisión, supervisor.

supervisión *n. f.* Acción que consiste en inspeccionar, quien tiene autoridad para ello, el trabajo realizado por otras personas: *todos los trabajos han sido realizados bajo la supervisión del director*. **SIN** inspección.

supervisor, -ra *adj./n. m. y f.* [persona] Que se encarga de supervisar un trabajo o una actividad: *ha venido la supervisora y ha detectado varias irregularidades en la manipulación de los alimentos*.

supervivencia *n. f.* **1** Conservación de la vida, especialmente cuando es a pesar de una situación difícil o tras de un hecho o un momento muy significativos: *a través de la selva tuvimos que luchar por nuestra supervivencia*. **2** Mantenimiento de una situación o continuación de la existencia de una cosa: *la supervivencia de la cultura indígena está en peligro*.

superviviente *adj./n. com.* [persona] Que sobrevive o se mantiene con vida después de un hecho o un momento determinados: *no ha habido ningún superviviente del accidente aéreo*.
DER supervivencia.

supino, -na *adj.* **1** Que está estirado y tiene la espalda tocando al suelo: *los abdominales se hacen colocando el cuerpo en posición supina*. **2** [cualidad negativa] Que es muy grande o está en su grado máximo: *la ignorancia supina de algunos alumnos enfurecía al profesor*. Se usa detrás del nombre.

suplantación *n. f.* Acción que consiste en hacerse pasar una persona por otra para obtener algún beneficio: *lo acusaban de suplantación pero negó que la firma fuese suya*.

suplantar *v. tr.* Ocupar el lugar de otra persona ilegalmente o hacerse pasar por ella contra su voluntad para obtener un beneficio: *ha suplantado a su padre al hablar por teléfono con el director*.
DER suplantación.

suplementario, -ria *adj.* **1** Que sirve para suplir una cosa que falta o para completarla o aumentarla en algún aspecto: *Como he dejado el trabajo tengo que conseguir alguna ocupación suplementaria; esta es la lista de las lecturas suplementarias para completar el programa del curso*. **2** [ángulo] Que completa un ángulo de 90°. ☞ ángulos.

suplemento *n. m.* **1** Cosa que sirve para completar a otra o para aumentarla en algún aspecto: *los trabajadores recibieron un suplemento en metálico por la calidad del trabajo*. **2** Publicación independiente que se añade a una obra ya completa, a un periódico o a otra publicación y que se entrega por separado en forma de libro, revista u hoja suelta: *los domingos, el periódico edita un suplemento ilustrado; la enciclopedia tiene un suplemento que contiene los índices*.
DER suplementario.

suplencia *n. f.* Sustitución que hace una persona a otra en un trabajo: *este médico le está haciendo una suplencia al de cabecera*.

suplente *adj./n. com.* [persona] Que sustituye o reemplaza a otra persona en el desempeño de un trabajo o una función, generalmente de forma temporal: *Juan está enfermo, así que vendrá un jugador suplente en su lugar*. **SIN** sustituto.
DER suplencia.

supletorio, -ria *adj.* **1** Que sirve para sustituir una cosa que falta o para completarla o aumentarla en algún aspecto: *nos reunimos tantas personas el fin de semana que tuvimos que usar una mesa supletoria y sacar dos camas supletorias*. **SIN** suplementario. ◇ *adj./n. m.* **2** [aparato telefónico] Que está conectado a un aparato principal: *he mandado instalar dos teléfonos supletorios en la oficina*.

súplica *n. f.* Palabras y gestos con los que una persona suplica una cosa, y la acción de suplicar: *no atendió a sus súplicas y actuó con rigor*.

suplicar *v. tr.* **1** Rogar o pedir una cosa con humildad y sumisión y, generalmente, con patetismo: *le suplicó que le perdonara la vida arrodillándose a sus pies*. **SIN** implorar. **2** DER. Recurrir ante un tribunal superior una sentencia dictada por él mismo.
DER súplica, suplicatorio.
OBS En su conjugación, la *c* se convierte en *qu* delante de *e*.

suplicio *n. m.* **1** Sufrimiento físico intenso o lesión grave que se inflige a una persona como castigo: *muchos de los primeros cristianos sufrieron suplicios por defender la fe*. **SIN** tormento, tortura. **2** Sufrimiento o dolor físico o moral de gran intensidad: *la torcedura de tobillo me está dando un gran suplicio; la vida en estas condiciones es un verdadero suplicio*. **SIN** tormento. **3** Persona o cosa que ocasiona molestias o sufrimientos, porque es muy pesada o engorrosa: *estos hijos míos son un suplicio*.

suplir *v. tr.* **1** Completar o añadir algo que falta: *las explicaciones del profesor suplen las deficiencias del manual*. **2** Sustituir a una persona o cosa, ponerse en su lugar para realizar un trabajo, generalmente de forma temporal: *un especialista*

suple al actor en las escenas más peligrosas. **SIN** reemplazar.
DER suplemento, suplente, supletorio.

suponer *v. tr.* **1** Considerar posible o probable una cosa, sin estar completamente seguro: *supongo que mi familia llegará a casa a la hora de comer, pero es posible que vengan por la tarde.* **2** Tener como consecuencia o resultado directo e inevitable: *la reforma supone demasiados gastos; la destrucción de la naturaleza supone un peligro para la humanidad.* **SIN** conllevar, implicar. **3** Costar, conllevar un gasto o esfuerzo: *cambiar el coche supone más de un millón de pesetas.* **4** Calcular una cosa de manera aproximada o formar un juicio a partir de unos datos conocidos, aunque no se tenga total seguridad sobre ello: *suponemos que la edad del universo es de 15 000 millones de años.* **5** Ser importante o significativo para una cosa: *su familia supone mucho para él; el resultado de las encuestas no supone nada para el gobierno.* ◇ *n. m.* **6** *coloquial* Cosa que se considera posible o probable, sin estar completamente seguro de que sea cierta: *lo que acabo de decir sólo es un suponer.* **SIN** suposición. Se utiliza normalmente en singular y con el determinante *un*: *un suponer.*
DER suposición, supositorio, supuesto; presuponer.
OBS Se conjuga como *poner.*

suposición *n. f.* **1** Consideración de que una cosa o una idea es posible o probable, sin estar completamente seguro de ello: *cuando se conoce a alguien, siempre se hacen suposiciones a primera vista.* **2** Idea o circunstancia que una persona considera que es cierta, sin estar completamente segura de ello: *un juicio o una idea formada a partir de estos indicios es una suposición aunque parezca verosímil.* **SIN** suponer.

supositorio *n. m.* Medicamento de forma alargada y acabado en punta que se introduce por el ano: *los supositorios se disuelven con el calor del cuerpo y así asimilamos el medicamento que contienen.*

supra- Prefijo que entra en la formación de palabras con el significado de 'sobre', 'más allá', 'más arriba': *supranacional, suprarrenal.*

supranacional *adj.* [institución, organismo] Que no depende de una nación en concreto: *las ONG son organizaciones supranacionales.*

suprarrenal *adj.* ANAT. [órgano, parte del cuerpo] Que está situado encima de los riñones: *glándulas suprarrenales.*

supremacía *n. f.* **1** Superioridad de la persona o la cosa que tiene el grado o la posición suprema o más alta en una escala: *las gimnastas rusas mantuvieron la supremacía frente a las americanas.* **2** Grado más alto en una jerarquía de poder: *la supremacía de la Iglesia católica la ejerce el Papa.*

supremo, -ma *adj.* **1** Que está situado en la posición o categoría más alta entre los de su especie: *jefe supremo, Tribunal Supremo.* Que tiene el grado más alto, que no es posible un grado superior: *con un esfuerzo supremo, consiguió levantar la caja que le apresaba la pierna.* **SIN** sumo. **2** [momento, situación] Que es muy importante o decisivo para el desarrollo de los acontecimientos: *este examen es el momento supremo del curso.*
DER supremacía.

supresión *n. f.* Acción de suprimir o hacer desaparecer una cosa: *los ciudadanos exigían la supresión de ese impuesto.*

suprimir *v. tr.* **1** Hacer que desaparezca una cosa o que algo que existía deje de existir: *la empresa sigue suprimiendo puestos de trabajo.* **SIN** eliminar. **2** No decir o pasar por alto una parte de lo que se está diciendo o explicando o parte de un texto que se está leyendo o escribiendo: *el actor suprimió diez versos de la comedia.* **SIN** omitir.

DER supresión.

supuesto, -ta *adj.* **1** Que es simulado, no es verdadero pero se pretende hacer pasar por cierto: *el supuesto rey suplantó al verdadero.* **SIN** falso. **2** Que es posible que sea cierto o verdadero, pero no se ha demostrado: *el supuesto culpable de los hechos va a ser juzgado, pero yo creo que es inocente.* ◇ *n. m.* **3** Idea o afirmación que se supone que es cierta pero que no se ha demostrado, y que se da como válida como base de algo: *en la conferenica presentó el supuesto de que esta medicina curaría la gripe, pero aún no está demostrado que funcione.* **SIN** hipótesis.

por supuesto Se usa para indicar la completa certeza que se tiene en lo que se expresa o la rotundidad de la afirmación que se hace: *¿lo tienes tú?, por supuesto; por supuesto que iremos esta tarde al cine.*

supurar *v. intr.* Formar o echar pus una herida: *cuando las heridas supuran es porque se han infectado.*

sur *n. m.* **1** Punto del horizonte situado a la espalda de una persona a cuya derecha está el lado por el que sale el Sol: *la abreviatura de sur es S; el sur se opone al norte; esta casa está orientada al sur.* **2** Parte de un país, un territorio u otro lugar situada hacia ese punto: *Andalucía está en el sur de España.* **3** Viento que sopla o viene de ese punto: *el sur es un viento muy cálido.* **SIN** ábrego.
DER sureño.

surafricano, -na Sudafricano.

suramericano, -na *adj.* **1** De América del Sur o relacionado con esta zona del continente americano: *la ganadería suramericana es una importante fuente de riqueza.* **SIN** sudamericano. ◇ *adj./n. m. y f.* **2** [persona] Que es de América del Sur: *los argentinos y los chilenos son suramericanos.* **SIN** sudamericano.

surcar *v. tr.* **1** Atravesar o desplazarse navegando a través del agua, especialmente las embarcaciones: *el barco surca el océano a gran velocidad.* **2** Atravesar o desplazarse por el aire o el cielo: *el águila surca el cielo con majestuosidad.* **3** Hacer hendiduras o aberturas alargadas en la tierra, generalmente con el arado: *el agricultor surcó la tierra para sembrarla.* **4** Formar rayas, hendiduras o estrías: *las arrugas surcan la cara del anciano.*
OBS En su conjugación, la *c* se convierte en *qu* delante de *e.*

surco *n. m.* **1** Abertura o hendidura alargada que se hace en la tierra, generalmente con el arado: *antes de sembrar se suelen practicar unos surcos en los campos de cultivo.* **2** Señal o hendidura alargada y estrecha que una cosa produce al pasar sobre una superficie: *las ruedas del carro han dejado unos surcos muy profundos en el camino.* **3** Arruga profunda y larga en el rostro o en otra parte de la piel: *unos surcos marcados rodeaban sus ojos.* **4** Línea o ranura marcada en la superficie de un disco fonográfico, por la cual se desplaza la aguja para reproducir la grabación: *los surcos están sucios y el disco hace mucho ruido.*
DER surcar; macrosurco.

sureño, ña *adj.* **1** Que procede del sur o que está situado hacia este punto o en la parte sur de un país, una región o un territorio: *Andalucía es la región más sureña de España.* ◇ *adj./n. m. y f.* **2** [persona] Que es o procede del sur de un país, una región o un territorio.

sureste *n. m.* Sudeste.

surf *n. m.* Deporte que consiste en deslizarse por el agua de pie sobre una tabla que es empujada por las olas: *el surf es un deporte de origen americano.*
DER surfing, surfista; windsurf.
OBS Es de origen inglés.

surfing *n. m.* Deporte que consiste en mantenerse de pie sobre una tabla que se mueve sobre las olas del agua: *practica surfing en la costa de Gibraltar porque allí hay mucho oleaje*. **SIN** surf.
OBS Es de origen inglés y se pronuncia aproximadamente 'surfin'.

surfista *n. com.* Persona que practica el deporte del surf o del surfing: *los surfistas esperaban a que se levantara viento para echarse al agua*.

surgir *v. intr.* **1** Salir una cosa desde el interior de la tierra o de otro lugar hacia la superficie, especialmente si sale bruscamente y hacia arriba: *del fondo del lago surgió un monstruo terrible; de la misma roca surgía un manantial*. **2** Aparecer, presentarse o hacerse notar de repente una cosa: *nuevas tendencias surgen cada año; entre los reunidos surgió la idea de hacerle un homenaje*.
DER surgimiento; resurgir.
OBS En su conjugación, la *g* se convierte en *j* delante de *a* y *o*.

suroeste *n. m.* Sudoeste.

surrealismo *n. m.* Movimiento literario y artístico de origen europeo que intenta sobrepasar lo real y que da mucha importancia a la imaginación y a lo irracional: *el surrealismo surgió en Francia en la primera mitad del siglo XX; el surrealismo utilizaba las imágenes del subconsciente y los sueños para buscar un nuevo sentido a la realidad*.
DER surrealista.

surrealista *adj.* **1** Del surrealismo o relacionado con este movimiento: *manifiesto surrealista; tendencias surrealistas*. ◊ *adj./n. com.* **2** [persona] Que sigue este movimiento literario y artístico o es partidaria de él: *Dalí es un pintor surrealista; Luis Buñuel es un cineasta surrealista famoso*.

surtido, -da *adj./n. m.* [producto, artículo] Que se ofrece como un conjunto de cosas variadas que son de la misma especie: *prefiero las galletas surtidas a las de un solo tipo; ha comprado un surtido de caramelos*.

surtidor *n. m.* **1** Fuente o punto del que brota agua hacia arriba con fuerza: *los bomberos enchufaron la manguera al surtidor*. **2** Aparato que sirve para extraer combustible de un depósito y suministrarlo a algún sitio, especialmente el que suministra carburante a los vehículos en las gasolineras: *paró el coche frente al surtidor de gasolina para llenar el depósito*.

surtir *v. tr./prnl.* **1** Proporcionar o poner al alcance de una persona o de una cosa algo que necesita: *este conducto surtirá de gas natural a la ciudad*. **SIN** abastecer, proveer, suministrar. ◊ *v. intr.* **2** Brotar el agua o un líquido de algún sitio, especialmente si lo hace con fuerza y hacia arriba.
DER surtido, surtidor.

susceptible *adj.* **1** Que puede sufrir o experimentar el efecto o la acción que se expresa: *el proyecto es susceptible de una revisión posterior*. **2** [persona] Que se enfada o se siente ofendido frecuentemente y por cosas poco importantes: *es muy susceptible, así que no se te ocurra decir nada sobre su vestido*.
DER susceptibilidad.

suscitar *v. tr.* Provocar o causar una cosa, especialmente sentimientos de duda, curiosidad o interés o acciones que implican agitación u oposición, como comentarios, polémicas o discusiones: *con sus reclamaciones, suscitó una discusión en la tienda; ha suscitado el odio entre sus hermanos*. **SIN** promover.

suscribir o **subscribir** *v. tr.* **1** Firmar al pie o al final de un documento: *todos los ministros suscribieron el acuerdo*. **2** Estar de acuerdo con una opinión, propuesta o dictamen: *suscribo todo lo que ha dicho mi representante*. ◊ *v. tr./prnl.* **3** Inscribir a una persona en un lugar para recibir una publicación de forma periódica. **SIN** abonarse.
DER suscripción, suscriptor, suscrito.
OBS La Real Academia Española admite *subscribir*, pero prefiere la forma *suscribir*. ◊ El participio es *suscrito*.

suscripción o **subscripción** *n. f.* Abono a una publicación periódica: *la suscripción te costará poco dinero*.
OBS La Real Academia Española admite *subscripción*, pero prefiere la forma *suscripción*.

suscriptor, -ra o **subscriptor, -ra** *n. m. y f.* Persona que está suscrita a una publicación periódica: *la revista tiene cada vez más suscriptores*.
OBS La Real Academia Española admite *subscriptor*, pero prefiere la forma *suscriptor*.

suscrito, -ta o **subscrito, -ta** *part.* Es el participio irregular de *suscribir*: *me he suscrito a una revista de cine*.
OBS La Real Academia Española admite *subscrito*, pero prefiere la forma *suscrito*.

susodicho, -cha *adj./n. m. y f.* Que ha sido citado o mencionado con anterioridad: *un individuo atacó a dos ancianas. El susodicho individuo era de raza blanca*. **SIN** antedicho.

suspender *v. tr.* **1** Colgar o levantar una cosa en alto de manera que quede sostenida desde arriba por algún punto: *el saco estaba suspendido de una argolla*. **2** Detener o interrumpir durante un tiempo o indefinidamente el desarrollo de una acción o dejarla sin efecto: *han suspendido las obras de la autovía; se ha suspendido el concierto a causa de la lluvia; el árbitro suspendió el partido, de modo que habrá que repetirlo*. **3** Apartar a una persona durante un tiempo de su servicio, sus funciones o su trabajo o quitarle el sueldo temporalmente: *le suspendieron el sueldo hasta que pagara lo que había estropeado*. **4** Calificar a una persona con una nota de suspenso, por no llegar al nivel mínimo que se requiere en una prueba o un examen: *el profesor me ha suspendido en filosofía*. **ANT** aprobar. ◊ *v. tr./intr.* **5** Obtener una persona una nota de suspenso o no conseguir aprobar un examen, una prueba o una asignatura por no llegar al mínimo exigido: *el estudiante suspendió en junio; he suspendido las matemáticas*. **ANT** aprobar.
DER suspensión, suspenso.
OBS El participio es *suspendido*. El participio irregular *suspenso* se usa generalmente como adjetivo.

suspense *n. m.* **1** En la narración de una historia, mantenimiento constante del interés o la emoción mediante sorpresas, desenlaces imprevisibles y frecuentes detenciones momentáneas de la acción: *Hitchcock es el maestro en el género cinematográfico del suspense*. **2** Sensación de ansiedad y angustia que produce la espera o el interés por conocer una cosa: *cuando consiguió dejarnos en suspense, se marchó sin decir nada más*. **SIN** intriga.

suspensión *n. f.* **1** Detención o interrupción del desarrollo de una acción durante un tiempo o indefinidamente: *el incendio ha provocado la suspensión de las representaciones de ópera*. **suspensión de pagos** Situación de grave crisis de una empresa, en la que declara que no puede pagar sus deudas ni los sueldos de sus trabajadores por falta de dinero: *la fábrica de maquinaria se ha declarado en suspensión de pagos*. **2** Conjunto de piezas y mecanismos de un vehículo automóvil que sirven para que el peso de la carrocería sea transmitido al eje de las ruedas con mayor suavidad y elasticidad y para amortiguar de esta manera las irregularidades del suelo: *la buena suspensión se nota especialmente en los caminos llenos de piedras*. **SIN** amortiguación.

suspenso

en suspensión Se usa para expresar que ciertas partículas de una sustancia están en el interior de un fluido sin disolverse en él ni depositarse en el fondo: *el aire lleva a veces partículas de polvo en suspensión.*

suspenso, -sa *adj.* **1** [persona] Que está o se queda por un momento desconcertada e indecisa, sin saber qué hacer o qué decir: *con su noticia nos dejó a todos suspensos.* **SIN** perplejo. ◇ *adj./n. m. y f.* **2** [persona] Que ha suspendido un examen o prueba: *los alumnos suspensos deben presentarse en septiembre a otro examen.* ◇ *n. m.* **3** Calificación o nota inferior a la de aprobado obtenida en una prueba o examen: *el suspenso supone que no se ha superado un examen o una prueba, o que no se tiene la aptitud suficiente.* **ANT** aprobado.
en suspenso Se usa para indicar que una acción ha quedado interrumpida o que falta conocer el desenlace: *como se fue la luz y la votación quedó en suspenso, reanudaremos la reunión el lunes.*
DER suspensorio.

suspicacia *n. f.* Actitud de la persona que tiene tendencia a desconfiar de los demás o que sospecha que hay malas intenciones en lo que hacen o dicen: *tu suspicacia me pone de mal humor y si la mantienes nunca llegarás a confiar en nadie.*

suspicaz *adj.* **1** [persona] Que tiene tendencia a desconfiar de los demás o que frecuentemente sospecha o ve malas intenciones en lo que hacen o dicen: *no seas tan suspicaz porque perderás a todos tus amigos.* **2** [actitud, comportamiento] Que es propio de la persona que tiende a desconfiar o sospechar de los demás: *Se comporta de manera muy suspicaz, no se fía de nadie.*
DER suspicacia.
ETIM Véase *sospecha*.

suspirar *v. intr.* Dar uno o varios suspiros, generalmente como expresión de cierto sentimiento: *se quedó suspirando de pena.* **suspirar por** Querer conseguir o desear a una persona o una cosa con mucha intensidad: *suspira por esa mujer, pero ella no le hace caso.*
DER suspiro.

suspiro *n. m.* **1** Aspiración fuerte y prolongada seguida de una espiración profunda y a veces acompañada de un gemido, que generalmente está motivada por un sentimiento de pena, dolor, alivio o deseo. **2** *coloquial* Espacio de tiempo muy breve: *hizo los ejercicios en un suspiro; volveré en menos de un suspiro.* Se utiliza normalmente en singular y con el determinante *un*: *un suspiro.*

sustancia o **substancia** *n. f.* **1** Materia de la que está formado un cuerpo: *el agua es una de las sustancias principales que componen el cuerpo humano.* **2** Parte o aspecto más importante o esencial de una cosa: *en estas páginas está la sustancia del libro.* **SIN** esencia. **3** Conjunto de elementos nutritivos de un alimento o jugo que se extrae de ciertas materias alimenticias: *si se prepara con pollo, el caldo tiene más sustancia.* **4** Valor, importancia o estimación que tiene una cosa: *han hecho un trabajo de mucha sustancia.* **5** Característica de la persona que hace cosas con sensatez, juicio o madurez: *es un hombre sin sustancia, del que no podrás aprender nada.*
DER sustancial, sustanciar, sustancioso.
OBS La Real Academia Española admite *substancia,* pero prefiere la forma *sustancia.*

sustancial o **substancial** *adj.* **1** De la sustancia o relacionado con la sustancia: *las características sustanciales del agua son las mismas en todas las regiones.* **2** Que es fundamental o tiene mucha importancia o interés principal para una cosa: *las elecciones provocarán un cambio sustancial en la política exterior.* **ANT** insustancial.
DER sustancialidad; consustancial.
OBS La Real Academia Española admite *substancial,* pero prefiere la forma *sustancial.*

sustancioso, -sa o **substancioso, -sa** *adj.* **1** Que tiene gran valor, importancia o estimación: *sus palabras fueron muy sustanciosas.* **2** Que tiene muchos elementos nutritivos o alimenta mucho: *este guiso es muy sustancioso.*
OBS La Real Academia Española admite *substancioso,* pero prefiere la forma *sustancioso.*

sustantivación o **substantivación** *n. f.* GRAM. Atribución de la función de sustantivo o nombre a una parte de la oración que por sí misma no tiene esa función: *la sustantivación de adjetivos se hace anteponiendo un determinante: lo fácil, este listo.*
OBS La Real Academia Española admite *substantivación,* pero prefiere la forma *sustantivación.*

sustantivar o **substantivar** *v. tr.* GRAM. Dar la función de sustantivo o nombre a una parte de la oración que por sí misma no tiene esa función: *se puede sustantivar un verbo, un adjetivo o una oración subordinada.*
OBS La Real Academia Española admite *substantivar,* pero prefiere la forma *sustantivar.*

sustantivo, -va o **substantivo, -va** *adj.* **1** Que es esencial, muy importante o fundamental: *el director toma las decisiones sustantivas.* **2** Que realiza una función propia del sustantivo: *oración subordinada sustantiva.* ◇ *n. m.* **3** Palabra que funciona como núcleo de un sintagma nominal; tiene género y número: *son sustantivos las palabras hombre y viaje.* **SIN** nombre.
DER sustantivación, sustantivar.
OBS La Real Academia Española admite *substantivo,* pero prefiere la forma *sustantivo.*

sustentar *v. tr./prnl.* **1** Sujetar o servir de apoyo a una cosa para que no se caiga o no se tuerza: *pusieron barras de hierro para sustentar la pared; el globo se sustenta por el aire caliente que hay en su interior.* **SIN** sostener. **2** Basar, fundamentar o apoyar una cosa a una opinión o idea: *esa opinión se sustenta en los resultados del experimento; los nuevos datos sustentan la hipótesis contraria.* **3** Conservar una cosa en un estado o una situación, impidiendo que desaparezca, que se extinga o que cambie: *los campesinos sustentan tradiciones muy antiguas.* **SIN** mantener. **4** Dar a una persona lo necesario para vivir, especialmente el alimento: *con su pequeño sueldo sustenta a toda la familia; apenas se sustenta con lo que cobra del estado.* **SIN** mantener. ◇ *v. tr.* **5** Defender o sostener una opinión o una idea: *el presidente sustenta la opinión de sus ministros.*
DER sustentación, sustentáculo, sustento.

sustento *n. m.* **1** Alimento o elementos básicos que se necesitan para vivir: *ganarse el sustento.* **SIN** manutención. **2** Persona o cosa que sirve de apoyo, sujeta o conserva en un estado a otra u otras: *la Biblia es el sustento de mi fe; su hija es el sustento de la familia.* **SIN** sostén.

sustitución o **substitución** *n. f.* Acción de sustituir, de poner una persona o una cosa en el lugar de otra, para cumplir la misma función.
OBS La Real Academia Española admite *substitución,* pero prefiere la forma *sustitución.*

sustituir o **substituir** *v. tr.* **1** Poner a una persona o cosa en lugar de otra para realizar su trabajo o desempeñar su función: *han sustituido al delegado por el subdelegado de la agencia.* **2** Ponerse una persona o cosa en el lugar en que

estaba otra para realizar su trabajo o desempeñar su función: *esta pieza del motor sustituye a la que se estropeó.* **SIN** suplir.
DER sustitución, sustitutivo, sustituto; insustituible.
OBS La Real Academia Española admite *substituir*, pero prefiere la forma *sustituir*. ◇ En su conjugación, la *i* se convierte en *y* delante de *a*, *e* y *o*, como en *huir*.

sustitutivo, -va o **substitutivo, -va** *adj./n. m.* Que puede ocupar el lugar de otra cosa porque realiza la misma función: *el lenguaje de los sordomudos es un sustitutivo del lenguaje hablado.*
OBS La Real Academia Española admite *substitutivo*, pero prefiere la forma *sustitutivo*.

sustituto, -ta o **substituto, -ta** *n. m. y f.* Persona que sustituye a otra en un trabajo o función: *están buscando un sustituto para el profesor de inglés, que está enfermo.*
OBS La Real Academia Española admite *substituto*, pero prefiere la forma *sustituto*.

susto *n. m.* Impresión brusca y repentina, producida por el miedo o por una sorpresa: *el accidente no fue grave, se quedó sólo en un susto.*
DER asustar.

sustracción o **substracción** *n. f.* **1** Acción de robar o tomar una cosa que pertenece a otra persona en contra de su voluntad o de forma oculta, sin utilizar la violencia: *denunció la sustracción de dos joyas.* **SIN** robo. **2** Acción de apartar, separar o llevarse una cosa del conjunto del que formaba parte. **3** MAT. Operación matemática que consiste en quitar una cantidad de otra o averiguar la diferencia entre las dos. **SIN** resta. **ANT** adición, suma.
OBS La Real Academia Española admite *substracción*, pero prefiere la forma *sustracción*.

sustraendo o **substraendo** *n. m.* MAT. Cantidad que se resta a otra en una operación matemática: *en la resta 10 − 8, el sustraendo es 8.*
OBS La Real Academia Española admite *substraendo*, pero prefiere la forma *sustraendo*.

sustraer o **substraer** *v. tr.* **1** Tomar una cosa que pertenece a otra persona en contra de su voluntad o de forma oculta, sin utilizar la violencia: *sustrajo una cantidad de dinero de la caja.* **SIN** robar. **2** Apartar, separar o llevarse una cosa del conjunto del que formaba parte. **3** MAT. Efectuar una operación matemática que consiste en quitar una cantidad de otra o averiguar la diferencia entre las dos: *al dinero ganado le tengo que sustraer lo que gasté en materiales.* **SIN** restar. ◇ *v. prnl.* **4 sustraerse** Evitar o eludir una obligación, una dificultad o una cosa que se considera perjudicial: *se sustrajo de sus deberes como padre.*
DER sustracción, sustraendo.
OBS La Real Academia Española admite *substraer*, pero prefiere la forma *sustraer*. ◇ Se conjuga como *traer*.

sustrato o **substrato** *n. m.* **1** BIOL. Medio en el que se desarrollan una planta o un animal fijo: *la planta del hinojo vive en un sustrato rocoso.* **2** GEOL. Capa de terreno que está por debajo de otra: *bajo este terreno hay un sustrato arcilloso.* **3** GRAM. Influencia que algunos aspectos gramaticales de una lengua ejercen sobre otra que se ha impuesto sobre esta última: *las palabras que en latín tenían una f inicial pasaron a aspirarse en español debido al sustrato vasco.*
OBS La Real Academia Española admite *substrato*, pero prefiere la forma *sustrato*.

susurrar *v. intr./tr.* **1** Hablar una persona con voz muy baja, casi imperceptible: *le susurró al oído dulces palabras de amor.* **SIN** murmurar, musitar. ◇ *v. intr.* **2** Producir de forma natural un ruido muy suave y agradable ciertas cosas, como una corriente de agua o el viento.
DER susurro.

susurro *n. m.* **1** Ruido suave que produce una persona al hablar con voz muy baja, casi imperceptible. **2** Ruido suave y agradable que producen de forma natural algunas cosas: *el susurro de las olas; el susurro del viento.*

sutil *adj.* **1** Que es fino y delicado: *tela sutil.* **2** [persona] Que tiene agudeza e ingenio para comprender o ver con claridad el sentido más profundo de las cosas: *es muy sutil, no hace falta que se lo expliques todo dos veces.* **SIN** agudo, perspicaz. **3** Que refleja una gran agudeza o ingenio para comprender o ver con claridad el sentido más profundo de las cosas: *contestación sutil.*
DER sutileza.

sutileza *n. f.* **1** Característica de la persona que tiene agudeza e ingenio para comprender o ver con claridad el sentido más profundo de las cosas: *me sorprendió la sutileza de su apreciación.* **2** Dicho o idea aguda e ingeniosa, pero que generalmente es inexacta o no se corresponde con la realidad: *no me gustan las sutilezas en las discusiones: prefiero que seas sincero y claro.*

sutura *n. f.* **1** MED. Cosido que se realiza en cirugía para cerrar una herida o para unir tejidos u órganos: *aún no se han secado los puntos de la sutura; durante la sutura el médico debe obrar con mucho cuidado.* **2** MED. Hilo con el que se realiza este cosido: *en la enfermería le dieron varios puntos de sutura para cerrar el corte de la ceja.* **3** ANAT. Línea sinuosa que forma la unión de ciertos huesos del cráneo: *le abrieron el cráneo por la sutura.*
DER suturar.

suturar *v. tr.* Coser una herida o cerrarla mediante puntos de sutura: *el cirujano ha suturado el corte del brazo dando varios puntos.*

suyo, -ya *pron. pos.* Forma del pronombre de tercera persona, en género masculino o femenino y en número singular, que indica pertenencia: *me ha pedido prestado el coche porque el suyo está averiado.*
hacer de las suyas Realizar una persona, un animal o una cosa acciones que le son características, generalmente negativas o perjudiciales: *el perro ya ha vuelto a hacer de las suyas; este niño es muy travieso, siempre está haciendo de las suyas.*
ir a lo suyo Actuar una persona pensando sólo en su propio interés: *él sólo va a lo suyo y no le importan los demás.*
lo suyo *a)* Actividad que se hace muy bien o que es muy característica o apropiada de una persona: *lo suyo es la puericultura, le encantan los niños.* *b)* Se utiliza para indicar que una acción se realiza con mucha dificultad o empleando mucho trabajo, esfuerzo o tiempo: *ordenar todo esto costará lo suyo.* Se usa con verbos como *costar*, *llevar* o *tener*.
los suyos Las personas que pertenecen al mismo grupo al que se dirige el hablante, por familia o por afinidades: *pasará las vacaciones con los suyos.*
salirse con la suya Conseguir una persona lo que se propone o desea, normalmente contra el deseo de los demás o tras muchos intentos o dificultades: *le costó, pero al final se salió con la suya.*

T | t

t *n. f.* Vigésima primera letra del alfabeto español. Su nombre es *te*. El plural es *tes*: *la palabra* tomate *empieza por* t.

t. Abreviatura de *tomo*, 'división conceptual del contenido de una obra'.

taba *n. f.* **1** Hueso corto situado en la parte posterior y media del pie de ciertos animales: *la taba está articulada con la tibia y el peroné*. **SIN** astrágalo. **2** Juego que consiste en tirar al aire este hueso o un objeto de forma parecida para ver en qué posición cae: *hay varias modalidades del juego de la taba*.

tabacalero, -ra *adj.* **1** Del tabaco o relacionado con esta planta, o con su cultivo, fabricación y comercio: *la producción tabacalera ha crecido en los últimos años*. ◇ *adj./n. m. y f.* **2** [persona] Que cultiva, fabrica o vende tabaco: *las campañas contra el consumo del tabaco perjudican a los tabacaleros*.

tabaco *n. m.* **1** Planta procedente de América de tallo grueso y con muchas ramas, de las que salen unas hojas grandes y con nervios marcados: *el tabaco se cultiva en climas cálidos*; *en España hay plantaciones de tabaco en el norte de Cáceres, en Granada y en Canarias*. **2** Producto elaborado con hojas secas y picadas de esa planta y que se fuma: *el tabaco tiene un olor fuerte*; *no fumo ningún tipo de tabaco, ni cigarros ni cigarrillos*; *el médico le ha prohibido el tabaco*. **tabaco de picadura** Tabaco que está picado, casi en polvo, y hay que liarlo en papel para fumarlo: *el abuelo todavía fumaba tabaco de picadura*. **tabaco de pipa** Tabaco que está cortado en hilos para poder fumarlo en pipa: *el tabaco de pipa tiene un olor dulce y penetrante*. **tabaco negro** Tabaco de color más oscuro y que tiene un sabor fuerte y áspero: *el tabaco negro le dejó la garganta irritada*. **tabaco rubio** Tabaco que mezcla distintas clases y es de color más claro: *sólo fumaba tabaco rubio americano*. **3** Enfermedad de algunos árboles que ataca al interior del tronco y lo convierte en polvo: *el tabaco afectó a muchos árboles y tuvieron que cortarlos*. ◇ *n. m./adj.* **4** Color marrón como el de las hojas secas de la planta del mismo nombre: *el vestido era de color tabaco*; *un chal en tonos tabaco iría muy bien con esa blusa*.
DER tabacalero, tabaquera, tabaquero, tabaquismo; entabacarse.

tábano *n. m.* **1** Insecto parecido a la mosca pero de mayor tamaño, de cuerpo grueso, dos alas transparentes y boca chupadora: *las hembras de los tábanos se alimentan de la sangre que chupan al ganado, especialmente a las caballerías*. **2** Persona pesada y molesta.
DER tabarra, tabarro.

tabaquera *n. f.* **1** Caja en la que se guarda el tabaco: *le regaló una tabaquera de madera labrada*. **2** Parte de una pipa de fumar en la que se coloca el tabaco: *acercó el mechero a la tabaquera para encender la pipa*.

tabaquero, -ra *adj.* **1** Del tabaco o que tiene relación con esta planta o este producto: *Cuba es un importante país tabaquero*. ◇ *adj./n. m. y f.* **2** [persona] Que fabrica el tabaco, lo vende o comercia con él: *su abuelo era un tabaquero importante: tenía una gran plantación de tabaco*.

tabaquismo *n. m.* Intoxicación que padece una persona por consumo abusivo de tabaco: *su aparato respiratorio está muy afectado por el tabaquismo*; *el tabaquismo puede provocar la muerte*.

tabarra *n. f.* Cosa que molesta o que resulta pesada e impertinente: *estudiar en verano es una tabarra*.
dar la tabarra *coloquial* Molestar o fastidiar una persona a otra con insistencia: *me estuvo dando la tabarra toda la tarde pidiéndome que lo llevara al cine*.

tabasco *n. m.* Salsa roja y muy picante hecha fundamentalmente con guindillas: *el tabasco se usa para condimentar las comidas*.

taberna *n. f.* Establecimiento de carácter popular en el que se venden y se consumen bebidas alcohólicas y en algunos casos comidas: *las tabernas normalmente son de características modestas y aspecto tosco*. **SIN** tasca.
DER tabernáculo, tabernario, tabernero.
ETIM *Taberna* procede del latín *taberna*, 'tienda', voz con la que también está relacionada *contubernio*.

tabernero, -ra *n. m. y f.* Persona que tiene una taberna o se dedica a vender y servir bebidas en una taberna: *llamó a la tabernera y le pidió dos vasos de vino*.

tabicar *v. tr.* **1** Cerrar o tapar una puerta, una ventana u otra parte de una casa con un tabique: *han tabicado el pasillo para dar mayor espacio a la habitación*. ◇ *v. tr./prnl.* **2** Cerrar u obstruir un conducto que debería estar abierto o tener el paso libre: *lo que más me molesta del catarro es que se me tabiquen las narices*.
OBS En su conjugación, la c se convierte en qu delante de e.

tabique *n. m.* **1** Pared delgada que separa las habitaciones de una casa: *han tirado el tabique que separaba el comedor de la habitación pequeña y ahora queda un salón enorme*. **2** División plana y delgada que separa dos huecos: *tabique nasal*.
DER tabicar.

tabla *n. f.* **1** Pieza de madera plana, más larga que ancha, poco gruesa y cuyas dos caras son paralelas entre sí: *con una tabla y dos troncos improvisó una mesa*. **2** Pieza plana y poco gruesa, más larga que ancha, hecha de cualquier material y destinada a un uso determinado: *tabla de planchar*; *tabla de surf*. **3** Lista ordenada de nombres, materias o una serie de elementos que están relacionados entre sí: *consulta la tabla de contenidos y encontrarás el capítulo que te interesa*. **4** Cuadro de números colocados de forma adecuada para hacer más fáciles los cálculos: *los niños en la escuela aprenden la tabla de multiplicar*. **5** Doble pliegue ancho y plano que se

hace en una tela: *la niña llevaba una falda de tablas.* **6** Pintura hecha sobre una pieza plana de madera: *en el museo había varias tablas flamencas.* ◇ *n. f. pl.* **7 tablas** Situación final o resultado de la que se llega en un juego en el que ningún jugador puede ganar la partida: *siempre que jugamos al ajedrez quedamos en tablas.* **8** Estado en que queda un enfrentamiento, competición o pugna cuando no hay ningún vencedor ni perdedor: *no pudimos ponernos de acuerdo y lo dejamos en tablas.* **9** Escenario de un teatro: *Molière murió en las tablas.* **10** Soltura y facilidad que ha adquirido una persona con la experiencia para actuar ante un público o para realizar una actividad: *tiene muchas tablas porque lleva bastantes años dedicándose a ello.* **11** Valla que limita el ruedo en una plaza de toros y zona de la arena que queda más próxima a esta valla: *el toro reculó hacia las tablas para morir.*
hacer tabla rasa Olvidar o no tener en cuenta una persona cierta cosa, generalmente sin una razón clara: *hicieron tabla rasa de todas las discusiones y comenzaron de nuevo.*
tablas de la ley Piedras en las que, según la Biblia, están escritos los diez mandamientos que Dios entregó a Moisés: *en el Monte Sinaí, Dios entregó a Moisés las tablas de la ley.*
DER tablado, tablao, tablar, tablazón, tablear, tablero, tableta, tablilla, tablón; entablar, retablo.
ETIM *Tabla* procede del latín *tabula*, que tenía el mismo significado, voz con la que también está relacionada *tabular*.

tablado *n. m.* **1** Suelo plano que está formado con pequeñas tablas de madera unidas entre sí por el canto: *la criada encerró el tablado del piso.* **2** Suelo de tablas colocado en alto sobre un armazón, donde tienen lugar espectáculos y actos públicos: *los concursantes fueron subiendo al tablado para cantar una canción.*

tablao *n. m.* **1** Suelo de tablas colocado en alto sobre un armazón, que se usa en los espectáculos de cante y baile flamencos: *la bailaora taconeaba sobre el tablao.* **2** Local donde se desarrollan esos espectáculos: *llevamos a nuestros amigos americanos a un tablao flamenco.*

tableado, -da *adj.* [prenda de vestir] Que tiene pliegues rectos y verticales: *ten cuidado al planchar la falda tableada, no vayas a deshacer los pliegues.*

tablero *n. m.* **1** Plancha de madera, plana, más larga que ancha y poco gruesa, formada por una tabla o varias tablas ensambladas por el canto: *un tablero cubre el agujero de la pared; este tablero se utiliza como mesa de trabajo.* **SIN** tabla. **2** Superficie cuadrada de madera o de otro material que sirve para jugar a ciertos juegos de mesa, y que tiene dibujados una serie de recuadros, casillas o figuras en ella: *el tablero del juego del ajedrez tiene cuadros blancos y negros; se enfadó al perder la partida de parchís y volcó el tablero.* **3** Plancha de madera o de otro material que se cuelga en algún lugar y sirve para fijar sobre ella carteles, papeles o anuncios: *han puesto en el tablero un cartel que anuncia las fiestas del barrio.* **4** En algunos deportes, cuadro en el que aparecen los puntos que lleva conseguidos cada equipo: *el tablero indica que el equipo americano lleva una ventaja de diez puntos.* **SIN** marcador. **5** En baloncesto, superficie de madera o de metacrilato a la que está unido el aro por donde debe entrar la pelota: *la pelota dio en el tablero y rebotó.*

tableta *n. f.* **1** Pieza de chocolate o de turrón con forma plana y rectangular dividida en porciones: *el turrón y el chocolate se suele vender en tabletas.* **2** Medicamento en forma de pastilla, generalmente plana y de pequeño tamaño: *debo tomar una tableta por la mañana y otra por la noche.*

tablilla *n. f.* **1** Tabla de pequeño tamaño en la que se cuelgan listas o anuncios: *¿has visto si ya han colgado las notas en la tablilla de anuncios?* **2** Tableta o trozo de chocolate de forma plana y rectangular: *no comas muchas tablillas de chocolate que te vas a empachar.* **3** Tabla de un material duro que estaba recubierta de cera y se utilizaba para escribir con un punzón: *en el museo vimos una tablilla romana de mármol.*

tablón *n. m.* **1** Tabla gruesa y de gran tamaño: *hicieron un andamio con tablones.* **2** *coloquial* Estado de embriaguez en el que se encuentra una persona: *estuvo bebiendo toda la noche y agarró un tablón de cuidado.* **SIN** borrachera. **tablón de anuncios** Superficie de madera o de otro material que se cuelga en algún lugar y sirve para fijar sobre ella anuncios, avisos o noticias: *la lista de admitidos se pondrá en el tablón de anuncios.*

tabú *n. m.* **1** Cosa que no se puede decir, hacer o tratar debido a ciertos prejuicios o convenciones sociales: *en algunas culturas comer determinados alimentos es un tabú.* **2** Palabra o expresión que no se puede decir o mencionar a causa de ciertos prejuicios o porque está mal considerada socialmente: *la palabra cagar es una palabra tabú que conviene sustituir por hacer de vientre.*
OBS El plural es *tabúes*, culto, o *tabús*, popular.

tabulador *n. m.* Tecla de las máquinas de escribir y del teclado de los ordenadores que sirve para colocar un margen en un punto predeterminado o para hacer cuadros y listas conservando los espacios pertinentes: *después de un punto y aparte, pulsa una vez el tabulador.*

tabular *v. tr.* Expresar u ordenar unos datos en forma de tablas: *tabularé estas magnitudes para que se vean más claras.*
DER tabulador.
ETIM Véase *tabla*.

taburete *n. m.* Asiento para una persona sin apoyabrazos ni respaldo: *en las barras de los bares suele haber taburetes.*

tacañería *n. f.* Cualidad de la persona que es tacaña: *es tanta su tacañería que no sale para no gastar.*

tacaño, -ña *adj./n. m. y f.* [persona] Que valora el dinero en exceso y tiene un interés exagerado en gastar lo menos posible: *es un tacaño, no se gasta el dinero ni en lo más necesario.* **SIN** agarrado, avaro, roñoso.
DER tacañería.

tacatá *n. m.* Aparato que sirve para que los niños pequeños aprendan a andar sin caerse: *el tacatá está formado generalmente por un armazón metálico que tiene un asiento de lona y cuatro patas con ruedas.* **SIN** andaderas, andador.
OBS El plural es *tacatás*.

tacha *n. f.* Falta o defecto que se encuentra en una persona o una cosa y que la hace imperfecta: *el vestido es más barato porque tiene una tacha; mi expediente académico no tiene tacha alguna.* **SIN** tara.
DER tachadura, tachar, tachón.

tachadura *n. f.* **1** Acción que consiste en trazar una o más rayas o borrones encima de lo escrito para indicar que se suprime o que no vale: *la tachadura de una respuesta correcta invalida todo el ejercicio.* **2** Raya o conjunto de rayas o borrones con los que se tacha lo escrito: *escribió la palabra correcta encima de la tachadura.* **SIN** tachón.

tachar *v. tr.* **1** Trazar una o más rayas o borrones encima de lo escrito para indicar que se suprime o que no vale: *tachó de su agenda el nombre de su antigua novia.* **2** Atribuir a una persona o a una cosa una falta, un defecto o una característica negativa: *su jefe lo tachó de loco e irresponsable.*
DER intachable.

tachón *n. m.* Línea o garabato que se hace sobre algo escrito para que no se pueda leer: *el profesor no quiere que le presentemos la redacción con tachones.*

tachuela *n. f.* Clavo corto y de cabeza grande que se utiliza generalmente para clavar objetos o como adorno: *el mueble tiene los bordes adornados con tachuelas.*

tácito, -ta *adj.* **1** Que se supone, deduce o sobreentiende a pesar de no estar expresado formalmente: *acuerdo tácito.* **2** [persona] Que es callado o habla poco. **SIN** taciturno.

taciturno, -na *adj.* **1** [persona] Que es callado o habla poco: *era un adolescente taciturno y tímido, que apenas tenía vida social.* **SIN** tácito. **2** Que muestra tristeza o tiene un carácter melancólico y triste: *la soledad le volvió el rostro taciturno.*

taco *n. m.* **1** Trozo corto y grueso de madera, de metal u otro material, que se encaja en un hueco: *puse un taco debajo de la mesa para que no se moviera; el mecánico ha colocado unos tacos bajo la rueda del coche.* **2** Trozo pequeño, grueso y en forma de dado que se corta de un alimento: *les pusieron de aperitivo unos tacos de jamón; he cortado unos tacos de queso para merendar.* **3** En el juego del billar, palo con el que se golpea la bola: *el taco es una vara larga más ancha por un extremo que por el otro, que se maneja con las dos manos.* **4** Pieza generalmente de plástico, pequeña y alargada, que se mete en un agujero hecho en una pared para introducir en ella un tornillo: *he puesto dos tacos en la pared para colgar un cuadro.* **5** Conjunto de hojas de papel que forman un bloque: *he metido un taco de folios en la impresora.* **6** Pieza puntiaguda o cónica que llevan en la suela ciertos zapatos de deporte: *las botas de alpinismo tienen tacos de metal para agarrarse bien en el suelo.* **7** *coloquial* Palabra o expresión desagradable, ofensiva o malsonante: *no enseñes al niño a decir tacos; ¡qué mal hablado es, está todo el día soltando tacos!* **SIN** palabrota. **8** *coloquial* Lío, confusión o jaleo que produce una persona: *me hice un taco y no supe qué responder al guardia; has armado un buen taco en pocos minutos.* **SIN** embrollo. ◇ *n. m. pl.* **9 tacos** *coloquial* Años que tiene una persona: *el mes próximo cumpliré 27 tacos.*
DER tacada, tacón.

tacómetro *n. m.* Aparato que indica las vueltas que da un eje o la velocidad de un mecanismo según su número de revoluciones por minuto: *el casete lleva un tacómetro que gira cuando lo ponemos en marcha; el tacómetro del autobús indicaba que circulaba a mucha velocidad.* **SIN** taquímetro.

tacón *n. m.* Parte de un zapato o una bota que consiste en una pieza semicircular, va unida a la suela por la parte del talón y puede ser más o menos alta: *llevaba unos zapatos de tacón alto; cuesta andar con tacones.* ☞ calzado.
DER taconazo, taconear.

taconazo *n. m.* Golpe dado con el tacón del calzado sobre el suelo, sobre otro lugar o contra el otro tacón: *el soldado saludó poniéndose firme y dando un taconazo en el suelo.*

taconear *v. intr.* Pisar con los tacones de manera enérgica y ruidosa al andar o dar golpes repetidos con los tacones sobre el suelo: *la secretaria llegó taconeando con sus zapatos de tacón alto; los bailaores flamencos suelen taconear.*
DER taconeo.

taconeo *n. m.* Serie de golpes que se producen al pisar de manera enérgica y ruidosa o al golpear repetidamente el suelo con los tacones: *cuando andaba, se escuchaba su taconeo por toda la casa; lo que más me gusta del baile flamenco es el taconeo.*

táctica *n. f.* **1** Procedimiento que se sigue o método que se emplea para conseguir un fin determinado o ejecutar algo: *el equipo de fútbol empleó una táctica nueva que sorprendió a sus rivales.* **2** Conjunto de reglas y procedimientos que se utilizan para dirigir las operaciones militares que se llevan a cabo en una guerra: *un buen oficial debe conocer bien las tácticas de la guerra moderna.*
DER táctico.

táctico, -ca *adj.* **1** De la táctica o que tiene relación con este procedimiento o método empleado para conseguir un fin determinado: *lanzaron un ataque de gran habilidad táctica.* ◇ *n. m. y f.* **2** Persona que es experta o practica la táctica: *Napoleón fue un gran táctico.*

táctil *adj.* Del tacto o que tiene relación con este sentido corporal: *se estudió cómo el bebé respondía a los impulsos visuales, auditivos y táctiles.*

tacto *n. m.* **1** Sentido del cuerpo que permite apreciar la forma, el tamaño, la rugosidad o la temperatura de las cosas mediante el contacto con ellas: *el tacto está localizado en la piel.* **2** Cualidad de una cosa que se percibe a través de ese sentido: *la superficie de un coco es de un tacto muy áspero.* **3** Acción de tocar o palpar una cosa utilizando este sentido: *el ciego adivinó de qué se trataba por el tacto.* **4** Habilidad que tienen algunas personas para tratar con otras o para llevar un asunto delicado: *no ofendió a nadie porque tocó la cuestión con mucho tacto.* **SIN** delicadeza, diplomacia, tiento.
DER táctil; intacto.

taekwondo *n. m.* Deporte de lucha en el que se dan golpes secos con los puños y con los pies y en el que se han desarrollado las técnicas de salto: *el taekwondo es una modalidad de lucha de origen coreano.*
OBS Es de origen coreano.

tafetán *n. m.* Tejido de seda muy tupido, delgado y de brillo más apagado que el de la seda virgen: *llevaba un vestido de tafetán verde.*

tagalo, -la *adj.* **1** De un pueblo indígena que habitaba en la isla filipina de Luzón o que tiene relación con él: *la cultura tagala se ha mantenido viva en Filipinas.* ◇ *adj./n. m. y f.* **2** [persona] Que pertenece a este pueblo indígena: *los indígenas tagalos se adaptaron a la cultura española sin perder su lengua ni su tradición.* ◇ *n. m.* **3** Lengua oficial de Filipinas, junto con el inglés: *el tagalo tiene influencias del castellano.*

tahona *n. f.* Establecimiento donde se hace y se vende pan y otros productos hechos con harina: *mi madre me mandó a la tahona a comprar bizcochos.* **SIN** panadería.

tahúr, -ura *adj./n. m. y f.* **1** [persona] Que es muy aficionado a los juegos de azar o tiene gran habilidad en ellos: *menudo tahúr es, se pasa el día en los casinos.* ◇ *n. m.* **2** Persona que engaña o hace trampas en el juego: *nadie quiere jugar al póquer con él porque es un tahúr.*

taifa *n. f.* Cada uno de los reinos en que quedó dividida la península ibérica dominada por los musulmanes tras la época del califato cordobés: *los reinos de taifa desaparecieron en el siglo XV cuando se reconquistó Granada.*

taiga *n. f.* Vegetación típica de las zonas de clima continental frío que está compuesta por bosques de árboles caducifolios y que crece entre la estepa y la tundra: *la taiga es propia del norte de Rusia y de Siberia.*

tailandés, -desa *adj.* **1** De Tailandia o que tiene relación con este país situado al sureste de Asia: *el clima tailandés está influido por los vientos monzones.* ◇ *adj./n. m. y f.* **2** [persona] Que es de Tailandia: *la mayoría de la población tailandesa practica la religión budista.*

taimado, -da *adj./n. m. y f.* Que es hábil para engañar o se comporta con astucia y disimulo para conseguir una cosa o hacer un daño: *las personas taimadas no son de fiar; con su actitud taimada consiguió todos sus objetivos.*

tajada *n. f.* **1** Trozo que ha sido cortado de una cosa, especialmente de un alimento: *en el plato hay una tajada de pollo;*

cortó el melón y nos dio una tajada a cada uno. **2** coloquial Estado de embriaguez de una persona: *tiene tal tajada que no puede caminar sin tambalearse.* **SIN** borrachera.

sacar tajada coloquial Sacar provecho o conseguir una cosa buena o beneficiosa de una situación: *no sé cómo lo hace, es capaz de sacar tajada de cualquier situación.*

DER tajadera.

tajante *adj.* **1** Que no admite discusión o corta cualquier posibilidad de réplica: *el profesor fue tajante en sus respuestas; expresó su oposición con una negativa tajante.* **SIN** taxativo, terminante, concluyente. **2** Que es claro y no admite un término medio: *había una diferencia tajante entre las dos ideas que propuso.*

tajar *v. tr.* Dividir una cosa en dos o más partes mediante un instrumento cortante: *tajó el melón con el cuchillo.*

DER tajada, tajante, tajo; atajar.

tajo *n. m.* **1** Corte, generalmente profundo, hecho con un instrumento afilado: *se ha hecho un tajo en la mano con la navaja; si no tienes cuidado con la cuchilla de afeitar te vas a hacer un buen tajo en la cara.* **2** Corte profundo y casi vertical del terreno: *en este paisaje se puede ver un tajo producido por la erosión del río.* **3** coloquial Trabajo o tarea en que se ocupa una persona: *aquí hay tajo suficiente para cinco personas; los mineros van al tajo cada mañana.*

DER destajo.

tal *adj.* **1** Se utiliza como determinante para indicar que el nombre al que acompaña ya ha sido mencionado antes o es perfectamente conocido: *el diputado negó tales acusaciones.* **SIN** semejante. **2** Se utiliza para añadir un significado ponderativo o intensificador: *nunca había visto tal desvergüenza; la máquina hacía tal ruido que no pudimos entendernos.* **3** Se utiliza para hacer referencia a una cosa que no está determinada o no se quiere determinar: *si me voy tal día o tal otro, no es asunto suyo.* **4** Se utiliza junto a un nombre propio de persona y precedido de un determinante para indicar que la persona de que se trata no es muy conocida: *un tal Cárdenas me abrió la puerta; que pase el tal Fernández.*

con tal de + *infinitivo* o **con tal de que** + *oración* Se utiliza para indicar que una cosa se realiza o sucede con la condición de que se realice o suceda otra que se expresa: *es capaz de mentir a sus padres, con tal de ir al concierto; yo hablaré con el jefe, con tal de que todos vengáis conmigo.*

tal como Se utiliza para establecer una comparación de igualdad entre dos oraciones: *ella es tal como me la imaginaba; tal como yo había dicho, esto no va a salir bien.*

tal cual Indica que una cosa está en su estado natural o en el mismo estado en que estaba antes de sufrir un supuesto cambio: *llevé el abrigo a una tintorería y me lo devolvieron tal cual, sin lavar.*

tal para cual Expresión que se utiliza para indicar que dos personas son muy semejantes o coinciden exactamente en ciertas cualidades o características: *no me extraña que se lleven bien, son tal para cual.*

tala *n. f.* **1** Acción de talar o cortar un árbol por la base: *el Ayuntamiento prohibió la tala de los pinos del monte.* ☞ proceso de fabricación; reciclaje, proceso de. **2** Corta de árboles en masa para dejar rasa la tierra.

taladradora *n. f.* Aparato que sirve para hacer agujeros: *las taladradoras suelen funcionar con electricidad.* **SIN** taladro.

taladrar *v. tr.* **1** Hacer un agujero en una cosa con un taladro u otro utensilio: *ha taladrado la pared para meter un taco y colgar un cuadro.* **2** Causar una cosa una molestia intensa y desagradable en el oído de una persona: *esa horrible música me está taladrando los oídos.*

DER taladradora.

taladro *n. m.* **1** Instrumento agudo que sirve para hacer agujeros en la madera o en otro material: *las barrenas y las brocas son taladros.* **2** Aparato eléctrico que sirve para taladrar o hacer agujeros: *el taladro lleva una broca en la punta que gira a gran velocidad.* **SIN** taladrador. **3** Agujero hecho con ese aparato o con otro instrumento: *la pared estaba llena de taladros.*

DER taladrar.

tálamo *n. m.* culto Lecho nupcial o cama de dos personas recién casadas: *los familiares cubrieron el tálamo de rosas.*

talante *n. m.* **1** Manera de ser o carácter de una persona: *era un hombre de talante progresista.* **2** Estado de ánimo o actitud que tiene una persona ante una situación determinada o ante la vida en general: *se enfrenta a su enfermedad con un talante optimista.*

talar *v. tr.* **1** Cortar un árbol por la base: *los leñadores talaron una parte del bosque.* ◇ *adj.* **2** [vestidura, traje] Que llega hasta los talones: *las sotanas de los frailes y monjas de clausura son vestiduras talares.*

DER tala.

talco *n. m.* **1** Mineral muy blando y de tacto suave del que se extrae un polvo blanco usado en farmacia y perfumería: *el talco es un silicato de magnesio de color claro brillante.* **2** Polvo blanco y suave que se extrae de este mineral y que se usa para el cuidado de la piel: *bañaron al bebé y le echaron talco en el ombligo.*

talega *n. f.* Bolsa ancha y corta hecha, generalmente, de tela basta que sirve para transportar cosas: *mete queso, pan y fruta en la talega por si tenemos hambre durante la excursión al campo.*

talego *n. m.* **1** Saco grande y de tela fuerte o lona que sirve para guardar o llevar una cosa: *llevaba varios quilos de patatas en un talego.* **2** coloquial Edificio o lugar en el que cumplen condena las personas que han cometido un crimen o un delito: *atracó un comercio y se pasó varios años en el talego.* **SIN** cárcel, prisión. **3** coloquial Billete de mil pesetas: *me debe quince talegos.*

talento *n. m.* **1** Capacidad mental que tiene una persona para aprender las cosas con facilidad o para desarrollar con mucha habilidad una actividad: *tiene mucho talento para la música; tiene un gran talento, llegará a ser un buen pintor.* **2** Inteligencia que tiene una persona y capacidad de usarla para conseguir buenos resultados: *ese chico no tiene ningún talento, únicamente dice estupideces.* **3** Persona que posee una gran capacidad o mucha habilidad para desarrollar una actividad en la cual se utiliza la inteligencia o la mente: *los psicólogos del instituto nos dijeron que nuestro hijo era un talento.*

talgo *n. m.* Tren rápido que realiza trayectos de larga distancia: *el talgo es el tren español más rápido después del AVE.*

talio *n. m.* Elemento químico metálico, blando y brillante, parecido al plomo, que se emplea sobre todo en la fabricación de insecticidas: *el símbolo del talio es Tl.*

talión *n. m.* Pena con que se castiga a una persona causándole el mismo daño que ella ha causado: *los hebreos aplicaban antiguamente la ley del talión.*

OBS Suele usarse en la expresión *ley del talión.*

talismán *n. m.* Objeto al que se le atribuye poderes mágicos o sobrenaturales: *me dio un talismán para que me diera suerte en el examen; usa como talismán una pequeña moneda agujereada.* **SIN** amuleto.

talla *n. f.* **1** Obra de escultura, especialmente la que está hecha de madera: *en el museo de arte se exponen importan-*

tallar

tes *tallas del siglo* XIV. **2** Estatura de una persona: *no hizo la mili porque no tenía la talla mínima requerida*. **3** Medida de las prendas de vestir, expresada en unas magnitudes convencionales que se tienen en cuenta para su fabricación y venta: *mi talla de pantalón es la 40; necesito una talla menor, esta falda me queda grande*. **4** Importancia o valor intelectual o moral de una persona: *es un periodista de talla mundialmente reconocida*.
dar la talla Tener una persona o una cosa las cualidades o aptitudes mínimas que exige una determinada situación o tarea: *este trabajo se lo damos a tu secretaria porque es la única que da la talla; este ejercicio no da la talla, tendrás que repetirlo*.

tallar *v. tr.* **1** Dar forma a un cuerpo sólido y uniforme cortando o separando parte de él: *talló una imagen en madera; en esa joyería tallan piedras preciosas*. **SIN** esculpir. **2** Medir la estatura de una persona: *después de tallar al recluta le hicieron un reconocimiento médico*.
DER talla, tallado; entallar.

tallarín *n. m.* Tira delgada y larga hecha de pasta de harina de trigo y agua que se cocina hirviéndola en agua y a la que se añaden otros condimentos: *nos comimos un plato de tallarines con mantequilla y queso rallado*.
OBS Se usa sobre todo en plural.

talle *n. m.* **1** Cintura del cuerpo humano: *en las personas obesas no se percibe la diferencia entre el talle y las caderas*. **talle de avispa** Cintura muy delgada: *las modelos tienen talle de avispa*. **2** Parte de un vestido que corresponde a la cintura: *ajústate el talle con este cinturón; los vestidos de niña llevan un lazo en el talle*. **3** Medida que se toma para hacer una prenda de vestir, desde el cuello a la cintura, tanto por delante como por detrás: *la modista me midió el talle antes de cortar la chaqueta*.

taller *n. m.* **1** Lugar en el que se hacen trabajos manuales o artísticos: *el escultor tiene sus esculturas en el taller*. **2** Escuela o lugar de formación en el que se hacen ejercicios o trabajos prácticos: *taller de teatro; taller de corte y confección*. **3** Lugar en el que se realizan reparaciones de máquinas o aparatos, especialmente de coches: *se me estropeó el coche y lo llevé al taller*.

tallo *n. m.* **1** Parte de la planta que crece en sentido contrario a la raíz y que sirve de soporte a las hojas, las flores y los frutos: *el girasol tiene un tallo muy largo; el tallo del rosal está lleno de espinas*. **2** Brote nuevo de una planta: *están saliendo tallos a los geranios del jardín*. **SIN** vástago.
DER tallecer, talludo.

talludo, -da *adj.* [persona] Que es adulto y se comporta como un niño: *ya es talludo para andar enfadándose como un crío*.
OBS Se usa generalmente en la forma diminutiva: *talludito, talludita*.

talón *n. m.* **1** Parte posterior del pie humano: *iba descalzo y se clavó un cristal en el talón; el zapato me ha rozado en el talón*. **SIN** calcañar. ☞ pie. **talón de Aquiles** Punto débil o vulnerable de una persona o de una cosa: *es un hombre serio y responsable, pero el juego es su talón de Aquiles*. **2** Parte del calzado, del calcetín o de la media que cubre esa zona del pie: *llevo un agujero en el talón del calcetín*. ☞ calzado. **3** Hoja cortada de un cuadernillo en el que queda una parte que se corresponde con ella y permite acreditar su legitimidad, especialmente la que se rellena y se firma por valor de una cantidad de dinero determinado: *pagué los muebles con un talón; al cotejarlo con la matriz, vio que el talón era legítimo*. **SIN** cheque.

pisar los talones Seguir muy de cerca a una persona: *el jinete malagueño va en cabeza, pero el sevillano viene pisándole los talones*.
DER talonario.

talonario *n. m.* Cuadernillo formado por hojas que se pueden arrancar dejando una parte que se corresponde con ellas y permite acreditar su legitimidad, especialmente el que es de cheques: *gasté todo el talonario de cheques en Navidad*.

talud *n. m.* Inclinación de un muro o de un terreno: *el niño se deslizó por el talud de tierra*. **talud continental** Inclinación o pendiente pronunciada del fondo del mar que llega hasta una profundidad de más de 2 000 metros: *el submarino investigaba el fondo del talud continental*.

tamaño, ña *adj.* **1** Que es de dimensiones muy grandes o muy intenso: *¡habráse visto tamaña desvergüenza!* ◇ *n. m.* **2** Conjunto de las dimensiones de una cosa, por las cuales tiene mayor o menor volumen: *un árbol de gran tamaño cayó sobre la casa y destrozó el tejado*.

tamarindo *n. m.* **1** Árbol de tronco grueso, copa amplia y hojas en forma de espiga que se cultiva en zonas cálidas: *el tamarindo es originario de África*. **2** Fruto en legumbre que da este árbol: *el tamarindo tiene propiedades laxantes*.

tambalearse *v. prnl.* **1** Moverse una persona o una cosa de un lado a otro dando la impresión de estar a punto de caer: *al subir a la barca se tambaleó pero no se cayó*. **2** Estar a punto de perder su fuerza o firmeza una persona o una cosa: *ante semejantes injusticias, mi fe en la humanidad se tambalea*.

también *adv.* Se utiliza para afirmar que una cosa es igual o semejante a otra expresada anteriormente, o que está conforme o tiene relación con ella: *la puerta es blanca y la pared también es blanca; nosotros también trabajamos en agosto*. **2** Se utiliza para indicar que la acción expresada por el verbo se añade a otra acción expresada anteriormente: *la oficina donde trabajo tiene una puerta principal y también una trasera*. **SIN** además.

tambor *n. m.* **1** Instrumento musical de percusión formado por una caja con forma cilíndrica cerrada por una parte o por las dos con una piel estirada: *el tambor se puede tocar con las manos, con dos palos finos o con baquetas*. **2** Pieza de forma cilíndrica que forma parte de algunos aparatos o máquinas: *tambor de la lavadora*. **3** Recipiente con forma cilíndrica que se usa como envase de ciertos productos: *tambor de detergente*. **4** Pieza cilíndrica giratoria de un revólver en la que se ponen las balas: *sólo le quedaban dos balas en el tambor*. **5** Aro redondo, normalmente de madera, sobre el que se coloca una tela para bordarla. **6** ANAT. Membrana o tejido delgado que se encuentra en el interior del oído y que transmite las vibraciones que llegan del exterior a la zona interna del oído: *las infecciones de oído pueden dañar seriamente el tambor*. **SIN** tímpano.
DER tamboril, tamborrada.

tamboril *n. m.* Tambor pequeño que se lleva colgado del brazo y se toca con un solo palo: *los bailes tradicionales de mi pueblo siempre se acompañan con un tamboril*.
DER tamborilear.

tamborilear *v. intr.* Dar golpes con los dedos sobre una superficie de manera repetida haciendo un ruido parecido al del tambor: *no tamborilees, por favor, que me pones nervioso*.
DER tamborilero.

tamborilero, -ra *n. m. y f.* Músico que toca el tambor o el tamboril.

tamborrada *n. f.* Desfile que se hace en fiestas populares en el que se tocan tambores: *en la tamborrada de las fiestas de mi pueblo algunos acaban con las manos llagadas.*

tamiz   *n. m.* Utensilio que se usa para separar las partes finas de las gruesas de algunas cosas y que está formado por una tela metálica o rejilla tupida que está sujeta a un aro: *pasó la tierra por el tamiz para quitar las piedras.* **SIN** cedazo, criba. **DER** tamizar.

tamizar   *v. tr.* Hacer pasar una cosa por el tamiz para separar las partes finas de las gruesas: *hay que tamizar la salsa de este guiso para que quede menos espesa; en la receta pone que hay que tamizar la harina.*
OBS En su conjugación, la *z* se convierte en *c* delante de *e*.

tamo   *n. m.* Acumulación de polvo y suciedad que se forma debajo de los muebles cuando no se limpia el suelo con frecuencia: *no te escondas debajo de la cama que no he barrido bien el tamo.* **SIN** pelusa.

támpax   *n. m.* Objeto alargado y cilíndrico hecho de algodón que se introduce en la vagina para absorber el líquido de la menstruación: *compró una caja de támpax de tamaño pequeño.* **SIN** tampón.
OBS Es marca registrada.

tampoco   *adv.* Se utiliza para añadir una negación a otra negación expresada con anterioridad o para incluir un nuevo elemento en una negación: *mi hermano no irá a la fiesta y yo tampoco; no tiene ganas de estudiar y tampoco quiere ir al cine.*

tampón   *n. m.* **1** Cajita plana que contiene una pieza de tela u otro material empapado en tinta y que se utiliza para entintar los sellos antes de estamparlos: *la almohadilla del tampón se ha quedado sin tinta.* **2** Rollo alargado de material muy absorbente que se introduce en la vagina de las mujeres para que absorba el flujo de la menstruación: *los tampones son más higiénicos que las compresas.*

tamtan   *n. m.* Tambor grande que se toca con las manos: *el tamtan es un tambor de origen africano.*
OBS Aunque es una palabra llana, es frecuente pronunciarla aguda: *tamtán.* ◇ El plural es *tamtanes.*

tan   *adv.* **1** Se utiliza delante de adjetivo, adverbio o locución adverbial para encarecer o intensificar su significado: *¡qué día tan espléndido!; no comas tan deprisa.* **2** Se utiliza en una comparación para indicar igualdad de grado o equivalencia: *este metal es tan duro como el hierro.* Se usa en correlación con *como*. **3** Se utiliza en una correlación para expresar una consecuencia de lo dicho anteriormente: *estaba tan bueno, que me lo comí todo.* Se usa en correlación con *que*.

tanatorio   *n. m.* Lugar en el que se velan los cadáveres y se preparan para ser enterrados o incinerados: *el coche funerario llevó el cadáver desde el tanatorio al cementerio.*

tanda   *n. f.* **1** Grupo en que se distribuye un conjunto de personas o cosas para realizar una actividad de manera ordenada: *como sólo hay un vestuario, nos duchamos en dos tandas, primero las chicas y después los chicos.* **2** Turno, vez u orden según el cual se van sucediendo personas o cosas para hacer una cosa: *al entrar en la tienda hay que pedir la tanda.* **3** Número no determinado de cosas de la misma clase que se dan o se hacen sin interrupción: *le dieron una tanda de azotes.*

tándem   *n. m.* **1** Bicicleta para dos personas en la que van sentadas una detrás de otra y ambas pueden pedalear: *el tándem lo dirige la persona que se sienta delante.* **2** Unión de dos personas o dos grupos que realizan una misma actividad en equipo o que combinan sus esfuerzos para hacer algo: *los dos empleados forman un buen tándem.* **3** Conjunto de dos elementos que se complementan: *el ejercicio y la buena ali-*

mentación son el tándem perfecto para mantenerse en forma.
OBS El plural es *tándemes.*

tanga   *n. m.* **1** Traje de baño de hombre o de mujer de tamaño muy reducido: *el tanga está formado por una pieza muy pequeña de tela que sólo cubre los órganos genitales.* **2** Calzoncillo o braguita de tamaño muy pequeño: *el tanga no cubre las nalgas.*

tangencial   *adj.* **1** De la tangente o que tiene relación con esta línea o superficie geométrica: *el radio de una circunferencia y la tangente forman un ángulo tangencial.* **2** [asunto] Que no es principal o importante: *no te detengas en cuestiones tangenciales y ve al grano.*

tangente   *adj./n. f.* **1** MAT. [línea, superficie] Que se toca o tiene puntos comunes con otra línea o superficie sin llegar a cortarla: *traza una recta tangente a esta circunferencia.* ◇ *n. f.* ☞ círculo. **2** MAT. Resultado de dividir el cateto opuesto a un ángulo entre el cateto contiguo al mismo ángulo: *calcula la tangente de este ángulo.*
salirse por la tangente Utilizar una persona evasivas para escapar de una situación difícil o un apuro: *cuando le echan en cara su pereza, siempre se sale por la tangente.*
DER tangencial; cotangente.

tangible   *adj.* **1** Que se puede tocar o percibir por medio del tacto: *sólo son tangibles las cosas materiales.* **ANT** intangible. **2** Que se puede percibir de manera clara y precisa: *resultados tangibles.* **ANT** intangible.

tango   *n. m.* **1** Baile originario de Argentina, que se baila en pareja enlazada y tiene una gran variedad de pasos: *esa pareja baila muy bien el tango.* **2** Música de este baile y letra con que se canta: *las letras de los tangos suelen ser muy dramáticas.*
DER tanguillo, tanguista.

tanque   *n. m.* **1** Vehículo pesado de guerra que está fuertemente blindado y que se mueve sobre dos llantas flexibles y articuladas con cadenas, las cuales le permiten circular sobre terrenos muy irregulares o escabrosos: *los tanques están armados normalmente con un gran cañón giratorio.* **2** Recipiente, generalmente de gran tamaño y cerrado, que sirve para contener líquidos o gases: *las refinerías tienen varios tanques para almacenar combustible.* **SIN** depósito. **3** *coloquial* Vaso de cerveza de gran tamaño.
DER tanqueta; antitanque.

tanqueta   *n. f.* Tanque ligero de guerra que tiene ruedas en lugar de cadenas: *la tanqueta alcanza más velocidad que el tanque.*

tantalio   *n. m.* Elemento químico metálico, muy duro y de color gris brillante que se encuentra en rocas de granito y es muy resistente a la corrosión: *el símbolo del tantalio es Ta.* **SIN** tántalo.

tántalo   *n. m.* **1** Ave de plumaje blanco y negro que tiene las patas y el cuello muy largos y la cabeza pequeña y sin plumas: *el tántalo habita en regiones pantanosas de África.* **2** Tantalio.

tantear   *v. tr.* **1** Calcular una persona según su apreciación el peso, el tamaño, la cantidad o el valor de una cosa de manera aproximada: *tanteó el peso de la caja para ver si podía llevarla con facilidad.* **2** Intentar descubrir con cuidado o disimuladamente las intenciones o la actitud de una persona frente a una cosa: *estoy tanteando al director para ver si puedo pedirle un aumento de sueldo.* **3** Probar o ensayar una cosa antes de realizarla para asegurarse el éxito: *es preciso tantear la situación antes de plantear el negocio.* ◇ *v. tr./intr.* **4** Registrar o señalar los tantos o puntos que se consiguen en un juego o en una competición

tanteo

deportiva: *los jueces de mesa se encargan de tantear el resultado del partido*.
DER tanteo.

tanteo *n. m.* **1** Cálculo que hace una persona según su apreciación del peso, tamaño, cantidad o valor de una cosa de manera aproximada: *con el tanteo que he hecho ya sé más o menos la gente que cabe*. **2** Intento de descubrir con cuidado o disimuladamente las intenciones o la actitud de una persona frente a una cosa: *le hice un tanteo para ver si querrá venir conmigo al cine esta noche*. **3** Prueba o ensayo que se hace con una cosa antes de realizarla para asegurarse el éxito: *con el tanteo que hicimos conseguimos mejorar nuestra oferta*. **4** Número determinado de tantos o puntos que se consiguen en un juego o en una competición deportiva: *el equipo español ganó por un tanteo de 3 a 0*.

tanto, -ta *det. indef.* **1** Se utiliza para establecer comparaciones de igualdad en la cantidad: *tiene tanto dinero cuanto puede necesitar*. Se usa en correlación con *como* y con *cuanto*. Puede ser determinante: *tengo tanto derecho como tú a hacerlo*, o pronombre: *les dieron tantos como a nosotros*. **2** Se utiliza para añadir un significado ponderativo: *tenía tanto dinero que podía vivir de las rentas*. Se usa en correlación con *que*. Puede ser determinante: *nunca había hecho tanto frío*, o pronombre: *ya sé que tienes veinte años, pero no aparentas tantos*. ◇ *adv.* **3 tanto** Se utiliza con sentido ponderativo para indicar una cantidad muy grande o un grado muy elevado: *no creía que costase tanto un libro tan pequeño; nunca había comido tanto; se enfadó tanto que se puso a gritar*. **4** Indica que una cosa se realiza o sucede empleando gran cantidad de tiempo: *no puedes haber tardado tanto en llegar*. Se utiliza con verbos expresivos de tiempo como *durar* o *tardar*. **5** Indica idea de equivalencia o igualdad: *tanto los novios como los padrinos se quedan de pie frente al altar*. Se utiliza en correlación con *cuanto* y *como*. ◇ *n. m.* **6** Objeto con que se registran o se señalan los puntos que se ganan en ciertos juegos: *traje una baraja y unos tantos para jugar al mus*. **7** Punto que se consigue o unidad de cuenta que se utiliza en un juego o en una competición deportiva: *el equipo local ha ganado al visitante por dos tantos a cero; el base del equipo sólo consiguió marcar cuatro tantos*. **8** Cantidad determinada de una cosa, especialmente de dinero: *le dije que me diera un tanto de sus beneficios*. **tanto por ciento** Número o cantidad que representa proporcionalmente una parte de un total que se considera dividido en cien unidades: *el tanto por ciento de parados ha descendido en el último trimestre*. **SIN** porcentaje. ◇ *n. m. pl.* **9 tantos** Número que no se sabe o que no se quiere expresar: *el profesor tiene treinta y tantos años*.
al tanto Indica que una persona está al corriente o enterada de una cosa: *estoy al tanto de vuestros negocios; le puse al tanto de las novedades*.
en tanto o **entre tanto** Indica que una cosa se realiza o sucede en el mismo momento en que se realiza o sucede otra o en el tiempo que hay entre dos hechos o acciones: *ve haciendo la comida y en tanto yo iré a buscar a los niños; entre tanto, ha pasado el revisor y le he mostrado los billetes*.
las tantas *coloquial* Expresión que indica una hora muy avanzada de la noche: *nos fuimos a la discoteca y volvimos a las tantas*.
ni tanto ni tan calvo o **ni tanto ni tan poco** *coloquial* Expresión usada para indicar a una persona que no debe exagerar una cosa ni hacia un extremo ni hacia otro: *porque te haya dicho que cuides tu aspecto no es necesario que vengas con corbata, ni tanto ni tan calvo*.

por tanto o **por lo tanto** Indica que una cosa que se dice es consecuencia de otra dicha anteriormente: *estoy muy cansado, por lo tanto me voy a la cama*.
un tanto Se utiliza para indicar la cantidad pequeña de una cosa que no se determina: *estos zapatos me están un tanto pequeños; sus costumbres resultan un tanto extrañas en esta tierra*.
¡y tanto! Se utiliza para confirmar con fuerza o intensidad lo dicho por otra persona: *¡Y tanto que iré!*
DER tantear.

tañer *v. tr.* Tocar o hacer sonar un instrumento musical de percusión o un instrumento de cuerda que se pulsa con los dedos: *el sacristán tañía las campanas; aparecen dos pastores tañendo laúdes*.
DER tañido.
OBS En su conjugación, la *i* de la desinencia se pierde absorbida por la *ñ* en algunos tiempos y personas.

tañer	
INDICATIVO	**SUBJUNTIVO**
presente	presente
taño	taña
tañes	tañas
tañe	taña
tañemos	tañamos
tañéis	tañáis
tañen	tañan
pretérito imperfecto	pretérito imperfecto
tañía	tañera o tañese
tañías	tañeras o tañeses
tañía	tañera o tañese
tañíamos	tañéramos o tañésemos
tañíais	tañerais o tañeseis
tañían	tañeran o tañesen
pretérito indefinido	futuro
tañí	tañere
tañiste	tañeres
tañó	tañere
tañimos	tañéremos
tañisteis	tañereis
tañeron	tañeren
futuro	**IMPERATIVO**
tañeré	
tañerás	tañe (tú)
tañerá	taña (usted)
tañeremos	tañed (vosotros)
tañeréis	tañan (ustedes)
tañerán	
condicional	**FORMAS NO PERSONALES**
tañería	
tañerías	infinitivo gerundio
tañería	tañer tañendo
tañeríamos	participio
tañeríais	tañido
tañerían	

tañido *n. m.* Sonido que produce un instrumento musical, especialmente un instrumento de cuerda o de percusión: *el tañido del arpa; el tañido de una campana*.

taoísmo *n. m.* Doctrina religiosa que tuvo su origen en China a partir de las ideas de Lao-Tse en el siglo VI antes de Cristo: *el taoísmo es una de las grandes corrientes ideológicas del pensamiento chino.*

taoísta *adj.* **1** Del taoísmo o que tiene relación con esta doctrina religiosa. ◇ *adj./n. com.* **2** [persona] Que cree en esta doctrina religiosa.

tapa *n. f.* **1** Pieza que se encuentra en la parte superior de un objeto y que sirve para cerrarlo o cubrirlo: *las cajas, los baúles y los recipientes de cocina suelen tener tapa.* **SIN** tapadera. ☞ automóvil. **2** Cubierta de papel o de cartón que tiene un libro u otra obra encuadernada: *los libros tienen dos tapas, una anterior y otra posterior.* **3** Pieza que se pone en la suela de un zapato por la parte del tacón: *llevé los zapatos al zapatero para que les pusiera unas tapas nuevas.* **4** Alimento ligero o en pequeña cantidad que se sirve en los bares y restaurantes como acompañamiento de una bebida: *nos pusieron una tapa de queso con el vino.*
DER tapar, tapear, tapón, tapujo.

tapacubos *n. m.* Pieza redonda y plana que se sujeta a la parte exterior de la rueda de un automóvil y que se utiliza para cubrir la llanta y hacer la rueda más atractiva: *los tapacubos suelen ser de metal o de plástico.* ☞ automóvil.
OBS El plural también es *tapacubos.*

tapadera *n. f.* **1** Pieza que se encuentra en la parte superior de un objeto y que sirve para cerrarlo o cubrirlo: *levantó la tapadera de la olla para ver cómo iba el guiso.* **SIN** tapa. **2** Persona o cosa que encubre lo que otra desea que se ignore, generalmente una acción negativa o que constituye un delito: *ese comercio es una tapadera de un negocio de contrabando.*

tapadillo *n. m.* Palabra que se utiliza en la locución *de tapadillo* y que indica que una cosa se hace a escondidas o con la intención de ocultar la verdad: *salía siempre de tapadillo, sin que lo supieran sus padres.*

tapajuntas *n. m.* Listón que sirve para tapar o cubrir el espacio que queda entre el marco de una puerta o una ventana y la pared: *tienes que poner tapajuntas en esa ventana o seguirá entrando frío.*
OBS El plural también es *tapajuntas.*

tapar *v. tr.* **1** Cubrir o cerrar lo que está descubierto o abierto, especialmente con la tapa que está destinada a ello: *tapó el tarro con su tapa; ¿puedes tapar la caja de galletas cuando termines de comer?* **ANT** destapar. **2** Cerrar o llenar un orificio o conducto con alguna cosa: *tapó las grietas de la pared con un poco de yeso.* **3** Cerrar alguna cosa un orificio o conducto o estar impidiendo el paso de algo a través de él: *la porquería tapa la salida del desagüe.* **4** Cubrir una persona o una cosa poniéndole algo delante o encima de manera que quede protegida u oculta: *tapó los muebles con sábanas viejas; hay que taparse bien para dormir cuando hace frío.* **5** Estar una cosa delante o encima de otra de manera que quede cubierta, protegida u oculta: *tu cabeza me tapa la tele.* **6** Hacer una persona que no se descubran las faltas cometidas por otra, ocultándolas o disimulándolas para que no sea castigada: *su hermano siempre tapa sus fechorías para que no se enteren sus padres.*
DER tapadera, tapadillo; destapar.

taparrabo o **taparrabos** *n. m.* Pieza de tela o de otro material con la que los individuos de algunos pueblos se cubren los genitales: *los miembros de algunas tribus de América llevan taparrabos.*
OBS El plural de *taparrabos* también es *taparrabos.*

tapete *n. m.* **1** Pieza generalmente de tela que se pone encima de un mueble como adorno o para protegerlo: *ha puesto en la mesa un tapete de ganchillo que hizo su abuela.* **2** Paño grueso que se pone encima de las mesas de juego: *las cartas están sobre el tapete verde.*

tapia *n. f.* Muro o pared que rodea un terreno y que sirve como valla: *el balón pasó por encima de la tapia del colegio.*
estar como una tapia o **estar sordo como una tapia** Estar muy sorda una persona y no oír casi nada: *tendrás que gritar porque la abuela está sorda como una tapia.*
DER tapial, tapiar.

tapial *n. m.* Pared hecha con piezas de tierra amasada: *trabajó toda la jornada reparando el tapial del cementerio.*

tapiar *v. tr.* **1** Cercar un terreno o una superficie con una o varias tapias: *han tapiado la finca para que no pueda entrar nadie a robar.* **2** Cerrar un hueco mediante un muro o un tabique: *tapiaron la puerta lateral porque no se usaba.*
OBS En su conjugación, la *i* no se acentúa, como en *cambiar.*

tapicería *n. f.* **1** Tela o tejido con el que se tapiza un mueble o parte de él: *tengo que cambiar la tapicería del sofá porque está ya muy gastada.* **2** Lugar donde se tapizan muebles o se hacen tapices: *voy a llevar las sillas a la tapicería porque necesitan un arreglo.* **3** Oficio, arte o técnica de tapizar muebles o hacer tapices: *los artesanos de ese lugar se dedican a la tapicería.*

tapicero, -ra *n. m. y f.* **1** Persona que se dedica a forrar con tela los muebles o una parte de ellos, o a colgar tapices, cortinas u otros objetos decorativos en las paredes: *llamé a un tapicero para que me tapizase el sofá viejo.* **2** Persona que se dedica a fabricar o arreglar tapices: *este tapicero hace los tapices de forma artesanal.*

tapioca *n. f.* **1** Harina blanca que se saca de la raíz de una planta tropical y que se usa como alimento, especialmente para hacer sopa: *la tapioca se extrae de la raíz de la mandioca.* **2** Sopa que se hace con esa harina.

tapir *n. m.* Mamífero herbívoro parecido al jabalí en el tamaño, que tiene el hocico prolongado en forma de una pequeña trompa y cuatro dedos en las patas anteriores y tres en las traseras: *el tapir vive en Asia y América del Sur.*
OBS Para indicar el sexo se emplea *el tapir macho* y *el tapir hembra.*

tapiz *n. m.* Paño de gran tamaño bordado con lana, seda o lino, decorado con dibujos o figuras y que se utiliza para adornar paredes: *adornaron el salón con un tapiz que representaba un paisaje bordado con hilos de oro y plata.*
DER tapicero, tapizar.

tapizado *n. m.* **1** Acción que consiste en forrar un mueble o una parte de él con una tela: *si hago yo el tapizado del sofá tardaré mucho.* **2** Tela con la que se forra un mueble o una parte de él: *el tapizado de los sillones es de color gris con motas blancas.*

tapizar *v. tr.* **1** Cubrir o forrar con tela o con otro material un mueble o una pared: *han tapizado las sillas a juego con el sofá.* **2** Cubrir o revestir cierta cosa una superficie extensa: *las nubes tapizaban el cielo.*
DER tapizado.
OBS En su conjugación, la *z* se convierte en *c* delante de *e.*

tapón *n. m.* **1** Pieza que se introduce en un conducto, orificio o abertura, y que sirve para cerrarlos impidiendo la comunicación con el exterior: *las botellas de vino suelen llevar un tapón de corcho.* **2** Cosa que impide o dificulta el paso de algo a través de un conducto, un orificio u otro lugar: *se le ha formado un tapón de cera en el oído.* **3** Acumulación excesiva de vehículos en un punto de una vía, la cual dificulta o impide la circulación normal: *he llegado tarde porque*

taponar

había un tremendo tapón para entrar en la ciudad. **SIN** atasco, embotellamiento. **4** En baloncesto, jugada mediante la cual se impide que la pelota que ha lanzado un contrario llegue a la canasta interceptándola con la mano: *parecía que la pelota entraba pero le hizo un tapón el último instante*. **5** *coloquial* Persona de corta estatura, especialmente la que es de cuerpo grueso y rechoncho. Se usa con valor despectivo.
DER taponar.

taponar *v. tr.* **1** Cerrar un conducto, un orificio o una abertura con un tapón: *la enfermera taponó la herida con un trozo de algodón; han taponado la salida de humos con ladrillos*. **2** Dificultar o impedir el paso una persona o una cosa a través de un conducto, un orificio u otro lugar: *la gente taponó la puerta y no se podía salir*. **SIN** atascar, obstruir.
DER taponazo.

taponazo *n. m.* Golpe que da un tapón al salir con mucha fuerza de una botella de bebida espumosa y chocar contra algo: *el taponazo dejó una marca en el techo*.

tapujo *n. m.* Manera de hablar o de actuar una persona mediante la cual se oculta o disimula la verdad: *siempre hace las cosas con tapujo*.
sin tapujos Se utiliza para indicar que una persona hace o dice una cosa clara y abiertamente, sin esconderse y sin ocultar la verdad: *le dijo sin tapujos que su comportamiento la había decepcionado*. **SIN** rebozo.

taqui- Elemento prefijal que entra en la formación de palabras con el significado de 'velocidad', 'rapidez': *taquicardia*.
ANT bradi-.

taquicardia *n. f.* MED. Velocidad excesiva del ritmo de los latidos del corazón a causa de una enfermedad cardíaca, de un esfuerzo físico o por otros motivos: *sufre taquicardia porque tiene más de noventa latidos por minuto sin realizar ningún esfuerzo físico*.

taquigrafía *n. f.* Técnica de escritura en la que se utilizan ciertos signos y abreviaturas especiales para poder escribir a gran velocidad: *las secretarias deben saber taquigrafía para copiar cartas al dictado*.
DER taquigrafiar, taquígrafo.

taquigrafiar *v. tr.* Escribir utilizando los signos taquigráficos: *el ministro dictaba la carta y su secretario la taquigrafiaba*.
OBS En su conjugación, la *i* se acentúa en algunos tiempos y personas, como en *desviar*.

taquígrafo, -fa *n. m. y f.* Persona que domina la taquigrafía o se dedica profesionalmente a ella: *dos taquígrafos anotan todo lo que se dice en los juicios*.

taquilla *n. f.* **1** Ventanilla, mostrador o sitio donde se venden billetes para un medio de transporte o entradas para un espectáculo: *en la taquilla del teatro han puesto el cartel de localidades agotadas; nos encontraremos en la estación, frente a la taquilla*. **2** Cantidad de dinero que se recauda en una sesión de un espectáculo: *en las representaciones del fin de semana se obtiene una buena taquilla*. **3** Armario individual, generalmente alto y estrecho, que se usa para guardar ropa u objetos personales: *dejé las zapatillas en la taquilla del gimnasio; cada soldado tiene una taquilla*.
DER taquillaje, taquillero, taquillón.

taquillero, -ra *adj.* **1** [espectáculo, artista] Que consigue atraer gran cantidad de público o recaudar mucho dinero: *vamos a ver esa obra de teatro tan taquillera*. ◊ *n. m. y f.* **2** Persona que se dedica a la venta de billetes o entradas en una taquilla: *al comprar las entradas, el taquillero me dijo que la película estaba a punto de comenzar*.

taquillón *n. m.* Mueble bajo de madera que se coloca en el recibidor o en la entrada de una casa: *cuando llega deja las llaves sobre el taquillón*.

taquimecanografía *n. f.* Técnica y conjunto de conocimientos que permiten que una persona domine la taquigrafía y la mecanografía: *buscan una persona que domine la taquimecanografía*.
DER taquimecanógrafo.

taquimecanógrafo, -fa *n. m. y f.* Persona que domina la taquigrafía y la mecanografía o se dedica profesionalmente a estas dos técnicas: *la empresa necesita urgentemente un taquimecanógrafo con experiencia*.

taquímetro *n. m.* **1** Instrumento que se utiliza para medir sobre un terreno los ángulos verticales y horizontales y las distancias entre sus vértices: *el taquímetro es una herramienta usada en topografía*. **2** Tacómetro.

tara *n. f.* **1** Defecto físico o psíquico que tiene una persona: *las taras generalmente son defectos hereditarios*. **2** Defecto o mancha que disminuye el valor de una cosa: *pagué menos por el vestido porque tenía una tara*. **3** Peso que corresponde al recipiente, envase o vehículo que contiene o transporta una mercancía, sin contar el peso de ésta: *la tara del camión era de tres toneladas*.

taracea *n. f.* Técnica ornamental que consiste en incrustar pequeños trozos de madera, nácar u otros materiales en un objeto de madera para decorarlo: *si vas a Granada, verás muchos talleres donde trabajan la técnica de la taracea*.

tarado, -da *adj./n. m. y f.* [persona] Que tiene un defecto físico o psíquico: *algún tarado ha roto todos los cristales del edificio para divertirse*.
OBS Se usa como apelativo despectivo.

tarambana *adj./n. com. coloquial* [persona] Que se comporta de manera alocada o con poca sensatez: *se jugó su dinero en la ruleta porque siempre ha sido un poco tarambana*.

tarantela *n. f.* **1** Música originaria de la región italiana de Nápoles que va acelerando su ritmo a medida que avanza: *la tarantela tiene un compás de seis por ocho*. **2** Danza que se baila con esta música: *la tarantela se baila en parejas*.

tarántula *n. f.* Araña venenosa de color negro por encima y rojo por debajo, que mide unos tres centímetros de largo y tiene el cuerpo velloso y las patas muy fuertes: *las tarántulas excavan agujeros en el suelo; la picadura de la tarántula produce una inflamación*. ☞ arácnidos.

tararear *v. tr.* Cantar una canción o imitar los sonidos de una melodía con la voz, sin articular bien las palabras y en voz baja: *si no me la tararees no puedo recordar esa canción*.
SIN canturrear.
DER tarareo.

tarareo *n. m.* Canto que se hace sin pronunciar bien las palabras y repitiendo una misma sílaba: *sólo se oía el tarareo del cantante mientras ensayaba*.

tarascada *n. f.* Golpe, mordisco o arañazo dado con fuerza y violencia: *el gato me dio una tarascada mientras lo tenía cogido*.

tardanza *n. f.* Retraso o empleo de más tiempo del necesario o del normal en hacer una cosa: *nos extrañó su tardanza y por eso llamamos a su casa*. **SIN** demora, dilación.

tardar *v. tr.* **1** Emplear un espacio de tiempo determinado en hacer una cosa: *tardaré más de dos días en preparar la prueba*. ◊ *v. intr.* **2** Emplear más tiempo del necesario o del normal en hacer una cosa: *el tren tarda en llegar; tarda en contestar, a lo mejor no está en casa*.
DER tardanza, tardío, tardo, tardón; retardar.

tarde *n. f.* **1** Período de tiempo que va desde el mediodía hasta el anochecer: *la tarde termina cuando se pone el Sol, en invierno las tardes son muy cortas*. **2** Últimas horas del día:

esta tarde iremos al cine y a cenar. ◇ *adv.* **3** Indica que una cosa se hace a una hora avanzada del día o de la noche: *ayer se acostó a las cuatro y hoy se ha levantado muy tarde; salimos a bailar y llegamos a casa tarde.* **4** Indica que una cosa se hace en un momento posterior al considerado conveniente, oportuno o previsto: *si no te das prisa vamos a llegar tarde y perderemos el tren.* **ANT** pronto.

de tarde en tarde Se utiliza para indicar que una cosa se hace con muy poca frecuencia o dejando transcurrir mucho tiempo entre una vez y la siguiente: *viene por aquí de tarde en tarde.*

DER tardar; atardecer.

tardío, -día *adj.* **1** Que tarda más tiempo del normal en llegar a la madurez: *la cosecha fue tardía a causa de la lluvia; los árboles silvestres dan frutos tardíos.* **2** Que ocurre después del tiempo adecuado o después del momento en que se necesitaba o se esperaba: *es un escritor de vocación tardía, empezó a escribir después de jubilarse; ha sido una decisión tardía porque ya está todo resuelto.* **3** Que se encuentra en el último período o fase de su existencia o desarrollo: *es un especialista en latín tardío; visitamos una iglesia del románico tardío.*

tardo, -da *adj.* **1** Que hace las cosas muy despacio o emplea más tiempo del necesario o del normal en hacerlas: *tardo de movimientos; tardo de reflejos.* **SIN** lento. **2** [persona] Que es torpe y no tiene facilidad y agilidad para captar, comprender y explicar las cosas: *el chico pone mucha voluntad, pero es un poco tardo.*

tardón, -dona *adj./n. m. y f. coloquial* [persona] Que tarda mucho en hacer las cosas o suele retrasarse en llegar a un sitio: *es mejor que le esperes sentado porque es una tardona.*

tarea *n. f.* **1** Trabajo, obra o actividad que realiza una persona o una máquina: *las tareas del hogar deben ser compartidas por toda la familia.* **2** Trabajo que debe hacerse en un tiempo determinado: *todavía no he terminado la tarea de hoy; el profesor escribió en la pizarra las tareas para el día siguiente.*

DER atarear.

tarifa *n. f.* **1** Precio fijado o establecido de forma oficial y unitaria por el estado, una compañía o una entidad por los servicios que ofrece: *las tarifas del teléfono han subido; la tarifa nocturna es más económica.* **2** Tabla de precios, derechos o tasas: *en la ventanilla tenían la tarifa de precios.*

DER tarifar.

tarifar *v. tr.* **1** Fijar una tarifa o precio por un servicio prestado: *a principios de año han vuelto a tarifar las líneas telefónicas.* ◇ *v. intr.* **2** *coloquial* Discutir o enfadarse una persona con otra por algo: *salió tarifando de mi casa por una tontería.*

tarima *n. f.* **1** Plataforma hecha con tablas y colocada a poca altura del suelo: *el profesor da la clase hablando desde la tarima.* **2** Suelo formado por tablas de madera, que es parecido al parqué pero está hecho con tablas de mayor tamaño: *la tarima se deterioró con la humedad.*

DER entarimar.

tarjeta *n. f.* **1** Pieza rectangular y pequeña, generalmente de cartulina o plástico que contiene cierta información o tiene un uso determinado: *los asistentes al congreso llevan una tarjeta identificativa colgada; los vecinos del edificio tienen una tarjeta para entrar al aparcamiento; en este restaurante no se puede pagar con tarjeta.* **tarjeta de crédito** Tarjeta pequeña de plástico, emitida por una entidad bancaria a nombre de una persona y que sirve para pagar sin utilizar dinero en efectivo: *pagué el viaje con la tarjeta de crédito.* **tarjeta de visita** Cartulina rectangular que contiene el nombre y otros datos de una persona, como cargo, domicilio o teléfono: *dejó su tarjeta de visita para que lo pudieran localizar.* **tarjeta postal** Tarjeta que se envía sin sobre por correo y que tiene una fotografía o ilustración por un lado y por el otro un espacio para escribir un texto: *me voy de vacaciones, pero os mandaré una tarjeta postal.* **SIN** postal. **2** En el fútbol y otros deportes, cartulina de un determinado color que el árbitro enseña a un jugador para indicarle que ha cometido una falta de cierta gravedad o que le corresponde una sanción: *un jugador debe abandonar el terreno de juego cuando es sancionado por segunda vez con una tarjeta amarilla o directamente con una tarjeta roja.*

DER tarjetero.

tarjetero *n. m.* **1** Cartera que se usa para llevar ordenadas las tarjetas de visita: *sacó del tarjetero la tarjeta y se la dio al recepcionista.* **2** Caja abierta o bandeja en la que se dejan las tarjetas de visita: *el mayordomo entró con el tarjetero en las manos y se lo acercó al conde.*

tarot *n. m.* **1** Baraja de cartas que se usa para adivinar el futuro y está formada por dos bloques, uno de ellos numerado y el otro con figuras simbólicas: *el tarot está compuesto de 78 cartas.* **2** Práctica adivinatoria que consiste en interpretar lo que va a suceder en el futuro y se consigue colocando de diferentes modos las cartas de esta baraja sobre una superficie: *ahora se dedica al tarot y le ha pronosticado un venturoso futuro.*

tarraconense *adj.* **1** De Tarragona o relacionado con esta provincia de Cataluña o con su capital: *el Ebro desemboca en la costa tarraconense.* ◇ *adj./n. m. y f.* **2** [persona] Que es de Tarragona: *es tarraconense de nacimiento, aunque vive en Barcelona.*

tarrina *n. f.* Recipiente pequeño de vidrio o cerámica que sirve para contener un alimento: *abrió la tarrina de paté.*

tarro *n. m.* **1** Recipiente de vidrio o porcelana, con forma cilíndrica y generalmente más alto que ancho: *a veces las especias para cocinar se guardan en tarros.* **2** *coloquial* Cabeza, mente o inteligencia de una persona: *tiene el tarro muy grande; es muy inteligente, tiene un buen tarro.* **SIN** coco.

comer el tarro *coloquial* Intentar meter una persona con insistencia ideas en el pensamiento de otra para que actúe o piense de determinada manera: *¡hay que ver cómo te ha comido el tarro esa chica!*

comerse el tarro *coloquial* Ocupar de manera insistente una persona su pensamiento con determinadas ideas: *no te comas el tarro, que no vas a adelantar nada.*

DER tarrina.

tarso *n. m.* **1** ANAT. Conjunto de huesos cortos que forman la parte trasera del pie del hombre y de las extremidades posteriores de algunos animales: *el tarso está situado entre el metatarso y la pierna; el astrágalo es uno de los huesos que forman el tarso del cuerpo humano.* ☞ esqueleto. **2** ZOOL. Parte más delgada de las patas de las aves, que normalmente no tiene plumas: *el tarso une los dedos con la tibia.*

tarta *n. f.* Pastel grande, generalmente con forma redonda y muy adornado: *algunas tartas están rellenas de crema o de nata y otras son enteramente de bizcocho.*

DER tartaleta, tartera.

tartaja *adj./n. com. coloquial* [persona] Que tartajea o habla repitiendo sonidos, sílabas o palabras: *se asustó tanto que se volvió tartaja.* **SIN** tartamudo.

OBS Se usa como apelativo despectivo.

tartajear *v. intr.* Hablar pronunciando las palabras con torpeza por algún impedimento en la lengua: *cuando la ve, tartajea y no acierta a decir nada coherente.*

DER tartaja.

tartaleta *n. f.* Pastel pequeño que está formado por una base de hojaldre o de galleta sobre la que se pone algún ingrediente dulce: *había tartaletas de crema y fresas y de chocolate.*

tartamudear *v. intr.* Hablar de manera entrecortada y repitiendo sílabas y sonidos: *el niño tartamudeaba porque tenía problemas de timidez.* **SIN** tartajear.

tartamudez *n. f.* Trastorno del habla que se caracteriza por hablar repitiendo sonidos, sílabas o palabras: *llevó a su hijo al logopeda para corregirle la tartamudez.*

tartamudo, -da *adj./n. m. y f.* [persona] Que tartamudea: *habla con bastante fluidez a pesar de ser un poco tartamudo.* **DER** tartamudear, tartamudez.

tartán *n. m.* **1** Material compuesto de plásticos, amianto y caucho que es muy resistente y poco deformable y se usa para cubrir superficies de pistas deportivas: *esta pista de atletismo está hecha con tartán.* **2** Tela de lana que tiene líneas cruzadas formando cuadros de distintos colores: *el tartán es de origen escocés.*

tartana *n. f.* **1** Carruaje de dos ruedas que es tirado por un caballo u otro animal de tiro, con cubierta en forma de bóveda y asientos laterales: *paseaban por la feria montados en una tartana.* **2** *coloquial* Cosa vieja que funciona mal, especialmente un automóvil: *con esa tartana cualquier día te quedas tirado en la carretera.*

tartera *n. f.* Recipiente con una tapa que se cierra herméticamente y que sirve para llevar comida o para mantenerla guardada: *se lleva la comida al trabajo en una tartera; actualmente las tarteras suelen ser de plástico.* **SIN** fiambrera.

tartesio, -sia *adj.* **1** De los Tartesos o que tiene relación con este primitivo pueblo que habitó la península ibérica antes de la llegada de los romanos: *la escritura tartesia no ha sido descifrada.* ◇ *adj./n. m. y f.* **2** [persona] Que pertenecía a este pueblo: *los tartesios habitaban en la zona baja del Guadalquivir.*

tarugo *n. m.* **1** Trozo de madera corto y grueso que queda al cortarlo de una pieza mayor: *aprovechamos los tarugos más grandes para encender la chimenea.* **2** Pedazo de pan grueso e irregular: *el niño se está comiendo un tarugo de pan.* **3** *coloquial* Persona que tiene poca inteligencia o pocos conocimientos y se comporta con torpeza: *eres un tarugo, todo lo haces al revés.* Tiene valor despectivo.

tarumba *adj.* [persona] Que está atontado o confundido, especialmente por haber recibido un golpe en la cabeza: *el pelotazo en la cabeza lo ha dejado tarumba.*

tasa *n. f.* **1** Pago o tributo que se exige por el uso o disfrute de determinados servicios: *los alumnos tienen que pagar las tasas en secretaría al formalizar su matrícula; el Ayuntamiento está estudiando la subida de las tasas municipales.* **2** Cantidad que expresa de forma proporcional la relación entre dos magnitudes: *la tasa de desempleo ha alcanzado el 20%; la tasa de mortalidad infantil es muy baja actualmente.*

tasación *n. f.* Cálculo o determinación del precio o del valor global de una cosa: *esperamos a que el banco haga la tasación de la finca para que nos den la hipoteca.*

tasar *v. tr.* **1** Poner precio o valor a una cosa la persona que tiene autoridad o capacidad para ello: *el banco tiene que tasar el piso antes de conceder el crédito.* **2** Fijar o establecer de manera oficial el precio límite o máximo de una cosa: *el gobierno ha tasado el precio de esas viviendas.*
DER tasa, tasación.

tasca *n. f.* Establecimiento de carácter popular en el que se venden y consumen bebidas alcohólicas y en algunos casos comidas: *hemos estado en una tasca tomando unas cervezas y unas tapas.* **SIN** taberna.

tatami *n. m.* Tapiz acolchado que sirve de pista para practicar artes marciales y otros deportes: *los judocas se colocan en el centro del tatami para empezar el combate.*
OBS Es de origen japonés. ◇ El plural es *tatamis.*

tatarabuelo, -la *n. m. y f.* Abuelo del abuelo de una persona: *el tatarabuelo de una persona es el padre de su bisabuelo.*

tataranieto, -ta *n. m. y f.* Nieto del nieto de una persona: *el tataranieto de una persona es el hijo de su bisnieto; el príncipe Felipe de Borbón es el tataranieto de Alfonso XII.*

tatarear *v. tr./intr.* Tararear.

tatuaje *n. m.* Dibujo grabado en la piel de una persona mediante una técnica especial que impide que se borre: *para grabar un tatuaje hay que hacer unas punzadas en la piel.*

tatuar *v. tr./prnl.* Grabar dibujos en la piel introduciendo sustancias colorantes bajo la epidermis mediante una técnica especial que impide que se borren: *se tatuó en el brazo un corazón con el nombre de su novia.*
DER tatuaje.
OBS En su conjugación, la *u* se acentúa en algunos tiempos y personas, como en *actuar.*

tau *n. f.* Nombre de la decimonovena letra del alfabeto griego: *la tau corresponde a la* t *de nuestro alfabeto.*

taula *n. f.* Monumento megalítico de la prehistoria formado por un bloque principal de piedra colocado en vertical y otro horizontal situado sobre él, que sólo se encuentra en las islas Baleares y que se supone que tenía una función religiosa de adoración o sacrificio: *las taulas tienen forma de T.*

taumaturgo, -ga *n. m. y f.* Persona que tiene poderes para hacer milagros o actos prodigiosos: *si consigues que de ahí salga dinero es que eres un taumaturgo.*

taurino, -na *adj.* Del toro o del toreo, o relacionado con este animal o con este arte: *cuando se retiró del toreo se hizo empresario taurino.*
ETIM Véase *toro.*

tauro *adj./n. com.* [persona] Que ha nacido entre el 20 de abril y el 21 de mayo, tiempo en que el Sol recorre aparentemente Tauro, segundo signo del Zodíaco.

tauromaquia *n. f.* **1** Arte y técnica de lidiar toros: *escuela de tauromaquia.* **2** Obra o libro que trata de este arte: *sabe mucho de toros y está escribiendo una tauromaquia; en esta tauromaquia se recogen todas las reglas del toreo.*
ETIM Véase *toro.*

tautología *n. f.* Figura del lenguaje que consiste en repetir un mismo pensamiento expresándolo de distintas maneras: *si decimos repetir otra vez o bajar abajo, estamos utilizando la figura de la tautología.*
DER tautológico.

tautológico, -ca *adj.* De la tautología o relacionado con esta figura del lenguaje: *frase tautológica.*

taxativo, -va *adj.* Que no admite discusión o corta cualquier posibilidad de réplica: *en esta empresa, las órdenes de los superiores son taxativas.* **SIN** tajante, terminante.

taxi *n. m.* Automóvil con un conductor que transporta de un lugar a otro a las personas que lo solicitan a cambio de dinero y que generalmente opera dentro de una ciudad: *cogeré un taxi para que me lleve al aeropuerto; en las ciudades grandes los taxis son muy habituales.*
DER taxista; aerotaxi, radiotaxi.

taxi- o **taxo-** Elemento prefijal que entra en la formación de palabras con el significado de 'orden', 'colocación': *taxidermia, taxonomía.*

taxidermia *n. f.* Arte de disecar animales muertos: *la taxidermia permite conservar los animales con el aspecto que tenían cuando estaban vivos.*
DER taxidermista.

taxidermista *n. com.* Persona que se dedica a la taxidermia: *llevó el loro a un taxidermista para que lo disecara.*

taxímetro *n. m.* Aparato que llevan los taxis y que va marcando automáticamente la cantidad de dinero que se debe pagar por el trayecto recorrido: *el taxímetro debe estar en un lugar visible para el cliente.*
DER taxi.

taxista *n. com.* Persona que se dedica a conducir un taxi: *el taxista que me recogió en la estación me recomendó este restaurante.*

taxonomía *n. f.* **1** Ciencia que trata de los principios, métodos y fines de la clasificación generalmente científica: *la taxonomía es una disciplina de gran utilidad para muchas ciencias.* **2** Clasificación u ordenación en grupos de cosas que tienen unas características comunes, especialmente la de grupos de animales o vegetales que se hace en biología: *en esta enciclopedia encontrarás una taxonomía de todas las especies vegetales.*
DER taxón, taxonómico.

taxonómico, -ca *adj.* De la taxonomía o que tiene relación con este tipo de clasificación u ordenación de cosas: *hizo una lista taxonómica de las diferentes especies animales que había estudiado.*

taza *n. f.* **1** Recipiente pequeño provisto de un asa, que es más ancho que alto y se usa generalmente para tomar ciertas bebidas: *las tazas suelen ser más anchas en la boca que en la base; las tazas de este juego de café son de porcelana.* **2** Receptáculo que forma parte del váter, en el que se orina y se hace de vientre: *están acostumbrando al niño a sentarse en la taza y dejar ya su orinal.*
DER tazón.

tazón *n. m.* Recipiente parecido a una taza pero de mayor tamaño que se utiliza para tomar ciertas bebidas: *echó en el tazón la leche y los cereales.*

te *n. f.* **1** Nombre de la letra t: *la palabra* tomate *tiene dos tes.* ◊ *pron. pers.* **2** Forma del pronombre de segunda persona, en género masculino y femenino y en número singular, que realiza la función de objeto directo e indirecto: *te mandó la carta; ya te he oído; ¿te acuerdas de cuando te hicieron esta fotografía?*
OBS Se escribe junto al verbo cuando se pospone a él: *ponte el abrigo; búscate un libro para instruirte.*

té *n. m.* **1** Arbusto originario del sureste de Asia, con cuyas hojas se prepara la infusión del mismo nombre: *el té puede alcanzar más de diez metros de altura.* **2** Conjunto de hojas de esa planta, convenientemente secadas y ligeramente tostadas: *este té es importado de la India.* **3** Infusión que se prepara hirviendo estas hojas y cuyos efectos son estimulantes y digestivos: *un té bien caliente te reanimará; después de comer siempre tomo un té con limón.*
DER tetera.
OBS El plural es tés.

tea *n. f.* **1** Palo de madera empapado en resina que se enciende para alumbrar o para prender fuego: *cogieron unas teas para encender la hoguera; entraron en la cueva alumbrándose con una tea.* **2** *coloquial* Estado de embriaguez de una persona: *coger una buena tea.* **SIN** borrachera.

teatral *adj.* **1** Del teatro o relacionado con este género literario o actividad artística: *representación teatral; crítica teatral.* **2** Que es exagerado y busca llamar la atención o causar un gran efecto: *gestos teatrales; actitud teatral.*
DER teatralidad, teatralizar.

teatralidad *n. f.* **1** Conjunto de características propias del género teatral o dramático: *la teatralidad de algunas de sus novelas ha permitido que sean representadas.* **2** Exageración en la forma de actuar de una persona y afectación en su manera de hablar, generalmente para conseguir algo: *se esforzó con mucha teatralidad en hacernos creer que estaba triste, pero no le creímos.*

teatralizar *v. tr.* **1** Preparar y adaptar un texto como obra teatral y representarlo: *los alumnos teatralizarán unos poemas de García Lorca.* **2** Dar un tono exagerado a una cosa, generalmente para llamar la atención: *cuando da una conferencia siempre teatraliza para captar la atención del público.*
OBS En su conjugación, la z se convierte en c delante de e.

teatrero, -ra *adj./n. m. y f.* **1** [persona] Que es muy aficionado al teatro: *es muy teatrera y va todos los fines de semana al teatro.* **2** [persona] Que es exagerado en su forma de actuar, generalmente para llamar la atención: *es muy teatrero y le gusta hablar gesticulando y gritando.*

teatro *n. m.* **1** Género literario al que pertenecen las obras dramáticas compuestas para ser representadas en un escenario: *el teatro griego sirvió como modelo al romano.* **2** Conjunto de obras de este género realizadas por un autor determinado o en una época determinada: *es un especialista del teatro español del siglo XVI.* **3** Arte de la composición o representación de las obras de ese género: *se dedica al teatro desde su juventud.* **4** Edificio destinado a la representación en un escenario de obras dramáticas o de espectáculos de otro tipo: *fueron al teatro a ver una comedia musical.* **5** Lugar o situación en la que ocurren acontecimientos importantes o se desarrolla cierta actividad: *después de las últimas ofensivas ha cambiado el teatro de la guerra.* **6** Fingimiento o exageración en la forma de actuar de una persona: *ese futbolista tiene mucho teatro, siempre se cae dentro del área; cuando dice que le duele la barriga es puro teatro.*
DER teatral, teatrero; anfiteatro.

tebeo *n. m.* Revista o publicación infantil que contiene una serie de dibujos y textos mediante los que se cuenta una historia: *me he comprado un tebeo de Zipi y Zape.*

-teca Elemento sufijal que entra en la formación de palabras con el significado de 'depósito', 'lugar en que se guarda algo': *biblioteca, hemeroteca.*

techado *n. m.* Cubierta o parte superior que cubre y cierra una construcción: *se conserva el antiguo techado de madera del edificio.*

techar *v. tr.* Cubrir una construcción construyendo el techo: *ya están techando la casa, así que pronto la podremos habitar.*
DER techado.

techo *n. m.* **1** Cubierta o parte superior que cubre y cierra una construcción o cualquier espacio o recinto: *se ha hundido el techo de la cabaña; la maceta cayó en el techo de un coche aparcado.* **SIN** techado. ☞ *automóvil.* **2** Cara interior de la cubierta que cierra por la parte superior una construcción o cualquier espacio o recinto: *se subió a una escalera para pintar el techo de la cocina; los pasajeros del metro se agarran a unas barras que cuelgan del techo.* **3** Casa o lugar donde vivir o refugiarse: *hay personas que no tienen un techo donde cobijarse.* **4** Altura máxima que puede alcanzar un avión en vuelo: *el techo de este avión es de doce mil pies.* **5** Altura o límite máximo a que puede llegar y del que no puede pasar un asunto, un proceso u otra cosa: *la inflación ha alcanzado su techo.*
DER techar, techumbre; entretecho.

techumbre *n. f.* Estructura que forma la cubierta de un

tecla *edificio junto con los diferentes elementos de cierre: los indígenas vivían en cabañas con techumbre de paja.*

tecla *n. f.* **1** Pieza de algunos instrumentos musicales que se presiona con el dedo para producir un sonido: *el pianista tocaba las teclas del piano.* **2** Pieza de algunos mecanismos que sirve para producir determinado efecto al ser presionada con el dedo: *pulsa esa tecla del ordenador para comenzar a imprimir.*
DER teclado, teclear.

teclado *n. m.* **1** Conjunto de teclas de un instrumento musical o de un mecanismo: *el teclado del piano tiene teclas blancas y negras; introduce los datos en el ordenador utilizando el teclado.* ☞ ordenador. **2** Instrumento musical electrónico provisto de teclas: *toca el teclado en un grupo de música pop.*

teclear *v. intr.* **1** Accionar o pulsar las teclas de un instrumento musical o de un mecanismo: *estoy tecleando en el piano para coger agilidad en los dedos; los mecanógrafos teclean muy deprisa.* ◊ *v. tr.* **2** Escribir un texto apretando las teclas de una máquina de escribir o un ordenador: *debes teclear el nombre del archivo que quieres recuperar.*
DER teclista.

teclista *n. com.* **1** Persona que se dedica a pasar obras escritas o gráficas a un formato adecuado para ser impreso: *la teclista del taller de fotocomposición hace errores cuando pica el texto.* **2** Músico que toca un instrumento de teclado: *el teclista de este grupo de rock también canta.*

tecnecio *n. m.* Elemento químico metálico que se produce artificialmente bombardeando núcleos de molibdeno con núcleos de deuterio: *el símbolo del tecnecio es Tc.*

-tecnia Elemento sufijal que entra en la formación de palabras con el significado de 'arte manual', 'industria', 'técnica': *luminotecnia, electrotecnia.*

técnica *n. f.* **1** Conjunto de procedimientos o recursos que se usan en una ciencia o en una actividad determinada: *las nuevas técnicas han hecho que la agricultura sea menos trabajosa y más productiva.* **2** Habilidad que tiene una persona para hacer uso de estos procedimientos o recursos: *no es un boxeador muy fuerte, pero tiene mucha técnica; este jugador es muy completo, tiene buena técnica y fuerza física.* **3** Aplicación práctica de los métodos y de los conocimientos relativos a las diversas ciencias: *la humanidad consigue grandes progresos gracias al gran desarrollo de la técnica.*

tecnicismo *n. m.* Palabra que pertenece o es propia del lenguaje de una ciencia, un arte, una profesión o una actividad determinada: *la palabra algoritmo es un tecnicismo de las matemáticas.*

técnico, ca *adj.* **1** De la técnica o relacionado con esta aplicación práctica de los métodos y procedimientos de las ciencias: *el progreso técnico ha sido muy rápido en los últimos años en el campo de la informática.* **2** [palabra, lenguaje] Que pertenece o es propio de una ciencia, un arte, una profesión o una actividad determinada: *la palabra aldehído es un término técnico de la química.* ◊ *n. m. y f.* **3** Persona que posee conocimientos o habilidades especializadas en relación con una ciencia o una actividad determinada: *el televisor no funciona, habrá que llamar al técnico para que lo repare.*
DER técnica, tecnicismo, tecnificar; politécnico.

tecnicolor *n. m.* Procedimiento usado en cinematografía que permite ver el color de los objetos en la pantalla: *el tecnicolor surgió en 1914 en Estados Unidos.*
OBS Es una marca registrada.

tecnificar *v. tr.* Dar o proporcionar recursos técnicos a una actividad determinada para mejorarla o modernizarla: *la tecnificación de la avicultura permite obtener más producción de huevos; con la ofimática se ha tecnificado el trabajo de oficina.*

tecnocracia *n. f.* Sistema político en el que los cargos públicos son desempeñados por técnicos o especialistas en cada una de las distintas materias: *en las tecnocracias los dirigentes no están subordinados a una ideología política.*
DER tecnócrata.

tecnócrata *adj./n. com.* **1** [persona] Que es partidario de la tecnocracia. **2** [persona] Que desempeña una función de gobierno como técnico o especialista en una materia: *los tecnócratas gobiernan siguiendo criterios técnicos y de eficacia.*

tecnología *n. f.* **1** Conjunto de los conocimientos propios de una técnica: *la producción de coches es mucho más rápida gracias a la mejora de la tecnología.* **2** Conjunto de instrumentos, recursos técnicos o procedimientos empleados en un determinado campo o sector: *tecnología médica; tecnología científica.*
DER tecnológico.

tecnológico, -ca *adj.* De la tecnología o que tiene relación con este conjunto de conocimientos técnicos: *la revista se ha hecho con los más avanzados medios tecnológicos.*

tectónico, -ca *adj.* Que hace referencia a la corteza terrestre: *los geólogos estudian los movimientos tectónicos de la zona del volcán.*

tedéum *n. m.* Canto de la liturgia católica para alabar y dar gracias a Dios.
OBS El plural también es *tedéum.*

tedio *n. m.* **1** Estado de cansancio o de fastidio provocado por una cosa que no tiene ningún interés o atractivo: *jugaban a las cartas para mitigar el tedio de las tardes de verano.* **SIN** aburrimiento. **2** Estado de ánimo de la persona que no siente interés por nada de lo que le rodea: *la depresión lo sumió en el tedio y la dejadez.*
DER tedioso.

tedioso, -sa *adj.* Que no tiene interés y provoca tedio o aburrimiento: *espectáculo tedioso.* **SIN** aburrido.

teflón *n. m.* Material plástico que es muy resistente al calor y a la corrosión: *el teflón se usa sobre todo para revestimientos exteriores.*
OBS Es una marca registrada.

tegumento *n. m.* **1** Tejido vegetal que cubre ciertas partes de las plantas: *los óvulos y las semillas están recubiertas por un tegumento.* **2** Tejido orgánico que cubre el cuerpo de un animal o alguno de sus órganos internos: *el tegumento es una membrana protectora.*

teína *n. f.* Sustancia producida por el té: *la teína tiene efectos estimulantes.*

teja *n. f.* **1** Pieza que forma parte de la cubierta de un tejado y que sirve para que el agua de la lluvia pueda resbalar por ella: *las tejas más comunes tienen forma acanalada y son de barro cocido; hay tejas planas hechas con hormigón o pizarra.* **2** Objeto que tiene una forma parecida a la de esta pieza: *las tejas son unas pastas dulces que se suelen tomar con café o con té.* **3** *adj.* [color] Que es parecido al del barro cocido.
DER tejado, tejar, tejo.

tejadillo *n. m.* Tejado que tiene una sola vertiente y está adosado a una pared para cubrir una puerta o una ventana.

tejado *n. m.* Parte exterior de la cubierta superior de un edificio, generalmente recubierta de tejas: *la antena de la televisión está en el tejado; se ha caído una teja del tejado.* ☞ casa.
DER tejadillo.

tejano, -na *adj.* **1** [prenda de vestir] Que está hecho de una tela fuerte de algodón, generalmente azul, y se usa de manera informal: *blusa tejana; chaleco tejano.* **SIN** vaquero. **2** De Tejas o relacionado con este estado de los Estados Unidos de América: *música tejana.* ◇ *adj./n. m. y f.* **3** [persona] Que es de Tejas: *los tejanos se dedican principalmente al ganado y al petróleo.* ◇ *n. m. pl.* **4 tejanos** Pantalones hechos de una tela fuerte de algodón, generalmente azul, y que se usan de manera informal: *los tejanos son muy cómodos.* **SIN** vaqueros.

tejar *v. tr.* **1** Cubrir de tejas un tejado. ◇ *n. m.* **2** Lugar donde se fabrican tejas y ladrillos.

tejemaneje *n. m.* **1** *coloquial* Actividad intensa o movimiento constante que desarrolla una persona en la realización de una cosa: *con el tejemaneje que se trae con los platos, no me extraña que haya roto uno.* **2** *coloquial* Medio sospechoso o poco claro que utiliza una persona para conseguir una cosa: *tus tejemanejes no conseguirán engañar a nadie.*

tejer *v. tr.* **1** Hacer o formar un tejido cruzando y uniendo unos hilos con otros: *el telar se emplea para tejer; la araña teje su tela para atrapar insectos.* **2** Hacer punto o ganchillo: *la abuela tejió este jersey de lana.* **3** Pensar o idear un plan o un proyecto: *tejió un plan perfecto para que no le descubrieran.* **SIN** planear, discurrir. **4** Preparar con detenimiento una acción futura: *la conspiración contra el presidente se tejió en el seno de su propia familia.*
DER tejido; destejer, entretejer.

tejido *n. m.* **1** Material que resulta de tejer o entrelazar muchos hilos, especialmente el hecho con fibras textiles que se emplea para confeccionar la ropa: *me gusta el color de la falda, lo que no me gusta es el tejido de que está hecha; entraré en la tienda de tejidos para comprar un retal de cuadros.* **SIN** tela. **2** BIOL. Estructura formada por células de la misma naturaleza y ordenadas para desempeñar una misma función: *los tejidos pueden ser animales o vegetales; le han tenido que hacer un implante de tejido cutáneo.* **tejido adiposo** ANAT. Tejido que está formado por células que contienen una o más gotas de grasa: *el tejido adiposo está situado debajo de la piel y sirve como reserva de energía.* **tejido cartilaginoso** ANAT. Tejido que está formado por un cartílago: *la oreja del ser humano está formada por tejido cartilaginoso.* **tejido celular** ANAT. Tejido que está formado por células y fibras: *algunas enfermedades atacan y destruyen el tejido celular.* **tejido conjuntivo** ANAT. Tejido que está formado por células diferentes y sirve para unir y reforzar otros tejidos. **tejido linfático** ANAT. Tejido que está formado por numerosas células, la mayoría de las cuales son linfocitos: *el tejido linfático constituye la porción principal de los ganglios linfáticos.* **tejido muscular** ANAT. Tejido que está constituido por fibras musculares que forman los músculos: *se ha dado un golpe y ha tenido un derrame en el tejido muscular del brazo.* **tejido nervioso** ANAT. Tejido que forma los órganos del sistema nervioso y que está constituido por células nerviosas y sus prolongaciones.

tejo *n. m.* **1** Trozo de teja o de piedra con forma plana y redondeada, que se usa para jugar a ciertos juegos: *los niños estaban jugando a la rayuela con un tejo.* **2** Juego en que se usa este trozo de teja o piedra, plano y redondeado, y que consiste en lanzarlo sobre unas casillas dibujadas en el suelo que se van recorriendo a la pata coja: *el tejo es un juego infantil de habilidad.* **SIN** rayuela.
echar (o tirar) los tejos *coloquial* Dar a conocer una persona a otra un sentimiento de amor o el interés que tiene por ella: *es evidente que quiere mantener una relación contigo porque no para de tirarte los tejos.*

tejón *n. m.* Animal mamífero de color marrón, con el pelo largo y espeso, y con mechones blancos y negros en la cabeza, que vive en madrigueras profundas y se alimenta de pequeños animales y de frutos: *el tejón mide alrededor de un metro de largo.*
OBS Para indicar el sexo se emplea *el tejón macho* y *el tejón hembra*.

tejuelo *n. m.* Trozo de tela, piel o papel que se pega en el lomo de un libro para poner el rótulo u otro tipo de información.

tela *n. f.* **1** Tejido hecho con hilos cruzados entre sí: *el tul es una tela muy fina y delicada.* **2** Tejido hecho de fibras: *me he comprado una tela de algodón para hacerme una blusa.* **3** Tejido orgánico con forma de lámina: *el cerebro está cubierto por una fina tela.* **SIN** membrana. **4** *coloquial* Asunto o materia de la que hay que hablar o que se presta a comentarios: *hace mucho que no se veían, así que tienen tela para rato.* **5** *coloquial* Tarea que hay que realizar: *hay que pintar toda la casa, así que tengo tela para varios días.* **6** *coloquial* Dinero: *me he comprado un coche nuevo que me ha costado mucha tela.* **SIN** pasta. **7** Cuadro o pintura realizado sobre un lienzo: *en el museo del Prado se exponen varias telas de Velázquez.*
haber tela que cortar *coloquial* Haber abundante materia para tratar o mucho trabajo para realizar: *no nos pongamos a hablar de política porque ahí hay tela que cortar; dejemos de perder el tiempo y pongámonos a trabajar, que hay mucha tela que cortar.*
poner en tela de juicio Dudar sobre la verdad o el éxito de una cosa: *han puesto mi honor en tela de juicio y debo defenderme.*
tela de araña Tejido en forma de red que construyen las arañas con un hilo muy fino que producen ellas mismas: *la mosca quedó atrapada en una tela de araña.* **SIN** telaraña.
tela metálica Tejido que está hecho con alambre: *hizo una jaula de tela metálica para los conejos.*
DER telar, telón; entretela.

telar *n. m.* **1** Máquina que sirve para tejer. **2** Fábrica de tejidos: *había cinco obreros trabajando en el telar.*

telaraña *n. f.* Tejido en forma de red que construyen las arañas con un hilo muy fino que producen ellas mismas: *un insecto quedó atrapado en la telaraña.* **SIN** tela de araña.

tele *n. f. coloquial* Apócope de televisor: *me voy a comprar una tele nueva porque la que tengo no se ve bien.*

tele- Elemento prefijal que entra en la formación de palabras con el significado de: *a)* 'A distancia', 'lejos': *teléfono, televisión, telefónico; b)* 'Televisión': *teleclub, telediario, telenovela; c)* 'Teleférico': *telecabina, telesquí.*

telecabina *n. f.* Teleférico que está provisto de cabinas que se mueven por un único cable: *desde la telecabina teníamos una vista panorámica de toda la ciudad.*

telecomunicación *n. f.* **1** Sistema de comunicación a distancia por medio de cables y ondas electromagnéticas: *el teléfono y el telégrafo son sistemas de telecomunicación.* ◇ *n. f. pl.* **2 telecomunicaciones** Carrera que estudia todo lo relacionado con los medios de comunicación a distancia: *estoy estudiando cuarto de telecomunicaciones.*

telediario *n. m.* Programa de televisión donde se informa de las noticias más importantes del día: *los telediarios dan noticias políticas, económicas, deportivas y culturales.*

teledifusión *n. f.* Transmisión de imágenes de televisión mediante ondas electromagnéticas: *la teledifusión permite que la televisión llegue a todos los hogares del país.*

teledirigido, -da *adj.* [aparato, vehículo] Que se mueve o funciona por medio de un control a distancia: *el niño juega*

teledirigir

con un barquito teledirigido; una nave teledirigida mediante ondas hertzianas ha tomado muestras de la superficie de Marte.

teledirigir *v. tr.* Dirigir y controlar un vehículo o un aparato a distancia, generalmente por medio de ondas electromagnéticas: *el coche se puede teledirigir mediante un mando que funciona con pilas.*
OBS En su conjugación, la g se convierte en j delante de a y o.

telefax *n. m.* **1** Sistema de comunicación que permite mandar y recibir información escrita a través del teléfono. **SIN** fax. **2** Aparato que permite mandar y recibir información escrita a través de este sistema. **SIN** fax. **3** Documento que se manda o se envía a través de este aparato. **SIN** fax.
OBS El plural también es *telefax*.

teleférico *n. m.* Sistema de transporte que consiste en una serie de vehículos suspendidos de un cable de tracción y que se usa para superar grandes diferencias de altitud: *desde el teleférico se ven unas vistas excepcionales de toda la sierra; cogimos el teleférico para subir a la parte alta de la ciudad.*

telefilm o **telefilme** *n. m.* Película hecha para televisión.
OBS La Real Academia Española sólo admite la forma *telefilme*.

telefonazo *n. m.* *coloquial* Llamada de teléfono: *cuando llegues a casa me das un telefonazo.*

telefonear *v. tr./intr.* **1** Llamar a alguien por teléfono: *tengo que telefonear a mi madre para que no se preocupe; perdóname un momento que tengo que telefonear.* ◇ *v. tr.* **2** Comunicar una información o una noticia por teléfono: *te telefonearé los resultados de la encuesta.*

telefonía *n. f.* **1** Sistema de comunicación que transmite la voz y el sonido a larga distancia por medios eléctricos o electromagnéticos: *la invención de la telefonía fue un gran avance para las comunicaciones a distancia.* **SIN** teléfono. **telefonía móvil** Sistema de comunicación que permite hacer y recibir llamadas desde cualquier lugar: *se está ampliando la red de telefonía móvil.* **2** Servicio de comunicaciones telefónicas: *el señor Sánchez es ingeniero y trabaja en telefonía marítima.*

telefónico, -ca *adj.* Del teléfono o que tiene relación con este sistema de comunicación: *no se oye bien, tengo que llamar al servicio telefónico para que lo arreglen.*

telefonillo *n. m.* Aparato en forma de teléfono que está conectado a un portero automático y que permite comunicarse desde la puerta de entrada de un edificio con alguien que está en el interior: *llamaron a la puerta y oí su voz por el telefonillo.*

telefonista *n. com.* Persona que trabaja en el servicio de aparatos telefónicos, especialmente la que se dedica a contestar llamadas en una centralita: *la telefonista del hotel me comunicó con la habitación del señor Martínez.* **SIN** operador.

teléfono *n. m.* **1** Sistema de comunicación que transmite la voz y el sonido a larga distancia por medios eléctricos o electromagnéticos: *Alexander Graham Bell patentó el teléfono en 1876.* **SIN** telefonía. **2** Aparato que recibe y emite comunicaciones a larga distancia. **teléfono inalámbrico** Teléfono de cuyo auricular no sale ningún hilo o cable y que funciona gracias a la comunicación con una base conectada a la red normal: *con un teléfono inalámbrico se puede hablar desde cualquier habitación de la casa.* **teléfono móvil** Teléfono pequeño que no tiene hilos ni cables externos, que se puede llevar encima y que permite hablar desde cualquier lugar: *las llamadas a un teléfono móvil son más caras que a un teléfono normal; me llamó con un teléfono móvil desde el autobús.* **3** Número que corresponde a uno de esos aparatos.
DER telefonazo, telefonear, telefonía, telefónico, telefonillo, telefonista.

telegrafía *n. f.* Sistema de comunicación que permite la transmisión de información a larga distancia por medio de impulsos eléctricos y utilizando un código de signos preestablecido. **SIN** telégrafo.
DER telegrafiar; radiotelegrafía.

telegrafiar *v. tr.* Comunicar un mensaje por medio del telégrafo: *me han telegrafiado la convocatoria para el juicio.*
OBS En su conjugación, la i se acentúa en algunos tiempos y personas, como en *desviar*.

telegráfico, -ca *adj.* **1** Del telégrafo o la telegrafía, o que tiene relación con este sistema de comunicación a distancia: *algunos mensajes oficiales se transmiten mediante comunicación telegráfica.* **2** [escritura, habla] Que es breve y conciso, con frases cortas y pocas palabras: *siempre tomo mis notas con un estilo telegráfico.*

telegrafista *n. com.* **1** Persona que instala aparatos telegráficos. **2** Persona que tiene como profesión el manejo de aparatos telegráficos y atiende el servicio de telégrafos: *es telegrafista de una sucursal de correos.*

telégrafo *n. m.* **1** Sistema de comunicación que permite la transmisión de información por medio de impulsos eléctricos y utilizando un código de signos preestablecido: *el telégrafo utiliza el código morse.* **2** Aparato que emite y recibe mensajes mediante este sistema de comunicación: *antes de que llegara el teléfono al pueblo, ya había un telégrafo.* ◇ *n. m. pl.* **3 telégrafos** Administración que se encarga de este sistema de comunicación o local destinado a este servicio: *fui a telégrafos a enviar un mensaje.*
DER telegráfico, telegrafista, telegrama.

telegrama *n. m.* **1** Mensaje escrito que se comunica por telégrafo: *recibí un telegrama urgente en el que mi abuela me pedía que fuera a verla.* **2** Impreso normalizado en que se recibe escrito el mensaje telegráfico: *fui a recoger el telegrama a telégrafos.*

telele *n. m.* **1** *coloquial* Pérdida del sentido y del conocimiento: *con este calor me va a entrar un telele.* **SIN** desmayo, soponcio, síncope. **2** *coloquial* Ataque de nervios, disgusto o impresión muy fuerte: *le dio un telele cuando le dijeron que había suspendido el curso.*

telenovela *n. f.* Historia filmada y grabada que se emite por televisión dividida en capítulos: *los argumentos de las telenovelas suelen tener una gran dosis de sentimentalismo.*

teleobjetivo *n. m.* Lente o conjunto de lentes que sirve para filmar o tomar fotografías de cosas o personas que están a gran distancia de la cámara: *los fotógrafos de prensa llevan teleobjetivos muy potentes.*

teleósteo *adj./n. m.* **1** [pez] Que tiene el esqueleto completamente osificado. ◇ *n. m. pl.* **2 teleósteos** Orden de estos peces: *los teleósteos comprenden los antiguos órdenes de los acantopterigios y malacopterigios.*

telepatía *n. f.* Fenómeno que consiste en la transmisión o la coincidencia de pensamientos entre personas producido sin intervención de los sentidos o de agentes físicos conocidos: *adivinó lo que pensaba valiéndose de la telepatía.*
DER telepático.

telepático, -ca *adj.* De la telepatía o que tiene relación con esta coincidencia de pensamientos o sensaciones entre dos o más personas: *nuestra relación es telepática, sólo con mirarnos sabemos lo que pensamos.*

telerruta *n. f.* Servicio telefónico que informa del estado de las carreteras: *en vista del mal tiempo llamamos a telerruta para saber si podríamos acceder por carretera a las pistas de esquí.*
OBS Suele usarse sin anteponer el determinante.

telescópico, -ca *adj.* **1** Del telescopio o que tiene relación con este instrumento óptico: *acabamos de comprar un juego de lentes telescópicas.* **2** Que está tan lejano que sólo se puede ver con un telescopio: *los astrónomos han descubierto un grupo de asteroides telescópicos.*

telescopio *n. m.* Instrumento óptico que sirve para observar y ver agrandados objetos lejanos, especialmente las estrellas y otros cuerpos celestes: *los telescopios están formados por una lente que recoge la imagen del objeto y otra que la aumenta.*
DER telescópico; radiotelescopio.

telesilla *n. m.* Sistema de transporte formado por una serie de asientos suspendidos de un cable y que se utiliza principalmente para subir a la cumbre de una montaña: *subimos a las pistas de esquí con el telesilla.*

telespectador, -ra *n. m. y f.* Persona que mira la televisión: *leí en el periódico que los telespectadores prefieren las películas y los concursos a los programas informativos.* **SIN** televidente.

telesquí *n. m.* Instalación situada en las pistas de esquí que sirve para transportar a los esquiadores con los esquís puestos a la parte más alta de las pistas: *el telesquí funciona mediante un sistema de arrastre.*
OBS El plural es *telesquís.*

teletexto *n. m.* Información escrita que se emite y se recibe a través de la televisión: *voy a leer en el teletexto las noticias del día; mira en el teletexto qué películas ponen hoy en la tele.*

teletipo *n. m.* **1** Sistema de recepción y envío de mensajes escritos por medio de un teclado que permite también la impresión: *la agencia periodística recibe la información a través del teletipo.* **2** Aparato provisto de un teclado que permite la recepción y el envío de mensajes escritos mediante este sistema. **3** Mensaje escrito que se recibe y se envía usando este aparato.

televidente *n. com.* Persona que mira la televisión: *el presentador dirigió un saludo a todos los televidentes.* **SIN** telespectador.

televisar *v. tr.* Emitir imágenes por televisión: *van a televisar el partido entre la selección de España y la de Alemania.*
DER televisada.

televisión *n. f.* **1** Sistema de transmisión de imágenes y sonidos a distancia por medio de ondas hertzianas: *la radio y la televisión han llevado información a los lugares más apartados.* **2** Aparato eléctrico que recibe y reproduce esas imágenes y sonidos: *la pantalla de una televisión se mide en pulgadas.* **SIN** televisor. **3** Conjunto de personas y medios que se dedican a transmitir información y programas diversos usando esta técnica: *las televisiones de varios países se han puesto de acuerdo para hacer un programa conjunto.*
DER tele, televisar, televisivo, televisor.

televisivo, -va *adj.* **1** De la televisión o que tiene relación con este sistema de transmisión a distancia: *un famoso presentador televisivo entrevistó ayer al presidente.* **2** Que tiene buenas condiciones para ser emitido por televisión y para gustar al público: *los partidos de fútbol, las películas y los concursos son más televisivos que los reportajes.*

televisor *n. m.* Aparato eléctrico que recibe y reproduce imágenes y sonidos transmitidos por televisión: *se ha comprado un televisor estéreo de veintiocho pulgadas.* **SIN** televisión.

télex *n. m.* **1** Sistema telegráfico que se efectúa a distancia por medio de teletipos. **2** Mensaje que se recibe y se envía mediante este sistema.

OBS El plural también es *télex.*

telón *n. m.* Cortina grande que puede subirse y bajarse, y que cubre el escenario de un teatro o la pantalla de un cine: *se abrió el telón y aparecieron los actores en el escenario.* **telón de acero** Frontera política e ideológica que separaba los países del este de Europa de los del oeste: *afortunadamente, ya ha desaparecido el telón de acero y Europa está al fin unida.* **telón de fondo** *a)* Telón que se coloca en la parte posterior del escenario. *b)* Conjunto de circunstancias que rodean un acontecimiento e influyen en él: *la negociación política fue el telón de fondo de la competición deportiva.*
DER telonero.

telonero, -ra *adj./n. m. y f.* **1** [artista, cantante] Que en un espectáculo musical actúa antes que el cantante o el grupo principal: *al principio de su carrera hizo de telonero de un cantante famoso; varios grupos musicales de la ciudad actuarán como teloneros en el concierto.* **2** Persona que se encarga de subir y bajar el telón en un escenario.

telúrico, -ca *adj.* De la Tierra o que tiene relación con este planeta: *los movimientos sísmicos son fenómenos telúricos.*

telurio *n. m.* Elemento químico que se obtiene del cobre y se utiliza en aleaciones, en vidrio y en cerámica: *el símbolo del telurio es Te.*

tema *n. m.* **1** Asunto principal o materia sobre la que se trata en una conversación, un discurso o un escrito: *el tema de la conferencia fue «La literatura inglesa del siglo XIX».* **2** Parte de un manual o de un libro de texto que forma una unidad independiente: *el libro de Ciencias Naturales tenía diez temas de biología y ocho temas de botánica; el profesor nos mandó leer el tema tres.* **3** MÚS. Parte o melodía fundamental de una composición musical, que se va repitiendo y desarrollando de distintas formas a lo largo de toda la composición. **4** *coloquial* Canción o composición musical: *el músico tocó cinco temas suyos y siete de otros compositores.*
DER temario, temático.

temario *n. m.* Lista de temas o asuntos que se tratan en un libro, un curso, una asignatura o una conferencia: *el primer día de clase nos dieron el temario y la bibliografía del curso.*

temático, -ca *adj.* **1** Del tema o que tiene relación con éste: *el contenido temático de este libro es muy pobre; esta enciclopedia tiene una organización temática.* ◇ *n. f.* **2 temática** Tema general o conjunto de temas parciales de una obra, de un autor o de un asunto general: *la temática de las obras de este escritor es muy variada.*

tembladera *n. f. coloquial* Temblor corporal muy intenso: *el frío me hace tener esta tembladera.*

temblar *v. intr.* **1** Agitarse una persona o un animal con movimientos rápidos, continuos e involuntarios: *temblar de frío; temblar de miedo.* **SIN** tiritar. **2** Moverse o agitarse una cosa de esa manera: *con la explosión, las lámparas del techo temblaron.* **3** Tener miedo o estar nervioso: *el soldado temblaba por su vida; estoy temblando por el examen de mañana.*
DER tembladera, tembleque, temblor; retemblar.

ETIM *Temblar* procede del latín vulgar *tremulare,* que tenía el mismo significado, voz con la que también están relacionadas *tremolar, trémulo.*

OBS En su conjugación, la e se convierte en ie en sílaba acentuada, como en *acertar.*

tembleque *n. m. coloquial* Agitación o movimiento rápido, involuntario y continuo del cuerpo o de una parte de él, provocado principalmente por miedo, frío, nerviosismo o enfermedad: *le entró un tembleque en la mano y no podía escribir.*
SIN temblor.
DER temblequear.

temblor *n. m.* Agitación o movimiento rápido, involuntario y continuo del cuerpo o de una parte de él, provocado principalmente por miedo, frío, enfermedad o nerviosismo: *el niño tenía fiebre y temblores*.

temblor de tierra Movimiento violento de la superficie de la Tierra producido por fuerzas que actúan en el interior del globo terrestre. **SIN** seísmo, terremoto.

DER tembloroso.

tembloroso, -sa *adj.* Que tiembla: *encontramos un cachorrillo abandonado y tembloroso en la orilla del río; tenía la voz temblorosa por la vergüenza*.

temer *v. tr.* **1** Tener miedo de algo o alguien: *teme mucho a los atracadores y por eso nunca sale de noche; el niño teme a los perros*. ◇ *v. tr./prnl.* **2** Creer o sospechar que va a pasar o que ha pasado alguna cosa, especialmente algo malo: *temo que vendrán más desgracias; me temo que no podré ir*. ◇ *v. intr.* **3** Sentir temor: *no temas, todo saldrá bien*.

DER temerario, temeroso, temible, temor.

temerario, -ria *adj./n. m. y f.* **1** [persona, acción] Que se expone a sí mismo o a los demás a un peligro de manera innecesaria debido a un comportamiento imprudente y arriesgado: *la conducción temeraria es una de las causas de los accidentes de tráfico; ¡No te metas por esta calle peligrosa y oscura, no seas temerario!* ◇ *adj.* **2** Que no tiene fundamento ni razón, y se hace o se dice sin pensar en las consecuencias negativas que pueda tener: *no debes hacer juicios temerarios sobre asuntos que no conoces*.

DER temeridad.

temeridad *n. f.* **1** Cualidad que tienen las personas temerarias: *la temeridad del escalador le costó la vida*. **2** Acción temeraria: *adentrarse tanto en el mar es una temeridad*.

temeroso, -sa *adj.* **1** Que tiene o muestra temor: *los niños miraban temerosos a su padre enfadado*. **2** Que causa temor: *se desencadenó una tormenta temerosa*.

temible *adj.* Que causa temor o merece ser temido: *el comisario detuvo a los temibles asesinos*.

temor *n. m.* **1** Sentimiento de inquietud y angustia que mueve a rechazar o a tratar de evitar las cosas que se consideran peligrosas, arriesgadas o capaces de hacer daño: *la noticia del golpe de estado produjo temor y alarma en la sociedad; el niño tiene temor a la oscuridad*. **SIN** miedo. **2** Creencia o sospecha de que va a pasar o que ha pasado algo malo o desagradable: *cuando supe que había tenido un accidente, se confirmó mi temor*.

DER atemorizar.

témpano *n. m.* **1** Trozo de hielo plano y delgado que flota sobre el agua: *los témpanos dificultaban la navegación*. **2** Piel extendida de la parte superior del tambor y de otros instrumentos parecidos. **3** Trozo plano y delgado de cualquier material rígido. **SIN** parche.

témpera *n. f.* **1** Tipo de pintura al temple más densa que la acuarela: *la témpera se prepara con agua, pigmento de color y cola*. **2** Obra realizada con este tipo de pintura.

temperamental *adj.* **1** Que es propio del temperamento de una persona: *el buen humor es su rasgo temperamental más acusado*. **2** [persona] Que tiene un carácter muy fuerte y difícil de prever y que cambia de humor con facilidad: *es una chica muy temperamental que siempre dice lo que piensa*.

temperamento *n. m.* **1** Carácter o manera de ser de una persona: *es una persona de temperamento débil que se deja dominar por los demás; tiene un temperamento alegre y optimista*. **2** Carácter fuerte, enérgico, firme y vivo de una persona: *es un muchacho con mucho temperamento y no se deja dominar por nadie*.

DER temperamental.

temperatura *n. f.* **1** Grado de calor del ambiente o de un cuerpo: *la temperatura se mide con el termómetro; las temperaturas son muy altas en las zonas tropicales; las temperaturas bajas ayudan a conservar los alimentos*. ☞ meteorología. **2** *coloquial* Grado de calor excesivamente alto de un cuerpo: *tengo mucha temperatura, iré al médico esta tarde*. **SIN** fiebre.

tempestad *n. f.* **1** Fenómeno de la atmósfera que se caracteriza por fuertes vientos generalmente acompañados de lluvia o nieve, relámpagos y truenos: *el cielo está muy oscuro, seguro que se acerca una tempestad*. **SIN** temporal, tormenta. **2** Agitación violenta de las aguas del mar causada por vientos fuertes: *una fuerte tempestad arrastró el barco hasta los acantilados; los barcos pesqueros no han salido al mar porque hay tempestades*. **SIN** temporal. **3** Agitación fuerte en el estado de ánimo de una persona: *el castigo del maestro fue tan injusto que levantó tempestades entre sus alumnos*. **4** Expresión ruidosa y violenta de un conjunto de personas, generalmente para desaprobar una acción o mostrar indignación por algo: *su discurso político provocó una tempestad de insultos*.

DER tempestuoso.

ETIM Véase *tiempo*.

tempestuoso, -sa *adj.* **1** Que tiene relación con una tempestad: *en este mes estamos teniendo unos días bastante tempestuosos; el mar tempestuoso trajo a la playa los restos de una embarcación*. **2** Que existe tensión o que implica problemas y discusiones: *tienen una relación tempestuosa y no paran de discutir*.

templado, -da *adj.* **1** Que tiene una temperatura media y no está ni frío ni caliente: *este café está templado, y yo lo quiero caliente; esta zona tiene un clima templado*. **SIN** tibio. **2** Que está tranquilo y sereno: *hace un rato estaba muy nerviosa, pero ahora tengo los nervios templados; Julia es una persona muy templada que nunca pierde la calma*. **3** Que no es exagerado, sino que está en un punto medio entre los extremos: *es una persona muy templada que nunca comete excesos*. **SIN** comedido, mesurado, moderado.

templanza *n. f.* Moderación en el ánimo, en las pasiones y en los placeres de los sentidos: *la templanza es una de las tres virtudes cardinales; ten templanza y no te dejes llevar por la ira*. **SIN** mesura, prudencia.

templar *v. tr./prnl.* **1** Quitar el frío de una cosa calentándola ligeramente: *templa la leche para preparar el biberón; el clima se templó después de la lluvia*. **2** Hacer más suave o menos intensa la fuerza de una cosa: *la política de protección social ha templado los efectos de la crisis; la carta de su novio templó su enfado*. ◇ *v. tr.* **3** Bajar rápidamente la temperatura de un material que está muy caliente: *templó el acero para conseguir una buena espada*. **4** MÚS. Preparar un instrumento para que suene en el tono adecuado y produzca los sonidos que le son propios: *el maestro está templando la guitarra en la sala del concierto*. **SIN** afinar.

DER templado, templanza, temple; destemplar.

ETIM *Templar* procede del latín *temperare*, 'combinar adecuadamente', voz con la que también están relacionadas *témpera, temperar*.

templario, -ria *adj.* **1** De la orden religiosa y militar del Temple o que tiene relación con ella: *la orden templaria se fundó en el siglo XII*. ◇ *n. m.* **2** Persona que pertenecía a la orden religiosa y militar del Temple: *el objetivo de los templarios era proteger a los peregrinos que iban a Jerusalén*.

temple *n. m.* **1** Carácter valiente, fuerte y tranquilo en las situaciones difíciles: *ha demostrado tener un gran temple al enfrentarse a tantas dificultades.* **2** Estado de ánimo de una persona: *Agustín tiene un temple muy variable; hoy estoy de mal temple.* **SIN** humor. **3** Pintura que se prepara mezclando los colores con líquidos calientes y glutinosos: *las bóvedas de la catedral están pintadas al temple.* **4** MÚS. Preparación de un instrumento musical para que suene en el tono adecuado y produzca los sonidos que le son propios: *ten cuidado con el temple de la guitarra.*

templete *n. m.* Construcción pequeña que imita la de un templo y que se usa para cobijar una imagen: *detrás del altar había un templete con columnas que albergaba una imagen de la Virgen.*

templo *n. m.* **1** Edificio o lugar público destinado al culto religioso: *las iglesias son templos cristianos; la mezquita de Córdoba es un templo musulmán.* **2** Lugar real o imaginario donde se rinde culto a una ciencia, un arte o una virtud: *París es el templo de la moda; las bibliotecas son templos de cultura.*
DER templario, templete.

temporada *n. f.* Período de tiempo que se distingue del resto del año por algún motivo: *me voy a pasar una temporada a casa de mis abuelos; los diseñadores sacarán nuevos modelos para la temporada de otoño e invierno.*
de temporada Indica que una cosa es propia de una determinada época del año: *fruta de temporada; ropa de temporada.*
DER temporero; pretemporada.
ETIM Véase *tiempo.*

temporal *adj.* **1** Que no es para siempre sino que dura un tiempo determinado: *este malestar es temporal, desaparecerá en unos días; hasta ahora sólo ha desempeñado trabajos temporales.* **SIN** pasajero. **ANT** eterno. **2** Del tiempo o que tiene relación con él: *las horas, los minutos y los segundos son unidades temporales.* ◊ *n. m.* **3** Fenómeno de la atmósfera en el que cambia la presión y se producen fuertes vientos, generalmente acompañados de lluvia o nieve, truenos y relámpagos: *un temporal de lluvia arrasó los cultivos.* **SIN** tempestad, tormenta. **4** Agitación violenta de las aguas del mar causada por vientos fuertes: *los barcos llevan varios días sin faenar a causa de los fuertes temporales.* **SIN** tempestad. ◊ *adj./n. m.* **5** ANAT. [hueso] Que está situado en la zona de la cabeza correspondiente a las sienes: *tenemos dos temporales, uno a cada lado del cráneo.* ☞ cráneo.
capear el temporal *coloquial* Enfrentarse a problemas o situaciones difíciles y tratar de solucionarlos de la mejor manera posible: *la situación era difícil, pero conseguí capear el temporal con mucha paciencia.*
DER temporalidad.
ETIM Véase *tiempo.*

temporalidad *n. f.* **1** Calidad de lo que es transitorio o dura sólo un tiempo: *la temporalidad de la vida humana.* **2** Calidad de lo que pertenece al mundo seglar.

temporero, -ra *adj./n. m. y f.* **1** [persona] Que desempeña un oficio o empleo durante un período corto de tiempo: *nunca ha tenido un empleo fijo: siempre ha trabajado como temporero.* **SIN** eventual. **2** [persona] Que trabaja en el campo solamente durante el período de recogida de determinados frutos o plantas: *saca dinero trabajando como temporero en la vendimia.*

tempranero, -ra *adj.* **1** Que ocurre o se realiza pronto o con anticipación a lo normal: *el equipo salió con ganas desde el inicio, intentando sorprender con un gol tempranero; el verano ha llegado tempranero este año.* **SIN** temprano. **2** [perso-na] Que suele madrugar por las mañanas: *es muy tempranera y nunca se levanta más tarde de las siete.*

temprano, -na *adj.* **1** Que ocurre o se realiza pronto o antes de lo normal: *prefiero las cenas tardías a las tempranas; este año hemos disfrutado de una primavera temprana.* **SIN** tempranero. ◊ *n. m.* **2** Terreno sembrado con un fruto que se recoge pronto: *va a comenzar la cosecha de los tempranos.* ◊ *adv.* **3** En las primeras horas del día o de la noche: *mañana tenemos que levantarnos temprano para ir al aeropuerto.* **4** En un tiempo anterior al señalado, convenido o acostumbrado: *si llegas demasiado temprano, puede que no haya venido nadie todavía.* **SIN** pronto. **ANT** tarde.
DER tempranero.
ETIM Véase *tiempo.*

ten *coloquial* Palabra que se usa en la expresión *ten con ten* que indica moderación o tacto al tratar a una persona o un determinado asunto: *hay que llevar el asunto con un ten con ten para que todo salga bien.*

tenacidad *n. f.* Firmeza en las ideas o en las opiniones, o constancia para conseguir lo que se quiere: *conseguirá su objetivo porque le sobra tenacidad; demostró gran tenacidad al enfrentarse a los que querían hundirlo.*

tenacillas *n. f. pl.* Instrumento con forma de tenaza de pequeño tamaño que puede tener diferentes funciones: *servía los dulces con unas tenacillas; se riza el cabello con las tenacillas.*

tenaz *adj.* **1** [persona] Que se mantiene firme en sus ideas o intenciones y no para hasta conseguir lo que desea: *aunque no es muy listo, es muy tenaz en los estudios y siempre saca buenas notas.* **SIN** terco. **2** Que es muy difícil de quitar, de romper o de separar: *las manchas de vino son muy tenaces y no las limpia cualquier detergente; los tendones del cuerpo humano son muy tenaces.*
DER tenacidad, tenaza.

tenaza *n. f.* **1** Herramienta de metal compuesta por dos brazos movibles unidos por un eje o por un muelle y que sirve para cortar, arrancar o sujetar una cosa con fuerza: *arranca clavos con las tenazas; coge carbón de la lumbre con las tenazas.* Se usa también en plural para hacer referencia a una sola de esas herramientas. ☞ herramientas. **2** Parte final de las patas de algunos animales, que tiene forma de pinza y que sirve para sujetar o apretar: *los cangrejos y los alacranes tienen tenazas.* **SIN** pinza.
DER tenacillas; atenazar.

tendedero *n. m.* Lugar donde se tiende una cosa, especialmente la ropa mojada para que se seque: *los tendederos están formados por un conjunto de cuerdas o alambres.*

tendencia *n. f.* **1** Inclinación o disposición natural que una persona tiene hacia una cosa: *en mi familia tenemos una tendencia hereditaria a padecer dolores de cabeza; tiene tendencia a engordar y tiene que hacer dieta.* **2** Idea u opinión que se orienta hacia una dirección determinada, especialmente ideas políticas, religiosas o artísticas: *este escritor tiene tendencia al realismo.*
DER tendencioso.

tendencioso, -sa *adj.* Que muestra parcialidad y se orienta hacia una tendencia o inclinación determinada: *la noticia que daba el periódico era tendenciosa y se ponía a favor del gobierno.*

tender *v. tr.* **1** Desdoblar o extender una cosa con un fin determinado: *tendí la ropa esta mañana y ya está casi seca; tendimos el plano para ver bien la distribución de las habitaciones del edificio.* **2** Alargar una cosa y aproximarla a otra: *el embajador tendió la mano al ministro.* **3** Suspender, colocar o

tenderete

construir una cosa apoyándola sobre dos o más puntos: *han tendido un puente sobre el río.* ◇ *v. tr./prnl.* **4** Colocar una cosa en posición horizontal: *cuando se mareó, lo tendieron en el suelo; ha ido a tenderse un rato porque estaba muy cansado.* **SIN** echar, tumbar. ◇ *v. intr.* **5** Mostrar o tener una inclinación o una disposición natural hacia un estado o una cualidad: *los precios de los alimentos tienden a aumentar por Navidad; tiende a engordar, tendría que vigilar su alimentación.* **6** MAT. Aproximarse progresivamente una variable o una función a un valor determinado: *la variable tiende a infinito.*
DER tendedero, tendencia, tendido; atender, contender, distender, entender, extender, pretender.
ETIM *Tender* procede del latín *tendere*, 'extender', voz con la que también está relacionada *tenso*.
OBS En su conjugación, la e se convierte en *ie* en sílaba acentuada, como en *entender*.

tenderete *n. m.* Puesto de venta instalado al aire libre en el que se tienen las mercancías extendidas y se venden al por menor: *compró esa chaqueta en un tenderete del mercadillo.*
SIN parada.

tendero, -ra *n. m. y f.* Persona que se dedica a vender en una tienda, especialmente de comestibles: *le pidió al tendero un quilo de manzanas.*
ETIM Véase *tienda*.

tendido, -da *adj.* **1** [galope] Que es muy rápido y violento: *los caballos venían a galope tendido.* **2** [estocada] Que entra más horizontalmente de lo adecuado en el cuerpo del toro: *la estocada ha quedado un poco tendida, pero parece que será suficiente.* ◇ *n. m.* **3** Conjunto de asientos que están próximos a la barrera en una plaza de toros: *el tendido de sombra estaba completamente lleno.* **4** Conjunto de cables que conducen la electricidad: *la tormenta ha provocado averías en el tendido eléctrico de la ciudad.*

tendinitis *n. f.* MED. Inflamación de un tendón: *no puede hacer deporte porque tiene una tendinitis en el tobillo.*
OBS El plural también es *tendinitis*.

tendón *n. m.* ANAT. Tejido fibroso y resistente en forma de cordón que generalmente une los huesos con los músculos: *los tendones son de color blanco; las fibras de los tendones están dispuestas en haces paralelos.* **SIN** ligamento. ☞ mano.
tendón de Aquiles ANAT. Tendón que está en la parte posterior de la pierna y une el talón con la pantorrilla.
DER tendinitis.

tenebrismo *n. m.* Tendencia pictórica que se caracteriza por un gran contraste entre la luz y las sombras: *en el Barroco, el pintor italiano Caravaggio practicó el tenebrismo.*
DER tenebrista.

tenebrista *adj.* **1** Del tenebrismo o que tiene relación con esta tendencia pictórica: *en el museo hay una sala de pintura tenebrista.* ◇ *n. com.* **2** Pintor que practica el tenebrismo: *Ribera y Caravaggio son pintores tenebristas.*

tenebrosidad *n. f.* Oscuridad que produce miedo: *los exploradores penetraron en la tenebrosidad de la cueva.*

tenebroso, -sa *adj.* **1** Que es oscuro y da miedo: *entraron en una cueva tenebrosa de la que se contaban cosas terribles; en las películas de terror suelen aparecer castillos tenebrosos.* **SIN** lóbrego, sombrío, tétrico. **2** Que tiene muy mala intención: *confiaba en él porque desconocía sus tenebrosos proyectos.*
DER tenebrismo, tenebrosidad.

tenedor, -ra *n. m. y f.* **1** Persona que tiene una cosa, especialmente una letra de cambio u otro documento de pago. ◇ *n. m.* **2** Instrumento con un mango y tres o cuatro púas iguales en uno de sus extremos que se usa para pinchar los alimentos sólidos: *el filete se come con cuchillo y tenedor; el tenedor se coloca a la izquierda del plato.* ☞ cocina. **3** Signo que reproduce la figura de ese instrumento y cuyo número sirve para indicar la categoría de un restaurante: *los restaurantes de más categoría tienen cinco tenedores.*
DER teneduría.

tenencia *n. f.* Ocupación y posesión de una cosa: *fue detenido por tenencia ilícita de armas.*

tener *v. tr.* **1** Poseer o ser dueño de una cosa: *Luis tiene una casa en Barcelona; tienen tres hijos; tienes razón.* **2** Coger o sujetar con las manos: *el profesor tiene la chaqueta en la mano; tenga usted el cambio.* **3** Contener o comprender en sí una cosa: *el libro tiene 25 capítulos; no puedo beber vino porque tiene alcohol.* **4** Deber hacer una cosa u ocuparse de ella: *no puedo ir porque tengo clase; mañana tenemos una reunión.* **5** Haber cumplido o alcanzado una edad o un período de tiempo determinado: *su hija tiene quince años; esta universidad tiene ya siete siglos.* **6** Experimentar o padecer un sentimiento, una enfermedad o una sensación: *tengo calor; tengo hambre; tengo dolor de cabeza; tengo miedo.* **7** Poseer una característica física o moral: *tengo los ojos azules; tiene*

tener	
INDICATIVO	**SUBJUNTIVO**
presente	presente
tengo	tenga
tienes	tengas
tiene	tenga
tenemos	tengamos
tenéis	tengáis
tienen	tengan
pretérito imperfecto	pretérito imperfecto
tenía	tuviera o tuviese
tenías	tuvieras o tuvieses
tenía	tuviera o tuviese
teníamos	tuviéramos o tuviésemos
teníais	tuvierais o tuvieseis
tenían	tuvieran o tuviesen
pretérito indefinido	futuro
tuve	tuviere
tuviste	tuvieres
tuvo	tuviere
tuvimos	tuviéremos
tuvisteis	tuviereis
tuvieron	tuvieren
futuro	**IMPERATIVO**
tendré	
tendrás	ten (tú)
tendrá	tenga (usted)
tendremos	tened (vosotros)
tendréis	tengan (ustedes)
tendrán	
condicional	**FORMAS NO PERSONALES**
tendría	
tendrías	infinitivo — gerundio
tendría	tener — teniendo
tendríamos	participio
tendríais	tenido
tendrían	

mucho sentido del humor. **8** Indica una acción terminada, hecha en el pasado: *tengo entendido que mañana se marcha usted; tengo fritas las patatas desde esta mañana*. Funciona como auxiliar y se usa seguido del participio de un verbo transitivo. ◇ *v. prnl.* **9 tenerse** Estar en posición vertical: *estaba tan mareado que no se tenía en pie; la lámpara está rota y no se tiene sobre la mesa*.
conque ¿ésas tenemos? Expresión que indica sorpresa o enfado: *conque, ¿ésas tenemos? ¿No quiere seguir estudiando?*
no tenerlas todas consigo *coloquial* Sentir temor por la posibilidad de que ocurra algo malo o poco adecuado: *no las tengo todas conmigo de que llegue a tiempo*.
tener en cuenta o **tener presente** Considerar o recordar una cosa: *ten en cuenta que es más joven que tú; ten presente que mañana nos vamos de viaje*.
tener por Creer una cosa o tener una opinión determinada sobre algo o alguien: *tengo a Miguel por muy inteligente*.
tener que Necesitar o estar obligado a hacer una cosa: *mañana tengo que ir a trabajar; tiene que hacer más deporte si quiere adelgazar*. **SIN** deber.
tener que ver con Existir alguna relación o parecido entre dos o más cosas: *eso no tiene nada que ver con lo que estábamos hablando; aunque yo no tengo nada que ver con él, todo el mundo cree que somos hermanos*.
DER tenedor, tenencia, teniente; abstenerse, atenerse, contener, detener, entretener, mantener, obtener, retener, sostener.

tenia *n. f.* Gusano parásito de color blanco con forma larga y plana, formado por muchos anillos y que puede llegar a medir varios metros: *la tenia se adhiere al intestino de las personas y otros animales y se alimenta de lo que comen éstos*. **SIN** solitaria.

teniente *n. com.* **1** Miembro del ejército de categoría inmediatamente superior a la de alférez e inferior a la de capitán: *el teniente suele mandar una sección*. **teniente coronel** Miembro del ejército de categoría inmediatamente superior a la de comandante e inferior a la de coronel. **teniente de navío** Miembro de la Armada de categoría equivalente a la de capitán del ejército de tierra. **teniente general** Miembro del ejército de categoría inmediatamente superior a la de general de división e inferior a la de capitán general. **2** Persona que ejerce el cargo o la función de otra de categoría superior y a la que sustituye: *el teniente de alcalde sustituyó al alcalde mientras estaba de viaje*.
DER lugarteniente, subteniente, terrateniente.

tenis *n. m.* Deporte en el que participan dos o cuatro jugadores y que consiste en impulsar una pelota con una raqueta por encima de una red e intentar que el contrario no la pueda devolver: *la pista de tenis es rectangular*. **tenis de mesa** Deporte que se practica sobre una mesa rectangular dividida en dos mitades por una red, con una pelota pequeña de plástico y una pala: *el tenis de mesa es un deporte oriental*. **SIN** pimpón.
DER tenista, tenístico.
OBS El plural también es *tenis*.

tenista *n. com.* Persona que juega al tenis, generalmente como profesional: *el tenista ha jugado en una pista de hierba*.

tenístico, -ca *adj.* Del tenis o que tiene relación con este deporte: *es un periodista deportivo especializado en torneos tenísticos*.

tenor *n. m.* **1** MÚS. Voz de una persona situada entre el contralto y el barítono: *la voz de tenor es la más aguda entre las del hombre*. **2** Persona que tiene esta voz: *el español José Carreras es un famoso tenor*.

a tenor de Teniendo en cuenta: *tomaremos las decisiones a tenor de las circunstancias; a tenor de lo que se ha venido diciendo anteriormente, parece que el ama de casa no es feliz*. **SIN** según.

tenorio *n. m.* Hombre al que le gusta seducir a las mujeres: *aunque su novio es un tenorio, siempre le ha sido fiel*.

tensar *v. tr.* Estirar una cosa para dejarla tirante o tensa: *tensaron la cuerda atándola fuertemente a dos árboles*.
DER tensión, tensor.

tensión *n. f.* **1** Estado en el que se encuentra un cuerpo sometido a la acción de fuerzas opuestas: *la goma que sujetaban los dos niños estaba en tensión*. **2** Situación de enfrentamiento entre personas o entre grupos humanos que no se manifiesta abiertamente: *la fuerte tensión entre las dos naciones desembocó en una guerra*. **3** Estado emocional de una persona que está exaltada o nerviosa por estar sometida a preocupaciones o a un exceso de trabajo: *tienes que relajarte: estás todo el día en tensión*. **SIN** nerviosismo. **ANT** relajación. **4** Voltaje con el que pasa la energía eléctrica de un cuerpo a otro. **alta tensión** Voltaje que está por encima de los mil voltios: *esos cables que ves cerca de la carretera son de alta tensión*. **baja tensión** Voltaje que está por debajo de los mil voltios: *la electricidad de las viviendas es de baja tensión*. **5** MED. Presión que ejerce la sangre sobre la pared de las arterias: *ha sufrido una bajada de tensión y se ha desmayado; la tensión arterial de una persona depende del ritmo del corazón y del volumen de sangre*.
DER hipertensión, hipotensión, sobretensión.

tenso, -sa *adj.* **1** [objeto] Que está estirado por la acción de fuerzas opuestas: *si dejas muy tenso el cable puede romperse*. **SIN** tirante. **ANT** laxo. **2** [persona] Que está nervioso o no se muestra relajado: *relájate, que estás muy tenso*.
DER tensar.
ETIM Véase *tender*.

tensor, -ra *adj.* **1** Que pone tensa una cosa o produce tensión: *este suero tiene un efecto tensor de las arrugas de la cara; los músculos tensores sirven para juntar o separar las dos partes de un miembro*. ◇ *n. m.* **2** Mecanismo que sirve para poner tensa una cosa: *colocaron un tensor en la cama del herido para que tuviera la pierna estirada*.

tentación *n. f.* **1** Impulso o estímulo espontáneo que nos empuja a hacer algo, especialmente una cosa mala o que no es conveniente: *aunque está muy gorda, no puede resistirse a la tentación de comer pasteles; no tengo mucho dinero, pero comprarme ropa es una fuerte tentación*. **2** Cosa o persona que provoca ese impulso o ese estímulo: *los dulces son una tentación para mí*.

tentáculo *n. m.* Miembro largo, blando y flexible que tienen ciertos animales invertebrados y que les sirve para tocar y desplazarse o para atrapar a sus presas: *los pulpos tienen ocho tentáculos*.

tentadero *n. m.* Corral o lugar cerrado que sirve para probar a los becerros y comprobar si son bravos y adecuados para la lidia: *en todas las fincas de los ganaderos suele haber tentaderos*.

tentador, -ra *adj.* Que tiene muy buen aspecto, atrae con mucha fuerza y hace caer en la tentación: *está tentador con esos pantalones vaqueros; la oferta que me has hecho es muy tentadora; los pasteles que hay en el escaparate son tentadores*. **SIN** atractivo.

tentar *v. tr./prnl.* **1** Tocar una cosa con las manos u otra parte del cuerpo para examinarla: *se tentó los bolsillos y se dio cuenta de que había perdido la cartera*. **SIN** palpar. ◇ *v. tr.* **2** Influir o empujar a una persona para que haga una cosa,

especialmente si es algo malo o poco conveniente: *el diablo nos tienta; la fiesta me tienta, pero tengo que quedarme en casa a estudiar.* **SIN** inducir, instigar, provocar. **3** Probar a un becerro para comprobar si es bravo y apto para la lidia.
DER tentación, tentadero, tentador, tentativa, tienta, tiento; atentar.
OBS En su conjugación, la e se convierte en *ie* en sílaba acentuada, como en *acertar.*

tentativa *n. f.* **1** Intento de una persona de hacer una cosa: *después de varias tentativas, al final consiguió llegar a la cima de la montaña; hice una tentativa de reconciliarme con ella pero fue inútil.* **SIN** intento. **2** DER. Principio de ejecución de un delito que no llega a realizarse por motivos ajenos al culpable: *fue sorprendido por la policía en el banco en plena tentativa de robo.*

tentempié *n. m. coloquial* Alimento ligero que se suele tomar entre horas: *tomamos un tentempié antes de salir de excursión.* **SIN** refrigerio.

tentetieso *n. m.* Muñeco de plástico u otro material con la base semiesférica y un peso que le permite tambalearse de un lado a otro y volver siempre a la posición vertical: *los niños tienen un tentetieso con forma de payaso.*

tenue *adj.* **1** Que es fino, delgado o poco grueso: *rompió con la escoba la tenue tela de araña; el tul es un tejido muy tenue.* **2** Que es débil, suave o que tiene poca fuerza: *cenaron a la tenue luz de las velas; la tenue brisa era muy agradable; ha habido una tenue mejoría en la situación del mercado de trabajo.*
DER atenuar.

teñir *v. tr./prnl.* **1** Darle a una cosa un color distinto del que tenía: *tiñó el vestido de negro; se ha teñido el pelo de rubio.* **2** Dar un determinado carácter o apariencia a una cosa que no es el suyo propio, generalmente a cosas no materiales, como por ejemplo un sentimiento, una palabra o un pensamiento: *teñía de odio todas sus críticas; tiñó sus palabras de tristeza al hablar de su amigo muerto.*
DER teñido; desteñir.
ETIM Teñir procede del latín *tingere*, que tenía el mismo significado, voz con la que también está relacionada *tinta.*
OBS En su conjugación, la *i* de la desinencia se pierde absorbida por la *ñ* y la e se convierte en *i* en algunos tiempos y personas, como en *ceñir.*

teogonía *n. f.* Relato que explica el nacimiento y las relaciones de parentesco entre los dioses en las religiones politeístas.

teologal *adj.* De la teología o que tiene relación con esta ciencia: *las virtudes teologales son fe, esperanza y caridad.*
SIN teológico.

teología *n. f.* Ciencia que trata de Dios y del conocimiento que el hombre tiene sobre Él: *los sacerdotes estudian teología en el seminario.*
DER teologal, teológico, teologizar, teólogo.

teológico, -ca *adj.* De la teología o que tiene relación con esta ciencia: *los sacerdotes pueden realizar estudios teológicos en Salamanca.* **SIN** teologal.

teólogo, -ga *n. m. y f.* Persona que se dedica a estudiar o a profesar la teología: *el teólogo le aclaró sus problemas religiosos.*

teorema *n. m.* Afirmación que expresa una verdad que puede ser demostrada científicamente o por medio de la lógica: *los teoremas están compuestos por una hipótesis y una demostración; los alumnos estudian el teorema de Pitágoras.*

teoría *n. f.* **1** Conocimiento que se tiene de una cosa y que está basado en lo que se supone o se piensa y no en la experiencia o en la práctica: *en la universidad se enseña la teoría, que se complementa con prácticas en laboratorios y empresas.* **2** Conjunto de reglas, principios y conocimientos que forman la base de una ciencia, una técnica o un arte: *ha estudiado teoría de la música.* **3** Conjunto de leyes o razonamientos que intentan explicar un fenómeno determinado: *se han elaborado múltiples teorías sobre el origen del Universo; Darwin elaboró una teoría sobre la evolución del hombre.*
en teoría Sin haberlo comprobado por medio de la práctica: *en teoría, Ana tenía que llegar a las cuatro, pero son las cinco y aún no ha llegado.*
DER teórico, teorizar.

teórico, -ca *adj.* **1** De la teoría o que tiene relación con ella: *tengo conocimientos teóricos de ajedrez, pero tengo poca práctica.* ◇ *adj./n. m. y f.* **2** [persona] Que conoce bien la teoría de una ciencia gracias a la reflexión y al pensamiento, pero no tanto por la práctica: *los teóricos rechazaron ese experimento por imposible.*

teorizar *v. intr.* **1** Tratar un asunto sólo en teoría y sin tener en cuenta la realidad: *el profesor ha teorizado sobre la democracia.* **2** Crear y expresar una o varias teorías: *ha dedicado su vida a teorizar y no ha llevado nada a la práctica.*
OBS En su conjugación, la *z* se convierte en *c* delante de *e*.

tequila *n. m.* Bebida transparente con un grado de alcohol muy elevado, de sabor muy fuerte y que procede de Méjico: *el tequila se suele beber acompañado de sal y limón.*

terapeuta *n. com.* Persona que está especializada en medicina terapéutica o en la curación de enfermedades.

terapéutica *n. f.* Parte de la medicina que tiene por objeto el tratamiento de las enfermedades: *la terapéutica dispone de medios químicos para curar a los enfermos.* **SIN** terapia.
DER terapeuta, terapéutico.

terapéutico, -ca *adj.* De la terapéutica o que tiene relación con esta parte de la medicina: *la radioterapia es un remedio terapéutico.*

terapia *n. f.* **1** Parte de la medicina que tiene por objeto el tratamiento de las enfermedades: *está haciendo un estudio sobre la terapia de ciertas enfermedades.* **SIN** terapéutica. **2** Tratamiento que se pone en práctica para curar una enfermedad: *está siguiendo una terapia para curar su adicción a las drogas.* **terapia de grupo** Terapia que sirve para curar o solucionar un problema o una enfermedad mental y que se lleva a cabo reuniendo a varios enfermos los cuales cuentan y comentan sus experiencias: *ha dejado el alcohol y el psiquiatra le ha recomendado que haga terapia de grupo.* **terapia ocupacional** MED. Terapia que sirve para curar a un enfermo manteniéndolo ocupado en un trabajo o en una actividad: *la enfermedad ha sido tan larga que se ha visto obligado a hacer terapia ocupacional antes de volver a su trabajo habitual.*
DER psicoterapia.

-terapia Elemento sufijal que entra en la formación de palabras con el significado de 'tratamiento', 'cuidado', 'curación': *balneoterapia.*

terbio *n. m.* Elemento químico metálico y sólido que pertenece al grupo de los lantánidos: *el símbolo del terbio es Tb.*

tercer *adj.* Apócope de *tercero*: *gire a la derecha pasado el tercer semáforo.* **SIN** tercero.
OBS Se usa delante de sustantivos masculinos.

tercera *n. f.* Marcha del motor de un vehículo que tiene menos potencia y más velocidad que la segunda: *reduce de tercera a segunda antes de aquel semáforo.*

tercermundismo *n. m.* Conjunto de características que son propias de los países del Tercer Mundo: *la falta de recur-*

sos económicos y el hambre reflejan el tercermundismo de algunos países.

tercermundista adj. **1** Del Tercer Mundo o que tiene relación con este conjunto de países subdesarrollados: los países tercermundistas necesitan la ayuda de los países desarrollados. **2** Que es propio o tiene características parecidas a las de los países menos desarrollados: las telecomunicaciones de esta región son tercermundistas.

tercero, -ra num. ord. **1** Indica que el nombre al que acompaña o al que sustituye ocupa el lugar número 3 en una serie: si voy después del segundo, soy el tercero de la lista. ◇ num. **2** Parte que resulta de dividir un todo en 3 partes iguales: si somos tres para comer, me toca una tercera parte de tarta. ◇ n. m. y f. **3** Persona que media entre dos personas para ayudarlas, reconciliarlas o ponerlas de acuerdo en un asunto: para que no haya problemas entre tú y yo, le dejaremos el dinero a un tercero. **4** Persona que ayuda a que haya una relación amorosa o sexual entre dos personas: conoció a su novio por medio de una tercera. **SIN** alcahuete.
tercero en discordia Persona que media en una discusión o conflicto entre dos personas para solucionar el problema: fui el tercero en discordia en la pelea entre las dos hermanas.
DER tercer, tercera, tercería, terciario.

terceto n. m. **1** Estrofa de tres versos de arte mayor que riman el primero con el tercero y el segundo queda libre: un soneto está formado por dos cuartetos y dos tercetos. **tercetos encadenados** Serie de tercetos en que se hace rimar el segundo verso de uno con el primero y el tercero del siguiente: los tercetos encadenados tienen rima consonante. **2** MÚS. Conjunto musical formado por tres voces o instrumentos: ayer escuché un concierto de un terceto de violines. **SIN** trío. **3** Composición musical escrita para ser interpretada por ese conjunto musical.

terciado, -da adj. **1** Que tiene un tamaño mediano: manzana terciada. **2** Que ha quedado reducido a una tercera parte de su tamaño.

terciana n. f. Fiebre que se repite cada tres días: las tercianas suelen ser manifestaciones de una enfermedad infecciosa.
OBS Se usa más en plural.

terciar v. intr. **1** Intervenir en un asunto o enfrentamiento entre dos personas para intentar solucionarlo o hacer que termine: tuve que terciar para que no se pegaran. **2** Participar en una acción que estaba realizando otra persona, especialmente intervenir en una conversación: tercié en su discurso para dar mi opinión. ◇ v. tr. **3** Colocar una cosa atravesada, torcida o en diagonal: salió de la taberna terciándose la capa. **4** Dividir un todo en tres partes iguales: acordaron terciar los gastos entre los tres amigos. ◇ v. prnl. **5 terciarse** Darse el momento adecuado o presentarse la oportunidad para hacer una cosa determinada: si se tercia, le hablaré del asunto; iremos cuando se tercie. Sólo se usa en infinitivo y en la tercera persona del singular y del plural.
DER terciado.
OBS En su conjugación, la i no se acentúa, como en cambiar.

terciario, -ria adj. **1** Que es tercero en orden o importancia: esa es una norma terciaria y no hay que darle tanto valor. ◇ adj./n. m. **2** [período geológico] Que se extiende desde hace 65 millones de años hasta hace 2 millones de años: el período terciario es inmediatamente anterior al actual.

tercio num. **1** Parte que resulta de dividir un todo en 3 partes iguales: si somos tres para comer, me toca un tercio de tarta. ◇ n. m. **2** Botella de cerveza de 33 centilitros: se bebió varios tercios de cerveza y se emborrachó. **3** Cada una de las tres partes concéntricas en que se divide el ruedo de una plaza de toros: intentó cambiar el toro de tercio. **4** Parte de una corrida de toros: la lidia está compuesta por tres tercios: tercio de varas, de banderillas y de muerte. **SIN** suerte. **5** Regimiento de la infantería española de los siglos XVI y XVII: los tercios estaban formados por soldados profesionales y voluntarios.
DER terciar.

terciopelo n. m. Tejido espeso y delicado, que tiene pelo muy corto y suave en la superficie: el terciopelo se usa para trajes de fiesta; el terciopelo es un tejido velludo hecho con seda o algodón.
DER aterciopelado.

terco, -ca adj. [persona] Que se mantiene excesivamente firme en sus ideas o intenciones, incluso cuando son erróneas o falsas: es un hombre muy terco y nunca reconoce que está equivocado. **SIN** cabezota, testarudo, tozudo.
DER terquedad.

teresiano, -na adj. **1** De Santa Teresa de Jesús o que tiene relación con esta religiosa y escritora española del siglo XVI: la obra poética teresiana suele compararse con la de San Juan de la Cruz. **2** [institución religiosa] Que pertenece a la orden carmelita y tiene por patrona a Santa Teresa de Jesús: convento teresiano; escuela teresiana. **SIN** carmelita. ◇ adj./n. f. **3** [religiosa] Que pertenece a la institución fundada por Santa Teresa de Jesús: misionera teresiana; se educó con las teresianas. **SIN** carmelita.

tergal n. m. Tejido hecho de fibra sintética de poliéster: las prendas de tergal no se arrugan.
OBS Es una marca registrada.

tergiversación n. f. Interpretación errónea o deformada de un acontecimiento o de un mensaje: no creo que la tergiversación de información en la prensa sea siempre involuntaria.

tergiversar v. tr. Deformar el significado de una cosa y hacer que se entienda de una forma equivocada: el periodista tergiversó las palabras del político; ha tergiversado lo que le dije y por eso no me habla.
DER tergiversación.

termal adj. **1** [agua] Que brota de la tierra a temperatura superior a la del ambiente: el médico me recomendó baños de aguas termales para mis dolores de espalda. **2** De las termas o que tiene relación con ellas: ha pasado una semana en un balneario termal.

termas n. f. pl. **1** Baños de aguas minerales que brotan de la tierra a temperatura superior a la del ambiente: en este balneario hay termas medicinales. **SIN** caldas. **2** Baños públicos de los antiguos romanos.
DER termal, térmico.

termes n. m. Insecto muy pequeño que se alimenta de la madera: hubo que restaurar el mueble porque estaba comido por los termes. **SIN** termita, carcoma.
DER termita, termite, termitero.
OBS El plural también es termes.

térmico, -ca adj. **1** Del calor o de la temperatura o que tiene relación con ellos: la inversión térmica ha originado una tormenta. **2** Que conserva una temperatura determinada: esa cámara frigorífica lleva un revestimiento térmico.
DER endotérmico, exotérmico, homeotermo, isotérmico.

terminación n. f. **1** Acción que consiste en terminar o acabar de hacer una cosa: la terminación de las obras está prevista para el mes próximo. **SIN** conclusión, fin, final. **2** Extremo o parte final de una cosa: en la terminación de la película el héroe salva a sus amigos; en la terminación del vestido he cosido una puntilla. **3** GRAM. Parte última de una palabra, especialmente la que expresa una variación gramatical: la ter-

terminal

minación en -ado es característica de los participios de los verbos de la primera conjugación. **SIN** desinencia.

terminal *adj.* **1** Que está al final o que pone fin a una cosa: *las obras de la autopista están ya en su fase terminal.* **SIN** último. **2** [enfermedad, persona] Que no se puede curar ni puede mejorar: *es un enfermo terminal de cáncer; se encontraba en estado terminal y al poco tiempo murió.* ◇ *n. f.* **3** Instalación o lugar donde empieza o termina una línea de transporte público: *el taxi lo llevó hasta la terminal de autobuses.* **4** Conjunto de edificios destinados a acoger personas o mercancías en los puertos y aeropuertos: *por favor, diríjanse a la terminal de embarque.* ◇ *n. m.* **5** INFORM. Unidad de entrada o de salida de información que se comunica de manera remota con un ordenador central: *el teclado, la pantalla y la impresora son terminales; el cajero automático de los bancos es un terminal.* **6** Extremo de un hilo conductor de electricidad: *los terminales pueden ser enchufes o bornes.*

terminante *adj.* Que no admite duda o discusión: *el consejo ha tomado una decisión terminante y nosotros ya no podemos hacer nada.* **SIN** categórico, concluyente, tajante.

terminar *v. tr./prnl.* **1** Dar fin a una cosa o a una actividad: *terminó su jornada de trabajo y se fue a casa.* **SIN** acabar. **ANT** comenzar, empezar. **2** Consumir completamente: *Juan se ha terminado el pastel y no ha dejado nada para los demás.* **SIN** acabar. ◇ *v. intr.* **3** Llegar una cosa a su fin: *tuvimos muchos problemas, pero todo terminó bien; cuando acabe el programa llámame.* **SIN** acabar. **ANT** comenzar, empezar. **4** Dar fin a una relación entre dos o más personas, especialmente a una relación amorosa: *Elena y Eduardo han terminado porque se han dejado de querer.* **5** Dejar de vivir: *bebía mucho y terminó en un accidente de coche.* **SIN** morir. **6** Destruir o estropear una cosa: *el granizo terminó con la cosecha; me he comprado un producto que termina con las manchas.* Va seguido de la preposición *con.* **SIN** acabar. **7** Tener una cosa determinada en el extremo: *la ciudad termina en una muralla; el bastón del paraguas termina en un mango en forma de pájaro.* **SIN** acabar.
DER terminación, terminante; determinar, exterminar, interminable.

término *n. m.* **1** Fin o conclusión de una cosa: *aquella discusión supuso el término de su matrimonio; se acerca el término de su contrato y por eso está buscando un nuevo empleo.* **2** Último punto hasta donde llega o se extiende una cosa en el tiempo o en el espacio: *el término de esta vía de tren está en Madrid; no admitiremos ninguna solicitud fuera del término de este mes.* **3** Línea que divide los territorios según su organización política: *hace un rato atravesamos el término de la provincia de Zamora.* **término municipal** Territorio que comprende un municipio: *la casa está fuera del pueblo, pero dentro del término municipal de Sigüenza.* **4** Palabra de una lengua, especialmente la que se usa en una ciencia o técnica: *estoy recibiendo lecciones para familiarizarme con los términos de la medicina.* **SIN** vocablo, voz. **5** Objetivo o finalidad que se busca al hacer una cosa: *su término es conseguir el puesto de director; estudia mucho porque su término es llegar a ser juez.* **6** Estado o situación a la que puede llegar una cosa: *la violencia está llegando a un término alarmante.* **7** Plano en que se considera dividido un espacio o una escena: *en el cuadro aparece un caballo en primer término y muchos personajes detrás.* **8** GRAM. Palabra o grupo de palabras que está introducido por una preposición: *en el sintagma preposicional por la mañana, las palabras la mañana son el término de la preposición.* **9** MAT. Número o expresión matemática que forma parte de una operación: *en el quebrado 5/8, el 5 y el 8 son términos.* ◇ *n. m. pl.* **10 términos** Punto de vista con que se plantea un asunto: *me habló del trabajo en tan buenos términos que no pude resistirme a aceptarlo.* **11** Condiciones con las que se soluciona un asunto o se establece una relación: *el comprador y el vendedor estuvieron de acuerdo en los términos del contrato.*

en primer término Indica lo que se trata en primer lugar: *en primer término, debemos plantearnos los objetivos.*

en último término Como última posibilidad: *trataremos de marcharnos en tren o en autobús y, en último término, pasaremos aquí la noche.*

término medio *a)* Estado o situación en que se encuentra un asunto cuando está entre dos posiciones opuestas: *yo quiero ir de vacaciones a la playa y Juan a la montaña, así que tendremos que buscar un término medio. b)* En matemáticas, cantidad igual o aproximada a la media aritmética de un conjunto de cantidades: *como término medio, yo tardo en llegar al trabajo una media hora; el término medio entre 100 y 200 es 150.* **SIN** promedio.
DER terminal, terminar, terminología.

terminología *n. f.* Conjunto de palabras o expresiones propias de una determinada profesión, ciencia o materia: *amigdalitis es una palabra de terminología médica.*
DER terminológico.

terminológico, -ca *adj.* Del vocabulario específico de una ciencia, de un autor o que tiene relación con él: *el vocabulario terminológico se distingue del general por su grado de especialización.*

termita *n. f.* Insecto muy pequeño que se alimenta de la madera: *las termitas son una plaga peligrosa para los edificios.* **SIN** termes, carcoma. ☞ insectos.

termo *n. m.* Recipiente que se cierra herméticamente y que sirve para mantener la temperatura de los líquidos que se guardan en su interior aislándolos de la temperatura exterior: *me llevé un termo con café caliente a la excursión; lleva los refrescos en un termo para que no se calienten con el sol.*

termo-, -termo Elemento prefijal o sufijal que entra en la formación de palabras con el significado de 'temperatura', 'calor': *termómetro, hipotermo, homeotermo.*

termodinámico, -ca *adj.* De la parte de la física que trata la relación mecánica del calor con los otros tipos de energía o que tiene relación con ella: *motor termodinámico.*

termómetro *n. m.* Instrumento que sirve para medir la temperatura: *el termómetro marcó dos grados bajo cero la pasada madrugada; me voy a poner el termómetro porque creo que tengo fiebre.* ☞ meteorología.
DER termometría.

termonuclear *adj.* FÍS. Que está producido por la fusión de elementos ligeros sometidos a muy altas temperaturas dando lugar a otro elemento más pesado y desprendiendo gran cantidad de energía atómica: *una explosión termonuclear produjo la devastación de la zona.*

termosfera *n. f.* Capa de la atmósfera que está por encima de los 80 kilómetros de altura: *en la termosfera se pueden alcanzar temperaturas superiores a los 1.500 °C.*

termostato *n. m.* Aparato que regula la temperatura de un lugar o de un recipiente de manera automática, impidiendo que suba o baje del grado adecuado: *los frigoríficos, los calefactores y los aparatos de aire acondicionado llevan termostato; los coches llevan un termostato que pone en marcha un ventilador para enfriar el agua del radiador.*

terna *n. f.* **1** Conjunto de tres cosas o personas propuestas para que se elija de entre ellas la que debe ocupar un cargo o empleo: *el presidente presentó una terna de colaboradores* *a la junta de accionistas.* **2** Conjunto de tres diestros que participan en una corrida de toros: *esta tarde la terna de matadores de la corrida es excepcional.* **SIN** trío.

ternario, -ria *adj.* Que está compuesto por tres elementos o unidades: *compás musical ternario.*

ternero, -ra *n. m. y f.* Cría de la vaca: *hoy hemos comido filetes de ternera; mira cómo mama el ternero.*

terneza *n. f.* Expresión que muestra ternura: *los novios se decían ternezas entre beso y beso.*

ternilla *n. f.* Tejido elástico y resistente que forma parte del esqueleto: *en las orejas no hay hueso, sino ternilla; la ternilla de la oreja del cerdo se suele preparar como comida; la ternilla tiene un color blanquecino.* **SIN** cartílago.
DER desternillarse.

ternura *n. f.* **1** Cualidad de la persona que muestra fácilmente sus sentimientos, especialmente de afecto, dulzura y simpatía: *la madre acariciaba a su bebé con mucha ternura.* **2** Muestra de afecto, cariño y dulzura: *los besos, las caricias y los abrazos son ternuras; es muy seco y nunca tiene una ternura con su mujer.*

terquedad *n. f.* Firmeza excesiva en las ideas o intenciones, incluso cuando son erróneas o falsas: *su terquedad le impide reconocer que está equivocado.* **SIN** tenacidad.

terracota *n. f.* **1** Arcilla modelada y endurecida al horno: *tengo una vajilla de terracota.* **2** Escultura de pequeño tamaño que se hace con esta arcilla.

terrado *n. m.* Cubierta plana y generalmente elevada de una casa o edificio sobre la cual se puede andar: *la madre subió al terrado a tender la ropa.* **SIN** azotea, terraza.
ETIM Véase *tierra.*

terranova *adj./n. m.* [perro] Que es de gran tamaño y tiene el hocico corto y el pelaje denso y generalmente negro.

terraplén *n. m.* **1** Desnivel del terreno que tiene una cierta inclinación: *el ciclista se salió de la carretera y se cayó por el terraplén.* **SIN** talud. **2** Montón de tierra que sirve para rellenar un hueco o que se levanta con un fin determinado: *los soldados construyeron un terraplén para defender el castillo de un posible ataque.*

terráqueo, -quea *adj.* De la Tierra o que tiene relación con este planeta: *somos muchos millones de habitantes en el globo terráqueo.* Sólo se utiliza en las expresiones *globo terráqueo* y *esfera terráquea.*
ETIM Véase *tierra.*

terrario *n. m.* Instalación en la cual se mantienen artificialmente las condiciones de hábitat adecuadas para ciertos animales de tierra: *en el zoológico visitamos el terrario de los reptiles tropicales.*

terrateniente *n. com.* Persona que es dueña de gran cantidad de tierra, especialmente si son terrenos de cultivo: *los grandes terratenientes de la región se pusieron de acuerdo para utilizar un mismo procedimiento de producción agrícola.*

terraza *n. f.* **1** Espacio exterior y elevado que sobresale en la fachada de un edificio, al que se llega desde el interior de una vivienda y que está limitado por una barandilla o muro: *una terraza es más grande que un balcón; en verano me gusta tomar el sol en la terraza.* ☞ casa. **2** Cubierta plana de un edificio sobre la cual se puede andar: *salió a tomar el sol a la terraza.* **SIN** azotea, terrado. **3** Lugar al aire libre situado junto a un café, un bar o un restaurante, donde los clientes se pueden sentar a comer o a tomar algo: *se sentó en la terraza, pidió un refresco y estuvo una hora viendo pasar a la gente; los camareros tuvieron que recoger las mesas y las sillas de la terraza porque se puso a llover.* **4** GEOL. Espacio de terreno llano en la ladera de una montaña que suele utilizarse para el cultivo.

terremoto *n. m.* Movimiento violento de la superficie de la Tierra producido por fuerzas que actúan en el interior del globo terrestre: *el último terremoto que hubo en San Francisco produjo muchas víctimas.* **SIN** seísmo.
ETIM Véase *tierra.*

terrenal *adj.* De la tierra o que tiene relación con ella, en contraposición al cielo: *en su vida terrenal obró como un santo.* **SIN** terreno. **ANT** celestial.

terreno, -na *adj.* **1** De la tierra o que tiene relación con ella, en contraposición al cielo: *San Jorge fue soldado en su vida terrena.* **SIN** terrenal. **ANT** celeste. ◇ *n. m.* **2** Espacio de tierra: *Carlos se ha comprado un terreno en el campo; van a construir viviendas en ese terreno.* **terreno de juego** Terreno que está preparado para la práctica de un deporte: *cuando los jugadores aparecieron en el terreno de juego el público empezó a aplaudir; ha llovido y el terreno de juego está en muy malas condiciones.* **3** Campo en el que mejor se muestra una característica o una cualidad de alguien: *los alumnos de medicina aprenden observando a los médicos en su terreno; Sara está en su terreno y sabe que va a ganar.* **SIN** territorio. **4** Conjunto de materias o ideas de las que se trata: *vamos a entrar ahora en el terreno de las matemáticas.* **5** GEOL. Conjunto de sustancias minerales que tienen un origen común o cuya formación corresponde a una misma época: *es un terreno rico en potasio.*

allanar (o **preparar**) **el terreno** Conseguir unas condiciones o una situación favorables para realizar una cosa: *he estado preparando el terreno para que acepten tu propuesta.*

conocer (o **saber**) **el terreno que se pisa** Conocer bien el asunto o a la persona que se está tratando: *sé bien el terreno que piso y no voy a meter la pata.*

ganar terreno Progresar o avanzar: *con el nuevo sistema informatizado ganaremos terreno a las empresas de la competencia; el corredor fue ganando terreno progresivamente a sus competidores.*

sobre el terreno En el sitio donde ocurre o va a ocurrir la cosa de que se trata o durante la realización de una cosa determinada: *estuvimos ensayando los detalles de la boda sobre el terreno; en la iglesia y en el restaurante; ya resolveremos los problemas del trabajo sobre el terreno.*
DER terrenal.
ETIM Véase *tierra.*

terrestre *adj.* **1** De la Tierra o que tiene relación con este planeta: *atmósfera terrestre; corteza terrestre; globo terrestre.* **2** De la tierra, en oposición al aire y al mar: *el transporte terrestre es generalmente menos rápido que el aéreo.*
ETIM Véase *tierra.*

terrible *adj.* **1** Que causa mucho miedo: *es terrible que el ciclón pueda llegar a afectarnos.* **2** Que produce o puede producir mucho daño y es difícil de aguantar: *tengo un dolor de cabeza terrible; un terrible incendio asoló la región.* **SIN** abominable, tremendo. **3** Que es muy grande: *tengo un hambre terrible; tengo una prisa terrible.* **4** Que es muy malo: *es una película terrible, no vayas a verla; es un niño terrible que no para de hacer travesuras.*

terrícola *n. com.* Habitante de la Tierra: *una nave extraterrestre ha venido a establecer contacto con los terrícolas.*
ETIM Véase *tierra.*

terrier *adj./n. m.* [perro] Que tiene un tamaño mediano y es de origen inglés: *el perro terrier es un perro de caza.*

territorial *adj.* De un territorio o que tiene relación con él: *la audiencia territorial ha dictado sentencia sobre el caso.*

DER territorialidad; extraterritorial.

territorio *n. m.* **1** Extensión de tierra que pertenece a una nación, a una región o a cualquier otra división política: *parece que el prófugo ha escapado del territorio nacional; los soldados luchaban para defender su territorio de los enemigos.* **2** ZOOL. Terreno o espacio donde vive un determinado animal o un grupo de animales de la misma familia y que es defendido por ellos: *el macho cabrío defendía su territorio y a sus hembras del macho joven.* **3** Campo en el que mejor se muestra una característica o una cualidad de alguien: *me siento a gusto hablando de literatura, porque es mi territorio.* **SIN** terreno.
DER territorial.
ETIM Véase *tierra*.

terrón *n. m.* Masa pequeña y apretada de tierra o de otras sustancias: *echó dos terrones de azúcar al café.*
ETIM Véase *tierra*.

terror *n. m.* **1** Miedo muy fuerte e intenso: *el terror que le causó aquella visión lo dejó paralizado; no soporto las películas de terror.* **SIN** horror, pánico, pavor. **2** Persona o cosa que provoca mucho miedo: *ese profesor es el terror de todos los alumnos.*
DER terrorífico, terrorismo; aterrar, aterrorizar.

terrorífico, -ca *adj.* **1** Que causa miedo o terror: *Drácula es una película terrorífica.* **SIN** aterrador, espantoso, espeluznante. **2** Que es muy grande, muy fuerte o muy intenso: *enciende la calefacción que hace un frío terrorífico.*

terrorismo *n. m.* Forma de lucha política que, con un determinado fin y por medio de la violencia, persigue destruir el orden establecido o provocar el terror en una población: *el terrorismo va unido a algunos movimientos independentistas; a causa del terrorismo han muerto muchas personas inocentes.*
DER terrorista; contraterrorismo.

terrorista *adj.* **1** Del terrorismo o que tiene relación con esta forma de lucha política: *a lo largo de la semana se han producido varios atentados terroristas.* ◊ *adj./n. com.* **2** [persona] Que es partidario del terrorismo o que lo practica: *la policía francesa ha detenido a un terrorista en la frontera.*
DER antiterrorista.

terroso, -sa *adj.* **1** Que es de tierra o está mezclado con tierra. **2** Que tiene el aspecto parecido al de la tierra: *tiene un jersey de un color terroso.*

terruño *n. m.* **1** Masa pequeña de tierra. **2** Comarca o tierra, especialmente la del país natal. **3** Tierra en la que se trabaja o la que se vive.

terso, -sa *adj.* **1** Que es liso y no tiene arrugas: *esta crema te dejará una piel tersa y suave.* **2** Que está limpio, claro y brillante: *el agua del lago está tan tersa que dan ganas de bañarse.*
DER tersura.

tersura *n. f.* Cualidad que tienen las cosas tersas: *me encanta la tersura de su piel.*

tertulia *n. f.* Reunión de personas que se juntan habitualmente para conversar o discurrir sobre una determinada materia: *asistía a una tertulia de literatos en la que conoció a un famoso escritor; mi abuelo iba cada tarde a la tertulia del casino del pueblo.*
DER tertuliano; contertulio.

tesauro *n. m.* Lista ordenada de palabras que se agrupan por su relación de significado: *los tesauros no contienen definiciones.*

tesina *n. f.* Trabajo de investigación escrito que se exige para conseguir un grado académico superior al de licenciado e inferior al de doctor: *una tesina tiene menos importancia que una tesis doctoral.*

tesis *n. f.* **1** Opinión o idea que se explica y se defiende con razonamientos: *sostienen la tesis de que el mundo acabará con el milenio.* **2** Trabajo de investigación escrito que se debe presentar en la universidad para conseguir el grado académico de doctor: *empleó siete años para realizar su tesis doctoral.*
DER tesina; antítesis, epéntesis, hipótesis, metátesis, paréntesis, prótesis, síntesis.
OBS El plural también es *tesis*.

tesitura *n. f.* **1** MÚS. Conjunto de los sonidos que puede abarcar una voz o un instrumento que están entre la nota más grave y la más aguda que puede emitir: *la voz de contralto es de tesitura baja.* **SIN** registro. **2** Circunstancia o situación en la que se encuentra una persona: *me encuentro en una tesitura compleja y tendré que obrar con mucho tacto.* **SIN** coyuntura.

tesla *n. m.* Unidad de inducción magnética en el sistema internacional: *el símbolo del tesla es T.*

teso *n. m.* Colina de poca altura que tiene una extensión llana en la cima.

tesón *n. m.* Firmeza, decisión y ganas que se ponen al hacer un trabajo o una actividad: *practicó el atletismo con tesón y consiguió ser un buen atleta; si estudias con tesón, sacarás muy buenas notas.*

tesorería *n. f.* **1** Cargo u oficio de tesorero. **2** Oficina o despacho del tesorero: *fue a tesorería para recoger el cheque por el trabajo que había realizado.*

tesorero, -ra *n. m. y f.* Persona encargada de cobrar, guardar y administrar el dinero de un colectivo de gente o de una sociedad: *él es el tesorero de la asociación de vecinos.*
DER tesorería.

tesoro *n. m.* **1** Conjunto de dinero, joyas y otros objetos de valor: *los piratas guardaban un tesoro en la isla desierta.* **2** Conjunto de bienes y rentas del Estado en un país: *tras el buen año turístico, se ha incrementado el tesoro español.* **SIN** erario. **tesoro público** *a)* Conjunto de bienes, rentas e impuestos que el estado tiene o recauda para la satisfacción de las necesidades del país. **SIN** erario, hacienda pública. *b)* Órgano del estado que se encarga de dirigir la política monetaria del país: *el Tesoro público emite bonos del Estado.* Se escribe con letra mayúscula. **SIN** Tesoro. **3** Persona o cosa muy buena o de mucho valor y que es digna de admiración o de cariño: *tu hijo es un tesoro: siempre tan cariñoso y amable; este ordenador es un tesoro, me ayuda mucho en mi trabajo.* Se usa mucho como apelativo afectivo: *¿Qué quieres para comer, tesoro?* **4** Diccionario o catálogo de todas las palabras de una lengua ordenadas alfabéticamente: *tesoro de la lengua castellana.*
DER tesorero; atesorar.

test *n. m.* Prueba escrita en la que hay que contestar de forma breve a una serie de preguntas o problemas y que sirve para medir una determinada capacidad o aptitud: *en este test hay que marcar las respuestas con lápiz; tuvo tres fallos en el test del examen de conducir.*
OBS El plural es *tests*.

testa *n. f.* **1** Cabeza o frente de las personas y de los animales: *se dio un golpe en la testa.* **2** *coloquial* Entendimiento o capacidad de la mente: *tiene una buena testa para los asuntos económicos.*
DER testarazo.

testaferro *n. com.* DER. Persona que presta su nombre en un asunto o negocio que no es suyo: *Juan actúa como testaferro pero en realidad es su mujer la que lleva el negocio.*

testamentario, -ria *adj.* Del testamento o que tiene relación con este documento: *los trámites testamentarios se regulan oficialmente.*

testamento *n. m.* **1** Documento o declaración voluntaria en la que una persona expresa a dónde deben ir a parar sus bienes una vez que haya muerto: *cuando empezó a estar viejo y enfermo llamó al notario para hacer testamento.* **testamento político** Obra que algunos políticos escriben para explicar su labor o para indicar las líneas de la política que creen que se deben seguir después de su muerte: *ese partido sigue el testamento político de su fundador.* **2** *coloquial* Escrito muy largo o libro muy gordo: *¡Menudos testamentos tienen que estudiar los alumnos de derecho!*
Antiguo (o **Viejo**) **Testamento** Parte de la Biblia que comprende los escritos de Moisés y todos los demás canónicos anteriores al nacimiento de Jesucristo.
Nuevo Testamento Parte de la Biblia que contiene los evangelios y otras obras canónicas posteriores al nacimiento de Jesucristo: *los judíos no creen en el Nuevo Testamento.*
DER testamentario.

testar *v. intr.* Hacer testamento: *su padre murió sin testar; testó a favor de sus sobrinos y no les dejó nada a sus hijos.*
DER testamento; atestar, contestar, detestar, protestar.

testarazo *n. m.* *coloquial* Golpe dado con la cabeza: *frenó de golpe la bicicleta y se dio un testarazo contra la pared.* **SIN** cabezazo.

testarudez *n. f.* Firmeza que se tiene en las ideas o intenciones aunque puedan ser erróneas: *su testarudez le lleva a no oír los consejos de nadie.* **SIN** terquedad.

testarudo, -da *adj./n. m. y f.* [persona] Que se mantiene excesivamente firme en sus ideas o intenciones, incluso si son erróneas o falsas: *es muy testarudo y no conseguirás hacerle cambiar de opinión.* **SIN** cabezota, terco, tozudo.
DER testarudez.

testicular *adj.* De los testículos o que tiene relación con cada una de estas dos glándulas sexuales masculinas: *bolsa testicular.*

testículo *n. m.* Glándula sexual masculina de forma redondeada que produce los espermatozoides: *los hombres tienen dos testículos.* ☞ cuerpo humano; reproductor, aparato.
DER testicular.

testificación *n. f.* **1** Actuación de una persona como testigo en un acto judicial: *su testificación demostró la falsedad de los hechos expuestos.* **2** Demostración de una cosa que quiere darse como cierta: *aportó toda la información necesaria para argumentar su testificación.*

testificar *v. tr./intr.* **1** Dar a conocer o explicar unos hechos en un juicio: *testificó lo que sabía del caso ayer por la mañana.* **SIN** declarar, testimoniar. **2** Afirmar con seguridad una cosa, especialmente si se ha visto o se tienen testigos de ella: *testificó que no sabía nada del asunto.* **SIN** asegurar, atestiguar. ◇ *v. tr.* **3** Demostrar una cosa: *estas manchas testifican que has estado comiendo chocolate; este error testificaba una grave falta de atención.*
DER testificación, testifical.
OBS En su conjugación, la *c* se convierte en *qu* delante de *e*.

testigo *n. com.* **1** Persona que está presente en un acto o en una acción, especialmente la que habla en un juicio para explicar lo que ha presenciado: *tú eres testigo de la promesa que me ha hecho; la testigo se puso nerviosa cuando tuvo que declarar ante el juez.* **testigo de cargo** Persona que declara en un juicio en contra del acusado: *gracias a la declaración del testigo de cargo condenaron al asesino.* **testigo de descargo** Persona que declara en un juicio a favor del acusado: *el abogado defensor hizo entrar en la sala al testigo de descargo.* **2** Cosa que demuestra o atestigua la verdad o la existencia de algo: *las huellas son testigo de tu presencia en la casa.* ◇ *n. m.* **3** Especie de palo que se pasan los corredores de relevos para demostrar que la sustitución ha sido correcta: *el corredor soltó el testigo demasiado pronto y su compañero tuvo que recogerlo.*
testigo de Jehová Persona que pertenece a una religión cristiana caracterizada por la interpretación de la Biblia al pie de la letra: *los testigos de Jehová no permiten que se les hagan transfusiones de sangre.*
DER atestiguar.

testimonial *adj.* Que da testimonio de algo: *esa herida es una prueba testimonial de tu accidente de moto.*

testimoniar *v. tr./intr.* Declarar en un juicio para dar fe de un hecho: *fue testigo de un robo y el juez lo llamó para testimoniar.* **SIN** testificar.
OBS En su conjugación, la *i* no se acentúa, como en *cambiar*.

testimonio *n. m.* **1** Declaración que hace una persona para demostrar o asegurar un hecho: *puedo dar testimonio de que vale para desempeñar ese cargo.* **2** Prueba que sirve para confirmar la verdad o la existencia de una cosa: *estos magníficos cuadros son testimonio de todo el esfuerzo y trabajo del pintor.*
DER testimonial, testimoniar.

testuz *n. amb.* **1** Frente o parte superior de la cara de algunos animales, especialmente de los caballos: *aquel caballo tiene una estrella en la testuz.* **2** Nuca de algunos animales, especialmente del toro, el buey o la vaca.

teta *n. f.* Órgano de las hembras de los mamíferos que produce leche: *el recién nacido mamaba de la teta de su madre.* **SIN** mama, pecho.
dar la teta Dar la madre la leche de los pechos a las crías: *no toques a la perra mientras da la teta a los cachorros.* **SIN** amamantar.
de teta [bebé, cría] Que está en período de tomar la leche de los pechos de la madre: *es tan inocente que parece un niño de teta.*
DER tetilla, tetina; destetar.

tétanos *n. m.* Enfermedad grave que se produce por la infección de algunas heridas y que ataca al sistema nervioso: *se cortó con una lata oxidada e inmediatamente le pusieron la vacuna contra el tétanos.*
DER antitetánico.
OBS El plural también es *tétanos*.

tetera *n. f.* Recipiente con una tapadera y un pitorro que se usa para preparar y servir el té: *le han regalado una tetera de porcelana y seis tazas a juego.*

tetilla *n. f.* **1** Teta no desarrollada de los mamíferos machos. **2** Tetina de un biberón.

tetina *n. f.* Pieza de goma con un agujero en su extremo, que se pone en la boca de un biberón o en un vaso para que chupen los niños: *antes de poner la tetina en el biberón hay que esterilizarla.* **SIN** tetilla.

tetra- Elemento prefijal que entra en la formación de palabras con el significado de 'cuatro': *tetrasílabo.*

tetrabrik *n. m.* Tipo de recipiente opaco hecho de cartón plastificado y en forma rectangular que se usa para envasar líquidos: *la leche y los zumos de fruta actualmente se envasan en tetrabrik.*
OBS Es marca registrada.

tetraedro *n. m.* Figura geométrica que tiene cuatro caras triangulares.

tetrágono *adj./n. m.* [polígono] Que tiene cuatro lados y cuatro ángulos.

tetrápodo, -da *adj./n. m.* **1** [animal vertebrado] Que tiene cuatro extremidades con cinco dedos en cada una: *el hombre es un tetrápodo.* ◊ *n. m. pl.* **2 tetrápodos** Clase a la que pertenecen estos animales: *los anfibios, los reptiles, las aves y los mamíferos son tetrápodos.*

tetrasílabo, -ba *adj./n. m. y f.* [palabra, verso] Que tiene cuatro sílabas: *cocodrilo y margarita son palabras tetrasílabas.*

tetravalente *adj.* QUÍM. Que funciona con cuatro valencias: *elemento químico tetravalente.*

tétrico, -ca *adj.* Que es muy oscuro, triste y grave, y hace pensar en la muerte: *en las películas de miedo suelen aparecer ambientes tétricos, como grandes mansiones sombrías u oscuros cementerios.*

teutón, -tona *adj.* **1** De un antiguo pueblo germano de la costa báltica o que tiene relación con él: *el pueblo teutón que llegó a la costa báltica hacia el siglo* II. ◊ *adj./n. m. y f.* **2** [persona] Que pertenecía a este antiguo pueblo germano: *los teutones fueron derrotados por los romanos en el año 102.* **3** *coloquial* Alemán: *la selección de fútbol teutona.*

textil *adj.* **1** De los tejidos o que tiene relación con ellos: *la industria textil es muy importante en esta zona.* **2** [materia] Que puede tejerse y sirve para fabricar telas y tejidos: *tengo un almacén de fibras textiles.*

texto *n. m.* **1** Conjunto de palabras que componen un documento escrito: *en clase traducimos textos de autores españoles al inglés.* **2** Trozo de un escrito o de una obra: *hicimos el comentario de un texto de El Quijote.* **3** Libro que se usa para enseñar una asignatura o una materia determinada: *en la página 85 del texto tenéis los ejercicios de la lección.*
DER textual; contexto, pretexto.

textual *adj.* **1** Del texto o que tiene relación con él: *hice un curso de crítica textual.* **2** Que reproduce exactamente las palabras de un texto o de un discurso: *en el periódico aparece una cita textual de las palabras del ministro.*
DER textualmente.

textura *n. f.* Forma en que están colocadas y combinadas entre sí las partículas o elementos de una cosa, especialmente los hilos de una tela: *el hierro es un metal de textura áspera; ese tejido tiene una textura muy suave.*
DER contextura.

tez *n. f.* Piel de la cara de las personas: *tiene la tez oscura.*
DER atezar.
OBS El plural es *teces.*

theta *n. f.* Letra octava del alfabeto griego: *el sonido de la theta es semejante a la z.*

thriller *n. m.* Película o novela de suspense, terror e intriga: *el thriller suele incluir en su argumento un asesinato.*
OBS Es de origen inglés y se pronuncia aproximadamente 'zríler'.

ti *pron. pers.* Forma del pronombre de segunda persona, en género masculino y femenino y en número singular: *he traído un regalo para ti; no hemos dicho nada contra ti; creo que no podría vivir sin ti.*
OBS Se usa precedido de preposición. ◊ Con la preposición *con* forma la palabra *contigo.*

tiarrón, -rrona *coloquial n. m. y f.* Persona alta y muy corpulenta que impone por su aspecto físico: *el guardia de seguridad de la empresa es un tiarrón de metro noventa.*

tibetano, -na *adj.* **1** Del Tíbet o que tiene relación con esta región asiática: *la religión tibetana es bastante conocida en occidente.* ◊ *adj./n. m. y f.* **2** [persona] Que es del Tíbet: *los tibetanos se dedican principalmente a la agricultura.* ◊ *n. m.* **3** Lengua hablada en el Tíbet.

tibia *n. f.* Hueso situado en la parte anterior de la pierna: *la tibia va del pie hasta la rodilla; la parte anterior de la tibia es la espinilla.* ☞ esqueleto.

tibieza *n. f.* Estado que está entre el frío y el calor: *la tibieza de la primavera la hace una estación muy agradable.*

tibio, -bia *adj.* **1** Que tiene una temperatura media entre el frío y el calor: *se bañó con agua tibia.* SIN templado. **2** Que no muestra sentimientos o afecto: *no se alteraron con la noticia, sino que se mantuvieron tibios.* SIN indiferente.
poner tibio *coloquial* Hablar mal de una persona: *seguro que nos están poniendo tibios porque no hemos querido hacer lo que ellos decían.* SIN criticar.
ponerse tibio *coloquial* Comer una cosa hasta hartarse: *cuando fuimos a Galicia me puse tibio de marisco.*
DER tibieza; entibiar.

tiburón *n. m.* **1** Pez marino con una gran aleta triangular en la parte superior, con una boca muy grande en la parte inferior de la cabeza y dientes muy afilados: *los tiburones tienen fama de ser animales muy peligrosos.* SIN escualo. Para indicar el sexo se usa *el tiburón macho* y *el tiburón hembra.* ☞ pez. **2** Persona muy ambiciosa que busca obtener éxito y ganar dinero por encima de todo lo demás: *hay un tiburón detrás de tu empresa para comprar acciones baratas y luego venderlas muy caras.*

tic *n. m.* Movimiento repetido e involuntario de una parte del cuerpo producido por la contracción de uno o varios músculos: *no es que te esté guiñando el ojo, es que tiene un tic nervioso.*

ticket *n. m.* Tique.

tiempo *n. m.* **1** Duración, parte de la existencia que puede expresarse en una unidad de medida. **tiempo libre** Período en que no hay obligación de realizar ninguna actividad y se dedica a la diversión o al descanso: *dedica todo su tiempo libre a la carpintería.* **2** Período determinado durante el cual sucede algo: *¿cuánto tiempo crees que tardaremos en llegar a tu casa?; debes esperar un tiempo para que se calmen los ánimos.* **tiempo muerto** En algunos deportes, período muy breve durante el que se interrumpe el juego: *el entrenador pidió tiempo muerto para tranquilizar a sus jugadores.* **3** [bebé] Edad: *¿–Qué tiempo tiene su niño? –Tres meses.* **4** Período determinado en la historia de una civilización o de una sociedad al que se hace referencia aludiendo a un hecho histórico, un personaje o un movimiento cultural, económico o político que se ha desarrollado en él: *nació en el tiempo de la República.* **5** Período del pasado que se caracteriza por una circunstancia: *hubo un tiempo en que iba al cine a diario.* SIN época. **tiempo inmemorial** Época muy antigua de la que nadie guarda recuerdo: *los ancianos se reunían en aquella plaza desde tiempo inmemorial.* **6** Período adecuado o reservado para una acción o para su término: *si retiras el arroz del fuego antes de tiempo, quedará duro.* **7** Parte en que se divide una actividad o un proceso: *cuando acabó el primer tiempo, el árbitro suspendió el partido por la niebla.* **8** Estado de la atmósfera en un período determinado sobre un lugar concreto: *mañana hará mal tiempo.* **9** GRAM. Variación formal del verbo que expresa el momento relativo en el que ocurre la acción, el proceso o el estado: *comía está en tiempo pasado.* **10** GRAM. Conjunto de formas del verbo en el que se reúnen las que indican una misma expresión temporal: *los verbos pueden estar en tiempo presente, pretérito o futuro.* **tiempo compuesto** Tiempo que se forma con el participio del verbo que se conjuga y un tiempo del auxiliar *haber*: *he* cantado es *un tiempo compuesto*. **tiempo simple** Tiempo que se conjuga sin el auxilio de otro verbo: *la forma canto expresa un tiempo simple*. **11** MÚS. Parte de igual duración que otras en que se divide el compás. **SIN** movimiento, tempo.

a tiempo Expresión que indica que algo se hace en el momento oportuno o cuando todavía no es tarde: *tendrás que irte si quieres coger el autobús a tiempo*.

al mismo tiempo, a un tiempo Expresión que indica que dos cosas suceden en el mismo momento: *al mismo tiempo que vio el relámpago, escuchó el trueno; a un tiempo batía los huevos y echaba el aceite*.

al tiempo Expresión que indica que el futuro demostrará la verdad de lo que se dice: *pronto el hombre pisará Marte, y, si no, al tiempo*.

andando el tiempo Más adelante o después: *andando el tiempo los amigos dejaron de verse*.

dar tiempo *a*) No meter prisa; esperar: *si quieres que te arregle la radio, dame tiempo*. *b*) Disponer de un período para hacer una cosa: *si me voy al cine, no me dará tiempo para estudiar*.

dar tiempo al tiempo Esperar el momento oportuno o esperar a que se arregle por sí sola una cosa: *para que olvide el accidente hay que darle tiempo al tiempo*.

del tiempo A temperatura ambiente: *tomaré un refresco del tiempo porque estoy un poco resfriado*.

el tiempo de Maricastaña Un período muy lejano, del que ya no se acuerda nadie: *siempre está contando batallitas del tiempo de Maricastaña*.

ganar tiempo *a*) Hacer una cosa que sirve para terminar antes o avanzar más rápido: *si iniciamos ahora la operación, ganaremos tiempo*. *b*) Hacer que una cosa vaya más lenta o se detenga para que termine antes otra: *pidió que le repitieran la pregunta para ganar tiempo*.

hacer tiempo Esperar una cosa haciendo otra para que la espera no resulte molesta: *llegó pronto a la cita y estaba mirando escaparates para hacer tiempo*.

matar el tiempo Evitar el aburrimiento con alguna actividad o distracción: *se puso a ver la televisión para matar el tiempo*.

tienda *n. f.* **1** Establecimiento comercial en el que se vende al por menor cualquier tipo de producto de consumo: *tienda de ropa; tienda de comestibles; tienda de electrodomésticos*. **SIN** comercio. **2** Armazón de madera o de barras metálicas cubierto con una gran pieza de tela o con pieles que se utiliza como alojamiento al aire libre: *los indios americanos vivían en unas tiendas redondas hechas de pieles*. **tienda de campaña** Tienda plegable de barras metálicas cubierta con una gran pieza de lona que se sujeta al suelo con clavos o ganchos, y que se monta para dormir al aire libre, para acampar transitoriamente: *el camping está lleno de tiendas de campaña*.

DER trastienda.

ETIM *Tienda* procede del latín *tenda*, que tenía el mismo significado, voz con la que también están relacionadas *tendero, tenducho*.

tienta *n. f.* Acción que consiste en probar la bravura de un toro: *la tienta de un becerro se hace con una garrocha*.

a tientas *a*) Palpando o tocando con las manos para conducirse al andar en la oscuridad o cuando no se puede ver: *llegó al interruptor de la luz a tientas*. *b*) Con gran desorientación, incertidumbre o inseguridad: *en estos temas me muevo a tientas porque no se sabe lo que puede pasar*.

tiento *n. m.* **1** Cuidado y prudencia con que se comporta una persona ante una situación delicada o especial: *es mejor que te andes con mucho tiento en este negocio*. **SIN** cautela. **2** Ejercicio del sentido del tacto: *mi tío reconoce al tiento si los melones son buenos*. **SIN** tacto, toque. **3** Palo o bastón que utilizan las personas ciegas para guiarse al andar: *los ciegos suelen llevar un tiento de color blanco*. **4** Vara pequeña que utiliza el pintor apoyándola sobre el lienzo con la mano izquierda y sirve de soporte a la derecha para no manchar el cuadro. **5** Vara larga que utilizan los equilibristas para no perder el equilibrio. ◇ *n. m. pl.* **6 tientos** Modalidad del cante flamenco que tiene el mismo compás que el tango pero es más lenta: *es un cantaor especializado en cantar tientos*.

dar un tiento *coloquial* Comer, beber o probar un alimento: *de vez en cuando le doy un tiento a la caja de bombones*.

tierno, -na *adj.* **1** Que es blando y flexible y es fácil de romper o partir: *la carne del solomillo es la más tierna de la ternera*. **ANT** duro, fuerte. **2** Que demuestra fácilmente afecto y dulzura o que despierta estos sentimientos en las personas: *es una mujer muy tierna con sus hijos; la historia de Romeo y Julieta es muy tierna*. **3** Que es muy joven, tiene poco tiempo de vida y no se ha desarrollado todavía por completo: *brotes tiernos de una planta; tierna infancia; tierna edad*.

DER terneza, ternura; enternecer.

tierra *n. f.* **1** Tercer planeta del sistema solar, en el que habitamos: *la Luna es un satélite de la Tierra*. Se escribe con letra mayúscula y precedido del artículo *la*. **2** Parte de la superficie de este planeta que no está ocupada por el agua: *los océanos ocupan mucha más extensión que la tierra; el barco llegó a tierra después de una larga travesía*. **tierra adentro** Lugar que está lejos de la costa: *esta carretera lleva tierra adentro*. **tierra firme** Masa de tierra que forman los continentes, en oposición al océano y a la pequeña extensión de las islas y también terreno sólido sobre el que se puede construir: *el marinero divisó tierra firme desde el palo mayor*. **3** Materia mineral que compone el suelo natural, está formada por granos de arena y otras muchas sustancias: *llenaron de tierra el agujero*. **tierra rara** o **tierras raras** QUÍM. Óxidos de ciertos metales que existen en muy pequeñas cantidades en la naturaleza: *las tierras raras tienen números atómicos comprendidos entre el del cerio y el del lutecio; los elementos del grupo de los lantánidos y los del grupo de los actínidos son tierras raras*. **4** Terreno dedicado al cultivo o que es apropiado para la agricultura: *cultivar la tierra; tengo tierras en el pueblo*. **5** Nación, país, región o, en general, cualquier parte o división del territorio: *emigró a tierra francesa para buscar trabajo*. **tierra prometida** Parte del territorio que Dios prometió al pueblo de Israel en la Biblia: *los israelitas salieron de Egipto hacia la tierra prometida*. **Tierra Santa** Lugares de Palestina donde nació, vivió y murió Jesucristo: *hicieron una peregrinación por Tierra Santa y visitaron Jerusalén*. Se escribe con letra mayúscula. **6** Nación, región o lugar en que ha nacido una persona: *en mi tierra se hacen unos dulces buenísimos*. **7** Suelo o piso: *la estatua cayó a tierra en medio de un gran estruendo*. **8** Suelo, considerado como polo y conductor eléctrico: *este cable va directamente a tierra*.

echar por tierra Destruir o malograr una cosa: *el accidente echó por tierra nuestros planes*.

echar tierra Tratar de ocultar o de disimular un asunto del que no interesa que se hable: *se echó tierra a aquellos asuntos tan turbios y nunca se aclararon*.

poner tierra por medio Irse o alejarse una persona de un lugar: *puso tierra por medio para poder olvidarlo todo*.

quedarse en tierra No hacer un viaje o un proyecto que se había organizado anteriormente: *todos mis amigos se fueron pero yo me quedé en tierra*.

tomar tierra a) Aterrizar un avión: *el avión tomará tierra en unos instantes.* b) Llegar un barco a puerto: *el barco tomó tierra con dos horas de retraso.*

¡tierra trágame! Expresión que indica que se siente vergüenza de algún hecho o que se quiere desaparecer de un lugar o de una situación para no tener que enfrentarse a él: *cuando vi entrar a mi jefe me dije ¡tierra trágame!*

tragárselo la tierra Desaparecer de pronto una persona o una cosa sin dejar ninguna señal: *se marchó y no lo he vuelto a ver, es como si se lo hubiera tragado la tierra.*

ETIM *Tierra* procede del latín *terra*, que tenía el mismo significado, voz con la que también están relacionadas *terrado, terral, terráqueo, terrario, terrazo, terremoto, terreno, terrero, terrestre, terrícola, territorio, terrizo, terrón, terroso, terruño; aterrizar, desterrar, enterrar, soterrar, subterráneo.*

tieso, -sa *adj.* **1** Que es duro y firme y difícil de doblar o romper: *la escayola cuando se seca se pone tiesa.* **SIN** rígido. **2** Que está levantado o que se mantiene erguido: *con lo pequeño que es y mira qué tiesa lleva la cabeza.* **3** Que está tenso o tirante: *poned tiesas las cuerdas que voy a tender ropa.* **4** [persona] Que se mantiene firme en sus ideas o intenciones: *tuvo que ponerse tieso para conseguir imponer sus ideas.* **SIN** tenaz, terco. **5** [persona] Que tiene buena salud y buen aspecto físico: *hay que ver lo tieso que está tu padre para su edad.* **6** [persona] Que se muestra serio, orgulloso o antipático: *la chica que nos atendió es una persona muy tiesa.* **7** *coloquial* Que está muerto: *una mañana se encontraron tieso al anciano.*

quedarse (o dejar) tieso *coloquial* Quedarse sin movimiento a causa de una gran impresión, del frío: *no me he abrigado bien y me estoy quedando tieso; cuando lo vi me quedé tieso.*

tiesto *n. m.* **1** Recipiente de barro que se usa para cultivar plantas, suele tener forma de vaso ancho: *tengo plantados varios rosales en los tiestos de la terraza.* **SIN** maceta. **2** Conjunto formado por este recipiente y la tierra y la planta que contiene: *tengo que regar los tiestos.* **SIN** maceta.

tifoideo, -dea *adj.* Del tifus o que tiene relación con esta enfermedad: *infección tifoidea; fiebre tifoidea.*

tifón *n. m.* **1** Viento extremadamente fuerte que avanza de forma rápida girando sobre sí mismo y acompañado de fuertes lluvias: *en el mar de China se forman muchos tifones; los tifones provienen del mar.* **SIN** ciclón, huracán, tornado. **2** Nube de forma cónica que se eleva desde la superficie de la tierra o del mar por efecto de un torbellino y gira rápidamente sobre sí misma: *los pastores recogieron el ganado ante la amenaza de un tifón.*

tifus *n. m.* Nombre que se da a varias enfermedades contagiosas que producen una fiebre muy alta y estados de delirios cerebrales: *el tifus es provocado por ciertos piojos y pulgas; se llama tifus a la fiebre tifoidea y a la fiebre amarilla, entre otras enfermedades.*

tigre, -gresa *n. m. y f.* **1** Animal mamífero muy fiero, de pelo amarillo con rayas negras y con fuertes uñas que usa para cazar otros animales: *los tigres son felinos, como los gatos; el tigre vive en Asia; los tigres son depredadores muy fuertes, ágiles y veloces.* Para indicar el sexo también puede usarse *el tigre macho* y *el tigre hembra.* **2** Persona muy fuerte y valiente: *¿tú solo has vencido a los atracadores? ¡eres un tigre!* **3** Persona cruel y que no tiene compasión. ◇ *n. f.* **4** *coloquial* Mujer provocativa y que toma la iniciativa en las relaciones sexuales.

oler a tigre *coloquial* Oler muy mal una cosa, un lugar o una persona: *después del partido los vestuarios olían a tigre.*

tijera *n. f.* Utensilio para cortar, formado por dos hojas de un solo filo, unidas en forma de aspa por un eje central, que se abren y se cierran: *la tijera se usa para cortar papel y tela.* También se usa en plural para hacer referencia a una sola unidad. ☞ cocina; costurero.

de tijera Se aplica a las cosas que tienen una forma parecida a ese instrumento, que se abren en forma de aspa y se cierran sobre un eje: *silla de tijera.*

DER tijereta, tijeretear.

tijereta *n. f.* **1** Insecto de cuerpo plano que tiene dos pinzas que son dos piezas curvas similares a unas tijeras que se abren y se cierran: *la tijereta se alimenta de vegetales y animales muertos.* Para indicar el sexo se usa *la tijereta macho* y *la tijereta hembra.* **2** Salto que se hace cruzando las piernas en el aire, como si se abrieran y cerraran unas tijeras: *el bailarín hizo tijeretas en el escenario.*

tijeretazo *n. m.* Corte rápido y brusco hecho de un golpe con las tijeras: *cortó el retal de un tijeretazo.*

tila *n. f.* **1** Infusión o bebida caliente que se prepara hirviendo las flores del tilo y tiene efectos tranquilizantes o sedantes: *voy a hacerte una tila para que puedas dormir.* **2** Árbol muy alto, de tronco recto, con hojas anchas en forma de corazón y flores olorosas, blancas o amarillas: *talaron las tilas para construir una casa.* **SIN** tilo. **3** Flor de este árbol que se usa para hacer infusiones.

tildar *v. tr.* Atribuir a una persona un defecto o una característica mala: *sin conocerla, tildasteis a Ana de mala persona; me tildan de antipático.*

DER atildar.

OBS Se construye con la preposición *de*.

tilde *n. f.* Signo o rasgo escrito que se pone sobre ciertas letras, como la marca del acento ortográfico: *la palabra canción lleva tilde sobre la o.*

DER tildar.

ETIM Véase *título.*

tilín *n. m.* Sonido de una campana o una campanilla.

hacer tilín *coloquial* Gustar una cosa o una persona a alguien: *aquella chica le hace tilín desde que se conocieron.*

tilo *n. m.* Árbol muy alto, de tronco recto, con hojas anchas en forma de corazón y flores olorosas, blancas o amarillas: *las flores del tilo se usan en infusión; la madera del tilo es muy apreciada en ebanistería.*

DER tila.

timador, -ra *n. m. y f.* Persona que roba una cosa con engaño: *un timador le vendió a aquel hombre un coche viejo haciéndole creer que era nuevo.* **SIN** estafador.

timar *v. tr.* **1** Quitar o robar una cosa con engaño: *me han timado haciéndome pagar una cantidad superior a la legal.* **SIN** estafar. **2** Engañar a una persona en una venta o trato con promesas que no se van a cumplir: *me han timado al comprar el piso porque no hay tantas facilidades de pago como decían.*

DER timador, timo.

timba *n. f.* **1** Partida de un juego de azar, especialmente de cartas: *los amigos montamos una timba cada fin de semana.* **2** Lugar en el que se juega apostando generalmente grandes sumas de dinero: *la policía ha cerrado una timba ilegal.* **SIN** garito.

timbal *n. m.* Instrumento musical de percusión parecido al tambor, pero más pequeño y con un solo parche, formado por una caja de metal con forma de media esfera y una cubierta de piel tirante: *normalmente se tocan dos timbales a la vez, afinados en distintos tonos.*

DER timbalero.

timbalero, -ra *n. m. y f.* Persona que toca el timbal: *en los grupos de salsa siempre hay algún timbalero.*

timbrado, -da *adj.* **1** [carta, papel] Que tiene membrete: *recibí una carta timbrada del Ministerio de Trabajo*. **2** [sonido] Que tiene un timbre claro y agradable: *este presentador tiene la voz timbrada y grave*.

timbrar *v. tr.* **1** Poner o estampar un sello, póliza o timbre en ciertos documentos: *hay que timbrar los documentos oficiales*. **SIN** sellar. **2** Dar el timbre adecuado a la voz.
DER timbrado.

timbrazo *n. m.* Sonido o toque fuerte de un timbre: *si vuelves a llamar a la puerta con estos timbrazos no te abriré*.

timbre *n. m.* **1** Dispositivo eléctrico o mecánico que emite un sonido que sirve de llamada o de aviso: *oyó el timbre y fue a abrir la puerta; el timbre indica el comienzo de cada clase*. ☞ puerta. **2** Pulsador que acciona el mecanismo de este dispositivo eléctrico: *cuando llegues toca el timbre para que pueda abrirte*. **3** Cualidad de un sonido que lo hace propio y característico, y lo distingue de otros aunque tengan el mismo tono e intensidad: *el timbre depende de la disposición de las cajas de resonancia; por el timbre podemos distinguir el sonido de un piano del de un violín, aunque toquen la misma melodía*. **4** Sello que se pone en algunos documentos para indicar que se han pagado las tasas o los impuestos que corresponden: *el contrato de alquiler del piso tenía que llevar el timbre correspondiente*.
DER timbrar, timbrazo.

timidez *n. f.* Sensación de vergüenza e inseguridad en uno mismo que se siente ante situaciones sociales nuevas y que puede impedir o dificultar entablar conversaciones o manejarse en el trato con los demás: *su timidez le impidió decir claramente lo que pensaba*.

tímido, -da *adj.* [persona] Que siente vergüenza e inseguridad en sí mismo y tiene dificultades para relacionarse con los demás, sobre todo en situaciones sociales nuevas: *tiene dificultades para hacer amigos porque es muy tímido*. **SIN** vergonzoso.
DER tímidamente, timidez.

timo *n. m.* **1** Robo con engaño, especialmente cuando en una venta o trato comercial no se cumple lo que se ha prometido: *¡vaya timo, me dijo que la cadena que me vendía era de oro y resulta que es de chatarra!* **SIN** estafa. **2** BIOL. Glándula endocrina de los animales vertebrados, situada en el tórax, que interviene en la función inmunológica ya que su secreción estimula la formación de linfocitos: *el timo del ser humano está situado detrás del esternón*.

timón *n. m.* **1** Pieza o mecanismo situado en la parte trasera de un barco o un avión que sirve para conducirlos o controlar la dirección: *el timón modifica la dirección de una embarcación*. ☞ avión. **2** Palanca o rueda que se mueve para accionar el mecanismo de dirección de un barco o un avión: *el piloto maneja el timón*. ☞ avión; velero. **3** Varilla de un cohete, que funciona como contrapeso y le permite mantener la dirección. **4** Dirección o gobierno de un negocio o un asunto: *el presidente lleva el timón de la nación*.
DER timonel.

timonel *n. com.* Persona que maneja el timón de una embarcación: *el timonel fijó el rumbo hacia el este*.

timorato, -ta *adj./n. m. y f.* **1** Que es indeciso y tímido: *no seas timorato y pídele que vaya contigo al cine*. **2** Que se escandaliza con facilidad ante hechos o cosas que no se ajustan a la moral convencional: *es un timorato que no aprueba la vida de pareja sin pasar por la Iglesia*. **SIN** mojigato, beato.

tímpano *n. m.* **1** Membrana de tejido delgado que vibra al recibir los sonidos y los comunica al interior del oído: *el tímpano separa el oído externo del oído medio*. ☞ oreja. **2** Instrumento musical de percusión formado por varias láminas de cristal de diferente longitud colgadas sobre cuerdas, que se toca golpeándolas con un mazo pequeño de corcho o forrado de piel: *el tímpano tiene un sonido agudo*. **3** ARQ. Espacio triangular que queda entre las líneas que forman el frontón de un edificio, las dos cornisas inclinadas y la de la base: *el tímpano de la fachada de la iglesia está adornado con imágenes sagradas*.

tina *n. f.* **1** Recipiente de barro más ancho en la parte central que se usa para contener líquidos: *en la bodega había una tina de aceite*. **SIN** tinaja. **2** Recipiente de madera en forma de media cuba.

tinaja *n. f.* Vasija grande de barro, más ancha por el centro que por el fondo y la boca; se utiliza normalmente para guardar líquidos: *tenía unas tinajas con vino tinto en la bodega*. **SIN** tina.

tinción *n. f.* Acción que consiste en teñir una cosa de un color distinto al que tenía: *las telas pasan en su elaboración por un proceso de tinción*. **SIN** teñido, tinte, tintura.

tinerfeño -ña *adj.* **1** De Tenerife o relacionado con esta isla de las Islas Canarias o con su provincia: *el relieve tinerfeño es volcánico*. ◇ *adj./n. m. y f.* **2** [persona] Que es de Tenerife: *los nacidos en Puerto de la Cruz son tinerfeños*.

tinglado *n. m.* **1** Asunto o situación que oculta una trama complicada, generalmente con el fin de perjudicar a alguien: *es capaz de organizar el tinglado que haga falta con tal de conseguir la plaza*. **2** Situación confusa, agitada, que presenta bastante desorden y alboroto: *¡menudo tinglado se montó en la fiesta!* **SIN** lío.

tiniebla *n. f.* **1** Oscuridad o falta de luz: *poco a poco me fui acostumbrando a la tiniebla de la sala*. Se usa en plural con el mismo significado que en singular. ◇ *n. f. pl.* **2 tinieblas** Falta de conocimientos y de cultura: *en ese lugar vivían en las tinieblas: nadie sabía ni siquiera leer y escribir*. **SIN** ignorancia.

tino *n. m.* **1** Habilidad o facilidad para acertar cuando se apunta a un blanco determinado: *tiene mucho tino al disparar y siempre da en el blanco*. **SIN** puntería. **2** Juicio o acierto para conducir un asunto delicado: *solucionó el problema con mucho tino, cualquier error habría sido fatal*. **SIN** tacto, tiento. **3** Moderación o medida en el comportamiento al realizar una acción: *debes comer y beber con tino, sin excederte*.
DER atinar.

tinta *n. f.* **1** Líquido coloreado que se utiliza para escribir, dibujar o imprimir: *se ha acabado la tinta de la impresora; la tinta de este bolígrafo es roja*. **tinta china** Tinta que se hace con negro de humo y se usa, sobre todo, para dibujar: *tenemos que hacer los dibujos lineales con tinta china*. **2** Líquido negro que producen ciertos animales invertebrados marinos y que expulsan al exterior para protegerse de sus depredadores oscureciendo el agua: *la tinta del calamar es muy apreciada en alimentación*.

cargar las tintas Expresión que se utiliza para indicar que se está exagerando demasiado acerca de un tema o cuestión conflictiva: *no cargues más las tintas con este tema, que ya está todo el mundo muy enfadado*.

con medias tintas De modo impreciso o poco claro, sin dar toda la información: *no te andes con medias tintas y dile todo lo que piensas*.

correr ríos de tinta Expresión que se utiliza para indicar que un asunto dará lugar a muchos comentarios escritos, porque provoca un gran interés: *cuando asesinaron al presidente corrieron ríos de tinta*.

saber de buena tinta Expresión que indica que una persona ha sido informada de algo por una fuente segura y que merece confianza y crédito: *sé de buena tinta que se ha divorciado*.

sudar tinta Realizar un gran esfuerzo, un trabajo muy duro para conseguir algún fin: *tuvo que sudar tinta para mover el piano*.

DER tintar, tinte, tintero, tinto, tintura.

ETIM Véase *teñir*.

tinte *n. m.* **1** Color o sustancia que se aplica sobre una cosa o con la que se la cubre para teñirla: *lleva un tinte rubio en el pelo*. **2** Acción que consiste en cambiar el color de una cosa aplicándole alguna sustancia que modifica la tonalidad anterior: *me voy a hacer un tinte para cubrir las canas*. **3** Establecimiento donde se limpia o cambia de color la ropa: *llevó el traje al tinte para que lo limpiaran en seco*. **SIN** tintorería. **4** Apariencia, manifestación superficial de una característica: *el asunto ha adquirido un tinte dramático, pero no creo que pase nada grave*.

tintero *n. m.* Vaso o recipiente de boca ancha que se usa para guardar la tinta de escribir: *todavía usa pluma y tintero para escribir cartas*.

dejarse en el tintero Expresión que indica que una persona se ha olvidado de decir o escribir una cosa o que la ha omitido: *en mi crónica me he dejado muchos datos en el tintero, algunos por falta de memoria y otros porque son secretos de estado*.

tintinear *v. intr.* Producir un sonido agudo, suave y repetido una campanilla o, en general, un metal o un cristal: *las monedas le tintineaban en los bolsillos; las copas tintinearon al brindar*.

DER tintineo.

tintineo *n. m.* Sonido de la campanilla o de otro objeto que produce un sonido parecido: *te he oído llegar por el tintineo de las monedas en el bolsillo*.

tinto, -ta *adj./n. m.* **1** [vino] Que es de color rojo muy oscuro: *el tinto tiene mejor sabor a temperatura ambiente que frío*. **2** [color] Que es rojo muy oscuro, como el del vino.

DER tintorro.

tintorera *n. f.* Pez marino de gran tamaño, del grupo de los tiburones; tiene el dorso de color azul o gris y el vientre claro, la boca semicircular y los dientes afilados y cortantes: *las tintoreras pueden medir hasta cuatro metros*.

OBS Para indicar el sexo se usa *la tintorera macho* y *la tintorera hembra*.

tintorería *n. f.* Establecimiento donde se limpia o cambia de color la ropa: *esta americana no puede lavarse en la lavadora, así que llévala a la tintorería*. **SIN** tinte.

tintorero, -ra *n. m. y f.* Persona que se dedica a teñir y limpiar tejidos y ropa: *es tintorero y trabaja en una tintorería desde hace veinte años*.

DER tintorería.

tintorro *n. m. coloquial* Vino tinto, especialmente cuando es de baja calidad: *es un sibarita y no se beberá un tintorro cualquiera, sólo bebe vinos carísimos*.

tintura *n. f.* **1** Acción que consiste en teñir una cosa de un color distinto al que tenía: *las telas pasan por un proceso de tintura durante su elaboración*. **SIN** teñido, tinción, tinte. **2** Sustancia que sirve para teñir: *teñiré estos pantalones con una tintura natural*. **3** Disolución de una sustancia medicinal en alcohol, agua o éter: *tintura de yodo*.

tiña *n. f.* **1** Enfermedad contagiosa de la piel, que afecta especialmente a la de la cabeza, produce escamas, costras y la caída del pelo: *la tiña está provocada por hongos parásitos*. **2** Gusano que se alimenta de la miel de las abejas: *la tiña daña las colmenas para comerse la miel*. **3** *coloquial* Miseria, tacañería: *es la tiña lo que le hace ahorrar tanto dinero cada mes*.

DER tiñoso.

tiñoso, -sa *adj./n. m. y f.* **1** [persona] Que padece una enfermedad contagiosa llamada tiña. **2** [persona] Que es tacaño y miserable.

tío, tía *n. m. y f.* **1** Hermano o hermana del padre o de la madre de una persona. **SIN** tío carnal.   **tío abuelo** Persona que es hermano de alguno de los abuelos de otra persona.   **tío carnal** Hermano o hermana del padre o de la madre de una persona. **2** Primo o prima del padre o de la madre de una persona: *los primos de los padres de una persona son tíos segundos, terceros o el grado que corresponda*. **3** Cónyuge de los hermanos o los primos de los padres de una persona. **4** *coloquial* Expresión informal o vulgar para referirse a una persona: *¡qué tío, cómo baila!* **SIN** menda. **5** Forma de tratamiento que indica respeto y que se aplica a personas de edad: *la tía Adela es la madre de mi mejor amigo*. Este uso suele ser común en algunas comunidades rurales.

no hay tu tía *coloquial* Expresión que indica que es difícil o imposible realizar o conseguir una cosa determinada: *se lo he dicho un montón de veces, pero no hay tu tía, no cambia de idea*.

DER tiarrón.

tiovivo *n. m.* Atracción de feria que consiste en una base redonda sobre la que dan vueltas caballitos, coches y otras figuras en las que montan los niños: *en el parque de atracciones hay muchos tiovivos*. **SIN** caballitos.

OBS El plural es *tiovivos*.

tiparraco, -ca *n. m. y f. coloquial* Persona despreciable que tiene un aspecto ridículo: *se nos presentó un tiparraco que decía ser el dueño de aquellas tierras*. Se usa como apelativo despectivo.

tipejo, -ja *n. m. y f. coloquial* Persona ridícula y despreciable: *no es más que un tipejo, nadie importante*. **SIN** tipo.

OBS Tiene valor despectivo.

-tipia Elemento sufijal que entra en la formación de palabras denotando relación con la imprenta o con el arte de componer textos: *linotipia*.

típico, -ca *adj.* Que es propio, característico o representativo de un tipo o clase: *las tapas son típicas de España*. **ANT** atípico.

tipificación *n. f.* **1** Conjunto de características que son representativas de un modelo o clase: *el baile flamenco es la tipificación de la cultura andaluza*. **2** Adaptación o acomodación de varias cosas semejantes a un tipo o a una norma común: *algunos delitos aún no tienen tipificación dentro del código penal*.

tipificar *v. tr.* Clasificar u organizar en tipos o clases una realidad o un conjunto de cosas: *los legisladores tipificaron varios delitos fiscales*.

DER tipificación.

OBS En su conjugación, la *c* se convierte en *qu* delante de *e*.

tiple *n. m.* **1** Instrumento musical de viento de sonido agudo, está formado por un tubo de madera en forma de cono con llaves y agujeros: *el tiple se usa para tocar sardanas*. **2** Voz que es la más aguda del registro de las voces humanas: *el tiple es propio de mujeres o niños*. ◇ *n. com.* **3** Persona que tiene esta voz: *al terminar la obra salió la tiple a saludar*.

DER atiplar, vicetiple.

tipo, -pa *n. m. y f.* **1** Individuo en general, persona cuya identidad se desconoce o no se quiere especificar: *no me gusta nada esa tipa; es un buen tipo*. Suele tener un valor

despectivo. ◊ *n. m.* **2** Modelo ideal que reúne las características principales de todos los seres de igual naturaleza: *esa casa es el tipo, las demás son iguales a ésta*. **SIN** modelo, prototipo. **3** Clase o modalidad de una cosa: *¿qué tipo de traje quieres comprar?* **tipo de interés** Proporción de una cantidad de dinero que hay que pagar a un banco o al acreedor en general a cambio de un préstamo; se expresa en tanto por ciento: *el tipo de interés de las hipotecas está entre el 7 y el 9 %*. **4** Figura o línea del cuerpo humano en general o concretamente del talle: *esta chica hace gimnasia para tener buen tipo*. **5** Modelo de personaje de una obra de ficción, que resume las características principales de varios personajes concretos similares: *el tipo del héroe ha variado mucho en los últimos años: antes los héroes eran siempre muy violentos y ahora muchos son pacíficos*. **6** Pieza de metal de la imprenta y de la máquina de escribir en que está grabada una letra u otro carácter: *cuando los tipos están muy gastados conviene cambiarlos*. **7** Clase de letra: *el tipo courier es muy utilizado en imprenta*. **8** BIOL. Categoría de clasificación de los seres vivos que es más específica que la de reino y más general que la de clase: *los cangrejos y las arañas pertenecen al tipo de los artrópodos*.
jugarse el tipo Exponerse a un peligro o riesgo: *no conduzcas tan deprisa que te estás jugando el tipo*.
mantener el tipo Comportarse una persona de modo adecuado en una situación mala o peligrosa, sin ceder a las dificultades: *todos le atacaron pero él supo mantener el tipo*.
DER tiparraco, tipejo, típico, tipificar, tipismo; arquetipo, prototipo, subtipo.

tipografía *n. f.* **1** Técnica de impresión de textos o dibujos, a partir de moldes en relieve o tipos que, entintados, se aplican sobre el papel: *la tipografía impulsó la difusión de la cultura escrita*. **2** Estilo o apariencia de un texto impreso: *la tipografía de este libro es muy agradable a la vista*. **3** Establecimiento en el que se imprime: *tengo que pasar por la tipografía a recoger unas pruebas de imprenta*. **SIN** imprenta.
DER tipográfico.

tipográfico, -ca *adj.* De la tipografía o relacionado con esta técnica de impresión: *error tipográfico*.

tipología *n. f.* Clasificación u organización en tipos o clases de un conjunto de elementos: *según la tipología lingüística, esa lengua pertenece a la familia bantú*. **SIN** taxonomía.
DER tipológico.

tipológico, -ca *adj.* De la tipología o relacionado con esta clasificación u organización: *la parte tipológica del estudio es la más interesante*.

tique o **ticket** *n. m.* **1** Resguardo, papel en el que aparece anotado el precio que se ha pagado por una compra o por un servicio: *tique de compra*. **SIN** recibo, vale. **2** Billete que permite usar un medio de transporte o entrar en un establecimiento público o espectáculo: *tique del autobús; tique del metro*. **SIN** entrada, tique.
OBS Es de origen inglés. ◊ La Real Academia Española sólo admite la forma *tique*, pero *ticket* es muy usual. ◊ El plural de *ticket* es *tickets*.

tiquismiquis *n. com.* **1** Persona excesivamente escrupulosa, que se fija en detalles insignificantes y que ve problemas o defectos en todo: *es un tiquismiquis que siempre se está quejando*. ◊ *n. m.* **2** Problema o defecto que tiene poca importancia o trascendencia: *no me vengas con tiquismiquis porque el trabajo debe quedar terminado hoy mismo*.
OBS El plural también es *tiquismiquis*.

tira *n. f.* **1** Pedazo largo y estrecho de un material delgado, especialmente de papel o tela: *con una tira de tela improvisó una venda para la herida*. **SIN** cinta, lista. **2** Serie de viñetas o dibujos que narran una historia o parte de ella; suelen aparecer en los periódicos: *el diario publica cada día la tira de un dibujante famoso*.
la tira *coloquial* Mucho, en gran cantidad o con gran intensidad, o muchísimas personas o cosas: *vino la tira de gente al concierto; me gusta la tira*.
DER tirita.

tirabuzón *n. m.* Rizo de pelo largo que cuelga en forma de espiral: *la niña llevaba el pelo peinado con tirabuzones*.

tirachinas *n. m.* Instrumento para lanzar piedras u objetos pequeños compuesto por una pieza de madera o de otro material en forma de Y, a cuyos extremos se sujeta una tira elástica que impulsa los proyectiles: *se entretenía lanzando piedras al agua con el tirachinas*.

tirada *n. f.* **1** Acción que consiste en tirar o lanzar una cosa con la mano de una sola vez: *lanzó los dados varias veces y en la segunda tirada le salieron dos seises*. **2** Conjunto de cosas que se hacen o dicen de una sola vez, de un tirón. **3** Conjunto de pliegos impresos de una sola vez: *la primera tirada del libro fue de dos mil ejemplares*. **4** Distancia que hay de un lugar a otro: *de mi casa a la tuya hay una buena tirada paseando*.

tirado, -da *adj.* **1** *coloquial* Que es muy fácil de conseguir porque es sencillo, no presenta dificultad o es muy barato: *las naranjas están tiradas este año porque hay muchas; aprobé porque el examen estaba tirado; estos problemas de matemáticas están tirados*. **2** *coloquial* [persona, cosa] Que es despreciable o no tiene valor: *lleva ropa muy tirada, todo viejo y medio roto; ese tipo es de lo más tirado, haría cualquier cosa por dinero*.
de una tirada Expresión que indica que una cosa se hace de una vez y sin interrupción: *me leí el libro de una tirada*.

tirador, -ra *n. m. y f.* **1** Persona que tira o dispara un arma, especialmente si lo hace con habilidad: *los tiradores se ejercitaban antes de la competición*. ◊ *n. m.* **2** Asa para agarrar con la mano un objeto que se puede mover y tirar de él: *al abrir el cajón se quedó con el tirador en la mano*. **3** Cordón del que se tira para hacer sonar una campanilla: *no se puede llamar porque se ha roto el tirador*. **4** Instrumento para lanzar piedras u otros objetos compuesto por una pieza de madera o de otro material en forma de Y, a cuyos extremos se sujeta una tira elástica que impulsa los proyectiles: *los niños rompieron un cristal disparando con los tiradores*. **SIN** tirachinas, tiragomas.
DER francotirador.

tiragomas *n. m.* Tirachinas.
OBS El plural también es *tiragomas*.

tiralíneas *n. m.* Utensilio de dibujo terminado en forma de pinza, cuyas dos puntas que se abren y se cierran mediante un tornillo de manera que pueda trazar líneas más o menos finas: *el tiralíneas se usa en dibujo lineal*.
OBS El plural también es *tiralíneas*.

tiranía *n. f.* **1** Forma de gobierno en la que el gobernante tiene un poder total o absoluto, no limitado por unas leyes, especialmente cuando lo obtiene por medios ilícitos: *la forma de gobierno de los dictadores es una tiranía*. **SIN** despotismo, dictadura. **2** Abuso de la superioridad o del poder en el trato con las demás personas: *su jefe le trata con tiranía*. **3** Poder excesivo que un sentimiento ejerce sobre la voluntad de una persona: *la tiranía del odio lo condujo a vengarse de todos*. **4** Forma de gobierno de la Grecia antigua en la que el gobernante alcanzaba el poder por medios ilícitos, independientemente de que después lo ejerciera con justicia.

tiránico, -ca *adj.* De la tiranía o relacionado con esta forma de gobierno: *la nación tuvo un gobierno tiránico durante diez años*. **SIN** despótico, dictatorial.

tiranizar *v. tr.* Dominar o mandar un gobernante con poder total o absoluto, sin leyes que lo limiten: *el dictador tiranizó a su pueblo*. **SIN** oprimir.
OBS En su conjugación, la *z* se convierte en *c* delante de *e*.

tirano, -na *adj./n. m. y f.* **1** [persona] Que se adueña de forma ilícita del poder de un estado o que lo gobierna de manera totalitaria o absoluta sin estar limitado por unas leyes: *dio un golpe de estado y se convirtió en un tirano*. **SIN** dictador. **2** [persona] Que abusa de su poder o su superioridad en el trato con las demás personas: *un tirano con sus hijos, debería darles más libertad*. **SIN** déspota. ◇ *adj.* **3** [pasión, sentimiento] Que domina completamente el ánimo y la voluntad de una persona: *no sé cómo librarme de este amor tirano*.
DER tiranía, tiranicidio, tiránico, tiranizar.

tiranosaurio *n. m.* Dinosaurio carnívoro de gran corpulencia que tenía las patas delanteras más cortas que las traseras: *el tiranosaurio existió en la era secundaria*.

tirante *adj.* **1** Que está estirado o tenso por estar expuesto a unas fuerzas opuestas, de modo que no tiene arrugas: *las gomas de la tienda de campaña deben quedar tirantes*. **2** [situación] Que es violento o embarazoso, que las personas no saben qué decir o hacer al respecto. **3** [relación] Que es fría o difícil y está próxima a romperse o complicarse: *la relación con sus padres se fue haciendo cada vez más tirante*. ◇ *n. m.* **4** Tira de un material elástico con un broche metálico en cada extremo que se pasa por encima de cada hombro y se engancha a la cinturilla del pantalón o de la falda, por la espalda y por el abdomen, impidiendo que se caiga: *el abuelo prefiere llevar tirantes en lugar de cinturón*. **5** Pieza mecánica destinada a sostener un gran peso o tensión, como los que sujetan un puente colgante.
DER tirantez; atirantar.

tirantez *n. f.* **1** Característica de lo que está estirado o tenso: *si sujetas la cuerda con esa tirantez se romperá*. **2** Situación de tensión u hostilidad que se da entre dos o más personas: *en la reunión había una gran tirantez debido a la discusión del día anterior*.

tirar *v. tr.* **1** Lanzar una cosa con la mano, especialmente si es hacia una dirección determinada: *tiró el papel a la papelera; ha tirado las manzanas podridas a la basura*. **SIN** arrojar, echar. **2** Dejar caer o soltar una cosa: *no tires basura al suelo*. **3** Desechar, apartar o echar fuera una cosa que no sirve: *voy a tirar toda esta ropa vieja ahora mismo*. **4** Desperdiciar una cosa o no sacar provecho de ella: *has tirado el dinero con la compra que has hecho*. **SIN** derrochar, malgastar. **5** Derribar o echar abajo una cosa, o al suelo a una persona: *el fuerte viento ha tirado los árboles del jardín*. **6** Disparar proyectiles con un arma de fuego, o lanzar o hacer explotar un artefacto explosivo: *tiró un par de balas al blanco y acertó; me divierte tirar petardos*. **7** Disparar con una cámara de fotografiar: *tiró la foto cuando estábamos descuidados*. **8** Lanzar una pieza de un juego, especialmente una pelota, datos o cartas: *tiró los dados y obtuvo seis puntos*. **9** *coloquial* Suspender a una persona en una prueba o no aprobarla en un examen: *me ha tirado la profesora de literatura en este examen*. **10** Reproducir un texto mediante impresión: *han tirado nuevos ejemplares de esta novela*. **SIN** imprimir. **11** Dibujar o trazar una línea: *el ayudante del arquitecto está aprendiendo a tirar líneas*. ◇ *v. intr.* **12** Atraer de manera natural a una cosa: *el peso del plomo tira de la cuerda y mantiene tenso el decorado*. **SIN** estirar. **13** Hacer fuerza para atraer o acercar una cosa: *tiraba de la correa para acercar al perro*. **SIN** estirar. **14** *coloquial* Atraer o gustar mucho una cosa: *a este chico le tira mucho la mecánica*. **15** Quedar estrecha o corta una prenda de vestir: *esta camisa me tira de la espalda*. **16** Funcionar correctamente el mecanismo de un objeto o un aparato: *esta máquina se ha atascado, no tira bien*. **17** Crear una corriente de aire para absorber el humo: *esta chimenea tira muy bien*. **18** Avanzar caminando o circular en una dirección determinada: *cuando llegues a la farmacia tira a la derecha*. **19** Tender una persona hacia unas ideas o modo de vida determinados: *esta chica tira hacia la enseñanza*. **20** Tener cierto parecido o semejanza una persona o cosa con otra: *su pelo tira a rubio; mi hijo tira a su padre, tiene la misma expresión*. **21** Ir un corredor delante de los demás marcando el ritmo: *el ciclista estuvo tirando a lo largo de 50 kilómetros*. ◇ *v. prnl.* **22** **tirarse** Lanzarse una persona desde una determinada altura: *los polizontes se tiraron del tren en marcha*. **23** Dejar pasar el tiempo realizando una actividad o manteniéndose una persona en un estado: *se ha tirado tres meses enfermo; se tiraron trabajando toda la noche*. **24** *malsonante* Realizar el acto sexual con otra persona.
a todo tirar A lo sumo o como mucho: *a todo tirar, creo que tenemos provisiones para una semana*.
tira y afloja Expresa una alternancia entre momentos de tensión y de conciliación: *consiguió comprar el piso a buen precio después de un largo tira y afloja con el dueño*.
tirar con bala *coloquial* Hacer o decir una cosa con mala intención: *sus comentarios siempre tiran con bala*.
DER tirada, tirado, tirador, tirante, tiro, tirón; estirar, retirar.

tirita *n. f.* Tira pequeña de esparadrapo o de otro material con una gasa en el centro que se pega sobre una herida pequeña para protegerla: *me hizo daño el zapato y me puse una tirita en el talón*.

tiritar *v. intr.* Agitarse con movimientos rápidos, continuos e involuntarios por frío, miedo u otras causas: *los niños salían de la piscina tiritando*. **SIN** temblar.
DER tiritera, tiritona; titiritar.

tiritona *n. f.* Temblor del cuerpo producido por el frío o la fiebre: *tiene tiritonas a causa de la fiebre*.

tiro *n. m.* **1** Disparo hecho con un arma de fuego: *dio tres tiros al oso y lo mató*. **tiro de gracia** Tiro que se da a una persona o animal ya herido de gravedad para que muera rápidamente: *el cazador remató con un tiro de gracia al antílope*. **2** Ruido que produce este disparo y también la señal o herida que produce: *se han oído varios tiros en el piso de arriba; tiene un tiro en la pierna*. **3** Conjunto de deportes que consisten en derribar un blanco o acertar en él con armas de fuego o arcos y flechas. **tiro al blanco** Deporte que consiste en disparar a un blanco con un arma: *este año he sido el campeón en tiro al blanco*. **tiro al plato** Deporte que consiste en disparar con una escopeta a un plato que es lanzado con fuerza hacia arriba: *soy el campeón de tiro al plato más joven*. **tiro de pichón** Deporte que consiste en disparar a un pichón al vuelo: *en el tiro de pichón cortan las plumas de la cola a la paloma para que mantenga un vuelo más recto y sea más fácil acertar*. **4** Conjunto de caballos o de otros animales que tiran de un carruaje: *el cochero manejaba el tiro con un látigo*. ☞ arreos. **5** Distancia que va desde el lugar de unión de las piernas hasta la cintura de un pantalón: *estos pantalones me están cortos de tiro*. **6** Lanzamiento de la pelota a la meta o a la canasta del equipo contrario, en fútbol, baloncesto y otros deportes: *el jugador hizo un tiro desafortunado y el balón no entró*. **tiro libre** Lanzamiento de la pelota directamente a la canasta que se hace desde un punto determinado como castigo a una falta del equipo contrario en el juego del baloncesto: *cada tiro libre que se encesta vale un punto.* **7** Corriente de aire con la que se absorbe el humo en una chimenea o un horno: *el humo de la chimenea nos hizo toser porque estaba obstruido el tiro.*

a tiro Al alcance de una persona: *te escogió a ti porque pasaste por delante y te pusiste a tiro.*

a un tiro de piedra Muy cerca: *la cabaña está a un tiro de piedra del lago.*

como un tiro *coloquial* Muy mal o fatal: *me sentó como un tiro que te marcharas con ellos.* Se usa con verbos como *caer* o *sentar.*

de tiros largos Vestido elegantemente o muy arreglado: *si es una fiesta tan elegante habrá que ir de tiros largos.*

ir los tiros por ahí Se utiliza para indicar que una opinión, hipótesis o enfoque es adecuado o acertado: *no es exactamente eso, pero los tiros van por ahí; él no sabe por dónde van los tiros.*

ni a tiros *coloquial* De ninguna manera: *dice que no se moverá de allí ni a tiros.*

salir el tiro por la culata *coloquial* Producirse un resultado negativo, contrario al esperado: *pensaba hacer un buen negocio pero le salió el tiro por la culata.*

DER tirotear.

tiroideo, -dea *adj.* Del tiroides o que tiene relación con esta glándula: *la falta de yodo es una de las causas de las afecciones tiroideas.*

tiroides *adj./n. m.* ANAT. [glándula] Que está situado en la parte superior y delantera de la tráquea y regula el metabolismo y el crecimiento: *el tiroides está en el cuello, exactamente en la nuez; el bocio es una enfermedad que consiste en el agrandamiento de la glándula tiroides.*

DER tiroideo.

OBS El plural también es *tiroides.*

tirón *n. m.* **1** Acción que consiste en tirar de una cosa con fuerza y brusquedad o violentamente: *el niño pegó un tirón de la falda de su madre.* **SIN** estirón. **2** Procedimiento de robo que consiste en tirar rápida y violentamente de una cosa y huir con ella: *le han robado el bolso por el método del tirón.* **3** Movimiento brusco, acelerón de un vehículo que está circulando, especialmente si se hace para conseguir ventaja respecto a otros: *dio un buen tirón en la última curva y llegó el primero; cuando el coche está recién encendido da muchos tirones.* **4** Atractivo especial o capacidad para conseguir seguidores que tiene una persona o una idea: *el ecologismo tiene un gran tirón entre la juventud.* **5** Agarrotamiento o contracción de un músculo del cuerpo: *mientras nadaba me dio un tirón en la pierna.*

de un tirón *coloquial* Expresión que indica que una cosa se hace de una sola vez y sin interrupciones ni intervalos: *limpié la casa de un tirón.*

tirotear *v. tr.* Disparar repetidamente un arma de fuego contra una persona o una cosa: *la policía tiroteó a los atracadores.*

DER tiroteo.

tiroteo *n. m.* Series de disparos de arma de fuego que se producen seguidos: *hubo un tiroteo entre la policía y los bandidos.*

tirreno, -na *adj.* **1** Del mar Tirreno o que tiene relación con esta parte del mar Mediterráneo que comprende la zona situada entre la península itálica y las islas de Sicilia, Córcega y Cerdeña. **2** De la antigua Etruria o que tiene relación con esta zona del noroeste de la actual Italia. **SIN** etrusco.

◇ *adj./n. m. y f.* **3** [persona] Que era de la antigua Etruria: *los tirrenos llegaron a la península italiana hacia el siglo IX.* **SIN** etrusco.

tirria *n. f. coloquial* Odio o antipatía que una persona siente hacia alguien o algo, especialmente cuando es injustificado: *el profesor de matemáticas me tiene tirria y por eso me ha suspendido.* **SIN** manía, ojeriza.

tisana *n. f.* Infusión que se prepara con varias hierbas y tiene propiedades medicinales: *le dolía el estómago y su madre le preparó una tisana.*

tísico, -ca *adj.* **1** De la tisis o relacionado con esta enfermedad pulmonar. ◇ *adj./n. m. y f.* **2** [persona] Que padece tisis o tuberculosis pulmonar: *la prueba de la tuberculina sirve para determinar si eres tísico, o si has estado expuesto al bacilo.* **SIN** tuberculoso.

tisis *n. f.* Enfermedad que afecta a los pulmones cuyos síntomas más evidentes son la tos seca y persistente y la pérdida de peso: *los enfermos de tisis presentan un aspecto demacrado.* **SIN** tuberculosis.

DER tísico.

OBS El plural también es *tisis.*

tisú *n. m.* **1** Tela de seda entretejida con hilos de oro y plata: *el sultán llevaba un turbante de tisú.* **2** Pañuelo de papel.

OBS El plural es *tisús.*

titán *n. m.* **1** Hombre que tiene mucho poder o fuerza. **2** Cada uno de los doce gigantes de la mitología griega hijos de Gea y Urano que quisieron asaltar el cielo. Suele escribirse con letra mayúscula.

DER titánico.

ETIM De *Titán*, gigante mitológico.

titánico, -ca *adj.* Que es muy fuerte o que exige un gran esfuerzo: *levantar esa piedra requiere un trabajo titánico.* **SIN** enorme, gigantesco.

titanio *n. m.* Elemento químico metálico, de color gris que es muy ligero y muy resistente: *el símbolo del titanio es Ti.*

títere *n. m.* **1** Muñeco articulado que se puede mover, o bien desde arriba por medio de una cruceta de la cual cuelgan unos hilos que van atados a su cuerpo, o bien metiendo la mano en su interior, por debajo del vestido: *preparamos para los niños una obra de teatro con títeres.* **SIN** marioneta. **2** Persona que se deja manejar por los demás, que no actúa por voluntad propia: *no eres más que un títere suyo, sólo haces lo que él quiere.* ◇ *n. m. pl.* **3 títeres** Espectáculo público que se realiza con muñecos o marionetas.

no dejar (o quedar) títere con cabeza *coloquial a)* Destruir o destrozar una cosa por completo: *la niña se ha subido a la estantería de las porcelanas y no ha dejado títere con cabeza. b)* Criticar o hablar muy mal de una o más personas: *se puso a hablar de sus compañeros y no quedó títere con cabeza.*

DER titiritero.

titi *n. f. coloquial* Chica joven: *conozco a unas titis que son simpatiquísimas.*

OBS Se usa en el lenguaje juvenil.

tití *n. m.* Mono pequeño de color gris, con rayas, de cara blanca y pelada, nariz negra y con una cola muy larga: *el tití vive en las selvas de América del Sur.*

OBS Para indicar el sexo se usa el *tití macho* y el *tití hembra.* ◇ El plural es *titís.*

titilar *v. intr.* **1** Brillar o centellear con un ligero temblor un cuerpo luminoso: *las estrellas titilan en el cielo.* **2** Temblar ligeramente una parte del cuerpo: *el hocico del perro titiló al olor de la liebre.*

titiritero, -ra *n. m. y f.* **1** Persona que maneja títeres o marionetas: *el titiritero realizó una obra de teatro para los* niños. **2** Persona que participa en un espectáculo haciendo ejercicios de saltos y equilibrios en el aire o sobre un alambre: *los titiriteros del circo*. **SIN** acróbata, volatinero.

tito, -ta *n. m. y f.* **1** *coloquial* Persona que es hermano del padre o de la madre: *mi tito me compra muchos caramelos*. **SIN** tío. Se usa como apelativo cariñoso. ◇ *n. m.* **2** Hueso o pepita de una fruta.

titubear *v. intr.* **1** Dudar al elegir unas palabras determinadas o tropezar al pronunciarlas: *titubeó al dar la respuesta porque no estaba seguro de qué contestar*. **SIN** balbucear, tartamudear. **2** Sentir duda o no saber qué decisión tomar ante un asunto: *aceptó el negocio sin titubear*. **SIN** dudar, vacilar. **3** Tambalearse una persona o una cosa que tiene poca estabilidad. **SIN** oscilar.
DER titubeo.

titubeo *n. m.* **1** Duda en la elección o tropiezo en la pronunciación de unas determinadas palabras: *respondió a la pregunta sin un solo titubeo*. **2** Duda o falta de decisión ante un asunto: *después de muchos titubeos se decidió a hacerlo*.

titulación *n. f.* **1** Obtención de un título académico y el mismo título académico: *consiguió por fin la titulación de economista en la universidad; se han creado quince nuevas titulaciones*. **2** Elección de un título o del nombre que se pone a una cosa: *en el periodismo es muy importante la titulación de las noticias*.

titulado, -da *adj./n. m. y f.* [persona] Que tiene un título académico: *todos los trabajadores de esta empresa son profesionales titulados; este chico es titulado en periodismo*.

titular *adj./n. com.* **1** [persona] Que ha sido nombrado para ocupar un cargo o ejercer una profesión y posee el título o nombramiento que le acredita para hacerlo: *esta chica es la titular de ese puesto; la receta debe ir firmada por el médico titular*. ◇ *n. com.* **2** Persona o entidad que da su nombre para que figure como título de algo o para que conste que es su propietario o el sujeto activo de un derecho: *el titular de una cuenta; la titular de una finca*. ◇ *n. m.* **3** Título de una publicación o de una noticia; aparece al principio y en letras de mayor tamaño: *la noticia ha aparecido en los titulares de todos los periódicos*. ◇ *v. tr./prnl.* **4** Elegir o poner título o nombre a una obra: *el director todavía no ha titulado la película que está rodando; ¿cómo se titula la obra de teatro?* ◇ *v. prnl.* **5 titularse** Obtener un título académico: *Sara se titulará en medicina el año que viene*.

titularidad *n. f.* Ejercicio de una profesión o cargo con el título o nombramiento oportuno: *la titularidad de la plaza la tiene otro médico y él es el sustituto*.

titulitis *n. f. coloquial* Aprecio excesivo que tiene una persona por la posesión de títulos académicos: *con tanta titulitis la experiencia profesional del candidato queda en segundo término*.
OBS El plural también es *titulitis*.

título *n. m.* **1** Palabra o conjunto de palabras que dan nombre a una obra científica o artística, frecuentemente da indicaciones sobre el contenido: *título de una novela; título de una película; título de un cuadro*. **SIN** denominación, nombre. **2** Documento con valor académico que acredita que una persona está preparada y capacitada para desarrollar una actividad, puesto que ha cursado los estudios pertinentes y ha superado los exámenes correspondientes: *ha obtenido el título de licenciado en biología*. **3** Premio o reconocimiento público que se concede a la persona o al grupo de personas que han sido los mejores en una actividad: *el equipo de fútbol consiguió el título de campeón*. **4** Dignidad o categoría nobiliaria y persona que la posee: *tiene el título de marqués*. **5** Parte o división de un texto jurídico o un código de leyes: *los derechos de los ciudadanos se explican en el título primero de la ley*. **6** Documento que acredita que una persona es propietaria de algún bien o está en posesión de un derecho: *ya tengo el título de propiedad del piso*. **7** Documento que acredita que el poseedor tiene una cantidad de dinero invertida en una empresa del estado. **SIN** valor.
a título de En calidad de, funcionando como o con ese pretexto: *me dio un consejo a título de amigo*.
DER titular, titulillo; subtítulo.
ETIM Título procede del latín *titulus*, que tenía el mismo significado, voz con la que también está relacionada *tilde*.

tiza *n. f.* **1** Arcilla blanca arenosa que sirve para limpiar metales. **2** Barra pequeña de este material que se usa para escribir en una pizarra o encerado: *ve a buscar una caja de tizas al armario del material*. **3** Compuesto de yeso y greda que se aplica en la punta de los tacos de billar: *la tiza se pone para que el taco no resbale en la bola*.

tiznar *v. tr.* Manchar una cosa con tizne, humo, hollín o ceniza: *el fuego ha tiznado el techo de la cocina*.

tizne *n. amb.* Ceniza y polvo negro que produce el fuego o el humo y que se pega a los objetos: *estuvo restregando la sartén para quitarle la tizne*.
DER tiznar.

tizón *n. m.* **1** Palo o trozo de madera a medio quemar: *removió los tizones de la chimenea con un atizador*. **2** Hongo parásito del trigo y otros cereales: *el tizón produce manchas negras en la planta*.
a tizón Expresión que indica que las piedras o ladrillos de un muro se han colocado de manera que se vea en la fachada su lado más pequeño: *las paredes a tizón son más gruesas*.

toalla *n. f.* **1** Pieza de tela de tejido suave y esponjoso que sirve para secarse el cuerpo: *las toallas de baño son más grandes que las de tocador*. **2** Tejido de rizo con el que se fabrica esta pieza de tela: *este albornoz es de toalla*.
arrojar (o tirar) la toalla Abandonar una tarea o darse por vencida una persona: *tiró la toalla cuando llevaba un mes trabajando*.
DER toallero.

toallero *n. m.* Mueble o soporte que sirve para colgar las toallas: *he puesto toallas limpias en el toallero*.

tobillera *n. f.* Venda, generalmente elástica, que se pone en el tobillo para protegerlo o sujetarlo: *me torcí el tobillo y debo llevar una tobillera*.

tobillo *n. m.* Parte del cuerpo humano donde el pie se articula con la pierna: *el tobillo tiene dos abultamientos a los lados que son la tibia y el peroné*. ☞ cuerpo humano; pie.
DER tobillera.

tobogán *n. m.* Rampa artificial por la que se deslizan o se dejan caer las personas para divertirse: *los niños se tiran por el tobogán*.

toca *n. f.* Prenda que usan las monjas para cubrirse la cabeza: *la toca suele ser del mismo color que el hábito*.

tocadiscos *n. m.* Aparato electrónico que reproduce los sonidos grabados en un disco: *el disco se coloca sobre el plato giratorio del tocadiscos; tengo que cambiar la aguja del tocadiscos*.
OBS El plural también es *tocadiscos*.

tocado, -da *adj.* **1** [persona] Que está algo trastornado mentalmente: *el chico está un poco tocado y no para de hacer tonterías*. **2** [fruta] Que ha empezado a estropearse: *las manzanas del frutero estaban algo tocadas*. **3** [persona] Que no se encuentra en una forma física óptima a causa de alguna lesión o enfermedad: *el tenista está tocado desde que se* *lesionó el tobillo.* ◇ *n. m.* **4** Prenda o adorno que se lleva en la cabeza: *la novia llevaba un tocado de flores de azahar.* **5** Peinado femenino: *la peluquera le recogió el pelo en un tocado con rizos.*

tocador *n. m.* **1** Mueble, generalmente en forma de mesa y con un espejo, que se usa para el peinado y el aseo personal: *los cepillos y los perfumes están en el cajón del tocador.* **SIN** coqueta. **2** Habitación que se usa para el peinado y el aseo personal: *olvidé el bolso en el tocador de señoras del restaurante.*

tocar *v. tr.* **1** Palpar con las manos: *deja de tocar la figura de porcelana que la romperás.* **2** Poner en contacto la mano u otra parte del cuerpo con una persona o una cosa: *tocó el libro; me tocó la mejilla; de puntillas podía tocar la caja de galletas.* **3** Rozar o estar en contacto una cosa con otra: *el respaldo de la silla toca la pared.* **4** Hacer sonar un instrumento musical: *tocar la guitarra; tocar el piano.* **5** Ejecutar o interpretar una pieza musical: *la orquesta tocaba nuestra canción.* **6** Alterar o modificar el estado o condición de una cosa: *no toques más la redacción que la estás estropeando.* **SIN** retocar. **7** Hacer sonar una cosa, generalmente para avisar o llamar: *toca la bocina para que se aparte; las campanas tocan a misa.* **8** Tratar un asunto o hablar de él sin profundizar: *hoy tocaremos el tema que quedó pendiente ayer.* ◇ *v. intr.* **9** Haber llegado el momento de realizar una cosa: *hoy me toca lavar la ropa; ¿a quién le toca ahora? —Me toca a mí, quiero un litro de leche.* **10** Llegar una embarcación o un avión a un lugar por el que están de paso: *el barco tocó tierra en Chipre.* **11** Ser una cosa obligatoria para una persona o ser de su responsabilidad: *te toca pagar la comida.* **12** Importar o ser de interés una cosa para una persona: *todos tus problemas me tocan directamente.* **13** Corresponder a una persona una cosa que se reparte o se sortea: *tocamos a mil pesetas cada uno; le ha tocado la lotería.* ◇ *v. tr./prnl.* **14** Estar una cosa cerca de otra de modo que haya muy poca distancia entre ellas: *la plaza está tocando a la estación.* ◇ *v. prnl.* **15 tocarse** Tener dos o más personas una relación de parentesco: *—¿os tocáis algo? —Sí, somos primos.* **16** Cubrirse la cabeza con un sombrero o un adorno: *don Quijote se tocaba con un yelmo.*

DER tocado, tocador.

OBS En su conjugación, la c se convierte en qu delante de e.

tocata *n. f.* **1** Composición musical breve destinada a instrumentos de teclado y creada en un solo movimiento: *interpretó una tocata para piano.* ◇ *n. m.* **2** *coloquial* Tocadiscos.

tocateja Palabra que se utiliza en la expresión *a tocateja* que significa que algo se paga al contado y en el momento de la compra: *el coche es una ganga pero hay que pagarlo a tocateja.*

tocayo, -ya *n. m. y f.* Persona que tiene el mismo nombre que otra: *Cristina se llama igual que yo, es mi tocaya.*

tocho *n. m.* **1** Ladrillo basto y tosco: *construyó el muro con tochos y quedó muy rústico.* **2** *coloquial* Libro que es muy grueso o de lectura pesada: *este libro es un tocho de mil páginas.*

tocino *n. m.* Carne grasa de ciertos animales que se usa como alimento: *el tocino del cerdo es muy apreciado en alimentación.* **tocino entreverado** Tocino de cerdo que tiene intercaladas entre la grasa vetas de carne magra.

tocino (o **tocinillo**) **de cielo** Dulce hecho con yema de huevo y almíbar: *el tocino de cielo suele tomarse como postre.*

DER tocinillo.

tocología *n. f.* Parte de la medicina especializada en el estudio y cuidado de la salud de las mujeres durante el embarazo, el parto y el período posterior a éste. **SIN** obstetricia.

tocólogo, -ga *n. m. y f.* Médico especializado en el estudio y cuidado de la salud de las mujeres durante el embarazo, el parto y el período posterior a éste. **SIN** obstetra.

tocomocho *n. m. coloquial* Estafa que consiste en vender algo supuestamente de mucho valor por un precio inferior al que tiene: *le vendieron un número de lotería falso con el timo del tocomocho.*

tocón, -cona *adj./n. m. y f.* **1** *coloquial* [persona] Que tiene tendencia a tocarlo todo: *es un tocón y cuando te habla siempre te coge del brazo; no me gusta ir con ella de tiendas porque es una tocona y lo remueve todo.* ◇ *n. m.* **2** Parte de un árbol talado que sobresale de la tierra y está unido a la raíz: *si cuentas los tocones podrás saber el número de árboles talados.*

todavía *adv.* **1** Indica que hasta un momento determinado una cosa continúa sucediendo o sin suceder: *todavía está durmiendo; todavía no ha llegado el tren.* **SIN** aún. **2** Indica mayor intensidad en las comparaciones: *Juan es todavía más listo que su hermano.* **3** Tiene valor adversativo con el significado de *a pesar de ello* o *sin embargo*: *sé que no me hará caso nunca, y todavía le quiero.*

todo, -da *det./pron. indef.* **1** Indica que lo referido por el nombre al que acompaña se toma en su totalidad, sin excluir ninguna parte ni ninguno de los elementos que lo integran: *se lo comió todo; toda la ciudad está alborotada; tú responderás por todos nosotros; todo delito será castigado.* Puede ir seguido del artículo determinado. **2** Indica intensificación de una característica o que una cualidad se toma en el grado más alto: *ese premio es todo un logro.* Va seguido de artículo indeterminado. ◇ *n. m.* **3** Cosa entera o tomada en su integridad sin excluir ninguna parte: *el todo es mayor que una parte; el equipo tiene que actuar como un todo si queremos ganar.* ◇ *adv.* **4** Enteramente o por completo: *la niña era todo lágrimas.*

ante todo Primero o principalmente: *ante todo está la felicidad de mis hijos.*

así y todo A pesar de eso: *me ha insultado, pero así y todo somos amigos.*

con todo Incluso así, a pesar de todo, no obstante: *soy un buen atleta pero, con todo, no creo que gane esa carrera.*

de todas todas Con total y absoluta seguridad: *sé de todas todas que me has traicionado.*

del todo Totalmente o de forma completa: *eres tonto del todo; aún no me has olvidado del todo.*

jugarse el todo por el todo Arriesgarse una persona hasta el máximo para conseguir un fin: *confiando en ti me jugué el todo por el todo.*

sobre todo En primer lugar o principalmente: *es muy buen chico pero sobre todo tiene un buen corazón.*

todo lo más Expresión que indica el máximo que se considera posible para una cosa: *tardaré en llegar una hora todo lo más.*

y todo Expresión que indica ponderación o encarecimiento de algo: *después de mi enfermedad vino a verme a casa y todo.*

DER sobretodo.

todopoderoso, -sa *adj.* Que lo puede todo o tiene un poder ilimitado: *dentro de aquel despacho se sentía todopoderoso, le bastaba con coger el teléfono para conseguir cualquier cosa.* **SIN** omnipotente.

el Todopoderoso Dios, que la religión considera que tiene poder sobre todas las cosas. Se escribe con letra mayúscula.

todoterreno *adj./n. m.* **1** [vehículo] Que es muy potente y resistente y está preparado para adaptarse a todo tipo de

terrenos, especialmente a los muy accidentados: *necesita un todoterreno para viajar por la montaña; está pensando en comprarse una bicicleta todoterreno.* **2** [persona] Que se adapta a cualquier situación o es útil para cualquier tipo de trabajo: *es un todoterreno, igual sabe de números que de letras.*
OBS Cuando actúa como adjetivo no varía en género. ◇ El plural es *todoterrenos.*

toga *n. f.* **1** Prenda de vestir larga, generalmente de color negro, que se ponen los jueces, los abogados y otros profesionales sobre la ropa cuando están ejerciendo su función o en algunos actos: *el juez debe vestir toga cuando preside un juicio.* **2** Prenda de vestir con forma de manto grande y largo que llevaban los romanos sobre la túnica: *en la antigua Roma, los senadores llevaban una toga especial para distinguirse de otros ciudadanos.*
DER togado.

toilette *n. f.* Aseo o cuarto de baño de un establecimiento público: *le preguntó al camarero dónde estaba la toilette.*
SIN lavabo, servicio.
OBS Es de origen francés y se pronuncia aproximadamente 'tualet'.

toldo *n. m.* Cubierta de tela gruesa o lona que se tiende para que dé sombra en un lugar: *hay toldos en forma de cortina que se deslizan sobre un riel y los hay que se enrollan en una armadura de metal.* ☞ casa.
DER entoldar.

toledano, -na *adj.* **1** De Toledo o relacionado con esta provincia de Castilla-La Mancha o con su capital: *el río Tajo cruza las tierras toledanas.* ◇ *adj./n. m. y f.* **2** [persona] Que es de Toledo.

tolerable *adj.* **1** Que se puede permitir, admitir o aceptar aunque no guste o no se apruebe del todo. **SIN** aceptable, pasable. **ANT** intolerable. **2** Que se puede sufrir, soportar o aguantar aunque sea una situación dura o muy dolorosa: *los calmantes hacen estos dolores más tolerables.* **SIN** llevadero, soportable. **ANT** intolerable.

tolerancia *n. f.* **1** Respeto a las opiniones, ideas o actitudes de las demás personas aunque no coincidan con las propias: *la tolerancia es indispensable para el entendimiento mutuo.*
ANT intolerancia. **2** Capacidad que tiene un organismo para resistir y aceptar el aporte de determinadas sustancias: *tolerancia a la penicilina; tolerancia al gluten.* **3** Diferencia máxima entre el valor nominal y el valor real de la cualidad o la cantidad de una sustancia o de un material.

tolerante *adj.* Que respeta las opiniones, ideas o actitudes de las demás personas aunque no coincidan con las propias: *debemos ser tolerantes con los que no piensan como nosotros, puesto que su opinión puede ser tan válida como la nuestra.*
SIN respetuoso. **ANT** intolerante.
DER tolerantismo.

tolerar *v. tr.* **1** Soportar, admitir o permitir una cosa que no gusta o no se aprueba del todo: *a mis padres no les gusta que vuelva tarde pero lo toleran.* **2** Respetar una persona las opiniones, ideas o actitudes de los demás aunque no coincidan con las propias: *tienes que tolerar las ideas de tus compañeros.* **3** Resistir y aceptar un organismo el aporte de determinadas sustancias: *mi bebé no tolera el gluten.*
DER tolerable, tolerado, tolerancia, tolerante.

tolva *n. f.* Recipiente que sirve para hacer que su contenido pase poco a poco a otro lugar o recipiente de boca más estrecha; suele tener forma de pirámide o cono invertido, ancho por la parte superior y estrecho y abierto por la parte inferior: *las aceitunas caen en la piedra del molino a través de una tolva.*

toma *n. f.* **1** Acción y resultado de tomar: *como director, mi misión es la toma de decisiones.* **toma de conciencia** Hecho de darse cuenta de un problema o de un asunto, tras haber meditado sobre ello: *es necesario que la sociedad experimente una toma de conciencia sobre el problema del hambre en el mundo.* **toma de posesión** Acto en el que una persona recibe formalmente un cargo: *mañana se celebrará la toma de posesión de los nuevos ministros.* **2** Parte de un alimento o un medicamento que se ingiere de una vez: *hay que darle una toma de este jarabe tres veces al día.* **3** Lugar por donde se deriva una corriente de fluido o de electricidad: *toma de teléfono; toma de agua.* **toma de corriente** Dispositivo o enchufe que está unido a una red eléctrica y al que se puede conectar un aparato: *en esta sala hay cinco tomas de corriente.* **toma de tierra** Cable de un aparato eléctrico que lo pone en contacto con el suelo, como medida de seguridad: *ahora casi todos los electrodomésticos vienen con toma de tierra para evitar el riesgo de descargas eléctricas.* **4** Fragmento de una película de fotografía o cine que se impresiona o se graba de una vez: *estas fotos presentan unas tomas de gran calidad; el director decidió empezar la película con una toma panorámica del paisaje.* **5** Conquista u ocupación de un lugar mediante las armas: *la toma de una ciudad; la toma del castillo.*

tomado, -da *adj.* [voz] Que está ronco o afónico: *debido a la congestión nasal, tiene la voz tomada.*

tomadura *n. f.* Acción que consiste en tomar una cosa.
tomadura de pelo Palabras o acciones dichas o hechas para reírse, engañar o poner en ridículo a alguien: *esta historia no es más que una tomadura de pelo.*

tomahawk *n. m.* Hacha de guerra usada por los indios norteamericanos.

tomar *v. tr.* **1** Coger o sujetar una cosa con la mano o con un objeto: *tomó un pastel de la bandeja; tomó el hielo con las pinzas.* **2** Elegir o escoger una cosa entre varias posibilidades: *tome usted un libro de éstos.* **3** Comer o beber algún alimento: *hoy no he podido tomar el desayuno; tómate la leche; vamos a tomar algo.* **4** Sacar o copiar una cosa de otra persona: *tomó ese pensamiento de su maestro; ese fragmento está tomado de Cervantes.* **5** Conquistar u ocupar un lugar por la fuerza: *las tropas tomaron la ciudad.* **6** Hacer uso de un medio de transporte: *tomaron el autobús en la calle principal.* **7** Adoptar o poner por obra aquello que se expresa: *tomar medidas; tomar precauciones.* **8** Adquirir o intentar llegar a tener lo que se expresa: *tomar aliento; tomar cariño; tomar fuerzas.* **9** Recibir o aceptar una cosa que se ofrece: *no puedo tomar ese dinero.* **10** Recibir o entender unas palabras en un sentido determinado: *creo que tomó en broma lo que dijiste.* **11** Grabar o registrar imágenes en una película fotográfica o de cine: *estas imágenes fueron tomadas el mismo día de los hechos.* **12** Anotar o registrar por escrito: *tomar apuntes; no le he tomado los datos.* **13** Contratar a una persona para que preste un servicio: *tendremos que tomar una criada.* **14** Llevar o aceptar a una persona como compañera: *tomar a una mujer como esposa.* **15** Juzgar o formar una opinión acerca de una cosa: *me ha tomado por un ladrón; lo tomó por ofensa.* **16** Medir una determinada magnitud o medida: *tomar la temperatura.* ◇ *v. tr./intr.* **17** Seguir una persona un camino o una dirección: *después del cruce tomé el camino de la derecha; para ir a tu casa tomé por la callejuela.*
tomarla con Expresión que indica que se le tiene cierta manía o antipatía a una persona y continuamente se le está atacando o molestando: *creo que la han tomado con tu hermano, pues no paran de meterse con él.*

DER toma, tomado, tomadura; retomar.

tomate   *n. m.* **1** Fruto de la tomatera, de piel roja, lisa y brillante, con la carne muy jugosa y semillas amarillas y planas: *el tomate se come mucho en ensalada*. **2** Planta que produce este fruto: *los tomates requieren poco riego; el tomate es una planta que procede de América*. **SIN** tomatera. **3** Salsa que está compuesta básicamente con el fruto de esta hortaliza, generalmente triturado o molido y después frito: *hoy comemos pollo con tomate*. **4** *coloquial* Agujero hecho en una prenda de vestir de punto: *se quitó el zapato y llevaba un tomate en el calcetín*. **5** *coloquial* Momento de escándalo, confusión o desorden, generalmente con ruido y alboroto: *qué tomate se lió en el tren cuando dijeron por los altavoces que, a causa de la avería, habría que salir del túnel andando*. **6** *coloquial* Discusión o lucha: *los insultos acabaron en tomate*. **SIN** pelea.
ponerse como un tomate *coloquial* Ponerse la cara roja de vergüenza o indignación: *al oír el piropo se puso como un tomate*.
DER tomatera.

tomatera   *n. f.* Planta de tallos vellosos de 1 a 2 metros de altura, con hojas alternas y flores amarillas, cuyo fruto es el tomate: *la tomatera procede de América*. **SIN** tomate.

tomavistas   *n. m.* Cámara de pequeño tamaño que se usa en cine y televisión: *recogió las imágenes con un tomavistas*.
OBS El plural también es *tomavistas*.

tómbola   *n. f.* **1** Sorteo o rifa en la que los premios son objetos diversos y cuyos beneficios suelen destinarse a fines benéficos: *en esa tómbola sortean jamones*. **2** Local donde se celebra este sorteo: *muchas de las casetas de la feria son tómbolas*.

-tomía   Elemento sufijal que entra en la formación de palabras con el significado de 'corte', 'división', 'sección': *anatomía, traqueotomía*.

tomillo   *n. m.* Planta silvestre aromática, con muchas ramas, hojas pequeñas y flores blancas o rosas en forma de espiga: *el tomillo se usa en perfumería y como condimento*.

tomo   *n. m.* Cada una de las partes encuadernadas de manera independiente y con paginación propia en que se divide una obra escrita muy extensa: *la enciclopedia que tengo en casa tiene doce tomos*. **SIN** volumen.
de tomo y lomo Que es muy grande o importante: *han tenido una discusión de tomo y lomo*.

ton   Palabra que se utiliza en la locución adverbial *sin ton ni son* que indica que una cosa se hace sin razón alguna: *hablas sin ton ni son, haz el favor de razonar y explícate mejor*.

tonada   *n. f.* **1** Composición métrica que se crea para ser cantada: *el cantautor interpretó algunas de las tonadas que había compuesto*. **2** Música de una canción o de esta composición: *caminaba silbando una tonada*.
DER tonadilla.

tonadilla   *n. f.* **1** Canción alegre y ligera de carácter popular o folclórico. **2** Pieza de teatro cantada que dio origen a la zarzuela: *la tonadilla nació a comienzos del siglo XVIII en el teatro madrileño*.
DER tonadillero.

tonadillero, -ra   *n. m. y f.* Persona que compone o canta tonadillas: *es una famosa tonadillera que ha grabado muchos discos*.

tonal   *adj.* Que es propio del tono o la tonalidad: *variedad tonal; escala tonal*.
DER tonalidad.

tonalidad   *n. f.* **1** Gradación de diferentes colores y tonos: *la tonalidad del mar varía entre el verde y el azul*. **2** En lingüística, entonación que se da a una frase o a un discurso: *la tonalidad de una frase interrogativa es diferente de la de una enunciativa*. **3** MÚS. Escala o sistema de sonidos que sirve de base a una composición musical. **SIN** tono.

tonel   *n. m.* **1** Recipiente de gran tamaño que sirve para contener líquidos; está formado por listones de madera unidos con aros metálicos y apoyados sobre una base circular: *en la bodega hay un tonel de vino blanco*. **SIN** barril, cuba. **2** *coloquial* Persona que está muy gorda: *ha dejado el régimen y ahora está hecho un tonel*.
DER tonelada.

tonelada   *n. f.* **1** Unidad de masa del sistema internacional que equivale a 1000 kilogramos: *el símbolo de la tonelada es t*. **2** Medida de capacidad de una embarcación: *la tonelada equivale a 2,83 metros cúbicos*.
DER tonelaje; megatonelada.

tonelaje   *n. m.* Capacidad de carga que tiene una embarcación u otro vehículo de transporte: *es un barco de gran tonelaje, por lo que alcanza poca velocidad; los camiones de gran tonelaje no pueden circular por esta carretera*.

tongo   *n. m.* En una competición, engaño o trampa que consiste en aceptar dinero a cambio de dejarse ganar: *el público protestó ante la evidencia de que había habido tongo*.

tónica   *n. f.* **1** Bebida gaseosa, transparente y sin alcohol, de sabor ligeramente amargo: *la tónica está hecha con agua, ácido carbónico y quinina*. **2** Modo o manera en que se desarrolla o desenvuelve una cosa o un asunto: *la mediocridad fue la tónica general del discurso*.

tónico, -ca   *adj.* **1** [letra, sílaba, palabra] Que tiene o lleva el acento de intensidad: *en la palabra* camión *la vocal* o *es tónica; la palabra* mesa *tiene una sílaba tónica* me- *y otra átona* -sa. **ANT** átono, inacentuado. ◊ *adj./n. m.* **2** Que da fuerza y energía al organismo: *el médico le recetó un jarabe tónico para su anemia*. ◊ *n. m.* **3** Producto cosmético que sirve para limpiar y refrescar la piel de la cara o dar fuerza y vigor al cabello: *tónico facial; tónico capilar*.
DER tónica, tonificar; diatónico, postónico, pretónico, protónico.

tonificación   *n. f.* Vigorización o fortalecimiento del cuerpo humano o de alguna de sus partes: *este cosmético es bueno para la tonificación e hidratación de la piel*.

tonificar   *v. tr.* Devolver la salud o dar fuerza o vigor al organismo o a una parte de él: *un masaje te tonificará los músculos*. **SIN** entonar, vigorizar.
DER tonificación, tonificante.
OBS En su conjugación, la *c* se convierte en *qu* delante de *e*.

tonillo   *n. m.* Tono de la voz o del habla que denota desprecio o segundas intenciones: *me dijo que el director me llamaba con un tonillo que denotaba celos*.

tono   *n. m.* **1** Cualidad de los sonidos que depende de la cantidad de vibraciones por segundo que se emiten: *las vibraciones de un sonido hacen que el tono sea grave o agudo*. **2** Modo particular de modular la voz una persona según su intención o su estado de ánimo: *tono triste; tono cariñoso*. **3** Fuerza, intensidad o volumen de un sonido: *baja el tono que te van a oír todos los vecinos*. **4** Tendencia general o intención que domina en un escrito, discurso o en determinada actividad: *esta novela tiene un tono político; suspendieron el partido por el tono violento que iba tomando*. **SIN** carácter, matiz. **5** Grado de intensidad de un color: *al atardecer, el cielo se tiñó de un tono rosado; me gustan los colores de tonos claros*. **6** Estado del cuerpo o de una parte de él cuando se encuentra en buena forma y cumple sus funciones: *una sopa caliente te hará recuperar el tono*. **7** MÚS. Distancia que hay entre una nota y la siguiente en la escala musical, excepto de

tonsura

mi a fa y de si a do: *de do a re hay un tono de diferencia.* **8** MÚS. Escala o sistema de sonidos que sirve de base a una composición musical: *el tono de esta pieza es do mayor.* **SIN** tonalidad.

a tono Expresión que indica que una cosa está en correspondencia o de acuerdo con otra: *lleva los zapatos a tono con el bolso.*

darse tono Darse importancia o presumir de algo: *se ha comprado un coche muy grande para darse tono.*

de buen (o mal) tono Que es propio de las cosas que se consideran de buen gusto y distinguidas o de mal gusto y sin distinción.

fuera de tono Expresión que indica que una cosa está fuera de lugar o es inoportuna: *la verdad es que tu acción ha estado un poco fuera de tono.*

subido de tono Expresión que indica que una palabra o un comentario son groseros u obscenos: *contó un chiste subido de tono.*

subir de tono Hacerse más fuerte o violento: *la conversación subió de tono y acabó en una pelea.*

DER tonada, tonal, tonema, tónico, tonillo; entonar, microtono, monótono, semitono.

tonsura *n. f.* Ceremonia de la Iglesia católica en la que se concedía a un hombre el grado preparatorio para el sacerdocio. **2** Este mismo grado. **3** Corte del pelo de la coronilla, que pueden llevar los sacerdotes y otros religiosos: *la tonsura se hacía en la ceremonia de preparación.*

DER tonsurar.

tontada *n. f.* Acción o dicho falto de razón y fundamento: *deja de hacer tontadas y trabaja de una vez.* **SIN** tontería.

tontaina *adj./n. com. coloquial* [persona] Que no tiene gracia y es aburrido: *no te recomiendo que salgas de excursión con él, es un tontaina y te vas a aburrir un montón.* **SIN** bobalicón, tonto.

tontear *v. intr.* **1** Decir o hacer tonterías una persona: *ya eres mayorcito para estar tonteando a todas horas.* **2** *coloquial* Coquetear o flirtear una persona con otra u otras: *tiene catorce años y ya empieza a tontear con los muchachos.*

tontería *n. f.* **1** Falta de inteligencia o de sentido común: *cuando se dio cuenta de la tontería de sus palabras, rectificó.* **SIN** necedad. **2** Acción o comentario tonto, falto de lógica: *siempre está haciendo y diciendo tonterías sin sentido.* **SIN** disparate, payasada. **3** Acción, comentario o cosa que tiene poca importancia: *no te disgustes por tonterías.* **SIN** nadería.

tonto, -ta *adj./n. m. y f.* **1** [persona] Que es torpe de entendimiento o poco inteligente: *es tan tonta que cree que a los niños los trae la cigüeña.* **SIN** bobo, necio. Se usa de modo despectivo o como insulto. **tonto de capirote** o **tonto de remate** o **tonto del bote** Expresión que intensifica el significado de la palabra *tonto*. **2** *coloquial* [persona] Que cree que todo el mundo actúa con buena voluntad: *mira que eres tonto, ya te han vuelto a engañar.* **SIN** bobo, inocente. **3** *coloquial* [persona] Que actúa dejándose llevar por los sentimientos: *ya sé que soy un tonto, pero no puedo negarles nada a mis hijos; soy más tonta, cada vez que veo esa película me pongo a llorar.* **4** *coloquial* [persona] Que es excesivamente cariñoso o mimoso: *como tenía fiebre, el niño se puso muy tonto y quería que estuviese el rato con él.* ◊ *adj.* **5** *coloquial* Que es absurdo y no tiene sentido o que ocurre sin una causa aparente: *por una equivocación tonta suspendí el examen.*

a lo tonto Expresión que indica que una cosa se hace como quien no quiere la cosa: *me preguntó si podía quedarse una noche en mi casa; a lo tonto a lo tonto, ya lleva aquí dos semanas.* Se suele usar repetido.

a tontas y a locas De manera desordenada, impulsivamente y sin razonar: *cualquier cosa que se le encarga la hace a tontas y a locas y luego ha de repetirla.*

hacer el tonto *a)* Perder el tiempo en cosas sin importancia y no hacer lo que se debería: *será mejor que dejes de hacer el tonto y te pongas a trabajar.* *b)* Hacer payasadas: *es un bromista nato, se pasa el día haciendo el tonto.*

hacerse el tonto Aparentar una persona que no nota o advierte una cosa que le conviene no advertir: *te dije que no quería que te compraras esos pantalones, ahora no te hagas el tonto.*

DER tontada, tontaina, tontear, tontería, tontillo, tontorrón, tontuna; atontar, entontecer.

tontorrón, -rrona *adj./n. m. y f.* [persona] Que demuestra ser ingenuo o poco perspicaz: *no te preocupes tanto, tontorrón, todo saldrá bien.*

OBS Se usa sobre todo como apelativo cariñoso.

top *n. m.* **1** Prenda de vestir femenina que va ajustada al cuerpo y cubre sólo el pecho: *con este calor lo más práctico es un top y una falda de tejido fresco.* ◊ *adj.* **2** Que ocupa el lugar más alto en una gradación. **top model** Modelo profesional de alta costura que está muy cotizado: *las top model cobran cantidades increíbles por cada desfile.* Es de origen inglés y se pronuncia aproximadamente 'top módel'. ◊ El plural también es *top model*. **top secret** Secreto que no se puede revelar bajo ningún concepto: *algunos datos del Ministerio son top secret.* Es de origen inglés y se pronuncia aproximadamente 'top sécret'. ◊ El plural también es *top secret*.

topacio *n. m.* Piedra preciosa de color amarillo y gran resistencia: *le regaló un anillo con un topacio.*

topar *v. intr.* **1** Chocar o tropezar una cosa con otra: *la puerta no se abre del todo porque topa con algún obstáculo.* **2** Encontrar un obstáculo o dificultad que impide avanzar y obliga a detenerse: *topamos con muchas dificultades.* **SIN** tropezar. **3** Embestir un animal con los cuernos contra una cosa: *las cabras topan contra la valla.* ◊ *v. intr./prnl.* **4** Encontrarse por azar o casualmente con una persona: *me topé con mi amigo en la calle.*

DER tope, topetar.

tope *n. m.* **1** Parte saliente de una cosa que suele estar situada en un extremo y sirve para protegerla de los golpes: *los vagones de tren tienen topes.* **2** Pieza que detiene el movimiento de un mecanismo o sirve para que no se sobrepase un cierto punto: *ponle el tope a la escopeta para que no haya peligro de que pueda dispararse; el pestillo se cierra hasta el tope.* **3** En mecánica, pieza que va montada en el extremo de un eje: *el tope impide que se salga del eje.* **4** Extremo, límite o máximo al que se puede llegar en una cosa: *la fecha tope para presentar las solicitudes es el día 15.* Suele usarse en aposición. **5** MAR. Extremo superior de un palo: *en el tope del mástil ondeaba la bandera.*

a tope *coloquial* Hasta el máximo posible: *la sala estaba llena a tope; pisó el acelerador a tope; este chico trabaja a tope y no da más de sí.*

hasta los topes Expresión que indica que una cosa está muy llena: *por las mañanas el metro va hasta los topes de gente.*

topera *n. f.* Madriguera o lugar en el que vive el topo: *los topos sólo abandonan sus toperas por la noche.*

topetazo *n. m.* Choque o tropiezo algo violento de una cosa con otra: *no vio la puerta de cristal y se dio un topetazo al intentar entrar.* **SIN** golpe.

tópico, -ca *adj./n. m.* **1** [opinión, idea, expresión] Que se usa y repite con mucha frecuencia por lo que no resulta original: *no creas en el tópico de que los españoles sólo pensamos* *en divertirnos; tiene la cabeza llena de ideas tópicas sobre los hombres.* ◇ *adj.* **2** [aplicación de un medicamento] Que se realiza en el exterior del cuerpo, sobre la piel: *esta pomada es de uso tópico.*

topless *n. m.* **1** Hecho de estar desnuda una mujer de cintura para arriba: *mis amigas toman el sol en topless.* **2** Bar o local en el cual las camareras que sirven las consumiciones van desnudas de cintura para arriba.
OBS Es de origen inglés y se pronuncia aproximadamente 'top-les'.

topo *n. m.* **1** Animal mamífero del tamaño de un ratón, pelo fino, ojos muy pequeños y manos provistas de uñas fuertes con las que excava conductos por debajo de la tierra: *los topos se alimentan de insectos.* Para indicar el sexo se usa *el topo macho y el topo hembra.* **2** *coloquial* Persona que ve poco: *mi padre es un topo, debería ponerse gafas.* **3** Persona que se introduce de incógnito en una organización para averiguar sus actos y planes: *saben que hay un topo infiltrado en los servicios de inteligencia, pero aún no saben quién es.* **SIN** espía. **4** Dibujo redondo y pequeño, estampado o bordado en una tela o impreso en un papel: *me compré en las rebajas una blusa de topos.* **SIN** lunar.

topo- Elemento prefijal que entra en la formación de palabras con el significado de 'lugar': *toponimia.*

topografía *n. f.* **1** Disciplina o técnica que trata de describir y representar con detalle la superficie o el relieve de un terreno: *la topografía aplica sus técnicas sobre el plano de un terreno.* **2** Conjunto de características que presenta la superficie o el relieve de un terreno: *la topografía de España es muy variada e irregular.*
DER topográfico, topógrafo.

topográfico, -ca *adj.* De la topografía o relacionado con esta disciplina: *estudio topográfico; técnicas topográficas.*

topógrafo, -fa *n. m. y f.* Persona que se dedica profesionalmente a la descripción y representación de terrenos: *el topógrafo estudiará el terreno y nos dirá si es apto para la construcción.*

toponimia *n. f.* **1** Estudio que se hace del origen y el significado de los nombres propios de los lugares: *este manual de lingüística recoge también nociones de toponimia.* **2** Conjunto de los nombres propios que forman parte de un territorio o de un lugar: *la toponimia española denota una clara influencia árabe.*

toponímico, -ca *adj.* De la toponimia o que tiene relación con este estudio: *ha hecho un estudio toponímico del País Vasco.*

topónimo *n. m.* Nombre propio de un lugar: *Amazonas, Bélgica y Aneto son topónimos.*

toque *n. m.* **1** Acción que consiste en tocar o rozar una cosa suavemente y durante un instante: *con un leve toque metió el balón en la portería.* **2** Golpe débil que se da o se recibe: *le dieron un toque en la parte delantera del coche.* **3** Sonido de un instrumento musical: *toque de trompetas; toque de tambores.* **toque de queda** Medida que toma una autoridad en una situación de guerra o en circunstancias extraordinarias y que consiste en prohibir la libre circulación de la población civil por la calle a partir de una hora determinada: *tras la ocupación pusieron el toque de queda a las nueve.* **4** Aviso o advertencia que se da con un fin determinado: *el jefe le dio un toque porque hablaba demasiado por teléfono.* **5** Punto o matiz que caracteriza una cosa: *su presencia dio un toque festivo a la reunión.* **6** Pequeña modificación que sirve para retocar, pulir o rematar una cosa: *aún no está acabado, me falta el toque final.*

DER toquetear.

toquetear *v. tr.* Tocar repetida e insistentemente una cosa con la mano: *haz el favor de no toquetear las cosas que no pienses comprar.* **SIN** manosear.
DER toqueteo.

toqueteo *n. m.* Acción que consiste en tocar una cosa con la mano repetida e insistentemente: *el perro aguantaba pacientemente el toqueteo de aquella niña.*

toquilla *n. f.* Prenda de vestir de forma triangular que cubre los hombros y la espalda o con la que se abriga a un niño pequeño: *envuelve al niño en la toquilla que hace frío.*

torácico, -ca *adj.* Del tórax o relacionado con esta parte del cuerpo: *ha ido al médico porque tiene un dolor torácico.*
caja (o **cavidad**) **torácica** Cavidad del cuerpo situada en el tórax en la que están los pulmones y el corazón.

tórax *n. m.* **1** Parte superior del tronco del ser humano y de los animales vertebrados, situada entre el cuello y el abdomen, en la que se encuentran el corazón y los pulmones: *hicieron al enfermo una radiografía del tórax.* **SIN** pecho. ☞ cuerpo humano. **2** ZOOL. Parte central de las tres en que se divide el cuerpo de los insectos y otros animales articulados, situada entre la cabeza y el abdomen: *las patas de los cangrejos están en el tórax.*
DER torácico; mesotórax, metatórax, neumotórax, protórax.
OBS El plural también es *tórax.*

torbellino *n. m.* **1** Movimiento rápido de aire que gira sobre sí mismo: *se levantó un torbellino y se volaron las toallas que había tendidas en el balcón.* **SIN** remolino. **2** Abundancia de cosas que ocurren al mismo tiempo y producen una sensación de aturdimiento o mareo: *los periodistas abrumaron al ministro con un torbellino de preguntas.* **3** *coloquial* Persona que es inquieta y muy movida: *esta chica es un torbellino, no para nunca.*

torcedura *n. f.* **1** Acción que consiste en doblar o torcer una cosa que estaba recta: *el peso de la nieve provocó la torcedura del canalón.* **2** Daño que se produce en las partes blandas que rodean la articulación de un hueso por un movimiento brusco o forzado: *una torcedura de tobillo le impidió jugar el partido.* **SIN** esguince.

torcer *v. tr.* **1** Doblar o dar forma curva a una cosa que estaba recta: *el forzudo torció la barra de hierro; el viento tuerce las ramas de los árboles.* **2** Girar los dos extremos de una cosa flexible en sentido inverso u opuesto: *torció la ropa después de lavarla para escurrirle el agua.* **SIN** retorcer. **3** Desviar o cambiar una cosa de su dirección o posición: *el niño tuerce los ojos desde pequeño.* **4** Interpretar en un sentido distinto la intención o el significado de una cosa que se dice: *nadie ha de enfadarse por lo que he dicho si ella no tuerce mis palabras.* **SIN** tergiversar. **5** Poner con los gestos de la cara una expresión de enfado o desagrado: *cuando no le gusta tuerce el gesto.* ◇ *v. tr./prnl.* **6** Apartar a una persona de su conducta o su línea habitual: *torcer la voluntad de alguien; era un buen estudiante pero se ha torcido.* **7** Sufrir una torcedura un miembro o una articulación del cuerpo a causa de un movimiento brusco o forzado: *al bajar el escalón se torció el tobillo.* ◇ *v. intr.* **8** Cambiar de dirección al caminar o circular: *al llegar a la plaza tuerce a la izquierda.* **SIN** girar. ◇ *v. prnl.* **9 torcerse** Hacerse difícil o imposible un asunto o proyecto: *todos nuestros planes se torcieron cuando ocurrió la tragedia.*
DER torcedura, torcida, torcido, torcimiento; retorcer.
ETIM *Torcer* procede del latín *torquere*, que tenía el mismo significado, voz con la que también está relacionada *torsión.*
OBS En su conjugación, la *o* se convierte en *ue* en sílaba acentuada y la *c* en *z* delante de *a* y *o*, como en *cocer.*

torcido, -da *adj.* Que no es o no está recto: *un coche chocó contra la farola y la dejó torcida; ese cuadro que acabas de colgar está torcido.* **ANT** recto.

tordo, -da *adj./n. m. y f.* **1** [animal] Que tiene el pelo mezclado de color blanco y negro: *mula torda.* ◊ *n. m.* **2** Pájaro de color oscuro, con pico delgado y negro: *el tordo se alimenta de frutos e insectos.* Para indicar el sexo se usa *el tordo macho y el tordo hembra.*

torear *v. tr./intr.* **1** Provocar a un toro para que acometa o embista incitándolo con el movimiento de un capote o una capa y esquivándolo cuando el animal embiste: *se torea en las plazas de toros, en presencia de público; el torero toreó las dos reses más bravas de la tarde.* **SIN** lidiar. ◊ *v. tr.* **2** No tener en justa consideración a una persona, burlarse de ella, engañarla, evitarla o esquivarla: *ya estoy harto de que me torees así, cada día me dices una cosa diferente; a ver si conseguimos torear a ese pesado y marcharnos sin él.* **3** Conducir hábilmente un asunto sorteando las dificultades: *de todos nosotros, ella es quien mejor sabe torear las dificultades por las que pasa la empresa.* **SIN** lidiar.
DER toreo, torero.

toreo *n. m.* **1** Conjunto de acciones que realiza el torero al torear o lidiar un toro en una plaza: *el matador fue herido durante el toreo del segundo toro.* **SIN** lidia. **2** Arte de torear o lidiar un toro en una plaza: *este crítico entiende mucho de toreo.*

torero, -ra *adj.* **1** Que tiene relación con el toreo o se considera propio del comportamiento de un torero: *el futbolista saludó al público con un gesto torero.* ◊ *n. m. y f.* **2** Persona que se dedica a torear en las plazas de toros: *el torero dedicó el primer toro a su madre.*

toril *n. m.* Lugar de una plaza de toros donde se encierra a los toros antes de salir al ruedo.

torio *n. m.* Elemento químico metálico que es radiactivo y más pesado que el hierro: *el símbolo del torio es Th.*

tormenta *n. f.* **1** Fenómeno de la atmósfera en el que hay un cambio de presión y se producen fuertes vientos generalmente acompañados de lluvia o nieve, relámpagos y truenos: *las tormentas son fenómenos meteorológicos que pueden predecirse con antelación.* **SIN** tempestad, temporal. ☞ meteorología. **2** Expresión ruidosa y violenta del estado de ánimo alterado de una persona: *cuando mi madre se enteró de lo que había pasado, estalló en una tormenta de reproches.* **3** Situación de enfado, tensión, discusión grave que se produce entre dos o más personas: *la reunión desembocó en tormenta; aquel comentario desencadenó una tormenta en el seno del partido.*
DER tormentoso.

tormento *n. m.* **1** Sufrimiento o dolor físico o moral que padece una persona: *no soporto el tormento que me causan los celos; este dolor de muelas es un tormento.* **SIN** martirio, suplicio. **2** Sufrimiento o dolor físico, generalmente de mucha intensidad, que se provoca a una persona para obligarla a confesar o como castigo: *al final cedió ante el tormento y confesó un crimen que no había realizado.* **SIN** tortura. **3** Persona o cosa que produce dolor o sufrimiento físico o moral: *estos zapatos son un tormento porque me aprietan mucho; este niño es un tormento, no para quieto ni cinco minutos.* **SIN** suplicio.
DER atormentar.

tormentoso, -sa *adj.* **1** [tiempo atmosférico] Que tiene o anuncia tormenta: *en este pueblo estamos acostumbrados a los días tormentosos.* **2** Que causa u ocasiona una tormenta: *nubes tormentosas.* **3** [situación, ambiente] Que es muy tenso, conflictivo o violento: *en cuanto entré me di cuenta de que se respiraban aires tormentosos en la oficina.*

tornado *n. m.* Tormenta en la que hay vientos extremadamente fuertes que avanzan girando sobre sí mismos de forma muy rápida: *los tornados son frecuentes en América del Norte y África.* **SIN** huracán.

tornar *v. tr./prnl.* **1** *culto* Cambiar la naturaleza, el estado o el carácter de una persona o una cosa: *la lluvia tornó el campo en un barrizal; el cielo se tornó rojo con la luz del atardecer.* ◊ *v. intr.* **2** *culto* Regresar una persona a un lugar: *tornó a su tierra cuando se jubiló.* **3** *culto* Volver a hacer una cosa: *tornó a leer el capítulo que más le había gustado.* ◊ *v. tr.* **4** *culto* Devolver una cosa a la persona que la había prestado, dado o perdido: *torna el dinero a su dueño; no sé cómo podré tornarte el favor que me hiciste.*
DER tornadizo, tornado; entornar, retornar, trastornar.

tornas *Palabra que se utiliza en la locución* cambiar (o volver) las tornas, *que significa: 'cambiar radicalmente la dirección o la marcha de un asunto':* se volvieron las tornas y en lugar de casarse con él se casó con su hermano.

tornasol *n. m.* **1** Brillo de una tela o una superficie que cambia de color con el reflejo de la luz: *la superficie del lago tenía un tornasol plateado al amanecer.* **2** Girasol: *el tornasol es una planta cuyas semillas son comestibles.* **3** QUÍM. Sustancia colorante de origen orgánico y color azul violáceo que se emplea para reconocer los ácidos: *el tornasol se vuelve rojo al mezclarse con un ácido.*
DER tornasolado.

tornasolado, -da *adj.* Que hace o tiene tornasoles: *los colores tornasolados del vestido cambian con el reflejo de la luz.*

torneado, -da *adj.* **1** [parte del cuerpo] Que está bien moldeado y presenta curvas suaves: *las esculturas griegas de figuras humanas son de cuerpo torneado y armónico.* ◊ *n. m.* **2** Acción que consiste en dar forma redondeada a una cosa con un torno: *estos muebles deben pasar por el proceso de torneado.*

tornear *v. intr.* **1** Dar forma redondeada a una cosa con un torno: *el ceramista torneaba el jarrón pacientemente.* **2** Moldear el cuerpo haciendo ejercicio o dieta.

torneo *n. m.* **1** Competición deportiva en la que participan varias personas o varios equipos: *torneo de tenis; torneo de baloncesto.* **2** Combate a caballo, ajustado a unas reglas, que se libraba entre caballeros: *los torneos se celebraban en la Edad Media.* **SIN** justa.

tornero, -ra *n. m. y f.* **1** Persona que se dedica a trabajar con el torno: *los torneros labran la madera con el torno.* ◊ *adj./n. f.* **2** [religiosa] Que atiende el torno en un convento: *pidió las almendras a la hermana tornera.*

tornillo *n. m.* **1** Pieza cilíndrica, generalmente metálica, terminada en punta y con una cabeza con una ranura, provista de un saliente en espiral que la recorre; sirve para sujetar una cosa a otra: *para apretar un tornillo hay que hacer que gire hacia la derecha y para aflojarlo, hacia la izquierda.* **2** Instrumento de hierro o acero provisto de un tope graduable a diferentes medidas que se utiliza para sostener piezas pequeñas mientras se realiza algún trabajo en ellas.

apretar los tornillos *coloquial* Obligar a una persona a actuar de determinada manera o a hacer algo: *tendré que apretarle los tornillos a mi secretaria porque no hace nada en todo el día.*

faltar (o **haber perdido**) **un tornillo** *coloquial* Expresión que indica que una persona tiene poco juicio o se comporta de forma imprudente: *si has salido de casa con el frío que hace es que te falta un tornillo.*

DER atornillar, destornillar.

torniquete *n. m.* **1** Medio con el que se detiene la hemorragia de una herida presionando sobre un vaso sanguíneo: *me herí en un brazo y el médico me aplicó un torniquete.* **2** Mecanismo que gira horizontalmente sobre un eje y que se coloca en la entrada de un lugar o un establecimiento para que pasen las personas de una en una: *a la entrada del metro hay varios torniquetes.*

torno *n. m.* **1** Máquina que gira y sirve para hacer girar un objeto sobre sí mismo: *el alfarero moldea el barro en el torno; el carpintero talló una figura de madera en el torno.* **2** Máquina formada por un cilindro que gira y enrolla una cuerda a la que está atado un objeto: *arrastraron el coche averiado con un torno.* **3** Instrumento eléctrico con un brazo articulado y provisto de una pieza giratoria en la punta que usan los médicos para limpiar y arreglar los dientes: *el dentista limpió los dientes del paciente con el torno.* **4** Máquina que se utiliza para labrar objetos que tienen forma circular: *los tornillos se labran en un torno.* **5** Cilindro con divisiones verticales que se coloca en el hueco de una pared y que al girarlo sirve para intercambiar objetos entre personas sin que éstas se vean: *puso el dinero en el torno del convento y al girarlo apareció una caja de almendras.*

en torno a *a)* Alrededor: *todos nos sentamos en torno a la mesa para comer. b)* Aproximadamente: *habría en torno a cien personas. c)* Acerca: *estuvimos discutiendo en torno a la compra del piso.*

DER tornar, tornillo; contorno.

ETIM Torno procede del latín *tornus*, 'giro', voz con la que también está relacionada *turno*.

toro *n. m.* **1** Animal mamífero macho, adulto, que tiene pelo corto, cola larga y cabeza gruesa provista de dos cuernos curvos: *el toro es el macho de la vaca; el toro es un animal rumiante que se alimenta de vegetales.* **toro de lidia** Toro que es bravo y se destina a ser toreado en las corridas: *este hombre se dedica a la ganadería de toros de lidia.* **2** *coloquial* Hombre que tiene mucha fuerza: *este chico es un toro, tiene una fuerza descomunal.* **3** Constelación y signo del zodíaco de Tauro. **4** Vehículo de pequeño tamaño, provisto de unas horquillas móviles en su parte frontal, que sirve para transportar y apilar mercancías. **5** ARQ. Moldura de forma semicircular. **SIN** bocel. ◇ *n. m. pl.* **6 toros** Fiesta o corrida en que se torean reses de lidia: *esta tarde voy a los toros.*

coger el toro por los cuernos Enfrentarse a un problema sin tratar de evitarlo y con decisión: *hay que coger el toro por los cuernos y resolver este problema inmediatamente.*

pillar el toro Expresión que indica que está a punto de terminar el tiempo o el plazo para hacer alguna cosa: *como no nos demos prisa en acabar nos va a pillar el toro.*

ver (o mirar) los toros desde la barrera Observar un hecho con tranquilidad y desentendimiento o sin intervenir en él: *yo en este asunto prefiero ver los toros desde la barrera.*

DER torear, toril.

ETIM Toro procede del latín *taurus*, que tenía el mismo significado, voz con la que también están relacionadas *taurino, taurófilo, tauromaquia.*

toronja *n. f.* Fruto comestible de color amarillo, forma redonda y sabor ácido: *la toronja tiene un aspecto muy parecido a la naranja.* **SIN** pomelo.

torpe *adj.* **1** Que se mueve con dificultad o poca agilidad: *las focas son animales muy torpes fuera del agua.* **SIN** lento. **ANT** ágil, hábil. **2** [persona] Que tiene poca habilidad o destreza para hacer una cosa: *soy muy torpe para los trabajos manuales.* **ANT** hábil. **3** [persona] Que es lento en comprender o tiene dificultades para entender las cosas: *antes, si eras mal estudiante te llamaban torpe.* **4** Que no es conveniente o puede molestar: *tus comentarios han sido bastante torpes e inoportunos.*

DER torpeza; entorpecer.

torpedear *v. tr.* **1** Lanzar torpedos contra un barco: *el submarino torpedeó al buque enemigo.* **2** Impedir o dificultar el desarrollo de una acción: *los más exaltados torpedeaban cualquier intento de llegar a un acuerdo.*

DER torpedero.

torpedero, -ra *adj./n. m. y f.* **1** [embarcación, avión] Que está provisto de los medios necesarios para lanzar torpedos: *fueron atacados por una lancha torpedera.* ◇ *n. m. y f.* **2** Persona especializada en la preparación y lanzamiento de los torpedos: *mi hermano fue torpedero en la marina.*

torpedo *n. m.* **1** Proyectil en forma de huso provisto de una carga explosiva que se lanza bajo el agua y puede dirigirse o apuntarse hacia un determinado objetivo: *el torpedo va propulsado por un motor.* **2** Pez marino de cuerpo aplanado que posee dos órganos en la cabeza que producen descargas eléctricas con las que se defienden y paralizan a sus presas: *el torpedo vive cerca de las costas del mar Mediterráneo.*

DER torpedear, torpedista.

torpeza *n. f.* **1** Falta de agilidad en los movimientos: *hay una gran diferencia entre la torpeza de las focas cuando están en tierra y su elegancia cuando nadan.* **2** Acción o dicho poco oportunos o desacertados: *no traer un regalo a tu abuela ha sido una torpeza por tu parte.*

torre *n. f.* **1** Construcción o edificio alto y estrecho que puede estar aislado o formar parte de otro y puede tener forma cilíndrica, cuadrada o poligonal: *en la torre de la iglesia están las campanas; la torre de un castillo tenía la función de vigilar y defender; han construido dos torres de apartamentos en el centro de la ciudad.* **torre de control** Construcción elevada de un aeropuerto desde la cual se controla y se regula el movimiento de los aviones que aterrizan y despegan: *el piloto pidió permiso a la torre de control para aterrizar.* **2** Pieza del ajedrez que se mueve en línea recta, pero no en diagonal, y puede recorrer en un solo movimiento todos los cuadros que estén libres en una dirección: *al empezar la partida las torres están situadas en las casillas de las esquinas del tablero.* **3** Estructura de metal muy alta que se utiliza para sostener cables eléctricos o antenas emisoras de ondas: *no te acerques mucho a esa torre de alta tensión.* **4** Columna en la que se realizan procesos de destilación en algunas industrias químicas. **5** Chalé o casa de campo o granja con huerta.

torre de Babel Lugar o situación en que hay mucha confusión y desorden o las personas no se entienden o no se ponen de acuerdo: *mi casa es una torre de Babel, somos pocos pero nunca nos ponemos de acuerdo en nada.*

DER torreón, torreta.

torrefacto, -ta *adj.* [café] Que está tostado al fuego con un poco de azúcar: *el café torrefacto tiene un color más oscuro que el de tueste natural.*

torrencial *adj.* [lluvia, corriente de agua] Que es muy fuerte, muy abundante o muy intenso: *las lluvias torrenciales son propias de zonas tropicales.*

torrente *n. m.* **1** Corriente de agua abundante e impetuosa que se origina cuando llueve mucho o se produce el deshielo: *los torrentes se forman en las montañas.* **2** Abundancia de personas que están juntas en un lugar o gran cantidad de cosas que se producen de una vez: *un torrente de huelguistas se concentró en la plaza de la ciudad; el líder se vio acosa-*

torrentera

do por un torrente de preguntas. **3** Sangre que circula por las venas, las arterias y los capilares del organismo: *torrente sanguíneo; torrente circulatorio.*
DER torrencial, torrentera.

torrentera *n. f.* Cauce de un torrente o parte del terreno por donde circula: *si llueve no te metas en la torrentera.*

torreón *n. m.* Torre grande que sirve para la defensa de una plaza o de un castillo: *desde el torreón se divisaba toda la ciudad.*

torreta *n. f.* **1** Torre o estructura metálica acorazada colocada en la parte alta de un avión o de un buque militar y destinada a ciertos fines: *el capitán dio las órdenes desde la torreta.* **2** Estructura metálica de cierta altura que sostiene los hilos telegráficos o eléctricos de una red aérea.

torrezno *n. m.* Trozo de tocino frito o preparado para freír: *no puedo comer torreznos porque estoy a régimen.*

tórrido, -da *adj.* [clima, lugar] Que tiene temperaturas muy altas: *las zonas tórridas de la Tierra están comprendidas entre los trópicos.*

torrija *n. f.* Rebanada de pan mojada en leche o vino, rebozada en huevo, frita en aceite y cubierta de azúcar o miel: *es típico comer torrijas en Semana Santa.*

torso *n. m.* **1** Parte principal del cuerpo de una persona o animal, diferenciada de la cabeza y las extremidades. **SIN** tronco. **2** Escultura que representa el cuerpo humano a la que le faltan la cabeza y las extremidades: *los arqueólogos encontraron un torso en el fondo del mar.*

torta *n. f.* **1** Masa de harina de figura aplastada y cocida al horno o frita: *torta de anís; torta de vino.* **2** Golpe dado en la cara con la palma de la mano: *le dije que era tonto y me dio una torta.* **SIN** bofetada, tortazo. **3** *coloquial* Golpe, choque o caída violenta y accidental: *¡menuda torta se ha dado con la bicicleta!* **SIN** tortazo.
ni torta *coloquial* Nada: *yo sin gafas no veo ni torta.*
DER tortazo, tortilla, tortita.

tortazo *n. m.* **1** Golpe dado en la cara con la palma de la mano: *te tienes bien merecido el tortazo que te han dado.* **SIN** bofetada, torta. **2** Golpe, choque o caída violenta y accidental: *se ha dado un tortazo con el coche y lo ha dejado completamente destrozado.* **SIN** torta.

tortícolis *n. m.* Contracción involuntaria de los músculos del cuello que hace que la cabeza quede inclinada y sea doloroso moverla: *al levantarme de la cama he notado que tenía tortícolis.*
OBS El plural también es *tortícolis.*

tortilla *n. f.* Comida que se prepara con huevo batido al que se pueden añadir otros ingredientes y se fríe o se cuaja en una sartén con un poco de aceite: *para hacer una buena tortilla los huevos deben estar bien batidos; tortilla de atún; tortilla de queso.* **tortilla española** o **tortilla de patatas** Tortilla que tiene forma redonda y se hace añadiendo al huevo patatas y cebolla: *ha pedido al camarero un pincho de tortilla española.* **tortilla francesa** Tortilla que tiene forma alargada y se hace sólo con huevo: *le gusta comerse la tortilla francesa en bocadillo.*
dar la vuelta a la tortilla *coloquial* Hacer que una situación parezca diferente o cambie totalmente: *ahora no quieras dar la vuelta a la tortilla, el culpable eres tú.*
volverse la tortilla *coloquial* Cambiar una situación o suceder una cosa de manera contraria a lo que se había esperado: *todo iba bien hasta que por un pequeño problema se me volvió la tortilla.*
DER tortillera.

tortillera *n. f. malsonante* Mujer que siente atracción sexual por personas del mismo sexo. Se usa con valor despectivo. **SIN** lesbiana.

tortita *n. f.* Torta individual que se hace con una masa de agua y harina y puede rellenarse de un ingrediente generalmente dulce: *tortitas de nata; tortitas de chocolate.*

tórtolo, -la *n. m. y f.* **1** Ave de la familia de la paloma de color gris o marrón: *la tórtola es un ave migratoria.* Se usa más la forma femenina. ◊ *n. m.* **2** Hombre que se muestra muy cariñoso con su pareja: *están hablando cogidos de la mano como un par de tórtolos.* También se puede usar el diminutivo *tortolito*, incluso aplicado a la pareja: *están amantelados como dos tortolitos.*

tortuga *n. f.* Reptil marino o terrestre cuyo cuerpo está protegido por una concha, con patas cortas, cuello que puede alargar y encoger y boca sin dientes: *las tortugas caminan muy despacio; la tortuga esconde las patas y la cabeza dentro del caparazón cuando siente peligro.* **SIN** galápago. ☞ reptiles.
OBS Para indicar el sexo se usa *la tortuga macho* y *la tortuga hembra.*

tortuoso, -sa *adj.* **1** Que tiene muchas curvas, vueltas y rodeos: *un camino tortuoso atraviesa el bosque.* **SIN** sinuoso. **2** [persona] Que se comporta con engaño y disimulo sin dejar ver sus verdaderas intenciones: *es muy tortuoso, nunca sé cuándo me dice la verdad.*

tortura *n. f.* **1** Método o procedimiento de castigo físico o psíquico que se realiza sobre una persona con el fin de mortificarla o para que confiese algo: *el juez no consideró válida la confesión porque consiguieron que el acusado hablara mediante tortura.* **2** Pena o sufrimiento moral que siente una persona: *la enfermedad del padre fue una tortura para todos.* **SIN** suplicio, tormento. **3** Dolor físico o psíquico muy intenso: *es una tortura tener este dolor de cabeza.*
DER torturar.

torturar *v. tr.* **1** Someter a castigo físico o psíquico a una persona con el fin de mortificarla o para que confiese algo: *los bandos de la guerra torturaron a los prisioneros.* **2** Causar pena o sufrimiento a una persona: *no me tortures más con tu indiferencia.* **SIN** atormentar. ◊ *v. tr./prnl.* **3** Causar disgusto o enfado a una persona: *tu continuo pesimismo y malhumor me torturan.*

tos *n. f.* Salida o expulsión violenta y ruidosa del aire contenido en los pulmones: *el catarro me produce mucha tos y estornudos.* **tos ferina** Enfermedad infecciosa que se caracteriza por una tos muy violenta e intensa que produce sensación de asfixia: *la tos ferina suele aparecer en los niños pequeños.*
DER toser.

toscano, -na *adj.* **1** De Toscana o que tiene relación con esta región interior del noroeste de Italia: *la capital toscana es Florencia.* ◊ *adj./n. m. y f.* **2** [persona] Que es de Toscana. ◊ *n. m.* **3** Dialecto hablado en Toscana. ◊ *adj.* **4** [orden arquitectónico] Que es una variante del dórico y se caracteriza por el fuste liso y el arquitrabe dividido en tres bandas.

tosco, -ca *adj.* **1** Que está hecho con poco cuidado o con materiales de poca calidad o valor: *el vestido está hecho de un tejido muy tosco.* **SIN** basto. ◊ *adj./n. m. y f.* **2** [persona] Que es poco educado o tiene escasa formación cultural: *enviaron a un internado para corregir sus toscos modales.* **SIN** rudo.
DER tosquedad.

toser *v. intr.* Tener o padecer tos: *el humo del tabaco me hace toser.*

no haber quien tosa a *coloquial* Ser incapaz de enfrentarse u oponerse a una persona o quitarle la razón: *no hay quien tosa a Guillermo en su especialidad.*

tostada *n. f.* Rebanada de pan que ha sido puesta al fuego o a un calor intenso y que ha tomado color sin llegar a quemarse: *las tostadas suelen comerse untadas con mantequilla y mermelada.*
olerse la tostada *coloquial* Adivinar un peligro o una situación desagradable: *Enrique se olió la tostada y se marchó para evitar una discusión.*

tostadero *n. m.* **1** Lugar o establecimiento donde se tuestan cereales o café. **2** Lugar donde hace mucho calor: *a esta casa le da el sol todo el día y en verano es un tostadero.*

tostado, -da *adj.* **1** Que tiene un color oscuro, parecido al marrón: *este año la ropa de invierno se lleva en tonos tostados.* ◇ *n. m.* **2** Acción que consiste en poner un alimento al fuego o a un calor intenso hasta que toma color sin llegar a quemarse: *trabaja en una empresa que se dedica al tostado de café.*

tostador, -ra *adj.* **1** Que tuesta. ◇ *n. m. y f.* **2** Aparato que sirve para tostar el pan: *esta tostadora eléctrica es muy práctica; le regaló a mi madre un tostador por su cumpleaños.*

tostar *v. tr./prnl.* **1** Poner un alimento al fuego o a un calor intenso hasta que toma color sin llegar a quemarse: *tostaré el pan antes de servirlo; el pollo se está tostando en el horno.* **SIN** dorar. **2** Tomar color la piel de una persona: *se marchó unos días a Canarias para tostarse al sol.* **SIN** broncear.
DER tostada, tostadero, tostado, tostador, tostón.
OBS En su conjugación, la o se convierte en ue en sílaba acentuada, como en *contar.*

tostón *n. m.* **1** Persona o cosa pesada o que causa molestia: *madrugar tanto por las mañanas es un tostón.* **SIN** lata. **2** Garbanzo que ha sido puesto al fuego hasta que ha tomado color sin llegar a quemarse: *he comprado tostones en la tienda de la esquina.* **3** Trozo pequeño de pan frito con aceite: *nos pusieron puré de patatas con tostones por encima.* **SIN** picatoste. **4** Cochinillo asado.

total *adj.* **1** Que es completo, general o incluye todos los elementos o partes de una cosa: *la invención de la imprenta supuso una revolución total de la cultura.* ◇ *n. m.* **2** Resultado de una suma: *el total de gastos de la empresa ha sido muy alto.* **3** Conjunto de todas las personas o cosas que forman una clase o especie: *se ha hecho una estadística sobre el total de la población.* **SIN** totalidad. ◇ *adv.* **4** En fin o en conclusión: *total, que no piensas venir.*
en total Expresión que indica resultado de una suma o de una situación: *en España había en total unos diez millones de alumnos matriculados.*
DER totalidad, totalizar, totalmente.

totalidad *n. f.* Conjunto de elementos que forman un todo: *el cliente debe conocer el producto en su totalidad antes de comprarlo; la totalidad de los vecinos acudió a la reunión.*
DER totalitario.

totalitario, -ria *adj.* **1** Que incluye todas las partes de una cosa: *estudio totalitario.* **2** Del totalitarismo o relacionado con este sistema político: *régimen totalitario; gobierno totalitario.* **SIN** dictatorial, totalitarista.
DER totalitarismo.

totalitarismo *n. m.* Sistema político en el que el poder es ejercido por una sola persona o partido de manera autoritaria, impidiendo la intervención de otros y controlando todos los aspectos de la vida del estado: *el totalitarismo es característico de las dictaduras.*
DER totalitarista.

totalitarista *adj.* **1** Del totalitarismo o relacionado con este sistema político: *régimen totalitarista; gobierno totalitarista.* **SIN** totalitario. ◇ *adj./n. com.* **2** [persona] Que es partidario del totalitarismo: *los dirigentes que presiden una dictadura son totalitaristas.*

totalizar *v. tr.* Determinar un total o una suma: *el coste de la obra se puede totalizar en varios millones.*
DER totalizador.
OBS En su conjugación, la z se convierte en c delante de e.

tótem *n. m.* Objeto de la naturaleza al que se otorga un valor protector y que se usa como símbolo de una tribu o de un individuo. **SIN** amuleto, fetiche.
OBS El plural es *tótemes.*

totémico, -ca *adj.* Del tótem o que tiene relación con este objeto de la naturaleza: *dieron un valor totémico a estas figuras.*

tour *n. m.* **1** Viaje o excursión que se hace para conocer un lugar: *el tour comprende una visita a la catedral a tres pueblos de la zona.* **tour operator** Empresa turística o persona que se dedica a organizar viajes en grupo y los vende a través de una empresa minorista. Es de origen inglés y se pronuncia aproximadamente 'tur opereitor'. **2** Gira artística de un cantante o grupo teatral: *el tour del famoso grupo de rock empieza en Bilbao y termina en Cádiz.* **SIN** tournée. **3** Competición o vuelta ciclista, en particular la que se celebra anualmente en Francia: *el ciclista Miguel Induráin ha ganado el tour de Francia cinco veces consecutivas.* **SIN** vuelta. **tour de force** Demostración de la habilidad y la fuerza de una persona para realizar una cosa: *hacer que la empresa prospere en tan poco tiempo ha sido un auténtico tour de force.* Es de origen francés y se pronuncia aproximadamente 'tur de fors'.
OBS Es de origen francés y se pronuncia aproximadamente 'tur'.

tournée *n. f.* Gira artística de un cantante o grupo teatral: *el grupo de rock hará una tournée por todo el país presentando su nuevo disco.*
OBS Es de origen francés y se pronuncia aproximadamente 'turné'.

touroperador, -dora *n. m. y f.* Tour operator.

toxicidad *n. f.* Cualidad de lo que es tóxico o venenoso: *el grado de toxicidad del alcohol depende de los grados que tenga y de la cantidad que se tome.*

tóxico, -ca *adj./n. m.* [sustancia] Que puede causar la intoxicación grave o la muerte de un ser vivo por envenenamiento: *un producto puede ser tóxico por ingestión o por inhalación.* **SIN** venenoso.
DER toxicidad, toxicología, toxicomanía, toxina; intoxicar.

toxicología *n. f.* Parte de la medicina que trata del estudio y tratamiento de los productos tóxicos o venenosos: *el centro de toxicología ofrece un teléfono gratuito de consulta.*

toxicomanía *n. f.* Hábito y necesidad patológica de consumir sustancias que procuran sensaciones agradables o que suprimen el dolor: *la toxicomanía ha producido muchas muertes en la población juvenil.* **SIN** drogadicción.
DER toxicómano.

toxicómano, -na *adj./n. m. y f.* [persona] Que tiene hábito y necesidad patológica de consumir sustancias que procuran sensaciones agradables o que suprimen el dolor: *un joven toxicómano ha pedido ayuda para salir del mundo de las drogas; han inaugurado un centro de rehabilitación de toxicómanos.* **SIN** drogadicto.

toxina *n. f.* Sustancia venenosa producida por el cuerpo de los seres vivos: *las toxinas aparecen por la acción de los microorganismos.*

tozudo, -da adj./n. m. y f. **1** [persona] Que se mantiene muy firme en sus ideas o intenciones incluso si son erróneas o falsas: *las personas tozudas son difíciles de convencer.* **SIN** terco, testarudo. ◊ adj. **2** [animal] Que no obedece con facilidad o es difícil de dominar: *esta mula es muy tozuda.*

traba n. f. **1** Cosa que sirve para sujetar o unir una cosa con otra. **2** Cosa que impide o retrasa el desarrollo de una acción: *en lugar de colaborar conmigo no hizo más que ponerme trabas.* **3** Cuerda o cadena que se usa para atar los pies a los caballos y a otros animales de caballería: *pon la traba al caballo para que no se escape.*
DER trabar, trabazón, trabilla.

trabajado, -da adj. Que ha sido elaborado con detalle y minuciosidad: *la manera de llevar a cabo el robo estaba muy trabajada y por eso no falló.*

trabajador, -ra n. m. y f./adj. **1** Persona que realiza un trabajo a cambio de un salario: *los trabajadores de esta fábrica tienen vacaciones en agosto; el día 8 de marzo se celebra el día de la mujer trabajadora.* **SIN** empleado, obrero, operario. ◊ adj. **2** [persona] Que es muy aplicado en el trabajo: *tu hijo es un joven muy trabajador.* **ANT** vago.

trabajar v. intr. **1** Realizar una actividad que requiere un esfuerzo físico o mental: *se pasó todo el fin de semana trabajando en su jardín; he trabajado mucho para sacar adelante mis estudios.* **2** Ocuparse una persona en un oficio o profesión recibiendo a cambio un salario: *trabaja de sastre; trabajó varios años vendiendo enciclopedias por las casas.* **3** Desarrollar un aparato o una máquina su actividad: *las máquinas de esta empresa trabajan día y noche.* ◊ v. tr. **4** Someter una materia a una acción continua y ordenada: *el carpintero trabaja la madera.* **5** Cultivar la tierra: *el labrador trabaja el huerto.* ◊ v. prnl. **6 trabajarse** Tratar de convencer a una persona con esfuerzo e insistencia para que actúe de una forma determinada: *me he trabajado mucho a este alumno para que se presente al examen.* **7** Dedicarse con empeño a conseguir una cosa: *esta chica se ha trabajado bien su ascenso.*
DER trabajado, trabajador, trabajo.
ETIM *Trabajar* procede del latín vulgar *tripaliare*, 'torturar'; este verbo deriva de *tripalium*, que fue un instrumento de tortura compuesto de tres maderos. En castellano antiguo significó 'sufrir'.

trabajo n. m. **1** Actividad o dedicación que requiere un esfuerzo físico o mental: *no sabes el trabajo que me ha costado planchar esta blusa; el coche es viejo pero hace bien su trabajo.* **2** Oficio o profesión que realiza una persona a cambio de un salario: *está buscando trabajo porque lleva cinco meses en paro.* **3** Lugar donde se ejerce un oficio o profesión: *en el trabajo me han dicho que he engordado.* **4** Obra o resultado de una actividad: *el profesor ha pedido dos trabajos sobre arte moderno.* **5** Sufrimiento, dolor o penalidad que padece una persona: *¡cuántos trabajos estamos pasando en esta guerra!* **6** Esfuerzo y dificultad: *me costó mucho trabajo que mi madre me dejara salir.*
trabajos forzados Trabajo físico que se obliga a hacer a una persona que está en prisión como parte de la pena que se le ha impuesto.
DER trabajoso.

trabajoso, -sa adj. Que exige mucho trabajo y esfuerzo: *meter datos en el ordenador no es una tarea muy difícil, pero sí muy trabajosa.* **SIN** dificultoso, laborioso.

trabalenguas n. m. Palabra o frase difícil de pronunciar que suele proponerse como juego: *tres tristes tigres es un trabalenguas.*
OBS El plural también es *trabalenguas.*

trabar v. tr. **1** Juntar o unir dos o más cosas: *el conferenciante no ha trabado bien sus argumentos; el carpintero traba bien las maderas para que no se separen.* **2** Espesar o dar mayor consistencia a un líquido o a una masa: *para trabar la salsa hay que añadirle un poco de fécula.* **3** Comenzar o emprender una cosa: *traba conversación muy fácilmente; trabaron amistad durante la carrera.* **SIN** entablar. **4** Rellenar con masa de mortero las juntas de una obra de construcción: *trabaron las piedras con argamasa.* **5** Impedir o dificultar la realización de una cosa. ◊ v. prnl. **6 trabarse** Pelearse o enfrentarse dos o más personas de forma física o de palabra: *los dos amigos se trabaron en una tremenda discusión.* **7** Tartamudear o atascarse una persona al hablar: *se le traba la lengua y no habla con claridad.*

trabazón n. f. **1** Unión o enlace de dos o más cosas entre sí: *el carpintero logró que la trabazón de las tablas fuera rígida y segura.* **2** Unión o enlace de una idea con otra: *su discurso ha perdido la trabazón y es incomprensible.*

trabilla n. f. **1** Tira de tela pequeña y estrecha que va cosida por los dos extremos a la cintura de una prenda de vestir y sirve para sujetar el cinturón: *se me ha roto una trabilla del pantalón.* **2** Tira de tela o cuero que se cose en el bajo de ciertos pantalones y sirve para sujetarlos por debajo de la planta del pie: *los pantalones de montar llevan trabillas.*
DER trastrabillar.

trabucar v. tr./prnl. **1** Alterar o cambiar el orden de ciertas cosas: *me trabucó los libros y ahora no encuentro el que busco.* **SIN** revolver. **2** Confundir o cambiar unas cosas por otras: *has trabucado los datos que te di para archivar.* **3** Pronunciar o escribir equivocadamente unas palabras o letras por otras: *se puso tan nervioso que se trabucaba al hablar.*
DER trabuco.
OBS En su conjugación, la *c* se convierte en *qu* delante de *e*.

trabuco n. m. Arma de fuego más corta y ancha que la escopeta: *el trabuco tiene el cañón ensanchado por la boca.*

traca n. f. Serie de petardos o cohetes colocados a lo largo de una cuerda y que estallan uno tras otro: *la feria del pueblo empieza cada año con una traca.*

tracción n. f. Fuerza que arrastra a un vehículo sobre una superficie: *un carro tiene tracción animal; este coche tiene tracción en las cuatro ruedas.*
ETIM Véase *traer.*

tractor n. m. Vehículo de motor provisto de cuatro ruedas de las cuales las dos traseras son de mayor tamaño y se adhieren fuertemente al terreno: *el tractor se emplea para el trabajo en el campo.*
ETIM Véase *traer.*

tradición n. f. **1** Conjunto de ideas, usos o costumbres que se comunican, se transmiten o se mantienen de generación en generación: *la tradición es la base cultural de una comunidad.* **2** Transmisión o comunicación de este conjunto de ideas, usos o costumbres mantenidas de generación en generación: *en mi familia es tradición celebrar juntos la Navidad.* **3** Desarrollo de una misma actividad que se produce en un lugar determinado a lo largo del tiempo: *es un pueblo con una larga y reconocida tradición alfarera.*
DER tradicional.

tradicional adj. **1** De la tradición o relacionado con la transmisión de unas determinadas ideas, usos o costumbres: *la jota es un baile tradicional muy arraigado.* **2** Que sigue las ideas, los usos o las costumbres del pasado o de un tiempo anterior: *es un partido político de ideas tradicionales.* **SIN** conservador.
DER tradicionalismo.

tradicionalismo *n. m.* Actitud de apego a las costumbres o ideas del pasado: *su tradicionalismo le lleva a rechazar cualquier tipo de cambio.*

tradicionalista *adj./n. com.* [persona] Que defiende el tradicionalismo o tiene esta actitud: *una mentalidad tradicionalista difícilmente aceptará cambios bruscos en los modos de vida propios y ajenos.*

traducción *n. f.* **1** Acción que consiste en expresar en un idioma lo que se ha dicho o escrito en otro distinto: *este profesor se encargará de la traducción del texto al inglés y al francés.* **traducción automática** Traducción que se hace por medio de un ordenador: *la traducción automática nunca podrá suplir completamente el trabajo de los traductores.* **traducción directa** Traducción que se hace de un idioma extranjero al idioma de la persona que traduce: *es un especialista en traducción directa.* **traducción inversa** Traducción que se hace del idioma de la persona que traduce a un idioma extranjero: *esta semana haremos un examen de traducción inversa en el curso de alemán.* **traducción libre** o **traducción literaria** Traducción que siguiendo el sentido del texto no respeta exactamente la forma del original: *ha hecho una traducción libre de una novela rusa.* **traducción literal** Traducción que respeta exactamente la forma del texto original: *en ocasiones, la traducción literal no puede hacerse porque no se entendería nada.* **traducción simultánea** Traducción que se hace oralmente y al mismo tiempo que habla la otra persona: *los asistentes podrán escuchar la traducción simultánea de la conferencia a través de los auriculares.* **2** Obra o texto que ha sido traducido por el traductor: *ya se ha publicado la traducción del manual.* **3** Interpretación o lectura que se le da a un texto.

traducir *v. tr.* **1** Expresar en un idioma lo que se ha dicho o escrito en otro distinto: *tradujo los versos de Virgilio al español.* **2** Explicar o hacer entender una cosa: *tradujo sus sentimientos con una frase conmovedora.* **3** Convertir o transformar una cosa en otra: *nuestra pena se tradujo en alegría al verlo entrar.*
DER traducción, traductor; intraducible.
OBS En su conjugación, la *c* se convierte en *zc* delante de *a* y *o* y el pretérito indefinido es irregular, como en *conducir.*

traductor, -ra *n. m. y f.* Persona que se dedica profesionalmente a traducir: *traductor de ruso; traductor de inglés.*

traer *v. tr.* **1** Transportar o llevar una cosa hasta el lugar en que se encuentra el que habla: *mi hermano trae regalos de Francia; vino a mi casa y trajo a los niños.* **2** Vestir una persona una prenda o llevarla puesta: *traía un traje muy bonito; hoy trae el jersey azul.* **3** Ser una cosa causa o razón de que suceda algo: *la ociosidad trae malos vicios.* **SIN** causar, ocasionar. **4** Contener una cosa otra que se expresa a continuación: *la enciclopedia trae una cinta de vídeo de regalo; el periódico de hoy trae un reportaje muy interesante.* **5** Poner a una persona en un estado o una situación determinados: *me trae loco con sus idas y venidas.* **6** Sentir o experimentar una persona una sensación física o psíquica: *hoy mi jefe trae muy mal humor; dame agua que traigo mucha sed.*
llevar a mal traer Molestar mucho a una persona o causarle problemas: *las travesuras del niño llevan a mal traer a la abuela.*
traer consigo Causar, conllevar o provocar: *tu decisión trae consigo unas graves consecuencias.*
traer (o tener) cuenta Compensar: *es tan caro que trae más cuenta comprarlo en las rebajas.*
traer sin cuidado No importar absolutamente nada una cosa a una persona: *la verdad es que la vida de los demás me trae sin cuidado.*
traerse entre manos Estar una o más personas planeando algo de una forma oculta o poco clara: *me gustaría saber qué se traen entre manos estos niños.*
traérsela floja *malsonante* Expresión que indica que una cosa inspira indiferencia o desprecio a una persona: *la opinión de los demás me la trae floja.*
traérselas Expresión que indica que una persona o una cosa presenta más problemas o es más difícil de lo que parece: *parecía un buen chico pero el mozo se las trae.*
DER abstraer, atraer, contraer, detraer, distraer, extraer, maltraer, retraer, retrotraer, substraer, sustraer.
ETIM *Traer* procede del latín *trahere,* que tenía el mismo significado, voz con la que también están relacionadas *tracción, tractor.*

traer	
INDICATIVO	SUBJUNTIVO
presente traigo traes trae traemos traéis traen	presente traiga traigas traiga traigamos traigáis traigan
pretérito imperfecto traía traías traía traíamos traíais traían	pretérito imperfecto trajera o trajese trajeras o trajeses trajera o trajese trajéramos o trajésemos trajerais o trajeseis trajeran o trajesen
pretérito indefinido traje trajiste trajo trajimos trajisteis trajeron	futuro trajere trajeres trajere trajéremos trajereis trajeren
futuro traeré traerás traerá traeremos traeréis traerán	IMPERATIVO trae (tú) traiga (usted) traed (vosotros) traigan (ustedes)
condicional traería traerías traería traeríamos traeríais traerían	FORMAS NO PERSONALES infinitivo gerundio traer trayendo participio traído

tráfago *n. m.* Actividad y movimiento grandes e intensos: *vaya tráfago que hay en esta oficina, hoy no se puede trabajar.*

traficante *adj./n. com.* [persona] Que se dedica a traficar: *la policía detuvo a un traficante de drogas.*

traficar *v. intr.* Comerciar o negociar con una cosa, en especial con mercancías ilegales: *está en la cárcel porque se dedicaba a traficar con drogas.*
DER traficante, tráfico.
OBS En su conjugación, la c se convierte en *qu* delante de e.

tráfico *n. m.* **1** Paso o movimiento de vehículos por una vía pública o una carretera: *esperemos a que disminuya el tráfico para salir de viaje.* **SIN** circulación, tránsito. **2** Comercio o negocio, en especial el que se hace con mercancías ilegales: *se dedicaba al tráfico de obras de arte robadas.* **3** Comunicación y movimiento de personas, equipajes o mercancías: *el puerto de Algeciras tiene mucho tráfico.*
tráfico de influencias Uso ilegal que se hace del poder o la influencia de una o varias personas para conseguir una ventaja o un provecho legal a cambio de favores: *llegó a conseguir ese puesto gracias al tráfico de influencias, puesto que su primo era el presidente.*
DER narcotráfico.

tragacanto *n. m.* **1** Arbusto de ramas abundantes y hojas compuestas que segrega una goma blanca y pegajosa: *el tragacanto crece en Asia Menor.* **2** Goma que se obtiene de este arbusto: *el tragacanto se usa en la industria y en farmacia.*

tragaderas *n. f. pl.* **1** *coloquial* Garganta o faringe. **2** *coloquial* Tendencia o inclinación de una persona a creérselo todo con gran facilidad: *tu padre tiene buenas tragaderas, se cree cualquier excusa que pongas.* **3** *coloquial* Facilidad de una persona para admitir o tolerar una cosa que no es justa o verdadera: *para aguantar esa ofensa sin hacer nada hay que tener muchas tragaderas.*

tragadero *n. m.* Agujero por el que se introduce o pasa un líquido: *el tragadero del desagüe estaba atascado.*

tragaldabas *n. com. coloquial* Persona que come mucho: *mi hermano es un tragaldabas que se lo come todo.* **SIN** comilón, glotón, tragón.
OBS El plural también es *tragaldabas.*

tragaluz *n. m.* Ventana pequeña abierta en el techo o en la parte alta de una pared: *el sótano sólo estaba iluminado por un tragaluz.* **SIN** claraboya. ☞ *casa; ventana.*
OBS El plural es *tragaluces.*

tragaperras *adj./n. f.* [máquina de juego] Que funciona automáticamente al introducirle una o varias monedas y da premios en dinero: *se gasta mucho dinero en las máquinas tragaperras; aquella tragaperras da premios muy grandes.*
OBS El plural también es *tragaperras.*

tragar *v. tr./prnl.* **1** Hacer pasar un alimento o una cosa desde la boca al estómago: *se ha tragado la aceituna sin masticarla.* **SIN** engullir, ingerir. **2** Absorber un terreno o el agua lo que está en la superficie: *el mar se tragó los restos del barco naufragado.* **3** Creer una cosa con facilidad: *le dije una mentira muy gorda y se la tragó.* **4** Gastar o consumir una cosa: *mi coche traga mucha gasolina.* ◇ *v. tr./intr.* **5** Comer mucho una persona: *¡hay que ver cómo traga la comida este chico!* **6** Soportar o tolerar una cosa que disgusta o molesta: *tuvo que tragar con los insultos y las vejaciones.*
no tragar No poder soportar una persona a alguien o algo o sentir desprecio o antipatía hacia ello: *ha venido a la cena una persona a la que no trago.* **SIN** detestar.
DER tragadero, trago, tragón; atragantarse.
OBS En su conjugación, la g se convierte en *gu* delante de e.

tragasables *n. com.* Artista que realiza un espectáculo que consiste en introducirse por la boca objetos cortantes: *el tragasables del circo llegó a meterse una espada por la boca.*
OBS El plural también es *tragasables.*

tragedia *n. f.* **1** Obra de teatro en la que se representan sufrimientos, pasiones y muertes y tiene un final desgraciado: *están representando en el teatro las tragedias de Sófocles.* **2** Género dramático al que pertenece este tipo de obra de teatro: *prefiero la tragedia a la comedia.* **3** Situación o hecho muy triste que produce dolor y sufrimiento: *la muerte del padre fue una tragedia para aquella familia.*
DER trágico.

trágico, -ca *adj.* **1** De la tragedia o relacionado con este género dramático: *personaje trágico; género trágico.* **2** Que es muy triste y produce dolor y sufrimiento moral: *falleció en un trágico accidente de aviación.* **3** [persona] Que exagera mucho sus manifestaciones de dolor: *mira que eres trágico, no te pongas así que no es para tanto.*

tragicomedia *n. f.* Obra dialogada que contiene elementos propios de la tragedia y de la comedia: *'La Celestina' es considerada una tragicomedia de la literatura española.*

trago *n. m.* **1** Porción o cantidad de líquido que se bebe o se puede beber de una sola vez: *se bebió de un trago la copa de aguardiente.* **2** *coloquial* Bebida alcohólica: *salimos a tomar unos tragos para celebrar su cumpleaños.* **3** Desgracia, sufrimiento o situación difícil que padece una persona: *la partida del hijo fue un trago muy duro para la madre.* **SIN** disgusto.
pasar un mal trago Sufrir una persona una desgracia o verse en una situación difícil: *pasé un mal trago económico cuando me quedé sin trabajo.*

tragón, -gona *adj./n. m. y f. coloquial* [persona] Que come mucho: *te estás poniendo muy gordo porque eres un tragón.* **SIN** glotón, tragaldabas.

traición *n. f.* Falta que comete una persona que no es fiel y no es firme en sus afectos o ideas o no cumple su palabra: *es famosa la traición de Judas que vendió a Jesucristo por treinta monedas de plata.*
DER traicionar.

traicionar *v. tr.* **1** No ser fiel una persona y no ser firme en los afectos o ideas o faltar a la palabra dada: *el chivato traicionó a sus compañeros delatándolos.* **2** Ser la causa del fracaso o el fallo de un intento: *los nervios me traicionaron y no supe qué contestar.*
DER traicionero, traidor.

traicionero, -ra *adj.* **1** Que está hecho con traición: *golpe traicionero.* ◇ *adj./n. m. y f.* **2** Traidor: *no confío en él porque es una persona muy traicionera.*

traidor, -ra *adj./n. m. y f.* **1** [persona] Que comete una traición: *el traidor entregó las llaves de la ciudad al enemigo a cambio de dinero.* ◇ *adj.* **2** Que es muy hábil para engañar o se comporta con disimulo para conseguir una cosa: *sus maneras traidoras me impidieron conocer sus verdaderas intenciones.* **3** Que es señal de traición: *sonrisa traidora.* **4** [cosa] Que es peligroso aunque no lo parezca: *ten cuidado con esas latas que son muy traidoras y te pueden cortar.* **5** Que descubre una cosa que se quiere mantener en secreto: *se supo quién era el asesino por una mancha traidora en su ropa.*
SIN traicionero.

tráiler *n. m.* **1** Publicidad de una película en la que se muestran secuencias de la misma en pantalla: *antes de empezar la película dieron un tráiler de un film que me pareció muy interesante.* **2** Remolque de un camión, especialmente si es de grandes dimensiones.
OBS El plural es *tráileres.*

trainera *n. f.* **1** Embarcación pequeña y alargada que se usa para la pesca con red: *la pesca del boquerón se hace con traineras.* **2** Embarcación de remos que se usa en competiciones deportivas.

traíña *n. f.* Red en forma de bolsa grande abierta por arriba que se usa para la pesca de arrastre: *la traíña se usa para pescar sardinas y llevarlas vivas sin sacarlas del agua hasta la costa.*

traje *n. m.* **1** Vestido exterior completo de una persona. **traje de baño** Bañador: *me he comprado un traje de baño de color negro.* **traje de etiqueta** Traje masculino que suele usarse en ceremonias y actos solemnes: *el frac es un traje de etiqueta.* **traje de luces** Traje que lleva adornos de oro o plata y que se ponen los toreros para torear: *el traje de luces se compone de chaquetilla y taleguilla.* **traje de noche** Vestido femenino largo que suele usarse en fiestas y ceremonias: *para la fiesta de fin de año creo que me compraré un traje de noche con pedrería.* **traje espacial** Traje de una sola pieza que usan los astronautas cuando viajan al espacio: *se pusieron el traje espacial antes de entrar en la nave.* **2** Vestido formado por una chaqueta y unos pantalones o una falda de la misma tela: *mi jefe siempre viste de traje.* **3** Vestido de mujer formado por una sola pieza: *para salir hoy me pondré el traje negro de manga larga.* **4** Vestido típico o característico de una región o país o de unas determinadas personas: *lleva el traje típico de Ávila; traje de marinero.*
DER trajear.

trajear *v. tr./prnl.* Vestir con traje o de forma más elegante que la habitual: *nos trajeamos para ir a la boda; trajeó al niño para ir a misa.*

trajín *n. m.* Movimiento intenso o gran actividad que se produce en un lugar: *había mucho trajín en el restaurante y tuvimos que esperar una hora para comer.* **SIN** ajetreo.

trajinar *v. tr.* **1** Llevar o transportar una cosa de un lugar a otro: *se pasó toda la mañana trajinando muebles.* ◇ *v. intr.* **2** Moverse mucho una persona o andar de un sitio para otro: *deja ya de trajinar y siéntate un rato.* ◇ *v. tr./intr./prnl.* **3** *coloquial* Intentar convencer a una persona con un fin determinado: *se está trajinando a sus padres para que le dejen ir de viaje.*
DER trajín.

tralla *n. f.* **1** Trencilla hecha con tiras de cuero que se coloca en el extremo de un látigo para hacerlo restallar cuando se sacude. **2** Látigo que está provisto de esta trencilla.

trallazo *n. m.* **1** Golpe o sacudida violenta: *le dio un trallazo al balón y rompió el vidrio de la ventana.* **2** Golpe dado con una tralla: *le dio un trallazo al caballo y salió al galope.* **SIN** latigazo.

trama *n. f.* **1** Disposición interna en que se relacionan o se corresponden las partes de un asunto: *las vidas del vecindario se cruzan en una trama complicada.* **2** Tema o argumento de una obra literaria: *esa novela tiene una trama policiaca.* **3** Conjunto de hilos que forman el ancho de una tela: *la trama y la urdimbre se entrecruzan formando el tejido.* **4** Acción preparada en la que un grupo de personas se une para causar daño a otras: *la policía ha descubierto una trama terrorista.* **SIN** conspiración, intriga.
DER tramar, tramo; entramado.

tramar *v. tr.* Actuar con astucia y en secreto para conseguir un fin: *afortunadamente, interrumpieron el maquiavélico plan que había tramado.*

tramitación *n. f.* Conjunto de gestiones que se hacen para resolver un asunto o conseguir un documento: *la tramitación del divorcio nos costó mucho dinero.*

tramitar *v. tr.* Hacer pasar un asunto por los trámites oportunos o necesarios para solucionarlo: *estoy tramitando los papeles del divorcio.*
DER tramitación.

trámite *n. m.* Estado de un proceso administrativo por el que tiene que pasar un asunto para solucionarlo: *estoy finalizando los trámites del divorcio.* **SIN** diligencia, gestión.
DER tramitar.

tramo *n. m.* **1** Parte en que está dividido un camino o una vía: *el accidente ocurrió en el tramo en obras de la carretera.* **2** Parte de una escalera situada entre dos rellanos: *este tramo es excesivamente largo.*

tramoya *n. f.* **1** Máquina o conjunto de máquinas que sirven para hacer los cambios de decorado y los efectos especiales en el escenario de un teatro: *trabaja en la tramoya del teatro local.* **2** Parte que queda oculta en un asunto o negocio: *me gustaría conocer la verdadera tramoya de este proyecto.* **3** Broma o engaño hecho de modo hábil e inteligente: *organizaron una gran tramoya para su cumpleaños.* **SIN** intriga.
DER tramoyista.

tramoyista *n. com.* **1** Persona que diseña las tramoyas de un teatro: *el tramoyista de la ópera es conocido por sus montajes espectaculares.* **2** Persona que maneja las tramoyas de un teatro: *el tramoyista se equivocó y no cambió el decorado a tiempo.*

trampa *n. f.* **1** Instrumento o artificio que se utiliza para cazar animales: *el ciervo quedó atrapado en la trampa que habían puesto los cazadores.* **SIN** cepo. **2** Plan o acción que tiene como fin engañar a una persona: *los delincuentes tendieron una trampa a la policía.* **3** Puerta situada en el suelo o en el techo que comunica una habitación con otra inferior o superior: *bajan a la bodega por la trampa que hay en la cocina.* **SIN** trampilla. **4** Acción que va contra una regla o una ley y que se hace con disimulo para conseguir algún beneficio: *hace trampas jugando a las cartas; hace trampas para pagar menos impuestos en la declaración de la renta.* **5** Deuda que se tarda en pagar: *estoy lleno de trampas con varios bancos.*
DER trampear, trampero, trampilla, tramposo; entramparse.

trampilla *n. f.* Puerta situada en el suelo o en el techo que comunica una habitación con otra inferior o superior: *abrió la trampilla para subir al desván.* **SIN** trampa.

trampolín *n. m.* **1** Tabla flexible sujeta por un extremo que sirve para saltar al agua o tomar impulso al realizar un salto acrobático: *el nadador se lanzó de cabeza al agua desde el trampolín; el gimnasta tomó impulso saltando en el trampolín.* ☞ gimnasio. **2** Medio utilizado para conseguir un beneficio: *utilizó a su mejor amigo como trampolín para ascender de puesto.*

tramposo, -sa *adj./n. m. y f.* [persona] Que hace trampas en el juego: *gana siempre a las cartas porque es un tramposo.* **SIN** fullero.

tranca *n. f.* **1** Palo grueso y fuerte: *amenazó al perro con una tranca.* **SIN** estaca, garrote. **2** Palo grueso con el que se aseguran por detrás las puertas y ventanas que están cerradas: *al cerrar la puerta pon la tranca atravesada.* **3** *coloquial* Borrachera.
a trancas y barrancas Expresión que indica que una cosa se hace con grandes dificultades y superando muchos obstáculos: *el coche se estropeó y llegamos a nuestro destino a trancas y barrancas.*
DER trancanil, trancar, trancazo, tranco; retranca.

trancar *v. tr.* Cerrar una puerta con una tranca: *trancamos la puerta por miedo a los ladrones.*
OBS En su conjugación, la c se convierte en *qu* delante de *e*.

trancazo *n. m.* **1** *coloquial* Golpe fuerte dado con una tranca o un objeto contundente: *me dio un trancazo con el palo de la escoba.* **2** *coloquial* Gripe o enfermedad: *creo que después de estos fríos he cogido un buen trancazo.*

trance *n. m.* **1** Momento o situación muy difícil o apurada de la vida de una persona: *ahora estamos pasando un trance.* **2** Estado en el que se suspenden las funciones mentales normales de una persona: *la médium entra en trance al hacer espiritismo; en la hipnosis se entra en trance.*

tranco *n. m.* Paso o salto largo: *dio un tranco para cruzar el riachuelo.*
DER tranquillo.

tranquilidad *n. f.* Estado de serenidad y sosiego que siente una persona o que domina un determinado lugar o situación: *solucioné el problema con una tranquilidad envidiable; me gusta el campo por la tranquilidad que allí se encuentra.* **SIN** calma, quietud.

tranquilizante *adj./n. m.* [sustancia, medicamento] Que calma o tranquiliza a una persona que está muy nerviosa o alterada: *este medicamento tiene efectos tranquilizantes; los médicos le dieron un tranquilizante para que se relajara.*

tranquilizar *v. tr./prnl.* Disminuir o hacer desaparecer la excitación del ánimo de una persona: *tranquiliza a tu madre por teléfono y dile que no ha pasado nada; se tranquilizó cuando supo que todos estaban bien.* **SIN** calmar, serenar, sosegar. **ANT** intranquilizar.
DER tranquilizante.
OBS En su conjugación, la *z* se convierte en *c* delante de *e*.

tranquillo *n. m.* Hábito o habilidad que se logra o se adquiere a fuerza de repetir una misma acción muchas veces y que ayuda a hacer más fácilmente un trabajo: *creo que ya le he cogido el tranquillo al manejo de esta máquina.*

tranquilo, -la *adj.* **1** Que no presenta agitación, movimiento o ruido: *el mar estaba tranquilo, casi sin olas; los domingos por la mañana las calles están muy tranquilas.* **SIN** sereno. **ANT** bullicioso. **2** [persona] Que tiene un estado de ánimo sereno y sosegado, con ausencia de toda preocupación o nerviosismo: *el paciente estaba muy tranquilo.* **ANT** intranquilo, nervioso.
DER tranquilidad, tranquilizar, tranquilón.

trans- Prefijo que entra en la formación de palabras con el significado de: *a)* 'En la parte opuesta', 'del otro lado': *transatlántico, transpirenaico.* b) 'A través de': *transparente.* c) 'Cambio', 'mudanza': *transformar.*
OBS Puede alternar con la forma *tras-: translúcido, traslúcido.* También puede adoptar exclusivamente la forma *tras-: trasladar, trasplante.*

transatlántico, -ca o **trasatlántico, -ca** *adj.* **1** De las regiones situadas al otro lado del océano Atlántico o relacionado con ellas: *países transatlánticos.* **2** [tráfico, medio de transporte] Que atraviesa el océano Atlántico: *vuelo transatlántico; viaje transatlántico.* ◊ *n. m.* **3** Embarcación de gran tamaño destinada al transporte de pasajeros que recorre grandes distancias: *mi tío vino desde Argentina en un transatlántico.*

transbordador o **trasbordador** *n. m.* **1** Embarcación de gran tamaño destinada al transporte de pasajeros y cargas pesadas que suele hacer siempre el mismo recorrido: *cruzaron el río en un transbordador.* **2** Vehículo espacial que despega como un cohete y vuelve a la Tierra aterrizando como un avión: *se está construyendo un transbordador espacial para colocar un satélite en el espacio.* **SIN** lanzadera.

transbordar o **trasbordar** *v. tr./prnl.* **1** Trasladar personas o mercancías de un vehículo a otro: *al transbordar las mercancías perdimos tres paquetes.* ◊ *v. tr./intr.* **2** Cambiar una persona cuando viaja en ferrocarril de un tren a otro: *es necesario transbordar dos veces antes de llegar a nuestro destino.*
DER transbordador, transbordo.

transbordo o **trasbordo** *n. m.* **1** Cambio o traslado que realiza una persona de un tren de un ferrocarril a otro: *los pasajeros que van a Francia tienen que hacer transbordo en Irún.* **2** Cambio de línea de metro que realiza una persona en un trayecto o viaje: *tienes que hacer transbordo y coger la línea de metro que va al centro de la ciudad.*

transcendencia *n. f.* Trascendencia.
transcendental *adj.* Trascendental.
transcender *v. intr.* Trascender.
transcribir o **trascribir** *v. tr.* **1** Copiar un escrito trasladándolo a un sistema de escritura distinto: *el estudiante transcribía el texto griego en caracteres latinos.* **SIN** transliterar. **2** Copiar o reproducir un texto en otro lugar: *los escribas medievales transcribían los libros que llegaban a sus bibliotecas.* **3** Representar sonidos de manera gráfica mediante un sistema especial de signos: *el investigador transcribió fonéticamente el discurso del conferenciante para realizar un estudio fonético.*
DER transcripción.
OBS El participio es *transcrito.*

transcripción o **trascripción** *n. f.* **1** Copia de un escrito trasladándolo a otro sistema de escritura: *haz la transcripción del alfabeto griego al latino.* **SIN** transliteración. **2** Copia o reproducción de un texto en otro lugar: *los errores de transcripción de esta novela son abundantes.* **3** Representación gráfica de los sonidos mediante un sistema especial de signos: *en este diccionario aparece la transcripción de los sonidos que ayuda a saber cómo se pronuncia cada palabra.*

transcrito, -ta *part.* Participio irregular de *transcribir.* **SIN** trascrito.

transcurrir o **trascurrir** *v. intr.* Pasar o correr el tiempo: *transcurrieron dos años hasta que volvimos a vernos.*
ETIM Véase *correr.*

transcurso o **trascurso** *n. m.* Paso del tiempo: *en el transcurso de aquel año tuve mi primer hijo.*
ETIM Véase *correr.*

transeúnte *adj./n. com.* **1** [persona] Que pasa andando por un lugar: *varios transeúntes ayudaron al anciano a levantarse.* **SIN** viandante. **2** [persona] Que vive en un lugar durante un período de tiempo o sólo está en él de paso: *figuraba en el padrón municipal como transeúnte.*

transexual *adj./n. com.* [persona] Que cree pertenecer al sexo opuesto e intenta que su anatomía y su comportamiento sean propios de ese sexo: *muchos transexuales se operan para pasar a ser del sexo que creen que les corresponde.*

transferencia o **trasferencia** *n. f.* **1** Operación bancaria que consiste en cambiar dinero de una cuenta a otra: *te enviaré el dinero por transferencia.* **2** Acción de dejar una persona a otra un cargo, un poder o un conjunto de bienes: *el rector saliente y el nuevo rector ya han hecho la transferencia de poderes.* **SIN** cesión.

transferir o **trasferir** *v. tr.* **1** Cambiar dinero de una cuenta a otra mediante una transferencia bancaria: *me han transferido el dinero que me debían.* **2** Dar o ceder una cosa propia a una persona o una entidad: *el profesor transfirió su biblioteca particular a la universidad.* **SIN** traspasar.
DER transferencia; intransferible.
OBS En su conjugación, la *e* se convierte en *ie* en sílaba acentuada o en *i* en algunos tiempos y personas, como en *hervir.*

transfiguración *n. f.* Cambio radical en el aspecto de una persona o cosa: *desde que está enfermo ha experimentado una transfiguración espectacular.*

transfigurar o **trasfigurar** *v. tr./prnl.* Cambiar radicalmente el aspecto de una cosa o de una persona: *con la nueva urbanización han transfigurado el paisaje de esta zona; cuando conoció la noticia se le transfiguró el rostro.*

transformación o **trasformación** *n. f.* **1** Cambio de forma que sufre una cosa: *los gusanos sufren una compleja transformación al convertirse en mariposas.* **2** Cambio de aspecto o de costumbres que sufre una cosa: *su manera de ser ha sufrido una profunda transformación.* **SIN** modificación. **3** Cambio completo por el que una cosa se convierte en otra: *la transformación de la discoteca en librería no ha tenido éxito.* **4** Jugada deportiva en la que se consigue un tanto por medio de un lanzamiento: *el delantero lanzó el penalti y logró la transformación.*
DER transformacional.

transformador, -ra o **trasformador, -ra** *adj.* **1** Que transforma o modifica: *el nuevo equipo de dirección ha empezado con ímpetu transformador.* ◇ *n. m.* **2** Aparato o instalación que cambia o transforma el voltaje de una corriente eléctrica alterna sin modificar su potencia: *es necesario un transformador para conectar un aparato que funciona a 125 voltios a la red eléctrica que funciona a 220.*

transformar o **trasformar** *v. tr./prnl.* **1** Cambiar una cosa de forma: *el gusano se transforma en mariposa después de la metamorfosis.* **2** Cambiar una cosa de aspecto o de costumbres: *la enfermedad transformó su forma de vida.* **SIN** modificar. **3** Convertir una cosa en otra cosa distinta: *el mago transformó el bastón en una paloma.* **SIN** transmutar. **4** Conseguir un tanto en un deporte: *el jugador se preparó para transformar el penalti.*
DER transformación, transformador, transformativo, transformismo.

transformativo, -va o **trasformativo, va** *adj.* Que es capaz de producir una transformación: *estructuras transformativas.*

transformista *n. com.* Actor que cambia rápidamente de traje y de aspecto para interpretar personajes diferentes, generalmente en un espectáculo de variedades o en el circo: *el transformista salió vestido de mujer y un momento después se había convertido en lobo.*

tránsfuga *n. com.* **1** Persona que huye de un lugar a otro. **SIN** trásfuga, fugitivo. **2** Persona que deja un partido político para pertenecer a otro: *es un tránsfuga, cuando vio que su partido obtenía pocos votos se pasó al partido de la oposición.* **SIN** trásfuga.

transfusión *n. f.* Operación que consiste en introducir sangre de un individuo en el sistema circulatorio de otro: *para hacer una transfusión el donante y el receptor deben tener el mismo grupo sanguíneo; después de perder tanta sangre los médicos le hicieron una transfusión.*

transgredir o **trasgredir** *v. tr.* Ir contra una ley o una norma o no cumplirlas: *transgredió la ley y tuvo que pagar una multa.* **SIN** infringir, quebrantar, violar.
DER transgresión, transgresor.
OBS Se usa sólo en los tiempos y personas cuya desinencia contiene la vocal *i* como *transgredía, transgrediré, transgrediendo*. En presente de indicativo sólo se usan la primera y la segunda persona del plural.

transgresión o **trasgresión** *n. f.* Falta o acción que va contra una ley o una norma: *saltarse una señal de stop es una transgresión de las normas de circulación.* **SIN** infracción.

transgresor, -ra *adj./n. m. y f.* [persona] Que infringe o quebranta la ley o no la cumple: *los transgresores de la ley serán perseguidos por los cuerpos de seguridad.*

transiberiano, -na *adj.* **1** Que atraviesa Siberia, región oriental de Rusia: *viaje transiberiano.* ◇ *adj./n. m.* **2** [tren] Que comunica Moscú con Vladivostock a través de los Urales y Siberia.

transición *n. f.* **1** Situación o estado intermedio entre uno antiguo o pasado y otro nuevo al que se llega tras un cambio: *hemos vivido una época de transición hasta que nos adaptamos plenamente.* **2** Paso de un estado o modo de ser a otro distinto: *la transición política que vivió España de la dictadura a la democracia fue muy pacífica.*

transido, -da *adj.* Que está muy angustiado por un dolor físico o moral muy intenso: *estaba transido de pena; cuando supo la noticia se quedó transido.* **SIN** acongojado, apesadumbrado.

transigencia *n. f.* Actitud de tolerancia o aceptación de la opinión o deseos de otra persona en contra de los propios, especialmente cuando se adopta para evitar una discusión: *su transigencia evitó que la discusión continuase.* **ANT** intransigencia.

transigir *v. intr.* **1** Admitir o aceptar una persona una cosa que no le gusta o que va en contra de su opinión con el fin de llegar a un acuerdo: *tuvo que transigir con el matrimonio de su hija para que la familia no se dividiera.* **SIN** ceder, consentir. **2** Tolerar una cosa: *no transijo con la injusticia.* Se usa en frases negativas.
DER transigencia.
OBS En su conjugación, la *g* se convierte en *j* delante de *a* y *o*.

transistor *n. m.* **1** Componente electrónico que rectifica y amplifica las corrientes eléctricas y hace funcionar los aparatos de radio y televisión así como los ordenadores y otros aparatos electrónicos: *el transistor regula el flujo de electrones rectificando o amplificando la corriente eléctrica.* **2** Aparato de radio de pequeño tamaño que está provisto de estos componentes: *los transistores pueden funcionar mediante pilas.*
DER transistorizar.

transitar *v. intr.* Andar por una vía pública al ir de un lugar a otro: *un joven repartía propaganda a las personas que transitaban por la calle.*
DER transitable, transitivo.

transitividad *n. f.* GRAM. Necesidad que tiene un verbo de llevar complemento u objeto directo: *la transitividad del verbo dar.*

transitivo, -va *adj./n. m. y f.* GRAM. [oración, verbo] Que puede llevar un complemento u objeto directo: *los verbos ver, comer, amar o pedir son verbos transitivos; la oración saludó cariñosamente a sus amigos es transitiva.*
DER transitividad; intransitivo.

tránsito *n. m.* **1** Movimiento de personas o de vehículos que pasan por una vía pública: *esta avenida es una vía de mucho tránsito; está prohibido el tránsito de camiones pesados por toda la ciudad.* **SIN** circulación, tráfico. **2** Paso de un estado o empleo a otro: *mi tránsito por esta empresa ha sido muy satisfactorio.*

en tránsito Expresión que indica que la persona que viaja de un punto a otro se encuentra aguardando un transbordo en un aeropuerto intermedio entre la ciudad de salida y la de llegada: *cuando viajé a la India estuve en tránsito en la ciudad de Londres.*
DER transitar, transitorio.

transitoriedad *n. f.* Característica de algo que no es definitivo, que no está destinado a perdurar mucho tiempo: *la transitoriedad de su empleo le tiene preocupado.*

transitorio, -ria *adj.* **1** Que dura un tiempo determinado

o es temporal: *el presidente nombró un equipo de ministros que gobernó de manera transitoria hasta las elecciones*. **SIN** pasajero. **2** Que no es eterno y está destinado a dejar de existir: *nuestra vida es transitoria*. **SIN** pasajero, perecedero.
DER transitoriedad.

translación *n. f.* ASTR. Traslación.

transliteración o **trasliteración** *n. f.* Copia que se hace de un escrito trasladándolo a otro sistema de escritura: *al hacer la transliteración del documento se cometieron errores*. **SIN** transcripción.

transliterar o **trasliterar** *v. tr.* Copiar un escrito trasladándolo a un sistema de escritura distinto: *tiene que transliterar textos del griego al latín*. **SIN** transcribir.
DER transliteración.

translúcido, -da o **traslúcido, -da** *adj.* [cuerpo, materia] Que deja pasar la luz pero que no permite ver con nitidez a través de él: *la pantalla de la lámpara es de plástico translúcido*.

translucir *v. tr./prnl.* Traslucir.

transmediterráneo, -nea *adj.* [medio de transporte, comercio] Que atraviesa el mar Mediterráneo: *una compañía naviera transmediterránea*.

transmigración *n. f.* **1** Emigración a otro país, especialmente de todo un pueblo. **2** Según algunas creencias religiosas, paso del alma de un cuerpo a otro después de la muerte. **SIN** metempsicosis.

transmigrar *v. intr.* **1** Emigrar a otro país, en especial todo un pueblo. **2** Según algunas creencias religiosas, pasar el alma de un cuerpo a otro después de la muerte.

transmisión o **trasmisión** *n. f.* **1** Comunicación de un mensaje, una información o una noticia: *la transmisión puede ser oral o escrita*. **2** Emisión que se hace de un programa de radio o de televisión: *este canal tiene prevista la transmisión de varios partidos de fútbol*. **SIN** retransmisión. **3** Dispositivo que transmite o comunica energía o movimiento desde un punto de un mecanismo a otro: *llevó el coche al taller para que le revisaran la transmisión*. **4** Contagio o comunicación de una enfermedad o de un estado de ánimo: *enfermedad de transmisión sexual*.

transmisor, -ra o **trasmisor, -ra** *adj./n. m. y f.* **1** [medio] Que transmite o comunica alguna cosa: *las ratas fueron las transmisoras de la enfermedad*. ◊ *n. m.* **2** Aparato que sirve para transmitir o emitir señales eléctricas o telefónicas: *el espía llevaba un pequeño transmisor en el bolsillo*.

transmitir o **trasmitir** *v. tr.* **1** Comunicar o hacer llegar a una persona un mensaje, una información o una noticia: *transmítele mis felicitaciones*. **2** Emitir o difundir la radio o la televisión un programa: *esta noche veré el debate literario que transmite un canal de televisión*. **SIN** retransmitir. **3** Comunicar un dispositivo energía o movimiento desde un punto de un mecanismo a otro: *esa rueda transmite el movimiento a otra rueda más grande*. ◊ *v. tr./prnl.* **4** Contagiar o comunicar una enfermedad o un estado de ánimo: *el sida se transmite generalmente por contacto sexual*.
DER transmisión, transmisor; retransmitir.

transmutar o **trasmutar** *v. tr./prnl.* Convertir una cosa en otra cosa distinta: *los renacuajos se transmutan en ranas cuando son adultos*. **SIN** transformar.
DER transmutación.

transparencia o **trasparencia** *n. f.* **1** Capacidad que tiene un objeto de dejar pasar la luz y permitir ver con claridad a través de él: *me gusta la transparencia del agua*. **2** Fotografía o diapositiva que está hecha sobre un material transparente: *el profesor ilustró la clase proyectando unas transparencias sobre Egipto*. **3** Técnica de cine que consiste en sustituir un fondo real por una imagen fija; se emplea cuando se rueda en el interior de un estudio para simular que se está en el exterior.

transparentar o **trasparentar** *v. tr./prnl.* **1** Dejar pasar la luz un objeto y permitir ver con claridad a través de él: *es una blusa tan fina que se transparenta la ropa interior*. **2** Dejar entrever una cosa que a través de los indicios se intuye o se vislumbra: *su cara transparentaba el disgusto que había recibido*. ◊ *v. prnl.* **3 transparentarse** Ser un objeto o una cosa transparentes: *el cristal se transparenta; transparentarse un propósito*.

transparente o **trasparente** *adj.* **1** [cuerpo] Que deja pasar la luz y permite ver con claridad a través de él: *el cristal de esta ventana es transparente*. **ANT** opaco. **2** Que es claro o fácil de comprender: *habla de manera transparente para que podamos entenderte*. ◊ *n. m.* **3** Tela o papel que se coloca ante una luz para suavizarla o hacerla menos intensa o directa: *los transparentes de las lámparas dan al salón un ambiente más íntimo*. **4** Ventana de cristales que ilumina y adorna el fondo de un altar: *la vidriera del transparente tiene representadas figuras religiosas*.
DER transparencia, transparentar.

transpiración o **traspiración** *n. f.* Salida de sudor del cuerpo a través de los poros de la piel: *el cuerpo elimina toxinas por medio de la transpiración*.

transpirar o **traspirar** *v. intr./tr.* **1** Desprender sudor una persona o un animal a través de los poros de la piel: *hace mucho calor y todos estamos transpirando*. **SIN** sudar. **2** Expulsar una planta vapor de agua. **3** Dejar salir una prenda de vestir el sudor u otro fluido: *esta tela es sintética y no transpira*.
DER transpiración.

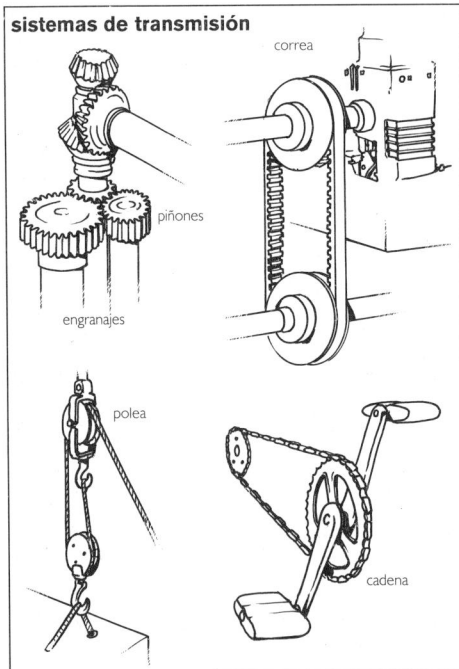

sistemas de transmisión

correa

piñones

engranajes

polea

cadena

transpirenaico, -ca *adj.* **1** Que está al otro lado de los Pirineos: *región transpirenaica*. **2** Que atraviesa los Pirineos: *ruta transpirenaica; comercio transpirenaico*.

transponer o **trasponer** *v. tr./prnl.* Poner a una persona o cosa más allá o en lugar distinto del que ocupa: *traspón esa maceta para que no estorbe*. **2** Trasladar una planta con sus raíces del lugar en que estaba plantada a otro. **SIN** trasplantar. **3** Ponerse el sol u otro astro.
DER transpuesto.
OBS Se conjuga como *poner*.

transportador, -ra o **trasportador, -ra** *adj.* **1** Que lleva una cosa de un lugar a otro: *pusieron los paquetes en la cinta transportadora*. ◇ *n. m.* **2** Regla que tiene forma de semicírculo graduado y sirve para medir y dibujar ángulos: *midió el ángulo con el transportador y tenía 85*.

transportar o **trasportar** *v. tr.* **1** Llevar o trasladar una persona o una cosa de un lugar a otro: *ese camión transporta naranjas; la familia ayudó a transportar el armario*. ◇ *v. tr./prnl.* **2** Hacer perder una cosa la razón o el sentido a una persona: *la visión de una mujer tan hermosa me transporta*. **SIN** enajenar, extasiar.
DER transportador, transportista; helitransportado.

transporte *n. m.* **1** Traslado de una persona o una cosa de un lugar a otro: *el transporte de nuestros productos se efectúa por carretera*. **2** Vehículo o medio que se usa para trasladar personas o cosas: *transporte aéreo; transporte ferroviario; transporte por carretera*. **transporte público** Servicio de transporte de una ciudad que puede ser utilizado por cualquier persona para trasladarse de un lugar a otro: *los autobuses, el metro y los taxis forman el transporte público de una ciudad*.
DER transportar.

transportista *adj.* **1** Que se dedica al transporte de mercancías: *la empresa transportista cobra por adelantado*. ◇ *n. com.* **2** Persona que se dedica profesionalmente al transporte de mercancías: *el transportista también se encarga de la instalación de la maquinaria*.

transpuesto, -ta *adj.* Medio dormido: *después de comer me quedé transpuesto en el sofá*.

transvasar o **trasvasar** *v. tr.* Pasar un líquido de un recipiente a otro. **SIN** trasvasar.

transvase o **trasvase** *n. m.* Resultado de pasar un líquido de un recipiente a otro.

transversal o **trasversal** *adj.* **1** Que está atravesado de una parte a otra de una cosa de manera perpendicular: *esta tela tiene listas transversales*. **2** Que se cruza en dirección perpendicular con otra cosa: *la tienda no está en esa avenida sino en una calle transversal*. **ANT** longitudinal. ◇ *n. f.* **3** Calle que cruza a otra en dirección perpendicular: *se metió por una transversal con el coche para buscar aparcamiento*.

tranvía *n. m.* Vehículo de transporte público que circula por vías o raíles en las calles de una ciudad y lleva pasajeros: *el tranvía es un vehículo movido por electricidad que toma de un tendido de cables mediante un dispositivo llamado trole*.

trapa *n. amb.* Ruido y alboroto que hay en un lugar donde hay mucha gente: *organizaron una fiesta y por todo el barrio se oía un trapa trapa*.
OBS Se suele usar repetido.

trápala *n. f.* **1** Bullicio de gente: *en la fiesta organizaron una trápala de cuidado*. **SIN** jaleo, alboroto. **2** *coloquial* Mentira: *siempre va contando trápalas y ya nadie le cree*. **SIN** embuste. ◇ *adj./n. com.* **3** Persona que habla mucho sin decir nada importante: *es un trápala capaz de tenerte media hora contándote sus pesadas historias*. **SIN** charlatán. **4** Persona que cuenta mentiras: *mejor no hacer caso de ese trápala que nunca dice la verdad*. **SIN** mentiroso, embustero.

trapecio *n. m.* **1** Palo horizontal suspendido de dos cuerdas que se usa para hacer ejercicios físicos, gimnásticos o circenses: *el trapecio se utiliza en el circo para hacer números espectaculares*. **2** Figura geométrica plana que tiene cuatro lados de los cuales sólo dos son paralelos: *el trapecio es un polígono irregular*. **3** Hueso del cuerpo humano que es el primero de la segunda fila de la muñeca: *el trapecio forma el esqueleto de la muñeca*. **SIN** carpo. **4** Cada uno de los dos músculos planos y triangulares que están situados en la parte superior de la espalda y posterior de la cabeza: *los trapecios permiten mover los hombros y girar e inclinar la cabeza*.
DER trapecista, trapezoide.

trapecista *n. com.* Persona que es acróbata o artista de circo y hace ejercicios de habilidad, fuerza y equilibrio en el trapecio: *el trapecista agarraba al vuelo a su compañero*.

trapero, -ra *n. m. y f.* Persona que se dedica a recoger, comprar y vender trapos y otros objetos usados: *el trapero se llevó el colchón viejo*.

trapezoidal *adj.* Que tiene forma de trapecio o de trapezoide: *figura trapezoidal*.

trapezoide *n. m.* **1** Figura geométrica de cuatro lados que no tiene ningún lado paralelo a otro. ◇ *n. m./adj.* **2** ANAT. Hueso que es el segundo de la segunda fila del carpo.

trapichear *v. intr.* **1** *coloquial* Buscar cualquier medio para conseguir un fin. **2** Comerciar con mercancías en pequeñas cantidades de una manera ilegal: *siempre anda trapicheando con objetos de un anticuario*.
DER trapicheo.

trapicheo *n. m.* *coloquial* Acción que consiste en buscar los medios necesarios y no siempre legales para conseguir un fin: *gracias a sus trapicheos vive como un rey*. **SIN** enredo.
OBS Se usa generalmente en plural.

trapío *n. m.* Gallardía, bravura y buena planta que tiene un toro de lidia: *los toros de esta ganadería tienen mucho trapío*.

trapisonda *n. f.* *coloquial* Discusión o riña en la que se grita y hay alboroto: *se metieron con los dos borrachos y se organizó una trapisonda increíble*.

trapo *n. m.* **1** Trozo de tela viejo y roto: *dame un trapo para limpiarme la grasa de las manos*. **2** Trozo de tela que se usa para limpiar o quitar el polvo: *compraré un trapo para limpiar los cristales*. **3** Conjunto de velas de una embarcación: *el trapo de la barca estaba totalmente mojado*. **SIN** velamen. **4** Tela de la capa de torear de un torero: *el toro embiste el trapo*. ◇ *n. m. pl.* **5 trapos** *coloquial* Prendas de vestir, especialmente femeninas: *se gasta todo lo que gana en trapos*. **SIN** trapitos.
a todo trapo *coloquial* Con la mayor rapidez o velocidad posible: *siempre va con la moto a todo trapo*.
dejar como un trapo *coloquial* Humillar o avergonzar a una persona: *me dejó como un trapo delante de mis compañeros*.
estar hecho un trapo *coloquial* Sentirse una persona muy cansada o débil: *después del trabajo estoy hecho un trapo*.
poner como un trapo *coloquial* Insultar o criticar a una persona con gran dureza: *empezó a hablar mal de su familia y la puso como un trapo*.
sacar los trapos sucios *coloquial* Comentar en público los errores o las faltas: *haz el favor de no sacar los trapos sucios de la familia delante de la gente*.
DER trapajoso, trapero, trapillo, trapío.

tráquea *n. f.* **1** ANAT. Tubo del aparato respiratorio de algunos animales vertebrados que comunica la laringe con los bronquios y lleva el aire a los pulmones: *la tráquea está for-*

traqueal

mada por cartílagos de forma semicircular. ☞ respiratorio, aparato. **2** ZOOL. Órgano con el que respiran los insectos y los artrópodos terrestres: *la tráquea de los insectos está ramificada*.
DER traqueal, traqueotomía.

traqueal *adj.* **1** De la tráquea o relacionado con este tubo del aparato respiratorio de algunos vertebrados: *paredes traqueales*. **2** [animal] Que respira a través de la tráquea: *los mosquitos son animales traqueales*. **3** [respiración] Que se realiza a través de la tráquea: *las arañas tienen respiración traqueal*.

traqueotomía *n. f.* MED. Intervención quirúrgica en la que se practica una abertura en la tráquea para comunicarla con el exterior: *le tuvieron que practicar una traqueotomía de urgencia porque se estaba asfixiando*.

traquetear *v. intr.* Moverse o agitarse una cosa produciendo un ruido: *el tren traqueteaba avanzando lentamente por la vía*.
DER traqueteo.

traqueteo *n. m.* Movimiento repetitivo de una cosa que produce un sonido también repetitivo: *el traqueteo del tren*.

tras *prep.* **1** Indica que una cosa es posterior a otra en el espacio o en el tiempo: *llevaba tras de sí más de doscientas personas; tras el lunes llega el martes*. **2** Indica que se persigue, se pretende o se va en busca de alguna cosa: *andan tras un piso desde hace más de un año*.

tras- Prefijo que entra en la formación de palabras con el significado de: *a)* 'En la parte opuesta', 'del otro lado': *trasatlántico, traspirenaico*. *b)* 'A través de': *trasparente*. *c)* 'Cambio', 'mudanza': *trasformar*.
OBS Puede alternar con la forma trans-: *translúcido, traslúcido*. También puede adoptar exclusivamente la forma trans-: *transmarino*.

trasatlántico, -ca *adj.* Transatlántico.

trasbordador *n. m.* Transbordador.

trasbordar *v. tr./prnl.* Transbordar.

trasbordo *n. m.* Transbordo.

trascendencia *n. f.* **1** Consecuencia o resultado de carácter grave o muy importante que tiene una cosa: *el daño que ha sufrido tendrá gran trascendencia sobre su vida*. SIN proyección. **2** Importancia que tiene una cosa: *no supo apreciar la trascendencia de sus palabras*. ANT intrascendencia.

trascendental o **transcendental** *adj.* **1** Que es básico o principal para fundar o sostener una cosa: *sus palabras fueron trascendentales*. SIN esencial, fundamental. **2** Que va más allá de lo que se puede conocer mediante la experiencia: *filosofía trascendental*.

trascender o **transcender** *v. intr.* **1** Empezar a ser conocida una cosa que estaba oculta: *las noticias de la policía trascendieron a los medios de comunicación*. **2** Extenderse las consecuencias o los efectos de un hecho: *el desánimo trasciende a todos los ámbitos de su vida*. **3** Sobrepasar una cosa un determinado límite: *este asunto trasciende del ámbito familiar*.
DER trascendencia, trascendente.
OBS En su conjugación, la e se convierte en ie en sílaba acentuada, como en *entender*.

trascribir *v. tr.* Transcribir.

trascripción *n. f.* Transcripción.

trascrito, -ta *part.* Participio irregular de *trascribir*.

trascurrir *v. intr.* Transcurrir.

trascurso *n. m.* Transcurso.

trasegar *v. tr.* **1** Cambiar un líquido de un recipiente a otro: *está trasegando vino en la bodega*. SIN trasvasar. **2** Tomar bebidas alcohólicas en exceso.
DER trasiego.
OBS En su conjugación, la e se convierte en ie en sílaba acentuada y la g en gu delante de e, como en *regar*.

trasero, -ra *adj.* **1** Que está detrás o en la parte posterior de un cosa: *puerta trasera de una casa*. ◊ *n. m.* **2** Parte inferior y posterior del tronco del ser humano sobre la que descansa el cuerpo al sentarse: *el padre dio al niño un azote en el trasero*. SIN culo.

trasferencia *n. f.* Transferencia.

trasferir *v. tr.* Transferir.
DER trasferencia.
OBS En su conjugación, la e se convierte en ie en sílaba acentuada o en i en algunos tiempos y personas, como en *hervir*.

trasfiguración *n. f.* Transfiguración.

trasfigurar *v. tr.* Transfigurar.

trasfondo *n. m.* Cosa, situación o intención que está detrás de la apariencia externa y visible de una acción o una situación: *para comprender esa obra hay que conocer el trasfondo histórico de su época*.

trasformación *n. f.* Transformación.

trasformador, -ra *adj.* Transformador.

trasformar *v. tr./prnl.* Transformar.

trasformativo, -va *adj.* Transformativo.

trásfuga *n. com.* Tránsfuga.

trasfusión *n. f.* Transfusión.

trasgredir *v. tr.* Transgredir.
DER trasgresión, trasgresor.
OBS Se usa sólo en los tiempos y personas cuya desinencia contiene la vocal i como *trasgredía, trasgrediré, trasgrediendo*. En presente de indicativo sólo se usan la primera y la segunda persona del plural.

trasgresión *n. f.* Transgresión.

trasgresor, -ra *adj./n. m. y f.* Transgresor.

trashumancia *n. f.* Traslado de los rebaños de ganado de una región a otra, que se realiza desde los pastos de las dehesas de verano a las de invierno y viceversa: *la trashumancia se hacía antiguamente conduciendo al ganado por las cañadas*.

trashumante *adj.* [ganado] Que practica la trashumancia.

trasiego *n. m.* **1** Cambio de un líquido de un recipiente a otro: *en el trasiego se perdió parte del aceite*. **2** Gran actividad y movimiento de gente: *¡menudo trasiego hemos tenido hoy en el trabajo!* SIN ajetreo, jaleo.

traslación o **translación** *n. f.* ASTR. Movimiento elíptico que describe la Tierra alrededor del Sol: *la traslación de la Tierra establece las estaciones del año*.

trasladar *v. tr./prnl.* **1** Cambiar una persona o una cosa de lugar: *este fin de semana trasladaré los muebles a mi nuevo piso; la empresa ha trasladado su sede a un nuevo edificio; su familia se trasladó a Burgos*. ◊ *v. tr.* **2** Cambiar a una persona de un puesto o cargo a otro de la misma categoría: *el funcionario solicitó que lo trasladaran a otro ministerio*. **3** Cambiar o modificar la hora o la fecha en que debe celebrarse un acto: *han trasladado la asamblea al primer jueves del mes*. **4** Traducir un escrito de un idioma a otro: *los alumnos trasladaron el texto en latín al español*.
DER traslación.

traslado *n. m.* **1** Cambio de domicilio o de sede social: *la empresa de mudanzas se encargó de todo lo referente al traslado*. **2** Cambio de lugar de trabajo dentro de la misma empresa o institución, manteniendo un cargo de igual categoría: *el funcionario pidió el traslado a su ciudad natal*.

traslaticio, -cia *adj. culto* [sentido] Que recibe el uso de una palabra que expresa un significado distinto al que tiene

traslación habitualmente: *castaña por golpe debe entenderse en sentido traslaticio*. **SIN** figurado, metafórico. **ANT** recto.

transliteración *n. f.* Transliteración.

transliterar *v. tr.* Transliterar.

traslúcido, -da *adj.* Traslúcido.

traslucir o **translucir** *v. tr./prnl.* **1** Dejar ver o mostrar una cosa a través de unos indicios: *el odio se trasluce de sus palabras*. **SIN** deducir. ◇ *v. prnl.* **2 traslucirse** Ser un objeto traslúcido: *el cristal se trasluce*.
DER traslúcido.
OBS En su conjugación, la *c* se convierte en *zc* delante de *a* y *o*, como en *lucir*.

trasluz *n. m.* Luz que pasa a través de un cuerpo traslúcido o transparente.
al trasluz Expresión que hace referencia a la manera de colocar un objeto para mirarlo poniéndolo entre un punto de luz y el ojo: *antes de abrir la carta la miró al trasluz para ver si podía leer algo*.
DER traslucir.

trasmano Palabra que se utiliza en la locución *a trasmano*, que significa: *a)* que un objeto está fuera del alcance de la mano o no se puede coger o manejar con comodidad: *voy a cambiar la impresora de sitio porque donde está me queda a trasmano*; *b)* que un sitio está en un lugar apartado o fuera del camino que se recorre habitualmente: *me gustaría ir a verte pero tu casa me pilla a trasmano*.

trasmediterráneo, -nea *adj.* Trasmediterráneo.

trasmigración *n. f.* Trasmigración.

trasmigrar *v. intr.* Trasmigrar.

trasmisión *n. f.* Trasmisión.

trasmisor, -ra *adj./n. m. y f.* Trasmisor.

trasmitir *v. tr.* Trasmitir.

trasmundo *n. m.* Mundo fantástico o imaginario: *el éxito de sus cuentos se debe a que reflejan un trasmundo que conecta perfectamente con el mundo infantil*.

trasmutar *v. tr./prnl.* Trasmutar.

trasnochado, -da *adj.* Que está anticuado o ya no es vigente: *es buen profesor pero tiene unas ideas pedagógicas un tanto trasnochadas*.

trasnochar *v. intr.* Pasar una persona la noche sin dormir o acostarse muy tarde: *ayer trasnoché porque me fui de fiesta*.
DER trasnochado, trasnochador.

traspapelar *v. tr./prnl.* Perder o extraviar un papel o un documento que estaba junto a otros: *la secretaria traspapeló la factura del cliente entre los documentos de contabilidad*.

trasparencia *n. f.* Transparencia.

trasparentar *v. tr./prnl.* Transparentar.

trasparente *adj.* Transparente.

traspasar *v. tr.* **1** Pasar o llevar una cosa de un lugar a otro: *traspasó todos los muebles a su nuevo piso*. **2** Pasar de una parte a otra de un lugar: *traspasar el río; traspasar el umbral*. **SIN** cruzar. **3** Atravesar un objeto con un instrumento punzante: *la flecha traspasó la manzana*. **4** Entregar el alquiler o la venta de un local o un establecimiento a una persona a cambio de dinero: *traspaso mi negocio porque ya no puedo encargarme de él*. **SIN** transferir. **5** Hacerse sentir un dolor físico o moral con mucha fuerza: *el dolor me traspasa el corazón*. **6** Dar o ceder una cosa propia a una persona: *el anciano ha traspasado todos sus bienes a su hijo*. **7** Pasar una cosa más allá de un cierto límite: *la imaginación suele traspasar los límites de la realidad*. **SIN** sobrepasar. **8** Infringir o quebrantar una norma o una ley.
DER traspaso.

traspaso *n. m.* **1** Acción que consiste en pasar o llevar una cosa de un lugar a otro: *ya he acabado el traspaso de los muebles del piso viejo al nuevo*. **2** Entrega o cesión del alquiler o la venta de un local o un establecimiento a una persona a cambio de dinero: *voy a hacer el traspaso de mi negocio porque ya no puedo atenderlo*. **3** Cantidad de dinero que se paga por esta entrega o cesión: *el traspaso de aquel bar me parece demasiado caro*.

traspié *n. m.* **1** Tropezón o resbalón que sufre una persona al andar o al correr: *dio un traspié al subir las escaleras y casi se cae al suelo*. **2** Equivocación que comete una persona: *aquel fallo supuso un traspié importante en su carrera*.
OBS El plural es *traspiés*.

traspiración *n. f.* Traspiración: *la traspiración es muy importante para la salud de la piel*.

traspirar *v. intr./tr.* Traspirar: *cuando corro, traspiro mucho; estos zapatos no traspiran bien*.
DER traspiración.

traspirenaico, -ca *adj.* Traspirenaico.

trasplantar *v. tr.* **1** Trasladar una planta con sus raíces del lugar en que estaba plantada a otro: *cultivó los claveles en una maceta y después los trasplantó al jardín*. **2** MED. Introducir en el cuerpo de una persona una parte de tejido o un órgano sanos para sustituir a los que estaban dañados: *le han trasplantado un riñón de un donante que es de su familia*. ◇ *v. tr./prnl.* **3** Introducir en un país o lugar ideas, costumbres u otras cosas procedentes de otro lugar: *la música moderna se ha trasplantado de Occidente a Oriente*.
DER trasplante.

trasplante *n. m.* **1** Traslado de una planta con sus raíces del lugar en que estaba plantada a otro: *el trasplante de estos frutales debe hacerse con mucho cuidado y en condiciones climatológicas favorables*. **2** MED. Introducción en el cuerpo de una persona de una parte de tejido o un órgano sanos para sustituir a los que estaban dañados: *le han hecho un trasplante de corazón*.

trasponer *v. tr./prnl.* Transponer: *traspuso la esquina y dejamos de verla; después de comer me suelo quedar traspuesto*.
OBS Se conjuga como *poner*.

trasportador, -ra *adj.* Transportador: *la empresa trasportadora entregó la mercancía a la hora convenida*.

trasportar *v. tr.* Transportar: *se gana la vida trasportando mercancías con un camión*.

trasporte *n. m.* Transporte: *el trasporte de las frutas tropicales encarece el producto; en las ciudades es conveniente usar el trasporte público para evitar atascos y contaminación*.
DER trasportar.

traspuesto, -ta *adj.* Transpuesto.

trasquilar *v. tr.* **1** Cortar el pelo a una persona de forma desigual y mal cortado: *no volveré a esa peluquería porque la última vez que fui me trasquilaron*. **2** Cortar el pelo o la lana a ciertos animales: *las ovejas se suelen trasquilar una vez al año, generalmente en primavera*. **SIN** esquilar.
DER trasquilado, trasquilón.

trasquilón *n. m.* Desigualdad que se hace en el pelo de una persona al cortarlo: *me cortó el pelo un aprendiz y me lo dejó lleno de trasquilones*.

trastada *n. f.* *coloquial* Travesura, fechoría o acción mala, generalmente de poca importancia: *estos niños no paran de hacer trastadas*.

trastazo *n. m.* *coloquial* Golpe fuerte que se da una persona o una cosa contra algo: *se cayó de la escalera y se dio un buen trastazo*. **SIN** porrazo, trompazo.

traste *n. m.* **1** Saliente de metal, hueso u otro material que se coloca junto con otros de manera transversal a lo largo

trastear

del mástil de la guitarra o de otros instrumentos parecidos; indica el lugar donde mediante la opresión de los dedos pude hacerse variar la longitud libre de las cuerdas de modo que corresponda a diversos sonidos: *el violín no tiene trastes*. **2** Espacio que hay entre dos de esos salientes: *para tocar esa nota, debes poner el índice en el primer traste*.

dar al traste Estropear o echar a perder una cosa: *su torpeza dio al traste con nuestros planes*.

trastear *v. intr.* Revolver, remover o cambiar trastos o cosas de un lugar a otro: *alguien ha estado trasteando en mi mesa*.

trastero, -ra *adj./n. m.* [habitación] Que se usa para guardar trastos o cosas que no se utilizan: *creo que guardé aquel jarrón en el cuarto trastero; tiene la bicicleta vieja en el trastero*.

trastienda *n. f.* **1** Habitación situada detrás de la tienda: *el dependiente entró en la trastienda y sacó de allí otro par de zapatos*. **2** Pensamiento o intención que una persona esconde en su forma de actuar o de comportarse, por astucia, cautela o hipocresía: *no me fío de él, tiene mucha trastienda*.

trasto *n. m.* **1** Objeto que no sirve para nada, que carece de valor o que está estorbando en un sitio: *se pasa el día comprando trastos al niño; ese mueble es un trasto*. **SIN** cacharro. **2** Máquina, aparato o mecanismo que está muy viejo, funciona mal o está estropeado: *quiso venderme un coche que era un trasto*. **SIN** cacharro. **3** Persona, especialmente niño, que no tiene formalidad, es inquieta o inútil: *este niño es un trasto, no para de hacer travesuras y de revolverlo todo*. ◊ *n. m. pl.* **4 trastos** Herramientas o utensilios que se emplean habitualmente en un oficio o una actividad: *cogió los trastos de pescar y salió al mar en la barca*.

DER trastada, trastazo, traste, trastear, trastero.

trastocar *v. tr.* **1** Cambiar o alterar el orden que mantenían ciertas cosas o el desarrollo normal de algo: *la contaminación está trastocando el clima del planeta*. **SIN** trastornar. ◊ *v. prnl.* **2 trastocarse** Trastornarse una persona o perturbársele la razón: *se ha trastocado tras la pérdida de su hermano*.

OBS En su conjugación, la c se convierte en *qu* delante de *e*.

trastornar *v. tr.* **1** Cambiar o alterar el orden que mantenían ciertas cosas o el desarrollo normal de algo: *la inesperada aparición del presidente trastornó el orden del día*. **SIN** trastocar. **2** Hacer que una persona sufra un problema, una molestia o tenga un cambio negativo en su vida: *el problema de las drogas ha trastornado a toda la familia*. **3** Gustar mucho una persona o una cosa a alguien, o sentir por ella una pasión excesiva: *esa chica me ha trastornado desde que la vi; este perfume me trastorna*. ◊ *v. tr./prnl.* **4** Perturbar o alterar el estado de ánimo o el estado mental de una persona: *se trastornó porque no pudo soportar tanto sufrimiento*.

DER trastorno.

trastorno *n. m.* **1** Cambio o alteración en el orden que mantenían ciertas cosas o en el desarrollo normal de algo: *trastornos atmosféricos*. **2** Molestia, problema o perturbación grave en la vida de una persona o en su estado de ánimo: *el cambio de horario no me ha causado ningún trastorno; es un trastorno recorrer todos los días 30 kilómetros para ir al trabajo*. **3** Alteración de poca importancia en la salud de una persona: *estas pastillas pueden producir trastornos digestivos*.

trasunto *n. m.* Reflejo o imitación fiel de algo: *su obra es un trasunto de la sociedad en la que vivimos*.

OBS Va seguido de la preposición *de*.

trasvasar *v. tr.* Transvasar: *el canal trasvasa el agua de una región a otra; vamos a trasvasar el vino a otra cuba*.

DER trasvase.

trasvase *n. m.* Transvase: *los pueblos ribereños se oponen al trasvase*.

trasversal *adj.* Transversal: *cruza la piscina de lado a lado en sentido trasversal; dibujó la sección trasversal de un edificio*.

trata *n. f.* Tráfico o comercio en el que se venden seres humanos como esclavos: *las personas que se dedicaban a la trata capturaban negros en África y los vendían en América como esclavos*. **trata de blancas** Tráfico o comercio que se realiza con mujeres para obligarlas a prostituirse: *algunas organizaciones criminales se dedican a la trata de blancas*.

tratable *adj.* [persona] Que es fácil de tratar porque es simpático, agradable o de trato sencillo: *puedes confiar en el jefe y contarle tu situación, es un hombre muy tratable*. **ANT** intratable.

tratadista *n. com.* Persona que escribe tratados sobre una materia determinada: *sus estudios sobre la Edad Media lo han hecho un tratadista famoso*.

tratado *n. m.* **1** Ajuste o acuerdo al que se llega después de haber debatido sobre un asunto, especialmente el que tiene lugar entre dos o más naciones: *tratado de paz*. **2** Obra que trata sobre una materia determinada: *tratado de biología*.

DER tratadista.

tratamiento *n. m.* **1** Manera de actuar, de comportarse o de proceder una persona en su relación con las demás o con los animales: *algunas personas son de difícil tratamiento a causa de su carácter*. **SIN** trato. **2** Manera de dirigirse a una persona según su categoría, su condición, su edad, o según otras características: *usted es el tratamiento que corresponde a las personas mayores; señoría y majestad son dos formas de tratamiento*. **3** Conjunto de cuidados y remedios que se aplican a una persona para curarle una enfermedad: *sigue un tratamiento muy severo contra la tuberculosis; le han puesto bajo tratamiento tras la operación; está empeorando y no responde al tratamiento*. **4** Manera de trabajar determinadas materias para su transformación o modificación: *se ha inaugurado una planta de reciclaje para el tratamiento de residuos sólidos*. ☞ reciclaje, proceso de.

DER multitratamiento.

tratante *n. com.* Persona que se dedica a comprar cosas para venderlas después: *el tratante de telas lleva un catálogo y muestras de los géneros con los que comercia*.

tratar *v. tr.* **1** Actuar, comportarse o proceder una persona de una manera determinada en relación con los demás o con los animales: *es cierto que es un pesado, pero no deberías haberle tratado tan mal; a los caballos hay que tratarlos con delicadeza*. **2** Usar o manejar una cosa de una manera determinada: *trata con cuidado la ropa si quieres que te dure mucho tiempo*. **3** Dar a una persona un tratamiento determinado, según su categoría, su condición, su edad, o según otras características: *por favor, no me trates de usted, trátame de tú*. **4** Calificar a una persona de manera despectiva o insultante: *le trató de vago y de irresponsable*. **5** Someter una sustancia o una materia a un tratamiento o proceso para su transformación o para la obtención de determinado resultado: *tratan estas telas con unos productos que las hacen impermeables*. **6** Someter a un paciente a una serie de cuidados y remedios para curarle una enfermedad: *el médico que me trata no me visitará hoy*. **7** Negociar, discutir o analizar un asunto o un tema: *en la reunión de hoy los ministros tratarán los problemas más urgentes*. ◊ *v. tr./intr./prnl.* **8** Tener relación o comunicarse una persona con otra: *no nos tratamos desde hace tiempo; no trataban con traidores*. ◊ *v. intr.* **9** Ocuparse o hablar de cierto tema, asunto o materia: *el documental de hoy trata sobre el mundo submarino; la película trata del* *problema de la droga.* **10** Comerciar o comprar cosas para después venderlas: *toda su familia trata en telas.* Se usa seguido de la preposición *en*.

tratar de + infinitivo Intentar conseguir o lograr un objetivo o un fin: *trató de llegar a la hora convenida, pero le resultó imposible.*

DER trata, tratable, tratamiento, tratante, trato; maltratar.

trato *n. m.* **1** Manera de actuar, de comportarse o de proceder una persona en su relación con las demás o con los animales: *Juan es una persona de trato muy agradable; los animales no se deben someter a un trato cruel.* **2** Manera de usar o manejar cierta cosa: *el coche le durará muchos años si le das buen trato.* **3** Relación de una persona con otra o con otras: *no tengo mucho trato con él.* **4** Acuerdo al que llegan dos o más personas sobre un asunto: *yo siempre cumplo un trato.*

DER contrato.

trauma *n. m.* **1** Choque emocional que produce en el subconsciente de una persona una impresión intensa y duradera: *muchos veteranos de Vietnam tienen insomnio por el trauma que supuso para ellos la guerra.* **2** Impresión intensa, negativa y duradera: *tengo un trauma tremendo por haber sido injusto con mi hermano pequeño.*

traumático, -ca *adj.* **1** Del trauma o relacionado con un choque emocional: *la separación de sus padres no ha sido traumática para el niño.* **2** Del traumatismo o relacionado con este tipo de daño: *el médico le diagnosticó una hemorragia cerebral de origen traumático.*

traumatismo *n. m.* Daño de los tejidos orgánicos o de los huesos producido por un golpe, una torcedura u otra circunstancia.

traumatizar *v. tr./prnl.* Producir un trauma en una persona: *el niño está traumatizado desde que viajó en avión; se traumatizó por la muerte de su amiga.*

OBS En su conjugación, la *z* se convierte en *c* delante de *e*.

traumatología *n. f.* **1** MED. Parte de la medicina especializada en el estudio y tratamiento de los daños de los tejidos orgánicos o de los huesos producidos por golpes, torceduras u otras circunstancias. **2** Departamento de un hospital donde se atiende a las personas que han sufrido un traumatismo.

DER traumatólogo.

traumatólogo, -ga *n. m. y f.* Médico especializado en el estudio y tratamiento de los daños de los tejidos orgánicos o de los huesos producidos por golpes, torceduras u otras circunstancias.

travelín o **travelling** *n. m.* Técnica cinematográfica que consiste en mover la cámara para acercarla o alejarla de lo que se desea filmar.

OBS La forma *travelling* es de origen inglés y se pronuncia aproximadamente 'trávelin'. ◇ El plural de *travelín* es *travelines*, y el de *travelling*, *travellings*.

través *n. m.* Inclinación o torcimiento de una cosa hacia un lado determinado: *el cuadro le ha quedado colgado de través.*

a través de *a*) Indica que una cosa se hace u ocurre pasando o cruzando por en medio de otra o de un lado a otro de algo: *se abrió paso a través de la multitud; te he visto a través de la mirilla.* *b*) Indica que una cosa se hace u ocurre mediante la utilización de otra o gracias a otra: *le haré llegar esta carta a través de su esposa.*

DER travesaño, travesía; atravesar.

travesaño *n. m.* **1** Barra o pieza alargada de madera o de otro material que atraviesa una cosa de una parte a otra: *se ha partido un travesaño de la escalera de mano.* ☞ ventana. **2** En el fútbol y en otros deportes, palo superior de la portería que une horizontalmente los dos postes: *el balón rebotó en el travesaño y salió despedido.* **SIN** larguero.

travesía *n. f.* **1** Calle estrecha que va de una calle principal a otra: *la casa es muy tranquila porque todas las ventanas dan a una travesía, no a la avenida principal.* **2** Parte de una carretera que cruza por en medio de una población: *cuando se conduce por una travesía hay que extremar las precauciones.* **3** Viaje por mar o por aire: *llegaron muy cansados de su larga travesía en barco.*

travesti o **travestí** *n. com.* Persona que se viste con ropas propias del sexo contrario: *en el espectáculo salía a cantar y bailar un travestí vestido como una cabaretera.*

OBS La Real Academia Española sólo registra la forma *travestido*, pero se usan más *travesti* o *travestí*.

travestido, -da *adj.* **1** Disfrazado. ◇ *adj./n. m. y f.* **2** [persona] Que se viste con ropas propias del sexo contrario. **SIN** travesti, travestí.

travestir *v. tr./prnl.* Vestir a una persona con ropas propias del sexo contrario: *no todas las personas que se travisten son homosexuales.*

DER travestí, travestido, travestismo.

OBS En su conjugación, la *e* se convierte en *i* en algunos tiempos y personas, como en *servir*.

travesura *n. f.* Acción mala de poca importancia, cometida sin malicia, especialmente la que comete un niño para divertirse o para burlarse: *los niños se pasan el día haciendo travesuras; ya eres un poco mayorcito para que te consintamos estas travesuras.* **SIN** diablura, trastada.

traviesa *n. f.* Pieza alargada de madera, de metal o de hormigón armado que se atraviesa junto con otras en una vía férrea para asentar sobre ella los raíles: *las traviesas se suelen colocar a poca distancia unas de otras.*

travieso, -sa *adj./n. m. y f.* **1** [persona] Que hace muchas travesuras: *no lo puedo dejar solo porque es muy travieso.* **2** [persona] Que no se está quieto o es muy revoltoso: *no seas travieso y quédate sentado sin moverte.*

DER travesura.

trayecto *n. m.* **1** Espacio que se recorre entre dos puntos o lugares: *el trayecto entre estas dos ciudades es demasiado largo para hacerlo en bicicleta.* **2** Acción de recorrer el espacio que hay entre dos puntos o lugares: *el trayecto se me hace más corto y ameno si voy escuchando la radio.*

trayectoria *n. f.* **1** Línea descrita en el espacio por un punto que se mueve: *la trayectoria de un proyectil es el recorrido que sigue después de ser lanzado.* **2** Camino o recorrido que sigue alguien o algo al desplazarse: *el huracán sigue una trayectoria perpendicular a la costa.* **3** Curso, desarrollo o evolución que sigue una persona o una cosa a lo largo del tiempo: *la trayectoria política de este escritor ha ido de la extrema izquierda al centro derecha.*

traza *n. f.* **1** Aspecto o apariencia que presenta una persona o una cosa: *esta comedia tiene todas las trazas de un sainete.* **2** Planta, proyecto o diseño de un edificio o de una obra de construcción: *el restaurador estudió la traza original del edificio.* **SIN** trazado. **3** Habilidad que tiene una persona para hacer una cosa determinada: *tiene traza para la música; se da poca traza para los negocios.*

trazado *n. m.* **1** Planta, proyecto o diseño de un edificio o una obra de construcción: *en el plano se observa perfectamente el trazado del puente.* **2** Recorrido o dirección que sigue sobre el terreno un camino o una vía: *el ingeniero propuso el trazado de la nueva carretera que rodeará la ciudad; el trazado de esta autovía es demasiado sinuoso.*

trazar *v. tr.* **1** Hacer líneas o dibujar cierta cosa mediante

rayas o líneas: *la profesora trazó una parábola en la pizarra; ha trazado el plano del hotel.* **2** Pensar, idear o preparar un plan o un proyecto: *se ha trazado unos objetivos en su carrera demasiado ambiciosos.* **3** Describir o explicar con palabras los rasgos característicos de una persona o asunto: *con pocas palabras trazó el carácter del personaje.*
DER traza, trazado, trazador, trazo.
OBS En su conjugación, la z se convierte en c delante de e.

trazo *n. m.* Línea o raya hecha al escribir o dibujar: *los trazos de su escritura son muy elegantes.*

trébol *n. m.* **1** Planta herbácea cuyas hojas están compuestas por tres folíolos redondeados, y, en raras ocasiones, por cuatro: *los tréboles se usan como alimento para el ganado; dicen que da muy buena suerte encontrar un trébol de cuatro hojas.* ◊ *n. m. pl.* **2 tréboles** Palo de la baraja francesa en el que aparecen dibujadas unas figuras con la forma de una hoja de esta planta: *puso encima de la mesa el cuatro de tréboles.*

trece *num. card.* **1** Indica que el nombre al que acompaña o al que sustituye está 13 veces: *si a quince le restamos dos quedan trece.* Puede ser determinante: *trece veces,* o pronombre: *vinieron a cenar los trece.* ◊ *num. ord.* **2** Indica que el nombre al que acompaña o al que sustituye ocupa el lugar número 13 en una serie: *soy el trece de la lista, ya que voy después del duodécimo.* **SIN** decimotercero. Es preferible el uso del ordinal: *decimotercero.* ◊ *n. m.* **3** Nombre del número 13: *el trece corresponde al* XIII *en números romanos.*
DER treceavo.

treceavo, -va *num.* Parte que resulta de dividir un todo en 13 partes iguales: *si somos 13 para comer, me toca un treceavo de tarta.*

trecho *n. m.* Espacio o distancia que hay entre dos lugares o trozo de camino que se recorre: *desde aquí hasta el pueblo hay un buen trecho; anduvo un trecho del camino con el saco a cuestas.*

tregua *n. f.* **1** Detención o suspensión de una lucha o de una guerra durante un tiempo determinado: *los ejércitos de ambos países han anunciado una tregua de 15 días para facilitar las negociaciones de paz.* **2** Detención o interrupción durante un período de tiempo de una actividad, un trabajo u otra cosa: *tenemos que seguir sin tregua hasta terminar.*

treinta *num. card.* **1** Indica que el nombre al que acompaña o al que sustituye está 30 veces: *quince más quince son treinta.* Puede ser determinante: *treinta veces,* o pronombre: *vinieron a cenar los treinta.* ◊ *num. ord.* **2** Indica que el nombre al que acompaña o al que sustituye ocupa el lugar número 30 en una serie: *soy el treinta de la lista, ya que voy después del vigésimo noveno.* **SIN** trigésimo. Es preferible el uso del ordinal: *trigésimo.* ◊ *n. m.* **3** Nombre del número 30: *el treinta corresponde al* XXX *en números romanos.*
DER treintavo, treintena.

treintañero, -ra *adj./n. m. y f.* [persona] Que tiene de treinta a cuarenta años de edad: *la empresa organizó un curso de informática y resultó divertido ver a aquel grupo de treintañeros metidos en el aula.*

treintavo, -va *num.* Parte que resulta de dividir un todo en 30 partes iguales: *si un mes tiene treinta días, cada día es una treintava parte del mes.*

treintena *n. f.* Conjunto formado por treinta unidades: *la plantilla de esta empresa está formada por una treintena de trabajadores.*

trekking *n. m.* Tipo de excursionismo que consiste en recorrer a pie largas distancias o una zona determinada: *pasamos las vacaciones haciendo trekking por la región de los lagos.*

OBS Es de origen inglés y se pronuncia aproximadamente 'trequin'.

tremebundo, -da *adj.* Que causa terror o que asusta por alguna circunstancia: *tenía un aspecto tremebundo con aquel disfraz de bruja.* **SIN** terrible, espantoso, horrendo.

tremendo, -da *adj.* **1** Que produce un fuerte sentimiento de sobrecogimiento, susto, miedo o terror: *el atentado cometido por los terroristas ha sido un crimen tremendo; era un jefe tremendo y sus empleados le temían.* **SIN** terrible. **2** Que es muy grande en tamaño o intensidad, o que es extraordinario: *eso que has dicho es un tremendo disparate; hoy me he levantado con un tremendo dolor de cabeza.* **3** [persona] Que hace cosas sorprendentes o fuera de lo común: *es tremendo, no paras de reírte con sus ocurrencias.*
DER tremendismo.

trementina *n. f.* Resina oleosa y pegajosa de color amarillo que desprenden algunos árboles como el abeto: *la trementina se usa en la industria y la medicina.*

trémolo *n. m.* MÚS. Serie o sucesión rápida de muchas notas iguales y de la misma duración: *Recuerdos de la Alhambra se interpreta con trémolos.*

trémulo, -la *adj.* **1** Que tiembla o se agita con movimientos rápidos y continuos: *voz trémula.* **SIN** tembloroso. **2** Que tiene un movimiento o una agitación parecidos al temblor: *la luz trémula de las velas es muy romántica.* **SIN** tembloroso.
ETIM Véase *temblar.*

tren *n. m.* **1** Medio de transporte formado por varios vagones que están enganchados y que son arrastrados sobre unos raíles por una locomotora: *prefiero viajar en tren porque no tengo que conducir.* **SIN** ferrocarril. **tren de alta velocidad** Tren que puede alcanzar velocidades superiores a los doscientos kilómetros por hora y que circula por un trazado especial: *se tarda menos de tres horas en viajar de Madrid a Sevilla en el tren de alta velocidad.* **tren expreso** Tren que transporta personas y se detiene solamente en las estaciones principales de un recorrido: *viajamos a Barcelona en un tren expreso que paró sólo en Zaragoza; ese tren expreso viaja solamente por la noche.* **2** Conjunto de máquinas o aparatos empleados para una misma operación y colocados en serie uno tras otro: *tren de lavado; tren de aterrizaje.* ☞ avión. **3** Manera o modo de vivir una persona con determinados lujos y comodidades: *desde que abrieron el negocio, han mejorado su tren de vida.*
a todo tren *a)* Se utiliza para indicar que una cosa se hace sin reparar en gastos o con mucho lujo u ostentación: *ganan mucho dinero y viven a todo tren. b)* Se utiliza para indicar que una cosa se hace a gran velocidad: *le gusta conducir a todo tren y un día va a tener un accidente.*
estar como un tren *coloquial* Ser una persona muy atractiva físicamente: *esa chica está como un tren y me tiene loco.*
para parar un tren *coloquial* Se utiliza para indicar que una cosa es muy abundante o existe en gran cantidad: *aquí tenemos facturas para parar un tren.*

trenca *n. f.* Prenda de vestir de abrigo que cubre el cuerpo hasta por encima de las rodillas y suele llevar capucha: *la trenca en vez de botones lleva unas piezas que se abrochan pasándolas por unas presillas.*

trenza *n. f.* Conjunto de tres o más mechones, cuerdas, hebras u otras cosas con forma alargada, que se cruzan alternativamente formando una sola más gruesa: *se hizo una trenza en el pelo; el remate de la tela lleva una trenza de hilos de seda.*
DER trencilla, trenzar.

trenzado *n. m.* **1** Trenza: *la novia lucía un trenzado muy ori-*

ginal. **2** En danza, salto ligero en el que los pies se cruzan rápidamente en el aire.

trenzar *v. tr.* Hacer o formar trenzas con mechones, cuerdas o con otra clase de fibras o hebras: *la madre trenza el cabello a su hija*.
DER trenzado.
OBS En su conjugación, la *z* se convierte en *c* delante de *e*.

trepa *n. com.* coloquial Persona que intenta ascender profesional o socialmente aprovechando cualquier circunstancia y sin importarle los medios que utilice para ello: *es un trepa capaz de mentir o acusar a un compañero para ganarse el favor del jefe*.

trepador, -ra *adj.* **1** [planta] Que trepa o crece agarrándose a un árbol, a una pared, una reja o a otro lugar que le sirve de soporte: *las plantas trepadoras se adhieren mediante zarcillos, raicillas u otros órganos*. ◇ *adj./n. m. y f.* **2** [ave] Que tiene el dedo externo unido al medio o dirigido hacia atrás, lo que le permite trepar con facilidad: *el cuclillo es un ave trepadora*.

trepanación *n. f.* MED. Operación quirúrgica que consiste en perforar el cráneo; se practica con fines curativos o diagnósticos: *algunos pueblos primitivos ya practicaban la trepanación*.

trepanar *v. tr.* MED. Perforar el cráneo.

trepar *v. intr.* **1** Subir a un lugar alto y de difícil acceso valiéndose y ayudándose de los pies y de las manos: *los niños treparon al árbol más alto; treparon por la pared y saltaron al otro lado; el gato trepó hasta la copa del manzano*. **2** Crecer ciertas plantas y subir agarrándose y sujetándose a lo largo de un árbol, una pared, una reja u otro lugar que les sirve de soporte: *la hiedra trepa por los muros; puso unas cañas para que trepara la vid*. **3** coloquial Ascender profesional o socialmente una persona aprovechando cualquier circunstancia y sin importarle los medios que utilice para ello: *se ha dedicado toda su vida a trepar para conseguir un puesto importante*.
DER trepa, trepador; retrepear.

trepidante *adj.* **1** Que trepida o vibra y tiembla con movimientos pequeños y rápidos: *esa moto hace un ruido trepidante*. **2** Que se desarrolla de forma muy rápida y emocionante: *la final entre las selecciones de Brasil e Italia fue trepidante*.

trepidar *v. intr.* Temblar o vibrar una cosa con movimientos pequeños y rápidos: *los edificios trepidan cada vez que un tren subterráneo pasa bajo sus cimientos*.
DER trepidante.

tres *num. card.* **1** Indica que el nombre al que acompaña o al que sustituye está 3 veces: *si a cinco se restan dos quedan tres*. Puede ser determinante: *tres niños*, o pronombre: *vinieron a cenar los tres*. ◇ *num. ord.* **2** Indica que el nombre al que acompaña o al que sustituye ocupa el lugar número 3 en una serie: *soy el tres de la lista, ya que voy después del segundo*. **SIN** tercero. Es preferible el uso del ordinal *tercero*. ◇ *n. m.* **3** Nombre del número 3: *el tres corresponde al III en números romanos*.
ni a la de tres coloquial Se utiliza para indicar que una cosa es muy difícil o imposible de realizar o es muy difícil que suceda: *no consigo sacar el coche del barrizal ni a la de tres*.
tres cuartos Prenda de vestir de abrigo que mide tres cuartas partes de lo que mide normalmente un abrigo: *me he comprado un tres cuartos para el próximo invierno*.
DER tresillo.
OBS El plural es *treses*.

trescientos, -tas *num. card.* **1** Indica que el nombre al que acompaña o al que sustituye está 300 veces: *doscientas pesetas más cien son trescientas*. Puede ser determinante: *trescientas palabras*, o pronombre: *firmaron el acuerdo los trescientos*. ◇ *num. ord.* **2** Indica que el nombre al que acompaña o al que sustituye ocupa el lugar número 300 en una serie: *soy el trescientos de la lista, ya que voy después del ducentésimo nonagésimo noveno*. **SIN** tricentésimo. Es preferible el uso del ordinal: *tricentésimo*. ◇ *n. m.* **3** Nombre del número 300: *el trescientos corresponde al CCC en números romanos*.

tresillo *n. m.* **1** Conjunto de un sofá y dos sillones a juego: *hay que tapizar el tresillo del salón porque está muy viejo*. **2** Asiento, normalmente para tres personas, grande, blando y con apoyos para la espalda y los brazos: *después de cenar nos sentamos en el tresillo para ver la televisión*. **SIN** sofá. **3** Juego de cartas en el que participan tres personas, cada una de las cuales recibe nueve cartas: *gané al tresillo porque hice más bazas que los demás*.

treta *n. f.* Medio que se emplea con astucia y habilidad para conseguir una cosa, y en el que hay oculto un engaño o una trampa: *se nos ha ocurrido una treta para irnos sin que se den cuenta*.

tri- Elemento prefijal que entra en la formación de palabras con el significado de 'tres': *trilogía*.

tríada *n. f.* Grupo de tres elementos o seres que tienen un vínculo particular.

trial *n. m.* Modalidad de motociclismo que se practica por terrenos accidentados con motos preparadas para superar obstáculos: *en el trial es fundamental la habilidad del corredor; moto de trial*.

triangulación *n. f.* **1** En topografía, unión de tres puntos mediante líneas rectas, formando un triángulo: *calcularon la distancia sobre el mapa mediante triangulación*. **2** En algunos deportes, movimiento de la pelota entre varios jugadores, formando un triángulo imaginario: *los jugadores centrales hacen muy bien la triangulación con el delantero*.

triangular *adj.* **1** Que tiene forma de triángulo o es parecido a esta figura: *las caras de la pirámide tienen forma triangular*. **2** Que tiene tres partes o cuenta con la participación de tres grupos: *en Madrid se ha organizado un torneo triangular de fútbol*. ◇ *v. tr.* **3** En topografía, unir tres puntos mediante líneas rectas, formando un triángulo: *levantaron un plano de la zona triangulando desde varios puntos*. **4** En algunos deportes, mover la pelota entre varios jugadores, formando un triángulo imaginario: *esos tres futbolistas triangulan muy bien*.
DER triangulación.

triángulo *n. m.* **1** Figura plana que tiene tres lados que forman tres ángulos: *la superficie del triángulo se calcula multiplicando la mitad de la base por su altura; dobló la servilleta en forma de triángulo*. **triángulo acutángulo** Triángulo que tiene tres ángulos agudos, o sea, menores de 90 grados. **triángulo equilátero** Triángulo que tiene los tres lados y los tres ángulos iguales. **triángulo escaleno** Triángulo que tiene los tres lados diferentes. **triángulo isósceles** Triángulo que tiene dos lados iguales y uno diferente. **triángulo obtusángulo** Triángulo que tiene un ángulo mayor de 90 grados. **triángulo rectángulo** Triángulo que tiene un ángulo recto. **2** Instrumento musical formado por una varilla de metal doblada en tres partes, que se mantiene suspendida en el aire y se hace sonar golpeándola con otra varilla: *el triángulo es un instrumento de percusión*. ☞ *instrumentos musicales*.
triángulo amoroso Relación amorosa establecida entre tres personas: *la novela narra el drama de una mujer envuelta en un triángulo amoroso*.

DER triangular.

triatlón *n. m.* Prueba deportiva que consiste en tres carreras: una de natación, una de ciclismo y una corriendo.

tribal *adj.* De la tribu o que tiene relación con este tipo de organización social: *la organización tribal de las sociedades primitivas.*

tribalismo *n. m.* Forma de organización social que se basa en la tribu.

tribu *n. f.* **1** Organización social, política y económica integrada por un conjunto de personas que comparten un origen, una lengua, unas costumbres y unas creencias y que obedecen a un mismo jefe: *la tribu es una organización propia de pueblos primitivos; aún quedan tribus en África.* **2** Grupo numeroso de personas que tienen unas características comunes: *cada día hay nuevas tribus urbanas en las grandes ciudades.*
DER tribal, tribuno.

tribulación *n. f.* **1** Pena, disgusto o preocupación muy grande que tiene una persona: *cuando mis hijos se hagan más responsables, cesarán mis tribulaciones.* **SIN** congoja. **2** Situación adversa o desfavorable que padece una persona: *tuvo que pasar muchas tribulaciones durante la guerra.*
DER atribular.

tribuna *n. f.* **1** Plataforma o armazón que se coloca en alto, que generalmente tiene una barandilla, y desde donde se habla a un público: *el orador subió a la tribuna y comenzó su discurso.* **2** Plataforma o armazón que se coloca en alto y donde se instalan las autoridades o los espectadores que contemplan un desfile o un espectáculo público: *las autoridades presidieron el desfile desde la tribuna.* **3** Medio de comunicación social que se utiliza para expresar o manifestar una opinión: *este periódico es una tribuna abierta a todos los partidos políticos.* **4** Localidad preferente de algunos estadios, pabellones o campos de deporte: *he conseguido dos entradas de tribuna para el partido del sábado.*
DER tribunal.

tribunal *n. m.* **1** Persona o conjunto de personas que se encargan de administrar justicia en un estado: *el tribunal emitió su veredicto.* **Tribunal Constitucional** Órgano que tienen algunos estados para vigilar el respeto a la Constitución y procurar que las leyes se ajusten a su espíritu: *el Tribunal Constitucional ha decidido modificar algunos artículos de la ley de aguas.* Se escribe con mayúscula. **Tribunal de Cuentas** Órgano encargado de vigilar que los ingresos económicos y los gastos del estado sean correctos: *el Tribunal de Cuentas ha descubierto irregularidades en ese ministerio.* Se escribe con letra mayúscula. **Tribunal Supremo** Órgano más alto de la justicia, cuyas decisiones no pueden ser apeladas por ningún otro tribunal: *el Tribunal Supremo es la máxima intancia de la justicia española y puede revisar las sentencias dictadas por otros tribunales.* Se escribe con letra mayúscula. **2** Edificio o lugar donde se administra justicia: *llevaron al delincuente al tribunal.* **3** Conjunto de personas que están reunidas para emitir un juicio sobre algo, como un examen o una oposición: *lo han llamado para formar parte de un tribunal en Madrid.*

tribuno *n. m.* En la antigua Roma, magistrado que defendía los derechos del pueblo.

tributar *v. tr.* **1** Pagar un tributo, como el que pagan los ciudadanos al estado o el que pagaban los vasallos a su señor: *todos los ciudadanos tienen el derecho y la obligación de tributar sus impuestos.* **2** Manifestar hacia una persona una muestra de reconocimiento, respeto o consideración como prueba de agradecimiento o admiración: *tributa a su maestro un profundo respeto.*

tributario, -ria *adj.* **1** Del tributo o relacionado con esta cantidad de dinero: *agencia tributaria; sistema tributario.* ◇ *adj./n. m. y f.* **2** Que paga o tiene la obligación de pagar un tributo: *los tributarios disponen de diez días para realizar los pagos.*

tributo *n. m.* **1** Cantidad de dinero que un ciudadano debe pagar al estado o a otro organismo para sostener el gasto público: *los grandes empresarios pagan mayores tributos a Hacienda.* **SIN** impuesto. **2** Cantidad de dinero o de otra cosa que el vasallo debía entregar a su señor como reconocimiento de obediencia y sometimiento: *algunos vasallos tenían que pagar tributos en especie.* **3** Muestra de reconocimiento, respeto o consideración que se manifiesta hacia una persona como prueba de agradecimiento o admiración: *como tributo a mi ayuda me regalaron una estilográfica.* **4** Sentimiento favorable que se expresa o se manifiesta hacia una persona: *esta joya es un tributo de amor de mi marido.* **5** Carga continua u obligación que se debe soportar por usar o disfrutar una cosa: *la renuncia a formar una familia es el tributo que pagan algunas personas por triunfar en su carrera.*
DER tributar, tributario.

tricentésimo, -ma *num. ord.* **1** Indica que el nombre al que acompaña o al que sustituye ocupa el lugar número 300 en una serie: *soy el tricentésimo de la lista, ya que voy en la posición 300.* Puede ser determinante: *la tricentésima vez*; o pronombre: *el tricentésimo en las listas.* ◇ *num.* **2** Parte que resulta de dividir un todo en 300 partes iguales: *eran 300 personas y le correspondió a cada una un tricentésimo.*

tríceps *adj./n. m.* ANAT. [músculo] Que está formado por tres partes o porciones que se unen en un tendón: *los tríceps están en las extremidades superiores e inferiores.* **tríceps braquial** ANAT. Músculo que permite doblar y extender el brazo: *podemos mover el antebrazo gracias al tríceps braquial.* **tríceps espinal** ANAT. Músculo que está situado a lo largo de la columna vertebral e impide que se caiga hacia adelante: *no podía mantenerse erguido a causa de un tumor en el tríceps espinal.* **tríceps femoral** ANAT. Músculo que permite doblar y extender la pierna: *el tríceps femoral está unido al fémur y a la tibia.*
OBS El plural también es *tríceps*.

triceratops *n. m.* Reptil dinosaurio parecido al rinoceronte, con un pequeño cuerno en la nariz y dos cuernos más largos en la parte posterior del cráneo, del cual se han encontrado restos fósiles de la era secundaria: *el triceratops tenía de 6 a 8 metros de longitud; los triceratops eran herbívoros.*
OBS El plural también es *triceratops*.

triciclo *n. m.* Vehículo de tres ruedas, dos traseras y una delantera, especialmente el movido por dos pedales y usado por los niños: *las ruedas del triciclo suelen ser más pequeñas que las de una bicicleta.*

triclinio *n. m.* **1** En la Roma y Grecia antiguas, diván de tres plazas en el que las personas se tendían para comer. **2** Habitación de las antiguas casas romana y griega que servía como comedor y donde había tres divanes alrededor de una mesa.

tricolor *adj.* Que tiene tres colores: *la bandera de Italia es tricolor.*

tricornio *n. m.* Sombrero de color negro que tiene el ala dura y doblada de manera que forma tres picos: *en España, los tricornios son característicos de la Guardia Civil.* ☞ sombrero.

tricotar *v. tr.* Hacer labores de punto: *mi abuela tricotó este jersey para mí.*

tricotosa *n. f.* Máquina para hacer punto: *tenía una tricotosa en casa y tejía para un par de tiendas.*

tricúspide *adj./n. f.* ANAT. [válvula del corazón] Que separa la aurícula y el ventrículo derechos: *la válvula tricúspide está formada por tres membranas; la tricúspide regula el paso de la sangre de la aurícula al ventrículo.*

tridente *n. m.* Instrumento formado por un palo con tres puntas de hierro en forma de arpón: *Neptuno aparece siempre representado con un tridente.*

tridimensional *adj.* Que tiene tres dimensiones: altura, anchura y largura: *la escultura, a diferencia de la pintura, es una representación tridimensional de un objeto.*

triedro *n. m.* En geometría, porción indefinida de espacio limitada por tres planos que se cortan en un punto. ☞ ángulos.

trienal *adj.* **1** Que sucede o se repite cada tres años: *exposición trienal.* **2** Que dura tres años: *período trienal.*

trienio *n. m.* **1** Período de tres años: *está previsto prolongar el plan viejo durante otro trienio.* **2** Incremento que se efectúa sobre un sueldo o un salario por cada tres años de servicio activo en una empresa u organismo: *él cobra más que yo porque tiene más trienios.*
DER trienal.

trifásico, -ca *adj.* [sistema eléctrico] Que está formado por tres corrientes alternas iguales con fases que se distancian un tercio de período: *la corriente trifásica procede del mismo generador.*

trifulca *n. f. coloquial* Discusión o pelea entre dos o más personas, generalmente con mucho ruido y alboroto: *en un momento se formó una trifulca impresionante.*

trigal *n. m.* Terreno o campo sembrado de trigo: *el trigal es un cultivo de secano.*

trigémino *adj./n. m.* ANAT. [nervio del cráneo] Que sensibiliza varias partes de la cara: *el trigémino se divide en tres ramas: oftálmica, maxilar superior y maxilar inferior.*

trigésimo, -ma *num. ord.* **1** Indica que el nombre al que acompaña o al que sustituye ocupa el lugar número 30 en una serie: *la trigésima vez de la lista, ya que voy en la posición 30.* Puede ser determinante: *la trigésima vez;* o pronombre: *el trigésimo de la fila.* ◇ *num.* **2** Parte que resulta de dividir un todo en 30 partes iguales: *eran 30 personas y le correspondió a cada una un trigésimo.*

triglifo *n. m.* ARQ. En el friso de orden dórico, ornamento que consiste en un rectángulo saliente con acanaladuras verticales: *los triglifos alternan con las metopas.*

trigo *n. m.* **1** Planta de la familia de las gramíneas cuyo tallo termina en una espiga con cuatro o más hileras de granos, de los cuales se saca la harina con la que se hace el pan: *el trigo es un cereal; del cultivo del trigo depende la alimentación de gran parte del mundo.* ☞ cereales. **trigo candeal** Variedad de trigo que tiene la espiga cuadrada y recta y los granos ovales: *el trigo candeal da una harina muy blanca con la que se hace un pan esponjoso.* **2** Grano o conjunto de granos de esta planta: *lleva un saco de trigo al molino; el trigo tiene una cáscara que desmenuzada constituye el salvado.*
no ser trigo limpio *coloquial* No ser una persona, asunto o negocio honrado o de buenas intenciones: *por su comportamiento no nos dimos cuenta de que no era trigo limpio; esas ventas no son trigo limpio.*
DER trigal, trigueño, triguero.

trigonometría *n. f.* MAT. Parte de las matemáticas que estudia las relaciones entre los lados y los ángulos de un triángulo: *los senos, cosenos y tangentes son conceptos de trigonometría.*

trigueño, -ña *adj.* [color] Que se parece al del trigo: *los cabellos trigueños son morenos dorados tirando a rubios.*

triguero, -ra *adj.* **1** Del trigo o que tiene relación con este cereal: *cultivo triguero.* **2** [planta] Que crece o se cría entre el trigo: *espárrago triguero.*

trilero, -ra *n. m. y f. coloquial* Persona que dirige el juego de los triles: *los trileros casi siempre pretenden quedarse con el dinero de la apuesta.*

triles *n. m. pl.* Juego de apuestas callejero que consiste en adivinar en cuál de los tres posibles sitios está escondido un objeto que previamente se ha mostrado y se ha movido de sitio varias veces con rapidez: *en los triles suelen hacerse muchas trampas.*

trilita *n. f.* Explosivo muy potente que se obtiene por la reacción del tolueno con ácido nítrico y ácido sulfúrico. **SIN** trinitrotolueno.

trilla *n. f.* **1** Operación que consiste en triturar el cereal cortado para separar el grano de la paja: *actualmente se utilizan máquinas modernas para la trilla.* **2** Tiempo o época en que se efectúa esta operación: *durante la trilla suele hacer mucho calor.* **3** Instrumento que se usa para trillar: *la trilla es arrastrada por un animal.* **SIN** trillo.

trilladora *n. f.* Máquina que sirve para trillar los cereales, especialmente el trigo: *las antiguas trilladoras no tenían motor y se accionaban mediante una manivela.*

trillar *v. tr.* **1** Triturar el cereal cortado para separar el grano de la paja: *llevaron la mies a la era para trillarla.* **2** Usar con excesiva frecuencia una cosa o tratar mucho y repetitivamente un tema determinado: *elige otro tema para el debate porque ése ya está muy trillado.*
DER trilla, trillador, trilladora.

trillizo, -za *adj./n. m. y f.* [persona] Que ha nacido de un parto triple: *esas tres niñas se parecen tanto porque son hermanas trillizas; el médico le dijo que iba a tener trillizos.*

trillo *n. m.* Instrumento que se usa para trillar o triturar los cereales; está formado por una tabla ancha con trozos de piedra o de hierro en su lado inferior que es arrastrada por un animal de tiro: *sobre el trillo se subía una persona que era quien dirigía al animal de tiro.*
DER trillar.

trillón *n. m.* Conjunto formado por un millón de billones de unidades: *un trillón puede escribirse como 10^{18}.*

trilobites *n. m. pl.* Clase a la que pertenecen diversas especies de artrópodos fósiles marinos de la era primaria.

trilogía *n. f.* Conjunto de tres obras literarias o cinematográficas de un mismo autor que tienen entre sí cierta unidad o elementos comunes: *esta película es la tercera parte de una trilogía de ciencia ficción; la novela me gustó tanto que quiero leer la trilogía para ver qué más le ocurre al protagonista.*

trimestral *adj.* **1** Que sucede o se repite cada tres meses: *mis visitas al oftalmólogo suelen ser trimestrales.* **2** Que dura tres meses: *tiene un contrato trimestral y no sabe si se lo renovarán.*

trimestre *n. m.* Período de tres meses: *un año tiene cuatro trimestres.*
DER trimestral.

trinar *v. intr.* Cantar un pájaro haciendo cambios de voz con la garganta y produciendo un sonido agudo y repetido con mucha rapidez: *el jilguero trinaba en su jaula.*
estar que trina Estar muy enfadada o muy nerviosa una persona por algún motivo: *es mejor que no le pidas nada ahora porque está que trina; no me hables, que me acaban de poner una multa y estoy que trino.*
DER trino.

trincar *v. tr.* **1** *coloquial* Robar o coger una persona algo que

no le pertenece: *trincó el jamón y salió corriendo*. **2** coloquial Atrapar a una persona, sujetándola fuertemente de manera que no se pueda escapar, especialmente cuando ha cometido un delito: *el policía trincó al ladrón después de una carrera*. **3** coloquial Beber o tomar una bebida: *se trincó una botella entera él solo*.
OBS En su conjugación, la c se convierte en qu delante de e.

trinchar *v. tr.* Cortar en trozos la comida para servirla: *las piezas grandes de carne o pescado se suelen trinchar antes de servirlas en los platos*.
DER trincha, trinchera.

trinchera *n. f.* **1** Zanja excavada en la tierra que es utilizada por los soldados de un ejército para protegerse de los disparos del enemigo y poder disparar al mismo tiempo desde ella: *algunas trincheras se construyen tras un campo de minas para aumentar su eficacia*. **2** Corte hecho en el terreno para construir una vía de comunicación, como una autopista o una vía férrea: *la trinchera tiene taludes a ambos lados*.
DER atrincherar.

trineo *n. m.* Vehículo para deslizarse sobre la nieve y el hielo, provisto de esquíes o patines en lugar de ruedas: *los niños se tiraban con sus trineos por la pendiente nevada; celebraban una carrera de trineos tirados por perros*.

trinitario, -ria *adj.* **1** De la orden religiosa de la Trinidad o que tiene relación con ella: *congregaciones trinitarias*. ◇ *adj./n. m. y f.* **2** Que pertenece a esta orden religiosa: *actualmente, los trinitarios se dedican a las misiones*.

trinitrotolueno *n. m.* QUÍM. Explosivo muy potente que se obtiene por la reacción del tolueno con ácido nítrico y ácido sulfúrico: *el símbolo del trinitrotolueno es TNT*. **SIN** trilita.

trino *n. m.* Canto o sonido emitido por los pájaros que consiste en un sonido agudo y repetido con mucha rapidez: *me despertaba el dulce trino del ruiseñor*.

trinomio *n. m.* MAT. Polinomio de tres términos.

trinquete *n. m.* **1** En un barco de vela, palo más cercano a la proa: *durante la tempestad se rompió el trinquete*. **2** Mecanismo en forma de lengüeta que, colocado en los dientes de una rueda, obliga a que ésta gire hacia un lado y no hacia el otro.

trío *n. m.* **1** Conjunto de tres personas o cosas: *los tres cómicos forman un estupendo trío; en el póquer el trío supera a la pareja*. **2** Composición musical hecha para ser interpretada por tres instrumentos o tres voces: *compuso varios tríos para piano, violín y flauta*. **3** Conjunto de tres voces o instrumentos que interpretan una composición musical: *fui al concierto que dio el trío de cuerda*. **SIN** terceto.

tripa *n. f.* **1** coloquial Parte del cuerpo del hombre o de los animales comprendida entre el pecho y las ingles, en la que están contenidos los aparatos digestivo, reproductor y urinario: *la infección le produjo un fuerte dolor en la tripa; el veterinario palpó la tripa del gato para comprobar el estado de la vejiga*. **SIN** abdomen, vientre. **2** coloquial Esa misma parte, cuando está más abultada de lo normal: *deberías hacer deporte, porque estás echando tripa*. **SIN** barriga, panza. **3** Conducto musculoso y plegado que está situado a continuación del estómago o parte de este conducto: *la tripa del cerdo se usa para hacer embutidos*. **SIN** intestino. ◇ *n. f. pl.* **4** tripas coloquial Piezas o cosas que se encuentran en la parte interior de los aparatos y de algunos objetos: *abrió la radio para verle las tripas*.
hacer de tripas corazón Esforzarse una persona para hacer una cosa poco agradable o que le produce asco o repugnancia: *tuve que hacer de tripas corazón para no responder a su provocación*.

¿qué tripa se le ha roto? Se utiliza para expresar extrañeza o fastidio por una petición urgente o inoportuna de una persona: *¿qué tripa se le habrá roto para llamarme a estas horas?*.
DER tripón, tripudo; destripar.

tripanosoma *n. m.* Protozoo parásito que vive en medios líquidos, como la sangre, y se mueve mediante flagelos; produce enfermedades infecciosas: *los tripanosomas producen la enfermedad del sueño*.

tripartito, -ta *adj.* **1** Que se divide en tres partes: *como tenía tres hijos, la herencia fue una división tripartita*. **2** Que se realiza entre tres potencias, naciones o entidades: *alianza tripartita; acuerdo tripartito*.

tripi *n. m.* coloquial Dosis de droga alucinógena: *los tripis son dosis de LSD*.

triple *num.* **1** [cantidad, número] Que es tres veces mayor que otro: *seis es el triple de dos*. Puede ser determinante: *triple salto*, o pronombre: *gano el triple que él*. ◇ *adj.* **2** Que está formado por tres cosas, elementos o partes semejantes: *este medicamento tiene un efecto triple; esta es una cerradura de seguridad con triple cierre*. ◇ *n. m.* **3** En baloncesto, canasta que tiene un valor de tres puntos: *según las normas del baloncesto español se consigue un triple si se encesta desde una distancia superior a 6,25 metros*.
DER triplete, triplicar.

triplicado *n. m.* Tercer ejemplar o tercera copia de un documento o escrito: *tenemos que hacer un triplicado de este documento*. **por triplicado** Indica que una cosa se hace tres veces, especialmente un documento: *la factura se hace por triplicado: una copia para la empresa, una para el cliente y otra para Hacienda*.

triplicar *v. tr./prnl.* Hacer tres veces mayor una cosa o multiplicar por tres una cantidad: *han triplicado la plantilla en el último año; el número de contratos se ha triplicado en el último semestre*.
DER triplicado.
OBS En su conjugación, la c se convierte en qu delante de e.

trípode *n. m.* Armazón de tres pies que sirve para sostener ciertos instrumentos: *ajustó la cámara sobre el trípode para hacer la foto; el trípode le sostenía el cuadro mientras lo pintaba*.

tripón, -pona *adj./n. m. y f.* coloquial [persona] Que tiene la tripa o barriga muy grande: *aquel tripón seguro que come una barbaridad*. **SIN** tripudo, panzudo.

tríptico *n. m.* **1** Pintura, grabado o relieve realizado sobre tres tablillas articuladas, de manera que las dos laterales se pueden doblar sobre la del centro: *en el Museo del Prado hay un tríptico pintado por El Bosco*. **2** Libro o tratado que consta de tres partes.

triptongo *n. m.* Conjunto de tres vocales que forman una misma sílaba: *en la palabra* limpiáis *hay un triptongo*.

tripudo, -da *adj./n. m. y f.* coloquial [persona] Que tiene la tripa o barriga muy grande. **SIN** tripón, panzudo.

tripulación *n. f.* Conjunto de personas que se encargan de conducir o manejar un barco, un avión o una nave espacial, o que prestan servicio en ellos: *la tripulación de este avión les desea un feliz viaje; la tripulación del barco se amotinó*.

tripulante *n. com.* Persona que se encarga de conducir o manejar un barco, un avión o una nave espacial, o que presta servicio en ellos: *enviaron al espacio una nave con tres tripulantes*.

tripular *v. tr.* Conducir o manejar un barco, un avión o una nave espacial, o prestar servicio en ellos: *el piloto se puso enfermo y el copiloto tuvo que tripular el avión*.

DER tripulación, tripulante.

triquinosis *n. f.* Enfermedad parasitaria de algunos animales y del hombre que se caracteriza por fiebre alta, dolores musculares y vómitos o diarreas: *la triquinosis puede ser mortal; la triquinosis se contrae al comer carne de cerdo infestada por larvas de triquina*.
OBS El plural también es *triquinosis*.

triquiñuela *n. f. coloquial* Medio que se emplea con astucia y habilidad para conseguir una cosa, y en el que hay oculto un engaño o una trampa: *en vez de conseguir las cosas con su trabajo, prefiere valerse de cualquier triquiñuela*. **SIN** treta.

triquitraque *n. m.* Serie de movimientos repetitivos y ruido que produce: *con el triquitraque del balancín se adormeció*.

tris *n. m.* Parte o porción muy pequeña de una cosa, casi inapreciable: *faltó un tris para que me cayera*.
en un tris Se utiliza para indicar que una cosa no sucede o se realiza por muy poco: *estuvo en un tris de hacerse millonario*.

triscar *v. intr.* Dar saltos alegremente de un lugar a otro una persona o un animal, de modo semejante a como lo hacen las cabras: *los corderitos triscan en el campo vigilados por los perros*.
OBS En su conjugación, la c se convierte en *qu* delante de e.

trisílabo, -ba *adj./n. m.* [palabra] Que tiene tres sílabas: *la palabra ventana es trisílaba*.

triste *adj.* **1** [persona] Que siente melancolía, pena o tristeza: *está triste porque ha perdido a su mejor amigo*. **SIN** melancólico, pesaroso. **ANT** alegre. **2** [persona] Que es de carácter melancólico o tiende a sentir y mostrar pena o tristeza: *es una mujer muy triste, siempre tiene la cara larga*. **ANT** alegre. **3** Que expresa melancolía, pena o tristeza: *ojos tristes; cara triste*. **ANT** alegre. **4** Que produce melancolía, pena o tristeza: *la muerte de aquel personaje fue una noticia triste para todos; las habitaciones interiores son muy tristes y oscuras*. **ANT** alegre. **5** Que causa un gran dolor o es muy difícil de soportar: *es muy triste vivir con esta enfermedad a cuestas*. **6** Que se hace o sucede con melancolía y pesadumbre: *discurso triste; día triste; vida triste*. **ANT** alegre. **7** Que es insignificante, insuficiente o no es eficaz para una cosa: *pensar que eso les ocurre a muchas personas es un triste consuelo; con un triste aprobado no conseguirás una buena nota media*.
DER tristeza, tristón; entristecer.

tristeza *n. f.* **1** Sentimiento de la persona que se encuentra en un estado de melancolía, sin alegría ni ilusión por las cosas, sin ánimo y, a veces, con tendencia al llanto: *a menudo siento tristeza cuando pienso en mi país y en mi familia*. **SIN** pesar. **ANT** alegría. **2** Característica de las cosas que muestran o producen este sentimiento: *la tristeza de las imágenes conmovió a todo el país*. **3** Hecho o suceso desgraciado o que produce pena: *no vengas ahora a contarme tus tristezas, que bastante tengo con las mías*.

tristón, -tona *adj.* Que está un poco triste: *está tristón porque hace mucho que no ve a su novia; tenía la cara tristona y llorosa*.

tritón *n. m.* Animal anfibio de aspecto parecido al de una lagartija, pero de mayor tamaño y con la piel granulosa: *los tritones tienen la cola comprimida lateralmente y una cresta en su parte superior*. ☞ anfibios.
OBS Para indicar el sexo se usa *el tritón macho* y *el tritón hembra*.

trituración *n. f.* Acción que consiste en partir o desmenuzar en trozos pequeños una materia sólida, pero sin llegar a convertirla en polvo: *el papel se obtiene por un proceso que comienza con la trituración de la madera*.

trituradora *n. f.* Máquina que sirve para triturar: *pasó la verdura por la trituradora para hacer una menestra; en el fregadero tenía instalada una trituradora de basuras*.

triturar *v. tr.* **1** Partir o desmenuzar en trozos pequeños una materia sólida, pero sin llegar a convertirla en polvo: *el camión tritura la basura para que ocupe menos espacio*. **2** Masticar o partir una cosa con los dientes, especialmente los alimentos: *los rumiantes tragan los alimentos sin triturarlos*. **3** Rechazar, censurar o rebatir de modo claro una idea o algo que se examina o se juzga: *trituró uno por uno todos sus argumentos*.
DER trituración, trituradora.

triunfador, -ra *adj./n. m. y f.* [persona] Que triunfa en una cosa o que generalmente triunfa en las cosas: *el equipo triunfador recibirá la copa; es un triunfador, todo le sale bien*.

triunfal *adj.* Del triunfo o relacionado con este logro: *el ciclista fue arropado por sus compañeros en su paseo triunfal después de la victoria*.
DER triunfalismo.

triunfalismo *n. m.* Actitud exagerada de seguridad y de superioridad sobre los demás que manifiesta la persona que confía excesivamente en sus capacidades: *su triunfalismo le hace cantar victoria antes de terminar la competición*.
DER triunfalista.

triunfalista *adj./n. m. y f.* Que muestra una actitud de seguridad y superioridad hacia los demás: *su actitud triunfalista antes de las elecciones cambió por completo cuando su partido perdió el poder*.

triunfar *v. intr.* **1** Ganar o conseguir la victoria en una lucha o competición: *el equipo local triunfó sobre el visitante en el partido que disputaron*. **2** Tener éxito una persona o conseguir unos objetivos que se había planteado: *ha triunfado en el terreno laboral y en el personal*.
DER triunfador, triunfante.

triunfo *n. m.* **1** Acción de ganar o conseguir la victoria en una lucha o competición: *el triunfo del equipo fue merecido; desfilaron por la ciudad los soldados que habían conseguido el triunfo en la dura batalla*. **SIN** éxito, victoria. **2** Objeto que se da en señal de victoria o como premio por haber ganado en una competición o haber obtenido uno de los mejores puestos: *el capitán del equipo ganador ha recibido el triunfo de manos del presidente*. **SIN** trofeo. **3** En algunos juegos de naipes, carta de la baraja que tiene mayor valor que otras: *preguntó a su compañero si tenía algún triunfo para ganar aquella baza*. **4** Éxito o resultado favorable que se consigue en una cosa: *conseguir que mi padre me deje ir a la excursión ya ha sido un triunfo*.
DER triunfal, triunfar.

triunvirato *n. m.* **1** En la antigua Roma, gobierno formado por tres personas. **2** Grupo de tres personas que dirigen algo o están al frente de algo.

trivalente *adj.* **1** Que vale o sirve para tres cosas: *vacuna trivalente*. **2** QUÍM. Que tiene tres valencias.

trivial *adj.* **1** Que no tiene importancia, trascendencia o interés: *no podemos perder el tiempo con discusiones triviales*. **2** Que es común y sabido por todos: *lo que ha dicho es trivial, no hay nada nuevo*.
DER trivialidad, trivializar.

trivialidad *n. f.* **1** Falta de importancia, de interés o de trascendencia: *la característica principal de este autor es la trivialidad de los argumentos de sus novelas*. **2** Cosa que no tiene importancia, trascendencia o interés, o es común y sabida por todos: *algunas personas creen que las noticias deportivas son una trivialidad al lado de los problemas graves del país;*

trivializar

que la Tierra es redonda es algo que hoy nos parece una trivialidad.

trivializar *v. tr.* Quitar o no dar importancia a una cosa: *es una gran inconsciencia trivializar los problemas ecológicos de nuestro país.*
OBS En su conjugación, la *z* se convierte en *c* delante de *e*.

trivium *n. m.* Conjunto de tres disciplinas del conocimiento, formado por gramática, retórica y dialéctica, que en la Edad Media se estudiaban conjuntamente.

-triz Sufijo que entra en la formación del femenino de algunos nombres de oficio o dignidad: *actriz, emperatriz*.

trizas Palabra que se utiliza en la expresión *hacer trizas* que indica que algo se rompe en trozos muy pequeños, se destruye o se destroza: *tiró el plato al suelo y lo hizo trizas; tras recibir la noticia de su muerte, se quedó hecho trizas*.

trocar *v. tr.* **1** Entregar una cosa y recibir otra a cambio: *antes de existir la moneda, la gente trocaba unas cosas por otras*. **SIN** cambiar. ◇ *v. tr./prnl.* **2** Transformar una cosa en otra diferente: *su risa se trocó en llanto*.
DER trueque; trastocar.
OBS En su conjugación, la *o* se convierte en *ue* en sílaba acentuada y la *c* en *qu* delante de *e*.

trocear *v. tr.* Dividir o cortar en trozos una cosa entera: *el camarero troceó el asado de cordero antes de servirlo*.

trofeo *n. m.* **1** Objeto que se da en señal de victoria o como premio por haber vencido en una competición o haber obtenido uno de los mejores puestos: *el rey entregó el trofeo al primer clasificado*. **2** Cabeza disecada o parte de un animal que una persona conserva como recuerdo de su caza: *en el salón de su casa tenía colgados más de 30 trofeos*.

-trofia Elemento sufijal que entra en la formación de palabras con el significado de 'alimentación', 'estado de alimentación': *hipertrofia*.

troglodita *adj./n. com.* **1** [persona] Que vive en una caverna o vivienda excavada en una roca: *los hombres prehistóricos eran trogloditas*. **SIN** cavernícola. **2** *coloquial* [persona] Que es tosco y poco educado.

trola *n. f. coloquial* Mentira, expresión que es contraria a lo que se sabe, a lo que se cree o a la verdad: *no para de decir trolas; menuda trola acaba de contar*.
DER trolero.

trole *n. m.* En los vehículos de tracción eléctrica como los tranvías, barra de hierro con una polea o un contacto en el extremo que sirve para transmitir la corriente del cable aéreo conductor al motor.

trolebús *n. m.* Vehículo de tracción eléctrica que se usa para el transporte de personas dentro de la ciudad y que toma la corriente de un cable suspendido en el aire: *el trolebús se parece al autobús porque ambos circulan sin carriles, y al tranvía porque ambos toman la energía de un tendido eléctrico*.

trolero, -ra *adj./n. m. y f. coloquial* [persona] Que miente mucho o dice muchas trolas: *no te creas nada de lo que te cuente ése, que es un trolero*. **SIN** cuentista, embustero, mentiroso.

tromba *n. f.* **1** Columna de agua que se levanta en el mar y que gira sobre sí misma a causa de un torbellino: *las trombas pueden alcanzar hasta cien metros de altura y diez metros de anchura*. **2** Lluvia muy intensa, violenta y de corta duración: *se desencadenó tal tromba que no pudimos salir de casa*. Se denomina también *tromba de agua*: *las trombas de agua a menudo son causa de inundaciones*.

trombo *n. m.* MED. Coágulo de sangre que se forma en el interior de una vena.

trocar

INDICATIVO	SUBJUNTIVO
presente	**presente**
trueco	trueque
truecas	trueques
trueca	trueque
trocamos	troquemos
trocáis	troquéis
truecan	truequen
pretérito imperfecto	**pretérito imperfecto**
trocaba	trocara o trocase
trocabas	trocaras o trocases
trocaba	trocara o trocase
trocábamos	trocáramos o trocásemos
trocabais	trocarais o trocaseis
trocaban	trocaran o trocasen
pretérito indefinido	**futuro**
troqué	trocare
trocaste	trocares
trocó	trocare
trocamos	trocáremos
trocasteis	trocareis
trocaron	trocaren
futuro	
trocaré	
trocarás	IMPERATIVO
trocará	
trocaremos	trueca (tú)
trocaréis	trueque (usted)
trocarán	trocad (vosotros)
	truequen (ustedes)
condicional	FORMAS NO PERSONALES
trocaría	
trocarías	infinitivo gerundio
trocaría	trocar trocando
trocaríamos	**participio**
trocaríais	trocado
trocarían	

tromboflebitis *n. f.* MED. Inflamación de una vena producida por un trombo: *tuvo que ser internada afectada por una tromboflebitis*.
OBS El plural también es *tromboflebitis*.

trombón *n. m.* Instrumento musical de viento de la familia del metal; está formado por un tubo fino y largo doblado dos veces sobre sí mismo y terminado en un abertura ancha en forma de cono: *el trombón es parecido a la trompeta, pero de mayor tamaño y sonido más grave*. **trombón de varas** Trombón que tiene un tubo largo móvil que se puede alargar o acortar para producir las distintas notas: *el trombón de varas es un instrumento muy antiguo*.

trombosis *n. f.* MED. Formación de un coágulo de sangre en el interior de un vaso sanguíneo o en el corazón: *trombosis cerebral*.
OBS El plural también es *trombosis*.

trompa *n. f.* **1** Instrumento musical de viento de la familia del metal; está formado por un tubo enroscado circularmente que es estrecho por un extremo y se va ensanchando hasta terminar en una abertura ancha en forma de cono por el otro: *la trompa suele tener pistones para producir las*

diferentes notas. ☞ *instrumentos musicales.* **2** Prolongación muscular, hueca y flexible, de la nariz de algunos animales: *la trompa permite a los elefantes absorber líquidos y coger cosas con ella.* **3** Cosa que tiene la forma de esta prolongación, parecida a un tubo alargado. **trompa de Eustaquio** ANAT. Conducto que comunica el oído medio con la faringe: *la infección de la faringe le afectó la trompa de Eustaquio y no podía oír bien.* ☞ *nariz; oído.* **trompa de Falopio** ANAT. Conducto del aparato reproductor de los mamíferos que conduce los óvulos desde los ovarios hasta el útero: *piensa hacerse una ligadura de las trompas de Falopio porque ha decidido que no quiere tener más hijos.* SIN oviducto. ☞ *reproductor, aparato.* **4** Aparato chupador que tienen algunos insectos que se puede dilatar y contraer: *las abejas liban el néctar de las flores a través de su trompa.* **5** *coloquial* Borrachera, estado de embriaguez de una persona: *llevaba encima tal trompa que no reconoció a su madre.* **6** ARQ. Hueco que resulta al pasar de una planta cuadrada a otra circular: *si miras alrededor de la bóveda verás las trompas.*
DER trompada, trompazo, trompo.

trompazo *n. m. coloquial* Golpe fuerte que se da una persona o una cosa contra algo: *el niño se dio un buen trompazo contra la valla.* SIN porrazo, trastazo.

trompeta *n. f.* **1** Instrumento musical de viento de la familia del metal que está formado por un tubo con una boquilla en un extremo y una abertura en forma de cono en el otro; es de sonido agudo: *para hacer sonar la trompeta hay que soplar de una forma especial a través de la boquilla; la trompeta tiene pistones para producir las diferentes notas.* ☞ *instrumentos musicales.* ◇ *n. com.* **2** Persona que toca ese instrumento: *el trompeta es un chico muy joven, pero toca de maravilla.* SIN trompetista.
DER trompetazo, trompetilla.

trompetazo *n. m.* Sonido excesivamente fuerte producido por una trompeta: *el trompetazo despertó a medio pueblo.*

trompetilla *n. f.* Instrumento con forma de trompeta pequeña que utilizaban los sordos para percibir mejor los sonidos, acercándoselo al oído: *la trompetilla permitía oír mejor a las personas con problemas de oído antes de que aparecieran los modernos audífonos.*

trompetista *n. com.* Músico que toca la trompeta: *la música de jazz ha dado gran número de importantes trompetistas.*

trompicar *v. intr.* Tropezar o andar tambaleándose una persona: *he ido trompicando un buen trecho antes de darme de bruces en el suelo.*
DER trompicón.
OBS En su conjugación, la *c* se convierte en *qu* delante de *e*.

trompicón *n. m.* Tropezón o pérdida del equilibrio producida por el choque con algún obstáculo: *cuando se quita las gafas va dando trompicones.* SIN traspié.
a trompicones *a)* Dando traspiés: *llegó delante del cine a trompicones porque lo empujaban los de la cola. b)* Con dificultades: *llegó a final de curso a trompicones, pero lo sacó todo en septiembre.*

trompo *n. m.* **1** Juguete con forma de cono, generalmente de madera y con una punta de hierro, que se enrolla en una cuerda y se lanza para hacer que gire sobre sí mismo: *hacía bailar el trompo sobre la mesa.* SIN peón, peonza. **2** Giro que da un automóvil sobre sí mismo, derrapando sus ruedas sobre el suelo: *el coche derrapó e hizo un trompo.*

tronado, -da *adj. coloquial* [persona] Que está loco, que ha perdido el juicio: *no hagas caso de lo que dice, porque está un poco tronado.* SIN tocado.

tronar *v. impersonal* **1** Haber o sonar truenos: *durante las tormentas, primero relampaguea y después truena.* ◇ *v. intr.* **2** Causar una cosa un estampido o un ruido muy fuerte, como el de los truenos: *los cañones tronaban en el combate.* **3** *coloquial* Hablar o escribir una persona de manera violenta contra algo o contra alguien: *se oyó al director tronar en su despacho cuando le comunicaron las pérdidas del mes.*
DER tronado, trueno; atronar.
ETIM *Tronar* procede del latín *tonare*, que tenía el mismo significado, voz con la que también está relacionada *detonar*.
OBS En su conjugación, la *o* se convierte en *ue* en sílaba acentuada, como en *contar*.

tronchar *v. tr./prnl.* **1** Partir o romper sin usar herramientas el tronco, el tallo o las ramas de una planta o cosa de consistencia parecida: *el viento tronchó el árbol; la rama se tronchó por el peso de la fruta; la vara se tronchó al primer golpe.* **2** Impedir que una cosa se haga o se desarrolle: *aquella crisis económica tronchó sus esperanzas de levantar el negocio.* ◇ *v. prnl.* **3 troncharse** *coloquial* Reírse una persona mucho y con muchas ganas: *es tan divertido que siempre nos tronchamos con él; eso es para troncharse de risa.*

troncho *n. m.* Tallo de las hortalizas: *quitó el troncho de las acelgas antes de cocinarlas.*

tronco, -ca *n. m.* **1** Tallo leñoso, fuerte y macizo de los árboles y arbustos: *hicieron leña del tronco de la vieja encina.* ☞ *árbol.* **2** Cuerpo de una persona o de un animal, considerado sin la cabeza y sin las extremidades: *la columna vertebral es el eje del tronco de los vertebrados.* **3** Conducto principal del que salen o al que llegan otros secundarios o menos importantes: *tronco arterial.* **4** Origen o punto común de dos o más ramas, líneas o familias: *su familia y la nuestra descienden de un tronco común.* **5** Cuerpo truncado o al que se le ha cortado un extremo, especialmente parte de una pirámide o un cono comprendida entre la base y una sección: *tronco de pirámide; tronco de cono.* ◇ *n. m. y f.* **6** *coloquial* Amigo o compañero: *¿Qué pasa, tronco?; me lo ha dicho mi tronca.*
como un tronco *coloquial* Profundamente dormido: *se acaba de acostar y ya está como un tronco; no hay quien le despierte, se ha quedado como un tronco.*
DER destroncar, entroncar.

tronera *n. f.* **1** Abertura o agujero estrecho en el costado de un barco, en un muro o en otro lugar, hecho para asomar por él las armas de fuego y disparar con protección: *los soldados disparaban sus armas a través de las troneras del castillo.* **2** Ventana estrecha y de pequeño tamaño: *por las troneras apenas entra la luz.* **3** Agujero en las bandas y en las esquinas de algunas mesas de billar, donde se han de colar las bolas: *las mesas de billar suelen tener seis troneras.*

trono *n. m.* **1** Asiento elevado, con gradas y dosel, en el que se sientan los reyes y otras personas de muy alta dignidad, especialmente en ceremonias o actos importantes: *ésta era la sala del trono, donde el rey recibía las visitas oficiales.* **2** Cargo o dignidad de rey o de soberano: *el príncipe accedió al trono a la edad de catorce años.*
DER destronar, entronizar.

tronzar *v. tr.* **1** Dividir o cortar en trozos una cosa: *tronzó la lechuga con las manos.* **2** Hacer unos pliegues muy pequeños en una falda: *la costurera tronzó la falda para darle más vuelo.*
ETIM Véase *truncar.*
OBS En su conjugación, la *z* se convierte en *c* delante de *e*.

tropa *n. f.* **1** Grupo muy numeroso de personas: *una tropa de niños acudió a la comida.* **2** Categoría militar en la que se incluyen los soldados y los cabos: *la tropa es la categoría mili-*

tropel

tar más baja, inferior a la de los suboficiales. **3** Conjunto de militares que tienen esa categoría: *los oficiales y la tropa esperaban en el patio de armas.* ◇ *n. f. pl.* **4 tropas** Conjunto de cuerpos militares que componen un ejército, una división o una guarnición: *la ofensiva de las tropas aliadas neutralizó al ejército invasor.*
DER tropel.

tropel *n. m.* **1** Conjunto numeroso de personas, animales o cosas que avanzan o se mueven de forma rápida, ruidosa y desordenada: *un tropel de vencejos pasó por encima del tejado.* **2** Conjunto de cosas desordenadas: *tiene un tropel de zapatos debajo de la cama.*
de (o **en**) **tropel** Se utiliza para indicar que una cosa se realiza o sucede con amontonamiento de personas o cosas, y de manera desordenada y confusa: *los niños salen de la escuela en tropel.*
DER tropelía; atropellar.

tropelía *n. f.* Acción violenta, cometida por alguien que abusa de su poder o de su autoridad, que generalmente va en contra de la ley y produce un daño: *la decisión de despedir a esos trabajadores ha sido una tropelía.* **SIN** atropello.

tropezar *v. intr.* **1** Dar con los pies en un obstáculo al ir andando o corriendo, o pisar mal perdiendo el equilibrio: *me he caído porque he tropezado con el bordillo.* **2** Encontrar una persona o una cosa un obstáculo o una dificultad que le impide avanzar en su trayectoria o en su desarrollo normal: *el proyecto tropezó con muchas dificultades; tropezamos con la oposición de nuestra familia.* **SIN** topar. ◇ *v. intr./prnl.* **3** Ver o encontrar por azar a una persona o una cosa que no se esperaba ver o encontrar: *ordenando unos cajones he tropezado con unas fotos antiguas; ayer me tropecé con tu hermana en la calle.*
DER tropezón, tropiezo.
OBS En su conjugación, la e se convierte en ie en sílaba acentuada y la z en c delante de e, como en empezar.

tropezón *n. m.* **1** Golpe que dan los pies contra un obstáculo al ir andando o corriendo, o al pisar mal, y que puede hacer perder el equilibrio y caer: *dio un tropezón en el escalón y se cayó al suelo.* **SIN** traspié. **2** Trozo pequeño de un alimento que se encuentra mezclado con la sopa, el caldo u otro guiso: *me gusta la sopa con tropezones; el caldo tiene tropezones de jamón.* Se usa sobre todo en plural.
a tropezones *coloquial* Se utiliza para indicar que una cosa se realiza o sucede con muchos obstáculos o dificultades, o que sufre paradas intermitentes en su desarrollo: *lee a tropezones y no se entiende lo que dice.*

tropical *adj.* Del trópico o que tiene relación con esta región de la Tierra: *clima tropical.*
DER subtropical.

trópico *n. m.* **1** Círculo imaginario trazado en la esfera de la Tierra y que es paralelo al ecuador: *hay dos trópicos, el trópico de Cáncer y el trópico de Capricornio.* **trópico de Cáncer** Trópico que está situado en el hemisferio norte de la Tierra: *el trópico de Cáncer atraviesa México.* **trópico de Capricornio** Trópico que está situado en el hemisferio sur de la Tierra: *el trópico de Capricornio pasa por el sur de Brasil.* **2** Región comprendida entre estos dos círculos o paralelos: *la cuenca del Amazonas está en el trópico.*
DER tropical.

tropiezo *n. m.* **1** Obstáculo que estorba o impide avanzar: *espero que nuestro proyecto no encuentre ningún tropiezo.* **2** Falta, equivocación o error que comete una persona al hacer una cosa: *no te preocupes por eso, todo el mundo tiene alguna vez tropiezos en su trabajo.* **3** Discusión o enfrentamiento que tiene una persona con otra que opina de forma distinta: *tuve un tropiezo con él y no creo que vuelva a dirigirme la palabra; a pesar de algunos tropiezos con la censura, el libro llegó a publicarse.*

tropismo *n. m.* BIOL. Movimiento que hacen algunos organismos como respuesta a un estímulo: *el tropismo de las plantas de interior hacia la luz.*

tropo *n. m.* Figura retórica que consiste en usar una palabra con un sentido distinto del que propiamente le corresponde, pero que guarda con éste alguna conexión o semejanza: *la metáfora, la metonimia y la sinécdoque son tropos.*
DER trópico, tropismo.

troposfera *n. f.* Zona de la atmósfera que está en contacto con la superficie de la Tierra y que llega hasta los 12 kilómetros de altura aproximadamente: *sobre la troposfera está la estratosfera.*

troquel *n. m.* Molde que se usa para acuñar monedas, medallas y otros objetos de metal: *el troquel graba en relieve una figura o una inscripción.* **SIN** cuño.
DER troquelar.

troquelar *v. tr.* **1** Acuñar monedas, medallas u otros objetos parecidos con un troquel: *troquelaron repetidas series de esa moneda.* **2** Recortar piezas de cuero, de cartón o de otro material mediante presión: *han instalado en el taller una máquina de troquelar.*

trotamundos *n. com.* Persona a la que le gusta viajar y recorrer países: *como es un trotamundos, siempre que tiene vacaciones sale con la mochila a conocer sitios nuevos.*
OBS El plural también es *trotamundos*.

trotar *v. intr.* **1** Ir un caballo al trote: *el caballo lleva menos velocidad cuando trota que cuando galopa.* **2** Cabalgar una persona sobre un caballo que va al trote: *los jinetes desfilaban trotando sobre sus caballos.* **3** *coloquial* Andar mucho o muy deprisa una persona: *se pasó la mañana trotando de acá para allá.*
DER trote, trotón.

trote *n. m.* **1** Manera de caminar el caballo con paso ligero, dando pequeños saltos y levantando a la vez el pie de un lado y la mano del lado contrario: *el caballo va a mayor velocidad cuando galopa que cuando anda al trote.* **2** Trabajo o actividad muy intensa, que conlleva mucho ajetreo o produce mucho cansancio: *mi edad no es para andar con estos trotes; el trote que me he dado hoy limpiando toda la casa me ha dejado reventado.*

trotón, -tona *adj.* [caballería] Que anda normalmente al trote: *venía montado sobre una yegua trotona.*

troupe *n. m.* Compañía de espectáculos: *la troupe del circo.*
OBS Es de origen francés y se pronuncia aproximadamente 'trup'.

trovador, -ra *n. m. y f.* **1** *culto* Persona que escribe poemas y obras poéticas, estando dotado para ello. **SIN** poeta. ◇ *n. m.* **2** Poeta medieval que componía y recitaba versos en lengua provenzal: *los trovadores eran poetas cultos que tenían conocimientos musicales.*
DER trovadoresco.

trovadoresco, -ca *adj.* De los trovadores o que tiene relación con estos poetas: *poesía trovadoresca.*

trovar *v. intr.* Hacer o componer versos: *el arte de trovar era muy apreciado en la Edad Media.*
DER trova, trovador, trovero.

troyano, -na *adj.* **1** De Troya o que tiene relación con esta antigua ciudad de Asia Menor: *la guerra troyana fue descrita por Homero en La Ilíada.* ◇ *adj./n. m. y f.* **2** [persona] Que era de Troya: *los troyanos lucharon contra los aqueos.*

trozo *n. m.* Parte de una cosa que ha sido separada de ella o que se considera como elemento individual: *ese trozo de pastel es el más pequeño; se ha caído al suelo y se ha roto en varios trozos; sólo hay un trozo de cielo despejado.* **SIN** pedazo.
DER trocear; destrozar.

trucaje *n. m.* **1** Conjunto de cambios que se hacen en una cosa para modificar su estructura original: *trucaje de coches.* **2** Conjunto de trucos que se realizan para conseguir que una cosa adquiera una apariencia real: *trucaje acústico; trucaje de fotografía.*

trucar *v. tr.* **1** Hacer cambios en una cosa para modificar su estructura original: *trucar un coche.* **2** Realizar un conjunto de trucos para conseguir que una cosa adquiera una apariencia real: *trucar una fotografía.*
OBS En su conjugación, la c se convierte en *qu* delante de e.

trucha *n. f.* Pez de agua dulce propio de los ríos de montaña, de color gris verdoso con manchas negras por encima y blanco en el vientre; es comestible y su carne es muy apreciada: *la carne de la trucha suele ser blanca o rosada.* ☞ pez.
OBS Para indicar el sexo se usa *la trucha macho y la trucha hembra.*

truco *n. m.* **1** Medio que se emplea con astucia y habilidad para conseguir una cosa, y en el que hay oculto un engaño o una trampa: *me pareció que aquella excusa era un truco para ligar conmigo, así que dije que no.* **SIN** treta. **2** Técnica o procedimiento que se utiliza para conseguir determinados efectos que parecen reales aunque no lo sean en realidad, como los que se consiguen en la magia, en la fotografía o en el cine: *el ilusionista hizo ese truco tan espectacular en el que corta a una mujer por la mitad.* **3** Arte o habilidad que se adquiere en el desarrollo de un oficio o una actividad para hacer mejor o con menos esfuerzo un trabajo determinado: *ese zapatero conoce todos los trucos de su oficio.*
DER trucar.

truculento, -ta *adj.* Que asusta o produce horror por su excesiva crueldad o dramatismo: *esta película está llena de escenas truculentas en las que se ven cadáveres horriblemente mutilados.*

trueno *n. m.* **1** Ruido fuerte que sigue al rayo durante una tormenta: *los truenos se producen a causa de la expansión del aire que sigue a la descarga eléctrica en las nubes; se vio un relámpago y al cabo de unos segundos sonó un trueno.* **2** Ruido muy fuerte, generalmente producido por un arma de fuego o por fuegos artificiales: *se oyeron varios truenos de mortero y después hubo un silencio absoluto.*

trueque *n. m.* **1** Acción de trocar o entregar una cosa y recibir otra a cambio, especialmente cuando se trata de un intercambio de productos sin que intervenga el dinero: *el trueque es la forma más primitiva de comercio.* **2** Transformación de una cosa en otra diferente: *esperemos que se dé un trueque en su manera de pensar.*

trufa *n. f.* **1** Hongo de forma redonda que crece bajo la tierra, de color negro por fuera y blanco o marrón por dentro: *la trufa es muy aromática, lo que la convierte en un manjar muy apreciado y muy caro.* **2** Crema hecha con chocolate y mantequilla, muy usada en repostería: *compró una tarta de trufa.* **3** Dulce hecho con esta crema de chocolate, a la que se da forma redondeada y se cubre con granos de chocolate: *de postre pidieron trufas heladas.*
DER trufar.

truhán, -hana *adj./n. m. y f.* **1** [persona] Que no tiene vergüenza y que vive engañando y estafando a los demás: *ese truhán vive a costa de las mujeres a las que seduce.*

2 [persona] Que hace reír o trata de divertir a los demás con sus gestos, sus chistes o sus ocurrencias: *el personaje del truhán es frecuente en las obras clásicas.*

trullo *n. m. coloquial* Cárcel: *acabó en el trullo por tráfico de armas.* **SIN** calabozo.

truncar *v. tr.* **1** Cortar una parte de una cosa, especialmente un extremo: *el rayo truncó la copa del pino.* **2** Interrumpir y dejar incompleta una obra o una acción, o algo que se está diciendo o escribiendo: *la necesidad de trabajar truncó su prometedora carrera; la frase quedó truncada y se hizo el silencio.* ◊ *v. tr./prnl.* **3** Quitar a una persona las ganas de vivir o la esperanza en algo: *este nuevo fracaso ha truncado mis ilusiones.*
ETIM *Truncar* procede del latín *truncare*, que tenía el mismo significado, voz con la que también está relacionada *tronzar.*
OBS En su conjugación, la c se convierte en *qu* delante de e.

truque *n. m.* Juego infantil que consiste en hacer pasar una piedra plana por un recorrido marcado en el suelo dándole pequeños golpecitos: *jugábamos al truque en las horas de recreo.*

tu *det. pos.* Determinante que indica que lo que se expresa a continuación pertenece o está relacionado con la segunda persona del singular: *he visto a tu padre y a tu madre; puse tus libros con los míos.*
OBS El plural es *tus.*

tú *pron. pers.* Forma del pronombre personal de segunda persona, en género masculino y femenino y en número singular, que se utiliza con la función de sujeto: *tú no sabes nada de este asunto; tú eres mi hermano.*
hablar (o **llamar** o **tratar**) **de tú** Dirigirse a una persona o tratarla usando ese pronombre para indicar familiaridad o confianza: *como tenemos mucha confianza, nos tratamos de tú.*
DER tutear.

tuareg *adj.* **1** De un pueblo bereber que habita en el norte de África o que tiene relación con él: *cultura tuareg.* ◊ *adj./n. com.* **2** [persona] Que pertenece a este pueblo bereber: *los tuareg son nómadas.*
OBS El plural también es *tuareg.*

tuba *n. f.* Instrumento musical de viento de la familia del metal; está formado por un tubo ancho y cónico, enroscado varias veces sobre sí mismo y terminado en una gran abertura: *la tuba es el instrumento de la familia del metal que produce los sonidos más graves; la tuba tiene unos pistones para producir las notas.* ☞ instrumentos musicales.

tubérculo *n. m.* **1** Parte de una raíz o de un tallo subterráneo que se desarrolla y se engruesa considerablemente: *el boniato y la patata son tubérculos comestibles.* **2** MED. Bulto redondo o tumoración que aparece en cualquier parte del cuerpo, que al principio tiene consistencia dura y que más tarde se reblandece: *los tubérculos son propios de enfermedades infecciosas, como la tuberculosis.*
DER tuberculosis.

tuberculosis *n. f.* Enfermedad infecciosa caracterizada por la formación de tubérculos; puede afectar a diferentes órganos del cuerpo, especialmente a los pulmones, produciendo tos seca, fiebre, expectoraciones sanguinolentas y pérdida de peso: *la tuberculosis es provocada por una bacteria y se contagia a través del aire.*
DER tuberculoso.
OBS El plural también es *tuberculosis.*

tuberculoso, -sa *adj.* **1** Del tubérculo o relacionado con esta parte de una raíz o de un tallo subterráneo: *la cebolla es una planta tuberculosa.* ◊ *adj./n. m. y f.* **2** [persona] Que está enfermo de tuberculosis: *en ese hospital hay un área especial para tuberculosos.*

tubería *n. f.* Conducto que sirve para transportar líquidos o gases y que está formado por una serie de tubos empalmados: *se ha estropeado la tubería y se sale el gas por una junta.* **SIN** cañería.

tuberoso, -sa *adj.* BOT. [planta] Que tiene abultamientos en la raíz o el tallo: *los tulipanes tienen raíces tuberosas.* ☞ raíz.

tubo *n. m.* **1** Objeto cilíndrico, hueco y alargado que está abierto por sus dos extremos: *los humos de la cocina salen al exterior por un tubo.* **tubo de ensayo** Tubo de cristal que está cerrado por uno de sus extremos y se utiliza para hacer análisis químicos. **tubo de escape** Tubo que tienen los coches, las motos y otros vehículos en su parte trasera, y que sirve para expulsar los gases que se producen en la combustión del motor. ☞ motocicleta. **2** Recipiente flexible cerrado con un tapón por uno de sus extremos y abierto por el otro y que sirve para contener sustancias blandas: *aprieta un poco el tubo de la pasta de dientes para que salga; el médico me ha recetado un tubo de pomada.* **3** Recipiente de forma cilíndrica que se cierra con un tapón por uno de sus extremos y sirve para contener objetos de pequeño tamaño: *las pastillas para la tos están en ese tubo blanco.* **4** Conducto que tienen algunos órganos animales o vegetales: *tubo intestinal; tubo digestivo.*
por un tubo *coloquial* En gran cantidad: *tiene dinero por un tubo, por eso puede permitirse el lujo de tener tres coches; ha comido por un tubo y ahora le duele la barriga.*
DER tubería, tubular; entubar, intubar.

tubular *adj.* **1** Que tiene tubos o tiene forma de tubo: *las cañerías del agua son objetos tubulares.* ◇ *n. m.* **2** Parte de la rueda de una bicicleta de carreras que contiene aire a presión: *el ciclista cambió el tubular que se había pinchado.*

tucán *n. m.* Ave trepadora de pico muy grueso, curvado y casi tan largo como el cuerpo, que tiene las plumas negras con manchas de colores vivos en el pecho y en el cuello: *los tucanes viven en estado natural en regiones de América Central y América del Sur.* ☞ aves.
OBS Para indicar el sexo se usa *el tucán macho* y *el tucán hembra.*

tudesco, -ca *adj.* **1** De Alemania o que tiene relación con este país europeo. **SIN** alemán, germánico, teutón. ◇ *adj./n. m. y f.* **2** [persona] Que es de Alemania: *los tudescos tienen fama de ordenados.* **SIN** alemán, germano, teutón. **3** Que era partidario del archiduque Carlos de Austria durante la guerra de Sucesión de España de principios del siglo XVIII.

tuerca *n. f.* Pieza, generalmente metálica y de cuatro o seis lados, con un agujero en el centro cuya superficie tiene marcada una espiral que se ajusta a la rosca de un tornillo: *aprieta bien la tuerca con la llave inglesa para que no se suelte la pieza.*
apretar las tuercas Forzar a alguien para que haga o diga una cosa: *el policía apretó las tuercas al detenido para que contara la verdad.*

tuerto, -ta *adj./n. m. y f.* [persona, animal] Que no ve por un ojo porque le falta o lo tiene ciego: *el pirata está tuerto, por eso lleva un parche en el ojo.*
DER entuerto.

tueste *n. m.* Operación que consiste en someter una cosa, especialmente un alimento, a la acción del fuego o de un calor intenso hasta que adquiera un color dorado, sin llegar a quemarse: *tueste de café.* **SIN** tostado.

tuétano *n. m.* Sustancia grasa y blanca que está dentro de algunos huesos del organismo. **SIN** médula.

hasta los tuétanos *coloquial* Hasta lo más profundo de la parte física o espiritual de una persona: *estaba enamorado de Clara hasta los tuétanos.*

tufo *n. m.* **1** Olor molesto y desagradable: *¡Vaya tufo que suelta la basura!* **SIN** hedor, peste. **2** Sospecha de una trampa o un engaño en un asunto: *este negocio me da el tufo de una estafa.*
DER atufar.

tugurio *n. m.* Lugar mal acondicionado para vivir o para estar: *vivía en un tugurio cerca del vertedero de escombros; este bar es un tugurio: es sucio y caro.*

tul *n. m.* Tejido fino, delicado y transparente, que puede estar hecho de seda, algodón o hilo: *las faldas de muchos trajes de bailarina se hacen con tul.*

tulio *n. m.* Elemento químico metálico de propiedades poco conocidas que pertenece al grupo de los lantánidos; su número atómico es 69: *el símbolo del tulio es Tm o Tu.*

tulipa *n. f.* Pantalla de lámpara que tiene forma de tulipán.

tulipán *n. m.* **1** Flor de jardín grande, con forma de campana y de colores fuertes y brillantes: *los tulipanes tienen 6 pétalos.* ☞ flores. **2** Planta de hojas enteras y tallo recto y liso en cuyo extremo nace esa flor: *el tulipán procede de Asia; en Holanda se cultivan muchos tulipanes.*

tullido, -da *adj./n. m. y f.* [persona, parte del cuerpo] Que está herido o no tiene movimiento debido a un accidente o a una enfermedad: *tiene las piernas tullidas y va en silla de ruedas; este asiento está reservado para los tullidos.* **SIN** lisiado.

tumba *n. f.* Lugar excavado en la tierra o construido sobre ella en el que se entierra el cuerpo muerto de una persona: *en aquella tumba que tiene encima una cruz de mármol está enterrado mi abuelo.* **SIN** sepulcro, sepultura.
lanzarse a tumba abierta En ciclismo, bajar los ciclistas por una pendiente a gran velocidad y con mucho riesgo: *los ciclistas se lanzaron a tumba abierta por el puerto en persecución del escapado.*
ser una tumba *coloquial* Guardar muy bien un secreto: *no te preocupes que seré una tumba: no le contaré esto ni a mi mujer.*
DER ultratumba.

tumbar *v. tr.* **1** Derribar o hacer caer algo o a alguien, generalmente al suelo: *el boxeador tumbó a su contrincante de un puñetazo en la mandíbula; el fuerte viento tumbó todas las sillas.* **2** Poner algo o a alguien en posición horizontal: *tumba al niño en la cama para que se duerma.* **SIN** echar, tender. **3** *coloquial* Hacer perder el sentido a alguien: *el vino nos tumbó a los cuatro; este olor tan fuerte tumba a cualquiera.* **4** *coloquial* Suspender a alguien en un examen: *la han tumbado por quinta vez en matemáticas.* ◇ *v. prnl.* **5** **tumbarse** Echarse sobre una superficie horizontal, especialmente a dormir: *se tumbó sobre el sofá y se puso a dormir la siesta.*
DER tumbo, tumbona.

tumbo *n. m.* Movimiento violento de un cuerpo, primero hacia un lado y después hacia el contrario, que se produce generalmente por falta de equilibrio: *un borracho venía dando tumbos por la calle; el coche dio varios tumbos antes de estrellarse contra el muro de la carretera.* Se usa generalmente en plural.
dar tumbos Tener problemas o dificultades: *ha dado muchos tumbos en la vida, pero al final ha sentado la cabeza; di muchos tumbos antes de encontrar este trabajo.*

tumbona *n. f.* Silla baja con dos brazos y un respaldo largo que se puede inclinar, y que se usa para echarse o recostarse horizontalmente sobre ella: *llevó la tumbona a la playa y se tumbó a la orilla del mar.*

tumefacción *n. f.* Hinchazón o bulto que se produce en una parte del cuerpo. SIN tumoración.

tumefacto, -ta *adj.* [parte del cuerpo] Que está hinchado por haber recibido un golpe o por otra causa anormal: *le dieron un puñetazo y le dejaron el ojo tumefacto.*

tumor *n. m.* Tejido de una parte del organismo cuyas células sufren un crecimiento anormal. **tumor benigno** Tumor que no se extiende a otras partes del cuerpo y no tiene consecuencias graves para el organismo. **tumor maligno** Tumor que se extiende a otras partes del cuerpo y puede causar la muerte. SIN cáncer, tumoración.

tumoración *n. f.* **1** Tejido de una parte del organismo cuyas células sufren un crecimiento anormal. SIN cáncer, tumor. **2** Hinchazón o bulto que se produce en una parte del cuerpo. SIN tumefacción.

túmulo *n. m.* **1** Montículo de arena o piedras con que algunos pueblos antiguos cubrían una tumba: *los túmulos son propios de las edades de bronce y de hierro.* **2** Armazón sobre el que se coloca el ataúd durante la celebración del entierro. SIN catafalco.

tumulto *n. m.* **1** Agitación desordenada y ruidosa producida por una multitud: *cuando sonó la alarma en el teatro se produjo un gran tumulto.* SIN alboroto. **2** Desorden o confusión de un conjunto de cosas: *para el profano, el cielo no es sino un tumulto de puntos luminosos; para mí, los poemas no son más que un tumulto de palabras sin sentido.*
DER tumultuoso.

tumultuoso, -sa *adj.* Que es desordenado y ruidoso: *un tumultuoso grupo de personas empezó a protestar por la baja calidad del espectáculo.*

tuna *n. f.* Grupo de estudiantes universitarios que tocan en un conjunto musical que representa la facultad en la que estudian: *la tuna sale por las noches a cantarles a las muchachas; en la tuna se toca la guitarra, la bandurria, el laúd y la pandereta.*
DER tunante, tuno.

tunante *adj./n. com.* [persona] Que es muy astuto y sabe cómo engañar a los demás: *unos tunantes intentaron timar al pobre hombre y quitarle su dinero; es un tunante que vive del dinero de su padre.* SIN bribón, granuja, tuno.

tunda *n. f. coloquial* Serie de golpes que se dan o se reciben: *si te cojo te voy a dar una tunda que no te vas a poder levantar en tres días.* SIN paliza, somanta, zurra.

tundra *n. f.* **1** Vegetación propia de los climas fríos que comprende musgos, líquenes y algunos árboles enanos: *el terreno por el que se extiende la tundra tiene el subsuelo helado.* **2** Terreno cubierto por esta vegetación: *la tundra siberiana.*

túnel *n. m.* Paso subterráneo que se construye para pasar por debajo de la tierra o del agua: *el metro venía por el túnel a gran velocidad.*
hacer el túnel En el fútbol, pasar el balón por entre las piernas de un jugador contrario.

tungsteno *n. m.* Elemento químico metálico de color gris acero que es muy duro y difícil de fundir; especialmente se usa en filamentos de lámparas eléctricas: *el símbolo del tungsteno es W; el número atómico del tungsteno es 74.* SIN volframio.

túnica *n. f.* **1** Prenda de vestir muy ancha, suelta y sin mangas: *nos disfrazamos de griegos y nos pusimos largas túnicas.* **2** ANAT. Membrana fina que cubre distintas partes del cuerpo: *los ojos están cubiertos por una leve túnica.* **3** BOT. Telilla que está pegada a la cáscara de distintos frutos: *la túnica de las castañas resulta desagradable porque tiene pelusa.*
DER tunicado.

tuno, -na *adj.* **1** [persona] Que es muy astuta y sabe cómo engañar a los demás: *no seas tuno y devuélveme lo que me has quitado.* SIN bribón, tunante, sinvergüenza. ◇ *n. m.* **2** Estudiante universitario que forma parte de una tuna: *los tunos llevan un vistoso traje negro de terciopelo con capa.*

tupé *n. m.* Mechón de pelo levantado que se lleva sobre la frente: *el rockero Elvis Presley llevaba tupé.*

tupido, -da *adj.* Que está formado por elementos muy juntos y apretados entre sí: *una tupida arboleda da sombra y fresco en verano; este jersey es de lana muy tupida y me da mucho calor.* SIN denso, espeso.

tupir *v. tr./prnl.* Hacer que una cosa esté tupida y apretada cerrando sus huecos y separaciones: *las plantas de la valla se tienen que tupir mucho más.*
DER tupido.

turba *n. f.* **1** Carbón que se produce en lugares húmedos por la descomposición de restos vegetales: *la turba es un combustible fósil con poco valor energético.* **2** Grupo grande y desordenado de gente: *siempre viaja en taxi porque no quiere juntarse con la turba que va en metro.*

turbación *n. f.* **1** Alteración del estado o del curso normal de una cosa: *la crisis económica ha hecho que la empresa viva momentos de turbación.* **2** Alteración del ánimo de una persona de forma que se quede sin saber qué decir ni qué hacer: *la presencia de su antiguo novio le produjo tal turbación que no acertó a decir una palabra.*

turbante *n. m.* Prenda de vestir que consiste en una tira ancha y larga de tela que se enrolla a la cabeza: *los árabes y los hindúes llevan turbante.* ☞ sombrero.

turbar *v. tr./prnl.* **1** Alterar el estado o el curso normal de una cosa: *el accidente turbó la tranquila vida de Susana; la sirena de los bomberos turbó el reposo de los monjes.* **2** Alterar el ánimo de una persona confundiéndola o aturdiéndola hasta dejarla sin saber qué hacer ni qué decir: *cuando Carlos la miró se turbó porque está enamorado de ella; es muy tímido y se turba mucho cuando tiene que hablar en público.*
DER turbación, turbado; perturbar.
ETIM *Turbar* procede del latín *turbare*, que tenía el mismo significado, voz con la que también está relacionada *estorbar*.

turbina *n. f.* Motor que transforma la fuerza o la presión de un fluido a través de un movimiento circular: *la turbina está formada por una rueda con paletas que gira dentro de un tambor; las centrales nucleares utilizan turbinas.*

turbio, -bia *adj.* **1** [líquido] Que no está claro ni transparente: *el agua del río baja turbia.* **2** Que está poco claro y es difícil de distinguir o de ver: *la imagen de la tele se ve turbia.* SIN confuso. **3** Que es sospechoso, deshonesto o de legalidad dudosa: *anda metido en negocios turbios y ha tenido problemas con la policía.*
DER enturbiar.

turbo *adj./n. m.* **1** [motor] Que tiene una turbina que aumenta su potencia: *motor turbo.* **2** [vehículo] Que tiene un motor con una turbina que aumenta su potencia.
OBS El plural también es *turbo*.

turbo- Elemento prefijal que entra en la formación de palabras con el significado de 'turbina': *turbopropulsión.*

turbocompresor *n. m.* Turbina acoplada a un compresor centrífugo de alta presión que se utiliza para la compresión de fluidos.

turbogenerador *n. m.* Generador eléctrico accionado por una turbina.

turbopropulsor *n. m.* Motor de avión constituido por una turbina de gas que acciona una o varias hélices por medio de un reductor de velocidad.

turborreactor *n. m.* Motor de un avión constituido por una turbina de gas que produce un efecto de propulsión por reacción. ☞ avión.

turbulencia *n. f.* **1** Estado de agitación en que se encuentra un líquido o un gas: *la turbulencia del agua hace difícil la navegación por este tramo del río; el avión se movió mucho al pasar por una zona de turbulencias.* **2** Alboroto o confusión que altera la claridad, la paz y el orden de un estado o de una situación: *los acontecimientos sociales de los últimos meses se han desarrollado con bastante turbulencia.* **SIN** confusión, desorden, perturbación.

turbulento, -ta *adj.* **1** [líquido, gas] Que está turbio y agitado: *perdió el reloj en las aguas turbulentas del río.* **2** Que está en un estado de desorden, confusión o agitación: *las turbulentas relaciones entre las dos familias acabaron en una pelea.* ◊ *adj./n. m. y f.* **3** [persona] Que provoca discusiones, desorden y alboroto entre la gente: *en la manifestación había un grupo de turbulentos que promovían la violencia.*
DER turbulencia.

turco, -ca *adj.* **1** De Turquía o que tiene relación con este país del sureste de Europa: *Estambul y Ankara son ciudades turcas.* ◊ *adj./n. m. y f.* **2** [persona] Que es de Turquía: *los turcos profesan la religión musulmana.* ◊ *n. m.* **3** Lengua que se habla en Turquía: *la guía que nos acompañó en el viaje hablaba inglés, francés, alemán y turco.*

turgente *adj. culto* Que es abultado, firme y tirante, especialmente si se refiere a una parte del cuerpo: *la escultura representa una mujer de pechos turgentes.*

turismo *n. m.* **1** Viaje o recorrido por un país o lugar para conocerlo por placer: *estoy en España de turismo; salió a hacer un poco de turismo por la parte antigua de la ciudad.* **2** Conjunto de personas que hacen ese tipo de viajes: *el turismo joven prefiere vacaciones de playa y discoteca.* **3** Vehículo automóvil de cuatro ruedas con capacidad máxima para cinco personas y que se usa para su transporte: *en los salones internacionales del automóvil se exhiben principalmente turismos; mi empresa fabrica turismos y vehículos industriales.*
SIN coche.
DER turista.

turista *n. com.* Persona que visita o recorre un país o lugar para conocerlo por placer: *miles de turistas visitan cada día Madrid y la mayoría acude al Museo del Prado.*
DER turístico.

turístico, -ca *adj.* Del turismo o que tiene relación con él: *no es fácil encontrar alojamientos turísticos libres en las costas para el mes de agosto; trabaja en una agencia turística.*

turnarse *v. prnl.* Alternar con una o varias personas una actividad o un servicio siguiendo un orden determinado: *en casa somos tantos que tenemos que turnarnos para entrar en el cuarto de baño; se turna con sus compañeros para coger las vacaciones.*

turno *n. m.* **1** Orden según el cual se alternan varias personas en la realización de una actividad o un servicio: *si organizamos turnos para la limpieza de la casa, nadie trabajará más que los demás.* **2** Momento u ocasión en que a una persona le corresponde hacer, dar o recibir una cosa: *yo entro a trabajar en el turno de tarde; se ha terminado tu turno de piscina.*
de turno *a)* [persona, cosa] Que le corresponde actuar en un momento determinado según un orden establecido: *fui al hospital y me atendió el médico de turno.* *b)* [persona, cosa] Que es habitual o muy conocido por todos, y en muchas ocasiones resulta pesado y molesto: *ya está el gracioso de turno haciendo bromas pesadas.*
DER turnarse.
ETIM Véase *torno*.

turolense *adj.* **1** De Teruel o que tiene relación con esta provincia del este de España: *el Turia es un río que pasa por territorio turolense.* ◊ *adj./n. com.* **2** [persona] Que es de Teruel: *los turolenses son vecinos de los zaragozanos.*

turón *n. m.* Mamífero carnívoro de pequeño tamaño que es de color marrón con manchas blancas en el rostro y tiene el hocico puntiagudo y las patas cortas; como mecanismo de defensa despide mal olor: *el turón pertenece a la familia de los mustélidos; el turón es apreciado por su piel.*
OBS Para indicar el sexo se usa *el turón macho* y *el turón hembra*.

turquesa *adj./n. com.* **1** De un color que está entre el azul claro y el verde: *lleva una blusa turquesa; el turquesa es uno de los colores que más me gustan. No varía en número: me encantan estas camisas turquesa.* ◊ *n. f.* **2** Mineral muy duro, de color entre azul y verde, que se usa para hacer joyas y otros artículos de adorno: *Juan regaló a Elena una gargantilla con tres turquesas.*

turrón *n. m.* Dulce de forma plana y rectangular que se elabora principalmente con azúcar y almendras u otros frutos secos: *el turrón y los polvorones son dulces típicos de Navidad.*

turulato, -ta *adj. coloquial* Que se queda pasmado o alelado y sin poder reaccionar a causa del asombro: *se quedó turulato cuando supo que su mujer esperaba trillizos.* **SIN** patidifuso, boquiabierto.

tururú *int. coloquial* Expresa negación o rechazo a algo: *si crees que voy a sacarte del apuro, ¡tururú!*

tute *n. m.* **1** Juego de cartas que consiste en reunir los cuatro reyes o los cuatro caballos de la baraja. **2** Jugada de ese juego que consiste en reunir los cuatro reyes o los cuatro caballos de la baraja: *al repartir, me dieron un tute de caballos.* **3** *coloquial* Esfuerzo o trabajo penoso, duro y muy cansado: *menudo tute nos hemos dado con la mudanza.* **4** *coloquial* Desgaste, consumo o uso de una cosa: *si sigues dándole esos tutes al jamón, no durará ni una semana.*

tutear *v. tr.* Tratar a una persona usando el pronombre *tú* en vez de *usted*: *lo normal es que los compañeros de la misma edad se tuteen; es de mala educación tutear a los ancianos que no se conocen.*
DER tuteo.

tutela *n. f.* **1** Autoridad que se da por ley a un adulto para cuidar de otra persona que no puede hacerlo por sí misma: *después del divorcio, el juez concedió la tutela de los hijos a la madre.* **SIN** tutoría. **2** Protección y cuidado de una cosa: *la ONU ha tomado bajo su tutela la zona afectada por la epidemia.*
DER tutelar.

tutelar *v. tr.* **1** Cuidar de otra persona que no puede hacerlo por sí misma: *desde la muerte de sus padres, el padrino tutela al niño.* **2** Proteger o favorecer a una persona y ayudarla en el desarrollo de una actividad, especialmente proporcionándole dinero: *el mecenas tutela al joven artista y le ayuda a vender sus obras.* ◊ *adj.* **3** De la tutela legal o que tiene relación con ella: *el adolescente que robó el coche fue juzgado por un tribunal tutelar.*

tuteo *n. m.* Tratamiento que consiste en el uso del pronombre *tú* en vez de *usted*: *el tuteo indica más confianza y menos formalidad que el tratamiento de usted.*

tutor, -ra *n. m. y f.* **1** Persona que se encarga de cuidar de otra persona que no puede hacerlo por sí misma: *cuando*

murieron sus padres, su tío se convirtió en su tutor. **2** Profesor particular que se encarga de la educación de un alumno: *no fue al colegio, pero fue educado por un tutor durante ocho años.* **3** Profesor encargado de dirigir y aconsejar a un grupo determinado de estudiantes en un centro de enseñanza: *el tutor de la clase de mi hijo ha convocado una reunión con los padres.*
DER tutela, tutoría.

tutoría *n. f.* **1** Autoridad que se da por ley a un adulto para cuidar de otra persona que no puede hacerlo por sí misma: *cuando se murió su padre, su tío Mariano obtuvo la tutoría.*
SIN tutela. **2** Cargo del profesor que se encarga de ayudar y orientar a los estudiantes a lo largo de un curso: *el profesor de matemáticas tiene la tutoría del grupo de tercero.* **3** Tiempo que emplea ese profesor en ejercer su cargo: *esta tarde no puedo ir al cine porque tengo tres horas de tutoría.*

tutú *n. m.* Falda de tejido vaporoso, generalmente de muselina blanca, que usan las bailarinas de ballet clásico.
OBS El plural es *tutús*.

tuyo, -ya *pron. pos.* **1** Forma del pronombre posesivo de segunda persona, en género masculino o femenino y en número singular, que indica posesión o pertenencia: *el tuyo es mejor que el mío; la casa de Juan está detrás de la tuya.*
◇ *det. pos.* **2** Forma del adjetivo posesivo en segunda persona, en género masculino o femenino y en número singular, que indica posesión o pertenencia: *ese hijo tuyo es el que ha provocado el accidente.* Se usa detrás de un sustantivo.
la tuya La ocasión favorable para que la persona a la que se habla haga una cosa determinada: *Felipe no mira, ésta es la tuya para esconderle la cartera.*
lo tuyo Actividad que hace muy bien o que disfruta haciendo la persona a quien se habla: *después de verte nadar, creo que lo tuyo es la natación; lo tuyo no es el dibujo: ¡vaya cuadro más feo te ha salido!*
los tuyos Las personas que pertenecen al mismo grupo al que se dirige el hablante, por familia o por afinidades: *los tuyos ganaron el último partido.*
salirte con la tuya Conseguir lo que te propones o deseas: *siempre me has ganado a las cartas, pero esta vez no vas a salirte con la tuya.*

twist *n. m.* Modalidad de baile que se caracteriza por el balanceo de hombros y caderas y torsiones de tobillo: *el twist nació en Estados Unidos a principios de los años sesenta.*
OBS Es de origen inglés y se pronuncia aproximadamente 'tuis'.

U | u

u *n. f.* **1** Vigésima segunda letra del alfabeto español. El plural es *úes: la u es una vocal.* ◇ *conj.* **2** Sustituye a la conjunción *o* cuando va delante de una palabra que empieza por *o* o por *ho: tiene siete u ocho años.*

ubicación *n. f.* Situación o lugar en el que se encuentra una cosa: *aún se está discutiendo la ubicación del nuevo edificio.*

ubicar *v. tr./prnl.* **1** Colocar o poner en un espacio o lugar determinado: *la clínica se ubicará en unos terrenos cedidos por el Ayuntamiento.* ◇ *v. prnl.* **2 ubicarse** Estar situada una cosa en un lugar determinado: *el colegio se ubica en el centro del pueblo.*
DER ubicación.
OBS En su conjugación, la c se convierte en *qu* delante de e.

ubicuidad *n. f.* Capacidad de estar presente en varios lugares al mismo tiempo: *la ubicuidad no es una característica de los seres vivos.* **SIN** omnipresencia.

ubicuo, -cua *adj.* Que está o puede estar presente en varios lugares al mismo tiempo: *Dios es ubicuo.* **SIN** omnipresente.
DER ubicar, ubicuidad.

ubre *n. f.* Órgano de las hembras de los mamíferos que produce leche para alimentar a las crías: *el ganadero apretaba y estiraba las ubres de la vaca para ordeñarla.* **SIN** mama, teta.
ETIM Ubre procede del latín *uber, uberis,* 'teta', voz con la que también están relacionadas *exuberante, ubérrimo.*

-ucho, -ucha Sufijo que entra en la formación de palabras: a) Con valor despectivo: *medicucho.* b) Con valor atenuante: *malucho.*

UCI *n. f.* Sigla de *unidad de cuidados intensivos.*

ucraniano, -na *adj.* **1** De Ucrania o que tiene relación con este país del este de Europa: *el rublo es la moneda ucraniana.* ◇ *adj./n. m. y f.* **2** [persona] Que es de Ucrania: *los ucranianos son vecinos de los polacos y de los checoslovacos.* ◇ *n. m.* **3 ucraniano** Lengua que se habla en Ucrania: *el ucraniano es una lengua eslava.*

ucranio, -nia *adj.* Ucraniano.

Ud. Abreviatura de *usted,* 'tratamiento de cortesía'.

-udo, -uda Sufijo que entra en la formación de palabras con el significado de 'posesión en abundancia': *barbudo, cabezudo.*

ufanarse *v. prnl.* Mostrarse orgulloso y presumir exageradamente de ser o de poseer una cosa: *siempre se está ufanando de sus conocimientos ante los amigos; se ufana mucho del dinero que tiene su padre.* **SIN** alardear, pavonearse, vanagloriarse.
OBS Suele ir seguido de las preposiciones *de* o *con.*

ufano, -na *adj.* **1** Que presume de sí mismo o se muestra orgulloso de poseer una cosa: *está muy ufana con su vestido de seda y sus joyas.* **2** Que está alegre y satisfecho: *está muy ufano porque ha aprobado todo el curso.* **SIN** contento. **3** Que actúa sin preocupación, con mucha decisión y sin vergüenza: *vino todo ufano a decirme cómo debía hacer mi trabajo.* **SIN** decidido.
DER ufanarse.

ujier *n. com.* **1** Portero de un palacio o de un tribunal: *es ujier del palacio real.* **2** Empleado de un organismo público o un tribunal que lleva a cabo tareas que no requieren especialización.

ukelele *n. m.* Instrumento musical de cuatro cuerdas que es más pequeño que la guitarra: *el ukelele es un instrumento típico de la música indonesia.*

úlcera *n. f.* **1** MED. Herida abierta en la piel o en los tejidos que cubren los conductos del interior del cuerpo: *me mordí la lengua y se me produjo una úlcera; los nervios le han producido una úlcera de estómago.* **SIN** llaga. **2** Abertura en el tronco de una planta por la que pierde líquido: *el roble tiene una úlcera y se está muriendo.*
DER ulcerar, ulceroso.

ulceroso, -sa *adj.* **1** De la úlcera o que tiene relación con esta herida del cuerpo: *este medicamento cura las enfermedades ulcerosas.* **2** Que tiene una úlcera: *en esta sala están todos los pacientes ulcerosos.*

ulterior *adj.* Que se dice, ocurre o se ejecuta después de otra cosa: *recibí noticias ulteriores a la declaración del alcalde.*

ultimación *n. f.* Preparación de los últimos detalles para terminar una cosa: *la ultimación del espectáculo requirió un ensayo general.*

últimamente *adv.* En un período de tiempo cercano al presente: *no he visto a tu familia últimamente; últimamente he tenido muy buena suerte en los negocios.*

ultimar *v. tr.* Terminar o dar fin a una cosa: *se han reunido para ultimar las negociaciones; ya estamos ultimando los preparativos para el viaje.*
DER ultimación, ultimátum.

ultimátum *n. m.* Propuesta o decisión definitiva que suele ir acompañada de una amenaza, en la que una persona le da un plazo de tiempo a otra para que haga una cosa: *esto es un ultimátum: o quitas en un minuto el coche para que yo pueda pasar o llamo a la policía; les dieron un ultimátum para retirar los misiles.*

último, -ma *adj.* **1** Que no tiene otra cosa detrás de él: *Don Rodrigo fue el último rey de los godos; el asesino no se descubre hasta las últimas páginas del libro.* **ANT** primero. **2** Que es lo más reciente en el tiempo: *en la radio acaban de dar las últimas noticias sobre el accidente.* **3** Que es definitivo y no admite ningún cambio: *te acabo de hacer mi última oferta.* **4** Que está muy alejado o escondido: *la televisión llega al último pueblo del país; puso el jarrón en el último rincón de la*

ungüento

casa. **5** Que es extremado o no presenta otra alternativa posible: *en último caso, podemos pasar las vacaciones en casa; acepto tu propuesta como última solución a mi problema*.
a la última Al tanto de las modas o conocimientos más actuales y modernos: *el profesor está a la última en su especialidad; viste siempre a la última*.
a últimos En los días en que termina un período de tiempo, generalmente un mes: *cobran siempre a últimos de mes*.
estar en las últimas Estar muy mal de salud, de dinero o de ánimos: *está en las últimas y sólo le quedan unos días de vida; ha perdido el trabajo y la casa y está en las últimas*.
por último Finalmente, para acabar: *por último, recuerden que deben dejar sus datos personales al recepcionista*.
DER últimamente, ultimar; penúltimo.
ultra- Prefijo que entra en la formación de palabras con el significado de: *a)* 'Más allá', 'al otro lado de': *ultramar*. *b)* 'Muy', 'en grado sumo': *ultramoderno*.
ultracorrección *n. f.* Fenómeno lingüístico que consiste en corregir innecesariamente una palabra, deformándola y adaptándola a un modelo que se considera más adecuado: *decir bacalado en vez de bacalao es una ultracorrección*.
ultraísmo *n. m.* Movimiento literario que apareció en España e Hispanoamérica a principios del siglo XX; defendía el uso de la metáfora y la imagen en poesía: *el ultraísmo fue un movimiento vanguardista*.
ultrajar *v. tr.* Hacer una ofensa grave a alguien con palabras o acciones: *me ha ultrajado insultándome delante de todos*.
ultraje *n. m. culto* Ofensa grave hecha con palabras o acciones: *me ha llamado mentiroso delante del profesor, esto es un ultraje*. **SIN** afrenta, agravio, injuria.
DER ultrajar.
ultraligero, -ra *adj.* **1** Muy ligero, de poco peso. ◇ *n. m.* **2** Aeronave de poco peso y fuselaje simple: *los ultraligeros no vuelan muy alto*.
ultramar *n. m.* País o territorio que está al otro lado del mar en relación al lugar desde el cual se habla: *acabamos de recibir productos de ultramar*.
DER ultramarino.
ultramarino, -na *adj.* **1** De ultramar o que tiene relación con ese territorio: *el comercio ultramarino dio muchas divisas a España*. **2** Que está al otro lado del mar: *esa isla es uno de los territorios ultramarinos del país*. ◇ *adj./n. m.* **3** [alimento] Que se conserva durante mucho tiempo sin estropearse: *no me gusta comprar productos ultramarinos; en el barrio hay una tienda de ultramarinos y una frutería*. Se suele usar en plural.
ultranza *conj.* Palabra que se utiliza en la locución conjuntiva *a ultranza*, que significa con total convencimiento y sin detenerse ante ningún obstáculo: *somos defensores a ultranza de la paz y la concordia*.
ultrasónico, -ca *adj.* **1** [onda sonora] Que vibra con una frecuencia superior a la más alta frecuencia audible por el oído humano: *las ondas ultrasónicas tienen numerosas aplicaciones, entre las que están las ecografías*. **2** De esta onda sonora o que tiene relación con ella.
ultratumba *n. f.* Mundo que se cree o se supone que existe después de la muerte: *se oyó una voz de ultratumba y todo el mundo se asustó*.
ultravioleta *adj.* [radiación, rayo] Que no se ve a simple vista y que se extiende a continuación del color violeta: *el agujero de la capa de ozono hace que los rayos ultravioleta lleguen con mayor intensidad a la Tierra*.
ulular *v. intr.* **1** Dar gritos o producir sonidos graves y largos: *el búho ululaba en el bosque*. **2** Producir el viento un

sonido grave y largo: *el viento ululaba entre las peñas y los árboles*.
umbela *n. f.* BOT. Conjunto de flores cuyos pedúnculos nacen de un eje común y se elevan a igual altura formando una especie de paraguas: *las flores del hinojo y las del perejil se agrupan en umbelas*.
DER umbelífero.
umbilical *adj.* Del ombligo o que tiene relación con esta parte del cuerpo: *el feto está unido a la madre a través del cordón umbilical; el médico cortó el cordón umbilical al finalizar el parto*.
DER umbilicado.
ETIM Véase *ombligo*.
umbral *n. m.* **1** Parte inferior y contrapuesta al dintel de la puerta de una casa: *el perro saluda a su amo en cuanto éste cruza el umbral*. **2** Comienzo o primer paso de un proceso: *estamos en el umbral de una nueva era*.
-umbre Sufijo que entra en la formación de palabras con el significado de 'conjunto', 'cantidad': *muchedumbre*.
umbría *n. f.* Parte de un terreno donde casi nunca da el sol: *hace mucho frío en esta umbría*. **SIN** sombra. **ANT** solana.
un, una *det. indef.* **1** Indica que el nombre al que se refiere no es concreto o no se quiere determinar: *necesito un ayudante; dame un boli para apuntar el teléfono; hemos quedado en una cafetería del centro*. ◇ *num. card.* **2** Apócope de *uno*.
unánime *adj.* [decisión, opinión] Que es común a todos los miembros de un grupo de personas: *la decisión de contratarte ha sido unánime; contaba con el consentimiento unánime de todos los médicos*.
DER unánimemente, unanimidad.
unanimidad *n. f.* Acuerdo común de todos los miembros de un grupo de personas: *la propuesta fue aprobada por unanimidad*.
unción *n. f.* **1** Acción que consiste en extender un líquido graso sobre una superficie, especialmente aceite bendito sobre el cuerpo de una persona en peligro de muerte: *el sacerdote le administró la unción poco antes de que muriese*. **SIN** extremaunción. **2** Devoción y fervor con que se realiza una acción o se expresa un sentimiento, generalmente un acto religioso: *la monja rezaba con unción*.
uncir *v. tr.* Atar o sujetar el yugo a los animales: *el labrador unció los bueyes para que tiraran del carro*. **ANT** desuncir.
DER unción.
OBS En su conjugación, la *c* se convierte en *z* delante de *a* y *o*.
undécimo, -ma *num. ord.* **1** [persona, cosa] Que sigue en orden al que hace el número 10: *si voy después del 10, soy el undécimo de la lista*. Puede ser determinante: *llegó en undécima posición*, o pronombre: *entró el undécimo*. **SIN** onceavo. **2** [parte] Que resulta de dividir un todo en 11 partes iguales: *si somos 11 para comer, me toca un undécimo de tarta*.
ETIM Véase *once*.
ungir *v. tr.* **1** Extender un líquido graso sobre la superficie de algo: *me ungieron la espalda con un aceite perfumado para darme los masajes*. **2** Hacer la señal de la cruz con aceite sagrado sobre el cuerpo de una persona, para administrarle un sacramento o darle un cargo determinado: *el sacerdote ungió el cuerpo del moribundo; el obispo ungió a los jóvenes sacerdotes*.
DER ungido.
OBS En su conjugación, la *g* se convierte en *j* delante de *a* y *o*.
ungüento *n. m.* Sustancia líquida o pastosa que se unta en

ungulado 1318

el cuerpo y sirve para curar o calmar dolores: *este ungüento ha sido preparado con aceite y sustancias olorosas; se aplicó el ungüento en la espalda y desapareció el dolor*.
ETIM Véase *untar*.
ungulado, -da *adj./n. m. y f.* ZOOL. [animal mamífero] Que se alimenta de vegetales y tiene las patas terminadas en pezuña: *los caballos, las vacas y los elefantes son ungulados*.
uni- Elemento prefijal que entra en la formación de palabras con el significado de 'uno', 'uno solo': *unifamiliar, unicelular*. **SIN** mono-.
únicamente *adv.* De un solo modo o sin nada más: *he comprado únicamente lo necesario*. **SIN** solamente, sólo.
unicameral *adj.* [sistema político] Que sólo tiene una cámara.
unicelular *adj.* Que está formado por una sola célula: *las bacterias son microorganismos unicelulares*.
único, -ca *adj.* **1** Que no hay otro igual en su especie: *este coche es único en su línea; esta chaqueta es de talla única*. **2** [persona, cosa] Que es extraordinario o fuera de lo común: *Juan es único para contar historias de miedo*. **SIN** singular.
DER únicamente, unicidad.
unicornio *n. m.* Animal imaginario que tiene forma de caballo con un cuerno recto en mitad de la frente.
unidad *n. f.* **1** Propiedad que tienen las cosas de no poder dividirse ni fragmentarse sin alterarse o destruirse: *experimentos recientes demuestran que la unidad del átomo no es cierta*. **2** Cosa completa y diferenciada que se encuentra dentro de un conjunto: *una docena tiene doce unidades; los tomates cuestan 30 pesetas por unidad*. **3** Cantidad que se toma como medida o como término de comparación de las demás de su misma especie: *el metro es una unidad de longitud; el metro cuadrado es una unidad de superficie; el kilo es una unidad de peso*. **4** Unión o acuerdo: *para que un equipo funcione tiene que haber unidad entre sus miembros*. **SIN** conformidad. **5** Conjunto de personas y aparatos mandado por un jefe, especialmente un conjunto de soldados mandados por su superior dentro de un ejército: *los regimientos y los batallones son unidades de un ejército; varias unidades de carros de combate se aproximaban a la ciudad*. **6** Conjunto de personas y medios de un hospital dedicados a una labor concreta: *la unidad de rayos X está en la planta baja*. **unidad de cuidados intensivos** o **unidad de vigilancia intensiva** Sección de un hospital que se dedica a la vigilancia y al tratamiento de los enfermos muy graves: *el herido lucha por su vida en la unidad de cuidados intensivos*. Se sustituye generalmente por las siglas *UCI* o *UVI*.
unidad de disco Parte del ordenador donde se encuentran los circuitos, la memoria, la disquetera y otros componentes del hardware. ☞ ordenador.
unificación *n. f.* **1** Unión de varias cosas en una sola o en un solo conjunto: *la unificación de Alemania*. **2** Reducción de varias cosas distintas a una cosa de un mismo tipo: *unificación de precios; unificación de criterios*.
unificador, -ra *adj.* Que unifica: *el proceso unificador terminó sin provocar problemas*.
unificar *v. tr./prnl.* **1** Hacer que varias cosas o personas distintas formen un todo: *las dos regiones se unificaron hace varios siglos*. **2** Hacer que varias cosas distintas sean iguales o semejantes entre sí: *hay que unificar los criterios para que los resultados sean comparables; todas las panaderías del barrio van a unificar los precios por Navidad*. **SIN** equiparar, uniformar.
DER unificación, unificador; reunificar.

OBS En su conjugación, la *c* se convierte en *qu* delante de *e*.
uniformar *v. tr./prnl.* **1** Hacer que varias cosas distintas sean iguales o semejantes entre sí: *los países occidentales han uniformado sus costumbres y relaciones; tenemos que uniformar nuestras opiniones para ponernos de acuerdo*. **SIN** equiparar, unificar. ◇ *v. tr.* **2** Vestir o hacer que alguien vista un uniforme: *han uniformado a los niños de ese colegio*.
uniforme *adj.* **1** Que no presenta variaciones en su conjunto, en su totalidad o en su duración: *se observa en toda su obra un estilo uniforme; realicé el viaje con una velocidad uniforme; tienes que pintar mejor la pared para que el color te quede uniforme*. **ANT** multiforme. **2** Que tiene la misma forma o las mismas características: *estas frutas son uniformes en tamaño; la pandilla de amigos era uniforme en edad*. **ANT** multiforme. ◇ *n. m.* **3** Traje especial que usan los miembros de un grupo y que los distingue de otros: *los soldados de infantería llevan un uniforme verde; el uniforme de mi colegio consistía en pantalón y chaqueta gris, camisa blanca y corbata roja*.
DER uniformar, uniformidad.
uniformidad *n. f.* **1** Semejanza o igualdad que existe en las características de los distintos elementos de un conjunto: *en nuestra familia siempre hay uniformidad de opiniones*. **2** Continuidad, o falta de cambio o variación: *tienes que pintar mejor las paredes para conseguir la uniformidad del color*.
unigénito, -ta *adj.* **1** [persona] Que es hijo único. ◇ *n. m.* **2** Jesucristo. Se escribe con letra mayúscula y precedido del artículo: *el Unigénito*.
unilateral *adj.* Que se refiere a una sola parte o aspecto de una cosa: *han redactado un contrato unilateral; el padre ha tomado una decisión unilateral*.
unión *n. f.* **1** Acción que consiste en unir o juntar: *la unión de las piezas debe ser precisa para que la máquina funcione bien*. **ANT** desunión. **2** Casamiento de un hombre y una mujer: *la unión se celebró en la catedral*. **3** Conjunto de sociedades, empresas, países o individuos con unos intereses comunes: *la Unión Europea debe hacer avanzar conjuntamente diversas soberanías nacionales; la Unión de Árbitros redactó un escrito contra la violencia en los campos de fútbol*.
unipersonal *adj.* **1** Que pertenece a una sola persona o que está formado por una sola persona: *las tarjetas de crédito son unipersonales; una empresa unipersonal se encargaba de la edición de libros infantiles*. **2** GRAM. [verbo] Que sólo se usa en tercera persona del singular y que no tiene sujeto en forma personal: *los verbos como* llover, nevar *o* amanecer *son unipersonales*.
unir *v. tr./prnl.* **1** Juntar dos o más elementos distintos para formar un todo o realizar una misma actividad: *he unido todas las piezas del rompecabezas; los imanes se han unido*. **ANT** separar. **2** Casar o casarse dos personas: *el cura los unió en santo matrimonio; se han unido sólo por interés*. **3** Relacionar o comunicar dos cosas distintas: *este camino une la autopista con la autovía; a Luis y a Laura les une una gran amistad*. ◇ *v. prnl.* **4 unirse** Juntarse dos o más personas para conseguir un fin determinado o para ayudarse mutuamente: *me uní a ellos para evitar que los demás me atacaran; se unió a nosotros para jugar al fútbol*.
DER unido, unión; desunir, reunir.
unisex *adj.* Que puede ser usado por personas de los dos sexos: *prendas unisex; peluquería unisex*.
OBS El plural también es *unisex*.
unisexual *adj.* BOT. [flor] Que sólo tiene órganos de reproducción masculinos o femeninos: *muchas algas y hongos son unisexuales*.

DER unisex.

unísono, -na *adj.* Que tiene el mismo tono o sonido que otra cosa, o que se produce al mismo tiempo que otra cosa: *los sonidos de sus instrumentos fueron unísonos.*
al unísono Al mismo tiempo y sin oposición ni discrepancia: *todo el pueblo al unísono apoyó la decisión de su alcalde.*

unitario, -ria *adj.* **1** De la unidad o que tiene relación con ella: *el precio unitario de un producto suele ser más elevado que el precio de un conjunto de unidades.* **2** Que está formado por una sola unidad: *las escuelas unitarias reúnen a todos los alumnos en una sola clase.* **3** Que busca la unidad o desea conservarla: *a pesar de sus esfuerzos unitarios, el país se fragmentó en múltiples estados.*
DER unitarismo.
ETIM Véase *unidad.*

universal *adj.* **1** Del universo o que tiene relación con él. **2** Que pertenece o se refiere a todos los países, a todas las personas o a todos los tiempos: *el amor es un principio universal; estoy estudiando historia universal.* **SIN** mundial. **3** Que es famoso o conocido en todas partes: *Romeo y Julieta es una obra universal.* ◊ *n. m. pl.* **4 universales** FILOS. Ideas generales que representan en nuestra mente los hechos particulares de la realidad: *Aristóteles clasificó los universales en cinco grupos.*
DER universalidad, universalizar.

universalidad *n. f.* Característica de lo que es universal: *la universalidad de Shakespeare.*

universalizar *v. tr.* Hacer universal, común o general: *estas instituciones tratan de universalizar la ayuda humanitaria.*
OBS En su conjugación, la *z* se convierte en *c* delante de *e.*

universidad *n. f.* **1** Institución que se dedica a la enseñanza superior, que comprende varias facultades y que concede los grados académicos correspondientes: *estudió en la Facultad de Medicina de la Universidad de Alcalá de Henares.* **2** Edificios e instalaciones de ese organismo: *quedamos a las siete en la puerta de la universidad.*
DER universitario.

universitario, -ria *adj.* **1** De la universidad o que tiene relación con ella: *tiene dos títulos universitarios; no quiso seguir una carrera universitaria y se puso a trabajar a los 17 años.* ◊ *adj./n. m. y f.* **2** [persona] Que estudia o ha estudiado en la universidad: *todos sus amigos son universitarios; alquila habitaciones para estudiantes universitarios.*
DER preuniversitario.

universo *n. m.* **1** Conjunto de todo lo que existe en la Tierra y fuera de ella: *los planetas y las estrellas forman parte del universo.* **2** Conjunto de individuos o elementos que tienen una o más características en común y se someten a un estudio estadístico: *los habitantes de Madrid constituyen el universo de la encuesta.* **3** Conjunto unitario de elementos inmateriales, en especial las ideas o los sentimientos, que pertenecen a una determinada actividad: *el universo poético de este autor está formado por temas amorosos.* **SIN** mundo.
DER universal.

unívoco, -ca *adj./n. m. y f.* Que sólo tiene un significado o una interpretación posible: *no hay una explicación unívoca para este poema.*
DER biunívoco.

uno, -na *det. art.* **1** Determinante artículo indeterminado; indica que el nombre al que acompaña no es conocido por el hablante, es la primera vez que se habla de él o no se trata de una persona o cosa concreta, sino indeterminada: *busco una habitación para pasar la noche; ahí te esperan unos amigos; vi a un vecino tuyo de los del quinto.* Delante de un sustantivo masculino se usa la forma apocopada *un*: *un coche.* ◊ *num. card.* **2** Indica que el nombre al que acompaña o al que sustituye está 1 vez: *he comprado una silla nueva.* Puede ser determinante: *sólo tengo una hoja,* o pronombre: *sólo tengo una.* Delante de un sustantivo masculino se usa la forma apocopada *un*: *un libro, un bolígrafo, un coche.* **3** Hace referencia a la primera persona en estructuras de tipo impersonal: *uno no sabe qué hacer en esos casos; uno se pasa el día trabajando y acaba muy cansado.* ◊ *n. m.* **4** Nombre del número 1: *escribe el uno antes del dos.* ◊ *det./pron. indef.* **5 unos** Indica una cantidad que no se determina o que se aproxima a la que se dice: *unos años después se volvieron a encontrar; costará unas mil pesetas; te ha llamado unas diez veces.*
a una A la vez o al mismo tiempo: *en el colegio recitábamos todos a una la tabla de multiplicar.*
no dar una *coloquial* Fallar o equivocarse en todo: *no dio una en el examen.*
una de *coloquial* Indica gran cantidad del sustantivo al que acompaña: *al niño le han salido una de granos que no hace más que rascarse.*
una de dos Expresión que se usa para presentar dos opciones: *una de dos: o me dices quién es el culpable o cargas tú con la culpa.*
una y no más Expresión que indica que lo que se ha permitido una vez no se volverá a permitir: *por esta vez te perdono, pero una y no más.*
DER único, unidad, unificar, unir; aunar.

untar *v. tr.* **1** Cubrir una cosa o una superficie con una sustancia grasa: *untó la tostada con mantequilla; untó los zapatos con betún.* **2** Extender una sustancia grasa sobre una superficie: *untó la crema en el bollo.* **3** *coloquial* Ofrecer dinero o bienes a alguien a cambio de un favor que no es justo o legal: *trató de untar al juez y le cayeron dos años más de cárcel.* **SIN** sobornar. ◊ *v. prnl.* **4 untarse** Mancharse con materia grasa: *al abrir la máquina, se untó las manos de aceite.*
DER unto, untuoso.
ETIM *Untar* procede del latín *unger,* que tenía el mismo significado, voz con la que también está relacionada *ungüento.*

unto *n. m.* **1** Sustancia grasienta que se usa para untar: *como crema para el sol uso un unto que me recomendó mi hermana.* **SIN** ungüento. **2** Grasa de un animal: *el unto de algunos animales se aprovecha en la industria cosmética.* **SIN** manteca, sebo.

untuosidad *n. f.* Característica de una sustancia que es grasa o pringosa: *la untuosidad de esta crema hace que su aplicación sea muy fácil.*

untuoso, -sa *adj.* **1** [sustancia] Que es graso y pegajoso: *el aceite es un líquido untuoso.* **SIN** grasiento, pringoso. **2** [persona] Que es empalagoso y cargante.
DER untuosidad.

uña *n. f.* **1** Placa dura y delgada que cubre la parte superior de la punta de los dedos del hombre y de otros animales vertebrados y sirve como protección: *tengo que cortarme las uñas porque me han crecido mucho; el gato le ha arañado con las uñas.* ☞ mano; pie. **2** Conjunto de los dedos de la pata de algunos animales: *el caballo le golpeó con una uña.* **SIN** casco, pezuña. **3** Punta curva en la que termina la cola del alacrán: *el alacrán pica con su uña.* **4** Punta curva en la que acaban distintos instrumentos de metal: *no te arañes con la uña de ese hierro.* **5** Marca o agujero que se hace en algunas piezas, especialmente en objetos de madera o de metal, para poder moverlos empujándolos con el dedo: *los cajones del armario de mi habitación tienen uñas.*

U / u

con uñas y dientes *coloquial* Con mucha fuerza o intensidad: *Ismael defendió sus ideas con uñas y dientes*.
dejarse las uñas *coloquial* Trabajar con mucho esfuerzo y poner mucho interés en una cosa: *me he dejado las uñas para conseguir la casa que tengo*.
de uñas *coloquial* De mal humor o en actitud de enfado: *no quiero saber nada de Esteban, estoy de uñas con él*.
enseñar (o sacar) las uñas *coloquial* Amenazar a una persona o portarse de forma violenta con ella: *no le contradigas o te sacará las uñas enseguida*.
ser uña y carne *coloquial* Ser dos personas muy amigas o llevarse muy bien: *no critiques a José delante de Luis porque son uña y carne*.
DER uñero.
ETIM *Uña* procede del latín *unguis*, que tenía el mismo significado, voz con la que también están relacionadas *unguiculado, ungular*.

uñero *n. m.* **1** Inflamación en la raíz de la uña a causa de una infección. **2** Herida que sale en el dedo cuando la uña crece demasiado, se dobla y se introduce en la carne.

uperizar o **uperisar** *v. tr.* Someter un alimento líquido, especialmente la leche, a una inyección de vapor a presión durante menos de un segundo, hasta alcanzar los 150 grados, con el fin de destruir los gérmenes y prolongar su conservación: *la leche que se uperiza mantiene durante más tiempo sus propiedades que la leche pasteurizada*.
OBS En la conjugación de *uperizar*, la *z* se convierte en *c* delante de *e*.

-ura Sufijo que entra en la formación de palabras con el significado de 'cualidad': *bravura, hermosura*.

uralita *n. f.* Material hecho de una mezcla de cemento y amianto con el que se fabrican materiales de construcción, como por ejemplo tubos y placas onduladas que se usan para cubrir edificios: *el patio de mi escalera está cubierto por un techo de uralita*.

uranio *n. m.* Metal radiactivo de color grisáceo que se usa en fotografía, para producir energía nuclear o para fabricar bombas atómicas: *el símbolo del uranio es U*.

urbanidad *n. f.* Comportamiento correcto y con buenos modales que demuestra buena educación y respeto hacia los demás: *la institutriz enseñaba a comportarse con urbanidad a los hijos del conde*.

urbanismo *n. m.* Conjunto de conocimientos, estudios y proyectos dedicados a la planificación, el desarrollo y la reforma de los edificios y los espacios de las ciudades, con el fin de hacer más cómoda la vida de sus habitantes: *el arquitecto se especializó en urbanismo*.
DER urbanista.

urbanista *n. com.* Persona que se dedica al urbanismo o que tiene muchos conocimientos de esta materia: *el Ayuntamiento ha contratado a un urbanista para hacer reformas en los barrios de la ciudad*.

urbanístico, -ca *adj.* Del urbanismo o que tiene relación con este conjunto de estudios y proyectos: *el nuevo proyecto urbanístico de la ciudad prevé la creación de un centro comercial y un parque*.

urbanización *n. f.* **1** Acción que consiste en convertir un terreno en un centro de población, creando calles y servicios, y construyendo viviendas: *el Ayuntamiento procederá en breve a la urbanización de los terrenos del otro lado de la autovía*. **2** Conjunto de viviendas situado generalmente en las afueras de una ciudad y que tiene sus propios servicios municipales: *ha comprado un chalé en una urbanización de la sierra*.

urbanizar *v. tr.* **1** Convertir un terreno en un centro de población, creando calles y servicios y construyendo viviendas: *el Ayuntamiento ha decidido urbanizar algunos terrenos situados al sur de la ciudad*. ◇ *v. tr./prnl.* **2** Hacer que alguien aprenda a comportarse con buenos modales: *en este año que ha pasado en la escuela se ha urbanizado*.
DER urbanización.
OBS En su conjugación, la *z* se convierte en *c* delante de *e*.

urbano, -na *adj.* De la ciudad o que tiene relación con ella: *las vías urbanas están muy transitadas; se van a acometer importantes reformas urbanas*.
DER urbanístico; interurbano, suburbano.

urbe *n. f.* Ciudad, especialmente la que es grande y tiene un gran número de habitantes: *la contaminación en las urbes es peligrosa para el aparato respiratorio*.
DER urbanidad, urbanismo, urbanizar, urbano.

urdimbre *n. f.* **1** Conjunto de hilos colocados paralelamente en el telar para formar un tejido: *la urdimbre estaba formada por hilos de muchos colores*. **2** Preparación de un plan secreto, generalmente en relación a un hecho ilegal: *proyectaron el robo mediante una complicada urdimbre*. **SIN** trama.

urdir *v. tr.* Pensar y preparar con cuidado un plan generalmente ilegal: *entre todos urdieron el plan para el atraco del banco*.
DER urdimbre.

urea *n. f.* Sustancia orgánica que se expulsa a través de la orina y del sudor: *el riñón filtra la sangre y retiene la urea*.
DER úrico.
ETIM Véase *orina*.

uréter *n. m.* Conducto por el que desciende la orina desde el riñón a la vejiga: *los dos uréteres y la uretra forman parte del aparato urinario*.
ETIM Véase *orina*.

uretra *n. f.* Conducto por el que se expulsa al exterior la orina contenida en la vejiga: *la uretra del hombre es más larga que la de la mujer*. ☞ reproductor, aparato.
ETIM Véase *orina*.

urgencia *n. f.* **1** Cualidad que tienen las cosas urgentes: *la urgencia del caso nos obligó a dejar todo lo demás*. **2** Falta de lo que es totalmente necesario: *los voluntarios solucionaron las urgencias de la población civil*. **3** Asunto que se debe solucionar con mucha rapidez: *el médico ha salido a atender una urgencia*. **SIN** emergencia. ◇ *n. f. pl.* **4 urgencias** Sección de los hospitales en la que se trata a los enfermos o heridos graves que necesitan cuidados urgentes: *se rompió un brazo y lo llevaron a urgencias*.

urgente *adj.* **1** Que necesita ser realizado o solucionado con mucha rapidez: *hemos llamado al médico porque se trata de un asunto muy urgente*. **2** [carta, mensaje] Que ha de ser enviado y recibido rápidamente o lo antes posible: *he recibido un telegrama urgente de mi tío*.
DER urgencia.

urgir *v. intr.* **1** Correr prisa y tener que hacerse una cosa con rapidez o lo antes posible: *urge entregar este pedido*. **SIN** apremiar. **2** Obligar una autoridad, una ley o una norma a hacer algo determinado: *la ley urge a poner en funcionamiento nuevos hospitales*.
DER urgente.
OBS En su conjugación, la *g* se convierte en *j* delante de *a* y *o*.

-uria Elemento sufijal que entra en la formación de palabras con el significado de 'orina': *albuminuria*.

urinario, -ria *adj.* **1** De la orina o que tiene relación con esta substancia líquida que se produce en los riñones: *tiene*

una infección en la vejiga urinaria. ◊ *n. m.* **2** Local público donde se acude para orinar: *en la plaza hay unos urinarios públicos.*
ETIM Véase *orina.*

urna *n. f.* **1** Caja de forma rectangular con una ranura en la parte superior que se usa para echar las papeletas en las votaciones secretas: *los miembros de la mesa electoral abrieron la urna y procedieron al recuento de los votos.* **2** Recipiente o caja de piedra o de metal que se usa para guardar cosas de valor, como dinero, joyas o las cenizas de las personas muertas: *guardan en una urna de oro las reliquias de San Agustín.* **3** Caja de cristal o de otro material transparente que se utiliza para guardar y proteger objetos de valor y mostrarlos al público al mismo tiempo: *en el museo había varias urnas que contenían joyas antiguas.*

urogallo *n. m.* Ave gallinácea que tiene las plumas y el pico oscuros y habita en bosques de Europa y Asia: *el urogallo macho tiene la cola en forma de abanico.*
OBS Para indicar el sexo se usa *el urogallo macho* y *el urogallo hembra.*

urología *n. f.* Parte de la medicina especializada en el estudio y tratamiento de las enfermedades del aparato urinario de las personas y de los órganos de reproducción masculinos.

urólogo, -ga *n. m. y f.* Médico especializado en el estudio y tratamiento de las enfermedades del aparato urinario de las personas y de los órganos de reproducción masculinos.

urraca *n. f.* **1** Pájaro de color negro brillante, con el vientre blanco y la cola larga, que se domestica con facilidad: *las urracas suele guardar en su nido todo tipo de objetos brillantes.* Para indicar el sexo se usa *la urraca macho* y *la urraca hembra.* **2** coloquial Persona que tiene por costumbre o afición recoger y guardar cualquier tipo de objeto: *mi hermana es una urraca que coge todos los chismes que se encuentra por la calle.*

ursulina *adj./n. f.* [religiosa] Que pertenece a una de las congregaciones que tienen como patrona a santa Úrsula: *se educó en las ursulinas.*

urticaria *n. f.* Enfermedad de la piel caracterizada por la presencia de picores intensos y manchas rojas: *comió mayonesa en mal estado y le salió urticaria.*

uruguayo, -ya *adj.* **1** De Uruguay o que tiene relación con este país de Sudamérica: *Montevideo es la capital uruguaya.* ◊ *adj./n. m. y f.* **2** [persona] Que es de Uruguay: *el uruguayo pasó por delante de mi casa y no me saludó.*

usado, -da *adj.* Que está gastado y estropeado por el uso: *¿Cómo llevas todavía esta falda tan usada?*
OBS Es el participio de *usar.*

usanza *n. f.* Costumbre o manera de hacer una cosa: *hace el cocido a la antigua usanza, siguiendo la receta de su abuela.* **SIN** uso.

usar *v. tr./prnl.* **1** Emplear o hacer funcionar una cosa para un fin determinado: *para escribir usamos un bolígrafo o un lápiz; los aviones se usan para volar.* **SIN** utilizar. **2** Gastar o consumir un producto determinado: *mi coche no usa gasolina sino gasóleo; en casa se usa mucha mantequilla.* **3** Llevar o ponerse habitualmente una prenda de vestir: *prefiero usar bañador que biquini en la playa.* ◊ *v. prnl.* **4 usarse** Practicar habitualmente o estar de moda: *antes se usaba más ir de visita; ya no se usa tanto llevar sombrero.*
DER usado, desusar.

usía *pron. pers.* Forma de tratamiento que se usa hacia personas que ocupan ciertos cargos muy importantes y que indica respeto: *¿Me concede usía el permiso para entrar?*; *en el ejército, a los coroneles se les trata de usía.*

OBS Se utiliza con el verbo en tercera persona. ◊ Su uso es anticuado.

uso *n. m.* **1** Empleo o utilización de una cosa para un fin determinado: *el uso de la calculadora está prohibido en este examen.* **2** Funcionamiento o forma de utilizar una cosa, especialmente un aparato o una máquina: *el técnico me enseñó el uso del ordenador nuevo.* **3** Moda, costumbre o modo habitual de actuar en un país, un grupo de personas o un lugar determinado: *los antiguos usos no sirven para la vida actual; mi abuela tiene usos de pueblo y no se acostumbra a vivir en la ciudad.* **SIN** hábito.

al uso Según la moda o la costumbre de un lugar, una época o un grupo de personas: *en la época de mi bisabuela, las faldas y los vestidos al uso eran muy largos.*

estar en buen uso Ser una cosa útil y estar en buen estado: *es un coche antiguo, pero todavía está en buen uso.*

uso de razón Capacidad para pensar y para juzgar que consigue una persona cuando ha pasado la primera etapa de la niñez: *desde que tengo uso de razón recuerdo a mi padre fumando puros.*
DER usanza, usar, usual, usuario; abuso, desuso, multiuso.

usted *pron. pers.* Forma de tratamiento de segunda persona que indica respeto y cortesía: *usted es muy amable; ustedes dirán.*

hablar (o tratar) de usted Dirigirse a una persona usando esa forma de tratamiento: *como no nos conocemos de nada, debe tratarme de usted.*
OBS Se usa con el verbo en tercera persona. ◊ No tiene diferenciación de género.

usual *adj.* Que es común y ocurre con frecuencia: *es usual que la novia vista de blanco en las bodas.* **SIN** frecuente, habitual. **ANT** inusual.
DER inusual.

usuario, -ria *adj./n. m. y f.* [persona] Que usa habitualmente una cosa: *los usuarios del tren se van a ver perjudicados por las huelgas.*

usufructo *n. m.* Derecho por el que alguien puede usar los bienes de otra persona y disfrutar de sus beneficios, con la obligación de conservarlos y cuidarlos como si fueran propios: *aunque las tierras no eran suyas, tenía el usufructo y las labraba; tenían la casa en usufructo y no podían venderla hasta que murieran sus inquilinos.*
DER usufructuar.

usura *n. f.* **1** Acción que consiste en prestar dinero que hay que devolver a un interés excesivamente alto: *su rápido enriquecimiento se debe a que practica la usura.* **2** Provecho que se saca de una cosa, especialmente cuando es excesivamente grande: *gracias a sus usuras controla la economía de todo el pueblo.*
DER usurero.

usurero, -ra *n. m. y f.* **1** Persona que presta dinero que hay que devolver a un interés excesivamente alto. **2** Persona que saca un provecho muy alto en cualquier negocio: *no hagas negocios con ese usurero, que se aprovechará de ti.*

usurpación *n. f.* **1** Acción que consiste en hacerse dueño injustamente de una cosa que pertenece o corresponde a otro, especialmente del cargo, de la función o de la identidad de otra persona: *la usurpación del trono fue apoyada por la nobleza; le castigaron por la usurpación de la identidad de su hermano gemelo en el examen.* **2** DER. Delito que consiste en apoderarse violentamente o con amenazas de una casa, de un bien o de un derecho que corresponde a otra persona: *fue acusado de usurpación de las tierras de su vecino.*

usurpar *v. tr.* **1** Apoderarse injustamente del cargo, de la

utensilio

función o de la identidad de otra persona: *el golpista usurpó el poder al presidente*. **2** Apoderarse injustamente y de forma violenta de una casa, un bien o un derecho que pertenece o corresponde a otra persona: *los soldados usurparon las posesiones de los habitantes del pueblo; usurpó la identidad del director y firmó el contrato*.
DER usurpación.

utensilio *n. m.* Instrumento o herramienta que se utiliza para realizar una actividad, un oficio o un arte determinado: *las sartenes, cazuelas y cubiertos son utensilios de cocina*.
SIN útil.

uterino, -na *adj.* Del útero o que tiene relación con este órgano del cuerpo: *el diafragma es un anticonceptivo que tapona el cuello uterino*.

útero *n. m.* Órgano del aparato reproductor de las hembras de los mamíferos en el que se desarrolla el feto: *durante el embarazo, el embrión se desarrolla en el útero*. **SIN** matriz.
☞ reproductor, aparato.
DER uterino.

útil *adj.* **1** Que produce provecho, beneficio o interés: *la ayuda de estos jóvenes voluntarios es muy útil a la humanidad*. **2** Que puede servir o ser aprovechado para un fin determinado: *no tires ese bote, que será útil para guardar las conservas*. ◇ *n. m.* **3** Instrumento o herramienta que se utiliza para hacer una actividad o trabajo determinado: *trajo todos los útiles necesarios para construir el mueble*. Se usa generalmente en plural. **SIN** utensilio.
DER utilidad, utilitario, utilitarismo, utilizar; inútil.

utilería *n. f.* **1** Conjunto de objetos o elementos empleados en escenografía teatral o cinematográfica. **2** Conjunto de herramientas necesarias para realizar un trabajo: *utilería de caza*. **SIN** utillaje.

utilidad *n. f.* **1** Capacidad que tiene una cosa de servir o de ser aprovechada para un fin determinado: *los electrodomésticos son de gran utilidad*. **ANT** inutilidad. **2** Provecho o beneficio que se saca de una cosa: *no tires ese baúl, ya le encontraremos alguna utilidad*.

utilitario, -ria *adj.* **1** Que considera la utilidad de las cosas como lo más importante: *las razones de su decisión son puramente utilitarias; el diseño de los muebles del despacho no es muy decorativo pero es utilitario*. **SIN** práctico. ◇ *n. m.* **2** Automóvil de pequeño tamaño y que consume poco combustible: *el utilitario es ideal para aparcar en la ciudad*.
DER utilitarismo.

utilitarismo *n. m.* Criterio según el cual la utilidad de algo es su valor más importante.

utilitarista *adj./n. com.* Que considera la utilidad de algo como su valor más importante: *una aproximación utilitarista del arte no resulta nada fructífera*.

utilización *n. f.* Uso o empleo de una cosa: *la utilización de las nuevas técnicas ha incrementado el rendimiento de la fábrica*.

utilizar *v. tr.* Emplear o hacer funcionar una cosa para un fin determinado: *debes utilizar este cubierto para el pescado y este otro para la carne*. **SIN** usar.
DER utilización; infrautilizar.
OBS En su conjugación, la *z* se convierte en *c* delante de *e*.

utillaje *n. m.* Conjunto de instrumentos y herramientas necesarios para realizar un trabajo o una actividad: *el taller necesita un utillaje más moderno*.

utopía *n. f.* Proyecto, idea o plan ideal y muy bueno, pero imposible de realizar: *un mundo sin guerras ni enfermedades es una utopía; que saques sobresaliente en el examen sin estudiar es una utopía*. **SIN** quimera.
DER utópico.

utópico, -ca *adj.* De la utopía o que tiene relación con ella: *parece utópico pensar que todos los hombres y mujeres van a ser buenos algún día*.

uva *n. f.* **1** Fruto comestible, pequeño y de forma redonda u ovalada, con una carne muy jugosa y una piel fina: *las uvas crecen en racimos; con las uvas se hace el vino*. **2** Racimo formado por varios de esos frutos: *tomó un grano de la uva y se lo comió*.

de mala uva *coloquial* Enfadado o de mal humor: *la noticia lo puso de mala uva*.

mala uva *coloquial* Mala intención o mal carácter: *tiene muy mala uva y le gusta hacer sufrir a los demás*.

uve *n. f.* Nombre de la letra *v*: *la palabra vida se escribe con uve*.
ETIM Uve tiene su origen en la combinación *u* + *ve*, porque en los inicios del castellano la *u* se escribía con figura de *v*.

úvula *n. f.* Masa carnosa de tejido muscular que cuelga del velo del paladar: *la úvula divide el velo palatino en dos mitades*. **SIN** campanilla. ☞ boca.
DER uvular.

uvular *adj.* **1** De la úvula o que tiene relación con esta parte del cuerpo: *los alimentos pasan por la cavidad uvular*. **2** GRAM. [sonido] Que se articula con la intervención de la úvula: *el sonido de la r francesa puede ser uvular*.

V | v

v *n. f.* **1** Vigésima tercera letra del alfabeto español. Su nombre es *uve* o *ve*. El plural es *uves* o *ves*, respectivamente. La *v* representa el mismo sonido que el de la letra *b*. **2** Letra que representa el valor de 5 en la numeración romana: *Felipe V, rey de España*. Se escribe con letra mayúscula.

v. gr. Abreviatura de *verbi gratia*, 'por ejemplo'.

v. o. Abreviatura de *versión original*, dicho de una película o una obra de teatro no traducidas.

v. s. Abreviatura de *versión subtitulada*, dicho de una película en versión original traducida en subtítulos.

vaca *n. f.* **1** Hembra del toro: *las vacas dan leche*. **2** Piel curtida de ese animal que se utiliza para fabricar diferentes objetos: *esa maleta es de vaca*. **3** Carne de ese animal que se usa como alimento: *me comí un filete de vaca con patatas*. **4** *coloquial* Mujer muy gorda: *me ha pisado una vaca en el autobús y me ha dejado el pie hecho polvo*.
DER vacada, vacuno, vaquero, vaqueta, vaquilla.

vacación *n. f.* Período de tiempo durante el cual se descansa y se dejan los trabajos o los estudios que se realizan normalmente: *estás agotado; creo que necesitas unas vacaciones*; *tiene las vacaciones en el mes de agosto*.
DER vacacional.
OBS Se usa generalmente en plural.

vacante *adj./n. f.* [lugar, puesto] Que de momento no está ocupado por nadie, pero está disponible para ser ocupado: *en el colegio hay una plaza de profesor vacante*; *hay cuatro vacantes en mi empresa*; *en el hotel hay una habitación vacante*.
ETIM Véase *vago*.

vaciado *n. m.* **1** Procedimiento que consiste en fabricar un objeto llenando un molde con un metal derretido u otra sustancia blanda: *esta figura de bronce se ha hecho recurriendo a la técnica del vaciado*. **2** Pieza o figura que ha sido fabricada mediante este procedimiento: *en el museo hay una exposición de vaciados de un famoso escultor*.

vaciar *v. tr./prnl.* **1** Sacar lo que está en el interior de algo sin dejar nada dentro: *he vaciado el tarro de la harina*; *el cine se ha vaciado por completo, ya no queda nadie*. ◇ *v. tr.* **2** Hacer un hueco en un cuerpo sólido: *vació aquella piedra para hacer un molde*. ◇ *v. tr./intr.* **3** Fabricar un objeto llenando un molde con un metal derretido u otra sustancia blanda: *Luis está aprendiendo a vaciar para hacer esculturas*.
DER vaciado.
OBS En su conjugación, la *i* se acentúa en algunos tiempos y personas, como en *desviar*.

vacilación *n. f.* **1** Movimiento inseguro y falto de equilibrio: *el borracho iba caminando con vacilación*. **2** Falta de firmeza o de seguridad al hablar o al actuar: *respondió todas las preguntas sin dar muestras de vacilación*.

vacilar *v. intr.* **1** Moverse de un lado a otro por falta de equilibrio: *la lámpara vaciló un momento antes de caer al suelo*; *el borracho iba vacilando por el pasillo*. **SIN** tambalearse. **2** Tener poca firmeza o poca seguridad al hablar o al actuar: *este chico no tiene las cosas claras y vacila en sus respuestas*; *me dijo lo que pensaba sin vacilar ni un momento*. **SIN** dudar, titubear. **3** Ser inestable o poco firme: *ten cuidado al poner los vasos que la mesa vacila*; *sus ideas revolucionarias vacilaron cuando conoció a su mujer*. **4** *coloquial* Tomar el pelo a una persona o decirle cosas graciosas en tono serio: *deja de vacilarme porque me tienes harto*. **SIN** burlar. **5** *coloquial* Presumir o darse importancia: *¡Cómo vacila con su coche nuevo!*

vacile *n. m. coloquial* Actitud o acción de una persona vacilona: *siempre está de vacile y no se puede hablar en serio con él*.

vacilón, -lona *adj./n. m. y f.* **1** *coloquial* Que le gusta hablar en broma: *es un vacilón y lo único que hace es tomarte el pelo*. ◇ *adj.* **2** *coloquial* Que llama la atención: *yo diría que esta camisa más que vacilona es vulgar*.

vacío, -cía *adj.* **1** Que no tiene nada dentro: *el frasco de colonia está vacío*. **ANT** lleno. **2** Que no está ocupado por nadie: *los dos asientos de la cuarta fila están vacíos*. **SIN** desocupado. **ANT** ocupado. **3** [lugar] Que no tiene gente o que tiene muy poca: *las calles de la ciudad están vacías en el mes de julio*; *este pueblo se ha quedado vacío, la mayoría de sus habitantes se han ido a vivir a la ciudad*. **ANT** lleno. **4** Que es superficial y no tiene un contenido interesante: *su discurso fue aburrido y vacío*; *es una persona vacía que sólo se preocupa de divertirse*. **SIN** vacuo. ◇ *n. m.* **5** Espacio hueco: *en este texto hay algunos vacíos que tenemos que rellenar*. **6** Corte del terreno, vertical y profundo: *en la película, el coche caía al vacío desde el acantilado*. **SIN** abismo, precipicio. **7** Falta o ausencia de una persona o cosa que se echa de menos: *todos hemos sentido el vacío que ha dejado tras su partida*. **8** FÍS. Espacio que no contiene aire ni otra materia: *en el interior de las bombillas se hace el vacío*.

al vacío Sin aire dentro: *algunos alimentos están envasados al vacío*.

caer en el vacío *coloquial* No producir ningún resultado o beneficio: *nadie le hizo caso, sus advertencias cayeron en el vacío*.

de vacío *a)* Sin carga o sin peso: *la fábrica estaba cerrada y el camión regresó a Madrid de vacío*. *b)* Sin haber conseguido lo que se buscaba: *había puesto muchas esperanzas en aquella entrevista, pero regresó de vacío*.

hacer el vacío Negar el trato y no hablar a alguien: *dejé de salir con ese grupo de gente porque me hacían el vacío*. **SIN** aislar.
DER vaciar, vaciedad.

vacuna *n. f.* Sustancia que se introduce en el organismo para evitar que se desarrollen determinadas enfermedades: *le pusieron una vacuna para prevenir la gripe*.

V v

DER vacunar; autovacuna.

vacunación *n. f.* Administración de una vacuna: *estamos en período de vacunación de los niños; ha tenido un gran éxito la última campaña de vacunación.*

vacunar *v. tr./prnl.* Administrar una vacuna para evitar que se desarrollen determinadas enfermedades: *han vacunado al niño contra el sarampión; se vacunó de varias enfermedades antes de viajar a la India.*
DER vacunación.

vacuno, -na *adj.* Del ganado bovino o que tiene relación con él: *el ganado vacuno abunda en el norte de España; el buey forma parte del ganado vacuno.*

vacuo, -cua *adj.* Que no tiene contenido, es superficial y no despierta interés: *es una poesía vacua en la que el autor no comunica ningún sentimiento.* **SIN** insustancial, vacío.
DER vacuidad.
ETIM Véase *vago.*

vadear *v. tr.* **1** Atravesar un río u otra corriente de agua por un sitio poco profundo: *el aldeano vadeó el río por un sitio por el que hacía pie.* ◇ *v. tr./prnl.* **2** Saber obrar adecuadamente, o saber solucionar o evitar los problemas y las situaciones difíciles: *ese hombre es muy débil y nunca ha sabido vadear los problemas de la vida; aunque es muy joven, se vadea bien en la vida.*

vado *n. m.* **1** Parte de la acera que se ha rebajado para hacer más fácil la entrada de vehículos a determinados lugares, especialmente a los garajes: *delante de los vados está prohibido aparcar.* **2** Parte de un río con fondo firme y poco profundo, por donde se puede pasar andando o en determinados vehículos: *no pudimos pasar a la otra orilla porque no encontramos ningún vado.*
DER vadear.

vagabundear *v. intr.* Andar sin una finalidad ni un destino determinado: *Felipe está todo el día sin hacer nada vagabundeando por las calles.* **SIN** deambular, vagar, errar.
DER vagabundeo.

vagabundo, -da *adj./n. m. y f.* **1** [persona] Que no tiene casa ni trabajo y va de un lugar a otro: *en esta ciudad cada día hay más vagabundos.* ◇ *adj.* **2** Que va de un lugar a otro sin una finalidad ni un destino determinado: *recogió de la calle un perro vagabundo.*
DER vagabundear.

vagancia *n. f.* Falta de ganas de trabajar o de hacer cosas: *¡Qué vagancia tengo hoy!; me quedaría todo el día en la cama.*
SIN pereza.

vagar *v. intr.* Andar o pensar libremente sin una finalidad ni un destino determinado: *estaba deprimido y se puso a vagar por la calle; me gusta tumbarme en la cama y dejar vagar la imaginación.* **SIN** deambular, vagabundear.
OBS En su conjugación, la g se convierte en gu delante de e.

vagido *n. m.* Llanto de un niño recién nacido: *Ismael se puso muy contento al oír los primeros vagidos de su hijo.*

vagina *n. f.* Conducto fibroso del aparato reproductor de las hembras de los mamíferos que se extiende desde el útero hasta la vulva: *al realizar el acto sexual, los machos introducen el pene en la vagina de las hembras.* ☞ reproductor, aparato.
DER vaginal.

vaginal *adj.* De la vagina o que tiene relación con este órgano sexual femenino: *estoy tomando antibióticos porque tengo una infección vaginal.*

vago, -ga *adj./n. m. y f.* **1** [persona] Que no gusta del trabajo ni de cualquier actividad que necesite esfuerzo: *Sonia es una vaga que se pasa el día tumbada en el sillón.* **SIN** gandul,

holgazán, perezoso. **ANT** trabajador. ◇ *adj.* **2** Que está poco claro o no está determinado: *tan sólo tengo una idea vaga de lo que quieres decir.* **SIN** impreciso.
DER vagabundo, vagamente, vagancia, vagar, vaguear, vaguedad; extravagante.

vagón *n. m.* Coche de un tren o de un metro que sirve para el transporte de mercancías y pasajeros y que se puede separar de los demás: *vagón restaurante; vagón correo; había dos asientos libres en el segundo vagón; en este vagón se transportan alimentos en conserva.*
DER vagoneta.

vagoneta *n. f.* Vagón pequeño y sin techo que sirve para el transporte de mercancías: *aquel tren lleva una vagoneta con sacos de cemento.*

vaguada *n. f.* Parte más profunda de un valle por donde corren las aguas de las corrientes naturales: *la vaguada está seca y han crecido hierbas en ella.*

vaguear *v. intr.* Estar voluntariamente sin trabajar o sin hacer nada: *se pasa todo el día vagueando y no hace nada para encontrar trabajo.* **SIN** gandulear, holgazanear.

vaguedad *n. f.* Falta de claridad o de exactitud: *el discurso del ministro se caracterizó por la vaguedad; anoche estaba tan borracho que se acuerda con vaguedad de lo que hizo.* **ANT** precisión.

vaguería *n. f.* *coloquial* Comportamiento del perezoso: *con esta vaguería nunca aprobarás el curso.* **SIN** vagancia.

vahído *n. m.* Pérdida breve del sentido: *se sintió indispuesta y sufrió un ligero vahído.* **SIN** desvanecimiento.

vaho *n. m.* **1** Vapor que despiden los cuerpos en determinadas circunstancias: *el espejo del cuarto de baño está lleno de vaho porque me acabo de duchar con agua caliente.* **2** Aliento que despiden por la boca las personas o los animales: *cuando hace mucho frío, se ve el vaho que sale por la boca.* ◇ *n. m. pl.* **3 vahos** Método de curación que consiste en respirar el vapor que despide una sustancia al hervirla: *el médico le ha recomendado que haga vahos de eucalipto; se le quitó el constipado haciendo vahos.*

vaina *n. f.* **1** Cáscara flexible y alargada en la que están encerradas en hilera las semillas de ciertas plantas: *las legumbres crecen en vainas; abría las vainas y sacaba los guisantes.* **2** Funda de un material flexible donde se guardan ciertas armas, como espadas, puñales o cuchillos, u otros instrumentos cortantes: *sacó el puñal de la vaina que llevaba colgada de la cintura; las tijeras iban metidas en una vaina.* ◇ *adj./n. com.* **3** *coloquial* [persona] Que es poco serio, molesto o presumido: *no le gustaba salir con ese vaina.* **4** BOT. Ensanchamiento del pecíolo o las hojas de algunas plantas que envuelve al tallo. ☞ hoja.
DER vainica, vainilla; envainar.
OBS Se usa como apelativo despectivo.

vainilla *n. f.* **1** Planta trepadora de tallos muy largos y verdes, hojas anchas y flores grandes, que da un fruto en forma de cápsula: *la vainilla se cultiva en climas tropicales.* **2** Fruto muy oloroso de esta planta que se utiliza para dar sabor a las comidas, o para dar olor a los perfumes o licores: *tomaré un helado de vainilla; cuando hace flan o natillas, pone un poco de vainilla.*

vaivén *n. m.* **1** Movimiento alternativo de un cuerpo, primero hacia un lado y después hacia el contrario: *el vaivén de la barca y el calor le provocaron un profundo sueño; el columpio se mueve haciendo un vaivén.* **SIN** balanceo, oscilación. **2** Cambio o variación inesperada en la situación o estado de las cosas: *los expertos se encargan de analizar los vaivenes de la economía; los vaivenes de la suerte hacen ricas o pobres a las personas.* **SIN** altibajo.

OBS Se usa generalmente en plural.

vajilla *n. f.* Conjunto de platos, tazas, fuentes y otros objetos que se usan en el servicio de la mesa: *esta vajilla tiene platos y tazas de porcelana; he metido toda la vajilla en el lavavajillas.*

valdepeñas *n. m.* Vino que se elabora en la zona de Valdepeñas, villa de la provincia de Ciudad Real.
OBS El plural también es *valdepeñas*.

vale *n. m.* **1** Papel que se puede cambiar por una cantidad de dinero, por un objeto o por un servicio: *tengo un vale por el que me darán en la tienda una bolsa de detergente; en la tienda, por la compra de dos pantalones, dan un vale por valor de 1000 pesetas.* **2** Entrada gratuita para un espectáculo público o atracción: *tengo dos vales para el cine, ¿te vienes?* **3** Nota firmada que se da al entregar una cosa y que sirve para demostrar que se ha hecho la entrega: *firmó el vale que le mostró el mensajero al entregarle el paquete.* ◇ *int.* **¡vale!** **4** *coloquial* Expresión que indica acuerdo o conformidad: *¡vale!, entonces quedamos en que nos vemos el sábado.*

valedor, -ra *n. m. y f.* Persona que ayuda o apadrina a otra.

valencia *n. f.* QUÍM. Número que representa la capacidad de combinación de un elemento químico con otros: *la valencia de un átomo representa el número de electrones que cede o recoge cuando forma una molécula; ¿cuál es la valencia del azufre?*
DER ambivalencia.

valenciano, -na *adj.* **1** De Valencia o que tiene relación con esta comunidad de España, con la capital o con la provincia: *las naranjas valencianas son de gran calidad; Benidorm es una población valenciana.* ◇ *adj./n. m. y f.* **2** [persona] Que es de Valencia. ◇ *n. m.* **3** Variedad del catalán que se habla en la Comunidad Valenciana: *el valenciano cuenta con una extensa producción literaria.*

-valente Elemento sufijal que entra en la formación de palabras con el sentido de 'valencia química': *bivalente, monovalente, trivalente.*

valentía *n. f.* Valor o determinación para enfrentarse a situaciones arriesgadas o difíciles: *el caballero defendía a su dama con gran valentía.* **SIN** coraje.
DER valentón.
ETIM Véase *valiente*.

valer *v. tr.* **1** Tener un precio determinado: *esta camisa vale 5000 pesetas; ¿cuánto vale este libro?* **SIN** costar. **2** Tener una cosa el mismo valor que otra en ciertos aspectos: *en música, una nota blanca vale dos negras; una canasta desde la línea de 6,25 vale tres puntos.* **SIN** equivaler. **3** Merecer o ser merecedor de alguna cosa: *tu nuevo puesto de trabajo vale una buena celebración.* **4** Ayudar o proteger a una persona: *¡Dios te valga si se enfada cuando le comuniques la noticia!* ◇ *v. intr.* **5** Ser útil o adecuada una cosa para realizar una determinada función: *tira esa vieja cacerola, ya no vale para cocinar; mi crítica vale para todos los que me están escuchando; no me valen sus excusas.* **SIN** servir. **6** Tener una persona cierta cualidad o capacidad para desempeñar una función: *se dedicó a la medicina porque valía para ello.* **7** Ser válido o efectivo: *tienes que renovar el pasaporte porque ya no vale; la oferta vale para toda la semana.* ◇ *v. prnl.* **8 valerse** Servirse de una cosa o de una persona para un fin determinado: *se valió de su amigo para alcanzar la amistad del director; para conseguir lo que quiere siempre se vale de artimañas.* **9** Manejarse o desenvolverse sin problemas: *ya es mayorcito y puede valerse por sí mismo.*

hacer valer Hacer que una persona o una cosa sea tenida en cuenta: *Sebastián hizo todo lo que pudo por hacer valer su postura.*

valer la pena Merecer o compensar el esfuerzo que requiere una cosa o el precio que cuesta: *no vale la pena coger el coche, el tren es más rápido y más barato.*

valer su peso en oro Expresión con la que se destacan las cualidades de una persona o de una cosa: *este chico vale su peso en oro.*

DER vale, valedero, valedor, valencia, valeroso; convalecer, equivaler, prevalecer.

valer	
INDICATIVO	SUBJUNTIVO
presente	presente
valgo	valga
vales	valgas
vale	valga
valemos	valgamos
valéis	valgáis
valen	valgan
pretérito imperfecto	pretérito imperfecto
valía	valiera o valiese
valías	valieras o valieses
valía	valiera o valiese
valíamos	valiéramos o valiésemos
valíais	valierais o valieseis
valían	valieran o valiesen
pretérito indefinido	futuro
valí	valiere
valiste	valieres
valió	valiere
valimos	valiéremos
valisteis	valiereis
valieron	valieren
futuro	IMPERATIVO
valdré	
valdrás	vale (tú)
valdrá	valga (usted)
valdremos	valed (vosotros)
valdréis	valgan (ustedes)
valdrán	
condicional	FORMAS NO PERSONALES
valdría	
valdrías	infinitivo gerundio
valdría	valer valiendo
valdríamos	participio
valdríais	valido
valdrían	

valeriana *n. f.* Planta que tiene el tallo recto y las flores compuestas de color rosado o blanco; su raíz tiene propiedades sedantes: *las infusiones de valeriana son aconsejables cuando se está nervioso.*

valeroso, -sa *adj.* Que tiene valor o determinación para enfrentarse a situaciones arriesgadas o difíciles: *el caballero era un hombre muy valeroso y decidido; estuvo valerosa en tan complicada situación.* **SIN** bravo, valiente.

valía *n. f.* **1** Cualidad por la que una persona o cosa merece consideración o aprecio: *asombró a todo el mundo por su gran valía.* **2** Valor que recibe una cosa por circunstancias externas: *el collar tenía una gran valía sentimental por ser de su abuela.*

validar

DER valioso; plusvalía.

validar v. tr. Hacer firme o legal una cosa: *el presidente validó la votación al final de la jornada*. **ANT** invalidar.

DER validadora; convalidar, revalidar.

validez n. f. Cualidad de lo que es correcto o eficaz o de lo que se ajusta a la ley: *el período de validez de este documento termina mañana; todos dudaron de la validez de su planteamiento*.

valido n. m. Persona que gozaba de la confianza de un rey y que se ocupaba del gobierno de un estado en su nombre: *el valido fue una figura característica de la España de los Austrias*.

válido, -da adj. Que tiene valor y fuerza legal o capacidad para producir su efecto: *el contrato no es válido porque no reúne todos los requisitos*. **ANT** nulo.

DER validez, validar; inválido.

valiente adj./n. com. Que tiene o actúa con valor o determinación ante situaciones arriesgadas o difíciles: *fue muy valiente: salvó a los niños en el incendio; sólo fueron premiados los más valientes*. **SIN** bravo, valeroso. **ANT** cobarde.

ETIM *Valiente* procede del latín *valens, -ntis*, que tenía el mismo significado, voz con la que también está relacionada *valentía*.

OBS En frases exclamativas y seguido de sustantivo tiene un sentido irónico o exagerado: *¡valiente ayudante estás tú hecho!*

valija n. f. 1 Saco de cuero en el que se transporta la correspondencia: *el cartero colocó la valija a la entrada de la oficina de correos*. 2 Maleta o cartera: *llevaba una valija en cada mano; puso las valijas en la baca del coche*. **valija diplomática** Cartera que contiene documentos oficiales de un estado, y que, por su importancia, no se confía al servicio de correos: *el ministro y el embajador se envían la documentación por valija diplomática*.

DER desvalijar.

valimiento n. m. Ayuda o protección que recibe una persona: *el valimiento de su jefe le sirvió para subir de categoría*.

valioso, -sa adj. Que vale mucho o que tiene mucho valor o importancia: *en el museo se exponen unas piezas de cerámica muy valiosas; le regaló un collar de perlas muy valioso; su participación en el trabajo ha sido muy valiosa*.

valla n. f. 1 Pared o cerca generalmente de madera que sirve para rodear, señalar o proteger un terreno: *los chicos han saltado la valla y han pasado al huerto*. **SIN** valladar, vallado. 2 Superficie colocada en calles, carreteras u otros lugares en la que se fijan anuncios publicitarios: *la ciudad estaba llena de vallas publicitarias*. 3 Obstáculo que deben saltar los participantes en una carrera deportiva: *el corredor derribó varias vallas durante la carrera*.

DER valladar, vallar, vallista.

valladar n. f. Pared o cerca hecha generalmente de madera que sirve para rodear, señalar o proteger un terreno: *han puesto un valladar para que nadie pueda acceder a las obras del edificio*. **SIN** valla, vallado.

vallado n. m. Pared o cerca hecha generalmente de madera que sirve para rodear, señalar o proteger un terreno: *la finca está rodeada con un vallado de alambres*. **SIN** valla, valladar.

vallar v. tr. Cerrar o cercar un sitio con una valla: *tuvieron que vallar el campo de fútbol para que no saltaran a él los aficionados; hemos vallado el jardín con estacas*. **SIN** cercar.

DER vallado.

valle n. m. 1 Terreno llano entre montañas o alturas: *la casa está construida en un hermoso valle; el río discurre por el valle*. 2 Depresión por la que corre un río: *este valle tiene una longitud de seis kilómetros; habrá brumas matinales en el valle del Ebro*. **SIN** cuenca.

vallisoletano, -na adj. 1 De Valladolid o que tiene relación con esta provincia de Castilla y León o con su capital: *el río Duero pasa por tierras vallisoletanas*. ◇ adj./n. m. y f. 2 [persona] Que es de Valladolid: *se dice que los vallisoletanos hablan muy bien el castellano*.

valor n. m. 1 Cualidad o conjunto de cualidades por las que una persona o cosa merece consideración o aprecio: *sus recomendaciones tienen un gran valor para nosotros*. **SIN** valía. 2 Precio o estima equivalente: *¿cuál es el valor de estas tierras?; el valor de este cuadro es incalculable*. 3 Importancia o significación de un dicho o un hecho: *su comentario no tiene mucho valor para mí*. 4 Cualidad de lo que es correcto o efectivo, o de lo que se ajusta a la ley: *estas monedas de cien pesetas dejarán de tener valor muy pronto*. **SIN** validez. 5 Cualidad de la persona que actúa con valor o determinación ante situaciones arriesgadas o difíciles: *se enfrentó a sus enemigos con valor y arrojo; afrontó los problemas con mucho valor*. **SIN** coraje, valentía. 6 Capacidad para soportar situaciones desagradables: *tuvo el valor de estar esperando tres horas a que llegara el autobús*. 7 Desvergüenza o falta de consideración hacia los demás: *ha tenido el valor de decirme que yo tenía la culpa*. **SIN** descaro. 8 *coloquial* Persona que tiene buenas cualidades o capacidad para alguna cosa: *es un joven valor del mundo de la música*. 9 Equivalencia de una moneda con referencia a la tomada como patrón: *el valor de la peseta se suele medir respecto al dólar*. 10 MAT. Cantidad o magnitud que se da a una variable: *el valor de x en la ecuación x − 50 = = 100 es 150*. 11 MÚS. Duración de una nota musical, según la figura con que esté representada: *el valor de una negra es el doble del de la corchea*. ◇ n. m. pl. 12 **valores** Conjunto de normas o principios morales e ideológicos que dirigen el comportamiento de una persona o sociedad: *los sociólogos aseguran que se están perdiendo muchos valores tradicionales*. 13 Conjunto de documentos que representan la cantidad de dinero prestada a una empresa o sociedad para conseguir unas ganancias: *los valores son títulos que se cotizan en Bolsa; la deuda pública es un valor público y las acciones son valores privados*.

armarse de valor Prepararse para afrontar o realizar una cosa difícil o terrible: *se armó de valor y entró en el despacho del director para hablar de su ascenso*.

DER valorar, valorizar; subvalorar, supervalorar.

valoración n. f. 1 Determinación del precio de una cosa: *el gobierno hizo una valoración de los daños causados por las inundaciones*. 2 Reconocimiento del valor, del mérito o de las cualidades de una persona o cosa: *el profesor hizo una buena valoración de la obra arquitectónica*.

valorar v. tr. 1 Determinar el precio de una cosa: *me han valorado el coche viejo en muy poco dinero*. **SIN** tasar. 2 Reconocer o estimar el valor, el mérito o las cualidades de una persona o cosa: *supo valorar el esfuerzo por ayudarla en esos momentos difíciles; la empresa valoró el esfuerzo de los trabajadores y les concedió unas vacaciones*. **SIN** apreciar. 3 Tener en cuenta una cosa para determinar su importancia: *valoraré tu propuesta y te daré una respuesta mañana*. 4 Aumentar el valor de una cosa: *las buenas comunicaciones valorarán la región*.

DER valoración; avalorar, infravalorar, invalorable, subvalorar, supervalorar.

valorización n. f. 1 Determinación del valor o precio de una cosa: *la valorización de las joyas nos decepcionó porque* *creíamos que tenían mucho más valor.* **SIN** valoración. **2** Aumento del valor o del precio de una cosa: *las obras realizadas han supuesto una valorización de la finca.* **SIN** valoración, revalorización.

vals *n. m.* **1** Baile de origen alemán, de compás tres por cuatro, que se realiza por parejas y con un movimiento giratorio: *las parejas bailaron un vals en los salones del palacio.* **2** Música de ritmo ternario de este baile cuyas frases constan de dieciséis compases: *Strauss, Schubert y Beethoven compusieron hermosos valses.*
OBS El plural es *valses*.

valva *n. f.* **1** Cada una de las dos piezas duras y movibles que forman la concha de los moluscos y otros invertebrados: *la ostra, el mejillón y las almejas tienen valvas.* **2** Cada una de las dos partes que constituyen la vaina de ciertos frutos que se abren al madurar, como los guisantes o las habas.
DER válvula; bivalvo, polivalvo.

válvula *n. f.* **1** Dispositivo que abre o cierra el paso de un fluido por un conducto en una máquina o en un instrumento: *la máquina no funciona porque la válvula está obstruida.* **válvula de seguridad** o **válvula de escape** Válvula que sirve para dar salida a los gases o líquidos: *la caldera de vapor tiene una válvula de seguridad que se abre automáticamente cuando hay un exceso de presión.* **2** ANAT. Pliegue membranoso situado en las venas y en el corazón que permite el paso de los fluidos por los conductos del organismo: *las válvulas hacen que la sangre circule por las venas en un solo sentido.* **válvula mitral** o **válvula bicúspide** Válvula que está entre la aurícula y el ventrículo izquierdos del corazón de los mamíferos: *la válvula mitral se llama así porque tiene forma de mitra.* **válvula tricúspide** Válvula que está entre la aurícula y el ventrículo derechos del corazón de los mamíferos: *la válvula tricúspide se llama así porque termina en tres puntas.* **válvula de escape** Cosa o acción que permite a una persona salir de una situación aburrida o librarse de un trabajo excesivo o problema: *estoy tan agobiado que pintar me sirve como válvula de escape.*

vampiresa *n. f. coloquial* Mujer que aprovecha su belleza y atractivo para conquistar a los hombres y conseguir sus favores. *buscaban a una actriz coqueta y llamativa para el personaje de vampiresa.*

vampirismo *n. m.* Conjunto de fenómenos relacionados con los vampiros: *he visto un documental sobre el vampirismo; el vampirismo ha sido utilizado como tema en multitud de películas.*

vampiro *n. m.* **1** Ser imaginario que sale de su tumba de noche y se alimenta con la sangre que chupa a las personas vivas: *hemos visto una película de terror en la que los vampiros entraban por la ventana en forma de murciélago; el conde Drácula es un famoso vampiro.* **2** Mamífero volador, parecido al murciélago, con un hocico largo y fino y un par de incisivos muy afilados y desarrollados, que clava en la piel de los animales para chuparles la sangre: *los vampiros viven en la selva de América. Para indicar el sexo se usa el vampiro macho y el vampiro hembra.* **3** Persona que se enriquece aprovechándose de los demás: *los trabajadores se rebelaron contra el dueño de la fábrica porque era un vampiro.*
DER vampiresa, vampirismo.

vanadio *n. m.* QUÍM. Metal de color blanco grisáceo y brillante, que se usa mezclado con el acero para aumentar la resistencia de éste y en la fabricación de vidrios transparentes: *el vanadio es un metal que se deforma con facilidad; el símbolo químico del vanadio es V.*

vanagloria *n. f.* Alabanza, con razón o sin ella, que una persona hace de sus propias cualidades o actos: *hablaba de sus éxitos con vanagloria.* **SIN** jactancia, presunción, vanidad.
DER vanagloriarse.

vanagloriarse *v. prnl.* Presumir con orgullo de las propias cualidades o actos: *se vanagloriaba de tener mucho dinero pero no mencionaba que lo había heredado.* **SIN** alabarse, enorgullecerse, pavonearse.
OBS En su conjugación, la *i* no se acentúa, como en *cambiar.*

vandálico, -ca *adj.* De los vándalos, del vandalismo o que tiene relación con él: *este fin de semana ha habido muchos actos vandálicos en el parque.*

vandalismo *n. m.* **1** Actitud o inclinación a destruir y a provocar escándalos sin consideración alguna hacia los demás: *el vandalismo pone en peligro la convivencia de los ciudadanos.* **2** Destrucción o devastación: *en un acto de vandalismo sin precedentes, 40 coches fueron incendiados en la ciudad.*

vándalo, -la *adj./n. m. y f.* **1** Del pueblo germánico que invadió el Imperio Romano y creó un reino en el norte de África: *los vándalos fueron expulsados a Oriente por el ejército de Justiniano; los pueblos vándalos llegaron incluso a saquear Roma.* **2** [persona] Que tiende a destruir o que provoca escándalos: *unos cuantos vándalos se han dedicado a quemar las papeleras de la ciudad.*
DER vandálico, vandalismo.

vanguardia *n. f.* **1** Movimiento literario, artístico o ideológico más avanzado en relación con las tendencias de su tiempo: *el cubismo y el surrealismo son dos tendencias de la vanguardia de principios de siglo; me presentaron a un importante crítico musical de la vanguardia.* **2** Parte de un ejército que va delante del cuerpo principal: *el escuadrón ganó la batalla gracias a la avanzada de la vanguardia.* **ANT** retaguardia.
DER vanguardismo.

vanguardismo *n. m.* Tendencia literaria, artística e ideológica de carácter renovador de principios del siglo XX: *el vanguardismo incluye tendencias como el cubismo, el dadaísmo y el expresionismo; el vanguardismo se caracteriza por su espíritu experimental y combativo.*
DER vanguardista.

vanguardista *adj.* **1** Del vanguardismo o que tiene relación con esta tendencia literaria, artística o ideológica: *el movimiento vanguardista se rebeló contra las normas culturales establecidas y revalorizó el arte popular y el folclore.* ◊ *adj./n. com.* **2** [persona] Que practica el vanguardismo: *Picasso fue un pintor vanguardista que abrió nuevos caminos para la pintura.*

vanidad *n. f.* **1** Orgullo de las cualidades o actos propios acompañado de un deseo excesivo de ser reconocido por los demás: *tiene tanta vanidad, que es incapaz de reconocer sus errores; al criticar su última película has herido su vanidad.* **SIN** arrogancia, jactancia. **2** Cosa que sólo sirve para mostrar riqueza, lujo o poder y que carece de valor moral: *huyó de las vanidades del mundo para entregarse a trabajos humanitarios.*
DER vanidoso.

vanidoso, -sa *adj./n. m. y f.* Que muestra orgullo por las cualidades o actos propios y tiene un deseo excesivo de ser reconocido por los demás: *es una persona vanidosa y creída; es muy vanidoso: le encanta que todos le digan que es muy listo.* **SIN** engreído, presuntuoso. **ANT** humilde, modesto.

vano, -na *adj.* **1** Que no tiene razón de ser o que se basa en la imaginación: *alimentaba vanas esperanzas de ser algún día un famoso cantante.* **SIN** infundado. **2** Que no tiene efecto o que no da el resultado esperado: *nuestros esfuerzos por*

vapor

salvar el negocio fueron vanos. **SIN** ineficaz, inútil. **ANT** eficaz, útil. **3** Que está vacío o falto de contenido: *sus palabras no eran más que vanas promesas que no pensaba cumplir.* **4** [persona] Que sólo se preocupa de su propio bienestar y de divertirse, y que no da a las cosas la importancia debida: *dice que es muy humilde, pero en realidad es una persona muy vana y orgullosa.* **SIN** frívolo, superficial. **5** [fruto seco] Que tiene el interior vacío o la semilla seca: *tuvo que tirar el paquete de avellanas porque estaban vanas.* ◊ *n. m.* **6** Hueco de una puerta, ventana o de otra abertura en una construcción o en una pared: *pusieron ventanas para tapar los vanos; una gran cruz cuelga en el vano del puente.*
en vano Sin efecto ni resultado: *claro que sé quién fue Alejandro Magno, no en vano estudié historia durante años; trataba en vano de consolarla por el grave disgusto.*
DER vanidad; devanear, envanecer, evanescente.

vapor *n. m.* **1** Gas en que se transforma un cuerpo, generalmente un líquido, por acción del calor: *cuando se hierve agua, sale vapor; el vapor de agua se usa como energía en algunas industrias.* **2** Embarcación movida por una máquina que funciona con este gas: *hicieron una travesía por el río en un vapor.*
al vapor [alimento] Cocinado por medio de este gas y sin añadir agua: *le gustan mucho las verduras y siempre las toma al vapor.*
DER vaporizar, vaporoso; evaporar.

vaporizador *n. m.* **1** Aparato que sirve para transformar un líquido en vapor por la acción del calor. **2** Aparato que sirve para esparcir un líquido en forma de gotas muy pequeñas: *se ha estropeado el vaporizador del bote de la laca; se perfuma con un vaporizador.* **SIN** pulverizador.

vaporizar *v. tr./prnl.* **1** Transformar un líquido en vapor por la acción del calor: *el agua del recipiente se ha vaporizado porque le ha dado el sol.* ◊ *v. tr.* **2** Esparcir un líquido en forma de gotas muy pequeñas: *con este aparato se puede vaporizar el agua para regar las plantas.* **SIN** pulverizar.
DER vaporización, vaporizador.
OBS En su conjugación, la *z* se convierte en *c* delante de *e*.

vaporoso, -sa *adj.* [tejido] Que es ligero, muy fino o transparente: *llevaba una blusa de seda muy vaporosa.*

vapulear *v. tr./prnl.* **1** Golpear o empujar con violencia y repetidamente: *vapuleó a su víctima hasta que vio aparecer a la policía; subió la alfombra a la azotea y la vapuleó para quitarle el polvo.* **SIN** sacudir, zurrar. **2** Criticar o reprender duramente a una persona: *está molesto porque lo vapuleó delante de sus amigos.* **SIN** reñir, reprobar.
DER vapuleo.

vapuleo *n. m.* Paliza o golpes que se le dan a una persona o a una cosa moviéndola de un lado a otro con violencia: *iba protegido por guardaespaldas para evitar el vapuleo del público.*

vaquería *n. f.* **1** Lugar donde se tienen y se crían vacas: *a las afueras del pueblo había una vaquería.* **2** Establecimiento en el que se vende su leche: *fuimos a la vaquería a comprar leche fresca.*

vaqueriza *n. f.* Lugar donde se recoge el ganado durante el invierno, especialmente las vacas: *al llegar la primavera, sacaron las vacas de la vaqueriza.*

vaquero, -ra *adj.* **1** [ropa] Que está hecho de una tela de algodón fuerte y gruesa, generalmente azul, y que se usa de manera informal: *estas camisas vaqueras son preciosas.* ◊ *n. m. y f.* **2** Persona que se dedica a cuidar ganado vacuno: *el vaquero estaba preocupado por la falta de pasto para las vacas.* ◊ *n. m. pl.* **3 vaqueros** Pantalones hechos con tela vaquera: *los primeros vaqueros se inventaron en el Oeste ame-* ricano como prenda que resistía bien el duro trabajo de los mineros; se compró unos vaqueros negros. **SIN** tejanos.
DER vaquería, vaqueriza.

vaquilla *n. f.* Ternera o cría de la vaca, especialmente la que tiene entre año y medio y dos años: *en las fiestas del pueblo torearon dos vaquillas.*

vara *n. f.* **1** Palo delgado y largo: *golpeaban la encina con una vara para hacer caer las bellotas; el guarda amenazó a los chiquillos con una vara.* **2** Rama de un árbol o arbusto delgada, larga y sin hojas: *se enganchó la camisa con una vara del naranjo.* **3** Antigua medida de longitud: *una vara tiene 83,5 centímetros aproximadamente.* **4** Bastón que representaba la autoridad de un alcalde o juez: *fue elegido por el pueblo para empuñar la vara del alcalde.* **5** Tallo largo y con flores de algunas plantas: *colocó en el florero unas varas de nardos.* **6** Palo largo con una punta en uno de sus extremos que sirve para herir al toro desde el caballo: *el picador clavó la vara en el lomo del toro.*
DER varal, varear, vareta; envarar.

varadero *n. m.* Lugar en el que se varan o colocan las embarcaciones para protegerlas de la acción del mar o para limpiarlas o arreglarlas: *en el varadero las barcas quedan fuera del agua, en un lugar seco.*

varar *v. tr.* **1** Sacar una embarcación fuera del agua y colocarla sobre la playa para protegerla de la acción del mar o para limpiarla o arreglarla: *si no quieres que se lo lleven las olas, tienes que varar el catamarán sobre la arena.* ◊ *v. intr.* **2** Encallar una embarcación o quedarse detenida por tocar su fondo con las rocas o con la arena: *con la tormenta el barco varó cerca de la costa.*

varear *v. tr.* **1** Golpear los frutos de algunos árboles con una vara para que caigan al suelo: *el agricultor vareaba los olivos mientras las mujeres recogían las aceitunas.* **2** Dar golpes con una vara: *hay que varear la lana del colchón para que se airee.*

variabilidad *n. f.* Cualidad de las cosas que tienden a cambiar o a transformarse: *los meteorólogos hablan de la variabilidad del tiempo en los últimos años.*

variable *adj.* **1** Que varía o puede variar: *algunos animales adoptan formas y colores variables cuando se ven amenazados.* **2** Que está sujeto a cambios frecuentes o probables: *cuando está preocupado tiene un carácter muy variable; el clima variable de esa ciudad no es bueno para mi salud.* **SIN** inconstante, inestable. **3** GRAM. [palabra] Que puede presentar formas diferentes: *la palabra bueno es un adjetivo variable.* ◊ *n. f.* **4** MAT. Magnitud que sustituye un conjunto de valores y que puede representarlos dentro de un conjunto: *dime cuáles son los valores de la variable x en esta ecuación.*
DER variabilidad; invariable.

variación *n. f.* **1** Cambio o transformación: *ha habido una pequeña variación en la ruta; la falta de tiempo libre está produciendo muchas variaciones en las relaciones familiares.* **SIN** modificación. **2** MÚS. Repetición de un tema musical introduciendo cambios de tono o de ritmo: *los músicos hicieron variaciones sobre un conocido tema de Beethoven.* **3** GRAM. Cambio que experimentan en su forma las palabras para expresar distintas categorías gramaticales: *el género y el número son variaciones del nombre.*

variado, -da *adj.* Que está formado por partes de características diferentes: *este artista tiene un público muy variado; para postre hay fruta o helados variados.* **SIN** diverso.

variante *n. f.* **1** Diferencia o variación entre las diversas clases y formas de una misma cosa: *sus actividades diarias tienen pocas variantes; escribió varias copias con algunas varian-*

tes. **2** Forma en que se puede presentar una cosa: *las palabras* carne *y* carné *se diferencian por la variante del acento.* **3** Desvío provisional o definitivo de un tramo de un camino o carretera: *con la variante, la carretera nacional ya no pasa por el centro del pueblo.* **4** Signo que indica el empate o la victoria del equipo visitante en la quiniela de fútbol: *la quiniela de esta semana tiene pocas variantes; las variantes se representan por una* x *y un* 2.
DER invariante.
OBS Se usa sobre todo en plural.

variar *v. tr.* **1** Hacer diferente o cambiar en parte la forma de ser, la disposición, el color o el aspecto de las personas o cosas: *he variado mis planes: mañana no iremos al campo, sino a la playa; desde que tiene dinero han variado sus gustos.* **SIN** alterar, modificar. **2** Dar variedad a una cosa: *me gusta variar de ropa cada día; en el comedor varían cada semana los platos del menú.* **SIN** alternar, cambiar. ◇ *v. intr.* **3** Cambiar de forma, estado o cualidad: *su forma de pensar ha variado poco con el paso del tiempo.*
DER variable, variación, variado, variante, varianza; desvariar.
OBS En su conjugación, la *i* se acentúa en algunos tiempos y personas, como en *desviar*.

varice *n. f.* Variz, dilatación de una vena.

varicela *n. f.* Enfermedad contagiosa, parecida a la viruela, provocada por un virus y caracterizada por la aparición de fiebre y erupciones en la piel: *la varicela ataca principalmente a los niños.*

varicoso, -sa *adj.* **1** De las varices o que tiene relación con las venas inflamadas: *tratamiento varicoso.* **2** Que tiene varices: *piernas varicosas.*

variedad *n. f.* **1** Cualidad de las cosas que tienen características o partes diferentes: *en España existe gran variedad de paisajes; la elección de los regalos no fue fácil, dada la variedad de gustos.* **SIN** diversidad, pluralidad. **2** Cada una de las distintas formas en que se presenta una unidad: *del mismo modelo tenían muchas variedades en precio y color.* **SIN** diversidad. **3** Cada uno de los tipos o clases que se establecen en algunas especies de plantas o animales y que se diferencian entre sí por ciertos caracteres secundarios: *esta planta es una variedad de la enredadera; la clementina es una variedad de mandarina muy jugosa.* ◇ *n. f. pl.* **4 variedades** Espectáculo teatral formado por varios números de diferente naturaleza: *esta obra de variedades incluye números cómicos y de baile.*

varilla *n. f.* Barra larga y delgada generalmente de metal o de madera: *el armazón del paraguas está hecho de varillas; el abanico tenía las varillas de marfil; el vestido de noche llevaba unas varillas para sujetar el escote.*

vario, -ria *adj.* **1** Que es diferente o distinto: *este asunto conlleva varios problemas; de lo sucedido circulan varias versiones; sobre la mesa había objetos varios.* **SIN** diverso. **2** Que tiene variedad o que tiene características o elementos distintos: *esta región cuenta con una flora varia y abundante; antes de la llegada de los españoles, en América existían culturas varias.* ◇ *det. indef.* **3 varios** Unos cuantos, algunos: *ahí tienes varios libros, escoge uno; varios de ellos entraron a la vez.* ◇ *n. m. pl.* **4 varios** Apartado o sección que comprende un conjunto de objetos o escritos variados que se han agrupado de manera arbitraria: *en el apartado de varios de la revista encontró una receta para preparar el pollo.*
DER variar, variedad.

variopinto, -ta *adj.* Que presenta diversas formas o aspectos: *en esta región tan variopinta puedes encontrar valles y montañas; al estreno de la película acudió un público variopinto.* **SIN** mezclado, variado.

variz *n. f.* Dilatación anormal y permanente de una vena, especialmente en las piernas: *le pincharon las varices para activar la circulación.*
OBS También se escribe *varice*.

varón *n. m.* Persona de sexo masculino: *dejó todo su dinero a su primer hijo varón.* **santo varón** Hombre de gran bondad y con mucha paciencia: *no se queja, porque tiene por yerno a un santo varón.*
DER varonil.

varonil *adj.* **1** Del varón o que tiene relación con él: *esta colonia tiene un aroma varonil.* **SIN** viril. **2** Que tiene las características que tradicionalmente se consideran propias de un varón: *la fuerza física se suele considerar un rasgo varonil.*

vasallaje *n. m.* **1** Vínculo o relación entre un vasallo y su señor, a través del cual el primero estaba obligado a servir o pagar ciertos tributos al segundo a cambio de protección: *el vasallaje era una relación propia de la sociedad feudal.* **2** Tributo que el vasallo pagaba a su señor o servicio que le prestaba según este vínculo. **3** Relación de dependencia o sumisión excesiva que una persona mantiene con otra: *dejó la empresa cansado del vasallaje que le imponían sus jefes.*

vasallo, -lla *adj./n. m. y f.* [persona] Que se ponía al servicio de un señor feudal, el cual le protegía a cambio de unos determinados servicios: *los pueblos vasallos de la Edad Media quedaban vinculados al señor mediante el acto de homenaje.* **SIN** siervo. ◇ *n. m. y f.* **2** Persona que está bajo la autoridad de un rey o un país: *los vasallos sirvieron a su soberano en la guerra.* **SIN** súbdito. **3** Persona que se reconoce inferior a otra y a la que muestra obediencia y sumisión: *era un vasallo a las órdenes de aquel tirano.*
DER vasallaje; avasallar.

vasar *n. m.* Estante que sobresale horizontalmente de un mueble o una pared y sirve para colocar objetos, especialmente vasos y platos: *coge unos cuantos platos del vasar de la derecha.*

vasco, -ca *adj.* **1** Del País Vasco o que tiene relación con esta comunidad autónoma española: *la cocina vasca es una de las mejores de España; Bilbao es una importante ciudad vasca.* ◇ *adj./n. m. y f.* **2** Que es del País Vasco: *Juan Sebastián Elcano era vasco.* ◇ *n. m.* **3** Lengua que se habla en el País Vasco español y francés y en parte de Navarra: *el origen del vasco es prácticamente desconocido.* **SIN** euskera, vascuence.
DER vascongado, vascuence.

vascofrancés, -cesa *adj.* **1** Del País Vasco francés o que tiene relación con esta región del sudoeste de Francia: *Biarritz es una población vascofrancesa.* ◇ *adj./n. m. y f.* **2** [persona] Que es del País Vasco francés: *muchos vascofranceses hablan vasco además de francés.*

vascongado, -da *adj.* Del País Vasco o que tiene relación con esta comunidad autónoma española: *Vizcaya, Guipúzcoa y Álava son las provincias vascongadas.*

vascuence *n. m.* Lengua que se habla en el País Vasco español y francés y en una parte de Navarra: *el vascuence es una lengua muy antigua.* **SIN** vasco, euskera.

vascular *adj.* MED. De los vasos o los conductos por los que circula la sangre u otros líquidos en los animales o en las plantas: *el sistema vascular del hombre se compone de venas, arterias y capilares.*
DER gastrovascular.

vasectomía *n. f.* Operación quirúrgica a que se somete una persona de sexo masculino para quedar estéril y no poder procrear: *la vasectomía consiste en seccionar los conductos que salen de los testículos; la vasectomía es una operación sencilla que se hace con anestesia local.*

vaselina *n. f.* **1** Sustancia grasa y transparente que se usa como aceite industrial y en la fabricación de pomadas y otros medicamentos: *la vaselina se usa en perfumería y en farmacia; la vaselina se obtiene del petróleo y de la parafina.* **2** *coloquial* Cuidado y suavidad para comunicar una noticia desagradable: *el jefe puso mucha vaselina al despedir a su secretaria.* **SIN** tacto. **3** Jugada muy calculada que consiste en lanzar el balón suavemente por encima del portero sin que éste pueda pararla saltando; se usa en algunos deportes como el fútbol o el balonmano: *el delantero lanzó una vaselina y engañó al portero, quien no pudo evitar el gol.*

vasija *n. f.* Recipiente que sirve para contener comidas, bebidas u otras cosas, generalmente de forma cóncava y pequeño: *en esa vasija de barro hay agua fresca; la vasija está adornada con figuras geométricas.*

vaso *n. m.* **1** Recipiente que sirve para contener y para beber líquidos, generalmente de cristal, de forma cilíndrica y cóncava: *llena el vaso de agua; el camarero vació el contenido de la botella en tres vasos.* **2** Recipiente que sirve para contener algún líquido: *en los vasos del laboratorio hay sustancias tóxicas; puso sobre el aparador un vaso con flores.* **vasos comunicantes** Vasos que están unidos a través de un conducto que permite el paso de un líquido de unos a otros: *para este experimento necesitamos vasos comunicantes.* **3** Tubo o conducto por el que circulan la sangre y otros líquidos del organismo de los animales y de las vegetales: *las venas son vasos por los que se distribuye la linfa; la savia de las plantas circula a través de vasos.* ☞ corazón. **4** Escultura con forma de vasija o jarrón: *en la sala segunda se expone una colección de vasos fenicios.*
ahogarse en un vaso de agua *coloquial* Preocuparse por cosas que no tienen importancia: *no sabe resolver un problema, se ahoga en un vaso de agua.*
DER vasar, vasija; envasar, extravasarse, transvasar.

vasodilatador, -ra *adj./n. m.* MED. Que aumenta el diámetro de los conductos por los que circula la sangre: *está tomando un medicamento vasodilatador porque tiene problemas de circulación.*

vástago *n. m.* **1** Tallo nuevo que brota de una planta: *los vástagos crecen en primavera; cortó un vástago y lo plantó en una maceta.* **2** Respecto a una persona o a una familia, hijo o descendiente: *el padre quería que todos sus vástagos fueran médicos o abogados.* **3** Barra o varilla metálica que sirve para unir o sostener otras piezas o transmitir un movimiento a un mecanismo: *la figura se une a la peana con un vástago de madera; el vástago une el émbolo a la biela del motor.*

vastedad *n. f.* Amplitud o gran extensión de algo, especialmente de un terreno: *la vastedad de una llanura.*

vasto, -ta *adj.* Que es muy extenso o muy grande: *el terreno cultivable de esta región es muy vasto.* **SIN** amplio. **ANT** pequeño.
DER vastedad.
ETIM Véase *gastar*.

vate *n. m. culto* Poeta, persona que se dedica a escribir poesía, especialmente si ya está consagrada: *Garcilaso de la Vega, Góngora o Pedro Salinas son vates de la literatura española.*

váter *n. m.* **1** Recipiente dotado con una cisterna de agua en el que se orina y se hace de vientre: *después de usar el váter debes tirar de la cadena.* **SIN** inodoro, retrete, water. **2** Habitación en la que está este recipiente y otros elementos que sirven para el aseo humano: *¡sal ya del váter, que llevas una hora dentro!* **SIN** cuarto de baño, servicio, water.

vaticano, -na *adj.* **1** Del Estado de la Ciudad del Vaticano o que tiene relación con este Estado europeo situado en la ciudad italiana de Roma: *los fieles se reunieron en la plaza vaticana de San Pedro.* **2** Del Papa o de la corte pontificia: *las decisiones vaticanas repercuten en toda la Iglesia católica.*

vaticinar *v. tr.* Adivinar o anunciar lo que va a ocurrir en el futuro: *el adivino le vaticinó un futuro lleno de éxitos; esos nubarrones vaticinan tormenta.* **SIN** pronosticar, profetizar.
DER vaticinio.

vaticinio *n. m.* Adivinación o pronóstico de lo que va a ocurrir en el futuro: *su vaticinio resultó totalmente equivocado.* **SIN** predicción.

vatio *n. m.* Unidad de potencia mecánica y eléctrica en el sistema internacional de unidades: *el símbolo del vatio es W; un vatio equivale al producto de un voltio por un amperio; esta bombilla es de 100 vatios.*
DER kilovatio, megavatio.
OBS También se escribe *watt*.

vecinal *adj.* De los vecinos de un municipio o que tiene relación con ellos: *la asociación vecinal se encargará de las fiestas del barrio de este año; el ayuntamiento ha arreglado el camino vecinal después de las fuertes lluvias.*

vecindad *n. f.* **1** Situación o condición de vivir una persona en un mismo edificio, barrio o pueblo que otras: *la única relación que tengo con Eva es de vecindad.* **2** Conjunto de personas que viven en un mismo edificio, barrio o pueblo: *la vecindad se alarmó ante los destrozos ocurridos en el barrio; la vecindad está descontenta por la subida de los impuestos municipales.* **SIN** vecindario. **3** Proximidad entre dos o más personas o cosas: *la vecindad nos hace sentirnos acompañados.* **SIN** cercanía. **ANT** lejanía.
DER vecindario; avecindarse.

vecindario *n. m.* Conjunto de los vecinos de un mismo edificio, barrio o pueblo: *el vecindario está muy contento con el nuevo alumbrado de las calles.*

vecino, -na *adj./n. m. y f.* **1** [persona] Que vive en el mismo edificio, barrio, pueblo o ciudad que otras personas: *ese chico pelirrojo es vecino mío; los vecinos del piso de arriba son muy ruidosos.* ◇ *adj.* **2** Que está cercano o próximo: *las localidades vecinas están afectadas por la falta de agua; España y Portugal son países vecinos.* **3** Que es parecido o que coincide: *somos amigos porque tus ideas y las mías son vecinas.*
DER vecinal, vecindad; avecinarse, convecino.

vector *n. m.* Segmento de una recta que representa una magnitud física que puede ser medida, teniendo en cuenta un punto determinado en el espacio, llamado punto de aplicación, la dirección y uno de sus sentidos: *la fuerza, el peso o el movimiento se pueden representar con vectores.*

vectorial *adj.* De los vectores o que tiene relación con ellos: *la dirección vectorial de una fuerza.*

veda *n. f.* **1** Prohibición de una cosa establecida por una ley: *la veda no permite cazar en esta zona.* **2** Tiempo durante el cual está prohibido cazar o pescar en un determinado lugar o una determinada especie: *la veda de la perdiz empieza en febrero.*

vedar *v. tr.* **1** Prohibir una cosa por ley o mandato: *han vedado la caza de animales durante ciertas épocas del año; la ley veda el consumo de bebidas alcohólicas a los menores de dieciséis años.* **2** Rechazar o poner un impedimento: *el guarda nos vedó la entrada al parque porque no éramos del barrio.* **SIN** impedir.
DER veda, vedado.

vedette *n. f.* Artista principal que actúa en espectáculos de revista o variedades como artista principal: *la vedette destacaba en el escenario porque llevaba más plumas que las coristas.*

vega *n. f.* Terreno bajo y llano, generalmente regado por un río: *las vegas son tierras muy fértiles para el cultivo; en la vega del Guadalquivir se cultiva arroz y algodón.*

vegetación *n. f.* **1** Conjunto de vegetales propios de un terreno o clima: *la vegetación de esta zona está formada por arbustos.* ◇ *n. f. pl.* **2 vegetaciones** Crecimiento excesivo de unas glándulas situadas en la parte posterior de la nariz, que dificultan la respiración y es muy frecuente en la infancia: *el médico le ha dicho que tienen que extirparles las vegetaciones.*

vegetal *adj.* **1** De las plantas o que tiene relación con estos seres orgánicos: *este producto cosmético contiene sustancias vegetales.* ◇ *n. m.* **2** Ser orgánico que vive y crece fijado al suelo y se alimenta de sales minerales y de dióxido de carbono disuelto en el aire, el agua y el suelo, que absorbe por las raíces o por orificios en las hojas: *los árboles, las hierbas o los hongos son vegetales; los vegetales realizan la fotosíntesis.*
DER vegetariano.

vegetar *v. intr.* **1** Germinar, alimentarse, crecer y multiplicarse las plantas: *las plantas vegetan gracias al agua y al oxígeno.* **2** Vivir una persona desarrollando solamente las funciones orgánicas y no las emotivas o intelectuales: *ese enfermo vegeta desde que el accidente le produjo lesiones en el cerebro.* **3** *coloquial* Llevar voluntariamente una vida tranquila, sin trabajo ni preocupaciones: *desde que le tocó la lotería se pasa el día vegetando.*
DER vegetal, vegetativo.

vegetarianismo *n. m.* Régimen alimenticio seguido por los vegetarianos, que consiste en suprimir la carne y, generalmente, cualquier alimento de origen animal: *las verduras y la fruta son la base del vegetarianismo.*

vegetariano, -na *adj.* **1** Del vegetarianismo o relacionado con este tipo de alimentación. El especialista le recomendó que siguiera durante un tiempo un régimen vegetariano. ◇ *adj./n. m. y f.* **2** [persona] Que se alimenta únicamente de alimentos de origen vegetal: *los vegetarianos sustituyen las proteínas de la carne por las de los frutos secos.*
DER vegetarianismo.

vegetativo, -va *adj.* BIOL. [órgano, organismo] Que sólo realiza las funciones relacionadas con la nutrición y el desarrollo, sin intervención de la voluntad: *la asimilación de los alimentos es un proceso vegetativo.* **crecimiento vegetativo** Diferencia que se produce entre el número de nacimientos y el de defunciones en una población durante un período de tiempo determinado: *los países del Tercer Mundo tienen mayor crecimiento vegetativo que los países desarrollados.*
DER neurovegetativo.

vehemencia *n. f.* Pasión, entusiasmo e irreflexión en la manera de hacer o decir alguna cosa: *defendió lo que consideraba que era suyo con gran vehemencia; las cosas le salieron mal debido a la vehemencia de sus actos.* **SIN** ímpetu.

vehemente *adj.* **1** Que se manifiesta con fuerza, viveza y pasión: *su discurso fue vehemente y demoledor; intentaba frenar su amor vehemente y llevarlo a los límites de la cordura.* **SIN** impetuoso. **2** [persona] Que obra con pasión y de forma irreflexiva, dejándose llevar por los sentimientos o los impulsos: *es un chico vehemente que no razona las consecuencias de sus acciones.* **SIN** irreflexivo. **ANT** reflexivo.
DER vehemencia.

vehículo *n. m.* **1** Cualquier medio de transporte que se mueve sobre el suelo, sobre el agua o por el aire, especialmente el automóvil: *el barco es un vehículo más lento que el avión; los vehículos que circulan por la ciudad deben limitar su velocidad.* **2** Cosa que sirve para llevar o conducir otras: *la suciedad es el vehículo de muchas enfermedades; los líquidos se comportan como vehículos del sonido.*
DER vehicular.

veinte *num. card.* **1** Indica que el nombre al que acompaña o al que sustituye está 20 veces: *quince más cinco son veinte; si tengo cien manzanas y te doy ochenta, me quedan veinte.* ◇ *num. ord.* **2** Indica que el número al que acompaña o al que sustituye ocupa el lugar número 20 en una serie ordenada: *soy el veinte de la lista.* **SIN** vigésimo. Es preferible el uso del ordinal: *vigésimo.* ◇ *n. m.* **3** Nombre del número 20.
las veinte Jugada de las cartas que consiste en reunir un rey y un caballo del mismo palo: *he conseguido las veinte en copas.*
DER veinteavo, veinteno.
ETIM *Veinte* procede del latín *viginti*, que tenía el mismo significado, voz con la que también está relacionada *vigésimo.*

veinteavo, -va *num.* Parte que resulta de dividir un todo en 20 partes iguales: *si somos 20 para comer, me toca un veinteavo de tarta; tres es la veinteava parte de sesenta.*

veintena *n. f.* Conjunto formado por veinte unidades: *en esta caja hay una veintena de bombones.*

veinticinco *num. card.* **1** Indica que el nombre al que acompaña o al que sustituye está 25 veces: *le regaló un ramo con veinticinco rosas.* ◇ *num. ord.* **2** Indica que el número al que acompaña o al que sustituye ocupa el lugar número 25 en una serie ordenada: *soy el veinticinco de la lista.* **SIN** vigésimo quinto. Es preferible el uso del ordinal: *vigésimo quinto.* ◇ *n. m.* **3** Nombre del número 25.

veinticuatro *num. card.* **1** Indica que el nombre al que acompaña o al que sustituye está veinticuatro veces: *dos docenas suman veinticuatro; si tengo cien manzanas y te doy setenta y seis, me quedan veinticuatro.* ◇ *num. ord.* **2** Indica que el número al que acompaña o al que sustituye ocupa el lugar número 24 en una serie ordenada: *el lote veinticuatro no fue entregado.* **SIN** vigésimo cuarto. Es preferible el uso del ordinal: *vigésimo cuarto.* ◇ *n. m.* **3** Nombre del número 24.

veintidós *num. card.* **1** Indica que el nombre al que acompaña o al que sustituye está veintidós veces: *once más once son veintidós.* ◇ *num. ord.* **2** Indica que el número al que acompaña o al que sustituye ocupa el lugar número 22 en una serie ordenada: *soy el veintidós de la lista.* **SIN** vigésimo segundo. Es preferible el uso del ordinal: *vigésimo segundo.* ◇ *n. m.* **3** Nombre del número 22.

veintinueve *num. card.* **1** Indica que el nombre al que acompaña o al que sustituye está 29 veces: *si tengo cien caramelos y te doy setenta y uno, me quedan veintinueve.* ◇ *num. ord.* **2** Indica que el número al que acompaña o al que sustituye ocupa el lugar número 29 en una serie ordenada: *soy el veintinueve de la lista.* **SIN** vigésimo noveno. Es preferible el uso del ordinal: *vigésimo noveno.* ◇ *n. m.* **3** Nombre del número 29.

veintiocho *num. card.* **1** Indica que el nombre al que acompaña o al que sustituye está 28 veces: *febrero tiene veintiocho días excepto los años bisiestos.* ◇ *num. ord.* **2** Indica que el número al que acompaña o al que sustituye ocupa el lugar número 28 en una serie ordenada: *soy el veintiocho de la lista.* **SIN** vigésimo octavo. Es preferible el uso del ordinal: *vigésimo octavo.* ◇ *n. m.* **3** Nombre del número 28.

veintiséis *num. card.* **1** Indica que el nombre al que acompaña o al que sustituye está 26 veces: *cuando cumplió veintiséis años en la empresa, le hicieron un homenaje.* ◇ *num. ord.* **2** Indica que el número al que acompaña o al que sustituye

veintisiete

ocupa el lugar número 26 en una serie ordenada: *soy el veintiséis de la lista.* **SIN** vigésimo sexto. Es preferible el uso del ordinal: *vigésimo sexto.* ◇ *n. m.* **3** Nombre del número 26.

veintisiete *num. card.* **1** Indica que el nombre al que acompaña o al que sustituye está 27 veces: *tuvo su primer hijo a los veintisiete años.* ◇ *num. ord.* **2** Indica que el número al que acompaña o al que sustituye ocupa el lugar número 27 en una serie ordenada: *soy el veintisiete de la lista.* **SIN** vigésimo séptimo. Es preferible el uso del ordinal: *vigésimo séptimo.* ◇ *n. m.* **3** Nombre del número 27.

veintitantos, -tas *num. card.* Indica que el nombre al que acompaña o al que sustituye está entre veinte y veintinueve veces, sin determinar o sin precisar con exactitud la cantidad: *tendrá seguramente veintitantos años.* Puede ser determinante: *había veintitantas personas en la fiesta,* o pronombre: *en esta casa pueden dormir veintitantos.*

veintitrés *num. card.* **1** Indica que el nombre al que acompaña o al que sustituye está 23 veces: *celebró sus veintitrés años con una fiesta por todo lo alto.* ◇ *num. ord.* **2** Indica que el número al que acompaña o al que sustituye ocupa el lugar número 23 en una serie ordenada: *soy el veintitrés de la lista.* **SIN** vigésimo tercero. Es preferible el uso del ordinal: *vigésimo tercero.* ◇ *n. m.* **3** Nombre del número 23.

veintiún Apócope de *veintiuno.* **SIN** veintiuno.

OBS Se usa delante de sustantivos masculinos y de los femeninos que empiecen por *a-* o *ha-* tónicas: *veintiún duros; veintiún almas.*

veintiuno, -na *num. card.* **1** Indica que el nombre al que acompaña o al que sustituye está 21 veces: *quince más seis son veintiuna.* ◇ *num. ord.* **2** Indica que el número al que acompaña o al que sustituye ocupa el lugar número 21 en una serie ordenada: *soy el veintiuno de la lista.* **SIN** vigésimo primero. Es preferible el uso del ordinal: *vigésimo primero.* ◇ *n. m.* **3** Nombre del número 21. ◇ *n. f.* **4** Juego de cartas o de dados en que gana el que hace veintiún puntos o se acerca más a ellos, sin pasarse.

vejar *v. tr.* Maltratar a una persona o hacerla pasar por una situación humillante o vergonzosa: *el alcalde de Zalamea se vengó de quien vejó su honor; no consiente que lo ofendan y vejen delante de todos.* **SIN** humillar, ofender.

DER vejación, vejamen, vejatorio.

vejatorio, -ria *adj.* [obra, dicho] Que ofende o hace que una persona pase por una situación humillante o vergonzosa: *los tratados internacionales prohíben dar un trato vejatorio a los prisioneros de guerra.*

vejestorio *n. m. coloquial* Persona muy vieja: *¿dónde voy a ir yo con este vejestorio?* Se suele usar con un matiz despectivo.

OBS Se usa también en masculino para hacer referencia a una mujer: *la tía de Miguel es un vejestorio.*

vejez *n. f.* **1** Estado natural de la persona que ha llegado a una edad avanzada: *ésta es una enfermedad propia de la vejez; sus arrugas le impiden disimular su vejez.* **ANT** juventud. **2** Período de la vida de una persona en el que se tiene una edad avanzada: *después de tanto trabajar, vivió una vejez tranquila.* **SIN** senectud. **ANT** juventud.

a la vejez, viruelas Expresión que indica que una persona vieja hace cosas que no son propias de su edad: *desde su jubilación, va todos los fines de semana a bailar: a la vejez, viruelas.*

DER vejestorio; avejentar, envejecer.

vejiga *n. f.* **1** ANAT. Órgano muscular en forma de bolsa en el que se deposita la orina producida por los riñones, la cual se expulsa al exterior de manera voluntaria e intermitente: *la orina procedente de los riñones llega a la vejiga a través de los uréteres y es expulsada a través de la uretra.* ☞ reproductor, aparato. **2** Bulto lleno de líquido que se forma en la piel: *los zapatos nuevos le hicieron una vejiga en el talón; la quemadura le provocó una vejiga en la mano.* **SIN** ampolla. **vejiga natatoria** ZOOL. Bolsa membranosa llena de aire que tienen los peces a los lados del aparato digestivo y que les permite flotar en el agua a diferentes profundidades: *la vejiga natatoria aumenta o disminuye de volumen para que los peces mantengan el equilibrio.*

ETIM *Vejiga* procede del latín *vesica,* que tenía el mismo significado, voz con la que también están relacionadas *vesical, vesicante, vesícula.*

vela *n. f.* **1** Cilindro de cera u otra materia grasa, con un hilo en el centro que lo recorre de un extremo a otro y que se enciende para dar luz: *se fue la luz y nos alumbramos con una vela; adornaron la mesa con pequeños candelabros con velas.* **2** Pieza de lona u otra tela fuerte que se sujeta a los palos de una embarcación y que hace que ésta se mueva al recibir el empuje del viento: *el velero se mueve gracias a la vela.* ☞ velero. **3** Competición deportiva en la que participan embarcaciones que llevan esta pieza de tela: *el equipo español de vela consiguió buenos resultados en las últimas olimpiadas.* **4** Situación o estado del que está despierto en las horas destinadas al sueño: *estuvo toda la noche en vela cuidando al enfermo.* **SIN** vigilia. ◇ *n. f. pl.* **5 velas** Mocos que cuelgan de la nariz: *el niño corría en busca de su madre para que le limpiara las velas.*

a dos velas *coloquial* a) Con poco dinero: *no te puedo prestar dinero: estoy a dos velas.* b) Sin saber o enterarse de nada: *seguro que está diciendo algo importante y yo me estoy quedando a dos velas.*

a toda vela Muy rápidamente: *se marchó a toda vela nada más acabar la reunión.*

más derecho que una vela *coloquial* Obediente o de comportamiento adecuado: *a ése lo voy a poner yo más derecho que una vela.*

no darle vela en este entierro *coloquial* No dejar que una persona intervenga en un asunto: *¡tú calla, que nadie te ha dado vela en este entierro!*

DER velamen, velero.

OBS Se usa sobre todo con los verbos *poner* y *dejar.*

velada *n. f.* **1** Reunión o tertulia nocturna entre varias personas, para entretenimiento o distracción: *estuvieron toda la velada hablando de las próximas vacaciones.* **2** Fiesta musical, literaria o deportiva que se celebra por la noche: *la asociación ha organizado unas veladas musicales que están teniendo mucho éxito.*

velador *n. m.* Mesa pequeña, generalmente redonda, que tiene un solo pie en su base: *enciende la lámpara que hay sobre el velador.*

velamen *n. m.* Conjunto de las velas de una embarcación: *hay que recoger el velamen para que no lo destroce la tormenta.*

velar *v. tr.* **1** Acompañar por la noche a un muerto o cuidar a una persona enferma: *la familia estuvo velando el cadáver toda la noche; la enfermera veló al enfermo para que no le faltara de nada.* ◇ *v. intr.* **2** Estar sin dormir el tiempo normalmente destinado al sueño: *llevaba varias semanas velando porque tenía un examen muy importante; estuvo velando toda la noche porque estaba muy preocupado.* **3** Cuidar y mostrar preocupación por una persona o cosa: *los padres velan por el bienestar de sus hijos; la policía vela por la seguridad de los ciudadanos.* Se construye con la preposición *por.* ◇ *v. tr.* **4** Ocultar o disimular una cosa: *sus buenas palabras velaban*

malas intenciones. ◇ v. tr./prnl. **5** Cubrir una cosa con un velo: *las novias se velan el rostro para entrar en la iglesia; se le veló la vista de tanto mirar la pantalla del ordenador.* **6** Borrarse toda o una parte de la imagen de una fotografía o de una película fotográfica por la acción indebida de la luz: *se ha velado todo el carrete porque la cámara no estaba bien cerrada.* ◇ adj. **7** ANAT. Del velo del paladar o que tiene relación con esta zona: *el niño tiene inflamada la región velar.* ◇ adj. **8** GRAM. [sonido] Que se pronuncia acercando la lengua al velo del paladar: *las consonantes j, k y g tienen un sonido velar.* ◇ adj./n. f. **9** GRAM. [letra] Que representa ese sonido: *la u es una velar.*
DER velarizar.
ETIM *Velar* procede del latín *vigilare*, 'estar atento', voz con la que también está relacionada *vigilar*.

velatorio *n. m.* **1** Lugar preparado para acompañar a un difunto: *los familiares estuvieron toda la noche en el velatorio rezando por el difunto.* **2** Acto de acompañar a un difunto: *el cura dijo una misa durante el velatorio.*

veleidad *n. f.* **1** Cualidad de la persona que cambia con frecuencia de ideas, gustos o sentimientos: *la veleidad de su carácter hace que no sea la persona más adecuada para este trabajo.* **SIN** inconstancia. **2** Capricho o cambio de estado de ánimo sin una causa justificada: *déjate de veleidades y ponte a trabajar seriamente; tenía las veleidades propias de la juventud.*

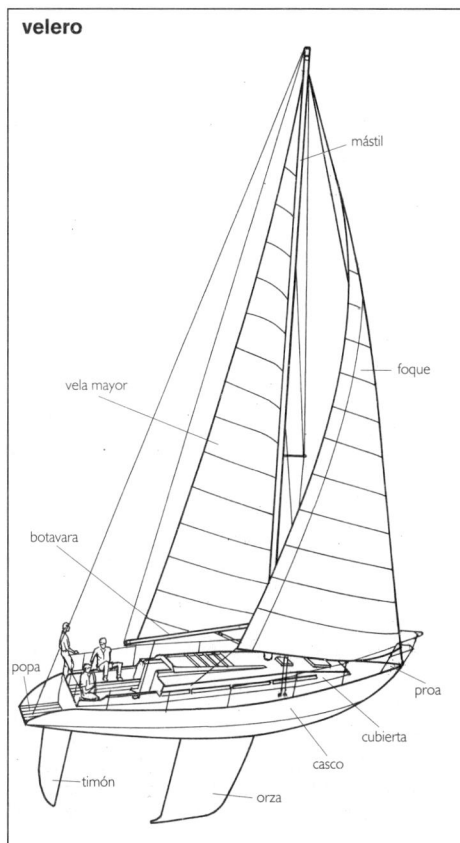

velero: mástil, foque, vela mayor, botavara, popa, proa, cubierta, casco, timón, orza

DER veleidoso.

veleidoso, -sa *adj.* [persona] Que no es constante en sus actos, gustos e ideas: *siempre ha tenido una voluntad veleidosa y ha hecho lo que ha querido.*

velero *n. m.* Embarcación muy ligera que se mueve por medio de la vela: *los modernos veleros se fabrican con materiales ligeros como el plástico; no se ha comprado un velero, sino una barca con motor.*

veleta *n. f.* **1** Objeto de metal giratorio, generalmente en forma de flecha, que se coloca en lugares altos y sirve para señalar la dirección del viento: *la veleta de la torre indica que el viento viene del norte.* ☞ meteorología. ◇ *n. com.* **2** Persona que cambia con frecuencia de ideas, sentimientos o gustos: *Rafael es un veleta: tan pronto dice que vendrá como que no vendrá.*

vello *n. m.* **1** Pelo más corto, fino y suave que el de la cabeza o la barba que cubre ciertas partes del cuerpo de una persona: *es rubia y apenas tiene vello en los brazos; le estaba saliendo un poco de vello sobre el labio superior.* **2** Pelo corto y fino que cubre la piel de ciertas frutas o plantas y le da un aspecto aterciopelado: *el vello de la piel del melocotón le producía alergia.* **SIN** pelusa.
DER velloso, velludo.

vellón *n. m.* **1** Conjunto de lana que se le quita a una oveja o a un carnero al esquilarlo: *el esquilador colocó el vellón en un rincón del establo.* **2** Aleación de plata y cobre con que se hacían monedas antiguamente: *el vellón se usó sobre todo durante la Edad Media.* **3** Moneda antigua de cobre que se usó en lugar de la fabricada con plata.

vellosidad *n. f.* Vello, pelo corto y fino que cubre algunas partes del cuerpo de las personas, especialmente cuando es abundante: *algunas mujeres se aplican cremas decolorantes para disimular la vellosidad.*

velloso, -sa *adj.* Que está cubierto o provisto de vello: *esta crema se debe aplicar en las partes vellosas del cuerpo; las personas morenas suelen ser más vellosas que las rubias.*
DER vellosidad.

velludo, -da *adj.* Que tiene mucho vello: *ese hombre es tan velludo que parece un oso.*

velo *n. m.* **1** Tela fina y transparente que sirve para cubrir generalmente la cabeza o la cara de las mujeres: *la novia se alzó el velo de tul al llegar a la iglesia; las mujeres musulmanas llevan velos para taparse el rostro.* **2** Manto con el que las religiosas se cubren la cabeza y la parte superior del cuerpo: *estas monjas llevan un velo de color negro.* **3** Cosa ligera y flotante que impide ver otra con claridad: *un velo de niebla nos impide disfrutar del paisaje.* **4** Cosa que encubre la verdad o impide que se vea con claridad: *su desaparición estuvo cubierta por un velo de misterio; en su profunda tristeza se refugia tras un velo de alegría.* **velo del paladar** ANAT. Tejido muscular delgado que separa la boca de la faringe: *la sopa estaba tan caliente que se quemó el velo del paladar.* ☞ boca.
correr (o echar) un tupido velo Intentar que se olvide una cosa que no conviene recordar: *sobre nuestras diferencias, lo mejor es correr un tupido velo.*
DER velar.

velocidad *n. f.* **1** Gran rapidez o prontitud en el movimiento o en la acción: *los coches circulan a gran velocidad por la autopista; las mecanógrafas escriben a mucha velocidad.* ☞ meteorología. **2** FÍS. Relación entre el espacio recorrido y el tiempo empleado en recorrerlo: *el tren circula a una velocidad de doscientos kilómetros por hora.* **3** Posición de la caja de cambio del automóvil que permite variar el número de vueltas que dan las ruedas en función del número de

velocímetro

vueltas que da el motor: *la primera velocidad sirve para arrancar; la quinta velocidad es muy rápida.*

velocímetro *n. m.* Aparato que indica la velocidad a la que circula un vehículo: *el velocímetro y el cuentakilómetros se hallan en el salpicadero.*

velocípedo *n. m.* Vehículo formado por un asiento y por dos o tres ruedas, de las cuales una es de mayor tamaño que las otras: *el velocípedo se mueve con los pies por medio de unos pedales; el velocípedo es anterior a la bicicleta.*

velocista *n. com.* **1** Atleta que participa en carreras de 100, 200 o 400 metros. **2** Ciclista que participa en carreras en pista en las que es necesario ser muy veloz.

velódromo *n. m.* Instalación, cubierta o al aire libre, preparada para la celebración de carreras de bicicletas: *el campeonato de velocidad tuvo lugar en el velódromo más importante del país.*

veloz *adj.* Que se mueve o actúa de manera muy rápida: *el correcaminos es más veloz que el coyote.* **SIN** ligero, rápido. **ANT** lento.
DER velocidad, velocista.

vena *n. f.* **1** Vaso sanguíneo que conduce la sangre al corazón o a otro vaso de mayor tamaño: *la sangre llega al corazón a través de las venas; las venas pulmonares transportan la sangre que se ha oxigenado en los pulmones.* ☞ circulatorio, aparato. **vena cava** Vena mayor del cuerpo que en número de dos recogen la sangre venosa de todo el cuerpo y la conducen a la aurícula derecha del corazón: *la vena cava superior recoge la sangre de la cabeza, las extremidades superiores y el tronco.* ☞ circulatorio, aparato; corazón. **vena coronaria** Vena que se extiende por el corazón y otras partes del cuerpo: *la vena coronaria desemboca en la aurícula derecha.* **vena porta** Vena muy gruesa que recoge la sangre del abdomen y del bazo y la lleva al hígado. ☞ circulatorio, aparato. **vena yugular** Vena que en número de dos, interna y externa, están situadas a uno y otro lado del cuello. ☞ circulatorio, aparato. **2** Cualidad natural o facilidad de una persona para realizar cierta actividad: *ya desde pequeñito le notamos su vena de músico.* **3** Estado de ánimo o humor de una persona en un momento determinado: *no le contradigas, que hoy está de mala vena.* **4** BOT. Fibra que sobresale en la cara posterior de las hojas de una planta: *si te fijas en el envés de esta hoja, verás las venas que la recorren.* **5** Masa mineral que rellena un agujero o una abertura de una formación rocosa: *en las venas, una parte del mineral es útil y otra no se puede aprovechar.* **SIN** filón, veta. **6** Lista de diversos colores que tienen en su superficie distintas piedras o maderas: *las venas que recorren la madera son onduladas y tienen formas caprichosas.* **7** Franja de tierra o piedra que por su color y otras características se distingue de la masa de la que forma parte: *este terreno tiene venas de arcilla.* **SIN** veta. **8** Conducto natural por el que circula el agua en el interior de la tierra: *hay que usar con precaución el agua de los manantiales para que no se sequen las venas.*

dar (o **entrar**) **la vena** *coloquial* Sentir el deseo o el impulso repentino de hacer una cosa: *es un poco rara, a veces le da la vena y no quiere estar con nadie.*

estar en vena *coloquial* Estar muy inspirado para realizar cualquier actividad u ocurrírsele grandes ideas: *los días que no está en vena no escribe ni una página.*
DER venal, venero, venoso.

venablo *n. m.* Lanza corta y arrojadiza que consiste en una varilla delgada y cilíndrica acabada en una hoja de hierro en forma de laurel: *el cazador lanzó flechas y venablos al jabalí.*

venado *n. m.* Mamífero salvaje de patas largas, cola muy corta, pelo áspero y corto, marrón o gris, cuyo macho tiene cuernos divididos en ramas, y que se alimenta de vegetales: *una pareja de venados bajó a beber al río; la cornamenta del venado se renueva cada año.* **SIN** ciervo.
ETIM *Venado* procede del latín *venatus*, 'acción de cazar', voz con la que también está relacionada *venatorio.*

vencedor, -ra *adj./n. m. y f.* [persona, animal] Que gana o vence: *el participante ruso fue el vencedor en el trofeo de ajedrez; el equipo vencedor subió al podio de los ganadores.* **ANT** perdedor.

vencejo *n. m.* **1** Pájaro de color casi negro, boca grande y pico delgado, de alas largas y patas muy cortas, que hace sus nidos en los huecos de las paredes y en los tejados altos, y que pasa la mayor parte de su vida volando: *el vencejo se alimenta de insectos y se parece a una golondrina.* **2** Cuerda o lazo que se usa para atar o ajustar algo, especialmente los cereales que se acaban de cortar: *los segadores ataban el trigo con fuertes vencejos.*
OBS Para indicar el sexo se usa *el vencejo macho* y *el vencejo hembra.*

vencer *v. tr./intr.* **1** Resultar ganador en un concurso, oposición o cualquier prueba o quedar por encima de los demás: *el atleta colombiano venció en la carrera ciclista.* **ANT** perder. **2** Dominar o someter al enemigo: *el caballero venció a su rival con la espada; el ejército venció al enemigo sin problemas.* **SIN** ganar. ◊ *v. tr.* **3** Afrontar y superar con éxito un obstáculo, problema o dificultad: *para conseguir el triunfo en el mundo deportivo tuvo que vencer muchos sinsabores.* **4** Controlar una persona sus pasiones o sentimientos: *para entrar en esa cueva tan oscura tuvo que vencer el miedo que tenía.* ◊ *v. tr./prnl.* **5** Producir una cosa física o moral cierto efecto en una persona al no haber podido resistirse a ella: *quiso ver la película, pero le venció el sueño; aunque quería seguir bailando, le vencía el cansancio.* **6** Torcer o hundir una cosa el peso de algo: *no te apoyes, que se va a vencer el estante.* ◊ *v. intr.* **7** Terminar o acabar el plazo o tiempo fijado para una deuda, una obligación o un contrato: *mañana vence el plazo para pagar el impuesto de circulación.* **SIN** caducar, expirar.
DER vencedor, vencimiento; convencer, invencible.
ETIM *Vencer* procede del latín *vincere*, que tenía el mismo significado, voz con la que también está relacionada *invicto.*
OBS En su conjugación, la *c* se convierte en *z* delante de *a* y *o.*

vencimiento *n. m.* **1** Cumplimiento del plazo o fin de un período fijado para una deuda, una obligación o un contrato: *estas letras de cambio tienen un período de vencimiento de tres meses.* **2** Torcimiento o inclinación de una cosa por el peso de otra: *el vencimiento de la estantería se produjo porque había muchos libros.*

venda *n. f.* Trozo de tela o gasa largo y estrecho que sirve para cubrir las heridas o para impedir el movimiento de una parte del cuerpo: *le puso pomada sobre la herida y después la cubrió con una venda.*

tener una venda en los ojos No darse cuenta una persona de cómo son las cosas en realidad: *no quiere darse cuenta de que la están engañando: tiene una venda en los ojos.*
DER vendaje, vendar.

vendaje *n. m.* **1** Colocación de una venda alrededor de una parte del cuerpo para protegerla o impedir que se mueva: *como no había fractura en el pie con un simple vendaje fue suficiente.* **2** Tira de tela o conjunto de tiras de tela que se colocan de esta forma: *le pusieron un vendaje para proteger las quemaduras del brazo.* **SIN** venda.

vendar *v. tr.* Cubrir con una venda cualquier parte del cuerpo: *le han vendado el brazo porque tiene una fractura; los secuestradores le vendaron los ojos.*

vendaval *n. m.* Viento muy fuerte: *con este vendaval no hay quien salga a la calle; los últimos vendavales han destrozado las cosechas.* **SIN** ventarrón.

vendedor, -ra *n. m. y f.* Persona que se dedica profesionalmente a vender mercancías: *la vendedora me ha dicho que este producto es muy bueno.*

vender *v. tr.* **1** Dar u ofrecer una cosa a cambio de una determinada cantidad de dinero: *tuvo que vender todas sus joyas para pagar sus deudas; Raúl se dedica a vender electrodomésticos.* **ANT** comprar. **2** Ofrecer una cosa que no tiene valor material a cambio de dinero u otro beneficio: *es tan interesado que vendería su alma al diablo a cambio de dinero; vendió su dignidad para conseguir un ascenso.* **3** Presentar una idea de manera muy atractiva de modo que se logra convencer a aquel al que se le presenta: *le vendió la extravagante idea de que comprar una casa en el desierto era negocio.* **4** Traicionar la amistad o la confianza de una persona en beneficio propio: *para convertirse en director, no le importó vender a su mejor amigo.* **SIN** traicionar. ◇ *v. prnl.* **5 venderse** Dejarse corromper por una persona, poniéndose a su servicio o haciéndole un favor, para conseguir un beneficio: *intentaron sobornar al fiscal, pero él no se vendió.*
DER vendedor, vendido; invendible, malvender, revender.
ETIM *Vender* procede del latín *vendere*, que tenía el mismo significado, voz con la que también está relacionada *venta*.

vendimia *n. f.* **1** Recogida de la uva: *después de la vendimia empezamos la elaboración del vino.* **2** Tiempo en el que se recoge la uva: *durante la vendimia, comían todos juntos en el campo.*
DER vendimiar.

vendimiar *v. tr./intr.* Recoger la uvas de la viña: *muchos españoles se fueron a vendimiar en septiembre a Francia.*
OBS En su conjugación, la *i* no se acentúa, como en *cambiar*.

veneciano, -na *adj./n. m. y f.* De Venecia, ciudad y región del noreste de Italia.

veneno *n. m.* **1** Sustancia que provoca trastornos graves o incluso la muerte cuando es introducida en el cuerpo de un ser vivo: *murió porque bebió de la copa que tenía veneno; el aguijón del alacrán contiene veneno.* **2** Cualquier cosa que puede ser perjudicial para la salud: *el tabaco es un veneno para el organismo.* **3** Mala intención con la que se hace o se dice una cosa: *todas sus preguntas iban cargadas de veneno.*
DER venenoso; envenenar.

venenoso, -sa *adj.* **1** Que contiene veneno: *en la película, el asesino puso una sustancia venenosa en la comida de su víctima.* **2** Que tiene mala intención al hacer o decir una cosa: *tiene una lengua venenosa y no respeta a nadie.*

venera *n. f.* Concha del molusco de la vieira, formada por dos valvas semicirculares, una plana y la otra muy convexa, que se caracterizan por ser blancas en la parte interior y rojizas en la parte exterior, y por tener catorce estrías muy pronunciadas: *la venera es muy abundante en las costas gallegas; la venera era el símbolo de haber peregrinado hasta Santiago de Compostela.*

venerable *adj.* Que merece respeto: *anciano venerable.*
OBS Se aplica como tratamiento a los superiores de la Iglesia católica.

veneración *n. f.* **1** Demostración grande de amor y respeto hacia una persona a causa de su virtud, dignidad o santidad: *sentía veneración por su viejo maestro.* **2** Culto que se rinde a Dios, a los santos o a las cosas sagradas: *la veneración de la imagen del niño Jesús forma parte de la ceremonia de Navidad.*

venerar *v. tr.* **1** Demostrar gran amor y respeto a una persona por su virtud, dignidad o santidad: *venera la memoria de sus antepasados.* **2** Rendir culto a Dios, a los santos o a las cosas sagradas: *en esta iglesia se venera la imagen de la patrona del pueblo.*
DER venerable, veneración.

venéreo, -a *adj.* [enfermedad] Que se contagia por contacto sexual: *la sífilis es una enfermedad venérea.*

venero *n. m.* **1** Corriente de agua que brota de la tierra: *descubrió un venero entre las rocas.* **SIN** fontana, fuente, manantial. **2** Lugar donde brota esta corriente de agua: *señaló el venero con unas estacas.* **SIN** fontana, fuente, manantial. **3** Lugar donde se encuentra de manera natural un mineral: *los mineros están trabajando en un venero de cobre.*

venezolano, -na *adj.* **1** De Venezuela o que tiene relación con este país de América del Sur: *Maracaibo es una ciudad venezolana.* ◇ *adj./n. m. y f.* **2** [persona] Que es de Venezuela: *Simón Bolívar era venezolano.*

venganza *n. f.* Respuesta a una ofensa o daño recibido con otra ofensa o daño dirigido a la persona que lo ha hecho: *el móvil del asesinato fue la venganza; mi venganza será terrible.* **SIN** desquite, revancha.

vengar *v. tr./prnl.* Responder a una ofensa o daño recibido con otra ofensa o daño dirigido a la persona que lo ha hecho: *juró que vengaría la muerte de su amigo; me vengaré de ti, no lo dudes.* **SIN** desquitarse.
DER venganza, vengativo; devengar.
ETIM *Vengar* procede del latín *vindicare*, que tenía el mismo significado, voz con la que también está relacionada *vindicar*.
OBS En su conjugación, la *g* se convierte en *gu* delante de *e*.

vengativo, -va *adj./n. m. y f.* [persona] Que tiende a vengarse o que quiere hacerlo por las ofensas o daños recibidos: *no hagas nada que la perjudique porque es muy vengativa.*

venia *n. f.* Permiso o autorización para hacer una cosa concedido por una autoridad: *con su venia, expondré los cargos que se le imputan al acusado.* **SIN** licencia.
DER venial.

venial *adj.* [pecado] Que se opone ligeramente a la ley o la norma y es fácil de perdonar: *sólo había cometido pecados veniales y el sacerdote le impuso una penitencia muy fácil de cumplir.*

venida *n. f.* **1** Desplazamiento de una persona, animal o cosa hacia el lugar en el que está la persona que habla: *nos avisó de su próxima venida hace un mes.* **2** Llegada de una persona, animal o cosa al lugar en el que está la persona que habla: *la venida de las lluvias; la venida de nuevos invitados desbarató nuestros planes.* **SIN** llegada. **3** Regreso o vuelta de una persona, animal o cosa al mismo lugar o punto del que había partido: *la venida del invierno; la venida de las vacaciones.* **SIN** regreso.

venidero, -ra *adj.* Que está por venir, ocurrir o suceder: *tengo muchos planes para los meses venideros.*

venir *v. intr.* **1** Ir o desplazarse hacia el lugar donde está el que habla: *Antonio todavía no ha venido; me han llamado por teléfono y me han dicho que ya viene;* —*¿Cuándo vendrás a vernos?* —*A lo mejor iré el mes que viene.* **2** Llegar al lugar donde está el que habla para quedarse en él: *todavía no ha venido el carpintero.* **3** Ocurrir o producirse cierto suceso: *le vino una enfermedad grave, pero logró recuperarse.* **4** Proceder de un lugar: *este chocolate viene de Suiza.* **5** Tener una persona o cosa su origen: *todos sus nervios le vienen del exceso de trabajo; viene de una familia muy pobre.* **6** Surgir o apa-

recer, especialmente un deseo o un sentimiento: *de pronto me vinieron ganas de comerme un helado; me vino el deseo de darle un abrazo*. **7** Adaptarse una prenda de vestir de un modo determinado: *necesito una talla más pequeña porque ésta me viene muy grande*. **8** Convenir o ser adecuado: *nos veremos mañana porque esta tarde no me viene bien*. **9** Estar incluido o llevar incorporado: *en este libro no viene lo que estoy buscando*. **10** Seguir, en una serie, una cosa a otra: *después del día viene la noche*. **11** Acercarse o tener una equivalencia aproximada: *este libro vendrá a costar unas mil pesetas*. Se construye seguido de *a* y de un infinitivo. **12** Realizarse o llegar a cumplirse: *vino a convertirse en heredero de su abuelo*. Se construye seguido de *a* y de un infinitivo. **13** Insistir en la acción que se expresa: *venía pidiéndome dinero y yo se lo negaba*. Se construye seguido de gerundio. **14** Ser, estar o resultar: *esta situación en el campo viene causada por la falta de lluvias*. Se construye seguido de participio. ◇ *int.* **¡venga!** *a)* Expresión que se usa para animar o meter prisa: *¡venga, date prisa, que llegamos tarde!* *b)* Expresión que se usa para indicar rechazo: *¡venga ya, yo eso no me lo creo!*
venir a menos Pasar de una situación o un estado bueno a otro peor: *el negocio de la familia ha venido a menos de un tiempo a esta parte*.
DER venida, venidero; advenimiento, avenir, contravenir, convenir, devenir, intervenir, porvenir, prevenir, porvenir, revenirse, sobrevenir, subvenir.

venoso, -sa *adj.* **1** De las venas o que tiene relación con ellas: *los conductos venosos tienen una estructura semejante a la de las arterias*. **2** Que tiene venas: *la enfermera buscó una parte venosa del brazo para sacar sangre*.
DER endovenoso, intravenoso.

venta *n. f.* **1** Entrega de una cosa a una persona a cambio de una cantidad de dinero convenida: *las inmobiliarias se dedican a la venta de pisos*. **ANT** compra. **2** Conjunto de cosas que se entregan a cambio de dinero: *en los meses de invierno aumenta la venta de paraguas y prendas de abrigo; la campaña publicitaria ha hecho que las ventas aumenten*. **ANT** compra. **3** Establecimiento situado en un camino o en un despoblado y que acoge a los viajeros: *las antiguas ventas ofrecían alojamiento y comida a los caminantes*. **SIN** mesón, posada.
DER ventero, ventorro; reventa, sobreventa.
ETIM Véase *vender*.

ventaja *n. f.* **1** Característica o situación que hace que una persona o una cosa sea mejor en comparación con otra: *él tiene ventaja porque es mayor que yo y tiene más experiencia*. **SIN** superioridad. **ANT** desventaja. **2** Circunstancia o condición a favor: *irse a vivir fuera de la ciudad tiene sus ventajas y sus inconvenientes; si quieres comprar un regalo, tienes la ventaja de que hay una tienda aquí cerca*. **3** Distancia o puntos que un competidor o jugador concede a favor de otro al que considera inferior: *como aún no estás en forma, te doy un kilómetro de ventaja en la carrera*. **4** Distancia o puntos que tiene un deportista sobre los demás: *el corredor italiano cuenta con una ventaja de 15 minutos*. **5** Provecho o ganancia: *si inviertes en el negocio, conseguirá grandes ventajas*.
DER ventajista, ventajoso; aventajar, desventaja.

ventajoso, -sa *adj.* Que tiene u ofrece ventajas: *este negocio será muy ventajoso para todas las partes; por su antigüedad cuenta con una situación ventajosa en la empresa*.
ANT desventajoso.

ventana *n. f.* **1** Abertura, generalmente de forma rectangular, que se hace en un muro a cierta distancia del suelo para dar luz y ventilación al interior de una construcción: *en los planos del piso se ve dónde irán las ventanas de los dormitorios*. ☞ casa. **2** Marco de madera o metal con una o más hojas y con cristales que cierran esta abertura: *abrió las ventanas porque había mucho humo dentro de la habitación*. **3** Cada uno de los dos orificios de la nariz: *a causa del golpe empezó a salirle sangre por las ventanas de la nariz*. **SIN** ventanilla.
echar (o tirar) la casa por la ventana *coloquial* Gastar mucho o comprar muchas cosas sin importar la cantidad de dinero que se gasta: *cuando celebraron su aniversario, tiraron la casa por la ventana*.
DER ventanal, ventanilla; contraventana.

ventanal *n. m.* Ventana grande en la pared o en el muro de un edificio: *en el salón hay un ventanal que cubre toda la pared del fondo*.

ventanilla *n. f.* **1** Abertura pequeña que hay en la pared de distintos establecimientos, a través de la cual los empleados se comunican con el público: *llevo media hora delante de la ventanilla y todavía no me han atendido; esta ventanilla es únicamente para la venta de sellos; en la ventanilla del teatro, un cartel anunciaba que se habían agotado las entradas*. **2** Ven-

---

venir

INDICATIVO	SUBJUNTIVO
presente	presente
vengo	venga
vienes	vengas
viene	venga
venimos	vengamos
venís	vengáis
vienen	vengan
pretérito imperfecto	pretérito imperfecto
venía	viniera o viniese
venías	vinieras o vinieses
venía	viniera o viniese
veníamos	viniéramos o viniésemos
veníais	vinierais o vinieseis
venían	vinieran o viniesen
pretérito indefinido	futuro
vine	viniere
viniste	vinieres
vino	viniere
vinimos	viniéremos
vinisteis	viniereis
vinieron	vinieren
futuro	
vendré	
vendrás	
vendrá	
vendremos	
vendréis	
vendrán	

IMPERATIVO	
ven	(tú)
venga	(usted)
venid	(vosotros)
vengan	(ustedes)

FORMAS NO PERSONALES	
infinitivo	gerundio
venir	viniendo
participio	
venido	

condicional
vendría
vendrías
vendría
vendríamos
vendríais
vendrían

tana pequeña lateral de un vehículo: *miraba el paisaje a través de la ventanilla del tren; el conductor subió la ventanilla del coche porque hacía frío.* ☞ avión. **3** Abertura rectangular cubierta con papel transparente que tienen los sobres para leer la dirección escrita en la misma carta: *las cartas que envía el banco están metidas en sobres de ventanilla.* **4** Cada uno de los dos orificios de la nariz: *el resfriado le atascó las ventanillas y no podía respirar.* **SIN** ventana.

ventarrón *n. m.* Viento muy fuerte: *el ventarrón ha tirado el tendido eléctrico y ha dejado a la población sin luz.* **SIN** vendaval.
ETIM Véase *viento.*

ventero, -ra *n. m. y f.* Persona que es propietaria o tiene a su cargo una venta: *el ventero llevó los caballos de los viajeros al establo.*

ventilación *n. f.* **1** Entrada o renovación de aire en un lugar: *a este bar le hace falta un poco de ventilación; abre las puertas para que haya ventilación en la sala.* **2** Abertura que se hace para que se renueve o entre aire en un sitio: *la única ventilación del cuarto de baño es una pequeña ventana que da a un patio interior.*

ventilador *n. m.* Aparato que sirve para ventilar o refrigerar un lugar o una cosa al mover el aire: *los ventiladores son necesarios en verano; el ventilador tiene un aspa que gira; el ventilador enfría el agua del motor a su paso por el radiador.*

ventilar *v. tr./prnl.* **1** Hacer que entre o se renueve el aire en un lugar: *abre la ventana para que se ventile un poco la habitación.* **SIN** airear. **2** Sacar una cosa al aire libre para que se le vaya el olor o el polvo: *tiende las sábanas en la azotea para que se ventilen.* **SIN** airear. **3** Tratar o resolver un asunto con rapidez: *ventilaron el negocio en la última reunión.* **SIN** despachar. ◇ *v. tr.* **4** Dar a conocer al público un asunto privado o íntimo: *la prensa se encargó de ventilar su oscuro pasado.* ◇ *v. prnl.* **5 ventilarse** *coloquial* Comerse o beberse por completo una cosa: *se acaba de ventilar la botella de vino él solo.* **6** *coloquial* Matar a una persona: *en la película, los gángsters se ventilaron al soplón en un callejón oscuro.*
DER ventilación, ventilador.
ETIM Véase *viento.*

ventisca *n. f.* **1** Tormenta de viento o de viento y nieve: *las ventiscas son frecuentes en los puertos de montaña; los montañeros fueron sorprendidos por una fuerte ventisca.* **2** Viento muy fuerte: *la ventisca levantó una gran nube de polvo.* **SIN** ventarrón.
DER ventisco, ventisquero.
ETIM Véase *viento.*

ventisquero *n. m.* **1** Lugar de una montaña más alto y más expuesto a las ventiscas: *los excursionistas se encontraban en el ventisquero cuando ocurrió el accidente.* **2** Lugar en las montañas en el que se conserva largo tiempo la nieve y el hielo: *en aquel ventisquero se puede ver la nieve en verano.*

3 Masa de nieve o hielo que se conserva en ese lugar: *no pudieron pasar por aquel sitio porque había un ventisquero.*

ventolera *n. f.* **1** Golpe de viento fuerte y de corta duración: *con esa ventolera no hay quien salga a la calle.* **2** *coloquial* Decisión o pensamiento extraño e inesperado que no tiene explicación lógica: *me dio la ventolera y me apunté a un curso de bailes de salón.*
ETIM Véase *viento.*

ventorro *n. m.* Venta de hospedaje pequeña y miserable: *tuvieron la mala suerte de llegar al peor ventorro de la zona.* Se usa con sentido despectivo.

ventosa *n. f.* **1** Pieza de material elástico que se adhiere a una superficie lisa por presión, al producirse el vacío en su interior: *compró una percha con ventosa para colgar los paños de la cocina.* **2** Órgano que ciertos animales tienen en la boca y en las extremidades y que les permite sujetarse o adherirse fuertemente a los objetos haciendo el vacío: *el pulpo se sujetó a la roca con sus ventosas.*
ETIM Véase *viento.*

ventosear *v. intr./prnl.* Expulsar aire o gases intestinales por el ano: *padece aerofagia y no puede evitar ventosear; no está bien visto ventosear en público.*

ventosidad *n. f.* **1** Conjunto de gases intestinales que se expulsan por el ano: *soltar ventosidades es de mala educación.* **SIN** pedo. **2** Acumulación de gases en el intestino.

ventoso, -sa *adj.* [lugar, tiempo, día] En que hace un fuerte viento: *ponte la chaqueta antes de salir, en esta zona el tiempo es muy ventoso.*
DER ventosear, ventosidad.
ETIM Véase *viento.*

ventral *adj.* Del vientre o que tiene relación con esta parte del cuerpo de un animal vertebrado: *aleta ventral; la cavidad ventral cubre los intestinos.*

ventricular *adj.* De los ventrículos del corazón o del encéfalo o que tiene relación con ellos: *cavidad ventricular.*

ventrículo *n. m.* **1** Cavidad de la parte inferior del corazón de mamíferos, aves y reptiles que recibe la sangre procedente de las aurículas: *la arteria aorta sale del ventrículo izquierdo y la arteria pulmonar sale del ventrículo derecho.* ☞ circulatorio, aparato; corazón. **2** Cavidad del encéfalo de los vertebrados: *los ventrículos son cuatro; en los ventrículos se encuentra el líquido cefalorraquídeo.*
DER ventricular.
ETIM Véase *vientre.*

ventrílocuo, -cua *adj./n. m. y f.* [persona] Que tiene la habilidad de hablar cambiando su voz natural sin mover los labios ni los músculos de la cara y da la impresión de que es otra persona la que habla: *los humoristas ventrílocuos nos hicieron reír con sus muñecos.*

ventura *n. f.* **1** Estado de alegría y felicidad en que se encuentra una persona que ha conseguido sus deseos: *en su*

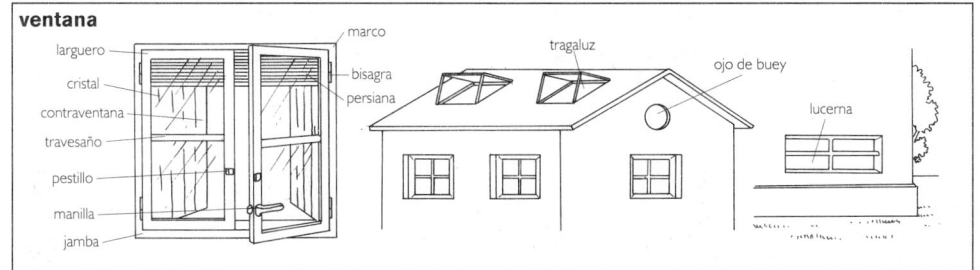

ventana — larguero, cristal, contraventana, travesaño, pestillo, manilla, jamba, marco, bisagra, persiana; tragaluz, ojo de buey, lucerna

V / v

nuevo estado le esperan tiempos de ventura. **SIN** dicha. **2** Suerte o fortuna: *el adivino me pronosticó buena ventura para mi futuro.*
a la buena ventura Sin una idea o un fin concreto: *está acostumbrado a hacer las cosas a la buena ventura; salieron de excursión a la buena ventura, sin itinerario fijo.*
DER venturoso; buenaventura, desventura, malaventurado.
OBS Se usa sobre todo con los adjetivos *buena* y *mala*.

venturoso, -sa *adj.* Que causa o tiene alegría o satisfacción: *tuvo una vida muy venturosa a lo largo de su matrimonio.* **SIN** dichoso, feliz. **ANT** desgraciado.

venus *n. f.* **1** Estatuilla de origen prehistórico con forma de mujer desnuda hecha de piedra, marfil o hueso: *las venus del paleolítico representaban la fecundidad.* **2** Mujer que posee una gran belleza física: *esa actriz es una venus que enamora a cualquier hombre.*

ver *v. tr./intr.* **1** Percibir una cosa a través del sentido de la vista: *desde aquí no se puede ver bien la película; aquí hay poca luz: no se ve nada.* ◊ *v. tr.* **2** Darse cuenta de una cosa con cualquier sentido o mediante la inteligencia: *¿no ves que te has equivocado?; no veo la solución a tu problema.* **3** Entender o darse cuenta de un hecho, de una realidad o una situación: *desde que cambió de trabajo se le ve muy feliz; no veía nada claro los motivos de su mal humor.* **4** Tratar un tema o asunto: *mañana veremos un tema de biología muy interesante.* **5** Estudiar o examinar cualquier cosa con atención: *aún no he tenido tiempo para ver el informe que has escrito.* **6** Asistir a un espectáculo o acontecimiento: *¿has visto ya la película que están poniendo en el cine?* **7** Comprobar o hacer lo necesario para informarse de una cosa: *voy a ver si me entero de quién ha ganado el premio; ve a ver quién llama a la puerta.* **8** Sospechar o presentir lo que va a pasar, en especial si es desagradable: *estoy viendo que va a llover y no tengo paraguas.* Se utiliza a menudo en gerundio y precedido del verbo *estar*. **9** Juzgar o considerar de una manera determinada: *no veo las cosas como tú; veo difícil que nuestro equipo gane la liga.* **10** Aceptar la apuesta de otro jugador para obligarle a mostrar el juego, generalmente en los juegos de cartas: *está bien, sólo llevo un trío, pero veo la jugada.* ◊ *v. tr./prnl.* **11** Visitar o encontrarse con una persona: *nos vemos esta tarde, ¿de acuerdo?* ◊ *v. intr.* **12** Tratar de conseguir una cosa: *veré de alcanzar lo que me he propuesto.* ◊ *v. prnl.* **13 verse** Imaginarse o encontrarse en una situación determinada: *no se ve casado y con hijos; se veía muy guapa con ese vestido largo.* ◊ *n. m.* **14** Sentido de la vista: *ver, oír y callar son propios de la prudencia.* **15** Aspecto exterior: *iba con un chico de muy buen ver.*
a ver *a)* Expresión con la que una persona indica la curiosidad por conocer una cosa: *a ver, cuéntame qué te pasa.* *b)* Expresión que se usa cuando una persona confirma o expresa su acuerdo con una cosa que se negaba a reconocer: *a ver, qué voy a hacer sino aguantarme.*
estar por ver No haberse confirmado o demostrado cierta cosa: *está por ver que consigas ese empleo; dice que me ganará, pero eso está por ver.*
¡habráse visto! Expresión que indica enfado o falta de acuerdo: *¡habráse visto el informal!: me invita al cine y no se presenta a la cita.*
no poder ver ni en pintura *coloquial* Odiar o detestar a una persona o cosa: *no me gusta nada esa chica: no la puedo ver ni en pintura.*
no veas Expresión con la que se destaca lo que se dice: *no veas lo nervioso que se puso cuando se enteró de la noticia.*
vérselas con una persona *coloquial* Tener un enfrentamiento: *si no dejas de insultarme, te las verás conmigo.*
vérselas y deseárselas *coloquial* Costar mucho esfuerzo o trabajo conseguir una cosa: *quería vivir solo, pero se las vio y se las deseó para encontrar un apartamento.*
DER antever, entrever, prever, proveer.
ETIM *Ver* procede del latín *videre*, que tenía el mismo significado, voz con la que también está relacionada *vidente*.

ver	
INDICATIVO	SUBJUNTIVO
presente	presente
veo	vea
ves	veas
ve	vea
vemos	veamos
veis	veáis
ven	vean
pretérito imperfecto	pretérito imperfecto
veía	viera o viese
veías	vieras o vieses
veía	viera o viese
veíamos	viéramos o viésemos
veíais	vierais o vieseis
veían	vieran o viesen
pretérito indefinido	futuro
vi	viere
viste	vieres
vio	viere
vimos	viéremos
visteis	viereis
vieron	vieren
futuro	IMPERATIVO
veré	
verás	ve (tú)
verá	vea (usted)
veremos	ved (vosotros)
veréis	vean (ustedes)
verán	
condicional	FORMAS NO PERSONALES
vería	
verías	infinitivo gerundio
vería	ver viendo
veríamos	participio
veríais	visto
verían	

vera *n. f.* Orilla de un camino o de un río: *los romeros iban paseando por la vera del camino; los juncos crecen a la vera del río.*
a la vera Muy cerca o al lado de la persona o cosa que se expresa: *se sentó a la vera de su madre para que le contara un cuento.*

veracidad *n. f.* Cualidad de lo que está conforme con la verdad: *no he dudado ni por un momento de la veracidad de tus palabras.* **ANT** falsedad.

veraneante *n. com.* [persona] Que pasa el verano en un lugar, en general distinto del lugar en el que se vive habitualmente: *en los meses de julio y agosto las playas se llenan de veraneantes.*

veranear *v. intr.* Pasar el verano en un lugar, en general dis-

tinto del lugar en el que se vive habitualmente: *siempre vamos a veranear a un pueblo de la montaña.*
DER veraneo, veraneante.

veraneo *n. m.* Vacaciones de verano que se pasan en un lugar, en general distinto del lugar en el que se vive habitualmente: *tuvo un veraneo muy largo y divertido; este año no nos iremos de veraneo.*

veraniego, -ga *adj.* Del verano o que tiene relación con esta estación del año: *la ropa veraniega es ligera y fresca; las temperaturas veraniegas suelen ser muy altas.* **SIN** estival.

ir veraniego *coloquial* Llevar poca ropa: *vas muy veraniego y sólo estamos en marzo.*

verano *n. m.* Estación más cálida del año comprendida entre la primavera y el otoño: *en verano, los días son más largos que en otras estaciones del año; en el hemisferio norte el verano empieza el 21 de junio y acaba el 21 de septiembre y en el hemisferio sur dura desde el 21 de diciembre hasta el 21 de marzo.* **SIN** estío.
DER veranear, veraniego.

veras Palabra que se utiliza en la locución *de veras,* que significa 'de verdad': *—acabo de cumplir cincuenta años. —¿De veras?, pues no los aparentas.*

veraz *adj.* **1** [persona, medio] Que habitualmente dice la verdad: *un hombre veraz; un periódico veraz.* **2** [información, dato] Que es verdadero porque se ha comprobado su autenticidad: *todavía no hemos recibido noticias veraces sobre el asunto.*
DER veracidad.

verbal *adj.* **1** Del habla o que tiene relación con ella: *la comprensión y la expresión verbal del niño mejoraron con la lectura.* **2** [acuerdo] Que se hace de palabra y no por escrito: *el contrato fue verbal.* **SIN** oral. **3** Del verbo o que tiene relación con él: *tiempos verbales; sintagma verbal.*
DER verbalizar, verbalmente; posverbal.

verbena *n. f.* **1** Fiesta con música y baile que se celebra al aire libre y por la noche la víspera de algunas festividades: *la verbena de San Juan.* **2** Planta de tallo largo y piloso, con hojas ásperas y flores en espiga de colores variados; es silvestre y se cultiva en jardinería: *la verbena tiene propiedades sedantes.*

verbo *n. m.* **1** Palabra que expresa las acciones, los estados, la existencia o los procesos de una persona o de una cosa; tiene variación de tiempo, aspecto, modo, voz, número y persona: *el verbo es el núcleo del predicado; son verbos palabras como caer, dormir o querer.* **verbo auxiliar** Verbo que pierde o cambia su significado al utilizarse para formar los tiempos compuestos y las perífrasis verbales: *el verbo haber funciona como verbo auxiliar en la formación de los tiempos compuestos; ser es un verbo auxiliar con el que se forma la voz pasiva; las perífrasis llevan un verbo auxiliar.* **verbo copulativo** Verbo que une el sujeto con un atributo: *ser, estar y parecer son algunos de los verbos copulativos.* **verbo defectivo** Verbo que no se puede conjugar en todos los modos, tiempos o personas: *un verbo defectivo es soler porque no se usa en el futuro, en el condicional ni en el imperativo.* **verbo frecuentativo** Verbo que expresa una acción repetida: *el verbo golpear es un verbo frecuentativo.* **verbo impersonal** Verbo que sólo se usa en tercera persona y no tiene sujeto en forma personal: *en la oración había muchas personas, haber es un verbo impersonal.* **verbo incoativo** Verbo que indica el principio de una acción que progresa: *el verbo florecer es un verbo incoativo.* **verbo intransitivo** Verbo que no lleva objeto directo: *verbos como nacer o morir son verbos intransitivos.* **verbo irregular** Verbo que se aparta de la regla general y se conjuga de manera especial: *el verbo caber es un verbo irregular.* **verbo pronominal** Verbo que se construye con determinadas formas de los pronombres: *un verbo pronominal es arrepentirse.* **verbo transitivo** Verbo que puede llevar un objeto directo: *el verbo decir es un verbo transitivo.* **verbo unipersonal** Verbo que sólo se usa en tercera persona del singular y no tiene sujeto en forma personal: *llover es un verbo unipersonal.* **2** *culto* Palabra, pero sólo en algunas expresiones o poéticamente: *verbo divino; es una persona de verbo fácil.*
DER verbal, verbosidad; adverbio, proverbio.

verborrea *n. f.* Abundancia excesiva de palabras al hablar, en especial cuando se dice poco nuevo o de interés: *su verborrea nos confundió a todos; los discursos de ese político se caracterizan por su verborrea demagógica.* **SIN** palabrería, charlatanería.
OBS Se utiliza despectivamente.

verdad *n. f.* **1** Conocimiento de lo que es o de lo que ha pasado realmente: *sólo él sabe la verdad.* **2** Expresión de este conocimiento: *quiero que me digas la verdad.* ◊ *n. f.* **3** Conformidad entre lo que se dice y lo que se cree o se piensa: *¿Es verdad que me quieres?* **ANT** mentira. **4** Carácter de lo que existe, ha existido o existirá realmente: *dudar de la verdad de un hecho.* **SIN** realidad. **ANT** mentira. **5** Afirmación o principio que es aceptado como válido por un grupo: *este juicio es una verdad aceptada por todos los científicos.* **6** Afirmación que se hace de forma clara y directa: *en cuanto tenga ocasión le voy a decir cuatro verdades.*

bien es verdad que Expresión con la que se quita valor o importancia a lo que se ha afirmado antes: *al final muy pocos asistieron a la excursión; bien es verdad que llovía.*

de verdad *a)* Como debe ser: *Juan es un amigo de verdad. b)* En serio: *de verdad, me ha tocado la lotería.*

en verdad Según la verdad: *en verdad es un desagradecido.* **SIN** realmente.

si bien es verdad que *a)* Expresión que introduce una dificultad a pesar de la cual puede ser, ocurrir o hacerse una cosa: *si bien es cierto que tengo sueño, no me iré a dormir.* **SIN** aunque. *b)* Expresión con la que se quita valor o importancia a lo que se ha afirmado antes: *tampoco ha aprobado este año, si bien es verdad que ha suspendido toda la clase.*
DER verdadero.
ETIM Verdad procede del latín *veritas, -atis,* que tenía el mismo significado, voz con la que también están relacionadas *verídico, verismo.*
OBS Se usa sobre todo en plural.

verdadero, -ra *adj.* **1** [relato, afirmación] Que es conforme a la verdad: *una historia verdadera.* **SIN** verídico. **ANT** falso. **2** [sentimiento] Que es real: *tengo verdadero pánico a montar en moto.* **SIN** auténtico. Normalmente se antepone al nombre. **3** [persona, cosa] Que es realmente lo que se indica de él: *es un verdadero genio.* **SIN** auténtico. Normalmente se antepone al nombre.

verde *n. m./adj.* **1** Color como el de la hierba fresca o el de las hojas de los árboles: *el verde se obtiene mezclando el azul y el amarillo.* ◊ *adj.* **2** [planta, leña] Que no está seco: *cortó las ramas secas del árbol y dejó las más verdes.* **3** [fruto] Que todavía no está maduro: *los melocotones me gustan más bien verdes.* **ANT** maduro. **4** [persona] Que todavía no está preparado para realizar alguna actividad: *tienes que aprender mucho, todavía estás muy verde.* **5** [proyecto] Que está en sus inicios o que todavía falta mucho para que se lleve a cabo: *lo de mi operación está muy verde.* **6** [persona] Que

V / v

EL VERBO

El verbo es un componente básico de cualquier oración; no hay oración sin verbo, que funciona como núcleo del predicado.

Expresa un proceso o una acción que realiza el sujeto (*el alumno redactó una redacción muy buena*) o le sucede al sujeto (*esa redacción fue escrita por Ana*).

La conjugación verbal

El verbo es una parte variable de la oración: adopta distintas formas según la información que transmite. A las distintas formas se les llama *conjugación*. Ésta viene determinada por el tipo de verbo.

Los infinitivos españoles acaban en *-ar, -er* e *-ir*. Los verbos se conjugan según la terminación, por eso hablamos de tres tipos de conjugación:

- primera conjugación: verbos acabados en *-ar*;
- segunda conjugación: verbos acabados en *-er*;
- tercera conjugación: verbos acabados en *-ir*.

Cada tipo de verbo tiene un modelo común de conjugación. Veamos los modelos de las formas simples y las formas no personales del verbo.

MODELO DE CONJUGACIÓN REGULAR (1.ª CONJUGACIÓN): *CANTAR*

INDICATIVO

presente
canto
cantas
canta
cantamos
cantáis
cantan

pretérito imperfecto
cantaba
cantabas
cantaba
cantábamos
cantabais
cantaban

pretérito indefinido
canté
cantaste
cantó
cantamos
cantasteis
cantaron

futuro
cantaré
cantarás
cantará
cantaremos
cantaréis
cantarán

condicional
cantaría
cantarías
cantaría
cantaríamos
cantaríais
cantarían

SUBJUNTIVO

presente
cante
cantes
cante
cantemos
cantéis
canten

pretérito imperfecto
cantara o cantase
cantaras o cantases
cantara o cantase
cantáramos o cantásemos
cantarais o cantaseis
cantaran o cantasen

futuro
cantare
cantares
cantare
cantáremos
cantareis
cantaren

IMPERATIVO

canta (tú)
cante (usted)
cantad (vosotros)
canten (ustedes)

FORMAS NO PERSONALES

infinitivo   **gerundio**
cantar   cantando
participio
cantado

MODELO DE CONJUGACIÓN REGULAR (2.ª CONJUGACIÓN): *BEBER*

INDICATIVO

presente
bebo
bebes
bebe
bebemos
bebéis
beben

pretérito imperfecto
bebía
bebías
bebía
bebíamos
bebíais
bebían

pretérito indefinido
bebí
bebiste
bebió
bebimos
bebisteis
bebieron

futuro
beberé
beberás
beberá
beberemos
beberéis
beberán

condicional
bebería
beberías
bebería
beberíamos
beberíais
beberían

SUBJUNTIVO

presente
beba
bebas
beba
bebamos
bebáis
beban

pretérito imperfecto
bebiera o bebiese
bebieras o bebieses
bebiera o bebiese
bebiéramos o bebiésemos
bebierais o bebieseis
bebieran o bebiesen

futuro
bebiere
bebieres
bebiere
bebiéremos
bebiereis
bebieren

IMPERATIVO
bebe (tú)
beba (usted)
bebed (vosotros)
beban (ustedes)

FORMAS NO PERSONALES
infinitivo   **gerundio**
beber   bebiendo
participio
bebido

MODELO DE CONJUGACIÓN REGULAR (3.ª CONJUGACIÓN): *VIVIR*

INDICATIVO

presente
vivo
vives
vive
vivimos
vivís
viven

pretérito imperfecto
vivía
vivías
vivía
vivíamos
vivíais
vivían

pretérito indefinido
viví
viviste
vivió
vivimos
vivisteis
vivieron

futuro
viviré
vivirás
vivirá
viviremos
viviréis
vivirán

condicional
viviría
vivirías
viviría
viviríamos
viviríais
vivirían

SUBJUNTIVO

presente
viva
vivas
viva
vivamos
viváis
vivan

pretérito imperfecto
viviera o viviese
vivieras o vivieses
viviera o viviese
viviéramos o viviésemos
vivierais o vivieseis
vivieran o viviesen

futuro
viviere
vivieres
viviere
viviéremos
viviereis
vivieren

IMPERATIVO
vive (tú)
viva (usted)
vivid (vosotros)
vivan (ustedes)

FORMAS NO PERSONALES
infinitivo   **gerundio**
vivir   viviendo
participio
vivido

Hay, sin embargo, verbos irregulares. La irregularidad puede ser de distintos tipos; por ejemplo: un cambio en la raíz (*pensar* hace en *piens-*; *saber* utiliza *sab-*, *sup-* y *sabr-* según los tiempos; *pedir* hace *pid-* en algunas formas); un cambio en la grafía (cambios de *z* por *c* —*cazar, cazó*—, de *g* por *j* —*coger, cojo*—), cambio en las desinencias de algunos tiempos (*dar* hace primera persona de presente de singular *doy*, con una *-y* infrecuente), o incluso combinación de cambios (*ser* tiene formas completamente irregulares, tanto en su raíz como en sus desinencias).

En este diccionario, los verbos irregulares tienen una nota en **OBS** que indica el tipo de irregularidad del verbo en cuestión y, en ocasiones, el modelo que sigue en su conjugación (por ejemplo: indica que el verbo *adherir* se conjuga como *hervir*).

Hay verbos que no se conjugan en todas las formas. Este tipo de verbos reciben el nombre de **defectivos**. En **OBS** verás notas al respecto.

Otros verbos, en todas sus acepciones o en alguna, sólo se conjugan en tercera persona de singular; por ejemplo: *llover*. El diccionario te lo indica en la categoría: encontrarás *v. impersonal*.

Formas simples y formas compuestas

Llamamos *formas simples* del verbo a las que están formadas por una sola palabra (*comes, comimos, comerás*) y *formas compuestas* a las que se componen de dos palabras: una forma del verbo auxiliar *haber* y el participio de otro verbo (*has comido, habíamos comidos, habréis comido*).

Los tiempos compuestos se conjugan siempre igual para todos los verbos: se utiliza *haber* como verbo auxiliar, que es el que realmente se conjuga (tiene las desinencias verbales) y a continuación se añade el participio del verbo en cuestión. Veamos las formas compuestas de un verbo como cantar.

FORMAS COMPUESTAS

INDICATIVO

pretérito perfecto
(o pretérito perfecto compuesto)
he cantado
has cantado
ha cantado
hemos cantado
habéis cantado
han cantado

pretérito pluscuamperfecto
había cantado
habías cantado
había cantado
habíamos cantado
habíais cantado
habían cantado

pretérito anterior
hube cantado
hubiste cantado
hubo cantado
hubimos cantado
hubisteis cantado
hubieron cantado

futuro perfecto
habré cantado
habrás cantado
habrá cantado
habremos cantado
habréis cantado
habrán cantado

condicional compuesto
habría cantado
habrías cantado
habría cantado
habríamos cantado
habríais cantado
habrían cantado

SUBJUNTIVO

pretérito perfecto
haya cantado
hayas cantado
haya cantado
hayamos cantado
hayáis cantado
hayan cantado

pretérito pluscuamperfecto
hubiera o hubiese cantado
hubieras o hubieses cantado
hubiera o hubiese cantado
hubiéramos o hubiésemos cantado
hubierais o hubieseis cantado
hubieran o hubiesen cantado

futuro perfecto
hubiere cantado
hubieres cantado
hubiere cantado
hubiéremos cantado
hubiereis cantado
hubieren cantado

Las desinencias

Se llama *desinencias* a los morfemas del verbo. Por ejemplo, *ganasteis* es una forma del verbo *ganar* que contiene distintas desinencias o morfemas flexivos que indican: que realizan la acción varias personas (morfema de número), incluida la persona que escucha (morfema de persona), que comenzó en el pasado, antes de hablar (morfema de tiempo), que ya ha terminado (morfema de aspecto) y que no es una suposición o un comentario, sino algo real (morfema de modo). Veremos uno por uno estos morfemas.

La persona y el número

Persona	Número singular	Número plural
Primera	El sujeto es la persona que habla. Suele no marcarse con ningún morfema.	Hay varios sujetos, entre ellos la persona que habla. El morfema es: -mos.
Segunda	El sujeto es el interlocutor, la persona a la que se habla. El morfema más habitual es: -s.	Hay varios sujetos, entre ellos la persona que escucha. El morfema es: -is.
Tercera	El sujeto no es ni la persona que habla ni la que escucha: es una persona que no está en la conversación, o es una cosa o una idea. Como en la primera persona del singular, suele no marcarse con ningún morfema.	Hay varios sujetos, ninguno de ellos es la persona que habla ni la que escucha. El morfema es: -n.

El tiempo

La palabra *tiempo* tiene dos significados cuando hablamos de verbos:
1. Indica el momento con respecto al momento de habla en que ocurre una acción o proceso. Desde este punto de vista hay tres tiempos verbales:
    a) pasado: la acción ocurrió o empezó en un momento anterior al momento de habla;
    b) presente: está ocurriendo en el momento de habla;
    c) futuro: la acción ocurrirá después del momento de habla.
2. Se llama también *tiempo verbal* al conjunto de formas (seis en total, tres de singular, tres de plural) cuyas desinencias expresan el mismo tiempo y el mismo modo. Por ejemplo: el pretérito imperfecto y el pretérito indefinido de indicativo son dos tiempos distintos aunque los dos expresen pasado.

El tiempo se expresa por medio de morfemas, que indican en qué momento sucede la acción del verbo. Además, hay diferentes tipos de pasado, de presente y de futuro: la diferencia estriba en que expresan formas distintas de ver la acción en el pasado o expresan relaciones entre distintas acciones o procesos. Por ejemplo: en la frase *cuando llamé a casa ya había salido* se usan dos formas de pasado, un pretérito indefinido y un pretérito pluscuamperfecto. El primero indica que se realizó una acción en un momento del pasado; el segundo indica que antes de otra acción (la expresada con *llamé*) había concluido otra (la expresada con *había salido*).

El aspecto

El morfema de aspecto sirve para presentar las acciones desde dos puntos de vista. Las formas verbales perfectivas, perfectas o acabadas presentan la acción como algo completo, con principio y fin, que sucede en un momento y un lugar determinado. Son formas perfectas el pretérito indefinido (también llamado pretérito perfecto simple) y todas las formas compuestas.

Las formas imperfectivas, imperfectas o inacabadas se utilizan, en cambio, cuando no tenemos en cuenta el final de la acción (o porque no acaba, o porque nos interesa el proceso en sí, no la conclusión). Son formas imperfectas todas las formas simples, excepto el pretérito indefinido.

Veamos dos ejemplos comparando el pretérito imperfecto de indicativo, una forma imperfectiva, y el pretérito indefinido, una forma perfectiva.

IMPERFECTIVO
Salía de casa cuando empezó a llover.
No significa que saliera realmente, pudo volverse atrás. La acción no necesariamente tiene un final.
Leía el periódico y veía la película.
Puede hacer las dos cosas al mismo tiempo, puesto que no es necesario que ninguna tenga un final.

PERFECTIVO
Salió de casa cuando empezó a llover.
Ya estaba fuera, había salido completamente de casa, la acción tiene un final.
Leyó el periódico y vio la película.
Primero leyó el periódico y después, una vez ha terminado esta acción, vio la película.

El modo

Hay dos modos verbales, indicativo y subjuntivo. Esta diferencia se utiliza normalmente para expresar la actitud del hablante respecto a lo que dice, aunque también hay palabras o construcciones que obligan a construir con un modo u otro, sin que el modo manifieste la actitud del hablante al respecto.

- **Indicativo:** Informa de algo que cree que es cierto, expone unos datos: *Te aseguro [que es imposible hacerlo mejor]; La Tierra gira alrededor del Sol.*
- **Subjuntivo:** comenta más que expresa. Suele utilizarse en frases subordinadas después de verbos que expresan duda, falsedad, sensación, sorpresa, hipótesis, deseo, necesidad... y en frases negativas con valor imperativo: *Dudo que vaya a llover; No me gustaría nada que me regalara flores; Le pidió que le diera el examen.*

El subjuntivo se utiliza sobre todo en oraciones subordinadas; en oraciones principales sólo aparece si son exclamativas o imperativas: *¡Ojalá deje de llover!; No te vayas; Tráigame su examen.* En cambio, el indicativo se utiliza en las oraciones principales (excepto las exclamativas e imperativas) y en algunos tipos de subordinadas (causales, por ejemplo).

Formas no flexionadas del verbo

Hemos visto que el verbo es la palabra que contiene más morfemas flexivos, más información gramatical. Pero algunas formas de los verbos apenas incluyen información: son las formas no flexionadas. El infinitivo (*comer*), el gerundio (*comiendo*) y el participio (*comido*) no tienen morfema de tiempo, ni de modo, ni de persona, ni de número. Como les faltan todos esos datos, no pueden ser el verbo de una oración principal.

Así, por ejemplo, *comer pasteles* no puede funcionar como oración principal. No sabemos cuándo sucede y no sabemos quién es el sujeto. Sí pueden aparecer estas formas, en cambio, en oraciones subordinadas. Por ejemplo, *Quiero comer pasteles.*

La pasiva

Un verbo transitivo está en una estructura activa cuando tiene como sujeto el agente de la acción (es decir, la persona o animal que realiza la acción del verbo) y como objeto directo al paciente (la persona o cosa que se ve afectada por la acción, que la recibe); por ejemplo: *Ana empujó el coche estropeado.*

Está en una estructura pasiva cuando el paciente de la acción es el sujeto y el agente o bien no aparece en la oración, o bien aparece introducido por la preposición *por* (como complemento agente); por ejemplo: *El coche estropeado fue empujado por Ana; América fue descubierta en 1492.*

La forma pasiva del verbo se forma empleando el verbo *ser* seguido del participio del verbo.

CONJUGACIÓN PASIVA: *SER AMADO*

INDICATIVO

presente
soy amado
eres amado
es amado
somos amados
sois amados
son amados

pretérito imperfecto
era amado
eras amado
era amado
éramos amados
erais amados
eran amados

pretérito indefinido
fui amado
fuiste amado
fue amado
fuimos amados
fuisteis amados
fueron amados

futuro
seré amado
serás amado
será amado
seremos amados
seréis amados
serán amados

condicional
sería amado
serías amado
sería amado
seríamos amados
seríais amados
serían amados

SUBJUNTIVO

presente
sea amado
seas amado
sea amado
seamos amados
seáis amados
sean amados

pretérito imperfecto
fuera amado o fuese amado
fueras amado o fueses amado
fuera amado o fuese amado
fuéramos amados o
   fuésemos amados
fuerais amados o fueseis amados
fueran amados o fuesen amados

futuro
fuere amado
fueres amado
fuere amado
fuéremos amados
fuereis amados
fueren amados

IMPERATIVO

sé amado (tú)
sea amado (usted)
sed amados (vosotros)
sean amados (ustedes)

FORMAS NO PERSONALES

infinitivo   **gerundio**
ser amado   siendo amado
participio
sido amado

> **Tipos de verbo por su construcción**
>
> Hay tres tipos de verbos por su construcción:
> - **intransitivos:** no llevan complemento directo; por ejemplo, *hablar*.
> - **transitivos:** se construyen con complemento directo; por ejemplo, *decir*.
>   Hay verbos transitivos que se construyen también como intransitivos: *comer (Como todos los días a las dos; Como manzanas)*.
> - **pronominales:** se construyen siempre con pronombre que coincide en persona y número con el sujeto del verbo; por ejemplo, *arrepentirse*.
>
> Hay acepciones de un verbo que pueden construirse de dos o tres maneras distintas. El diccionario indica que puede construirse de las dos maneras por medio de una barra oblicua (*v. tr./intr.; v. tr./prnl.*).

tiene una obsesión por el sexo, especialmente si se considera impropio de su edad: *viejo verde*. **7** [narración] Que trata o habla del sexo sin inhibición: *me contó un chiste verde*. **8** [zona] Que no puede destinarse a la edificación porque se utiliza como parque o jardín: *en esta ciudad hay muy pocas zonas verdes*. ◊ *adj./n. com.* **9** [persona] Que defiende la conservación y la mejora del medio ambiente: *¿votarás al partido verde en las próximas elecciones?* **SIN** ecologista. ◊ *n. m.* **10** Hierba corta y abundante que cubre el suelo: *se tendió sobre el verde del parque*. **SIN** césped. **11** *coloquial* Billete de mil pesetas: *sólo llevo un verde*.
poner verde Criticar o hablar mal de una persona o una cosa: *en cuanto se va todos le ponen verde*.
DER verderón, verdín, verdor, verdoso, verdura, verdusco.

verderón *n. m.* Pájaro semejante al gorrión, pero con tonos verdes y amarillos que destacan en su plumaje pardo; los machos son buenos cantores: *se dice que las bandadas de verderones anuncian tiempo frío*.
OBS Para indicar el sexo se usa *el verderón macho* y *el verderón hembra*.

verdín *n. m.* **1** Capa de color verde que forman las algas y otras plantas sin flor en lugares húmedos y en la superficie del agua estancada: *el chico resbaló en el verdín de la roca; las fuentes se llenaron de verdín durante el invierno*. **2** Capa de color verde que se forma sobre los objetos de cobre, de bronce o de latón, sobre todo si están al aire libre: *las estatuas del pórtico estaban cubiertas de verdín*. **SIN** cardenillo. **3** Capa de color verde que forma el moho sobre la corteza de frutos como la naranja o el limón cuando se pudren. **4** Primer color verde que tienen las plantas al brotar: *en marzo ya se puede admirar el verdín de los campos de trigo*.

verdor *n. m.* Color verde intenso propio de las plantas en su lozanía: *en primavera las plantas alcanzan su máximo verdor*.

verdoso, -sa *adj.* [color] Que se parece al verde o que tiene tonalidades verdes: *esta falda no es azul, es más bien verdosa*.

verdugo *n. m.* **1** Persona que se encarga de ejecutar a los condenados a muerte o, antiguamente, de aplicar los castigos corporales que dictaba la justicia: *el verdugo abrió la trampilla para colgar al reo*. **2** Persona muy cruel que maltrata a los demás: *ese dictador era un auténtico verdugo*. **3** Gorro de punto que abriga toda la cabeza y el cuello, con una abertura para dejar al descubierto los ojos, la nariz y la boca. **4** Espada muy delgada y afilada solamente en la punta. **5** Vara estrecha y larga de un material flexible que se usa para azotar. **6** Herida hecha con esa vara: *las mulas y los burros tenían el lomo lleno de verdugos*. **7** Brote nuevo de un árbol: *al podar el ciruelo no cortes los verdugos*.
DER verdugón, verduguillo.

verdugón *n. m.* Señal roja que aparece en la piel de una persona al ser golpeada con un látigo o instrumento parecido: *los verdugones que tenía eran la prueba de los malos tratos que había recibido*.

verduguillo *n. m.* Estoque corto y muy delgado con que se mata instantáneamente al toro clavándoselo en la cerviz o parte posterior del cuello: *el matador tuvo que rematar la faena con el verduguillo*.

verdulería *n. f.* Establecimiento en el que se venden verduras: *he comprado un repollo en la verdulería*.

verdulero, -ra *n. m. y f.* **1** Persona que se dedica a vender verduras: *la verdulera me ha vendido unas berenjenas muy buenas*. ◊ *n. f.* **2** *coloquial* Mujer vulgar y maleducada: *es una verdulera, no sabe hablar sin gritar*.
DER verdulería.

verdura *n. f.* **1** Hortaliza o planta comestible que se cultiva en huerto, especialmente la que se consume cocida: *una dieta rica en verduras es sana*. **2** Color verde de la vegetación, sobre todo refiriéndose a un paisaje: *las flores destacaban en la verdura del prado*.
DER verdulero.

vereda *n. f.* Camino estrecho que se ha formado por el paso de las personas y del ganado. **SIN** senda.
meter (o hacer entrar) en vereda Hacer que una persona formalice su comportamiento y cumpla sus deberes: *le metieron en vereda y ahora trabaja todos los días para pagar sus deudas*.

veredicto *n. m.* **1** Decisión final de un tribunal: *el jurado emitió su veredicto*. **2** Opinión o juicio que da una persona tras pensar cuidadosamente: *su veredicto fue tajante: estaba todo mal y había que volver a empezar desde el principio*.

verga *n. f.* **1** Órgano sexual masculino de los mamíferos. **SIN** pene. **2** MAR. Palo de los veleros grandes colocado perpendicularmente con respecto al mástil y a diferentes alturas; sirve para sujetar las velas rectangulares: *los grandes veleros llevaban hasta siete vergas en cada palo*.

vergel *n. m.* Lugar con gran abundancia y variedad de plantas y flores: *ha convertido la terraza en un vergel*.

vergonzoso, -sa *adj.* **1** [hecho] Que causa vergüenza: *es vergonzoso que todavía haya hambre en el mundo*. ◊ *adj./n. m. y f.* **2** [persona] Que siente vergüenza con facilidad: *no seas tan vergonzoso y dile a esa chica que te gusta*. **SIN** tímido. **ANT** atrevido.

vergüenza *n. f.* **1** Turbación que se siente ante los demás al cometer una falta o al hacer algo que se considera ridículo o humillante: *no sintió ninguna vergüenza cuando la descubrieron robando en el supermercado*. **vergüenza ajena** Vergüenza que se siente por la falta cometida por otra persona o por el ridículo que hace otra persona: *cuando lo vi actuar de ese modo, sentí vergüenza ajena*. **2** Turbación producida

por el miedo a cometer ante los demás una falta o a hacer algo que uno mismo considera ridículo o humillante: *sentí mucha vergüenza al pensar que todo el mundo me estaba mirando.* **SIN** timidez. **3** Valoración que una persona tiene de sí misma y que le lleva a actuar de la forma que se considera correcta: *si te queda algo de vergüenza, tendrás que reconocerlo; no tener vergüenza.* **4** Acción o hecho que causa indignación o rechazo: *es una vergüenza que los ríos bajen tan contaminados.* **ANT** orgullo. **5** Persona o cosa que causa deshonra a alguien: *es la vergüenza de la familia; la miseria es la vergüenza de la humanidad.* ◊ *n. f. pl.* **6 vergüenzas** Órganos genitales: *enseñar las vergüenzas.*
DER vergonzoso; avergonzar, desvergüenza, sinvergüenza.

vericueto *n. m.* **1** Camino estrecho y accidentado por el que es difícil andar: *para llegar al castillo nos hizo andar por vericuetos peligrosísimos.* **2** Complicación que entorpece una acción o un proceso: *su denuncia se perdió en los vericuetos de la justicia.*
OBS Se usa sobre todo en plural.

verídico, -ca *adj.* **1** Que se ajusta a la verdad: *sus palabras son verídicas, podemos asegurarlo.* **SIN** verdadero. **2** Que se parece a la realidad o se basa en hechos reales: *se ha documentado mucho para hacer más verídicos los ambientes de la película.* **SIN** verosímil.
ETIM Véase *verdad*.

verificación *n. f.* **1** Comprobación de la autenticidad o verdad de una cosa: *tras tomar declaración a los testigos, la policía procede a su verificación.* **2** Hecho que demuestra que un pronóstico era correcto: *los resultados de las elecciones son la verificación del espectacular retroceso del partido.* **3** Comprobación del buen funcionamiento de una máquina, aparato o instalación: *procedieron a la verificación de la instalación del gas.*

verificar *v. tr./prnl.* **1** Demostrar o comprobar que es verdadera una cosa de la que se dudaba: *los resultados del experimento verificaron las hipótesis del científico; se ha verificado la identidad de todos los pasajeros.* **SIN** confirmar, corroborar. **2** Comprobar que un aparato funciona bien: *haremos una prueba para verificar el motor.* **3** *culto* Realizar o llevar a cabo: *el pago de la pensión se verificará por meses anticipados.*
DER verificación.
ETIM Véase *averiguar*.
OBS En su conjugación, la c se convierte en *qu* delante de e.

verja *n. f.* **1** Enrejado que limita un espacio abierto: *alrededor del parque hay una verja.* **2** Reja que se pone en puertas y ventanas para seguridad o como adorno: *la verja de la ventana está adornada con macetas.* **SIN** reja.

vermú o **vermut** *n. m.* **1** Bebida alcohólica amarga compuesta de vino aromatizado con ajenjo y otras sustancias vegetales; se toma generalmente como aperitivo: *pedí un vermú y unas aceitunas en el bar.* **2** Aperitivo que se toma antes de comer.
OBS La Real Academia Española admite *vermut*, pero prefiere la forma *vermú*. ◊ El plural es *vermús* o *vermuts*, respectivamente.

vernáculo, -la *adj.* [lengua, costumbre] Que es propio de un país o de una región: *sólo conoce su lengua vernácula.*

verosímil *adj.* Que parece verdadero o que es creíble: *la situación que me estás describiendo es perfectamente verosímil.* **ANT** increíble, inverosímil.
DER verosimilitud; inverosímil.

verosimilitud *n. f.* Cualidad de lo que parece verdadero o creíble: *la verosimilitud del relato nos hizo pensar que era autobiográfico.*

verraco *n. m.* Cerdo macho no castrado que se utiliza como semental: *los cerdos pueden utilizarse como verracos a partir de los dieciocho meses.*

verruga *n. f.* Bulto marronáceo pequeño y benigno que sale en la piel de las personas: *si tanto te preocupa esa verruga, un dermatólogo podrá quitártela.*

versado, -da *adj.* [persona] Que es muy experto o entendido en una materia o tema determinados: *es una historiadora muy versada en la filosofía clásica.*

versalita *n. f.* Letra mayúscula del mismo tamaño que las minúsculas del texto en que figura: *los números romanos de los siglos suelen escribirse en versalita; en este diccionario,* SIN *y* ANT *aparecen en versalita.*

versar *v. intr.* Tratar acerca de una materia o un tema determinado: *este manual versa sobre las religiones antiguas.*
DER versado, versátil; conversar, malversar.
ETIM Véase *verter*.

versátil *adj.* Que cambia con facilidad: *carácter versátil.* **SIN** inconstante, voluble.
DER versatilidad.

versatilidad *n. f.* Facilidad excesiva para cambiar de opinión, de gustos o de humor: *me asombra la versatilidad de su carácter.* **SIN** inconstancia, volubilidad.

versículo *n. m.* División breve y numerada de los capítulos de ciertos libros, especialmente de la Biblia o del Corán: *Lucas 18, 16 quiere decir: Evangelio según san Lucas, capítulo 18, versículo 16.*

versificación *n. f.* **1** Técnica o arte de versificar: *las reglas de la versificación.* **2** Conjunto de características métricas de una obra, de una época o de un autor: *la versificación de Rubén Darío retoma aspectos de la métrica griega y romana.* **3** Composición métrica creada a partir de un texto en prosa: *La versificación de una leyenda.*

versificar *v. tr.* **1** Poner en verso siguiendo las normas de la métrica: *ha versificado cuatro frases y ya se cree un poeta.* ◊ *v. intr.* **2** Escribir en verso: *la afición a versificar la tiene desde niño.*
DER versificación.
OBS En su conjugación, la c se convierte en *qu* delante de e.

versión *n. f.* **1** Modo particular de entender un hecho: *tú y ella dais dos versiones muy distintas del accidente.* **2** Presentación diferente o adaptación de una obra artística o literaria: *la versión de una canción; la última versión de una obra de teatro clásico.* **3** Traducción de una obra escrita: *¿existe versión en portugués de este libro?*

versión original Película que se presenta en su lengua original sin haber sido doblada.

verso *n. m.* **1** Conjunto de palabras o palabra que forma una línea de un poema: *los poemas se clasifican según el número de sílabas de sus versos.* **verso blanco** o **verso suelto** Verso que no rima con ningún otro. **verso de arte mayor** Verso de más de ocho sílabas. **verso de arte menor** Verso de ocho sílabas o de menos. **verso libre** Verso que no está sujeto a rima ni a medida. **2** Género literario de las obras compuestas con rima y medida: *en su juventud cultivó el verso, pero más tarde se pasó a la prosa.* ◊ *n. m. pl.* **3 versos** Poema: *leeré unos versos.*
DER versal, versículo, versificar, versión.
ETIM Véase *verter*.

vértebra *n. f.* Hueso corto que se articula con otros parecidos formando la columna de los vertebrados: *en el interior de las vértebras se encuentra la médula espinal.* ☞ esqueleto.
DER vertebral, vertebrar.

vertebrado, -da *adj.* **1** [animal] Que tiene esqueleto interno con un eje formado por la columna vertebral; ésta, junto con el cráneo, contiene el centro del sistema nervioso. **ANT** invertebrado. ◇ *n. m. pl.* **2 vertebrados** Orden de estos animales: *todos los vertebrados se reproducen sexualmente; los vertebrados son los mamíferos, las aves, los reptiles, los anfibios y los peces.* **ANT** invertebrado.
DER invertebrado.

vertebral *adj.* De las vértebras o que tiene relación con ellas: *la cola de los animales es una prolongación vertebral; columna vertebral.*

vertebrar *v. tr.* Servir una cosa para organizar o estructurar internamente algo, dándole consistencia y cohesión: *el conservadurismo vertebra la línea política del partido.*

vertedera *n. f.* Plancha curva o pala del arado que voltea la tierra que la reja o cuchilla ha levantado: *arado de vertedera doble.*

vertedero *n. m.* Lugar donde se tiran basuras, residuos o escombros: *vertedero municipal; vertedero industrial; vertedero ilegal.*

verter *v. tr./prnl.* **1** Echar un líquido o una materia no sólida de un recipiente a otro: *verter agua en un vaso; verter azúcar en el azucarero.* **2** Dejar caer un líquido o un material fuera del recipiente que lo contiene: *verterse el vino sobre el mantel; muchos camiones han vertido escombros en ese descampado.* **3** Volcar un recipiente para que caiga contenido: *vertió el saco de monedas sobre la mesa; se ha vertido la cafetera que llevaba en la bandeja y me he quemado.* ◇ *v. tr.* **4** Traducir de una lengua a otra. ◇ *v. intr.* **5** Ir a parar las aguas de una corriente en otra: *el río Ebro vierte en el Mediterráneo.* **SIN** desembocar, desaguar.
DER vertedero, vertido, vertiente.
ETIM *Verter* procede del latín *vertere*, 'girar', voz con la que también están relacionadas *advertir, controversia, convertir, extravertido, invertir, pervertir, versar, verso.*
OBS En su conjugación, la *e* se convierte en *ie* en sílaba acentuada, como en *entender*.

vertical *adj./n. f.* **1** [recta, plano] Que es perpendicular al horizonte o a un plano horizontal: *ha trazado sobre el papel una línea vertical y otra horizontal.* ◇ *adj.* **2** [cosa] Que es perpendicular al horizonte o a un plano horizontal: *el edificio es una estructura vertical de 80 m.* **ANT** apaisado, horizontal. ☞ línea. **3** [estructura, orden] Que está organizado de manera jerárquica: *una sociedad vertical.*
DER verticalidad, verticalismo.

verticalidad *n. f.* Posición vertical o perpendicular de una cosa respecto a un plano horizontal con el que forma un ángulo de 90°: *al ceder el terreno el muro ha perdido su verticalidad.*

vértice *n. m.* **1** Punto en el que coinciden los dos lados de un ángulo o polígono: *los vértices de un triángulo.* ☞ ángulos. **2** Punto en el que coinciden tres o más aristas de un poliedro. **3** Punto más alejado de la base de una pirámide o de un cono. **4** Parte más elevada de una cosa: *el vértice de una colina.*
ETIM *Vértice* procede del latín *vertex, -icis*, 'polo en torno al cual gira el cielo', voz con la que también está relacionada *vórtice.*

vertido *n. m.* Conjunto de materiales de desecho que se vierten en algún lugar, especialmente los procedentes de instalaciones industriales o energéticas: *vertidos radiactivos; vertidos tóxicos.*

vertiente *n. f.* **1** Cada una de las pendientes de una montaña que van de la cima a la base: *la vertiente norte del Everest.* **SIN** ladera. **2** Cada una de las inclinaciones que tiene una cubierta para hacer correr el agua: *un tejado de cuatro vertientes.* **3** Punto de vista o manera de considerar una cosa: *debes ser más optimista y fijarte en la vertiente positiva de las cosas.*

vertiginoso, -sa *adj.* **1** Que produce vértigo: *una cuesta vertiginosa.* **2** Que se hace con mucha rapidez o intensidad: *un éxito vertiginoso; un ritmo vertiginoso.*

vértigo *n. m.* **1** Sensación de miedo a perder el equilibrio semejante a un mareo que se experimenta en lugares elevados: *no puede asomarse al balcón porque padece vértigo.* **2** Velocidad o ritmo intenso de una actividad: *como está acostumbrado a vivir en el campo, no soporta el vértigo de la gran ciudad.* **SIN** ajetreo. **ANT** calma.
DER vertiginoso.

vesical *adj.* De la vejiga o que tiene relación con este órgano del cuerpo: *la contracción vesical es voluntaria.*

vesícula *n. f.* **1** Saquillo membranoso de un organismo que contiene líquido o aire. ☞ reproductor, aparato. **vesícula biliar** ANAT. Saquillo membranoso del sistema digestivo que contiene la bilis producida por el hígado y que se vacía durante la digestión: *la vesícula biliar tiene forma de pera y se sitúa en la parte inferior del hígado.* ☞ digestivo, aparato. **2** Bulto pequeño lleno de líquido que se forma en la piel: *con el herpes le salieron muchas vesículas en la cabeza y en el cuello.*
ETIM Véase *vejiga*.

vespertino, -na *adj.* De la tarde o que tiene lugar en este momento del día: *crepúsculo vespertino; función vespertina.* **SIN** matutino.
ETIM Véase *víspera*.

vestíbulo *n. m.* **1** Parte de la casa que hay junto a la puerta principal y que se usa para recibir a los que llegan: *hemos colocado un nuevo espejo en el vestíbulo.* **SIN** entrada. **2** Estancia amplia a la entrada de grandes edificios: *los viajeros están esperando en el vestíbulo del hotel a que les den las llaves de sus habitaciones.* **3** ANAT. Hueco del oído interno: *el vestíbulo se comunica con el caracol y con el tímpano.*

vestido *n. m.* **1** Prenda de vestir femenina que une cuerpo y falda formando una sola pieza: *llevaba un vestido largo muy elegante.* **2** Conjunto de prendas de vestir que se ponen sobre el cuerpo para cubrirlo o abrigarlo: *llevaba un taparrabos por todo vestido.* **SIN** ropa, indumentaria.
DER vestidor, vestidura.

vestidor *n. m.* Habitación que se usa para vestirse o arreglarse.

vestidura *n. f.* **1** Ropa exterior que cubre el cuerpo: *venía adornada con joyas y ricas vestiduras.* **SIN** vestido. **2** Vestido que los sacerdotes se ponen encima del ordinario para celebrar la misa: *el monaguillo ayudó al sacerdote a ponerse las vestiduras.*
rasgarse las vestiduras Escandalizarse con ostentación o hipocresía por algo de poca importancia: *¿y por eso se rasgan las vestiduras, cuando lo ven todos los días?*
OBS Se usa generalmente en plural.

vestigio *n. m.* **1** Señal que queda de una cosa pasada o antigua: *los vestigios de una guerra.* **2** Indicio que queda de una realidad anterior mejor: *vestigios de grandeza; vestigios de inteligencia.*
ETIM *Vestigio* procede del latín *vestigium*, 'planta del pie', 'huella', voz con la que también está relacionada *investigar*.
OBS Se utiliza sobre todo en plural.

vestimenta *n. f.* **1** Conjunto de prendas de vestir: *la vestimenta de las mujeres suele ser más vistosa que la de los hom-*

vestir

bres. **SIN** ropa, vestido. **2** Prenda de vestir ridícula: *¿dónde vas con esa vestimenta?*

vestir *v. tr./prnl.* **1** Cubrir el cuerpo de una persona con ropa: *¿has vestido ya al niño?; me visto en un momento y nos vamos.* **ANT** desnudar, desvestir. ◊ *v. tr./intr./prnl.* **2** Llevar puesto un vestido o traje: *la modelo vestía una elegante falda negra y una blusa azul; el novio iba vestido de azul marino; se vistió de mujer para burlar a sus perseguidores.* ◊ *v. tr.* **3** Proporcionar vestidos: *mis padres me han alimentado y me han vestido hasta que he acabado mis estudios.* **4** Hacer vestidos: *esta señora es la modista que nos ha vestido durante muchos años.* **5** Disimular con alguna acción compensatoria una carencia o defecto: *vestía su egoísmo repartiendo limosnas.* ◊ *v. tr./prnl.* **6** Cubrir o resguardar una cosa con otra para adornarla o protegerla: *vestir las paredes con tapices; vestirse los árboles con hojas nuevas.* ◊ *v. intr.* **7** Resultar adecuada una ropa: *me pondré esta chaqueta negra para la comunión porque viste mucho.* ◊ *v. intr./prnl.* **8** Ir normalmente a comprarse la ropa en un determinado lugar: *yo siempre me visto en una tienda de ropa que hay muy cerca de casa.*
el mismo que viste y calza Expresión que confirma que se trata efectivamente de la persona de la que se ha hablado: *—¿Te refieres a Eduardo? —El mismo que viste y calza.*
DER vestido, vestimenta, vestuario; desvestir, investir, revestir.
OBS En su conjugación, la e se convierte en *i* en algunos tiempos y personas, como en *servir*.

vestuario *n. m.* **1** Lugar destinado a cambiarse de ropa: *los vestuarios de un centro de deportes.* **2** Conjunto de prendas de vestir de una persona: *cada primavera renueva su vestuario.* **SIN** indumentaria. **3** Conjunto de prendas de vestir que se usan en un espectáculo: *esta película ha recibido el premio al mejor vestuario.*

veta *n. f.* **1** Franja que forma un dibujo en un material por ser de diferente color o de un material distinto: *vetas de la madera; vetas del tocino; vetas de cuarzo en la pizarra.* **2** Estrato alargado de un mineral diferente a la formación rocosa que le rodea: *descubrieron vetas de oro y diamantes.* **SIN** filón, yacimiento.
DER veteado.

vetar *v. tr.* **1** Poner el veto a un acuerdo: *el proyecto de ley fue vetado por los miembros del Senado.* **ANT** aprobar. **2** Impedir que una cosa se haga: *le han vetado la entrada.* **SIN** prohibir.
DER veto.

veteado, -da *adj.* Que tiene vetas: *muebles de madera veteada.*

veteranía *n. f.* Experiencia en una profesión o en una labor por haberla desempeñado mucho tiempo: *hizo valer su veteranía y ganó en el último momento.*

veterano, -na *adj./n. m. y f.* **1** [persona] Que tiene mucha experiencia en una profesión y la conoce en todos sus aspectos: *los veteranos tenéis que orientar a los nuevos.* **2** [militar] Que lleva un tiempo sirviendo en filas y conoce en profundidad la vida en el cuartel. **ANT** recluta. **3** [persona] Que tiene una edad más avanzada que otros que practican un mismo deporte o actividad: *un partido de fútbol entre veteranos y jóvenes.* **4** Persona que ha combatido en una guerra. ◊ *adj.* **5** [cosa] Que lleva más tiempo activo o funcionando que otras cosas de la misma clase: *un programa veterano de la televisión.*
DER veteranía.
ETIM Véase *viejo.*

veterinaria *n. f.* Ciencia que estudia y cura las enfermedades de los animales: *le gustan tanto los animales que ha decidido estudiar veterinaria.*
DER veterinario.

veterinario, -ria *n. m. y f.* Persona que se dedica a prevenir y curar las enfermedades de los animales: *voy a llevar a mi gata al veterinario para que la vacune.*

veto *n. m.* Derecho de una persona o de un organismo a impedir que una decisión de otra persona o de otro organismo se lleve a cabo: *el Senado tiene derecho a veto.*

vetusto, -ta *adj.* [cosa] Que es muy viejo o antiguo y que por ello está en mal estado: *un vetusto caserón.* **SIN** decrépito. **ANT** moderno.
ETIM Véase *viejo.*

vez *n. f.* **1** Momento en que se realiza o se repite una acción: *cada vez que lo veo me saluda.* **2** Ocasión en que se realiza o se repite una acción: *tienes que regar las plantas tres veces a la semana.* **3** Puesto que corresponde a una persona en una cola: *pedir la vez; dar la vez.* **SIN** tanda. **4** Momento u ocasión en que a una persona le corresponde hacer una cosa: *espera a que llegue tu vez para hablar.* **SIN** turno.
a la vez Al mismo tiempo: *no habléis todos a la vez.*
a veces En ocasiones: *a veces pienso en ti.*
de una vez De manera definitiva: *dime lo que tengas que decirme de una vez y no te andes con rodeos.*
de vez en cuando En ciertas ocasiones: *sólo nos vemos de vez en cuando.*
en vez de En lugar de: *deberías hacer algo útil en vez de estar tumbado en el sillón.*
hacer las veces de Ejercer la función de: *estoy haciendo las veces de director durante las vacaciones.*
rara vez Casi en ninguna ocasión: *rara vez va al cine.*
tal vez Posiblemente o quizá: *tal vez se acerque por aquí.*
una vez que Después de que: *descansaremos una vez que hayamos terminado el trabajo.*
ETIM *Vez* procede del latín *vicis*, 'turno', voz con la que también está relacionada *vicario.*
OBS El plural es *veces.*

vía *n. f.* **1** Camino que conduce de un lugar a otro: *el ganado pasa por esta vía.* **SIN** ruta. **vía pública** Calle de una población o carretera por la que circulan las personas y los vehículos: *el ayuntamiento retira los vehículos abandonados en la vía pública.* **2** Sistema de transporte o comunicación: *enviaremos el paquete por vía aérea.* **vía de comunicación** Vía que sirve para el transporte o el comercio por tierra, mar o aire: *en la antigüedad las vías de comunicación no permitían tanto el contacto entre los pueblos como hoy en día.* **vía férrea** Vía del ferrocarril o transporte por este medio: *lo mandamos por vía férrea; la vía férrea española cubre unos 14 000 kilómetros.* **3** Barra de hierro que sirve para construir el camino por el que circulan los trenes: *las vías del tren se unen con maderos o con cemento.* **SIN** carril, raíl. **4** Camino formado por dos barras de hierro, paralelas y unidas entre sí, por el que circulan los trenes: *no te acerques a la vía, puede ser peligroso.* **vía muerta** Vía férrea que no lleva a ningún lugar sino que sirve para apartar de la circulación máquinas y vagones: *pusieron el tren averiado en la vía muerta para repararlo.* **5** Conducto del cuerpo humano o animal: *el niño no puede respirar porque se le han obstruido las vías respiratorias; los jarabes y las pastillas son medicamentos que se toman por vía oral.* **6** Procedimiento o medio que sirve para hacer o conseguir una cosa: *este asunto tardará en arreglarse porque los trámites irán por vía administrativa.* **7** Indica paso a través de una cosa o un lugar: *todo el país recibirá las imágenes vía satélite.* Cumple una función parecida a la de las preposiciones.
de vía estrecha [persona] Que tiene poco valor o impor-

tancia: *no discutas con él, no es más que un abogado de vía estrecha.*
en vías de En camino de o a punto de: *afortunadamente, el conflicto armado está en vías de solucionarse.* Se usa con el verbo *estar*.
vía de agua Grieta por la que entra el agua en una embarcación: *la vía de agua era cada vez mayor.*
DER vial, viaje, viario; aerovía, aviar, desviar, entrevía, extraviar, obviar.

vía crucis *n. m.* **1** Conjunto de catorce cuadros y catorce cruces que representan los pasos que dio Jesucristo en su camino al Calvario: *el vía crucis se suele colocar en las paredes de las iglesias.* **2** Conjunto de oraciones que se rezan en conmemoración de estos catorce pasos: *fue a la iglesia a rezar el vía crucis.* **3** Sufrimiento o aflicción continua y prolongada que sufre una persona: *esta enfermedad se ha convertido en un vía crucis difícil de soportar.*
ETIM Procede del latín *via crucis*, que significa 'camino de la cruz'.

viabilidad *n. f.* **1** Posibilidad de llevarse a cabo un plan o proyecto: *han rechazado el proyecto por falta de viabilidad.* **2** Capacidad de vivir, especialmente la que tienen los niños recién nacidos: *la viabilidad de los fetos con problemas cardiovasculares es mayor cada día.*

viable *adj.* **1** [idea, plan] Que puede realizarse: *este proyecto es perfectamente viable dadas las condiciones actuales.* **SIN** factible. **ANT** inviable. **2** [camino] Que se puede usar: *llegaron al caserón por un sendero viable.* **SIN** practicable. **ANT** inviable. **3** [feto] Que está suficientemente desarrollado para vivir fuera del útero.
DER viabilidad; inviable.

viaducto *n. m.* Puente largo que salva un desnivel del terreno y sobre el cual discurre una vía férrea o una carretera: *el tren se elevaba lentamente atravesando túneles y viaductos.*

viajante *n. com.* Persona que se dedica a viajar para vender los productos de la empresa a la que representa: *ha recorrido toda España porque es viajante de profesión.*

viajar *v. intr.* **1** Trasladarse a un lugar que está alejado: *viajaremos a Suiza en el mes de julio; prefiere viajar en coche.* **2** Recorrer un trayecto un medio de transporte: *los barcos viajan por el mar.* **3** Ser transportada una mercancía: *el pedido viajará en avión.*
DER viajante, viajero.

viaje *n. m.* **1** Traslado a un lugar que está lejos: *un viaje en barco por las islas Baleares.* **2** Acción de recorrer el espacio que hay entre dos puntos: *este tren hace el mismo viaje seis veces al día.* **SIN** itinerario, trayecto. **3** Recorrido que se hace de un lugar a otro: *ha hecho tres viajes para transportar todos los sacos de arena.* **4** *coloquial* Golpe dado con la mano o con un instrumento: *sacó una navaja y le pegó un viaje.* **5** *coloquial* Efecto de una droga: *el viaje le duró toda la noche.*
DER viajar, viajero.

viajero, -ra *adj./n. m. y f.* Que viaja: *tránsito de viajeros en un aeropuerto; ¡viajeros al tren!*

vial *adj.* **1** Que tiene relación con las calles o con las carreteras y con el tránsito que circula por ellas: *educación vial; seguridad vial.* **SIN** viario. ◇ *n. m.* **2** Ampolla que contiene un medicamento inyectable o bebible.
DER vialidad.

vianda *n. f. culto* Comida, generalmente para remarcar que es abundante o exquisita: *sobre la mesa había apetitosas viandas.* **SIN** manjar.
OBS Se usa sobre todo en plural.

viandante *n. com.* Persona que va a pie por la calle: *en* *el accidente resultó herido un viandante que pasaba por allí.* **SIN** peatón.

viático *n. m.* **1** Sacramento de la Iglesia católica que se administra a las personas que están a punto de fallecer: *el sacerdote dio la extremaunción al enfermo y le administró el viático.* **2** Conjunto de provisiones o dinero que se le da a una persona, especialmente a un funcionario, para realizar un viaje.

víbora *n. f.* **1** Serpiente de longitud mediana, cabeza triangular, cuerpo robusto de piel gris con manchas negras; es venenosa: *las víboras son las serpientes venenosas que viven más al norte.* **2** Persona malévola que gusta de hablar mal de los demás: *no creas nada de lo que te cuente esa víbora.*
ETIM *Víbora* procede del latín *vipera*, que tenía el mismo significado, voz con la que también está relacionada *viperino.*

vibración *n. f.* **1** Movimiento repetido muy corto y rápido alrededor de una posición de equilibrio: *la vibración de una cuerda de guitarra; la vibración de un motor.* **2** Sonido o estremecimiento producto de este movimiento: *la vibración de un electrodoméstico; la vibración de un coche en una autopista.* **3** Sonido tembloroso: *noté que estaba emocionado por la vibración de su voz.*
buenas (o malas) vibraciones *coloquial* Sentimiento o sensación de simpatía o antipatía, respectivamente, que produce una persona o una cosa: *durante todo el concierto se respiraron buenas vibraciones.*

vibrador, -ra *adj.* **1** Que vibra: *algunos insectos tienen un aparato vibrador para comunicarse.* ◇ *n. m.* **2** Dispositivo que vibra o que hace vibrar: *el vibrador de un timbre produce vibraciones en una pequeña lámina flexible.* **3** Aparato eléctrico manual con movimiento vibratorio y de formas variadas que se utiliza para hacer masajes o en la actividad sexual.

vibrante *adj.* **1** Que provoca una excitación o alteración del ánimo: *los dos políticos se enzarzaron en un vibrante debate.* **2** GRAM. [sonido] Que se produce interrumpiendo el paso del aire de manera intermitente: *en español hay un sonido vibrante y otro vibrante múltiple.* ◇ *n. f.* **3** GRAM. Letra que representa este sonido: *en español hay dos vibrantes, la r y la rr.*

vibrar *v. intr.* **1** Moverse una cosa repetidamente, con gran rapidez y en una amplitud muy corta, a uno y otro lado de su posición de equilibrio: *la guitarra suena al hacer vibrar sus cuerdas; esa lavadora vibra demasiado cuando centrifuga.* **2** Resonar una cosa por efecto de la vibración: *las paredes vibraron por la explosión.* **3** Emocionarse ante la belleza de algo o por sentirse identificado con algo que se escucha: *el público vibraba al oír la música.* **4** Temblar por efecto de la emoción: *su voz vibraba al recordar el pasado.*
DER vibración, vibrador, vibrante, vibrátil, vibratorio.

vibrátil *adj.* Que puede vibrar o es capaz de vibrar: *ciertos organismos microscópicos presentan pequeños cilios vibrátiles que les permiten desplazarse.*

vibratorio, -ria *adj.* Que oscila de manera intermitente o puede hacerlo: *determinados tipos de ondas se transmiten mediante un movimiento vibratorio.*

vicaría *n. f.* **1** Oficio o dignidad del vicario. **2** Oficina del vicario. **3** Territorio de la jurisdicción del vicario.
pasar por la vicaría Casarse: *¿qué, cuándo pasáis por la vicaría?*

vicario, -ria *n. m. y f.* **1** Religioso que ayuda a un superior en sus funciones o lo sustituye: *el vicario de una parroquia está bajo la autoridad del párroco.* **vicario de Jesucristo** El Papa. **2** Sacerdote elegido para hacer de obispo en un lugar

V v

en el que no existe diócesis o circunscripción eclesiástica. ◇ *adj./n. m. y f.* **3** [persona, organismo] Que sustituye a otro.
DER vicaría.
ETIM Véase *vez*.

vice- Elemento prefijal que entra en la formación de palabras con el significado de: *a)* 'En vez de', 'que hace las veces de': *vicepresidente*. *b)* 'De categoría inmediatamente inferior': *vicealmirante*.
OBS Toma también las formas *vi-*, *viz-*: *virrey*, *vizconde*.

vicealmirante *n. m.* Oficial de la armada cuya graduación militar es inmediatamente inferior a la de almirante y superior a la de contraalmirante: *el grado de vicealmirante equivale al de general de división en el ejército*.

vicepresidente, -ta *n. m. y f.* Persona que ocupa el cargo inferior al del presidente y lo sustituye en determinados trabajos: *el vicepresidente se hace cargo de algunas tareas del presidente cuando éste viaja*.
DER vicepresidencia.

vicerrector, -ra *n. m. y f.* Persona que ocupa el cargo inferior al del rector y lo sustituye en determinados trabajos.

vicetiple *n. f.* **1** Cantante que forma parte del coro en operetas, revistas y otras representaciones musicales: *ella quería ser estrella, pero sólo consiguió ser vicetiple*. **SIN** corista. **2** MÚS. Cantante de voz algo más grave que la tiple o soprano.

viceversa *adv.* Al contrario o al revés de lo que se ha dicho anteriormente: *ella descansa cuando él trabaja, y viceversa*.

viciar *v. tr./prnl.* **1** Hacer que alguien adquiera un vicio o una costumbre considerada mala: *no lo lleves tanto a los bares, que lo vas a viciar; ese cachorro se viciará si le das tanto de comer*. ◇ *v. tr./prnl.* **2** Hacer que algo se estropee o se deforme: *viciarse el aire de una habitación; viciar una prenda al colgarla mal*. **3** Anular la validez de un acto o de un documento: *la gran repercusión del caso ha viciado la sentencia*.
DER viciado; enviciar.
OBS En su conjugación, la *i* no se acentúa, como en *cambiar*.

vicio *n. m.* **1** Costumbre o uso que se considera malo, sobre todo desde el punto de vista moral: *vicios inconfesables; la pereza es un vicio*. **2** Gusto excesivo por una cosa, generalmente mala: *es una persona sin vicios: ni bebe ni fuma*. **3** Cosa que gusta de modo excesivo: *las pipas son mi vicio*. **4** Cosa incorrecta: *el logopeda puede corregir esos vicios de dicción; el contrato tiene vicios de forma y no podemos aceptarlo*. **SIN** error.
de vicio *coloquial* **a)** Muy bueno o muy bien: *este helado está de vicio*. **b)** Sin ningún motivo o por sistema: *esta chica se queja de vicio*.
DER viciar, vicioso.

vicioso, -sa *adj./n. m. y f.* **1** Que se entrega a placeres considerados malos desde el punto de vista moral. **2** Que le gusta algo de modo excesivo: *una persona viciosa de los caramelos*. **3** Que puede llegar a gustar de modo excesivo: *el chocolate es vicioso*.

vicisitud *n. f.* **1** Acontecimiento contrario al desarrollo o marcha de una cosa: *habríamos acabado mucho antes si no hubiéramos tenido tantas vicisitudes*. **SIN** contratiempo. **2** Sucesión de hechos positivos y negativos que ocurren en un tiempo determinado: *las vicisitudes de un viaje; las vicisitudes de la vida*.
OBS Se usa sobre todo en plural.

víctima *n. f.* **1** Persona o animal que ha sufrido un daño: *he sido víctima de una agresión; es una víctima de su ambición*. **2** Persona o animal que muere por culpa de alguien o de alguna cosa: *las víctimas de la guerra; la víctima del asesino;* *las víctimas de la epidemia*. **3** Persona o animal destinado al sacrificio: *las víctimas fueron sacrificadas a los dioses*.

victoria *n. f.* **1** Superioridad o ventaja que se consigue sobre el contrario en una lucha o competición: *el equipo español se hizo con la victoria; el ejército romano obtuvo numerosas victorias*. **SIN** triunfo. ◇ *int.* **2 ¡victoria!** Expresión que indica alegría por haber ganado al contrario en una lucha o una competición.
DER victorioso.

victorioso, -sa *adj.* **1** Que ha conseguido una victoria: *el equipo contrario ha salido victorioso del encuentro de esta tarde*. **2** Que tiene como resultado una victoria: *batalla victoriosa*.

vicuña *n. f.* **1** Mamífero rumiante parecido a la llama pero más pequeño y esbelto y con el pelo más fino: *la vicuña y la llama son animales andinos*. **2** Lana de este animal: *con la vicuña se hacen tejidos de calidad excepcional*.
OBS Para indicar el sexo se usa *la vicuña macho* y *la vicuña hembra*.

vid *n. f.* Arbusto de tronco leñoso y retorcido y ramas trepadoras con hojas palmeadas, cuyo fruto es la uva: *la vid se cultiva en zonas de clima templado; de la vid se saca el vino*.
ETIM *Vid* procede del latín *vitis*, que tenía el mismo significado, y con la que también está relacionada *viticultura*.

vid. Abreviatura de *vide*, 'véase'.

vida *n. f.* **1** Propiedad de los seres orgánicos por la cual crecen y se reproducen: *los minerales no tienen vida*. **2** Existencia de los seres que tienen esa propiedad: *¿hay vida en otros planetas?* **3** Período de tiempo que va desde el momento de nacer hasta el momento de morir: *la vida de Larra fue breve pero intensa*. **4** Duración de una cosa: *me han asegurado que este televisor tendrá una larga vida*. **5** Conjunto de lo necesario para vivir, especialmente el alimento: *el transporte de mercancías es su modo de ganarse la vida*. **6** Modo de vivir: *lleva una vida muy monótona*. **7** Trabajo en una actividad determinada: *su vida profesional apenas le deja tiempo libre*. **8** Narración de lo que ha vivido una persona: *este libro recoge la vida del emperador Adriano*. **9** Cosa que hace interesante la existencia: *su trabajo y su familia son toda su vida*. **10** Cosa que contribuye a que otra exista o se desarrolle: *la ganadería es la vida de esta comarca*. **11** Brillo de vigor o de energía que transmite una cosa: *ojos llenos de vida; un cuadro con mucha vida*.
a vida o muerte Con riesgo grave de morir: *enfrentarse a vida o muerte; operar a vida o muerte a un enfermo*.
buscarse la vida *coloquial* Intentar conseguir lo necesario para vivir o para un fin determinado: *debes encontrar un trabajo y buscarte la vida*.
de por vida Para siempre: *estará en prisión de por vida*.
de toda la vida Desde siempre: *al señor Luis lo conozco de toda la vida*.
hacer la vida imposible Molestar de forma continuada: *no le caigo bien y me hace la vida imposible*.
pasar a mejor vida Morir.
perder la vida Morir, especialmente de forma accidental o violenta: *en el alud perdieron la vida varios escaladores*.
tener siete vidas (como los gatos) Sobrevivir a situaciones difíciles o a peligros graves.
vida y milagros Historia detallada y prolija de las experiencias de una persona: *nos contó su vida y milagros*.
DER vidorra.

vidente *n. com.* **1** Persona que es capaz de descubrir cosas ocultas o de predecir el futuro: *fui a un vidente para que me dijera lo que me iba a suceder; Elisa no cree en los videntes*.

SIN adivino. ◊ *adj./n. com.* **2** [persona] Que puede ver: *es un acto para ciegos, pero las personas videntes también pueden participar.* **ANT** invidente, ciego.
DER videncia; invidente, televidente.
ETIM Véase ver.

vídeo *n. m.* **1** Sistema de grabación de imágenes y sonidos en una cinta que después pueden reproducirse en un televisor: *han grabado la carrera ciclista en vídeo.* **2** Cámara con la que se realiza esta grabación. **3** Película hecha mediante este sistema: *tenemos un vídeo de nuestro viaje.* **4** Aparato que sirve para grabar imágenes de la televisión y reproducir imágenes en ella: *programa el vídeo para que grabe esa película.*

videocámara *n. f.* Cámara que permite filmar imágenes en una cinta para reproducirlas posteriormente en un aparato de vídeo: *actualmente hay videocámaras de reducido tamaño que se manejan con gran facilidad.*

videocasete *n. f.* Videocinta.

videocinta *n. f.* Cinta magnética en la que se pueden grabar imágenes y sonidos para reproducirlos posteriormente mediante un aparato de vídeo: *para grabar la película introduce una videocasete en el vídeo.*
OBS Se usa frecuentemente la forma abreviada *vídeo.*

videoclip *n. m.* Grabación de una canción acompañada de imágenes en soporte de vídeo que sirve para promocionar una canción.

videoclub *n. m.* Establecimiento en el que se pueden alquilar y comprar películas de vídeo ya grabadas: *como no pudimos ir al cine, alquilamos la película en el videoclub.*

videodisco *n. m.* Disco que contiene imágenes y sonidos registrados para reproducirlos a través del televisor mediante un aparato especial: *los videodiscos se reproducen gracias a un lector que utiliza el láser.*

videojuego *n. m.* Juego que se visualiza por medio de una pantalla de televisión y cuyos mandos se accionan electrónicamente.

videoteca *n. f.* Colección de videocintas y lugar en el que se guardan: *tengo una videoteca con más de doscientas películas.*

videoteléfono *n. m.* Aparato telefónico provisto de un sistema de televisión para poder ver al interlocutor al mismo tiempo que se habla con él.

vidorra *n. f. coloquial* Vida cómoda y sin preocupaciones: *¡menuda vidorra te estás dando!*

vidriera *n. f.* Ventana o puerta formada por cristales, generalmente de colores, montados sobre un marco con fines decorativos: *las vidrieras de una catedral.*

vidrio *n. m.* **1** Material transparente o traslúcido, duro y delicado; se consigue al fundir diversas sustancias y enfriarlas con rapidez: *el vidrio se fabrica con silicatos alcalinos.* **SIN** cristal. **2** Objeto hecho con este material: *está quitando el polvo a los vidrios y las porcelanas de la vitrina.* **3** Placa hecha con este material que se coloca en ventanas o puertas. **SIN** cristal.
pagar los vidrios rotos Sufrir las consecuencias de una falta o un error sin tener culpa: *tuvo que aguantarse y pagar los vidrios rotos.*
DER vidriar, vidriera, vidrioso.
ETIM *Vidrio* procede del latín *vitrum*, que tenía el mismo significado, voz con la que también están relacionadas *vítreo, vitrificar, vitrina, vitriolo.*

vidrioso, -sa *adj.* **1** [ojos] Que parece cubierto de una capa transparente y líquida: *los ojos vidriosos de un borracho.* **2** [objeto, superficie] Que se parece al vidrio por su brillo o por su fragilidad.

vieira *n. f.* Molusco marino grande de concha superior convexa con estrías en forma de abanico y de concha inferior plana; es comestible: *las vieiras abundan en las costas de Galicia; los peregrinos se cosían conchas de vieira a la ropa cuando volvían de Santiago.*

viejales *n. com. coloquial* Persona de edad avanzada: *está hecho un viejales pero se mantiene en forma.*

viejo, -ja *adj./n. m. y f.* **1** [ser] Que tiene mucha edad: *mi padre empieza a ser viejo pero conserva toda su vitalidad.* **SIN** anciano. **ANT** joven. ◊ *adj.* **2** [ser] Que parece tener más edad de la que tiene en realidad: *he encontrado a Sebastián muy viejo y estropeado.* **3** [asunto, cosa] Que es antiguo o que hace mucho tiempo que existe o que ha sucedido: *el viejo problema de las relaciones entre padres e hijos; los viejos árboles; una casa vieja.* **4** [cosa] Que está gastado de tanto usarlo: *tengo que comprarme unos pantalones porque éstos ya están muy viejos.* **ANT** nuevo. **5** [cosa] Que ha pasado su tiempo de empleo idóneo: *periódicos viejos; fruta vieja.* ◊ *n. m. y f.* **6** *coloquial* Padre o madre: *mis viejos no me dejan llegar demasiado tarde a casa.*
de viejo [comercio] Que vende o trabaja mercancías de segunda mano: *librería de viejo.*
DER vejez, viejales.
ETIM *Viejo* procede del latín *vetus, -eris*, que tenía el mismo significado, voz con la que también están relacionadas *veterano, vetusto.*

viento *n. m.* **1** Movimiento horizontal del aire que se produce en la atmósfera: *las diferentes presiones de la atmósfera originan el viento; abrígate bien, que hace mucho viento.* **2** Impulso o influencia que reina en un ambiente: *vientos de libertad; vientos innovadores.* Se usa sobre todo en plural. **3** Cuerda o alambre que se ata para mantener derecha una cosa: *los vientos de una tienda de campaña; los vientos de una antena.* **4** Conjunto de instrumentos de una orquesta que producen música al soplar por ellos: *el viento de esta banda es magnífico.* ☞ *instrumentos musicales.*
a los cuatro vientos De modo que todo el mundo se entere: *era un secreto hasta que publicaron la noticia a los cuatro vientos.*
beber los vientos Desvivirse por una cosa o estar perdidamente enamorado de alguien: *vaya, estás que bebes los vientos por Mario.*
como el viento Con mucha rapidez: *al enterarse de la noticia, salió como el viento.*
contra viento y marea A pesar de los problemas y los obstáculos: *luchó por sus ideales contra viento y marea.*
correr malos vientos Ser las circunstancias poco favorables: *como corrían malos vientos, preferí no decir nada y marcharme.*
irse a tomar viento *coloquial* Desvanecerse un proyecto o fracasar un asunto: *todas nuestras ilusiones se fueron a tomar viento.*
irse (o marcharse) con viento fresco *coloquial* Expresión que se usa para rechazar a alguien con enfado o disgusto o para despreciarle: *vete con viento fresco, que ya estoy harto de ti.* Se usa en imperativo y también con otros verbos, como *echar, enviar* o *despedir.*
viento en popa Sin problemas y prósperamente: *nuestros planes van viento en popa.*
DER aventar.
ETIM *Viento* procede del latín *ventus*, que tenía el mismo significado, voz con la que también están relacionadas *ventarrón, ventear, ventilar, ventisca, ventolera, ventosa, ventoso.*

vientre *n. m.* **1** Parte anterior del cuerpo de las personas

viernes que se sitúa entre el tórax y la pelvis; contiene los principales órganos del aparato digestivo, urinario y genital: *metió el vientre para abrocharse el cinturón.* **SIN** barriga, tripa. **bajo vientre** Órganos sexuales de las personas. **SIN** genitales. **2** Parte análoga al vientre humano en el cuerpo de los mamíferos: *ese perro tiene el vientre hinchado: seguro que se ha dado un atracón.* **SIN** barriga, tripa. **3** Parte inferior y opuesta al dorso de los animales en general: *un pez de vientre plateado.* **4** Conjunto de órganos contenidos en esta parte del cuerpo: *sentía molestias en el vientre.* **SIN** barriga, tripa. **5** Parte abombada de un recipiente: *el vientre de una vasija.*
evacuar (o **descargar**) **el vientre** Expulsar excrementos por el ano. **SIN** defecar.
hacer de vientre o **hacer del vientre** *coloquial* Expulsar excrementos por el ano. **SIN** cagar.
ETIM *Vientre procede del latín* venter, -tris, *que tenía el mismo significado, voz con la que también están relacionadas* ventral, ventrículo.

viernes *n. m.* Quinto día de la semana: *para muchas personas el viernes es el último día laborable de la semana.*
OBS El plural también es *viernes.*

vietnamita *adj.* **1** De Vietnam o que tiene relación con este país del sudeste de Asia: *el producto básico de la agricultura vietnamita es el arroz.* ◊ *adj./n. m. y f.* **2** [persona] Que es de Vietnam: *los vietnamitas se dedican en su mayoría a las tareas del campo.*

viga *n. f.* Barra gruesa de madera, de metal o de cemento armado que se usa para aguantar el techo de las casas o como elemento de soporte horizontal en las construcciones en general: *las formas más habituales en la sección de una viga son el rectángulo, la letra T o la doble T.* **viga maestra** Viga que soporta el peso de otras vigas.

vigencia *n. f.* Período de tiempo durante el cual una ley está en vigor o una costumbre está en uso: *es una tradición que en muchas regiones sigue en plena vigencia.*

vigente *adj.* [ley, costumbre] Que tiene validez o está en uso: *el toque de queda sigue vigente en aquella ciudad.*
DER vigencia.

vigésimo, -ma *num. ord.* **1** Indica que el nombre al que acompaña o al que sustituye ocupa el lugar número 20 en una serie: *celebran el vigésimo aniversario de su boda.* ◊ *num.* **2** Parte que resulta de dividir un todo en 20 partes iguales: *si somos 20 para comer, me toca una vigésima parte del pastel.*
ETIM Véase *veinte.*

vigía *n. com.* **1** Persona que vigila desde un lugar apropiado, generalmente alto: *el vigía anunció la llegada de tres jinetes al castillo.* ◊ *n. f.* **2** Torre construida en un lugar alto para vigilar la lejanía: *dispararon una flecha al soldado que estaba en la vigía.* **SIN** atalaya. **3** Vigilancia desde un lugar apropiado: *van a establecer turnos de vigía en la azotea de ese edificio.* **4** MAR. Roca que sobresale en la superficie del mar.

vigilancia *n. f.* **1** Atención que se presta a una persona o cosa para observarla y controlarla y así evitar algún daño o peligro: *los policías extremaron la vigilancia del palacio.* **2** Conjunto de personas o medios preparados para vigilar: *en los presupuestos han previsto los gastos de vigilancia de los parques naturales.*

vigilante *adj.* **1** Que no deja de vigilar: *debemos seguir vigilantes por lo que pudiera pasar.* ◊ *n. com.* **2** Persona que se dedica a vigilar en algún lugar: *los vigilantes de los grandes almacenes se encargan de la seguridad.* **SIN** guarda. **vigilante jurado** Vigilante que trabaja en una empresa de seguridad privada: *los vigilantes jurados llevan uniformes semejantes a los de la policía.* **SIN** guarda jurado.

DER vigilancia.

vigilar *v. tr./intr.* Prestar atención a una persona o cosa para observarla y controlarla y así evitar algún daño o peligro: *vigila el guisado para que no se queme; uno de los ladrones vigilaba fuera mientras el otro robaba dentro.*
DER vigilante, vigilia.
ETIM Véase *velar.*

vigilia *n. f.* **1** Falta de sueño o dificultad para dormir: *después de la vigilia de anoche, hoy estoy muerto de sueño.* **2** Trabajo o actividad que se realiza por la noche: *ese libro es el fruto de sus vigilias.* **3** Día inmediatamente anterior a otro que es festivo para la Iglesia: *siempre nos reunimos con unos cuantos amigos la vigilia de Navidad a media tarde.* **SIN** víspera. **4** Día de abstinencia de comer carne por ser el anterior a una festividad, según los preceptos de la Iglesia.

vigor *n. m.* **1** Fuerza y energía de un ser vivo para desarrollarse y resistir esfuerzos y enfermedades: *ha perdido el vigor de la juventud; las plantas crecían con vigor.* **2** Actividad intelectual libre y eficaz: *vigor de espíritu; le respondió con vigor.* **3** Hecho de tener validez o uso una ley o costumbre: *esta ley entrará en vigor la próxima semana; es una moda pasajera que pronto dejará de tener vigor.* **4** Vitalidad y fuerza de una descripción o de un dibujo: *un colorido lleno de vigor.*
DER vigorizar, vigoroso.

vigorizar *v. tr./prnl.* Dar fuerza y energía: *estas vitaminas están indicadas para vigorizar las plantas; si haces ejercicio se vigorizarán tus músculos.* **SIN** fortalecer.
DER revigorizar.
OBS En su conjugación, la *z* se convierte en *c* delante de *e.*

vigoroso, -sa *adj.* Que tiene vitalidad y energía: *un caballo vigoroso; un estilo vigoroso; una razón vigorosa.*

vihuela *n. f.* Instrumento musical de cuerda parecido a la guitarra que se toca pulsando las cuerdas con una púa o con los dedos, o frotándolas con un arco: *la vihuela tuvo gran éxito entre los siglos XIII y XVI.*

vikingo, -ga *adj.* **1** De un pueblo escandinavo de guerreros y navegantes que se extendió por las costas atlánticas y por Europa occidental entre los siglos VII y XI: *arte vikingo; naves vikingas.* ◊ *adj./n. m. y f.* **2** [persona] Que pertenece a este pueblo: *es muy probable que los marinos vikingos llegaran a las costas de América septentrional.*

vil *adj.* **1** [persona, acción] Que es despreciable porque es muy malo o porque no tiene dignidad, valentía o lealtad: *su comportamiento es vil de tan interesado.* **SIN** rastrero, ruin. **2** [cosa] Que es despreciable porque no posee ningún valor, sobre todo espiritual: *una ocupación vil; el vil metal.*
DER vileza; envilecer.

vileza *n. f.* **1** Acción que merece desprecio: *ha sido una vileza por tu parte engañarnos a todos.* **2** Carácter de quien es despreciable por ser malvado o por no tener dignidad, valentía o lealtad: *su vileza no conocía límites.* **ANT** nobleza.

vilipendiar *v. tr.* Ofender a alguien gravemente por la palabra o el trato: *se sentía vilipendiada en su trabajo.* **SIN** denigrar.
OBS En su conjugación, la *i* no se acentúa, como en *cambiar.*

villa *n. f.* **1** Casa con jardín separada de las demás, especialmente la que está en el campo y se habita en período de vacaciones: *todos los veranos se marcha a una villa cercana a la costa.* **SIN** chalé. **2** Población que tiene ciertos privilegios o cierta importancia histórica: *la villa de Madrid.*
DER villano, villorrio.

villancico *n. m.* **1** Canción popular que se canta en Navidad cuyo tema central es el nacimiento de Jesús: *toda la familia se reunió alrededor del belén para cantar villancicos.*

2 Canción popular breve que servía de estribillo en composiciones poéticas más largas.

villanía *n. f.* **1** Condición social baja de una persona: *antiguamente la villanía era la clase social de los habitantes de una villa o aldea*. **2** Dicho o hecho viles y despreciables de una persona: *se marchó porque no podía soportar sus villanías*. **SIN** vileza.

villano, -na *adj./n. m. y f.* **1** [persona] Que actúa o es capaz de actuar de forma ruin o cruel: *creía que era una persona honrada, pero resultó ser un villano*. ◇ *adj.* **2** [persona, acción] Que demuestra falta de educación o de cultura: *no puedes ir a un restaurante de lujo con esos modales villanos*. **SIN** tosco. ◇ *n. m. y f.* **3** En la Edad Media, habitante de una villa perteneciente al estado llano, es decir, campesinos, comerciantes y artesanos fundamentalmente: *los villanos se distinguían de los nobles e hidalgos*.
DER villanía.

villorrio *n. m.* Población pequeña y con pocas comodidades: *quiere cambiar su lugar de residencia, ahora vive en un villorrio*.
OBS Tiene un matiz despectivo.

vilo Palabra que se utiliza en la locución *en vilo*, que significa: *a)* Sin apoyo o sin seguridad: *de joven era tan fuerte que levantaba en vilo a un burro; el árbol cayó y quedó colgando en vilo sobre la línea de alta tensión*. *b)* Con preocupación e inquietud: *he pasado toda la noche en vilo pensando que le podía pasar algo a mi hermana*.

vinagre *n. m.* **1** Líquido de sabor agrio y olor fuerte, rojizo o amarillo, derivado del vino o de otros líquidos alcohólicos, que se usa para aderezar algunos alimentos: *el vinagre se obtiene fermentando el vino; a esta ensalada le sobra vinagre y le falta aceite*. **2** *coloquial* Persona de mal genio.
DER vinagrera, vinagreta; avinagrar.

vinagrera *n. f.* **1** Recipiente que sirve para contener el vinagre que se usa a diario. ◇ *n. f. pl.* **2 vinagreras** Conjunto de dos recipientes que contienen aceite y vinagre: *sobre la mesa del restaurante había unas vinagreras y un salero*.

vinagreta *n. f.* Salsa fría hecha con aceite, vinagre, cebolla picada y otros ingredientes variables: *esta vinagreta lleva tropezos de tomate y pimiento crudos*.

vinajera *n. f.* **1** Jarro pequeño que se utiliza durante la celebración de la misa para servir el vino o el agua: *el sacerdote sostenía la vinajera mientras echaba el vino en el cáliz*. ◇ *n. f. pl.* **2** Conjunto formado por dos de estos jarros pequeños, uno con vino y otro con agua, junto con la bandeja en la que se colocan: *las vinajeras estaban sobre el altar*.

vinatero, -ra *adj.* **1** Del vino o relativo a esta bebida: *industria vinatera*. ◇ *n. m. y f.* **2** Persona que comercia con vino o lo transporta de un lugar a otro para su venta: *los vinateros están preocupados ante el descenso del consumo de vino*.

vinculación *n. f.* Relación que vincula o une a una persona o una cosa con otra: *no han podido demostrar la vinculación del detenido con este grupo terrorista*.

vincular *v. tr./prnl.* **1** Unir cosas inmateriales de manera firme o duradera: *el hombre y la mujer vincularon sus vidas*. **2** Relacionar un efecto con su causa: *el paro se vincula a las pérdidas económicas de las empresas*. **3** Hacer que una cosa dependa de otra: *no puedes vincular tu decisión a la opinión de los demás*. ◇ *v. tr.* **4** Obligar a hacer o cumplir una cosa: *este documento vincula a los dos firmantes*.
DER vinculación; desvincular.

vínculo *n. m.* Unión o relación no material, sobre todo cuando se establece entre dos personas: *vínculo matrimonial; vínculos de amistad*. **SIN** lazo.

DER vincular.

vindicar *v. tr./prnl.* **1** *culto* Conseguir una satisfacción por un mal o daño recibido. **SIN** vengar. **2** *culto* Defender a una persona a quien se acusa injustamente, especialmente por escrito: *escribió un artículo vindicando la memoria de su padre*. **3** *culto* Exigir una cosa a la que se tiene derecho. **SIN** reivindicar.
DER vindicativo; reivindicar.
ETIM Véase *vengar*.
OBS En su conjugación, la *c* se convierte en *qu* delante de *e*.

vinícola *adj.* De la elaboración del vino o relacionado con este proceso: *tiene una empresa vinícola*.

vinicultor, -ra *n. m. y f.* Persona que posee o cultiva viñas para la elaboración de vino: *los vinicultores de la comarca*.

vinicultura *n. f.* Técnica para la elaboración y crianza del vino.
DER vinícola, vinicultor.

vino *n. m.* Bebida alcohólica obtenida de la fermentación del zumo de la uva: *siempre se bebe un vaso de vino durante las comidas*. **vino blanco** Vino de color dorado o amarillento: *con el pescado se suele tomar vino blanco*. **vino clarete** Vino que es algo más claro que el tinto: *el vino clarete es una variedad del vino tinto*. **vino de mesa** Vino corriente y de buen precio que se toma para acompañar las comidas diarias: *los vinos de mesa no suelen tener denominación de origen*. **vino rosado** Vino de color rosado: *como unos comían carne y otros pescado, decidieron pedir vino rosado*. **vino tinto** Vino de color muy oscuro, con tonalidades rojas: *el vino tinto se suele tomar para acompañar las carnes*.
bautizar el vino Aguar el vino para hacer mejor negocio con él: *el bodeguero nos ha vuelto a engañar: ha bautizado el vino*.
tener buen (o mal) vino Comportarse de manera tranquila o violenta al emborracharse.
DER vinagre, vinajera, vinatero, vinicultura.

viña *n. f.* Terreno en el que se cultiva la vid: *tenía una viña al lado de los olivares*.
DER viñador, viñedo.

viñador, -ra *n. m. y f.* Persona que se dedica a cultivar viñas o que guarda una viña: *los viñadores están contentos con la cosecha de este año*.

viñedo *n. m.* Terreno extenso en el que se cultiva la vid: *los viñedos se perdían en el horizonte*.

viñeta *n. f.* **1** Recuadro que contiene uno de los dibujos de la serie que forma una historieta o cómic. **2** Dibujo de una publicación que muestra una situación con humor y que va acompañado de un texto breve: *del periódico sólo me gusta leer las viñetas*. **3** Dibujo que se pone como adorno al comienzo y al final de los capítulos de los libros.

viola *n. f.* Instrumento musical algo mayor que el violín y por tanto con un tono más grave; se toca colocándolo entre el hombro y el mentón y frotando sus cuatro cuerdas con un arco: *la viola forma parte del cuarteto de cuerda*. ☞ instrumentos musicales.

violáceo, -cea *adj. culto* Que tiene un color parecido al violeta: *las nubes tenían tintes violáceos al atardecer; el enfermo estaba muy pálido y tenía la boca violácea*. **SIN** violeta.

violación *n. f.* **1** Realización del acto sexual con una persona por la fuerza y en contra de su voluntad: *quien sufre una violación debe denunciarlo; la ley también considera violación el acto sexual con menores de doce años o con personas privadas de su sentido*. **2** Acción contraria a lo que establece una ley o a una norma: *violación del secreto profesional; la violación de los derechos humanos*.

violar *v. tr.* **1** Desobedecer una ley o norma: *todo el que viole la ley será castigado*. **SIN** contravenir, infringir, transgredir. **2** Tener una relación sexual con una persona por la fuerza y en contra de su voluntad: *fue encarcelado por intentar violar a su vecina*. **3** Penetrar en un lugar sagrado o protegido por la ley o abrirlo con ánimo destructivo: *violar una tumba*. **SIN** profanar.
DER violación, violador; inviolable.

violencia *n. f.* **1** Uso de la fuerza o de la intimación para dominar a otro o para hacerle daño: *le sometió con violencia; en esa película hay escenas de mucha violencia*. **SIN** brutalidad. **2** Manifestación social de este uso de la fuerza: *escalada de violencia*. **3** Fuerza intensa que puede causar daños o destrozos: *la violencia de una explosión; la violencia de las olas*. **4** Carácter de lo que puede tener efectos brutales: *la violencia de una crisis nerviosa; la violencia de un sentimiento*. **5** Manera brutal de expresar los sentimientos: *hablar con violencia*.

violentar *v. tr./prnl.* **1** Poner en una situación incómoda o embarazosa: *se violentó mucho cuando dieron a conocer sus secretos*. ◊ *v. tr.* **2** Vencer una resistencia mediante la fuerza: *violentar una puerta*.

violento, -ta *adj.* **1** [ser] Que tiende a usar la fuerza o a actuar con violencia: *es una persona muy violenta; en seguida se pone a gritar*. **ANT** pacífico. **2** [fenómeno, acción] Que tiene mucha fuerza o intensidad: *un fuego violento; un choque violento*. **3** [fenómeno, acción] Que tiene un efecto intenso sobre los sentidos: *impresión violenta; pasión violenta*. **4** [acción] Que se hace bruscamente y con intensidad: *no hagas movimientos violentos si no quieres lesionarte los músculos*. **5** [situación] Que es embarazoso o incómodo. **6** [persona] Que se siente incómodo en un lugar determinado o en una situación: *se sentía violento porque no conocía a nadie en la fiesta*. Suele utilizarse con verbos como *sentirse* o *ponerse*.
DER violencia, violentar.

violeta *n. f.* **1** Planta herbácea silvestre o cultivada que da unas flores pequeñas de color morado y de perfume dulzón más o menos intenso: *las hojas de las violetas silvestres permanecen frescas todo el año*. **2** Flor de esta planta: *perfume de violetas*. ◊ *n. m./adj.* **3** Color como el de las violetas: *el violeta se obtiene mezclando el rojo con el azul*. **SIN** morado, púrpura.
DER ultravioleta.

violín *n. m.* Instrumento musical pequeño, con una caja de madera hueca y alargada, estrecha en su centro y con dos aberturas en forma de f; sobre esta caja, sujetas a un mástil corto, se tensan cuatro cuerdas que se tocan con un arco y estando el violín colocado entre el mentón y el hombro: *la sonoridad de un violín es aguda*. ☞ *instrumentos musicales*.
DER violinista.

violinista *n. com.* Persona que toca el violín.

violón *n. m.* Instrumento musical de cuerda, de forma semejante a la del violín pero de tamaño mayor y por tanto de tono más grave; se toca de pie, apoyando su extremo inferior en el suelo y frotando sus cuatro cuerdas con un arco: *el violón es el instrumento de cuerda y arco mayor y más grave*. **SIN** contrabajo.

violoncelista o **violonchelista** *n. com.* Persona que toca el violoncelo.

violoncelo o **violonchelo** *n. m.* Instrumento musical de cuerda, de forma semejante a la del violín pero mayor, aunque no tan grande como el contrabajo; se toca sentado, apoyándolo en el suelo y entre las piernas para frotar sus cuatro cuerdas con un arco: *el violonchelo se afina a una octava más grave que la viola*. ☞ *instrumentos musicales*.
DER violonchelista, violoncelista.
OBS La Real Academia Española admite *violoncelo*, pero prefiere la forma *violonchelo*.

vip *n. com.* Persona importante por su poder e influencia social y que goza de gran popularidad.
ETIM *Vip* procede de la sigla inglesa *VIP, very important person*, 'persona muy importante'.
OBS El plural es *vips*.

viperino, -na *adj.* Que intenta ofender o desacreditar con palabras: *crítica viperina; un comentarista político viperino*.
lengua viperina Expresión que indica que una persona es muy cruel u ofensiva al hablar: *tiene una lengua viperina, así que más vale no meterse con él*.

virador *n. m.* Líquido empleado en fotografía para que el papel tome los colores: *necesitamos más virador para terminar de revelar este carrete*.

viraje *n. m.* **1** Cambio de dirección en la marcha de un vehículo: *el conductor hizo un viraje brusco*. **2** Cambio en las ideas o en la conducta: *su pensamiento político experimentó un fuerte viraje*.

viral *adj.* De los virus o que tiene relación con estos microorganismos que producen enfermedades: *infección viral*. **SIN** vírico.

virar *v. intr.* **1** Cambiar de dirección un vehículo en su marcha: *la fragata viró a babor*. **2** Cambiar de ideas o de manera de actuar: *sus ideas han ido virando hacia el anarquismo*. ◊ *v. tr.* **3** Someter un papel fotográfico a la acción de un líquido para que tome los colores: *el técnico metió el papel en la cubeta de líquido para virarlo*.
DER virador, viraje, virazón.

virgen *adj./n. com.* **1** [persona] Que nunca ha copulado o que nunca se ha unido sexualmente a otra persona: *un hombre virgen*. ◊ *adj.* **2** [cosa] Que permanece en su estado original porque no se ha utilizado: *una cinta de vídeo virgen*. **3** [territorio] Que no ha sido explorado o explotado por el hombre: *selva virgen*. **4** [producto] Que no ha sufrido procesos o transformaciones artificiales: *miel virgen; aceite virgen*. ◊ *n. f.* **5** María, la madre de Jesucristo: *los católicos sienten una gran veneración por la Virgen*. Se escribe con letra mayúscula. **6** Imagen de María, la madre de Jesucristo: *tiene una virgen en la mesilla de noche*.
viva la Virgen Persona que no se preocupa por nada y obra sin pensar: *es un viva la Virgen con el que no puedes contar para nada serio*. **SIN** vivalavirgen.
ETIM *Virgen* procede del latín *virgo*, 'virginidad', voz con la que también está relacionada *virgo*.
DER virginal, virginidad.

virginal *adj.* **1** De la Virgen María o que tiene relación con ella: *los devotos rezaban ante la imagen virginal*. **2** De una persona virgen o que está relacionado con ella: *la pureza virginal de un niño*. **3** Que está intacto o no ha sufrido ningún deterioro: *blancura virginal*. **SIN** puro.

virginidad *n. f.* Estado de la persona que no ha copulado o que no se ha unido sexualmente a otra persona: *en algunas culturas se da mucha importancia a la virginidad, sobre todo a la de la mujer*.

virgo *adj./n. f.* **1** [mujer] Que nunca ha tenido relaciones sexuales. **SIN** virgen. ◊ *adj./n. com.* **2** [persona] Que ha nacido entre el 23 de agosto y el 22 de septiembre, tiempo en que el Sol recorre aparentemente Virgo, sexto signo del Zodíaco. ◊ *n. m.* **3** Pliegue que reduce el orificio externo de la vagina: *las mujeres vírgenes conservan el virgo intacto*.

virguería *n. f.* **1** *coloquial* Cosa hecha con gran habilidad: *es* *un electricista que hace virguerías con los aparatos estropeados. Se usa sobre todo con el verbo hacer.* **2** *coloquial* Adorno o accesorio que se añade innecesariamente: *¿no te parece que ya llevas bastantes virguerías en la moto?*

virguero, -ra *adj.* **1** *coloquial* Que está hecho con mucho detalle y extraordinaria perfección: *ése es un coche muy virguero.* **2** *coloquial* [persona] Que hace una cosa con mucho detalle y extraordinaria perfección: *eres muy virguero tocando la batería.*

vírgula *n. f.* Raya o línea corta y delgada, especialmente la que se emplea como signo ortográfico: *la ñ se forma con una n y una vírgula; la tilde es una vírgula.*

vírico, -ca *adj.* De los virus o que tiene relación con estos microorganismos que producen enfermedades: *enfermedad vírica.* **SIN** viral.

viril *adj.* **1** Propio del hombre: *miembro viril.* **ANT** femenino. **2** [personalidad, acción] Que tiene alguna de las características que se atribuyen tradicionalmente al hombre: *su orgullo viril le impedía fregar los platos.* **SIN** varonil. **ANT** femenino.
DER virilidad.

virilidad *n. f.* Conjunto de características que se atribuyen tradicionalmente a un varón u hombre adulto: *hizo un alarde de fuerza para demostrar su virilidad.*

virreinato *n. m.* **1** Cargo o dignidad de virrey o virreina: *Colón pidió a los Reyes Católicos el virreinato de los territorios que conquistase.* **2** Tiempo durante el cual el virrey o la virreina desempeñaban su cargo: *tras su virreinato los virreyes tenían que informar de todas sus acciones.* **3** Territorio gobernado por un virrey o una virreina: *el primer virreinato en las tierras colonizadas de América fue el de Nueva España.*

virrey, virreina *n. m. y f.* **1** Persona que gobernaba un territorio en lugar de un rey, con la misma autoridad y poderes que él: *el virrey representaba al rey en los territorios colonizados que formaban parte de su corona.* ◊ *n. f.* **2** Mujer del virrey.
DER virreinato.

virtual *adj.* **1** [condición] Que es muy posible que se alcance porque reúne las características precisas: *hasta este momento el corredor colombiano es el vencedor virtual.* **SIN** potencial. **2** [cosa] Que existe sólo aparentemente y no es real: *realidad virtual; memoria virtual.*
DER virtualidad.

virtualidad *n. f.* **1** Posibilidad de que una cosa llegue a ser realidad aunque no lo sea en el presente: *en esa virtualidad deberíamos pensar cómo actuamos.* **2** Realidad ficticia que parece completamente cierta: *la virtualidad de los juegos electrónicos se desarrollará mucho gracias a la informática.*

virtud *n. f.* **1** Cualidad moral que se considera buena: *la virtud de la paciencia; una persona con muchas virtudes y pocos defectos.* **virtud cardinal** Virtud que se considera principio de las demás cualidades morales: *la justicia y la templanza son virtudes cardinales.* **virtud teologal** Virtud que tiene a Dios como objeto principal: *las virtudes teologales son fe, esperanza y caridad.* **2** Cualidad moral general de las personas que practican el bien: *el camino de la virtud.* **3** Capacidad para producir un efecto determinado, especialmente de carácter positivo: *estas hierbas tienen virtudes curativas.*

en virtud de Como resultado de o según: *lo decidiremos en virtud de tu comportamiento.*
DER virtuoso; desvirtuar.

virtuosismo *n. m.* Gran habilidad para hacer una cosa, especialmente para tocar un instrumento musical: *me fastidia que quiera demostrar su virtuosismo con la guitarra a cada compás.*

virtuoso, -sa *adj./n. m. y f.* **1** [persona] Que tiene gran habilidad para hacer una cosa, especialmente para tocar un instrumento musical: *este artista es un virtuoso del violonchelo.* **2** [persona, actitud] Que tiene buenas virtudes: *es una persona virtuosa y digna de respeto.*
DER virtuosismo.

viruela *n. f.* **1** Enfermedad contagiosa que se caracterizaba por provocar fiebre y por la aparición de ampollas de pus en la piel: *la viruela se declaró erradicada en 1979; la viruela deja cicatrices permanentes en el rostro.* **2** Ampolla de pus provocada por esta enfermedad: *picado de viruelas.*

virulé Palabra que se utiliza en la locución *a la virulé*, que significa 'estropeado o torcido en la forma de llevarlo': *llevas la corbata a la virulé; le han puesto un ojo a la virulé.*

virulencia *n. f.* **1** Fuerza o manifestación intensa, especialmente de una enfermedad: *la virulencia de esta epidemia causó muchas bajas.* **2** Violencia y energía empleada para atacar, sobre todo verbalmente: *la virulencia de una crítica.*

virulento, -ta *adj.* **1** [enfermedad] Que es maligno y se presenta con una gran intensidad: *supo sobrellevar un cáncer virulento.* **2** [enfermedad] Que es producido por un virus: *en invierno los hospitales se llenan de enfermos con afecciones virulentas.* **3** [crítica] Que es violento e hiriente: *una sátira virulenta.*
DER virulencia.

virus *n. m.* **1** Germen o ser vivo unicelular de una enfermedad; necesita introducirse como parásito en una célula para reproducirse y está constituido por material genético y una cubierta proteica: *el virus de la poliomelitis; el virus de la rabia.* **2** Programa de ordenador confeccionado en el anonimato con finalidades destructivas; tiene la capacidad de reproducirse y transmitirse independientemente de la voluntad del operador y causa daños en la memoria informática: *si compras programas piratas, corres el riesgo de introducir un virus en tu ordenador.*
DER viral, vírico; virulento; antivirus.
OBS El plural también es *virus*.

viruta *n. f.* Tira delgada y enrollada que sale de la madera o de otro material al pulirlo o rebajarlo con algún instrumento cortante: *el suelo de la carpintería estaba lleno de virutas; el pastel iba recubierto de virutas de chocolate.*

visado *n. m.* Señal o palabras que se ponen en un pasaporte o en otro documento para certificar que ha sido revisado y autorizado: *para entrar en ese país necesitas el visado de su embajada.*

visar *v. tr.* Dar validez una autoridad a un documento, poniéndole la certificación correspondiente después de haberlo examinado, para que pueda ser empleado: *para poder entrar en ese país te tienen que visar el pasaporte.*

víscera *n. f.* Órgano contenido en el interior del tronco del hombre y de los animales: *el estómago y el hígado son vísceras.* **SIN** entraña.
DER visceral.
OBS Se usa más en plural.

visceral *adj.* **1** [sentimiento] Que es muy profundo, intenso e irracional: *siente por él un odio visceral; pánico visceral.* **2** [persona] Que tiende a dejarse llevar por este tipo de sentimientos y a manifestarlos de forma exagerada: *es muy visceral: o le caes bien o te considera un enemigo.* **3** De las vísceras o que tiene relación con ellas: *cavidades viscerales.*

viscosidad *n. f.* **1** Consistencia espesa y pegajosa de una cosa: *la viscosidad de una papilla.* **2** Sustancia de consistencia viscosa, especialmente si es una secreción animal o vegetal: *las babosas van soltando una viscosidad al desplazarse.*

viscoso, -sa *adj.* **1** [sustancia] Que es espeso y pegajoso: *un aceite viscoso*. **2** [superficie, cuerpo] Que es de tacto desagradable por ser blando, húmedo y pegajoso: *un gusano viscoso; manos viscosas*.
DER viscosidad.

visera *n. f.* **1** Ala plana y dura con forma de media luna que tienen por delante ciertas gorras y que protege los ojos de la luz del sol: *los jugadores de béisbol llevan gorras de visera*. ☞ sombrero. **2** Prenda plana y dura con forma de media luna, que se sujeta a la frente generalmente por medio de una goma y que sirve para proteger los ojos de la luz del sol: *muchas tenistas juegan con visera*. **3** Pieza movible del casco que protege la cara: *antes de arrancar se bajó la visera*. **4** Pieza plana, rectangular y movible colocada en el interior de un coche y a la altura de la cabeza del conductor que sirve para evitar el reflejo del sol en los ojos: *el conductor bajó la visera porque el sol le molestaba*.

visibilidad *n. f.* **1** Carácter de lo que se puede percibir por la vista: *la visibilidad de las señales de circulación es importante para prevenir accidentes*. **2** Posibilidad de ver a una distancia mayor o menor determinada por la atmósfera: *mala visibilidad; buena visibilidad*.

visible *adj.* **1** Que se puede percibir con la vista: *una figura apenas visible en la oscuridad de la noche; esa estrella es visible sólo con la ayuda de un telescopio*. **ANT** invisible. **2** Que se puede ver o distinguir fácilmente: *este libro tiene erratas bastante visibles; coloca el anuncio en un lugar bien visible*.
DER visibilidad; invisible.

visigodo, -da *adj.* **1** De un pueblo germánico que invadió el Imperio Romano o que tiene relación con él: *en la península ibérica se fundó un reino visigodo con capital en Toledo*. ◊ *adj./n. m. y f.* **2** [persona] Que pertenece a este pueblo: *los guerreros visigodos saquearon Roma en el siglo v*.
DER visigótico.

visigótico, -ca *adj.* De los visigodos o que tiene relación con este pueblo germánico de la antigüedad: *escritura visigótica; arte visigótico*.

visillo *n. m.* Cortina de tela fina y casi transparente que se pone contra los cristales: *si pones unos visillos, la luz entrará igualmente y no se verá el interior de la casa desde fuera*.

visión *n. f.* **1** Percepción a través del sentido de la vista: *sin gafas no veo bien; tengo una mala visión de los objetos que están lejos*. **2** Capacidad de ver: *en el accidente perdió la visión de un ojo*. **SIN** vista. **3** Percepción general que permite comprender las cosas: *hoy en día las cosas cambian tan deprisa, que hace falta visión de futuro para triunfar*. **4** Manera de ver las cosas y de interpretarlas: *tú y yo tenemos visiones del mundo muy similares*. **5** Aparición de una cosa que no es natural: *decían que ese santo tenía visiones de la divinidad*.
ver visiones Dejarse llevar por la imaginación de manera exagerada y ver cosas que no existen: *si crees que está enamorada de ti, ves visiones*.
DER visible, visionar.

visionar *adj.* Ver determinadas imágenes cinematográficas o televisivas para tomar una decisión o dar una opinión profesional sobre ellas: *el director de la película visiona cada día las tomas que se han realizado*.

visionario, -ria *adj./n. m. y f.* **1** Persona que cree ver la verdad de algo y lo defiende fanáticamente, sin someterlo a crítica ni demostración ninguna: *no podemos dejarnos llevar por los visionarios como él*. **2** Persona que tiene o cree tener visiones o revelaciones sobrenaturales: *el visionario anunció el fin del mundo para el cambio de milenio*. ◊ *adj.* **3** Que es capaz de anticipar una visión justa del futuro: *las novelas visionarias de Julio Verne*. **SIN** profético.

visir *n. m.* Persona que antiguamente ocupaba el cargo de ministro de un soberano musulmán: *el gran visir era el primer ministro del antiguo Imperio otomano*.

visita *n. f.* **1** Ida a un lugar para ver a una persona: *esta misma tarde te haré una visita*. **2** Ida a un lugar para conocerlo: *una visita al museo*. **3** Persona o conjunto de personas que va a ver a otra u otras: *esta tarde espero visita*. **4** Observación que hace un médico de una persona que ha acudido a su consulta o que está ingresada en un hospital: *este médico pasa visita todas las mañanas*.

visitar *v. tr.* **1** Ir a un lugar para ver a una persona: *el domingo iremos a visitar a los abuelos; llevas mucho tiempo sin venir a casa a visitarme*. **2** Ir a un lugar para conocerlo: *fuimos a visitar el teatro romano de Mérida*. **3** Ir a un sitio de manera repetida: *me encanta visitar los museos*. **4** Examinar el médico a los enfermos: *la doctora visita a sus pacientes de cinco a ocho de la tarde*.
DER visita, visitador, visitante.

vislumbrar *v. tr.* **1** Ver con dificultad por la distancia o la falta de luz: *a lo lejos se puede vislumbrar un castillo*. **SIN** atisbar. **2** Sospechar que algo va a suceder por pequeños indicios: *no se vislumbra ninguna solución fácil para el problema de la desertización*. **SIN** atisbar, presentir.

viso *n. m.* **1** Prenda interior femenina de tela fina, y parecida a una falda o a un vestido sin mangas; se lleva bajo las faldas o los vestidos transparentes: *con las faldas de gasa suele llevar un viso*. **SIN** combinación. **2** Posibilidad de ser algo como se dice: *el cuadro atribuido a Velázquez tiene visos de ser obra de un discípulo*. **SIN** probabilidad. Se usa en plural. **3** Brillo que cambia con el reflejo de la luz: *el tafetán, el raso y el brocado son telas con viso*.
DER visillo.

visón *n. m.* **1** Mamífero carnívoro con patas cortas y cuerpo y cola largos, de orejas muy pequeñas y pelaje suave blanco, gris o marrón, según las especies y variedades: *el visón es un animal de hábitos acuáticos que vive en zonas de América del Norte y de Europa; el visón se cría en granjas para aprovechar su piel*. Para indicar el sexo se usa *el visón macho* y *el visón hembra*. **2** Piel de este animal y prendas fabricadas con esta piel, especialmente si son abrigos.

visor *n. m.* **1** Parte de una cámara fotográfica que sirve para enfocar rápidamente: *el visor sirve para delimitar el encuadre y para enfocar*. **2** Instrumento óptico con lentes de aumento que sirve para ver ampliadas las diapositivas o los fotogramas de una película al montarla. **3** Parte de una cámara por la que el operador ve aquello que quiere filmar o grabar.
DER retrovisor.

víspera *n. f.* Día inmediatamente anterior a otro, especialmente si éste es día de fiesta: *no conviene ponerse a estudiar como un loco la víspera de un examen*. **SIN** vigilia.
en vísperas En un tiempo inmediatamente anterior a, a punto, a poco tiempo de una fecha o de un hecho: *si lo ves nervioso, es porque está en vísperas de cambiar de trabajo*.
ETIM Víspera procede del latín *vespera*, 'la tarde y el anochecer', voz con la que también está relacionada *vespertino*.

vista *n. f.* **1** Sentido del cuerpo con el que se perciben, a través de los ojos, la forma y el color de los objetos, gracias a la luz: *el sentido de la vista está localizado en los ojos*. **SIN** visión.
vista de águila o **de lince** Vista que es muy aguda: *si eres capaz de leer aquel cartel desde aquí, es que tienes vista de águila; no hay quien te engañe: tienes vista de lince*. **2** Conjunto de los dos ojos en tanto que órganos de la

visión: *el oculista le ha dicho que tiene la vista cansada; lleva gafas porque tiene problemas en la vista*. **3** Mirada que se dirige hacia una persona o una cosa, o fijación de la mirada en un punto: *no le quitó la vista de encima en toda la noche*. **4** Apariencia o aspecto de una cosa al ser vista: *la comida tiene muy buena vista, pero un sabor asqueroso*. **5** Conjunto de cosas que pueden verse desde un lugar, especialmente paisajes o extensión de terrenos, y la posibilidad de verlos: *la vista era magnífica; he alquilado una habitación con vistas*. Se puede usar en plural sin que cambie de significado. **6** Fotografía de un lugar o pintura que lo representa: *tomaré unas cuantas vistas de este paisaje tan curioso*. **7** Habilidad, acierto para conseguir lo que se quiere y para hacer lo que conviene, derivada de una percepción clara y precisa de una situación: *confía en Esteban, tiene buena vista para los negocios*. **8** DER. Actos de un juicio celebrados ante el tribunal, en presencia del acusado, en los que se escucha a su defensa y a la acusación: *se produjeron incidentes durante la celebración de la vista*. ◇ *adj*. **9** *coloquial* Conocido, poco original: *el guión que propones está muy visto, hay miles de películas con ese argumento*.
a la vista En un lugar o lugar visible o de manera que puede verse: *para evitar robos, no dejes nada a la vista en el coche*.
a primera o **a simple vista** Sin necesidad de fijarse mucho, en una primera impresión: *a primera vista, parece un chico simpático; a simple vista parece un buen pintor*.
a vista de pájaro Desde el aire o desde lo alto: *el fotógrafo subió al avión e hizo fotografías de la ciudad a vista de pájaro*.
comerse con la vista Mirar a una persona con gran deseo o interés: *se nota que se quieren: cuando están juntos se comen con la vista*.
con vistas a Se utiliza para expresar una finalidad: *está estudiando mucho con vistas a presentarse a una oposición*.
conocer de vista Conocer a una persona por haberla visto en determinadas ocasiones, sin apenas haber hablado o sin haberla tratado más: *la conozco de vista: suelo cruzarme con ella por la calle*.
corto de vista Se aplica a una persona que padece un defecto de visión y ve mal los objetos lejanos: *es tan corto de vista que a dos metros todo lo ve borroso*. **SIN** miope.
en vista de Se utiliza para expresar una causa: *en vista de lo sucedido, no cenaremos juntos*.
hacer la vista gorda Hacer ver que no se repara en una falta: *vi cómo robaba, pero hice la vista gorda*.
¡hasta la vista! Expresión que se usa para despedirse: *ahora tengo que irme, ¡hasta la vista!*
perder de vista *a)* Dejar de vigilar algo, dejar de ver a una persona o cosa que se aleja o desaparece: *no les pierdas de vista mientras voy a buscar a la policía; vimos un avión sobrevolando la zona, pero al poco rato lo perdimos de vista*. *b)* No tener en cuenta algún dato o alguna información: *has perdido de vista que eres nuevo en esta empresa, por eso te comportas de ese modo*. *c)* Dejar de tener relación o contacto con una persona o cosa: *he perdido de vista a todos mis antiguos compañeros de colegio*.
saltar a la vista Ser muy claro y evidente: *saltaba a la vista que acabarían peleándose*.
volver la vista atrás Recordar o pensar en el pasado: *cuando vuelva la vista atrás, me doy cuenta de que siempre he sido muy feliz*.
DER avistar, entrevistar.

vistazo *n. m*. Mirada rápida y superficial, para comprobar algo o como primera aproximación a una cosa: *echa un vistazo a esta revista, es muy interesante; dale un vistazo al niño a ver si duerme*. **SIN** ojeada.

visto, -ta *adj*. DER. Fórmula que se utiliza para indicar que se da por terminado un proceso judicial o se anuncia el pronunciamiento de la decisión del juez: *el juicio ha quedado visto para sentencia*. **visto bueno** Fórmula que se pone al final de ciertos documentos o escritos, acompañada de la firma de la persona autorizada, para indicar que se da por aprobado o que se ajusta a los preceptos legales: *este visado no es válido si no tiene el visto bueno*.
estar bien (o **mal**) **visto** Estar una persona o una cosa bien o mal considerada por las normas sociales, éticas o morales: *no está bien visto que los hijos levanten la voz a los padres*.
estar muy visto *coloquial* Ser una persona o cosa demasiado conocida por abundar o aparecer con mucha frecuencia: *este modelo de chaqueta está muy visto, no es nada original; este cómico ya está muy visto y no hace gracia*.
por lo visto Indica que lo que se dice a continuación se deduce de determinados indicios conocidos: *por lo visto, hoy saldremos tarde del trabajo*.
visto que Indica que lo que se dice a continuación es la causa de lo que se dice en la oración principal: *visto que no llegaba, tuve que ir a buscarlo a su casa*.
visto y no visto *coloquial* Indica que una cosa se realiza o sucede con gran rapidez: *todo sucedió visto y no visto, sin que nadie se diera cuenta de ello*.

vistosidad *n. f*. Atracción que provoca una cosa por la viveza de sus colores, su brillantez o su aspecto agradable: *esa película está rodada en unos escenarios naturales de gran vistosidad*.

vistoso, -sa *adj*. [aspecto, espectáculo] Que es llamativo o que atrae la mirada por su variado colorido, su gran tamaño, su aspecto lujoso: *el pavo real tiene una cola muy vistosa; es un regalo muy vistoso, nadie diría que sea tan barato*.
DER vistosidad.

visual *adj*. **1** Del sentido de la vista o que tiene relación con él: *la miopía es un defecto visual; el águila tiene una gran agudeza visual*. ◇ *n. f*. **2** Línea recta imaginaria que une el ojo con un objeto observado: *cuando lo tengas en la visual, dispara*.
DER visualizar.

visualización *n. f*. **1** Visión de una cosa que no se puede ver a simple vista utilizando algún medio artificial: *la ecografía hace posible la visualización del feto en una pantalla*. **2** Representación mediante imágenes, dibujos o gráficos de ciertos fenómenos que no se pueden apreciar con el sentido de la vista: *el sismógrafo permite la visualización sobre papel de los fenómenos sísmicos*. **3** Representación que se forma en la mente de conceptos abstractos o de sucesos que no se han visto: *la visualización del amor es la imagen de dos personas abrazadas y besándose*.

visualizar *v. tr*. **1** Hacer visible mediante algún aparato o dispositivo lo que no se puede ver a simple vista: *las lesiones interiores pueden visualizarse mediante una radiografía; visualizar unas diapositivas con un proyector*. **2** Formarse en el pensamiento la imagen de una cosa que no se tiene delante o de un concepto abstracto: *no resulta fácil visualizar eso que estás describiendo*. **3** Representar por medio de imágenes, como gráficos o dibujos, fenómenos no visibles, abstractos: *todos los días visualizo el estado del disco duro de mi ordenador con un programa especial; hicimos un gráfico para visualizar la evolución de las ventas*.
DER visualización.
OBS En su conjugación, la *z* se convierte en *c* delante de *e*.

vital *adj*. **1** Que es propio de la vida o que está relacionado con ella: *funciones vitales; propiedades vitales*. **2** Que es muy

vitalicio

necesario o principal para el mantenimiento de la vida, o para fundar o sostener una cosa: *su ayuda fue vital para toda la familia*. **SIN** básico, esencial, fundamental, trascendental. **3** [persona] Que despliega mucha actividad y energía: *una mujer vital y optimista*.
DER vitalicio, vitalidad, vitalismo, vitalizar.

vitalicio, -cia *adj.* [cargo, renta] Que dura toda la vida: *su empleo de funcionario es vitalicio; cobra una pensión vitalicia*.

vitalidad *n. f.* **1** Energía y actividad para vivir o desarrollarse. **2** Característica de la persona o animal que manifiesta una actividad y una energía considerables: *la vitalidad de los niños; la vitalidad de una planta*. **SIN** dinamismo, vigor.

vitalismo *n. m.* **1** Característica de las personas que viven demostrando una gran energía y un fuerte impulso para actuar: *su vitalismo era contagioso*. **2** Teoría filosófica y científica que considera que existe un principio de vida que no se puede explicar solamente como resultado de fuerzas físicas o químicas.
DER vitalista.

vitalista *adj.* **1** [persona] Que vive mostrando una gran energía y actividad: *era tan vitalista que no tenías más que hablar con él para animarte*. **2** FILOS. Del vitalismo o que tiene relación con esta doctrina filosófica. ◊ *adj./n. com.* **3** FILOS. [persona] Que sigue la doctrina del vitalismo.

vitalizar *v. tr.* Dar una cosa fuerza o energía a algo o a alguien: *una alimentación equilibrada sirve para vitalizar el organismo*. **SIN** vigorizar.
OBS En su conjugación, la *z* se convierte en *c* delante de *e*.

vitamina *n. f.* Sustancia orgánica que se encuentra en los alimentos y que es necesaria en pequeñas cantidades para el desarrollo de los seres vivos y para su metabolismo: *los animales no pueden sintetizar las vitaminas, las obtienen a partir de los alimentos; las naranjas contienen mucha vitamina C; la carencia de vitaminas puede provocar enfermedades*.
DER vitaminado, vitamínico; avitaminosis.

vitaminado, -da *adj.* [alimento, medicamento] Que contiene vitaminas: *compré en la farmacia papilla vitaminada para el bebé*.

vitamínico, -ca *adj.* **1** De las vitaminas o que tiene relación con estas sustancias orgánicas: *algunas enfermedades tienen su origen en una deficiencia vitamínica*. **2** Que contiene vitaminas: *el médico me recetó un preparado vitamínico*.

vitelino, -na *adj.* Del vitelo o que tiene relación con este conjunto de sustancias nutritivas: *la membrana vitelina envuelve el óvulo de los animales*.

vitelo *n. m.* Conjunto de sustancias nutritivas que se encuentran almacenadas dentro de un saco y que sirven para alimentar al embrión: *el vitelo está constituido fundamentalmente por proteínas y grasas; la yema de un huevo es el vitelo*.

vitícola *adj.* Del cultivo de la vid o que tiene relación con él: *una comarca vitícola*.

viticultor, -ra *adj.* **1** Del cultivo de la vid o que tiene relación con él: *representantes de las regiones viticultoras se han reunido este fin de semana en nuestra ciudad*. **SIN** vitícola. ◊ *n. m. y f.* **2** Persona que cultiva la vid: *los viticultores consideran que este año habrá una buena cosecha*.

viticultura *n. f.* Cultivo de la vid y conjunto de técnicas usadas para este cultivo: *la viticultura nos enseña que las vides deben renovarse cada treinta años*.
DER vitícola, viticultor.
ETIM Véase *vid*.

vitola *n. f.* Anilla de papel que suelen llevar los cigarros puros con la marca o el distintivo del fabricante: *algunos puros llevan la vitola sobre una funda o envoltorio*.

vítor *n. m.* **1** Aclamación de alegría con que se aplaude a una persona o un suceso: *los vítores de la afición animaban a los jugadores en el partido*. **2** Cartel que se escribe sobre una pared para alabar a alguien por una hazaña: *tras la victoria electoral la fachada de la sede del partido apareció llena de vítores*.
OBS Se usa generalmente en plural.

vitorear *v. tr.* Gritar y aplaudir en apoyo de una persona o de una acción: *el público vitoreaba al candidato a la alcaldía*.
SIN aclamar, ovacionar.

vítreo *adj.* **1** [material] Que está hecho de vidrio o tiene sus características: *esta bañera lleva un esmalte vítreo muy resistente*. **2** Que es semejante al vidrio: *brillo vítreo*.
ETIM Véase *vidrio*.

vitrificación *n. f.* Operación que se hace para que un material adquiera la apariencia del vidrio: *la vitrificación de una superficie cerámica se realiza mediante la aplicación de un barniz vítreo*.

vitrificar *v. tr./prnl.* **1** Convertir una sustancia en vidrio: *algunas sustancias se vitrifican mediante su fusión y posterior enfriamiento*. **2** Hacer que una cosa adquiera la apariencia o el aspecto del vidrio: *la cerámica y la loza se suelen vitrificar para darles un mejor aspecto*.
OBS En su conjugación, la *c* se convierte en *qu* delante de *e*.

vitrina *n. f.* Mueble o escaparate con puertas de cristal para proteger los objetos que se hallan en su interior y poder verlos: *las vitrinas de una exposición de cerámicas; en la vitrina del comedor guardamos la cristalería de los abuelos*.
ETIM Véase *vidrio*.

vitrocerámica *n. f.* Cerámica tratada con un procedimiento especial que le da una gran dureza y la hace muy resistente al calor y a los cambios bruscos de temperatura: *las cocinas de vitrocerámica calientan los alimentos sin producir llama*.

vitualla *n. f.* Conjunto de alimentos necesarios para un grupo de personas, especialmente los que se preparan para el ejército o para una excursión o un viaje: *hacía una semana que las vituallas no llegaban al frente*. **SIN** víveres.
DER avituallar.
OBS Se usa sobre todo en plural.

vituperar *v. tr.* Criticar con mucha dureza o reñir a una persona: *el boxeador vituperó a su rival antes del combate*.
SIN censurar.
DER vituperio.

vituperio *n. m.* Cosa que dice una persona con la intención de censurar o reprender duramente a otra: *el público lanzaba vituperios contra el vituperado por su falta de imparcialidad*.

viudedad *n. f.* **1** Estado de la persona cuyo cónyuge ha muerto. **SIN** viudez. **2** Pensión o paga que recibe una persona que ha perdido a su cónyuge: *con la viudedad no le alcanza para llegar a fin de mes*.

viudez *n. f.* Estado de la persona cuyo cónyuge ha muerto.
SIN viudedad.

viudo, -da *adj./n. m. y f.* [persona] Que no ha vuelto a casarse después de la muerte de su cónyuge: *es viuda: su esposo murió hace un año*.
DER viudedad, viudez; enviudar.

¡viva! *int.* **1** Expresión de alegría o entusiasmo que se utiliza al recibir una buena noticia: *¡viva!, mañana iremos a casa de los abuelos*. **2** Expresión que se utiliza para vitorear a lo que se menciona: *¡viva el rey!; ¡viva la libertad!*

vivac *n. m.* Acampada que se realiza con la intención de pasar la noche al aire libre de manera provisional: *en lugar de volver al cuartel, las tropas que estaban de maniobras montaron un vivac*. **SIN** vivaque.

vivacidad *n. f.* **1** Agudeza de ingenio o rapidez de comprensión: *la vivacidad de los niños les permite aprender idiomas con mucha facilidad*. **SIN** viveza. **2** Manifestación de fuerza vital, de energía o de intensa alegría: *la expresión de su cara es de gran vivacidad*. **SIN** viveza.

vivalavirgen *n. com.* Persona informal, muy despreocupada e incapaz de asumir responsabilidades: *no volveré a trabajar con él porque es un vivalavirgen y lo hago todo yo*.

vivales *n. com.* Persona que actúa con astucia y sabe aprovechar las circunstancias en beneficio propio: *es un vivales que vive a expensas de los demás y se aprovecha de todo el mundo*.

vivaque *n. m.* Vivac.

vivaquear *v. intr.* Pasar la noche al aire libre, acampando en algún lugar para dormir: *una de las actividades de la instrucción militar consiste en vivaquear en el monte*.

vivaracho, -cha *adj.* [persona, animal, rasgo] Que tiene un carácter vivaz, despierto y alegre: *un cachorro vivaracho; unos ojos vivarachos*.

vivaz *adj.* **1** Que muestra entusiasmo, pasión y gran animación: *expresión vivaz; el coloquio que siguió a la conferencia fue muy vivaz*. **2** Que es inteligente y rápido en comprender y actuar. **3** Que tiene mucho brillo, intensidad o fuerza. **4** [planta] Que vive más de dos años, aunque la parte que está fuera de la tierra muera: *el tomillo es una planta vivaz*. **SIN** perenne.
DER vivacidad, viveza.

vivencia *n. f.* Experiencia vivida por una persona que influye en su carácter: *durante su infancia tuvo vivencias enriquecedoras*.
DER vivencial.
ETIM Véase *vivir*.

vivencial *adj.* De la vivencia o que tiene relación con una experiencia vivida: *esa experiencia vivencial le enseñó mucho*.

víveres *n. m. pl.* Alimentos necesarios para las personas, especialmente si se encuentran en una situación de emergencia o de guerra: *el ejército distribuyó víveres entre la población*. **SIN** vituallas.
ETIM Véase *vivir*.

vivero *n. m.* **1** Terreno o recinto en el que se cultivan árboles pequeños u otras plantas; cuando alcanzan el tamaño deseado se trasplantan a su posición definitiva o se venden: *un vivero de árboles de Navidad*. **2** Lugar delimitado dentro del agua para la cría intensiva de una especie determinada de pez, crustáceo o molusco: *un vivero de ostras*. **3** Circunstancia o lugar que es la causa de ciertos sentimientos, especialmente si son negativos: *esa oficina es un vivero de envidias*.

viveza *n. f.* **1** Rapidez en los movimientos o en las reacciones: *se desplegaron con viveza para iniciar el contraataque*. **2** Agudeza de ingenio o rapidez de comprensión: *su viveza le permitía resolver los cuestionarios en un santiamén*. **SIN** perspicacia, vivacidad. **3** Manifestación de fuerza vital, de energía, exaltación o pasión: *discuten con tanta viveza que no me atrevo a intervenir*. **SIN** vivacidad. **4** Brillo, luminosidad de los colores.

vívido, -da *adj.* [descripción, recuerdo] Que tiene una gran fuerza y claridad, como si estuviera ante los ojos o sucediera en ese momento: *me hizo una descripción vívida de lo que había sucedido*.

vividor, -ra *adj./n. m. y f.* [persona] Que disfruta intensamente de la vida, sin preocuparse de cuestiones trascendentes.

vivienda *n. f.* Casa, construcción preparada para que vivan en ella las personas: *están construyendo nuevas viviendas; dos tablones le servían de vivienda*.

vivificar *v. tr.* Dar vitalidad o fuerza a una persona que estaba débil o a una cosa que había perdido la energía: *su presencia repentina vivificó la reunión; la ducha matutina me vivifica*.
OBS En su conjugación, la c se convierte en qu delante de e.

vivíparo, -ra *adj./n. m. y f.* ZOOL. [animal] Que en su fase reproductiva desarrolla el embrión dentro del útero de la madre, de manera que al nacer la cría ya está formada: *los mamíferos son vivíparos; los marsupiales son vivíparos que acaban su formación en el marsupio o bolsa de la madre*.

vivir *v. intr.* **1** Tener vida: *ya no vive mi padre, murió hace poco*. **ANT** morir. **2** Tener las cosas necesarias para la vida: *con este sueldo difícilmente me llega para vivir*. **3** Pasar la vida o parte de ella en un lugar o con una compañía determinada: *vivió durante muchos años con Gustavo y Rafael; vive en un barrio del centro de la ciudad*. **SIN** habitar, residir. **4** Desenvolverse, actuar de cierta manera o en determinadas circunstancias: *ése sí que sabe vivir; en esta ciudad vivo muy mal*. **5** Quedar en la memoria, seguir presente en el pensamiento: *el recuerdo de su infancia vivió siempre en su mente*. **6** Durar o seguir vigente: *la música de los sesenta vive todavía en algunas composiciones*. ◇ *v. tr.* **7** Pasar por una situación determinada, experimentarla: *han vivido juntos momentos buenos y malos*. **8** Identificarse con una situación o poner mucha pasión en lo que se hace: *este actor vive todos los papeles que representa*.
no dejar vivir Molestar mucho y de forma continua: *esta chica no deja vivir a nadie con sus geniales ideas*.
no vivir Sufrir o estar preocupado por una cosa: *cuando mi hijo sale con la moto, estoy que no vivo*.
DER vividor, vivienda, viviente; convivir, desvivirse, malvivir, pervivir, revivir, sobrevivir, supervivir.
ETIM *Vivir* procede del latín *vivere*, que tenía el mismo significado, voz con la que también están relacionadas *vivar*, *vivencia*, *víveres*.

vivisección *n. f.* Disección practicada en un animal vivo, con el propósito de hacer estudios o investigaciones científicas: *mediante la vivisección se pueden conocer algunas características fisiológicas de ciertos organismos*.

vivo, -va *adj.* **1** Que tiene vida: *los seres vivos nacen, crecen, se reproducen y mueren; las víctimas del naufragio aún están vivas*. **2** Que continúa vigente o que no ha dejado de existir: *en los pueblos muchas tradiciones ancestrales siguen vivas*. **3** [color, sentimiento] Que es intenso y fuerte: *lleva las uñas pintadas de un rojo vivo; siento un vivo interés por conocer su nombre*. **4** [fuego, llama] Que se mantiene con intensidad: *el fuego no se ha apagado, todavía está vivo, mira las llamas*. **5** [recuerdo] Que se mantiene en la memoria: *la imagen de su rostro sigue viva en mi memoria*. **6** [rasgo] Que tiene fuerza y claridad: *es muy expresivo: tiene unos ojos muy vivos*. **SIN** vívido. **7** [ritmo, movimiento] Que es rápido y alegre: *una música muy viva*. ◇ *adj./n. m. y f.* **8** [persona] Que es inteligente y rápido para comprender y sabe aprovechar esas cualidades: *esta niña es muy viva, no conseguirás engañarla*. **SIN** listo. ◇ *n. m.* **9** Tira de tela que se pone como adorno en el borde de ciertas prendas de vestir: *los bordes del abrigo llevan un vivo negro*.
en vivo *a)* En persona, directamente: *ayer vi en vivo al presidente del Gobierno*. *b)* Transmitido al mismo tiempo que se produce: *este programa no está grabado, lo estamos viendo en vivo*.
DER vivales, vivaracho, vivaz, vívido, vivir; avivar.

vizcaíno, -na *adj.* **1** De Vizcaya o relacionado con esta provincia del País Vasco: *Bilbao es la capital vizcaína*. ◇ *adj./*

V

n. m. y f. **2** [persona] Que es de Vizcaya: *los vizcaínos tienen gran tradición industrial*.

vizconde, -desa *n. m. y f.* **1** Miembro de la nobleza que tiene un título de categoría inferior a la de conde y superior a la de barón; también ese título nobiliario. ◇ *n. f.* **2** Mujer del vizconde.

vocablo *n. m.* **1** Palabra, sonido o secuencia de sonidos con significado: *¿entendéis lo que quiere decir el vocablo antítesis?* **SIN** término. **2** Representación escrita de estos sonidos: *el vocablo pez está formado por tres letras*. **SIN** palabra, término.

vocabulario *n. m.* **1** Conjunto de palabras de una lengua: *el vocabulario se enriquece con nuevas palabras todos los días*. **2** Conjunto de palabras de una lengua que una persona conoce o emplea: *su vocabulario es muy amplio; mi vocabulario de francés deja mucho que desear*. **3** Conjunto de palabras que se usan en una región, un grupo social, una actividad o un tiempo determinados: *no entiendo el vocabulario técnico*. **4** Lista de palabras ordenadas y acompañadas de pequeñas explicaciones: *al final del libro aparece un vocabulario con los términos más importantes*. **SIN** glosario.

vocación *n. f.* **1** Inclinación, interés que siente una persona hacia una forma de vida o un trabajo: *desde muy joven manifestó su vocación por el cuidado de los animales*. **2** Llamada que se siente como procedente de Dios para llevar una forma de vida, especialmente para ser sacerdote o ingresar en una orden religiosa.
DER vocacional.

vocacional *adj.* [acción] Que es fruto de la vocación o está relacionado con ella: *su labor musical tiene carácter vocacional; su dedicación a los enfermos es vocacional*.

vocal *adj.* **1** De la voz, expresado con la voz, o que tiene relación con ella: *las cuerdas vocales producen los sonidos al hacer vibrar el aire procedente de los pulmones*. **2** [música] Que sólo se canta, sin acompañamiento de otros instrumentos. ◇ *n. f.* **3** Sonido del lenguaje humano que se produce al vibrar las cuerdas de la laringe y que no va acompañado de ninguna de las obstrucciones características de las consonantes: *las vocales del español son cinco; cuando se pronuncian las vocales el aire sale libremente por la boca*. **vocal abierta** Vocal que se pronuncia separando la lengua del paladar: *la a, e y o son vocales abiertas*. **vocal cerrada** Vocal que se pronuncia acercando la lengua al paladar o al velo del paladar: *la i y la u son vocales cerradas*. **4** Letra que representa ese sonido: *el niño está aprendiendo a escribir las vocales*. ◇ *n. com.* **5** Persona que tiene derecho a hablar en una reunión; especialmente, miembro de una junta que no tiene un cargo especial: *le han nombrado vocal del consejo de administración de la empresa*.
DER vocálico, vocalismo, vocalizar; semivocal.

vocálico, -ca *adj.* **1** De las vocales o que tiene relación con ellas: *el sistema vocálico de una lengua*. **2** [sonido] Que consta de vocales.

vocalista *n. com.* Cantante de un grupo musical o de una pequeña orquesta: *necesitan una vocalista para las actuaciones del verano*.

vocalización *n. f.* **1** Articulación correcta y clara de los sonidos de una lengua: *debo mejorar mi vocalización, porque no se me entiende*. **2** MÚS. Ejercicio de canto que consiste en realizar una escala de notas empleando una sola vocal o sílaba: *la vocalización permite controlar la regularidad y la calidad en la emisión del sonido*.

vocalizar *v. intr./tr.* **1** Articular claramente los sonidos de una lengua, las vocales, consonantes y sílabas de las palabras: *la maestra vocalizaba lentamente para que los niños copiaran el dictado*. **2** MÚS. Cantar recorriendo una escala de notas con una sola vocal o sílaba: *antes de un concierto, los cantantes suelen vocalizar*.
DER vocalización.
OBS En su conjugación, la *z* se convierte en *c* delante de *e*.

vocativo *n. m.* **1** GRAM. Caso de la declinación de algunas lenguas, como el latín, en que se pone la palabra con la que se invoca, llama o nombra a una persona o cosa. **2** GRAM. Palabra o conjunto de palabras que sirven para llamar la atención del oyente o para dirigirse a él: *en la oración* Ernesto, ven aquí, por favor, *el nombre propio es un vocativo*. **SIN** apelativo.

vocear *v. intr.* **1** Hablar en voz muy alta y agitadamente: *entró en la tienda muy nervioso y voceando*. **SIN** gritar, vociferar. ◇ *v. tr.* **2** Anunciar dando voces: *los niños vocean el número ganador de la lotería; el vendedor voceaba sus ofertas*. **3** Llamar a alguien gritando su nombre: *te voceaba desde el otro lado de la calle, pero no me oías*. **4** Gritar repetidamente a coro una palabra o una frase un grupo numeroso de personas: *el público voceaba el nombre de la actriz; la manifestación pasó voceando las reivindicaciones de los sindicatos*. **SIN** corear. **5** Decir una cosa que debería callarse por discreción: *no confíes en él, que luego lo vocea todo*.

voceras *n. com.* Persona que habla más de lo debido, generalmente porque dice indiscreciones o presume de algo de lo que no es capaz: *no le comuniques ningún secreto porque es un voceras que todo lo cuenta*. **SIN** bocazas.

vocerío *n. m.* Ruido producido por un conjunto de voces altas y confusas: *¡qué vocerío organizan los críos cuando salen al patio!* **SIN** griterío.

vociferar *v. intr.* **1** Hablar en voz muy alta y agitadamente: *cuando las cosas no le salen bien, enseguida se pone a vociferar*. **SIN** vocear. ◇ *v. tr.* **2** Propagar alguna noticia que debería callarse por discreción o modestia: *te voy a dar una buena noticia, pero no hace falta que la vociferes en cuanto salgas de aquí*.

vodca *n. amb.* Vodka, aguardiente: *el vodca es aguardiente; tomó una vodca con naranjada*.

vodevil *n. m.* Comedia teatral de tema poco trascendente y picante que suele acompañarse de números musicales: *el argumento del vodevil está basado en la intriga, el enredo y el equívoco*.

vodka *n. amb.* Aguardiente incoloro y muy fuerte que se obtiene destilando cereales como el centeno, el maíz o la cebada: *el vodka se produce y consume sobre todo en los países del este de Europa*.
OBS También se escribe *vodca*. ◇ El género más usado para esta palabra es el masculino: *el vodka*.

vol. Abreviatura de *volumen*, 'cuerpo material de un libro'.

voladizo, -za *adj./n. m.* [elemento de construcción, estructura] Que sobresale horizontal o inclinadamente de la vertical de un edificio o de una pared: *los arquitectos han diseñado elementos voladizos para que no caiga la lluvia sobre esa acera; balcón voladizo*.

volado, -da *adj.* [signo] Que se coloca al escribir en la parte superior derecha o izquierda de otro signo y es de tamaño más pequeño que él: *los signos volados se utilizan especialmente en abreviaturas, como en* 2.º *o* M.ª.

estar volado *coloquial* Estar una persona bajo los efectos de una droga o de estimulante.

volador, -ra *adj.* **1** Que vuela o puede volar: *hormiga voladora; aparato volador*. ◇ *n. com.* **2** Molusco marino parecido al calamar; como éste, es comestible, pero no tan apreciado. Para indicar el sexo se usa *el volador macho* y *el volador hembra*. **3** Pez marino pequeño caracterizado por el desarrollo de sus aletas pectorales y ventrales, lo que le permite saltar y planear por encima del agua: *los voladores son peces de diversas especies que viven en todos los mares*. Para indicar el sexo se usa *el volador macho* y *el volador hembra*. ◊ *n. m.* **4** Cohete que se utiliza en los fuegos artificiales; consta de un tubo de papel o cartón lleno de pólvora, que se lanza al aire prendiéndolo por la parte inferior y, una vez arriba, explota produciendo un ruido muy fuerte: *en la verbena lanzaron voladores de colores*.

voladura *n. f.* Destrucción total de una cosa utilizando explosivos y logrando que salte por los aires: *los artificieros de la policía procedieron a la voladura del paquete sospechoso*.

volandas Palabra empleada en la locución *en volandas*, que significa: *a*) Sujetándolo en el aire y sin que toque el suelo: *entre varios hombres llevaron al torero en volandas*. *b*) Rápidamente, en un tiempo muy breve: *no te preocupes, lo compro y lo traigo en volandas: en diez minutos lo tendrás aquí*.

volantazo *n. m.* Giro rápido y brusco del volante, para cambiar la dirección del automóvil: *el conductor dio un volantazo para no salirse de la carretera*.

volante *adj.* **1** [animal, cosa] Que vuela o puede volar: *he visto en el cielo un objeto volante, pero no he podido identificarlo*. **SIN** volador. **2** [equipamiento, trabajador] Que se desplaza o se lleva de un sitio a otro: *taller volante; meta volante*. **SIN** móvil. ◊ *n. m.* **3** Pieza en forma de rueda que tienen los coches y otros vehículos frente al asiento del conductor y que sirve para dirigirlos: *gira el volante a la derecha y tuerce por la primera calle*. ☞ automóvil. **4** Tira de tela rizada o fruncida que sirve para adornar las prendas de vestir o las tapicerías: *los vestidos de sevillana llevan muchos volantes*. **5** Hoja de papel pequeña, generalmente alargada, que se usa para la comunicación dentro de una institución u organismo; en ella se manda o se pide una cosa, o se hace constar determinada información de forma precisa: *el médico me ha dado un volante para que me hagan un análisis*. **6** Pelota o semiesfera coronada por unas plumas o por un plástico que las imita; se golpea con raquetas en el juego del bádminton: *de niño jugaba con un volante de corcho forrado con piel*. **7** Rueda de una máquina que sirve para regular el movimiento de un mecanismo y para transmitir dicho movimiento a toda la máquina: *las prensas de imprenta disponen de un volante para regular la presión; los relojes de cuerda tienen un volante para que siempre avancen a la misma velocidad*.
DER volantazo.

volar *v. intr.* **1** Moverse por el aire usando alas o un medio artificial: *las cigüeñas volaban alrededor del campanario; el avión está volando muy bajo*. **2** Ir por el aire un objeto que ha sido lanzado con fuerza: *durante la riña volaron los platos y los jarrones*. **3** Viajar en avión: *ha volado a Estados Unidos dos veces a lo largo de este mes*. ◊ *v. intr./prnl.* **4** Subir o moverse por el aire a causa del viento: *se han volado las hojas que estaban sobre la mesa*. ◊ *v. intr.* **5** *coloquial* Desaparecer con mucha rapidez o inesperadamente una cosa: *el chocolate voló en cuanto lo vieron los niños; Miguel ha volado porque hace un momento estaba aquí*. **6** Pasar con mucha rapidez el tiempo: *¡cómo vuelan los meses!* *coloquial* Desplazarse muy rápido: *tendré que volar para llegar a tiempo*. **SIN** correr. **8** Hacer una cosa muy deprisa: *desayunó volando porque llegaba tarde al trabajo*. ◊ *v. tr.* **9** Hacer explotar o destruir mediante una explosión: *los terroristas volaron el puente por el que pasaba el tren*.

DER voladizo, volado, volador, voladura, volandas, volando, vuelo; circunvolar, revolotear, sobrevolar.
OBS En su conjugación, la *o* se convierte en *ue* en sílaba acentuada, como en *contar*.

volátil *adj.* **1** [sustancia] Que se transforma fácilmente en vapor o en gas cuando está expuesto al aire: *la gasolina es una sustancia volátil*. **2** [carácter, opinión] Que cambia mucho o que es inconstante: *su entusiasmo es volátil*.
DER volatilizar.

volatilizar *v. tr./prnl.* **1** Transformar un cuerpo sólido o líquido en vapor o en gas: *el alcohol se ha volatilizado porque el bote estaba destapado*. ◊ *v. prnl.* **2 volatilizarse** Desaparecer con mucha rapidez y por sorpresa: *su fortuna se volatilizó sin que llegara a disfrutarla*.
OBS En su conjugación, la *z* se convierte en *c* delante de *e*.

volatinero, -ra *n. m. y f.* Persona que se dedica a realizar saltos y otros ejercicios de acrobacia sobre un alambre o una cuerda tendida en el aire: *en un espectáculo de circo suele haber trapecistas y volatineros*.

volcán *n. m.* **1** Grieta en la corteza terrestre, generalmente en lo alto de una montaña, por la que salen o han salido materiales incandescentes, gases y cenizas procedentes del interior de la Tierra: *la erupción de un volcán; el cráter de un volcán*. **2** Persona o lugar en el que se producen pasiones intensas, agitadas o ardientes: *es un volcán de sentimientos contradictorios; volcán de actividad*.
ETIM *Volcán* procede de *Vulcanus,* que era el dios romano del fuego, voz con la que también están relacionadas *vulcanismo, vulcanizar*.

volcánico, -ca *adj.* Del volcán o que tiene relación con esta grieta de la corteza terrestre: *la lava es una sustancia volcánica; zona volcánica*.

volcar *v. tr./prnl.* **1** Inclinar una cosa de modo que pierda su posición normal y quede apoyada sobre un lado: *el perro ha volcado el jarrón; el viento volcó dos vagones del tren*. **2** Hacer caer el contenido de un recipiente inclinándolo o dándole la vuelta: *volcó el cofre sobre la mesa; he volcado el vaso de agua sin darme cuenta*. **SIN** derramar, verter. ◊ *v. intr.* **3** Inclinarse un vehículo hasta dar una vuelta o más sobre sí mismo o hasta quedar apoyado sobre un lado diferente al normal: *el coche volcó y dio varias vueltas de campana*. ◊ *v. prnl.* **4 volcarse** Esforzarse mucho, hacer una persona todo lo posible para agradar o beneficiar a otra: *toda su familia se volcó con ella en los momentos difíciles*.
DER volquete, vuelco.
ETIM Véase *revolcar*.
OBS En su conjugación, la *o* se convierte en *ue* en sílaba acentuada y la *c* en *qu* delante de *e,* como en *trocar*.

volea *n. f.* Golpe dado a una pelota que está en el aire antes de que toque al suelo: *el tenista hizo una volea a la que su contrario no pudo responder*.

volear *v. tr.* Dar un golpe a una cosa que va por el aire antes de que toque el suelo, especialmente a una pelota en ciertos deportes: *voleó la pelota y la mandó fuera del campo*.
DER volea, voleo; revolear.

voleibol *n. m.* Deporte entre dos equipos de seis jugadores que hacen pasar con las manos una pelota por encima de una red que divide el terreno; el juego consiste en no dejar que la pelota toque el suelo del campo propio y procurar que caiga en el del equipo contrario: *en el voleibol tres jugadores de un mismo equipo pueden tocar la pelota antes de lanzarla al campo contrario; el voleibol es olímpico desde 1964*.
SIN balonvolea.

voleo *n. m. coloquial* Palabra empleada en la locución *a voleo,*

volframio 1362

que significa al azar o sin pensar: *seguro que me catean, porque he contestado todas las preguntas a voleo.*

volframio *n. m.* Metal de color gris o blanco plateado, que se usa en electricidad y electrónica para filamentos de lámparas de incandescencia y en aleaciones para la fabricación de aceros especiales: *el volframio es un metal parecido al acero; el símbolo del volframio es W.*

volquete *n. m.* Vehículo con una caja grande para llevar carga que se levanta para dejar caer lo que transporta: *el volquete llegó a la obra con una carga de arena.* **SIN** camión.

volt *n. m.* Voltio, unidad de potencial eléctrico: *el símbolo del voltio es V.* **SIN** voltio.
 OBS La Real Academia Española admite *volt*, pero prefiere la forma *voltio*. En escritos técnicos y científicos se usa más *volt*.

voltaje *n. m.* Diferencia de potencial eléctrico entre los extremos de un conductor: *el voltaje de los enchufes suele ser de 220 voltios.*

voltear *v. tr.* **1** Hacer que una persona o cosa dé vueltas: *voltear una honda; voltear un toro al torero.* ◇ *v. tr./prnl.* **2** Girar una cosa de modo que la parte superior quede debajo y la inferior encima: *voltearon el armario y arreglaron las patas.* ◇ *v. intr./prnl.* **3** Dar vueltas o volteretas una persona o cosa: *los acróbatas voltean sobre la cuerda floja.*
 DER voltereta.

voltereta *n. f.* Vuelta que se da apoyando las manos en el suelo, enroscando el cuerpo e impulsando las piernas en alto para caer y reincorporarse siguiendo la trayectoria inicial; también, vuelta semejante a ésta que se da en el aire: *saltó del trampolín y dio tres volteretas antes de llegar al agua.*

voltímetro *n. m.* FÍS. Aparato que mide la diferencia de potencial entre dos puntos de un circuito eléctrico.

voltio *n. m.* Volt, unidad de potencial eléctrico.
 dar (o **darse**) **un voltio** *coloquial* Dar un paseo: *vamos a dar un voltio por ahí.*
 DER voltaico, voltaje.

volubilidad *n. f.* **1** Cualidad de quien cambia fácilmente de opinión o tiene un carácter débil e influenciable. **2** Cualidad de lo que gira, cambia de dirección o se enrolla fácilmente: *la volubilidad de la fortuna.* **3** BOT. Cualidad de las plantas que crecen enroscándose en espiral en torno a un soporte. **SIN** inconstancia, inestabilidad.

voluble *adj.* **1** [persona] Que cambia fácilmente de opinión o tiene un carácter débil e influenciable: *un carácter voluble.* **SIN** inconstante, inestable. **2** [material] Que gira, cambia de dirección o se enrolla fácilmente: *esta cuerda es muy gruesa y poco voluble.* **3** BOT. [tallo] Que crece en espiral en torno a un soporte: *los guisantes son plantas volubles.*
 DER volubilidad.
 ETIM Véase *volver*.

volumen *n. m.* **1** Espacio que ocupa un cuerpo: *no puedes llenar con muebles de tanto volumen un comedor tan pequeño.* **2** Espacio, tamaño o medidas expresadas en tres dimensiones: *¿qué volumen tiene esta cisterna?* **3** Libro, parte encuadernada por separado que, por sí misma o junto con otras, forma una obra: *esta colección consta de 50 volúmenes.* **4** Intensidad del sonido: *baja un poco el volumen de la radio, por favor.* **5** Cantidad global o importancia de un hecho, negocio o asunto: *el volumen de ventas ha disminuido.*
 DER voluminoso.

voluminoso, -sa *adj.* [cosa, objeto] Que ocupa mucho espacio o que es grande: *paquete voluminoso; vientre voluminoso.*

voluntad *n. f.* **1** Deseo o intención, la cosa que quiere o desea una persona: *siempre quiere que se haga todo según su voluntad.* **última voluntad** Deseo último que expresa una persona antes de morir: *van a construir un hospital con su dinero: fue su última voluntad.* **2** Capacidad de una persona para decidir con libertad y para optar por un tipo de conducta determinado: *el hombre se diferencia de los animales en que tiene voluntad.* **3** Capacidad de esforzarse lo que sea necesario para hacer una cosa: *no tiene suficiente voluntad para estudiar una carrera, aunque es inteligente.*
 a voluntad Según el deseo de cada persona: *puedes servirte a voluntad.*
 ganar la voluntad Conseguir el apoyo de una persona: *ganó su voluntad para que le ayudara.*
 la voluntad Cantidad de dinero que una persona decide dar voluntariamente: *no ponía ningún precio, sólo tenías que cogerlo y dejar la voluntad.*
 DER voluntario.
 ETIM *Voluntad* procede del latín *voluntas, -atis,* que tenía el mismo significado, voz con la que también están relacionadas *volición, volitivo.*

voluntariado *n. m.* **1** Conjunto de personas que se unen libre y desinteresadamente a un grupo, generalmente para trabajar con fines benéficos o altruistas; también, las actividades que realizan: *el voluntariado es la base de muchas organizaciones humanitarias.* **2** Alistamiento voluntario de una persona a un ejército: *estos soldados han llegado al ejército a través del voluntariado.*

voluntario, -ria *adj.* **1** [acción] Que se decide hacer libremente y no por obligación o por imposición de otro: *las propinas son algo voluntario.* **SIN** facultativo. **ANT** involuntario, obligatorio. **2** [acción] Que se decide, se hace conscientemente y no como resultado de algún automatismo, de los reflejos o los impulsos: *la respiración no es voluntaria.* **ANT** involuntario. ◇ *n. m. y f.* **3** Persona que hace una cosa sin estar obligada a ello: *necesito tres voluntarios para limpiar el patio; los voluntarios de la Cruz Roja evacuaron a los heridos.* **4** Persona que se alista a un ejército sin haber sido llamada a filas: *los voluntarios pueden elegir destino.*
 DER voluntariado, voluntariamente, voluntariedad, voluntarioso, voluntarismo; involuntario.

voluntarioso, -sa *adj.* [persona] Que pone mucha voluntad y empeño en hacer las cosas: *encárgale la tarea a ella, que es muy voluntariosa y te la hará muy bien.*

voluptuosidad *n. f.* Satisfacción o complacencia por el placer que proporcionan los sentidos: *el joven miraba a su pareja con gran voluptuosidad.*

voluptuoso, -sa *adj.* **1** Que produce un intenso placer en los sentidos: *tacto voluptuoso; chica de curvas voluptuosas.* ◇ *adj./n. m. y f.* **2** [persona] Que busca los placeres que le proporcionan los sentidos: *es un voluptuoso al que le gustan los manjares exquisitos y la buena música.*

voluta *n. f.* **1** Adorno con forma de caracol o espiral como el de los capiteles o parte superior de las columnas jónicas: *el capitel jónico es más ornamentado que el dórico y se caracteriza por sus dos volutas.* **2** Objeto o cosa con esa forma de espiral: *volutas de humo.*

volver *v. intr./prnl.* **1** Regresar a un sitio en el que se ha estado antes: *volverá a casa dentro de una hora; se volvió por el camino del río.* ◇ *v. intr.* **2** Repetir lo que antes se ha hecho u ocurrir de nuevo un suceso: *volvieron a salir tres horas después; volveremos a llamar después porque no contestan; cada marzo vuelve la primavera.* **3** Tomar de nuevo el hilo de una historia, tema o negocio: *volveremos a lo convenido; volvamos ahora a la cuestión.* **4** Cambiar de dirección, dejar una línea o torcer: *habrá que volver a la izquierda.* ◇ *v. tr.* **5** Dar la vuelta o hacer girar, de manera que quede a la vista lo que antes estaba oculto: *vuelve la hoja del libro; volvió el colchón.* **6** Poner la cara exterior de una cosa, especialmente de una prenda de ropa, en el interior, de modo que el interior o el revés quede a la vista: *volvió el vestido del revés para coserlo.* **7** Dirigir o llevar hacia un sitio o hacia un fin: *vuelve tu corazón a los demás.* **8** Poner de nuevo una cosa en el estado o en el lugar original: *volvió el libro al estante.* **9** Devolver lo prestado o dar lo debido: *le vuelvo el libro; le volverá el favor.* ◇ *v. tr./prnl.* **10** Transformar una cosa, hacer que cambie de aspecto o estado: *la disolución se volverá blanca; se ha vuelto loco; volvió el agua en vino.* **11** Inclinar el cuerpo o el rostro hacia un punto en señal de atención, o dirigir la conversación hacia una persona: *se volvió hacia mí y me lo dijo; volvió los ojos hacia la puerta.*

volver en sí Recuperar el sentido o la consciencia: *a los pocos minutos, volvió en sí del desmayo.*

DER vuelta, vuelto; devolver, envolver, revolver.

ETIM *Volver* procede del latín *volvere*, 'hacer rodar', voz con la que también está relacionada *voluble.*

OBS En su conjugación, la *o* se convierte en *ue* en sílaba acentuada, como en *mover.*

vomitar *v. tr./intr.* **1** Expulsar violentamente por la boca lo que está en el estómago: *se mareó en el coche y vomitó.* ◇ *v. tr.* **2** Expulsar violentamente algo que está contenido dentro: *el horno vomitaba fuego.* **3** Proferir palabras desagradables o guiadas por el resentimiento: *no paraba de vomitar improperios.* **4** Revelar un secreto o cosas que se tenían calladas, especialmente si son desagradables o producto del resentimiento: *¡vomita de una vez lo que realmente piensas de mí!*

DER vomitivo, vómito, vomitorio.

vomitivo, -va *adj.* **1** *coloquial* [cosa] Que es muy desagradable o que produce asco o repugnancia: *esa música es vomitiva; lleva unos pelos vomitivos.* ◇ *adj./n. m.* **2** [sustancia] Que provoca vómitos: *este medicamento es vomitivo, así expulsarás lo que te ha sentado mal.*

vómito *n. m.* **1** Expulsión violenta por la boca de lo que está en el estómago: *sufría vómitos continuos.* **2** Sustancia que se vomita: *deberán analizar ese vómito de sangre.*

DER vomitona.

vomitona *n. f. coloquial* Vómito abundante o repetido de una persona o animal: *bebió tanto alcohol que estuvo toda la noche con una vomitona impresionante.*

vomitorio, -ria *adj.* **1** [sustancia] Que provoca vómitos. ◇ *n. m.* **2** Puerta en una grada de un estadio o recinto similar por la que entra o sale gran cantidad de gente.

voracidad *n. f.* **1** Cualidad de quien come mucho y con ganas: *la voracidad de los tiburones.* **2** Pasión, ansia al hacer una cosa: *lee novelas del Oeste con voracidad.*

vorágine *n. f.* **1** Remolino de gran fuerza e intensidad que forman en un punto las aguas de un mar, río o lago por la acción del viento o las corrientes: *el barco quedó atrapado en la vorágine y naufragó.* **2** Aglomeración de personas, de sucesos o de cosas que se amontonan confusamente: *la vorágine de rumores que se desencadenó impidió conocer la verdad sobre el hecho.* **3** Mezcla de sentimientos muy intensos que se manifiestan de forma desenfrenada: *estaba poseído por una vorágine de amor y de pasión hacia su pareja.*

voraz *adj.* **1** [animal, persona] Que come mucho y con ganas: *el tigre es voraz.* **2** [sensación] Que incita a comer así: *hambre voraz.* **3** [fenómeno] Que destruye completamente y con rapidez: *las voraces llamas destruyeron el viejo edificio.* **4** [acción] Que se hace con ansia: *deseo voraz; beso voraz.*

DER voracidad; devorar.

vos *pron. pers.* Forma del pronombre de segunda persona de singular, en género masculino y femenino: *vos no te has ido y no te irás nunca.*

DER vosear, vosotros.

OBS Se usa en el español de América del Sur, alternando en muchos lugares con *tú*. No se usa en el español europeo, donde la forma habitual es *tú.*

vosear *v. intr.* Usar el pronombre personal *vos* en lugar de *tú* para hacer referencia a la segunda persona del singular: *los argentinos vosean.*

DER voseo.

voseo *n. m.* Uso del pronombre personal *vos* en lugar de *tú* para hacer referencia a la segunda persona del singular: *el voseo se da en algunas partes de Hispanoamérica.*

vosotros, -tras *pron. pers.* Forma del pronombre personal de segunda persona de plural con la que se hace referencia al grupo de personas a las que se dirige el hablante: *vosotras os encargaréis de organizar la fiesta; nosotros nos marcharemos y vosotros os quedaréis.*

OBS También es la forma que se usa detrás de preposición: *el ladrón no estaba entre vosotros; este regalo es para vosotros.*

votación *n. f.* **1** Emisión de votos hecha por un grupo de personas: *el día de la votación; el resultado de la votación.* **2** Conjunto de votos emitidos: *la votación será favorable a la reforma.* **3** Sistema de emitir votos: *unos querían que la votación fuese a mano alzada y otros querían que fuese secreta.*

votación nominal Votación en la que se da el nombre de cada votante: *en la votación nominal, el presidente del Congreso llamaba por su nombre a cada diputado y éste se levantaba y decía su voto.* **votación ordinaria** Votación en la que se da el voto al ponerse en pie o al levantar la mano: *decidiremos con una votación ordinaria: quien esté a favor de ir a la huelga que levante el brazo.* **votación secreta** Votación que se lleva a cabo de forma que no se puede saber qué ha votado cada persona: *el director de departamento fue elegido mediante votación secreta.*

votar *v. intr./tr.* **1** Emitir un voto en una elección o en una consulta: *votó sí en el último referéndum; todos los españoles mayores de dieciocho años tienen derecho a votar.* ◇ *v. tr.* **2** Aprobar por votación: *debemos votar si queremos hacer huelga o no y acatar lo que diga la mayoría.*

DER votación, votante.

voto *n. m.* **1** Manifestación de la opinión, del parecer o de la voluntad de cada uno para aprobar o rechazar una medida o, en unas elecciones, para elegir a una persona o partido: *todavía no he decidido para qué candidato será mi voto.* **voto de calidad** Voto que da una persona con autoridad, que vale por dos y sirve para decidir en caso de igualdad: *ambos candidatos obtuvieron seis votos, pero Sánchez resultó elegido gracias al voto de calidad del presidente de la comisión.* **voto de censura** Voto que tiene como fin retirar la confianza puesta en un órgano de poder: *el gobierno ha recibido un voto de censura de la oposición.* **voto de confianza** Voto que tiene como fin aprobar o autorizar la libre actuación de un órgano de poder; también, confianza que se da a una persona para que actúe según su criterio en un asunto determinado: *han dado un voto de confianza a los gobernantes de ese país y seguirán gobernando dos años más.* **2** Papel o escrito en el que se expresa la opinión o la voluntad de cada uno de aprobar o rechazar una medida o, en unas elecciones, de elegir a una persona o a un partido: *se cerraron los colegios electorales y se procedió al recuento de los votos.* **3** Derecho a expresar en votación esta opinión o voluntad: *si no eres socio, tienes voz en la asamblea, pero no voto; un*

hombre, un voto. **4** Obligación que se contrae ante Dios, especialmente la de las personas que entran en estado religioso: *voto de pobreza; voto de silencio; voto de obediencia.* **5** Promesa que una persona hace a Dios, a la Virgen o a un santo, si obtiene la gracia que pide: *cuando se curó, su hija subió a la montaña para cumplir su voto.* **6** Objeto que expresa el agradecimiento a Dios, a la Virgen o a un santo por haber otorgado la gracia que se pedía: *los votos colgaban sobre el altar.* **SIN** exvoto.
hacer votos Rogar a Dios o expresar el deseo de que se cumpla una cosa: *hago votos por su pronta recuperación.*

vox populi Se utiliza para expresar que una cosa es conocida y sabida por todo el mundo, y por tanto se da como aceptada o verdadera: *las relaciones sentimentales entre la cantante y el torero son vox populi.*
ETIM Es un latinismo que significa 'voz del pueblo'.

voyeur *n. com.* Persona que es aficionada a espiar o mirar a escondidas a otras personas en situaciones eróticas para excitarse sexualmente: *algunas personas consideran que el comportamiento del voyeur es una desviación sexual.*
OBS Es de origen francés y se pronuncia aproximadamente 'buayer'.

voz *n. f.* **1** Sonido que se produce cuando el aire expulsado de los pulmones pasa por la garganta y hace que vibren las cuerdas vocales: *la voz resuena en la nariz y en la boca; si no subes la voz, no oiré lo que me estás diciendo.* **2** Conjunto de características de ese sonido: *Ana tiene voz de soprano.* **3** Grito que da una persona: *no me des esas voces, que no estoy sordo.* **voz de mando** Expresión con la que se dan órdenes a los subordinados: *al oír la voz de mando, los soldados iniciaron el desfile.* **4** Persona que se dedica a cantar: *el grupo está formado por tres músicos y dos voces.* **SIN** cantante. **5** Persona o medio de comunicación que habla o expresa la opinión de otras personas o de un colectivo: *Raquel se ha convertido en la voz del grupo; la revista era la voz del barrio, podía opinar quien quisiera.* **6** Derecho de dar una opinión: *en esta reunión no tiene ni voz ni voto.* **7** Noticia o rumor que corre entre la gente: *me ha llegado la voz de que subirán de nuevo los precios.* **8** Palabra de una lengua: *¿cuántas voces tiene este diccionario?* **SIN** término, vocablo. **9** GRAM. Categoría gramatical que indica si el sujeto de una oración realiza la acción del verbo o la recibe: *la oración el muchacho fue golpeado está en voz pasiva y golpearon al muchacho está en activa.*
a una voz A la vez: *todos contestaron la pregunta a una voz.*
a voz en cuello o **a voz en grito** Dando gritos: *llamaba a su hija por la ventana a voz en grito.*
correr la voz Difundir una noticia: *corre la voz de que va a dimitir.*
de viva voz Por medio de la palabra hablada: *no me respondió por escrito, sino que lo hizo de viva voz.*
pedir a voces Necesitar algo que es muy evidente con urgencia: *estas toallas están pidiendo a voces un buen lavado.*
DER vocear, voceras, vocerío, vociferar, vocinglero, vozarrón.
ETIM *Voz* procede del latín *vox, vocis,* que tenía el mismo significado, voz con la que también están relacionadas *invocar, revocar.*

vozarrón *n. m.* Voz muy fuerte y grave: *me dijo con su vozarrón que me callara.*

vudú *n. m.* **1** Religión muy difundida en las Antillas y en el sur de los Estados Unidos en la que se mezclan elementos de religiones africanas y del cristianismo; se caracteriza por sacrificios rituales y el trance como modo de comunicación con los dioses: *el vudú es de origen africano.* **2** Divinidad que se venera en esta religión. **3** Ritual de esta religión que consiste en clavar alfileres a un muñeco que simboliza una persona con la intención de hacerle daño o incluso de causarle la muerte: *el vudú es una práctica supersticiosa.*
OBS El plural es *vudúes,* culto, o *vudús,* popular.

vuelapluma Palabra que se utiliza en la expresión *a vuelapluma,* que significa 'deprisa y sin pensar en lo que se escribe': *me sentí inspirado, cogí papel y lápiz y escribí esta canción a vuelapluma; hicimos el presupuesto a vuelapluma y ahora estamos pagando las consecuencias.*
OBS También se escribe *a vuela pluma.*

vuelco *n. m.* **1** Cambio, generalmente inesperado, de la posición normal o natural de una cosa de manera que queda apoyada sobre otro lado: *el vuelco del autobús en la autopista produjo varios heridos.* **2** Cambio brusco o transformación completa que sufre una cosa: *la política económica de ese país ha dado un vuelco en los últimos años.*
dar un vuelco el corazón Sentir una persona un susto o sobresalto ante un suceso o noticia que no esperaba: *cuando lo vi acercarse tanto al precipicio, me dio un vuelco el corazón.*

vuelo *n. m.* **1** Movimiento o mantenimiento en el aire: *el hombre siempre ha admirado el vuelo de las aves; el avión emprenderá el vuelo en breves momentos.* **vuelo rasante** Vuelo que pasa rozando el suelo u otra superficie: *la golondrina pasa en vuelo rasante sobre el agua y bebe unas gotas.* **vuelo sin motor** Vuelo que se hace en un aparato que aprovecha las corrientes de aire: *los planeadores realizan vuelos sin motor.* **2** Viaje en avión o en otro vehículo aéreo: *el vuelo duró dos horas.* **3** Extensión de una prenda de vestir en una parte ancha o que no se ajusta al cuerpo: *una falda con mucho vuelo.* **4** Parte que cuelga en una tela: *un mantel con mucho vuelo.* ◊ *n. m. pl.* **5** vuelos ZOOL. Conjunto de plumas de las alas de un ave; también, las alas: *los vuelos del águila son largos y fuertes.*
al vuelo Rápidamente: *es muy listo, todo lo entiende al vuelo; apenas me dio tiempo de explicárselo, lo cogió al vuelo.*
alzar o **levantar el vuelo** a) Echar a volar: *al oír el disparo, los patos alzaron el vuelo.* b) Marcharse; hacerse independiente: *los hijos alzan el vuelo y abandonan la casa de sus padres.*
dar vuelos Permitir demasiadas cosas a una persona: *le has dado demasiados vuelos al chico.* **SIN** consentir.
de altos vuelos De mucha importancia, sobre todo económica: *se trata de un proyecto de altos vuelos.*
no oírse el vuelo de una mosca Haber un silencio total.
tocar a vuelo las campanas Tocar todas las campanas a la vez: *las campanas tocan a vuelo en las fechas importantes.*
tomar vuelo Empezar a desarrollarse: *mis planes están tomando vuelo, se hacen realidad.*
DER revuelo.

vuelta *n. f.* **1** Movimiento alrededor de un punto, hasta quedar en la primera posición o en la posición contraria: *para abrir el cerrojo tienes que dar una vuelta a la llave; la Luna da vueltas alrededor de la Tierra; dio la vuelta a la figura de porcelana para ver el precio.* **SIN** giro. **2** Cada uno de los giros que da una cosa alrededor de ella misma o de otra: *el cinturón me va enorme, me da dos vueltas a la cintura.* **3** Parte de una cosa que se ha girado sobre ella misma o sobre otra: *este cable tiene dos vueltas y no cabe por el agujero.* **4** Paseo, generalmente breve: *saldremos dentro de un rato a dar una vuelta.* **5** Regreso desde un lugar al punto primero o inicial: *no nos volveremos a ver hasta la vuelta de vacaciones.* **ANT** ida. **6** Dinero que sobra cuando, al pagar algo, la cantidad entregada es superior al precio: *el dependiente ha olvidado darme

la vuelta de las 1000 pesetas; quédese con la vuelta. Se usa también en plural. **7** Curva en un camino: *ten cuidado al conducir porque esta carretera tiene muchas vueltas; la portería de su casa la encontrás a la vuelta de la calle.* **8** Serie de puntos que se dan al tejer: *me faltan tres vueltas para terminar de tejer la bufanda.* **9** Carrera ciclista en la que se recorren distintos lugares de un país o región: *la vuelta ciclista a España.* **10** Pieza de tela que se pone en las mangas o el cuello de las prendas de vestir: *las vueltas de esta camisa son de color blanco.* **11** Parte en la que se divide un proceso o una acción que se repite varias veces: *el candidato fue eliminado en la segunda vuelta de las elecciones.*
buscar las vueltas *coloquial* Intentar con insistencia sorprender a alguien en una falta para sacar provecho: *te lo advierto: no me busques más las vueltas.*
dar cien vueltas Ser mucho mejor: *siempre saca las mejores notas, les da cien vueltas a todos sus compañeros.*
dar vueltas *a)* Andar de un lugar a otro: *llevo un rato dando vueltas y no he encontrado la dirección que busco. b)* Mover un líquido o comida: *da vueltas a la sopa para que no se queme. c)* Pensar constantemente sobre algo: *aunque me he pasado el día dándole vueltas al problema, sigo sin saber cómo solucionarlo.*
estar a vueltas Insistir mucho: *siempre está a vueltas con la subida de sueldo.*
estar de vuelta No sorprenderse de nada por tener mucha experiencia: *había pasado por tantos malos tragos, que ya estaba de vuelta de todo.*
no tener vuelta de hoja Estar muy claro: *es una verdad incuestionable: no tiene vuelta de hoja.*
poner de vuelta y media Hablar muy mal de una persona: *le puso de vuelta y media aprovechando que no estaba.*
vuelto, -ta *part.* **1** Participio irregular del verbo *volver.* También se usa como adjetivo: *ya ha vuelto; piel vuelta.* ◊ *adj.* **2** [página] Que queda en la parte posterior de una hoja que por su parte anterior está escrita: *los folios vueltos llevan la numeración en la parte de delante.*
vuestro, -tra *det. pos.* **1** Determinante que indica que lo que se expresa a continuación está relacionado con la segunda persona de plural: *vuestro amigo es un maleducado; vuestras cosas están sobre la mesa.* ◊ *pron. pos.* **2** Forma del pronombre de segunda persona que expresa que la cosa o persona a la que hace referencia está relacionada con la segunda persona del plural, con las personas a las que se dirige el hablante: *éstas no son nuestras, sino vuestras.*
la vuestra Expresión que indica que la ocasión es muy favorable para las personas a las que se dirige el hablante: *aprovechad el momento, que ésta es la vuestra.*
lo vuestro Actividad en que son especialistas las personas a las que se dirige el hablante: *me parece que lo vuestro no es la mecánica.*
los vuestros Las personas que pertenecen al mismo grupo al que se dirige el hablante, por familia o por afinidades: *los vuestros ganaron el último partido.*
vulcanizar *v. tr.* QUÍM. Mezclar el caucho natural con azufre para formar una materia elástica y resistente al frío, al calor y al agua: *el caucho que se usa para la fabricación de neumáticos ha sido vulcanizado.*
ETIM Véase *volcán.*
OBS En su conjugación, la *z* se convierte en *c* delante de *e*.
vulcanología *n. f.* Disciplina de la geología que estudia los volcanes y los fenómenos que tienen relación con ellos: *la vulcanología hace una clasificación de los volcanes según la forma y el tamaño de su abertura.*
vulgar *adj.* **1** [cosa] Que es muy normal o que no tiene nada de original: *la decoración de esa casa es muy vulgar.* **2** [lenguaje] Que es el que utilizan las personas corrientes y se contrapone al que utilizan los especialistas: *sobaco es la denominación vulgar de axila.* ANT culto. **3** [persona, lenguaje, costumbre] Que es poco refinado, de poca educación o de mal gusto: *escupir es un hábito muy vulgar; ese chico es tan vulgar que no saber decir una frase que no esté llena de palabras soeces.* **4** [persona, cosa] Que no es más que lo que se expresa: *una vulgar imitación; un vulgar mentiroso.* Es peyorativo y suele anteponerse al nombre.
DER vulgaridad, vulgarismo, vulgarizar; divulgar.
vulgaridad *n. f.* **1** Cualidad de lo que carece de originalidad: *con el original diseño de estos cubiertos se intenta evitar la vulgaridad de los objetos cotidianos.* **2** Obra o dicho que es de mal gusto: *se puso a decir vulgaridades para asustar a mis padres.* **3** Cualidad de lo que es poco refinado o de lo que indica poca educación: *quería ocultar su vulgaridad con frases rebuscadas.*
vulgarismo *n. m.* Palabra o modo de expresión que no se consideran apropiados ni correctos y que aparecen más frecuentemente en el habla de las personas sin cultura: *la forma* en después *es un vulgarismo que se usa en lugar de* después. ANT cultismo.
vulgarizar *v. tr./prnl.* **1** Hacer que una persona o cosa pierda la distinción, la originalidad o el buen gusto: *desde que tiene esos nuevos amigos se ha vulgarizado.* **2** Hacer accesible al gran público algo reservado a una minoría: *hay que vulgarizar el uso de la informática.*
OBS En su conjugación, la *z* se convierte en *c* delante de *e*.
vulgo *n. m.* Conjunto de personas del pueblo, especialmente las que no tienen cultura ni posición social destacada: *se cree tan distinguido, que según él todos los demás formamos parte del vulgo.* SIN plebe.
DER vulgar.
vulnerable *adj.* [persona, carácter, organismo] Que es débil o que puede ser dañado o afectado fácilmente porque no sabe o no puede defenderse: *los niños son vulnerables; tiene un carácter vulnerable; está bajo de defensas y es muy vulnerable a las infecciones.* ANT invulnerable.
vulnerar *v. tr.* **1** Ir en contra de una ley o norma o no cumplirla: *vulnerar el código de la circulación.* SIN transgredir. **2** Causar daño o perjuicio: *esas fotos vulneraron su intimidad.*
DER vulnerable.
vulva *n. f.* Parte externa del aparato genital femenino de los mamíferos que rodea y constituye la abertura de la vagina.
☞ reproductor, aparato.

W | w

w *n. f.* Vigésima cuarta letra del alfabeto español. Su nombre es *uve doble*. El plural es *uves dobles*: *la w aparece en palabras de origen extranjero*.

walkie-talkie *n. m.* Aparato portátil que permite a una persona comunicarse con otra que se encuentra a corta distancia, gracias a un sistema emisor y receptor de ondas radiofónicas: *el walkie-talkie se maneja con una mano y lleva una antena; algunos walkie-talkies tienen un radio de cobertura de varios cientos de metros*.
OBS Es de origen inglés y se pronuncia aproximadamente 'gualquitalqui'.

walkman *n. m.* Aparato reproductor de casetes, y a veces también receptor de radio, que es de reducido tamaño y está provisto de unos auriculares: *el walkman es portátil y funciona con pilas*.
OBS Es de origen inglés y se pronuncia aproximadamente 'gualman'.

water *n. m.* **1** Asiento, generalmente de porcelana, vacío en su interior donde se orina y defeca; tiene un depósito de agua, para limpiarlo después de su uso, y una salida a las cloacas: *la cisterna del water se ha atascado y no hay manera de que deje de salir agua cuando tiras de la cadena*. **2** Habitación en la que está asiento y otros elementos que sirven para el aseo humano, como el lavabo o la ducha: *en los establecimientos públicos, las letras WC indican el lugar en el que está el water*.
OBS Es de origen inglés y se pronuncia aproximadamente 'váter'. ◇ La Real Academia Española sólo registra *váter*, pero se usa frecuentemente la forma *water*.

waterpolo *n. m.* Deporte de equipo que se practica en una piscina y que consiste en tratar de introducir un balón en la portería contraria lanzándolo con las manos: *un equipo de waterpolo se compone de siete jugadores; los partidos de waterpolo se dividen en cuatro tiempos de cinco minutos de juego efectivo cada uno*.

watt *n. m.* Unidad de potencia en el sistema internacional de unidades: *un watt equivale a la potencia de una máquina que realiza el trabajo de un julio en un segundo; el símbolo del watt es W*.
OBS La Real Academia Española admite *watt*, pero prefiere la forma *vatio*. En escritos técnicos y científicos se usa *watt*.

wau *n. amb.* GRAM. Sonido de *u* que puede ser semiconsonántico cuando va tras una consonante o semivocálico cuando le sigue una vocal con la que forma diptongo: *en acuario hay una wau semiconsonante, y en maullar hay una wau semivocal*.

wéber o **weberio** *n. m.* Unidad de flujo de inducción magnética en el sistema internacional de unidades: *el símbolo del wéber es Wb*.
OBS La Real Academia Española prefiere la forma *weberio*, pero en la nomenclatura internacional se emplea *wéber*.

wélter *n. m.* Categoría del deporte del boxeo a la que pertenecen los púgiles cuyo peso está comprendido entre 63,503 kg y 66,678 kg: *el peso wélter es superior al peso ligero*.
OBS Es de origen inglés y se pronuncia aproximadamente 'güélter'.

western *n. m.* **1** Género cinematográfico al que pertenecen las películas ambientadas en el Oeste norteamericano durante el período de su colonización: *los protagonistas del western son vaqueros, indios, pistoleros y soldados*. **2** Película cinematográfica que pertenece a este género: *John Ford dirigió varios westerns*.
OBS Es de origen inglés y se pronuncia aproximadamente 'güéster'. ◇ El plural es *westerns*.

whisky *n. m.* Aguardiente muy fuerte y aromático de color marronáceo que se obtiene destilando cebada o malta: *el whisky es un producto que se fabrica sobre todo en Escocia*.
DER whiskería.
OBS La Real Academia Española admite *whisky*, pero prefiere la forma *güisqui*. ◇ El plural es *whiskis*.

windsurf o **windsurfing** *n. m.* Deporte acuático de vela que se practica sobre una tabla, sobre la cual se sostiene en equilibrio una persona mientras va dirigiendo una vela que está unida a la misma tabla: *en el windsurf la vela se coloca de manera que el viento incida sobre ella y empuje la tabla; el windsurf es un deporte olímpico*.
OBS Son de origen inglés y se pronuncian aproximadamente 'güinsurf' y 'güinsurfin', respectivamente.

windsurfista *n. com.* Persona que practica el windsurf: *los windsurfistas prefieren los días algo ventosos para practicar su deporte*.
OBS Es de origen inglés y se pronuncia aproximadamente 'güinsurfista'.

wolframio *n. m.* Volframio.

x *n. f.* **1** Vigésima quinta letra del alfabeto español. Su nombre es *equis*. El plural también es *equis*: *la palabra asfixia se escribe con x*; *a principio de palabra, la x se pronuncia como una s, pero entre vocales se pronuncia como ks*. **2** Signo que se emplea en lugar de un nombre que no se quiere o no se puede decir: *da igual su nombre: pongamos que se llama x*. **3** Signo que representa el valor de diez en la numeración romana: *encontrarás ese artículo en el volumen X de la enciclopedia*. **4** Símbolo que indica que determinada película ha sido clasificada como pornográfica; también señala los locales donde se proyectan películas de esta clasificación: *sala X*. Se escribe con letra mayúscula. **5** MAT. Signo que representa una incógnita: *la x de una ecuación*.

xeno- Prefijo que entra en la formación de palabras con el sentido de 'extranjero' o 'extraño': *xenofobia*; *xenófobo*.

xenófilo, -la *adj./n. m. y f.* culto [persona] Que siente simpatía hacia los extranjeros y sus costumbres. **ANT** xenófobo.

xenofobia *n. f.* Sentimiento de odio o de rechazo hacia los extranjeros: *la xenofobia suele ser fruto de la intolerancia causada por el desconocimiento de otras culturas diferentes de la nuestra*. **ANT** xenofilia.
DER xenófobo.

xenófobo, -ba *adj./n. m. y f.* [persona] Que siente odio o rechazo hacia los extranjeros y sus costumbres; también la actitud y las ideas de estas personas: *teorías xenófobas; violencia xenófoba*. **ANT** xenófilo.

xenón *n. m.* Gas noble sin color ni olor que se encuentra en la atmósfera en proporciones muy pequeñas y que se emplea en fotografía rápida: *el xenón no tiene reactividad química*; *el símbolo del xenón es Xe*.

xero- Prefijo que entra en la formación de palabras con el sentido de 'seco': *xerófilo*; *xerografía*; *xerografiar*.

xerocopia *n. f.* Copia de un texto o de una imagen hecha por xerografía o por medios fotoeléctricos, en seco y sin contacto: *la xerocopia es un tipo de fotocopia*.

xerocopiar *v. tr.* Reproducir un texto o imagen utilizando la técnica de la xerografía: *las máquinas utilizadas para xerocopiar se llaman fotocopiadoras*.
OBS En su conjugación, la *i* no se acentúa, como en *cambiar*.

xerófilo, -la *adj.* [planta, vegetal] Que está adaptado para vivir en lugares o ambientes secos: *el cactus es una planta xerófila*. **SIN** xerófito.

xerófito, -ta *adj.* Xerófilo.

xerografía *n. f.* Sistema de reproducción que, por medios fotoeléctricos, permite obtener en seco y sin contacto copias de un texto o de una imagen: *la xerografía es un sistema electrostático*.

xerografiar *v. tr.* Reproducir un texto o una imagen por medio de la xerografía: *las fotocopiadoras xerografían una imagen mediante su revelado en seco*.
OBS En su conjugación, la *i* se acentúa en algunos tiempos y personas, como en *desviar*.

xi *n. f.* Nombre de la decimocuarta letra del alfabeto griego que corresponde a la *x* de nuestro alfabeto: *la grafía de la xi mayúscula es, Ξ y la minúscula, ξ*.

xilema *n. m.* Conjunto formado por los vasos y las fibras leñosas de los vegetales que conducen la savia: *a través del xilema la savia llega a las hojas*.

xilo- Prefijo que entra en la formación de palabras con el significado de 'madera': *xilófago*; *xilografía*.

xilófago *adj.* ZOOL. [insecto] Que se alimenta de madera: *los termes son xilófagos*.

xilofonista *n. com.* Persona que toca el xilófono.

xilófono *n. m.* Instrumento musical de percusión que está formado por una serie de láminas de madera, ordenadas horizontalmente según su tamaño, que al ser golpeadas emiten sonidos que corresponden a las notas musicales; también reciben este nombre los instrumentos semejantes de pequeño tamaño y con láminas de acero: *el xilófono se toca con dos o cuatro macillas o palos con una bola en su extremo*. ☞ instrumentos musicales.
DER xilofonista.

xilografía *n. f.* **1** Técnica o arte de grabar imágenes en una plancha de madera vaciando las partes que en la reproducción o impresión deben quedar en blanco. **2** Impresión tipográfica que se hace con unas planchas de madera grabadas: *la xilografía era empleada como método de impresión de libros*.

xiloprotector, -ra *adj.* [producto, sustancia] Que sirve o se utiliza para proteger la madera, especialmente de los agentes atmosféricos: *esta casita de madera está tratada con un producto xiloprotector; limpió el mueble con un líquido xiloprotector*.

Y | y

y *n. f.* **1** Vigésima sexta letra del alfabeto español. Su nombre es *i griega* o *ye*. El plural es *íes griegas* o *yes*, respectivamente: *la palabra mayor se escribe con y; la y es una vocal en palabras como* buey *y consonante en otras como* maya. ◇ *conj.* **2** Se utiliza para unir dos palabras, grupos de palabras u oraciones que están al mismo nivel y que tienen la misma función; indica una adición o una relación de igualdad entre ellas: *Juan y Pedro salieron de viaje; fueron felices y comieron perdices*. Se sustituye por *e* cuando precede inmediatamente a otra palabra que empiece por *i* o por *hi*: *Juan e Isabel fueron al cine*; pero no por *hie-*: *vitaminas y hierro*. ◇ En una enumeración de varios términos se suele colocar entre los dos últimos: *compramos pan, leche, huevos y pescado*. **3** Al principio de una pregunta o exclamación le añade énfasis: *¿y el dinero?; ¿y qué pasa si no lo hago?; ¡y qué cara tan sucia tiene!* ◇ *n. f.* **4** MAT. Signo que representa la segunda incógnita: *la x y la y de una ecuación*.

ya *adv.* **1** Indica que una acción había concluido o que la situación expresada había cambiado en el momento mencionado: *el año pasado ya no fumaba, y antes, hace dos años, fumaba muchísimo; ya leía libros a los tres años*. **2** Indica que una acción ha concluido o que la situación expresada ha cambiado del pasado al momento presente, o en el mismo momento en el que se habla, ahora mismo; el verbo aparece en presente de indicativo o en pretérito perfecto: *yo ya he terminado los ejercicios, de hecho los acabé ayer; ya entiendo, acabo de darme cuenta*. **3** Se utiliza para indicar que lo expresado no ha sucedido todavía, sucederá en el futuro si el verbo está en futuro; si el verbo está en presente de indicativo, sucederá en un futuro inmediato, dentro de muy poco tiempo: *tú vete que yo ya voy; ya acabaré yo el trabajo*. **4** Se utiliza para enfatizar una afirmación: *te creo, ya se ve que tienes razón*. ◇ *conj.* **5** Se utiliza con valor distributivo, para enlazar dos o más posibilidades que se alternan; se coloca al principio de cada una de las posibilidades: *siempre ha destacado, ya en la milicia, ya en las letras*. ◇ *int.* **6** Se utiliza para indicar que se recuerda algo, o que se acaba de descubrir: *¡ya!, la solución es tres; ¡ah, ya!, nos conocimos en una fiesta*. **7** Se utiliza para mostrar incredulidad o para negar una cosa: *¡ya!, seguro que tú eres el más listo*.
no ya No solamente, además de: *escribe perfectamente no ya en francés, sino también en alemán*.
ya que *a)* Indica causa; puesto que: *ya que tú no quieres venir, invitaré a Mario. b)* Indica condición; si, aunque o dado que: *ya que tu desgracia no tiene remedio, llévala con paciencia*.

yac *n. m.* Mamífero rumiante de la misma familia que el toro y la vaca, con el cuerpo cubierto de pelos largos y oscuros y con dos cuernos un poco curvados en la frente, que vive en las regiones del Tíbet: *el yac es de gran tamaño y tiene mucha fuerza*.
OBS Para indicar el sexo se usa *el yac macho* y *el yac hembra*.

yacaré *n. m.* Reptil de piel negra o verde oscura, parecido al cocodrilo pero más pequeño y con el hocico redondeado en la punta: *el yacaré vive en ríos y pantanos de Sudamérica y puede alcanzar los 2,5 m de longitud*.
OBS Para indicar el sexo se usa *el yacaré macho* y *el yacaré hembra*.

yacer *v. intr.* **1** Estar echada o tendida una persona: *yacía en su cama, murmurando en sueños*. **2** Estar un cuerpo sin vida en la tumba: *aquí yace el más insigne escritor de esta ciudad*. **3** *culto* Realizar el acto sexual dos personas. **SIN** copular.
DER yacija, yacimiento; adyacente, subyacer.

yachting *n. m.* Modalidad de competición deportiva que se practica con embarcaciones de vela: *el yachting engloba las diversas especialidades deportivas de vela*.
OBS Es de origen inglés y se pronuncia aproximadamente 'yatin'.

yacimiento *n. m.* GEOL. Lugar en el que se encuentran de forma natural rocas, minerales, fósiles o restos arqueológicos: *en China e Indonesia se han encontrado importantes yacimientos relacionados con la teoría de la evolución*.

yaguar *n. m.* Jaguar, mamífero carnívoro.

yang *n. m.* Principio activo y masculino de la filosofía china que, junto con su complementario y opuesto, el yin, constituye el principio fundamental de la vida y del orden universal: *el yang es la parte positiva y dominada por la luz*.

yanqui *adj.* **1** *coloquial* De los Estados Unidos de América o que tiene relación con este país: *los automóviles yanquis son muy largos*. ◇ *adj./n. com.* **2** *coloquial* [persona] Que es de los Estados Unidos de América: *los soldados yanquis repartían chicle*. **SIN** gringo.
OBS Tiene cierto matiz despectivo. ◇ El plural es *yanquis*.

yantar *n. m.* **1** *culto* Comida considerada como placer: *las leyes del buen yantar*. ◇ *v. tr.* **2** Tomar alimento: *yantaron un magnífico cordero asado en la posada*. Su uso ha quedado anticuado.

yarda *n. f.* Medida de longitud usada en el Reino Unido y otros países que equivale a 91,4 centímetros: *en España no utilizamos la yarda como medida de longitud, sino el metro*.

yate *n. m.* Embarcación a motor o a vela, generalmente lujosa y equipada con camarotes, que suele usarse para viajes de recreo: *no entiendo a todos esos ricos que se compran un yate antes de aprender a nadar*.

yayo, -ya *n. m. y f. coloquial* Manera afectuosa de llamar a los abuelos.

yaz *n. m.* Jazz, género musical: *el yaz es una música en constante evolución*.
OBS La Real Academia Española admite *yaz* como adaptación de la palabra inglesa *jazz*, muy usada.

yacer

INDICATIVO	SUBJUNTIVO
presente yazco o yazgo o yago yaces yace yacemos yacéis yacen	**presente** yazca o yaga o yazga yazcas o yagas o yazgas yazca o yaga o yazga yazcamos o yagamos o yazgamos yazcáis o yagáis o yazgáis yazcan o yagan o yazgan
pretérito imperfecto yacía yacías yacía yacíamos yacíais yacían	**pretérito imperfecto** yaciera o yaciese yacieras o yacieses yaciera o yaciese yaciéramos o yaciésemos yacierais o yacieseis yacieran o yaciesen
pretérito indefinido yací yaciste yació yacimos yacisteis yacieron	**futuro** yaciere yacieres yaciere yaciéremos yaciereis yacieren
futuro yaceré yacerás yacerá yaceremos yaceréis yacerán	**IMPERATIVO** yace o yaz (tú) yazca o yaga o yazca (usted) yaced (vosotros) yazcan o yagan yazgan (ustedes)
condicional yacería yacerías yacería yaceríamos yaceríais yacerían	**FORMAS NO PERSONALES** infinitivo gerundio yacer yaciendo participio yacido

ye *n. f.* Nombre de la letra *y*: *yeso se escribe con ye; a la ye también se la llama i griega.*

yedra *n. f.* Planta trepadora de hojas brillantes y siempre verdes que crece agarrándose con unas pequeñas raíces a las paredes y los árboles: *deberías hacer crecer yedra en ese muro tan feo.*
OBS La Real Academia Española admite *yedra*, pero prefiere la forma *hiedra*.

yegua *n. f.* Hembra del caballo: *la yegua ha parido un potrillo.* **SIN** jaca.
DER yeguada.

yeguada *n. f.* Manada de caballos o de ganado caballar: *en esa yeguada hay caballos, yeguas y potros.*

yeísmo *n. m.* Fenómeno del habla que consiste en pronunciar la *elle* como ye: *el yeísmo está muy extendido en España y América.*
DER yeísta.

yeísta *adj.* **1** Del yeísmo o que tiene relación con este tipo de pronunciación: *la pronunciación yeísta.* ◊ *adj./n. com.* **2** [persona] Que al hablar pronuncia la *elle* como una *ye*: *los yeístas en lugar de pronunciar* pollo *pronuncian* poyo.

yelmo *n. m.* Casco de metal con visera móvil que, en las armaduras antiguas, servía para proteger la cabeza y el rostro: *un yelmo empenachado coronaba el escudo de armas.* ☞ sombrero.

yema *n. f.* **1** Masa compacta que, junto con la clara que la rodea, constituye el núcleo de los huevos de los vertebrados ovíparos: *en los huevos de las aves la yema es de color amarillo; el embrión se desarrolla en la yema.* **2** Dulce en forma de bolita y de intenso color amarillo, que se hace con azúcar y con la yema del huevo: *las yemas son un producto típico de Ávila.* **3** Parte central del extremo de los dedos opuesta al lado de la uña: *en las yemas tenemos mucha sensibilidad.* **4** Brote de los vegetales que surge del tallo y que está formado por una agrupación de hojas compactas; de ahí nacerán las ramas, las hojas y las flores: *las yemas de ese roble anuncian la primavera.*

yen *n. m.* Unidad monetaria de Japón: *el cambio del yen con respecto al dólar se ha mantenido estable durante esta semana.*

yerba *n. f.* **1** Planta pequeña, sin tronco, de tallo alargado y de color verde, que crece en los campos y jardines. **mala yerba** Yerba que crece espontáneamente en los cultivos y los daña: *me encargué de regar el jardín y arrancar las malas yerbas.* **2** Conjunto de estas plantas pequeñas y verdes que cubre una parte de tierra: *se tumbó en la yerba y se durmió.* **3** *coloquial* Marihuana.
y otras yerbas Y más aún que no se dice: *estuvimos hablando de política, deportes y otras yerbas.*
OBS La Real Academia Española admite *yerba*, pero prefiere la forma *hierba*.

yermo, -ma *adj./n. m.* **1** [terreno] Que no está habitado: *la emigración dejó yermos muchos pequeños pueblos.* **2** [terreno] Que no está cultivado o que es estéril: *aquel páramo era un terreno yermo donde no había manera de cultivar nada.*

yerno *n. m.* Marido de la hija de una persona: *estamos muy contentos con nuestro yerno, porque es muy trabajador y quiere mucho a nuestra hija.*

yerro *n. m.* **1** Equivocación que se comete por ignorancia o por descuido: *no avisar de que no ibas a asistir a la reunión fue un yerro imperdonable.* **SIN** error. **2** *culto* Falta contra reglas morales o religiosas: *los yerros propios de la inmadurez.*

yerto, -ta *adj.* [persona, animal] Que está rígido o inmóvil, especialmente si es a causa de la muerte, el frío o una emoción fuerte: *un pájaro yerto sobre la nieve.*

yesca *n. f.* **1** Materia muy seca preparada para arder con facilidad: *a veces la yesca se hace tratando madera o trapos para que prendan al contacto con una chispa.* **2** Aquello que está seco y arde con facilidad: *la hierba seca de las cunetas es yesca que provoca incendios forestales.* **3** Cosa o persona que estimula una pasión o perturbación: *los insultos fueron la yesca de la pelea.*

yesería *n. f.* **1** Establecimiento donde se fabrica o vende yeso. **2** Decoración que se hace grabando o tallando formas sobre una superficie de yeso; también técnica para realizar esta decoración: *las yeserías de la Alhambra son asombrosas.*

yeso *n. m.* **1** Mineral blando, generalmente de color blanco, que molido y mezclado con agua forma una pasta usada en construcción y en escultura: *el yeso endurece con mucha rapidez; el albañil ha tapado los agujeros de la pared con yeso.* **yeso blanco** Yeso fino y blanco, con el que se da la última capa a las paredes. **yeso negro** Yeso poco fino y de color

Y y

gris, con el que se dan las primeras capas a las paredes: *la obra no está terminada porque las paredes están todavía con yeso negro*. **2** Escultura que se hace con este material: *los yesos se hacen con unos moldes que luego se vacían*.
DER yesero; enyesar.

yeti *n. m.* Ser fantástico y monstruoso con figura humana, de aspecto gigantesco y con el cuerpo cubierto de pelo, que según una leyenda habita en las regiones del Himalaya: *el yeti también es conocido como el abominable hombre de las nieves*.

yeyé *adj.* **1** De la música pop de los años sesenta o que tiene relación con ella o con la moda que se desarrolló a partir de ella: *la música yeyé estaba basada en las corrientes musicales inglesas; llevaba un sombrero floreado con vivos colores muy yeyé*. ◊ *adj./n. com.* **2** [persona] Que es seguidor de la música pop de los años sesenta o de la moda que se creó a su alrededor: *un chico yeyé*.

yeyuno *n. m.* ANAT. Parte media del intestino delgado de los mamíferos comprendida entre el duodeno y el íleon. ☞ digestivo, aparato.

yiddish *n. m.* Lengua hablada por los judíos de origen alemán, que se formó con elementos del hebreo, francés antiguo, alto alemán y dialectos del norte de Italia: *el yiddish es conocido también como judeo-alemán; actualmente el yiddish es hablado por comunidades judías de Rusia, Lituania, Polonia y EE.UU.*
OBS Se pronuncia aproximadamente 'yidis'.

yin *n. m.* Principio pasivo y femenino de la filosofía china que, junto con su complementario y opuesto, el yang, constituye el principio fundamental de la vida y del orden universal: *el yin es la parte negativa y dominada por la oscuridad*.

yo *pron. pers.* **1** Pronombre personal de primera persona de singular, con el que se hace referencia al hablante: *yo no firmé ese cheque, así que la firma es falsa; yo creo que sí*. ◊ *n. m.* **2** Individualidad y personalidad de un ser humano: *ése es su verdadero yo*. **3** FILOS. Conciencia de una persona de su propia existencia y de su relación con el medio: *el desarrollo del yo tiene lugar en la infancia; el autismo es un problema del yo*.
yo que + *pronombre personal* Expresión con la que se hace una sugerencia, explicando cuál sería la decisión del hablante de encontrarse en el lugar de la otra persona: *yo que tú no lo haría*.

yod *n. f.* GRAM. Sonido de *i* que puede ser semiconsonántico cuando va tras una consonante o semivocálico cuando le sigue una vocal con la que forma diptongo: *en cielo hay una yod semiconsonante, y en peine hay una yod semivocal*.

yodado, -da *adj.* Que contiene yodo: *alcohol yodado; compuesto yodado*.

yodo *n. m.* Elemento químico no metálico, sólido, de color negro brillante, que al volatilizarse desprende vapores de color azul; se encuentra muy difundido en el suelo en forma de sales y en las algas y otros organismos marinos: *el símbolo del yodo es I; el yodo combinado con alcohol se usa como antiséptico*.
DER yodado, yodato, yódico.

yoga *n. m.* Conjunto de técnicas de concentración que se práctica para conseguir un mayor control físico y mental: *el yoga proviene de una antigua filosofía hindú que busca alcanzar la perfección espiritual; muchas presonas practican el yoga para relajarse o para mantenerse ágiles*.

yogui *n. com.* **1** Asceta que sigue la doctrina filosófica del yoga: *los yoguis intentan alcanzar la perfección espiritual*. **2** Persona que practica los ejercicios mentales y los ejercicios físicos del yoga: *los yoguis consiguen una gran concentración y un profundo control de la respiración y de los sentidos*.

yogur *n. m.* Alimento líquido y espeso, de gusto agrio, que se obtiene por fermentación de la leche: *yogur natural; yogur de frutas*.
DER yogurtera.

yogurtera *n. f.* Electrodoméstico que sirve para elaborar yogures: *necesito un yogur natural para poner un poco en cada frasco de la yogurtera*.

yonqui *n. com.* coloquial Persona que toma drogas, especialmente drogas duras como la heroína: *el yonqui acudió a un centro de desintoxicación y lleva un año sin probar el crack*.

yóquey o **yoqui** *n. m.* Persona que se dedica a montar caballos de carreras: *un yóquey debe pesar poco*.
OBS La Real Academia Española admite las dos grafías, de las que prefiere la primera, pero no admite la forma *jockey*.

yoyó o **yoyo** *n. m.* Juguete formado por dos pequeños discos unidos en su centro por una barrita y por un cordón atado a ésta; se juega haciéndolo subir y bajar según se enrolla o desenrolla el cordón a dicho eje.
OBS La Real Academia Española sólo admite la forma *yoyó*, pero también se usa *yoyo*.

yuca *n. f.* **1** Planta de hojas verdes, largas y finas acabadas en punta y agrupadas en su base, desde la que forman una semiesfera; en el centro de ésta, cuando la planta es adulta, sobresale el tallo de las flores, blancas o amarillas y en forma de globo: *las yucas proceden de América y se utilizan mucho en jardinería por su resistencia y belleza*. **2** Arbusto de tallo cilíndrico y hojas grandes y palmeadas dispuestas desordenadamente, cuya raíz se emplea para la alimentación: *Brasil, Indonesia y Madagascar destacan en el cultivo intensivo de la yuca*. **SIN** mandioca. **3** Tubérculo de esta planta, de forma alargada, exterior marronáceo e interior blanco; tiene un gran valor alimenticio: *la yuca es tan popular entre los latinoamericanos como entre nosotros la patata; con la yuca se prepara la tapioca*. **SIN** mandioca.

yudo *n. m.* Deporte de origen japonés que consiste en una lucha entre dos personas que han de hacer caer a su contrario e inmovilizarlo utilizando la rapidez de movimientos, la agilidad y la fuerza del contrario: *el yudo es deporte olímpico desde 1964*.
DER yudoca.
OBS También se escribe *judo*.

yudoca *n. com.* Judoca, persona que practica el deporte del yudo.

yugada *n. f.* Cantidad de tierra que puede arar una yunta o pareja de animales de labor en un día.

yugo *n. m.* **1** Madero o pieza de hierro que se pone en la cabeza o en el cuello de dos animales de tiro, especialmente bueyes, para que, colocados uno al lado de otro, tiren de un arado o de un carro: *el yugo se sujeta en los cuernos de los bueyes*. **2** Sujeción que impone un poder superior o una circunstancia: *vivía bajo el yugo de su padre; el yugo de la pobreza*. **3** Armazón de madera al que sujeta una campana y sirve para voltearla. ☞ campana.
DER yugada; cónyuge, subyugar.
ETIM *Yugo* procede del latín *jug*, que tenía el mismo significado, voz con la que también está relacionada *sojuzgar*.

yugoslavo, -va o **yugoeslavo, -va** *adj.* **1** De Yugoslavia o relacionado con este país del este de Europa: *Serbia y Montenegro forman actualmente la federación yugoslava, formada antiguamente por Croacia, Eslovenia, Bosnia-Herzegovina y Macedonia*. ◊ *adj./n. m. y f.* **2** [persona] Que es de Yugoslavia.

yugular *adj./n. f.* **1** [vena] Que, junto con otra igual, está situada a uno y otro lado de la garganta: *un corte en la vena* yugular es muy grave. ☞ circulatorio, aparato. ◇ adj. **2** Del cuello o que tiene relación con esta parte del cuerpo: *lesión yugular*.

yunque *n. m.* **1** Hueso del oído medio de los mamíferos: *el yunque está situado entre el martillo y el estribo.* ☞ oído. **2** Bloque de hierro, generalmente con uno de sus lados acabado en punta, sobre el que se trabajan los metales al rojo vivo golpeándolos con un martillo: *el herrero martilleaba sobre el yunque la herradura del caballo*.

yunta *n. f.* Pareja de animales que sirven en la labor del campo o para tirar de carros: *una yunta de mulas tiraba del arado*.
DER yuntero.
ETIM Véase *junto*.

yuppie *n. com.* Persona joven con estudios universitarios, que vive en una ciudad y tiene un trabajo y una situación económica de muy alto nivel: *la ambición, el dinamismo y el afán de éxito son características de los yuppies*.
OBS Es de origen inglés y se pronuncia aproximadamente 'yupi'.

yusivo, -va *adj.* GRAM. [modo verbal] Que expresa un mandato o una orden: *subjuntivo yusivo*.

yuxtaponer *v. tr./prnl.* **1** *culto* Poner una cosa junto a otra sin interposición de ningún nexo o elemento de relación: *en lugar de razonar, yuxtapone ideas que no tienen nada que ver*. **2** GRAM. Unir dos elementos sin emplear palabras coordinantes o subordinantes: *en la aposición* la Luna, satélite de la Tierra *se yuxtaponen dos sintagmas*.
DER yuxtaposición, yuxtapuesto.
OBS Se conjuga como *poner*.

yuxtaposición *n. f.* **1** *culto* Colocación de una cosa junto a otra sin interponer ningún nexo o elemento de relación: *yuxtaposición de ideas*. **2** GRAM. Unión de varios elementos sin utilizar palabras subordinantes o coordinantes: *en la frase* Lourdes, mi hermana *hay una yuxtaposición*.

yuxtapuesto, -ta *part. culto* Participio irregular de *yuxtaponer*. También se usa como adjetivo: *nos ha yuxtapuesto unos ejemplos para que saquemos conclusiones; colores yuxtapuestos*.

Z | z

z *n. f.* Vigésima séptima letra del alfabeto español: *zorro se escribe con z; la z nunca aparece antes de e o de i.*

zafarrancho *n. m.* **1** Actividades que se llevan a cabo para dejar dispuesta una embarcación para una actividad determinada. **zafarrancho de combate** Preparación de una embarcación para afrontar una acción de guerra. **2** Limpieza general de un cuartel; también se aplica humorísticamente a la limpieza organizada de otro lugar: *ya hemos empezado el zafarrancho para limpiar toda la casa.* **3** Agitación desordenada y ruidosa: *¡menudo zafarrancho habían organizado con la fiesta!*

zafarse *v. prnl.* **1** Escaparse o esconderse para evitar un encuentro o un peligro: *no consiguió zafarse de sus perseguidores.* **2** Librarse de una obligación o molestia: *zafarse de fregar.*
DER zafarrancho.

zafio, -fia *adj./n. m. y f.* [persona] Que tiene malos modos, es tosco o se comporta con poco tacto: *el muy zafio le dijo a mi madre que la veía muy vieja.* **SIN** grosero.

zafiro *n. m.* Piedra preciosa de color azul muy usada en joyería: *la diadema está adornada con zafiros.*

zaga *n. f.* **1** Parte posterior de una cosa: *se ha retrasado un poco y está en la zaga de la cola del cine.* **2** En algunos deportes, conjunto de jugadores que forman la línea más retrasada de un equipo: *los delanteros deben superar la zaga del contrario.* **SIN** defensa. **ANT** delantera.
a la zaga Detrás: *el potro iba a la zaga de las yeguas.*
no ir (o **no irle**, o **no quedarse**) **a la zaga** No ser inferior: *Andrés es inteligente, pero su hermana no le va a la zaga.*
DER zaguero; rezagar.

zagal, -la *n. m. y f.* **1** Muchacho que ha llegado a la adolescencia; también, niño de cualquier edad: *el caminante le preguntó a un zagal qué pueblo era ése.* **SIN** mozo. **2** Pastor que está a las órdenes de otro pastor: *aquel zagal aún estaba aprendiendo a llevar el rebaño.*

zaguán *n. m.* Espacio cubierto dentro de una casa situado junto a la puerta principal: *la casa de campo tenía un amplio zaguán decorado con objetos rústicos.*

zaguero, -ra *adj./n. m. y f.* **1** En algunos deportes, jugador que se coloca en la zona de juego más retrasada: *el zaguero despejó la pelota cuando ya se colaba en su portería.* **ANT** delantero. ◇ *adj.* **2** Que está o va detrás. **ANT** delantero.

zaherir *v. tr.* Decir o hacer algo para humillar, maltratar o molestar a una persona: *la zahería cruelmente con sus constantes reproches.*
OBS En su conjugación, la e se convierte en *ie* en sílaba acentuada y en *i* en algunos tiempos y personas, como en *hervir*.

zahorí *n. com.* Persona que puede descubrir lo que está oculto, especialmente corrientes de agua bajo tierra y depósitos de minerales: *el ayuntamiento encontró agua potable con la ayuda de un zahorí.*
OBS El plural es *zahoríes*.

zaino, -na *adj.* **1** [caballo, yegua] Que tiene el pelaje completamente castaño oscuro, sin manchas de otro color: *en el establo hay una yeguada de caballos zainos.* **2** [toro, vaca] Que tiene el pelo completamente negro, sin manchas de otro color: *el matador está lidiando un toro zaino.*

zaireño, -ña *adj.* **1** Del Zaire o que tiene relación con este país del centro de África: *la economía zaireña se basa principalmente en la agricultura y en la minería.* ◇ *adj./n. m. y f.* **2** [persona] Que es de Zaire: *la lengua oficial hablada por los zaireños es el francés.*

zalamería *n. f.* Demostración de cariño exagerada o fingida, generalmente para conseguir una cosa: *por muchas zalamerías que me hagas, no te dejaré salir esta noche.* **SIN** carantoña.

zalamero, -ra *adj./n. m. y f.* [persona, animal] Que demuestra cariño de una forma exagerada o fingida, generalmente para conseguir una cosa: *si el perro está tan zalamero contigo es porque tienes una galleta.*
DER zalamería.

zamarra *n. f.* **1** Prenda de vestir rústica, de abrigo, hecha de piel con su lana o pelo: *los pastores llevaban zamarras.* **SIN** chamarra. **2** Chaqueta de mucho abrigo, especialmente la hecha o forrada de piel. **SIN** pelliza.

zambo, -ba *adj./n. m. y f.* [persona, animal] Que tiene juntas las rodillas y las piernas separadas: *aquel muchacho andaba de una forma extraña porque era zambo.* **SIN** patizambo.

zambomba *n. f.* Instrumento musical formado por un cilindro hueco y cerrado por un extremo con una piel tensa, con un palo sujeto en su centro; al frotar el palo con la mano humedecida, produce un sonido fuerte: *tocaron villancicos con la zambomba y las panderetas.*
DER zambombazo.

zambombazo *n. m.* **1** *coloquial* Golpe fuerte: *se dio un zambombazo contra la pared.* **2** Ruido intenso que produce una cosa que explota: *el zambombazo se oyó en todo el barrio.*

zambullir *v. tr./prnl.* **1** Meter debajo del agua con fuerza o con rapidez: *corrieron y se zambulleron juntos en el mar.* ◇ *v. prnl.* **2** *zambullirse* Introducirse con ánimo, con rapidez o por completo en una actividad o asunto: *se ha zambullido en el mundo de la moda.*
DER zambullida.
OBS En su conjugación, la *i* de la desinencia se pierde absorbida por la *ll* en algunos tiempos y personas, como en *mullir*.

zamorano, -na *adj.* **1** De Zamora o relacionado con esta provincia de Castilla y León o con su capital: *las gentes de tie-*

rras zamoranas se han dedicado tradicionalmente a la agricultura y a la ganadería. ◇ adj./n. m. y f. **2** [persona] Que es de Zamora.

zampabollos n. com. coloquial Persona que come mucho, especialmente si lo hace con ansia: *menudo zampabollos estás hecho, has dejado el plato limpio en un instante*. SIN comilón, tragón.

zampar v. tr./intr. coloquial Comer en gran cantidad y con rapidez: *se pasa el día zampando y está como un tonel*. SIN engullir.
DER zampón.

zampón, -pona adj./n. m. y f. coloquial [persona] Que come en gran cantidad y con gran rapidez: *no se te ocurra invitar a los zampones de tus amigos*.

zampoña n. f. **1** Instrumento musical de viento parecido a una flauta o compuesto de varias flautas: *la zampoña es un instrumento que originalmente tocaban los campesinos*. **2** Dicho trivial o sin sustancia: *que se deje de zampoñas que estamos hablando de algo muy serio*. Se usa frecuentemente en plural.

zanahoria n. f. **1** Raíz comestible de color anaranjado y de forma alargada acabada en punta: *la zanahoria tiene vitaminas A; cuando se comen crudas, las zanahorias son crujientes*. **2** Planta herbácea de hojas muy divididas y flores blanquecinas que produce esta raíz.

zancada n. f. Paso largo: *da unas zancadas enormes y no le puedo seguir*.
en dos zancadas Expresión con que se indica la rapidez con la que se puede llegar a un lugar: *vivimos muy cerca, así que en dos zancadas llego a su casa*.
DER zancadilla, zancadillear.

zancadilla n. f. **1** Cruce o colocación de un pie entre los de otra persona o delante de los mismos para hacer que tropiece y caiga: *le pusieron la zancadilla y cayó al suelo*. **2** Obstáculo o engaño con que se procura causar un mal o hacer que no se consiga un fin: *ninguna zancadilla impidió que consiguiera el papel en la obra*.
OBS Suele usarse con los verbos *echar* y *poner*.

zancadillear v. tr. Hacer una persona que tropiece otra interponiéndose en su camino o interponiendo una parte del cuerpo: *el portero estiró la pierna y zancadilleó al delantero dentro del área*.

zancajo n. m. **1** Hueso del pie que forma el talón. **2** Parte de un zapato, calcetín o media que cubre el talón, especialmente si está rota: *cosía los zancajos de sus calcetines*.
no llegar al zancajo (o **a los zancajos**) Ser una persona muy inferior a otra: *conseguirá el papel principal de la película, porque los demás no le llegan a los zancajos*.

zanco n. m. Palo alto con un apoyo sobre el que se pone el pie y que se usa para andar a cierta altura sobre el terreno: *en el circo había un payaso equilibrista que bailaba sobre unos zancos*.
DER zancada, zancajo, zancudo.

zancudo, -da adj. **1** ZOOL. [ave] Que tiene las patas muy largas y sin plumas en su parte inferior: *las cigüeñas y las garzas son aves zancudas*. ◇ adj./n. m. y f. **2** [persona] Que tiene las piernas muy largas y delgadas: *los atletas que hacen salto de altura suelen ser zancudos*.

zanganear v. intr. Andar una persona de un lado a otro sin trabajar y, generalmente, molestando a otras personas que trabajan: *en mi oficina hay dos o tres que se pasan el día zanganeando*.

zángano, -na adj./n. m. y f. **1** [persona] Que no gusta de trabajar y evita hacerlo siempre que puede: *no seas zángano*

y ayúdame a bajar las maletas. SIN holgazán. ◇ n. m. **2** Macho de la abeja, que no produce miel: *la misión de los zánganos es fecundar a la abeja reina*.
DER zanganear.

zangolotear v. intr. Estar una persona constantemente moviéndose de un lugar a otro sin ningún propósito o fin: *estaba muy nervioso y no paró de zangolotear por la casa*.

zanja n. f. Agujero largo y estrecho hecho en la tierra: *los obreros hicieron las zanjas para los cimientos; esa zanja servirá para meter las tuberías del agua*.
DER zanjar.

zanjar v. tr. **1** Excavar agujeros largos y estrechos en la tierra: *han zanjado la calle para cambiar las tuberías del agua*. **2** Resolver de un modo definitivo un asunto que presenta dificultades o inconvenientes: *una vez firmado el contrato, quedará zanjada la venta de la casa*.

zapa n. f. **1** Herramienta que usan los zapadores con forma de pala de metal de corte duro: *el soldado abrió una zanja con la zapa*. **2** Excavación de una zanja o de una galería en una mina.
DER zapar.

zapador n. m. Soldado que se encarga de hacer obras en los terrenos: *los zapadores abrieron las trincheras con la ayuda de zapas*.

zapapico n. m. Herramienta de madera con dos bocas, una acabada en punta y la otra estrecha y con el corte muy afilado, y que sirve para cavar o picar: *utilizó el zapapico para hacer un hoyo y plantar el árbol*.

zapata n. f. **1** Pieza de un sistema de freno que roza contra una rueda o su eje para disminuir la velocidad del movimiento o para detenerlo: *el mecánico cambió las zapatas porque es muy peligroso tener los frenos en mal estado*. **2** Pedazo de cuero que se coloca entre la puerta y el suelo para que ésta no se cierre. **3** ARQ. Pieza horizontal que se coloca sobre una columna y sobre la que se apoya una estructura superior, especialmente vigas: *las zapatas estaban adornadas con estrías*.

zapatazo n. m. **1** Golpe fuerte y sonoro que se da con un zapato: *mató al mosquito de un zapatazo*. **2** Golpe fuerte que se da contra alguna cosa, especialmente el que suena o hace ruido: *el futbolista se dio un zapatazo contra la valla publicitaria*.

zapateado n. m. **1** Baile español que se ejecuta golpeando el suelo con los zapatos y que generalmente es bailado por una sola persona: *el artista bailó un zapateado que nos dejó a todos boquiabiertos*. **2** Música de este baile.

zapatear v. intr. **1** Dar golpes en el suelo u otra superficie con los pies calzados, generalmente siguiendo el ritmo de una música: *se subió a una mesa y se puso a zapatear haciendo mucho ruido*. **2** Golpear el conejo la tierra con las manos repetidamente cuando nota la proximidad de un peligro, especialmente de un cazador.
DER zapateado, zapateo.

zapatería n. f. **1** Establecimiento donde se hacen, se arreglan o se venden zapatos: *me gustaron las botas que había en el escaparate de esa zapatería*. **2** Oficio de la persona que se dedica a fabricar, arreglar o vender zapatos: *siguiendo la tradición familiar, se dedica a la zapatería*.

zapatero, -ra adj. **1** Del calzado o que tiene relación con esta prenda de vestir que cubre el pie: *industria zapatera*. **2** [alimento] Que se queda blando o pierde sus cualidades por haber sido cocinado con demasiada antelación o por llevar demasiado tiempo en agua: *las patatas están zapateras, porque hace una hora que las freí; estas aceitunas están zapa-*

zapateta

teras. ◇ n. m. y f. **3** Persona que se dedica a fabricar, arreglar o vender zapatos: *el zapatero me puso tapas nuevas en las botas*. **zapatero de viejo** o **zapatero remendón** Persona que se dedica a arreglar zapatos rotos o gastados: *tengo que cambiar la suela de los zapatos, los llevaré a un zapatero remendón*. ◇ n. m. **4** Insecto de cuerpo muy estrecho, con las patas delanteras cortas y las traseras largas y delgadas: *el zapatero se desplaza por la superficie del agua gracias a sus patas traseras*. **5** Mueble o parte de un mueble en que se guardan los zapatos mientras no se usan: *este zapatero tiene unas barras finas para colgar los zapatos por el tacón*.
DER zapatería.

zapateta *n. f.* Pirueta que se hace en señal de alegría que consiste en golpear los pies juntándolos en el aire y, en ocasiones, tocar uno de los pies con la palma de la mano: *al saber la buena noticia no pude evitar dar una zapateta*.

zapatiesta *n. f. coloquial* Situación en la que hay jaleo, discusión o pelea con alboroto y ruido: *se pusieron a discutir y en un momento liaron una zapatiesta*.

zapatilla *n. f.* **1** Calzado ligero y cómodo que se usa para estar en casa: *cuando llego a casa me pongo las zapatillas*. **SIN** pantufla. ☞ calzado. **2** Calzado especial que se usa para practicar ciertos deportes: *me he comprado unas zapatillas de tenis*. ☞ calzado.
DER zapatillazo.

zapatillazo *n. m.* Golpe fuerte y sonoro que se da con una zapatilla, especialmente para regañar a una persona o animal: *le dio al perro un zapatillazo para que no volviera a destrozar las plantas*.

zapato *n. m.* Calzado que cubre sólo el pie y que tiene la suela de un material más duro que el resto: *se ató los cordones de los zapatos*.
DER zapata, zapatazo, zapatear, zapatero, zapateta, zapatilla.

zapping *n. m.* Cambio rápido y continuo del canal del televisor por medio del mando a distancia: *está todo el rato haciendo zapping y nunca ve ningún programa completo*.
OBS Es de origen inglés y se pronuncia aproximadamente 'zapin'.

zar *n. m.* Título que tenían el emperador de Rusia y el rey de Bulgaria: *el zar Pedro I fundó San Petersburgo a principios del siglo XVII*.
DER zarina, zarista.

zarabanda *n. f.* **1** Danza popular española de los siglos XVI y XVII, que se bailaba acompañada de una música alegre y ruidosa, con castañuelas y panderetas: *la zarabanda fue censurada con frecuencia por los moralistas*. **2** Danza lenta y solemne, de ritmo ternario, que forma parte de las sonatas: *la zarabanda pasó a formar parte de la sonata a mediados del siglo XVII*. **3** Jaleo, alboroto o ruido que se produce en un lugar: *menuda zarabanda se ha armado al caer la estantería*.

zaragozano, -na *adj.* **1** De Zaragoza o que tiene relación con esta ciudad de Aragón o con su provincia: *la población zaragozana celebra su fiesta mayor el 12 de octubre*. ◇ adj./n. m. y f. **2** [persona] Que es de la ciudad o de la provincia de Zaragoza: *el baile típico de los zaragozanos es la jota*.

zaragüelles *n. m. pl.* Calzones anchos, con muchos pliegues y generalmente mal cortados, típicos de las regiones de Valencia y Murcia: *los campesinos usaban zaragüelles*.

zarandajas *n. f. pl.* Cosas que no tienen valor o importancia: *págame el dinero que me debes y déjate de zarandajas*. **SIN** tontería.

zarandear *v. tr.* **1** Mover de un lado a otro y con ligereza una cosa que se sostiene con las manos: *zarandeó el botijo para ver si tenía agua*. ◇ *v. tr./prnl.* **2** Conseguir que una persona se canse encargándole que haga cosas que la obligan a ir de un sitio a otro: *zarandeó a su empleado hasta conseguir que dejara el trabajo*.
DER zarandeo.

zarandeo *n. m.* Movimiento brusco y repetido de una cosa: *no puedo viajar en barco porque me marea el zarandeo*.

zarcillo *n. m.* **1** Joya en forma de aro que se cuelga en el lóbulo de la oreja como adorno: *para su comunión le regalaron unos zarcillos de oro*. **2** Tallo pequeño con forma de hilo, que sirve a ciertas plantas para agarrarse a las paredes: *la hiedra está echando nuevos zarcillos*. **3** Corte que se hace al ganado en la oreja a modo de señal: *reconoció a las vacas por el zarcillo de la oreja*.

zarco, -ca *adj.* Que es de color azul claro: *aguas zarcas, ojos zarcos*.

zarigüeya *n. f.* Mamífero marsupial que vive en el continente americano, de aspecto parecido a la rata, con el hocico puntiagudo y la cola larga con la que sostiene a sus crías para trasladarlas y que se alimenta de vegetales y animales: *la zarigüeya es un animal de costumbres nocturnas que vive en los árboles*.
OBS Para indicar el sexo se usa *la zarigüeya macho* y *la zarigüeya hembra*.

zarina *n. f.* Título que tenían la emperatriz de Rusia y la reina de Bulgaria: *la zarina hizo una visita oficial a un país vecino*.

zarpa *n. f.* **1** Mano de ciertos animales provista de uñas fuertes y cuyos dedos no se mueven independientemente: *el león atacó al ciervo con sus zarpas*. **SIN** garra. **2** *coloquial* Mano de una persona: *no metas la zarpa en el pastel antes de que te lo sirvamos en el plato*.
echar la zarpa *a) coloquial* Agarrar o coger fuertemente una cosa con las manos: *le echó la zarpa al libro y no hubo modo de que nos lo devolviera*. *b) coloquial* Conseguir o llegar a tener una cosa que gusta mucho, generalmente por medio de la violencia o el engaño: *ya me gustaría echarle la zarpa a ese coche deportivo*.
DER zarpazo.

zarpar *v. intr.* Salir a navegar un barco: *la escuadra zarpó del puerto; zarparon con rumbo a América*.

zarpazo *n. m.* Golpe que da un animal con la zarpa: *el domador recibió un zarpazo del tigre*.

zarrapastroso, -sa *adj.* **1** Que tiene muy mal aspecto: *llevaba una chaqueta vieja y zarrapastrosa*. **SIN** desaliñado. ◇ *adj./n. m. y f.* **2** Que está poco aseado: *tenía un aspecto zarrapastroso*. **SIN** desaseado.

zarza *n. f.* **1** Planta o arbusto que tiene muchas espinas y cuyo fruto es la zarzamora: *se enganchó el pantalón en una zarza*. **2** Zarzamora, fruto de la zarza.
DER zarzal; enzarzar.

zarzal *n. m.* Conjunto de zarzas o lugar donde crecen muchas plantas con espinas: *sacaron al niño del zarzal lleno de arañazos*.

zarzamora *n. f.* **1** Fruto pequeño que da la zarza y que es de color rojo o negro cuando está maduro y tiene un sabor dulce: *la zarzamora está formada por pequeños granitos; la zarzamora se come en verano*. **SIN** mora. **2** Zarza, planta.

zarzaparrilla *n. f.* **1** Arbusto de tallos espinosos, con las hojas en forma de corazón, las flores verdes en racimo y el fruto en forma de bola pequeña: *la zarzaparrilla es una planta trepadora*. **2** Bebida preparada con la raíz de esa planta: *la zarzaparrilla es de color rojizo o marrón claro*.

zarzuela *n. f.* **1** Género y composición musical propiamente español en la que hay partes cantadas y otras habladas: *las primeras representaciones de la zarzuela son del siglo XVII; Chueca es autor de zarzuelas.* **2** Comida hecha con varios tipos de pescado y marisco condimentados con una salsa: *cocinó la zarzuela en una cazuela de barro.*

zascandil *n. m.* **1** *coloquial* Persona que provoca enredos y problemas: *si ese zascandil no hubiera venido, la fiesta habría sido un éxito.* **2** Persona que se mueve de un lado a otro sin hacer nada de provecho: *deja de estar por ahí como un zascandil y ven a ayudar.*
DER zascandilear.

zascandilear *v. intr.* Comportarse como un zascandil: *deja de zascandilear y trabaja un poco.*

zegrí *adj.* **1** De una familia del reino nazarí de Granada, que a comienzos del siglo XV ocupaba cargos de gobierno o que tiene relación con ella: *las discordias zegríes contribuyeron al debilitamiento y caída del reino nazarí.* ◇ *adj./n. com.* **2** [persona] Que pertenecía a esta familia: *los zegríes se oponían a los abencerrajes.*

zéjel *n. m.* Composición en verso de origen árabe y de carácter popular que está formada por varias estrofas de cuatro versos, el último de los cuales rima con un estribillo inicial: *el zéjel se ha cultivado también en la poesía castellana.*

zen *n. m.* Escuela filosófica de la religión budista que da gran importancia a la meditación o contemplación como método para alcanzar la luz o verdad; fue fundada en China y más tarde se difundió en Japón: *el zen también se difundió en Occidente a mediados del siglo XX.*

zenit *n. m.* **1** ASTR. Punto del círculo celeste superior al horizonte, que corresponde verticalmente a un lugar de la Tierra. **2** Punto culminante o momento de apogeo de una persona o de una cosa: *está en el zenit de su carrera artística.*
OBS La Real Academia Española admite *zenit*, pero prefiere la forma *cenit*.

zepelín *n. m.* Aeronave que está formada por un gran globo ovalado y que lleva una o dos barquillas con motor; se dirige con un timón, va impulsado por hélices y se usa para transportar personas o carga: *el primer zepelín fue probado en el lago Constanza; el zepelín lleva el nombre de su inventor.*

zeta *n. f.* Nombre de la letra *z*: *zapata se escribe con zeta.*
OBS También se escribe *ceta*.

zeugma *n. m.* Figura retórica en la que una palabra que aparece una vez en una frase se sobreentiende en otras y, por lo tanto, no se repite: *la construcción* tengo dos cromos y tú sólo uno *es un zeugma.*

zigoto *n. m.* BIOL. Célula que resulta de la unión de dos gametos: *el zigoto es una célula huevo.*
OBS También se escribe *cigoto*.

zigurat *n. m.* Construcción religiosa formada por una torre piramidal de base cuadrada, con varios pisos superpuestos en forma escalonada a los que se accede por medio de rampas o escaleras, y en cuya parte superior se sitúa el templo: *el zigurat es característico del arte asirio y sumerio.*

zigzag *n. m.* Conjunto de segmentos de línea que están unidos formando ángulos entrantes y salientes: *los niños, para aprender a escribir, dibujan palotes en forma de zigzag.* El plural es *zigzagues o zigzags*.
DER zigzaguear.

zigzaguear *v. intr.* Moverse una persona o una cosa en zigzag o estar dispuesta una cosa en forma de zigzag: *el coche zigzagueó durante unos metros antes de salirse de la carretera.*

zinc *n. m.* Metal de color blanco azulado y brillo intenso, que se usa para hacer aleaciones: *el símbolo del zinc es Zn.* También se escribe *cinc*.
OBS La Real Academia Española admite *zinc*, pero prefiere la forma *cinc*. ◇ El plural es *zines*.

zipizape *n. m.* Pelea o enfrentamiento entre dos o más personas, especialmente si producen mucho ruido: *se armó un buen zipizape en el bar.*

zócalo *n. m.* **1** ARQ. Parte baja de un edificio que destaca por la parte exterior por salir más que las paredes o por tener distinto color; sirve para poner al mismo nivel el suelo de la planta baja cuando está inclinado: *las casas construidas en una ladera tienen zócalo.* **2** Lámina estrecha de madera o mármol que se pone a ras del suelo en la parte baja de las paredes de un edificio o banda decorativa que se pinta en ese mismo lugar: *el zócalo de mi casa es de madera; en mi pueblo pintan un zócalo en las fachadas de las casas.* **SIN** rodapié. ☞ casa.

zocato, -ta *adj./n. m. y f.* **1** [persona] Que tiene mayor habilidad con las extremidades izquierdas: *sujeto el mástil de la guitarra con la mano derecha, porque soy zocato.* **SIN** zoco, zurdo. **ANT** diestro. ◇ *adj.* **2** [fruto] Que toma un aspecto rugoso y amarillento antes de madurar: *puedes comer esas manzanas zocatas porque no están podridas, aunque parezcan un poco marchitas.*

zoco, -ca *adj./n. m. y f.* **1** [persona] Que tiene mayor habilidad con las extremidades izquierdas: *me has ganado el pulso con la derecha porque soy zoco.* **SIN** zocato, zurdo. **ANT** diestro. ◇ *n. m.* **2** Plaza de una población, especialmente en los países árabes, donde se instalan puestos de venta: *fueron al zoco a comprar alfombras.* **SIN** mercado.

zodiacal *adj.* Del zodíaco o que tiene relación con esta zona de la esfera celeste: *mi signo zodiacal es Sagitario.*

zodíaco o **zodiaco** *n. m.* Zona de la esfera celeste dividida en 12 partes iguales que el Sol y algunos planetas recorren en el período de un año: *cada parte del zodíaco está representada por una constelación.* **signo del zodíaco** Cada una de las doce partes en que está dividida la esfera celeste y que, según la astrología, influye en la personalidad de los seres humanos en el momento de su nacimiento: *mi signo del zodiaco es libra.*
DER zodiacal.
OBS La Real Academia Española admite *zodíaco*, pero prefiere la forma *zodiaco*.

zombi *n. com.* **1** Persona sin vida que ha sido revivida mediante la brujería, según ciertas leyendas de Haití y del sur de los Estados Unidos: *según la tradición, los zombis carecen de voluntad propia.* ◇ *adj./n. com.* **2** *coloquial* [persona] Que está atontado, aturdido o que se muestra pasivo en determinados hechos o situaciones: *me he levantado muy temprano y estoy un poco zombi todavía.*
OBS Es de origen africano.

zona *n. f.* **1** Extensión de terreno comprendida entre unos límites: *en la urbanización hay una zona muy amplia para los niños; en la zona peatonal no se puede entrar con coche.* **zona azul** Parte de la calle de una población en la que pueden aparcarse los vehículos pagando previamente según el tiempo que se va a emplear: *las zonas azules están pintadas con rayas de este color.* **zona de ensanche** Extensión de terreno que está junto a una población y se destina a construir edificios: *las calles de la zona de ensanche son muy espaciosas.* **zona de influencia** Extensión amplia de terreno de un país que influye en la economía de otros países más pobres: *ese Estado está en la zona de influencia de mi país.* **zona urbana** Extensión de terreno cubierta por los edificios

zonal

y calles de una población: *el aire de la zona urbana tiene mucha contaminación.* **zona franca** Extensión de terreno establecida por la ley para comerciar sin pagar determinados impuestos: *las Canarias son zona franca.* **zona verde** Extensión de terreno en una ciudad que se destina a parques y jardines: *las zonas verdes ayudan a disminuir la contaminación.* **2** Parte de un todo: *tengo que ponerme esta crema en la zona afectada por las quemaduras.* **3** Parte en que se divide la superficie de la Tierra: *las cuatro zonas de la Tierra están divididas por los trópicos y los círculos polares.* **zona polar** Parte de la Tierra que corresponde a uno de los dos círculos polares: *las zonas polares están heladas.* **zona templada** Parte de la Tierra que está entre un círculo polar y un trópico y que se caracteriza por no tener un clima extremado: *España está en una zona templada.* **zona tórrida** Parte de la Tierra que está entre los dos trópicos, está dividida por el ecuador en dos partes iguales y se caracteriza por tener un clima muy caluroso: *los desiertos están en la zona tórrida.* **4** Parte de un campo de baloncesto limitada por líneas y que está más próxima a la canasta: *el jugador atacante no puede estar en la zona durante más de tres segundos.* **5** Sistema de defensa en el que los jugadores de un equipo cubren el terreno de juego por áreas: *el entrenador cambió la defensa en zona por una defensa individual.*
DER zonal.

zonal *adj.* De la zona o que tiene relación con una superficie limitada dentro de un todo: *los jugadores de baloncesto realizaron una fuerte presión zonal y consiguieron muchas canastas.*

zoo *n. m.* Instalación de gran extensión donde se cuidan, se estudian o se crían animales, generalmente poco comunes, para que el público pueda verlos: *llevaron a los niños al zoo para que admiraran los leones.*
OBS Es la forma abreviada de *zoológico.*

zoo- Prefijo que entra en la formación de palabras con el sentido de 'animal': *zoología, zoofilia.*

zoofilia *n. f.* Práctica que consiste en la obtención de placer manteniendo relaciones sexuales con animales: *la zoofilia se considera una desviación sexual.*

zoología *n. f.* BIOL. Disciplina que estudia los animales: *la zoología ha elaborado un complejo sistema de clasificación de seres.*
DER zoo, zoológico, zoólogo; mastozoología.

zoológico, -ca *adj.* **1** De la zoología o que tiene relación con esta disciplina de la biología: *hizo un estudio zoológico de la fauna americana.* ◊ *n. m.* **2** Instalación de gran extensión donde se cuidan, se estudian o se crían animales, generalmente poco comunes, para que el público pueda verlos: *en este zoológico hay un gorila blanco.* **SIN** zoo.

zoólogo, -ga *n. m. y f.* Persona que se dedica al estudio de los animales: *como es zoólogo, nos podrá decir de qué especie se trata.*

zoom *n. m.* Objetivo fotográfico de foco variable que permite tomar imágenes a muy diferentes distancias o pasar de una a otra de forma continua: *gracias al zoom el cámara puede acercar y agrandar la imagen de un objeto.* **SIN** zum.
OBS La Real Academia Española sólo admite la forma *zum.*

zopenco, -ca *adj./n. m. y f.* [persona] Que es torpe o poco inteligente: *era tan zopenco que le tuvo que repetir cinco veces. Se usa con valor despectivo.* **SIN** zote.

zoquete *adj./n. com.* **1** [persona] Que tiene dificultad para comprender las cosas, aunque sean sencillas: *es un zoquete: por mucho que le repitas las cosas, no se entera.* ◊ *n. m.* **2** Trozo de madera corto y grueso: *calzaron la rueda con un* zoquete. **3** Trozo de pan grueso y duro: *con ese zoquete podemos hacer sopa de pan.*

zorra *n. f.* **1** *malsonante* Mujer que tiene relaciones sexuales a cambio de dinero. **SIN** prostituta. **2** *malsonante* Mujer que se entrega sexualmente con facilidad. **SIN** puta.
no tener ni zorra *malsonante* No tener ni la más remota idea de algo: *no tengo ni zorra de quién ha enviado ese paquete.*
OBS Se usa como apelativo despectivo.

zorrera *n. f.* **1** Cueva en la que viven y se protegen los zorros: *el animal se refugió en su zorrera.* **2** Lugar cerrado que está lleno de humo: *abre la ventana porque han fumado tanto que la habitación es una zorrera.*

zorrería *n. f.* Habilidad para engañar o para no dejarse engañar: *su vida fue muy dura y por eso aprendió muchas zorrerías.*

zorro, -rra *n. m. y f.* **1** Animal mamífero salvaje, parecido al perro, pero con el hocico más alargado y con el pelo entre marrón y rojo, la cola larga y peluda, que se alimenta de otros animales: *el zorro tiene fama de ser un animal muy astuto; el zorro viven en bosques de Europa, África, Asia y en América del Norte.* **SIN** raposo. **2** Persona que es hábil para engañar o para evitar el engaño: *el muy zorro nos ha vuelto a engañar.* **SIN** astuto, bellaco, bribón. ◊ *n. m.* **3** Piel del zorro tratada con productos químicos para hacer prendas de vestir o complementos: *llevaba un chaleco de zorro.* ◊ *n. m. pl.* **4 zorros** Tiras de tela o cuero unidas a un mango por un extremo, que se usan para limpiar el polvo: *sacudió la reja de la ventana con los zorros.*
estar hecho unos zorros Expresión con la que se indica que una persona tiene aspecto de cansada y está sucia, especialmente después de un gran esfuerzo físico: *cuando acabó la mudanza estaba hecha unos zorros.*
DER zorrera, zorrería, zorrillo.

zorzal *n. m.* Pájaro de color marrón, con el pecho de color amarillo con manchas, que hace los nidos en las copas de los árboles o en matorrales; para migrar forma bandadas: *el zorzal pasa el invierno en España.*
OBS Para indicar el sexo se usa *el zorzal macho y el zorzal hembra.*

zotal *n. m.* Producto que se utiliza como insecticida o como desinfectante en lugares donde hay ganado o animales encerrados: *el zotal tiene un olor muy fuerte.*

zote *adj./n. com.* [persona] Que es torpe o poco inteligente: *el muy zote no comprende absolutamente nada de lo que le dices.* **SIN** zopenco.

zozobra *n. f.* **1** Movimiento de una embarcación por la fuerza de los vientos: *no abandonó el mando en la zozobra.* **2** Hundimiento de una embarcación: *el choque contra la roca llevó a la zozobra a la pequeña lancha.* **3** Sentimiento de tristeza o de falta de seguridad: *desde que murió su padre, vive en una zozobra continua.*
DER zozobrar.

zozobrar *v. intr.* **1** Peligrar una embarcación por la fuerza del viento: *el barco zozobró en la tormenta.* **2** Estar en gran peligro o muy cerca de perderse una cosa: *su empresa zozobra en estos momentos.* **3** Hundirse en el agua una embarcación: *la tripulación temía zozobrar en la tempestad.* **SIN** naufragar. ◊ *v. tr.* **4** Hacer que peligre un asunto o una cosa, especialmente una embarcación: *el capitán zozobrará el negocio.*
DER zozobrante.

zueco *n. m.* **1** Calzado hecho en una única pieza de madera usado en algunos países por los campesinos: *como era invierno y había mucho barro, se puso los zuecos para salir.*

☞ calzado. **2** Calzado de cuero con suela de corcho o de madera y que cubre por la parte superior hasta el empeine: *las enfermeras suelen utilizar zuecos en el hospital.*

zulo *n. m.* Agujero o escondite, generalmente subterráneo y de dimensiones reducidas: *los terroristas escondían las armas en un zulo en medio del bosque; retuvieron al secuestrado en un zulo de tres metros cuadrados.*
ETIM *Zulo* es una palabra de origen vasco que significa 'agujero'.

zulú *adj.* **1** De una tribu de raza negra que habita en la República Sudafricana o que tiene relación con ella: *el pueblo zulú cuenta hoy en día con unos dos millones de individuos.* ◇ *adj./n. com.* **2** [persona] Que pertenece a esta tribu: *los zulúes hablan una lengua de la familia bantú.*

zum *n. m.* Zoom, objetivo fotográfico.
OBS La Real Academia Española sólo admite *zum*, pero también se usa *zoom*.

zumba *n. f.* **1** Campana grande de metal que lleva el ganado colgada al cuello: *el buey llevaba una zumba.* **2** Cantidad grande de golpes que se da o se recibe: *le dieron una buena zumba entre los tres.* **SIN** somanta, tunda, zurra.

zumbador, -ra *adj.* **1** Que hace un ruido molesto, continuado y áspero: *me pone nervioso esa abeja zumbadora.* ◇ *n. m.* **2** Aparato eléctrico que emite un sonido continuado y áspero que sirve de llamada o de aviso: *acudió a la señal del zumbador.*

zumbar *v. intr.* **1** Hacer un ruido molesto, continuado y áspero: *sólo se oía zumbar los insectos.* **2** Producirse un ruido continuado y áspero dentro de los oídos: *tras la explosión, le zumbaban los oídos.* ◇ *v. tr.* **3** Dar un golpe o causar un daño: *le zumbó una bofetada; la zumbaron entre todas.* **SIN** zurrar.
ir (o **venir**) **zumbando** Ir o venir con rapidez cuando alguien lo quiere: *lo llamé y vino zumbando.*
DER zumbador, zumbido, zumbón.

zumbido *n. m.* Ruido continuado y áspero que produce molestia o resulta desagradable: *el zumbido de los mosquitos me molestaba.*

zumbón, -bona *adj./n. m. y f.* [persona] Que hace burlas: *la situación no era para que se comportara como un zumbón.*

zumo *n. m.* Líquido contenido en las frutas que se extrae al exprimirlas: *el zumo de naranja es muy rico en vitamina C.* **SIN** jugo.
DER rezumar.

zurcido *n. m.* Cosido para que no se note el roto de una tela: *hizo un zurcido al pantalón en el roto de la rodilla.*

zurcir *v. tr.* Coser para que no se note el roto de una tela: *tienes que zurcir los codos de esa camisa.*
¡que te (o **le**) **zurzan!** *coloquial* Expresión que indica que la persona que habla se desentiende de algo malo que le pasa a otra, especialmente cuando cree que lo tiene merecido: *¿lo han suspendido? ¡Pues que le zurzan!*
DER zurcido, zurcidora.
OBS En su conjugación, la *c* se convierte en *z* delante de *a* y *o*.

zurda *n. f.* Mano o pierna que está en el lado izquierdo: *chutó la pelota con la zurda.* **SIN** izquierda. **ANT** diestra.

zurdazo *n. m.* Golpe fuerte que se da con la mano o con el pie izquierdos: *el jugador envió la pelota al fondo de la red de un zurdazo.*

zurdo, -da *adj./n. m. y f.* [persona] Que tiene mayor habilidad con las extremidades que están en el lado izquierdo: *es zurdo y maneja la cuchara con la mano izquierda.* **SIN** zocato, zoco. **ANT** diestro.
DER zurdazo.

zurra *n. f.* Cantidad de golpes que se da o se recibe: *se portó tan mal que se llevó una zurra.* **SIN** somanta, tunda, zumba.

zurrapa *n. f.* Trozo pequeño de materia sólida que se forma o se va sedimentando dentro de un líquido: *este vinagre tiene zurrapas.*

zurrapiento, -ta *adj.* Que tiene zurrapas: *saca otra botella de vino que éste está zurrapiento.*

zurrar *v. tr.* Dar golpes o azotes a una persona: *le dijo que si volvía a hacer eso, lo zurraría.* **SIN** zumbar.
DER zurra.

zurriagazo *n. m.* Golpe dado con un zurriago: *el pastor dio un zurriagazo para asustar a las ovejas.*

zurriago *n. m.* **1** Objeto largo, de cuerda o de otro material, con que se castiga o se golpea, especialmente a un animal para que obedezca: *el campesino asustó al burro con un zurriago.* **SIN** látigo. **2** Cuerda que se enrolla en el pivote de una peonza para lanzarla y hacerla girar: *cuanto más largo sea el zurriago, más rato bailará la peonza.*
DER zurriagazo.

zurrón *n. m.* **1** Bolsa grande de piel o de cuero, que se puede llevar colgada y que sirve para guardar cosas, generalmente comida: *el pastor sacó el pan y el queso del zurrón y se puso a comer.* **SIN** morral. **2** Cáscara primera y más tierna en la que están encerrados ciertos frutos: *quítale el zurrón a la almendra antes de comértela.*

zurullo *n. m.* Trozo más duro o consistente de una materia blanda o pasta: *al mezclar el agua con la harina se han formado zurullos.*

zutano, -na *n. m. y f.* Nombre que se usa para referirse a una persona cualquiera: *supongamos que vienen fulano, mengano y zutano, ¿qué les diré?* **SIN** fulano, mengano.
OBS Se suele usar en correlación con *fulano* y *mengano*.

Diccionarios de lengua española

VOX

- General Ilustrado
- General
- General en CD-ROM
- Ideológico
- Para la Enseñanza
- Avanzado
- Avanzado de Sinónimos y Antónimos
- Secundaria Anaya-Vox
- Primaria Anaya-Vox
- Esencial
- Esencial de Sinónimos y Antónimos
- Abreviado
- Micro

Además, Vox dispone de una completa gama de diccionarios en lengua catalana, gallega, vasca, inglesa, francesa, alemana, italiana, portuguesa y en lenguas clásicas; así como diccionarios enciclopédicos, temáticos y una gran variedad de títulos especializados en filología española.

Si desea obtener más información sobre la gama de diccionarios Vox o para cualquier consulta o sugerencia, no dude en ponerse en contacto con nosotros:

Biblograf, S.A.
Dpto. de Marketing
Calabria, 108
08015 Barcelona

Tel. (93) 423 51 77
de lunes a viernes,
de 08.00 a 13.30 h

o bien en Internet: **http://www.vox.es**
e-mail: **vox@vox.es**